中国证券大全

(1997)

名誉总编辑:屠光绍　桂敏杰
总　编　辑:任正德　杨祥海　庄心一
主　　　编:陈京华

③

A COMPREHENSIVE HANDBOOK OF CHINESE SECURITIES

上海证券交易所
深圳证券交易所　协办

中国证券大全编辑委员会　编
中国经济出版社

董事长兼总裁：邵淳

海通证券有限公司

海通证券有限公司前身为上海海通证券公司，创立于1988年9月，是中华人民共和国证券史上最早成立的证券公司之一，1994年9月27日，上海海通证券公司改制为由交通银行总行直接控股、全国30多家企事业出资的全国性证券公司—海通证券有限公司，注册资本10亿元人民币（含1500万美元）。

目前，公司在交通银行全国各证券网点的基础上建立起庞大的服务网络，在全国40多个城市建立了80多家分支机构，拥有一大批博士、硕士以及有着丰富实践经验的高级管理人才。为了更好地拓展国际业务，与国际证券业接轨，海通已与22个世界著名的证券公司建立了业务代理业务关系，B股的业务范围已伸延至新加坡、日本、韩国等国家。

海通将以雄厚的资金实力，凭借遍布全国的证券网络，充分发挥人才云集的优势，努力为中国证券业的稳步发展作出贡献。

海通证券有限公司为全国各地企业股份制改造和融资作了大量富有成效的工作，公司严格遵循国家有关政策、中国证监会的有关规定，依法经营、规范操作，形成了一套完整的上市服务体系。在公司主承销的A、B股中，有相当一部分为绩优股或市场表现良好的“明星股”，如：远洋渔业、一汽红旗、浦东金桥、新锦江、中华企业、豫园商城、浦东大众、第一铅笔、申华、万象股份、华源B股、济南轻骑B股等，其中，一汽红旗是目前国内筹资量最大的A股，济南轻骑B股是目前国内筹资量最大的B股。公司还担任了一些企业的包装宣传和市场策划，从而使这些新股上市后具有良好的表现。在辽宁远洋渔业上市后，良好的经营业绩和市场走势，使广大投资者一再看好，并成为96年新股中唯一进入上证30指数的领头股。由于一汽四环、张家界、山东黑豹、大显股份和天海B股等在认购倍率、上市表现等方面的优异表现，使公司形象有了一个崭新的面貌。

作为一个全国性的证券公司，国债承销更是上了一个台阶。公司担任了97（1）国债承销团主干事，承销本期国债7.22亿元，97年共承销国债11.49亿元。

作为公司主要业务之一的代理业务，目前设有沪深证交所挂牌上市的A、B股、基金、国债、金融债券、企业债券的代理、及债券柜面买卖业务。在代理方式上，公司采用了当面委托、电话委托、传真委托、自助委托等形式。公司各营业网点都设有无形席位，能够快速便捷地完成交易。

公司注重给投资者提供便捷、热情、周到的服务，并进一步加强对市场的研究，编写高质量的投资价值分析报告，为投资理财提供咨询。

公司历来非常重视国际业务，其下设的国际业务部是外汇业务拓展的重要窗口，是中国的证券公司中最早设立的国际业务部门之一。公司从事外汇业务和境外业务的资本金1500万美元。公司自成立以来所承销的B股在市场上均有上乘表现。在长期的国际业务开拓中，公司与美、日、韩、英、香港等地的证券商保持了密切的联系，并拥有国际著名的大宇证券、山一证券、柏毅证券、摩根建富证券、怡富证券等22家境外代理商。

- 公司总部地址：中国上海市唐山路218号　邮编：200080
  电话：021-65849618　传真：021-65847698
- 上海业务总部地址：上海市欧阳路571号　邮编：200081
  电话：021-65079540　传真：021-65216200
- 深圳分公司地址：深圳市福田区上步南路锦峰大厦26楼
  电话：0755-2077078　传真：0755-2077057　邮编：518030
- 北京营业部地址：北京市西城区百万庄北街6号　邮编：100037
  电话：010-68363238　传真：010-68362848
- 天津营业部地址：天津市河西区大沽南路873号　邮编：300211
  电话：022-28322394　传真：022-28322323
- 重庆营业部地址：重庆市渝中区中山三路152号　邮编：630015
  电话：023-63612743　传真：023-63612743
- 武汉分公司地址：武汉市汉口解放大道586号　邮编：430030
  电话：027-3808479　传真：027-3808490
- 大连分公司地址：大连市中山区白玉街7号　邮编：116001
  电话：0411-2801919　传真：0411-2807672
- 沈阳分公司地址：沈阳市沈河区大西路364号　邮编：110014
  电话：024-2727000　传真：024-2731770
- 青岛业务总部地址：青岛市市北区台东三路66号　邮编：266021
  电话：0532-3814305　传真：0532-3814305
- 长春业务总部地址：长春市大经路78号　邮编：130042
  电话：0431-8738449　传真：0431-8738450
- 杭州营业部地址：杭州市环城西路48号　邮编：310006
  电话：0571-5109018　传真：0571-5105150
- 海口营业部地址：海口市龙昆北路15号　邮编：570105
  电话：0898-6712590　传真：0898-6712558
- 西安营业部地址：西安市案板街3号　邮编：710004
  电话：029-7231974　传真：029-7231970
- 贵阳营业部地址：贵阳市山林路94号　邮编：550003
  电话：0851-6819497　传真：0851-6820590
- 大庆营业部地址：大庆市让胡路区西景路　邮编：163453
  电话：0459-6356731　传真：0459-6356731

海通证

济南轻骑摩托车股份有限公司
B股发行暨上市新闻发布会
主承销商　海通证券有限公司
国际协调人　山一国际(香港)有限公司
1997年5月29日

券有限公司

地址：中国上海市唐山路218号　　邮政编码：200080
电话：021-65849618　　　　　　传真：021-65847698

君安证券有限责任公司

J&A SECURITIES LTD.

仁义　勤俭　律己　求智慧

君安证券有限责任公司经中国人民银行总行批准，于1992年成立，总部设于深圳。

君安证券现有注册资本7亿元，净资产12亿元，总资产105亿元。

君安证券营业网点遍布全国，现有营业机构60个。

君安证券95年为主承销及推荐上市B股数量最多集资额最大的证券公司。

董事长、总裁：张国庆

君安证券96年为主承销及推荐上市股票数量市场占有率约为10%。

君安证券为目前国内发起设立基金数量最多、管理资金规模最大的证券公司。

1993—1995年度深圳证券交易所推荐上市排名第一。

拥有中国最大规模的证券研究机构。

地址：中国　深圳市春风路5号　邮编：518002　电话：(0755) 2296666　传真：(0755) 2236157

南方证券有限公司

南方证券有限公司于1992年12月21日正式成立。公司注册资本金10亿元人民币，总部设在深圳经济特区，是全国性证券公司。

公司成立至今，贯彻“立足南方、面向全国、走向世界”的发展战略，坚持“安全性、创造性、效益性”的经营方针，倡导“竭诚服务，客户至上、团结友爱 、开拓进取”的企业精神，以发展业务为中心，抓住机遇，奋力拓展国内外业务，取得了良好的经济效益和社会效益。成为中国证券行业中发展最快、成绩最好、贡献最大的证券商之一。

1994年，由国务院发展研究中心、国务院研究室、中国人民银行总行、外经部、内贸部、国家新闻出版署等十一家单位联合评选 出的“中国500家最大服务业及行业评价”中，南方证券名列金融业第36位，证券业第2位。

1995年，美国权威财经杂志《机构投资者》评选中国最大十家机构 投资者排位中，公司与中国银行等专业银行同登榜首，居证券业第一位。

1996年，深圳证券商协会关于深圳券商经济实力和经营业绩排位中，南方证券的资产总额、净资产总额和交易总额三项指标均居榜首。

1997年，中国经济的稳步发展，国有企业改革的突破，对证券业规范运作的强调，使证券业充满机遇也面临挑战。南方证券决心围绕防范和化解风险，确保公司资产和资金安全的工作中心，遵循“规范、调整、改革、发展”的工作方针，规范运作、奋力开拓，力争使公司的业务和管理取得新的突破，为公司的股东提供丰厚的回报，为客户提供更加优质的服务，为中国证券市场的稳定和发展作出更多的贡献。

地址：深圳市深南东路1号南方国际大酒店12楼　邮编518001　电话：(0755)2256728-1204　传真：(0755)2207744

江苏证券

董事长：张开辉

新又日新

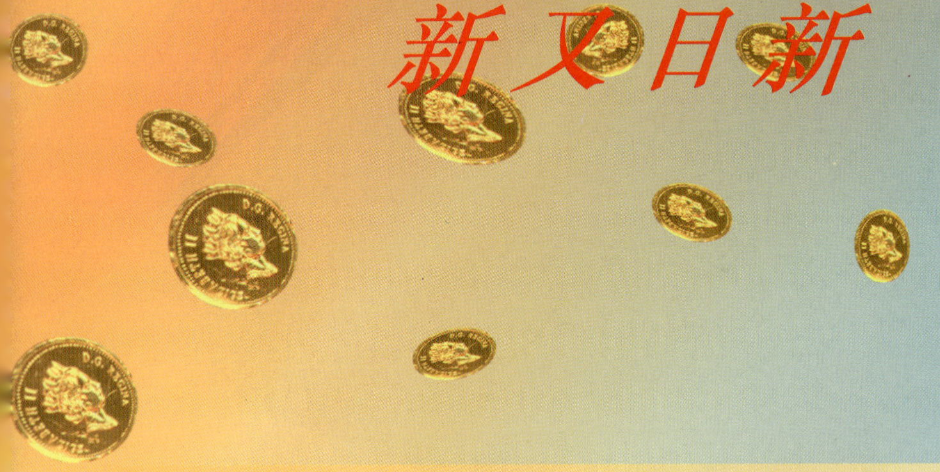

技术创新一全面开通“沪市无形席位”信息发布会会场

地址：江苏省南京市管家桥87号华荣大厦14层
邮编：210005

有限责任公司

公司总裁室成员（左起）：马昭明　吴万善　潘剑秋　王一军

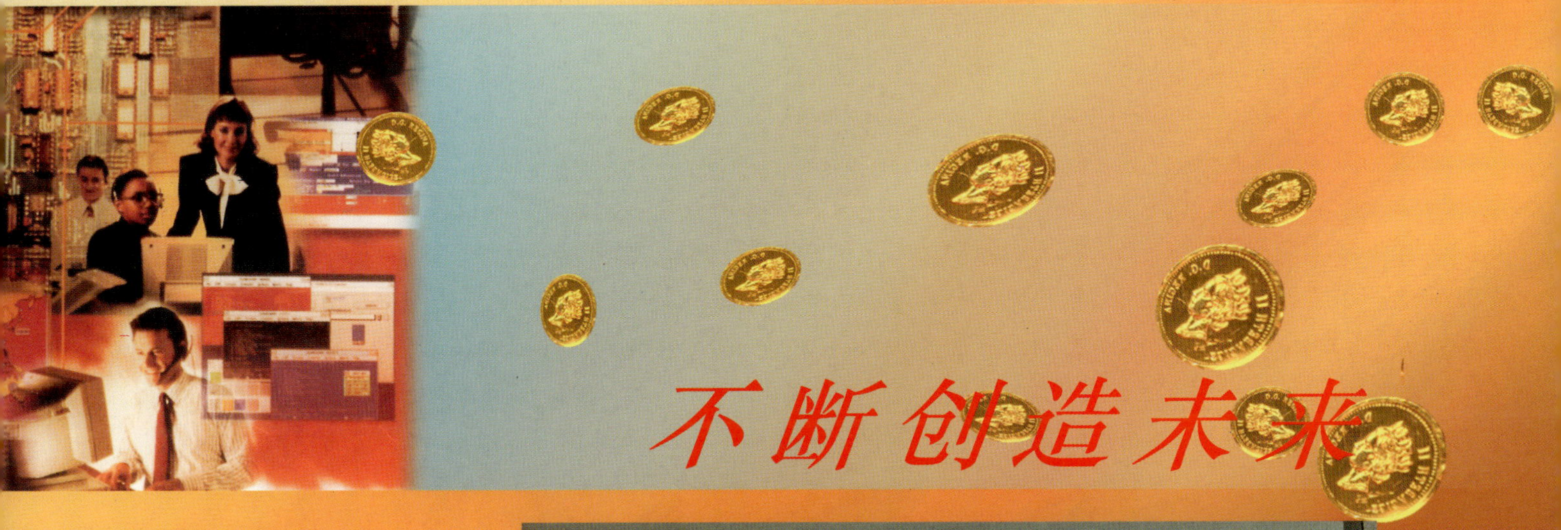

宽敞明亮的营业大厅

电话：(025) 4523777（总机）4526277（直线）
传真：(025) 4521377

江苏证券有限责任公司

总部位于南京的江苏证券有限责任公司，是经中国人民银行总行批准成立的专营有价证券的非银行金融机构，注册资本4.04亿元。自1991年5月26日开业之日起，江苏证券秉承“高效、诚信、创 新、奋进”的企业宗旨，不断奋力开拓，追求卓越，在短短的六年多时间内发展成为拥有千余名员工，资产近50亿元，从事多种证券业务的大型证券商。

江苏证券股份有限公司具有中国证券机构的全部业务经营资格。公司主要经营以下业务：各种（包括外币）有价证券的推销、助销、包销、自营和代理买卖、代保管、鉴证、过户、还本付息、红利支付、咨询、资信调查业务，抵押贷款业务；投资基金管理业务；其他经批准经营的业务。

据中国证券业协会历年的排名，江苏证券跻身国内券商10强。中国诚信证券评估有限公司按国际评级标准测评，江苏证券被评为证券商信用级别AA＋级，为证券商高信用级 别。

作为一个规范的大型证券公司，在国家主管机关、各级地方政府、各股东单位及社会各界人士的大力支持下，江苏证券立足江苏，面向全国，基础建设与业务拓展并重，经营创新与管理规范并举，各项业务都获得了长足的进步。

江苏证券迄今已主承销各类证券80家，其中，主承销并推荐上市“无锡太极”、“苏三山”、“江苏悦达”、“苏物贸”、“苏常柴”、“苏州高新”、“江苏索普”、“如意集团”、“无锡小天鹅”、“鼎球实业”“林海股份”等上市公司股票，副主承销“江苏春兰”、“南京机床”、“徐州工程”、“江淮动力”、“沈阳环保”等上市公司股票并取得了B股承销资格。

江苏证券是中华人民共和国国债一级自营商，多年来一直是中国国债市场的一支活跃力量和生力军。迄今，江苏证券已累计承销各种国债逾60亿元。

根据立足江苏，面向全国、走向世界的经营策略，公司已在省内各大中城市及上海、深圳、北京、天津、武汉、沈阳等全国中心城市开设了业务经营机构，拥有个人和机构投资者近20万户。

随着中国证券市场的发展，江苏证券将继续贯彻“以客户为中心，以市场为导向，以效益为目标”的经营理念，规范经营，稳步发展，走集约型经营之路，努力建立健全现代企业制度，把公司建成一家以证券经营为主业的，具有多种投资银行功能的集团公司。

地址：江苏省南京市管家桥87号华荣大厦14层　　邮政编码：210005

电话：(025) 4523777（总机）4526277（直线）　　传真：(025) 4521377

安徽省国际信托投资公司

ANHUI INTERNATIONAL TRUST AND INVESTMENT CORPORATION

卢继延总经理（右三）在古井B股发行签字仪式上

卢继延总经理（右一）会见意大利客人

公司某证券交易大厅一角

公司参与投资的安徽有限电视台播控中心

地址：中国合肥寿春路111号国际大厦　法人代表、总经理：卢继延

邮编：230001　电话：0551-2676670　传真：0551-2654274

宝鸡一颗璀灿新星
上海委托
深圳委托
舒适 典雅 豪华
中户厅 带给您

宝鸡证券公司
的宝鸡证券交易
成功的良好机遇

公司总经理陈杰（中）与部门经理的合

证券交易客户室

证券交易中户室

宝鸡证券公司

诚信 严谨 务实 求新

公司大胆开拓，锐意进取，稳步发展，经济实力显著增强，经济效益稳步提高。公司曾作为承销商与主承销商一起成功发行了长岭(集团)股份有限公司社会公众股5000万股、宝鸡商场(集团)股份有限公司社会公众股3000万股，并参与长安信息、长岭(集团)97年配股发行工作，筹措资金45720万元人民币；发行企业债券23期，筹措资金10770万元人民币；发行国库券和金融债券共3046万元人民币；到1997年6月底公司沪、深两市股票交易量累计达到128.95亿元，实现总收入6565万元，实现利税1630.8万元。截止1996年底公司实收资本金1800万元，总资产由1995年的8705万元增至19700万元，实现了公司各项经济指标连年翻番的设想。

总经理：陈杰先生

证券交易大户室

证券交易中户室

地址：陕西省宝鸡市红旗路3号
电话：0917-3245663
传真：0917-3227304
邮编：721000

董事长兼总经理：董祥先生

公司营业部组织员工学习情景

公司营业部交易大厅

公司营业部委托柜台

大同证券公司是1988年5月3日经中国人民银行总行批准成立，并于1996年人总行在山西唯一准予重新登记的股份制专营证券公司，1997年公司通过增资扩股，将注册股本金增至124105854.32元，共有股东13家（已上报人总行待批），同时将名称规范为“大同证券有限责任公司”。目前，全公司拥有上海证券交易所13个席位，深圳证券交易所2个席位，为上海证券交易所、深圳证券交易所和山西证券交易中心的会员单位。公司驻外机构三个分别是：上海业务部、深圳业务部、晋城业务部，公司内设机构九个，分别是经理办公室、财务管理中心、投资管理部、投资银行部、资产管理中心、研究发展部、稽核监察部、国债部、安全保卫部。全公司共有证券从业人员205人，平均年龄为25岁，具有大专以上文化程度的131人，占职工总数的64%；具有中、高级职称的人员32人，具有初级职称的人员56人。全部从业人员中，高级管理人员19人，占职工总数的9%，这些人员全部具有三年以上证券业务或五年以上金融业务的工作经历，主要业务人员138人，占职工总数的67%，其中有132人，具有二年以上证券业务或三年以上金融业务的工作经历；其它人员54人占职工总数的26%。

大同证券

大同证券

大同证券公司
地址：山西省大同市大北街13号
邮编：037004
电话：0352-2051233
传真：0352-2051178
大同证券
大同证券

山西华康信托投资有限责任公司

公司总裁：高立新

高立新，男，1964年7月出生，祖籍河北获鹿，经济学硕士，经济师，中共党员，1982-1986年，在河北大学哲学系学习，历任班学习委员、系学生会主席、校社团部部长、校演讲协会会长等职。其间1986年1月加入中国共产党。1986-1990年在河北大学任教，担任班主任、助教、讲师。1990-1993年在中央党校经济学部读硕士研究生。在校学习期间注重理论联系实际，发表金融经济类论文数十篇，参与河北华药、威远实业股份有限公司改制上市等工作。在北京、河北等地组织主持讲授金融、证券股份制改革学习讲座。毕业论文《日本股份公司与证券市场》一文受到专家好评，被认为填补了系统研究日本股份制企业与证券市场空白。

1993.7-1996.5在中国农业银行河北省分行工作，同时借调在中国农业银行信托投资公司工作，历任证券部主办业务、上海证券 业务部负责人、副总经理，支部书记等职。

1996.6-1997.9在中国农业银行上海分行工作，任上海金穗实业（集团）股份有限公司董事会秘书、总经济师。在金融、投资、证券、资产运作、资本经营、股份制改造、房地产行业和领域，具有较深的理论研究、较高的实际运作水平和较丰富的管理经验。

山西华康信托投资有限责任公司是根据国务院和中国人民银行有关银行与信托业分业管理的精神，在原五行太原信托投资股分 有限公司的基础上首家按现化企业制度组建而成的非银行金融机构。公司注册资金5600万元，总资产规模达57000万元，拥有员工122人，服务领域涉及省辖部分工商企业，已有稳定客户逾千家。

山西华康信托投资 有限责任公司的前身原中国工商银行太原售托投资股份有限责任公司，曾作为销商 为山西汾酒厂发行上市，为推进山西省企业股票制改选作出了突出的贡献，受到省体改委的表彰。改组后的山西华康信托投资公司将以全新的观念和机制出现在三晋大地。。我们的宗旨是：诚信为本，服务社会"，我们的基本经营思想是“立足山西，面向全国”，充分发挥地方和中央两个优势，不拘一格，博众家之长，完善自我约束机制，建立健全高效的决策系统和稳健安全的经营运作系统。盘活资产存量，优化资产增量。我们的经营方向是：抓住企业战略性改组的机遇，拓宽发展空间，大力发展投资银行业务，开展为山西省大、中型企业购并和融资活动提供规范的咨询和策划，对基金进行管理并充分合理运用，通过开展金融中介服务和化客理财服务来积极配合山西省企业股份制改造，利用桥梁和杠杆的作用，促使山西省企业资产潜得到充分的释放，推动山西省的经济向深度发展，努力争取开展国际金融业务，走集约、规模 化和国际化的资本运营之路。

地址：山西省太原市迎泽大街186号　邮编：030001 电话：0351-4033911　传真：0351-4033911

石家庄信托投资股份公司

副董事长、总经理：刘建勋

石家庄信托投资股份公司成立于１９８８年７月１日，是经中国人民银行总行批准设立的股份制非银行金融机构。主要经营信托、委托存放款，融资租赁、投资、参股、抵押、代理收付、保管箱租赁、担保、见证及证券发行、兑付、代保管、代理买卖和自营等２０多种业务。公司注册资本18460万元。截止到97年9月末，资产总额达20亿元，累计实现利润1.97亿元。公司连续两年被中国诚信证券评估公司认定为"AA+"级信用等级单位。

公司实行董事会领导下的总经理负责制。共设九部一室，下设四个证券交易营业部。

公司成立九年来，先后以贷款、参股、投资等多种方式累计融资40多亿元，支持国有大中型骨干企业和400多个技改项目。特别是九三年以来，公司积极参与我国证券一级市场和二级市场的建设，证券业务得到迅速发展。公司先后加入了上海、深圳、天津、武汉、北京等地证券交易系统。开办了上市股票、基金、法人股交易证券回购等多项业务。到97年9月末，共代理国家、地方、企业发行债券11.7亿元，兑付6.5亿元，代理股票交易额100多亿元，实现差价收入3678万元，实现利润5730万元。同时，公司先后承销发行石家庄国际大厦、河北华玉等股票，共募集资金1.5亿元，有力地支持了河北的经济建设。

在紧抓业务发展的同时，公司积极扩大规模，培养人才，先后在两年内连续收购、新建三个证券交易营业部，含上海一个。营业面积由400多平方米增到8000多平方米。其中石家庄栗康证券营业部以其规模大、设施全、交易设备先进而成为河北乃至华北地区首屈一指的证券交易场所。目前，公司证券部拥有专业人员127人，拥有实力雄厚的投资顾问群，可为各地客户提供证券投资、资产重组、企业并购等全方位咨询服务。

石家庄信托投资股份公司愿与各地同仁携手共进，使中国证券市场更加繁荣、辉煌。

地址：河北省石家庄市平安北大街56号
电话：0311-6035355
传真：0311-6035355
邮编：050000

设备先进的电脑房

四千多平方米的散户交易大厅

栗康证券营业部营业大厅

三亚中亚信托投资公司

证券总部

天津证券营业部

海口证券营业部

三亚中亚信托投资公司是一九八九年七月经中国人民银行海南省分行批准设立的股份制非银行金融机构，注册资本一亿五千万元人民币。

三亚中亚信托投资公司证券总部是公司的证券管理部门，它以上海为基地向国内中心城市辐射业务，先后在三亚、海口、上海、天津、深圳、成都等地开设了证券业务部。

中亚证券锐意探索现代金融企业管理体制，初步形成了以“决策、财务、资金、人事”四统一为管理核心，以目标责任制为管理特征的内部组织管理体制，有力地促进了中亚证券的蓬勃发展。

中亚证券依托总公司的金融实力，在公司“高起点，高速度，高水平”的思想指导下，逐步完善软硬件服务，一流的操作环境、优良的交易设施及高文化素质、经验丰富、技术过硬的专业管理人员和技术人员为投资者创造了“优质、高效、安全”的投资环境，赢得了广大投资者的赞誉。其卓越的经营绩效使中亚证券从海南券商中脱颖而出，日益为国内证券业人士所瞩目。

中亚证券仍将一如既往地艰苦奋斗、励精图治、继往开来，竭诚为国内外广大投资者服务，携手共创“中亚证券”光辉灿烂的未来!

深圳证券营业部

成都证券营业部

上海证券营业部

三亚中亚信托投资公司证券总部

- 总部：上海市新闸路1915号中亚证券大楼
  电话：(021)62716501
  邮编：200040
- 海口营业部：海口市国贸大道王府小区B座
  电话：(0898)8530695
  传真：(0898)8510713
  邮编：570125
- 深圳营业部：深圳市华富路华康包装大厦　邮编：518031
  电话：(0755)3207008　传真：(0755)3223384
- 天津营业部：天津市南开区长江道30号　邮编：300102
  电话：(022)27377325　传真：(022)27483333
- 成都营业部：成都市红星中路一段20号　邮编：610017
  电话：(028)6915799　传真：(028)6920508
- 上海营业部：上海市新闸路1915号　邮编：200040
  电话：(021)62715519　传真：(021)62715518
- 三亚营业部：三亚市河东一路中亚大酒店五层　邮编：572000
  电话：(0899)8271880　传真：(0899)8271983

青岛市弘诚信托

董事长：邱法仁

青岛市弘诚信托投资有限责任公司前身为中国工商银行青岛市信托投资股份有限公司。1986年12月经中国人民银行总行以银复（1986）351号文批准成立，1988年5月经人总行以银复 (1988) 214号文批准改制为股份有限公司，成为全省第一家股份制金融企业。1997年7月经人总行以银办函 (1997) 409号文批准更名为青岛市弘诚信托投资有限责任公司。1997年9月经青岛市人民政府青政字（1997）46号文批准，为国家大型二档企业。现有股东36个，实收资本 6036.75万元。公司下设七部一室及六个证券交易营业部,共有员工190人。是上海证券交易所、深圳证券交易所会员。

1993年7月，由公司担任副主承销的青啤股票发售期间，原中共青岛市委书记、市长俞正声到我公司视察，并与股民亲切交谈。

为支持青岛市体育事业的发展，公司出资300万元，将原青岛市海泊河体育场冠名为青岛市弘诚体育场。图为公司总经理汤自强(图右)在体育场落成仪式上。

地址：青岛市东海路18号金都花园A栋
电话：0532-5830775

资有限责任公司

总经理：汤自强

青岛市弘诚信托投资有限责任公司自成立以来，恪守“以创新适应客户，以信誉赢得客户”的经营宗旨，在上级主管部门的正确领导下，依靠社会各界的大力支持，充分发挥各方优势，积极开拓发展具有信托特色的各项业务，在发展青岛经济和为社会提供全方位、多功能的金融信托服务方面，发挥了积极的作用，赢得了良好的信誉，取得了显著的经济效益。截止1996年末，公司总资产达到17亿元，各项存款11亿元，各项贷款10亿元，分别是成立初期的21倍、20倍、15倍，累计实现利润1.36亿元。

在证券业务方面，公司勇于开拓，积极探索，证券交易额累计500亿元，代理发行股票、债券13.7亿元，取得一个个骄人的成绩，成为省内同行的排头兵。

公司在努力开拓发展各项业务的同时，十分注意加强内部管理，在“法制、监管、自律、规范”方针指导下，不断完善内部管理机制，依据自身的特点和实际，走出一条“强化管理，防范风险，稳健经营，提高效益”的路子。

公司的证券交易大厅为岛城一流，环绕的电子显示屏可同时显示沪、深股市所有股票的即时行情。

公司证券交易营业部外景

邮编：266071

传真：0532-5830775

无锡市证券公司

无锡市证券公司是1992年9月经中国人民银行总行批准成立的专营有价证券的股份制非银行金融机构，是无锡地区有史以来第一家专业性证券公司。

开业近五年以来，无锡市证券公司经历了创业、奠基和发展的过程。目前，公司总部拥有1000多平方米办公大楼和3000多平方米营业场地。公司注册资本金为人民币3200万元。公司先后设立了清扬路、中山路、信达、锡山市、宜兴市和上海海伦路等6个营业部，在深圳、天津和武汉分别设立了办事处或代表处。成立了“无锡信业投资咨询公司”，伸展了在无锡地区乃至全国证券投资的触角，为公司走向国内外市场奠定了基础。

无锡市证券公司遵循“公平竞争、守法经营”的原则，以良好的经营作风，吸引了广大投资者，从而使业务量与日俱增。至1997年8月，共开设资金帐户4.5万户，各类证券累计成交金额达615.3亿元；作为副主承销商，在无锡地区成功地发行了太极股票认购证1100多万张，占认购总量的67%；作为主承销商，代理发行了宏源纺织机械集团公司法人股3200万股，还代理发行了宁沪高速公路、昆山金桥、海南渡边、神龙等5家法人股3500万股。1997年先后参与了小天鹅、中视股份和鼎球实业新股的发行，以及四川长虹、原水股份的配股。同时通过成立信业投资咨询公司，帮助无锡地区数十家企业进行股份制改制，并为新批准的14家股份制企业作了改制专题辅导，充分发挥了专业性证券公司在推动和促进无锡及周边地区经济建设中的主渠道作用，提高了公司在苏南地区的知名度。

无锡市证券公司自开业以来，在树立良好经营作风，搞好优质服务的同时，十分注重计算机软硬件建设。于1997年6月，在江苏省内率先实现各营业部间资金通存通兑和证券通买通卖，极大地方便客户进行证券投资。同时，运用小型计算机建立了中心数据库，自建数字扩频微波，并率先应用邮电ISDN综合业务数字网，构成了“地、空”互为备份的公司总部至各营业网点的联网链路，实现了无锡证券计算机广域网的“无缝”连接。走出了一条“信息资源共享，降低营运成本，资金集中调度，业务统一管理，安全稳定高效，充分便利客户”的新路。

在近五年的业务发展中，无锡市证券公司在全国颇具影响，曾被国务院发展研究中心和中国人民银行总行等10个国家部委评为“一九九四年中国500家最大服务行业企业（证券业50位）。并被无锡市总工会等部门评为“最佳企业精神先进单位”和“一九九六年度信得过单位”。

无锡市证券公司愿与全国证券业同行精诚合作，共谋大业，携手并进，共创中国证券市场光辉灿烂的未来。

办公大楼外景

中山路营业部交易大厅

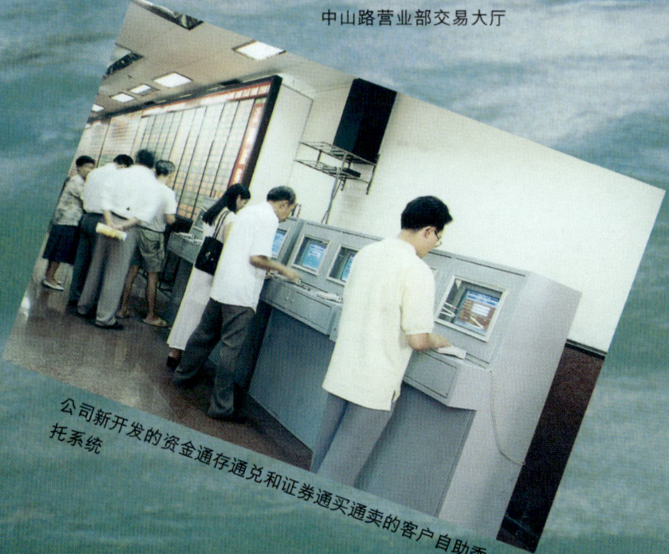

公司新开发的资金通存通兑和证券通买通卖的客户自助委托系统

总经理：孙庭楷先生
地址：江苏省无锡市中山路53号
邮编：214001
电话：(0510) 2737919
传真：(0510) 2703124

天津滨海信托投资公司

公司总经理：任葆燕女士

天津滨海信托投资公司前身为农行天津信托投资公司，成立于1987年4月1日，1997年进行股份制改造，现注册资本为2.3亿元人民币。公司实行董事会领导下的总经理负责制，独立核算，自主经营，自负盈亏，具有法人资格，主要经营范围包括：信托存款与放款、委托存款与放款、投资与租赁业务、有价证券的代理与自营业务、经济担保和信用见证业务等。

经过十几年的经营运作，公司的实力不断发展壮大。公司坚决贯彻执行党和国家的各项方针政策，以“立足天津、面向全国、涉足境外、合理布局、多元筹化、稳健经营”为宗旨，以信委托和证券业务为重点，不断扩大业务规模，增加业务种类。目前公司总资产已达13.5亿元，年创利5000万元以上。

目前公司内部设有总经理办公室、财务部、业务部、投资部、证券部、电脑部等职能部门，在天津市设有四个证券营业部，在北京、上海、分别设有证券营业部，在深圳设有业务代表处。公司是上交所、深交所、天津证券交易中心较早的会员单位，共拥有15个交易席位。全部采无形席位报盘，网络系统用100兆交换型集线器的分布式结构，服务器采用Intel686/200奔腾芯片CompaqPL2500，置陈列式可热插拔双边关4G大容量硬盘，形成了良好的点面结合，南北互补，深、沪、津业务全面开通，电话委托、自助委托全方位开展，跑道快捷通畅，回报迅速，设备先进，服务周到的有利局面。

目前公司拥有一批素质较高的人才队伍，公司现有员工120人，大本以上学历占总人数的51%以上，大专学历占总人数的30%以上，公司员工中具有高、中级技术职称的占总人数的20%以上。公司决策领导3人，经营管理层干部18人。

在公司总经理的统一指挥和运筹下，各部门相互依存，协调运作，稳健经营极大地增强了公司的竞争力与业务经营的深度与广度。股份制改造给公司注入新的活力，公司以蓬勃的朝气在国家经济体制的大潮中稳步前进。

地址：天津市和平区大沽北路138号　邮编：300040
电话：022-23329429　传真：022-23329429

武汉科技信托投资公司
证券营业部

武汉科技信托投资公司营业部主要从事代理发行各种有价证券；代理买卖各种有价证券；有价证券的代保管、鉴证和过户；代理还本付息、分红派息等权益分派。营业部地处汉口解放公园路43号，毗邻解放公园，环境幽静、交通便利。营业部装修美观典雅，使用面积800平方米一楼为散户交易厅、二楼为贵宾室和大户交易厅。营业部拥有现代化的设备和交易手段，信息准确、跑道畅通，两幢大型电子显示屏和150台电脑及时准确地为广大股民提供股市行情。

营业部以信誉第一，客户至上为宗旨，全体员工均经过专业培训，具有一定的专业水平，营业部有具有权威和信息机构的信息，有多年实践经验的专业分析师及时为您解盘和分析，并定期举办股市分析讲座，有助于股民作出正确的决策。

到达我部可乘24、68、524路公共汽车到解放公园路站下车即到。(解放军通信指挥学院礼堂前厅) 联系电话：(027) 2864464，委托电话：16896188，传真电话：(027) 2864450，邮政编码：430010

营业部总经理吕平率全体员工随时恭候您的光临！

地址：湖北省武汉市解放公园路43号
邮编：430010
电话：(027) 2864443
传真：(027) 2864450

武汉国际信托投资公司

公司办公大楼

武汉国际信托投资公司成立于一九八七年，至今已走过了整整十年的风雨历程。十年来，公司在武汉市委、市政府的领导下、在中国人民银行的正确指导下，全体员工励精图志，团结奋斗，使公司的各项业务获得持续、稳定的发展。

武汉国投证券业务的开展始于一九九三年。近两年来，公司积极调整业务结构和资产结构，大力发展证券业务，扩大证券经营规模。在网点单一，规模小的基础上，先后设立了武汉惠济路证券营业部、武汉东方证券营业部、武汉国投上海证券营业部、武汉国投天津证券营业部、武汉国投西安证券营业部，并正抓紧在北京、深圳等中心城市设立营业网点的工作，初步形成了规模经营的雏形；在股票代理业务上，武汉国投证券在武汉地区名列前茅，公司下属惠济路证券营业部，一九九六年股票代理日交易量多次荣登上海交易“龙虎榜”，并在武汉市统计局主办的“武汉市一九九六年度主要经济指标”评比活动中，被评为“证券交易十强企业”。去年公司还参加了深圳证券交易所1996年计帐式(六期)国债的招标发行活动，中标额达2.25亿元。在完善经营机制、扩大经营规模、巩固传统业务的同时，还不断拓展业务范围，发展投资银行业务，积极参与股票一级市场及企业的股份制改造。在不到一年的时间里，先后成功推荐上市的公司达12家，推荐上柜的公司达8家，并获得了由中国证监会颁发的“主承销商”资格证书，承销发行工作获得了主管部门、企业及广大投资者的好评。

成绩只能说明过去，武汉国投更看重的是公司的未来。我们清楚的认识到当今社会的竞争，实际上是人才的竞争，因此选招八方俊秀，延聘九洲英才，培养高素质的员工队伍成为公司证券业务发展的立足点。在积极、快速、稳妥发展代理业务和投资银行业务，大力开展业务创新的同时，也希望能与各界朋友精诚合作，在互惠互利的基础上共谋发展，以更为优异的工作实绩回报社会。

公司办公楼大厅

营业部大户室

地址：湖北省武汉市江岸区惠济路3#
邮编：430015
电话：(027)2424390
传真：(027)2422871

江门证券有

公司办公大楼

江门证券有限责任公司始创于一九八八年，是广东省成立最早的证券公司之一。一九九七年经中国人民银行批准增资改制为有限责任公司。九年来，公司的创业者本着“开拓，进取，稳步发展”的经营宗旨，积极开展多元化的证券业务，先后成为深圳证券交易所、南方证券交易中心、上海证券交易所的正式会员，逐步形成了以江门市区为中心，覆盖五邑侨乡的证券交易网络的经营格局，营业网点遍布江门市、鹤山市、新会市、开平市、台山市、恩平市。证券交易量逐年增加，1995 年为 15.8 亿，1996 年为 165 亿，1997 年 1-9 月为 185 亿。在大力发展二级市场的同时，公司早于 93 年就已积极开拓一级市场的业务，先后承销“广东美雅集团股份有限公司”和“江门甘蔗化工厂（集团）股份有限公司”发行社会公众股股票 3 亿多元，取得了良好的经济效益和社会效益。

与此同时，公司亦不断提高自身的素质，大胆吸纳人才，提高交易手段。采用“发展业务，技术先行”的服务模式，目前已拥有三座对深市的双向卫星站和一座对沪市的双向卫星站，700 多条电话委托线路，方便投资者进行委托、查询，其中 200 条实行 23 小时服务，采用 SYBASE 大型数据库证券交易系统及钱龙、建功、宏达通达信等技术分析系统，更将证券交易网络发展到在 INTERNET 网上运作。经几年来的吸收，培养、扩充，公司已拥有各类专业人员达 100 多名，公司及所属营业部的营业总面积达 16800 平方米，利用高科技、高素质及场地优势，吸引了广大的投资者前来参与交易，在公司开户交易的客户数量达 6 万多户，成为江门地区成交量最大的证券机构。

今后，公司将继续以先进的设备，良好的信誉，竭诚为广大投资者提供优质高效的服务，多渠道地与国内外证券经营机构合作，共同创造中国证券市场的辉煌。

港口营业部的散户交易大厅

港口营业部
地址：江门市港口路 1 号
经理：林卫中
电话：(0750) 3377183
传真：(0750) 3391128

限责任公司

营业部
鹤山市前进路 16 号
麦育荣
(07680) 8891033
(07680) 8880396

开平营业部
地址：开平市长沙镇金中广场
经理：张永强
电话：(07658) 2299511
传真：(07658) 2211577

新会营业部
地址：会城环城一路 15 号之三
经理：梁健帮
电话：(07656) 6607766
传真：(07656) 6603353

公司交易大堂

台山营业部
地址：台山市台城镇平湖路 1 号
经理：黄岳章
电话：(07657) 5515438
传真：(07657) 5515437

恩平营 业部
地址：南堤中路物资大楼
经理：甄雅明
电话：(07659) 7715988
传真：(07659) 7715973

高城营业部
地址：江门市建设路高成村 12 号
经理：成卫政
电话：(0750) 3327128
传真：(0750) 3321088

江南营业部
地址：江门市江翠路 19 号
经理：胡伟欣
电话：(0750) 3814728
传真：(0750) 3814192

地址；江门市港口路 1 号
法人代表：梁振堂
电话：(0750) 3397539
(0750) 3378217
传真：(0750) 3391128
邮编：529000

东莞证券(有限)责任公司

宽敞明亮的交易大厅

地址：东莞市莞太路胜和商业大厦　邮编：511700　电话：(0769) 2414788-108　传真：(0769) 2412090

乐山市信托投资公司

▲总经理：刘启威

乐山市信托投资公司是经中国人民银行总行批准独立保留的自主经营、自负盈亏的独立法人，是由乐山市财政局控股，有关单位参股，共同组建的非银行金融机构。公司一九八七年元月经省人行、市政府批准成立。一九八九年通过清理整顿，受到各级人民银行的肯定，一九九六年十一月人总行正式行文批准独立保留。

公司成立十年来，以开拓奋进的精神，稳健务实的作风，不断拓展的业务，日臻完善的服务手段，深得社会各界认可，初步形成信托业、证券业、投资业多元化、多层次、良性发展的现代化非银行金融机构。十年来，公司存款总额达28.2亿元，发放各类贷款6.6亿元，融通资金12.9亿元，证券交易56.19亿元，融资租赁1739万元，联合投资1160万元，支持了乐山的能源、交通、原材料、旅游、粮油、食品、运输、建筑、建材、文教、卫生、轻工、化工、城市建设等行业。

公司的主要业务主要体现在信托业、证券业、投资业，包括委托存款、委托贷款、信托存款、信托贷款、上市公司的股票委托买卖，代理证券的发行、兑付、股权证的确认、登记、过户、转让、代保管、融资租赁、代理各种收付、经济咨询等，以及中国人民银行批准的其他金融业务。

▲证券交易大厅

▲公司总部大楼

证券一部：(0833) 2137382 2138177
(乐山市中区嘉定南路144号)

证券二部：(0833) 2114527 2136657
(乐山市中区嘉定南路157号)

证券三部：(0833) 2114961 2139758
(乐山市中区嘉定南路92号百货大楼二楼)

证券四部：(0833) 2139989
(乐山市中区小十字)

地址：乐山市中区南安路45号　电话：(0833) 2443404 2443449　邮编：614000　传真：(0833) 2443404

汉中市证券公司

总经理：王新

致　辞

汉中市证券公司，顺应改革开放的浪潮，乘势而上，大胆地闯，大胆地试，在短短的六年中，历经创业、再创业的“酸、甜、苦、辣、咸”，恪守“团结务实，开拓奋进，节俭高效，诚信服务”的企业精神，内强管理，外树形象；坚持“客户至上，服务为本，信誉第一”的服务宗旨；在“法制、监管、自律、规范”八字方针的指引下，取得了令人瞩目的成就，1997年总收入突破千万元大关，创公司成立以来最好的业绩。

今日之公司，固定资产逾千万，员工百余人，硬件上档次，管理上水平，工作创一流，已博得各级领导的青睐，社会之公认。

公司业绩的取得，得益于社会主义市场经济的确立；得益于汉中市党政领导及市财政局的正确决策；得益于银行、工商、税务等方方面面的大力支持；也得益于公司领导集体的果敢抉择和全体员工的勇于实践，奋力拼搏。藉此机会，我谨向关心、爱护和帮助我们发展的各界朋友，以及在创业和发展中竭诚努力，默默奉献的全体员工致以衷心的谢意。

毫无疑问，“狠抓证券，注重实效，强化管理，全面发展”的工作思路仍将是我公司继续发展，再铸辉煌的基石。我深信，有各级领导的全力扶持；有各界朋友、同仁的赤诚帮助，汉中市证券公司必然会在发展中规范，在规范中求得更大的发展。“且喜沁园春光好，今朝更待满江红”，公司的明天会更好！

证券营业部大厅

公司总部夜景

地址：陕西省汉中市汉台区兴汉东路

电话：(0916)2235588

邮编：723000

传真：(0916)2216403

天水市信托投资公司

总经理：李晓安

天水市信托投资公司是一九八O年经中国人民银行总行批准成立的国有非银行金融机构，是地方财政局和人民银行领导、管理、监督、协调和稽核下具有独立法人资格、实行独立核算、自主经营、自负盈亏的全民所有制金融企业。

公司主营：信托、委托存贷款、信托投资、房产开发、金融租赁、债务担保、代理财产保管与处理、股票交易、经济咨询及中国人民银行批准经营的其它金融业务。

公司实行总经理负责制，下设六部、两室和两个分公司，现有职工55人，其中，具有大中专以上学历的占85%，35岁以下的占80%。

公司所属天水市广场证券交易营业部和兰州东岗西路证券交易营业部；地处两市黄金地段，营业大厅宽敞整洁，大中户室舒适优雅。公司还不断改善投资环境，采用高速CLIENT/SERVER券商柜台交易系统，开通了两市行情委托交易卫星通讯双向系统，增加了传输数据的安全性和快捷化。

公司成立以来，始终坚持“团结、勤奋、改革、创新”的企业宗旨，以国家金融方针、政策为指导，坚持改革开放，积极参与市场竞争，广泛筹集资金，支持了地方经济发展和金融市场繁荣，取得了明显的经济效益和社会效益。面向二十一世纪，公司继续围绕“依法经营、提高资金效益”这一中心，与同业伙伴携手合作，开拓进取，共创中国证券光辉灿烂的明天。

地址：甘肃省天水市建设路信托大厦
总经理：李晓安
副总经理：张亚东、娄德全
总经理助理：杨文
邮编：741000
电话：(0938) 8214620
传真：(0938) 8218299

天水证券部　　经理：张巧玲
地址：甘肃省天水市广场金龙大厦四楼
电话：(0938) 8297705
传真：(0938) 8218299　邮编：741000

兰州证券部　　经理：刘旺兴
地址：甘肃省兰州市东岗西路312号
电话：(0931) 8867965　邮编：730000
传真：(0931) 8816918

广东华侨信托投资公司

华信基金

华信基金总经理：尹文健

广东省省长卢瑞华与华信基金总经理，现为广东华侨信托投资公司副总经理尹文健同志亲切交谈

地址：广州市环市东路　　电话：020-87627545
邮编：510075　　传真：020-87627545

“华信基金”部分员工在分析当日股市行情

“华信基金”全体员工参加“希望工程

秋艳

北京证券登记有限公司

总经理：程博明

董事长：王守和

北京证券登记有限公司是经中国人民银行北京市分行和北京市体改委批准，在北京市工商行政管理局注册登记，由在京中央和地方22家证券金融机构共同发起组建，于1993年4月28日正式成立的非银行金融机构，注册资本1000万元，属定向募集的有限责任公司。公司实行董事会领导下的总经理负责制。董事长：王守和；总经理：程博明；下设七部一室：财务部、电脑部、清算部、业务部、研究咨询部、证券投资部、营业部、办公室。

公司主要经营业务包括：经批准公开发行及非公开发行的证券登记业务；上市及未上市记名证券的清算过户；有价证券的托管、还本付息和分红派息；与证券有关的投资和咨询业务；审定上市公告和年度报告；主管机关批准的其它业务。

公司成立近5年来，恪守优质服务的宗旨，外拓业务，内抓管理，取得了飞速发展。我们相信，随着中国经济和证券市场的发展与腾飞，北京证券登记有限公司前方的路更宽广、更灿烂。

公司领导班子

营业部大厅

地址：北京市新街口外大街8号
邮编：100081
电话：(010)62043353　传真：(010)62049403

重庆会计师事务所

CHONGQING CERTIFIED PUBLIC ACCOUNTANTS

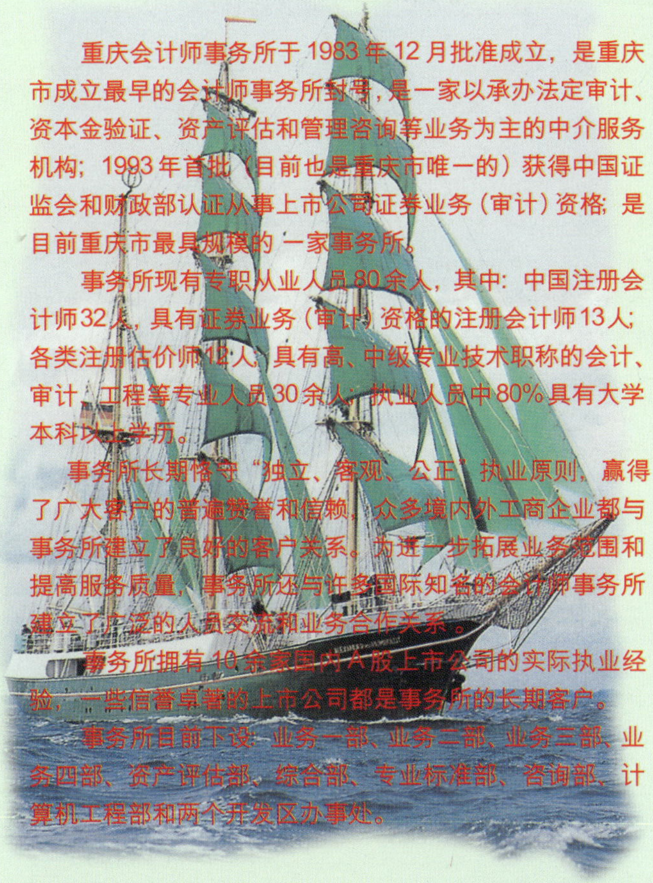

重庆会计师事务所于1983年12月批准成立，是重庆市成立最早的会计师事务所封号，是一家以承办法定审计、资本金验证、资产评估和管理咨询等业务为主的中介服务机构；1993年首批（目前也是重庆市唯一的）获得中国证监会和财政部认证从事上市公司证券业务（审计）资格；是目前重庆市最具规模的一家事务所。

事务所现有专职从业人员80余人，其中：中国注册会计师32人，具有证券业务（审计）资格的注册会计师13人；各类注册估价师12人；具有高、中级专业技术职称的会计、审计、工程等专业人员30余人；执业人员中80%具有大学本科以上学历。

事务所长期恪守"独立、客观、公正"执业原则，赢得了广大客户的普遍赞誉和信赖，众多境内外工商企业都与事务所建立了良好的客户关系。为进一步拓展业务范围和提高服务质量，事务所还与许多国际知名的会计师事务所建立了广泛的人员交流和业务合作关系。

事务所拥有10余家国内A股上市公司的实际执业经验，一些信誉卓著的上市公司都是事务所的长期客户。

事务所目前下设：业务一部、业务二部、业务三部、业务四部、资产评估部、综合部、专业标准部、咨询部、计算机工程部和两个开发区办事处。

法人代表：付思福

地址：重庆市渝中区人和街74号12楼
电话：023-63873882
传真：023-63861961
邮编：400015

深圳中华会计师事务所

会计师事务所所长：朱震昌

深圳中华会计师事务所创建于1987年，经过十年来的努力，已发展成为国内素质较高，功能齐全、
量和信誉良好的大型会计师事务所。

事务所现有员工160余人，其中专业人员130余人，包括执业注册会计师40余人，特聘外籍注册会计
17人，事务所专业人员包括财务、会计、审计、经济、评估、金融、税务、法律、工程技术、电脑、专利
商标等多种专业的资深专家，其中具有高级会计师、高级经济师、高级工程师、教授、副教授等高级职称
有20余人、

事务所是首批获得财政部、中国证券监督管理委员会、国家国有资产管理局批准的证券业务审计资格
证券业务评估资格的事务所之一。现有经批准获得证券业务资格的注册会计师16名，事务所多年已经为
多家公司承办上市业务的审计或评估业务、其中已挂牌上市的有40余家，待批上市的10多家；常年为上
公司担任核数师和财务顾问的有A股业务20多家，B股业务10多家；配合境外国际会计公司承办境外上
业务的数家，事务所是迄今为止唯一可以同时承办境内、境外证券业务的中国会计师事务所，并由中国人
银行总行推荐可以承办全国金融机构的验资、审计等业务的机构，事务所被列入第一批推荐名单。

事务所与境外许多著名国际会计公司（包括驰名国际的世界"六大"）均有良好的业务合作关系，事务
在1994年10月经财政部批准参加浩华国际会计公司（HORWATH&COMPANY）为其成员所，也是中国
家国际成员所，浩华会计公司是世界十大会计公司之一，在70多个国家和地区中共有270多个成员所。

事务所与浩华国际在世界各地的成员所结成全球性的业务联营网络，可以为全球经济界尤其是各大国
性企业集团提供审计、评估、咨询等配套的专业服务；事务所还与国内各大中城市的中华会计师事务所
集团的成员所结成国内业务联营网络，可以协作提供跨省市、跨地区的配套专业服务。

事务所是国内业务量较大、承办上市公司证券业务最多的事务所之一，拥有数十家上市公司客户、数百家常年客户、上千家联系客户，形成为具有广泛社会影响的客户群，分布在国内二十多个省市和香港、台湾、泰国、日本、新加坡、澳大利亚等地，事务所与所有这些客户结成了长期友好合作的关系，以真诚、公正的专业服务博得客户的广泛信赖和好评，曾两次被评为深圳市先进单位。

事务所所长朱震昌，高级会计师、中国注册会计师，是中国会计学会荣誉理事、中国资产评估协会常务理事、中国电子工业会计学会副会长、中国电子工业审计学会常务理事、深圳市企业管理协会、深圳市中外企业家协会理事，广州、天津、杭州三所高等院校的兼职教授。

地址：广东省深圳市深南中路爱华大厦16楼
电话：(0755) 3210036（总机）
传真：(0755) 3350329
邮编：518031

目 录

第六卷 证券市场的监管与风险防范

第七卷 证券发行与承销

第八卷 证券交易基本常识

第九卷 沪深证券交易所

二、商业类

三、地产类

四、公共事业类

五、综合类

一、工业类

二、商业类

三、金融类

四、地产类

五、公用事业类

六、综合类

七、深市上市公司中期业绩一览表 …… 3967

彩页索引 P1377 前

彩页索引 P2744 后

第十二卷　证券商

彩页索引 P2745 前

第十三卷　投资基金汇集

第十四卷　证券服务机构

第十五卷　证券投资分析

附录：

重要说明：①本目录表在第十卷、十一卷上市公司信息汇集中，其每家上市公司的详细资料分别为：带“●”刊登96年报、97中报；带“◇”刊登招股说明书、上市公告书、97中报；带“◆”刊登上市公告书、96年报、97中报；带“△”刊登招股说明书、上市公告书；带“■”刊登上市公告书；带“★”刊登96年报(精选)；带”☆”刊登97中报；带“⧊”刊登招股说明书、97中报；带“⧊”刊登96年报；带“▲”刊登招股说明书；带“○”刊登上市公告书、97中报；另由于部分上市公司提供资料不及时，或没有提供故带“＊”缺资料，特此一并说明。

②本编委会对在本书中所刊载的信息资料或广告概不负责，对其准确性、完整性亦不发表任何评论。并表示不对因该资料全部或部分内容产生的或依赖该资料而引致的任何损失承担责任。投资者若依附本书中的资料而作投资决策时，请直接与刊户联系，采取商业或证券交易中应有的慎重考虑。

《中国证券大全》(1998)将于1998年8月底出版发行，联系电话：(0755)3223327　3229756(F)
(010)63071040—352　67739522

江西万年青水泥股份有限公司

江西万年青水泥股份有限公司简介

公司简介

江西万年青水泥股份有限公司，地处江西省万年县城，东临浙赣线、皖赣铁路傍厂而过，206国道靠厂伸延，鄱阳湖近毗厂区，交通十分便利。公司目前拥有两条湿法生产线，年产水泥46万吨，1986年建成的国内第一条日产2000T熟料的窑外分解生产线，年产水泥64万吨，形成了110万吨的年生产能力，公司现有职工1435人，其中各类专业技术人员263人，现有净资产总额36220万元，为江西省最大的水泥生产企业。产量、产值、利税持续稳定增长，连续十余年位居江西省十大盈利企业之列。

公司的股票于1997年8月20日在深圳交易所上网发行成功，共募集资金20450万元，将用于建一条日产2000T新型干法水泥生产线，建成投产后，公司总生产能力将达到160万吨/年，目前公司主导产品为525R普通硅酸盐水泥和425R普通硅酸盐水泥，公司将加大复合水泥、道路水泥、快硬水泥等新产品的开发力度，形成以早强型高标号为主的品种齐全的优质产品系列。公司生产的“万年青”水泥为国内名牌产品，合格率连续12年达100%，优质品率达90%以上，产品广泛用于国家大型及重点工程。

在销售市场中，除稳定在原有的江西、福建、上海市场的基础上，将积极开拓江西南部和广东市场，利用京九铁路开通的有利条件，进军香港及国际市场，增强公司市场竞争能力，提高公司的出口创汇能力。

公司将充分利用上市这一有利条件，进一步加大融资力度，加快技术开发和技术改造，使公司逐步成为综合性大型股份集团公司。

江西万年青水泥股份有限公司(筹)招股说明书概要

一、释义

本招股说明书中，除上下文中另有说明外，下列名词之含义应由以下释义规范：

新股：指　由中国证监会证监发字[1997]第409号文批准发售的本公司5000万股面值为人民币1元的记名式普通股。

新股发行：指　本公司按照中国国内报章刊登之招股说明书而向中国境内投资者发售的，将在深圳证券交易所上市的本公司5000万股社会公众股之事宜。

发起人：指　江西水泥厂(以下简称：“水泥厂”)。

发行人：指　江西万年青水泥股份有限公司(筹)(以下简称“本公司”、“股份公司”或“公司”)。

筹委会：指　江西万年青水泥股份有限公司筹备委员会。

主承销商：指　君安证券有限责任公司

承销团：指　以君安证券有限责任公司为主承销商而组成的本次股票发行的承销团。

承销协议：指　江西万年青水泥股份有限公司筹备委员会与君安证券有限责任公司于1997年6月3日达成的新股承销协议。

证交所：指　深圳证券交易所。

元：指　人民币元。

二、绪言

本招股说明书是根据《中华人民共和国公司法》、《股票发行与交易管理暂行条例》和国家现行有关证券管理法规而编写并公布，并经中国证券监督管理委员会证监发字[1997]第409号文核准，旨在向社会公众人士提供有关本公司的资料。筹委会成员已批准本招股说明书，确信本招股说明书不存在任何重大遗漏或者误导性提示。筹委会成员对本招股说明书的真实性、准确性、完整性负个别及连带责任。

本公司本次新发行的股票是根据本说明书所载明的资料申请发行的。除本发行人和主承销商外，没有委托或授权任何其他人提供未在本说明书中列载的信息和对本说明书作任何解释或者说明。

本公司股票之买卖，应由投资者按规定负担相应的税款，发行人、上市推荐人和承销商对税款不承担责任。

三、发售新股的有关当事人

1. 发　行　人：江西万年青水泥股份有限公司(筹)

筹委会负责人：杨石根
地　　　址：江西省万年县陈营镇东郊
电　　　话：(0793)3839605
传　　　真：(0793)3839776
联　系　人：马欣

2. 主承销商及上市推荐人：君安证券有限责任公司

法定代表人：张国庆
地　　　址：深圳市罗湖区春风路5号
办 公 地 址：上海市常德路466号306室
电　　　话：(021)62672001　各部
传　　　真：(021)62712514
经 办 人 员：陈骅、温治

3. 副主承销商：中国信达信托投资公司

法定代表人：陈玉华
地　　　址：北京市西长安街28号
电　　　话：(010)62020286
传　　　真：(010)62372136
联　系　人：张健

4. 分　销　商：吉林省证券有限责任公司

法定代表人：祁崇焕
地　　　址：吉林省长春市人民大街87号
电　　　话：(0431)8945679
传　　　真：(0431)8945679
联　系　人：冯志远

5. 发行人律师：

名　　　称：江西省涉外经济律师事务所
法定代表人：魏金荣
地　　　址：南昌市民德路104号
电　　　话：(0791)6223315
传　　　真：(0791)6278277
经办 律 师：魏金荣、成新生

6. 主承销商律师：

名　　　称：上海市第二律师事务所
法定代表人：高前和

地　　址:上海市四川北路1688号
电　　话:(021)63649355
传　　真:(021)63569988
经办律师:邵曙范、薛勇

7. 会计师事务所:
名　　称:江西会计师事务所
法定代表人:詹铁军
地　　址:南昌市叠山路146号
电　　话:(0791)6213737
传　　真:(0791)6212303
联 系 人:詹铁军、张新万
经办注册会计师:詹铁军、张新万

8. 资产评估机构:
名　　称:南昌会计师事务所
法定代表人:董选增
地　　址:南昌市中山路470号
电　　话:(0791)6631440
传　　真:(0791)6631104
联 系 人:王银华、史春荣
经办评估师:王银华、史春荣、丁旭东

9. 土地评估机构:
名　　称:江西省土地估价所
法定代表人:陈广远
地　　址:南昌市洪都北大道020号
电　　话:(0791)8520324-201
传　　真:(0791)8510411
联 系 人:匡英剑

10. 资产评估确认机构:
名　　称:中国国家国有资产管理局
法定代表人:张佑才
地　　址:北京市万泉河路66号
电　　话:(010)62567744
传　　真:(010)63464595

11. 股票登记机构:
名　　称:深圳证券登记有限公司
地　　址:深圳红岭中路25号
电　　话:(0755)5567899
传　　真:(0755)5571127

四、发行情况

1. 承销方式

本公司本次股票发行采取余额包销方式进行,由以君安证券有限责任公司为主承销商组成的承销团包销。

2. 发行日期:1997年8月20日

3. 发行方式:利用深圳证券交易所的交易系统定价上网发行。

4. 发行地区:本次股票发行地区是所有与深圳证券交易所的交易系统联网的证券网点。

5. 发行对象

本次发行股票的发行对象是持有中华人民共和国居民身份证的公民和境内法人(法律、法规禁止购买者除外)。

6. 股票种类、面值、数量

本次发行的股票为记名式人民币普通股,面值为1.00元人民币,发行总量5000万股,其中公司职工股为500万股。

7. 发行价格及其确定价格的方法

本次股票发行价格为每股人民币4.26元。发行价格的确定公式:发行价格=前三年平均每股税后利润×市盈率

$$=\left[\frac{94\text{年税后利润}}{94\text{年底总股数}}+\frac{95\text{年税后利润}}{95\text{年底总股数}}+\frac{96\text{年税后利润}}{96\text{年底总股数}}\right]\div 3\times\text{市盈率}$$

(1)计算数据的确定

1994年、1995年及1996年三年公司实际税后利润分别为4261.13万元、4078.84万元及3850.43万元。

本公司1994年、1995年、1996年年底总股数均为13000万股。

(2)市盈率以13.60倍计。

8. 本次发行预计实收金额

本次股票发行预计募集资金为人民币21300万元,扣除发行费用850万元,实收金额为20450万元。

五、风险因素与对策

投资者在评价本发行人此次发售的股票时,除本招股说明书提供的其它资料外,应特别认真地考虑下述各项风险因素。

(一)经营风险

1. 原材料供应及价格的风险

本公司生产所需的主要原材料有石灰石、千枚岩、煤、矿渣、铁粉、石膏、砂岩和萤石。目前江西水泥厂有自备石灰石和千枚岩矿山,已探明储量95年底石灰石矿山尚有7005.4万吨,千枚岩矿山尚有569万吨,资源受到一定限制。其它原材料供应主要通过市场购得,受市场价格变动因素及铁路供货运输的影响较大,这些因素对公司的生产产生一定的影响。

2. 对主要客户的依赖

本公司对主要客户的依赖除原材料供应商外还对一些水泥消费客户存在着一定的依赖关系。本公司生产的水泥以高标号为主,销售地区主要在江西和福建两省,如这两地区未来基本建设受到控制或者其它水泥生产企业产量的提高,将对本公司销售产生一定影响。

3. 能源、交通运输方面的制约

本公司所需电力由赣东北供电局供电,最大负荷2.24万千瓦。日产熟料2000吨新型干法水泥生产线工程建成投产后将增加用电负荷1.43万千瓦,电力供应会受到一定限制。

交通运输主要包括铁路和公路两种方式,进厂原材料和出厂成品主要通过约占运输总量90%以上的铁路运输,工厂铁路专用线与皖赣线万年站相接,厂区至万年车站相距约1.2公里,南下即与浙赣线、鹰厦线相连。但是日产熟料2000吨新型干法水泥生产线工程的建成投产,每年将增加100万吨的铁路、公路运量,运输能力受到一定的限制,增加了企业的经营风险

4. 产品价格方面的限制

我国目前的水泥市场已经放开,产品销售价格随行就市,公司的水泥产品在销往其它省市时,由于销售成本的增加,使产品的售价受到一定的限制。

5. 产业结构单一的风险

本公司主要业务为水泥的生产和销售,产业结构比较单一。主营业务收入在公司总收入中占有很大的比重,受建筑行业影响较大,存在一定的风险。

6. 技术水平的限制

目前本公司拥有一台干法窑、二台湿法窑,由于目前国内外基本都采用比较先进的干法窑,如本公司仍停留在目前的技术水平上,则存在着逐渐落后于国内与国际水平的风险。

7. 融资能力的局限性

本公司的融资渠道主要为银行的长期和短期贷款,融资方式较少。

8. 自然条件的限制

公司地处江西省东北部,气候多变,空气潮湿,将对水泥贮存带来一定的限制,另外公司所处地区为六度地震设防区,虽然建厂至今从来未发生过重大的自然灾害,但也不能排除未来自然灾害对本公司生产影响的可能性。

(二)行业风险

1. 产业政策的限制

国家目前的产业政策要求大型水泥企业水泥的散装能力逐步达到50%以上。这将给目前水泥散装能力相对较低的本公司带来一定的影响。

2. 环保因素的限制

本公司在生产过程中会产生一定量的粉尘和噪声污染。环境保护的要求,对本公司发展有一定限制,存在一定的风险。

3. 严重依赖其它行业的风险

水泥行业对建筑市场依赖性较大,国家宏观政策及基建规模的变化,对本公司生产和销售影响较大。

4. 严重依赖有限的自然资源风险

公司水泥产品的制造所需原材料大部分属于自然资源,虽然目前已探明公司周边地区矿山和其它原材料资源较为丰富,但自然资源是有限的,不能排除未来自然资源的匮乏给本公司带来的风险。

5. 行业内部竞争的情况

国民经济的快速发展必然要求水泥工业的相应套配发展,同时也加剧了水泥行业内部的激烈竞争。

(三)市场风险

1. 发行人受商业周期的影响

由于本公司水泥销售主要在我国南方地区。3-6月份为我国东南部省份的雨季,建筑工地施工无法全面展开,因此市场需求较弱;进入7月份市场需求转旺。因此,本公司水泥生产和销售将会受到建筑业周期的制约。

2. 市场不够发达及市场分割的影响

目前我国市场经济刚刚起步,还不够发达,在一定程度上存在市场分割的情况,这会给公司产品的销售带来一定的困难。

3. 密切相关的行业存在各种制约因素

水泥工业属我国建材工业的一个重要组成部分,其它建筑材料如钢材、玻璃等行业的生产规模,也会影响到整个水泥行业的发展。

4. 发行人所在行业生产能力,市场容量的限制,发行人的生产能力,市场占有率的限制。

水泥工业是我国重要的原材料工业。目前我国水泥总产量居世界第一,随着我国经济迅速发展,水泥的供应缺口仍然很大,特别是高标号优质旋窑水泥缺口很大,公司目前生产能力为年产110万吨水泥,产品的市场主要集中在江西和福建两省,还不能满足市场的需求。

(四)政策性风险

本公司政策性风险来源于国家宏观经济政策。主要包括金融货币政策及税收政策等,当国家宏观经济紧缩时将受到不利冲击。

(五)其它风险

1. 本次募股资金投向新项目的风险

公司本次募集资金投入的"日产熟料2000吨新型干法水泥生产线"项目,除同样存在上述风险外,还对技术、工艺、设备、人才素质、管理水平等有较高的要求,其中任何一个条件达不到要求,都会影响项目效益水平的发挥。由于新项目效益的不确定性,可能给本公司带来风险。

2. 公司现有股东的控制产生的风险

公司的控股股东可能通过行使股东权利或采取其他方式,对公司的经营决策,人事方面进行控制。由于水泥厂在本公司中处于绝对控股地位,同时本公司业务的开展也需要水泥厂的支持,这可能使公司的业务决策受到一定影响,对本公司的经营可能产生风险。

3. 关联交易风险

由于本公司设立的历史原因,导致公司的唯一控股股东江西水泥厂与本公司之间存在着土地、房屋、商标租赁及其它综合服务等多方面的关联交易,上述原因可能产生使本公司全部或部分小股东利益损失的风险。

(六)股市风险

股票市场投资风险与收益并存。经济、政治环境的变化,股市中的投机行为等都会使股票价格产生波动。同时,市场需求,原材料供应等外部经营环境的剧烈变化都可能对企业经营造成不良影响,而导致股价下跌,因此,对于股票价格的涨落,投资人要有一定的承受能力,投资者在作出投资决策之前,对此应有充分的心理准备。

本公司针对上述风险拟采取以下主要对策:

(一)经营风险的主要对策

1. 原材料供应及价格风险的对策

本公司将利用现有的地理优势,充分运用水泥厂拥有开采权的矿山资源,同时开发附近的矿山资源,现已探明远景储备量石灰石矿1.5亿吨,千枚岩矿600万吨,足以保证生产的需要。其它主要原材料通过与供应商签订长期的供货合同,稳定原材料的供应及成本。为防止铁路运输出现故障或气候变化带来的不利因素,公司将通过控制合理的存货量,保持南北方两大货源基地,以降低原材料供应及价格的风险。

2. 对主要客户依赖的对策

一方面本公司将进一步提高服务以保障现有的水泥客户稳定,另一方面将利用本公司"万年青"名牌商标的优势,进一步扩大上海市场和以京九线贯通为契机,向京九线沿线省份渗透,来进一步扩大水泥消费客户。

3. 能源、交通方面制约的对策

本公司已与江西省电力工业局达成意向。新增1.43万千瓦用电容量,以满足未来生产的电力需求。

日产熟料2000吨新型干法水泥生产线工程建成投产后,为缓解运输紧张状况,公司已向南昌铁路局申请,增加装车运输,并已获南昌铁路局批准。

4. 产品价格方面限制的对策

面对激烈的市场竞争,本公司将根据不同地区、新老用户、重点工程等,采取灵活多变的价格,迅速反映出市场间的合理价格,作到互惠互利,以减少价格因素对产品销售带来的限制。

5. 产业结构单一风险的对策

本公司将加快新产品开发,努力提高产品质量和生产规模,并在适当时机谋求向水泥深加工及高附加值产品方向发展,开拓新的业务领域,逐步发展多业经营,以减少单一经营风险。

6. 技术水平限制的对策

目前本公司已准备把一号湿法窑改建成日产2000吨水泥熟料干法窑,通过这次改建将大大提高本公司整体的技术水平。

7. 融资能力局限性的对策

本公司通过本次发行股票,募集资金,开拓新的融资渠道,利用资本市场较强的融资功能,来补充企业经营发展所需的资金,降低经营风险。

8. 自然条件限制的对策

对于自然条件的限制,本公司将一方面通过加强对干部职工的教育,提高干部职工的防震减灾意识,使自然灾害对本公司生产影响降至最小。另一方面公司将通过采用先进的水泥贮存技术,最大限度地延长水泥的存贮期。

(二)行业风险的主要对策

1. 产业政策限制的对策

本公司将通过增加水泥散装设备,提高水泥的散装率,以期在近二年内能达到或超过国家对散装率的目标和要求。

2. 环保因素限制的对策

公司对环境保护非常重视,对污染源加强管理,同时增加环保设施的投入,走综合利用的路子,化害为利,目前,本公司各项环保指标均达到国家标准的要求。

3. 严重依赖其它行业所产生风险的对策

随着国家经济政策向中部地区倾斜,以及民用建筑工程(如安居工程)的启动,将会给水泥工业带来良好效益,减少本公司的行业风险。

4. 严重依赖有限的自然资源所产生风险的对策

一方面公司在水泥的生产和制造过程中,通过加强管理,对原材料投入进行严格的控制,杜绝浪费现象。另一方面,公司还将积极向其它行业、领域开拓,逐步发展成为综合性的集团公司,以降低因自然资源的减少、匮乏所造成的行业风险。

5. 行业内部竞争的对策

在市场经济环境下,几乎所有的企业都面临来自同行的竞争,为在行业竞争中立于不败之地,本公司将继续不断提高"万年青"牌水泥的质量,降低成本,提供优质的服务体系保障产、供、销三方面的良性循环。

(三)市场风险的主要对策

1. 发行人受商业周期影响的对策

本公司将通过进行水泥深加工和设立水泥搅拌站等措施来缓解水泥销售淡季对本公司带来的影响。

2. 市场不够发达及市场分割影响的对策

公司在稳定原有的市场份额基础之上,以质量优势、价格优势及服务优势,向其他省市、地区发展,打破市场割据,创造良好的经济效益,降低市场风险。

3. 密切相关行业存在各种制约因素的对策

我国建材工业"九五"计划以调整和优化产业结构为重点。公司将立足建材业,把发展优质旋窑水泥作为主要任务,以减轻行业间各种制约因素导致的市场风险。

4. 因发行人所在行业生产能力、市场容量的限制和发行人的生产能力、市场占有率限制所产生的风险的主要对策

公司已筹建一条日产熟料2000吨新型干法水泥生产线,建成投产后,公司总生产能力将达到160万吨/年,并通过增加销售渠道,扩大销售网络,来提高公司产品的市场占有率,降低市场风险。

(四)政策性风险的主要对策

本公司将尽快实施一业为主,多种经营的方针,降低主业比重,提高辅业功能,在主业受到国家宏观经济政策影响时,辅业能够发挥积极的作用。

(五)其它风险的主要对策

1. 本次募股资金投向新项目所产生的风险对策

公司将一方面高度重视各种风险因素对公司生产带来的全面影响,制订详尽可行的防范和管理计划,把一切风险因素降至最小,提高决策的科学性,另一方面将通过拓展经营范围,加强成本管理,降低物资消耗,提高员工素质,保持与客户良好的合作关系及制定详细的保险计划等,以达到降低风险或避免损失的目的。

2. 公司现有股东的控制产生风险的对策

公司依法制定详尽可行的公司章程,以此来保护中小股东的权利行使和义务履行。控股股东江西水泥厂在与本公司签定的《资产重组协议》中还承诺将不会在中国境内外任何地方和以任何形式从事与股份公司业务有竞争或能构成竞争的业务或活动。

3. 关联交易风险的对策

本公司与水泥厂就租用土地、部分生产性房屋建筑物和商标的行为签订了长期"土地使用权租赁合同"、"房屋及构筑物租赁合同"和"商标使用许可合同"。

本公司与水泥厂在原材料供应、水电供应和铁路运输、汽车运输、机器设备维修、通讯设备租赁等其它生产协作和后勤服务方面,股份公司与水泥厂签订了长期协议,水泥厂以公开合理的价格有偿提供给本公司。

本公司通过以上措施,来降低关联交易所产生的风险。

(六)股市风险的主要对策

提高上市公司素质是降低股市风险的有效途径。本公司一方面将严格按《公司法》等法律、法规的要求进行经营与管理,妥善使用募集资金,用良好的业绩给广大股东带来高回报。另一方面将严格按有关规定及时充分地向广大投资者披露关于公司生产经营等方面的重大信息,使投资者尽可能更多地了解公司的经营状况,从而降低在股市投资中造成损失的可能性。在此,本公司提醒投资人对股价的波动及原因应有充分了解,以避免和减少损失。

六、募集资金的运用

江西万年青水泥股份有限公司本次将发行的社会公众股为5000万股。若本次股票发行成功,扣除发行成本后预计募集资金约为20450万元。

本次募集资金主要用于(一号窑技术改造项目——日产熟料2000吨新型干法水泥生产线)

本项目被列为国家经贸委"双加"工程。项目建成投产后,将年产熟料60万吨,年产水泥71.74万吨;其中525#硅酸盐水泥14.35万吨,525#普通硅酸盐水泥57.39万吨。产品销往江西省、福建省、广东省、上海市及其它省市。项目投产后视国际水泥市场情况确定产品是否出口创汇。

该项目总投资64547万元,其中固定资产投资为63347万元(含外汇793万美元),铺底流动资金1200万元。其来源为:建设银行已承诺贷款4700万元,(借款本金41572万元,建设期利息5428万元,年利率12.42%),公司自筹17547万元。由于公司本次发行股票预计募集资金20450万元,根据国经贸改(1997)247号文的规定,将从原银行承诺贷款47000万元中减少2903万元,实际贷款44097万元。建成投产后即第4年产生效益,预计年销售额(不含税)25686万元,年销售利润8387万元,具有良好的经济效益,全投资财务内部收益率为16.37%,静态投资回收期为7.44年(含2年建设期),自有资金财务内部收益率为14.48%,自有资金静态投资回收期为11.05年(含2年建设期);投资利润率12.52%,投资利税率17.02%,全部借款偿还期为9.19年(含2年建设期),具有较好的经济效益和清偿能力。

七、股利分配政策

1. 按《公司法》及国家有关法律、法规规定,公司将在1998年6月以前首次向股东分配利润。本次公开发行股票的投资者将参加自股票发行日起利润的分配,不享有1997年1月1日至公司股票发行日期间的利润分配权。

2. 公司遵循股权平等、同股同利、利益共享、风险共担的原则。

3. 公司税后利润的分配顺序如下:

(1)弥补亏损;

(2)提取法定公积金;

(3)提取法定公益金;

(4)提取任意公积金;

(5)支付股利。

4. 公司分配当年税后利润时,应当提取税后利润的10%列入公司法定公积金,并提取税后利润的5%-10%列入公司法定公益金。公司的法定公积金累计为公司注册资本的50%以上的,可不再提取。

公司的法定公积金不足以弥补上一年度公司亏损的,在依照前款规定提取法定公积金和法定公益金之前,应当先用当年利润弥补亏损。

公司在从税后利润中提取法定公积金后,经股东大会决议,可提取任意公积金。

公司弥补亏损和提取公积金、法定公益金后所余利润,按股东持有的股份比例进行分配。

5. 公司每年支付股利一次,支付时间由股东大会决定。

6. 公司股利采用现金和股票两种形式。

7. 公司按照法律、行政法规,代扣代缴个人股东股利收入的应纳个人所得税。

本公司股利分配政策须待公司正式成立后由股东大会予以确认。

八、发行人情况

1. 发行人名称:江西万年青水泥股份有限公司(筹)

英文名称:JIANGXI WANNIANQING CEMENT CO.,LTD.

2. 发行人的成立日期

本公司的筹委会已于1997年3月31日成立,于1997年4月1日获江西省工商行政管理局公司设立名称预先核准通知书。本公司将于本次募股结束后一个月内正式成立。

3. 发行人住所:江西省万年县陈营镇东郊

4. 发行人的历史情况简介

公司的发起人为江西水泥厂,该厂是经江西省人民政府报请国家建筑工程部批准,于1958年9月由国家拨款投资兴建,1974年和1976年分两期建成两条湿法生产线,年产水泥46万吨,1984年扩建了国内第一条日产2000吨熟料的窑外分解生产线,1986年建成投产,年产水泥64万吨,形成了110万吨的生产能力,成为江西省最大的水泥生产企业,也是全国大型水泥企业之一。企业产量、产值、利税持续稳定增长,生产规模不断扩大,连续十余年位居江西省十大盈利企业之列,成为我国水泥产品的大型生产基地。1989年晋升为"国家二级企业",1992年被评为"中国建材50强企业",1993年列入"中国500家最佳经济效益企业",最近分别被省经贸委和国家经贸委列为"百户扶优增效工程企业"和"全国300家重点联系企业"之一,并审核认定为国家大型一档企业。

本次江西水泥厂进行股份制改造,成立江西万年青水泥股份有限公司的资产重组过程如下:

江西水泥厂依据《中华人民共和国公司法》规范投资行为,并根据证监会下达的股票发行额度5000万元,按照国家有关部门规定的要求,对企业资产分离和重组。江西水泥厂以1996年12月31日为资产评估基准日,下属原料车间、烧成车间、制成车间、熟料车间、水泥车间、包装车间、化验室等生产部门和部分管理部门相应的固定资产、流动资产、在建工程及相关债务(除水泥车间、包装车间的厂房外)都划入股份公司,土地仍保留在江西水泥厂,股份公司以租赁方式有偿使用。水泥车间、包装车间的厂房和其余的车间、部门等资产和债务留在水泥厂,由江西水泥厂经营管理,并与股份公司的资产分离。由于股份公司与水泥厂存在多方面的关联交易情况,为此双方在《江西水泥厂与江西万年青水泥股份有限公司(筹)资产重组协议》(以下简称资产重组协议)中对这些关联交易权利与义务作出明确的规定。

本次资产重组,江西水泥厂将其36.34%的评估前帐面净资产14117万元(截止1996年12月31日,江西水泥厂的评估前帐面净资产38846万元)投入股份公司。该部分净资产经评估后为15769.98万元,按82.44%的比率折为13000万股,占此次发行后股份公司总股本的72.22%。该资产重组方案已获得江西省国有资产管理局赣国资企字(1997)11号文批准。

资产重组后,江西水泥厂与股份公司为两个独立的法人,江西水泥厂是股份公司的控股股东,处于绝对控股地位,并依照有关法律、法规的规定,享有国有法人股股利,并行使国有股权。同时,江西水泥厂隶属于江西省建材国有资产经营公司,并承担全部国有资产保值增值的有关责任。

5. 发行人组织结构和内部管理结构

本公司按照《公司法》的规定,将设立股东大会、董事会、监事会和有效率的生产经营管理机构。股东大会为最高权力机构,董事会为常设经营决策机构,总经理负责本公司的日常事务,监事会是公司的监督机构。其结构如图:

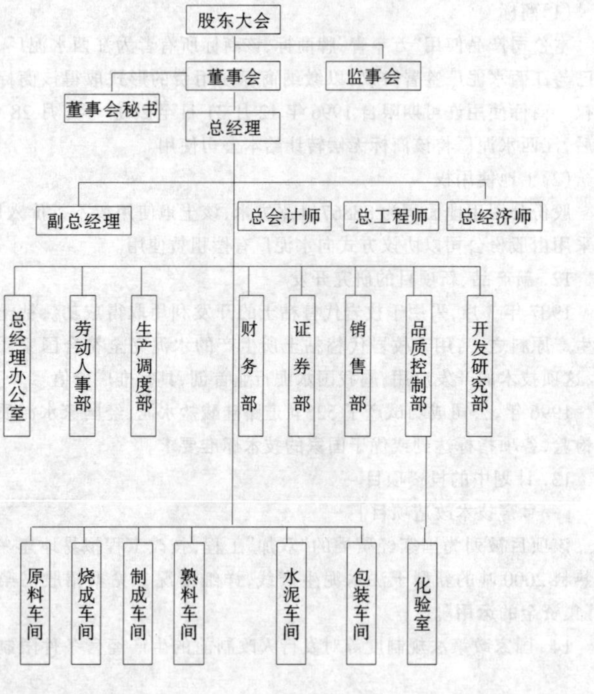

江西水泥厂为本公司的控股股东,拥有72.22%股权,处于绝对控股地位,除此之外,公司没有拥有其它公司的股权。

6. 发行人的职工人数,职工的专业构成

本公司现有职工1435人,其构成情况如下表所示:

按专业性质分类	人数	比例%
生产人员	990	68.99
销售人员	40	2.79
技术人员	263	18.33
行政人员	115	8.01
财务人员	27	1.88
按受教育程度分类	人数	比例%
大专以上	207	14.43
中专	122	8.50
高中	508	35.40
初中	418	29.13
初中以下	180	12.54
按年龄分类	人数	比例%
51-60	37	2.58
41-50	320	22.30
31-40	306	21.32
30以下	772	53.80

福利、劳保、待业保险、养老退休金

根据本公司章程,公司在国家宏观指导和调控下,根据实际情况自主制定用人和工资分配计划。

公司的工会将代表职工与公司按照《中华人民共和国劳动法》所规定就劳动报酬、工作时间、休息休假、劳动安全卫生、保险、福利等事项,签订集体合同。

公司和职工个人将依法参加养老、待业、工伤等社会保险、缴纳社会保险费,并由公司根据本公司的经济情况为职工建立补充保险。

由于江西水泥厂的离退休人员不进入股份公司,因此本公司目前无离退休人员。本公司正式成立以后,将按期足额交纳社会养老保险费用,公司职工在离退休后将依法享有社会统筹养老金,公司不再负担离退休人员的退休工资。

7. 发行人的业务经营范围

主营业务为硅酸盐水泥、普通硅酸盐水泥和矿渣硅酸盐水泥

兼营业务为提供水泥生产技术咨询服务业务等。

8. 发行人主要业务

本公司主要从事熟料及硅酸盐水泥的制造和销售。

9. 发行人的主要产品品种、生产能力、主要市场及市场占有情况和销售额、销售方式。

公司水泥产品的生产和销售稳步增长,1994年生产水泥101万吨,销售水泥101万吨;1995年产量为101.52万吨,销量为99.93万吨;1996

年产量为105.1万吨,销量达105万吨,三年平均销售收入达3.13亿元。公司的主要产品有525R普通硅酸盐水泥、425R普通硅酸盐水泥及525#普通硅酸盐水泥,其销售额占总销售额的95%以上。公司主导产品为525R普通硅酸盐水泥,在华东地区的同类产品中占有重要地位,在江西省市场的占有率为80%,福建省达20%以上,另外在上海、广东、浙江、武汉等地都有一定的市场。公司产品的销售方式主要为自营销售,还通过设立在江西、福建、广东、海南及上海等省市的直销经营点和联营单位,进行多渠道,多领域及多种方式的营销。

10. 主要原材料供应和自然资源的耗用情况

本公司所需石灰石和千枚岩由江西水泥厂自备矿山开采,公司已与水泥厂签订了长期供货协议,其它原材料的供应,公司将与其签订长期的供货合同,另外公司已与江西水泥厂签订水、电的长期供应合同。

11. 与本公司有关的工业产权和无形资产

(1)商标

本公司产品使用"万年青"牌商标,该商标所有者为江西水泥厂,本公司已与江西水泥厂签署协议,以缴纳商标使用费的形式取得该商标的使用权。商标使用许可期限自1996年12月31日至2003年2月28日,期满后,江西水泥厂将该商标无偿转让给本公司使用。

(2)土地使用权

股份公司用地面积为88867.4平方米,该土地使用权不折价入股,而是采用由股份公司以协议方式向水泥厂有偿租赁使用。

12. 新产品、新项目的研究开发

1987年3月,采用千枚岩代替粘土的开发利用取得成功。粘土是水泥生产原料之一,用千枚岩代替粘土所生产的水泥完全符合国家质量标准,这项技术的开发应用,属我国水泥行业首创,具有推广价值。

1996年,公司成功试产了525#道路硅酸盐水泥,经国家水泥质检中心检验,各项指标达到或优于国家的技术标准要求。

13. 计划中的投资项目

[一号窑技术改造项目]

该项目被列为国家经贸委的"双加"工程,技改工程拟易地建一条日产熟料2000吨的新型干法水泥生产线,详细情况参见本招股书第六章"募集资金的运用"。

14. 国家政策法规制度等对发行人改制前的生产经营条件限制和优惠

由于企业的生产经营会造成一定程度上的环境污染,国家环保政策对公司的发展存在一定程度的束缚,在公司公开发行股票之后,环境保护方面政策、法规的限制仍将存在。公司生产经营除必须遵守的政策、法规、制度之外,发行前公司所得税按利润承包每年交纳500万元,发行股票之后,根据省政府文件所得税按33%征收,财政返还18%,实际税负为15%。

15. 近三年公司改组投资情况

1997年,经江西省人民政府批准,由江西水泥厂改组并作为独家发起人,将生产性经营资产以及相关的资产(包括原料车间、烧成车间、制成车间、熟料车间、水泥车间,包装车间、化验室及部分管理部门等,)投入本公司,折为发起人法人股13000万股,并向社会公开发行社会公众股5000万股,以募集方式设立本公司。江西水泥厂为本公司的控股公司。公司通过本次股份制改制和发行股票,不仅将募集到的资金用于项目投资,降低负债比例,还将有利于公司经营机制的转换,扩大知名度,为今后生产和发展打下良好的基础。

16. 关联交易

由于股份公司与江西水泥厂存在着多方面关联交易情况,为此双方在签订的《资产重组协议》及附件的九个合同中,对这些关联交易双方的权利与义务作出了明确的规定,详细情况参见招股说明书的备查文件。

17. 大股东放弃竞争和利益冲突的承诺

由于江西水泥厂将主要水泥生产线都划入股份公司,所以不存在同业竞争问题。江西水泥厂在与本公司签定的《资产重组协议》中承诺将不会在中国境内外任何地方和以任何形式从事与股份公司业务有竞争或能构成竞争的业务或活动。同时,在关联交易的九个合同中,江西水泥厂对其行使权利和履行义务也作出了相应的承诺。

九、筹委会成员及重要职员

杨石根先生,男,45岁,大专,中共党员,经济师。杨先生长期从事大型水泥企业的生产经营和行政管理的领导工作,具有丰富的管理经验和强烈的事业心,曾历任车间副主任、车间主任、厂长助理、副厂长、党委副书记、厂长等职,现为筹委会主任。

梁家友先生,男,43岁,大专,中共党员,政工师。梁先生长期从事大型水泥企业的团务和党务工作,具有丰富的党务工作经验和强烈的事业心,曾历任团委副书记、党委办公室副主任、主任、车间党支部书记、厂党委副书记、厂党委书记等职,现为筹委会副主任。

周其祥先生,男,52岁,大学,中共党员,高级工程师。周先生长期从事大型水泥企业的矿山开采管理和领导工作,具有丰富的矿山开采经验,尤其擅长大型矿山开采的组织领导工作,曾历任技术员、矿山采石场工段长、矿山采石场副主任、主任、副厂长等职,现为筹委会成员。

张万泉先生,男,52岁,大学,中共党员,高级工程师。张先生长期从事水泥行业的技术改造、管理和领导工作,具有丰富的管理经验和水泥生产技术的专业知识,曾先后历任技术员、车间副主任、扩建试生产办公室主任、厂长助理、副厂长等职,现为筹委会成员。

潘维西先生,男,43岁,大专,中共党员,经济师。潘先生长期从事水泥的生产和管理工作,对大型水泥企业的生产和管理具有丰富的领导组织经验,曾历任车间副主任、车间主任、副总调度长、厂长助理、副厂长等职,现为筹委会成员。

胡景平先生,男,37岁,大学,中共党员,高级工程师。胡先生自加盟江西水泥厂以来,主要从事出厂水泥检验及质量管理工作,曾历任化验室副主任,厂长助理等职,现为筹委会成员。

马欣先生,男,37岁,大专,中共党员,经济师。马先生自加盟江西水泥厂以来,主要从事文秘工作及销售工作,具有一定大型水泥企业营销经验,曾历任办公室副主任、销售处处长等职,现为筹委会成员。

周金水先生,男,54岁,大专,中共党员,高级会计师。周先生长期从事大型水泥企业的财务和管理工作,具有丰富的财务管理经验,曾历任财务科副科长、科长、副总会计师、副总会计师兼会计处处长等职,现为筹委会成员。

胡显坤先生,男,34岁,硕士,高级工程师。胡先生自加盟江西水泥厂以来,主要从事技术改造工作及设备管理工作,具有一定的大型水泥企业技术管理经验,曾历任机修车间副主任、技改办设计处副主任、熟料车间副主任、总师室主任及副总工程师等职,现为筹委会成员。

王荣水先生,男,48岁,大专,中共党员,工程师。王先生长期从事大型水泥企业矿山开采的生产及行政管理工作,具有丰富的管理经验,曾历任矿山采石场工段长、矿山采石场副书记、输送车间主任、矿山采石场主任、厂长助理、工会主席等职,现为筹委会成员。

于金根先生,男,51岁,高中,中共党员,政工师,历任水泥厂宣传科副科长、组织部部长等职。现为筹委会成员。

邹桂香女士,女,45岁,高中,中共党员,厂劳动模范,化验室物检组班长及基层工会副主席。现为筹委会成员。

陈建军先生,男,40岁,大专,中共党员,会计师。历任水泥厂财务处副处长、江西省建材国有资产经营公司财务部副主任等职。

谌一鸣先生,男,46岁,大专,中共党员,曾历任江西省建材工业总公司副主任科员、副处长,江西省建材国有资产经营公司经营管理部副主任等职。

以上筹委会成员及重要职员均无责任补偿及其他与公司的对价协议。

十、经营业绩

1. 生产经营的一般情况

江西水泥厂是江西省最大的建材企业。年产水泥 110 万吨,其生产的“万年青”牌水泥制质量稳定可靠,产品合格率连续 12 年达到 100%,优质品率达 90%以上。

2. 每年销售总额和利润总额的情况

江西水泥厂多年来一直保持着稳定的盈利水平。经江西会计师事务审计,公司近三年的经营业绩如下: 单位:万元

项目	97年1-3月	96年	95年	94年
主营业务收入	7758.94	31149.86	30649.70	31953.45
利润总额	1035.63	4350.43	4578.84	4761.13
所得税	155.34	500.00	500.00	500.00
税后利润	880.29	3850.43	4078.84	4261.13

注:公司 92 年到 96 年实行利润包干,每年定额上交 500 万元所得税,97 年经省政府批准,所得税实际税负为 15%。

3. 发行人业务收入的主要构成

产品名称	97年1-3月		96年		95年		94年	
	收入额	比例%	收入额	比例%	收入额	比例%	收入额	比例%
425R普通硅酸盐水泥	6,541,318	8.43	23,888,835	7.67	10,596,859	3.46	24,034,526	7.52
525R普通硅酸盐水泥	69,377,840	89.42	286,957,386	92.12	295,900,116	96.54	295,499,944	92.48
其他	1,670,212	2.15	652,343	0.21	0	0	0	0
合计	77,589,370	100	311,498,564	100	306,496,975	100	319,534,470	100

4. 筹资与投资方面的情况

本公司筹资渠道主要通过银行贷款,目前建设银行已承诺贷款 47000 万元,并通过本次发行股票募集的资金,用于新建一条日产熟料 2000 吨新型干法水泥生产线项目。

十一、股本

1. 本次公开发行为本公司首次发行,公司拟注册资本为 18000 万元。本次发行向社会公众募集 5000 万股(含公司职工股 500 万股),每股面值 1 元,发行价格每股 4.26 元。股票溢价金额 15450 万元(扣除发行费用 850 万元)列入资本公积金。

2. 本公司发起人——江西水泥厂,以 15769.98 万元净资产按 82.44%比率折为国有法人股 13000 万股,超过面值部分的 2769.98 万元列入资本公积金。该项资产已经江西会计师事务所、南昌会计师事务所验证和评估,并经国家国有资产管理局(国资评)[1997]455 号文确认。本公司国有股权管理方案经江西省国有资产管理局赣国资企字[1997]15 号文批复。

3. 本次发行成功后,公司股份结构如图所示:

股本结构	股本	比例
国有法人股	13000	72.22%
社会公众股	5000	27.78%
其中:公司职工股	500	2.78%
总股本	18000	100%

4. 根据江西会计师事务所审计后财务报表资料,本次发行成功后,本公司有关资产数据为:

发行前净资产总额:	15,769.98 万元
发行前总股数:	13,000 万股
发行前每股净资产:	1.21 元
新股发行预计实收金额	20,450 万元
发行后净资产总额预计为:	36,219,98 万元
发行后总股数:	18,000 万股
发行后每股净资产预计为:	2.01 元

5. 公司股份的回购

根据《公司法》规定,公司不得收购本公司股票,但在下列情况下,经报审批机构批准,可以回购公司发行在外的股份:

①为减少公司资本而注销股份;

②与持有本公司股票的其它公司合并;

③法律、法规许可的其它情况;

公司回购股票后,必须在 10 日内注销该部分股份,并依照规定办理变更登记并公告。

十二、财务会计资料

本节主要财务会计资料摘录自江西会计师事务所对江西万年青水泥股份有限公司截止 1997 年 3 月 31 日近三年资产负债表,利润及利润分配表的验证和审计报告。如果投资人欲对发行人的财务状况,经营成果及其会计政策进行更详细的了解,应当认真阅读在附录中所载的发行人财务报表和注释。

审 计 报 告

赣会师股审字[1997]第 006 号

江西万年青水泥股份有限公司筹委会:

我们接受委托,审计了贵公司 1994 年 12 月 31 日、1995 年 12 月 31 日、1996 年 12 月 31 日、1997 年 3 月 31 日的资产负债表、1994 年度、1995 年度、1996 年度、1997 年 1-3 月利润及利润分配表和 1996 年度、1997 年 1-3 月财务状况变动表。这些会计报表由贵公司负责,我们的责任是对这些会计报表发表审计意见。我们的审计是依据《中国注册会计师独立审计准则》进行的。在审计过程中,我们结合贵公司的实际情况,实施了包括抽查会计记录等我们认为必要的审计程序。

我们认为,上述会计报表符合《企业会计准则》和《股份制试点企业会计制度》的有关规定,在所有重大方面公允地反映了贵公司 1994 年 12 月 31 日、1995 年 12 月 31 日、1996 年 12 月 31 日、1997 年 3 月 31 日的财务状况及 1994 年度、1995 年度、1996 年度、1997 年 1-3 月的经营成果和 1996 年度、1997 年 1-3 月的资金变动情况;会计处理方法的选用遵循一贯性原则。

江西会计师事务所 中国注册会计师:张新万 詹铁军

地址:南昌市叠山路 246 号 一九九七年六月六日

一、会计报表的模拟编制方法:

1. 1994 年至 1996 年江西水泥厂执行《工行企业会计制度》现根据江西万年青水泥股份有限公司(筹)从江西水泥厂剥离的原则,并模拟《股份制试点企业会计制度》进行调整。

2. 以江西省国资局赣国资企字[1997]15 号文《关于江西万年青水泥股份有限公司国有股权管理方案的批复》、以南昌会计师事务所[1997]洪会评字第 37 号资产评估报告及国家国资局国资评[1997]455 号文确认的评估结果为依据,对股份公司(筹)1996 年 12 月 31 日的会计资料进行调帐。

3. 具体模拟编制方法说明:

资产、负债方面

以相关性为原则,将与水泥生产经营相关的原料车间、烧成车间、制成车间、熟料车间、水泥车间、包装车间、化验室等生产部门、销售部门、部分管理部门相应的固定资产和在建工程及相关债务划入股份公司(筹)。

损益方面

主营业务收入,营业成本,销售费用全部划入股份公司(筹)。

管理费用以归属性为原则、将与水泥生产、经营相关的管理费用划入股份公司(筹)。

财务费用按划入股份公司(筹)的短期借款、长期借款及相关利率计算确定。

营业外收支按归属性原则划入股份公司(筹)。

二、主要会计政策

1. 公司执行的会计制度:公司执行《股份制试点企业会计制度》。

2. 会计期间:公司会计年度自公历 1 月 1 日起至 12 月 31 日止。

3. 记帐原则和计价基础:公司采用权责发生制原则,以历史成本为

计价基础。

4. 记帐本位币:公司以人民币为记帐本位币。

5. 坏帐准备:公司按年末应收帐款余额的3‰计提坏帐准备,并调整当年损益。

6. 存货计价方法:公司存货中除原材料、包装物采用计划成本计价,期末结转材料成本差异,将计划成本调整为实际成本外,其他均按实际成本计价。发出存货按加权平均法计算结转。低值易耗品采用五五摊销法。

7. 固定资产及累计折旧:公司固定资产按实际成本计价,以使用年限在一年以上,单位价值在人民币2000元以上为标准作为固定资产进行核算,按各类固定资产原值扣除4%残值,采用直线法确定其折旧率如下:

固定资产类别	估计使用年限	年折旧率
房屋建筑物	20-35	4.8-2.47%
通用设备	10-15	9.6-6.4%
专用设备	10-12	9.6-8%
运输设备	8-12	12-8%

8. 销售收入实现原则:以企业发出商品、提供劳务,同时收讫价款或取得索取价款的凭据作为销售收入的实现。

9. 税项:

A. 增值税:按销售收入的17%计算销项税额,扣除进项税额后的差额计缴增值税。

B. 城建税和教育费附加:分别按应交增值税额的5%和3%计算缴纳。

C. 印花税:按税务局核定的标准缴纳。

D. 所得税:94、95年按92年江西水泥厂与省政府、省税务局签订的每年定额上交所得税500万元,五年不变的合同规定,上交所得税500万元,96年根据省政府赣府发[1997]37号文件规定,确认江西水泥厂96年所得税为500万元。先按33%上交,超过部分由财政返还,经江西省人民政府赣府字[1997]35号批准,股份公司(筹)的所得税从1997年度起先按33%税率征收,然后由省财政返还18%,实际税负为15%。

10. 利润分配:公司缴纳所得税后的净利润按下列顺序分配。

A. 提取法定公积金10%;

B. 提取法定公益金5-10%;

C. 根据股东大会决议,提取任意公积金;

D. 根据股东大会决议支付股利。

三、报表主要项目注释

1. 货币资金

货币资金期末余额2,891,589元,其明细如下:

现金	1,000
银行存款	2,890,589
其中:中国工商银行江泥分理处	191,591
中国建设银行万年县支行	2,126,347
中国建设银行万年房地产信贷部	498,777
中国工商银行江泥分理处	73,874

2. 应收帐款

应收帐款期末余额63,384,890元,其帐龄如下:

一年以内	31户	60,061,359元	占94.76%
一年至二年	7户	1,225,318元	占1.93%
二年至三年	3户	2,098,213元	占3.31%

(注:本帐户无持有本公司5%以上股份股东的款项。)

3. 预付货款

预付货款期末余额7,063,743元,其主要帐户如下:

江苏无锡华庄特种金属厂	107,227
南京水泥工业设计研究院	700,000
上海新建机器厂一分厂	890,000
淮南矿务局	1,000,181
北京中农物资贸易公司	544,399
山东衮州矿务局	1,193,002
山西潞安矿务局	1,833,940
江西省散装水泥开发公司	300,000
重庆自动化仪表厂	375,000

(注:本帐户无持有本公司5%以上股份股东的款项)

4. 待摊费用

待摊费用期末余额5,035,384元,全部为94年期初存货分离的进项税金。

5. 存货

存货期末余额48,760,132元,其构成如下:

原材料	25,409,949
产成品	15,415,347
在产品	4,109,338
包装物	594,570
低值易耗品	27,020
材料成本差异	3,203,908

6. 固定资产及累计折旧

固定资产类别	期初余额	本年增加	本年减少	期末余额
固定资产原值:				
房屋及建筑物	63,457,967			63,457,967
通用设备	38,105,715			38,105,715
专用设备	117,536,551			117,536,551
运输工具	632,875			632,875
合计	219,733,108			219,733,108
累计折旧:				
房屋及建筑物	12,481,405	434,687		12,916,092
通用设备	11,091,718	762,114		11,853,832
专用设备	43,349,640	2,820,877		46,170,517
运输工具	33,837	12,658		46,495
合计	66,956,600	4,030,336		70,986,936

7. 在建工程

工程名称	工程进度	实际支用数	原预算数	批准文号	资金来源
窑尾空压机改造	95.35%	514,883	540,000	江泥发[96]52号	自有

8. 短期借款

短期借款期末余额43,000,000元,其明细项目如下:

贷款单位	贷款条件	月利率	币别	金额	期限
中国建设银行万年县支行	元	8.4‰	人民币	43,000,000.00	1996.6-1997.6

9. 应付票据

应付票据期末余额800,000元系支付万年县塑料包装制品厂购买水泥包装袋三个月期的银行承兑汇票,4月8日到期。

10. 应付帐款

应付帐款期末余额11,442,545元,其中10万元以上主要帐户有:

江西新余铁龙公司	712,941
乐平泊电贸易联营公司	546,055
万年县燃料公司	1,493,952
万年县五交化公司	342,952
河南洛阳耐火材厂	381,004
安徽当涂钢铁厂	158,083
安徽铜陵市宏兴选矿厂	214,194
南昌石膏矿	238,352
江苏邳州市老区建材石膏公司	265,371
江西散办丰城煤矿	258,652

(注:本帐户无持有本公司5%以上股份股东的款项。)

11. 预收货款

预收货款期末余额2,520,857元,其中10万元以上主要帐户有:

福州保税区经达贸易开发公司	157,194

福建省投资公司	191,441
浙江省鄞县液压件二厂	283,186
财政部驻江西财政监办	750,340
蓝天建材经营部	192,341

(注:本帐户无持有本公司5%以上股份股东的款项。)

12. 未交税金

未交税金期末余额5,742,999元,其明细项目如下:

税种	欠交税额	计税依据	税率
增值税	2,218,933	销售收入其他业务收入	17%
城建税	111,426	应交增值税额	5%
房产税	4,938	计税房产值	1.2%
企业所得税	3,417,578	实现利润总额	33%

13. 其他未交款

其他未交款期末余额126,856元,其明细项目如下:

其他未交款项目	年初未交数	本期应交款	本期已交数	期末未交数
教育费附加	98.020	219.812	190.976	126.856

14. 其他应付款

其他应付款期末余额1,478,751元,其主要帐户如下:

代收用户养散费	542,173
代收省散办养散费	217,544
应付民工结算款	32,545
代扣个人所得税	36,010

(注:本帐户无持有本公司5%以上股份股东的款项。)

15. 预提费用

预提费用期末余额6,473,286元,其明细项目如下:

电费	4,195,080
利息支出	1,243,481
大修理费	458,625
副食品调节基金	45,600
防洪保安基金	368,000
财产保险费	162,500

16. 长期借款

长期借款期末余额40,173,028元。

贷款单位	贷款条件	年利率	金额	期限
中国建设银行万年县支行	元	2.4%	本利和	1989.10.28-1998.12.30
(拨改贷借款)			40,173,028	

17. 股本

	1997年3月31日	1996年12月31日	1995年12月31日	1994年12月31日
股本	130,000,000	130,000,000	56,150,000	56,150,000

1994年12月31日和1995年12月31日股本余额为人民币56,150,000元,系按股份制改组要求模拟的注册资本;

1996年12月31日和1997年3月31日股本余额为130,000,000元,系由江西水泥厂以评估确认的1996年12月31日的国有资产157,699,753元,按82.43513229%的折股比例为130,000,000股,每股面值人民币1元。

18. 资本公积

	1997年3月31日	1996年12月31日	1995年12月31日	1994年12月31日
资本公积	27,699,753	27,699,753	66,738,761	

1995年12月31日资本公积余额66,738,761元是1995年清产核资评估增值已经江西省清产核资领导小组办公室赣清办字[1995]第19号文件确认;

1996年12月31日和1997年3月31日余额27,699,753元系江西水泥厂投入江西万年青水泥股份有限公司(筹)的国有净资产157,699,753元按82.43513229%的折股比例折为130,000,000股后的差额部分,根据有关规定计入资本公积金。

19. 盈余公积

	1997年3月31日	1996年12月31日	1995年12月31日	1994年12月31日
盈余公积			12,509,953	6,391,696
其中:法定公积金			8,339,969	4,261,131
法定公益金			5,169,984	2,130,565

1994年度、1995年度和1996年度按当年净利润的15%分别计提盈余公积为人民币6,391,696元、6,118,257元和5,775,641元,至1996年12月31日,三个年度累计计提盈余公积为人民18,285,594元,已作为净资产的组成部分,计入股本和资本公积。

20. 未分配利润

未分配利润期末余额6,938,718元是1997年1-3月实现的尚未分配的税后利润。

21. 主营业收入

主营业务项目	1997年1-3月	1996年度	1995年度	1994年度
425#R普通水泥	6,541,318	23,888,835	10,596,859	24,034,526
525#R普通水泥	69,377,840	286,957,386	295,900,116	295,499,944
625#R普通水泥	1,388,782	652,343		
自制半成品-熟料	281,430			
合　计	77,589,370	311,498,564	306,496,975	319,534,470

22. 营业成本

营业成本项目	1997年1-3月	1996年度	1995年度	1994年度
425#R普通水泥	4,674,167	16,573,646	7,043,457	14,193,695
525#R普通水泥	43,090,250	182,581,109	179,249,440	174,539,798
625#R普通水泥	775,007	318,698		
自制半成品-熟料	186,587			
合　计	48,726,011	199,473,453	186,292,897	188,733,493

23. 销售费用

	1997年1-3月	1996年度	1995年度	1994年度
工资及福利	520,069	2,156,940	2,159,579	3,030,078
装卸费	1,132,755	5,456,373	5,574,427	4,129,247
包装费	6,474,746	25,301,872	23,088,620	24,240,315
折　旧	287,093	1,126,352	852,337	656,733
电　费	256,173	894,485	589,036	616,854
物料消耗及修理费	591,659	1,106,479	1,541,238	3,380,979
办公及其他费用	90,714	974,510	938,463	1,143,121
合　计	9,353,209	37,017,011	34,743,700	37,197,327

24. 管理费用

	1997年1-3月	1996年度	1995年度	1994年度
工资及福利	1,357,908	6,536,343	8,179,978	9,258,387
折旧费	487,971	1,875,409	1,985,353	2,399,627
办公及差旅费	582,596	4,209,427	5,966,525	7,651,737
保险费	162,500	1,529,734	1,228,623	1,352,499
养老统筹费	1,123,436	5,631,971	5,962,297	5,797,947
物料消耗及修理费	1,347,133	1,023,787	1,463,925	2,293,657
工会经费及教育经费	93,494	538,631	813,380	1,092,703
水电费	423,224	2,030,360	2,159,187	3,830,831
矿产资源补偿费		609,332	1,088,398	1,390,000
租赁费	1,836,700			
其　他	398,425	2,270,800	3,905,345	5,768,829
合　计	7,813,387	26,255,794	32,753,011	40,836,217

25. 财务费用

	1997年1-3月	1996年度	1995年度	1994年度
利息支出	1,323,201	5,900,955	4,363,164	2,466,382
减:利息收入	55,894,	178,838	396,679	720,316
加:金融机构手续费		15,360	5,360	2,304
合计	1,267,307	5,737,477	3,971,845	1,748,370

26. 其他业务利润

	1997年1-3月	1996年度	1995年度	1994年度
让售原材料	-33,957	592,150	-116,872	-51,057

出售窑灰	473,625	1,610,123	210,350	
合 计	439,668	2,202,273	93,478	-51,057

27. 营业税金及附加

	1997年1-3月	1996年度	1995年度	1994年度
城建税	357,574	1,115,338	1,107,413	1,525,786
教育费附加	214,544	669,203	664,448	915,471
合 计	572,118	1,784,541	1,771,861	2,441,257

28. 营业外收入

营业外收入1997年1-3月合计70,000.00元,让售废旧机器一台的残值收入。

29. 营业外支出

营业外支出10710元是污染村民稻田偿费支出。

30. 所得税

所得税1997年1-3月合计3,417,578元,系按1997年1-3月利润总额10,356,296元的33%计提,94年-96年每年上交所得税500万详见主要会计政策第9项税项。

31. 利润及利润分配

1994年度、1995年度和1996年度税后利润分别按10%提取法定公积金,5%提取法定公益金后为股利,1994年度至1996年度提取的盈余公积累计金额为人民币18,285,594元,已作为净资产的组成部分计入股本和资本公积。经江西万年青水泥股份有限公司筹委会第二次会议决定:①1997年1-3月实现的税后利润6,938,718元暂不分配,也不提取盈余公积金;②股份公司(筹)募集资金到位前实现的利润归老股东享有,募集资金到位后实现的利润新、老股东共享。

四、主要会计指标:

	1997年1-3月	1996年度	1995年度	1994年度
流动比率	1.78	1.65	1.59	1.61
速动比率	1.09	1.09	0.85	0.79
应收帐款周转率	1.35	7.87	13.19	21.08
资产负债率	0.40	0.41	0.41	0.57
存货周转率	1.12	5.04	4.89	6.10
净资产收益率	4.21%	24.42%	30.12%	68.13%
每股净利	0.053	0.296	0.314	0.328

(股本按13,000万元计算)

十三、资产评估

1. 资产评估

根据江西省股份制改革联审小组办公室[赣股办](1997)17号文件《关于同意筹建江西万年青水泥股份有限公司的通知》,南昌会计师事务所对截止1996年12月31日止江西水泥厂生产经营性资产进行了评估,评估结果已得到国家国有资产管理局国资评[1997]455号文确认。

江西万年青水泥股份有限公司资产评估汇总表

评估基准日:1996年12月31日　　计量单位:人民币万元

项 目	帐面原值	帐面净值	调整后净值	重置价值	评估值	评估增值	增加率%
一、资产							
1. 流动资产	11163.48	11148.01	11148.01	11221.97	11221.97	73.96	0.66
2. 在建工程	48.84	48.84	48.84	48.84	48.84	0	0
3. 建筑物	6081.65	4550.25	4550.25	6345.80	5097.66	574.41	12.03
4. 机器设备	13951.41	9148.82	9148.82	15627.51	10179.99	1031.17	11.27
资产总计	31245.38	24895.92	24895.92	33244.12	26548.46	1652.54	6.64
二、负债							
1. 流动负债		6785.14	6785.14		6785.14	0	
2. 长期负债		3993.34	3993.34		3993.34	0	
负债总计		10778.48	10778.48		10778.48	0	
三、净增产		14117.44	14117.44		15769.8	1652.54	11.71

评估方法:

对整体企业评估采用重置成本法,确定各项资产评估值,累加后减去负债得出净资产评估值。为验证重置成本加和法对整体企业评估是否合理,同时采用收益现值法进行企业整体评估。

评估计价标准:

①房屋建筑物按《江西省建筑工程预算定额》及相关文件规定标准计价;

②机器设备按《全国设备资产评估价格手册》、《中国机电产品市场价格目录》及制造厂家询价等计价;

③存货按现行市价、合同价等计价;

④其他相关法规或价格资料。

2. 土地评估

本公司于1997年4月聘请了江西省土地估价所对本公司所占用土地进行了评估,面积总计为88867.4平方米,评估地价总值为9,653,666元,江西水泥厂已取得土地使用证,并将该土地使用权租赁给股份公司,评估结果及土地使用权处置方式已经江西省土地管理局[1997]赣土局[籍]字第07号文及[1997]赣土局字第19号文确认和批复。

十四、盈利预测

发行人提醒投资者,鉴于盈利预测所依据的种种假设的不确定性,投资者在进行投资判断时不应过于依赖以下预测资料。

根据经江西会计师事务所审计的本公司1996年经营业绩,以本公司近期生产发展规划和各项业务收支计划及其它有关资料为依据,编制出本公司1997年度盈利预测,并经江西会计师事务所审阅。

一、盈利预测表基准和假设

1. 盈利预测基准:

本盈利预测根据公司1994年度至1997年1-3月经注册会计师审计的经营业绩,并根据公司目前生产经营能力和潜力,一九九七年度的公司财务预算编制的。预测遵循了我国现行法律、法规和制度的有关规定,并在各重要方面与公司采用的会计政策一致。

2. 盈利预测假设:

(1)公司所遵循的国家有关政策、法律、法规和制度及公司所在地的社会政治、经济环境无重大改变;

(2)公司各项经营业务所涉及的国家或地区现行的有关法律、法规及社会环境无重大变动;

(3)公司预测期内利率、税率、汇率在正常范围内变化,公司的生产经营发展计划能如期实现;

(4)公司无其他人力不可预测和不可抗拒因素造成的重大不利影响。

二、1997年盈利预测表

盈利预测表

编制单位:江西万年青水泥股份有限公司(筹)　　单位:万元

项 目	行次	1997年1-3月实现数	97年4-12月盈利数	合计
一、主营业务收入	1	7,758.9	25,351.1	33,110
减:营业成本	2	4,872.6	16,027.4	20,900
销售费用	3	935.3	2,864.7	3,800
管理费用	4	781.3	2,518.7	3,300
财务费用	5	126.7	353.3	480
进货费用	6			
营业税金及附加	7	57.2	190.2	247.4
二、主营业务利润	8	985.8	3,396.8	4,382.6
加:其他业务利润	9	44	176	220
三、营业利润	10	1,029.8	3,572.8	4,602.6
加:投资收益	11			
营业外收入	12	7	8	15
减:营业外支出	13	1	4	5
加:以前年度损益调整	14			
四、利润总额	15	1,035.8	3,576.8	4,612.6
减:所得税(33%)	16	341.8	1,180.3	1,522.1

项　目	行次	1997年1－3月实现数	97年4－12月盈利数	合计
五、净利润	17	694.0	2,396.5	3,090.5
减:所得税(15%)	18	155.3	536.6	691.9
六、净利润	19	880.5	3,040.2	3,920.7

三、1997年每股税后利润预测

1. 按全面摊薄法计算:

按33%所得税税率测算:

每股税后利润＝3,090.5万元/18,000万股＝0.17元/股。

按15%所得税税率测算:

每股税后利润＝3,920.7万元/18,000万股＝0.22元/股。

2. 按加权平均法计算:

按33%所得税税率测算:

每股税后利润＝3,090.5万元/15,083.3万股＝0.20元/股。

按15%所得税税率计算:

每股税后利润＝3,920.7万元/15,083.3万股＝0.26元/股。

(注:原股本13,000万股,预计1997年7月份发行5,000万股。)

四、盈利预测表编制说明

本预测表是根据江西水泥厂1997年度生产经营计划、财务预测、已签订的供销合同和对市场的调查分析编制的。

1. 主营业务收入:预计1997年度销售数量为110万吨,比上年增长4.76%,预计1997年度销售单价为301元每吨,比上年增长1%,全年主营业务收入预测数为33110万元。

2. 主营业务成本:预计1997年度的单位产品营业成本为190元每吨,比上年下降0.3%,全年营业成本预测数为20900万元。

3. 销售费用:由于产品销售数量比上年增长4.76%,销售费用将比上年增长3%,销售费用预测数为3800万元。

4. 管理费用:由于商标、土地等的租赁,使管理费用比上年增长25.7%,管理费用预测数为3300万元。

5. 财务费用:由于发行股票募集资金的到位,将使财务费用比上年下降15.8%,预计为480万元。

6. 其他业务利润:其他业务利润预计与上年相同为220万元。

7. 所得税:经江西省人民政府赣府字[1997]35号文批准,江西万年青水泥股份有限公司(筹)的所得税,从1997年度起先按33%税率征收,然后由省财政返还18%,实际税负为15%。

十五、公司发展规划

1. 生产经营发展战略

本公司是江西省最大的水泥生产企业,矿产资源丰富,技术力量雄厚。本公司将充分利用这一有利条件,加大融资力度,加快技术开发和技术改造,提高生产能力,扩大经营范围,力争在2000年实现"一业为主,多种经营"的战略目标,使公司逐步发展成为综合性大型股份集团公司,成为国内一流,国际知名的上市公司。

2. 发展目标和规模

公司目前正在筹建一条日产熟料2000吨新型干法水泥生产线,力争于1999年建成投产,尽快使公司达到年产180万吨水泥的生产规模,提高本公司在水泥行业中的地位。

本公司还将加大复合水泥、道路水泥、快硬水泥等新产品的开发力度,形成以早强型高标号为主的品种齐全的优质产品系列。

3. 市场发展计划

本公司将不断开拓新的销售领域,实行国内市场与国外市场同时拓展。公司在稳定原有的江西、福建、上海市场的基础上,积极开拓江西南部和广东省市场,利用京九铁路开通的有利条件,进军香港及国际市场,增强公司的市场竞争力,提高公司的出口创汇能力。

4. 销售计划

本公司在江西、福建、广东、上海等省市建有较完整的销售网络。为巩固原有的市场份额,开拓新的市场,本公司将坚持"服务是基础,质量是保证,市场是根本"的销售宗旨,努力造就一支懂经营,善管理,明市场的销售队伍,使公司在日益激烈的市场竞争中立于不败之地。

5. 生产经营计划

目前,本公司的年生产能力为110万吨水泥,新项目建成以后,总生产能力将达到160万吨。在适当时机,公司谋求向水泥深加工及高附加值产品方向发展,开拓新的业务领域,拟按前向一体化战略扩宽公司的经营范围,力争在最短的时间内将公司发展成为"一业为主,多种经营"的现代化企业集团。

6. 固定资产投资计划及设备更新计划

公司拟易地建一条日产熟料2000吨的新型干法水泥生产线。项目建成投产后,年产熟料60万吨,年产水泥71.74万吨;其中525#硅酸盐水泥14.35万吨,525#普通硅酸盐水泥57.39万吨。项目总投资64547万元,其中固定资产投资63347万元(含外汇793万美元),铺底流动资金1200万元,建设期为2年。

7. 人员扩充计划

本公司将根据生产发展规划,在适度增加人员的同时,调整人员的专业结构,使专业技术人员占公司人员总数的比例达到30%以上。

8. 筹资和运用计划

本公司除本次发行募集资金外,还将通过申请银行短期贷款和企业自筹等手段筹措资金,主要用于固定资产投资和补充流动资金。

十六、重要合同及重大诉讼事项

重大合同情况:

1. 股份公司与江西水泥厂签订的《资产重组协议》及作为《资产重组协议》附件的九个有关关联事务的合同,其具体内容详见招股说明书的备查文件,现简述如下:

《资产重组协议》明确了与水泥生产经营相关的原料车间、烧成车间、制成车间、熟料车间、水泥车间、包装车间、化验室等生产部门及部分管理部门相应的资产(不包括水泥车间和包装车间的厂房)及相关债务投入股份公司,但相应的土地使用权和水泥车间、包装车间的厂房仍保留在江西水泥厂,由发行人以向水泥厂租赁的形式有偿使用。在《资产重组协议》中,江西水泥厂承诺将不会在中国境内外任何地方以任何形式(包括但不限于独资经营、合资经营和拥有在其他公司或企业的股票或权益),从事与股份公司的业务有竞争或可能构成竞争的业务或活动。

《土地使用权租赁合同》规定,江西水泥厂将发行人所占用的88867.4平方米土地的使用权出租给发行人。租赁期限为50年。发行人每年向江西水泥厂支付土地使用权租金,年租金暂定为98.11万元。

《房屋及构筑物租赁合同》规定,江西水泥厂将发行人所使用的水泥车间和包装车间的房屋及构筑物出租给发行人,房屋面积为29988.12平方米,构筑物为20座。发行人每年向江西水泥厂支付"租用房屋及构筑物"的租金,年租金暂定为496.11万元。江西水泥厂保证在股份公司首次配股时,优先将水泥车间、包装车间的房屋及构筑物作为法人股配股的实物资产投入股份公司,其后股份公司不再支付"租用房屋及构筑物"的租金。

《商标使用许可合同》规定,发行人将在产品上使用江西水泥厂在中国登记注册的"万年青"牌商标并支付使用费。商标使用许可期限自1996年12月31日至2003年2月28日,期满后江西水泥厂将该商标无偿转让给发行人。目前,许可商标使用费为每年销售收入的2‰支付。

《石灰石、千枚岩供应合同》规定,江西水泥厂保证将其矿山开采的石灰石、千枚岩供应给发行人,其价格参照成本价格和市场价格通过协商合理确定。石灰石价格暂定为15.00元/吨,千枚岩价格暂定为33.76元/吨。

《铁路运输服务合同》规定,江西水泥厂保证向发行人提供铁路运输及相关的服务,发行人向水泥厂支付运输服务费用,铁路运输服务费的价格参照国家主管部门的规定协商确定。

《汽车运输服务合同》规定,江西水泥厂保证向发行人提供汽车运输服务,发行人使用汽车运输的费用按市场价格经双方协商,暂定为0.5元/吨公里。

《水、电供应合同》规定,江西水泥厂向发行人供应生产所需的水、电,并签订长期供应合同,发行人向水泥厂支付电力、原水的费用。水泥厂提供的电力、原水的定价原则为产品成本加税收和适当利润,不应高于其他企业供应的相同产品的价格。

《机电设备维修服务合同》规定,江西水泥厂保证发行人生产使用的机电设备提供维修服务,保障生产使用的机电设备处于良好的工作状况。发行人每年向江西水泥厂支付机电设备日常维修费,其定价原则为成本费用加税收和适当利润,不应高于其他企业提供相同服务的费用。

《后勤服务合同》规定江西水泥厂向发行人员工提供租用住房,医疗服务,子女入托、入学、工作就餐、沐浴、煤气、液化气供应、员工培训等服务。员工住房由发行人员工直接向水泥厂租用,并支付租金。上述服务由发行人每年向江西水泥厂支付一定的补偿。补偿数额由双方于每年前一年的12月10日前协商确定。除因国家法规、政策规定变动或物价上涨变动外,原则上补偿数额保持稳定。

2. 发行人与君安证券有限责任公司签订的《承销协议》。该协议明确了本次股票发行的前提及各方的权利、义务。协议规定由发行人委托君安证券有限公司作为本次发行的主承销商,组织承销团,负责包销本次发行的新股。

3. 依据江西会计师事务所对本公司前三年财务状况审计结果,公司的主要债项列示在《招股说明书》中第十五章。

重大诉讼事项:

本公司不存在导致发行人本次发行的股票不能发行和上市的尚未了结的重大诉讼、仲裁或行政处罚,亦不存在可能针对发行人的的重大诉讼、仲裁或行政处罚的威胁。

十七、其它重要事项

根据江西省土地管理局[1997]赣土局[籍]字第07号文《关于江西水泥厂土地评估结果的确认通知书》和[1997]赣土局字第19号文《关于江西水泥厂土地使用权处置方案的批复》,同意将土地使用权租赁给江西万年青水泥股份有限公司,待股份公司成立后,办理土地使用权租赁合同。

除此之外,本公司无其他对投资者的投资判断有重大影响的重要事项。

十八、招股说明书及备查文件查阅地点

一、备查文件

1. 审计报告、财务报表及附注
2. 发行人成立的批准文件
3. 主管部门和证券交易所批准发行上市的文件
4. 承销协议
5. 国有资产管理部门关于资产评估的确认报告
6. 发行人改组的其他有关资料
7. 重要合同
8. 证监会要求的其他文件

二、文件查阅时间及其地点

文件查阅时间:每逢星期二上午9:00-11:30

文件查阅地点:(1)江西省万年县陈营镇本公司证券部

(2)上海市常德路466号君安证券有限责任公司投资银行部上海

利 润 表

单位:元

项 目	行次	注释	1997年1-3月	1996年度	1995年度	1994年度	项 目	行次	注释	1997年1-3月	1996年度	1995年度	1994年度
一、主营业务收入	1	注释21	77589370	311498564	306496975	319534470	三、营业利润	10		10297006	43432561	47057139	48526749
减:营业成本	2	注释22	48726011	199473453	186292897	188733493	加:投资收益	11					
销售费用	3	注释23	9353209	37017011	34743700	37197327	营业外收入	12	注释28	70000	329939	39041	135504
管理费用	4	注释24	7813387	26255794	32753011	40836217	减:营业外支出	13	注释29	10710	258224	1307805	1050944
财务费用	5	注释25	1267307	5737477	3971845	1748370	加:以前年度损益调整	14					
进货费用	6						四、利润总额	15		10356296	43504276	45788375	47611309
营业税金及附加	7	注释27	572118	1784541	1771861	2441257	减:所得税	16	注释30	3417578	5000000	5000000	5000000
二、主营业务利润	8		9857338	41230288	46963661	48577806	五、净利润	20		6938718	38504276	40788375	42611309
加:其他业务利润	9	注释26	439668	2202273	93478	-51057	减:所得税(15%)	21		1553444			
							六:净利润	22		8802852			

资 产 负 债 表

单位:元

资 产	行次	注释	1997.3.31	1996.12.31	1995.12.31	1994.12.31	负债及股东权益	行次	注释	1997.3.31	1996.12.31	1995.12.31	1994.12.31
流动资产							流动负债						
货币资金	1	注释1	2,891,589	10,214,093	10,715,989	4,907,475	短期借款	41	注释8	43,000,000	43,000,000	36,000,000	21,000,000
短期投资	2						应付票据	42	注释9	800,000			
应收票据	3						应付帐款	43	注释10	11,442,545	22,972,790	9,233,391	2,542,454
应收帐款	4	注释3	63,384,890	51,577,098	27,615,694	16,872,589	预收货款	44	注释11	2,520,857	3,027,773	2,247,639	3,736,124
减:坏帐准备	5				82,847	56,618	应付福利费	45			118,468	430,160	401,740
应收帐款净额	6		63,384,890	51,577,098	27,532,847	18,815,971	未付股利	46					
预付货款	7	注释3	7,063,743	7,233,384	4,093,901	3,813,488	未交税金	47	注释12	5,742,999	3,979,141	3,309,286	10,597,544
其他应收款	8						其他未交款	48	注释13	126,856	98,020	51,502	225,299
待摊费用	9	注释4	5,035,384	5,035,384	5,035,384	6,847,169	其他应付款	49	注释14	1,478,751	1,564,057	5,313,343	1,702,361
存货	10	注释5	48,760,132	38,159,786	41,028,492	35,223,220	预提费用	50	注释15	6,473,286	1,049,481		
待处理流动资产净损失	11						年内到期的长期负债	51					
一年内到期的长期债券投资	12						其他流动负债	52					
其他流动资产	13						流动负债合计	55		71,585,294	67,851,448	55,585,321	43,305,522
流动资产合计	15		127,135,738	112,219,745	88,406,613	69,607,223	长期负债						
长期投资							长期借款	56	注释16	40,173,028	39,933,427	48,997,487	38,083,484
长期投资	16						应付债券	57					

固定资产							长期应付款	58					
固定资产原价	18	注释6	219,733,108	219,733,108	188,129,234	90,439,345	其他长期负债	60					
减:累计折扣	19	注释6	70,986,936	66,956,600	49,857,697	16,490,480	长期负债合计	61		40,173,028	39,933,427	39,997,487	38,083,481
固定资产净值	20		148,746,172	152,776,508	138,271,537	73,948,865	递延税项						
在建工程	21	注释7	514,883	488,375	3,303,372	374,614	递延税款贷项	62					
固定资产清理	22						负债合计	65		111,758,322	107,784,875	94,582,808	81,389,006
待处理固定资产净损失	23						股东权益						
固定资产合计	25		149,261,055	153,264,883	141,574,909	74,323,479	股本	66	注释17	130,000,000	130,000,000	56,150,000	56,150,000
无形资产及递延资产							资本公积金	67	注释18	27,699,753	27,699,753	66,738,761	
无形资产	26						盈余公积金	68	注释19			12,509,953	6,391,696
递延资产	30						其中:公益金	69					
无形资产及递延资产合计	35						未分配利润	70	注释20	6,938,718			
其他长期资产							股东权益合计	75		164,638,471	157,699,753	135,398,714	62,541,696
其他长期资产	36												
递延税项													
递延税款借项	37												
资产总计	40		276,396,793	265,484,628	229,981,522	143,930,702	负债及股东权益总计			276,396,793	265,484,628	229,981,522	143,930,702

财务状况变动表

单位:元

流动资金来源和运用	行次	1997年1-3月	1996年度	流动资金各项目的变动	行次	1997年1-3月	1996年度
一、流动资金来源				一、流动资产本年增加数			
1.本年净利润	1	6,938,718	38,504,276	1.货币资金	41	-7,322,504	-501,896
加:不减少流动资金的费用和损失				2.短期投资	42		
(1)固定资产折旧	2	4,030,336	17,098,903	3.应收票据	43		
(2)无形资产、递延资产及其他资产摊销				4.应收帐款净额	44	11,807,792	24,044,251
(减其他负债转销)	3			5.预付货款	45	-169,641	3,139,483
(3)固定资产盘亏(减盘盈)	4			6.其他应收款	46		
(4)清理固定资产损失(减收益)	5			7.待摊费用	47		
(5)递延税款	6			8.存货	48	10,600,346	-2,868,706
(6)其他不减少流动资金的费用和损失	7			9.待处理流动资产净损失	49		
小计	12	10,969,054	55,603,179	10.一年内到期的长期债券投资	50		
2.其他来源				11.其他流动资产	51		
(1)固定资产清理收入(减清理费用)	13			流动资产增加净额	60	14,915,993	23,813,132
(2)增加长期负债	14	239,601	935,940	二、流动负债本年增加数:			
(3)收回长期投资	15			1.短期借款	61		7,000,000
(4)对外投资转出固定资产	16			2.应付票据	62	800,000	
(5)对外投资转出无形资产	17			3.应付帐款	63	-11,530,245	13,739,399
(6)资本净增加额	18		22,301,039	4.预收货款	64	-506,916	780,134
小计	22	239,601	23,236,979	5.应付福利费	65	-118,468	-311,692
流动资金来源合计	23	11,208,655	78,840,158	6.未付股利	66		
二、流动资金运用				7.未交税金	67	9,722,140	-6,288,427
1.利润分配:				8.其他未交款	68	28,836	46,518
(1)提取盈余公积(用盈余公积补亏 以"—"表示)	24		3,850,427	9.其他应付款	69	-85,306	-3,749,286
(2)提取法定公积金	25			10.预提费用	70	5,423,805	1,049,481
(3)提取法定公益金	26		1,925,214	11.一年内到期的长期负债	71		
(4)已分配股利	27		32,728,635	12.其他流动负债	72		
小计	32		38,504,276				
2.其他运用							
(1)固定资产和在建工程净增加额	33	26,508	28,788,877				
(2)增加无形资产、递延资产及其他资产	34						
(3)偿还长期负债	35						
(4)增加长期投资	36						
小计	38	26,508	28,788,877				
流动资金运用合计	39	26,508	67,293,153	流动负债增加净额	79	3,733,846	12,266,127
流动资金净增加额	40	11,182,147	11,547,005	流动资金增加净额	80	11,182,147	11,547,005

江西万年青水泥股份有限公司上市公告书

一、要览

总股本:18000 万股
可流通股本:5000 万股
本次上市流通股本:4500 万股
股票简称:江西水泥
股票代码:0789
上市地点:深圳证券交易所
上市时间:1997 年 9 月 23 日
登记机构:深圳证券登记有限公司
上市推荐人:君安证券有限责任公司

二、绪言

本公告书依据《中华人民共和国公司法》、《股票发行与交易管理暂行条例》、《公开发行股票公司信息披露实施细则》、《深圳证券交易所业务规则》以及国家其它有关证券管理的规定编写而成。

本公司本次新股发行经中国证券监督管理委员会证监发字[1997]第409 号文和证监发字[1997]410 号文批准,股票上市申请经深圳证券交易所深证发[1997]316 号文同意,于 1997 年 9 月 23 日在深圳证券交易所挂牌交易。本公司总股本 18000 万股,本次上市流通股为 4500 万股,公司职工配售的 500 万股将按国家规定半年后上市。

本公司于 1997 年 8 月 13 日在《证券时报》、《上海证券报》、《江西日报》上刊登了《招股说明书概要》,距今不足六个月,故与其重复的内容在此不再重述,敬请投资者查阅本公司的《招股说明书概要》。

本公司董事会成员已批准本上市公告书,确信其中不存在任何重大遗漏或误导,并对其真实性、准确性、完整性负个别的和连带的责任。

三、公司概况

(一)概况

1. 公司法定名称:江西万年青水泥股份有限公司
   英文名称:JIANGXI WANNIANQING CEMET CO.,LTD
2. 公司注册资金:18000 万元
3. 公司法定代表人:杨石根
4. 公司成立日期:1997 年 9 月 5 日
5. 经营范围:硅酸盐水泥、普通硅酸盐水泥、矿渣硅酸盐水泥的生产及销售、水泥技术咨询。
6. 所属行业:工业—建材
7. 注册地址及联系电话:江西省万年县
   邮政编码:335506
   电话:(0793)3839605
   传真:(0793)3839776

(二)公司历史沿革

公司的发起人为江西水泥厂,该厂是经江西省人民政府报请国家建筑工程部批准,于 1958 年 9 月由国家拨款投资兴建,1974 年和 1976 年分两期建成两条湿法生产线,年产水泥 46 万吨,1984 年扩建了国内第一条日产 2000 吨熟料的窑外分解生产线,1986 年建成投产,年产水泥 64 万吨,形成了 110 万吨的生产能力,成为江西省最大的水泥生产企业,也是全国大型水泥企业之一。企业产量、产值、利税持续稳定增长,生产规模不断扩大,连续十余年位居江西省十大盈利企业之列,成为我国水泥产品的大型生产基地。1989 年晋升为"国家二级企业",1992 年被评为"中国建材 50 强企业",1993 年列入"中国 500 家最佳经济效益企业",最近分别被省经贸委和国家经贸委列为"百户扶优增效工程企业"和"全国 300 家重点联系企业"之一,并审核认定为国家大型一档企业。

本次江西水泥厂进行股份制改造,成立江西万年青水泥股份有限公司的资产重组过程如下:

江西水泥厂依据《中华人民共和国公司法》规范投资行为,并根据证监会下达的股票发行额度 5000 万元,按照国家有关部门规定的要求,对企业资产分离和重组。江西水泥厂以 1996 年 12 月 31 日为资产评估基准日,下属原料车间、烧成车间、制成车间、熟料车间、水泥车间、包装车间、化验室等生产部门和部分管理部门相应的固定资产、流动资产、在建工程及相关债务(除水泥车间、包装车间的厂房外)都划入股份公司,土地仍保留在江西水泥厂,股份公司以租赁方式有偿使用。水泥车间、包装车间的厂房和其余的车间、部门等资产和债务留在水泥厂,由江西水泥厂经营管理,并与股份公司的资产分离。由于股份公司与水泥厂存在多方面的关联交易情况,为此双方在《江西水泥厂与江西万年青水泥股份有限公司(筹)资产重组协议》(以下简称资产重组协议)中对这些关联交易权利与义务作出明确的规定。

本次资产重组,江西水泥厂将其 36.34%的评估前帐面净资产 14117 万元(截止 1996 年 12 月 31 日,江西水泥厂的评估前帐面净资产 38846 万元)投入股份公司。该部分净资产经评估后为 15769.98 万元,按 82.44%的比率折为 13000 万股,占此次发行后股份公司总股本的 72.22%。该资产重组方案已获得江西省国有资产管理局赣国资企字[1997]11 号文批准。

资产重组后,江西水泥厂与股份公司为两个独立的法人,江西水泥厂是股份公司的控股股东。处于绝对控股地位,并依照有关法律、法规的规定,享有国有法人股股利,并行使国有股权。同时,江西水泥厂隶属于江西省建材国有资产经营公司,并承担全部国有资产保值增值的有关责任。

四、股票发行及承销

(一)股票公开发行

发行数量:5000 万股(其中向公司职工配售 500 万股)
股票发行价格:每股 4.26 元
股票面值:每股 1 元
发行方式:在深圳证券交易所上网定价发行
中签率:0.227227%
有效申购户数:656.210 户
发行费用总额:8,500,000 元
每股发行费用:0.17 元
发行市盈率:13.60 倍
募集资金总额:204,500,000 元(已扣除发行费用)

(二)股票承销

本次公开发行 5000 万股股票已全部被符合法律、法规规定的投资者所认购,承销团成员无包销比例及数量。

(三)验资报告

江西万年青水泥股份有限公司(筹):

我们接受委托,对贵公司(筹)截至 1997 年 9 月 1 日止的实收股本及相关的资产和负债的真实性和合法性进行了审验。在审验过程中,我们按照《独立审计实务公告第 1 号—验资》的要求,实施了必要的审验程序。贵公司的责任是提供真实、合法、完整的验资资料,保护资产的安全、完整,我们的责任是按照《独立审计实务公告第 1 号—验资》的要求,出具真实、合法的验资报告。

贵公司(筹)的申请注册资本为人民币 18,000 万元。根据我们的审验,截至 1997 年 9 月 1 日止,贵公司(筹)已收到各股东投入的资本 362,199,752.88 元(叁亿陆仟贰佰壹拾玖万玖仟柒佰伍拾贰元捌角捌分),其中发起人投入的资本为 157,699,752.88 元,向社会募集的资本为 204,500,000 元。投入的资本中包括股本 180,000,000 元,资本公积 182,199,752.88 元,其中发起人股本 130,000,000 元,资本公积

27,699,752.88元。

附件：

(一)投入股本明细表(略)

(二)验资事项说明(略)

五、董事、监事及高级管理人员持股情况

姓名	职务	持股数(股)	持股比例(%)
杨石根	董事长	8000	0.0044
梁家友	副董事长、总经理	7000	0.0039
周其祥	董事	6000	0.0033
张万泉	董事	6000	0.0033
潘维西	董事	6000	0.0033
胡景平	董事	6000	0.0033
马　欣	董事、董事会秘书	6000	0.0033
周金水	董事	6000	0.0033
胡显坤	董事、总工程师	6000	0.0033
王荣水	监事会主席	7000	0.0039
于金根	监事	6000	0.0033
邹桂香	监事	6000	0.0033
陈建军	监事	0	0
谌一鸣	监事	0	0
李和返	副总经理	4300	0.0024
张秀麟	副总经理	3500	0.0019
刘　伟	副总经理	4300	0.0024
黄月仙	总会计师	3500	0.0019
王村炎	总经济师	4300	0.0024
合　计		95900	0.0533

六、公司设立

1. 本公司于1997年9月2日召开了创立大会暨首届股东大会，审议并通过了公司本次向社会公众发行的股票在深圳证券交易所上市的决议。

2. 公司注册资金：18000万元

3. 本次发行后重新注册登记时间：1997年9月5日

4. 公司注册地点：江西省万年县

5. 营业执照注册号码：15831177－3

七、关联企业及关联交易

(一)关联企业

本次发行结束后，江西水泥厂是公司的控股股东，除此之外，本公司没有其他具有20%以上股权关系的企业。

(二)关联交易

股份公司与江西水泥厂签订的《资产重组协议》及作为《资产重组协议》附件的九个有关关联事务的合同，其具体内容现简述如下：

《资产重组协议》明确了与水泥生产经营相关的原料车间、烧成车间、制成车间、熟料车间、水泥车间、包装车间、化验室等生产部门及部分管理部门相应的资产(不包括水泥车间和包装车间的厂房)及相关债务投入股份公司，但相应的土地使用权和水泥车间、包装车间的厂房仍保留在江西水泥厂，由发行人以向水泥厂租赁的形式有偿使用。在《资产重组协议》中，江西水泥厂承诺将不会在中国境内外任何地方以任何形式(包括但不限于独资经营，合资经营和拥有在其他公司或企业的股票或权益)，从事与股份公司的业务有竞争或可能构成竞争的业务或活动。

《土地使用权租赁合同》规定，江西水泥厂将发行人所占用的88867.4平方米土地的使用权出租给发行人，租赁期限为50年。发行人每年向江西水泥厂支付土地使用权租金，年租金暂定为98.11万元。

《房屋及构筑物租赁合同》规定，江西水泥厂将发行人所使用的水泥车间和包装车间的房屋及构筑物出租给发行人，房屋面积为29988.12平方米，构筑物为20座。发行人每年向江西水泥厂支付“租用房屋及构筑物”的租金，年租金暂定为496.11万元。江西水泥厂保证在股份公司首次配股时，优先将水泥车间、包装车间的房屋及构筑物作为法人股配股的实物资产投入股份公司，其后股份公司不再支付“租用房屋及构筑物”的租金。

《商标使用许可合同》规定，发行人将在产品上使用江西水泥厂在中国登记注册的“万年青”牌商标并支付使用费。商标使用许可期限自1996年12月31日至2003年2月28日，期满后江西水泥厂将该商标无偿转让给发行人。目前，许可商标使用费为每年按销售收入的2‰支付。

《石灰石、千枚岩供应合同》规定，江西水泥厂保证将其矿山开采的石灰石、千枚岩供应给发行人，其价格参照成本价格和市场价格通过协商合理确定。石灰石价格暂定为15元/吨。千枚岩价格暂定为33.76元/吨。

《铁路运输服务合同》规定，江西水泥厂保证向发行人提供铁路运输及相关的服务，发行人向水泥厂支付运输服务费用，铁路运输服务费的价格参照国家主管部门的规定协商确定。

《汽车运输服务合同》规定，江西水泥厂保证向发行人提供汽车运输服务，发行人使用汽车运输的费用按市场价格经双方协商，暂定为0.5元/吨公里。

《水、电供应合同》规定，江西水泥厂向发行人供应生产所需的水、电，并签订长期供应合同，发行人向水泥厂支付电力、原水的费用。水泥厂提供的电力、原水的定价原则为产品成本加税收和适当利润，不应高于其他企业供应的相同产品的价格。

《机电设备维修服务合同》规定，江西水泥厂保证发行人生产使用的机电设备提供维修服务，保障生产使用的机电设备处于良好的工作状况，发行人每年向江西水泥厂支付机电设备日常维修费，其定价原则为成本费用加税收和适当利润，不应高于其他企业提供相同服务的费用。

《后勤服务合同》规定江西水泥厂向发行人员工提供租用住房，医疗服务，子女入托、入学、工作就餐、沐浴、煤气、液化气供应。员工培训等服务。员工住房由发行人员工直接向水泥厂租用，并支付租金。上述服务由发行人每年向江西水泥厂支付一定的补偿。补偿数额由双方于每年前一年的12月10日前协商确定。除因国家法规、政策规定变动或物价上涨变动外，原则上补偿数额保持稳定。

八、股本结构及大股东持股情况

(一)本公司上市前，股本结构为：

总股本：18000万股，其中：

种类	股数(万股)	占总股本比例(%)
国有法人股	13000	72.22
社会公众股	5000	27.78
其中：公司职工股	500	2.78
总股本	18000	100

(二)发行人前十名最大股东名册、持股量及比例

持股单位	持股数(万股)	持股比例(%)
江西水泥厂	13000	72.22
杨石根	0.8	0.0044
梁家友	0.7	0.0039
王荣水	0.7	0.0039
周其祥	0.6	0.0033
张万泉	0.6	0.0033
潘维西	0.6	0.0033
胡景平	0.6	0.0033
马　欣	0.6	0.0033
周金水	0.6	0.0033
合　计	13005.8	72.25

九、公司财务会计资料

1. 审计报告

审　计　报　告

赣会师股审字[1997]第006号

江西万年青水泥股份有限公司筹委会：

我们接受委托，审计了贵公司1994年12月31日、1995年12月31日、1996年12月31日、1997年3月31日的资产负债表、1994年度、1995年度、1996年度、1997年1-3月利润及利润分配表和1996年度、1997年1-3月财务状况变动表。这些会计报表由贵公司负责，我们的责任是对这些会计报表发表审计意见。我们的审计是依据《中国注册会计师独立审计准则》进行的。在审计过程中，我们结合贵公司的实际情况，实施了包括抽查会计记录等我们认为必要的审计程序。

我们认为，上述会计报表符合《企业会计准则》和《股份制试点企业会计制度》的有关规定，在所有重大方面公允地反映了贵公司1994年12月31日、1995年12月31日、1996年12月31日、1997年3月31日的财务状况及1994年度、1995年度、1996年度、1997年1-3月的经营成果和1996年度、1997年1-3月的资金变动情况；会计处理方法的选用遵循一贯性原则。

江西会计师事务所　　　中国注册会计师：张新万　　詹铁军

地址：南昌市叠山路246号　　　一九九七年六月六日

一、会计报表的模拟编制方法：

1.1994年至1996年江西水泥厂执行《工业企业会计制度》。现根据江西万年青水泥股份有限公司(筹)从江西水泥厂剥离的原则，并模拟《股份制试点企业会计制度》进行调整。

2. 以江西省国资局赣国资企字[1997]15号文《关于江西万年青水泥股份有限公司国有股权管理方案的批复》、以南昌会计师事务所[1997]洪会评字第37号资产评估报告及国家国资局国资评[1997]455号文确认的评估结果为依据，对股份公司(筹)1996年12月31日的会计资料进行调帐。

3. 具体模拟编制方法说明：

资产、负债方面

以相关性为原则，将与水泥生产经营相关的原料车间、烧成车间、制成车间、熟料车间、水泥车间、包装车间、化验室等生产部门、销售部门、部分管理部门相应的固定资产和在建工程及相关债务划入股份公司(筹)。

损益方面

主营业务收入、营业成本、销售费用全部划入股份公司(筹)。

管理费用以归属性为原则，将与水泥生产、经营相关的管理费用划入股份公司(筹)。

财务费用按划入股份公司(筹)的短期借款、长期借款及相关利率计算确定。

营业外收支按归属性原则划入股份公司(筹)。

二、主要会计政策

1. 公司执行的会计制度：公司执行《股份制试点企业会计制度》。

2. 会计期间：公司会计年度自公历1月1日起至12月31日止。

3. 记帐原则和计价基础：公司采用权责发生制原则，以历史成本为计价基础。

4. 记帐本位币：公司以人民币为记帐本位币。

5. 坏帐准备：公司按年末应收帐款余额的3‰计提坏帐准备，并调整当年损益。

6. 存货计价方法：公司存货中除原材料、包装物采用计划成本计价，期末结转材料成本差异，将计划成本调整为实际成本外，其他均按实际成本计价。发出存货按加权平均法计算结转。低值易耗品采用五五摊销法。

7. 固定资产及累计折旧：公司固定资产按实际成本计价，以使用年限在一年以上，单位价值在人民币2000元以上为标准作为固定资产进行核算，按各类固定资产原值扣除4%残值，采用直线法确定其折旧率如下：

固定资产类别	估计使用年限	年折旧率
房屋建筑物	20—35	4.8—2.74%
通用设备	10—15	9.6—6.4%
专用设备	10—12	9.6—8%
运输设备	8—12	12—8%

8. 销售收入实现原则：以企业发出商品、提供劳务，同时收讫价款或取得索取价款的凭据作为销售收入的实现。

9. 税项：

A. 增值税：按销售收入的17%计算销项税额，扣除进项税额后的差额计缴增值税。

B. 城建税和教育费附加：分别按应交增值税额的5%和3%计算缴纳。

C. 印花税：按税务局核定的标准缴纳。

D. 所得税：94、95年按92年江西水泥厂与省政府、省税务局签订的每年定额上交所得税500万元，五年不变的合同规定，上交所得税500万元，96年根据省政府赣府发[1997]37号文件规定，确认江西水泥厂96年所得税为500万元。先按33%上交，超过部分由财政返还，经江西省人民政府赣府字[1997]35号批准，股份公司(筹)的所得税从1997年度起先按33%税率征收，然后由省财政返还18%，实际税负为15%。

10. 利润分配：公司缴纳所得税后的净利润按下列顺序分配。

A. 提取法定公积金10%；

B. 提取法定公益金5—10%；

C. 根据股东大会决议，提取任意公积金；

D. 根据股东大会决议支付股利。

三、报表主要项目注释

1. 货币资金

货币资金期末余额2,891,589元，其明细如下：

项目	金额
现　金	1,000
银行存款	2,890,589
其中：中国工商银行江泥分理处	191,591
中国建设银行万年县支行	2,126,347
中国建设银行万年房地产信贷部	498,777
中国工商银行江泥分理处	73,874

2. 应收帐款

应收帐款期末余额63,384,890元，其帐龄如下：

帐龄	户数	金额	比例
一年以内	31户	60,061,359元	占94.76%
一年至二年	7户	1,225,318元	占1.93%
二年至三年	3户	2,098,213元	占3.31%

(注：本帐户无持有本公司5%以上股份股东的款项)。

3. 预付货款

预付货款期末余额7,063,743元，其主要帐户如下：

单位	金额
江苏无锡华庄特种金属厂	107,227
南京水泥工业设计研究院	700,000
上海新建机器厂一分厂	890,000
淮南矿务局	1,000,181
北京中农物资贸易公司	544,399
山东兖州矿务局	1,193,002
山西潞安矿务局	1,833,940
江西省散装水泥开发公司	300,000
重庆自动化仪表厂	375,000

(注：本帐户无持有本公司5%以上股份股东的款项。)

4. 待摊费用

待摊费用期末余额5,035,384元，全部为94年期初存货分离的进项税金。

5. 存货

存货期末余额48,760,132元，其构成如下：

原材料	25,409,949
产成品	15,415,347
在产品	4,109,338
包装物	594,570
低值易耗品	27,020
材料成本差异	3,203,908

6. 固定资产及累计折旧

固定资产类别	期初余额	本年增加	本年减少	期末余额
固定资产原值:				
房屋及建筑物	63,457,967			63,457,967
通用设备	38,105,715			38,105,715
专用设备	117,536,551			117,536,551
运输工具	632,875			632,875
合　计	219,733,108			219,733,108
累计折旧:				
房屋及建筑物	12,481,405	434,687		12,916,092
通用设备	11,091,718	762,114		11,853,832
专用设备	43,349,640	2,820,877		46,170,517
运输工具	33,837	12,658		46,495
合　计	66,956,600	4,030,336		70,986,936

7. 在建工程

工程名称	工程进度	实际支用数	原预算数	批准文号	资金来源
窑尾空压机改造	95.35%	514.883	540,000	江泥发[96]52号	自有

8. 短期借款

短期借款期末余额43,000,000元,其明细项目如下:

贷款单位	贷款条件	月利率	币别	金额	期限
中国建设银行万年县支行	无	8.4‰	人民币	43,000,000.00	1996.6-1997.6

9. 应付票据

应付票据期末余额800,000元系支付万年县塑料包装制品厂购买水泥包装袋三个月期的银行承兑汇票,4月8日到期。

10. 应付帐款

应付帐款期末余额11,442,545元,其中10万元以上主要帐户有:

江西新余铁龙公司	712,941
乐平泊电贸易联营公司	546,055
万年县燃料公司	1,493,952
万年县五交化公司	342,952
河南洛阳耐火材料厂	381,004
安徽当涂钢铁厂	158,083
安徽铜陵市宏兴选矿厂	214,194
南昌石膏矿	238,352
江苏邳州市老区建材石膏公司	265,371
江西散办丰城煤矿	258,652

(注:本帐户无持有本公司5%以上股份股东的款项。)

11. 预收货款

预收货款期末余额2,520,857元,其中10万元以上主要帐户有:

福州保税区经达贸易开发公司	157,194
福建省投资公司	191,441
浙江省鄞县液压件二厂	283,186
财政部驻江西财政监办	750,340
蓝天建材经营部	192,341

(注:本帐户无持有本公司5%以上股份股东的款项。)

12. 未交税金

未交税金期末余额5,742,999元,其明细项目如下:

税　种	欠交税额	计税依据	税率
增值税	2,218,933	销售收入其他业务收入	17%
城建税	111,426	应交增值税额	5%
房产税	4,938	计税房产值	1.2%
企业所得税	3,417,578	实现利润总额	33%

13. 其他未交款

其他未交款期末余额126.856元,其明细项目如下:

其他未交款项目	年初未交数	本期应交数	本期已交数	期末未交数
教育费附加	98.020	219.812	190.976	126.856

14. 其他应付款

其他应付款期末余额1,478,751元,其主要帐户如下:

代收用户养散费	542,173
代收省散办养散费	217,544
应付民工结算款	32,545
代扣个人所得税	36.010

(注:本帐户无持有本公司5%以上股份股东的款项。)

15. 预提费用

预提费用期末余额6,473,286元,其中明细项目如下:

电费	4,195,080
利息支出	1,243,481
大修理费	458,625
副食品调节基金	45,600
防洪保安基金	368,000
财产保险费	162,500

16. 长期借款

长期借款期末余额40,173,028元。

贷款单位	贷款条件	年利率	金额	期限
中国建设银行万年县支行(拨改贷借款)	无	2.4%	本利和 40,173,028	1989.10.28-1998.12.30

17. 股本

	1997年3月31日	1996年12月31日	1995年12月31日	1994年12月31日
股本	130,000,000	130,000,000	56,150,000	56,150,000

1994年12月31日和1995年12月31日股本余额为人民币56,150,000元,系按股份制改组要求模拟的注册资本;

1996年12月31日和1997年3月31日股本余额为130,000,000元,系由江西水泥厂以评估确认的1996年12月31日的国有资产157,699,753元,按82.43513229%的折股比例为130,000,000股,每股面值人民币1元。

18. 资本公积

	1997年3月31日	1996年12月31日	1995年12月31日	1994年12月31日
资本公积	27,699,753	27,699,753	66,738,761	

1995年12月31日资本公积余额66,738,761元是1995年清产核资评估增值已经江西省清产核资领导小组办公室赣清办字[1995]第19号文件确认;

1996年12月31日和1997年3月31日余额27,699,753元系江西水泥厂投入江西万年青水泥股份有限公司(筹)的国有净资产157,699.753元按82.43513229%的折股比例折为130,000,000股后的差额部分,根据有关规定计入资本公积金。

19. 盈余公积

	1997年3月31日	1996年12月31日	1995年12月31日	1994年12月31日
盈余公积			12,509,953	6,391,696
其中:法定公积金			8,339,969	4,261,131
法定公益金			4,169,984	2,130,565

1994年度、1995年度和1996年度按当年净利润的15%分别计提盈

余公积为人民币6,391,696元、6,118,257元和5,775,641元,到1996年12月31日,三个年度累计计提盈余积为人民币18,285,594元,已作为净资产的组成部分,计入股本和资本公积。

20. 未分配利润

未分配利润期末余额6,938,718元是1997年1-3月实现的尚未分配的税后利润。

21. 主营业务收入

主营业务项目	1997年1—3月	1996年度	1995年度	1994年度
425#R普通水泥	6,541,318	23,888,835	10,596,859	24,034,526
525#R普通水泥	69,377,840	286,957,386	295,900,116	295,499,944
625#R普通水泥	1,388,782	652,343		
自制半成品—熟料	281,430			
合计	77,589,370	311,498,564	306,496,975	319,534,470

22. 营业成本

营业成本项目	1997年1—3月	1996年度	1995年度	1994年度
425#R普通水泥	4,674,167	16,573,646	7,043,457	14,193,695
525#R普通水泥	43,090,250	182,581,109	179,249,440	174,539,798
625#R普通水泥	775,007	318,698		
自制半成品—熟料	186,587			
合计	48,726,011	199,473,453	186,292,897	188,733,493

23. 销售费用

	1997年1—3月	1996年度	1995年度	1994年度
工资及福利	520,069	2,156,940	2,159,579	3,030,078
装卸费	1,132,755	5,456,373	5,574,427	4,129,247
包装费	6,474,746	25,301,872	23,088,620	24,240,315
折旧	287,093	1,126,352	852,337	656,733
电费	256,173	894,485	589,036	616,854
物料消耗及修理费	591,659	1,106,479	1,541,238	3,380,979
办公及其他费用	90,714	974,510	938,463	1,143,121
合计	9,353,209	37,017,011	34,743,700	37,197,327

24. 管理费用

	1997年1—3月	1996年度	1995年度	1994年度
工资及福利	1,357,908	6,536,343	8,179,978	9,258,387
折旧费	487,971	1,875,409	1,985,353	2,399,627
办公及差旅费	582,596	4,209,427	5,966,525	7,651,737
保险费	162,500	1,529,734	1,228,623	1,352,499
养老统筹费	1,123,436	5,631,971	5,962,297	5,797,947
物料消耗及修理费	1,347,133	1,023,787	1,463,925	2,293,657
工会经费及教育经费	93,494	538,631	813,380	1,092,703
水电费	423,224	2,030,360	2,159,187	3,830,831
矿产资源补偿费		609,332	1,088,398	1,390,000
租赁费	1,836,700			
其他	398,425	2,270,800	3,905,345	5,768,829
合计	7,813,387	26,255,794	32,753,011	40,836,217

25. 财务费用

	1997年1—3月	1996年度	1995年度	1994年度
利息支出	1,323,201	5,900,955	4,363,164	2,466,382
减:利息收入	55,894	178,838	396,679	720,316
加:金融机构手续费		15,360	5,360	2,304
合计	1,267,307	5,737,477	3,971,845	1,748,370

26. 其他业务利润

	1997年1—3月	1996年度	1995年度	1994年度
让售原材料	-33,957	592,150	-116,872	-51,057
出售窑灰	473,625	1,610,123	210,350	
合计	439,668	2,202,273	93,478	-51,057

27. 营业税金及附加

	1997年1—3月	1996年度	1995年度	1994年度
城建税	357,574	1,115,338	1,107,413	1,525,786
教育费附加	214,544	669,203	664,448	815,471
合计	572,118	1,784,541	1,771,861	2,441,257

28. 营业外收入

营业外收入1997年1-3月合计70,000.00元,让售废旧机器一台的残值收入。

29. 营业外支出

营业外支出10710元是污染村民稻田偿费支出

30. 所得税

所得税1997年1-3月合计3,417.578元,系按1997年1-3月利润总额10,356,296元的33%计提,94年-96年每年上交所得税500万详见主要会计政策第9项税项。

31. 利润及利润分配

1994年度、1995年度和1996年度税后利润分别按10%提取法定公积金,5%提取法定公益金后为股利,1994年度至1996年度提取的盈余公积累计金额为人民币18,285,594元,已作为净资产的组成部分计入股本和资本公积。经江西万年青水泥股份有限公司筹委会第二次会议决定:①1997年1-3月实现的税后利润6,938,718元暂不分配,也不提取盈余公积金;②股份公司(筹)募集资金到位前实现的利润归老股东享有,募集资金到位后实现的利润新、老股东共享。

四、主要会计指标:

	1997年1—3月	1996年度	1995年度	1994年度
流动比率	1.78	1.65	1.59	1.61
速动比率	1.09	1.09	0.85	0.79
应收帐款周转率	1.35	7.87	13.19	21.08
资产负债率	0.40	0.41	0.41	0.57
存货周转率	1.12	5.04	4.89	6.10
净资产收益率	4.21%	24.42%	30.12%	68.13%
每股净利	0.053	0.296	0.314	0.328

(股本按13,000万元计算)

十、董事会上市承诺

本公司董事会将严格遵守《公司法》、《股票发行与交易管理暂行条例》、《公开发行股票公司信息披露实施细则》、《深圳证券交易所交易规则》和有关法律、法规的规定,并自股票上市之日起作出如下承诺:

1. 按照法律、法规的规定程序和要求披露重大的信息,并接受证券主管机关、深圳证券交易所的监督管理。

2. 及时、准确地公布中期报告和年度报告,并备置于规定场所供投资者公众查阅。

3. 本公司董事、监事及高级管理人员如发生人事变动或持本公司股票发生变化时,在报告证券主管机关、证券交易所的同时向投资者公布。

4. 在任何公共传播媒介中出现的消息可能对本公司股票的市场价格产生误导性影响时,本公司知悉后将及时对该消息予以公开澄清。

5. 本公司董事、监事及高级管理人员将认真听取社会公众的意见和批评,不利用已获得的内幕消息和其他不正当手段直接或间接从事股票买卖活动。

6. 本公司没有无记录负债。

十一、重要事项揭示

本次发行配售的500万股公司职工股将在本公司股票上市后半年上市流通。

十二、咨询机构

发行人:江西万年青水泥股份有限公司

法定代表人:杨石根

地址:江西省万年县

电话:(0793)3839605

传真:(0793)3839776

联系人:马欣
上市推荐人:君安证券有限责任公司
法定代表人:张国庆
地址:深圳市春风路五号
电话:(021)62712014
传真:(021)62712514
联系人:陈骅　温治

十三、备查文件

1. 深圳证券交易所上市通知书
2. 招股说明书
3. 审计报告
4. 资产评估报告
5. 验资报告
6. 本公司营业执照
7. 公司章程
8. 法律意见书
9. 上市协议书
10. 国家证券主管部门批准上市的文件
11. 其它备查文件

江西万年青水泥股份有限公司

一九九七年九月十七日

资 产 负 债 表

单位:元

资产	行次	注释	1997.3.31	1996.12.31	1995.12.31	1994.12.31	负债及股东权益	行次	注释	1997.3.31	1996.12.31	1995.12.31	1994.12.31
流动资产							流动负债:						
货币资金	1	注释1	2891589	10214093	10715989	4907475	短期借款	41	注释8	43000000	43000000	36000000	21000000
短期投资	2						应付票据	42	注释9	800000			
应收票据	3						应付帐款	43	注释10	11442545	22972790	9233391	2542454
应收帐款	4	注释2	63384890	51577098	27615694	18872589	预收货款	44	注释11	2520857	3027773	2247639	3736124
减:坏帐准备	5				82847	56618	应付福利费	45			118468	430160	401740
应收帐款净额	6		63384890	51577098	27532847	18815971	未付股利	46					
预付货款	7	注释3	7063743	7233384	4093901	3813388	未交税金	47	注释12	5742999	-3979141	2309286	10697544
其他应收款	8						其他未交款	48	注释13	126856	98020	51502	225299
待摊费用	9	注释4	5035384	5035384	5035384	6847169	其他应付款	49	注释14	1478751	1564057	5313343	4702361
存货	10	注释5	48760132	38159786	41028492	35223220	预提费用	50	注释15	6473286	1049481		
待处理流动资产净损失	11						一年内到期的长期负债						
一年内到期的长期债券投资	12						其他流动负债	52					
其他流动资产	13						流动负债合计	55		71585294	67851448	55585321	43405522
流动资产合计	15		127135738	112219745	88406613	69607223	长期负债:						
长期投资:							长期借款:	56	注释16	40173028	39933427	38997487	38083484
长期投资	16						应付债券	57					
固定资产:							长期应付款	58					
固定资产原价	18	注释6	219733108	219733108	188129234	90439345	其他长期负债	60					
减:累计折旧	19	注释6	70986936	66956600	49857697	16490480	长期负债合计	61		40173028	39933427	38997487	38083484
固定资产净值	20		148746172	152776508	138271537	73948865	递延税项:						
在建工程	21	注释7	514883	488375	3303372	374614	递延税款贷项	62					
固定资产清理	22						负债合计	65		111758322	107784875	94582808	81389006
待处理固定资产净损失	23						股东权益:						
固定资产合计	25		149261055	153264883	141574909	74323479	股本	66	注释17	130000000	130000000	56150000	56150000
无形资产及递延资产:							资本公积金	67	注释18	27699753	27699753	66738761	
无形资产	26						盈余公积金	68	注释19			12509953	6391696
递延资产	30						其中:公益金	69					
无形资产及递延资产合计	35						未分配利润	70	注释20	6938718			
其他长期资产:							股东权益合计	75		164638471	157699753	135398714	62541696
其他长期资产	36												
递延税项:													
递延税款借项	37												
资产总计	40		276396793	265484628	229981522	143930702	负债及股东权益总计			276396793	265484628	229981522	143930702

财务状况变动表

单位:元

流动资金来源和运用	行次	1997年1—3月	1996年度	流动资金各项目的变动	行次	1997年1—3月	1996年度
一、流动资金来源				一、流动资产本年增加数			
1. 本年净利润	1	6,938,718	38,504,276	1. 货币资金	41	-7,322,504	-501,896
加:不减少流动资金的费用和损失:				2. 短期投资	42		

流动资金来源和运用	行次	1997年1—3月	1996年度	流动资金各项目的变动	行次	1997年1—3月	1996年度
(1)固定资产折旧	2	4,030,336	17,098,903	3.应收票据	43		
(2)无形资产、递延资产及其他资产摊销				4.应收帐款净额	44	11,807,792	24,044,251
(减其他负债转销)	3			5.预付货款	45	-169,641	3,139,483
(3)固定资产盘亏(减盘盈)	4			6.其他应收款	46		
(4)清理固定资产损失(减收益)	5			7.待摊费用	47		
(5)递延税款	6			8.存　货	48	10,600,346	-2,868,706
(6)其他不减少流动资金的费用和损失	7			9.待处理流动资产净损失	49		
小计	12	10,969,054	55,603,179	10.一年内到期的长期债券投资	50		
2.其他来源:				11.其他流动资产	51		
(1)固定资产清理收入(减清理费用)	13			流动资产增加净额	60	14,915,993	23,813,132
(2)增加长期负债	14	239,601	935,940	二、流动负债本年增加数:			
(3)收回长期投资	15			1.短期借款	61		7,000,000
(4)对外投资转出固定资产	16			2.应付票据	62	800,000	
(5)对外投资转出无形资产	17			3.应付帐款	63	-11,530,245	13,739,399
(6)资本净增加额	18		22,301,039	4.预收货款	64	-506,916	780,134
小计	22	239,601	23,236,979	5.应付福利费	65	-118,468	-311,692
流动资金来源合计	23	11,208,655	78,840,158	6.未付股利	66		
二、流动资金运用				7.未交税金	67	9,722,140	-6,288,427
1.利润分配:				8.其他未交款	68	28,836	46,518
(1)提取盈余公积(用盈余公积补亏以"-"表示)	24		3,850,427	9.其他应付款	69	-85,306	-3,749,286
(2)提取法定公积金	25			10.预提费用	70	5,423,805	1,049,481
(3)提取法定公益金	26		1,925,214	11.一年内到期的长期负债	71		
(4)已分配股利	27		32,728,635	12.其他流动负债	72		
小计	32		38,504,276				
2.其他运用							
(1)固定资产和在建工程净增加额	33	26,508	28,788,877				
(2)增加无形资产、递延资产及其他资产	34						
(3)偿还长期负债	35						
(4)增加长期投资	36						
小计	38	26,508	28,788,877				
流动资金运用合计	39	26,508	67,293,153	流动负债增加净额	79	3,733,846	12,266,127
流动资金净增加额	40	11,182,147	11,547,005	流动资金增加净额	80	11,182,147	11,547,005

利　润　表

单位:元

项　目	行次	注释	1997年1—3月	1996年度	1995年度	1994年度	项　目	行次	注释	1997年1—3月	1996年度	1995年度	1994年度
一、主营业务收入	1	注释21	77,589,370	311,498,564	306,496,975	319,534,470	三、营业利润	10		10,297,006	43,432,561	47,057,139	48,526,749
减:营业成本	2	注释22	48,726,011	199,473,453	186,292,897	188,733,493	加:投资收益	11					
销售费用	3	注释23	9,353,209	37,017,011	34,743,700	37,197,327	营业外收入	12	注释28	70,000	329,939	39,041	135,504
管理费用	4	注释24	7,813,387	26,255,794	32,753,011	40,836,217	减:营业外支出	13	注释29	10,710	258,224	1,307,805	1,050,944
财务费用	5	注释25	1,267,307	5,737,477	3,971,845	1,748,370	加:以前年度损益调整	14					
进货费用	6						四、利润总额	15		10,356,296	43,504,276	45,788,375	47,611,309
营业税金及附加	7	注释27	572,118	1,784,541	1,771,861	2,441,257	减:所得税	16	注释30	3,417,578	5,000,000	5,000,000	5,000,000
二、主营业务利润	8		9,857,338	41,230,288	46,963,661	48,577,806	五、净利润	20		6,938,718	38,504,276	40,788,375	42,611,309
加:其他业务利润	9	注释26	439,668	2,202,273	93,478	-51,057	减:所得税(15%)	21		1,553,444			
							六、净利润	22		8,802,852			

利　润　分　配　表

单位:元

项　目	行次	注释	1997年1—3月	1996年度	1995年度	1994年度	项　目	行次	注释	1997年1—3月	1996年度	1995年度	1994年度
一、净利润	1		6,938,718.13	38,504,276.05	40,788,374.88	42,611,309.02	提取法定公益金	12			1,925,213.80	2,039,418.74	2,130,565.45
加:年初未分配利润	2						三、可供股东分配的利润	15	注释31	6,938,718.13	32,728,634.64	34,670,118.65	36,219,612.67
盈余公积转入数	3						减:已分配优先股股利	16					
二、可分配利润	10		6,938,718.13	38,504,276.05	40,788,374.88	42,611,309.02	提取任意公积金	17					
减:提取法定盈余公积金	11			3,850,427.61	4,078,837.49	4,261,130.90	已分配普通股股利	18			32,728,634.64	34,670,118.65	36,219,612.67
							四、未分配利润	20		6,938,718.13			

太原双塔刚玉股份有限公司

太原双塔刚玉股份有限公司(筹)招股说明书概要

一、释义

在本招股说明书中,除非文义另有所指,下列词汇具有以下意义:

证监会: 指中国证券监督管理委员会

省政府: 指山西省人民政府

省证管办: 指山西省证券管理办公室

市政府: 指太原市人民政府

发起人: 指太原砂轮厂和太原市东山煤矿

发行人/本公司:指太原双塔刚玉股份有限公司(筹)

筹委会: 指太原双塔刚玉股份有限公司筹备委员会

主承销商: 指大鹏证券有限责任公司

上市推荐人: 指大鹏证券有限责任公司
长城证券有限责任公司

承销机构: 指以大鹏证券有限责任公司为主承销商的本公司股票发行承销团

新股: 指本公司本次发行的面值为人民币1.00元的记名式普通股

元: 指人民币

二、绪言

本招股说明书概要依据《中华人民共和国公司法》、《股票发行与交易管理暂行条例》、《公开发行股票公司信息披露实施细则》等国家现行有关证券管理法规和行政规章及发行人的实际情况而编写,旨在向社会公众提供有关本公司的基本情况。本招股说明书概要已获公司筹委会批准通过,全体筹委会成员确认所摘内容与招股说明书正文一致且无重大误导、虚假及遗漏,并对其真实性、准确性、完整性负个别的和连带的责任。

本公司本次新发行的股票是根据本说明书所载明的资料申请发行的,除本发行人和主承销商外,没有委托或授权任何其他人提供未在本说明书中列载的信息和对本说明书作任何解释或说明。

本公司股票之买卖,应由投资者自行负担相应的税款,发行人、承销商和上市推荐人对此不承担责任。

本次发行的股票已委托大鹏证券有限责任公司为主承销商的承销团包销并已签订承销协议。

本次发行业经中国证券监督管理委员会证监发字[1997]378号文批准。

三、发售新股的各有关当事人

1. 发行人:太原双塔刚玉股份有限公司(筹)
地址:山西省太原市郝庄正街62号
筹委会主任:程明远
电话:(0351)4374349 传真:(0351)4380232
联系人:张晓东:张素瑛、陈姜兵

2. 主承销商:大鹏证券有限责任公司
地址:广东省深圳市深南东路333号信兴广场地王商业中心商业大楼8层
法定代表人:徐卫国
电话:(0755)2463388-8633 传真:(0755)2462021
联系人:殷国平、宛楠、雷运清
副主承销商:湘财证券有限责任公司
地址:湖南省长沙市黄兴路中山国际大厦12楼
法定代表人:陈学荣
电话:(0731)8855416
联系人:钟建春
分销商:大同证券公司
地址:山西省大同市四牌楼
法定代表人:董祥
分销商:招银证券公司
地址:深圳市福田区振华路东3号深纺大厦1楼
法定代表人:李麦秋
分销商::光大证券有限责任公司
地址:北京市西城区复兴门外大街6号光大大厦
法定代表人:刘纪元

3. 上市推荐人:大鹏证券有限责任公司
上市推荐人:长城证券有限责任公司
地址:深圳市福田区八卦岭八卦路平安大厦4楼
法定代表人:李仁杰
电话:(0755)2414863

4. 发行人律师事务所:众天律师事务所
地址:北京市海淀区志新东路14号太极饭店四层
法定代表人:苌宏亮
电话:(010)62326688-3411 传真:(010)62325870
经办律师:李宏、许军利

5. 主承销商律师事务所:众鑫律师事务所
地址:北京市海淀区白石桥52号奥林匹克饭店318室
电话:(010)62176688-318 传真:(010)62172846
经办律师:孙广亮、王云杰

6. 会计师事务所:湖北大信会计师事务所
地址:湖北省武汉市中山大道1056号金源世界中心AB座8层
法定代表人:吴益格
电话:(027)2814094 传真:(027)2816985
经办注册会计师:邵九林、陈振奎

7. 资产评估机构:山西省资产评估中心
地址:山西省太原市文源巷18号
法定代表人:王树堂
电话:(0351)4122017 传真:(0351)4036273
经办评估师:杨秋文、沈丽珍

8. 土地评估机构:北京大学不动产研究鉴定中心
地址:北京市北京大学新地学楼3538室
法定代表人:冯长春
电话:(010)62751176 传真:(010)62751187
经办评估师: 冯长春、庞清、王东升

9. 资产评估确认机构:国家国有资产管理局
地址:北京市海淀区万泉河路66号
法定代表人:张佑才
电话:(010)62567744 传真:(010)62561817

10. 股票登记机构:深圳证券结算有限公司

地址:深圳市红岭中路25号
电话:(0755)5567898　传真:(0755)5571127

四、发行情况

1. 承销方式:余额包销
2. 承销期:1997年7月18日至1997年8月1日
3. 发行地区:与深圳证券交易所联网的各证券交易网点
4. 发行对象:中华人民共和国法律、法规规定有资格可以购买本次股票的境内自然人和法人
5. 发行股票的种类、面值、数量:面值1元之人民币普通股5500万股,其中向公司内部职工配售550万股。
6. 发行方式:上网定价,其中向公司内部职工发行的550万股,将根据太原市劳动局核定的职工名册和公司职工股分配方案配售,由主承销安排统一收款。
7. 发行价格及确定方法

(1)发行价格:本次发行采用溢价发行,每股发行价格为5·31元;

(2)确定方法:

每股发行价格=(1994、1995、1996年每股税后利润之和/3)×市盈率

$=[(0.303+0.328+0.342)/3]\times 16.4$

$=5.31$ 元

本次发行总市值为29,205万元,扣除发行有关费用后,可募集资金28,325万元。本次发行结束后,本公司即委托会计师事务所验证实收资本。

8. 拟上市地:深圳证券交易所

五、风险因素与对策

投资者在评价本公司此次发售的股票时,除本招股说明书提供的其它资料外,应特别认真的考虑下述各项风险因素:

(一)风险因素:

本公司主要生产经营的棕刚玉系列产品、自动化立体仓库属国家鼓励发展的基础产业,国内外市场需求巨大,但对本公司来说,生产经营活动仍存在某些风险。

1. 经营风险:

(1)本公司产品的主要原材料是铝矾土、钢材、无烟煤。其中铝矾土、无烟煤目前全部由山西省供应,钢材则主要从太原钢铁厂、武汉钢铁厂购进,在全国资源普遍紧张的情况下,随着公司的加速发展,在原材料供应渠道上存在着一定的局限性。

(2)本公司生产的棕刚玉产品有部分通过进出口公司以外贸收购形式外销,自动化立体仓库主要销往北京、上海、天津、深圳等重点城市,对主要客户有一定的依赖性。

(3)本公司主要能源消耗为电力,当前全国的电力资源普遍紧缺,电力需求量很大,尽管本公司建有自己的自备电厂,但在电力的耗用上仍存在着一定的风险。

(4)本公司主要生产棕刚玉产品和自动化立体仓库,产品结构比较集中,存在一定风险。

(5)本公司生产的棕刚玉产品部分外销,销售收入中有部分以外汇结算,外汇市场的汇率波动将影响本公司收益水平。

(6)随着本公司所在领域生产加工技术的进一步发展,本公司产品将受到国内外同类产品的竞争,产品价格的变化将直接影响本公司的效益。

2. 行业风险:

(1)本公司属于机械电子行业,所产产品对主要原材料的依赖性较强,煤炭工业、钢铁工业对本行业的发展有一定的制约因素。

(2)棕刚玉企业属于烟火工业,受环境保护方面的制约较大。

(3)本公司目前有一定的规模优势,但国内外其他同类企业的发展仍会对本公司构成一定的竞争风险。

3. 市场风险:

(1)棕刚玉产品应用于磨削领域的市场竞争较大,在非磨削领域的应用正处于一种成长期,短期内市场开拓有一定的制约。

(2)棕刚玉产品应用于高速公路、飞机跑道、航天器材方面以及自动化立体仓库的应用,都受到国家宏观经济的制约。

(3)本公司生产的棕刚玉有部分销往日本及南韩,以后外销比重将逐渐增大,对海外市场有一定的依赖性。

4. 政策性风险:

(1)本公司部分产品外销,依赖于海外市场,国家进出口政策的变化将直接影响本公司的盈利水平。

(2)本公司上市后执行15%所得税负,国家税收政策的变化也会在一定程度上影响本公司的收益。

5. 股市风险:

本公司股票将要挂牌上市,股票价格不仅取决于企业经营业绩,同时也受国际、国内政治及有关政策的影响,股票价格有可能发生波动,为此本公司提醒投资者应予以充分考虑今后股市中可能涉及的风险。

6. 其它风险:

本公司不排除因政治、经济、自然灾害,尤其是火灾等不可抗力因素对本公司经营带来不利影响的可能性。

(二)风险对策:

本公司针对上述风险因素,拟采取以下对策;

1. 经营风险对策:

(1)原材料供应风险的对策:

对于铝矾土和煤的供应,本公司立足长远,除了同山西省内多家单位签订了长期供货合同,还着眼于全国其他产地,保证原材料供应,同时正逐步考虑建立自己的原材料基地。

(2)主要客户依赖风险的对策:

本公司主要发起人太原砂轮厂已申请获得自营进出口权,以后本公司将通过太原砂轮厂向国外销售棕刚玉系列产品,同时在自动化立体仓库的销售上,也注重选择和培养更多的客户,以降低对主要客户依赖的风险。

(3)主要能源风险的对策:

本公司设立了自己的自备电厂,应用自己的发电机组弥补正常城市电力供应的不足,并申请立项增加第二台发电机组,充分保证电力供应。

(4)产品结构集中的风险对策:

本公司根据市场的需求,集中科研技术力量,更新技术设备发展棕刚玉产品的深加工,形成多品种、附加值高的产品结构,扩大自动化立体仓库生产规模,形成组合式货架、堆垛机、高层货架等自动化立体仓库产品系列化。

(5)外汇风险的对策:

本公司将根据汇率的变化及时调整产品出口地区的比例,同时本公司将密切注意国际外汇市场的趋势,选择对本公司有利的计价和结算币种,减少汇兑风险。

(6)产品价格风险对策:

棕刚玉的成本主要体现在电耗上,本公司设有自己的自备电厂,保证生产的电力供应,可以降低耗电成本50%左右,同时将与国内外一些专业公司和研究机构紧密合作,挖潜改造,降低成本,以抵抗价格方面可能面临的竞争风险。

2. 行业风险对策:

(1)本公司将紧跟国家宏观经济调控的步伐,密切注意国家产业结构的调整,及时发展其他产业,以减少对相关行业的依赖。

(2)本公司拟采用美国开发的最新除尘技术,并加大科技开发力度,进行对废气、废水、噪音的处理;对于废渣和工业粉尘,本公司拟联合有关厂家进行回收利用,加工生产彩色地砖,最大限度地减少环保因素的限制。

(3)本公司将尽快投资建设第二台10000KVA冶炼系统,加大对棕刚玉的深加工产品的开发生产,提高产品的科技含量及品位,以确立公司国内外同类行业中的绝对规模优势及技术领先优势。

3.市场风险对策:

①本公司将加大力度开发生产棕刚玉深加工产品,扩大占领棕刚玉在非磨削领域的应用市场。

②越是经济发达的地区,使用自动化立体仓库以及在非磨削领域使用棕刚玉产品需求量越大,本公司将根据国家宏观调腔的需要,不断发新产品,开拓新市场。

③本公司将充分利用发起人太原砂轮厂的进出口经营权,扩大在国外的销售渠道,同时早日申请获得本公司自营进出口经营权,设立自己的海外公司,向西欧、美国及其他国家和地区发展,以分散风险。

4.政策风险对策:

本公司将加强对国家宏观政策的分析和预测,加强与国家有关政府部门的沟通合作,用足用活有关政策,加大力度争取国家对本行业、本公司的支持以提高抗风险的能力。

5.股市风险对策:

本公司将坚持质量和信誉的原则,提高产品质量,强化服务功能,扩大产品市场占有率,提高经济效益,保证广大股东权益,自觉接受证券管理部门及广大股东的监督,及时准确地公告中期、年度财务经营业绩及重大经济活动信息,同时加强市场的调研与分析,减小股市风险。

6.其他风险对策:

本公司将密切注意国内外政治、经济形势的变化,适时调整产品结构经营规模,加大抗自然灾害方面的技术设备的投入,提高全体职工对自然灾害方面的认识,做到防治结合,提高抗风险能力。

六、募集资金之运用

本公司本次发行股票5500万股,若发行成功,扣除发行费用后,将实际募集资金28,325万元,所筹资金的计划用途如下:

1.第二台10000KVA棕刚玉冶炼系统项目。

(1)该项目利用"八五"期间由加拿大引进的10000KVA棕刚玉冶炼电炉,新增部分配套设备及厂房设施,总投资2900万元人民币,预计1997年底完工投产,每年新增棕刚玉块3万吨,该项目投产后本公司将成为亚洲最大的棕刚玉生产企业之一,使公司棕刚玉产量占全国市场的30%以上。

(2)该项目已经国家经贸委以国经贸技改函(1996)084号文批准。

(3)该项目1998年形成效益,税后内部收益率为27.3%,回收期(含建设期)为3.48年。

2.三万吨棕刚玉制粒生产线技术改造项目。

(1)该项目引入高级球磨机、高强磨磁选机与高效振动筛等现代化先进设备,采用全自动流水作业,年新增棕刚玉磨料3万吨,总投资为2876.42万元人民币。

(2)该项目已经太原市经委以并经技(1996)91号文批准。

(3)该项目1998年形成效益,税后内部效益率为26.5%,投资回收期(含建设期)为4.2年。

3.6MW发电机组和35KV输变电线路项目。

(1)该项目在东山煤矿热电厂增装一台6WM汽轮发电机组和新建一条35KV输变电线路,保证本公司新增项目用电需要,增装6WM发电机组项目总投资为1586万元人民币。新建35KV输变电线路项目总投资为2821.13万元。

(2)增装6MW发电机组项目已经国家经贸委以国经贸技改函(1996)084号文批准,新建35KV输变电线路项目已经太原经委以并经技(1996)118号文批准。

(3)该项目1998年投产使用,6MW发电机组投资回收期(含建设期)为2.26年,35KV输变电线路投资回收期(含建设期)为2.33年。

4.立体仓库堆垛机技术改造项目

(1)该项目通过对现有堆垛机进行技术改造,增加关键设备,提高制造工艺水平,扩大CAD技术的应用,使产品朝大型化、高速化、自动化、标准化、系列化方向发展,该项目总投资为2980万元人民币。

(2)该项目已经太原市经委以并经技(1996)125号文批准。

(3)该项目1998年形成效益,税后内部收益率为25.9%,投资回收期(含建设期)为5.7年。

5.5000吨SG陶瓷刚玉磨料生产线技术改造项目。

(1)SG陶瓷刚玉磨料是一种新型的工程材料和磨削材料,具有普通刚玉和超硬材料(如立方氮化硼)的双重性质,具有超抗裂性和自锐性的特点,适用于磨削金属材料和陶瓷材料石材部分。该产品在我国目前还是空白。该项目拟建一条年产5000吨SG陶瓷刚玉磨料生产线,满足市场需求。该项目总投资为2952.60万元人民币。

(2)该项目已经太原市经委以并经技(1996)123号文批准。

(3)该项目1999年形成经济效益,税后内部收益率为41.99%,投资回收期(含建设期)为3.69年。

6.5000吨棕刚玉微粉生产线项目。

(1)该项目是通过对棕刚玉块进行深化加工,生产日趋广泛应用于电子工业、国防工业,航天工业,耐高温涂料、精密陶瓷方面的棕刚玉微粉,提高产品的附加值,增加企业的经济效益,该项目总投资2801.40万元人民币。

(2)该项目已经太原市经委以并经技(1996)119号文批准。

(3)该项目1999年形成经济效益,税后内部收益率为22.64%,投资回收期(含建设期)为5.4年。

7.立体仓库组合货架技术改造项目。

(1)该项目通过对自动化立体仓库组合式货架系列产品的开发与研制,增强提高自动化立体仓库的生产能力及工艺水平,从重量、运输、速度等方面满足各类用户的需要,改变我国目前存在的自动化立体仓库规模小、品种规格不配套等问题,该项目总投资2950万元人民币。

(2)该项目已经太原市经委以并经技(1994)94号文批准。

(3)该项目1998年形成效益,税后内部收益率为24.1%,投资回收期(含建设期)为6.05年。

8.高速增强树脂砂轮生产线项目。

(1)根据市场调查,普通(低等级)的增强树脂砂轮市场已趋于饱和,将逐步被淘汰,而高等级的增强砂轮呈现良好市场,需求量越来越大,我国目前的生产量较小,供求缺口大,该项目产品将填补我省空白,拟从日本引进一条高速增强树脂砂轮生产线,年产80m/s高速增强树脂薄片砂轮150万片,80m/s高速磨片300万片。该项目总投资为2800.34万元人民币。

(2)该项目已经太原市经委以并经技(1996)120号文批准。

(3)该项目1999年形成经济效益,税后内部收益率为25.60%,投资回收期(含建设期)为4.99年。

9.年产500万平方米高档涂附磨具制造线技术改造项目。

(1)涂附磨具是用粘结剂将磨料粘结在布、纸等可绕性材料上而制成的可以进行研磨和抛光的工具,我国高档涂附磨具起步较晚,近年来发展较快,根据市场调查预测到本世纪未国内外市场对我国涂附磨具的需量将由1995年的15000万平方米增加到30000万平方米左右,目前我国的生产量较小,供需缺口很大,该项目拟建一条年产高档涂附磨具500万平方米生产线,总投资为3552.31万元人民币,其中固定资产投资2952.31万元。

(2)该项目已经太原市经委以并经技(1996)117号文批准。

(3)该项目1999年形成经济效益,税后内部收益率为57.91%,投资回收期(含建设期)为3.02年。

10.石材加工专用磨具生产线技术改造项目。

(1)根据我国石材加工业的发展趋势,其加工专用磨具如各种规模的金刚石切割锯片、石材磨头等的需求量将会以每年10%的速度递增,到

2000年其用量将分别达到10万片和10万吨,而我国目前每年专用磨具生产能力为各种规格的金刚石锯片7万片、石材加工磨具8万吨,特别是一些引进设备的大直径锯片和高档加工磨头缺口更大,需大量进口,该项目拟兴建一条年产Φ1600mm金刚石锯片4000片,石材磨头2000吨的专用磨具生产线,满足市场需求,该项目总投资为2854.24万元人民币。

(2)该项目已经太原市经委以并经技(1996)126号文批准。

(3)该项目1999年形成经济效益,税后内部收益率为25.31%,投资回收期(含建设期)为5.15年。

上述十个项目的资金使用计划时间安排如下表:

单位:人民币万元

项目	1997年	1998年	1999年	合计
1. 第二台10000KVA棕刚玉冶炼系统	2700.00	200.00		2900.00
2. 三万吨棕刚玉制粒生产线	2876.42			2876.42
3.6MW发电机组和35KV输变电线路	4407.13			4407.13
4. 立体仓库堆垛机技术改造	1580.00	1400.00		2980.00
5.5000吨SG陶瓷刚玉磨料生产线	2450.00	372.60	130.00	2952.60
6.5000吨棕刚玉微粉生产线	2100.00	601.40	100.00	2801.40
7. 立体仓库组合货架生产线	1900.00	1050.00		2950.00
8. 高速增强树脂砂轮生产线	2080.00	620.34	100.00	2800.34
9. 高档涂附磨具制造线	1400.00	1572.31	580.00	3552.31
10. 石材加工专用磨具生产线	2320.00	334.24	200.00	2854.24
合计	23813.55	6150.89	1110.00	31074.44

上述投资项目,共需资金31,074.44万元,本次通过发行股票,扣除发行费用后实际募股资金28,325.00万元,尚有2749.44万元资金缺口,拟通过银行贷款解决。1997年计划安排使用资金23,813.55万元,募集资金到位后,1997年下半年有短期闲置资金4,511.45万元,拟用于补充公司生产经营流动资金。

在以上十个投资项目中,"第二台10000KVA棕刚玉冶炼炉系统"、"三万吨棕刚玉制粒生产线"及"6MW发电机组和35KV输变电线路"三个项目急需进行,其次为"立体仓库堆垛机技术改造项目"、"5000吨SG陶瓷刚玉磨料生产线项目"和"5000吨棕刚玉微粉生产线项目",余上项目相对较缓。

七、股利分配政策

1. 股利分配的一般政策

本公司新股发行后的股利将按本公司章程所载之股利分配政策进行。

本公司的税后利润按下列顺序分配:

(1)弥补以前年度亏损;

(2)提取税后利润的10%列入公司法定公积金;

(3)提取公司法定公益金5%-10%;

(4)根据股东大会决议提取任意公积金;

(5)支付普通股股利。

本公司股利每年派付一次。每年的股利于次年的第二季度内派付,公司分派股利时,以公告或书面形式通知股东。

本公司采取现金和股票的形式分派股利,同股同权。现金股利以人民币派付。公司分派股利时,按有关法律和法规代扣股东股利收入的应纳税金。

关于弥补亏损的年限、数额、公积金和公益金计提比例及股利分配比例的确定,即某一年度的具体分配比例,均由董事会依据有关法规和公司章程的有关规定,并视公司经营状况和发展需要提出分配方案经股东大会审定批准后实施。

2. 本公司新股东参与1997年全年利润分配;预计公司首次股利分配时间在1998年第二季度。

3. 由于公司尚未成立,股利分配政策需等发行成功后由首届股东大会予以确认。

八、发行人情况

1. 发行人名称:太原双塔刚玉股份有限公司(筹)

2. 本公司于1997年5月29日获得企业名称预先核准通知书

3. 发行人拟注册地址:山西省太原市郝庄正街62号

4. 发行人历史沿革:

1997年5月28日,经山西省人民政府以晋政函(1997)72号文批准,以太原砂轮厂为主要发起人,对其属下的刚玉公司、自动化立体仓库公司进行资产重组,将其全部经营性净资产8704.09万元按79.45%的比例折为国有法人股6915万股,同时吸收太原市东山煤矿的部分优势资产,将其属下热电厂的部分经营性净资产3882.22万元按79.45%的比例折为国有法人股3085万股,并申请向社会公众公开发行5500万股人民币普通股,由这两家国有企业共同发起,募集设立太原双塔刚玉股份有限公司。

5. 发行人组织结构:

本公司的组织管理结构按照《公司法》的规定设置,其组织结构图示如下:

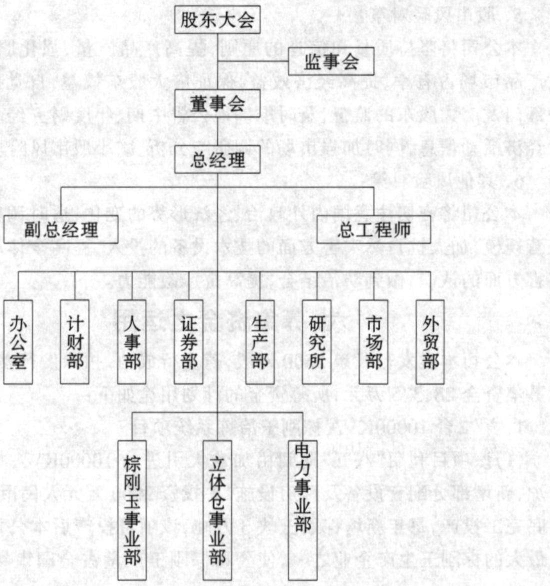

6. 关联企业情况

太原砂轮厂作为主要发起人,代表国家持有本公司发行后总股本44.61%的股权,为本公司控股股东,太原市东山煤矿作为发起人之一,代表国家持有本公司发行后总股本19.91%的股权。太原砂轮厂建于1958年,为国有大型一类企业,现有职工1900余名,截止1997年2月28日,总资产达37063.76万元,净资产19505.44万元,太原市东山煤矿是市属国有煤炭企业,年产煤炭120万吨,电力1.5亿kwh,现有职工5300余人,截止1997年2月28日总资产达38052.90万元,净资产19326.33万元。

太原砂轮厂将与生产棕刚玉、自动化立体仓库有关的全部经营性净资产折股进入本公司,不再生产同类产品;太原市东山煤矿将所属热电厂的经营性净资产折股进入本公司,主要为本公司的生产经营提供电力供应,保证本公司生产经营所需电力供应。所以两家发起人与本公司之间均不存在同业竞争和内部竞争,但本公司出口销售棕刚玉产品需通过太原砂轮厂代理出口。本公司在执行上述业务时,将严格遵守国家有关法律、法规和政策,按照等价有偿、平等互利的原则,根据市场价格与两家发起人签订经济合同,互惠互利,共同发展。以公平维护公司及多个股东的正当权益。

7. 发行人的职工情况

截止1997年2月28日,本公司拥有员工1200人,其中财务人员12人,销售人员38人,行政人员32人,工程技术人员46人,生产人员1072

人。公司员工有大中专毕业生165人,有中高级技术职称的61人,公司职工平均年龄为34岁。本公司根据国家有关规定,制定本公司职工聘用、职工福利、劳动工资和人事方面的制度,职工享有本公司提供的住房、教育、医疗及其它津帖等福利。截止1997年2月28日,本公司无离退休人员。

本公司执行国家有关劳动保护法规并参加退休基金,待业保险和合同制工人保险基金统筹。

8. 发行人拟经营范围

棕刚玉系列产品、自动化立体仓库、各种磨料磨具、耐火材料、建筑材料、电力、省内小窑煤购销等。

9. 主要业务

本公司主要从事棕刚玉系列产品和自动化立体仓库的生产和销售。

10. 产品与销售

产品品种	生产能力	主要市场	市场占有额	销售方式
一级棕刚玉块	30000吨	华东、东北、华北 日本	国内12% 外销占出口额的3.3%	直销
8-240号棕刚玉磨样	5000吨	华东、东北、华北、日本	18%	直销
自动化立体库	20座	东南沿海、东北、西南	30%	直销
电力	0.9亿KWH		主要满足自己生产需要	

11. 主要原材料的供应

本公司生产产品的主要原材料是铝矾土、无烟煤、铁屑、钢材、石墨电极,这些原材料除钢材部分由武钢、南京、上海等地购进外,其余全由省内购进,货源与质量有充足的保证。不需从国外进口原材料,不需使用外汇。本公司的主要能源消耗为电消耗,公司拥有自己的自备电厂,能充分保证生产经营所需电力。

12. 工业产权和其它无形资产情况

本公司的主要发起人—太原砂轮厂以评估确认的土地使用权1980.06万元折价入股,除此之外,不存在工业产权等其它无形资产。

13. 新产品、新项目研究开发情况

本公司正积极研制开发棕刚玉深加工产品,包括SG陶瓷刚玉磨料,立体仓库堆垛机,高速增强树脂砂轮等在内的深加工产品的研制成功将会给本公司带来可观的经济效益。

14. 计划进行的投资项目

(1)第二台10000KVA棕刚玉冶炼系统项目。

(2)三万吨棕刚玉制粒生产线项目。

(3)6MW发电机组和35KV输变电线路项目。

(4)立体仓库堆垛机技术改造项目。

(5)5000吨SG陶瓷刚玉磨料生产线项目。

(6)5000吨棕刚玉微粉生产线项目。

(7)组合货架生线项目。

(8)高速增强树脂砂轮生产线项目。

(9)高档涂附磨具制造线项目。

(10)石材加工专用磨具生产线技改项目。

15. 国家政策对本公司生产经营的影响。

根据山西省人民政府晋政函(1997)73号文批复,本公司上市后执行15%所得税负,若此项税收政策发生变化将会影响公司收益。

16.1996年12月26日,太原市人民政府以并政函[1996]66号文批复同意,将太原砂轮厂、太原五一机器厂两厂以行政划拨方式予以合并,合并后厂名为太原砂轮厂。

17.1996年中华人民共和国对外贸易经济合作部以[1996]外经贸政审函字第2881号文批复同意太原砂轮厂经营自营进出口业务。

18. 关联交易

本公司出口销售的产品将通过发起人太原砂轮厂进行对外销售,销售价格由本公司根据有关规定并参照国内外市场标准予以制定。

19. 太原砂轮厂持有本公司发行后总股本44.61%的股权,作为本公司的主要发起人,其已作出承诺,保证不与本公司发生同类业务的任何竞争。

九、筹委会成员简介

程明远先生,现年46岁,高级经济师,太原市特级劳动模范,太原市、山西省优秀企业家。曾任太原五一机器厂纪委书记、厂长、党委书记,中美合资索斯沃斯升降台公司董事长、总经理,太原砂轮厂厂长、党委书记,现任太原双塔棕刚玉股份有限公司筹委会主任。

张洪恩先生,现年45岁,经济学硕士、高级经济师,太原市优秀企业家。曾任太原市东山煤矿办公室副主任、企业管理办公室副主任,计划科科长,矿长助理、副矿长、矿长兼党委副书记,现担任太原双塔刚玉股份有限公司筹委会副主任。

张晓东先生,现年40岁,经济师,曾任太原五一机器厂综合计划员、企业管理办公室主任,厂办主任、党委办公室主任,党委副书记、副厂长,太原砂轮厂副厂长,现担任太原双塔刚玉股份有限公司筹委会委员。

王俊才先生,现年34岁,工程师,曾任太原五一机器厂外联办主任,广告部主任,厂办主任,副厂长,太原砂轮厂刚玉公司经理、太原砂轮厂副厂长,现担任太原双塔刚玉股份有限公司筹委会委员。

高秀山先生,现年50岁,政工师,曾任山西机器厂党委副书记,科协主席兼机修分厂厂长,太原五一机器厂党委副书记兼纪委书记,现担任太原双塔刚玉股份有限公司筹委会委员。

张保林先生,现年54岁,高级工程师,曾任太原市东山煤矿热电厂副厂长、厂长,现担任太原双塔刚玉股份有限公司筹委会委员。

陈姜兵先生,现年36岁,统计师,曾任太原市东山煤矿生产统计员、综合统计员,企管科科长,现担任太原双塔刚玉股份有限公司筹委会委员。

本公司筹委会成员承诺,在股份公司正式成立后,担任股份公司高级经营管理职务的成员将辞去在原发起人企业中担任的职务。

十、经营业绩

1. 生产经营的一般情况

本公司充分利用山西省的资源和能源优势,主要生产经营棕刚玉系列产品、自动化立体仓库、各种磨料磨具、耐火材料、建筑材料、压力容器、电力、省内小窑煤购销等。

本公司生产的自动化立体仓库属国家级火炬计划项目,1996年通过国家科学技术委员会、火炬计划办公室验收,曾先后被评为太原市名牌产品,山西省优质产品。

2. 销售和利润情况

单位:人民币元

项目	1997年1-2月	1996年度	1995年度	1994年度
主营业务收入	33,633,486.43	188,560,014.64	176,411,476.18	156,204,506.07
主营业利润	8,561,573.89	50,941,533.60	48,923,579.23	44,618,912.26
营业利润	8,561,573.89	50,941,533.36	48,923,579.23	44,618,912.26
利润总额	8,495,863.39	51,124,363.36	48,906,761.41	45,166,183.88
净利润	5,692,228.47	34,253,323.45	32,767,530.14	30,261,343.20

本公司销售收入税后利润逐年增长,主营业务收入1995年比1994年增长12.94%,1996年比1995年增长6.83%;税后利润1995比1994年增长8.28%,1996年比1995年增长4.54%。

3. 业务收入的构成及所占份额

	1997年1-2月		1996年度		1995年度		1994年度	
	业务收入(万元)	所占份额(%)	业务收入(万元)	所占份额(%)	业务收入(万元)	所占份额(%)	业务收入(万元)	所占份额(%)
棕刚玉磨料等	1437.27	42.73	7582.22	40.23	6770.98	38.39	5345.19	34.22
立体仓库	327.66	9.75	2257.47	11.98	2157.81	12.23	1954.65	12.51

供电供热	543.61	16.16	3245.47	17.22	3165.13	17.94	3057.86	19.58
煤碳等其他	1054.81	31.36	5760.84	30.57	5547.23	31.44	5262.75	33.69
合计	3363.35	100	18846.00	100	17641.15	100	15620.45	100

4. 完成的重大项目、科研成果等主要工作

本公司从加拿大引进的第一台"10000KVA 冶炼炉"于 1994 年正式投入使用,年产棕刚玉块 30000 吨,本公司生产的自动化立体仓库 1996 年通过国家科学技术委员会,火炬计划办公室验收。

5. 产品市场情况

本公司产品以棕刚玉为主,棕刚玉的产销量均居全国前列,主要供应国内市场,30%左右通过外贸收购方式销往日本、韩国,目前销量占国内市场的12%左右,另一主导产品自动化立体仓库目前全部供应国内市场,销量占全国市场的 30%。

6. 产品性能与质量情况。

本公司生产销售的棕刚玉块的三氧化二铝含量为 95%至 97%,氧化钛含量为 2%至 3%,均达到国家标准,本公司生产的各种磨料的质量稳定,其粒度组成、磁性物含量、密度等指标均符合国家标准,本公司生产的自动化立体仓库自动化程度高,组合式折卸,安装方便,轻便适用,曾先后被评为太原市名牌产品、山西省优质产品,1996 年通过国家级火炬计划项目合格验收。

7. 筹资与投资情况

本公司计划进行的投资项目共需资金 31,074.44 万元,本次发行股票扣除发行费用后可募集资金 28,325.00 万元,尚有 2749.44 万元资金缺口,拟通过银行贷款解决。

8. 生产经营设备增加、改进情况

本公司目前正在安装由加拿大引进的第二台 10000KVA 冶炼炉系统,预计年底即可投产,从意大利引进的组合货架轧制成型线设备和从瑞士引进的静电喷涂设备分别将于今年 10 月份和今年年底投入使用。

9. 职工数量与业务水平方面的变化情况

本公司目前拥有职工 1200 人,计划通过以下措施来逐步提高职工的整体业务水平。

(1)每年由各大专院校引进专业人才 20-30 名。

(2)每年选派 2-3 名专业技术骨干去国外考察学习。

(3)中层以上领导干部三年以内全部完成各相关专业大专以上进修课程。

(4)在岗职工每年由公司生产、质量等有关部门分期分批进行轮训。

(5)与山西省磨料磨具研究所及相产研究机构保持联系,定期请专家学者来公司指导生产与科研。

十一、股本

1. 本公司拟注册资本为 15500 万元。

2. 本公司是经山西省人民政府以晋政函(1997)72 号文批准,以太原砂轮厂为主要发起人,并吸收太原市东山煤矿的部分优势资产,两家国有企业共同发起,采取募集方式设立,1997 年 2 月 28 日经山西省资产评估中心评估,国家国有资产管理局以国资评(1997)444 号文确认,太原砂轮厂以其属下刚玉公司、自动化立体仓库公司的经营性净资产 8704.09 万元折价入股,太原市东山煤矿以其属下热电厂的经营性净资产 3882.22 万元折价入股,1997 年 5 月 26 日,山西省国有资产管理局以晋国资企函字(1997)第 42 号文批复,太原砂轮厂将其评估后投入股份公司的净资产 8704.09 万元,按 79.45%比率折成 6915 万股国有法人股,超过面值部分 1789.09 万元,列入资本公积金,太原市东山煤矿将其评估后投入股份公司的净资产 3882.22 万元按 79.45%比率折成 3085 万股国有法人股,超过面值部分 797.22 万元列入资本公积金。

3. 本次 A 股发行超过面值并扣除发行费用后缴入的资本为 22825 万元,将进入本公司的资本公积金。

4. 经中国证券监督管理委员会以证监发字[1997]378 号文批准,本公司首次公开发行 5500 万股 A 股(其中公司职工认购 550 万股)。

5. 发起人认购股份情况

本次发行发起人共认购 10000 万股,认购比例如下:

	股数	占发起人股比例
国有法人股	10000 万股	100%
其中:太原砂轮厂	6915 万股	69.15%
太原市东山煤矿	3085 万股	30.85%
合计	10000 万股	100%

6. 本次发行后公司股权结构:

	股数(万股)	占总股本比例(%)
一、发起人股	10000	64.52
国有法人股	10000	64.52
其中:太原砂轮厂	6915	44.61
太原市东山煤矿	3085	19.91
二、社会公众股	5500	35.48
其中:公司职工股	550	3.55
三、总股本	15500	100

7. 本次发行前后净资产总额,每股净资产

	净资产总额(万元)	每股净资产(元)
发行前	12586.31	1.26
发行后	40911.31	2.64

8. 股票回购

根据《中华人民共和国公司法》规定公司不得收购本公司的股票,但为减少公司资本或者与持有本公司股票的其他公司合并时除外。公司依照前款规定收购本公司的股票后,必须在 10 日内注销该部分股份,依照法律、行政法规,办理变更登记并公告。

十二、财务会计资料

(一)审计报告

鄂信业字(1997)第 286 号

太原双塔刚玉股份有限公司筹委会:

我们接受委托,审计了贵公司 1994 年 12 月 31、1995 年 12 月 31 日、1996 年 12 月 31 日和 1997 年 2 月 28 日的资产负债表及 1994 年度、1995 年度、1996 年度、1997 年 1-2 月的利润表和 1996 年度的财务状况变动表。这些报表由贵公司负责,我们的责任是对这些会计报表发表审计意见,我们审计是依据中国注册会计师独立审计准则进行的,在审计过程中,我们结合贵公司实际情况,实施了包括抽查会计记录等我们认为必要的审计程序。

我们认为,上述会计报表符合《企业会计准则》和《股份制试点企业会计制度》的有关规定,在所有重大方面公允地反映了贵公司 1994 年 12 月 31 日、1995 年 12 月 31 日、1996 年 12 月 31 日和 1997 年 2 月 28 日的财务状况及 1994 年度、1995 年度、1996 年度、1997 年 1-2 月经营成果和 1996 年度的资金变动情况,会计处理方法的选用符合一贯性原则。

湖北大信会计师事务所　　中国注册会计师:陈振奎

中国注册会计师:邵九林

1997 年 5 月 24 日

(二)主要财务报表(附后)

(三)公司采用主要会计政策

1. 执行的会计制度:公司执行《股份制试点企业会计制度》。

2. 会计期间:公司以公历年度为会计年度,即 1 月 1 日起至 12 月 31 日止为一个会计年度。

3. 记帐原则和计价基础:

公司按权责发生制的记帐原则,以历史成本为计价基础。

4. 记帐方法与记帐本位币:

公司采用借贷复式记帐法记帐,以人民币为记帐本位币。

5. 外币折算方法:外币折算按交易当日人民币市场汇价(中间价)折

合为记帐本位币,月终调整汇兑损益,计入财务费用。

6. 坏帐损失的核算:

公司的坏帐损失采用直接摊销法核算。

7. 存货计价方法:

各类存货购进时按实际成本计价,发出和领用时采用加权平均法计价。

8. 固定资产及其折旧:

(1)固定资产标准:使用年限在一年以上,单位价值在2000元以上的房屋建筑物、机器设备、交通运输工具等;

(2)固定资产计价:固定资产原价按购建时的实际成本计价:经过法定资产评估的固定资产则以经确认的重置完全价值计价;

(3)固定资产折旧采用直线法核算;

(4)固定资产的类别,估计经济使用年限,预留残值率,年折旧率如下表:

类别	估计经济使用年限(年)	预留残值率(%)	年折旧率(%)
房层及建筑物	25-40	3	2.43-3.88
通用设备	10-12	3	8.08-9.7
专用设备	10-14	3	6.93-9.7
交通运输工具	10-12	3	8.08-9.7
其他	8-14	3	6.93-12.13

9. 无形资产及摊销:

土地使用权:公司根据晋土管审字[1997]第61号文有关土地使用权处置方案,公司取得的土地使用权的价值自公司成立之日起,按50年期限采用直线法平均摊销。

10. 收入实现的确认:

按权责发生制原则、产品(商品)已经发出,收到货款或取得索取货款凭证时,确认为收入的实现。

11. 主要税项:

税种	税率
(1)增值税	17%(销项税率)

增值税销项税抵扣进项税后,经税务部门核定,确定应纳增值税额。

税种	税率
(2)城市维护建设税	7%(按应纳增值税额)
(3)教育费附加	3%(按应纳增值税额)
(4)所得税	33%(按利润总额)

12. 利润分配:

公司成立后依据公司章程,税后利润按以下顺序及比例分配:

(1)弥补以前年度亏损;

(2)提取法定公积金10%;

(3)提取法定公益金5%-10%

(4)提取任意公积金(提取比例由股东大会决定);

(5)分配股利。

(四)会计报表模拟编制方法

(1)模拟编制基准和方法:

本次模拟编制的公司前三年的会计报表,是假设公司1994年1月1日至1997年2月28日已经存在,并按独立法人企业运作,即将太原砂轮厂和太原市东山煤矿的生产经营性资产投入到本公司,形成公司的资产、负债及所有者权益。利润表中的收入、成本、税金、费用项目是根据实际发生的经济业务在配比一致的基础上按权责发生制的原则编制的。

(2)本次编制的会计报表,是根据财政部、国家体改委以财会(92)第27号文颁发的《股份制试点企业会计制度》以及财政部财会字(93)第28号文《股份制企业执行新会计制度若干问题》的有关规定模拟编制的。

(3)本次编制的1997年2月28日资产负债表含国家国有资产管理局确认的评估增减值。

(五)主要财务指标

指标名称	1996年	1995年	1994年
流动比率	1.06	0.75	0.72
速动比率	0.49	0.38	0.39
资产负债率	69%	68%	73%
应收帐款周转率	22.95(次/年)	31.26(次/年)	31.8(次/年)
存货周转率	3.95(次/年)	4.78(次/年)	4.48(次/年)
净资产收益率	37%	41%	50%
每股净利	0.342元	0.328元	0.303元

十三、资产评估

本公司(筹)委托山西省资产评估中心对太原砂轮厂、太原市东山煤矿拟投人本公司(筹)的各类资产进行了评估,评估结果如下:

(一)资产评估汇总表

资产占有单位名称:太原双塔刚玉股份有限公司(筹)

评估基准日:1997.2.28　　单位:人民币元

资产项目	帐面原值	帐面净值	调整后净值	重置价值	评估值	增加值	增加率%
流动资产	72571685.00	72571685.00	72571685.00	73129554.46	7312954.46	557869.46	0.77
长期投资							
在建工程	53009235.60	53009235.60	53009235.60	55744228.24	55744228.24	2734992.64	5.16
建筑物	62906001.87	55266282.89	55266282.89	69761055.00	60022796.00	4756513.01	8.61
机器设备	132523429.87	113428283.08	113428283.08	148045611.00	123036679.00	9608395.92	8.47
土地使用权	10381818.30	10381818.30	10381818.30	19800599.00	19800599.00	9418780.70	90.72
无形资产							
其他资产	0	0	0	9672000.00	9672000.00	9672000.00	
资产总计	33192170.64	304657304.97	304657304.97	376153047.70	341405856.70	36748551.73	12.06
流动负债	-	63899242.85	63899242.85	-	63899242.85	0	0
长期负债	-	141971481.77	141971481.77	-	141971481.77	0	0
负债总计	-	205870724.62	205870724.62	-	205870724.62	0	0
净资产	-	98786580.35	98786580.35	-	135535132.08	36748551.73	37.20

编制单位:山西省资产评估中心　　日期:1997年4月25日

(二)本公司(筹)资产评估所采用的主要评估方法:

1. 对流动资产及负债通过清查核实、帐表核对,以查核无误的帐面值作为评估值;

2. 对房屋、建筑物根据综合造价,前期及其他费用和资金成本采用重置成本法进行评估;

3. 对机器设备根据不同类型采用重置成本法进行评估;

4. 对在建工程按照正常情况下,在评估基准日重新形成该在建工程已经完成的工程量所需发生的全部费用确定重置价值作为评估值;

5. 对土地使用权及土地使用权租赁费采用成本逼近法和基准地价修正法进行评估。

(三)资产增减值的主要原因

1. 流动资产

本次评估流动资产增值557,869.46元,其中:

(1)调整应收款31814.13元

(2)调减其他应收帐款31.00元

(3)调增存货526,086.33元

2. 在建工程

本次评估增值2,734,992.64元,其中:

(1)2#冶炼炉增值2,030,202.31元

(2)电渗析工程增值507,147.24元

(3)其他增值197,644.09元

3. 固定资产

本次评估增值14,364,908.93元,是采用重置成本法计算的评估增值。

4. 土地使用权

本次评估增值9,418,780.70元,主要为位于太原市郝庄正街62号

东侧的一宗工业用地评估增值。

十四、盈利预测

1. 鉴于盈利预测所依据的种种假设的不确定性,投资者在进行投资判断时不应过于依赖该项资料。

2. 根据本公司筹委会的预测,并经湖北大信会计师事务所的审核,本公司1997年度盈利预测见下表:

单位:人民币千元

项目	1997年度预测
一、主营业务收入	201,000
二、主营业务利润	53,000
三、营业利润	53,000
加:营业外收入	100
减:营业外支出	500
四、利润总额	52,600
减:所得税(33%)	17,358
所得税(15%)	7,890
五、净利润(33%)	35,242
净利润(15%)	44,710

(注:根据山西省人民政府晋政函[1997]73号文,本公司上市后执行15%所得税负)

3. 盈利预测基准

本预测是根据已经中国注册会计师审计的本公司1994年、1995年、1996年、1997年1-2月份的会计报表和近三年2个月的经营业绩,以及本公司在充分考虑现实基础和所有能力及潜力,并在各项合理假设的前提下,对1997年度余下的10个月业绩预测计算而编制的,上述预测所依据的会计准则与中华人民共和国法律、法规的有关规定相一致并在各主要方面与本公司通常采用的会计政策和计算方法相一致。

4. 盈利预测假设

(1)本公司经营业务所涉及的国家和地区目前的有关政策、法律、经济及财政状况无重大改变。

(2)未来信贷利率及外汇汇率在正常范围内变动。

(3)现行税制或税率在正常范围内变动。

(4)本公司的经营运作不会受到客观因素的巨大变化而产生不利影响。

(5)并无本公司控制范围之外的不可预见的情况。

(6)无其他人力不可抗拒因素造成之重大不利影响。

5. 盈利预测分析说明

(1)主营业务收入 201,000千元

根据公司前三年的主营业务增长趋势看:1996年比1995年增长6.8%,1995年比1994年增长12.8%,考虑到1997年公司发行新股所募集的资金投入项目难以当年见效,故1997年预测其主营业务收入水平仍将只能保持6.8%的增幅水平,为201,000千元。具体收入结构为:

a棕刚玉、磨具等销售收入 78,000千元

b供电、供热销售收入 37,000千元

c煤炭销售收入 61,000千元

d立体化仓库等其他销售收入 25,000千元

(2)主营业务成本 133,800千元

1994年、1995年、1996年、997年1-2月公司销售成本率为64.7%、64.2%、64.8%、66.3%。故可以预测公司1997年全年销售成本率为66.5%,故全年主营业务成本133,800千元,其具体结构为:

a棕刚玉、磨具等营业成本 50,000千元

b供电、供热营业成本 20,800千元

c煤炭销售成本 48,000千无

d立体化仓库等其他营业成本 15,000千元

(3)销售费用 2,100千元

根据公司1996年实际支出预测,1997年公司销售费用将与1996年数大致持平,略有上升,为2,100千元。

(4)管理费用 8,000千元

根据公司1996年度实际支出数预测,1997年公司管理费用将与1996年数大致持平,略有上升,为8,000千元。

(5)财务费用 1,400千元

考虑到1997年公司股票发行成功后,由于新建项目所需资金将逐步到位,会有较多的货币资金留存帐上或暂用于归还借款,导致公司财务费用会大幅下降,故预测全年财务费用为1,400千元。

(6)有关利润增长情况说明:

公司1997年预测利润总额为52,600千元,比1996年增长1,876千元。主要系募集资金将导致财务费用减少1,400千元所致。

综上所述,公司1997年预测的盈利水平将与1996年保持大体一致,全年预计实现利润53,000千元。如按33%所得税计算税后利润为35,242千元;如按15%所得税计算税后利润为44,710千元。

6. 根据本公司1994年、1995年、1996年以及1997年1-2月份完成的税后利润预测1997年度全年实现的税后利润及全面摊薄后计算的每股盈利、预计市盈率如下:

执行税率	税后利润(万元)	每股盈利(元)	预计市盈率(倍)
33%	3524.20	0.227	23.39
15%	4471.00	0.288	18.44

十五、公司发展规划

本公司作为大型的棕刚玉生产企业,将利用本次发行股票并上市这一机遇,加大科研开发力度,促进主业发展,致力于资本经营的探索,增强公司的盈利能力,集中力量,重点发展,在形成产业规模优势的基础上,把公司建成国际一流水平的集科、工、贸于一体的国际化大型企业集团。

(一)生产经营发展战略

加大棕刚玉深加工产品和自动化立体仓库方面的科技投入,开发生产高科技、高规格产品,按照"主营产业立体开发,高新产业联合开发,相关产业整体开发"的经营思路,在现有规模的基础上,到1998年使棕刚玉年产量提高一倍以上,各种磨料年产量提高6倍以上,提高自动化立体仓库软件开发和管理控制方面的水平,形成每年设计、制造、销售50座自动化立体仓库的经营能力。

此外,本公司将争取早日申请获得自己的进出口经营权,发展相关产业,获取更大的经济效益。

(二)发展目标和规模

本公司将分充分利用山西省的资源和能源优势,重点发展棕刚玉系列产品和自动化立体仓库,开发生产具有当代世界先进水平的棕刚玉深加工产品,把公司建成棕刚玉领域规模最大、品种最全、竞争力最强的国际化企业集团。

(三)市场发展计划

本公司的棕刚玉产品,国内主要销往东北、华北、华东地区,国外主要销往日本、南韩,自动化立体仓库主要销往东南沿海和北京、上海等地。今后,公司将在现有的基础上进一步拓宽国内市场,提高市场占有率。同时充分利用发起人太原砂轮厂的进出口经营权,加大国际市场的开发,向欧美市场和东南亚市场发展,在国际市场建立起自己的销售网络。

(四)销售计划

本公司转为上市公司后,在立足于国内销售的基础上,将致力于提高本公司产品在国际市场上的销售,在今后两年内,本公司将着力于在国内棕刚玉出口港设置3-5个销售机构,在国外如美国、日本、德国、印度、南韩等棕刚玉需求大国设置海外办事处和仓储基地,直接面对国际市场,促进销售。

(五)资金筹措和动用计划

本公司在今后的生产经营中,除继续争取国家的政策性贷款外,将致力于在证券市场、金融市场上筹措所需资金,通过正确、高效、合理的安排资金运用,降低筹资成本,减少资金运用风险,获取更大的经济效益。

(六)人员扩充计划

本公司现有职工1200人,在今后的发展中,将充分利用和发挥现有人才作用,通过多层次、多形式、大规模的员工培训,从基层培养人才,通过脱产进修和出国培训等方式培养出一批具有现代科技意识和国际先进水平的专业骨干,每年向各大专院校招收20名以上大中专毕业生,壮大公司科研技术队伍,同时根据生产经营需要,向国内外招聘一批高素质、高水平的研究生、博士生,为公司的长远发展奠定坚实的人才基础。

十六、重要合同及重大诉讼事项

1. 重要合同

截止本招股说明书签署之日,本公司已订立的重要合同摘录如下:

(1)1997年2月,太原砂轮厂与中国银行太原分行签订借款合同一份,合同编号为97借(字)01-090,合同约定,太原砂轮厂向中国银行太原分行借款2000万元人民币,用于棕刚玉冶炼炉技改项目,借款期限三年,从1997年2月18日至2000年2月17日,贷款利率为年息10.98%。此协议已经中国银行太原分行同意转移至本公司,待本公司依法正式成立后再办理有关变更手续。

(2)1997年3月20日,本公司与大鹏证券有限责任公司订立了A股《承销协议》。

(3)1997年4月1日,本公司与太原砂轮厂和太原市东山煤矿签订《综合服务协议》。

(4)1997年5月23日,本公司分别与太原砂轮厂和太原市东山煤矿订立《资产分立协议》。就本公司与太原砂轮厂、太原市东山煤矿之间有关资产分立的范围、方式、原有债权债务的划分及承担等进行了约定。

(5)1997年5月23日,本公司分别与太原砂轮厂和太原市东山煤矿签署《土地租赁协议》,本公司分别向两家发起人租赁位于太原市东岗路310号内和位于太原市南郊区杨家峪一带的二宗工业用地。

2. 重大诉讼事项

截止本招股说明书签署之日,尚未发生对本公司生产、经营活动及财务状况、声誉有重大影响的诉讼、仲裁和行政处罚事项。

十七、其他重要事项

除在本招股说明书中已披露的重要事项外,没有其他对投资者作出投资判断有重大影响的其他事项。

十八、招股说明书、备查文件及查阅地点

1. 招股说明书
2. 审计报告、财务报表及附注
3. 企业名称预先核准通知书
4. 主管部门和证券交易所批准发行上市的文件
5. 承销协议
6. 国家国有资产管理局关于资产评估的确认报告
7. 重要合同
8. 发行人改组的其他有关资料
9. 证监会要求的其他文件

查阅地点:

(1)太原双塔刚玉股份有限公司

地址:山西省太原市郝庄正街62号

咨询电话:(0351)4374349　　传真:(0351)4380232

联系人:张晓东

(2)大鹏证券有限责任公司

地址:广东省深圳市深南东路333号信兴广场地王商业中心商业大楼8层

咨询电话:(0755)2463388-8633　　传真:(0755)2462021

联系人:殷国平、宛楠、雷运清

查阅期间:1997年7月18日至1997年8月4日

太原双塔刚玉股份有限公司(筹)

1997年7月14日

资产负债表

编制单位:太原双塔刚玉股份有限公司(筹)　　编制日期:1997年5月24日　　单位:人民币元

资产	注释	1997年2月28日	1996年12月31日	1995年12月31日	1994年2月31日
流动资产					
货币资金	1	21,518,571.05	18,588,301.21	15,981,282.92	16,483,759.81
短期投资					
应收票据					
应收帐款	2	10,784,835.53	10,147,493.11	6,275,408.38	5,010,377.08
减:坏帐准备					
应收帐款净额		10,784,835.53	10,147,493.11	6,275,408.38	5,010,377.08
预付贷款	3	1,116,480.97	554,817.99	650,510.98	340,748.88
其他应收款	4	3,457,070.77	2,055,173.41	1,821,627.06	3,837,454.51
待摊费用	5	800,139.22	601,980.85	1,213,518.22	750,259.98
存货	6	35,452,456.92	36,990,653.36	24,920,427.70	22,581,077.49
待处理流动资产净损失					
一年内到期的长期债券投资					
其他流动资产					
流动资产合计		73,129,554.46	68,938,419.93	50,862,775.26	49,003,677.75
长期投资					
长期投资					
固定资产					
固定资产原价	7	217,806,666.00	195,287,705.33	184,020,473.29	176,810,779.35
减累计折旧		34,747,191.00	23,584,974.68	14,649,881.73	5,040,921.26
固定资产净值		183,059,475.00	171,702,730.65	169,370,591.56	171,769,858.09
在建工程	8	55,744,228.24	49,306,559.89	23,259,493·80	6,264,521.72

资产	注释	1997年2月28日	1996年12月31日	1995年12月31日	1994年2月31日
固定资产清理					
待处理固定资产净损失					
固定资产合计		238,803,703.24	221,009,290.54	192,630,085.36	178,034,379.81
无形资产及递延资产					
无形资产	9	19,800,599.00	10,381,818.30	10,381,818.30	
递延资产					
无形资产及递延资产合计		19,800,599.00	10,381,818.30	10,381,818.30	
其他长期资产					
其他长期资产					
递延税项					
递延税项借项					
资产总计		331,733,856.70	300,329,528.77	253,874,678.92	227,038,057.56
负债及股东权益					
流动负债:					
短期借款	10	33,920,000.00	33,760,000.00	37,740,000.00	35,072,000.00
应付票据					
应付帐款	11	11,183,825.12	12,650,943.72	12,020,867.66	16,250,293.15
预收帐款	12	2,052,731.90	1,137,997.40	1,952,331.03	799,963.00
应付福利费	13	147,787.60	162,948.68	137,451.80	80,011.29
未付股利					
未交税金	14	4,402,362.42	4,438,640.81	4,296,563.44	4,160,541.32
其他未交款	15	1,773,500.00	1,683,963.84	1,075,000.00	1,241,953.19
其他应付款	16	9,162,960.23	11,225,060.14	10,573,694.37	10,073,726.76
预提费用	17	1,256,075.58	204,140.53		8,985.78
一年内到期的长期负债					
其他流动负债					
流动负债合计		63,899,242.85	65,263,695.12	67,795,908.30	67,687,474.49
长期负债:					
长期借款	18	141,971,481.77	141,971,481.77	105,971,481.77	98,589,663.47
应付债券					
长期应付款					
其他长期负债					
长期负债合计		141,971,481.77	141,971,481.77	105,971,481.77	98,589,663.47
递延税项:					
递延税款贷项					
负债合计		205,870,724.62	207,235,176.89	173,767,390.07	166,277,137.96
股东权益:					
股本:	19	100,000,000.00	27,120,000.00	27,120,000.00	27,120,000.00
资本公积		25,863,132.08			
盈余公积			19,508,654.36	12,657,989.66	6,104,483.64
其中:公益金			9,754,327.18	6,328,994.83	3,052,241.82
未分配利润			46,465,697.52	40,329,299.19	27,536,435.96
股东权益合计		125,862,132.08	93,094,351.88	80,107,288.85	60,760,919.60
负债与股东权益总计		331,733,856.70	300,329,528.77	253,874,678.92	227,038,057.56

利润表

编制单位:太原双塔刚玉股份有限公司(筹)　　编制日期:1997年5月24日　　单位:人民币元

项目	注释	1997年1-2月	1996年度	1995年度	1994年度
一、主营业务收入	20	33,633,486.43	188,460,014.64	176,411,476.18	156,204,506.07
减:营业成本	21	22,323,426.95	122,195,785.63	113,588,254.84	101,136,915.12
销售费用	22	343,874.95	2,077,467.18	1,138,988.21	495,952.67
管理费用	23	1,456,006.18	7,887,743.53	7,687,697.48	6,006,572.04
财务费用	24	516,472.50	2,877,366.11	2,325,698.81	1,130,152.28
营业税金及附加	25	432,131.96	2,480,118.59	2,747,257.61	2,816,001.70
二、主营业务利润		8,561,573.89	50,941,533.60	48,922,579.23	44,618,912.26
加:其他业务利润					

项目	注释	1997年1-2月	1996年度	1995年度	1994年度
三、营业利润		8,561,573.89	50,941,533.60	48,922,579.23	44,618,912.26
加:投资收益					
营业外收入	26	20,000.00	882,294.01	339,630.97	674,641.86
减:营业外支出	27	85,710.50	699,464.25	356,448.79	127,370.24
加:以前年度损益调整					
四、利润总额		8,495,863.39	51,124,363.36	48,906,761.41	45,166,183.88
减:所得税		2,803,634.92	16,871,039.91	16,139,231.27	14,904,840.68
五、净利润		5,692,228.47	34,253,323.45	32,767,530.14	30,261,343.20

3. 财务状况变动表

编制单位:太原双塔刚玉股份有限公司(筹)

编制日期:1997年5月24日　　　　单位:人民币元

流动资金来源和运用	1996年度	流动资金来源和运用	1996年度
一、流动资金来源		小　计	37,314,298.13
1. 本年净利润	34,253,323.45	流动资金运用合计	65,431,223.25
加:不减少流动资金的费用和损失		流动资金增加净额	20,607,857.85
(1)固定资产折旧	8,935,092.95	流动资金各项目的变动	
(2)无形资产、递延资产及其他资产摊销		一、流动资金本年增加数	
(3)固定资产盘亏(减盘盈)		1. 货币资金	2,607,018.29
(4)清理固定资产净损失(减收益)		2. 短期投资	
(5)递延税款		3. 应收票据	
(6)其他不减少流动资产的费用和损失		4. 应收帐款净额	3,872,048.73
小计	43,188,416.40	5. 预付货款	−95。692.99
2. 其他来源		6. 其他应收款	233,546.35
(1)固定资产清理收入(减清理费用)		7. 待摊费用	−611,537.37
(2)增加长期负债	36,000,000.00	8. 存货	12.070,225.66
(3)收回长期投资		9. 待处理流动资产净损失(减收益)	
(4)对外投资转出固定资产		10. 一年内到期的长期债券投资	
(5)对外投资转出无形资产		11. 其他流动资产	
(6)资本净增加额	6,850,664.70	流动资产增加净额	18,075,644.67
小计	42,850,664.70	二、流动负债本年增加数	
流动资金来源合计	86,039,081.10	1. 短期借款	−3,980,000.00
流动资金运用		2. 应收票据	
1. 利润分配		3. 应付帐款	630,076.06
(1)提取法定公积金	3,425,332.35	4. 预收货款	−814,333.63
(2)提取法定公益金	3,425,332.35	5. 应付福利费	25,496.88
(3)提取任意公积金		6. 未付股利	
(4)已分配股利		7. 未交税金	142,077.37
(5)上缴利润	21,266,260.42	8. 其他未交款	608,963.84
小　计	28,116,925.12	9. 其他应付款	651,365.77
2. 其他运用		10. 预提费用	204,140.53
(1)固定资产和在建工程净增加额	37,314,298.13	11. 一年内到期的长期负债	
(2)增加无形资产/递延资产及其他资产		12. 其他流动负债	
(3)偿还长期负债		流动负债增加额	−2,532,213.18
(4)增加长期投资		流动资金净增加额	20,607,857.85

太原双塔刚玉股份有限公司股票上市公告书

一、要览

总股本:15500万股

可流通股本:5500万股

本次上市流通股本:4950万股

股票简称:太原刚玉

证券编码:0795

上市地点:深圳证券交易所

上市时间:1997年8月8日

登记机构:深圳证券登记有限公司

上市推荐人:大鹏证券有限责任公司

长城证券有限责任公司

二、绪言

本公告书依据《中华人民共和国公司法》、《股票发行与交易管理暂行条例》、《公开发行股票公司信息披露实施细则》、《深圳证券交易所业务规则》和国家其它有关证券管理的规定而编写,旨在向投资者提供太原双塔刚玉股份有限公司(以下简称本公司)基本情况及有关资料。

经中国证券监督管理委员会证监发字(1997)378号文和证监发字(1997)379号文批准。本公司已成功地向社会公众公开发行每股面值为1.00元人民币普通股股票5500万股(含公司职工股550万股)。股票上市申请经深圳证券交易所深证发(1997)292号《上市通知书》审核批准,本公司股票将于1997年8月8日在深圳证券交易所挂牌交易。本公司总股本为15500万股,可流通股份5500万股,本次上市流通股份为4950万股(公司职工股550万股将于本次新股上市半年后经批准上市流通)。

本公司已于1997年7月14日在《中国证券报》、《证券时报》上刊登了《招股说明书概要》,距今不足6个月,故与其重复的内容在此不再重述,敬请投资者查阅本公司的《招股说明书概要》。

本公司董事会成员已批准本公告书,确信其中不存在任何重大遗漏或者误导,并对其真实性、准确性、完整性负个别的和连带的责任。

三、公司概况

1.发起人简介

(1)太原砂轮厂

注册资金:9,000万元

法定代表人:程明远

经营范围:主营　磨料磨具、棕刚玉块、棕刚玉砂及本企业生产科研所需的原辅材料、机械设备、仪器仪表的出口业务、铸铁件、压力容器、液压升降台。

兼营　自动化立体仓库、耐火材料、货物运输、饮食服务、建筑材料、五金交电的批发零售、起重运输设备、煤炭洗选设备、机械非标加工产品。

所属行业:机械行业

注册地址:山西省太原市郝庄正街62号

联系电话:(0351)4374349

(2)太原市东山煤矿

注册资金:14,256万元

法定代表人:张洪恩

经营范围:主营　采掘煤炭、洗精煤、炼焦炭、发电供热

兼营　汽车运输

所属行业:煤炭行业

注册地址:山西省太原市南郊区杨家峪

联系电话:(0351)4410706

2.本公司历史沿革

本公司是1997年5月28日经山西省人民政府以晋政函(1997)72号文批准,由太原砂轮厂和太原市东山煤矿两家国有企业共同发起,将其部分资产进行重组,采取募集方式设立的股份有限公司。经国家国有资产管理局国资评(1997)444号文确认,山西省国有资产管理局以晋国资企函字(1997)第42号文批复,太原砂轮厂将其属下刚玉公司、自动化立体仓库公司的经营性净资产8704.09万元按79.45%的比例,折为国有法人股6915万股入股本公司;太原市东山煤矿将其属下热电厂的经营性净资产3882.22万元按79.45%的比例,折为国有法人股3085万股入股本公司,两家发起人共认购10000万股,经中国证券监督管理委员会证监发字(1997)378号文和证监发字(1997)379号文批准,本公司于1997年7月21日通过深圳证券交易所交易系统成功地向社会公众公开发行每股面值1.00元人民币普通股股票4950万股(另向本公司职工配售550万股)。本公司已于1997年8月4日在山西省工商行政管理局注册登记,注册资本为15500万元。

四、股票发行及承销

1.本次公开发行:

发行数量:5500万股(其中向公司职工配售550万股)

发行价格:5.31元/股

募集资金总额(扣除发行费用):28,325万元

发行方式:上网定价发行

配售比例:0.339266%

有效申购户数:591967户

持1000股以上的户数:49,500户(不含公司职工股户数)

发行费用总额:880万元

每股发行费用:0.16元

发行市盈率:16.4倍

2.股票承销

本次公开发行的5500万股社会公众股已全部由社会公众认购,承销团成员无余额包销。

3.验资报告

验　资　报　告

鄂信业字(1997)第459号

太原双塔刚玉股份有限公司筹委会:

我们接受委托,对太原双塔刚玉股份有限公司(筹)截至1997年7月30日止的实收股本的直实性和合法性进行了审验。在审验过程中,我们按照《独立审计实务公告第1号—验资》的要求,实施了必要的审验程序。太原双塔刚玉股份有限公司(筹)的责任是提供真实、合法、完整的验资资料,保护资产的安全、完整。我们的责任是按照《独立审计实务公告第1号—验资》的要求,出具真实、合法的验资报告。

太原双塔刚玉股份有限公司(筹)申请的注册资本为155,000,000元,根据我们的审验,截至1997年7月30日止,太原双塔刚玉股份有限公司(筹)收到各股东投入的股本155,000,000元。其中:发起人投入股本100,000,000元,占股本总额的64.52%;(发起人太原砂轮厂投入股本69,150,000元,占股本总额的44.61%,发起人太原市东山煤矿投入股本30,850,000元,占股本总额的19.91%),社会公众股东投入股本55,000,000元,占股本总额的35.58%(含公司职工股5,500,000元,占股本总额的3.548%)。

附件:(一)投入股本明细表

(二)验资事项说明

湖北大信会计师事务所　　中国注册会计师　孙振奎

中国·武汉　　中国注册会计师　邵九林

附注:(1)附件(一)和附件(二)请查阅备查文件

(2)大鹏证券有限责任公司已于1997年7月28日将扣除发行费用后的股款划入本公司的股款专用帐户。(开户行:中行太原分行,帐号:149517888—3)

五、董事、监事及高级管理人员持股情况

姓　名	职务	持股数(股)	占总股本比例(%)
程明远	董事长兼总经理	5000	0.0032
张洪恩	副董事长	3800	0.0023
张晓东	董事兼副总经理	3000	0.0019
陈姜兵	董事兼副总经理	3000	0.0019
李月英	董事兼总会计师	3000	0.0019
梁长荣	董事	3000	0.0019
王俊才	董事	3000	0.0019
高秀山	董事	3000	0.0019
张保林	董事	3000	0.0019
卫如珊	监事会召集人	0	0
安香林	监事	3000	0.0019
郭月仙	监事	3000	0.0019

本公司董事、监事和高级管理人员共持有本公司股票35800股,占公司股本总额的0.023%,按照《中华人民共和国公司法》的规定,其持有股份在任职期间不得转让。

李月英女士,现年49岁,高级会计师,曾任太原灯泡厂出纳,山西生物药品厂会计,太原五一机器厂财务科副科长、科长,副总会计师,总会计师。

梁长荣先生,现年48岁,工程师,曾任山西机器厂煤机分厂技术员、副厂长,太原五一机器厂平台分厂厂长、奥特公司经理,太原五一机器厂副厂长。

卫如珊先生,现年56岁,政工师,曾任太原砂轮厂车间主任、机动科长、政工科长、党总支副书记、党委副书记兼纪委书记。

安香林女士,现年44岁,政工员,曾任太原砂轮厂磨具公司党支部书记,刚玉公司党支部书记,太原砂轮厂党委委员,纪检委委员。

郭月仙女士,现年52岁,大专学历,曾任会计、财务科长,审计科长,现任东山煤矿副总会计师。

六、公司设立

1.本公司1997年7月30日召开的公司创立大会暨首届股东大会作出决议:本公司向社会公众发行的面值为1.00元的5500万股人民币普通股在深圳证券交易所上市。

2.公司注册资本:人民币15500万元

3.公司注册时间:1997年8月4日

4.公司注册地点:山西省太原市郝庄正街62号

5.营业执照注册号码:27620546—1

七、关联企业及其概况

1.关联企业及其概况

太原砂轮厂、太原市东山煤矿作为本公司的发起人,为本公司的关联企业。

(1)太原砂轮厂,位于山西省太原市郝庄正街,建于1958年,为国有大型一类企业,现有职工1900余名,截止1997年2月28日,总资产达37063.76万元,净资产19505.44元,持有本公司6915万股国有法人股,占总股本的44.61%,为本公司的控股公司。

(2)太原市东山煤矿,位于山西省太原市东郊杨家峪,是市属国有煤炭企业,年产煤炭120万吨,电力1.5亿KVH,现有职工5300余人,截止1997年2月28日总资产达38052.90万元,净资产19326.33万元,持有本公司3085万股国有法人股,占总股本的19.91%,为本公司的重要股东。

2.关联交易

本公司与两家发起人之间通过签订《土地租赁合同》、《综合服务协议》等法律文件,以有偿使用方式使用两家发起人的土地和综合福利设施等。为保障广大股东的正当权益,太原砂轮厂与本公司签订了《防止同业竞争协议》,相互承诺,不从事对方已经和将要经营的相同类型的经营活动。本公司还将通过签订协议的形式通过太原砂轮厂出口销售棕刚玉产品。

八、股本结构及大股东持股情况

1.上市前的股本结构

股本结构	数量(万股)	占总股本比例(%)
一、尚未流通股份		
发起人股(均为国有法人股)	10000	64.52
其中:太原砂轮厂	6915	44.61
太原市东山煤矿	3085	19.91
二、可流通的股份		
本次公开发行股份	5500	35.48
其中:公司职工股	550	3.55
三、总股本	15500	100

2.前十名股东所持股数及比例

序号	股东名称	持股数(股数)	占总股本比例(%)
1	太原砂轮厂	69,150,000	44.61
2	太原市东山煤矿	30,850,000	19.91
3	杨小孟	38000	0.026
4	司文元	37000	0.024
5	武改花	36000	0.023
6	李勇成	35000	0.022
7	王武军	35000	0.022
8	赵一凤	35000	0.022
9	贾晋军	35000	0.022
10	岳改花	35000	0.022

九、公司财务会计资料

1.审计报告

审　计　报　告

鄂信业字(1997)第286号

太原双塔刚玉股份有限公司筹委会:

我们接受委托,审计了贵公司1994年12月31日、1995年12月31日、1996年12月31日和1997年2月28日的资产负债表及1994年度、1995年度、1996年度、1997年1—2月的利润表和1996年度的财务状况变动表。这些报表由贵公司负责,我们的责任是对这些会计报表发表审计意见。我们的审计是依据中国注册会计师独立审计准则进行的。在审计过程中,我们结合贵公司实际情况,实施了包括抽查会计记录等我们认为必要的审计程序。

我们认为,上述会计报表符合《企业会计准则》和《股份制试点企业会计制度》的有关规定,在所有重大方面公允地反映了贵公司1994年12月31日、1995年12月31日、1996年12月31日和1997年2月28日的财务状况及1994年度、1995年度、1996年度、1997年1－2月经营成果和1996年度的资金变动情况,会计处理方法的选用符合一贯性原则。

湖北大信会计师事务所　　中国注册会计师　陈振奎

中国·武汉　　中国注册会计师　邵九林

1997年5月24日

2.财务报表

资产负债表(附后)

利润表(附后)

财务状况变动表(附后)

3.主要会计政策

1.执行的会计制度:公司执行《股份制试点企业会计制度》。

2.会计期间:公司以公历年度为会计年度,即1月1日起至12月31日止为一个会计年度。

3.记帐原则和计价基础:

公司按权责发生制的记帐原则,以历史成本为计价基础。

4.记帐方法与记帐本位币:

公司采用借贷复式记帐法记帐,以人民币为记帐本位币。

5.外币折算方法:外币折算按交易当日人民币市场汇价(中间价)折合为记帐本位币,月终调整汇兑损益,计入财务费用。

6.坏帐损失的核算:

公司的坏帐损失采用直接摊销法核算。

7.存货计价方法:

各类存货购进时按实际成本计价,发出和领用时采用加权平均法计价。

8.固定资产及其折旧:

(1)固定资产标准:使用年限在一年以上,单位价值在2000元以上的房屋建筑物、机器设备、交通运输工具等;

(2)固定资产计价:固定资产原价按购建时的实际成本计价;经过法定资产评估的固定资产则以经确认的重置完全价值计价;

(3)固定资产折旧采用直线法核算;

(4)固定资产的类别,估计经济使用年限,预留残值率,年折旧率如下表:

类别	估计经济使用年限(年)	预留残值率(%)	年折旧率(%)
房屋及建筑物	25—40	3	2.43—3.88
通用设备	10—12	3	8.08—9.7
专用设备	10—14	3	6.93—8.7
交通运输工具	10—12	3	8.08—9.7
其他	8—14	3	6.93—12.13

9.无形资产及摊销:

土地使用权:公司根据晋土管审字[1997]第61号文有关土地使用权处置方案,公司取得的土地使用权的价值自公司成立之日起,按50年期限采用直线法平均摊销。

10.收入实现的确认:

按权责发生制原则、产品(商品)已经发出,收到货款或取得索取货款凭证时,确认为收入的实现。

11.坏帐损失的核算:

公司的坏帐损失采用直接摊销法核算。

12.主要税项:

税种	税率
(1)增值税	17%(销项税率)

增值税销项税抵扣进项税后,经税务部门核定,确定应纳增值税额。

(2)城市维护建设税	7%(按应纳增值税额)
(3)教育费附加	3%(按应纳增值税额)
(4)所得税	33%(按利润总额)

13.利润分配:

公司成立后依据公司章程,税后利润按以下顺序及比例分配:

(1)弥补以前年度亏损;

(2)提取法定公积金10%;

(3)提取法定公益金5%—10%;

(4)提取任意公积金(提取比例由股东大会决定);

(5)分配股利。

4.主要财务指标

指标名称	1996年	1995年	1994年
流动比率	1.06	0.75	0.72
速动比率	0.49	0.38	0.39
资产负债率	69%	68%	73%
应收帐款周转率	22.95(次/年)	31.26(次/年)	31.18(次/年)
存货周转率	3.95(次/年)	4.78(次/年)	4.48(次/年)
净资产收益率	37%	41%	50%
每股净利	0.342元	0.328元	0.303元

十、董事会上市承诺

本公司董事会将严格遵守《中华人民共和国公司法》、《股票发行与交易管理暂行条例》、《公开发行股票公司信息披露实施细则》、《深圳证券交易所业务规则》、和有关法律、法规的规定,并自股票上市之日起作出如下承诺:

1.按照法律、法规的规定程序和要求披露重大的信息,并接受证券主管机关、深圳证券交易所的监督管理。

2.及时、真实、准确地公布中期报告和年度报告,并备置于规定场所供投资者查阅。

3.本公司董事、监事及高级管理人员,如发生人事变动或持有本公司股票数量发生变化时,在报告证券主管机关,深圳证券交易所的同时向投资者公布。

4.在任何公共、传播媒介中出现的消息可能对本公股票的市场价格产生误导影响时,本公司将及时对该消息予以公开澄清。

5.本公司董事、监事及高级管理人员将认真听取社会公众的意见批评,不利用已获得的内幕消息和其他不正当手段直接或间接从事股票买卖活动。

6.本公司没有无记录负债。

十一、重要事项揭示

1.截止本上市公告书刊登之日,本公司及本公司董事、监事和高级管理人员没有尚未了结或可能发生的刑事诉讼事项。

2.根据国家有关规定,本公司550万股公司职工股待本次上市后半年经批准方可上市。

3.本公司章程已经创立大会暨首届股东大会决议通过。

4.自1997年7月1日起,本公司的税后利润将由新老股东共同享有。

十二、备查文件目录

1.中国证监会复审意见书

2.深圳证券交易所上市通知书

3.湖北大信会计师事务所的验资报告

4.公司创立大会决议

5.招股说明书

6.公司营业执照

7.其他备查文件

十三、咨询机构

1.发行人:太原双塔刚玉股份有限公司

法定代表人:程明远

公司地址:山西省太原市郝庄正街62号

电话:(0351)4374349

传真:(0351)4380232

联系人:张晓东

2.主承销商:大鹏证券有限责任公司

法定代表人:徐卫国

公司地址:深圳市深南东路333号信兴广场
地王商业中心商业大楼8层

电话:(0755)2463388

传真:(0755)2462021

联系人:殷国平

太原双塔刚玉股份有限公司

1997年8月6日

资产负债表

编制单位:太原双塔刚玉股份有限公司　　编制日期:1997年5月24日　　单位:人民币元

资产	注释	1997年2月28日	1996年12月31日	1995年12月31日	1994年12月31日	负债及股东权益	注释	1997年2月28日	1996年12月31日	1995年12月31日	1994年12月31日
流动资产						流动负债:					
货币资金	1	21,518,571.05	18,588,301.21	15,981,282.92	16,483,759.81	短期借款	10	33,920,000.00	33,760,000.00	37,740,000.00	35,072,000.00
短期投资						应付票据					
应收票据						应付帐款	11	11,183,825.12	12,650,943.72	12,020,867.66	16,250,293.15
应收帐款	2	10,784,835.53	10,147,493.11	6,275,408.38	5,010,377.08	预收货款	12	2,052,731.90	1,137,997.40	1,952,331.30	799,963.00

资产	注释	1997年2月28日	1996年12月31日	1995年12月31日	1994年12月31日	负债及股东权益	注释	1997年2月28日	1996年12月31日	1995年12月31日	1994年12月31日
减:坏帐准备						应付福利费	13	147,787.60	162,948.68	137,451.80	80,011.29
应收帐款净额		10,784,835.53	10,147,493.11	6,275,408.38	5,010,377.08	未付股利					
预付货款	3	1,116,480.97	554,817.99	650,510.98	340,748.88	未交税金	14	4,402,362.42	4,438,640.81	4,296,563.44	4,160,541.32
其他应收款	4	3,457,070.77	2,055,173.41	2,821,627.06	3,837,454.51	其他未交款	15	1,773,500.00	1,683,963.84	1,075,000.00	1,241,953.19
待摊费用	5	800,139.22	601,980.85	1,213,518.22	750,259.98	其他应付款	16	9,162,960.23	11,225,060.14	10,573,694.37	10,073,726.76
存货	6	35,452,456.92	36,990,653.36	24,920,427.70	22,581,077.49	预提费用	17	1,256,075.58	204,140.53		8,985.78
待处理流动资产净损失						一年内到期的长期负债					
一年内到期的长期债券投资						其他流动负债					
其他流动资产						流动负债合计		63,899,242.85	65,263,695.12	67,795,908.30	67,687,474.49
流动资产合计		73,129,554.46	68,938,419.93	50,862,775.26	49,003,677.75	长期负债:					
长期投资						长期借款	18	141,971,481.77	141,971,481.77	105,971,481.77	98,589,663.47
长期投资						应付债券					
固定资产						长期应付款					
固定资产原价	7	217,806,666.00	195,287,705.33	184,020,473.29	176,810,779.35	其他长期负债					
减:累计折旧		34,747,191.00	23,584,974.68	14,649,881.73	5,040,921.26	长期负债合计		141,971,481.77	141,971,481.77	105,971,481.77	98,589,663.47
固定资产净值		183,059,475.00	171,702,730.65	169,370,591.56	171,769,858.09	递延税项:					
在建工程	8	55,744,228.24	49,306,559.89	23,259,493.80	6,264,521.72	递延税款贷项					
固定资产清理						负债合计		205,870,724.62	207,235,176.89	173,767,390.07	166,277,137.96
待处理固定资产净损失						股东权益:					
固定资产合计		238,803,703.24	221,009,290.54	192,630,085.36	178,034,379.81	股本	19	100,000,000.00	27,120,000.00	27,120,000.00	27,120,000.00
无形资产及递延资产						资本公积		25,863,132.08			
无形资产	9	19,800,599.00	10,381,818.30	10,381,818.30		盈余公积			19,508,654.36	12,657,989.66	6,104,483.64
递延资产						其中:公益金			9,754,327.18	6,328,994.83	3,052,241.82
无形资产及递延资产合计		19,800,599.00	10,381,818.30	10,381,818.30		未分配利润			46,465,679.52	40,329,299.19	27,536,435.96
其他长期资产						股东权益合计		125,863,132.08	93,094,351.88	80,107,288.85	60,760,919.60
其他长期资产						负债与股东权益总计		331,733,856.70	300,329,528.77	253,874,678.92	227,038,057.56
递延税项											
递延税款借项											
资产总计		331,733,856.70	300,329,528.77	253,874,678.92	227,038,057.56						

利润表

编制单位:太原双塔刚玉股份有限公司　　编制日期:1997年5月24日　　单位:人民币元

项目	注释	1997年1-2月	1996年度	1995年度	1994年度
一、主营业务收入	20	33,633,486.4	188,460,014.64	176,411,476.18	156,204,506.07
减:营业成本	21	22,323,426.95	122,195,785.63	113,588,254.84	101,136,915.12
销售费用	22	343,874.95	2,077,467.18	1,138,988.21	495,952.67
管理费用	23	1,456,006.18	7,887,743.53	7,687,697.48	6,006,572.04
财务费用	24	516,472.50	2,877,366.11	2,325,698.81	1,130,152.28
营业税金及附加	25	432,131.96	2,480,118.59	2,747,257.61	2,816,001.70
二、主营业务利润		8,561,573.89	50,941,533.60	48,923,579.23	44,618,912.26
加:其他业务利润					
三、营业利润		8,561,573.89	50,941,533.60	48,923,579.23	44,618,912.26
加:投资收益					
营业外收入	26	20,000.00	882,294.01	339,630.97	674,641.86
减:营业外支出	27	85,710.50	699,464.25	356,448.79	127,370.24
加:以前年度损益调整					
四、利润总额		8,495,863,39	51,124,363.36	48,906,761.41	45,166,183.88
减:所得税		2,803,634.92	16,871,039.91	16,139,231.27	14,904,840.68
五、净利润		5,692,228.47	34,253,323.45	32,767,530.14	30,261,343.20

财务状况变动表

编制单位:太原双塔刚玉股份有限公司　　编制日期:1997年5月24日　　单位:人民币元

流动资金来源和运用	1996年度	流动资金来源和运用	1996年度
一、流动资金来源		小计	37,314,298.13
1.本年净利润	34,253,323.45	流动资金运用合计	65,431,223.13
加:不减少流动资金的费用和损失		流动资金增加净额	20,607,857.85
(1)固定资产折旧	8,935,092.95	流动资金各项目的变动	
(2)无形资产、递延资产及其他资产摊销		一、流动资金本年增加数	
(3)固定资产盘亏(减盘盈)		1.货币资金	2,607,018.29
(4)清理固定资产损失(减收益)		2.短期投资	

流动资金来源和运用	1996年度	流动资金来源和运用	1996年度
(5)递延税款		3.应收票据	
(6)其他不减少流动资产的费用和损失		4.应收帐款净额	3,872,084.73
小计	43,188,416.40	5.预付货款	-95,692.99
2.其他来源		6.其他应收款	233,546.35
(1)固定资产清理收入(减清理费用)		7.待摊费用	-611,537.37
(2)增加长期负债	36,000,000.00	8.存货	12,070,225.66
(3)收回长期投资		9.待处理流动资产净损失(减收益)	
(4)对外投资转出固定资产		10.一年内到期的长期债券投资	
(5)对外投资转出无形资产		11.其他流动资产	
(6)资本净增加额	6,850,664.70	流动资产增加净额	18,075,644.67
小计	42,850,664.70	二、流动负债本年增加数	
流动资金来源合计	86,039,081.10	1.短期借款	-3,980,000.00
一、流动资金运用		2.应收票据	
1.利润分配		3.应付帐款	630,076.06
(1)提取法定公积金	3,425,332.35	4.预收货款	-814,333.63
(2)提取法定公益金	3,425,332.35	5.应付福利费	25,496.88
(3)提取任意公积金		6.未付股利	
(4)已分配股利		7.未交税金	142,077.37
(5)上缴利润	21,266,260.42	8.其他未交款	608,963.84
小计	28,116,925.12	9.其他应付款	651,365.77
2.其他运用		10.预提费用	204,140.53
(1)固定资产和在建工程净增加额	37,314,298.13	11.一年内到期的长期负债	
(2)增加无形资产\递延资产及其他资产		12.其他流动负债	
(3)偿还长期负债		流动负债净增加额	-2,532,213.18
(4)增加长期投资		流动资金净增加额	20,607,857.85

太原双塔刚玉股份有限公司1997年度中期报告

一、财务报告

本公司1997年度中期财务报告已经湖北大信会计师事务所中国注册会计师邵九林、吴卫星审计，并出具鄂信业字(1997)第419号审计报告,审计报告如下:太原双塔刚玉股份有限公司全体股东:

我们接受委托,审计了太原双塔刚玉股份有限公司于1997年6月30日的资产负债表及1997年1—6月份的利润表,这些报表由太原双塔刚玉股份有限公司负责,我们的责任是对这些会计报表发表审计意见。我们的审计是依据中国注册会计师独立审计准则进行的,在审计过程中,我们结合公司实际情况,实施了包括抽查会计记录等我们认为必要的审计程序。

我们认为,上述会计报表符合《企业会计准则》和《股份制试点企业会计制度》的有关规定,在所有重大方面公允地反映了公司1997年6月30日的财务状况及1997年1—6月份的经营成果,会计处理方法的选用亦遵循了一贯性原则。

湖北大信会计师事务所　　中国注册会计师　邵九林

中国·武汉　　中国注册会计师　吴卫星

1997年8月15日

(一)财务报表

1.简化的资产负债表　　单位:人民币元

项目	1997年6月30日	1996年12月31日
流动资产	87,885,126.91	68,938,419.93
固定资产净值	178,783,586.60	171,702,730.65
在建工程	57,508,842.57	49,306,559.89
无形资产及递延资产	19,800,599.00	10,381,818.30
资产总计	343,978,155.08	300,329,528.77
流动负债	75,669,770.34	65,263,695.12
长期负债	130,971,481.77	141,971,481.77
股东权益	137,336,902.97	93,094,351.88
其中:股本	100,000,000.00	27,120,000.00
资本公积	25,863,132.08	
盈余公积		19,508,654.36
未分配利润	11,473,770.89	46,465,697.52
负债及股东权益总计	343,978,155.08	300,329,528.77

2.简化的损益表

项目	1997年1—6月	1996年1—6月
主营业务收入	100,180,168.74	92,345,407.24
主营业务利润	25,696,041.19	24,941,668.88
营业外收支净额	(-)75,146.61	87,121.18
利润总额	25,620,894.58	25,028,790.06
所得税	8,454,895.22	8,259,500.72
净利润	17,165,999.36	16,769,289.34

(二)主要财务指标	1997年1—6月	1996年1—6月
每股收益(元)	0.172	0.168
净资产收益率(%)	12.5	18
每股净资产(元)	1.37	0.93
注:发行后每股收益(元)	0.11	

(三)财务报表附注

1.本次模拟编制的会计报表，是假设公司已经存在,并按独立的法人企业运作,本次编制的报表,是根据财政部国家体改委财会(92)第27号文颁发的《股份制试点企业会计制度》以及财政部财会字(93)第28号文《股份制企业执行新会计制度若干问题》的有关规定模拟编制。

2.本期财务报告所采用的会计政策及会计方法和《招股说明书》中的财务报告所采用的会计政策及会计方法一致。

(1)应收帐款余额17,645,339.62元,比年初增加7,497,846.51元,

其主要原因是由于棕刚玉的出口量增加，应收代理出口商的帐款相应增加。

(2)其他应收款余额 4,927,046.03 元，比年初增加 2,871,869.62 元，其主要原因是上市费用尚未结算。

(3)在建工程余额 57,508,842.57 元，比年初增加 8,202,282.68 元。主要原因是增加了对第二台 10000KVA 棕刚玉冶炼炉的投入。

(4)未交税金余额 10,825,596.30 元，比年初相比增加 6,386,955.49 元。主要是按利润总额的 33%计提的所得税增加。

(5)1997 年 1—6 月实现净利润 17,165,999.36 元，其中 1—2 月份实现的净利润 5,692,228.47 元已作净资产折股；3—6 月实现的净利润 11,473,770.89 元为本年未分配利润。

3. 关联交易

关联方为发起人太原砂轮厂和太原市东山煤矿。

1997 年 4 月 1 日公司与太原砂轮厂和太原市东山煤矿签订了《综合服务协议》。

公司出口销售的产品通过太原砂轮厂进行对外销售，销售价格由公司根据有关规定并参照国内外市场标准制订。

二、经营情况的回顾与展望

1. 上半年经营情况的回顾

(1)上半年经营产品销售收入、利润分别比上年同期增长 8.5%、3%，取得了较好的经济效益，利润完成 1997 年度溢利预测的 48.7%。

(2)坚持出口为主，内销为辅，进一步拓宽出口渠道。通过太原砂轮厂国际贸易公司、山东机械设备进出口公司和山西工业品进出口公司等多种出口渠道，使棕刚玉出口量显著增长。特别是按照美国客户标准生产出了特种棕刚玉，受到国外用户的欢迎，出现了棕刚玉供不应求的局面，形成国内同行业独特的优势。

(3)加大技改投资力度，增添企业发展后劲。上半年投入技改资金 820 万元，于 3 月份开工安装了已列入国家"双加"项目的第二台从加拿大引进的棕刚玉冶炼炉，到年底可竣工，将使棕刚玉产量提高 1 倍。于 4 月份开工建设了从新西兰、法国、美国引进的我国最大最先进的棕刚玉深加工工程—4.5 万吨制粒线，将使棕刚玉升值 20—40%。

2. 下半年经营情况展望

(1)狠抓体制改革，机制转变和科学管理，公司制定了《深化企业内部改革的实施意见》，并开始实施。通过苦练内功，为将公司建成一流管理、一流服务、一流效益的公司奠定基础。

(2)公司将继续以市场为导向，加快企业资本运营的步伐，选择一批低成本、高效益的项目，采取控股、投资、兼并等多种资本经营形式，扩大企业规模。

(3)利用发起人太原砂轮厂的进出口经营权，加快国际市场开发，在棕刚玉产品消耗大国美国设立分公司，直接面对国外用户。

下半年仍将以开拓美国市场作为重点，9 月份可完成美国客户 4,500 吨特种棕刚玉的订货合同，从 12 月份开始交付该客户 10,000 吨的订货。

(4)在 1997 年 12 月完成第二台棕刚玉冶炼炉的技改任务，并于 12 月底前点火运行。

(5)抓紧 4.5 万吨棕刚玉制粒线的施工。

(6)年终实现 20100 万元销售收入、5260 万元利润的目标。

三、重大事件说明

1. 经中国证券监督管理委员会证监字(1997)378 号文和证监发字(1997)379 号文批准，公司于 1997 年 7 月 21 日向社会公众公开发行了人民币普通股 5500 万股(含公司职工股 550 万股)发行价 5.31 元/股，经深圳证券交易所深证发(1997)292 号文《上市通知书》审核批准，公司股票于 1997 年 8 月 8 日在深圳证券交易所挂牌交易。

公司于 1997 年 7 月 30 日召开了创立大会暨首届股东大会，公司注册时间为 1997 年 8 月 4 日。

2. 本公司在报告期内无重大诉讼、仲裁事项。

3. 本公司董事会决定，1997 年上半年利润暂不做分配。

四、股本结构

经湖北大信会计师事务所鄂信业字(1997)287 号文验证，截止 1997 年 6 月 30 日公司发起人投入股本 100,000,000 元，其中：太原砂轮厂投入股本 69,150,000 元，占发起人股的 69.15%；太原市东山煤矿投入股本 30,850,000 元，占发起人股的 30.85%。以上均为国有法人股。

五、备查文件

1. 载有公司董事长、总经理亲笔签名的中期报告原本。

2. 经审计的 1997 年中期财务报告。

3. 发行新股的《招股说明书》、《上市公告书》。

4. 首届股东大会材料。

查阅地址：太原市郝庄正街 62 号本公司证券部
联系电话：0351—4374349
传真：0351—4380232

太原双塔刚玉股份有限公司董事会

1997 年 8 月 26 日

江苏江淮动力股份有限公司

江苏江淮动力股份有限公司简介

一、公司概况：

本公司的独家发起人江苏江动集团有限公司是国家大型一档企业，国家机械工业部骨干企业。主要从事柴油机及配件，柴油发电机组制造、销售及柴油机检测服务。1995年，集团公司在全国500家最大工业企业中名列第423位，在全国机械工业百强企业中名列第56位。1996年集团公司被国家经贸委列入全国一千家重点工业企业，同年被国家机械工业部列为全国机械工业百家巨人企业之一，并经批准改制为国有独资公司。1997年，集团公司被江苏省人民政府授予国有资产投资公司。1996年底，集团公司拥有总资产9.77亿元，净资产4.05亿元。1996年实现销售收入8.37亿元，利润0.56亿元。集团公司历年来为盐城市利税大户，对当地经济发展起着举足轻重的作用。

作为江苏江动集团有限公司全资子公司的原江苏江淮动力机厂，是国家专业生产中、小功率柴油机的骨干企业，主要从事单、多缸柴油机的生产与销售，具有年产单缸机60万台和多缸机3万台的生产能力。企业主要产品为：单缸S195型及直喷节能的ZH1105型、ZH1100型、ZH1110型、ZH1115型、ZH1125型柴油机及其变型产品；多缸TY295型、TY395型、TY495型等直喷节能柴油机。其中主导产品ZH1105型柴油机在国内产销量最大，出口量第一。企业下设一室八部和六个生产车间。1993年，企业为了拓展空间，规避产品单一的风险，先后通过投资和资产划拨方式控股经营了江苏江动盐城齿轮有限公司和江苏飞驰股份有限公司；全资设立了江苏江动集团进出口公司。这三个子公司的良好运营给企业带来了丰厚的投资回报。

江苏江淮动力股份有限公司具有主业突出、多元经营、效益良好的特点，主产品"江动牌"各种型号单、多缸柴油机被评为"江苏省名牌产品"、"全国柴油机优质产品"，国内市场占有率在15%以上，公司历年来稳居全国小柴业四强之列。1996年产量、利税居同行业第三，资金利税率、出口量居同行业第二，产销率居同行业第一。公司已连续三年出口创汇超一千万美元。

本公司占地面积63462.5平方米，现有员工3110人，其中管理人员271人，财务人员54人，销售人员73人，技术人员150人，生产工人2562人。

本公司的三个控股子公司概况分别为：1. 江苏飞驰股份有限公司。该公司于1994年1月由原盐城市橡胶厂改制成立，南北厂区占地5.7万平方米，现有员工1700余人，其中工程技术人员285人，主要生产"飞驰牌"系列自行车胎、摩托车胎、山地车胎、手推车胎等，注册资本2947万元，现有年产力车胎1500万套、摩托车胎100万套的生产能力，为国家大型二档企业，本公司持有84.29%的股权。2. 江苏江动盐城齿轮有限公司。该公司由盐城市张庄工业公司与原江苏江淮动力厂共同投资设立，主要生产摩托车齿轮与柴油机齿轮，其柴油机齿轮主要与本公司配套，摩托车齿轮全部为江苏春兰动力制造有限公司配套。该公司注册资本888万元，本公司持有53%股权。3. 江苏江动集团进出口公司。该公司系由原江苏江淮动力机厂投资设立的全资子公司，该公司成立于1993年7月，注册资本500万元。主要从事本企业及集团公司成员企业自产机电产品、相关技术的出口业务，本企业及集团公司成员企业生产、科研所需的原辅材料、机械设备、仪器仪表、零配件及相关技术的进口业务，承办"三来一补"业务；普通机械、电器机械及器材，日用百货、服装、建筑材料销售；柴油机组装业务。

二、公司主要领导介绍

董事长简介：

朱瑞龙，男，现年56岁，1961年7月毕业于扬州工专机制专业。1976年3月加入中国共产党。1961年9月至1977年12月在盐城市江淮动力机厂技术科、设计科从事技术工作，1971年12月至1983年10月任盐城市江淮动力机厂技术科、设计科副科长、科长职务，1983年10月至1991年12月任盐城市江淮动力机厂厂长，1991年12月至今为江苏江动集团公司董事长兼总经理、江苏江动集团有限公司董事兼总经理、江苏江淮动力股份有限公司董事长。并历任江苏省第八次和第九次党代会代表，江苏省第八届人代会代表。96年被评为教授级工程师。

总经理简介：

齐金梁，男，现年46岁，1977年7月加入中国共产党，大专学历，高级工程师。1970年12月至1982年4月在盐城市江淮动力机厂机修车间从事技术工作，其中1974年12月至1978年元月，在南京工学院机械制造工艺及设备专业读书，1982年4月至1991年2月，任盐城市江淮动力机厂机修车间副主任、主任、生产副厂长、党委副书记，1991年2月至1994年12月任盐城市汽车总厂厂长兼党委书记，1994年12月至今，任江苏江动集团公司党委副书记、书记，江苏江动集团有限公司党委书记兼副总经理，江苏江淮动力股份有限公司总经理。

江苏江淮动力股份有限公司(筹)招股说明书概要

一、释义

本招股说明书中，除非另有说明，下列简称具有以下所规定的含义：

本公司(公司)：	指江苏江淮动力股份有限公司(筹)；
发行人：	指江苏江淮动力股份有限公司(筹)；
发起人：	指本公司独家发起人江苏江动集团有限公司；
集团公司：	指江苏江动集团有限公司；
公司职工：	指本公司在册职工；
本次发行：	指本次向社会公众新发行5500万股社会公众股；
小柴(小柴行业)：	指轻型小功率柴油机产品或行业；
股票：	指每股面值为1.00元的记名式人民币普通股；
元：	指人民币元；
主承销商：	指国泰证券有限公司；
上市推荐人：	指江苏证券股份有限公司和国泰证券有限公司；
承销机构：	指以国泰证券有限公司为主承销商，以江苏证券股份有限公司为副主承销商的承销团；
交易所：	指深圳证券交易所。

二、绪言

本招股说明书概要系根据《中华人民共和国公司法》、国务院《股票发行与交易管理暂行条例》、中国证券监督管理委员会《公开发行股票公司信息披露的内容与格式准则》第一号《招股说明书的内容与格式》及其附件二《招股说明书概要》及国家证券管理机关颁布的有关证券管理的现行法规、规定等而编制。旨在向投资者提供有关本公司及本次发行的资料。

本公司筹委会及筹委会各成员已批准本招股说明书概要,确信本概要摘录内容与招股说明书正文一致,且不存在任何重大遗漏或误导,并对其真实性、准确性、完整性负个别的和连带的责任。

投资者须自行负担买卖本公司股票所应支付的税款,本公司、主承销商和上市推荐人对此不承担责任。

本公司此次发行经中国证监会证监发字[1997]389号、证监发字[1997]390号文批准。

三、发售新股的有关当事人

1. 发行人:
   江苏江淮动力股份有限公司(筹)
   筹委会主任:朱瑞龙
   筹建地址:江苏省盐城市环城西路213号
   电话:0515-8311495　传真:0515-8322986
   联系人:王乃强、王晓东
2. 股票承销机构:
   主承销商:国泰证券有限公司
   法定代表人:金建栋
   法定地址:上海市浦东新区乳山路61号
   办公地址:深圳市华强北路3号深纺大厦
   电话:0755-3200792,3217225　传真:0755-3217225
   联系人:金春保、王文革、李华忠
   副主承销商:江苏证券股份有限公司
   法定代表人:鲍志强
   法定地址:江苏省南京市水西门2号
   电话:025-4523777转3607　传真:025-4527517
   联系人:都晨辉　赵丽峰
   分销商:君安证券有限公司
   法定代表人:张国庆
   法定地址:深圳市春风路5号
   电话:025-2266053　传真:025-2266052
   联系人:谢建军
   分销商:江苏省国际信托投资公司
   法定代表人:赵国桢
   法定地址:南京市上海路5号
   电话:025-6507794　传真:025-6528981
   联系人:季赵平
   分销商:光大证券有限责任公司
   法定代表人:刘纪元
   法定地址:中国北京复兴门外大街六号光大大厦
   电话:0755-3229290　传真:0755-3228877
   联系人:郭　珊
   分销商:南京市证券公司
   法定代表人:徐福武
   法定地址:南京市中山东路200号
   电话:025-4523022　传真:025-4528629
   联系人:邱　楠
   分销商:中国科技国际信托投资公司
   法定代表人:张　钢
   法定地址:北京市北辰东路北京国际会议中心四层
   电话:010-64953021　传真:010-64953031
   联系人:吴　涛
   分销商:中国国际金融有限公司
   法定代表人:王岐山
   法定地址:北京市复兴门外大街6号光大大厦
   电话:010-68561166　传真:010-68561145
   联系人:张兴武
3. 上市推荐人:
   江苏证券股份有限公司
   国泰证券有限公司
4. 发行人法律顾问:
   江苏对外经济律师事务所
   法定地址:南京市北京西路26号五楼
   电话:025-6631336　传真:025-3329335
   经办律师:居建平、张国平
5. 承销商法律顾问:
   深圳信达律师事务所
   法定地址:深圳市深南东路东风大厦21层
   电话:0755-3243139　传真:0755-3243108
   经办律师:陈利民、徐育康
6. 财务审计机构:
   江苏会计师事务所
   法定地址:南京市三元巷7号8层
   电话:025-4408201　传真:025-4401946
   经办注册会计师:狄云龙、郭澳
7. 资产评估机构:
   苏州资产评估事务所
   法定地址:苏州市十梓街257号
   电话:0512-5212217　传真:0512-5212217
   经办评估师:张雨歌、姚文德
8. 资产评估确认机构:
   国家国有资产管理局
   法定地址:北京市海淀区万泉河路66号
   电话:010-62567744
9. 土地评估机构:江苏省地产发展中心
   法定地址:南京市将军庙40号15栋
   电话:025-3229576
   评估人员:陆效平、肖　阳
10. 股票登记机构:
    江苏证券登记有限公司
    法定地址:南京市广州路39号
    电话:025-6637173　传真:025-6637281
    联系人:王　恒、李　元
11. 收款银行:
    中国工商银行盐城市分行
    法定地址:盐城市建军中路124号
    电话:0515-8323614
    中国农业银行盐城市分行
    法定地址:盐城市建军中路88号
    电话:0515-8326128
12. 辅导机构:
    国泰证券有限公司

四、发行情况

1. 股票类型:本次发行的5500万股股票全部为人民币普通股
2. 发行日期:1997年7月23日至1997年7月30日
3. 发行地区:江苏省盐城市
4. 发行对象:具有中华人民共和国国籍的自然人、境内注册登记的法人和经批准设立的其他机构,但法律、法规规定不得购买者除外。
5. 承销起止日期:1997年7月21日至1997年10月21日
6. 上市交易所:深圳证券交易所
7. 预计上市日期:1997年8月中旬

8. 发行方式:全额预缴款、比例配售、余款即退

9. 每股发行价格=(1994年度每股税后利润0.347元+1995年度每股税后利润0.841元+1996年度每股税后利润0.517元)/3×15倍市盈率=8.52元

10. 每股面值:1元

11. 发行:5500万股

12. 发行总市值:46860万元

五、风险因素与对策

投资者在评价本发行人此次发售的股票时,除本招股说明书提供的其它资料外,应特别认真考虑下述各项风险因素:

1. 主要风险因素

(1)经营风险

☆主要原材料供应风险

本公司主要原材料是生铁、焦碳和废钢。目前该三种原材料成本约占制造成本的65%,主要由几家大型钢铁企业提供,结算价格随行就市,因此,这几家大型钢铁企业的供货价格变化会对本公司产品成本产生较大影响。

☆对主要客户依赖的风险

本公司产品主要通过直销和由各地农机公司转销两种方式销售。主要市场是河南、河北、安徽、山东、江苏。该五省销售量占总销售量的78.6%。本公司产品销售相对集中,而市场容量有限,上述五省需求量的减少将对本公司生产与经营产生重大影响。

☆产品价格风险

小柴产品是微利产品,随着行业内部竞争的加剧,其产品价格的竞争将会进一步激烈。

☆产品外销风险

本公司的产品出口将受国家出口配额政策等因素的影响,国家的汇率、配额等政策的变动,将会影响本公司的产品出口。

☆外汇风险

本公司产品出口国的汇率变动及经济增长水平,将影响本公司的出口创汇及出口业务利润水平的高低。

☆产品和业务较为集中的风险

本公司的主要产品为单缸和多缸柴油机,公司虽然现已形成八大系列,三十多个品种,但是单缸机所占的比重依然较大,产量仍占总产量的99.7%,销售额占98.4%。而单缸机中S195型柴油机又占总产量的40%,销售额占35%。目前,在小柴市场中,单缸机尤其是S195型柴油机竞争更为激烈,其价格变化将会影响本公司的收益。

☆技术风险

小柴产品尤其是S195等型号的产品,已有几十年的生产历史,技术含量较低,较易为他人模仿生产。

(2)行业风险

☆环保风险

本公司在柴油机产品的生产过程中,会产生一定程度的噪音,从而影响周边环境。本公司规模的扩大有可能受到环保因素制约。

☆严重依赖农业的风险

由于本公司产品的最终用户是农民,因此本公司业务的发展,对农业有一定的依赖性,而农业生产受气候等自然因素影响较大。因此,农业生产的丰歉及农民收入的增减将会影响市场的购买力,从而影响本公司的生产经营业务。

☆行业内部竞争风险

本公司所处的小柴行业全国共有86家企业,其中规模较大的有三家,且都集中在江苏省,除本公司外,还有常柴、武柴。同行厂家不仅从产品质量、性能、售后服务方面进行竞争,也从产品价格上进行竞争。一些中小企业已相继被迫缩减生产规模或停产。

☆行业发展限制风险

随着农业生产力的发展和生产技术水平的提高,农业生产将向集约化经营的方向发展,对大功率柴油机需求将逐步增加,因此,本公司现生产的主要产品单缸柴油机的需求将可能减少。

(3)市场风险

☆市场周期性波动的风险

小柴产品的市场需求具有一定的周期性,在每一会计年度中,还有淡季与旺季。小柴市场的周期性波动对本公司的生产经营活动会产生一定的影响。

☆市场分割状况的风险

在小柴市场中,各生产厂家特别是小柴三强企业所生产的单缸柴油机产量占全国单缸柴油机生产总量的40%左右,并各自拥有一批固定的客户,占有一定的市场份额。

☆市场容量限制的风险

全国单缸柴油机的生产厂家现有87家,其生产能力在600万台左右,与目前的市场需求量相比,已呈供大于求的状况。各小柴生产厂家都在采取一系列的竞争策略,夺取国内市场的份额。

☆对海外市场依赖的风险

本公司产品出口率在全国小柴行业中名列前茅,其出口量占企业年生产总量的20%以上。出口国所在地的外汇政策、政治因素的变动将对本公司产品出口产生一定的影响。

(4)政策风险

☆我国是农业大国,国家一直对农业采取扶持政策,本公司所处的农机行业也因此受惠,如三缸以下柴油机的增值税销项税率为13%,经江苏省人民政府批准,本公司从1997年起,实际所得税税负为15%。因此国家农业政策及税收政策的变化,尤其是增值税率与所得税负的调整,将会对本公司生产与经营产生较大影响。

(5)股市风险

☆股票市场的价格变化莫测,股票价格不仅受宏观经济周期、利率、资金供求关系等因素的影响,同时也会因国际、国内政治、经济形势及投资者心理因素的变化而产生波动。因此,股票交易是一种风险较大的投资活动,投资者对此应有充分的心理准备。

2. 主要风险对策

(1)针对经营风险的对策

☆对于主要原材料供应风险,本公司拟与几个主要原材料供应厂商建立长久关系,形成稳定供货渠道,达成长期合作的意向,降低原材料供应成本;同时,本公司将加强原材料供应和消耗定额管理,降低主要原材料消耗在制造成本中的比重。

☆对主要客户依赖的风险,本公司将着力于进一步提高产品质量,加强品牌宣传,开拓新的产品销售市场,并充分发挥现有出口自营优势,扩大产品出口比重。现公司产品已销往国内22个省、市、自治区和印尼、巴基斯坦、中东、南美、非洲等国和地区。公司还将向国内东北、西北、西南地区市场渗透。同时,通过提高售后服务质量,扩大市场覆盖面,提高市场占有率。

☆对产品价格风险,本公司将进一步加强企业管理,降低原辅材料进货成本,控制费用支出水平,以提高产品的盈利水平。

☆对产品的外销风险,本公司将在扩大柴油机出口产品量的同时,搞好国家允许的在经营范围内的其它进出口业务,以规避单一产品出口的风险;并进一步地开拓国际市场,减少对某个国家和地区市场依赖的风险。

☆针对外汇风险,一方面,本公司将加强出口产品的销售和结算管理,加速创汇资金回笼;另一方面,将运用各种保值手段,降低外汇风险。

☆针对产品和业务较为集中的风险,本公司将根据单缸机市场的需求状况,一方面将充分利用直喷节能柴油机的生产优势,扩大适应市场需求的单缸大马力柴油机的生产量;另一方面,加快多缸柴油机的技术改造力度,提高多缸柴油机的生产比重。

☆对技术风险,本公司现正在加快技术开发力度,加快新品的研制开发,搞好单缸大马力柴油机的批量生产及市场开拓;并将加快建立企业技术开发中心,引进先进技术人才,加快开发高创汇率、高附加值、高技术含量产品,提高产品的档次,借鉴吸收国外先进的生产技术,不断提高企业的生产技术水平。

(2)针对行业风险的对策

☆对于环保风险,本公司一直重视环保工作,已累计投资数百万元建立了封闭隔音设施,减少了对周围环境造成的影响。本公司现已制定了"九五"环保规划,今后将继续加大对环保的投入,使企业环保的各项工作符合并超过国家规定的标准。

☆对于严重依赖农业风险,本公司将在现有市场的基础上,不断拓展、扩大市场份额,加快科研开发力度,形成覆盖面广的功率档次,以扩大配套范围;同时,不断拓展海外市场,进一步提高出口产品的比重;并发展车胎、齿轮等新的产品,减少由于产品过于集中所引起的消极影响。

☆对于行业内部竞争的风险,本公司将充分利用行业内部分工,生产优势型号产品,加快应用新技术,开发新产品,在竞争中谋生存、求发展。

☆针对行业发展限制风险,本公司认为,我国是传统的农业国,农业生产技术还普遍比较落后,单缸柴油机的需求在相当长的时间内不会减少。农业集约化经营后,本公司已开发生产的家庭轻微型发动机需求将大增。同时,随着农业经济的发展,较发达农业地区对本公司多缸柴油机的生产需求也将不断扩大,这将为本公司多品种发展战略的实施带来机遇。

(3)针对市场风险的对策

☆对市场周期性波动的风险,本公司将通过强化内销与外销两个渠道,加强产品的销售及市场的开拓,并加快微型发动机与TY系列轻型多缸机项目的实施步伐,努力扩大产品的配套范围,减少市场的周期性波动对本公司的影响。

☆针对市场分割状况的风险,本公司将以建立技术开发中心为起点,加快CAD、CAM的应用,加快市场适销对路产品的研制开发,以"新产品"取胜;加快销售队伍的建设,提高售后服务水平,以"优质服务"取胜;加快信息网络的建设,开发生产市场替代产品,研究市场潜在需求,以"快速"取胜。

☆针对市场容量限制的风险,本公司将以提高生产工艺为突破口,强化质量管理,在巩固和发展现有市场的基础上,加快开发西南、西北、东北、新疆等市场,进一步发展与国内大型农机生产企业的合作伙伴关系,不断提高"江动"牌柴油机在全国各地农机公司中的销售量,确保产品市场占有率的稳步上升。

☆针对海外市场依赖的风险,本公司将加快高技术含量、高出口创汇、高效益品种的出口和销售,进一步降低产品成本,提高产品质量。并以现有东南亚与非洲市场为依托,扩展非洲及东南亚周边市场。通过采取在国内设立中外合资企业和在国外选择几个国家建立海外公司的策略,拓展海外销售渠道,增强出口创汇能力。

(4)针对政策风险的对策

☆本公司属于支农行业,随着国家农业政策的变化,一方面将适时地调整公司的产品结构,开发满足农民需求的新产品;另一方面,在坚持"为农服务"前提下,将充分利用多角经营、规模经营、扩大出口等措施来消除和减少由于农业政策变化所带来的影响。本公司的母公司是国家机械工业"九五"期间重点培植的百家巨人企业之一,公司因此享有的国家产业政策的扶持在一定期间内不会发生变化。同时,江苏省人民政府对全省上市公司一直给予一系列的优惠政策,本公司所得税税负在一定年限内不会发生变动。

(5)针对股市风险的对策

☆股票市场的价格波动是股市的正常现象,本公司将积极采取措施,保持利润稳定增长,使股东获得稳定、丰厚的回报,保持公司良好形象。同时本公司将严格按照《公司法》等法律、法规要求运作,按照国家证券管理部门和证券交易所的法规、规章进行信息披露。以尽可能降低投资风险。

六、募集资金的运用

根据公司的发展规划,本次公开发行股票所募资金将全部用于新增出口创汇型柴油机生产能力技术改造项目、合资生产微型通用发动机项目、新产品开发和配套工程系列项目及参与控股子公司江苏江动盐城齿轮有限公司和江苏飞驰股份有限公司的增资项目。

项目具体情况如下:

(一)新增出口创汇型柴油机生产能力技术改造项目

1.出口创汇双加技术改造项目

该项目已经江苏省计经委苏计技(1995)575号文批准,其主要内容为对出口型单缸机柔性加工线进行技术改造,形成出口创汇型单缸柴油机5万台的生产能力。该项目建设进度为:1997年5-7月开始进行施工设计和设备订货,1999年1月达产。该项目总投资为1890万元,达产后年新增销售收入24750万元,实现利润1166万元,出口创汇2588万美元,税后投资回收期5.65年(含建设期)。

2.扩大直喷节能柴油机出口创汇技术改造项目

该项目已经江苏省计经委苏计经技(1996)542号文批准,项目实施后,形成年新增5万台直喷节能型单缸柴油机的生产能力。该项目总投资为2990万元,1997年5月11日进行设备订货,预计1998年2月达产。项目达产后,年新增销售收入16400万元,新增利润2500万元,出口创汇2000万美元,项目税后投资回收期4.9年。

(二)与纳米比亚安拉哥集团合资生产经营微型通用发动机项目

该项目已经江苏省盐城市计经委盐市计经外字(1997)007号文批准,项目达产后,每年可生产50万台2-3马力微型通用发动机,产品50%销往国际市场。项目总投资2950万美元,其中本公司出资2065万美元,折合人民币17140万元(按1:8.3的汇率计算),占总投资的70%,该项目预计1998年底达产。项目达产后,每年可新增销售收入120000万元,利润18000万元,创汇8000万美元。该项目投资回收期5.2年(含建设期),盈亏平衡点为生产能力的51.32%。

(三)新产品开发及配套工程系列技术改造项目

1.技术开发中心技术改造项目

该项目已经江苏省计经委苏计经技发(1997)405号文批准。其主要内容为建立设计中心、试制中心、试验中心,完善产品质量控制及检测手段,加大新产品开发力度。该项目总投资476万美元,折合人民币3951万元(按1:8.3的汇率计算),项目建成后全年可直接创收770万元,实现利润140万元。由于该项目为公司科研、产品开发、生产、测试、培训等提供服务,其间接效益巨大。该项目预计1997年7月开始设备订货,1998年8月项目验收并投入正常运转。

2.TY系列直喷节能型柴油机技术改造项目

该项目已经江苏省计经委苏计经技发(1997)430号文批准。其主要内容为对原生产线进行技术改造,形成年新增5万台TY系列直喷节能型柴油机的生产能力。该项目总投资2999万元,预计1997年6月开始设备订货,1998年6月达产。项目建成达产后,,每年可实现产值30000万元,利润1800万元,税后投资回收期5.35年。

3.压力铸造生产技术改造项目

该项目已经江苏省计经委苏计经技发(1997)500号文批准。其主要内容为对现有生产线进行技术改造,形成年产新增1400吨高强度铝合金铸件的生产能力。该项目建设进度为:1997年5-6月,设备订货及施工设计,1998年3月工程验收投产。该项目总投资492万美元,折合人民币4084万元(按1:8.3的汇率计算),项目建成达产后,每年可实现销售收入12000万元,利润2057万元。税后投资回收期4.32年。

4.年产30000吨高强度薄壁铸造技术改造项目

该项目主要内容为引进气冲造型线等关键生产检测设备,在原有生产线基础上,形成年新增30000吨高强度薄壁铸件的生产能力。该项目已经江苏省计经委苏计经技发(1997)503号文批准。该项目总投资495万美元,折合人民币4109万元(按1:8.3的汇率计算),该项目预计1997年7月完成设备订货及施工设计,1998年6月工程验收、投产。项目建成达产后,年新增销售收入22500万元,利润1787万元,税后投资回收期7.07年(含建设期)。

(四)参与控股子公司的增资项目

1. 江苏江动盐城齿轮有限公司增资项目

该公司为本公司控股子公司,本公司持有其53%的股份。其主营业务为摩托车齿轮及柴油机齿轮,其柴油机齿轮主要与本公司配套。为满足本公司对配套柴油机齿轮的产量和质量提高的要求,该公司决定对现有生产线进行大规模技术改造,以形成年产100万套高精度柴油机齿轮的生产能力。该技改项目已经江苏省计经委计经技发(1996)111号文批准,总投资2980万元人民币,该项目现已经该公司董事会决议,由本公司独家出资、资金到位后,本公司的股权比例将增至89.21%。该项目预计1997年11月完成厂房建设,1998年2月投产,1998年底达产。项目建成达产后,每年可为齿轮公司新增销售收入4562万元,利润800万元。

2. 江苏飞驰股份有限公司增资配股项目

该公司为本公司控股子公司,本公司持有其84.29%的股份,主营业务为力车胎等。该公司为满足国内摩托车胎市场的巨大需求量,决定实施年产300万套高速摩托车胎技术改造项目和年产800万条高速摩托车丁基内胎技术改造项目,该两项技改项目已分别经江苏省计经委苏计经技发(1996)1673号文和苏计经技发(1997)674号文批准,两项目合计总投资9856万元。为筹措技改资金,经该公司股东大会决议通过并经江苏省人民政府苏政复(1997)66号文批准实施配股。本公司投入配股资金为10010.63万元。该两技改项目预计1998年6月达产,项目达产后,每年可为飞驰公司新增销售收入39400万元,利润3143万元。

募集资金投资计划与预期收益如下:(见附表一)

七、股利分配政策

本公司本着同股同利的原则,按各股东持有股份的比例派发股利。股利派发可采取现金、股票或现金和股票相结合的形式。公司向个人派发股利时,由公司按《中华人民共和国个人所得税法》和国家税务总局发布的《征收个人所得税若干问题的规定》代扣个人所得税。股利派发形式、股利率和是否派发股利由本公司股东大会决定。

本公司在发行股票后的每个盈利年度,均将由董事会根据公司的经济效益和发展需要拟定利润的分配比例,经股东大会决议通过后执行。

根据本公司章程(草案),本公司税后利润按下列顺序分配:

1. 弥补亏损;
2. 提取利润10%列入法定公积金;
3. 提取利润5%-10%列入公司法定公益金;
4. 经股东大会决议提取任意公积金;
5. 按照股东持有的股份比例分配股利。

本公司在本次发行股票后的第一个盈利年度准备向全体股东派发股利,预计首次派发时间为1998年5-6月。本次发行前已形成的未分配利润,97年3月份前完成的由集团公司享有,此后完成的由全体股东共同享有。上述股利分配政策需等发行之后由首届股东大会选举出的董事会予以确定。

八、发行人情况

1. 发行人名称:江苏江淮动力股份有限公司(筹)
2. 发行人筹建登记日期:1997年4月18日
3. 发行人筹建登记地址:盐城市环城西路213号
4. 发起人、发行人历史沿革:

本公司发起人江苏江动集团有限公司前身为创建于1945年的新四军三师枪械修理所,1949年发展成江淮铁工厂,1958年更名为盐城市江淮动力机厂,1991年随着资产规模的不断扩大和技术水平的不断提高,通过对盐城市江淮动力机厂的资产剥离、重组,组建了盐城江淮动力机集团公司,盐城市江淮动力机厂经过变更登记后,为其最大的全资子公司。1992年,盐城市江淮动力机厂更名为江苏江淮动力机厂,1994年12月盐城江淮动力机集团公司更名为江苏江动集团公司,1996年12月,更名为江苏江动集团有限公司,江苏江淮动力机厂仍为其最大的子公司。主要从事单、多缸柴油机的生产与销售,下设一室八部和六个生产车间,具有年产单缸机60万台和多缸机3万台的生产能力。1993年,企业为了拓展发展空间,规避产品单一的风险,先后通过投资和资产划拨方式控股经营了江苏江动盐城齿轮有限公司和江苏飞驰股份有限公司;全资设立了江苏江动集团进出口公司。这三个子公司的良好运营给江苏江淮动力机厂带来了丰厚的投资回报,从而使企业成为主业突出、多元经营、效益良好的大型企业。

江苏江淮动力股份有限公司是经江苏省人民政府苏政复(1997)65号文批准,以集团公司为独家发起人,将其全资子公司江苏江淮动力机厂整体改制,以募集方式设立。经江苏省国有资产管理局批准,按1:0.653的折股比例,将江苏江淮动力机厂评估后的生产经营性净资产18062.64万元折为国家股11800万股,由发起人集团公司持有。

5. 公司组织结构(见附图)

6. 关联企业及关联交易

A. 关联企业

江苏江动集团有限公司

江苏江动集团有限公司成立于1991年12月,1996年12月经批准改制为国有独资公司。该公司注册资本为10402万元,主要从事柴油机及配件、柴油发电机组制造、销售及柴油机的检测服务。集团公司现有职工5128人,其中工程技术人员1000余人。持有本公司68.21%的股份,本公司筹委会主任朱瑞龙任董事长,副主任齐金梁任副总经理。

江苏飞驰股份有限公司

江苏飞驰股份有限公司于1994年1月由原盐城市橡胶厂改制成立,南北厂区占地5.7万平方米,现有员工1700余人,其中工程技术人员285人,主要生产"飞驰牌"系列自行车胎、摩托车胎、山地车胎、手推车胎等。注册地址为盐城市人民南路45号,注册资本2947万元,本公司为其最大股东,持股比例为84.29%。本公司筹委会成员戴涛任其副董事长兼总经理,崔世平任副总经理。

江苏江动盐城齿轮有限公司

江苏江动盐城齿轮有限公司由盐城市张庄工业公司与江苏江淮动力机厂投资设立,主要生产摩托车齿轮与柴油机齿轮,其柴油机齿轮主要与江苏江淮动力机厂配套,摩托车齿轮全部为江苏春兰动力制造有限公司配套。该公司注册地址为盐城市黄海西路155号,注册资本888万元,公司持有53%股权。本公司筹委会副主任齐金梁担任该公司的法定代表人。

江苏江动集团进出口公司

江苏江动集团进出口公司系由江苏江淮动力机厂投资设立的全资子公司。江苏江动集团进出口公司成立于1993年7月,注册资本为500万元。主要从事本企业及集团公司成员企业自产机电产品、相关技术的出口业务;本企业或集团公司成员企业生产、科研所需的原辅材料、机械设备、仪器仪表、零配件及相关技术的进口业务;承办"三来一补"业务;普通机械、电器机械及器材,日用百货、服装、建筑材料销售;柴油机组装业务。该公司拥有职工40余人,本公司筹委会成员徐士国担任该公司的法定代表人。

江苏江动建湖机械有限公司

江苏江动建湖机械有限公司成立于1996年4月,由江苏江动集团有限公司与建湖县轻工业公司合资设立,江苏江动集团有限公司拥有51%的股份。该企业注册资本为855万元,主要从事铸件的制造、销售,本公司筹委会副主任齐金梁担任该公司的法定代表人。

B. 关联交易

(1)与集团公司的关联交易

集团公司主要向本公司提供水、电、汽配套服务及生产经营场所。本公司已于1997年5月就配套服务事宜与集团公司签订了《综合服务协议》,明确双方的责、权、利;对土地的使用,本公司也于1997年5月4日同集团公司签订《土地使用权租赁合同》,本公司租用集团公司63462.5平方米土地,以土地资产收益率和地价为依据商定的租赁金为每年219万元,逐年缴纳一次;对于使用"江动"牌商标的问题,本公司亦于1997年5月28日与集团公司签订了《商标使用许可合同》,合同规定本公司生产的单、多缸柴油机产品可以使用"江动"牌商标,商标使用费按本公司销售额的1.4042‰计取,每半年结算一次。对于公司的产品销售,采取部分产品由集团公司经销的方式,并于1997年5月30日与集团公司签订了《产品销售协议书》,合同具体明确了产品价格,销售费用的支付等内容,合同规定公司销售给集团公司的产品价格参照市场价格及行业竞争情况综合确定,并根据市场行情适时调整。同时集团公司承诺其本身与其全资、控股企业不生产与本公司相同的产品,也不生产与本公司产品相竞争的类似产品。

(2)与江苏江动建湖机械有限公司的关联交易

江苏江动建湖机械有限公司通过供货合同的形式,为本公司提供机体、飞轮等柴油机配件,以市场价作为双方结算的依据。

(3)与江苏江动盐城齿轮有限公司的关联交易

江苏江动盐城齿轮有限公司以市场价格向本公司提供柴油机齿轮。

(4)与江苏江动集团进出口公司的关联交易

江苏江动集团进出口公司为本公司出口产成品和进口原辅材料、机械设备等。

(5)与江苏飞驰股份有限公司的关联交易

江苏飞驰股份有限公司与本公司无关联交易。

7. 职工情况

本公司现有职工3110人,其中管理人员271人,财务人员54人,销售人员73人,技术人员150人,生产工人2562人。其按年龄及教育分类列表如下:

按职工年龄分类

年龄	30岁以下	31-50岁	51岁以上
比例%	48.63	42.95	8.42

按职工教育程度分类

学历	大专及以上	高中	初中及以下
比例%	16.45	53.82	29.73

本公司根据业务发展的需要,常年对员工进行定期或不定期培训。公司实行全员劳动合同制;职工工资、福利、劳动保护按国家和地方政府有关规定执行,职工社会保险按照国家劳动保险文件规定,参加社会养老保险统筹,实行企业和个人共同负担。

8. 经营范围

单、多缸柴油机的制造和销售。

9. 主要产品品种、生产能力及销售情况

本公司主要生产S195、ZH1105、ZH1110、ZH1115、ZH1125等型号的单缸柴油机和TY295、TY395、TY495等型号的多缸柴油机,年生产能力为单缸机60万台、多缸机3万台。国内市场主要为河南、山东、河北、安徽、江苏五省,其销售量占总销售量的78.6%;本公司产品的国内市场占有率为15%左右,国外市场主要是印尼、巴基斯坦、中东等国。在国际市场,本公司是国内小柴行业出口率最高的企业。公司内销产品部分通过集团公司销售公司进行,本公司已于1997年5月30日与集团公司签订合同就产品销售费用支付等内容作了详细规定。1997年一季度企业产品销售量及销售收入在全国小柴行业四强企业中的情况如下表:

企业名称	江动	常柴	武柴	锡柴
产品销售量(台)	126029	310857	121837	46396
产品销售收入(万元)	23591	55747	28081	14755

资源来源:1997年一季度全国单缸内燃机行业统计资料

10. 原材料和动力供应

本公司生产所需主要原材料是生铁、焦碳、废钢等,都由国家大型钢铁企业提供,质量稳定,货源可靠,所需的配套协作件大部分由集团成员企业提供,协作关系稳定。本公司用电由集团公司提供,集团公司是盐城市用电必保单位,生产用电由市供电局专线输送,拥有35KV的专用变电所一座,另自备有1000千瓦发电机组,能确保本公司生产用电的需要。此外,集团公司拥有的自备水井可满足本公司用水需要。

11. 商标

"江动牌"商标所有权属于集团公司。本公司已与集团公司签订了《商标使用许可合同》,由于"江动"牌注册商标使用的商品范围是各类柴油机,同时,集团公司承诺其本身及其全资、控股子企业不生产与本公司相同或相类似的产品,因此,"江动"牌商标将由本公司独家有偿使用。

12. 新技术的研究开发与应用

本公司生产的直喷节能系列产品,其直喷节能技术的应用在国内同行中开创先河,并获国家多项专利。近年来,为加快公司产品的开发步伐,公司在江苏省小柴行业中率先建立了CAD中心,并与加工中心接口,用于模具及金加工产品的制造,1996年,公司在国内小柴行业中率先完成了柴油机支承部分滑动改滚动、单滚改双滚的结构改造,相继开发了JD395、JD300等单缸大马力柴油机。同时公司的科技人员不断进行技术创新,并取得多项获得国家、部、省、市级奖励的科研成果。1994-1996年,公司连续被省政府授予技术进步先进企业。

13. 税收政策

根据盐城市人民政府盐政复[1994]54号《盐城市人民政府关于江苏江动集团公司所得税征收问题的批复》,江苏江动集团公司及其全资子公司、控股子公司从1994年开始按照沿海开放城市的优惠政策,实际所得税负为15%,根据江苏省人民政府苏政复[1997]76号《省政府关于江苏江淮动力股份有限公司所得税政策问题的批复》,本公司从1997年起,在当地缴纳33%的所得税后,由市财政返还18%给该企业,并直接进入企业的净利润。

14. 筹委会成员简介

1997年6月16日,本公司筹委会全体成员作出如下承诺:凡在江苏江淮动力股份有限公司中担任高级管理人员的,都将不在江苏江动集团有限公司及股份公司的关联企业中担任高级管理职务,不实行交叉任职。

筹委会主任:

朱瑞龙:男,56岁,大专学历,研究员级高级工程师。中共江苏省第八次党代会代表、江苏省第八届、第九届人大代表,历任盐城市江淮动力机厂技术员、副科长、科长、厂长。现任江苏江动集团有限公司董事长兼总经理。

筹委会副主任:

齐金粱:男,46岁,大专学历,高级工程师。历任盐城市江淮动力机厂车间副主任、主任、副厂长、盐城汽车总厂厂长,现任江苏江动集团有限公司党委书记兼副总经理。

筹委会成员:

陈秀芬:女,46岁,中专学历,政工师。历任盐城市江淮动力机厂团委书记、工会副主席,现任江苏江动集团有限公司党委副书记、工会主席。

张超建:男,44岁,大专学历,高级工程师。1994年被命名为"江苏省中青年有突出贡献专家",1995年被国家机械工业部授予"机械工业专家"称号。历任盐城市江淮动力机厂副厂长,现任江苏江动集团有限公司副总经理。

徐小荣:男,47岁,大专学历,经济师。历任盐城市江淮动力机厂企管科长、生产科长、副厂长,现任江苏江动集团有限公司副总经理。

徐士国:男,42岁,大专学历,高级工程师。历任盐城市江淮动力机厂技术员、工程师、外经科长,现任江苏江动集团有限公司副总经理兼江苏江动集团进出口公司总经理。

陈为民:男,42岁,大专学历,高级工程师。历任盐城市江淮动力机厂金工一车间主任、多缸机车间主任,现任江苏江动集团有限公司副总经理。

戴　涛:男,42岁,大专学历,工程师。历任盐城市橡胶厂设备科长、副厂长、江苏飞驰股份有限公司副总经理,现任江苏飞驰股份有限公司副董事长、总经理兼党委书记。

崔世平:男,31岁,大学学历,经济师,历任盐城市橡胶厂企管科长、江苏飞驰股份有限公司党委副书记,现任江苏飞驰股份有限公司副总经理。

雷　兵:男,49岁,大专学历,历任盐城市江淮动力机厂办公室副主任、党委办公室主任,现任江苏江动集团有限公司纪委书记。

王昌祥:男,53岁,大学学历,高级工程师,历任盐城市江淮动力机厂车间主任、副厂长,现任江苏江动集团有限公司总工程师。

潘道成:男,47岁,大专学历,曾任江苏江淮动力机厂办公室副主任,现任江苏江动集团有限公司办公室主任。

朱吟秋:男,45岁,大专学历,曾任盐城市江淮动力机厂机修车间党支部书记,现任江苏江动集团有限公司工会副主席。

九、经营业绩

1.生产经营概况

本公司是全国小型柴油机行业重点企业之一,主要产品单、多缸柴油机多次荣获省、部、国际博览会金奖,主要经济技术指标一直名列全国同行业前茅。主要产品为单缸机S195型、ZH1105型、ZH1110型、ZH1115型、ZH1125型直喷节能柴油机和多缸TY295型、TY395型、TY495Q型柴油机。1996年,生产单缸机36万台,多缸机4000台,实现销售收入86668.28万元,净利润6096.18万元。1996年本公司产销率、出口率名列同行业全国第一,资金利税率名列第二,产量、利税名列第三。

2.过去三年销售总额及利润总额

年度	销售总额	利润总额(万元)
1994	55225.26	5125.2
1995	74043.22	11995.15
1996	86668.28	7475.19

近三年利润波动的原因是:

(1)小柴行业属支农产业,其最终用户是农民,国家对农业政策的调整及农民人均收入的增减直接影响着农民购买农机的积极性。1995年,由于粮食丰收及支农政策的落实到位,小柴市场出现了几年来前所未有的火爆,小柴名牌产品呈供不应求的局面。一方面,小柴行业中其主要生产厂家积极扩大生产规模,提高市场占有率;另一方面,又纷纷提高产品的市场价格。1995年,本公司的S195、S1100、ZH1105、ZH1110等主要生产产品的市场价格与1994年相比分别增长18.3%、16.61%、23.44%、19.58%,其毛利率与94年同期比亦分别增加了11.52%、11.41%、11.6%、9.03%,这四种主要产品的业务收入占总收入的比重达90%。同时,95年销售收入与1994年相比增长了27%。1996年,随着农机购买热的降温,各主要生产厂家为巩固已有的市场份额,纷纷采用大幅降价的竞争策略,开展同业竞争,本公司为适应市场形势,其产品价格亦大幅度下调,其每台产品平均降价在100元左右,与1995年相比,上述主要产品价格分别增加了-4.42%、3.5%、4.25%、8.92%,其毛利率分别下降了9.45%、2.27%、7.38%、-0.32%。虽然销售收入与95年相比增长了20%,但由于减利及增本因素的影响,致使利润有了一定的降低。

(2)1994年、1995年、1996年营业成本占主营业务收入的比重分别为86%、75%、85%,说明1995年在销售收入增长、价格提高的形势下,此成本亦有较大幅度的下降。

(3)1995年,由于产品供不应求,其货款回笼十分及时,不但能收回当年全部货款,而且还收回了部分的以前年度拖欠货款,使得财务费用支出水平降低。

(4)1996年,本公司职工进行了较大幅度的增资,平均每人每月增资120元,使企业年增加工资性支出560万元。

3.发行人业务收入构成(见附表二)

4.产品市场情况

本公司主要产品单、多缸柴油机,国内市场主要为河南、河北、安徽、山东、江苏五省,其销售量占总销量的78.6%;国外市场主要为非洲、南美洲、东南亚等地区。

5.产品性能、质量方面的情况

本公司所产"江动"牌小柴系列产品质量优良,性能稳定,1991年,主产品ZH1105、S195柴油机分别荣获第二届北京国际博览会小柴产品唯一金奖和国家金质奖;1994年,ZH1105柴油机荣获机械工业部小柴行业唯一科技进步奖;1995年ZH1110型柴油机荣获中国高新技术新产品博览会小柴产品唯一金奖;其他产品也曾先后获得"江苏名牌产品"、"江苏优秀新产品"等荣誉称号。

6.筹资与投资方面的情况

本公司目前资金来源主要是银行贷款。由于本公司经济效益良好,且主营业务符合国家产业政策,因此在银行的信誉很高,连续多年被评定为AAA级企业。同时,近年来,公司一直狠抓技改投入,分别投资兴建了多缸机生产车间和装配二车间。通过技改投入,提高了公司的生产规模,确保了公司效益的逐年稳步增长。

7.经营管理的改进提高

本公司为适应企业规模不断扩大的需要,一直非常重视内部管理,注重提高整体素质,建设有特色的企业文化。主要工作包括:修订管理工作标准,形成一套完善的标准化体系;不断完善厂、车间、班组三级质量管理体系,明确职责,严格考核;建设无烟厂区,美化工作环境;改进检测手段,严格工艺技术和操作规程;积极采用新技术,引进先进管理经验,加强财务、计划、营销、信息等工作,提高经营决策水平;加强各部门之间的沟通、协调,建立分工负责、相互配合的部门体系;加强公司员工的技术培训,重视人才,为企业发展增添后劲等。

8.职工数量与专业技能的提高

本公司现有职工3110人,其中包括各类专家在内的专业技术人员150人。近几年来,公司已从高等院校及技工学校招收了几百名新职工,以提高职工的整体素质。同时,企业还通过选拔优秀职工上学深造、定期培训、劳动竞赛等方法提高职工的技能。现公司已基本建立了一支符合现代化大生产需要的职工队伍。1996年,本公司被国家机械工业部评为"职工教育先进集体"。

9.主要固定资产的增加及改进情况

本公司现有主要生产设备1400台,设备成新率约为90%。截止1997年3月31日,拥有固定资产原值22363.39万元,净值17408.22万元。近年来,企业不断加大技术改造力度,先后引进了德国、日本、台湾等国家和地区的加工中心6台、德国产100VBRK型曲轴动平衡机1台、美国产XCEL7107型三座标测量仪1台,购进国内先进的金属切削设备100余台套。通过设备的更新与改进,提高了企业的装备水平,促进了企业的产品开发和质量的提高。

十、股本

1.拟注册股本:本次发行后拟注册股本为17300万元。

2.股本形成过程

截止本公司招股说明书签署日,本公司股总额为11800万股,为本公司唯一发起人江苏江动集团有限公司以1997年3月31日经评估后净资产18062.64万元按1:0.653的折股比例形成。经江苏会计师事务所苏会所二验997)23号"验资报告"验证,本公司发起人的股本金已全部到位。

3.发起人认购股份超面值缴入的资本共6262.64万元,全部计入资本公积金。

4.本次发行前的股本结构为:

股份类型	股份(万股)	持股比例(%)
国家股	11800	100
其中:江动集团	11800	100
合　计	11800	100

注:国家股由集团公司持有。

5. 本次发行后的股本结构为:

股份类型	股份(万股)	持股比例(%)
国家股	11800	68.21
社会公众股	5500	31.79
其中:公司职工股	550	3.179
合　计	17300	100

注:本次发行中,5500万股社会公众股的10%,即550万股向本公司在册职工配售,根据现行规定,公司职工股在新股上市半年后方可上市流通。

6. 本次发行前后净资产总额及每股净资产。

根据江苏会计师事务所苏会所二审(97)第90号《审计报告》,截止1997年3月31日,本公司净资产为18062.64万元,每股净资产1.53元,如本次发行成功,则本公司股本将增加到17300万股,净资产总额66957.64万元,每股净资产增至3.67万元(已扣除发行费用)。本次发行的溢价部分,扣除发行费用后全部进入资本公积金。

十一、主要会计资料

1. 审计报告[苏会所二审(97)第90号]

江苏江淮动力股份有限公司筹备委员会:

我们接受委托,审计了贵公司(筹)1994年12月31日、1995年12月31日、1996年12月31日、1997年3月31日的资产负债表、合并资产负债表和1994年度、1995年度、1996年度、1997年1－3月的利润表、合并利润表及1996年度的财务状况变动表、合并财务状况变动表。这些会计报表由贵公司(筹)负责,我们的责任是对这些会计报表发表审计意见。我们的审计是依据中国注册会计师独立审计准则进行的。在审计过程中,我们结合贵公司(筹)实际情况,实施了包括抽查会计记录等我们认为必要的审计程序。

我们认为,上述会计报表符合《企业会计准则》和《股份制试点企业会计制度》的有关规定,在所有重大方面公允地反映了贵公司(筹)1994年12月31日、1995年12月31日、1996年12月31日、1997年3月31日的财务状况和1994年度、1995年度、1996年度、1997年1－3月的经营成果及1996年度的资金变动情况,会计处理方法的选用遵循了一贯性原则。

江苏会计师事务所　　中国注册会计师:狄云龙

中国注册会计师:郭　澳

中国·南京　　一九九七年五月三日

2. 合并资产负债表:(见附表三)

3. 合并利润表

4. 合并财务状况变动表(1996年度)

编制单位:江苏江淮动力股份有限公司(筹)　　单位:人民币元

项目	金额
一、流动资金来源:	
1. 本年净利润	60,961,771.09
加:不减少流动资金的费用和损失	
(1)少数股东本期损益(亏损以"－"号表示)	2,577,377.19
(2)固定资产折旧	7,248,482.63
(3)无形资产递延资产及其他资产摊销(减)其他负债转销	99,386.66
(4)固定资产盘亏(减盘盈)	－1,158,118.71
(5)清理固定资产损失(减收益)	
(6)递延税款	
(7)其他不减少流动资金的费用和损失	
小　计	69,728,898.86
2. 其他来源:	
(1)固定资产清理收入(减清理费用)	
(2)增加长期负债	22,419,000.00
(3)收回长期投资	
(4)对外投资转出固定资产	
(5)对外投资转出固定资产	
(6)资本净增加额	39,803,207.01
(7)少数股东资本净增加额	5,169,352.18
小　计	67,391,559.19
流动资金来源合计	137,120,458.05
二、流动资金运用:	
1. 利润分配	
(1)提取法定公积金	6,174,016.43
(2)提取法定公益金	6,174,016.43
(3)提取任意公积金	
(4)已分配股利	31,000,854.69
小　计	43,348,887.55
2. 少数股东利润分配	
3. 其他运用	
(1)固定资产和在建工程净增加额	69,697,155.11
(2)增加无形资产递延资产及其他资产	2,401,300.00
(3)偿还长期负债	
(4)增加长期投资	8,517,414.98
小　计	80,615,870.09
流动资金运用合计	123,964,757.64
流动资金增加净额	13,155,700.41

单位负责人:朱瑞龙　　财务主管:商玉贵　　编制人:王乃强

合并财务状况变动表(续)

编制单位:江苏江淮动力股份有限公司(筹)　　单位:人民币元

项目	金　额
一、流动资产本年增加数:	
1. 货币资金	19,534,113.64
2. 短期投资	－16,000.00
3. 应收票据	10,331,726.40
4. 应收帐款净额	6,668,855.62
5. 预付货款	2,221,084.19
6. 其他应收款	3,746,180.35
7. 待摊费用	－281,946.06
8. 存货	85,076,469.75
9. 待处理流动资产净损失	3,906,000.00
10. 一年内到期的长期债券投资	
11. 其他流动资产	
流动资产增加净额	131,186,483.89
二、流动负债本年增加数	
1. 短期借款	9,107,000.00
2. 应付票据	10,529,633.50
3. 应付帐款	113,761,169.95
4. 预收货款	－2,724,393.60
5. 应付福利费	1,689,370.58
6. 未付股利	－465,939.30
7. 未交税金	－14,708,937.21
8. 其他未交款	－117,441.17
9. 其他应付款	－2,639,290.53
10. 预提费用	－51,388.74
11. 一年内到期的长期负债	3,651,000.00
12. 其他流动负债	
流动负债增加净额	118,030,783.48
流动资金增加净额	13,155,700.41

单位:负责人:朱瑞龙　　财务主管:商玉贵　　编制人:王乃强

5. 合并会计报表附注

注释1:公司采用的主要会计政策

1. 会计制度:公司执行《股份制试点企业会计制度》。

2. 会计期间:以公历1月1日起至12月31日止为一个会计年度。

3．合并报表编制方法：公司合并会计报表系按财政部《合并会计报表暂行规定》编制，合并范围包括母公司江苏江淮动力机厂及所属控股子公司。控股子公司情况如下：

子公司名称	注册资本(万元)	投资所占比例(%)	主营业务
江苏飞驰股份有限公司	2947	84.29	轮胎生产销售
江苏江动盐城齿轮有限公司	888	53.00	齿轮生产销售
江苏江动集团进出口公司	500	100.00	柴油机及配件销售

4．记帐原则和计价基础：以权责发生制为记帐原则，以历史成本为计价基础。

5．外币折算方法：对所发生的非记帐本位币经济业务，均采用业务发生当日的结算行汇价折合为记帐本位币记帐，期末对各外币帐户按期末中国人民银行公布的基准汇价进行调整，差额计入当期损益。

6．坏帐核算：采用备抵法，按期末应收帐款余额的5‰计提坏帐准备。

7．存货计价方法：

(1)原材料按计划成本核算，月末按材料成本差异率分摊材料成本差异，调整成实际成本；

(2)产成品按实际成本计价，发出采用加权平均法；

(3)低值易耗品采用领用时一次摊销法。

8．长期投资核算方法：

(1)债券投资：按实际支付的款项记帐。债券存续期内的应计利息，以及出售时收回的本息与帐面成本及尚未收回应计利息的差额计入当期损益；

(2)股权投资和联营投资：投资额占被投资单位资本总额25%(含25%)以下的，采用成本法核算；投资额占被投资单位资本总额25%以上的采用权益法核算；投资额占被投资单位资本总额50%以上的，采用权益法核算，并以合并报表反映。

9．固定资产及其折旧：固定资产按实际成本计价；单位价值在2000元以上，使用年限超过一年的列为固定资产；固定资产折旧采用直线法计算，并按固定资产预计使用年限和预计净残值率5%确定其分类折旧率如下：

类　别	折旧年限	年折旧率
房屋建筑物	20－40	4.75%－2.375%
机械设备	12－14	7.92%－6.786%
运输设备	8－12	11.875%－9.917%
其它	5	19%

10．无形资产及其摊销：按实际成本计价，其摊销采用直线法，能确定受益期的按受益期摊销；不能确定受益期的按10年摊销。

11．递延资产及其摊销：按实际成本计价，并按其受益期确定摊销年限，采用直线法摊销。

12．营业收入实现的确认：产品已发出、产品所有权已经转移，收到货款或取得收取货款的证据时，确认营业收入的实现。

13．税项

(1)流转税：

增值税：

1994年全部产品增值税适用税率均为17%；

根据财政部、国家税务总局财税字(1994)060号《关于增值税几个税收政策问题的通知》，从1995年开始，3缸(含3缸)以下柴油机增值税适用税率为13%；3缸以上柴油机及其它产品增值税适用税率为17%。摩托车轮胎消费税税率为5%。

(2)所得税：

根据盐城市人民政府盐政复[1994]54号《盐城市人民政府关于江苏江动集团公司所得税征收问题的批复》，江苏江动集团公司及其全资子公司、控股子公司从1994年开始按照沿海开放城市的优惠政策，实际所得税负为15%，一定五年不变。根据江苏省人民政府苏政复[1997]76号《省政府关于江苏江淮动力股份有限公司所得税政策问题的批复》，从1997年起，在当地缴纳33%的所得税后，由市财政返还18%给该企业，并直接进入企业的净利润。

(3)地方税及附加：按实际应缴纳流转税额的7%计缴城市维护建设税；按实际应缴纳流转税额的4%计缴教育费附加。

14．利润分配：公司税后净利润改制上市前按《工业企业财务制度》有关规定进行分配，改制上市后根据公司章程按下列顺序分配：

(1)弥补以前年度亏损；

(2)提取10%法定公积金；

(3)提取5%－10%法定公益金；

(4)按股东大会决议提取任意公积金；

(5)按股东大会决议分配股利。

注释2：会计报表主要项目附注

1．应收帐款：截止1997年3月31日应收帐款余额97,725,922.66元，其主要情况列示如下：

(1)帐龄分析：

(单位：人民币元)

帐　龄	金　额	比例(%)
1年以内	81,258,729.37	83.15%
1－2年	14,893,269.10	15.24%
2－3年	1,285,881.75	1.32%
3年以上	288,042.44	0.29%
合　计	97,725,922.66	100.00%

(2)本帐户余额中无持有公司5%以上股份的股东欠款。

2．存货：截止1997年3月31日存货余额141,250,540.19元，其明细项目列示如下：

(单位：人民币元)

项　目	金　额
产成品	42,636,668.54
原材料	61,815,611.47
在制品及自制半成品	27,298,736.58
库存商品	7,103,856.93
低值易耗品	2,395,666.67
合　计	141,250,540.19

3．长期投资：截止1997年3月31日长期投资余额9,292,621.64元，其明细项目列示如下：

(单位：人民币元)

项　目	注	金　额
国库券投资		3,400.00
联营投资	(1)	984,000.00
股权投资	(2)	501,000.00
合并价差	(3)	7,804,221.64
合　计		9,292,621.64

(1)联营投资项目列示如下：

被投资单位名称	投资金额	投资比例	投资期限
中非江林农业机械有限公司	U$12万元折 984,000.00	25%	1996－2006年

(2)股权投资项目列示如下：

被投资单位名称	股权性质	股数	投资金额	投资比例(%)
上海永久股份有限公司	法人股	60000	330,000.00	0.026
上海凤凰自行车股份有限公司	法人股	20000	120,000.00	0.006
其　他			51,000.00	
合　计			501,000.00	

(3)合并价差：其中7,709,750.36元系公司于改制基准日进行整体资产评估时长期投资的评估增值，在合并报表时形成合并价差。

4. 固定资产及累计折旧:截止 1997 年 3 月 31 日固定资产原值 223,633,888.98 元,累计折旧 49,551,623.44 元,固定资产净值 174,082,265.54 元,1997 年 1-3 月固定资产原值及累计折旧增减变动情况列示如下:

(1)固定资产原值增减变动情况: (单位:人民币元)

项目	期初数	本期增加	本期减少	期末数
房屋及建筑物	95,319,893.01	898,763.61		96,218,656.62
机器设备	117,892,699.09	1,418,719.73		119,311,418.82
运输设备	5,054,647.49		147,372.86	4,907,274.63
电子设备	2,501,177.84	421,122.38		2,922,300.22
其他	300,986.92	8,815.00	35,563.23	274,238.69
合计	221,069,404.35	2,747,420.72	182,936.09	223,633,888.98

(2)累计折旧增减变动情况: (单位:人民币元)

项目	期初数	本期增加	本期减少	期末数
房屋及建筑物	11,802,959.97	561,866.17		12,640,375.94
机器设备	32,060,834.42	3,201,071.35		35,261,905.77
运输设备	1,354,832.92	101,711.80	140,004.22	1,316,540.50
电子设备	227,289.65	57,340.27		284,629.92
其他	49,066.36	5,861.96	6,757.01	48,171.31
合计	45,494,983.32	4,509,156.53	146,761.23	49,551,623.44

5. 在建工程:截止 1997 年 3 月 31 日在建工程余额 28,166,585.65 元,均为技改项目,其明细项目列示如下:

(单位:人民币元)

项目	原预算金额	工程进度	批准文号	资金来源	实际支出数	其中:资本化利息
新增出口创汇直喷节能柴油机技改项目	29,900,000.00	40%	机械计(1996)372号	借款、自筹	16,162,551.47	2,494,135.00
丁基内胎技改项目	15,080,000.00	92%	苏计经技技(94)454号	借款、自筹	12,004,034.18	1,470,251.82
合计					28,166,585.65	3,964,386.82

6. 无形资产:截止 1997 年 3 月 31 日无形资产余额 2,238,143.34 元,均为控股子公司成立时形成,其明细项目列示如下:

(单位:人民币元)

无形资产种类	原值	摊销年限	已摊销金额	余额	剩余摊销年限
土地使用权	1,105,000.00	50年	20,258.33	1,084,741.67	49.08年
专有技术	1,269,800.00	10年	116,398.33	1,153,401.67	9.08年
合计	2,374,800.00		2,238,143.34		

7. 应付帐款:截止 1997 年 3 月 31 日应付帐款余额 101,461,470.76 元,其中应付关联公司款项列示如下: (单位:人民币元)

项目	金额
江苏江动建湖机械有限公司	5,992,793.67

8. 一年内到期的长期负债:截止 1997 年 3 月 31 日一年内到期的长期负债余额 18,381,000.00 元,其明细项目列示如下:

(单位:人民币元)

贷款单位	金额	年利率(%)	到期日	借款条件
盐城市城区工行	2,000,000.00	10.98	97.9.25	担保
	1,500,000.00	10.98	97.9.25	担保
	1,500,000.00	10.98	97.6.25	担保
	1,500,000.00	10.98	97.11.25	担保
	1,730,000.00	10.98	97.6.25	担保
盐城工商银行	2,000,000.00	9.75	97.9.25	担保
	1,500,000.00	9.75	97.11.20	担保
	1,500,000.00	9.15	97.11.20	担保
	3,000,000.00	8.40	97.10.30	担保
	1,083,000.00	8.40	97.10.25	担保
	68,000.00	8.415	97.11.25	担保
	1,000,000.00	9.75	97.6.25	担保
合计	18,381,000.00			

借款利息按季支付

9. 长期借款:截止 1997 年 3 月 31 日长期借款余额 38,489,000.00 元,其明细项目列示如下:

(单位:人民币元)

贷款单位	借款日	到期日	年利率(%)	金额	借款条件
盐城市工商银行	96.6.28	99.4.25	9.15	1,000,000.00	担保
	96.6.28	99.5.25	9.15	1,000,000.00	担保
	96.6.28	99.9.25	9.75	1,000,000.00	担保
	96.6.28	99.10.25	9.75	1,000,000.00	担保
	96.6.28	2000.4.25	9.75	1,000,000.00	担保
	96.6.28	2000.5.25	9.75	1,000,000.00	担保
	96.6.28	2000.6.25	9.75	1,000,000.00	担保
	96.6.28	2000.9.25	9.75	1,000,000.00	担保
	96.12.25	2000.9.25	9.75	4,089,000.00	担保
	96.12.25	2000.10.25	9.75	6,300,000.00	担保
小计				18,389,000.00	
盐城市城区工行				100,000.00	信用
	96.12.23	98.11.25	9.75	4,000,000.00	担保
	96.12.23	99.11.25	9.75	6,000,000.00	担保
	96.12.23	2000.11.25	9.75	4,000,000.00	担保
	96.12.23	2001.11.25	9.75	6,000,000.00	担保
小计				20,100,000.00	
合计				38,489,000.00	

借款利息按季支付。

10. 股本:1994-1997 年 3 月 31 日股本增减变化情况如下:

(单位:人民币元)

项目	1997.3.31	1996.12.31	1995.12.31	1994.12.31
年初余额	118,000,000.00	40,118,138.29	45,181,642.27	45,181,642.27
本年增加		77,881,861.71		
本年减少			[注1]5,063,503.98	
年末余额	118,000,000.00	[注2]118,000,000.00	40,118,138.29	45,181,642.27

[注1]1993 年 6 月 30 日新旧会计制度接轨以前职工住房提取的折旧基金转入住房基金。

[注2]系根据江苏省国有资产管理局苏国资企[1997]41 号文,发起股东以净资产折股形成。

11. 资本公积:1994-1997 年 3 月 31 日资本公积增减变化情况如下:

(单位:人民币元)

项目	1997.3.31	1996.12.31	1995.12.31	1994.12.31
资本溢价	62,626,471.47	62,626,471.47	683,921.88	[注1]683,921.88
评估增值				
接受捐赠			3,793.05	
合计	62,626,471.47	[注2]62,626,471.47	687,714.93	683,921.88

[注1]系所属控股子公司江苏盐城江动齿轮有限公司于新旧会计制度接轨时形成。

[注2]系根据江苏省国有资产管理局苏国资企[1997]41 号文,发起股东以净资产折股后的差额。

12. 主营业务收入:1994-1996 年度及 1997 年 1-3 月主营业务收入明细项目列示如下:

(单位:人民币元)

品　种	1997年1-3月	1996年度	1995年度	1994年度
柴油机	247,006,441.99	647,722,691.88	534,587,796.78	402,802,595.35
其中:内销	214,742,436.26	598,716,003.05	458,932,927.69	340,120,770.46
外销	32,264,005.73	49,006,688.83	75,654,869.09	62,681,824.89
轮胎	37,273,624.56	166,291,966.33	150,369,720.25	109,015,612.49
柴油机配件	5,399,830.78	52,668,121.34	55,474,679.30	40,434,450.53
合计	289,679,897.33	866,682,779.55	740,432,196.33	552,252,658.37

13. 营业成本:1994-1996年度及1997年1-3月营业成本明细项目列示如下:

(单位:人民币元)

品　种	1997年1-3月	1996年度	1995年度	1994年度
柴油机	208,810,790.97	531,739,052.47	393,363,297.43	338,794,409.48
其中:内销	178,592,608.73	484,116,086.41	325,579,327.72	276,112,584.59
外销	30,218,182.24	47,622,966.06	67,783,969.71	62,681,824.89
轮胎	30,276,390.49	137,032,128.40	121,131,635.75	84,773,487.37
柴油机配件	9,350,416.02	53,538,116.50	53,040,184.87	34,069,685.72
合计	248,437,597.48	722,309,297.37	567,535,118.05	457,637,582.57

14. 财务费用:1994-1996年度及1997年1-3月财务费用明细项目列示如下:

(单位:人民币元)

项　目	1997年1-3月	1996年度	1995年度	1994年度
利息净支出	2,571,530.52	10,037,117.64	5,961,249.17	4,601,982.09
其他	204,301.89	154,636.30	17,823.46	4,709.94
合计	2,775,832.41	10,191,753.94	5,979,072.63	4,606,692.03

注释3、或有损失

1. 担保:截止1997年3月31日公司为其他单位提供担保的贷款计3230万元;

2. 抵押借款:截止1997年3月31日公司抵押借款计2099.8万元,其中以房屋作抵押的借款计129万元,以设备作抵押的借款计1340万元,以出口货款作抵押的借款计630.8万元。

注释4. 关联公司与关联交易

1. 关联公司

(1)存在控制关系的关联方

企业名称	注册地址	注册资本	股权比例	主营业务	与本企业关系	经济性质或类型	法人代表
江苏江动集团有限公司	盐城市环城西路213号	10402万元	100.00%	工业加工	母公司	国有独资公司	朱瑞龙
江苏飞驰股份有限公司	盐城市人民南路50号	2947万元	84.29%	工业加工	子公司	股份有限公司	葛传华
江苏江动盐城齿轮有限公司	盐城市黄海西路150号	888万元	53.00%	工业加工	子公司	有限责任公司	齐金梁
江苏江动集团进出口公司	盐城市环城西路213号	500万元	100.00%	进出口贸易	子公司	国有	徐士国

(2)不存在控制关系的关联方

企业名称	与本公司关系
江苏江动建湖机械有限公司	并行公司,同受江苏江动集团有限公司控制

2. 关联交易

江苏江动建湖机械有限公司于1996年初正式成立,为公司提供机体、飞轮等柴油机配件,双方以市场价格结算,1996年、1997年1-3月供货情况如下:

		1996年度			1997年1-3月		
产品名称	规　格	单价(元)	数量(只)	金额(元)	单价(元)	数量(只)	金额(元)
机体	S195毛坯	132.82	1558	206,933.56	140.17	1332	186,706.44
	S1100毛坯	141.03	2918	411,525.54	146.15	1070	156,380.50
	S1105毛坯	152.76	12104	1,849,007.04	149.57	292	43,674.44
	S1105成品	158.56	97507	15,460,709.92	161.92	28955	4,688,393.60
	S195成品	139.19	20669	2,876,918.11			
飞轮	S195	72.31	6979	504,651.49	71.81	1938	139,167.78
	S1105	81.74	105334	8,610,001.16	81.72	32631	2,666,605.32
合　计				29,919,746.82			7,880,928.08

十二、资产评估

1. 根据苏州资产评估事务所为江苏江淮动力机厂整体改组为股份有限公司所作的资产评估报告[苏资评(97)第001号],经国家国有资产管理局国资评(1997)440号文确认,截止1996年12月31日投入本公司资产的评估结果如下:

单位:万元

资产项目	评估前	评估后	增加值	增加率%
流动资产	19527.34	18873.99	-653.35	-3.35
长期投资	6525.53	7296.50	770.97	11.81
在建工程	1880.76	1880.76		
建筑物	2795.29	3892.86	1097.57	39.26
机器设备	4007.98	5207.61	1199.63	29.63
其它资产		2.65	2.65	
资产总计	34736.90	37154.37	2417.47	6.96
流动负债	17252.83	17252.83		
长期负债	1838.90	1838.90		
负债总计	19091.73	19091.73		
净资产	15645.17	18062.64	2417.47	15.45

2. 资产评估方法

本次资产评估采用重置成本法。

十三、盈利预测

1. 本公司对1997年会计年度盈利情况进行了预测并经江苏会计师事务所苏会所二审(1997)127号审核验证如下:

单位:人民币元

项　目	1997年1-3月实　绩	1997年4-12月预测数	1997年度预测数
一、主营业务收入	289,679,897	880,986,613	1,170,666,510
减:营业成本	248,437,597	755,456,795	1,003,894,392
营业费用	6,197,998	20,669,250	26,867,248
管理费用	12,097,641	34,010,780	46,108,421
财务费用	2,775,832	3,971,499	6,747,331
营业税金及附加	306,785	700,000	1,006,785
二、主营业务利润	19,864,044	66,178,289	86,042,333
加:其他业务利润	391,624	371,608	763,232
三、营业利润	20,255,668	66,549,897	86,805,565
加:投资收益	1,200	375,000	376,200
营业外收入	12,690	57,500	70,190
减:营业外支出	595,142	653,175	1,248,317
加:补贴收入			
四、利润总额	19,674,416	66,329,222	86,003,638
减:所得税(税负15%)	4,218,180	14,353,843	18,572,023
所得税(税率33%)	6,492,557	21,888,643	28,381,200
少数股东损益(税负15%)	691,965	3,877,695	4,569,660
少数股东损益(税率33%)	546,431	3,056,536	3,602,967
五、净利润(税负15%)	16,028,589	52,502,144	68,530,733
(税率33%)	12,635,428	41,384,043	54,019,471

2. 盈利预测编制基准与假设

(1)编制基准

江苏江淮动力股份有限公司(筹)(以下简称公司)盈利预测是以业经审计的1996年度及1997年1-3月经营业绩为基础,根据公司1997年度生产经营计划、各项业务收支计划及其他有关资料，依据下列基本假设，经过分析研究而编制的。在编制过程中所采用的各项会计政策与公司实际采用的相关会计政策基于一致。

(2)基本假设

A、公司遵循的我 国现有法律、法规、政策和所在地经济环境无重大变化；

B、公司遵循的税收制度(包括出口退税)和有关税收优惠政策无重大变化；

C、公司经济业务所涉及的国家和地区目前的政治、法律、经济政策无重大变化；

D、现行国家外汇汇率、银行信贷利率在正常的范围内变动；

E、公司生产、经营计划能如期实现；

F公司拟发行新股的股本金将如期募足，且主要投资项目能在预定的时间内实施并取得预计收益；

G、无其他不可预见因素和人力不可抗拒因素造成的重大不利影响。

十四、公司发展规划

本公司的发展战略为：单、多缸机并重，内、外销并举，生产经营与资本经营齐驱，以质取胜、以优取胜、以新取胜。保持企业持速、快速、健康地发展，为广大投资者带来丰厚的投资回报。

(一)生产经营发展规划

以市场为导向，扩大单缸大马力柴油机与多缸机的生产规模，使生产总量保持每年20%左右的速度递增。提高现有产品的档次和技术含量，加快单缸小缸径和多缸中等马力柴油机的研制开发，形成6.5千瓦至55千瓦的功率档次，以满足国内外广大用户的各种配套需求。加快建立年产10万台高档柴油机出口基地、年产10万台TY系列轻型多缸机生产基地、年产50万台套摩托车齿轮生产基地，年产500万台套摩托车轮胎生产基地的建设步伐，使公司成为主业突出、行业领先、多元经营、效益显著的上市公司。

(二)发展目标和规模

公司将充分利用股票上市的良机，发挥现有的市场优势与技术优势，严格按照招股说明书披露的投资项目如期投人，不断提高本公司在同行业中的竞争地位，到2000年，力争实现销售收入30亿元，利润3.5亿元，使本公司成为全国小型柴油机行业的巨人。

(三)市场发展

1.提高产品质量，提高市场占有率

以提高生产工艺为突破口，强化质量管理。积极推广应用先进的工艺装备和检测手段。在巩固和发展现有市场的基础上，加快开发西南、西北、东北、新疆等市场，发展与国内大型拖拉机、三轮车、四轮车生产厂家的合作伙伴关系，选择几家大型农机生产企业为配套依托，不断提高“江动”牌柴油机在全国各地农机公司中的销售量，确保产品市场占有率的稳步上升。

2.开拓国际市场，增强出口创汇能力

加快高技术含量、高出口创汇、高效益品种的出口和销售，以现有东南亚与非洲市场为依托，扩展非洲及东南亚周边市场。近期准备在美国、纳米比亚建立海外公司，拓展海外销售渠道，增强出口创汇能力。

(四)技术开发

在搞好单缸机开发生产的同时，企业将开发生产20－45马力二、三缸拖拉机动力和60－130PS轻型车动力。拟开发的20－45马力二、三缸多缸机将填补我国中型拖拉机配套动力的空白。拟开发的60－130PS多缸机，是目前国内功率最大的轻型车动力，具有良好的市场前景。

为适应本公司技术开发、新品研制的需要，保证公司的持速发展，公司将在应用CAD、CAE、CAM、CAT等现代化开发、测试手段的基础上，建立技术开发中心。该中心成立后，将集技术、开发、研究和生产于一体，加速新产品的批量生产步伐。

公司还将根据我国的农业政策和农民需求，开发生产精细农机等农业机械产品，并向农用车等产业渗透。

(五)设备更新

为适应多品种生产的需求，本公司将逐步提高生产的柔性线和自动化程度，积极推广自动、半自动检测、高效检测、在线测量、数控技术等先进的检测手段，适当引进具有国际九十年代水平的先进装备，以满足公司生产的需求。

十五、重大合同及重大诉讼事项

1.重要合同

(1)土地使用权租赁合同

本公司用地系采取向集团公司租赁的方式取得。1997年5月4日，公司与集团公司签订了《土地使用权租赁合同书》，租赁使用位于盐城市环城西路213号院内及盐城市城区大洋七组境内两块共63462.5平方米的土地。合同期限为公司成立之日起至一九九九年十二月三十一日。合同规定，以土地资产收益率和地价为依据确定年租金为219万元。同时，合同还对土地的用途、租金的缴纳、双方的权利与义务、合同的修改、变更和解除等事宜作了明确的规定。

(2)商标许可合同书

本公司使用的“江动”牌商标专用权属集团公司所有。1997年5月28日，公司与集团公司签订了《商标使用许可合同书》，合同期限为公司成立之日起至2003年2月28日止。合同规定了“江动”牌商标限于公司生产经营的各类柴油机，在同一产品上，不使用双重商标。商标使用费按本公司销售额的1.4042‰收取，每半年结算一次。合同还对产品质量监督、侵权行为的处理作了具体明确的规定。

(3)综合服务协议

就集团公司向公司提供综合服务的事宜，双方于1997年5月20日签订了《综合服务协议》，协议有效期为五年。协议明确了集团公司同意将其拥有的部分公共设施采取有偿使用的方式供乙方使用。集团公司向本公司提供的公共设施包括幼儿园、职工医院、食堂、车辆等非经营性资产，公司每年向集团公司交纳费用45万元。公司使用的水、电、汽、气按实际使用量及合理损耗支付费用。协议还对费用的支付方式、结算期限、合同的变更、解除等事项作了明确的规定。

(4)产品销售协议

本公司于1997年5月30日与集团公司签订了《产品销售协议书》，协议许可集团公司经销本公司的产品。协议规定，本公司销售给集团公司的产品价格参照市场价格及行业竞争、新品开发等因素综合确定，并根据市场行情适时调整，公司产品的售后服务及三包等工作由集团公司负责实施，公司按每台柴油机10元的标准支付给集团公司相应的费用。协议还规定，集团公司不得从事与公司相竞争的相同或相似产品的销售。协议还对广告宣传、新产品的市场开拓与销售、争议处理等事项作了具体规定。

(5)担保合同

1995年5月18日，企业为盐城市纺织厂与国家开发银行签订的2000万元借款合同提供了担保。借款期限自1995年9月18日始至2002年3月18日止，利息为年利15.3%；1996年6月27日，企业为江苏江动集团进出口公司与中国农业银行盐都县支行国际业务代办处签订的600万元借款合同提供了担保，借款期限为1996年6月27日始至1997年6月27日止，利息为9.24‰，按季度结息还息；本公司控股子公司江苏飞驰股份有限公司于1996年6月10日为盐城市车辆厂与盐城市城区工行签订的630万元借款合同提供了担保，借款期限从1996年6月10日起至1997年6月9日止，借款利息为月息9.24‰。

2.重大诉讼

截止本招股书刊发之日，本公司及公司筹委会成员未涉及任何重大未裁决或未执行的诉讼事项，亦无任何自然人或法人声称将对本公司及公司筹委会成员提起诉讼。

十六、筹委会成员及主承销商签署意见

本公司筹委会成员及主承销商国泰证券有限公司已分别于1997年5月30日和1997年5月28日批准本招股说明书,确认本招股说明书不存在任何虚假、重大遗漏或者严重误导性陈述,并愿就其真实性、准确性、完整性负个别的和连带的责任。

附录:

1. 审计报告
2. 盈利预测审核报告
3. 盈利预测报告
4. 验资报告
5. 法律意见书
6. 发行人的公司章程和细则
7. 发起人营业执照
8. 发行人名称预核准通知
9. 关于本次发行的董事会决议

备查文件:

1. 审计报告、财务报表及附注
2. 江苏省人民政府批准设立股份公司的批复
3. 上市承诺函
4. 承销协议
5. 国家国有资产管理局关于资产评估的确认文件
6. 发行人改组的有关资料
7. 重大合同

上述备查文件的查阅地点为:

1. 本公司证券部
2. 国泰证券有限公司
3. 深圳证券交易所

江苏江淮动力股份有限公司(筹)

一九九七年七月二十一日

附表一:

单位:万元人民币

项目大类	具体项目	投资计划			项目总体效益		
		本公司投资总额	97年	98年	销售收入	新增利润	回收期
1. 新增出口创汇型柴油机生产能力项目	1.1 出口创汇双加技术改造项目	1890	1890	—	24750	1166	5.65
	1.2 扩大出口创汇型柴油机技术改造	2990	2990	—	16400	2500	4.9
2. 合资生产经营微型通用发动机项目	2.1 合资生产经营微型通用发动机项目	17140	17140	—	120000	18000	5.2
3. 新产品开发及配套工程系列项目	3.1 技术开发中心技术改造项目	3951	3000	951	770	140	—
	3.2TY系列直喷节能型柴油机技术改造	2999	2999	—	30000	1800	5.4
	3.3 压力铸造生产技术改造项目	4084	4084	—	12000	2157	4.3
	3.4 高强度薄壁铸造技术改造项目	4109	4109	—	22500	1787	7.1
4. 参与控股子公司的增资项目	4.1 盐城齿轮有限公司增资项目	2980	2980	—	4562	800	6.0
	4.2 飞驰公司配股项目	10011	10011	—	39400	3143	4.9

附表二:

单位:万元

品种	1997年1-3月		1996年度		1995年度		1994年度	
	金额	比重%	金额	比重%	金额	比重%	金额	比重%
1. 柴油机	24700.64	85.27	64772.27	74.73	53458.78	72.20	40280.26	72.94
2. 轮胎	3727.36	12.87	16629.20	19.18	15036.97	20.3	10901.56	19.74
3. 其它	539.98	1.86	5266.81	6.09	5547.47	7.5	4043.44	7.32
合计	28967.98	100	86668.28	100	74043.22	100	55225.26	100

附表三:

合并资产负债表

编制单位:江苏江淮动力股份有限公司(筹)　　单位:人民币元

项目	1997年3月31日	1996年12月31日	1995年12月31日	1994年12月31日
资产				
流动资产				
货币资金	6,402,484.81	31,535,064.64	12,000,951.00	9,258,555.58
短期投资	—	—	16,000.00	—
应收票据	15,213,856.00	18,505,486.40	8,173,760.00	5,221,455.10
应收帐款	97,725,922.66	71,371,075.55	64,796,542.51	32,962,850.07
减:坏帐准备	488,629.61	229,660.13	323,982.71	164,814.25
应收帐款净额	97,237,293.05	71,141,415.42	64,472,559.80	32,798,035.82
预付帐款	5,448,243.02	4,333,593.01	2,112,508.82	8,182,454.08
其他应收款	26,686,867.18	25,132,376.92	21,386,196.57	12,457,752.94
待摊费用	4,007,841.69	1,291,222.64	1,573,168.70	1,548,902.04
存货	141,250,540.19	170,298,268.73	81,315,168.70	66,425,169.42
待处理流动资产净损失	—	—	—	—
一年内到期的长期债券投资	—	—	—	540,000.00
其他流动资产	—	—	—	—
流动资产合计	296,247,125.94	322,237,427.76	191,050,943.87	136,432,324.98
长期投资	—	—	—	—
长期投资	9,292,621.64	9,292,621.64	775,206.66	763,606.66

项目	1997年3月31日	1996年12月31日	1995年12月31日	1994年12月31日
其中:合并价差(贷差以"-"号表示)	7,709,750.36	7,709,750.36	94,471.28	94,471.28
固定资产	—	—	—	—
固定资产原价	223,633,888.98	221,069,404.35	131,520,308.02	73,039,671.36
减:累计折旧	49,551,623.44	45,494,982.32	20,963,239.05	13,806,698.61
固定资产净值	174,082,265.54	175,574,422.03	110,557,068.97	59,232,972.75
在建工程	28,166,585.65	21,153,321.51	25,060,518.07	33,396,816.09
固定资产清理	—	—	—	—
待处理固定资产净损失	—	—	—	—
固定资产合计	202,248,851.19	196,727,743.54	135,617,587.04	92,629,788.84
无形资产及递延资产	—	—	—	—
无形资产	2,238,143.34	22,275,413.34	535,520.00	—
递延资产	451,845.00	562,020.00	—	847,741.5
无形资产及递延资产合计	2,689,988.34	2,837,433.34	535,520.00	847,741.50
其它长期资产:				
其它长期资产	—	—	—	—
递延税项:	—	—	—	—
递延税款借项				
资产总计	510,478,587.11	531,095,226.28	327,979,257.57	230,673,461.98

资产负债表(续)

编制单位:江苏江淮动力股份有限公司(筹)　　单位:人民币元

负债与股东权益	1997年3月31日	1996年12月31日	1995年12月31日	1994年12月31日
流动负债:				
短期借款	60,488,000.00	56,257,000.00	47,150,000.00	28,150,000.00
应付票据	51,962,013.86	23,555,210.00	13,025,576.50	1,000,000.00
应付帐款	101,461,470.76	170,612,617.08	56,851,447.13	57,303,611.43
预收货款	1,105,853.10	926,346.13	3,650,739.73	3,390,430.79
应付福利费	3,978,748.44	3,853,487.96	2,164,117.38	2,507,732.15
未付股利	16,028,588.91	—	4,675,939.30	833,508.00
未交税金	2,510,398.12	605,607.73	15,233,802.44	2,292,766.76
其他未交款	2,135,702.64	1,834,822.30	1,952,263.47	2,062,043.58
其他应付款	14,138,271.50	18,296,633.07	20,935,923.60	18,283,755.54
预提费用	2,115,326.21	1,291,253.18	1,342,641.92	1,103,999.28
一年内到期的长期负债	18,381,000.00	13,651,000.00	10,000,000.00	7,000,000.00
其他流动负债	—	—		
流动负债合计	274,305,373.54	290,883,977.45	172,772,451.47	123,927,847.53
长期负债	—	—	—	
长期借款	38,489,000.00	43,219,000.00	20,800,000.00	21,657,000.00
应付债券	—	—	—	—
长期应付款	-5000.00	5000.00	5000.00	5000.00
其他长期负债	—	—	—	—
长期负债合计	38,494,000.00	43,224,000.00	20,805,000.00	21,662,000.00
递延税项:				
递延税款贷项	—	—	—	—
负债合计	296,770,784.63	334,107,977.45	193,577,451.47	145,589,847.53
少数股东权益	17,052,742.10	16,360,777.36	11,191,425.18	9,083,020.96
股东权益				—
股本	118,000,000.00	118,000,000.00	40,118,138.29	45,181,642.27
资本公积	62,626,471.47	62,626,471.47	687,714.93	683,921.88
盈余公积	—	—	45,808,930.76	23,759,611.08
其中:公益金	—	—	11,024,659.84	5,150,445.86
未分配利润	—	—	36,595,596.94	6,375,418.26
外币报表折算差额	—	—	—	—
股东权益合计	180,626,475.47	180,626,471.47	123,210,380.92	76,000,593.49
负债与股东权益合计	510,478,587.11	531,095,226.28	327,979,257.57	230,673,461.98

合并利润表

编制单位:江苏江淮动力股份有限公司(筹)　　单位:人民币元

项目	1997年3月31日	1996年12月31日	1995年12月31日	1994年12月31日
一、主营业务收入	289,679,897.33	866,682,779.55	740,432,196.33	552,252,658.37
减:营业成本	248,437,597.48	722,309,297.37	567,535,118.05	457,637,582.57

项目	1997年3月31日	1996年12月31日	1995年12月31日	1994年12月31日
销售费用	6,197,997.50	22,706,504.59	14,124,529.44	12,489,311.72
管理费用	12,097,641.88	38,390,438.09	32,242,166.30	25,158,928.74
财务费用	2,775,832.41	10,191,753.94	5,979,072.63	4,606,692.03
进货费用	—	—	—	—
营业税金及附加	306,784.57	734,470.56	883,677.32	1,221,980.83
二、主营业务利润	19,864,043.49	72,350,315.00	119,667,632.59	51,138,162.48
加:其他业务利润	391,624.05	920,065.94	1,575,494.16	696,331.40
三、营业利润	20,255,667.54	73,270,380.94	121,243,126.75	51,834,493.88
加:投资收益	1,200.00	970,352.35	219,764.30	175,131.53
营业外收入	12,690.50	1,261,818.99	239,111.76	182,768.69
减:营业外支出	595,141.99	1,850,613.12	1,750,518.92	940,215.70
加:补贴收入	—	1,100,000.00	—	—
以前年度损益调整	—	—	—	—
四、利润总额	19,674,416.05	74,751,939.16	119,951,483.89	51,252,178.40
减:所得税	2,953,862.40	11,212,790.88	17,973.568.27	7,673,708.03
少数股东损益	691,964.74	2,577,377.19	2,689,002.91	2,666,040.80
五、净利润	16,028,588.91	60,961,771.09	99,288,912.71	40,912,429.57

江苏江淮动力股份有限公司股票上市公告书

一、要览

总股本:17300万股

可流通股本:5500万股

社会公众股:4950万股

公司职工股:550万股

本次上市流通股本:4950万股

股票简称:江淮动力

证券代码:0816

上市地点:深圳证券交易所

登记机构:江苏证券登记有限公司

上市推荐人:江苏证券股份有限公司

国泰证券有限公司

发行人财务顾问:江苏证券股份有限公司

二、绪言

本公告书根据《中华人民共和国公司法》、《股票发行与交易管理暂行条例》、公开发行股票公司信息披露的内容与格式准则第七号《上市公告书的内容与格式(试行)》、《深圳证券交易所业务规则》及其它有关证券管理的现行法规、规定而编制。

本次股票发行经中国证券监督管理委员会证监发字[1997]389号和390号文批准,经深圳证券交易所深证发[1997]295号《上市通知书》审核批准,本公司股票将于1997年8月18日在深圳证券交易所挂牌交易。

本公司总股本17300万股,流通股5500万股,本次上市流通4950万股,均为1997年7月23-30日向社会公开发行的人民币普通股,本次向公司职工配售的550万股公司职工股将按国家有关规定于新股上市半年后流通。

本公司招股说明书概要刊登于1997年7月21日的《中国证券报》、《上海证券报》、《证券时报》和《盐阜大众报》,距本公告书公告的时间不足6个月,依规定对在招股说明书中已公布的内容在此不再赘述。本公司董事会提醒广大投资者,凡本公告书未涉及的内容,敬请查阅招股说明书概要。

本公司董事会及各位董事已批准该上市公告书,并确信其中不存在任何重大遗漏或误导,并对其真实性、准确性、完整性负个别及连带责任。

三、发行公司概况

1. 发起人简介

法定名称:江苏江动集团有限公司

公司法定地址:江苏盐城市环城西路213号

邮政编码:224001

法定代表人:朱瑞龙

经营范围:柴油机及配件、柴油发电机组制造、销售及柴油机检测服务

注册资本:10402万元

所属行业:农业机械

在册职工人数:截至1996年12月31日,本公司在册职工4650人

联系电话:0515-8311495

传真:0515-8322986

2. 发行公司历史沿革

本公司发起人江苏江动集团有限公司前身为创建于1945年的新四军三师枪械修理所,1949年发展成江淮铁工厂,1958年更名为盐城市江淮动力机厂,1991年随着资产规模的不断扩大和技术水平的不断提高,通过对盐城市江淮动力机厂的资产剥离、重组,组建了盐城江淮动力机集团公司,盐城市江淮动力机厂经过变更登记后,为其最大的全资子公司。1992年,盐城市江淮动力机厂更名为江苏江淮动力机厂,1994年12月盐城江淮动力机集团公司更名为江苏江动集团公司,1996年12月,更名为江苏江动集团有限公司,江苏江淮动力机厂仍为其最大的子公司,公司主要从事单、多缸柴油机的生产与销售,下设一室八部和六个生产车间,具有年产单缸机60万台和多缸机3万台的生产能力。1994年,企业为了拓展发展空间,规避产品单一的风险,先后通过投资和资产划拨的方式控股经营了江苏江动盐城齿轮有限公司和江苏飞驰股份有限公司。这两个子公司的良好运营给江苏江淮动力机厂带来了丰厚的投资回报,从而使企业成为主业突出、多元经营、效益良好的大型企业。

江苏江动集团有限公司是国家大型一档企业,国家机械工业部骨干企业。1995年,集团公司在全国500家最大工业企业中名列第423位,在全国机械工业百强企业中名列第56位;1996年集团公司被国家经贸委列入全国一千家重点工业企业,同年被国家机械工业部列为全国机械工业百家巨人企业之一。并经批准改制为国有独资公司。1997年,集团公司被江苏省人民政府授予国有资产投资主体。集团公司目前拥有全资子公司3家,控股子公司3家,参股子公司5家。1996年12月31日,集团公司拥有总资产97739.99万元,净资产40528.76万元。集团公司历年来为盐城市利税大户,对当地经济发展起着举足轻重的作用。

江苏江淮动力股份有限公司于1997年6月2日经江苏省人民政府苏政复(1997)65号文批准,以集团公司为独家发起人,将其全资子企业江苏

江淮动力机厂整体改制，以募集方式设立。经苏州资产评估事务所评估并经国家国有资产管理局确认，截止1996年12月31日江苏江淮动力机厂的总资产为37154.37万元，净资产为18062.64万元，同时经江苏省国有资产管理局批准，按1:0.653的折股倍率，将江苏江淮动力机厂评估后的生产经营性净资产折为国家股11800万股，由发起人集团公司持有。

四、股票发行及承销

1．社会公众股发行数量:5500万股

发行价格:8.52元

募集资金总额:46860万元

发行方式:全额预缴款、比例配售、余款即退

配售比例:1.736%

配售户数:6572户

持1000股以上的户数:6249户

发行费用总额:1100万元

每股发行费用:0.20元

发行市盈率:15倍

2．股票承销:

本次实行承销团余额包销方式，配售结束后，所剩零股15215股由主承销商包销。

3．验资报告(苏会所二验[97]38号)

江苏江淮动力股份有限公司(筹):

我们接受委托，对江苏江淮动力股份有限公司(筹)截至1997年7月30日的实收股本及相关的资产和负债的真实性和合法性进行了审验。在审验过程中，我们按照《独立审计实务公告第1号——验资》的要求，实施了必要的审验程序。江苏江淮动力股份有限公司(筹)的责任是提供真实、合法、完整的验资资料，保护资产的安全和完整，我们的责任是按照《独立审计实务公告第1号——验资》的要求，出具真实、合法的验资报告。

江苏江淮动力股份有限公司(筹)申请的注册资本为173,000,000.00元。根据我们的审验，截至1997年7月30日止，江苏江淮动力股份有限公司(筹)已收到各股东投入的资本641,146,471.47元，其中发起人投入的资本为180,626,471.47元，向社会募集的资本为460,520,000.00元(已扣除承销费用、上市推荐费、财务顾问费8,080,000.00元，但尚未扣除其他发行费用)。投入的资本包括股本173,000,000.00元，资本公积468,146,471.47元。

以上资本入帐帐户为:

①开户银行:盐城市农业银行　②开户银行:盐城市工商银行

帐　号:0871004322　帐　号:266010221165627

附件(一)投入股本明细表

附件(二)验资事项说明

江苏会计师事务所　中国注册会计师:狄云龙　郭　澳

中国·南京

1997年7月30日

五、董事、监事及高级管理人员持股情况

朱瑞龙，董事长，男，56岁，研究员级高级工程师，江苏省第八次、第九次党代会代表、江苏省第八届人代会代表，历任江淮动力机厂副科长、科长、厂长和江苏江动集团有限公司董事长兼总经理，持有本公司股票3000股。

齐金梁，副董事长兼总经理，男，46岁，高级工程师，历任江淮动力机厂车间副主任、主任、副厂长、副书记，盐城汽车总厂厂长兼党委书记，江苏江动集团有限公司党委书记兼副总经理，现持有本公司股票3000股。

徐士国，董事兼副总经理，男，43岁，高级工程师，历任江淮动力机厂外经科副科长、科长、经贸公司经理，江苏江动集团有限公司副总经理兼江苏江动集团进出口公司经理，现持有本公司股票3000股。

陈为民，董事兼副总经理，男，43岁，高级工程师，历任江淮动力机厂金工一车间副主任、主任、多缸机车间主任，江苏江动集团有限公司副总经理，现持有本公司股票3000股。

陈秀芬，董事，女，46岁，政工师，历任江淮动力机厂团委副书记、书记、工会副主席、主席，江苏江动集团有限公司党委副书记、工会主席，现持有本公司股票3000股。

张超建，董事，男，44岁，高级工程师，历任江淮动力机厂技术员、工程师、副厂长，江苏江动集团有限公司副总经理，现持有本公司股票3000股。

王昌祥，董事，男，53岁，高级工程师，历任江淮动力机厂车间副主任、主任、生产部副部长、部长、副厂长，江苏江动集团有限公司总工程师，现持有本公司股票3000股。

徐小荣，董事，男，47岁，经济师，历任江淮动力机厂车间副主任、经营部部长、企管科科长，市量刃具厂党总支书记，江淮动力机厂生产科科长，江苏江动集团有限公司副总经理，现持有本公司股票3000股。

王正方，董事，男，49岁，政工师，历任江淮动力机厂车间党支部副书记、组宣科副科长、劳资科科长，江苏江动集团有限公司党委办公室主任，现持有本公司股票3000股。

戴涛，董事，男，42岁，工程师，历任盐城市橡胶厂设备科长、副厂长、江苏飞驰股份有限公司副总经理、副董事长、总经理兼党委书记，现持有本公司股票3000股。

崔世平，董事，男，31岁，经济师，历任盐城市橡胶厂企管科长、江苏飞驰股份有限公司党委副书记、副总经理，持有本公司股票3000股。

雷兵，监事会主席，男，50岁，政工师，历任江淮动力机厂办公室副主任、组宣科科长、党委办公室主任，江苏江动集团有限公司纪委书记兼监察室主任、审计室主任，现持有本公司股票3000股。

梁祖洁，监事，女，51岁，高级工程师，历任江淮动力机厂全质办副主任、主任、总师办副主任，江苏江动集团有限公司总师办副主任、全质办主任，现持有本公司股票3000股。

袁东香，监事，男，56岁，高级工程师，历任江淮动力机厂设计科副科长、科长，江苏江动集团有限公司副总工程师、设计科科长，现持有本公司股票3000股。

朱吟秋，监事，男，44岁，工程师，历任江淮动力机厂配件分厂副厂长、金工四车间主任兼党支部书记、机修分厂支部书记兼副厂长、工会副主席，江苏江动集团有限公司工会副主席，现持有本公司股票3000股。

潘道成，监事，男，45岁，经济师，历任江淮动力机厂办公室副主任，江苏江动集团有限公司办公室主任，现持有本公司股票3000股。

杨正罗，总经理助理，男，58岁，经济师，历任江淮动力机厂销售科副科长、科长，江苏江动集团有限公司销售公司经理，现持有本公司股票3000股。

张志刚，总经理助理，男，43岁，经济师，历任江淮动力机厂车间支部副书记、车间主任兼支部书记，江苏江动集团有限公司生产科科长，现持有本公司股票3000股。

商玉贵，财务总监，男，47岁，经济师，历任江淮动力机厂铸造分厂厂长，江苏江动集团有限公司财务科科长，现持有本公司股票3000股。

王乃强，董事会秘书，男，29岁，会计师，曾任江苏江动集团有限公司办公室副科级秘书，现持有本公司股票3000股。

以上董事、监事及高级管理人员每人持股均为3000股，各占总股本的0.001734%，合计共持有公司股票60000股，占总股本的0.03468%，其流通转让按国家有关规定执行。

六、公司设立

1．本公司1997年8月5日召开创立大会暨首届股东大会，审议并通过了公司股票在深圳证券交易所上市的议案。

2．注册资本:17300万元

3．注册时间:1997年8月11日

4. 注册地点:盐城市环城西路213号

5. 营业执照注册号码:14013165—1

七、关联企业及关联交易

1. 关联企业

(1)江苏江动集团有限公司

江苏江动集团有限公司成立于1991年12月,1996年12月经批准改制为国有独资公司。该公司注册资本为10402万元,主要从事柴油机及配件、柴油发电机组制造、销售及柴油机的检测服务。集团公司持有本公司68.21%的股份。

(2)江苏江动建湖机械有限公司

江苏江动建湖机械有限公司成立于1996年4月,由江苏江动集团有限公司与建湖县轻工业公司合资设立,江苏江动集团有限公司拥有51%的股份。该企业注册资本为855万元,主要从事铸件的制造、销售。

(3)江苏江动盐城齿轮有限公司

江苏江动盐城齿轮有限公司由盐城市张庄工业公司与江苏江淮动力机厂投资设立。该公司注册资本为888万元,主要生产摩托车齿轮与柴油机齿轮,其柴油机齿轮主要与江苏江淮动力机厂配套,摩托车齿轮全部为江苏春兰动力制造有限公司配套。该公司注册地址为盐城市黄海西路155号,本公司持有53%股权。

(4)江苏江动集团进出口公司

江苏江动集团进出口公司系由江苏江淮动力机厂投资设立的全资子公司。江苏江动集团进出口公司成立于1993年7月,注册资本为500万元。主要从事本企业及集团公司成员企业自产机电产品,相关技术的出口业务为企业或集团公司成员企业生产、科研所需的原辅材料,机械设备、仪器仪表、零配件及相关技术的出口业务;承办“三来一补”业务;普通机械、电器机械及器材,日用百货、服装、建筑材料销售;柴油机组装业务。

(5)江苏飞驰股份有限公司

江苏飞驰股份有限公司于1994年1月由原盐城市橡胶厂改制成立,南北厂区占地5.7万平方米,公司现有员工1700余人,其中工程技术人员285人,主要生产“飞驰牌”系列自行车胎、摩托车胎、山地车胎、手推车胎等。公司注册地址为盐城市人民南路45号,注册资本2947万元,本公司为其最大股东,持股比例为84.29%。

2. 关联交易

(1)与集团公司的关联交易

集团公司主要向本公司提供水、电、汽配套服务及生产经营场所。本公司已于1997年5月就配套服务事宜与集团公司签订了《综合服务协议》,明确双方的责、权、利;对土地的使用,本公司也于1997年5月4日同集团公司签定《土地使用权租赁合同》,本公司租用集团公司63462.5平方米土地,以土地资产收益率和地价为依据商定的租赁金为每年219万元,逐年缴纳一次;对于使用“江动”牌商标的问题,本公司亦于1997年5月28日与集团公司签订了《商标使用许可合同》,合同规定本公司生产的单、多缸柴油机产品可以使用“江动”牌商标,商标使用费按本公司销售额的1.4042‰计取,每半年结算一次。对于公司的产品销售,采取部分产品由集团公司经销的方式,并于1997年5月30日与集团公司签订了《产品销售协议书》,合同具体明确了产品价格,销售费用的支付等内容,合同规定公司销售给集团公司的产品价格参照市场价格及行业竞争情况综合确定,并根据市场行情适时调整。同时集团公司承诺其它全资、控股企业不生产与本公司相同的产品,也不生产与本公司产品相竞争的类似产品。

(2)与江苏江动建湖机械有限公司的关联交易

江苏江动建湖机械有限公司通过供货合同的形式,为本公司提供机体、飞轮等柴油机配件,以市场价作为双方结算的依据。

(3)与江苏江动盐城齿轮有限公司的关联交易

江苏江动盐城齿轮有限公司以市场价格向本公司提供柴油机齿轮。

(4)与江苏江动集团进出口公司的关联交易

江苏江动集团进出口公司为本公司出口产成品和进口原辅材料、机械设备等。

(5)与江苏飞驰股份有限公司的关联交易

江苏飞驰股份有限公司与本公司无关联交易

八、股本结构及大股东持股情况

1. 上市前的股本结构

股份类别	股份(万股)	持股比例(%)
国家股	11800	68.21
其中:江动集团	11800	68.21
社会公众股	5500	31.79
其中:公司职工股	550	3.179
合计	17300	100

2. 本公司前十名股东所持股数及比例

股东名称	持股数(股)	持股比例(%)
江苏江动集团有限公司	118000000	68.21
江苏证券股份有限公司	150164	0.0868
上海久事公司浦东公司	150164	0.0868
苏州投资咨询公司	150164	0.0868
黑龙江财政证券公司	150164	0.0868
中国电力信托投资公司	150164	0.0868
哈尔滨财政证券公司	150164	0.0868
北京联合证券公司	150164	0.0868
四通投资咨询公司	150164	0.0868
中国煤炭信托投资公司	150164	0.0868

九、公司财务会计资料

(一)审计报告[苏会所二审(97)第90号]

江苏江淮动力股份有限公司筹备委员会:

我们接受委托,审计了贵公司(筹)1994年12月31日、1995年12月31日、1996年12月31日、1997年3月31日的资产负债表、合并资产负债表和1994年度、1995年度、1996年度、1997年1-3月的利润表、合并利润表及1996年度的财务状况变动表、合并财务状况变动表。这些会计报表由贵公司(筹)负责,我们的责任是对这些会计报表发表审计意见。我们的审计是依据中国注册会计师独立审计准则进行的。在审计过程中,我们结合贵公司(筹)实际情况,实施了包括抽查会计记录等我们认为必要的审计程序。

我们认为,上述会计报表符合《企业会计准则》和《股份制试点企业会计制度》的有关规定,在所有重大方面公允地反映了贵公司(筹)1994年12月31日、1995年12月31日、1996年12月31日、1997年3月31日的财务状况和1994年度、1995年度、1996年度、1997年1-3月的经营成果及1996年度的资金变动情况,会计处理方法的选用遵循了一贯性原则。

江苏会计师事务所　　中国注册会计师:狄云龙

中国注册会计师:郭　澳

中国·南京

1997年5月3日

(二)、合并资产负债表:(附后)

(三)、合并利润表:(附后)

(四)、合并财务状况变动表:(1996年度)(附后)

(五)、合并会计报表附注

注释1:公司一般情况

公司委托苏州资产评估事务所对基准日1996年12月31日的整体资产进行了评估,评估后的资产总额为371,543,712.76元,负债总额为190,917,241.29元,净资产总额为180,626,471.47元。以上评估结果已经国家国有资产管理局国资评[1997]440号文确认。

根据江苏省国有资产管理局《关于江苏江淮动力股份有限公司国有股权管理有关问题的批复》(苏国资企[1997]41号),同意将上述经确认的净资产18062.64万元按1:0.653的折股倍率折为国家股11800万股,由江苏江动集团有限公司持有。

注释2:编制基准

本会计报表包括经整体改制后的江苏江淮动力机厂及所属控股子公司所有的资产、负债及所有者权益。对原执行《工业企业会计制度》的江苏江淮动力机厂、江苏江动盐城齿轮有限公司,原执行《商品流通企业会计制度》的江苏江动集团进出口公司的会计报表已按《股份制试点企业会议制度》进行了调整。对以1996年12月31日为评估基准日的资产评估结果已调整至1996年12月31日、1997年3月31日的资产负债表,按江苏省国有资产管理局关于国有股权管理的批复,在编制1996年12月31日、1997年3月31日资产负债表时进行了模拟折股。

注释3:公司采用的主要会计政策

1.会计制度:公司执行《股份制试点企业会计制度》。

2.会计期间:以公历1月1日起至12月31日止为一个会计年度。

3.合并报表编制方法:公司合并会计报表系按财政部《合并会计报表暂行规定》编制,合并范围包括母公司江苏江淮动力机厂及所属控股子公司。

4.记帐原则和计价基础:以权责发生制为记帐原则,以历史成本为计价基础。

5.外币折算方法:对所发生的非记帐本位币经济业务,均采用业务发生当日的结算行汇价折合为记帐本位币记帐,期末对各外币帐户按期末中国人民银行公布的基准汇价进行调整,差额计入当期损益。

6.坏帐核算:采用备抵法,按期末应收帐款余额的5‰计提坏帐准备。

7.存货计价方法:

(1)原材料按计划成本核算,月末按材料成本差异率分摊材料成本差异,调整成实际成本;

(2)产成品按实际成本计价,发出采用加权平均法;

(3)低值易耗品采用领用时一次摊销法。

8.长期投资核算方法:

(1)债券投资:按实际支付的款项记帐。债券存续期内的应计利息,以及出售时收回的本息与帐面成本及尚未收回应计利息的差额计入当期损益;

(2)股权投资和联营投资:投资额占被投资单位资本总额25%(含25%)以下的,采用成本法核算;投资额占被投资单位资本总额的25%以上的采用权益法核算;投资额占被投资单位资本总额50%以上的,采用权益法核算,并以合并报表反映。

9.固定资产及其折旧:固定资产按实际成本计价;单位价值在2000元以上,使用年限超过一年的列为固定资产:固定资产折旧采用直线法计算,并按固定资产预计使用年限和预计净残值率5%确定其分类折旧率如下:

类别	折旧年限	年折旧率
房屋建筑物	20-40	4.75%-2.375%
机械设备	12-14	7.92%-6.786%
运输设备	8-12	11.875%-9.917%
其 它	5	19%

10.无形资产及其摊销:按实际成本计价,其摊销采用直线法,能确定受益期的按受益期摊销;不能确定受益期的按10年摊销。

11.递延资产及其摊销:按实际成本计价,并按其受益期确定摊销年限,采用直线法摊销。

12.营业收入实现的确认:产品已发出、产品所有权已经转移,收到货款或取得收取货款的证据时,确认营业收入的实现。

13.税项

(1)流转税:

增值税:

1994年全部产品增值税适用税率均为17%;

根据财政部、国家税务总局财税字(1994)060号《关于增值税几个税收政策问题的通知》,从1995年开始,3缸(含3缸)以下柴油机增值税适用税率为13%;3缸以上柴油机及其它产品增值税适用税率为17%。

摩托车轮胎消费税税率为5%。

(2)所得税:

根据盐城市人民政府盐政复[1994]54号《盐城市人民政府关于江苏江动集团公司所得税征收问题的批复》,江苏江动集团公司及其全资子公司、控股子公司从1994年开始按照沿海开放城市的优惠政策,实际所得税负为15%,一定五年不变。根据江苏省人民政府苏政复[1997]76号《省政府关于江苏江淮动力股份有限公司所得税政策问题的批复》,从1997年起,在当地缴纳33%的所得税后,由市财政返还18%给该企业,并直接进入企业的净利润。

(3)地方税及附加:按实际应缴纳流转税额的7%计缴城市维护建设税;按实际应缴纳流转税额的4%计缴教育费附加。

14.利润分配:公司税后利润改制上市前按《工业企业财务制度》有关规定进行分配,改制上市后根据公司章程按下列顺序分配:

(1)弥补以前年度亏损;

(2)提取10%法定公积金;

(3)提取5%-10%法定公益金;

(4)按股东大会决议提取任意公积金;

(5)按股东大会决议分配股利。

(六)主要财务指标

财务指标	1996.12.31	1995.12.31	1994.12.31
流动比率	1.11倍	1.10倍	1.10倍
速动比率	0.52倍	0.64倍	0.56倍
资产负债率	62.91%	59.0%	63.1%
存货周转率	4.24次	6.98次	6.89次
应收帐款周转率	12.18次	11.48次	16.84次
净资产收益率	33.75%	80.58%	53.83%
每股净利润	0.517元	0.841元	0.346元

注:每股净利润按向社会公开发行前11800万股股本模拟计算。

十、董事会上市承诺

本董事会将严格遵守《中华人民共和国公司法》、《股票发行与交易暂行条例》、《公开发行股票公开信息披露实施细则》和国家有关法律、法规的规定,并自股票上市之日起作出如下承诺:

1.按照法律、法规的规定程序和要求披露重大的信息,并接受证券主管机关、深圳证券交易所的监督管理。

2.及时、真实、准确地公布中期报告和年度报告,并备置于规定场所供投资者查阅。

3.本公司董事、监事及高级管理人员如发生人事变动或持本公司股票发生变动时,在报告证券主管机关、证券交易所的同时向投资者公布。

4.在任何公共传播媒介中出现的消息可能对本公司股票的市场价格产生误导性影响时,本公司知悉后将及时对该消息予以公开澄清。

5.本公司董事、监事和高级管理人员将认真听取社会公众的意见和批评,不利用已获得的内幕消息和其它不正当手段直接或间接从事股票买卖活动。

6.本公司没有无记录负债。

十一、重要事项提示

1.本公司预计本次发行股票后的第一个盈利年度的首次派发股利时间为1998年5-6月。本次发行前已形成的未分配利润,1997年3月前由集团公司享有,此后形成的由全体股东共同享有。

2.本公司所得税目前实际税负为15%,根据江苏省人民政府苏政复(1997)76号文规定,本公司从1997年起,在当地缴纳33%的所得税后,由盐城市财政返还18%,并直接进入企业的净利润。

3.根据国家有关规定,本次公司发行配售的550万股公司职工股将在本公司股票上市后半年上市流通。

4. 根据江苏会计师事务所出具的苏会所二审(1997)127号"盈利预测审核报告",本公司1997年税后利润预测为6853万元(按15%税率),全面摊薄每股税后利润0.40元。

十二、备查文件

1. 深圳证券交易所上市通知书
2. 中国证券监督管理委员会核准本公司发行A股的批复
3. 公司登记注册文件
4. 招股说明书
5. 审计报告
6. 验资报告
7. 资产评估报告
8. 法律意见书
9. 营业执照
10. 公司章程
11. 上市协议书

十三、咨询机构

1. 本公司:江苏江淮动力股份有限公司

法定代表人:朱瑞龙

法定地址:盐城市环城西路213号

电话:0515-8311495

传真:0515-8322986

联系人:王乃强　　王晓东

2. 上市推荐人:

江苏证券股份有限公司

法定代表人:鲍志强

法定地址:南京市水西门大街2号

电话:025-4523777-5105

传真:025-4527517

联系人:赵丽峰

国泰证券有限公司

法定代表人:金建栋

法定地址:深圳市华强北路3号深纺大厦

电话:0755-3200792　3217225

传真:0755-3217225

联系人:金春保　　王文革

江苏江淮动力股份有限公司

1997年8月14日

合并资产负债表

编制单位:江苏江淮动力股份有限公司　　单位:人民币元

项目	1997年3月31日	1996年12月31日	1995年12月31日	1994年12月31日
资产				
流动资产				
货币资金	6,402,484.81	31,535,064.64	12,000,951.00	9,258,555.58
短期投资	—	—	16,000.00	—
应收票据	15,213,856.00	18,505,486.40	8,173,760.00	5,221,455.10
应收帐款	97,725,922.66	71,371,075.55	64,796,542.51	32,962,850.07
减:坏帐准备	488,629.61	229,660.13	323,982.71	164,814.25
应收帐款净额	97,237,293.05	71,141,415.42	64,472,559.80	32,798,035.02
预付帐款	5,448,243.02	4,333,593.01	2,112,508.82	8,182,454.08
其他应收款	26,686,867.18	25,132,376.92	21,386,196.57	12,457,752.94
待摊费用	4,007,841.69	1,291,222.64	1,573,168.70	1,548,902.04
存货	141,250,540.19	170,298,268.73	81,315,168.70	66,425,169.42
待处理流动资产净损失	—	—	—	—
一年内到期的长期债券投资	—	—	—	540,000.00
其他流动资产	—	—	—	—
流动资产合计	296,247,125.94	322,237,427.76	191,050,943.87	136,432,324.98
长期投资	—	—	—	—
长期投资	9,292,621.64	9,292,621.64	775,206.66	763,606.66
其中:合并价差(贷差以"-"号表示)	7,709,750.36	7,709,750.36	94,471.28	94,471.28
固定资产	—	—	—	—
固定资产原价	223,633,888.98	221,069,404.35	131,520,308.02	73,039,671.36
减:累计折旧	49,551,623.44	45,494,982.32	20,963,239.05	13,806,698.61
固定资产净值	174,082,265.54	175,574,422.03	110,557,068.97	59,232,972.75
在建工程	28,166,585.65	21,153,321.51	25,060,518.07	33,396,816.09
固定资产清理	—	—	—	—
待处理固定资产净损失	—	—	—	—
固定资产合计	202,248,851.19	196,727,743.54	135,617,587.04	92,629,788.84
无形资产及递延资产	—	—	—	—
无形资产	2,238,143.34	22,275,413.34	535,520.00	—
递延资产	451,845.00	562,020.00	—	847,741.50
无形资产及递延资产合计	2,689,988.34	2,837,433.34	535,520.00	847,741.50
其它长期资产:				
其它长期资产	—	—	—	—
递延税项:	—		—	
递延税款借项				
资产总计	510,478,587.11	531,095,226.28	327,979,257.57	230,673.461.98

项目	1997年3月31日	1996年12月31日	1995年12月31日	1994年12月31日
流动负债:				
短期借款	60,488,000.00	56,257,000.00	47,150,000.00	28,150,000.00
应付票据	51,962,013.86	23,555,210.00	13,025,576.50	1,000,000.00
应付帐款	101,461,470.76	170,612,617.08	56,851,447.13	57,303,611.43
预收贷款	1,105,853.10	926,346.13	3,650,739.73	3,390,430.79
应付福利费	3,978,748.44	3,853,487.96	2,164,117.38	2,507,732.15
未付股利	16,028,588.91	—	4,675.939.30	833,508.00
未交税金	2,510,398.12	605,607.73	15,233,802.44	2,292,766.76
其他未交款	2,135,702.64	1,834,822.30	1,952,263.47	2,062,043.58
其他应付款	14,138,271.50	18,296,633.07	20,935,923.60	18,283,755.54
预提费用	2,115,326.21	1,291,253.18	1,342,641.92	1,103,999.28
一年内到期的长期负债	18,381,000.00	13,651,000.00	10,000,000.00	7,000,000.00
其他流动负债	—	—	—	—
流动负债合计	274,305,373.54	290,883,977.45	172,772,451.47	123,927,847.53
长期负债	—	—	—	
长期借款	38,489,000.00	43,219,000.00	20,800,000.00	21,657,000.00
应付债券	—	—	—	—
长期应付款	5000.00	5000.00	5000.00	5000.00
其他长期负债	—	—	—	—
长期负债合计	38,494,000.00	43,224,000.00	20,805,000.00	21,662,000.00
递延税项:				
递延税款贷项	—	—	—	—
负债合计	312,799,373.54	334,107,977.45	193,577,451.47	145,589,847.53
少数股东权益	17,052,742.10	16,360,777.36	11,191,425.18	9,083,020.96
股东权益	—	—	—	—
股本	118,000,000.00	118,000,000.00	40,118,138.29	45,181,642.27
资本公积	62,626,471.47	62,626,471.47	687,714.93	683.921.88
盈余公积	—	—	45,808,930.76	23,759,611.08
其中:公益金	—	—	11,024,659.84	5,150,445.86
未分配利润		—	36,595,596.94	6,375,418.26
外币报表折算差额	—	—	—	—
股东权益合计	180,626,471.47	180,626,471.47	123,210,380.92	76,000,593.49
负债与股东权益合计	510,478,587.11	531,095,226.28	327,979,257.57	230,673,461.98

合并利润表

编制单位:江苏江淮动力股份有限公司　　　　单位:人民币元

项目	1997年3月31日	1996年12月31日	1995年12月31日	1994年12月31日
一、主营业务收入	289,679,897.33	866,682,779.55	740,432,196.33	552,252,658.37
减:营业成本	248,437,597.48	722,309,297.37	567,535,118.05	457,637,582.57
销售费用	6,197,997.50	22,706,504.59	14,124,529.44	12,489,311.72
管理费用	12,097,641.88	38,390,438.09	32,242,166.30	25,158,928.74
财务费用	2,775,832.41	10,191,753.94	5,979,072.63	4,606,692.03
进货费用	—	—	—	—
营业税金及附加	306,784.57	734,470.56	883,677.32	1,221,980.83
二、主营业务利润	19,864,043.49	72,350,315.00	119,667,632.59	51,138,162.48
加:其他业务利润	391,624.05	920,065.94	1,575,494.16	696,331.40
三、营业利润	20,255,667.54	73,270,380.94	121,243,126.75	51,834,493.88
加:投资收益	1,200.00	970,352.35	219,764.30	175,131.53
营业外收入	12,690.50	1,261,818.99	239,111.76	182,768.69
减:营业外支出	595,141.99	1,850,613.12	1,750,518.92	940,215.70
加:补贴收入	—	1,100,000.00	—	—
以前年度损益调整	—	—	—	—
四、利润总额	19,674,416.05	74,751,939.16	119,951,483.89	51,252,178.40
减:所得税	2,953,862.40	11,212,790.88	17,973,568.27	7,673,708.03
少数股东损益	691,964.74	2,577,377.19	2,689,002.91	2,666,040.80
五、净利润	16,028,588.91	60,961,771.09	99,288,912.71	40,912,429.57

合并财务状况变动表(1996年度)

编制单位:江苏江淮动力股份有限公司　　　　单位:人民币元

一、流动资金来源:	金额	一、流动资金来源:	金额
1. 本年净利润	60,961,771.09	(4)增加长期投资	8,517,414.98
加:不减少流动资金的费用和损失		小　　计	80,615,870.09
(1)少数股东本期损益(亏损以"-"号表示)	2,577,377.19	流动资金运用合计	123,964,757.64
(2)固定资产折旧	7,248,482.63	流动资金增加净额	13,155,700.41
(3)无形资产递延资产及其他资产摊销(减其他负债转销)	99,386.66	一、流动资产本年增加数	金额
(4)固定资产盘亏(减盘盈)	-1,158,118.71	1. 货币资金	19,534,113.64
(5)清理固定资产损失(减收益)		2. 短期投资	-16,000.00
(6)递延税款		3. 应收票据	10,331,726.40
(7)其他不减少流动资金的费用和损失		4. 应收帐款净额	6,668,855.62
小　　计	69,728,898.86	5. 预付货款	2,221,084.19
2. 其他来源:		6. 其他应收款	3,746,180.35
(1)固定资产清理收入(减清理费用)		7. 待摊费用	-281,946.06
(2)增加长期负债	22,419,000.00	8. 存货	85,076,469.75
(3)收回长期投资		9. 待处理流动资产净损失	3,906,000.00
(4)对外投资转出固定资产		10. 一年内到期的长期债券投资	
(5)对外投资转出固定资产		11. 其他流动资产	
(6)资本净增加额	39,803,207.01	流动资产增加净额	131,186,483.89
(7)少数股东资本净增加额	5,169,352.18	二、流动负债本年增加数	
小　　计	67,391,559.19	1. 短期借款	9,107,000.00
流动资金来源合计	137,120,458.05	2. 应付票据	10,529,633.50
二、流动资金运用:		3. 应付帐款	113,761,169.95
1. 利润分配		4. 预收货款	-2,724,393.60
(1)提取法定公积金	6,174,016.43	5. 应付福利费	1,689,370.58
(2)提取法定公益金	6,174,016.43	6. 未付股利	-465,939.30
(3)提取任意公积金		7. 未交税金	-14,708,937.21
(4)已分配股利	31,000,854.69	8. 其他未交款	-117,441.17
小　　计	43,348,887.55	9. 其他应付款	-2,639,290.53
2. 少数股东利润分配		10. 预提费用	-51,388.74
3. 其他运用		11. 一年内到期的长期负债	3,651,000.00
(1)固定资产和在建工程净增加额	69,697,155.11	12. 其他流动负债	
(2)增加无形资产递延资产及其他资产	2,401,300.00	流动负债增加净额	118,030,783.48
(3)偿还长期负债		流动资金增加净额	13,155,700.41

江苏江淮动力股份有限公司1997年度中期报告

一、财务报告(未经审计)

1. 简化的资产负债表　　单位人民币元

项目	合并 1997年6月30日	合并 1996年12月31日	母公司 1997年6月30日	母公司 1996年12月31日
流动资产	315,001,575.83	322,237,427.76	176,433,091.71	188,739,894.75
长期投资	9,292,621.64	9,292,621.64	78,807,117.54	72,965,035.15
固定资产净值	172,961,965.41	175,574,422.03	86,400,827.03	91,004,699.00
在建工程	45,946,037.15	21,153,321.51	36,844,613.61	18,807,583.86
无形资产及递延资产	2,630,646.20	2,837,433.34	-	-
其他长期资产	-	-	-	-
资产合计	545,832,846.23	531,095,226.28	378,485,649.89	371,543,712.76
流动负债	281,204,229.60	290,883,977.45	152,954,002.58	172,528,241.29
长期负债	50,394,000.00	43,224,000.00	29,389,000.00	18,389,000.00
负债合计	331,598,229.60	334,107,977.45	182,343,002.58	190,917,241.29
递延税款贷项	-	-	-	-
少数股东权益	18,091,969.32	16,360,777.36	-	-
股本	118,000,000.00	118,000,000.00	118,000,000.00	118,000,000.00
资本公积	62,626,471.47	62,626,471.47	62,626,471.47	62,626,471.47
盈余公积	-	-	-	-
未分配利润	15,516,175.84	-	15,516,175.84	-
股东权益合计	196,142,647.31	180,626,471.47	196,142,647.31	180,626,471.47
负债及股东权益合计	545,832,846.23	531,095,226.28	378,485,649.89	371,543,712.76

2. 简化的损益表　　单位:人民币元

项目	合并 1997年1-6月	合并 1996年1-6月	母公司 1997年1-6月	母公司 1996年1-6月
主营业务收入	582,481,108.71	478,234,646.21	480,091,894.95	360,215,536.43
主营业务利润	41,105,185.50	32,816,847.20	32,145,988.97	26,114,497.07
其他业务利润	239,475.76	223,212.23	52,289.43	283,332.23
投资收益	343,140.95	943,381.15	6,081,018.64	5,592,804.86
营业外收支净额	-2,357,286.80	-1,066,769.12	-2,180,587.51	-1,255,101.28
利润总额	39,330,515.41	32,916,671.46	36,098,709.53	30,735,532.88
所得税	6,054,558.70	4,937,500.71	3,902,795.78	3,902,795.22
净利润	31,544,764.75	26,832,737.66	31,544,764.75	26,832,737.66

3. 主要财务指标　　单位:人民币元

	1997年1至6月	1996年1至6月
每股收益	0.27	0.26
净资产收益率	16.09%	16.88%
每股净资产	1.66	0.77

(注:本公司1997年7月30日发行新股5500万股后,总股本为17300万股。发行新股后,总股本摊薄每股收益0.18元,每股净资产3.78元,净资产收益率4.83%。)

4. 财务报表附注

(1)本期财务报告所采用的会计政策和会计方法与1996年度财务报告所采用的会计政策和会计方法保持一致。

(2)本报告期内报表的合并范围与1996年相比未发生变化。

(3)货币资金比年初减少22,097,108.57元,原因是由于支付货款形成。

(4)应收票据比年初减少7,242,881.30元。原因是由于本期应收票据收回形成。

(5)应收帐款比年初增加19,752,492.19元。其原因为公司销售量比去年大幅度增加,相应地提高了应收帐款。应收帐款中无持本公司5%以上股份股东的欠款。

(6)其他应收款比年初增加5,788,174.59元。原因是应收其他单位款项和个人备用金的增加。截止1997年6月30日尚无证明其不能收回的证据。

(7)待摊费用比年初增加1,898,645.44元,是由于审计评估增值及低值易耗品尚未摊完形成。

(8)预付货款与年初相比减少2,463,626.67元。其原因是由于本年预付帐款的使用形成。

(9)在建工程比年初增加24,792,715.64元,其原因是由于技改利息和出口创汇技改工程的投入形成。

(10)应付票据比年初增加23,074,790.00元,其原因是由于本期主要采用票据结算形成。

(11)应付帐款比年初减少59,128,407.92元,其原因是由于本期主要采用票据结算和付现形成。

(12)预收货款比年初减少834,083.76元,是由于本期预收货款大部分已结算形成。

(13)未付股利16,244,737.72元,是根据公司筹委会决议,1997年3月份以前形成的未分配利润由公司发起人——江苏江动集团有限公司享有。

(14)应付福利费增加1,181,201.61元,其原因是由于工资提取增加而相应增加形成。

(15)其他应付款增加18,377,937.61元,原因是由于提取工资形成。

(16)未交税金减少11,139,127.53元,原因是由于本公司享受农机产品税收优惠政策,增值税低增高扣,有尚抵税额。

(17)预提费用增加2,903,929.42元,原因是由于本期提取电费以及大修理费用形成。

(18)股东权益比年初增加15,516,175.84元。股本与资本公积没有变动,未分配利润增加,15,516,175.84元。

(19)主营业务收入比去年同期增加104,246,462.50元,是今年1-6月份销售量上升形成。

(20)主营业务成本比去年同期增加93,588,163.85元,是由于销售量增大引起同步增加,同时原材料价格上升,属正常增长。

(21)销售费用比去年同期增加1,969,511.21元,增加原因是:销售量增大,销售费用同步增长,经分析对比,今年的销售费用和增长比例略低于销售收入的增长比例,属正常增长。

(22)财务费用比去年同期减少2,117,443.55元,原因是:利息支出减少。

(23)营业税金及附加比去年同期增加433,752.82元,主要是由于所属子公司飞驰股份有限公司本年消费税和房产税增加形成。

(24)主营业务利润比上年同期增加8,288,338.30元,是主营业务收入的增加形成。

(25)其他业务利润比上年同期增加16,263.53元,主要是材料及配套件销售和外协等增加形成。

(26)投资收益与去年同期减少600,240.20元,是由于本期实际收到的股利比去年同期减少形成。

(27)营业外支出与去年同期增加1,222,142.05元,是由于本年市场物价等三项基金提取比例按规定递增形成。

5. 关联企业

(1)江苏江动集团有限公司　注册资本10402万元,注册地址:江苏省盐城市环城西路213号,经营范围:柴油机及配件、柴油发电机组制造、销售及柴油机的检测服务。

(2)江苏江动建湖机械有限公司　注册资本855万元,注册地址:建湖县建阳镇,经营范围:铸件的制造、销售。

(3)江苏江动盐城齿轮有限公司　注册资本888万元,注册地址:盐城市黄海西路155号,经营范围:发动机齿轮的制造、销售。

(4)江苏江动集团进出口公司　注册资本500万元,注册地址:盐城市环城西路213号,经营范围:本企业及集团公司自产机电产品,相关技术的出口业务及生产、科研所需原辅材料、机械设备、仪器仪表、零配件及相关技术的进口业务等。

(5)江苏飞驰股份有限公司　注册资本2947万元,注册地址:盐城市人民南路45号,经营范围:轮胎的制造、销售。

6.关联交易

本公司系由江苏江淮动力机厂整体改制,由江苏江动集团有限公司独家发起设立的股份有限公司。公司与江苏江动集团有限公司在生产经营、后勤等方面存在着关联交易。为了保证公司的各项业务能正常开展,公司与江苏江动集团有限公司通过协商并遵照公平、公正的市场原则签订了:《土地使用权租赁合同》、《商标许可使用合同书》、《综合服务协议》、《产品销售协议》。对本公司使用江苏江动集团有限公司的土地使用权、商标和提供水、电、汽以及产品销售等均作了约定。

二、经营情况的回顾与展望

1.上半年经营情况回顾

①1997年上半年,公司在小柴市场需求不足、竞争激烈的严峻形势下,围绕增强企业综合竞争实力,抓质量、上品种、拓市场;强管理、促改革、增效益,努力转变经济增长方式,生产经营取得较好成绩。截止6月30日,公司完成销售收入58248万元,实现利润3933万元,分别完成年度计划的49.76%和45.74%。

②在市场方面,公司紧跟市场变化、灵活营销策略,主动调整品种结构和市场配套面,保证了产品销售的稳步增长。

③在管理方面公司实行了强化管理,严格内部考核,实行质量成本否决制度,加速了产品开发和技术改造,制订了降本增效措施计划,积极消化增本减利因素,获得了较好的效果。

2.下半年计划

①以市场为导向,以提高市场占有率为目标,建立、健全适应市场变化的营销体制,加速货款回笼,强化售后服务,确保1997年销售目标的完成。

②大力创新,推进技术进步,增强企业的产品开发竞争能力。继续实施多品种、新品种抢占市场制高点的战略,加速产品开发。单缸机重点抓好现有产品的质量稳定和性能改进,提高可靠性。多缸机重点抓好TY系列柴油机、汽油机的试制和小批量生产。

③加快投资项目的实施进度,确保投资项目如期完成。本公司从8月初开始,已投入募股资金3000万元用于出口创汇项目设备的购置,募股资金余额亦将按招股说明书的规定按期进行其他项目的实施。

④围绕全年目标强化生产指挥和调度,提高多品种、大规模、系列化产品的生产能力。

⑤按照现代企业制度的要求,强化公司内部管理,保证公司规范有序的运行;健全质量保证体系,强化质量基础,提高质量保证能力;加强成本管理,降本增益;盘活现有资金存量,加速资金周转,提高资金使用效率,确保利润目标的实现。

三、重大事项说明

1.根据江苏省人民政府苏政复(1997)76号文件《省政府关于江苏江淮动力股份有限公司所得税政策问题的批复》。同意本公司从1997年起,在当地缴纳33%的所得税后,由盐城市财政返还18%给本公司,并直接进入本公司的净利润。本公司所得税的实际税赋为15%。

2.按照国务院证券委、中国人民银行、国家经贸委5月21日联合发布的《严禁国有企业和上市公司炒作股票的决定》的要求,本公司进行了认真严肃的自查,至今没有任何证券营业场所开立股票买卖帐户。公司如果今后从事股票投资,将严格遵守国家有关政策法规的规定。

3.本报告期内,本公司无重大诉讼、仲裁事项。

4.本公司中期不分配。

5.1997年8月26日,公司第一届董事会第二次会议审议通过了本公司1997年度中期报告。

四、发行在外股票的变动和股权结构变化

1.股本变动情况

本公司是经1997年7月16日证监发字389、390号文件批准,于1997年7月份发行新股5500万股,股本结构如下:

单位:万股

	发行新股前	发行新股后
(1)未流通股份		
①发起人股份	11800	11800
其中:国家股	11800	11800
②募集法人股份		
③公司职工股		550
其中:本公司董事、监事及高级管理人员		6
未流通股份合计	11800	12350
(2)已流通股份		
社会公众股		4950
已流通股份合计		4950
(3)股份总额	11800	17300

2.主要股东持股情况(1997年8月5日)　单位:股

	持股数	占总股本比例(%)
①江苏江动集团有限公司	118000000	68.21
②江苏省证券股份有限公司	150164	0.0868
③上海久事公司浦东公司	150164	0.0868
④苏州投资咨询公司	150164	0.0868
⑤黑龙江财政证券公司	150164	0.0868
⑥中国电力信托投资公司	150164	0.0868
⑦哈尔滨财政证券公司	150164	0.0868
⑧北京联合证券公司	150164	0.0868
⑨四通投资咨询公司	150164	0.0868
10中国煤炭信托投资公司	150164	0.0868

五、股东大会简介

1.鉴于公司股票是1997年8月份上市的,截止1997年6月30日,公司尚未召开股东大会。

2.公司于1997年8月5日在江苏省盐城市江苏江动集团有限公司召开创立大会暨第一次股东大会。到会股东及授权代表107人,代表股份12335万股,占股份总数的71.3%,符合公司法及公司章程规定。大会审议并通过如下决议:

①审议通过了《江苏江淮动力股份有限公司筹建工作报告》。

②审议并通过了《江苏江淮动力股份有限公司章程》。

③投票选举朱瑞龙、齐金梁等11人为本公司第一届董事会董事。

④投票选举雷兵等三人为本公司监事,与职工民主选举的监事潘道成、朱吟秋组成本公司第一届监事会。

⑤审议通过了《关于江苏江淮动力股份有限公司股票在深圳证券交易所上市的申请报告》。

六、备查文件

1.载有公司董事长亲笔签名的中期报告原本。

2.公司章程。

查阅地点:江苏省盐城市环城西路213号公司证券部

联系电话:0515-8311495-3017

联系人:王乃强　王晓东

江苏江淮动力股份有限公司

1997年8月30日

岳阳兴长石化股份有限公司

岳阳兴长石化股份有限公司简介

一、公司概况

岳阳兴长石化股份有限公司(以下简称本公司)是1989年1月31日经岳阳市体改办批准由长岭炼油化工总厂劳动服务公司独家发起设立的股份有限公司。并于1989年3月经中国人民银行湖南省分行湘银(1989)字第55号批准公开发行首期股票850万元;1990年9月经岳阳市体改委岳体改字(1990)18号文批复,向原股东按1:1平价配售新股1500万元,实际配售到位金额800万元;1992年12月,经湖南省体改委湘体改字(1992)178号文批准,向社会法人按1:1平价增资扩股2000万元;1993年12月经岳阳市国有资产管理局岳市国资(1993)年第37号文批准,同意以公积金1550万元转增股本;至此公司股本总额为5200万元。并于1993年12月6日经岳阳市工商行政管理局北区分局核准工商登记,注册号为18620187—0,注册资本5200万元人民币。经中国证券监督管理委员会证监发字[1997]357号文批准,本公司社会公众股1447.31万股于1997年6月25日在深交所上市流通。

本公司主要的经营业务包括:生产销售聚丙烯、塑料制品、化工产品。

二、董事长、总经理简介

董事长:蒋信成先生,58岁,中共党员,高级工程师,1963年毕业于北京石油学院炼制系。兼任中国企业管理协会理事、中国管理科学基金会理事、中国企业未来研究会副会长、湖南省企协、省企业家协会副会长。曾先后获得全国优秀质量管理工作者、湖南省优秀质量厂长、岳阳市全心全意依靠职工办企业优秀厂长、湖南省优秀企业家等称号。蒋信成先生在1990年主持企业全面工作后,率领广大职工坚持发扬"从严治厂、强化管理、争创一流"的精神,在进一步深化改革中不断开拓进取。他重视把科学技术转化为现实的生产力,使长炼的多项主要技术经济指标处于石化系统的先进行列,他致力于企业管理水平的全面提高,为总厂共获得50多项次省、部以上荣誉称号作出了巨大贡献,特别是国家质量管理奖、全国设备管理优秀单位、全国思想政治工作优秀企业等国家级重要荣誉称号。

董事总经理:邓和平先生,43岁,中共党员,经济师,研究生学历。现任岳阳长炼兴长企业集团公司总经理,在担任岳阳长炼兴长企业集团公司总经理后,率领公司全体职工艰苦奋斗、大胆改革、勇于创新,使公司一年跨一个大台阶,产值从15000多万元发展到30000多万元,利润从2000万元增加到7000万元,先后获得湖南省物价计量信得过先进单位、湖南省重合同守信用企业、湖南省经济活力百强企业、湖南省劳服系统明星企业、全国劳动就业服务企业先进集体等光荣称号。

岳阳兴长石化股份有限公司股票上市公告书

一、要览

上市推荐人:南方证券有限公司
　　　　　　湖南省国际信托投资公司

上市日期:1997年6月25日

上市地点:深圳证券交易所

总股本:5200万股

本次可流通股份:1447.31万股

股票简称:岳阳兴长

股票代码:0819

股份登记机构:深圳证券登记结算公司

二、绪言

经中国证券监督管理委员会证监发字[1997]357号文复审批准并根据深圳证券交易所深证发[1997]244号《上市通知书》,本公司股票将于1997年6月25日(星期三)在深圳证券交易所挂牌交易。

本公司总股本为5200万股,本次上市可流通股本为1447.31万股,属历史遗留问题股票。公司股票编码为0819,证券简称"岳阳兴长",交易单位为"股"。

本公司上市公告书依照《中华人民共和国公司法》、《股票发行与交易管理暂行条例》、公开发行股票公司信息披露的内容与格式准则第七号《上市公告书的内容与格式(试行)》及国家证券管理机关颁布的有关证券管理的现行法规、规定而编制。

本公司董事会已批准上市公告书,各位董事确信:本公告书无任何重大遗漏,以致令本公告书对投资者有任何误导成份和虚假成份,董事会愿就本公告书所载资料的真实性、准确性、完整性负个别的和连带的责任。

三、本次上市的有关当事人

上市公司:岳阳兴长石化股份有限公司

法定代表人:蒋信成

地址:岳阳市云溪区

联系人:彭东升

联系电话:(0730)8442202

上市推荐人:

南方证券有限公司

法定代表人:浓沛

联系人:唐胜成、陈少羽

地址:深圳市深南东路55号南方国际大酒店12层

电话:(0755)2256728—1315,1313,1309 2221943

传真:(0755)2256728—1315

上市推荐人:湖南省国际信托投资公司

法定代表人:陈本力

经办人:王国海、彭术乔、滕暄

地址:湖南省长沙市赤岗北路100号

电话:(0731)2229999—8608、4416216

资产评估机构:湖南资产评估事务所

法定代表人:聂鑫

经办评估人:蒋富成、李立绳

地址:湖南省长沙市黄兴南路182号

电话:(0731)4411527

律师事务所:湖南启元律师事务所

主任:袁爱平

经办律师:袁爱平、朱旗、李哲君

地址:湖南省长沙建湘中路172号国信证券大厦五楼

电话:(0731)4414882

会计师事务所:湖南省会计师事务所

法定代表人:李双桂

经办注册会计师:李双桂、李弟扩

地址:湖南省长沙市城南西路1号

电话:(0731)5165294

股份登记机构:深圳证券登记结算公司

证券托管机构:深圳证券登记结算公司

地址:深圳市红岭中路25号

电话:(0755)5567898

四、公司概况

(一)公司基本资料

本公司法定名称:岳阳兴长石化股份有限公司

注册资金:5200万

成立日期:1990年2月14日

登记机关:湖南省工商行政管理局

注册号:18380291—0

注册地址:湖南省岳阳市云溪区

法定代表人:蒋信成

邮政编码:414012

经营范围:聚丙烯、甲醇、甜蜜素、塑料制品生产、销售;化工产品(不含危险品)销售;提供汽车货运服务。

经营方式:制造、销售、服务。

所属行业:石化行业

职工构成:本公司现有员工509人。其中,高级专业技术职称11人,中级专业技术职称52人,初级专业技术职称98人,各类专业技术人员占本公司员工总数31.6%。

(二)公司历史沿革

长岭炼油化工厂劳动服务公司(长岭炼油化工厂原名称长岭炼油厂,后变更为长岭炼油化工厂,现名称为巴陵石化长岭炼油化工总厂,以下简称长岭炼油化工总厂或长炼)是岳阳兴长石化股份有限公司的发起人。该公司成立于1984年11月,是一个独立核算、自主经营、自负盈亏的集体所有制企业,注册资金150万元,拥有员工1800多人,主要从事环烷酸、硫磺、回炼油等石油化工产品的生产、销售,并开展食品、运输、印刷、劳保用品、劳务服务等其它项目的经营活动。经过十几年的发展,该公司经济实力不断壮大,于1992年8月改组为长炼兴长企业集团公司。目前集团公司固定资产为8000余万元,注册资金4900万元,拥有精细化工、机械加工、建筑安装、服装加工、食品加工、汽车运输、商业贸易、印刷、种养等12家全资附属企业,人员4000余人,实现销售收入近30000万元,实现利税近2000万元。

岳阳兴长石化股份有限公司成立于1990年。为了促进石油化工资源的综合利用。筹资兴建年产1万吨聚丙烯装置,当时作为股份公司的发起人,长岭炼油化工厂劳动服务公司决定独家发起组建岳阳市北区长炼聚丙烯股份有限公司(工商登记时定名为长炼劳动服务公司聚丙烯股份有限公司),并拟向社会公开募股。1989年1月30日,经岳阳市体改办批准,并于1990年2月14日经工商登记注册,实行自主经营、自负盈亏的具有独立法人资格的长炼劳动服务公司聚丙烯股份有限公司正式成立。1989年3月17日经中国人民银行湖南省分行湘银(1989)字第55号文批准,公司向社会公开发行股票8.5万股,每股面值100元,共计人民币850万元,其中法人股326.65万元全部由长岭炼油化工厂劳动服务公司以现金投入,其余523.35万元人民币向社会公众募集。

为了继续筹集资金,使聚丙烯装置尽快投产,1990年7月29日公司第二届股东大会决定向老股东按1:1平价配售新股15万股,共计1500万元,配股方案经岳阳市体改委体改字(1990)18号文批准。实募资金额为800万元人民币,配售后股本总额达到1650万元。所募资金主要用于追加聚丙烯后续工程投资和补充流动资金。

1992年11月28日,公司第三届股东大会决定增扩法人股2000万元人民币,扩股方案于1992年12月经湖南省体改字(1992)178号文批准,扩股资金用于建设年产3万吨甲醇装置和聚丙烯装置技术改造。增资扩股后股本总额达到3650万元。

1993年8月23日经公司股东特别会议通过,长炼兴长企业集团聚丙烯股份有限公司更名为"岳阳兴长石化股份有限公司",并决定将每股面值100元股票拆细为每股1元人民币。1993年11月湖南资产评估事务所对本公司全部资产进行了评估,评估增值部分共计760.2万元全部进入公积金。为了拓宽经营渠道及生产聚丙烯后续产品的需要,1993年经股东特别会议通过并经湖南省体改委湘体改字(1993)第192号文批准,公司将公积金1550万元转增股本,股东按原持有比例享有其权益,转增后总股本达到5200万元人民币。评估结果及转增股本得到岳阳市国资局岳市国资(1993)第37号文确认。

本公司是湖南省工业企业第一家向社会公开发行股票的股份制试点企业,按照国家体改委体改字[1991]59号文《关于向社会公开发行股票的股份制试点企业重新审批的通知》精神,国家体改委、湖南省体改委、岳阳市体改委对本公司重新进行了审核和确认。作为历史遗留问题,1993年12月,国家体改委以体改字(1993)246号文《关于同意湖南省长炼兴长企业集团聚丙烯股份有限公司(原名)进行规范化股份制企业试点的批复》,确认本公司为继续进行股份制试点的社会募集股份有限公司。

(三)公司全资附属企业

1、岳阳经济技术开发区兴达食品添加剂厂

岳阳经济技术开发区兴达食品添加剂厂是公司投资设立的全资附属企业,现持有岳阳市工商局经济技术开发区分局1995年8月11日核发的18615510—6号《企业法人营业执照》,注册资金500万元,主营甜蜜素食品添加剂。

2、岳阳兴长石化油品供销中心

岳阳兴长石化油品供销中心是公司1996年初从集团公司收购的全资附属企业,现持有岳阳市工商局核发的18609716—1号《企业法人营业执照》,注册资金266万元,主营石油制品、化工产品、油品运输。

3、岳阳兴长石化塑料制品厂

岳阳兴长石化塑料制品厂是公司1996年初从集团公司收购的全资附属企业,现持有岳阳市工商局云溪分局核发的18620458—8号《企业法人营业执照》,注册资金306.7万元,主营塑料制品、塑料包装。

4、岳阳兴长天源石化公司

岳阳兴长天源石化公司是公司投资设立的全资附属企业,现持有云溪工商局核发的18620457—X号《企业法人营业执照》,注册资金80万元,主营石化制品等。

(四)组织结构图(见附图):

五、股票发行

(一)股票公开发行

1989年1月30日,经岳阳市体改办批准成立岳阳市北区长岭聚丙烯股份有限公司。同年3月,经中国人民银行湖南省分行湘银(1989)字第55号文件批准,公司向社会公开发行股票8.5万股,共计850万元,其中法人股326.65万元全部由长岭炼油化工厂劳动服务公司以现金投入,其余523.35万元由社会公众认购,并于1990年1月20日经岳阳市审计事务所岳市审验字(1990)3号文确认。此次发行后,公司总股本为8.5万股,每股100元,合计850万元,股本结构为:法人股326.65万元,占总股本38.43%,社会公众股523.35万元,占总股本61.57%。

(二)股本变化过程

1990年7月29日经公司第二届股东代表大会通过,并经岳阳市体改委岳体改字(1990)18号文批复,公司决定向老股东平价配售新股15万股,每股面值100元,共计1500万元,实际募到资金800万元。经岳阳市审计事务所岳市审验字(1990)45号文验证,配股后公司总股本达到1650万元,其中法人股634.1万元,占总股本的38.43%,社会公众股1015.9万元,占总股本61.57%。

1992年12月,公司第三届股东代表大会决定增扩法人股2000万元人民币,每股面值100元。增扩法人股方案得到湖南省体改委体改字(1992)178号文批准,其中长炼认购1500万元,兴长企业集团公司认购420万元,长炼群龙公司认购30万元(1996年1月全部转让给长炼职工技术协会),长炼劳务市场认购30万元(1996年1月全部转让给长炼职工大学),长炼老年综合服务部(后更名为岳阳长炼长庆经贸公司)认购20万元。经岳阳市审计事务所岳市审验字(1993)5号文验证,本次扩股后股本总额达到3650万元,其中,法人股2634.1万元,占股本总额的72.17%,社会公众股1015.9万元,占股本总额的27.83%。

1993年8月,公司股东特别会议决定将每股面值100元股票拆细为每股1元。1993年10月,湖南资产评估事务所对公司的全部资产进行了评估,湖南省会计师事务所对公司的所有帐目报表进行了审计验证。经公司股东特别会议决定将公积金1550万元按原股东持股比例转增股本,评估结果和转增方案得到湖南省体改委湘体改字(1993)第192号文批准和岳阳市国资局岳市国资(1993)第37号文确认。经1993年11月21日湖南省会计师事务所湘会(1993)验字第204号验证,增扩股后公司股本总额达到5200万元,其中法人股3752.69万元,占总股本的72.17%,社会公众股1447.31万元,占总股本的27.83%。

股本变化过程见下表:

单位:万元

年份	总股本	法人股	比例	社会公众股	比例	变动原因
1989.6	850	326.65	38.43%	523.35	61.57%	首次发行
1990.12	1650	634.1	38.43%	1015.9	61.57%	配股
1993.1	3650	2634.1	72.17%	1015.9	27.83%	增扩法人股
1993.11	5200	3752.69	72.17%	1447.31	27.83%	公积金转增股本

注:本公司1993年11月至本公告书公布之日股本结构未有变化。

以上股本结构已经1993年11月21日湖南省会计师事务所湘会(1993)验字第204号文验证。

(二)股本结构

截止1996年12月31日,本公司总股本5200万股。股本结构如下:

法人股:3752.69万股,占总股本的72.17%

社会公众股:1447.31万股,占总股本的27.83%

六、董事、监事及高级管理人员持股情况

公司董事、监事及高级管理人员简历及持股情况

董事长:蒋信成先生,57岁,大学学历,高级工程师,曾任长炼技术科副科长、科长、处长、副总工程师、副厂长,现任长炼厂长。持有本公司股票1450股,占总股本的0.0028%。

副董事长:贾永华先生,51岁,大学学历,高级工程师,曾任长炼催化剂厂副主任、副厂长、党委副书记、长炼副书记、现任长炼党委书记。持有本公司股票1450股,占总股本的0.0028%。

副董事长:肖旭先生,56岁,大学学历,高级工程师,曾任长炼焦化车间主任、副处长、处长,现任长炼常务副厂长。持有本公司股票1450股,占总股本的0.0028%。

执行董事:陈熙文先生,52岁,大学学历,经济师,曾任长炼陆城分厂副厂长、厂长,长炼副总经济师,现任长炼副厂长。持有本公司股票1450股,占总股本的0.0028%。

董事:邹积同先生,59岁,高中文化,高级经济师,曾任石油七厂工段长、党支部副书记、副主任、主任、长炼贮运站站长、党总支书记,曾任长炼副厂长。持有本公司股票1450股,占总股本的0.0028%。

董事:鲍乃钊先生,55岁,大学学历,高级工程师,曾任长炼副处长、副总工程师、建安公司经理,现任长炼副厂长。持有本公司股票1450股,占总股本的0.0028%。

董事:谭经品先生,55岁,硕士,教授级高级工程师,享受政府津贴的专家,曾任长炼催化剂厂副厂长、厂长、长炼副总工程师,现任长炼副厂长。持有本公司股票1450股,占总股本的0.0028%。

董事:黄大洋先生,49岁,大学学历,高级工程师,曾任长炼催化剂厂车间副主任、主任、副厂长、长炼副总工程师,现任长炼副厂长。持有本公司股票1450股,占总股本的0.0028%。

董事:党维孙先生,49岁,大学学历,高级工程师,曾任长炼重整车间副主任、主任、炼油分厂副厂长、长炼处长、副总工程师,现任长炼副厂长。持有本公司股票1450股,占总股本的0.0028%。

董事:乔国瑞先生,51岁,大学学历,工程师,曾任长炼副科长、科长、副处长、处长,现任长炼副厂长。持有本公司股票1450股,占总股本的0.0028%。

董事:刘伯龙先生,54岁,大学学历,高级工程师,享受政府津贴的专家,曾任长炼常减压车间副主任、主任、长炼副处长、副总工程师,现任长炼总工程师。持有本公司股票1450股,占总股本的0.0028%。

董事兼总经理:邓和平先生,43岁,研究生学历,经济师,现任长炼兴长企业集团公司总经理。持有本公司股票1450股,占总股本的0.0028%。

董事:周水申先生,55岁,中专学历,经济师,现任长炼兴长企业集团公司党委书记。持有本公司股票1450股,占总股本的0.0028%。

董事会秘书兼副总经理:彭东升先生,34岁,研究生学历,曾任长炼兴长企业集团公司团委书记、党委办公室主任、供销部部长,现兼任长炼兴长企业集团公司副总经理。持有本公司股票1450股,占总股本的0.0028%。

监事会召集人:张权彬先生,44岁,大学学历,政工师,曾任长炼组织部副科长、科长、人事处副处长、处长、组织干部处处长,现任长炼党委副书记、纪委书记。持有本公司股票1450股,占总股本的0.0028%。

监事:王家富先生,50岁,大学学历,政工师,曾任长炼工会副主席,现任长炼工会主席。持有本公司股票1450股,占总股本的0.0028%。

监事:战青峰先生,54岁,中专学历,会计师,曾任长炼财务处副科长、科长、副处长,现任长炼财务处处长。持有本公司股票1450股,占总股本的0.0028%。

监事:候志儒先生,54岁,大专学历,工程师,曾任南充炼油厂脱硫厂、化工厂指挥部组长,长炼基建处副科长、科长、副处长,现任长炼审计处处长。持有本公司股票1450股,占总股本的0.0028%。

监事:刘燕华先生,37岁,大专学历,政工师,曾任长炼检修分厂团总支书记、政治处副主任、建安公司党委办副主任、主任,现任长炼兴长企业集团公司党委副书记。持有本公司股票1450股,占总股本的0.0028%。

监事:周晓林先生,43岁,大专学历,曾任长炼炼油分厂生产科副科长、加氢制氢车间主任、长炼兴长企业集团公司企业管理部部长,现任纪委书记。持有本公司股票1450股,占总股本的0.0028%。

监事:易振坤先生,42岁,大专学历,曾任长炼兴长企业集团公司人教部部长,现任长炼兴长企业集团公司工会主席。持有本公司股票1450股,占总股本的0.0028%。

副总经理:赖奕森先生,48岁,大学学历,工程师,曾任长炼常减压车间副主任,现兼任长炼兴长企业集团公司副总经理。持有本公司股票1450股,占总股本的0.0028%。

副总经理:陶筱辰先生,52岁,大专学历,助理经济师。现兼任长炼兴长企业集团公司副总经理。持有本公司股票1450股,占总股本的0.0028%。

副总经理:邹刚久先生,48岁,大专文化,曾任长炼兴长企业集团公司经营科副科长、办公室主任。现兼任长炼兴长企业集团公司副总经理。持有本公司股票1450股,占总股本的0.0028%。

副总经理:易法全先生,43岁,大学学历,工程师,曾任长炼贮运分厂技术科副科长、科长、炼油分厂技术科科长、经营科科长,长炼兴长企业集团公司生产部部长。现兼任长炼兴长企业集团公司副总经理。持有本公司股票1450股,占总股本的0.0028%。

财务总监:刘庆瑞先生,33岁,大学学历,会计师,曾任长炼油分厂财

务科副科长，现兼任长炼兴长企业集团公司财务部部长。持有本公司股票1450股，占总股本的0.0028%。

本公司董事、监事及高级管理人员共持有本公司股票37700股，占总股本的0.07%，其持有股份按《公司法》规定，在任期内不得转让。

本公司董事会和长炼同时承诺在半年内解决本公司现任总经理的双重任职问题。

七、公司设立

一、公司设立

1、岳阳兴长石化股份有限公司是1989年经岳阳市体改办批准并于1990年2月登记注册成立的，1989年3月17日经中国人民银行湖南省分行湘银(1989)字第55号文批准，公司向社会公开发行股票850万元；1990年7月，公司通过向老股东按1:1平价配售新股，实募资金800万元；1992年11月，经湖南省体改字(1992)178号文批准，公司增扩法人股2000万元；1993年，公司经湖南省体改委湘体改字(1993)第192号文批准，将公积金1550万元转增股本，转增后总股本达到5200万元人民币。

2、公司注册资金:5200万元

3、公司注册时间:1996年12月27日

4、公司注册地点:湖南省岳阳市云溪区

5、公司执照注册号码:18380291—0

二、公司经营概述

本公司以实力雄厚的长岭炼油化工总厂作为自己强大的后盾，依靠先进的技术和现代化管理，充分发挥已有的人才、资源和石油化工深度加工优势，积极开发、生产和经营石油化工系列产品及其他产品，公司的经营符合国家关于将石油化工工业作为国家支柱产业的政策。经过几年的发展，公司目前拥有5个全资附属企业、2个参股企业，现已成为湖南省同行业中效益最佳的企业之一，产品畅销全国17个省市，形成以石油化工为主体，石油后加工、精细化工、塑料加工等门类较为齐全、技术力量雄厚、产品竞争力强、经营范围广的初具规模的综合性企业。

本公司创建以来，始终坚持“以化为主，多种经营，质量第一，股东至上”的经营战略方针，以长岭炼油化工总厂丰富的原材料作为基础，积极拓展市场竞争力强的高新技术和经济效益显著的经营领域，不断增强自身发展能力和企业竞争能力。公司包括甲醇厂、兴达食品添加剂厂、油品供销中心、塑料制品厂、天源石化公司等五家全资附属企业，经营范围包括聚丙烯、甲醇、甜密素、塑料制品的生产和销售，石化产品、化工原料的生产、批发和零售，以及汽车货运服务。公司现拥有年产1.5万吨聚丙烯装置、年产3万吨甲醇装置、年产750万条编织袋生产线及年产1200吨甜蜜素装置各一套，设备权益全部归本公司所有。主导聚丙烯装置生产的产品质量、物耗、能耗等各项指标在国内同类装置中均具有先进水平。公司兴达食品添加剂厂为湖南省第一家生产甜蜜素食品添加剂的企业，也是公司新的盈利增长点。

本公司信誉良好，业绩突出，前景广阔。自成立以来，企业利润每年都有较大增长，特别是近3年，企业生产规模不断扩大，经济效益有了更迅猛的提高。1995年全年实现销售收入8971.2万元，比上年增长60.18%，实现利润2819.7万元，比上年增长43.15%。截止1996年12月31日，公司资产总额已达15,356.6万元，净资产11,194.4万元，在册员工509人，其中各类专业技术人员161人，占职工总数的32%。本公司经营发展方向符合国家产业政策，经济实力雄厚，市场竞争力强，经济效益显著，发展前景良好。随着明年被列入公司“九五”计划的投资1.5亿元、年产8千吨双向延伸聚丙烯(BOPP)薄膜生产线的启动，将为本公司提供新的利润增长点，也为公司的发展壮大带来新的发展机遇。

八、关联企业及关联交易

(一)关联企业

1、岳阳长炼兴长企业集团公司

岳阳长炼兴长企业集团公司(“集团公司”)原名长岭炼油化工厂劳动服务公司，是公司的发起人。集团公司现持有岳阳市工商局云溪分局1995年8月18日核发的18620270—X号《企业法人营业执照》，注册资金4900万元，经济性质为集体，集团公司现持有公司2138.69万股，占公司股本总额的41.13%，是公司第一大股东。

2、长岭炼油化工总厂

长岭炼油化工总厂(“长炼”)是中国石油化工总公司属下大型企业，现持有湖南省工商局1993年10月13日核发的18378268—1号《企业法人营业执照》，注册资金124,480万元，经济性质为国有。长炼是集团公事的上级主管部门，有权任免集团公司的正、副总经理。长炼现持有公司股份1500万股，占公司股本的总额的28.85%，是公司的第二大股东。

3、岳阳长炼长庆经贸公司

岳阳长炼长庆经贸公司(“长庆公司”)系长炼下属的集体所有制企业法人。原名巴陵石化长炼老年综合服务部(“服务部”)，组建于1992年4月，并于9月8日领取了企业法人执照，服务部的业务范围主营：机电维修、安装、饮食服务，科技咨询、石油副产品。兼营：针纺百货，其他食品等。注册资金31万元整。经过两年时间的发展，企业注册资金增加到99万元整。经营项目也在不断拓宽，因此经工商登记部门核准，于94年5月更名为长庆公司。企业效益也在不断增加，96年1—11月份创产值831,199.30元，上缴国家利税116.766元。目前持有股份公司285000股法人股。

4、长岭炼油化工总厂职工技术协会

长岭炼油化工总厂职工技术协会(“长炼职工技术协会”)系长炼下属的集体所有制企业法人，注册资金人民币50万元。成立于1983年，目前拥有石油化工、机械制造、仪表等八支技术队伍，有会员1000余人。主要从事技术改造、技术服务、技术咨询、技术培训等方面的业务，近几年，不断拓宽业务范围，组织技协会员指导、帮助兄弟单位开工，每年经营收入达150万。目前持有股份公司427500股法人股。

5、长岭炼油化工总厂职工大学

长岭炼油化工总厂职工大学(“长炼职工大学”)系长炼下属的集体所有制企业法人，注册资金150万元。成立于1978年(当时在湖南省教委备案并公布为“长岭炼油厂职工大学”)，下有炼油化工、机械、计算机、仪表自动化、电气、仿真系统等方面的业务人员102人。主要从事技术培训、软件开发、技术咨询、技术服务等方面的业务。近几年，通过技术培训，在人员素质上保证了长炼1#催化改造、2#催化和2#常减压等装置开工一次成功。炼油化工计算机仿真培训系统通过省级鉴定，成为中南地区最大的培训基地，通过自行开发、合作开发等方式开发了近十个装置的培训软件。每年培训产值600万元左右，经营收入在120万元左右。目前持有股份公司427500股法人股。

(二)关联交易

1、1995年起，长炼向本公司供应主要原料丙烯时，给予了按市场价8%—12%的价格优惠。95年交易额为38,616,539.50元，96年交易额为45,447,114.36元，各占本公司该年购进丙烯原料的100%。根据《长岭炼油化工总厂与岳阳兴长石化股份有限公司若干关系的协调管理协议》，长炼向公司提供生产原料、水电气等辅助材料，管理公司环保事务，有偿向公司及其职工提供包括医疗保健、住房、子女入托、入学等在内的职工福利。长炼每月提供1500吨以上的丙烯原料，其价格比市场价格优惠8—12%。其原因是：(1)本公司是长炼丙烯产品的最大客户，(2)本公司为长炼安置了生产一线下岗的富余人员和待业青年，配合了中国石化公司和长炼的劳动用工制度改革，解除了长炼的后顾之忧。该协议有效期自1997年1月1日起暂定三年。

2、根据《国有土地使用权租赁合同》的约定，长炼向公司出租聚丙烯、甲醇和编织袋的生产用场地，面积为19696.57平方米，租期10年，租金为前三年每年5000元，以后每三年调整一次。

3、公司在1996年初，按照经岳阳市审计师事务所1995年12月16日岳市审业字(1995)013号《资产评估报告书》评估确认的净资产价值，

收购了长炼兴长企业集团公司下属的塑料制品厂和油品供销中心。

4、根据《注册商标使用许可协议》,长炼兴长企业集团公司许可公司在聚丙烯产品上使用其"驼鹤"牌注册商标,使用费自1997年1月1日起为年销售额的0.8%。

九、股本结构及大股东持股情况

(一)上市前的股本结构

种类	数量(股)	占总股本比例(%)
1、总股本	52,000,000	100
2、尚未流通股份	37,526,900	72.17
(1)国有法人股	15,000,000	28.85
(2)法人股	22,526,900	43.32
3、可流通股份	14,473,100	27.83

(二)本公司前十名股东所持股数及比例

股东名称	持股数量	占总股本比例(%)
岳阳长炼兴长企业集团公司	21,386,900	41.13
巴陵石化长岭炼油化工总厂	15,000,000	28.85
长炼职工技术协会	427,500	0.82
长炼职工大学	427,500	0.82
岳阳长炼长庆贸易公司	285,000	0.55
张从清	16,240	0.03
彭秀厚	12,330	0.02
易利君	10,630	0.02
吴月兰	10,630	0.02
易国良	9,740	0.02

十、公司财务会计资料

(一)审计报告(湘会师(1997)内审字第98号)

岳阳兴长石化股份有限公司全体股东:

我们接受委托,审计了贵公司1994年12月31日、1995年12月31日的资产负债表,1996年12月31日公司及合并的资产负债表:1994年度、1995年度的利润及利润分配表,1996年度公司和合并的利润及利润分配表:1996年度公司及合并的财务状况变动表。这些会计报表由贵公司负责,我们的责任是对这些会计报告发表审计意见。我们的审计是依据《中国注册会计师独立审计准则》进行的。在审计过程中,我们结合贵公司实际情况,实施了包括抽查会计记录等我们认为必要的审计程序。

我们认为,上述会计报表符合《企业会计准则》和《股份制试点企业会计制度》的有关规定,在所有重大方面公允地反映了贵公司1994年12月31日、1995年12月31日、1996年12月31日的财务状况和1994年度、1995年度、1996年度的经营成果以及1996年度资金变动情况,会计处理方法的选用遵循了一贯性原则。

同时我们注意到:贵公司生产聚丙烯所需主要原料——丙烯是从股东单位(直接和间接持股72.17%)巴陵石化长岭炼油化工总厂(以下简称"总厂")购进的,总厂因公司系主要客户,并考虑为总厂安置了部分富余、待业人员,从1995年起,给予了8%—12%的价格优惠。

湖南省会计师事务所　　中国注册会计师:李双桂

中国·湖南　　中国注册会计师:李弟扩

一九九七年四月十八日

(二)财务报表

资产负债表、利润及利润分配表、财务状况变动表分别见表一、表二、表三。

附注1:公司概况

岳阳兴长石化股份有限公司(以下简称本公司)是1989年1月31日经岳阳市体改办批准由长岭炼油化工总厂劳动服务公司独家发起设立的股份有限公司。并于1989年3月经中国人民银行湖南省分行湘银(1989)字第55号文批准公开发行首期股票850万元;1990年9月经岳阳市体改委岳体改字(1990)18号文批复,向原股东按1:1平价配售新股1500万元。实际配售到位余额800万元;1992年12月,经湖南省体改委湘体改字(1992)178号文批准,向社会法人按1:1平价增资扩股2000万元,1993年12月经岳阳市国有资产管理局岳市国资(1993)年第37号文批准,同意以公积金1550万元转增股本;至此公司股本总额为5200万元。并于1993年12月6日经岳阳市工商行政管理局北区分局核准工商登记,注册号为18620187—0,注册资本5200万元人民币。

本公司主要的经营业务包括:生产销售聚丙烯、塑料制品、化工产品。目前的企业组织结构如下:

1、除公司本部外,还包括如下分公司:

公司(厂)名称	经营范围
岳阳兴长石化股份有限公司甲醇厂	生产销售甲醇

2、本公司除本部及分公司外,还包括如下子公司:

子公司名称	注册地	注册资本	持股比例	主营业务
(1)岳阳兴长石化塑料制品厂	岳阳市	306.7万元	100%	生产经营编织袋
(2)岳阳兴长石化油品供销中心	岳阳市	266万元	100%	石油、化工产品、油品运输
(3)岳阳经济技术开发区兴达食品添加剂厂	岳阳市	500万元	100%	生产销售甜蜜素食品添加剂
(4)岳阳兴长天源石化公司	岳阳市	80万元	100%	百货、五金交电、仪器仪表

*:本公司1996年以前没有持股比例超过50%以上的子公司。

附注2:重要会计政策

1、会计制度

本公司在1993年6月30日以前按《劳动服务企业会计制度》进行会计核算。从1993年7月1日起执行《企业会计准则》和《工业企业会计制度》。因此,所附财务报表系根据《股份制试点企业会计制度》及补充规定,进行适当调整后编制的。

2、会计期间

本公司采用公历年制,即每年公历一月一日起至十二月三十一日止。

3、合并报表的编制方法

本公司依据财政部(95)财会字第11号《合并会计报表暂行规定》及其他有关规定编制合并会计报表;合并范围:对持股比例50%以上的子公司纳入合并报表;合并方法:先对各子公司会计报表项目按股份制企业会计制度的规定进行适当调整,然后以公司本部及分公司为母公司,并将母公司长期投资与子公司权益金额、内部往来、内部购销金额等抵销后逐项合并。

4、记帐原则和计价基础

本公司采用权责发生制和历史成本计价的原则。

5、记帐本位币及外币折算

本公司以人民币作为记帐本位币。有关外币业务均按外币业务发生当日市场汇率调整外币性帐户期末余额,其汇兑损益计入当期损益。外汇交易实际汇率与帐面汇率的差异所形成的汇兑损益亦计入当期损益。

6、坏帐损失的核算

本公司采用备抵法,按年末应收帐款余额的15‰计提坏帐准备金。

7、存货的核算

(1)存货包括库存产品、库存原材料、包装物、低值易耗品等。

(2)存货实行永续盘存制。购入时按实际成本入帐,耗用或销售时按加权平均法计算结转成本。

(3)领用低值易耗品,采用一次摊销法。

8、长期投资核算方法

(1)债券投资

购入时按实际支出成本入帐,根据权责发生制原则确认其收益。

(2)股权投资和联营投资

本公司投资占被投资单位资本20%以下的,采用成本法核算;20%至50%的采用权益法核算;50%以上或实际拥有控制权的采用权益法核算并合并会计报表。

9、固定资产及其折旧的核算。

(1)使用年限在一年以上的房屋建筑物和机器设备、器具、工具以及单位价值在2000元以上,使用年限在二年以上的非生产经营用设备和物品,作为固定资产核算。固定资产按历史成本计价。

(2)固定资产折旧采用直线法。1993年底以前采用综合折旧率;年折旧率为9.6%。1994年元月起采用分类折旧率。各类固定资产折旧率如下:

固定资产类别	折旧年限	残值率	年折旧率
(1)房屋及建筑物	20年	4%	4.8%
(2)机器设备	10年	4%	9.6%
(3)运输设备	5年	4%	19.2%
(4)电子仪器设备	5年	4%	19.2%

10、无形资产及其摊销

无形资产系土地使用权,按购入的实际成本入帐,其中岳阳兴长石化油品供销中心的土地使用权使用年限为50年,但本公司考虑到该供销中心的经营期有限,本着稳健性原则,按10年的期限摊入管理费用。岳阳经济技术开发区兴达食品添加剂厂的土地使用权从1997年起按50年分期摊入管理费用。

11、递延资产及其摊销

递延资产系开办费,按公司筹建时的实际支出入帐,自投产营业之日起,按5年的期限摊入管理费用。

12、收入实际的确认

营业收入按权责发生制原则确认,即以商品(产品)已经发出,劳务已经提供,并收取价款或已取得索取价款的有效凭据,作为收入的确认依据。

13、税项

(1)流转税及其他地方税。均按国家有关税法规定并由税务部门核定计缴,主要税种及税率如下:

税种	税率	计税依据
A、增值税	17%	不含税销售额
B、营业税	5%	服务业收入
C、消费税	0.2元/升	汽车销售量
	0.1元/升	柴油销售量
D、城建税	7%	增值税、营业税、消费税应征额
E、教育费附加	3%	增值税、营业税、消费税应征额
F、房产税	1.2%	实际原值扣除30%
G、土地使用税	0.9元/m^2	实际占用的土地面积

(2)所得税

本公司1996年12月31日前执行33%的所得税率。根据湖南省人民政府湘政办函(1996)342号文,自1997年1月1日起先按33%上缴所得税,然后由财政按18%的税率返还公司作为税后利润处理。本公司的子公司1996年12月31日前执行33%的所得税。

14、利润分配

本公司当年税后利润,按下列顺序分配:

(1)弥补以前年度亏损。

(2)按弥补亏损后剩余利润的10%提取法定盈余公积金,法定公积金累计为公司注册资本的50%以上时,可不再提取。

(3)按弥补亏损后剩余利润的5%—10%提取法定公益金。

(4)经股东会决议,可提取任意公积金。

(5)经股东会决议向股东分配股利。

附注3:一九九六年十二月三十一日合并会计报表项目注释

1、货币资金35,277,824.41元,包括:

(1)现金	26,776.72
(2)银行存款	35,251,047.69

2、应收帐款4,300,709.36元,帐龄分析如下:

帐龄	金额(元)	所占比重(%)
1年以内的	4,080,192.50	94.87
1—2年的	80,560.42	1.87
2—3年的		
3年以上的	140,046.44	3.26
合计	4,300,799.36	100

*:其中巴陵石化长岭炼油化工总厂2,196,000元,该公司持本公司股本1500万元,占总股本额的28.84%。

**:3年以上的应收帐款,主要系客户资金周转暂时困难,不存在难以收回的问题。

3、预付帐款1,279,426.70元,其帐龄均为1年以内,其中巴陵石化长岭炼油化工总厂903,726.70元系购油款。

4、其他应收款16,281,432.62元,其帐龄分析如下:

帐龄	金额(元)	所占比重(%)
1年以内的	16,002,148.27	98.28
1—2年的		
2—3年的	277,860.30	1.70
3年以上的	1,424.05	0.02
合计	16,281,432.62	100

其主要单位如下:

单位名称	金额(元)	经济业务内容
*岳阳长炼兴长企业集团公司	12,313,965.67	临时借款
盛湘经贸发展公司	200,000.00	临时借款
岳阳市北区第一建安公司	100,000.00	临时借款

*:岳阳兴长企业集团公司持本公司股本2138.69万元,占总股本的41.13%。该公司是本公司的控股公司;因其流动资金紧张,陆续临时借款12,313,965.67元,该公司承诺于1997年8月30日前归还全部借款。

5、待摊费用98,592.99元,系税制改革时经主管税务局批准转帐尚未抵扣完的期初存货进项税额。

6、存货 7,066,064.14元,包括:

(1)产成品	5,285,994.36
(2)原材料	1,122,361.98
(3)包装物	34,902.66
(4)低值易耗品	22,544.00
(5)库存商品	46,431.60
(6)燃料	2,154.93
(7)材料物资	118,505.37
(8)自制半成品	433,169.24

7、长期投资8,104,000.00元,系对外联营投资,明细如下:

被投资公司名称	投资期限	占被投资单位注册资本比例	投资金额
湖南建长石化股份有限公司	20年	10%	3,000,000.00
深圳深长实业股份有限公司	20年	5.4%	5,104,000.00

8、固定资产及累计折旧:

(1)固定资产原值

固定资产类别	期初价值	本期增加	本期减少	期末价值
房屋及建筑物	19,263,522.31	11,319,239.92	/	30,582,762.23
机器设备	26,927,143.02	15,662,221.46	144,037.25	42,445,327.23
电子设备	13,026,630.13	958,099.19	52,162.03	13,932,567.29
运输工具	2,216,576.00	336,332.00		2,552,908.00
其他设备		31,865.00		31,865.00
合计	61,433,871.46	28,307,757.57	196,199.28	89,545,429.75

(2)累计折旧

固定资产类别	期初价值	本期增加	本期减少	期末价值
房屋及建筑物	1,758,168.43	1,620,522.67	/	3,378,691.10
机器设备	3,194,047.13	2,594,809.15	142,535.98	5,646,320.30
电子设备	904,296.69	402,028.25	42,663.76	1,263,661.18
运输工具	577,997.46	540,116.59	/	1,118,114.05
合计	6,434,509.71	5,157,476.66	185,199.74	11,406,786.63

9、无形资产1,893,632.84元,系土地使用权。包括:

明细	原值	已摊金额	期末金额	剩余摊销年限
岳阳兴长石化油品供销中心土地使用权	103,462.80	19,829.96	83,632.84	8年2个月
岳阳经济技术开发区兴达食品添加剂厂土地使用权	1,810,000.00	/	1,810,000.00	50年

10、递延资产1,146,970.56元系开办费,包括:

明细	原值	已摊金额	期末金额	剩余摊销年限
油品供销中心开办费	183,217.65	49,591.84	133,625.81	3年6个月
兴达食品添加剂厂开办费	1,013,353.75	/	1,013,353.75	5年

11、应付帐款　　8,689,892.14元,其关联款项如下:

巴陵石化长岭炼油化工总厂　　4,050,599.77元

岳阳长炼兴长企业集团公司　　337,427.98元

12、预收帐款　1,391,040.64元,无关联款项

13、未交税金　　4,053,109.61元,包括:

(1)应交增值税　1,762,065.67元

(2)应交营业税　-1,291.57元

(3)应交城建税　61,853.99元

(4)应交房产税　5,062.45元

(5)应交城镇土地使用税　360.00元

(6)应交印花税　1,533.50元

(7)应交企业所得税　2,170,252.59元

(8)应交消费税　53,272.98元

14、其他未交款　117,890.15元,包括

(1)教育费附加　100,963.57元

*(2)工业发展基金　14,543.44元

**(3)防洪基金　2,383.14元

*:湖南省人民政府湘政发[1996]16号文件规定,生产行业按增值税、消费税、营业税征收1‰的金额用于湖南省农业、工业发展专项资金,企业在所得税前列支。

**:湖南省人民政府湘政发[1994]31号文规定,工交企业按当前销售收入的1‰征集防洪保安基金,在所得税前列支。

15、其他应付款　　26,363,267.57元,其关联款项如下:

岳阳长炼兴长企业集团公司　　423,499.48元,系临时借款

巴陵石化长岭炼油化工总厂21,873,700.17元,系应付工程款。

16、股本52,000,000.00元,与年初数相比未发生变动,其中法人股37,526,900.00元,社会公众股14,473,100.00元。以上股本经湖南省会计师事务所湘会师(1993年)验字第204号文件验证。

17、资本公积114,251.61元,系下属子公司岳阳兴长塑料制品厂1994年前岳阳市北区税务局因该厂系新办的集体企业,所得税免交而形成的。因本公司拥有其100%的股权,其权益归公司所有。

18、盈余公积21,950,340.72元,历年变动情况如下:

	1996年	1995年	1994年	1993年	合计
(1)法定盈余公积	2,330,771.54	1,866,744.48	1,321,625.83	11,283,354.48	16,802,496.33
(2)法定公益金	1,165,385.77	933,372.24	660,543.09	671,556.34	3,430,857.44
(3)任意盈余公积	-	-	-	1,746,963.22	1,746,963.22
合计	3,496,157.31	2,800,116.72	1,982,168.92	13,701,874.04	21,980,316.99

*:93年6月30日新旧会计制度接轨时由专用基金、免税基金、法定盈余公积金、任意盈余公积金、生产发展基金转入盈余公积18,619,795.66元,93年12月31日根据岳阳市国资局"岳阳市国资(1993)第37号"文件,由盈余公积转增股本7,898,035.35元,年末按税后利润的10%计提法定盈余公积822,100.34元,按5%计提公益金411,050.17元,根据董事会决议按25%计提任意盈余公积金1,746,963.22元,截止93年12月31日止的盈余公积为13,701,874.04元。

19、未分配利润项目

年初数　　18,037,450.22

本期增加数　　19,811,558.04

平均数　　37,849,008.26

未分配利润比上年末增加19,811,558.04元,其原因是本年度利润未进行分配,留存97年,为全体股东共同享有。

20、主营业务收入

分类项目	1996年度	1995年度	1994年度
(1)聚丙烯	95,083,264.40	89,711,969.80	56,007,856.80
(2)甲醇	10,390,088.19		
(3)油料销售	17,328,103.65		
(4)塑料编织袋	4,338,197.60		
(5)其他	16,022,901.25		
合计	143,162,555.09	89,711,969.80	56,007,856.80

21、主营业务成本

分类项目	1996年度	1995年度	1994年度
(1)聚丙烯	65,664,609.41	58,375,405.08	33,530,262.37
(2)甲醇	6,780,253.50		
(3)油料销售	15,561,039.68		
(4)塑料编织袋	3,611,737.80		
(5)其他	12,203,290.72		
合计	103,820,931.11	58,375,405.08	33,530,262.37

22、财务费用

分类项目	1996年度	1995年度	1994年度
利息净支出	-823,967.10	-1,591,751.91	-588,775.41
金融机构手续费	3098.00	2,633.48	3,872.98
合计	-820,869.10	-1,589,118.43	-584,902.43

*:财务费用为负数系定期存款利息收入所致。

23、1996年度其他业务利润1,396,543.85元,包括

(1)化验收入利润　677,748.73元

(2)材料让售利润　718,795.12元

24、投资收益

1994年度投资收益200,000元,系从湖南建长石化股份有限公司分红所得。

1996年度投资收益290,000元,系从深圳深长实业股份有限公司分红所得。

25、营业外收入

1994年度2,900.00元,1995年度220,519.90元,1996年33,419.30元,均系出售固定资产净收益。

26、营业外支出

分类项目	1996年度	1995年度	1994年度
罚款支出	224.20	400.00	9,322.74
对外捐赠	0	100,000.00	150,000.00
合计	224.20	100,400.00	159,322.74

*:对外捐赠均系抗洪救灾支出。

27、所得税项目

年度	应纳所得税	税率	应纳税额	计提	差额	备注
1994年	19,656,853.60	33%	6,486,761.68	6,486,669.17	92-51	在次年汇算清
1995年	28,297,449.26	33%	9,338,158.25	9,529,604.44	191,446.19	缴时进行了纳
1996年	27,478,773.20	33%	9,067,995.16	8,808,840.39	259,154.77	税调整,予以缴纳

*1996年度,公司利润总额32,116,555.74元,其中,全资子公司天源石化公司利润1,840,901.57元、甲醇厂利润2,796,880.97元,共计4,637,782.54元,岳阳市云溪区地方税务局因其系新办企业,开始生产经营的第一年免征所得税。

28、已分配普通股股利系根据股东会的决议对当年度的可供股东分配的利润进行的红利分配;

1995年度分红率为0.08元/股,计应分股利416万元。

1994年度分红率为0.105元/股,计应分股利546万元。

＊:1996年未进行分配,留存97年,全体股东共同享有。

附注4:重要事项说明

1、根据公司董事会建议,本年度税后利润除按10%提取法定盈余公积和按5%提取法定公益金外,剩余利润留存97年,加上以前年度未分配利润,为全体股东共同享有。

上述分配方案尚需公司股东大会通过,本次报表已按上述方案作出反映。

2、本公司在1996年初,按照经岳阳市审计师事务所1995年12月16日岳阳市审业字(1995)013号《资产评估报告书》评估确认的净资产价值,用货币资金收购了集团公司下属的塑料制品厂和油品供销中心。故本年度会计报表中的某些项目与上年相比有较大的变动。被收购企业评估后总资产价值、负债及净资产值如下:

企业名称	总资产价值	负债总值	净资产价值
塑料制品厂	4324551.95	1639659.46	2684892.49
油品供销中心	4508399.39	3166727.27	1341671.82
合计	8832951.34	4806387.03	4026564.31

附注5:关联企业及其交易的披露

1、关联企业

(1)岳阳长炼兴长企业集团公司

岳阳长炼兴长企业集团公司(以下简称"集团公司")是本公司的发起人。集团公司现持有岳阳云溪工商局核发的18620270—X号《企业法人营业执照》,注册资本4900万元,经济性质为集团。集团公司现持有本公司2138.69万股,占本公司股本总额的41.13%。

(2)长岭炼油化工总厂

长岭炼油化工总厂(以下简称"长炼")是中国石油化工总公司下属企业,现持有湖南省工商行政管理局核发的18378268—1号《企业法人营业执照》,注册资本124,480万元,经济性质国有。长炼现持有本公司1,500万股,占公司股本总额的28.85%。

2、关联交易

(1)根据《国有土地使用权租赁合同》的约定,长炼向本公司出租聚丙烯、甲醇、编织袋的生产用场地,面积为19696.57平方米,从1996年12月20日起租期10年,租金为前三年每年50000元,以后每三年调整一次。

(2)根据《长岭炼油化工总厂与岳阳兴长石化股份有限公司若干关系的协调管理协议》,长炼向本公司提供生产原料、水电气汽等辅助材料。

自1995年起,长炼向本公司供应主要原料丙烯时,给予了8%—12%的价格优惠,95年交易额为38,616,539.50元,占本公司购进该原料金额的100%;96年交易额为45,447,114.36元,占本公司购进该原料金额的100%。其原因是:(1)本公司是长炼丙烯产品的最大客户,(2)本公司为长炼安置了从生产一线下岗的富余人员和待业青年,配合了中国石化总公司和长炼的劳动用工制度改革,解除了长炼的后顾之忧。

(3)根据《注册商标使用许可协议》,集团公司许可本公司在聚丙烯上使用其"驼鹤"片注册商标,使用费自1997年1月1日起为年销售额的0.8%。

附注6:期后事项

本公司从1997年起,将下属全资子公司岳阳兴长石化塑料制品厂、岳阳兴长石化油品供销中心、岳阳经济技术开发区兴达食品添加剂厂拟变更为独立核算的分公司,工商登记手续正在办理之中,根据湖南省人民政府湘政办函[1996]342号文批复,从1997年起,与公司本部一并先按33%上缴所得税,然后由财政按18%的税率返还公司作为税后利润处理。

附注7:或有事项

本公司不存在未决诉讼、未决索赔、税务纠纷、应收票据贴现、债务担保等或有损失事项。

(三)主要财务指标

根据湖南省会计师事务所对股份公司出具的审计报告及相应的财务数据、岳阳兴长石化股份有限公司的主要财务指标如下:

财务指标	1994年度	1995年度	1996年度
资产负债比率(%)	19.2	41.5	27.1
流动比率(倍)	4.06	1.39	1.54
速动比率(倍)	4.06	1.35	1.37
应收帐款周转率(次)	24.20	41.30	43.95
存货周转率(次)	55.06	42.86	21.21
净资产收益率(%)	17.8	21.1	20.8

(四)盈利预测

根据湖南省会计师事务所湘会师[1997]预字第10号《盈利预测审核报告》,公司1997年的盈利预测如下:

项目	1996年(实现数万元)	1997年度(万元)
(一)主营业务收入	14,316.26	17,208
减:主营业务成本	10,382.09	12,945
经营费用		
管理费用	760.8	608
销售费用	125.11	149
财务费用	-82.09	-10
营业税金及附加	90.66	121
(二)主营业务利润	3,039.68	3.395
加:其它业务利润	139.65	245
(三)营业利润	3,179.34	3.640
加:投资收益	29	60
营业外收入	3.34	
减:营业外支出	0.02	
(四)利润总额	3,211.66	3,700
减:所得税		
(1)按所得税税率33%	880.88	1,221
(2)按所得税税率15%	481.75	546
(五)净利润		
(1)按所得税税率33%	2,330.78	2,479
(2)按所得税税率15%	2,729.91	3,154
(六)每股净利润		
(1)按所得税税率33%	0.448元/股	0.48元/股
(2)按所得税税率15%	0.525元/股	0.61元/股

十一、董事会上市承诺

本公司董事会将严格遵守《中华人民共和国公司法》、《股票发行与交易管理暂行条例》、《公开发行股票信息披露实施细则》和《深圳证券交易所交易规则》及有关法律法规的规定,并自股票上市之日起作出如下承诺:

1、按照法律、法规的规定程序和要求披露重大的信息、并接受证券主管机关、深圳交易所的监督管理。

2、及时、真实、准确地公布中期报告和年度报告、并备于规定场所供投资者公众查阅。

3、本公司董事、监事及高级管理人员如发生人事变动或持有公司股票发生变化时,在报告证券主管机关、证券交易所的同时向投资者公布。

4、在任何公共传播媒介中出现的消息可能对本公司股票的市场价格产生误导性影响时,本公司知悉后将及时对该消息予以公开澄清。

5、本公司董事、监事及高级管理人员将认真听取社会公众的意见和批评,不利用已获得的内幕消息直接或间接从事股票买卖活动。

6、本公司没有无记录负债。

十二、重要事项揭示

(一)重大合同

(1)1997年5月28日,本公司与兴长企业集团公司签署《注册商标使用许可协议》,约定长炼兴长企业集团公司允许本公司自1997年1月1日起,在集团公司注册商标的有效期及续展期内,在本公司生产的聚丙烯产品上使用集团公司注册的522672号驼鹤牌商标,每年商标使用费为年销售额的8‰。本协议已由湖南省商标事务所代理上报国家商标局。

(2)1996年12月20日,本公司与长炼签署《国有土地使用权租赁合同》,约定本公司租用长炼总厂三块土地,总面积为19696.57平方米,租期自签约日起为10年,前三年租金为50000元/年,以后每三年修订一次。该合同得到岳阳市国土局批准。

(3)1997年5月28日,本公司与长炼签署《长岭炼油化工总厂与岳阳兴长石化股份有限公司若干关系的协调管理协议》,约定由长炼向本公司提供聚丙烯材料,由长炼保质保量以低于市场厂价8%—12%的优惠价格向本公司提供丙烯原料;长炼向本公司提供的甲醇原料气、水、电、汽、风、氧气、氮气、油品及其他辅助材料按照市场价结算;本公司委托长炼环保部门统一管理环保事务,每年支付环保管理费5万元;本公司职工的医疗保健费用由长炼代办,双方每季度结算一次;本公司职工的住房、子女入托、入学等,按长炼有关规定执行,费用由本公司职工自理。协议有效期自1997年1月1日起暂定三年。

湖南启元律师事务所出具法律意见,认为上述重大合同在主要方面均为合法。

(二)债项

根据湖南省会计师事务所湘会师(1997)内审字第98号审计报告,截止1996年12月31日,本公司主要债项是:

(1)应付帐款	8,689,892.14
(2)预收收款	1,391,040.64
(3)其他应付款	26,363,267.57
(4)未缴税金	4,053,109.61
(5)其他未交款	117,890.15

除上述债项外,本公司不存在银行贷款,也无任何未决诉讼、未决索赔、税务纠纷、应收票据贴现,债务担保等或有损失事项。

(三)法律诉讼

本公司无任何尚未了结的或可预见的诉讼案件、仲裁案件或被行政处罚的案件。

十三、风险因素与对策

(一)本公司存在的风险

1、材料供应风险

本公司原材料占成本的比重很大,本公司丙烯原料供应依托于长炼,渠道相对单一。虽然供应充足,成本也低,但从长远来看,一旦供应上出现问题,公司原材料的来源将受到影响,这有可能给公司的经营带来一定的风险。

2、客户方面的风险

本公司的产品客源总的来说比较广泛,在湖南、湖北、广东等地都有市场,但某些产品如甜蜜素是近年投产的新产品,客源稳定性有待加强。

3、产品价格方面的风险

本公司产品如聚丙烯质量可靠、市场需求量大,销路有保障。但随着市场经济的发展,生产同类产品的厂家增多,竞争加剧。本公司由于地处岳阳市云溪区,部分产品距离销货地较远,需考虑交通运输的因素,成本有可能增加,从而导致价格偏高,影响公司的产品销路和生产经营。

4、产品结构的风险

本公司的产品主要是石油化工产品,产品结构相对单一,一旦市场供需状况发生变化,公司将不容易在短时间内调整经营格局,从而给生产经营带来一定的风险。

5、融资能力的风险

本公司属于石化行业,一部分产品的资金周转不够顺畅,加上客户拖欠部分销售货款,造成应收帐款增加,从而给公司资金的运作带来一定的压力。

6、市场风险

公司产品用途广泛,已渗透到国民经济生活的各个领域,在湖南、广东、湖北、四川、贵州、云南、浙江等都有销售市场。公司主要产品聚丙烯市场需求量很大,虽其生产能力占市场需求量小,但公司产品的销售会受到国家经济环境的影响,同时因产品结构单一,市场状况的变化也会对公司产品销售带来冲击。另外,目前市场对公司的主要产品聚丙烯需求虽然存有一定缺口,但从长远来看,以石油化工产品的需求有一定的周期性,市场波动较大,这给公司产品的销售带来影响,因而存在一定的市场风险。

7、行业的风险

公司属于国家产业政策支持发展的石油化工行业,但行业内部存在一定的竞争,同时因实行对外开放,化工行业也面临一定的外部压力,主要表现在公司有一部分化工产品属石油后加工而成,随着国内外原油价格的接轨和上涨,从而导致本公司部分产品生产成本提高。同时,公司的发展须依赖于整个石化行业的发展,这些风险都有可能增加公司的生产成本。

8、政策风险

国家宏观政策、财政税收政策、产业政策的变化和国家对石油化工行业投资规模的调整,将影响本公司的生产经营。

9、环保风险

随着社会文明程度的提高,国家对环境保护的要求越来越高。公司属于石化行业,产品在生产过程中的“三废”以及生产出的产品对环境可能带来一定的污染,致使公司在生产经营过程中,在注重经营效益的同时,也须注重环境效益和社会效益。

10、股市风险

股票市场瞬息万变,国内外政策、经济形势的变化和国家金融政策的调整,发行公司的经营业绩及其发展前景,股市中的投机行为等因素都会使股票的价格产生波动,本公司提醒投资者对股价波动应有充分了解,以避免和减少损失。

(二)本公司针对风险因素,将采取行之有效的对策加以防范

1、适应市场变化,确保产品适销对路。

根据市场变化情况,合理调整产品结构,对销量受限制的产品,实行以销定产,直接与客户需要量挂钩,定量供应。同时,引进先进技术,开发新产品,努力拓展市场。

2、立足内部管理,强化规范化运作。

强化企业内部管理机制,搞好规范化运作,不断提高企业整体素质和管理水平。同时,加强对外宣传,树立良好的企业形象,提高企业的知名度,在竞争中求发展。

3、借鉴先进管理经验,及时有效实施决策。

公司领导层不断学习现代化先进管理经验,及时根据国家经济形势和公司经营状况,制定发展战略,调整经营策略,以适应市场经济的发展,提高公司的经济效益。

4、优化产业结构,加速经济发展。

公司坚持“以化为主,发展多业”的发展战略,按照集约化、规模化、多元化的要求,逐步把公司建成以石油化工为支柱产业,拥有石油加工、精细化工、塑料加工等门类的综合性的股份公司。

5、积极培养人才,努力提高员工技术素质

大力引进人才,加强公司员工的技术培训,合理有效地利用人力资源,以雄厚的人才优势抵御经营管理风险。

6、掌握政策信息,绕开政策风险。

针对政策风险,本公司将加强企业本身对政策的研究力度,与国家石油化工等有关部门密切联系,注重信息收集,研究政策以回避风险。

7、坚持持续发展战略,强化环保管理。

针对环保风险,公司在经营过程中将注重“三废”的回收利用,对不能利用的废水、废气,将通过必要的环保措施加以处理,尽量避免对环境产生的负面效益。同时,增强员工的环保意识,强化环保管理,从而达到降低环保风险的目的。

8、依法运作,稳定回报。

针对股市风险,公司将严格按《公司法》、《股票发行与交易管理暂行条例》等法规,规范公司行为,及时公开披露信息,加强与投资公众的信息沟通,树立公司良好形象。同时,进一步完善经营机制,提高公司盈利水平,为股东谋求长期稳定的回报。

十四、发展前景及规划

本公司地处湘北门户,南抵京广铁路和107国道,北临长江,水陆交通便利,地理条件优越。同时,本公司还有实力雄厚的长炼作为强大后盾,这为公司的发展创造了极为有利的条件。公司的经营符合国家关于将石油化工工业作为国家支柱产业的政策,具有远大发展前景。

本公司在今后的发展中,将继续发挥人才、资源、技术优势,坚持"以化为主、多种经营"的经营战略,从1997年至2000年,本公司将依托其母公司——长炼和长炼兴长企业集团公司的资源优势,开发聚丙烯和甲醇的后加工产品与甜蜜素系列产品。

1997年至2000年间,本公司将投资2亿元,完成经论证确认为技术新、成本低、效益好的环已胺、浓甲醛和双向延伸聚丙烯(BOPP)薄膜生产线等四个新项目的建设。到2000年,本公司的产值与利润在1996年的基础上至少翻一番,将发展成为的湖南岳阳地区的又一新兴化工生产基地。

本公司在今后的发展中,将继续按照集约化、规模化、多元化的要求,发展以聚丙烯产品为龙头的支柱产业。本公司将本着"质量第一"的原则,不断追求最优的产品质量、最高的工作效率和最佳的经济效益,创造一流的业绩,使公司逐步形成以石油化工产品生产为主体,科研、生产、金融、内外贸易相结合的股份制综合性大型企业,最大限度地为国家、社会股东的利益服务。

本公司"九五"期间主要发展项目有:

利用自产的石油化工产品资源,开发聚丙烯后续加工,引进8000吨/年双向延伸聚丙烯(BOPP)薄膜生产线。该项目总投资1.5亿元,投产后预期年效益可增长50%以上。

十五、历次募股资金运用

本公司将1989年发行首期股票所筹850万元资金全部投入年产1万吨聚丙烯装置的建设,该项目经岳阳市计委批准并以岳计基(88)90号和(89)09号文下达基建计划,总投资942万元。1990年7月,公司第二次股东大会决定向老股东配股,实募资金800万元。所募资金主要用于追加聚丙烯装置及其后续工程投资和补充流动资金。该装置于1990年11月建成投产。竣工以来,运行效益良好。1992年11月,公司第三次股东大会决定增扩法人股2000万元,所募资金投资于甲醇装置,该装置经岳阳市计委以岳市计工(92)28号文批准,按年产3万吨配套建设,总投资3675.8万元,资金不足部分通过其它途径自筹。该装置于1995年12月交付使用,竣工验收以来,各类设备运行良好,经济效益显著。此外本公司所筹资金还投资于聚丙烯辅助设施和后续工程。包括聚丙烯装置的扩建和技术改造、筹建低压丙烯回收系统等。以上投资均产生良好的经济效益。

十六、股利分配政策

根据本公司章程第六十八条规定,公司税后利润分配顺序如下:

(1)弥补以前年度亏损;

(2)按弥补亏损后剩余利润的10%提取法定盈余公积金;

(3)按弥补亏损后剩余利润的5—10%提取法定公益金;

(4)经股东大会决议提取任意公积金;

(5)经股东大会决议分配股利。

当法定公积金累计额已达到公司注册资本的50%时,可不再提取。

任意公积金按股东会决议提取和使用。

公司自1990年成立后当年未分红。

1992年11月28日,公司第三届股东大会决议:1991年分红派息方案为向全体股东每股(100元面值)派发红利17.82元。

1993年3月11日,公司第四届股东大会决议:1992年分红派息方案为每股(100元面值)派发现金红利17.82元。

1994年2月29日,公司第五届股东大会决议:1993年分红派息方案为每股(面值1元)派发现金红利0.09元。

1995年3月10日,公司第六届股东大会决议:1994年分红派息方案为每股派发现金红利0.105元。

1996年2月20日,公司第七届股东大会决议:1995年分红派息方案为每股派发现金红利0.08元。

1997年5月20日,公司第八届二次董事会议:本公司1996年实现利润32,116,555.74元,计提所得税8,808,840.39元,净利润23,307,715.35元,加上年初未分配利润18,037,450.21元,可分配利润为41,345,165.56元,根据本公司章程按净利润23,307,715.35元,提取10%法定盈余公积金2,330,771.54元,提取5%公益金1,165,385.77元,所以可供股东分配利润37,849,008.26元,并决定本公司1996年度暂不分红,并将年末未分配利润滚存到1997年中期分红。上述分红方案决议待1996年度股东大会通过后实施。

十七、本公司前三个年度经营业绩

公司自创建以来,始终坚持"以化为主,多种经营,质量第一,股东至上"的经营战略,产品产量逐年增长,产品质量稳步提高,产品畅销全省全国17个省市,经济效益每年都有较大幅度的增长。公司前三个年度经营业绩见下表:

项目	1994年度	1995年度	1996年度
主营业务收入	56,007,856.80	89,711,969.80	143,162,555.09
主营业务利润	19,653,953.60	28,076,857.36	30,396,816.79
营业利润	19,653,953.60	28,076,857.36	31,793,360.64
利润总额	19,697,530.86	28,197,049.26	32,116,555.74
税后利润	13,210,861.69	18,667,444.82	23,307,715.35
每股盈利	0.254	0.358	0.448
每股净资产	1.423	1.702	2.153

十八、资产评估情况及确认

基准日:1993年10月31日

评估机构:湖南资产评估事务所

评估范围:岳阳兴长石化股份有限公司全部资产、负债和股东权益

评估确认机构:国家国有资产管理局

评估结果:[摘自湖南资产评估事务所湘资评字(1993)第060号资产评估报告书]评估后,资产总值为86,219,117元,资产总值比评估前增值7,601,965元,增值率9.67%。增值的主要原因是对房屋建筑物采用重置成本法、机器设备采用现行市价法评估增值。

单位:人民币元

资产类型	帐面原值	帐面净值	重量价值	评估价值	增减值	增减比率(%)
流动资产	65,426,225	65,426,225	65,426,225	65,426,225		
长期投资	2,000,000	2,000,000	2,000,000	2,000,000		
固定资产	13,844,798	11,190,927	20,818,261	18,611,547	7,601,965	69,05
资产合计	81,271,023	78,617,152	88,244,486	86,219,117	7,601,965	9.67
负债		16,790,777		16,790,777		
净资产		61,826,375		69,428,340	7,601,965	12.3

十九、主要固定资产

公司的主要财产包括两块土地使用权,十九栋房产和生产用机器设备。

1、土地使用权,其一位于岳阳经济技术开发区,面积20000平方米工业用地,出让期限为50年,公司现持有岳阳经济技术开发区国土管理处1996年12月20日核发的岳市国用(1996)字第K050号《国有土地使用证》;其二位于岳阳市岳阳楼区北门,面积3527平方米综合用地,出让期限为50年,公司现持有岳阳市国土局核发的岳市国用(1996)字0133号

《国有土地使用证》。

2、房产,公司的全部房产均为生产用厂房,其中6栋位于岳阳经济技术开发区,公司现持有岳阳经济技术开发区房屋产权监理所核发的岳市房权字第丙00091、00092、00093、00094、00095、00096号《房屋所有权证》;2栋位于岳阳市岳阳楼区北门,公司现持有岳阳市房地产产权监理处核发的岳市房权字第甲86568、86569号《房屋所有权证》;11栋位于长炼厂内,公司现持有岳阳市房地产管理局云溪分局核发的岳市房产权字第乙5194、5195、5196、5197、5198、5199、5200、5201、5202、5203、5204号《房屋所有权证》。

二十、公司章程

公司成立之初,即由发起人劳动服务公司拟定了《长炼聚丙烯股份有限公司章程》,并经市体改办批准,首届公司股东代表大会审议通过。1993年,公司按照《股份有限公司规范意见》的规定重新拟定了《岳阳兴长石化股份有限公司章程》,并经1993年8月23日股东特别会议通过。1995年3月,公司按照公司法规定修改了该章程部分条款。为本次股票上市,公司再次修改了《岳阳兴长石化股份有限公司章程》("章程"),并经1996年12月11日股东临时会议审议通过,并在工商部门登记生效。

章程规定,公司股东按其持有的股份份额享有权利,包括出席股东大会的权利和表决权、红利的分配权、剩余财产分配权、资料查阅权、对公司经营的监督权和建议权等。章程还规定了公司高级管理职员的任职资格和对公司的诚信义务,建立了对公司高级职员的约束机制。

1996年12月11日临时股东大会讨论通过的现行章程包括:第一章总则,第二章经营宗旨、方案、范围和方式,第三章股份,第四章股东的权利与义务,第五章股东大会,第六章董事会、经理,第七章监事会,第八章财务、会计制度和利润分配,第九章劳动、工资及社会保险,第十章破产、解散和清算,第十一章通知和公告,第十二章章程修改,第十三章附件。

二十一、验资报告

一、1989年,公司设立,发行首期股票850万股,资金到位情况经岳阳市审计事务所岳市审验字[1990]3号《关于对岳阳市北区长岭聚丙烯股份有限公司注册资金验证的报告》验证。验资报告摘要如下:

岳阳市北区长岭聚丙烯股份有限公司:

你单位于1989年3月经中国人民银行湖南省分行湘银(1989)字第55号文批准向社会发行股票8.5万股,每股面值人民币100元,按1:1平价发行,计人民币850万元。我们通过核查验证后确认,截止1990年1月17日,该850万元股票已发行完毕,资金已全部到位。其中:法人股3266500元,全部由长岭炼油化工厂劳动服务公司认购,占总股本850万元的38.43%,社会个人认购5233500元,占总股本850万元的61.57%。

根据上述验证参股者提供资本金额,本所认为该单位可供注册资金合计人民币捌佰伍拾万元整。

岳阳市审计事务所　　　　验证人:李亚萍

1990年1月20日

二、1990年,公司向老股东平价配售股份,实募资本金人民币800万元,资金到位情况经岳阳市审计事务所岳市审验字[1990]45号《关于对长炼劳动服务公司聚丙烯股份有限公司注册资金验证的报告》验证。验资报告摘要如下:

长炼劳动服务公司聚丙烯股份有限公司:

我们经过检查验证后确认,你单位截止1990年11月30日投入股本额:人民币1650万元。股本结构为:法人股634.1万元,全部由长岭炼油化工厂劳动服务公司认购,社会个人股1015.9万元。留存收益额:人民币56.4万元。因此,截止1990年11月30日,贵单位所有者权益总计为1706.4万元。

根据上述验证投资者的财务状况,本所认为该单位可供注册资金合计人民币壹仟柒佰零陆万肆仟元整。

岳阳市审计事务所　　　　验证人:李亚萍

1990年11月30日

三、1992年,公司平价增扩2000万法人股,资金到位情况经岳阳市审计事务所岳市审验字[1993]5号《关于巴陵石化长炼兴长企业集团聚丙烯股份有限公司注册资金验证的报告》验证。验资报告摘要如下:巴陵石化长炼兴长企业集团聚丙烯股份有限公司:

我们经过检查验证后确认,你单位截止1993年1月20日的投入股本额:人民币3650万元,其股本结构如下:

法人股2634.1万元(其中:长岭炼油化工总厂1500万元,兴长企业集团公司1054.1万元,长炼群龙公司30万元,长炼劳务市场30万元,长炼老年综合服务部20万元);社会个人股1015.9万元。留存收益人民币1222.17万元。因此,截止1992年12月31日,贵单位所有者权益额总计为4872.17万元。根据上述验证投资者的财务状况,本所认为该单位可供注册的资金合计人民币肆仟捌佰柒拾贰万壹仟柒佰元整。

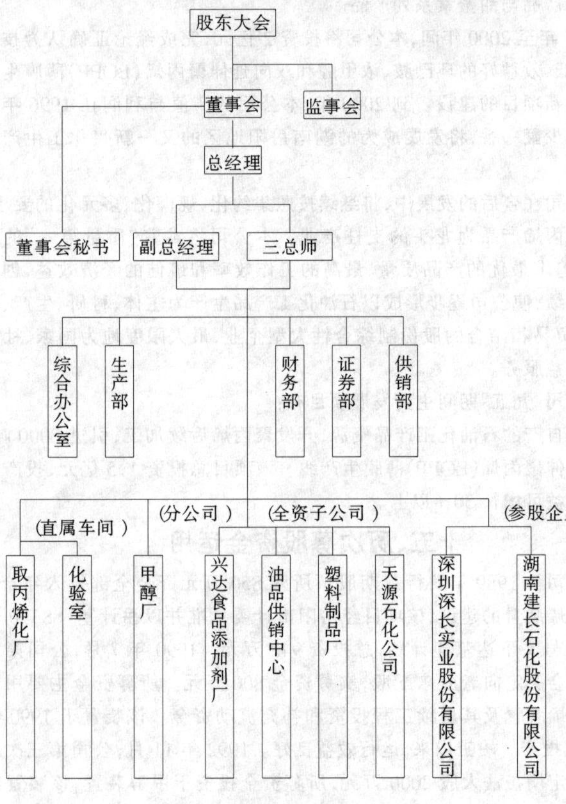

岳阳市审计事务所　　　　验收人:于忠叶

1993年1月25日

四、1993年,公司进行资产评估,将公积金转增股本1550万元,资金到位情况经湖南省会计师事务所《关于岳阳兴长石化股份有限公司的验资报告》(湘会[1993]验字第204号)验证,验资报告摘要如下:

公司1989年经中国人民银行湖南省分行湘银字(89)第55号文及1990年岳阳市体改委岳体改字(1990)第18号文批准,发行股票(含向老股东配售新股、增扩法人股)36.5万股,每股面值100元,截至1993年10月31日止,股金3650万元已全部到位,除850万元付长炼工程处基建款外,余款如数存入公司开户行。

1993年9月26日,经湖南省体改委以湘体改字(1993)188号文批复、确认其股份有限公司的性质并继续进行规范化试点,经公司股东特别会议决定,增加注册资本到5200万元,所增股本1550万元从公司的资本公积金中转列,经查验,股本属实。

据此,岳阳兴长石化股份有限公司截至本报告日止,实收资本5200万元。

其中:法人股　37,526,900 元

　　　个人股　14,473,100 元

湖南省会计师事务所　中国注册会计师　李双桂

　　　　　　　　　　中国注册会主师　蒋萍芬

　　　　　　　　　　会　　计　　师　杨迪航

　　　　　　　　　　一九九三年十一月二十一日

2. 营业执照

3. 公司章程

4. 法律意见书

岳阳兴长石化股份有限公司

一九九七年六月一日

二十二、备查文件

1. 审计报告

表一

资产负债表

编制单位:岳阳兴长石化股份有限公司　　已审　　金额单位:元

资产项目	注释	1996年12月31日		1995年12月31日	1994年12月31日	负债及所有者权益项目	注释	1996年12月31日		1995年12月31日	1994年12月31日
		合并数	母公司					合并数	母公司		
流动资产:						流动负债:					
货币资金	3-1	35,277,824.41	30,073,050.27	37,142,405.22	26,650,791.11	短期借款					
短期投资						应付票据					
应收票据						应付帐款	3-11	8,689,892.14	3,390,731.45	782,930.95	628,951.03
应收帐款	3-2	4,300,799.36	3,155,652.87	2,214,201.50	2,136,125.61	预收货款	3-12	1,391,040.64	1,388,040.64	6,847,216.96	2,839,429.20
减:坏帐准备		21,504.00	15,778.26	11,071.01	10,680.63	应付福利费		607,114.77	386,467.09	515,001.99	418,455.65
应收帐款净额		4,279,295.36	3,139,874.61	2,203,130.49	2,125,444.98	未付股利				4,311,550.93	5,617,573.15
预付货款	3-3	1,279,426.70				未交税金	3-13	4,053,109.61	4,130,029.17	2,737,735.47	916,528.40
其他应收款	3-4	16,281,432.62	31,300,032.17	45,296,940.94	42,773,130.33	其他未交款	3-14	117,890.15	102,976.99	-139,988.28	77,421.58
待摊费用	3-5	98,592.99				其他应付款	3-15	26,363,267.57	25,119,655.75	47,630,041.57	7,121,855.14
存货	3-6	7,066,064.14	1,639,091.91	2,724,100.19		预提费用		400,000.00			
待处理流动资产损失						一年内到期的长期负债					
一年内到期的长期债券投资						其他流动负债					
其他流动资产						流动负债合计		41,622,314.88	34,517,901.09	62,684,497.59	17,620,214.15
流动资产合计		64,282,636.22	66,152,848.96	87,366,576.84	71,549,366.42	长期负债:					
长期投资:						长期借款					
长期投资	3-7	8,104,000.00	21,759,839.94	8,104,000.00	3,000,000.00	应付债券					
减:长期投资减值准备						长期应付款					
合并价差						其他长期负债					
固定资产:						长期负债合计					
固定资产原值	3-8	89,545,429.75	67,220,311.90	61,433,781.46	21,551,689.99						
减:累计折旧	3-8	11,406,786.63	8,671,522.85	6,434,509.71	4,467,216.84	递延税款贷项					
固定资产净值		78,138,643.12	50,548,789.05	54,999,361.75	17,084,473.15	负债合计		41,622,314.88	34,517,901.09	62,684,497.59	17,620,214.15
固定资产清理						少数股东权益					
在建工程				735,629.24							
待处理固定资产损失						股东权益:					
固定资产合计		78,138,643.12	50,548,789.05	55,734,990.99	17,084,473.15	股本	3-16	52,00,000.00	52,00,000.00	52,000,000.00	52,000,000.00
无形及递延资产:						资本公积	3-17	114,251.61	114,251.61		
无形资产	3-9	1,893,632.84				盈余公积	3-18	21,980,316.99	21,980,316.99	18,483,620.02	15,683,503.30
递延资产	3-10	1,146,979.56				其中:公益金		3,430,857.44	3,430,857.44	2,265,471.67	1,332,099.43
无形及递延资产合计		3,040,612.40				未分配利润	3-19	37,849,008.26	37,849,008.26	18,037,450.22	6,330,122.12
其他长期资产						股东权益合计		111,943,576.86	111,943,576.86	88,521,070.24	74,013,625.42
递延税款借项											
资产总计		153,565,891.74	146,461,477.95	151,205,567.83	91,633,839.57	负债及股东权益总计		153,565,891.74	146,461,477.95	151,205,567.83	91,633,839.57

表二:

利润及利润分配表

编制单位:岳阳兴长石化股份有限公司　　已审　　金额单位:元

项目名称	注释	1996年度		1995年度	1994年度	项目名称	注释	1996年度		1995年度	1994年度
		合并数	母公司					合并数	母公司		
一、主营业务收入	3-20	143,162,555.09	105,473,352.59	89,711,969.80	56,007,856.80	四、利润总额		32,116,555.74	31,967,527.77	28,197,049.26	19,697,530.86
减:营业成本	3-21	103,820,931.11	72,444,862.91	58,375,405.08	33,530,262.37	减:所得税	3-27	8,808,840.39	8,659,812.42	9,529,604.44	6,486,669.17
销售费用		1,251,138.74	640,027.40	1,062,978.10	511,011.42	五、净利润		23,307,715.35	23,307,715.35	18,667,444.82	13,210,861.69
管理费用		7,607,976.46	3,611,666.11	3,138,952.82	2,239,085.91	加:年初未分配利润		18,037,450.22	18,037,450.22	6,330,122.12	560,889.69
财务费用	3-22	-820,869.10	-957,732.63	-1,589,118.43	-584,902.43	年初未分配利润调整数					
进货费用						盈余公积金转入					
产品销售税金及附加		906,561.09	748,574.23	646,894.87	658,445.93	减:少数股东本期收益					

项目名称	注释	1996 年度		1995 年度	1994 年度	项目名称	注释	1996 年度		1995 年度	1994 年度
		合并数	母公司					合并数	母公司		
二、主营业务利润		30,396,816.79	28,985,954.57	28,076,857.36	19,653,953.60	六、可分配利润		41,345,165.57	41,345,165.57	24,997,566.94	13,771,751.38
加:其他业务利润	3-23	1,396,543.85	677,748.73			减:提取法定盈余公积		2,330,771.54	2,330,771.54	1,866,744.48	1,321,086.17
三、营业利润		31,793,360.64	29,663,703.30	28,076,857.36	19,653,953.60	提取公益金		1,165,385.77	1,165,385.77	933,372.24	660,543.09
加:投资收益	3-24	290,000.00	2,304,048.67		200,000.00	七、可供股东分配利润		37,849,008.26	37,849,008.26	22,197,450.22	11,790,122.12
补贴收入						减:已分配优先股股利					
营业外收入	3-25	33,419.30		220,591.90	2,900.00	提取任意盈余公积					
减:营业外支出	3-26	224.20	224.20	100,400.00	159,322.74	已分配普通股股利	3-28			4,160,000.00	5,460,000.00
加:以前年度损益调整						八、未分配利润		37,849,008.26	37,849,008.26	18,037,450.22	6,330,122.12

表三:

财务状况变动表

编制单位:岳阳兴长石化股份有限公司　　1996 年度　　已审　　金额单位:元

流动资金来源及运用	合并数	母公司	流动资金各项目的变动	合并数	母公司
一、流动资金来源			一、流动资产本年增加数		
1、本年净利润	23,307,715.35	23,307,715.35	1、货币资金	-1,864,580.81	-7,068,554.95
加:少数股东本期损益			2、短期投资		
加:不减少流动资金费用和损失			3、应收票据		
(1)固定资产折旧	4,972,276.92	2,237,013.14	4、应收帐款净额	2,076,164.87	936,744.12
(2)无形、递延及其他资产摊销(减其他负债转销)			5、预付货款	1,279,429.70	
(3)固定资产盘亏(减盘盈)			6、其他应收款	-29,015,508.32	-7,185,549.86
(4)清理固定资产(减清理费用)			7、存货	4,341,963.95	-1,085,008.28
(5)其他不减少流动资金的费用的损失	735,629.24	59,752.66	8、待摊费用	98,592.99	
小计	29,015,621.51	25,604,481.15	9、待处理流动资产损失		
2、其他来源			10、一年内到期的长期债券投资		
(1)固定资产清理收入(减清理费用)			11、其他流动资产		
(2)增加长期负债					
(3)收回长期投资			流动资产增加净额	-23,083,940.62	-14,402,368.97
(4)对外投资转出固定资产					
(5)对外投资转出无形资产			二、流动负债本年增加数		
(6)资本净增加额	3,610,948.58	3,610,948.58	1、短期借款		
小计	3,610,948.58	3,610,948.58	2、应收票据		
3、少数股东本期资本净增加额			3、应付帐款	7,906,953.19	2,607,792.50
流动资金来源合计	32,626,570.09	29,215,429.73	预收货款		
			4、预收货款	-5,456,176.32	-5,459,176.32
二、流动资金运用			5、其他应付款	-21,266,774.00	-19,123,246.43
1、利润分配			6、应付福利费	92,112.78	-128,534.90
(1)提取法定盈余公积金	2,330,771.54	2,330,771.54	7、未交税金	1,315,374.14	1,392,293.70
(2)提取法定公益金	1,165,385.77	1,165,385.77	8、未付股利	-4,311,550.93	-4,311,550.93
(3)提取任意公积金			9、其他未交款	257,878.43	242,965.27
(4)已分配股利			10、预提费用	400,000.00	
小计	3,496,157.31	3,496,157.31	11、其他流动负债		
2、少数股东利润分配			12、一年内到期的长期负债		
3、其他运用					
(1)固定资产和在建工程增加额	28,111,558.29	5,050,811.20			
(2)增加无形资产递延资产及其他资产	3,040,612.40				
(3)偿还长期负债					
(4)增加长期投资		10,291,373.08			
小计	31,152,170.69	15,342,184.28			
流动资金运用合计	34,648,328.00	18,838,341.59	流动负债净增加额	-21,062,182.71	-24,779,457.11
流动资金增加净额	-2,021,757.91	10,377,088.14	流动资金净增加额	-2,021,757.91	10,377,088.14

岳阳兴长石化股份有限公司一九九七年度中期报告

一、财务报告(已审计)

1、审计报告(湘会师[1997]内审字第 130 号)

岳阳兴长石化股份有限公司全体股东:

我们接受委托,审计了贵公司 1997 年 6 月 30 日的资产负债表,1997 年 1—6 月的利润及利润分配表和财务状况变动表。这些会计报表由贵公司负责,我们的责任是对这些会计报表发表审计意见。我们的审计是依据《中国注册会计师独立审计准则》进行的。在审计过程中,我们结合贵公司实际情况,实施了包括抽查会计记录等我们认为必要的审计程序。

我们认为,上述会计报表符合《企业会计准则》和《股份制试点企业会计制度》的有关规定,在所有重大方面公允地反映了贵公司 1997 年 6 月 30 日的财务状况和截止该日的经营成果及资金变动情况,会计处理方法的选用遵循了一贯性原则。

同时我们注意到:贵公司生产聚丙烯所需主要原料——丙烯是从股东单位(直接和间接持股72.17%)巴陵石化长岭炼油化工总厂(以下简称“总厂”)购进的,总厂因公司系主要客户,并考虑到为总厂安置了部分富余、待业人员,从1995年起,给予8%—12%的价格优惠。

湖南省会计师事务所　　中国注册会计师:李双桂

中国·湖南　　中国注册会计师:李弟扩

一九九七年七月二十四日

2、财务报表

(1)简化的资产负债表

1997年6月30日　　金额单位:元

项目	年初数	期末数
资产		
流动资产	64,282,636.22	87,403,569.90
长期投资	8,104,000.00	8,104,000.00
固定资产净值	78,138,643.12	75,540,187.12
在建工程		3,428,911.36
无形资产及递延资产	3,040,612.40	2,899,670.48
其他长期资产		
资产总计	153,565,891.74	177,376,338.86
负债及股东权益		
流动负债	41,622,314.88	39,498,012.53
长期负债		
负债合计	41,622,314.88	39,498,012.53
少数股东权益		
股本	52,000,000.00	52,000,000.00
资本公积	114,251.61	114,251.61
盈余公积	21,980,316.99	21,980,316.99
其中:公益金	3,430,857.44	3,430,857.44
未分配利润	37,849,008.26	63,783,757.73
股东权益合计	111,943,576.86	137,878,326.33
负债及股东权益合计	153,565,891.74	177,376,338.86

(2)简化的损益表

金额单位:元

项目	上年同期数	1997年1—6月
主营业务收入	50,697,182.04	82,201,322.23
主营业务利润	14,276,997.20	29,843,339.18
其他业务利润	/	255,882.68
投资收益	/	/
营业外收支净额	−174.20	5,555.71
以前年度损益调整	207,355.10	406,692.39
利润总额	14,484,178.10	30,511,469.96
所得税(33%)	10,068,785.09	4,789,778.77
财政返还所得税(18%)	5,492,064.60	
净利润	9,704,399.33	25,934,749.47

3、财务指标	1997年1—6月	上年同期数
(1)每股收益(元)	0.50	0.19
(2)净资产收益率	18.81%	12.52%
(3)每股净资产(元)	2.65	1.49

注:本期和同期每股收益和每股净资产是以当期期末公司总股本5200万股为基数计算的。

4、财务报表附注

附注1:重要会计政策

(1)会计制度

本公司从1997年元月1日起执行《股份制试点企业会计制度》及补充规定。

(2)会计期间

本公司采用公历年制,即每年公历一月一日起至十二月三十一日止。

(3)记帐原则和计价基础

本公司采用权责发生制和历史成本计价的原则。

(4)记帐本位币及外币折算

本公司以人民币作为记帐本位币。有关外币业务均按外币业务发生当日市场汇率折合人民币记帐,年末根据市场汇率调整外币性帐户期末余额,其汇兑损益计入当期损益。外汇交易实际汇率与帐面汇率的差异所形成的汇兑损益亦计入当期损益。

(5)坏帐损失的核算

本公司采用备抵法,按年末应收帐款余额的5‰计提坏帐准备金。

(6)存货的核算

①存货包括库存产品、库存原材料、包装物、低值易耗品等。

②存货实行永续盘存制。购入时按实际成本入帐,耗用或销售时按加权平均法计算结转成本。

③领用低值易耗品,采用一次摊销法。

(7)长期投资核算办法

①债券投资

购入时按实际支出成本入帐,根据权责发生制原则确认其收益。

②股权投资和联营投资

本公司投资占被投资单位资本20%以下的,采用成本法核算;20%至50%的采用权益法核算;50%以上或实际拥有控制权的采用权益法核算并合并会计报表。

(8)固定资产及其折旧的核算

①使用年限在一年以上的房屋建筑物和机器设备、器具、工具以及单位价值在2000元以上,使用年限在二年以上的非生产经营用设备和物品,作为固定资产核算。固定资产按历史成本计价。

②固定资产折旧采用直线法。1993年底以前采用综合折旧率,年折旧率为9.6%。1994年元月起采用分类折旧率。各类固定资产折旧率如下:

固定资产类别	折旧年限	残值率	年折旧率
房屋及建筑物	20年	4%	4.8%
机器设备	10年	4%	9.6%
运输设备	5年	4%	19.2%
电子仪器设备	5年	4%	19.2%

(9)无形资产及其摊销

无形资产系土地使用权,按购入的实际成本入帐。其中岳阳兴长石化股份有限公司油品供销中心的土地使用权使用年限为50年,但本公司考虑到该供销中心的经营期有限,本着稳健性原则,按10年的期限摊入管理费用。岳阳兴长石化股份有限公司兴达食品添加剂分公司的土地使用权从1997年起按50年摊入管理费用。

(10)递延资产及其摊销

递延资产系开办费,按公司筹建时的实际支出入帐,自投产营业之日起,按5年的期限摊入管理费用。

(11)收入实现的确认

营业收入按权责发生制原则确认,即以商品(产品)已经发出,劳务已经提供,并收取价款或已取得索取价款的有效凭据,作为收入的确认依据。

(12)税项

①流转税及其他地方税。均按国家有关税法规定并由税务部门核定计缴,主要税种及税率如下:

税种	税率	计税依据
增值税	17%	应税销售额
营业税	5%	服务业收入
消费税	0.2元/升	汽油销售量
	0.1元/升	柴油销售量
城建税	7%	增值税、营业税、消费税应征额
教育费附加	3%	增值税、营业税、消费税应征额

②所得税

根据湖南省人民政府湘政办函(1996)342号文批准,本公司及所属分公司自1997年1月1日起先按33%上交所得税,然后由财政按18%的税率返还公司作为税后利润处理。

(13)利润分配

本公司当年税后利润,按下列顺序分配:

①弥补以前年度亏损。

②按弥补亏损后剩余利润的10%提取法定盈余公积金,法定公积金累计为公司注册资本的50%以上时,可不再提取。

③按弥补亏损后剩余利润的5%—10%提取法定公益金。

④经股东会决议,可提取任意公积金。

⑤经股东会决议向股东分配股利。

附注2:一九九七年六月三十日会计报表项目注释

(1)货币资金30,214,843.84元,包括:

现金	41,551.06
银行存款	30,173,292.78

(2)应收帐款20,243,374.09元,帐龄分析如下:

帐龄	金额(元)	所占比重(%)
1年以内的	19,901,571.63	98.31
1-2年的	56,895.40	0.28
2-3年的		
3年以上的	284,907.06	1.41
合计	20,243,374.09	

应收帐款比上年末增加15,942,574.73元,主要系销售增加,货款未及时回笼所致。

*其中巴陵石化长岭炼油化工总厂6,434.050元,该公司直接持本公司股本1500万元,占总股本额的28.84%。

(3)预付货款1,467,660.55元,其帐龄为1年以内,系预付巴陵石化长岭炼油化工总厂购油款。

(4)其他应收款20,667,349.17元,其帐龄分析如下:

帐龄	金额(元)	所占比重(%)
1年以内的	19,176,332.93	92.79
1-2年的	1,283,877.74	6.21
2-3年的	207,138.50	1.00
3年以上的		
合计	20,667,349.17	100.00

主要单位如下:

单位名称	金额(元)	经济业务内容
*岳阳长炼兴长企业集团公司	12,980,158.03	临时借款
盛湘经贸发展公司	200,000.00	临时借款
岳阳市北区第一建安公司	100,000.00	临时借款

*岳阳兴长企业集团公司持本公司股本2138.69万元,占总股本的41.13%。该公司是本公司的控股公司;因其流动资金紧张,陆续临时借款12,980,158.03元,该公司承诺于1997年8月31日前归还全部借款,该借款不计息。

(5)待摊费用2,546,697.98元,包括:

期初存货进项税额	83,961.54
大修理费用	2,462,736.44

待摊费用比上年末增加2,448,104.99元,主要系固定资产大修理费用增加所致。

(6)存货12,285,148.27元,包括:

①产成品	5,945,596.01
②原材料	5,346,563.88
③包装物	1,136.03
④低值易耗品	24,235.50
⑤库存商品	527,150.46
⑥燃料	82,978.56
⑦材料物资	351,087.83
⑧在产品	6,400.00

存货比上年末增加5,219,084.13元,主要系外购原材料增加所致。

(7)长期投资8,104,000.00元,系对外联营投资,明细如下:

被投资公司名称	投资期限	占被投资单位注册资本比例	投资金额
湖南建长石化股份有限公司	20年	10%	3,000,000.00
深圳深长实业股份有限公司	20年	5.4%	5,104,000.00

(8)固定资产及累计折旧

(一)固定资产原值

固定资产类别	期初价值	本期增加	本期减少	期末价值
房屋及建筑物	30,582,762.23	27,309.94		30,610,072.17
机器设备	42,445,327.23	559,753.02	375,975.00	42,629,105.25
电子设备	13,932,567.29	252,350.00	672,712.78	13,512,204.51
运输工具	2,552,908.00			2,552,908.00
其他设备	31,865.00	24,280.00		56,145.00
合计	89,545,429.75	863,692.96	1,048,687.78	89,360,434.93

(二)累计折旧

固定资产类别	期初价值	本期增加	本期减少	期末价值
房屋及建筑物	3,378,691.10	422,065.02		3,800,756.12
机器设备	5,646,320.30	1,167,477.06	7,387.16	6,806,410.20
电子设备	1,263,661.18	738,347.35		2,002,008.53
运输工具	1,118,114.05	84,796.54		1,202,910.59
其他设备		8,162.37		8,162.37
合计	11,406,786.63	2,420,848.34	7,387.16	13,820,247.81

(9)在建工程3,428,911.36元

工程名称	批准文号	原预算数	资金来源	工程进度	实际支用数
甲醇弛放汽工程	市岳经技字[1996]72号	4,500,000.00	自筹	70%	3,428,911.36

(10)无形资产1,876,016.72元,系土地使用权。包括:

明细	原值	已摊金额	期末金额	剩余摊销年限
岳阳兴长石化股份有限公司油品供销中心土地使用权	103,462.00	25,002.30	78,459.70	7.6年
岳阳兴长石化股份有限公司经济技术开发区兴达食品添加剂分公司土地使用权	1,810,000.00	12,442.98	1,797,557.02	49.50年

(11)递延资产1,023,653.76元系开办费,包括:

明细	原值	已摊金额	期末金额	剩余摊销年限
岳阳兴长石化股份有限公司油品供销中心开办费	133,217.65	19,579.22	113,638.43	3年
岳阳兴长石化股份有限公司兴达食品添加剂分公司开办费	1,013,353.75	103,338.42	910,015.33	4.5年

(12)短期借款500,000.00元

贷款机构	期间	月利率	币种	金额	借款条件
*岳阳市建行长岭支行	97.2-97.5	9.24‰	人民币	200,000.00	信用借款
岳阳市交行长岭办	97.6-97.10	9.24‰	人民币	300,000.00	信用借款

*此笔借款已办妥展期手续,无罚息事项。

(13)应付帐款11,061,249.75元,其关联款项如下:

巴陵石化长岭炼油化工总厂1,886,858.99元

岳阳长炼兴长企业集团公司4,110,089.11元

(14)预收帐款6,197,026.07元,比年末增加4,805,985.43元,主要系产品畅销,客户预付购货款增加所致,无关联款项。

(15)未交税金4,538,496.77元,包括:

①应交增值税	2,838,731.59元
②应交营业税	7,308.43元
③应交城建税	29,800.98元
④应交房产税	32,994.00元
⑤应交城镇土地使用税	6,855.00元

⑥应交印花税　　1,032.83 元
⑦应交企业所得税　　1,563,845.36 元
⑧应交消费税　　50,814.00 元
⑨应交固定资产投资方向调节税　　7,114.58 元
(16)其他未交款 96,778.36 元,包括:
教育费附加　　64,439.88 元
*工业发展基金　　32,338.48 元

*湖南省人民政府湘政发[1996]16 号文件规定,生产行业按增值税、消费税、营业税征收 1%的金额用于湖南省工业、农业发展专项资金,企业在所得税前列支出。

(17)其他应付款 15,909,522.15 元,比年末减少 10,453,745.42 元,主要系及时归还款项所致。其并联款项如下:

岳阳长炼兴长企业集团公司	21,029.52 元	系临时借款
巴陵石化长岭炼油化工总厂	783,948.60 元	系临时借款

(18)预提费用　108,586.21 元,包括:
短期借款利息　　6,000.00 元
固定资产大修理费　　102,586.21 元

预提费用比上年末减少 291,413.79 元,主要系水、电费发票已到,款项及时缴清所致。

(19)股本 52,000,000.00 元,包括:
(一)法人股　　37,526,900.00 元,其中:
岳阳长岭炼油化工总厂　　15,000,000.00
*岳阳兴长企业集团公司　　21,386,900.00
*岳阳长岭长庆经贸公司　　285,000.00
*长炼职工技术协会　　427,500.00
*长炼职工大学　　427,500.00
*以上单位均属巴陵石化长岭炼油化工总厂的下属单位。
(二)社会公众股　　14,473,100.00 元

以上股本经湖南省会计师事务所湘会师(1993)验字第 204 号文件验证。

截止到 1997 年 6 月 30 日的每股净资产为 2,651 元。

(20)资本公积 114,251.61 元,系下属分公司岳阳兴长石化股份有限公司塑料制品分公司 1994 年前岳阳市北区税务局因该厂系新办的集体企业,所得税免交而形成的。

(21)盈余公积 21,980,316.99 元,明细如下:
法定盈余公积　　16,802,496.33
法定公益金　　3,430,857.44
任意盈余公积　　1,746,963.22
合计　　21,980,316.99
(22)未分配利润项目
年初数　　37,849,008.26 元
本期增加数　　25,934,749.47 元
期末数　　63,783,757.73 元
1997 年 1-6 月的每股净收益为 0.499 元。
(23-24)本期主营业务收入及主营业务成本

分类项目	主营业务收入(元)	主营业务成本(元)
聚丙烯	65,534,121.07	35,528,202.31
甲醇	4,631,312.69	2,602,724.62
油料销售	9,748,505.38	8,702,323.01
塑料编织袋	2,287,383.09	1,933,935.21
合计	82,201,322.23	48,767,185.15

主营业务收入比上年末增加 31,504,140.19 元,主要系聚丙烯、甲醇、销量比去年增加,销售价格比去年上升所致。主营业务成本比上年末增加 14,227,293.83 元,原因同上。

(25)财务费用 -502,241.45 元,包括:
利息净支出　　-503,587.95
金融机构手续费　　1,346.50
财务费用为负数系定期存款利息收入所致。
(26)1997 年 1-6 月其他业务利润 255,882.68 元,包括:
运输收入　　30,000.00 元
材料让售利润　　225,882.68 元
(27)营业外收入 6,677.51 元,包括:
教育费附加返还　　6,581.71 元
罚款收入　　95.80 元
(28)营业外支出 1,121.80 元,系罚款支出

(29)以前年度损益调整 406,692.39 元,系调整以前年度多摊费用和多计提折旧金额。

(30)所得税项目

1997 年 1 至 6 月共实现利润总额 30,511,469.96 元,按规定应上交企业所得税额为 10,068,785.09 元,但根据湖南省人民政府湘政办函(1996)342 号文,自 1997 年 1 月 1 日起,本公司先按 33%上交所得税,然后由财政按 18%的税率返还公司作为税后利润处理。因此,本期实际应交所得税为 4,576,720.49 元。

5、关联企业及其交易的披露

(一)关联企业

(1)岳阳长炼兴长企业集团公司

岳阳长炼兴长企业集团公司(以下简称"集团公司")是本公司的发起人。集团公司现持有岳阳云溪工商局核发的 18620270-X 号《企业法人营业执照》,注册资本 4900 万元,经济性质为集体。集团公司现持有本公司 2138.69 万股,占本公司股本总额的 41.13%。

(2)长岭炼油化工总厂

长岭炼油化工总厂(以下简称"长炼")是中国石油化工总公司下属企业,现持有湖南省工商行政管理局核发的 18378268-1 号《企业法人营业执照》,注册资本 124,480 元,经济性质国有。长炼现持有本公司 1,500 万股,占本公司股本总额的 28.85%。

(二)关联交易

(1)根据《国有土地使用权租赁合同》的约定,长炼向本公司出租聚丙烯、甲醇、编织袋的生产用场地,面积为 19696.57 平方米,租期 10 年,租金为前三年每年 50,000 元,以后每三年调整一次。

(2)根据《长岭炼油化工总厂与岳阳兴长石化股份有限公司若干关系的协调管理协议》,长炼向本公司提供生产原料、水电气等辅助材料,并按市场价格进行结算。

自 1995 年起,长炼向本公司供应主要原料丙烯时,给予了 8%-12%的价格优惠,1997 年上半年购进丙烯原料 9,706.08 吨,交易额为 27,619,581.88 元,占本公司购进该材料金额的 100%。其原因是:(1)本公司是长炼丙稀产品的最大客户。(2)本公司为长炼安置了从生产一线下岗的富余人员和待业青年,配合了中国石化总公司和长炼的劳动用工制度改革,解除了长炼的后顾之忧。公司购进甲醇原料 6,218 吨,占本公司购进此原料金额的 100%,无价格优惠。

(3)根据《注册商标使用许可协议》,集团公司许可本公司在聚丙烯上使用其"驼鹤"牌注册商标,使用费自 1997 年 1 月 1 日起为年销售额的 0.8%。

6、或有事项

本公司不存在未决诉讼,未决索赔,税务纠纷,应收票据贴现,债务担保等或有损失事项。

7、其他事项说明

截止到 1997 年 6 月 30 日止,本公司及分公司尚未在境内任何证券经营机构开设买卖已上市流通股票的帐户。

二、经营情况的回顾与展望

1、上半年经营情况的回顾

(1)上半年,公司实现业务收入 8220.1 万元,税前利润 30511 万元,净利润 2593.5 万元,分别为年计划的 47.8%、82.4%、82.2%,分别比去年同期增长 62.1%、110.6%、167.2%,超额完成上半年计划。

(2)上半年,公司通过狠抓生产管理,不断优化工艺操作参数,强化工序管理,加强设备维护保养,使公司的生产出现了新的局面;同时,通过完善内部经济责任制,实行超产提成、计件工资等激励办法,充分调动了职工的生产积极性。主体生产装置达到了"安全、平稳、长周期、满负荷。优质"生产,实现了稳产、高产局面。

(3)上半年,共生产聚丙烯 8700 吨,比去年同期多生产 480 吨,产品质量经国家石化有机原料全成树脂质量监督检验中心抽样检查再一次被确认为合格品;生产甲醇 4000 吨,为公司上半年主要盈利增长点,产品质量经省质量监督部门的授权单位抽查确认为一级品。油品供销中心广辟业务渠道。积极开展优质服务,千方百计扩大零售量。上半年共实现销售收入 1023.2 万元,为年计划的 56.8%;塑料制品分公司通过改进工艺配方、调整工艺操作参数,积极拓展市场,上半年共生产编织袋 220 万条,为年计划的 55%。兴达食品添加剂分公司通过加强对职工技术培训,熟练掌握操作技能,生产基本达到了设计要求,但由于是新产品,市场的认同尚需时间,因此,上半年仅根据订货情况,试生产了 100 多吨。

(4)上半年,公司继续加强产品出厂质量管理和强化售后服务,继连续七年保持产品出厂合格率 100%之后,继续保持了产品出厂合格率 100%;通过加强营销管理,确保了生产后路的畅通。

(5)上半年,公司积极开展学邯钢活动,深化成本管理,加强成本核算,将成本指标进行分解,层层控制,有效的控制了成本增长。在主营业务收入增长 62.1%情况下,营业成本仅增长了 41.2%。

2、下半年计划

为了全面超额完成全年计划,公司将继续强化生产管理、狠抓安全生产,确保主体生产装置"安全、平稳、长周期、满负荷、优质"生产;继续强化成本管理,巩固既得成绩,为股东创造丰厚的回报。下半年力争实现销售收入 12000 万元、利润 4000 万元。具体来说,下半年应着重抓好以下几件事。

(1)认真搞好甲醇弛放气回收技改工程的收尾工作,争取在 8 月上旬投用。

(2)精心组织聚丙烯装置的大检修。(至报告签署之日,聚丙烯装置检修已圆满结束,历时 15 天,于 7 月 22 日生产出合格产品,比计划提前 3 天)

(3)加强设备维护保养,保持甲醇装置高产、稳产局面。

三、重大事项说明

1、公司于 1997 年 3 月 25 日在湖南省工商行政管理局进行年检登记。

2、公司 A 股于 1997 年 6 月 25 日在深交所挂牌上市。

3、按《公司法》的要求,公司将所属全资子公司岳阳兴长石化塑料制品厂、岳阳兴长石化油品供销中心、岳阳经济技术开发区兴达食品添加剂厂分别变更为岳阳兴长石化股份有限公司塑料制品分公司、岳阳兴长石化股份有限公司油品供销中心、岳阳兴长石化股份有限公司兴达食品添加剂分公司。

4、根据《湖南省人民政府办公厅关于同意岳阳兴长石化股份有限公司享受企业所得税优惠政策的批复》(湘政办函[1996]342 号),自 1997 年 1 月 1 日起,公司的企业所得税先按 33%的税率征收,然后由市财政按 18%的税率返还公司作为税后利润处理。

5、本公司对照《严禁国有企业和上市公司炒作股票的规定》进行自查。经自查,本公司没有从事任何违规的事项,以后将继续遵照此项规定。

6、本报告期内公司无任何诉讼、仲裁事项。

四、发行在外股票的变动和股权结构变化

1、报告期内,公司股本总额和股权结构没有变化。

2、股权结构情况(单位:万股,每股面值:1.00 元人民币)。

	1997 年 6 月 30 日	比率(%)	1996 年末	比率(%)
(一)尚未流通股份	3752.69	72.17	3752.69	72.17
(1)国有法人股	1500.00	28.85	1500.00	28.85
(2)社会法人股	2252.69	43.32	2252.69	43.32
(二)流通股份	1447.31	27.83	1447.31	27.83
境内上市的人民币普通股	1447.31	27.83	1447.31	27.83
(三)股份总额	5200.00	100.00	5200.00	100.00

3、主要股东持股情况

	持股数(股)	所占比例(%)
岳阳长炼兴长企业集团公司	21,386,900	41.13
巴陵石化长岭炼油化工总厂	15,000,000	28.85
长炼职工技术协会	427,500	0.82
长炼职工大学	427,500	0.82
岳阳长炼长庆贸易公司	285,000	0.55
金信理财	200,070	0.38
林丽萍	148,840	0.29
田浩成	117,130	0.23
林芬庆	90,680	0.17
蔡同琼	85,000	0.16

五、股东大会简介

董事会考虑到上半年公司在申请 A 股上市事宜,公众股东变化较大,为使股东大会更具广泛性、代表性,报告期内没有召开股东大会。董事会决定于 1997 年 8 月 26 日召开公司第九次股东大会,主要讨论决定公司 1997 年中期分红派息方案。

公司 1997 年 1 至 6 月份实现利润 30,511,469.96 元,实际计提所得税 4,576,720.49 元,净利润 25,934,749.47 元,根据公司章程规定,预提 10%的法定盈余公积金 2,593,474.95 元,预提 5%的公益金 1,296,737.47 元,可供股东分配的利润为 22,044,537.05 元,加上年初未分配利润 37,849,008.26 元,累计可供股东分配利润为 59,893,545.31 元。

分红预案为:每 10 股送 10 股红利,并送出 52,000,000 股,计 52,000,000.00 元,剩余可分配利润 7,893,545.31 元滚存到以后年度分配。

上述分配预案需提交股东大会审议通过,并报证券主管部门批准后实施。

六、备查文件

1、载有公司董事长蒋信成先生、总经理邓和平先生亲笔签名的 1997 年度中期报告原本。

2、载有湖南省会计师事务所盖章,注册会计师李弟扩、李双桂亲笔签名的审计报告及财务报表。

查阅地址:岳阳兴长石化股份有限公司证券部

岳阳兴长石化股份有限公司

董事长:蒋信成

总经理:邓和平

1997 年 7 月 26 日

安徽安凯汽车股份有限公司

安徽安凯汽车股份有限公司股票上市公告书

一、释义

在本公告书中，除非另有说明，下列简称具有如下意义：

证监会：指中国证券监督管理委员会

公司(本公司)：指安徽安凯汽车股份有限公司

发起人：指合肥淝河汽车制造厂

淝汽厂：指合肥淝河汽车制造厂

上市推荐人：指安徽省证券公司

A股：指每股面值为1.00元的记名式人民币普通股

深交所：指深圳证券交易所

元：指人民币元

二、绪言

本公告系依据《中华人民共和国公司法》、《股票发行与交易管理暂行条例》及《公开发行股票公司信息披露实施细则(试行)》和《深圳证券交易所业务规则》以及国家其他有关法律法规文件的规定编写，为本公司股票上市之目的而向社会公众提供有关资料。

经中国证监会证监发字〔1997〕367号文和证监发字〔1997〕368号文批准，本公司已成功地向社会公众发行每股面值1.00元的人民币普通股6000万股(A)股。本公司股票上市申请经深交所深证发〔1997〕第284号文审核批准，本公司5800万股社会公众股将于1997年7月25日(星期五)在深交所挂牌交易。另有200万股公司职工股将在本次股票上市6个月后上市。股票简称"安凯客车"；证券编码"0868"。

本公司于1997年6月28日在《上海证券报》、《证券时报》、《安徽日报》刊登了《招股说明书(概要)》，距今不足6个月，故与其相重复的内容在此不再赘述，敬请社会公众查阅本公司《招股说明书(概要)》。

本公司董事会成员已批准本上市公告书，确信其中不存在任何重大遗漏或者误导，并对其真实性、准确性、完整性负个别的和连带的责任。

三、发行公司概况

(一)主要发起人简介：

法定名称：合肥淝河汽车制造厂

注册资金：8890万元

法定代表人：王一荃

成立日期：1966年6月

经营范围：汽车及配件制造

所属行业：汽车工业

注册地址：安徽省合肥市葛淝路1号

联系电话：(0551)4841562

(二)公司历史沿革

本公司系经安徽省经济体制改革委员会皖体改函字〔1996〕第091号文批复，同意由合肥淝河汽车制造厂作为独家发起人，以其客车分厂、底盘分厂、冲压分厂的生产经营性资产及其相关资产和相关债项进行资产重组，筹建本公司。经安徽省国有资产管理局皖国资工字(1997)第080号文批准，合肥淝河汽车制造厂投入本公司的净资产为9,406.094万元，折国家股为8,000万股，折股比例为85.05%，超过面值的部分1406.094万元列入公司资本公积金。安徽省国有资产管理局委托淝汽厂持有国家股8000万股股权。1997年1月31日，安徽省证券管理办公室皖证管字(1997)23号文推荐本公司为安徽省1996年计划内发行A股第四家上报企业，1997年4月21日，安徽省人民政府皖政秘〔1997〕第63号文批准设立本公司。

本公司发起人淝汽厂前身"安徽省地方国营淝河汽车修配厂"，始建于1996年6月，1975年8月更名为"合肥淝河汽车制造厂"。现系国家定点生产高档大型客车及底盘、重型载货汽车及改装车、变形车的骨干企业和安徽省机械工业局的直属单位。创业三十年，曾先后赢得安徽省先进企业，国家大型二档企业，国家一级计量单位，国家一级档案管理单位等殊荣。本公司设立后，淝汽厂受安徽省国有资产管理局委托持有并管理本公司57.14%的股权，为本公司的控股股东。

四、股票发行及承销

(一)股票发行

社会公众股发行数量：6000万股(共中含公司职工股200万股)

发行价格：5.69元/股

募集资金总额：34140万元

发行方式：全额预缴、比例配售、余额转存

配售比例：0.15695

配售户数：2722户

持有1000股以上的户数：1146户

发行费用总额：1320万元

每股发行费用：0.22元

发行市盈率：16.2倍

(二)股票承销

本次公开发行5800万股社会公众股和200万股公司职工股已全部由社会公众及公司职工认购，承销团成员无余额包销。

(三)验资报告

会股事字(1997)第295号

安徽安凯汽车股份有限公司筹委会：

我们接受委托，对安徽安凯汽车股份有限公司(筹)截至1997年7月16日止的实收股本的真实性和合法性进行了审验，在审验过程中，我们根据国家有在规律、法规，按照《独立审计实务公告第1号—验资》的要求，实施了必要的审验程序。安徽安凯汽车股份有限公司(筹)的责任是提供真实、合法、完整的验资资料；我们的责任是按照《独立审计实务公告第1号—验资》的要求，出具真实、合法的验资报告。

安徽安凯汽车股份有限公司(筹)的申请注册资本为壹亿肆仟万元整(￥140,000,000.00)。根据我们的审验，安徽安凯汽车股份有限公司(筹)本次公开发行前的股本总额为捌仟万元整(￥80,000,000.00)，业经本所会事股字(1997)第191号《验资报告》验证，本次验资是对社会公众股股东投入的股本进行验证。贵公司经中国证监会证监发字(1997)367号和证监发字(1997)368号文批准，本次公开发行A股6000万股，每股面值1元，发行价每股5.69元，截至1997年7月16日，贵公司扣除本次预计发行费用壹仟叁佰贰拾万元整(￥13,200,000.00)后，实际收到募集资金叁亿贰仟捌佰贰拾万元整(￥328,200,000.00)，其中股本陆仟万元整(￥60,000,000.00)，资本公积贰亿陆仟捌佰贰拾万元整(￥268,200,000.00)。此次募集资金已存入中国建设银行合肥市分行，帐号70126168620户叁亿壹仟柒佰贰拾陆万元整(￥317,260,000.00)，存入中国银行合肥市分行广场分理处，帐号603050105027户壹仟零玖拾肆万元整(￥10,940,000.00)。本次股票发行后，贵公司股本总额为壹亿肆仟万元整(￥140,000,000.00)，其中国家股捌仟万元整(￥80,000,000.

00),社会公众股(含公司职工股)陆仟万元整(¥60,000,000.00)。

安徽会计师事务所　　　　　　　　中国注册会计师:吕永贞

中国·合肥　　　　　　　　　　　中国注册会计师:李冠华

1997年7月17日

五、董事、监事及高级管理人员持股情况

1. 董事长　王一荃　男,1942年1月出生,大学本科,曾任车间主任、书记、芜湖发动机厂厂长,现任淝汽厂厂长兼党委副书记、本公司董事长。持有本公司股票数量为5500股,占总股本的0.039‰。

2. 董事　程桂金　男,1953年7月出生,大专,曾任党委秘书、党办主任、党委副书记,现任淝汽厂党委书记、本公司总经理,持有本公司股票数量为5000股,占总股本的0.036‰。

3. 董事　杨亚平　男,1954年4月出生,大专,曾任车间副主任、主任、分厂厂长、书记,现任淝汽厂副厂长、本公司常务副总经理。持有本公司股票数量为4000股,占总股本的0.029‰。

4. 董事　陈天玉　男,1938年12月出生,大专,曾任厂纪委副书记等职,现任淝汽厂纪委书记。持有本公司股票数量为4000股,占总股本的0.029‰。

5. 董事　韩宪海　男,1941年8月出生,大专,曾任工会副主席。现任淝河汽车制造厂工会主席。持有本公司股票数量为4000股,占总股本的0.029‰。

6. 董事　汪席华　男,1954年1月出生,大专,曾任副科长、处长等职,现任淝汽厂副总会计师。持有本公司股票数量为4800股,占总股本的0.034‰。

7. 董事　易莉亚　女,汉族,1947年6月出生,中专,曾任副科长、科长、副总会计师,现任本公司财务部部长。持有本公司股数量为4000股,占总股本的0.029‰。

8. 董事　张国　男,1954年8月出生,大学,曾任分厂厂长、科长、主任,现作淝汽厂副总工程师兼总师办主任。持有本公司股票数量为4000股,占总股本的0.029‰。

9. 董事　周贞财　男,1945年11月出生,初中,曾任党支部副书记、纪检员、处长等职,现任淝汽厂组干处处长,厂党委委员。持有本公司股票数量为4000股,占总股本的0.029‰。

10. 董事　储建宜　女,1954年10月出生,大专,曾任车间工会主席、党支部书记、总支书记、主任等职,现任淝汽厂办公室主任。持有公司股票数量为4000股,占总股本的0.029‰。

11. 董事　柯曾顺　男,1953年11月出生,大专,曾任副科长、科长,现任淝汽厂劳资处处长。持有本公司股票数量为3000股,占总股本的0.021‰。

12. 董事　王军　男,1962年2月出生,大专,曾任技改办副主任、总师办副主任、主任、厂副总经济师,现任本公司董事会秘书兼综合事务部部长。持有本公司股票数量为4000股,占总股本的0.029‰。

13. 董事　万建好　男,1960年8月出生,大学本科,曾任汽车研究所副所长、分厂副厂长,现任本公司副总经理兼销售部部长。持有本公司股票数量为4000股,占总股本的0.029‰。

14. 董事　廉保绪　男,1966年10月出生,大学本科,曾任车间副主任、汽车研究所副所长、分厂厂长,现任本公司副总经理兼供应部部长。持有本公司股票数量为4000股,占总股本的0.029‰。

15. 董事　王鹏程　男,汉族,1963年11月出生,大学本科,曾任汽车研究所副所长、所长、分厂厂长。现任本公司副总经理兼技术部部长。持有本公司股票数量为4000股,占总股本的0.029‰。

16. 监事会主席　李茂华　男,1954年7月出生,大专,曾任党委秘书、处长等职,现任淝汽厂宣传处处长兼党委秘书、厂党委委员。持有本公司股票数量为4000股,占总股本的0.029‰。

17. 监事　张克联　男,1945年5月出生,初中,曾任党支部书记等职,现任淝汽厂工会副主席。持有本公司股票数量为3000股,占总股本的0.021‰。

18. 监事　刘明发　男,1938年8月出生,中专,曾任科长、副总会计师等职,现任淝汽厂审计室主任。持有本公司股票数量为4000股,占总股本的0.029‰。

19. 监事　马兆安　男,1952年10月出生,大专,曾任党支部书记等职,现任4淝汽厂纪委委员。持有本公司股票数量为3000股,占总股本的0.021‰。

20. 监事　徐红　女,1969年5月出生,大学本科,现任淝汽厂财务处会计师。持有本公司股票数量为3000股,占总股本的0.021‰。

本公司董事、监事及高级管理人员持有本公司股票79,300股,占总股本的0.57‰,其持有股份按照《中华人民共和国公司法》规定在任职期间不得转让。

六、公司设立

1. 公司于1997年7月22日召开了创立大会暨第一届股东大会,审议并通过了本公司股票在深圳证券交易所申请上市交易的决议。

2. 公司注册资金:14,000万元

3. 公司注册时间:1997年7月22日

4. 公司注册地点:安徽省合肥市葛淝路1号

5. 营业执照册号码:14897531-4

七、关联企业及关联交易

(一)关联企业

合肥淝河汽车制造厂为本公司独家发起人,持有本公司8,000万股,占总股本的57.14%,为本公司的控股股东。

(二)关联交易

对淝汽厂持有的"ANKAI"注册商标和正在申请注册的图形商标,本公司已与其签订《商标转让协议》。同时,就土地、房屋、专有技术使用和水、电、所供应等事宜,本公司与淝汽厂分别签订了《土地使用权租赁协议》、《房屋建筑物租赁协议》、《专有技术使用费补偿协议》和《综合服务协议》,从而使本公司与淝汽厂的关系建立在合同基础上。

八、股本结构及大股东持股情况

(一)上市前的股本结构

股份类别:	股数(万股)	占总股份比例(%)
尚未流通股:		
国家股	8,000	57.14
可流通股:		
社会公众股	6,000	42.86
其中:公司职工股	200	1.43
股份合计	14,000	100

(二)前十名股东所持股数及比例

序号	股东全称	持股数量(股)	占总股本比例(%)
1	合肥淝河汽车制造厂	80,000,000	57.14
2	北京四通新科技术产业股份有限公司	1,098,650	0.785
3	金飞民航经济发展中心	1,098,650	0.785
4	黑龙江华信经济贸易有限责任公司	1,098,650	0.785
5	南京华宁房地产开发有限公司	941,700	0.673
6	安徽省安通发展有限公司	910,310	0.650
7	天津信托投资公司	831,835	0.594
8	凤凰股份有限公司	826,812	0.591
9	银川市信托投资公司	784,750	0.561
10	扬州信托投资公司	784,750	0.561

九、财务会计资料

审计报告

会事股字(1997)第299号

安徽安凯汽车股份有限公司筹委会:

我们接受委托，审计了贵公司1997年3月31日的资产负债表和1997年1－3月的利润表，这些会计报表由贵公司负责，我们的责任是对这些会计报表发表审计意见，我们的审计是依据《中国注册会计师独立审计准则》进行的。在审计过程中，我们结合贵公司的实际情况，实施了包括抽查会计记录等我们认为必要的审计程序。

我们认为，上述会计报表符合《企业会计准则》、《股份制试点企业会计制度》和国家其他有关财务会计法规的规定，在所有重大方面公允地反映了贵公司1997年3月31日的财务状况和1997年1－3月的经营成果，会计处理方法的选用遵循了一贯性原则。

安徽会计师事务所　　　　中国注册会计师：吕永贞

中国·合肥　　　　中国注册会计师：李冠华

(一)重要会计政策

1. 公司会计制度

合肥淝河汽车制造厂1997年3月31日前均执行《工业企业会计制度》。安徽安凯汽车股份有限公司(筹)的1997年1－3月的会计报表，已按《股份制试点企业会计制度》调整编报。

2. 会计期间

本公司采用公历年度，即从每年1月1日起至12月31日止为一个完整的会计期间。

3. 记帐原则和计价基础

以权责发生制为记帐原则；以历史成本为计价基础。

4. 记帐本位币

本公司以人民币作为记帐本位币。

5. 外币折算方法

对发生的非记帐本位币经济业务均按业务发生当日的外汇牌价折合为记帐本位币，月度终了，各外币帐户的月末余额按月末外汇牌价调整，调整的差额作为汇兑损益，其中生产经营期间发生的，计入财务费用；与购建固定资产等直接有关的汇兑损益，在资产尚未交付使用或者虽已交付使用但尚未办理竣工决算之前，计入资产的价值。

6. 存货计价方法

原材料中的国产件采用计划成本核算，根据领用或发出的原材料按月结转应负担的材料成本差异，将计划成本调整为实际成本；原材料中的进口件采用实际成本核算，发出采用分批实际法。产成品采用实际成本核算、发出采用加权平均法。低值易耗品领用按一次摊销法摊销。

7. 固定资产及其折旧

使用期限超过一年的机器、机械、运输工具以及其他与生产经营有关的设备、器具工具等；不属于生产经营主要设备的物品、单位价值在2000元以上、并且使用期限超过两年的均确认为固定资产。固定资产按实际成本计价，采用平均年限法计提折旧，固定资产类别、估计经济使用年限、预计残值率及折旧率如下：

类　别	使用年限	预计残值率(%)	年折旧率(%)
机器设备	13	4	7.4
动力设备	15	3	6.5
运输设备	10	3	9.7
自动化控制及仪器仪表	10	3	9.7
工具及其他生产用具	12	3	8.1
非生产设备及器具	18	3	5.4

8. 坏帐准备

采用备抵法，按期末应收帐款余额的5‰计提坏帐准备。

9. 税项

(1)增值税

1997年1－3月执行17%的增值税税率，即按销项税额(产品销售收入×适用税率)减进项税额计缴。

(2)城市维护建设税及教育费附加

城市维护建设税及教育费附加分别按应纳增值税额的7%和3%计提缴纳。

(3)所得税

根据安徽省财政厅财预字(1997)第490号文件批准本公司按33%的所得税率征收，地方财政返还18%，本公司实际所得税负为15%。

10. 销售收入确认

销售收入以产品已经发出、劳务已经提供，同时收讫价款或者取得了索取价款的凭据时，确认销售收入的实现。

11. 利润分配

(1)按税后利润的10%计提法定公积金

(2)按税后利润的8%计提法定公益金

(3)提取任意公积金

(4)分配利润

(二)会计报表项目附注

1. 货币资金

截止1997年3月31日，货币资金余额为1,110,920.78元，

其中：现金18,843.69元，银行存款1,092,077.09元。

2. 应收票据

截止1997年3月31日，应收票据余额为19,000,000.00元，其明细项目如下：

出票人	票据种类	票面金额	出票日	到期日	备　注
南京金陵双层客车厂	银行承总汇票	500,000.00	97.3.10	97.9.9	质押给中国投资银行省分行
蚌埠专用汽车制造厂	银行承兑汇票	500,000.00	96.11.22	97.4.1	质押给合肥市工行营业部
重庆长渝优钢有限责任公司	银行承兑汇票	5,000,000.00	96.10.25	97.4.25	质押给合肥市工行营业部
重庆长渝优钢有限责任公司	银行承兑汇票	5,000,000.00	96.10.25	97.4.25	质押给安徽省信托国际业务部
重庆长渝优钢有限责任公司	银行承兑汇票	2,000,000.00	96.10.25	97.4.25	质押给合肥市工行营业部
重庆国盛民族文化经济发展公司	银行承兑汇票	1,000,000.00	96.12.9	97.6.8	质押给合肥市工行营业部
重庆防盗防伪监测中心	银行承兑汇票	5,000,000.00	97.1.20	97.6.19	
合　计		19,000,000.00			

应收票据中无应收持有本公司5%以上股份的股东单位的票据。

3. 应收帐款

应收帐款系销售产品形成的债权，截止1997年3月31日应收帐款余额为142,347,848.22元。

(1)帐龄分析

帐龄	金额	比例
一年以内	131,754,802.40	93.88%
一至二年	8,593,045.82	6.12%
合计	140,347,848.22	100%

(2)应收帐款中无应收持公司5%以上股份的股东单位的欠款。

4. 预付货款

截止1997年3月31日，预付货款余额为22,754,855.64元，包括

帐龄	金　额	比例
一年以内	22,754,855.64	100%
合计	22,754,855.64	100%

5. 其他应收款

其他应收款系对其他单位和个人的应收及暂付款项，截止1997年3月31日其他应收款余额为21,508,597.46元。

(1)帐龄分析

帐　龄	金额	比例
一年以内	21,128,597.46	98.23%

二至三年	380,000.00	1.77%
合计	21,508,597.46	100%

(2)主要户名如下:

户名	金额	款项内容
安徽省财政厅	20,000,000.00	
机械第五安装公司	380,000.00	预付设备安装款
职工备用金	479,190.02	

其他应收款无应收持本公司5%以上股份的股东单位的欠款。

6. 存货

截止1997年3月31日存货余额为94,750,660.43元,其明细项目如下:

项目	金额
原材料	66,226,127.09
低值易耗品	11,891,060.95
在产品	5,352,225.12
产成品	11,281,247.27
合计	94,750,660.43

7. 固定资产及其折旧

(1)固定资产原价

类别	期初价值	本年增加	本年减少	期末价值
机械设备	24,590,012.99	17,000.00	13,050.00	24,594,062.99
动力设备	2,396,684.00	—	—	2,396,684.00
运输设备	1,419,697.00	—	—	1,419,697.00
自动化控制及仪器仪表	1,130,440.00	—	—	1,130,440.00
工具及其他生产用具	39,325,076.16	97,735.44	43,879.50	39,378,932.10
非生产用设备及器具	766,354.97	—	—	766,354.97
合计	69,628,265.12	114,835.44	56,929.50	69,686,171.06

(2)累计折旧

类别	期初价值	本年增加	本年减少	期末价值
机械设备	7,394,084.17	192,009.77	80.47	7,586,013.47
动力设备	213,040.75	13,436.49	—	226,477.24
运输设备	647,129.00	13,304.35	—	660,433.35
自动化控制及仪器仪表	520,195.00	14,950.44	—	535,145.44
工具及其他生产用具	—	796,332.79	296.19	796,036.60
非生产用设备及器具	80,280.50	10,443.85	—	90,724.35
合计	8,854,729.42	1,040,477.69	376.66	9,894,830.45

8. 在建工程

截止1997年3月31日在建工程余额为1,439,275.71元,其明细项目如下:

工程名称	工程进度	实际支用数	原预算数	批准机关及文号	资金来源
汽车CAD/CAM系统	55%	369,200.00	720,000.00	省经委经科字(1992)234号文	自筹
大客油漆车间烘干房	10%	52,441.48	780,000.00	国家经贸委国经贸(1993)150号文	自筹
大客车改造工程	50%	565,237.09	1,200,000.00	国家经贸委国经贸(1993)150号文	自筹
客底厂充电配酸间改造	75%	15,240.59	20,000.00	省计委计施字(1993)771号文	自筹
大客车停车场	70%	437,156.55	600,000.00	省计委计施字(1993)771号文	自筹
合计		1,439,275.71	3,320,000.00		

9. 短期借款

截止1997年3月31日短期借款金额为67,389,280.00元,其明细项目如下:

贷款单位	本金	月利率(‰)	期限	借款条件
中国建设银行合肥市支行	2,000,000.00	9.24	96.12.31-97.8.4	担保
中国建设银行合肥市支行	3,000,000.00	10.08	96.7.26-97.4.25	担保
中国建设银行合肥市支行	15,730,000.00	10.20	96.7.26-97.7.26	担保
中国建设银行合肥市支行	10,000,000.00	10.065	96.8.15-97.7.31	担保
中国工商银行合肥市支行	24,000,000.00	11.055	96.4.8-97.4.8	信用
中国工商银行合肥市支行	2,000,000.00	10.065	96.5.10-97.4.25	信用
中国工商银行合肥市支行	4,000,000.00	9.24	96.11.25-97.7.25	信用
安徽省信托投资公司	1,659,280.00	9.00	96.11.21-97.5.21	担保
安徽省财政厅工交处	2,000,000.00	9.60	96.8.22-97.8.22	信用
安徽省财政厅工交处	3,000,000.00	9.60	96.9.27-97.9.27	信用
合计	67,389,280.00			

10. 应付帐款

应付帐款系购进材料而应付供货单位的货款,截止1997年3月31日应付帐款余额为76,817,675.77元。

应付帐款中无应付本公司5%以上股份的股东单位的款项。

11. 预收货款

截止1997年3月31日预收帐款余额为845,000.00元,包括:

帐龄	金额	比例
一年以内	845,000.00	100%
合计	845,000.00	100%

12. 未交税金

截止1997年3月31日未交税金余额为11,327,522.87元,包括:

税种	金额	减免情况
增值税	10,309,296.38	—
城市维护建设税	981,785.70	—
印花税	36,440.78	
合计	11,327,522.86	

13. 其他未交款

截止1997年3月31日未交款余额为254,322.66元,包括:

项目	金额
教育费附加	6,988.95
水利基金	109,322.35
价格基金	109,322.35
污水治理费	28,689.01
合计	254,322.66

14. 其他应付款

截止1997年3月31日,其他应付款余额为:18,225,234.30元。

(1)帐龄分析

帐龄	金额	比例
一年以内	18,225,234.30	100%
合计	18,225,234.30	100%

(2)主要内容为应付合肥淝河汽车制造厂往来款17,876,721.82元。

15. 预提费用

截止1997年3月31日预提费用作额为6,667,907.48元,主要系预提短期借款利息。

16. 一年内到期的长期负债

截止1997年3月31日一年内到期的长期负债余额为35,815,100.00元,其明细项目如下:

贷款单位	年利率(%)	原币种	原币金额	人民币金额	到期日	借款条件
中国建设银行合肥市支行	12.24	RMB		13,000,000.00	97.11.16	担保
安徽省信托投资公司	10.80	USD	800,000.00	6,637,120.00	97.6.26	信用
安徽省信托投资公司	10.80	USD	800,000.00	6,637,120.00	97.12.26	信用
安徽省信托投资公司	10.80	USD	750,000.00	6,222,300.00	97.12.26	信用

安徽省信托投资公司	10.80	USD	400,000.00	3,318,560.00	97.4.12	担保
合 计				35,815,100.00		

17. 长期借款

截止1997年3月31日,长期借款余额为34,050,588.05元,其明细项目如下:

贷款单位	借款日	到期日	年利率(%)	原币种	原币金额	人民币金额	借款条件
安徽省信托投资公司	96.6.26	98.6.26	10.80	USD	800,000.00	6,637,120.00	信用
安徽省信托投资公司	96.6.26	98.12.26	10.80	USD	800,000.00	6,637,120.00	信用
中国建设银行合肥市支行	93.12.27	98.2.16	13.86	RMB		6,000,000.00	担保
安徽省信托投资公司	96.11.4	98.11.4	10.875	USD	600,000.00	4,977,840.00	信用
中国建设银行合肥市支行	95.4.27	2003.3.26	14.58	RMB		1,000,000.00	担保
应计利息						8,798,508.05	
小 计						34,050,588.05	

18. 应付债券

截止1997年3月31日应付债券余额为8,675,000.00元,系依据安徽省计划委员会、中国人民银行安徽省分行计财字〔1996〕530号文发行地方企业债券的本金及利息,其明细项目如下:

证券类别	债券面值	债券溢价(折价)	债券期限	年利率(%)	利息
地方企业债券	8,000,000.00	平价发行	96.8.15-99.8.15	13.50	675,000.00

19. 股本

截止1997年3月31日股本余额为80,000,000.00元,系安徽安凯汽车股份有限公司(筹)为上市之目的,以1996年10月31日为基准日进行资产评估,评估后资产总额为243,171,463.58元,负债总额为149,110,523.17元,净资产总额为94,060,940.41元。评估结果经国家国有资产管理局国资评字(1997)202号文件予以确认,安徽省国有资产管理局皖国资工字(1997)080号文件批复,同意将评估确认后的净资产94,060,940.41元按85.05%的比率折为股本80,000,000.00元,其余14,060,940.41元列入资本公积。

20. 资本公积

截止1997年3月31日资本公积余额为14,060,940.41元,系股本溢价转入。

21. 未分配利润

截止1997年3月31日未分配利润余额为6,067,594.98元,系1997年1-3月份形成的税后利润。

22. 主营业务收入

主营业务收主系销售凯斯鲍尔豪华大客车、客车底盘等形成的收入,其明细项目如下:

类 别	1997年1月-3月
凯斯鲍尔豪华大客车	79,820,512.82
客车底盘	11,287,692.29
汽车配件	1,077,120.21
合 计	92,185,325.32

23. 营业成本

营业成本系销售凯斯鲍尔豪华大客车、客车底盘等形成的成本,其明细项目如下:

类 别	1997年1-3月
凯斯鲍尔豪华大客车	67,986,017.10
客车底盘	120,968,924.56
汽车配件	1,046,732.85
合 计	80,001,674.51

24. 销售费用

销售费用系销售产品过程中发生的费用,其明细项目如下:

项 目	1997年1-3月
工资性支出	229,788.91
差旅费	100,297.68
广告费	7,846.15
机物料消耗	1,755.30
三包费用	251,079.19
运输费	1,798.40
业务费	8,672.00
其他	2,852.62
合计	604,090.25

25. 管理费用

管理费用系为组织和管理企业生产经营所发生的费用,其明细项目如下:

项 目	1997年1-3月
工资性支出	346,794.44
办公费	17,318.40
差旅费	104,359.69
折旧费	21,102.41
修理费	2,267.22
机物料消耗	12,643.70
低值易耗品摊销	2,445.32
工会经费	30,500.75
排污费	28,689.01
招待费	26,298.20
税金	254,976.51
其他	52,221.52
合计	899,617.17

26. 财务费用

财务费用系为筹集资金而发生的各项费用,其明细项目如下:

项 目	1997年1-3月
利息支出(减利息收入)	4,118,406.26
汇兑损失(减汇兑收益)	-9,270.00
合 计	4,109,136.26

27. 营业税金及附加

项 目	1997年1-3月
城市维护建设税	16,307.55
教育费附加	6,988.95
合计	23,296.50

28. 其他业务利润

1997年1-3月共发生其他业务利润565,177.40元,系销售材料形成的利润。

29. 营业外收入

1997年1-3月共发生营业外收入25,659.00元,系罚款收入。

十、董事会上市承诺

本公司董事会将严格遵守《公司法》、《股票发行与交易管理暂行条例》、《公开发行股票公司信息披露实施细则》、《深圳证券交易所规则》和有关法律、法规的规定,并自股票上市之日起作出如下承诺:

1. 按照法律、法规的规定程序和要求披露重大信息,并接受证券主管机关、深圳证券交易所的监督管理。

2. 及时、真实、准确地公布中期报告和年度报告,并备置于规定场所供投资者公众查阅。

3. 本公司董事、监事及高级管理人员如发生人事变动或持有本公司股票发生变化时,在报告证券主管机关、主券交易所的同时向投资者公布。

4. 在任何公共传播媒介中出现的消息可能对本公司股票的市场价格产生误导性影响时,本公司知悉后将及时对该消息予以公开澄清。

5. 本公司董事、监事及高级管理人员将认真听取社会公众的意见和批评,不利用已获得的内幕消息和其他不正当手段直接或间接从事股票买卖活动。

6. 本公司没有无记录负债。

十一、重要事项揭示

1. 自1997年1月1日至公司成立前的税后利润滚存至全年,新老股东共同享有。

2. 根据国家有关规定,本公司200万股公司职工将于本次股票上市半年后上市流通。

3. 截止本公告书公布之日,本公司无重大诉讼事项。

十二、备查文件

(一)备查文件

1. 公司成立的注册登记文件
2. 招股说明书
3. 审计报告、财务报表及附注
4. 验资报告
5. 营业执照
6. 法律意见书
7. 中国证监会批准本公司公开发行股票的文件
8. 深圳证券交易所的上市通知书

十三、咨询机构

1. 上市公司:安徽安凯汽车股份有限公司

地址:合肥市葛淝路1号

电话:(0551)4841562

传真:(0551)4841273

联系人:王军　谢小言　梁晓华

2. 上市推荐人:安徽省证券公司

地址:合肥市长江中路357号证券大厦

电话:(0551)2819543　2819727

传真:(0551)2819524

联系人:詹凌颖　周利华

安徽安凯汽车股份有限公司

1997年7月23日

(一)资 产 负 债 表

编制单位:安徽安凯汽车股份有限公司　　金额单位:人民币元

资　产	1997年3月31日	1996年12月31日	1995年12月31日	1994年12月31日
流动资产:				
货币资金	1,110,920.78	954,595.93	284,127.84	2,042,317.85
短期投资				
应收票据	19,000,000.00	16,200,000		
应收帐款	140,347,848.22	83,408,828.93	34,660,451.98	29,375,606.41
减:坏帐准备	417,044.14	417,044.14	173,302.26	146,878.03
应收帐款净额	139,930,804.08	82,991,784.79	34,487,149.72	29,228,728.38
预付货款	22,754,855.64		25,110,701.24	1,928,160.00
其他应收款	21,508,597.46	20,859,190.02	950,066.06	2,845,260.38
待摊费用				
存货	94,750,660.43	99,872,550.58	85,244,527.42	53,118,911.38
待处理流动资产净损失				
其他流动资产				
流动资产合计	299,055,838.39	220,878,121.32	146,076,572.28	89,163,376.99
长期投资:				
长期投资				
固定资产:				
固定资产原价	69,686,171.06	69,628,265.12	12,244,361.18	11,673,740.03
减:累计折旧	9,894,830.45	8,854,729.42	4,501,531.82	4,108,343.29
固定资产净值	59,791,340.61	60,773,535.70	7,742,829.36	7,565,396.74
在建工程	1,439,275.71	1,439,275.71	37,590,623.16	27,177,459.28
固定资产清理				
待处理固定资产净损失				
固定资产合计	61,230,616.32	62,212,811.41	45,333,452.52	34,742,856.02
无形及递延资产:				
无形资产				
递延资产	116,861.83			
无形及递延资产合计	116,861.83			
其他长期资产:				
其他长期资产				
递延税项:				
递延税款借项				
资产总计	360,403,316.54	283,090,932.73	191,410,024.80	123,906,233.01
负债及股东权益				
流动负债:				
短期借款	67,389,280.00	67,389,640.00	27,044,000.00	10,164,000.00
应付票据			2,100,000.00	
应付帐款	76,817,675.17	3,944,755.10	29,058,667.24	3,703,612.19
预收货款	845,000.00		9,440,000.00	
应付福利费	207,150.03			
未付股利				
未交税金	11,327,522.86	11,220,686.81	10,618,398.10	4,106,943.78
其他未交款	254,322.66			
其他应付款	18,225,234.30	25,375,811.14	772,983.86	
预提费用	6,667,907.48	4,571,639.20	873,551.71	496,881.48
一年内到期长期负债	35,815,100.00	35,820,050.00	24,253,680.00	36,103,428.00
其他流动负债				
流动负债合计	217,549,193.10	148,322,582.25	104,161,280.91	54,574,865.45
长期负债:				
长期借款	34,050,588.05	32,302,410.07	30,576,338.96	24,350,136.92
应付债券	8,675,000.00	8,405,000.00		
长期应付款				
其他长期负债				
长期负债合计	42,725,588.05	40,707,410.07	30,576,338.96	24,350,136.92
递延税项:				
递延税款贷项				
负债合计	260,274,781.15	189,029,992.32	134,737,619.87	78,925,002.37
股东权益:				
股本	80,000,000.00	80,000,000.00	35,000,000.00	35,000,000.00
资本公积	14,060,940.41	14,060,940.41		
盈余公积			9,647,551.41	3,764,606.46
其中:公益金			4,823,775.70	1,882,303.23
未分配利润	6,067,594.98		12,024,853.52	6,216,624.18
股东权益合计	100,128,535.39	94,060,940.41	56,672,404.93	44,981,230.64
负债及股东权益总计	360,403,316.54	283,090,932.73	191,410,024.80	123,906,233.01

(二) 利 润 表

编制单位:安徽安凯汽车股份有限公司(筹)　　金额单位:人民币元

项目	1997年1-3月	1996年度	1995年度	1994年度
一、主营业务收入	92,185,325.32	245,451,877.89	150,674,881.26	130,501,812.66
减:营业成本	80,001,674.51	190,937,231.63	108,835,203.20	108,396,478.27
销售费用	604,090.25	2,315,180.70	1,466,541.56	1,271,270.59
管理费用	899,617.17	2,693,593.51	1,621,748.45	2,090,727.24
财务费用	4,109,136.26	6,534,499.54	1,917,293.97	1,599,537.09
进货费用				
营业税金及附加	23,296.50	464,002.85	774,739.90	675,462.27
二、主营业务利润	6,547,510.63	42,507,369.66	36,059,355.18	16,468,337.20
加:其他业务利润	565,177.40	131,303.16	1,040,104.93	1,326,752.45
三、营业利润	7,112,688.03	42,638,672.82	37,099,460.11	17,795,089.65
加:投资收益				
补贴收入			1,261,872.00	
营业外收入	25,659.00	22,234.20	101,726.35	182,326.18
减:营业外支出		51,295.98	12,437.90	12,650.00
加:以前年度损益调整				
四、利润总额	7,138,347.03	42,609,611.04	38,450,620.56	17,964,765.83
减:所得税	1,070,752.05	6,391,441.66	5,767,593.08	2,694,714.87
五、净利润	6,067,594.98	36,218,169.38	32,683,027.48	15,270,050.96

(三)财务状况变动表

编制单位:安徽安凯汽车股份有限公司　　1996 年度　　金额单位:人民币元

流动资金来源和运用	金额
一、流动资金来源:	
1. 本年净利润	36,218,169.38
加:不减少流动资金的费用和损失	
(1)固定资产折旧	1,392,437.88
(2)无形资产递延资产及其他资产摊销	
(3)固定资产盈亏(减盘盈)	
(4)清理固定资产损失(减收益)	
(5)递延税款	
(6)其他不减少流动资金的费用和损失	
小　计	37,610,607.26
2. 其他来源:	
(1)固定资产清理收入(减清理费用)	
(2)增加长期负债	46,249,000.00
(3)收回长期投资	
(4)对外投资转出固定资产	
(5)对外投资转出无形资产	
(6)资本净增加额	30,577,852.15
小　计	76,826,852.15
流动资金来源合计	114,437,459.41
二、流动资金运用	
1. 利润分配:	
(1)提取法定公积金	1,180,366.18
(2)提取法定公益金	944,292.95
(3)应付利润	27,282,826.92
(4)已分配股利	
小　计	29,407,486.05
2. 其他运用:	
(1)固定资产和在建工程净增加额	18,271,796.77
(2)增加无形资产、递延资产及其他资产	
(3)偿还长期负债	36,117,928.89
(4)增加长期投资	
小　计	54,389,725.66
流动资金运用合计	83,797,211.71
流动资金增加净额	30,640,247.70
流动资金各项目的变动:	
一、流动资产本年增加数:	
1. 货币资金	670,468.09
2. 短期投资	
3. 应收票据	16,200,000.00
4. 应收帐款净额	48,504,635.07
5. 预付帐款	-25,110,701.24
6. 其他应收款	19,909,123.96
7. 待摊费用	
8. 存货	14,628,023.16
9. 待处理流动资产净损失(减收益)	
10. 一年内到期的长期债券投资	
11. 其他流动资产	
流动资产增加净额	74,801,549.04
二、流动负债本年增加数:	
1. 短期借款	40,345,640.00
2. 应付票据	-2,100,000.00
3. 应付帐款	-25,113,912.14
4. 预收货款	-9,440,000.00
5. 应付福利费	
6. 未付股利	
7. 未交税金	602,288.71
8. 其他未交款	
9. 其他应付款	24,602,827.28
10. 预提费用	3,698,087.49
11. 一年内到期的长期负债	11,566,370.00
12. 其他流动负债	
流动负债增加净额	44,161,301.34
流动资金增加净额	30,640,247.70

安徽安凯汽车股份有限公司 1997 年度中期报告

一、财务报告(未经审计)

1. 简化的资产负债表　　单位:人民币元

项目	1997 年 6 月 30 日	1996 年 12 月 31 日
流动资产	351,195,456.61	220,878,121.32
长期投资		
固定资产净值	59,523,529.54	60,773,535.70
在建工程	1,511,666.84	1,439,275.71
无形资产及递延资产	229,096.50	
其他长期资产		
资产合计	412,459,749.49	283,090,932.73
流动负债	254,826,652.57	148,322,582.25
长期负债	44,742,776.05	40,707,410.07
负债合计	299,569,428.62	189,029,992.32
递延税款贷项		
少数股东权益		
股本	80,000,000.00	80,000,000.00
资本公积	14,060,940.41	14,060,940.41
盈余公积		
未分配利润	18,829,380.46	
股东权益合计	112,890,320.87	94,060,940.41
负债及股东权益合计	412,459,749.49	283,090,932.73

2. 简化的损益表　　单位:人民币元

项　目	1997 年 6 月 30 日	1996 年 6 月 30 日
主营业务收入	188,453,475.85	50,418,800.22
主营业务利润	21,230,722.10	7,744,300.42
其他业务利润	895,831.21	486,589.69
投资收益		
营业外收支净额	25,659.00	18,341.50
利润总额	22,152,212.31	8,249,231.61
所得税	3,322,831.85	1,237,384.74
净利润	18,829,380.46	7,011,846.87

3. 主要财务指标　　单位:人民币元

	1997 年 1 至 6 月	1996 年 1 至 6 月
每股收益	0.24	0.20
净资产收益率	16.68%	11.01%
每股净资产	1.41	1.82

(注:安凯公司 1997 年 7 月 25 日发行新股 6000 万股后,总股本为 14,000 万股。发行新股后,总股本摊薄每股收益 0.135 元,每股净资产 3.15 元,净资产收益率 4.27%。)

4. 财务报表附注

(1)本期财务报告所采用的会计政策和会计方法与 1996 年度财务报告所采用的会计政策和会计方法保持一致。

(2)流动资产与年初相比增加 130,317,335.29 元,主要是:

①应收帐款比年初增加 69,842,851.33 元,其原因为公司销售量比去年大幅度的增加,相应地提高了应收帐款;另一方面,为赢得市场,公司对信誉好的客户适当采用了分期付款政策。应收帐款中无应收持公司 5%以上股份的股东单位欠款。

②其他应收款比年初增加 2,787,104.77 元,原因是应收其他单位款项和个人备用金的增加。合肥淝河汽车制造厂是持有公司 5%以上股份的股东单位,截止 1997 年 6 月 30 日欠本公司各项往来款 13,511,987.53 元。

③预付货款与年初相比增加 69,806,572 元,主要是预付进口件款。

④应收票据期初余额 16,200,000 元,今年上半年已到期收回,期末无余额。

(3)递延资产比年初增加 229,096.50 元,主要是筹建期间发生的开办费用。

(4)流动负债比年初增加 106,504,070.32 元。原因是:

①应付帐款增加 95,044,876.10 元,原因为生产量大幅度增加,原材料采购的流动资金缺口较大,导致应付未付货款增加。

②应付福利费增加 387,538.43 元,系按工资总额 14%提取的职工福利费。

③其他未交款增加 270,558.59 元,增加的原因为未上交的教育费附

加、水利基金、价格基金等款项。

(5)股东权益比年初增加18,829,380.46元,是今年1至6月份实现的税后利润。股本与资本公积没有变动,未分配利润增加18,829,380.46元。

(6)主营业务收入比去年同期增加138,034,675.64元,是今年1—6月份销量大幅度上升,其中仅大客车就比上年同期增长789.95%,客车底盘及配件也比上年有不同程度的增长。

(7)主营业务成本比去年同期增加117,062,264.92元,是销售量增大,销售成本也随销售量同步增大,属正常增长。

(8)销售费用比去年同期增加907,788.09元,增加的原因是产销量增大,销售费用同步增长,经分析对比今年的销售费用增长比例略小于销售收入的增长比例,属正常增长。

(9)财务费用比上年同期增长6,391,576.03元,增加的原因是利息支出增大。从1996年下半年,本公司大客车产量逐步上升,批量的增大造成流动动资金缺口增大,为保证公司正常经营,公司相继从银行借款,因而导致利息的增加。

(10)主营业务利润比上年同期相比增加13,486,421.68元,是主营业务收入的增加而形成的。

(11)其他业务利润比上年同期增加409,241.52元,主要是材料及配套件销售增加形成。

(12)关联交易:本公司系由合肥淝河汽车制造厂以其部分生产经营性资产进行改组,并通过募集方式设立的股份有限公司,因此公司与合肥淝河汽车制造厂在生产、生活、后勤等方面存在关联交易。为了保证公司的各项业务能正常开展,公司与合肥淝河汽车制造厂遵照公平、公正的市场原则签订了《资产分离协议》、《土地使用权租赁协议》、《房屋、建筑物租赁协议》、《专有技术使用费补偿协议》、《商标转让协议》、《供用水协议》、《供用电协议》、《供用气协议》、《综合服务协议》,对本公司使用合肥淝河汽车制造厂持有土地使用权的有关土地、房屋建筑物、专有技术和提供水、电、气以及有关生活后勤服务等均作了约定。

二、经营情况的回顾与展望

1.上半年经营情况回顾

①1997年上半年,公司在坚持"外抓市场,内抓管理"的基础上,使公司的经营获得稳步发展。截止6月30日,公司完成主营业务收入18,845.35万元,实现利润2,215.22万元,分别完成年度计划的36.86%和47.13%。

②在市场方面,公司紧紧抓住国内经济复苏的大好时机,借助高速公路的发展和"旅游车"活动的宣传,多面出击,使今年的合同签约和合同交货额比去年同期大幅度增长,并为下半年的经营打下了坚实的基础。

③在管理方面公司实行强化管理,严格内部考核,实行质量成本否决制度,加强新产品的开发与研制,在努力降低成本的基础上,消化减利因素,获得了较好的效果。

2.下半年计划

①以市场为导向,豪华大客车、客车底盘为主导,进一步完善营销机制,加速资金回笼,强化售后服务,巩固和扩大市场占有率,确保1997年销售目标的完成。

②加速新产品开发进度,培育新的利润增长点。HFF6850豪华客车完成试制、试验、鉴定,并形成批量生产,投放市场;HFF6120GD豪华大客车"98"新款准备工作全部完成,并形成小批量。

③加速投资项目改建和扩建进度,确保投资项目如期完成,并于年底形成预定的生产能力。

④保质保量地完成"十五大"代表接送专用车生产,并以此为契机,加大产品的宣传力度。

⑤按照现代企业制度的要求,强化公司内部管理,进一步完善内部承包经营机制;健全质量保证体系,狠抓质量;实行成本否决制度,努力降低成本;盘活现有资金存量,加速资金周转,提高资金使用效率,确保利润目标的实现。

三、重大事项说明

1.根据安徽省人民政府皖政秘(1997)32号文件《关于安徽安凯汽车股份有限公司所得税征收问题的批复》,批准本公司股票上市后,所得税实行先征后返还的优惠政策,即按33%的税率征收后,再由地方财政返还18%,本公司所得税的实际负担率为15%。

2.根据安徽省财政厅财预字〔1997〕第490号文件《关于安徽安凯汽车股份有限公司企业所得税有关问题的复函》,本公司在1997年元月至股票上市前,企业所得税在按33%税率征收后返还18%,企业实际税负15%。

3.按照国务院证券委、中国人民银行、国家经贸委5月21日联合发布的《严禁国有企业和上市公司炒作股票的决定》的要求,本公司进行了认真的自查,至今没有在任何证券营业场所开立股票买卖帐户。公司如果今后从事股票投资,将严格遵守国家有关政策法规的规定。

4.本报告期内,本公司无重大诉讼、仲裁事项。

5.本公司中期不分红。

6.1997年8月16日,公司第一届董事会第二次会议审议通过了本公司1997年度中期报告。

四、发行在外股票的变动和股权结构变化

1.股本变动情况

本公司是经1997年6月24日证监发字367、368号文件批准,于1997年7月份发行新股6000万股。股本结构如下:

单位:万股

	1996年12月31日	发行新股后
(1)未流通股份		
①发起人股	8,000	8,000
其中:国家持有股份	8,000	8,000
境内法人持股		
境外法人持股		
②募集法人股		200
③公司职工股		
④优先股或其他		
未流通股份合计	8,000	8,200
(2)已流通股份		5,800
(3)股份总额	8,000	14,000

2.主要股东持股情况(1997年7月22日)

单位:股

	持股数	占股本比例(%)
①合肥淝河汽车制造厂	80,000,000	57.14
②北京四通新科技术产业股份公司	1,098,650	0.785
③金飞民航经济发展中心	1,098,650	0.785
④黑龙江华信经济贸易有限公司	1,098,650	0.785
⑤南京华宁房地产开发有限公司	941,700	0.673
⑥安徽安通发展有限公司	910,310	0.65
⑦天津信托投资公司	831,835	0.594
⑧凤凰股份有限公司	826,812	0.591
⑨银川市信托投资公司	784,750	0.561
⑩扬州信托投资公司	784,750	0.561

五、股东大会简介

1.鉴于公司股票是1997年7月份上市的,截止1997年6月30日,公司尚未召开股东大会。

2.公司于1997年7月22日在安徽省合肥市淝河汽车制造厂召开创立大会暨第一届股东大会,到会股东及授权代表40人,代表股份8200万股,占股份总数的58.57%,符合公司法及公司章程规定。大会审议并通过如下决议:

①审议并通过了《安徽安凯汽车股份有限公司筹建工作报告》。

②表决并通过了《安徽安凯汽车股份有限公司章程》。

③审议并通过了《安徽安凯汽车股份有限公司设立费用的报告》。

④投票选举王一荃等15人为本公司第一届董事,组成第一届董事会。

⑤投票选举李茂华等四人为本公司监事,与职工民主选举的监事徐红组成第一届监事会。

⑥表决通过了《安徽安凯汽车股份有限公司股票在深圳证券交易所上市的议案》。

⑦审议并通过了《安徽安凯汽车股份有限公司募集资金投向的议案》。

六、备查文件

1.载有公司董事长亲笔签名的中期报告原本

2.公司章程

查阅地点:安徽省合肥市葛淝路1号公司证券投资部

联系电话:(0551)—4841562—234

4841562—220

联系人:王军　谢小言　梁晓华

安徽安凯汽车股份有限公司

1997年8月21日

深圳市赛格达声股份有限公司

1996年年度报告摘要　（摘选）

一、公司简况

公司名称：深圳市赛格达声股份有限公司

法人代表：张万章　　　　邮政编码：518031

公司地址：深圳市华强北路赛格工业大厦B座五楼

电话：(0755)3239242，3323300—122

二、主要财务数据与财务指标

（经深圳中华会计师事务所审计）：

序号	指标项目	本年数	上年数	比上年增减(%)
1	主营业务收入(元)	120,045,181.99	57,480,891.69	108.84
2	净利润(元)	30,269,992.79	5,633,682.62	437.30
3	总资产(元)	601,070,749.67	520,814,708.80	15.41
4	股东权益(元)	287,012,644.44	256,742,651.65	11.79
5	每股收益(元/股)	0.41	0.08	412.50
6	每股净资产(元/股)	3.90	3.49	11.75
7	净资产收益率(%)	10.55	2.19	381.74
8	股东权益比率(%)	47.75	49.30	-3.14

三、公司主要业务回顾

1. 一年来的业务情况

1996年本公司成功完成了历时两年多时间的产业结构调整，形成了两大支柱产业——工业和第三产业，本公司已由创始之初单纯的音响工业发展为两业并举的综合产业，大大增强了市场抗风险能力。凯悦大酒店、芳德尔皇朝啤酒城、东莞市清溪山水天地渡假村、广达房地产等第三产业迅速成长为公司另一大主营业务，两业并举已成为公司产业发展的新格局。

(1) 坚持科技兴业，开发高新科技产品：

经过多年苦心经营，本公司建立了全国性的营销和售后服务网络，积聚了厚实的品牌资源和良好的产品商誉。95年，由于国家宏观调控及水货的冲击，音响工业出现了严重滑坡，但公司立志振兴民族音响工业，重振达声音响雄风，不惜代价保存音响实力，不断加大科技开发力度，跟踪并消化国际上先进电子技术，实现高新技术的有机嫁接。96年下半年公司隆重推出真正带杜比系统的DS—968AV家庭影院系统，AV中心是国内首家真正通过美国杜比实验室批准使用杜比定向逻辑解码技术的产品。以其准确的市场定位、齐全的功能配置、合理的市场价位，而一炮打响，成为国产家庭影院音响中的热点，销量攀升。

(2) 加大第三产业投入，形成新的利润增长点：

经过两年多的产业结构调整，第三产业已具备相当规模，房地产、酒店、渡假村、啤酒城等构成公司另一大支柱产业。公司第三产业经营颇具特色，成为96年公司主要的利润增长点。

凯悦大酒店、芳德尔皇朝啤酒城、东莞市清溪山水天地渡假村形成酒店、娱乐、休闲渡假三大板块优势互补的产业机构，集吃、住、行、游、娱多功能一体化。

公司全资拥有的芳德尔皇朝啤酒城在深圳已是家喻户晓，成为深圳啤酒文化的象征，以一流的口感质量、鲜明的品牌特色，成为微型自酿鲜啤的王牌。仅在凯悦大酒店一楼一千多平方米的营业面积，96年即完成税后利润1302万元，不足十个月收回全部投资，短短一年时间闯出了"凯悦啤酒"这一成功品牌。

凯悦大酒店为公司属下的三星级酒店，以齐全的功能配套、特色的娱乐项目深受欢迎，其住房率达86%以上，名列深圳酒店行业前茅。

东莞市清溪山水天地渡假村具有相当优越的自然条件、大量的土地储备、广阔的发展空间，是公司第三产业长远发展的综合项目。渡假村集山水风光、园林艺术、休闲娱乐、养殖种植于一体，绿色食品、回归自然是渡假村一大特色。96年山水天地渡假村的经营已步入正轨，形成良性循环。

位于华强北路与振华路十字路口的达声国际投资大厦，96年已完成设计等前期工作，大厦主楼36层，建筑面积为86,000平方米，大厦基础已经动工。与大厦配套的达声现代化停车大楼拥有400多个车位，已于96年底封顶。

(3) 强化管理、重视企业文化建设：

96年公司以产业为纽带，对总公司以及下属公司进行多层次的联合与调整，形成全局一盘棋的运作思想，有效管理所有资源，降低经营成本，提高管理效益。强化质量管理意识，致力于提高公司产品质量及服务质量。同时公司着力于企业文化的建设，增强企业凝聚力。

2. 主要经济指标分析：

1996年公司实现主营业务收入120,045,181.99元，比上年同期增长108.84%；净利润30,269,992.79元，比上年同期增长437.30%；每股收益0.41元，比95年同期增长412.50%。

96年度本公司各项经济指标大幅度增长的主要原因是：公司已经由单一的音响工业发展成为以工业和第三产业两大支柱产业的综合产业。音响工业找到了新的利润增长点，摆脱了前两个销量下降亏损的局面；第三产业也由前期的投入阶段发展到产出阶段，形成了良性循环。两大支柱产业局面的扭转，使本公司96年度利润比上年同期大幅度增长。

四、股本变化及股本结构情况

1. 股本变化及股本结构情况：

(1) 股本结构情况；

股份单位：股　　面值：每股1元

股份类别	年初数 股份数	年初数 比例(%)	年末数 股份数	年末数 比例(%)
(一)尚未流通股份	32,837,284	44.60	32,837,284	44.60
其中:				
国有股	24,275,997	32.97	24,275,997	32.97
法人股	8,561,287	11.63	8,561,287	11.63
(二)已流通股份	40,800,494	55.40	40,800,494	55.40
(三)股份总数	73,637,778	100.00	73,637,778	100.00

（截止1996年12月31日）

(2) 期内本公司股本没有变动；

(3) 主要股东持股情况：

序号	持股单位	持股数(股)	持股比例(%)
1	深圳赛格股份有限公司	24,275,997	32.97
2	深圳赛格集团财务公司	3,940,795	5.35
3	深圳三环电阻有限公司	2,294,478	3.12
4	天骥投资基金	2,100,000	2.85
5	深圳中财投资发展公司	1,919,702	2.61
6	深圳市深财证券业务部	1,250,000	1.70
7	孟祥萍	955,000	1.30
8	伍叶云	791,508	1.07
9	南方证券有限公司深圳分公司	700,000	0.95
10	邱小菡	533,919	0.73

(4) 股东数量：本公司期末股东数量为11,306人。

深圳华新股份有限公司

1996年年度报告摘要（摘选）

一、公司概况

公司名称：深圳华新股份有限公司

法人代表：赵志国　　　　邮编：518031

公司地址：深圳市深南中路华联大厦十楼

电话：0755—3351000-1004　　图文传真：0755—3354472

二、主要财务数据与财务指标

单位：人民币元

指标项目	本年数	上年数	比上年增减(%)
1.主营业务收入	162,700,534.59	175,233,231.29	-7.15
2.净利润	11,604,701.71	11,397,659.34	1.82
3.总资产	283,710,864.82	214,965,652.32	31.98
4.股东权益	114,710,043.92	105,844,571.56	8.38
5.每股收益(元)	0.20	0.22	-9.68
6.每股净资产(元)	1.96	2.02	-2.97
7.净资产收益率(%)	10.12	10.77	-6.04
8.股东权益比率(%)	40.43	48.48	-16.60

三、公司主要业务回顾

1996年公司坚持"调整、项固、充实、发展"的原则，紧紧围绕经济效益这一中心环节，狠抓内部管理，强化管理意识，从优化人才结构、优化产业结构、优化资本结构入手，采取有力措施，在两大主营业务面临严峻挑战的形势下，克服重重困难，全年实现利润1,373.61万元，比上年下降4.07%，实现净利润1,160.47万元，比上年增加1.82%。在调整、巩固的同时，为公司下步发展夯实了基础。

1)．以人才优化为核心，适时调整、充实贸易队伍，重点做好贸易方式、贸易品种、结算方式的转变，降低成本、转换机制，从而保证在激烈的市场竞争中稳步发展。出口贸易额在深圳市比上年提高13位。

2)．积极利用各种融资手段，在海运市场出现十年来罕见的低谷时，新增一艘2.5万载重吨散货船，使船队规模增加至近10万吨，提高了远洋船队的营运能力和抗风险能力，为海运业下步发展奠定了基础。

3)．以现代企业制度规范企业行为，层层实行承包责任制，使每个人责、权、利更加清晰。调动一切积极因素，最大限度发挥人的主观能动性，在两大主营业务均出现行业性不景气的情况下，仍取得了较好的收益。

四、股本变化及股本结构情况

1．股本变化及股本结构情况

1)股本结构及动态：

股份单位：万股　　面值：每股1元

股份类别	年初数	本年送红股	年末数
一、尚未流通股份			
法人股	3536.768	424.4121	3961.1802
二、已流通股份			
社会公众股	1699.8928	203.9871	1903.8799
三、股份总额	5236.6608	628.3992	5865.0600

2)股本变动原因：

本公司1996年度内股本的增加，是由于公司派送1995年度红股所致。

3)前十名主要股东持股情况(截止1996年12月31日)：

股东名称	持股数(股)	持股比例(%)
1)华联纺织(集团)有限公司	10,173,184	17.35
2)深圳运通实业发展有限公司	8,736,000	14.89
3)惠州大亚湾运通企业集团公司	5,257,728	8.96
4)深圳中农信投资实业有限公司	2,912,000	4.97
5)深圳市南山建设开发实业公司	2,912,000	4.97
6)深圳亿银达工贸公司	2,329,600	3.97
7)深圳中健实业有限公司	2,038,400	3.48
8)深圳融丰咨询服务公司	1,456,000	2.48
9)中国纺织机械和技术进出口公司	1,164,800	1.88
10)杭州印染厂	825,753	1.41

4)截止1996年12月31日，公司股东总户数为9892户。

2．公司董事、监事及高级管理人员持股情况：

姓名	职务	年初数(股)	年末数(股)
赵志国	董事长	0	0
艾铨勤	董事兼总经理	3,200	3,584
杨东辉	董事	0	0
孙德平	董事	0	0
高昉	董事	0	0
李晓健	董事	0	0
韩林增	董事	0	0
王韦	董事	0	0
刘晓航	董事	0	0
王俊义	董事	0	0
高楼	董事	0	0
杨玉东	董事	0	0
蔡启泰	董事	0	0
吴文英	监事长	0	0
许有仁	监事	0	0
张振东	监事	13,040	14,604

本公司董事、监事、高级管理人员持股数量年度内变化为公司派送1995年度红股所致。

中国南玻集团股份有限公司

1996 年年度报告摘要（摘选）

一、公司简况

公司名称：中国南玻集团股份有限公司
法人代表：江　波　　　　邮政编码：518067
公司地址：深圳市蛇口工业区工业六路十号南玻大厦
电话：0086—755—6674405　传真：0086—755—6692755

二、主要财务数据与财务指标

（单位：人民币元）

指标项目	本年数	上年数	比上年增减（%）
1. 主营业务收入	725,108,226.33	716,679,570.89	1.18
2. 净利润	153,037,565.36	134,672,207.11	13.64
3. 总资产	2,850,218,871.91	2,264,709,853.41	25.85
4. 股东权益	1,330,251,986.02	972,527,614.43	36.78
5. 每股收益（元）	0.32	0.41	-21.70
6. 每股净资产（元）	2.78	2.95	-5.75
7. 净资产收益率	11.50%	13.85%	-16.92
8. 股东权益比率	46.67%	42.94%	8.68

三、公司主要业务回顾

1. 一年来经营情况：

一九九六年，在全体股东的大力支持下，南玻集团较好地完成了全年的生产经营任务，共实现销售收入 72,510.82 多万元人民币，扣除少数股权后实现税后纯利润 15,303.76 万元人民币，较一九九五年增长 13.64%。

一九九六年是本集团在工业生产上获得重大成功及进展的一年。在九六年里，面对通货膨胀、成本上涨及玻璃行业的激烈竞争，公司始终坚持以市场为导向，以严格的内部管理和灵活的运作机制去面向市场竞争，并在九五年的基础上，在产品品种、销售数量、质量、交货准确度、客户服务等诸方面获得重大进展，经营及生产取得佳绩。

在过去的一年中，集团管理层继续坚持以优质的管理和改造挖潜相结合，在全集团内推行 ISO9002 技术质量管理模式，一方面狠抓了传统产品的升级及产能挖潜和成本控制，同时在新兴工业产品诸如结构陶瓷、片式电感的工艺稳定、市场进入、产能扩大方面获得重大进展，其中如陶瓷片式电感产品被一些国际大的生产商所采纳，该厂被摩托罗拉等公司评为最佳供应商。

由于市场竞争激烈，自国家实行宏观调控，压缩投资规模以来，卖方市场迅速转为买方市场，九五年起建材价格不断下跌，引起集团销售价格下滑，销售成本增加。由于集团近几年致力于在全国范围建立自己的销售体系，现已充分发挥了作用，使得集团 96 年经营目标得以胜利完成。面对各分公司毛利下降、费用上涨的情况，96 年集团在加强应收款和库存管理，压缩内部费用上加大了力度，促使各公司应收款和库存均较去年有较大幅度下降，并超计划完成各项经营指标。与此同时，集团逐步形成和完善了自己的销售网络并在全国范围内培养了一支卓有成效的销售队伍。随着集团新项目的逐步投资商业运作，集团也培养了一批诸如电子、高科技陶瓷方面的专业产品销售人员。

在九六年里，集团在保证各项经营指标完成的同时，克服种种困难，在新建工程方面取得丰硕的成果，从而使集团在生产规模向大型化、集约化发展奠定了坚实基础。九六年里，集团完成五个多亿的投入，并在所有的项目方面获得了成功和重大进展。集团投资约 11 亿元人民币兴建的超薄浮法玻璃厂于 96 年 12 月 10 日建成投产，确保了南玻新的利润增长点的形成；集团投资约 2 亿元人民币的奔迅汽车玻璃有限公司业已完成整个投资建设，并已顺利投产；南玻工业城第二期工程于九六年下半年在深圳宝安区福永镇开工，预计在九七年三月完工，管理层预期该第二期工程可在九七年全部投入商业运行。

本年度内，集团在房地产方面继续作出努力，实现销售收入 1.58 亿元人民币左右，占集团本年度销售收入的 21.76%。

2. 主要指标分析

主营业务收入 725,108,226.33 元人民币，比去年增加 1.18%，其中工业产品实现销售收入 551,636,741.53 元人民币，占 76.08%；房地产实现销售收入 157,761,107.71 元，占 21.76%；建筑装饰业实现业务收入 15,710,377.09 元人民币，占 2.16%。净利润为 153,037,565.36 元，比上年增加 13.64%。由境外会计师事务所审计的净利润结果与境内会计师事务所审计结果一致。

3. 对前次募集资金的运用情况的说明：

本集团于 1995 年 7 月经国家批准，在瑞士资本市场成功发行了 4500 万美元的 B 股可转股债券。所募集的资金根据政府批文及招募说明书的要求，全部投入超薄浮法玻璃项目。

四、股本变化及股本结构情况

1. 股本变化及股本结构情况

(1) 1996 年度公司股份变动情况表

填报日期：1996 年 12 月 31 日　　数量单位：股　　每股面值:1 元

	期初数	本次变动增减（+、-）				期末数
		送股	公积金转股	可转债转股	小计	
一、尚未流通股份						
其中：						
境内法人持有股份	156,016,373	31,203,273	15,601,637		46,804,910	202,821,283
外资法人持有股份	43,819,414	8,763,883	4,381,941		13,145,824	56,965,238
尚未流通股份合计	199,835,787	39,967,156	19,983,578		59,950,734	259,786,521
二、已流通股份						
境内上市的人民币普通股	61,752,603	12,350,521	6,175,261		18,525,782	80,278,385
其中：高管持股	249,000	91,761	45,881		137,642	596,450
境内上市的外资股	68,280,672	17,415,513	8,707,756	44,242,162	70,365,431	138,646,103
已流通股份合计	129,784,275	29,857,795	14,928,898	44,242,162	89,028,855	219,520,938
三、股份总数	329,869,062	69,733,190	34,866,595	44,242,162	148,841,947	478,711,009

(2) 股本变动情况及原因

〈1〉经 1996 年 5 月 25 日股东大会表决通过，95 年度分红方案为向全体股东每 10 股送 3 股（其中公积金转增股本 1 股）另派发现金股息人民币 0.50 元，股权登记日为 1995 年 7 月 23 日。送股后总股本从 348,665,955 股增至 453,265,740 股。

〈2〉截止 1996 年 12 月 31 日，本集团所发行的 B 股可转股债券在报告期内共有 1,965 万美元转股，转换成 B 股数为 44,242,162 股，债券转股后本集团总股本为 478,711,009 股。

由于本集团发行的 B 股可转债在 97 年内继续转股，因此，本集团已于 1997 年 3 月 1 日在《证券时报》及《香港商报》上另行刊登了股份变动公告。截止此年度报告摘要刊登之日止，本集团在 97 年共有 711 万美元可转债转为 18,037,475 股 B 股，股份总数增至 496,748,484 股。

(3) 前 10 名最大股东之持股情况（截止 1996 年 12 月 31 日）

股东名称	持股数（股）	比例（%）	年度内增（+）减（-）	性质
招商局（玻璃工业）控股有限公司	81,171,813	16.96	+35,398,360	境外发起人法人股东
中国北方工业公司深圳公司	65,303,335	13.64	+15,070,000	境内发起人法人股东
怡万实业发展（深圳）有限公司	65,303,335	13.64	+65,303,335	境内发起人法人股东
广信企业发展公司	50,920,928	10.64	+11,750,983	境内发起人法人股东
TEMPLETON DRAGON FUND, INC.	8,966,100	1.87	+4,219,100	境外股东
SWISS BANK CORPORATION	6,316,666	1.32	+5,827,993	境外股东
君安证券有限公司	5,255,585	1.10	+1,212,762	境内法人股东
TEMPLETON DEVELOPING MKTS TRUST	4,929,462	1.03	+2,632,262	境外股东
南方证券有限公司深圳分公司	4,394,000	0.92	+1,014,000	境内法人股东
深圳市怡达贸易公司	3,844,750	0.80	+887,250	境内法人股东

(4) 股东数量

截止 1996 年 12 月 31 日，南玻 A 股股东 46758 户，B 股股东 5611 户，合计 52369 户。

华源实业(集团)股份有限公司

1996年年度报告摘要 (摘选)

一、公司简况

公司名称：华源实业(集团)股份有限公司
法人代表：张建强　　邮政编码：518019
公司地址：中国深圳市罗湖区布心路华源大厦
电　　话：(0755)5516137

二、主要财务数据与财务指标

指标项目	1996年度	增长率*	1995年度	1994年度
营业收入(万元)	31,344.11	-41.51%	53,589.76	43,868.47
利润总额(万元)	-5.417.45	-	2,188.92	2,953.68
税后利润(万元)	-5,128.86	-	1,400.94	2,802.24
资产总额(万元)	58,435.25	-34.65%	89,347.25	63,649.42
资净净值(万元)	18,830.03	-21.74%	24,061.40	22,149.78
每股净资产(元/股)	2.10	-21.79%	2.68	3.09
每股收益(元)	-0.57	-	0.16	0.39
每股红利(元)	-	-	0.08	0.35
股东权益比率(%)	32.23	19.68%	26.9	34.80
净资产收益率(%)	-27.32	-	5.82	13.16

注:本集团1996年资产、负债、净资产和营业收入、利润等项目均比上年度有较大幅度的减少，其原因：一是1996年度减少合并报表单位两个、二是本集团1996年度出现经营性亏损。

三、公司主要业务回顾

(一) 年度经营情况

1996年度，由于世界电脑软磁盘市场供求失衡的继续加剧，致使国内外几乎全部电脑软磁盘生产厂家出现严重亏损，半数以上处于停产或半停产状态。面临如此严峻的经营形势，本董事会和集团经营班子团结协作，及时采取了一系列有效措施，主动关停并转了部分长期亏损的电脑软磁盘生产企业，同时对集团现有经营产品和业务进行优化组合和重组调整，积极扶持和培植新的发展热点，实施资源的最优化配置，这些措施在1996年度已经取得了阶段性成果，但是由于这次带全局性的调整需要相对较长的时间才可能有预想的效益体现，故而本集团1996年度经济效益指标完成得不理想，主营业务销售收入仅实现2.16亿元，比1995年同期减少31.43%，全年亏损达5,129万元。

1. 审慎面对产品换代转型，主动关停并转了部分亏损企业，迅速转产其他具有发展前途的产品

华源集团认真对世界电脑软磁盘市场的发展趋势以及华源集团自身的优劣势等主客观因素进行分析研判，为迅速而准确地转移产品风险和投资风险，集团对一些长期处于亏损状态的电脑软磁盘生产企业，采取果断措施迅速转其他具有发展前途的产品，其中：万胜办公自动化(深圳)有限公司转产可录入光盘驱动器以及计算机板卡和输入设备等产品；上海资源电子有限公司转产高等级电子节能灯产品；将深圳华源磁电有限公司与天津华源电子有限公司合并，组建以生产经营磁卡/IC卡和系列读卡机产品，并实施机卡一体化服务为主营业务的深圳华源金卡工程有限公司；将已资不抵债的常州华源电子实业有限公司有条件地转让给合营他方进行清算处理；将扬州华源电子有限公司有条件地交由合营他方承包经营；从而将产品在换型期可能产生的损失控制在最低限度。

2. 以销定产，维持电脑软磁盘产品的生产经营

报告期内，针对当前国际电脑软磁盘市场竞争激烈、销售价格在低水平徘徊、以及原材料成本波动较大等不利局面，集团直属各电脑软磁盘生产企业在以销定产的前提下，积极致力于降低产品成本，以薄利多销战略来抵御电脑软磁盘行业现阶段利润率水平相对低下的经营困难，谋求合理的销售利润率。此外集团自1994年度起开始筹建的、在全国首创的电脑软磁盘介质涂布项目在报告期内取得进展，该项目的批量生产将有助于软磁盘产品生产成本的进一步降低。

1996年度华源集团共计生产电脑软磁盘1.20亿片，销售1.15亿片。

3. 加速多元产品的开发，新产品投资效果初见端倪

华源集团经营产品多元化发展战略在1996年度颇有斩获，投资效果和发展前景已初见端倪。与台湾BTC公司合作的CD-ROM驱动器生产项目已于1996年11月份形成批量生产能力；由天津华源电子有限公司独家开发成功的“MIC磁卡/IC卡自动加油系统”已通过国家技术鉴定，到1996年12月底，全国已装备有“MIC磁卡/IC卡自动加油系统”的加油站已逾150个；由上海资源电子有限公司独家开发生产的电子节能灯已获得质量认证，并已开始批量生产；同时由华源系统内各单位开发生产的VCD播放机、高容量电池以及代理销售的各种电脑用配件、消耗品亦都表现出良好的发展前景，从而彻底改变了华源产品过于单一的状况。

4. 优化投资结构，分散投资风险，能源投资初战告捷

为保证集团业务长期稳定的发展，集团在切实抓好主营业务的同时，还积极参与能源项目的投资建设。华源集团所属深圳华源实业投资有限公司投资的江苏江阴华源热电有限公司第一台机组已于1996年11月正式并网发电，该电厂虽然未能在1996年度向华源集团提供业绩回报，但前景令人乐观。

5. 房地产开发项目继续为集团提供稳定的投资回报

报告期内，本集团在北京开发的“龙苑别墅”项目承受住了首都物业市场激烈竞争的压力，仍然为集团提供了稳定的投资回报。

(二) 亏损原因分析

1996年度成为华源集团成立以来的第一个亏损年度，这是大家都不愿意面对的。在严峻的现实面前，华源集团董事会和经营管理班子客观分析了华源集团经营和发展的内在因素和客观条件，果断采取措施，坚决关停了经营不景气的部分电脑软磁盘生产企业，实施产业调整和业务整顿，为今后几年华源集团的发展奠定基础。分析华源集团1996年度的亏损，大致可以归集为下列三大因素：

首先，正如年度经营情况所阐述的情形，本集团经营之主干产品电脑软磁盘的市场需求由于：①计算机标准配置的改变；②激光媒体产品的应用；③网络技术的应用等原因，致使电脑软磁盘产品价跌量减，市场销售极度疲弱，虽然本集团在电脑软磁盘的生产、销售等诸方面具有传统优势，但也无法抵御国际市场软磁盘产品价跌量减的双重压力，1996年度华源集团软磁盘产量比以前年度减少5,900万片，平均售价亦比1995年度下降45%，仅这两项就直接影响华源集团产品销售收入逾1.5亿元，减少产品销售毛利3,00万元。同时由于关停和撤销了部分企业、处置了部分设备，使1996年度产生投资损失逾2,000万元。

其次，为改变华源集团产品和产业过于单一的状况，同时为培植和发展继电脑软磁盘产品之后的新的主干产品，华源集团早在1993年就付诸实施了经营业务多元化发展战略，但是由于华源集团在1994年以来的配股和筹资计划均因诸多原因而未能如期实施，尤其是发行1亿元可转股债券的计划因故告吹，致使华源新产业、新产品的开发(如涂布介质开发项目、光盘开发项目)严重缺乏资金支持，新产品的批量生产和规模经营一直难以付诸实施，从而出现原有产品经营回报逐年下降，新产品投资效益难以体现，导致华源集团综合经济效益一直难有改观。加之于财务费用的逐年增长，亦加剧了华源集团1996年度的亏损。

第三，近几年内华源集团投资设立的几间联营公司遇到了意想不到的经营困难，其中：北京清华联合光盘技术有限公司开发生产的低倍速CD-ROM驱动器、光盘机、多媒体影视产品制作等项目未能产生预期的投资回报。由于电脑软磁盘产品经营困难的日趋严竣，本集团投资开发的磁记录介质涂布项目只能经过技术改造转而同时生产软磁盘芯片和磁卡产品，投资回收期延长，无法按预期产生投资回报。

四、股本变化及股本结构情况

1. 股本结构(截至1996年12月31日止，股份单位为“股”，每股面值1.00元)

股份类别	年初数	本年增减	年末数	股本结构
尚未流通股份				
发起人股	44,426,399	0	44,426,399	49.56%
可流通股份				
内部职工股	388,000	+83,925*	471,925	0.53%
社会公众股	44,832,357	-83,925	44,748,426	49.91%
合　计	89,646,750	—	89,646,750	100.00%

*内部职工股增加的原因是报告期内个别董事、监事及高级管理人员在二级市场购入部分华源流通股份所致。现该部分股份已全部被冻结，转变成不能流通的内部职工股份。

2. 前十大股东持股情况

序号	持股股东名称	持股数量	占总股本比例
1	香港资源电子科技有限公司	27,321,975	30.48%
2	深圳经济特区发展(集团)公司	10,119,187	11.29%
3	电子工业部第三十三研究所	6,985,237	7.79%
4	深圳经济特区发展财务公司	615,000	0.69%
5	南方证券番禺分公司	549,860	0.61%
6	刘培勤(西安)	299,675	0.33%
7	朱镇州(深圳)	238,100	0.27%
8	汕头证券公司	190,001	0.21%
9	张金龙(浙江)	159,500	0.18%
10	广东龙马公司	134,675	0.15%

深圳中浩(集团)股份有限公司

1996 年年度报告摘要 (摘选)

一、公司简况

公司名称：深圳中浩(集团)股份有限公司
法人代表：吕有珍　　　　邮政编码：518029
公司地址：深圳市八卦四路中浩大厦九、十层
电话：(0755)2425359 2262552 转 358 302，2425340
传真：(0755)2262552—222

二、主要财务数据与财务指标

指标项目	1996 年	比上年增减(%)	1995 年
1. 主营业务收入(万元)	16,971.68	42.48	11,911.81
2. 净利润(万元)	880,65		-1,151.04
3. 总资产(万元)	133,332.66	-3.6	138,318.43
4. 股东权益(万元)	36,002.26	2.51	35,121.61
5. 每股收益(元)	0.056		-0.0732
6. 每股净资产(元)	2.29	2.69	2.23
7. 股东权益比率(%)	27	6.34	25.39
8. 净资产收益率(%)	2.45		-3.28

三、公司主要业务回顾

1996 年是国家九五计划的第一年，宏观经济环境逐步宽松，两次调低存贷款利息，更是对于激活经济、减轻企业负担具有深远的影响。1996 年本公司在各大股东的支持下，继续贯彻“优化结构、盘活存量、控制规模、规范管理、效益优先、保持稳定”的工作方针，将工作重点放在“调整、盘活、管理、发展”各项措施落实到位，各个产业均呈良好发展态势，各项主要财务指标显示，本公司在本年度已经扭亏为盈。一年来的主要工作是：

1. 本公司发起人部分股权转让一事得以实施，深圳市尊荣集团有限公司成为本公司第一大股东，这是本公司调整股权结构、优化重组的重大举措。新股东的加入，引入了新的经营理念，进行了一系整顿、发展工作，为中浩摆脱困境、重组资产、调整发展提供了良好的契机。

2. 重点抓好一批管理规范、投资收益高、回报稳定的骨干企业，使其保持稳定发展的势头。一年来完成工业总产值 58032 万元，为计划的 155%；销售收入 99468 万元，为计划的 93%；出口创汇 4498 万美元，为计划的 205%。“红牛”饮料项目在饮料市场竞争日益激烈的形势下，充分发挥国际品牌的优势，市场占有率不断扩大，销售呈稳步上升趋势。“八佰伴中浩食品”加强成本控制和质量管理，适时调整产品结构，扭亏为盈，超额完成了年度计划。八卦岭好世界和华强好世界酒楼生意兴旺；蛇口海王好世界和广州好世界也于 1996 年下半年先后开业，经营状况良好；第五家好世界——深圳香蜜湖好世界的建设工作正在抓紧进行，1997 年上半年即可开业。北海中鼎公司坚持狠抓主营业务，开发上规模，销售经营创新路，在南宁、柳州开发的“中鼎城市花园”的开发量、销售量、利润均创历史最好水平，已实现连续四年盈利。“新奥林公司”新厂房建成，设备安装完毕，正下人调试阶段。深圳市“菜篮子”工程、民办银行贷款项目“得利士”速冻保鲜食品，正在抓紧筹备。处于国内技术领先地位的“浩宁达”全电子式电能表项目已进人正常生产阶段。本公司还积极参与股权投资，获得了可观的经济效益。

3. 坚持发展才是硬道理的指导思想，排除困难、奋力开拓，着力发展高新技术及国家政策扶持的项目，组织力量调研部分高科技项目，并寻求国家“863”项目，与高等院校等进行合作，取得了可喜的进展。正在策划论证的新项目有港胞安居工程项目、镍氢电池、笔译通电脑秘书、六大花园式厂房建设等，这些项目的投资见效，为本公司今后的发展开辟了更为广阔的空间，提供了更强劲的发展后劲。

4. 按照建议现代企业制度的要求，规范管理。以人为本，广泛招揽世纪人才，以精干、高效为原则进行部分机构、人员的调整，着力提高企业整体素质，塑造中浩集团良好的企业形象。

1997 年，本公司将抓住历史机遇，以经济效益为中心，以市场为导向，加大结构优化调整力度，研究并实施企业兼并、收购、破产、重组；通过抓好现有企业的规模效益和新项目投产见效，创造新的盈利增长点；探索本公司实现专业化经营管理的组织管理模式，强化管理，争取创造更好的经济效益和社会效益。

四、股本变化及股本结构情况

1. 股权结构情况：

股份单位：万股　　　　面值：每股 1 元

股份类别	年初数	占总股本%	本年增减数	年末数	占总股本%	百分比增减
一、尚未流通股份						
1. 发起人股份	10157.5292	64.61	-2358.2037	7799.3255	49.61	-15
其中：						
国家股	1870.4712	11.9	0	1870.4712	11.9	0
境内法人股	8287.058	52.71	-2358.2037	5928.8543	37.71	-15
2. 定向法人股	753.5528	4.79	2358.2037	3111.7565	19.79	15
3. 内部职工股	6.9	0.05	2.18	4.72	0.03	-0.02
尚未流通股份合计	10917.982	69.45	-2.18	10915.802	69.43	-0.02
二、已流通股份						
1.A股	2619.36	16.65	2.18	2621.54	16.67	0.02
2.B股	2184	13.9	0	2184	13.9	0
已流通股份合计	4803.36	30.55	2.18	4805.54	30.57	0.02
三、股份总数	15721.342	100	0	15721.342	100	0

截止 1996 年 12 月 31 日，经深圳证券登记公司统计核准，持有本公司股份的股东共有 14765 名，其中 A 股股东 12565 名，包括国家股东 1 名，法人股东 18 名，社会公众股东 12542 名，内部职工股东 4 名(高级职员所持)，B 股股东 2200 名。

2. 本公司前十名股东的持股情况和比例(截止 1996 年 12 月 31 日)：

股东名称	持股数(万股)	占总股本%	股份增减情况(%)
(1)深圳市尊荣集团有限公司	2358.2037	15	+15
(2)中国食品工业总公司	2149.9188	13.68	-2.84
(3)深圳市投资管理公司	1870.4712	11.90	0
(4)深圳赛格集团公司	1278.3860	8.13	-10.38
(5)三联集团有限公司	1052.8805	6.70	1.64
(6)中国银行广州信托咨询公司	637	4.05	0
(7)深圳光大投资实业有限公司	350.6178	2.23	0
(8)云南省证券公司	195	1.24	0
(9)青海证券公司	150.8884	0.96	0.96
(10)佛山京宏公司	130	0.83	0

康佳集团股份有限公司

1996年年度报告摘要（摘选）

一、公司简况

公司名称：康佳集团股份有限公司

法人代表：任克雷　　邮政编码：518053

公司地址：中国深圳经济特区华侨城东部工业区

电话：(0755)6601139　　传真：(0755)6600082

二、主要财务数据与财务指标

指标项目	本年数(人民币元)	上年数(人民币元)	比上年增减(%)
主营业务收入	5,006,320,165.80	3,610,216,962.50	38.67
净利润	346,041,727.16	265,060,531.90	30.55
总资产	4,155,779,459.95	2,524,104,875.05	64.64
股东权益	1,450,046,848.86	772,064,398.25	87.81
每股收益	0.9466	0.9426	0.42
每股净资产	3.9665	2.7455	44.47
净资产收益率	23.86%	34.33%	-30.50
股东权益比率	34.89%	30.59%	14.06

三、公司主要业务回顾

1．一年来经营情况

1996年，是中国国民经济和社会发展"九五"计划的第一年，也是康佳集团与深圳特区同步进行第二次创业的第一年。一年来，在社会各界和全体股东的大力支持下，全体康佳人齐心协力，实施"名牌·质量"战略，保持技术领先地位，启动精品优价工程，积极拓展市场份额，取得了良好的经济效益。

(1) 全面开展争创全国质量管理奖活动。1996年度是康佳"质量腾飞年"，本公司努力提高"KONKA康佳"品牌的无形资产价值，在质量意识、技术装备、产品开发、用户满意等方面均达到国内同行业领先水平。

(2) 主动参与竞争，加强市场开拓。在国外知名企业纷纷进入中国市场，民族彩电工业竞争加剧的情况下，本公司在市场分化重组中实施"回报社会，让利促销"策略，将品牌优势转化为市场优势，彩电国内市场占有率由1995年的9%上升至超过13%。

(3) 提高经济增长质量，突出规模效益型经营特点。模拟市场核算，实行成本否决，进一步降低原材料成本，严格监控各项管理费用，坚持以科学管理提高产能，以规模经济创造效益。

(4) 加速产品升级转型，提高产品竞争能力。保持产品设计开发的系列化，兼顾高档次和普及型，优化性能价格比，产品定位更趋市场化。

1996年度，康佳集团实现销售收入50亿元(人民币，下同)，产品总产量达303万台，其中彩电250万台，通讯产品53万台；产品总销量达283万台，产销率达到93.4%，其中彩电内销售230万台，彩电销量达215.7万台，比去年同期增长64%。公司主导产品"康佳牌"彩色电视机销量再次居全国同行业第2位。本公司以电子行业为主业，在行业专业化的领域内，强调产品多元化。全年利润来源中绝大部分来自主营业务的贡献，尤以内销彩电最为突出，占利润总额的90%以上。彩电销量中，54厘米(21")137万台，大屏幕(25"以上)63万台，51厘米(20")及以下30万台。

2．两种会计制度审计结果的比较

本公司为A、B股股票上市公司，根据中国和国际会计准则审计之销售额均为5,006,320千元，净利润均为346,041千元，两者审计结果并无差异。

3．主营业务收入、净利润实际完成情况分析

董事局预计1996年度，康佳集团总产量为270万台，销售收入42亿元，实际总产量达到303万台，比原计划增长12%；销售收入更达到50亿元，比预定计划高19%，而净利润达到3.46亿元，比去年同期增长30.55%，充分表明了规模经济的效益。主营业务收入中，外销创汇4000万美元。

4．配股资金的使用情况说明

本公司1996年度A股配股净筹资302,483,336.86元人民币，资金于8月13日划入公司帐户。B股配股净筹资203,559,709.71港元，资金于11月27日划入公司帐户。配股资金主要用于生产基地的基础建设和技术改造、筹建元器件生产厂、兴办国内外营销分支机构，实施MRPⅡ系统工程及补充企业流动资金。目前配股资金正按计划陆续投入，已投项目的建设进展符合计划进度，投资项目与临时股东大会决议及配股说明书一致。本公司A、B股配股说明书分别于7月2日、10月19日刊载于《证券时报》。

四、股本变化及股本结构情况

1．股本结构情况

股份单位：股　　面值：每股人民币1元

股份类别	年初数	本年增加	年末数	占总股本比例
一、尚未流通股份				
发起人股份	182,975,669	54,892,700	237,868,369	65.07%
其中：境内法人持股	101,952,067	30,585,620	132,537,687	36.26%
外资法人持股	81,023,602	24,307,080	105,330,682	28.81%
二、已流通股份				
1.A股	61,053,750	18,316,125	79,369,875	21.71%
2.B股	37,180,305	11,154,092	48,334,397	13.22%
已流通股份合计：	98,234,055	29,470,217	127,704,272	34.93%
三、股份总数	281,209,724	84,362,917	365,572,641	100.00%

2．股本变动情况及原因

1996年度，本公司实施增资配股计划，按10:3的比例，先配A股，再配B股。公司总股本也因此由281,209,724股增至365,572,641股，其中：A股由163,005,817股增至211,907,562户；B股由118,203,907股增至153,665,079户。

3．主要股东持股情况

序号	股东名称	年末持股数量	年度内股份增减
1	华侨城经济发展总公司	132,537,687	+30,585,620
2	港华电子集团有限公司	124,973,134	+27,851,227
3	光景投资有限公司	3,602,365	+3,602,365
4	畅意装饰设计有限公司	3,017,629	+40,129
5	TEMPLETON DRAGON FUND, INC.	2,794,415	+674,415
6	柏群实业有限公司	2,783,850	+1,500,000
7	新联通贸易有限公司	1,737,579	+168,579
8	浩达实业有限公司	1,523,470	+1,523,470
9	EQUITY FUND OF CHINA	1,417,780	+241,580
10	胡静	1,369,260	+1,369,260

4．股东数量

于1996年12月31日，本公司共有股东54,645人，其中A股股东54,292人，B股股东353人。

深圳中华自行车(集团)股份有限公司

1996 年年度报告摘要 (摘选)

一、公司简介

公司名称：深圳中华自行车(集团)股份有限公司
法人代表：范惠明　　邮政编码：518019
公司注册地址：深圳市布心路 1 号
电话：(0755)5516998 转 301 传真：(0755)5516621

二、主要财务指标

单位：人民币元

	本年数	上年数	比上年增减(%)
1.营业收入	1,027,182,205.59	1,150,202,277.99	-10.70%
2.净利润	30,181,430.91	51,251,977.30	-41.11%
3.总资产	2,939,003,941.67	2,916,859,618.29	0.76%
4.股东权益	1,350,333,814.10	1,320,166,681.82	2.29%
5.每股收益	0.06	0.11	-45.45%
6.每股净资产	2.82	2.75	2.55%
7.净资产收益率	2.24%	3.88%	-42.27%
8.股东权益比率	45.95%	45.26%	1.52%

以上财务指标均按合并报表计算。

三、公司主要业务回顾

1. 一年来经营情况

回顾过去的一年，正如上一报告期所预计的那样，由于几年来受海外市场不稳定因素的影响，整体经营业绩仍处于低谷，全年共实现销售收入 102,718.22 万元人民币，较去年下降 10.70%；完成税后利润 3,018.14 万元人民币，较去年下降了 41.11%。一九九六是美国对华自行车反倾销诉讼进入最后审查的一年，使集团自行车外销最大的市场销售数量降至前所未有的最低点。反之，成本提高，资金短缺之矛盾越来越突出，致使销售毛利水平下降。集团在面对如此巨大的压力下，全体员工上下同心，积极贯彻集团的战略决策，尽力调整、努力开拓，最终赢得了美国反倾销案的彻底胜诉，为集团出口事业保持了长远利益。引进并建立起的农业高新科技植物动力—2003 经过一年的试验示范后，农业部组织了专家论证，充分的肯定了它的推广价值，为集团二次创 业打下了较好的基础。

因此，综合 96 年的业务回顾，举要如下：

(1) 努力维护海外市场，取得美国反倾销案胜诉；

一九九六年夏，集团经历为期一年多的对美国反倾销案应诉工作开始进入关键阶段，集团全力以赴，终于在九六年六月四日取得了美国反倾销案的最终胜诉，使集团在美国这块海外最大的销售市场得以保留。

(2) 积极开拓国内市场；

由于国际市场的不稳定因素，国内市场的销售成为集团的销售工作重点，为适应市场，集团及时调整产品结构，将单速自行车作为开发及销售重点，取得了良好的业绩，完成国内销售 32 万辆。

(3) 适应市场机制，重组行政架构；

由于国外自行车市场连年遭受反倾销打击，本集团及时进行了产业架构的调整，形成了自行车制造、复合材料技术开发及植物动力—2003 推广的三大产业格局。

(4) 推广植物动力—2003 试验，效果显著；

作为集团向多元化、高科技发展的重点项目，植物动力—2003 于一九九六年顺利完成了试验、示范过程，于 11 月 28 日通过了农业部专家论证会的论证，取得了农业部的销售许可证，并于同时，展开全国性销售网络的建设。

2. 按不同会计准则核算之差异说明

本集团为同时发行有 A、B 股的上市公司，根据中国会计准则审计的税后利润为人民币 3,018 万元，根据国际会计准则的税后利润则为人民币 316.5 万元，两者差异主要来自计提一般应收款呆帐及流动较慢的存货准备金合计共约人民币 4,900 万元。

四、股本变化及股东持股情况

1. 股本变化及股本结构情况：(截止 1996 年 12 月 31 日)

股份单位：股　　面值：每股 1.00 元

股份类别	年初数	占总股本比率	年末数	占总股本比率
(一)尚未流通股份				
(1)发起人股份				
其中：				
外资法人股	112,453,352	23.46%	112,453,352	23.46%
境内法人股	111,607,002	23.28%	111,607,002	23.28%
(2)高级管理人员持股	386,898	0.08%	386,898	0.08%
尚未流通股份合计	224,447,252	46.82%	224,447,252	46.82%
(二)已流通股份				
(1)A 股	76,365,102	15.93%	76,365,102	15.93%
(2)B 股	178,620,649	37.25%	178,620,649	37.25%
已流通股份合计	254,985,751	53.18%	254,985,751	53.18%
(三)股份总数	497,433,003	100%	497,433,003	100%

(2) 本集团 1996 年度股本未发生变化；

(3) 主要股东持股情况：

股东名称	持股数(股)	占总股本比例(%)
深圳莱英达集团公司	111,607,002	23.28
香港大寰自行车有限公司	93,005,834	19.40
STEPHEN & PARTNERS LIMITED	19,447,518	4.06
SSBT/BERNSTEIN EMERGING MKTS VALUE P. R26 2R26	16,350,889	3.41
TEMPLETON DRAGON FUND, INC.	13,362,400	2.79
INTERNATIONAL FINANCE CORP.	8,190,000	1.71
TEMPLETON CHINA WORLD FUND INC.	7,520,400	1.57
BS/NEWTON EXEMPT FUND	5,793,600	1.21
JARDINE FLEMING CHINA REGION FUND, INC.	3,691,600	0.77
SSAL/C. H. CHINA INVESTMENTS AUS—Q4AP	3,130,200	0.65

(4) 截止 1996 年 12 月 31 日，本集团股东总数为 57,558 户，其中 A 股股东为 48,167 户，B 股股东为 9,391 户。

2. 董事、监事及高级管理人员持股情况(截止 1996 年 12 月 31 日)

董事会成员：

姓名	持股数(股)
范惠明	60,000
施展熊	75,000
卢金钱	75,000
陈平安	90,300
陈继荣	75,000

监事会成员：

姓名	持股数(股)
古　可	0
彭铁生	0
杨　桂	0

深圳中冠纺织印染股份有限公司

1996年年度报告摘要　（摘选）

一、公司简况

公司名称：深圳中冠纺织印染股份有限公司

法人代表：田志俊　　邮政编码：518001

公司地址：深圳市罗湖区人民南路房地产大厦10楼C座

电话：(0755)2323864

二、主要财务数据与财务指标

单位：人民币元

指标项目	本年数	上年数	比上年增减(%)
1.主营业务收入	380,339,931	430,667,677	-11.7%
2.净利润	1,708,700	12,756,928	-86.6%
3.总资产	409,363,010	433,076,776	-5.5%
4.股东权益	315,217,299	322,092,775	-2.1%
5.每股收益	0.01	0.075	-86.6%
6.每股净资产	1.86	1.90	-2.1%
7.净资产收益率	0.54%	3.96%	-86.4%
8.股东权益比率	77%	74.4%	+3.5%

三、公司主要业务回顾

1．一年来经营情况：

1996年公司围绕着年初提出的"创业精神，一流服务，快速反应，优质产品"的方针，主要做了七项工作。

(1) 落实了三级管理人员风险抵押责任制，加强了公司三级人员(总经理、主管、领班)的责任心。九六年公司各级员工积极努力，按试行方案取得了较好的营业利润。

(2) 执行了营业人员佣金制度，激励了营业人员接单积极性，改变了过去接多接少一个样的状况。

(3) 学习邯钢经验实行目标成本管理，初有成效地控制了公司的生产费用和各项成本。

(4) 调整营业方针，在巩固公司原有客户的同时，逐步扩大制衣厂客户，并积极与海外品牌厂家建立直销业务，使九六年度的产品销售盈利率呈现上升趋势。

(5) 对投资企业进行了分析排队，投资企业中效益较好者，予以积极支持，并尽可能创造条件使其稳步发展。对较差企业则要采取委托对方承包方式以减少公司投资风险。

(6) 工厂不断进行了技术装备和改造，九六年相继购进了荷兰斯托克圆网印机，改造了两台磨毛机，搬装改造了＃5练漂机，并拆除了＃3印花机，使公司的产品竞争能力得到加强，产品质量也有较大的提高。

(7) 下半年重点抓了污水改造方案的选定。改工艺、改设备，加强了领导，加强了全面管理及全面督察，力争在九七年中达到市政府、市环保提出的"治理污水达标排放"新要求。

2．两种会计制度审计结果的比较

本公司为同时发行A、B股股票的上市公司。根据中国会计准则审计的净利润为170.9万元；根据国际会计准则审计的净利润为366.9万元，差异196万元。其中差异主要是(1)针织车间开办费，根据中国会计准则在96年度分摊入成本21.8万元；根据国际会计准则，已于94年发生时全额一次进入当年成本；(2) 香港安达信会计师事务所调整其上年遗留的重复摊入成本差异127.9万元。(3) 其它由于两种会计准则不同造成的期间差异。

3．主营业务收入、净利润实际完成情况分析：

本公司1996年度主营业务收入3.8亿元人民币，营业利润为483万元，投资收益253万元，合计736万元，比去年同期的营业利润307.5万元上升139%。唯"营业外支出"项下1996年与1995年的差额为贷差794万元，主要系本公司投资深圳嘉丰纺织有限公司(占股6.56%)，因其帐面累计亏损而根据国际会计准则提取的"永久性减值准备"。

四、股本变化及股本结构情况

一、股本结构

股份单位：普通股

股份类别	96年初数	96年末数	占比例
(一)尚未流通股份			
发起人股份	122,291,150	122,291,150	
(1)境内发起人股	79,489,253	79,489,253	47%
(2)外资发起人股	42,801,897	42,801,897	25.3%
尚未流通股合计	122,291,150	122,291,150	72.3%
(二)已流通股份			
(1)境内上市A股	20,231,200	20,231,200	12.0%
其中高管持股*	250,000	215,042	
(2)境内上市B股	26,620,006	26,620,006	15.7%
已流通股份合计	46,851,206	46,851,206	27.7%
(三)股份总额	169,142,356	169,142,356	100%

*原财务经理叶海藏先生于1996年5月28日经第五次股东大会确认辞去财务经理一职，其各下股票转入可流通股。

2．主要股东持股数量与比例

股东名称	股数	占比例
(1)深圳华联纺织(集团)有限公司	55,031,022	32.54%
(2)深圳市纺织(集团)股份有限公司	24,458,231	14.46%
(3)香港邹星炳先生	9,783,292	5.79%
(4)香港兴茂有限公司	7,948,925	4.70%
(5)香港富冠投资有限公司	6,114,556	3.61%
(6)香港侨民有限公司	6,114,556	3.61%
(7)香港忻英杰先生	6,114,556	3.61%
(8)香港忻礼轼先生	4,280,190	2.53%
(9)香港王国泰先生	2,445,822	1.45%
(10)苟晓英	822,300	0.48%

3．股东数量

截至1996年12月31日，本公司共有股东17,375人，其中A股股东14,717人，B股股东2,658人。

二、公司董事、监事与高级管理人员持股情况

姓名	职务	持股数	增减股数
田志俊	董事长	50,042	0
张应学	常务董事、副董事长	0	0
邹星炳	常务董事、副董事长	9,783,292	0
石律德	常务董事、总经理	55,000	0
张万裕	董事	0	0
忻英杰	董事	6,114,556	0
朱金大	监事会主席	0	0
管同科	监事会副主席	0	0
潘伟朝	监事	55,000	0
王国泰	副总经理	2,445,822	0
曾进添	副总经理	0	0
蒋永增	副总经理	55,000	0
陈景秋	副总经理	0	0
任元卫	财务证券部经理	0	0

深圳市深宝实业股份有限公司

1996年年度报告摘要 （摘选）

一、公司简况

公司名称：深圳市深宝实业股份有限公司

法人代表：张德生　　　邮政编码：518020

公司地址：深圳市罗湖区文锦北路田贝东10号大院

电话：86—755—5507480、5507240—117

传真：86—755—5603456

二、主要财务数据与财务指标

指标项目	1996年	1995年	96年比95年增减(%)
1.主营业务收入(万元)	11282.6	26833.1	-57.95
2.净利润(万元)	4296.2	361.9	1087
3.总资产(万元)	42622.4	43701.6	-2.47
4.股东权益(万元)	26808.7	22512.5	19.08
5.每股收益(元)	0.31	0.03	933
6.每股净资产(元)	1.93	1.62	19.14
7.净资产收益率(%)	16.03%	1.61%	895.65
8.股东权益比率(%)	62.90%	51.51%	22.11

三、公司主要业务回顾

1. 一年来经营情况

本年度，公司在新一届董事会的领导下，按照"团结奋斗，加强管理，开源节流，扭增亏盈，稳步发展"的经营方针，经过全体员工的共同努力，公司的扭亏增盈工作取得了显著成效，并创造了历史最佳业绩。

本年度，公司实现利润总额4336.9万元，净利润4296.3万元，分别较95年增长了389.7%和1087%。期末，公司的经营状况良好，发展势头甚佳。

1) 主产业实施"大工业，大市场"年战略，集中力量，拓展市场。

本年春季，公司制定了较为完善的营销策略，依靠现有的销售队伍，成立专门营销机构，统一开展国内市场的促销策略，派出销售人员赴昆明、长沙、武汉、上海、杭州、南京、福州等地进行市场调查和促销活动，取得了初步成效。96年，公司主营产品销量分别达到9万和9.1万吨，较上年增长了20.6%和20.1%。同年12月份，公司还举行了"97全国客户订货会"，全国各地客户对本次订货会反映强烈，公司获得了5.68亿元的订单，为97年度主营业务上台阶创造了良好条件。

百事可乐饮料有限公司是我公司的支柱企业，96年2月，原饮乐厂的合作合同到期，1995年12月，公司本着平等互利的原则，与美方签定了新的合资合同。同时紧紧抓住机遇，与美方就市场开拓费用的补偿、原饮乐汽水厂厂房与写字楼的出租、新设备的进口及新厂址的选定等诸多问题进行了多次的谈判，维护了公司的利益。本年度，百事公司的产、销、利润都取得了历史最佳水平。

三井厂全年完成产量2832吨，实现利润400多万元，比九五年同期增长269%。

本年度深宝饮料厂、多维健厂、珠江冷冻食品厂的新领导班子狠抓管理，并在全体员工的努力下，已扭转了连续亏损的局面，实现盈亏平衡，为九七年的全面发展奠定了良好的基础。

另外，据市场形势和订货会反馈回的信息，罐装产品市场需求潜力很大，为建立完整的深宝品牌体系，产生规模效益，公司决定重新恢复"深宝"牌罐装饮料的生产。投资540万元建立一条生产线（现已投入正常生产）。

与此同时，为了减轻公司的行政开支，新增创利渠道，公司将属于服务性的机构统一组建成深宝物业管理有限公司，并扩大对外经营范围。

2) 加速发展房地产业、金融证券业，增加创利渠道

公司田贝本部拥有6.3万平方米的商业开发用地，其改造规划方案已获市政府有关部门的批准；容积率为3.82，覆盖率30%，建筑面积237,000平方米。深宝商业城的首期开发项目，占地2764.9平方米，建筑面积23500平方米，"深宝大厦A座"已获立项，现正进行筹建工作。房地产业的启动将成为公司新的利润增长点。

横岗深宝工业城的总体规划已获批准。公司经过与横岗当地政府友好协商，一次性解决了用地手续，公司用地面积由原来的25万平方米缩减为16.7万平方米；同时，因深圳百事可乐饮料有限公司斥资3060万元在工业城购地6万平方米兴建新厂房。斥资1400万美元兴建的百事新厂房将于今年底落成投产，此举势必带动整个深宝工业城的开发建设。

3) 强化资产管理，盘活存量资产，提高资产的运营效益

前几年，公司由于过度扩张经营，合资兴办了深宝辽源实业公司、深宝新民食品有限公司、新民深圳深宝多维有限公司及高健食品联营公司；在潮州经济开发区斥资2300万元购买土地；斥资2200万元兴办天然果汁厂等项目，由于决策不科学规范、经营不善、管理鞭长莫及和经济环境的影响等原因，几年来，这些投资不但没有产生效益，反而给公司发展带来的沉重的负担。

本年度，公司采取转让，或承包、或破产、或收购的方式进行处理。其中，辽源食品有限公司已与对方签订了转让合同，以35万元的价格转让给对方；新民多维健有限公司计划由对方承包，潮州土地也与潮州金曼集团签订了转让意向书。对于其它投资项目，公司由专人在抓紧进行清理工作。

本年度，为保障下属企业能健康运作，提高资产运营效益，本着"淘汰一批、扶持一批、优化一批"的原则，公司顺利完成饮乐汽水厂的终止清算、深宝工贸公司、深宝物资供应公司停业清理和深兴工业公司的注销清算。

通过上述措施，公司盘活近亿元的沉淀资金，减少了资产流失，为今后的发展打下坚实的基础。

2. 公司财务状况说明

根据本公司业经审计的96年度财务决算报告，本报告年度末集团总资产为42622.4万元，总负债为15760.6万元，股东权益为26808.7万元，分别较95年度减少2.47%、17.8%及增长19.08%；总负债中流动负债15101.5万元，长期负债659.1万元，较95年度分别减少18.6%及增长3%。

1) 造成主营业务收入大幅度减少是因1996年度汇总报表范围与1995年度有较大变化所致。

2) 造成总资产减少的主要原因是：

纳入1995年度合并会计报表范围的中外合作企业深圳饮乐汽水厂合作到期并已清算，新开办的合资企业深圳百事可乐有限公司由于我公司只占40%的股份，1996年度不纳入合并会计报表范围内。

3) 造成股东权益大幅度增长的主要原因是：

1996年度公司实现的净利润比1995年度增幅达1087%。

就报告期内公司的财务状况来看，资产负债率由上年末的43.9%降至1996年末的36.9%，净资产收益率也有所提高，这表明公司的资债状况良好，偿债能力得到进一步加强。

4) 按两种不同会计准则、制度计算和净利润及其差异的说明：

本公司会计报表根据中国会计政策审计后的净利润为4296.2万元，根据国际会计准则审计后的净利润为4837.2万元，出现差异原因为根据国际会计准则的规定：(1)冲减多提职工福利及奖励金103.5万元；(2)短期投资减值准备与转回净额315.1万元；(3)合作公司清算损益（投资损失准备转回）354.1万元；(4)依国际会计准则(IAS)提取坏帐损失与准备336.4万元；(5)利息资本化，上年差异转回315.3万元；(6)其他损失3.7万元。

四、股本变化及股本结构情况

1. 股本结构　（截止日1996年12月31日）

数量单位：(股)

类别	年初数	送股 配股	其他	年末数
(一)尚未流动股份				
1.国家股	83285072			83285072
2.法人股	8250000			8250000
尚未流通股份合计	91535072			91535072
(二)已流动股份				
1.境内上市人民币普通股	25559890		+18172*	25578062
2.境外上市外资股	21780000			21780000
3.高级管理人员股	48110		-18172*	29938
已流动股份合计	47388000			47388000
(三)股份总数	138923072			138923072

*离任高级管理人员所持内部职工股获准流通所致。

2) 主要股东持股情况（截止1997年1月29日）

股东	股数(股)	类别	比例
深圳市投资管理公司	83,285,072	A股	59.95%
中国平安保险公司	8,250,000	A股	5.94%
CROSBY INVESTMEVT SERVICES PTELTD	1,489,050	B股	1.07%
苏　静	727,198	A股	0.52%
SELL FITS DEVELOPMENT LTD	726,000	B股	0.52%
刘德让	669,294	A股	0.48%
赵广金	666,300	A股	0.479%
郭新琦	666,193	A股	0.479%
魏茂连	660,245	A股	0.476%
李玉秋	658,431	A股	0.473%
合计	97,797,783		70.397%

截止1997年1月29日，本公司共有股东6844户，其中A股股东4066名，B股股东2778户。

深圳华发电子股份有限公司

1996年年度报告摘要（摘选）

一、公司简况

公司名称：深圳华发电子股份有限公司

法人代表：陈清洁　　邮政编码：

公司地址：深圳市福田区华发北路411栋

电话：(0755)3352207　　传真：(0755)3352200

二、主要财务数据与财务指标

单位：万元

指标项目	本年数(元)	上年数(元)	比上年增减(%)
1.主营业务收入	268,613,945	353,463,423	-24.00
2.净利润	38,417,523	45,977,207	-16.44
3.总资产	569,200,991	526,263,441	8.16
4.股东权益	375,123,671	367,260,004	2.14
5.每股收益	0.18	0.22	-18.18
6.每股净资产	1.77	1.73	2.31
7.净资产收益率	10.24%	12.52%	-18.21
8.股东权益比率	65.90%	69.79%	-3.89

三、利润分配及分红派息预案

1996年度按国内会计准则审计实现净利润38,417,523元，按国际会计准则审计实现净利润28,147,394元。根据本公司章程和有关规定，董事会建议按国际会计准则审议净利润提取10%公积金，5%公益金，加上年度未分配利润，本年度每股派现金股息0.14元(含税)。另用公积金转增股本，每股转增0.2股。按1996年末总股本10股配3股。此方案经股东大会通过并报主管部门批准后实施。

四、业务回顾

1．一年来经营情况

1996年在全体股东的大力支持和董事会的领导下，面对彩电行业内外销市场激烈竞争，彩电价格大幅下调，生产经营成本和费用不断上升的严峻形势，公司继续坚持以市场为导向，以销售为龙头，以加快产品技术开发和强化质量管理为基础的方针，稳健经营，实现销售收入268,163,945元，利润总额45,201,680元，净利润38,417,523元，创汇1600万美元。实现了1996年度经营目标。

1996年生产彩电13.3万台，销售14万台，印制电路板13.1万平方米，注塑件163吨，印制电路板、注塑件除内配外全部实现销售。全年开发新产品九项，新品种30多项，大屏幕彩电的开发销售取得成效，产品标准化系列化水平提高。产品质量稳步提高，在ISO9002质量保证体系有效运行的基础上，又通过了ISO9001质量体系国内外认证，成为国内经ISO9001认证的少数彩电企业之一。

1996年由于国内彩电行业的激烈竞争，彩电价格大幅度下降，致使本公司产销萎缩，营业收入比上年下降24%，净利润比上年下降16%。

2、两种会计制度计算的利润差异

本年度按股份制试点企业会计制度和国内会计准则计算净利润38,417,523元，按国际会计准则计算净利润28,147,394元，两者差异10,270,129元，差异原因为后者按稳健性原则，增加应收租金坏帐准备9,757,000元，增加存货准备1,109,000元，其他调整增加利润595,871元，合计10,270,129元。

五、股本变化及股本结构情况

1．股本变化及股本结构

(1)股本结构(截至1996年12月31日)

股份类别	年初数(股)	本次增减(股)	年末数(股)
尚未流通股份			
发起人股份	153,889,989	-	153,889,989
外资法人持股	51,296,663	-	51,296,663
境内法人持股	102,593,326	-	102,593,326
尚未流通股份合计	153,889,989	-	153,889,989
已流通股份			
境内上市公众股	32,593,000	-	32,593,000
境内上市外资股	25,850,000	-	25,850,000
已流通股份合计	58,443,000	-	58,443,000
股份总数	212,332,989	-	212,332,989

上表变动部分系董事、监事、高级管理人员红股冻结和不再提任公司高级管理人员的股份解冻所致。

(2)本公司截止1996年12月31日股东总数11640人，其中境内股东9955人，境外股东1685人。

(3)截止1996年12月31日前十名股东持股情况

股东名称	持股数(股)	占总股本%
1)深圳赛格集团公司	51,296,663	24.16
2)中国振华电子集团公司	51,296,663	24.16
3)香港陆氏实业有限公司	51,296,663	24.16
4)东莞恒泰	3,183,810	1.50
5)TEMPLETON CHINA WORLD FUND INC.	2,164,000	1.02
6)TAURUS INVESTMENT CO,LTD	1,756,000	0.83
7)深圳中经信证券业务部	1,421,500	0.67
8)冯小宁	1,001,460	0.47
9)深圳赛格集团公司证券业务部	990,000	0.47
10)TEMPLETON DRAGON FUND,INC.	946,000	0.45

持有本公司5%以上股份的股东年初年末股份未变化，前10名股东中前2名为境内发起法人，第3名为香港发起法人，第4、7、8、9名为境内股东，其余为境外股东。

2．董事、监事、高级管理人员持股情况

姓名	职务	年初持股数	年末持股数(股)
陈清洁	董事长	0	0
陆擎天	副董事长、总经理	0	0
顾维铭	副董事长	0	0
章建民	董事、常务副总经理	35500	39050
陆柏平	董事、副总经理	34800	38280
李建中	董事、副总经理	33900	33990
林文玖	董事	0	0
蔡云芳	监事长、工会主席	26000	26000
邹如海	监事、副总经济师	17300	17330
戴伟明	监事	15600	15660
蔡桂勇	副总经理	20000	22000
包季文	董事会秘书、总经济师	26400	29040
常加兴	总工程师	17300	19030
叶大明	总会计师	19900	19900
徐洪涛	副总工程师	25500	25550
何柏林	副总会计师	0	0
合计		272200	285830

以上人员持公司股份本年度增加部分系红股冻结所致，未持股人员系外资董事和公司股份配售后任职的人员。

深圳开发科技股份有限公司

1996年年度报告摘要 （摘选）

一、公司简况

公司名称：深圳开发科技股份有限公司

法人代表：王之　　　邮政编码：518026

公司地址：深圳市福田区彩田路彩电工业区

电话：0755－3216063转3121　　传真：0755－3320720

二、主要财务数据与财务指标

单位：人民币万元

指标项目	本年数	上年数	比上年增减（%）
1.主营业务收入	161938	159877	1.28%
2.净利润	27537	11835	132.67%
3.总资产	150698	111222	35.49%
4.股东权益	79115	45417	74.20%
5.每股收益（元）	1.037	0.624	66.19%
6.每股净资产（元）	2.980	2.395	24.43%
7.净资产收益率（%）	34.80	10.64	71.71%
8.股东权益比率（%）	52.50	40.83	28.58%

注：1995年第三次股东大会通过的利润分配方案与董事会决议预分方案有所不同，深圳中华会计师事务所审计后，将1995年末股东权益按分红后的实际情况进行了调整。

三、公司业务回顾

1.一年来经营情况

1996年，公司在"坚持主业发展，坚持科技进步"的指导思想下，成功地完成了当年的各项任务，在稳定的基础上取得了良好的发展，无论在经济指标上还是在产品构架的调整上，均达到了预期的目标。继1995年之后，在经营业绩上又一次创造了公司的历史记录，同时完成了公司1996年计划的技改和产品由MIG磁头转化为MR和TF磁头的准备工作，这一转化过程为公司在国际新市场中的发展奠定了基础并积蓄了新的动力，并为公司今后几年的跨越性发展提供了新的空间。

2.主要指标说明

1996年公司累计完成主营业务出口销售161938万元，占全部业务收入的99.9%，比1995年增长1.3%；实现税后利润27537万元，比1995年增长132.7%，其中，主营业务利润占全部实现利润的97.8%，公司的资产负债等综合财务指标和状况均呈良性动态。1996年公司利润增幅（132.7%）明显高于当年销售增幅，其主要原因是：

（1）1995年公司提取了大量（1.45亿元）技术开发费，使公司发展有了可靠的储备资源，同时1995年的科技成果在1996年进一步发挥了实际效益，使当年所生产的3000万只磁头产品的技术档次和附加值全面提高，而到1996年末公司仍然保持了1.4亿元以上技术开发费的储备。

（2）公司1996年上半年销售已达10亿元，在这种情况下公司主动地控制了老产品的生产量，开始进行技术改造，并投入了新产品，从而造成下半年的销售量有一定程度的下降。这一决策主要是考虑到公司需稳步界入新产品市场，为1997年乃至以后三年的发展拓展新的空间。实际上公司正是利用下半年完成了技改和新产品上马的工作。

3.1996年是公司业务发展产生转折的关键一年。公司在保持业务稳步增长的同时，实施了一系列与后期发展步骤有关的计划，基本成功地达到了预期的目标。

（1）年内完成了MIG磁头产品向TF和MR磁头转换的技术改造和初期投产工作，到1996年末公司已接受了大量新产品的订货议项，1997年新产品已成为公司的生产主流，一季度公司80%的生产已转为TF磁头，MR磁头亦将于近期与国际著名厂商签署大批供应协议。此次技术和产品转换的成功，标志着公司将由1997年跨入一个新的发展阶段。

（2）盘基片产品于1996年10月份已开始投产，该产品的达产速度比公司预期的要迟2－3个月，主要是因为在燃气设备的气体供应方面出现了未预见的技术问题，现已得到解决，预计1997年一季度末其生产将步入正常进度。1996年该项目已投资6600万元，1996年度配股资金已按计划全部投入该项目。

（3）公司的第二期扩建工程到1996年末已完成30%，进度正常，预计到1997年末可全面交付使用。该项目建筑面积6.5万平方米，将提供2.5倍于现有厂房的生产空间，第二期工程将为公司跨越性的发展提供基本保障。

（4）1996年公司对发展驱动器生产计划进行了具体的规划，计划利用已成熟的MIG技术，首先开发研制高容量软盘驱动器（120MB），该项目已于1996年成立了技术和组织的筹备机构，目前该产品的洽淡已进入实质性的阶段。

1996年公司的经营与发展是成功的，公司在实施产品结构调整的一系列步骤中保持稳定的发展，也保持了世界同行业第三的地位。技术转换的成功已使公司在1997年进入了新产品市场，保持了公司主业的强劲发展势头，产品范围的扩展也进一步稳定了公司在行业中的地位。

4.上年募集股金使用情况的说明：

公司经中国证券监督管理委员会证监配审字[1996]2号文复审通过，按照1995年配股方案，于1996年4月，以10:3的比例向持有"深科技A"股票的股东配股，境外法人股东声明放弃配股权，境内法人股东将此次配股权以每股0.20元的转让费转让给社会公众股东，社会公众股东按10:8.24的比例受让法人股配股权，此次配股社会公众配股9.628,125股，全部配出，法人股转配预计总配股2,646万股，实际共配出5,029,932股，共募集资金54,947,636.16元，扣除总数为2,004,843.58元的各项费用后，实收配股净额52,942,792.58元，其中5,000万元已全部投入盘基片生产项目，余款用于补款充公司的流动资金。盘基片生产项目第一期筹备工作已经完成，产品自1996年10月开始投产。

四、股本结构及变动情况

1.股本变化及股本结构情况

1.股本结构及动态：

股份单位：股　面值：每股1元

股份类别	年初数	本年增减	年末数
一、尚未流通股份			
1.发起人股份			
其中：			
国家股	103,950,000	31,185,000	135,135,000
外资法人股	53,550,000	16,065,000	69,615,000
2.内部职工股	401,450	276,998	678,448
3.法人股东转配股		6,538,911	6,538,911
尚未流通股份合计	157,901,450	54,065,909	211,967,359
二.已流通股份			
A股	31,692,300	21,819,738	53,559,989
已流通股份合计	31,692,300	21,819,738	53,559,989
三.股份总数：	189,593,750	75,933,598	265,527,348

2.股本变动原因：

本公司1996年度内股本的增加，是由于本年内实施了1995年度配股方案，此后以10:3的比例向全体股东派送红股。

3.1996年末持股量前十名股东为：

股东名称	持股数	持股比例
(1)中国电子信息产业集团公司	73,710,000	27.76%
(2)博旭有限公司	69,615,000	26.22%
(3)国营建南机器厂	24,570,000	9.25%
(4)秉宏有限公司	20,475,000	7.71%
(5)中国长城计算机集团公司	16,380,000	6.17%
(6)港澳国际信托公司	2,936,366	1.10%
(7)平长碧	1,212,620	0.46%
(8)陈菊姣	770,000	0.29%
(9)港澳信托	715,600	0.27%
(10)王荣华	668,442	0.25%

4.截止1996年12月31日，公司股东总户数为39698户。

深圳飞亚达(集团)股份有限公司

1996年年度报告摘要 (摘选)

一、公司简况

公司名称：深圳飞亚达(集团)股份有限公司

法人代表：李志正　　　　邮政编码：518041

公司地址：深圳市福田区深南中路中航苑6号大厦

电话：(0755)3348365　　　传真：(0755)3348369

二、主要财务数据与财务指标

指标项目	本年数	上年数	比上年增减(%)
1.主营业务收入(万元)	34,581.40	34,964.70	-1.09
2.净利润(万元)	6,442.00	7,074.50	-8.94
3.总资产(万元)	59,027.50	45,515.80	29.69
4.股东权益(万元)	34,887.70	24,370.60	43.15
5.每股收益(元/股)	0.465	0.64	-27.34
6.每股净资产(元/股)	2.52	2.22	13.51
7.净资产收益率(%)	18.46	29.03	-36.41
8.股东权益比率(%)	59.10	53.54	10.38

三、公司主要业务回顾

1. 在过去的一年里，飞亚达集团在股东和社会各界人士的支持下，在董事会的正确决策和全体员工的奋力拼搏下，克服了种种困难，超额完成了年初设定的各项经营指标，完成利润总额7,554.2万元，税后利润6,442万元，主营产品飞亚达表，无论在营销、品牌和高科技含量上在国内均处于领先地位。

1996年，针对集团的实际情况和发展需要，进一步加强内部规范化管理，从粗放型向集约型转变，使公司在经营管理方面上档次、上水平从而有效地提高了企业经济效益。

在突出主业，实施名牌战略方针指导下，本集团得到稳健发展并彰显长远效益。1996年度主营产品为集团提供了24,658万元的营业收入，占总营业收入的71.3%，其中飞亚达高档表销售比去年同期增长18%，在国内高档表市场上占有极高的份额。1996年，公司实现净利润6,442万元，比上一年度下降了8.94%，这主要是由于：(1)主营产品销售比去年有所下降；(2)销售费用和管理费用分别比上一年度有所提高；(3)以前年度损益进行调整。

1996年度公司的利润约78%来源于工业，约22%来源于物业和其他产业。

此外，“飞亚达”这一品牌及其产品在广大消费者心目中进一步得到巩固和提高。1995年8月21日，在北京召开的“第50届世界统计大会”上，本集团荣获了国家统计局授予的“中国钟表之王”的桂冠。同时，由中国企业管理协会权威机构进行综合评价并于1996年12月公布的全国产品竞争力排行榜上的“1996年消费者心目中的理想品牌”和“1996年实际购买品牌”以及“1997年购买首选品牌”中三项名列第一。飞亚达表力压群雄，这些荣誉的取得，再一次确认了飞亚达表在国内钟表行业中第一名牌的领先地位。

工商一体化的策略，使集团降低经营风险，产业结构得到合理组合，同时为企业带来可观的收益。商业、餐饮服务等占集团总营业收入的29%，且具有较大的发展潜力。

在深圳市政府鼎力扶植下，1996年下半年“飞亚达高科技工业园”项目初步完成了选址、批地及有关高科技项目的落实工作，为飞亚达集团在2000年前发展成为一个具有国际先进水平的科研、生产、出口基地奠定了基础。

2. 两种会计制度审计结果比较

1996年度，按中国会计准则审计税后利润64,420,221.35元，而按国际会计准则审计税后利润58,625,000.00元，差异为5,795,221.35元，产生差异的主要原因是按国际会计准则增加计提以下费用(单位：元)：

(1) 计提存货准备　　3,500,000.00

(2) 计提坏帐准备　　1,463,221.35

(3) 计提固定资产折旧　　832,000.00

合　计　　5,795,221.35

3. 前次配股募集资金使用情况说明

公司在本年度初实施了1995年度配股方案，共募集股金3,255.9万元，资金于1月30日一次到帐。该资金使用情况如下：

(1) 组建上海仙门美食有限公司投资1,530万元，该公司是继西安豪门美食娱乐城有限公司之后的第二家餐饮业，并于1997年1月3日开始营业，预计1997年利润约400万元。

(2) 对所属企业进行技术设备更新，扩充高档表生产线投资650万元。

(3) 支付飞亚达高科技工业园土地使用费1,165万元。

以上三项投资合计3,345万元。

4. 业务展望

1997年是集团实施“九·五”规划的第一个关键年。本集团总的经营计划是：突出主业、加速工商一体化进度，确定发展项目及兴建高科技工业园。

1997年，公司将继续以高科技手段改造传统产品的方式，向广大消费者推出一系列价廉物美的飞亚达表并逐渐扩大其营销地域。

在全国各主要的大中城市建立增设10个“世界名表中心”连锁店，组成实力强大的专卖网络，提高企业形象及飞亚达表的名牌地位。

在瑞士建立一公司，扩大成表及其零配件的外销市场。

加速兴建“飞亚达高科技工业园”争取在1997年下半年完成设计及奠基工作，部分高科技项目进入开发、定型阶段。

四、股本变化及股本结构情况

1. 股本结构：

股份单位：万股　面值：每股1元

股份类别	年初数	本年增减		年末数
		配股	红股	
(一)尚未流通股份				
(1)发起人法人股	6,030	—	+1,206	7,236
尚未流通股份合计	6,030	—	+1,206	7,236
(二)已流通股份				
(1)A股	2,250	+675	+450	3,375
(2)B股	2,700		+540	3,240
已流通股份合计	4,950	+675	990	6,615
(三)股份总数	10,980	+675	+2,196	13,851

2. 股本变动情况及原因

(1) 本集团股本至1996年1月31日已变为11,542.5万股。因为1995年度的配股于1996年1月完成，1996年1月31日股本比1995年12月31日增加562.5万股。在本集团1996年度中期报告中，年初数是以1996年1月31日计算的。

(2) 至1996年12月31日，本集团股本增至13,851万股是年内分红所致。

3. 截止1996年12月31日，本集团前十名股东持股情况：

股东名称	持股数量(股)	股票种类	持股比例
中航技深圳公司	72,360,000	A	52.24%
国投二部	2,698,800	A	1.95%
卫科实业有限公司	2,229,120	B	1.61%
中国平保(香港)	941,080	B	0.68%
森生实业公司	928,800	B	0.67%
王　丁	660,000	A	0.48%
黄　山	657,400	A	0.48%
陈　淋	653,600	A	0.47%
刘　司	650,000	A	0.47%
李　说	650,000	A	0.47%

4. 截止1996年12月31日，本集团股东总数为13,401人，其中A股股东10,417人，B股股东2,984人。

深圳市益力矿泉水股份有限公司

1996年年度报告摘要 （摘选）

一、公司简况

公司名称：深圳市益力矿泉水股份有限公司

法人代表：赵必元　　邮政编码：518029

公司地址：中国深圳市红岭北路先科激光大厦八楼

电话：(0755)2413446、2413223　　传真：(0755)2413962

二、主要财务数据与财务指标

单位：万元人民币

指标项目	本年数	上年数	比上年增减(%)
1.主营业务收入	15,168.97	16,120.15	－5.90
2.利润总额	4,827.81	2,766.94	＋74.48
3.税后利润	4,054.18	2,333.33	＋73.75
4.资产总额	44,660.31	38,020.72	＋17.46
5.股东权益	35,666.18	32,866.97	＋8.52
6.每股净资产	2.23	2.59	－13.90
7.每股收益	0.25	0.18	＋38.89
8.净资产收益率	11.37%	7.10%	＋60.14
9.股东权益比率	79.86%	86.44%	－7.61

注：每股净资产及每股收益按年末股数16,008.30万股计算。

三、公司主要业务回顾

1.一年来经营情况

96年度，公司主导产品矿泉水的生产和销售再创历史最好水平。全年共生产矿泉水7.66万吨，比去年同期增长6.17%；完成工业总产值15,929.33万元(按90年不变价)，比去年同期增长9.59%。公司生产的600ml矿泉水和五加仑矿泉水产量占广东市场的15%和全国市场的7%。在96年国家技术监督局进行的全国矿泉水行业质量统检中，“益力”矿泉水获得排名第一的殊荣；公司在质量、产量、销量、效益等方面均居国内矿泉水行业第一名；公司连续四年进入全国饮料行业20强并且是以矿泉水为主导产业的唯一入围企业(资料由中国饮料工业协会提供)：

居全国利润最大20家饮料企业排序第11名；

居全国利税总额最大20家饮料企业排序第12名；

居全国产量最大20家饮料企业排序第12名；

居全国产值最大20家饮料企业排序第19名。

2.按两种不同会计准则、制度计算的税后利润及其差异的说明

本公司会计报表根据中国会计政策审计后的税后利润为4,054.18万元，根据国际会计准则审计后的税后利润为3,397.30万元，出现差异原因为根据国际会计准则的规定：(1)从税后利润提取的公益金405.40万元进入费用；(2)其他应收款提取的呆帐准备192.60万元；(3)固定资产折价损失准备金62.90万元；(4)存货报废损失准备88.20万元；(5)冲减去年多提准备金部分92.20万元。

3.对前次募集资金的运用情况的说明

96年度，公司没有通过增资扩股募集资金。原募集股金已在95年运用完毕，募集股金所投入项目的建设延续到96年的有瓶盖厂和健康食品厂，列表说明如下：

编号	拟投资项目	实际投资项目	投资数额(万元)	项目进展
1	瓶盖厂	瓶盖车间(隶属益力新塑料公司)	84.28(人民币)	96年7月份正式投产
2	健康食品厂	深圳市益力生物保健品厂	250(人民币)	96年9月28日正式投产

益力新塑料公司瓶盖车间生产的白色塑胶瓶盖目前主要供本公司自用；生物保健品厂生产的“笔架山”牌益力生物宝尚处于试销阶段，97年公司拟加大产品的广告宣传力度，加强市场拓销工作，使这种技术上填补国内空白的保健产品早日造福广大消费者。

四、股本变化及股本结构情况

(1)股本结构(截止1996年12月31日)

股份类别	年初数(万股)	本期送股数(万股)	本期公积金转增股本数(万股)	年末数(万股)
一、尚未流通股份				
(1)发起人股份				
国有股	5,505.50	275.27	1,156.16	6,936.93
法人股	1,149.50	57.48	241.39	1,448.37
(2)募集法人股	1,210	60.50	254.10	1,524.60
合计	7,865	393.25	1,651.65	9,909.90
二、已流通股份				
境内人民币普通股	2,420	121	508.20	3,049.20
其中：高管股	19.25			20.25
境内上市外资股	2,420	121	508.20	3,049.20
合　计	4,840	242	1,016.40	6,098.40
总　计	12,705	635.25	2,668.05	16,008.30

(2)报告期内股本的变动情况

1996年7月16日，本公司按每20股送1股红股和现金1.10元人民币(含税)派付1995年度股利；11月12日按每10股送2股的比例将公司部分资本公积金转增股本，96年本公司总股本由12,705万股扩至16,008.30万股。

(3)前十名股东持股情况(截止1996年12月31日)

股东名称	年末持股数(万股)	占总股数比例(%)	年初持股数(万股)	占总股数比例(%)
深圳市投资管理公司＊	6,936.93	43.33	5,505.50	43.33
深圳市宝安区石岩镇上屋经济发展公司	1,524.60	9.52	1,210.00	9.52
深圳市宝安区石岩镇经济发展总公司	1,448.37	9.05	1,149.50	9.05
CCBP/FINANCIERE＊＊ ATLAS	149.34	0.93	331.68	2.61
INTL NEDERLANDEN＊＊ BANK(ING BANK) GLOBAL CUSTODY N.V.	147.18	0.92	143.00	1.16
DB INVESTMENT＊＊ MANAGEMENT S.A.	103.95	0.65	0	0
申银静安	65.16	0.41	0	0
CHINA PINGAN＊＊ CO,LTD	46.82	0.29	0	0
朱　红	43.30	0.27	0	0
赵　玻	40.00	0.25	0	0

合计：10,505.65万股占总股本65.62%。

注：＊为国有股股东；＊＊为境内上市外资股股东

(4)报告期末的股东总数

截止1996年12月31日，益力公司股东人数为16,378人，其中发起人法人股东2人(A股)，定向法人股东1人(A股)，个人股东16,375人；A股股东12,970人(包括内部职工股东4人)；B股股东3,408人。

深圳市莱英达集团股份有限公司

1996年年度报告摘要（摘选）

一、公司简况

公司名称：深圳市莱英达集团股份有限公司

法人代表：范惠明　　　邮政编码：518031

公司地址：中国·广东省·深圳市华强北路

电话：0755—3361666转250　传真：0755—3361777

二、主要财务数据与财务指标

财务指标	1996年	1995年	1994年	1996年比1995年增长
主营收入(万元)	46,750	51,470	59,450	-9.17%
利润总额(万元)	3,889	2,477	12,400	+57%
税后利润(万元)	2,858	2,013	11,731	+42%
资产总额(万元)	205,224	189,115	167,810	+8.52%
股东权益(万元)	73,497	70,685	66,237	+4%
每股收益(万元)	0.10	0.07	0.447	+42.85%
每股净资产(元)	2.55	2.45	2.53	4.08%
股东权益比率	35.81%	37.38%	40%	-4.2%
净资产收益率	3.89%	2.85%	17.71%	+36.4%

注：加上1995年度滚存利润，截至1996年末每股收益实际为0.17元。

三、公司主要业务回顾

1996年是“九五”计划的头一年，也是公司深化企业内部改革、优化资本结构，组建大型企业集团工作取得重大突破的一年。

1. 优化资本结构，组建超百亿企业集团工作取得了突破性进展。公司被市政府列为深圳市首批12家、重点6家“优化资本结构”试点企业。根据市政府提出的“三个一批”发展战略和优化资本结构的具体要求，结合我公司的实际情况，提出了“莱英达集团优化资本结构、实现超百亿企业实施方案”。这个《方案》得到深圳市“优化资本结构试点工作”领导小组及有关部门的充分肯定并在市长工作会议原则通过，有关优惠政策已在逐步落实之中。此外，公司还先后被确立为全国重点扶持1000家、首批300家国有大中型企业，广东省重点发展70家、深圳市重点发展的30家大型企业集团。从而有力地推进了莱英达集团经济持续、快速、高效益发展的步伐。

2. 以公司化改组为重点的企业内部改革进展顺利。(1)成功地进行了12家全资企业的公司化改组工作。(2)进一步完善了净资产风险抵押承包责任制及各项考核办法。(3)进行了二级企业经理年薪制试点方案的探索。

3. 深入开展“转机制、抓管理、练内功、增效益”活动取得良好成效。(1)以抓资金管理为中心的财务管理工作成效显著。(2)基础管理工作跃上一个新台阶。(3)严格质量管理，产品市场竞争能力稳步提高。(4)加快了全面清理、整顿企业工作的步伐。(5)采取积极措施扭亏增盈，努力提高企业经济效益。

针对部分企业上半年经济效益滑坡，公司组织力量深入企业调查研究，帮助采取措施。先后到计时、食品、新世纪、金星、轻工、海马、物资等企业现场办公，与企业共同研究生产经营中存在的问题与困难，帮助企业解决困难，提高经济效益。

4. 走集约化经营道路，公司整体经济实力显著增强。

1996年公司经济发展的总体思路是控制铺新摊子，依靠现有基础，走集约化经营道路，通过内涵发展、产权经营以及寻求新的高效益经济增长点等途径，有效地增强了公司经济的整体实力。

(1) 内涵扩大再生产显示出良好的规模经济效益。一是啤酒20万吨扩建工程于去年9月8日提前竣工投产，创下了啤酒业的两个“全国第一”(粮化装置全国第一和发酵罐每个720立方米全国第一)和一个“世界第一”(每小时可装640毫升瓶装啤酒6万瓶)。二是易拉罐生产线完成了设备的调试，由试生产转入正式生产。三是造纸公司搬迁、扩建工程建成投产，年生产能力由原来的2万吨扩大到5万吨。这些重点项目建设的顺利完成，有效地形成了规模经济，进一步壮大了公司的整体经济实力。

(2) 技术进步、新产品开发成效显著。中华公司完成了WCF复合材料这一高科技产品的研制，已投入大量生产，开辟了复合材料产品领域广泛应用的前景，成为集团重要的新的经济增长点。新世纪公司通过技术改造与应用新技术开发新产品，经济效益迅速增长，创造了销售收入、利润翻两番的奇迹。嘉年公司积极进行工艺革新，克服了金咭印白墨的技术难题，大大改善了金色印刷效果，而且减少一次双色印刷，全年节约150万元以上。高科达公司是我公司新建的高科技企业，成立仅一年就完成销售收入800万元，创利润105万元。计时公司通过不断地开发各种系列、多种款式的新产品，以满足不同消费者的需求，在钟表行业普遍滑坡的情况下，实现了产量、销售收入、利润等各项指标大幅度增长的好成绩。

(3) 我们加快了产权经营的步伐，先后对沈阳、吉林、安徽、湖南等地的产权项目进行了深入细致的考察。在外部兼并的同时，积极开展产权转让，进行了粤深公司产权转让的工作。

(4) 植物动力2003的推广初见成效。

植物动力2003是公司另一个重要的新的经济增长点。为了有效地促进该项目的推广应用，公司于1996年5月成立了2003推广中心，与华嘉名公司分工协作。目前已在全国范围的经济作物、水果、蔬菜、粮食油料等上千品种、1千多个试验点、40余万亩耕地进行了试验，效果显著；同时在各地相继召开试验现场推广会，植物动力2003的引进推广工作，受到主管农业的姜春云副总理的高度评价，并顺利通过了农业部专家论证会的论证，获得了农业部的销售许可证，为2003列入全国农业丰产计划全国推广打下了良好的基础。

(5) 房地产、贸易等第三产业在调整中获得了新的发展机遇。

1996年，房地产市场由于国家宏观调控仍未脱离周期性低谷。我们采取“保证重点、稳步发展”的方针，通过合作开发、土地转让、加强促销等措施，取得了良好成效。一是调整经营战略，加大合作开发的力度。造纸项目合作开发取得成功，可实现利润5600多万元，当年创利润2000万元；同时签订了上海英达广场、莱茵花园项目合作开发合同。这一战略调整措施不仅缓解了房地产开发资金紧张的局面，而且加快了工程建设进度。二是积极开展房地产促销，全年实现销售收入6000万元。

进出口贸易方面，1996年上半年全国外贸出口大幅度滑坡、形势十分严峻的情况下，我们进一步调整经营战略，把工作重点放在结构调整、抓紧退税、清理债权债务与积极开拓远洋贸易基地等方面，取得了良好的成效。一是抓紧出口退税款工作，全集团1994-1996年的应退税款全部到位，退到税款达6000万元，完成应退税款额的97%，大大缓解了企业的资金矛盾。二是积极清理债权债务，盘活沉淀资金。三是调整进出口商品品种和比例。四是积极开辟远洋贸易基地方面取得了突破性成就，我们经过认真的考察研究，首期投资200万美元在拉脱维亚合资成立了“波罗的海中国商业中心”，该项目得到市贸发局和国家经贸委的大力支持。

四、股本变化及股本结构情况

1. 年度内股本没有变化。

2. 股本结构情况：

单位：万股　面值：每股1元

股份类别	年初数	占总股本比例	年末数	占总股本比例
1. 尚未流通股份				
(1)发起人股份	19,140.00	66.36%	19,140.00	66.36%
其中:国家股	19,140.00	66.36%	19,140.00	66.36%
(2)募集法人股	1,716.00	5.95%	1,716.00	5.95%
尚未流通股份合计	20,869.772	72.31%	20,866.556	72.31%
2. 已流通股份				
(1)A股	4,026.11	13.96%	4,026.11	13.96%
(2)B股	3,960.00	13.73%	3,960.00	13.73%
已流通股份合计	7,972.228	27.69%	7,975.554	27.69%
3. 股份总额	28,842.00	100%	28,842.00	100%

1995年末在册股东总数为31262人，其中：A股股东28393人(包括国家股、法人股、内部职工股、社会公众A股股东)，B股股东2869人。

深圳桑达实业股份有限公司

1996 年年度报告摘要　（摘选）

一、公司简况

公司名称：深圳桑达实业股份有限公司

法人代表：佟保安　　　　　邮编：518031

公司地址：深圳市福田区振华路 17 号 414 栋西二层

电话：0755—3222168－163　　传真：0755—3200639

二、主要财务数据与财务指标

单位：万元

指　标　项　目	本年数	上年数	比上年增减（%）
1. 主营业务收入	26232.97	30339.54	－13.54
2. 净利润	1310.92	1508.31	－13.08
3. 总资产	58786.69	57243.19	2.63
4. 股东权益	26683.56	26137.90	2.08
5. 每股收益（元）	0.10	0.115	－13.04
6. 每股净资产（元/股）	2.04	2.00	2.00
7. 净资产收益率（%）	4.96	5.77	－14.04
8. 股东权益比率（%）	45.39	45.66	－0.6

三、公司主要业务回顾

1. 一年来经营情况

1996 年，公司在"加强市场开拓，加快技术进步，加大管理力度，加速资金周转，加紧产品调整，形成规模经济"的工作方针指导下，充分调动广大员工积极性，在产品结构、产业结构调整，依靠科技兴业，发展规模生产，发展增量、盘活存量等方面做了大量工作和尝试，培植了一批新的经济增长点，保证了公司资产的保值与增值。

1）坚持科技兴业，努力发展规模经济

1996 年国内、国际市场对电视机上的关键件彩电回扫变压器（FBT）需求量日益增加，公司抓住这一有利时机，投入资金 1726 万元对百利公司进行技术改造，并于 1996 年年底完成。改造后百利公司的 FBT 生产能力由年产 120 万只提高到年产 350 万只，在国内同行业名列前茅。在增加产量的同时，百利公司坚持不懈地抓产品质量，在原已取得 ISO－9002 认证的基础上，积极准备进行 ISO－9001 国际质量标准认证。

在国内程控交换机市场竞争激烈的情况下，公司属下电信技术公司积极采取措施，一方面从设计上下功夫，采用专用芯片，提高集成度，从而降低成本；另一方面加强质量管理，产品的合格率达到了 97% 以上，并于 1996 年 12 月 23 日通过国际、国内有关认证机构 ISO－9001 国际质量标准的认证，增强了产品的竞争能力。

为了紧随信息网络产品的发展方向，电信技术公司还积极开发新的高科技产品，与清华大学联合研制的"SED－08 路由器"于 1996 年 10 月 19 日通过部级鉴定，并被证明为国内首次研制成功的具有自己知识产权的路由器产品，它的研制成功，使我国路由器产品实现了零的突破，具有较大的社会意义和经济价值。该产品在 1997 年开始试生产并投放市场。

1996 年，公司生产的 SED－2820 型中英文电传机、JSQ－4000 数字程控用户交换机均被国家经贸委评审认定为 1996 年度国家级新产品。

2）发展增量，盘活存量，尝试资产经营

为了建立本公司的通信产业，公司花了很大精力寻求与国际著名公司的合作，经过长达两年半的谈判，于 1996 年 10 月同荷兰飞利浦集团签署合资协议，成立了以生产个人消费通信产品等为主的合资企业。该公司于 1997 年初开工，它的成立将会带动公司相关配套行业的发展，并将成为公司新的经济增长点。

公司属下宝电公司是公司位于布吉镇的生产基地，其属下的公司都不同程度的存在设备陈旧、技术相对落后、资金周转困难等问题。1996 年公司调整、充实了宝电公司经营班子，新班子针对宝电公司各种存在的问题，采取了相应措施，一举扭亏为盈。如中和公司各种存在的问题已严重影响了企业生产的良性循环，为了确保现有存量资产保值与增值，公司选择了在各方面较有实力的外商来承包经营中和公司，确保中和公司有稳定的收入，同时也使得该企业重新走上健康发展的道路。又如爱宝公司与外方股东单位之间的错综复杂的关系严重制约了其发展，公司通过收购外方股权，理顺了关系，增强了企业发展活力。

3）积极开拓房地产业

1996 年是公司属下工程开发公司较为困难的一年，面临着土地储备不足和没有竣工工程等问题。工程开发公司采取积极措施，寻找新的工程项目，1996 年 7 月与南山中心区发展公司签订了土地开发合同，开发南山中心区 12＃土地，并已于 1996 年年底完成小区规划方案，预计 1997 年年底前动工。公司还对位于未来深圳至香港西部通道附近的滨海大厦的原设计进行全面审图和修改，修改后在总面积不变的前提下，增加使用面积 500 余平方米，并调整了部分平面和结构尺寸，使用将更趋合理、有效，节约投资约 700 余万元。

2. 主要指标分析

1996 年度公司主营业务收入为 26232.97 万元，比 1995 年度下降 13.54%，净利润完成 1310.92 万元，较 1995 年度下降 13.08%，主要原因是：

（1）公司所属个别企业由于产品 1996 年度为产品调整期，新老产品更新换代出现空档，导致 1996 年度亏损。

（2）公司所属贸易部门，由于市场竞争激烈等原因导致贸易额下降。

四、股本变化及股本结构情况

1）股本结构

单位：股　　面值：每股 1 元

股　份　类　别	年初数	本年增减	年末数
一、尚未流通股份			
境内法人股	94511997	—	94511997
二、已流通股份			
A 股	36300003	—	36300003
三、股份总数	130812000	—	130812000

2）股本变动情况及原因

期内本公司股本无变动。

3）主要股东持股情况

股　东　名　称	拥有股数（股）	持股比例（%）
1）深圳桑达电子总公司	84384679	64.51
2）深圳龙岗区工业发展总公司	7409036	5.66
3）无锡市无线电变压器厂	2718282	2.08
4）郑志勇	595648	0.46
5）文海军	431500	0.33
6）深圳市中安信理财服务公司	240000	0.18
7）恒鸿贸易（深圳）有限公司	210000	0.16
8）邓木仿	205616	0.16
9）卫月英	203700	0.16
10）桑达股份公司工会委员会	163800	0.13
合计	96562261	73.82

4）股东数量

截止 1996 年 12 月 31 日止，公司股东总数为 22474 户。

中国科健股份有限公司

1996年年度报告摘要（摘选）

一、公司简况

公司名称：中国科健股份有限公司

法人代表：侯自强　　邮政编码：518067

公司地址：深圳蛇口工业区工业六路科健大厦

电话：0755—6692523－121　　传真：0755—6695940

二、主要财务数据与财务指标

单位：万元

指标项目	1996年	1995年	比95年增减(%)
1.主营业务收入	6110.5	7512.4	－18.7
2.净利润	－4802.5	－1161.2	－313.6
3.总资产	44223.5	46755.6	－5.4
4.股东权益	17160.7	21918.8	－21.7
5.每股收益(元/股)	－0.414	－0.10	－314.0
6.每股净资产(元/股)	1.48	1.89	－21.7
7.净资产收益率(%)	－27.99	－5.30	－428.1
8.股东权益比率(%)	38.81	46.87	－17.2

三、公司主要业务回顾

1996年，新的领导班子在"整顿、经营"的经营方针的指导下，基本上完成了组织结构、产品结构的整顿和调整工作，公司经营有了一个新的开端。

1. 通过调整机构设置，明确各部门责任，对各部门工作规范和整顿，形成了分工明确、权责分明、相互协作的组织机构；健全岗位责任制和目标管理，加强各部门的内部控制和内部管理，充分调动职工的积极性，形成了以效率和效益为中心的自我约束、自我激励的管理运行机制。

2. 在经营上，对原医电产品一方面果断地淘汰了一些没有竞争力的产品，另一方面进一步提高现有产品的质量并加强开发新的医电产品，新型X－CT产品已投入市场，市场反映良好。同时，公司已进入数字消费电子产品和数字通信产品新领域，CATV模块生产能力扩大，为数字电视、多媒体宽带通信项目的开发打下了坚实的基础；1996年鉴于VCD市场看好，CATV模块市场萎缩，董事会同意在经营计划中适当缩减CATV模块生产投入，加大VCD的开发、生产的投入，共投入约1400万人民币。依托中科院声学所开发技术，设计先进，功能齐全的科健牌VCD机已批量生产，全面投放市场。该机产品质量高、价格适宜、市场竞争力强，1997年将会大规模生产。

尽管公司在1996年度做了上述努力，但由于下述原因，使公司亏损达到48,025,661.32元。

1. 由于国家宏观政策的影响，医疗设备进口许可证制度取消，使公司原有医电产品的销售及利润进一步下滑；新的具有竞争力的医电产品未能按计划时间投入市场；新的主导产品VCD未形成规模效益；负债规模居高不下反而上升，财务费用高达2647.8万元。上述原因致使公司经营性亏损扩大。96年度公司合并经营性亏损达3332万元。

2. 1996年公司对产品结构进行调整，相应清理科技开发费、递延费摊销，在产品费用摊销，以及公司对呆滞坏帐进行清理，报董事会批准对有关帐项进行调整，影响本年损益－1470万元人民币。

四、业务展望

1996年公司已完成了内部整顿和产品调整工作，为扭转公司的亏损局面，1997年将以抓好经营和提高效益为工作重点。公司一方面加强管理，提高管理效益，降低管理成本；另一方面进一步拓展市场，扩大公司产品市场占有率，增加业务收入；另外加强新产品的开发工作，增强企业的发展后劲，97年将力保扭转连续两年亏损的局面。

主要措施有：

1. 公司本部主导产品VCD产品在1997年将大规模生产，形成规模效益。

2. 与菲利浦合作生产的新型产品X－CT批量投入市场，成为公司的重要利润增长点。

3. 0.2T、0.3T开放式永磁体多功能MRI系统将于1997年完成开发，投放市场后将增强产品的竞争力。

4. 继续加强与ANALOGIC公司的合作，完成全数字化彩超的核心部件开发。

5. 继续加强与中科院DSP中心合作开发数字卫星电视接收机，数字电视及网络电视机顶盒等新产品，将陆续在今年年底或明年年初投放市场，该领域将成为公司未来的利润增长点。

五、股本变化及股本结构情况

1)股权结构(截止1996年末)

股份单位：万股　：每股1元

股份类别	年初数	占总股本%	年末数	占总股本%
一、尚未流通股份				
发起人法人股	6461.40	55.76	6461.40	55.76
定向法人股	803.00	6.93	803.00	6.93
内部职工股	11.26	0.10	11.26	0.10
法人转配股	2179.32	18.81	2179.32	18.81
尚未流通股份合计	9454.98	81.60	9454.98	81.60
二、已流通股份				
A股	2133.74	18.40	2133.74	18.40
已流通股份合计	2133.74	18.40	2133.74	18.40
三、股份总数	11588.72	100.00	11588.72	100.00

2)主要股东持股情况

股东名称	持股数(万股)	占总股本(%)
1)深圳科健集团有限公司	6461.40	55.76
2)广东广发证券公司	579.89	5.00
3)中国农村发展信托投资公司	330.00	2.85
4)深圳市投资管理公司	257.40	2.22
5)招商银行	165.00	1.42
6)唐继凡	134.70	1.16
7)粮食储运	110.00	0.95
8)庄雪芳	49.12	0.42
9)秦长生	27.50	0.24
10)胡幼治	22.00	0.19

深圳惠中化纤实业股份有限公司

1996年年度报告摘要 （摘选）

一、公司简况

公司名称：深圳惠中化纤实业股份有限公司

法人代表：田志俊　　邮政编码：518101

公司地址：广东省深圳市宝安区创业路27区

电话：0755－7807197 7808148　　传真：0755－7808149

二、主要财务数据与财务指标

财务项目	本年数	上年数	比上年增减(%)
1.主营业务收入(万元)	14568.38	13490.97	7.99
2.净利润(万元)	294,59	226.51	30.06
3.总资产(万元)	30061.67	30671.76	－1.99
4.股东权益(万元)	22291.00	22230.75	0.27
5.每股收益(元)	0.0213	0.017	25.29
6.每股净资产(元)	1.62	1.69	－4.14
7.净资产收益率(%)	1.32	1.02	29.40
8.股东权益比率(%)	74.15	72.48	2.30

说明：以上主要财务数据均按审计后的1996年度合并报表计算。

三、公司业务回顾

1996年，本公司经营生产仍然十分困难。

从经营的外部环境看，近年，由于国内涤纶长丝行业发展过快、布点分散，而且规模小，品种档次不高等方面矛盾没有改善，市场已出现供过于求状态，长丝企业开工率普遍不足；另外，受不正常进口贸易的冲击和国内涤纶原料生产发展滞后于抽丝能力的影响，长丝市场价格大起大落，企业被迫追涨杀跌，生产经营十分困难。

在这样环境下，本公司也遭受了影响，上半年亏损518万元；下半年，在当地各级政府的正确领导以及各位股东的大力支持下，本公司认真按照董事会制订的"清理、整顿、稳定、正常"八字工作方针，以调整公司产品结构和产业结构为工作方向，以资金运用和成本管理为目标，紧紧围绕企业经济效益这个中心，开源节流，强化企业内部管理，及时调整营销策略，并抓住长丝成品市场开始见底回升的良好机遇，全面恢复生产，大力拓展市场，使公司的生产经营工作开始走出低谷，实现了扭亏为盈，向着多元化资产经营的企业集团化管理迈出了可喜的一步。

1.经营业绩

1996年，生产涤纶长丝3756吨，与1995年基本持平，销售3897吨，产销率103.75%，比1995年提高了12个百分点。另一主要产品可塑性塑胶(TPR)生产8799吨，销售9339吨，比1995年分别增长了83%和104%。实现销售收入14568万元，净利润295万元，比1995年分别增长了8%和30%。

2.化纤主业

在国内涤纶长丝行业整体不景气的大环境下，公司在董事会的正确领导下，以战略性的发展眼光，确定了化纤主业走多品种，深加工，高新技术，差别化纤维的发展方向。通过市场调研、技术攻关、新产品开发一条龙服务等措施，全力以赴按用户要求成功地开发研制了四大类10多个替代进口的新品种，并很快打开和占领了深圳周边地区市场，获得了较好的经济效益。公司在重视产品结构调整的同时，努力转换经营机制，强化企业内部管理，推行"一等品产量工资制"和"目标成本管理制度"，全年节约降耗约200多万元。

3.投资及业务拓展情况

本公司从发行股票的募集资金中，投资东莞惠隆塑胶有限公司约5000万元。在1995年度获得一定的经济效益的基础上，公司在人、财、物等各方面加大投入，努力调整公司的产业结构。

1996年，惠隆公司努力做到内抓管理降成本，外争市场拓营销，与1995年度相比，销售收入和实现利润都有较大幅度的增长；当年的产销率达到104.5%。经过近两年来的努力，无论从资金的投入，商品TPR的经营规模和市场信誉的无形资产，东莞惠隆塑胶有限公司已成为本公司的第二主业，公司的一个新的利润增长点。

4.本公司由于节能措施得力，成绩突出，被深圳市能源办授予"深圳市节能先进单位"称号。

四、股本变化与股本结构情况

1. 股本变化与股本结构情况

股份类别	年初数	本年增减数	年末数	年末股份结构
(一)尚未流通股份				
1.发起人法人股份	93775000	+4688750	98463750	71.43%
2.定向法人股	1210000	+60500	1270500	0.92%
尚未流通股份合计	94985000	4749250	99734250	72.35%
(二)已流通股份合计				
1.公众股(A股)	36300000	1815000	38115000	27.65%
已流通股份合计	36300000	1815000	38115000	27.65%
(三)股份总数	131285000	+6564250	137849250	100%

说明：

①本公司个别高级管理人员所持有的红股，经深圳证券交易所批准后，于1996年4月1日以前上市流通。

②本公司1995年度的利润分配以每20股送1股，于1996年7月全部顺利实施，共送红股6564250。

2. 截止1996年12月底公司前十名股东持股情况(单位：股)

股东姓名	持股数	占总股本
①华联纺织(集团)有限公司	46280850	33.57%
②深圳宝恒(集团)股份有限公司	42342300	30.72%
③中国化纤总公司	4920300	3.57%
④无锡市纺织工业公司	4920300	3.57%
⑤广州合成纤维厂	1270500	0.92%
⑥翁开标	698600	0.51%
⑦相玉山	229600	0.17%
⑧杨遐龄	220000	0.16%
⑨方奕昌	210000	0.15%
⑩李光庆	197300	0.14%

以上前十名股东共持有101289750股，占本公司总股本的73.48%，其中，前四名股东均为本公司股份制改组发起人，广州合成纤维厂为定向法人股东，所持有的股份较1995年末增加了5%，是本公司分红送股产生的，并被深圳证券交易所锁定交易；其他均为社会公众股东。本公司1996年股东总户数为30246名，其中，发起人法人股东4名，定向法人股东1名，社会公众股东30232名，内部职工股东9名(属于高级管理人员)。

3. 董事、监事及高级管理人员持股情况

姓名	职务	年初持股	年末持股	变动原因
田志俊	董事长	0	0	
潘秩庆	副董事长	0	0	
王　韦	董事	0	0	
王玉耀	董事	33000	34650	1996年度分红
谢甲雄	董事	0	0	
吴志清	董事	0	0	
华仲伦	董事、总经理	22000	23100	1995年度分红
蔡火炎	董事	33000	34650	1995年度分红
陈秀英	监事会主席	28000	29400	1995年度分红
李如亮	监事	0	0	
张景升	监事	0	0	
陈建文	副总经理兼董事会秘书	0	0	
揭　伟	副总经理	0	0	
潘秋云	副总经理	0	0	
戴世杰	总工程师	30000	31500	1995年度分红

说明：本公司原董事长周和文已故，原董事冯惠民，杨励敏和原监事阎荣分别经本公司董事会和监事会同意已不在本公司任职，所持有的股份共109725股尚未申请解冻流通。

深圳大通实业股份有限公司

1996年年度报告摘要 （摘选）

一、公司简况

公司名称：深圳大通实业股份有限公司

法人代表：温惜今　　　　　　　邮编：518053

公司地址：中国深圳经济特区华侨城东部工业区

电话：0755—6607966－125　　　传真：0755—6608277

二、主要财务数据与财务指标

单位：元

指　标　项　目	本年数	上年数	比上年增减(%)
1.主营业务收入	166,658,916	171,240,486	－2.68
2.净利润	6,457,663	16,570,283	－61.03
3.总资产	367,046,475	283,190,594	29.61
4.股东权益	167,897,894	147,961,377	13.47
5.每股收益	0.079	0.24	－67.08
6.每股净资产	2.04	2.16	－15.56
7.净资产收益率(%)	3.84	11.20	－65.71
8.股东权益比率(%)	45.74	52.25	－12.46

注：本报告中的股东权益与本公司公布的1995年年度报告中的数据有所差异，增加170,480元，是因1995年度利润分配产生了尾数，所以进行了必要的财务调整。本报告中1995年将资产收益率和股东权益也因此作了相应调整。

三、公司主要业务回顾

1．一年来经营情况

1996年是本公司调整结构，加强基础建设的一年。本公司在深圳市宝安区公明镇的"大通工业城"大部分厂房已建成，1996年完成了将部分生产工厂从2#、3#厂房搬人新建的7#厂房，为进一步发展奠定了基础。新开发产品高压电容器已投入批量生产。按照ISO－9002标准加强质量管理，分批分期对班组长进行培训，顺利通过了香港品质保证局对本公司质量管理体系的四次考核和检查。按照《公司法》和有关法律法规的要求，对公司《章程》进行了全面修订，按照股份公司的规范对公司的体制进行了整改，对股东大会制度、董事会制度进行了改善。加强生产管理，在保证生产稳步增长的情况下，精简了人员，消除人浮于事的现象。

由于市场竞争激烈、生产厂搬迁等客观原因和经营观念、经营决策上存在一定偏差等主观原因，本公司原有产品质量虽有所提高，生产效率有所提高，但新开发的产品却未形成规模，致使1996年的净利润大幅度下降。

2．主要指标分析

本公司1996年主营业务收入为16,665.89万元，比上年降低2.68%，主要原因是电容器产品市场竞争日益激烈，而本公司正处于生产经营结构调整阶段，传统的拳头产品竞争力下降，新的拳头产品又未能及时形成规模，产品销售不畅，营业收入下降。净利润为645.77万元，比上年下降61.03%，主要原因是因本公司部分生产工厂搬迁，期间部分适销产品产量下降，新产品处于试生产阶段，材料消耗较大，未达到预定的成本控制目标，使毛利率下降；毛利率总体下降了2.59%，影响主营业务利润约432万元；为加强销售，提高公司自身的销售能力，销售费用略有上升；因搬迁又使管理费用增加；虽然财务费用有所降低，但仍然使总费用提高了约152万元，导致主营业务利润下降。由于配股和送股，使总股本增加约20%，而净利润却未能增长，所以每股收益也大幅度下滑。

3．前次募集资金的使用情况

1996年8月，本公司通过配股募集资金1540万元(扣除配股费用)，已按配股说明书列定的使用计划投资有关项目。

1)投资550万元购置7MM系列电容器钉卷、装配设备，使公司具备了MM电容器的生产能力，满足了生产配套的要求。

2)投资184万元，购买"迷你型"导针成型机，铝壳成型生产设备，生产MM系列电容器配套件导针和铝壳，提高了7MM系列电容器生产的配套能力，降低了生产成本。

3)投资560万元，购买全自动老化测试机13台，用于质量检测，为本公司提高产品质量已开始发挥效用。

4)投资246万元，购置其他各类型电容器生产设备，解决了生产过程中瓶颈的问题。

四、股本变化及股本结构情况

1．股本结构情况(填报日期:96年12月31日)

单位：股　　面值：每股1元

股份类别	期初数	本次变动增减(+、-) 配股	送股	公积金转股	其他	小计	期末数
一、尚未流通股份							
发起人股份	58,400,000	—	2,820,000	5,640,000	—	8,460,000	64,860,000
国家持有股份	5,640,000	—	2,820,000	564,000	—	846,000	6,486,000
境内法人持有股份	25,380,000	—	1,269,000	2,538,000	—	3,807,000	29,187,000
境外法人持有股份	25,380,000	—	1,269,000	2,538,000	—	3,807,000	29,187,000
	—	—	—	—	—	—	—
募集法人股	—	—	—	—	—	—	—
内部职工股	259,400	77,560	12,970	25,940	—	116,470	375,870
先股或其他	—	—	—	—	—	—	—
尚未流通股份合计	58,659,400	77,560	2,832,970	5,665,940	—	8,576,470	65,235,870
二、已流通股份							
境内上市人民币普通股	11,740,600	3,522,440	587,030	1,174,060	—	5,283,530	17,024,130
境内上市的外资股	—	—	—	—	—	—	—
境外上市的外资股	—	—	—	—	—	—	—
已流通股份合计	11,740,600	3,522,440	587,030	1,174,060	—	5,283,530	17,024,130
三、股份总数	68,400,000	3,600,000	3,420,000	6,840,000		13,860,000	82,260,000

2．股本变动情况及原因

1)根据本公司第三次股东大会决议，本公司于1996年7月24日实施95年分配方案，以未分配利润送股，每10股送红股0.5股；另以公积金转增，每10股转1股，共计增加股本1026万股。

2)根据中国证券监督管理委员会证监配审字[1996]22号文批复，于1996年8月30日至9月17日实施了增资配股，因配股增加总股本360万股。

以上两项合计，1996年本公司总股本增加1386万股，增长20.26%。

3．主要股东持股情况

股　东　名　称	持股数(股)	占总股本比例(%)
1)香港益通投资有限公司	29,187,000	35.48
2)广东华侨信托投资公司	17,512,200	21.29
3)运通电子(深圳)实业有限公司	11,460,900	13.93
4)深圳市投资管理公司	6,486,000	7.88
5)广发基金部	1,279,800	1.56
6)广东发展银行基金部	494,500	0.60
7)吴珍妍	319,033	0.39
8)黄希明	300,000	0.36
9)李立辉	251,187	0.31
10)吴新华	234,481	0.29
11)深圳新通阳电子元件工业有限公司	213,900	0.26

4．股东数量

截止1996年12月31日止，本公司共有股东9369人，其中A股股东9368人，外资法人股东1人。

中国国际海运集装箱(集团)股份有限公司

1996 年年度报告摘要　(摘选)

一、公司简况

公司名称：中国国际海运集装箱(集团)股份有限公司
法人代表：周祺芳
公司地址：深圳市蛇口工业区金融中心五楼
电话：(0755)6691130　　传真：(0755)6692707

二、主要财务数据与财务指标

单位：人民币千元

指标项目	1996 年	1995 年	1994 年	96 年比 95 年增长(%)
营业收入	3,477,992	2,356,847	1,341,968	47.57
利润总额	222,659	178,558	113,833	24.70
净利润*	181,484	138,138	93,487	31.38
资产总额	3,026,052	1,925,853	1,241,516	57.13
股东权益	834,526	533,234	433,591	56.50
每股收益(元)**	0.903	1.11	1.05	--
每股净资产(元)	4.15	4.28	4.87	--
净资产收益率(%)***	21.75	25.91	21.56	--
股东权益比率(%)	27.58	27.69	34.92	--

注：*净利润指除税及少数股东权益后利润，应为人民币 181,702,667.74 元，由于报表折算的原因，产生人民币 218,655.44 元的货币换算差额，因此对净利润调整为人民币 181,484,012.30 元；

**　每股收益按期末总股本计算；

***　净资产收益率按期末股东权益计算。

三、经营概况

1. 1996 年度经营情况的回顾

1996 年本集团通过艰苦努力，克服了集装箱箱价下滑所造成的困难，完成了较好的经营业绩。截止 1996 年 12 月 31 日，本集团 1996 年实现销售总额 3,477,991,629.75 万元人民币，比去年同期增长 47.57%，净利润为 181,484,012.30 万元人民币，比去年同期增长 31.38%。

在主营业务方面，由于供求失衡导致的竞争加剧，干货集装箱的市场价格较 1995 年有一定程度的下降，集装箱制造业的单箱利润普遍下降。本集团的主营业务利润率因而也受到一定程度的影响。面对这种严峻的经营形势，本集团及时调整了经营策略，通过积极的营销手段进一步拓展市场，市场占有率较 1995 年有了进一步的提高。同时，本集团积极参与了推动中国铁路货物运输集装箱化过程，通过开拓国内市场，提高了集装箱市场的潜在需求。1996 年本集团集装箱销售量达到 199,091TEU，比 1995 年增长 48.7%，占中国产量超过 35%，继续保持龙头地位；约占世界产量的 20%，跃居第一位，成为行业内的真正领先者。

1996 年度本集团的上海冷藏集装箱项目进展顺利，按计划于 1996 年 6 月开始商业试生产，产品质量得到客户认可；并在其后三个月的批量生产中，生产冷藏集装箱 770 只，折合 1,130TEU，为集团确立和维持在集装箱制造业中的领先位和创造新的利润增长点打下了良好的基础。

1996 年，本集团的机场地面设备制造业也取得一定程度的进展，全年共生产旅客登机桥 24 条，实现销售收入人民币 107,737 万元，在努力争取国内订单的同时，本集团加大力量开拓国际市场，为集团机场地面设备制造业的未来发展创造条件。

在房地产业务方面，本集团在南京从事的两个项目的建设进展顺利，在房地产市场依然低迷的情况下，我们通过各方面的努力，实现了部分销售。本集团的内燃发电设备项目 1996 年取得较大进展，全年承接销售合同价值 2,350 万元，实现销售 2,250 万元，并开始获得赢利。

1996 年度本集团的业务构成分析如下(单位：人民币千元)：

	营业收入	比例(%)	税前利润	比例(%)
a)　按产品类别分析之业务构成				
集装箱	3,348,764	96.3	128,136	95.8
机场地面设备	107,365	3.1	4,295	3.2
其他	21,863	0.6	1,312	1.0
合计	3,477,992	100.0	133,743	100.0
b)　按地区分析之集装箱业务构成				
蛇口	1,461,605	43	51,930	41
南通	911,275	27	36,451	28
新会	577,483	17	23,099	18
大连	324,285	10	13,691	11
上海	74,116	3	2,965	2
合计	3,348,764	100	128,136	100

2. 按不同会计准则核算的差异

本公司除按中国会计准则出具财务报告外，也按国际会计准则出具了财务报告，以供境外投资人参考，按国际会计准则核算的净利润为人民币 18,231 万元，比按中国会计准则核算的净利润多人民币 61 万元，基本一致。

3. 对前次募集资金的运用情况的说明

本公司于 1996 年 4 月新增发行 3,000 万 B 股，除去发行费用后筹集资金折合人民币约 1.9 亿元，上述资金按计划全部投入上海中集冷藏箱项目。

4. 1997 度年业务发展展望

1997 年本集团将继续致力于主业——集装箱制造业的发展，利用集装箱制造业行业调整的机会加强自身的实力和竞争地位，加快冷藏集装箱产量提高的速度，并在积极推动中国铁路货运集装箱化进程中实现自身的不断发展和进步。预计 1997 年本集团干货集装箱产量将超过 22 万 TEU，冷藏集装箱产量将超过 6,000 只。

在机场地面设备业务方面，1997 年争取开拓市场方面取得突破性进展，在保住国内市场的同时著力开发海外市场。同时继续开发新产品，增强产品的竞争力，努力使本集团机场地面设备产品的生产和销售上一个新台阶。

在内燃发电机设备业务方面，在 1997 年将致力于开拓新市场和开发新产品，以提高产品的市场占有率和赢利能力。

在房地产业方面，将采取灵活多变的经营策略，争取较好的投资回报。

本集团将在积极、稳健的发展中继续为股东带来满意的回报。

四、股本变化及股本结构情况

1. 股本结构

截止 1996 年 12 月 31 日

股份类别	年初数	占总股本比例(%)	年末数	占总股本比例(%)
(一)尚未流通股份				
(1)发起人股份				
其中：外资法人股	44,844,800	35.99	58,298,240	29.00
境内法人股	36,691,200	29.45	47,698,560	23.73
(2)内部职工股	303,000	0.24	366,860	0.18
尚未流通股份合计	81,839,000	65.68	106,363,660	52.92
(二)已流通股份				
(1)A 股	24,561,000	19.71	31,956,340	15.90
(2)B 股	18,200,000	14.61	62,660,000	31.18
已流通股份合计	42,761,000	34.32	94,616,340	47.08
股份总数	124,600,000	100.00	200,980,000	100.00

本公司于 1996 年 4 月，向境外投资者增加发行 3,000 万股 B 股；在 1996 年 6 月实施 1995 年度利润分配方案，每 10 股获送 3 股红股。与年初数相比，年末股份总数增加 61.3%。期末本公司共有股东 23,993 人。

2. 主要股东持股情况

截止 1996 年 12 月 31 日

股东名称	持股数(股)	持有股份种类	占总股本比例(%)
中国远洋运输(集团)总公司	47,698,560	发起人(境内)	23.73
招商局集团有限公司	47,698,560	发起人(境外)	23.73
宝隆洋行(香港)有限公司	10,599,680	发起人(境外)	5.27
MORGAN STANLEY ASSET MANAGEMENT (SINGAPORE) LTD.	8,830,300	B 股	4.39
SSBT/MORGAN STANLEY EMERGING MARKETS GNA-P001	5,050,500	B 股	2.51
W. I. CARR. F. E. LTD.	3,664,960	B 股	1.82
BBH - THE GREATER CHINA FUND INC.	1,942,720	B 股	0.97
TEMLETON SMALLER COMPANIES GROWTH FUND	1,690,656	B 股	0.84
华夏证券有限公司深圳公司	1,574,697	A 股	0.78
GENERAL MOTERS EMPLOYEES GLOBAL GROUP PENSION TRUST	1,547,000	B 股	0.77

深圳市纺织(集团)股份有限公司

1996年年度报告摘要 (摘选)

一、公司简况

公司名称:深圳市纺织(集团)股份有限公司

法人代表:张应学　　邮政编码:518031

公司地址:深圳市福田区华强北路3号深纺大厦六楼

电话:0755—3217043　3215092　传真:0755—3360139

二、主要财务数据与财务指标

指标项目	本年数	上年数	比上年增减(%)
1.主营业务收入	195,093,403.36	274,690,058.29	-28.98
2.净利润	15,820,957.51	20,194,403.72	-21.66
3.总资产	726,587,278.82	708,329,206.35	2.58
4.股东权益	397,866,840.01	382,045,882.50	4.14
5.每股收益	0.116	0.148	-21.62
6.每股净资产	2.92	2.81	3.91
7.净资产收益率	3.98%	5.28%	-24.62
8.股东权益比率	54.76%	53.94%	1.52

注:以上财务指标均按合并报表计算。

三、公司主要业务回顾

(一)一年来经营情况

1996年,受国内外纺织市场及国家宏观调控政策的影响,我国纺织行业极度疲软,面对市场和政策因素的变化,本公司积极贯彻两个根本性转变的战略方针,在盘活资产、调整结构、强化管理、加快技术进步等方面作了大量工作,取得较好的经济效益。1996年主营业务收入9,509万元,实现净利润1,582万元。

1.工业。本公司是以从事制造与投资纺织业为核心的控股集团,96年本公司生产的"金兰"床上用品达6.2万套(件),袜子产量为1795万双,服装14万件,织带30万罗,本公司全资及控股工业企业完成产品销售收入8,475万元,比上年同期增加36.4%,实现利润约400万元。本年度联营工业企业及工业企业股权投资收益为1,225万元。

2.贸易。1996年是国家推行外经贸三项新政策的第一年,纺织进出口贸易受到较大影响,本公司全年完成商品销售收入5,359万元,比上年同期减少54.4%。

3.物业管理与开发。1996年本公司加强了物业租赁管理,全年平均出租率达到90%,完成租赁收入5,675万元。本公司与中国中山实业公司共同开发兴建的"中山花园",目前正在销售中。

4.酒店业。本公司全资企业华强宾馆采取多项措施,开源节流,本年度完成营业收入1,425万元,本公司与四川、香港合作投资经营的成都明珠国际酒店,由四川投资方承包经营,目前经营状况良好,96年公司已收益255万元。

(二)主要财务指标分析

主营业务收入为19,509万元,比上年下降28.98%,其主要原因为公司贸易额的大幅度减少所致,导致贸易额下降的主要因素为纺织品出口成本大幅度上升,出口退税率调低及退税资金滞后,使企业国际竞争能力下降。净利润为1,582万元,比上年下降21.66%,其主要原因除上述贸易额下降导致利润减少外,另有自95年7月调高银行贷款利率导致利息支出增加,虽自96年5月1日利息下调,但原贷款归还期未到之前仍需支付高额利息。

(三)境内外会计师审计说明

本公司已聘请深圳市会计师事务所和安达信公司分别按中国会计准则和国际会计准则对本公司财务报告分别进行了审计,审计结果本公司净利润分别为1,582万元和412万元,其差额为1,170万元。造成差异的主要原因是:B股会计师按国际会计准则多计提坏帐准备及多计长期投资减值准备两项原因所致。

(四)前次募集资金的使用情况说明

本公司于1994年发行新股时募集的资金已按招股说明书的用途予以运用,其中投资于深圳盛波偏光器件有限公司生产液晶显示器所需设备材料等资金为291.96万美元(折合人民币2,423万元),目前该项目设备安装已全部到位;投资于房地产项目成都"港鹏大厦",因合作方资金困难,致使工期拖延,目前已完成地下工程;投资于成都明珠国际酒店项目的投资收益与预测相符。

四、股本变化及股本结构情况

1.股本结构情况

截止1996年12月31日,本公司股本结构如下:(单位:股)

股份类别	年初数	本年增减	年末数	比例%
一、尚未流通股份				
国家股	90,200,000	0	90,200,000	66.24
尚未流通股份合计	90,200,000	0	90,200,000	66.24
二、已流通股份				
1.A股	18,480,000	0	18,480,000	13.57
2.B股	27,500,000	0	27,500,000	20.19
已流通股份合计	45,980,000	0	45,980,000	33.76
三、股份总数	136,180,000	0	136,180,000	100

2.公司前十名股东持股情况

截止1996年12月31日(单位:股)

股东名称	持有股票	持有数量	占总股本%
1.深圳市投资管理公司	A股	90,200,000	66.24
2.VICTOR ONWARD PRINTING & DYEING(HK)CO. LTD	B股	1,437,200	1.06
3.荀晓英	A股	920,000	0.68
4.MGTB/THE BR OF IRELAND SECS SERVICES LTD	B股	897,490	0.66
5.TOP FORM CHINA HOLDINGS LTD N/A	B股	880,000	0.65
6.王汉杰	A股	540,000	0.40
7.CHEUNG HON LEUNG 张汉良	B股	530,000	0.39
8.股东代码98832954	A股	505,300	0.37
9.丑海宁	A股	257,700	0.19
10.KARKO DEVELOPMENT LIMITED	B股	230,000	0.17

3.股东数量

截止1996年12月31日,持有本公司股票的股东共计14,124名,其中国家股东1名,社会公众股东10,967名,B股股东3,156名。

深圳天马微电子股份有限公司

1996年年度报告摘要（摘选）

一、公司简况

公司名称：深圳天马微电子股份有限公司
法人代表：李志正　　邮政编码：518041
公司地址：深圳市深南中路中航工贸大厦六楼
电　　话：(0755)3363698—3603，3365301
传　　真：(0755)3366364

二、主要财务数据与财务指标

指标项目	本年数	上年数	比上年增减(%)
主营业务收入(万元)	15,376.67	15,027.76	2.32
净利润(万元)	1,760.11	2,720.97	−35.31
总资产(万元)	38,788.49	36,870.27	5.20
股东权益(万元)	16,649.84	14,799.13	12.51
每股收益(元/股)	0.212	0.36	−41.11
每股净资产(元/股)	2.00	1.96	2.04
净资产收益率(%)	10.60	18.39	−42.36
股东权益比率(%)	42.92	40.14	6.92

三、公司主要业务回顾

1．一年来经营情况

1996年，在LCD市场持续不景气，同行业新厂不断增加，竞争日益激烈的情况下，上半年生产经营较困难。对此，董事会及时调整了营销策略，逐步改变产品结构和市场结构，使公司下半年生产经营形势好转，四季度生产任务饱满，销售额创历史最好水平。

本公司主要生产液晶显示器及其模块，全年共生产液晶显示器462,652对，比去年减少20.04%，生产液晶显示模块43万块，比去年增长38.71%，产销平衡率为106%，89%以上的产品出口到香港、欧美等市场，市场占有率不断提高。

96年公司共开发完成新品702款，比去年翻了一番多，其中有些新品档次较高，增强了企业的竞争能力。完成技术攻关和技术改造课题20多项，其中大部分已投入应用，大大提高了生产技术水平。

2．利润来源构成情况

公司利润来源主要是液晶显示器及其相关产品。

3．主营业务收入、利润实际完成情况

96年度公司主营业务收入为15,376.67万元，实现利润总额1,931.67万元，完成计划利润(3,100万元)的62.31%，差异的主要原因：(1)1996年国际电子元器件市场很不景气，LCD价格平均下降10—15%。公司LCD产品中DM类产品受价格下降影响最大，直接影响利润。(2)为改变产品结构，提高企业竞争能力，全年开发新产品700多款，比去年翻了一番多，新品初期批量小，品种多，使每对玻璃辅料消耗增加，而且新品试制费全部进入当年生产成本。(3)为了减少损失，盘活资金，处理了以前积压的可使用的原材料和产成品，另外，还处理了历史遗留的其它经济问题，这些都影响了当年的利润。

4．前次募集资金的使用情况说明

公司1995年首次发行股票筹资人民币4,600万元，其中2,600万元投资于深圳天骏微电子有限公司；其余2,000万元人民币用于超扭曲液晶显示模块生产线技术改造项目，该项目已按照计划进度在96年上半年完成，于96年8月份正式投产运行并初见成效。

四、股本变化及股本结构情况

1．股本变化及股本结构情况

(1)股本结构情况

截止1996年12月31日，公司股本结构如下：

数量单位：股　每股面值：1元

	期初数	本期送股	期末数
尚未流通股份			
发起人股	64,500,000	6,450,000	70,950,000
其中：			
国家拥有股份	12,900,000	1,290,000	14,190,000
境内法人持有股份	51,600,000	5,160,000	56,760,000
尚未流通股份合计	64,500,000	6,450,000	70,950,000
已流通股份			
境内上市的人民币			
普通股	11,000,000	1,100,000	12,100,000
已流通股份合计	11,000,000	1,100,000	12,100,000
股份总数	75,500,000	7,550,000	83,050,000

(2)股本变动情况及原因

经深圳市证券管理办公室以深证办复[1996]9号文批复同意，公司1995年度红利分配方案为每10股送1股红股，派现金1.9元人民币，股本总额由7550万元，增至8305万元。

(3)主要股东持股情况

股东名称	持股数(股)	持股比例(%)
中国航空技术进出口深圳公司	56,760,000	68.34
深圳市投资管理公司	14,190,000	17.09
李少玲	114,500	0.14
何可裕	91,600	0.11
郭灿立	79,000	0.10
陈金成	67,150	0.08
谢协驹	58,300	0.07
张锡璋	50,000	0.06
江苏登记	49,500	0.06
中山市华龙装饰工程公司	48,010	0.06

＊其中深圳市投资管理公司所持1419万股为国有股。

(4)股东数量

本公司截止1996年12月31日股东总数为8832户。

2．子公司及关联企业

企业名称	注册资本	拥有权益	主营业务
深圳科利得精细化学工业公司	1,000,000元	45%	液晶、聚酰亚胺涂料等精细化工产品
深圳天骏微电子有限公司	15,000,000美元	20%	生产液晶显示器和液晶显示模块

深圳市方大实业股份有限公司

1996年年度报告摘要　（摘选）

一、公司简况

公司名称：深圳市方大实业股份有限公司
法人代表：熊建明　　　邮政编码：518055
公司地址：深圳市南山区西丽龙井方大城
电话：(0755)6608571—22　传真：(0755)6608353

二、主要财务数据与财务指标

（经深圳市会计师事务所审计）　　　　单位：人民币千元

指标项目	本年数	上年数	比上年增减(%)
1.主营业务收入	327,133	130,688	150.32
2.净利润	107,259	41,735	157.00
3.总资产	460,911	254,284	81.26
4.股东权益	392,262	221,505	77.09
5.每股收益(元)(全面摊薄)	0.511	0.32	59.69
6.每股净资产	1.87	1.70	10.00
7.净资产收益率	27.34	18.84	45.12
8.股东权益比率	85.11	87.11	-2.30

注：按1996年度股本加权平均计算每股收益0.70元/股，平均净资产收益率31.93%。

三、公司主要业务回顾

1.一年来经营情况

(1)本公司主要从事设计、生产、制造及安装幕墙、门窗产品及其他新型建材产品，主要产品包括幕墙、门窗、型材、装饰板材、安全设备和特种结构等六大系列100多个品种；在本公司承建的工程项目中，工程的设计安装和售后服务工作主要由本公司的全资附属企业深圳方大装饰工程公司承担。

在本公司的产品销售中，以各类幕墙、门窗及型材产品的销售为主，包括彩板玻璃幕墙、铝合金玻璃幕墙、铝板幕墙、彩板门窗及铝门窗、防火卷帘门、各类防火门、防盗门和各类型材等。1996年，本公司的主要产品之销售继续呈高速增长的势头，实现主营业务收入32,713.3万元，税后利润10,725.9万元，分别比去年增长150.32%和157%，在全国同行业中继续保持领先的地位。

优质的产品和良好的服务巩固和提高了本公司主要产品的市场占有率，并为公司创造了良好的经济效益。在1996年本公司所完成的主要项目中，包括了大批国家和地方政府的重点建设工程，如郑州薛店国际机场、广州东火车站等。

(2)本公司生产经营的新型建材系列产品有区别于传统的建材产品，属建材行业和高新技术产业交叉的行业范畴，是国家积极支持和鼓励发展的朝阳产业。

2.税后利润差异说明

经深圳市会计师事务所依据中国注册会计师独立审计准则进行审计，本公司1996年度的税后利润为10,725.9万元人民币；而经安达信国际会计师按照国际会计标准委员会公布之国际会计准则进行的审计，本公司1996年度的税后利润为10,789.5万元人民币，比中国会计师审计的结果多63.6万元人民币，其差异调整项目如下：

单位：人民币千元

项目	金额
经深圳市会计师事务所审计之税后利润	107,259
1.减少无形资产专利权摊销	2,141
2.其它	(1,505)
经安达信国际会计师审计之税后利润	107,895

3.对实际经营结果与盈利预测的重大差异的说明

1995年董事会预测本公司1996年将实现营业额20,535.2万元人民币，完成税后利润6,612.8万元人民币。截止1996年12月31日，经深圳市会计师事务所审计，本公司1996年实际实现营业额32,713.3万元人民币，实际完成税后利润10,725.9万元人民币，比预测数分别增长59%和62%，这主要得益于新一轮经济增长周期的到来和国家宏观经济的好转及公司产品知名度的提高、良好的市场开拓和规范的内部管理，本公司1996年同客户签约的工程项目增加，工程进度比预期的加快，导致产品销售收入及工程结算收入有较大幅度的增加，使得本公司1996年度实际完成的营业额和税后利润比1995年董事会预测的1996年的营业额和税后利润有较大的增长。

4.前次募集资金的使用情况说明

本公司继1995年10月30日发行了5,000万股B股之后，于1996年3月29日又成功地发行2,000万股A股，两次发行总共募集资金16,909.5万元人民币(扣除发行费用)，所募集资金主要用于引进一条复合装饰材料生产线及扩大方大城之厂房及相应配套设施和设备及在江西南昌投资约6,000万元人民币，兴建年产5,000吨新型铝型材的生产厂。截至1996年12月31日止，本公司已累计投入13,639万元人民币用于以上项目的建设，与A股、B股招股说明书披露的项目一致。其中：引进复合装饰材料生产线及扩大方大城厂房及相关配套设施和进口设备项目已累计投入资金11,639万元人民币，该项目的厂房及基础设施建设已基本完工，主要生产设备已从德国、意大利和美国引进到位，目前设备供应商的技术专家已进入现场安装调试，预计1997年3月底开始试产，该项目投产后，生产能力为年产各种复合铝塑板、复合蜂窝铝板、复合夹芯板和复合金属隔声板等产品150万平方米，产值约7亿元人民币，税后利润为1.8亿元人民币。另一项目为在江西南昌投资兴建的新型铝型材生产厂，该项目总投资6,000万元人民币，已投入资金2,000万元人民币，目前，该项目的厂房及其基础设施的建设及进口设备引进工作已全面展开，并在紧张地进行，预计1997年3月底试产，该项目投产后，生产能力为年产各种新型铝型材5,000吨，产值约1.3亿元人民币，税后利润3,000万元人民币。以上两个新项目投产后，将成为本公司新的利润增长点。上述两项目的计划进展与预期相一致。

四、股本变化及股本结构情况

1.股本变化及股本结构情况

(1)股本结构情况

股份单位：股　面值：每股1元

股份类别	年初数 股份数	年初数 比例(%)	年末数 股份数	年末数 比例(%)
(一)尚未流通股份			112,067,200	53.37
(1)发起人股份	80,000,000	61.54	112,000,000	53.34
其中：				
境内法人股	64,900,000	49.92	112,000,000	53.34
境外法人股	15,100,000	11.62		
(2)公司职工股			67,200	0.03
其中：高管股			67,200	0.03
尚未流通股份合计	80,000,000	61.54	112,067,200	53.37
(二)已流通股份	50,000,000	38.46		
(1)A股			27,932,800	13.30
(2)境内上市外资股	50,000,000	38.46	70,000,000	33.33
已流通股合计	50,000,000	38.46	97,932,800	46.63
(三)股份总数	130,000,000	100	210,000,000	100

（截止1996年12月31日）

(2)股本变动情况及原因

①股票发行与上市情况

A.本公司5,000万股境内上市外资股(B股)于1995年10月30日发行，发行价格为港币1.60元(折人民币1.70元)，并于1995年11月29日获批准在深圳证券交易所上市。

B.本公司2000万股A股(含200万股公司职工股)作为1995年深圳市新股额度内首家向中国证监会推荐上市的股票，获准于1996年3月29日在深圳证券交易所交易系统定价上网发行，其中1,800万股于1996年4月15日获准在深圳证券交易所上市流通，200万股公司职工股于1996年10月18日上市流通。

②经公司董事会及股东大会同意，本公司于1996年中期实施了每10股由可分配利润中送红股3股及每10股由公积转赠股本1股的方案，除权日为10月31日，由于此等原因，本公司总股本由原15,000万股变更为21,000万股，并于相应时间办理了工商变更手续。发起人股及公众股占总股本的比例未作改变。

(3)前十名大股东情况介绍(1996年12月31日在册)

股东名称	持股数
①深圳方大集团股份有限公司	85,568,000
②香港集康国际有限公司	21,140,000
③TUDORBVIFUTURESLTD	10,354,242
④PACIFICRIMASSETSLTD	4,463,300
⑤国投北京	2,976,020
⑥CREATEINVESTMENTSLTD	2,051,700
⑦THEHSBCCHINAFUNDLTD	1,895,460
⑧深圳市南山区粤海实业公司	1,764,000
⑨深圳市大冲实业股份有限公司	1,764,000
⑩深圳市铜鼓物业有限公司	1,764,000

(4)本公司于本年度报告期末的股东总数为16,620人。

深 圳 赛 格 股 份 有 限 公 司

1996年年度报告摘要　（摘选）

一、公司简况

公司名称：深圳赛格股份有限公司

法人代表：王殿甫　　　　邮政编码：518031

公司地址：深圳市福田区华强北路宝华大厦16楼

电话：0755—3254567　　　传真：0755—3251770

二、主要财务数据与财务指标

指　标　项　目	本年数	上年数	比上年增减%
1.主营业务收入(万元)	165671	175355	-5.52
2.净利润(万元)	14266	8822	61.71
3.总资产(万元)	216575	152577	41.94
4.股东权益(万元)	80464	31471	155.68
5.每股收益			
加权平均(元)	0.578	0.431	35.96
全面摊薄(元)	0.461	0.431	6.96
6.每股净资产(元)	2.598	1.538	69.44
7.净资产收益率(%)	17.73	28.03	-36.75
8.股东权益比率(%)	37.15	20.62	80.16
9.资产负债率(%)	47.93	65.28	-26.58

三、公司主要业务回顾

1．一年来公司经营情况

1996年是公司股票上市的第一年，在公司董事会领导下，经过全体员工的共同努力，实现营业收入165671万元，利润总额27210万元，税后利润14266万元，加权平均每股收益0.578元，全面摊薄每股收益0.461元，截止本报告期末，公司总资产规模为216575万元，股东权益80464万元，分别是上一年度的41.94%及155.68%。净资产收益率17.73%。主要业务报告如下：

1)彩管产业

1996年，公司控股企业赛格日立公司年产21″彩管213.65万只，比1995年增长6.2%，销售214.34万只，比1995年增长6.8%，在彩管销售价下调的情况下实现利润仍有新增长。为改变产品品种单一的情况，该公司于年底研制成功29″TTC彩色显像管。

2)通信、软件、电子系统工程产业

公司隧道中继通信系统在"京九"铁路通信的国际招标中一举中标，并应用于湘黔铁路，均圆满完工；列车防护报警系统顺利完成天津枢纽和京津段试验工作，列调通信、集群通信完成了多项工程。GPS指挥调度系统已在厦门、无锡、杭州等城市的开始应用或进行工程实施。

此外，1996年，公司还生产和销售各型号赛格牌寻呼机53982台，比1995年增长3倍，其中JM-168寻呼机1996年11月4日通过了省机械电子工业厅主持的生产定型会，取得了科学技术成果鉴定证书，并获得国家邮电部移动通讯公用网的人网证书。寻呼发射机生产比1995年增长4倍。"114"查号软件和号薄网络工程系统软件的研制取得显著进展。

3)视听产业

1996年，公司控股企业赛格达声、赛格宝华相继推出了770、333系列VCD影碟机、DS.968及6600AV家庭影院产品，由于开发速度快，生产周期短，产品较快进入了市场，销售情况良好。同时还自主完成了2800VCD真正2.0版本影碟机、3800AV声频功率放大器的设计、试制等工作。

4)第三产业

(1)公司经营的赛格电子配套市场，继1995年摘取"全国文明市场"的桂冠之后，1996年，增大经营面积1100平方米，利润大幅度增长，同年11月，又顺利通过了广东省文明市场的复查。

(2)公司的储运企业超额完成了涉外运输营业额和利润指标。27,000平方米的赛格储运大厦工程也顺利完工。

(3)公司控股企业——赛格达声下属的凯悦酒店及芳德尔啤酒城由于经营有方，营业收入及实现利润均较上年有大幅度提高；山水天地度假村经济效益逐月增加。达声现代化立体停车场于12月16日按原计划封顶，它的落成和使用将大大缓解作为繁华商业区——华强北路的停车难问题。公司控股企业——赛格宝华公司在宝华大厦的物业经营中成绩显著。

本公司在1996年6月25日于《证券时报》上刊登了B股配售通函。此B股配售通函提及的本公司1996年盈利预测为：税后综合溢利将不少于人民币12000万元。经境内外会计师审计，财务报表显示本公司已超额完成了董事会所预计的年度利润预测。

2．对募集资金运用情况的说明

公司B、A股分别于1996年7月、12月上市，B股资金到位后，我们支付7000万元港币用于收购中康公司首期款；投资3800万元用于在深圳福田保税区购6000平方米土地及建造储运大厦前期款；投资300万元用于增加投资企业的股本金，A股由于在1996年12月26日上市，所以募集资金在1996年内尚未使用。

四、股本变化及股本结构情况

1．股本结构情况

截止1996年12月31日止，本公司股东为24180户，其中A股股东17686户，B股股东6494户。

股本结构为：	期初		期末	
股　份　类　别	期初数	比例(%)	期末数	比例(%)
一、尚未流通股份				
国有法人股(A股)	204,600,000	71.89	204,600,000	66.09
二、可流通股份	—	—	105,000,000	33.91
境内公众股(A股)	—	—	25,000,000	8.07
(含公司职工股)	—	—	(3,800,000)	(1.23)
境内上市外资股(B股)	80,000,000	28.11	80,000,000	25.84
三、总股本	284,600,000	100.00	309,600,000	100.00

2.前十名主要股东持股情况如下(1996年12月31日在册)：

股　东　名　称	持股数（万股）	占总股本比例（%）
1)深圳赛格集团公司	20460	66.09
2)康创投资有限公司	884.2	2.90
3)PACIFIC RIM ASSETS LIMITED	437.9	1.41
4)SEQUEL COMPANY LTD	200	0.65
5)WAH CHUN INTERNATIONAL LIMITED	143.3	0.46
6)WONG, SHIT FUI	135.5	0.44
7)黄雄强	118.9	0.38
8)YEUNG FUN SHING	110.5	0.36
9)民乐投资有限公司	95.0	0.31
10)HENRY ZI	86.8	0.28

深圳辽河通达化工股份有限公司

深圳辽河通达化工股份有限公司股票上市公告书

一、释义

本上市公告书中，除非文意另有所指，下列简称具有如下特定意义：

本公司(或公司)：　指深圳辽河通达化工股份有限公司

辽河集团：　指盘锦辽河化工(集团)有限责任公司，本公司发起人之一。

锦天化：　指锦西天然气化工有限责任公司。

通达(或深圳通达)：指深圳通达化工总公司，为本公司发起人之一。

董事会：　指本公司董事会

化工部：　指中华人民共和国化学工业部。

省政府：　指辽宁省人民政府

证监会：　指中国证券监督管理委员会

深交所：　指深圳证券交易所

上市推荐人：　指君安证券有限公司。

二、绪言

经中国证券监督管理委员会证监发字(1996)424号和证监发字(1996)425号文批准，本公司已向社会公众成功发行每股面值1元之人民币普通股13000万元，其中1300万股向公司职工配售，经深交所审核，并以深证发(1997)48号《上市通知书》批准，本公司股票将于1997年1月30日(星期四)在深圳证券交易所挂牌交易。

本公司股份总额为61500万股，其中本次可流通股份为11700万股，公司股票简称"辽通化工"，交易代码："0059"，交易单位为"股"。

本公告依据《中华人民共和国公司法》、《股票发行与交易管理暂行条例》、《公开发行股票公司信息披露实施细则(试行)》、《深圳证券交易所业务规则》等有关证券法规而编制，旨在说明本公司上市之目的，并向社会公众披露本公司基本情况和有关资料。

本公司已于1996年12月31日在《中国证券报》刊登了《招股说明书概要》，距今不足6个月，故与其重复的内容在此不再赘述。敬请社会公众查阅本公司《招股说明书概要》。

本公司董事会及各位董事确信本公告书不存在任何重大遗漏和误导性提示以及虚假成份，并愿就本公告书所载资料的真实性、准确性及完整性负个别及连带责任。本公告书的内容由本公司董事会负责解释。

三、发行公司概况

1. 发行人基本情况

(1)公司法定名称：深圳辽河通达化工股份有限公司

英文名称：SHENZHEN LIAOHETONGDA CHEMICALS COMPANY LIMITED

(2)注册资本：61500万元；工商注册号：27930950－6

(3)法定代表人：刘家升

(4)公司成立日期：1997年1月18日

(5)经营范围：化学肥料、化工产品的加工制造、销售

(6)所属行业及业务概况：

本公司属化工行业，以生产农用化肥为主。尿素是本公司的主要产品，1996年1—9月尿素的销售收入占主营业务收入之比例达到91.65%。尿素是目前世界上使用最广、质量最好的氮肥，本公司尿素产品的有效成份高达46.3%以上。本公司所属辽河化肥厂生产装置是我国70年代引进的，是国家18家重点生产厂家之一，本公司拟收购的锦天化为引进国外先进装置于90年代建成的现代化工厂，完成收购后，本公司总体规模将达年产合成氨60万吨、尿素100万吨。

(7)公司注册地址及联系电话：深圳市深南中路13号新城大厦西座11层，邮政编码：518031；电话：0755—2275571，2275572　传真：0755—2275577

2. 主要发起人简介

本公司的主要发起人是盘锦辽河化工(集团)有限责任公司，辽河集团是在原盘锦辽河化肥厂的基础上逐步发展起来的，是经辽宁省政府批准改制设立的国有独资公司，1995年4月辽宁省国有资产管理局以辽国资产字(1995)73号文批准，确定盘锦辽河集团为国有资产投资主体，授权辽河集团经营其下属辽河化肥厂及其他全资、控股、参股公司的国有资产，并承担国有资产的保值和增值责任。

经过二十多年的发展，辽河集团不断壮大，现已拥有全资和控股企业17家，职工总人数一万余人，总资产约36亿元，是集化肥生产、石油化工、塑料工程、热力发电、机械制造、商饮服务及贸易等于一体的跨行业经营的国家特大型企业，1994年以来，连续进入中国500家最大工业企业之列。

辽河化肥厂是辽河集团的下属骨干企业，工厂始建于1973年，1976年建成投产，设计能力为年产30万吨合成氨、48万吨尿素。辽河化肥厂是本次改制设立本公司的主要发起人资产。

四、股票发行及股本结构

1. 股本形成过程

1996年3月26日，辽宁省经济贸易委员会以辽经贸发[1996]367号文，以及1996年9月5日化学工业部化政发(1996)612号文批准辽河集团以其下属辽河化肥厂作为改制资产与深圳通达共同发起，以募集设立方式成立本公司。

根据深圳蛇口信德会计师事务所的资产评估报告，并经国家国有资产管理局国资评[1996]808号文对资产评估结果的确认批复，以及辽宁省国资局辽国资产字(1996)第189号对发起人资产折股方案及国有股权管理方案的批复、辽国资产字(1996)第210号《对〈关于调整深圳辽河通达化工股份有限公司发起人投人资产的请示〉的批复》和辽国资产字(1996)第211号资产评估结果的确认批复，作为辽河集团出资的辽河化肥厂评估后经营性净资产总额为45011.33万元，折股份45011万股，深圳通达的全部出资为3489.56万元，包括新城大厦西座11楼及现金2398.41万元，共折股3489万股。本次向社会公开发行A股13000万股，每股发行价为5.38元。股票溢价发行部分全部计入资本公积。

1996年12月深圳人民政府已以深府办字[1996]142号下达《关于同意以募集方式设立深圳辽河通达化工股份有限公司的批复》的批文，1997年1月3日经中国证监会批准本公司社会公众股在深交所发行成功，1997年1月18日，本公司在深圳银湖宾馆召开了创立大会，并于1997年1月23日，办理工商注册登记，本公司正式成立。

2. 股票发行

经中国证券监督管理委员会证监发字(1996)424号文和证监发字(1996)425号文批准，本公司已于1997年1月3日在深圳证券交易所利用其交易系统以上网定价发行方式成功发行了面值为1元的人民币普通股11700万股，每股发行价为5.38元。本次发行的主承销商为君安证券有限公司，发行有效申购股数为55698312000股，申购保证金为30,070,

498,560.00元,超额认购倍数为47.7719倍,配售比例为2.093281%。在扣除发行费用后全部资金已划入本公司帐户。另外以同样价格向公司职工配售1300万股也已完成,股款也划入本公司帐户。深圳中诚会计师事务所以深诚证字(1997)001号验资报告验证确认。

3.股本结构

本公司本次发行完成后的股本结构如下:

股权	股份数(万股)	所占比例(%)
发起人股	48500	78.86
其中:国有法人股	45011	73.19
法人股	3489	5.67
社会公众股	13000	21.14
其中:公司职工股	1300	2.11
合计	61500	100

4、主要股东持股情况

本次发行后,公司前十名股东持股情况

股东名称	持股数(万股)	比例(%)
盘锦辽河化工(集团)有限责任公司	45011	73.19
深圳通达化工总公司	3489	5.67
张志刚	9	0.0146
陈勇	9	0.0146
胡泓	9	0.0146
陈健	9	0.0146
刘红玥	9	0.0146
候刚	9	0.0146
李建明	9	0.0146
张秀云	9	0.0146

五、公司董事、监事和高级管理人员简历及持股情况

本公司于1997年1月18日在深圳银湖宾馆召开了创立大会,大会选举产生了本公司第一届董事会、监事会,聘任公司总经理及其它高级管理人员。

公司董事、监事及高级管理人员简历及持股情况如下:

刘家升先生:本公司董事长,43岁,大学文化,高级工程师。毕业于大连工学院管理工程系,曾任辽河化肥厂副厂长、厂长等职,现任盘锦辽河化工(集团)有限责任公司董事、公司常务副总经理。曾荣获盘锦市优秀科技工作者、优秀青年厂长,辽宁十大杰出青年企业家等称号。未持有本公司股票。

何连玉先生:本公司副董事长,59岁,中专文化,工程师、高级政工师。曾任辽河化肥厂工会主席、辽河集团公司工会主席等职,现任盘锦辽河化工(集团)有限责任公司董事、公司工会主席。曾荣获辽宁省劳动模范等称号。未持有本公司股票。

高抗先生:本公司副董事长,58岁,大学本科,高级工程师。毕业于清华大学动力系,曾任南通农药厂党委书记、南通市化工局副局长、现任化工部深圳通达化工总公司副总经理。未持有本公司股票。

蒋书忱先生,本公司董事,51岁,大学文化。曾任辽河化肥厂供应科科长、计划处处长、辽河化肥厂副厂长等职,现任辽河集团副总经理。未持有本公司股票。

吕砚水先生:本公司董事兼总经理,57岁,大专文化,工程师。曾任盘锦辽河集团辽河化肥厂副厂长、厂长,盘锦辽河集团副总经理等职,曾获得盘锦市劳动模范称号。未持有本公司股票。

郑德春先生:本公司董事,51岁。曾任辽河化肥厂尿素分厂党支部书记、辽河化肥厂党委办公室主任等职,现任辽河化肥厂党委副书记、工会主席。持有本公司股票1000股。

乔树挺先生:本公司董事,45岁,大专文化,翻译。曾任中国化工建设深圳公司业务部经理,现任化工部深圳通达化工总公司进出口部经理、工会副主席。未持有本公司股票。

刘长余先生:本公司监事,59岁,政工师。曾任锦西化工总厂烧碱车间党支部书记、车间主任,辽河化肥厂运输处处长,辽河化工总厂纪委书记等职。现任盘锦辽河集团董事。未持有本公司股票。

安建青先生:本公司监事,38岁,大专文化。现任深圳通达化工总公司计财部副经理。未持有本公司股票。

费作民先生:本公司监事,46岁,大专文化,高级会计师。曾任辽河化肥厂财务科副科长,辽河化工总厂财务处处长,辽河集团财务处处长等职,现任辽河集团资产管理处处长。未持有本公司股票。

于国宏先生:本公司副总经理,34岁,大专文化,工程师。曾任辽河化肥厂机动处设备科科长,辽河集团氯碱厂副厂长,现任辽河集团氯碱厂厂长。持有本公司股票3000股。

任国玺先生:本公司副总经理,52岁。曾任辽河化肥厂氨分厂党总支书记,辽河化肥厂办公室主任等职,现任辽河化肥厂副厂长。持有本公司股票1000股。

张宝吉先生:本公司副总经理,52岁,大学文化,高级工程师。曾任辽河化肥厂机动处处长,现任辽河化肥厂副厂长。持有本公司股票1000股。

郝振兴先生:本公司副总经理,52岁,高级工程师。曾任辽河化肥厂催化剂分厂副厂长,生产处处长等职。持有本公司股票1000股。

程耀明先生,本公司副总经理,42岁,大专文化,工程师。曾任辽河化肥厂尿素车间主任,现任辽河化肥厂副厂长。持有本公司股票1000股。

陆峰先生:本公司董事会秘书兼总经理助理,38岁,大学文化,高级工程师。曾任化工部第一设计院工程师,深圳通达化工总公司发展部副经理。持有本公司股票1000股。

王维良先生:本公司总会计师,34岁,大学文化,会计师。曾任辽河集团结算中心科长,辽河集团精细化工厂总会计师兼财务科长等职。持有本公司股票3000股。

公司董事、监事和高级管理人员共持有本公司股票21000股,其持有股份按照《中华人民共和国公司法》规定在任聘期间不得转让。

六、公司财务会计资料

经深圳中诚会计师事务所对本公司1993年—1996年9月的财务报表进行审计验证,本公司的主要财务会计资料如附表1。

七、公司创立大会

1.会议基本情况

本公司创立大会已于1997年1月18日在深圳银湖宾馆召开,出席会议的股东或经授权的股东代理人共32人,代表股份48511.2万股,占公司总股份的78.88%。

2.会议决议

(1)会议审议并通过了《关于深圳辽河通达化工股份有限公司筹建工作的报告》;

(2)会议审议并通过了《关于设立深圳辽河通达化工股份有限公司的议案》;

(3)会议审议并通过了《关于筹建深圳辽河通达化工股份有限公司的费用的报告》;

(4)会议审议并通过了《深圳辽河通达化工股份有限公司章程》;

(5)会议审议并通过了《关于募股资金用于收购锦西天然气化工有限责任公司股权的议案》;

(6)会议审议并通过了《关于申请深圳辽河通达化工股份有限公司股票在深圳证券交易所上市交易的议案》。

会议选举产生了刘家升、何连玉、高抗、吕砚水、蒋书枕、郑德春、乔树挺为公司首届董事会董事;选举刘长余、安建青为首届监事会监事,费作

民为公司职工民主选举产生的首届监事会监事。

八、重要事项揭示

1. 本公司利润分配顺序为:弥补以前年度亏损;提取百分之五至百分之十法定公积金;提取百分之十法定公益金;提取任意公积金,具体比例由股东大会决定;支付普通股股利。

2. 截止本公告书刊登之日,本公司以及本公司董事、监事和高级管理人员未涉及任何对公司业务发展有重大影响的诉讼、仲裁或行政诉讼,未曾受到过有关部门的行政处罚,就本公司所知,没有未结或可预见的重大诉讼。

3. 根据国家有关规定,本公司1300万股公司职工股将自新股上市半年后经批准方可上市交易。

九、董事会承诺

本公司董事会将严格遵守《中华人民共和国公司法》、《股票发行与交易管理暂行条例》、《公开发行股票信息披露实施细则》和《深圳证券交易所业务规则》和有关法律、法规的规定,并自股票上市之日起向证券监管机关和全体股东作出如下承诺:

1. 按照法律、法规的规定程序和要求披露重大的信息,并接受证券主管机关、深圳证券交易所的监督管理。

2. 及时、真实、准确地公布中期报告、年度报告,并备置于规定场所供公众投资者查阅。

3. 本公司董事、监事及高级管理人员持本公司股票发生变化时,在报告证券主管机关、深圳证券交易所的同时向投资者公布。

4. 在任何公开传播媒介中出现的消息可能对本公司股票的市场价格产生误导性影响时,本公司知悉后将及时对该消息予以公开澄清。

5. 本公司董事、监事及高级管理人员将认真听取社会公众的建议和批评,自觉抵制不正之风,不利用已获得的内幕消息直接或间接从事股票买卖活动。

6. 不利用内幕消息和不正当手段从事股票的投机交易。

7. 本公司没有无记录负债。

十、咨询机构

1. 发行人:深圳辽河通达化工股份有限公司
住所:深圳市深南中路新城大厦西座11楼
法定代表人:冯恩良
电话:(0755)3351000—1116,1136
传真:(0755)3253077
联系人:费作民　陆峰

2. 上市推荐人:君安证券有限公司
住所:深圳市春风路5号
法定代表人:张国庆
电话:(0755)2175560
传真:(0755)2296188
联系人:蔡达建　伍朝阳

3. 发行人法律顾问:竞天律师事务所
住所:北京市朝阳区新恒基大厦323室
法定代表人:张绪生
电话:(010)64671983　64671984
传真:(010)64673772
经办律师:徐跃武　张绪生

4. 承销商法律顾问:深圳市信达律师事务所
住所:深圳市人民南路国际贸易大厦43层
法定代表人:徐育康
电话:(0755)2200300　2200301
传真:(0755)2250442
经办律师:许晓光　靳庆军

5. 财务审计机构:深圳中诚会计师事务所
住所:深圳市华富路5号南光大厦三楼
法定代表人:刘继忠
电话:(0755)3241574
传真:(0755)3358144
经办会计师:杨荣德　刘继忠

6. 资产评估机构:深圳蛇口信德会计师事务所
住所:深圳市蛇口兴华路海滨中心商场A座3楼
法定代表人:朱祺珩
电话:(0755)3216991
传真:(0755)3216358
经办评估人员:宋锦乡、肖笑丛

十一、备查文件

1. 政府主管部门批准股票发行上市的文件
2. 深圳证券交易所上市通知书
3. 公司章程
4. 招股说明书
5. 审计报告
6. 验资报告
7. 法律意见书
8. 创立大会决议
9. 上市推荐书
10. 本公司的注册登记文件
11. 其他文件

深圳辽河通达化工股份有限公司

一九九七年一月二十八日

附表1:

1. 资产负债表主要数据

(单位:人民币万元)

项　目	1996.9.30	1995.12.31	1994.12.31	1993.12.31
流动资产合计	96,242,530.73	69,617,574.76	68,363,851.96	76,218,440.73
长期投资	——	——	——	——
固定资产合计	454,141,580.71	129,276,853.36	129,070,384.49	113,189,017.91
无形及其他资产合计	5,200,000.00	——	——	——
资产总计	555,584,111.44	198,894,428.12	197,434,236.45	189,407,458.64
流动负债合计	70,575,138.05	79,175,373.28	67,745,220.77	78,706,032.53
长期负债合计	——	——	——	——
股东权益合计	485,008,973.39	119,719,054.84	129,689,015.68	110,701,426.11
负债及股东权益总计	555,584,111.44	198,894,428.12	197,434,236.45	189,407,458.64

2. 利润表主要数据

单位:人民币元

项 目	1996.9.30	1995.12.31	1994.12.31	1993.12.31
主营业务收入	498,240,696.85	592,088,050.45	522,590,337.69	419,244,917.13
主营业务利润	187,454,464.81	189,094,695.77	173,673,932.09	156,699,707.43
营业利润	189,866,229.31	189,094,695.77	173,673,932.09	156,699,707.43
利润总额	189,864,819.31	187,269,425.77	173,673,932.09	156,699,707.43
净利润	161,385,096.41	158,900,121.40	147,622,842.28	133,194,751.32

3. 主要财务指标

项目指标	1996 年 9 月	1995 年	1994 年	1993 年
1. 资产负债率(%)	12.70	39.81	34.31	41.55
2. 每股净收益(元)	0.36	0.33	0.30	0.27
3. 每股净资产(元)	1.00	1.00	1.00	1.00
4. 流动比率	1.36	0.88	1.01	0.97
5. 速动比率	0.54	0.38	0.38	0.45
6. 应收帐款周转率	181.72	1,993.90	496.67	247.66
7. 存货周转率	6.12	10.31	8.34	5.29
8. 资本报酬率(%)	33.27	32.76	30.44	27.46
9. 净资产收益率(%)	33.27	32.76	30.44	27.46

注:1996 年每股净收益系按全年盈利预测 22,093 万元并全面摊薄计算,若加权平均则为 0.45 元/股。

经深圳中诚会计师事务所审阅,本公司 1996、1997 两年的盈利预测结果如下:

单位:人民币元

	1996 年	1997 年
主营业收入	70,166	159,587
主营业务利润	24,895	44,173
营业利润	25,175	43,973
利润总额	25,869	43,973
净利润Ⅰ	17,562	29,462
净利润Ⅱ	22,093	35,798
全面摊薄每股税后利润	0.36	0.58

注:净利润Ⅰ为按 33%税率计征企业所得税;净利润Ⅱ为按实际上缴负提率 15%计征辽河化肥厂所得税,按实际上缴负担率 24%计征锦天化工企业所得税。

深圳华强实业股份有限公司

1996年年度报告摘要　（摘选）

一、公司简况

公司名称：深圳华强实业股份有限公司

法人代表：张锦墙　　　　邮政编码：518043

公司地址：深圳市深南中路华强路口34号

电话：(0755)3365354　　传真：(0755)3368414

二、主要财务数据与财务指标

指标项目	本年度	上年度	比上年增减(%)
1.主营业务收入(万元)	101,975.64	94,387.05	8.04
2.净利润(万元)	7,048.70	7,066.73	-0.26
3.总资产(万元)	70,917.02	78,152.10	-9.26
4.股东权益(万元)	20,946.90	24,026.30	-12.82
5.每股收益(元)*	1.14	0.71	60.56
6.每股净资产(元)	3.38	2.40	40.83
7.净资产收益率(%)	33.65	29.41	14.42
8.股东权益比率(%)	29.54	30.74	-3.90

注：每股收益按1997年新增发行后总股本8000万股计为0.88元。

三、公司主要业务回顾

1．公司经营情况回顾

1996年，公司坚持"抓销售、上规模、抓管理、增效益"的经营方针，在面临彩电价格大战，市场竞争激烈的严峻形势下，充分发挥骨干企业与日本 三洋合资的技术优势，不断推出彩电新产品，以技术先进、质量领先的优势，开拓市场，致力于转换经营机制，提高经济效益，取得较好的经营业绩。1996年，实现主营业务收入101976万元，完成1996年预测目标的97.59%，实现净利润7049万元，完成盈利预测的102.43%。

(1) 1996年，公司主营业务中的主要产品为彩色电视机、音响、VCD、计算机软件、硬件及网络工程、通讯终端设备、电脑应用产品，使用"三洋牌"和"华强牌"商标。其中彩电产量88.7万台，销往国内市场并免检销往日本、美国和欧洲等发达国家，开箱合格率高达99.8%。本公司彩电在国内市场占有率为2.4%，比1995年增长12.4%。

(2) 1996年，公司继续完善扩大销售网络，形成以合营公司为骨干，以分公司、代理商为补充的销售网络体系。在全国建立2000多个二级销售网点，增设了18个二级库，已建立维修中心、维修站135个，形成具有一定竞争实力的市场销售和售后服务体系。

(3) 本公司与日本三洋公司合资的华强三洋电子有限公司拥有先进的生产线和仪器设备，设有彩电厂、录音机厂、录像机厂、注塑涂装厂、自动插件厂。1996年，进一步提高了生产效率和管理水平，加强了计划管理、成本管理和质量管理，并在东莞塘厦兴建50000平方米的彩电大楼及配套宿舍，为1997年彩电厂、自动插件厂、录音机厂的搬迁上规模做好准备工作。

(4) 本公司负责华强集团厂区（占地60000平方米）、生活区（占地40000平方米）及梅林工业区（占地33000平方米），总建筑面积达130000平方米中一部分的物业租赁、管理业务和水电设备管理业务以及少部分房地产开发业务。1996年管理水平不断提高，取得较好效益，成为本公司利润的重要来源之一和新的经济增长点之一。

2．前次募集资金使用情况说明

本公司在本报告年度内没有募集资金，前次1993年募集2500万元资金所投的项目建设未延续到本年度。

四、股本变化及股本结构情况

1．股本变化及股本结构情况

1996年8月10日经本公司临时股东大会审议通过，并于1996年9月3日经深圳市证券管理办公室（深证办复[1996]85号）、1996年9月17日经广东省国有资产管理局（粤国资[1996]39号）批准，本公司以截止1996年7月30日经评估确认后的每股净资产3.21元的价格，回购并注销了深圳华强集团有限公司持有本公司股份中的3800万股。股份回购后本公司总股本变为6200万股，其中国有法人股4200万股，内部职工股2000万股。

1．股权结构（截至1996年12月31日）

股份单位：股；面值：每股1元

股份类别	年初数	本年增减	年末数
一、尚未流通股份			
1．发起人股份	8000万	减少3800万	4200万
其中国家股	8000万	减少3800万	4200万
外资法人股			
境内法人股			
其他			
2．募集法人股			
3．内部职工股	2000万		2000万
4．优先股或其他			
尚未流通股份合计：	10000万		6200万
二、已流通股份			
1．A股			
2．B股			
3．H股			
4．其他			
已流通股份合计	0		0
三、股份总数	10000万	减少3800万	6200万

2．前十名股东持股数情况：

股东名单	持股数(股)	持股比例(%)
深圳华强集团有限公司	42,000,000	67.742
陈爱花	55,300	0.089
李达辉	43,400	0.070
黄开波	31,400	0.051
凌洪明	29,900	0.048
刘煌熙	28,400	0.046
黄小兰	26,900	0.043
关志超	24,800	0.040
庄旭祥	22,000	0.035
黄桂兰	21,600	0.035

3．截至1996年12月31日本公司股东总数为3599户。

中国长城计算机深圳股份有限公司

中国长城计算机深圳股份有限公司股票上市公告书

一、要览

总股本:15,855 万股

可流通股份:5,700 万股

本次上市流通股份:5,130 万股

证券简称:长城电脑

证券代码:0066

上市地点:深圳证券交易所

上市日期:1997 年 6 月 26 日

股份登记机构:深圳证券登记有限公司

上市推荐人:中信证券有限责任公司

海南港奥国际信托投资有限公司

二、绪言

本上市公告依据《中会人民共和国公司法》、《股票发行与交易管理暂行条例》、《公开发行股票公司信息披露实施细则》、《深圳证券交易所业务规则》以及国家有关证券管理的规定编制,为股票公开上市之目的而向社会公众披露公司基本情况及相关资料。

本公司是经电子工业部电子运[1997]248 号、国家体改委体改生[1997]58 号文批准,采用募集方式设立的公司,并经中国证券监督管理委员会证监发字[1997]309 号、310 号文批准,已成功地向社会公众发行每股面值为 1.00 元之人民币(普通股)股票 5,700 万股(含公司职工股 570 万股)。经深圳证券交易所深证发[1997]246 号《上市通知书》批准,本公司 5,130 万股社会公众股,将于 1997 年 6 月 26 日在深圳证券交易所挂牌交易,股票简称"长城电脑",证券代码 0066。本公司总股本 15,855 万股,可流通股本为 5,700 万股,其中公司职工股 570 万股将按国家规定半年后上市。

本公司于 1997 年 6 月 6 日、6 月 7 日分别在《中国证券报》及《青岛日报》上刊登了《招股说明书(概要)》,距今不足 6 个月,故与其相重复的内容在此不再赘述,敬请投资者查阅本公司的《招股说明书(概要)》。

本公司董事会已批准本上市公告书,确信其中未遗漏任何重大事项,亦不存在任何误导和虚假成份,并对上市公告书及相关资料的真实性、准确性、完整性负个别的和连带的责任。

三、发行公司概况

1. 概况

公司法定名称:中国长城计算机深圳股份有限公司

英文名称:CHINA GREAT WALL COMPUTER SHENZHEN CO., LTD.

公司注册资本:158,550,000 元

公司法定代表人:王之

公司成立日期:1997 年 6 月 20 日

公司经营范围:

主营:电子计算机硬件、软件系统及配套零部件、配套设备、网络、通迅系统、电子出版物及其它电子信息技术产品的科研硬发、配套生产、销售服务、系统集成、工程承包、技术转让、技术咨询与培训(进出口业务按有关规定办理)。

兼营:本公司自有房屋和设备的租赁。

所属行业:电子

公司注册地址:深圳市南山区科技园长城计算机大厦

联系电话:(0755)6639745　　传真电话:(0755)6639745

联系人:张百顺

2. 历史沿革

本公司是经电子工业部电子运(1997)第 236 号文《关于中国长城计算机集团公司进行股份制改组的批复》、国家体改委体改生【1997】58 号文《关于同意设立中国长城计算机深圳股份有限公司》批准,由中国长城计算机集团公司(以下简称"集团公司")作为独家发起人,以集团公司下属的全资子公司—中国长城计算机深圳公司(以下简称"深圳公司")主营资产(包括:产品生产线、科研开发设备以及所拥有的深圳长城国际信息产品有限公司、深圳长科国际电子有限责任公司、深圳海量存储设备有限公司股权)为基础,并将长城计算机软件与系统公司(以下简称"长软公司")、集团公司市场部(以下简称"市场部")纳入,对其进行改组,以募集方式设立。本公司的名称已于 1997 年 4 月 1 日获国家工商行政管理局企业注册局签发的(国)名称预核内字[1997]第 148 号《企业名称预先核准通知书》核准。

深圳公司原名中国计算机发展(深圳)公司,是经深圳市人民政府深办函【1997】128 号文批准,于 1987 年 5 月 27 日成立。经有关主管部门批准,深圳公司于 1992 年更名为中国长城计算机深圳公司。深圳公司为一间合法成立并有效存续的全民所有制企业。

长软公司是经电子工业部电子政[1993]26 号文批准,于 1993 年 7 月 21 日成立,长软公司为一间合法成立并有效存续的全民所有制企业。

市场部,是集团公司直属经营机构,成立于 1996 年 4 月 23 日,主要从事"金长城"个人计算机及其相关产品的销售管理及市场开拓。

3. 发起人简介

集团公司是国有独资企业,原名中国计算机发展公司,成立于 1986 年 12 月,于 1988 年更名为中国长城计算机集团公司。集团公司经过十一年的发展,现已形成为一个集科技开发、配套生产、应用服务、系统集成、进出口贸易和资金融通于一体的、具有一定规模的高科技、综合性企业。经国务院及有关部门批准,于 1988 年在国家计划中实行单列,于 1991 年列为国务院首批试点的大型企业集团之一。

除本公司外,集团公司还拥有全资、控股及参股等 38 家企业,分别从事金融、进出口贸易、房地产、展览、轻工、实业开发等业务。在集团公司的上述企业中,本公司占有重要地位:在资产规模上,本次股票发行后,本公司的总资产将达到 8 亿元以上,居集团公司上述企业的首位;在业务范围上,进入本公司的计算机及其外部设备、软件、系统集成及其合资企业生产的电子板卡、硬盘磁头等项业务,是集团公司的主要业务;在企业效益上,进入本公司的资产和利润均为集团公司上述企业中较好的部分。本公司组建完成后,集团公司将占 64.05% 股份,居控股地位。

四、股票发行与承销

1. 本次公开发行

发行数量:5,700 万股(其中向公司职工配售 570 万股)

发行价格:6.58 元/股

募集资金总额:364,260,000 元

发行方式:全额预缴、比例配售、余款转存

配售比例:10.837%

配售户数:9068 户

持1,000股以上的户数:3089户

发行费用总额:1,080万元

每股发行费用:0.19元

发行市盈率:16倍

2.股票承销

本次公开发行的5,130万股社会公众股已全部由社会公众认购,另外,向公司职工配售570万股股票,共计5,700万股,承销团成员无包销比例及数量。

3.验资报告

根据深圳中华会计师事务所股验报字第B003号《验资报告》,中国长城计算机深圳股份有限公司本次发行人民币普通股股票5,700万股,每股面值1.00元人民币,发行价6.58元,总计募集资金为375,060,000元,扣除发行费用1,080万元,净额为364,260,000元,已于1997年6月16日汇入中国长城计算机深圳股份有限公司在中国银行深圳分行的帐户,帐户号码为:0101010113699。

五、董事、监事及高级管理人员持股情况及持股比例

姓名	职务	持股数(股)	占总股本的比例(%)
王 之	董事长	30,000	0.01892
卢 明	副董事长、总经理	20,000	0.01261
何华康	董事、副总经理	20,000	0.01261
王志荣	董事	20,000	0.01261
钱乐军	董事	20,000	0.01261
黄蓉芳	董事、财务总监	20,000	0.01261
张百顺	董事、董事会秘书	20,000	0.01261
郭 强	董事	20,000	0.01261
许 虹	董事	27,000	0.01703
张作泰	监事会主任	10,000	0.00631
付 强	监事	10,000	0.00631
邓金栋	监事	10,000	0.00631
杜和平	副总经理	10,000	0.00631
符继光	副总经理	0	0
何喜珍	副总经理	10,000	0.00631

六、公司设立

1997年6月20日,本公司在深圳召开了公司创立大会。会议通过了《关于设立中国长城计算机深圳股份有限公司的决议》及《关于中国长城计算机深圳股份有限公司股票在深圳证券交易所挂牌交易的决议》等有关事项。1997年6月21日在深圳市工商行政管理局办理了工商登记,公司注册资本为158,550,000元,注册地址:深圳市南山区科技园计算机大厦,营业执照号码:N29722

七、关联企业与关联交易

1.关联企业

本公司的关联企业为本公司国有法人股股东—中国长城计算机集团公司及其附属的分公司、全资和控股公司及本公司附属的若干合资公司。

2.关联交易

本公司与集团公司及集团公司全资子公司、关联企业间相互提供或可能随时需要相互提供诸如职工宿舍、生活用水、电、汽、卫生、保安、消防等生活服务及诸如生产用水、电、汽,原料的采购,产品的销售等生产协作,就该等生活服务及生产协作,集团公司已与本公司订立了《关于相互提供生活服务及生产协作的框架协议》。根据该协议,集团公司及其全资子公司、控股企业与本公司间相互提供的生活服务(即任何非生产性的相互服务,包括提供职工宿舍、生活用水、电、汽、卫生、保安、消防服务等)及生产协作(即任何为对方生产所需而提供的服务协作,包括生产用水、电、汽的提供,原料的采购、产品的销售等),将根据国家定价,如无国家定价,将根据当时当地的公平市场价格及或就该等生活服务及生产协作之公平合理价格确定提供生活服务及生产协作的价格。具体的生活服务及生产协作协议将在本公司设立后尽快签定。

本公司使用土地及房产部分将由集团公司及深圳公司租赁给本公司使用,部分将由深圳公司转让给本公司;集团公司将其所有的电脑大厦3层部分办公楼以市场租金价格租赁给长软公司使用;深圳公司将其拥有的建筑面积4548.92平方米的八卦岭厂房442栋以评估的租金价格租赁给本公司使用;待本公司发行成立后,深圳公司将其位于深圳市科技工业园的面积为35896.05平方米的土地使用权及该土地之房产权以评估价值转让给本公司。

本公司使用的“长城”、“金长城”、“WESCOM”及“HOPLEY”商标,由本公司根据集团公司与本公司签定的商标许可合同许可本公司使用。

八、股本结构及大股东持股情况

1.上市前的股本结构

股份种类	数量	占总股本比例(%)
总股本	15,855万股	100
尚未流通股份		
发起人股		
(均为国有法人股)	10,155万股	64.05
可流通股份		
本次公开发行股份	5,700万股	35.95
其中:公司职工股	570万股	3.595

2.前十名股东持股数及持股比例

序号	股东名称	持有股数(股)	持股比例(%)
1.	中国长城计算机集团公司	101,550,000	64.05
2.	中煤信托	859,048	0.5418
3.	龙江华信	858,290	0.5413
4.	安徽财政	812,775	0.5126
5.	中信南京	660,731	0.4167
6.	南京证券	541,850	0.3418
7.	长空租赁	487,339	0.3074
8.	延边证报	433,480	0.2734
9.	安徽汉源	433,480	0.2734
10.	无锡太湖	433,480	0.2734
合 计		107,070,473	67.53

九、财务会计资料

1.主要财务会计资料

深圳中华会计师事务所接受本公司委托,根据国家有关法律、法规和本公司提供的有关文件资料,对本公司自1994年1月1日起至1996年12月31日止相关会计期间的会计报表进行了审计验证。其主要会计数据如下:(见表1、表2、表3)

2.主要财务指标

表4

主要财务指标	1996年	1995年	1994年
流动比率(%)	101.65	148.34	154.29
速动比率(%)	51.64	120.64	116.77
资产负债率(%)	69.92	61.16	60.98
应收帐款周转率(%)	856.53	416.67	426.68
存货周转率(%)	425.80	300.78	176.45
每股净利(元/股)	0.603	0.445	0.185
净资产收益率(%)	39.79	24.03	10.88

主要财务指标说明

(1)流动比率=流动资产/流动负债×100%

(2)速动比率=(流动资产-存货)/流动负债×100%

(3)资产负债率=负债总额/资产总额×100%

(4)应收帐款周转率=主营业务收入/应收帐款平均余额×100%

(5)存货周转率=主营业务成本/存货平均余额×100%

(6)每股净利=净利润/期末股本总额×100%

(7)净资产收益率=净利润/期末净资产总额×100%

3. 报表说明

(1)上述资产负债表、利润及利润分配表的数据摘自深圳中华会计师事务所股审报字(1997)第B006号《关于中国长城计算机深圳股份有限公司(筹)申请公开发行A股有关会计报表的审计报告》。

(2)报表编制基准

本公司1994年、1995年及1996年("有关期间")三年经营业绩的汇总乃假设本公司在有关期间就依重组方案进行资产重组,即按重组范围内各公司现有的资产、负债结构,在整个有关期间已经存在的基础上进行计算。重组的原则是与生产密切相关的经营性资产、负债评估后重组进入本公司,非经营性资产、负债留存原公司或转予集团公司。资产净值的汇总反映本公司1996年12月31日以假设现有架构于当日经已存在的资产和负债。

(3)资产重组的范围

包括中国长城计算机深圳公司、长城计算机软件与系统公司、集团公司市场部。

4. 重要会计政策

(1)本公司根据上述报表编制基准,依中华人民共和国《企业会计准则》及《股份制试点企业会计制度》而编制及厘定下列主要会计政策。

(2)会计年度

本公司采用公历年度为会计年度,即自1月1日至12月31日为一个会计年度。

(3)合并报表编制方法

a. 根据附注1(4)所述之重组后的企业结构,是次资产重组涉及评估的资产,依法定资产评估程序确认后,以评估后之价值调整入帐,在此基础上本公司(筹)直接持有的附属公司,将公司间投资、内部往来、存货购销及其利润等全部抵销的基础上逐项合并。

b. 公司本部由原中国长城计算机深圳公司重组组成。

c. 直接持有的附属公司

附属公司名称	注册地	注册资本	直接持股比例	主要业务
长城计算机软件	北京	RMB14,200,000.00	100%	计算机硬件、软件系统技术与系统公司开发、购销及相关技术服务

d. 联营公司

联营公司名称	注册地	注册资本	持股比例	主要业务
深圳长城国际信息产品有限公司	深圳	USD4,900,000.00	49%	计算机硬件系统生产销售及相关技术开发
深圳长科国际电子有限公司	深圳	USD9,000,000.00	25%	电子板卡的研究、开发、相关技术咨询服务
深圳海量存储设备有限公司	深圳	USD20,000,000.00	10%	生产经营信息存储产品及相关技术咨询服务

(3续)长期投资核算方法

母公司对附属公司(持股50%以上者或对其存在控制权者)纳入合并报表,对持股20%以上的联营公司者按权益法调整长期投资,20%以下的联营公司及其它投资按成本法核算。

(4)记帐原则和计价基础

本公司会计核算以权责发生制为基础,资产计价以历史成本为基础。唯是次资产重组涉及评估的资产,依法定资产评估程序确认后,以评估后之价值调整入帐。

(5)外币换算

本公司以人民币为记帐本位币,会计年度涉及外币的经济业务,以月初市场汇率折合为本位币记帐,决算日对货币性项目按当日市场汇率进行调整,所产生的汇兑损益列入当期损益。

(6)存货计价

各类原材料按计划成本计价,并于发出时分摊材料成本差异调整为实际成本。低值易耗品领用时一次性摊销。各类存货盘盈、盘亏、报废,先列作待处理流动资产损益项目,经适当程序批准后列转管理费用。

(7)固定资产计价及其折旧方法

a. 固定资产按实际成本或重置完全成本计价

b. 固定资产折旧采用直线法平均计算,并按各类固定资产的原值和估计的使用年限扣除残值(原值的5%)制定折旧率,分类折旧率如下:

资产类别	使用年限	年折旧率
电子设备	10年	9.50%
运输工具	6年	15.83%
办公及其他设备	5年	19%

c. 固定资产盘盈、盘亏、报废,先列转待处理固定资产损益项目,经适当程序批准后将其净损益列转营业外收支。

(8)坏帐准备

按公司年末应收帐款余额扣除关联公司款项后之净额的5‰计提坏帐准备,1996年12月31日之坏帐准备已按经确认的资产评估结果作出相应调整。

(9)收入实现条件

商品销售,以商品已经发出,商品所有权转移买方,收到货款或取得收取货款的证据时,作为营业收入实现。劳务销售:以劳务已经提供,收取款项的证据已经取得,作为营业收入实现。

(10)利润分配

本公司在前述报表期间的税后利润分配,系重组前业已存在的各公司在各会计年度按其实现的税后利润,依其原管理当局批准的利润分配方案进行分配。分配比例是:法定盈余公积金为10%,公益金为10%。前述报表编制基准所述之假设,不涉及利润分配之既定事实。

(11)产品成本计算方法

产品成本以品种为核算对象,直接材料、直接人工成本按成本对象归集;间接费用通过"制造费用"归集,依完工数量为分配标准全部分配计入有关的产成品成本。期间费用全部列入当年损益。

(12)税项

本公司之各纳税单位,产品及商品销售适用增值税,税率为17%;服务性纳税单位的营业收入、劳务及其他收入适用营业税,税率5%;城建维护附加税、教育费附加等附加税费,依各单位属地税务机关的规定计算缴纳或减免。企业所得税详细情况如下:

a. 作为本公司主体的原中国长城计算机深圳公司,所得税税率为15%。1991年该公司经深科字(1991)13号文确认为高科技企业,并获(1995)深地税减免字第82号文批准,从1995年起三年减半征收企业所得税。

b. 本公司之附属公司长城计算机软件与系统公司系于北京市高新技术工业区注册,并被评定为新技术企业,所得税税率为15%,经北京国税减免二字(95)第597号文批准,1993年8月1日至1996年7月31日免交企业所得税,1996年8月1日至1999年7月31日按7.5%税负率征收企业所得税。

5. 关联交易

表5

项目	香港长研发技术有限公司	长城国际信息产品(深圳)有限公司	长城计算机集团各分公司合计	合计
	RMB	RMB	RMB	RMB
1996年销售	277,439.26	—	6,243,120.00	6,520,559.26
1996年采购	42,219,465.00	—	—	42,219,465.00

1995年销售	6,025,430.30	2,328,060.00	2,531,092.00	10,884,582.30
1995年采购	66,596,442.62	—	—	66,596,442.62
1994年销售	16,638,663.46	40,072,701.58	5,020,950.00	61,732,315.04
1994年采购	92,101,809.38	21,945,022.34	3,115,606.84	117,162,438.56

十、董事会上市承诺

本公司董事会将严格遵守《公司法》、《股票发行与交易管理暂行条例》、《公开发行股票信息披露实施细则》和《深圳证券交易所交易规则》及有关法律、法规的规定,并向证券主管机关、深圳证券交易所和广大投资者作出如下承诺:

1. 按照法律、法规的规定程序和要求披露重大的信息,并接受证券主管机关、深圳证券交易所的监督管理;

2. 及时、准确、真实地在证券主管部门指定的报刊公布中期报告、年终报告及经营业绩等资料,并置于规定场所供投资者查阅。

3. 本公司董事、监事及高级管理人员,如发生人事变动或前述人员持有本公司股票数量发生变化时,及时通报证券管理机关,并及时通过证券主管部门指定的媒体通告社会公众。

4. 在任何公共传播媒介出现的消息可能对本公司股票的市场价格产生误导性影响时,本公司知悉后将及时对消息予以澄清。

5. 本公司董事、监事及高级管理人员将听取社会公众的意见和批评,不利用已获得的内幕消息和其他不正当手段直接或间接从事股票买卖活动。

6. 本公司没有无记录负债。

十一、重要事项揭示

1. 本公司本次向社会公开发行人民币普通股5,700万股,其中570万股向公司职工配售,本次上市流通股份5,130万股,公司职工股570万股按规定在本公司股票上市之日起满半年后方可上市流通。

2. 截止上市公告书刊登之日,本公司未涉及任何重大诉讼事项和仲裁,也无任何尚未了结或可能面临的重大诉讼或索赔要求。

十二、咨询机构

1. 上市公司:中国长城计算机深圳股份有限公司
法定代表人:王之
地址:深圳市南山区科技园长城计算机大厦
电话:(0755)6639745
联系人:张百顺

2. 上市推荐人:中信证券有限责任公司
法定代表人:常振明
地址:北京市朝阳区新源南路6号京城大厦
电话:(010)64661040 (0755)2254752
联系人:曾劲松、吴江、谭燕

海南港澳国际信托投资有限公司
法定代表人:李耀祺
地址:海南省海口市滨河新村588号
电话:(0898)8513372
联系人:王雪梅

3. 发行人的律师事务所和经办律师
名称:竞天律师事务所
主任:彭学军
地址:北京市朝阳区麦子店西路新恒基大厦323室
电话:010—64671982 传真:010—64673772
经办律师:张绪生、徐跃武

4. 会计师事务所和经办注册会计师
名称:深圳中华会计师事务所
法定代表人:朱震昌
地址:广东省深圳市深南中路爱华大厦十六层
电话:0755—3210036转135/138 传真:0755—3350329
经办注册会计师:徐林文、刘加荣

5. 资产评估机构与经办评估人员
名称:中华财务会计咨询公司
法定代表人:盛焕德
地址:北京市阜城门外大街1号四川大厦东楼9层
电话:010—68364755/0755—3251674 传真:010—68364751/0755—3251672
经办评估人员:傅继军、周军、刘徽

6. 股票登记机构
名称:深圳证券登记有限公司
法定代表人:黄铁军
地址:广东省深圳市红岭中路25号
电话:0755—5567898 传真:0755—5571127

十三、备查文件

1. 深圳证券交易所上市通知书;
2. 中国证监会证监发字[1997]309号、310号文;
3. 电子工业部电子运[1997]236号文;
4. 本公司营业执照;
5. 本公司创立大会决议;
6. 深圳中华会计师事务所出具的审计报告、验资报告;
7. 上市推荐协议;
8. 其它文件。

中国长城计算机深圳股份有限公司
1997年6月23日

表1

合并资产负债表

编制单位:中国长城计算机深圳股份有限公司 单位:人民币元

资产类	1996.12.31	1995.12.31	1994.12.31	资产类	1996.12.31	1995.12.31	1994.12.31
	RMB	RMB	RMB	负债及所有者权益			
流动资产:				流动负债:			
货币资金	90,569,429.72	73,489,839.20	101,966,787.74	短期借款	113,435,816.45	162,356,000.00	105,139,100.00
短期投资	120,000.00	525,378.00	525,378.00	应付帐款	170,230,533.95	61,739,873.64	77,852,216.45
应收票据	10,078,000.00	—	—	预收货款	20,818,114.88	26,491,932.22	7,274,001.95
应收帐款	45,639,378.75	98,361,275.24	54,713,281.47	应付福利费	958,464.31	343,631.39	1,434,831.98
预付货款	7,921,461.55	14,651,003.18	5,984,479.38	未付股利	24,600,000.00		—
其他应收款	28,072,843.21	149,340,569.04	129,450,923.88	未交税金	7,110,586.11	5,009,558.41	2,510,106.12
减:坏帐准备	—	411,764.24	198,043.42	其他未交款	—	2,228,593.33	68,525.40
应收预付款项净额	91,711,683.51	261,941,083.22	189,950,641.31	其他应付款	10,948,867.37	21,547,115.45	61,009,760.13

资产类	1996.12.31	1995.12.31	1994.12.31	资产类	1996.12.31	1995.12.31	1994.12.31
待摊费用	214,846.99	2,344,513.35	10,339,956.99	应付工资	686,046.54	521,720.54	2,906,956.24
存货	176,847,517.86	79,669,419.14	98,803,367.00	预提费用	4,834,088.12	7,300,717.86	5,132,538.00
待处理流动资产损失	—	8,578,524.27	4,700,000.00	流动负债合计	353,622,517.73	287,539,142.84	263,328,036.27
流动资产合计	359,463,478.08	426,548,757.18	406,286,131.04	长期负债:			
长期投资:				长期借款	4,000,000.00	8,600,000.00	6,000,000.00
长期投资	119,933,281.30	44,639,651.09	22,233,214.48	长期负债合计	4,000,000.00	8,600,000.00	6,000,000.00
固定资产:				递延税项	—	—	36,720.80
固定资产原值	44,035,595.19	25,676,230.83	30,573,075.74	负债合计	357,622,517.73	296,139,142.84	269,364,757.07
减:累计折旧	13,096,325.25	13,609,879.28	18,010,270.58	所有者权益:			
固定资产净值	30,939,269.94	12,066,351.55	12,562,805.16	股本	101,550,000.00	73,390,000.00	73,390,000.00
在建工程	1,122,381.22	185,334.42	145,334.42	资本公积金	52,285,892.81	3,762,461.98	4,850,445.88
固定资产合计	32,061,651.16	12,251,685.97	12,708,139.58	盈余公积	—	44,944,174.85	66,056,489.48
无形资产及递延资产				其中:公益金	—	8,283,503.54	6,414,118.13
递延资产	—	731,564.96	479,751.00	未分配利润	—	65,935,879.53	28,045,543.67
无形资产及递延资产合计	—	731,564.96	479,751.00	所有者权益合计	153,835,892.81	188,032,516.36	172,342,479.03
资产总计	511,458,410.54	484,171,659.20	441,707,236.10	负债及所有者权益总计	511,458,410.54	484,171,659.20	441,707,236.10

表2

合并利润及利润分配表

编制单位:中国长城计算机深圳股份有限公司　　　　单位:人民币元

项目	1996	1995	1994
	RMB	RMB	RMB
一、主营业务收入	616,706,970.39	318,910,264.28	233,452,469.67
减:营业成本	546,121,161.41	268,406,649.92	174,341,327.42
销售费用	23,706,707.41	14,859,244.02	6,379,093.58
管理费用	19,496,164.11	17,493,012.01	23,175,641.75
财务费用	15,395,816.71	9,796,092.00	7,038,982.24
营业税金及附加	668,932.09	439,960.89	936,134.26
二、主营业务利润	11,318,188.66	7,915,305.44	21,581,290.42
加:其他业务利润	3,194,574.01	1,659,122.12	572,111.92
三、营业利润	14,512,762.67	9,574,427.56	22,153,402.34
加:投资收益	47,648,087.11	28,066,347.05	(905,721.22)
营业外收入	25,291,208.37	15,568,857.01	8,885,873.07
减:营业外支出	25,169,015.66	6,463,907.19	9,017,474.99
四、利润总额	62,283,042.49	46,745,724.43	21,116,079.20
减:所得税	1,076,460.37	1,553,694.70	2,368,457.37
五、净利润	61,206,582.12	45,192,029.73	18,747,621.83
加:年初未分配利润	65,935,879.53	28,045,543.67	16,884,283.10
六、可分配利润	127,142,461.65	73,237,573.40	35,631,904.93
减:提取法定盈余公积金	5,959,298.45	3,455,311.55	1,731,44.68
提取公益金	10,845,574.94	3,831,382.32	2,454,916.58
七、可供股东分配的利润	110,337,588.26	65,950,879.53	31,445,543.67
减:上交集团利润	108,184,955.91	15,000.00	3,400,000.00
提取任意盈余公积金	2,152,632.35	—	—
八、未分配利润	—	65,935,879.53	28,045,543.67

表3

合并财务状况变动表

编制单位:中国长城计算机深圳股份有限公司　　　　单位:人民币元

流动资金来源和运用	1996年度	1995年度	流动资金各项目的变动		
	RMB	RMB		RMB	RMB
一、流动资金来源					
1. 本年净利润	61,206,582.12	45,192,029.73	一、流动资产本年增加数:		
加:不减少流动资金的费用和损失			货币资金	17,079,590.52	(28,476,948.54)

流动资金来源和运用	1996年度	1995年度	流动资金各项目的变动		
(1)固定资产折旧	3,292,087.48	2,748,631.41	短期投资	(405,378.00)	——
(2)固定资产盘亏(减盘盈)	237,957.00	——	应收票据	10,078,000.00	——
(3)清理固定资产损失(减收益)	134,277.82	(6,923,862.77)	应收帐款	(52,721,896.49)	43,647,993.77
小计	64,871,904.42	41,016,798.37	减:坏帐准备	(411,764.24)	213,720.82
2.其他来源:			预付货款	(6,729,541.63)	8,666,523.80
(1)固定资产清理收入(减清理费用)	1,214,155.26	——	其他应收款	(121,267,725.83)	19,889,645.16
(2)收回长期投资	——	——	待摊费用	(2,129,666.36)	(7,995,443.64)
(3)投资转出固定资产	——	5,896,844.91	存货	97,178,098.72	(19,133,947.86)
(4)减少无形资产	——	——	减:存货变现损失准备	——	——
(5)增加长期借款	——	2,600,000.00	待处理流动资产损失	(8,578,524.27)	3,878,524.27
(6)增加资本公积	48,523,430.83	——	流动资产增加净额	(67,085,279.10)	20,262,626.14
(7)增加盈余公积金	——	——	二、流动负债本年增加数:		
小计	49,737,586.09	8,496,844.91	短期借款	(48,920,183.55)	57,216,900.00
流动资金来源合计	114,609,490.51	49,513,643.28	其他未交款	(2,228,593.33)	2,160,067.93
二、流动资金运用			应付帐款	108,490,660.31	(16,112,342.81)
1.利润分配			应付工资	164,326.00	(2,385,235.70)
(1)所得税	1,076,460.37	1,553,694.70	应交税金	2,101,027.70	2,499,452.29
(2)法定盈余公积金	5,959,298.45	3,455,311.55	应付股利	24,600,000.00	——
(3)公益金	10,845,574.94	3,831,382.32	预收货款	(5,673,817.34)	19,217,930.27
(4)股利	108,184,955.19	15,000.00	其他应付款	(10,598,248.08)	(39,462,644.68)
(5)利润及资本金转股本	20,197,779.84	——	预提费用	(2,466,629.74)	2,168,179.86
小计	146,264,068.79	8,855,388.57	应付福利费	614,832.92	(1,091,200.59)
2.其他运用:			流动负债增加净额	66,083,374.89	24,211,106.57
(1)增加固定资产	21,620,445.50	——	流动资金增加净额	(133,168,653.99)	(3,948,480.43)
(2)增加无形资产及其他资产	——	——			
(3)增加长期投资	75,293,630.21	22,406,436.61			
(4)偿还长期借款	4,600,000.00	——			
(5)减少公积金	——	22,200,298.53			
小计	101,514,075.71	44,606,735.14			
流动资金运用合计	247,778,144.50	53,462,123.71			
流动资金增加净额	(133,168,653.99)	(3,948,480.43)			

深圳赛格中康股份有限公司

深圳赛格中康股份有限公司上市公告书

一、释意

在本上市公告书中,除另有说明以外,下列词语之含义应由以下释义规范。

发起人	指深圳赛格集团公司、深圳赛格股份有限公司、深业腾美有限公司、深圳市赛格储运企业公司、深圳市赛格进出口公司
本公司	指深圳赛格中康股份有限公司
中康公司	指分立前的深圳中康玻璃有限公司
存续公司	指分立后的深圳中康玻璃有限公司
屏	指显像管(显示管)前端显示图像的玻璃屏幕
锥	指显像管(显示管)后端的玻璃锥体,其里面装有电子枪,外面装有偏转线圈等部件

二、绪言

本公告书依据《中华人民共和国公司法》、《股票发行与交易管理暂行条例》、公开发行股票公司信息披露的内容与格式准则第七号《上市公告书的内容与格式(试行)》、《深圳证券交易所业务规则》及国家其它有关证券管理的现行法规、规定编制。本次股票发行经中国证券监督管理委员会证监发字(1997)218号文和证监发字(1997)219号文批准,股票上市申请经深圳证券交易所深证发(1997)224号《上市通知书》审核批准,本次发行股票将于1997年6月11日在深圳证券交易所挂牌交易。

本公司总股本52398.0345万股,可流通股份15000万股。本次上市流通13500万股,均为1997年5月21日向社会公开发行的人民币普通股,公司职工股1500万股预计将于本次发行股票上市半年以后上市。本公司于1997年5月19日在《证券时报》、《中国证券报》和《上海证券报》上刊登了《招股说明书概要》,距今不足6个月,故相同内容不再重复,敬请社会公众查阅《招股说明书概要》。

本公司董事会及各位董事已批准该上市公告书,确信其中不存在任何重大遗漏或者误导,并对其真实性、准确性、完整性负个别及连带责任。

三、公司概况

(一)概况:

1. 公司名称:深圳赛格中康股份有限公司
2. 英文名称:SHENZHEN SEG ZHONGKANG GO., LTD.
3. 注册地址:深圳市福田区梅林工业区
4. 注册资本:人民币523,980,345元
5. 注定代表人:王殿甫
6. 成立日期:1997年6月6日
7. 经营范围:开发、设计、生产、销售彩色显像管、显示管玻璃及其材料、并进行售后服务;电子产品贸易及投资兴办其他实业。

(二)公司历史沿革

本公司是经深圳市人民政府办公厅"深府办函〔1997〕43号"文批准,在中康公司分立的基础上,由深圳赛格集团公司、深圳赛格股份有限公司、深业腾美有限公司、深圳市赛格储运企业公司和深圳市赛格进出口公司共同发起,向社会公开募集股份而设立的股份有限公司。

1997年1月6日,经中康公司第三届董事会第二次会议讨论通过,决定对中康公司进行股份制改组并向社会公开发行股票。1997年1月27日,经电子工业部"电子经[1997]49号"文批准,同意推荐中康公司为电子工业部1996年第三家股票上市企业,1997年1月29日,深圳市证券管理办公室"深证办复[1997]8号"文批准中康公司进行公司上市的筹备工作。1997年2月2日,中康公司三家股东深圳赛格集团公司、深圳赛格股份有限公司、深业腾美有限公司召开股东会议,决定公司分立并设立深圳赛格中康股份有限公司。有关分立的公告已按法律规定分别于1997年2月9日、2月18日、2月21日三次在《深圳特区报》上刊登。

1997年2月2日,深圳赛格集团公司、深圳赛格股份有限公司、深业腾美有限公司、深圳市赛格储运企业公司与深圳市赛格进出口公司召开了发起人会议,形成发起人决议并签署了发起人协议。根据发起人决议和协议,深圳赛格集团公司、深圳赛格股份有限公司、深业腾美有限公司以从中康公司分立出、经评估后的净资产投入本公司,而深圳市赛格储运企业公司、深圳市赛格进出口公司则分别投入人民币570,000元,按65%的折股比例折为发起人股份,并向社会公开募集股份设立本公司。1997年3月12日,本公司与存续公司签定了分立协议。

1997年3月31日,深圳市人民政府办公厅"深府办函[1997]43号"文批准设立本公司。经中国证券监督管理委员会"证监发字[1997]218号"文和"证监发字[1997]219号"文批准,本公司于1997年5月21日向社会公开发行了13500万股社会公众股,同时向公司内部职工发售公司职工股1500万股,每股面值1.00元,每股发行价5.45元。本公司于1997年6月6日召开创立大会宣布设立,并于1997年6月6日在深圳市工商管理局办理了工商注册登记。设立后的股份公司总股本为52398.0345万股,发起人股为37398.0345万股,占71.37%。

(三)中康公司及发起人简介

中康公司是1989年经对外经济贸易部"(89)外经贸资二字第37号"文批准成立、专业生产彩色显像管玻壳的大型中外合资企业,注册资本4,400万美元,法定代表人王殿甫,注册地点为深圳市北环大道梅林工业区。中康公司是国内大型玻壳制造和销售企业之一,并且是该行业中出口量最大的企业。其玻壳项目于1993年12月建成,1995年通过国家验收,为"八五"期间国家重点项目、1990年深圳市十大重点建设项目之一。中康公司现拥有三屏两锥五条生产线,具有年产屏450万只,锥700万只的生产能力,年产值达10亿元。产品除供应国内彩管生产企业外,还约有三分之一销往国外市场。

深圳赛格集团公司是深圳市属国有大型企业集团,组建于1986年,注册资本4676万元,法定代表人王殿甫,注册地点为深圳福田区华强北路赛格科技工业园4栋11层。10年来,深圳赛格集团公司已发展成为以电子信息产业为主体,集制造业、国内外贸易、仓储运输、金融、房地产为一体的综合性外向型企业集团。1996年,深圳赛格集团公司未经扣除少数股东权益以前的营业额和税后利润分别为38亿元、3.5亿元,净资产达18亿元。近3年来,深圳赛格集团公司连续在全国电子工业"百强"评比中位列前10名;1995年,在全国500家最大工业企业中排名第127位;1996年,被列为全国300家重点企业之一、深圳市6家2000年销售额超百亿大型企业集团之一。

深圳赛格股份有限公司是经深圳市人民政府办公厅"深府办函[1996]32号"文批准,由深圳赛格集团公司所属8家全资、控股及联营公司中的权益进行重组并公开发行A、B股的上市公司。其B股和A股分别于1996年7月及12月在深圳市证券交易所上市,截止1996年12月31日,公司注册资本30,960万元,法定代表人王殿甫,注册地点为深圳市福田区华强北路宝华科技大厦16层。

深业腾美有限公司是深圳市人民政府在香港经贸业务代表机构和窗口企业——深业(集团)有限公司的全资子公司,1994 年 5 月在香港注册成立,注册证书编号为 478539,其主要业务是在香港及海外市场融资,并代表深业(集团)有限公司进行项目投资及参与项目的管理。

深圳市赛格储运企业公司是深圳赛格股份有限公司的全资子公司,注册资本 500 万元,注册时间为 1989 年 8 月,主营香港、深圳至全国各地的涉外运输和保税仓储业务。

深圳市赛格进出口公司是深圳赛格集团公司全资子公司,成立于 1986 年 6 月,注册资本 1236 万元,主要经营进出口贸易,是以经营电子类产品为主的外贸企业。本公司部分产品通过深圳市赛格进出口公司销往海外。

四、股票发行及承销

1. 股票公开发行

社会公众股发行数量:15,000 万股

公司职工股: 1,500 万股

发行价格: 5.45 元/股

募集资金总额: 81,750 万元

发行方式: 上网定价发行

配售比例: 1.907255%

持 1000 股以上的户数:6194 户(另公司职工持股 1000 股以上的户数有 2984 户)

发行费用总额: 2,400 万股

每股发行费用: 0.16 元

发行市盈率: 13.9 倍

2. 股票承销

本次发行为超额认购,无余额由承销团包销。

3. 验资报告

根据深中华会计师事务所股验报字[1997]第 D009 号验资报告,截至 1997 年 6 月 4 日止,本公司已收到各股东投入的资本为人民币 1,368,854,377.00 元,其中发行人投入的资本为人民币 575,345,377.00 元,向社会募集的资本为人民币 793,500,000.00 元(已扣除发行费用人民币 24,000,000.00 元),投入资本中包括股本人民币 523,980,345.00 元,资本公积人民币 844,874,032.00 元。

五、董事、监事及高级管理人员持股情况

姓名	职务	持股数(股)	持股比例
王殿甫	董事长	16800	0.0032%
靳海涛	副董事长	10000	0.0019%
董英杰	副董事长	10000	0.0019%
陈留成	董事总经理	15000	0.0029%
霍云鹏	董事副总经理	10000	0.0019%
王敏	董事	6800	0.0013%
彭启智	董事	6800	0.0013%
李力夫	监事会主席	6800	0.0013%
陈灵	监事	5800	0.0011%
罗道义	监事	5800	0.0011%
张金堂	监事	5800	0.0011%
王一民	监事	5800	0.0011%
王科夫	董事会秘书	5000	0.0010%
张文辉	财务主管	5000	0.0010%
合计		15400	0.02%

六、公司设立

1. 本公司于 1997 年 6 月 6 日召开了创立大会,审议并通过了本次发行的 15,000 万股(其中包括 1500 万股内部职工股)A 股股票在深圳证券交易所上市交易的决议。

2. 公司注册资金:人民币 523,980,345

3. 公司注册时间:1997 年 6 月 6 日

4. 公司注册地点:深圳市福田区梅林工业区

5. 营业执注册号码:27934648-9

七、关联企业及关联交易

1. 关联企业

本公司发起人及关联企业为深圳赛格集团公司、深圳赛格股份有限公司、深业腾美有限公司、深圳市赛格储运企业公司、深圳市赛格进出口公司、存续公司和深圳赛格日立彩色显示器件有限公司。

存续公司是中康公司分立后存续的公司。根据中康公司分立协议,中康公司土地使用权、工业厂房、职工住宅及动力、工装部门、后勤保障系统等所涉资产及相关负债和所有者权益留在存续公司。本公司所使用的上述资产,由本公司向存续公司有偿租赁使用。存续公司将继续使用深圳中康玻璃有限公司名称。

深圳赛格日立彩色显示器件有限公司是由深圳赛格中电显示器件公司(深圳赛格股份有限公司拥有其 60% 的权益)与日本国株式会社日立制作所合资兴建的大型企业,主要生产 21″HS 彩管。本公司生产的 21″HS 彩色显像管玻壳的约 50% 供应深圳赛格日立彩色显示器件有限公司,占深圳赛格日立彩色显示器件有限公司彩色显像管玻壳需求量的 80% 左右。

2. 关联交易

本公司关联交易包括:本公司向存续公司有偿租赁使用生产经营和职工生活所需的土地使用权、生产经营使用的工业厂房、职工住房、动力供应、工装模夹具、厂区道路、厂区绿化、后勤服务等;本公司向深圳赛格日立彩色显示器件有限公司销售彩色显像管玻壳;本公司通过深圳市赛格进出口公司向海外销售彩色显像管玻壳。对上述关联交易,本公司已与上述公司按市场公平原则进行,是等价有偿性质的,且签订了相关的协议,并不违背法律、法规的禁止性规定。而且上述关联交易不防碍本公司的正常业务活动,不存在损害本公司股东合法权益的情况,同时也不影响本公司重大合同条款及其履行的可能性。

八、股本结构及大股东持股情况

1. 本次发行股票上市前的股本结构

股本类别	股数(股)	占总股本比例(%)
尚未流通股份		
国有法人持股	149,295,739	28.49
法人持股	112,712,803	21.51
外资持股	111,971,803	21.37
可流通股份		
社会公众持股	150,000,000	28.63
其中:公司职工持股	15,000,000	2.86
合计	523,980,345	100.00

2. 本公司前十名股东所持股数及比例

股东名称	持股数(股)	持股比例(%)
深圳赛格集团公司	149,295,739	28.493
深圳赛格股份有限公司	111,971,803	21.369
深业腾美有限公司	111,971,803	21.369
深圳市赛格储运企业公司	370,500	0.071
深圳市赛格进出口公司	370,500	0.071
王殿甫	16,800	0.003
陈留成	15,000	0.003
靳海涛	10,000	0.002
董英杰	10,000	0.002
霍云鹏	10,000	0.002

九、公司财务会计资料

(一)审计报告(深圳中华会计师事务所股审报字[1997]第 D001 号)

深圳赛格中康股份有限公司筹备委员会：

我所接受委托，审计了贵公司1994年12月31日、1995年12月31日和1996年12月31日资产负债表与分别截至上述日期为止1994年度、1995年度和1996年度利润表和1996年度的财务状况变动表，这些会计报表由贵公司负责，我们的责任是对这些会计报表发表审计意见，我们的审计是依据中国注册会计师独立审计准则进行的，在审计过程中，我们结合贵公司实际情况，实施了包括抽查会计记录等我们认为必要的审计程序。

我们认为，上述会计报表符合《企业会计准则》和《股份制试点企业会计制度》的有关规定，在所有重大方面，公允地反映了贵公司1994年12月31日，1995年12月31日及1996年12月31日的财务状况和1994年度、1995年度、1996年度的经营成果及1996年度的资金变动情况，会计处理方法的选用遵循了一贯性原则。

深圳中华会计师事务所　　中国注册会计师　朱子武

中国注册会计师　郑有怀

中国　深圳　　1997年4月5日

(二)财务报表

1. 资产负债表(附后)

2. 利润表(附后)

3. 财务状况变动表(附后)

(三)会计报表模拟编制说明

本会计报表3年经营业绩是假设本公司(筹)在原深圳中康玻璃有限公司(见上述说明)成立之日起就进行资产重组即现有的资产、负债结构在整个审核期间就存在的基础上进行计算。重组的原则与公司主营生产密切相关的经营性资产、负债组成本公司(筹)，将房屋建筑物，动力车间、模具车间以及这三类资产有密切关系的成本费用、存货、无形资产之土地使用权和相应的往来、借款等留存在新的深圳中康玻璃有限公司*["新中康"]。新中康将房屋建筑物以租赁方式向本公司(筹)提供服务，并收取租赁费；以其动力车间和模具车间为本公司(筹)提供服务，并按电费、油气费用及另加5%附加费方式向本公司(筹)收取费用。资产净值反映本公司(筹)1996年12月31日结算日以假设现有架构于当日经已存在的情况下的资产与负债。

本公司报表已根据中咨资产评估事务所资产评估报告对相关的资产进行了调整。资产增值部分已进入资本公积金。

(四)重要会计政策

1)本公司会计报表根据上述(三)之基准采用中华人民共和国《股份制试点企业会计制度》而编制的。

2)会计期间

本公司采用公历年度为会计期间，即自1月1日至12月31日为一个会计年度。

3)记帐原则和计价基础

本公司采用权责发生制为记帐原则，资产计价以历史成本为计价基础。

4)外币换算

本公司以人民币为记帐本位币，会计年度涉及外币的经济业务，采用月初深圳特区外汇交易中心市场汇率记帐，月末按当日的市场汇率进行调整，汇兑损益列入本年损益。

5)存货计价

各类存货的购入与入库按计划成本计价，发出按计划成本计价，并分摊材料成本差异，低值易耗品领用按一次摊销法摊销。

各类存货盘盈、盘亏、报废转入管理费用。

6)长期投资核算方法

对被投资公司的持股在20%以上的长期投资按权益法核算，在20%以下的长期投资，按成本法核算。

7)固定资产计价及其折旧方法

a. 固定资产按实际成本计价。

b. 固定资产折旧采用直线法平均计算，并按各类固定资产的原值和估计的使用年限扣除残值(原值的10%)制定其折旧率，分类及折旧率如下：

资产类别	使用年限	年折旧率
机器设备	12年	7.5%
电子设备	5年	18%
运输工具	5年	18%
其他设备	5年	18%

8)无形资产及递延资产摊销

a. 专有技术按5年摊销

b. 开办费按10年摊销

c. 水电贴费按10年摊销

9)收入实现条件：

商品销售，以商品已经发出，商品所有权转移买方，收到货款或取得收取货款的证据时，作为营业收入实现。

10)产品成本计算方法

产品成本以品种为核算对象，直接材料、直接人工成本，按成本对象归集，间接费用通过"制造费用"帐户归集，然后以机时与产量为标准，分配到各成本对象中去。期间费用全部列入当年损益。

11)税项

本公司的产品及商品销售适用增值税，税率17%；附加的城建税依流转税计征1%。根据深圳市有关规定，本公司免交教育附加费；

本公司为在深圳市设立的公司，所得税率适用15%；本公司是在中康公司基础上分立而成的，根据"[1997]深地税福证字第034号"文规定，可获"二免六减半"征收所得税之优惠，至1996年12月31日，中康公司仍处于免税期，故本公司至1996年12月31日止相关会计期间沿袭中康公司的所得税优惠免交所得税。

12)坏帐准备

按年末应收帐款余额的1%提取，截至1996年12月31日基准日，本公司的资产经北京中咨资产评估事务所["中咨所"]进行评估，重新计提坏帐准备，本会计报表已根据中咨所评估结果对此作出了相应的调整。

(五)主要财务指标

项　目	1996年	1995年	1994年
流动比率	207%	173%	77%
速动比率	147%	125%	37%
资产负债率	69.23%	79%	91.32%
应收帐款周转率	638%	1183%	941%
存货周转率	295.06%	323.56%	127.09%
净资产收益率	35.78%	60.98%	3.98%
每股净利	0.55元	0.61元	0.02元

十、董事会上市承诺

本董事会将严格遵守《公司法》、《股票发行与交易管理暂行条例》、《公开发行股票公司信息披露实施细则》、《深圳证券交易所业务规则》和国家有关法律、法规的规定，并自股票上市之日起作出如下承诺：

1. 按照法律、法规的规定程序和要求披露重大的信息，并接受证券主管机关、深圳证券交易所的监督管理。

2. 及时、真实、准确地公布中期报告和年度报告、并备置于规定场所供投资者公众查阅

3. 本公司董事、监事及高级管理人员如发生人事变动或持本公司股票发生变化时，在报告证券主管机关、证券交易所的同时向投资者公布。

4. 在任何公共传播媒介中出现的消息可能对本公司股票的市场价格产生误导性影响时，本公司知悉后将及时对该消息予以公开澄清。

5. 本公司董事、监事及高级管理人员将认真听取社会公众的意见和批评，不利用已获得的内幕消息和其他不正当手段直接或间接从事股票

买卖活动。

6. 本公司没有无记录负债。

十一、重要事项揭示

1. 根据深圳中华会计师事务所出具的"盈阅字[1997]第 D001 号"审核报告,本公司 1997 年税后利润预测为 20,599 万元,每股税后利润 0.392 元。

2. 本公司将在 1998 年上半年首次派发股利。本次股票发行后,新老股东共同享有 1997 年度利润。

3. 截止本公告书刊登之日,本公司不存在任何导致本公司本次发行的股票不能上市的尚未了结的重大诉讼、仲裁或行政处罚,亦不存在可能针对本公司的重大诉讼、仲裁或行政处罚的威胁。

十二、备查文件

1. 深圳证券交易所上市通知书
2. 中国证券监督管理委员会核准本公司发行 A 股的批复
3. 公司注册文件
4. 招股说明书
5. 审计报告
6. 验资报告
7. 资产评估报告
8. 法律意见书

十三、咨询机构

1. 本公司:深圳赛格中康股份有限公司(筹)
法定代表人:王殿甫
地址:广东省深圳市北环大道梅林工业区
电话:(0755)3311988 转 1810
传真:(0755)3310743
联系人:王科夫　张波

2. 上市推荐人:
招银证券公司
法定代表人:李麦秋
地址:广东省深圳市振华路三号深纺大厦 C 座一楼
电话:(0755)3362974
联系人:江涛

深圳国投证券有限公司
法定代表人:叶连捷
地址:广东省深圳市红岭中路 7 号国际信托大厦三楼
电话:(0755)5590102
联系人:阮宏来

深圳赛格中康股份有限公司
1997 年 6 月 9 日

资　产　负　债　表

单位:人民币元

资产	1996.12.31	1995.12.31	1994.12.31		1996.12.31	1995.12.31	1994.12.31
流动资产				无形资产及递延资产合计	30,262,096.00	21,798,265.00	24,509,628.00
货币资金	159,224,750.00	208,997,151.00	102,653,906.00	资产总计	1,867,675,511.00	1,751,225,655.00	1,677,548,955.00
应收票据	223,237,376.00	——	——	负债及股东权益			
应收帐款	148,911,274.00	128,305,348.00	34,004,199.00	流动负债			
减:坏帐准备	852,074.00	1,283,053.00	1,805,961.00	短期借款	137,000,000.00	100,000,000.00	100,000,000.00
应收帐款净额	148,059,200.00	127,022,295.00	32,198,238.00	应付票据	54,310,069.00	——	——
预付货款	14,098,341.00	14,053,840.00	19,128,247.00	应付帐款	78,558,350.00	53,266,835.00	83,050,296.00
其他应收款	42,708,593.00	76,431,721.00	46,640,827.00	未交税金	737,666.00	14,677,984.00	(12,889,655.00)
待摊费用	——	4,421,102.00	——	其他应付款	8,390,110.00	177,423,043.00	355,773,113.00
存货	238,878,588.00	167,886,445.00	219,610,585.00	预提费用	511,000.00	181,323.00	9,253,619.00
流动资产合计	826,206,848.00	598,812,554.00	420,231,803.00	预收货款	——	——	10,667,991.00
长期投资:				一年内到期的长期负债	119,714,323.00	——	——
长期投资	600,000.00	600,000.00	800,000.00	流动负债合计	399,221,518.00	345,549,185.00	545,855,364.00
固定资产				长期负债			
固定资产原值	1,422,608,545.00	1,324,519,699.00	1,314,372,621.00	长期借款	894,239,616.00	1,032,587,409.00	986,117,202.00
减:累计折旧	426,944,067.00	200,359,653.00	86,641,528.00	负债合计	1,293,461,134.00	1,378,136,594.00	1,531,972,566.00
固定资产净值	995,664,478.00	1,124,160,046.00	1,227,731,093.00	股东权益			
在建工程	14,942,089.00	5,854,790.00	4,276,431.00	股本	373,239,345.00	139,772,400.00	139,772,400.00
固定资产合计	1,010,606,567.00	1,130,014,836.00	1,232,007,524.00	资本公积	200,975,032.00	——	——
无形资产及递延资产				未分配利润	——	233,316,661.00	5,803,989.00
无形资产	7,760,000.00	——	——	股东权益合计	574,214,377.00	373,089,061.00	145,576,389.00
递延资产	22,502,096.00	21,798,265.00	24,509,628.00	负债及股东权益合计	1,867,675,511.00	1,751,225,655.00	1,677,548,955.00

利　润　表

单位:人民币元

	1996 年度	1995 年度	1994 年度		1996 年度	1995 年度	1994 年度
一、主营业务收入	877,505,551.00	941,647,791.00	303,021,463.00	三、营业利润	176,335,312.00	188,619,832.00	(6,125,462.00)
减:营业成本	600,110,120.00	626,890,878.00	279,115,200.00	加:投资收益	——	——	200,000.00
销售费用	9,077,876.00	4,984,496.00	2,171,361.00	营业外收入	68,895,531.00	55,020,091.00	20,755,856.00
财务费用	60,207,097.00	65,566,608.00	14,212,581.00	减:营业外支出	39,772,472.00	16,127,251.00	9,026,405.00

	1996年度	1995年度	1994年度		1996年度	1995年度	1994年度
管理费用	31,501,567.00	55,514,722.00	13,832,098.0	四、利润总额	205,458,371.00	227,512,672.00	5,803,989.00
营业税金及附加	273,579.00	81,255.00	—	五、所得税	—	—	—
二、主营业务利润	176,335,312.00	188,609,832.00	(6,309,777.00)	六、净利润	205,458,371.00	227,512,672.00	5,803,989.00
加:其他业务利润	—	10,000.00	184,315.00				

财务状况变动表数据

单位:人民币元

一、流动资金来源		流动资金增加净额	173,721,961.00
1. 本年净利润	205,458,371.00	流动资金各项目的变动	
加:不减少流动资金的费用和损失		一、流动资产本年增加数	
(1)固定资产折旧	226,584,413.00	1. 货币资金	(49,772,401.00)
(2)无形资产及递延资产摊销	2,669,175.00	2. 应收票据	223,237,376.00
小　计	434,711,959.00	3. 应收帐款净额	21,036,905.00
2. 其他来源		4. 预付帐款	44,501.00
(1)增加资本	233,466,945.00	5. 其他应收款	(33,723,128.00)
(2)增加资本公积	200,975,032.00	6. 待摊费用	(4,421,102.00)
小　计	434,441,977.00	7. 存货	70,992,143.00
流动资金来源合计	869,153,936.00	流动资产增加净额	227,394,294.00
二、流动资金运用		二、流动负债本年增加数	
1. 利润分配		1. 短期借款	37,000,000.00
(1)利润增资	233,466,945.00	2. 应付票据	54,310,069.00
(2)利润转资本公积	205,308,087.00	3. 应付帐款	25,291,515.00
小　计	438,775,032.00	4. 预收帐款	
2. 其他运用		5. 未交税金	(13,940,318.00)
(1)固定资产和在建工程净增加额	107,176,144.00	6. 其他应付款	(169,032,933.00)
(2)增加无形资产、递延资产及其他资产	11,133,006.00	7. 预提费用	329,677.00
(3)减少长期借款	138,347,793.00	8. 一年内到期的长期负债	119,714,323.00
小　计	256,656,943.00	流动负债增加净额	53,672,333.00
流动资金运用合计	695,431,975.00	流动资金增加净额	173,721,961.00

唐山冀东水泥股份有限公司

1996年年度报告摘要　(摘选)

一、公司简况

公司名称：唐山冀东水泥股份有限公司

法人代表：杜金弘　　邮政编码：063031

公司地址：河北省唐山市新区林荫路

电话：(0315)3244005　　传真：(0315)3244005

二、主要财务数据与财务指标

指标项目	本年数	上年数	比上年增减(%)
1.主营业务收入(元)	457,604,672.61	415,123,123.39	10.23
2.净利润(元)	162,486,611.69	150,432,869.59	8.01
3.总资产(元)	1,895,597,253.71	1,241,887,389.36	52.64
4.股东权益(元)	1,053,612,639.00	579,354,661.73	81.86
5.每股收益(元)	0.406	0.44	-7.73
6.每股净资产(元)	2.63	1.70	54.71
7.净资产收益率(%)	15.42	25.97	-40.62
8.股东权益比率(%)	55.58	46.65	19.14

注：扣除新股申购冻结资金利息转入财务费用部分576,217元后，公司1996年度各项财务数据和财务指标为：

指标项目	本年数	上年数	比上年增减(%)
1.净利润(元)	161,996,827.24	150,432,869.59	7.69
2.总资产(元)	1,895,597,253.71	1,241,887,389.36	52.64
3.股东权益(元)	1,052,724,791.55	579,354,661.73	81.71
4.每股收益(元)	0.405	0.44	-7.95
5.每股净资产(元)	2.63	1.70	54.71
6.净资产收益率(%)	15.39	25.97	-40.74
7.股东权益比率(%)	55.54	46.65	19.06

三、公司主要业务回顾

1. 一年来经营情况

1996年是冀东水泥发展史上成效卓著、发展最快、取得重大突破的一年。主要经济技术指标创历史最好水平；冀东水泥6000万A股发行上市成功；第二条生产线提前实现点火、投料；各项工作都取得优异成绩。尤其是7月26日江总书记亲临公司视察，给予了全体员工极大的鼓舞和鞭策。公司为国内生产规模最大的水泥企业；产品质量、回转窑运转率率先达到国际先进水平；经济效益在国内同行业名列前茅；被誉为"中国水泥工业的排头兵"和"中国水泥生产大王"。

公司主要生产和销售"盾石牌"525R硅酸盐水泥，1996年全年生产熟料145.2万吨，比上年提高5.17万吨；回转窑运转率达到94.97%，比上年提高2.7个百分点；销售水泥、熟料153万吨，比上年增加6万吨，其中出口水泥、熟料80.2万吨，出口创汇3223万美元；实现净利润16,248.66万元，比上年增长1205.37万元。

经过一年的努力，水泥出口有了新的突破，现已发展到与10多个国家和地区的20多家较为知名的贸易公司建立了贸易关系，并获得了马来西亚进口水泥免检证书，产品的市场覆盖面有了明显扩大，产销率保持100%。

产品质量通过了IS09000国际标准质量认证复查，产品合格率始终保持100%，被河北省列为免检产品，公司在国内同行业规模、效益、质量、技术均居领先地位。

1996年对原煤采样系统、煤粉供给系统等14个项目进行了技术开发、改造，并投入使用，为提高设备的运行质量和经济效益起到了重要作用。其中，煤粉供给系统改造项目的完成，年均可提高熟料产量8000吨—10000吨，并且降低了燃料消耗，减少了粉尘污染。

2. 公司财务状况说明

截至1996年12月31日，公司资产总额达到189559.73万元，较上年同期的124188.74万元增长65370.99万元，其主要原因是：货币资金32344.48万元，较上年同期12443.74万元增长19900.74万元；预付货款2392.10万元，较上年同期1327.81万元增长1064.29万元；存货5935.32万元，较上年同期4147.67万元增长1787.65万元；长期投资1288.93万元，较上年同期1.38万元增长1287.55万元，其主要是公司与香港昌兴行商品代理有限公司合资组建了"唐山冀昌塑料制品有限公司"；在建工程94947.85万元，较上年同期52055.80万元增长42892.05万元，其主要是第二条生产线建设资金的投入。

长期负债44446.70万元，较上年同期23434.05万元增长21012.65万元，其主要原因是长期借款42800万元，较去年同期21900万元增长20900万元，为第二条生产线建设资金贷款。

截止1996年12月31日，公司股东权益105361.26万元，较上年同期的57935.47万元增长47425.79万元，其主要原因是发行公众股筹资31030万元；另外，本年度净利润16248.66万元，提取法定公积金、公益金及任意盈余公积金后暂不分配。

3. 对前次募集资金的运用情况说明

1996年5月30日，我公司6000万A股上网定价发行，募集资金31030万元，按照招股说明书规定的用途，全部用于二线建设，并保证了其它配套资金的及时到位。

公司第二条生产线是日产4000吨水泥熟料的国产化设备示范线，1994年11月27日正式开工，计划合理工期为两年。在各级领导的关怀和有关部门的大力支持下，建设、施工、设计等单位通力合作、联合作战，大大加快了工程进度，于7月26日江总书记来公司视察之时，水泥窑点火一次成功，比计划合理工期提前四个月。目前二线水泥窑已能够在额定负荷80%的情况下实现较长时间连续稳定运转。

第二条生产线扩建工程概算总投资为132876.51万元，截至1996年12月31日完成投资94397.7万元，占总投资的71.04%，工程进度为90%。

四、股本变化及股本结构情况

1. 股权结构

填报日期：截至1996年12月31日

数量单位：股　每股面值：1元

股份类别	期初数	本次变动增减(+,-)	期末数
一、尚未流通股份			
1.发起人股份	318398600		318398600
其中：国家拥有股份	318398600		318398600
2.募集法人股	13629600		13629600
3.内部职工股	7971800		7971800
尚未流通股份合计：	340000000		340000000
二、已流通股份			
1.境内上市的人民币普通股		60000000	60000000
已流通股份合计		60000000	60000000
三、股份总数	340000000	60000000	400000000

上述股权结构变动的原因为公司1996年5月30日公开发行公众股票60000000股；截至1997年1月31日，本公司发起人股东河北省冀东水泥集团有限责任公司与76家法人股东发生股权协议转让行为，使本公司股权结构发生如下变化：

数量单位：股　　每股面值：1元

股份类别	期初数	本次变动增减(+,-)	期末数
一、尚未流通股份			
1.发起人股份	318398600	10443900	328842500
其中：国家拥有股份	318398600	10443900	328842500
2.募集法人股	13629600	-10443900	3185700
3.内部职工股	7971800		7971800
尚未流通股份合计	340000000		3400000000
二、已流通股份			
1.境内上市的人民币普通股	60000000		60000000
已流通股份合计	60000000		60000000
三、股份总数	400000000		400000000

(2)截至1996年12月31日，公司前十名股东持股情况

股东名称	持股数(股)	占总股本比例(%)
1.河北省冀东水泥集团有限责任公司(国家股)	318398600	79.60
2.唐山市新区第一运输公司	7400600	1.85
3.周志红	1626200	0.41
4.张祝秀	1565000	0.39
5.陈庚如	1102632	0.28
6.刘赛月	1009510	0.25
7.张金环	830000	0.21
8.上海港伟国际贸易有限公司	623370	0.16
9.罗林勇	513600	0.13
10.北京思华经贸有限责任公司	511100	0.13

(3)股东数量

截至1996年12月31日止，本公司股东总数为30579人，其中国家股股东1人，社会法人股股东128人，个人股东30450人(含内部职工股股东2478人)。

宜春工程机械股份有限公司

1996年年度报告摘要（精选）

一、公司简况

公司名称：宜春工程机械股份有限公司

法人代表：李惕安　　　　邮政编码：336000

公司地址：江西省宜春市环城西路1号

电话：0795—3222601－404　　传真：0795—3228407

二、主要财务数据与财务指标

单位：万元

指标项目	本年数	上年数	比上年增减(%)	扣除申购利息收入指标
1.主营业务收入	14,333.31	14,189.09	1.02	14,333.31
2.净利润	1,660.17	835.61	98.68	1,557.75
3.总资产	33,075.93	19,942.76	65.85	33,075.93
4.股东权益	15,509.38	6,435.49	140.99	15,406.97
5.每股收益(元/股)	0.26	0.21	24.38	0.24
6.每股净资产(元)	2.42	1.60	50.88	2.40
7.净资产收益率(%)	10.70	12.98	－17.56	10.11
8.股东权益比率(%)	46.9	32.3	45.3	46.58

三、公司主要业务回顾

1．一年来公司经营情况

1996年，国内银根依然偏紧，固定资产投资规模未能放大，工程机械市场竞争日益激烈，全国装载机行业利润普遍下滑。面临严峻的市场形势，公司董事会紧紧抓住公司股票上市这一契机，率领全体员工奋力拼搏、励精图治、锐意开拓，在稳步发展公司主营业务同时，加强其他业务的投入，并取得较好成绩。1996年，共完成主营业务收入14,333万元，净利润1,660万元，比去年同期增长1.02%和98.68%，每股收益达0.26元，综合经济效益在装载机行业中名列前茅。

2．实际经营成果和盈利预测差异的说明

1996年，公司主营业务收入完成预测目标的68%，原因一是由于市场持续疲软，产销量未能完成计划目标。二是由于装载机市场需求偏向于大吨位机型，而公司主导产品是小吨位机型，募集资金投向的大吨位机型项目目前尚处施工阶段，未能发生效益。净利润完成计划目标的98%是由于公司其他业务收入增加及冻结申购股票资金利息使收入增加。

3．募集资金情况说明

公司1996年6月发行2400万A股，扣除各种费用实际募集资金8790.77万元，并按《招股说明书》中募集资金运用计划投入使用：

1)投入资金1900万元，用于年产300台ZL60轮式装载机技术改造项目。

2)投入资金2000万元，用于提高引进消化产品CY－ZL40E轮式装载机生产能力技术改造项目。

3)投入资金800万元，用于新建测试中心及购置变矩器壳体加工中心技术改造项目。

4)补充流动资金1400万元，其余资金将于1997年继续用于以上项目。

四、股本变化及股本结构情况

1．股本变化及股本结构情况

1)截止1996年12月31日，公司股本结构如下：

数量单位：万股　面值：每股1元

股份类别	期初数	本期增减(＋、－)其他	期末数
一、尚未流通股份			
1．发起人股份	3018		3018
其中：国有法人股	3018		3018
2．募集法人股	900		900
3．内部职工股	100	－100	0
尚未流通股份合计	4018		3918
二、已流通股份			
境内上市的人民币普通股	0	2500	2500
已流通股合计	0	2500	2500
三、股份总数	4018	2400	6418

2)股本变动情况及原因

公司于1996年6月向社会公开发行2400万A股，100万内部职工股按有关规定占额度同时上市交易。公司于1996年12月22日召开临时股东大会，会议审议通过用资本公积金以10:6比例转增股份方案，由于股权登记日定于1997年1月9日，因此，转增股份未计入1996年末总股本。

3)主要股东持股情况如下：

股东名称	持股数(股)	占总股本(%)
1)宜春工程机械集团公司	30180000	47.02
2)宜春工程机械厂劳动服务公司	3992700	6.22
3)宜春工程机械油箱厂	585000	0.91
4)宜春工程机械配件厂	583600	0.91
5)江西省分宜驱动桥厂	535000	0.83
6)福州铁路工程总公司第二工程段	455000	0.71
7)宜春齿轮厂	320000	0.50
8)米维江	315367	0.49
9)宜春地区工程机械附件厂	258700	0.40
10)工行江西省信托公司宜春办事处	250000	0.39

4)股东数量

截止1996年12月31日，公司股东人数15629户。

珠海鑫光集团股份有限公司

1996 年年度报告摘要 （摘选）

一、公司简况

公司名称：珠海鑫光集团股份有限公司

法人代表：张　健　　　　　　邮政编码：519015

公司地址：广东省珠海市吉大海洲路金苑大厦

电话：0756—3338333－8962、8967　传真：0756—3338123

二、主要财务数据与财务指标

单位：万元

指　标　项　目	1996 年	1995 年	比上年增长(%)
1.主营业务收入	59423	55563	6.95
2.净利润	6568	4414	48.78
3.总资产	116000	95205	21.84
4.股东权益	51378	37026	38.76
5.每股收益(元)	0.306	0.231	32.36
6.每股净资产(元)	2.39	1.94	23.44
7.净资产收益率(%)	12.79	11.92	7.30
8.股东权益比率(%)	44.29	38.89	13.88

注：扣除股票发行利息收入后，主营业务收入为 59423 万元，净利润 6431 万元，总资产 115839 万元，股东权益 51241 万元，每股收益 0.30 元，每股净资产 2.39 元，净资产收益率 12.55%，股东权益比率为 44.23%。

三、公司主要业务回顾

1．一年来经营情况

本公司主要从事有色金属、五金矿产品的国内外贸易和铝业生产经营。1996 年，公司完成主营业务收入 59423 万元，实现净利润 6568 万元，年末总资产达 116000 万元，净资产为 51378 万元，净资产收益率为 12.79%，各项指标较 1995 年均有增长。

1996 年，有色金属市场有所滑坡，公司加大五金矿产品经营力度，取得成效。莹石中标五万吨，矾土中标二万吨，焦炭出口八万吨，氧化铝内销二万吨，碳酸稀土出口 1510 吨，此外，还协助生产企业联合开发新型汽车轴承，全年完成贸易销售收入 14886 万元，比上年增长三成。

全年生产铝锭 35720 吨，其他铝制品 5452 吨，阳极糊 4564 吨，铝锭产量比 1995 年增长 2643 吨。完成铝业销售收入 44537 万元，比上年略有增加。针对产品降价、电费上涨，开展学邯钢活动，全年节约成本 1500 多万元，节电 2100 万度。

1.5 万吨电解铝扩建项目基本竣工投产，具备五万吨生产规模，阳极糊新线扩建完成，具备年产一万二千吨生产能力，自备电厂首期五万千瓦项目已开工，97 年可初步形成煤电铝联产雏型。

2．主营业务收入，净利润实际完成情况

1996 年公司主营业务收入 59423 万元，较上年增加 3860 万元，增长 6.95%，实现净利润 6568 万元，较上年增加 2154 万元；增长 48.78%。净利润较盈利预测增长 921 万元，主要是投资收益增加及所得税减少所致。

3．前次募集资金使用情况说明

公司于 1996 年 6 月发行 A 股，扣除发行费用后实际募集资金 7946 万元，全部用于 1.5 万吨电解铝扩建项目。该项目预算投资 1.468 亿元，年底实际投入 1.2 亿元，已有 80 台电解槽投产运行。

四、股本变化及股本结构情况

1．股本变化及股本结构情况

	期初数	本年增减	期末数
(一)、尚未流通股份			
发起人股	73,627,934		73,627,934
境内法人持有股份	87,391,939		87,391,939
内部职工股	30,000,000	－30,000,000	0
合　计	191,019,873	－30,000,000	161,019,873
(二)、已流通股份			
境内上市的人民币普通股	0	＋53,700,000	53,700,000
已流通股份合计	0	＋53,700,000	53,700,000
(三)、股份总数	191,019,873	＋23,700,000	214,719,873

2．股本变动情况及原因

公司于 1996 年 6 月发行 2370 万 A 股，连同 3000 万内部职工股在深圳证券交易所挂牌上市。

3．主要股东持股情况(前十名)

股　东　名　称	年末持股数(股)	占总股本(%)
1)中国有色金属进出口总公司	51,809,763	24.13
2)中国有色金属工业供销运输总公司	38,721,050	18.03
3)青海铝厂	8,595,000	4.00
4)中国有色金属进出口广东公司	7,552,444	3.52
5)珠海经济特区珠光公司	7,552,444	3.52
6)中国远东国际贸易总公司	6,713,283	3.13
7)山西铝厂	3,229,875	1.50
8)铜陵有色金属公司	3,037,500	1.41
9)兰州连城铝厂	3,000,000	1.40
10)中国有色金属工业财务公司	2,300,000	1.07

4．股东数量

1996 年末股东总数 29972 人，其中法人股东 67 人，社会公众股东 29905 人。

胜利油田大明集团股份有限公司

胜利油田大明集团股份有限公司1996年年度报告摘要

一、公司简况

1. 公司名称：胜利油田大明集团股份有限公司

英文名称：SHENGLI OIL FIELD DYNAMIC GROUP CO.,LTD

2. 公司地址：山东省东营市济南路172号大明大厦

邮　编：257000

3. 法人代表：王作然

总　裁：李荣兴

4. 公司咨询服务机构：证券业务部

联系人：王进洲　李玉勤

电　话：0546—8556533

传　真：0546—8558415

二、主要财务数据与财务指标

指标项目	本年数	上年数	比上年增减(%)	扣除新股申购冻结资金利息的指标
1. 主营业务收入(万元)	18766	16199	15.8	18766
2. 净利润(万元)	3236.8	3049.7	6.1	2813.6
3. 总资产(万元)	66329	54845	20.9	65905.8
4. 股东权益(万元)	30261	16962	78.4	29837.8
5. 每股收益(元)(全面摊薄)	0.35	0.64	-45.3	0.30
6. 每股净资产(元)	3.23	3.53	-8.5	3.19
7. 净资产收益率(%)	10.7	17.98	-40.5	9.43
8. 股东权益比率(%)	45.62	30.93	47.5	45.27

三、公司业务回顾

1. 一年来经营情况

1996年，公司以油田为依托，以市场为导向，以效益为中心，狠抓管理，苦练内功，突出主业，整体推进，生产经营和各项工作又取得了新的成绩。全年主营业务收入18766万元，利润总额4212.6万元，净利润3236.8万元，每股盈利0.35元(全面摊薄)。实际经营成果与盈利预测无重大差异。

一年来，公司主要从以下四个方面组织了生产经营：

(1)砍枝强干，加大结构调整力度。年初，公司对所属企业进行了重组，将26个全资和控股子公司合并调整为十大专业公司，使产业、产品和企业组织结构更趋合理，生产要素得到了优化配置，形成了以石油开采为主，建材、化工、电子、机修、商饮、贸易等产业共同发展的经营格局。经过一年的运作，行业化管理、专业化生产、规模化经营的优势已初步显示出来，十大公司的经营实力和竞争能力明显增强。

(2)依托油田，迅速壮大主业实力。1996年，我们进一步发挥油田优势，加大科技投入，强化增油措施，使石油开采业又有了大的进展。全年实现利润2800万元，占公司利润总额的66%。其中桩23区块投入资金8000多万元，新打油井11口，投产油井16口(包括1995年年底完钻的5口油井)，生产原油40396吨；油井修复作业已从陆上油田拓展到了浅海油区，并且修井技术、工作量和增油能力也都有了较大的提高，全年修复油井82口，共增油50000吨。

(3)面向市场，培植新的利润增长点。按照“牢牢站稳油田市场，积极开拓国内市场，奋力跻身国际市场”的经营战略，公司认真组织了新项目的投产运作。其中恒泰公司PVC异型材生产线于6月1日全面投产，当年销售型材650吨，组装塑钢窗4.1万m^2。在油城地区建设速度快、质量好、造价低、档次高的大明大厦自8月8日正式营业以来，运营情况良好。与此同时，我们加大了现有项目的技术改造工作，新开发出了49U/S石英谐振器、CPE彩色高分子防水卷材、金刚石滚轮、磨盘等科技含量高的新产品。通过产品的更新换代，增强了企业的市场竞争能力。

(4)强化管理，提高企业经营水平。公司继续从基础工作入手，针对生产经营的关键环节，认真抓了企业的基础管理工作。制订了生产经营旬度运行会、月度分析会、季度总结会制度，成立经营管理部，增强了公司生产经营运行的组织协调能力。通过抓管理，练内功，使质量管理、成本管理、资金管理、营销管理和合同管理等工作都上了一个新台阶。

2. 募集资金使用情况说明

公司在年内发行1441.9万A股，每股发行价5.98元，募集资金在扣除有关发行费用后为8100万元，按招股说明书的用途，已分期投入五号桩油田桩23区块开发项目。该项目16口新井已全部投产，生产原油40396吨。

四、股本变化及股本结构情况

1.1996年度公司股份变动情况

单位：万股

项目	期初数	本次变动增减(+-) 配股	送股	公积金转股	小计	期末数
一、尚未流通股份						
1. 发起人股份						
其中：国家拥有股份	1443.8			721.9		2165.7
境内法人持有股份	240			120		360
2. 内部职工股	1558.1			779.05		2337.15
尚未流通股份合计	3241.9			1620.95		4862.85
二、已流通股份						
1. 境内上市的人民币普通股	3000			1500		4500
已流通股份合计	3000			1500		4500
三、股份总数	6241.9			3120.95		9362.85

注：本表期初数为新股发行后的股本数，公司新股于1996年6月28日上市。

2. 股本变动原因：

(1)根据证监会复审意见，公司于1996年6月发行1441.9万股新股并与1558.1万内部职工股共计3000万股一并上市。

(2)1996年9月本公司实施用资本公积金转增股本(每10股转增5股)方案后，总股本数由6241.9万股增至期末9362.85万股。

3. 主要股东持股情况(前十名)

股东名称	年末持股数(股)	占总股本(%)
(1)胜利石油管理局	21657000	23.13
(2)胜利石油管理局劳动服务总公司	3000000	3.2
(3)中国银行东营分行中苑劳动服务公司	600000	0.64
(4)李海超	455695	0.46
(5)陆海龙	424773	0.45
(6)杜宪勤	277600	0.30

(7)武党振	254500	0.27
(8)彭梅香	250000	0.27
(9)章　训	207150	0.22
(10)李亚来	200000	0.21

4. 股东数量

截止 1996 年 12 月 31 日公司股东总数为 50139 户,其中:发起人法人 3 户,社会法人 4 户,社会公众数 20892 户,内部职工数 29240 户。

5. 公司董事、监事及高级管理人员持股情况

职务	姓名	年初持股数	年末持股数	变动原因
副董事长、总裁	李荣兴	1600	2400	10 股转增 5 股
董事、副总裁	西景杰	1600	2400	10 股转增 5 股
监事会主席	李宗勤	400	600	10 股转增 5 股
副总裁	崔华	1600	2400	10 股转增 5 股
总会计师	李翠英	400	600	10 股转增 5 股

公司其他董事、监事及高级管理人员均持有零股。

注:李建国先生,原任公司监事、党群部部长,1996 年已离任,由于股东名册统计错误,误在招股说明书中披露其持有公司股票 1000 股,现已获得深圳证券登记核查和确认。

五、重要事项

1. 报告期内股东大会、董事会情况说明

公司第四次股东大会 1996 年 8 月在公司本部召开,到会股东 53 人,代表股份 3442.99 万股,占股本总额的 55.16%。经审议,大会通过了董事会工作报告、监事会工作报告、财务预决算报告、利润暂不分配决议和公积金转增股本决议,通过了新的《公司章程》,并选举产生了第二届董事会和监事会。本次股东大会决议公告刊登于 1996 年 8 月 9 日《证券时报》。

2. 报告期内董事会情况

1996 年 7 月 28 日,公司召开一届四次董事会会议,审议通过了公开发行股票并上市情况的报告和拟提交股东大会表决的财务情况报告,1995 年度利润暂不分配和公积金转增股本的议案。本次董事会决议刊登在 7 月 30 日的《中国证券报》和《证券时报》。

1996 年 8 月 7 日公司召开一届五次董事会,审议通过了关于修改公司章程和推举第二届董事会候选人的议案,8 月 8 日召开了二届一次董事会,选举产生了公司董事长,副董事长、董事会秘书、通过了关于聘任公司高级管理人员的提案。董事会决议刊登在 8 月 9 日的《证券时报》。

3. 公司董事、监事变动情况

经公司一届五次董事会和一届四次监事会提议,第四次股东大会通过,原董事刘晓明、张二林、周永良、洪星照、孙发胜不再担任公司董事职务,增选李树荣为公司董事;原监事李建国、胡福慧、朱大星、牟宝选不再担任监事职务,增选吴正宝、孙仿文、梁淑芳、谭继忠为公司监事。

4. 重大事件简介

1996 年 6 月 12 日,公司以上网定价发行方式向社会公开发行人民币普通股股票 1441.9 万股(公司招股说明书及新股发行公告刊登于 1996 年 6 月 8 日的《中国证券报》和 6 月 10 日的《证券时报》)。

1996 年 6 月 28 日,公司 3000 万股 A 股(包括内部职工股 1558.1 万股)在深交所上市交易(公司上市公告书刊登在 1996 年 6 月 26 日《中国证券报》和《证券时报》),1996 年 9 月 2 日公司在《中国证券报》和《证券时报》刊登《送股公告书》,每 10 股转增 5 股,9 月 10 日为除权日。

5. 重大投资事项

本公司以长期投资形式向山东省资产管理有限公司投入人民币 300 万元,占股权 3.75%,为被投资方的董事单位。

6. 本报告期内公司无重大诉讼及仲裁事项。

7. 子公司及关联企业

企业名称	注册资金(万元)	本公司拥有权益(%)	经营业务
大明石油开发公司	15000	86	石油开采
大明油井特种作业公司	$100	51	油井修复、钻井
大明建材公司	4000	97	建材产品生产
大明电子公司	1000	100	电子元器件生产
大明化工公司	1000	98	油田用化工产品
大明机械修造公司	300	95	石油专用设备制造及维修
大明工程建设公司	1000	98	建筑设计施工
大明服装公司	300	95	服装
大明商饮公司	1000	99	餐饮、娱乐
大明贸易公司	450	100	国内外贸易
蒙阴新马石材公司	6000	42	石材产品

六、财务报告

(一)审计意见

公司财务报告经山东会计师事务所乔安敏、赵毓茂注册会计师审计,并出具无保留意见的(97)鲁会审字第 0109 号审计报告。

(二)财务报表(见附表)

(三)主要会计政策

1. 存货

存货入库按实际成本计价,存货发出根据不同行业分别采用加权平均法、分批实际成本法和先进先出法计价;低值易耗品单价在 200 元以下的采用一次摊销法摊销,超过 200 元的采用五五摊销法摊销。

2. 长期投资

(1)债券投资按成本法核算;

(2)股权投资和联营投资

公司对长期投资占被投资企业权益性资本 20%以下的采用成本法核算;20%—50%的采用权益法核算;50%以上的采用权益法核算并编制合并报表。

3. 税项

(1)增值税:本公司增值税按 17%税率抵扣进项税后计缴;

(2)营业税:按 3%、5%税率计缴;

(3)城市维护建设税:按所缴流转税额的 7%计缴;

(4)教育费附加:按所缴流转税额的 3%计缴;

(5)所得税

本公司所得税率按东营市人民政府东政发[1996]79 号文及山东省人民政府办公厅批文,按 33%所得税率征收,由财政部门返还 18%,实际税率为 15%。在享受所得税减免优惠时,按当地税务机关批准的实际税率计缴。

4. 利润分配

公司所得税后的净利润提取 10%的法定公积金和 10%的公益金后的余额按董事会提出的预分方案进行分配,列入本年度会计报表,待报股东会批准通过后执行。

合并报表

母公司直接或间接拥有半数以上(不包括半数)权益性资本的被投资企业以及母公司虽不持有半数以上的权益性资本,但能被控制的被投资企业纳入合并报表范围。

(四)财务报表附注(单位:人民币元)

1. 应收帐款

1996 年 12 月 31 日,应收帐款余额 81,707,809.06,按 3%提取坏帐准备金 45,123.43,应收帐款净额为 81,462,685.63,其帐龄情况如下:

帐龄	金额	占总额百分比
1 年以内	62,765,432.41	76.82%
1—2 年	15,324,582.33	18.76%
2—3 年	2,738,521.50	3.35%

3年以上	879,272.82	1.07%
合计	81,707,809.06	100%

应收帐款均系应收销货款及服务营业款,无占5%以上关联公司往来。

2. 其他应收款

1996年12月31日,其他应收款余额25,884,075.65,其帐龄情况如下:

帐龄	金额	占总额百分比
1年以内	22,374,029.88	86.44%
1—2年	2,327,614.32	9%
2—3年	1,182,431.45	4.56%
合计	25,884,075.65	100%

其他应收款比上年增加37%,主要系公司增加了内部单位的借款。

3. 长期投资

1996年12月31日长期投资余额65,252,216.36,系联营投资及股权投资、具体项目如下:

被投资公司名称	投资时间	占被投资单位注册资本比例	投资金额
蒙阴新马石材公司	1996.1	42%	24,886,216.36
东胜石油开发公司	1993.4	8.7%	13,000,000.00
海通集团公司	1993.4	16.25%	816,000.00
惠州金山角实业发展公司	1993.4	19.5%	23,550,000.00
山东省资产管理有限公司	1996.8	3.75%	3,000,000.00
合计			65,252,216.36

4. 资本公积

1996年12月31日,资本公积132,289,288.87,其形成过程如下:

1995年12月31日余额	94,580,327.94
1996年6月发行新股溢价形成	71,806,620.00
新股发行费用	-7,478,548.48
有效申购资金利息	105,523.72
用资本公积10:5送股	-31,209,500.00
下属子公司合资资本折算汇差	2,897,745.91
下属子公司联营投资评估增值	1,587,119.78
合计	132,289,288.87

5. 盈余公积

1996年12月31日盈余公积26,403,152.45,其中:

期初余额19,929,503.03;依据公司董事会1996年度分配预案,按10%分别提取法定公积金3,236,824.71;提取公益金3,236,824.71。

1996年度盈余公积期初数已按公司1996年第四次股东会的分配方案进行调整,即将原提取的任意盈余公积金7,117,691.31调入未分配利润。

6. 未分配利润

1996年12月31日,未分配利润50,292,288.96。

其中:1995年12月31日余额24,397,691.31;1996年实现净利润32,368,247.07,按公司董事会分配预案分别提取10%法定盈余公益金3,236,824.71和公益金3,236,824.71,余额为25,894,597.65并入未分配利润。

1996年度未分配利润年初数已按公司1996年第四次股东会的分配方案调整,即将原预案提取的任意盈余公积金7,117,691.31,分配普通股股利17,280,000调回未分配利润。

7. 投资收益

1996年度投资收益4,500,988.02,其明细情况如下:

投资单位名称	投资收益
东胜精攻石油开发有限公司	1,887,007.26
蒙阴石材公司	816,381.49
惠州金山角实业发展公司	634,399.27
海通集团公司	163,200.00
证券投资	1,000,000.00
合计	4,500,988.02

8. 营业外收入

1996年度营业外收入4,841,435.88,其构成情况如下:

无效申购资金利息收入	4,232,237.41
处理废旧物品	239,198.85
处理固定资产收益	207,075.94
赔偿及罚款收入	48,310.70
应付帐款转入	112,612.98
其他	2,000.00

七、其他事项

1997年3月30日公司召开了二届二次董事会,会议审议通过了1996年度利润分配预案,1996年实现净利润3236.8万元。董事会决定按10%提取法定公积金323.68万元,按10%提取公益金323.68万元,剩余未分配利润2589.4万元连同1995年度未分配利润2439.8万元共计5029.2万元结转下一年度。

以上预案须经股东大会审议通过后实施。公司同时定于1997年5月8日在公司大明大厦召开1996年度股东大会。

胜利油田大明集团股份有限公司董事会

1997年4月7日

资产负债表

编制单位:胜利油田大明集团股份有限公司　　1996年12月31日　　单位:人民币元

资产	附注	期初数	期初数	期末数	期末数	负债及股东权益	附注	期初数	期初数	期末数	期末数
		母公司	合并	母公司	合并			母公司	合并	母公司	合并
流动资产:						流动负债:					
货币资金	3	19,491,501.28	29,808,911.56	27,023,147.44	31,947,643.99	短期借款	14	128,290,000.00	138,910,000.00	167,420,000.00	170,020,000.00
短期投资		2,290,339.00	2,290,339.00	41,479,934.71		应付票据					
应收票据						应付帐款	15		53,391,115.51		60,270,477.53
应收帐款	4		63,138,195.24		81,707,809.06	预收帐款	16		2,771,964.96		1,056,014.98
减:坏帐准备			189,414.59		245,123.43	应付福利费		135,680.51	1,840,440.00	275,457.67	1,888,302.12
应收帐款净额			62,948,780.65		81,462,685.63	未付股利		10,618,263.25	10,618,263.25	6,334,307.00	13,175,769.64
预付货款	5	500,000.00	4,270,313.31	1,261,881.70	7,220,733.23	未交税金	17		6,748,555.04		11,342,106.88
其他应收款	6	80,299,170.35	17,978,095.95	228,491,931.35	25,884,075.65	其他未交款			125,403.74		120,081.78
待摊费用	7		1,466,905.73		1,929,138.44	其他应付款	18	675,834.52	5,485,585.40	41,510,028.65	35,113,599.01

资产	附注	期初数	期初数	期末数	期末数
存货	8	6,678.79	64,716,136.04	46,335.94	84,837,761.70
减:存货变现损失准备					
存货净额		6,678.79		46,335.94	84,837,761.70
待处理流动资产净损失					
一年以内到期的长期债券投资					
其他流动资产		1,110,238.00	1,110,238.00		
流动资产合计		103,697,927.42	184,589,720.24	298,303,231.14	233,282,038.64
长期投资:					
长期投资:	9	264,458,522.79	43,976,414.80	252,326,518.58	65,252,216.36
合并价差(合并报表填列)					
固定资产:					
固定资产原价	10	10,892,238.72	151,681,924.41	8,434,179.28	244,252,258.52
减:累计折旧		2,131,930.43	23,249,577.22	2,360,200.40	30,753,134.00
固定资产净值		8,760,308.29	128,432,347.19	6,073,978.88	213,499,124.52
在建工程	11	410,099.30	97,629,112.20		61,023,316.36
固定资产清理					1,068,498.60
待处理固定资产净损失					
固定资产合计		9,170,407.59	226,061,459.39	6,073,978.88	275,590,939.48
无形资产及递延资产					
无形资产	12	20,723,055.60	34,087,375.93	3,609,295.00	39,888,806.74
递延资产	13		59,738,249.91		49,278,343.88
无形资产及递延资产合计		20,723,055.60	93,825,625.84	3,609,295.00	89,167,150.62
其他长期资产					
其他长期资产					
递延税项:					
递延税项借项					
资产总计		398,049,913.40	548,453,220.27	560,313,023.60	663,292,345.10

负债及股东权益	附注	期初数	期初数	期末数	期末数
预提费用			2,320,814.78		1,007,074.50
一年内到期的长期负债	19			3,200,000.00	3,200,000.00
其他流动负债					
流动负债合计		139,719,778.28	222,212,142.68	218,739,793.32	297,193,426.44
长期负债:					
长期借款	20	27,898,280.00	27,898,280.00	18,260,000.00	18,260,000.00
应付债券					
长期应付款	21	43,524,332.84	43,524,332.84	20,700,000.00	20,700,000.00
其他长期负债					
长期负债合计		71,422,612.84	71,422,612.84	38,960,000.00	38,960,000.00
递延税项:					
递延税款贷项					
负债合计		211,142,391.12	293,634,755.52	257,699,793.32	336,153,426.44
少数股东权益(合并报表填列)			67,910,942.47		24,525,688.38
股东权益:					
股本	22	48,000,000.00	48,000,000.00	93,628,500.00	93,628,500.00
资本公积	23	94,580,327.94	94,580,327.94	132,289,288.87	132,289,288.87
盈余公积	24	19,929,503.03	19,929,503.03	26,403,152.45	26,403,152.45
其中:公益金		5,691,012.29	5,691,012.29	8,927,837.00	8,927,837.00
未分配利润(未弥补亏损以"—"号表示)	25	24,397,691.31	24,397,691.31	50,292,288.96	50,292,288.96
外币报表折算差额(合并报表填列)					
股东权益合计		186,907,522.28	186,907,522.28	302,613,230.28	302,613,230.28
负债及股东权益合计		398,049,913.40	548,453,220.27	560,313,023.60	663,292,345.10

利润及利润分配表

编制单位:胜利油田大明集团股份有限公司　　1996年12月31日　　单位:人民币元

项目	附注	上年实际数 母公司	上年实际数 合并	本年实际 母公司	本年实际 合并
一、主营业务收入	26		161,997,292.54		187,662,997.17
减:营业成本			106,361,858.39		11,838,112.35
销售费用			2,448,073.18		6,470,880.04
管理费用			17,679,806.00		26,232,871.38
财务费用	27		3,933,686.68		8,651,651.72
进货费用			612,018.29		
营业税金及附加			2,223,851.18		2,779,579.58
二、主营业务利润(亏损以"—"号表示)			28,737,998.82		31,689,902.10
加:其他业务利润(亏损以"—"号表示)	28		3,597,265.66		2,272,035.97
三、营业利润(亏损以"—"号表示)			32,335,264.48		33,961,938.07
加:投资收益(损失以"—"号表示)	29	30,497,114.13	5,992,586.99	33,368,247.07	4,500,988.02
补贴收入					
营业外收入	30		462,670.75		4,841,435.88
减:营业外支出	31		448,741.69	1,000,000.00	1,178,776.66
加:以前年度损益调整(调整以"—"号表示)					
四、利润总额(亏损以"—"号表示)		30,497,114.13	38,341,780.53	32,368,247.07	42,125,585.31
减:所得税			4,710,123.63		4,625,607.34
减:少数股东损益(合并报表填列)(亏损以"—"号表示)			3,134,542.77		5,131,730.90
五、净利润(亏损以"—"号表示)		30,497,114.13	30,497,114.13	32,368,247.07	32,368,247.07
加:年初未分配利润(未弥补亏损以"—"号表示)				24,397,691.31	24,397,691.31
盈余公积转入数					
六、可分配的利润(亏损以"—"号表示)		30,497,114.13	30,497,114.13	56,765,938.38	56,765,938.38
减:提取法定公积金		3,049,711.41	3,049,711.41	3,236,824.71	3,236,824.71

	附注	上年实际数	上年实际数	本年实际	本年实际
提取法定公益金		3,049,711.41	3,049,711.41	3,236,824.71	2,236,824.71
职工奖金福利					
七、可供股东分配的利润(亏损以"—"号表示)		24,397,691.31	24,397,691.31	50,292,288.96	50,292,288.96
减:已分配优先股股利					
提取任意公积金					
已分配普通股股利					
八、未分配利润(未弥补亏损以"—"号表示)		24,397,691.31	24,397,691.31	50,292,288.96	50,292,288.96

财务状况变动表(1)

编制单位:胜利油田大明集团股份有限公司　　1996 年 12 月 31　　单位:人民币元

流 动资金来源和运用	母公司	合并报表
一. 流动资金来源		
1. 本年净利润(合并报表为合并净利润)	32,368,247.07	32,368,247.07
加:少数股东本期损益(合并报表填列)		5,131,730.90
加:不减少流动资金的费用和损失		
(1)固定资产折旧	486,975.36	8,635,961.87
(2)无形资产,递延资产及其他资产摊销(减其他负债转销)	563,171.21	8,307,502.99
(3)固定资产盘亏(减收益)		
(4)清理固定资产损失(减收益)		-166,202.17
(5)递延税款		
(6)其他不减少流动资金的费用和损失		
小计	33,159,688.25	54,277,240.66
2. 其他来源:		
(1)固定资产清理收入(减清理费用)		3.00
(2)增加长期负债		373,679.92
(3)收回长期投资	30,572,545.77	5,413,884.80
(4)对外投资转出固定资产	27,627,593.07	27,627,593.07
(5)对外投资转出无形资产		
(6)资本净增加额	89,811,110.35	89,811,110.35
(7)少数股东资本净增加额(合并报表填列)		—45,382,442.22
小计	148,011,249.19	77,843,825.92
流动资金来源合计	181,170,937.44	132,121,066.58
流动资金运用:		
1 利润分配:		
(1)提取法定公积金	3,236,824.71	3,236,824.71
(2)提取法定公益金	3,236,824.71	3,236,824.71
(3)提取任意公积金(减:盈余公积转入)		
(4)已分配股利		
(5)职工奖福基金(合并报表中外商投资子公司项目)		
小计	6,473,649.42	6,473,649.42
2 少数股东利润分配(合并报表填列)		5,131,730.90
3 其他运用:		
(1)固定资产和在建工程净增加额	—1,236,829.86	77,637,509.08
(2)增加无形资产,递延资产及其他资产		8,818,319.34
(3)偿还长期负债	32,462,612.84	32,462,612.84
(4)增加长期投资	27,886,216.36	27,886,216.36
小计	59,111,999.34	146,804,657.62
流动资金运用合计		158,410,031.94
外币会计报表折算差额(合并报表填列)		
流动资金增加净额	115,585,288.68	—26,288,965.36

财务状况变动表(2)

编制单位:胜利油田大明集团股份有限公司　　1996年12月31　　单位:人民币元

流动资金各项目的变动	母公司	合并报表
一.流动资产本年增加数:		
1.货币资金	7,531,646.16	2,138,732.43
2.短期投资	39,189,595.71	—2,290,339.00
3.应收票据		
4.应收帐款净额		18,513,904.98
5.预付货款	761,881.70	2,950,419.92
6.其他应收款	148,192,761.00	7,905,979.70
7.待摊费用		462,232.71
8.存货净额	39,657.15	20,121,625.66
9.待处理流动资产净损失		
10.一年内到期的长期债券投资		
11.其他流动资产	—1,110,238.00	—1,110,238.00
流动资产增加净额	194,605,303.72	48,692,318.40
二.流动负债本年增加数:		
1.短期借款	39,130,000.00	31,110,000.00
2.应付票据		
3.应付帐款		6,879,362.02
4.预收货款	275,457.67	—1,715,949.98
5.应付福利费	—135,680.51	47,862.12
6.未付股利	—4,283,956.25	2,557,506.39
7.未交税金	40,834,194.13	4,593,551.84
8.其他未交款		—5,321.96
9.其他应付款		29,628,013.61
10.预提费用		—1,313,740.28
11.一年内到期的长期负债	3,200,000.00	3,200,000.00
12.其他流动负债		
流动负债增加净额	79,020,015.09	74,981,283.76
流动资金增加净额	115,585,288.68	—26,288,965.36

胜利油田大明集团股份有限公司1997年度中期报告

一、财务报告(已经审计)

本财务报告经山东会计师事务所周志济、赵毓茂注册会计师审计,并出具无保留意见的审计报告(鲁会审字(97)第0125号)。

审计报告

(97)鲁会审字第0125号

胜利油田大明集团股份有限公司全体股东:

我们接受委托,对贵公司1997年6月30日的资产负债表、合并资产负债表和1997年1—6月的利润及利润分配表、合并利润及利润分配表以及1997年1—6月的财务状况变动表、合并财务状况变动表进行了审计。这些会计报表由贵公司负责,我们的责任是对这些会计报表发表审计意见。我们的审计是依据中国注册会计师独立审计准则进行的。在审计过程中,我们结合贵公司实际情况,实施了包括抽查会计记录等我们认为必要的其他审计程序。

我们认为,上述会计报表符合《企业会计准则》和《股份制试点企业会计制度》的有关规定,在所有重大方面公允地反映了贵公司1997年6月30日的财务状况及1997年1—6月的经营成果和1997年1—6月的资金变动状况,会计处理方法的选用遵循了一贯性原则。

山东会计师事务所　中国注册会计师:周志济　赵毓茂

地址:济南市大纬二路59号　报告日期:1997年7月28日

1.财务报表

(1)简化的资产负债表　1997年6月30日　单位:人民币元

项目	期初数		期末数	
	母公司	合并	母公司	合并
流动资产	298,303,231.14	233,282,038.64	317,618,460.33	266,108,132.22
长期投资	252,326,518.58	65,252,216.36	288,061,448.05	59,252,216.36
固定资产净值	6,073,978.88	213,499,124.52	6,428,597.38	208,519,322.40
在建工程	/	61,023,316.36	/	69,151,608.56
无形及递延资产	3,609,295.00	89,167,150.62	2,465,070.30	82,219,628.04
资产总计	560,313,023.60	663,292,345.10	614,573,576.06	686,464,740.88
流动负债	218,739,793.32	297,193,426.44	255,110,930.68	300,759,464.10
长期负债	38,960,000.00	38,960,000.00	38,960,000.00	38,960,000.00
负债合计	257,699,793.32	336,153,426.44	294,070,930.68	339,719,464.10
少数股东权益	/	24,525,688.38	/	26,242,631.40
股本	93,628,500.00	93,628,500.00	93,628,500.00	93,628,500.00
资本公积	132,289,288.87	132,289,288.87	132,289,288.87	132,289,288.87
盈余公积	26,403,152.45	26,403,152.45	26,403,152.45	26,403,152.45
未分配利润	50,292,288.96	50,292,288.96	68,181,704.06	68,181,704.06
外币折算差额	/	/	/	/
股东权益合计	302,613,230.28	302,613,230.28	320,502,645.38	320,502,645.38
负债及股东权益总计	560,313,023.60	663,292,345.10	614,573,576.06	686,464,740.88

(2)简化的损益表　1997年6月30日　单位:人民币元

项目	期初数		期末数	
	母公司	合并	母公司	合并
主营业务收入		187,662,997.17		112,551,268.74
主营业务利润		31,689,902.10		20,517,139.03
其他业务利润		2,272,035.97		533,600.31
投资收益	33,368,247.07	4,500,988.02	17,892,415.10	131,436.00
营业外收(支)净额	(1,000,000.00)	3,662,659.22	(3,000.00)	959,059.27
以前年度损益调整	/	/	/	(760,928.26)
利润总额	32,368,247.07	42,125,585.31	17,889,415.10	21,380,306.35
所得税	/	4,625,607.34	/	2,229,291.75
少数股东权益	/	5,131,730.90	/	1,261,599.50
净利润	32,368,247.07	32,368,247.07	17,889,415.10	17,889,415.10

2. 其他财务指标

指标名称	指标数	
	1997年中期	1996年中期
每股收益(摊薄)	0.19元	0.28元
净资产收益率	5.58%	6.5%
每股净资产	3.42元	4.26元

注:1996年6月底的股本总额为6241.90万元,1997年6月底的股本总额为9362.85万元。

3. 财务报表附注摘要

(1)本期报告所采用的会计政策与会计方法和1996年度财务报告所采用的会计政策与会计方法相一致。

(2)本报告期财务报告主体未发生合并、分立变化。

(3)应收帐款

1997年6月末,应收帐款余额7,892.66万元,比年初减少278,12万元,主要是收回销货款。

帐龄	金额	占总额百分比
1年以内	57,600,650.64	72,98%
1—2年	17,837,417.16	22.60%
2—3年	2,738,753.87	3.47%
3年以上	749,802.94	0.95%
合计	78,926,624.61	100%

应收帐款均系应收销货款及服务营业款,且无占本公司5%以上股份股东往来。

(4)预付货款

1997年6月末,预付货款990.24万元,比年初数增加37.14%,均系公司增加的预付购货款,预付货款无关联公司往来。

(5)其他应收款

1997年6月末,其他应收款余额2,442.65万元,比年初减少145.76万元,主要是收回其他清理应收款项。

(6)长期投资

1997年6月末,长期投资余额5,925.22万元,比年初减少600万元,主要变化情况如下:

①1997年5月10日大明集团股份有限公司将东胜石油开发公司投资13,000,000元收回。

②大明集团公司97年新增对博杰公司联营投资7,000,000元。

(7)短期借款

1997年6月末,短期借款余额20,762.00万元,比年初增加3,760万元,主要系生产流动资金贷款。

(8)应付帐款

1997年6月末,应付帐款余额为3,623.51万元,比年初减少2403.54万元,主要为购货款结清,且无持有本公司5%以上股份股东的货款。

(9)预收货款

1997年6月末,预收货款,3,44.67万元,比年初增加239.07万元,主要是预收购货方的购货款。

(10)其他应付款

1997年6月末,其他应付款余额为2,787.89万元,比年初减少723.47万元,主要是其他应付款项结清。

(11)主营业务收入

1997年1—6月主营业务收入11,255.13万元,比上年同期增加740.73万元,主要是石油开发公司原油销售增加。

(12)重要会计事项

公司本部系股份公司管理机构,不发生经营业务,发生的管理费用实行税务机关审批预决算制度,全部由下属子公司负担,公司本部只核算投资收益,不进行其他损益的核算,故利润表不反映其他指标数字。

(13)或有事项

截止1997年6月30日,公司无重大未决诉讼事项。

(14)主要财务指标:

流动比率	0.88
速动比率	0.56
每股净资产(元/股)	3.42
每股收益(元/股)	0.19
应收帐款周转率	1.41
存货周转率	0.78
净资产收益率	5.58%
股东权益比率	46.69%

二、经营情况的回顾与展望

(一)上半年经营情况回顾

今年上半年,公司的整体工作基本按照年初确定的"突出主业,抓大放小,强化基层,苦练内功,招贤聚才,科技兴业"的发展思路,实施"二次创业"工程,生产经营实现稳步发展。截止6月30日,共完成主营业务收入11255.13万元,净利润1788.94万元,分别完成全年计划的44.31%、47.08%,比去年同期平均增长7.04%、3.62%。

——抓住机遇求发展,主业实力不断增强。作为公司的主导企业,采油公司克服现有区块储量小、开采难度大、困难多、工农关系复杂等多种因素,围绕开发、工艺、地质评价、地面工程核算四个环节通过强化增油措施,提高采收率,现日产油140吨,月产油5000吨。到6月底,共打井5口,投产2口,产油28097吨。作业公司针对采油厂政策变化、作业市场竞争激烈的状况,在小修井严重滑坡的压力下,通过把好"调研选井,优化方案,规范施工,生产管理"四道关口,下大力气提高大修井成功率,使大修井成功率达到80%以上。1—6月份,作业公司共完成大修井23口,小修井25口,承揽劳务井62口,措施增油25000吨。

——跳出主业抢市场,销售局面逐步打开。在立足油田突出发展主业的同时,各子公司积极开拓国内市场,奋力跻身国际市场,积极参与市场竞争,产品销售市场越来越大。电子公司上半年稳住49U系列产品市场,共生产谐振器740多万只,克服了原材料价格上涨、产品价格降低等因素,精心衔接产销各环节,与去年同期相比,产量提高了37%。在立足国内电子市场的同时,根据今年国际电子市场的形势,以生产一代,研制一代,开发一代,储备一代为原则,通过考察国外技术和销售市场,又开发了在欧美市场前景广阔的SMD谐振器新品。目前,SMD产品厂房改造基本完工,10月底设备到位,年内就可出样品。

大明大厦自投入运营以来,为了在激烈的竞争中站稳脚跟,学习借鉴其他各大饭店的管理经验,制订了一系列管理制度。新建网球场和保龄球馆,完善了配套服务设施,强化了酒店的服务功能。狠抓服务意识、服务质量和规范的服务技能,吸引了众多的中外宾客。6月28日,大明大厦举行了三星级授牌仪式,成为黄河三角洲地区首家三星级涉外旅游饭店。

—抓大放小挖潜力,发展能力明显增强。按照年初确定的抓大放小的工作思路,我们对采油、作业、电子、建材、商饮等骨干企业"抓大",从人力、物力、财力及政策上给以倾斜,重点支持。而对规模小、管理难、发展潜力不大的企业进行"放小"的尝试,通过政策上的扶持,夯实其根基,使其释放出潜能,促其自我发展,力争使小企业创出效益。

—狠抓质量降成本。现场管理水平不断提高。为确保企业在市场竞争中立于不败之地,各公司抓市场的同时,认真学习邯钢经验,以质量成本为核心,苦练内功抓现场。恒泰公司以"质量、产能、成本、品种"为主题,推行全面标准化管理,完善了目标、质量、成本、标准四个体系,建立健全了严格的质量考核制度,成立了ISO9000质量认证小组。严格的质量管理,使产品合格率、型材出材率有了很大提高,既降低了成本,又创出了大明的品牌。

—强化分配职能抓激励,激发员工积极性。为进一步激发企业内部的经营活力,公司在用工制度和分配机制上进行积极探索,取得了较为明显的成效。进一步完善和强化了公司的分配和激励机制,在岗效工资制的基础上,实行了薪点工资制。强化了工资的量化考核职能,增加了对员工个人的素质和技能的考核。通过实行薪点工资制,引导员工产生更为强烈的进取意识,激发员工发挥潜能和特长,提高员工自身素质。

(二)下半年工作展望。

—抓效益。采油公司按照"先易后难、先肥后瘦、先大后小"的开发原则,继续完善桩23和夏19区块,搞好新井投产、老井措施和开采工艺配套,确保年产原油50000吨以上。作业公司将充分利用大修政策,发挥大修设备和技术优势,加大侧钻井和停产报废井的大修力度。克服疑难小修井井号不足、工作量滑坡的不利因素,严格控制成本,精心组织施工,继续开拓劳务井、气井和海上修井市场,确保全年增油5万吨以上。建材公司下半年重点抓好恒泰公司,一是努力提高质量、提高性能、提高产量、减少物耗、杜绝浪费、降低成本,做好大批量生产的准备。二是抓紧规划和筹建新厂房,力争年内开工,明年投入使用。三是采取灵活的营销策略,结合城市规划,以东营市为重点迅速打开省内市场。

—抓质量。下半年,公司将继续把质量管理当作一项战略任务来抓紧抓好,一是从工序入手抓质量,二是从产、供、销全过程入手抓质量,把质量、成本、效益统一起来,做到以质量创名牌,以质量抢市场,以质量创效益。

三、重大事项说明

1. 根据国务院证券委、中国人民银行、国家经贸委联合发布的《严禁国有企业和上市公司炒作股票的规定》的要求,公司进行了认真自查,至今为止,公司没有在二级市场上买卖上市公司流通股票,公司今后如从事可流通证券投资,将按国家有关规定办理;

2. 公司没有关联交易;

3. 公司在报告期内无重大诉讼、仲裁事项。

4. 公司中期利润不分配。

四、发行在外股票的变动和股权结构的变化

1. 报告期内,公司股本无任何变化。

2. 截止1997年6月30日,公司股本结构如下:

类　别	数量(万股)	比例(%)
尚未流通股:		
①国有法人股	2165.70	23.14
②发起人法人股	360.00	3.84
③内部职工股	2337.15	24.96
可流通股份:		
④社会公众股	4500.00	48.06
总股本	9362.85	100.00

3. 主要股东持股情况(前10名最大股东)

	持股数量(万股)	占总股本比例(%)
①胜利石油管理局	2165.7	23.13
②胜利石油管理局劳动服务总公司	300	3.20
③中行东营分行中苑劳动服务公司	60	0.64
④兴业证券	47.6592	0.51
⑤陈飞华	35.877	0.38
⑥黄怡	32.42	0.35
⑦蒲香明	30	0.32
⑧薛克难	29.88	0.32
⑨姚连香	26	0.28
⑩彭梅香	22	0.23

注:截止1997年6月30日,公司共有股东48743户,其中发起人法人股东3户,社会公众股股东48740户。

五、股东大会简介

胜利油田大明集团股份有限公司第五次股东大会于1997年5月8日在大明大厦召开,到会股东26人,代表股份3526.42万股,占总股本的37.67%,符合国家有关法律、法规和公司《章程》的要求。

会议认真审议了董事会、监事会提交大会的各项文件,经表决,形成如下决决:

①通过了《董事会工作报告》;

②通过了《监事会工作报告》;

③通过了1996年度财务决算和1997年财务预算方案;

④通过了公司1996年度利润分配方案;1996年度公司共实现净利润3236.8万元,在分别提取10%法定公积金(计323.68万元)和10%公益金(计323.68万元)后,剩余2589.4万元连同1995年度未分配利润2439.8万元共计5029.2万元结转下一年度,本年度暂不分配;

⑤通过了公司1997年投资计划;

⑥通过了关于更换公司董事的议案,增选张殿国同志为第二届董事会董事,王作然同志不再担任董事职务。

注:报告期内公司共召开了两次董事会:二届二次董事会和二届三次董事会,董事会决议分别刊登在1997年4月7日和1997年5月9日的《证券时报》上。

六、备查文件

1. 载有董事长、总裁亲笔签名的中期报告原本。

2. 公司第五次股东大会材料。

查阅地点:山东省东营市济南路172号大明大厦,公司证券部。

胜利油田大明集团股份有限公司

1997年8月7日

沈阳机床股份有限公司

1996年年度报告摘要（摘选）

一、公司简况

公司名称：沈阳机床股份有限公司
法人代表：姚俊喜　　邮编：110011
公司地址：沈阳市沈河区西顺城街247号
电话：024—4855773　　传真：024—4849585

二、主要财务数据与财务指标

单位：万元

指标项目	1996年	比上年增长(%)	1995年
1.主营业务收入	51917	0.02	51908
2.净利润	6741	59.47	4227
3.总资产	160158	25.29	127826
4.股东权益	66541	73.33	38390
5.每股收益(元)	0.31	19.23	0.26
6.每股净资产(元)	3.08	29.96	2.37
7.净资产收益率(%)	10.13	-7.91	11
8.股东权益比率(%)	41.55	38.34	30.03

注：本期净利润项目中含新股发行无效申购利息140.6万元，占利润总额的2.09%。扣除新股无效申购冻结资金利息收入后，则上述主要财务指标为：净利润为6600.4万元，每股收益为0.306元，每股净资产为3.08元，净资产收益率为9.92%。本期内新股发行无效申购利息总计703万元，共分五年摊销。

三、公司主要业务回顾

1.一年来公司经营情况

1996年是公司实施"世行"项目的第一年，也是公司进行"改革、改组、改造"取得实质性进展的一年，也是公司提高市场竞争能力，取得较好经济效益的一年。

1996年，公司围绕两条主线开展工作。一方面：按照国家经贸委省政府批复的现代企业制度试点方案和"世行"的"改革、改组、改造"方案，认真做好现代企业制度试点工作，和实施世行贷款项目，为公司的长远发展，实现"九五"的发展目标，奠定了坚实的基础，为股东的长期投资提供了保证。另一方面，面对激烈的市场竞争，采取开拓国际市场，扩展国内市场，积极参与市场竞争，认真执行质量保证声明提高企业管理水平，降低成本消耗，严格控制费用支出等措施。由于公司卓有成效的努力，较好的实现了预期目标。

1)完善公司内部组织形式

1996年公司A股股票发行成功，不仅增强了公司经济实力，而且，为转换公司内部经营机制起到了巨大的推动作用。公司内部实行事业部运行体制的基本框架已形成，为进一步深化改革，理顺产权关系，转换经营机制，奠定了体制上的基础。

2)加快产品开发的速度，去年共开发7种数控机床。其中FK-110、S345达到当期国际水平，新产品产值6200万元。

3)组建了技术中心

公司组建的技术中心，已被国家经贸委批准为国家级技术中心。

公司技术中心的建立，有利于加快产品更新换代速度，缩小与世界先进水平之间的差距，提高公司的技术引进、消化和开发能力，壮大了公司的实力。

4)市场营销系统趋于完善

为了提高市场竞争能力，公司成立了销售中心按照市场竞争规律建立自主的营销网络已初见成效。

5)"世行"项目，全面开始实施。

一年来，技术引进、土建工程、设备招标、采购、管理系统咨询、产品设计咨询等工作进展顺利。机床一厂事业部的中试基地及部装、轴套、轴杠、畸形件和箱体五个车间改造工程都已竣工；五个技术引进项目已经进入实质性阶段。其中，公司的管理重组实施咨询项目、密烘技术项目已开始实施。

6)贯彻国际质量标准

贯彻质量声明，执行质量承诺，实施全面质量管理，跟随中捷厂事业部之后，机床一厂事业部通过国际ISO9000质量标准认定。

7)巩固国内市场、开拓国际市场

在激烈的市场竞争中保住了市场占有率，并在国际市场上打开了局面，经济型数控车床销往欧洲、东南亚，镗铣加工中心卖给了德国奔驰公司。

2.前次募集资金使用情况的说明：

"世行"改造项目资金使用情况的说明

单位：万元

项目名称	96年计划投资额	96年投资额	进度情况	97年计划投资额
土建工程	4300	4186	完成项目计划	5159
设备采购	6500	6430	完成项目计划	39430
技术引进	260	260		
管理咨询				4706
其它费用				3064

1)土建工程：计划投资4300万元，实际投资4186万元，占计划的97.35%。其中，机床一厂事业部中试基地和部装、轴套、轴杠、畸形件和箱体五个车间改造全部竣工。这些工程竣工使该事业部工艺水平专业化和零、部件加工实现成组加工的水平进一步提高。

2)设备采购，计划投资6500万元，实际投资6430万元，占计划的98.92%。采购这些设备主要用于补充关键工序、关键零件加工的工艺装备、提高工艺技术水平和加工水平，从而适应高档数控机床的生产要求，提高制造能力和加工质量。

3)技术引进：计划投资260万元，实际用款260万元，占计划的100%。通过引进有竞争力的先进管理技术，为公司进一步发展奠定基础。

1996年，整个项目支付资金13940万元，其中：用银行贷款支付5933万元，用股票发行募集资金支付8007万元。

4.1997年度业务发展规划

97年是公司成为上市公司的第二年，公司将进一步规范运行机制，确保全年经营目标的完成，以较好的经济效益和社会效益来回报广大股东的支持和信任。

1)加速产品开发和结构调整，设计开发10种新产品，有经济批量的投产10个品种，抓10个合资合作项目。

2)加速营销体制的改革，抢占国际国内两个市场。

3)开展质量年活动，继续贯彻ISO9000系列质量标准，保证机床一厂事业部认证成果，确保中捷事业部复检认证合格。

4)实行多元经营，加快形成公司的新的经济增长点，97年重点抓十个项目。

5)深化改革，继续搞好现代企业制度试点。

6)加大内部结构调整力度，积极稳妥推进改组步伐。完成9个事业部的组建。

7)精心组织，加速实施改造计划。新开土建面积32808平方米，购置设备450台、套，技术引进10项。

四、股本变动及股本结构情况

1.股本变动及股本结构的情况

1)截止1996年12月31日，公司股本结构如下：

单位：万股　　面值：每股1元

股本类别	期初数	本年增加数	期末数
一、未流通股			
国家股	11,596.6		11,596.6
法人股	1,525.0		1,525.0
内部职工股	3,060.8		3,060.8
未流通股份合计	16,182.4		16,182.4
二、流通股			
社会公众股(A股)		5400	5,400.0
流通股份合计		5400	5,400.0
三、总股本	16,182.4	5400	21,582.4

2)股本变动原因：

公司于96年7月发行社会公众股A股五千四百万股，公司股本总数由16182.4万元增至21582.4万股，股本变化仅增加了社会公众股，在报告期内公司未有任何送、配股，96年之前公司全部派息均以派发现金红利形式进行，因此股本变化无此方面的影响。公司股票面值为壹元，在报告期内无变化。

3)前十名股东持股情况(截止96年末)

股东名称	持股数(股)	所占比例(%)	备注
1)沈阳资产经营有限公司	115,965,518	53.73	国家股
2)沈阳铜网厂	3,000,000	1.39	法人股
3)沈阳市风险投资公司	1,000,000	0.46	法人股
4)沈阳建设投资公司	1,000,000	0.46	法人股
5)辽宁信托投资公司	800,000	0.37	法人股
6)陈坤	636,100	0.29	流通A股
7)陈凯	616,100	0.28	流通A股
8)工行沈阳融资公司	500,000	0.23	法人股
9)中国有色金属工业总公司辽宁分公司	500,000	0.23	法人股
10)中国有色冶金总公司辽宁分公司	500,000	0.23	法人股

4)截止1996年12月31日，公司股东总数为68062户。内部职工股股东人数35175户，流通A股股东共计32855户，法人股31户，国家股1户。

杭州凯地丝绸股份有限公司

1996 年年度报告摘要（摘选）

一、公司简况

公司名称：杭州凯地丝绸股份有限公司

法人代表：杨炳芳　　邮编:310004

公司地址：杭州市环城北路 15 号

电话：0571—5194316　　传真：0571—5194950

二、主要财务数据与财务指标

单位:万元

指标项目	本年数	上年数	比上年增减(%)
1.主营业务收入	11,938.24	14,947.27	－20.13
2.净利润	1,868.03	1,437.62	29.94
3.总资产	48,864.41	38,341.93	27.44
4.股东权益	25,332.67	19,155.57	32.25
5.每股收益(元)	0.16	0.15	6.67
6.每股净资产(元)	2.20	2.03	8.37
7.净资产收益率(%)	7.37	7.5	－1.73
8.股东权益比例(%)	51.84	49.96	3.76

注:扣除股票申购资金冻结利息收入 467.58 万元后的净利润为 1470.58 万元,每股收益 0.128 元,净资产收益率 5.81%。

三、公司主要业务回顾

1．一年来公司经营情况

近年来,丝绸行业一直在低谷徘徊,欧、美、日等发达进口国继续对我国的丝绸出口设限,国内丝绸生产能力过剩,丝绸市场竞争加剧,国家出口退税率降低,丝绸业的经营显得更加艰难。面对严峻的经济形势,公司员工振奋精神,坚持走"科技兴业,产品开发"之路,发挥企业技术领先优势,积极开发新产品,努力开拓国内国际市场,使生产经营各项工作仍取得了较好成绩。本报告年度,公司实现销售收入 11938 万元,实现利润 2171 万元,比上年增长 30.82%。

1)进一步规范股东大会、董事会、监事会、经理的运作,完善决策机制和制衡机制,确立对全体股东负责观念,充分发挥工人阶级主人翁作用,努力使公司内部管理制度化、公司行为规范化。

2)对内理顺关系,充分挖掘各方面潜力,努力降低生产成本,利用公司技术优势,定位高档品市场,走"小批量、多品种、多花色、精加工"之路,形成自己的独特风格。

3)以股票上市为契机,塑造凯地形象,树立凯地品牌,大力开拓国内市场,在全国十二个城市开设了凯地丝绸专卖店和专卖柜,为公司第二次创业打下了坚实的基础。积极稳妥地拓展进出口贸易,参与国际竞争,在外销品种上成功地开发了自己的特色产品——一方巾系列服饰。

4)加大产品开发和技术开发力度,设立技术开发中心,从事新工艺、新技术开发,新花色、流行色研究,印花、服装设计打样。1996 年设计新花样 329 只,开发新产品 30 只,设计服装新款式 553 只,完成制作样衣 1800 多件,确保了凯地产品的竞争优势。成功开发了彩色丝绸报和丝绸地图,为进一步开拓丝绸工艺品市场打下了基础。

5)加快技改项目进度,积极争取早投产,早上规模,早出效益。凯地丝绸印染厂的设备技改项目已基本完工,并于 1996 年下半年投入试运行,公司产品将从丝绸领域延伸到化纤领域。

2．主要指标分析

1996 年公司主营业务收入实现 11938 万元,比预测少 36.90%,实际净利润 1868 万元,比预测减少 44.20%。主要原因是肖山丝绸生产基地一期技术改造项目,地处钱塘江下游出海口边,属滩涂围垦地区,遭洪水侵袭,使工程的供水、排放设施无法施工,拖延了工程工期。近期,由于丝绸国际市场因素,整个丝绸行业不景气,外贸因原材料及工费的上涨、换汇成本增加,定单减少,导致公司主营业务真丝印染产量比 1995 年减少 17.67%。为减少项目风险,公司考虑国内仿真丝市场的需求,将肖山丝绸生产基地一期技改项目设备作了适当调整,增加购置仿真丝印染前道处理设备。因此,肖山丝绸生产基地一期技改工程项目未能如期投产及真丝印染生产量的减少是使公司 1996 年预计新增的 2750 万元收入、1500 万元盈利不能实现。同时,丝绸国际市场因素导致真丝印染生产量的减少,使公司主营业务收入减少 4000 余万元,公司通过努力,开发丝绸工艺产品,使 1996 年主营业务利润仍比 1995 年增长 1.02%。

3．募集资金的运用情况

公司于 1996 年 6 月向社会公开发行普通股 1056 万股,扣除发行费用后共募集资金 4646 万元,已全部投入凯地丝绸印染厂的设备技改项目。该项目总投资 9220 万元,除所投入募股资金外,不足部分已由银行贷款解决。该技改项目已基本完工,并于 1996 年下半年投入试运行。

四、股本变化及股本结构情况

1．股本变化及股本结构情况

1)1996 年度公司股份变动情况表

填报日期:1996 年 12 月 31 日　单位:股　面值:每股 1 元

股份类别	期初数	本次变动增减(＋、－) 送股	小计	期末数
一、尚未流通股份				
1.发起人股	72,181,400	7,218,140	7,218,140	79,399,540
其中:				
国家拥有股份	31,041,400	3,104,140	3,104,140	34,145,540
境内法人持股	19,140,000	1,914,000	1,914,000	21,054,000
外资法人持股	22,000,000	2,200,000	2,200,000	24,200,000
2.募集法人股	3,927,000	392,700	392,700	4,319,700
其中:				
境内法人持股	1,817,000	181,700	181,700	1,998,700
外资法人持股	2,110,000	211,000	211,000	2,321,000
3.内部职工持股	2,464,300	246,430	0	2,710,730
尚未流通股份合计	78,572,700	7,857,270	7,857,270	86,429,970
二、已流通股份				
境内上市的人民币普通股	26,200,000	2,620,000	2,620,000	28,820,000
三、股份总数	104,772,700	10,477,270	10,477,270	115,249,970

注:期初数按公司上市前的数据填写。

2)股本变动情况及原因

本年度公司股本结构变动的原因是:

1996 年 9 月,公司对 1995 年度的利润进行了分配。向全体股东按 10:1 的比例送股,股本总额从上市时的 104,772,700 股增加到 115,249,970 股。

3)主要股东持股情况(截止 1996 年 12 月 31 日):

股东名称	持股数(股)	比例(%)	增减数(股)	性质
1)杭州市国有资产管理局	34,145,540	29.63	＋3,104,140	境内发起人股
2)浙江省丝绸进出口公司	16,929,000	14.69	＋1,539,000	境内发起人股
3)广华投资基金(杭州)有限公司	12,100,000	10.50	＋1,100,000	境外发起人股
4)中国工商(香港)财务有限公司	12,100,000	10.50	＋1,100,000	境资发起人股
5)香港富春丝绸公司	2,311,000	2.01	＋211,000	境外法人股
6)浙江省建行信托投资公司	2,062,500	1.79	＋187,500	境内法人股
7)杭州工商信托投资股份有限公司	2,062,500	1.79	＋187,500	境内法人股
8)深圳投资管理公司	880,000	0.76	＋80,000	境内法人股
9)新昌印染机械厂	687,500	0.60	＋62,500	境内法人股
10)杭州社会经济咨询部	255,200	0.22	＋23,200	境内法人股

注:1996 年 12 月 25 日,中国工商(香港)财务有限公司所持有的股份曾协议转让给其他境外股东,后因故未办理过户。因此,中国工商(香港)财务有限公司仍为公司股东。

4)股东数量

截止 1996 年 12 月 31 日,公司共计股东人数 23754 户。

长春北方五环实业股份有限公司

1996年年度报告摘要 （摘选）

一、公司简况

公司名称：长春北方五环实业股份有限公司

法人代表：王志杰　　邮编:130061

公司地址：长春市朝阳区人民大街103号

电话：0431—8987097－806　　传真：0431—8965992

二、主要财务数据与财务指标

单位：万元

指　标　项　目	本年数	上年数	比上年增减(％)
1.主营业务收入	5,819.7	5,774.3	0.79
2.净利润	5,432.5	2,917.7	86.19
3.总资产	48,750.4	28,795.4	69.30
4.股东权益	37,673.8	17,635.6	113.62
5.每股收益(元)	0.3572	0.46	－22.35
6.每股净资产(元)	2.48	2.79	－11.11
7.净资产收益率(％)	14.42	16.54	－12.82
8.股东权益比率(％)	77.28	61.24	26.19

注：根据中国证券监督管理委员会证监上字[1997]1号文件规定，上述财务数据和财务指标，扣除新股申购冻结资金利息收入后，分别为：

净利润	5,198万元	股东权益	37,439.3万元
每股收益	0.3418元	每股净资产	2.46元
净资产收益率	13.80％	股东权益比率	76.80％

三、公司主要业务回顾

1.一年来经营情况

1996年是"九五"规划的第一年，公司在董事会的带领下，全体员工团结一心、奋勇拼搏，经营与管理都跃上了新台阶。真正形成了以体育产品为主体以医疗保健品和高科技光电产品产业为两翼的产业布局。这种独具特色的产业布局，在激烈的市场竞争中越来越显示出巨大的优越性。

1)公司主要开发与经营的五环运动休闲中心是国家1999年冬运会的大型配套服务项目，也是开展群众性体育活动和全民健身活动的重要场所之一，该中心以提供体育运动休闲项目为主，其中包括室内溜冰、旱冰场、游泳场、嬉水乐园、保龄球馆、桌球室、健身房、健美训练中心、棋牌室、电子娱乐城、网球场等，适合高、中、低档次的消费需要。这个项目工程量大、功能复杂、施工难度很大，在公司全体员工的努力下，本年度内按计划完成了全部土建工程，顺利进入全面装璜阶段。

2)白雪山药业有限公司利用绵绵长白山原始森林中得天独厚的中药材资源，先后开发了一系列新型药品，自投入市场以来，备受国内外消费者的青睐，既为人类健康做出了贡献，也为公司创造了丰厚的效益。该公司研制开发的新药玉仁牌"复方益肝丸"和"强肝再生丸"都是治疗肝病的特效药物。"复方益肝丸"治疗乙型肝病的临床结果验证表明，总有效率达98％。"复方益肝丸"治疗肝腹水和肝硬化的总有效率达95％。这两种药品已被国家卫生部确认为国家级保护新药。扩产后，市场仍供不应求。目前白雪山药业公司已形成了5个剂型35个品种的产品，1996年人均利税在全省名列前茅。该公司在新药的研制与开发方面勇于探索，不断创新，最近已与有关单位签订了共同开发"葡激酶"的合作协议。

"葡激酶"是治疗心脑血管疾病的特效药品。它是国家"九五"科技攻关生物基因工程一类新药，处于国际领先地位，目前在国际上只有几个先进国家处在研究阶段。在我国经中国科学院上海分院14年之久的研究，将于近期进入一期临床试验阶段。"葡激酶"的研制开发必将为公司创造更加丰厚的效益。

3)长春一光在研究、开发和生产能力方面都有了长足发展，其主导产品旋转式光电编码器已达18个系列，上百个品种，质量和性能达到国际九十年代水平，年生产能力达10万台，已成为替代进口产品，在全国的市场占有率达70％，在全国同行业中首屈一指，有力地推动了国内数控机床及自动化机械的发展，并远销海外。目前，长春一光已经与日本GY公司签订合作的合同。GY公司所需产品已在长春一光试制，今年后半期可形成批量生产。对台湾等地厂家所需的新产品，也已投人研制开发，有的已见成效。长春一光在外抓市场，促进新产品开发的同时，内抓管理，在紧紧围绕贯彻ISO9000质量体系标准方面，取得了突破性进展。1996年，一次性通过了(VTI)和(FMRC)质量体系认证。

4)募集资金使用情况

1996年7月公司向社会公开发行1680万股股票，扣除发行费用共募集资金14,365.52万元，按照招股说明书公告的用途，主要用于五环运动休闲中心的开发与建设，扩大北方五环通化白雪山药业有限公司中成药生产规模、增加销售网点、广告和新药研制与开发，举办商业性足球比赛及长春第一光学仪器厂新产品开发和补充流动资金。

(1)五环运动休闲中心全部土建工程项目与实际投资项目相同。资金投用按计划进行，土建工程按计划基本竣工。

(2)长春一光高精度及特种编码器的制造技术和关键设备的引进消化项目与实际投资项目相同，资金投用与项目进度均按计划进行。

(3)举办商业性足球赛事项目，投资严格控制在原预算金额之内。成功举办了"五环杯"中国青年队对吉尔吉斯坦国家队足球赛。

(4)拟投资白雪山公司项目资金，实际投人项目与计划投人项目有所变动。原计划投资主要用于"强肝再生丸"和"复方益肝丸"扩大生产规模，增加销售网点和强化广告宣传力度，同时研制"脑塞通"和"回春丸"等新药，由于市场竞争激烈和新药品种的不断涌现，经董事会研究决定将部分投资调整到"葡激酶"的研制与开发方面。

四、股本变化及股本结构情况

1.股本变化及股本结构情况

单位：股　　面值：每股1元

股　份　类　别	期初数	本次变动增减 送股	本次变动增减 公积金转增	期末数
一、尚未流通股份				
国家拥有股份	8846286	3538514	4423143	16807943
境内法人持股	25996500	10398600	12998250	49393350
募集法人股	15750000	6300000	7875000	29925000
内部职工股	8482600	(3393040)	(4241300)	8482600
尚未流通股份合计	59075386	20237114	25296393	104608893
二、已流通股份				
境内上市人民币普通股	20969400	8387760	10484700	39841860
已流通股份合计	20969400	11780800	14726000	47476200
三、股份总数	80044786	32017914	40022393	152085093

2.股本变动情况及原因：

实施1995年度分红及公积金转增股本议案，按8,004.4786万股本计以10送4转5的比例，共计增加股份7,204.0307万股。

3.前十名主要股东持股情况(截止96年12月31日)

股　东　名　称	持股数(股)	占总股本比例(％)
1)长春长顺体育综合开发公司	49393350	32.47
2)通化玉仁药业总公司	18647360	12.26
3)长春市国有资产经营公司	16807943	11.05
4)通化包装装潢厂	8961920	5.89
5)吉林通化东宝药业股份有限公司	2315720	1.52
6)陈坚	234265	0.15
7)芮丽华	180000	0.11
8)深圳市罗湖区昌盛纸箱厂	164000	0.10
9)李润发	150000	0.09
10)山东国际信托投资公司	150000	0.09

3.股东数量

报告期末公司股东总户数为45889户。

石家庄宝石电子玻璃股份有限公司

石家庄宝石电子玻璃股份有限公司一九九六年度报告摘要

一、公司简况

公司法定中文名称：石家庄宝石电子玻璃股份有限公司
公司英文名称：SHI JIA ZHUANG BAOSHI ELECTRONIC GLASS COMPANY LIMITED
公司注册地址：河北省石家庄市中山东路819号
邮政编码：050031
公司法定代表：董庆祥
公司咨询服务机构：公司证券部
联系电话：0311—6044705
传真：0311—6041503
联系人：苏佛诗　罗丽娜

二、主要财务数据与财务指标

指标项目	本年数（合并）	上年数	比上年增减（%）
1. 主营业务收入(万元)	53093	52315	+1.49
2. 净利润(万元)	8247	17243	-52.17
3. 总资产(万元)	399812	97327	+310.79
4. 股东权益(万元)	93682	54471	+71.99
5. 每股收益(元)	0.215	0.671	-67.96
6. 每股净资产(元)	2.45	2.12	+15.57
7. 净资产收益率(%)	8.80	31.66	-72.20
8. 股东权益比率(%)	23.43	55.97	-58.14

三、公司业务回顾

1. 一年来经营情况

1996年，是我国"九五计划"第一年，也是本公司发展史上非常关键的一年。由于同行业竞争激烈、上半年黑白电视机市场平淡、下半年市场疲软的不利情况，导致本公司主要产品黑白显像管及玻壳的销售价格上半年略有下降，尤其在下半年出现较大幅度的下降，严峻的现实使公司生产经营遇到诸多困难。在公司全体股东的支持和董事会的领导下，我们客观地分析了我国的宏观经济形势和公司实际情况，积极地寻找并把握各种机遇。首先，本公司控股的彩壳公司的彩壳生产线于1996年6月18日全线通过合同考核验收，投入试生产，从而为公司开辟了新的利润增长点。其次，在全公司开展学"邯钢"活动，狠抓节能降耗，降低成本，增加收益。在严把质量关的基础上，保证良好的售后服务，黑白玻壳继黑白显像管之后，于1月16日又获得中国电子元器件质量认证委员会颁发的ISO9002质量认证书，为占稳市场提供了保证。通过全体员工的奋力拼搏，本年度仍限得了较好的经营业绩。截止12月31日，本公司实现主营业务收入26560万元，实现利润9357万元。据96年12月中国显像管行业协会经济信息中心统计显示，本公司44cm黑白玻壳96年度全国市场占有率为50.28%，居第一位；44cm黑白显像管市场占有率为13.95%，居第二位。

1996年度本公司共生产44cm黑白显像管160.87万只，44cm黑白显像管玻壳209,66万只，分别销售83.79万只和204.21万只；彩壳公司共生产彩锥142.7万只，彩屏166.3万只，折21"彩壳156.8万只。从而实现主营业务收入53093万元，实现利润12014.9万元，净利润8247万元。

2、主要财务指标分析

本公司一九九六年度实现主营业务收入53093万元，较上年增加778万元，增长1.5%，净利润8347万元，较上年减少8996万元，下降52.17%。其主要原因是：

1、由于本公司黑白显像管及玻壳产品市场疲软，造成销量减少，价格下降，而减少营业收入25755万元，比上年下降49.23%，净利润较上年减少8996万元，下降52.17%。

2、由于本公司控股的彩壳公司下半年投入生产，增加主营业务收入26533.5万元，使公司本年主营业务收入与上年持平，同时增加投资收益1954万元。

3、本报告期内，本公司发行上市境内上市外资股（B股）。经普华大华会计师事务所依据中国注册会计师独立审计准则进行审计，本公司1996年度的税前利润为12014.9万元人民币，而经普华亚洲会计有限公司按照国际会计标准委员会公布之国际会计准则进行审计，本公司1996年度的税前利润为-322.4万元人民币，比中国会计师审计的结果少12337.3万元，其差异项目调整如下：

单位：人民币千元

项目	金额
根据中国审计帐目	120,149
国际会计准则和其他调整	
(1)多提之坏帐准备	5,839
(2)多提之存货变现损失准备	13,087
(3)a. 彩壳生产线利息费用资本化	113,779
b. 彩壳生产线汇兑收益资本化	(8,704)
c. 因利息费用和汇兑收益资本化而产生之折旧差异	(1,574)
(4)商誉之摊销	846
调整项合计	123,373
国际会计准则和其他调整后列报	(3,224)

4. 本年度募集资金运有用情况的说明

公司本年度通过向社会公开发行10000万股B股和2620万股A股，募集资金净额为35358.56万元人民币，且已按招股书所述用途全部投入彩壳公司，从而改善了彩壳公司的资产负债结构，并且使本公司取得对彩壳公司的拥有权及管理控制权。

彩壳公司的彩壳生产线于1996年6月18日全线通过合同考核验收。截止1996年12月31日，共生产彩锥142.7万只，彩屏166.3只，折21"彩壳156.8万只。

四、股本变化及股本结构情况

1. 股本变化及股本结构情况（截止96年12月31日）

股份单位：股　　每股面值：1元

股份类别	期初数	占总股本%	期末数	占总股本%
一、尚未流通股份				
1、发起人股份	233,410,500	90.89	234,410,500	60.94
其中：				
国家股	230,410,500	89.72	230,410,500	60.16
境内法人股	3,000,000	1.17	3,000,000	0.78
2、募集法人股	4,500,000	1.75	4,500,000	1.17
3、内部职工股	18,889,500	7.36	15,111,600	3.95
尚未流通股份合计	256,800,000	100	253,052,100	66.06
二、已流通股份				
1、A股	29,977,900	0	29,977,900	7.83
2、B股	100,000.00	0	100,000,000	26.11
已流通股份合计	0	0	129,977,900	33.94
三、股份总数	256,800,000	100	383,000,000	100

2、股本变动原因：

根据中国证监会复审意见，本公司于1996年6月13日向社会公开发行10,000万股B股，该B股于7月8日上市流通；9月11日，向社会公开发行2620万股A股，原内部职工股377.79万股与该A股于9月25日一并上市流通。这样，本公司1996年末总股本比1995年末增加12620万股，同时内部职工减少377.79万股。

3、主要股东持股情况

股东名称	股份类别	持股数(万股)	占总股本%
(1)石家庄宝石电子集团公司	A股	23041.05	60.16
(2)DAIWA SECVRITIES(HK)LTD	B股	1681.245	4.39
(3)HORSE INTLINV.CO.LTD	B股	498.00	1.30
(4)吴静芳	B股	400.00	1.04
(5)黄雄强	B股	370.00	0.97
(6)PERPETVAL FAR EAST CROWTH FUND	B股	300.00	0.78
(7)深圳天骥投资基金	A股	300.00	0.78
(8)中国电子进出口总公司	A股	200.00	0.52
(9)戚竹娜	B股	116.00	0.30
(10)湖北证券公司	B股	51.00	0.13

4．股东数量

截止 1996 年 12 月 31 日，经深圳证券登记公司统计核准，持有本公司股份的股东共有 41014 名，其中 A 股股东 33798 名，包括国家股股东 1 名，法人股股 20 名，社会公众股东 26866 名，内部职工股股东 6911 名，B 股股东 7216 名。

5、董事、监事及高级管理人员持股情况

姓名	职务	年初持股股份(股)	年末持有股份(股)
董庆祥	董事长、总经理	2000	2000
瞿德铨	副董事长、副总经理、总工程师	2000	2000
杨守铭	董事、副总经理	2000	2000
张虎宫	董事、副总经理、副总工程师	2000	2000
陈殿高	董事、副总经理	0	0
朱裕宁	董事、副总经理	2000	2000
杜慧忠	董事、副总经理	2000	2000
杨华祥	董事、副总经理	0	0
王升	董事、副总经理	1000	1000
刘正宏	董事、副总经理	1000	1000
王荣先	董事、副总经理	1500	1500
高铁占	董事、副总经理	500	500
王泰仁	监事	0	0
王永山	监事、总经理助理	1000	1000
刘涛	监事	1500	1500
尚玉茹	监事	1500	1500
樊振平	监事、工会工席	1000	1000
侯建安	监事	0	0
李兆平	监事	0	0
戴明才	监事	0	0
李凤秀	监事	0	0
王曦	副总经理	500	500

五、重要事项

(一)本报告期内股东会及董事会情况

1、1996 年 2 月 24 日，本公司召开临时股东会，会议审议通过了本公司公开发行股票相关事宜处理情况及部分内部职工股占新股发行额度上市的议案；

2、1996 年 6 月 29 日，本公司召开 1995 年度股东会，会议审议通过了董事会 1995 年度工作报告，1995 年度财务报告及 1995 年度利润分配分配方案，决定向全体股东每 10 股派发现金红利 2.50 元人民币的利润分配方案；

3、1996 年 12 月 20 日，本公司召开临时股东会，会议审议通过监事会成员 变动及公司滚存利润分配原则的议案，批准周广龙先生辞去监事的申请，同时增补李凤秀女士为公司监事，并通过新的公司章程；

4、公司董事会会议年内举行五次会议，主要就公司 1995 年度股东会和 A、B 种股票发行上市及公司滚存利润分配原则等有关事宜做出决议。

(二)本公司 A、B 股发行上市情况

1、B 股的发行及上市

1996 年 6 月 13 日，本公司向社会公开发行 10000 万股 B 股，该 B 股于 1996 年 7 月 8 日在深圳证券交易所上市流通。

对此，本公司分别于 1996 年 6 月 13 日、1996 年 6 月 29 日在《中国证券报》、《证券时报》、《香港商报》上刊登了《招股说明书概要》及《上市公告书》。

2、A 股的发行及上市。1996 年 9 月 11 日，本公司向社会公开发行 2620 万股 A 股，该 A 股及 377.79 万股内部职工股于 1996 年 9 月 25 日在深圳证券交易所上市流通。

对此，本公司分别于 1996 年 9 月 5 日、1996 年 9 月 23 日在《中国证券报》、《证券时报》上刊登了《招股说明书概要》及《上市公告书》。

(三)本公司签定的重大合同

1996 年 6 月 5 日，本公司与宝石电子集团公司、河北省建设投资公司、石家庄市国有资产经营公司共同签订了《石家庄宝石彩色玻壳有限责任公司出资人增资协议》，同意本公司将本次 A、B 股发行所募集资金净额全部投人彩壳公司。

(四)本公司重大投资情况

1996 年，本公司将 A、B 股发行募集资金净额 35358.56 万元全部投入彩壳公司，从而取得了对彩壳公司的管理控制权，本公司于 1996 年 9 月 23 日在《中国证券报》、《证券时报》上刊登的《A 股上市公告书》中对此做了披露。

(五)本公司注册资金和章程的变更

1996 年 10 月 22 日，本公司注册资金由 25680 万元人民币变更为 38300 万元人民币。

1996 年 12 月 20 日，本公司召开临时股东会，会议审议通过了新的公司章程。

对此，本公司于 1996 年 12 月 21 日，分别在《中国证券报》、《香港商报》刊登了临时股东会议决议公告。

(六)本报告期内公司无重大诉讼仲裁事项。

六、子公司及关联企业

石家庄宝石彩色玻壳有限责任公司，注册资本 54068 万元，主营彩色显像管玻壳的生产销售，本公司拥有其 81.26% 的权益。

七、财务报告

(一)审计意见

本公司财务报告经普华大华会计师事务所周忠惠、谢荣中国注册会计师审计，出具了无保留意见的审计报告(普华审字〔1997〕第 314 号)。

(二)财务报表

1、资产负债表(见附件一)；

2、利润表及利润分配(见附件二)；

3、财务状况变动表(见附件三)。

(三)财务报表附注

1、编制基准

1995 年度本公司持有被投资公司石家庄宝石彩色玻壳有限责任公司(彩壳公司)之股权比例为 46.09%，因未超过 50%，故未编制合并会计报表。1996 年 7 月 10 日，本公司持有彩壳公司股权比例增至 73.57%，1996 年 9 月 25 日再增至 81.26%。依规定自 1996 年 7 月 10 日起将彩壳公司列入合并报表编制范围。故 1995 年度与 1996 年度合并会计报表的范围有所不同，而根据有关规定不需重编上年度合并会计报表，故本年度会计报表列示本公司 1995 年度会计报表，仅供参考，而无需进行比较分析。

彩壳公司于 1996 年 7 月 1 日正式投入生产。

2、主要会计政策

(1)会计制度

本公计报表乃依据《企业会计准则》和《股份制试点企业计制度》及其它有关的补充规定编制。

(2)会计期间

本公司的会计期间为公历 1 月 1 日至 12 月 31 日。

(3)合并会计报表原则

合并会计报表包括本公司及附属子公司截至 1996 年 12 月 31 日的会计报表。

附属子公司指本公司以长期投资方式持有其股东权益 50% 以上或在管理层拥有多数表决权的企业。

在合并报表中，少数股权系指附属子公司的权益中不属于本公司所拥有的部分。本公司与附属子公司间所有重大往来科目余额及交易已在合并会计报表编制中予以冲销。

(4)记帐原则和计价基础

本公司根据权责发生制的原则记帐，收入于实现时认列，相关成本配合收入于发生时承认；费用则依权责发生制基础，于发生时认列为当期费用。

公司所有财产交易均按照实际成本核算，除另有规定者外，将不自行调整资产的帐面价值。

(5)记帐本位币及外币换算

本公司以人民币为记帐本位币。

以外币为单位之交易按交易当日国家外汇管理局(国汇局)所公布的汇率换算为人民币,资产负债表结算日对外币为单位的货币性资产及负债按该日国汇局所公布的汇率换算人民币,所有由此产生之汇兑损益均在利润表中处理。

在资本性资产建设期间因相关借贷外币资金而产生的汇兑损益,资本化为在建工程成本的一部分。

(6)应收帐款坏帐准备

凡帐龄在三以上的应收帐款按全额提列坏帐损失准备,其余的均按规定计提千分之三的坏帐准备。

(7)存货

以实际取得成本为入帐基础,并采用加权平均法计算,在产品和产成品成本包括原材料、直接人工及适当部分之间接生产费用。

(8)长期投资

长期投资占被投资公司股东权益比例在20%以下的按成本法核算;在20%-50%之间的按权益法核算;在50%以上的按权益法核算并编制合并会计报表。

(9)固定资产和折旧

固定资产的购建按其成本入帐,包括直接成本和间接成本,与购建固定资产等直接有关的利息支出及汇兑损益,在所购建的资产尚未交付使用、或虽然交付使用但尚未办理竣工决算之前,计入有关资产的购建成本。固定资产折旧的计提,根据固定资产于改制为股份有限公司时的重估净值和预计的剩余可使用年限以及扣除估计的10%残值后的净剩余价值按直线法计算,以摊销其成本。在改制为股份有限公司时固定资产剩余的预计可使用年限和以后新增固定资产的可使用年限如下:

建筑物	20-21年
机器设备	11-12年
运输工具	11-12年
其他设备	11-12年

(10)无形资产及其摊销

本公司无形资产系指土地使用权,并按转让价格入帐。土地使用权的费用分摊是以直线法按使用期间50年摊销。

(11)递延资产及其摊销

递延资产包括开办费、电力热力增容费和修路费等,开办费及其他递延资产以直线法分别按照5年和10年摊销。公司在达到商业生产前所发生之费用,均资本化为开办费

(12)税项

(i)流转税

本公司按规定应缴纳17%的增值税及城市建设和教育附加税等税费。本公司实际应缴纳增值税为销项税额减除进项税额后的差异数。

(ii)企业所得税

根据石家庄税务局石地税一字〔1995〕第28号批文及河北省科学院技术委员会冀科一函字〔1995〕第21号文件,本公司和彩壳公司被认定为高新技术企业,根据国家高新技术产业开发区税收政策的规定,从1995年至1997年按应纳税所得额之15%计算企业所得税。

(13)利润分配

根据公司章程,本公司于缴纳企业所得税后的利润,按照下列程序分配:

(i)公司提取当年税后利润的10%列入公司法定公积金,并提取税后利润的5%至10%列入法定公益金。当公司法定公积金累计额达到公司注册资本的50%以上时,可不再提取。

(ii)上一年公司的法定公积不足以弥补公司亏损时,在依照前款规定提取法定公积金和法定公益金之前,应当先用当年利润弥补上年度的亏损。

(iii)公司在从税后利润中提取法定公积金后,经股东大会决议,可以提取任意公积金。

(iv)公司弥补亏损和提取公积金、法定公益金后所余利润,按股东持有的股份比例分配。

3、报表项目数据说明

附注4:应收帐款

应由帐款的帐龄列示如下:

	合并		母公司	
	1996	1995	1996	1995
	人民币元	人民币元	人民币元	人民币元
一年以内	260,199.032	101,288.000	249,964.372	101,288.000
一至二年之间	4,401,995	1,283,941	4,401,995	1,283,941
二至三年之间	1,022,000	—	1,002,000	—
	265,623,027	102,571,941	255,388,367	102,571,941

持公司公司5%以上股份的主要股东于1996年并没有欠款,本公司的应收帐款较去年增加159%,主要是因为应收帐款回收缓慢所致。

附注5:其他应收款

其他应收款的帐龄分析列示如下:

	合并		母公司	
	1996	1995	1996	1995
	人民币元	人民币元	人民币元	人民币元
一年以内	45,690,050	90,858,775	148,313,804	90,858,775
一至二年之间	1,927,975	773,347	927,976	773,347
二至三年之间				
	47,618,025	91,632,122	149,241,780	91,632,122

持本公司5%以上股份的主要股东于1996年并没有欠款,本公司的其他应收款较去年下降48%,主要原因是与集团公司的往来款项的变动。

附注6:存货

	合产		母公司	
	1996	1995	1996	1995
	人民币元	人民币元	人民币元	人民币元
原材料	42,848,626	12,148,441	14,267,351	12,148,351
备件及低值易耗品	225,508,308	53,978,081	50,900,597	53,978,081
在产品	13,062,509	1,101,942	1,041,167	1,101,942
产成品	200,366,281	8,532,774	46,199,881	8,532,774
	481,785,724	76,761,238	112,408,996	76,761,238

母公司于1996年12月31日的产成品中包含336,966台35毫米型号之黑白玻壳,其总成本为人民币31,866,153元,而根据本公司于1997年2月取得一份类似产品订单协议的销售价格,推算这些35毫米型号黑白玻壳的将来可销售价格约为每台人民币56元。

附注8:长期投资及应收附属子公司款

	合并		母公司	
	1996	1995	1996	1995
	人民币元	人民币元	人民币元	人民币元
附属子公司投资—彩壳公司	—	86,650,000	439,341,957	86,650,000
应收附属子公司款—彩壳公司	—	187,806,278	40,965,663	187,806,278

彩壳公司主要业务为制造及销售彩色玻壳。

附注9:固定资产

彩壳公司的生产线于1996年7月1日交付使用,并经河北燕赵审计事务所以(97)YZA证262号的认证报告,验证彩壳生产线于1996年12月31日由基建部门移交生产部门,作为彩壳公司办理竣工决算完毕的证明。根据《企业会计准则》第30条和石家庄市财政局石财工字〔1996〕32号《关于编审1996年度国有工业企业财务决算的通知》的文件规定,彩壳公司自1996年7月1日交付使用后,将彩壳生产线的相关成本,转入固定资产,并开始计提折旧,与建设彩壳生产线相关的利息支出,则在办理竣工决算前继续资本化为彩壳生产线的工程成本,计入固定资产价值。彩壳公司1996年上半年度和下半年度利息资本化的金额分别为人民币106,280,000元和人民币113,779,000元。

附注14:短期借款

	合并		母公司	
	1996	1995	1996	1995
	人民币元	人民币元	人民币元	人民币元
短期借款(人民元)				
抵押	53,400,000	51,800,000	53,400,000	51,800,000
未抵押	395,250,000	15,750,000	15,750,000	15,750,000
短期借款(美元)				
未抵押	22,405,200			
	471,055,200	67,550,000	69,150,000	67,550,000

短期借款较去年增加近6倍是因为1996年合并彩壳公司之短期借款,这些借款用于流动资金和筹建固定资产运用。

附注21:公积金

合并母公司

	资本公积	法定盈余公积	法定公益金额	总计
	(a)	(b)	(c)	
	人民币元	人民币元	人民币元	人民币元
1996年1月1日	128,400,000	30,588,564	15,294,282	174,282,846
A股发行溢价收益	136,842,171	—	—	136,842,171
B股发行溢价收益	96,385,584	—	—	96,385,584
自未分配利润转拨		10,162,826	5,081,413	14,244,239
1996年12月31日	361,627,755	40,751,390	20,375,695	422,754,840

(a)本公司实际缴入资本总额和已发行普通帐面总额的差额,作为股本溢价发行,列入资本公积金。

(b)依据本公司之公司章程,本公司每年须提取本公司税后利润之10%拨入法定盈余公积金,直到此项公积金金额达注册股本之50%为止。

(c)依据本公司之公司章程,本公司须提取本公司税后之5%拨入法定盈余公益金。公益金可作本公司员工集体福利及设备方面使用。

附注22:未分配利润(合并及母公司)

	人民币元
1996年1月1日	113,626,794
本年净利润	82,469,327
转拨至盈余公积金	(15,244,229)
建议派发股利	(49,790,000)
1996年12月31日	131,061,882

附注23:主营业务收入

截至12月31日止会计年度

	合并		母公司	
	1996	1995	1996	1995
	人民币元	人民币元	人民币元	人民币元
黑白显像管玻壳	120,784,444	255,691,295	120,784,644	255,691,295
黑白显像管	144,813,162	267,454,877	144,813,162	267,454,877
彩色显像管玻壳	265,335,610			
	530,933,416	523,146,172	265,597,806	523,146,172

主营业务收入指销售于第三者及关联企业的黑白和彩色玻壳及黑白显像管的发票销售额,减除销售退回及折让后的净收入。

附注29:(合并及母公司)

	1996	1995
	人民币元	人民币元
董事会建议期末派发股利每股		
人民币0.13元(1995:人民币0.25元)	49,790,000	64,200,00

石家庄宝石电子玻璃股份有限公司董事会

董事长:董庆祥

一九九七年四月二十八日

附件一:

资　产　负　债　表

编制单位:石家庄宝石电子玻璃股份有限公司　　1996年12月31日　　金额单位:元

资产	附注	年初数(合产)	年末数(年本数)	年初数(母公司)	年末数(母公司)	负债及股东权益	附注	年初数(合并)	年末数(合并)	年初数(母公司)	年末数(母公司)
流动资产:						流动负债					
货币资金		10481146.30	86937475.90	10481146.30	1854636.10	短期借款	14	67550000.00	471055200.00	67550000.00	69150000.00
应收票据		21048895.50	91031599.50	21048895.50	23878919.50	应付票据		—	44369908.75	—	9028120.75
应收帐款	4	102571941.44	265623027.03	102571941.44	255388367.03	应付帐款		2549867.14	164202040.60	25459867.14	77378039.60
减:坏帐准备		(307000.00)	(712997.15)	(307000.00)	(712997.18)	预收货款		9863223.39	3874480.65	9863223.39	3874480.65
应收帐款净额		102264941.44	264910029.85	102264941.44	254675369.85	应付福利费		1021612.20	3032214.80	1021612.20	3032214.80
预付货款		5269030.70	53351740.28	5269030.70	3312394.28	未付股利		64200000.00	4979000.00	64200000.00	49790000.00
其他应收款	5	91632122.13	47618024.78	91632122.13	149241780.47	其他应付款		—	12664.41	—	12664.41
待摊费用		7521941.41	5904022.61	7521941.41	4318190.61	其他应付款	16	52560569.66	305432368.00	52560569.66	11117503.89
存货	6	76761237.50	481785723.74	76761237.50	112408995.74	预提费用		22911560.91	148233099.50	22911560.91	49608971.50
减:存货变现损失准备						一年内到期的长期负债	17	—	65000000.00	—	65000000.00
存货净额		76761237.50	481785723.74	76761237.50	112408995.74						
其他流动资产	7	—	15217520.64	—	15217520.64	流动负债合计		243566833.30	1255001976.71	243566833.30	337991995.60
流动资产合计		314979314.98	1046756137.30	314979314.98	564907807.19	长期负债					
长期投资	8	86650000.00	—	86650000.00	439341956.80	长期借款	18	119990910.66	1597973910.66	119990910.66	119990910.66
固定资产						应付债券	17	65000000.00	—	65000000.00	—
固定资产原价	9	476225677.99	2848244239.51	476225677.99	475901426.79	一年以上的应付款项	19	—	102920000.00	—	—
减:累计折旧	9	(102786740.53)	(220224329.31)	(102786740.53)	(136916903.31)	长期负债合计		184990910.66	1700893910.66	184990910.66	119990910.66
固定资产净值	9	373438937.46	2628019910.20	373438937.46	338984523.48	负债合计		428557743.96	2955895887.37	428557743.96	457982906.26
在建工程	10	—	9538590.83	—	416779.83						
固定资产合计		373438937.46	2637558501.03	373438937.46	339401303.31	少数股东权益(合并报表填列)		—	105411770.52	—	—
无形资产及递延资产											
无形资产	11	10392853.66	37901227.87	10392853.66	10182896.87	股东权益					
递延资产	12	—	203988513.00	—	—	股本	20	256800000.00	383000000.00	256800000.00	383000000.00
无形资产及递延资产合计		10392853.66	241889740.87	10392853.66	10182896.87	资本公积	21	128400000.00	361627754.80	128400000.00	361627754.80
其他长期资产						盈余公积	21	45882845.99	61127084.60	45882845.99	61127084.60
应收附属子公司款	8	187806277.77	—	187806277.77	40965663.40	其中:公益金		15294282.00	20375694.87	15294282.00	20375694.87
一年以上的应收款项	13	—	71920000.00	—	—	未分配利润	22	113626793.92	131061881.91	113626793.92	131061881.91
其他长期资产合计		187806277.77	71920000.00	187806277.77	40965663.40	股东权益合计		544709639.91	936816721.31	544709639.91	936816721.31
资产合计		973267383.84	3998124379.20	973267383.87	1394799627.57	负债及股东权益总计		973267383.87	3998124379.20	973267383.87	1394799627.57

附件二：

利 润 及 利 润 分 配 表

1996年度

编制单位:石家庄宝石电子玻璃股份有限公司　　　　金额单位:人民币元

项目	附注	本年实际数（合并）	上年实际数（合并）	本年实际数（母公司）	上年实际数（母公司）
一、主营业务收入	23	530933416.39	523146172.01	265597806.39	523146172.01
减:营业成本	24	(331294747.48)	(210142625.95)	(157767619.49)	(210142625.95)
销售费用		(13150403.30)	(10127711.52)	(4620736.30)	(10127711.52)
管理费用	25	(35406613.27)	(70037452.45)	(7664719.27)	(70037452.45)
财务费用	26	(26059895.14)	(23633649.11)	(18793340.14)	(23633649.11)
营业税金及附加		(4427121.27)	(6214940.41)	(2664584.27)	6214940.41
二、主营业务利润(亏损)净额		120594635.93	202989792.57	74086806.92	202989792.57
加:其他业务利润		(71141.08)	295764.91	282688.92	295764.91
三、营业利润		120523494.85	20328557.48	74369495.84	203285557.48
加:投资收益		—		19518794.22	—
营业外收入	27	86623.75	11137.60	86623.75	11137.60
减:营业外支出	28	(461231.53)	(433827.92)	(460373.04)	(433827.92)
四、利润总额		120148877.07	202862867.16	93574540.77	202862867.16
减:所得税		(18022333.07)	(30435489.96)	(11105214.17)	(30435489.96)
减:少数股损益		(19657227.40)—	—	—	
五、净利润		82469326.60	172427377.20	82469326.60	172427377.20
加:年初未分配利润		113626793.92	31263523.30	113626793.92	31263523.30
六、可分配的利润		196096120.52	203690900.50	196096120.52	203690900.50
减:提取法定公积金		(10162825.74)	(17242737.72)	(10162825.74)	(17242737.72)
提取法定公益金		(5081412.87)	(8621368.86)	(5081412.87)	(8621368.86)
七、可供股东分配的利润		180851881.91	177826793.92	180851881.91	177826793.92
建设/已分配普通股股利	29	(49790000.00)	(64200000.00)	(49790000.00)	(64200000.00)
八、未分配利润		131061881.91	113626793.92	131061881.91	113626793.92

财 务 状 况 变 动 表

1996年度

编制单位:石家庄宝石电子玻璃股份有限公司　　　　金额单位:人民币元

资金来源和运用	金额(合并)	金额(母公司)	流动资产各项目的变动	金额(合并)	金额(母公司)
一、流动资金来源			一流动资产本年增加/(减少)数		
1、本年净利润(合并报表为合并净利润)	82469326.60	82469326.60	1、货币资金	76456329.60	(8626510.20)
加:少数股东本年损益(合并报表填列)	19657227.40	—	2、短期投资	—	—
加:不减少流动资金的费用和损失			3、应收票据	69982704.00	2830024.00
(1)固定资产折旧	117596749.78	34289323.00	4、应收帐款净额	162645088.41	152410428.41
(2)无形资产、递延资产及其他资产摊销	13212456.77	209956.79	5、预付货款	48082709.58	(1956636.42)
(3)固定资产盘亏(减盘盈)			6、其他应收款	(44014097.35)	57609658.34
(4)清理固定资产损失(减收益)	1009351.23	1009351.23	7、待摊费用	(1617918.80)	(3203750.80)
(5)递延税款			8、存货净额	405024486.24	35647758.24
小计	233945111.78	117977957.62	9、待处理流动资产净损失	—	—
2、其他来源			10、一年内到期的长期债券投资	—	—
(1)清理固定资产收入(减清理费用)	—	—	11、其他流动资产	15217520.64	15217520.64
(2)增加长期负债	1477983000.00	—			
(3)收回长期投资	86650000.00	—	流动资产增加净额	731776822.32	249928492.21
(4)对外投资转出固定资产	—	—	二、流动负债本年增加/(减少)数		
(5)对外投资转出无形资产	—	—	1、短期借款	403505200.00	1600000.00
(6)资本净增加额	126200000.00	126200000.00	2、应付票据	44369908.75	9028120.75
(7)少数股东资本净增加额(合并报表填列)	85754543.12	—	3、应付帐款	138742173.46	51918172.46
(8)资本公积增加额	233227754.80	233227754.80	4、预收货款	(5988742.74)	(5988742.74)
(9)盈余公积增加额	15244238.61	15244238.61	5、应付福利费	2010602.60	2010602.60
(10)筹建期间固定资产折旧和无形资产摊销	1268868.87	—	6、未付股利	(14410000.00)	(14410000.00)
(11)增加其他长期负债	102920000.40	—	7、未交税金		
小计	2129248405.40	374671993.41	8、其他未交款	12664.41	12664.41
流动资金来源合计	2363193517.18	492649951.03	9、其他应付款	252871798.34	(41443065.77)
二、流动资金运用			10、预提费用	125321538.59	26697410.59
1、利润分配			11、一年内到期的长期负债	6500000.00	6500000.00
(1)提取法定公积金	10162825.74	10162825.74	12、其他流动负债		
(2)提取法定公益金	5081412.87	5081412.87			
(3)提取任意公积金(减盈余公积转入)	—	—			
(4)已分配股利	49790000.00	49790000.00			
(5)职工奖福基金合(合并报表中外商投资子公司项目)	—	—			
小计	65034238.61	65034238.61			
2、少数股东利润分配(合并报表填列)	—	—			
3、其他运用					
(1)固定资产增加额	2373187072.60	844260.25			
(2)增加无形资产的递延资产	245978214.00	—			
(3)偿还长期负债	65000000.00	65000000.00			
(4)长期投资增加额	—	352691956.80			
(5)在建工程增加额	9538590.83	416779.83			
(6)其他长期资产减少	(115886277.77)	(146840614.37)			
小计	2577817599.66	272112382.51			
流动资产运用合计	2642851838.27	337146621.12	流动负债增加净额	1011435143.41	94425162.30
流动资金增加(减少)净额	(279658321.09)	(155503329.91)	流动资金增加/(减少)净额	(279658321.09)	155503329.91

石家庄宝石电子玻璃股份有限公司1997年度中期报告

一、财务报告(未经审计)

(一)财务报表

1. 简化的资产负债表(附表一)

2. 简化的损益表(附表二)

(二)财务报表附注

(1)本期财务报告所采用的会计政策与会计方法和1996年度财务报告 所采用的会计政策和会计方法保持一致,报表合并范围未发生变化。

(2)本报告期内按照国际会计准则和国内会计准则计算的净利润没有差异。

(3)应收帐款

	截止1997年6月30日	1996年12月31日
	人民币元	人民币元
应收帐款	248976116	265623027
减:坏帐准备	712997	712997
应收帐款净额	248623119	264910030

持本公司5%经以上股份的主要股东于1997年6月30日止,没有欠款。

(4)其它应收款

1997年6月30日	1996年12月31日
人民币元	人民币元
311139582	47618025

持本公司5%以上股份的主要股东(除集团公司外)于1997年6月30日止,没有欠款。本公司的其他应收款较上年度增加553%,主要原因是与集团公司的往来款项的变动。

(5)存货

	1997年6月30日	1996年12月31日
	人民币元	人民币元
原材料	51287361	42848626
备件及低值易耗品	181505545	225508308
在产品	16822594	13062509
产成品	244726662	200366281
合计	494342162	481785724

(6)一年内到期的长期负债

	年利率	币种	金 额	到期日	借款条件
债券发行	20%	人民币	50000000	97/12/12	集团担保
债券发行	20%	人民币	15000000	97/12/23	集团担保
总计			65000000		

(7)在建工程

工程名称	工程进度	实际支用数	预算数	批准文号	资金来源
		人民币元	人民币万元		
临时建筑小房工程	99%	345191	32	无	自筹
工程库存设备	99%	4849415	483	无	自筹
合计		5194606	515		

(8)无形资产

	1997年6月30日	1996年12月31日
	人民币元	人民币元
土地使用权		
原值	39777832	39777832
已摊金额	2225582	1876604
期末金额	37552250	37901228

本公司使用的土地均在中国境内,经国家批准从1994年4月1日起,使用期为50年。

(9)递延资产

项目	原值	已摊金额	期末余额
	人民币元	人民币元	人民币元
开办费	37495800	3811791	33684009
其他递延资产	225690410	9278498	216411912
合计	263186216	13090289	250095921

(10)长期借款

期初数	本期增加数	期末数
1597973911	279253369	1877227280

(11)主营业务收入

	1997年6月30日
	人民币元
黑白显像管玻壳	8865489
黑白显像管	24255584
彩色显像管玻壳	266503141
合计	299624214

主营业务收入是指销售给第三者及关联企业的黑白和彩色显像管玻壳及黑白显像管的发票销售额,减除销货退回及折让后的净收入。

(12)主营业务成本

	1997年6月30日
	人民币元
黑白显像管玻壳	8430095
黑白显像管	24974651
彩色显像管玻壳	204225721
合计	237630467

(13)关联公司交易

本公司与关联公司1997年1-6月份正常业务过程中发生以下重大交易:

	1997年6月30日
	人民币元
销售制成品	4512000
购入原材料	28415130
资产使用费	1590000

(三)主要财务指标

指标名称	1997年上半年
1. 每股净收益	-0.03元
2. 净资产收益率	-1.26%
3. 每股净资产	2.41元

注:96年中期未合并报表,各项指标均不可比,因此未列。

二、经营情况的回顾与展望

(一)上半年经营情况的回顾

1997年上半年。黑白电视机市场不仅延续96年的疲软状况,而且出现了日益恶化的态势。作为黑白电视机主要配套件的本公司产品--黑白显像管及黑白玻壳,其市场及售价也受到了严重的冲击。另外,彩壳市场的情况也不容乐观,与96年初相比,产品的售价大幅度下降,严重影响了经济效益。由于以上种种原因,我公司经营业绩急剧下滑,并出现了亏损。今年上半年,本公司共生产黑白玻壳99.39万只,黑白显像管36.55万只,分加销售15.08万只和28.12万只,实现销售收入3312.11万元。

石家庄宝石彩色玻壳有限责任公司(以下简称彩壳公司)的彩壳生产线自通过合同考核验收以来运行良好,产品产量已超过设计能力,质量也达到全国较好水平。上半年,共生产21"寸彩锥48.11万只,彩屏71.99万只,生产25"彩锥59.62万只,彩屏88.06万只,实现销售收入26650.31万元。

截止97年6月30日,本公司主营业务收入为29962.4万元,净利润为-1160.7万元。

（二）下半年展望

在公司的生产经营陷入困境的严峻时刻，省、市领导给予公司以亲切的关怀和巨大的支持，公司董事会充分吸取全体员工的聪明才智，积极筹划新的发展战略，以摆脱目前的困境，振兴宝石事业。为此，公司确定了今后的综合改造方案"一增两改一加强"，"一增"即彩壳生产线要增加品种，增加产量；"两改"即改造黑白玻壳生产线和黑白显像管生产线，调整产品结构，盘活存量资产，开避新的利润增长点；"一加强"即加强企业管理。实施以上方案，将从以下几方面着手：

首先，彩壳公司要积极利用外资，充分吸收国外先进的彩壳生产技术和经营管理经验，从而增加适销品种，扩大生产规模，增强市场竞争能力。争取在下半年生产并供应目前国内尚属空白，市场紧俏的29"寸彩色玻壳。

其次，利用黑白玻壳熔炉大修的机会，积极进行深入细致的市场调查与论证，以调整产品结构，生产适销对路的产品。同时，针对黑白显像管产品严重滞销的状况，也将开拓思路，利用现有的条件和技术，开发生产新产品。

另外，在资产重组方面要尽快迈出实质性步伐，通过资产置换、转让及收购，将优质资产注入本公司，以提高公司的盈利能力。

三、重大事件说明

1. 根据国务院证券委、中国人民银行、国家经贸委1997年5月21日联合发布的《严禁国有企业和上市公司炒作股票的规定》本公司经过认真自查，尚未发现有违反该规定的行为。今后本公司继续遵守国家的有关规定，规范运作。

2. 本公司中期不进行利润分配。

3. 本公司在报告期内无重大诉讼、仲裁事项。

四、发行在外股票的变动和股权结构的变化

1. 本公司报告期内发行在外的股票未发生变化，股权结构亦未变动。

2. 股权结构情况（截止97年6月30日）

股份单位：股　　每股面值：1元

股份类别	期初数	期末数
（一）尚未流通股份		
（1）发起人股份	233410500	233410500
其中：		
国家股	230410500	230410500
境内法人股	3000000	3000000
（2）募集法人股	4500000	4500000
（3）内部职工股	15116000	15116000
尚未流通股合计	253026800	253026800
（二）已流通股份		
（1）A股	2973200	2973200
（2）B股	100000000	100000000
已流通股份合计	129973200	129973200
股份总数	383000000	383000000

3. 主要股东持股情况

股东名称	持股数（万股）	占总股本（%）
（1）石家庄宝石电子集团公司	23041.05	60.16
（2）DAIWA SEVCRI TIES（HK）LTD	1650.00	4.31
（3）新利华集团公司	599.00	1.56
（4）吴静芳	393.85	1.03
（5）深圳天骥投资基金	300.00	0.78
（6）PERPETVAL FAR EAST CROWTH FUND	300.00	0.78
（7）中国电子进出口总公司	200.00	0.52
（8）文超	164.96	0.43
（9）豪时国际实业投资有限公司	105.70	0.28
（10）永胜袜业有限公司	101.16	0.26

五、股东大会简介

1997年6月6日上午9点30分，本公司于公司大会议室召开了1996年度股东大会。出席本次大会的公司董事、监事等高级管理人员及股东共104人，代表股份25772.21万股，占公司总股份的67.29%，符合《公司法》和《公司章程》的规定。会议一致通过如下决议：

1. 审议批准《公司董事会1996年度工作报告》；
2. 审议批准《公司1996年度财务决算报告》；
3. 审议批准《公司1996年度利润分配方案》；
4. 选举产生公司新一届董事会；
5. 选举产生公司新一届监事会；
6. 审议批准《公司章程部分条款修改的议案》；

六、备查文件

1. 载有董事长兼总经理董庆祥先生亲笔签名的中期报告原本；
2. 公司1996年度股东大会资料。

查阅地点：中国河北省石家庄市裕华东路279号，公司证券部。

联系电话：0311－6044705，传真：0311－6041503

石家庄宝石电子玻璃股份有限公司董事会

一九九七年八月八日

（附表一）

简化的资产负债表

1997年6月30日　　单位：人民币元

项目	期初数		期末数	
	母公司	合并	母公司	合并
流动资产	596878730.62	1046756137.30	536934522.68	1808740422.88
长期投资	439341956.80	/	477431444.93	/
合并价差	/	/	/	-12139702.89
固定资产净值	338984523.48	2628019910.20	324157486.75	2548416040.11
固定资产清理	/	/	42657.93	42657.93
在建工程	416779.83	9538590.83	550976.01	5194606.35
无形及递延资产	10182896.87	241889740.87	10077918.47	287648171.37
其他长期资产	/	71920000.00	/	7192000.00
资产总计	13858046887.60	3998124379.20	1349195006.77	4209822195.75
流动负债	329128162.09	1255867462.11	304166092.95	1192426773.97
长期负债	119990910.66	1700803910.66	119950000.00	1980147380.47
负债合计	449119072.75	2956761372.77	424116092.95	3172574054.44
少数投东权益	/	105411770.52	/	112903806.43
股本	383000000.00	383000000.00	383000000.00	383000000.00
资本公积	361627754.87	355857852.15	361627754.87	355857852.15
盈余公积	61127084.60	61862747.19	61194224.15	64712472.12
未分配利润	130930975.38	135230636.57	119256934.80	120774010.62
股东权益合计	936685814.85	935951235.91	925078913.82	924344334.88
负债及股东权益合计	138504887.60	3998124379.20	1349195006.77	4209822095.75

（附表二）

简化的损益表

1997年1－6月　　单位：人民币元

项目	母公司	合并数
主营业务收入	33121073.31	299624214.13
主营业务利润	（1682870.12）	54990803.60
其他业务利润	36164.70	719244.37
投资收益	18550569.13	/
营业外收支净额	1222075.80	1251996.62
以前年度损益调整	716730.52	716730.52
利润总额	（11522067.13）	（3180086.22）
所得税	84833.90	4148723.92
少数股东权益	/	4278090.89
净利润	（11606901.03）	（11606901.03

广州恒运企业集团股份有限公司

1996年年度报告摘要 (摘选)

一、公司简况

公司名称:广州恒运企业集团股份有限公司

法人代表:陈传实　　　　　　　　邮编:510730

公司地址:广州经济技术开发区西基工业区西基路

电话:020—82216220,82211510-8315　　传真:020—82215658

二、主要财务数据与财务指标

单位:人民币元

指 标 项 目	1996年	1995年	比95年增减(%)
1.主营业务收入	618,184,189.99	430,000,547.30	43.76
2.净利润	32,425,473.08	29,743,522.26	9.02
3.总资产	1,117,829,231.69	882,410,243.71	26.68
4.股东权益	355,293,881.21	327,680,008.92	5.94
5.每股收益	0.1532	0.1546	-0.91
6.每股净资产	1.679	1.703	-1.41
7.净资产收益率(%)	9.13	9.08	0.05
8.股东权益比率(%)	31.78	37.13	-5.35
9.发电量(万千瓦时)	77,353.2370	53,612.0000	44.28
10.供热量(百万千焦)	270,660.5454	112,664.0000	140.24

三、公司主要业务回顾

1.一年来公司经营情况

1996年,公司在董事会的领导下,及时把握国内外经济变化的新动向,积极寻找改革与开拓的新思路,从增强管理意识着手,把提高公司经济效益作为全年的中心工作,取得了较好的成绩,各项指标均达到或超过预测目标。作为广州市政府重点扶持的56家大型企业集团之一的恒运集团公司,今年全年发电量和销售额均比去年有大幅度提高。

1)1996年全年发电量77353.237万千瓦时,供热量270660.5454百万千焦;主营收入61,818.42万元,比上年度增加43.76%;净利润3,242.55万元,比上年增加9.02%。

2)1996年煤价比1995年上升17.29%,但由于公司重视对煤耗、水耗的计量及原煤质量、进价的控制,同时加强运行方面的技术管理,使今年发电煤耗比上年有所下降。

3)企业内部进行挖潜改造,组织科技攻关小组,已完成恒运热电B厂循环水泵、沉渣池设计修改等15个项目的技术改造。公司同时重视对生产运行中易发隐患重点部分的监督检查预防,事故发生率减少,保证了全年安全生产。

4)健全完善各项管理法规和制度,拓展新的资金渠道,合理调配资金,及时还清热电B厂三年期集资本息近亿元,尽量节约各项开支,提高了效益。

5)恒运热电C厂是本公司投资额最大的一个项目,经过几年的努力,目前主厂房已经交付全面安装,主机设备正式投入安装,预计今年第四季度建成发电,C厂的建成投产将使本公司的总装机容量从17.4万千瓦增加到38.4万千瓦。

2.主要经营指标分析

今年广州地区的新电厂陆续上马,使发电处于暂时供大于求的状况,由于电力市场供求关系的变化,调峰压负荷严重,在发电任务不饱满,上网指标少的情况下,公司的年发电量仍较去年大幅提高,增长了43.76%,上网电量增长了32.85%,公司1996年主营业务收入618,184,189.99元,实现净利润32,425,473.08元,比1995年增长9.02%,整个生产形势是较为令人满意的。

3.前次募集资金的运用情况

公司在本报告期内没有新募集资金。

1995年5月完成的1994年度每10股配1.666股的配股工作,实际配售社会公众股9,206,316股,法人股16,103,556股,共募集资金7,166.86万元,全部按配股说明书的规定分批投入正在建设的恒运C厂,目前C厂主厂房已经交付全面安装,主机设备正式投入安装,预计今年第四季度建成发电。

四、股本变化及股本结构情况

1.股本结构情况(截止1996年12月31日)

单位:股　　面值:每股1元

股 份 类 别	年初数	比例%	年末数	比例%
一、尚未流通股份				
1.发起人股份	106,325,998	55.257	116,958,598	55.257
2.法人股转配	16,103,556	8.369	17,713,912	8.369
二、已流通股份				
A股	69,992,318	36.374	76,991,549	36.374
三、股份总数	192,421,872	100	211,664,059	100

2.股本变动情况及原因

公司因1996年7月实施每10股送1股的分红方案,且由于公司原董事马灿彬先生因工作变动已于1995年4月辞去董事职务,其持有的股份于1996年5月上市。因此本公司董事、监事及高级管理人员持股数变更为49,302股,已流通股份变更为76,942,247股。

3.主要股东持股情况

股 东 名 称	持股数(股)	持股比例%
1)广州经济技术开发区工业发展总公司	85,357,755	40.327
2)广州经济技术开发区国际信托投资公司	37,594,474	17.761
3)广州经济技术开发区黄电实业总公司	11,695,860	5.526
4)许聘三	400,000	0.189
5)张 健	380,000	0.179
6)缺少资料(股东代码99094008)	377,000	0.178
7)陆海龙	274,620	0.130
8)郭植深	257,759	0.122
9)张水新	220,200	0.104
10)吴彩珠	220,000	0.1039

新疆汇通股份有限公司

1996年年度报告摘要（摘选）

一、公司简况

公司名称：新疆汇通股份有限公司

法人代表：郭三九　　邮政编码：830000

公司地址：中国新疆乌鲁木齐市黄河路22号汇通大厦

电话：0991—5852082　　传真：0991—4513130

二、主要财务数据与财务指标

单位：万元

指标项目	1996年	1995年	比上年增减(%)
1.主营业务收入	8,783.37	3,054.35	188
2.净利润	3,057.70	1,337.77	129
3.总资产	23,007.62	13,094.89	76
4.股东权益	15,992.32	5,891.52	171
5.每股收益(元)	0.61	0.36	69
6.每股净资产(元)	3.20	1.51	112
7.净资产收益率(%)	19.12	22.71	-16
8.股东权益比率(%)	69.51	44.99	54.5

扣除新股申购冻结资金利息的各项财务数据和财务指标

单位：万元

指标项目	本年数	上年数	比上年增减(%)
1.主营业务收入	8,783.37	3,054.35	188.00
2.净利润	2,726.80	1,337.77	103.83
3.总资产	23,007.62	13,094.89	76.00
4.股东权益	15,661.33	5,891.52	165.83
5.每股收益(元)	0.55	0.36	51.49
6.每股净资产(元)	3.13	1.51	107.43
7.净资产收益率(%)	17.41	22.71	23.33
8.股东权益比率(%)	68.07	44.99	51.30

三、公司主要业务回顾

1.一年来公司经营情况

1996年是九五规划第一年，也是公司发展史上具有重大战略意义的一年。公司股票1996年7月16日在深交所挂牌上市，实现了公司由生产经营向资本经营的重大转变。

在1996年度里，公司紧紧抓住国家宏观经济形势转好，第八个五年计划开始实施之际，在自治区人民政府、水利部、水利厅等上级有关部门的大力支持帮助下，公司各项事业取得了长足的发展，主营业务收入和利润等主要经济指标在95年高比例递增的情况下，今年又取得了快速的增长。公司贯彻董事会二届一次会议精神，实行一业为主、多种经营的战略，不断拓宽经营范围，向企业集团化、产品多元化方向发展。为此，公司1996年着重从以下几方面开展工作：

在主营业务方面：公司承建了哈巴河山口水电站、乌鲁瓦提水电站和彩南石油基地送变电等工程建设项目；新疆高压开关厂、新疆水工金属结构厂和厨具冷冻设备厂进行技术改造，产品实行多样化、标准化，结构日趋合理。在海南美兰机场部分工程项目的招标中一举中标，在新疆南部设立喀什分公司，承建水利、水电建设项目，实现了地域扩展。公司在主营业务方面共实现收入8783万元、实现利润总额3597.7万元、实现净利润3057.7万元，分别比上年增长188%、124%、129%，其中2418万元利润来自水利水电建设项目，330万元来自市政工程建设项目。在做好主业的同时，公司还大力发展旅游、房地产开发、物业管理，积极向新的行业进军。

目前，公司是水利部先进企业，连续三年荣获水利部"技术进步企业"称号。在承建水电站、大型金属结构件的生产安装方面占据了一定的市场。行业专业性较强，公司曾获国家优质工程银质奖、水利电力部优质工程奖和彩南变电工程优质奖；承建的喀什二级水电站6.1米钢球岔管和大山口水电站8.1米钢岔管及消除焊接残余应力等技术，居于全国领先水平。

2.实际经营成果与年度计划差异分析说明

本公司在《招股说明书》中预测1996年计划实现利润2661万元，1996年实际实现利润3597.7万元，比预计增加35%，其主要原因是：

1)扩大经营范围公司通过许多项目的建设施工，1996年经有关部门的批准，公司工程施工资质等级96年由国家二级升为国家一级资质。公司可承包各类大、中型水利水电工程及辅助生产设施的建设安装和基础工程建设施工；可承包单机容量10万千瓦机组火电厂整体建设安装工程；可承包建筑物(包括飞机、车、船)内外装饰工程，可生产制造35KV及以下各类高压开关配电装置及自动控制保护屏柜，可制作大型金属结构件、大型球岔、大型压力钢管等，使公司可独立承包水、火电站建设、施工、安装，大型项目即海南美兰机场工程项目的建设，并使公司获得良好的效益。

2)水电工程：哈巴河山口水电站、和田乌鲁瓦提水电站、麦盖提县200公里输变电线路、彩南油田原油反输工程泵站改造、阜康110KV变电所等项目工程的建设，上述工程在96年基本完工或竣工。由此增加利润890万元。

3)新建工程：特克斯引水枢纽工程、新疆引额济克水利枢纽工程、海南省美兰机场输油管线及储备油库工程、泽普县两渠合一水利工程等建设进入施工期。

3)对前次募集资金的运用情况说明

公司1996年6月下旬向社会公众发行股票所募集到的资金7500万元(未扣除发行费)，原计划投资到人民电站、上千佛洞水电站工程等项目中去。但是，由于国家宏观调控政策的影响，配套资金不到位，工程建设推后。近期，经双方研究协商，上述的两个电站由我公司自己建设，自己管理。此电站的装机容量共3.1万KW，需资金1.8亿。在此情况下，资金严重缺乏，为了能使资金确有保障和保证资金安全，维护广大股东的权益，给广大股东有丰厚的回报，公司决定除将部分资金用于技术改造，更新部分生产设备外，适时继续投入电站建设。

四、股本变化及股本结构情况

1.股本变化及股本结构情况

1)截止1996年12月31日，公司股本结构如下：

数量单位：万股　面值：每股1元

股份类别	年初数	本年增减	年末数
一、尚未流通股份			
1.发起人股份	3072.75		3072.75
2.社会法人股	100		100
3.内部职工股	577.25		577.25
合计	3750		3750
二、已流通股份			
社会公众股		1250	1250
三、股份总数	3750		5000

2)股本变动情况及原因

本公司在1996年度经中国证监会批准获得1250万股A股股票额度，并于1996年6月23日向社会公众公开发行1250万股A股股票，从而使本公司的总股本由原有的3750万股增加为5000万股。

3)主要股东持股情况如下：

截止1996年12月31日本公司前十名股东持股情况：

股东名称	持股数(万股)	占总股本(%)
1)新疆水利电力建设总公司	1500	30
2)中国江河水利水电开发公司	422.75	8.50
3)广东省经协能源化工公司	400	8
4)克拉玛依市天山实业开发公司	300	6
5)海南省国际信托投资公司	250	5
6)乌鲁木齐光源电力实业总公司	200	4
7)深圳宏成电脑有限公司	100	2
8)海南港澳发展公司	39.625	0.79
9)陈为建	24.99	0.49
10)中航租赁	20	0.40

无锡小天鹅股份有限公司

1996年年度报告摘要 (摘选)

一、公司简况

公司名称：无锡小天鹅股份有限公司

法人代表：朱德坤　　　　邮政编码：214035

公司地址：无锡市惠钱路67号

电话：(86)0510—3735827(直线)、3704003(总机)—2022

传真：(86)0510—3704031

二、主要财务数据与财务指标

指标项目	本年数	比上年增长(%)	1995年
主营业务收入(千元)	1,353,158	34.61	1,005,257
净利润(千元)	178,482	21.26	147,185
总资产(千元)	1,439,635	47.11	978,591
股东权益(千元)	897,056	67.40	535,868
每股收益(元)	0.7307	−27.91	1.0136
每股净资产(元)	3.67	−0.54	3.69
净资产收益率(%)	19.90	−27.56	27.47
股东权益比率(%)	62.31	13.79	54.76

三、公司主要业务回顾

1．一年来经营情况：

1996年，公司在国内市场国际化，品牌品种日益增多，竞争十分激烈的情况下，全年完成全自动洗衣机产量1,000,053台，完成年计划111%，比1995年同期增长23.6%，全年实现销售收入135,315万元，实现净利润17,848万元，分别比1995年同期增长34.61%、21.26%。

公司通过实施"名牌战略"、加快中小城市的市场开拓，扩大营销网络，完善售后服务，强化营销人员培训，进一步开拓了国内市场。据国家统计局最近公布的权威数据表明，1996年小天鹅洗衣机销量居全国洗衣机类第一名，全自动洗衣机市场占有率超过40%，至此，小天鹅全自动洗衣机已连续七年市场占有率达40%以上。此外，公司国际市场开拓取得突破性进展，1996年出口洗衣机81308台，比1995年增长约3倍，出口创汇1005.46万美元，比1995年同期增长70.81%。

公司通过实施"跳台策略"，进一步加快技术引进和新品开发的步伐，技术进步突飞猛进，新产品开发已开始步入正轨。产品生产稳定增长，质量不断提高，通过开展5S活动、"双班"制生产，提高了产量，通过强化内部管理，加强成本控制，进一步降低了生产成本，洗衣机日产水平从1995年末3000台/天提高到1996年末3980台/天，一次装配合格率从99.25%提高到99.36%。

公司通过宏扬企业精神，贯彻"立民族志气，创国际名牌"、"工厂出产的不仅仅是产品，更重要的是信誉和质量"、"只有24小时、365天运行才是真正的经营"、"没有超凡的产品，就不可能成为国际一流的公司"等经营理念，实行"裁决程序"、"签字原则"等措施，内部管理得到了加强，增强了企业的凝聚力，工作效率进一步提高。

2．按两种不同会计准则、制度计算的税后利润差异及说明：

根据中国会计制度计算，1996年公司创净利润17848.2万元；根据国际会计准则，转回提取的效益工资758.9万元，提取坏帐准备771.8万元，净利润调整为17853.3万元。

3．经营情况说明：

本公司在1995年股东大会通过的1996年经营计划中，全自动洗衣机销量目标为90万台，净利润为17330万元，在配售B股时，本公司承诺1996年净利润将不少于17500万元。本公司1996年实际完成全自动洗衣机销量1,002,052台，完成计划111%，比上年度增长23.26%，实现营业收入135,315万元，完成计划106%，比上一年度增长34.6%，实现净利润17,848万元，完成计划102.9%，比上一年度增加21.26%，均超额完成计划并兑现对股东的承诺，本年度实际经营结果与盈利预测无重大差异。

4．前次募集资金的使用情况说明：

1996年7月，公司经国务院证券委批准，向境外投资者配售了7000万股B股，共募集资金3.1亿元人民币，所募集资金全部投资于招股说明书所列项目，主要用于拓展公司经营，实行多品种经营，投资项目包括：

A、与日本松下公司合资组建无氟冰箱项目

B、与日本松下公司合资组建无氟冰箱压缩机项目

C、与德国博世—西门子家电集团合资组建厨房器具项目

D、全自动洗衣机3.8KG、4.5KG及不锈钢内桶新产品开发项目

目前，B股资金投入项目进展顺利，其中无氟冰箱已于1996年11月投产，其余项目进展顺利，将在1997年陆续投产。以下为B股募集资金使用情况一览表：

项　目	投资总额	本公司投资	本公司已投资	完成比例
无氟冰箱	48亿日元	9.6亿日元	7566万元	100.00%
无氟冰箱压缩机	2980万美元	596万美元	4530万元	90.00%
厨房器具	1700万美元	680万美元	848万元	15.00%
3.8KG、4.5KG洗衣机及不锈钢内桶	16440万元	16440万元	4179万元	25.42%
合　计		36998万元	17123万元	46.28%

1996年是小天鹅公司打基础的一年，经营业绩稳定增长，B股发行顺利完成，投资项目加快实施，人才培训步入正轨，所有这些为公司九五期间的发展打下了良好的基础。

四、股本变化及股本结构情况

1．股本变化及股本结构情况

截止1996年12月31日，公司股本结构如下：

	期初数	本期变动增减(+、-) 送股	其他	小计	期末数	发行A股后股本结构
一、尚未流通股份						
1. 发起人股份	76,126,800	15,225,360	0	15,225,360	91,352,160	91,352,160
2. 募集法人股	38,975,000	7,795,000	0	7,795,000	46,770,000	46,770,000
3. 外资股	30,109,200	6,021,840	0	5,021,840	36,131,040	36,131,040
尚未流通股份合计	145,211,000	29,042,200	0	29,042,200	174,253,200	174,253,200
二、已流通股份						
1.A股	0	0	0	0	0	60,000,000
2.B股	0	0	70,000,000	70,000,000	70,000,000	70,000,000
已流通股份合计	0	0	70,000,000	70,000,000	70,000,000	130,000,000
三、股份总数	145,211,000	29,042,200	70,000,000	99,042,200	244,253,200	304,253,200

1996年4月，根据公司1995年度股东大会的决议，公司实施了1995年度的股利分配方案，每10股分配现金5.30元，并每10股送2股红股。公司股本总额由14521.1万股增至17425.32万股。

1996年7月，经国务院证券委员会证委发(1996)14号文同意，发行7000万股境内上市外资股(B股)，并于1996年7月18日在深圳证券交易所上市交易。公司总股本由17425.32万股增至24425.32万股。

2．截止1996年12月31日，主要股东持股情况(前10名股东)：

股东名称	年末持股数	持股比例%
1. 江苏小天鹅集团有限公司	84690720	34.67
2. 大中华发展有限公司	36131040	14.79
3. BARING SECURITITES (HONG KONG) LIMITED CEREUS LT	20972100	8.59
4. 无锡市工业发展基金	13747200	5.63
5. 无锡市城镇集体工业联社	6661440	2.73
6. 南方证券有限公司	6476000	2.56
7. 西安万国房地产开发有限责任公司	400000	1.64
8. CREATE INVESTMENTS LIMITED 康创投资有限公司	2680200	1.10
9. 深圳士必达国际投资有限公司	1920000	0.79
10. 沈阳京联证券交易业务部	1800000	0.74

3．股东数量：

截止1996年12月31日，公司股东总数共2177户，其中法人股东97户，B股东2080户。

吉林化纤股份有限公司

1996年年度报告摘要 （摘选）

一、公司简况

公司名称：吉林化纤股份有限公司
法人代表：傅万才　　　　　　邮编：132101
公司地址：吉林省吉林市昌邑区九站街516－1号
电话：0432—3058446　　　　传真：0432—3058453

二、主要财务数据与财务指标

单位：元

指标项目	1996年	1995年	比同期±%
1.主营业务收入（元）	733,472,635.78	986,254,709.56	－25.63
2.净利润（元）	53,885,158.09	89,309,634.20	－39.66
3.总资产（元）	1061,631,452.91	742,209,137.44	＋43.04
4.股东权益（元）	587,502,272.79	325,043,491.18	＋80.75
5.每股收益（元）	0.369	0.776%	－52.45
6.每股净资产（元）	4.024	2.826	＋42.39
7.净资产收益率（%）	55.34	27.47	－66.62
8.股东权益比率（%）	9.17	43.79	＋26.38

注：申购无效的投资者资金在冻结所产生的存款利息收入分五年摊销，增加本年度净利润4,174,129.59元，剔除该因素后，本年度净利润是49,711,028.50元，每股收益0.34元，每股净资产是3.996元，净资产收益率8.52%，股东权益比率55.16%。

三、公司主要业务回顾

1．一年来公司经营情况

1996年全国纺织行业处境极为困难，市场疲软，经济效益大幅度下滑。我公司生产的粘胶纤维产品系纺织业的原料，纺织业的不景气必然波及化纤原料企业的生产经营。面对十分严峻的市场形势，我公司依靠科学管理，狠抓质量不放松，广泛深入地开展学邯钢、降成本、增效益活动，取得了较好成绩。虽然经济效益比上年和原预测数有较大差距，但在全国同行业中仍可居领先地位。全年共生产粘胶短纤维30964吨，在全国粘胶纤维生产企业中列第一位，市场占有率达到13.40%，生产粘胶长丝9825吨，位居全国同行业中第二位，全年基本实现了产销平衡。主营业务收入73347万元，比上年减少25.63%，主要是粘纤产品价格大幅度下降，平均比1995年下降约30%。主营业务利润6013.8万元，占公司利润总额6334.3万元的95%。

1996年公司实现盈利为6334.3万元，比上市招股说明书预测的11818万元，减少了5483.7万元，其主要原因是市场环境的影响，由于产品价格下跌，与年初相比，公司就减少利润12068万元。下面就盈利预测差异情况做简要分析，公司董事会希望广大股民能够给予理解。

实际经营成果与盈利预测分析

1996年公司实现利润6,334.3万元，比年初盈利预测11,818万元，减少了5,483.7万元，其主要因素是：

（一）减利因素

1）受全国纺织行业全行业形势不好的影响，使公司产品价格下滑，粘胶短纤维平均销售价格12783元/吨，比年初预测的1357元/吨低了794元/吨，粘胶长丝平均销售价格33100元/吨，比年初预测的40400元/吨低了7300元/吨；涤纶长丝平均销售价格15,570元/吨，比年初预测的16906元/吨低了1336元，影响销售利润12,068万元。

2）受市场影响，产品销量减少，其中粘胶短纤维减少销量3075吨粘胶长丝减少销量468.7吨，影响利润1258万元，以上1－2项共减利13,326万元。

（二）增利因素

由于公司深入学邯钢，挖内涵，抓住市场机遇，控制原材料采购成本，调整员工配备结构开支，消化了7842.3万元，具体分析：

1）降低原料采购成本，节约制造费用，降低消耗等增利1,691.3万元。

2）管理费用节约4331万元。

3）财务费用节约1,086万元。

4）销售税金减少增利129万元。

5）营业外收入增加488万元，主要是申购新股锁定资金利息。

6）营业外支出节约105万元。

7）投资收益增加11万元。

8）其他销售利润增利1万元。

以上1－8项增利7,852.3万元。

2．募集资金使用情况说明

本次募集资金21,652.2万元，全部用于2950吨粘胶长丝技改工程支出。

由于粘胶长丝市场形势好，公司提前投入准备，并筹集资金组织建设，资金到位后，保证了该项目提前投产。

2950吨粘胶长丝改造工程计划投资19682万元，实际完成30555万元，本次募集资金21,652.2万元，投入后，仍有8902.8万元缺口，此项资金已由公司自筹和借款解决，总投资超过概算的主要原因是：设备及建筑材料价格上涨，调整了部分工艺设备和增加生产能力等因素。但该项目已于1996年10月试产成功，并一次出正品，达产达标。

项目提前投产后，仅1996年后3个月就增加产量1179吨，增加利润85.3万元。

四、股本变化及股本结构情况

1．股本变化及股本结构的情况

1）1996年12月31日，公司股本结构如下：

单位：万股　　面值：每股1元

股份类别	年初数	占总股本比例%	年末数	占总股本比例%
一、尚未流通股份				
1．国家股	6940	60.34	6940	47.54
2．募集法人股	1800	15.65	1800	12.33
3．内部职工股	2762	24.01	2209.6	15.13
尚未流通股份合计	11502	100.00	10949.6	75.00
二、已流通股份				
社会公众股	/	/	3650	25.00
三、股份总数	11502	100.00	14599.6	100.00

2）股本变动情况的说明：

根据中国证监会[1996]114号文件批准，公司于1996年7月23日向社会公开发行了人民币普通股3097.6万股，同时批准552.4万元内部职工股占额度上市交易，故股本总额由11502万股增至14599.6万股。

主要股东持股情况3）前十名股东持股情况如下（截止1996年12月31日）：

股东名称	持股数（万股）	占总股本（%）
1）吉林化纤集团有限责任公司	6940.00	47.54
2）吉林省开发建设投资公司	300.00	2.05
3）吉林省吉林建设开发集团公司	250.00	1.71
4）萧山市地方投资公司	150.00	1.03
5）海宁化轻建材公司	150.00	1.03
6）中国纺织机械进出口公司	150.00	1.03
7）永新沈阳化工股份有限公司	150.00	1.03
8）北京市西城区泽园酒家	131.95	0.90
9）韩巍	113.23	0.78
10）北京云凤酒家	108.34	0.74

徐州工程机械股份有限公司

1996 年年度报告摘要 （摘选）

一、公司简况

公司名称：徐州工程机械股份有限公司
法人代表：陆志昌　　　邮政编码：221006
公司地址：江苏省徐州市苏堤北路 5 号
电话：(0516)5756044 转 2310 传真：(0516)5753155

二、主要财务数据与财务指标

指标项目	1996 年	比上年增长(%)	1995 年
1.主营业务收入(万元)	704,009,412.15	-11.2%	793,612,947.97
2.净利润(万元)	38,995,399.86	23.6%	31,544,951.65
3.总资产(万元)	1,171,010,756.74	10.3%	1,062,106,207.26
4.股东权益(万元)	376,773,439.56	11.4%	338,099,277.49
5.每股收益(元)	0.325	-1.2%	0.329
6.每股净资产(元)	3.14	-10.8%	3.52
7.净资产收益率(%)	10.3%	10.7%	9.3%
8.股东权益比率(%)	32.17%	1.06%	31.8%

注：①按加权法计算 1996 年每股收益为 0.375 元；

②公司发行冻结申购资金利息 9,043,421.56 元，其中冻结有效申购资金利息 39,411.23 元进入资本公积；冻结无效申购资金利息 9,004,010.33 元，其中 1,800,802.07 元进入 1996 年营业外收入。剔除发行股票冻结申购资金利息后，会计数据和业务数据摘要为：

指标项目	1996 年	比上年增长(%)	1995 年
1.净利润(元)	37,464,718.10	18.8%	31,544,951.65
2.股东权益(元)	375,242,757.80	10.99%	338,099,277.49
3.每股收益(元)	0.312	-5.07%	0.329
4.每股净资产(元)	3.13	-11.1%	3.52
5.净资产收益率(%)	9.98%	7.3%	9.3%
6.股东权益比(%)	32.04%	0.66%	31.83%

三、公司主要业务回顾

1. 一年来经营情况

1996 年受国家控制固定资产投资规模的影响，基础设施的建设投资规模增幅不大。公司紧紧抓住以压路机为代表的受用户欢迎的名优品牌产品，强化销售，加强售后服务，全年实现主营业务收入 70400.9 万元，实现利润总额 4615 万元，比 1995 年增长 24.3%。公司新产品 852、883 伸缩臂装载机、压路机分别进入三峡工程，黄河小浪底工程等国家重点工程。

(1) 建立和健全销售服务网络，提高竞争能力。

1996 年，公司进一步扩大了 27 个办事处的售后服务职能，建立了服务网络，使当年售后的产品 100%处在主动服务状态，“三包”期以外的产品 50%以上处在定期服务状态。公司向社会各界做出了质量承诺，保证做到 500 公里以内 24 小时服务到位，700 公里以内 48 小时服务到位，700 公里以外 72 小时服务到位。公司信守诺言，受到广大用户的好评。

(2) 瞄准市场需求，改进老产品，开发新的产品增长点。

1996 年，公司对主导产品 CA25 系列压路机驾驶室和操纵系统进行改进，使产品的技术参数和产品性能达到当代国际水平。对重点产品 YZ10J、YZ12—14J 进行重大技术改进，使产品性能更加稳定。对 ZL30E 产品从造型到结构进行了重新设计，销量由 1995 年的 332 台，提高到 526 台。公司技术开发部门，在市场调研的基础上，开发出沥清拌合站、轮式推土机、混凝土 60、80 拖式泵、28 米泵车、ZL85Z—Ⅲ等产品，这些产品在公司 1997 年的新品展示会展出，受到广大客户的关注，新品在展示会上十分抢手，这些新产品将成为公司 1997 年新的经济增长点。

(3) 采用信息技术，推进管理上水平。

1996 年公司投入 220 万元在两个分公司全面推行了 CAD 辅助设计、CAPP 辅助工艺设计，采用了有限元分析和三维实体造型，使产品的设计水平和工艺设计技术向当代国际水平迈进，提高了适应市场的技术能力。

在生产管理上公司采用先进的 MRP—Ⅱ计算机辅助管理系统，并通过计算机网络与公司在全国设立的 27 个销售办事处联网，建立起信息通道，使公司在市场信息采集、产品的设计开发、工程制造等环节处在受控状态，为公司更有效的适应市场、满足市场的需要提供了管理上的保证。

(4) 加强质量管理，减少质量损失。

1996 年，公司重点抓了采用先进工艺手段，强化工艺控制、深化工艺流程；推行 ISO9000 质量管理体系；争创国家名牌产品等，提高了产品可靠性，减少了早期故障率。装载机产品早期故障率降低了 16%，产品质量损失筑路机械公司比 1995 年减少了 141 万元。

(5) 公司以股上市为契机，进一步提高公司规范化运作水平。

1996 年，公司在经营中牢固树立全体股东负责和依法运作的观念，以公司持续发展和股东创造更大效益为一切行为的出发点和落脚点，注重公司的战略发展研究和技术创新研究，开展市场研究。竞争分析，提高竞争能力，公司注重长远发展战略的实施，认真贯彻董事会和股东大会的决议，按照招股说明书确定的资金运作计划使用募集资金，依法进行信息披露，提高了公司规范化运作水平。

(6) 公司与瑞士利勃海尔公司达成合资协议，开发、生产、销售世界水平的混凝土搅拌车和搅拌站，有利于公司长期发展混凝土机械。

2. 募集资金使用情况说明

1996 年公司 A 股募集资金计划三个项目投入 3450 万元，实际共投入 4077 万元。

(1) 扩大机电产品出口“双加”技术改造项目，计划总投入股金 7500 万元，主要为引进和购进各种关键设备，提高各关键工序设备水平，使其部分达到当代国际先进水平，以提高产品质量，扩大出口。该项目分三年投资建设，1996 年计划投入 2250 万元，已投入 2457 万元。目前，数控车床、数控切割机等已安装到位，其它工程正在按计划进行，1998 年竣工投产。

(2) “MOBI.OS 混凝土搅拌站火炬计划”项目，主要为新增 1500 平方米装配车间及型钢弯曲机、折弯机、等离子切割机等关键设备。原计划分两年实施完毕，1996 年计划投入 500 万元，由于市场急需加快了投资速度，实际投资 1320 万元，于 1996 年底竣工投产。

(3) “引进自行式平地机制造技术技改”项目，原计划投入股金 2040 万元，1996 年投入 700 万元，1998 年竣工投产。由于市场变化，该产品市场增长缓慢，经第六次董事会研究决定停止该项目建设，原定投入该项目的资金 2040 万元投入“沥清混凝土搅拌楼”项目。该项目产品因市场急需，为争取市场已于 1996 年投入 300 万元。

四、股本变化及股本结构情况

1. 截至 1996 年末，公司股本结构如下：

数量单位：股　　每股面值：1 元

	期初数	本次变动增减(+、-) 配股 送股 公积金转股	其他	期末数
尚未流通股份				
发起人股份	47,142,400			47,142,400
社会法人股	36,894,000			36,894,000
内部职工股	11,910,200		-6,000,000	5,910,200
尚未流通股份合计	95,946,600		-6,000,000	89,946,600
已流通股份				
境内上市的人民币普通股			30,000,000	30,000,000
已流通股份合计			30,000,000	30,000,000
股份总数	95,946,600		24,000,000	119,946,600

2. 股本变动原因：本年度新增发行 2400 万股社会公众股，使本公司股本总额由年初的 9594.66 万股增至 11994.66 万股；公司内部职工股占额度上市 600 万股。

3. 主要股东持股情况(前十名股东)：

股东	持股数
徐州工程机械集团有限公司	47,142,400
徐州回转支承公司	12,920,000
徐州工程机械桥箱公司	7,740,800
国家开发投资公司	6,000,000
北内集团总公司	2,000,000
倪巧巧	895,400
中国建设机械总公司	500,000
贵州轮胎厂	500,000
徐州市第三建筑工程公司	375,000
徐州市火花机械修造厂	305,000

4. 截至 1996 年末，公司股东总数为：37879 户，其中法人股股东 184 户，内部职工股股东 20541 户，社会公众股股东 17154 户。

赤峰富龙热力股份有限公司

1996年年度报告摘要 (摘选)

一、公司简况

公司名称：赤峰富龙热力股份有限公司
法人代表：　　　　　　　　邮政编码：024000
公司地址：内蒙古自治区赤峰市红山区北环路南4号
电话：0476—8239948、8240041、8239833　传真：0476—8222982

二、主要财务数据与财务指标

单位：元

指　标　项　目	本年数	上年数	比上年增减(%)
1.主营业务收入	113,786,834.96	89,972,148.71	26.47
2.净利润	20,190,274.62	15,153,825.84	33.24
3.总资产	240,372,422.87	133,827,731.99	79.61
4.股东权益	168,629,043.69	73,507,406.91	129.40
5.每股收益	0.37	0.36	2.78
6.每股净资产	3.05	1.77	72.32
7.净资产收益率	11.97%	20.62%	-41.95
8.股东权益比率	70.15%	54.93%	27.71

注：净利润中不包含新股申购冻结资金利息

三、公司主要业务回顾

1.一年的公司经营回顾

1996年，本公司仍然完全占有赤峰市城市集中供热的全部市场份额，供热面积达到了302万平方米，普及率48%，居全国中小城市的领先地位。全年实现主营业务收入11378.7万元，比上年增长26.47%，利润总额2419.9万元，比上年增长28.46%，人均创利5.2万元，这一业绩是令人振奋的。

城市集中供热是城市建设、节约能源和保护环境必须配套发展的城市基础产业，是国家进行城市工业化、现代化建设重点扶植的公用事业。1996年，公司紧紧抓住股票发行上市带来的历史性发展机遇，抓牢主业，抓准副业，拓宽了公司发展道路，并以其得天独厚的优势成为全国热力行业第一股。

1)人才与科技是公司致胜的法宝

公司一贯坚持"科技是先导，人才是制胜法宝"的兴企战略，通过多渠道引进人才，始终拥有着一支工作经验丰富、专业技术结构合理、创新能力强的优秀科技人才队伍。现具有大中专以上学历的员工达到了全员的68%，成为公司迅速发展的基础和支撑所在。

同时，公司内靠科技网络，外联科研院校，不断增加企业产品的科技含量。在全国率先应用计算机技术进行热网监控管理后，又引进开发了"水-水喷射"技术，实现了供热质量的再次飞跃，高科技必然带来高效益。据有关专家评价，两项技术的应用，使公司劳动效率担高200%，热能损失降低10%。公司人均劳效、热能利用率等指标继续处于全国同行业领先地位。

2)完善产业结构，强化主业的经济支柱地位

赤峰市经济的迅速发展使城区供热市场供不应求的状况还将持续相当长时间，为处于垄断经营地位的我公司提供了更为广阔的发展天地。公司立足自身的行业优势，把"热电气"三联产工程作为公司未来发展的支柱产业来建设，仅用148天就完成了一期供热工程，于1996年12月开始承提80万平方米的供热任务，为热源中心向我公司转移迈出了实质性的一步，揭开了我公司"热源—热网—体化"运作的历史性一页。

3)瞄准市场，根据市场需求开发新产品

在社会生活中汽车数量的迅猛增长，使人们对成品油及汽车维修服务的需求日益迫切。面对这一潜力巨大的市场，公司为了扩大和巩固市场占有率，开辟了机动车维修、零配件销售等配套经营项目，实现了成品油销售与机动车维修的"一条龙"服务体系。

为了充分开发利用当地贮量巨大的膨润土资源，公司率先将地区资源优势和自身的经济实力优势结合起来，确立了赤峰膨润土资源的独家经营地位。在扩大和巩固与华北、东北一些大型钢铁公司的供销业务同时，瞄准了庞大的石油钻探市场，研制开发了活性白土、钻井泥浆等有巨大市场潜力的高质量新产品，控股经营的富源膨润土化工有限公司，生产规模稳中有长，保持着国内同类企业的领先位置。

公司抓住《节能法》即将颁布之良机，为充分利用国家的产业优惠政策，在高起点上研制开发了具有国内先进水平的高效节能电子镇流器产品，在大连开发区注册设立的大连福华电子有限公司经试制和充分准备，已具备了1997年进行大批量生产的条件。一个以大连为窗口，以赤峰为生产基地，面向国内国际电子产品市场的又一产业支柱框架已初步形成。

4)更新企业管理观念，进一步规范运作

公司以股票上市为契机，完成了公司向集团化改组、商业化运作、多元化发展、集约化经营和制度化管理的机制转换。通过规范人来落实公司的规范化运作，这种"以人为本"的管理观念，在公司内部蔚然成风，已经形成了对股东负责的经营、管理和运作新模式。

2.公司1996年实现净利润2,019万元，比公司1996年披露的《招股说明书概要》中预测实现 净利润2,336万元略低，主要是由于钢铁行业不景气，促使内蒙古富源膨润土化工有限公司调整产品结构和营销战略，控制销量，加大新产品开发投入，影响了公司收益。同时，木制产品价格的下降使内蒙古富康木制品有限公司的利润未达到预期目标。然而，令人惊喜的是，以上两公司通过1996年的市场调整，富康公司以其质优价廉的木制品，扩大了市场占率；富源公司以其开发的新产品，有效地降低了经营风险，待钢铁行业回升时，能迅速大比例地战胜市场份额，发展前景甚为广阔。

3.募集资金的使用情况说明

1996年经中国证监会证监发字[1996]124号和证监发字[1996年]125号文件批准，在8月1日向社会公开发行面值1元，每股发行价5.88元的社会公众股股票1370万股，扣除发行费用共募得资金7475.6万元。根据招股说明书的投资计划，现对募集资金使用情况说明如下：

1)"热电气三联产"一期工程项目：投入到内蒙古泰龙热电股份有限公司(筹建)资金57,189,519.77元，按原计划其一期的供热工程于1996年12月正式投入运行，为一期工程在1997年胜利竣工奠定了坚实的基础。

2)2.5吨复合性粘结剂项目：公司于1996年8月9日召开首届董事会第九次会议，针对膨润土货款不能及时回笼的事实，分析研究了当前钢铁行业的现状，决定暂缓向内蒙富源膨润土化工有限公司投资建设此项目。

四、股本变化及股本结构情况

1.股本变化及股本结构情况

1)截止1996年12月31日，公司股本结构如下：

数量单位：股　面值：每股1元

股　份　类　别	年初数	比例%	本年增加数	年末数	比例%
一、尚未流通股份	41,600,000				
1.国家股	40,000,000	96.15		40,000000	72.33
2.内部职工股	1,600,000	3.85	-1,600,000		
二、已流通股份					
A股			15,300,000	15,300,000	27.67
三、股份总数	41,600,000	100	13,700,000	55,300,000	100

2)股本变动原因：在1996年8月1日向社会公开发行并于8月28日上市流通1530万股人民币普通股。

3)主要股东持股情况如下：

股　东　名　称	年末持股数(股)	持股比例
1)赤峰市煤气势力经营总公司	40,000,000	72.33%
2)海口长乐置业有限公司	449,564	0.81%
3)仲琪	401,600	0.72%
4)钟恒如	306,000	0.55%
5)李春招	302,000	0.54%
6)陈东南	291,330	0.52%
7)黄小萍	290,000	0.52%
8)李亚八	273,330	0.49%
9)黄利娟	252,700	0.45%
10)李雅非	247,900	0.44%

4)股东数量

截止1996年12月31日公司股东总数7208户，其中国家股东1户；社会公众股东7207户。

丹东化学纤维股份有限公司

丹东化学纤维股份有限公司上市公告书

一、要览

总股本:19,500 万股

可流通股本:6,000 万股

本次上市流通股本:6,000 万股

证券代码:0498

上市地:深圳证券交易所

上市时间:1997 年 6 月 9 日

登记机构:深圳证券登记有限公司

上市推荐人:华夏证券有限公司

深圳国投证券有限公司

二、绪言

本上市公告书是根据《中华人民共和国公司法》、《股票发行与交易管理暂行条例》、《公开发行股票公司信息披露实施细则》等有关法律、法规的规定编制的。本公司股票上市申请业经深圳证券交易所"深证发[1997]215 号"批准,将于 1997 年 6 月 9 日在深圳证券交易所挂牌交易。本次上市流通的股票全部为 1997 年 5 月 21 日至 5 月 28 日向社会公众公开发行的 6000 万股 A 股,本公司 2700 万股内部职工股按国家有关规定将于三年后申请上市交易。

本公司在 1997 年 5 月 18 日的《证券时报》、5 月 19 日的《中国证券报》上刊登了《招股说明书概要》,距今尚不足 6 个月,故与其重复的内容不再重述,有关内容请投资者查阅本公司《招股说明书概要》。

本公司董事会成员已批准本上市公告书,确信其中不存在任何重大遗漏或者误导,并对其真实性、准确性、完整性负个别的和连带的责任。

三、公司概况

1. 公司简介

公司法定名称:丹东化学纤维股份有限公司

英文名称:Dandong Chemical Fibre Go.,Ltd.

法定代表人:安福江

注册地址:丹东市振兴区纤维街 58 号

经营范围:主营化学纤维制造,化纤技术咨询与服务

所属行业:工业

公司成立日期:1993 年 12 月 22 日

公司咨询电话:0415－6193718

联系人:张捷

2. 历史沿革

丹东化学纤维股份有限公司是 1993 年 6 月经辽宁省体改委"辽体改发(1993)130 号"文批准,由原丹东化学纤维工业(集团)总公司(1996 年 11 月改制为丹东化学纤维(集团)有限责任公司)独家发起,将其所属的 6 个分厂的经营性净资产折价入股,并定向募集部分社会法人股和内部职工股而设立的股份有限公司。公司设立时总股本 13,500 万股,其中发起人股 10,125 万股,社会法人股 675 万股,内部职工股 2,700 万股。

本公司发起人丹东化学纤维(集团)有限责任公司拥有注册资本 32,000 万元,是国家大型一档企业,其前身安东化纤厂始建于 1939 年,是我国化纤工业的发祥地。多年来,集团公司坚持走自力更生、内涵发展的道路,不断加强技术改造、扩大生产规模,创造了良好的经济效益,并为全国许多化纤厂输送了大批技术力量和人才,为我国化纤工业发展作出了重大的贡献。1995 年,集团公司被国家统计局列入全国 500 家最大规模工业企业之一,1996 年被国家经贸委列为重点扶持的 300 户企业之一。

本公司改组设立后,集团公司成为本公司的控股公司。集团公司除主要通过本公司进行化纤产品的生产和经营业务外,集团本部保留了化纤工程设计与建设、机件加工、包装材料、生活服务等业务,本公司是集团公司属下最大的投资企业和主要的利润来源。

四、股票发行及承销

1. 股票公开发行

公开发行数量:6000 万股

发行价格:5.88 元/股

筹集资金总额:35280 万元

发行方式:全额预缴款,比例配售,余款转存

配售比例:0.05197

配售户数:2830 户

持 1000 股以上的户数:1118 户

发行费用总额:1200 万元

每股发行费用:0.20 元

发行市盈率:14 倍

2. 股票承销

本次公开发行的 6000 万股社会公众股中,社会公众认购 59989727 股,所剩零股 10273 股由主承销商包销。

3. 验资报告

本次公开发行的 6000 万股社会公众股的股本金已于 1997 年 5 月 28 日前全部划入本公司的帐户,并由沈阳会计师事务所出具验资报告,现抄录如下:

验 资 报 告

沈会师股验字第(1997)第 0012 号

丹东化学纤维股份有限公司全体股东:

我们接受委托,对丹东化学纤维股份有限公司截至 1997 年 5 月 29 日止的股本变更情况的真实性和合法性进行了审验。在审验过程中,我们按照《独立审计实务公告第 1 号－验资》的要求,实施了必要的审验程序。丹东化学纤维股份有限公司的责任是提供真实、合法、完整的验资资料,保护资产的安全、完整;我们的责任是按照《独立审计实务公告第 1 号－验资》的要求,出具真实、合法的验资报告。

丹东化学纤维股份有限公司变更前的股本为 135,000,000 元,变更后的股本为 195,000,000 元。根据我们的审验,截至 1997 年 5 月 29 日止,丹东化学纤维股份有限公司增加投入资本 340,800,000 元,并于 1997 年 5 月 29 日该资金已存入丹东市工行广场支行(帐号:1032210188－84)。变更后的所有者权益为 583,416,517.45 元,其中:股本 195,000,000 元,资本公积 280,800,000 元,盈余公积 25,659,977.63 元(其中公益金 8,553,325.88 元),未分配利润 81,956,539.82 元。与上述变更后投入资本总额相关的资产总额为 944,019,472.47 元,负债总额为 360,602,955.02 元。

沈阳会计师事务所　中国注册会计师　乌克平

1997 年 5 月 30 日　中国注册会计师　艾红卫

五、董事、监事及高级管理人员持股情况

姓 名	职 务	持股数(股)	比例(%)
安福江	董事长、总经理	100,000	0.051
岳钦廉	董事、副总经理	20,000	0.010
刘滨东	董事	10,000	0.005
冯月彬	董事、总会计师	19,000	0.010
赵向东	董事、副总经理	19,000	0.010
张建东	董事、副总经理	19,000	0.010
杨文忠	董事	14,000	0.007
甄英杰	监事会主席	10,000	0.005
赵盛君	监事	6,000	0.003
李淑琴	监事	0	0
合 计		217,000	0.111

六、关联企业及关联交易

1. 关联企业

本公司的发起人丹东化学纤维(集团)有限责任公司持有本公司股份10,125万股,占本公司总股本的51.9%,是本公司控股股东,其生产经营活动与本公司业务存在一定的关联关系。

本公司其他股东持本公司股份均不足5%,且与本公司没有关联关系。

2. 关联交易

(1)《服务协议》:由于本公司需要集团公司提供医院、职工宿舍、职工培训等方面的服务和提供工业用水、汽、空调、制冷等,本公司与集团公司签订了《服务协议》,规定本公司与集团公司在相互提供服务或劳务时应遵循市场一般原则,不得损害本公司其他股东利益。

(2)《粘胶短纤维20000吨/年移地改造项目工程建设协议书》。本公司委托集团公司承建粘胶短纤维20000吨/年移地改造项目工程,并签订了《建设协议书》,该协议对项目的交接、结算以及建造成本限制作了符合市场一般原则的规定。

七、股本结构及股东持股情况

1. 上市前的股本结构

股份类别	股数(万股)	比例(%)
尚未流通的股份		
发起人股:国有法人股	10125	51.92
募集法人股	675	3.46
内部职工股	2700	13.85
小计	13500	69.23
可流通的股份		
社会公众股(A股)	6000	30.77
总股本	19500	100

2. 前十名股东所持股数及比例

持 股 人	所持股数(万股)	所占比例(%)
1. 丹东化学纤维(集团)有限责任公司	10,125	51.92
2. 丹东国际信托投资公司	365	1.87
3. 中国银行大连国际信托咨询公司	100	0.51
4. 辽阳石油化纤公司	100	0.51
5. 中国民族国际信托投资公司上海业务部	50.7	0.26
6. 中农信合肥证券业务部	50.7	0.26
7. 天津信托投资公司南京业务部	50.7	0.26
8. 辽宁省国际信托投资公司证券总部	50.7	0.26
9. 海天景园	50.7	0.26
10. 上海兆基实业公司	50.7	0.26

八、财务会计资料

(一)审计报告

以下资料摘自沈阳会计事务所"沈会师股字[1997]第0013号"审计报告。

丹东化学纤维股份有限公司全体股东:

我所接受委托,审计贵公司1994年12月31日、1995年12月31日、1996年12月31日的资产负债表及1994年度、1995年度、1996年度的利润及利润分配表以及1996年度财务状况变动表。这些会计报表由贵公司负责,我们的责任是对这些会计报表发表审计意见。我们的审计是依据中国注册会计师独立审计准则进行的。在审计过程中,我们结合贵公司实际情况,实施了包括抽查会计记录等我们认为必要的审计程序。

我们认为,上述会计报表符合《企业会计准则》和《股份制试点企业会计制度》的有关规定,在所有重大方面公允地反映了贵公司1994年12月31日、1995年12月31日、1996年12月31日的财务状况及1994、1995、1996年度经营成果和1996年度资金变动情况,会计处理方法的选用遵循了一贯性原则。

沈阳会计师事务所　　中国注册会计师　乌克平

1997年3月10日　　艾红卫

(二)财务报表及其注释

1. 资产负债表(见附表)

2. 利润及利润分配表(见附表)

3. 财务状况变动表(见附表)

4. 重要会计政策

(1)会计制度:执行《股份制试点企业会计制度》。

(2)会计年度:采用公历制,即每年1月1日至12月31日。

(3)记帐原则:按权责发生制原则,采用借贷复式法记帐。

(4)计价基础:历史成本法。

(5)记帐本位币:以人民币为记帐本位币。

(6)坏帐准备:按应收帐款年末余额的5‰计提坏帐准备。

1996年根据丹东市地税局要求,改按应收帐款年末余额的3‰计提坏帐准备。

(7)存货:1996年以来,主要原材料涨幅大,为了及时掌握生产成本波动幅度,经市财政局同意自1996年3月份开始将用计划成本分配差异进行核算的办法改为按实际成本核算,改变核算办法后,对财务状况并不产生重大影响,其他材料均按计划成本分配差异核算,低值易耗品领用时一次性摊销,库存产品按实际成本计价,按移动平均法结转,产品销售成本、在产品按实际成本计价入帐。

(8)固定资产计价及折旧方法:

a 固定资产标准为单位价值在人民币2000元以上,使用期限超过1年以上的生产资料,固定资产按实际成本计价。

b 固定资产折旧采用直线法。

(9)无形资产及递延资产摊销:无形资产按合同或协议规定的年限摊销;递延资产按受益期摊销。

(10)销售收入的确认:

产品销售收入以产品发出或劳务提供,同时收讫价款或取得索取价款的凭证时确认。

(11)税项

a 流转税及附加税种税率

税 种	税 率
增值税	17%(按产品销售收入17%计算销项税额后扣除进项税额)
城市维护建设税	7%(按增值税、营业税)
教育附加	3%(按增值税、营业税)

b 所得税税率

经辽宁省人民政府批准,1992年丹东市政府与集团公司签订投入产出总承包合同。1993年6月集团公司以其6个分厂的全部生产经营性资产部分投资发起设立股份公司。鉴于上述情况,经丹东市人民政府同意,集团公司于1994年与股份公司又签订了投入产出总承包合同,确定了股份公司1994年和1995年的税赋上缴基数分别为4862万元及5101万元(利税基数包括增值税、营业税、城建税、所得税)。

1996年根据丹东市地税局及财政局以丹地税所[1996]22号文件,实际所得税税负为15%。

(12)税后利润分配:

a 弥补亏损

b 提取法定公积金10%;

c 提取法定公益金5%;

d 经股东会决议,提取任意盈余公积金;

e 分配股利。

5. 主要项目附注(截止1996年12月31日)

(1)应收帐款67,355,237.82元

按帐龄分类列示

帐龄	户数	金额	比例
一年以内	121	66,382,631.99	98.6%
一年至二年	1	485,727.26	0.7%
三年以上	2	486,878.57	0.7%
合计	124	67,355,237.82	100%

应收帐款此上年增加82.93%,主要原因为纺织行业1996年度出现前所未有的困境,对原料企业的化纤行业影响较大,为保证本公司化纤产品的市场占有率,相应采取了赊销方式,从而使应收帐款金额增加的幅度较大。

(2)其他应收款62,529,549.32元

帐龄分类列示

帐龄	户数	金额	比例
一年以内	13	61,789,264.32	99%
一年至二到			
二年至三年	11	740,285.00	1%
合计	24	65,529,549.32	100%

其他应收款比上年增加439.86%,主要原因是股份公司委托集团公司承建2万吨粘胶短纤维移地改造项目,投入资金较大。因此,由股份公司垫付6,030.94万元。

(3)存货119,521,519.33元

原材料	29,067,296.19
消耗材料	25,892,557.04
低值易耗品	143,889.87
包装物	468,995.33
在产品	11,181,556.66
产成品	52,767,251.24
合计	1119,521,519.33

存货金额比上年减少46%,主要原因是1995年末进口大批木浆、切片等主要原材料,价高批量大;而1996年末库存量大幅度下降,价格回落,仅6项材料库存金额下降9367万元,致使1996年存货金额减少。

(4)应付帐款84,399,212.50元

帐龄	户数	金额	比例
一年以内	35	83,779,906.28	99.26%
一年至二年	4	490,549.76	0.58%
三年以上	4	128,756.46	0.16%
合计	43	84,399,212.50	100%

应付帐款比上年增加115%,公司原材料采购有比较固定的渠道,在原料买方市场情况下,公司赊购的原材料也增加,应付帐款增加主要是欠辽阳石油化纤公司的切片款。

(三)主要财务指标分析

	1996年	1995年	1994年
流动比率	1.02	0.99	0.74
速动比率	0.63	0.38	0.26
资产负债率(%)	59.78	65.48	67.64
应收帐款周转率	13.01	36.50	
存货周转率	3.42	4.21	
净资产收益率(%)	15.14	38.12	34.47
每股净利(元)	0.27	0.58	0.41

九、董事会上市承诺

本公司董事会将严格遵守《公司法》、《股票发行与交易管理暂行条例》、《公开发行股票公司信息披露实施细则》、《深圳证券交易所交易规则》和有关法律、法规的规定,并自股票上市之日起作出如下承诺:

1. 按照法律、法规的规定和要求披露重大的信息,并接受证券主管机关、深圳证券交易所的监督管理。

2. 及时、真实、准确地公布中期报告和年度报告,并备置于规定场所供投资者公众查阅。

3. 本公司董事、监事及高级管理人员如发生人事变动或持本公司股票发生变化时,在报告证券主管机关、证券交易所的同时向投资者公布。

4. 在任何公共传播媒介中出现的消息可能对本公司股票的价格产生误导性影响时,本公司知悉后将及时对该消息予以公开澄清。

5. 本公司董事、监事及高级管理人员将认真听取社会公众的意见和批评,不利用已获得的内幕消息和其他不正当手段直接或间接从事股票买卖活动。

6. 本公司没有无记录负债。

十、重要事项揭示

根据本公司1997年3月3日股东会议的决议,本次新股发行完成前的滚存利润由新老股东共享。

本次股票发行后,首次股利分配预计在1998年3月进行。

十一、备查文件目录

1. 招股说明书
2. 中国证监会批准本公司公开发行股票的文件
3. 沈阳会计师事务所《审计报告》
4. 沈阳会计师事务所《验资报告》
5. 沈阳会计师事务所关于本公司《盈利预测审核报告》
6. 股票承销协议
7. 其他有关文件

丹东化学纤维股份有限公司

1997年6月5日

利润及利润分配表

单位:人民币元

项目	行次	注释	1996	1995	1994
一、主营业务收入	1.	25	677,923,848.57	971,667,244.73	787,777,729.10
减:营业成本	2.	26	579,575,620.75	808,050,122.63	635,305,475.76
销售费用	3.	27	699,550.07	1,618,178.28	2,920,970.06
管理费用	4.	28	30,700,640.20	46,976,833.64	47,742,515.88
财务费用	5.	29	21,063,499.67	29,778,868.55	28,994,358.53
进货费用	6.				
营业税金及附加	7.	30	3,597,927.59	4,635,826.57	8,298,728.15
二、主营业务利润	8.	31	42,286,610.29	80,607,415.06	64,515,680.52
加:投资收益	9.	32	1,933,643.62	1,950,003.28	1,402,501.42
三、营业利润	10.		44,220,253.91	82,557,418.34	65,918,181.94
加:投资收益	11.				
营业外收入	12.	33	128,788.38	1,060.00	132,937.89
减:营业外支出	13.	34	1,004,785.00	1,547,451.39	1,262,975.90
加:以前年度损益调整	14.	35	(-)142,146.27	(-)878,823.94	
四、利润总额	15.		43,202,111.02	80,132,203.01	64,788,143.93
减:所得税	16.	36	6,480,316.65	1,645,354.71	8,930,269.15
五、净利润	17.		36,721,794.37	78,486,848.30	55,857,874.78
加:年初未分配利润	18.		50,743,014.61	19,129,193.56	
盈余公积转入数	19.				
六、可分配的利润	20.		87,464,808.98	97,616,041.86	55,857,874.78
减:提取法定公积金	21.		3,672,179.44	7,848,684.83	5,585,787.48
提取法定公益金	22.		1,836,089.72	3,924,342.42	2,792,893.74
七、可供股东分配的利润	23.		81,956,539.82	85,843,014.61	47,479,193.56
减:已分配优先股利	24.				
提取任意公积金	25.				
已分配普通股股利	26.			35,100,000.00	28,350,000.00
八、未分配利润	27.		81,956,539.82	50,743,014.61	19,129,193.56

资 产 负 债 表

单位:人民币元

资产	行次	注释	1996.12.31	1995.12.31	1994.12.31
流动资产:					
货币资金:	1	1	25,846,593.95	49,181,722.71	4,812,062.83
短期投资	2				
应收票据	3	2	19,274,600.00	.21,430,000.00	
应收帐款	4		67,355,237.82	36,821,076.42	16,425,053.86
减:坏帐准备	5		202,065.72	184,105,.38	82,125.29
应收帐款净额	6		67,153,172.10	36,636,971.04	16,342,928.57
预付帐款	7	4	2,600,000.00		45,226,249.07
其他应收款	8	5	62,529,549.32	11,582,474.34	4,168,493.69
待摊费用	9	6	14,456,832.71	18,344,631.69	18,331,158.48
存货	10	7	119,521,519.33	219,906,743.84	163,958,133.46
待处理流动资产净损失	11				
一年内到期的长期债券投资	12				
其他流动资产	13				
流动资产合计	15		311,382,267.41	357,082,543.62	252,839,026.10
长期投资:					
长期投资	16				
固定资产:					
固定资产原价	18	8	530,929,858.82	457,894,189.09	453,333,201.77
减:累计折旧	19	9	266,196,847.05	246,858,591.38	219,925,975.93
固定资产净值	20		264,733,011.77	211,035,597.71	233,407,225.84
固定资产清理	21	10	456,642.83	369.60	

在建工程	22	11	20,544,723.60	22,025,779.38	9,548,926.76
待处理固定资产净损失	23				
固定资产合计	25		285,734,378.20	233,061,746.69	242,956,152.60
无形资产及递延资产:					
无形资产	26	12	6,102,826.86	6,232,674.24	6,362,521.62
递延资产	30				
无形及递延资产合计	35		6,102,826.86	6,232,674.24	6,362,521.62
其他长期投资					
其他长期资产	36				
递延税项:					
递延税款借项	37				
资产总计	40		603,219,472.47	596,376,964.55	502,157,700.32
负债及股东权益					
流动负债:					
短期借款	41	13	155,090,000.00	215,440,000.00	188,970,669.63
应付票据	42				
应付帐款	43	14	84,399,212.50	56,569,313.79	3,549,531.80
预收帐款	44	15	11,074,856.18	11,782,145.47	30,240,242.56
应付福利费	45	16	11,761,521.72	9,842,397.96	8,659,216.25
应付股利	46			35,100,000.00	28,350,000.00
未交税金	47	17	6,348,214.17	4,914,006.72	(－)2,787,083.61
其他未交款	48	18	1,812,510.50	803,291.58	1,022,633.20
其他应付款	49	19	22,876,978.05	21,838,811.95	69,787,341.58
预提费用	50			3,000,000.00	11,857,274.13
一年内到期的长期负债	51		12,000,000.00		
其他流动负债	52				
流动负债合计	53		305,363,293.12	359,289,967.47	339,649,825.54
长期负债:					
长期借款	56	20	51,100,000.00	28,100,000.00	
应付债券	57				
长期应付款	58				
其他长期负债	60	21	4,139,661.90	3,092,274.00	
长期负债合计	61		55,239,661.90	31,192,274.00	
递延税项:					
递延税款贷项	62				
负债合计	65		360,602,955.02	390,482,241.47	339,649,825.54
股东权益:					
股本	66	22	135,000,000.00	135,000,000.00	135,000,000.00
资本公积	67				
盈余公积	68	23	25,659,977.63	20,151,708.47	8,378,681.22
其中:公益金	69		8,553,325.88	6,717,236.16	2,792,893.76
未分配利润	70	24	81,956,539.82	50,743,014.61	19,129,193.56
股东权益合计	75		242,616,517.45	205,894,723.08	162,507,874.78
负债及股东权益总计	80		603,219,472.47	596,376,964.55	502,157,700.32

财务状况变动表

1996 年度　　　　单位:人民币元

流动资金来源和运用	行次	金额
一、流动资金来源		
1. 本年净利润	1	36,721,794.37
加:不减少流动资金的费用和损失:		
(1)固定资产折旧	2	24,698,300.17
(2)无形资产、递延资产及其他资产摊销(减其他负债转销)	3	129,847.38
(3)固定资产盘亏(减盘亏)	4	
(4)清理固定资产损失(减收益)	5	
小　计	6	61,549,941.92
2. 其他来源		

流动资金来源和运用	行次	金额
(1)固定资产清理收入(减清理费用)	7	2,446,995.48
(2)增加长期负债(少数股权)	8	36,047,387.90
(3)收回长期投资	9	
(4)对外投资转出固定资产	10	
(5)对外投资转出无形资产	11	
(6)资本净增加额	12	5,508,269.16
小　计	13	44,002,652.54
流动资金来源合计	14	105,552,594.46
二、流动资金运用:		
1. 利润分配		
(1)提取法定公积金	15	3,672,179.44
(2)提取法定公益金	16	1,836,089.72
(3)已分配股利	17	
(4)转入资本公积金	18	
小　计	19	5,508,269.16
2. 其他运用:		
(1)固定资产和在建工程净增加额	20	79,817,927.16
(2)增加无形资产、递延资产及其他资产	21	
(3)偿还长期负债	22	12,000,000.00
(4)增加长期投资	23	
小　计	24	91,817,927.16
流动资金运用合计	25	97,326,196.32
流动资金增加净额	26	8,226,398.14
流动资金各项目的变动		
一、流动资产本年增加:		
1. 货币资金	27	(－)23,335,128.76
2. 短期投资	28	
3. 应收票据	29	(－)2,155,400.00
4. 应收帐款净额	30	30,516,201.06
5. 预付帐款	31	2,600,000.00
6. 其他应收款	32	50,947,074.98
7. 待摊费用	33	(－)3,887,798.98
8. 存货	34	(－)100,385,224.51
9. 待处理流动资产净损失(减收益)	35,,	
一年内到期的长期债券投资	36	
流动资产增加净额		(－)45,700,276.21
二、流动负债本年增加数:		
1. 短期借款	37	(－)60,350,000.00
2. 应付票据	38	
3. 应付帐款	39	27,829,898.71
4. 预收帐款	40	(－)707,289.29
5. 应付福利费	41	1,919,123.76
6. 应付股利	42	(－)35,100,000.00
7. 未交税金	43	1,434,207.45
8. 其他未交款	44	1,009,218.92
9. 其他应付款	45	1,038,166.10
10. 预提费用	46	(－)3,000,000.00
11. 一年内到期的长期负债	47	12,000,000.00
12. 其他流动负债	48	
	49	
	50	
流动负债增加净额	51	(－)53,926,674.35
流动资金增加净额	52	8,226,398.14

海南海虹企业股份有限公司

1996年年度报告摘要 （摘选）

一、公司简况

公司名称：海南海虹企业股份有限公司

法人代表：贾延岩　　邮政编码：570105

公司地址：海口市龙昆北路15号中航大厦6楼

电话：(0898)6749421　　传真：(0898)6756994

二、主要财务数据与财务指标

单位：人民币(元)

指标项目	本年数	上年数	比上年增减(%)
主营业务收入	99,798,605.62	132,628,767.04	-24.75
净利润	41,540,838.35	-23,738,487.42	274.99
总资产	790,787,420.20	588,116,034.19	34.46
股东权益	414,027,979.25	372,487,141.40	11.15
每股收益	0.21	-0.12	2740.98
每股净资产	2.06	1.85	11.35
净资产收益率	10.03%	-6.37%	257.46
股东权益比率	52.36%	63.34%	-17.34

三、公司主要业务回顾

（一）一年来经营情况

1996年宏观经济调控取得良好成效，国民经济运行基本实现了软着陆。面对宏观经济形势的向好，海虹公司一方面以扭亏增盈、摆脱生存危机为基本目标，在全公司开展了一场“学邯钢、抓管理、增效益”活动，在加强企业管理、改进经营措施、降低生产成本上取得了明显成效，实现了预期目标；另一方面，努力寻求实现公司资产债务重组的途径，积极促成了原公司第一大股东的股权转让，为调整公司产业结构，实施新的发展战略奠定了基础。

1. 化纤主业在艰苦努力下维持了正常运转

连续三年的化纤市场滑坡，使1996年公司化纤主业面临严峻的生存危机。为扭转危机，摆脱困境，公司在下属各工业企业开展了“学邯钢、抓管理、增效益”活动，取得了较好成果，公司两个重点工业企业——化纤厂和水泥厂均实现了降低成本10%的目标。

1996年，公司改变化纤产品经营方式，由工厂负责生产，公司负责经营，加强了信息网络建设，及时反馈市场情况，适时开发市场紧俏的新品种，不断改进产品质量，在市场上取得了良好信誉。

为了解决资金困难，降低财务成本，公司以从银行开具承兑汇票方式，保证了公司生产经营的正常运转，并顺利完成了资金回笼计划。

1996年，海南化纤厂生产涤纶长丝4036.69吨，比上年略有减少，产品优一等品率比上年提高7.43%。销售产品4100吨，产销率达100%，化纤产品经营成效显著。

2. 水泥厂受自然灾害严重冲击，利润下降。

1996年湖南益阳地区遭到百年不遇的特大洪水袭击，水泥购买量剧减，价格一再下跌，水泥销售出现了旺季低于淡季的反常现象。1996年洞庭水泥厂生产水泥15.9万吨，比上年增长13.17%；完成工业总产值2305.5万元，比上年增长13.17%；销售水泥15.68万吨，比上年增长10.8%，产销率98.62%；完成销售收入3892万元，比上年增长9%；利润较去年有较大幅下降。但水泥质量继续保持了五个百分之百，该厂产品被湖南省技术监督局定为免检产品。

3. 房地产公司清理各项土地问题，其中与卖方协商修改土地转让合同，为公司节约开支400多万元。

4. 组建“海南化纤工业集团”的前期工作得到逐步推进。

（二）主要经济指标分析

1996年度公司主营业务收入为99,798,605.62元，比上年减少24.75%，主要是因为化纤厂和水泥厂产品销量及价格下降所致。净利润41,540,838.35，比上年增长274.99%，主要是公司投资法人股股权转让所取得的投资收益增加所致。

投资收益的增加，是海虹公司主营业务发展的趋势和结果。在过去的一年里，海虹公司不失时机地实现了第一大股东的股权转让。转让后，海虹公司对其经营发展的战略目标进行了调整，多元化经营、资产管理成为企业发展的主旋律。通过股权交易和企业重组，海虹公司正走向跨行业、跨地域、综合性、多元化的大规模投资及资产管理型企业财团，成为以资产经营为主业的控股公司。

四、股本变化及股本结构情况

（一）股本变化及股本结构情况

1. 股本结构(每股面值人民币1元)

股份类别	1996年12月31日	比例(%)
(1)尚未流通股份		
其中：发起人股份	103,251,936	51.28
募集法人股	28,293,959	14.05
高级管理人员持股	38,500	0.019
尚未流通股份合计	131,584,395	65.35
(2)已流通股份		
境内上市普通股	69,761,014	34.65
(3)股份总数	201,345,409	100

2. 本年度内公司股本没有变动。

3. 公司前10名大股东持股情况

股东名称	年末持股数(股)	占总股本比例(%)
中海恒实业发展有限公司	50,000,000	24.83
海南省开发建设总公司	24,750,593	12.29
中国纺织工业对外经济技术合作公司	15,886,759	7.89
湖南省益阳市经济委员会	10,400,000	5.17
海南省开发建设总公司工业公司	8,767,200	4.35
海南发展银行海口分行	4,950,543	2.46
建行海南省分行信托投资公司	4,950,400	2.46
海南省国际信托投资公司	3,640,000	1.81
宝安企业集团股份有限公司	3,640,000	1.81
海口宏博实业发展公司	1,310,400	0.65

注：海南省开发建设总公司所持股份减少20.96%，是因为将其持有的本公司股份3273万股以协议方式转让给了中海恒实业发展有限公司。

4. 股东数量

截止1996年12月31日，本公司股东总数为35246户。

四川峨眉山盐化工业(集团)股份有限公司

1996年年度报告摘要 (摘选)

一、公司简况

公司名称：四川峨眉山盐化工业(集团)股份有限公司

法人代表：何建勤

公司地址：四川省乐山市五通桥区文化街220号

电话：(0833)3354483　　传真：(0833)3351483

二、主要财务数据与财务指标

指标项目	本年数	上年数	比上年增减(%)
主营业务收入(万元)	20948.32	23,322.54	-9.79
净利润(万元)	-14,590.97	-7,348.10	-98.57
总资产(万元)	83,068.60	84,594.98	-1.80
股东权益(万元)	20,784.40	35,375.38	-41.25
每股收益(元)	-0.59	-0.29	-103.45
每股净资产(元)	0.83	1.42	-41.55
净资产收益率(%)	-70.20	-20.77	-237.99
股权权益比率(%)	25.02	41.82	-40.17

注：表中数据和指标均按合并财务报表计算填列。

三、公司主要业务回顾

1. 一年来经营情况

九六年，公司受国家宏观调控政策的影响"三角债"严重拖欠，公司流动资金极度紧张，生产经营遇到了前所未有的困难，加之公司内部管理较松懈，导致主产品产量减少，销售收入降低，消耗、成本大幅度上升，由此造成公司全年亏损比上年增加。

公司党政领导、广大职工在重重困难面前，坚守工作岗位，牢牢抓住基础产业，维持生产经营的进行。

公司全年产盐41.91万吨，比上年增加2.19%；产纯碱1.11万吨，比上年减少65.19%；生产氯化铵1.01万吨，比上年减少67.49%；产水泥4.30万吨，比上年增加0.83%。

九六年，公司在艰难地组织资金进行生产经营的同时作了以下主要工作(1)成立了"食盐定点生产质量体系验收领导小组"，认真落实各项整改措施，确保了全国碘盐生产定点企业检查验收一次性合格，为取得食用盐生产资格创造了条件；(2) 继续实施纯碱厂"四改六"技改工程，全年投资602.41万元，基本完成了合成氨"四改六"技改配套项目，部分完成联碱生产技改项目，为97年纯碱厂扩大生产能力打好基础；(3) 改造和完善了质量检测设施和条件，组织力量进行了"防止碘盐分解分红，增加碘盐稳定性，确保碘盐质量"的科研攻关，攻克了碘盐发红的难题，稳定了公司销售市场。此项科研项目荣获四川省委"金桥工程"三等奖和"省科研成果"三等奖；(4) 成立了公司清欠领导小组，领导亲自带队处出催收货款，全年货款回收率达85%，收回老货款568万元；(5) 采取措施节约开支，停开了非生产用汽车40辆，停用手机20部，加强职工水、电、气管理。

全年，公司主营业务收入20,948.32万元，比上年降低10.86%，利润完成-14,590.97万元，比上年增亏98.57%。

2. 对公司本年度亏损原因的说明

本年度，公司亏损14,590.97万元，主要原因如下：

(1) 公司原领导班子在国家宏观政策的调控中，经营管理工作不适应新形势的需要，没有很好地制定出灵活的经营决策和措施，没有争取到有利于企业发展的相应政策、主管部门和相关原燃材料供应单位的大力支持，企业的生存环境恶化，全公司生产经营处于很不正常的状况。主产品产量减少，销售收入降低，开支增加，形成入不敷出的局面。

(2) 企业改革迈不开步子，经营管理运行机制未能加以及时调整，机构重叠，人浮于事，办事效率低，管理费用增加。分配上不能打破大锅饭、铁饭碗，职工的生产积极性未能很好发挥，操作水平、工作质量降低。管理松驰，原燃材料耗费增大。

(3) 煤、电等原燃材料价格和运输价格大幅度上涨，使主产品成本上升1,293万元。

(4) 因增加融资利息和借款利息清算，致使本年度财务费用比上年增加879.87万元，全年财务费用高达6,304.84万元。

(5) 由于大环境影响和管理不良等原因，公司投资效益不佳，其中个别投资企业已资不抵债宣告破产，经年内对投资企业进行清算，影响收益2,895万元。

(6) 因流动资金严重不足和外部环境协调不畅，公司主产品纯碱停产达半年之久、纯碱、氯化铵分别比上年少产2.08万吨和2.09万吨，共减少收入1,753.5万元。

(7) 因三角债拖欠严重，原燃材料市场发生变化、管理不良等原因，使生产运行不正常，导致主产品消耗上升，减少利润571.62万元；因政策性因素变化，如养老保险、排污费等上升，造成管理费用比上年增加，减少利润1,033.27万元。

3. 资金运用情况说明

公司因九五年度亏损，九六年度没有向社会募集资金，在生产经营十分困难的情况下，利用提取的折旧资金投入生产技术改造，归还非银行金融机构借款，补充流动资金。

九六年资金使用情况如下表：

金额单位：元

生产技改工程项目	纯碱厂"四改六"项目	3,176,594.04
	纯碱厂甲醇工程	1,200,948.00
	乐山龙佛大楼	1,035,000.00
	英宝场地工程	1,745,596.32
	职工宿舍	3,771,725.41
	其他	29,199.40
新增各类固定资产原值		3,467,164.45
归还非银行金融机构借款		683,520.00
合计		15,109,747.62

四、股本变化及股本结构情况

股本情况结构表

数量单位：股　　每股1.00元　　截止1996年12月31日

	年初数	年末数
(一)尚未流通股份		
(1)发起人股份		
其中：国家拥有股份	74,181,252	74,181,252
境内法人持有股份	8,154,993	8,154,993
(2)募集法人股份	22,451,998	22,451,998
(3)其他(高级管理人员持股)	61,006	61,006
尚未流通股份合计	104,849,249	104,849,249
(二)已流通股份		
境内上市的人民币普通股	144,252,494	144,252,494
已流通股份合计	144,252,494	144,252,494
(三)股份总数	249,101,743	249,101,743

四川天歌集团股份有限公司

1996年年度报告摘要 （摘选）

一、公司简况

公司名称：四川天歌集团股份有限公司

法人代表：何军　　邮政编码：610041

公司地址：四川省南充市涪江路117号

电话：028—5566888　　传真：028—5585907

二、主要财务数据与财务指标

指标项目	本年数	上年数	比上年增减(%)
1.主营业务收入(万元)	14811.99	14606.95	1.40
2.净利润(万元)	838.06	143.08	485.73
3.总资产(万元)	57059.92	54249.56	5.18
4.股东权益(万元)	32537.44	31692.44	2.67
5.每股收益(元)	0.064	0.011	481.82
6.每股净资产(元)	2.66	2.57	3.50
7.净资产收益率(%)	2.42	0.43	462.79
8.股东权益比率(%)	57.40	58.42	-1.75

三、公司主要业务回顾

1．一年来经营情况

1996年公司认真落实年初制订的"调整夯实、严管兴企、稳步发展、力求实效"的方针，扭转了公司的困难局面，并使公司的发展出现了可喜的变化：利润比95年有较大幅度增长，结构调整初见成效，以四季服装为目标的天歌大服装体系战略迈出了第一步，物业投资收益稳定，建材产业发展步伐加快，新的产业结构初步形成。全年共生产各类服装126万件，实现营业收入1.48亿元，实现净利润838.06万元，出口创汇693万美元。

1)努力发展服装主业，加快大服装体系建设步伐。首先是本公司所属的南充羽绒制品厂加强了产品的开发与市场调研，加强了生产、销售等各个环节的管理和市场拓展力度，调整销售策略，销售收入较去年有较大幅度的增长，库存较往年有较大幅度的下降。其次是本公司在深圳的三家服装生产企业不断开发新产品、扩大生产规模，市场和客户稳定，效益在去年的基础上稳定增长。第三是列入国家"双加"工程的南充羽绒制品厂二期工程进展顺利，以及上海天歌服饰有限公司基建工程已完工，生产设备已经到位，现即将投产。这两个项目的建成，将有助于扩大规模、丰富品种、提高产品质量和档次。第四是在条件成熟的经营网点开设天歌服装专卖店的试点取得了经验，效果比预期的要好。

2)继续实施结构调整，合理的产业结构初步形成。96年通过调整，以服装、物业、建材三大产业为支柱的产业结构初步形成。物业方面：成都天歌大厦经营情况良好、效益稳定；上海天歌大地商厦后期配套工程市进展顺利，室内装饰及水电施工可在今年五月前结束，六月交付使用。建材方面：本公司承担的国家重点工程——塑料异型材项目通过一年的紧张建设，已于97年1月8日正式竣工投产。该公司投产后，将成为西南地区最大的塑料门窗生产企业。

3)加强经营管理，及时对极少数面临困难，出现亏损或业绩较差的子公司进行调整，达到了减亏、停亏或改善业绩的目的。

4)抓住各种市场机遇，本公司在其它投资及收益方面取得较好成绩。

总之，96年是本公司进行战略收缩调整，夯实基础初见成效的一年。通过调整，较好地加强了内部管理，产业结构趋于合理，各方面基础得到夯实，使公司业绩较上年有了较大程度的改善。

2．主要经济指标对比分析

主营业务收入14811.99万元，比上年增长1.40%。

实现净利润838.06万元，比上年增长485.73%。

96年营业收入和利润比上年增加，主要是由于：

(1)加强了产品开发与市场调研，加强了市场拓展力度，调整销售策略，使产品销售情况与上年相比有明显的改善；

(2)采取切实措施消化库存，盘活资金，96年库存下降幅度达30.61%；

(3)本公司在深圳的三家服装生产企业及成都天歌大厦效益在去年的基础上都有了不同程度的提高；

(4)本年度其它投资收益，比上年有较大幅度增长。

3．本年度公司没有募集资金。

四、股本变化及股本结构情况

1．股本结构

单位：万股；每股面值人民币1元

股份类别	期初数	期末数
一、尚未流通股份		
1．发起人法人持股	3933.44	3933.44
2．定向法人持股	2072.8	2072.8
尚未流通股份合计	6006.24	6006.24
二、已流通股份		
A股	7028.598	7028.598
其中：		
高级管理人员持股	6.69	6.69
已流通股份合计	7035.288	7035.288
三、股份总计	13041.528	13041.528

2．本年度股本无变动。

3．主要股东持股情况

股东名称	年末持股数(万股)	占总股本(%)
1)南充羽绒制品厂	3933.44	30.16
2)中国工商银行南充市分行	505	3.87
3)中国农业银行南充市分行	400	3.07
4)中国银行南充分行	300	2.53
5)深圳蛇口旭业投资发展公司	200	1.53
6)国投中嘉实业公司	180.8	1.29
7)深圳发展银行	100	0.77
8)中国宝安集团股份有限公司	100	0.77
9)深圳华厦实业股份有限公司	79	0.61
10)深圳市鸿基运输实业股份公司	50	0.38

4．股东数量

截止1996年12月31日，本公司股东总数为50528户，其中法人股东15户，社会公众股东50513户。

四川金路集团股份有限公司

1996年年度报告摘要（摘选）

一、公司简况

公司名称：四川金路集团股份有限公司

法人代表：吴世金　　邮政编码：618000

公司地址：四川省德阳市岷江西路二段57号

电话：0838—2207936　　传真：0838—2204384

二、主要财务数据与财务指标

单位：万元

指标项目	本年数	上年数	比上年增减%
1.主营业务收入	48688.24	41876.28	16.15
2.税后利润	7428.11	4629.37	60.46
3.总资产	85424.72	61745.00	38.35
4.股东权益	43537.67	33526.19	29.86
5.每股收益(元)	0.31	0.32	-3.13
6.每股净资产(元)	1.82	2.35	-22.6
7.净资产收益率(%)	17.06	13.81	28.53
8.股东权益比率(%)	50.96	54.30	-6.20

三、公司主要业务回顾

1.一年来经营情况

1996年公司继续实现了稳健经营，业绩稳步增长。资产总额、主营业务收入和利润总额三大指标，连续四年都以每年两位数递增。1996年末资产总额达85,424万元，比上年增长38.35%；主营业务收入达48,638.24万元，比上年增长16.15%；利润总额达8,308.4万元，比上年增长50.32%。由于公司良好的成长性，最近被四川省人民政府列入了全省37家扩张型企业，将会得到若干政策和资金方面的重点扶持。

回顾全年经营工作，公司主要取得了以下成效：

1)主业突出，获利基础牢固。1996年公司主营业务实现利润达6657.8万元，占利润总额的80.13%；投资收益1549万元，占利润总额的186%；其他业务利润和收益101.6万元，占利润总额的1.27%，这种利润结构反映公司主营业务获利仍占主导地位，公司"以实业为主导"的经营方针得到了很好的贯彻。

2)狠抓营销、促进货款回收。96年2季度，针对部分子公司产品市场疲软的情况，公司指派两名副总，重点帮助企业抓市场营销，扩大产品市场占有量；制定考核措施，将营销人员工资、奖金、旅差费、业务费包干，分解落实到人，按月量化考核兑现，极大地调动了营销人员工作积极性。同时，有选择地对重点地区建立营销网点，组织经销、代销，均收到很好效果。全年公司全部工业企业回收货款达49538万元，比95年净增4526万元，从而保证了公司全年业绩的增长。

3)狠抓管理，降低成本。年初公司提出"学邯钢、抓管理，努力降低成本"的工作方针，并制定全公司可比产品总成本96年比95年降低2—3%的计划目标。为此，全公司举办了各种学习班，培训人员，把降低成本和费用指标同各单位工资总额挂钩；各子公司也层层分解和落实指标，"奖勤罚懒"，逗硬考核。执行结果，公司全年可比产品总成本降低了3.1%，降低额达1,386万元。

4)抓紧技术改造，调整产品结构。96年，公司围绕主产品PVC树脂的扩能改造，进一步加快向上下游产业扩张，取得了较好成效。全年确定11个项目，投入资金7,948.3万元。四川省树脂厂聚氯乙烯"2改4"工程6月试车，8月正式投产，当年即多产PVC4,708吨，增产烧碱(100%)4,503.47吨；公司投资3000余万元合资新建成的下游产业东马压延人造革项目也正式投产，当年生产压延革168.31万码，创收入1,262.7万元；为解决PVC主要原料的来源问题，96年在兼并的什邡电厂投资3000万元开工建设4万吨/年电石工程，现已基本建成，97年4月可望投产，将大大降低PVC树脂的原料成本，并使原电厂的发电机组满负荷运行，从而提高电厂运行效益，以上项目都将在97年发挥更好的效益。

5)以业绩为保障实施资本扩张。96年度，公司经过法定程序和审批手续，上半年向全体股东按10:2比例派送95年度红股，下半年又按10:4比例向全体股东实施资本公积金转增股本，全年总股本扩张了68%。股本扩张后，公司高度注意保持对股东回报的稳定和提高，全年运作结果，每股摊薄后净收益达0.31元，基本上保持了上年的水平，股东利益得到了维护。

97年，公司将抓住机遇，推行资产重组，实现低成本扩张。同时，做好发挥近两年竣工的技改工程效力的工作，使当年业绩再上新台阶。

2.95年配股募集资金4,217.2万元。当年已严格按"配股说明书"披露的资金用途投入800万码/年压延人造革生产线3028万元，投入四川省树脂厂"二改四"工程1,300万元。该两项工程已在96年如期投产，并开始发挥效益。

四、股本变化及股本结构情况

1.股本变化及股本结构情况

1)股权结构情况

股份单位：万股　：每股1元

股份类别	年初数	本年增加数 送红股数 (10:2)	转增股本数 (10:4)	年末数
一、尚未流通股份合计				
1.国家股	2125	425	1020	3570
2.法人股	3275.2	655.04	1572.096	5502.336
合计	5400.2	1080.04	2592.096	9072.336
二、已流通股份	8862.2855	1772.4571	4253.8965	14888.0379
三、股份总额	14262.4855	2852.4969	6845.9925	23960.9739

注：国有股年末数3570万股中，有560万股由法人单位德阳市投资发展公司持有。

2)股本变动原因：

(1)1996年5月，经本公司第三届第一次股东大会审议通过，并经四川省证券监督管理办公室川证办(1996)13号文批复，以10:2派送95年度红股，送红股总数2852.4969万股，股本总额增为17114.9814万股。

(2)1996年10月，经本公司1996年临时股东大会审议通过，并经四川省证券监督管理办公室川证办(1996)45号文批复，以资本公积金转增股本。转增比例为10:4，转增股本数6845.9925万股，股本总额增为23960.9739万股。

3)前十名最大股东持股情况

股东名称	持股数(万股)	占总股本(%)
1)德阳市国有资产经营有限公司	3010	12.56
2)德阳市金路持股联合会	1885.3	5.78
3)深圳巨安投资有限公司	1197	4.99
4)四川金城实业发展公司	712.53	2.97
5)深圳经济特区发展公司	638.4649	2.66
6)德阳市发展投资公司	560	2.34
7)深圳西来洋投资公司	546	2.28
8)德阳岷江发展公司	423.15	1.77
9)深圳市鸿基运输实业公司	327.6	1.37
10)海口亚晨企业有限公司	327.6	1.37

4)股东数量

截止1996年12月31日，本公司法人股东17户(包括国有股)，个人股东为106249户。

丽珠医药集团股份有限公司

1996年年度报告摘要　（摘选）

一、公司简况

公司名称：丽珠医药集团股份有限公司

法人代表：徐孝先　　　　邮政编码：519020

公司地址：广东省珠海市拱北桂花北路

电话：(0756)8886713　8873018　　传真：(0756)8886002

二、主要财务数据与财务指标

单位：人民币千元

指标项目	1996年	1995年	1996-1995增%
1.主营业务收入	721,128	682,735	5.62
2.利润总额	96,933	88,751	9.22
3.净利润	81,439	80,153	1.60
4.总资产	1,316,718	1,110,767	18.54
5.股东权益	738,535	657,096	12.39
6.每股净资产(元)	3.70	3.29	12.46
7.每股收益(元)	0.41	0.40	2.50
8.净资产收益率(%)	11.03	12.20	-9.59
9.股东权益比率(%)	56.09	59.16	-5.19

注：以上数据经广州会计师事务所按中国会计准则进行了审计。

三、公司主要业务回顾

1996年是我国实施九五计划的第一年，随着医药流通领域的整顿和医疗体制改革的不断深入，市场竞争更趋激烈。面对严峻的局势，公司按照"统一意志，严密组织，理顺管理，强化调控"的工作方针，立足医药行业，加强产品开发和市场推广力度，调整代理品种结构，适应市场变化。1996年公司被认定为国家"火炬"计划重点高新技术企业，列1996年全国大型工业企业第475位；在全国149家重点化学制药工业企业评比中，公司各项经济效益指标均名列前茅，其中综合经济效益指数和全员劳动生产率两项指标在所列医药上市公司中均居首位。

1. 主营业务概述

(1) 工业生产和医药贸易

1996年，公司继续巩固"丽珠得乐"、"丽珠肠乐"、"丽珠赛乐"等重点产品的市场优势，其中国家一类微生态新药"丽珠肠乐"的有效期，从1996年7月起由半年延长至一年，使该药品1996年下半年的销量比上半年增长了150%；治疗脑血管疾病的新药"丽珠赛乐"注射液投放市场一年多来反映良好，1996年销售比1995年增长70%；新投产的丽珠合成制药厂凭借稳定的产量和质量，在国内原料药行业的竞争中处于优势，其产品氨苄青霉素三水酸、羟氨苄青霉素三水酸等半合成抗生素原料药投放市场后，受到广泛好评。

在稳定自产药品生产、销售的基础上，公司根据市场情况的变化，及时调整贸易药品的构成，建立新的市场营销架构，充分发挥营销网络的作用；整顿、培训销售队伍。

(2) 科研开发

1996年，公司科研开发新立项课题14个。由国家科委、省科委、丽珠集团三方组成的"国家中医药现代化工程技术研究中心"筹建成立，为公司中药开发及产业高起点发展创造条件。

1996年，治疗脑血管疾病的新药"丽珠赛乐"被国家科委认定为"火炬"计划项目，抗肿瘤新药"丽珠艾得新"获国家经贸委"国家级新产品"称号，并获1996年广东省医药科技进步奖；全年公司共有6个产品获新药证书或生产批文，6个品种完成临床实验报批新药证书并申报生产，2个品种进入临床。

(3) 科学管理

1996年，公司继续贯彻"以质取胜"的方针，把质量工作放在首位。公司强化财务管理工作取得一定成效，财务结算中心的试运行效果良好。

(4) 培植新的经济增长点，推动经济增长方式的转变

公司对湖北科益制药厂及其他兼并、控股工作进度加快，区别不同情况投入资金、配备管理人员，及时了解控股、参股公司的发展动态，积极参与经营管理。集团内部改革使企业趋于生产专业化，加快经济增长方式由粗放型向集约型转变。

(5) 基础建设

1996年，丽珠合成制药厂一期工程一次投产成功。二期工程的前期筹备工作积极展开；保健品厂的微生态制剂车间、中药厂软胶囊和栓剂车间、医用电子厂和拜阿蒙生物材料车间的技改项目完成前期准备工作。

2. 公司净利润审计差异说明

经广州会计师事务所按照中国会计准则审核，公司实现净利润8143.88万元。经香港德勤会计师行按照国际会计准则审核，实现净利润7221.00万元，两项之差额为922.88万元，主要原因是按国际会计准则，对坏帐备抵、应计费用等进行调整所致。

3. 前次募集资金运用情况说明

本报告期内公司未募集资金。前次募集资金运用情况已在1995年年度报告中披露。

四、股本变化及股本结构情况

1. 股本结构情况：(单位：股)

股份类别	年初数	本年增减(%)	年末数
(1)尚未流通股份	63,845,900	0	63,845,900
1.发起人股份			
外资股：	15,200,000	0	15,200,000
法人股：	48,640,000	0	48,640,000
2.法人股转配股	5,900	0	5,900
(2)已流通股份	135,576,507	0	135,576,507
1.A股	71,578,507	0	71,578,507
其中：			
高级管理人员持股	190,00	-36.84	120,000
2.B股	63,998,000	0	63,998,000
(3)股份合计	199,422,407	0	199,422,407

2. 股本变动情况及原因

本年度公司高级管理人员持股比上年减少36.84%，主要是由于第五次股东大会批准董事会、监事会换届选举，张京星、罗良永、梁志荣、沙仲杰、孙恒图等五位于1996年5月已不再担任本公司董事、临事职务，按有关规定，他们持有的7万股已于年内上市流通。

3. 前十名最大股东持股情况和比例(截止1996年12月31日)

股东名称	持股数(股)	持股比例(%)
(1)澳门南粤(集团)公司	15,200,000	7.62
(2)珠海市信用合作联社	12,137,440	6.09
(3)广东省制药工业公司	11,602,560	5.82
(4)珠海市医药总公司	9,344,960	4.69
(5)广州医药保健品进出口公司	8,897,440	4.46
(6)TEMPLETON CHINA WORLD FUND INC.	4,715,600	2.36
(7)TOP DYNAMIC INVESTMENTS LIMITED	4,153,400	2.08
(8)TEMPLETON DRAGON FUND, INC.	3,886,000	1.95
(9)中国银行珠海信托咨询公司	3,617,600	1.81
(10)珠海桂花职工互助会	3,040,000	1.52

重庆渝港钛白粉股份有限公司

1996年年度报告摘要 (摘选

一、公司简况

公司名称：重庆渝港钛白粉股份有限公司

法人代表：周国柱　　邮政编码：630020

公司地址：中国重庆市江北区建新北路41－1号

电话：(023)67856516　　传真：(023)67855803

二、主要财务数据与财务指标

指标项目	本年数 1996	上年数 1995	1996年度比1995年度增长%
1.主营业务收入(万元)	2500.94	3098.78	－19.29
2.净利润(万元)	－1318.45	285.40	561.96
3.总资产(万元)	99149.17	89553.96	＋10.71
4.股东权益(万元)	15278.03	16657.68	－8.28
5.每股收益(元)	－0.10	0.022	－554.55
6.每股净资产(元)	1.18	1.28	7.81
7.净资产收益率(%)	－8.62	1.71	－604.09
8.股东权益比率(%)	15.4	18.6	17.2

三、公司主要业务回顾

(一) 一年来经营情况

1. 公司产品产销量及市场占有率

本年度公司累计实现工业总产值2939万元，比上年增长6.7%，实现主营业务收入2501万元，亏损1318万元。

其中，主要盈利产品如下：

(1) 工业硫酸

1996年度产量为35099吨，年销售30290吨，实现销售收入1983万元。本公司工业硫酸是化工部重点生产厂家，获部和市优质产品称号，是我市和川东地区商品酸生产基地。产品主要销往川东地区及本市，市场占有率约50%。到目前为止，装备能力在国内同生产规模企业中居领先地位，年生产规模达8万吨。该产品除能保证公司钛白装置生产自用外，外供部分创取效益可观，为公司主营产品之一。

(2) 硫酸二甲酯

1996年度产量为1631吨，年销售1666吨，实现销售收入517万元。该产品是医药和农药行业的原料，年生产能力为5000吨。产品主要销往云、贵、川三省。西南地区市场占有率约60%，生产规模目前处于国内同行之首。

2. 公司本年度主营业务收入2501万元，亏损1318万元。

(二) 本年度公司净利润实际完成情况与盈利预测之差异说明

本公司钛白粉装置于1995年6月建成，经单机、联动试车后，8月进行化工投料试车生产，10月和11月分别试生产出第一批锐钛型和金红石型钛白粉产品。由于该装置还不够完善和当时缺乏流动资金及与英国ICI公司合资谈判的需要，于1996年3月停车至今。该装置还需经过一定整改完善才能竣工生产，故1996年亏损1318万元，与年中盈利预测500万元有差距。

(三) 募集资金使用情况说明

公司1996年度末新募集资金。在报告年度以前所募集资金已全部投入公司钛白粉工程，投资项目未作改变。该工程已于1995年度建成。募集资金投向的具体情况如公司《1994年度报告》所述。

四、股本变化及股本结构情况

1. 股本变化及股本结构情况

(1) 本年度公司股本结构如下表所示：(单位：股)

股份类别	年初数	占总股本比例(%)	年末数	占总股本比例(%)
(一)尚未流通股份				
1.发起人股份				
其中：国家股	37282600	28.68	37282600	28.68
外资股	37282600	28.68	37282600	28.68
2.内部职工股	7000	0.005	6000	0.004
尚未流通股份合计	74572200	57.365	74571200	57.364
(二)已流通股份				
A股	55433000	42.635	55434000	42.636
(三)股份总数	130005200	100	130005200	100

(2) 股本变动情况及原因

依据《公司法》之有关规定，公司总经理助理陈光宗先生不属于公司的董事、监事及经理，其持有的原未准许流通的1000股内部职工股已于1996年底获准上市流通，故截止报告年度末本公司内部职工股总数由原来的7000股减至6000股。

(3) 主要股东持股情况

依据深圳证券结算公司提供的有关资料，截止1996年12月31日，本公司前10名最大股东持股情况如下：

序号	股东名称	持有股数(单位：股)
1	重庆市国有资产管理局(国家股股东)	37282600
2	香港中渝实业有限公司(外资股股东)	37282600
3	南方番禺	345200
4	李素英	310060
5	吴烈从	225000
6	李福鱼	200000
7	高存班	200000
8	杨国华	200000
9	协力公司	160000
10	刘宝珍	152100

(4) 股东数量

依据深圳证券结算公司提供的资料，截止1996年12月31日，本公司股东总数为36009户，其中，国家股股东1户，外资股股东1户，个人股股东36001户，内部职工股股东6户。

2. 公司董事、监事与高级管理人员持股情况

序号	姓名	期初数	期末数	变动股数
1	周国柱	6600	6600	无
2	张松桥	0	0	无
3	林晓露	0	0	无
4	张镇国	5200	5200	无
5	雷正魁	10800	10800	无
6	牟森万	0	0	无
7	王文铠	4000	4000	无
8	李有义	0	0	无
9	王光焱	2000	2000	无
10	骆瑞刚	3800	3800	无

宁波中元股份有限公司

1996年年度报告摘要（摘选）

一、公司简况

公司名称：宁波中元股份有限公司

法人代表：杨建群　　　　邮编:315040

公司地址：宁波市中山东路505号

电话：0574—7331696转2020　　传真：0574—7374078

二、主要财务数据与财务指标

指标项目	96年度	95年度	比上年增减(%)
1.主营业务收入(万元)	7644.51	7065.78	8.2
2.净利润(万元)	1111.39	1720.48	-35.4
3.总资产(万元)	27167.66	27142.00	1.3
4.股东权益(万元)	19086.41	17546.94	8.8
5.每股收益(元)	0.12	0.20	-40.0
6.每股净资产(元)	2.12	2.05	3.4
7.净资产收益率(%)	5.82	9.81	-40.7
8.股东权益比率(%)	70.25	64.65	7.4

三、公司主要业务回顾

1.一年来公司经营情况

1996年,公司工业块两大主导产品——冷轧机和精密无缝钢管,市场竞争日趋激烈。冷轧机和精密无缝钢管生产厂家的增多,精密无缝钢管的重要用户的限产、压库,买方资金的匮乏等等行业、市场因素直接给公司产品的销售带来了影响,公司全年销售各档规格冷轧管机34台/781吨,比上年减少9台/202吨,销售额1691万元,比上年减少14.5%;精密无缝钢管4285吨,比上年减少753吨,销售额3814万元,比上年减少2.8%。

面对主业滑坡这一严峻形势,公司经理层在董事会的领导下,继续坚持即定的"工业为主"的经营方针,加大工业块改革力度,清理整顿了工业产品的生产销售结构,组建了"中元钢管有限公司",统一领导公司钢管产品的生产销售。而公司另一主导产品——冷轧机由宁波机床总厂专业生产、销售,同时成立机电研究所由公司直辖,专项负责冷轧机和钢管新产品的研究、开发工作。冷轧机生产与钢管生产的分离,钢管公司的组建,机电研究所的设立,这一系列经营结构的调整有效改善了公司基础工业产品在原材料进厂、生产、销售、新产品开发等各个环节的经营环境,为公司夺回市场,保持及至扩大市场占有率创造了条件。

中元房地产公司在市区中兴路锦苑小区开发的4.4万平方米建筑面积的商住用房,各项工程均已完毕,现房销售情况良好。在全国房产行业普遍不景气的背景下,宁波市很多房产公司房屋出现大量积压,本公司房产公司化压力为动力,运用广告等促销活动积极推介宣传,并采取了银行按揭、购房分期付款、向甬中元股民实行优惠售房等灵活多样的销售方式。同时积极拉大客户购房,与宁波卷烟厂达成购房协议,宁波卷烟厂一次性购房面积10900平方米。截止1996年底,回笼资金2000万元,全部资金回笼可望达7300万元。

公司为理顺内部物业管理的关系,合理利用房产资源,盘活存量资产,使公司资源、资产得到最大限度的发挥,于1996年上半年注册成立"宁波中元物业管理有限公司"。物业公司成立以后,通过合作联营等形式,积极开展三产业务,安置部分下岗职工,现公司总部办公大楼约9000多平方米的房产资源已得到充分利用,1996年全年收益为264万元,预计1997年收益可达300万元。

2.主要经济指标说明

公司全年主营业务收入7644.5万元,比上年增加8.2%,主营业务利润221.5万元,比上年减少22.10%,净利润1111.4万元,比上年减少35.4%。利润比上年下降主要原因是工业块利润及对外投资收益减少。

四、股本变化及股本结构情况

1.股本变化及股本结构情况

单位:股　　面值:每股1元

股份类别	期初数	本次变动增减(+、-) 送股	其他	小计	期末数
一、尚未流通股份					
1.发起人股					
其中:					
国有股	16985883	+849294	+1575000	+2424294	19410177
境内法人持股	2254743	+112737		+112737	2367480
2.募集法人股	39895455	+1994769	-1575000	+419769	40315224
3.高级管理人员持股	30500	+1525	-11499	-9974	20526
尚未流通股份合计	59166581	+2958325	-11499	+2946826	62113407
二、已流通股份					
1.境内上市的人					
民币普通股	26450406	+1322529	+11499	+1334028	27784434
已流通股份合计	26450406	+1322529	+11499	+1334028	27784434
三、股份总数	85616987	+4280854	0	+4280854	89897841

2.股本变化情况及原因

1996年6月6日,公司董事会换届选举,原董事长虞一新先生、董事张泽斌先生、监事包江平先生、张建波先生、副总经理高宝玉女士不再担任相应职务,按照有关规定,上述人员所持"甬中元A"共计32392股(即1995年度送股前的30850股)于1996年12月上市流通。现高级管理人员持股数为20526股(即1995年度送股前的19550股)。

3.主要股东持股情况(前十名)

股东名称	年末持股数(股)	占总股本比例(%)	年内股份增减(+、-)	变动情况
1)宁波市财政局(国有股)	27447677	30.5	+10461794	股份受让及送股
2)宁波东方电脑设备有限公司	25190193	28.0	+10199533	股份受让及送股
3)北京清华双阜技术开发公司	3434272	3.8	+3434272	股份受让
4)深圳早稻保险咨询有限公司	2634630	2.9	+2634630	流通股买入
5)宁波港务局	1732500	1.9	+82500	送股
6)海军4819工厂	1578320	1.8	-676423	股份转让
7)清华双阜	1405366	1.7	+1405366	流通股买入
8)富隆特司	793303	0.9	+793303	流通股买入
9)宁波联合实业有限公司	787500	0.9	+37500	送股
10)苏培源	634000	0.7	+634000	流通股买入

4.股东数量

公司截止于1996年12月31日本年度报告期末登记在册的股东总数为13231户,包括国家股东1户,法人股东20户,个人股东13210户(其中高级管理人员6名)。

江苏三山实业股份有限公司

1996 年年度报告摘要 (摘选)

一、公司简况

公司名称：江苏三山实业股份有限公司
法人代表：盛兴昆　　邮编：215300
公司地址：江苏省昆山市长江中路 117 号
电话：0520—7303713　　传真：0520—7303713

二、主要财务数据与财务指标

单位：元

指 标 项 目	1996 年	1995 年	比上年增减(%)
1.主营业务收入	83528413.00	164607695.32	-49.26
2.净利润	-28626917.90	-14293776.76	-100.27
3.总资产	273912336.02	301204460.77	-9.06
4.股东权益	178999956.00	208964297.90	-12.12
5.每股收益	-0.214	-0.107	-100
6.每股净资产	1.338	1.562	-14.34
7.净资产收益率(%)	-15.99	-6.84	-133.77
8.股东权益比率(%)	65.35	69.38	-4.03

三、公司主要业务回顾

1. 一年来经营情况

1996 年应该说是苏三山公司的发展历史上难题最多、困难最大的一个年头。由于化纤行业限价的产业政策，以及国际市场产品对国内化纤企业的强烈冲击、产品价格下跌和产品原料价格上涨带来的双重压力，1996 年化纤企业亏损面达 80%以上，相当大比例的化纤企业被迫停产或限产，连号称化纤企业航空母舰的仪征化纤和上海石化等特大型企业也未能幸免。公司全体员工的共同努力依然没能改变亏损的局面。本公司 1996 年全年亏损为 2862.7 万元，其中主营业务亏损为 2878.3 万元。

公司主营业务为涤纶丝生产。1996 年度涤纶长丝共生产 4014.2 吨，比 1995 年减少 19.6%；销售量为 4305.4 吨，产销率为 107.2%。涤纶长丝销售收入为 6115.4 万元，加上其他营业收入共为 8352.8 万元，与 1995 年主营业务收入 16460.8 万元相比，下降幅度较大。

主要原因是：

1)行业不景气：

A 规模不经济。公司 POY、EDY 生产车间被迫停产达 132 天，开工率仅为 63.8%，由于产量低，生产成本上升，造成严重亏损。

B 库存高价原材料增加生产成本。1995 年底库存原材料(聚酯切片)907.2 吨，平均价格在 17000 元/吨，1996 年因为大部分化纤企业限产停产，造成切片供大于求，1996 年底价格降至 8300 元/吨，差价达 8700 元/吨，单这个差价就造成全年生产成本上升 789.3 万元，导致的亏损达 650 万元以上。

C 库存产品现市价下降。年底库存的 541.2 吨涤纶长丝产品，因 1996 年市价下滑，每吨亏损近 5000 元，由此造成的亏损达 270 万元以上。

2)管理不善、市场反应不灵敏。公司管理不善，存在原料、能源、物料、人力的浪费。涤纶长丝各品种季节性强，新产品市场销售周期短，而公司市场反应能力、内部协调能力差，失去了机会。

3)公司主业生产分布不合理。化纤生产分布在两个地方，使得生产附料及配套单位成本一直居高不下，造成生产成本加大。

公司各项兼营业务 1996 年也十分不景气。房地产由于市场冷淡，公司全部地产项目的投资在 1996 年基本没有经营活动，也没有产生任何经济效益；贸储业务由于各方面原因也出现了亏损；期货公司由于经营管理不善也造成亏损；公司全资或控股的利华、建华、达华等公司也都因市场问题和经营问题出现了相当程度的亏损。这更使得整个苏三山公司业务呈现出一片悲歌的局面。

公司上下做了很多努力。为了解决资金紧张的问题，1996 年下功夫做了压库和催付应收款的工作。原料切片由年初库存 907.2 吨降至年末的 60.6 吨，涤纶长丝产品库存由年初的 541.2 吨降至年末的 133.9 吨，仅此二项即减少流动资金 1800 万元以上。1996 年还组织了专门队伍，加强催讨应收款的工作，1996 年化纤产品应收款因此下降 193.3 万元。

1996 年涤纶长丝新产品开发和技术改造工作取得了显著成绩。1996 年成功地开发了国家“八五”重点攻关项目“舒适性涤纶长丝”，并于 3 月底通过国家鉴定。10 月份获国家计委、国家科委、财政部联合颁布的国家“八五”科技攻关重大科技成果证书。在资金极为紧张的情况下，投入 500 多万元以上新购二台 KJKV518 平行牵伸机和一台法国产 FIF-8E3 加弹机。满足了用户要求，平衡了生产能力，提高了设备技术档次。由于产品开发的技术改造做的较为成功，涤纶长丝常规纺车间全年得以保持正常生产，在一些新产品上也有盈利。

2. 解决困难的方案

基于对国家宏观经济形势和产业市场环境的研判，结合公司的经营状况，董事会和经营班子确定了 1997 年度公司的发展方针为：效率、改革、扭亏、发展。以效益、效率为中心；组织调整、观念更新、机制诱人；主业更新、资源优化、盘活资产；在资源性产业中求生存、在资本市场中创效益、在多元投资中避风险。

1)对化纤主业进行重大技术改造，遵照董事会决议，成立江苏三山昆山化纤有限公司。将分散的化纤生产集中在昆山经济技术开发区。强化统一管理，降低管理成本，提高生产能效；更新设备，以提高产品质量、提高设备效率。纠正脑体倒挂现象，保护知识产权和重奖产品开发有功人员，加大新产品开发力度，多开发高附加值并生产适销对路产品；优化分配机制、提高全员劳动生产率、剥离非生产性费用。稳定和巩固化纤主业，使化纤主业扭亏为盈。

2)将对位于环境优越的老生产区进行功能改造，进行房地产开发。建设环境优雅、集商住娱乐为一体的三山花园。盘活存量资产，争取较大的利润。

3)全公司将本着第二次创业的精神，以全新观念强化管理。做到目标统一，上下配合，左右协调，各司其职。开展多元化经营，积极寻找新的利润增长点。通过艰苦奋斗，使江苏三山实业股份有限公司步入稳定持续发展的轨道。

4)抓住机遇，参与能源、交通和通讯等行业的投资建设。为保证公司长期稳定的发展、改变公司的经营状况，分散过于单一的投资风险，公司拟抓住当前时机，参与能源、交通和通讯等国家扶持的行业的投资建设，董事会和经营班子拟筹集资金参与上述项目的投资，这些投资和经营及其稳定的投资回报，将会为苏三山公司的长期发展奠定坚实的基础。

四、股本变化及股本结构情况

1. 股本变化及股本结构 1)1996 年度股份变动情况表：

填报日期：1996 年 12 月 31 日　　单位：万股　　面值：每股 1 元

股 份 类 别	年初数	年末数
一、尚未流通股份		
发起法人股	1429.032	1429.032
定向法人股	4355.208	4355.208
尚未流通股合计	5784.24	5788.24
二、已流通股份		
社会公众股	7590	7590
三、股份总数	13374.24	13374.24

2)股本变动情况及原因：公司本年度股本无变动

2. 主要股东持股情况

1)本公司前十名股东及控股情况如下：(截止 1996 年 12 月 31 日，至发布日的股本结构变化已经公告)

股 东 名 称	持股数(万股)	占总股本比例(%)
1)海南泛华实业有限公司	2336	17.4
2)西北开发投资基金	990	7.40
3)昆山三山纺织集团公司	662	4.94
4)珠海经济特区富华投资管理公司	660	4.93
5)深圳市宝安区投资管理公司	396	2.96
6)深圳蓝天基金投资管理公司	264	1.97
7)中国航天技术进出口深圳公司	132	0.98
8)中国工商银行深圳分行	132	0.98
9)深圳中经信证券业务部	100	0.74
10)王金岐	88	0.65

2)报告期末本公司股东总数为 36889 户，其中法人股股东 10 户，社会公众股股东 36879 户。

武汉凤凰股份有限公司

1996年年度报告摘要 （摘选）

一、公司简况

公司名称：武汉凤凰股份有限公司
法人代表：邬昆华　　　　邮政编码：430082
公司地址：武汉市青山区长青路
电话：027—6516722　　　　传真：027—6515968

二、主要财务数据与财务指标

经湖北会计师事务所审计，主要财务指标如下：

单位：万元

指标项目	本年数	上年数	比上年增减%
1.主营收入	18,325.71	18,354.26	-0.16
2.利润总额	9,533.21	12,543.66	-24.00
3.税后利润	8,089.53	10,690.46	-24.33
4.资产总值	71,893.95	63,311.09	13.56
5.股东权益	60,826.19	51,010.39	19.24
6.每股税后利润(元)	0.315	0.54	-41.67
7.每股股东权益	2.369	2.56	-7.47
8.净资产收益率(%)	13.30	20.96	
9.股东权益比(%)	84.61	80.57	

三、公司主要业务回顾

1.一年来公司经营情况

1996年在国家原油价格上升、化工产品价格下降等不利因素影响下，公司努力扩大聚丙烯产品产量，抓好日常安全生产，超额14.59%完成了全年聚丙烯生产计划，产量比上年度增长4318%，但主要效益指标受上述各种不利因素影响，有所下降。

全年实现主营业务收入18325.70万元，由于产品价格下降的影响，比上年减少28.55万元，下降0.16%。

实现利润9533.21万元，比上年减少3010.45万元，下降24%。

实现税后利润8089.53万元，比上年减少2600.93万元，下降24.33%。

1)公司主营业务情况概述

(1)全年共生产聚丙烯28648吨，产品合格率100%，产品产销率为100%，产品在国内市场畅销鄂、豫、皖、云、贵、川、浙、赣等地。

(2)生产液化气4580吨，比上年减少184吨，下降3.86%。

(3)生产汽油4220吨，比上年增加999吨，上升31.02%。

2)公司财务状况说明：

1995年、1996年度其它财务指标相比：

指标	1996年度	1995年度
1.资产负债率(%)	15.39	19.43
2.流动比率	3.06	1.92
3.速动比率	3.04	1.90
4.资产报酬率(%)	11.25	16.89
5.纯利率(%)	44.14	58.03
6.成本费用利润率(%)	87.28	148.44

从上述财务指标看，公司的生产和资产规模虽然有所扩大，与上年度相比，经济效益却有所回落，除几项资产和股东权益指标好于上一年度外，其它指标均有不同程度下降。其原因如前所述，一方面是由于成本和产品结构等不可控因素的影响，尤其是下半年，原料价格的提高和产品销售价格的降低，严重影响了1996年度的经济效益；另一方面产品结构单一，产品品种逐年减少，加工深度不够也对1996年度的经济效益产生了负面影响，值得我们总结、改进和完善。

由于为7万吨/年聚丙烯工程准备资金，流动比率、速动比率高于去年，这种现象只是暂时的，从另一方面讲，由于资产负债率低，也说明公司负债极小，偿债能力强，投资安全可靠。

2.对前次募集资金运用情况的说明

1996年6月底，公司"武凤凰"A2权证摘牌，转配股部分缴款于1996年7月实施，共获得配股款5456.48万元。该配股资金原定用于60万吨/年重油催化裂化装置建设，由于该装置已于1995年8月建成投产，故该转配股款转用于公司与武汉石油化工厂共同投资新建的7万吨/年聚丙烯装置。

该装置已完成工程环境评价项目投资评估、施工用地详勘、现场"三通一平"初步设计审查、工程建设报批等各项工作，目前正着手生产技术培训、配套工程项目等各项准备工作。

整个工程进展顺利，截止今年一季度进展情况如下：(1)743根基础桩灌注工作已完成；(2)仓库土建工程基础验收；(3)一级地下管网敷设完工；(4)办公楼、化验楼、控制室、高压泵站、制氢站基础强夯工作完成。预计1997年内该装置主体工程基本建成。

四、股本变化及股本结构情况

1.股本变化及股本结构情况

1)股本结构：

截止1996年12月31日，公司总股本25678.5112万股，其股权结构如下：

数量单位：万股　面值：每股1元

股份类别	年初数	本次变动增减(+、-)					期末数
		送股	公积金转股	配股	其它	小计	
一、尚未流通股份							
1.发起人股份	91221200	18244240				18244240	109465440
其中：国有法人股	80236800	16047360				16047360	96284160
境内法人股	10984400	2196880				2196880	13181280
外资法人股							
2.募集法人股	700000	140000				140000	840000
3.内部职工股							
4.转配股				18384231		18384231	18384231
尚未流通股份合计	91921200	18384240		18384231		36768471	128689671
二、已流通股份							
1.A股	106644201	21328840			-11592	21317248	127961449
2.高级管理人员股	102000	20400			11592	31992	133992
已流通股合计	106746201	21349240				21349240	128095441
三、股份总数	198667401	39733480		18384231		58117711	256785112

2)股本变动情况及原因

1994年9月，根据股东大会授权、董事会审议通过，报武汉市证管办批准[武证办(1994)50号]，并经中国证监会复查认可，本公司按每10股配售2股的比例配售新股，配股价为每股3元。其中公众股配股总额为1779.1041万股，缴款于1995年1月11日结束，所配股份于1995年1月23日上市交易；法人股配股权证(1838.4231万张)以每张0.1元的转让费转让给公众股东，该部分转配股权证按深交所安排于1996年6月28日交易结束后摘牌，1838.4231万股转配股全部认购。

按公司第四次股东大会决议并经武汉市证券管理办公室批准[武证办(1996)48号]，公司1995年度按每十股送两股并派发现金0.50元(含税)的比例分红，共送红股3973.3480万股。

3.前十名股东持股情况如下：

股东名称	持股数(万股)	占总股本(%)
1)中国石化武汉石油化工厂	9628.4160	37.50
2)投资基金	616.1767	2.40
3)中国工商银行武汉分行天安支行	329.5320	1.28
4)中国人民建设银行武汉信托投资公司	329.5320	1.28
5)中国人民保险公司武汉市分公司青山区支公司	329.5320	1.28
6)武汉石化实业公司	329.5320	1.28
7)深圳众祥投资发展有限公司	194.8769	0.76
8)深圳基金	183.1775	0.71
9)李小平	156.3220	0.61
10)武汉证券公司	84.0000	0.33

4)股东数量

根据深圳证券登记有限公司提供的数据，截至1996年12月31日，本公司股东人数95048名。

合股美菱股份有限公司

1996年年度报告摘要 （摘选）

一、公司简况

公司名称：合肥美菱股份有限公司

法人代表：张巨声　　　　邮政编码：230001

公司地址：合肥临泉路（美菱经济开发区）

电话：0551－2654261－394　传真：0551－2654502－转证券部

二、主要财务数据与财务指标

（经合肥会计师事务所审计）

指标	单位	本年数（合并）	上年数（合并）	比上年增减（%）
1.主营业务收入	万元	151717.89	127120	19.35
2.净利润	万元	14494.38	11241	28.94
3.总资产	万元	219828.47	129930	69.92
4.股东权益	万元	107390.58	59729	79.80
5.每股收益	元	0.49	0.69	－28.99
6.每股净资产	元	3.61	3.47	4.03
7.净资产收益率	%	13.5	19.98	－32.43
8.股东权益比率	%	48.85	45.97	6.26

注：按1996年度股本加权平均计算每股收益为0.62元。

三、公司业务回顾

1．一年来经营情况

1996年，美菱在"八五"的基础上，继续保持快速、稳步、健康的发展势头，取得了两个文明双丰收，为"九五"的发展开了个好局，起了个好头。在激烈的市场竞争中，美菱冰箱继续保持产销两旺，1996年度，本公司共生产电冰箱（冰柜）80万台，产销率达到99.6%，实现主营业务收入151717.89万元，净利润14494.38万元，分别比1995年同期增长19.35%和28.94%，效益连续9年居合肥市第一，成为安徽省工业战线上一面鲜艳的旗帜。

据权威机构最新统计数据表明，1996年美菱电冰箱在全国的市场占有率为15.1%，在华北、东北、西北、华东地区的销售量继续处于领先地位，在其他地区市场的占有率也普遍上扬，首次以过硬质量，良好的品牌信誉和售后服务俏销海南市场。美菱冰箱已连续4次荣获"全国畅销国产商品金桥奖"，并跻身第一位；连续6年成为"全国最畅销商品"；连续7年获得"中消协向消费者推荐产品"称号；10次蝉联"最受消费者欢迎的轻工产品"称号。1996年5月，深圳证券交易所公布了1995年度深市综合业绩十佳上市公司，本公司名列第七。

1996年度，本公司冰箱出口额532万美元，比去年同期增长2.5倍。

1996年度本公司重大技改项目——与日本三洋电机株式会社技术合作生产的豪华风冷式电冰箱项目和与意大利梅洛尼公司合资生产的滚筒洗衣机项目，均与1996年4月15日投入试生产。这两种跨世纪高科技产品的顺利投产，为本公司进一步占领高消费层次市场和拓展国际市场奠定了坚实的基础。

2、本报告期内，本公司发行了境内上市外资股（B股），经合肥会计师事务所依据中国注册会计师独立审计准则进行审计，本公司1996年度税后利润为14494.38万元人民币，而经永道会计师事务所按照国际会计标准委员会公布之国际会计准则进行的审计，本公司1996年度税后利润为13834.48万元人民币，比中国会计师审计的结果少659.90万元人民币，其差异调整项目如下：

单位：人民币万元

项目	金额
根据中国审计帐目	14494.4
国际会计准则和其他调整	
一少提之坏帐及呆帐准备	(92)
一少计之生产成本	(862)
一少提之保修准备	(460)
一多计/(小计)之费用支出	901.2
一(多计)/少计之利息收入	(142.7)
一少提投资减值准备	(40)
一少提之控股公司公摊部分费用	121
一其他	(85.4)
国际会计准则和其他调整后之所列报	13834.5

3.本公司1996年度实际经营结果与发B股时的预测数（净利润13800万元）无重大差异。

4.前次募集资金的使用情况说明

本公司在1996年8月份新发行境内上市外资股（B股）10000万股，扣除发行费用2325.3万元港币，实际募集资金净额28374.7万元港币，折合人民币30500万元。

项目名称	96年计划（万元）	96年实际投资（万元）	工程（或项目）进度
滚筒式洗衣机	15000	15000	已完成
豪华风冷式电冰箱	10000	10000	已完成
改造二条无氟冰箱生产线	7000	2950	正在进行
新建高光亮彩色钢板线	6800	0	未实施
合计	38800	27950	

（1）滚筒式洗衣机项目和豪华风冷式电冰箱项目已分别按计划全部投入，即投资15000万元人民币，协议受让了合肥美菱集团公司在合肥美菱洗衣机有限公司中所占75%的股份及其他全部权益，和投资10000万元人民币，归还了豪华风冷式电冰箱项目的固定资产贷款。这二个项目均于1996年4月15日试生产，通过调研、分析以及试产阶段的情况看，这二个项目的产品的市场需求是可喜的，市场反映良好，投资资金正逐步收回，逐步取得经济效益。本公司在1997年度将进一步加大其生产和销售；

（2）原计划投资7000万元人民币，用于改造二条无氟冰箱生产技术改造项目。该项目在1996年度已实际投入资金2950万元人民币，其生产线主要进口设备预计1997年第三季度到位。该项目资金不足部分本公司将通过自筹或银行贷款解决；

（3）原计划投资6800万元人民币，用于新建高光亮彩色钢板线项目的固定资产投资。因本次发行B股实际募集的资金比在发行前做可行性报告时的预测数要少，且上述三个项目的投资总和已超过所募集的资金总额，该项目因缺少资金，故1996年未实施，1997年是否实施该项目，将提交下一次股东大会审议、决定。

四、股本变化及股东结构情况

1.股本结构（截止1996年12月31日）

单位：股　面值：每股1元

股份类别	96年末数	比例（%）	95年末数	比例（%）
（一）尚未流通股份				
(1)发起人股份				
其中：				
国有股	89,182,500	29.94	77,550,000	45.07
境内法人股	2,656,500	0.89	2,310,000	1.34
2)募集法人股	16,318,499	5.48	14,190,000	8.25
(3)转配股	21,631,500	7.26	18,810,000	10.93
尚未流通股份合计	129,788,999	43.57	112,860,000	65.59
（二）已流通股份				
(1)A股	68,082,301	22.86	59,202,000	34.41
(2)B股	100,000,000	33.57	0.00	0.00
已流通股份合计	168,082,301	56.43	59,202,000	34.41
（三）股份总数	297,871,300	100.00	172,062,000	100.00

（2）股本变动情况及原因

1996年末本公司的股本比1995年末增大73.12%，主要原因是在本报告期内实施了：（1）发行B股：经安徽省证券管理办公室审核推荐，深圳证券管理办公室和中国证券监督管理委员会批准，本公司于1996年8月14日至16日，向境外投资者共配售10000万股B股，配售价每股人民币3.30元，折合港币3.07元，共募集资金30700万元港币，经深圳交易所批准，本公司10000万股B股于1996年8月28日在深交所挂牌上市。至此股本增大为27206.2万股；

（2）1996年度送红股；1996年5月28日本公司召开了第二届一次股东大会，会议审议通过了1995年度利润分配方案，即以本公司发行B股之前的股本17206.2万股为基数，向美菱全体A股股东每10股送红股1.50股，并派现金股息1.80元（含），共送红股2580.93万股，刚发行上市的本公司B股股东不享受该次分红派息，该方案经安徽省证管办皖证管函字（1996）023号文批准后实施，股权登记日为1996年9月4日，除权除息日为9月5日，送红股交易日为9月9日，该分红派息公告书于8月30日刊登在《中国证券报》和《证券时报》上，至此股本增大为29787.13万股。

广州白云山制药股份有限公司

1996年年度报告摘要 （摘选）

一、公司简况

公司名称：广州白云山制药股份有限公司
法人代表：贝兆汉　　　邮政编码：510515
公司地址：广东省广州市白云区同和镇
电话：020—87706688—3513 传真：020—87705599

二、主要财务数据与财务指标

指标项目	96年度	95年度	比上年增减(%)
1.主营业务收入(万元)	38689.0191	48487.5704	-20.21
2.净利润(万元)	1349.0881	1125.7063	+19.84
3.总资产(万元)	221872.1137	203327.2755	+9.12
4.股东权益(万元)	78972.2641	76785.2797	+2.85
5.每股收益(元)	0.040	0.033	+21.21
6.每股净资产(元)	2.32	2.26	+2.65
7.净资产收益率(%)	1.99	1.46	+36.30
8.股东权益比率(%)	35.59	37.76	-5.75

三、公司主要业务回顾

1.一年来的经营情况

一九九六年，公司面对的外部环境仍然严峻。国家继续实行宏观调控，执行“适度从紧”的政策，各地公费医疗制度改革步伐加快。此外，企业还承受着原辅材料、包装材料涨价和“三角债”的严重困扰。在困难的情况下，公司董事会认真研究经济运行中的新问题，采取有效措施，努力开拓市场，加大营销力度，强化内部管理，使企业在严峻的环境中顺利渡过难关并取得主营业务由去年亏损1117.16万元转为今年盈利1206.37万元的成绩。

(一)主要经济指标完成情况

一九九六年，公司实现销售收入38689.0191万元，利润总额1570.1714万元，分别比去年减少20.21%和增加19.07%。

(二)主要工作

(1)坚持名牌战略，落实到生产经营之中

实施名牌战略，是关系到企业选择发展道路、确立发展模式、保持企业长久活力的问题，是企业的必由之路。名牌意识逐步深入人心。全公司的生产经营基本上都是围绕着名牌战略来开展。各生产部门精心组织生产，充分调动生产人员的积极性，保质保量地完成生产任务。品质部按GMP要求做好生产全过程的质量监控工作，把重点放在现场的质量控制上，使六个名牌产品的质量保持稳定。通过学习邯钢经验，公司内部加强成本核算，使产品的制造成本不断下降。经营部对六个名牌产品进行市场定位，制定不同的销售方案。九龙丹以广告宣传配合零售药店，以医药代表开发医院以提高医院对该药的认识；菌得治以批发为主，实行薄利多销以保证竞争优势和市场覆盖面；世福素以医药代表开发医院为主；结核清选择重点病区和医院进行个别突破；一力感冒清和一力咳特灵适时调整价格后，销量明显回升，同时公司对结核清、九龙丹、头孢C-18进行了三期临床试验，三期临床试验取得的良好效果增强了医院、商业部门使用药及购药信心。这些有针对性的销售方案，在名牌战略的实施过程中起到决定性的作用。

实施名牌战略以后，公司的产品结构、成本费用结构、财务收支、经营效益均向好的方面发展。

(2)加紧高新技术的投入，增加新的经济增长点。

中外合资广州白云山-康达医药生物工程公司中试场地已进行施工，产品报批资料已全部送卫生部，同样报批样品亦已送卫生部，卫生部委托有关部门进行检测，如检测合格则进行评审，评审合格后开始临床试验。另外，专门生产7-氨基去酰氧基头孢烷酸(7-ADCA)及6-氨基青霉烷酸(6-APA)的中外合资的永业精细化工有限公司已取得营业执照，现正按原计划进行工作。

(3)白云山大药房成功开办，呈现良好的发展态势

根据近几年来医药批发市场疲软而零售市场相对活跃的情况，公司决定实施“白云山大药房”计划，进入医药零售市场。短短一年时间，以白手兴家、艰苦创业的精神，相继开办了广州白云山大药房、广州白云山东山大药房、武汉白云山分公司、长沙白云山分公司。所有大药房都实行统一布局、统一服装、统一标志、统一管理规范、统一服务规范。每间大药房的开办，在当地都引起轰动，获得较好的社会效应，经济效益也是好的。

(4)成立直销公司，探索经营新路子。

于11月26日成立的白云山直销公司已开始试营业。现已发展了一大批直销商，势头良好，相信经过一二年的发展，一定会取得好的效益。

(5)清理旧债，缓解公司资金短缺的局面

三月份，公司成立了清债办公室，负责追收在途旧货款的工作，截止九六年底，本公司在外货款51534.56万元，比年初在外货款49273.55万元增加了2261.01万元，这主要是由于目前我国医药商业纯销增长速度低于医药工业增长速度而造成的，医药经济供大于求的局面给企业带来了负面影响。针对这种局面，本公司以加速货款回收为轴心，制定了一系列加速回款措施和直销方针，对商业部门进行资信分析，对货款回收快，资信良好的商业部门给予优先发货的政策，对那些拖欠货款严重的商业部门采取现款交易。

(6)科研工作情况

A、全年共获医药批文十七个。

B、开发功能食品，取得了“人参叶袋泡茶”、“生命宝”、“鲨神”等十几个功能食品的批文。

C、改进工艺，提高产品收率与质量。

对先-6、先铋、头孢三嗪、头孢C-18、珍珠胃安丸、九龙丹等产品进行工艺上的改进，使收率和质量得以进一步提高。头孢三嗪的生产工艺达到国际水平，实现了产量翻番。头孢C-18完成了中试30公斤合格产品的目标。先-6经研制，在工艺研究上取得了突破，已具备了生产的可能。珍珠胃安丸改进了镇痛功效，达到速效镇痛的效果。

D、白云山药物技术中心已获得市经委、市科委认证批准，作为市企业技术中心已向国家经贸委申报列入国家级技术中心。

E、技改项目正抓紧进行。其中国家第一期“双加”工程已进入收尾。化学药厂的头孢系列产品、中药厂的GMP改造列入国家经贸委“双加”工程第二期导向性计划。

(7)房地产方面

地产市场低迷，同业竞争激烈，面对种种困难，地产公司将工作重点放在商品房的预售上，深入市场调研，采取灵活多样的经营方式，积极主动参与市场竞争，银山房地产公司克服资金不足的困难，与广州市越秀房地产开发经营公司合作兴建银山大厦，现已实现了“银山大厦”的预售，在充分估计银山大厦的地理优势和代理优势后，以较高价位展销，取得比较好的预售效果。

四、股本变化及股本结构情况

1.股本结构情况

单位：股　　每股面值：1元

	年初数	年末数	增减数
(一)尚未流通股份			
(1)发起人股份			
其中：			
国家股	99000000	99000000	0
(广州市国有资产管理局)			
国有法人股	99000000	99000000	0
(广州白云山企业集团公司)			
(2)其它(国家股转配部分)	5693050	5693050	0
尚未流通股份合计	203693050	203693050	0
(二)已流通股份公众股	136620000	136620000	0
(三)股份总额	340313050	340313050	0

2.前十名大股东情况介绍(1996年12月31日在册)

①广州市国有资产管理局	99000000股
②广州白云山企业集团公司	99000000股
③赵旭光(海南金国有限公司)	5500000股
④林金县	3948032股
⑤代永琼	1436000股
⑥邢东方	1143100股
⑦刘　先	924189股
⑧刘紫蓉	609215股
⑨吕万清	452600股
⑩张水新	450000股

3.本公司于本年度报告期末的股东总数为85590人。

广州市浪奇实业股份有限公司

1996年年度报告摘要 （摘选）

一、公司简况

公司名称：广州市浪奇实业股份有限公司
法人代表：陈光松　　邮政编码：510660
公司地址：广州市黄埔大道东128号
电话：020—82305933、020—82305694－228、235
传真：020—82305104

二、主要财务数据与财务指标

单位：元

指标项目	本年数	上年数	比上年增减%
1.主营业务收入	477,095,785	630,720,257	−24.3
2.净利润	35,610,134	48,027,049	−25.8
3.总资产	666,652,498	622,640,594	+7.06
4.股东权益	460,196,525	369,696,035	+24.5
5.每股收益	0.17	0.28	−39.2
6.每股净资产	2.21	2.13	+3.75
7.净资产收益率(%)	7.74	12.99	−40.4
8.股东权益比率(%)	69%	59.4	+16.2

三、公司主要业务回顾

1. 一年来经营情况

1)1996年，公司新一届领导班子带领全体员工励精图治，不断寻求新的突破点，转变经济增长方式，合理配置资源，在调整中求发展，向管理要效益，企业的经营取得一定成绩。公司主营业务液体洗涤剂产量29978吨，比去年同期增长16.4%，销量28107吨，比去年同期增长21%，产销量分别列全国同行业第二位；皂类产量14563吨(含加工)，比去年同期增长11.7%，再创历史最高水平，其中，香皂产量13890吨，列全国同行业第二位；精甘油产量772吨，比去年同期增长13.5%，销量615吨，比去年同期增长27%；下半年投产才开始生产的磺酸产量达到3110吨(其中自用1494吨)。

公司实现销售收入47710万元，比去年同期下降24.3%；实现利润4005万元，比去年同期下降27.9%；出口交货值842万元，比去年同期上升64%。尽管公司效益有所下降，利润总额、净利润均名列行业第二位，销售收入名列行业第三位(资料来源：中国洗涤用品工业协会)。

去年，公司实现的主营业务利润中，液洗类产品占70%，节类产品占16%，其他占14%。

2)公司主营业务收入、销售利润率下降的主要原因，一是公司部分产品交由关联公司生产和销售，通过投资收益和其他业务利润反映在本公司利润总额里，所以公司的主营业务收入和利润的指标比去年低，投资收益比去年高；二是市场竞争愈演愈烈，市场分化，公司产品的市场占有率有所降低；三是由于原材料价格上升，导致产品成本上升，而产品价格竞争激烈，难以提价，因而主营业务利润下降；四是新建工业项目均为刚刚投产或试产，新办企业运作不久，新的利润增长点尚在起步阶段，未形成效益；另外，由于跨国公司实行的市场扩张战略，使得合资企业潜在的优势未能有效发挥，短期内难以实现应得的收益。

3)公司各投资、技改项目陆续完成。时产3吨三氧化硫磺化项目于五月顺利投产，满足了公司的生产需要；时产3吨香皂成型生产线引进设备项目已完成设备布置、设备基础及厂房修建的设计；上半年建成了年产100吨高纯度甘油中试装置；经过各部门的通力合作，2万吨皂化扩产技改项目在8月份竣工并移交使用。一系列技改投资项目的完成，为公司今后的发展奠定了雄厚的基础。

4)研制并已投入生产的新产品有新型快洁洗衣液、清爽型沐浴露、全能洁厕精、粤丽莎香皂等，其中的有产品已经为公司带来相当的经济效益。

2. 前次募集资金的使用情况说明

1995年本公司经中国证监会批准，按每10股配售1.77股的比例配股，募集到资金6179.7万元(已扣除配股费用)，均按照《配股说明书》所列示的项目按计划到位，实际投资与配股拟投资项目相符，项目进展大部分符合计划进度，资金不足部分由公司自行解决。其中，三氧化硫磺化设备及其配套设施技改项目后期工程投入3409万元，该项目于1996年5月顺利试产。其余《配股说明书》中所列示的项目已于1995年全部完成并投入营运，开始为公司带来经济效益。餐洗项目投入营运后，96年洗洁精产量达到20701吨，销量19936吨，实现销售利润2980万元；三氧化硫磺化设备及其配套设施技改项目96年下半年正式投产，当年磺酸产量累计3110吨(其中自用1494吨)，销售1290吨，实现销售利润10万元(96年磺酸市场价格偏低)。

至本报告年末止，所有项目实际总投入7965万元，为募集资金总额的128.8%。

四、股本变化及股本结构情况

1. 股本变化及股本结构情况

1)股权结构情况：

截止1996年12月31日止，本公司的股权结构为：

(附后，见第七版)

2)股本变动情况及原因：

本公司股本结构至年底时有所变化，因为：

(1)公司董事会、监事会换届，有关董事、监事离任、上任，高级管理人员变更，其所持内部职工股股票解冻以及被冻结。

(2)公司于1996年6月实施1995年度“每10股送2股”的分红方案，使公司总股本增加。

3)主要股东持股情况

截止1996年12月31日止，持有本公司5%以上股份的股东如下：

股东名称：广州市国有资产管理局

持股数量：122876252股

1995年度分红送股增加数：20479375股

截止1996年12月31日止本公司前十名最大股东持股情况如下：

股东名称	持股数(股)	持股比例%
1)广州市国有资产管理局	122876252 *	58.93
2)韩立斌	348100	0.17
3)南方番禺	309141	0.15
4)仝卢勋	280000	0.13
5)黄粤新	280000	0.13
6)张玉芝	202400	0.10
7)吴烈从	200000	0.09
8)裴小平	200000	0.09
9)荆亚丽	200000	0.09
10)广东龙马	164551	0.07

* 包括法人转配股。

4)股东数量

截止1996年12月31日止，公司股东总人数为63636名，其中国家股股东1名，社会公众股股东63622名，内部职工股股东13名。

南京天龙股份有限公司

1996年年度报告摘要　（摘选）

一、公司简况

公司名称：南京天龙股份有限公司
法人代表：崔兴盛
公司地址：南京下关姜家园205号
电话：(025)8801538　　传真：(025)8811425

二、主要财务数据与财务指标

单位：人民币元

指标项目	本年数	上年数	比上年增减%
1.主营业务收入	190,308,485.15	184,687,752.38	3.04
2.净利润	3,125,636.41	435,314.30	618.02
3.总资产	274,390,840.66	303,007,191.12	－9.44
4.股东权益	128,536,370.71	125,943,698.28	2.05
5.每股收益	0.042	0.0058	624.14
6.每股净资产	1.72	1.69	1.78
7.净资产收益率	2.43	0.35	594.29
8.股东权益比率	46.84	41.57	12.68

三、公司主要业务回顾

1. 经营情况

1996年在国家宏观调控和金融政策适度从紧的背景下，涂料行业仍很不景气，公司仍在困境中求生存，在生存中不断调整自己，在调整中求得发展。1996年在公司董事会的正确领导下，采取加强管理，严格财务开支，降低成本，提高产品价格，加快新产品开发速度等措施，在逐步调整产品结构和产品市场结构的同时，提高公司防范市场风险的能力；并成立了专业销售队伍加强专业化产品的销售力度，加快产品结构的调整；采取扩大产品在外地的销售点加大销售市场份额等办法，克服了涂料行业市场疲软，帐款拖欠等不利因素，使公司1996年度主营业务效益得到了提高。在主营产品产量比去年下降4.8%只完成1996年度计划的98.92%，销售收入比去年下降2.16%的情况下，1996年主营业务利润比去年同期增长421.47万元。

从1996年公司总体经营情况分析，造成微利的主要原因：一是主营产品市场竞争激烈，涂料行业供大于求，公司现产品结构还不能适应市场，新产品开发速度较慢，老产品只能采取薄利多销的方法。二是本公司控股50%的南京龙华汽车涂料有限公司原应该是本公司利润新的增长点，正值投产挤入汽车行业时，汽车行业又不景气。现该公司设计能力4000吨，但现产品产量只能达设计能力的10%，因此亏损额较大，1996年母公司承担该公司的亏损达362.47万元，并给主营业务带来了很大的压力。

1997年对本公司来说仍然是很严峻的，公司有信心缩短公司的调整期，加快进入发展期。1997年一是加大企业内部的改革力度，采取分公司一律分灶吃饭；二是加大科技投入，增强企业产品的竞争能力，抓好防火漆的推广应用；三是加快产品结构的调整，使产品能适应市场需求；四是加快汽车漆的推广应用，减轻母公司承担的压力。本公司和泰国合资的年产10万吨水性涂料项目已于1996年4月进入基建的准备，1997年进入全面建设期，预计1998年初进行试车生产。

2. 主要经济指标分析

1996年度本公司主营业务销售收入16048.36万元，比1995年度16402.36万元减少345万元，下降2.16%；1996年主营业务利润248.13万元，比1995年—173.34万元增长421.47万元。

本公司1996年度（合并报表）净利润为312.56万元比1995年的43.53万元增长303.47万元，增长618.03%。（注：1995年度合并报表中本公司投资50%的南京龙华汽车涂料有限公司汇兑损益弥补未纳入净利润，只作为可分配利润，根据《公开发行股票公司信息披露的内容与格式准则第三号》规定，本期报告合并报表中不含投资50%的南京龙华汽车涂料有限公司仅按权益法核算。

四、股本变化及股本结构情况

1. 股本变化及股本结构情况

股本结构情况（截止1996年12月31日）

股份类别	年初数	全年增减	年末数
A、尚未流通股份			
(1)国家股	37,278,766	0	37,278,766
(2)法人股	6,600,000	0	6,600,000
(3)内部职工股	17,300	2650	19,950
尚未流通股合计	43,896,066	2650	43,898,716
B、已流通股份			
(1)A股	30,738,700	－2650	30,736,050
已流通股份合计	30,738,700	－2650	30,736,050
C、股份总数	74,634,766	0	74,634,766

尚未流通股本变动原因是由于高级管理人员获本公司送股尚未流通部分的冻结和在证券流通市场买入本公司股份的冻结。

2. 前10名股东持股情况（截止1996年12月31日）

股东名称	年初持股数(股)	占总股本%	年末持股数(股)	占总股本%
(1)南京国有资产经营公司	37,278,766	49.95	37,278,766	49.95
(2)中国平安保险公司	1,452,000	1.95	1,452,000	1.95
(3)南京信贷咨询公司	1,122,000	1.50	1,122,000	1.50
(4)南京财政信用公司	1,056,000	1.41	1,056,000	1.41
(5)杨永谦	—	—	850,000	1.14
(6)深圳市深财证券业务部	—	—	420,000	0.56
(7)深圳深浪企业有限公司	396,000	0.53	396,000	0.53
(8)深圳中大投资管理有限公司	396,000	0.53	396,000	0.53
(9)南京人行劳动服务公司	264,000	0.35	264,000	0.35
(10)冯立亮	—	—	260,000	0.348

截止1996年12月31日，公司股东人数为28005人；其中国家股股东1家，法人股股东37家，社会公众股27967人。

3. 公司董事、监事与高级管理人员持股情况

姓名	职务	年初持股数(股)	年末持股数(股)
1. 崔兴盛	董事长兼总经理	2200	2264
2. 杨金荣	副董事长兼副总经理	1900	1900
3. 钱建秋	董事兼常务副总经理	1900	1978
4. 蒋　新	董事兼副总经理	1700	2714
5. 王树森	监事会主席	1900	1900
6. 葛金美	监事	1100	1672
7. 方勤成	监事	1600	1782
8. 包建军	董事会秘书	0	0
9. 丁　智	总经理助理	1700	1714
10. 吴霞芬	财务会计部主任	1700	1914
11. 伍　宏	供销售仓储部主任	1600	2112
	合计：	17300	19950

按照中国证券监督管理委员会新的规定，上市公司董事、监事及高级管理人员在任期内不得转让其所持有的本公司股份，故证券登记公司冻结了本公司高级管理人员帐户的所有本公司股份（包括送股未流通及在证券流通市场买入的本公司股份）故期末数发生了变化。

广东美的集团股份有限公司

1996年年度报告摘要（摘选）

一、公司简况

公司名称：广东美的集团股份有限公司
法人代表：何享健　　邮政编码：528311
公司地址：广东省顺德市北窖镇蓬莱路
电话：(0765)6656999　6655799－2149　　传真：(0765)6654011

二、主要财务数据与财务指标

指标项目	本年数	上年数	比上年增减(%)
1.主营业务收入(万元)	249903	193232	+29.3
2.净利润(万元)	9502	8182	+16.1
3.总资产(万元)	303627	303345	+0.9
4.股东权益(万元)	77617	70616	+9.9
5.每股收益(元)	0.41	0.39	+5.1
6.每股净资产(元)	3.39	3.39	0
7.净资产收益率(%)	12.24	11.59	+5.6
8.股东权益比率(%)	25.56	23.28	+9.8

三、公司主要业务回顾

1．一年来经营情况

1996年是美的集团实施"九五规划"的第一年，也是全体美的员工在董事会的正确领导下，抓住机遇，奋力拼搏，在巨大的困难面前取得良好业绩的一年。在过去的一年，国家宏观经济环境虽有所好转，但美的主要产品的市场竞争也空前激烈，本公司凭借优良的产品品质、良好的服务和先进的技术积极开拓国内外市场，巩固和加强了美的产品在国内外的市场地位和品牌影响力，取得了生产经营规模和经营业绩都比上年有所增长的好成绩。

1996年，公司仍然坚持以家电制造业为主的经营方针，全力发展开拓美的集团擅长的主营业务，全年实现主营业务收入24．99亿元，其中出口创汇7661万美元，连续三年保持国内家电行业第一位。公司产品基本都保持了良好的增长势头，其中空调器销售45万台，销售收入14．98亿元，增长40．8%，继续保持国内同行前四位；电风扇销量701万台，销售收入5．30亿元，连续五年居全国第一位；电饭煲销售57万台，销售收入1．30亿元，增长44．3%，投产两年多就进入国内前三名，并在国内中高档市场独占鳌头；微电机销售152万台，销售收入1．82亿元，增长135%，市场占有率超过30%，产销量连续第三年居国内同行之首；电暖器销售68万台，销售收入1.47亿元，增长63．5%，其中充油式电暖器已跃居全国第一。据北京名牌资产评估事务所在1996年6月号的《中国质量万里行》杂志上发布的评估结果，本公司商标价值达26亿元，在空调行业排名第二。

1996年，本公司所取得的成绩并不仅仅是经营规模和经营业绩的增长，董事局确信，1996年本公司在以下几方面所开展的卓有成效的工作对公司今后的发展将产生重大和积极的影响：

(1)本公司继续加大科技方面的投入，特别是加大对研究所的资金投入和人才配备。公司全年共投入科研、开发经费超过4500万元，为公司增强独立开发能力、确立科技领先优势奠定了坚实的基础。

(2)本公司在1996年下半年对经营管理体制进行了较大力度的改革，进一步理顺集团作为投资发展中心、产品事业部作为利润中心的经营体制，本次改革对充分发挥公司现有资源的效率、激发全体员工的积极性和创造性、实现公司"九五"规划制定的战略目标已产生了良好的效果。

(3)本公司通过加强管理、提高资产使用效率和存货周转速度，在生产经营规模扩大的同时，降低了负债水平，财务结构得到改善。

(4)本公司的出口创汇比上年增长38.6%，外销比例由上年的23.7%提高到25.4%，美的产品的国际竞争力进一步得到加强。

(5)本公司已确定了充分发挥现有产品良好社会地位的优势，逐步从生产经营走上资产经营之路的发展战略。

2．公司主要经济指标分析

1996年，公司实现主营业务收入24．99亿元，净利润9502万元，分别比上年增加29．3%和16．1%。增加的主要原因是：

(1)公司充分发挥在管理、技术、质量、服务、品牌等方面的综合优势，全力开拓国内和海外两个市场，内销收入达到18．63亿元，比上年同期增加26．4%，出口创汇7661万美元，比上年同期增加38．6%；

(2)尽管公司主导产品空调器的市场竞争日趋激烈，销售价格下降幅度较大，同时国家调整出口退税政策使公司的税负增加，但公司仍能保持利润的同步增长，主要得益于以下方面的因素：

一是公司通过提高内部管理水平，改进工艺水平，采取多种措施有效降低成本和费用；

二是公司利润率较高的产品微电机、电暖器和电饭煲有较大的增长。

三是微电机被评为国家级重点新产品，公司获得了退税收益。

四、股本变化及股本结构情况

(1)股本结构情况

数量单位：万股　每股面值：1元

股份类别	年初数	本年增减	年末数
一、尚未流通股份			
1.发起人法人股	8063.4	+36.34	8099.74
2.募集法人股	1530	+923	2453
3.内部职工股	2049.3	－2049.3	0
尚未流通股份合计	11642.7	－1089.96	10552.74
二、已流通股份			
境内上市的人民币普通股	9199.08	+3174.138	12373.218
已流通股份合计	9199.08	+3174.138	12373.218
三、股份总数	20841.78	+2084.178	22925.958

说明：

1．经中国证监会和深交所批准，公司内部职工股于1996年4月15日上市流通。

2．境内上市的人民币普通股中包含公司董事、监事等高级管理人员所持有的股份958,529股。

3．在报告期内，顺德市北窖经济发展总公司将其持有本公司股份的700万股转让予顺德北窖蚬华投资服务公司。

(2)股份变动情况及原因

本公司年初股份总额为20841.78万股，报告期内经1995年度股东大会审议通过，实施了每10股送1股红股并派发2元人民币现金的分红派息方案，股份总额增加到22925.958万股，公众股所送红股于1996年8月12日开始上市流通。

(3)公司前10名股东持股情况(截止于1996年12月31日)

股东名称	持股数(万股)	年度内股份增减数(万股)
顺德市北窖经济发展总公司	8099.74	+36.34
顺德市北窖蚬华投资服务公司	770	+770
顺德市外经实业发展公司	220	+20
万科企业股份有限公司	220	+20
广东国际信托投资公司基金部	220	+20
南方证券有限公司深圳分公司	220	+20
广东省美雅集团股份有限公司	154	+14
深圳能源投资股份有限公司	143	+13
广东省华侨信托投资公司基金部	124.502	+124.502
广东核电投资有限公司	110	+10

(4)截止1995年12月31日，公司股东总数为87531户，其中法人股东13户，个人股东87518户。

广西柳工机械股份有限公司

1996年年度报告摘要（摘选）

一、公司简况

公司名称：广西柳工机械股份有限公司

法人代表：张沛　　　　　　　　　　邮政编码：545007

公司地址：广西壮族自治区柳州市柳太路1号

电话：0772—3886509、3886510　　　　传真：0772—3886509

二、主要财务数据与财务指标

单位：万元

指　标　项　目	本年数	上年数	比上年增减(%)
1.主营收入	63,498	62,007	2.40
2.净利润	2,398	3,906	-38.61
3.总资产	113,724	108,138	5.17
4.股东权益	70,643	67,956	3.95
5.每股收益(元)	0.077	0.130	-40.77
6.每股净资产(元)	2.26	2.25	0.44
7.净资产收益率(%)	3.39	5.75	-41.04
8.股东权益比率(%)	62.12	62.84	-1.15

三、公司主要业务回顾

1. 一年来经营情况

公司利润主要来源于主营业务收入，96年主营收入63,498万元，比上年增长2.4%；实现利润2,876万元，比上年下降38.77%；净利润2,398万元，比上年下降38.61%。

公司全年出口创汇为366.48万美元，完成年计划的91.62%。其中自营出口占出口总额的82.5%，比上年增长262.9%。

公司全年生产装载机、推土机、挖掘机2,549台，销售产品2,508台。根据行业信息网统计资料：公司产品销售量、销售收入在行业中排第一位，利润总额排行业第三位。公司主导产品装载机的市场占有率(按销售收入计算)为19.5%(推土机及挖掘机为小批量生产)。

完成了对新产品ZL30E型装载机、WY20型挖掘机、TY220型推土机的省级技术鉴定，和新开发的YZJ10C型振动式压路机的工业性试验；并已于年内小批量生产ZL30E型装载机，销售了90台。完成了对ZL15C型装载机的试制，计划97年完成技术鉴定并批量投放市场。

2. 对实际经营结果与年度计划的重大差异的说明

1)在经营中出现的问题与困难

报告期内，国家控制固定资产投资规模的力度不仅没有放松，还进一步限制了新开工项目，这对靠投资拉动的工程机械行业来讲，市场的启动依然存在较大的困难，竞争日趋激烈，公司不得不采取让利促销的策略，销售费用大幅度增加，从而造成销售利润率降低。针对这些困难，公司采取了一系列积极的措施。公司在采取促进销售、提高产品质量等重要措施的同时，致力加强内部管理。在财务管理方面，狠抓分厂的成本核算，按下达的成本费用指标严格检查、考核，努力降低成本费用，取得了较好的成效。至年度平均单台产品成本下降4,800元，可比产品成本下降了1,531.5万元。在物资管理方面，对积压物资进行了有效处理，减少积压资金568万元。在生产管理中，狠抓现场管理，一切围绕市场需求来组织安排生产，保证了销售需要。

2)影响公司年度利润的主要因素说明

报告期内，公司税后利润比去年同期下降了38.61%，接近同行业的平均下降幅度，净资产收益率为3.39%，低于银行同期存款利率。影响公司年度利润的主要因素如下：

1)96年度，公司为了强化营销管理，开拓和占领市场，在全国各地增设了销售服务网点，在销售费用上有较大幅度的增加，引起利润减少1,022.33万元。

2)96年度公司管理费用和财务费用均比上年有所增加，由于企业社会性负担加重等因素影响，管理费上升1,908.17万元，又由于流动资金贷款增加使财务费用上升250.60万元，共计减少利润2,158.77万元。

3)报告期内，公司抓管理，努力降低生产成本，虽然收到了较好的成效，但还是弥补不了上述减利因素的影响。

3. 前次募集资金的使用情况说明

公司94年度配股分两次进行缴款，95年个人股配股到位资金50,973,609.2元，96年国有股转配到位资金25,304,714.5元，共计76,278,323.7元。以上资金分别于95年、96年全部投入到了“自筹资金引进关键设备”技改项目使用。该项目在95年的基础上，96年度按计划又投入了2,908万元(配股资金占2,530万元)，完成了无箱造型生产线一条、射芯机二台、加工中心一台、齿轮测试设备一套、热处理生产线一条为主要内容的工程项目。该项目总投资额为10,047万元，超过计划投资2,047万元，主要是增加国内配套设施所致。

四、股本变化及股本结构情况

股本变化及股本结构情况(截止1996年末)

1)股本结构(截止96年12月31日)

股份单位：股　：每股面值人民币1元

期末数份　类　别	期初数	本次变动增减(+、-) 配股	送股	公积金转股　其他小
一、尚未流通股份				
1. 发起人股份				
其中：				
国家拥有股份	198000000			198000000
2. 内部职工股	46514			46514
3. 国有股转配		10387005		10387005
尚未流通股份合计	198046514	10387005		208433519
二、已流通股份				
1. 境内上市人民币普通股	103506285			103506285
已流通股份合计	103506285			103506285
三、股份总计	301552799	10387005		311939804

2)股本变动情况及原因

公司94年度配股中的国有股转配权证49,072,200张，于1996年7月缴款认购了10,387,055股，因此公司总股本增至311,939,804股。

3)主要股东持股情况(截止96年12月31日)

股　东　名　称	拥有股数(股)	占总股本(%)
1)柳州工程机械集团有限公司	198,000,000	63.474
2)周　炯	400,000	0.128
3)徐会明	300,000	0.096
4)汕特金券	280,000	0.090
5)付启松	263,000	0.084
6)张步宏	250,000	0.080
7)王　捷	203,281	0.065
8)深圳赛格广场投资发展有限公司	200,000	0.064
9)宋珍燕	200,000	0.064
10)邓旭海	200,000	0.064

4)股东数量

截止1996年末，本公司股东总人数82,548名。其中：国家股股东1名；社会个人股东82,547名。

广东美雅集团股份有限公司

1996年年度报告摘要（摘选）

一、公司简况

公司名称：广东美雅集团股份有限公司

法人代表：李澄海　　邮政编码：529700

公司地址：广东省鹤山市沙坪镇人民西路40号

电话：0750—8888888转财会部　　传真：0750—8889673

二、主要财务数据与财务指标

单位：万元

指标项目	本年数	上年数	比上年增减(%)
1.主营业务收入	96690	93640	3.2
2.净利润	15819	14598	8.4
3.总资产	230612	188683	22.2
4.股东权益	121350	113419	7.0
5.每股收益(元)	0.57	0.53	7.5
6.每股净资产(元)	4.40	4.11	7.0
7.净资产收益率(%)	13.03	12.87	1.2
8.股东权益比率(%)	52.62	60.11	-12.5

三、公司主要业务回顾

1.一年来公司经营情况

1996年，在全国纺织行业进入低谷，全行业不景气的情况下，本公司克服了市场消费力弱、资金紧张、竞争激烈、冒牌伪劣产品冲击等困难，取得持续稳定的发展，年产毛毯突破500万条，保持产量第一、质量第一、销量第一、出口量第一的同行业领先地位。

1996年共生产各类毛毯507万条，腈纶毛纱16101吨，毛条15787吨，涤纶丝7014吨，塑料薄膜4039吨，手提包装袋434万个，丝袜102万对，包边布308万米，羊毛纱1941吨。全年实现销售收入96690万元，利润18259万元，出口创汇2964万美元。公司晋身全国首批300家重点扶持大型国有企业和广东省70家重点企业集团行列；属下的全资子公司雁山酒店荣获四星级酒店称号，成功兼并了湖南长沙毛纺厂。截止1996年12月31日，公司总资产为230613万元，股东权益为121350万元。

2.募集资金情况：

公司于1996年12月实施配股，配股到1997年1月结束，有关配股后资金使用情况将于1997年中期业绩公告时另行公告。

四、股本变化及股本结构情况

1.股本结构（截止至1996年12月31日）：

数量单位：股　每股面值：1元

(一)、尚未流通股份	
(1)国家股	95302570
(2)法人股	52747640
(3)其他转配股	3025
(4)内部职工股	69319
尚未流通股份合计	148122554
(二)、已流通股份	
A股	127772681
已流通股份合计	127772681
(三)、股份总数	275895235

2.主要股东持股情况（前十名）

股东名称	持有股数(股)	占总股本(%)
1)鹤山市国有资产管理办公室	95302570	34.54
2)华侨信托投资公司鹤山办事处	5500000	1.99
3)鹤山市伟昌物资公司	4895000	1.77
4)广东省纺织品公司工会	3663000	1.33
5)广东省民族贸易公司工会	3663000	1.33
6)鹤山市供销粤荣贸易公司	2596000	0.94
7)鹤山市粤丰贸易公司	2475000	0.9
8)鹤山市鹤昌实业投资公司	2200000	0.8
9)鹤山市昌盛制衣有限公司	2200000	0.8
10)广东省纺织工业总公司	2200000	0.8
合计	124694570	45.2

3.截止1996年12月31日，本公司股东总数为78130户。

4.公司董事、监事与高级管理人员持股情况：

姓名	职务	年初持股数(股)	年末持股数(股)
李澄海	董事长兼总经理	10000	11000
冯国良	董事、副总经理	9000	9900
谭钊华	董事、副总经理	9000	20900
源超桃	董事、副总经理	9000	9000
梁文伟	董事、副总经理	4750	4769
陈仲廉		9000	0
何慎滔	董事	0	0
陈乃承	董事	0	0
吕陆洋	监事长	3000	3000
梁惠金	监事	4250	5250
罗维英	监事	0	0
吴继中	财务部长	2500	5500
董光元	总会计师	0	0
合计		60500	69319

说明：1)原本公司董事陈仲廉同志因工作调动，经第六届股东大会审议同意其辞去董事职务，其原持有的内部职工股数9000股已按有关规定上市流通。

2)从1996年4月起，按照国家有关规定，上市公司董事、监事及高级管理人员的红股和送配股不得上市流通，故江门证券登记有限公司冻结了本公司董事、监事及高级管理人员证券帐户所有的本公司股份，故期末数发生变化。

大连冷冻机股份有限公司

1996年年度报告摘要 （摘选）

一、公司简况

公司名称：大连冷冻机股份有限公司

法人代表：张　和　　　　邮编：116033

公司地址：大连市沙河口区西南路888号

电话：0411—6653081－8130　　传真：0411—6641470

二、主要财务数据与财务指标

单位：千元

指　标　项　目	1996年	比上年增减(%)	1995年
1.主营业务收入	506,014	13.86	444,413
2.净利润	101,442	128.45	44,404
3.总资产	814,798	15.1	707,914
4.股东权益	424,721	26.95	334,560
5.每股收益(元)	0.701	128.34	0.307
6.每股净资产(元)	2.94	27.3	2.31
7.净资产收益率(%)	23.88	79.95	13.27
8.股东权益比率(%)	52.13	10.3	47.26

注：以上财务数据与财务指标为公司合并报表数。

本期每股收益为0.701元，如果加95年未分配利润2,239万元，本期每股可分配利润为0.856元。

三、公司主要业务回顾

1.一年来公司经营情况

1996年是公司生产经营历史上最困难的一年。面对宏观诸多不利因素，公司决策层善于抓机遇，变不利因素为有利因素，经过全体员工的努力拼搏，经济效益再创历史最好水平。

1)主营业务实现新增长，销售收入超过5个亿。96年公司主营业务收入比95年增长13.86%。主要是：国内市场产品覆盖面有所扩大，市场总份额近40%，其中螺杆系列占50%，170活塞系列占70%；国际市场不断拓宽，在菲律宾市场销售大幅增长，销售额占该国总量的三分之一，并且进入了南韩、巴基斯坦、孟加拉等国家。96年货款回收率达到98%以上。

2)投资收益大幅度增长。96年除大洋汽车空调工程(大连)有限公司、大连三洋冷链有限公司、大连三洋压缩机有限公司以外，均已进入收获期，其中大连三洋制冷有限公司已全部收回投资成本。96年本公司投资收益3,396万元。

3)"九．五"技改启动迅速。主要有：

(1)扩建1440平方米机加工厂房，增强了活塞压缩机加工能力；

(2)扩建4032平方米的螺杆加工厂房，将使生产机头能力提高10倍；

(3)引进关键设备，投资200万美元从日本引进3台加工中心，从英国引进1台螺杆转子铣床；

(4)合资企业扩建工程进展迅速，其中大连三洋制冷有限公司二期工程已投入运营，三期工程正在筹备；大连三洋冷链有限公司、大连三洋压缩机有限公司二期工程进展顺利，预计97年开始投入运营；

(5)CIMS工程正式启动。公司继通过国家机电一体化综合示范企业验收之后，又于日前通过国家863/CIMS主题专家组评审，确定为辽宁省首批推广应用CIMS的企业之一。

4)实施名牌战略，强化质量管理。公司从强化全员质量意识入手，开展了为期三个月的质量上水平战役，人人参与。通过强化质量管理，公司96年上半年顺利地通过了ISO－9001质量认证。公司"冰山"牌商标已经国家工商局认定为全国驰名商标。

5)学邯钢、降成本，实现集约化经营。96年公司以成本为核心，通过严格成本考核、实行成本否决、控制物资管理、改进成套工程管理等措施，提高了集约化经营的能力。

6)深化改革、从严管理，形成企业竞争机制。通过实行四．三．三分配，进一步调动了全体员工重视质量、关心成本、讲求效率的积极性。

2.主要指标分析

1)主营业务收入50,601万元，比上年增长13.86%。增长原因主要是成套工程市场很好，冷藏库、气调库市场需求量增大。

2)净利润实现10,144万元，比上年增长128.45%，详细情况请阅"对实际经营成果与盈利预测的重大差异的说明"。

3.对实际经营成果与盈利预测的重大差异的说明

公司1996年度财务预算中，计划完成利润总额5,610万元。实际完成利润总额为10,971万元，比95年增加了109.38%，净利润为10,144万元，比95年增长128.45%。

96年实现经济效益大幅度增长，主要有以下几个方面的原因：

1)公司主营业务和多种经营均完成了96年度预算，实现利润总额5,721.8万元，净利润4870.4万元；

2)投资收益大幅度增长。本公司股票发行及配股所筹资金全部投入8个合资企业。96年大连三洋制冷有限公司、大连本庄化学有限公司、大连明华电子有限公司、大连大洋运输冷冻工程有限公司、深圳大冷王运输制冷有限公司均已盈利。96年本公司取得投资收益3,396.2万元；

3)1995年公司合资企业刚进入盈利期，故对合资收益未汇入年度利润。本期按权益法将95年度合资利润并入96年度，共计1,877.6万元。

四、股本变化及股本结构情况

股本变化及股本结构情况

1)股本结构情况(截止1996年12月31日)

单位：万股　　面值：每股1元

股　份　类　别	期初数	本次变动增减(+、-)					期末数
		配股	送股	公积金转股	其他	小计	
一、尚未流通股份							
1.发起人股份	6,426						6,426
其中：							
国家拥有股份	6,426						6,426
2.募集法人股	2,520						2,520
3.内部职工股	12.3				+2.634	+2.634	14.934
4.法人股转配	12.78						12.78
尚未流通股份合计	8,971.08				+2.634	+2.634	8,973.714
二、已流通股份							
境内上市的人民币普通股	5,491.38				-2.634	-2.634	5,488.746
已流通股份合计	5,491.38				-2.634	-2.634	5,488.746
三、股份总数	14,462.46						14,462.46

2)股本变动情况及原因

公司董事、监事所持本公司流通股份根据现行规定放入内部职工股一栏，并且因个人买卖等，使尚未流通股份和已流通股份发生改变。

3)前十名主要股东持股情况

股　东　名　称	持股数(万股)	占总股本(%)
1)大连冰山集团有限公司(国家股)	6,426	44.40
2)吉林省九州开发公司	252	1.74
3)太原兆和投资发展公司	252	1.74
4)大连信托投资公司	151.2	1.05
5)大连橡胶塑料机械厂	132.3	0.91
6)大连船用柴油机厂	129.78	0.90
7)大连啤酒股份有限公司	129.78	0.90
8)大连第二电机厂	128.52	0.89
9)华厦证券有限公司	126	0.87
10)大连工商银行信托投资公司	126	0.87

本公司前十名最大股东持股数量在本年度内末有增减变动。

4)股东数量

截止1996年12月31日，公司股东总数为41,894户。

广东万家乐股份有限公司

1996年年度报告摘要（摘选）

一、公司简况

公司名称：广东万家乐股份有限公司

法人代表：李振华　　邮编：528300

公司地址：广东顺德市大良镇环市北路38号

电话：0765—2283193-498　　传真：0765—2286310

二、主要财务数据与财务指标

单位：元

指标项目	本年数	上年数	比上年增减(%)
1.主营业务收入	1,101,747,927	1,312,978,224	-16
2.净利润	13,266,712	62,226,570	-79
3.总资产	2,888,580,425	2,457,865,523	18
4.股东权益	1,074,510,315	1,061,405,745	1
5.每股收益(元)	0.023	0.11	-79
6.每股净资产(元)	1.87	1.84	2
7.净资产收益率(%)	1	6	-83
8.股东权益比率(%)	37	43	-14

三、公司主要业务回顾

1.一年来公司经营情况

1)制造业

1995年度公司实现制造业收入89,956万元，占公司营业总收入82%。

(1)燃气用具及其零部件

本公司控股企业广东省石油气用具发展有限公司、广东万家乐百乐满燃气具安全装置有限公司分别是全国最大的燃气具和燃气具安全保护装置生产厂商，其主要产品"万家乐"牌燃气热水器是我国家喻户晓的名牌产品。本年度生产燃气热水器68.24万台，燃气灶具78.05万台，共实现营业收入59,469万元，虽比上年有所下降，但主营业务利润有所上升，并继续保持了行业领导地位。

(2)化工油墨

本公司控股企业顺德金龙油墨化工有限公司是全国第三大化工油墨专业生产厂家，是本公司拥有的高新技术企业，其主要产品复合油墨、印铁油墨、表印油墨等在市场上具有较高声誉。该公司本年度共生产各类印刷用油墨及家具漆、树脂等6,061吨，实现营业收入11,649万元，比上年略有下降。

(3)纸类包装印刷品

本公司全资附属企业顺德彩印纸箱厂是纸类包装印刷品的专业生产厂家，主要生产瓦楞纸箱、彩箱、胶粘商标、手挽纸袋等纸类包装印刷制品。该厂在广东地区有着良好的商业信誉，拥有大批知名客户，如广州宝洁、亨氏营养米粉、格力电器、五羊自行车、科龙电器、华宝空调等。1996年度该公司共生产各类包装纸箱2061万平方米，实现营业收入12110万元，比上年略有增长。

(4)其他工业品

除上述产品外，尚有电线电缆、服装刺绣、丝网印刷机械等产品，由于市场竞争激烈，市场占有率较低，本年度销售收入大多有不同程度的下降。

2)第三产业

本公司第三产业包括金融服务、贸易、设备安装等。1996年末金融服务业全年实现营业收入14,763万元；完成贸易额12,685万元，设备安装收入1,251万元，比上年均有不同程度增长。

3)主营业务收入、净利润完成情况

1996年度公司实现主营业务收入110,175万元，净利润1,327万元，比上年分别下降16%和79%。造成效益下降的原因主要有以下几方面：(1)部分产品市场疲软，竞争激烈，早期产品有降价、换货现象，造成利润减少；(2)公司参股投资的广东北电交换系统设备有限公司自1996年4月投产以来，截止1996年12月31日经营亏损达14,386万元人民币，本公司参股26%，按权益法负担其亏损计3,740万元。

4)回顾全年经营业绩，公司主要做了以下几方面工作：

(1)实行资产重组，强化资产管理

1996年，公司致力于理顺组织架构和管理制度，同时优化资源配置。根据公司"九五"发展战略的规划，将不符合公司今后发展方向的企业，采取股权转让的方式实行调整和重组(详情参阅重要事项)。

(2)调整产品结构，改进营销手段

为适应市场需求的变化，作为全国燃气具行业排头兵的石油气用具发展有限公司，加强市场调研和开拓，推动技术进步，加快产品更新换代，率先在全国推出防止不完全燃烧装置的燃气热水器和电热水器系列及微波炉等10多项新产品，稳定并扩大市场份额，取得良好成效。

(3)盘活存量资产，以效益为核心，降低成本费用

属下企业注重内部挖潜，采取多项措施，一方面从外协、外购件价格的核定、调整入手，降低原材料和能源消耗；一方面认真抓好资金回笼工作，同时努力盘活存量资产，推销库存产品，收到一定效果。

(4)制度创新，强化管理

公司加强了制度建设，健全了各项专业化、基础化、规范化的管理制度。进一步明确了部门之间、企业之间、部门与企业之间的职能，强化了公司财务管理和资产管理。

2.1997年展望

经过1996年的努力，公司资源配置初步优化，资产质量有较大提高，产业结构和产品结构趋向合理，从非主导行业进行战略性退出，有助于集中资源，强化主导产业的竞争优势，为1997年的发展奠定了良好的基础。

1996年，公司控股母公司广东万家乐集团公司被广东省政府选入广东省首批重点扶持发展的大型企业集团，并被顺德市政府授予公有资产一级经营权。两件大事将为公司的发展提供宽松的政策环境。

面对机遇和挑战，公司将重点抓好以下几方面工作：

1)对主导产业进行资本经营和扩张，拟在西南、东北地区各建立一个燃气具产品生产基地，强化燃气具产品的竞争优势，进一步提高市场占有率。

2)充分利用本公司在资金、技术、管理、品牌方面的优势，根据市场需要，开发新型厨房用家电新产品系列，培育新的利润增长点。

3)强化营销工作，优化产品结构，降低成本、费用，努力提高效益。

面对今后依然严峻的市场形势，公司有充分的思想准备迎接挑战，彻底转变经济增长方式，再创优势，争取有较好的业绩回报社会和股东。

四、股本变化及股本结构情况

1.股本结构及变动情况

单位：股　面值：每股1元

股份类别	年末数	本年度增减	年初数
一、尚未流通股份			
1.发起人股	353,083,734		353,083,734
2.募集法人股	18,890,666		18,890,666
3.高级人员持股	316,000	+16,000	300,000
尚未流通股份合计	372,290,400	+16,000	372,274,400
二、已流通股份			
境内上市的人			
民币普通股	203,389,600		203,405,600
已流通股份合计	203,389,600		203,405,600
三、股份总数	575,680,000		575,680,000

本报告期内公司总股本无变化。

2.主要股东持股情况

股东名称	持股数(股)	比例(%)
1)广东万家乐集团公司	330,294,908	57.37
2)南方证券有限公司	7,466,666	1.30
3)工商银行广东省信托投资公司	7,466,666	1.30
4)顺德市顺发投资公司	6,496,000	1.13
5)广东国际信托投资公司	5,242,160	0.91
6)广东证券公司	5,152,000	0.89
7)中国银行广州信托咨询公司	4,928,000	0.86
8)顺德市建设财务公司	4,928,000	0.86
9)刘培勤	1,215,600	0.21
10)宋惠兰	800,000	0.14

年末股东户数共计137,220户，其中：法人股东8户，社会公众股东137,212户。

闽东电机(集团)股份有限公司

1996年年度报告摘要(摘选)

一、公司简况

公司名称:闽东电机(集团)股份有限公司

法人代表:陈洁人　　　　邮编:350005

公司地址:福建省福州市五一中路57号闽东大厦

电话:0591—3364648　　　　传真:0591—3326201

二、主要财务数据与财务指标

单位:万元

指标项目	1996年	1995年	增减(%)
1.主营业务收入	35499.92	36836.62	-3.63
2.净利润	-1940.81	578.85	-435.29
3.总资产	59231.00	57217.86	3.52
4.股东权益	19606.30	20690.02	-5.24
5.每股收益(元)	-0.159	0.05	-418.00
6.每股净资产(元)	1.608	1.74	-7.59
7.净资产收益率(%)	-9.9	2.80	-453.57
8.股东权益比率(%)	33.10	36.16	-8.46

三、公司主要业务回顾

1.一年来经营情况

1996年公司继续按照"调结构、立支柱、保质量、抓管理、争效益"的工作方针,上下动员,展开工作。开发新产品,通过鉴定23项,其中C系列三相异步电动机达到国际先进水平,GFZPⅢ型三遥自动化柴油发电机组和TZG-5-230三相交流发电直流弧焊两用机达到国内领先水平;ST、Y、潜水泵等主导产品获福建省产品质量稳定证书;实现营业收入3.55亿元,居同行业第二位,占5.1%的份额;出口创汇864.5万美元,比95年增5%,在福建省出口工贸公司中居第十位。虽经努力,但没有完成预定的目标,公司首次出现了1940万元亏损,给股东造成了损失,在此向全体股东致歉。

经营亏损,主要是工业产品经营的亏损。其原因有:

中小型电机行业不景气。1996年全行业订货、生产、销售、回款和利润五大指标全部下降。工业总产值比降3.07%,销售收入比降6.01%,利润总额比降74.58%,亏损面为21.95%,同比增加2.44个百分点。本公司96年交流电动机、发电机和分马力电机分别比上年少销21.4%、16.4%和13%,减利1300多万元;制造成本比上年提高1%,减利200多万元,管理费用和销售费用分别节支450万元和100万元,但财务费用增1340万元,减利800万元,所属机构交纳税金及附加比上年增加,减利200万元。

另外,投资房地产的收益期不是均衡分布,1995年有收益1200万元,而1996年只有200万元,也影响了利润总额。

公司转制未到位,富余人员等问题解决难度大,效果不明显;产品结构不合理,档次低,调整进展慢,影响销路,资金占有不良,环节成本高;新增项目尚处于建设或生产初期,未产生效益,甚至计划内亏损。

面对如此严峻的困难,公司迎难而上、背水一战。1997年要扭亏为盈,抓"三个突破口"和"四个入手"工作:加速改善产品结构,抓好C系列、卫生洁具、汽油发电机组等经济增长点的培育;做资产重组文章,重整支柱工厂,搞活小厂;精干主体、裁减冗员、压缩费用、提高生产率;转换销售机制,办好"三产",构筑效益互补群体;打好"三大战役",提高竞争力;国内拓展新地区和农业市场,出口开拓欧洲和南美市场,形成国内外市场互补;改善管理体制,在"两提高一降低"上取得实效。

2.配股资金的到位和运用

1996年7月26日到位配股资金920万元。1994年12月开始实施的配股到此结束,仅完成计划的39.5%。本年到位的资金主要用于:

按原计划拓展多元化经营,增加房地产开发资金500万元和投入卫生洁具项目的股本350万元;70万元暂作补充流动资金。

房地产公司的永安闽东商业广场项目已于9月竣工,建筑面积4.3万平方米,96年又获利200万元;南平闽东大厦项目1996年10月正式开工,已投120万元;房地产公司1997年预计有300万元利润。

卫生洁具项目已投410万元,1996年9月正式生产。1997年计划产值900万元,盈利80万元。

四、股本变化及股本结构情况

1.股本变化及股本结构情况

单位:股　　面值:每股1元

股份类别	年初数	本年增加	年末数
一、尚未流通股份	76,485,000	2,871,388	79,356,388
1.发起人股	52,390,000		52,390,000
其中:			
国家股	44,290,000		44,290,000
2.社会法人股	24,070,000		24,070,000
3.内部股	25,000		25,000
4.国家、法人股转配		2,871,388	2,871,388
二、已流通股份			
社会公众股	42,570,805		42,570,805
三、股份总数	119,055,805	2,871,388	121,927,193

1)内部职工股为现任董事四人和卸任监事、高管三人的持股数。

2)股份总数变动原因及配股情况

A、1996年末总股本比1995年增加了2871388股,是因配股而增加。

B、本公司1994年临时股东大会通过的增资配股方案,经福建省证券管理办公室证委办[94]14号文和福建省国有资产管理局闽国资[94]184号文批准,于1994年12月按11000万总股本,以10:9的比例向社会公众股东配股,配股数为3018.6万股,配股价为3.32元(含转让费0.10元)。其中,国家股和法人股转配部分分别为1215.4万股和882.8万股,以权证形式流通至1996年6月28日止。1995年2月可流通部分配股资金到位,计9055805股;1996年7月国家股与法人股转配股资金到位,实际认配2817388股。两次合计认配11927193股,资金3755.65万元(扣除配股费用及转让费),仅完成原配股计划的39.5%。

2.96年末股东总户数31340,其中前十名最大股东为:

股东名称	持股数(股)	占总股本比例(%)
1)原闽东电机(集团)公司国有资产	44290000	36.32
2)闽东电机家属厂	3400000	2.79
3)工行福建省信托投资公司	2000000	1.64
4)福州市古楼区华大五金厂	1810000	1.48
5)泉州市二轻集体工业联社	1730000	1.42
6)厦门华伦电力发展公司	1190000	0.98
7)深圳市中粮实业发展有限公司	1000000	0.82
8)福建建设机器厂	840000	0.69
9)福州变压器厂	693100	0.57
10)福州闽东电机工贸公司	649300	0.53
合计	57602400	47.24

佛山电器照明股份有限公司

1996年年度报告摘要 (摘选)

一、公司简况

公司名称：佛山电器照明股份有限公司

法人代表：钟信才　　邮政编码：528000

公司地址：广东省佛山市汾江北路15号

电话：(0757)2813838　　传真：(0757)2816276

二、主要财务数据与财务指标

指标	1996年	1995年	1994年	1996年比1995年增减(+、-)%
1.主营业务收入(万元)	39954	42356	44558	-5.67
2.净利润(万元)	17563	16944	14574	3.65
3.资产总额(万元)	142545	130199	88817	9.48
4.股东权益(万元)	106642	102238	55493	4.31
5.每股净资产(元)	3.87	5.56	4.79	-30.4
6.每股收益(元)	0.637	0.921	1.26	-30.83
7.股东权益比率(%)	74.81	78.52	62.48	-4.72
8.净资产收益率(%)	16.47	16.57	26.26	-0.604

三、公司主要业务回顾

1. 公司经营情况

1996年我公司虽然受国内经济政策和激烈的市场竞争的影响。公司董事会、经营领导班子及全体员工，能充分利用企业规模优势，以产品质量为保证，充分发挥产品的名牌效应，挖掘企业潜力，狠抓管理，减少材料库存，降低消耗，积极开拓国内市场，使1996年取得比1995年较好的经济效益。为1997年及今后的再发展打下了良好的基础。

1996年公司实现工业总产值10.18亿元，灯泡总产量21069万只，比1995年增加22.47%，其中普通灯泡9125万只，比1995年增加60.26%；特种灯泡11944万只，比1995年增加3.8%，主营业销售收入39954万元，比去年减少5.67%，实现利润21220万元，比1995年增加4.14%，出口创汇4440万美元，比去年减少18%。截止1996年12月31日，公司总资产为14.25亿元，比去年增加9.48%，股东权益10.66亿元，比去年增加4.31%，长期负债1626万元，比去年增加38.67%。1996年公司实现净利润17563万元，比上年增加3.65%。

2. 经营结果与盈利预测的重大差异的说明

第八届股东大会的1996年财务预算中，公司董事会预计若无不可预测因素的出现，1996年度预测税后利润17820万元。现经广州会计师事务所审查，结果为17563万元。与原预算无重大差异。香港毕马域会计师事务所(境外)审查净利润为19311万元，相差1748万元，是对我公司在欧司朗佛山照明公司(合资公司)股权转移处理与广州会计师事务所时间上的不同(归1996年或1997年)而出现之差异，其他相关数据基本接近。

3. 对前次募集资金的运用情况说明

本公司于1995年7月，借用国家下达给深圳市B股额度中的5000万股，于1995年7月23日发行成功，每股发行价港币5.61元，扣除承销和上市费用，实收股本金2.6亿港元，折合人民币2.8亿元。

B股发行募集资金的使用计划为：1)投资1亿元改造扩大白炽灯生产规模；2)投资1.8亿元与德国欧司朗、香港佑昌公司合资建办欧司朗佛山照明有限公司(合资公司)。

投资1亿元扩大白炽灯生产的计划，到1996年底投入约4300万元，主要用以开发球形泡，烛型泡和蘑菇、指形泡等装饰灯泡。在国内外市场发生重大变化的情况下，董事会考虑、研究了投资的效益和回报，考虑到市场对品种和数量的需求，采取分批投人，使产量与市场销售相匹配，提高投资的收益，将原投资项目部分推到1997年实施。

欧司朗佛山有限公司是中(佛山电器照明股份有限公司)、德(德国欧司朗公司)、港(香港佑昌灯光器材有限公司)三方分别按35%、55%、10%的比例出资组建的合资企业，第一期投资额1.8亿元人民币。中方第一期投资6300万元，合资生产日光灯及原佛山电器照明股份有限公司生产的摩托车灯泡、汽车灯泡、节能灯(紧凑型荧光灯)及水银灯。合资公司于1995年1月23日由佛山市工商行政管理局签发营业执照，并于1995年4月1日起经营运作。经过一年多的经营运作，彼此发现，我公司及合资公司在经营运作受到多方制约。我方认为，合资公司生产经营运作与我公司的经营运作有很大的脱节，出现材料、供应、生产、销售不配套的现象，造成有市场无产品，有产品无市场的局面。按原合同规定，合资公司外销产品由佛山电器照明股份有限公司负责出口，佛山电器照明股份有限公司内销产品交合资公司销售，由于相互脱节，影响彼此生产经营运作和发展。更为严重的是1995年、1996年都出现严重的亏损，这样不但6300万元被耗尽，B股募集的1.8亿元也将很快填进这个无底的深坑。经董事会及公司经营领导班子研究，认为必须及时撤资退出股份。经过近一年时间的谈判，最后达到：佛山电器照明股份有限公司将原持有合资中35%的股份转让30%给欧司朗公司(即中、德、港三方出资比例改变为5%、85%和10%)，并修改原合同文本。佛山电器照明股份有限公司基本上不参与合资公司经营运作，今后两方生产经营运作和发展，各不影响，互不牵连，1995、1996年合资公司的亏损由欧司朗公司负责。佛山电器照明股份有限公司将恢复生产经营原转给合资公司生产的四个产品。新合同文本已经有关部门审批，并于1997年1月起生效。

四、股本变化及股本结构情况

股本结构及变化表

总股本275862054股

(A股)：		
国家股	78111000股	占总股本28.32%
法人股	39402054股	占总股本14.28%
社会公众股	83349000股	占总股本30.21%
其中高层职员持股	250830股	占总股本0.09%
(B股)：	75000000股	占总股本27.19%

股本结构及变化表　　单位：股

股票名称及代号　佛山照明A0541，粤照明B2541

	1996年12月31日	1995年12月31日
一、尚未流通股份	117513054	78342036
1. 发起人股	67342500	44895000
1)国家股	65092500	4339500
2)境内法人持股	2250000	1500000
2. 募集法人股	36832500	24555000
3. 法人转配股	13338054	8892036
二、已流通股	158349000	105566000
1. 境内人民币普通股(A股)	83349000	55566000
其中：高层管理人员持股	250830	167220
2. 境内上市外资股(B股)	75000000	50000000
股本合计	275862054	183908036

注：法人转配股中13018500股为佛山市国有资产办公室认购。

TCL通讯设备股份有限公司

1996年年度报告摘要（摘选）

一、公司简况

公司名称：TCL通讯设备股份有限公司

法人代表：李东生　　　邮政编码：516001

公司地址：广东省惠州市龙丰大岭路10号TCL大厦

电话：(0752)2260868转3399、3388

传真：(0752)2261868

二、主要财务数据与财务指标

单位：万元

指标项目	本年数	上年数	比上年增减
主营业务收入	60134.12	66719.55	-9.87%
净利润	7439.58	8074.87	-7.87%
总资产	69618.69	66535.46	4.63%
股东权益	39839.24	35586.18	11.95%
每股收益	0.48元	0.52元	-7.69%
每股净资产	2.54元	2.27元	11.89%
净资产收益率	18.67%	22.69%	-17.72%
股东权益比率	57.22%	53.48%	6.99%

三、公司主要业务回顾

(一) 一年来经营情况

1996年生产销售电话机448万台，其中内销353万台，外销95万台。根据邮电部计划建设司公布的统计数据，公司内销数量占邮电系统1996年电话放号量的24.78%。公司利润的88.09%来自于主要产品TCL868系列电话机的生产与销售，其它利润是投资收益。

主要业绩概述

1. 做好生产销售，巩固现有市场。

在1996年春秋两次通讯产品订货会上，获得了内销订单475万台，为1997年的生产销售奠定了基础。

2. 注重科技进步，创造名牌精品。

1996年公司开发的HW868(3)P/TSDM一母多子无绳电话、HA868(20)P/TSD(LCD)智能电话、HA868(3)P/TSD智能锁电话，已正式入网投放市场。数字电话、Caller—ID主叫用户显示电话实验室样机和HA868(21)P/TSD(LCD)大屏幕液晶显示电话机实验室样机已开发成功。上述五种话机均处于国内领先水平，将成为公司占领市场的新型产品。

另外公司开发的HA868(17)P/TSD、HA868(19)P/TD两种普通型新型话机已正式入网并投放市场。

公司独立开发的HL868(2)P/TSD数字答录电话1996年5月获广东省电子机械工业厅颁发的"广东省电子工业科技进步一等奖"，1996年6月获得了广东省经济委员会颁发的"广东省优秀新产品"，被列为"国家级重点新产品"。截止1996年底，公司已有两个高科技产品被列为"国家级新产品"。

1996年1月公司获得了广东省经济委员会颁发的"'八五'期间广东省企业技术进步奖"。

3. 提高产品质量，维护名牌信誉。

公司1996年产品质量体系进一步完善，各项工作细致深入，顺利通过了DNV和赛宝的ISO9001复审，通过了英国BABT年审。

公司HA868(3)P/TSD、HA868(8)P/T、HA868(12)P/T型三种话机在电子部组织的"1995年全国电话机质量等级集中测试"中，经过开箱检查、常温功能测试、环境试验、安全试验、可靠性试验、寿命试验、电磁兼容试验和外观、结构、工艺、包装评价等，被确认为"优质电话机"，占达优产品的四分之一。公司产品于1996年7月被广东省认定为"广东省第一批名牌产品"。

(二) 主营业务收入、净利润完成情况分析

1. 1996年主营业务收入60,134.12万元，较1995年下降了9.87%，原因是：(1)公司以邮电系统电话放号配售为主要销售渠道，1996年邮电系统电话放号数量下降；(2)不正当竞争现象严重，假冒伪劣产品干扰市场。

2. 1996年利润总额9,645.53万元，其中有营业外收入4,280.30万元，主要来源是退税收入。因为所得税税率由1995年的12%上升为1996年的24%，所以净利润为7,439.58万元，较1995年下降了7.88%。

(三) 前次募集资金使用情况说明

本报告年度内没有募集资金。1993年10月发行公众股，募集资金11,000万元，所投项目建设均已在本年度前完成。

四、股本变化及股本结构情况

(一) 股本变化及股本结构情况

1. 股本结构情况

截止1996年12月31日，本公司股权结构情况如下：

股份单位：股　面值：每股1元

股份类别	年初数	本年增减	年末数	占总股本%
(一)尚未流通股份				
(1)发起人股份	88,110,000	0	88,110,000	56.25%
其中：				
国有法人股	48,950,000	0	48,950,000	31.25%
外资法人股	39,160,000	0	39,160,000	25%
(2)募集法人股	5,874,000	0	5,874,000	3.75%
尚未流通股份合计	93,984,000	0	93,984,000	60%
(二)已流通股份	62,656,000	0	62,656,720	40%
A股	62,656,000	0	62,656,720	40%
已流通股份合计	62,656,000	0	62,656,720	40%
(三)股份总数	152,640,000	0	156,640,000	100%

2. 主要股东持股情况

A. 持5%以上股份股东的持股情况

名称	年末持股数量	年度内增减情况
(1)TCL通讯设备(香港)有限公司	39,160,000	0
(2)惠州市通信开发公司	24,781,350	0
(3)惠州经贸投资公司	6,000,000	-10,703,500

B. 前十名大股东名单、持股情况和比率

名称	持股数	比率
(1)TCL通讯设备(香港)有限公司	39,160,000	25%
(2)惠州市通信开发公司	24,781,350	15.82%
(3)惠州五金矿产进出口公司	7,500,000	4.79%
(4)TCL集团公司	7,465,150	4.77%
(5)惠州经贸投资公司	6,000,000	3.83%
(6)惠州金兴贸易发展总公司	3,203,500	2.06%
(7)惠州市通讯器材工业公司	2,640,000	1.69%
(8)惠州市通信发展总公司	1,980,000	1.26%
(9)惠州市外贸企业发展总公司	660,000	0.42%
(10)广东省邮电工程贸易开发公司	594,000	0.38%

3. 股东数量

截止1996年12月31日，股东总户数为53,507户。

白鸽(集团)股份有限公司

1996年年度报告摘要 (摘选)

一、公司简况

公司名称：白鸽(集团)股份有限公司

法人代表：郝延忠　　　　邮政编码：450006

公司地址：河南省郑州市华山路78号

电话:0371—7635588－2762　　　　传真:0371—7628013

二、主要财务数据与财务指标

单位:元

指标项目	本年数	上年数	比上年增减(%)
1.主营业务收入	627,102,135.14	559,729,576.31	12.04
2.净利润	25,806,269.77	25,388,264.11	1.97
3.总资产	1,219,829,179.01	1,064,347,649.82	14.61
4.股东权益	451,873,535.48	403,845,185.71	11.89
5.每股收益	0.105	0.11	-4.55
6.每股净资产	1.84	1.81	1.66
7.净资产收益率(%)	6.04	6.27	-3.67
8.股东权益比率(%)	37.04	37.94	-2.37

三、公司主要业务回顾

1.一年来公司经营情况

1996年，本公司在全体股东的大力支持下，团结一致，开拓进取，克服了原、辅材料、能源等涨价，资金紧张等诸多困难，取得了可喜的成绩，主要经济技术指标比去年有较大幅度的增长，全年实现销售收入62710万元，比上年增长12%，实现利润4005万元，比上年增长21%，出口创汇2633万美元，比上年增长22.64%。

根据中磨公司最新提供的资料，1996年我公司与本行业10家重点骨干企业主要经济指标完成情况及我公司在其中所占比例如下表：

指标名称	计算单位	行业(10家重点企业总计)	白鸽集团	白鸽集团所占比例(%)
总产值	万元	95053	31826	33.48
磨料	吨	107721	43388	40.28
磨具	吨	30655	18011	58.75
超硬制品	万克拉	454	65	14.32
砂布砂纸	万m2	1600	454	28.38
出口创汇	万美元	5779	2633	45.56
销售收入	万元	126305	62710	49.65
实现利润	万元	8138	4005	49.21
实现利税	万元	15188	7631	50.24

多年来，本公司的经济效益在国内磨料磨具行业中一直名列前茅，被列为第二批全国优强企业，是国务院确定的1000家重点联系企业之一，是机械工业部百家技术进步示范企业之一，还是河南省现代企业制度试点企业，96年本公司在工业总产值、产品品种、磨具产量、产品销售收入、实现利润、出口创汇等方面均居全国同行业第一，公司主导产品市场综合占有率达20%以上。

2.主要指标分析

公司1996年主营业务收入62710万元，比上年增长12%，比去年增长的主要原因是因为公司扩大了商业贸易网点，实现净利润完成2581万元，与去年基本持平略有增长。

3.1995年8月本公司经批准实施配股，其募集资金3812.2万元扣除配股费用，实际募集资金3744万元，其中归还技改贷款1032万元，其余资金已全部按计划投入到高精度磨具生产线项目，特种涂附磨具生产线项目和高档超硬磨具生产线项目。

四、股本变化及股本结构情况

1.股本变化及股本结构情况

1)股权结构

股份单位:股　面值:每股1元

股份类别	年初数	本年增减(+、-)	年末数
一、尚未流通股份			
国家股	132,825,000	+13,282,500	146,107,500
国家股转配	2,929,052	+292,905	3,221,957
尚未流通股份合计	135,754,052	+13,575,405	149,329,457
二、已流动股份			
境内上市的人民币普通股	86,939,999	+8,693,999	95,633,998
其中:			
社会公众股	86,829,443	+8,689,277	95,518,720
高管股	110,556	+4,722	115,278
三、股份总数	222,694,051	22,269,404	244,963,455

2)股本变动情况及原因

公司1996年股本变动原因，是由于公司1995年度送红股及原总经理助理赵清河所持股份解冻上市而形成的。

3)前十名股东持股情况(截止96年12月31日)

股东名称	持有数量(股)	持股比例%
1)郑州市国有资产管理局	146,107,500	59.64
2)郭良	300,000	0.12
3)关凌晨	290,453	0.12
4)吴坚和	261,728	0.10
5)南方番禺	235,405	0.096
6)李德振	210,000	0.086
7)许少鎏	200,613	0.082
8)曾蔚玲	200,000	0.0816
9)苏州新区恒升投资发展公司	200,000	0.0816
10)茂名市经贸实业发展总公司	200,000	0.0816

4)股东数量

至1996年末，公司股东总人数为66193人，其中国家股东1人，个人股东66192人。

吉林制药股份有限公司

1996 年年度报告摘要（摘选）

一、公司简况

公司名称：吉林制药股份有限公司

法人代表：马景田　　邮政编码：132012

公司地址：吉林省吉林市长春路 99 号

电话：(0432)4809008　4809021　　传真：(0432)4841728

二、主要财务数据与财务指标

单位：万元

指标项目	本年数	上年数	比上年增减（%）
1. 主营业务收入	21030.4	19554.7	7.55
2. 净利润	712.80	1738.92	−59.0
3. 总资产	43778.99	42233.63	3.66
4. 股东权益	30998.01	30285.21	2.35
5. 每股收益（元/股）	0.052	0.128	−59.38
6. 每股净资产（元/股）	2.29	2.23	2.69
7. 净资产收益率（%）	2.3	5.74	−59.93
8. 股东权益比率（%）	70.81	71.71	−1.23

三、公司主要业务回顾

1. 一年经营情况

在 1996 年公司面临经营环境和经营条件发生较大变化，下游企业停产增加，全国化学医药工业步入低谷，市场竞争激烈、资金紧张等不利情况下，实现营业收入2.1 亿元，实现利润 1041 万元。

主导产品退热冰、阿斯匹林等化学原料药、医药中间体产量达1.21 万吨，制剂产量达 15.74 亿片（粒），主导产品质量标准继续采用国际标准和国际先进技术标准，市场抽检合格率保持 100%。为拓宽国际市场，公司在美国新泽西设立了办事处，聘请达斯克公司为本公司在美国的总代理，同时实现了主导产品“宝山牌”阿斯匹林在美国正式注册，1996 年出口率达 100%。国家级新药参芪片、可泰尔等 1996 年产量、销量及实现利润较上年度翻二番，销售网点除西藏、海南两省外，遍布全国各地，为企业创造了可观的效益。

根据《医药工业简报》1997 年第三期刊登的 1996 年化学医药工业 149 个重点企业经济效益指标完成情况表明，公司实现利润名列第 35 位。被省政府确定为三优、三增加重点扶强企业，1996 年再获省“三好企业”和吉林市“学吉化、学化纤标兵企业”称号。经中国人民银行信誉等级评估，公司被评为 AAA 级。近日，被列入国务院重点扶持 1000 户企业中的前 500 强重点企业之一。

2. 主要指标分析

(1) 公司 1996 年实现主营业务收入21030.4 万元，比上年同期的 19554.7 万元增长 7.55%，主要来源于新产品参芪片、可泰尔、优必达等产量、销量的大幅度增长，创造历史最好水平。

(2) 实现净利润712.80 万元，比上年同期的 1738.92 万元，下降 59%。其主要原因为：①新产品销售费用比上年同期增加 860 万元。其中，新产品的广告宣传费投资增加 500 万元；另外，扩大营销队伍，1996 年新增销售人员达百余人，工资增加，差旅费价格上调，新增一定的销售费用。②管理费用比上年同期上升786 万元，主要是吉林省政策性调资，1996 年比 1995 年新增工资支出近 400 万元；工资增长，21. 5%的社会养老保险统筹金同步提高，增加近 90 万元；差旅费、水、电费、运费价格上调增加了部分管理费。③财务费用增加141.9 万元，主要是短期借款增加，使贷款利息增加所致。以上因素影响主营利润大幅度下降，导致净利润下降。

(3) 前次募集资金运用情况的说明

公司公开发行股票等募集资金，均按预定的资金使用方向，陆续投入到吉林化学合成原料药基地项目中，由于 1996 年市场因素影响，实际项目投资 434 万元，1997 年项目建设将有较大进展。

四、股本变化及股本结构情况

(1) 股本结构情况（单位：万股）

股份类别	1996 年初数	本年增减（+/−）	1996 年末数
A. 尚未流通股份			
①发起人股份			
其中：			
国家股	2865.5	0	2865.5
境内法人股	3701.5	0	3701.5
②募集法人股	187	0	187
③内部职工股（高管人员）	2.61	0	2.61
④其他（法人股转配）	4.96	0	4.96
未流通股份合计	6761.57	0	6761.57
B. 已流通股份			
境内上市的人民币普通股	6802.012	0	6802.012
C. 股份总数	13563.582	0	13563.582

(2) 主要股东持股情况

股东名称	1996 年末持股数（万股）	占总股本（%）
吉林市国有资产管理局	2865.50	21.11
天骥基金	1850.75	13.64
深圳经济特区房地产（集团）股份有限公司	1850.75	13.64
深圳蛇口大洋海运有限公司	288.55	2.13
华瑰实业	225	1.66
吉林市银丰物资经销公司	132	0.97
深圳达文投资咨询公司	127.81	0.94
李　杰	70.09	0.51
深圳四通投资发展有限公司	70	0.51
李小英	67.61	0.50

(3) 股东数量

本报告期末的股东总人数 21710 人。其中国家股东 1 人，法人股东 4 人，社会公众股东 21705 人。

2. 董事、监事与高级管理人员持股情况

姓名	职　务	年初持股（股）	年末持股（股）
马景田	董事长、总经理、党委书记	5000	5000
陈儒	副董事长、深圳投资基金管理公司总裁	0	0
端然	副董事长、深圳经济特区房地产（集团）股份有限公司	0	0
崔振吉	副董事长、常务副总经理	2000	2000
艾廷春	董事、副总经理	4500	4500
高文章	董事、副总经理	1500	1500
邢福生	董事、总工程师	1000	1000
郭俊元	董事、吉林市国有资产管理局科长	0	0
李新义	董事、吉林市银丰物资经销公司经理	2000	2000
闻成	董事、董事会秘书 副部长	2900	2900
范庆吉	董事、副总经理	900	900
吴荣翘	董事、吉林省证券交易中心副总经理	900	900
李志良	董事、处长	0	0
王玉林	监事会主席、工会主席	2500	2500
韩玉荣	监事会副主席、经检委副书记	0	0
刘建智	监事、车间书记	1900	1900
高振强	监事	0	0
张宪国	监事	0	0
付宝才	副总经理	1000	1000
叶荣富	副总经理	0	0
合计		26100	26100

吉林轻工集团股份有限公司

1996年年度报告摘要（摘选）

一、公司简况

公司名称:吉林轻工集团股份有限公司

法人代表:万殿卿

公司地址:长春市经济技术开发区自由大路118号

电话:0431－8523476　　传真:0431－8522149

二、主要财务数据与财务指标

单位:万元

指标项目	本年数	上年数	比上年增减(%)
1.主营业务收入	19,476	19,443	0.2
2.净利润	3,667	1,572	133.3
3.总资产	87,393	51,490	80.9
4.股东权益	34,769	27,450	26.7
5.每股收益(元/股)	0.216	0.10	116
6.每股净资产(元/股)	2.05	1.80	10.9
7.净资产收益率(%)	10.55	5.78	84.1
8.股东权益比率(%)	51.59	53.31	－3.2

三、公司业务回顾

1.一年来经营情况

1996年在公司董事会的正确领导下,在经营班子和全体职工的共同努力下,克服了生产经营中的种种困难,取得了良好的成绩。实现主营业务收入19,476万元,与上年持平。利润总额3,848万元,比上年增长87.18%,税后利润3667万元,比上年增长133.2%,其工作主要体现在以下几个方面:

(1)保持传统的啤酒大麦经营渠道,扩大经营规模,建立稳定的利润来源。

(2)加大对马口铁和玉米的经营力度。

(3)工业领域实现利润有新的突破,工业一直是我公司经营上的难点,1996年我们下大力气抓了白山不锈钢的生产经营管理,适时地调整了白山公司的领导班子,加大了企业改革的力度,实现了新的突破,年内实现利润202万元。

(4)根据公司的发展需要,成立了物业公司,对公司的房屋进行出租和经营管理。

(5)在兼并和产权重组方面,取得明显的进展,对长春轻工业机械厂的兼并工作正在进行。

2.前次募集资金的使用情况说明

1994年末,公司向全体股东按10股配2股的比例进行配股,国家股、法人股的配股权以每股0.05元的价格转让给全体个人股东,个人股东的实际配售比例为10配4.98,个人股配售部分的募集资金于1995年初到位,并按配股说明书使用,国家股、法人股转配部分共募集资金36,518,571.17元,于1997年初到位。公司将配股到位资金继续投入大连北方啤酒原料公司和珠海白山不锈钢制品有限公司,用于二期工程改造。

四、股本变化及股东结构情况

1.股本结构情况

(单位:股)

股份类别	年初数	本年增加	年末数
(一)尚未流通股份			
(1)发起人股份	40,656,000		40,656,00
国家股	17,556,000		17,556,000
境内法人股	23,100,000		23,100,000
(2)募集法人股	43,824,000		43,824,000
(3)法人转配股	16,953,314		16,953,314
(4)内部职工股	382,000		382,000
尚未流通股份合计	84,862,000	16,953,314	101,815,314
(二)已流通股份			
社会公众股	67,691,165		67,691,165
(三)股份总数	152,553,165	16,953,314	169,506,479

2.主要股东持股情况

股东名称	持有股份(股)	占总股本比例(%)
吉林省国有资产管理局	17,556,000	10.36
深圳投资基金管理公司	13,200,000	7.79
海南顺兴房地产开发公司	13,200,000	7.79
华夏证券有限公司深圳分公司	12,639,392	7.46
海南顺丰股份有限公司	10,560,000	6.23
交通银行长春分行	6,600,000	3.89
中国宝安集团股份有限公司	3,300,000	1.95
海南海虹企业股份有限公司	3,300,000	1.95
深圳蓝天基金管理公司	2,811,600	1.66
吉林省国际信托投资公司	2,640,000	1.56
海南亿丰拍卖有限公司	2,640,000	1.56

福建省福发股份有限公司

1996年年度报告摘要（摘选）

一、公司简况

公司名称：福建省福发股份有限公司

法人代表：陈国相　　邮政编码：350004

公司地址：福建省福州市工业路223号

电话：(0591)3728230　(0591)3710865转891

传真：(0591)3713706

二、主要财务数据与财务指标

单位：万元

指标项目	本年数	上年数	比上年增减(%)
1.主营业务收入	7505.33	7360.51	1.97
2.净利润	2127.31	1899.04	12.02
3.总资产	36250.40	30841.20	17.54
4.股东权益	21245.38	16090.53	32.04
5.每股收益(元)	0.232	0.24	-3.34
6.每股净资产(元)	2.25	2.03	10.84
7.净资产收益率	10.01%	11.80%	-15.17
8.股东权益比率	60.15%	51.17%	15.3

三、公司主要业务回顾

(一)一年来经营情况

1996年是国家九五计划的第一年。在国家宏观调控力度没有减弱、企业的外部环境依然严峻、市场竞争更加激烈的情况下，公司董事会和经营领导班子带领公司全体员工齐心协力，努力进取，全年共实现主营业务收入7505.33万元，实现利润总额2254.29万元，税后利润2127.31万元，分别比去年同期增长了1.97%、12.3%和12.02%，取得了较好的成绩。主要工作如下：

1. 加强市场营销管理，拓展产品市场。

为保证全年销售任务的完成，1996年公司采取了新的营销策略：一是增强销售队伍的力量，抽调部分中层干部配合经销业务人员进行全面的市场调研；并建立销售网点，先后在北京、上海、广州、漳州、南昌等地建立办事处和销售网点59个，充分利用中介机构的力量促进产品的销售；二是加强营销工作管理，壮大企业销售队伍，强化培训，提高素质；三是提高营销人员工资待遇，建立一套完整的奖励办法，充分发挥营销人员的主观能动性，积极寻找新市场；四是逐渐开拓国际市场，大力发展机电产品的出口，在巩固原有市场的基础上，拓展新市场，使出口贸易不断增长，全年共实现出口收入268万美元，达历史最好水平。

2. 发挥技术优势，以市场需求为导向，借鉴、吸收国外先进新技术、新工艺，不断开发新产品。1996年共开发新产品26项，其中新一代TFE2/10—1000KW系列发电机，共6个机座号28种功率等级，已投入批量生产，并已通过省级鉴定，达90年代国际先进水平，该技术折价42.5万美元入股麦格乃泰克(福州)发电机有限公司；开发了2×400KW全自动机组，配备的输出总屏实现数字显示，数字采集，自动打印并带232通讯口等功能，提供太原卫星发射基地使用；研制成功2×120KW远程集中监控自动化机组，并为邮电系统开发2×40KW无人值守电站，用高新技术改造360KW机组和250KW自动化机组；开发研制的超低噪声组合式柴油发电机组200KW已通过厂内及省中检所型式试验，噪声指标≤75dB。

3. 强化质量管理，实施名牌战略。

1996年公司继续开展了福发质量年活动，在贯彻实施GB/T19001和ISO9001系列标准的基础上，编制了新的《质量手册》，开展了群众性QC小组活动，提高了关键工序一次合格率。1996年福发牌20—500KW柴油发电机组荣获省政府授予的名牌产品称号。1996年福发牌柴油发电机组参加"福建省首届质量稳定产品博览会"并荣获"福建省质量稳定产品"称号。1996年福发牌电机参加"中国市场商品质量跟踪调查"活动，获"1996年中国市场商品调查十佳品牌"称号。

4. 围绕作为现代企业制度试点单位的有利时机，深化企业改革，进一步完善了公司内部的经济责任制，对各类产品的工时定额进行了调整，并开展全面的清仓利库工作，降低库存，促进了效益增长目标的实现。

5. 实现多元化经营、优化投资组合，提高资本运营水平。

为使公司的资本运营得以顺利发展，1996年公司在大力发展主营业务的同时，适时调整企业经营策略，改善公司投资结构，加强了对第三产业的投资开发，积极参股金融业和其它行业，努力实现投资多元化，以寻求新的融资渠道和经济增长点。1996年公司投资收益为1387.82万元，保证了公司全年利润的实现。

(二)前次募集资金的使用情况说明

公司1996年配股募集资金于1996年8月12日全部到位，共募集资金4220万元。公司按预定的资金使用计划投入资金：

1. 原计划对麦格乃泰克(福州)发电机有限公司投资1600万元，第一期实际已投入2100万元。

2. 原计划投资850万元新建、扩建厂房及综合车间，实际已付机组试车车间工程进度款300万元，另投资250万元在同步机车间楼上新建一层1512平方米办公室租赁给合资公司，现已交付使用，新建综合车间已付设计费用等35.3万元，工程款尚未支付。

3. 原计划投资408万元购买高精度设备，现投资250万元引进美国JDE公司计算机软件并对计算机中心进行改造，还增添了数控先进设备等，提高了公司运用计算机辅助产品设计、企业管理的水平和机械加工能力。

4. 原计划尚未使用的资金暂用于购买1996年国债，以提高资金的使用效果和资金变现能力。

四、股本变化及股本结构情况

1. 股本结构情况　　单位：股

股份类别	年初数	本年配股	年末数
一、尚未流通股份			
1.国家股	33758729	+1900000	35658729
2.内部职工股	72120	+14424	86544
3.国家股转配股	11239200	+3647840	14887040
尚未流通股份合计	45070049	+5562264	50632313
二、已流通股份			
1.A股	34247880	+6849576	41097456
已流通股份合计	34247880	+6849576	41097456
三、股份合计	79317929	+12411840	91729769

2. 股本变动情况及原因

公司1996年股本变动原因主要是因为1996年增资扩股。1996年7月公司以1995年末的7931.7929万股为基准，按10:2的比例向公司全体股东增资配股，配股后股本总额增至9172.9769万股。

3. 公司前十名股东持股情况(截止1996年12月31日)

持股单位	持股数(股)	持股比例(%)
1.福州市财政局	35658729	38.87
2.兴业证券	14112905	15.38
3.兴强实业	993607	1.08
4.杨民权	450400	0.49
5.江傅兴	450276	0.49
6.周志雄	450000	0.49
7.李建华	446619	0.48
8.吴琼明	428300	0.47
9.周邵权	423000	0.46
10.李立辉	417520	0.45
合计	53831356	58.66

4. 股本数量

至1996年末，公司股东总人数为18070户，其中国家股东1户，社会公众股东18069户。

长沙中意集团股份有限公司

1996年年度报告摘要 （摘选）

一、公司简况

公司名称：长沙中意集团股份有限公司

法人代表：邓文全　　　　邮政编码：410118

公司地址：长沙市中意二路

电话：(0731)5690548、5692808－2506、2507　　传真：(0731)6900760

二、主要财务数据与财务指标

单位：万元

指 标 项 目	本年数	上年数	比上年增减(%)
1.主营业务收入(万元)	22361.80	43264.66	－48.31
2.净利润(万元)	－9310.95	1116.01	－934.31
3.总资产(万元)	102422.27	111023.79	－7.75
4.股东权益(万元)	42882.98	48829.24	－12.18
5.每股收益(元)	－0.32	0.05	－740.0
6.每股净资产(元)	1.48	2.20	－32.73
7.净资产收益率(%)	－21.71	2.29	－1048.03
8.股东权益比率(%)	41.87	43.98	－4.80

注：(1)本公司主营业务收入、净利润、每股收益及净资产收益率大幅度下降的主要原因详见本报告第三部分的"主要指标分析"；(2)每股净资产较上年下降32.73%，主要是公司在本年度实施了资本公积金转增股本方案(每10股转增3股)。

三、公司业务回顾

1．一年来经营情况

1996年是公司战略性大调整的第一年，通过实施资产重组，逐步完成了合理化的产业布局，在建立现代企业制度方面，建立了相互制衡的法人治理结构，进一步完善了决策、执行、监督机制；在内部管理方面，实施了"效益动态监控"的管理方法，加强了投资管理，严格了各种费用的控制，强化了审计监督，取得了一定的成绩。由于公司加大了结构调整的力度，大力清理不良资产，将沉淀资产逐步变现，因而在经济效益方面表现为大幅度的滑坡，但同时也为公司轻装上阵、实现新的腾飞打下了良好的基础。公司全年完成工业总产值20,371.87万元，实现销售收入22,361.80万元，净利润－9,310.87万元。

家电制造业：全年共完成冰柜、空调、电冰箱等主导产品10.88万台，为去年同期的34.76%，实现产品销量10.59万台，为去年同期的30.26%。公司与瑞典伊莱克斯公司合资组建的伊莱克斯中意(长沙)电冰箱有限公司已完成了生产工艺的改进、关键设备的检修、整改和调试等各项准备工作，实现了小批量生产，全年生产电冰箱3.7万台。产品质量档次明显提高，市场覆盖面逐步扩大。

房地产业：重点组织了长沙中意花苑、广州中意花苑项目的建设，投资规模为2.67亿元，总建筑面积6.2万平方米，为明年房地产效益目标的实现奠定了较好的基础。

进出口商业贸易：全年实现贸易总额1503万元，创汇70万美元。

2．主要指标分析

1996年度公司主营业务收入22,361.8万元，较上年同期下降48.31%，实现净利润－9,310.95万元，较上年同期下降934.31%，其主要原因是：

(1)今年公司集中力量积极推进"两个根本性转变"，对本公司的资本结构、产业结构、产品结构以及企业运行机制进行了较大的调整，着力存量资产的盘活，大力清理不良资产，因而体现为主营业务收入的大幅度下降，效益严重滑坡，这是公司为实现"战略性调整"目标而产生的阵痛；

(2)公司总部全年亏损4843万元，其中本年度亏损2746万元，消化上年度费用2096.7万元(其中承担上年度销售费用1031.7万元，冰箱合资后处理原材料、库存商品降价损失534.2万元)；

(3)本公司控股子公司——湖南中意冷气设备有限公司全年亏损3790万元，其中本年度亏损2049万元，消化上年度各种费用1741.8万元(其中承担上年度资金占用费890万元、待摊费用408.3万元)，造成本公司亏损2843万元；

(4)本公司全资公司——长沙中意进出口公司全年亏损1996.4万元，其中本年度亏损361.3万元。消化上年度有关费用1635万元(其中承担上年度待摊费用中的利息支出1476万元)；

(5)本公司全资公司——长沙中意房地产开发公司及其控股子公司长沙中南市场建设开发有限公司本年度共亏损472万元(主要是长沙中南市场建设开发有限公司亏损所致)，该公司投资的长沙中意花苑、广州中意花苑两个项目尚处于投入期，本年度暂未产生效益；

(6)本公司主导产品之一电冰箱部分虽已合资，但因处于小批量试制生产阶段，同时由于生产工艺的改进、关键设备的调试以及新产品的开发在一定程度上影响了一些生产，全年生产3.7万台，导致本公司投资收益亏损1721.7万元；本公司对中外合资湘吉鞋业有限公司的投资，因其破产，投资损失264万元。

(7)补缴以前年度增值税188万元；

(8)公司因冰箱产业的整体合资形成资产转让收益计4761万元，按现行会计准则将其中2689万元计入资本公积金，余下2072万元作为本期收益计入营业外收入；

(9)公司商贸、股票、股权及债券投资收益937万元；

(10)本公司控股之长沙冷柜厂本年度创利592万元，其中本公司获净利239万元。

3．前次募集资金使用情况

本公司于1994年12月20日到1995年1月3日以10:2比例向全体股东配股，个人股配售部分所募资金6,064万元，于1995年5月全部到位；国家股、法人股转配部分只配售184.4万股，募集资金680.3万元，于1996年8月到位。故此次配股共募资金6,744.3万元，已按《配股说明书》所述之用途用于无氟高效节能电冰箱工程及现有家电生产经营之中。

四、股本变化及股本结构情况

1．股本变化及股本结构

填报日期：1996年12月31日　　单位：股　　每股面值：1元

股份类别	期初数	配股	送股	公积金转股	小计	本次变动增减(+,－)期末数
一、尚未流通股份						
1.发起人股份	101,444,000			30,433,200	30,433,200	131,877,200
其中：						
国家拥有股份	101,444,000			30,433,200	30,433,200	131,877,200
2.募集法人股	25,000,000			7,500,000	7,500,000	149,500
3.内部职工股	115,000			34,500	34,5000	149,500
4.法人转配股		1,844,247		553,274	2,397,521	2,397,521
尚未流通股份合计	126,559,000	1,844,247		38,520,974	40,365,221	166,924,221
二、已流通股份						
1.境内上市的人民币普通股	95,141,406			28,542,421	28,542,421	123,683,827
已流通股份合计	95,141,406			28,542,421	28,542,421	123,683,827
三、股份总数	221,700,406	1,844,247		67,063,395	68,907,642	290,608,048

(2)股本变化及原因

公司1996年度股本变动原因主要是本年度实施了资本公积金转增股本方案，即以资本公积金向全体股东每10股转增3股，另本公司于1994年12月到1995年1月30日实施配股方案，法人股转配部分配售1,844,247股，股本总额由年初的221,700,406股增至290,608,048股。

2．主要股东持股情况

股 东 名 称	年末持股数(万股)	占总股本(%)
1)长沙市国有资产管理局	13187.72	45.38
2)长沙市国有资产经营公司	2470	8.50
3)深圳市宝安企业集团股份有限公司	650	2.24
4)深圳市康佳电子股份有限公司	130	0.45
5)兴强实业	128.84	0.44
6)南方番禺	109.66	0.38
7)徐壮城	106.88	0.37
8)郭恒娥	97.48	0.34
9)黄冬青	96.89	0.33
10)余 翔	85.00	0.29

(4)截止1996年末，公司股东总数56354户，其中国家股东1户，法人股东3户，内部职工股东11户，社会公众股东56339户。

深圳蛇口安达实业股份有限公司

1996年年度报告摘要（摘选）

一、公司简况

公司名称：深圳蛇口安达实业股份有限公司

法人代表：熊栋梁　　　　邮编：518067

公司地址：深圳蛇口工业大道招商局发展中心五楼

电话：0755—6891245、6683888　　传真：0755—6682383

二、主要财务数据与财务指标

单位：万元

指标项目	本年数	上年数	比上年增减(%)
1.主营业务收入	33,309.31	64,360.75	-48.25
2.净利润	-9,866.95	-1,118.31	-782.31
3.总资产	65,847.25	131,267.57	-49.84
4.股东权益	13,846.06	23,713.02	-41.61
5.每股收益(元)	-1.175	-0.133	-782.31
6.每股净资产(元)	1.649	2.82	-41.59
7.净资产收益率(%)	-71.26	-4.72	—
8.股东权益比例(%)	21.03	18.06	—

三、公司主要业务回顾

1.一年来经营情况

1996年是安达公司端正经营思想、加强基础管理、清理不良资产、实行自我调整的一年。针对公司前几年经营和投资失误的情况，在96年度狠抓了经营管理工作，建全各级岗位责任制度，加强员工的服务意识、职业道德和业务能力的培训，同时对公司的不良资产进行全面的清理。

由于公司以往的投资失误，并受银根抽紧和资金紧张的影响，部分投资项目已无回报可言；有的已资不抵债，成为不良资产；同时公司作出多次努力力图收回以前年度积累下来的应收款及其他应收款，但其中部分款项因多种原因已无从收回，根据有关财务政策，公司忍痛断臂，采取清理措施，使公司放下了潜亏的包袱，但是形成严重亏损。

2.主要经济指标分析

1996年度安达公司实现主营业务收入33,309.31万元，营业利润-11,329.9万元，净利润亏损9,866.9万元和1995年度净利润亏损1,118.3万元相比，增加亏损8,748.6万元，形成少有的巨额亏损。导致这一亏损的直接原因是：

1)经董事会审议和同意，一次性处理了各项资产损失89,667,630.64元人民币，其主要构成如下：

A.公司各下属企业历年经营过程中发生的应收款和其他应收款6,231万元，其中蛇口交通科技公司2,933万元，蛇口船务公司1,261万元，集装箱运输公司782万元，总部449万元；

B.公司各下属企业的投资损失980万元，其中安达投资发展公司387万元，交通科技公司387万元，公司总部207万元；

C.公司及各下属企业的固定资产损失753万元，其中公司总部579万元；

D.公司各下属企业的存货及预付货款439万元；

E.公司及各下属企业的待处理资产445万元；

该笔亏损是公司在以往几年经营中形成的，公司董事会和高层管理人员曾多次研究解决此项问题，力图在公司近年的经营运作中，自我消化、自我解决，但是由于近年来市场疲软，效益滑坡，公司虽经多次努力但收效不大。经报公司董事会专题审议，决定作一次性损失。

2)货物运输业盈利能力大幅度降低。

1996年度货物运输全年完成周转量10,385.53万吨公里，较95年度减少下降19%，运输收入较去年同期减少448.7万元，而吨公里变动费用消耗却较95年度增加0.02元/吨公里，导致1996年度货物运输主营业务毛利较95年度减少275.66万元。

3)客运业务收入有所降低

客运公司1996年度收入稳定，客运公司1996年狠抓基础管理工作，公司管理水平和服务质量又有提高，被评为全国出租小汽车优质服务单位，多名员工被评为服务标兵。但1996年度客运公司因较1995年度减少一次性收入675万元，故公司利润相应减少602万元。

4)在主营业务利润减少的同时，财务费用进一步上升：

1996年度财务费用6,231.24万元，较95年度增加748.06万元，增幅达12%，其主要原因是1995年度收购招商石化股份以后的利息负担。为降低公司的财务费用，公司已于1996年11月将招商石化29%的股权转让给招商局蛇口工业区。

3.前次募集资金的使用情况说明

本公司自1993年扩股募集资金以来未实施配股。

四、股本变化及股本结构情况

1.股本变化及股本结构情况

单位：万股　　面值：每股1元

股份类别	96年末数	95年末数	比例(%)
一、尚未流通股份			
发起法人持股	38,082,256	38,082,256	45.3
定向法人持股	4,237,200	4,237,200	5.1
尚未流通股份合计	42,319,456	42,319,456	50.4
二、已流通股份			
境内上市人民币普通股	41,657,228	41,657,228	49.6
三、股份总数	83,976,684	83,976,684	100

2.主要股东持股情况

股东名称	96年末持股数(股)	占总股本比例(%)
1)招商局蛇口工业区有限公司	31,863,151	37.94
2)蛇口招商港务股份有限公司	6,219,105	7.40
3)深圳投资基金管理公司	2,301,473	2.74
4)深圳平安保险公司	950,400	1.13
5)深圳蛇口招商石油化工实业有限公司	887,700	1.05
6)深圳华强电子工业总公司	825,000	0.98
7)中山市华龙装饰工程公司	330,000	0.39
8)刁宇庭	271,350	0.32
9)广东龙马公司	167,517	0.20
10)肖永祥	125,500	0.15

3.股东数量

截止1996年12月31日止，在各地证券登记公司及登记机构登记的本公司股东总人数为32,684户，其中法人股东7户，社会公众股东32,677户。

深圳赤湾港航股份有限公司

1996年年度报告摘要（摘选）

一、公司简况

公司名称：深圳赤湾港航股份有限公司

法人代表：傅育宁　　　　邮政编码：518068

公司地址：深圳市赤湾港石油大厦10—12楼

电话：86—755—669421386—755—6694888

传真：86—755—6694297

二、主要财务数据与财务指标

指标项目	1996年	1995年	比95年增减(%)
主营业务收入(万元)	40,986.39	43,536.22	-5.86
净利润(万元)	10,730.24	12,436.24	-13.72
总资产(万元)	146,809.86	121,410.21	20.92
股东权益(万元)	96,179.42	92,005.14	4.54
每股收益(元)	0.281	0.326	-13.80
每股净资产(元)	2.52	2.41	4.56
净资产收益率(%)	11.16	13.52	-17.46
股东权益比率(%)	65.51	75.78	-13.55

三、公司主要业务回顾

1. 一年来经营情况

1996年是本公司经营最为困难的一年。公司主营业务——港口装卸出现"有升有降"的局面。其中散杂货吞吐量完成602万吨；受整体运输市场萧条的影响，比上年下降16%。集装箱吞吐量得益于港口腹地——珠江三角洲兴旺发达的加工贸易，比上年增长51%，达9.78万标箱。为港口配套的海陆运输业务和编织袋经营业务呈现出调整后巩固改善的势头，业务量趋于稳定，收益好于上年。1996年本公司主营业务收入为4.09亿元，比上年下降5.86%，按境内和国际会计准则、制度计算的税后利润为1.07亿元，比上年下降13.72%。

1996年本公司顺应市场需求，一是加强商务开拓，改善服务质量，力保不失市场份额。二是积极积蓄力量，为迎接"九七"香港回归和经济复苏作好准备。96年经赤湾港的化肥吞吐量下降，低于最高峰1995年而高于九十年代诸年，且市场份额不失。散粮中转稳中有升，为本公司适度参与专业化的粮食储运提供了商机，集装箱业务大有突破，开辟了两条往返欧洲的主干班轮航线和一些往返华南、华东诸港的支线班轮航线。陆路运输定位于"与国际知名的大型集装箱船运公司合作，主要从事广东地区的集装箱拖车服务"，公路运输周转量比上年增长4%，经济效益居深圳同行前列。海路运输发挥港作拖轮和短程驳船班轮之经营优势，购入一条驳船，增设深圳至香港的班轮航线，为使企业的资源与其业务范围更加适应，公司在市场不景气的情况下，通过组建集装箱本部，完成资产结构调整，如期建成8＃泊位和4.5万吨粮食筒仓，出售了两艘老旧运输船舶，将振南公司复膜生产线转移至内地租赁经营。骨干企业港务本部和码头公司，成为全国第一家完成ISO9002认证的港口企业。

1996年本公司来自散杂货物方面的利润为9455万元，占公司总利润的88%，来自集装箱业务方面的利润为1186万元，占总利润的11%，其它业务利润为89万元，占总利润的1%。

2. 对前次募集资金的使用情况说明

1995年底，本公司增发4000万B股募集约1.2亿元人民币，本年度公司将该笔资金全部按筹资计划如数如期投入赤湾港8＃泊位和粮食筒仓建设项目。其中，8＃泊位投资9400万元，96年1月动工，11月竣工投产；粮食筒仓投资3500万元，96年2月动工，10月竣工投入运营。两个项目的建设符合计划进度，项目收益与预测相符。

四、股本变化及股本结构情况

1. 股本变化及股本结构情况

1）股本结构

数量单位：股；　　　　每股面值：元

股份类别	1996年年初数	本期变化增减(+/-) 送股	配股	其它	小计	1996年年末数
(一)尚未流通股份						
1. 发起人股(境内法人持股)	224,470,000					224,470,000
2. 内部职工股(董事、监事及高层管理人员持股)	410,000			-143300*	-143300*	266,700
尚未流通股份合计	224,880,000			-143300	-143300	224,736,700
(二)已流通股份						
1. 境内上市的人民币普通股	50,190,000			+143300*	+143300*	50,333,300
2. 境内上市外资股	106,447,000					106,447,000
已流通股份合计	156,637,000			+143300	+143300	156,780,300
(三)股份总数	381,517,000					381,517,000

* 离任高级管理人员所持内部职工股按规定获准流通。

2）主要股东持股情况

序号	股东代码	股东名称	持股数量(股)	持股比例
1	00038657	中国南山开发(集团)股份有限公司*	224,470,000	58.84%
2	204378	TEMPLETON DEVELOPING MKTS TRUST	12,168,000	3.19%
3	206355	TEMPLETON DRAGON FUND, INC.	9,001,800	2.36%
4	218620	THE SCM CHINA GROWTHFUND LDC	5,331,000	1.40%
5	204377	TEMPLETON INSTITUTIONAL EMERGING MARKETS SERIES	4,908,000	1.29%
6	204583	TEMPLETON CHINA WORLD FUND INC	3,346,000	0.88%
7	002653	PICTET& CIE	3,223,800	0.84%
8	204980	SCHRODER ASIAN GROWTH FUND INC.	2,832,000	0.74%
9	002603	TGSS-EMERGING MARKETS FUND	2,610,000	0.68%
10	204376	TEMPLETON CANADA EMERGING MKTS FUND	2,600,000	0.68%
		合计	270,490,600	70.90%

* 持有本公司5%以上股份的股东仅南山集团公司一家。

3）股东人数

本报告期末股东总人数为52537户，其中A股股东46389户，B股股东6148户。

2. 公司董事、监事及高层管理人员持股情况

姓名	职务	股东代码	年初持股数	增减变化	年末持股数
1. 傅育宁	董事长	00928517	43,000		43,000
2. 戴德兴	董事	00813005	28,000	红股锁定	30,800
3. 王海鹰	董事	00928518	34,000		34,000
4. 田汝耕	董事	00928601	34,000	红股锁定	37,400
5. 王　芬	董事	00928553	31,000	红股锁定	34,100
6. 范肇平	董事、财务总监	00082455	26,000	红股锁定	28,600
7. 袁宇辉	董事、董事会秘书		0		0
8. 刘章俊	董事		0		0
9. 李选民	董事、副总经理		0		0
10. 夏德明	监事会召集人		0		0
11. 黄惠珍	监事		0		0
12. 侯建玲	职工监事		0		0
13. 陆宝弟	副总经理	00095383	28,000	红股锁定	30,800
14. 陈永莲	副总经理	00928519	28,000		28,000
	合计		252,000		266,700

蛇口招商港务股份有限公司

1996年年度报告摘要（摘选）

一、公司简况

公司名称：蛇口招商港务股份有限公司

法人代表：顾立基　　邮编：518067

公司地址：深圳蛇口港湾一路

电话：0755—6688828　　传真：0755—6698113

二、主要财务数据与财务指标

单位：万元

指标项目(人民币)	1996年	1995年	比上年增减(%)
1.主营业务收入	*181871.4	93886.2	93.71
2.净利润	10016.3	12555.8	-20.23
3.总资产	246464.7	173924.1	41.71
4.股东权益	94855.1	65158.5	45.58
5.每股收益(元)	**0.31	0.45	-31.11
6.每股净资产(元)	2.96	2.35	25.96
7.净资产收益率(%)	10.56	19.27	-45.20
8.股东权益比率(%)	38.49	37.46	2.75

注：

*公司在新加坡的子公司 ASIA MERCHANTS PTE LTD 和 SINTRA MERCHANTS PTE LTD 的财务报表今年首次合并到总公司，上述两家公司主要从事贸易业务，有较大的营业额。

**每股收益0.31元系按年末总股数计算得出，若按加权平均数计算为0.34元。

***根据国际审计师毕马域的审计报告，1996年度除税及少数股东损益后利润为9566万元。境内外审计结果的差异主要在于对公司参资企业蛇口招商石化实业有限公司的商誉、无形资产的摊销年限不同和部分待处理流动资产损益的处理不同。

三、公司主要业务回顾

1.一年来公司经营情况

1996年，深圳西部港口的货运总量出现了少有的下降局面，本公司也经历了建港以来经营环境最为困难、经营形势最为严峻的一年。在股东的大力支持和公司员工的共同努力下，公司的港口主业实现收入约为人民币3亿元，相比去年没有出现重大滑坡。主要的核心业务情况如下：

1)散杂货装卸业务。本年度公司码头货物吞吐量(本港吞吐量)完成746.9万吨，比上年的820.8万吨(去年年度中使用"全港吞吐量"指标为1000.6万吨，其中本港吞吐量为820.8万吨)减少9%。主要货种装卸自然吨的变动情况如下：卷钢增长68.7%，其它钢材增长5.4%，粮食饲料增长7.5%，化肥下降29.6%，水泥下降49%。各货种变化的主要原因是：于1995年化肥的超量进口和市场需求疲软，1996年化肥国内进口总量有所回落，本公司1996年港口化肥处理量有相当部分是东南亚地区转口。蛇口港区粮食加工业的规模扩大使到港的粮食饲料数量增加。公司卷钢仓储能力的明显提高和来自本地区外的需求增加，使得卷钢量到港量大幅提高；建筑材料类货源市场仍然平淡，新的货种如散铁矿到货量有明显增加。在本地区的同类港口中，本公司的散杂货处理的市场份额中保持稳中有升。

2)集装箱业务。本年度公司集装箱装卸量完成47873TEU，比上年度增加106%。增量的主要来源是蛇口集装箱厂的出口空箱，而重箱基本持平。集装箱陆路拖运业务有较大发展，收入增长15%，集装箱驳船班轮及全程代理服务基本保持原有水平；其它货物的处理量上升。整个集装箱业务部门总收入比上年增长2.02%。

3)客运业务。本年度公司客运码头的客流量为300.5万人次，比上年增加1.7%，是自1992年以来首次止跌回升。其中，香港航线、澳门航线客流量分别为69.4和8.8万人次，比上年增长25.5%和35.4%，呈良好的上升势头，客流量比重最大的珠海航线为209.8万人次，比上年下降7.7%，反映出国内客运市场仍然偏淡。客运总收入比上年增加14%。

除了上述核心业务外，公司的货运代理和货运班轮业务也有所发展。新加坡子公司扩大了化肥贸易等业务，直接为本公司的港口经营提供货源，总体上为公司带来效益。由于贸易行业的营业额比港口行业相比普遍较高，因此公司1996年度合并财务报表中的营业收入大幅增加。

公司的生产成本得到有效控制，但由于固定成本和财务费用上升幅度较大，导致公司营运利润比上年下降。

本公司的关联公司与合作项目产生的投资收益为1573万元，比上年下降39.8%。其中的主要部分来自蛇口招商石化公司。上海、南京的物业项目的发展情况在1996年仍不理想，无预期收益；杭州项目收回大部投资，有少量亏损。公司其余关联公司大多为港口相关行业及部分工业项目，但规模和利润回报较小。

2.资本性支出

1996年顺利实施了公司基础设施投资计划。新的集装箱作业区56000平米(包括2个1000吨级码头和相关的仓库、堆场和设备)于1996年10月开始启用。散装粮食筒仓、卷钢C仓、散装化肥中转仓、以及有关的配套设施在1996年度加紧建设，部分已投入使用，使港口增加19万吨仓容量，并使专业化水平大为提高。

公司的外地分公司未追加投资，新加坡子公司主要利用公司的商誉自我发展。

对外投资重点是蛇口招商石化实业有限公司的增资扩股，继续持有该公司25%的股份。继续支持并推进上海金桥开发区的物业项目并对投资主体加以全面改组。对其它外地的原有投资项目继续加以清理，原则上停止对其它工业项目的投资。

3.前次募集资金的使用情况说明

公司1996年度增资配股(境内股东认购部分)经深证办字[1996]第16号文批准，并经证监会证监配审字[1996]第23号文复审核准，并向境内股东配售43,609,500股，扣除发行费后实际募集资金为194,033,130.10元，配股资金已于1996年8月23日全部划入公司帐户，并经蛇口中华会计师事务所验证于1996年8月28日出具"关于蛇口招商港务股份有限公司的股本验证报告"。公司已按配股说明书(境内股东认购部分)中所披露的募集资金使用计划，分别将资金投入散货中转A、B仓的建设，港口机械设备和配套设施的更新，以及归还用于码头建设的长期借款和短期借款。

五、股本变化及股本结构情况

1.股本变化及股本结构情况

数量单位：股　　面值：每股1元

股份类别	年初数	增加数	年末数
一、尚未流通股份			
发起人股份			
其中：境内法人持有股份	109,725,000	32,917,500	142,642,500
外资法人持有股份	36,575,000	0	36,575,000
尚未流通股份合计	146,300,000	32,917,500	179,217,500
二、已流通股份			
境内上市人民币普通股	35,640,000	10,692,000	46,332,000
境内上市外资股	95,260,000	0	95,260,000
已流通股份合计	130,440,400	10,692,000	141,592,000
三、股份总数	277,200,000	43,609,500	320,809,500

2.股本变动的原因

经深圳市证管办深证办字[1996]第16号文批准，并经中国证监会证监配审字[1996]第23号文复审核准，公司1996年度配股境内股东认购部分已于1996年9月圆满完成，共向境内股东配售43,609,500股。

3.前十名最大股东持股情况(截止96年12月31日)

名称	持股数(股)	占总股本比例(%)
1)招商局蛇口工业区有限公司	142,642,500	44.46
2)招商局仓码运输有限公司	36,575,000	11.40
3)JARDINE FLEMING CHINA REGION FUND, INC.	3,138,960	0.98
4)BBH-THE GREATER CHINA FUND INC.	2,737,680	0.85
5)TEMPLETON DRAGON FUND, INC.	2,552,240	0.80
6)BBH LUX-CREDIS EQUITY FUND-EMERGING MARKETS	1,938,400	0.60
7)CITIBANK NOMS SPORE PTE LTD	1,380,300	0.43
8)EQUITY FUND OF CHINA	1,330,640	0.41
9)SHELL PENSIONS TST/SHELL CONTRIBUTORY PENSION FUND	1,214,660	0.38
10)HK BANK INT'L TRUSTEE LTD A/C J F CHINA TRUST	1,139,180	0.36

深圳能源投资股份有限公司

1996年年度报告摘要 （摘选）

一、公司简况

公司名称:深圳能源投资股份有限公司

法人代表:劳德容　　　　　　邮编:518031

公司地址:深圳市福田区华发北路桑达大厦17楼

电话:0755—3323769、3324080　　传真:0755—3324023

二、主要财务数据与财务指标

单位:人民币万元

指　标　项　目	1996年	96年比95年增长%	1995年
1.主营业务收入	155264	18.37	131168
2.净利润	18427	28.31	14361
3.总资产	536601	1.03	531091
4.股东权益	106272	16.22	91439
5.每股收益(元)	0.45	21.62	0.37
6.每股净资产(元)	2.61	10.75	2.36
7.净资产收益率(%)	17.33	10.38	15.7
8.股东权益比率(%)	19.80	15.04	17.22

注:以上数据和指标均按合并报表数及以年末总股本40656万股计算;按照1997年3月19日配股实施后总股本453308103股计算每股收益0.406元。

三、公司主要业务回顾

1.一年来经营情况

1996年,全公司(集团)主营业务收入155264万元,实现利润33973万元,扣除少数股东权益后,实现税后利润18427万元,按照年末总股本40656万股计算,每股税后利润0.45元,比上年增长21.62%。

2.公司全资附属及控股公司经营业绩概述

深圳妈湾电力有限公司是本公司主体企业,亦是公司收益的主要来源。1996年该公司狠抓生产管理和财务管理,充分调动广大员工的生产积极性,克服了电网需求负荷低、燃料价格攀升等种种困难,提前5天完成董事会下达的年发电任务。全年共发电34.05亿千瓦时,比上年增长20%,创历史最好成绩。

本公司参股19%的金岗电厂,1996年通过技术改造对机组进行了大修,使机组一直处于良好状态,提高了机组的出力和运行小时,年发电量达2.2亿千瓦时,本公司实现收益722万元。

本公司参股10%的上洞电厂,继续采用承包经营方式,取得了较好的经济效益。

3.公司财务状况说明

1996年,公司总资产536601万元,比上年增长1.03%、净资产106272万元,比上年增长16.22%、负债364299万元,比上年减少16207万元,降低4.44%。

4.公司投资情况说明

1)1996年,公司按照1993年招股说明书要求,按计划将17000万元分期投入建设、经营西部电厂(原妈湾电厂二期工程)的深圳西部电力有限公司。该公司承担两台30万千瓦燃煤机组的建设工作,自1995年5月2日正式开工以来,各项工程施工严格按网络计划正点运行。经过全体建设者的艰苦努力,1号机组实现了"锅炉水压试验、厂用电受电、汽轮机冲转、并网发电、168小时试运行"五个一次通过,经过短短17个月的时间,继妈湾电厂以后,西部电厂又创造了国产30万千瓦机组建设速度新的全国记录。西部电厂主厂房工程被广东省电力基本建设质量监督中心站评为优良工程。

目前正在紧张施工的西部电厂2号机组建设进展顺利,力争1997年6月底并网发电,8月移交生产。

2)本公司参股37%的温州宏能电力有限公司,设计装机容量为6×5MW柴油发电机组,工程动态投资总额为1.4亿元人民币,公司注册资本5048万元人民币。目前工程进展顺利。于1996年2月完成三通一平、3月破土动工、5月土建全面开工,12月已进入全面安装阶段,计划1997年5月机组投产发电。

3)本公司参股40%的深圳能源保税仓有限公司于1996年3月28日成立,注册资本4132万元人民币,已在福田保税区内购置了1.28万平方米土地,计划建设一个总投资约1亿元人民币,面积为3.2万平方米的现代化仓储及国际转口贸易基地。目前勘探、设计工作已经结束,已进入工程建设阶段。第一期工程约1.5万平方米的仓库大楼建设正全面展开,争取1997年底投入使用。

四、股本变化及股本结构情况

1.股本变化及股本结构情况(截止96年12月31日)

总股本:40656万股

单位:万股　　面值:每股1元

股　份　类　别	年初数	占总股本比例(%)	年末数	占总股本比例(%)
一、尚未流通股份				
国家股:25736.7	66.47	27023.535	66.47	
境内法人股	1936	5.00	2032.8	5.00
尚未流通股份合计	27672.7	71.47	29056.335	71.47
二、社会公众持股	11047.3	28.53	11599.665	28.53
其中:高级管理人员持股	17.11	0.04	20.5691	0.05
三、股份总数	38720	100.00	40656	100.00

2.股本变动原因:

本年度变动是因1995年度按每10股送0.5股红股所致。

3.主要股东持股情况

股　东　名　称	持股数(万股)	占总股本比例(%)
1)深圳市能源总公司(国家股)	27023.535	66.47
2)广东电力发展股份有限公司	241.395	0.59
3)西北电力建设总公司	215.985	0.53
4)深圳沙角火力发电厂B厂有限公司	158.8125	0.39
5)广东核电投资有限公司	152.46	0.37
6)深圳市鸿基(集团)股份有限公司	127.155	0.31
7)深圳市投资管理公司	127.05	0.31
8)中国光大银行深圳分行	127.05	0.31
9)秦皇岛港货运总公司	127.05	0.31
10)广东粤能有限公司	127.05	0.31

4.股东数量

截止1996年12月31日止,公司股东人数为91699人。

深圳市鸿基(集团)股份有限公司

1996年年度报告摘要 (摘选)

一、公司简况

公司名称：深圳市鸿基(集团)股份有限公司

法人代表：邱瑞亨　　邮政编码：518001

公司地址：深圳市晒布路2号三、四楼

电话：(0755)2292007　　传真：(0755)2253235

二、主要财务数据与财务指标

指标项目	本年数	上年数	比上年增减(%)
1.主营业务收入(万元)	26,712.34	29,967.89	-10.86
2.净利润(万元)	6,544.56	5,966.63	9.68
3.总资产(万元)	108,764.74	108,363.33	0.37
4.股东权益(万元)	62,987.33	49,225.91	27.96
5.每股收益(元)	0.371	0.409	-9.29
6.每股净资产(元)	3.574	3.377	5.83
7.净资产收益率(%)	10.39	12.12	-14.27
8.股东权益比率(%)	57.91	45.42	27.50

三、公司主要业务回顾

1. 经营情况

一九九六年度，本公司经营班子按照董事会提出的"优化产业，改善经营；收缩战线，盘活资金；开源节流，励精图治；苦练内功，提高素质；增创优势，再上台阶。"的工作总思路，充分发挥集体智慧和力量，积极开展各业运营工作。在大力拓展主业的同时，抓紧房地产业和其他产业业务的投资开发，使公司各项业务保持稳定发展。全年完成营业收入2.67万元，完成年度计划的83.48%，比九五年度减少10.86%；实现净利润6544.56万元，完成年度计划的102.57%，比九五年度增长9.69%；企业净资产从年初的4.92亿元增至6.30亿元，增长率27.96%，基本达到了董事会年初提出的预期目标。

(1) 公司主营业务概述

过去一年，本公司业务保持稳定发展，主要在于经营班子勤政务实，在经营和管理上扎实有效地抓了如下工作：

A、优化产业，抓大放小。根据深圳运输市场继续疲软以及与本公司主营业务有密切关联的口岸、铁路部门因机制和运营改革，对本公司各项业务冲击较大，导致效益滑坡等实际，组织专职工作小组对属下各企业进行了全面普查、摸底，找出制约业务发展的症结所在，制订了"优化产业，抓大放小"等对策措施。对无发展后劲的亏损企业实行关停、兼并；对效益不佳企业实行定额承包经营；重点扶持骨干企业的规模经营。从而使亏损企业逐步扭亏为盈，微利企业效益稳中有升，骨干企业盈利大幅提高，使公司全年利润目标得以实现。其中公司客货运业务实现利润1937.3万元，比去年同期增长28.24%；其他主营业务实现利润4176.2万元，比去年同期增长22.91%。

B、收缩战线，盘活资产。根据近几年公司发展速度过快，新上项目较多，资金周转困难的实际，及时采取"收缩战线，盘活资产"的对策举措，压缩对外投资，缓上新项目，将资金集中于在建工程。同时转让闲置动产和不动产，盘活资金，并加强财务的监控、监管，健全企业内部自我调节、自我积累、自我约束、滚动发展的资金运用约束机制，从而提高资产的利用效果。

C、开源节流，压抑费用。针对公司因规模经营，负债较大，财务费用负担较重以及个别企业在财务开支上把关不严，导致企业经营成本大幅上扬等现状，采取压缩各企业管理编员;限制集团各部门和下属各企业非生产性开支;加强对企业财务收支情况的审计、监督，堵塞非正常开支的漏洞。从而达到开源节流，增产增收。

D、苦练内功，内强素质。坚持不懈地把公司各级管理人员练内功，上水平作为重要工作来抓，先后举办了财务、统计、电脑、安全、车管等在岗业务学习和培训，在进一步增强管理职员的市场意识、风险意识、竞争意识、创新意识的同时掌握相关业务技能，达到上岗履职要求，为企业发展培养和造就了一支高素质的业务和管理队伍。

(2) 主要指标分析

本公司1996年度实现主营业务收入2.67亿元，比1995年度2.99亿元减少10.86%，主要原因：一是进出口贸易业务因退税困扰，从五月份起暂停经营，减少产值6000万元以上；二是房地产业因售楼工作滞后，直接影响产值收入。虽然1996年度主营业务收入有所减少，但是净利润完成情况较好。全年共完成净利润6544.56万元，比1995年度5966.63万元增长9.68%，主要原因：一是客货运输业务，由于最后100辆中标的士落地营运，利润有较大提高；二是通过严格控制货运成本，费用支出有所降低；三是加强了其他业务开拓，使其利润有所增加。

2. 前次募集资金的使用情况说明

本公司1995年5月12日第二届股东大会审议通过的1995年度增资配股方案(以1994年年末总股本11212.78万股为基数，按10:3比例向公司全体股东配售新股)，经深圳市证券管理办公室[深证办字(1995)35号]文批准，并经中国证监会[证监发字(1995)64号]文复审核准，于1995年11月28日实施。本次配股共筹得资金5614.5万元，于1996年4月30日全部到位，并严格按《配股说明书》中的使用计划投入使用。具体为：

(1) 投资4890万元，用于支付最后100辆中标出租的士营运牌照和购车费用；

(2) 投资820万元，用于41辆出租的士车辆更新；

注：配股资金不足部分，由公司自筹资金解决。

四、股本变化及股本结构情况

1. 股本结构变化情况

股份类别	年初数(股)	本期变动增(减)数(股)		年末数(股)	占总股本比例(%)
		95年度配股	95年度送股		
(一)尚未流通股份					
(1)集体基金股	62,677,680	—	6,267,768	68,945,448	39.118
(2)定向法人股	20,410,000	—	2,014,000	22,451,000	12.738
合计	83,087,680	—	8,308,768	91,396,448	51.856
(二)已流通股份					
A股	62,678,460	14,459,920	7,713,838	84,852,218	48.143
其中:高管股	458,689		45,864	504,555	
(三)股份总额	145,766,140	14,459,920	16,022,606	176,248,666	100

2. 股本变动原因

(1) 本公司1995年度增资配股共配售股份1445.992万股，所募集资金于1996年4月30日全部到位，并由深圳市会计师事务所出具了验资报告[(96)验资字第043号]，股份总额增至16022.606万股。由于法人股放弃了配股权，本次配售增加股份全部为社会流通股份。

(2) 1996年7月17日，经深圳市证管办[深办复(1996)42号]文批准，以95年度配股后总股本16022.606万股为基数以10:1比例向全体股东派送1995年度红股，共送1602.2606万股(包括95年度增资配股增加股份送红股部分)，使公司股份总额增至17624.8666万股。

3. 前十名最大股东持股情况

股东名称	年末持股数(股)	持股比例(%)
深圳市鸿基(集团)工会基金	68,945,448	39.11
中国太平洋保险公司深圳分公司	7,865,000	4.64
潮洲市意溪工艺实业公司	5,005,000	2.83
深圳中农信投资实业公司	2,717,000	1.54
中国太平洋保险公司	1,787,500	1.01
深圳丰华电子有限公司	1,501,500	0.85
深圳奋高投资实业公司	1,430,000	0.81
深圳市深财证券业务部	1,189,710	0.67
深圳机场候机楼有限公司	1,072,500	0.60
深圳发展银行	715,000	0.40
合　计	92,228,658	52.38

4. 股东数量

根据深圳证券登记结算公司提供的资料，截止1996年12月31日，本公司股东数为67152户，其中法人股股东为10户。

南京中北(集团)股份有限公司

1996 年年度报告摘要 (摘选)

一、公司简况

公司名称：南京中北(集团)股份有限公司

法人代表：王　毅　　　　　邮政编码：210029

公司地址：南京高新技术开发区 2 号公寓

电话：(025)—6650169、6518350－718 传真：(025)—6522634

二、主要财务数据与财务指标

单位：万元

指　标　项　目	本年数	上年数	比上年增减(%)
1. 主营业务收入	7,232.97	7,071.47	2.28
2. 净利润	1,909.25	872.72	118.77
3. 总资产	30,020.23	18,999.16	58.01
4. 股东权益	14,469.37	5,480.15	164.03
5. 每股收益(元)	0.35	0.22	59.09
(加权平均)	0.41	0.22	86.36
6. 每股净资产(元)	2.67	1.35	97.77
7. 净资产收益率(%)	13.20	15.93	17.14
8. 股东权益比率(%)	48.20	28.84	67.13

1)加权平均计算的总股本为(4054 万股×7＋5428 万股×5)/12＝4626.50 万股。

2)扣除 1996 年发行新股申购无效部分资金的冻结利息收入，本公司净利润为 1698.66 万元，每股收益 0.31 元，净资产收益率为 11.74%。

三、公司主要业务回顾

1. 一年来公司经营情况

1996 年，是公司抓住机遇、加速发展并取得明显成效的一年。年内，公司完成了社会公众股的发行工作并使"南京中北"成为在深圳上市的第一支以出租汽车、客运交通为主业的股票；企业的经营收益连续五年保持了稳步增长。公司全年实现主营业务收入 7232.97 万元、利润总额 2305.87 万元，净利润 1909.25 万元，分别完成预测数的 114%、102% 和 98%，实现和完成了股东大会所确定的工作目标和任务，使公司迈向了一个新的发展阶段。

过去一年所取得的良好业绩，一方面是公司不断加强和巩固主业经营，进一步加强和发展城市出租汽车、长途客运业，特别是高速(高等级)公路的长途客运，抢占市场；另一方面进一步推动多元经营，扩大规模，提高市场占有率，降低整体经营风险。更为主要的是公司成为上市公司后，为发展提供了后续资金，公司的经营规模和管理水平得以扩大和提高，公司的整体实力进一步增强。

1)提高长途客运市场份额。

面对日益兴起的高速、高等级公路客运业，公司抓住机遇，以此为突破口拓展主营资源。1996 年下半年，随着沪宁高速公路的建成通车，公司运用募集资金及时购进"沃尔沃"豪华大巴并建成开通了以此为主力车型的"南京中北长途客运中心"一期工程，使公司在这一市场上抢占了一席之地，提高了长途客运业的市场占有量。

目前，南京中北长途客运中心已开通了宁沪、宁苏、宁锡、宁杭等高速(高等级)公路及原有的长途班车线，营运覆盖面达华东四省一市，客运量比上一年增长了 20% 以上，其经营收益日益显现。

2)不断提高管理水平，向管理要效益。

公司的主业——中北出租车及与其相配套的汽车修理、汽配销售，在激烈的市场竞争中，在保持现有经营规模和设备的基础上，不断提高管理水平，以管理促效益。担负出租车营运的汽车分公司在经营上，对外不断提高服务质量，实行承诺制服务；对内严格制度管理，控制费用支出，降低经营成本。同时，在车辆更新和办理双驾方面积极为企业创利，取得了良好的经营收益。

3)推动多元经营发展，提高整体经营收益。

以房地产开发为龙头，带动装饰装璜、物业管理等经营项目，形成经营联合体整体发展，取得了较好的业绩。

发展与主业相依托的旅游业。所属中北国际旅行社充分发挥公司出租汽车和长途客运优势，在南京市率先推出"中北假期——沪宁高速新上海一日游"等旅游项目，取得了较好的经济效益和社会效益。

4)进一步探索资本经营方式，逐步涉足金融领域，取得了一定收效。

5)以股票上市为契机，更好地规范和发展企业。

1996 年，公司以不懈的努力、扎实的工作和良好的业绩，完成了股票上市及股东大会所确定的工作任务和目标。上市后，公司抓住机遇，进一步规范公司运作，严格执行董事会和股东大会决议，按照招股说明书确定的募集资金的运用，进行项目投资，依法披露信息。

2. 募集资金使用情况说明

公司于报告年度内发行社会公众股 1374 万股，募集资金 7282.20 万元，按招股说明书所述用途，具体实施情况如下：

1)购置国产豪华大巴从事沪宁高速公路长途客运。项目计划投资 2940 万元，实际投资 2148.90 万元，于年内购置 10 辆"沃尔沃"豪华大巴从事沪宁等高速(高等级)公路长途客运。

2)建成"南京中北长途客运中心"一期工程。项目计划投资 3200 万元，实际投资 2674.60 万元，建成开通"南京中北长途客运中心"一期工程。年内，该中心已开通沪宁等高速(高等级)公路班线及原有长途班线 30 余条。

3)新增营运出租车 100 辆。由于政策因素，该项目在报告期内尚未实施，公司正在积极争取落实该项目。

四、股本变化及股本结构情况

1. 股本变化及股本结构情况

1)截止 1996 年末，公司股本结构如下：(数量单位：万股　面值：每股 1 元)

股份类别	期初数	配股	送股	公积金转股	其它	小计	期末数
一、尚未流通股份							
1. 发起人股份	2372.00						2372.00
其中：国家拥有股份	1874.40						1874.40
境内法人持有股份	497.60						497.60
2. 募集法人股	1500.00						1500.00
3. 内部职工股	182.00						182.00
尚未流通股份合计	4054.00						4054.00
二、已流通股份							
1. 境内上市的人民币普通股					1374.00	1374.00	3428.00
已流通股份合计					1374.00	1374.00	1374.00
三、股份总数	4054.00				1374.00	1374.00	5428.00

2)股本变动原因：本年度新增发行 1374 万股社会公众股，使公司股份总数由年初的 4054 万股增至 5428 万股。

3)主要股东持股情况如下(前十名)：

股　东　名　称	年末持股数(万股)	占总股本(%)
1)南京市国有资产经营公司	1874.40	34.53
2)深圳蓝天基金管理公司	245.00	4.51
3)南京基础设施开发总公司	200.00	3.68
4)中信汽车公司	142.01	2.61
5)上海强生经济发展(集团)公司	100.00	1.84
6)上海大众出租汽车股份有限公司	100.00	1.84
7)上海申银万国证券公司	100.00	1.84
8)山东大众出租汽车股份有限公司	80.00	1.47
9)海口玄武工贸公司	72.61	1.34
10)南京日报社	65.79	1.21

4)截止 1996 年末，公司股东总数为 8793 户，其中国家股 1 户，法人股股东 159 户，内部职工股股东 971 户，社会公众股股东 7662 户。

江铃汽车股份有限公司

1996年年度报告摘要（摘选）

一、公司简况

公司名称：江铃汽车股份有限公司
法人代表：孙敏　　邮政编码：330001
公司地址：江西省南昌市迎宾北大道119号
电话：(86,791)—5231889　　传真：(86,791)—5232839

二、主要财务数据与财务指标

单位：万元

指标项目	本年数	上年数	比上年增减(%)
1.主营业务收入	169,305.95	196,974.76	-14.05
2.净利润	4,336.26	772.82	461.10
3.总资产	459,264.33	451,698.98	1.67
4.股东权益	134,430.73	130,011.83	3.40
5.每股收益(元/股)	0.06	0.01	500.00
6.每股净资产(元/股)	1.94	1.88	3.19
7.净资产收益率(%)	3.23	0.59	447.46
8.股东权益比率(%)	29.27	28.78	1.70

三、公司主要业务回顾

1.一年来经营情况

1996年度公司共生产汽车15472辆，销售汽车16972辆，在轻型汽车市场占有率为5.56%。其中五十铃N系列车生产12606辆，销售14285辆；TF系列车生产2101辆，销售2092辆；井岗山134系列车生产765辆，销售595辆。96年公司按产量排序在汽车行业列第16位，在轻型汽车行业列第6位（行业数据摘自机械部汽车司97年2月《汽车工业企业汽车及发动机产品96年产销快讯》）。

公司96年共实现利润总额5,894万元，比去年同期利润1,182万元增加4,712万元，增长率为398.65%。利润增长的主要原因是国产化率的提高，平均增长率为9%，使得成本下降幅度较大。另一重要原因是获得了较大的汇兑收益。

2.中国会计准则与国际会计准则造成税后利润差异的说明

96年税后利润，深圳蛇口中华会计师事务所审定为4,336.3万元；香港安永会计师事务所审定为3,462.4万元。其差异主要为香港会计师事务所按国际会计准则，对下列各项所作出的相应调整：坏帐及呆帐准备、利息资本化、费用备拨超额等。

3.96年公司经营目标为：生产汽车26,500辆，销售收入24.4亿元，利润总额5,000万元，按以销定产的经营原则，实际完成指标：生产汽车15,472辆，完成年计划的58.38%，销售收入16.93亿元，利润总额5,893.86万元，分别占年计划的69.39%、117.88%。利润总额比目标值超过17.88%，基本与计划相符。

4.前次募集资金的使用情况说明

1)本年度公司未募集资金。上一年度（即95年）公司发行B股，募集外汇资金折合人民币33,911.58万元，该项资金95年已使用2,544万美元（已在95年报中报告），余下12,975.46万元（含利息）全部投入本年度开发和建设项目。本年度该项目资金使用情况与招股说明书中募集资金运用比较如下：

A.实际使用情况	B.募集资金运用
1.TRANSIT开发建设项目共投资6,569.07万元	1.大部分用于共同开发换代产品
2.发动机及铸造工程投资6,406.39万元	2.余下之大部分用于补充及扩充现有生产能力
	3.余下部分用于公司一般性用途

2)A股、B股资金所投项目，延续到本报告年度内。其项目进度及有关情况如下：

(1)96年公司计划投入技改和开发项目的资金2.06亿元，实际投入资金5.32亿元，除B股募集资金中12,975.46万元投入技改和开发项目之外，其余部分由企业自筹。项目计划投资和实际投资额产生差异的原因主要是：本年度实际技改支出仅为2.77亿元，其余2.55亿元为在建工程贷款利息。

(2)项目进度与预期计划相符。96年公司建设和开发项目主要是换代产品开发和建设、发动机及铸造工程、其他配套工程（该计划已在95年报中说明）。截止96年底，换代产品的开发和建设项目按照网络计划（TDWP）如期推进到位：10台不同款式的新产品已通过海南3万公里耐久试验；22台欧洲确认样车已完成组装，投入8万公里测试；6台套中国确认样车所需的国产化件（国产化率超过50%），经严格检验后，全部发往欧洲；生产设施建设（土建工程及冲压、焊接、油漆、总装生产线、公用工程等）均按计划实施，并达到计划要求。国家"八五"重点技改项目——43系列发动机及铸造工程已经通过国家正式验收。此外，江铃车桥厂前桥及热处理生产线。PICKUP车焊接、油漆、总装生产线及第二高压配电所全部通过验收。

(3)项目的收益情况

A股投资项目中，93年投资江铃五十铃汽车有限公司已进入回收期。该公司注册资本中，本公司投资1,500万美元（当期汇率5.73元/美元），约人民币8,595万元，占75%的股权，投资利润率30%，投资回报期3年。96年本公司收益（按股分红）2,300.93万元，自93年4月至今累计收益9,732.97万元，已经全部收回投资。

(4)募集资金拟投资项目与实际投资项目差异，以及变更原因及法律程序

A股资金投资项目与实际投资项目差异以及变更原因及法律程序已在95年报中详细披露，提交股东大会审议。96年除将西区134工程改建用于换代产品生产以外，其他大部分项目无重大变更。根据公司96年度业务发展规划，96年初公司决定：换代产品开发，充分利用江铃现有存量，以较少的投入，实现尽快顺利投产，并于96年7月将134系列车停产，全面进行生产线改造工程。

B股资金投资项目主要是换代产品开发（包括西区联合厂房改建工程）及发动机、铸造工程，与募集资金之运用并无重大差异。

四、股本变化及股本结构情况

1.股本变化及股本结构情况

1)股权结构情况（截止1996年末）

股份单位：股　：每股1元

股份类别	年初数	年末数
一、尚未流通股份		
发起人股份	353,240,000	353,240,000
社会法人股	48,374,000	48,374,000
尚未流通股份合计	401,614,000	401,614,000
二、已流通股份		
A股	117,600,000	117,600,000
B股	174,000,000	174,000,000
已流通股份合计	291,600,000	291,600,000
三、股份总计	693,214,000	693,214,000

2)前十名大股东持股情况（截止96年12月31日）

股东名称	持股数(股)	占总股本(%)	年度内股份增减
1)江铃汽车集团公司	353,240,000	50.95	0
2)福特汽车公司	138,642,800	20.00	0
3)上海汽车有限公司	25,970,000	3.74	0
4)中国宝安集团股份有限公司	12,000,000	1.73	0
5)哈道国债	3,394,718	0.49	+3394718
6)BTFE/SCHRODERS ASIAN FUND	1,400,000	0.20	0
7)广东机电公司	1,200,000	0.17	0
8)深圳市机场候机楼有限公司	1,200,000	0.17	0
9)中国汽车贸易总公司广州公司	720,000	0.10	0
10)李里香	680,000	0.09	0

3)股东数量

截止1996年末，本公司共有股东96,824人，其中A股股东91,905人，B股股东4,919人。

湖北沙隆达股份有限公司

1996年年度报告摘要（摘选）

一、公司简况

公司名称：湖北沙隆达股份有限公司

法人代表：陈立洲　　　　邮政编码：434001

公司地址：湖北省荆州市北京东路1号

电话：(0716)8314802—2197　(0716)8311052

传真：(0716)8311727

二、主要财务数据与财务指标

指标项目	1996年12月31日	1995年12月31日	比上年增加(%)
1.主营业务收入(万元)	77476	65072	19.06
2.净利润(万元)	7761	5036	54.11
3.总资产(万元)	93177	73624	26.56
4.股东权益(万元)	48953	31027	57.78
5.每股收益(元)	0.43	0.36	19.44
6.每股净资产(元)	2.69	2.22	21.17
7.净资产收益率(%)	15.85	16.24	-0.02
8.股东权益比率(%)	53.57	42.15	27.09

注：以上财务指标均按合并报表计算。

三、公司主要业务回顾

1.经营业绩及财务概要

1996年，在公司全体股东的支持下，公司全体员工紧紧围绕利润增长，回报增长这一核心，抓住机遇，精心组织生产和经营活动，力争新突破、新发展，取得了可喜的成绩。形成了年产8000吨敌敌畏新工艺生产能力。中间体扩建及新建生产装置达到设计技术要求，并正常运行。

全年共生产农药19118吨，比上年增长25.2%；烧碱43162吨，比上年增长12.5%；自营出口创汇1872万美元，比上年增长14.5%；实现销售收入7.74亿元，比上年增长19.06%；实现税前利润9136万元，比上年增长54.13%。公司农药总产量、销售收入、利润总额和出口创汇继续居全国同行业之首，实现连续六年保持全国同行业之首的地位。

截止1996年12月31日，公司总资产9.3亿元，比去年增加26.56%；股东权益为48953万元，比去年增加57.78%；长期负债4424万元，比去年减少60.98%。公司利润、股东权益、长期负债变动较大的主要原因为：

(1)主营业务收入比同期增长1.2亿元，增长19.06%；

(2)通过技术改造已初步形成规模效益，产品毛利率比同期增长1.38%；

(3)本期配股，增加股本及资本公积金；

(4)部分到期的长期借款已偿还；

(5)一年内到期的长期借款转出。

2.前次募集资金使用情况

公司于1996年11月实施配股，扣除配股费用后，募集资金16533.6537万元，按配股说明书中所披露的计划，全部用于补充公司流动资金。此次配股已由中信会计师事务所以中信会资字(1996)第012号出具验资报告。

四、股本变化及股本结构情况

1.股本结构：

填报日期：1997年2月17日　数量单位：股　每股面值：1元

	期初数	本次变增减(+，-)		期末数
		配股	小计	
一、尚未流通股份				
1.国家股	65176412	19552922	19552922	84729334
2.其他	4172078	1251623	1251623	5423701
尚未流通股份合计	69348490	20804545	20804545	90153035
二、已流通股份				
A股	70621980	21186595	21186595	91808575
已流通股份合计	70621980	21186595	21186595	91808575
三、股份总数	139970470	41991140	41991140	181961610

注："尚未流通股份"中其它项系1995年配股个人股东认购国家配股权转配之股份。

2.股本变动情况及原因

公司原股本13997.047万股，1996年11月实施配股：每十股配三股，共配售4199.1140万股，其中：国家股实际配售1955.2922万股，个人股配股实际配售2243.8218万股。配股后总股本增加至18196.1610万股。

3.公司前十名股东情况如下：

序号	股东姓名	持股数(万股)	持股比例(%)
1	沙隆达集团公司	8172.6625	44.91
2	上海国安投资管理顾问有限公司	621.0000	3.41
3	蕲春县国资局	300.2709	1.65
4	深平安保险公司	223.1060	1.23
5	湖北富隆达化工有限责任公司	200.0000	1.0
6	张关金	113.0000	0.62
7	上海海通证券公司绍兴分公司	110.0040	0.60
8	荆沙市石油化工厂	101.9232	0.56
9	倪巧巧	93.1985	0.51
10	刘赛月	89.0422	0.49

4.至1996年12月31日，公司股东人数为60942，其中：国家股股东2人，社会个人股东60940人。

5.公司董事、监事及高级管理人员持股情况

序号	股东名称	职　务	年初持股数(股)	年末持股数(股)
1	陈立洲	董事长兼总经理	9100	11830
2	张茂立	副董事长、副总经理	9100	11830
3	张永厚	常务董事、副总经理	9100	11830
4	李民新	常务董事、副总经理	9100	11830
5	郑先海	董事、副总经理	6800	8840
6	裴广欣	董事、副总经理	6500	8450
7	李作荣	董事、副总经理	0	3000
8	张建国	董事会秘书	0	2000
9	吴成英	监事会主席	0	2000
10	陈昌顺	监事会副主席	7100	9230
11	万哲民	监事	5460	7098
12	胡万凤	监事	0	1000
13	邱匡忠	监事	0	1000
14	胡贻焕	副总经理	0	2000
15	郑天华	副总经理	0	5915
16	胡义勖	财务部部长	4550	5915
合计			66810	99853

注：上述人员持股变化系参加配股和新任董事、监事在二级市场购买股份。

贵州凯涤股份有限公司

1996 年年度报告摘要 （摘选）

一、公司简况

公司名称：贵州凯涤股份有限公司
法人代表：王声云　　邮编：556000
公司地址：贵州省凯里市环城西路 92 号
电话：0855—228128　　传真：0855—221312

二、主要财务数据与财务指标

单位：元

指 标 项 目	本年数	上年数	比上年增减(%)
1.主营业务收入	32381234	42414382	－23.66
2.净利润	2478827	－9476194	
3.总资产	153783492	174162208	－11.7
4.股东权益	135390128	132911302	1.87
5.每股收益	0.03	－0.1158	
6.每股净资产	1.65	1.62	1.85
7.净资产收益率(%)	1.83	－7.13%	
8.股东权益比率(%)	88.04	76.31%	15.37

三、公司主要业务回顾

1. 一年来公司经营情况

本公司主营涤纶长丝的生产与经销。1996 年较 1995 年涤纶长丝市场相对平稳，但依然不景气。第一，上半年，虽然原料聚酯切片价格下降，但长丝价格依然处于低迷状态，销路不畅。第二，贵州省和湖南、广西等周边省份均遭受建国以来的特大水灾，铁路、公路几度中断，供电亦受到影响，导致工厂多次停工待料和产品积压。第三，引进的涤纶高速纺丝设备虽然质量上乘，但已服役 9 年，处于设备零部件更换期，更换量大，投入较多。加之设备备件更换尚有磨合过程，影响生产。第四，后加工生产厂家为适应市场需要，不断推出新产品，对原料涤纶长丝的要求也是数量少规格多。为满足下游客户的要求，工厂频繁更换批号，加大了生产成本，导致上半年主业亏损 432 万元。

针对这些具体情况，公司董事会及经营班子奋力拚搏，充分发挥上市公司的优势，以止亏——扭亏为盈为工作目标，采取一系列切实有效的措施。主要是：

1)在硬件上加强技术改造。

(1)对切片干燥系统进行更新，以适应开发新品的要求。

(2)纺丝系统安装色母粒注射装置，以生产附加值高、市场较好的有色丝。

2)拓展销售市场，在东北、华北、西南增设网点。

3)在企业管理上，成立计量计价管理中心，划小核算单位。加强对各投资企业的监管力度，多方开源节流，杜绝漏洞。

4)与有关科研机构和技术服务部门紧密合作，利用从德国引进的先进设备和技术，结合凯涤的现实情况，开发适销对路的新产品。

全资子公司“贵州凯涤承天药业有限公司”一期工程已于 1996 年 12 月投入试生产，开发的民族新药“龋齿宁含片”、“金龙含片”投入市场后其药效普遍受到患者的欢迎。中草药业是我国民族经济发展的朝阳产业，所以“承天”的发展前景是光明的；控股子公司“贵州凯南化纤有限公司”全年共生产涤纶长丝 932.8 吨，创产值 2431 万元，经营仍处于亏损状态。主要原因除前面所列主业亏损的原因外，该企业生产线属高新技术装备，目前高科技含量的涤纶长丝由于下游加工原因销路不畅而改生产常规产品。再则由于干燥系统、空调系统、螺杆挤压系统富余量大，与纺丝系统、卷绕系统不完全配套。目前正联系有关设备厂家进行改造，力争在年内通过技术改造，实现各系统的平衡，达到合理产量，实现扭亏为盈的目标；投资企业“深圳光神电器有限公司”首期工程已于 1996 年 12 月投入试生产，目前正处于积极拓展市场中；控股子公司“贵州新兴织布印染有限公司”主要承担凯涤集团第一、第三织布厂的涤纶中厚型织物染整，由于受到纺织行业大环境的影响，两个布厂严重开工不足，亦导致印染厂开工严重不足；控股子公司“贵阳川山矿冶工具公司”亦为适应市场需要正在积极改造中。

2. 主营业务收入和净利润情况

1996 年公司主业在面临诸多困难的情况下，通过采取各种措施，仍然生产涤纶长丝 2162 吨，产品合格率达 98%，一等品率达 80.1%，吨丝切片消耗保持在 1077 公斤以下，实现工业总产值 4119 万元，销售收入 2027 万元，经营亏损 438.4 万元。下半年基本实现了主业止亏的目标。

3. 经营成果差异说明

1995 年，化纤市场极度低迷，一度出现原料价格与产品价格倒挂现象，绝大多数化纤企业亏损，本公司亦未能幸免。在长丝生产面临诸多困难的情况下，公司确立了“一业为主，多元运作”的经营战略。1996 年公司以止亏、扭亏为盈作为企业的最高目标，并采取一系列有效措施，通过其它投资创造效益，收到良好的效果，盈亏相抵扭亏后还创利 247.8 万元，顺利实现了扭亏为盈的总目标。

4. 募集资金的运用情况

贵州凯南化纤有限公司	实际投入	2443.8 万元
贵州新兴织布印染有限公司	实际投入	675 万元
贵阳川山矿冶工具公司	实际投入	125 万元
广州龙凯经济发展联营公司	实际投入	2000 万元
上海首佳塑料有限公司	实际投入	322.5 万元
上海浦东科发印刷厂	实际投入	247.2 万元
贵州凯涤承天药业有限公司	实际投入	1031 万元
深圳市光神电器有限公司	实际投入	170 万元

四、股本变化及股本结构情况

1. 股本变化及股本结构情况

1)股本结构情况

单位：股　　面值：每股 1 元

股 份 类 别	年初数	本年数	年末数
一、尚未流通股份			
1. 发起人股	59827678		59827678
其中：			
国有法人股	35653670	0	35653670
境内法人持	24174008	0	24174008
2. 高级管理人员持股	133200	－1500	131700
尚未流通股份合计	59960878	－1500	59959378
二、已流通股份	21866800	＋1500	21868300
三、股份总数	81827678		81827678

2)股本变动原因：

报告期内，董事罗克谦先生于 1996 年 2 月 23 日不幸病故，其所持的 1500 股于 7 月份批准解冻上市。

3)主要股东持股情况

股 东 名 称	96 年末持股数(股)	占总股本比例(%)
1)贵州凯里涤纶厂	35653670	43.57
2)广东省南海市建设工贸总公司	4852940	5.39
3)深圳火炬科技实业有限公司	4044117	4.94
4)深圳桑达实业股份有限公司	2200000	2.69
5)中国航空技术进出口深圳公司	2200000	2.69
6)深圳飞亚达(集团)股份有限公司	2200000	2.69
7)深圳蛇口社会保险公司	2200000	2.69
8)深圳空港工贸发展公司	1100000	1.34
9)深圳蛇口大洋海运有限公司	1100000	1.34
10)深圳南光(集团)股份有限公司	1100000	1.34

4)股东数量

本报告期末的股东总数为 8281 户。

广夏(银川)实业股份有限公司

1996年年度报告摘要 (摘选)

一、公司简况

公司名称:广夏(银川)实业股份有限公司

法人代表:陈川　　邮政编码:750004

公司地址:宁夏银川市文化东街58号

电话:0951—6027818　　传真:0951—6027518

二、主要财务数据与财务指标

单位:万元

指标项目	本年数	上年数	比上年增减(%)
1.主营业务收入	42,951.37	22,556.26	90.42
2.净利润	4,722.65	2,747.30	71.90
3.总资产	83,445.35	57,430.63	45.30
4.股东权益	32,114.58	27,391.78	17.24
5.每股收益(元)	0.323	0.244	32.38
6.每股净资产(元)	2.19	2.43	-9.88
7.净资产收益率(%)	14.71	10.03	46.66
8.股东权益比率(%)	38.49	47.70	-19.31

三、公司主要业务回顾

一年来公司经营情况

1996年全公司共实现主营业务收入42,951.37万元,税后利润4,722.65万元,每股收益0.323元。利税总额8,927.38万元,在宁夏回族自治区的所有企业中(含在宁中央企业)名列第六。

本公司控股75%的天津广夏保洁制品有限公司1996年洽谈以补偿贸易形式引进德西·伊利斯公司全套筒式牙膏生产线(包括注塑生产线及相应的模具线、印刷线、制膏线及灌装生产线),使公司的桶状泵式牙膏打入国际市场。广夏牌成人泵式牙膏和蛙博士泵式牙膏,在1996年天津高新技术产品调查活动中荣获"天津高新技术百佳产品"称号。

本公司控股82.85%的银川广厦春之醇保健品有限公司1996年当年建厂、当年投产、当年见效,生产春之醇补酒150吨,已全部实现销售,成为公司一个新的利润增长点。

本公司控投51%的银川广夏昊都酒业有限公司1996年在新产品开发方面取得明显成效,形成浓香型、清香型两大系列17个品种,进一步拓宽了国内销售市场。1996年,该公司获得中国方圆质量认证委员会颁发的ISO9002质量体系认证。该公司的"昊"系列白酒亦通过质量认证。

本公司分别控股90%和50%的两家北京广厦尼阿迈食品公司由中国伊协独家监制的穆斯林食品1996年9月投产以后,以原汁羊肉面为主,积极拓展国内市场,全年生产销售羊肉方便面1000多万包(碗),取得了可喜的成绩。

本公司与日本合资成立的银川广夏新进松下日宝高级印刷有限公司和银川广夏新进计算机高新技术有限公司于1996年10月28日在银川高新技术开发区建成投产,运转良好。

作为公司长期利润增长点的广夏(银川)天然物产有限公司麻黄草种植基地已被列为国家1996年星火计划项目。1996年已全部完成2万亩土地平整、沟渠道路、电力设施等配套建设工程。第一期6000亩麻黄草农田建设和育苗已全部完成,预计1998年即可受益。所余农田建设计划1997年全部完成。

北戴河广夏海洋物产有限公司的海产养殖、加工基地1996年下半年开始建设,已完成围海建场工作,并开始进行海产品种苗孵化。

公司在宁夏固原地区与山东鲁北化工(集团)股份有限公司合资的利用天然石膏生产4万吨硫酸联产水泥项目是国家经贸委"九五"重大科技成果推广示范项目,被国家科委列入国家科技成果"九五"重点推广计划项目。1996年该项目已完成前期论证、报批工作,1997年将进入项目建设阶段。

公司在北京顺义县板桥乡广夏新村占地200亩建设的广夏蔬菜种植基地100座永久性日光温室已全部建成并投入使用,春节期间已开始向北京供应新鲜蔬菜。

1996年公司在商贸、汽车贸易、房地产开发方面亦取得预期发展。此外还利用1996年国内证券市场的良好机会,稳健进行证券投资,获得了可观回报。

四、股本变化及股本结构情况

1. 股本变化及股本结构情况

1)股权结构

股份单位:股　:每股1元

股份类别	年初数	占总股本(%)	年末数	占总股(%)
一、尚未流通A股	61,741,796	54.84	80,267,286	54.84
1.发起人股				
其中:				
外资法人股	26,472,533	23.51	34,414,293	23.51
境内法人股	35,127,463	31.20	45,665,702	31.20
2.内部职工股	141,800	0.13	187,291	0.13
合计	61,741,796	54.84	80,267,286	54.84
二、可流动股份	50,846,204	45.16	66,097,114	45.16
三、股份总数	112,588,000	100	146,364,440	100

说明:内部职工股为公司董事、监事及高级管理人员持股数。公司1996年5月30日股东大会通过改选董事方案,洪兴波先生不再担任公司董事,减少36,400股内部职工股,郭筠先生不再担任公司董事减少6,500股内部职工股。两项使公司内部职工股减少42,900股。

2)股本变动情况及原因

公司总股本年末比年初增加33,776,400股,增长30.00%。主要原因是:1996年7月23日实施1995年度分红方案,每10股送3股,增加股份33,776,400股。

3)截止96年12月31日,本公司前十名股东持股情况:

股东名称	年末持股数(股)	年内股份增加数(%)	占总股本%
1)香港中昌国际有限公司	17,352,883	4,023,665	11.91
2)宁夏伊斯兰国际信托投资公司	16,392,353	3,782,850	11.20
3)美国金河实业有限公司	15,361,339	3,544,924	10.50
4)深圳兴庆电子公司	14,209,237	3,279,054	9.71
5)深圳广夏文化实业总公司	8,593,194	1,983,014	5.87
6)宁夏计算机技术研究所	5,103,194	1,177,660	3.49
7)香港登宝山发展有限公司	1,617,070	373,170	1.10
8)李山	690,000	690,000	0.47
9)深圳思特电子工程有限公司	620,308	143,148	0.42
10)赵双玖	582,548	528,548	0.40
合计	80,604,995	18,520,139	55.07

4)股东数量

截止1996年12月31日,本公司股东人数为27401位。

万向钱潮股份有限公司

1996年年度报告摘要（摘选）

一、公司简况

公司名称：万向钱潮股份有限公司
法人代表：鲁冠球　　邮政编码：311215
公司地址：浙江省萧山市宁围镇
电话：0571—2716888　　传真：0571—2602132

二、主要财务数据与财务指标

指标项目	1996年(合并)	1995年	比上年增减(%)
1.主营业务收入(元)	456,154,535.88	228,453,264.07	99.67
2.净利润(元)	55,746,751.98	39,712,387.37	40.38
3.总资产(元)	748,417,403.29	348,675,483.53	114.65
4.股东权益(元)	388,556,905.11	230,149,798.12	68.83
5.每股收益(元/股)	0.355	0.33	7.6
6.每股净资产(元/股)	2.48	1.92	29.17
7.净资产收益率(%)	14.35	17.26	-16.86
8.股东权益比率(%)	51.92	66.01	-21.35

三、公司主要业务回顾

1．一年来经营情况

1996年公司在董事会领导下，按照上届股东大会确定的"积极扩大规模，拓展新的产业，为建成汽车零部件基地而努力"的经营方针及公司"九五"发展战略开展工作，突出主业进行开拓。通过全体员工的努力，公司综合业绩在当年行业形势宏观更加困难，同行业更加大面积滑坡的情况下，取得了稳步增长。全年实现主营业务收入45615.45万元(其中出口创汇2033.5万美元)，比上年增加99.67%；实现税后净利润5574.68万元，比上年增加40.38%，公司较好地完成了年度经营目标任务，1996年公司中期综合业绩名列全国上市公司第17位。主导产品继续在国内同行业保持和巩固了绝对领先的地位。

(1) 构建完善大市场体系，使销售市场体系进一步巩固提高

1996年根据行业宏观形势，公司继续贯彻"稳固配套，拓展维修，扩大出口"十二字市场方针进行市场开拓，"万向钱潮"牌汽车零部件的"三·三"制的大市场体系(即主机配套、社会维修、出口销售各占三分之一左右)得到了进一步的加强和提高。这种不以单一市场定位为发展依托的市场基础及公司业已形成的规模实力使公司的产品有着稳固的市场保障和巨大的市场需求潜力，保障了公司主营业务的稳健发展。

(2) 大力推行精益化管理，提高产品竞争力

1996年以来结合公司实际，全面认真推行了以保障效益为目的，以财务为中心的"目标管理、过程控制"，严格按预算实行平时控制，推广精益化管理，大力降低成本以提高产品竞争力。这个以过程控制为手段的目标管理法的认真实施和精益生产方式的全面推行，有效地控制了各环节成本消耗，保障了公司在产品降价的情况下效益目标的实现。

(3) 实施新产品开发新程序，提高市场反应速度

公司根据国际市场竞争的需要，为大幅度提高市场应变速度，增强竞争力，参照国外同行业先进水平下发实施了"新产品开发试制新程序"这一程序的有效执行使公司产品开发能力达到国际先进水平，全年共完成330余种新品种开发试制，其中5278AGF万向节总成、BJ2020S前桥转向万向节总成、DAC3870DW夏利轿车轮毂轴承被国家科委评为1996年度国家级新产品，AC82系列球笼式万向节、AC87系列球笼式万向节、LR92 01、LR75 03等速驱动轴、精密双列圆锥滚子轴承E97106E等填补国内空白，40系列、RUI系列、GU420系列、GU1100系列万向节、精密P6(E)级单列圆锥滚子轴承系列和轿车前轮毂精密双列圆锥滚子轴承的研制通过省级新产品鉴定，并填补省内空白。

(4) 强化质量管理，提升"万向钱潮"品牌优势，支持市场建设

1996年公司顺利地通过了美UL质量认证机构和国家技术监督局委托机构的ISO9000监督复核，并在美国通用汽车公司进行了配套检测试用，预计1997年将能得到通用公司的直接配套订单，产品质量被东风汽车集团授予"协作配套系统质量贯标先进企业"和"质量管理先进企业"奖牌，公司产品质量已达到世界同类产品的先进水平，在国际市场上有强有力的品牌竞争实力。

(5) 实施资本经营战略，加速规模扩展，以系列化产品规避单一产品经营风险

1996年，公司本着建成中国汽车零部件基地所采取的战略性考虑，负债收购了浙江特种轴承公司、浙江汽车轴承公司、浙江万向机械有限公司各60%的股权，这些主业相近、市场基本同一的产品的拓展不但有效地扩展了规模，降低了公司原单一产品的经营风险，并使公司产品成功地进入了轿车零部件产品进行扩展。从而向股东大会确定的"建成中国汽车零部件基地"这一目标迈进了实质性的一步，使股东收益更有稳妥保障。此外，轿车减震器项目、许昌万向节等项目的投资建设也按股东大会通过的计划得到正常实施。

2．前次募集资金的使用情况

本公司根据浙证委[1996]13号文和中国证监会证监上字[1996]2号文批准，1996年，公司在分红后的股本13189.1079万股为基数，按10∶2.479比例向全体股东配售新股，计划募集的2500.6561万股全部募足，共计募集资金10502.7556万元，扣除发行费用后，实际募集资金10380.2574万元。按原配股说明书用资计划，配股的资金投向主要用于轿车减震器项目6050万元、工程机械万向节轴承座生产能力技改项目998万元、热处理可控气氛箱式多用炉项目996万元、机加工扩能及工序设备填平补缺项目988万元、合资组建许昌万向钱潮中亚有限公司项目1182.5万元及补充公司流动资金，配股资金的实际使用情况如下：

(1) 减震器项目投资情况：减震器项目原计划与武汉7435厂合资兴建，该项目自1996年初在武汉筹建以来，经过半年左右的筹建工作，先后完成了工艺设计、设备选型、厂房设计等前期工作。后根据情况变化，经董事会审议并报临时股东大会决议通过，决定该项目易地在萧山经济技术开发区内建设。目前该项目进展顺利，主厂房等设施可在1997年5月份竣工投入使用，从国外引进及国内定制的成套设备将于6月底前全部到位。这样据有关合同，到6月底止，共将投入资金6675.98万元(另需流动资金1500万元，迄今为止已付定金等1040.98万元)，该项目预计将于1997年9月底投入试生产。

(2) 工程机械万向节轴承座生产能力技改项目已新增设备55台，形成月产10万只工程机械万向节轴承座的生产能力，实际已投入388.9万元，此项目将据市场形势把握进度。

(3) 热处理可控气氛箱式多用炉项目，已用配股资金新增多用炉生产线一条，另一条生产线将于1997年7月投产，共投入资金700万元左右。

(4) 机加工扩能项目，新增及引进各种设备28台，实际已投资445.7万元，解决了部分瓶颈工序的生产扩能工作，其余部分设备将于1997年6月前后投入生产。

(5) 许昌项目现已完成征地、基建工作，双方股东已累计投入418万元，其中本公司已投入232万元，现正进入设备调试安装阶段，预计1997年5月份投入生产(尚需部分配套设备及流动资金投入)。

1996年度，从9月份配股资金到位以后的几个月中，公司严格按照股东会决议和配股说明书的要求进行资金投入，资金使用情况良好。发挥了良好的经济效益，并为公司的长远发展打下基础。

四、股本变化及股本结构情况

1．股本变化及股本结构情况

(1) 股本结构情况：

填报日期：1996年12月31日　　数量单位：股　　每股面值：1元

	期初数	本次变增减(+，-)			期末数
		配股	送股	小计	
一、尚未流通股份					
发起人股份	86900976	16007791	8690097	24697888	111598864
其中：境内法人持有股份	86900976	16007791	8690097	24697888	111598864
尚未流通股份合计	86900976	16007791	8690097	24697888	111598864
二、已流通股份					
境内人民币普通股	33000000	8998770	3300000	12298770	45298770
已流通股份合计	33000000	8998770	3300000	12298770	45298770
三、股份总数	119900976	25006561	11990097	36996658	156897634

(2) 股本变动原因：

本公司实施了1995年度利润分配方案，送红股1199.0097万股，1996年增资配股2500.6561万股，总计增加股本3699.6658万股。

(3) 主要股东情况：

截止1996年12月31日，本公司前十大股东持股情况

序号	股东名称	持股数(股)	占总股本比例(%)
1	万向集团公司	103,274,724	65.82
2	中国汽车投资开发公司	5,604,181	3.57
3	中国工程农机进出口公司	1,509,959	0.96
4	华联汽车发展有限公司	1,210,000	0.77
5	卫衬欢	944,297	0.60
6	马祖辉	479,852	0.31
7	胡刚	368,247	0.23
8	苗秀江	232,018	0.15
9	鲁冠球	226,493	0.14
	徐连法	226,493	0.14
	阮胜利	226,493	0.14
10	深圳市帝恒实业有限公司	200,000	0.13

(4) 股东数量：

报告期末，公司股东总户数为24793户，其中发起人法人股4家，社会公众股24789家。

长岭(集团)股份有限公司

1996年年度报告摘要　（摘选）

一、公司简况

公司名称：长岭(集团)股份有限公司

法人代表：王大中　　　　　　　邮编：721006

公司地址：陕西省宝鸡市清姜路75号

电话：0917—3314433—2310　　　　传真：0917—3312253

二、主要财务数据与财务指标

单位：元

指　标　项　目	本年数	上年数	比上年增减(%)
1.主营业务收入	1234880048	1186804667	4.05
2.净利润	68661000	82409824	-16.68
3.总资产	1772022462	1271135652	39.4
4.股东权益	683350444	523253780	30.60
5.每股收益(元/股)	0.25	0.37	-32.43
6.每股净资产(元/股)	2.51	2.32	8.19
7.净资产收益率(%)	10.05	15.75	-36.19
8.股东权益比率(%)	38.56	41.16	-6.32

三、公司主要业务回顾

1.一年来经营情况

1996年，本公司在市场环境不利和电冰箱行业竞争日趋激烈的情况下，狠抓新品开发、销售工作，加强以人为本的管理，开展学习邯钢经验，降低产品成本，与甘肃长风宝安实业股份有限公司、西安黄河机电股份有限公司联合，充分发挥规模经济优势，在本公司经营班子和全体员工的艰苦努力下，取得较好的经营业绩。

1)公司主要业绩概述

(1)生产经营计划完成情况

1996年主营业务收入实现1234880048元，比去年同期增长4.05%；实现利润总额80722332元，比去年同期减少18%，净利润68661000元，比去年同期减少16.68%。

电冰箱销售57万台，家用空调器销售4.79万台，纺织电子产品销售843套(部)。

长岭牌电冰箱已连续六年被中国消费者协会作为推荐产品。荣获国内贸易部等七部委评选的最畅销国产商品"金桥奖"六连冠称号，在无氟应用中本公司被轻工总会列为全国生产"绿色冰箱"行动最快企业，为此获得蒙特利尔执委会先后两次赠款近300万美元，协助建立无氟冰箱示范生产线。空调器也连续两年获中国消费者协会推荐产品，电冰箱、空调器均已取得国家安全认证。

(2)组建长岭黄河企业集团，壮大企业实力

为适应市场需要，实行大集团战略和名牌战略。本公司与长岭机器厂、黄河机电股份有限公司组建长岭黄河企业集团，生产长岭牌电冰箱将形成年产180万的冰箱生产能力，有利于实现规模化经营、壮大企业实力。通过联合将对陕西经济振兴产生重大而深远的影响，通过建立企业集团将享受企业兼并及组建集团的优惠政策，使企业有一个较为有利的外部环境。

(3)新产品开发取得了较好的成绩

新产品开发引入优胜劣汰的竞争机制，调动了广大科技人员的积极性和创造性，在市场上需要无氟冰箱时，利用多年来的研究成果，对所有在线电冰箱品种完成混合工质制冷的匹配，生产出合格的无氟电冰箱，主要有BCD-261、BCD-228B、BCD-198W等型号的电冰箱投放市场。

纺织电子产品：完成YG-135CM新型长丝条干仪、JC-106检查仪的技术鉴定。为新型络筒机配套的DQSS-4B清纱器，参加1996年北京国际纺机展销，获得国内外用户的好评。

空调器产品：重点对KFR-20X2一拖二热泵空调、KFR-68单相电源柜机、KC-25C低噪型窗机的研制开发，新产品的开发投产增强了本公司在制冷家电市场上竞争力。

多媒体通讯计算机产品正在积极研制过程中。

(4)学习邯钢经验，降低冰箱成本取得了较好的效果

对电冰箱从物资采购到成品出厂开展降低成本活动，学习邯钢经验，分解单台目标成本，采取以"质量择优、价格从廉、货比三家"的原则，降低采购成本，压缩各项费用开支，减少制造成本和控制期间费用，全过程的降低了电冰箱成本。

(5)通过国际标准化组织发布的ISO9000《质量管理和质量保证》系列标准认证，全面提高质量工作。

本公司生产的电冰箱、空调器、变压器、纺织电子产品的质量体系，经国家技术监督局和国家进出口商检局批准机构认证。获得国际GB/T19001和国际标准ISO9001两项证书，为了开拓国际市场，电冰箱、空调器在获得国家安全认证后，又经德国莱因公司试验认证，取得出口欧洲共同体的CE认证。通过认证工作，一是以市场为导向，满足用户需求为目标的质量第一思想得到加强；二是通过抓薄弱环节的整改，从设计、生产、安装到服务全过程的质量控制得到了完善和规范；三是质量管理工作走向法制化、制度化，有效地控制了产品质量；四是无论是产品的外观还是性能都有明显提高。1996年本公司荣获"全国QC小组活动先进企业"称号。

2.筹集资金运用情况

本公司1996年度实施配股筹集资金。本次配股价为3.00元，配股认购股份47465836股，扣除发行费用后筹集资金140504787元。配股资金于1996年9月4日全部进入本公司帐户。配股资金主要进行电冰箱生产线改造和开发无氟电冰箱及补充流动资金，现已使用资金13789万元。

四、股本变化及股本结构情况

1.股本结构情况

单位：股　　面值：每股1元

股　份　类　别	年初数	比例(%)	本年增加	年末数	比例(%)
一、尚未流通股份					
1.国家股	72672000	32.28	8600000	81272000	29.81
2.法人股	29658000	13.17	257400	29915400	10.97
3.内部职工股	104000	0.05	24400	128400	0.05
4.其他	0	0	1765316	1765316	0.65
尚未流通股份合计	10434000	45.50	10647116	113081116	41.48
二、已流通股份					
A股	122706400	54.50	36818720	159525120	58.52
三、股份总额	225140400	100	47465836	272606236	100

2.股份增加是本年度配股。

3.前十名股东持股情况(截止1996年12月31日)

股　东　名　称	持股数(股)	占总股本比例(%)
1)陕西省国有资产管理局	81272000	29.81
2)中国工行陕西信托投资有限公司	15600000	5.72
3)周炳辉	2993692	1.10
4)申资产	2681842	0.98
5)中国建行信托投资公司	2400000	0.88
6)宝鸡市财政证券公司	2400000	0.88
7)中国银行宝鸡市支行劳动服务公司	1800000	0.66
8)宝鸡证券公司	1200000	0.44
9)中国农行宝鸡支行技术服务部	1200000	0.44
10)新疆生产建设兵团二师	1200000	0.44

4.股东数量

截止1996年末，本公司股东总数为100306户，其中法人股东15户，社会公众股东100272户，内部职工股东18户。

海南海药实业股份有限公司

1996年年度报告摘要 （摘选）

一、公司简况

公司名称：海南海药实业股份有限公司

法人代表：韩宇东　　　　　　　　邮政编码：571100

公司地址：海南省海口市龙昆南路隆基大厦B座四楼

电话：0898—5890424、5890422　　　　传真：0898—5890421

二、主要财务数据与财务指标

单位：万元

指 标 项 目	本年数	上年数	比上年增减(%)
1.主营业务收入	17,383.6	13,193.30	+24.1
2.净利润	1,678.7	3,735.10	-55.1
3.总资产	95,311.2	84,404.80	+12.9
4.股东权益	50,310.8	47,167.90	+6.7
5.每股收益(元)	0.10	0.24	-58.3
6.每股净资产(元)	2.98	3.08	-3.2
7.净资产收益率(%)	3.3	7.9	-58.2
8.股东权益比率(%)	52.8	55.9	-5.5

三、公司主要业务回顾

1．一年来公司经营情况

1996年度对海药公司来说是艰苦、难忘的一年。公司因新厂的建设占用了大量资金，流动资金极度紧张，面对医药市场激烈竞争，新厂刚刚投产，新产品尚待开发市场等一系列问题克服了重重困难，基本上维持了8个月的正常生产，保持了全年产销稳中有升，逐步扩大了新药的市场销量，初步形成了企业的发展格局。全年营业收入17383.65万元，利润总额1960.63万元，税后利润1,678.6万元。

1)克服困难，坚持生产

新厂建成后，由于建设新厂占用了流动资金，使新厂投产流动资金缺少达亿元(按原计划产值4.5亿元产值计)，企业发展举步艰难。面对这种局面，公司经营者想方设法，通过各种渠道，多方融资，维持了8个月的正常生产，产值比去年略有增加。

2)调整产品结构初获成效

新厂投产后，针对老产品创利不理想，新产品市场潜力大的情况，公司经营者们做了大量市场调研，并结合企业现状，果断调整产品结构，对新药紫杉醇注射液、头孢西丁、托米伦、索多芬及重点产品肠胃康、红宝等在工艺改进、稳定质量、拓展市场等方面做了大量工作。在50个正常生产产品中，15个新特药生产占1/3左右，销量约占30%，使企业在融资成本高，新产品市场投入大，老产品面临亏损的情况下，仍然保持了盈利。并且，我公司的重点产品红宝太圣胶囊在本年度通过了美国FDA认证，为本产品进入国际市场特别是欧美市场铺平了道路。

3)抓薄弱环节，整顿营销队伍，建立新的销售网络

生产稳定后，市场销售成了公司薄弱的一环。从96年6月份开始，公司投入主要精力整顿企业销售队伍，明确以新药为主、片区办事处、医疗代表为主的营销策略，增强销售队伍的力量。公司总经理全面负责，副总经理每人分管几个片区，带领经销人员进行全面的市场调研，并建立销售网点，先后在北京、上海、广州、武汉、南京等地建立了18个片区办事处；加强营销管理，壮大销售队伍，提高人员素质；营销人员从原有的20多人增加至200多人，新聘人员全部为本科以上医药专业人士，初步形成了重点推广新药，同时销售普药的基础网络。

目前销售已稳定上升，回款情况正常，基本上进入了一种较为良好的产销平稳的经营状态。

4)努力清理应收货款

1996年公司经营者坚持不懈地抓住货款回收这个环节，公司本部成立了应收款清算小组，每月监督营销人员抓紧回款，并制定了一系列监督管理制度，另派专门追款小组赴全国各销售网点追讨逾期货款等。一系列的措施取得了初步成效，96年应收款与上年相比下降15%。

2．前次募集资金的使用情况说明

前次配股时间是1995年10月，使用情况已在1996年年报中阐述，1996年没有募集资金。

四、股本变化及股本结构情况

1)股权结构

股份单位：股　：每股1元

股 份 类 别	年初数	占总股本(%)	年末数	占总股本(%)
一、尚末流通A股	90,384,091	58.96	99,422,500	58.96
其中：				
国有股	47,988,900	31.30	52,787,790	31.30
发起人股	19,973,850	13.03	21,971,235	13.03
定向法人股	22,037,250	14.38	24,240,975	14.38
法人转配股	294,691	0.19	324,160	0.19
高管持股	89,400	0.06	98,340	0.06
二、可流动股份	62,910,600	41.04	69,201,660	41.04
三、股份总数	153,294,691	100	168,624,160	100

2)股本变动情况及原因

公司总股本年末比年初增加15,329,469股，增长10%。主要原因是1996年7月30日实施1995年度分红方案，每10股送1，增加股份15,329,469股。

3)主要股东持股情况

截止1996年12月31日，本公司前10名股东持股情况：

股 东 名 称	持股数(股)	占总股本(%)
1)海口市财政局	52,787,790	31.30
2)正大国际财务有限公司	42,924,285	7.66
3)中国工商银行海南信托投资公司	11,631,840	6.89
4)海南省信托投资公司	5,815,920	3.44
5)交通银行海南分行	2,584,890	1.53
6)海南佳友实业有限公司	2,398,935	1.42
7)海南汇通国际信托投资公司	1,938,585	1.15
8)北京四环科技开发公司	1,357,125	0.89
9)海南省国际信托投资公司	1,023,890	0.61
10)海口宝澍科工贸有限公司	969,210	0.57

4)股东数量

截止1996年12月31日，本公司股东人数为18727户。

海南海德纺织实业股份有限公司

1996年年度报告摘要 （摘选）

一、公司简况

公司名称：海南海德纺织实业股份有限公司

法人代表：刘声奇　　　　邮编：570206

公司地址：中国海南省海口市南航路18号

电话：0898—6748606　　　　传真：0898—6748606

二、主要财务数据与财务指标

单位：万元

指标项目	本年数	上年数	比上年增减(%)
1.主营业务收入	94,435,663.83	130,904,781.17	-27.85
2.净利润	-27,870,915.20	-38,594,594.75	27.78
3.总资产	538,556,515.76	548,339,079.53	-1.78
4.股东权益	207,631,434.39	235,502,349.59	-11.83
5.每股收益(元/股)	-0.277	-0.382	22.22
6.每股净资产(元/股)	2.06	2.34	-11.82
7.净资产收益率(%)	-13.42	-16.39	18.12
8.股东权益比率(%)	38.55	42.95	-10.24

三、公司主要业务回顾

1.一年来经营情况

1996年，公司主营业务仍然是涤纶长丝生产经营。受行业调整影响，上半年走入低谷，市场原料与产品差价甚微，无法维持正常生产，被迫停产50%以上，造成半年亏损1800万元；8月份以后，市场有所复苏，公司及时组织全面恢复生产，亏损减少。年产2万吨矿泉水项目于1996年4月投入试生产，10月份停产进行扩建4万吨改造，全年实际生产时间短，加之产品处于导入期，产销量较小，未能创造效益。房地产业务受宏观经济形势和海南区域经济影响，未能启动。面临行业滑坡的艰难处境，立足内部挖潜，千方百计降低成本，实现全年减亏1000万元经营目标。一是学邯钢，推行目标成本控制，把生产经营各环节、各工序各部门的各项指标量化，实行目标成本控制；二是算活帐，控制经营风险，降低原料成本；三是盘活资金，降低财务费用；四是分流人员，实行减员增效；五是调整结构，扩建4万吨矿泉水，培育新的增长点。1996年，虽积极努力工作，但受主营业务市场影响，全年亏损2787万元，比1995年减亏1072万元。

2.主要指标分析：

1)工业总产值：14,073.28万元，比1995年16,649.29万元减少2,576.01万元。

2)产品产量：折150D涤纶长丝6,925.99吨，比1995年7,728.18吨减少802.19吨。

3)营业收入(无税)：9,444万元，比1995年减少3,646万元。

4)利润总额：-2,787万元，比1995年减亏1,072多万元。

5)全员劳动生产率：21.6512万元/人，比1995年20.8113万元/人，增长8.14%。

主要经济指标比上年有一定幅度回落，主要原因是：

1)上半年停产一条生产线，第二条生产线也停产近二个月，产量减少而影响各项指标完成；

2)产品销售均价比上年减少25.7%，影响营业收入；

3)短期投资收益增加，减少亏损。

3.1997年工作计划

1997年，是本公司十分关键的一年。指导思想是：把握机遇、寻求突破，确保实现扭亏增盈。主要措施是：

1)发挥优势，形成新的增长点。1996年4月，年产2万吨伊莎贝尔矿泉水项目投产，根据市场需求和经济规模需要，为加快调整结构步伐，董事会决定当年进行技改，于1996年10月投入3000万元，再次引进国际先进设备，扩建年产4万吨规模，该项目已于1997年3月竣工投产。同时，开发国际国内两个市场，收效甚佳，可望成为利润增长点。

2)盘活资金，降低成本，努力实现化纤业务保本。目前化纤市场较为稳定，抓住有利时机，千方百计组织满负荷生产，调整产品结构，努力降低成本，力争当年保本。

3)寻求突破，优化资源配置。在努力改善现有经营条件的同时，为了解决深层次的结构性矛盾，积极寻求突破，引入优良资产，既增加当年盈利，又培育新的主营结构。

4.前次募集资金使用情况说明：

本公司1996年未募集股本金。1994年1月向社会公开溢价发行股票1500万股，扣除发行上市费625万元，募集资金净额为8300万元，主要用于如下项目：1994年投入年产3700万吨差别化细旦丝技改项目2712万元，该项目于1994年10月投产。根据1994年4月召开的第七次董事会决议，先后投资五项短、平、快项目共4040万元，1995年已收回投资款1353万元，年末余额2687万元。投入房地产项目2154万元，用于“海德新城”项目建设。投入伊莎贝尔矿泉水项目734万元，该项目于1996年4月全面投入生产。

四、股本变化及股本结构情况

1.股本结构情况

单位：股

股份类别	96年末数	占总股本比例(%)	95年末数	占总股本比例(%)
一、尚未流通股份				
发起法人股份	58,240,560	57.78	58,240,560	57.78
募集法人股份	2,239,440	2.22	2,239,440	2.22
内部职工股份	54,000	0.05	57,500	0.06
尚未流通股份合计	60,534,000	60.05	60,537,500	60.06
二、已流通股份				
A股	40,266,000	39.95	40,262,500	39.94
已流通股份合计	40,266,000	39.95	40,262,500	39.94
三、股份总数	100,800,000	100	100,800,000	100

2.股本变动情况及原因：

本公司1996年度股本未发生变动。

3.前十名主要股东持股情况

股东名称	年末持股数(万股)	占总股本比例(%)
1)海口市经济技术开发总公司	2447.256	24.28
2)海口市对外经济发展总公司	1680	16.67
3)广东华宝集团公司	613.2	6.08
4)中国银行海口信托咨询公司	512.4	5.08
5)北京中京泰咨询有限公司	438.3273	4.35
6)海南联合贸易公司	408.42	4.06
7)国泰财务顾问有限责任公司	391.992	3.89
8)海南省证券公司	162.96	1.62
9)海南物业投资公司	139.944	1.39
10)杜海波	92.0892	0.91
合计	6886.4085	68.32

3.股东数量

本报告期末股东总人数19758户，其中法人股东9户，社会公众股东19740户，内部职工股东9户。

常柴股份有限公司

1996年年度报告摘要　（摘选）

一、公司简况

公司名称：常柴股份有限公司
法人代表：沈铁平　　　　　　邮政编码：213002
公司地址：江苏省常州市怀德中路123号
电话：(0519)6600341　　　　　传真：(0519)6670765

二、主要财务数据与财务指标

指　标　项　目	本年数(合并)	上年数(合并)	比上年增减(%)
1.主营业务收入(万元)	275855.90	219930.1	25.43
2.净利润(万元)	23808.9	19697.8	20.87
3.总资产(万元)	260852.3	101971.2	55.80
4.股东权益(万元)	123343.6	35317.2	249.25
5.每股收益(加权平均)(元)	0.81	–	
(全面摊薄)(元)	0.676	1.172	-42.3
6.每股净资产(元)	3.50	2.67	31
7.净资产收益率(%)	19.3	55.7	-65.4
8.股东权益比率(%)	47.3	34.6	36.7

上述数据中的上年数与去年年报披露的数据有微小差异，其原因是对全部子公司作了合并报表后有所调整。

三、公司业务回顾

1.一年来的经营情况

过去的一年是本公司极不平凡的一年，是公司继续大踏步前进并取得较好业绩的一年。一年来，公司上下本着对全体股东高度负责的精神，怀着振兴中国农机工业的抱负，继续实施"三大战略"，即名牌战略、巨人战略、集团战略，确立了"内抓管理养精蓄势，外拓市场争发展空间"和"二大提高"(即极大地提高管理水平、极大地提高产品质量)的工作方针，狠抓了零部件和整机的质量，加强了销售、服务工作，围绕市场需求大力调整产品结构，进一步优化资本结构，用好增量资金，盘活存量资产，同时坚持物质文明和精神文明一起抓，有力地促进了全年经营工作的展开，取得了优异的成绩。

(1)各项经济指标创出历史最好水平，继续保持较高速度的增长。全年共生产柴油机150万台，主营业务收入达275855.9万元，实现利润29855.2万元，净利润达23808.9万元，出口创汇2618万美元，分别比上年增长22.95%、25.43%、24.8%、20.87%和20.09%。本年度本公司销售收入、实现利润两大指标在我国内燃机大行业中双双名列第一位；据对国内20家单缸机主要生产企业1996年的产销量统计，本公司产、销量分别占27.8%和27.9%。

(2)产品结构调整取得了突破性的进展。通过产品结构调整，本公司已形成了9种缸径30个品种的单缸系列产品，单缸机产品的产量结构比例扭转了过去S195柴油机一枝独秀的情况，多缸柴油机的生产已突破万台关，年内销出12000台，并试制成功小型联合收割机、抛秧机等终端产品，从而彻底扭转了本公司过去产品单一、只能生产单缸产品、也没有最终产品的经营格局，呈现出多品种经营的新局面，大大提高了对市场的应变能力和市场的竞争力。

(3)资本规模不断扩大，资产结构发生较大变化。去年，本公司成功地发行1亿元(人民币)境内上市外资股，募集资金50000万余元人民币，资产总额已达260852.3万元人民币，净资产总额已达123343.6万元人民币，分别比上年增长55.80%和249.25%，比改制股份公司前的1993年增长583%和766%。每股资本公积金已达1.93元人民币。大大增强了公司的资本实力，并给公司今后的发展注入了强劲的活力。为优化资产结构，扩大主营业务以占领更大的市场空间，本公司采取投资参股、产权重组等方式又组建了常柴万县柴油机有限公司、常柴寨桥柴油机配件有限公司和常柴奔牛柴油机配件有限公司等3个控股子公司。控股子公司已由上年的3个增加到7个，注册资本已达15069.39万元，其中本公司占8977.42万元，占子公司注册资本的59.57%，进一步盘活了存量资产，优化了企业的资本结构和组织结构，增强了竞争实力，并为公司下一步发展奠定了坚实的基础。

鉴于本公司良好的业绩和同行业中的显著地位，本公司已被国家列为全国300家重点支持的企业和机械部28家行业巨人备选企业。

2、本公司利润来源及构成情况

本公司利润来源主要是主营业务制造销售柴油机的收益和投资子公司以及其他业务的收益。利润总额为29855.2万元，其中主营业务利润28396.2万元，投资收益及其他业务利润为1459万元，分别占利润总额的95.1%和4.9%。

3、对按国内、国际两种不同会计准则计算的税后利润发生差异情况的说明：

本报告期内，本公司除税及少数股东权益后的利润，江苏省会计师事务所审计结果为23808.9万元，香港永道会计师事务所审计结果为23070.9万元，二者相差738万元，主要原因是职工住房制度改革发生的差额及年末存货计价方法的不同引起税后利润的差异。

4、主要财务指标实际完成情况与预测发生差异情况的说明：

本公司在本报告期内较好地实现了年初提出的各项经营目标，如柴油机年产、销量、主营业务收入、实现利润、净利润等主要经营目标均比上年增长20%以上，主要是柴油机产、销两旺并有较大增长带动了其他各项经济指标同步增长。

5、前次募集资金的使用情况

本公司首次发行A股募集的资金已按招股说明书规定的投资项目全部使用完毕，并达到了预期的目标，促进了公司经济效益的持续稳定增长。1995年底，本公司经中国证监会批准，向全体股东配股，共筹得资金14321.86万元，其中国家股东以净资产2884万元折股认购721万股，实际可供使用的资金为11437.86万元。

配股资金的使用情况如下：

(1)多缸机生产车间技术改造。投资1174万元，引进德国二手柔性加工线一条，技改填平补齐增加设备发生投资629万元，合计投入1803万元。通过对多缸机生产车间的技术改造，为本公司发展汽车发动机的生产创造了条件，进入97年来，本公司多缸柴油机的月产量已超过2500台。

(2)完善三井柴油机生产基地的建设。报告期内发生投资1935万元，通过改造，达到了年产60万台生产能力。该生产基地已成为本公司生产工艺最先进、现场管理最完善的部门。

(3)为加快发展新一代风冷柴油机的生产，购买了有7000多平方米厂房、近70亩土地的使用权，用以建设年产20万台风冷柴油机的生产基地。购买总费用为1800万元，报告期内已付款794万元，并发生相应简单条件费用180万元，合计已投资974万元。

(4)为提高产品设计水平和经营管理水平，投资300万元，建成了用于产品开发的CAD计算机辅助设计系统以及用于经营管理的计算机网络。

以上投资项目合计投入资金5012万元。所余配股资金将结转至今年继续使用。本公司配股资金的投向是严格按配股说明书列示的项目进行的，并达到了预期的计划进度和收效。B股资金到位后现正在按资金投向使用计划起动实施。

四、股本变化及股本结构情况

1.股本结构情况

数量单位：股　每股面值：1元

股　份　类　别	期初数	本次变动增减数(+,-) 配股	送股	其他	小计	期末数
一、尚未流通股份						
1.发起人股份						
其中：						
国家拥有股份(注)	88000000	7210000	50300000	5390000	62900000	150900000
境内法人持有股份(注)	11000000	441000	3025500	-5390000	-1923500	9076500
2.公司董事、监事等持有股份	62150	54139	58137	0	112276	174426
3.转配股份	0	1934900	9674500	0	29023500	29023500
尚未流通股份合计	99062150	27054139	63058137	0	90112276	189174426
二、已流通股份						
1.境内上市的人民币普通股	32937850	8945861	20941863	0	29887724	62825574
2.境内上市的外资股	0	0	0	100000000	100000000	100000000
已流通股份合计	32937850	8945861	20941863	100000000	129887724	162825574
三、股份总数	132000000	36000000	84000000	100000000	220000000	352000000

注：本公司在实施1995年度配股中，国家股东以常州柴油机铸造厂的净资产折721万股认购配股。该厂原是本公司第二大股东，属全民所有制性质，本次配股后已被本公司全部兼并，故将该厂原持有本公司539万股法人股归并计入国家股东名下，股本结构这一变化反映在上表的"其他"一栏中，境内法人持有股份减少539万股，而国家拥有股份增加539万股。

2.主要股东持股情况

股　东　名　称	持股数量(股)	持股比例(%)
1)常州市国有资产管理局	150900000	42.87
2)上海证大财务顾问有限公司	15000000	4.26
3)SR CLOBAI FUND INC(EMERGING) MARKET PORTFOLIO	5684100	1.61
4)常州金惠实业发展公司	5025000	1.43
5)KUBOTA CORPORATION	5000000	1.42
6)武进柴油机机体厂	4950000	1.41
7)常州康辉金融电脑公司	4785000	1.36
8)香港宝勇企业有限公司	4441700	1.26
9)香港民乐投资有限公司	3897300	1.1
10)常州奔牛农机厂	1680000	0.47

4.股东数量

截止1996年12月31日，本公司股东总人数为57176人，其中A股股东53272人，B股股东3904人。

海南新大洲摩托车股份有限公司

1996年年度报告摘要 （摘选）

一、公司简况

公司名称：海南新大洲摩托车股份有限公司

法人代表：赵序宏　　邮政编码：571127

公司地址：海南省琼山市桂林洋经济开发区

电话：0898—6719966转252、282 传真：0898—6715518

二、主要财务数据与财务指标

单位：万元

指标项目	1996年	1995年	比上年增减(%)
1.主营业务收入	168304.26	86279.44	95.07
2.净利润	21899.61	7055.02	210.41
3.总资产	161985.29	110539.51	46.54
4.股东权益	64932.95	43045.25	50.84
5.每股收益(元/股)	0.92	0.42	119.04
(按全年加权股本计)	1.11	0.60	85.00
6.每股净资产(元/股)	2.73	2.53	7.90
7.净资产收益率(%)	33.72	16.38	105.86
8.股东权益比率(%)	40.08	38.94	2.92

三、公司主要业务回顾

1．一年来公司经营情况

1)1996年公司在摩托车市场竞争更加激烈，大部分厂家产品销售不畅、库存增加的情况下，继续大跨度发展，全年累计生产各种型号摩托车(包括助力车)351,354辆，销售摩托车(包括助力车)356,270辆，分别较1995年度增长了72.55%和79.25%。产销量进入中国摩托车企业前八强，中期综合经营业绩列中国上市公司第16名，深交所上市公司第8名。

1996年初，公司上下经过反复酝酿，编制了《'96工作手册》，确定了公司全年生产、质量、销售、服务、新产品开发和利税6大工作目标，提出市场开拓、资金筹措、成本控制、人才培养、管理进步和技术进步6大战略措施，公司将其称之为"六六工程"。并将"六六工作"分解到公司各部室、各二级公司，规定了较详尽的目标管理考核办法，经过公司全体员工一年来的共同努力，实现了可比成本降低10%的目标。

1996年，本公司海南工厂共投入技改资金9800万元，建成A、B两个轻钢厂房，增加成车生产线一条，同时，新建箱体加工车间、压铸车间，扩大了注塑车间生产能力，并先后进口美国、日本、台湾设备60余台(套)，使生产自制能力大幅提高，工艺技术在国内同行业中达到先进水平。此外，焊接、包装等环节亦进行了根本改造，更新和新建了生产线，工装、工艺水平大大提高，减轻了劳动强度，提高了作业质量；上海工厂在建厂的同时，发扬了当年新大洲人"162天下线"的创业精神，仅用130天时间，就将大白鲨款的"白马王子"摩托车推下生产线，到1996年年底，已生产摩托车4450辆，同时新工厂完成土建工程31000平方米。

销售方面，开展了"买车送金大拜年"、"买车送保险"和"驾驶新大洲，飞向奥运会"等三大促销活动，将产品销售和品牌宣传、推广有机地结合在一起，进一步提高了新大洲品牌的知名度，并对内起到了动员组织营销队伍的作用。在武汉、西安、湛江设立了销售分公司，年底又确定在太原等8个城市设立分公司，消除了市场盲点，加强了市场网络建设。在年末公司根据市场状况调整了销售政策，不仅稳定了市场占有份额，还将对今后市场占有率的提高有深远的意义。在产品出口方面有了新的突破，共出口成车4044辆，出口量居全国摩托车企业第五位，并有4种产品取得6个国家8项国际认证。在售后服务工作方面，对原有的350多家特约维修中心重新进行了考核评定，对覆盖全国的特约维修站加强了管理和扶持，共培训维修人员12期433人。

新产品开发方面，全年完成20个品种的整车开发，其中4个新产品投入批量生产；完成了152FM(GY6)和IE40FM(AXIS50)发动机的开发和主要件国产化工作，且具备了批生产能力。"小螳螂"摩托车的问世，标志公司初步具备了独立开发能力。并根据市场特点，产品结构由"单一品种大批量"向"多品种少批量"的方向过渡。

公司追求经济效益的同时，逐步建立和完善以"求实创新，追求卓越"为核心的企业文化体系。周一升旗仪式增加员工演讲等内容，长期坚持不懈，成为教育员工和体现新大洲人精神风貌的课堂和重要形式。公司定期出版《新大洲报》，并开始编辑《新大洲丛书》。为职工修建了足球场、网球场、篮球场、健身房等文体活动设施，丰富了员工的文化生活，增强了企业的凝聚力。

2)公司利润来源构成情况

本公司55%的利润来自主导产品摩托车的生产销售。原为本年度9,636.57万元主营业退税收入体现在营业外收入上。

2．公司本年度主营业务收入、净利润完成情况分析

1996年度本公司主营业务收入为168,304.26万元，比上年度增加82024.82万元，增长95.07%；实现净利润21,899.61万元，较上年增加了14844.59万元，增长210.41%。净利润大幅度增长的主要原因为：主营业务的迅速扩展及加强经营管理，大力降低成本所致。

3．对前次募集资金的运用情况说明

本公司于1995年9月向全体股东进行配股募集资金8977万元(已扣除手续费等)，主要用于：

1)技术改造

投入4250万元。在原有生产成车10万辆、发动机10万台基础上，通过技术改造扩大生产能力至年产成车45万辆、发动机35万台的规模。此项目总计划投资15,706万元，1994年已投入3700万元，技改完成后，将大大提高公司新大洲XDZ系列产品产量和质量，1995年实现年产成车20多万辆。

2)新产品开发

投入1187万元。主要用于改善新产品开发手段和条件，XDZ125T、XDZ90T等8个新产品已全部通过了国家鉴定。

3)其余部分用于弥补公司生产流动资金的不足。

本次募集资金与《配股说明书》用途相同，运用安全可靠。

四、股本变化及股本结构情况

1．股本变化及股本结构情况

股本结构情况

1995年12月31日，本公司股本结构如下(单位：股)

股本结构情况

股本类别	年初数	本次变动增减(+、-) 公积金转增	其它	年末数
尚未流通股份				
发起人股份	101,706,000	40,704,000		142,464,000
境内法人持有股份	97,392,000	38,956,800	6,115,200	142,464,000
境外法人持有股份	4,368,000	1,747,200	-6,115,200	0
尚未流通股份合计	101,760,000	40,704,000		142,464,000
已流通股份				
境内上市的人民币				
普通股	67,768,600	27,107,440	27,720	94,903,760
董事、监事持股	71,400	28,560	-27,720	72,240
已流通股份合计	67,840,000	27,136,000		94,976,000
股份总数	169,600,000	67,840,000		237,440,000

2．股本变动情况及原因：

1996年7月3日公司用资本公积金按每10股转增4股，当年利润每10股派现金3.00元实施1995年度利润分配及分红派息和资本公积金转增股本方案。其它变动为法人股东间股权转让和董事会换届后不再担任公司董事(监事)的持股人股份解冻。

3．主要股东持股情况(前十名股东截止于1996年12月31日)

股东名称	年末持股数(股)	占总股本比例(%)
1)海南省国营桂林洋农场	71388800	30.06
2)中国轻骑摩托车集团总公司	71075200	29.94

注：其它股东持股未达证券法规所规定的披露要求。

4．至1996年末，公司股东总人数为15867户。

长征机床股份有限公司

1996年年度报告摘要（摘选）

一、公司简况

公司名称：长征机床股份有限公司

法人代表：洪　涛　　　　邮编：643020

公司地址：四川省自贡市贡井区建设路284号

电话：0813—3301270、3301200－2184　　传真：0813—3301476

二、主要财务数据与财务指标

单位：元

指标项目	本年数	上年数	比上年增减(%)
1.主营业务收入	72,449,152.49	64,736,751.42	11.91
2.净利润	7,101,379.96	6,519,034.06	8.93
3.总资产	428,188,685.90	387,032,422.75	10.63
4.股东权益	182,791,888.01	150,512,132.85	21.45
5.每股收益	0.081	0.104	－22.12
6.每股净资产	2.074	2.391	－13.26
7.净资产收益率(%)	3.88	4.33	－10.39
8.股东权益比率(%)	42.69	38.89	9.77

三、公司主要业务回顾

1.一年来公司经营情况

1996年是国家"九五"计划的第一年，尽管整个宏观经济环境日趋好转，但企业微观经济环境仍然不容乐观。一年来，公司全体员工转变观念、负重自强、坚持以经济效益为中心、加强企业管理、促进科技进步、强化营销措施、巩固国际市场、取得较好成绩。全年共生产铣床24个品种626台，实现主营业务收入7244.92万元，净利润710.14万元，出口创汇453.50万美元。公司在努力稳定主营业务的同时，实施多元化经营，证券投资、专机制造、物资贸易等都有了较大进步，拓展了公司业务领域。

机床工业是国家的基础产业，也是国家确定的支柱产业，在国民经济中具有举足轻重的地位。但是在整个机械工业开始出现转机的同时，机床行业却连续第三年在低谷中运行，产销继续下滑、效益持续低下、进口持续上长，使机床工业成为机械工业最困难的行业。面对诸多不利因素，公司作为国家机床工具行业重点骨干企业，充分发挥自身人才优势、技术优势、管理优势，仍然保持了同行业中的领先地位。据《机床工具行业重点骨干企业统计资料汇编》显示：1996年度，在168家企业中，公司经济效益综合指数居第13位，其中成本费用利润率居2位，人均创利税居第3位，产销率居第7位，出口交货值居第12位。在铣床行业中，以上指标均保持前两名水平。

2.主要指标分析：

公司1996年度实现主营业务收入7244.92万元；净利润710.14万元，每股收益0.081元。

同上年相比，主营业务收入增长11.91%，主要是加大销售考核力度，增加了机床及零部件的销售规模；净利润增长8.93%，系依据自贡财政局文件，从1995年起由地方财政返还18%的所得税，1995、1996年共计返还319万元；每股收益减少22.12%，主要原因是实施1995年度利润分配方案，使股本总额扩大所致。

四、股本变化及股本结构情况

1.股本变化及股本结构情况

单位：股　　面值：每股1元

股份类别	年初数	本年度增加	年末数	比例%
一、尚未流通股份				
国家持股	30,445,938	12,178,375	42,624,313	48.37
社会法人持股	7,500,000	3,000,000	10,500,000	11.91
尚未流通股份合计			53,124,313	60.28
二、已流通股份				
社会公众股	25,000,000	10,000,000	35,000,000	39.72
三、股份总额	65,945,938	25,178,375	88,124,313	100

2.主要股东持股情况

股东名称	年末持股数(股)	占总股本比例(%)
1)自贡市国有资产管理局	42,624,313	48.37
2)四川省信托投资公司	3,780,000	4.29
3)依格网络	3,308,316	3.75
4)深圳北富投资发展公司	2,993,685	3.40
5)深圳市百捷发展公司	2,970,888	3.37
6)长征置业总公司	2,884,000	3.27
7)中汇金融	937,300	1.06
8)自贡市银建房地产综合开发公司	840,000	0.95
9)自贡市自通房地产综合开发公司	700,000	0.79
10)工行四川省信托投资公司自贡办事处	560,000	0.64

3.股东数量

本年度末公司股东总数为13458户。其中国家股东1户，社会法人股东11户，社会公众股东13446户。

4.公司董事、监事及高级管理人员持股情况

姓名	职务	年初持股数(股)	年末持股数(股)
洪　涛	董事长兼总经理	4000	5600
仝　捷	副董事长兼副总经理	4000	5600
郑哲勇	副董事长兼副总经理	4000	5600
程百川	董事兼副总经理	4000	5600
朱　军	董事兼副总经理	4000	5600
曾　敏	董事兼副总经理	4000	5600
孙家水	董事	2000	2800
尹淑贵	董事	0	0
穆仲欣	董事	4000	5600
汪　政	董事会秘书	0	0
张海昌	监事会主席兼工会主席	4000	5600
张　玲	监事	100	140
修　路	监事	1000	1400
史克林	监事	0	0
应家强	监事	0	0

东北输变电机械制造股份有限公司

1996年年度报告摘要 (摘选)

一、公司简况

公司名称：东北输变电机械制造股份有限公司

法人代表：项永春　　　　邮政编码：110025

公司地址：中国辽宁省沈阳市铁西区北二中路18号

电话：(86)24—5851243　　　传真：(86)24—5618447

二、主要财务数据与财务指标

(一)按照中华人民共和国会计准则及制度编制：

单位：万元

指标项目	1996年	1995年	比上年增减(%)
1.主营业务收入	135337.3	145120.8	(6.74)
2.净利润	8843.5	16750.5	(47.20)
3.总资产	340449.5	349578	(2.61)
4.股东权益	165207.8	162041.4	1.95
5.每股收益(元)	0.10	0.23	(56.52)
6.每股净资产(元)	1.89	1.86	1.61
7.净资产收益率(%)	5.35	10.34	(51.74)
8.股东权益比率(%)	48.53	46.35	4.70

(二)按照香港普遍采纳之会计准则编制：

单位：万元

指标项目	1996年	1995年	比上年增减(%)
1.主营业务收入	135,337.2	145,120.8	(6.74)
2.净利润	8,376.9	16,345.5	(48.75)
3.总资产	337,797.1	347,625.2	(2.83)
4.股东权益	162,555.6	159,855.6	1.69
5.每股收益(元)	0.096	0.19	(52.63)
6.每股净资产(元)	1.861	1.83	1.64
7.净资产收益率(%)	5.158	10.23	(49.17)
8.股东权益比率(%)	48.12	45.99	4.63

三、公司主要业务回顾

1. 一年来公司经营情况

由于1996年是我国发展国民经济第九个五年计划的第一年，国家重点工程基本建设资金到位较晚，以及国家阶段性调整电站建设速度，致使1996年全国计划电站装机总容量比1995年有一定幅度的下降，国内输变电设备市场需求总量相应有一定幅度的减少，因此1996年是本公司市场环境较为困难的一年。

面对较为严峻的市场环境，本公司积极采取措施，强化销售队伍，抢占国内外市场，特别注重了在经营管理，开发新产品和提高产品质量上下功夫，以努力提高市场竞争能力。全年共研制并推向市场64种新产品，在64种新产品中有85%达到了国际先进水平，其余的亦达到国内先进水平，新产品销售额达到53711万元，占全年销售额的约40%，产品质量继续稳步提高，沈阳变压和沈阳高开相继通过了ISO9000质量标准的认证和复查，锦州电容和阜新封线亦将在1997年上半年进行ISO9000质量标准认证，虽销售总额比1995年有所下降，但变压器、高压隔离开关、高压断路器、电力电容器、封闭母线等主要产品在国内市场仍保持较高的占有率，与1995年相比没有下降，220KV变压器和电力电容器国内市场占有率还有所提高。

虽然本公司采取了加强销售、强化管理、加速新产品开发和不断提高产品质素等一系列措施，但由于市场需求总量减少，为保持市场竞争能力，对部分产品如变压器类产品采取了降价促销策略；全封闭组合器、高压断路器、高压隔离开关等产品由于用户资金到位晚，订单主要集中在下半年，致使上半年部分生产能力放空；加之沈阳变压新建互感器分厂，在1996年下半年进行搬迁等因素影响，变压器、互感器、高压断路器、高压隔离开关、全封闭组合电器等产品产量比1995年有所下降，全年销售额为135,337.2万元，比1995年下降，利润总额为10,404.1万元，亦比1995年下降。

根据国家国民经济和社会发展"九五"计划和2010年远景目标纲要和电力工业部对1997年中国电力供需形势的分析，在"九五"计划的后四年电站平均装机容量将比1996年有一定幅度增长，特别是随着三峡工程及三峡送出电网等国家重点工程项目的建设速度加快，对输变电设备的需求将逐步趋旺，本公司目前接到的订单已超过1997年计划销售额的70%，其中包括三峡工程所需输变电设备的订单，以及二滩500KV工程、绥中500KV工程等国家重点工程项目。随着市场需求的逐步趋旺，加之本公司在国内输变电行业中的技术领先地位，本公司确信，1997年销售额和利润总额都将比1996年有一定幅度增长。

2. 募集资金使用情况说明

1995年发行的H股和A股，募集资金净额分别为人民币45,829万元及人民币14,554.8万元。当年拨付人民币12,600万元，用于偿还员工贷款和偿还银行贷款；约人民币37,000万元，拨作短期银行存款；余额中约人民币1,000万元，用作营运资金；约人民币9,800万元，用作投资技术改进项目。1996年从银行短期存款中拨出人民币10,090万元，用于技术改造和基本建设项目。其中兴建互感器厂投资3,800万元，该项目于1997年一季度试生产，二季末全面投产；用于老工业基地改造项目人民币1,667万元，该项目预计今年三季末完工；投资出口变压器技术改造项目人民币200万元，已竣工投产；投资人民币1,283万元，用于六氟化硫产品国产化项目，今年三季度可竣工投产，投资人民币400万元，用于与日立公司合资建立输变电工程公司，已于去年6月正式运营，已接订货额人民币约18,000万元；投资人民币600万元，用于500KV电容式电压互感器技术改造项目，预计今年五月份投产；投资人民币540万元，用于金属化电容器技术改造项目，进口设备已全部到货，现正调试，四月末投产，投资人民币1,500万元用于组建"中外合资沈阳华康娱乐有限公司"，现该保龄球馆已经营运；投资人民币100万元，用于建设"S"油生产线，已于1996年11月投产。尚余27,000万元股金拨作短期银行存款。

1997年计划投入人民币约10,000万元，用于技术改造项目。主要有：超高压输变电设备专项，包括为三峡工程作准备的大水电专项，即500KV全封闭组合电器项目，扩大500KV变压器生产能力，以及封闭母线及电容器技改项目，六氟化硫互感器项目等。

3. 前景展望

鉴于中国经济稳定、健康、快速发展的趋势以及中国政府已将电力工业作为至2010年乃至以后一个时期国家重点发展的基础产业，本公司确信，凭借全体员工的不懈努力，本公司具有良好的发展前景。

四、股本变化及股本结构情况

1. 股本结构如下：

(数量单位：股　面值：每股1元)

股份类别	1995年期末数	1996年期末数
一、尚未流通股份		
1. 国家法人股份	450,520,000	450,520,000
2. 募集法人股	21,300,000	21,300,000
3. 内部职工股	113,600,000	113,600,000
二、已流通股份		
1. 境内上市的人民币普通股	30,000,000	30,000,000
2. 境外上市的外资股	257,950,000	257,950,000
三、股份总数	873,370,000	873,370,000

2. 本公司之股东人数：

截止1996年12月31日，本公司共有股东77,027户，其中国有法人股东1户，社会法人股东10户，员工股股东58,111户，社会流通股H股股东73户，A股股东18,832户。

3. 前十名股东持股情况如下

股东名称	类别	期初股数(股)	期末股数(%)	比例(%)
1)东北输变电设备集团公司	国有法人股	450,520,000	450,520,000	51.58
2)香港中央结算(代理人)有限公司	香港联合交易所上市H股	254,942,000	255,744,000	29.29
3)工行沈阳市信托投资公司	社会法人股(A股)	7,100,000	7,100,000	0.81
4)深圳蛇口工业区	社会法人股(A股)	4,970,000	4,970,000	0.56
5)深圳中达软件开发公司	社会法人股(A股)	3,550,000	3,550,000	0.40
6)华南冷藏(深圳)有限公司	社会法人股(A股)	1,420,000	1,420,000	0.16
7)陕西秦建科技投资公司	社会法人股(A股)	1,420,000	1,420,000	0.16
8)深圳蛇口中东发展公司	社会法人股(A股)	1,065,000	1,065,000	0.12
9)深圳宝安坑经发展公司	社会法人股(A股)	710,000	710,000	0.08
10)中国水力电力沈阳物资公司	社会法人股(A股)	710,000	710,000	0.08

光明集团家具股份有限公司

1996年年度报告摘要 （摘选）

一、公司简况

公司名称：光明集团家具股份有限公司

法人代表：冯永明　　　　　　邮政编码：153000

公司地址：黑龙江省伊春市青山西路118号

电话：0455—3610587　　　　传真：0455—3602181

二、主要财务数据与财务指标

单位：万元

指标项目	本年数	比上年增减(%)	上年数
1.营业收入	27,560	0.7	27,362
2.净利润	3,999.4	4.1	3,843
3.总资产	45,239	26.5	35,763
4.股东权益	19,408	25.95	15,409
5.每股收益(元)	0.357	-25.62	0.48
6.每股净资产(元)	1.73	-10.36	1.93
7.净资产收益率(%)	20.61	-17.36	24.93
8.股东权益比率(%)	42.90	-0.44	43.09

注：公司每股收益说明

以上数值按1996年12月31日总股本11,200万股全面摊薄计算。1995年红利分配为每10股送4股，总股本由8,000万股增至11,200万股。若按加权平均计算，加权平均总股本为(8,000万股×6+11,200万股×6)÷12=9,600万股，每股收益为0.42元。

三、公司主要业务回顾

1.一年来公司经营情况

1)1996年，在国家继续实施宏观调控，微观经济下滑，家具市场异常激烈的形势下，在全体员工的共同努力和广大股东的大力支持下，以市场为导向，进一步调整产品结构，加大技术改造和营销力度，全年实现销售收入27,560万元，创利润5,416万元，出口结汇190.3万美元。

1996年，公司全年投入技术改造资金1,542.4万元，其中，土建投资649.4万元，机械设备投资893.0万元。引进具有90年代国际先进水平的机械设备232台(套)。

2)公司利润来源构成情况

本公司95%利润来自家具销售所得，其他为投资收益所得。

2.公司本年度主营业务收入、净利润完成情况分析

1996年，全年实现销售收入27,560万元，比去年增长0.7%，完成溢利预测的91.9%；创利润5,416万元，比去年下降5.5%；完成溢利预测的93.4%，实现净利润3999.4万元，完成溢利预测的100.04%；出口结汇190.3万美元，比去年下降29.5%。

利润下降的主要原因是：1996年7月末的一场特大山洪中断交通，影响产品发货1,503万元，影响销售1,734万元，减少利润416万元；1996年举办展销会并实行厂价优惠，价格优惠因素减少利润1,424万元。

3.对前次募集资金的运用情况的说明

前次共募集资金4,600万元，全部投入实木、木材干燥及家具规格料、木制零配件项目。上述项目已在本年度前全部完成并取得了预期的经济效益。

四、股本变化及股本结构情况

1.股本变化及股本结构情况

股本结构如下(截止1996年12月31日)：

数量单位：万股　面值：每股1元

股份类别	期初数	送股数	期末数
一、未流通股份			
1.发起人股份	3,400	1,360	4,760
2.社会法人股	1,600	640	2,240
未流通股份合计	5,000	2,000	7,000
二、已流通股份			
1.高级人员持股	62.1	24.84	86.94
2.社会公众股	2,937.9	1,175.16	4,113.06
流通股份合计	3,000	1,200	4,200
三、股份总数	8,000	3,200	11,200

2.变动原因：1996年6月14日以10股送4股的比例向全体股东派发1995年度红利，送股总数为3,200万股。

3.主要股东持股情况如下(前十名)：

股东名称	年末持股数(万股)	占总股本(%)
1)光明集团公司	4,760	42.5
2)黑龙江省经济贸易开发集团总公司	1,232	11
3)中国工商银行伊春市信托投资公司	420	3.75
4)黑龙江省国际信托投资公司	207.2	1.85
5)伊春天鹅工贸有限公司	162.4	1.45
6)孟祥萍	89.37	0.80
7)哈尔滨东北 亚经济贸易总公司	84	0.75
8)中国银行黑龙江省分行劳动服务公司	56	0.5
9)黑龙江省技术改造协会	42	0.38
10)胡绍清	34.8	0.31

4)股东数量

根据深圳证券交易所提供的数据，截止1996年12月13日，本公司股东总数为30,175户。

广东金曼集团股份有限公司

1996年年度报告摘要（摘选）

一、公司简况

公司名称：广东金曼集团股份有限公司

法人代表：　　　　　　　　　　　邮编：521000

公司地址：广东省潮州市潮枫路

电话：0768—2268898－1278　　　传真：0768—2263934

二、主要财务数据与财务指标

单位：万元

指标项目	1996年	1995年	比上年增减（%）
1.主营业务收入	139,343	90,402.9	54.14
2.净利润	7,371.18	5,750.1	28.19
3.总资产	189,797.19	153,173.6	23.91
4.股东权益	65,915.57	38,871.1	69.57
5.每股收益（元）	0.549	0.83	－33.86
6.每股净资产（元）	4.91	5.63	－12.79
7.净资产收益率（%）	11.18	14.79	－24.41
8.股东权益比率（%）	34.73	25.38	36.84

三、公司主要业务回顾

1.一年来经营情况

1996年本公司虽然受国内外经济政策和鳗业界日趋激烈的市场竞争影响，公司董事会、经营班子及时调整经营策略，积极开拓市场，扩大产品出口。公司全年共出口烤鳗5377吨，比上年增长68.45%，其市场占有率仍居国内同行领先地位。活鳗产量2200吨，比上年减少19.2%。烤鳗酱油产量2400吨，比上年增长50%，鳗鱼饲料产量11031吨，比上年增加35.2%，公司全年完成主营业务收入139,343万元，比上年增长54.1%；出口创汇1.25亿美元，比上年增长23.76%；完成净利润7371.1万元，比上年增长28.2%。

2.经营成果与盈利预测重大差异原因：

公司1996年盈利预测为净利润9000万元，现经广州会计师事务所审计，结果为7371.1万元。相差1608.9万元，完成预计数的82.1%，下面就盈利预测差异情况做简要分析，公司董事会希望广大股民能给予理解。

1)日元贬值。1995年日元对美元汇率平均为90日元兑1美元。九六年日元对美元汇率平均为107日元兑1美元。由于我们公司的烤鳗出口销售主要是采用日元结算，1996年烤鳗以日元结算共3,266,878,500日元。与九五年汇率相比较，减少美元外汇收入约567万美元，折人民币4711.7万元。

2)出口退税率再次调低。公司的烤鳗出口退税率从九五年下半年调低为14%后，九六年再次调低为9%。1996年公司有退税部分的烤鳗总进价为：222,019,882元，由于退税率减少5个百分点，减少收入1110.1万元。

3.前次募集资金运用情况说明：

本公司1995年12月27日新股发行成功，扣除有关费用，共募集资金20039万元。资金运用情况：投资7500万元用于鳗池改造；投资2900万元用于酱油原汁项目建设；投资2400万元用于汕头金曼实业公司8000吨冷冻厂建设；投资2200万元用于温泉特种水产养殖；投资1500万元用于引进欧洲鳗室内养殖设备；归还银行贷款3500万元。

四、股本变化及股本结构情况

1.股本变化及股本结构情况

截止96年12月31日　　　　单位：股　　面值：每股1元

股份类别	期初数	本期增减	期末数
一、尚未流通股份			
国家股	26,955,000	12,399,300	39,354,300
法人股	22,500,000	10,350,000	32,850,000
内部职工股	19,545,000		19,545,000
尚未流通股份合计	69,000,000	22,749,300	91,749,300
二、已流通股份		42,570,700	42,570,700
三、股份总数	69,000,000	65,320,000	134,320,000

2.股本变动情况及原因

1)本公司1995年12月27日新增发行2300万股A股，由于募集的资金在1996年1月11日才到达本公司帐户，所以本年度1月份公司增加股本2300万股。

2)1996年5月8日股东大会通过1995年分红送股方案每10股送4.6股，增加42,320,000股，除权日为1996年6月11日。

3.主要股东持股情况

股东名称	年末持股数（股）	持股比例（%）
1)潮州市国有资产管理办公室	39354300	29.30
2)中国新技术创业投资公司	3650000	2.72
3)中国工商银行潮州分行	3650000	2.72
4)中国银行广州信托咨询公司	1825000	1.36
5)中国农业银行广东省信托投资公司	1825000	1.36
6)广东发展银行潮州分行	1825000	1.36
7)潮州市信托投资公司	1825000	1.36
8)北京朝阳区经济信息咨询部	1460000	1.09
9)建设银行广东信托投资公司	1095000	0.82
10)潮安县古巷华光鳗场	912500	0.68

4.报告期末股东总数为18463名。

贵州轮胎股份有限公司

1996年年度报告摘要（摘选）

一、公司简况

公司名称：贵州轮胎股份有限公司

法人代表：马世春　　　　　邮政编码：550008

公司地址：贵州省贵阳市百花大道41号

电话：0851—4843651　　　　传真：0851—4844248

二、主要财务数据与财务指标

单位：元

指标项目	96年末	比上年增长(%)	95年末	94年末
1.主营业务收入	923,308,649.72	35.27	682,571,033.70	554,116,360.45
2.利润总额	111,870,265.05	210.75	35,999,547.26	20,601,007.38
3.税后利润	94,962,090.62	210.34	30,599,615.17	20,601,007.38
4.资产总值	1,029,520,533.09	96.22	524,679,033.53	258,798,470.90
指标项目	96年末	比上年增长(%)	95年末	94年末
股东权益	398,550,481.92 (股票发行后)	205	130,888,391.30 (股票发行前)	77,688.32
每股税后利润	0.80	105.13	0.39	
每股净资产	3.36	101.20	1.67	
净资产收益率(%)	23.83	1.92	23.38	
资产负债率(%)	61.29	-18.28	75	70
股东权益比率(%)	38.71	54.84	25	30

注：本公司1996年发行期间冻结的资金利息收入为310,427.44元，对以上财务数据和财务指标影响不大。

三、公司主要业务回顾

1．一年来公司经营情况

1996年，在公司全体员工的共同努力下，克服了市场疲软、资金紧张、能源运输涨价等诸多困难，如期完成了年度生产经营计划，到12月29日即提前超额完成了150万套轮胎生产计划。

全年实现主营业务收入92,330.86万元，比上年增长35.27%；实现利润总额11,187.03万元，完成预测值的196.78%，比上年增长210.75%，税后利润为9,496.21万元，完成预测值的196.53%，比上年增长210.34%，综合经济效益指标保持了较高增长。

年内完成了新产品开发、老产品改造30项；5万套工程轮胎项目和40万套小胎生产线顺利投产；3万条无内胎工程轮胎项目已完成土建并开始安装设备，将形成新的经济增长点。

公司采取了积极主动的营销策略，在轮胎市场需求不足，供给过剩的情况下，全年实现资金回笼115,150万元，保证了生产的正常运行和较好的效益水平。

收购贵州轮胎进出口公司，取得进出口经营权，产品出口五大洲、在北美、拉丁美洲、欧洲市场的销售增长较快。直接进口橡胶7,000吨、帘子布300吨，进出口额2,361万美元。

在95年已经取得产品质量体系认证的基础上，96年下半年，分别通过中国轮胎产品认证委员会的产品认证复查、中国商检局的质量体系监督检查，并且获得了国家技术监督局颁发的“完善计量检测体系合格证书”和“国家计量一级合格证书”。

在省、市政府和化工部的支持下，我公司已被国家经贸委列入国家重点扶持的500家重点企业行列，将会从产业政策、双加技改、资金筹措等方面得到有力支持。

2．募集资金使用情况说明

本公司一九九六年发行新股4,000万股，扣除发行费用后实际募集资金17,270万元，现已完全按《贵州轮胎股份有限公司招股说明书》中所载之“募集资金运用”计划安排使用完毕。

具体使用情况如下(单位：万元)：

项目名称	计划投入	实际投入	实际比计划%
1)年产三万条无内胎工程轮胎技改	8,770	9,700	110.60
2)新增五万套工程轮胎技改	3,500	4,100	117.14
3)补充流动资金	5,000	3,400	68.00
合计	17,270	17,270	100

由于募集资金使用较好，所投项目进展较为顺利，五万套工程胎技改已投入生产，三万条无内胎工程轮胎已完成土建工程并开始安装设备，拟于九七年投入试运行。该二个项目的完成投产，将开成新的利润增长点，壮大公司实力。

四、股本变化及股本结构情况

1．1996年1月4日，原贵州轮胎股厂以国有资产折股7,855万股，并作为独家发起人，向社会公众发行人民币普通股股票4,000万股，总股本11,855万股。

2．截止1996年12月31日，公司股本结构如下(单位：万股)：

股份类别	96年末数	占总股本%	95年末数	占总股本%
国家股	7,855	66.26	7,855	100
已流通A股	4,000	33.74	0	0
股份总数	11,855	100	7,855	100

3．截止1996年12月31日，本公司股东总数为20,450名，前十名大股东持股情况如下：(单位：股)

股东名称	持股数	占总股本%
1)贵阳市国有资产管理办公室	78,550,000	66.26
2)苏静绵	578,300	0.48
3)胡定成	576,488	0.48
4)黄兑珍	564,000	0.47
5)杨方伦	432,000	0.36
6)郑世斌	410,300	0.34
7)刘根旺	381,200	0.32
8)吴德平	367,200	0.30
9)刘月萍	354,300	0.29
10)杨德秀	311,800	0.26

内蒙古宏峰实业股份有限公司

1996 年年度报告摘要 (摘选)

一、公司简况

公司名称：内蒙古宏峰实业股份有限公司
法人代表：高建华　　邮政编码：024000
公司地址：内蒙古赤峰市三东街东段 61 号
电话：0476－8662782　　传真：0476－8664092

二、会计数据与主要财务指标

项目	1996 年度	1995 年度	1994 年度	96 年比 95 年增减(%)
1.主营业务收入(元)	80,266,864.11	99,674,570.57	69,002,384.89	-19.5
2.净利润(元)	14,903,833.08	11,540,891.22	8,950,140.22	29
3.总资产(元)	207,788,702.78	197,099,271.29	100,643,998.04	5.4
4.股东权益(万元)	140,441,317.81	125,309,721.82	74,007,520.53	12
5.每股收益(元)	0.158	0.22	0.22	-28.18
6.每股净资产(元)	1.49	2.09	1.78	-28.71
7.净资产收益率(%)	10.6	9.20	12.10	17.8
8.股东权益比率(%)	67.58	63.57	73.54	6.3

注：以上本年度每股收益、每股净资产均以公司总股本 9446.4 万股为基数计算。

三、公司业务回顾

(一)经营情况回顾

1996 年内蒙古宏峰实业股份有限公司于艰难中奋进，解放思想，务实创新。公司利用股票上市带来的发展机遇，在产业结构调整、资产经营、拓展经营业务等诸方面，获得了较大的发展。公司在社会各有关单位和全体股东的关怀支持下，在董事会和经营班子的带领下，共同努力，团结奋进，取得了一定的成绩，保持了稳步发展的势头。1996 年完成黄金产量 15000 公斤，白银产量 1200 公斤，生产绵白糖 4500 吨，生产甜菜颗粒粕 3000 吨，生产漆包线 986 吨，截止 1996 年 12 月 31 日，经内蒙古自区会计师事务所审核，本公司实现税后利润 1490 万元，每股权益 1.49 元，每股收益 0.158 元；净资产收益率 10.6%.

(二)主要经济指标分析

公司 1996 年主营业务收入 8026.69 万元，比 1995 年主营业务收入 9967.46 万元递减 19.5%，主要原因是应占主营业务收入 40% 的绵白糖和颗粒粕销售收入大幅下降，本年度仅占主营业务收入的 12%，这是主营业务下降的主要原因。

1996 年度公司实现净利润 1490.38 万元，与公司 1995 年度净利润 1154.09 万元比较增 29%。净利润增长的主要原因是公司黄金生产和销售大幅度提高，黄金销售利润率大于白糖和甜菜颗粒粕销售利润率，因此，虽主营业务较去年下降，但实现利润较去年有大幅度增长。

(三)盈利预测与实际经营结果的比较

公司盈利预测 1996 年主营业务收入 13500 万元；利润总额 3530 万元；净利润 2356.1 万元；1996 年实现主营业务收入 8022.69 万元；利润总额 1740.76 万元；净利润 1490.38 万元，分别是预测的 59.43%、49.31%、63.26%，即公司实际经营结果与公布的盈利预测有较大的差异，影响预测利润实现的因素主要有：1.受进口糖的冲击，国内糖的销售价格大幅下降，糖厂没有盈利；2.漆包线原料电解铜的价格继续上涨，市场竞争激烈，各厂家均以降低价格争夺市场；3.金矿人选品位下降。

(四)前次募股资金的运用说明

本公司 1996 年、1995 年均没有新募集资金，1994 年配股资金已按配股说明书中所列之使用。

四、股本变化及股本结构情况

(一).股本结构情况

截止 1996 年 12 月 31 日止，本公司股本结构情况如下：

类　别	年初数	本年度增加数(送股)	年末数
1.未流通股份			
(1)发起人股份			
国家股	1432	1145.6	2577.6
国有法人股	1796	1436.8	3232.8
(2)募集法人股	200	160	360
未流通股份小计	3428	2742.4	6170.4
2.已流通股份			
A股	1820	1456	3276
已流通股份小计	1820	1456	3276
3.股份总数	5248	4198.4	9446.4

(二)股本变动情况及原因：

1.本公司于 1996 年 6 月 7 日用资本公积金 2765.89 万元转增股本额和 1995 年末可供股东分配利润的 1432.51 万元送股，两项合计 4198.40 万元，向全体股东每 10 股送 8 股。股本由年初的 5248 万股增加至年末的 9446.4 万股。

2.原董事武学艺、陶玉泽二位先生已不担任公司董事之职，原监事何成发先生已不担任公司监事之职，他们所持有的 7020 股按规定予解冻划出，至 1996 年 12 月 31 日止，尚未流通的董事、监事及高级管理人员持有的股数为 16380 股。

(三)主要股东持股情况

公司前十名股东情况如下：

股　东　名　称	持有股数(股)	占总股本比例(%)
1)赤峰市松山区黄金工业集团公司	32328000	34.22
2)林西县经委	25776000	27.29
3)赤峰市松山区华龙开发公司	3600000	3.8
4)陈鸿达	275200	0.29
5)深圳市北方财务顾问有限公司	195960	0.21
6)方奕昌	168000	0.48
7)陈开棋	139050	0.15
8)邓发军	113300	0.12
9)南方番禺	108944	0.11
10)杨淑英	102000	0.10

(四)股东数量

截止 1996 年 12 月 31 日，本公司股东总数 24681 户。

其中国家股东 1 户，法人股东 2 户，社会公众股东 24678 户。

(五)公司董事、监事及高级管理人员持股情况

姓　名	职　务	年初持股数9股)	年末持股数(股)
高建华	董事长、总经理	2600	4680
张建华	董事、副总经理	0	0
高军	董事、副总经理	1300	2340
黄达	董事、副总经理	1300	2340
李国新	董事	0	0
郑德学	董事、副总经理	0	0
李景录	董事、副总经理	0	0
李子成	董事、总经理办公室主任	0	0
李枫	董事、财务部长	0	0
全忠	监事长	0	0
宋开军	监事	0	0
池福清	监事	0	0
米广富	监事	0	0
孙士全	监事	1300	2340
王玉山	副总经理	1300	2340
路春祥	董事会秘书	1300	2340

蓝星清洗剂股份有限公司

1996年年度报告摘要　（精选）

一、公司简况

公司名称：蓝星清洗剂股份有限公司

法人代表：任建新

公司地址：甘肃省兰州市东岗西路196号

电话：010—62376645　　传真：010—62376625

二、主要财务数据与财务指标

单位：万元

指标项目	本年数	上年数	比上年增减(%)
1.主营业务收入	5366.55	3940.98	36.17
2.净利润	3438.73	1428.26	140.76
3.总资产	25923.70	8627.81	200.47
4.股东权益	23812.47	6510.47	265.76
5.每股收益(元)	0.53	0.36	47.22
6.每股净资产(元)	3.66	1.63	124.54
7.净资产收益率(%)	14.44	21.94	-34.18
8.股东权益比例(%)	91.86	75.46	21.73

注：扣除发行新股申购无效部分资金的利息收入，本公司1996年净利润为2709.80万元，每股收益为0.42元，净资产收益率为11.39%，股东权益为23799.19元，股东权益比例为91.80%。

三、公司主要业务回顾

1．一年来公司经营情况

1996年是本公司获得巨大发展的一年，在化工部、甘肃省和其他各级政府部门及广大股东的支持下，在董事会全体董事和全体员工的共同努力下，本公司的生产经营和发展建设都取得了显著的成绩。公司2500万A股股票在深圳证券交易所成功发行、上市，既募集资金1.385亿元，同时也扩大了公司的知名度。中国蓝星化学清洗总公司总部迁入北京，为本公司的经营工作创造了更好的条件。围绕提高经济效益开展的创名牌战略，使公司产品质量大大提高，产销量和市场占有率迅速增长，经济效益稳步上升。

1996年本公司共实现主营业务收入5366.55万元，完成本年盈利预测的99.38%，比上年增长36.17%；实现利润3438.73万元，完成本年盈利预测的100.78%，比上年度增长140.76%。本公司在北京投资兴建的年产5万吨清洗剂项目已完成计划进度的50%。

本年度公司的主营业务主要是蓝星系列工业、民用清洗剂的生产和销售。销售收入5367万元，其中各类工业清洗剂销售收入2695万元，民用清洗剂销售收入870万元，不冻液销售收入1440万元。

2．募集资金使用情况

本公司1996年新股发行成功，扣除有关费用共募集13850万元资金。

1)资金投入情况：

(1)投资9166万元，在北京兴建年产5万吨清洗剂生产装置，该项资金已基本到位；

(2)投资3000万元，与中国蓝星化学清洗总公司共同在北京市区购买办公科研大楼一座；

(3)剩余部分补充兰州清洗剂生产基地的流动资金。

2)项目进展情况：

(1)5万吨清洗剂工程正在顺利建设，基建工程1997年7月底就能完成，部分生产线将在下半年投产。原计划1996年底建成一条生产线，由于图纸设计的原因未能按计划完成，但为了满足市场的需要临时建了一条生产线，主要生产不冻液，由于不冻液的销售季节性很强，该临时生产线已于1997年初停产。

(2)办公科研大楼已装修、装备完善，现正式投入使用。

四、股本变化及股本结构情况

1．股本变化及股本结构情况

1)截止1996年12月31日，本公司股本结构如下：

数量单位：股　　面值：每股1元

股份类别	期初数	配股	送股	公积金转股	其他	期末数
尚未流通股份						
发起人股份	40000000					40000000
内部职工股	2500000					
尚未流通股合计	42500000					40000000
已流通股份	22500000					25000000
股份总数	65000000					65000000

2)股本结构变动情况及原因

本公司内部职工股获准于1996年12月3日上市流通，共计上市25000000股。

3)主要股东持股情况如下：

股东名称	年末持股数(股)	占总股本(%)
1)中国蓝星化学清洗总公司	40000000	61.50
2)华西证券	1497651	2.30
3)深圳君达通讯发展股份有限公司	557000	0.86
4)孙建策	325400	0.50
5)秦兰英	320000	0.49
6)张　宁	318000	0.49
7)谈　鹏	317700	0.49
8)吴家香	316800	0.49
9)耿小东	316547	0.49
10)杨方伦	314700	0.48

4)报告期末股东总数为9449名。

2．公司董事、监事与高级管理人员持股情况

姓名	职务	年初持股数	年末持股数
任建新	董事长、总经理	10000	10000
高克兴	副董事长	8000	8000
周乐文	董事	8000	8000
陈　虹	董事	8000	8000
王珠林	董事、副总经理	7000	7000
林　建	董事、副总经理	7000	7000
裴仲科	董事、副总经理	6500	6500
雷志宏	监事会主席	8000	8000
刘　文	监事	6000	6000
朱一荣	监事	6000	6000
刘胜刚	财务总监	6500	6500

青岛双星鞋业股份有限公司

1996年年度报告摘要（摘选）

一、公司简况

公司名称：青岛双星鞋业股份有限公司

法人代表：汪　海　　邮政编码：266510

公司地址：山东市青岛市经济技术开发区新街口工业区

电话：0532—2657986　　传真：0532—2657986

二、主要财务数据与财务指标

单位：万元

指标项目	本年数	上年数	比上年增减(%)
1.主营业务收入	22227	24028	-7.50
2.净利润	4058	3663	10.78
3.总资产	35850	21568	66.22
4.股东权益	28577	9721	193.97
5.每股收益(元)	0.406	0.539	-24.68
6.每股净资产(元)	2.86	1.43	100.00
7.净资产收益率(%)	14.20	37.68	-62.31
8.股东权益比率(%)	79.71	45.07	76.86

注：扣除无效申购资金利息96万元之后，净利润为3977万元，每股收益为0.398元，净资产收益率为13.92%。1995年每股收益0.538元是以募集社会股前以6800万股计算。

三、公司主要业务回顾

1.一年来公司经营情况

1996年是公司股票发行并上市的一年，公司通过实施现代企业制度，不断深化管理，强化规范运作，在社会各界和全体股东的关怀支持下，经广大员工共同努力，公司得到了良好的发展。

一年来，公司在董事会和汪海董事长的领导下，面对国内激烈市场竞争及国际市场需求变化的严峻外部经济环境，狠抓了以资金为中心的深层次管理，改革管理体制，挖掘内部潜力，加强新产品的开发研制，坚持“多品种、低价位、高质量”的经营决策，克服了重重困难，因此仍然取得了良好的经营业绩。全年实现主营业务收入2.22亿元，净利润4058万元。

1)实施名牌战略，不断提高“双星”的含金量。

本公司是全国制鞋业唯一的上市公司，其控股企业是全国知名的青岛双星集团公司，“双星”是全国仅有的19种驰名商标之一，在1996年中国最有价值品牌评价中以18.6亿元的品牌价值再次位居全国同行业之首。本公司借助双星集团的名牌优势和规模优势，实施名牌战略，努力提高产品质量、工作质量和服务质量，始终以强有力的市场竞争力不断扩大其市场占有率，双星牌运动鞋在1996年又获得了山东省和青岛市“名牌产品”、“山东省市场畅销产品”等称号，在全国城市消费品牌调查中，双星品牌在“最佳品牌认同”和“品牌购买率”两项均居第一，进一步增加了“双星”的含金量，为公司的健康发展和不断提高经济效益创造了条件。

2)加大开发力度，增加科技含量，扩大销售网络。

双星集团公司已在全国建立起46个经营公司，近千个连锁专卖店，在国外已设立了七个海外经营公司，初步形成了以自销为主的生产经营体系，并通过微机联网现代化经营生产手段，保证了全集团公司生产经营的健康发展。本公司借助集团公司工贸一体的经营优势，加大新产品的开发力度，采用新材料、新工艺，提高产品的科技含量，1996年共实现大的科技进步项目8项，中等项目30项，实现经济效益800万元，使“双星”以过硬的产品质量和优质的售后服务树立了良好的市场形象和社会形象，赢得了国际客户的信赖和广大消费者的赞誉。公司在1996年共生产冷粘运动鞋91个品种，356万双，其中投入生产的新品种鞋27个，新产品收入近亿元，占销售收入总额的45%。1996年销售352万双，在鞋类市场严重供大于求的情况下，产销率高达98.88%。

3)深化以资金为中心的管理，挖潜降耗，提高经济效益。

一年来，公司通过不断深化以资金为中心的管理，广泛采纳广大员工的合理化建议，挖潜降耗，不仅大大降低了各种费用，降低了原材料的消耗，也进一步提高了企业的现场文明生产和企业管理水平。生产成本的降低，提高了产品的市场竞争力，也提高了企业的经济效益，取得了近年来的最好成绩。

1996年底又有4条冷粘鞋生产线顺利建成，不久将陆续投入正式生产，在建项目也正在筹备和抓紧施工中，我们深信，具有“争创第一流，敢为天下先”的双星人，一定不负社会各界和全体股民的重望，努力工作，不断缩小与世界名牌的差距，在新一年里取得更加辉煌的业绩。

2.主要指标分析：

公司在投股说明书概要中披露1996年度预测销售收入为35775万元，利润总额6140万元，净利润4008万元，实际实现销售收入22227万元，利润总额4645万元，净利润4058万元，主要是由于全国宏观经济形势偏紧、市场疲软、出口退税锐减及公司内部生产调整，影响了公司的生产和销售，使销售收入和利润总额没有达到预期目标，但由于公司内部节约挖潜、降低成本及政府给予公司所得税优惠政策，使公司仍完成了预测的净利润目标。

3.募集资金使用情况说明

本公司年内发行3200万A股股票，募集资金15114万元，按照招股说明书的要求，1996年的资金运用如下：1)冷粘鞋技改项目计划1996年投入3690万元，已投入3657万元，初步建成冷粘鞋生产线4条，在建6条，还需投入1200万元，预计1997年可陆续投入使用；2)鞋用材料技改项目1996年计划投入3000万元，已投入1621万元，委托双星集团公司代建投入1450万元，其中胶粘剂项目正在研制试生产，皮革项目目前正在前期准备及试验阶段；3)归还借款2000万元。除计划还需投入的2000万元外，剩余资金用于扩大冷粘鞋生产规模所需的流动资金。

四、股本变化及股本结构情况

1.股本结构及变化情况：

登记日期：1996年12月31日　　数量单位：万股　面值：每股1元

股份类别	期初数	本次变动(+、-)	期末数
一、尚未流通股份			
国有法人股	6800		6800
二、已流通股份			
社会公众股(A股)	+3200		3200
三、股份总数	6800	+3200	10000

2.前十名股东持股情况如下：

股东名称	拥有股数(股)	所占比例(%)
1)青岛双星集团公司	68000000	68.000
2)朱晓文	508000	0.508
3)石琳	397325	0.397
4)长沙康的	360000	0.360
5)深圳市平安投资顾问有限公司	336000	0.336
6)张丽华	325200	0.325
7)茅厚英	320000	0.320
8)宋力萍	318198	0.318
9)潘莉莉	300300	0.300
10)和文华	284200	0.284

广东韶能集团股份有限公司

1996年年度报告摘要（摘选）

一、公司简况

公司名称：广东韶能集团股份有限公司

法人代表：林木清　　　　邮编：512026

公司地址：广东韶关市工业中路8号

电话：0751—8764200　　　　传真：0751—8760135

二、主要财务数据与财务指标

单位：万元

指标项目	本年数	上年数	比上年增减（%）
1.主营业务收入	47005.94	42211.29	+11.36
2.净利润	7209.04	5720.96	+26.01
3.总资产	117290.39	77594.99	+51.16
4.股东权益	67388.65	37528.90	+79.56
5.每股收益（元）	0.45	0.76	-40.79
6.每股净资产（元）	4.21	5.00	-15.80
7.净资产收益率（%）	10.70	15.24	-29.79
8.股东权益比率（%）	70.61	69.66	+1.36

公司发行股票冻结申购资金利息按规定分五年按60个月平均分摊，1996年度分摊4个月，共3,576,538元进入营业外收入。扣除这部分利息后，1996年度净利润6905万元，每股收益0.43元，每股净资产4.19元，净资产收益率10.29%。

三、公司主要业务回顾

1.一年来公司经营情况

1996年，是公司从定向募集公司成为上市公司，实现了重大转变的一年。一年来，公司以上市工作为动力，进一步转换企业经营机制，加强基础管理，规范运作，增强自身的活力；以"规模经营，优化结构"为目标，积极推进企业经营结构的调整工作，完善电力经营的质量，增强主营业务的经营能力，在改革、调整中保持稳步发展，各项经济指标达到了预期的目标。主要业务工作概述如下：

1）实施调整战略，巩固主营业务主导地位。

以"规模经营、优化结构"为目标，利用公司上市创造的有利条件，积极推进经营结构的调整工作。在现有基础上开发水力发电生产项目，形成煤电、水电、互相促进、共同发展的经营格局，使公司经营更好地立足于地方资源，巩固主营业务主导地位。重点开发的杨溪水梯级电站首期工程，由于募股资金的到位，解决了项目前期工作：项目建议书、可行性研究、地质勘探、初设等前期工作资金5000多万元，项目建设目前进展顺利。

2）有效发挥电力生产能力，稳定提高企业经济效益。

面对电力生产受到企业生产不景气、供求不平衡等外部条件的影响，公司采取有效措施，保持电力生产的稳定发展。韶关发电厂是广东省电力生产重点企业，九号机组的运行和上网得到了保证，全年销售电量107,162万千瓦时，销售收入28,108万元。针对油电生产受油价市场波动、发电成本偏高的影响，公司及时调整经营策略，合理安排油电生产，使十里亭B厂的生产能力得到有效的发挥，全年仍发电24,978万千瓦时，销售收入13877万元，电力生产的稳定发展为公司经济效益的稳定提供了有力的保障。

3）顺利完成水泥生产项目试产工作。公司与韶关市武江实业开发总公司合作兴建的年产20万吨水泥节能型生产线项目，1995年5月动工，1996年4月交付试产。项目投产半年多来，运行良好，各项技术指标达到设计要求，其中标准煤耗135千克/吨，水泥综合电耗84.92千瓦时/吨，节能降耗达到同行业二级企业水平，企业全员劳动生产率达到410吨/人．年（折算为年度是550吨/人．年）。在抓好试产工作的同时，面向市场，积极开展产品促销工作。目前，已在深圳、广州、中山、珠海、江西等地建立了销售网络，生产的"利达多"牌水泥已经在广东省大型工程：如广州地铁、京珠高速公路等项目上使用，用户对水泥质量满意，全年共生产水泥78,021吨，实现销售收入1,439万元。水泥生产项目的顺利投产，进一步扩大了公司经营范围。而水电项目的开发，也将带动水泥生产的发展，促进企业经营的良性循环。

4）加强基础工作，规范经营运作，适应公司上市和发展的需要。

以公司上市为契机，全面加强了各项基础管理工作，对公司行政管理、经营管理、人事管理等制度进行重新修订和完善，切实提高企业规范化运作水平。注重发挥法人治理机构的职能作用，进一步完善股东大会、董事会、监事会的职责和议事规则，强化经营决策的把关和监督；推行目标管理，严格执行考核制度，使管理制度落到实处，增强员工的危机感、紧迫感和工作责任心，促进企业经营机制的转换，增强了企业的活力。

2.关于经营成果与预测差异 的说明

本年度实现主营业务收入47,006万元，比年度预测减少10.9%，主要是由于九号机组实行上网电价比预计的降低8.7%所导致。实现净利润7,209万元，比年度预测增加1.8%，盈利能力与预测没有产生较大的差异。

3.前次募集资金的使用情况说明

公司于1996年8月20日向社会公众公开发行面值1元、每股发行价8.6元的人民币普通股票2500万股，扣除发行费用后实际募得资金2.04亿元。募股资金使用情况如下：

1）投资5,260万元，用于杨溪水梯级电站项目的开发建设。目前该项目已经完成地质勘探、初设、部分移民、围堰等工程，项目建设按计划进行，进展顺利。

2）归还公司到期债务2,000多万元，用于补充公司经营项目流动资金1,500万元。

招股说明书计划投资的偏石山电站，属低水头径流电站，由于年内雨量偏少，对发电生产将产生不利影响，公司董事会经调查研究，认为该项目规模较小，效益不理想，不适宜开发，决定不投资偏石山电站，将募股资金集中用于重点工程——杨溪水梯级电站，以加快该项目的建设步伐。该投资预案公司董事会将提交第五次股东大会审议。

四、股本变化及股本结构情况

1.股本变化及股本结构情况

1）截止1996年12月31日，公司股本结构如下：

单位：万股

股份类别	年初数	占总股本比例%	年末数	占总股本比例%
一、尚未流通股份				
1.发起人股份				
国家拥有股份	2030.06	27.07	3248.096	20.3
境内法人持有股份	729	9.72	1166.4	7.29
2.募集法人股	4402.94	58.71	7044.704	44.03
3.内部职工股	338	4.5	540.8	3.38
尚未流通股份合计	7500	100	12000	75
二、已流通股份			4000	25
已流通股份合计			4000	25
三、股份总数	7500	100	16000	100

2）股本变动的原因：本报告期内股本的增加，是因年度内公司向社会公众发行2500万股人民币普通股和实施了每10股转增6股的资本公积金转增股本方案。

3）前十名股东持股情况如下（截止1996年12月31日）：

股东名称	持股数（股）	占总股本比例（%）
1）韶关市国有资产管理办公室	32480960	20.3
2）韶关市节能技术服务中心	3808000	2.38
3）韶关市韶财信托投资公司	3024000	1.89
4）广东北江实业股份有限公司	1920000	1.2
5）广东亿能电力设备股份有限公司	1680000	1.05
6）韶关市供电局劳动服务公司	1680000	1.05
7）韶关市新城电气工程有限责任公司	1600000	1
8）韶关市节能工程有限责任公司	1520000	0.95
9）韶关市外经贸开发公司	960000	0.6
10）广东发展银行韶关分行	960000	0.6

4）截止1996年12月31日，公司股东总户数为36281户。

广东威达集团股份有限公司

1996年年度报告摘要　（摘选）

一、公司简况

公司名称：广东威达集团股份有限公司

法人代表：刘之券　　　　邮政编码：515400

公司地址：广东省揭西县城霖都大道221号

电话：0755—5603098　　　　传真:0755—5626668

二、主要财务数据与财务指标

单位:元

指标项目	96年度	95年度	比上年增减(%)
1.主营业务收入	101,829,311	81,013,662	25.69
2.净利润	28,153,299	16,882,256	66.76
3.总资产	312,870,421	190,878,100	63.91
4.股东权益	205,121,890	80,710,040	154.15
5.每股收益	0.478	0.375	27.47
6.每股净资产	3.48	1.79	94.41
7.净资产收益率(%)	13.73	20.92	-34.37
8.股东权益比率(%)	65.56	42.28	55.06

注:(1)本公司股本年初数为4500万股,年末数为5887.5万股,公司于97年3月实施10送9方案,按总股本11186.25万股计算,每股收益为0.252元。

(2)扣除发行新股申购无效资金利息收入3,228,320.52元,本公司96年度净利润25,409,226.97元,每股净收益0.432元,每股净资产3.44元,净资产收益率为12.56元。

三、公司主要业务回顾

1.一年来经营情况

1996年,公司根据医疗器械行业的特点,以提高产品质量和经济效益为中心,加强内部管理,促进产品销售,提供优质的售后服务,始终坚持"以新取胜,以优取胜",在市场竞争不断激烈的情况下,仍然较好地完成各项预期指标。

公司全年实现主营业务收入1.02亿元,利润总额3362.2万元,净利润2815.3万元,分别较上年增长25.7%、61.1%、66.8%。公司主要产品的销量在同行业中名列前茅,如核磁共振成像装置销售15台,实现销售收入4548.73万元,医用直线加速器销售21台,实现销售收入3269.88万元。

公司抓住公司发行股票的机遇,围绕建立现代企业制度及以优异的业绩回报股东的目标,切实有效地在以下三方面采取措施:

1)以市场需求为导向,积极开发新产品。

2)优化管理,提高效益。

3)开拓市场,促进销售。

2.关于经营成果与预测差异的说明

根据董事会所作96年度溢利预测[广州会计师事务所函字(96)第052号],96年度主营业务收入13,686万元,利润总额4,162.2万元,净利润3,495.6万元,96年实际实现的主营业务收入10182.9万元,利润总额3362.2万元,净利润2815.3万元,分别是预测的74.4%、80.8%、80.5%。造成实际经营结果与盈利预测有较大差异的原因是:

1)募集资金到位时间晚,影响新产品的开发、致使正电子、伽玛刀等大型高档医疗设备未投放市场。

2)为开拓国内外市场,公司本年度的广告费比上一年度增加幅度较大。

3)生产核磁共振、加速器的进口材料多幅相机、磁体电源加速管、磁控管等价格提高。

3.募集资金使用情况说明

公司96年公开发行股票1387.5万股,除去相关费用,共募集资金9,693.75万元。按招股说明书所列资金用途,所募资金已分批投入到各个项目。其中主要项目的资金使用情况如下:

项目	拟投资数	实际投资数
0.04T磁共振成像装置	1500	700
正电子发射断层成像系统	1500	600
6Mev医用电子直线加速器	1000	800
伽玛刀开发	1100	700
X-刀开发	800	800
14Mev中能医用直线加速器	500	500
流动资金	2693.75	2800

四、股本变化及股本结构情况

1.股本变化及股本结构情况

1)股权结构情况(截止1996年末)

股份单位:股　:每股1元

股份类别	年初数	本年增减	年末数	占总股本(%)
一、尚未流通股份				
1.发起行人股份	43,875,000.00		43,875,000.00	74.52
其中:				
境内法人股	43,875,000.00		43,875,000.00	74.52
2.内部职工股	1,125,000.00	(1,125,000.00)	—	—
尚未流通股份合计	45,000,000.00	(1,125,000.00)	43,875,000.00	74.52
二、已流通股份				
A股	—	15,000,000.00	15,000,000.00	25.48
已流通股份合计	—	15,000,000.00	15,000,000.00	25.48
三、股份总计	45,000,000.00	13,875,000.00	58,875,000.00	100.00

2)股本变动原因:

本年度公司新增发行A股1387.5万股,内部职工股112.5万股随新发行A股共计1500万股上市,股本总额由年初的4500万股增至5887.5万股。

3)主要股东持股情况

股东名称	年末持股数(股)	占总股本(%)
1)广东威达医疗器械集团公司	30,000,000	50.96
2)揭西县财通发展公司	6,440,000	10.94
3)汕头变压器厂	5,435,000	9.23
4)中国新技术创业投资公司	2,000,000	3.40
5)杨积正	211,800	0.36
6)曾淑蓉	210,200	0.36
7)陈仕国	210,200	0.36
8)李伯富	208,800	0.35
9)秦家树	207,600	0.35
10)曾德文	207,435	0.35

4)1996年末,公司股东总数为7946户,其中,法人股东4户,社会公众股东7942户。

中联建设装备股份有限公司

1996年年度报告摘要 （摘选）

一、公司简况

公司名称：中联建设装备股份有限公司
法人代表：周敏敏　　　　　　邮政编码：100035
公司地址：北京市西城区西直门内桦皮厂三号桃园写字楼四层
电话：(010)6221.2239　　　　传真：(010)6221.2241

二、主要财务数据与财务指标

指 标 项 目	1996	1995	比上年增减
1.主营业务收入(千元)	112,131	116,583	-3.82%
2.净利润(千元)	11,649	10,586	10.04%
3.总资产(千元)	193,336	115,233	67.78%
4.股东权益(千元)	109,086	37,000	194.83%
5.每股收益(元)	0.233	/	/
6.每股净资产(元)	2.180	/	/
7.净资产收益率	10.68%	28.61%	-64.80%
8.股东权益比率	56.42%	32.11%	75.71%

注：以上计算本年每股收益系按摊薄法的结果，按加权法计算96年每股收益为0.2832元。

三、公司业务回顾

1．一年来经营情况

公司的主营业务是大型门式、桥式等各种专业及通用起重机械设备的制造和安装、销售。1996年，公司共完成各类起重机械548台/8823吨，其中，电动双梁起重机220台/5273吨；龙门起重机50台/2015吨；电动单梁起重机262台/906吨；手动梁式起重机16台/18吨；装卸机械163吨；工矿配件611吨。完成销售收入11,213万元，实现利税2189.3万元，税后利润1164.9万元。在起重机制造业周期性不景气，市场环境相对不利的情况下，利税总额和税后利润分别较上年增长10.03%和10.04%。各项经济指标完成情况均在全国同行业名列前矛。公司领导以市场为导向，以股票公开发行为契机，调整经营战略，强化内部管理，围绕着如何提高企业经济效益开展各项工作，取得显著成绩。(1)在研究和掌握市场形势的基础上，灵活经营，加强产品营销和售后服务工作，产品市场得以有效拓展，市场地位显著提高；(2)主要从质量、生产、成本、组织几方面强化内部管理，提高了企业综合管理水平，控制了成本及各项费用支出；(3)积极从事新产品开发和技术改造，调整产品结构，以雄厚的技术和实力抢占行业制高点，确立竞争优势。

公司96年主营业务收入为11,213万元，其中，电动双梁起重机4809万元，电动单梁起重机1291万元，龙门起重机2860万元，其他起重机械2253万元。主营业务成本7777万元，其中，电动双梁起重机3685万元，电动单梁起重机870万元，龙门起重机1531万元，其他起重机械1691万元。从主营销售利润构成来看，电动双梁起重机和龙门起重机占71.39%，共2453万元。主要由于这两类产品专业性强，技术含量高，对生产的质量要求也较高，它们是本公司的优势产品，也是公司将重点发展的产品。

2．本公司未发行境内上市外资股，亦无境外上市外资股，会计报表的编制及税后利润计算均统一按《股份制试点企业会计制度》执行。

3、1996年，公司实现主营业务收入11,213万元，比上年降低3.82%，比《招股说明书》的预测13,000万元减少13.75%；公司实现税后利润1164.9万元，较上年增长10.04%，《招股说明书》的预测1239.5万元减少6.02%。主营业务收入与去年相比略有下降，并且没有完成期初预测目标，主要受到宏观经济形势和政策方面的影响。96年对我国起重机械制造业来说是非常特殊的一年，处于国民经济"八五"计划向"九五"计划过渡的的衔接阶段，新一轮重点建设项目尚未实施，加之国家宏观经济政策对基建规模控制仍然较紧，客观上给起重机的需求造成一个空档期。对公司而言，市场的变化主要表现在竞争更加激烈，产品销售不畅，货款回收困难等方面。公司领导和全体职工针对市场的新形势，从市场开拓、内部管理、成本控制、新产品开发等各方面做了大量卓有成效的工作，在销售收入有所下降的条件下，税后利润反而提高了10.04%，并为今后的经营和发展打下了良好的基础。

4、前次募集资金的使用情况说明

96年8月1日和8月2日，本公司在广东省惠州市发行了社会公众股1250万股，每股面值1.00元，每股发行价格4.00元，扣除各项发行费用后，共募集可运用资金4750万元。按照《招股说明书》中募集资金的运用计划，所募资金中2980万元将用于本公司的技术改造项目，生产市场畅销的大型及专用起重机设备。该项目是经建设部以建计(1996)194号文批准立项，纳入建设部建设机械行业"九五"技术改造专项规划的重点项目。主要技改内容为：购置大型板材矫平机、加工中心、镗洗床等大型关键设备20台(套)，更新旧设备30台(套)，并新征部分土地，开发大型建筑塔式起重机等产品。该项目完成后，公司将逐步实现产品结构由小型通用起重机向大型、专用起重机的转变。使生产能力提高一倍，装备水平达到国内领先。项目投资按计划分三年进行，96年计划投资额1200万元，因发行时间原因，截到96年底，实际投资5,878,027元，具体内容如下：

1、扩建厂房征地投资140万元
2、改造钢材预处理线投资160万元
3、扩建配套仓库投资173,884元
4、购置CQ61160B车床一台，860,000元
5、建造35/5t门吊项目投资955,743元
6、购置其他加工、处理设备17台套共投资888,400元

为提高资金使用效率，在确保资金安全和技改需求的前提下，经董事会批准，公司对部分短期闲置资金进行灵活运作。96年与中怡水工业有限公司合作经营投入短期资金1500万元，该项目进展顺利，效益良好。

四、股本变化及股本结构情况

1．股本变化及股本结构情况

(1)截到1996年末，公司股本结构如下：

股份单位：股　　面值：每股1元人民币

股 份 类 别	公司成立时 数量	比例	报告期变动 数量	比例	96年末数 数量	比例
一、尚未流通股份						
发起人法人股	37,500,000	75%			37,500,000	75%
尚未流通股份合计	37,500,000	75%	37,500,000			
二、已流通股份						
社会公众股	12,500,000	25%			12,500,000	25%
已流通股份合计	12,500,000	25%			12,500,000	25%
三、股份总数	50,000,000	100%			50,000,000	100%

2．股本结构形成情况说明

本公司是经国家经济体制改革委员会体改生(1996)76号文批准，在中联实业股份有限公司全资附属企业－－山东起重机厂整体改组的基础上，由中联实业股份有限公司、北京中恒企业发展公司、中国对外建设总公司、中国建筑材料工业建设总公司、中国建设机械总公司等五家单位共同发起，以募集方式设立的股份有限公司，发起人共出资认股37,500,000股，占公司总股本的75%。1996年8月1日和8月2日，经中国证监会证发字(1996)120号文和证监发字(1996)121号文批准，公司成功地向社会发行社会公众股12,500,000股，占总股本的25%。报告期内未发生其他变更事宜。

3．截止到96年12月31日，本公司10名最大股东的持股情况：

股 东 名 称	年末持股数(股)	占总股本的比例(%)
1)中联实业股份有限公司	36,500,000	73%
2)北京中恒实业发展公司	500,000	1%
3)深圳展生实业有限公司	293,161	0.58%
4)北京贵联商贸公司	237,500	0.475%
5)中国建筑材料工业建设总公司	200,000	0.4%
6)中国对外建设总公司	200,000	0.4%
7)雍军	170,000	0.34%
8)林少刚	160,000	0.32%
9)彭桂屏	122,800	0.25%
10 张颖启	100,000	0.2%

4．截止到96年12月31日，本公司股东总数为7616户。

重庆川仪股份有限公司

1996年年度报告摘要 (摘选)

一、公司简况

公司名称:重庆川仪股份有限公司
法人代表:鄢军　　　　邮政编码:630700
公司地址:重庆市北碚区人民村1号
电话:(023)68860100、68864950、68864910
传真:(023)68860100、68862766、68863997

二、主要财务数据与财务指标

单位:元

指标项目	1996年度	1995年度	比1995年度增减(%)
1.主营业务收入	337643053.66	367759123.68	-8.19
2.净利润	26659152.34	20737669.23	+28.55
3.总资产	847078683.05	637202211.17	+32.94
4.股东权益	356587986.32	202390937.62	+76.19
5.每股收益	0.18	0.17	+5.90
6.每股净资产	2.33	1.78	+30.90
7.净资产收益率	7.48%	10.25%	-27.02
8.股东权益比率	42.09%	31.76%	+32.53

注:扣除股票申购资金冻结利息收入194万元后净利润为24,719,152.34元,每股收益为0.16元,净资产收益率为6.93%。

三、公司业务回顾

1.主要业务概述

1996年,公司在全体股东及社会各界大力支持下,顺利完成A股股票的发行和挂牌上市工作。

(1)公司主要生产经营自动化仪表及自动控制系统、分析仪器、电工仪表三大类产品。1996年全年共生产销售自动化仪表99197台、分析仪器421台、电工仪器仪表260799台,市场占有率为11.45%。

(2)1996年,公司把产品结构调整作为工作重点并制定了总体方案,同时积极组织力量参与机械部组织的“现场总线”智能仪表研究开发攻关工作,以求能使公司产品跟上自动化仪表的发展潮流。公司新产品开发和老产品改进方面取得良好的成绩。RS、RHA执行机构减速器的国产化已全部完成,国产化样机已得到外方认可,国产化后可降低成本20-40%。1996年公司完成我国自行研制的第一个援外核电工程项目——核电工程主控仪表。目前世界上只有少数几个发达国家能够生产。公司这次生产的核电工程主控仪表系统的几个主要技术指标均达到国外同类产品技术水平。

(3)公司1996年在科技开发上的资金投入为963.4万元,完成新产品试制27项,实现新产品销售收入6369.4万元,实现新产品利税1483.1万元。公司水质分析仪器及其成套系统获重庆市优秀新产品一等奖,核电工程P300过程控制系统仪表(EX部分)和1E级电加热器、铠装热电偶、过程分析成套系统等三个项目获重庆市优秀新产品二等奖。

(4)公司1996年自动控制仪表系统成套、记录仪、仪表游丝、波纹管等产品共创外汇262.18万美元,比去年增长154.5%,年内保持外汇平衡。

2.主要经营财务数据比较分析

公司总资产为84708万元,比去年增加32.94%。

全年实现主营业务收入33764万元,比去年减少8.19%。

实现利润总额3098万元,比去年增长9.03%。

实现净利润2666万元,比去年增长28.55%

股东权益为35658.8万元,比去年增加76.19%。

公司1996年盈利预测主营业务收入为46339万元,主营业务利润为3348万元,每股税后利润为0.221元。年度实际经营结果为主营业务收入33764万元,主营业务利润2038万元。每股税后利润0.18元,分别低于预测数27.14%,39.13%,21.04%。造成差异的主要原因是由于本公司生产经营的产品主要用于能源、石化、冶金等国民经济基础行业,且多属于装备投资类产品,因而市场受国家宏观计划的调控以及投资与信贷规模大小的影响较大。原预计的国家“九五”期间的大型项目在1996年启动延后,直接导致公司订货量不足,以致销售收入和利润减少。

3.募集资金使用情况

公司于1996年8月向社会公开发行3910万股A股,共募集资金14750万元。大部分已按计划投入,其中与日本横河电机株式会社合资成立了重庆横河川仪有限公司,本公司投资3950万元,占合资公司40%股份。合资公司主要生产经营EJA系列智能变送器。1996年已建成4条生产线,另有1条生产线已进入调试试生产阶段。1996年已达产量3972台,完成销售收入3135万元。另有一项CON-TRONIC-E控制系统合资合作项目由于外方原因暂缓执行。董事会决定补充投资电脑加油机技术引进合资项目,该项目已经1996年11月28日的第二次股东大会审议通过。对暂时未使用的资金,公司将其用于项目匹配的流动资金。

四、股本变化及股本结构情况

1.股本结构情况

填报日期:1996年12月31日　　数量单位:股　　每股面值:1元

股份类别	期初数	期末数
一、尚未流通股份		
1.发起人股份	70780000	70780000
2.募集法人股	37000000	37000000
3.内部职工股	5900000	0
尚未流通股份合计	113680000	107780000
二、已流通股份		
境内上市人民币普通股	0	45000000
已流通股份合计	0	45000000
三、股份总数	113680000	152780000

注:(1)已流通股份中含已锁定的高管人员持有的7000股。

(2)期初数依据1995年度末(即上市前)股本结构情况填写。

2.年末股东数量

截止1996年12月31日,公司股东总数为35224户。

3.主要股东持股情况(截止1996年12月31日)

股东名称	持股数(股)	占总股本百分比(%)
1)中国四联仪器仪表集团(属国有法人股东)	70780000	46.328%
2)重庆市银样贸易服务公司	500000	0.327%
3)重庆市市中区威明现代办公用品部	435250	0.284%
4)陈晓珍	429994	0.281%
5)重庆市中区西来寺汽车客运队	405000	0.327%
6)重庆市中区知识书店	400000	0.262%
7)南方番禺	374439	0.245%
8)四川仪表四厂劳动服务公司	350000	0.229%
9)重庆市华蜀集成电路技术开发公司	330000	0.216%
10)王世昌	300000	0.196%

焦作万方铝业股份有限公司

1996 年年度报告摘要 （精选）

一、公司简况

公司名称：焦作万方铝业股份有限公司

法人代表：金保庆　　邮政编码：454003

公司地址：河南省焦作市塔南路 160 号

电话：0391－3933993 转 3158　传真：3934448

二、主要财务数据与财务指标

指标项目	本年数	上年数	比上年增减（%）
1．主营业务收入（万元）	53704.65	66963.29	－19.8
2．净利润（万元）	5070.52	4731.89	＋7.2
3．总资产（万元）	68003.52	46976.77	＋44.8
4．股东权益（万元）	43466.48	17266.92	＋151.7
5．每股收益（元）	0.406	0.51	－20.4
6．每股净资产（元）	3.48	1.86	＋87.1
7．净资产收益率（%）	11.67	27.4	－57.4
8．股东权益比率（%）	63.92	36.76	＋73.9
9．资本公积金（万元）	22569.38	4641.34	＋386.3
10．未分配利润（万元）	5765.34	1708.92	＋237.4

注：股票发行申购资金利息共 59.47 万元，其中有效申购资金利息 2.44 万元，计人资本公积，无效申购资金利息 57.03 万元，计人营业外收入，仅占利润总额的 0.95%，对指标没有太大影响。

三、公司业务回顾

1．一年来经营情况

1996 年，是本公司上市的第一年，一年来全体员工团结拼搏，克服电、原材料涨价因素的影响，在困难中求发展。董事会根据实际情况制定相应措施，始终以转换经营机制、搞活资金、控制成本、狠抓管理为目标，在提高经济效益方面作了卓有成效的工作，公司全年实现主营业务收入 53705 万元，净利润 5070.5 万元。1996 年公司在经营中遇到的主要问题表现在三个方面，一是电价上涨过快，本年度公司用电价格比去年上涨了 19.7%，仅此一项就多支付电费 3312 万元；二是由于铝价下跌，最低价跌至 13000 元/吨以下，使效益受到影响；三是供电拉闸频繁，严重影响生产的正常进行，产品成本大幅度上升。

针对以上情况，公司董事会、经理班子多次召开会议，号召全体员工树立紧迫意识，强化市场观念，开展“九六管理年”活动，主要采取了以下几种措施：

(1)模拟市场核算，实行成本否决。运用目标成本管理，全年节电 1255 万千瓦时，吨铝成本下降 182 万元，消化不利因素近 2000 万元。

(2)强化营销管理，不断巩固完善供销渠道，并由总经理亲自负责，1996 年只购入氧化铝一项就节省开支 1500 万元。

(3)全面加强质量管理，提高产品质量。1996 年公司在继续注重质量的活动中，取得了一定的成绩，1994 年 11 月 4 日公司主导产品重熔用铝锭荣获国家技术监督局采用国际标准产品标志证书，标志着本公司的产品可以畅通无阻地进入国际市场。

(4)以“人”为本，以经济效益为中心，不断加大改革力度。实行竞争上岗制度，优胜劣汰，极大调动了职工的工作积极性和学习主动性。

(5)提高产品高科技含量，占领技术制高点。本公司目前正在申请建设年产 6.24 万吨铝锭项目。该项目是目前国际较先进的 280KA 电解槽技术，计划今年完成前期准备工作并开工建设，两年内建成投产，届时公司的铝锭年生产能力将达到 10 万吨，市场竞争能力将明显提高。

2．关于主营业务收入、利润总额实际完成情况分析

1996 年度公司主营业务收入完成 53704.65 万元，为 1995 年实际 66963.29 万元的 80.2%；利润总额完成 5965.3 万元，为 1995 年实际 7080.5 万元的 84.25%；净利润完成 5070.5 万元，为 1995 年实际 4731.89 万元的 107.16%，净利润比去年增加是由于所得税率下调到 15%，较 33% 降低。

3．实际经营结果与盈利预测差异的说明

本公司 1996 年度盈利预测主营业务利润为 7333 万元，实际主营利润为 5032 万元，比预计减少 31.37%；预计利润总额为 7458 万元，实际为 5965.3 万元，比预计减少 20%。其主要原因为：

(1)1996 年度本公司用电每千瓦时上涨 0.05 元，全年公司多支付电力费用为 3312 万元。

(2)铝价下滑。受国际铝市场下跌的影响，下半年，特别是 9 月份以后，国内铝价大幅度下滑，最低价跌至 13000 元/吨以下，使公司效益受到影响。

(3)外部供电不足，拉闸限电严重。1996 年度公司遇到供电不足且不平稳的问题。在很大程度上影响了铝锭的产量，1996 年铝锭产量完成 42837 吨，比上年减少了 4356 吨，减少了 9.23%。

4．前次募集资金的使用情况说明

本公司 1996 年度发行 3201 万股社会公众股，共募集资金 2.18 亿元，原定利用募集资金进行 60KA 电解槽续建工程、三万吨碳素制品生产线及一万吨铝板带连铸连轧生产线这三个项目，后经政府及有关科研部门的推荐，公司董事会又多次进行咨询和调研，决定采用 280KA 大型予焙电解槽技术进行产业化示范工程，规模也由 1.5 万吨改为 6.24 万吨，与之相配套的这个项目同时也包括 3.7 万吨的碳素生产线项目。投资总额由近 1 亿元增加到 10 亿元。股票发行募集资金将全部用于该项目。

公司原招股说明书中提到的另一个项目——一万吨铝板带连铸连轧生产线项目因资金问题，拟缓建。

截止目前，公司所募集资金的使用情况如下：

募集资金总额：21766.8 万元

发行费：640.2 万元

净收入：21126.6 万元

电解铝工程前期支付：31.8 万元

补充营运资金：4539.4 万元（暂用）

年末银行存款：16555.4 万元

四、股本变化及股本结构情况

1．股本结构情况

股本结构情况　　单位：股

	期初数	本次变动增减					期末数
		配股	送股	公积金转增	其他	小计	
一．尚未流通股份							
1．发起人股份	74526839						74526839
其中：							
国家拥有股份	71726839	0	0	0	0	0	71726839
境内法人持有股份	2800000	0	0	0	0	0	2800000
2．募集法人股	3300000	0	0	0	0	0	3300000
3．内部职工股	15000000	0	0	0	0	0	15000000
尚未流通股份合计	92826839	0	0	0	0	0	92826839
二．已流通股份							
1．境内上市人民币普通股（A 股）							32010000
已流通股份合计							32010000
三．股份总额	92826839	0	0	0	0	0	124836839

2．本公司 1996 年度股本发生变化是由于 1996 年 9 月份向社会增资发行社会公众股 3201 万股，其它股份没有发生变化。

3．公司前十名股东持股情况（截止 1996 年 12 月 31 日）

持股单位	持股数量（股）	持股比例（%）
(1)焦作市万方集团有限责任公司	71726839	57.456
(2)广东佛山物资贸易中心	2000000	1.602
(3)河南省金属材料总公司	2000000	1.602
(4)吴如香	717685	0.575
(5)河南铝业公司	700000	0.561
(6)靳杏	663400	0.531
(7)计涌兴	600000	0.481
(8)张珲	560000	0.449
(9)张永祥	501700	0.402
(10)苏静	483918	0.388

4．至 1996 年末，公司股东总人数为 17630 人。

湖北金环股份有限公司

1996年年度报告摘要（摘选）

一、公司简况

公司名称：湖北金环股份有限公司

法人代表：王海峰　　　　邮政编码：441133

公司地址：湖北省襄阳县陈家湖

电话：(0710)3225390—2234 传真：(0710)3225398

二、主要财务数据与财务指标

单位：万元

项目/年度	本年数	上年数	比上年增减(%)
主营业务收入	10669.30	17023.90	-37.33
净利润	2737.70	2254.70	21.42
总资产	21614.70	12066.50	79.13
股东权益	17623.60	6584.30	167.66
每股收益(元)	0.53	0.56	-5.36
每股净资产(元)	3.39	1.62	109.26
净资产收益率(%)	15.53	34.24	-54.64
股东权益比率(%)	81.53	54.57	49.40

注：1. 上年度的每股收益、每股净资产均按公开发行前的股本计算；

2. 因公司实际收到股票申购资金冻结存款利息(2588879.44元)的时间是1997年初，故本年度利润总额未包含新股申购冻结资金利息，其帐务处理将在1997年度按国家有关规定执行。

三、公司主要业务回顾

(一) 一年来经营情况

1996年以来，受纺织行业全面、持续低迷的影响，粘胶纤维行业出现严重困难。公司生产经营面临严峻考验，为维护股东利益和保持公司发展，公司董事会和经营班子带领广大员工外抓市场，内抓管理，降低了不利因素的影响，全年生产粘胶长丝3833吨，实现销售3139吨、主营业务收入10669.3万元、利润3218.4万元、净利润2737.7万元，按粘胶长丝销售量排列，在全国同行业中位处第六。

1. 调整营销策略，巩固扩大市场。根据粘胶长丝市场竞争的特点和态势，公司从三个方面入手调整营销策略，取得较好效果。健全、完善营销体系，在加大浙江临平市场销售网点管理力度的基础上，通过在广东顺德等地建立销售网点，打开了广东市场；抽调部分懂技术、懂市场的工程技术人员充实销售服务部门，把销售服务延伸到技术协作，与用户一道共同改进和提高产品质量，受到用户好评；在调研、细分市场的基础上，根据市场需要，先后开发出120D无光、300D、250D、75D有光等多种规格的粘胶长丝，优化了品种结构，满足了各类用户的市场需求。

2. 实施科学管理、提高产品质量。“质量是企业的生命”，为把这句话贯穿落实在实际工作中，公司着重抓了两个方面的工作：按照ISO9002—1994标准建立质量体系，经过一年多的努力，公司质量体系于1996年11月通过中国质量保证中心的认证，这不仅为产品质量的稳定提高提供了基本保证，而且增强了公司的市场竞争实力，持续不断地开展质量创优与质量攻关活动，1996年5月、9月，公司分别以提高质量、提高员工操作技术为目的，开展了“质量月”和“工艺上机月”活动，并采取“工号到底，跟踪考核”的管理方法，使质量管理落到实处。

3. 倒推目标成本，深挖降耗潜力。为增强产品竞争实力和消化产品售价下滑的减利影响，公司深入开展了“学邯钢、严管理、降成本、增效益”活动，按市场价格倒推出目标成本，并建立了逐层分解，落实到人的目标体系，制定了从严考核、奖罚分明的奖惩制度。开展学邯钢活动后，吨丝成本和不良品率都有不同程度的下降。

4. 实施技术改造，加速技术进步。1996年，公司在平衡原粘胶长丝生产线工序能力的基础上，为充分利用前后工序的富余能力，进行了增扩20台纺丝机的技改项目，该项目现已进入竣工阶段。同时，为优化工艺，稳定生产，还对原液黄化进行了自动化改造，对纺丝酸站、加工压洗及公用工程进行了配套改造。

5. 加强制度建设，规范公司行为。1996年，公司以上市为契机，牢固树立对全体股东负责和依法运作的观念，先后修订了公司章程、人事、股证、生产经营等项管理制度和管理规定，公司内部管理进入制度化、公司行为进入规范化轨道。

(二) 实际经营结果与盈利预测的差异情况说明

1996年，公司预测净利润按返还18%所得税计算3267.79万元，实际实现净利润2737.7万元，比预测数下降16.22%。影响公司实际经营成果比预测下降的主要原因是产品销售量和销售价格下降。

1. 1996年下半年，受纺织行业持续疲软的影响，化纤市场严重低迷，公司预测粘胶长丝销售量4167吨，实际销售3138.67吨，实际比预测减少1028.33吨。

2. 由于化纤市场严重低迷，产品竞争主要表现在价格和质量上，由此引起产品销售价格持续下滑，粘胶长丝下半年平均销售价格比预测下降3703元/吨，仅此项减利506万元。

(三) 募集资金使用情况说明

1996年，公司发行社会流通股1132.8万股，募集资金8835.84万元，扣除发行费用，实收资金8375.84万元。资金到位后，全部按计划项目投入使用。具体情况如下表：　(单位：万元)

项目名称	项目投资计划	实际投资	项目进度
收购2200吨粘胶长丝生产线	7996 (原已支付2396)	7966.5 (现补支付5570.5)	完成
粘胶长丝增台技改	1850	1046.66	基本完成
补充流动资金	925.84	1758.68	完成
合计	10771.84	10771.84	

1. 收购集团公司2200吨粘胶长丝生产线：1996年，公司第一大股东湖北化纤集团有限公司利用原主导产品粘胶强力丝生产丝部分富余能力及公用工程，通过技改于1996年6月建成年产2200吨粘胶长丝生产线。根据公司与集团公司签订的收购协议，募集资金到位后，主体部分的收购及相应的调整工作已于1996年12月底完成。此项目将成为公司新的经济增长点。

2. 现有粘胶长丝生产线增台技改：利用公司现有粘胶长丝生产线富余能力，新增20台R535A纺丝机，全部纺制300D粘胶长丝，生产能力年产800吨。项目计划投资1850万元，其中新增设备1420万元，土建工程280万元，生产准备及其它费用150万元，实际已投入1047万元。项目1996年8月动工，12月主体建成，预计1997年3月可竣工投产。

四、股本变化及股本结构情况

(一) 股本变化及股本结构情况

1. 截止1996年12月31日，公司股本结构见附表。

2. 股本变动原因：

1996年9月26日发行社会流通股1132.8万股，公司股本总额由期初的4066万股增加为5198.8万股。

3. 主要股东持股情况(前10名股东)

名次	股东名称	年末持股数(万股)	占总股本(%)
①	湖北化纤集团有限公司	2454.98	47.22
②	湖北化纤集团综合经营公司	180	3.46
③	襄樊供电局电力实业总公司	100	1.92
④	浙江省余杭县塑化公司	90	1.73
⑤	襄樊兴业设备租赁调剂公司	80	1.54
⑥	湖北化纤集团科技服务公司	60.02	1.15
⑦	襄阳县兴达劳动服务公司	60	1.15
⑧	襄樊市第一棉纺织厂	50	0.96
⑨	襄樊市鼓楼商场股份有限公司	50	0.96
⑩	武汉金融高等专科学校	50	0.96

4. 股东数量

截止1996年12月31日，公司股东数量为14197户。其中：法人股股东13户、内部职工股股东5045户、社会流通股股东9139户。

吉林化学工业股份有限公司

1996年年度报告摘要（摘选）

一、公司简况

公司名称：吉林化学工业股份有限公司
法人代表：刘树林　　　邮政编码：132021
公司地址：吉林省吉林市龙潭区遵义东路31号
电话：(0432)3976445　　传真：(0432)3028126

二、主要财务数据与财务指标

按照中华人民共和国会计准则编制

(以人民币百万元计算)，截至十二月三十一日止年度

指标项目	一九九六年	一九九五年	比上年增减(%)
销售额	8,061	7,439	8.4
税前利润	377	1,102	-65.8
税后利润	252	743	-66.1
净利润	249	743	-66.5
总资产	14,929	12,170	22.7
总负债	8,972	6,455	39.0
股东/所有者权益	5,942	5,700	4.2
每股净资产(全面摊薄)【注1】	1.74元	1.70元	2.4
每股收益(全面摊薄)【注2】	0.07元	0.22元	-68.2
净资产收益率(%)	4	13	-69.2
股东权益比率(%)	40	47	-14.9

按照国际会计准则编制

(以人民币百万元计算)，截至十二月三十一日止年度

指标项目	一九九六年	一九九五年	比上年增减(%)
	7,676	7,079	8.4
税前利润	467	1,100	-57.5
税后利润	314	744	-57.8
净利润	312	744	-58.1
总资产	15,097	12,177	24.0
总负债	9,079	6,461	40.5
股东/所有者权益	6,003	5,702	5.3
每股净资产【注1】	1.76元	1.70元	3.5
每股则益【注3】	0.09元	0.25元	-64.0
净资产收益率(%)	5	13	-61.5
股东权益比率(%)	40	47	-14.9

[注1]一九九六年度和一九九五年度的每股净资产是按照年末的股数3,411,078,000股和3,361,078,000股为基础计算的。

[注2]根据中国会计准则，每股收益是按照年末的股数为基础计算的。

[注3]根据国际会计准则，每股收益是按照加权平均方法计算的。一九九六年度的加权平均股数为3,374,603,000股；一九九五年度的加权平均股数为2,980,628,000股。

三、公司主要业务回顾

1. 一年来的经营情况

一九九六年度吉林化学工业股份有限公司("本公司")及其附属公司(合称"本集团")通过增加原油加工量来继续扩大生产规模，增加产品销售量。截至一九九六年十二月三十一日止之年度，按照中国会计准则本集团实现销售收入为人民币80.61亿元(折合港币75.27亿元)较一九九五年同期增长8.4%，实现净利润为人民币2.49亿元(折合港币2.33亿元)，较一九九五年同期下降66.5%。按照国际会计准则，本集团实现营业额为人民币76.76亿元(折合港币71.7亿元)，较一九九五年同期增长8.4%；实现净利润为人民币3.12亿元(折合港币2.91亿元)，较一九九五年同期下降58.1%。本集团利润下降的主要原因是产品价格的下降、原材料尤其是原油成本的上涨。

一九九六年是国家"九五"计划的第一年，国家各项宏观调控措施取得成效，通货膨胀率控制在6.1%，国内生产总值增长幅度为9.7%，中国经济成功地实现了"软着陆"。化工行业作为国家的支柱产业之一，也有了一定的发展。据一九九七年二月二十六日《中国化工报》刊登的有关数据，化学工业企业全年实现总销售收入达人民币2,625.14亿元(折合港币2,451.34亿元)，较一九九五年同期增长9.62%，但是由于受到化工产品的价格下降和原材料成本上涨的影响，化工行业全年实现利润为人民币57.24亿元(折合港币53.45亿元)，较一九九五年同期下降13.68%。作为化工行业所属的最大工业企业之一，本集团在一九九六年度按照销售收入在化学工业部所属的企业排名为第一位。

2. 生产状况

一九九六年，本集团的生产装置保持安全稳定运行，主要生产装置的负荷率达98%以上，主要产品产量较一九九五年有所增长。本集团的石油产品、石化及有机化工产品、染料及染料中间体、合成橡胶、化肥等五大类产品的销售量与一九九五年同期相比分别增长了12.5%、1.6%、16%、11%、5%。

一九九六年，本集团原油加工量达345万吨，比一九九五年同期增长16%。因本公司和母公司共同建设的三十万吨/年乙烯工程十一套装置中七套装置在一九九六年下半年进入试生产，本集团的乙烯产量也达到了历史最高水平，达17万吨。

3. 成本控制与宏观环境

一九九六年中国政府继续致力于推进经济改革计划，推出了一系列的政策和措施，包括降低进口关税税率、降低出口退税税率、两次降低存贷款利率和调整原油价格、提高部分石油产品的价格以及化肥产品的价格等。

就本集团生产经营而言，上述政策和措施的实施有利有弊。进口关税的下降一方面有利于本集团进口原材料成本的减少，另一方面增加了本集团所面对的市场竞争，但这种竞争对一九九六年的业绩影响有限；此外，国家降低出口退税税率减少了本集团的退税收入，但由于本集团出口产品在本集团产品的总销售收入中所占份额较小，此项政策的调整对本集团一九九六年的业绩影响不大；存贷款利率的降低改善了企业的金融环境，为本集团的进一步发展提供了条件，但对本集团一九九六年的经营业绩影响较小；石油产品和化肥价格的提高增加了本集团一九九六年在这两大类产品的销售收入。

一九九六年，国家连续两次调整原油价格，使我国的原油价格逐渐接近国际原油价格水平。虽然本集团通过解决制约生产经营的薄弱环节等方式致力于降低生产成本，但本集团的生产成本仍较一九九五年同期有所增长。

原油是本公司的主要原料，一九九六年由于加工量的提高及价格的调整，原油成本在原料成本中所占份额继续增加。一九九六年原油成本占本集团总销售成本的53.5%。由于原油成本与一九九五年同期相比增长了29.3%，本集团产品的销售成本较一九九五年同期上涨23%。原油成本上涨的主要原因是由于中国政府从一九九六年一月一日起调整原油价格，一档油的价格由一九九五年的人民币754元/吨提高到人民币885元/吨，二档油的价格由一九九五年的人民币1310元/吨调整为人民币1280元/吨。一九九六年本集团共购买原油339万吨，实际加工原油345万吨，其中293万吨按照国家计划内指定价格购入(64.4%按照人民币885元/吨[一档]的价格购入；35.6%按照人民币1,280元/吨[二档]的价格购入)。

4. A股募集资金的使用

本公司经中国证券监督管理委员会批准委托中信证券有限责任公司于一九九六年九月在中国境内发行了5000万股A股，发行价为人民币3.5元/股，其中向社会公众发行3000万股，向公司职工配售职工股2000万股。一九九六年十月十五日，本公司向社会公开发行的3000万股A股在深圳证券交易所上市交易。本公司职工股也已于一九九七年四月十五日起在深圳证券交易所上市。

本次发行的5000万股A股共募集资金净额为人民币1.67亿元(折合港币1.56亿元)，按照本公司招股时的披露，其中人民币1,4175亿元已用于本公司建设的三十万吨/年乙烯工程中的乙烯、加氢裂化、芳烃联合、乙丙橡胶四套装置的建设，人民币2,505万元已用于补充本公司的流动资金。

四、股本变化及股本结构情况

(1) 截至一九九六年十二月三十一日止，本公司股本结构如下：

	期初数(千股)	比例%	期末数(千股)	比例%
一、尚未流通股份				
1.发起人股份(A股)	2,396,300	71.30	2,396.300	70.25
其中：国家拥有股份(A)	2,396,300	71.30	2,396,300	70.25
2.内部职工股(A股)			20,000	0.59
尚未流通股份合计	2,396,300	71.30	2,416,300	70.84
二、已流通股份				
1.境内上市的人民币普通股(A股)			30,000	0.88
2.境外上市的外资股(H股)	964,778	28.70	964,778	28.28
已流通股份合计	964,778	28.70	994,778	29.16
三、股份总数	3,361,078	100.00	3,411,078	100.00

(2) 股本变动情况及原因

根据一九九五年度本公司股东周年大会特别决议，并经中国证券监督管理委员会批准，本公司于一九九六年九月二十四日在中国境内发行了每股面值人民币一元的普通股A股5000万股，该等股份中的3000万股已于一九九六年十月十五日在深圳证券交易所上市流通，另2000万股职工内部股也已于一九九七年四月十五日起在深圳证券交易所上市流通。至此，截止一九九六年十二月三十一日，本公司总股本由原来的336,107.8万股增至341,107.8万股。

牡丹江石化集团股份有限公司

牡丹江石化集团股份有限公司1996年年度报告摘要

一、公司简况

1、公司法定名称:牡丹江石化集团股份有限公司

英文名称:MUDANJIANG PETRO—CHEMICAL CO.,LTD

2、公司注册地址:黑龙江省牡丹江市东三条路98号

邮编:157000

3、公司法定代表:王喜生

4、公司咨询服务机构:证券部

电话:0453—6224097　传真:0453—6224097

联系人:陈德仁 司学成

会计师事务所:黑龙江会计师事务所

5、股票简称:牡石化　证券代码:0620

二、主要财务数据与财务指标

指标项目	1996年	1995年	比上年增减(%)
1、主营业务收入(万元)	73,981.0	74,115.3	-0.18
2、净利润(万元)	4,690.5	3289.5	42.59
3、总资产(万元)	97,856.9	78,469.0	24.71
4、股东权益(万元)	46,557.8	28,752.0	61.93
5、每股收益(元)	0.32	0.27	18.52
6、每股净资产(元)	3.16	2.37	33.33
7、净资产收益率(%)	10.07	11.44	-11.98
8、股东权益比率(%)	47.58	36.64	29.86

三、公司业绩回顾

1、一年来经营情况

1996年是公司改革发展史上具有深刻意义的一年。作为国有大中型企业实行股份制改造,发展成为上市公司,使公司由计划经济的产物变为市场经济的载体,由简单的生产经营转向为资本经营,由过去单纯对政府负责变为对全体股东负责,思想观念发生了深刻的变化。公司本着对全体股东的高度责任感和使命感,按照中国证监会对上市公司规范运行的要求,以建立现代化制度为目标,加大改革力度,加快改革步伐,以提高经济效益为中心开拓经营转换机制,强化管理,制定"十放开,六管好"的管理模式,使公司1996年取得了较好的经营成果。主营业务收入73,981.0万元;实现利润总额5,490.6万元,比上年增长48.01%;实现净利润4,690.5万元,比上年增长42.59%;每股净资产3.16元,比上年增长33.33%。是我市三大财团之一,居全省同行业之首。实际经营成果与盈利测无重大差异。

(1)强化管理,提高企业整体素质

1996年,公司以股票上市为契机,强化内部管理,树立了向管理要效益的观念。针对公司内部管理工作提出了"追求管理高目标,构造管理新优势"的工作方针,以成为目标管理为核心,以销售管理、物资管理、现场管理和人本管理为重点,通过开展"学吉化、学邯钢"活动,将成本目标管理贯穿于生产经营的全过程。公司上下围绕年初制定的管理目标,开展了"八查八看"的管理大检查,针对管理的薄弱环节,找差距,定对策,使公司的基础管理登上了新台阶。1996年,公司挖潜增收2,300万元,一些产品的总成本稳中有降,其中草酸比上年同期下降2.2%,电石比上年同期下降0.9%。管理水平的提高,保证了公司经济效益的快速增长。同时,进一步完善了股东大会、董事会、监事会的职责、议事规则和管理程序。修订完善了各项管理制度和标准,强化成本管理、信息管理、现场管理、投资决策管理。确立了"一体经营、分级考核、权责对等"的四级核算体制,使公司资金周转加快,经济效益稳步提高。

(2)加大技改力度,培育新的经济增长点

1996年,公司以股票上市为契机,加大技改力度,加快改造步伐,集中力量搞好万吨醋酸乙烯、电石炉改造、草酸扩产三个项目。本着早改造、早投资、早见效的原则,经过多方努力,一年来除醋酸乙烯项目因资金到位较晚,施工期延长外,其余两个项目的工期都提前进地行,预计到1997年末,电石炉改造、草酸扩产两个项目均可投产见效,新增利润2,000万元以上,为公司的发展壮大打下了良好的经济基础。

(3)规范运作,探索现企制度的建立

1996年,公司以股票上市为契机,坚持以探索建立现代企业制度为重点,力争在规范化建设上取得突破。按照"产权清晰、权责明确、政企分开、管理科学"的要求,年末,公司通过国有资产授权经营,建立了资产联结纽带,实现了公司由生产经营向资本经营转变;对下属企业按照权责明确的原则,制定了"十放开,六管好"的管理模式;建立起较为规范的法人治理结构"三会一层"的领导体制运行良好;科学的决策体系和管理方法,促进了公司规范运作,新机制加快了公司的发展。

2、募集资金使用情况说明

经中国证监会批准,公司于1996年度内发行1600万A股,募集资金12,792万元。按照招股说明书所述募集资金主要用于万吨醋酸乙烯、电石炉改造、草酸扩产等三个项目的改造。但是由于资金到位已是1996年11月份,接近年底,正值北方寒冷季节,一些施工项目难以进行,因此,截止1996年12月31日大部分资金暂未投入。按招股说明书所披露的项目进度安排,醋酸乙烯项目是计划1996年底试车生产,但由于资金到位已近年底,室外工程无法进行,故此到1996年底工程完成投资8,471.7万元,预计1997年5月可试车生产。电石炉改造、草酸扩产两相项目已提前动工,预计1997年末可投产见效。

四、股本变化及股本结构情况

1.1996年度公司股份变动情况

填报日期:1996年12月31日,数量单位:股

每股面值:1元

项目	期初数	期末数
一、尚未流通股份		
1.发起人股份	70,469,000	70,469,000
其中:国家拥有股份		
2.募集法人股	10,818,000	10,818,000
3.内部职工股	40,000,000	
尚未流通股份合计	121,287,000	81,278,000
二、已流通股份		
境内上市的人民币普通股	0	66,000,000
已流通股份合计	0	66,000,000
三、股份总数	121,287,000	147,287,000

2、股本变动原因:根据中国证监会证监发字[1996]248号文和证监发字(1996)252号文核准本公司于1996年10月份发行2600万股新股,并同前次发行的4000万社会公众股一并上市。发行上市后,本公司已流通股份为6600万股,尚未流通的国有法人股为7,046.9万股,其它法人

股1,081.8万股,股本总额为14,728.7万股。

3、主要股东持股情况

名次	单位名称	年末持股数	占总股本(%)
1	牡丹江石化工业集团公司	70,469,000	47.84
2	牡丹江树脂厂	6,818,000	4.63
3	环球租赁	2,000.000	1.36
4	牡丹江造纸厂	2,000.000	1.36
5	赵双玖	500,000	3.39
6	夏幼群	400,000	0.27
7	魏后英	300.000	0.20
8	陈华标	287.400	0.195
9	高同兵	201.000	0.14
10	中南证券	200.000	0.136

4、公司董事、监事及高级管理人员持股情况

姓名	职务	年初持股数	年末持股数
王喜生	董事长	10,000	10,000
静洁	副董事长、总经理	3,000	3,000
赵庆翔	副董事长、副总经理	5,000	5,000
仲林森	董事、总经济师	5,000	5,000
武建伟	董事、副总经理	5,000	5,000
荣英林	董事、总会计师	5,000	5,000
于忠涛	董事	5,000	5,000
王效清	董事	5,000	5,000
曹玉海	董事	5,000	5,000
郑树声	董事	5,000	5,000
孙江	董事	5,000	5,000
关玉珍	监事会主席	5,000	5,000
李志	监事、工会主席	5,000	5,000
李玉杰	监事	5,000	5,000
丁其庆	监事	5,000	5,000
张玉琴	监事	5,000	5,000
关兴安	副总经理、总工程师	5,000	5,000
陈德仁	董事会秘书	1,300	1,300
合计		89,300	89,300

五、重要事项

1.1996年3月6日在牡丹江市牡丹江石化集团股份有限公司四楼会议室召开了公司第四次股东大会。本次股东大会出席股东代表52人,代表股份总数9,745万股,占公司股份总数的80.3%。此次股东大会通过了四项决议:(1)1995年董事会工作报告;(2)1995年财务决算报告;(3)决定本公司股票在深圳证券交易所上市交易;(4)决定1995年底的可分配利润(含预提的"已分配普通股股利"和年底"未分配利润")在新股发行后,由新老股东共同享受。

2.1996年10月16日,公司以"上网定价"方式,通过深圳证券交易所交易系统向社会公众公开发行2600万股人民币普通股,每股面值1元,发行价5.18元,扣除发行费用0.26元,实际募集资金12,792万元,注册资本由12,128.7万元,变更为14,728.7万元(公司招股说明书及新股发行公告刊登在1996年10月14日的《中国证券报》、《证券时报》、《上海证券报》、《黑龙江日报》)。

3.1996年10月29日,公司6600万社会公众股在深交所挂牌交易。股票简称"牡石化",证券代码0620(上市公告书刊登在1996年10月26日的《证券时报》、《上海证券报》)。

4.1996年11月5日,在牡丹江石化股份有限公司五楼会议室公司召开第二次董事会。会议向全体董事通报了股票上市工作情况及发行成果,按中国证监会的要求及董事会承诺,为了处理好公司内部的关联交易,王喜生同志暂辞去总经理职务,聘任静洁同志为股份公司总经理。

5.1996年11月26日,在牡丹江石化集团股份有限公司五楼会议室公司召开第三次董事会,出席会议的董事除两人未到会,其余董事全部参加会议。此次会议决定,将股份公司所属企业中的"进出口分公司"、"石油化工机械厂"共计820万元资产转让给牡丹江石油化学工业集团公司。集团公司一次性买断,资产重组后股份公司的资产总量和股本总额不变。

6.1996年度财务指标完成情况与盈利预测数对比:

主营业务收入比预测减少11.3%;实现利润比预测增多0.06%;实现净利润比预测增加0.5%。

7.本报告期内无重大诉讼、仲裁事项发生。

六、财务报告

(一)审计意见:公司财务经黑龙江会计师事务所中国注册会计师李华杰、徐鸣镝审计,并出具无保留意见审计报告黑会师证字(97)第2号。

(二)财务报表(见附表)

(三)财务报表附注

一、企业概况(略)

二、重要会计政策

1.会计制度:公司执行《中华人民共和国企业会计准则》和《股份制试点企业会计制度》。

2.会计期间:公司会计年度采用公历会计年度,即每年1月1日至12月31日为一个会计年度。

3.会计报表编制:根据1996年11月26日第三次董事会决议,并与牡丹江石油化学工业集团公司协商,将本公司附属的进出口分公司和石油化工机械厂两户分支机构,转让给牡丹江石油化学工业集团公司,期末各附属分支机构向公司本部报送会计报表。公司本部在抵销内部往来及拨付所属资金的基础上编制会计报表。

4.计帐原则和计价基础:按权责发生制,采用实际成本计价的原则进行记帐。

5.外币折算方法:外币业务按当月月初记年折算,月份终了,有关外币帐户余额按期末市场汇率调整,差额做为汇兑损益,记入财务费用。

6.坏帐准备:按应收帐款期末余额的3‰计提款帐准备。

7.存货的计价方法:采用永续盘存制,所属主要生产企业存货内部核算以计划价进行,领用发出时即通过材料成本差异调整为实际价格。在产品和产成品包括原材料实际成本和直接工资以及适当部分生产费用。低值易耗品采用一次摊销法或分期摊销处理。

8.长期投资核算方法

长期投资占被投资企业权益性资本20%以下按成本法核算,对投资占被投资企业20%—50%的采用权益法核算,投资占被投资企业权益资本50%以上的采用权益法核算并编制合并财务报表。

9.固定资产及其折旧

固定资产按使用年限一年以上,单位价值在2000元以上为标准。

固定资产按实际成本计价,固定资产原价包括与购买或建造固定资产有关的一切直接或间接成本。

折旧采用分类计算折旧的方法,根据固定资产的预计使用年限,扣除估计残值后按直线法计算,本公司附属石油化工厂采用双倍余额递减法计提折旧。

类别	折旧年限	残值率
房屋及建筑物		
其中:生产用	30—40	3—5%
非生产用	35—45	3—5%
机器设备	8—18	3—5%
运输工具	6—12	3—5%
其他	4—10	3—5%

10.无形资产及其摊销

无形资产按预计使用年限或法律合同规定年限摊销,无使用年限按10年摊销。

11.递延资产及其摊销。

递延资产中开办费自生产之日起分5年予以摊销;递延资产中其他项目按使用期限摊销,无使用期限按5年予以摊销。

12. 收入确认

商品的销售收入应于商品已经发出、商品的所有权已转移给买方,收到货款或取得收取货款的证据时,确认营业收入实现。

13. 税项

增值税:税率17%;

增值税:(仅适用于液化气)税率为13%;

汽油	0.2元/升
柴油	0.1元/升

城建税:税率按应纳流转税税额的7%计缴;

教育费附加:税率按应纳流转税税额的3%计缴;

所得税:根据黑龙江省人民政府《关于牡丹江石化集团股份有限公司企业所得税按15%的税率征收的函》(黑政函[1996]21号)公司1996年起执行15%的所得税率。

14. 利润分配

公司缴纳所得税后的净利润根据有关法规和本公司章程按下列顺序分配:

(1)弥补亏损;

(2)提取10%法定盈余公积金;

(3)提取5—10%法定公益金;

(4)提取任意盈余公积金;

(5)分配普通股股利。

三、财务报表主要项目附注(单位:人民币元)

1. 货币资金 187,013,363.60

(1)现金 146,129.27

其中:美元现金 15,343.71 折合人民币 127,325.17

(2)银行存款 186,867,234.33

其中:美元存款 2,080.80 折合人民币 17,266.89

货币资金年末比年初增加188.86%,主要为本公司于1996年10月向社会公开募集A股2600万元。募集资金12,792万元,募集资金到位较晚,没有及时投入到新建项目所致。

2. 应收帐款 170,539,774.55

(1)帐龄分析

帐龄	金额	占总金额%
其中:帐龄在一年以内的	124,597,866.47	73.06%
帐龄在一年至二年的	9,074,647.13	5.32%
帐龄在二年至三年的	33,927,009.40	19.89%
帐龄在三年以上的	2,940,251.55	1.73%

(2)应收帐款中持有本公司5%以上股份的主要股东单位及其附属企业的欠款有:

牡丹江华冠树脂有限公司	4,309,784.01
牡丹江石油化工局供销公司	1,419,929.02
牡丹江石化产品经销公司	7,350,709.76
牡丹江助剂厂	16,078.30

(3)本公司已对长期拖欠货款的客户予以起诉,起诉总标的为9,289,257.65元,上述起诉案件全部胜诉,目前尚处在执行中。

3. 坏帐准备 511,619.32

按年末应收帐款余额的3‰提取

4. 预付货款 19,220,185.41

(1)帐龄分析

帐龄	金额	占总金额%
其中:帐龄在一年以内的	12,504,088.88	65.06%
帐龄在一年至二年的	5,267,846.82	27.41%
帐龄在二年至三年的	1,025,081.82	5.33%
帐龄在三年以上的	423,167.89	2.20%

(2)预付货款中没有持有本公司5%以上股份的主要股东单位的欠款。

5. 其他应收款 75,024,039.51

(1)帐龄分析

帐龄	金额	占总金额%
其中:帐龄在一年以内的	40,238,986.04	53.63%
帐龄在一年至二年的	25,332,586.17	33.77%
帐龄在二年至三年的	8,193,902.75	10.92%
帐龄在三年以上的	1,258,564.55	1.68%

(2)其他应收款中持有本公司5%以上股份的主要股东单位及附属企业的欠款有:

客户名称	业务内容	金额
牡丹江石油化学工业集团公司	转让资产款	8,204,138.44
华龙电石有限责任公司	临时欠款	8,928,430.35
牡丹江助剂厂	临时欠款	1,300,000.00
牡石化集团财务处	临时欠款	1,070,000.00

(3)其他应收款年末数比年初数增加46.05%,主要是因为转让本公司附属进出口公司,化工机械厂给集团和华龙电石有限责任公司新增临时周转欠款所致。

6. 待摊费用 6,893,564.09

项目	金额
期初待抵扣进项税	5,734,082.94
保险费	929,558.24
其他	229,922.91

7. 存货 81,265,951.50

项目	金额
库存材料	32,337,819.57
包装物	14,222,390.13
产成品	27,523,885.54
在产品	6,304,453.87
低值易耗品	877,402.39

8. 长期投资 5,395,268.00

(1)债券投资 395,268.00

债券种类	到期日	面值	年利率	已计利息
1987年国库券	1992.7	110,000.00	8%	70,530.00
87年电力债券	1998	102,300.00	4.5%	36,828.00
住房债券	1998	55,595.00	3.6%	20,015.00
合计		267,895.00		127.373.00

(2)股权投资 5,000,000.00

被投资公司名称	占被投资单位注册资本	投资金额
黑龙江省油田开发股份有限公司	2.5%	5,000,000.00

9. 固定资产 38,301,703.09

固定资产类别	期初价值	本年增加	本年减少	期末价值
房屋及建筑物	136,342,364.14	3,633,409.85	5,361,169.51	134,614,604.48
机械设备	238,461,739.37	17,979,315.34	6,753,956.10	249,687,098.61
合计	374,804,103.51	21,612,725.19	12,115,125.61	384,301,703.09
累计折旧				99,506,743.72
类别	期初价值	本年增加	本年减少	期末价值
房屋及建筑物	30,515,044.02	4,255,065.79	817,151.09	33,952,958.72
机械设备	53,808,263.78	13,937,934.81	2,192,413.59	65,553,785.00
合计	84,323,307.80	18,193,000.60	3,009,564.68	99,506,743.72

10. 在建工程 134,055,145.35

主要项目

工程名称	工程进度	实际支用数	原预算数	批准文号	资金来源
万吨醋酸乙烯工程	收尾阶段	84,716,878.03	12,917万	黑经技字[1992]633号	募集资金
改性聚丙烯生产线	收尾阶段	35,404,499.89	2,697万	牡开发区[1992]33号	合资建设
草酸扩产项目		7,839,055.99	3,000万	黑经贸改发[1996]154号	募集资金

A. 在建工程已计应计利息为11,908,198.76元。

B. 在建工程比期初增加164.91%,主要原因如下

1. 本公司附属有机化工厂万吨醋酸乙烯工程进入收尾阶段,其中本年度新投7692万元,并已转固定资产1200万元。

2. 改性聚丙烯生产线也已进入收尾阶段,本年投入1317万元。

3. 草酸扩产项目为本公司募集资金投入的新增项目全部为下半年投入780万元。

11. 无形资产　　4,730,113.00

无形资产种类	金额
年产8,000.00吨醋酸乙烯系胶乳专有技术	3,840,113.00
供水配套费	400,000.00
用电使用权	490,000.00

无形资产均为本公司附属有机化工厂所有,因该企业处于开办期,故未予摊销。

12. 递延资产　　10,148,910.31

种类	原值	已摊金额	期末余额	剩余年限
开办费	8,486,076.69	——	8,486,076.69	5年
发行费用	1,662,833.62	——	1,662,833.62	5年

开办费为有机化工厂筹建期间开办费,该企业目前处于工程收尾阶段。发行费用为本公司发行股份募集资金所支用的超过核定发行费用的末核销数,经董事会决定列入递延资产摊销。

13. 短期借款　　180,182,308.09

贷款单位	期限	年利率%	金额	借款条件
中国工商银行牡丹江市支行	96.10-97.10	11.09	58,741,718.09	信用
中国工商银行牡丹江市支行	96.12-97.3	11.088	15,000,000.00	信用
中国工商银行牡丹江市支行	96.4-97.4	14.472	10,000,000.00	信用
中国工商银行牡丹江市支行	96.4-97.1	14.472	10,000,000.00	信用
中国工商银行牡丹江市支行	96.12-97.3	11.088	6,620,000.00	信用
中国工商银行牡丹江市支行	96.2-97.2	14.472	3,900,000.00	信用
中国工商银行牡丹江市支行	96.10-97.6	11.088	3,270,000.00	信用
中国工商银行牡丹江市支行	96.12-97.6	11.088	3,000,000.00	信用
中国工商银行牡丹江市支行	96.4-97.4	11.088-14.472	35,287,590.00	信用

＊借款有小数为利息转贷款所致。

中国投资银行	96.3-97.3	14.472	2,000,000.00	信用
黑龙江省分行				
牡丹江驻在组				
中国建设银行	96.1-97.1	13.176	8,780,000.000	信用
牡丹江中心支行				
中国工商银行总行	96.4-97.4	14.472	5,890,000.00	信用
中国工商银行总行	96.4-97.4	14.472	5,000,000.00	信用
中国农业银行	96.11-97.5	11.088	3,570,000.00	信用
牡丹江分行				
中国银行	96.10-97.3	11.088	2,300,000.00	信用
牡丹江市支行				
牡丹江市财政局			4,823,000.00	信用
牡丹江农业	96,1-97.1	22.68	2,000,000.00	信用
银行信用社				

14. 应付票据　　3,900,000.00

应付黑龙江省电力公司电费390万元,开具承兑汇票5张,期限均在6个月以内,其中1997年1月份到期40万元,2月份到期50万元,3、4、5月份分别到期100万元。应付票据全部为本年增加数。

15. 应付帐款　　126,145,456.26

主要客户	金额
大庆石油管理局财务处	28,853,423.82
哈尔滨化工二厂	20,794,740.61
葫芦岛锌厂	11,617,559.89
沈阳永新化工厂	8,070,495.83
东海焦化厂	2,349,992.42
吉化电石厂	1,762,189.59

16. 未交税金　　8,740,168.88

项目	金额
所得税	-3,443,437.05
增值税	6,617,575.27
消费税	2,540,397.78
城建税	1,437,101.58
土地税	977,801.29
其他	610,730.01

未交税金比上年增加226.49%,主要是应交增值税,应交消费税增加所致。

17. 其他应付款　　51,276,818.84

主要客户	业务内容	金额
工效挂钩工资结余	应付工资	8,501,685.76
牡丹江市财政局	临时往来款项	6,000,000.00
应付集资款	职工集资	3,338,400.00
应付利息	预提利息	2,705,516.30
应付客户包装物押金	客户押金	2,327,029.58
牡丹江市政工程公司	应付工程款	1,411,847.76
牡丹江市安装公司	应付工程款	1,159,000.00
牡丹江市自来水公司	水费	1,044,751.26
牡丹江市保险公司	往来款项	1,000,000.00

18. 一年内到期长期负债　　1,332,238.00

贷款单位	年利率(%)	币种	金额	到期日	借款条件	备注
中国工商银行牡丹江市支行	8.46	人民币	870,000	97年1月	信用	92年借入
中国工商银行牡丹江支行营业部	12,078	人民币	300,000	96年9月	信用	91年新产品生产借款
牡丹江市财政局	未定	人民币	162,238	未定	信用	90年改造借款

一年内到期的长期负债全部为本年增加数,是由长期借款转入到一年内到期的借款。

19. 长期借款　　109,173,600.23

贷款单位	借款日	到期日	年利率	币种	金额
	93年12月	98年12月	10.98	人民币	15,000.000
中国建设银行牡丹江中心支行					
中国建设银行牡丹江中心支行	95年12月	2000年12月	14.472	人民币	25,000,000
中国建设银行牡丹江中心支行	94年12月	99年12月	14.04	人民币	10,000,000
中国建设银行牡丹江中心支行	94年8月	99年8月	13.176	人民币	12,500,000
中国建设银行牡丹江中心支行	94年12月	98年12月	12.096	人民币	4,000,000
中国建设银行牡丹江中心支行	94年12月	98年12月	12.096	人民币	15,490,000
中国建设银行牡丹江中心支行	96年12月	98年12月	11.088	人民币	1,000,000
中国建设银行牡丹江中心支行	96年8月	2000年7月	11.088	人民币	2,000,000
牡丹江市财政局	97年7月	98年7月	-	人民币	11,057,513.60
未付应计利息					13,126,086.63

长期借款期末比期初增加98.71%,主要是借入长期周转借款和计付

本年利息所致。

20. 长期应付款　2,955,220.00

为化工四厂部分客户长期周转使用的包装物押金。

21. 其他长期负债　1,066,520.48

企业住房周转金

22. 少数股东权益　5,525,000.00

为本公司控股子公司——牡丹江天江塑胶有限公司港方应占的权益。

23. 股本　147,287,000.00

股权种类	股份(股)	持股比例%
国有法人股	70,469,000.00	47.85
其他法人股	10,818,000.00	7.34
社会公众股	66,000,000.00	44.81
股本总额	147.287,000.00	100

股本年末数比年初数增加2600万股。

是因为向社会公众公开募集股份2600万股所致,上述股本缴存情况业经黑龙江会计师事务所黑会师内验字96第31号验资报告验证。

24. 资本公积　175,773,931.46

a. 股票溢价净收入101,920,000.00元。

b. 发行新股期间的冻结申购资金利息收入2,843,511.07元。

25. 盈余公积 56,882,180.96

变化情况,本年度增加明细如下:

a. 1996年牡丹江市财政局返本公司附属橡胶四厂1995年税利承包多缴款390,000元。

b. 提取本年度法定盈余公积4,690,487.81元。

c. 提取本年度公益金2,345,243.90元。

26. 未分配利润　85,635,030.00

变化情况,本年度增加39,869,146.34元,为实现净利润扣除提取盈余公积后的余额。

27. 主营业务收入　739,810,074.76

主要产品	金额	比例%
汽油	183,063,178.59	32.25
柴油	126,813,012.17	22.34
草酸	74,894,967.53	13.19
全胶鞋	65,325,453.51	11.51
电石	65,564,888.40	11.55
其他	52,020,653.02	9.16
合计	567,682,153.22	100

28. 主营业务成本　567,682,15　3.22

主要产品	金额	比例%
汽油	233,793,120.18	31.60
柴油	185,899,765.43	25.13
草酸	92,393,908.86	12.49
全胶鞋	82,682,431.94	11.18
电石	73,735,503.75	9.97
其他	71,305,344.60	9.63
合计	739,810,074.76	100

29. 销售费用　10,378,066.34

销售费用期末数比期初数减少34.86%,主要是因为各项费用均较上一年度有较大幅度下降所致。

30. 财务费用　30,910,704.67

项目	金额
利息支出	30,883,180.39
手续费及其他	27,524.28

31. 其他业务利润　2,397,127.53

项目	金额
出售材料	800,128.08
包装桶收取折旧费	1,156,150.90
其他	440,848.55

期末数比期初数减少53.46%,主要为出售材料减少所致。

32. 投资收益　1,567,740.44

项目	金额
债券投资	67,740.44
股权投资	1,500,000.00

投资收益期末数比期初数增加353%,主要为股权投资收益所致。

33. 营业外收入　600,881.06

主要项目	金额
出售固定资产净收益	82,683.64
罚款收入	119,076.85
确实无法支付的应付款项	159,959.76
其他	239,160.81

34. 营业外支出　1,333,230.14

主要项目	金额
罚款支出	777,947.31
处理固定资产净损失	68,949.15
赞助费	112,000.00
堤防维护费	202,000.00
其他	172,333.68

35. 补贴收入　16,296,535.26

补贴收入为牡丹江市财政局返还本公司的部分增值税,按财政部有关规定计入。

(四)公司在报告期内没有发生重大诉讼事项,担保承诺及其他事项。

(五)在会计报表截止日和审计报告日之间未发生足以影响报告期或报告期后财务状况和经营成果的期后事项。

牡丹江石化集团股份有限公司董事会

1997年3月18日

资产负债表

编制单位:牡丹江石化集团股份有限公司　　1996年12月31日　　单位:元

资产	附注	母公司		合并数		负债及股东权益	附注	母公司		合并数	
		年初数	期末数	年初数	期末数			年初数	期末数	年初数	期末数
流动资产						流动负债:					
货币资金	1	64,079,402.34	186,772,316.88	64,742,880.27	187,013,363.60	短期借款	13	180,873,771.27	180,182,308.09	180,873,771.27	180,182,308.09
短期股资						应付票据	14		3,900,000.00		3,900,000.00
应收票据						应付帐款	15	150,239,611.72	126,145,456.26	150,239,611.72	126,145,456.26
应收帐款	2	173,978,029.53	170,539,774.55	173,978,029.53	170,539,774.55	预收货款		35,315,818.54	21,434,949.02	35,315,818.54	21,434,949.02

资产	附注	母公司		合并数		负债及股东权益	附注	母公司		合并数	
		年初数	期末数	年初数	期末数			年初数	期末数	年初数	期末数
减:坏帐准备	3	521,934.09	511,619.32	521,934.09	511,619.32	应付福利费		223,186.95	-500,256.98	223,186.95	-500,256.98
应收帐款净额		173,456,095.44	170,028,155.23	173,456,095.44	170,028,155.23	未付股利					
预付贷款	4	23,867,479.52	19,220,185.41	23,867,479.52	19,220,185.41	未交税金	16	2,677,039.02	8,740,168.88	2,677,039.02	8,740,168.88
其他应收款	5	61,825,925.85	94,667,533.80	51,369,831.50	75,024,039.51	其他未交款		5,286,065.52	1,759,490.13	5,286,065.52	1,759,490.13
待摊费用	6	9,733,457.61	6,893,564.09	9,733,457.61	6,893,564.09	其他应付款	17	58,727,160.87	50,999,766.52	59,386,600.87	51,276,818.84
存货	7	103,217,662.65	81,265,951.50	103,217,662.65	81,265,951.5	预提费用					
待处理流动资产净损失						一年内到期的长期负债	18		1,332,238.00		1,332,238.00
一年内到期的长期债券投资						其他流动负债					
其他流动资产						流动负债合计		433,342,653.89	393,994,119.92	434,002,153.89	394,271,172.24
流动资产合计		436,180,023.41	558,847,706.91	426,387,406.99	539,445,259.34	长期负债:					
长期投资:						长期借款:	19	54,939,881.87	109,173,600.23	54,939,881.87	109,173,600.23
长期投资	8	16,007,470.00	15,595,268.00	5,807,470.00	5,395,268.00	应付债券		533,974.90		533,974.90	
其中:合并价差(贷差以负号表示)						长期应付款	20	3,152,520.00	2,955,220.00	3,152,520.00	2,955,220.00
固定资产:						其他长期负债	21	-983,571.01	1,066,520.48	-983,571.01	1,066,520.48
固定资产原价	9	374,804,103.51	384,301,703.09	374,804,103.51	384,301,703.09	长期负债合计		57,642,805.76	113,195,340.71	57,642,805.76	113,195,340.71
减:累计折旧		84,323,307.80	99,506,743.72	84,323,307.80	99,506,743.72	递延税项:					
固定资产净值		290,480,795.71	284,794,959.37	290,480,795.71	284,794,959.37	递延税款贷项					
在建工程	10	24,426,124.23	98,650,645.46	50,603,240.65	134,055,145.35	负债合计		490,985,459.65	507,189,460.63	491,644,959.65	507,466,512.95
固定资产清理						少数股东权益	22			5,525,000.00	5,525,000.00
待处理固定资产净损失						股东权益:					
固定资产合计		314,906,919.94	383,445,604.83	341,08,036.36	418,850,104.72	股本	23	121,287,000.00	147,287,000.00	121,287,000.00	147,287,000.00
无形资产及递延资产:						资本公积	24	71,010,420.39	175,773,931.46	71,010,420.39	175,773,931.46
无形资产	11	5,235,183.00	4,730,113.00	5,235,183.00	4,70,113.00	盈余公积	25	49,456,449.25	56,882,180.96	49,456,449.25	56,882,180.96
递延资产	12	6,175,616.00	10,148,910.31	6,175,616.60	10,148,910.31	其中:公益金		3,405,563.70	5,750,807.60	3,405,563.70	5,750,807.60
无形资产及递延资产合计		11,410,799.60	14,879,023.11	11,410,799.60	14,879,023.31	未分配利润	26	45,765,883.66	85,636,030.00	45,765,883.66	85,635,030.00
其他长期资产:						外币报表折算差额					
其他长期资产						股东权益合计		287,519,753.30	465,579,142.42	287,519,753.30	465,578,142.42
递延款项:						负债及股东权益总计		778,505,212.95	972,768,603.05	784,689,712.95	978,569,655.37
递延税款借项											
资产总计		778,505,212.95	972,767,603.05	784,689,712.95	978,569,655.37						

1997 年 3 月 18 日

利润及利润分配表

编制单位:牡丹江石化集团股份有限公司　　1996 年度　　单位:元

项目	附注	母公司		合并数	
		1996 年度	1995 年度	1996 年度	1995 年度
一、主营业务收入	27	739,810,074.76	741,153,381.72	739,810,074.76	741,153,381.72
减:营业成本	28	567,68,153.22	556,978,597.15	567,682,153.22	556,978,597.15
销售费用	29	10,378,066.34	15,931,808.34	10,378,066.34	15,931,808.97
管理费用		40,252,435.22	44,731,780.64	40,252,435.22	44,731,780.64
财务费用	30	30,910,704.67	35,244,909.76	30,910,704.67	35,244,909.26
进货费用					
营业税金及附加		55,210,220.07	54,219,811.93	55,210,220.07	54,219,811.93
二、主营业务利润		35,376,495.24	34,046,473.77	35,376,495.24	34,046,473.77
加:其他业务利润	31	2,397,127.53	5,151,180.33	2,397,127.53	5,151,180.33
三、营业利润		37,773,622.77	39,197,654.10	37,773,622.77	39,197,654.10
加:投资收益	32	1,567,740.44	246,070.00	1,567,740.44	246,070.00
营业外收入	33	600,881.06	166,919.20	600,881.06	166,919.20
减:营业外支出	34	1,333,230.14	2,515,144.98	1,333,230.14	2,515,144.98
加:补贴收入	35	16,296,535.26		16,296,535.26	
四、利润总额		54,905,549.39	37,095,498.32	54,905,549.39	37,095,498.32
减:所得税		8,000,671.34	4,200,124.43	8,000,671.34	4,200,124.43
减:少数股东损益					
五、净利润		46,904,878.05	32,895,373.89	46,904,878.05	32,895,373.89

项目	附注	母公司		合并数	
加:年初未分配利润		45,765,883.66	17,804,815.85	45,765,883.66	17,804,815.85
盈余公积转入数					
六、可分配利润		92,670,761.71	50,700,189.74	92,670,761.71	50,700,189.74
减:提取法定公积金		4,690,487.81	3,289,537.39	4,690,487.81	3,289,537.39
提取法定公益金		2,345,243.90	1,644,768.69	2,345,143.90	1,644,768.69
七、可供股东分配的利润		85,635,030.00	45,765,883.00	85,635,030.00	45,765,883.66
减:已分配优先股股利					
提取任意公积金					
已分配普通股股利					
八、未分配利润		85,635,030.00	45,765,883.66	85,635,030.00	45,765,883.66

财务状况变动表

编制单位:牡丹江石化集团股份有限公司　　1996 年度　　单位:元

流动资金来源和运用	行次	母公司	合并数	流动资金各项目的变动	行次	母公司	合并数
一、流动资金来源:				一、流动资产本年增加数:			
1. 本年净利润	1	46,904,878.05	46,904,878.05	1. 货币资金	41	122.692,914.54	122,270,483.33
加:不减少流动资金的费用和损失				2. 短期投资	42		
(1)少数股东本期损益	2			3. 应收票据	43		
(2)固定资产折旧	3	18,193,000.69	18,193,000.00	4. 应收帐款净额	44	-3,427,940.21	-3,427,940.21
(3)无形资产(递延资产及其他资产摊销或其他负债转销)	4	1,079,290.39	1,079,280.38	5. 预计货款	45	-4,647,294.11	-4,647,294.11
(4)固定资产盘亏(减盘盈)	5			6. 其他应收款	46	32,841,607.95	23,654,208.01
(5)清理固定资产损失(减收益)	6	-13,734.49	-13,734.49	7. 待摊费用	47	-2,839,893.52	-2,839,693.52
(6)递延税款	7			8. 存货	48	-21,951,711.15	-21,951,711.15
(7)其他不减少流动资金的费用	8			9. 待处理流动资产净损失(减收益)	49		
小计	10	66,163,424.54	66,163,424.54	10. 一年内到期的长期债券投资	50		
2. 其他来源:				11. 其他流动资产	51		
(1)固定资产清理收入(减清理费用)	11	9,119,295.42	9,119,295.42	流动资产增加净额	52	122,667,683.50	113,057,852.35
(2)增加长期负债	12	55,552,534.95	55,552,534.95	二、流动负债本年增加数:			
(3)收回长期投资	13	412,202.00	412,202.00	1. 短期借款	53	-691,463.18	-691,463.18
(4)对外投资转出固定资产	14			2. 应付票据	54	3,900,000.00	3,900,000.00
(5)对外投资转出无形资产	15			3. 应付帐款	55	-24,094,155.46	-24,094,155.46
(6)资本净增加额	16	138,189,24.79	138,189,242.78	4. 预收货款	56	-13,890,869.52	-13,880,869.52
(7)少数股东资本净增加额	17			5. 应付福利费	57	-723,443.93	-723,443.93
小计	19	203,273,275.15	203,273,275.15	6. 未付股利	58		
流动资金来源合计	20	269,436,699.69	269,436,699.69	7. 未交税金	59	6,063,129.86	6,063,129.86
二、流动资金运用;				8. 其他未交款	60	-3,526,575.39	-3,526,575.39
1. 利润分配:				9. 其他应付款	61	-7,727,394.35	-8,109,842.03
(1)提取法定公积金	21	4,690,487.81	4,690,487.81	10. 预提费用	62		
(2)提取法定公益金	22	2,345,243.90	2,345,243.90	11. 一年内到期的长期负债	63	1,332,236.00	1,332,236.00
(3)提取任意公积金	23			12. 其他流动负债	64		
(4)已分配股利	24			流动负债增加净额	65	-39,348,533.97	-39,730,981.65
小计	25	7,035,731.71	7,035,731.71	流动资金增加净额	66	162,016,217.47	152,788,834.00
2. 少数股东利润分配	26						
3. 其他运用:							
(1)固定资产和在建工程净增加额	27	95,837,246.42	105,064,629.89				
(2)增加无形资产、递延资产及其他资产	28	4,547,504.09	4,547,504.09				
(3)偿还长期负债	29						
(4)增加长期投资	30						
小计	31	100,394,750.51	109,612,133.98				
流动资金运用合计	32	107,420,482.22	116,647,865.69				
外币会计报表折算差额	33						
流动资金增加净额	40	162,016,217.47	152,788,834.00				

牡丹江石化集团股份有限公司1997年度中期报告

一、财务报告(已经审计)

本公司1997年度中期财务报告已经黑龙江省会计师事务所注册会计师滕英超、李华杰审计,并出具无保留意见的审计报告(黑会师审字[1997]第12号)。

1. 财务报表

(1)简化的资产负债表　　单位:元

项目	1997年6月30日	1996年12月31日
流动资产	587,183,582.46	539,445,259.34
长期投资	5,451,633.60	5,395,268.00
固定资产净值	299,500,408.40	284,794,959.37
无形资产及递延资产	17,647,410.54	14,879,023.31
资产总计	1,035,172,926.66	978,569,655.37
流动负责	445,987,205.60	394,693,032.84
股东权益	491,858,530.44	465,156,281.82
股本	235,659,200.00	147,287,000.00
资本公积金	158,223,943.59	172,961,527.43
盈余公积金	57,240,762.47	57,240,762.47
其中:公益金	5,870,334.77	5,870,334.77
未分配利润	40,734,624.38	87,666,991.92
负债及股东权益合计	1,035,172,926.66	978,569,655.37

(2)简化的损益表　　单位:元

项目	1997年1—6月	1996年1—6月
主营业务收入	379,861,420.37	378,023,019.59
主营业务利润	21,155,498.98	13,614,236.60
其他业务利润	574,782.33	622,419.15
投资收益		15,000,000.00
营业外收支净额	305,419.61	443,799.25
利润总额	31,424,861.70	25,099,391.76
所得税	4,713,729.24	3,539,908.76
净利润	26,711,132.46	21,559,483.00

(3)主要财务指标

	1997年1—6月	1996年1—6月
净资产收益率	5.43%	4.63%
每股净资产	2.09元	3.84元
每股净收益	0.113元	0.177元

注:1997年财务指标按送股及转增后的股本23,565.9万股计算,1996年财务指标按公开发行前的股本12,128.7万股计算。

2. 财务报表附注

(1)本期报告与1996年年度报告相比,会计政策与会计方法一致。

(2)股本比年初数增加88,372,200股,是因为本年实施了1996年年度利润分配方案,采取了10股送5股转增1股所致。

(3)应收帐款为220,285,757.64元。本公司已对长期拖欠货款的客户予以起诉,起诉总标为9,289,257.65元,上述起诉案件全部胜诉,目前尚处在执行中。

(4)资本公积本年度减少14,737,583.84元,主要原因:转增股本14,728,700元;本年度调整公开发行募集资金的利息。

(5)未分配利润为40,734,624.38元。其变化情况:本年度增加26,711,132.46元,为上半年实现的净利润;本年度减少为73,643,500元,为根据股东大会决议,每10股送5股所致。

(6)在建工程比期初减少6.46%,主要是改性聚丙烯项目转为固定资产所致。

(7)其他业务利润期末数比上年同期减少7.65%,主要为收取的桶折旧减少所致。

(8)长期借款期末比期初减少19.63%,主要是偿还借款本息所致。

二、经营情况的回顾与展望

(一)上半年经营情况的回顾

1997年上半年,公司按照年初制定的经营方针,在董事会的领导下,经过全体员工的共同努力,取得了良好的经营业绩。上半年,公司主营业务收入完成37,986万元,比上年同期增长0.5%;净利润完成2,671万元,比上年同期增长23.9%。上半年公司重点抓了三项工作。

1. 适时调整产品结构,进一步扩大市场占有率。上半年公司部分主导产品出现旺销势头,公司紧紧抓住这一有利时机,积极调整内部产品结构,增加了畅销产品的产量。与去年上半年相比,电石产量增加4,428吨,草酸增加2,182吨,汽油增加680吨,柴油增加225吨。在销售方面,公司根据市场变化,采取了"巩固老用户,保证大用户,扩大新用户"的经营策略,提高了产品市场占有率,其中电石、汽油、柴油的产销比率均达到99.5%以上。

2. 不断强化内部管理,确保效益稳步提高。年初,公司提出了以目标成本管理为核心,开展了"降成本,抓六率"活动,收到了良好的效果。上半年,公司挖潜增收达1,100万元,部分产品的成本稳中有降,其中主导产品草酸的吨成本下降35元,比去年同期下降了1%,公司管理水平的提高,保证了经营效益的稳步增长。

3. 加大技改开发力度,重点项目进展顺利。目前,万吨醋酸乙烯项目已经进入投料试车阶段,近期即可正式投产。电石和草酸扩产项目施工质量好,速度快,两个项目均可以提前竣工。电石扩产后,位置将由全国同行业的第七位跃居前五位;草酸扩产后,将会以更低的成本,更强的竞争力参与市场竞争。

(二)下半年计划

下半年是石油化工行业生产经营的黄金季节,公司将抓住这一有利契机,加大市场研究力度,强化信息反馈,提高产销衔接比例,进一步扩大市场的占有份额;加大培育经济增长点的力度,既要保证重点项目的顺利投产,还要强化市场调研,寻求新项目,保证公司长远发展;加大资本运营力度,把工作重点放在资产重组和兼并收购上,实现公司的低成本快速扩张。

三、重大事件的说明

1. 根据国务院证券委、中国人民银行、国家经贸委5月21日联合颁布的《严禁国有企业和上市公司炒作股票的规定》,公司进行了认真的自查。迄今为止,公司没有利用银行贷款或发行股票募集资金买卖股票,也没有其他违规行为。

2. 公司1996年度送股及资本公积金转增股本方案于1997年4月25日实施完毕。该方案为"对全体股东按10:5比例派送红股,送出股东实际可分配利润7,364.35万元,余下1,402.3万元转人下一年度分配。同时,对全体股东按10:1比例从资本公积金中提取1,472.87万元转增股本,即:每10股转增1股。派送红股和转增股本同时进行,每10股送、转合计为6股,上述方案刊登于1997年4月19日《证券时报》。

3. 因工作变动等原因,1997年1月上旬静洁辞去公司副董事长、总经理职务,赵庆翔辞去公司副董事长、副总经理职务,孙江辞去公司董事职务,丁其庆辞去公司监事职务,关兴安辞去公司副总经理、总工程师职务,根据1997年第一次董事会提名并经过1996年度股东大会表决通过,增补李志、李宝顺、陈德仁、马国庆为董事会董事,增补杨志、杨家儒为监事会监事

4. 本报告期内公司无重大诉讼、仲裁事项。

5. 本公司1997年度中期不分红。

四、发行在外股票的变动和股权结构的变化

1. 经公司实施送股及资本公积金转增股本方案后,截止1997年6月

30日止,本公司股本结构变动情况如下:单位:万股

	变动前	变动增减 送股	转股	变动后
一、尚未流通股份				
1.发起人股份	7,046.90	3.523.45	704.69	11,275.04
2.社会法人股	1,081.80	540.90	108.18	1,730.88
尚未流通股份合计	8,128.70	4,064.35	812.87	13,005.92
二、已流通股份				
境内上市的人民币普通股	6,600.00	3,300.00	660.00	10,560.00
已流通股份合计	6,600.00	3,300.00	660.00	10,560.00
三、股份总计	14,728.35	7,364.35	1,472.87	23,565.92

2.前十名股东持股情况

股东名称	持股数(股)	占总股本数(%)
1.牡丹江石化集团	112,750.400	47.84
2.牡丹江树脂厂	10,908,800	4.63
3.牡丹江造纸厂	3,200,000	1.36
4.中行黑龙江省分行环球租赁公司	3,200,000	1.36
5.鑫江实业	808,400	0.34
6.湖南湘西信托	500,000	0.21
7.闫同林	278,400	0.12
8.章洪胜	200,000	0.08
9.陈向阳	188,600	0.08
10.梁雪光	160,000	0.06

五、股东大会简介

牡丹江石化集团股份有限公司1996年股东大会于1997年4月18日在公司办公大楼五楼会议室召开,出席会议股东24名,代表股份79,376,540股,符合法定要求。经大会审议,表决通过了以下事项并形成决议。

1.审议通过《董事会工作报告》;

2.审议通过《监事会工作报告》;

3.审议通过《公司1996年度财务决算报告》;

4.审议通过《公司利润分配及资本公积金转增股本预案》;

5.审议通过《公司1997年度增资配股预案》;

6.审议通过修改后的公司章程;

7.选举产生董事会、监事会新的成员。

六、备查文件

1.载有公司董事长亲笔签名的中期报告原本。

2.公司1997年度上半年中期审计报告原本。

3.其他备查文件。

牡丹江石化集团股份有限公司

1997年8月28日

北京比特实业股份有限公司

1996 年年度报告摘要 (摘选)

一、公司简况

公司名称:北京比特实业股份有限公司

法人代表:刘戈建　　邮政编码:100036

公司地址:北京市海淀区万寿路甲 28 号

电话:(010)68224357　　传真:(010)68224357

二、主要财务数据与财务指标

指标项目	1996 年	1995 年	96 年比 95 年增长
1.主营业务收入(万元)	9544.6818	2828.7327	237.4%
2.净利润(万元)	2838.3889	1257.1574	125.8%
3.总资产(万元)	30364.8767	18385.5195	65.2%
4.股东权益(万元)	21192.0479	8989.3872	135.7%
5.每股收益(元)	0.32	0.157	103.8%
6.每股净资产(元)	2.39	1.31	82.4%
7.净资产收益率(%)	13.4	11.9	1.5%
8.股东权益比率(%)	70	48.9	21.1%

扣除新股申购冻结资金利息后,公司 1996 年度各项财务数据和财务指数为:

指标项目	1996 年	1995 年	96 年比 95 年增长
1. 主营业务收入(万元)	9544.6818	2828.7327	237.4%
2. 净利润(万元)	2620.0000	1257.1574	108.4%
3. 总资产(万元)	30,145,0148	18385.5195	63.9%
4. 股东权益(万元)	20,972,1860	8989.3872	133.3%
5. 每股收益(元)	0.296	0.157	88.5%
6. 每股净资产(元)	2.37	1.31	80.9%
7. 净资产收益率(%)	12.5	11.9	0.6%
8. 股东权益比率(%)	69.6	48.9	20.7%

三、公司业务回顾

1. 一年来公司经营情况

公司在 1996 年电子产品市场竞争加剧,行业整体效益下滑的形势下,通过全体员工的努力,经营业绩取得了较大幅度增长。全年共实现销售收入 9544.6818 万元,比上年增长 237.4%;税后利润 2838.3889 万元,比上年增长 125.8%;年末总资产 3.30364 亿元;净资产 2.1192 亿元;实现了预定计划。

公司新型除湿器生产取得了良好效益。1996 年实现销售收入 1000 万元,销售利润 200 万元。金长城电脑及软件销售和服务收入 6900 万元,实现利润 215 万元。公司下属捷特光纤网络有限责任公司的光纤网络传输设备发展较快,全年共实现销售及服务收入 1639 万元,实现利润 900 多万元。另外,公司 1996 年投资收益有较大增长,全年共实现 1800 万元。公司上述产品质量稳定,信誉较高。BM1000 型比特柜内除湿器已获国家专利,经北京市产品质量监督检验所和国家家用电器监督检测中心检测,其技术指标已达八十年代末国际先进水平,并获得国家消费者协会颁发的消费者信得过产品称号。金长城电脑有限责任公司开发的用于金长城电脑配套的多媒体技术产品,其整体技术水平达到了九十年代国际同类产品的先进水平和国内领先水平。产品已批量生产。除为长城微机和金长城微机配套外,还为国内著名计算机企业产品配套。

2、募集资金使用情况

由于公司股票于 96 年 10 月 18 日发行,资金到位已近年底,故截至 96 年 12 月 31 日,募集资金只有少量投入到计划项目中。绝大部分资金将在 1997 年、1998 年两年中陆续按计划投入。

四、股本变化及股本结构情况

1. 股本变化及股本结构情况

至到 1996 年 12 月 31 日,公司股本结构如下:(单位:万股)

股份类别	期初数	期末数	增减(+、-)
尚未流通股份			
发起人股份	3500	3500	
募集法人股	2062.5	2062.5	
内部职工股	1294.494	974.494	-320
尚未流通股份合计	6856.994	6536.994	-320
已流通股份			
境内上市的人民币普通股		2320	+2320
已流通股份合计		2320	+2320
股份总数	6856.994	8856.994	+20000

本年度股本变化原因是,1996 年 10 月 18 日获准增发新股 2000 万股,另内部职工股中 320 万股与增发新股一起于 1996 年 11 月 5 日上市流通。本年度无送股、配股等事项。

2. 主要股东持股情况(前十名)

股东名称	持股数(万股)	占总股本的比例(%)
1)北京市比特电子公司	1800	20.32
2)通恩宝投资管理有限责任公司	900	10.16
3)北京实创高科技发展总公司	420	4.74
4)北京金石山大酒店	350	3.95
5)航空航天工业部第二研究院	300	3.38
6)中国长城财务公司	280	3.16
7)中国经济开发信托投资公司	246	2.77
8)北京海尔生生物工程公司	240	2.70
9)北京首汽实业股份有限公司	200	2.25
10)北京市花仙阁招待所	170	1.91

3. 本公司董事、监事高级管理人员持本公司股票情况如下

姓名	职务	年初持股数(股)	年末持股数(股)
刘戈建	董事长兼总经理	30000	30000
孙菱薇	董事、副总经理兼财务总监	10000	10000
李刚剑	董事兼副总经理	10000	10000
郭　强	董事	0	0
李德秋	董事	3400	3400
王国祥	董事	0	0
刘东才	董事	0	0
柳　靖	董事	0	0
鲍　宇	董事	10000	10000
孙章起	董事	0	0
池启水	董事	0	0
张圣永	董事	0	0
周学芳	董事	0	0
王明健	监事长	0	0
刘　悦	监事	0	0
王东东	监事	0	0
成　松	监事	0	0
王兮侠	监事	10000	10000
李　新	监事	0	0
合　计		73400	73400

湖北中天股份有限公司

1996年年度报告摘要　（摘选）

一、公司简况

公司名称：湖北中天股份有限公司

法人代表：向汉林　　邮政编码：448000

公司地址：中国湖北荆门市

电话：0724—2211003转6218　　传真：0724—2214180

二、主要财务数据与财务指标

指标项目	本年度	上年度	比上年增减(%)	扣息后指标
1.营业收入(元)	143,723,840.24	83,266,138.56	72.61	143,723,840.24
2.净利润(元)	36,896,252.72	22,767,327.09	62.06	35,629,520.45
3.总资产(元)	330,977,826.99	134,391,742.51	146.28	329,087,181.82
4.股东权益(元)	200,121,273.91	52,421,382.25	281.76	199,107,888.08
5.每股收益(元)	0.357(摊薄)	0.56	-36.25	0.345
6.每股净资产(元)	1.94	1.08	79.63	1.93
7.净资产收益率(%)	29.22	47	-47.19	28.33
8.股东权益比率(%)	60.46	39.01	54.99	60.50

注：因1996年用资本公积金以1:1比例转增股本，使每股收益稀释，若按转增前总股本算，本年每股收益实际比上年增加27.5%，净资产收益率也比上年增加5.62%。

三、公司主要业务回顾

（一）一年来经营情况

自1993年实行股份制改制以来，本公司步入了高速成长的快车道，生产规模和经济效益都有显著提高。但在市场经济的大潮中，单一产品和仍显较小的生产规模远远不能满足公司快速成长、发展壮大的要求。因此，本公司将1996年的工作重点放在"向内要效益、向外抓机遇"上面。在公司董事会的领导下，经过全体员工的共同努力，1996年公司生产经营再创佳绩，全年实现营业收入14372.38万元，利润总额5025.65万元，税后利润3689.63万元，平均每股收益0.357元。截止报告期末，公司总资产规模为33097.78万元，股东权益为20012.13万元，分别是上一年度的246%和382%。

1. 公司主营聚丙烯、碳酸氢铵的生产销售。本公司"荆塔牌"聚丙烯是湖北省名优产品，其质量稳定可靠；碳酸氢铵为支农产品，年生产能力为14万吨，经国家化肥检测中心及省、市质检部门检查，合格率一直为100%，其质量可靠，有稳定的销售市场和具有较强的市场竞争能力。

公司全年生产聚丙烯粉料16198吨，销售14494吨，产销率为89.50%，其中有部分存货是因为1996年下半年生产规模较前有所扩大。该产品是工业和民用塑料制品原料，用途广泛，主要销往湖北、河南、四川、湖南、安徽等地。

公司全年生产碳酸氢铵153658吨，销售120908吨，产销率为78.69%，其产销率较低是因冬季为农业生产淡季，冬储化肥为第二年春耕生产作准备。该产品是农用肥料，市场需求旺盛，目前已基本占领了荆门本地市场，并向周边地市辐射。

2. 在技术改造方面，1996年本公司主要完成了以下技改项目：一是投资88万元，对聚丙烯热水系统进行改造，缩短了生产周期，降低了能耗，实现了控制自动化，大幅度提高了产品产量、质量，减轻了劳动强度，每年可创效益385万元；二是对氨合成系统进行了更新改造，将O500氨合成系统改扩为O600氨合成系统，使合成氨生产能力从2.5万吨/年扩大到4万吨/年，并成功地应用了"中低低变换"新工艺，节能效果显著，大大降低了生产成本，提高了产品的竞争力。

3. 在科研成果的运用方面，本公司的重点在建项目——3万吨/年甲醇工程，其生产装置在各重点工段都应用了国家科委重点推广的新技术、新工艺，建成投产后将收到良好的经济效益。

4. 本年度公司主营业务收入、净利润完成情况良好。

根据本公司1996年的财务预算方案，1996年度主营业务收入计划为15578万元，实际数为14372.38万元，完成计划的92.26%；利润总额计划为5528万元，实际数为5025.65万元，完成计划的90.91%。实际数与预测数略有差异的原因在于：1996年下半年整个化工行业不景气，化工原材料价格有所上涨而化工产品销售价下降幅度较大，本公司主营业务聚丙烯、碳酸氢铵均受到了冲击，故主营业务收入和利润完成情况与预测数相比略有下降。

本公司1996年实现利润总额5025.65万元，其中主营业务利润为3385.58万元，占67.37%。其他业务利润为496.60万元，投资收益977.09万元，营业外收入229.57万元。

主营业务利润主要通过产品销售取得。其他业务利润形成一是销售商品液氨，二是包装费收入。投资收益主要来源于对荆门市昌盛公司、荆门市服务公司和湖北中天亨迪药业有限公司投资所形成的收益。营业外收入主要是申购无效款冻结资金利息。

（二）募集资金使用情况说明

本公司于1996年10月31日向社会发行人民币普通股1112.2万股，每股发行价为9.30元人民币，扣除发行费用后，实际募得股金98,985,800元。按招股说明书，计划投入4988万元建设3万吨/年甲醇项目，1996年实际投入3400万元，截止本年报告期末，共完成工程建设总量95%，项目的建设速度符合计划进度，预计1997年4月份工程将达产达标；计划投入4500万元建设1.6万吨/年苯酚丙酮项目及投资410.58万元建设1.6万吨/年异丙苯项目，目前正在紧张进行项目的前期准备工作。

四、股本变化及股本结构情况

1. 股本变化及股本结构情况

(1) 于本报告期末，本公司股权结构情况如下：

填报日期：1996年12月31日　　单位：股　　每股面值：1元

	期初数	公积金转股增加	期末数
一、尚未流通股份			
1. 发起人股	36,120,000	36,120,000	72,240,000
其中：国家持股	30,120,000	30,120,000	60,240,000
其它法人持股	6,000,000	6,000,000	12,000,000
2. 募集法人股	2,502,000	2,502,000	5,004,000
3. 内部职工股	1,878,000	0	0
尚未流通股份合计	40,500,000	38,622,000	77,244,000
二、已流通股份			
人民币普通股	11,122,000	13,000,000	26,000,000
已流通股份合计	11,122,000	13,000,000	26,000,000
三、股份总数	51,622,000	51,622,000	103,244,000

(2) 股本结构变化原因：实施1996年度资本公积金转增股本方案，按5162.2万股本计，以1:1比例转增，共计转增股本5162.2万股。

(3) 本公司前十位股东及其持股情况如下：

股东名称	持股数量(万股)	持股比例%
1. 湖北中天集团公司(国家持有)	6024	58.35
2. 湖北中天开元有限公司	1100	10.65
3. 荆门市洞沟煤矿	300.4	2.91
4. 上海亚洲商务投资咨询公司	200	1.94
5. 中国航空工业总公司宏图飞机制造厂	100	0.97
6. 深圳百利鑫实业股份有限公司	82.08	0.80
7. 鑫东建材	66.25	0.64
8. 电白工贸	46	0.45
9. 水东旅游	37.64	0.36
10. 杨　杰	36.44	0.35

(4) 报告期末本公司股东总数为7654户，其中国家股东1户，法人股股东11户，社会公众股股东7642户。

攀钢集团板材股份有限公司

1996年年度报告摘要（摘选）

一、公司简况

公司名称：攀钢集团板材股份有限公司

法人代表：赵忠玉　　邮政编码：617062

公司地址：四川省攀枝花市东区弄弄坪

电话：(0812)3399298　3390070　　传真：(0812)3396573

二、主要财务数据与财务指标

指标项目	本年数	上年数	比上年增减(%)
1.主营业务收入(万元)	181,000	121,207	49.33
2.净利润(万元)	9,016	3,135	187.59
3.总资产(万元)	185,556	179,518	3.36
4.股东权益(万元)	81,308	71,519	13.69
5.每股收益(元)	0.22	0.04	450
6.每股净资产(元)	2.02	1.02	98.04
7.净资产收益率(%)	11.09	4.38	153.20
8.股东权益比率(%)	43.82	39.84	9.99

注：1995年度财务指标有关数据按缩股前70000万股计算。

三、公司主要业务回顾

1．一年来经营情况

1996年是公司公开发行股票(A股)的第一年。鉴于钢材市场价格下滑，公司的生产经营受到严重困扰，但公司克尽最大努力克服困难，取得了较好的经济效益。全年实现主营业务收入181000万元，比上年增加49.33%；利润总额13456万元，比上年增加187.58%；净利润9016万元，比上年增加187.59%。利润总额和净利润均比招股说明书预测值增加3.51%。

(1) 以市场为导向，依靠科技进步致力于厚利产品的研制开发，不断改善品种结构，形成了石油、汽车、铁路、造船四大系列产品为基础的多品种产品结构，提高了产品市场竞争力和公司的发展后劲。

(2) 推行目标成本管理，降低了生产成本和费用，销售成本比上年减少3.09%。

(3) 按ISO9000标准完善质量保证体系，以质量认证带动质量工作上台阶，产品质量进一步得到提高。

(4) 积极开辟销售渠道，加大促销工作力度，提高售后服务质量，强化生产组织协调，千方百计满足用户需要，产销率达到93.93%。

(5) 优化企业管理，在节能降耗、现场管理、设备管理、新技术应用和开发、员工队伍建设等方面都取得了新的进展，企业素质进一步提高。

2．募集资金使用情况说明

公司年度内发行2420万股A股募集资金8414万元，均已按招股说明书所述募集资金的用途，其中投入新增测厚仪524万元，主传动数字励磁及基础自动化控制系统改造1527万元，其余6363万元将按计划用于1997年扩能改造项目。

四、股本变化及股本结构情况

(填报日期：1996年12月31日)

(一) 公司股本结构(单位：股　每股面值：1元)

1.尚未流通股份				
(1)发起人股份	560,000,000	-257,600,000		302,400,000
其中：国有法人拥有股份	485,000,000	-223,100,000		261,900,000
境内法人拥有股份	75,000,000	-34,500,000		40,500,000
(2)内部职工股	140,000,000	-64,400,000		37,800,000 (注1)
(3)尚未流通股份合计	700,000,000			340,200,000
2.已流通股份				
(1)境内上市人民币普通股	—	—		62,000,000
其中：新发行股份	—	—	24,200,000	24,200,000
内部职工股上市	—	—		37,800,000 (注2)
(2)已流通股份合计				62,000,000
3.股份总数	700,000,000	-322,000,000	24,200,000	402,200,000

注1：尚未流通股份中内部职工股37,800,000股指按1:0.54缩股后未上市流通部分。

注2：已流通股份中内部职工股37,800,000股指按1:0.54缩股后占用发行额度随同新发行股份一同上市流通部分。

4．股本变动原因

(1) 1996年8月，经股东大会通过，并报有关部门批准，公司按1:0.54的比例进行了同比例缩股。

(2) 公司于1996年11月5日向社会公开发行并于11月15日上市流通2420万人民币普通股，同时内部职工股中的3780万股占用本次发行额度一同上市流通。

5．主要股东持股情况

股东名称	年末持股数(股)	占总股本(%)
(1) 攀钢(集团)公司	261,900,000	65.12
(2) 第十九冶金建设公司	40,500,000	10.07
(3) 周洪德	300,000	0.07
(4) 甘球章	298,325	0.07
(5) 袁宝琦	253,082	0.06
(6) 李小响	235,130	0.06
(7) 清远营业处	227,912	0.06
(8) 汤慧怡	200,000	0.05
(9) 谢显廷	172,400	0.04
(10) 深圳南方建昊	150,000	0.04

6．股东数量

至本年度末，公司股东总数为90234户，其中国有法人股股东1户，法人股股东1户，内部职工股股东59206户，社会公众股股东31026户。

(二) 公司董事、监事与高级管理人员持股情况

职　务	姓　名	年初持股数(股)	年末持股数(股)
董事长	赵忠玉	31000	16740
副董事长	洪及鄙	21000	11340
董事	张长富	30000	16200
董事	谷凤宝	20000	10800
董事	程显达	31000	16740
董事	徐　锷	31000	16740
董事、总经理	严忠祥	22000	11880
董事、副总经理	刘明武	1000	540
董事	焦景民	22500	12150
监事会主席	薛世成	28000	15120
监事	蒋大亮	21000	11340
监事	林立英	15000	8100
监事	王智远	5000	2700
监事	潘常芬	4500	2430
副总经理	刘尚权	1000	540
董事会秘书	武　坚	1000	540

安徽铜都铜业股份有限公司

1996年年度报告摘要（摘选）

一、公司简况

公司名称：安徽铜都铜业股份有限公司

法人代表：刘玉恩　　邮政编码：244001

公司地址：安徽省铜陵市长江西路

电话：(0562)2867229　　传真：(0562)2867229

二、主要财务数据与财务指标

指标项目	1996年	1995年	比上年增长(%)
1.主营业务收入(万元)	116,748	132,624	-11.97
2.净利润(万元)	4,778	3,395	40.74
3.总资产(万元)	46,174	34,080	35.49
4.股东权益(万元)	30,956	11,712	264.3
5.每股收益(元)	0.34	0.31	9.68
6.每股净资产(元)	2.21	1.07	206.5
7.净资产收益率(%)	15.44	29.00	-46.76
8.股东权益比率(%)	67.04	34.37	95.05

注：① 按加权法计算1996年每股收益为0.436元；

② 公司发行股票冻结申购资金利息4,741,407.64元，其中冻结有效申购资金利息36,461.42元进入资本公积；冻结无效申购资金利息4,704,946.22元，其中940,989.24元进入1996年营业外收入。剔除发行股票冻结的申购资金利息后，会计数据和业务数据摘要为：

指标项目	本年数	上年数	比上年增减(%)
1.净利润(万元)	4,715	3,395	38.88
2.股东权益(万元)	30,899	11,712	163.82
3.每股收益(元)	0.337	0.31	6.45
4.每股净资产(元)	2.20	1.07	105.60
5.净资产收益率(%)	15.26	29.00	-47.38
6.股东权益比率(%)	67.61	34.37	96.71

三、公司主要业务回顾

1.一年经营情况

1996年，公司克服了铜价暴跌，资金紧缺等诸多困难，牢固树立向管理要效益的思想，深入扎实地开展了"学邯钢、创三优"活动。外拓市场，内抓管理，不断强化企业管理基础工作，深挖内部潜力，坚持管理规范化、操作标准化，公司各项工作取得了新的成绩。

——产品产量登上新高度。全年生产粗铜48607吨，电铜46624吨，硫酸121818吨，黄金1401公斤，白银30706公斤，分别完成公司年计划的108.2%、108.4%、110.7%、116.8%和146.2%，其中电解铜、白银的产量超过了历史最好水平。

——主要技术经济指标进一步改善。电铜优质品率达到98.9%，电解电效、鼓风炉床能力、全硫利用率均创历史最好水平，并继续保持了国内同工艺条件的先进水平。

——产品质量进一步提高。主产品电解铜相继在上海、深圳金属交易所升类、升水成功，被安徽省人民政府授予"名牌产品"称号，金昌冶炼厂被授予"全省质量信得过企业"荣誉称号。

——管理工作跃上了新台阶。尤其是公司骨干企业金昌冶炼厂的节能降耗，增收节支及环保工作取得突出成效。

2.公司财务状况

全年实现销售收入116748万元，比上年132624万元下降15876万元，降幅为12%，比全年预测算128401万元下降9653万元，降幅为7.64%，但实现净利润4778万元，比上年3395万元增长40.74%，比全年预测数4571万元增长4.53%，主要原因是去年二季度后，铜价受日本"住友事件"的影响，国际铜价下跌，国内铜价受进口电铜冲击随之下跌，致使全年销售收入降幅过大，但公司采取了一系列行之有效的果断措施，一是借助于控股公司的营销力量成功地在国内期货市场开展了套期保值业务，回避了更大的风险；二是通过开展目标成本管理，严格控制原料铜精矽购入价格，降低了原料成本，保证了公司加工费收益稳中有升；三是向内涵挖潜，降低了可控费用支出，从而保证了对股东的预期回报。

3.前次募集资金使用说明

从1995年四季度开始，公司首先进行了硫酸系统技术改造工程，采用"绝热蒸发、封闭稀酸洗净化"流程与两级干燥的单转单吸工艺，总投资4900万元。同时采用了与现有生产系列相同的电解设备，充分利用原有配套辅助设施，对电解铜系统进行了技术改造，总投资3000万元，通过两项技术改造，使全硫利用率指标逐步提高，减少了排污费用，降低了生产成本，也增加了电解铜的生产能力，取得了一定的规模效益和社会效益。随着公司股票上市，公司实现了间接融资向直接融资的转换，公司资产负债率大幅度降低，财务状况明显改善，充分显示出资本市场的筹资功能，加速了企业发展步伐。公司原计划投资5400万元，新建覆塑铜管工程项目，由于铜加工市场行情变化，在项目开工之前，公司董事会提出了兼并、收购等多种方案，供股东大会决策，以保证有最佳经济效益回报股东。

四、股本变化及股本结构情况

1.股本变化及股本结构

数量单位：股　每股面值：1元

股份类别	年初数	占总股本比例	年末数	占总股本比例
(1)尚未流通股份				
国有法人股	99,900,000	91.65%	99,900,000	71.36%
法人股	1,100,000	1.01%	1,100,000	0.78%
内部职工股	8,000,000	7.34%	4,000,000	2.86%
尚未流通股份合计：	109,000,000	100%	105,000,000	75.00%
(2)已流通股份				
A股			35,000,000	25.00%
(3)股份总额：	109,000,000	100%	140,000,000	100%

本公司内部职工股的50%即400万股经批准已于1996年11月20日上市流通。

2.前十名股东持股情况

股东名称	持股数(股)	占总股本的比例(%)
1.铜陵有色金属(集团)公司	96,600,000(国有股)	69.00%
2.铜陵有色金秋实业公司	1,650,000(国有股)	1.17%
3.铜陵有色铜兴实业总公司	1,100,000(法人股)	0.78%
4.安徽省安信房地产发展公司	990,000(国有股)	0.70%
5.安徽省兴达国际贸易公司	660,000(国有股)	0.47%
6.石化经贸	210,000	0.15%
7.中国北方工业公司深圳分公司	190,000	0.13%
8.董秋红	181,161	0.13%
9.孙卫红	180,000	0.12%
10.高长江	160,600	0.11%

本公司年末股东总户数31327户。其中：尚未流通的国有法人股4户；法人股1户；内部职工股6741户；流通股(A股)24581户。

沈阳合金股份有限公司

1996年年度报告摘要（摘选）

一、公司简况

公司名称：沈阳合金股份有限公司

法人代表：常文斗　　邮政编码：110011

公司地址：沈阳市沈河区大南街87号

电话：024—4131291　　传真：024—4810357

二、主要财务数据与财务指标

指标项目	本年数	上年数	比上年增减(%)
1.主营业务收入(万元)	4,879.7	5,027.5	-2.9
2.净利润(万元)	834.6	681.1	22.5
3.总资产(万元)	13,340.9	13,300.1	0.3
4.股东权益(万元)	7,018.8	6,184.2	13.5
5.每股收益(元)	0.16	0.132	21.2
6.每股净资产(元)	1.36	1.20	13.3
7.净资产收益率(%)	11.9	11.01	20.4
8.股东权益比率(%)	52.6	46.50	13.1

三、公司主要业务回顾

(一) 一年来经营情况

1996年，是公司股票上市的第一年，同时也是克服困难、稳步发展、再创佳绩的一年。一年来，公司在困境中求生存，在竞争中求发展，坚持以经济效益为中心，以强化管理为手段，以争创规范化的一流上市公司为目标，胜利完成了全年各项经济指标。全年主营业务收入完成4,879.7万元，实现利润980.5万元，取得了明显的经济效益和社会效益，公司的总体实力和市场占有率居国内领先地位。

1. 全力拓展主要产品市场，增加支柱产品市场占有率

测温类产品，包括补偿导线(含特种缆线)，铠装热电偶(含极线)，本公司销售708公里，5.59万米，分别占市场总量的7.08%、59.9%。火花塞电极材料，本公司销售85吨，占市场总量的85%。高强度耐蚀轴用合金，本公司销售85吨，占市场总量的85%。显像管用材料，本公司销售13吨，占市场总量的26%。其他产品合计160吨。

2. 对其他产品进行不断完善和升级的同时，瞄准市场，根据市场需求开发新产品。

3. 稳健地以主营业务为核心，广泛开拓投资新领域。

4. 不断提高员工业务素质，满足公司发展需要。

截止1996年12月31日，公司在册员工781人，其中具有初级专业职称以上者183人，占公司员工总数的23.4%；具有中级技术职称者91人，占公司员工总数的11.7%，具有高级技术职称者26人，占公司员工总数的3.3%。

5. 以股票上市为契机，进一步提高公司规范化运作水平。

1996年，公司在经营中牢固确立对全体股东负责和依法运作的观念，以公司可持续发展和为股东创造更大效益为一切行为的出发点和落脚点，注重增强企业自身的竞争力，注重长远发展战略的实施。认真贯彻董事会、股东大会决议，依法进行信息披露，使公司规范化建设上了一个新台阶。

(二) 对实际经营成果与盈利预测的重大差异的说明

公司1996年盈利预测预计完成主营业务收入5801万元，利润1249.6万元，实际完成主营业务收入4879.7万元，利润980.5万元，分别为预计数的84%和78.5%。形成差异的主要原因：

1. 因下半年市场状况不好，客户缺乏资金等原因，主营业务收入比预计下降33.3%，致使主营业务利润比预计下降6.1%；

2. 因主营业务收入降低，造成管理费用和财务费用相对上升，影响利润；

3. 投资收益比预计降低56.3%。

四、股本变化及股本结构情况

(一) 股本变化及股本结构情况

1. 截至1996年末，公司股本结构如下：

数量单位：股　每股面值：1元

	期初数	期末数
一、尚未流通股份		
1. 发起人股份	25,685,000	25,685,000
其中：国家拥有股份	25,685,000	25,685,000
2. 募集法人股	12,000,000	12,000,000
尚未流通股份合计	37,685,000	37,685,000
二、已流通股份		
境内上市的人民币普通股	14,000,000	14,000,000
已流通股份合计	14,000,000	14,000,000
三、股份总数	51,685,000	51,685,000

2. 股本变动情况及原因

本年度股本总额和股本结构没有变动。

3. 主要股东持股情况

股东名称	年末持股数量(万股)	占总股本比例(%)
沈阳资产经营有限公司	2568.5	49.69
鞍山市信托投资股份有限公司	400	7.73
厦门金汇贸易联合公司	400	7.73
沈阳天大实业总公司	200	3.87
锦州铁合金(集团)股份有限公司	100	1.93
丹东开发区东北交通物资有限公司	100	1.93
吕香翠	33.04	0.64
黄木顺	20	0.39
张德峻	15	0.29
李素香	13.8	0.27

4. 截至1996年末，公司股东总数为8589户，其中国家股股东1户，法人股股东5户，社会公众股股东8583户。

(二) 公司董事、监事与高级管理人员持股情况

姓名	职务	年初持股数	年末持股数	变动原因
常文斗	董事长兼总经理	2,000	2,000	无
杨祥耀	副董事长兼副总经理	2,000	2,000	无
胡宝利	董事、副总经理	1,000	1,000	无
金永才	董事、副总经理	1,000	1,000	无
何喜森	董事、副总经理	1,000	1,000	无
薛昌福	董事、副总经理	1,000	1,000	无
于绍文	董事	1,000	1,000	无
王淑娟	董事	1,000	1,000	无
张士配	董事	1,000	1,000	无
刘桂芬	董事	1,000	1,000	无
金士勇	监事会主席	1,000	1,000	无
修福荣	监事	500	500	无
陶青山	监事	0	0	无

宁夏宁河民族化工股份有限公司

1996 年年度报告摘要 （摘选）

一、公司简况

公司名称：宁夏宁河民族化工股份有限公司

法人代表：石进儒　　　　邮政编码：753200

公司地址：宁夏石嘴山市石嘴山区康乐路

电　　话：0952—3014736、3312333

传　　真：0952—3012429、3312333

二、主要财务数据与财务指标

单位：万元

指　标　项　目	本年数	上年数	比上年增减（%）
1.主营业务收入	7760.49	5307.07	46.23
2.净利润	1509.16	609.04	147.79
3.总资产	21891.57	9825.07	122.81
4.股东权益	14901.38	3153.27	372.57
5.每股收益（元）	0.29	0.38	－23.68
6.每股净资产（元）	2.88	1.97	46.19
7.净资产收益率（%）	10.13	19.31	－47.54
8.股东权益比率（%）	68.07	32.09	112.12

注：净利润 1509.16 万元中包括无效申购冻结利息 175.03 万元，扣除无效申购冻结利息因素，净利润为 1334.13 万元，每股收益为 0.26 元，每股净资产 2.84 元，净资产收益率为 9.06%。

三、公司主要业务回顾

1．一年来经营情况

公司 1996 年度通过内抓现场、外抓市场的经营策略，在全年平均电费价格上调 15.8% 的不利情况下，全面完成了经营目标。全年实现主要业务收入 7760.49 万元，完成《招股说明书》预测数的 68.31%，比上年增长 46.23%，实现利润 1509.16 万元，完成《招股说明书》预测数的 90.05%，比上年增长了 147.79%。公司经营业绩实现了快速增长。

1）公司生产经营的主要产品为电石、石灰氮、双氰胺、硝酸胍，延伸系列产品，上游产品为下游产品的原料。公司是化工部在宁夏的四家全国重点化工企业之一。石灰氮年产量 35000 吨，双氰胺年产量 5000 吨，均为全国最大规模能力，电石年产量 20000 吨，为全区最大规模能力。24% 含氮量的石灰氮 1995 年获得国家级新产品，获自治区名牌产品称号。99.9% 含量的双腈胺获 1996 年国家级新产品。“宁河”牌商标获得宁夏著名商标称号。产品 95% 出口，具有稳定的国内外销售渠道和较强的竞争能力。

2）公司 1996 年度生产电石产品 22164.78 吨，其中生产石灰氮自用 19492.03 吨，销售量 2500 吨，主要销往日本。产销率 11.28%。

1996 年度生产石灰氮 26228 吨，其中生产双氰胺自用 15757.11 吨，销售量 10500 吨，主要销往日本。产销率 40.03%。

1996 年度生产双氰胺 3924.625 吨，其中生产硝酸胍自用 127.585 吨，销售 3800 吨，主要销往美国、德国，产销率 96.82%。

1996 年度生产硝酸胍 265.725 吨，销售量 250 吨，主要销往国内和美国。产销率 94.08%。

电石、石灰氮、双氰胺按减去自用量计算产销率，则产销率分别为 93.54%、100.2% 和 102.78%。

3）公司利润来源构成情况：1996 年实现利润 1509.16 万元，其中主营业务利润为 1331.26 万元，占 88.21%，其他业务利润 15.08 万元，占 1%；营业外收入 175.17 万元，营业外支出 12.35 万元，收入支出相抵，利润 162.82 万元，占 10.79%。

主营业务利润通过产品销售取得。其他业务利润主要是通过销售副产品取得，营业外收入通过无效申购资金冻结利息取得。

4）利润总额减少因素：主营业务收入比《招股说明书》减少 3600 万元，主要是产品销价和生产数量未达到预测指标。

2．公司没有发行境内上市外资股，也没有境外上市的外资股，会计报告的编制及税后利润计算均统一按《股份制试点企业会计制度》执行。

3．前次募集资金使用情况的说明

1996 年 10 月 25 日至 28 日，公司在宁夏银川市发行了社会公众股 2000 万元（其中包括公司职工内部股 200 万元），每股面值 1 元，每股发行价 4.50 元，扣除发行费用后，共募集可运用资金 8500 万元。按照《招股说明书》募集资金的使用计划，共需资金 10075 万元，所募集资金 8500 万元全部用于公司的技术改造和下游产品的开发，缺口资金 1575 万元，通过工商银行贷款解决。

因发行时间为 1996 年 10 月，本地气候寒冷，土建工程无法进行。截止 96 年底，实际投资 1964.6 万元，用于硫脲设备和胍类产品的设备订购。其他资金将在 1997 年、1998 年投入。

四、股本变化及股本结构情况

1．股本变化及股本结构情况

1）股权结构情况（截止 1996 年末）

股份单位：股　：每股 1 元

本次变动增减（＋、－）

股 份 类 别	公司成立时		报告期变动		96 年末数	
	数量（万股）	比例 %	数量（万股）	比例 %	数量（万股）	比例 %
一、尚未流通股份						
发行人股份	3180	61.39			3180	61.39
公司职工内部股	200	3.86			200	3.86
尚未流通股份合计	3380	65.25			3380	65.25
二、已流通股份						
社会公众股	1800	34.75			1800	34.75
已流通股份合计	1800	34.75			1800	34.75
三、股份总计	5180	100			5180	100

2）本年度公司股份没有变动

3）前十名股东持股情况（截止 96 年 12 月 31 日）

股 东 名 称	年末持股数（万股）	占总股本（%）
1）宁夏石嘴山民族化工（集团）公司	2180	42.08
2）宁夏五金矿产进出口公司	400	7.72
3）石嘴山矿务局	250	4.82
4）宁夏机械化工进出口公司	200	3.86
5）宁夏机械设备进出口公司	150	2.9
6）唐莹	53.7828	1.038
7）江苏苏州新区恒升投资发展公司	28.6562	0.55
8）广东深圳宝安区投资管理公司	19.7266	0.38
9）谢东梅	16.96	0.33
10）蔡敏	10	0.19

广东风华高新科技股份有限公司

1996年年度报告摘要　（摘选）

一、公司简况

公司名称：广东风华高新科技股份有限公司

法人代表：梁力平　　邮政编码：526060

公司地址：广东省肇庆市端州三路

电话：(0758)2833813　　传真：(0758)2849045

二、会计数据和业务数据摘要

指标项目	单位	本年数(按5350万股本算)	扣除新股申购冻结资金利息后的指标	上年数(按4000万股本算)	比上年增减(%)
1.主营业务收入	万元	23,043	23,043	11,484	100.65
2.净利润	万元	4,330.2	4,090	2,313.5	87.17
3.总资产	万元	63,959	63,699.3	26,213	144
4.股东权益	万元	23,644	23,403.8	7,930	198.16
5.每股收益	元	0.81	0.764	0.58	39.66
6.每股净资产	元	4.42	4.375	1.98	123.23
7.净资产收益率	%	18.31	17.48	29.17	−37.23
8.股东权益比率	%	36.97	36.74	30.25	22.21

注：净资产收益下降37.23%，是因公司发行新股募集的资金于11月中旬到位，使期末净资产数额大幅增长，从而摊薄了净资产收益率所致。

三、公司主要业务回顾

1．公司一年来经营情况

1996年是广东风华高新科技股份有限公司（以下简称“本公司”）发展历程中重要的一年。在各级领导部门的重点扶持和帮助下，在广大股东的大力支持下，在1,800多名员工的团结进取、艰苦努力下，本公司认真按照上市公司的规范要求，加快企业技术进步，实施两个根本性转变，深化企业改革，强化内部规范化管理，取得了较好的经营业绩，各项经济指标持续增长。本公司并且成功地发行了人民币普通股，成为上市公司。前国家主席杨尚昆、国务院副总理吴邦国、中共中央政治局委员谢非等党和国家领导人先后亲临公司视察工作，对本公司所取得的各项成绩给予了肯定。

本公司的主营业务属高科技新型电子元器件行业，是电子信息产业的基础。电子信息产业已被国家确定为国民经济第一增长点，使本公司经营能受益于国家产业政策的扶持。本公司所从事的行业，属技术密集和资金密集型，具有高投入、高产出、高成长、高回报以及高风险的特点。本公司坚持向全体股东负责，坚持“积极开拓进取，注重规避风险，追求优良业绩”的稳健经营作风，通过建立企业制度创新机制和技术创新机制，狠抓“三改一加强”，使公司的技术开发、生产规模以及经济效益均继续居国内同行业首位，一直以来得到国家的重点扶持。本公司是国家科委认定的国家级重点火炬计划高新科技企业，是国家经贸委确认的512户全国优强企业之一，是广东省70家重点发展的大型企业之一，享有相应的扶持政策。本公司主导产品片式独石电容器（又称片式多层陶瓷电容器）和超小型铝电解电容器，均获得ISO9002国际标准体系认证，其中片式独石电容器还于1996年被评选为广东省“八五”期间重点科技攻关十大成就和广东省首批56项名牌产品之一。其年生产能力通过技改扩产，已从1995年的20亿只扩大到1996年的40亿只的生产规模，占全国同类产品生产总规模的75%，是国内具有较大规模优势和技术领先优势的片式电子基础元件科研、生产、出口基地。

本公司主营业务为片式独石电容器及超小型铝电解电容器的生产与销售，1996年经营情况为下表：

品种	产量	比去年增长	销售额(万元)	比去年增长	同行业地位
片式独石电容器	30亿只	65%	19,089	52%	国内排位第一(第10届电子元件百强排名)
超小型铝电解电容	5.5亿只	175%	3,954	142%	

本公司重大科研成果应用情况：完成了国家“863”计划重大项目“高性能低温烧结多层陶瓷电容器”的成果转化，并于1996年3月23日通过了国家科委主持的验收。

2．上市募集资金的使用说明

本公司于1996年11月通过“上网定价”，发行1215万股社会公众股，配售135万股公司职工股，扣除发行费用共筹集资金107,616,591.54元，均按照招股说明书所述投入使用。

(1) 9700万元投入到片式独石电容器系列产品技术改造项目，其中预付进口设备和购买国内设备款共7398万元，该批设备将于1997年上半年陆续到位；

(2) 用于补充生产流动资金共1062万元。

募集资金的投入使公司承担的国家“双加”工程项目预计可于1997年上半年全面投产，于1997年底片式独石电容器生产能力将增至50亿只/年，比1996年末的40亿只/年提高25%，产品规格品种将由原有的18个增加到30个。项目达标达产后，预计可年新增销售收入2.3亿元，新增税后利润2672万元。

四、股本变化及股本结构情况

1．截止1996年末，股权结构情况

附表：公司股份变动情况表

填报日期：1996年12月31日　数量单位：股　每股面值：1元

	期初数	本次变动增减(+/−) 配股	送股	公积金转股	其他(新增发行人民币普通股)	合计	期末数
一、尚未流通股份							
1.发起人股份	29,317,000						29,317,000
其中：							
国家拥有股份	16,937,000						16,937,000
境内法人持有股份	12,380,000						12,380,000
外资法人持有股份							
其他：							
2.募集法人股	10,683,000						10,683,000
3.内部职工股							
4.优先股或其他							
尚未流通股份合计	40,000,000						40,000,000
二、已流通股份							
1.境内上市的人民币普通股(含向职工配售135万股)					+13,500,000	+13,500,000	+1,350,000
2.境内上市的外资股							
3.境外上市的外资股							
4.其他							
已流通股份合计					+13,500,000	+13,500,000	13,500,000
三、股份总数	40,000,000						53,500,000

2．股本变动情况及原因

本公司经中国证券监督管理委员会证监发字[1996]308号文《关于广东风华高新科技股份有限公司申请公开发行股票的批复》，和证监发字[1996]309号文《关于同意广东风华高新科技股份有限公司采用“上网定价”方式发行A股的批复》，向社会公开发行人民币普通股1,350万股(含公司职工股135万股)。发行价格为人民币8.5元。其中社会公众股(A股)1215万股利用深圳证券交易所交易系统，于1996年11月8日上网定价发行。现总股本为5350万股。上市日期为1996年11月29日。

3．主要股东持股情况(前十名股东)

序号	股东名称	拥有股数	占总股本(%)
1	广东肇庆风华发展有限公司	16,937,000	31.66
2	肇庆市威劲电子有限公司	8,800,000	16.45
3	肇庆市银华工贸发展公司	4,000,000	7.48
4	广东风华高新科技股份有限公司工会	3,683,000	6.88
5	深圳大通实业股份有限公司	3,000,000	5.61
6	美国美运公司	2,000,000	3.74
7	安徽省新能经济技术发展公司	590,100	1.10
8	广东出口商品基地肇庆公司	500,000	0.93
9	中国电子进出口总公司	500,000	0.93
10	陈海珠	267,000	0.49

4．股东数量

1996年末，公司股东总数8287户，其中国有法人股东1人，其他发起人股东5人，定向募集法人股东5人，社会公众股东7123人，公司职工股东1153人。

九江化纤股份有限公司

1996年年度报告摘要 （摘选）

一、公司简况

公司名称：九江化纤股份有限公司

法人代表：张棠华　　邮政编码：332017

公司地址：江西省九江市庐山区蛤蟆石

电话：0792—8234601—5675 传真：0792—8234629

二、主要财务数据与财务指标

指标项目	本年数	上年数	比上年增减(%)
1.主营业务收入(万元)	16947.40	16083.40	5.37%
2.净利润(万元)	1497.89	1751.10	-14.46%
3.总资产(万元)	26973.92	17081.30	57.91%
4.股东权益(万元)	14306.81	5127.77	179.01%
5.每股收益(元)	0.29	0.45	-35.55%
6.每股净资产(元)	2.751	1.315	109.20%
7.净资产收益率(%)	10.50	34.15	-69.25%
8.股东权益比率(%)	53.04	30.02	76.68%

注：1.本公司年初股本数为3900万股，年末股本数为5200万股。1996年每股收益加权平均为0.33元。

2.扣除公司发行股票冻结无效申购资金利息，净利润为1338.07万元，每股收益为0.26元。

3.1996年下半年所得税按33%计算。若按15%计算，每股收益为0.323元。

三、公司主要业务回顾

1.一年来经营情况

1996年是国家实施"九五"计划的头一年，也是本公司由国有大型企业改制为上市公司的第一年。受国家适度从紧的宏观调控政策及国际市场对纺织业的影响，96年纺织行业极度疲软，纺织品价格下滑。虽然外部环境不利，但本公司在董事会的正确决策及广大股东的大力支持下，发扬"艰苦奋斗，开拓创新"的九纤精神，广泛开展学邯钢活动，加强目标成本管理，内挖潜力，外拓市场，降低成本，增加效益，克服了种种困难，生产稳步发展，仍然取得比较满意的经济效益。全年生产人造丝5212吨，销售5584吨，产销率为107.14%。创历史最高产量，销量在全国同行业中位居第五位。实现主营业务收入16947.40万元，比上年增长5.37个百分点；净利润1497.89万元，比上年下降14.46个百分点。

2.实际经营成果与盈利预测差异说明：

公司《招股说明书概要》中披露，1996年下半年所得税率按33%计算，盈利预测净利润为1561.3万元(每股收益为0.30元)；实际实现净利润1497.89万元(每股收益0.29元)，只比预测数下降4%。原因主要是销售单价下滑，引起利润降低。

3.前次募集资金的使用情况说明

本公司于1996年11月18日在深圳证券交易所向社会公众成功地发行了人民币普通股票1300万股，扣除发行费用，募集资金7631万元。募集资金使用情况如下：

(1)扩建2800吨/年粘胶长丝项目一期工程即扩建1400吨/年粘胶长丝生产线。

该项目拟引进国际上先进的连续纺设备和工艺，以替代国内陈旧的离心纺生产工艺，是本公司新的经济增长点。此项目的可行性研究报告已于96年8月27日经江西省计委赣计工字(1996)38号文批复，项目初步设计已委托有关设计院进行。

(2)充实公司营运资金

至本报告年末，项目资金尚未发生。募集资金全部用于充实公司的营运资金。

上述资金使用方案符合招股说明书概要披露的投资计划。

四、股本变化及股本结构情况

1.股权结构

至1996年12月31日，本公司股本全部为人民币普通股，股本结构如下：

(单位：万股；每股面值：1元)

股份类别	期初数	本次变动数	期末数
①尚未流通股份			
其中：国有法人股	3900		3900
公司职工股		130	130
尚未流通股份合计	3900	130	4030
②已流通股份			
其中：社会公众股		1170	1170
已流通股份合计		1170	1170
③股份总数	3900	1300	5200

2.股本变动原因：

经中国证监会批准，本公司于1996年11月18日在深圳证券交易所向社会公众公开发行人民币普通股票1300万股(其中：公司职工股130万股)。

3.主要股东持股情况

1996年12月31日，本公司前十名股东持股情况如下：

序号	股东姓名	持股数(股)	占总股本比例(%)
1	九化纤	39000000	75.00
2	罗杰志	80000	0.1538
3	王艳秋	70000	0.1346
4	梁　况	65500	0.1260
5	彭学如	50850	0.0978
6	何　明	50000	0.0962
7	广东龙马	45700	0.0879
8	缺少资料	45400	0.0873
9	张锡清	40000	0.0769
10	黄　志	40000	0.0769

4.年末股东总数

截止1996年12月31日，公司股东总数：12914人，其中：①法人股东(九化纤)：1人；②社会公众股东：11728人；③公司职工股东：1185人(含公司董事、监事及高级管理人员股东：14人)。

珠海格力电器股份有限公司

1996年年度报告摘要 (摘选)

一、公司简况

公司名称：珠海格力电器股份有限公司

法人代表：苏结宏　　　邮政编码：519070

公司地址：珠海市前山金鸡西路

电话：(0756)8871888转69　8614993转2056

传真：(0756)8885701　8614998

二、主要财务数据与财务指标

指标项目	本年数	上年数	比上年增减(%)
主营业务收入(千元)	2,841,224.25	2,564,104.37	10.81
净利润(千元)	186,336.22	155,172.17	20.08
总资产(千元)	1,842,737.25	1,099,235.23	67.64
股东权益(千元)	556,028.72	294,692.50	88.68
每股收益(元)	1.24	2.07	-40.10
每股净资产(元)	3.71	3.93	-5.60
净资产收益率(%)	33.51	52.65	-36.35
股东权益比率(%)	30.17	26.81	12.53

三、公司主要业务回顾

1. 经营情况

过去的一年，是空调行业竞争更为激烈的一年。加之空调销售旺季4到7月在空调消费的主要地区长江流域及华南地区低温多雨、洪水泛滥，空调市场是旺季不旺，为争夺市场份额，许多厂家竞相削价销售。在巨大的压力和挑战面前，我公司经过全体员工的共同努力，奋力拼搏，生产空调90万台，比上年增长29%；实现销售收入28.4亿元，比上年增长11%；实现利润总额2.19亿元，比上年增长20%。根据国家统计局社会与科技统计司所做的“1996年全国31个中心城市居民消费品调查”结果，我公司生产的“格力”牌空调器居三项第一——全国市场占有率第一位、产品质量评价全国第一位、售后服务质量评价全国第一位。我公司在1996年实现了市场占有份额和经济效益的双增长。

出口贸易迅速发展，创汇大幅度增长。1996年产品对外出口呈现出两个方面的特点：

一是对外出口的区域扩大。在巩固和发展对欧洲、亚洲、港澳市场的同时，积极开拓南北美洲、非洲等市场。目前与公司有业务往来的国家和地区达50个。

二是出口创汇大幅度增长。1996年出口额折合人民币2.26亿元，比1995年增长70%，出口销售收入占总收入的比例由1995年的5%上升到8%。

2. 实际经营与预测对比

公司全年实际实现净利润18,633万元，其中主营业务利润占92%，比1996年上市以6月30日为基准日的全年预测数17,240万元增长8%，实际与预测基本无差异。

四、股本变化及股本结构情况

(一) 股票及股本结构情况

1. 股本结构及动态

股份单位：万股；面值：每股1元

股份类别	年初数	本年增加	年末数
未流通股份			
法人股	5,400	5,400	10,800
已流通股份			
公众A股	2,100	2,100	4,200
股份合计	7,500	7,500	15,000

2. 股份变动原因：

股份变动是因1995年利润分配方案以10:10送红股。

3. 1996年末持股量前10名股东：

股东名称	年末持股数量	持股比例
1)珠海格力集团公司	90,000,000	60%
2)珠海格力房产有限公司	15,000,000	10%
3)珠海华声实业(集团)股份有限公司	3,000,000	2%
4)苏国远	680,000	0.45%
5)东方证券	550,000	0.37%
6)叶云开	530,000	0.35%
7)黄　生	441,460	0.29%
8)余股挂帐	424,012	0.28%
9)叶雄平	380,000	0.25%
10)梁伟光	370,000	0.24%

截止1996年12月31日，公司共有股东36524户。

(二) 公司董事、监事及高级管理人员持股情况

姓名	职　务	年初持股数量	年末持股数量
苏结宏	董事长	10,000	20,000
朱江洪	副董事长兼总经理	6,000	12,000
陈顺一	董事	0	0
梁华应	董事	1,000	2,000
李天送	董事	0	0
石小磊	监事长	1,500	3,000
朱亚春	监事	0	0
肖传能	监事	500	1,000
马　明	副总经理	0	0
卢韵清	副总经理	500	1,000
陈建民	副总经理	500	1,000
郭文峰	副总经理	500	1,000
徐诚伟	总经理助理	500	1,100
董明珠	销售公司经理	500	1,000
张　粤	财务部部长	0	0
庄　培	生产部部长	500	1,000

(三) 子公司及关联企业

我公司与江苏黄河纽士威电器有限公司、香港千钜有限公司合资经营丹阳格力电器股份有限公司，我公司占65%的股权。

天津美纶股份有限公司

1996年年度报告摘要 （摘选）

一、公司简况

公司名称：天津美纶股份有限公司

法人代表：张春亭　　　邮政编码：300400

公司地址：天津市北辰区引河南道

电话：022—26397991、26397995－3181 传真：022—26392950

二、主要财务数据与财务指标

单位：元

指标项目	本年数	上年数	比上年增减(%)
1.主营业务收入	93,441,341.95	170,570,369.47	－45.22
2.净利润	12,762,517.25	9,404,561.33	＋35.71
3.总资产	323,145,065.18	324,883,927.23	－0.54
4.股东权益	171,234,400.25	157,391,679.78	＋8.80
5.每股收益	0.184	0.136	
6.每股净资产	2.47	2.27	
7.净资产收益率(%)	7.45	6	
8.股东权益比率(%)	52.99	48.4	

注：按96年末股本额计算。

三、公司主要业务回顾

1．一年来公司经营情况

1996年公司实现工业总产值12119万元，实现销售收入9344.1万元，实现利润1484.2万元，较去年同期增加31.36%，在本市纺织系统创效益单位中排名第一。

1996年在化纤行业持续疲软，竞争异常激烈的状态下，公司积极寻找发展出路，全力以赴冲出困境。下半年面对化纤市场的复苏，公司抓住这一机遇，紧紧围绕“学邯钢、降成本、抓管理、增效益”活动，努力降低产品单位成本，提高产品附加值，尽最大努力提高主导产品涤纶长丝的效益，实现营业利润的扭亏增盈，有针对性地作了七项工作：

1）千方百计扩大销售渠道。鉴于整体涤纶长丝销售的不景气，把产品销售市场由南转移到北，多渠道开发本市和近郊县用户。不失时机利用九月份出现的销售旺季，进一步扩大了市场覆盖面。长丝产品销往除天津之外的河北、东北、山东、山西、江苏、浙江等省市。美纶牌涤纶长丝产品九六年继续被天津市命名为市优质产品，深得用户的好评。全年长丝销售量达5305吨，产品与原料的平均差价也由上半年的4959元/吨，提高到下半年的6613元/吨，下半年比上半年每吨提高1654元，由此增加收入369.2万元。为全年营业利润实现扭亏打下基础。

2）千方百计提质降耗九六年公司认真抓住POY可纺性的关键环节不放松，认真解决飘单丝等难点。抓生产的关键环节，落实技术人员包机台。强化管理落实前后纺生产和维修管理制度，产品质量有所好转。产品消耗也有了较大幅度下降。

3）千方百计寻找新产品市场，开发生产了83分特/96孔和83分特/72孔涤纶低弹丝；研制开发了阳离子染料可染型聚酯长丝；积极开发了市场适销对路新品——膨松美达柔暖裤；试制生产了720固安2＃、3＃系列过滤材料并扩大了仪征1＃产品用户。九六年共开发生产各类新产品十一种，新产品产值为九五年2.56倍。

4）千方百计降低原料购入价格，为全年营业利润扭亏创造条件。九六年在原料市场起伏较大情况下，为了把原料涨价导致的利润损失减少到最低限度，抓住切片市场供应量增大，其价格下跌且不稳定的市场信息，采取降低采购批量，较好地规避切片价格下跌风险。

5）千方百计促进生产水平的提高。去年九月份以来，我们抓住了长丝市场的转机，掀起了大干九月份创造新水平，大干90天满意交答卷活动。一线员工主动出课题，开展了争创新水平活动。长丝及微细旦车间分别制定了创最高单台水平的奋斗目标。通过强化管理，强化操作，加大考核力度，完善分配制度，在短短的几个月时间里，终于达到了预期目标。微细旦车间111分特低弹丝，长丝车间333分特低弹丝月单台平均日水平都创造了历史最好水平。

6）千方百计节约挖潜，节支增收。九六年我们从无形到有形全方位开展了节约挖潜活动。围绕公司全年奋斗目标，生产车间与经营管理部门纷纷找差距、挖潜力、定目标、定措施并有效地落实措施。公司工会，党委工作部配合行政适时开展了节约挖潜为生存，练好内功求发展的展览活动，充分利用图片，广播、录像、座谈会等媒体，广泛深入地开展了节约挖潜的宣传活动。上上下下的有机配合，使公司节约挖潜活动蓬勃开展，为完成全年经济工作奋斗目标打下了坚实基础。

7）千方百计压缩各种费用，采取有效措施，全年共节约费用45.05万元。

四、股本变化及股本结构情况

1．股票与股本变动情况

公司于1992年实行股份制改造，改组为定向募集公司，1992年7月开始发行股票，其中向法人单位和内部职工募集股份3830.88万股，每股发行价格2.80元。1993年度分红，公司采取每10股送1股后，于1996年11月28日，内部股中的2364万股，在深交所挂牌上市。

2．股东情况介绍（截止1996年12月31日）

1）股本结构：

股份单位：万股　：每股1元

股份类别	年初数	比例(%)	年末数	比例(%)
一、尚未流通股份				
法人持股	4169.022	60.09	4169.022	60.09
内部职工持股	2768.788	39.91	406.6194	5.86
尚未流通股份合计	6937.81	100	4575.6414	65.95
二、已流通股份				
A股			2362.1686	34.05
三、股份总数	6937.81	100	6937.81	100

注：未流通股份中的内部职工持股包括董事、监事和高级管理人员锁定的持股数2,145万股。

2）股东数量：

股东总人数为21214名，其中法人股东71名，个人股东21143名。

3）主要股东持股情况

股东名称	持股数(万股)	占股本比例%
1)天津纺织工业总公司	2723.842	39.26
2)四川农村信托投资公司	110	1.585
3)上海海口启贸实业公司	110	1.585
4)中粮辽宁粮油进出口公司	88	1.268
5)中国农业银行信托投资公司		
上海证券业务部	55	0.792
6)农行深圳信托投资公司	55	0.792
7)农行黑龙江信托投资公司	55	0.792
8)吉林农行信托投资公司	55	0.792
9)中国化工进出口总公司	55	0.792
10)中国民族国际信托投资公司	55	0.792

福建九洲集团股份有限公司

1996年年度报告摘要 （摘选）

一、公司简况

公司名称：福建九洲集团股份有限公司

法人代表：赵裕昌　　　　邮政编码：361004

公司地址：福建省厦门市湖滨东路湖光大厦八、五楼

电话:0592—5055818－208　　　　传真：0592—5052033

二、主要财务数据与财务指标

单位：万元

指标项目	本年数	上年数	比上年增减(%)
1.主营业务收入	169,381	126,073	34.35
2.净利润	5,202	4,101	26.85
3.总资产	74,222	53,618	38.43
4.股东权益	40,094	24,415	64.22
5.每股收益(元)	0.40	0.36	11.11
6.每股净资产(元)	3.09	2.16	43.06
7.净资产收益率(%)	12.97	16.80	－22.80
8.股东权益比率(%)	54.02	45.54	10.62

三、公司主要业务回顾

1．一年来经营情况

1996年，是公司由定向募集公司转为公众公司进一步按公司制规范运作的一年，也是公司创业史上发展跨度最大的一年。这一年，公司作为福建省综合商社试点企业，组织形式与体制结构同步创新，扩大规模与拓展功能齐头并进，经济总量与经济质量明显提高，市场占有率与市场竞争力再度增强，全面完成了1996年度预期的基本经济指标。

1)进出口贸易。公司以进出口贸易为龙头，在资金、人员配备上实行倾斜，加强业务人员的岗位培训，开发和培育出口商品生产基地和拳头产品，拓展国外，境外贸易关系，在一般贸易的基础上，增加转口贸易与对销贸易。全年累计完成进出口贸易额2，6356亿美元，比95年增长54.54%。在福建省外贸企业中排名第5位。其中出口1.3621亿美元，比95年增长25.2%，进口1.4735亿美元，比1995年增长89.57%，实现利润4123.40万元，比95年增长51.1%。

2)房地产开发。采取缓大建小经营策略，集中力量开发和销售一批投资少、收效快的多层项目和别墅式住宅。厦门、莆田、仙游、福安、北京的多层房地产项目基本销售完毕，实现利润2735.88万元，比95年增长39%。

3)文化娱乐服务。坚持健康、文明、高雅的格调，在北京、福州、厦门等地实行娱乐城连锁经营，以特取胜，实现利润460.95元。

4)资产重组。1996年6月3日，经福建省人民政府批准，公司为省首家综合商社试点企业。为迅速完善综合商社的产业功能，公司参与兼并五家国有工业企业。通过改造，当年扭亏为盈，为形成建材、食品、机电工业支柱奠定了基础。

1996年公司主营业务收入369,380.73万元，比95年增长34.35%，实现利润总额6320.23万元，比95年增加33.12%，净利润5202.22万元，比95年增加26.84%。公司总资产74221.78万元，比95年增加38.44%，净资产40093.6万元，比95年增加64.22%。每股净资产3.08元，净资产收益率12.98%。

2．对前次募集资金运用情况的说明

本公司1996年11月成功发行普通股1700.8万股，扣除发行费用后实际募集到位资金10715.04万元，这部分资金使用情况如下：

1)用于龙岩陶瓷城项目前期工程款投入500万元；

2)充实公司进出口贸易流动资金1500万元；

3)期末银行存款8410万元。

至本报告年度末，因募集资金使用项目尚未全面动工，项目资金尚未全面发生，因此募集资金大部分未动用。

上述资金使用符合招股说明书概要披露的投资计划。

四、股本变化及股本结构情况

1．股本变化及股本结构情况

1)股权结构情况(截止1996年末)

股份单位：万股　：每股1元

股份类别	期初数	期末数
一、尚未流通股份		
1.国家股	2855	2855
2.法人股	700	700
3.内部职工股	7736	6188.8
尚未流通股合计	11291	9743.8
二、已流通股份		
1.境内上市普通股	0	3248
已流通股合计	0	3248
三、股份总计	11291	12991.8

2)股本结构变动情况说明

经福建省证券委同意，中国证监会批准，公司向社会公众发行3248万股社会公众股(含1547.2万股占额度上市的内部职工股)。1996年11月5日，公司分别在《中国证券报》、《证券时报》上刊登了《招股说明书概要》和《发行公告》。1996年11月13日至1996年11月21日。公司采用“全额预缴、比例配售、余额转存”的方式，向社会公开发行1700.8万股。

3)前十名股东持股情况(截止96年12月31日)

股东名称	持股数(股)	占总股本(%)
1)福建省国有资产管理局	28,550,000	21.97
2)福建金登集团公司	4,000,000	3.08
3)厦门市龙泉钛金属制品公司	2,000,000	1.54
4)福州森森实业有限公司	1,194,954	0.92
5)中国残疾人基金联合会	1,000,000	0.77
6)林光军	600,000	0.46
7)朱建庭	584,400	0.45
8)陆明兴	584,000	0.45
9)刘泽煌	583,000	0.45
10)周荣胜	577,000	0.44

4)股东数量

截止1996年末，本公司股东总数26718人。

武汉塑料工业集团股份有限公司

1996年年度报告摘要 （摘选）

一、公司简况

公司名称：武汉塑料工业集团股份有限公司
法人代表：刘文彦　　　邮政编码：430022
公司地址：武汉市江汉区新华路287号
电话：027—5769057 传真：027—5795900

二、主要财务数据与财务指标

单位：万元

指 标 项 目	本年数	上年数	比上年增减(%)
1.主营业务收入	26335	23612	11.53
2.净利润	2188	1164	87.97
3.总资产	31814	28706	10.83
4.股东权益	12414	10226	21.40
5.每股收益(元)	0.44	0.23	91.30
7.每股净资产(元)	2.48	2.04	21.57
8.净资产收益率(%)	17.63	11.38	54.92
9.股东权益比率(%)	39.02	35.62	9.55

三、公司业务回顾

1996年是本公司继续快速发展的一年，在1990—1995年连续六年利润总额等主要经济指标保持两位数增长的基础上，本年度又继续保持了快速发展的态势。

1996年度本公司实现主营业务收入26335万元，比上年增长11.5%，实现利润2423万元，比上年增长42.9%。利润总额完成年初预测的133.9%。

本公司所处的塑料加工业既是国家的朝阳产业，也是高度竞争的行业，由于低水平重复建设，全国塑料加工能力过剩，生产能力放空现象较为严重。1996年本公司按照"一个基地，四个中心"，即汽车塑料零部件加工基地、粒料配混中心、薄膜基材及制品加工中心、科技中发服务及塑料化工材料商贸中心、汽车塑料件中南地区质检中心的格局加大经济结构调整步伐，加大多元化经营及资本营运推进力度，着力提高经济运行的质量和效益，取得了历史上最好的业绩。1996年，本公司按主营业务收入，利税总额，利润总额排序均名列湖北省塑料加工业榜首。

1996年本公司围绕主营业务范围，开展了以下工作：

1)根据"增畅限平停滞"原则，大力增产畅销产品，限产平销产品，停产滞销产品，精心调度组织好工业生产。

1996年，本公司生产农地膜(属国家指令性计划，专业定点本公司生产)4479吨，比上年增长10.4%，销售4514吨，比上年增长9.6%；生产注塑产品（获ISO9002质保体系认证资格产品）3410吨，比上年增长25.2%，销售注塑制品3343吨，比上年增长28.4%。在增产畅销产品本公司生产能力有限时，利用社会闲置设备扩散加工到武汉地区6家企业生产。在平销产品方面，增塑剂生产量比上年压缩27.2%，粒料生产量比上年压缩50.7%。1996年本公司承担的市重点技改项目塑料油箱和自筹资金技改项目轿车门内衬经过神龙汽车有限公司的严格验收，竣工投产，12月份生产销售塑料油箱1720套，生产销售轿车门内衬480辆份，两类产品均为独家供应商，实现正式向神龙汽车有限公司供货的目标。

2)根据市场需求开发新产品，强化质量工作，提高市场竞争力。

1996年本公司开发投产新产品28种，新产品产值率35.2%，比上年增长11.3%；重点产品监督抽查合格率100%，产品质量稳定提高率100%。开发的梦牌空调外壳实现销售185吨，显示器外壳实现4500套，氧吧配件实现销售1万件，5米折径大棚膜实现销售1301吨，购买同济大学环保专利产品水处理器生产销售9台套。在产品升级换代方面，第五代遮阳罩，双零五极薄地膜已投入市场。1996年本公司全资附属亚光公司在注塑产品方面获得ISO9002质量保证体系资格认证证书，本公司承担的武汉市重点技改项目，神龙汽车塑料保险杠项目，去年已实质性启动，列入国家"双加二期"工程，引进设备已到汉，可望今年下半年投产。在汽车零配件二次配套方面，本公司为3303工厂神龙轿车座椅配套的塑料件已获3303工厂认可，其中有5类19件已供货1000套。

3）根据效益原则，实施多元经营战略，强化资本营运功能。

1996年，本公司依托武汉地理区位优势和本公司外贸专业人才的人才优势，将国内外商贸业务提高到一个新水平。全年销售塑料化工原材料超过10000吨，代理进口矽钢片1500吨，代理进口轴承80万套。在其他业务方面，转让本公司房地产建设项目收入1069万元，从事三产业长短期投资业务，获取投资收益718万元，质检中心服务费收入38万元，装饰建筑业创收130万元。

4）根据资源优化配置原则，实施了资产和企业重组。

1996年本公司投资总额达1922.5万元(其中以实物折价300万元)，引进资金1857.5万元，组建了三家有限责任公司。这三家有限责任公司将是本公司新的效益增长点。

四、股本变化及股本结构情况

A. 股本结构

数量单位：万股　　每股面值：1元

股 份 类 别	期初数	本次变动数	期末数
1. 尚未流通股份	3635.73	—	3635.73
1)发起人股份	1777.80	—	1777.80
其中：国家拥有股份	1149.90	—	1149.90
境内法人持有股份	627.90	—	627.90
外资法人持有股份	—	—	—
其 他	—	—	—
2)募集法人股	1857.93	—	1857.93
3)内部职工股	—	—	—
4)优先股或其他	—	—	—
尚未流通股份合计	3635.73	—	3635.73
2. 已流通股份			
1)境内上市的人民币普通股	1373.60	—	1373.60
2)境内上市的外资股	—	—	—
3)境外上市的外资股	—	—	—
4)其他	—	—	—
已流通股份合计	1373.60	—	1373.60
3. 股份总额	5009.33	—	5009.33

B. 公司本年度股本结构未作变动。

C. 主要股东持股情况(前十名)

股 东 名 称	持股数（万股）	占总股本比例（%）
1)武汉国有资产经营公司（国家持股单位）	1534.38	30.63
2)武汉国兴投资咨询公司	549.40	10.97
3)武汉市工业合作联社	547.95	10.94
4)中国平安保险公司	500.00	9.98
5)武汉市工商银行天安支行	150.00	2.99
6)深圳江海重型机械工程有限公司	100.00	2.00
7)长江经济联合发展公司武汉公司	100.00	2.00
8)湖北省投资公司	50.00	1.00
9)天骥投资公司	36.1706	0.72
10)李惠兰	33.86	0.68

D. 截止1996年底，公司股东总数为7561户，其中国家股股东1户，法人股股东13户，社会公众股东7547户。

经纬纺织机械股份有限公司

1996年年度报告摘要 （摘选）

一、公司简况

公司名称：经纬纺织机械股份有限公司

法人代表：殷俊德　　邮政编码：030006

公司地址：山西省太原市坞城路15号

电话：(0354)2421574　　传真：(0354)2421587

二、主要财务数据与财务指标

指标项目	本年数	上年数	比上年增减%
1.主营业务收入(千元)	654,448	717,191	－8.7
2.净利润(千元)	78,860	70,119	12.5
3.总资产(千元)	1,151,481	735,763	56.5
4.股东权益(千元)	700,846	319,971	119.0
5.每股收益(元)(全面摊薄)	0.19	0.32	－40.6
6.每股净资产(元)	1.65	1.45	13.8
7.净资产收益率(全面摊薄)	11.3%	21.9%	－48.4
8.股东权益比例	60.9%	43.5%	40.0

注：本公司发行A股时实际收到申购资金冻结利息21.7万元，对以上指标计息影响不大。

三、公司主要业务回顾

1．一年来经营情况及展望

1996年是本公司在市场环境不利的情况下积极发展并取得利润增长的一年，1996年全国纺织企业普遍资金紧张，亏损增加，直接影响着对纺织机械的购买力；同时纺织业继续进行结构调整，国家施行“压锭”和“两证”政策，这对本公司天然纤维纺织机械的销售也带来一定的影响，但本公司凭着多年来的技术实力和良好的市场信誉，严格控制成本支出，经过全体员工的共同努力，除了营业额受市场影响有所下降外，净利润较去年仍有增长，产品的市场占有率也有上升，此外，本公司的营业额、利润总额及净利润三项指标均名列全国纺织机械行业首位。

截至1996年12月31日止，本公司主营业务收入为人民币65445万元，较上年度的人民币71719万元减少8.7%；净利润为人民币7886万元，较上年度的人民币7012万元增加12．5%。

其中天然纤维纺织机械的营业额为人民币37624万元，较上年减少20.7%；化学纤维纺织机械的营业额为人民币14863万元，较上年减少4.8%；纺织机械配件专件及其他产品营业额为人民币12958万元，较上年增长49.2%，本公司四种主要产品的市场占有率继续上升，其中棉纺细纱机的市场占有率约为61%，气流纺机的市场占有率约为80%，牵伸加捻机的占有率约为68%，各类化纤纺丝机的占有率约为62%。

1996年，本公司的出口营业额为人民币6616万元，占该年总营业额的10.1%，较上年的出口额下降30.7%，下降的原因主要是国际市场变化对本公司的出口造成影响，部分合同减少。

1996年，本公司强调把工作重点放在开发名牌产品上，加快新产品开发速度，其中完成新产品设计4项；试制11项，鉴定5项。

本公司致力提高抓产品的质量，建立严格的质量体系，贯彻GB/T19000—ISO9000标准，重新制定了经纬的质量方针和质量目标，本公司于1996年12月顺利通过由法国BVQI公司和中国质量管理协会质量保证中心（QAC）组成的国际、国内质量体系认证机构的同时认证，获得了中国及国际上六个国家（英国、德国、瑞士、美国、澳大利亚、新西兰）的认证证书，这标志着本公司的质量管理和质量保证已经与国际贯例顺利接轨，从而增加了公司参与国内外市场竞争的能力。

本公司提出以“柔性制造”为核心的技改方案，提出了要把经纬纺机从目前的“刚性制造阶段”推进到“柔性制造阶段”的技术改造方针，1996年本公司确定了六个技改项目，即：柔性制造车间项目、铸工改造项目、专件改造项目、科研基地项目、太原开发区厂房项目及钣金等常规改造项目。1996年，本公司投资人民币5166万元运用于技术改造，这些项目大部分进展顺利。

1997年随着国家新一轮经济增长周期的启动及国家对纺织行业的扶持，公司的经营预计将有更好的发展，公司根据市场需求将完成产品结构的重大调整，尤其是1997的将开发市场前景良好的中高档剑杆织机，预计该产品下半年形成批量生产，明年形成年产1000台左右的生产能力，这将成为公司新的较大的利润增长点。

2．盈利完成情况说明

本公司1996年度主营业务收入为人民币65445万元，较预测之主营业务收入人民币75024万元减少12.8%；而本年净利润人民币7886万元却较盈利预测之人民币7816万元增长0.9%。

3．募集资金使用情况说明

本公司于1996年1月和1996年11月分别发行180,800,000股境外上市外资股(H股)及23,000,000股境内上市人民币普通股(A股)，所得款项扣除发行费用后分别获得净资金约22774万元及9925万元。

其中H股资金使用情况：

2687万元用于购买生产设施及技术装备；983万元用于扩大生产能力及其产品系列；698万元用于投资上海立达经纬纺织机械有限公司生产精梳机组；1496万元用于加强本集团研究及开发能力；4402万元用于补充营运资金。

其中截至1996年12月31日止A股募集资金暂时存于银行尚未使用。

四、股本变动及结构情况

1．股本变化及股本结构情况

单位：万股

	年初数	新发行股数	年末数
1.尚未流通股份			
(1)发起人股	22000		22000
(2)公司职工股		1000	1000
2.已流通股份			
(1)境内上市的人民币普通股(A股)		1300	1300
(2)境外上市的外资股(H股)		18080	18080
3.股份总数	22000	20380	42380

（二）主要股东持股情况(前十名股东)

序号	股东名称	年末持股数(万股)	百分比
1	中国纺织机械(集团)有限公司	22000	51.91
2	香港中央结算(代理人)有限公司	17840	42.10
3	君琳	40.4	0.09
4	获多利金融服务有限公司	40	0.09
5	YU NGAN HA SORIS	36	0.09
6	SHEUNG HUNG SUSAN	14	0.03
7	WAN KWOK HING KENNETH	13	0.03
8	YIM KWAI SEE RANDOLF	11.4	0.03
9	LAM KA CHUN	11.4	0.03
10	罗秀梅	10	0.02

注：香港结算(代理人)有限公司确认，渣打银行，香港上海汇丰银行于1996年12月31日分别持有本公司H股45,770,000股及38,994,000股，占本公司发行H股股本的25.32%及21.54%。据了解，上述银行所持有的H股股份乃分别代表多个客户所持有。

（三）股东数量

截止1996年末，公司的A股股东总数为18529户，H股股东的总数为71户，法人股股东1户。

吉林吉诺尔股份有限公司

1996 年年度报告摘要 （摘选）

一、公司简况

公司名称：吉林吉诺尔股份有限公司

法人代表：韩志魁　　邮政编码：132105

公司地址：吉林市高新技术开发区 C 区 26 号楼

电话：0432—2447628　　传真：0432—2447618

二、主要财务数据与财务指标

指标项目	本年数	上年数	比上年增减(%)
1.主营业务收入(万元)	18,116.70	20,139.89	－10.05
2.净利润(万元)	1,162.73	1,587.77	－26.77
3.总资产(万元)	58,998.28	42,991.48	＋37.23
4.股东权益(万元)	18,279.80	15,064.94	＋21.34
5.每股收益(元)	0.189	0.205	－7.80
6.每股净资产(元)	2.964	1.944	＋52.47
7.净资产收益率(%)	6.36	10.53	－39.60
8.股东权益比率(%)	30.98	35.04	－11.59

三、公司主要业务回顾

1.一年来经营情况

1996 年是公司改革、发展史上具有里程碑意义的一年。在这一年里，公司由定向募集公司转为上市公司，公司电冰箱生产线技术改造项目获国家经贸委批准，公司主导产品“吉诺尔”电冰箱获国家环保局颁发的“中国环境标志产品”，并被国内贸易部商业信息中心推荐为’96 电冰箱市场 10 大品牌之一；在这一年里，公司本着对消费者负责，对股东负责的精神，审时度势，克难求进，果断地采取边生产，边改造的策略，获得了较好的经济效益和社会效益，全年实现主营业务收入 181,166,986.42 元，实现利润总额 13,679,209.46 元。回顾 1996 年的工作，主要体现在以下几个方面：

① 深入贯彻 ISO9000 系列标准，强化质量保证能力

自 1995 年 10 月 8 日公司获得中质协颁发的 ISO9001 质量体系认证证书以来，严格按体系文件规定规范公司各项质量活动。为深化贯标成果，质量管理人员修订编制了质量成本管理、营销质量控制、质量改进等 44 个程序文件和用于激励员工参与质量管理的配套文件——质量奖励基金的使用、质量成果评定、质量考核、质量奖惩等文件。在完善质量文件的同时，不断强化质量审核、质量监督，组织了覆盖电冰箱(柜)产品的质量体系审核和过程质量审核、产品质量审核，并跟踪了不符合项的整改结果。开展了对电冰箱(柜)产品及其配件的质量监督活动。开展了争创省质量管理奖活动，通过了省质量奖复评人员的现场检查，取得了省质量管理奖证书；组织了电冰箱(柜)产品的电器安全认证工作，通过了产品的型式认可和 GB/T19001－19004 标准模式的工厂质量保证能力审查。

② 以邯钢“模拟市场核算，实行成本否决”经验为指导，深二级核算，强化成本管理。

公司先后制订了《管理费用开支标准、审批权限及资金管理规定》、《非生产物资管理办法》、《“企业管理效益年”活动实施方案》等一系列文件，为节约费用支出，提高资金利用效率提供了保障。为降低成本，组织专业人员对构成产品成本的各要素逐项进行了分析。采用国产发泡料代替进口料和采用定尺板替代卷板，即可降低单台成本 50 元。

③ 应用现代化方法，完善设计手段，实现产品开发由常规化向高技术化转变。

通过采用 CAD 计算机辅助设计系统，完善了设计手段、实验手段，缩短了产品开发周期，提高了设计可靠性。采用了 AUTOXAD R12 版本二维图设计软件，实现了由计算机进行平面图设计；采用 2 台工作站实现三维设计，对冰箱外部造型，内部结构设计、零部件结构进行分析；采用 CAPP 计算机辅助工艺软件和制冷系统匹配软件，对冰箱性能匹配进行计算、分析，实现了产品的优化设计。

④ 转机建制，规范运作，逐步将公司纳入法制化轨道

根据《公司法》和中国证监会的有关规定，组织制订了公司股东会、董事会、监事会、总经理、董事会秘书工作暂行细则，建立了适应市场竞争需要的决策体系、管理体制和经营机制，初步实现了公司运行的法制化、规范化、程序化。

⑤ 坚持高起点，加快技术改造的总体步伐

1996 年下半年，在国家专项技改贷款和股票发行募集资金未到位的情况下，公司利用流动资金，超前支付厂房、土地、基建、进口设备定金等部分费用，大大加快了项目建设进度。到目前为止，3.8 万平方米场地已征完，2.9 万平方米主厂房已建成，部分进口设备已到货。在产品设计上，公司始终坚持高起点，为此，先后同日本、韩国、德国、意大利等国家的 14 家专业公司接触、考察和谈判。目前，产品设计已基本结束，这种新型无氟冰箱问世后，完全可以满足国际、国内两个市场的需求。

2.主要指标分析

1996 年主营业务收入 181,166,986.42 元，比上年下降 10.05%，实现净利润 11,627,328.04 元，比上年下降 26.77%。主营业务收入及利润减少主要是由于电冰箱市场对产品的需求逐步走向多样化和高档化，无氟绿色节能型电冰箱逐步占领市场，公司在市场的严峻挑战下，对原电冰箱生产线进行改造、开发及研制无氟电冰箱所致。

3.公司募集资金使用情况说明

公司年度内向社会公开发行 A 股 1367 万股，募集资金 6288.2 万元，扣除发行费用 410.1 万元，实际募集资金 5878.1 万元。

所募集资金的使用符合《招股说明书》要求，主要用于电冰箱生产线技术改造项目，目前，该项目工程进度完成 50%，其中 3.8 万平方米场地已征完，2.9 万平方米主厂房已建成，一期进口的部分设备已到货，整个改造项目预计 1997 年底提前一年投入试生产。

四、股本变化及股本结构情况

1.公司股本结构(单位：万股　　每股面值：1 元)

① 尚未流通股份：	期初数	本年度增减	期末数
发起人股	3868		3868
其中：国有法人股	1911		1911
境内法人股	1957		1957
内部职工股	3880	－3181	699
尚未流通股份合计	7748	－3181	4567
② 已流通股份：			
境内上市人民币普通股		＋1600	1600
其中：新发行股份		＋1367	1367
内部职工股上市		＋233	233
已流通股份合计		＋1600	1600
③ 股份总数	7748	－1581	6167

④ 股本变动情况及原因

1996 年 1 月 1 日根据国家体改委[1993]114、115 号文的精神，经公司第一届第四次临时股东大会决议，省体改委吉改股批[1995]47 号文和省计委吉计财金[1996]60 号文的批准，原来的内部职工股 3880 万股的 76%(即 2948 万股)转为二年期年利率为 14%的企业债券，另外的 24%(即 932 万股)仍做为内部职工股留在股份公司内。

1996 年 11 月 24 日公司向社会公开发行并于 12 月 10 日上市流通人民币普通股 1367 万股，内部职工股 932 万股中的 233 万股占额度一同上市流通。

⑤主要股东持股情况(前 10 名最大股东)

股东名称	持股数量(万股)	持股比例(%)
吉林吉诺尔电器(集团)公司	1911	30.99
深圳金圣实业有限公司	1837	29.79
万宝集团冷机制作工业公司	120	1.95
沈阳证券	17.9831	0.29
沈阳证券	17.9831	0.29
海通证券有限公司深圳业务总部	17.9831	0.29
海通证券	17.9831	0.29
吴高枝	16.0361	0.26
刘蕾	12	0.19
银华装饰	11	0.18

⑥ 股东数量

年末股东总数 21275 户，其中国有法人股东 1 户，法人股东 2 户，社会公众股东 21272 户。

四川银山化工(集团)股份有限公司

1996年年度报告摘要 (摘选)

一、公司简况

公司名称：四川银山化工(集团)股份有限公司

法人代表：王治仲　　邮政编码：641201

公司地址：四川省内江市资中县银山镇

电话：0832—5452216　5452204 传真：0832—5452216　5452210

二、主要财务数据与财务指标

单位：万元

指标项目	1996年	1995年	比上年增减(%)
1.主营业务收入	17963	13267	35.39
2.净利润	1759	1721	2.20
3.总资产	33092	26768	23.62
4.股东权益	12790	12582	1.65
5.每股收益(元)	0.34	0.33	3.03
6.每股净资产(元)	2.47	2.43	1.64
7.净资产收益率(%)	13.75	13.69	0.44
8.股东权益比率(%)	38.65	47.00	-17.77

三、公司主要业务回顾

1．一年来公司经营情况

公司在1996年中通过狠抓名优产品的生产和销售，强化内部管理，节能降耗等，使公司圆满地完成了经营目标任务，全年实现主营业务收入17963万元，完成计划的109.2%，比上年增长35.39%，实现净利润1759万元，完成计划100%，比上年增长2.20%，公司经营业绩实现了稳定增长。

1)公司以生产硫酸、磷铵、过磷酸钙、亚铵、碳铵为主产品，是化工部确定的全国磷肥、硫酸重点企业。公司硫酸、过磷酸钙生产能力为四川省最大规模，磷铵是四川省名牌产品，有较稳定的销售市场和具有较强的市场竞争能力。

公司全年生产工业硫酸118255吨，主要用于生产过磷酸钙和磷酸一铵，少量销售。

全年生产磷酸一铵33362吨，销售35195吨。产销率为105.49%，该产品为公司拳头产品和主要盈利产品，市场潜力较大。

全年生产过磷酸钙172503吨，销售174708吨，产销率为101.28%，该产品在四川省内有稳定的销售市场。

全年生产碳酸氢铵69053吨，销售68224吨，产销率为98.88%，该产品主要销往本地市场。

2)1996年公司在技术改造方面完成了以下项目(包括列入1995年投资计划的延续项目)，一是投资1343万元，对原三万吨磷铵生产装置进行扩能技术改造，使之达到年生产磷酸一铵四万吨，发挥装置的规模效益，增加主要盈利产品的生产；二是对老设备进行了更新改造，投资492万元，将硫酸生产中使用了10年之久的沸腾炉和中压锅炉进行了更新，为1997年硫酸的稳产高产创造了条件；三是投资65万元，新安装一台球磨机和1800KVA变压器，为生产的平衡和稳定运行提供了保证；四是投资217万元，将生产供水系统进行彻底改造，用水问题得到了根本解决。

3)在组织新建装置运行和科研项目方面，一是列为国家计委、化工部的扩大试点工程——利用生产磷酸一铵的磷石膏废渣，生产四万吨硫酸联产六万吨水泥工程，建成后经过1996年的试车、整改、调试，已完全掌握了关键技术，并于1996年10月通过了化工部组织的长周期运行考核和竣工验收，1997年将发挥出应有的效益；二是稀土提纯开发项目，1996年在完成设计的基础上，去年11月已开工建设一套年处理500吨氯化稀土的中试装置，目前正在实施之中。

4)公司利润来源的构成情况

公司1996年实现利润总额2,072.30万元，其中主营业务利润为1396.37万元，占67.38%，其他业务利润为393.36万元，投资收益320.54万元。

主营业务利润主要通过产品销售取得。其他业务利润形成一是对外加工硫酸，二是销售生产硫酸后的硫铁矿渣，三是包装费收入。投资收益主要来源于对重庆泰山实业总公司、四川省科泰房地产开发公司、成都棠湖宾馆和银磷复肥分厂投资所形成的收益。

2．公司盈利预测与实际完成情况比较，本年度公司实现主营业务收入17,963.30万元，比预测数16,449.97万元增加1,513.33万元，主要是产品销售数量增加和销售价格上升所致。公司实现净利润1,759.62万元，与预测数1,759.50万元持平。

3．公司在报告年度内未募集资金。

四、股本变化及股本结构情况

1．截止1996年末，公司股本结构如下：

单位：股　面值：每股1元

	期初数	本次变动增减(+、-) 配股	送股	公积金转股	其他	小计	期末数
1).尚未流通股							
发起人股份							
其中：国家持有股份	29,892,200						29,892,200
境内法人持有股份	6,850,000						6,850,000
尚未流通股份合计	36,742,200						36,742,200
2).已流通股份							
境内上市的人民币普通股	15,000,000						15,000,000
已流通股份合计							15,000,000
3).股份总数	51,742,200						51,742,200

2．本年度公司股本未变动

3．主要股东持股情况(前十名股东)

股东名称	年末持股数(万股)	占总股本(%)
1)内江市国有资产管理局	2989.22	57.77
2)成都华联商厦股份有限公司	160	3.10
3)四川省信托投资公司	100	1.93
4)内江市沱江信托投资公司	100	1.93
5)工行四川省信托投资公司内江办事处	100	1.93
6)大鹏证券有限责任公司	100	1.93
7)中国人民保险公司内江市分公司	50	0.97
8)四川省建设信托投资公司内江办事处	50	0.97
9)四川省隆昌县银达实业公司	25	0.48
10)徐晶颖	7	0.13

河南思达电子仪器股份有限公司

1996年年度报告摘要（摘选）

一、公司简况

公司名称：河南思达电子仪器股份有限公司

法人代表：汪远思　　　　邮政编码：450053

公司地址：中国河南郑州高新技术产业开发区龙柏里2号

电话：0371—3810069　　　　传真：0371—3810075

二、主要财务数据与财务指标

单位：万元

指标项目	1996年	1995年	1994年
1.主营业务收入	3415.62	2009.74	1417.57
2.净利润	1449.56	1045.94	702.78
3.总资产	15088.54	4707.28	2447.52
4.股东权益	11533.58	3236.09	2190.15
5.每股收益(元)	0.29	0.28	0.19
6.每股净资产(元)	2.31	0.86	0.58
7.净资产收益率(%)	12.57	32.32	32.09
8.股东权益比率(%)	76.44	68.74	89.46

注：扣除利息收入因素，净利润为1430.01万元；每股收益0.29元；净资产收益率12.38%。

三、公司主要业务回顾

1.一年来公司经营情况

本公司属电力系统二次设备行业，主要从事生产电力标准仪器仪表和电力自动化设备，主要产品有标准功率电能表、精密测试电源、电能表校验装置和电力变电站综合自动监控系统。

公司1996年主营业务收入3415.62万元，较上年增长1405.88万元，增长率为69.95%，净利润1449.56万元，较上年增长403.62万元，增长率为38.59%。

本公司1996年盈利预测主营业务收入4500万元，净利润1506万元，实际主营业务收入完成3415.62万元，净利润1449.56万元。公司没有完成1996年盈利预测的主要原因是，由于本公司1250万股社会公众股12月3日才发行，比公司预计发行时间推迟了5个月，因此电力标准仪器仪表和电能表两个项目的关键性设备年底才到位，形成生产能力。同时我国电力系统对电能表实行入网证制度，由于电能表年底才具备生产条件，因而1996年本公司电能表没有取得电力主管部门的产品入网证，不能进行销售，故盈利只完成预测的96.25%。

本公司是一家高新技术产业公司，生产和销售的产品技术含量较高，因此公司一贯注重科研开发，把科研开发的重点始终放在新品研制和提高产品的技术含量上。公司研究发展中心有科研开发人员61名，占公司职员总数的15%。1996年公司完成产品研制18项，其中16项已投入生产，形成销售收入1100万元，占当年新增销售收入的85%。通过技术开发巩固和发展了公司在本行业的竞争优势。

在生产经营上，1996年公司重点抓了ISO－9000的达标基础工作，提高了产品质量。根据行业竞争特点，公司制定了以新产品开发市场，以优惠价格拓展市场，以售后服务巩固市场的营销策略，采用"优质产品、中等价格"的定价原则，在销售组织上采取三级负责制的直销网络方式，在售后服务上由公司主要领导带队开展了"质量万里行"活动。北上东北、西到新疆、南下湖广、东达闽赣，上门为用户服务，通过措施有效地巩固和提高了公司在本行业中的竞争优势。

2.对前次募集资金的运用情况说明

本公司1996年12月3日至12月11日发行A股1250万股，发行价为每股5.20元，募集资金6500万元(未扣除发行费)。这次所募资金将全部用于本公司的民用与工业用电能表项目和电力标准仪器仪表增产技术改造项目。

(一)民用与工业用电能表项目：项目投资规模为2944.5万元，1996年完成1100万元，主要是配套公共设施完成投资480万元，进口仪器设备完成投资250万元(33万美元)，配套国产设备完成投资150万元。该项目投资基本按计划进度进行，主要设备已经安装到位，该项目初步具备了生产条件。

(二)电力标准仪器仪表增产技术改造项目：项目总投资2000万元(其中流动资金1500万元)，1996年完成投资120万元，该项目投资基本按计划进度进行，新产品开发研制已经结束，部分产品在1996年投放市场。

四、股本变化及股本结构情况

1.股本变化及股本结构情况

1)股权结构情况　　　　股份单位：股　面值：每股1元

股份类别	年初数		年末数	
	股份数	比例(%)	股份数	比例(%)
一、尚未流通股份				
1.发起人股份	37,500,000	75.0	37,500,000	75.0
其中：				
境内法人股	37,500,000	75.0	37,500,000	75.0
境外法人股				
2.公司职工股	1,250,000	2.5	1,250,000	2.5
其中：高管股	33,000		33,000	
尚未流通股份合计	38,750,000	77.5	38,750,000	77.5
二、已流通股份				
1.A股	11,250,000	22.5	11,250,000	22.5
境内上市外资股				
已流通股份合计				
三、股份总数	50,000,000	100	50,000,000	100

2)本年度公司股本及股本结构未作变动。

3)持有本公司股份前十名股东情况(截止1996处12月31日)

股东名称	年末持股数(万股)	占总股本(%)
1)河南思达科技(集团)股份有限公司	3483.1681	69.99
2)洛阳春都集团股份有限公司	106.8319	2.14
3)白鸽(集团)股份有限公司	100	2.0
4)郑州高新技术产业开发区丰远实业有限公司	50	1.0
5)河南隆达通讯有限公司	10	0.2
6)杨小山	10	0.2
7)杨桂林	10	0.2
8)张桂珍	6.5	0.13
9)尧风香	6	0.12
10)福建兴业证券上海营业部	6	0.12

4)年末股东情况

本公司于本年度报告期末的股东数为19348人。

山东潍坊海龙股份有限公司

1996年年度报告摘要 （摘选）

一、公司简况

公司名称：山东潍坊海龙股份有限公司

法人代表：潘景岫　　邮政编码：261100

公司地址：山东省潍坊市寒亭区潍县北路555号

电话：(0536)7253042　　传真：(0536)7252140

二、主要财务数据与财务指标

指标项目	本年数	上年数	比上年增减(%)
1.主营业务收入(万元)	19621	14549	34.86
2.净利润(万元)	1606	921	74.38
3.总资产(万元)	15214	13512	12.60
4.股东权益(万元)	9959	8353	19.23
5.每股收益(元)	0.314	0.18	74.44
6.每股净资产(元)	1.95	1.63	19.63
7.净资产收益率(%)	16.13	11.03	46.24
8.股东权益比率(%)	65.46	61.82	5.89

三、公司主要业务回顾

一年来的经营情况

本公司为基础原材料生产工业。1996年，公司坚持以提高经济效益为中心，深化内部改革，强化企业管理，促进产品销售，生产经营始终保持稳定的发展态势。全年实现主营业务收入19621万元，比上年增长35%，实现利润总额1889.3万元，净利润1606万元，分别比上年增长37.4%和74.38%。

1.加大营销力度，确保效益提高。

营销工作是牵动企业运行的命脉，对保证经济效益的提高至关重要。因此，我们首先落实营销政策，实行分片包干制度，将任务落实到人，严格奖惩考核。并根据市场情况及时调整营销策略，加强市场预测和售后服务工作，开辟多种销售渠道，扩大产品市场占有率，创造良好的竞争优势，确保经济效益稳步提高。

2.加强企业管理，提高综合管理水平

一是抓住成本这个影响企业经济效益的关键不放松，从原料采购、生产组织到产品销售进行严格把关，建立目标成本责任体系，细化分解目标，层层落实到生产经营的各个环节，实行成本否决和费用否决，严格奖惩兑现。二是加强生产组织和技术管理，在保证成本降幅的同时，确保产品质量的提高；搞好质量跟踪服务，树立用户质量意识，以高质量的产品赢得用户，确立企业在市场上的竞争优势。三是加大技术改造和技术挖潜力度，调整优化生产系统，为生产提供保证。四是从薄弱环节入手，完善管理基础，强化内部管理机制，充分挖掘管理效益资源，提高企业整体素质。

本报告期内公司无募集资金情况

四、股本变化及股本结构情况

1.股本变化及股本结构情况

① 截止1996年末，公司股本结构如下：

股份类别	年初数(股)	年末数(股)	年末股份结构(%)
(一)尚未流通股份			
1.发起人法人股	17056000	17056000	33.36
2.募集法人股	18473000	18473000	36.13
合　计	35529000	35529000	69.49
(二)已流通股份			
社会公众股(A股)	15600000	15600000	30.51
合　计	15600000	15600000	30.51
(三)股份总数	51129000	51129000	100

② 1996年公司总股份及股本结构未发生变化。

③ 主要股东持股情况

截止1996年12月31日，本公司列前10位股东持股情况：

股东名称	持股数(股)	持股比例(%)
1.潍坊化纤集团总公司	18473000	36.13
2.潍坊市寒亭区央子盐化总公司	17056000	33.36
3.魏昆	283600	0.55
4.魏浩雄	232000	0.45
5.罗月琴	130000	0.25
6.祁玉茹	113700	0.22
7.熊学华	80200	0.16
8.李人洁	70000	0.14
9.王淑兰	70000	0.14
10.姚瑞华	70000	0.14

④ 截止1996年12月31日公司股东总数7119户，其中法人股东2户，社会公众股东7117户。

2.公司董事、监事及高级管理人员持股情况

姓名	职务	年初持股数(股)	年末持股数(股)
潘景岫	董事长	8000	8000
闫树云	副董事长	6000	6000
邵丕清	副董事长	3000	3000
朱群玉	董事	4000	4000
刘金波	董事总经理	0	0
崔云波	董事副总经理	4000	4000
崔好普	董事财务部经理	4000	4000
张华功	董事	4000	4000
张洪厚	董事	4000	4000
赵林海	董事	4000	4000
王坤明	董事	4000	4000
林京胡	监事会召集人	0	0
张桂亭	监事	3000	3000
陈龙法	监事	3000	3000
王恩华	监事	0	0
蔡云评	监事	0	0
孙寿庆	副总经理	3000	3000
张建香	副总经理	3000	3000

说明：本公司原副董事长张伯华、原董事李益荣、原总经理王增吉分别经临时股东大会和董事会同意，已不在本公司任职，所持有的股份13000股尚未申请解冻流通。

3.关联企业

本公司无子公司和关联企业

襄阳汽车轴承股份有限公司

1996年年度报告摘要 （摘选）

一、公司简况

公司名称：襄阳汽车轴承股份有限公司

法人代表：张德炳　　邮政编码：441022

公司地址：湖北省襄樊市轴承路1号

电话：(0710)3564101转　传真：(0710)3564019

二、主要财务数据与财务指标

指标项目	本年数	上年数	比上年增减(%)
1.主营业务收入(万元)	38673	35975	7.5
2.净利润(万元)	4462	3502	27.4
3.总资产(万元)	77334	65527	18.02
4.股东权益(万元)	38372	23302	64.67
5.每股收益(元)	0.747	0.34*	119.71
6.每股净资产(元)	6.43	2.27*	183.26
7.净资产收益率(%)	11.6	15.0	-22.67
8.股东权益比率(%)	49.62	35.56	39.54

* 上年度股本总数按10270.14万股计算。

注：按转增股本后，股本总数由59,686,700股变为89,530,050股，每股收益摊薄为0.498元。

三、公司主要业务回顾

九六年伴随宏观经济继续实行财政紧缩政策，汽车行业发展速度变缓，汽车轴承行业有效需求下降。东风公司作为我公司主要客户，九六年对我公司产品需求量下降25.4%。为了在困境中谋求公司生存和发展，一年来，我们立足市场狠抓轴承工业营销，充分调动全体员工生产经营积极性，巩固和扩大了公司主营业务销售市场，提高了“ZXY”轴承品牌知名度，一次性通过ISO9001质量体系认证，保持了生产经营持续获利，稳步向前的良好势头。

至九六年止，我国轴承行业经过四十多来的建设与发展，已跻身世界轴承生产大国行列。并作为支柱产业汽车工业的相关产业列入国家重点扶持、振兴的产业之一，其中：小轿车轴承规模生产与国产化率则成为重中之重，享有国家项目审批、资金投入、税收等各项政策优惠。与国外名牌公司和国内汽车工业潜在发展机遇相比，轴承行业在产品质量、技术含量、提高产品附加值方面都存在极大的发展空间。

由于汽车行业发展速度变缓，汽车轴承行业竞争激烈，九六年轴承行业平均利润率水平呈大幅下降趋势。据轴承行业主要企业生产月快报数据显示：九六年轴承行业主要企业亏损面达34.4%，利润总额比同期下降56%。在极其困难的情况下，我公司经过有效经营，实现利润5214万元，占行业主要企业利润总额47%，全年销售额居于行业第五名，相对经济效益指标名列前茅。

四、股本变化及股本结构情况

1．股本结构情况

数量单位：股　每股面值：1元

	期初数	本次变动增减(+、-) 配股	送股	公积金转股	其他	小计	期末数
一、尚未流通股份							
1.发起人股份	22492300						22492300
其中：							
国家拥有股份							
境内法人持有股份	22492300						22492300
外资法人持有股份							
其他							
2.募集法人股	7222300						7222300
3.内部职工股	19590000				-4897500	-4897500	14692500
4.优先股或其他							
尚未流通股份合计	49304600					-4897500	44407100
二、已流通股份							
1.境内上市的人民币普通股					10382100	10382100	10382100
2.境内上市的外资股							
3.境外上市的外资股							
4.其他					4897500	4897500	4897500
已流通股份合计					15279600	15279600	15279600
三、股份总数	49304600					10382100	59686700

注：① 上表中已流通股份15279600股包括对外发行的10382100股和占额度上市的4897500股内部职工股；

② 公司已于1997年3月7日实施“用资本公积金转增股本：每10股转增5股”；

③ 公司转增股本后，股本总数由59686700股变为89530050股。

2．股本变动情况及原因：

本公司于1996年12月24日发行股票1527.96万股，其中向社会公众发行1038.21万股，内部职工持489.7万股，占额度上市，截止1996年12月31日公司股本总额变化为5968.67万股，1997年元月6日在深圳交易所挂牌上市。

3．公司主要股东持股情况

公司截止到1996年12月31日主要股东持股情况

股东名称	持股数(股)	占总股本比例
(1)襄阳汽车轴承集团公司	22492300	45.62%
(2)襄阳汽车轴承实业总公司	1650720	3.35%
(3)中国工商银行湖北省信托投资公司襄樊市办事处	960000	1.95%
(4)猴王投资公司	960000	1.95%
(5)中国工商银行襄樊市分行信息咨询公司	480000	0.97%
(6)襄樊兴业设备租赁调剂公司	480000	0.97%
(7)襄樊中建房地产开发公司襄城公司	480000	0.97%
(8)中国工商银行襄樊市分行劳动服务公司	384000	0.78%
(9)襄樊市税务咨询事务所	182400	0.37%
(10)襄樊市政通实业总公司	144000	0.29%

远东实业股份有限公司

远东实业股份有限公司股票上市公告书

一、释义

本公告书中,除非文章另有所指,下列简称具有以下意义:

本公司:指远东实业股份有限公司

董事会:指本公司董事会

深交所:指深圳证券交易所

元:指人民币元

二、绪言

经中国证券监督管理委员会证监发字〔1996〕406号和证监发字〔1996〕407号文件批准,本公司已向社会公众发行了每股面值1.00元人民币普通股1250万股,接深交所深证发〔1997〕24号《上市通知书》,本公司股票将于1997年1月21日在深交所挂牌交易,本公司总股本为5000万股,可流通股份为1125万股(内部职工股125万股自上市之日起,半年后流通),公司股票代码为0681,证券简称"苏常远东"。

本公告书依据《中华人民共和国公司法》、《股票发行与交易管理暂行条例》、《公开发行股票公司信息披露实施细则》、《深圳证券交易所业务规则》以及国家有关证券管理法规的规定,为本公司股票上市之目的而向社会公众提供各种资料。

本公司于1996年12月27日在《中国证券报》上刊登了《招股说明书概要》,距今不足6个月,故与其重复的内容在此不再赘述,敬请社会公众查阅本公司《招股说明书概要》。

本公司董事会及各位董事确信本公司公告书未遗漏,亦不存在任何误导和虚假成份,并就本公告书及相关资料的真实性、准确性、完整性负个别及连带责任。

三、公司概况

1、公司名称:远东实业股份有限公司

英文名称:FAR EAST INDUSTRIAL STOCK CO.,LTD.

英文缩写:FIC

2、公司成立日期:1993年12月28日

3、公司地址:江苏省常州市清潭荆川南路

英文地址:JINGCHUAN SOUTH ROAD, QING TAN CHANGZHOU, CHINA

邮政编码:213015

4、公司法定代表人:乐佐良

5、注册资本:人民币5000万元

6、公司董事、监事和高级管理人员简介:

董事

乐佐良先生,本公司董事长兼副总经理,68岁,大学毕业。现任香港泛洲国际有限公司董事长兼总经理。1952年毕业于上海沪江大学企业管理系,曾任中科院科普协会干事。1958年定居香港,在港长期从事服装业。1984年初被聘为常州服装集团公司经济技术顾问,1986年任远东服装有限公司副董事长兼外方总经理,1995年至今任本公司董事长,兼任香港国耀房地产开发有限公司董事、上海国耀房地产开发有限公司董事兼总经理、江苏省经济技术学会理事、常州市工商联常委。1996年获常州市荣誉市民称号。

李学仁先生,本公司总经理,58岁,大专学历,高级经济师。曾任常州市第四服装厂厂长。1985年受常州市服装集团公司委派筹办中外合资远东服装有限公司,并任公司总经理。本公司成立至今继任本公司总经理。现为中国服装协会常务理事、常州服装集团公司副董事长、常州市企管协会和企业家协会副会长、常州市外商投资企业协会副会长,并荣获纺工部劳模和市优秀企业家称号。

朱祥英女士,本公司副董事长,45岁,高中学历。现为常州服装集团公司常务副总经理。曾任常州市服装四厂党总支书记、常州市服装一厂党委副书记厂长、常州服装集团公司副总经理等职务。

巫建彬先生,本公司副董事长,46岁,大专学历,高级经济师。现任中国银行江苏信托咨询公司总经理。曾任中国银行芜湖市支行副行长、中国银行南京分行存款处副处长、中国银行江苏信托咨询公司副总经理。

苏寿鸿先生,71岁,大学肄业。1952年定居香港,现为香港泛洲国际有限公司董事,曾任香港永南制衣厂副厂长、新兴制衣厂厂长、董事等职。

康清芬先生,65岁,大学肄业。1950年定居香港,现任香港泛洲国际有限公司董事、辽宁省抚顺永久木业有限公司董事和抚顺市顺城区人民政府特邀顾问等职。

须成发先生,44岁,大专学历。现任交通银行香港分行投资银行部高级经理,曾任江西建设兵团一团副连长、上海边防局副科长、交通银行上海分行科长等职务,并曾就读于解放军外语学院。

吴宁先生,33岁,大学本科学历,经济师。现任江苏省国际信托投资公司投资管理部投资科副科长。曾毕业于华中工学院企业管理专业,1986年至今一直在江苏省国际信托投资公司工作。

陈伟雅女士,33岁,大学本科学历,经济师。曾毕业于上海财经大学金融专业,1986年至今在中国银行江苏信托咨询公司投资业务部工作。

监事

钱志明先生,本公司监事会主席,46岁,高中学历。现任中共常州服装集团公司纪委书记。曾任常州轮船运输公司党委办公室副主任、党委书记、经理、常州服装集团公司办公室主任等职。

周良志先生,监事会副主席,50岁,高中学历,助理经济师。现任本公司工会副主席。曾任常州电焊条厂党支部副书记、常州金属压延厂和常州台谊实业公司工会主席。

陈和生先生,47岁,大专学历,会计师。曾任中国银行江苏省分行会计处财务管理科副科长、中行江苏信托咨询公司房地产部副经理、计财部副经理。

邝成先生,65岁,高中学历,现任香港祥兴电机有限公司董事长、香港泛洲国际有限公司董事。历任美国三藩市设备公司和加拿大温哥华设备公司董事长、香港针车商会会董等职。

王毓敏女士,44岁,大专学历,政工师。现任本公司办公室主任。曾就读于常州工业技术学院干部专修班,并就职于常州市无线电元件九厂和元件七厂。

公司高级管理人员

蒋顺生先生,50岁,大专学历,助理经济师。现任本公司党总支书记、总经理助理、股票办主任。曾任常州市服装二厂副厂长、常州市服装六厂厂长、莱索托豪华纺织有限公司总经理等职。

王惠玉女士,37岁,高中文化,经济员。现任本公司总经理助理、国际贸易部经理。曾任远东服装有限公司车间主任。

高毓明先生,37岁,大专学历,助理经济师。现任本公司总经理助理、生产计划部经理。曾任常州服装二厂科员、常州华利达服装有限公司总经理助理、副总经理等职。

张明华女士,55岁,高中文化,会计师。现任本公司财务劳资部经理。曾任常州服装三厂和常州服装四厂财务科长。

7、经营范围:

常州市工商行政管理局向本公司颁发的企业法人营业执照核定本公司经营范围是:生产销售服装、床上用品、鞋帽、纺织品、服装辅料、包装材料。

8、主要业务:

公司主要生产经营各类各式中高档服装、床上用品、装饰品、鞋帽、纺织品、服装辅料、包装材料等,经营方式为自产自销。

公司具有自营进出口权,产品90%出口,10%内销。出口产品主要销往日本、韩国、西欧和澳洲等国家和地区,均以客户订单和即期信用证组织生产,其中又以自供面料为主,客户供料为辅。本公司拥有18个专业化生产车间,具有"小批量、多品种"的生产条件,符合国际服装市场需求特点。

公司的内销产品为"马可波罗"牌系列服装,由本公司根据国际、国内服装市场需求趋势进行设计和生产,并通过国内50多个自销专营店或经销、代销专柜以及订货会、展销会等销售网络进入市场。

9、职工情况:

截止到1996年3月31日,本公司共有职工1820人,平均年龄27岁,其中大专以上学历的46人,占职工总数2.53%,具有中高级技术职称10人。职工专业构成如下:

构成	人数	百分比
一线生产人员	1545	84.89%
管理人员:	182	10.00%
二线辅助人员	93	5.11%
总计	1820	100%

10、公司沿革:

本公司的前身是远东服装有限公司(以下简称原公司),创立于1985年4月,是常州市最早成立的中外合资企业之一,它由常州服装集团公司、中国银行江苏信托咨询公司、江苏省国际信托投资公司、香港泛洲国际有限公司和香港侨通发展有限公司共同组建,最初投资总额为52万美元。

1992年4月,原公司被江苏省体改委批准为全省12家股份制试点企业之一。1993年10月,经原公司董事会通过决议,并经江苏省体改委苏体改生〔1993〕376号文批准,由原公司作为主要发起人,常州服装集团公司和中国银行江苏信托咨询公司作为共同发起人,向社会法人和内部职工定向募集设立本公司,股本总额为5422.9377万元,在江苏省常州市工商局登记注册。经国家外经贸部批准,本公司为中外合资股份有限公司。

公司成立后,董事会确定了"一业为主,多元化经营"的发展方向,相继投资注册了三家中外合资的控股或参股子公司,它们分别是常州新东制衣有限公司、张家港联东国际贸易有限公司和苏州大东食品有限公司。原公司对三家子公司投资额分别为:25万美元、20万美元和28.5万美元,分别占三家子公司的总投资比例为:50%、66.67%、40.71%。

1996年3月,经公司临时股东大会通过决议,公司对内部职工股进行清理,将250万股内部职工股以每股2元的价格全部转让给公司部分法人股东认购。公司总股本不变,股权结构调整,并经江苏省体改委苏体改生〔1996〕357号文确认。

1996年7月,经本公司一届董事会第七次会议和1996年3月10日股东大会临时会议通过决议,并经江苏省人民政府苏政发〔1996〕72号文批准,本公司因分立减少注册资本,股本总额调整为3750万元。

四、股票发行及股权结构

1、股票发行

经中国证券监督管理委员会证监发字〔1996〕406号和证监发字〔1996〕407号文件批准,本公司于1996年12月31日利用深圳证券交易所交易系统上网定价发行人民币普通股1250万股,每股面值1元,发行价格5.30元,此次公开发行股票的主承销商是海通证券有限公司,分销商是常州市证券公司。本公司新发行之1250万股社会公众股股款在扣除发行费用后已全部进入本公司帐户,并经常州市会计师事务所常会验字〔97〕内04号《验资报告》验证确认。

2、股权结构

公司本次股票发行后股权结构为:

股份种类	股本数量(万股)	占总股本比例(%)
法人股	2301.7918	46.03
外资股	1448.2082	28.97
社会公众股	1250.00	25.00
(含内部职工持股	125.00	2.50)
总股本	5000.00	100.00

3、本公司前十名股东持股情况

股东名称	持股数(万股)	比例(%)
香港泛洲国际有限公司	1143.8854	30.50
常州服装集团公司	852.1041	22.72
中行江苏信托咨询公司	730.3740	19.48
华南冷藏制冰(深圳)有限公司	312.6589	8.34
香港侨通发展有限公司	304.3228	8.12
江苏省国际信托投资公司	243.4583	6.49
扬州印染厂	55.3206	1.48
常州经济技术开发区弛达物资公司	41.4904	1.11
常州市荆川实业公司	38.7244	1.03
中国外运江苏集团公司常州公司	13.8301	0.37

五、公司董、监事、高级管理人员持股情况

姓名	职务	持股数(股)
李学仁	董事、总经理	5000
朱祥英	副董事长	5000
巫建彬	副董事长	10000
须成发	董事	10000
吴宁	董事	5000
陈伟雅	董事	10000
钱志明	监事会主席	3000
周良志	监事	3000
陈和生	监事	6000
王毓敏	监事	3000
蒋顺生	总经理助理	4000
王惠玉	总经理助理	4000
高毓明	总经理助理	3000
张明华	财务劳资部经理	4000
合计		75000

六、主要财务资料

1、资产负债表(合并)

表一

资产负债表

单位:元

资产	附注	1996.9.30	1995.12.31	1994.12.31	1993.12.31
流动资产:					
货币资金	1	30,143,880	28,433,252	33,042,819	25,626,238
短期投资					
应收票据					
应收帐款	2	13,229,081	1,299,149	12,852,218	23,104,086
减:坏帐准备		66,145	6,496	64,261	115,520
应收帐款净额		13,162,936	1,292,653	12,787,957	22,988,566

项目	附注	1996年9月30日	1995年度	1994年度	1993年度
预付货款		187,234			
其它应收款	3	2,473,858	1,875,753	13,642,103	657,144
待摊费用	4	276,618	6,983	220,307	548,850
存货	5	47,970,396	37,690,571	26,564,669	33,446,702
待处理流动资产净损失					
一年内到期的债券投资					
其它流动资产					
流动资产合计		94,214,922	69,299,212	86,257,855	83,267,500
长期投资:					
长期投资					
固定资产:					
固定资产原价	6	40,976,406	37,192,091	26,830,792	23,093,808
减:累计折旧		7,858,125	5,683,585	3,241,183	3,342,131
固定资产净值		33,118,281	31,508,506	23,589,609	19,751,677
在建工程	7	521,499		2,681,878	369,110
固定资产清理					
待处理固定资产净损失					
固定资产合计		33,639,780	31,508,506	26,271,487	20,120,787
无形资产及递延资产:					
无形资产	8	4,835,641	4,911,726	5,013,173	5,072,350
递延资产	9	679,743	400,926	213,734	
无形资产及递延资产合计		5,515,384	5,312,652	5,226,907	5,072,350
其他长期资产:					
其他长期资产					
递延税项:					
递延税款借项	10	3,699,787	3,699,787	3,699,787	
资产总计		137,069,873	109,820,157	121,456,036	108,460,637
负债及股东权益					
流动负债:					
短期借款	11	4,981,020	4,990,440	18,255,742	14,664,088
应付票据					
应付帐款	12	40,427,077	22,223,436	13,724,130	37,074,131
预收货款		3,360,454			10,432,087
应付福利费					
未付股利				4,530,100	
未交税金	13	271,971	1,363,387	4,894,922	2,529,654
其他未交款					
其他未付款	14	9,139,320	6,846,157	6,785,804	3,512,554
预提费用	15	2,491,132	2,480,681	6,254,629	4,777,433
一年内到期的长期负债					
其它流动负债					
流动负债合计		60,670,974	37,904,101	54,445,327	72,989,947
长期负债:					
长期借款					
应付债券					
长期应付款					
其他长期负债	16	15,202,914	15,202,914	15,202,914	1,639,438
长期负债合计		15,202,914	15,202,914	15,202,914	1,639,438
递延税项:					
递延税款贷项					
负债合计		75,873,888	53,107,015	69,648,241	74,629,385
股东权益:					
股本	17	37,500,000	37,500,000	37,500,000	32,751,292
资本公积	18	8,477,943	8,477,943	8,475,245	313,149
盈余公积	19	3,151,948	3,151,948	1,077,599	141,693
其中:公益金					
未分配利润		12,066,094	7,583,251	4,754,951	625,118
股东权益合计		61,195,985	56,713,142	51,807,795	33,831,252
负债及股东权益合计		137,069,873	109,820,157	121,456,036	108,460,637

2、利润表(合并)

表二　　利润及利润分配表　　单位:元

项目	附注	1996年1-9月	1995年度	1994年度	1993年度
主营业务收入	20	170,731,243	152,191,060	139,486,526	80,259,438
减:营业成本		143,579,822	124,483,861	109,070,363	87,575,763
销售费用	21	6,788,425	5,898,780	9,644,753	6,262,624
管理费用		5,940,395	7,662,393	7,689,508	4,525,153
财务费用		1,620,340	1,873,997	4,067,620	-27,252,766
进货费用					
营业税金及附加		8,126			349,599
主营业务利润		12,794,135	12,272,029	9,014,282	8,799,065
加:其他业务利润	22	457,569	-122,383	2,397,421	4,182,740
营业利润		13,251,703	12,149,646	11,411,703	12,981,805
加:投资收益					
营业外收入	23	238,370	100,591	414,503	257,819
减:营业外支出	24	329,691	48,182	229,904	51,017
加:以前年度损益调整					
利润总额		13,160,382	12,202,055	11,596,302	13,188,607
减:所得税	25	1,672,692		902,616	3,560,924
净利润		11,487,690	12,202,055	10,693,686	9,627,683
加:年初未分配利润		7,583,251	4,754,951	625,118	
盈余公积转入数					
可分配的利润		19,070,941	16,957,006	11,318,804	9,627,683
减:提取法定公积金			1,220,205	1,069,369	962,768
提取法定公益金			976,164	855,495	770,215
可供股东分配的利润		19,070,941	14,760,673	9,393,940	7,894,700
减:已分配优先股股利					
提取任意公积金			854,144	748,558	673,938
已分配普通股股利		7,004,847	6,323,242	3,890,431	6,595,644
未分配利润		12,066,094	7,583,251	4,754,951	625,118

3、主要财务指标:

指标名称	计算公式	比率
(1)流动比率	流动资产/流动负债	1.52
(2)速动比率	速动资产/流动负债	0.76
(3)应收帐款周转率(次)	主营业务收入/应收帐款平均余额	14.00
(4)股东权益比率(%)	股东权益总额/资产总额	43.79
(5)净资产收益率(%)	税后利润总额/净资产总额	0.21
(6)每股净资产	股东权益总额/股本总额	1.54

4、盈利预测

本公司经常州市会计师事务所审核的1996年、1997年盈利预测如下:(单位:万元)

项目	1996年	1997年
主营业务收入	22000	36483
主营业务利润	1670	3350
营业利润	1731	3432
利润总额	1706	3386
所得税	205	586
净利润	1501	2547
每股净利润	0.30元/股	

注:以上预测均以所得税率12%为测算依据。

七、董事会上市承诺

本公司董事会将严格遵守《公司法》、《股票发行与交易管理暂行条例》、《公开发行股票公司信息披露实施细则(试行)》、《深圳证券交易所交

易规则》和国家有关法律、法规的规定,并自股票上市之日起向全体股东作如下承诺:

(1)按照法律、法规的规定程序和要求披露重大的信息,并接受证券主管机关、深圳证券交易所的监督管理。

(2)及时、真实、准确地公布中期报告和年度报告,并备置于规定场所供投资者公众查阅。

(3)本公司董事、监事及高级管理人员如发生人事变动或持本公司股票发生变化时,在报告证券主管机关、深圳证券交易所的同时向投资者公布。

(4)在任何公共传播媒介中出现的消息可能对本公司股票的市场价格产生误导性影响时,本公司知悉后将及时对该消息予以公开澄清。

(5)本公司董事、监事及高级管理人员将认真听取社会公众的建议和批评,不利用已获得的内幕消息和其他不正当的手段直接或间接从事股票买卖活动。

(6)本公司没有无记录负债。

(7)董事会及各位董事保证不就任何未经主管部门审阅的可能影响股价变动之重大信息私自发表公告或发表意见。

八、重要事项揭示

1、截止本公司公告书刊登之日,本公司以及本公司董事、监事及高级管理人员目前并无涉及任何重大诉讼与仲裁,且就董事会所知,亦无涉及任何尚未了结或有可能提起的重大诉讼。

2、根据国家有关规定,本公司125万股内部职工股将在新股上市半年后上市流通。

3、股利分配政策

根据公司章程第六十七条,本公司缴纳所得税和其它税费后的利润,按以下顺序分配:

(1)弥补亏损;

(2)提取法定公积金10%;

(3)提取法定公益金5-10%;

(4)提取任意公积金;

(5)支付普通股股利。

4、历年股利发放情况

(1)1993年按到位股本3275.1292万股派发现金红利每股0.20元;

(2)1994年、1995年按全体股东股本3750万股派发现金红利每股0.10元、0.17元;

(3)1996年3月31日公司成立,以公司实现利润和股利发放情况及分立方案为依据,计算出上述历年股利发放情况;

(5)本次发行后的社会公众股东将参与1996年度的股利分配

九、咨询机构

本公司有关备查资料存放在本公司股票办,可供股东查阅。

1、发行人:远东实业股份有限公司

地址:江苏省常州市清潭荆川南路

电话:(0519)6966111

传真:(0519)6962346 6962632

联系人:蒋顺生、周建南

2、承销商:

主承销商:海通证券有限公司

法定代表人:李惠珍

地址:上海市四川中路175号

联系人:鲍一冰、毛晓岚

电话:(021)63248938 63241406

传真:(021)63065751

邮政编码:200002

分销商:常州市证券公司

法定代表人:刘京亭

地址:江苏省常州市博爱路129号

联系人:丁伟康、宋彬彬

电话:(0519)6637746

传真:(0519)6631446

邮政编码:213003

3、上市推荐人:

常州市证券公司

海通证券有限公司

4、发行人的律师事务所:江苏对外经济律师事务所

法定代表人:张国平

地址:江苏省南京市北京西路26号五楼

电话:(025)6631336

邮政编码:210024

经办律师:张国平、居建平

5、财务审计机构:常州会计师事务所

法定代表人:蔡桂如

地址:江苏省常州市化龙巷1号恒利大厦A座6楼

电话:(0519)6622612

邮政编码:213003

经办注册会计师:蔡桂如、王文凯

6、资产评估机构:常州资产评估事务所

法定代表人:朱志洪

地址:江苏省常州市劳动中路3号

电话:(0519)8825954

邮政编码:213001

经办评估人员:朱志洪、陈光

7、股票托管登记机构:深圳证券登记有限公司

法定代表人:黄铁军

地址:深圳市红岭中路25号

电话:(0755)5567898

传真:(0755)5571127

十、备查文件

1、深圳证券交易所上市通知书

2、政府主管部门批准股票发行、上市的文件

3、招股说明书

4、验资报告

5、审计报告

6、法律意见书

7、公司章程(草案)

8、上市推荐书

9、其他有关文件

远东实业股份有限公司

1997年1月17日

保定天鹅股份有限公司

1996年年度报告摘要（摘选）

一、公司简况

公司名称：保定天鹅股份有限公司

法人代表：郑广银　　邮政编码：071055

公司地址：河北省保定国家高新技术产业开发区金迪路59号

电话：0312—3136736　　传真：0312—3137013

二、主要财务数据与财务指标

指标名称	本年数	上年数	比上年增减(%)
主营业务收入(万元)	58338	48699	19.79
净利润(万元)	11118	13361	−16.79
总资产(万元)	97182	54142	79.49
股东权益(万元)	35847	16510	117.12
每股收益(元)	0.51	0.61	−16.39
每股净资产(元)	1.63	0.75	117.33
净资产收益率(%)	31.02	80.93	−61.67
股东权益比率(%)	36.89	30.49	20.99

注：1. 表中的数据和指标均按财务报表数计算填列。

2. 本公司1996年末实际总股本22000万股。

三、董事长兼总经理业务报告

(一) 公司业务回顾

1. 一年来经营情况

1996年，在省、市政府的正确领导下，公司董事会带领全体员工克服市场疲软、价格下滑给公司带来的困难，本着务实求新，稳步发展的原则，内抓管理强素质、外拓市场保效益，紧密围绕公司生产经营和国家"八五"重点技术改造工程的建设这两个中心工作，调整经营策略，在国有大中型企业面临严峻挑战的关头，公司赢得了多变市场的考验，较好地完成了各项经营计划指标，1996年产量13893吨，占全国总产量的17.55%；出口量3803吨，占全国同类产品总出口量的25.88%，名列全国粘胶长丝行业之首。

1996年公司设备运行状况良好，生产工艺稳定，产品质量提高，品种结构合理，销售及供应渠道稳定，实现了成本最低化和效益最大化目标。国家"八五"重点技术改造项目7500吨粘胶长丝技术改造工程进展顺利，现已进入试生产阶段。该项目正常生产后，可扩大生产能力70%以上。

2. 主要指标分析

公司1996年实现经营收入58338万元，完成年计划的101.19%、比上年有所增长，增长的主要原因是销售量增加15.45%所致，实现净利润11118万元，完成年计划的94.9%、比上年降低16.79%。税后利润减少的主要原因是营业成本受原材料市场拉动而大幅度上升所致。截止1996年12月31日，公司总资产规模达到97182万元，净资产35847万元，分别比去年同期增长了79.49%和117.12%，固定资产规模达到了37919万元。每股收益0.51元，比上年降低0.10元，每股净资产为1.63元，比上年增加0.88元，股东权益比率为36.89%，比上年增长20.99%。资产变动的主要原因是评估增值和在建工程增加所致。

3. 公司投资情况说明

本公司截止到1996年末，无对外投资。

4. 公司全资附属及控股公司经营业绩概述

本公司截止到1996年末，无全资附属及控股公司。

5. 公司员工数量和专业素质情况说明

本公司1996年末员工总数6811人，比上年同期增加1142人，人数增加的主要原因是技改工程项目即将投产所需追加的员工。其专业构成及素质情况如下：

按专业构成分类

专业分类	人数	比例
生产人员	6030	88.5
销售人员	136	2
技术人员	341	5
行政人员	265	3.9
财务人员	39	0.6
合计	6811	100

按受教育程度分类

学历	人数	比例
大专以上	1423	21
中专或高中	3432	50.4
高中以下	1956	28.6
合计	6811	100

(二) 对实际经营成果与盈利预测的说明

本公司1996年度实际经营成果与招股书预测数据相比较，不存在重大差异。

(三)募集资金运用情况的说明

本公司报告年度期间未曾募集过资金，但本公司经中国证监会发字(1997)第8号文批准发行7500万股普通股票(含750万公司职工股)，并由以君安证券公司为主承销的承销团利用深交所交易网络于1997年1月15日发行成功，募集资金46719万元。

根据本公司在本次发行股票的招股说明书及招股说明书概要中的承诺，发行股票所募集资金将主要用于：

1. 7500吨/年粘胶长丝改造项目

2. 2500吨/年粘胶长丝填平补齐项目

3. 补充扩大生产所需的流动资金。

目前本公司7500吨/年粘胶长丝技改项目工程进展顺利，配套资金全部按计划到位(原定由财政拨款20000万元，因财政投资体制改革无法到位，现改由发行股票所募集资金弥补缺口)，土建工程基本完工，设备安装调试正在进行中，其中5000吨半连续纺部分已转入试生产阶段。因此在无其它重大不可预见性因素影响的情况下，7500吨/年粘胶长丝技改项目将按预定时间全面投产。

7500吨/年粘胶长丝技改项目施工安装过程由于公司领导指挥有力、策划周密、管理严格，参加施工和安装的广大技术人员和员工团结协作，不畏艰险，奋力拼搏，因而从工程质量、工程进度、预算执行情况看，完全符合国家规范要求和工程预算计划。从半连续纺试生产产品投入市场的效果看，整个工程投产后经济效益接近预测值。

2500吨/年粘胶长丝填平补齐项目目前正在进行前期准备工作，待7500吨/年工程项目投产后，该项目将择机启动。

四、股本变化及股本结构情况

1. 股本结构：(单位：股　每股面值1元)

	1996年末	比例(%)
(1)尚未流通股份		
其中：国家股	220,000,000	74.6
公司职工股	7,500,000	2.5
(2)已流通股份		
其中：境内上市普通股	67,500,000	22.9
(3)股份合计	295,000,000	100

注：本公司1996年末社会公众股股票尚未公开发行及上市，因此上述股本结构实际上是本公司1997年1月15日利用深交所交易网络公开发行6750万股社会公众股票和向公司职工发行750万公司职工股后的股本结构。

公司职工股目前尚未流通，今后上市将根据国家有关规定处理。

2. 主要股东持股情况(前十名股东情况)

本公司前十名股东持股情况如下：(截止到1997年2月末)

序号	股东名称	持股数(股)	占总股本比例(%)
1	保定天鹅化纤集团有限公司	220,000,000	74.6
2	浙江李国柱	1,004,600	0.34
3	浙江(缺少资料)	800,000	0.27
4	海南杨育武	500,000	0.17
5	广西陈信强	380,000	0.13
6	重庆陈晓琼	380,000	0.13
7	河北天津国世通集团有限公司	343,900	0.12
8	深圳证券邓淑姣	330,000	0.11
9	深圳证券邓凤玲	327,439	0.11
10	河北张秀青	326,200	0.11
	小计	224,392,139	76.09

涪陵建筑陶瓷股份有限公司

1996年年度报告摘要（摘选）

一、公司简况

公司名称：涪陵建筑陶瓷股份有限公司

法人代表：薛同建　　邮政编码：648005

公司地址：四川省涪陵市江东群沱子街31号

电话：(0810)2223958　　传真：(0810)2223076

二、主要财务数据与财务指标

单位：人民币元

指标项目	本年数	上年数	比上年增减(%)
1.主营业务收入	95,683,383.88	37,120,969.90	157.76
2.净利润	22,400,464.40	8,933,495.67	150.75
3.总资产	301,909,335.96	193,766,991.74	55.81
4.股东权益	182,685,238.52	82,011,551.49	122.76
5.每股收益(元)			
(全面摊薄)	0.3132	0.1734	82.62
6.每股净资产(元)	2.55	1.59	0.38
7.净资产收益率(%)	12.26	10.89	12.58
8.股东权益比率(%)	60.51	42.32	42.98

注：1996年度利润中未含发行期间冻结资金利息收入，原因是冻结资金利息收入截止1996年12月31日未实际到位。留待1997年到位时反映。

三、公司主要业务回顾

1. 一年来经营情况

本公司董事会根据“贡献政府，造福人民，得益股东，发展公司”的宗旨，本着对全体股东极端负责的强烈责任感，对公司面临的生产经营形势进行了深入的研究，认真分析了自身的优势和劣势，制定了“强化主业，注重其他投资”的经营战略，提出了“顺应市场，管改结合，充分挖潜，集约增效”的经营方针，以调整产品结构，提高产品质量，巩固、开拓市场，积极回笼资金为重点，采取对内强化管理，对外扩销的策略，超计划完成了1995年度股东大会确定的各项任务。全年生产彩釉墙地砖157万平方米，瓷质耐磨砖101万平方米，瓷质抛光砖10万平方米；加工压胶模具890件(套)，对外设计、制作、安装、调试墙地砖生产线5条、大型喷雾干燥塔2座。实现工业总产值14365万元，比上年增长60%；销售收入9568万元，比上年增长158%；利润总额2645万元，比上年增长152%；税后利润2240万元，比上年增长151%。使公司经营业绩继续处于全国同行业前茅。同时，争取到了国家三峡移民开发局2000万股A股发行额度，经中国证监会批准，已成功发行。公司的3292.71万股社会公众股已在深圳证券交易所挂牌交易。

2. 募集资金运用情况说明

1996年12月，经中国证券监督管理委员会批准，新增发行人民币普通股2000万股，发行价格每股4.94元，共募集资金9880万元，可供公司使用9480万元。由于募集资金于12月底到位，在报告年度内无运用情况。但至报告日止，公司已按《招股说明书》中规定的投资方向和投资计划，投资近2000万元，完成了年产120万元平方米和年产130万平方米高级内墙砖生产线技改工程的设计、土建及设备订货工作，有望两条生产线，于1997年7月底建成投产，形成新的利润增长点。

四、股本变化及股本结构情况

1. 股本变化及股本结构情况

(1) 股本结构情况

股份单位：股　面值：每股1元

股份类别	年初数 股份数	年初数 比例(%)	年末数 股份数	年末数 比例(%)
(一)尚未流通股份				
其中：国家股股份	20,103,545	39.01	20,103,545	28.10
募集法人股	16,500,000	32.02	16,500,000	23.07
公司职工股			2,000,000	2.80
尚未流通股份合计	36,603,545	71.03	38,603,545	53.97
(二)已流通股份*				
境内上市人民币普通股	14,927,100	28.97	32,927,100	46.03
已流通股份合计	14,927,100	28.97	32,927,100	46.03
(三)股份总数	51,530,645	100.00	71,530,645	100.00

*截止1996年12月31日公司未有流通股份，表列流通股份，是经深圳证券交易所批准，于1997年1月20日上市流通的。

(2) 股本变动情况及原因

本公司2000万股A股(含200万股公司职工股)作为国务院三峡工程建设委员会移民开发局新股额度首家向中国证监会推荐上市的股票，获准于1996年12月18日至1996年12月20日在四川省涪陵市以“全额预缴、比例配售、余款转存”的方式向中华人民共和国境内自然人和法人(国家法律、法规禁止购买者除外)发行。其中1800万股新股和1492.71万股“遗留问题”老股于1997年1月20日获准在深圳证券交易所上市流通，200万股公司职工股在半年后申请上市流通。

(3) 前十名大股东情况介绍(1996年12月31日在册)

股东名称	持股数	持股比例(%)
①涪陵市国有资产管理局	20,103,545	28.100
②四川立信实业有限责任公司	12,500,000	17.480
③涪陵金昌经贸公司	4,000,000	5.590
④黑龙江财政证券公司	85,015	0.118
⑤浙江省证券公司	85,015	0.118
⑥浙江省证券公司天津营业部	85,015	0.118
⑦河南省财政证券公司	85,015	0.118
⑧合肥信托上海证券部	85,015	0.118
⑨华西证券公司	85,015	0.118
⑩浙江省证券公司延安营业部	85,015	0.118

(4) 本公司于本年度报告期末的股东总数为5946户。

2. 子公司及关联企业

(1) 本公司投资控股的企业有：

A、涪陵朝华陶瓷有限公司：本公司控股企业，注册资本300万美元，是本公司与香港富威洋行合资组建的合资企业，本公司拥有73%的权益，经营范围：生产和销售高级内墙砖、装修和设计咨询服务。

B、涪陵新华陶瓷模具有限公司：本公司控股企业，注册资本36.84万美元，是本公司与新加坡联贸模具工程私人有限公司合资组建的合资企业，本公司拥有70%的权益。经营范围：生产和销售多种规格的墙地砖模压胶模芯。

(2) 本公司投资参股的企业主要有：涪丰陶瓷有限公司和涪陵联合墙地砖厂。

(3) 投资本公司的法人股东有：四川立信实业有限责任公司、涪陵金昌经贸公司。

本公司的上述关联企业，均为依法设立并经工商部门批准登记注册的企业法人。本公司与上述企业的股权关系清楚，并按合法程序签订有投资协议或向投资者签发了股权证书。

本公司与上述企业关系清楚、合法，双方依市场公平原则发生往来。

沈阳惠天热电股份有限公司

1996年年度报告摘要　（摘选）

一、公司简况

公司名称：沈阳惠天热电股份有限公司

法人代表：孟庆民　　邮政编码：110014

公司地址：辽宁省沈阳市沈河区八纬路29号

电话：(024)2854104　　传真：(024)2714346

二、主要财务数据与财务指标

指标项目	本年数	上年数	比上年增减(%)
1.主营业务收入(万元)	23,385.01	20,140.59	16.11
2.净利润(万元)	3,948.95	3,911.46	0.96
3.总资产(万元)	50,239.84	41,724.44	20.41
4.股东权益(万元)	17,905.48	13,956.53	28.29
5.每股收益(元)	1.01	1.01	0
6.每股净资产(元)	4.59	3.58	28.21
7.净资产收益率(%)	22.07	28.02	-21.23
8.股东权益比率(%)	35.64	33.45	6.55

注:1. 以上均按本年期末3,900万股本计算

2. 按公司现有总股本5,000万计算

(1) 每股收益为：0.79元

(2) 每股净资产为：3.58元

(3) 净资产收益率为：22.06%

(4) 股东权益比率为：35.64%

三、公司主要业务回顾

1996年是公司实施"九五"发展规划的开局起步之年。公司始终坚持"深化转机建制、强化企业管理、夯实经济基础、推进技术进步、搞好企业建设、提高综合素质"的工作方针，在企业建设上，一手抓"五改一加强"的建立现代企业制度工作，一手抓弘扬企业文化和推行精益生产方式工作；在企业经营管理上，一手抓保证供暖质量和效益，一手抓股票发行和上市的重大转变工作。全体职工奋力拼搏，锐意进取，基础完成了公司的生产经营计划，为公司的第三次创业和再次腾飞奠定了坚实的基础。

1. 一年来经营情况

公司主要从事城市集中供热、工业、热力工程安装、热力工程设计、热力设备制造等业务。至1996年底公司担负沈阳市920万平方米的集中供热任务，占全市集中供热面积的二分之一以上。1996年完成总产值22,482万元，实现销售收入23,385万元，实现利润4,643万元，分别比去年同期提高33%、16%和18.7%。本年度，公司经营成果与预测无重大差异。

2. 企业改革工作不断深化，现代企业制度的框架基本形成

本年度内，公司基本完成了从定向募集公司向社会募集公司转化的各项准备工作，并按现代企业制度的要求对内部组织机构进行了改革，确立了集团化、超事业部制组织模式，精减了机构，理顺了管理层次，初步实现了组织结构的整体优化。

3. 改进经营管理体制，公司全员素质得以提高

结合推行精益生产方式，公司对经营收费管理，人事管理，班组管理体制进行了改进与完善，切实提高了经营能力，精干了职工队伍，改良了员工结构。为配合公司股票的即将上市，公司全面开展了"摆查整改"活动，发掘和解决公司在管理、经营体制上的深层次问题，通过这一旨在以股票上市为契机，以实现公司上市、员工上市为目的活动的开展，全面提高了公司的整体素质。

4. 加大科技开发与技改力度，完成了铁西热网一期改造工程。

公司年初投入开发的"复式燃烧"、"变频调速"等技改项目，降低了能源消耗和生产成本，局部供热能力比原来提高了30%，本年度公司投资2,934万元，实施了对沈阳市铁西热网系统的一期改造，每年可节约运行成本505万元，使该系统的技术装备水平和新度系数显著改善和提高。

四、股本变化及股本结构情况

1. 股本变化及股本结构情况

截止1996年年末，本公司股本情况如下：

股权种类	年初股数	所占比例（万股）	年末股数（%）	所占比例(%)（万股）
国家股	8000	80	3120	80
内部职工股	2000	20	780	20
总股本	10000	100	3900	100

2. 股本变动原因：

1996年10月18日经公司临时股东大会决定，并经沈阳市经济体制改革委员会[沈体改发(1996)116号]文件和中国证券监督管理委员会批准，原公司股本按2.5641:1进行同比例缩股，缩股后，总股本调整为3900万股。

3. 截止1996年年末，本公司前十名股东为：

股东名称	96年末持股数(万股)	占总股本(%)
沈阳资产经营有限公司	3120	80
张艳华	3.12	0.08
李　辉	2.3361	0.06
王体江	1.95	0.05
刘德斌	1.95	0.05
石秀华	1.95	0.05
孙留生	1.755	0.045
谢文用	1.6809	0.043
芦金凤	1.56	0.04
刘　波	1.17	0.03

4. 股东数量

截止1996年末，公司共有股东6412户，其中国家股股东1户，内部职工股股东6411户。

5. 子公司及关联企业

公司名称	主营业务	注册资本(万元)	本公司权益(%)
沈阳市热力工程设计研究院	市政工程设计、技术贸易	150	100
沈阳热力工业安装工程公司	锅炉、管道、电气、仪表安装	4870	100
沈阳热力房地产开发公司	房地产开发	300	100
沈阳热力科工贸发展总公司	热力技术咨询服务、转让、仓储、水暖器材、机械产品、建筑材料经销、外经外贸	500	100

成都泰康化纤股份有限公司

成都泰康化纤股份有限公司概况

一、公司概况

成都泰康化纤股份有限公司是一九九〇年一月经成都市体改委批准,由成都涤纶厂改组的股份制试点企业。一九九〇年二月经中国人民银行成都市分行、成都市体改委批准向社会公开发行股票。一九九三年十二月国家体改委批准向社会公开发行股票。一九九三年十二月国家体改委确认为进行规范化股份制试点企业。一九九七年元月经中国证券监督管理委员会批准公司股票在深圳证券交易所上市交易。

公司前身是原纺织工业部在西南地区定点生产涤纶长丝的首家专业化大型企业,公司注册资本 10833 万元,总股本 10833 万股,其中,国有股 3597 万股,占 33.2%;法人股 4506 万股,占 41.6%;社会流通股 2730 万股,占 25.2%。占地 200 亩,建筑面积 60920m^2,现有职工 790 人。其中具有高级技术人员 25 人,中级专业技术职称人员 96 人。自 85 年建厂以来,公司得到了蓬勃的发展。自 90 年起公司连续三年进入"中国 500 家最佳经济效益工业企业"行列,并于 92 年名列全国化纤行业第六位,是四川省 100 户综合效益最佳企业之一,省级先进企业,成都市重点骨干企业和利税大户。公司的主要产品"川牌"涤纶低弹丝为四川省名牌产品,多次荣获省市优质产品奖,以质量高、信誉好、畅销全国十八个省市自治区并出口国外。

公司坚持以市场为导向,经济效益为中心的指导思想,凭借技术实力和产品优势积极开拓,不断进取。加强技改力度,增强企业发展后劲,逐步实现以抽丝到制造、印染的一条龙发展,实行一业为主,多种经营,向房地产、证券、餐饮、娱乐业等领域拓展新的市场。把公司逐步建设成为西南地区大型的集工业、贸易、物业开发、旅游、餐饮娱乐为一体,能经受各种风险考验的现代化企业集团。

二、总经理介绍

王大伟:男,1950 年 10 月出生,四川雅安人,中共党员,大专,工程师,1975 年毕业于成都纺织工业学校;1989 年至 1990 年在四川经济干部管理学院企管专业进修学习。现任成都泰康化纤股份有限公司董事长(法定代表人)、总经理。75 年 9 月至 85 年 3 月在四川维尼纶厂工作;1985 年 4 月至今曾任成都涤纶厂长丝车间副主任,前纺车间副主任,主任,厂党办主任,副厂长,泰康公司副总经理、总经理等职务。具有一定的企业管理经验,曾在管理工作中作出了突出成绩。

成都泰康化纤股份有限公司股票(A 股)上市公告书

一、释义

在本公告中,除非另有说明。下列词语具有以下意义"本公司或公司"指成都泰康化纤股份有限公司:"社会公众股"指本公司向境内社会公众发行的股票:

"上市"指本公司股票获准在深圳证券交易所挂牌交易;

"上市推荐人"君安证券有限公司、成都证券公司;

"董事会"本公司董事会;

"元"指人民币元

"深交所"指深圳证券交易所

"证监会"指中国证券监督管理委员会

二、绪言

经中国证券监督管理委员会"证监发字(1997)19 号文"批准并根据深圳证券交易所深证发(1997)60 号《上市通知书》,本公司股票将于 1997 年 2 月 26 日(星期三)在深圳证券交易所挂牌交易。本公司总股份为 10833 万股,本次上市流通股份为 2730 万股。股票类别:A 股;股票简称:泰康股份;证券编码:0693;交易单位为"股"。

本公告书依据《中华人民共和国公司法》、《股票发行与交易管理暂行条例》、《深圳证券交易所业务规则》以及国家其它有关证券管理的规定编制,旨在说明本公司股票上市的目的,并向社会公众披露本公司基本情况及有关资料。

本公司董事会及各位董事确信本公告书未遗漏公司任何重大事项,亦不存在任何误导和虚假成份,并愿就本公告书所载资料的真实性、准确性、完整性负个别及连带责任。本上市公告书的内容由本公司董事会负责解释。

三、公司概况

(一)本公司概况

1、公司法定名称:成都泰康化纤股份有限公司

公司英文名称:CHENGDU—TAIKANG CHEMICAL FIBRE CO.,LTD。

2、公司注册地址:四川省温江县柳城镇新西路 86 号

邮政编码:611130

3、公司法定代表人:王大伟

4、公司经营范围:制造销售化纤产品及化纤制品,批发零售纺织、原辅材料、纺织器材、化工原料、日用杂品、日用百货、家用电器、技术开发、咨询服务、货物运输、机械加工

5、公司注册资本:壹亿零捌佰叁拾叁万元

工商登记号:20237299—6

税务登记帐号:51012320452208

6、公司员工情况:本公司现有在册员工 790 人,其中管理人员 152 人,各类专业人员 280 人。

(二)本公司历史及业务发展

1、公司历史沿革

公司前身为全民所有制性质的成都涤纶厂,始建于 1985 年,是成都市国营大型骨干企业,主要生产化纤产品及化纤制品,1990 年由成都市体改委以成体改(1990)010 号文批准为股份制试点企业,并于 1990 年经中国人民银行成都市分行以成人行金管(1990)55 号文批准,向社会公开发行股票 2730 万元,1990 年 12 月 26 日完成工商登记。1993 年经成都市体改委以成体改企(1993)03 号文批准,本公司向社会定向募集法人股 4506 万股。1993 年根据国家体改委的要求本公司按照《股份有限公司规范意见》进一步规范各项运作行为,加快了公司经营机制的转换。于 1993 年 12 月 31 日,国家体改委以体改生(1993)270 号文批准本公司为进行规范化股份制试点企业。

2、公司的主要业务

本公司是纺织工业部在西南地区定点生产涤纶长丝的第一家现代化大型化纤企业,全套设备引进德国 80 年代产品,具有 90 年代国内先进水平。主要产品有涤纶长丝,各种有色丝、网络丝等,涤纶长丝年产量 8000 吨。主要产品"川牌"系列涤纶低弹丝在省内同行业中唯一一家被评为四川省名牌产品。本公司自 90 年以来连续三年被评为"中国 500 家最佳经济效益工业企业",名列全国化纤行业第六位。

(三)公司组织机构(见附图)

(四)本公司参股企业

企业名称	企业性质	投资金额	投资比例

温江县纺织印染工业总公司	集体	216万元人民币	18%
成都恒益化纤开发有限公司	中外合作	1005万元人民币	19%
成都嘉成化纤有限公司	中外合作	775万元人民币	17.8%

（五）关联交易

本公司无关联企业。与本公司有一定关系且接近关联企业标准的上述三家参股企业的原料供应和产品销售均不与本公司发生关联交易。

（六）主要固定资产情况

根据成都市署都会计师事务所成蜀审〔96〕字第1—050号审计报告，截止1996年9月30日，本公司的主要固定资产情况如下：单位：元

固定资产类别	原值	累计折旧	净值
房屋及建筑物	27,201,181.09	5,722,942.03	21,478,239.06
专用设备	82,987,707.88	56,886,504.01	26,101,203.87
通用设备	17,799,696.23	9,592,144.32	8,207,551.91
运输设备	3,398,340.13	1,501,530.20	1,896,809.93
合计	131,388,925.33	73,703,120.56	57,685,804.77

（七）募集资金运用情况

1、本公司经批准成立后，于1990年3月—1990年9月向社会发行个人股2730万元，募集资金用于：

(1)补充流动资金1000万元

(2)归还基建贷款1730万元

2、经1992年12月5日临时股东代表大会决定，成都市体改委成体改(1993)03号批准于1993年2月—3月以1:1.25溢价募集法人股4506万元，总资金5632.5万元，主要用于：

(1)归还基建贷款1638万元；

(2)投资涤纶细旦长丝775万元

该项目系与香港嘉陵公司及成都涤纶工业集团公司合作，公司占17.8%的股份，该项目建成后年产细旦长丝1000吨；

(3)投资1005万元，建设复合纺长丝项目；

该项目系与成都涤纶工业公司集团及香港益川公司合作，公司占19%的股份。该项目建成后年产复合涤纶长丝1800吨；

四、股本结构及主要股东持股情况

（一）股本形成：

本公司前身为成都涤纶厂，是在国家实行“拨改贷”政策之后于1986年通过银行贷款建成。1990年元月20日经成都市体制改革委员会以成体改(1990)010号文批准进行股份制试点。1990年元月25日，经成都市财政局、成都市体改委以成财工(1990)07号、成体改(1990)013号文批复，将原成都涤纶厂1989年度决算为准的国有基金帐面值3375万元设置为国家股，每股面值100元，共33.75万股。

1990年2月，经成都市体改委成体改(1990)019号文、中国人民银行成都市分行成人行金管(1990)55号文批准，公司按面值向社会公众发行股票2730万元，每股面值100元，共27.3万股。1990年11月，经成都市体改委以成体改(1990)268号文确认，公司总股本为6105万元，计61.05万股。其中：国家股3375万元，计33.75万股；个人股2730万元，计27.30万股。

1992年6月14日经本公司股东代表大会审议通过，并经成都市体改委成体改企(1992)043号文批准，将公司股票面值折细为每股1元，即由61.05万股变为6105万股。

1992年10月，公司根据国家体改委体改生(1992)31号、国家国有资产管理局国资法规发(1992)39号文的精神，为进一步调整股权，完善股权结构、公司委托成都市财务资产评估服务所（现成都资产评估事务所）对公司的全部资产进行评估。资产评估结果报经成都市国有资产管理局以成国资〔92〕124号文予以确认。一九九二年十二月五日经公司九二年临时股东代表大会决议通过，并报经成都市国有资产管理局以成国资工〔92〕字第92号文确认，对国家股股本进行了如下调整：

(1)将本公司国有土地按评估后的使用权价值折价498.4万元转增国家股股本；

(2)对非生产经营性资产按评估值1157万元予以剥离，调减国家股1157万股；

(3)将国家股历年应分未分红利列入盈余公积金部分，计880.6万元转增国家股。

通过以上调整，国家股股本由3375万股调整为3597万股。1992年11月，本公司与成都涤纶工业集团群益生活服务公司签订协议书，将从本公司剥离出来的非生产经营性资产委托其经营管理。

1992年12月，经成都市体改委以成体改企(1992)082号文确认，本公司总股本为6327万元，其中：国家股3597万元，个人股2730万元。

经本公司1992年临时股东代表大会审议通过，1993年1月经成都市体改委成体改企(1993)03号文批准定向募集法人股4506万股，每股面值1元，溢价发行每股发行价1.25元。至93年3月31日本公司募集法人股4506万股，共计5632.5万元全部到位。

1993年6月，经本公司一九九三年股东代表大会审议通过并报经成都市体改委以成体改企(1993)061号文确认，本公司总股本调整为10833万元，计10833万股；其中：国家股3597万元，计3597万股；法人股4506万元，计4506万股；个人股2730万元，计2730万股。至此，公司股本调整完毕。

股本变化过程见下表：

股本变化过程表

单位：万股

年份	总股本	国家股	法人股	社会公众股	变动原因
1990.9	61.05	33.75		27.30	首次发行
1992.6	6105	3375		2730	面值拆细
1992.12	6327	3597		2730	股权调整
1993.4	10833	3597	4506	2730	二次发行

附注：1993年6月至上市公告书公告之日，股权结构未作变动。

（二）股权结构

股份类型	股数（万股）	占总股本比例
总股本	10833	100%
尚未流通股份	8103	
(1)发起人股份		
其中：		
国家持有股份	3597	33%
(1)募集法人股	4506	42%
本次流通股份		
社会公众股	2730	25%

（三）公司前十名股东持股情况

公司前十名股东持股总额为6557万股，约占股本总额的60%，具体持股情况如下：

股东名称	持股数	占总股本比例
1、成都市国有资产管理局	35971688	33.2%
2、成都温江兴达开发公司	5000000	4.62%
3、成都市致远贸易有限责任公司	5000000	4.62%
4、成都银通房屋开发公司	4000000	3.69%
5、成都第二纺织厂	3600000	3.32%
6、四川省信托投资公司	3000000	2.77%
7、成都振益投资有限公司	3000000	2.77%
8、中行四川分行国际信托投资公司	3000000	2.77%
9、成都建行房屋经营北海公司	2000000	1.85%
10、深圳长园应用化学有限公司	1000000	0.92%

注：中行四川分行国际信托投资公司所持有的成都泰康化纤股份有限公司法人股300万股，中国银行四川省分行承诺将于1997年6月底以前转让给能持股的法人单位。

五、本公司董事、监事及高级管理人员简历与持股情况

董事长：王大伟先生，46岁，工程师，大专，曾任本公司长丝车间副主任；前纺车间副主任、主任；前纺车间党支部副书记，公司党办主任，公司副总经理，现任本公司总经理。持本公司股票2000股。

副董事长：寇宗惠女士，55岁，高级政工师，大学，曾任本公司党委副书记，持本公司股票2000股。

董事：王毅先生，33岁，工程师，大学，曾任西安陕棉十厂长丝车间副主任，本公司前纺车间副主任、主任、长丝分厂厂长，现任本公司副总经理。持本公司股票2000股。

董事：李永乐先生，46岁，经济师，大专，曾任四川省食品研究院院办、党办主任。1989年后，曾任本公司宣教科科长，党办、厂办副主任，总经办主任，92年在日本广岛富士株式社研修一年，现任本公司党委副书

记,工会主席。持本公司股票2000股。

董事:刘永健先生,34岁,会计师,大专,曾任本公司财务处副处长,审计室副主任,法律顾问室副主任,现任本公司财务主管兼财务部部长。持本公司股票2000股。

董事:周长金先生,51岁,经济师,曾在西藏军区任职,现任成都兴达开发公司总经理。持本公司股票零股。

董事:甘立新先生,46岁,经济师,成都市致远贸易公司副总经理。持本公司股票零股。

监事会主席:祁康宁先生,52岁,高级会计师,大学,曾在四川开县五金公司、糖酒公司、财政局等单位任职,1985年后曾任本公司财务处副处长、处长、总会计师。持本公司股票2000股。

监事:朱永平先生,31岁,助理经济师,大学。曾在陕西富平县人民法院任职。曾任本公司法律顾问室副主任,审计室副主任。持本公司股票2000股。

监事:刘斌先生,31岁,经济师,大学,曾任本公司管理处副处长,现任管理工程部部长。持本公司股票2000股。

总经理助理:罗宏先生,30岁,经济师,大学。曾任本公司团委副书记,办公室副主任、主任,现兼任本公司董事会办公室主任。持本公司股票2000股。

以上董事、监事及高级管理人员共持有本公司股票18000股,占本公司股本总数的0.016%,其持有股份按照《中华人民共和国公司法》规定在任职期间不得转让。

六、公司历次股东大会及发放股利情况

1990年12月12日,本公司改组成立大会审议通过《成都泰康化纤股份有限公司章程》、《关于股票募集情况的报告》,选举产生公司首届董事会、监事会。

1991年6月12日,本公司股东大会审议通过公司1990年度利润分配办法及《关于募集个人股所筹资金运用情况的说明》等议案。

1992年6月14日,股东大会审议通过《关于拆细公司股票面额的报告》、《公司一九九一年度利润分配方案》、《关于对公司全部资产进行评估的议案》,决定1991年度每股按13%分派红息。

1992年12月5日,临时股东大会审议通过调整公司股权结构,修改公司《章程》的决议,审议通过《关于募集法人股的说明》。

1993年6月18日,公司1992年度股东大会审议通过《调整公司股本结构、修改公司章程》的报告及1992年度利润分配方案,选举产生公司第二届董事会、监事会,1992年度每股按13%分派利息。

1994年6月30日,公司1993年度股东大会审议通过《募集法人股所筹资金运用情况的说明》及《关于深化企业内部改革,完善内部管理,为公司股票上市创造条件》的报告,通过公司1993年度利润分配方案,1993年每股计分红利0.18元。

1995年6月28日,公司1994年度股东大会通过1994年度利润分配方案,决定1994年度红利结转下一年度分配。

1996年6月27日,公司1995年度股东大会授权公司董事会全权负责进行公司股票异地上市工作,大会选举产生了公司第三届董事会、监事会,审议通过修改公司章程的报告,公司1995年度利润暂不分配议案;公司1995年度可供分配利润737.43万元,加上1994年未滚存未分配利润共计1681万元结转至下一年度再行分配。

七、股利分配政策:

(一)分配税后利润先提10%法定公积金,5%—10%法定公益金,其余按股东持有的股份比例进行分配。

(二)公司股利每年支付一次,支付时间由股东大会决定。经股东大会批准,也可将上一年度应分股利结存到下一年度并分配。

(三)公司股利分配形式:(1)现金;(2)股票。

八、公司章程(摘录)

第四章:股东和股东大会

第二十六条:股东的权利

(一)出席或委托代理人出席股东大会并行使选举权、被选举权和表决权

(二)依照国家有关法律、法规和公司章程转让股份;

(三)查阅公司章程、股东大会会议记录、财务报告监督公司的经营管理,提出建议和质询;

(四)按其所持股份获取红利并优先购买新股;

(五)公司配股时,按持股比例享有配股权;

(六)公司终止后依法取得剩余财产。

(七)股东大会、董事会的决议违反法律、行政法规、侵犯股东合法权益的,股东有权向人民法院提起要求停止违法行为和侵害行为的诉讼。

第二十七条:股东的义务

(一)遵守公司章程;

(二)依其认购的股份和入股方式缴纳股金;

(三)依其所持股份,对公司承担有限责任;

(四)在公司办理工商注册手续后,不得退股;

(五)不得从事危害公司利益的活动。

第二十八条:股东大会由公司全体股东组成。股东大会是公司的最高权力机构。

第二十九条:股东大会职权

(一)决定公司的经营方针和投资计划;

(二)选举和更换董事,决定有关董事的报酬事项;

(三)选举和更换由股东代表出任的监事,决定监事的有关报酬事项;

(四)审议批准董事会的报告;

(五)审议批准监事会的报告;

(六)审议批准公司的年度财务预算方案和决算方案;

(七)审议批准公司的利润分配方案和弥补亏损方案;

(八)对公司增加或减少注册资本作出决议;

(九)对公司债券发行作出决议;

(十)对公司合并、分立、解散和清算等事项作出决议;

(十一)修改公司章程

第三十条:股东大会每年召开一次年会。

有下列情形之一的,应当在二个月内召开临时股东大会:

1、董事人数不足公司章程规定人数的三分之二时;

2、公司未弥补亏损达股本总额三分之一时;

3、持有公司股份百分之十以上的股东请求时;

4、董事会认为必要时;

5、监事会提议召开时。

第三十一条:股东大会会议由董事会召集,由董事长主持。董事长因特殊原因不能履行职务时,由董事长指定副董事长或其他董事主持。召开股东大会,应当将会议审议的事项于会议召开前三十日以前通知各股东。届时股东大会不对通知中未列明的事项作出决议。

第三十二条:股东出席股东大会,所持每一股份有一表决权。

股东大会作出决议,必须经出席会议的股东所持表决权的半数以上通过。股东大会对公司合并、分立或者解散公司作出决议,必须经出席会议的股东所持表决权的三分之二以上通过。

第三十三条:修改公司章程必须经出席股东大会的股东所持表决权的三分之二以上通过。

第三十四条:股东委托代理人出席股东大会的,代理人应当向公司提交股东授权委托书,并在授权范围内行使表决权。

第三十五条:股东大会对所议事项的决定作成会议记录,由出席会议的董事签名。会议记录应当与出席股东大会的股东签名册及代理出席的委托书一并保存。

第五章:董事会

第三十六条:公司董事由股东大会选举产生。

公司董事会由七名董事组成,设董事长一名,副董事长一名。董事长和副董事长由董事会以全体董事过半数选举产生。

董事任期每届三年,董事任期届满可连选连任。董事在任期届满前,股东大会不得无故解除其职务。

董事可兼任公司高级管理人员。

第三十七条:董事会行使下列职权:

(一)负责召集股东大会,并向股东大会报告工作;

(二)执行股东大会决议;

(三)决定公司的经营计划和投资方案;

(四)制订公司的年度财务预算方案、决算方案;

(五)制订公司的利润分配方案和弥补亏损方案;

(六)制订公司增加或者减少注册资本的方案以及发行公司债券的方案;

(七)拟订公司合并、分立、解散的方案;

(八)决定公司内部管理机构的设置;

(九)聘任或者解聘公司总经理,并根据总经理提名,聘任或解聘公司副总经理、财务负责人等高级管理人员,决定其报酬事项;

(十)制订公司的基本管理制度。

第三十八条:董事会每年度至少召开二次会议,每次会议应当于会议召开十日前通知全体董事。

董事会召开临时会议,可以另定召集董事会的通知方式和通知时限。

第三十九条:董事会会议由二分之一以上的董事出席方可举行。董事会作出决议,必须经全体董事的过半数通过。

第四十条:董事会会议,应由董事本人出席,董事因故不能出席,可以书面委托其他董事代为出席董事会,委托书中应载明授权范围。

第四十三条:董事长是公司法定代表人行使下列职权:

(一)主持股东大会和召集、主持董事会会议;

(二)检查董事会决议的实施情况;

(三)签署公司股票、公司债券。

副董事长协助董事长工作,董事长不能履行职权时,由董事长指定副董事长代行其职权。

第四十四条:公司根据需要,可以由董事会授权董事长在董事会闭会期间,行使董事会的部分职权。

第六章:经营管理

第四十六条:公司设总经理一名,总经理由董事会聘任,并向董事会负责。

总经理行使下列职权:

(一)主持公司的生产经营管理工作,组织实施董事会决议,并向董事会报告工作;

(二)组织实施公司年度经营计划和投资方案;

(三)拟订公司内部管理机构设置方案;

(四)拟订公司的基本管理制度;

(五)制定公司的具体规章;

(六)提请聘任或解聘副总经理、财务负责人、其它高级管理人员;

(七)聘任或解聘除应由董事会聘任或者解聘以外的负责管理人员;

(八)董事会授予的其他职权。

总经理列席董事会会议。

第四十七条:总经理行使职权时,不得变更股东大会和董事会的决议或超越授权范围。

第七章:监事会

第五十五条:公司设监事会,对董事、总经理等高级管理人员行使监督职能。监事会向股东大会负责并报告工作。

第五十六条:监事会由三名监事组成,设监事会主席一名,由监事会全部监事三分之二以上选举和罢免。监事会主席负责主持监事会的日常工作,负责召集和主持监事会会议,监事会成员中有两名股东代表担任并由股东大会选举和罢免,一名监事由职工代表担任,该监事由公司职工民主选举和罢免。

第五十七条:公司董事、总经理、财务负责人不得兼任监事。

第五十八条:监事的任期每届三年。监事任期届满,连选可连任。

第五十九条:监事会行使下列职权:

(一)检查公司的财务;

(二)对董事、总经理执行公司职务时违反法律、法规或者公司章程的行为进行监督;

(三)当董事和总经理的行为损害公司的利益时,要求董事和总经理予以纠正;

(四)提议召开临时股东大会;

监事列席董事会会议。

第六十条:监事会决议应由三分之二以上(含三分之二)监事表决通过。

九、公司前三年经营业绩

经成都蜀都会计师事务所成蜀审〔96〕字第1—050号审计报告对本公司1996年9月30日以前三年期间财务报表的审计,主要财务会计资料如下:

单位:千元

项目	1996年1—9月	1995年度	1994年度	1993年度
主营业务收入	71331.44	141299.60	122658.32	149590.07
主营业务利润	7170.77	54.34	6975.86	24608.96
利润总额	10075.84	9898.18	9321.34	25201.06
税后利润	8578.56	8675.70	8243.38	21420.90

注:投资者如欲了解财务数据的详细情况请参阅本公司财务报表。1994、1995年,由于国内大量中小型涤纶长丝企业建成投产,加剧原料供应和产品销售竞争,同时,受全球石化市场聚酯切片价格上扬、缺口增大和我国织造业长期不景气的影响,加之化纤产品进口和走私水货的严重冲击,本公司所属化纤行业处于发展中的困难时期,本公司利润也受到一定影响。

十、验资报告

成蜀验(93)字第57号

成都泰康化纤股份有限公司:

我所接受贵公司委托,根据《股份制试点企业财务管理若干问题的暂行规定》、《股份有限公司规范意见》和《股份制试点企业会计制度》等规定,并按照《注册会计师验资规则(试行)》的要求,对贵公司增扩法人股股本金的到位情况进行验证。

一、经审核验证成都泰康化纤股份有限公司(以下简称公司)根据公司章程和成都市体制改革委员会体改企(1993)03号文"同意你公司向社会法人定向发售法人股4506万股,每股面值1元,溢价发行,每股发行价格为人民币1.25元。"本次募股后公司总股本为10833.2万股,其中:国家股3597.2万股占33.2%,法人股4506万股占41.6%,个人股2730万股占25.2%。本次募集的法人股4506万股按溢价1:1.25发行计人民币伍仟陆佰叁拾贰万伍仟元整(56,325,000.00),已于一九九三年三月三十一日存入贵公司银行帐户。

二、验证结果

贵公司本次实收股本为人民币肆仟伍佰零陆万元整(45,060,000.00),溢价人民币壹仟壹佰贰拾陆万伍仟元整(11,265,000.00)转入贵公司资本公积金。本次募股加上已入实收股本人民币陆仟叁佰贰拾柒万壹仟陆佰捌拾捌元整(63,271,688.00)共计人民币壹亿零捌佰叁拾叁万壹仟陆佰捌拾捌元整(108,331,688.00)已全部足额到位。

成都市蜀都会计师事务所

中国注册会计师　李全稳

中国注册会计师　朱德明

一九九三年四月五日

十一、资产评估报告(摘要)

根据成都市财务资产评估服务所成资评〔1992〕字第25号资产评估报告:

成都市财务资产评估服务所根据成都市国有资产管理局成国资〔92〕字第96号批准立项通知和成国资〔92〕字第103号委托通知书,对本公司1992年9月30日占有的全部资产进行评估。对于现金、银行存款及其他货币性资产的评估均以核实数据为准;对于实物性资产则根据其类别、性质、适用程度以及相关的类比物价价值资料,分别采用下列不同方法:1、现行市价法;2、重置成本法。

资产评估结果如下:

评估估前资产总值248,000,885.59元,负债总额117,804,376.66元,净资产130,196,508.93元,其中,生产经营性净资产123,244,822.99元,非生产经营性净资产6,951,685.94元。通过资产评估,评定资产总值为291,564,331.22元,负债总额为131,381,587.28元,净资产为160,182,743.94元(含待处理净资产增值29,986,235.01元)。其中生产经营性净资产148,612,739.07元,非生产经营性净资产11,570,004.87元,评估后比评估前净资产增值29,986,235.01元,增值23.03%。

十二、资产评估确认书(摘要)

根据成都市国有资产管理局成国资〔92〕字第124号文:

经过资产评估后截止1992年9月30日的资产评估结果确认如下:(以人民币为本位币)

一、资产总额　　206,223,280.91元

二、负债总额　　131,381,587.28元

三、资产净值　　74,841,693.63元

其中:生产经营性资产　63,271,688.76元

非生产经营性资产　11,570,004.87元

确认结果见"资产评估确认通知书"。

(备注:资产评估报告中含虚资产"待核销分配"——评估前帐面数为:-69,802,380.73,评估数为-38,341,050.31确认数为-85,341,050.31。市国资局按实有资产确认。)

十三、审计报告(摘要)

根据成都市蜀都会计师事务所成蜀审〔96〕字第1-050号审计报告:

成都市蜀都会计师事务所经审计本公司1993年12月31日、1994年

度、1995年度、1996年1月至9月的利润及利润分配表,1995年度财务状况变动表。认为,上述会计报表符合《企业会计准则》和《股份制试点企业会计制度》的规定,在所有重大方面公允地反映了本公司1993年12月31日、1994年12月31日、1995年12月31日、1996年9月30日的财务状况及1993年度、1994年度、1995年度、1996年度1月至9月的经营成果和1995年资金变动情况,会计处理方法的选用遵循了一贯性原则。

十四、会计报表(见附表)

十五、会计报告附注(摘要)

1、重要会计政策

(1)会计制度:执行《股份制试点企业会计制度》;

(2)会计期间:采用公历年,自1月1日至12月31日为一个会计年度。

(3)记帐方法及计价基础:采用借贷记帐法按实际成本计价。

(4)记帐原则:会计核算执行权责发生制原则。

(5)货币核算:公司以人民币为记帐本位币,发生的外币业务,按发生时的市场汇价折合人民币记帐,结算期有关外币帐户的余额,按期末市场汇价进行调整,差额作汇兑损益。

(6)坏帐准备:按年末应收帐款余额的5‰计提坏帐准备金。

(7)存货:公司的存货按实际成本计价,采用永续盘存制,对产成品的收、发、领、退的成本采用加权平均法;材料的日常核算采用计划成本并按月结算材料成本差异;低值易耗品采用一次摊销法。

(8)公司对外投资占被投资单位总资本在20%以下的,采用成本法核算,占总资本在20%至50%的采用权益法核算;占总资本50%以上的采用权益法核算,并编制合并报表。

(9)固定资产及折旧:固定资产按实际成本计价。固定资产的标准为:单位价值在2000元以上,使用年限在一年以上。固定资产折旧,采用直线法,分类计提折旧;固定资产残值率为3%。折旧年限和折旧率分别为:房屋50年,1.94%;建筑物30年,3.23%;专用设备14年,6.93%;通用设备18年,5.39%;运输设备12年,8.08%。

(10)无形资产:公司无形资产是土地使用权,按评估确认数记帐从一九九三年起按50年平均摊销。

(11)营业收入:收入的实现为产品已经发出,劳务已经提供,价款已收讫,或已取得索取价款的凭据时,为收入的实现。

2、1996年9月30日会计报表附注(单位:人民币元)

(1)货币资金3,908,212.76

现金:15,217.55

银行存款:3,892,995.21

其中:美元存款USD1142.75按1:8.3017折合人民币9,486.77

(2)短期投资:2,964,304.39

1)股票投资:2,460,904.39

2)短期合作经营投资:503,400.00

3)应收帐款:11,029,707.44

4)坏帐准备:18,261.82

5)预付帐款:6,705,492.08

6)其他应收款:86,214,553.02

50万元以上其他应收款前两项为泰康公司委托成都市国有资产投资经营公司分别向成都涤纶工业集团公司转贷3856万元,嘉成化纤有限公司转贷2523万元。成都涤纶工业集团公司已承诺将于97年一季度内用近两月到位基建项目资金归还2300万元欠款,余下1500余万元欠款将在以后年度用到位建设资金陆续归还,嘉成公司欠款2523万元已用其设备作抵押担保,并承诺按约定期限分期归还。

(7)待摊费用:1,656,204.63

(8)存货:24,193,506.67

(9)待处理流动资产净损失:626,404.00

系购入原材料(聚脂切片)原装短少和途损,公司供应部已报索赔,待索赔有结果后将其索赔后的差额损失在当期损益中作帐务处理。

(10)一年内到期的长期债券投资:7,923.50

债券名称	到期日	面值	年利率	应计利息	合计
1987年国库券	已过期	6,095	6%	1,828.50	7,923.50

公司所购国债系1987年地方分配原成都涤纶厂购买的国库券,该国债载明期限已到期,但国家并未通知承兑。

(11)长期投资:25,064,657.69

1)债券投资:350,000.00

债券名称	到期日	面值	年利率	应计利息	金额
西南电力建设债券	98.8.1	350,000.00			350,000.00

电力债券系分配原成都涤纶厂(用电单位必须集资购买)的西南电力建设债券,债券上面未载明利率。

2)股权投资:4,242,580.00

被投资公司名称	股数	投资金额
四川第一棉纺股份有限公司	200,000	660,000.00
四川金川贸易股份有限公司	200,000	515,000.00
四川聚脂贸易股份有限公司	1,000,000	1,007,000.00
成都化工股份有限公司	500,000	550,000.00
其它:		1,143,180.00

3)联营投资:20,472,077.69

被投资公司名称	投资期限	占被投资公司	投资金额
温江县纺织印染工业总公司	15	18	2,164,399.01
成都恒益公司	10	19	10,057,678.68
成都嘉成化纤公司	10	17.8	7,750,000.00
成都产权交易中心			500,000.00

(12)固定资产:131,388,925.33

固定资产类别	期初价值	本增增加	本期减少	期末价值
房屋及建筑物	27,201,181.09			27,201,181.09
专用设备	82,989,707.88			82,989,707.88
通用设备	17,787,906.23	11,790.00		17,799,696.23
运输设备	3,398,340.13			3,398,340.13
合计	131,377,135.13	11,790.00		131,388,925.33

(13)累计折旧:73,703,120.56

(14)在建工程:23,300,431.28

(15)无形资产:3,036,312.53

项目	发生总额	以前年度摊销额	本期摊销额	摊余价值	剩余摊销年限
土地使用权	3,282,500.00	196,950.00	49,237.47	3,036,312.53	96年3个月是评估确认价值入帐,从1993年起按50年平均摊销。

(16)短期借款:64,140,000.00

具体情况如下:

借款单位	借款日	还款日	月利率(‰)	借款金额	借款条件
中国银行四川省分行府青路办事处	96.9.25	96.12.24	9.24	3000,000.00	生产厂房抵押
中国银行四川省分行府青路办事处	96.9.27	96.04.19	9.24	2000,000.00	生产厂房抵押
中国银行四川省分行府青路办事处	96.9.28	96.12.22	9.24	2000,000.00	生产厂房抵押
中国银行四川省分行府青路办事处	96.6.28	96.10.23	9.24	3000,000.00	生产厂房抵押
交通银行成都市分行温江办事处	96.8.22	97.3.21	10.065	2500,000.00	成都涤纶集团公司化纤制品厂担保
中国人民银行成都市分行濒江支行	96.6.22	97.1.23	9.152	40,000.00	成都涤纶集团公司化纤制品厂担保
中国工商银行温江县支行	96.9.6	97.5	9.24	1000,000.00	公司资产抵押
中国工商银行温江县支行	96.9.9	97.5.20	9.24	2000,000.00	公司资产抵押
中国工商银行温江县支行	96.9.12	97.5.30	9.24	2500,000.00	公司资产抵押
中国工商银行温江县支行	96.9.26	97.6.10	9.24	1400,000.00	公司资产抵押

中国工商银行温江县支行	96.2.13	96.12.10	12.06	5000,000.00	公司资产抵押
中国工商银行温江县支行	96.3.22	96.11.22	12.06	1000,000.00	公司资产抵押
中国工商银行温江县支行	96.3.26	96.11.30	12.06	2000,000.00	公司资产抵押
中国工商银行温江县支行	96.4.19	96.10.30	12.06	3000,000.00	公司资产抵押
中国工商银行温江县支行	96.4.26	96.11.30	12.06	2600,000.00	公司资产抵押
中国工商银行温江县支行	96.5.15	97.1.9	10.065	7500,000.00	公司资产抵押
中国工商银行温江县支行	96.7.12	97.3.11	10.065	8000,000.00	公司资产抵押
中国工商银行温江县支行	96.7.17	97.3.17	10.065	4100,000.00	公司资产抵押
中国工商银行温江县支行	96.7.26	97.3.26	10.065	500,000.00	公司资产抵押
中国工商银行温江县支行	96.8.5	97.4.5	10.065	1600,000.00	公司资产抵押
中国工商银行温江县支行	96.8.6	97.4.6	10.065	1900,000.00	公司资产抵押
中国工商银行温江县支行	96.8.8	97.4.18	10.065	2000,000.00	公司资产抵押
中国工商银行温江县支行	96.8.16	97.4.16	10.065	1000,000.00	公司资产抵押
中国工商银行温江县支行	96.8.15	97.4.15	10.065	350,000,000.00	公司资产抵押
成都市国有资产经营公司	96.7.10	97.1.9	14.10	800,000.00	成都涤纶集团

(17)应付票据:6,130,000.00

单位名称	出票日	到期日	种类	金额
新疆乌鲁木齐切片厂	96.7.24	96.10.28	银行承兑汇票	200万
中国三江化纤工业集团公司	96.8.28	96.10.20	银行承兑汇票	200万
四川省聚脂股份有限公司	96.9.18	96.11.11	银行承兑汇票	213万

应付票据比期初增加613万元,主要是为购买主要原材料——切片筹资。

(18)应付帐款:4,429,799.95

(19)预收帐款:863,786.09

(20)应付福利费:2,514,598.01系按工资总额14%计提并支用后历年滚存的。

(21)未付股利:669,060.00

(22)未交税金:3,952,367.48

(23)其它未交款:255,442.54

(24)其它应付款:2,807,852.19

(25)长期借款:7,000,000.00

借款单位	借款日	还款日	年利率%	金额	借款条件
成都市国资局投资公司	95.1.4	98.1.3	9.792	7,000,000.00	信誉

(26)其他长期负债:2,528,161.80

住房周转金:2,528,161.80

(27)股本:108,331,688.00

(28)资本公积:11,000,000.76

1992年10月,资产折股后余额0.76元。

1993年2月,经成都市体制改革委员会成体改企(1993)03号文批准向社会法人定向募集法人股4506万股,每股面值1元,溢价每股1.25元,溢价收入11,265,000元,支付成都证券公司承销费用265,000,00元。

(29)盈余公积:7,650,646.33

项目	提取率	96.9.30	95.12.31	94.12.31	93.12.31
盈余公积金	10%	5,129,594.54	4,271,738.80	3,404,168.43	2,579,830.64
公益金	5%	2,521,051.79	2,135,869.42	1,702,084.23	1,289,915.33
任意盈余公积金					
合计		7,650,646.33	6,407,608.22	5,106,252.66	2,869,745.97

(30)未分配利润24,101,849.79是历年实现净利扣除法定公积金和法定公益金后未分利润滚存的。

(31)主营业务收入(单位:万元)

产品名称	96年1—9月	95年度	94年度	93年度
牵伸白原丝150D	23.54	22.65	52.34	163.52
牵伸白原丝100D	16.87	18.84	13.22	54.96
牵伸白原丝150D	8.79		1.93	11.81
低弹白丝150D	4929.37	8477.66	8625.18	9498.63
低弹色丝150D	468.38	437.85	548.69	1859.69
低弹白丝100D	1677.16	4951.11	3024.30	3307.75
PBT实验丝			0.17	1.64
DT网络丝100D		0.05		22.71
低弹白丝75D				38.3
低弹白丝135D	9.03	221.80		
合计	7133.14	14129.96	12265.83	14959.01

(32)主营业务成本

1996年1—9月	1995年	1994年	1993年
62,344,253.91	136,238,214.96	107,443,178.19	113,733,026.25

(33)财务费用

明细项目列示如下:

项目	1996年1—9月	1995年	1994年	1993年
利息收支净额	-1,831,351.51	-1,565,728.32	-141,451.82	2,547,261.67
汇兑损益	-7,233.80	-453,667.10	-132,715.20	-603,640.10
金融机构手续费	16,482.20	9,292.38	7,811.57	62,879.39
合计	-1,822,103.11	-2,010,103.04	-266,355.45	2,006,500.96

注:近几期财务费用均为负值的原因如下:

1)公司93年3月定向募集法人股4506万股计5632.5万元到位后,公司使用流动资金全部自给,并有结余。

2)在流动资金继续用于本企业生产的情况下,先后用募集资金中的部分委托成都市国有资产投资经营公司转贷给成都涤纶工业集团公司和成都嘉成化纤公司,故占用资金的企业应付本公司占用资金利息,增加利息收入大于本公司利息支出。各年明细情况如下:

年度	利息支出	利息收入	结余数
1993	4,420,000	2.410,000	2,010,000
1994	4,030,000	4,300,000	-270,000
1995	8,050,000	10,060,000	-2,010,000
1996	8,100,000	9,910,000	-1,810,000

(34)其他业务利润

明细项目列示如下

项目	1996年1—9月	1995年	1994年	1993年
材料销售	285,687.39	-489,374.90	601,072.35	977,847.92
商标使用费等		5,205,750.00		
运输	58,920.24	58,689.239	53,614.04	10,237.44
装卸				11.239.10
其他	185,592.03	238,850.19	138,273.17	3,743.83
合计	530,199.66	5,008,414.32	792,959.56	1,003,068.29

(35)投资收益

项目	1996年1—9月	1995年	1994年
债券投资收益	18,128.40	407,481.71	174,282.80

股票投资收益	2,447,630.00	508,515.94	480,829.43
按成本法核算			
的投资收益		3,919,425.67	1,526,981.24
合计	2,465,758.40	4,835,423.32	2,182,093.47

十六、财务指标分析

指标名称	指标数据			
	1996年9月	1995年	1994年	1993年
(1)流动比率	1.60	1.48	1.23	1.05
(2)速动比率	1.32	1.12	0.97	0.51
(3)应收帐款周转率	9.74	26.52	17.25	20.16
(4)存货周转率	2.33	5.76	3.74	3.63
(5)股东权益比率(%)	61.32	61.12	65.33	63.02
(6)股本净利率(%)	7.9	8	7.6	20
(7)资产负债率(%)	38.68	38.88	34.61	36.98
(8)每股净资产	1.39	1.32	1.24	1.16
(9)净资产收益率(%)	5.68	6.09	6.16	17.05
(10)每股收益(元)	0.079	0.08	0.076	0.20

注:计算上述指标的数据摘自蜀都会计师事务所审计过的本公司财务报表。

十七、董事会上市承诺

本公司董事会承诺将严格遵守《公司法》、《股票发行与交易管理暂行条例》、《公开发行股票公司信息披露实施细则》、《深圳证券交易所交易规则》和有关法律、法规的规定,并自股票上市之日起作出如下承诺:

1、按照法律、法规的规定程序和要求披露重大的信息,并接受证券主管机关、深圳证券交易所的监督管理。

2、及时、真实、准确地公布中期报告和年度报告,并备置于规定场所供投资者公众查阅。

3、本公司董事、监事及高级管理人员如发生人事变动或持本公司股票发生变化时,在报告证券主管机关、证券交易所的同时向投资者公布。

4、在任何公共传播媒介中出现的消息可能对公司股票的市场价格产生误导性影响时,本公司知悉后将及时对该消息予以公开澄清。

5、本公司董事、监事及高级管理人员将认真听取社会公众的意见和批评,不利用已获得的内幕消息和其他不正当手段直接或间接从事股票买卖活动。

6、本公司没有无记录负债。

十八、重要事项提示

1、税项及税率:公司承担的主要税项及税率有:

1)所得税:税率33%,根据成都市地方政府的优惠政策,自国家体改委确认公司为公众公司的当年起,由市财政列支还返18%,实际按15%征收;

2)增值税按产品销售收入的17%计算销项税,扣除进项税额后缴纳;

3)营业税税率为5%;

4)城市维护建设税税率为5%。

2、财产保险:公司主要财产已投保于中国人民保险公司财产保险有限责任公司。

3、法律意见书(摘要)

川经律字〔96〕第3号

成都泰康化纤股份有限公司:

经办律师认为,贵公司已具备股票上市的法定主体资格,公司章程符合现行法律、法规要求,股票发行符合发行时的法规和政策规定,股权结构设置符合现行法律和法规的要求,公司资产权属和债权债务关系清楚,股票上市的实质条件已得到满足,复审前应履行的程序均已履行,本次股票上市的法律障碍业已排除,符合国家现行法规和政策有关股票上市的规定。

1、贵公司的重要合同及合同之外的重大债权债务关系

1)公司正在履行标的额或累计标的额为50万元以上的合同46件,未发现与其依据的其他合同或法律文件承担的义务有冲突,不存在因主体变更而构成合同履行障碍的情况。

2)贵公司对外担保已设定反担保。

2、与贵公司有关诉讼、仲裁、行政处罚等情况

贵公司及法定代表人目前无任何重大尚未结案或已结案正在执行中诉讼案件,也无仲裁或受行政处罚的情况。

3、贵公司募股资金的运用

经查证,贵公司1990年设立时向社会公众募集的资金,及1993年向社会法人募股所募资金部分按当时的招股说明书等文件规定的用途使用,取得了良好的经济效益。募股资金的使用符合国家现行法律、法规和政策的规定和要求,主要投资项目在当时已获得股东大会的授权和有权部门的立项批准。

四川省经济律师事务所

经办律师:冠孟良 刘安颖

一九九六年十一月二十六日

4、上市推荐人的推荐意见

公司聘请君安证券公司、成都证券公司作为公司本次股票上市推荐人,上述推荐人详细考查了本公司的上市条件,对本公司作出如下上市推荐意见:

成都泰康化纤股份有限公司已具备股票上市的法定主体资格,公司近三年财务经营状况良好,且无重大违法事项,股份公司上市符合《公司法》及其国家有关法规,因此成都泰康化纤股份有限公司符合上市条件,上市推荐人愿推荐该公司上市。

十九、风险与对策

(一)风险

投资者在评价本公司股票价值时,除本上市公告书提供的其它材料外,还应特别注意下述各项风险因素:

1、经营风险

本公司的主要原料为涤沦聚脂切片,近年来受国内外市场影响,价格波动较大,直接影响本公司生产成本。同时受原料价格及成品供求关系的影响,成品价格浮动幅度也较大,直接对公司效益的稳定产生影响。

2、行业风险

本公司产品结构相对单一,主要从事涤纶长丝的生产经营。近年来,国内涤纶长丝厂家的迅速发展和进口产品的冲击,加剧了行业竞争也增加了行业风险。

此外,由于本行业是处在化工和纺织之间的行业,因此,还必然受到化工、纺织两行业发展的影响。

3、市场风险

本公司主导产品为常规涤纶长丝产品,市场覆盖面相对有限。随着国内涤纶长丝生产厂家的不断发展,新技术的运用和新产品开发将对常规产品将产生较大的冲击。

4、股市风险

股票价格及其波动不仅取决于企业的经营状况,同时也受到国家宏观经济政策,通货膨胀水平,投资者心态等多因素的影响,因此,投资者在了解上述投资风险的同时,必须对股票价格的波动有充分的心理准备。

(二)对策

针对上述风险,公司已经并将采取积极措施,凭借公司自身的技术优势和管理优势,尽力规避或降低风险因素,具体对策如下:

1)为减少经营风险,本公司将首先力求保证原料的稳定供应,在同众多原料厂家广泛接触的同时,有重点地同一些具有资金优势、资源优势、技术优势、抗风险能力强原料厂家巩固和发展合作关系,以寻求更长期、稳定的供应渠道。

2)进一步发挥本企业技术力量雄厚,产品开发能力强的优势,适度加大技改投入,努力提高产品质量,开发差别化长丝产品,力争在同行业竞争中以差别化、多品种、高附加值的优势占领市场。

3)发挥本企业主导产品"川牌"涤纶丝为四川省名牌产品优势,充分利用本省化纤市场与国内主要化纤市场之间所特有的地利优势和价格优势,加大售后服务力度,进一步巩固本公司产品在省内市场的优势地位,同时,继续保持本企业产品在江浙化纤市场的价格优势,加大销售份额,努力扩展在国内其它化纤市场上的占有,扩大企业产品知名度,最终谋求更高的经济效益。

4)针对化纤行业近年来原料及成品市场价格波动大的特点。本公司准备通过加强市场调研和信息的收集整理工作,通过入网信息高速公路和对国家产业政策的研究,及时把握市场脉搏,预测市场变化,指导企业经营,以降低市场价格波动的风险。

5)为减少本公司产品结构相对单一的风险,公司本着一业为主,多种经营的发展思路,拟扩大经营领域,通过联合、兼并等多种形式,进行低成

本扩张,以扩大本公司的发展空间。

二十、公司发展规划

纺织工业是与人民生活息息相关的产业,是国家重点发展的支柱产业。本公司作为四川省和成都市纺织工业的骨干企业,坚持以市场为导向、经济效益为中心的指导思想,凭借多年来积累的技术实力和产品优势积极开拓,不断进取,为扩大股东追求股市效益回报,提出近期发展规划:

1、加强技改力度,增强企业发展后劲

本公司近期将投入150余万元人民币,对原有生产装置进行改造,主要方向是:

1)原装置关键部件的强化,以稳定提高主导产品质量;

2)生产控制系统的灵活性改造,以适应多品种开发的需要;

3)节能装置的综合运用,以进一步降低生产成本。

2、投资FDY长丝生产线

本公司已着手筹备扩建年产2000吨涤纶FDY长线生产线。该项目拟用公司闲置厂房及公用工程的富余能力,走国产化进口架接的道路,总投资控制在3000万元人民币以内,以最小的投人求得最大的经济效益。

3、投资织造、印染行业

本公司计划在九五期间,投资5000万元人民币进行织造、印染的开发,通过投资、联合、兼并等多种形式,逐步实现从抽丝到织造、印染的一条龙发展。打破长期以来制约化纤行业发展的瓶颈。

4、实行一业为主,多元发展

本公司将在稳定发展主营业务的同时,充分利用已在温江城区黄金地段征用的近两百亩土地,引进资金进行综合性开发,向房地产、证券、餐饮、娱乐业等领域拓展新的市场。把公司逐步建设成为西南地区大型的集工业、贸易、物业开发、旅游、餐饮娱乐为一体,能经受各种风险考验的现代化企业集团。

二十一、盈利预测(附表一)

1)上述盈利预测表已经成都市蜀都会计师事务所以成蜀审字〔96〕字第1-051号文审阅;

2)盈利预测的基准与假设

董事会参照公司1995年度及1996年度9月经成都蜀都会计师事务所中国注册会计师审计的经营业绩及本公司1996年度、1997年度生产经营计划和经营方针,遵守法律、法规、制度,本着求实、稳妥的原则编制了公司1996年度、1997年度度盈利预测;编制盈利预测所依据的会计原则,在各重要方面均与公司一般采用的会计原则一致。

主要假设

1、国家现行的方针政策无重大改变。

2、本公司所在地区的社会经济环境无重大改变;

3、本公司盈利预测内有关的税赋、税率、汇率等财经政策无重大改变;

4、本公司的生产经营计划不受原材料大幅度短缺,成本大幅度变动的不利影响;

5、无其他人力不可抗拒因素造成的重大影响

二十二、有关当事人及咨询

发行人:成都泰康化纤股份有限公司
法定代表人:王大伟
地址:四川省成都市温江新西路86号
电话:0815—722311
传真:0815—724076
联系人:刘永健、罗宏、刘斌、王小旭
上市推荐人:君安证券有限公司
法定代表人:张国庆
地址:中国深圳市春风路5号
电话:0755—2175560
传真:0755—2296188
联系人:陈建敏
上市推荐人:成都证券公司
法定代表人:晏姚
地址:成都市锣锅巷65号
电话:028—6620939
传真:028—6620939
联系人:张铭、陈磊
发行人法律顾问:四川省经济律师事务所
法定代表人:刘安颖
地址:四川省成都上翔街24号
电话:028—5567673、028—6755270
传真:028—6755270
联系人:冠孟良、刘安颖
会计师事务所:蜀都会计师事务所
法定代表人:陈良方
地址:成都市蜀都大道少城路25号少城大厦13楼
电话:028—6247317
传真:028—6648135
经办注册会计师:汪应钦 张秀花
资产评估机构:成都资产评估事务所
法定代表人:屈信濂
地址:成都市西玉龙街小福建营巷5号
电话:028—6742789
传真:028—6741003
经办评估人:冯商隐、郑开英

二十三、备查文件

1、国家体改委(体改生(1993)270号)《关于同意成都泰康化纤股份有限公司进行规范化股份制企业试点的批复》

2、中国证券监督管理委员会(证监发字(1997)19号)文件《关于成都泰康化纤股份有限公司申请股票上市复审意见书》

3、深圳证券交易所(深证市字(1997)第60号)《上市通知书》

4、本公司企业法人营业执照

5、本公司章程

6、成都市蜀都会计师事务所(成蜀审〔96〕字第1—050)审计报告。

7、成都市财务资产评估服务所(成资评(1992)字第25号)资产评估报告

8、成都市蜀都会计师事务所(成蜀验(93)第53号)验资报告

9、成都市蜀都会计师事务所(成蜀审〔96〕字第1—051号)盈利预测报告

10、四川省经济律师事务所(川经律股字〔96〕第3号)法律意见书

附图

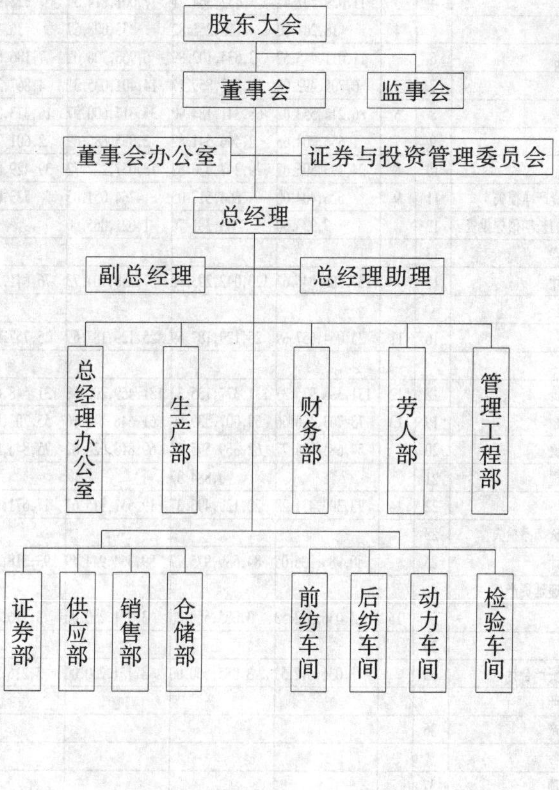

附表一

成都泰康化纤股份有限公司 1996 年、1997 年盈利预测表

单位:人民币元

项　　目	1996 年预测				1997 年预测
	1－9 月已审实现数	10－11 未审实现数	12 月份预计	全年预测合计	
一、主营业务收入	71,331,444.96	23,124,736.95	13,043,818.09	107,500,000	123,080,000
减:营业成本	62,344,251.91	14,658,928.91	7,268,796.58	83,160,000	97,650,000
销售费用	90,776.93	14,490.07	134,735.00	240,000	300,000
管理费用	3,430,275.79	697,403.22	872,620.99	5,000,000	5,500,000
财务费用	－1,822,103.11	－74,521.80	－508,375.09	－2,400,000	－2,200,000
营业税金及附加	117,474.48	23,147.77	159,377.75	300,000	430,000
二、主营业务利润	7,170,768.96	7,805,288.78	5,111,964.86	21,200,000	21,400,000
加:其他业务利润	530,199.66	－70,672.77	340,473.11	800,000	1,200,000
三、营业利润	7,700,968.62	7,734,616.01	5,452,473.97	22,000,000	22,600.00
加:投资收益	2,465,758.40	2,645,219.00		4,000,000	4,000,000
营业外收入					
减:营业外支出	90,884.87			90,884.87	
加:以前年度利润调整					
四、利润总额	10,075,842.15	10,380,835.01	5,452,437.97	25,909,115.13	26,600,000
减:应交所得税 15%	1,497,284.73	1,557,125.25	817,865.70	3,872,275.68	3,990,000
减:应交所得税 33%	3,294,026.41	3,425,675.55	1,799,304.53	8,519,006.49	8,778,000
五、净利润(按税负 15%)	8,578,557.42	8,823,709.76	4,634,578.27	22,036,839.45	22,610,000
(按税率 33%)	6,781,815.74	6,955,159.46	3,653,133.44	17,390,106.64	17,822,000

注:96 年 1—9 月利润总额中含部分已税利润。九六年本公司盈利状况良好原因:1)我国“九五”规划把化纤行业列入重点发展产业,国家给予政策扶持:2)我国加大宏观调控力度和打击走私力度;3)九四、九五年间无法抗御市场风险的涤纶长丝生产企业关、停并、转、市场空间增大;4)本公司抓住市场机遇,大量、低价贮备了全年生产所需的主原材料,大幅度降低了生产成本;5)本公司认真开展了“学邯钢、降成本、抓管理、增效益”活动,成效明显。

附表二:

资产负债表

编制单位:成都泰康化纤股份有限公司

单位:元

资产	行次	注释	96.9.30	95.12.31	94.12.31	93.12.31	负债及股东权益			96.9.30	95.12.31	94.12.31	93.12.31
流动资产:													
货币资金:	1	1	3,908,212.76	3,302,639.61	6,635,555.07	5,211,212.51	流动负债:						
短期投资	2	2	2,964,304.99	970,145.90	600,777.90	488,117.00	短期借款	41	16	64,140,000.00	58,840,000.00	61,470,559.00	40,520,000.00
应收票据	3						应付票据	42	17	6,180,000.00			
应收帐款	4	3	11,029,707.44	3,652,364.71	7,001,714.59	7,222,954.78	应付帐款	43	18	4,429,799.95	12,741,719.19	970,799.31	5,063,353.10
减:坏帐准备	5	4	18,261.82	18,261.82	35,008.57	36,114.77	预付帐款	44	19	863,786.09	1,239,961.45	453,875.25	232,765.81
应收帐款净额	6		11,011,445.62	3,634,102.89	6,966,706.02	7,186,840.01	应付福利费	45	20	2,514,598.01	2,289,866.75	2,137,277.50	2,203,716.19
预付帐款	7	5	6,705,492.08	11,712,859.17	14,401,035.31	4,867,260.89	未付股利	46	21	669,060.00	669,060.00	1,511,785.26	19,499,703.84
其他应收款	8	6	86,214,553.02	68,341,184.90	36,317,600.97	16,323,218.64	未交税金	47	22	3,952,367.48	1,897,203.01	701,248.90	3,756,353.26
待摊费用	9	7	1,656,204.63	2,466,541.88	2,995,885.69	2,601,792.38	其他未交款	48	23	255,442.54	476,434.52	454,600.95	51,551.85
存货	10	8	24,193,506.67	29,247,920.82	18,057,227.72	39,429,850.86	其他应付款	49	24	2,607,852.19	3,348,360.86	2,981.421.48	26,366.70
待处理流动资产净损失	11	9	626,404.00	664,517.05	264,051.05	733,020.24	预提费用	50					
一年内到期的长期债券投资	12		7,923.50	83,381.70	1,021,065.00		一年内到期的长期负债	51				350,000.00	2,000,000.00
其他流动资产	13						其他流动负债	52					
流动资产合计	15		137,288,046.67	120,042,293.92	87,259,904.73	76,841,312.53							
长期投资:							流动负债合计	53		85,762,906.26	81,502,605.78	71,031,567.65	75,353.810.27
长期投资	16	11	25,064,657.69	25,129,187.69	25,129,187.69	25,757,692.69	长期负债:						
固定资产:							长期借款	56	25	7,000,000.00	7,000,000.00		350,000.00
固定资产原价	18	12	131,388,925.33	131,377,135.33	131,459,202.88	131,548,673.61	应付债券	57					
减:累计折旧	19	13	73,703,120.56	69,007,539.80	61,646,174.06	55,702,386.09	长期应付款	58					
固定资产净值	20		57,685,804.77	62,369,595.53	69,813,028.82	75,846,287.52	其他长期负债	60	26	2,528,161.80	2,176,028.64		
固定资产清理	21			90,884.87									
在建工程	22	14	23,300,431.28	22,129,495.37	19,551,915.67	17,671,958.87	长期负债合计	61		9,528,161.80	9,176,028.64		350,000.00
待处理固定资产净损失	23						递延税项:						
固定资产合计	25		80,986,236.05	84,589,975.77	89,364,944.49	93,518,246.39	递延税款贷项	62					
无形资产及递延资产:							负债合计	65		95,291,068.06	90,678,634.42	71,031,567.65	73,703,810.27
无形资产	26	15	3,036,312.53	3,085,550.00	3,151,200.00	3,216,850.00	股东权益:						
递延资产	30						股本	66	27	108,331,688.00	108,331,688.00	108,331,688.00	108,331,688.00
无形及递延资产合计	35		3,036,312.53	3,085,550.00	3,151,200.00	3,216,850.00	资本公积	67	28	11,000,000.76	11,000,000.76	11,000,000.76	11,000,000.00
其他长期资产:							盈余公积	68	29	7,650,646.33	6,407,608.22	5,106,252.66	3,869,745.97
其他长期资产	36						其中:公益金	69		2,521,051.79	2,135,869.42	1,702,084.23	1,289,915.33
递延税项:							未分配利润	70	30	24,101,849.79	16,810,075.98	9,435,727.84	2,428,856.61
递延税款借项	37												
							股东权益合计	75		151,084,184.88	142,549,372.96	133,873,669.26	125,600,291.04
资产总计	40		246,375,252.94	233,228,007.38	204,905,236.91	199,334,101.61	负债及股东权益总计	80		246,375,252.94	233,228,007.88	204,205,236.91	199,334,101.61

附表三：

财务状况变动表

编制单位:成都泰康化纤股份有限公司　　会股 03 表　　单位:元

流动资金来源和运用	行次	金　额	流动资金各项目的变动	行次	金　额
一、流动资金来源:			一、流动资产本年增加数:		
1、本年利润	1	8,675,703.70	1、货币资金	27	-3,332,915.46
加:不减少流动资金费用和损失			2、短期投资	28	369,368.00
(1)固定资产折旧	2	7,356,159.46	3、应收票据	29	
(2)无形资产、递延资产及其他资产摊销(减其他负债转销)	3	65,650.00	4、应收帐款净额	30	-3,333,603.13
(3)固定资产盘亏(减盘盈)	4		5、预付帐款	31	-2,688,176.14
(4)清理固定资产损失(减收益)	5		6、其他应收款	32	32,023,583.93
小　计	6	16,097,513.16	7、待摊费用	33	-529,243.81
			8、存　货	34	11,190,693.10
			9、待处理流动资产净损失(减收益)	35	400,466.00
2、其他来源			10、一年内到期的长期债券投资	36	-937,683.30
(1)固定资产清理收入(减清理费用)	7		流动资产增加净额		33,163,389.19
(2)增加长期负债(少数股权)	8	9,176,028.64			
(3)收回长期投资	9				
(4)对外投资转出固定资产	10				
(5)对投资外转出无形资产	11				
(6)资本净增加额	12	1,301,355.56			
小　计	13	10,477,384.20	二、流动负债本年增加数:		
流动资金来源合计	14	26,574,897.36	1、短期借款	37	-2,630,559.00
二、流动资金运用:			2、应付票据	38	
1、利润分配			3、应付帐款	39	11,770,919.88
(1)提取法定公积金	15	867,570.37	4、预付帐款	40	786,086.20
(2)提取法定公益金	16	433,785.19	5、应付福利费	41	152,589.25
(3)已分配股利	17		6、未付股利	42	-842,725.26
	18		7、未交现金	43	1,195,954.11
小　计	19	1,301,355.56	8、其他未交款	44	21,833.57
2、其他运用:			9、其他应付款	45	366,939.38
(1)固定资产和在建工程净增加额	20	2,581,190.74	10、预提费用	46	
(2)增加无形资产、递延资产及其他资产	21		11、一年内到期的长期负债	47	-350,000.00
(3)偿还长期负债	22		12、其他流动负债	48	
(4)增加长期投资	23			49	
小　计	24	2,581,190.74		50	
流动资金运用合计	25	3,882,546.30	流动负债增加净额	51	10,471,038.13
流动资金净增加额	26	22,692,351.06	流动资产增加净额	52	22,692,351.06

附表四

利润及利润分配表

编制单位:成都泰康化纤股份有限公司　　单位:人民币元

项　目	注释	行次	1996 年 1—9 月	1995 年	1994 年	1993 年
一、主营业务收入	30	1	71,331,444.96	141,299,603.39	122,658,324.46	149,590,067.52
减:营业成本	31	2	62,344,251.91	136,238,214.96	107,443,178.19	113,733,026.52
销售费用		3	90,776.93	833,108.57	1,687,230.00	2,856,287.77
管理费用		4	3,430,275.79	5,922,321.06	6,358,098.54	5,085,434.39
财务费用	32	5	-1,822,103.11	-2,010,103.04	-266,355.45	2,006,500.96
进货费用		6				
营业税金及附加		7	117,474.48	261,721.61	460,310.80	1,299,852.81
二、主营业务利润		8	7,170,768.96	54,340.23	6,975,862.38	24,608,965.07
加:其他业务利润	33	9	530,199.66	5,008,414.32	792,959.56	1,003,068.29
三、营业利润		10	7,700,968.62	5,062,754.55	7,768,821.94	25,612,033.36
加:投资收益	34	11	2,564,758.40	4,835,423.32	2,182,093.47	
营业外收入		12		0.10		8,924.78
减:营业外支出	35	13	90,884.87	0.67	629,758.55	419,895.67
加:以前年度损益调整		14				
四、利润总额		15	10,075,842.15	9,898,177.30	9,321,336.85	25,201,062.47
减:所得税		16	1,497,284.73	1,222,473.60	1,077,958.94	3,780,159.37
五、净利润		17	8,578,557.42	8,675,703.70	8,243,377.92	21,420,903.10
加:年初未分配利润		18	16,610,075.98	9,435,727.84	2,428,856.61	3,720,792.82
盈余公积转入数		19				
减:分配上年未分配利润		20				
六、分配的利润		21	25,388,633.40	18,111,431.54	10,672,234.53	25,141,695.92
减:提取法定公积金		22	857,855.74	867,570.37	824,337.79	2,142,090.31
提取法定公益金		23	428,927.87	433,785.19	412,168.90	1,071,045.16
七、可供股东分配的利润		24	24,101,849.79	16,810,075.98	9,435,727.84	21,928,560.45
减:已分配优先股股利		25				
提取任意公积金		26				
已分配普通股股利		27				19,499,703.84
八、未分配利润		28	24,101,849.79	16,810,075.98	9,435,727.84	2,428,856.61

成都泰康化纤股份有限公司1996年年度报告摘要

一、公司简况

1. 公司名称：成都泰康化纤股份有限公司
   英文名称：CHENGDU TAIKANG CHEMICAIL FIBRE CO.,LTD.
2. 公司地址：四川省温江县柳城镇新西路86号
   邮政编码：611130
3. 法定代表人：王大伟
4. 公司咨询服务机构：证券部
   联系电话：028—2722311
   传　　真：028—2724076
5. 联系人：刘永健、罗宏、王小旭

二、主要财务数据与财务指标

指标项目	本年数〔1996〕年	上年数(1995)年	比上年增减(%)
1.主营业务收入(万元)	10410.86	14129.96	-26.32
2.净利润(万元)	2337.16	867.57	169.39
3.总资产(万元)	26173.33	23322.80	12.22
4.股东权益(万元)	15503.71	14254.93	8.76
5.每股收益(元)	0.216	0.08	162.5
6.每股净资产(元)	1.43	1.32	8.42
7.净资产收益率(%)	15.07	6.09	147.45
8.股东权益比率(%)	59.23	61.12	-3.09

三、公司业务回顾

1. 一年来经营情况

1996年，在上半年全国化纤行业进入低谷的情况下，本公司通过狠抓主导产品省名牌“川牌”涤纶丝的生产和销售，同时抓住了下半年原料（聚酯切片）和涤纶丝市场的启动机遇，强化内部管理，开源节流、增收节支、节能降耗、使公司圆满完成了经营目标任务：实现主营业务收入10410.86万元，完成计划的96.85%，比上年下降26.32%，实现利润总额2601.88万元，完成计划的100.43%，比上年增长162.86%，实现了公司经营业绩稳定增长。

1996年，本公司严格按照《公司法》及有关规定，继续规范完善股份制运作。通过不懈努力，经成都市人民政府推荐和中国证券监督管理委员会批准，本公司跨入了上市公司行列。全新的机制，促进了企业管理水平和经济效益的提高。

根据本公司一九九五年度股东大会既定的通过“学邯钢、创四好”使公司战胜困难，走出困境的决议精神，本公司初步建立了“模拟市场核算，实行成本、质量、安全否决”的目标成本指标分解体系和考核体系。降成本、增效益的各项措施基本落实到位，全年减少消耗、降低成本增利达460.06万元。

通过加快劳动人事制度改革，1996年本公司共计66名职工办理退养手续，减人增效初见成效。

1996年以来本公司通过加大对证券等其它业务的投人，积极探索进行资产重组、盘活存量资产的路子获得了新的效益来源。同时，本公司在1996年还投人85万余元完成了10KV供电线路改线工程及前纺干燥系统、空调新风装置、色母粒干燥装置、车间照明设备的技术改造，确保了产品产量、质量的稳步提高。

在建立稳定可靠的原料主渠道上下功夫，及时掌握市场行情，认真分析，抓住机遇，果断低价购进3200吨切片，确保了公司的整体效益。销售部门在激烈的市场竞争中紧贴市场行情，及时调整销售策略，改变经营作风，改善售后服务，加强与用户的联系。增强了公司产品在市场上的竞争力，提高了占有率。

公司主要生产部门通过学邯钢，提高产品质量，加大技改力度，广泛发动群众，调动员工工作积极性，保证了公司安、稳、长生产。1996年公司在原材料批量小，能源紧张等诸多因素影响下，仍然完成了全年生产目标。

各职能部门按照公司赋予的新职能，兼顾统一管理和专业分工，明确各自责、权、利，为供、产、销各部门提供优质服务和进行严格考核，从而保证了公司供应、生产、销售环节的正常运行，建立起稳定、有序、高效的工作环境。

2. 主要经济指标分析

(1)主营业务收入10410.86万元，比预测数减少339.14万元；比上年减少3719万元，主要是长丝市场价格随原料市场价格同步下降所致。

(2)公司实现净利润2337.16万元，比预测数2,262.26万元增加74.9万元。比上年利润增加1469.59万元。销售费用、财务费用、管理费用比上年下降251.8万元，制造费用下降172万元，消耗降低节约成本36.76万元。

3. 前次募集资金的使用情况说明

本年度末募集资金，前次募集资金所投入项目的建设无延续到报告年度之内的情况。

四、股本变化及股本结构情况

1. 截止1996年末，公司股本结构如下：

数量单位：股　每股面值：1元

	期初数	期末数
一、尚未流通股		
1)发起人股份		
其中：		
国家持有股份	35971688	35971688
2)境内法人持有股份	45060000	45060000
尚未流通股份合计	81031688	81031688
二、已流通股份		
境内上市的人民币普通股	27300000	27300000
已流通股份合计	27300000	27300000
三、股份总数	108331688	108331688

2. 本年度公司股本未变动

3. 主要股东持股情况(前十名股东)

名次	股东名称	年末持股数(万股)	占总股本(%)
1	成都市国有资产管理局	35971688	33.2
2	成都温江兴达开发公司	5000000	4.62
3	成都市致远贸易有限责任公司	5000000	4.62
4	成都银通房屋开发公司	4000000	3.69
5	成都市第二纺织厂	3600000	3.32
6	四川省信托投资公司	3000000	2.77
7	成都振益投资有限公司	3000000	2.77
8	中行四川分行国际信托投资公司	3000000	2.77
9	成都建行房屋经营北海公司	2000000	1.85
10	深圳长园应用化学有限公司	1000000	0.92

4、公司董事、监事与高级管理人员的持股情况

姓　名	职务	年初持股数	年末持股数
王大伟	董事长、总经理	2000	2000
寇宗惠	副董事长	2000	2000
王　毅	董事、副总经理	2000	2000
李永乐	董事	2000	2000
刘永健	董事、财务主管	2000	2000
周长金	董事	0	0
甘立新	董事	0	0
祁康宁	监事会主席	2000	2000
朱永平	监事	2000	2000
刘　斌	监事	2000	2000

罗 宏	总经理助理	2000	2000

五、重要事项

1、报告期内股东大会、董事会情况说明

(一)股东大会情况说明

1996年6月27日,公司1995年度股东大会在本公司康益舞厅召开。出席会议的股东76人,代表股份55,273,688股,占公司总股本108,331,688股的51.02%。大会由公司董事长贺正康主持。

大会听取了公司董事长贺正康所作的九五年度董事会报告,公司监事朱永平所作的1995年度监事会工作报告,总会计师祁康宁宣读的1995年度公司股利分配方案,公司副董事长寇宗惠所作的修改《公司章程》的报告。

与会股东经过认真讨论,形成如下决议:

(1)审议通过了公司董事会一九九五年度工作报告;

(2)审议通过了公司监事会一九九五年度工作报告;

(3)审议通过了公司《关于调整公司一九九五年度财务报告的说明》;

(4)审议通过了公司一九九五年度财务决算和一九九六年财务预算报告;

(5)审议通过了严格按照《中华人民共和国公司法》修改公司《章程》的报告;

(6)投票表决通过了公司一九九五年红利分配方案。一九九五年公司可供分配的利润为737434.14元,每股可分红利0.068元。经与会股东投票决定:公司一九九五年度可供分配的利润加上一九九四年末滚存未分配利润,共计16,810,075.98元暂不派分,结转下年再行分配。

(7)为作好公司股票上市工作,力争公司股票早日上市,股东大会授权董事会全权负责公司股票异地上市工作。

按《公司法》和本公司《章程》的规定本次大会进行了换届选举:

投票选举了王大伟、寇宗惠、李永乐、王毅、周长金、甘立新、刘永健七人为公司第三届董事会董事。

投票选举了祁康宁、朱永平、刘斌三人为公司第三届监事会监事。

(二)董事会情况说明

1996年5月26日,公司董事会召开会议,听取了公司董事长贺正康所作的公司第二届董事会工作报告;审议通过了1995年度董事会工作报告;审议通过了1995年度财务决算报告和1995年度利润及股利分配预案,以及董事换届改选方案和召开年度股东大会的有关事宜。

1996年6月27日,董事会组织召开了一九九五年度股东大会。

1996年6月28日,公司董事会召开第三届一次会议,会议一致 选举王大伟先生为公司董事长,法定代表人;选举冠宗惠女士为公司副董事长;聘任王大伟先生为公司总经理;聘任由公司总经理提名的王毅先生为公司副总经理、罗宏先生为总经理助理、刘永健先生为财务主管。根据本公司章程,公司董事会设立办公室,聘任罗宏先生兼任办公室主任。决定成立公司股票上市工作筹备组,代表公司董事会实施上市筹备工作。

1996年10月11日,公司董事会召开第三届二次会议,形成如下决议:根据公司股票上市工作筹备组前期准备工作情况,董事会一致同意公司关于申请股票上市推荐的报告;公司社会公众持股2730万股,在获准成都市人民政府推荐并通过中国证监会异地上市复审的前提下,决定在深圳证券交易所挂牌上市。

1996年12月7日,公司董事会召开第三届三次会议,一致通过《成都泰康化纤股份有限公司上市申报材料》及其相关文件,同意上报中国证监会进行复审。授权上市工作筹备组进行向中国证监会申报公司股票上市复审和异地挂牌上市工作。

2、公司法定代表人、董事、监事变动情况说明

1996年6月27日,公司1995年度股东大会按照《公司法》和本公司《章程》的规定本次大会进行了换届选举:投票选举了王大伟、寇宗惠、李永乐、王毅、周长金、甘立新、刘永健七人为公司第三届董事会董事;投票选举了祁康宁、朱永平、刘斌三人为公司第三届监事会监事。6月28日,公司召开了第三届一次董事会,选举王大伟为公司董事长、法定代表人;选举寇宗惠为公司副董事长;聘任王大伟为公司总经理;聘任由总经理提名的王毅为公司副总经理,罗宏为总经理助理,刘永健为财务主管。以上董事长和公司30%以上董事或总经理发生的重大变动,已在成都市证管办指定的《改革时报》进行了披露,并在《中国证券报》上刊登的本公司《上市公告书》中进行了披露。

3、重大诉讼、仲裁事项说明

本报告期内公司无重大诉讼、仲裁事项。

六、关联企业

本年度公司未有以长期投资形式直接或间接持有所有者权益20%以上的其他法人或经营单位。

七、财务报告

1、审计意见

公司财务报告经成都市蜀都会计师事务所注册会计师汪应钦、张秀花审计,并出具了无保留意见的审计报告。

审计报告

成蜀审〔96〕字第(1-027)号

成都泰康化纤股份有限公司全体股东:

我们接受委托,审计了贵公司1996年12月31日的资产负债及1996年度利润及利润分配表和1996年度的财务状况变动表。这些会计报表由贵公司负责,我们的责任是对这些会计报表发表审计意见。我们的审计是依据《中国注册会计师独立审计准则》进行的。在审计过程中,我们结合贵公司的实际情况实施了包括抽查会计记录等我们认为必要的审计程序。

我们认为,上述会计报表符合《企业会计准则》和《股份制试点企业会计制度》的有关规定,在所有重大方面公允地反映了贵公司1996年12月31日财务状况及1996年度经营成果和资金变动情况。会计处理方法的选用符合一贯性原则。

成都市蜀都会计师事务所　　中国注册会计师　汪应饮

中国注册会计师　张秀花

1997年3月16日

2、财务报表(见附表)

3、财务报告附注

主要会计政策

1)会计制度:执行《股份制试点企业会计制度》。

2)会计期间:采用公历年,自1月1日至12月31日为一个会计年度。

3)记帐原则和计价基础:会计核算执行权责发生制原则,按历史成本法计价。

4)货币核算:以人民币为记帐本位币。发生的外币业务,按发生时的市场汇价折合为人民币记帐,结算期有关外币帐户的余额,按期末市场汇价进行调整,差额列作汇兑损益。

5)坏帐准备:按年末应收帐款余额的5‰计提坏帐准备金。

6)存货:(1)存货按实际成本计价,采用永续盘存制,对产成品的收、发、领、退的成本采用加权平均法;(2)材料的日常核算采用计划成本并按月结算材料成本差异;(3)低值易耗品采用一次摊销法。

7)长期投资:(1)购入的债券,按期计算应计利息收入,计入当期收益;(2)股权投资和联营投资按所投资金额占被投资单位总资本在20%以下的,采用成本法核算,占总资本在20%—50%的采用权益法核算;占总资本的50%以上的采用权益法核算,并编制合并会计报表。

8)固定资产折旧:(1)固定资产按实际成本计价;固定资产的标准为:单位价值在2000元以上,使用年限在一年以上。(2)固定资产折旧采用直线法,分类计提折旧,残值率为3%。

固定资产类别	使用年限	折旧率
房屋	50	1.94%
建筑物	30	3.23%
专用设备	14	6.93%
通用设备	18	5.39%
运输设备	12	8.08%

9)无形资产及其摊销:土地使用权按评估确认数计价从1993年起按50年平均摊销。

10)收入实现的确认:以产品已经发出,劳务已经提供,价款已收讫或已取得索取价款的凭据时作为收入的实现。

11)税项:(1)企业所得税:税率为33%,根据成都市政府的优惠政策,自国家体改委确认为公众公司当年起,由成都市财政列支返还18%,实际负担率为15%;(2)增值税:按产品销售收入的13%或17%计算销项税,扣除进项税额后缴纳;(3)营业税:税率为5%;(4)城市建设维护税:税率

为5%。

12)税后利润分配:(1)按税后利润10%计提法定公积金;(2)按税后利润5%计提法定公益金;(3)任意公积金及股利分配由股东大会一年一定。

会计报表注释

1)短期投资	2587832.51
(1)股票投资	2084432.51
(2)联营投资	503400.00

短期投资比年初增加了166.75%,主要是股票投资增加。

2)应收帐款:11970199.41

1年以内	36户	10,152,955.27	84.82%
1-2年	4户	2,269.99	0.01%
2-3年	1户	60,707.68	0.51%
3年以上	16户	1,754,266.47	14.66%
合计	57户	11,970,199.41	100%

23万元以上的应收帐款列示如下:

成都涤纶工业集团公司化纤制品厂	涤纶丝款	5,603,528.68
四川省温江丝绸印染总厂	涤纶丝款	2,743,860.21
宁波海越实业有限公司	涤纶丝款	594,783.98
成都涤纶工业集团公司三才实业开发总公司	涤纶丝款	463,723.76
新都工艺美术锦缎厂	涤纶丝款	376,341.07
四川省第一纺织股份有限公司针织分厂	涤纶丝款	334,323.99
成都针织二厂	涤纶丝款	305,886.80
绍兴华联纺织原料公司	涤纶丝款	298,201.06
成都针织三厂	涤纶丝款	258,781.52
德阳经编厂	涤纶丝款	234,824.15

应收帐款比年初增加了227.74%,主要是市场疲软,三角债增加。

无持本公司5%以上股权的款项。

对于三年以上的应收帐款,公司领导召开专门会议,分析各款均能收回,并组织专人催收。

3)预付帐款:5296100.06

1年以内	6户	4,969,330.06	93.83%
1-2年	1户	326,770.00	6.17%
合计	7户	5,296,100.06	100%

预付帐款明细列示如下:

佛山市聚酯切片厂有限公司	切片款	4,092,197.99
乌鲁木齐石化厂	切片款及运费	720,856.44
成都市纺织供销公司	切片款	326,770.00
仪征联合公司	切片运费	153,195.81
成都市纺织品公司	油剂款	2,429.82
深圳波达超声设备公司	超声波配件款	650.00

预付帐款比年初下降了54.78%,主要是货到结算。

4)其他应收款:92,251,593.04

1年以内	64户	91,661,796.10	99.36%
1-2年	6户	236,236.65	0.26%
2-3年	3户	224,368.29	0.24%
3年以上	10户	129,192.00	0.14%
合计	83户	92,251,593.04	100%

60万元以上的其他应收款列示如下:

成都涤纶工业集团公司	转贷款	41,994,983.91
成都嘉成化纤有限公司	转贷款	26,685,255.86
成都涤伦工业集团公司群益公司	代垫款	6,532,544.01
成都振益投资有限公司	保证金及暂存款	6,259,425.67
温江纺织印染工业公司	垫付投资款及利息	3,610,759.27
成都恒益化纤公司	借用原料占有资金	3,281,022.72
温江县房改办	房改基金存款	1,373,105.31
成都涤纶工业集团公司三才公司	预付保证金	860,922.79
成都市国有资产投资公司	财政集中资金	680,000.00

其他应收款比年初增加了34.99%,主要是垫支款增加。

无持有本公司5%以上股权单位的款项。

5)长期投资:25,064,657.69

(1)股权投资:4,242,580.00

被投资公司	股数	占被投资公司股权比例%	投资金额
成都倍特发展集团股份有限公司	200,000	0.1	220,000.00
四川第一纺织股份有限公司	200,000	0.1	660,000.00
海南金川贸易公司	200,000	1	515,000.00
四川天华贸易公司	300,000	2	300,000.00
成都三电股份有限公司	167,000	0.1	367,400.00
四川聚酯股份有限公司	1,000,000	5	1,007,000.00
成都动力配件股份有限公司	100,000	0.1	410,000.00
成都量具刃具股份有限公司	55,000	0.05	213,180.00
成都化工股份有限公司	500,000	1	550,000.00

(2)债券投资:350,000.00

债券种类	面值	到期日	年利率%	投资金额
西南电力建设债券	350,000.00	98.8.1	无	350,000.00

(3)联营投资:20,472,077.69

被投资公司	投资期限(年)	占被投资公司比例%	投资金额
温江县丝绸印染工业公司	15	18	2,164,339.01
成都恒益化纤开发有限公司	10	19	10,057,678.68
成都嘉成化纤有限公司	10	17.8	7,750,000.00
成都产权交易中心			500,000.00

6)资本公积:11,000,000.76

项目	1996.12.31	1995.12.31	1994.12.31
期初余额	11,000,000.76	11,000,000.76	11,000,000.76
其中:资产折股余额	0.76	0.76	0.76
93年募集法人股溢价	11,000,000.00	11,000,000.00	11,000,000.00
其余余额	11,000,000.76	11,000,000.76	11,000,000.76

7)盈余公积:9,862,699.03

项目	法定公积金	法定公益金	合计
年初数	4,271,738.80	2,135,869.42	6,407,608.22
本年利润分配转入	2,337,157.54	1,168,578.77	3,505,736.31
减职工住宅安装		50,645.50	50,645.50
有线电视费			
期末结余数	6,608,896.34	3,253,802.69	9,862,699.03

8)未分配利润:25,842,746.25

	1996年	1995年
年初未分配利润	16,810,075.98	9,435,727.84
加:本年净利润转入	23,371,575.38	8,675,703.70
减:提取法定公积金	2,337,157.54	867,570.37
提取法定公益金	1,168,578.77	433,785.19
分配普通股股利	10,633,168.80	
年末未分配利润	25,842,746.25	16,810,075.98

9)投资收益

项目	1996年度	1995年度
债券投资收益	18,128.40	407,481.71
股票投资收益	2,093,204.33	508,515.94
按成本法核算的投资收益	6,259,425.67	3,919,425.67
合计	8,370,758.40	4,835,423.32

八、其它事项

经公司第三届五次董事会会议决定,公司1996年度利润预分配方案为:公司1996年度实现主营业务收入104,108,625.16元,实现净利润

23,371,575.38元,提取10%法定公积金和5%的法定公益金后,可分配利润为19,865,839.07元,加上1995年度未分配利润16,810,075.98元,合计可供股东分配利润36,675,915.05元。董事会决议,1996年度利润预分配方案为:每10股送1股同时派发1元现金红利(含税)。1996年度分配利润后尚余未分配利润15,009,577.45元,结转1997年度分配。该项预案尚待股东大会表决。

九、备查文件

(一)公司一九九六年年度报告原件

(二)成都市蜀都会计师事务所审计报告原件

(三)公司财务报表原件

(四)公司股票上市公告书

(五)公司第三届董事会第五次会议决议

成都泰康化纤股份有限公司董事会

1997年4月22日

资产负债表

会股01表

编制单位:成都泰康化纤股份有限公司　1996年12月31日　单位:元

项目	注释号	年初数	年末数
流动资产:			
货币资金	1	3,302,639.61	6,533,029.01
短期投资	2	970,145.90	2,587,832.51
应收票据			
应收帐款	3	3,652,864.71	11,970,199.41
减:坏帐准备	4	18,261.82	59,851.00
应收帐款净额		3,634,102.89	11,910,348.41
预付货款	5	11,712,859.17	5,296,100.06
其他应收款	6	68,341,184.90	92,251,593.04
待摊费用	7	2,466,541.88	1,896,969.30
存货	8	29,247,920.82	33,314,402.79
待处理流动资产净损失	9	664,517.05	663,185.21
一年内到期的长期债券投资	10	83,381.70	7,923.50
其他流动资产			
流动资产合计		120,423,293.92	154,461,383.83
长期投资:			
长期投资	11	25,129,187.69	25,064,657.69
固定资产:			
固定资产原价	12	131,377,135.33	131,459,771.33
减:累计折旧	13	69,007,539.80	75,401,998.55
固定资产净值		62,369,595.53	56,057,772.78
固定资产清理		90,884.87	
在建工程	14	22,129,495.37	23,129,579.50
待处理固定资产净损失			
固定资产合计		84,589,975.77	79,187,352.28
无形资产及递延资产:			
无形资产	15	3,085,550.00	3,091,900.00
递延资产			
无形资产及递延资产合计		3,085,550.00	3,019,900.00
其他长期资产:			
其他长期资产			
递延税项			
递延税款借项			
资产总计		233,228,007.38	261,783,293.80
负债及所有者权益			
流动负债:			
短期借款	16	58,840,000.00	68,140,000.00
应付票据			
应付帐款	17	12,741,719.19	4,246,888.22
预收货款	18	1,239,961.45	546,206.35
应付福利费	19	2,289,866.75	2,603,081.17
未付股利	20	669,060.00	11,502,228.80
未交税金	21	1,897,203.01	5,847,496.72
其他未交款	22	476,434.52	291,080.41
其他应付款	23	3,348,360.86	3,873,180.59
预留费用			
一年内到期的长期负债			
流动负债合计		81,502,605.78	97,050,162.26
长期负债:			
长期借款	24	7,000,000.00	7,000,000.00
应付债券			
长期应付款			
其他长期负债	25	2,176,028.64	2,645,997.50
长期负债合计		9,176,028.64	106,696,159.76
递延税项:			
递延税款贷项			
负债合计		90,678,634.42	9,645,997.50
股东权益:			
股本	26	108,331,688.00	108,331,688.00
资本公积	27	11,000,000.76	11,000,000.76
盈余公积	28	6,407,608.22	9,862,699.03
其中:公益金		2,135,869.42	3,253,802.69
未分配利润	29	16,810,075.98	25,842,746.25
股东权益合计		142,549,372.96	155,037,134.04
负债及股东权益总计		233,228,007.38	261,733,293.80

利润及利润分配表

1996年度　会股02股

编制单位:成都泰康化纤股份有限公司　单位:人民币元

项目	注释号	上年实际数	本年实际数
一、主营业务收入	30	141,299,603.39	104,108,625.10
减:营业成本	31	136,238,214.96	84,430,026.44
销售费用		833,108.57	242,367.01
管理费用		5,922,321.06	4,652,072.33
财务费用	32	-2,010,103.04	-2,667,523.39
进货费用			
营业税金及附加		261,721.61	178,542.29
二、主营业务利润		54,340.23	17,273,140.48
加:其他业务利润	33	5,888,414.32	465,244.74
三、营业利润		5,062,754.55	17,738,385.22
加:投资收益	34	4,835,423.32	8,370,758.40
营业外收入	35	0.10	519.63
减:营业外支出	36	0.67	90,884.87
加:以前年度损益调整			
四、利润总额		9,898,177.30	26,018,778.38
减:所得税		1,222,473.60	2,647,203.00
五、净利润		8,675,703.70	23,371,575.38
加:年初未分配利润		9,435,727.84	16,810,075.98
盈余公积转入数			
六、分配的利润		18,111,431.54	40,181,651.36
减:提取法定公积金		867,570.37	2,337,157.54
提取法定公益金		433,785.19	1,168,578.77
七、可供股东分配的利润		16,810,075.98	36,675,915.05
减:已分配优先股股利			
提取任意公积金			
已分配普通股股利			10,833,168.80
八、未分配利润		16,810,075.98	25,842,746.25

财务状况变动表

1996 年度

会股 03 表

编制单位:成都泰康化纤股份有限公司

单位:元

流动资金来源和运用	金额	流动资金各项目的变动	金额
一、流动资金来源		一、流动资产本年增加数:	
1. 本年净额利润	23,371,575.38	1. 货币资金	3,230,389.40
加:不减少流动资金费用和损失:		2. 短期投资	1,617,686.61
(1)固定资产折旧	6,394,458.75	3. 应收票据	
(2)无形资产、递延资产及其他资产摊销(减其他负债转销)	65,650.00	4. 应收帐款净额	8,276,245.52
(3)固定资产盘亏(减盘盈)		5. 预付帐款	-6,416,759.11
(4)清理固定资产损失(减收益)	90,884.87	6. 其他应收款	23,910,408.14
小计	29,922,569.00	7. 待摊费用	-569,572.58
		8. 存货	4,066,481.97
		9. 待处理流动资产净损失(减收益)	-1,331.84
2. 其他来源:		10. 一年内到期的长期债券投资	-75,458.20
(1)固定资产清理收入(减清理费用)		流动资产增加净额	34,038,089.91
(2)增加长期负债(少数股权)	469,968.86		
(3)收回长期投资	64,530.00		
(4)对外投资转出固定资产			
(5)对外投资转出无形资产			
(6)资本净增加额	3,455,090.81		
小计	3,989,589.67	二、流动负债本年增加数:	
流动资金来源合计	33,912,158.67	1. 短期借款	9,300,000.00
二、流动资金运用:		2. 应付票据	
1. 利润分配:		3. 应付帐款	-8,494,830.97
(1)提取法定公积金	2,337,157.54	4. 预收帐款	-693,755.10
(2)提取法定公益金	1,168,578.77	5. 应付福利费	313,214.42
(3)已分配股利	10,833,168.80	6. 未付股利	10,833,168.80
		7. 未交税金	3,950,293.71
小计	14,338,905.11	8. 其他未交款	-185,854.11
2. 其他运用:		9. 其他应付款	524,819.73
(1)固定资产和在建工程净增加额	1,082,720.13	10. 预提费用	
(2)增加无形资产、递延资产及其他资产		11. 一年内到期的长期负债	
(3)偿还长期负债		12. 其他流动负债	
(4)增加长期投资			
小计	15,421,625.21		
流动资金运用合计	4,588,456.44	流动负债增加净额	15,547,556.48
流动资金净增加额	18,490,533.43	流动资金增加净额	18,490,533.43

成都泰康化纤股份有限公司1997年度中期报告

一、财务报告(未经审计)

(一)财务报表

1. 简化的资产负债表

单位:元

项目	1997年6月30日	1996年12月31日
(1)流动资产	160,062,272.98	154,461,383.83
(2)长期投资	25,064,657.69	25,064,657.69
(3)固定资产净值	53,046,049.19	56,057,772.78
(4)在建工程	23,271,850.75	23,129,579.50
(5)无形资产及递延资产	3,019,900.00	3,019,900.00
(6)资产总计	264,464,730.61	261,733,293.80
(7)流动负债	92,222,572.89	97,050,162.26
(8)长期负债	12,135,532.31	9,645,977.50
(9)负债合计	104,358,105.20	106,696,159.76
(10)股东权益	160,106,625.41	155,037,134.04
其中:股本	119,164,856.80	108,331,688.00
资本公积	11,000,000.76	11,000,000.76
盈余公积	10,623,122.74	9,862,699.03
未分配利润	19,318,645.11	25,842,746.25
负债及股东权益合计	264,464,730.61	261,733,293.80

2. 简化的损益表

项目	1997年1月至6月	1996年1月至6月
(1)主营业务收入	32,824,748.50	29,719,280.93
(2)主营业务利润	1,127,326.88	-5,399,847.37
(3)其他业务利润	37,715.37	413,908.55
(4)投资收益	4,799,165.24	13,747.40
(5)营业外收支净额	-100.00	
(6)利润总额	5,964,107.49	-4,972,191.42
(7)所得税	894,616.12	
(8)净利润	5,069,491.37	-4,972,191.42

(二)主要财务指标

	1997年1月至6月	1996年1月至6月
(1)净资产收益率	3.17%	-3.6%
(2)每股净资产	1.34元	1.27元
(3)每股净收益	0.042元	-0.046元

(三)财务报表附注

财务报表附注:

(1)本期财务报告所采用的会计政策和会计方法与1996年度财务报告所采用的会计政策和会计方法相互一致。

(2)流动资产较年初增加5,600,889.15元,主要是住房制度改革住房周转金增加2,489,534.81元和预收帐款增加2,633,971.98元,使货币资金增加所致。

(3)在建工程较年初增加142,271.25元,为部分技改投入。

(4)流动负债较年初减少4,827,589.37元,主要是为应付帐款减少3,036,620.38元,未交税金减少1,323,557.29元,归还短期贷款240,000.00元所致。

(5)长期负债较年初增加2,489,534.81元,系实行住房制度改革,住房周转金增加所致。

(6)股本金较年初增加10,833,168.80元,系根据1996年股东大会确定的分红方案,以原股本108,331,688股为基础,用可分利润每10股送1股,增加股本金10,833,168.80元所致。

(7)盈余公积金较年初增加760,423.71元,系本年上半年实现利润提取法定公积金10%和法定公益金5%所致。

(8)未分配利润较年初减少6,524,101.14元,系根据1996年度股东大会确定的分红方案:每10股送1股,另派1元现金红利(含税),共计派发现金红利减少未分配利润10,833,168.80元和按1997年上半年实现净利润计算增加的未分配利润4,309,067.16元相抵后的净减少数。

(9)投资收益4,799,165.24元,系股票投资收益和联营企业投资收益。

(四)关联企业及交易

本公司无关联企业及交易。

二、经营情况的回顾与展望

(一)上半年经营情况的回顾

1997年是公司股票挂牌上市的第一年,上半年公司面对涤纶长丝销售淡季的严峻局面和涤纶长丝市场竞争日益激烈的形势,按照股东大会的要求,坚持外抓市场开拓,稳定原供应主渠道,搞好售后服务;内抓管理,调整产品结构,学邯钢、降成本、增效益,严格考核,奖惩兑现。1—6月公司实现销售收入3,282.47万元,比去年同期增长10.45%,实现净利润506.95万元,比去年同期增长1,004.17万元,完成1997年预测利润的30%。

上半年,公司按照股东大会的要求,着重落实了以下工作:

(1)做好股票上市的申报工作,经中国证券监督管理委员会批准,公司股票于1997年2月26日在深圳证券交易所挂牌交易,公司发展步入新阶段。

(2)规范企业管理,抓好基础工作,整章建制,修订、补充、完善各项规章,明细管理部门职责。

(3)强化信息管理,稳定原料供应渠道。制定办法,落实专人及时收集、处理市场信息。把握进货时机,避免价格高峰,控制原料进价在市场均价以下。

(4)加强设备管理,确保全年稳定生产。年初仅用13天全面完成了1997年度检修任务。完成大项100项,小项215项,均达年计划的100%,为1997年生产正常运行奠定了基础。

(5)加速产品结构调整,大力开发新产品,在稳定常规产品生产的同时,加速了产品结构的调整,大力开发新产品。上半年开发生产出110/36网络丝,334/72网络丝,86/36DTY丝,涤纶行缝线等五个品种,生产出7个品种,18个批号。

(6)深化学邯钢、降成本工作。在去年的基础上,公司完善了学邯钢降成本的经济指标体系考核办法。指标层层分解,落实到班组、机台和个人,各项消耗指标和经营管理环节的费用均有所下降。

(7)强力促销,开拓市场。公司制定了以《推销员考核细则》为核心的系列管理制度,加强市场营销管理,发挥公司产品为省名牌的优势,实施品牌经营战略,同时,实行多品种经营,做好售后服务。

(二)下半年展望

(1)抓住下半年市场进入旺季的有利时机,狠抓产品质量,努力开拓市场,巩固和提高川牌主导产品的市场地位。

(2)继续推进产品结构调整和技术改造。全面实施1997年度计划的技术改造项目,加速涤纶行缝线等高附加值新产品的批量生产。

(3)继续深化企业改革,强化内部管理。一是加大模拟市场核算的考核力度,修订完善考核指标;二是加快劳动人事制度改革的步伐,实行减人增效的办法,提高全员劳动生产率;三是完善管理部门的职能分配,提高管理人员素质;

(4)加快现有土地资源的开发方案和新项目的调研工作,盘活存量资产,培育新的经济效益增长点,有选择地实施多元化经营战略。

三、重大事件的说明

(1)公司A股于1997年2月26日在深圳证券交易所挂牌上市。

(2)本公司对照《严禁国有企业和上市公司炒作股票的规定》认真自查。经自查,本公司没有开设多个A股帐户或以个人名义开户的行为,没有从事任何违规的事项,至1997年6月22日已对本公司持有的二级市场流通股按有关规定进行了处理。在今后的股票投资中将严格遵循国家有关政策法规和本公司章程的规定。

(3)本公司中期不分红。

(4)本报告期内公司无重大诉讼、仲裁事项。

四、发行在外股票的变动和股权结构的变化

1.股本变化原因

据公司1996年度股东大会审议通过并经成都市证管办批准,1996年度分红派息方案为每10股送红股1股,每10股派付1.0元现金(含税),该方案于1997年6月23日实施,共送红股10,833,168.80股。

2.股本变化及股本结构的情况

于1997年6月30日,本公司股本结构如下所示:(单位:股票面值1元)

股权类别	期初股数	占总股本的百分率(%)	期末股数	占总股本的百分率(%)
(一)尚未流通股份				
国有股	35,971,688	33.2	39,568,856.80	33.2
法人股	45,060,000	41.6	49,566,000	41.6
(二)已流通股份				
社会公众股	27,300,000	25.2	30,030,000	25.2
(三)股份总数	108,331,688	100	119,164,856.80	100

主要股东持股情况

	股东名称	持股数(万股)	占总股本比例(%)
1	成都市国有资产管理局	3956.88568	33.29
2	成都温江兴达开发公司	550	4.62
3	成都致远贸易有限责任公司	550	4.62
4	成都银通房屋开发公司	440	3.69
5	成都第二纺织厂	396	3.32
6	四川省信托投资公司	330	2.77
7	成都振益投资有限公司	330	2.77
8	中行四川分行国际信托投资公司	330	2.77
9	成都建行房屋经营北海公司	220	1.85
10	深圳长园应用化学有限公司	110	0.92

五、股东大会简介

1997年5月28日,公司1996年度股东大会在本公司康益舞厅召开,出席会议的股东、股东代理人及董事、监事、高级管理人员共49人,代表股份6713.7688万股,占公司股本总额的61.97%,会议审议并通过了以下议项:

1.审议通过1996年董事会工作报告;

2.审议通过1996年监事会工作报告;

3.审议通过1996年度财务决算报告和1997年财务预算报告;

4.审议通过1996年度红利分配方案:公司1996年度实现净利润2337.16万元,提取法定公积金10%计233.72万元,提取法定公益金5%计116.86万元,加上1995年未分配利润1681.01万元,合计可供股东分配利润为3667.59万元。1996年度红利分配方案为每10股送红股1股,同时派发1元现金红利(含税)、1996年利润分配后尚余未分利润15,009,577.45元,结转下一年度分配(已于1997年6月11日在《中国证券报》、《证券时报》上公告);

5.由出席会议股东的2/3以上表决通过修改公司章程的报告。

六、备查文件

1.载有公司董事长、总经理王大伟先生亲笔签名的中期报告原本。

2.公司1996年度股东大会材料。

查阅地址:成都市温江县新西路86号

本公司董事会办公室、证券部

电话:(028)2722049　　2726745

成都泰康化纤股份有限公司

1997年8月22日

天津灯塔涂料股份有限公司

天津灯塔涂料股份有限公司股票上市公告书

一、释义

本公司指天津灯塔涂料股份有限公司

二、绪言

经中国证券监督管理委员会证监发字(1997)40号文审核通过,深圳证券交易所深证发(1997)第52号文审核批准,本公司股票将于1997年2月18日在深圳证券交易所挂牌交易。

本公司上市公告书依据《中华人民共和国公司法》、《股票发行与交易管理暂行条例》、《深圳证券交易所业务规则》以及国家其他有关规定而编制。本公司上市公告书旨在说明公司股票上市之目的,并向社会公众披露本公司基本情况及有关资料。本公司董事会及其成员愿就本公司上市公告书所载资料的真实性、准确性和全面性负共同及个别责任。本公告书的内容由公司董事会负责解释。

三、公司情况

1. 公司法定名称:天津灯塔涂料股份有限公司

公司英文名称:TIANJIN BEACON PAINT & COATINGS CO., LTD.

2. 公司注册地址:天津市北辰区南仓工业区南仓道

公司英文注册地址:NANCANG ROAD, NANCANG INDUSTRY DISTRICT, TIANJIN P.R.OF CHINA

邮编:300400

3. 公司法定代表人:刘冠林

4. 所属行业:化工行业

5. 公司成立日期:1992年10月20日

营业执照编号:10306407

6. 经营方式:制造、加工、服务

7. 经营范围

主营:涂料及颜料制造。

兼营:涂料包装容器、器材、设备、化工设备的制造、销售;与主营产品相关的化工原料的生产、销售;汽车货运、装卸搬运。

8. 注册资本:壹亿壹仟零肆拾叁万陆仟零捌元

9. 职工情况:截止1996年7月31日,公司在册员工人数为2529人,其中管理人员592人,营销人员298人,工程技术人员507人,生产人员920人。约20%的员工具有大学或大、中专学历。员工享有养老保险、失业保险。

10. 公司占地面积:271386.48平方米

11. 公司历史沿革:

公司前身为天津油漆厂。该厂以安徽督军倪嗣冲于1916年开办的大成油漆厂(中国油漆厂前称)、冯国璋之子冯叔安于1921年创办的东方油漆厂、我国著名的化学工业家陈调甫于1929年创办的永明油漆厂为最早的骨干企业,1953年至1955年经过公私合营,于1958年以该三厂为骨干合并近20余家小油漆厂成立天津市油漆颜料总厂,该厂隶属天津市化工局。1964年天津市油漆颜料总厂划归化学工业部,并更名为化工部天津油漆厂。1970年由于国家调整管理体制,化工部天津油漆厂划归天津市化工局有机染料化学公司并更名为天津油漆厂。1978年天津油漆厂更名为天津市天津油漆厂。1992年8月天津市天津油漆厂更名为天津油漆厂。1992年天津油漆厂被批准为国家大型二档企业。

1992年7月20日,经天津市体改委批准,原天津油漆厂进行股份制改组,作为独家发起人向社会定向募集股份。1992年10月20日经天津市工商局注册,正式改组为天津灯塔涂料股份有限公司。

1988年至1990年经国家统计局公布为全国500家最大工业企业之一。

1994年12月被国务院发展研究中心等三单位评为中国化学原料及化学制品制造业最大企业50家之一;中国天津最大工业企业之一;中国天津最佳经济效益工业企业之一。

1994年度被中国股份制评价中心评为中国最大300家股份制企业之一。

1995年11月被中国企业形象认定委员会颁发证书授予本公司为中国企业最佳形象AAA级。

1996年4月经中国企业管理协会颁发证书,正式进入中国优秀企业数据库,编号:120006。

12. 产品简介:

公司主要产品有醇酸树脂漆、氨基树脂漆、硝基漆、过氯乙烯树脂漆、丙烯酸树脂漆、聚酯树脂漆、环氧树指漆、聚氨酯树酯漆、有机硅树脂漆、橡胶漆等18大类,2400多个花色品种,年生产能力达五万余吨,其中合成树脂漆比例达90%以上。产品广泛应用于航空航天、兵器军工、建筑、机械、桥梁、车辆、木器家具、轻工家电、重防腐等领域。此外,还生产为油漆配套的彩色颜料、油漆助剂、油漆包装桶罐等。产品畅销全国并部分出口东欧、东南亚、非洲等国家及港澳地区,主要市场为东北、华北及西北地区。在产品质量上,公司长期保持国内领先地位,是全国涂料行业的质量标兵,曾多次获国家、部委、市级科技成果奖及国家级优质产品奖,国家质量金奖、银奖,商业部颁发的信誉商品证书及全国同行业质量评比冠军。

1995年产品销售收入居化工部30家涂料骨干企业第一位,实现利润总额居30家之首。1995年产品销售收入为39289万元,其中醇酸漆类、硝基漆类、聚氨酯类、氨基漆类、环氧漆类分别占62.6%、12.7%、8.4%、4.8%、4%。

公司注册商标有:"灯塔牌"、"三宝"、"津塔牌"、"灯塔"、"天塔"。

13. 产品所需主要原料

公司生产所需原材料主要有各类有机溶剂、植物油、各类彩色颜料及包装桶罐用铁皮、木材、纸板等,年需求量约10万吨,原材料供应渠道主要来源于国内各厂家,部分钛白粉、颜料、试剂及溶剂需进口。

14. 研究与开发

"科技是第一生产力",公司历来就重视科研与开发,早在1948年,陈调甫先生和助手经过数百次实验,研究成功醇酸漆,该涂又称"三宝漆"。醇酸漆的问世,标志着我国已进入用合成树脂生产涂料的时代。随后开发了各种短、中、长油度醇酸树脂,本公司已成为以生产醇酸漆为主的国内涂料骨干企业,醇酸漆产量占化工部30家涂料骨干企业总产量的10%,位居首位。早在1958年,便扩建了中心实验室,负责产品的研究与开发,在此基础上,于1979年成立了涂料研究所,该所于1993年被国家经贸委、国家税务总局和海关总署三单位确认为全国涂料行业唯一的国家级企业技术中心。多年来共研制开发新产品七十多个,其中获得全国科学大会奖八个,国务院科工委嘉奖一个,国家科技进步奖二个,部市级奖励二十余个。

公司建立了将科研成果迅速转化为生产力的科研管理体制,使公司在产品研制方面走在全国同行业的前列。首先开发了醇酸树脂,是我国用醇酸树脂生产油漆的最早的基地;研制成功用于硝基漆与白色特脂胶漆的顺丁烯二酸酐改性松香脂、漆用有机硅改性环氧树脂等。

公司生产的用于国产歼击机的飞机蒙皮漆曾受到国务院、中央军委的嘉奖。我国的长征二号捆绑式火箭、第一辆红旗牌高级轿车、第一辆解放牌汽车、第一辆东方红牌拖拉机、第一台电视机、第一辆飞鸽牌自行车、第一颗人造卫星和南京长江大桥等均使用了本公司所产的油漆。为通讯卫星研制的涂料是本公司的专利产品。

15. 本公司于 1994 年 10 月 8 日召开的临时股东大会通过决议,将公司原有的"天津油漆厂北厂"以有偿转让形式,由天津化学工业总公司(原天津市化学工业局)购买,原天津油漆厂北厂 1993 年底的帐面净资产为 5,817,568.31 元,转让价格为 5,817,568.31 元。根据天津市调整工业办公室《关于同意组建天津造漆厂的批复》[津调办(1994)211 号]正式登记注册为全民所有制企业天津造漆厂。

为有利于公司的进一步发展,根据本公司 1996 年 6 月 28 日召开的 1995 年度股东大会的授权,公司二届一次董事会会议作出决议,对 1995 年末公司长期股权投资项目计 18,130,026.07 元进行调整。

其中天津灯塔工贸实业开发公司、天津灯塔房地产开发经营公司的帐面净资产为 14,726,126.07 元,公司已与天津造漆厂签订了股权转让协议,转让价格为 14,726,126.07 元;与天津开发区文通实业公司、河北省宣化油漆厂签定了终止联营协议,分别应收该两公司 40 万元;另外有华凌涂料有限公司第七单位的应收暂付款已列入长期投资科目,经审计查证判断,调整列入长期应收款和其他应收款科目。

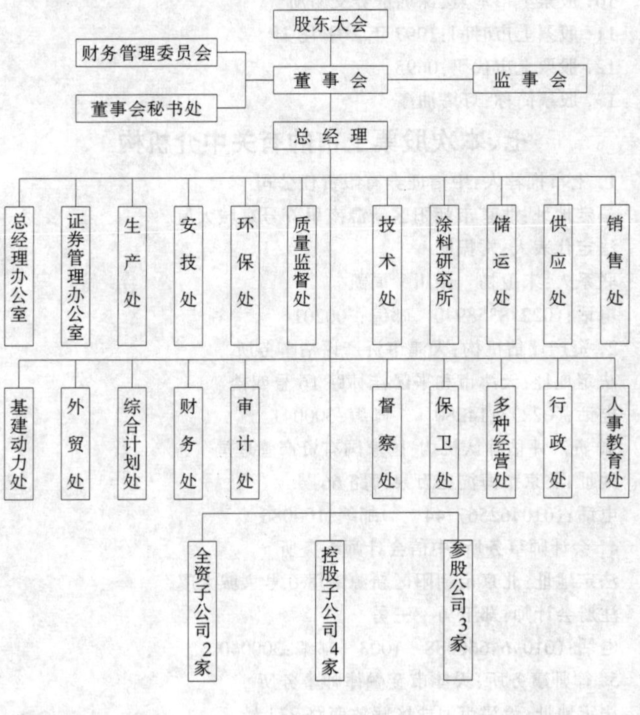

16. 公司组织结构:

17. 公司的全资子公司、控股子公司及参股公司:

(1)全资子公司

名称	法定代表人	注册资本	经营范围
天津市涂料包装器材厂	熊必琪	1909 万元	金属包装物及容器制造(金属容器)
天津市灯塔油漆新技术公司	倪玉德	130 万元	技术开发、咨询、服务、转让、中介(精细化工技术及产品)

(2)控股子公司及参股公司

名称	投资金额	所占比例
天津灯塔特色油漆配制技术有限公司	350,000.00 元	70%
天津油漆厂武清分厂	6,534,574.33 元	60%
天津灯塔关西涂料化工有限公司	16,906,338.00 元	50%
天津油漆厂武邑分厂	1,212,223.98 元	50%
天津莱特赫斯涂料联合公司	1,260,000.00 元	35%
天津关西涂料化工有限公司	4,800,000.00 元	20%
天津蓝星柯林化学清洗有限公司	94,800.00 元	18%

本公司所属的控股子公司及参股公司中的天津油漆厂武清分厂、天津油漆厂武邑分厂属改制前设立的具备法人资格的联营企业,现正在工商局办理更名手续。

18. 咨询服务项目:

电话:022-6345536 联系人:沈鸿鑫

传真:022-6340776　邮编:300400

股东接待日:每星期一至星期五(法定节假日除外)

文件资料索阅地点:本公司证券管理办公室

四、公司历届股东大会决议

1.1992 年 10 月 18 日,在天津宾馆召开公司创立大会(第一届股东大会),出席会议代表 167 人,代表股权 11431.50 万股。会议采用投票表决方式 100%通过公司章程;选举袁学平等 10 人为公司董事会成员;选举殷玉成等 9 人为公司监事会成员。

2.1994 年 3 月 28 日,天津灯塔涂料股份有限公司在天津宾馆召开 1993 年度股东大会,出席会议股东 98 人,代表股权 11682.95 万股。会议审议通过公司 1993 年工作报告及 1994 年工作安排;审议通过公司 1993 年度财务决算和 1994 年度财务预算报告;审议通过公司 1993 年度分红方案,向公司全体股东每十股派发现金股利 1.1976 元;审议通过公司监事会 1993 年度工作报告;审议通过关于授权董事会争取股票上市事宜的特别决议的提议。

3.1994 年 10 月 8 日,在天津市化学工业局俱乐部召开 1994 年临时股东大会,出席会议股东 84 人,代表股权 10277 万股。以出席会议的股东所持表决权的 99.42%通过了将原有天津油漆厂北厂有偿转让给天津市化学工业总公司(原天津市化学工业局)。

4.1995 年 4 月 18 日,1994 年度股东大会在天津华城宾馆召开,会议通过公司 1994 年度工作报告及 1995 年度工作安排报告;审议通过公司 1994 年度财务决算和 1995 年度财务预算报告;审议通过公司 1994 年度利润分配和派发股利方案,向公司全体股东每十股派发现金股利 1.2 元;审议通过公司监事会 1994 年度工作报告。

5.1996 年 6 月 28 日,1995 年度股东大会在天津宾馆召开,会议审议通过 1995 年度董事会工作报告;审议通过 1995 年度监事会工作报告;审议通过 1995 年度财务决算和 1996 年度财务预算方案;审议通过 1995 年度利润分配和派发股利方案,1995 年度股利暂不分配,待公司股票上市后与 1996 年度股利一并分配;通过公司股票上市方案;审议通过修改后的公司章程;选举刘冠林等 10 人为新一届董事会董事和殷玉成等 9 人(其中 3 人由公司职代会选举产生)为新一届监事会监事。

6.1996 年 10 月 22 日,在天津华城宾馆召开临时股东大会,会议审议并通过了《关于公司调整股本总额和股本结构的结果及变更公司〈章程〉有关条款的报告》、《关于公司改组设立股份制试点企业时资本公积金财务处理情况和股票上市前资产评估情况的报告》、《关于土地使用权处置方案的报告》、《关于授权董事会选择上市地的议案》,补选沈鸿鑫先生为公司董事等五项议题。本次会议还通报了公司 1996 年度盈利预测的情况。

五、董事、监事及高级管理人员简介

1. 董事简介

刘冠林先生,55 岁,大专学历,高级工程师。曾任天津油漆厂基建科科长、天津油漆厂副厂长。现任公司董事长、总经理、党委副书记。持有本公司股票 2000 股。

王子龄先生,60岁,大专学历,高级工程师。曾任天津油漆厂技术科科长、涂料研究所所长、厂党委副书记、书记、厂长。现任公司副董事长、党委书记。持有本公司股票2000股。

于立新先生,60岁,大专学历,高级工程师,曾任天津油漆厂厂办副主任,生产计划科副科长、天津油漆厂副厂长。现任公司董事、副总经理。持有本公司股票2000股。

徐松林先生,59岁,大学本科学历,正高级工程师。曾任天津油漆厂基建科科长、天津油漆厂副厂长。现任公司董事、副总经理。持有本公司股票2000股。

熊必琪女士,42岁,大专学历,高级会计师。曾任天津四新油漆厂财务科科长、副厂长、天津油漆厂财务科科长、总会计师。现任公司董事、副总经理、总会计师。持有本公司股票2000股。

韩国权先生,53岁,大专学历,政工师。曾任天津油漆厂工会副主席、主席。现任公司董事、工会主席。持有本公司股票2000股。

何智伟先生,41岁,大专学历。现任深圳金田实业(集团)股份有限公司副总裁、天津金田实业有限公司总经理、本公司董事。持有本公司股票零股。

翟增辉先生,52岁,大学本科学历,高级政工师。曾任天津油漆厂基建科党支部书记、天津油漆厂副厂长,现任公司董事、副总经理。持有本公司股票2000股。

倪玉德先生,54岁,大学本科学历,高级工程师。曾任天津油漆厂总工办主任、涂料研究所所长。现任公司董事、总经理助理、天津灯塔油漆新技术公司经理。持有本公司股票2000股。

高洪兴先生,51岁,大学本科学历,高级工程师。曾任天津市第一石油化工厂科研科科长、天津国际工程咨询公司经理。现任天津经济建设投资集团总公司常务副总经理、本公司董事。持有本公司股票零股。

沈鸿鑫先生,48岁,大学本科学历,经济师。曾任天津油漆厂供销科副科长、厂办主任、教育处处长。现任公司董事、证券管理办公室主任。持有本公司股票1000股。

2. 监事简介:

殷玉成先生,49岁,大学本科学历,政工师。曾任天津油漆厂党委宣传部副部长、厂党委副书记、纪委书记。现任公司监事会主席、党委副书记、纪委书记。持有本公司股票2000股。

井家明先生,42岁,大专学历,政工师。曾任天津油漆厂团委书记、党办主任、党委工作部部长。现任公司监事、党委办公室主任、组织部长。持有本公司股票1500股。

高祥滨先生,36岁,中专学历,助理政工师。曾任天津油漆厂团委书记、审计监察处处长。现任公司监事、销售处副处长、党支部书记。持有本公司股票500股。

齐振才先生,42岁,大专学历,助理政工师。曾任天津油漆厂纪律检查委员会办公室副主任。现任公司监事、纪委副书记、纪检监察部部长。持有本公司股票1000股。

潘秀华女士,47岁,大专学历,助理政工师。曾任天津油漆厂苯酐车间团支部书记、天津油漆厂工会副主席。现任公司监事、工会副主席。持有本公司股票1000股。

柴中慧女士,46岁,大专学历,政工师。曾任天津油漆厂技术科党支部书记,现任公司监事、技术联合支部党支部书记。持有本公司股票1500股。

张志民先生,42岁,高中学历,助理会计师。曾任天津油漆厂审计监察处副处长。现任公司监事、审计处处长。持有本公司股票1000股。

李凤霞女士,40岁,大专学历,会计师。曾任天津油漆厂北厂财务科科长。现任天津造漆厂副总会计师兼财务科科长、本公司监事。持有本公司股票2000股。

周正康先生,28岁,硕士学历,现任深圳君安证券有限公司投资发展部副总经理、本公司监事。持有本公司股票零股。

3. 高级管理人员简介:

贾问渡先生,59岁,大专学历,高级工程师。曾任天津油漆厂北厂厂长,四新油漆厂厂长。现任公司副总经理。持有本公司股票1000股。

王树强先生,60岁,中专学历,高级工程师。曾任天津油漆厂总工办副主任、主任,天津油漆厂技术副厂长。现任公司总工程师。持有本公司股票2000股。

公司董事、监事及高级管理人员持股数共计30500股,占本公司总股本的0.028%,按《公司法》规定其所持股票在任聘期内不得转让。

六、股票发行情况

1. 股票种类:普通股
2. 股票面值:1.00元人民币/股
3. 股票发行价格:2.20元人民币/股
4. 股票发行方式:定向募集方式
5. 股票发行承销日期:1992年7月20日-1992年9月17日
6. 股票发行对象:本公司内部职工、境内企事业法人和社会团体法人
7. 股东人数:股东户数为9608户;国家股股东1户;法人股股东111户;内部职工股股东9496户,其中持股1000股以上的股东5874户。
8. 股票发行承销机构:天津信托投资公司、天津国际信托投资公司、建行天津信托投资公司、天津经济开发区信托投资公司、天津金融市场。
9. 股票登记托管机构:深圳证券登记有限公司
10. 股票上市地点:深圳证券交易所
11. 股票上市时间:1997年2月18日
12. 股票上市代码:0695
13. 股票简称:灯塔油漆

七、本次股票上市的有关中介机构

1. 上市推荐人:中信证券有限责任公司

法定地址:北京市朝阳区新源南里6号京城大厦

法定代表人:常振明

联系人:宋卫初　张川　周凯

电话:(022)8358940　邮编:300201

2. 资产评估机构:天津市资产评估事务所

法定地址:天津市和平区桂林路16号四楼

电话:(022)3114280　邮编:300041

3. 资产评估确认机构:国家国有资产管理局

地址:北京市海淀区万泉河路66号

电话:(010)62567744　邮编:100086

4. 会计师事务所:中信会计师事务所

法定地址:北京市朝阳区新源南里6号京城大厦

注册会计师:郑卫勇　王勇

电话:(010)64660088-1003　邮编:300040

5. 律师事务所:天津市金融律师事务所

法定地址:天津市河西区解放南路224号

经办律师:张秀清　董力成

电话:(022)3110037

邮编:300042

6. 土地评估机构:天津市地价评估事务所

法定地址:天津市和平区西康路60号

电话:(022)3347680　邮编:300070

八、股本

1. 股本形成过程:

本公司是经天津市经济体制改革委员会津体改委字(1992)第44号文件和中国人民银行天津市分行津银金(1992)449号文件批准,由原国营天津油漆厂作为唯一发起人,采用定向募集设立方式改制组建的股份

制公司。于 1992 年 10 月 20 日在天津市工商局正式注册成立。

在进行股份制改组时,将部分非经营性资产(职工宿舍、单身集体宿舍、托儿所、幼儿园等)予以剥离,由本公司代为保管。公司其余资产经天津市中环财务咨询服务公司评估验证及天津市国有资产管理局津国资工(1992)39 号文确认,原有净资产帐面值 79,356,162 元,评估后净资产为 124,020,037.94 元,折国家股 79,356,162 股,评估升值部分计入资本公积金;本公司募集法人股 40,000,000 股,其中以社团法人名义募集的股份为 22,650,000 股;内部职工股为 10,000,000 股。每股面值 1 元,溢价发行价格为每股人民币 2.20 元。

1993 年天津市股份制试点工作领导小组贯彻国家体改委《关于清理定向募集股份有限公司内部职工持股不规范作法的通知》(体改生[1993]115 号)文件精神,对内部职工股进行清理整顿。鉴于本公司以社会团体法人名义募集的股份,实际上是由与本公司有连带关系的企、事业法人单位的职工个人出资,通过这些单位组织购买的,经天津市股份制试点工作领导小组研究,天津市政府同意,将社团法人股界定为内部职工股,并对公司全部内部职工股进行集中托管,内部职工股合计为 3265 万股。天津市证券管理办公室及天津市政府已出函对此予以确认。

本公司在 1992 年改制时,对企业改组前的不良资产 18920154 元未能及时核销,进入了国家股股本。公司一九九五年度股东大会通过决议授权董事会据实向有关各级主管部门提出申报,请求以核减国家股股本予以解决。天津市国有资产管理局以津国资 159 号文批复同意核减国家股股本 18,920,154 元,复以津国资(1996)219 号文件向天津市人民政府提出《关于对天津市化学工业总公司申报调整天津灯塔涂料股份有限公司国家股股本的请示报告》,天津市人民政府以津政函(1996)94 号文批复同意核减本公司国家股股本 18,920,154 元。天津市证券管理办公室津证办字(1996)44 号文确认调整后的公司股本结构即公司总股本为 110,436,008 股,国家股为 60,436,008 股,法人股为 17,350,000 股,内部职工股为 32,650,000 股。

2. 股本结构

公司成立时股本结构为:

股本类别	持股数	占总股本的比例%
国家股	79,356,162 股	61.35
法人股	17,350,000 股	13.41
内部职工股	32,650,000 股	25.24
合计	129,356,162 股	100

公司于 1996 年经天津市人民政府批准调整国家股股本,调整后股本结构为:

股本类别	持股数	占总股本的比例%
国家股	60,436,008 股	54.73
法人股	17,350,000 股	15.71
内部职工股	32,650,000 股	29.56
合计	110,436,008 股	100

1996 年 4 月 30 日天津市证券管理办公室以津证办字(1996)20 号文下达给本公司 3265 万元发行额度,本公司全部内部职工股占额度上市后的股本结构如下:

股本类别	持股数	占总股本的比例%
(1)尚未流通股份		
国家股	60,436,008 股	54.73
法人股	17,350,000 股	15.71
小计	77,786,008 股	70.44
(2)可流通股份		
社会公众股	32,650,000 股	29.56
合计	110,436,008 股	100

3. 主要股东持股情况:

名称	持股数(万股)	持股比例%
天津市化学工业总公司	6043.6	54.73
沈阳铁路局	100	0.91
深圳君安证券有限公司	90	0.81
天津市经济建设投资公司	60	0.54
※中国工商银行黑龙江省分行直属支行	60	0.54
中国人民建设银行信托投资公司深圳证券业务部	60	0.54
金田实业(集团)股份有限公司	50	0.45
中国工商银行贵阳信托投资公司	50	0.45
天津经济技术开发区南德投资公司	50	0.45
天津开发区展销中心	50	0.45

注:本公司个人股股东所持股数情况未达到国家规定披露限额。

※中国工商银行黑龙江省分行直属支行已承诺将其持有的本公司法人股转让给北疆投资基金管理部。

九、公司三年经营业绩

1. 经营概述:

本公司经过股份制改组,以定向募集方式筹集资金一亿一仟万元,并能够如期全部到位,这就为本公司实现中、长期发展规划奠定了坚实的物质基础。三年多来经过艰苦努力凭借雄厚的资金实力,使公司在科研成果的转换速度、生产装备的扩建更新、产品技术含量的提高、调整产品结构、完善质量、计量设施乃至提高产品包装质量等方面,都跨上了一个新台阶。

三年来本公司从转换企业内部经营机制入手,加大改革力度,注重营销策略。针对流通领域方面市场经济秩序不尽完善、不正当及不公平竞争现象时有发生,加上“三角债”仍在困扰企业的正常运转,公司采取与专业用漆大户建立稳定的供需关系和对代理商执行现款现货策略,使本公司应收帐款较大的状况已经得到初步扼制,九七年将会得到显著改善。

根据技术经济综合分析结果,现将本公司近三年来取得的主要经营业绩概述如下:

A. 主要投资项目:

(1)涂料工业热炼工序的技术装备是决定生产规模、产品档次的关键设施。公司改制后按原定投资方向投资 720 万元,扩建改造完成了树脂车间三期工程,使该车间年生产能力达到二万吨。该项工程本着超前战略考虑从工程设计、选型、工艺、质量、计量控制体系设计等方面力求先进,实用可靠。投入运转后已全部实现了电脑操作和远程控制,是本公司综合生产能力得以充分发挥的可靠保证,是“灯塔牌”油漆在市场上的盛誉得以历久不衰的坚强后盾。本项目的实施仅以本项目自身创造的经济效益计算,年均可达 490 万元,是本公司主营业务利润的 29%。本项目装备水平居全国涂料工业的最优地位,达到世界同行业八十年代水平,高于中等发达国家水平。

(2)我国汽车工业发展多以引进国外技术为主,因而为之配套的汽车专用底漆、面漆的选用,往往要受到国外专利技术的制约。对此本公司在发展汽车漆的投资方式上经过反复论证,本着“他山之石,可以攻玉”战略考虑,瞄准天津市要创建夏利牌微型轿车年产 15 万辆的格局以及扩展到国内其他汽车漆的配套需要,在维护“灯塔牌”国产名牌权益的前提下,几经考虑筛选,成功地与日本关西株式会社等三家日商组建了“天津灯塔关西涂料化工有限公司”的控股子公司。九六年已完成试运营阶段,九七年即可正式投产。与此同时经过激烈地投标中标活动,已取得夏利微型轿车底漆、面漆的优先供应权。使这家控股子公司有了稳定的营运环境,九七年即可得到比较理想的投资回报,并具有良好的发展前景。

(3)根据市场发展需要,四公升以下小包装各种色漆的需要量与日俱增。为此,本公司投资 562 万元,已经建成一座半自动色漆包装生产车间,九六年已完成试运转并达到原定设计目标。本项目的投入使用,不仅可以使“灯塔牌”油漆四公升以下(含四公升)的包装型号的内在、外在质量跨上新档次,更可以有效地制止过份依赖厂外加工带来的诸多弊端,仅节约加工费用,减小流转环节消耗等方面,每年可创收 280 万元以上。

B. 科研工作

本公司长期以来,极为重视涂料产品的科研开发工作,拥有全国首批国家级企业技术中心,并且是国内涂料行业唯一国家认定的企业技术中心。该中心每年可研制十几项新产品投入市场。95年新产品试产12项,投产10项,新产品产量完成5205吨,产值完成6515万元,创利润400万元;96年1-9月试产品及新产品14项,投产8项,完成产量5760吨,产值完成7475万元,创利润300万元。近两年研究成果主要有:

(1)国家"八五"攻关项目6项全部通过国家验收,其中"电脑配色仪在涂料工业中的应用"、"电子琴塑料用漆及炭塑塑料用漆的研制"、"新三峰轻型客车用金属闪光漆的研制"三项获1996年化工部科学技术三等奖。

(2)航空伪装迷彩涂料经中试及涂机和飞行考查,取得了良好效果,航天部和化工部在1996年2月对该产品进行了鉴定,解决了无光迷彩涂料需要进口的难题。

(3)为了给天津市"二二二工程"无缝钢管项目配套用漆,于1994年研制并投入使用的搪瓷漆、打印漆及各色色环漆,达到美国PELESIE公司水平,取得天津钢管公司的技术认证;1995年研制钢管用TB13-1水溶清漆,达到美国Quaker公司水平,并取得技术认证。

(4)为中国东风二汽集团配套的汽车面漆于1996年6月通过鉴定。

(5)聚酯桔形漆于1996年10月通过鉴定。

1995年被评为天津市新产品开发先进企业及化工部科技进步先进企业。

2. 经营业绩

本公司主要财务指标如下

指标名称	指标数			
	1996年1-7月	1995年度	1994年度	1993年度
1. 流动比率	1.24	1.2	1.22	1.36
2. 速动比率	0.89	0.77	0.93	0.83
3. 应收帐款周转率	1.44	2.95	3.24	4.78
4. 存货周转率	1.45	2.67	2.43	2.40
5. 股东权益比例	38.31	40.46	37.58	45.71
6. 每股税后利润	0.09	0.12	0.08	0.16
7. 每股净资产额	1.92	1.71	1.58	1.61
8. 净资产收益率	4.53	7.41	5.21	10.12

十、公司财务状况

1. 资产评估报告书(摘要): 津资评字(1996)32号

天津灯塔涂料股份有限公司:

我所接受贵公司委托,并根据天津市国有资产管理局《关于转发国家国有资产管理局对天津灯塔涂料有限公司申请资产评估立项的批复》(津国资[1996]169号),对贵公司的全部资产进行评估。依据国家法律、法规、制度规定及资产占有单位提供的申报资料等,完成了此项评估工作,现将评估情况及结果报告如下:

(1)评估基准日:1996年7月31日。

(2)评估结果:全部资产评估值为68939.75万元,总负债评估值30813.49万元,净资产评估值38126.26万元。

单位:万元

项目	帐面净值	评估值	增减额	增减率(%)
流动资产	37264.32	38551.16	1286.84	3.45
长期投资	5821.79	7554.60	1732.81	29.76
在建工程	1243.58	1243.58	0	0.00
建筑物	2730.80	4903.62	2172.82	79.57
机器设备	3062.62	4072.24	1009.62	32.97
土地使用权	1139.13	8171.34	7032.21	617.33
无形资产	991.76	4443.21	3451.72	348.15
资产总计	52253.70	68939.75	16686.05	31.93
流动负债	29164.13	29071.22	-92.91	-0.32
长期负债	1946.63	1742.27	-204.36	-10.50
负债合计	31110.76	30813.49	-297.27	-0.96
净资产	21142.94	38126.26	16983.32	80.33

天津资产评估事务所

一九九六年十月二十三日

2. 资产评估确认报告书(摘要):国资评(1996)第933号

经我局资产评估中心审核验证同意该项评估结论。资产评估后,天津灯塔涂料股份有限公司全部资产总额为68939.75万元人民币,总负债为30813.49万元人民币,净资产为38126.26万元人民币。

国家国有资产管理局

一九九六年十一月八日

本次资产评估结果经国家国有资产管理局确认,依国家有关规定本次资产评估结果不进行调帐。

3. 审计报告(摘要): 中信会审字(1996)第051号

天津灯塔涂料股份有限公司全体股东:

我们接受委托,审计了天津灯塔涂料股份有限公司(以下简称贵公司)编制的1993年12月31日、1994年12月31日、1995年12月31日、1996年7月31日母公司及合并的资产负债表,1993年度、1994年度、1995年度、1996年1月至7月母公司及合并的利润及利润分配表以及1995年度母公司及合并的财务状况变动表。这些会计报表由贵公司负责,我们的责任是对这些会计报表发表审计意见。我们的审计是依据中国注册会计师独立审计准则进行的。在审计过程中,我们结合贵公司实际情况,实施了包括抽查会计记录等我们认为必要的审计程序。

我们认为,贵公司上述会计报表的编制符合《企业会计准则》和《股份制试点企业会计制度》的有关规定,在所有重大方面公允地反映了母公司及合并的1993年12月31日、1994年12月31日、1995年12月31日、1996年7月31日的财务状况,1993年度、1994年度、1995年度、1996年1月至7月的经营成果和1995年度资金变动情况,会计处理方法的选用遵循了一贯性原则。

中信会计师事务所　　中国注册会计师　王　勇

中国注册会计师　郑卫军

一九九六年十一月七日

4. 会计报表及附注摘要

(1)会计报表(见附表一、附表二)

合并资产负债表

编制单位:天津灯塔涂料股份有限公司

金额单位:人民币元

资产	注释	1996.07.31	1995.12.31	1994.12.31	1993.12.31	资产	注释	1996.07.31	1995.12.31	1994.12.31	1993.12.31
流动资产						负债及股东权益					
货币资金	1	29,045,843.56	33,605,596.64	9,071,240.60	22,324,455.75	流动负债					
短期投资		0.00	0.00	0.00	0.00	短期借款	11	190,100,000.00	169,090,000.00	176,839,000.00	124,379,000.00
应收票据		0.00	0.00	0.00	0.00	应付票据		6,560,000.00	11,611,651.24	350,000.00	0.00
应收帐款	2	183,490,636.94	142,811,412.76	135,932,667.00	88,278,998.45	应付帐款	12	78,190,915.60	88,834,465.09	111,395,489.10	76,614,712.71

资产	注释	1996.07.31	1995.12.31	1994.12.31	1993.12.31	资产	注释	1996.07.31	1995.12.31	1994.12.31	1993.12.31
减:坏帐准备		733,962.55	571,245.65	546,480.59	347,648.37	预收货款		5,601,435.36	2,424,009.07	2,317,595.19	256,950.20
应收帐款净额		182,756,674.39	142,240,167.11	135,386,186.41	87,931,350.08	应付福利费		18,921.02	-404,030.06	-1,068,392.42	-682,283.55
预付货款		1,605,308.43	15,075,704.94	49,854,747.95	0.00	未付股利		621,232.80	621,232.80	19,564,758.12	16,242,529.06
其他应收款	3	57,229,178.09	36,028,057.08	99,218,096.19	86,020,680.75	未交税金	13	2,521,587.19	-4,043,337.48	2,849,050.80	5,343,001.32
待摊费用	4	9,779,036.80	9,819,891.22	11,623,989.87	770,622.96	其他未交款		805,013.87	578,547.85	993,369.78	875,414.68
存货	5	112,220,299.35	113,694,209.48	97,594,463.96	128,479,602.56	其他应付款	14	27,676,669.40	39,390,865.88	14,783,725.49	11,677,558.99
待处理流动资产净损失		0.00	0.00	0.00	0.00	预提费用		3,662,267.54	117,860.68	653,075.02	144,706.53
一年内到期长期债券投资		244,200.00	0.00	0.00	0.00	一年内到期的长期负债		0.00	0.00	825,734.40	3,865,823.34
其他流动资产		0.00	0.00	0.00	0.00	其他流动负债		0.00	0.00	0.00	0.00
流动资产合计		392,880,540.62	370,463,627.37	402,748,724.97	325,526,712.10	流动负债合计		315,758,042.78	307,921,265.07	329,503,405.48	238,717,413.28
长期投资						长期负债					
长期投资	6	26,243,481.98	41,703,808.05	22,884,854.82	17,745,313.48	长期借款	15	13,416,355.67	8,477,138.41	4,758,020.24	3,271,081.41
其中:合并价差		0.00	0.00	0.00	0.00	应付债券		0.00	0.00	0.00	0.00
固定资产						长期应付款	16	6,942,248.05	6,762,074.37	3,935,941.56	4,635,941.56
固定资产原价	7	153,286,966.42	144,641,224.25	117,285,422.75	111,253,768.33	其他长期负债		0.00	0.00	0.00	0.00
减:累计折旧		60,387,388.39	57,002,721.39	49,931,673.51	44,639,434.86	长期负债合计		20,358,603.72	15,239,212.78	8,693,961.80	7,907,022.97
固定资产净值		92,899,578.03	87,638,502.86	67,353,749.24	66,614,333.47	递延税项					
在建工程	8	18,819,788.28	26,536,377.72	29,537,412.14	20,078,173.41	递延税款贷项		0.00	0.00	0.00	0.00
固定资产清理		0.00	0.00	0.00	0.00	负债合计		336,116,646.50	323,160,477.85	338,197,367.28	246,624,436.25
待处理固定资产净损失		0.00	0.00	0.00	0.00	少数股东权益	17	4,524,583.16	1,509,217.23	1,455,680.13	1,319,711.36
固定资产合计		11,719,366.31	114,174,880.58	96,891,161.38	86,692,506.88	股东权益					
无形资产及递延资产						股本	18	110,436,008.00	129,356,162.00	129,356,162.00	129,356,162.00
无形资产	9	20,341,675.86	18,991,410.44	18,819,175.78	18,645,946.04	资本公积	19	70,644,451.06	70,644,451.06	70,644,451.06	70,624,483.06
递延资产	10	985,936.33	0.00	2,802,694.06	8,062,694.06	盈余公积	20	8,510,832.51	8,510,832.51	5,732,883.81	3,617,787.29
无形资产及递延资产合计		21,327,612.19	18,991,410.44	21,621,869.84	26,708,640.10	其中:公益金		650,718.26	650,718.26	67,854.50	730,663.55
其他长期资产						未分配利润	21	21,938,479.86	12,152,585.79	-1,239,933.27	5,130,592.59
其他长期资产		0.00	0.00	0.00	0.00	外币报表折算差额		0.00	0.00	0.00	0.00
递延税项						股东权益合计		211,529,771.44	220,664,031.36	204,493,563.60	208,729,024.94
递延税款借项		0.00	0.00	0.00	0.00	负债与股东权益总计		552,171,001.10	545,333,726.44	544,146,611.01	456,673,172.56
资产总计		552,171,001.10	545,333,726.44	544,146,611.01	456,673,172.56						

合并利润及利润分配表

编制单位:天津灯塔涂料股份有限公司　　　　金额单位:人民币元

项目	注释	1996年1－7月	1995年度	1994年度	1993年度
一、主营业务收入	22	234,261,910.68	411,165,561.02	362,731,235.94	422,026,908.89
减:营业成本		178,838,129.81	308,937,135.08	274,935,828.04	308,790,428.88
销售费用		5,199,454.02	11,175,555.08	9,521,892.81	10,142,688.97
管理费用		26,772,861.19	48,371,101.46	41,993,317.18	28,888,578.09
财务费用	23	15,319,066.45	22,520,894.21	21,903,421.05	9,189,283.23
进货费用		0.00	0.00	0.00	0.00
营业税金及附加		1,226,776.04	1,019,375.75	2,411,897.53	44,312,220.10
二、主营业务利润		6,905,623.17	19,141,499.44	11,964,879.33	20,703,709.62
加:其他业务利润	24	569,522.70	459,311.01	489,757.96	480,750.95
三、营业利润		7,475,145.87	19,600,810.45	12,454,637.29	21,184,460.57
加:投资收益	25	238,437.60	3,464,079.69	3,321,618.73	8,295,751.36
营业外收入	26	7,633,096.10	153,585.03	132,409.85	347,310.25
减:营业外支出	27	347,588.12	476,455.67	420,827.14	592,688.75
加:以前年度损益调整		0.00	0.00	0.00	-1,050,570.62
四、利润总额		14,999,091.45	22,742,019.50	15,487,838.73	28,184,262.81
减:单项留用利润		0.00	414,562.97	500,000.00	0.00
所得税		2,197,831.44	6,274,589.90	3,926,604.74	6,751,476.58
少数股东损益		3,015,365.93	296,961.85	293,923.89	303,941.61
五、净利润		9,785,894.08	15,755,904.78	10,767,310.10	21,128,844.62
加:年初未分配利润		12,152,585.78	-1,239,933.27	5,130,592.59	0.00
盈余公积转入数		0.00	0.00	0.00	0.00
六、可分配利润		21,938,479.86	14,515,971.51	15,897,902.69	21,128,844.62
减:提取法定公积金		0.00	1,575,590.48	1,076,731.02	2,112,884.46
提取法定公益金		0.00	787,795.25	538,365.50	1,056,442.23
七、可供股东分配的利润		21,938,479.86	12,152,585.78	14,282,806.17	17,959,517.93

项目	注释	1996年1-7月	1995年度	1994年度	1993年度
减:已分配优先股股利		0.00	0.00	0.00	0.00
提取任意公积金		0.00	0.00	0.00	0.00
已分配普通股股利		0.00	0.00	15,522,739.44	12,828,925.34
八、未分配利润		21,938,479.86	12,152,585.78	-1,239,933.27	5,130,592.59

(2)会计报表附注

A. 主要会计政策

本附注所述的财务会计资料是我公司根据下述主要会计政策编制的。

a、会计制度

我公司的会计制度系根据国家有关规定,按照《企业会计准则》、《股份制试点企业会计制度》及有关补充规定制定。各子公司执行分行业会计制度,合并会计报表时,按《股份制试点企业会计制度》进行调整。

b、会计期间及记帐本位币

我公司会计年度采用公历年度,即自公历1月1日至12月31日。我公司以人民币为记帐本位币。

c、记帐原则和计价基础

我公司按照权责发生制的原则记帐,以实际成本为计价基础。

d、合并报表编制方法

1)我公司合并报表的范围包括:

我公司拥有其半数以上的(不包括半数)权益性资本的被投资企业;直接和间接方式拥有其半数(不包括半数)以上权益性资本的被投资企业。

2)我公司在对被投资企业会计报表进行合并的过程中,按照有关规定,在合并会计报表时对下列事项进行了调整:

我公司权益性投资与并表被投资企业所有者权益中有关的部分;

我公司与并表被投资企业之间的相互往来;

并表被投资企业之间未实现的内部销售。

3)我公司1993年1月1日至1996年7月31日期间合并报表的被投资企业包括:

被投资企业名称	投资额	投资时间	占注册资本比例
天津市涂料包装器材厂	2,183万元	1992年	100%
天津市灯塔油漆新技术公司	130万元	1992年	100%
天津油漆厂武清分厂	125万元	1983年	60%

e、坏帐准备

我公司按期末应收帐款余额的4‰计提坏帐准备。

f、存货

我公司存货包括原料、燃料、低值易耗品、辅助材料、包装物、自制半成品、委托加工材料、修理用备件、专用物资、在产品和产成品。我公司母公司存货中原材料及委托加工材料1993年至1995年采用计划价格核算,1996年采实际价格核算。子公司存货中原材料采用计划价格核算。我公司产成品发出及库存采用全月一次加权平均法,低值易耗品于领用时一次摊销。

因1996年母公司原材料及委托加工材料核算办法的改变,以及母公司与子公司原材料核算办法的差异所造成的对公司财务状况和经营成果的影响不大,本公司未对母公司和子公司的会计报表进行调整。

g、长期投资核算方法

1)债券投资

我公司债券投资按实际支付的款项记帐。实际支付的款项中含有应计利息的,将应计利息单独记帐。债券投资在年终计算应计利息,计入当年投资收益。

2)股权投资和联营投资

我公司向其他单位投出的资金,按投出时支付或确定的金额记帐。股权投资占被投资企业50%(含50%)以下的,采用成本法核算;股权投资占被投资企业50%以上的,采用权益法核算,并纳入合并会计报表范围。

h、固定资产及其折旧

固定资产按实际成本计价。

我公司拥有的使用期限在一年以上的房屋、建筑物、机器、设备、器具、工具等资产作为固定资产;不属于生产经营主要设备的物品,单位价值在2,000元以上并且使用期限超过两年的,也作为固定资产。

固定资产采用直线法计提折旧。根据固定资产的类别、原始价值、估计经济使用年限、预计残值(残值率为4%)确定其折旧率如下:

资产名称	折旧年限	年折旧率
房屋及建筑物	40年	2.4%
机器设备	12-15年	8.0%-6.4%
运输工具	8-12年	12.0%-8.0%
其他	5年	19%

i、无形资产及其摊销

我公司无形资产中的土地使用权按50年摊销,商标权按10年摊销。

j、税项

我公司应纳税项和适用税率列示如下:

1)企业所得税

我公司企业所得税按应纳税所得额的33%计缴。

根据天津市财政局财企-(1994)96号文,我公司从地处天津市的所属子公司分得的利润,如该公司已获准减征或免征企业所得税,我公司均不再补缴。

我公司是经国家经济贸易委员会、国家税务总局和海关总署经贸(1993)465号文批准确认的国家级企业技术中心。根据天津市津经科(96)20号文和财企一联(96)24号文的有关规定,企业技术中心开发的中试新产品,经市经委确认和财政部门审核同意后,其所得税按照新产品减免所得税政策执行。经与天津市有关部门协商,我公司所生产的中试产品可免征企业所得税。

2)增值税

我公司产品销售收入1993年度计缴产品税,1994年至1996年7月按17%的税率计算增值税-销项税额,符合规定的进项税额从销项税额中抵扣。

3)营业税

我公司委托放款按5%的税率计缴营业税。

4)城市维护建设税

我公司按增值税和营业税应纳税额的7%计缴城市维护建设税。

5)教育费附加

我公司按增值税和营业税应纳税额的3%计缴教育费附加。

6)防洪基金

我公司根据天津市人民政府津政发(1994)70号文"关于发布天津市防洪工程维护费征收办法的通知",自1995年1月1日起按增值税和营业税应纳税额的1%计缴防洪基金;

7)其他税项

其他税项按国家有关的具体规定计算缴纳。

k、产品销售收入的确认

销售收入以产品已经发出,货款已经收到或者取得收取货款的凭据时,作为销售收入的实现标志。

l. 利润分配。

我公司每一会计年度的税后利润按照以下顺序分配:

1)弥补亏损;

2)提取10%法定公积金;

3)提取5-10%法定公益金;

4)经股东大会决议提取任意盈余公积金;

5)支付普通股股利。

我公司分配股利实行同股同利的原则,年度股利每年分配一次。

经公司1995年度股东大会决议,我公司1995年度未分配利润,采取含权上市形式暂缓发放,待派发1996年度股利时一并支付。

B. 会计报表主要项目注释

a、货币资金

单元:人民币元

项目	1996.07.31
现金	21,007.97
银行存款	29,024,835.59
合计	29,045,843.56

b、应收帐款

我公司应收帐款1996年7月31日余额为183,490,636.94元,具体帐龄分析如下:

单位:人民币元

帐龄	金额	比例(%)
一年以内	165,056,344.91	89.95
一年至二年	12,951,033.95	7.06
二至三年	4,846,584.13	2.64
三年以上	636,673.65	0.35
合计	183,490,636.94	100.00

我公司坏帐准备按期末应收帐款余额的4‰计提。

由于近几年来国家宏观经济适度从紧的货币政策影响,以及受到"三角债"问题的困扰等多方面的原因,企业之间拖欠货款现象较为严重,我公司货款不能及时回收,应收帐款余额较大。

截止至1996年7月31日,我公司应收帐款中无持本公司5%以上股份的主要股东单位的往来款。

c、其他应收款

我公司其他应收款1996年7月31日余额为57,229,178.09元,具体帐龄分析如下:

单位:人民币元

帐龄	金额	比例(%)
一年以内	7,742,710.98	13.53
一年至二年	13,315,064.19	23.27
二至三年	36,166,147.92	63.19
三年以上	5,255.00	0.01
合计	57,229,178.09	100.00

我公司1996年7月31日其他应收款明细如下:

单位:人民币元

单位	性质	1996.07.31
※天津市灯塔房地产开发经营公司	借款	15,120,000.00
天津造漆厂	应收转让股权款	14,726,126.07
海口灯塔工贸有限公司	暂借款	2,550,000.00
天津灯塔工贸实业开发公司	暂借款	1,600,000.00
天津市金达装修公司	工程款	1,600,000.00
天津关西涂料有限公司	委托代购船舶漆设备款	1,331,777.64
天津市油漆助剂厂	包装物押金	1,050,898.18
天津化工学校	暂借款	1,000,000.00
君安证券公司天津海河营业部	委托放款	1,000,000.00
天津轮胎厂	委托放款	1,000,000.00
天津油漆总厂供销公司经营部	暂借款	908,450.67
天津市国有资产管理局	暂借款	879,989.64
吉林化工国际招商实业有限公司	购经营用房款	874,069.00
天津津辉化工有限公司	委托代购设备款	833,300.00
公司内部备用金	公司内部出差借款	830,329.97
天津市油漆总厂建新化工厂	暂借款	689,939.82
湖南送变电建筑公司	工程款	689,505.65
天津油漆总厂服务公司	暂借款	623,307.00
中国银行天津分行	贷款保证金	580,000.00
苏州孟山都化工有限公司	工程款	525,646.00
天津市四新化工厂	暂借款	500,000.00
文通实业开发公司	联营终止应收款	400,000.00
河北省宣化油漆厂	联营终止应收款	400,000.00
天津市有机化工实验厂	委托放款	400,000.00
其他(40万元以下)		7,115,838.45
合计		57,229,178.09

※该项应收款预计1997年年底前可以全部收回。

d、待摊费用

单位:人民币元

项目	1996.07.31
1994年期初存货进项税	9,335,247.49
其他	443,789.31
合计	9,779,036.80

根据天津市财政局财企一(1995)87号文,我公司1994年期初存货进项税从1995年起5年内按比例分期抵扣。

e、存货

单位:人民币元

明细科目	1996.07.31
在途材料	14,473,530.24
原材料	34,653,526.91
材料成本差异	1,686,580.79
委托加工材料	5,936,404.24
产成品	48,991,828.33
在产品	5,357,069.33
库存商品	1,121,359.51
合计	112,220,299.35

f、长期投资

单位:人民币元

一、股票投资				1996.07.31
被投资公司名称	股数	期末市价	股权比例	投资金额
天津劝业场股份有限公司	19,440	104,587.20		30,000.00
股票投资小计	19,440	104,587.20		30,000.00
二、债券投资				1996.07.31
债券种类	到期日	面值	年利率	投资金额
电力债券	2000年	187,000		192,120.00
重点建设债券				8,000.00
债券投资小计				200,120.00
三、联营及股权投资				1996.07.31
被投资公司名称	注册资本	投资年限	投资比例	投资金额
天津灯塔关西涂料化工有限公司	500万美元	15	50%	16,906,338.00
天津关西涂料化工有限公司	400万美元	15	20%	4,800,000.00
天津油漆厂武邑分厂	147万元	5	50%	1,212,223.98
天津莱特赫斯涂料联合公司	283万元	20	35%	1,260,000.00
天津灯塔特色油漆配制技术有限公司	50万元	10	50%	350,000.00
天津蓝星柯林化学清洗有限公司	36万元	11	18%	94,800.00
天津华联商厦股份有限公司				360,000.00
天津轮船实业开发股份有限公司				80,000.00
天津万华股份有限公司				900,000.00
天津中瑞科贸有限公司				50,000.00

联营及股权投资小计				26,013,361.98
总计				26,243,481.98

g、在建工程

单位:人民币元

工程名称	1996.07.31	工程进度	原预算数	实际投资额	批准文号	资金来源
食堂工程	2,787,157.38	95%	3,790,000	2,787,157.38	津化动字[1991]1号	自筹
色漆分装生产线工程	2,773,771.97	90%	4,620,000	2,773,771.97	津化生投字(1995)11号	自筹
原料库	5,205,201.83	90%	3,716,600	5,205,201.83	94年总厂第16次厂办会	自筹
小型机信息管理系统	670,443.41	95%	1,580,000	670,443.41	天津电振办字(1990)20号贷款	自筹
包装厂印铁车间设备	4,011,929.19					
工程物资	1,510,689.42					
其他工程	1,860,595.08					
合计	18,819,788.28					

h、无形资产

单位:人民币元

种类	原值	已摊销金额	1996.07.31	剩余摊销年限(月)
商标权	5,770,000.00	2,067,583.27	3,702,416.73	77
土地使用权	15,164,957.00	965,314.11	14,199,642.89	562
住房使用权			2,439,616.24	
合计	23,374,573.24	3,032,897.38	20,341,675.86	

我公司无形资产中土地使用权原值包括母公司1992年公司成立时,国家股投资入股的土地使用权13,469,500元(此数是经天津国有资产管理局确认的我公司有关资产的评估值)和天津市武清油漆厂1996年新增的土地使用权1,695,457元。

住房使用权系公司历年为职工购买的住房使用权。

i、递延资产

我公司1996年7月31日递延资产余额为985,936.33元,系所属全资子公司天津市涂料包装器材厂向天津市天穆农工商公司租赁库房用地的租赁费,原值1,085,956.48元,分7年摊销。

j、应付帐款

我公司应付帐款1996年7月31日余额为78,190,915.60元。

截止至1996年7月31日,我公司应收帐款中无持本公司5%以上股份的主要股东单位的往来款。

k、未交税金

单位:人民币元

税种	1996.07.31
增值税	1,577,697.35
所得税	847,171.97
城建税	102,006.79
营业税	-5,132.03
防洪基金	-156.89
合计	2,521,587.19

l、其他应付款

我公司其他应付款1996年7月31日余额为27,676,669.40元,明细如下:

单位:人民币元

单位	性质	1996.07.31
应付工资	未付工资	11,279,711.58
住房公积金	住房公积金	2,744,279.73
天津二建公司	工程款	1,042,185.16
天津市武清油漆厂搬迁费	搬迁费	990,525.52
国家拨付设备款	国家拨款	811,709.63
天津灯塔关西涂料有限公司	委托购汽车漆设备款	800,000.00
教育经费	教育经费	789,849.73
天津市武清油漆厂职工集资款	职工集资款	759,600.00
天津市经委科技处	市经委拨款	731,673.19
劳保用品款	劳保用品款	630,038.94
天津油漆总厂供销公司	暂收款	594,115.67
天津市财政局	财政拨款	545,466.67
丙脂基建工程款	工程款	495,000.00
天津市天华制罐厂	加工费	469,628.93
吉林建新机动车厂	购车款	330,356.71
天津市普光制桶厂	加工费	273,585.61
方便桶生产线工程款	工程款	251,903.54
天津津西利民制桶厂	加工费	238,795.67
引进技术转让费	技术转让费	217,380.90
养老保险金	养老保险金	209,901.33
其他(20万元,以下)		3,470,960.89
合计		27,676,669.40

截止至1997年7月31日,我公司应收帐款中无持本公司5%以上股份的主要股东单位的往来款。

m、长期应付款

单位:人民币元

项目	1996.07.31
1993年国家股股利转借款	4,006,306.49
应付融资租入机器设备款	2,935,941.56
合计	6,942,248.05

我公司1993年国家股股利转借款系1995年8月与天津市国有资产管理局签订借款协议,将公司应付天津市国有资产管理局的国家股股利3,542,018.68元转为借款,借款期限为3年,年利率为13.56%。

我公司应付融资租入机器设备款系所属全资子公司天津市涂料包装器材厂向中国银行天津国际信托投资咨询公司融资租赁1-4升异型钢桶生产线的租赁款。

n、少数股东权益

单位:人民币元

项目	1996.07.31
天津市武清县化学轻工工业公司	4,524,583.16
合计	4,524,583.16

我公司少数股东权益1996年7月31日余额4,524,456.46元,系所属控股子公司天津市油漆厂武清分厂的少数股东天津市武清县化学轻工工业公司,在天津市油漆厂武清分厂1996年7月31日净资产中所享有的权益。其中投资额935,789.82元,资本公积36,244.15元,盈余公积424,458.81元,未分配利润3,128,090.38元。

o、资本公积

单位:人民币元

资本公积	1996.07.31	1995.12.31	1994.12.31	1993.12.31
评估增值	11,249,895.96	11,249,895.96	11,249,895.96	11,249,895.96
资本溢价收入	59,320,220.88	59,320,220.88	59,320,220.88	59,320,220.88
接受损赠	74,334.22	74,334.22	74,334.22	54,336.22
合计	70,644,451.06	70,644,451.06	70,644,451.06	70,624,483.06

p、盈余公积

单位:人民币元

盈余公积	1996.07.31	1995.12.31	1994.12.31	1993.12.31
一般盈余公积	7,177,651.40	7,177,651.40	5,355,673.14	3,027,957.74
公益金	802,162.37	802,162.37	198,570.45	836,189.34
单项留利	914,562.97	914,562.97	500,000.00	0.00
合计	8,894,376.74	8,894,376.74	6,054,243.59	3,864,147.08

我公司1994年12月31日比1993年12月31日增加2,115,096.52元,系1994年按当年净利润的提取10%法定公积金1,076,731.02元、5%公益金538,365.50元,以及根据天津市财政局财企一(1994)57号文

的规定，将1994年度净利润中所含的免缴所得税的“四技收入”500,000元，转入盈余公积金。

我公司1995年12月31日比1994年12月31日增加2,777,948.70元，系1995年按当年净利润的提取10%法定公积金1,575,590.48元、5%公益金787,795.25元，以及根据天津市财政局财企一(1994)57号文的规定，将1995年度净利润中所含的免缴所得税的“四技收入”414,562.97元转入盈余公积金。

我公司公益金1994年12月31日比1993年12月31日减少系我公司动用公益金为职工购买住房，按规定从公益金转入一般盈余公积金。

q、未分配利润

单位：人民币元

未分配利润	1996.07.31	1995.12.31	1994.12.31	1993.12.31
净利润	9,785,894.08	15,755,904.78	10,767,310.10	21,128,844.62
加：年初未分配利润	12,152,585.78	−1,239,933.27	5,130,592.59	0.00
盈余公积转入数	0.00	0.00	0.00	0.00
可分配利润	21,938,479.86	14,515,971.51	15,897,902.69	21,128,844.62
减：提取法定公积金	0.00	1,575,590.48	1,076,731.02	2,112,884.62
提取法定公益金	0.00	787,795.25	538,365.50	1,056,442.23
可供股东分配的利润	21,938,479.86	12,152,585.78	14,282,806.17	17,959,517.93
减：已分配优先股股利	0.00	0.00	0.00	0.00
提取任意公积金	0.00	0.00	0.00	0.00
已分配普通股股利	0.00		15,522,739.44	12,828,925.34
未分配利润	21,938,479.86	12,152,585.78	−1,239,933.27	5,130,592.59

r、主营业务收入

单位：人民币元

主营业务项目	1996年1-7月	1995年	1994年	1993年
涂料产品	231,749,167.30	408,183,372.00	360,171,070.26	418,834,872.41
技术收入	2,512,743.38	2,982,189.02	2,560,165.68	3,192,036.48
合计	234,261,910.68	411,165,561.02	362,731,235.94	422,026,908.89

我公司主营业务收入主要为涂料产品销售收入，其中1993年度产品销售收入较大的原因是该年度收入为含税收入。

s、财务费用

单位：人民币元

项目	1996年1-7月	1995年度	1994年度	1993年度
利息净支出	15,304,128.51	22,502,927.36	21,802,295.52	9,188,696.23
其他	14,937.94	17,966.85	101,125.53	587.00
合计	15,319,066.45	22,520,894.21	21,903,421.05	9,189,283.23

我公司利息净支出1993年度较小的主要原因是因当年借款余额较小，且根据天津市财政局财企一(1993)287号文的规定，将1993年6月30日前存货中已分摊的财务费用3,032,248.54元和管理费用5,030,445.52元转作递延资产，在以后年度分期摊销。

我公司委托放款利息收入系我公司委托天津信托投资公司向其他单位放款而收取的利息收入。

其他项是指银行手续费支出等。

t、主营业务利润

单位：人民币元

项目	1996年1-7月	1995年度	1994年度	1993年度
主营业务利润	6,905,623.17	19,141,499.44	11,964,879.33	20,703,709.62
合计	6,905,623.17	19,141,499.44	11,964,879.33	20,703,709.62

我公司1994年度主营业务利润较低，一方面是由于当年涂料产品市场不景气，产品销售收入比1993年和1995年有所减少，同时根据天津市财政局财企一(1993)287号文的规定，将1993年6月30日前存货中已分摊的财务费用2,010,000元和管理费用3,250,000元在当年进行摊销。

u、其他业务利润

单位：人民币元

项目	1996年1-7月	1995年度	1994年度	1993年度
其他销售利润	410,885.65	44,748.04	−16,732.78	7,676.66
“四技”转让利润	158,667.05	414,562.97	506,490.74	473,074.20
合计	569,522.70	459,311.01	489,757.96	480,750.95

我公司其他销售包括下角料、原材料销售等。“四技”转让是指进行技术转让，以及在技术转让过程中发生的与技术转让有关的技术咨询、技术服务和技术培训。

v、投资收益

单位：人民币元

项目	1996年1-7月	1995年度	1994年度	1993年度
债券投资收益	32,375.00	402,445.00	469,592.00	1,061,864.20
股权及联营投资收益	136,212.60	2,976,404.29	2,818,311.73	7,233,887.16
股票投资收益	69,850.00	85,230.40	33,715.00	
合计	238,437.60	3,464,079.69	3,321,618.73	8,295,751.36

w、营业外收入

单位：人民币元

项目	1996年1-7月	1995年度	1994年度	1993年度
处理固定资产收益	7,633,096.10	23,323.12	27,320.80	7,190.65
罚款收入	0.00	108,416.21	44,384.39	111,907.05
其他	0.00	21,845.70	60,704.66	228,212.55
合计	7,633,096.10	153,585.03	132,409.85	347,310.25

x、营业外支出

单位：人民币元

项目	1996年1-7月	1995年度	1994年度	1993年度
处理固定资产损失	109,407.00	16,289.50	97,541.56	101,402.51
技校支出	175,956.51	377,311.40	249,233.05	214,916.08
其他	62,224.61	82,854.77	74,052.53	276,370.16
合计	347,588.12	476,455.67	420,827.14	592,688.75

C、承诺事项与或有事项

a. 我公司1996年6月20日与中国工商银行天津市分行签订流动资金借款抵押合同，借款金额5,000万元，以我公司全部土地使用权、部分房屋建筑物和机器设备共计50,595,869.19元的财产作为借款抵押物；

b. 我公司1996年6月5日与中国工商银行天津市分行签订流动资金借款抵押合同，借款金额700万元，以我公司产成品作为借款抵押物；

c. 我公司1996年5月6日与中国工商银行天津市分行签订流动资金借款抵押合同，借款金额300万元，以我公司产成品作为借款抵押物。

D、期后事项

我公司无重大期后事项。

天津灯塔涂料股份有限公司

一九九六年十一月二十五日

十一、主要固定资产

根据中信会计师事务所审计报告，截止1996年7月31日本公司主要固定资产资料如下表：

单位：人民币元

类别	期末原值	累计折旧	期末净值
房屋及建筑物	60,007,440.07	18,079,726.12	40,693,804.08
机器设备	80,364,594.02	36,679,835.60	43,684,758.42
运输工具	6,486,786.02	3,232,199.03	3,254,586.09
其他	6,428,146.31	2,395,624.74	4,032,519.57
合计	153,286,966.42	60,387,388.39	93,665,668.16

十二、债项

截止1996年7月31日，本公司负债总额为339,160,236.63元，其中短期借款为190,100,000.00元，长期借款为13,416,355.67元。

短期借款				
代款单位	金额	期间	利率	贷款条件

短期借款				
中北城市信用社	550,000.00	96.06.11-96.09.06	13.07%	
中北城市信用社	350,000.00	96.07.02-96.10.07	13.07%	
中北城市信用社	800,000.00	96.07.12-96.10.04	13.07%	
中北城市信用社	400,000.00	96.07.23-96.10.18	13.07%	
中国农业银行武清分行	2,200,000.00	95.11.30-96.11.30	10.98%	
中国工商银行天津市分行营业部	100,000,000.00	96.06.20-97.06.19	12.080%	担保
中国工商银行天津市分行营业部	50,000,000.00	96.06.20-97.06.19	12.08%	抵押
中国工商银行天津市分行营业部	3,000,000.00	96.05.06-96.12.05	12.08%	抵押
中国工商银行天津市分行营业部	7,000,000.00	96.05.06-96.12.05	12.08%	抵押
中国工商银行天津市分行营业部	5,000,000.00	96.07.18-97.03.05	12.08%	抵保
天马城市信用社	10,000,000.000	96.04.11-96.10.10	14.47%	担保
天津经济技术开发区信托投资公司	6,000,000.00	96.06.10-96.12.10	12.08%	担保
交通银行天津分行	2,000,000.00	96.05.30-96.11.10	10.69%	担保
交通银行天津分行	2,000,000.00	96.07.30-96.12.30	10.69%	担保
国家开发银行	800,000.00	95.12.26-96.12.26	13.50%	
短期借款合计	190,100,000.00			
长期借款				
贷款单位	金额	期间	利率	
国家开发银行	1,200,000.00	95.12.26-97.12.26	13.50%	
国家开发银行	2,000,000.00	95.12.26-97.12.26	13.50%	
中国银行天津市分行	5,216,355.67	90.05.20-98.05.20	10.98%	
中国工商银行天津分行	4,000,000.00	96.03.26-99.11.05	13.50%	
国家开发银行	400,000.00	96.04.28-98.06.30	13.50%	
国家开发银行	600,000.00	96.04.28-98.12.15	13.50%	
长期借款合计	13,416,355.67			

十三、重大合同

经律师审查的标的在人民币300万元以上、期限在一年以上、对公司的经营、利润取得有重大影响的正在履行的合同如下：

1.1996年6月20日，公司与中国工商银行天津市分行营业部签订编号为296136336号流动资金借款合同。借款金额为人民币10000万元，借款期限自1996年6月20日至1997年6月19日止，借款利率为月息10.65%。该合同由天津市化学工业总公司提供担保。

2.1996年6月20日，公司与中国工商银行天津市分行营业部签订编号为296136337号流动资金借款合同，借款金额为人民币5000万元，借款期限自1996年6月20日至1997年6月19日止，借款利率为月息10.65%。该合同由公司以房屋、设备及土地使用权设备抵押。

3.1996年3月28日，公司与中国工商银行天津市分行营业部签订编号为96科技涂1号流动资金借款合同，借款金额为人民币400万元，借款期限自1996年3月26日至1999年11月5日止，借款利率为月息11.25%。该合同由天津美纶股份有限公司提供担保。

4.1996年7月18日，公司与天津造漆厂签订《股权转让协议书》。根据该协议，公司将天津灯塔房地产经营开发公司、天津灯塔工贸实业开发公司的股权以转让形式转让给天津造漆厂，转让价格为14,726,126.07元。股权转让日为1995年12月31日。

5.1996年9月9日，公司与天津造漆厂签订《商标权使用许可协议》。根据该协议，公司同意天津造漆厂有偿使用“灯塔牌”注册商标。自1997年1月1日起天津造漆厂制造和销售的使用“灯塔牌”商标的各类油漆涂料，按营业收入额的0.3%向公司缴纳商标使用权费用。

6.根据同股同利的原则，本公司的国家股股利每年度与法人股、内部职工同时派发。依照天津市国有资产管理局(1994)6号文《关于我市股份制企业有偿使用国家股应分股利及交纳占用费问题的通知》的要求，本公司于1995年1月10日与天津市国有资产管理局签订了《借款合同书》，从应付国家股股利中借款3,542,018.68元，用于本公司建设项目的资金需用，还款日为1998年8月14日，借款利率为年息13.56%。

此外，公司还签订了下列合同：

A.1995年12月3日公司与广西藤县钛品厂签订购买600吨BA01－01一级钛白粉的购销合同，合同有效期自1996年1月1日至1996年12月31日。

B.1996年1月23日公司与南京油脂化工厂签订购买720吨国标一级钛白粉的购销合同，分四个季度供货。

C.1996年1月5日公司与锡山市无机化工厂签订购买420吨国标一级钛白粉的购销合同，分四个季度供货。

以上三个供货合同价格均按供货时的市价执行。

十四、股利分配政策

根据本公司章程第五十六条、五十七条、五十八条规定，本公司当年税后利润按下列顺序分配：

(1)弥补亏损

(2)提取法定公积金(10%)

(3)提取法定公益金(5%－10%)

(4)提取任意公积金

(5)支付普通股股利。

对公司股东以其所持股份派发股利，每年派发一次，股利以现金或股票形式分配。

十五、前次募集资金的运用

本公司于1992年发行股票共募集资金11000万元，扣除发行费用68万元，实际募集可运用资金10932万元，本次募集的资金经股东大会批准使用如下：

(1)投入醇酸树脂三期工程，金额为719万元。

(2)投入多功能中试车间，金额110万元。

(3)开发四升以下包装桶生产线，金额为506万元。

(4)开发彩色印铁生产线，金额为438万元。

(5)投入阴极电泳漆、有机硅漆改造项目，金额为95万元。

(6)扩大聚氨脂漆的生产能力，金额为90万元。

(7)购买专用进口砂磨机，金额175万元。

(8)投入丙乙酸漆项目，金额为220万元。

(9)科研楼扩建工程，金额为310万元。

(10)新增20吨锅炉及配套厂房、设施，金额为280万元。

(11)投入船舶漆合资项目，金额为480万元。

(12)投入汽车漆合资项目，金额为1690万元。

(13)从事多种经营，金额为2480万元。

(14)用于项目建成投产后须配置的流动资金，金额为3339万元。

十六、上市之承诺

公司董事会将严格遵守《股票发行与交易管理暂行条例》、《深圳证券交易所业务规则》和有关法律、法规的规定，并自股票上市之日起向全体股东作出如下承诺：

1.严格遵守政府各有关部门、深圳证券交易所及证券管理机构的各项法律、法规、条例和规定；

2.准确、及时地在证券主管部门指定的报刊公布本公司中期报告、年度报告及经营业绩等资料和披露本公司重大经营活动信息；

3.董事、监事及高级管理人员持股数量发生变化时，及时通知证券管理机关、深圳证券交易所，并及时通过证券主管部门指定的报刊通告社会公众；

4.接受证券管理部门的监督和管理，抵制各种不正之风并通过各种渠道，广泛听取政府、证券管理部门和社会公众对本公司的建议和批评；

5.不利用内幕消息和不适当手段从事股票投机交易，董事会各位董事保证不将任何未经证券主管机关审批可能影响股价变动之重大信息私自公告或披露；

6.在任何公共传播媒介中出现的消息可能对本公司股票市场价格

产生误导性影响时,本公司知悉后,及时对该消息予以公开澄清。

十七、重要事项揭示

1. 本公司自1993年1月1日起实行《股份制试点企业会计制度》。

2. 根据天津市财政局财企一(1996)84号文批准,本公司自公司股票上市之月起执行15%的企业所得税税率。

3. 公司国家股股本的核减。经天津市人民政府批准,公司国家股股数由原来的79,356,162股减为60,436,008股,天津市证券管理办公室津证办字(1996)44号文对公司股本结构调整予以确认。

本公司依照国家有关规定申请办理了变更工商注册登记手续,于1996年11月5日领取了新的企业法人营业执照,营业执照注册号为10306407。

4. 公司1993年度及1994年度的利润已经分配,于1996年6月28日召开的1995年度股东大会通过了利润分配方案,1995年度可分配利润待公司股票上市后与1996年度可分配利润一并分配。

5. 本公司经营性用地根据天津市土地管理局《关于对天津灯塔涂料股份有限公司土地使用权处置方案的批复》的批准,采用国有土地使用权作价入股的方式处置。

6. 本公司设立时,国有资产评估增值额为44,663,875.22元。根据天津市财政局、市经委财企一(1992)50号文和天津市财政局、市经委财企一(1992)135号文的规定,将股份制改组时应付福利金赤字及当时财政允许并批准应核销的存货中因盘盈盘亏发生的损失和库存成品成本高于售价的潜亏等共计33,413,977.26元,于1992年年末决算时由评估增值额中予以抵销。因此1993年1月1日公司的"资本公积金-评估增值"帐户的余额由44,663,875.22元调减为11,249,895.96元。

7. 本公司董事会确认,不存在任何尚未了结之重大诉讼、仲裁或行政处罚,也不存在任何针对本公司的重大诉讼、仲裁、或行政处罚的威胁。

8. 天津市金融律师事务所出具的法律意见书认为,未发现由于本公司和其关联企业的关系而影响本公司重大合同条款及其履行的可能性。

十八、投资环境、投资风险与对策及发展规划

1. 投资环境

本公司地处天津市。天津市位于环渤海经济圈的中心,是中国北方主要的化学工业基地,也是中国现代涂料工业发源基地之一,天津市城市基础设施完善,三大产业发达,国际商社和金融机构云集,高等院校较多,科研力量与技术力量雄厚,作为沿海开放城市,是投资的理想场所。

本公司是我国涂料工业的最大厂家之一,其产品在市场上占有重要地位。本公司科研优势的发挥和发展规划的实施,必将带动公司的进一步发展,使公司具有良好的投资吸引力。

2. 投资风险及对策

投资者在评价本公司股票价值时,际本上市公告书提供的各项材料外,应特别注意下列因素:

(1)经营风险:

本公司主要从事涂料的制造和销售。生产所需原材料受市场供需变化影响,价格变动幅度较大,如原材料价格上涨过大时,则公司经济效益将发生较大影响。

(2)行业风险:

当前涂料产品受进口、合资、外商独资、乡镇小涂料厂家的产品纷纷参与竞争的影响,加上流通领域秩序不尽完善,不时发生不正当、不公平市场竞争现象,加重了"灯塔牌"名牌涂料产品的市场竞争压力。

(3)市场风险:

公司的产品主要为桥梁、建筑装饰、船舶、车辆、机械、轻工、木器家具、重防腐等领域配套服务,受这些产业发展的影响,将直接或间接影响本公司产品市场的发展状况。此外,如果我国一旦加入世界经济贸易组织,在降低进口关税会对本公司所需的进口原料减少采购成本的同时,也会面临外国涂料产品打入国内市场的风险,这将进一步加大本公司产品在市场竞争中的压力。

(4)安全风险:

本公司系化工行业,所使用的原料和生产的各种油漆多为易燃易暴物品,若安全管理和安全措施得不到严格执行,或遇到雷击、地震等自然灾害,将会导致爆燃、爆炸、火灾等事故的发生。

针对上述风险,公司拟采取如下对策:

a. 加强内部管理,建立健全内部核算制度,推行目标成本管理,提高职工生产的积极性,降低产品成本。进一步健全和严格执行质量保证体系,从1996年开始试行ISO-9000标准,正在进行ISO-9000质量认证。

b. 调整产品结构,以市场为导向适应市场需要,向高档次、高附加值方向转化,在保持主导产品醇酸树脂漆类产品不断发展的基础上,加快发展高档轿车漆、航空漆、重防腐漆、路线漆、水性漆等具备高附加值、高技术含量、高出口创汇、高市场占有率的产品,同时配套发展有机、无机颜料产品。

c. 利用公司强大的科研力量,不断开发新产品,继续保持公司产品的技术领先优势、品牌优势、质量优势及综合配套优势,通过质量、品牌及改进产品售前售后服务工作来赢得新老用户的信赖,不断扩大市场份额,而不采取低价倾销的营销策略。

d. 本公司以振兴民族涂料工业为己任,在维护"灯塔牌"名牌权益的前提下,积极引进国外先进技术,与外商建立多种形式的合资、合作经营企业,使我国国产涂料尽快达到国际先进水平。与此同时,为了降低主营业务经营风险,将不断扩展经营范围,开展多元化经营项目,培育新的效益增长点。

e. 强化公司的安全管理措施,加强对职工的安全生产教育,同时增加对安全设施的投资和维护,确保安全设施和安全管理处于高度有效状态,使发生事故可能性降至最低限度。

(5)股市风险:

投资股票是一种风险较高的投资活动,股票市场的价格及其波动受到国家政策,政治经济形势、企业经营状况及盈利前景、投资者的心理因素等方面的影响,因此投资者应充分考虑股市风险,对股票价格的波动有充分的心理准备。

3. 发展规划

(1)加强科研,开发新产品。

为使公司"灯塔牌"各类涂料在市场竞争中立于不败之地,体现国内国外先进水平,科研工作的重点放在开发专业性功能突出的涂料方面,继续保持在涂料行业中科研开发新产品位居前列的地位。

在中期科研规划方面,重点开发研制长效重防腐涂料、高性能桥梁漆、铁路客车外壳阻燃涂料、城市煤气工程防腐蚀涂料及涂料助剂等,同时在低能耗、无污染方面开发水性聚氨脂涂料,在消化吸收国外水性涂料先进技术方面要有显著突破。

为此公司要进一步建立和健全技术开发投入的机制、加强企业内部的技术指挥系统、技术开发系统和信息情报系统,形成生产一代、试制一代、预研一代新产品开发体系,更好地发挥科研机构推进技术进步的先导作用。

(2)项目投资

拟投资年产10000吨颜料合资项目、年产1000吨航空漆引进或合资项目、年产1000吨-2000吨路线漆引进或合资项目,扩大色漆生产规模,新建年产二万吨色漆车间,新上色漆生产包装车间,对老树酯车间进行改造。

力争到2000年使公司经济效益和投资者回报能有较大的提高。

十九、盈利预测

(一)中信会计师事务所审核报告　　　　中信会审字(1996)第052号

我所接受委托,对天津灯塔涂料股份有限公司(以下简称贵公司)编制的1996年及1997年盈利预测书所依据的会计政治、基本假设和采用的计算方法进行了审核。该盈利预测书的真实性和可靠性由贵公司负

责,我们的责任是对盈利预测书发表审核意见。

我们认为,贵公司编制的1996年及1997年盈利预测书所采用的会计政策符合一致性原则,基本假设是合理,没有发现编制1996年及1997年盈利预测书所依据的会计政策和计算方法与我们现行法律、法规的有关规定有相悖之处。

中信会计师事务所　　中国注册会计师　　王　勇

中国注册会计师　　郑卫军

一九九六年十一月二十五日

(二)天津灯塔涂料股份有限公司1996年及1997年盈利预测书

1.盈利预测编制基准

我公司盈利预测是根据经中国注册会计师审计后的1993年、1994年、1995年及1996年1月1日至7月31日期间的会计报表和我公司1996年度及1997年度经营计划、投资计划,并充分考虑现实可能性和所有能力及潜力编制的,盈利预测所依据的会计政策与我公司采用的会计政策一致。

2.盈利预测基本假设

我公司1996年及1997年度盈利预测的编制建立在下述基本假设之上:

(1)我公司所遵循的国家现行法律、法规、政策及我公司所在地区的社会政治和经济政策无重大变动;

(2)我公司各项经营业务所涉及地区的有关现行法律、法规、政策及其他经济环境无重大改变;

(3)在我公司盈利预测期间内,国家有关的贷款利率、税率和外汇汇率在正常范围内变动;

(4)我公司计划的投资项目能如期进行;

(5)我公司计划生产经营措施能如期完成;

(6)无其他人力不可抗拒的因素和不可预见的因素造成重大不利影响。

3.1996年及1997年盈利预测表

我公司1996年全年净利润预计为22,256千元,1997年度净利润预计分别为23,128千元(按33%的所得税率计算)27,640千元(按15%的所得税率计算)。具体情况如下表:(见附表四)

二十、备查文件

1.中信会计师事务所《审计报告》

2.天津灯塔涂料股份有限公司企业法人营业执照

3.中信会计师事务所《盈利预测审核报告》

4.天津资产评估事务所《资产评估报告书》

5.国家国有资产管理局《资产评估结果的确认通知》

6.天津灯塔涂料股份有限公司历次股东大会决议

7.天津市证券管理办公室《关于同意天津灯塔涂料股份有限公司申请上市的批复》

8.天津市地价评估事务所《关于天津灯塔涂料股份有限公司地价评估报告》

9.天津市土地管理局《关于确认土地权使用价格的通知》

10.天津市经济体制改革委员会《关于同意天津油漆厂实行股份制试点的批复》

11.中国人民银行天津市分行《关于同意天津灯塔涂料股份有限公司发行内部股票的批复》

12.天津市金融律师事务所《关于天津灯塔涂料股有限公司A股上市的法律意见书》

13.天津市财政局《关于同意调整天津灯塔涂料股份有限公司企业所得税税率的批复》

14.天津灯塔涂料股份有限公司《章程》

15.中国证券监督管理委员会复审批文

16.证监会要求的其他有关文件

天津灯塔涂料股份有限公司

1997年2月17日

附表四

金额单位:人民币元

项目	1996年1-7月审计数	1996年8月-10月未审数	1996年11-12月月预测数	1996年全年全年预测数	1997年预测数
一、主营业务收入	234,262	105,500	84,610	424,372	461,600
减:营业成本	178,838	76,397	59,923	315,158	344,490
销售费用	5,199	2,724	2,096	10,019	11,190
管理费用	26,773	10,980	10,180	47,933	50,120
财务费用	15,319	6,072	5,280	26,671	27,000
营业税金及附加	1,227	601	329	2,157	2,380
二、主营业务利润	6,906	8,726	6,802	22,434	26,420
加:其他业务利润	569	361	69	999	1,150
三、营业利润	7,475	9,087	6,871	23,433	27,570
加:投资收益	238	88	334	660	4,500
营业外收入	7,633	0	10	7,643	100
减:营业外支出	347	85	95	527	610
加:以前年度损益调整	0	0	0	0	0
四、利润总额	14,999	9,090	7,120	31,209	31,560
减:(1)所得税(33%)	2,198	1,990	1,470	5,658	8,272
(2)所得税(15%)					3,760
少数股东损益	3,015	70	210	3,295	160
五、(1)净利润(33%所得税率)	9,786	7,030	5,440	22,256	23,128
(2)净利润(15%所得税率)					27,640

成都联益实业股份有限公司

1996年年度报告摘要 （摘选）

一、公司简况

公司名称：成都联益实业股份有限公司

法人代表：徐怀忠　　邮政编码：610200

公司地址：四川省成都市双流县东升镇

电话：028—5822746　028—5822130

传真：028—5822834

二、主要财务数据与财务指标

指标项目	1996年	1995年	1996年比上年增减(%)
1.主营业务收入(元)	57,971,624.02	61,582,668.15	-5.86
2.净利润(元)	15,249,658.24	11,302,528.60	34.92
3.总资产(元)	255,725,252.61	263,156,730.24	-2.82
4.股东权益(元)	172,644,649.52	157,394,991.28	9.69
5.每股收益(元)	0.23	0.17	35.29
6.每股净资产(元)	2.62	2.39	9.62
7.净资产收益率(%)	8.83	7.18	22.98
8.股东权益比率(%)	67.51	59.81	12.87

三、公司主要业务回顾

1.一年来的经营情况

1996年，公司坚定不移地进行了产业结构和产品结构调整，取得了良好经营业绩；全年实现主营业务收入5797万元，税润总额1637万元，比上年增长23.13%，净利润达到1524.9万元，完成年初预测的90.5%。同时，公司开发生产的中、边梁钢能够替代同类进口产品，首次出口到东南亚获得圆满成功；11#矿用工字钢已成为煤炭部西南管理局唯一定点生产企业；获国际名优产品金奖称号的“联益牌”元钢、螺纹钢继续保持优质品牌地位，在成都乃至西南地区享有很高的声誉。

2.主要财务指标分析。本年度公司共实现净利润15,249,658.24元，比1995年增长34.92%，但比年初预测的1674万元减少37万元，其主要原因是国家钢材市场竞争日趋激烈，公司主营业务收入只完成了年计划的97.79%。由于公司积极涉足制药、特殊钢、房地产等其它经营领域，实现了预期投资收益，因此，确保了净资产收益率和股东权益的提高。

3.对前次募集资金的使用说明

本公司属历史遗留问题企业，本年度内没有募集资金。此前募集的资金已按原计划使用，其建设和投资项目未延续到本年度内。

四、股本变化及股本结构情况

1.报告年度内普通股每股净资产的变化情况(单位：股)

项目　年度	1994	1995	1996
总股本	65,800,000	65,800,000	65,800,000
每股净资产	2.22元	2.39元	2.62元

2.股东情况介绍：

① 股权结构(单位：股，每股面值一元)：

项目	年初数	本年增加	年末数
尚未流通股份	65,800,000	/	65,800,000
其中法人股	41,000,000	/	41,000,000
社会公众股	24,780,000	/	24,780,000
高级管理人员持股	20,000	/	20,000
股份合计	65,800,000	/	65,800,000

② 股东数量：截止1996年12月31日公司股东总人数为7758户。其中法人股东3户，社会公众股东7753户。

③ 主要股东持股情况(万股)

股东名称	持有股份(万股)	占总股本(%)
A.成都联益(集团)公司	4,054.40	61.61
B.双流县东升建筑安装工程公司	22.80	0.35
C.双流县异型轧钢厂	22.80	0.35
D.陶学成	12.50	0.19
E.邱　亮	9.00	0.14
F.杜　宏	4.00	0.06
G.谢有义	3.68	0.06
H.舒国碧	2.70	0.04
I.贾兰英	2.50	0.04
J.侯淑琼	2.50	0.04

3.董事、监事及高级管理人员持股情况

职务	姓名	年初持股为	年末持股为
董事长	徐怀忠	5000	5000
副董事长、总经理	张顺良	2000	2000
副董事长	余德明	2000	2000
董事、副总经理	周泽军	3000	3000
董事	李明湘	2000	2000
董事	黄玉全	2000	2000
董事	侯凤鸣	1000	1000
监事会主席	海　虹	0	0
监事	胡文胤	1000	1000
监事	张元成	1000	1000
董事办主任、总经理助理	周光军	1000	1000

4.子公司及关联企业

企业名称	注册资金(万元)	主营业务	公司股权
1.成都初轧厂	4300	钢坯、钢材	100%
2.联益冶金机械配件厂	1950	铸造、冶金机械	100%
3.成都联益特殊钢有限责任公司	1600	各种规格不锈钢、焊接管	49%
4.四川联益—史菲尔制药有限公司	2600	中医药制剂、成药、保健品	40%
5.成都联益现代通讯电子设备公司	5000	无线电通讯	20%
6.成都博深实业股份有限公司	1050	餐饮娱乐	9.52%

咸阳偏转股份有限公司

1996年年度报告摘要（摘选）

一、公司简况

公司名称：咸阳偏转股份有限公司

法人代表：杜庆松　　邮政编码：712021

公司地址：陕西省咸阳市渭阳西路七十号

电话：(0910)3320567　　传真：(0910)3320666

二、主要财务数据与财务指标

指标项目	本年数	上年数	比上年增减(%)
1.主营业务收入(元)	192,704,619.53	172,680,666.92	11.60
2.净利润(元)	32,162,333.98	21,421,094.84	50.14
3.总资产(元)	359,069,554.07	266,868,027.38	34.55
4.股东权益(元)	170,291,144.87	102,232,499.85	66.57
5.每股收益(元)			
按年初股数计	0.46	0.31	48.39
按年末股数(缩股)计	0.51	0.31	64.52
6.每股净资产(元)			
按年初股数计	2.43	1.46	66.44
按年末股数(缩股)计	2.70	1.46	84.93
7.净资产收益率(%)	18.89	20.95	-9.83
8.股东权益比率(%)	47.43	38.31	23.81

三、公司主要业务回顾

1996年是公司发展重要的一年，公司被陕西省证券监督管理委员会推荐为1996年度股票发行上市企业，并于1997年2月25至27日成功发行股票并于3月25日在深交所挂牌交易。1996年公司在面临市场竞争激烈的形势下，坚持“高技术、多品种、上规模”的发展方向，不断拓展市场，开发新品，以市场需求为导向，转换经营机制，狠抓质量管理、增效益，取得了良好的经营业绩，实现主营业务收入192,704,619.53元，净利润32,162,333.98元。分别比上年度增长了11.60%和50.14%。

1996年，公司主要作了以下工作：

1．本年度内，公司致力于规范化运作，结合自身实际情况，进一步规范了公司法人治理结构，转换经营机制，提高经营管理水平，达到了上市公司的标准。

2．抓住机遇，拓展市场。

由于近年来国内彩色电视机及计算机的不断普及和快速更新换代，偏转线圈的市场需求量也稳步增加，公司在现有市场的基础上，进一步健全完善了销售网络，不断拓展新的市场。

3．重视质量，加大开发新品的力度。

面对激烈的市场竞争和产品更新的要求，公司把“质量是企业的生命，不良是企业的癌症”作为企业的座右铭，注重员工的质量意识教育，以工作质量促使产品质量不断提高，公司的产品在目前用户的使用合格率始终保持在99.5%以上；同时，公司加大对现有设备进行技术改造，成功地对19台水平绕线机，20台垂直绕线机进行了技术改造，并自制成功水平绕线机20台，垂直绕线机5台，成为国内第一家能自行开发制造绕线机的公司，随着生产设备的不断国产化，公司大大减小了对进口设备的依赖。另外，公司针对目前的电视机更新换代频繁这一实际情况，利用自身在技术、人才、管理、规模、品质等方面的优势，加大科研投入，大力开发高技术含量、高附加值、高起点、高效益的新产品，使产品在更为广阔的市场空间中增强竞争能力。

四、股本变化及股本结构情况

（一）股本变化及股本结构情况

1．股本结构情况

	年初(万股)	年末(万股)	增减(万股)
(1)未流通股份	7000	6300	-700
a.发起人股份	3416	3074.4	-341.6
其中：国家股	3416	3074.4	-341.6
b.法人股	2184	1965.6	-218.4
c.内部职工股	1400	1260	-140
(2)已流通股份	0	0	0
(3)股份合计	7000	6300	-700

2．本年度公司股份发生变化的原因是1996年10月本公司在总股本7000万股基础上全体股东按10:9比例缩股，总股本调整至6300万股。

截止1996年末，公司股东总数为3244户，其中：国家股股东1户，法人股股东1户，内部职工股股东3242户。

3．主要股东持股情况(前十名股东)

股东名称(姓名)	年末持股数(万股)	持股比例(%)
(1)咸阳市国有资产管理局	3074.4	48.80
(2)海南美海龙物业有限公司	1965.6	31.20
(3)李勤学	9.0	0.14
(4)闵天社	9.0	0.14
(5)孟印汉	9.0	0.14
(6)王小娟	9.0	0.14
(7)王金利	9.0	0.14
(8)陈宝珍	9.0	0.14
(9)程进宝	9.0	0.14
(10)程少民	9.0	0.14

（二）公司董事、监事与高级管理人员持股情况

	持股人	年初数 持股数(股)	年初数 持股比例(%)	年末数 持股数(股)	年末数 持股比例(%)
董事长	杜庆松	5,000	0.0071	4,500	0.0071
董事兼总经理	陈楷华	4,500	0.0064	4,050	0.0064
董事兼副总经理	井为民	4,500	0.0064	4,050	0.0064
董事兼副总经理	范德杰	4,500	0.0064	4,050	0.0064
董事	李廉杰	4,500	0.0064	4,050	0.0064
董事	张俊杰	4,500	0.0064	4,050	0.0064
董事	胡建安	4,500	0.0064	4,050	0.0064
监事会主席	孙　康	4,500	0.0064	4,050	0.0064
监事	杜玉杰	4,000	0.0057	3,600	0.0057
监事	陈金荣	4,000	0.0057	3,600	0.0057
董事会秘书	李海鹰	4,000	0.0057	3,600	0.0057

注：本年度公司董事、监事、高级管理人员持股数变化原因是公司股本经缩股后发生变化所致。

沈阳化工股份有限公司

1996年年度报告摘要（摘选）

一、公司简况

公司名称：沈阳化工股份有限公司

法人代表：马文忠　　　　邮政编码：110026

公司地址：沈阳市沈大路888号

电话：(024)5820516转3506　传真：(024)5854973

二、主要财务数据与财务指标

指标项目	本年数	上年数	比上年增减(±%)
1.主营业务收入(万元)	70,480	66,975	5.2
2.净利润(万元)	6,801	6,802	–
3.总资产(万元)	89,267	85,667	4.2
4.股东权益(万元)	30,199	26,386	14.45
5.每股收益(元)	0.46	0.46	–
6.每股净资产(元)	2.02	1.77	14.12
7.净资产收益率(%)	22.52	25.78	-12.65
8.股东权益比率(%)	33.83	30.8	9.84

以上数据按1996年末股本金计算。

三、公司主要业务回顾

1.一年来经营情况

1996年，在政府有关部门和社会各界的大力支持下，公司上下齐心协力，抓机遇，谋发展，取得了良好的经营业绩，创造了沈阳化工历史上产值、主营业务收入、利润总额、烧碱产量和员工收入"五个第一"的记录，其中主营业务收入完成70,480万元，利润总额完成8,002万元，烧碱产量12.6万吨，分别比上年增长5.2%、3.5%和4.9%，实现利润总额在全省化工企业中名列前茅。

(1)在加快建立现代企业制度的同时，为了赢得更大的发展，公司适时调整了股份结构，并抓住机遇，争取到A股股票上市指标，公司以较高的工作效率和质量完成了A股上市的各项前期准备工作。

(2)科学组织生产，深入挖潜降耗创效益950万元；积极调整营销策略，开拓新市场，产品产销率达98%；在科技工作、资金管理和融资方式以及重点工程建设等方面取得了一系列成果；聚氯乙烯国产化装置获国家科技进步一等奖，大型过程工业自动化总体技术开发研究示范厂工作获国家"八五"科技攻关一等奖，公司率先进入国家经贸委确定的300家重点扶植企业的首批44户直贷企业中，5万吨片碱工程4月份竣工投产，科技综合大楼年底基本竣工。

(3)以"三创三爱、进档达标"活动为主线，通过组织质量管理，现场整治等五项管理工程，完善从严治厂措施，全面推动了企业管理向深层次发展，荣获国家经贸委颁布的全国资源综合利用先进单位称号，名列省政府命名的12家1996年度企业管理红旗单位之一，获省石化厅1996年重点企业目标管理竞赛第一名。

2.主营业务收入、净利润实际完成情况

1996年公司完成主营业务收入70,480万元，利润总额8,002万元，净利润6,801万元，较好地实现了沈阳会计师事务所在本公司A股股票发行时出具的盈利预测审核报告[沈会股审字(1996)第0067号]中1996年度效益预测指标。

四、股本变化及股本结构情况

1.股本变化及股本结构情况

截止1996年12月31日，公司股本结构如下：(单位：万股)

股份类别	年初数	占总股本%	年末数	占总股本%	增减±%
国家股	8,449	56.55	8,449	56.55	—
国有法人股	—	—	3,735	25.00	25
外资股	3,735	25.00	—	—	-25
社会法人股	1,756	11.76	1,756	11.76	—
内部职工股	1,000	6.69	1,000	6.69	—
股本总数	14,940	100.00	14,940	100.00	—

2.股本变动及原因

1996年5月10日经股东大会决议，并经沈阳市体改委以沈体改发(1996)107号文件批准，将外资股(香港永新技术开发有限公司)25%的股权全部转让给沈阳化工集团有限公司。同时批准股份公司将原股本每股10元拆细为每股1元。

3.公司前十名股东持股情况(截止1996年12月31日)

股东	持股数(万股)	占总股本比例%
沈阳资产经营有限公司(国家股)	8,449	56.55
沈阳化工集团有限公司(国有法人股)	3,735	25.00
沈阳市铁西改造经济开发总公司(社会法人股)	1,756	11.76
王丽梅	0.30	0.002
宿连瑞	0.30	0.002
任家惠	0.30	0.002
陈刚勇	0.30	0.002
单赤新	0.30	0.002
胡宝刚	0.30	0.002
刘宏恩	0.26	0.0017

4.1996年末公司股东总人数10,554人。

5.公司董事、监事、高级职员持股情况

姓名	职务	年初持股数	年末持股数
马文忠	董事长兼总经理	0	0
李嘉斌	副董事长、党委书记、副总经理	2400	2400
董树良	副董事长	2000	2000
梁会山	董事、副总经理	2400	2400
侯保中	董事、工会主席	2400	2400
刘启嘉	董事	2500	2500
张朝俊	董事、副总经理	2600	2600
朱若衡	董事	0	0
赵美智	董事、总经理助理	1850	1850
黄光璞	副总经理	2400	2400
李　健	副总经理	2400	2400
张铁华	党委副书记	2400	2400
曹秀英	总会计师	1750	1750
许朝仁	总经理高级顾问	2400	2400
姚锡福	监事	1750	1750
张淑云	监事	1750	1750
王　莉	监事	1750	1750

合计持有股份32500股，占总股本0.022%。

江阴兴澄冶金股份有限公司

1996年年度报告摘要（摘选）

一、公司简况

公司名称：江阴兴澄冶金股份有限公司

法人代表：吴晓白　　邮政编码：214400

公司地址：江苏省江阴市人民东路166号

电话：0510－6286459 6286088　　传真：0510－6286492 6286666

二、主要财务数据与财务指标

指标项目	1996年度	1995年度	本年比上年增减（%）
1.主营业务收入（万元）	20234	20112.84	+6.02
2.净利润（万元）	2664.6	2675.49	－0.41
3.总资产（万元）	30956.5	34068.28	－9.13
4.股东权益（万元）	25564	22899.75	+11.63
5.每股净收益（元）	0.476	0.478	－0.42
6.每股净资产（元）	4.57	4.09	+11.74
7.净资产收益率（%）	10.42	11.68	－10.79
8.股东权益比率（%）	82.58	67.22	+22.85
9.股本总额（万元）	5596.375	5596.375	0

三、公司主要业务回顾

1．一年来经营情况

1996年，江阴兴澄冶金股份有限公司面临上游产品价格大幅度涨价（25%）、冶金产品价格下降（10%）的不利因素，面对激烈的市场竞争，继续贯彻以市场为导向，以国家级新产品ND钢无缝钢管为依托的工作思路，认真学习邯钢"模拟市场核算，实行成本否决"的先进管理经验，进一步改进和加强企业管理，使公司生产经营持续稳步增长。全年实现主营业务收入20234万元，比上年增长6.02%，利润总额3457.9万元，比上年增长16.12%；税后净利润2664.6万元，比上年降低0.41%。

公司是江苏省首家实行股份制的企业，是江阴市第一家上市公司，是国家级新产品ND钢无缝钢管独家生产企业，是江苏省同行业经济效益最好企业。公司所处行业属于国家产业政策鼓励和优先发展的产业。

（1）公司主营业务业绩概述

本公司主营无缝钢管和工业用优、特钢。公司以高质量的产品和优质高效的售后服务树立了良好的市场形象和公司信誉，赢得了用户的信赖，与众多用户保持着长期稳定的合作关系，产品广泛应用于石油、化工、电力、锅炉等行业。

（2）公司员工的数量和专业素质情况说明

截止1996年度，公司在册员工1210人，其中大专以上文化程度182人，占总数15%；其中管理人员60人，占总数的5%；各类专业技术人员242人，占总数的20%；技术工人823人，占总数的68%。

（3）在经营中出现的问题与困难及解决方案

1996年，公司在生产经营中由于受到钢材市场疲软的影响，全年增本减利因素达几千万元。面对严峻的形势，公司上下以开发潜在市场为先导，以学习邯钢先进管理经验为重点，进一步细分成本指标，加大成本考核力度，控制成本，扩大国家级新产品的产销量，扩大新产品的工业应用领域，提高售后服务质量，从而使公司在全行业普遍不景气的情况下，保持了经济效益的稳定增长，提高了公司的市场竞争能力。

2．关于经营成果与预测差异的说明

1996年，公司预测主营业务收入22045万元，利润总额3318万元，净利润2917万元，公司实际实现主营业务收入20234万元，利润总额3457.9万元，净利润2664.6万元，分别为年预测的91.8%、104.2%、91.3%，影响实际经营成果与预测有差异的直接原因是由于市场疲软，公司积极开发市场攻销售，调整品种结构，承接来料加工，确保生产经营业务吃饱开足，最大限度完成年度计划指标，但来料加工在一定程度上影响了销售额和利润额。

四、股本变化及股本结构情况

1．股本变化及股本结构情况

（1）截至1996年末，公司股本结构如下：

数量单位：股　每股面值：1元

	期初数	本次变动增减（+、-）配股	送股	公积金转股	其他	小计	期末数
(1)尚未流通股份							
1.发起人股	41145000						41145000
2.社会公众股	14818750						14818750
尚未流通股份合计	55963750						55963750
(二)已流通股份							
1.境内上市的人民币普通股	0						0
本年增加	0						0
已流通股份合计	0						0

（2）主要股东持股情况（前十名股东）

股东名称	年末持股数（万股）	占总股本（%）
1)江阴兴澄冶金集团公司	4114.5	73.52
2)花洪铭	3	0.05
3)郭小俭	3	0.05
4)刘文华	3	0.05
5)姜仁才	3	0.05
6)全徐福	1.6	0.03
7)陈幼育	1.6	0.03
8)宣建明	1.6	0.03
9)张裕仁	1.5	0.03
10)吴名立	1.35	0.02

（3）截至1996年末，公司股东总数为2383户，其中法人股东为1户，社会公众股东2382户。

2．公司董事、监事与高级管理人员持股情况

姓名	职务	年初持股数（股）	年末持股数（股）
吴晓白	董事长	5000	5000
俞亚鹏	副董事长	5000	5000
杨兴芬	副董事长	5000	5000
张文基	董事	5000	5000
孟心仪	董事	5000	5000
朱忠亚	董事兼总经理	5000	5000
陈忠南	董事	2000	2000
沈锡山	监事会主席	5000	5000
赵　真	监事	2000	2000
蔡耀明	监事	2000	2000
石明德	副总经理	0	0
陆俊千	副总经理	0	0

湖北宜化化工股份有限公司

湖北宜化化工股份有限公司1996年年度报告摘要

一、公司简况

1. 公司名称:湖北宜化化工股份有限公司

英文名称:HuBei Yihua Chemical Industry Co. LTD

2. 公司地址:湖北省宜昌市虎亭大道399号

邮政编码:443007

3. 公司法定代表人:张永政

4. 公司咨询服务机构:证券部

电话:(0717)6516343　　6516426

传真:(0717)6516750

5. 股票简称:湖北宜化

股票代码:0422

二、主要财务数据与财务指标

序号	指标项目	本年数	上年数	比上年增减(±%)
1	主营业务收入(万元)	21753.09	17879.02	+21.67
2	净利润(万元)	3700.49	1940.61	+90.69
3	总资产(万元)	29311.56	16163.05	+81.35
4	股东权益(万元)	23600.31	9301.91	+153.71
5	每股收益(元/股)	0.566	0.3958	+43.00
6	每股净资产(元/股)	3.61	1.90	+90.00
7	净资产收益率(%)	22.49	22.01	+2.18
8	股东权益比率(%)	80.51	57.56	+39.92

注:本公司1996年发行期间冻结的资金利息收入为7,905,609.45元,按五年分摊计入营业外收入,计入本年利润的利息收入为1,581,121.89元,扣除本次利息收入后的财务指标为:

序号	指标项目	本年数	上年数	比上年增减(±%)
1	净利润(万元)	3542.38	1940.61	+82.53
2	总资产(万元)	28520.99	16163.05	+76.45
3	股东权益(万元)	23442.20	9301.91	+152.01
4	每股收益(元/股)	0.5417	0.3958	+36.86
5	每股净资产(元/股)	3.58	1.90	+88.42
6	净资产收益率(%)	21.63	22.01	-1.72
7	股东权益比率(%)	82.19	57.56	+42.79

三、公司业务回顾

1. 一年来经营情况:

公司主营化肥、化工产品制造销售。1996年,在国家优先发展农业的产业政策扶持下,公司经过公开募股及股票上市,生产经营实力进一步增强。虽然国内化肥市场价格因国家大量进口化肥受到较大的冲击,但在董事会的领导下,公司紧紧抓住"两个根本性转变",通过"学山焦、学邯钢",大力开展"抓管理、挖潜力、降成本、增效益"和"增收节支、增产节约"活动,以提高经济效益为动力和目标,积极推进现代企业制度建设进程,仍然较好地实现了各项预期指标。1996年公司实现主营业务收入21753.09万元,实现净利润3700.49万元。

全年主要做了以下工作:

(1)在企业管理上从"严",以科学管理保效益。九六年公司上下深入贯彻、实施"邯钢成本管理、山焦严格治厂"之道,针对以往在管理上的不足,建立了一整套相互联系、成龙配套的管理机制及检查、考核、监督、赏罚兑现、功能齐全的激励约束机制。与九五年相比,设备完好率由95.67%上升到97.88%,维修费下降10%,油料消耗下降25%,招待费下降50%。

(2)在技术进步上求"新",以技术进步促效益。为提高经济效益,公司成功地对造气蒸汽系统、脱硫再生系统等设备进行了十五项技术改造,使设备运行周期延长,操作稳定系数增加,生产能力扩大。

(3)在经营思想上倡"俭",以勤俭节约增效益。充分发挥人尽其才,物尽其用的功能,大力开展修旧利废,通过努力,与去年相比,吨氨消耗原煤下降9.4%,吨氨耗燃料煤下降27.8%,吨氨耗电下降0.6%,吨氨总能耗下降7.2%,吨氨总能耗指标名列全省同行业之首。

(4)在干群关系上讲"和",以团结奋斗创效益。公司九六年对广大员工实行了"五抓":一抓学习,以科学理论武装人;二抓提高,以多种形式培养人;三抓宣传,以正确的舆论引导人;四抓活动,以光荣传统鼓舞人;五抓激励,以高尚精神塑造人。

2. 本年度主营业务收入、净利润实际完成情况分析:

公司全年实现主营业务收入21753.09万元,比上年增加21.67%,比九六年预测数增加3.59%,其主要原因在于主导产品尿素扩大了生产能力,并新增加了复合肥生产线。公司全年实现净利润3700.49万元,较上年增加90.69%,比九六年预测数增加31.13%,共主要原因在于主营业务收入比去年同期增加3874万元,增加利润658万元;盘清存量、处理固定资产增加净利润252万元;增收节支、降低期间费用增加利润457万元;节能降耗增加利润230万元(扣除煤价、电价上涨等减利因素);国家政策原因增加冻结资金利息收入158万元。

四、股本变化及股本结构情况

(一)股本变化及股本结构情况

1. 截止1996年末,公司股本结构如下:

(股份单位:万股;每股面值:人民币1元)

	年初数	占总股本(%)	年末数	占总股本(%)
A、尚未流通股				
a.发起人股国家股	2088.13	42.58	2088.13	31.94
b.募集法人股	1587.81	32.38	1587.81	24.28
c.内部职工股	1227.60	25.04	1227.60	18.77
尚未流通股合计	4903.54	100.00	4903.54	74.99
B、已流通股份				
境内上市人民币普通股	0	0	1635.00	25.01
已流通股份合计	0	0	1635.00	25.01
C、股份总数	4903.54	100.00	6538.54	100.00

2. 股份变动情况及原因:

经中国证监会证监发字(1996)118号及119号文批准,本公司于1996年7月25日向社会公开发行1635万股境内上市的普通股。另据公司1996年12月28日股东大会通过的《关于资本公积金转增股本的决议》,按每10股转增5股,总股本于1997年2月28日增加至9807.81万股。根据公司1997年3月22日董事会通过的《关于1996年利润分配预案的决议》,按九六年末总股本每10股送4.5股红股,总股本将增至12750.153万股。

3. 主要股东持股情况(前十大股东)

股东名称	年末持股数	占总股本百分比(%)
宜昌市国有资产管理局	2088.13	31.94
建行宜昌市信托投资公司	421.00	6.44
宜昌市供电局	267.00	4.08
宜昌市三峡房地产公司	200.00	3.06
农行宜昌市信托投资公司	200.00	3.06
工行宜昌市信托投资公司	200.00	3.06
万国交易	165.3038	2.53
上海万国证券公司重庆营业部	142.4222	2.18
宜昌市财务开发公司	80.00	1.22
宜昌市长裕工贸公司	67.00	1.02

4. 截止 1996 年 12 月 31 日,公司股东总数为 13579 户,其中国家股股东 1 户,社会法人股股东 11 户,内部职工股股东 3677 户,社会公众股股东 9890 户。

(二)董事、监事与高级管理人员持股情况

姓　名	职务	年初持股数(股)	年末持股数(股)
张永政	董事长	0	0
蒋远华	董事兼总经理	1500	1500
余晨扬	董事兼董事会秘书	0	0
冯发云	董事	1500	1500
冯德礼	董事	2000	2000
刘星箭	董事	9000	9000
肖德生	董事	1000	1000
张　斌	董事	0	0
卞于桂	董事	0	0
刘建民	监事会召集人	1500	1500
杨　宏	监事	500	500
李强华	监事	7500	7500
杨泽荣	监事	4500	4500
张晓华	监事	0	0
黄正银	监事	1000	1000
徐家友	监事	1000	1000

五、重要事项

1. 获中国证券监督管理委员会证监发字(1996)118 号及 119 号文批准,本公司于 1996 年 7 月 25 日向社会公开发行 1635 万股境内上市普通股,《招股说明书》刊登在 1996 年 7 月 22 日《中国证券报》、《证券时报》、《湖北日报》、《宜昌日报》。

2. 获深圳证券交易所深证发字(1996)235 号《上市通知书》批准,本公司 1635 万股社会公众股于 1996 年 8 月 15 日在深圳证券交易所上市交易,《上市公告书》刊登在 1996 年 8 月 13 日《中国证券报》、《证券时报》。

3.1996 年 10 月 7 日,湖北省人民政府以鄂政函(1996)124 号文授权湖北宜化集团有限责任公司为国有资产投资主体。

4.1996 年 12 月 28 日,公司召开股东大会,会议通过了关于用资本公积金转增股本的议案,形成了用资本公积金按 10:5 的比例转增股本的决议。

5. 在本报告期内公司法定代表人、董事、监事、注册地址、会计师事务所、法律顾问均未发生变化,经 1996 年 12 月 28 日股东大会讨论通过,形成了聘请取得证券相关业务许可证的湖北大信会计师事务所进行会计报表审计、净资产验证及其它相关咨询服务等业务的决议。

6. 本报告期内公司无重大诉讼、仲裁事项。

六、子公司及关联企业

本公司无子公司,亦未对其他公司参股。

七、财务报告

(一)审计意见

审计报告

鄂信业字(1997)第 199 号

湖北宜化化工股份有限公司全体股东:

我们接受委托,审计了湖北宜化化工股份有限公司(以下简称"公司")1996 年 12 月 31 日的资产负债表;1996 年度的利润及利润分配表、财务状况变动表。这些报表由贵公司负责,我们的责任是对这些会计报表发表审计意见。我们的审计是依据《中国注册会计师独立审计准则》进行的。在审计过程中,我们结合贵公司实际情况,实施了包括抽查会计记录等我们认为必要的审计程序。

我们认为,上述会计报表符合《企业会计准则》和《股份制试点企业会计制度》的有关规定,在所有重大方面公允地反映了贵公司 1996 年 12 月 31 日的财务状况及 1996 年度的经营成果以及资金变动情况,会计处理方法的选用遵循了一贯性原则。

湖北大信会计事务所　　中国注册会计师:张丹凤

中国注册会计师:邱世萍

一九九七年三月十三日

(二)财务报表(见附表)

(三)财务报表附注

财务报表注释

一、公司概况

湖北宜化化工股份有限公司其前身为湖北省宜昌地区化工厂,始建于 1977 年,1981 年 6 月投产。1992 年地、市合并后更名为湖北宜昌化工厂。1992 年 12 月 16 日,湖北省经济体制改革委员会以鄂(1992)42 号文正式批准宜昌化工厂以定向募集方式改组为湖北宜化(集团)股份有限公司。1995 年 5 月,经省体改委以鄂改生(1995)25 号文批准"湖北宜化(集团)股份有限公司"更名为"湖北宜化化工股份有限公司"。1996 年 7 月 20 日,经中国证券监督管理委员会证监发字(1996)118 号文和证监发字(1996)119 号文批准,发行股票 1635 万股,并经资产评估和验资,股本由年初 4903.54 万元增加到 6538.54 万元。

公司在湖北省宜昌市工商行政管理局登记注册

营业执照注册号:17912037—8

注册资本人民币 65,385,400.00 元

法定代表人:张永政

法定地址:宜昌市虎亭区

经营范围:主营:化肥、化工产品制造、销售

兼营:粉煤调剂串换、汽车运输、设备制造与安装、化工技术咨询、饮食服务、文化娱乐、日用百货、建筑材料销售。

二、公司采用的重要会计政策

1. 执行的会计制度:公司执行《股份制试点企业会计制度》。

2. 会计期间:公司采用公历年度为会计年度,即从 1 月 1 日起至 12 月 31 日止为一个会计年度。

3. 会计报表编制依据

(1)生产经营性会计报表,系根据财政部(92)财会字第 27 号文及(95)财会字第 38 号文的有关规定进行编制。

(2)本次编制的会计报表含经国家国资局确认的资产评估增减值。

4. 记帐本位币:公司以人民币为记帐本位币。

5. 记帐方法:会计记帐采用借贷法记帐。

6. 记帐原则和计价基础:按权责发生制记帐,以实际成本为计价基础。

7. 存货的核算:

公司存货(包括原材料、燃料、低值易耗品、产成品等)购进按实际成本计价,发出(或领用)按加权平均法计算,低值易耗品领用时,采用一次摊销法核算。

8. 坏帐准备:

公司采用直接转销法。

9．长期投资的核算：公司长期投资系国库券，采用成本法核算。

10．固定资产及其折旧的核算：

(1)固定资产系指使用年限在一年以上，单位价值在2000元以上的房屋、建筑物、机器、机械、运输工具和其它设备，工具，器具等。

(2)固定资产原价按购建时的实际成本计价，评估确认后的固定资产按重置完全价值计价。

(3)固定资产的折旧采用直线法计算。

(4)固定资产类别、估计经济使用年限、预留残值率、年折旧率，如下表：

类　别	估计经济使用年限	预留残值(％)	年折旧率(％)
房屋及建筑物	20—25年	4	4.3
机械设备	7—14年	4	7.4
电子仪表设备	10—15年	4	7.3
交通运输工具	8—12年	4	9.6
其他	10—15年	4	7.3

11．无形资产及其摊销：

土地使用权价值：公司依法取得的国有土地使用权价值按50年使用期平均摊销。

12．销售收入的实现：按权责发生制原则，以产品(商品)发出，劳务已提供收讫价款或已取得索取价款凭证时，确认收入的实现。

13．主要税项

税　种	计税依据	税率
增值税	根据财政部和国家税务总局《关于对若干农业生产资料免征增值税问题的通知》，企业生产销售的碳铵、尿素继续免征增值税，其余产品按国家有关规定缴纳，税率	17%
城市维护建设税	应纳增值税额	5%
教育费附加	应纳增值税额	3%
所得税	利润总额	33%

14．利润分配：

根据公司法和公司章程规定，税后利润按以下顺序及比例进行分配。

(1)弥补以前年度亏损

(2)提取法定盈余公积金10％

(3)提取公益金5－10％，提取比例由董事会决定

(4)提取任意公积金，提取比例由股东大会决定

(5)支付普通股股利。

三、资产负债表项目注释：

1．货币资金余额　30,501,299.86元

其中：现金　6,839.39元

银行存款　30,487.47元

其他货币资金　6,637.00元

注：货币资金比年初增加29,522,860.16元，系1996年7月20日，经中国证券监督管理委员会证监发字(1996)118号文和证监发字(1996)119号批准，发行股票1635万股，致使货币资金增加。

2．应收帐款余额23,717,945.77元，其中：

按帐龄分：

1年以内，共43户，计23,152,029.26元，占总金额97.61％

2—3年，共5户，计565,916.51元，占总金额2.39％

主要帐户：

户名	金额	款项性质
宜化经贸公司	6,980,699.50	货款
长阳化肥厂	4,501,218.80	货款
宜昌市生资公司	670,083.52	货款
五峰县生资公司	325,154.00	货款
枝江玲华建材厂	149,079.00	货款
枝江百里洲供销社	86,300.00	货款

注：应收帐款比年初增加9,134,200.82元，其原因：

①生产规模扩大，使1996年销售收入比1995年增加3874万元，导致应收帐款相应增加。

②出售更新的旧设备给有关厂家，引起应收帐款增加446万元。

3．预付货款余额10,999,617.13元，其中：

1年以内，其157户，计9,532,539.88元，占总金额86.66％

1—2年，共3户，计47,962.00元，占总金额0.44％

2—3年，共6户，计1,381,077.75元，占总金额12.56％

3年以上，共2户，计38,037.50元，占总金额0.34％

主要帐户：

户名	金额	款项性质
沈阳压缩机厂	1,226,939.36	设备款
江苏泰兴丙碳公司	1,182,000.00	材料款
武汉怡鑫科贸公司	1,100,000.00	货　款
武汉洪山华热能研究所	500,000.00	设备款
成都拓新化工所	488,999.99	设备款
西南化工研究所	295,000.00	设备款

4．其他应收款余额14,011,498.57元，其中：

1年以内，共147户，计13,945,488.15元，占总金额99.53％

1—2年，共12户，计　29,515.91元，占总金额0.21％

2—3年，共8户，计　18,200.51元，占总金额0.13％

3年以上，共5户，计　18,294.00元，占总金额0.13％

主要帐户：

户名	金额	款项性质
宜化集团	11,668,212.05	垫付款
造气车间　向长荣	125,674.62	周转金
生产部王三军	65,408.00	周转金
仪表库刘　波	33,419.00	周转金
王仁良	26,000.00	借支
张宇红	16,710.00	借支

5．存货余额18,218,479.70元

项目	金额
原材料	9,495,105.24
低值易耗品	638,760.34
产成品	202,326.26
其　他	7,882,287.86

6．长期投资余额213,660.00元

债券投资　213,660.00元

债券种类	购入日期(年·月)	面值(元)	年利率(％)	应计利息(元)	投资金额(元)
国库券	85,7	2,000.00	5	1,300.00	3,300.00
国库券	86,7	2,700.00	5	1,215.00	3,915.00
国库券	88,9	13,000.00	5	4,550.00	17,550.00
国库券	94,6	2,816.00	13.96	786.00	3,602.00
国库券	94,6	2,320.00	13.96	647.00	2,967.00
国库券	94,7	140,000.00	13.96	39,088.00	179,088.00
国库券	94,7	1,792.00	13.96	500.00	2,292.00
国家重点建设债券	87,7	2,500.00	5	1,400.00	3,900.00
应计利息		6,454.00			-6,454.00

7．固定资产及累计折旧

(1)固定资产原值164,230,261.32元

类别	期初原值(元)	本期增加数(元)	本期减少数(元)	期末余额(元)
房屋及建筑物	27,121,703.88	39,249,237.79	26,301,302.65	40,069,639.02
机器设备	82,189,302.53	137,568,199.48	111,047,197.90	108,710,304.11
运输设备	335,859.00	81,800.00	10,829.00	406,830.00
电子仪器仪表	10,312,873.70	3,111,910.29	122,748.00	13,302,035.99
其他设备	1,235,174.31	506,277.89		1,741,452.20
合计	121,194,913.42	180,517,425.45	137,482,077.55	164,230,261.32

(2)累计折旧 62,469,519.80 元

类别	期初累计余额(元)	本期增加数(元)	本期减少数(元)	期末余额(元)
房屋及建筑物	5,695,792.41	6,172,386.33	753,269.31	11,114,909.43
机器设备	30,397,593.57	17,592,460.01	2,474,285.39	45,515,768.19
运输设备	14,922.52	52,406.10	779.69	66,548.93
电子仪器仪表	3,180,520.63	2,170,411.68		5,350,932.31
其他设备	280,292.46	141,068.48		421,360.94
合计	39,569,121.59	26,128,732.60	3,228,334.39	62,469,519.80

8. 在建工程余额 79,417,718.96 元,其中:

工程名称	原预算数(元)	本年度实际支出数(元)	批准机关及文号	资金来源	预计完工日期(年月)
十三万吨尿素改扩建工程	151,510,000.00	56,655,770.10	计原材(1992)1210号文	自筹	97,7
变压吸附工程	4,000,000.00	2,248,489.99	宜化司字(1996)23号文	自筹	97,9
噪音治理工程	500,000.00	378,248.87	宜化司字(1995)71号文	自筹	97,9
季戊四醇工程	23,370,000.00	20,135,210.00	鄂经科字(1994)623号文	自筹	96,12

注:在建工程比年初增加 7,770,084.96 元,其原因有:

①十三万吨尿素工程增加 56,490,496.07 元

②变压吸附工程增加 1,093,951.11 元

③季戊四醇工程增加 20,135,210.00 元

9. 无形资产余额 15,274,607.19 元

无形资产名称	原值	已摊销金额	期末余额	已摊销年限	未摊销年限
土地使用权					
猇亭老宗地	14,089,134.00	281,292.68	13,807,841.32	1年	49年
云池村宗地	468,326.97	1,561.10	466,765.87	2个月	49年10个月

注:无形资产 1996 年比 1995 年增加 5,827,780.32 元,原因如下:

①猇亭老宗地上市资产评估增值 5,642,807.13 元

②1996 年 10 月增加虎亭云池村宗地 468,326.97 元

③1996 年摊销 283,353.78 元

10. 应付帐款余额 8,882,522.28 元

主要帐户:

户名	金额	款项性质
宜昌供电局大宗用户管理所	2,204,213.70	电费
十六化建公司	415,074.51	工程款
武汉不锈钢供应站	336,652.02	货款
宜昌市机电设备公司	229,214.70	工程款
宜昌市百陵塑料厂	322,926.60	货款
沈阳压缩机配件厂	218,572.17	设备款
山东省安丘铸造厂	212,605.29	设备款
广洲阀门厂	175,568.48	设备款
四川化工设备厂	133,946.04	设备款
西安高中压阀宜昌站	130,536.01	设备款
枣阳化学工业总公司	102,000.00	货款
其他	4,501,212.76	

11. 应付福利费 207,108.89 元,系按工资总额 14% 提取的职工福利费结余。

12. 未付股利 2,236,048.93 元是法人股以前年度未付股利。

13. 未交税金 4,866,091.92 元,其中:

增值税	1,573,768.26 元
所得税	3,292,323.66 元

注:所得税还未清交。

14. 其他应付款余额 15,527,250.16 元,其中:

户名	金额	款项性质
应付工资	908,362.06	应付工资
建房集资款	13,500,165.00	集资建房款
社会统筹保险金	240,685.25	统筹保险金
宜昌地税局	290,249.36	代扣个人所得税
虎亭云池村	190,000.00	应付占用土地费
虎亭税务分局	29,438.15	代扣工程税款
其他	365,350.34	劳动保险费及个人结算工程欠款

注:比 1995 年减少 1,669,301.28 元,主要是多提效益工资转利润。

15. 一年内到期的长期负债 18,251,081.78 元

债权单位	借款日期	还款日期	金额	借款条件	年利率
建行宜昌市分行	95.5	96,12	466,006.35	信誉借款	10.98%
建行宜昌市分行	94.4.15	97,4,15	17,785,075.43	信誉借款	12.24%

16. 长期应付款 6,334,336.75 元,其中:

(1)集团退回公司以前年度技改基金 9,849.19 元。

(2)1996 年 7 月发行公众股申购无效资金冻结利息款 6,324,487.56 元,按 1/5 进了营业外收入后的余款。

17. 其他长期负债 107,993.90 元,系职工住房周转基金。

18. 股本 65,385,400.00 元

股本类型	股本金额(元)	股本结构(%)
国家股	20,881,300.00	32
法人股	15,878,100.00	24
社会公众股	16,350,000.00	25
内部职工股	12,276,000.00	19
合计	65,385,400.00	100

注:比 1995 年增加 16,350,000.00 元,系 1996 年 7 月 25 日经中国证券监督管理委员会证监发字(1996)118 号文和证监发(1996)119 号文批准,公司发行社会公众股 1635 万股。

19. 资本公积 119,757,588.29 元

注:比 1995 年增加 90,229,105.99 元,其主要原因是:

①上市资产评估增值 15,953,463.65 元

②公司发行社会公众股募集资金 96,465,000.00 元加上申购有效资金冻结利息 46,642.34 元,减去发行费用 5,886,000.00 元,大于实际发行的股本总额其差额 74,275,642.34 元,根据财工字(1996)434 号计入资本公积。

20. 盈余公积余额 13,185,486.32 元

注:比 1995 年增加 5,550,741.50 元,系 1996 年税后利润提取的法定盈余公积金 3,700,494.33 元,公益金 1,850,247.17 元。

21. 未分配利润	18,659,039.48 元
年初未分配利润	6,820,457.64 元
加:本年实现净利润	37,004,943.34 元
减:提取法定公积金	3,700,494.33 元
提取公益金	1,850,247.17 元
期末未分配利润	38,274,659.48 元

四、损益表项目注释：

项目	1996 年度
22. 主营业务收入	217,530,893.37 元
其中：碳铵	26,652,745.00 元
尿素	151,354,154.50 元
粗甲醇	33,158,979.30 元
液氨	104,743.60 元
复合肥	6,260,270.97 元
23. 营业成本	157,331,690.95 元
其中：碳铵	25,676,666.71 元
尿素	94,755,776.27 元
粗甲醇	31,500,483.84 元
液氨	143,145.29 元
复合肥	5,255,618.84 元
24. 销售费用	615,301.95 元
其中：运输费	147,055.43 元
广告费	63,848.61 元
租赁费	9,087.41 元
工资及福利	395,310.50 元
25. 管理费用	10,145,054.67 元
其中：工资	1,477,609.07 元
职工福利费	196,685.23 元
工会经费	279,898.99 元
职工教育经费	71,141.84 元
劳动保险费	60,575.57 元
差旅费	303,573.23 元
办公费	249,584.21 元
运输费	164,445.53 元
保险费	2,020,837.77 元
折旧费	272,646.33 元
修理费	61,576.29 元
水电费	19,235.73 元
无形资产摊销	350,908.78 元
低值易耗品摊销	68,713.00 元
业务招待费	393,641.83 元
其他	4,153,981.27 元
26. 财务费用	2,187,828.84 元
其中：利息支出净额	2,180,438.84 元
手续费	7,390.00 元
27. 营业税金及附加	102,304.27 元
其中：城市维护建设税	171,612.99 元
教育附加	30,691.28 元
28. 其他业务利润	1,038,961.26 元
其他业务收入　蒸汽收入	517,937.10 元
烟道灰收入	442,121.80 元
煤渣收入	36,743.43 元
其他收入	632,760.30 元
其他业务支出　蒸汽支出	187,693.12 元
烟道灰支出	160,230.15 元
煤渣支出	13,288.53 元
其他支出	229,389.57 元
29. 营业外收入	9,822,807.56 元
其中：①申购资金利息收入	1,581,121.89 元
②固定资产盘盈	2,523,292.91 元
③其他	5,718,392.76 元
30. 营业外支出	2,779,222.79 元
其中：①固定资产盘亏	2,600,852.97 元
②捐赠学校支出	9,509.00 元
③其他支出	168,860.82 元

注：1996 年净利润比同期增加 17,598,893.86 元，其原因是：

①产品销售收入与同期增加 3874 万元，主要有尿素扩大了生产能力，新增加了复合肥。

②盘清存量，处理固定资产增加净利润 252 万元。

③国家政策原因，增加冻结资金利息收入 158 万元。

五、其他事项说明

1. 截至 1997 年 3 月 9 日止，公司无对外承担经济担保。

2. 截至 1997 年 3 月 9 日止，公司无未了经济诉讼事项。

3. 截至 1997 年 3 月 9 日止，公司无或有负债。

六、期后事项

经临时股东大会决议通过，以 10:5 比例用资本公积送股，1997 年 2 月 28 日股权登记，3 月 3 日除权转增股本后，股本总额为 98,078,100.00 元，相关的资本公积由原来的 119,757,588.29 元变更为 87,064,888.29 元。

八、其他事项

1997 年 3 月 22 日，公司董事会审议通过了 1996 年度利润分配预案：公司 1996 年度实现利润 3700.5 万元，按 10% 提取法定盈余公积金 370.05 万元，按 5% 提取法定公益金 180.03 万元，加上九五年未分配利润 682.05 万元，本年度可供分配利润为 3827.47 万元。董事会决定：按 96 年末总股本每 10 股送 4.5 股红股，共计送出 2942.343 万元，其余 885.127 万元结转下年度。以上方案需提交股东大会审议并报湖北省证监会同意后实施。

湖北宜化化工股份有限公司董事会

1997 年 3 月 25 日

资产负债表

(1996 年度会计报表)

企业名称：湖北宜化化工股份有限公司　　编制日期：1997 年 3 月 9 日　　单位：人民币元

项目	注释号	1996 年 12 月 31 日	1995 年 12 月 31 日	项目	注释号	1996 年 12 月 31 日	1995 年 12 月 31 日
流动资产：				流动负债：			
货币资金	1	30,501,299.86	978,439.70	短期借款			5,320,000.00
短期投资				应付票据			
应收票据				应付帐款	10	8,982,522.28	16,479,584.74
应收帐款	2	23,717,945.77	14,583,744.95	预收帐款			
减：坏帐准备				应付福利费	11	207,108.89	−1,475,618.91
应收帐款净额		23,717,945.77	14,583,744.95	未付股利	12	2,236,048.93	9,674,684.42
预付帐款	3	10,999,617.13	13,796,083.78	未交税金	13	4,866,091.92	861,418.18
其他应收款	4	14,011,498.57	12,310,821.89	其它未交款			158,713.39

项目	注释号	1996年12月31日	1995年12月31日	项目	注释号	1996年12月31日	1995年12月31日
待摊费用			5,996,286.15	其他应付款	14	15,527,250.16	17,196,551.44
存货	5	18,218,479.70	20,693,956.46	预提费用			2,503,233.83
待处理流动资产净损失			1,314,796.50	一年内到期的长期负债	15	18,251,081.78	
一年内到期的长期债券投资				其他流动负债			
其他流动资产				流动负债合计		50,070,103.96	50,718,567.09
流动资产合计		97,448,841.03	69,674,129.43	长期负债:			
长期投资:				长期借款			17,861,047.78
长期投资	6	213,660.00	176,082.00	应付债券			
固定资产:				长期应付款	16	6,334,336.75	
固定资产原价	7	164,230,261.32	121,194,913.42	其他长期负债	17	107,993.90	31,764.50
减:累计折旧		62,469,519.80	39,569,121.59	长期负债合计		6,442,330.65	17,892,812.28
固定资产净值		101,760,741.52	81,626,791.83	递延税项:			
在建工程	8	79,417,718.96	1,707,634.00	递延税款贷项			
固定资产清理				负债合计		85,935,864.61	68,611,379.37
待处理固定资产净损失				所有者权益:			
固定资产合计		181,178,460.48	83,333,425.83	股本	18	65,385,400.00	49,035,400.00
无形及递延资产:				资本公积	19	119,757,588.29	29,528,482.30
无形资产	9	14,274,607.19	8,446,826.87	盈余公积	20	13,185,486.32	7,634,744.82
递延资产				其中:公益金		4,395,162.01	2,544,914.94
无形及递延资产合计		14,274,607.19	8,446,826.87	未分配利润	21	38,274,659.48	6,820,457.64
其他长期资产:				外币报表折算差额			
其他长期资产				股东权益合计		236,003,134.09	93,019,084.76
资产总计		293,115,568.70	161,630,464.13	负债及股东权益总计		293,115,568.70	161,630,464.13

利润及利润分配表

(1996年度会计报表)

企业名称:湖北宜化化工股份有限公司　　编制日期:1997年3月9日　　单位:人民币元

项目	注释号	1996年度	1995年度	项目	注释号	1996年度	1995年度
一、主营业务收入	22	217,530,893.37	178,790,244.30	减:营业外支出	30	2,779,222.79	1,846,435.19
减:销售退回折扣折让				加:以前年度损益调整			
主营业务收入净额		217,530,893.37	178,790,244.30	四、利润总额		55,231,258.72	28,964,252.95
减:营业成本	23	157,331,690.95	132,018,924.86	减:所得税		18,226,315.38	9,558,203.47
销售费用	24	615,301.95	986,356.58	五、净利润		37,004,943.34	19,406,049.48
管理费用	25	10,145,054.67	8,891,246.27	加:年初未分配利润		6,820,457.64	
财务费用	26	2,187,828.84	7,638,734.57	盈余公积转入数			
进货费用				六、可分配的利润		43,825,400.98	19,406,049.48
营业税金及附加	27	102,304.27	143,665.68	减:提取法定公积金		3,700,494.33	1,940,604.95
二、主营业务利润		47,148,712.69	29,111,316.34	提取法定公益金		1,850,247.17	970,302.47
加:其他业务利润	28	1,038,961.26	1,172,480.01	七、可供股东分配的利润		38,274,659.48	16,495,142.06
三、营业利润		48,187,673.95	30,283,796.35	减:已分配优先股股利			
加:投资收益				提取任意公积金			
营业外收入	29	9,822,807.56	526,891.79				9,674,684.42
				八、未分配利润		38,274,659.48	6,820,457.64

财务状况变动表

(1996年度会计报表)

企业名称:湖北宜化化工股份有限公司　　编制日期:1997年3月9日　　单位:人民币元

资金来源和运用	行次	金额	流动资金各项目的变动	行次	金额
流动资金来源:			一、流动资产本年增加数:		
1. 本年净利润	1	37,004,943.34	1. 货币资金	28	29,522,860.16
中:不减少流动资金的费用和损失			2. 短期投资	29	
(1)固定资产折旧	2	22,900,398.21	3. 应收票据	30	
(2)无形资产、递延资产及其他摊销	3	350,908.78	4. 应收帐款净额	31	9,134,200.82
(3)固定资产盘亏(减盘盈)	4	77,560.06	5. 预付帐款	32	—2,796,466.65
(4)清理固定资产损失	5		6. 应收补贴款	33	

资金来源和运用	行次	金额	流动资金各项目的变动	行次	金额
(6)其他不减少流动资金的费用和损失	6		7. 其他应收款	34	1,700,676.68
小　计	7	60,333,810.39	8. 存货	35	—2,475,476.76
2. 其他来源:			9. 待摊费用	36	—5,996,286.15
(1)固定资产清理收入(减清理费用)	8		10. 一年内到期的长期债券资	37	
(2)增加长期负债	9	6,410,566.15	11. 待处理流动资产损失	38	-1,314,796.50
(3)收回长期投资	10		12. 其他流动资产	39	
(4)对外投资转出固定资产	11			40	
(5)对外投资转出无形资产	12			41	
(6)资本净增加额	13	112,129,847.49	流动资产增加净额	42	27,774,711.60
小　计	14	118,540,413.64	二、流动负债本年增加数		
流动资金来源合计	15	178,874,224.03	1. 短期借款	43	—5,320,000.00
二、流动资金运用:			2. 应付票据	44	
1. 利润分配:			3. 应付帐款	45	—7,497,062.46
(1)提取法定公积金	16	3,700,494.33	4. 预收帐款	46	
(2)提取法定公益金	17	1,850,247.17	5. 应付福利费	47	1,682,727.80
(3)提取任意公积金	18		6. 未付股利	48	12,176,984.51
(4)已分配股利	19	19,615,620.00	7. 未交税金	49	4,004,673.74
小　计	20	25,166,361.50	8. 其他未交款	50	—158,73.39
2. 其他运用:			9. 其他应付款	51	—1,669,301.28
(1)固定资产和在建工程净增加额	21	120,822,992.92	10. 预提费用	52	—2,503,233.83
(2)增加无形、递延及其它资产	22	6,178,689.10	11. 一年内到期的长期负债	53	18,251,081.78
(3)偿还长期负债	23	17,861,047.78	12. 其他流动负债	54	
(4)增加长期投资	24	37,578.00		55	
小　计	25	144,900,307.80		56	
流动资金运用合计	26	170,066,669.30	流动负债增加净额	57	18,967,156.87
流动资金净增加额	27	8,807,554.73	流动资金增加净额	58	8,807,554.73

湖北宜化化工股份有限公司一九九七年中期报告

一、财务报告

(一)财务报表

1. 资产负债表(见附表一)

2. 损益表(见附表二)

(二)其他财务指标

九七年元月至六日

项目	10送3之前	10送3之后	上年同期数
每股收益(元/股)	0.302	0.232	0.27
净资产收益率(%)	11.11	11.11	10.94
每股净资产(元)	2.71	2.09	2.05

注:"10送3"指九六年利润分配方案,该方案于1997年7月10日正式实施。

(三)审计报告

审计报告

鄂信业字(1997)第457号

湖北宜化化工股份有限公司全体股东:

我们接受委托,审计了湖北宜化化工股份有限公司1997年6月30日资产负债表、1997年1—6月利润及利润分配表。这些会计报表由贵公司负责编制,我们的责任是对这些会计报表发表审计意见。我们的审计是依据《中国注册会计师独立审计准则》进行的。在审计过程中,我们结合贵公司的实际情况,实施了包括抽查会计记录等我们认为必要的审计程序。

我们认为,上述会计报表符合《企业会计准则》和《股份制试点企业会计制度》的规定,在所有重大方面公允地反映了贵公司1997年6月30日的财务状况和1997年1—6月的经营成果,会计处理方法的选用符合一贯性的原则。

湖北大信会计师事务所　　中国注册会计师:张丹凤

中国·武汉　　中国注册会计师:陈振奎

1997年7月15日

(四)财务报表注释

1. 公司概况

湖北宜化化工股份有限公司其前身为湖北省宜昌地区化工厂,始建于1977年,1981年6月投产。1992年地、市合并后更名为湖北宜昌化工厂。1992年12月16日,湖北省经济体制改革委员会以鄂改(1992)42号文正式批准宜昌化工厂以定向募集方式改组为湖北宜化(集团)股份有限公司。1995年5月,经省体改委以鄂改生(1995)25号文批准"湖北宜化(集团)股份有限公司"更名为"湖北宜化化工股份有限公司"。1996年7月20日,经中国证券监督管理委员会证监发字(1996)118号文和证监发字(1996)119号文批准,发行股票1635万股,并经资产评估和验资,股本由年初4903.54万元增加到6538.54万元。1997年元月,经湖北省证券委员会鄂证办函(1997)05号同意运用1996年度部分资本公积金按10股转增5股比例转增股本,转增后股本为9807.81万股。

公司在湖北省宜昌市工商行政管理局登记注册

营业执照注册号:17912037—8

注册资本人民币:98,078,100.00元

法定代表人:张永政

法定地址:宜昌市猇亭区

经营范围:主营:化肥、化工产品制造、销售

兼营:粉煤调剂串换、汽车运输、设备制造与安装、化工技术咨询、饮食服务、文化娱乐、日用百货、建筑材料销售。

2. 公司采用的重要会计政策

(1)执行的会计制度:公司执行《股份制试点企业会计制度》。

(2)会计期间:公司采用公历年度为会计年度,即从1月1日起至12月31日止为一个会计年度。

(3)会计报表编制依据

生产经营性会计报表,系根据财政部(92)财会字第27号文及(95)财会字第38号文的有关规定进行编制。

(4)记帐本位币:公司以人民币为记帐本位币。

(5)记帐方法:采用借贷法记帐。

(6)记帐原则和计价基础:按权责发生制记帐,以实际成本为计价基础。

(7)存货的核算:公司存货(包括原材料、燃料、低值易耗品、产成品等)购进按实际成本计价,发出(或领用)按加权平均法计算,低值易耗品领用时,采用一次摊销法核算。

(8)坏帐准备:公司采用直接转销法。

(9)长期投资的核算:公司长期投资系国库券,采用成本法核算。

(10)固定资产及其折旧的核算:①固定资产是指使用年限在一年以上,单位价值在2000元以上的房屋、建筑物、机器设备、运输工具和其他设备。②固定资产原价按购建时的实际成本计价。③固定资产折旧采用直线法。

固定资产类别	估计经济使用年限	预计残值率(%)	年折旧率(%)
房屋建筑物	20—25年	4	4.3
机械设备	7—14年	4	7.4
电子仪表设备	10—15年	4	7.3
运输工具	8—12年	4	9.6
其他	10—15年	4	7.3

(11)无形资产及其摊销:

土地使用权价值:公司依法取得的国有土地使用权价值按50年使用期平均摊销。

(12)销售收入的实现:按权责发生制原则,以产品(商品)发出,劳务已提供收讫价款或已取得索取价款凭证时,确认收入的实现。

(13)主要税项:

①增值税:根据财政部和国家税务总局《关于对若干农业生产资料免征增值税问题的通知》,企业生产销售的碳铵、尿素继续免征增值税,其余产品按国家有关规定缴纳,税率17%;

②城市维护建设税:应纳增值税额的5%;

③教育费附加:应纳增值税额的3%;

④所得税:按应纳税所得额的33%计提,并缴纳。

(14)利润分配:公司税后利润按以下顺序和比例进行分配:

①弥补亏损;

②提取法定盈余公积金10%;

③提取法定公益金5%—10%;

④提取任意公积金(按股东大会决定的比例提取);

⑤分配股利(依据公司章程,由公司股东大会讨论决定分配方案)。

3.资产负债表项目注释

(1)货币资金余额2,754,819.20元,其中:

现　　金	47,926.45元
银行存款	2,706,892.75元

(2)应收帐款余额38,787,346.26元,其中:

1年内帐龄,计59户34,329,420.75元,占总额88%

2—3年内帐龄,计4户4,457,925.51元,占总额12%

注:a.湖北宜化集团占股本32%;有其下属子公司的欠款:

①湖北宜化经贸公司5,146,852.09元,占应收帐款的14%;

②宜化有机公司21,699,523.54元,占应收帐款的56%。

b.应收帐款1997年1—6月比上年同期增加22,224,852.09元。

增长幅度为57%,其主要原因是由于生产规模扩大,使1997年1—6月销售收入比去年同期增加3573万元,导致应收帐款相应增加。

(3)预付货款余额15,963,317.53元,其主要帐户:

户名	金额(元)	款项性质
江苏、泰兴丙碳脂公司	1,362,000.00	材料款
武汉怡鑫科贸公司	1,100,000.00	贷款
沈阳压缩机厂	877,542.78	设备款
成都拓新化工研究所	482,442.39	配件
宜化物资公司	7,300,491.44	材料款

注:关联企业款项宜化物资公司7,300,491.44元系预付的煤款。

(4)其他应收款余额660,135.27元,其中:

1年内帐龄,计233户587,520.39元,占总额89%

2—3年内帐龄,计19户72,614.88元,占总额11%

户名	金额(元)	款项性质
生产部	95,134.48	周转金
发展部	36,502.59	周转金
办公室	228,547.64	周转金
其他	299,950.56	周转金

(5)待摊费用余额1,320,217.53元,其中:

财产保险费	267,439.56元
甲醇触煤	406,851.72元
97大修费用	327,046.08元
低值易耗品摊销	319,380.17元

(6)存货余额13,300,466.88元,其中:

原材料	6,448,906.99元
辅助材料	2,163,829.88元
备品	4,415,230.95元
产成品	272,499.06元

(7)一年内到期长期债券投资余额206,308.06元,系到期未兑付国库券投资,其中:

债券种类	购买日期	期限	承兑日期	利率	面值
国库券	85.7	10	95.7	5	2,000.00
国库券	86.7	10	96.7	5	2,700.00
国库券	87.7	10	97.7	5	2,500.00
国库券	88.9	5	93.9	5	13,000.00
国库券	94.7	3	97.7	13.96	1,792.00
国库券	94.7	3	97.7	13.96	140,000.00
国家重点建设债券	87.7	10	97.7	5	2,500.00
应计利息					41,876.06

(8)固定资产及折旧

①固定资产原值余额170,539,579.79元

类　别	期初原值	本期增加数	本期减少数	期末余额
房屋及建筑物	40,069,639.02	1,346,407.99		41,416,047.01
机械设备	108,710,304.11	1,657,869.76	9,191.61	110,358,982.26
运输设备	406,830.00			406,830.00
电子仪器仪表	13,302,035.99	3,082,166.45		16,384,202.44
其他	1,741,452.20	232,065.88		1,973,518.08
合计	164,230,261.32	6,086,444.20	9,191.61	170,539,579.79

②累计折旧余额67,991,388.58元

类　别	期初原值	本期增加数	本期减少数	期末余额
房屋及建筑物	11,114,909.43	373,767.22		11,488,676.50
机械设备	45,515,768.19	4,333,880.11		49,849,576.30
运输设备	66,548.93	19,527.84		86,076.77
电子仪器仪表	5,350,932.31	732,107.83		6,083,040.14
其他	421,360.94	62,657.78		484,018.72

合计	62,469,519.80	5,521,868.78	67,991,388.58

(9)在建工程余额119,727,791.52元

工程名称	原预算数(元)	实际支出数(元)	批准机关及文号	资金来源	预计完工时期(年·月)	完工程度(%)
十三万吨尿素	151,510,000.00	91,573,756.86	计原材(92)1210号	自筹	97.7	60
变压吸附	4,000,000.00	2,410,197.44	宜化司字(96)23号	自筹	97.9	60
季戊四醇	25,000,000.00	25,287,210.00	鄂经科字(94)623号	自筹	96.12	100
选煤系统		456,627.22		自筹	97.12	

(10)无形资产余额14,133,710.87元,系土地使用权价值。

土地地段	原值(元)	已摊金额(元)	摊销年限(年)	剩余摊销年限(年)	期末余额(元)
疢亭老宗地	14,557,460.97	423,750.10	50	48.40	14,133,710.87

(11)递延资产余额697,708.01元,系触煤款。

(12)应付帐款余额10,898,522.40元,其中主要帐户:

户　名	金额(元)	款项性质
山东安丘铸造厂	205,548.09	配件款
江苏扬中配件厂	171,795.73	配件款
国营四零四厂	354,725.95	配件款
河南宇新活性炭厂	22,402.50	材料款
山东齐鲁塑料制品公司	315,076.04	编织袋款
宜昌供电局大宗用户所	1,362,489.39	
暂估入库	654,081.48	
宜昌清江酒精厂	514,646.00	材料款

(13)预收帐款余额4,289,996.71元,其主要帐户:

户　名	金额(元)	款项性质
宜化热电公司	175,178.55	预收材料款
宜化扩建工程指挥部	768,300.65	承包款
宜化集团总公司	32,673.75	
疢亭供电局	1,980,000.00	
枝江六六二零厂等	292,300.00	配件

(14)应付福利费余额509,999.51元,系按工资总额14%提取的职工福利费结余。

(15)未付股利余额1,824,688.93元,系应付法人股股款。

(16)应交税金余额3,320,753.74元,其中:

①增值税:-3,923,387.45元,其详细情况如下:

年初未交数	1,573,768.26元
销项税额	14,575.98元
进项税额	3,205,599.95元
已交税金	2,306,131.74元
期末未交数	-3,923,387.45元

②城市维护建设税20,172.46元

③所得税7,223,968.73元

(17)其他未交款余额12,103,48元,系未交教育费附加款。

(18)其他应付款余额9,676,199.56元,其主要帐户:

户　名	金额(元)	款项性质
工会经费	79,697.98	提取工会经费
疢亭财产保险公司	163,226.78	财产保险费
社会统筹保险	2,138,947.95	应交社会统筹
应付工资	938,839.06	工资

(19)预提费用余额3,639,242.53元,其中:

预提电费	2,164,382.70
预提蒸气	1,433,121.34
预提水费	41,738.49

(20)一年内到期的长期负债3,791,081.78元

贷款单位	借、还款日期(年·月·日)		金　额(元)	月利率(‰)	借款条件
建行宜昌分行	94.4.15	97.4.15	3,791,081.78	12.24%	借誉

(21)长期应付款余额6,334,336.75元,其中:

①集团退回公司以前年度技改基金9,849.19元。

②1996年7月发行公众股申购无效资金冻结利息款6,324,487.56元,按1/5进了营业外收入后的余额。

(22)其他长期负债余额567,627.41元,系职工住房周转基金。

(23)股本余额98,078,100.00元,其增减变化如下:

项目	1996年	1997年1—6月份
股本	65,385,400.00	98,078,100.00

其中:

股本	股本金额(元)	股本来源	持股比例(%)
国家股	31,321,950.00	净资产折股	32
法人股	23,817,150.00	现金	24
内部职工股	18,414,000.00	现金	19
社会公众股	24,525,000.00	现金	25
合计	98,078,100.00		100

注:比96年增加32,692,700.00元,系根据湖北省证券委员会鄂证办函[1997]05号文,同意运用部分资本公积金按10股转增5股比例转增股本计转增32,692,700.00元。

(24)资本公积余额87,064,888.29元,其中:

股本溢价	71,111,424.62
评估增值	15,953,463.65
合　计	87,064,888.29

注:比96年末减少32,692,700.00元,主要原因是根据鄂证办函[1997]05号文,用资本公积按10股转增5股比例转增股本计转增32,692,700.00元。

(25)盈余公积余额13,185,486.32元,其中:

提取法定公积金	8,790,324.31
提取法定公益金	4,395,162.01

(26)未分配利润余额67,847,853.99元,其中:

年初未分配利润	38,274,659.48元
加:1—6月份实现净利润	29,573,194.51元
合计	67,847,853.99元

4.损益表项目注释

(27)主营业务收入131,706,025.99元,其中:

尿素	96,825,610.00元
碳铵	7,753,362.00元
粗甲醇	22,503,795.60元
复合肥	4,506,176.27元
其他	117,082.12元

(28)主营业务成本83,067,736.72元,其中:

尿素	50,747,734.79元
碳铵	7,961,878.51元
粗甲醇	20,330,689.64元
复合肥	4,025,143.05元
其他	2,270.73元

(29)销售费用209,233元,其中:

广告费	38,650.00元
运输费	17,014.10元
业务招待费	153,568.90元

(30)管理费用4,899,380.26元,其中:

工资及福利	1,142,632.70元
工会经费	160,999.38元
职工教育经费	66,059.34元

劳动保险费	500,271.01元
审计费	181,627.00元
招待费	212,055.40元
差旅费	172,544.50元
办公费	110,604.31元
保险费	114,578.23元
折旧及修理费	168,190.68元
排污费	281,126.40元
无形资产摊销	140,896.32元
其他	1,701,794.99元

(31)财务费用231,946.14元,其中:

利息支出净额	223,630.14元
手续费支出	8,316.00元

(32)营业税金及附加32,275.94元,其中:

城市维护建设税	20,172.46元
教育费附加	12,103.48元

(33)其他业务利润197,136.15元,其中:

烟道灰收入	159,166.95元
煤球	220.00元
煤渣	23,467.60元
其他	14,281.60元

(34)营业外收入690,506.21元,其中:

保险赔偿费	91,300.00元
呆帐收入	388,674.51元
固定资产盘盈	210,531.70元

(35)营业外支出5,200.00元,其中:

捐赠支出	3,000.00元
其他	2,200.00元

5.或有负债及或有损失事项说明:

(1)截至1997年7月10日止,公司无对外承担经济担保事项。

(2)截至1997年7月10日止,公司无未了经济诉讼事项。

6.关于关联交易的说明

(1)湖北宜化化工股份公司生产用煤全部由宜化物资公司供应(物资公司按合同收取合理的代理费)1997年1—6月份总交易金额为33,922,948.20元,占总进货额51,377,888.88元的66%。

(2)1997年1—6月份销售收入131,706,025.99元,其中由宜化经贸公司代理销售131,391,807.72元,占总销售额的99.77%。

7.期后事项,1997年7月10日送红股,方案为每10股送3股红股,业经湖北省证券委员会鄂证办函[1997]29号文批准,送股后总股本为127,501,530.00元,每股净利润为0.232元,每股净资产为2.09元。

二、经营情况的回顾与展望

(一)上半年经营情况的回顾

1997年上半年,国内化肥市场由俏转疲。面对严峻的市场形势,公司全体员工紧紧抓住"两个根本性转变",进一步巩固和深化"学邯钢"活动成果,以降成本为核心,以质优价廉的产品巩固和扩大市场,确保收入和利润目标的实现;同时通过技术改造降低消耗、扩大产量、调整产品结构,使主营业务得以加强,较好地实现了预期目标。

1.1997年元至6月份,公司累计生产合成氨54154吨、尿素51271吨、碳铵16903吨、甲醇17160吨、复合肥4079吨,分别比去年同期增长25%、42%、-52%、44%和36%(其中碳铵因微利而限产),分别完成年奋斗目标的54.15%、51.27%、33.81%、57.2%和27.19%。公司的主营收入和利润均实现了"时间过半,任务过半"的目标。2.九七年上半年,甲醇市场走强。公司根据"联醇法"的工艺灵活性,适时加大了产品结构调整的力度,从而实现了"产品围绕效益转、效益围绕市场转"的良性循环。

3.募集资金运用情况

(1)13万吨尿素改扩建工程

(2)年产3000吨季戊四醇工程

(3)补充流动资金

公司严格按照招股说明书载明的项目进行投资,两项目均达到预计进度,其中13万吨尿素改扩建工程可望按预期计划在七月底全部完工;年产3000吨季戊四醇工程,96年底试运行,因为系全省空白产品,目前正处于确保质量、树立形象、开拓市场阶段,加上竣工验收未结束,故暂未列入收入。

(二)下半年计划

1.根据公司上半年的生产经营实际,当前的市场形势以及公司自身对下半年市场形势的预测,本公司认为在市场波动较大的情况下,一味追求实物产量并非明智之举。上半年公司能保持较好的业绩,就在于强化了市场导向,围绕市场需求适时调整产品结构,从而保证了利润的增长。下半年公司将继续加大市场调研力度,成立"市场联络小组",把信息转化为效益。

2.进一步加大技改力度,发挥科技第一生产力的作用,进一步降低消耗、降低成本、提高产量、确保质量。把严格管理当作永恒的主题来抓,企业管理以财务管理为中心,财务管理以成本管理为核心,强成本否决机制。

3.开好开满季戊四醇生产线,使之成为下半年的一个新的利润增长点;加紧13万吨尿素改扩建工程的完工与达产,形成较有竞争力的经济规模。

4.合成氨联产乙醇、乙醛、乙酸工程开工,该工程系中科院"八五"重大科技攻关项目。"三乙"项目的实施,将使宜化迎接二十一世纪的到来,立足于代表世界最新水平的高科技制高点,为公司长期可持续性的高速发展奠定坚实的基础。

5.抓住下半年化工市场稳中有升的机遇,圆满完成全年生产经营计划;抓好购并公司的管理和收益,确保利润增长幅度足以支撑公司股本扩张速度;保持高成长性优势。

三、重大事件

1.根据公司1996年12月28日股东会决议,经湖北证券管理委员会批准,公司资本公积金转增股本工作已于1997年2月28日结束,股本由96年末的6538.54万股增至9807.81万股。

2.经湖北省人民政府鄂政函[1996]124号文批准,授权湖北宜化集团有限责任公司为国有资产投资主体,本公司国家股持股单位已由宜昌市国资局变更为湖北宜化集团有限责任公司,该等变更已在1997年3月26日《中国证券报》及《证券时报》上予以公告。

3.根据国务院证券委、中国人民银行、国家经贸委5月21日联合发布的《严禁国有企业和上市公司炒作股票的规定》,公司对有关情况作了认真检查,迄今为止,公司尚未在任何证券经营机构开设买卖已上市流通股票的帐户,公司今后如果从事股票投资,将严格遵守国家政策法规和本公司章程的规定。本公司坚持认为:抓住主营业务不动摇,抓住科技进步不动摇才是扬长避短,保证公司稳健发展,效益稳步提高,对投资人真正负责的正确选择。

4.本报告期内公司无重大诉讼、仲裁事项。

5.公司本年度中期不分红。

四、发行在外股票的变动和股权结构变化

1.公司1996年12月28日临时股东大会通过了《关于用资本公积转增股本的议案》,形成了用资本公积金按每10股转增5股的决议,该方案已于1997年2月28日正式实施,至此,公司的股本总额由6438.54万股增至9807.81万股。

2.股权结构情况

股份单位:万股 每股面值:人民币1元

(1)尚未流通股份	1997年6月30日	比例%	1996年12月31日	比例%

发起人股(国家股)	3132.195	31.94	2088.13	31.94
募集法人股	2381.715	24.28	1587.81	24.28
内部职工股	1841.400	18.77	1227.60	18.77
尚未流通股合计	7355.310	74.99	4903.54	74.99
(2)已流通股份				
境内上市人民币普通股	2452.500	25.01	1635.00	25.01
已流通股份合计	2452.500	25.01	1635.00	25.01
(3)股份总数	9807.810	100.00	6538.54	100.00

3. 主要股东持股情况

股东名称	持股数量(股)	比例%
湖北宜化集团有限责任公司(国家股)	31321950	31.94
中国建行宜昌市信托投资公司	7320000	7.46
宜昌市供电局	4005000	4.08
宜昌三峡银豪实业总公司	3000000	3.06
农行宜昌市信托投资公司	3000000	3.06
工行宜昌市信托投资公司	3000000	3.06
宜昌市财务开发公司	1200000	1.22
宜昌市长裕工贸公司	1005000	1.02
宜昌市永耀电力公司	1005000	1.02
宜昌市天舟化工实业公司	495000	0.50

五、股东大会简介

湖北宜化化工股份有限公司一九九六年股东年会于1997年5月10日在公司总部一楼会议室如期召开，到会股东及股东代表共计14人，共计代表股份6491万股，占总股份的66.18%，会议全票通过如下决议：

1. 审议通过公司九六年董事会工作报告。

2. 审议通过公司九六年监事会工作报告。

3. 审议通过公司九六年财务决算、九七年财务预算报告。

4. 审议通过公司九六年利润分配方案：按九六年末总股本每10股送4.5股红股；按当前总股本计算则为每10股送3股红股。

5. 审议通过公司董事会换届选举方案：由张永政、蒋远华、余晨扬、冯发云、卢进福、强炜、卞于桂、肖德生、冯德礼、张斌、何行成等11人组成公司第二届董事会。

6. 审议通过公司九七年配股方案：

(1)配股对象：本次配股股权登记日收市时在深交所登记在册的本公司全体普通股股东；

(2)配股基数及比例：以九六年末总股本6538.54万股为基数，每10股配3股，共计1961.562万股，根据自愿原则，投资者可全部或部分放弃此次配股；

(3)配股价格：7～12元人民币/股，股东大会授权董事会根据市场情况决定此次配股的具体配股价格：

(4)配股募集资金用途：

a)用于购买湖北宜化有机化工公司资产

b)购买宜昌宜化太平洋热电有限公司25%股权

c)合成氨联产乙醇、乙醛和乙酸等化合物工程

d)补充流动资金

(5)配股有效期限：本次配股有效期至1997年股东年会：

(6)其他事项：此次配股有关事项须报湖北省证监会出具意见并报中国证监会审批。股东大会授权董事会办理与配股有关的其他事宜。

7. 审议通过《关于湖北宜化化工股份有限公司购买湖北宜化有机化工公司资产的报告》，授权董事会办理与此相关的事宜。

8. 审议通过《湖北宜化化工股份有限公司关于购买宜昌宜化太平洋热电有限公司25%股权的报告》，授权董事会办理与此相关的事宜。

9. 审议通过公司修改公司章程的报告：在实施送股后，章程第十六条修改为：公司现有注册资本为人民币12750.153万元，计12750.153万股每股面值人民币一元之普通股，其中：国家股4071,8535万股，占总股本的31.94%；法人持股3096.2295万股，占总股本的24.28%；内部职工持股2393.82万股，占总股本的18.77%；社会公众股3188.25万股，占总股本的25.01%。在配股完成后，根据实际认购情况，责成董事会对公司章程第十六条有关数据作进一步修改。

六、备查文件

(一)载有公司董事长、总经理亲笔签名的中期报告原本；

(二)载有会计师事务所盖章、注册会计师亲笔签字的审计报告正文及财务报表；

(三)公司各类统计报表。

湖北宜化化工股份有限公司

一九九七年八月五日

附表一：

资产负债表

编制单位：湖北宜化化工股份公司

日期：1997年7月7日　单位：人民币元

项　目	注释号	1997年6月30日	1996年6月30日
流动资产：			
货币资金	1	2,754,819.20	2,575,514.21
短期投资			
应收票据			
应收帐款	2	38,787,346.26	16,562,494.17
减：坏帐准备			
应收帐款净额		38,787,346.26	16,562,494.17
预付货款	3	15,963,317.53	17,273,873.46
其他应收款	4	660,135.27	9,976,391.21
待摊费用	5	1,320,217.53	6,342,339.31
存　货	6	13,300,466.88	12,205,592.17
待处理流动资产净损失			
一年内到期的长期债券投资	7	206,368.06	
其他流动资产			
流动资产合计		72,992,670.73	64,936,204.53
长期投资：			
长期投资			213,660.00
其中：合并价差(贷差以“-”号表示)			
固定资产：			
固定资产原价	8	170,539,579.79	158,976,019.13
减：累计折旧		67,991,388.58	59,687,431.06
固定资产净值		102,548,191.21	99,288,588.07
在建工程	9	119,727,791.52	2,455,537.06
固定资产清理			
待处理固定资产净损失			
固定资产合计		222,275,982.73	101,744,125.13
无形资产及递延资产：			
无形资产	10	14,133,710.87	13,857,350.85
递延资产	11	697,708.01	
无形资产及递延资产合计		14,831,418.88	13,857,350.85
其他长期资产：			
其他长期资产			
递延税项：			
递延税款借项			
资产总计		310,100,072.34	180,751,340.51

资产负债表(续)

编制单位：湖北宜化化工股份公司

日期:1997年7月7日　　单位:人民币元

项　目	注释号	1997年6月30日	1996年6月30日
流动负债:			
短期借款			8,000,000.00
应付票据			
应付帐款	12	10,898,552.40	5,358,375.13
预收贷款	13	4,287,996.71	
应付福利费	14	509,999.51	209,337.71
未付股利	15	1,824,688.93	5,554,803.93
未交税金	16	3,320,753.74	-356,550.26
其他未交款	17	12,103.48	158,713.30
其他应付款	18	8,737,360.50	11,695,787.38
预提费用	19	3,639,242.53	5,992,792.52
一年内到期的长期负债	20	3,791,081.78	
其他流动负债			
流动负债合计		37,021,779.58	36,613,259.80
长期负债:			
长期借款			21,785,075.43
应付债券			
长期应付款	21	6,334,336.75	
其他长期负债	22	567,627.41	
长期负债合计		6,901,964.16	21,785,075.43
递延税项:			
递延税款贷款			
负债合计		43,923,743.74	58,398,335.23
少数股东权益:			
股　本	23	98,078,100.00	49,035,400.00
资本公积	24	87,064,888.29	45,481,945.95
盈余公积	25	13,185,486.32	7,634,744.82
其中:公益金		4,395,162.01	2,544,914.94
未分配利润	26	67,847,853.99	20,200,914.51
外币报表折算差额			
股东权益合计		266,176,328.60	122,353,005.28
负债与股东权益合计		310,100,072.34	180,751,340.51

附表二

利润及利润分配表

编制单位:湖北宜化化工股份公司

日期:1997年7月7日　　单位:人民币元

项　目	注释号	1997年6月30日	1996年6月30日
一、主营业务收入	27	131,706,025.99	95,970,229.40
减:销售退回折扣折让			
主营业务收入净额			
减:营业成本	28	83,067,736.72	69,129,580.03
销售费用	29	209,233.00	507,583.46
管理费用	30	4,899,380.26	2,847,756.44
财务费用	31	231,946.14	4,375,598.53
进货费用			
营业税金及附加	32	32,275.94	78,695.59
二、主营业务利润		43,265,453.93	19,031,015.35
加:其他业务利润	33	197,136.15	742,646.75
三、营业利润		43,462,590.08	19,773,662.10
加:投资收益			
营业外收入	34	681,706.21	201,768.61
减:营业外支出	35	5,200.00	4,599.56
加:以前年度损益调整			
四、利润总额		44,139,096.29	19,970,831.15
减:所得税		14,565,901.78	6,590,374.28
少数股东权益			
五、净利润		29,573,194.51	13,380,456.87
加:年初未分配利润		38,274,659.48	6,820,467.64
盈余公积转入数			
六、可分配的利润		67,847,853.99	20,200,914.51
减:提取法定公积金			
提取法定公益金			
七、可供股东分配的利润			
减:已分配优先股股利			
提取任意公积金			
已分配普通股股利			
八、未分配利润		67,847,853.99	20,200,914.51

大冶特殊钢股份有限公司

大冶特殊钢股份有限公司股票上市公告书

一、释义

在本公告书中除非另有说明，下列简称具有如下意义：

公司(本公司或发行人)：指大冶特殊钢股份有限公司

集团公司：	指冶钢集团有限公司
A股：	指每股面值为1.00元的记名式人民币普通股
元：	指人民币元
深交所：	指深圳证券交易所
证监会：	指中国证券监督管理委员会

二、绪言

经中国证券监督管理委员会证监发字〔1997〕46号文和47号文批准，本公司已成功地向社会公众公开发行每股面值为1.00元的人民币普通股股票7000万股。根据本公司1996年12月28日临时股东大会决议，按深圳证券交易所深证发〔1997〕98号《上市通知书》，本公司股票将于1997年3月26日(星期三)在深圳证券交易所挂牌交易。本公司总股份为27922.8万股，本次上市可流通股份为7000万股，股票简称"大冶特钢"，证券代码"0708"，交易单位"股"。

本公司董事会及各位董事确信本公告书未遗漏任何重大事项，亦不存在任何误导和虚假成份，并愿就本公告书及相关资料的准确性、完整性、真实性负共同及个别责任。

本公告书依据《中华人民共和国公司法》、《股票发行与交易管理暂行条例》、《公开发行股票公司信息披露实施细则》、《深圳证券交易所业务规则》以及国家其它有关证券管理的规定，为本公司股票公开上市之目的而向社会公众提供各种资料。

本公司招股说明书概要刊登于1997年3月10日的《中国证券报》和《证券时报》上，距本公告书公布的时间不足六个月，依规定对在招股说明书中已公布的内容在此不再赘述。本公司董事会提醒广大投资者注意，凡本公告书未涉及的有关内容，敬请投资者查阅招股说明书概要。

三、公司概况

1、公司法定名称：大冶特殊钢股份有限公司

英文名称：DAYE SPECIAL STEEL CO.，LTD

2、公司法定代表人：袁大焕

3、公司法定地址：湖北省黄石市黄石大道(石灰窑地区内)

邮政编码：435001

联 系 人：肖亚华 许雷华

联系电话：(0714)6294678

4、公司成立日期：1993年5月18日

5、公司经营范围：钢铁冶炼、钢材轧制、金属改制、压延加工、钢铁材料检测

6、公司主要业务：公司是国内最大的、品种最多的纯特钢企业，是中国现代钢铁工业的摇篮。公司的主要业务是生产经营钢材及其延伸制品；是为汽车，铁道车辆、农机、煤炭、电力、石油、化工、机械制造、航天航空、航海等行业提供齿轮钢、轴承钢、弹簧钢、工模具钢、高温合金钢等特殊用途的钢材。现有生产能力为年产钢70万吨，钢材55万吨、有800多个品种，1800多种规格。公司产品双标率达93.08%，其中达国际一般标准的占全部产量的76.93%，达到国际先进标准的占16.15%，多项产品获国家金牌奖、银牌奖及省优部优称号。1994年公司被国家认定为全国一百家企业技术中心之一，质量体系(ISO9002)已通过国家认证。公司在国内拥有比较稳定的用户1800多家。公司主要产品(如弹簧钢、合金结构钢、轴承钢等)在国内市场的占有率名列前茅，产品不仅畅销全国各个省、市、自治区，而且还外销美国、德国、韩国，东南亚等27个国家和地区，年创汇1500万美元左右。

7、公司注册资本：27922.8万元

工商登记号：57175201－X

税务登记号：130203104759628

8、公司人员结构：

公司现有员工13012人，其中管理人员1018人，占7.82%，生产人员10948人，占84.14%，工程技术人员743人，占5.71%，服务及其他人员303人，占2.33%。公司现有离退休人员1554人。本公司职工中，现有各类专业技术人员1481人，占员工总数的11.38%；具有高级职称人员234人，占员工总数的1.8%；具有中级职称人员555人，占员工总数的4.3%。

四、股票发行及股权结构

1、股本形成过程：

1993年4月经湖北省经济体制改革委员会鄂改〔1997〕178号文批准，由大冶钢厂(现冶钢集团有限公司)作为主要发起人、联合东风汽车公司、襄阳轴承厂(现襄阳汽车轴承股份有限公司)以定向募集方式设立了大冶特殊钢股份有限公司。经湖北省国有资产评估事务所鄂评字〔1993〕12号文核批，湖北省国资局鄂国资办评发〔1993〕102号确认，大冶钢厂以评估后的净资产40554万元认购22530万股，其他2家发起人以现金1800万元认购1000万股，发起人股共计23530万股。社会法人以现金1800万元认购1000万股，公司职工以现金5400万元认购3000万股，以上超过面值部分22024万元，进人公公司资本公积金，公司总股本为27530万股。

公司经1996年12月28日临时股东大会通过，并由湖北省证券委员会办公室鄂证办〔1996〕48号文批准，决定对全体股东所持有的股份按1:0.76同比例缩股。缩股后，公司总股本为20922.8万股，发起人股17882.8万股，其中集团公司持有国家股17122.8万股、东风汽车公司持有532万股、襄阳汽车轴承股份有限公司持有228万股；其他社会法人持有760万股；内部职工股2280万股。

2、股票发行情况

根据中国证券监督管理委员会证监发字〔1997〕46号和47号文批准，本公司于1997年3月14日在深圳证券交易所上网定价的发行方式，向社会公众公开发行A股7000万股，发行价格8.70元，冻结资金为726.3524亿元，超额认购119.2697倍，中签比例为0.838436%。本次发行的7000万股社会公众股股款，在扣除发行费用后，已进人本公司银行帐户，并经湖北大信会计师事务所鄂信业字(1997)第229号验资报告验证确认。

3、股本结构

本次发行前公司股份的结构

股权种类	股数(万股)	占总股数(%)
国家股	17122.80	81.84

法人股	1520.00	7.26
内部职工股	2280.00	10.90
总股本	20922.80	100.00

本次发行后公司股份的结构

股权种类	股数(万股)	占总股数(%)
国家股	17122.80	61.32
法人股	1520.00	5.44
内部职工股	2280.00	8.17
社会公众股	7000.00	25.07
总股本	27922.80	100.00

五、股东持股情况

1、前十名股东所持股数及比例

名 称	持股数(万股)	持股比例(%)
冶钢集团有限公司(国家股)	17122.8	61.32
东风汽车公司	532	1.91
襄阳汽车轴承股份有限公司	228	0.82
冶钢集团实业总公司	190	0.68
中国第一拖拉机工程机械公司	152	0.54
龙腾实业总公司	152	0.54
武汉石化石油液化气公司	76	0.27
北京南口机车车辆机械厂	76	0.27
黄石市物资集团总公司	76	0.27
北京内燃机集团总公司	38	0.14

2、董事、监事、高级管理人员简历及持股情况

1)董事会成员

袁大焕先生,1934年11月出生,大学文化,高级工程师,享受国务院政府特殊津贴的专家。现任本公司董事长兼党委书记。历任大冶钢厂修理车间副主任、大冶钢厂副厂长、厂长、厂长兼党委书记、冶钢集团有限公司董事长、党委书记、总经理、大冶特殊钢股份有限公司董事长、党委书记、总经理。曾荣获全国劳动模范、全国冶金系统优秀企业家等称号;曾受国务院引智办委派赴德国考察企业管理并培训,现兼职北京科技大学和武汉科技大学教授。持有本公司股票4560股。

刘建新先生,1951年9月出生,高级工程师,曾留学德国两年,专修企业管理,现任本公司总经理。历任大冶钢厂二炼钢厂值班主任、四炼钢厂副厂长、厂长、大冶钢厂副厂长、冶钢集团有限公司副总经理、大冶特殊钢股份有限公司副总经理、冶钢集团有限公司总经理。持有本公司股票3040股。

汪鉴文先生,1943年8月出生,高级政工师,现任本公司党委副书记、工会主席。历任大冶钢厂热处理厂车间主任、副厂长、党委书记、一炼钢厂党委书记、大冶钢厂党委副书记、党委副书记兼工会主席、冶钢集团有限公司党委副书记兼工会主席。持有本公司股票3800股。

顾友良先生,1938年11月出生,大学文化,高级工程师,现任本公司副总经理,历任大冶钢厂一炼钢厂工程师、副厂长、大冶钢厂副厂长、冶钢集团有限公司副总经理。持有本公司股票1520股。

徐君浩先生,1937年9月出生,大学文化,曾留学日本,教授级高级工程师,享受国务院政府特殊津贴的专家。现任本公司总工程师。历任大冶钢厂钢铁研究所副所长、大冶钢厂副总工程师兼企业管理处处长、大冶钢厂总工程师、冶钢集团有限公司总工程师。持有本公司股票2280股。

陈远亨先生,1941年6月出生,大学文化,高级工程师,现任本公司副总经理。历任大冶钢厂钢铁研究所工程师、技术监督处副处长、处长、大冶钢厂副厂长、冶钢集团有限公司副总经理。持有本公司股票1520股。

陈忠英先生,1935年2月出生,高级工程师,现任冶钢集团有限公司重点工程建设指挥部指挥长。历任大冶钢厂工程公司副队长、副经理、基建处副处长、大冶钢厂副总工程师、副厂长、冶钢集团有限公司副总经理、大冶特殊钢股份有限公司副总经理。持有本公司股票1520股。

张煜先生,1939年11出生,大学文化,高级工程师,现任东风汽车公司副总经理。历任第二汽车制造厂科长、分厂副厂长、第二汽车制造厂副厂长。持有本公司股票零股。

张德炳先生,1944年2月出生,大学文化,高级工程师,现任襄阳汽车轴承集团公司总经理兼襄阳汽车轴承股份有限公司董事长。历任襄阳轴承厂副科长、副厂长、总经济师、厂长。持有本公司股票零股。

何盛明先生,非执行董事,1941年2月出生,大学文化,教授,现任财政部财政科学研究所所长。历任中央财经学院助教、年级主任、天水一机部士生导师。持有本公司股票零股。

马俊驹先生,非执行董事,1941年3月出生,研究生文化,教授,现任武汉大学法学院院长。历任武汉大学讲师、副教授、教授、博士生导师法律系主任。持有本公司股票零股。

2)监事会成员

李光中先生,1944年9月出生,高级政工师,现任本公司监事会主席、纪委书记。历任大冶钢厂二轧钢厂车间党支部副书记、工会副主席、大冶钢厂工会副主席、纪委书记、冶钢集团有限公司纪委书记。持有本公司股票826股。

渠小年先生,1949年2月出生,高级经济师,现任本公司党委组织部部长兼劳动人事部部长。历任大冶钢厂计控分厂党总支书记、四炼钢厂党委书记、大冶钢厂劳动人事处处长、冶钢集团有限公司党委组织部部长兼劳动人事部部长。持有本公司股票1520股。

周苏先生,1953年11月出生,政工师,现任公司工会副主席。历任大冶钢厂团委副书记、书记、房地产管理处党委书记、冶钢集团有限公司工会副主席。持有本公司股票2280股。

叶荫霖先生,1940年元月出生,高级会计师,现任公司审计处处长。历任大冶钢厂一轧钢分厂财务科科长,大冶钢厂财务处科长、副处长。经1994年职工代表大会推选,作为监事会成员中职工的代表。持有本公司股票1520股。

秦志文先生,1949年7月出生,助理经济师,现任公司二炼钢分厂铸锭车间主任。历任二炼钢分厂行政科科长,二炼钢分厂铸锭车间党支部书记。经1993年职工代表大会推选,作为监事会成员中职工的代表。持有本公司股票1520股。

3)高级管理人员

傅柏树先生,1953年8月出生,经济师,现任本公司副总经理。历任大冶钢厂一轧钢厂科长、副厂长、厂长、厂长兼党委书记、冶钢集团有限公司副总经理。持有本公司股票1520股。

吴松先生,1963年5月出生,研究生文化,高级经济师,现任本公司副总经理。历任大冶钢厂计划处副科长、副处长、公司总经理助理、冶钢集团有限公司副总经理兼财务部部长。持有本公司股票2280股。

曾重清先生,1949年10月出生,大专文化,工程师,现任本公司副总经理。历任大冶钢厂工程公司副队长、副经理、基建处副处长、处长、公司总经理助理兼工程部部长、冶钢集团有限公司副总经理。持有本公司股票2280股。

田明广先生,1939年9月出生,高级工程师,现任本公司副总经理。历任大冶钢厂二轧钢厂副厂长、厂长、大冶钢厂副总工程师、副厂长、冶钢集团有限公司副总经理。持有本公司股票2280股。

王长振先生,1947年12月出生,高级经济师,现任本公司副总经理。历任大冶钢厂机修公司党委副书记、书记、生活服务公司经理、厂长助理兼实业总公司总经理、大冶钢厂副厂长、冶钢集团有限公司副总经理。持有本公司股票3040股。

魏继荣先生,1931年7月出生,高级会计师,现任本公司副总会计师。历任大冶钢厂无缝钢管分厂财务科科长、大冶钢厂财务处副处长,冶钢集团有限公司副总会计师。持有本公司股票3040股。

谢东友先生，1952年12月出生，高级经济师，现任公司董事会秘书，办公室主任。历任冶钢党委宣传部理论科科长、党办理论科科长、厂长办公室秘书科科长、公司办公室副主任、公司办公室主任。持有本公司股票3040股。

肖亚华先生，1966年4月出生，大学文化，经济师，现任公司董事会秘书、公司证券部副部长。曾在大冶钢厂机修公司、大冶钢厂财务处工作。持有本公司股票1140股。

以上董事、监事及高级管理人员共持有本公司股份44536股，占总股本0.0159%。

3、股东户数

社会公众股发行后，本公司股东户数为92310，其中个人股东为92300户。

六、公司财务状况

1.根据湖北大信会计师事务所鄂信业字(1996)第535号和〔1997〕第178号审计报告，截止1996年12月底，本公司的主要财务会计资料见附表1、附表2、附表3。

2.三年财务指标

指标名称	计算公式	1996年	1995年	1994年	1993年
(1)流动比率	流动资产/流动负债	1.03	1.14	1.01	0.88
(2)速动比率	速动资产/流动负债	0.57	0.70	0.60	0.49
(3)应收帐款周转率	主营业务收入/应收帐款平均余额	3.82	4.41	5.73	6.15
(4)净资产比率	净资产总额/资产总数×100%	32.37%	30.18%	30.88%	31.63%
(5)存货周转率	主营业务成本/存货平均余额×100%	233%	345%	459%	444%
(6)每股税后利润	税后利润总额/股本总数	0.53元	0.51元	0.70元	0.64元
(7)净资产收益率	税后利润总额/净资产平均余额	15.96	18.05	27.59	26.34

七、董事会承诺

根据《股票发行与交易管理暂行条例》、《公开发行股票公司信息披露实施细则》、《深圳证券交易所业务规则》和国家有关法规的要求，本公司董事会特向证券主管机关、深圳证券交易所、广大投资者做出如下承诺：

1.准确和及时公告本公司中期、年度财务及经营业绩报告资料。

2.董事会成员、监事会成员及高层管理人员如发生人事变动，或前述人员.持有本公司股份数量发生变化时，及时通报证券管理机关，并适时通过传播媒介通知社会公众。

3.及时、真实地披露本公司重大经营活动信息。

4.自觉接受证券管理部门的监督和管理，认真听取政府、股东、证券管理及经营部门和社会公众的意见、建议和批评。

5.不利用内幕消息和不正当手段从事股票投机交易。

6.本公司没有无记录负债。

7.董事会及各位董事保证不就任何未经交易所审阅的可能影响股价变动之重大信息私自公告和发表意见。

八、重要事项揭示

1.本公司定向募集成立时，发行了3000万股内部职工股。经湖北省证券管理委员会办公室鄂证办〔1996〕48号文批准，，决定对全体股东所持有股份按1:0.76同比例缩股，缩股后内部职工股为2280万股，按国家目前有关规定，上述内部职工将在本次新股发行期满三年后上市流通。

2.根据湖北省人民政府鄂政函〔1997〕1号文批准公司股票上市后，所得税按33%征收，由市财政返还18%，用于扶持该公司发展。

3.公司于1996年12月28日召开一九九六年临时股东大会，审议并通过了大冶特殊钢股份有限公司由定向募集转为社会筹集公司，申请向社会公开发行7000万股(A股)股票的决议。

4.经湖北大信会计师事务所出具的鄂信业字〔1997〕229号验资报告确认，1997年3月21日本公司注册资本变更为27922.8万元，并已办理注册登记。

5.截止本公告书刊登之日，本公司及本公司董事、监事及高级管理人员并无涉及任何重大诉讼及仲裁，亦无任何尚未了解或面临重大威胁之诉讼。

九、咨询机构

1.公司咨询机构：大冶特殊钢股份有限公司证券部

咨询电话：(0714)6294678 6292558

传真号码：(0714)6222610

股东接待日：每周五下午(法定假日除外)

公司文件资料索阅地址：湖北省黄石市黄石大道(石灰窑地区内)

2.上市推荐人：湖北证券公司

法定代表人：陈浩武

地　　址：武汉武昌彭刘杨路232号

电　　话：(027)8311774

传　　真：(027)8040071

经 办 人：李云 邹国胜

上市推荐人：申银万国证券股份有限公司

法定代表人：阚治东

地　　址：上海市南京东路99号

电　　话：(021)64312800，(010)67736270

传　　真：(021)64310778

经 办 人：丁忠明 胡 军 郑小华

3.会计审计机构：

名　　称：湖北大信会计师事务所

法定代表人：吴益格

地　　址：湖北省武汉市汉口黄石路1号汉港大厦7楼

电　　话：(027)2814094

经办注册会计师：密承旭 邵九林 张丹凤

4.发行人律师

名　　称：众鑫律师事务所

法定代表人：宋扬之

地　　址：北京东直外小街甲27号

电　　话：(010)64609052

经办律师：王云杰、蒋兆康

5.股票登记机构

名　　称：深圳证券登记有限公司

法定代表人：黄铁军

地　　址：深圳市红岭中路25号

电　　话：(0755)5585543

十、备查文件

1.本公司的注册登记文件

2.政府主管部门批准股票发行、上市文件

3.招股说明书

4.深圳证券交易所上市通知书

5.验资报告

6.《上市协议》

大冶特殊钢股份有限公司

1997年3月24日

附表一:资产负债表主要数据

单位:万元

项目	1996 年 12 月 31 日	1995 年 12 月 31 日	1994 年 12 月 31 日	1993 年 12 月 31 日
1.流动资产	143,490.56	133,135.03	100,175.41	82,278.32
2.长期投资	7,580.45	12,360.77	10,101.35	10,108.10
3.固定资产	77,557.08	63,058.97	61,816.79	65,655.67
其中:在建工程	21,905.57	6,404.25	3,000.00	2,909.64
4.无形资产及递延资产合计	3,635.18	3,713.64	3,792.09	3,870.55
其中:无形资产	3,635.18	3,713.64	3,792.09	3,870.55
递延资产				
5.资产总计	232,263.27	212,268.41	175,885.65	161,912.64
6.流动负债	139,776.28	116,296.80	99,002.74	93,907.68
7.长期负债	17,313.26	31,911.58	22,566.65	16,792.17
8.负债合计	157,089.54	148,208.39	121,569.39	110,699.85
9.少数股东权益				
10.股东权益合计	75,173.73	64,060.02	54,316.25	51,212.79

附表二:利润及利润分配表主要数据:

单位:万元

项目	1996 年	1995 年	1994 年	1993 年
一.主营业务收入	172,108	193,639.01	224,222.70	229,914.43
减:营业成本	134,432	158,443.47	175,929.14	186,557.73
销售费用	2,803	2,178.44	1,425.54	1,262.75
管理费用	9,151	8,344.25	15,352.10	17,214.64
财务费用	14,085	12,475.41	9,521.94	6,649.05
营业税金及附加	409	834.32	1,676.27	2,837.14
二.主营业务利润	11,228	11,363.11	20,317.71	15,393.12
加:其它业务利润	−350	−80.01	−377.26	739.77
三.营业利润	10,878	11,283.10	19,940.45	16,132.88
加:投资收益	1,621	400.00	1,012.20	
营业外收入	618	1,279.81	1,670.91	4,759.33
减:营业外支出	42	395.20	898.27	758.27
加:以前年度损益调				
四.利润总额	13,075	12,567.71	21,725.29	20,133.95
减:所得税		1,885.16	7,169.34	6,644.20
五.净利润	11,114	10,682.55	14,555.94	13,489.74

附表三:1996 年、1997 年盈利预测表

单位:万元

项目	1996 年 1-11 月 实现数	1996 年 实现数	1997 年 预测数	97 年比 96 年 增减%
一、主营业务收入	156337	172108	210384	+22.24
减:营业成本	121844	134432	168634	+25.44
销售费用	2532	2803	2412	−13.95
管理费用	8232	9151	9555	+4.41
财务费用	13098	14085	13195	−6.32
营业税金及附加	357	409	960	+134.72
二、主营业务利润	10274	11228	15628	+39.19
加:其他业务利润	−272	−350		
三、营业利润	10002	10878	15278	+40.45
加:投资收益	1621	1621	1200	−25.97
营业外收入	593	618	400	−35.27
减:营业外支出	31	42	48	+14.28
四、利润总额	12185	13075	16830	+28.72
减:所得税				
按所得税 15%计算		1961	2525	
按所得税 33%计算		4315	5554	
五、净利润				
按所得税 15%计算		11114	14305	
按所得税 33%计算		8760	11276	
每股净收益(元)				
按所得税 15%计算		0.53	0.51	
按所得税 33%计算		0.42	0.40	

广东金泰发展股份有限公司

广东金泰发展股份有限公司股票上市公告书

一、要览

总股本:6680.33 万股

可流通股本:1670.7 万股

本次上市流通股本:1503.63 万股

股票简称:金泰发展

股票代码:0712

上市地点:深圳证券交易所

上市时间:1997 年 4 月 15 日

登记机构:深圳证券登记公司

上市推荐人:广东证券公司　广发证券有限责任公司

二、绪言

本上市公告书依据《公司法》、《股票发行与管理交易暂行条例》、《公开发行股票公司信息披露实施细则(试行)》和《深圳证券交易所业务规则》及国家与深圳有关法律法规来编制。

本公司本次新股经中国证券监督管理委员会证监发字[1997]第 87 号文、第 88 号文批准,股票上市申请经深圳证券交易所深证发[1997]130 号同意,于 1997 年 4 月 15 日(星期二)在深圳证券交易所挂牌交易。本公司总股本 6680.33 万股,本次上市流通的股票 1503.63 万股均为 1997 年 3 月 25、26 日向社会公开发行的新股,公司本次向职工配售的公司职工股 167.07 万股将于本次新股上市半年后上市。

本公司于 1997 年 3 月 22 日在《中国证券报》、《证券时报》上刊登了《招股说明书概要》,至今不足六个月,故与其重复的内容在此不再重述,敬请投资者查阅本公司的《招股说明书概要》。

本公司董事会成员已批准本上市公告书,确信其中不存在任何遗漏或者误导,并对其真实性、准确性、完整性负个别的和连带责任。

三、公司概况

(一)概况

1. 公司法定名称:广东金泰发展股份有限公司

英文名称:GUANGDONG JINTAI DEVELOPING CO.,LTD.

2. 公司注册资金:6680.33 万元

3. 法定代表人:苏铭

4. 经营范围:主营:织布、漂染、织袜、化纤长丝及织造、建筑陶瓷、高压电瓷、日用陶瓷等;兼营:各类纺织品、纺织机械。

5. 成立日期:1997 年 4 月 9 日

6. 注册地址:广东清远经济开发试验区

7. 联系电话:(0763)3364394、3362311

联系人:徐之栋、程皖渝

(二)公司历史沿革

本公司经广东省人民政府"粤办函[1997]第 11 号"文批准,由清远市纺织工业总公司作为主要发起人进行全资改组,联合清远金泰化纤股份有限公司、清远市奥美制衣厂、清远市远德针织制衣厂、深圳市清泰威贸易有限公司等共同发起,采用募集方式设立的股份有限公司,总股本为 6680.33 万股,其中:向社会公开发行 1670.7 万股(含公司职工股 167.07 万股)。

本公司前身清远市纺织工业总公司成立于 1988 年,注册资金 1 亿元。现有净资产 5.3 亿元,该公司隶属于广东金泰企业集团公司,拥有以下三个全资、合资企业:清远市染织厂、清远市金益袜厂和清远市福远漂染厂等。

四、股票发行及承销

(一)本次公开发行

发行数量:社会公众股 1670.7 万股(含公司职工股 167.07 万股)

发行价格:7.28 元/股

发行市盈率:14.5 倍

股票面值:每股 1 元

发行日期:1997 年 3 月 25 日、26 日

发行方式:全额预缴、比例配售、余款即退

配售比例:2.674%

配售户数:8985 户

持 1000 股以上的户数:2526 户

发行费用总额:5,012,100 元

每股发行费用:0.30 元

实募资金总额:116,614,860 元

(二)股票承销

本次向社会公众公开发行 1670.7 万股,全部被符合法律、法规规定的投资者所认购。

(三)验资报告

粤会所验字(97)第 025 号

广东金泰发展股份有限公司筹备委员会:

我所接受委托,对贵公司截至 1997 年 4 月 1 日止的实收股本真实性和合法性进行了审验。贵公司的责任是提供真实、合法、完整的验资资料,保护资产的安全、完整,我们的责任是按照《独立审计实务公告第 1 号——验资》的要求,出具真实、合法的验资报告。

我所的验证,是按照《独立审计实务公告第 1 号——验资》及有关法律、法规的规定进行的,并根据中国证券监督管理委员会、广东省证券委员会的有关批文及贵公司提供的股票发行承销协议、托管机构的托管证明等有效文件,实施了必要的审验程序。现将验证结果报告如下:

一、截止 1997 年 4 月 1 日广东金泰发展股份有限公司总股本为人民币陆仟陆佰捌拾万零叁仟叁佰元(¥66,803,300),总股份为陆仟陆佰捌拾万零叁仟叁佰股(¥66,803,300 股)已按有关规定募足股本金,其中发起人股份(包括国有法人股和其他法人股)之股本金募集已由广州会计师事务所"粤会所验字[96]第 097 号"验资报告予以验证。本次发行的社会公众股及内部职工股业已募集资金人民币壹亿贰仟壹佰陆拾贰万陆仟玖佰陆拾元(¥121,629,960,未扣除发行费用),并于 1997 年 4 月 1 日缴存入贵公司于中国人民银行广东省分行开设的股本金专用帐户(帐号 121-0337-120),其中股本面值人民币壹仟陆佰柒拾万柒仟元(¥16,707,000),溢价人民币壹亿零肆佰玖拾壹万玖仟玖佰陆拾元(¥104,919,960)列入资本公积。

二、经过本次募集社会公众股及内部职工股后,贵公司现时之股本结构如下:

1. 发起人股份,发起人股份合计 50,096,300 股,占股份总数的 75%,其中:

(1)国有法人股,以清远市纺织工业总公司截止于 1996 年 9 月 30 日之净资产 117,760,699.32 元折价入股 39,253,600 股,占总股份的

58.76%;

(2)其他法人股,法人股东分别以实物资产31,628,146元折价入股10,542,700股,以货币资金900,000元按1:3溢价认购300,000股。其他法人股合计10,842,700股,占总股份的16.24%。

2.社会公众股,由社会公众股东以货币资金109,464,264元,按1:7.28溢价认购15,036,300股,占总股份的22.5%。

3.公司职工股,由公司职工以货币资金12,162,696元,按1:7.28溢价认购1,670,700股,占总股分的2.5%。

广州会计师事务所　中国注册会计师:李柏生　廖朝理

1997年4月1日

五、董事、监事及高级管理人员持股情况

姓　名	职务	持股数(股)	比例(%)
苏　铭	董事长	3000	0.0045
王喜民	副董事长、总经理	3000	0.0045
马炳焰	董事	1000	0.0015
刘定雄	董事	1000	0.0015
戚　桓	董事	1000	0.0015
潘远文	董事	1000	0.0015
邓志强	董事	1000	0.0015
徐之栋	董事兼董事会秘书	1000	0.0015
黄大智	董事	1000	0.0015
彭楚幼	董事	1000	0.0015
吴　杰	董事	1000	0.0015
杨土安	监事会主席	1000	0.0015
邓汝平	监事	1000	0.0015
汪晓卫	监事	800	0.0012
杨小菊	总工程师	1000	0.0015
姚宇忠	财务总监	1000	0.0015

公司董事、监事和高级管理人员共持有本公司股票19,800股,占公司股本总额的0.03%,按照《中华人民共和国公司法》规定,其持有股份在任职期间不得转让。

六、公司设立

1.本公司1997年4月6日召开的创立大会通过了公司社会公众股票在深交所上市的决议。

2.公司注册资金:6680.33万元

3.公司注册时间:1997年4月9日

4.公司注册地点:广东省清远市经济开发试验区

5.营业执照注册号码:23112910-0

七、关联企业及关联交易

(一)本公司的大股东情况:

股东名称	持有本公司股份(万股)	持股比例	主要业务
广东金泰企业集团公司	3925.36	58.76%	染色、织布、织袜、漂染
清远金泰化纤股份有限公司	1054.27	15.79%	生产涤纶长丝

(二)本公司全资附属和投资企业情况

名称	性质	投资比例(%)	主要业务
清远市染织厂	全资附属	100	染织
清远市福远漂染厂	参股	50	漂染
清远市金益袜厂有限公司	控股	60	产袜

八、股本结构及大股东持股情况

1.上市前的股本结构

本次上市前本公司总股本为6680.33万元包括:

①尚未流通股份

名称	股份(万股)	比例(%)
发起人股份		
其中:国有法人股	3925.36	58.76
其他法人股	1084.27	16.24

②可流通股份

名称	股份(万股)	比例(%)
社会公众股	1670.7	25
其中:公司职工股	167.07	2.5
合计	6680.33	100

2.前十名股东所持股数及比例

股东名称	股份(万股)	占总股本比例(%)
广东金泰企业集团公司	3925.36	58.76
清远市金泰化纤股份有限公司	1054.27	15.79
清远市奥美制衣厂	10.00	0.15
清远市远德针织制衣厂	10.00	0.15
深圳市清泰威贸易有限公司	10.00	0.15
郑州巨龙投资咨询有限责任公司	8.93	0.13
中国人保信托投资公司	8.93	0.13
深圳市国有免税商品(集团)有限公司	8.93	0.13
广东省南海市食用油脂油料公司	8.93	0.13
山西省信托投资公司	8.93	0.13

九、公司财务会计资料

(一)审计报告

粤会所查字[96]第303号

广东金泰发展股份有限公司筹备委员会:

我们接受委托,审计了贵公司1994年12月31日、1995年12月31日(公司及合并)资产负债表,1993年度、1994年度、1995年度及1996年1至9月份的(公司及合并)利润及利润分配表,以及1995年度的(公司及合并)财务状况变动表,这些会计报表由公司负责,我们的责任是对这些会计报表发表审计意见。我们的审计是依据中国注册会计师独立审计准则进行的。在审计过程中,我们结合贵公司实际情况,实施了包括抽查会计记录等我们认为必要的审计程序。

我们认为,上述会计报表符合《企业会计准则》及《股份制试点企业会计制度》的有关规定,在所有重大方面公允地反映了贵公司上述会计期间截止日的财务状况和相应会计期间的经营成果及1995年度的资金变动情况,会计处理方法的选用遵循了一贯性原则。

广州会计师事务所　中国注册会计师:李柏生

中国注册会计师:廖朝理

1996年12月9日

注:1996年的会计报表经广州会计师事务所之上述同一执业注册会计师审计,并于1997年3月26日出具"粤会所审字(97)第136号"审计报告。

(二)报表附注

1.执行的会计制度:执行《股份制试点企业会计制度》及其有关补充规定。

2.会计年度:自公历1月1日起至12月31日

3.记帐原则和计价基础:按权责发生制的原则记帐,以历史成本为计价基础。

4.合并会计报表的编制方法

公司按照《合并会计报表暂行规定》的要求编制合并会计报表。公司合并会计报表时,对因公司与子公司、子公司相互间的内部业务交易、内部业务往来而形成的债权债务、内部销售收入、未实现内部销售利润等项目以及公司对子公司权益性资本投资项目的金额与子公司所有者权益中公司所持有的份额相互抵消,少数股东权益予以扣除。

5. 货币换算

公司记帐本位币为人民币。对发生的非本位币经济业务采用经济业务发生当日的国家外汇市场价中间价折合为本位币入帐；月份终了，对非本位币的货币资金、债权债务等货币性项目余额按当日国家外汇市场价的中间价进行调整，其差额作为“财务费用－－汇兑损益”计入当期损益。

6. 坏帐准备

公司按照《股份制试点企业财务管理若干问题的暂行规定》，按照年末应收帐款余额（不含合并会计报表的各企业之间的内部往来款项）的3‰计提坏帐准备。

7. 存货

存货按实际成本计价，领用或发出存货的成本分别按加权平均法，后进先出法计算确定。低值易耗品采用一次摊销方法核算。

8. 长期投资

(1)债券投资：按取得债券的实际成本为入帐价值。

(2)股权及联营投资：拥有被投资企业股权20%以下时，采用成本法核算；拥有被投资企业股权20%至50%且不拥有被投资企业实质控制权时，采用权益法核算；拥有被投资企业股权50%以上或拥有被投资企业实质控制权时，采用权益法以合并会计报表方式核算。

9. 固定资产及其折旧

使用期限超过一年，单位价值在规定标准以上并且在使用过程中保持原有物质形态的资产为固定资产。固定资产按实际成本计价。固定资产折旧采用直线法平均计算，并按固定资产类别的原价，估计使用年限及估计残值（原值的5%）确定其折旧率如下：

类别	使用年限	年折旧率（%）
房屋及建筑物	35－40	2.37－2.71
机器设备	12	7.92
运输设备	8	11.875
其他设备	5	19

10. 无形资产及递延资产

(1)土地使用权按实际成本计价；土地使用权摊销，有规定使用年限的，按规定的使用年限分期摊销，没有规定使用年限的，按预计受益期限摊销。

(2)递延资产按受益期限摊销。

11. 销售收入实现原则

商品、产品已经发出，所有权已转移给购买方，劳务已经提供；并且取得货款或取得索取货款的凭据时，确认销售收入实现。

12. 税项

(1)增值税

公司为增值税一般纳税人，主营产品销售收入应纳增值税（销项税）按不含税销售收入的17%计算，应纳增值税款为当期销项税款扣除当期进项税款后之余额。

(2)所得税

A. 经清远市人民政府“清府函[1993]2号”文批准，清远市纺织工业总公司1993－1996年实行免交所得税优惠政策；

B. 根据广东省人民政府办公厅“粤办函(1997)10号”文的规定，公司从1997年起按实现利润的33%计征企业所得税，超过15%部分由市财政返回。

C. 经清远市国家税务局“清国税发[1996]224号”文批准，清远市金益袜厂有限公司1993－1994年免征企业所得税，1995－1996年减半征收企业所得税，并免征地方所得税。

13. 利润分配

根据公司法及公司章程（草案），公司之税后净利润按以下顺序分配：

弥补亏损

提取法定公积金　　10%

提取法定公益金　　5%－10%

＊提取任意公积金　　－

＊分红基金　　－

＊任意公积金及分红基金之具体比例由公司董事会拟定，并报股东大会审议确定。

14. 主要财务比率及财务数据如下表：

指标	1996年度	1995年度	1994年度
短期流动比率			
1. 流动比率	1.18	1.20	1.79
2. 速动比率	0.97	0.91	1.22
3. 应收帐款周转率(次)	2.82	4.42	7.58
4. 存货周转率(次)	3.95	3.15	3.33
5. 资产负债比率(%)	53.11	50.33	44.36
盈利能力比率			
6. 净资产利润率(%)	15.60	18.63	14.69
7. 每股净资产(元)	2.33	2.63	2.56
8. 每股税后利润(元)	0.364	0.491	0.376

（三）资产负债表、利润及利润分配表、财务状况变动表（见附表1、附表2、附表3）

十、董事会上市承诺

本公司董事会将严格遵守《公司法》、《股票发行与管理交易暂行条例》、《公开发行股票信息披露实施细则（试行）》和《深圳证券交易所业务规则》及国家与深圳有关法律、法规，并向证券主管机关、深圳证券交易所和广大投资者作出如下承诺：

1. 按照法律、法规的规定程序和要求披露重大的信息，并接受证券券主管机关、深圳证券交易所的监督管理；

2. 及时、准确、真实的规定程序和要求披露重大的信息，并接受证券主管机关、深圳证券交易所的监督管理；

3. 本公司董事、监事及高级管理人员，或前述人员持有本公司股票数量发生变化时，及时通报证券管理机关，并及时通过证券主管部门指定的媒体通告社会公众。

4. 在任何公共传播媒介出现的消息可能对本公司股票的市场价格产生误导性影响时，本公司知后将及时对该消息予以公开澄清。

5. 本公司董事、监事及高级管理人员将认真听取社会公众的意见和批评，不利用已获得的内幕消息和其他不正当手段直接或间接从事股票买卖活动。

6. 本公司没有无记录负债。

十一、重要事项揭示

1. 股利分配政策：社会公众股发行后产生的新股东将参加1996年10月1日起利润分配，预计公司首次股利分配时间在1998年第二季度，其他分配政策见招股说明书概要，在此不再重述。

2. 本次募集资金将主要投资于以下几个项目：

(1)投资2980万元建设本公司后纺分厂的经轴丝项目。

(2)投资2956万元建设年产400吨交高压电瓷制品项目。

(3)投资1600万元，用于追加对控股公司（清远市金益袜厂有限公司）的投资。

十二、咨询机构

1. 发行人：广东金泰发展股份有限公司

地址：广东省清远经济开发试验区

法定代表人：苏铭

传真：(0763)3362327

电话：(0763)3364394 3362311

联系人：徐之栋、程皖渝

2. 主承销商：广东证券公司

地址：广东省广州市东风东路703号

法定代表人:钟伟华
传真:(020)87784506
电话:(020)87666000-1210
联系人:黄平、刘小群、石红岚
3. 上市推荐人:广东证券公司
广发证券有限责任公司
地址:广东省广州市农林下路83号
法定代表人:陈云贤
传真:(020)87310255
电话:(020)87310888-2417、2419
联系人:张慧龙

十三、备查文件

1. 深圳证券交易所上市通知书
2. 招股说明书
3. 审计报告
4. 营业执照
5. 公司章程
6. 法律意见书

广东金泰发展股份有限公司
1997年4月11日

附表一

资产负债表

单位:人民币元

项 目	1996.12.31	1995.12.31	1994.12.31	项 目	1996.12.31	1995.12.31	1994.12.31
资产				负债及股东权益			
流动资产				流动负债:			
货币资金	5,445,375.96	2,233,967.41	796,519.29	短期借款	26,210,000.00	26,550,000.00	16,070,000.00
应收帐款净额	42,660,451.22	41,133,014.32	7,241,504.02	应付帐款	43,519,364.79	28,311,746.99	20,202,654.42
其他应收款	39,768,442.39	21,719,591.72	51,273,777.93	其他应付款	2,203,294.04	2,769,467.20	11,821,873.29
存货	23,656,345.89	24,710,792.99	31,587,419.77	流动负债合计	109,921,961.55	84,735,374.98	55,089,937.94
流动资产合计:	130,367,140.66	101,930,609.47	98,615,152.30	长期负债:			
长期投资				长期借款		6,790,000.00	11,493,000.00
长期投资	14,889,781.85	12,363,047.52	12,238,047.52	长期负债合计	69,576,275.42	16,873,774.75	21,880,525.25
固定资产:				负债合计	179,498,236.97	101,609,149.73	76,970,463.19
固定资产原值	162,395,041.04	86,726,657.63	61,131,067.82	股东权益:			
固定资产净值	117,341,023.96	61,077,988.36	41,761,169.03	股本	50,096,300.00	39,253,600.00	39,253,600.00
在建工程	54,976,344.95	8,517,454.86	3,148,668.58	资本公积	105,726,365.88	57,462,826.02	57,462,826.02
固定资产合计	172,290,368.91	69,595,443.22	45,521,597.64	盈余公积	-	6,671,046.58	3,782,467.33
无形资产及递延资产:				其中:公益金	-	2,223,682.19	1,260,822.44
无形资产	19,767,219.00	23,390,300.00	23,390,300.00	未分配利润	-	-	-
递延资产	644,668.15	882,653.04	843,667.71	股东权益合计	155,822,665.88	103,387,472.60	100,498,893.35
无形及递延资产合计	20,411,887.15	24,272,953.04	24,233,967.71				
资产总计	337,959,178.57	208,162,053.25	180,608,765.17	负债及股东权益总计	377,959,178.57	208,162,053.25	180,608,765.17

附表二

利润及利润分配表

单位:人民币元

项 目	1996年度	1995年度	1994年度	项 目	1996年度	1995年度	1994年度
一、主营业务收入	118,381,741.67	107,317,964.01	91,976,488.09	营业外收入	462,260.30	325,421.92	382,584.40
减:营业成本	95,592,849.88	88,719,108.14	77,589,971.98	减:营业外支出	81,108.58	259,362.45	80,420.00
销售费用	543,190.43	567,482.05	444,398.00	四、利润总额	24,540,720.63	19,498,538.96	14,887,976.81
管理费用	1,647,413.96	2,499,301.09	1,724,530.45	五、净利润	24,314,624.29	19,257,194.98	14,764,275.19
财务费用	3,903,194.67	3,464,028.97	2,151,287.44	六、可分配利润	18,780,803.73	19,257,194.98	14,764,275.19
营业税金及附加	-	-	-	减:提取法定公积金	-	1,925,719.50	1,476,427.52
二、主营业务利润	16,695,092.73	12,068,043.76	10,066,300.22	提取法定公益金	-	962,859.75	738,213.76
加:其他业务利润	4,038,019.87	3,937,978.42	1,093,054.88	七、可供股东分配利润	18,780,803.73	16,368,615.73	12,549,633.91
三、营业利润	20,733,112.60	16,006,022.18	11,159,355.10	减:已分配普通股股利	18,780,803.73	16,368,615.73	12,549,633.91
加:投资收益	3,426,457.31	3,426,457.31	3,426,457.31	八、未分配利润	-	-	-

附表三

财务状况变动表

（1996年度）

流动资金来源和运用	单位:人民币元	流动资金各项目的变动	单位:人民币元
一、流动资金来源:		一、流动资产本年增加数:	3,211,408.55
1.本年净利润	24,314,624.29	1.货币资金	1,527,436.90
加:不减少流动资金的费用和损失		2.应收帐款净额	7,413,379.22
(1)少数股东损益	154,395.60	3.预付帐款	18,048,850.67
(2)固定资产折旧	6,345,790.36	4.其他应收款	-710,097.05
(3)无形资产、递延资产及其他资产摊销	199,572.86	5.待摊费用	-1,054,447.10
(4)清理固定资产损失	(14,848.48)	6.存货	28,436,531.19
小计	30,999,534.63	流动资产增加净额	
2.其他来源:		二、流动负债本年增加数	
(1)固定资产清理收入(减清理费用)	12,000.00	1.短期借款	-340,000.00
(2)增加长期负债	54,202,500.67	2.应付帐款	15,207,617.00
(3)资本净增加额	52,435,193.28	3.预收帐款	-5,381,845.05
(4)少数股东资本净增加额	(618,550.80)	4.其他应付款	-566,173.16
小计	105,968,143.15	5.应付福利费	366,610.51
流动资金来源合计	136,967,677.78	6.未交税金	5,402,019.72
二、流动资金运用:		7.预提费用	696,294.40
1.利润分配		8.未付股利	132,062.35
(1)应付利润	18,780,803.73	9.一年内到期的长期负债	9,670,000.00
(2)转入资本公积	5,533,820.56	流动负债增加额	25,186,586.57
小计	24,314,624.29	流动资金增加净额	3,249,944.62
2.其他运用			
(1)固定资产和在建工程净增加额	109,037,867.57		
(2)增加无形资产、递延资产及其他资产	(3,661,493.03)		
(3)偿还长期负债	1,500,000.00		
(4)增加长期投资	2,526,734.33		
小计	109,403,108.87		
流动资金运用合计	133,717,733.16		
流动资金增加净额	3,249,944.62		
流动资金各项目的变动			

吉林纸业股份有限公司

吉林纸业股份有限公司1997年中期报告

一、财务报告

1. 财务报表(未经审计)

(1)简化的资产负债表

1997年6月30日　　单位:元

项目	年初数	期末数
资产:		
流动资产	502585234.88	848621237.56
长期投资	2280800.00	2280800.00
固定资产净值	316474637.12	303788293.63
在建工程	150968226.94	165141447.40
固定资产清理		-357916.00
资产总计	972308898.94	1319473862.59
负债及股东权益:		
流动负债	434312630.58	403709276.73
长期负债	141066037.48	142984586.77
负债合计	575378668.06	546693863.50
股本	166000000.00	226000000.00
资本公积	83000000.00	398085118.84
盈余公积	59134140.06	59134140.06
未分配利润	88796090.82	89560740.09
股东权益合计	396930230.88	772779999.09
负债及股东权益合计	972308898.94	1319473862.59

(2)简化的损益表

单位:元

项目	1997年1—6月	1996年1—6月
主营业务收入	218292643.76	367876434.22
主营业务利润	-3643450.83	45734937.42
其他业务利润	517328.52	553530.04
投资收益	300000.00	
补贴收入		3569691.33
营业外收支净额	3590771.68	-202814.23
利润总额	764649.37	49655344.56
所得税	114697.41	7448301.68
净利润	649951.96	42207042.88

(3)财务指标

项目	1997年1—6月	1996年1—6月
每股收益	0.0029元	0.25元
净资产收益率	0.08%	10.63%
每股净资产	3.42元	2.39元

[注]按7月31日10送2计总股本27120万元摊薄后计算,每股税后利润为0.0024元,净资产收益率为0.08%,每股净资产为2.85元。

2. 财务报表附注

(1)本期财务报告所采用的会计政策和方法与1996年度所采用的会计政策和方法一致。

(2)本报告期财务报告主体未发生合并、分立等变化。

(3)流动资产比年初增加226036002.68元,增长率44.97%,系货币资金、应收帐款、其他应收款增加所致。

(4)在建工程比年初增加14173220.46元,递增9.38%,系10万吨涂布纸配套工程投资增加。

(5)股本比年初增加6000万股,系1997年3月28日向社会公众发行A股股票的股本数。

(6)资本公积金增加315085118.84元,系1997年3月28日向社会公众发行A股股票的溢价收入及手续费扣除上市费用13397881.16元。

(7)未分配利润89560740.19元,系上年结余数和本期利润之和。公司股东大会通过的1996年度利润分配方案为:以现有股本22600万股为基数,向全体股东按每10股送2股分红的方式进行,分红总数为4520万元,本报告期尚未实施。

(8)主营业务利润-3643450.83元,较同期的45734937.42元减少49378388.25元,主要是新闻纸受进口新闻纸的冲击,使得销售量锐减,销售价格下降,经济效益滑坡。

(9)营业外收支净额3590771.68元,主要是股票上网发行锁定的资金利息减去营业外支出1299471.95元。

(10)净资产收益率为0.08%,低于本期银行存款利率,主要是因为本期净资产上升而净利润下降所致 。净资产上升是由于本公司于3月28日发行的6000万A股股票使公司的总股本增加6000万元,且其溢价收入计入资本公积所致。净利润下降是由于两种主导产品的销售不畅所致。

(11)无关联交易。

二、经营情况的回顾与展望

(一)上半年经营情况回顾

1997年上半年我公司遭遇了自建厂以来从未有过的严峻的市场形势,生产经营没有按期完成年初制定的目标,经济效益较以往出现了大幅度的滑坡。

1. 生产经营完成情况

机制纸产量完成情况:

截止1997年6月30日止,我公司机制纸总产量实现51141吨,完成全年计划165000吨的31%,比去年上半年76372吨减产25231吨,降低率33.04%,其中:新闻纸总产量34243吨,完成全年计划118000吨的29.02%,比同期47158吨减产12915吨,降低率27.39%;纸袋纸总产量实现16898吨,完成全年计划47000吨的35.95%,比同期29214吨减产12316吨,降低率42.16%。

产品销售完成情况:

截止6月30日止我公司共销售机制纸及纸板44588吨,比去年上半年70027吨减少销售25439吨,降低率36.33%,产销率为87.19%。其中:新闻纸销售量实现32820吨,比同期47057吨减少销售14237吨,降低率30.25%,产销率为95.84%;纸袋纸销售量实现11768吨,比同期22970吨减少销售11202吨,降低率48.77%,产销率为69.64%。

产品库存情况:

截止6月30日止我公司机制纸库存量为29859吨,比年初23512吨上升6347吨,其中新闻纸库存量为6573吨,比年初5150吨上升1423吨,纸袋纸库存量为23286吨,比年初18362吨上升4924吨。

经济效益完成情况:

今年上半年我公司的主营业务收入实现21829万元,比去年同期36788万元减少14959万元,降低率40.66%。净利润实现65万元,比同期4221万元减少4156万元,降低率98.46%。完成全年盈利预测净利润7007万元的0.93%。

2.盈利预测完成情况

今年上半年我公司的主营业务收入实现21829万元,完成1997年盈利预测75396万元的28.95%,净利润实现65万元,完成全年盈利预测7007万元的0.93%,生产经营没有按盈利预测的进度完成任务。

3.生产经营情况分析与说明

(1)公司上半年经济效益滑坡的外部环境分析:

今年上半年我公司两种主导产品—新闻纸和纸袋纸的外部市场均呈现出严重供过于求的态势,这是公司上半年经济效益出现滑坡的根本原因。

新闻纸市场:上半年进口纸的冲击使我国新闻纸市场由供需基本平衡转为供过于求。近年来,国内新闻纸市场需求和生产能力均为80万吨左右,供需基本平衡。但自1996年二季度起,国际新闻纸市场呈现出供过于求的形势,新闻纸价从每吨950美元大幅回落,到第四季度已跌至450美元的低谷,部分国家如:加拿大、美国、俄罗斯、韩国的新闻纸生产厂家为了寻求新的市场,将目光投向了我国的新闻纸市场,以每吨450美元的价格向我国低价销售。虽然我国已将新闻纸进口关税由去年的7%提高到目前的20%,比法定税率高5个百分点,但国际市场的新闻纸仍以极其迅猛之势进入了我国,据海关数字统计,1996年我国新闻纸进口总量35.6万吨,比上年的4.9万吨增长了6.27倍,占国内年新闻纸需求总量的44.50%,致使当年召开的1997年全国纸张订货会上国产新闻纸有15万吨未订出,其中为保证中央七报一刊用纸的10万吨指令性国家新闻纸生产任务也只订出了4.5万吨,国内新闻纸市场的供需矛盾开始突出,进入1997年供需矛盾则表现得更为突出,1—6月份共进口新闻纸29.4万吨,占我国新闻纸年需求总量的36.7%,难以抵制的新闻纸进口势头必然严重影响国内新闻纸生产厂家的生产经营,上半年我国九大新闻纸厂因市场形势纷纷减产,新闻纸总产量仅实现33.1万吨,比去年同期37.8万吨减少4.7万吨,降低率12.44%;在这一减产幅度下,销售量仍锐减至28.8万吨,比同期37.3万吨减少8.5万吨,降低率22.81%,产销率仅达到87.02%,比同期98.72%降低了12个百分点,库存总量由去年同期的5332吨上升至今年截止6月30日的55677吨,上升了近9倍。

纸袋纸市场:我公司生产的纸袋纸一直是建筑水泥的包装用纸,但近几年塑编袋以其价格的优势愈来愈被广泛应用于水泥包装,严重抑制了水泥生产企业对纸袋纸的需求量,虽然国家建材部已明令禁止使用塑编袋包装水泥,但此规定由于受建筑业降低成本这一现代市场经济法则的限制,至今没有得到落实,加之各纸袋纸生产企业生产规模没有改变,所以纸袋纸市场也呈现出供过于求的局面。

(2)公司上半年经济效益滑坡的内部因素分析

上半年我公司两种主导产品均呈现供过于求的买方市场,使我公司经营工作陷入了历史上从未有过的困境。公司在4月末库存最高峰达到37902吨,比年初库存增长61.20%,其中:新闻纸库存13980吨,比年初5150吨增长171.45%,纸袋纸库存23922吨,比年初18362吨增长30.28%,产品库存的严重积压使产成品资金占用由年初的9333万元上升到15985万元,增长71.27%,公司正常生产所需的流动资金出现严重短缺,面对这一严峻的现实,依据以销定产的经营方针,经公司董事会研究决定,5月份低负荷维持生产,6月份全公司停机检修,以此盘活库存,活化资金,同时对多年来未进行过系统大修的设备进行彻底维修保养,因此上半年机制纸总产量仅实现51141吨,比1996年上半年降低33.04%,尽管如此,机制纸产销率也只达到87.19%,比同期91.69%降低4.5个百分点。销售的困难使公司的生产能力没有得到充分发挥,失去了规模经营的优势,吨纸成本急剧上升,导致了公司经济效益出现急剧滑坡,上半年公司净利润仅实现65万元,比同期4221万元减少4156万元,降低率98.46%,具体影响公司净利润的主要因素如下:

1)销售量减少影响减利润3306万元。由于我公司两种产品的市场均呈现供过于求的态势,造成公司产品销售量锐减。1—6月份公司累计销售量为44588吨,比去年同期70027吨减少25440吨,影响减利润3306万元。

2)销售价格降低影响减利1257万元。根据上半年的市场形势,公司适时调整了市场价格,两种产品的销售价格均比同期有所降低。其中:胶印新闻纸平均售价比同期降低3.53%;纸袋纸平均售价比同期降低7.65%,由于产品销售价格的降低影响减利1257万元。

3)销售成本的上升影响减利2562万元。

今年上半年公司面临的供应市场也十分严峻,各种原辅材料、能源、运输的价格均有不同幅度的上升,导致公司产品成本超支1420万元,其中:由于汽涨价影响成本超支425万元,由于电涨价影响成本超支427万元,外购木材价格提高影响成本超支531万元,其他各种材料上涨影响成本超支37万元。原材料价格的上涨再加之产品产量的减少,致使各主导产品的单位成本均比同期有大幅度上升,其中:卷筒胶印新闻纸单位成本比同期上升26.55%,卷筒纸袋纸比同期上升15.13%。产品成本上升影响公司减利2562万元。

(二)展望下半年生产经营形势

(1)下半年国际国内纸张市场展望

新闻纸市场:国际纸张市场已开始复苏,纸张价格开始回升,这将根本缓解我国新闻纸市场的供需矛盾。

据《日经产业新闻》7月16日报道,生产纸张的原料—纸浆的国际库存已连续4个月减少,纸浆的五个主要生产国(加拿大、美国、芬兰、挪威、瑞典)6月份的总库存为155.5万吨,比5月份减少6万吨,比库存最高峰的2月份减少了55万吨,纸浆库存逐渐减少的主要原因是由于美国纸浆生产厂家今年春季开始减产、巴西纸浆工厂发生火灾、加拿大三家纸浆厂工人于7月14日罢工停产所致,同时由于美国造纸业的复苏,对纸浆需求增加,因此各国纸浆的出口价格也时隔一年开始上扬,7月份N－BKP(针叶树纸浆)的报价已在610－630美元之间,比春季时500美元上涨了至少100美元。纸浆价格的上扬必然拉动纸市场的价格,据悉,目前美国的国内新闻纸销售价格为每吨580美元,随着纸浆价格的不断上涨,世界各纸业生产厂商将被迫抬高售价,同时缩小内、外销差价,调高外销报价,随之我国新闻纸厂也会逐渐增强在价格上与进口纸竞争的能力,国内新闻纸市场供求矛盾也将缓解。

纸袋纸市场:国家建材部为了加强对水泥包装的管理,曾明令禁止使用塑编袋包装水泥,规定必须使用符合国家标准的纸袋纸包装,虽然这一规定至今没有得到彻底实施,但据悉,近期国家在吉林省召开全国大型水泥厂会议,将研究水泥恢复纸袋纸包装的议题,以提高水泥保管质量,减少水泥损失,如果这一议题得到通过并有效落实,纸袋纸市场需求将出现供不应求的局面。

(2)下半年公司的生产经营战略及措施:鉴于上半年公司效益滑坡是由于公司的两种主导产品在质量上、价格上缺少与进口纸、塑编袋的竞争能力而使产销失去平衡,面对以上薄弱环节,公司拟定了下半年的经营战略是:以搞活销售为突破口,以提高产品质量、降低成本为保证,以活化资金为条件,加大产品结构调整的力度,加强企业管理,实现经济效益的根本好转。具体措施如下:

[1]开拓市场,搞活经营,加大促销力度。一是针对目前国际贸易日趋一体化、国际国内竞争日益激烈的客观形势,我公司将严密注意国际国内纸张市场动态,根据市场的变化灵活调整经营策略尤其是价格策略,争取抢占市场的主动权;二是调整销售品种及销售价格,以优质廉价促销。下半年公司新闻纸将以销售特制A级胶印新闻纸为主,而销售价格按普通新闻纸定价,以争取在质量、价格上提高与进口新闻纸的竞争能力;三是巩固老销售渠道的同时,积极开辟新用户,新闻纸方面尤其要加大对县级小报社的市场开发力度,纸袋纸方面要寻找新的应用领域;四是建立健全激励机制,除了要加强销售人员力量、提高销售人员素质之外,还要加大奖惩力度,以政策来调动销售人员的积极性;五是狠抓活化资金,保证

生产正常进行,原则上取消赊销方式,以保证不再增加新的欠款,同时要加大清欠力度,在清欠工作上公司领导将亲自挂帅,包片包点,确定目标,落实责任,争取抓出成效。六是拓宽销售渠道。采取以直销方式为主,代理制为辅,搞好零销等灵活的经销方式。

[2]挖掘公司内部潜力,向管理要效益。一是围绕学邯钢开展目标成本管理,模拟市场核算,将各项目标层层分解落实到班组及个人,达到有效控制成本与费用的目的,为公司在不利的市场环境下,可以凭借成本优势通过让利降价途径来提高市场竞争能力提供先决条件。二是本着"精干高效"的原则,在公司开展减员增效工作,以1995年职工劳动定员为基数裁减10%,同时对在全民岗位作业的混岗劳务人员进行裁减,其岗位由全民职工顶替,从而减少管理费用与劳务费用的支出,提高经济效益。

[3]要加快产品的结构的调整,全力抓好"九五"技改项目。一是新闻纸生产系统下半年全部生产技术含量较高的、产品质量可与进口纸媲美的特制A级胶印新闻纸,使新闻纸质量上档升级,提高新闻纸的国际竞争能力,同时公司还将开发45克低定量新闻纸,此品种可提高出报率8%;二是纸袋纸生产系统下半年将增加生产70克低定量增强纸袋纸,同时将开发精制牛皮纸、伸性纸袋纸,拓宽纸袋纸的使用范围。三是要大力抓好"10万吨低定量涂布纸"技改项目,尽快完成该项目的会签工作,着力做好可研工作,尽早通过可研论证,并抓紧筹集项目缺口资金,争取按进度开工。

[4]争取国家经贸委、轻工总会的支持,改善公司的宏观政策环境。一是建议恢复新闻纸的国家战略储备,以解决公司库存积压、资金沉淀的矛盾;二是争取将新闻纸关税税率改为滑准税,及时根据国际市场价格波动情况用关税来适当调整新闻纸进口的数量;三是恢复新闻纸的出口退税。

三、重大事件的说明

1.本报告期无重大的诉讼、仲裁事项。

2.本公司中期不分红。

3.本公司募集资金的使用情况:本公司1997年3月28日通过上网定价方式发行的6000万A股股票所募集的资金38700万元扣除上市费用1340万元,尚余37360万元,已按招股说明书披露的募集资金的用途投入到10万吨低定量涂布纸项目的配套工程,包括:总电站扩建工程432万元、APMP制浆工程4806万元、二化浆工程3091万元、化浆漂白工程4773万元、水源工程1266万元、综合楼1075万元、设计费用95万元,合计15538万元,除此之外,部分募集的资金还用于以下项目:支付贷款利息593万元、偿还建行贷款1400万元、偿还职工集资款1037万元、补充流动资金10692万元、结余银行存款8100万元。

4.股票经营自查情况:对照国务院证券委、中国人民银行、国家经贸委5月21日联合发布的《严禁国有企业和上市公司炒作股票的规定》,经自查,本公司未有任何违反国家政策法规的行为,今后如果从事股票投资活动,将严格遵循国家政策法规和本公司章程的规定。

5.根据本公司6月30日在吉林纸业股份有限公司文化宫召开的1996年度股东大会所作决议(决议公告见7月3日《证券时报》),公司将以3月28日A股股票发行后总股本22600万元为基数,向全体股东以10送2的比例实施公司1996年度利润分配方案。本次所送红股股权登记日为7月30日,除权日为7月31日,红股上市流通日为8月4日。

6.10万吨低定量涂布纸的项目进度。由于国务院对限额以上项目做出了需重新立项审批的决定,而我公司该项目总投资额为77009万元,超过了此限额,需履行国务院规定的审批程序。目前该项目的国家经贸委立项批文正在国家计委会签,预计8月末可以完成此项目的立项批文工作。

四、发行在外股票的变动和股权结构变动

1.股本变化原因

本公司于1997年3月28日在深交所通过上网定价发行方式发行A股股票6000万,故增加流通股6000万股,总股本由年初的16600万元增至本期的22600万元。

2.股本变动及股权结构变化

	1996年12月31日	本次变动增减	1997年6月30日
(1)尚未流通股份			
发起人股(国家股)	12600	0	12600
境内法人持有股份	700	0	700
内部职工股	3300	0	3300
尚未流通股份合计	16600	0	16600
(2)已流通股份			
境内上市的人民币普通股	0	6000	6000
已流通股份合计	0	6000	6000
(3)股份总额	16600	6000	22600

3.主要股东持股情况(截止1997年6月30日)单位:万股

	持股数	占总股本(%)
(1)吉林纸业股份有限公司	12600	55.75
(2)沈阳化工集团有限公司	200	0.88
(3)中国轻工物资供销总公司	100	0.44
(4)中国轻工物资供销东北公司	100	0.44
(5)大连技术开发区吉兴纸业公司	80	0.35
(6)佳木斯黑龙化学工业有限责任公司	30	0.13
(7)张有强	29.93	0.13
(8)田金玉	29.60	0.13
(9)深圳市博杰投资发展有限公司	29.50	0.13
(10)兰州平安商贸有限责任公司	26.42	0.11

五、股东大会简介

1997年6月30日上午9时在吉林市吉纸文化宫召开了1996年度股东大会,出席会议股东380人,代表股份12745.3万股,占公司总股本的56.39%,经大会审议和表决通过了如下决议:

1.1996年度董事会工作报告;

2.1996年度监事会工作报告;

3.1996年度财务决算报告;

4.1996年度利润分配方案,以发行后总股本22600万股为基数每10股送2股红股,新老股东共同享有。

六、备查文件

在公司总经理办公室备有以下文件,随时供股东查阅:

1.载有董事长兼总经理马增源先生亲笔签名的中期报告原本。

2.报告期内发行新股时的《招股说明书》、《上市公告书》。

3.公司章程。

吉林纸业股份有限公司

1997年8月29日

福州天宇电气股份有限公司

福州天宇电气股份有限公司股票上市公告书

一、要览

股本总额:8290 万元

可流通股:3000 万股

股票简称:天宇电气

股票代码:0723

上市地点:深圳证券交易所

上市时间:1997 年 5 月 15 日

股票登记机构:深圳证券登记有限公司

二、绪言

本公告书依据《中华人民共和国公司法》、《股票发行与交易管理暂行条例》、《公开发行股票公司信息披露实施细则》、《深圳证券交易所业务规则》以及国家其它有关证券管理的规定编写,旨在向投资者提供本公司基本情况及有关资料。

经中国证券监督管理委员会[证监发字(1997)128 号文]和[证监发字(1997)129 号文]批准,本公司已成功地向社会公众公开发行每股面值 1.00 元人民币普通股股票 3000 股。股票上市申请经深圳证券交易所[深证发(1997)168 号《上市通知书》]审核批准,本公司股票将于 1997 年 5 月 15 日在深圳证券交易所挂牌交易,本公司股本总额 8290 万元,可流通股本 3000 万股,公司 871.065 万元内部职工股,将按国家有关规定自公司 3000 万股社会公众发行结束之日起三年后上市。

本公司于 1997 年 4 月 18 日在《证券时报》、《中国证券报》、《福建日报》上刊登了《招股说明书(概要)》,距今不足六个月,故与其相重复的内容在此不再重述,敬请投资者查阅本公司的《招股说明书(概要)》。

三、本公司概况

1. 概况:

公司名称:福州天宇电气股份有限公司

注册资本:8290 万元

法定代表人:陈　鼎

注册地址:福州市华林路 304 号金属大厦 6 层

发行人成立日期:1992 年 10 月 22 日

公司经营范围:电器机械及器材、普通机械,各种电气和成套装置的制造、销售、代购、代销;技术咨询;输变电产品的技术服务。

所属行业:机械行业

联系电话:0591－7577532

联 系 人:金 亮、徐 敏

2. 公司历史情况简介:

本公司原名为福州通用电气股份有限公司,前身为福州第二开关厂,建于 1951 年,1970 年开始转轨生产电器元件与成套开关控制设备,逐步发展为国家机电工业部重点生产高、低压电器成套装置的专业厂,1989 年评为国家二级企业,是福州市机械行业"五朵金花"之一。1992 年 10 月经福建省体改委以闽体改(1992)096 号文批准,由福州第二开关厂独家发起以定向募集方式设立的股份有限公司,成立时公司总股本 4700 万元。

1994 年 4 月为核实国有股本,经公司股东大会决议、并经国有资产管理部门同意、福建省体改委批准,将国家股中非经营性资产剥离,国家股由 2200 万元调整为 1490 万元,总股本变为 3990 万元。

1995 年 11 月,公司股东大会决议,福建省体改委以闽体改(1996)64 号文批准公司进行增资扩股,由福州天宇电气集团有限公司将授权其经营的福州一开关厂、福州变压器厂的经营性净资产折股 6590 万股认购新增股份,注入福州通用电气股份有限公司,国家股增至 8080 万元,公司股本总额增为 10580 万元,同时更名为福州天宇电气股份有限公司。

1997 年 1 月,公司临时股东大会决议,福建省国有资产管理局闽国资(1997)026 号、福建省人民政府闽政体股(1997)02 号文批准,按 1∶0.5 的比例缩股。公司缩股后股本总额变为 5290 万元。

公司做为全国 500 家最大电气机械及器材制造企业之一,经过历次股权变动,产业结构更加合理化,壮大了生产规模,增强了企业竞争力,形成大中型油浸、干式节能变压器全套设计制造能力和生产具有国际先进水平的开关设备以及高参数、大容量、多介质(SF6、真空、油等)断路器和开关元件的能力。

1997 年 4 月 23 日至 25 日,经中国证券监督管理委员会以证监发字(1997)128 号、(1997)129 号文批准,采用"全额预缴、比例配售、余款转存"的发行方式成功地向社会公开发行了 3000 万股人民币普通股 A 股。

四、股票发行及承销

1. 本次股票公开发行情况

发行数量:社会公众股 3000 万股

发行价格:5.80 元/股

发行市盈率:13.30 倍

发行时间:1997 年 4 月 23 日至 4 月 30 日

发行对象:中华人民共和国公民和法人(法律、法规禁止购买者除外)

股票种类:记名式人民币普通股

面值:1.00 元/股

发行方式:全额预缴、比例配售、余款转存

配售比例:3.828%

配售户数:25927 户

持 1000 股以上的户数:4670 户

发行费用总额:750 万元

每股发行费用:0.25 元

2. 股票承销

本次公开发行之 3000 万社会公众股,超额认购 25.1 倍,已全部由社会公众认购,承销团成员无包销比例及数量。

3. 验资报告

福州会计师事务所(97)榕会师股字 020 号

福州天宇电气股份有限公司:

我们接受委托,对福州天宇电气股份有限公司截止 1997 年 4 月 29 日止的注册资本变更情况的真实性和合法性进行了验资。在审验过程中我们根据国家有关法律、法规的规定,并按照《独立审计实务公告第一号－验资》的要求,实施了必要的审验程序。福州天宇电气股份有限公司的责任是提供真实、合法、完整的验资资料,我们的责任是按照《独立审计实务公告第 1 号－验资》的要求,出具真实、合法的验资报告。

贵公司原实收资本为人民币 5290 万元,已由我所验资。经中国证券监督管理委员会证监发字[1997]128 号和证监发字[1997]129 号文批准,福州天宇电气股份有限公司向社会公开发行人民币普通股 3000 万股,每股面值 1 万,发行价格 5.80 元。经我们审研,截止 1997 年 4 月 29 日,本次发行主承销商福建兴业证券公司已将人民币壹亿柒仟肆佰万元(174,000,000)划入贵公司在福建兴业证券公司的1435006帐户。上述款项中30,000,000元人民币为实收资本,136,500,000元人民币为资本公积金,其余7,500,000元人民币为其它应付款(系未付的本次发行费用)。与此相关的资产总额为人民币174,000,000元,均为银行存款。至此,贵公司累计股本总额为人民币8290万元,其中:国家股4040万元,占总股本的48.73%;法人股378.935万元,占总股本的4.57%;内部职工股871.065万元,占总股本的10.51%;社会公众股3000万股,占总股本的36.19%。

福州会计师事务所　　中国注册会计师
黄秀泉　陈炳坚

中国　福州　　1997年5月5日

五、董事、监事及高级管理人员持股情况

姓名	职务	持股数	占总股本比例%
陈鼎	董事长	2300股	0.0028%
刘明金	副董事长	1650股	0.0020%
张玉普	副董事长总经理	1650股	0.0020%
柯子亮	董事	1000股	0.0012%
于长清	董事	1000股	0.0012%
陈小华	董事	1000股	0.0012%
杨永桢	董事	1000股	0.0012%
邓诗泰	董事副总经理	1000股	0.0012%
吴榕青	董事	1000股	0.0012%
李玲	董事	0股	0
陈福民	董事	0股	0
陈长连	监事长	1750股	0.0021%
张显光	监事	1000股	0.0012%
赵立	监事	1700股	0.0021%
林友财	监事	1000股	0.0012%
陈红琼	监事	0股	0
夏澍森	副总经理	1000股	0.0012%
王增梅	总工程师	1000股	0.0012%
叶文	副总会计师	1000股	0.0012%
金亮	董事会秘书	2050股	0.0025%

公司董事、监事和高级管理人员共持有本公司股票22100股,占公司总股本的0.0267%。

六、公司设立

本公司1997年1月27日股东大会作出决议,在本次股票发行后申请在深圳证券交易所挂牌交易。

公司注册资金:8290万元

公司注册时间:1997年5月8日

公司注册地址:福州市华林路304号金属大厦

营业执照注册号:15816436-3

七、关联企业及关联交易

1.关联企业名称及概况

本次3000万元A股发行前,福州天宇电气集团有限公司拥有本公司76.37%的国家股股权,是本公司的绝对控股企业。本次A股发行后,福州天宇电气集团有限公司拥有本公司48.73%的股权。本公司开关一厂、变压器厂的生产用地向其租用,并交纳使用费用。

本公司拥有控股企业1家-福州福荣变压器电气有限公司,本公司在该企业中拥有75%的股权,该公司主要生产变 压器产品及其主件。

2.关联交易

本公司的最大股东福州天宇电气集团有限公司是福州市人民政府授权的国有资产营运公司,持有本公司国家股。本公司目前使用的非经营性资产职工宿舍、托儿所等合计价值1926.57万元,经(94)榕财国资字第286号文及闽国资(96)005号批复已列入代管国有资产,由本公司负责对该资产的使用、维护和保养,向福州天宇电气集团有限公司交纳占用费,本公司生产厂开关一厂、变压器厂的生产用地向其租用,并交纳使用费用,以上两项双方已签定了《土地租赁协议》、《非经营性资产使用协议书》。

八、股本结构及大股东持股情况

1.本次A股上市前公司股本结构如下:

股本类别	股数(万股)	占总股本比例(%)
总股本	8290	100
尚未流通股份		
国家股	4040	48.73
法人股	378.94	4.57
内部职工股	871.065	10.51
可流通股份		
社会公众股	3000	36.19

2.本公司前十名股东名单及其持股比例如下:

股东名称	持股数(万股)	比例
1.福州天宇电气集团有限公司	4040	48.73%
2.中国工商银行福建省分行直属支行	127.41	1.53%
3.福州市信托投资公司	95.55	1.15%
4.福建水泥股份有限公司	81.61	0.98%
5.福州开发区兴业电脑有限公司	20	0.24%
6.山东鲁信	15.87	0.19%
7.常州投资	15.87	0.19%
8.京百大楼	15.87	0.19%
9.兴智灵司	15.87	0.19%
10.德信公司	15.87	0.19%

九、公司财务会计资料

(一)审计报告

(97)榕会师股字第006号

福州天宇电气股份有限公司全体股东:

我们接受委托,审计了贵公司1994年12月31日、1995年12月31日、1996年12月31日的母公司及合并资产负债表,1994年度、1995年度、1996年度的母公司及合并利润及利润分配表,以及1996年度的母公司及合并财务状况变动表。这些会计报表由贵公司负责,我们的责任是对这些会计报表发表审计意见。我们的审计是依据《中国注册会计师独立审计准则》进行的。在审计过程中,我们结合贵公司实际情况,实施了包括抽查会计记录等我们认为必要的审计程序。

我们认为,上述会计报表是符合《企业会计准则》和《股份制试点企业会计制度》的有关规定,在所有重大方面公允地反应了贵公司1994年12月31日、1995年12月31日、1996年12月31日的母公司及合并的财务状况以及1994年度、1995年度和1996年度的经营成果和1996年度的资金变动情况,会计处理方法的选用遵循了一贯性原则。

福州会计师事务所　　中国注册会计师:
黄秀泉　陈炳坚

中国　福州　　1997年2月19日

(二)资产负债表、利润及利润分配表、财务状况变动表主要数据资产负债表(附后)

利润及利润分配表(附后)

财务状况变动表(附后)

(三)主要会计政策

(1)会计制度:公司现执行《企业会计准则》、《股份制试点企业会计制度》,子公司执行行业会计制度。

(2)会计期间:公历一月一日起至十二月三十一日止为一个会计年度。

(3)记帐原则和计价基础:记帐原则按权责发生制,计价基础按实际成本。

(4)外币折算方法:记帐本位币为人民币,对发生外币业务折算,按当月一日国家公布的外汇牌价折合人民币记帐,月末外币余额按国家公布的外汇牌价调整帐面汇率,汇兑损益列入本月损益。

(5)合并报表的编报:依据财政部财会字[1995]11号《合并会计报表暂行规定》对投资比例占被投资单位股本50%以上的采用合并会计报表。1996年纳入合并报表范围:

并表子公司	企业性质	注册资本	持股比例	已出资额
福州福荣变压器电气有限公司	中外合资	港币200万元	75%	港币150万元(折人民币1693190元)

1995年、1994年无投资比例占被投资单位股本50%以上的子公司,故无合并报表。

(6)坏帐准备:母公司按年末应收帐款余额的3‰计提,子公司按实际发生数列支。

(7)存货计价方法:采用永继盘存法,对购进的材料物资按实际成本计价入帐,领用发生材料采用实际成本加权平均法计价。低值易耗品领用按一次摊销法。

(8)长期投资核算方法:债券投资按成本法核算,联营投资和股权投资,凡占被投资单位股权20%以下的按成本法核算;股本占20-50%之间采用权益法核算;股本占50%以上的按权益法核算并进行会计报表合并。

(9)固定资产及折旧:固定资产标准依照《企业会计准则》的规定,按实际成本核算,固定资产折旧按固定资产原值扣减残值3%,采用分类折旧以直线法计提折旧。

类别	年限(年)	折旧率(%)
房屋及建筑物	30-40	3.33-2.5
机器设备	10-15	10.00-6.67
运输设备	6-16	16.67-6.25
其他	5-8	20-12.5

(10)无形资产的摊销:土地使用权按工业用地五十年平均摊销,其他无形资产按受益年限摊销。

(11)递延资产:摊销按项目规定受益年限平均摊销。

(12)税项:

a.增值税　17%

b.营业税　5%

c.城市建设维护税,按规定应纳增值税、营业税额的7%;

d.教育费附加按应纳增值税、营业税额的3%;

e.所得税依照规定税率33%缴库,税后由财政部门返还9%。

(13)利润分配:利润分配依照公司章程规定按税后利润提取法定盈余公积金10%,法定盈余公益金5%,其余每年按股东大会审定的分配方案提取任意盈余公积金并做分红派息。

(四)主要财务指标

	1996年	1995年	1994年
流动比率(%)	1.20	1.24	1.51
速动比率(%)	0.56	0.80	0.99
资产负债率(%)	59.15	65.47	59.47
应收帐款周转率(次)	7.46	4.17	4.31
存货周转率(次)	3.92	3.32	3.47
净资产收益率(%)	17.78	13.32	11.15
每股净利(元/股)	0.63	0.38	0.30

注:1.以上指标均根据福州会计师事务所(97)榕会师股字第006号审计报告的数据计算。

2.按照发行前公司按1:0.5缩股后总股本计算。

十、董事会上市承诺

根据《中华人民共和国公司法》《股票发行与交易管理暂行条例》、《公开发行股票公司信息披露实施细则》和《深圳证券交易所业务规则》及国家有关法律、法规,本公司董事会自股票上市之日起作出如下承诺:

1.按照法律、法规的规定程序和要求披露重大的信息、并接受证券主管机关、深圳证券交易所的监督管理。

2.及时、真实、准确地公布中期报告、和年度报告,并备置于规定场所供投资者查阅。

3.本公司董事、监事及高级管理人员如发生人事变动或持本公司股票发生变动时,在报告证券主管机关、证券交易所的同时向投资者公布。

4.在任何公共传播媒介中出现的消息可能对本公司股票的市场价格产生误导性影响时,本公司知悉后将及时对该消息予以公开澄清。

5.本公司董事、监事及高级管理人员将认真听取社会公众的意见和批评,不利用已获得的内幕消息和其它不正当手段直接或间接从事股票买卖活动。

6.本公司没有无记录负债。

十一、重要事项揭示

1.本公司本次发行3000万社会公众股,公司原有871.065万元内部职工股,将按国家有关规定自公司3000万股社会公众发行结束之日起三年后上市。

2.截止上市公告书刊登之日,本公司未涉及任何重大诉讼事项和仲裁,亦无任何尚未了结或可能面临的重大诉讼或索赔要求。

3.本公司获福建省人民政府以闽政[1997]文80号批复从本次所发行社会公众股上市之日起所得税减按15%的税率征收。

4.经公司董事会决议公司96年度利润暂不分配,滚存至97年,和公司97年实现利润一并分配,由公司股票发行上市后新老股东共享。

十二、咨询机构

1、发行人:福州天宇电气股份有限公司

法定代表人:陈　鼎

地址:福建省福州市华林路304号金属大厦

电话:(0591)7577532、7577507

传真:(0591)7582914

联系人:金　亮、徐　敏

2、主承销商及上市推荐人:福建兴业证券公司

法定代表人:兰　荣

地址:福建省福州市湖东路169号天骛大厦

电话:(0591)7542524

传真:(0591)7542534

联系人:勾春卫　　林　威

十三、备查文件目录

1、中国证监会复审意见书

2、深圳证券交易所上市通知书

3、验资报告

4、本公司招股说明书

5、上市推荐报告

6、其它备查文件

福州天宇电气股份有限公司

1997年5月13日

资产负债表(合并)

编制单位:福州天宇电气股份有限公司　　　　金额单位:元

资产	附注号	1996年12月31日	1995年12月31日	1994年12月31日	负债及股东权益	附注号	1996年12月31日	1995年12月31日	1994年12月31日
流动资产:					负债及股东权益				
货币资金	1	14,865,757.75	6,319,079.05	6,903,278.30	流动负债				
短期投资	2	5,455,482.63	5,003,834.00	7,563,834.00	短期借款	12	92,890,000.00	41,000,000.00	27,003,000.00
应收票据			20,020.00	20,020.00	应付票据			400,000.00	
应收帐款	3	94,757,788.73	35,059,909.33	23,847,525.91	应付帐款	13	68,888,568.79	8,419,070.35	5,126,233.66
减:坏帐准备		235,749.57	105,179.73	68,646.73	预收货款	14	33,219,381.37	15,951,541.95	6,719,476.33
应收帐净额		94,522,039.16	34,954,729.60	23,778,879.18	应付工资	15	1,742,357.45	612,366.35	819,200.00
预付货款	4	11,228,988.18	34,724.88	1,811,338.34	应付福利费	16	412,294.13	77,553.24	160,044.66
其他应收款	5	7,462,377.87	15,272,468.81	9,370,406.48	未付股利	17	2,560,829.22	4,821,170.71	6,390,190.90
待摊费用	6	4,293,585.22	1,784,964.45	1,407,339.29	未交税金	18	6,557,712.55	2,260,601.24	2,277,709.64
存货	7	157,562,174.98	34,951,185.58	26,642,859.14	其他未交款	19	354,449.70	71,559.30	233,971.29
待处理流动资产净损失					其他应付款	20	12,620,091.51	5,266,892.13	2,412,450.27
一年内到期的长期债券投资					预提费用	21	2,376,023.01	220,000.00	35,280.00
其他流动资产					一年内到期的长期负债	22	23,609,791.12		
流动资产合计		295,390,405.79	98,341,006.37	77,497,954.73	其他流动负债				
长期投资:					流动负债合计		245,231,498.85	79,100,755.27	51,177,556.75
长期投资	8	15,092,438.83	14,364,628.05	15,100,141.44	长期负债:				
固定资产:					长期借款	23	25,236,027.75	28,800,000.00	27,200,000.00
固定资产原价	9	163,379,878.09	35,746,975.18	21,105,955.76	应付债券				
减:累计折旧	9	40,742,032.09	3,198,951.15	2,303,006.87	长期应付款				363,000.00
固定资产净值		122,637,846.00	32,548,024.03	18,802,948.89	其他长期负债	24	4,521,034.37		
在建工程	10	22,857,642.52	10,445,605.64	10,577 185.92	长期负债合计		29,757,062.12	28,800,000.00	27,563,000.00
固定资产清理					递延税项:				
待处理固定资产净损失					递延税款贷项				
固定资产合计		145,495,488.52	42,993,629.67	29,380,134.81	负债合计		274,988,560.97	107,900,755.27	78,740,556.75
无形资产及递延资产:					少数股东权益合计	25	2,637,390.46		
无形资产	11	8,927,010.00	9,116,840.00	9,376,670.00	股东权益:				
递延资产				1,051,887.76	股本	26	105,800,000.00	39,900,000.00	39,900,000.00
无形资产及递延资产合计		8,927,010.00	9,116,840.00	10,428,557.76	资本公积	27	40,041,086.81	10,944,990.06	10,967,790.06
其他长期资产:					盈余公积	28	9,938,857.96	2,873,637.42	1,736,469.90
其他长期资产					其中:公益金	28	3,658,065.32	957,888.14	578,823.30
递延税项:					未分配利润	29	31,499,446.94	3,196,721.34	1,061,972.03
递延税款借项					股东权益合计		187,279,391.71	56,915,348.82	53,666,231.99
资产总计		464,905,343.14	164,816,104.09	132,406,788.74	负债及股东权益总计		464,905,343.14	164,816,104.09	132,406,788.74

利润及利润分配表(合并)

编制单位:福州天宇电气股份有限公司　　　　金额单位:元

项目	附注号	1996年度	1995年度	1994年度
一、产品销售收入	30	484,134,859.59	122,948,669.48	101,479,568.84
减:销售成本	31	377,536,957.22	102,288,329.35	84,673,931.99
销售费用	32	6,831,724.87	2,040,155.59	2,433,574.32
销售税金及附加	33	3,918,527.66	560,660.23	439,364.71
管理费用	34	33,710,402.54	8,894,189.14	8,143,748.83
财务费用	35	24,979,807.83	4,671,308.19	4,733,191.62
二、产品销售利润		37,157,439.47	4,494,026.98	1,055,757.37
加:其他业务利润	36	3,940,109.96	30,729.22	
三、营业利润		41,097,549.43	4,524,756.20	1,055,757.37
加:投资收益	37	3,415,745.08	2,017,129.92	4,245,490.51
营业外收入	38	143,469.04	3,470,752.32	2,443,858.40
减:营业外支出	39	633,608.53	144,485.22	139,679.77
加:以前年度损益调整			60,822.40	
四、利润总额		44,023,155.02	9,928,975.62	7,605,426.51
减:所得税		9,194,498.91	2,347,858.79	1,620,824.67

少数股东权益			1,531,331.90		
五、净利润			33,297,324.21	7,581,116.83	5,984,601.84
加:年初未分配利润			3,196,721.34	1,061,972.03	563,564.09
盈余公积转入数					
六、可分配的利润			36,494,045.55	8,643,088.86	6,548,165.93
减:提取的法定公积金			3,329,732.40	758,111.68	598,462.60
提取的法定公益金			1,664,866.21	379,055.84	299,231.30
七、可供股东分配的利润			31,499,446.94	7,505,921.34	5,650,472.03
减:已分配优先股股利					
已分配普通股股利				4,309,200.00	4,588,500.00
八、未分配利润			31,499,446.94	3,196,721.34	1,061,972.03

财务状况变动表(合并)

编制单位:福州天宇电气股份有限公司　　1996 年度　　金额单位:元

流动资金来源和运用	金额	流动资金各项目的变动	金额
一、流动资金来源:		一、流动资产本年增加数	
1. 本年净利润:	33,297,324.21	1. 货币资金	8,546,678.70
加:不减少流动资金的费用和损失		2. 短期投资	451,648.63
(1)固定资产折旧	5,677,764.13	3. 应收票据	-20,020.00
(2)无形资产、递延资产及其他资产推销(减其他负债转销)		4. 应收帐款净额	59,567,309.56
(3)固定资产盘亏(减盘盈)		5. 预付货款	11,194,263,30
(4)清理固定资产损失(减收益)	366,711.20	6. 其他应收款	-7,810,090.94
(5)递延税款		7. 待推费用	2,508,620.77
(6)其他不减少流动资金的费用和损失		8. 存货	122,610,989.40
小计	39,321,799.54	9. 待处理流动净损失(减收益)	
2. 其他来源:		10. 一年内到期的长期债券投资	
(1)固定资产清理收入(减清理费用)	73,471.60	11. 其他流动资产	
(2)增加长期负债	9,483,008.88		
(3)收回长期投资	524,700.00		
(4)对外投资转出固定资产			
(5)对外投资转出无形资产			
(6)资本净增加额	65,900,000.00	流动资产增加净额	197,049,399.42
小计	75,981,180.48	二、流动负债本年增加数	
流动资金来源合计	115,302,980.02	1. 短期借款	51,890,000.00
二、流动资金运用:		2. 应付票据	-400,000.00
1. 利润分配		3. 应付帐款	60,469.498.44
(1)提取法定公积金	3,329,732.40	4. 预收货款	17,267,839.42
(2)提取法定公益金	1,664,866.21	5. 应付工资	1,129,991.10
(3)提取任意公积金		6. 应付福利费	334,740.89
(4)已分配股利		7. 未付股利	-2,260,341.49
小计	4,994,598.61	8. 未交税金	4,297,111.31
2. 其他运用:		9. 其他未交款	282,890.40
(1)固定资产和在建工程净增加额	65,279,645.57	10. 其他应付款	7,353,199.38
(2)增加无形资产、递延资产及其他资产	-189,830.00	11. 预提费用	2,156,023.01
(3)偿还长期负债	13,047,400.00	12. 一年内到期的长期负债	23,609,791.12
(4)增加长期投资	1,252,510.00	13. 其他流动负债	
小计	79,389,725.57	流动负债增加净额	166,130,743.58
流动资金运用合计	84,384,324.18		
流动资金增加净额	30,918,655.84	流动资金增加净额	30,918,655.84

南京华东电子集团股份有限公司

南京华东电子集团股份有限公司招股说明书概要

一、释义

本招股说明书概要中，除非另有说明，下列简称具有以下所规定含义：

本公司(公司)：指南京华东电子集团股份有限公司；
发 行 人：　指南京华东电子集团股份有限公司；
内部职工：　指本公司在册职工及在册管理的离退休职工；
本次发行：　指本次向社会公众新发行4000万股社会公众股；
股　　票：　指每股面值为1.00元的记名式人民币普通股；
元：　　　　指人民币元；
主承销商：　指国泰证券有限公司；
上市推荐人：指国泰证券有限公司、江苏证券股份有限公司；
承销机构：　指以国泰证券有限公司为主承销商，以中国经济开发信托投资公司为副主承销商组成的承销团；
交易所：　　指深圳证券交易所。

二、绪言

本招股说明书概要系根据《中华人民共和国公司法》、国务院《股票发行与交易管理暂行条例》、中国证券监督管理委员会《公开发行股票公司信息披露的内容与格式准则》第一号《招股说明书的内容与格式》及其附件二《招股说明书概要》及国家证券管理机关颁布的有关证券管理的现行法规、规定等而编制。本招股说明书概要已经本公司全体董事审议通过，旨在向投资者提供有关本公司及本次发行的资料。

本公司董事会及董事会各成员确信本招股说明书概要与招股说明书一致，且不存在任何重大遗漏或误导，并对其真实性、准确性、完整性负个别的和连带的责任。

新发行的股票是根据本招股说明书所载明的资料申请发行的。除本发行人和主承销商外，没有委托或授权任何其他人提供未在本招股说明书或概要中列载的信息和对本招股说明书或概要作任何解释或者说明。

投资者须自行负担买卖本公司股票所应支付的税款，本公司、主承销商和上市推荐人对此不承担责任。

本公司此次发行业经中国证监会证监发字[1997]184号、证监发字[1997]185号文批准。

三、发售新股的有关当事人

1、发行人
南京华东电子集团股份有限公司
法定代表人：赵竟成
法定地址：南京市浦口区高新技术产业开发区D03栋
电话：025—5502050　传真：025—5502623
联系人：伍华林、董学山
2、财务顾问
江苏证券股份有限公司
3、股票承销机构
主承销商：国泰证券有限公司
法定代表人：金建栋
法定地址：上海市浦东新区乳山路61号
办公地址：深圳市华强北路3号深纺大厦
电话：0755—3202339—195、196，3217225　传真：0755—3217225
联系人：金春保、李华忠
副主承销商：中国经济开发信托投资公司
法定代表人：韩国春
法定地址：北京市海淀区车公庄21号新大都饭店2号楼
电话：010—68319988—12120　传真：010—68319988—12433
联系人：郭霆
分销商：江苏证券股份有限公司
法定代表人：鲍志强
法定地址：南京市水西门2号
电话：025—4523777—3607　传真：025—4523777
联系人：张涛
分销商：光大证券有限责任公司
法定代表人：刘纪元
法定地址：北京市西城区复兴门外大街6号光大大厦
电话：010—68561122—1871　传真：010—68561008
联系人：杨郁青
分销商：君安证券有限公司
法定代表人：张国庆
法定地址：深圳市罗湖区春风路5号六一八号
电话：025—2266053　传真：025—2266052
联系人：谢建军
分销商：中国科技国际信托投资公司
法定代表人：张钢
法定地址：北京市北辰东路北京国际会议中心四层
电话：010—63178466
联系人：邹国庆
分销商：南京市证券公司
法定代表人：徐福武
法定地址：南京市中山东路200号
电话：025—4528032　传真：025—4528629
联系人：邱楠
4、上市推荐人
国泰证券有限公司
江苏证券股份有限公司
5、发行人法律顾问及经办律师
南京经济律师事务所
法定地址：南京市鸡鸣寺路1号
电话：025—7712401　传真：025—3362507
经办律师：于昕、景忠
6、主承销商法律顾问及经办律师
信达律师事务所
法定地址：深圳市深南东路东风大厦21层
电话：0755—3243139　传真：0755—3243108
经办律师：陈利民
7、审计机构及经办注册会计师
无锡公证会计师事务所
法定地址：无锡市县前街4号
电话：0510—2713977　传真：0510—2704831

经办注册会计师:赵小琪、管燕萍

8、资产评估机构及经办评估师

南京会计师事务所

法定地址:南京市湖南路狮子桥34号

电话:025—3228837　　传真:025—3229819

经办评估师:杜文俊、伍敏

9、资产评估确认机构

南京市国有资产管理局

局长:刘爱莲

法定地址:南京市珠江路342号

电话:025—3600946

10.土地评估机构

南京市地产咨询评估有限责任公司

法定地址:南京市珠江路260号

电话:025—3606625

11、股票登记机构:

南京证券登记公司

法定地址:南京市中央路302号

电话:025—3403394　　传真:025—3427624

12、收款银行

本公司本次发行新股的收款银行为:南京城市合作银行

法定地址:南京市太平南路532号

电话:(025)2257971　2201171

13、辅导机构:

国泰证券有限公司

四、发行情况

1、股票类型:本次发行的4000万股股票全部为人民币普通股

2、发行日期:1997年5月7日

3、发行地区:江苏省南京市

4、发行对象:具有中华人民共和国国籍的自然人、境内注册登记的法人和经批准设立的其他机构,但法律、法规规定不得购买的除外。

5、承销截止日期:1997年4月4日至1997年5月14日

6、上市交易所:深圳证券交易所

7、预计上市日期:1997年5月下旬

8、发行方式:全额预缴款、比例配售、余款转存

9、每股发行价:前三年平均每股税后利润×发行市盈率

$$=0.44元\times14=6.16元$$

10、每股面值:1元

11、发行量:4000万股

12、发行总市值:24640万元

五、风险因素与对策

投资者在评价本发行人此次发售的股票时,应特别认真考虑下述各项风险因素:

1、经营风险

(1)对主要客户的依赖

本公司主要客户相对集中,荧光灯产品客户主要分布在华东、华南地区。本公司对其有一定依赖性;吸气剂产品主要客户为彩虹电子集团公司、宝石电子玻璃股份有限公司、上海永新彩色显像管有限公司、深圳赛格日立彩色显示器件有限公司、大连大显股份有限公司等,由于本公司为唯一国内供应商,对客户依赖性相对较弱。

(2)原材料的供应和价格

本公司荧光灯产品的主要原材料如玻管、荧光粉、高纯汞等大部分由华东电子管厂专业厂提供,供应稳定,但部分原材料需外购,价格随行就市,波动较大;吸气剂主要原材料羟基镍粉、钡铝合金、不锈钢带等主要依靠进口,其它辅助材料国内有正常供货渠道,价格有一定波动性。

(3)能源消耗

本公司所耗用的能源主要是煤和电。煤主要由河南焦作等地供应,电由南京市电力系统供应,供应量和价格的波动受国家和地方政策调控影响很大,有可能增加公司成本,影响经济效益。

(4)产品价格

本公司产品销售价格完全受市场影响,在竞争中面临较大的价格风险。另外,吸气剂产品的价格还受到下游产品如显像管、彩电等价格的制约。

(5)主要生产技术及产品的先进程度

本公司为高新技术企业,各主要产品生产技术目前居国内领先水平,但较之国际先进水平尚有自动化程度低的弱点,有待今后进一步提高。本公司主要产品"电工"牌荧光灯质量较高,但需进一步降低成本,以适应竞争需要。

(6)融资能力的限制

本公司现有主要融资渠道是银行贷款和利用商业信用,今后增资配股将成为本公司重要资金来源,但上述各渠道均受国家政策和宏观调控的影响和制约。

2、行业风险

本公司所属电子行业为国家大力扶持的支柱产业,符合国家产业政策。经过多年的发展,本公司已具备较强的竞争能力。但由于电子行业较易进入,附加值高,全国各地均将其列为重点发展产业,加之国外企业和产品的进入,使得该行业竞争有不断加剧的趋向。

3、市场风险

公司主要产品不受季节、气候等因素的影响,不存在明显的商业周期。但由于目前电子产品的市场机制已发育成熟,本公司面临的市场风险较大:

(1)市场分布比较集中

公司主要产品市场分布在华东、华南等经济发达地区,销售较为稳定,但市场分布比较集中,需进一步拓展市场。

(2)市场竞争日趋加剧

目前国内各类荧光灯年需求量为4.5亿只左右,而生产能力只有2.5亿只左右,市场容量并没有饱和,其中节能灯的供需矛盾更为突出。本公司荧光灯生产能力为5500万只,目前市场占有率为25%。但灯具市场竞争激烈,除荧光灯外,其他照明灯具的发展也将对本公司的销售构成威胁。

本公司目前为吸气剂产品唯一国内供应商,年生产能力为2800万只,产品供不应求。吸气剂产品主要面临国外产品竞争,但不排除国内其它厂家生产该产品的可能性,届时吸气剂的供应量将会增加。同时,吸气剂产品的市场容量受下游产业如显像管、彩电等的市场状况的影响较大。

4、政策风险

本公司面临的政策性风险来源于国家对经济实行宏观调控政策,比如经济紧缩、税率变化等,这些变化将对公司产量、成本、销售、利润等造成负面影响。另外,加入世界贸易组织、降低关税和出口退税率也将会影响公司将来的经济效益。

5、项目风险

本公司本次募集资金将全部用于高效节能电光源系列技术改造项目、参股华飞彩色显示系统有限公司(占其8.55%的股权)和华赛吸气剂有限公司(占其35%的股权)。高效节能电光源系列技改项目是国家"双加"工程项目,生产技术和工艺水平要求较高。本公司已对该系列项目进行充分论证,但工程实施及最终利润的实现仍然存在着工程延误、预算超支及达产时间推迟的风险。参股项目将通过受让华东电子管厂在华飞公司的部分投资权(占华飞公司8.55%股份)和在华赛公司的全部股权(占华赛公司35%股份)而进行。尽管本公司就参股事宜与华东电子管厂签订了较为完善的股权转让协议,并得到了华飞公司和华赛公司各方股东

的支持,也多次征询过有关主管部门的意见,在参股过程中,仍然存在着由于华东电子管厂、华飞公司和华赛公司其他股东、政府主管部门态度变化或其他原因而导致的参股不成功或参股进程延误的风险。另外,由于参股完成后,本公司在两家企业中均只持有较小股份,故影响力可能会较弱,在经营管理和利润分配方面面临一定的风险。

6、股市风险

股票市场瞬息万变,经济、政治、政策的变动和股市中的投机行为等都会使股票价格产生波动。同时,市场需求、原材料供应、外部经营环境等的变化都可能对企业经营造成不良影响,从而导致股价下跌。因此,对于股票价格的涨落,投资者应有一定的承受能力;在作出投资决策之前,对此应有充分的心理准备。

针对上述多项风险因素,本公司将采取以下对策:

1、针对主要客户依赖的风险,本公司将采取主动出击、开拓市场的策略,在巩固老客户的基础上,加强宣传,大力拓展销售区域,培植新客户。

2、针对原材料供应及价格方面的风险,本公司除与现有供应商巩固业务联系,保持长期固定的供货关系外,还将努力把握市场信息,开辟新的更加便捷的供应渠道,做到有备无患。

3、针对能源消耗方面的风险,本公司将持续开展节能降耗工作。本公司现为"八五"全国节能先进企业,今后将进一步努力。

4、在产品价格方面,本公司将不断提高生产技术,降低生产成本,以更低的成本迎接激烈的竞争。

5、在生产技术方面,本公司将积极开展技术革新,引进国际先进技术,改善生产工艺,开发新产品,同时强化质量管理,明确职责,严格考核,使产品在成本降低的基础上,质量愈加稳定和提高。

6、针对融资方面的限制,本公司将充分利用现有政策,用足用好银行贷款、配股、债券等各种融资渠道,同时积极开辟商业信用、海外融资等新的融资方式。

7、在电子行业内,规模大的企业较规模小的企业具有更大的优势和更强的竞争力。本公司将紧紧抓住本次股票发行和上市的有利契机,在现有基础上不断进行技术改造,扩大生产规模,增强企业内在素质,积极寻求国际合作,以规模经济和先进技术保持和扩大已有的竞争优势。

8、针对市场风险,本公司相信,随着我国经济的进一步发展和人民生活水平的不断提高,市场对荧光灯、吸气剂等产品的需求会进一步扩大。本公司将积极主动开拓市场、重视信息、灵活经营、加强售后服务,以维护和扩大市场。

9、针对政策风险,本公司将通过加强内部管理、改进生产工艺、提高产品质量、降低成本、扩大销售等措施,消化政策变化带来的影响。

10、针对项目投资风险的对策:本公司在节能光源产品的研究、开发方面居国内领先水平,拥有专门的节能光源技术中心,这使高效节能电光源系列技改项目具有了可靠的技术保证。同时,本公司深刻认识到项目投资中存在的风险,已组织专家对工程建设、设备安装、原材料供应、产品销售、资金安排等问题进行了充分论证,并将在项目实施过程中严格管理、灵活调度,以确保万无一失。

在参股华飞公司和华赛公司方面,本公司本着审慎稳妥和对广大股东负责原则,对两公司经营、管理及市场等方面情况进行过深入考察和论证,与华飞公司和华赛公司的外方股东—飞利浦公司和赛斯公司以及准备向本公司转让投资权和股权的华东电子管厂进行过充分协商,并多次征询有关主管部门的意见。本公司已与华东电子管厂签订了较为完善的股权转让协议,该协议已得到华飞公司董事会和华赛公司外方股东—意大利赛斯公司认可。待本次募集资金到位后,正式股权转让事宜将会尽快办理。同时,鉴于华东电子管厂与飞利浦公司和赛斯公司以往愉快的合作经历,本公司相信本公司在华飞公司和华赛公司的利益会得到充分保证。

11、提高上市公司素质是降低股市风险的根本途径。本公司一方面将严格按照《公司法》等法律、法规的要求规范经营,妥善使用募集资金,以良好业绩回报广大股东;另一方面严格按照有关规定及时、充分、准确地披露公司信息,提高透明度,降低投资者发生损失的可能性。在此,本公司提醒投资者对股价的波动及原因应有充分了解,以减少和避免损失。

六、募集资金的运用

本公司本次向社会公开发行4000万股社会公众股,按6.16元/股的价格发行,扣除发行费用后,预计实募资金23840万元,将全部用于高效节能电光源系列技术改造项目包括引进细管径节能型Φ25荧光灯生产线技术改造项目、紧凑型节能荧光灯技术改造项目、节能细管径荧光灯玻管生产线技术改造项目、电子镇流器生产线技术改造项目等四个技改项目以及参股华赛吸气剂有限公司(占其35%股权)和参股华飞彩色显示系统有限公司(占其8.55%的股权)。高效节能电光源系列技改项目已分别获南京市经委宁经改字(1997)095号文、南京市经委宁经改字(1997)094号文、南京市经委宁经改字(1996)529号文、南京市经委宁经改字(1997)093号文批准。关于参股项目,本公司已分别与华东电子管厂签订投资权和股权转让协议,并已得到华飞公司董事会和华赛公司外方股东—意大利赛斯公司的同意。

1、高效节能电光源系列技术改造项目

(1)项目背景

目前,世界各国都在积极推广"绿色照明"工程,即采用高效节能电光源产品,以提高照明质量、节约能源、减少照明费用。高效节能电光源系列产品,包括细管径荧光灯、紧凑型荧光灯和电子镇流器等,是八十年代发展起来的新兴的高效节能照明产品,因其具有高效、节能、长寿、小型化等独特优点而成为取代普通荧光灯、白炽灯和电感镇流器的理想产品,因而受到世界范围的普遍关注。

我国是一个能源短缺国家,节能降耗是实现国民经济增长方式转变的战略性措施,电子工业部已将加速推广应用高效节能电光源产品列为"九五"期间电子工业发展的主要任务之一,因此,据预测,未来几年内我国紧凑型荧光灯、细管径荧光灯和电子镇流器的年需求量分别为2亿只、8000万只和1.2亿只,而现有年生产能力分别仅为1亿只、4000万只和5000万只,产品严重供不应求。相应地,为细管径节能灯配套的细管径玻管的需求量亦会激增。

(2)引进细管径Φ25荧光灯生产线技术改造项目

该项目主要内容为:利用现有特种荧光灯厂房进行内部装修改造,引进自动放管机、干燥机、封口机、填胶泥机、自动穿线机、装帽机等设备159台(套),新建三条细管径荧光灯自动生产线。该项目投资为498万美元,折合人民币4133.4万元(汇率按1:8.3计算)。该项目已于1997年3月开始前期施工和设备引进,预计1997年10月项目达产。达产后,年产细管径Φ25荧光灯1500万只,新增年销售收入10500万元,利润1042.92万元。项目投资回收期3.6年。

(3)紧凑型节能荧光灯技术改造项目

该项目主要内容为:改造生产厂房2400平方米,自台湾引进切割管机、弯管机、烤管机、老炼机、空气压缩机等关键生产设备和仪器64台(套),新建一条年产500万只紧凑型节能灯生产线。该项目固定资产投资2994万元,计划于1997年6月开工,1998年5月竣工验收。项目达产后,年新增销售收入3650万元,新增税后利润860万元。该项目税后静态投资回收期3.8年。

(4)节能细管径荧光灯玻管生产线技术改造项目

该项目内容为采用仿日本NEC技术的国产化设备,改建厂房2400平方米,建设一条双头拉管细管径玻管生产线,总投资2180万元。该项目计划于1997年6月动工,1998年12月组织验收。项目达产后,可年产玻管4500万只,年销售收入为4275万元,税后利润887万元。项目投资回收期2.8年。

(5)电子镇流器生产线技术改造项目

该项目内容为新建厂房6000平方米,对动力设施进行改造;引进关键设备,新建插件线、总装线、老炼线、包装线,形成年产500万只电子镇流器的能力。该项目计划于1997年7月动工,12月组织验收。该项目总投资2990万元(含外汇200万美元)。项目建成达产后,预计年新增产值12000万元,税后利润1163.56万元。项目投资回收期3.1年。

2、参股华赛吸气剂有限公司

吸气剂是彩色显像(示)管的重要原材料,目前国内生产吸气剂的厂家只有本公司,彩色显像(示)管用吸气剂年生产能力为1500万只,而据预测,到2000年,国内市场对彩色吸气剂的需求将增加到4000万只左右,产量远远不能满足市场的需要,而国际市场的需求量将会更大。

华赛吸气剂有限公司于1996年3月经南京市人民政府宁府合资字(1996)2893号文批准,注册资本1357万美元,其现有股东为意大利赛斯公司和华东电子管厂,各占65%和35%的股份,其中意大利赛斯公司是目前国际上生产吸气剂产品的权威公司,吸气剂产品占国际市场80%以上。根据本公司与华东电子管厂、赛斯公司于1997年3月10日所签协议,华东电子管厂将其在华赛公司全部股份按其实际投资额即475万美元(折合人民币3942.5万元,汇率按1:8.3计算,下同)转让予本公司,一俟本公司股票发行结束,便会尽快执行该协议,并向主管部门办理股权转让事宜。

华赛公司建在南京经济技术开发区,吸气剂产品设计年生产能力为5800万只。该项目已于1996年11月动工。预计1997年9月开始试生产,当年形成1200万只吸气剂的生产能力,2000年后完全达产(其中2300万只出口)。

该项目完全达产后年销售收入将达1371.48万美元(合人民币11383.28万元),实现税后利润396.42万美元(人民币3290.29万元),投资回收期6.06年,自2000年起可实现外汇收支平衡并结余。本公司将自股权转让完成当年起按股权比例获得投资收益。

3、参股华飞彩色显示系统有限公司

华飞彩色显示系统有限公司(以下简称华飞公司)是我国"七五"期间定点建设的四家彩管生产厂家之一,为荷兰飞利浦公司在亚太地区唯一彩管生产工厂和主要彩色显示管生产基地,其现有股东为华东电子管厂(占27%股份)、江苏省投资公司(占18%股份)和荷兰飞利浦公司(占55%股份)。华飞公司1992年投产验收,现年产彩管160万只(其中出口30万只)。投产三年来,华飞公司在生产管理、经济效益等方面取得了较好的成绩。截至1995年底(1996年利润需到1997年4月份分配),华东电子管厂已累积分得14400万元的红利,平均每年分回3600万元。但随着企业出口量的增加,原有生产能力已无法满足市场的需求。

九十年代以来,国际上对彩色显像管和显示管的需求量不断增长。为适应市场需求,形成合理经济规模,华飞公司决定增资扩建二期工程(以下称"二期工程"),新建两条彩管和两条彩色显示管生产线,新增彩管生产能力95万只,彩色显示管120万只,新增产品95%出口。

根据本公司与华东电子管厂于1997年3月22日所签协议,华东电子管厂放弃其对二期工程的追加投资,本公司获得其相应投资权,其金额为1332.72万美元,折合人民币约11061.6万元,占华飞公司总股本的8.55%。该协议已经华飞公司董事会同意。本公司股票发行结束后,将会尽快办理股权转让事宜。待股权转让完成后,华飞公司的股东为荷兰飞利浦公司(55%)、华东电子管厂(18.45%)、江苏省投资公司(18%)和本公司(8.55%)。

二期工程已于1995年12月经国家计委[1995]2182号文批准,总投资237081万元,注册资本75804万元1997年4月土建施工将全部完成,1997年5月开始设备安装、调试,1998年第一季度工程竣工验收。经评估测算,二期工程年平均销售收入为24.8亿元,年平均净利润为2.6亿元,静态投资回收期(投产后)为4.7年。本公司如在1997年8月1日前将资金注入华飞公司,则本公司可自投资之日起按8.55%的比例分享华飞公司利润,而并不仅仅依靠于二期工程的投产。据预测,华飞公司1997年税后利润将达14760万元,本公司当年即可获得309.96万元的收益(假定华飞公司按净利的70%向各股东分配利润,本公司按股权比例以1997年8月1日完成参股计算)。鉴于二期工程的可行性以及华东电子管厂与飞利浦公司过往四年愉快的合作经历,本公司相信,参股华飞公司是可行的。

上述六项目共需资金27301.5万元,募集资金不足部分拟由银行贷款解决。六项目投资顺序依次是细管径荧光灯项目、细管径荧光灯玻管项目、紧凑型荧光灯项目、电子镇流器项目、华飞公司和华赛公司。本次募集资金投资计划与预期效益表如下:

单位:万元

项目名称	建设周期	投资总额	资金使用计划		税后利润			
			1997	1998	1997	1998	1999	2000
细管径节能Φ25荧光灯生产线项目	1年	4133.40	4133.40		131.00	1042.92	1042.92	1042.92
紧凑型节能荧光灯技术改造项目	1年	2994	2800	194		248.20	860	860
细管径荧光灯玻管生产线技改项目	1.5年	2180	2180			239	887	887
电子镇流器技术改造项目	1.5年	2990	1700	1290		270	1163.56	1163.56
参股华赛吸气剂有限公司		3942.50	3942.50		−164.7	315.3	808.3	1151.6
参股华飞彩色显示系统有限公司		11061.6	11061.6		309.96	2956.59	4764.06	5542.11

注:两个参股项目均为一次性投资,华赛公司按权益法计算全年投资收益,华飞公司按净利的70%分利,本公司1997年收益自8月1日起计算。

七、股利分配政策

本公司股利分配将遵循"同股同利"的原则。在本次发行股票后的第一个盈利年度准备向全体股东派发股利,预计首次派发时间为1998年5月。

本公司历年分红派息情况为:

年份 项目	1996年	1995年	1994年
可供股东分配利润(万元)	4105.80	4306.33	4294.49
提取任意公积金(万元)	446.10	464.85	411.87
已分配普通股股利(万元)	2015.72	3527.52	3527.52
年末未分配利润(万元)	1643.98	313.96	355.11

1994年和1995年按每股0.35元分配股利,1996年按每股0.20元分配。截至1997年3月20日,本公司本次发行完成前的未分配利润为1643.98万元,将由新老股东共同享有。

本公司在发行股票后的每个盈利年度,均将由董事会根据公司的经济效益和发展需要拟定利润的分配比例,经股东大会决议后执行。

根据本公司章程,本公司税后利润按下列顺序分配:

1、弥补亏损;

2、提取法定公积金10%(该项公积金达到注册资本50%时可不再提取);

3、提取法定公益金5—10%;

4、提取任意公积金;

5、支付普通股股利。

任意公积金由董事会根据公司实际情况和需要,拟定提取比例,提请股东大会审议批准,并按股东大会的决议使用。公司分配股利采取现金股利和股票股利两种形式。股利分配方案经股东大会审议批准后,由董事会组织实施,并在股东大会决定或证券主管机关规定的时间内发放。

八、发行人情况

1、公司名称:南京华东电子集团股份有限公司

2、成立日期:1993年1月8日

3、法定地址:南京市浦口区高新技术产业开发区D03栋

4、历史沿革:

本公司的独家发起人国营华东电子管厂是中国最早制造电真空器件和电光源产品的国家大型骨干企业,其前身为成立于1937年的国民政府资源委员会中央电工器材厂,1948年改名为南京电照厂。1953年更名为

南京灯泡厂,1959 年定名为国营华东电子管厂,又名国营七四一厂。1949年以后,华东电子管厂规模不断扩大,隶属关系也几经变迁。1949年至 1950 年,隶属解放军南京市军管会,1950 年改隶属华东军政委员会工业部,1952 年收归中央,先后隶属第一机械工业部、第二机械工业部、第四机械工业部、电子工业部,1986 年 5 月下放南京市管辖,1994 年 12 月复隶属电子工业部。

华东电子管厂位于江苏省南京市栖霞区,占地面积 67 万平方米,现有员工 6200 余人,其中,工程技术人员 1600 余人,截至 1996 年底拥有总资产达 6.07 亿元。

华东电子管厂历史悠久,技术力量雄厚,曾生产出我国第一批特制灯泡、第一批荧光灯、第一只示波管、第一只光电管、第一批黑白显像管、彩色显像管、吸气剂、第一只高压汞灯、高压钠灯、隔板式节能荧光灯等产品,现有产品 20 多个门类 300 多个品种,其"电工"牌商标已有 57 年历史,是我国现存的电光源类国产名牌商标。近年来,华东电子管厂屡获国家质量管理奖、全国计量一级单位、全国技术进步全优企业等称号,主要产品获国际金奖 1 枚、国家金质奖 2 枚,银质奖 5 枚。

本公司是经南京市体改委以宁体改字(92)215 号批准,由华东电子管厂独家发起以定向募集方式设立的股份公司,其中,华东电子管厂以经评估确认的部分净资产 8106.41 万元折为国有法人股 8106.40 万股,同时按 1 元面值由内部职工认购 1972.22 万股,合计总股本为 10078.62 万股。

自成立以来,本公司抓住股份制改造的大好时机,深化改革,加强管理,生产经营获得了飞速的发展。1996 年本公司已跃居电子工业百强企业排行榜第二十五名,本公司主导产品已全部通过 ISO9002 质量体系认证,其中,荧光灯产品为全国首家获得 ISO9002 质量体系认证证书的电光源产品。本公司现为国内最大荧光灯生产厂家和国家"绿色照明"工程基地,各类"电工牌"荧光灯市场占有率达 25%;本公司同时为国内唯一吸气剂生产厂家,市场占有率高达 80%。

5、公司组织结构(见附图)

6、关联企业

(1)华东电子管厂

华东电子管厂为本公司最大股东,现持有本公司 80.43%股份,本次发行完毕后持有本公司 57.58%的股份。其厂长赵竟成先生现任本公司董事长兼总经理。在公司与华东电子管厂之间的关联交易主要有物资供应、配套产品、综合服务、土地租赁、动力供应等交易关系。

(2)南京电子网板有限公司

南京电子网板有限公司位于南京市迈皋桥,注册资本 7600 万元人民币,经营范围是生产、销售为各类彩色显像管和其它 CRT 显示器件配套的平板荫罩等,其现有股东为中山集团财务公司(27%)、香港中山有限公司(25%)、南京市投资公司(23%)、本公司(20%)及中山集团(5%)。现任董事长为中山集团总经理张关林先生,本公司董事长赵竟成先生、副董事长徐森先生担任其董事职务。本公司目前与南京电子网板有限公司无关联交易。

(3)飞东照明有限公司

飞东照明有限公司位于南京市迈皋桥,注册资本 4690 万荷兰盾,经营范围是生产经营节能型荧光灯等照明产品及玻管、零部件等,现有股东为荷兰飞利浦电子东南亚控股有限公司(70.1%)和本公司(29.9%)。现任董事长为本公司副董事长徐森先生,本公司董事长赵竟成先生、监事长张银千先生担任其董事职务。本公司于 1993 年 3 月与华东电子管厂签署了《关于动力燃料的协议》,本公司据此协议委托华东电子管厂代向飞东照明有限公司供应动力燃料。

(4)南京新电子网板有限公司

南京新电子网板有限公司位于南京市迈皋桥,注册资本 8000 万元人民币,经营范围是生产、销售为各种彩色显像管和其它 CRT 显示器件配套的平板荫罩等,现有股东为中山集团财务公司(27%)、香港钟山有限公司(25%)、南京市投资公司(23%)、本公司(20%)及中山集团(5%)。现任董事长为中山集团总经理张关林先生,本公司董事长赵竟成先生、副董事长徐森先生现任其董事职务。本公司目前与南京新电子网板有限公司无关联交易。

(5)南京电工荧光灯经销有限责任公司

南京电工荧光灯经销有限责任公司位于南京市迈皋桥,注册资本 100 万元,经营范围是销售电器机械及器材、照明电器等,现有股东为本公司(40%)和南京电工联合总公司(60%)。现任董事长为本公司董事长赵竟成先生,本公司董事房大勇先生担任其董事职务。本公司于 1994 年 9 月与南京电工荧光灯经销有限责任公司签订《经销协议》,南京电工荧光灯经销有限责任公司据此协议经销本公司荧光灯产品。

7、职工情况

本公司现在职职工 2900 人,在职职工构成情况如下:

按专业构成分类	人数	占总员工比例(%)
生产人员	2060	71
销售人员	130	4.5
技术人员	580	20
行政人员	80	2.8
财务人员	50	1.7
按学历构成分类	人数	占总员工比例(%)
本科以上	270	9.3
大专	362	12.5
中专或高中	1340	46.2
高中以下	928	32
按年龄构成分类	人数	占总员工比例(%)
50 岁以上	200	6.9
40—50 岁	500	17.2
40 岁以下	2200	75.9

本公司根据业务发展的需要,常年对员工进行定期或不定期培训;职工工资、福利、劳动保护、社会保险等问题均按国家和地方政府有关规定执行。

8、业务经营范围及经营方式

经营范围:主营真空电子器件、电光源产品、电子计算机及配件、其他电子产品与通信产品等;兼营动力设备、照明设备安装、维修等。

经营方式:生产、加工、销售、技术服务

9、主要产品品种、生产能力、销售情况、及市场前景

本公司主要产品品种有荧光灯、吸气剂等,现有年生产能力为荧光灯 5500 万支,吸气剂 2800 万只。

本公司现为中国最大荧光灯生产基地,截至 1996 年底,所产"电工牌"荧光灯市场占有率达 25%,主要销售地区为华南、华东地区。销售方式主要是定单和批发方式,1996 年销售总额为 25194.33 万元。

本公司现为吸气剂产品唯一国内供应商,产品供不应求,市场占有率达 80%。产品销售采取直销方式,1996 年销售收入为 2298.79 万元。

随着我国经济的进一步发展及人民生活水平的提高,公司荧光灯产品尤其是高效节能荧光灯与吸气剂产品的市场需求将会不断扩大。由于本公司在国内荧光灯(尤其是节能灯)和吸气剂产品的科研、开发、生产、销售等方面具有明显优势,公司发展前景良好。

10、原材料与能源

(1)原材料

本公司荧光灯产品的内配套能力很强,为全国第一,荧光灯产品的关键零部件,如玻管、荧光粉、高纯汞、电子粉、灯用吸气剂等大部分可由华东电子管厂各专业厂提供,部分需对外采购。

吸气剂产品所用主要原材料羟基镍粉、钡铝合金、氮化四铁粉、不锈钢带等主要依靠进口,其它辅助材料由上海核工业第八研究所、上海试剂二厂、邢台化学试剂厂及公司或华东电子管厂各专业厂供应,货源稳定。

(2)能源

本公司所耗能源主要是煤、电等,分别由焦作、晋城等地煤矿、南京市电力系统等供应。1996 年共耗 2.97 万吨标准煤,电 1238 万千瓦时。本

公司在能源消耗方面把节约放在优先地位,“八五”期间被评为全国节能先进企业。

11、工业产权

本公司荧光灯产品现使用的“电工”牌商标为华东电子管厂1940年在国民政府商标局注册,1950年在中央人民政府商标局重新注册,是我国现存的光源国产名牌商标,所有权归华东电子管厂。本公司设立时,华东电子管厂以其适用于荧光灯产品的“电工”牌商标20年使用权经评估确认后的价值1987万元折价入股本公司。因此,本公司自成立之日起获得荧光灯产品“电工”牌商标20年特许使用权,华东电子管厂自本公司成立之日起已不再使用荧光灯“电工”牌商标,也不再生产荧光灯,但商标所有权仍归华东电子管厂拥有,华东电子管厂有权在荧光灯以外产品上使用“电工”牌商标。本公司其它产品若使用“电工”牌商标须另行签署协议向华东电子管厂租赁。

12、研究与开发

作为高新技术企业,本公司一贯注重新产品、新项目的研究与开发,逐年加大科技投入,将科技进步视为企业发展的原动力。本公司技术力量全国同行业第一,现有专职技术人员580人,拥有专门的科技质量部,并与复旦大学联合建立了全国首家节能光源技术中心。公司在科研开发方面的管理、激励机制灵活、健全,每年都要列出新经济增长点产品和重点新产品开发项目,专门建立了新产品开发基金和科技奖励基金。目前,本公司正在开展的研究开发项目主要有引进电子节能灯生产线、引进环型灯生产线、节能灯生产线微机智能化检测系统、Φ25高亮度荧光灯、平板CRT大屏幕彩色显示系统等。

根据公司发展规则,本公司将发展成为以电光源类和真空电子器件类产品为主的大型电子企业集团。因此,本公司今后几年的研究开发工作将围绕上述产品的开发、生产、市场开拓而进行,主要包括:

(1)以发展节能照明电器为中心,优化产品结构,引进先进技术设备,提高工艺水平,实现生产规模化、质量国际化、照明工程配套化;

(2)提高吸气剂等电子器件类产品的生产工艺水平,开发新产品,建立完善的产品生产体系;

13、税收政策

本公司1993年1月成立时注册于南京高新技术产业开发区,1994年12月被南京市科委认定为高新技术企业,根据国务院国发(1991)12号文和财政部、国家税务总局财税字(1991)001号文规定,并经南京市国家税务局宁国税函发(1997)042号文确认,本公司1994年和1995年免征所得税。本公司自1996年起所得税率固定为15%。

14、关联交易

本公司所涉及关联交易主要有本公司与华东电子管厂之间的物资供应、配套产品、综合服务、土地租赁、动力供应等交易关系和本公司与参股公司—南京电工荧光灯经销有限责任公司之间的销售关系以及本公司与参股公司—飞东照明有限公司之间的动力供应关系等。以下为关联交易简表(除土地外,均为1996年数据):

供给单位	需求单位	供应内容	年供应量或合同金额	定价方式	结算方式
华东电子管厂	本公司	土地	5.77万平方米	年租金130万元(1997—2000)	年结
本公司	华东电子管厂	材料	1524万元	每三年调整一次物资发票价格+5%－10%管理费	月结
华东电子管厂	本公司	玻管	750万只	成本+合理利润	月结
华东电子管厂	本公司	荧光粉	50吨	成本+合理利润	月结
华东电子管厂	本公司	灯丝	1845万根	成本+合理利润	月结
华东电子管厂	本公司	玻壳	58300只	成本+合理利润	月结
华东电子管厂	本公司	综合服务		实际成本	月结
本公司	华东电子管厂	动力	1100万元	市场价	月结
本公司	飞东照明公司	动力	717.08万元	市场价	月结
本公司	电工荧光灯经销公司	部分荧光灯由经销公司销售	2772.74万元	销售计划价减每支0.43元销售费用	月结

15、董事、监事及高级管理人员

董事长　赵竟成先生,50岁,毕业于东南大学自动化专业,研究生学历,高级工程师。1969年8月加入华东电子管厂,历任厂团委副书记、教育科长、工会主席、副厂长、厂长,曾多次获省、部级劳动模范称号。现任本公司总经理,并担任南京电子网板有限公司、飞东照明有限公司、南京新电子网板有限公司董事和南京电工荧光灯经销有限责任公司董事长等职。

副董事长　徐森先生,53岁,毕业于东南大学电真空专业,本科学历,高级工程师,高级政工师。1967年8月加入华东电子管厂,历任车间主任、副厂长、党委书记兼厂长。现任华东电子管厂党委书记,并担任南京电子网板有限公司、南京新电子网板有限公司董事和飞东照明有限公司董事长等职。

董事　陈荣海先生,57岁,毕业于东南大学电真空专业,本科学历,高级工程师。1965年8月加入华东电子管厂,历任干部科长、党委副书记、副厂长。现任本公司副总经理。

董事　房大勇先生,52岁,毕业于电子科技大学电子化学专业,本科学历,高级经济师。1967年8月加入华东电子管厂,历任厂办主任、副总经济师兼计划处长、总经济师。现任本公司总经济师并担任经销公司董事。

董事　刘牧群先生,40岁,毕业于东南大学电真空专业,研究生学历,高级工程师。1982年2月加入华东电子管厂,历任分厂厂长、副总经济师、厂长助理兼财务部长、副厂长。现任本公司财务总监。

董事　张受权先生,56岁,毕业于东南大学电真空专业,本科学历,高级工程师。1964年9月加入华东电子管厂,历任分厂副厂长、质量办副主任、副总工程师兼科技质量部长、总工程师。现任本公司总工程师。

董事　赵宝林先生,43岁,大专学历,政工师。1970年3月加入华东电子管厂,历任分厂副厂长、工会副主席。现任华东电子管厂工会主席。

监事长　张银千先生,41岁,中专学历、工程师。1978年8月加入华东电子管厂,历任分厂副厂长、生产技术处副处长、厂长助理。现任华东电子管厂副厂长、党委副书记兼纪委书记并担任飞东照明有限公司董事。

监事　杨国柱先生,47岁,大专学历,会计师。1971年2月加入华东电子管厂,现任华东电子管厂财务部部长。

监事　金幸棣先生,48岁,大专学历,高级政工师。1987年10月加入华东电子管厂,历任华东电子管厂监察部副部长、部长。现任本公司工会副主席。

董事会秘书　伍华林先生,30岁,河海大学技术经济专业研究生,工程师。1990年8月加入华东电子管厂,历任厂办主任助理、副主任,现任本公司董事会秘书。

九、经营业绩

1、生产经营概况

本公司是全国电子行业大型骨干企业,主营电光源产品、真空电子器件、电子计算机配件、其它电子产品及通讯产品等,公司主导产品为“电工”牌荧光灯和吸气剂,截至1996年底,各自市场占有率分别为25%和80%。

自成立以来,公司在深化改革、加强内部管理的基础上,努力扩大生产能力,提高产品质量,丰富产品品种,广泛开拓市场,使企业经济效益一直名列同行业前茅,1996年本公司在电子工业百强企业排名中列第二十五位,同年荣获江苏省最佳形象企业称号。

“九五”期间,本公司将以股票发行上市为契机,建立现代企业制度,加大科研力度,扩大生产规模,进一步巩固和扩大国内最大荧光灯生产基地和最大吸气剂生产基地的地位,以优良业绩回报广大股东的垂爱。

2、过去三年销售总额、利润总额、税后利润

单位:万元

年度	销售总额	利润总额	税后利润
1994	20957.44	4118.66	4118.66

1995	28694.50	4648.50	4648.50
1996	33054.75	5038.08	4460.99

3、主营业务收入构成

以下为本公司前三年各主要产品的销售额及其在销售总额中所占的份额：

年份 项目	1996年 销售额(万元)	占额售总额比例	1995年 销售额(万元)	占销售总额比例	1994年 销售额(万元)	占销售总额比例
销售总额	33054.75	100%	28694.50	100%	20957.44	100%
荧光灯	25194.33	76.22%	20729.70	72.24%	15157.24	72.32%
吸气剂	2298.79	6.95%	2503.13	8.72%	2176.56	10.39%
动 力	3568.21	10.80%	2542.02	8.86%	1033.85	4.93%
显像管	1072.33	3.2%	2132.50	7.43%	1730.70	8.26%
示波管	921.08	2.83%	787.17	2.75%	859.08	4.1%

4、完成的重大项目及科研成果

本公司在搞好生产经营的同时，为增强企业竞争力，增加经济效益，不断加大科研力度，利用技术改造、中外合资等方式，扩大生产规模，提高产品质量，拓展产品门类。自成立以来，本公司已完成的重大科研与建设项目有国内第一条国产化细径直管型高效节能荧光灯生产线、彩管吸气剂生产线、含汞废水处理项目、锆钒铁出口生产线等，其中，细径节能灯产品被国家经贸委列为"绿色照明工程"重点推广产品，吸气剂技改项目被电子部评为电子工业"八五"优秀技改项目。

5、产品性能、质量方面的情况

本公司"电工"牌荧光灯质量优良、性能稳定，为全国第一个荣获国家银质奖的电光源产品，高效节能的Φ25荧光灯寿命长达9000小时，紧凑型荧光灯寿命长达5000小时，为同类产品之首。本公司拥有国内最先进的检测设备，目前国内荧光灯检测用标准灯均由本公司研制，这为本公司荧光灯质量的稳定和提高提供了可靠保障。本公司荧光灯产品先后于1993年荣获全国最畅销产品称号，1994年获南京市标准计量局三年质量免检证书，1995年获江苏省消费者信得过产品"金环奖"，1996年被评为江苏省重点推广节能产品。

本公司吸气剂全自动生产线从意大利引进，生产技术先进，产品质量居世界领先水平，曾获国家技术监督局质量金奖，1995年彩管吸气剂生产线技术改造项目被评为电子工业"八五"优秀技术改造项目。

6、筹资与投资情况

本公司目前资金来源主要是银行贷款，由于本公司经济效益良好，且主营业务符合国家产业政策，因此在银行的信誉很高，被南京资信评级委员会评定为AAA-级。本公司三年来重要投资项目有细径直管型高效节能荧光灯生产线、彩管吸气剂生产线、锆钒铁出口生产线等，总投资5000万元左右，资金来源主要是银行贷款，部分为公司自筹。

十、股本

1、本次发行前注册股本：10078.62万股

2、本次发行前已发行的股份：10078.62万股

3、本公司已发行股份为面值发售，不存在溢价问题。

4、本次发行前后公司股本结构变化情况：

项　目	本次发行前	本次发行后
总股本	10078.62万股	14078.62万股
发起人股	8106.40万股，占80.43%	106.40万股，占57.58%
其中：国有法人股	8106.40万股，占80.43%	106.40万股，占57.58%
社会公众股	——	4000万股，占28.41%
内部职工股	1972.22万股，占19.57%	1972.22万股，占14.01%

5、内部职工股严格限制在本企业职工范围内，经南京市体改委宁体改字(1993)295号文确认，没有超范围、超比例发行。目前，按照要求已全部在南京市证券登记公司集中托管，南京市证券办对此以宁证办字(1997)14号文给予了确认。

根据国家有关规定，本公司内部职工股自本次股票公开发行之日起三年内不得上市。

6、本次发行后净资产总额：397，386，058.70元

7、本次发行前每股净资产：1.58元

8、本次发行后每股净资产：2.82元

9、本次发行前本公司前十名股东名单及持股情况

序号	股东名称	持股数(万股)	占发行前总股本比例	占发行后总股本比例
1	华东电子管厂	8106.41	80.43%	57.58%
2	孙德义	1.35	0.01%	0.0096%
3	段正培	1.26	0.01%	0.0089%
4	袁红兵	1.17	0.01%	0.0083%
5	姚式政	1.17	0.01%	0.0083%
6	马以云	1.17	0.01%	0.0083%
7	袁俊才	1.08	0.01%	0.0077%
8	严增濯	1.08	0.01%	0.0077%
9	陆美英	1.08	0.01%	0.0077%
10	姜在山	1.08	0.01%	0.0077%

10、董事、监事及高级管理人员持股情况

姓名	职　务	持股数(股)	占发行前总股本比例	占发行后总股本比例
赵竟成	董事长兼总经理	9900	0.0098%	0.0070%
徐　森	副董事长	9900	0.0098%	0.0070%
陈荣海	董事兼副总经理	8100	0.0080%	0.0058%
刘牧群	董事兼 财务总监	5400	0.0053%	0.0038%
张受权	董事兼总工程师	9900	0.0098%	0.0070%
房大勇	董事兼总经济师	8100	0.0080%	0.0058%
赵宝林	董事	5400	0.0053%	0.0038%
张银千	监事长	8100	0.0080%	0.0058%
杨国柱	监事	8100	0.0080%	0.0058%
金幸棣	监事	8100	0.0080%	0.0058%
伍华林	董事会秘书	1800	0.0018%	0.0013%

十一、主要会计资料

根据无锡公证会计师事务所出具的锡会股审(97)20号审计报告，本公司近三年的财务资料如下：

1、资产负债表(见附表二)

2、利润及利润分配表　　　　单位：元

项　目	1996年度	1995年度	1994年度
一、主营业务收入	330,547,455.65	286,945,027.09	209,574,350.14
减：营业成本	273,623,078.75	241,463,640.45	172,293,909.90
销售费用	2,817,035.45	3,446,514.59	3,140,158.38
管理费用	10,594,450.09	7,993,608.67	6,451,843.32
财务费用	4,234,316.16	4,098,706.78	1,184,428.30
营业税金及附加	1,999,446.53	1,595,570.64	1,052,474.35
二、主营业务利润	37,279,128.67	28,346,985.96	25,451,535.89
加：其他业务利润	112,400.91	589,885.25	647,901.65
三、营业利润	37,391,529.58	28,936,871.21	26,099,437.54
加：投资收益	13,943,615.62	18,412,876.42	16,063,281.89
营业外收入			
减：营业外支出	954,364.65	864,797.59	976,137.54
加：以前年度损益调整			
四、利润总额	50,380,780.55	46,484,950.04	41,186,581.89
减：所得税	5,770,917.96		
五、净利润	44,609,862.59	46,484,950.04	41,186,581.89
加：年初未分配利润	3,139,606.10	3,551,063.57	7,936,297.15
六、可分配利润	47,749,468.69	50,036,013.61	49,122,879.04
减：提取法定公积金	4,460,986.26	4,648,495.00	4,118,658.19
提取法定公益金	2,230,493.13	2,324,247.51	2,059,329.09
七、可供股东分配的利润	41,057,989.3	43,063,271.10	42,944,891.76
减：已分配优先股股利			
提取任意公积金	4,460,986.26	4,648,495.00	4,118,658.19
已分配普通股股利	20,157,240.00	35,275,170.00	35,275,170.00
八、未分配利润	16,439,763.04	3,139,606.10	3,551,063.57

3、财务状况变动表(见附表一)

4、会计报表注释

注释1. 重要会计政策

(1)会计制度

公司执行《股份制试点企业会计制度》。

(2)会计年度

以公历1月1日至12月31日为一个会计年度。

(3)记帐本位币

以人民币为记帐本位币。

(4)记帐原则和计价基础

以权责发生制为记帐原则,以历史成本为计价基础。

(5)外币核算

外币帐户1994年1月1日起按中国人民银行公布的当月1日人民币基准汇价折合人民币记帐,并于期末按基准汇价进行调整,调整的差额分别计入在建工程和财务费用—汇兑损益科目。

(6)坏帐准备

采用备抵法核算,按期末应收帐款余额5‰计提坏帐准备。

(7)存货计价

a. 各类存货采用计划价格核算,计划价格与实际价格的差异在结算成本时按差异率综合调整为实际价格;

b. 低值易耗品采用领用时一次摊销的方法。

(8)长期投资核算方法

a. 投资金额占被投资单位注册资本20%以下的按成本法核算;

b. 投资金额占被投资单位注册资本20%以上(含20%)的按权益法核算;

c. 投资金额占被投资单位资本金50%以上的按权益法核算并合并会计报表。

(9)固定资产及其折旧

固定资产计价标准为价格在2000元以上(含2000元),使用期限在一年以上。评估入帐的固定资产按重置成本法计价,其他均按实际成本计价,采用直线法计提折旧。

固定资产残值率为3%,折旧年限及年折旧率分别为:

固定资产类别	折旧年限	年折旧率
房屋及建筑物	33	2.94%
通用设备	17	5.70%
专用设备	9	10.78%
动力设备	17	5.70%
运输工具及其他设备	8	12.12%

(10)无形资产及其摊销

"电工"牌荧光灯商标经评估作价取得,按20年平均摊销。

(11)营业收入的确认

以产品(商品)发出,商品的所有权已提供并已自卖方转移给买方,收到货款或取得收取货款的证据时确认收入的实现。

(12)税项

a. 流转税:

本公司为一般纳税人,实行增值税,销项税税率为17%,根据销项税额和进项税额的差额交纳增值税。

b. 城建税及教育费附加:

按应交营业税、增值税金额的7%计征城市维护建设税,3%计征教育费附加,根据1994年11月28日苏财预字(1994)131号、苏国税(1994)170号,苏地税(1994)065号,苏教委(1994)189号文规定,从1995年1月1日起增加计征1%地方教育附加费。

c. 所得税:

本公司是在国家级高新技术开发区——南京市浦口区高新技术产业开发区内注册的新办高新技术企业(1994年,南京市科委宁科(94)199号文件认定)。根据国务院国发(1991)12号文件和财政部、国家税务总局财税字(1991)001号文件规定并经南京市国家税务局宁国税函发[1997]042号文确认,本公司所得税94年、95年两年免税,96年起按15%税率计征。

(13)利润分配

依据本公司章程规定,按税后利润的一定比例分别计提法定盈余公积金、公益金;根据股东大会决议,按税后利润的一定比例计提任意盈余公积金。

注释2. 财务报表项目说明

(下列项目无特殊说明,均以96年12月31日为基准日,以人民币元为单位)

(1)应收票据 1,529,858.94

出票人	种类	出票日期	到期日期	金额
陕西咸阳彩虹集团	银行承兑汇票	96.10.10	97.02.28	500,000.00
深圳凯利达电子公司	银行承兑汇票	96.10.26	97.04.15	100,000.00
陕西咸阳彩虹集团	银行承兑汇票	96.11.28	97.05.27	929,858.94

以上票据均不带息。

(2)应收帐款 58,876,609.47

a. 按帐龄分类	比重(%)	金额
1年以内	98.580	58,042,660.57
1—2年	0.475	279,624.57
2—3年	0.487	286,435.44
3年以上	0.458	267,888.89
合计	100.000	58,876,609.47

b. 无持有5%以上股份股东欠款情况;

c. 应收帐款比上年增长1,701.08万元,增长40.63%;主要原因为销售业务增长。

(3)预付帐款 118,376.69

a. 按帐龄分类	比重(%)	金额
1年以内	37.98	44,956.69
1—2年	—	—
2—3年	59.98	70,994.80
3年以上	2.04	2,425.20
合计	100.00	118,376.69

b. 无持有5%以上股份股东欠款情况。

(4)其他应收款 62,725.57

a. 按帐龄分类	比重(%)	金额
1年以内	65.05	40,805.57
1—2年	26.98	16,920.00
2—3年	3.19	2,000.00
3年以上	4.78	3,000.00
合计	100.00	62,725.57

b. 持有5%以上股份股东欠款情况:

华东电子管厂欠新品试制费 40,005.57

c. 其他应收款比上年减少347.21万元,减少98.23%,主要原因为积极清收。

(5)存货	36,326,508.29
库存材料	20,932,594.65
自制半成品	609,926.48
在产品	5,026,640.67
产成品	9,258,953.34
委托加工材料	498,393.15
(6)待摊费用	5,160,886.53
期初进项税额	5,160,886.53
(7)长期投资	75,769,325.13

联营投资

被投资公司名称	投资期限	投资比例	投资金额	按权益法调整的金额
南京电子网板有限责任公司	1989-2007年	20%	15,200,000.00	32,523,580.70
南京新电子网板有限责任公司	1995-2010年	20%	11,000,000.00	11,000,000.00
南京飞东照明有限责任公司	1990-2015年	29.9%	25,441,551.20	30,441,551.20
南京经销有限责任公司	1994-2014年	40%	400,000.00	1,804,193.23
合计			52,041,551.20	75,769,325.13

(1)南京新电子网板有限责任公司正在筹建之中;本公司应投注册资本1600万元人民币。

(2)根据经南京市外经贸委宁(市)外经资改字[1995]第361号批准

的1994年3月29日"南京飞东照明有限责任公司改组和扩产的原则协议"的有关条文:

第一:飞东照明公司中本公司注册资本已发生如下变化(本公司应投资1400万荷兰盾折合25,441,551.20元人民币已全部投足)

	96.7.1	96.3.1	94.7.1	93.12.31
投资比例	29.9%	31.5%	38.8%	50%
投资金额(万荷兰盾)	1400	1400	1400	580

第二:本公司从飞东照明公司享受固定的投资回报:

从1994年7月1日起,飞东照明公司付给本公司固定的投资回报每年500万人民币,而本公司不承担盈亏责任。在合资合同期限内,每4年作为一个时间单位。4年期末可对回报数额重新审核或调整。每年向本公司支付这笔金额的日期为相应财政年度结束的3个月内。

本公司对飞东照明公司的长期投资按每年500万元权益调整。

(8)固定资产及累计折旧

a. 固定资产原值

固定资产类别	期初价值	本期增加	本期减少	期末价值
房屋及建筑物	46,292,017.28	1,209,261.56	105,031.75	47,396,247.09
专用设备	41,004,382.83	1,405,339.60	72,200.00	42,337,522.43
动力设备	27,570,985.46	833,859.92	488,400.00	27,916,445.38
通用设备	9,873,497.91	591,367.00	512,800.00	9,952,064.91
运输工具及其它	6,881,984.08	273,093.02	26,085.15	7,128,991.95
合 计	131,622,867.56	4,312,921.10	1,204,516.90	134,731,271.76

b. 累计折旧

固定资产类别	期初价值	本期增加	本期减少	期末价值
房屋及建筑物	15,899,596.45	1,363,071.92	88,116.46	17,174,551.91
专用设备	32,407,198.60	4,644,050.34	66,610.00	36,984,638.94
动力设备	13,569,265.56	1,917,007.89	262,269.45	15,224,004.00
通用设备	4,609,050.46	547,246.81	359,800.16	4,796,497.11
运输工具及其它	5,533,872.71	906,710.74	15,686.17	6,424,897.28
合 计	72,018,983.78	9,378,087.70	792,482.24	80,604,589.24

(9)在建工程 47,110,301.76

工程名称	资金来源	预算(万元)	实际支用	工程进度	批文
彩色吸气剂生产线	贷款	2980	37,132,061.31	90%	宁经改(94)319号文
荧光灯生产线	自筹	70	664,562.95	90%	华科质(94)493号文
华利佳生产线	贷款	4133	7,035,154.82	10%	宁经改字(95)566号文
其他工程			2,278,522.68		
合 计			47,110,301.76		

a. 在建工程中含资本化利息11,236,680.00元。其中:

94年3,012,480.00元;95年3,881,880.00元;96年4,342,320.00元。

b. 宁经改(94)319号文批准的彩色吸气剂生产线项目按原签定的合约,美元汇率按1:5.5折合人民币计算。由于94年1月1日起汇率并轨,实际支付398万美元已按市场汇率折合人民币,因而造成工程造价超预算733万元(已包含利息)。

(10)无形资产 16,641,125.00

名 称	原值	已摊销	期末余额	剩余摊销年限
商标使用权	19,870,000.00	3,228,875.00	16,641,125.00	16年零9个月

1992年6月30日改制时发起人国营华东电子管厂以"电工"牌荧光灯商标作价,由南京会计师事务所宁会查(92)291号评估报告评估并经南京市国资办宁国资办评估确认字(92)50号文件确认为1987万元。

(11)短期借款 35,640,000.00

放款单位	借款日期	还款日期	金额(万元)	年利率(%)	条件
工行南京市分行	96.2.20	97.2.20	1000	14.472	担保
工行南京市分行	96.8.18	97.3.20	1969	10.8864	担保
工行南京市分行	96.9.20	97.2.20	200	9.9144	担保
工行南京市分行	96.7.29	97.2.20	200	12.078	担保
工行南京市分行	96.9.26	97.4.15	195	11.088	担保

(12)应付帐款 42,060,304.17

无欠关联企业帐款情况。

(13)预收货款 6,255,963.95

无预收关联企业货款情况。

(14)其他应付款 51,578.29

其中:主要债权人	款项内容	金 额
国营华东电子管厂	应付代垫款	51,578.29

(15)未交税金 4,706,133.05

税 种	未交税金
增 值 税	1,927,068.49
城市维护建设税	134,894.79
所 得 税	2,265,412.04
房产税等	378,757.73

比年初增加247.69万元,增长111.68%,主要是所得税和增值税增加。

(16)其他未交款 1,357,465.21

教育费附加	77,082.74
市场物价调节基金	251,163.57
副食品发展基金	251,163.57
粮食风险基金	251,163.57
防洪保安基金	526,891.76

(17)一年内到期的长期负债 1,140,000.00

放款单位	借款日期	还款日期	金额(万元)	年利率(%)	借款条件
工行南京市分行	94.12.29	97.06.25	14	11.70	担保
工行南京市分行	96.08.29	97.11.25	100	13.50	担保

(18)长期借款 35,260,000.00

放款单位	借款日期	还款日期	金额(万元)	年利率(%)	借款条件
工行南京市分行	96.12.26	99.11.15	800	11.70	担保
工行南京市分行	96.12.29	98.06.25	300	12.42	担保
工行南京市分行	96.12.29	98.11.25	236	11.70	担保
工行南京市分行	96.12.29	2001.03.25	700	12.42	担保
工行南京市分行	96.12.29	99.11.25	700	12.42	担保
工行南京市分行	94.08.27	98.03.29	50	10.98	担保
工行南京市分行	94.10.25	98.11.25	40	10.98	担保
工行南京市分行	94.10.17	98.09.25	60	10.98	担保
工行南京市分行	94.12.03	98.05.25	60	10.98	担保
工行南京市分行	94.12.03	98.07.25	60	10.98	担保
工行南京市分行	94.12.03	98.09.25	60	10.98	担保
工行南京市分行	94.12.03	98.11.25	60	10.98	担保
工行南京市分行	94.12.28	98.11.25	50	10.98	担保
工行南京市分行	94.12.28	98.12.28	80	10.98	担保
工行南京市分行	94.12.28	99.03.25	90	10.98	担保
工行南京市分行	94.12.28	99.06.25	90	10.98	担保
工行南京市分行	94.12.28	99.09.25	90	10.98	担保

(19)其他长期负债 1,734,218.00

96年本年按职工实发工资总额计提住房公积金 100,786,200.00

(20)股本

股本结构	比例	期末余额
国有法人股	80.43%	81,064,000.00
内部职工股	19.57%	19,722,200.00

a. 华东电子管厂改制投人的部份经营性净资产,以一九九二年六月三十日为基准日,由南京会计师事务所评估,经南京市国资办宁国资办评估确认字(92)50号文件确认,经确认的部分经营性净资产8,106.41万元,以1:1折合国有法人股8,106.40万股,由华东电子管厂持股;内部职工持股1,972.22万股,按每股面值1元折1,972.22万元人民币。

b. 94年1月1日—96年12月31日,股本总额及股本结构均无变化。

(21)资本公积

	96.12.31	95.12.31	94.12.31
资本公积	7,289,224.00	7,289,224.00	7,289,224.00

本公司对南京飞东照明有限公司所投资的资产,由南京会计师事务所以宁会评(94)079号评估,并经南京市国有资产管理办公室以宁国资办确认字(94)61号文确认资产的增值部分。

(22)盈余公积金

	96.12.31	95.12.31	94.12.31
法定盈余公积金	14,161,821.47	9,700,835.21	5,052,340.21
公益金	7080,910.74	4,850,417.61	2,526,170.10
任意盈余公积金	13,228,139.45	8,767,153.19	4,118,658.19
合 计	34,470,871.66	23,318,406.01	11,697,168.50

94年1月1日—96年12月31日期间的增加数均为税后净利润中的提取数,未支用。

(23)未分配利润

	96.12.31	95.12.31	94.12.31
a.可供分配利润	41,057,989.30	43,063,271.10	42,944,891.76
减:提任意公积金	4,460,986.26	4,648,495.00	4,118,658.19
每股红利分配	0.20	0.35	0.35
分配利润	20,157,240.00	35,275,170.00	35,275,170.00
未分配利润	16,439,763.04	3,139,606.10	3,551,063.57

b.94年、95年、96年的每股红利分配均由本公司第三、四、五次股东大会会议决议通过。

(24)主营业务收入

项 目	96年度	95年度	94年度
荧光灯	251,943,285.82	207,296,923.46	151,572,391.53
显像管	10,723,328.58	21,324,961.13	17,307,035.20
示波管	9,210,830.52	7,871,657.09	8,590,822.13
吸气剂	22,987,871.74	25,031,255.89	21,765,592.47
动 力	35,682,138.99	25,420,229.52	10,338,508.81
合 计	330,547,455.65	286,945,027.09	209,574,350.14

(25)主营业务成本

项 目	96年度	95年度	94年度
荧光灯	215,549,741.12	175,368,570.77	130,053,541.62
显像管	9,955,529.72	21,297,703.65	12,052,909.66
示波管	7,774,880.91	7,343,343.35	5,073,544.32
吸气剂	15,944,062.33	16,968,136.68	12,813,523.65
动 力	24,398,864.67	20,485,886.00	12,300,390.65
合 计	273,623,078.75	241,463,640.45	172,293,909.90

(26)销售费用

项 目	96年度	95年度	94年度
	2,817,035.45	3,446,514.59	3,140,158.38
其中主要项目:			
运输费	167,869.74	202,853.20	109,939.69
差旅费	202,347.60	331,455.34	280,626,68
广告展览费	2,040,000.00	2,018,000.00	1,830,000.00
销售服务费	58,443.04	282,241.80	129,016.73

(27)管理费用

项 目	96年度	95年度	94年度
其中主要项目:	10,594,450.09	7,993,608.67	6,451,843.32
工 资	2,499,064.62	1,255,356.29	1,072,057.16
折 旧	1,137,493.11	1,105,045.01	1,197,303.75
劳动保护费	1,900,987.30	1,802,776.20	1,103,686.13
无形资产摊销	993,500.00	993,500.00	993,500.00
印花税及车船牌照使用税等	457,909.34	391,074.63	397,005.28

(28)财务费用

项 目	96年度	95年度	94年度
利息净支出	4,213,630.26	3,576,647.08	3,439,816.04
手续费	33,165.90	13,779.70	44,882.26
汇兑损益	—12,480.00	508,280.00	—2,300,270.00
合 计	4,234,316.16	4,098,706.78	1,184,428.30

(29)其他业务利润

项 目	96年度	95年度	94年度
材料销售利润	112,400.91	589,885.25	647,901.65

(30)投资收益

项 目	96年度	95年度	94年度
联营投资	13,943,615.62	18,412,876.42	16,063,281.89
其中:			
飞东照明公司	5,000,000.00	5,000,000.00	2,500,000.00
电子网板公司	8,939,757.16	12,281,517.86	13,294,305.68
经销公司	3,858.46	1,131,358.56	268,976.21

(31)营业外支出

项 目	96年度	95年度	94年度
市场物价调节基金	251,163.57	192,240.06	209,574.35
副食品发展基金	251,163.57	192,240.06	209,574.35
粮食风险基金	251,163.57	192,240.06	209,574.35
防洪保安基金	174,490.94	276,057.41	278,656.64
固定资产清理损失	26,383.00	12,020.00	25,687.50
其 他	—	—	43,070.35
合 计	954,365.65	864,797.59	976,137.54

注释3.资本承诺

截止一九九六年十二月三十一日,本公司有以下承诺:按照签订的合同继续对南京新电子网板有限责任公司投资500万元人民币。

注释4.或有负债或损失

截止一九九六年十二月三十一日,本公司无对外抵押、担保和未决诉讼。

注释5.关联企业交易

公司与其关联企业的全部交易均按一般及公平商业条款进行,目前公司与其关联企业的关联关系主要有:

(1)与发起人国营华东电子管厂的关联交易

a.与华东电子管厂订有供应材料和动力的供货合同或协议,材料供应价格按物资发票价格加5%—10%的管理费结算,动力供货价格按市场同类产品价格结算;

b.华东电子管厂与本公司订有供应半成品供货合同或协议,供货价格按成本加合理的利润结算;

1994年至1996年的交易金额如下:

供货内容	1996年度	1995年度	1994年度
材料	15,236,563.29	12,944,230.42	3,610,554.02
动力	11,010,557.76	8,366,311.25	2,364,281.03
半成品	9,468,868.86	9,463,885.74	8,500,661.72

(2)与子公司的关联交易

a.与子公司—南京飞东照明有限责任公司订有供应动力的协议,供货价格按市场同类产品价格结算;

b.与子公司—南京电工荧光灯经销有限责任公司订有销售"电工"牌荧光灯的销售合同,结算价格为市场销售计划价格/支减销售费用0.43元/支。

1994年至1996年的交易金额如下:

子公司名称	1996年度	1995年度	1994年度
南京飞东照明有限责任公司	7,170,824.54	7,778,437.21	2,259,979.61
经销公司	27,727,437.92	26,907,094.36	11,638,420.75

注释6.期后事项

(1)1997年3月10日,本公司与华东电子管厂签订了受让中外合资南京华赛吸气剂有限公司中华东电子管厂475万美元的股权协议。

(2)应收票据中的陕西咸阳彩虹集团50万元已于97年2月17日收回。

(3)短期借款中的工行南京分行贷款共计3369万元已重新办理展期借款手续,担保同时办理展期。

5、主要财务指标

以下为本公司近三年的主要财务指标计算表:

项 目	96年度	95年度	94年度
一、流动比率	1.02倍	0.86倍	0.85倍
二、速动比率	0.66倍	0.48倍	0.47倍
三、应收帐款周转率	6.60次	8.28次	8.02次
四、存货周转率	7.34次	6.60次	5.08次

五、净资产比率	50.89%	47.06%	45.82%
六、资产负债率	49.11%	52.94%	54.18%
七、每股税后利润	0.4426元	0.4612元	0.4087元
八、净资产收益率	28.06%	35.18%	35.06%

6、财务状况分析

本公司近三年财务状况不断改善,流动比率从1994年的0.85增加到1996年的1.02,增长20.24%,速动比率从1994年的0.47增加到1996年的0.66,增长41.25%。主要原因是本公司销售增加,资产结构得以调整所致。

盈利水平稳中有升,主营业务仍为荧光灯生产和销售,利润构成中投资收益占相当比重但有所下降。本公司投资收益主要来源于参股飞东照明有限公司和南京电子网板有限公司,1994年投资收益占利润总额的39%,而1996年仅占27.68%。

十二、资产评估

1、根据南京会计师事务所为华东电子管厂进行股份制改造而作的资产评估报告(宁会查〈92〉291号),截至1992年6月30日,投人本公司资产的评估结果如下:

项目	评估前	评估后	增加值
资产总额	177422206.14	217350603.81	+39928397.67
固定资产	58917502.33	78975900.00	+20058397.67
长期投资	23046465.55	23046465.55	0.00
无形资产		19870000.00	+19870000.00
流动资产	95458238.26	95458238.26	0.00
负债总值	136286534.73	136286534.73	0.00
净资产值	41135671.41	81064069.08	+39928397.67

注:以上结果已经南京市国有资产管理办公室宁国资评估确认字(1992)50号文确认。按照该文件,上述净资产折为国有法人股8106.40万股。

3、资产评估方法

(1)房屋建筑物的评估采用重置成本法;

(2)机器设备仪器仪表评估采用重置成本法和现行市价法;

(3)无形资产的评估采用收益现值法;

(4)长期投资的评估采用历史成本法;

(5)流动资产以盘点核实的帐面数作为评估价值。

十三、盈利预测

1. 本公司对1997年会计年度盈利情况进行了预测并经无锡公证会计师事务所以锡会专报(97)04号审核报告验证如下:

单位:人民币万元

项目	96年实际	97年计划	比96年增减%
一. 主营业务收入	33,054.74	36,480.72	10.36
减:营业成本	27,362.31	30,481.25	11.40
销售费用	281.70	366.99	30.28
管理费用	1,059.45	1,288.00	21.57
财务费用	423.43	-52.14	-112.31
营业税金及附加	199.94	215.21	7.64
二. 主营业务利润	3,727.91	4.181.41	12.16
加:其他业务利润	11.24	10.00	-11.03
三. 营业利润	3,739.15	4,191.41	12.10
加:投资收益	1,394.37	1,437.27	3.08
营业外收入	0.00	0.00	
减:营业外支出	95.44	136.39	42.91
加:以前年度损益调整			
四. 利润总额	5,038.08	5,492.29	9.02
减:所得税	577.09	652.47	13.06
五. 净利润	4,460.99	4,839.82	8.49
六. 每股净利润(元)	0.44	0.34	-22.73

2. 盈利预测的基准和假设

(1)预测基准:a. 本公司1997年盈利预测是根据经中国注册会计师审计后的本公司1994、1995、1996年的实际经营业绩以及本公司在充分考虑现时各项基础、所有的能力和本公司未来年度的生产经营计划及投资项目可行性审定后而编制的,并建立在本公司所有各项合理的基本假设之上。

b. 预测所依据的会计政策及计算方法在各主要方面与本公司所采用的会计政策方法相一致。

c. 鉴于盈利预测所依据的种种假设的不确定性,投资者进行投资判断时不应过于依赖该项资料。

(2)预测假设

a. 公司所遵循的我国有关法律、法规、政策及公司所处的地区性社会环境仍如现时状态而无重大变化;

b. 公司经营所涉及的国家及地区目前的政治、经济、法律、法规、政策及社会环境仍如现时状态而无重大变化;

c. 在盈利预测期内有关信贷利率、税率、汇率及市场行情仍如现时状态而无重大变化;

d. 公司经营运作不受诸如原辅材料大幅度涨价、电力供应不正常等不利因素的影响;

e. 公司制定的目标和措施能按预定的时间和进度如期实现并取得预期效益;

f. 技改项目能按计划和进度如期实现并能达到预期效益;

g. 对外投资的投资收益能如期实现;

h. 无其他人力不可抗拒因素所造成的重大影响。

3. 盈利预测编制说明:

(1)盈利预测的范围:本报告主要预测了公司1997年度的经营业绩。

(2)1997年预测编制说明

a. 根据1996年经营实绩及公司编制的1997年经营计划所确定的各项经济指标为编制依据。

b. 主营业务收入1997年比1996年增长10.36%;增长的主要因素为:

(a)销售量增加:96年荧光灯产量5173万支,销售量4898万支,产销率95%,97年计划安排产量5780万支,仍保持产销基本平衡,产销量分别比96年增长12%、13%。

(b)品种结构变化:97年在生产量和生产品种的安排上,进行结构调整,逐步减少淘汰老产品,将研制开发低能耗、高效、技术含量高的新产品推向市场,如Φ25细管高效节能荧光灯,97年产量将达到450万支,98年达产后产量1500万支;同时开发光源系列应用产品,97年预计开发节能型电子镇流器,不但可满足国内市场配套,还可开发出口巴西产品。

(c)加强销售网点建设,加强市场调研、售后服务、广告等,调整促销策略,在巩固原有荧光灯市场占有率25%的基础上做到逐步扩大节能光源市场,并努力开拓国际市场。由于销售量的增加和产品结构的变化,97年的主营收入将比96年增加3320万元。

上述营业收入的增加除外供动力随能源涨价调整外,其他产品未考虑产品价格调整的因素。

c. 主营业务成本97年比96年增长11.40%,增长的主要因素为:

(a)由于产量和产品结构的变化。制造成本总额比96年增加3119万元,上升11.4%,其中:原材料和加工费比96年分别上升9%和26%;能源因水、电、煤的涨价比上年增长14%;工资成本和制造费用分别比上年增长8%和10%。

(b)主营业务成本率96年为82.78%,97年计划83.80%,比上年增长1.02个百分点,主要是新品增加和品种结构变化所致。

d. 销售费用总额97年比96年增长85万元,增长30.28%,主要是为扩大名牌影响,加强售后服务,增加广告宣传和促销手段,增加营销队伍等而发生的费用。

e. 管理费用97年比96年上升128.55万元,上升21.57%,主要是工资、职工培训费、技术开发费有所增加,其他各项费用均通过下达费用定额控制指标,比上年有不同程度下降,新增加了土地租赁费130万元。

f. 财务费用97年比96年降低475万元,降低112.31%,主要考虑到A股发行募集资金到位后的利息收入因素,未考虑增加贷款,因此财务费用利息收入大于支出。

g. 收入费用率(销售费用、管理费用、财务费用),1996年5.34%,97年计划4.05%,比上年下降1.29个百分点,使收入增长而费用有所下降。

h. 营业税金及附加比96年增加7.64%,主要是营业收入增加后应交的增值税、城建税和教育附加费相应增加;税率无变化。

i. 其他业务利润主要反映材料销售利润,1997年按1996年水平预测。

j. 投资收益因新增两家投资单位,并按各被投资单位确定的1997年度经营计划,根据投资比例分别按成本法和权益法核算,比上年增加43万元(其中:华赛吸气剂有限公司97年亏损165万元),增长3.08%。

k. 营业外支出主要根据营业收入的3‰计算地方政府规定征收的市场、粮食、物价调节基金等及按固定资产征收的防洪保安基金。

l. 所得税计算:本公司是在国家级高新技术开发区——南京市浦口区高新技术产业开发区内注册的新办高新技术企业(1994年,南京市科委宁科(94)199号文件认定)。根据国务院国发(1991)12号文件和财政部、国家税务总局财税字(1991)001号文件规定并经南京市国家税务局宁国税函发[97]042号文确认,96年起按15%税率计征。并对投资收益分进利润因税率不同的补税44.22万元。

十四、公司发展规划

1.“九五”期间总体发展目标

根据国家电子工业“九五”规划和市场需求,本公司将以股票发行上市为契机,建立现代企业制度,加强科技开发和内部管理,积极引进国际先进技术,扩大生产规模,充分发挥电光源和电真空产品优势,加速多角化经营,建设以电光源类和真空电子器件类产品为主的大型电子企业集团,到2000年力争实现销售收入91000万元,税后利润9605万元。

2. 产品发展规划

(1)电光源类

电光源类产品为本公司优势产品。“九五”期间,本公司将依据市场需求,以发展节能照明电器为中心,调整优化产品结构,引起先进技术设备,实现产品生产规模化,质量国际化、照明工程配套化,力争到2000年,使公司各类荧光灯产品的生产能力达到1.1亿只,进一步巩固国内最大荧光灯生产基地的地位。

(2)真空电子器件

本公司真空电子器件产品主要包括吸气剂、显像管、示波管等。到2000年,各类吸气剂产品年生产能力将达5000万只,显像管生产能力达到60万只,示波管将达到8万只,使真空电子器件的垄断地位更加稳固。

3. 市场发展规划

目前,本公司主导产品“电工”牌荧光灯、吸气剂的市场占有率分别为25%和80%,“九五”期末,荧光灯产品的市场份额力争突破30%,吸气剂的市场占有率将会随生产线的建成投产得到进一步巩固。

“九五”期间,本公司将在以下几方面巩固和开拓市场:

(1)加强管理,降低成本,使本公司产品的质量和价格优势得到加强;

(2)充实调整营销人员,扩大比例,提高素质;

(3)加大宣传力度,丰富促销活动,提高产品知名度,树立企业形象;

(4)巩固扩大原有销售网络,积极开辟新的销售市场,力争使本公司的长期定点经销商遍及全国。

4. 员工扩充计划

为实现“九五”规划目标,本公司将会本着“年轻化、高素质、有专长”的用人原则,扩充人员,预计到2000年,本公司员工总数将达3300人,大专以上学历者将达850人,占员工总数的25.75%,公司管理人员将全部达到大学本科以上文化程度。

5. 资金筹措与运用计划

“九五”期间,本公司将建设若干重大投资项目,除本招股说明书已做说明的以外,目前正在进行可行性评估和立项工作的尚有电子节能灯生产线、平板CRT大屏幕彩色显示系统、中高压真空开关管项目、高亮度卤粉项目等,总投资将达5亿元左右。为此,在资金筹措方面,除内部积累外,本公司将通过利用外资、增资配股、发行债券、开辟海外证券市场、银行贷款、商业信用等多种形式广开筹资渠道,满足公司发展需要。

十五、重大合同及重大诉讼事项

(一)重大合同

截至本招股说明书概要刊登之日,本公司所签定的重大合同有:

1. 本公司于1993年2月8日与华东电子管厂签订了《动力供应协议》。该协议有效期至2010年底,主要内容为本公司按市场价在动力设施中向华东电子管厂用管线提供自来水、电、电讯、蒸汽、脱硫水煤气、不脱硫水煤气、净化压缩空气、无油压缩空气、氢气、净化氢气、氧气、钢瓶氧气、钢瓶氮气、液态氮、冷冻水、石油液化气、重油等十七种动力燃料协议,对供应动力的定义、交付和交付点、增加和减少供应、技术规格、计量和管理、价格和支付、协议的生效、期限和终止、双方责任、不可抗力、法律等十方面内容均做了较为详细的规定。

2. 本公司于1993年3月与华东电子管厂签订了《物资供应协议》。根据该协议,本公司按照规定价格(物资发票加5%-10%管理费)向华东电子管厂供应非金属类、金属类、五金类、丝材类、燃料类等五类物资材料,每年供应数量及交货期限由华东电子管厂在该年度开始前六个月提供年度计划,每一季度开始前45天提供季度计划,上一月份提供下一月份计划,经本公司同意后依照执行。协议还对供应物资的具体种类、技术标准、交付期限及违约责任等做出了较为详细的规定。

3. 本公司于1993年3月与华东电子管厂签订了《配套产品供应协议》。华东电子管厂据此协议向本公司供应荧光灯铝头、灯丝、荧光粉、玻管等四类配套产品,供应价格按“生产成本+合理利润”的公式计算,每年供应量由本公司在该年度开始前一个月内提供给华东电子管厂,本公司有权在已提供数量计划的10%以内进行调整。协议另对供应配套产品的技术标准、交付期限及违约责任等做了较为详细的规定。

4. 本公司于1997年3月18日与华东电子管厂签订了《国有土地使用权租赁合同》。根据该合同,本公司向华东电子管厂租赁土地面积57732.55平方米,租期50年(自1997年3月17日至2047年3月16日),每年租金为130万元,每满三年,租赁双方对租金调整一次。该合同已于1997年3月25日经南京市国土管理局批准生效。

5. 适用于荧光灯产品的“电工”牌商标的二十年使用权是由华东电子管厂在本公司成立时作为无形资产投资入股本公司的,并且与本公司于1993年2月8日签订了《关于商标使用权折价入股的协议书》。因此,本公司自成立之日起二十年内有权在荧光灯产品上无偿使用并有权许可他人在荧光灯产品上使用“电工”牌商标;同时,华东电子管厂在此期间无权在荧光灯产品上使用,也无权许可他人在荧光灯产品上使用“电工”牌商标。“电工”牌商标的所有权仍归华东电子管厂拥有。

6. 本公司于1997年3月10日与华东电子管厂签订了为期十年的《相互提供服务协议》。根据该协议,华东电子管厂须向本公司有偿提供设备维修、交通车辆、废品处理、广告服务、公用设施、员工生活住房及其配套设施、综合福利服务(包括医疗服务、文娱康乐、食堂、宾馆、浴室等)、教学服务(包括幼儿园、小学、中学、技校)等服务;本公司须向华东电子管厂有偿提供原材料入厂检验、设备定期检查维修、三废治理等服务,各自服务费用按实际成本计算。

7. 本公司与华东电子管厂于1997年3月10日签订了《避免竞争和优先选择协议》。在该协议中,华东电子管厂(包括其现有的和将来的子公司、控股公司和其他经营受其控制的公司)承诺:

(1)不直接经营或参与经营与本公司有竞争或可能有竞争的业务;(2)尽量避免与本公司的交易往来,如该种交易确属必要并对双方有利,则应严格按照国家有关法律规定及市场规则进行;(3)优先向本公司提供包括生产经营、新产品开发、收购兼并等在内的业务机会等。

8. 本公司于1994年9月28日与南京电工荧光灯经销有限责任公司签订了《经销协议》。南京电工荧光灯经销有限责任公司据此销售本公司"电工"牌荧光灯产品,并获本公司许可在从事经销产品的销售业务和为此所进行的促销、广告活动中使用"电工"牌商标。南京电工荧光灯经销有限责任公司对本公司的荧光灯产品的收购价格为每支市场销售价格减每支0.43元销售费用。该协议对销售方式、质量标准、结算期限、违约责任等做出了较为详细的规定。

9. 本公司于1993年3月8日与华东电子管厂签订了《关于动力燃料的协议》。本公司据此协议委托华东电子管厂代理本公司向华飞彩色显示系统有限公司和飞东照明有限公司供应氢气、水煤气、蒸汽等动力燃料和代理收受价款,但动力燃料供应量和供应价格的调整须由本公司做出最终决定。

10. 本公司已分别与常熟荧光灯厂、宿迁市华发荧光灯联营厂、南京华鑫荧光灯厂、镇江电子管厂、南京电真空器件厂、扬州市华泰荧光灯厂和常熟市华东荧光灯厂签订了《委托加工生产"电工"牌日光灯合同》。本公司据此合同委托上述厂家加工生产"电工"牌日光灯。委托加工品种、数量由本公司根据市场需求和各厂家生产能力,于每一宗委托加工前二十日书面通知加工厂家,各厂家受托加工"电工"牌日光灯所需的主要配套原材料须采用本公司指定厂家产品。该合同对委托加工产品质量标准也做出了明确的规定。

(二)重大诉讼

截至本招股说明书概要刊发之日,本公司及公司董事、监事及高级管理人员未涉及任何未裁决或未执行的诉讼事项,也没有任何法人或自然人对本公司及公司董事、监事及高级管理人员提出或拟提出诉讼。

十六、备查文件

1. 审计报告、财务报表及附注
2. 南京市经济体制改革委员会《关于同意设立南京华东电子集团股份有限公司的批复》
3. 南京市高新技术产业开发区管委会《同意南京华东电子集团股份有限公司在区内登记注册的批复》·
4. 电子工业部《关于南京华东电子集团股份有限公司A股发行额度的批复》
5. 深圳证券交易所上市承诺函
6. 承销协议及承销团协议
7. 南京市国有资产管理办公室《对国营华东电子管厂资产评估报告的确认》
8. 南京市国有资产管理办公室《关于对南京华东电子集团股份有限公司国有股权管理的通知》
9. 南京华东电子集团股份有限公司创立大会文件
10. 南京华东电子集团股份有限公司历次股东大会、董事会文件
11. 重大合同
12. 资产评估报告
13. 盈利预测审核报告
14. 公司章程
15. 招股说明书

上述备查文件可于本次发行期间在本公司证券部、国泰证券有限公司或深圳证券交易所所在地查阅。

附图一

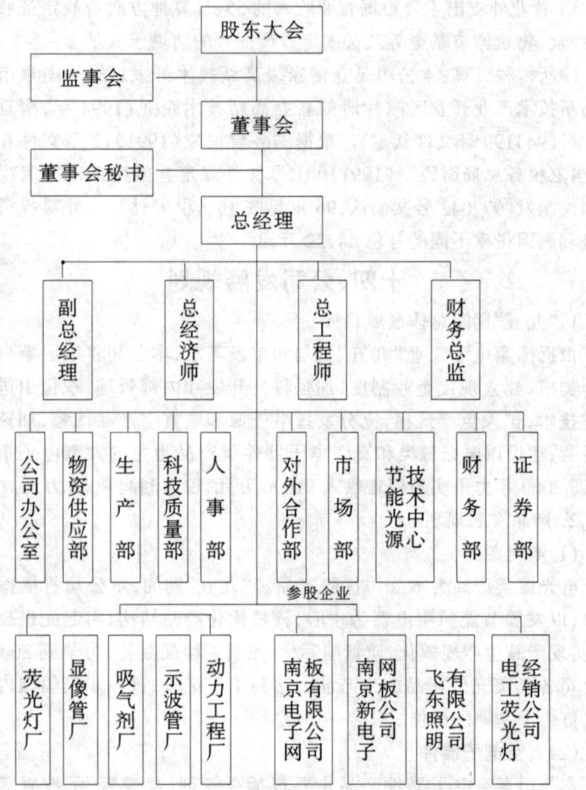

资 产 负 债 表

编制单位:南京华东电子集团股份有限公司　　　　单位:元

资产	1996年12月31日	1995年12月31日	1994年12月31日	负债及股东权益	1996年12月31日	1995年12月31日	1994年12月31日
流动资产:				流动负债:			
货币资金	16,958,661.09	10,823,449.52	21,572,818.28	短期借款	35,640,000.00	34,800,000.00	31,000,000.00
短期投资				应付票据			
应收票据	1,529,858.94	407,200.00		应付帐款	42,060,403.17	35,864,329.02	31,996,109.70
应收帐款	58,865,609.47	41,865,799.96	27,784,139.06	预收货款	6,255,963.95	6,000,449.56	5,064,389.46
减;坏帐准备	294,383.05	209,329.00	138,920.70	应付工资	4,471,513.33	3,074,391.14	4,323,663.29
应收帐款净额	58582226.42	41656470.96	27645218.36	应付福利费	529,903.24	225,456.13	321,641.27
预付货款	118,376.69	1,132,911.32	933,369.08	未付股利	20,157,240.00	35,275,170.00	35,275,170.00
其他应收款	62,725.57	3,534,877.55	2,932,397.68	未交税金	4,706,133.05	2,229,216.05	4,077,149.31
待摊费用	5,160,886.53	6,568,401.04	7,975,915.55	其他未交款	1,357,465.21	1,188,560.77	1,006,225.12
存货	36,326,508.29	38,241,018.51	34,878,253.34	其他应付款	51,578.29	70,509.58	90,916.63
待处理流动资产净损失		-335,761.40	99,743.00	预提费用	36,300.00	12,300.00	50,259.00
一年内到期的长期债券投资				一年内到期的长期负债	1,140,000.00		
其他流动资产				其他流动负债			
流动资产合计	118,739,243.53	102,028,567.50	96,037,715.29	流动负债合计	116,406,401.24	118,740,382.25	113,205,523.78
长期投资:				长期负债			
长期投资	75,769,325.13	64,825,709.51	52,476,833.09	长期借款	35,260,000.00	32,600,000.00	32,600,000.00
固定资产:				应付债券			
固定资产原价	134,731,271.76	131,622,867.56	128,300,381.71	长期应付款			

资产	1996年12月31日	1995年12月31日	1994年12月31日	负债及股东权益	1996年12月31日	1995年12月31日	1994年12月31日
减:累计折旧	80,604,589.24	72,018,983.78	65,822,941.83	其他长期负债	1,734,218.00		
固定资产净值	54,126,682.52	59,603,883.78	62,477,439.88	其中:住房周转金	1,734,218.00		
在建工程	47,110,301.76	41,781,032.57	39,509,066.59	专项应付款			
固定资产清理				长期负债合计	36,994,218.00	32,600,000.00	32,600,000.00
待处理固定资产净损失				递延税项			
固定资产合计	101,236,984.28	101,384,916.35	101,986,506.47	递延税款贷项			
无形资产及递延资产:				负债合计	153,400,619.24	151,340,382.25	145,805,523.78
无形资产	16,641,125.00	17,634,625.00	18,628,125.00	股东权益			
递延资产				股本	100,786,200.00	100,786,200.00	100,786,200.00
无形及递延资产合计	16,641,125.00	17,6345,625.00	18,628,125.00	资本公积	7,289,224.00	7,289,224.00	7,289,224.00
其他长期资产				盈余公积	34,470,871.66	23,318,406.01	11,697,168.50
其他长期资产				其中:公益金	7,080,910.74	4,850,417.61	2,526,170.10
递延税项:				未分配利润	16,439,763.04	3,139,606.10	3,551,063.57
递延税款借项				股东权益合计	158,986,058.70	134,533,436.11	123,323,656.07
资产总计	312,386,677.94	285,873,818.36	269,129,179.85	负债及股东权益总计	312,386,677.94	285,873,818.36	269,129,179.85

财务状况变动表

编制单位:南京华东电子集团股份有限公司　　　　单位:元

流动资金来源和运用	行次	金额	流动资金各项目的变动	行次	金额
一、流动资金来源			一、流动资产本年增加数		
1. 本年净利润	1	44,609,862.59	1. 货币资金	26	6,135,211.57
加:不减少流动资金的费用和损失			2. 短期投资	27	
(1)固定资产折旧	2	9,003,956.61	3. 应收票据	28	1,122,658.94
(2)无形资产和递延资产摊销	3	993,500.00	4. 应收帐款净额	29	16,925,755.46
(3)固定资产盘亏(减盘盈)	4		5. 预付货款	30	-1,014,534.63
(4)固定资产损失(减收益)	5	26,383.00	6. 其他应收款	31	-3,472,151.98
(5)其他不减少流动资金的费用和损失	6		7. 持摊费用	32	-1,407,514.51
小计	7	54,633,702.20	8. 存货	33	-1,914,510.22
2. 其他来源			9. 待处理流动资产净损失	43	335,761.40
(1)固定资产清理收入(减清理费用)	8	385,651.66	10. 一年内到期的长期债券投资	35	
(2)增加长期负债	9	5,534,218.00	11. 其他流动资产	36	
(3)收回长期投资	10	8,000,000.00	流动资产增加净额	37	16,710,676.03
(4)对外投资转出固定资产	11		二、流动负债本年增加数		
(5)资本增加净额	12	11,152,465.65	1,短期借款	38	840,000.00
小计	13	25,072,335.31	2. 应付票据	39	
流动资金来源合计	14	79,706,037.51	3. 应付帐款	40	6,195,975.15
二、流动资金运用			4. 预收货款	41	255,514.39
1. 利润分配	15		5. 其他应付款	42	-18,931.29
(1)提取法定公积金	16	4,460,986.26	6. 应付工资	43	1,397,122.19
(2)提取法定公益金	17	2,230,493.13	7. 未交税金	44	2,476,917.00
(3)提取任意公积金	18	4,460,986.26	8. 应付福利费	45	304,447.11
(4)已分配股利	18	20,157,240.00	9. 未付股利	46	-15,117,930.00
小计	19	31,309,705.65	10. 其他未交款	47	168,904.44
2. 其他运用			11. 预提费用	48	24,000.000
(1)固定资产和在建工程净增加额	20	9,268,059.20	12. 一年内到期的长期负债	49	1,140,000.000
(2)增加无形资产、递延资产及其他资产	21		13. 其他流动负债	50	
(3)偿还长期负债	22	1,140,000.00		51	
(4)增加长期投资	23	18,943,615.62		51	
流动资金运用合计	24	60,661,380.47	流动负债增加净额	53	-2,333,981.01
流动资金增加净额	25	19,044,657.04	流动资金增加净额	54	19,044,657.04

利润及利润分配表

编制单位:南京华东电子集团股份有限公司　　　　单位:元

项目	1996年度	1995年度	1994年度	项目	1996年度	1995年度	1994年度
一、主营业务收入	330,547,455.65	286,945,027.09	209,574,350.14	四、利润总额	50,380,780.55	46,484,950.04	41,186,581.89
减:营业成本	273,623,078.75	241,463,640.45	172,293,909.90	减:所得税	5,770,917.96		
销售费用	2,817,035.45	3,446,514.59	3,140,158.38	五、净利润	44,609,862.59	46,484,950.04	41,186,581.89
管理费用	10,594,450.09	7,993,608.67	6,451,843.32	加:所初未分配利润	3,139,606.10	3,551,063.57	7,936,297.15
财务费用	4,234,316.16	4,098,706.78	1,184,428.30	六、可分配利润	47,749,468.69	50,036,013.61	49,122,879.04
营业税金及附加	1,999,446.53	1,595.570.64	1,052,474.35	减:提取法定公积金	4,460,986.26	4,648,495.00	4,118,658.19
二、主营业务利润	37,279,128.67	28,346,985.96	25,451,535.89	提取法定公益金	2,230,493.13	2,324,247.51	2,059,329.09
加:其他业务利润	112,400.91	589,885.25	647,901.65	七、可供股东分配的利润	41,057,989.30	43,063,271.10	42,944,891.76
三、营业利润	37,391,529.58	28,936,871.21	26,099,437.54	减:已分配优先股股利			
加:投资收益	13,943,615.62	18,412,876.42	16,063,281.89	提取任意公积金	4,460,986.26	4,648,495.00	4,118,658.19
营业外收入				已分配普通股股利	20,157,240.00	35,275,170.00	35,275,170.00
减:营业外支出	954,364.65	864,797.59	976,137.54	八、未分配利润	16,439,763.04	3,139,606.10	3,551,063.57
加:以前年度损益调整							

南京华东电子集团股份有限公司股票上市公告书

一、要览

总股本:14078.62 万股

可流通股本:4000 万股

本次上市流通股本:4000 万股

股票简称:华东电子

股票代码:0727

上市地点:深圳证券交易所

上市时间:1997 年 5 月 20 日

上市推荐人:国泰证券有限公司

江苏证券股份有限公司

登记机构:深圳证券登记有限公司

二、绪言

本上市公告书系根据《中华人民共和国公司法》、《股票发行与交易管理暂行条例》、公开发行股票公司信息披露的内容与格式准则第七号《上市公告书的内容与格式(试行)》及国家证券管理机关颁布的有关证券管理的现行法规、规定而编制。本公司本次新股发行业经中国证券管理委员会证监发字(1997)184 号文和证监发字(1997)185 号文批准,股票上市申请经深圳证券交易所深证发字(1997)173 号文同意,于 1997 年 5 月 20 日在深圳证券交易所挂牌交易。本公司总股本为 14078.62 万股,本次上市流通的 4000 万股均为 1997 年 5 月 7 日至 14 日向社会公开发行的新股。在公司前次定向募集时发行的内部职工股 1972.22 万股按规定自公开发行之日起三年后上市。

本公司于 1997 年 5 月 5 日在《中国证券报》、《证券时报》、《南京日报》刊登了《招股说明书概要》,距今不足六个月,与其重复的内容不再重述,敬请广大投资者查阅本公司的《招股说明书概要》。

本公司董事会成员已批准本上市公告书,确认其中不存在重大遗漏或误导,并对其真实性、准确性、完整性负个别的和连带的责任。

三、公司概况

(一)概况

1. 公司名称:南京华东电子集团股份有限公司
2. 注册地址:南京市浦口高新技术开发区 D03 栋
3. 注册资本:14078.60 万元
4. 法定代表人:赵竟成
5. 成立日期:1993 年 1 月 8 日
6. 经营范围:主营真空电子器件、电光源产品、电子计算机及配件、其他电子产品与通信产品等;兼营动力设备、照明设备安装、维修等。
7. 所属行业:电子工业
8. 公司联系电话:(025)5502050—2925
9. 联系人:伍华林　董学山

(二)公司历史沿革

本公司是于 1992 年 9 月 18 日经南京市经济体制改革委员会以宁体改字(92)215 号文批准,由国营华东电子管厂以经评估确认的部分经营性净资产独家发起组建的股份有限公司,总股本为 10078.62 万股。其中,华东电子管厂以经评估确认的截止 1992 年 6 月 30 日的净资产值 8106.41 万元投入本公司,折合国有法人股 8106.40 万股,由华东电子管厂持有,同时按每股 1 元的价格由内部职工认购 1972.22 万股。本公司发起人华东电子管厂是中国制造电真空器件和电光源产品的国家大型骨干企业,其前身为成立于 1937 年的国民政府资源委员会中央电工器材厂,历史悠久,技术力量雄厚,曾生产出我国第一批特制灯泡、第一批荧光灯、第一只吸气剂、第一只黑白显像管、彩色显像管等。

本公司以定向募集股份完毕后,于 1992 年 12 月 18 日经南京会计师事务所验资完毕,并于 1993 年 1 月 8 日在南京市工商行政管理局登记注册,领取了注册号为 13495591—0 的企业法人营业执照,注册地址为南京市浦口高新技术开发区 D03 栋。

四、股票发行及承销

(一)本次公开发行

发行数量:4000 万股

发行价格:6.16 元

发行市盈率:14 倍

股票面值:每股 1 元人民币

发行日期:1997 年 5 月 7 日至 14 日

发行方式:全额预缴款、比例配售、余款转存

配售户数:10,986 户

配售比例:1.903%

持 1000 股以上的户数:8216 户

发行费用总额:800 万元

每股发行费用:0.20 元

实募资金总额:23840 万元

(二)股票承销

本次公开发行 4000 万股股票全部被符合法律、法规规定的投资者认购。

(三)验资报告(宁会内一验字(97)023 号)

南京华东电子集团股份有限公司:

本所接受委托,对贵公司截止 1997 年 5 月 13 日的注册资本、实收资本变更情况的真实性和合法性进行了审验。在审验过程中,我们按照《独立审计实务公告第 1 号——验资》的要求,实施了必要的审验程序。贵公司的责任是提供真实、合法、完整的验资资料,保护资产的安全、完整;我们的责任是按照《独立审计实务公告第 1 号——验资》的要求,出具真实、合法的验资报告。

贵公司委托验证的注册资本为 14,078.62 万元。经我们审验,本次社会公众股(A 股)发行前,贵公司的股本总额为 10,078.62 万元,业经本所验证并出具了宁会验(92)2071 号验资报告。经中国证券监督管理委员会证监发字(1997)184 号和(1997)185 号文批准贵公司向社会公众发行人民币普通股 4,000 万股,每股面值 1 元,发行价每股 6.16 元,应募集资金 24,640 万元。发行结束后,贵公司共募集资金 23,840 万元(已扣除预计发行费用 800 万元),其中股本为 4,000 万元,溢价收入计入资本公积 19,840 万元。贵公司在本次公开发行后注册资本总额为 14,078.62 万元。其中:

国有法人股 8,106.40 万元,占注册资本 57.58%;

社会公众股 4,000.00 万元,占注册资本 28.41%;

内部职工股 1,972.22 万元,占注册资本 14.01%。

南京会计师事务所　　中国注册会计师　伍　敏

邹宏伟

中国·南京　　1997 年 5 月 13 日

五、董事、监事及高级管理人员持股情况

姓名	职务	持股数(股)	前总股本比例	后总股本比例
赵竟成	董事长兼总经理	9900	0.0098%	0.0070%
徐　森	副董事长	9900	0.0098%	0.0070%
陈荣海	董事兼副总经理	8100	0.0080%	0.0058%
刘牧群	董事兼财务总监	5400	0.0053%	0.0038%
张受权	董事兼总工程师	9900	0.0098%	0.0070%
房大勇	董事兼总经济师	8100	0.0080%	0.0058%
赵宝林	董事	5400	0.0053%	0.0038%

张银千　监事长	8100	0.0080%	0.0058%
杨国柱　监事	8100	0.0080%	0.0058%
金幸棣　监事	8100	0.0080%	0.0058%
伍华林　董事会秘书	1800	0.0018%	0.0013%
合计	82800	0.0818%	0.0589%

六、公司设立

1. 本公司1997年3月12日召开的临时股东大会通过了公司申请向社会公开发行股票并在深圳证券交易所上市的特别决议

2. 公司注册资本:14078.60万元

3. 本次发行后重新注册登记时间:1997年5月14日

4. 公司注册地点:南京市浦口高新技术产业开发区D03栋

5. 营业执照注册号码:13495591—0

七、关联企业及关联交易

(一)关联企业及关联交易

1. 华东电子管厂

华东电子管厂为本公司最大股东,现持有本公司80.43%股份,本次发行完毕后持有本公司57.58%的股份。其厂长赵竟成先生现任本公司董事长兼总经理。本公司与华东电子管厂之间的关联交易主要有物资供应、配套产品、综合服务、土地租赁、动力供应等交易关系。

2. 南京电子网板有限公司

南京电子网板有限公司位于南京市迈皋桥,注册资本7600万元人民币,经营范围是生产、销售为各类彩色显像管和其它CRT显示器件配套的平板荫罩等,其现有股东为中山集团财务公司(27%)、香港中山有限公司(25%)、南京市投资公司(23%)、本公司(20%)及中山集团(5%)。现任董事长为中山集团总经理张关林先生,本公司董事长赵竟成先生、副董事长徐森先生担任其董事职务。本公司目前与南京电子网板有限公司无关联交易。

3. 飞东照明有限公司

飞东照明有限公司位于南京市迈皋桥,注册资本4690万荷兰盾,经营范围是生产经营节能型荧光等照明产品及玻管、零部件等,现有股东为荷兰飞利浦电子东南亚控股有限公司(70.1%)和本公司(29.9%)。现任董事长为本公司副董事长徐森先生,本公司董事长赵竟成先生、监事长张银千先生担任其董事职务。本公司于1993年3月与华东电子管厂签署了《关于动力燃料的协议》,本公司据此协议委托华东电子管厂代向飞东照明有限公司供应动力燃料。

4. 南京新电子网板有限公司

南京新电子网板有限公司位于南京市迈皋桥,注册资本8000万元人民币,经营范围是生产、销售为各种彩色显像管和其它CRT显示器件配套的平板荫罩等,现有股东为中山集团财务公司(27%)、香港钟山有限公司(25%)、南京市投资公司(23%)、本公司(20%)及中山集团(5%)。现任董事长为中山集团总经理张关林先生,本公司董事长赵竟成先生、副董事长徐森先生现任其董事职务。本公司目前与南京新电子网板有限公司无关联交易。

5. 南京电工荧光灯经销有限责任公司

南京电工荧光灯经销有限责任公司位于南京市迈皋桥,注册资本100万元,经营范围是销售电器机械及器材、照明电器等,现有股东为本公司(40%)和南京电工联合总公司(60%)。现任董事长为本公司董事长赵竟成先生,本公司董事房大勇先生担任其董事职务。本公司于1994年9月与南京电工荧光灯经销有限责任公司签订《经销协议》,南京电工荧光灯经销有限责任公司据此协议经销本公司荧光灯产品。

(二)本公司股东在关联交易中的利益保证

1. 本公司已于1997年3月10日就避免竞争和优先选择事宜与国营华东电子管厂签订了《避免竞争和优先选择协议》,在该协议中,华东电子管厂(包括其附属公司)承诺:

(1)不直接或参与经营与本公司有竞争或可能有竞争的业务;

(2)尽量避免与本公司的交易往来,如该种交易确属必要,则严格按照国家有关法律规定及市场规则进行;

(3)优先向本公司提供包括生产经营、新产品开发、收购兼并等在内的业务机会等;

2. 本公司参股子公司均已在工商管理机关登记注册,并与本公司就相关关联交易签订了完善、有效的协议,不存在由于本公司与其关联企业的关系而影响公司的重大合同条款之有效性的可能性。

八、股东结构及大股东持股情况

(一)本次上市后公司总股本为14078.62万股,股本构成如下:

种类	数量(万股)	占总股本比例(%)
1. 总股本	14078.62	100
2. 尚未流通股份	10078.62	71.59
(1)国有法人股	8106.40	57.58
(2)内部职工股	1972.22	14.01
3. 可流通股份	4000	28.41

(二)本公司前十名股东所持股数及比例

股东名称	持股数量(万股)	占总股本比例(%)
国营华东电子管厂	8106.40	57.58
南京银虹实业有限责任公司	13.3952	0.095
南京杰源生物科技开发有限公司	13.3952	0.095
珠海市沿海集团有限公司	13.3952	0.095
深圳市麦高尔投资发展有限公司	13.3952	0.095
南京博腾科技公司	13.3952	0.095
上海万盛投资咨询公司	13.3952	0.095
江苏省铁路实业有限公司	13.3952	0.095
上海财政证券公司南京营业部	13.3952	0.095
中信天津证券业务部	13.3952	0.095

九、公司财务会计资料

(一)审计报告(锡会股审(97)20号)

南京华东电子集团股份有限公司全体股东:

我们接受委托,审计了贵公司一九九六年十二月三十一日、一九九五年十二月三十一日、一九九四年十二月三十一日的资产负债表和一九九六年度、一九九五年度、一九九四年度的利润表及利润分配表,一九九六年度的财务状况变动表。这些会计报表由贵公司负责,我们的责任是对这些会计报表发表审计意见。我们的审计是依据《中国注册会计师独立审计准则》进行的。在审计过程中,我们结合贵公司的实际情况,实施了包括抽查会计记录等我们认为必要的审计程序。

我们认为上述会计报表符合《企业会计准则》和《股份制试点企业会计制度》及国家有关法律法规的规定,在所有重大方面公允地反映了贵公司一九九六年十二月三十一日、一九九五年十二月三十一日、一九九四年十二月三十一日的财务状况和上述三个年度的经营成果及一九九六年度的资金变动情况,会计处理方法的选用遵循了一贯性原则。

无锡公证会计师事务所　　中国注册会计师　管燕萍

赵小琪

中国　无锡　　一九九七年三月二十日

(二)财务报表附注

注释1. 基本情况

南京华东电子集团股份有限公司(以下简称本公司)是由华东电子管厂在改制的基础上独家发起,经南京市经济体制改革委员会以宁体改字(92)215号文批准,以定向募集方式设立的股份制试点企业。

公司的股本募集后由南京会计师事务所宁会验(92)2071号验资报告验证,并经南京市工商行政管理局核准注册登记,领取注册号为13495591—0企业法人营业执照;从1993年1月8日正式按股份制试点企业运作。

公司注册地址为南京市浦口区国家级高新技术产业开发区D03栋。主要经营范围为生产和销售真空电子器件、电光源产品、电子计算机及配件以及其它电子产品。现有生产能力为年产各类荧光灯5500万只,吸气剂2800万只,示波管4万只。

本公司下设荧光灯厂、显像管厂、吸气剂厂、示波管厂、动力工程厂等5个主要生产单位,实行二级核算,由公司财务部门统一汇总核算编制对外报送报表。

注释2.重要会计政策

1、会计制度

公司执行《股份制试点企业会计制度》。

2、会计年度

以公历1月1日至12月31日为一个会计年度。

3、记帐本位币

以人民币为记帐本位币。

4、记帐原则和计价基础

以权责发生制为记帐原则,以历史成本为计价基础。

5、外币核算

外币帐户1994年1月1日起按中国人民银行公布的当月1日人民币基准汇价折合人民币记帐,并于期末按基准汇价进行调整,调整的差额分别计入在建工程和财务费用—汇兑损益科目。

6、坏帐准备

采用备抵法核算,按期末应收帐款余额5‰计提坏帐准备。

7、存货计价

(1)各类存货采用计划价格核算,计划价格与实际价格的差异在结算成本时按差异率综合调整为实际价格;

(2)低值易耗品采用领用时一次摊销的方法。

8、长期投资核算方法

(1)投资金额占被投资单位注册资本20%以下的按成本法核算;

(2)投资金额占被投资单位注册资本20%以上(含20%)的按权益法核算;

(3)投资金额占被投资单位资本金50%以上的按权益法核算并合并会计报表。

9、固定资产及其折旧

固定资产计价标准为价格在2000元以上(含2000元),使用期限在一年以上。评估入帐的固定资产按重置成本法计价,其他均按实际成本计价,采用直线法计提折旧。

固定资产残值率为3%,折旧年限及年折旧率分别为:

固定资产类别	折旧年限	年折旧率
房屋及建筑物	33	2.94%
通用设备	17	5.70%
专用设备	9	10.78%
动力设备	17	5.70%
运输工具及其他设备	8	12.12%

10、无形资产及其摊销

"电工"牌荧光灯商标经评估作价取得,按20年平均摊销。

11、营业收入的确认

以产品(商品)发出,商品的所有权已提供并已自卖方转移给买方,收到货款或取得收取货款的证据时确认收入的实现。

12、税项

(1)流转税:

本公司为一般纳税人,实行增值税,销项税税率为17%,根据销项税额和进项税额的差额交纳增值税。

(2)城建税及教育费附加:

按应交营业税、增值税金额的7%计征城市维护建设税,3%计征教育费附加,根据1994年11月28日苏财预字(1994)131号、苏国税(1994)170号,苏地税(1994)065号,苏教委(1994)189号文规定,从1995年1月1日起增加计征1%地方教育附加费。

(3)所得税:

本公司是在国家级高新技术开发区——南京市浦口区高新技术产业开发区内注册的新办高新技术企业(1994年,南京市科委宁科(94)199号文件认定)。根据国务院国发(1991)12号文件和财政部、国家税务总局财税字(1991)001号文件规定并经南京市国家税务局宁国税函发〔1997〕042号文确认,本公司的所得税94年、95年两年免税,96年起按15%税率计征。

13、利润分配

依照本公司章程规定,按税后利润的一定比例分别计提法定盈余公积金、公益金;根据股东大会决议,按税后利润的一定比例计提任意盈余公积金。

注释3.财务报表项目说明

(下列项目无特殊说明,均以96年12月31日为基准日,以人民币元为单位)

1.应收票据　　1,529,858.94

出票人	种类	出票日期	到期日期	金额
陕西咸阳彩虹集团	银行承兑汇票	96.10.10	97.02.28	500,000.00
深圳凯利达电子公司	银行承兑汇票	96.10.26	97.04.15	100,000.00
陕西咸阳彩虹集团	银行承兑汇票	96.11.28	97.05.27	929,858.94

以上票据均不带息。

2.应收帐款　　58,876,609.47

(1)按帐龄分类	比重(%)	金额
1年以内	98.580	58,042,660.57
1—2年	0.475	279,624.57
2—3年	0.487	286,435.44
3年以上	0.458	267,888.89
合计	100.000	58,876,609.47

(2)无持有5%以上股份股东欠款情况;

(3)应收帐款比上年增长1,701.08万元,增长40.63%;主要原因为销售业务增长。

3.预付帐款　　118,376.69

(1)按帐龄分类	比重(%)	金额
1年以内	37.98	44,956.69
1—2年	——	——
2—3年	59.98	70,994.80
3年以上	2.04	2,425.20
合计	100.00	118,376.69

(2)无持有5%以上股份股东欠款情况。

4.其他应收款　　62,725.57

(1)按帐龄分类	比重(%)	金额
1年以内	65.05	40,805.57
1—2年	26.98	16,920.00
2—3年	3.19	2,000.00
3年以上	4.78	3,000.00
合计	100.00	62,725.57

(2)持有5%以上股份股东欠款情况:

华东电子管厂欠新品试制费　　40,005.57

(3)其他应收款比上年减少347.21万元,减少98.23%,主要原因为积极清收。

5.存货　　36,326,508.29

库存材料	20,932,594.65
自制半成品	609,926.48
在产品	5,026,640.67

产成品　　9,258,953.34

委托加工材料　　498,393.15

6. 待摊费用　　5,160,886.53

期初进项税额　　5,160,886.53

7. 长期投资　　75,769,325.13

联营投资

被投资公司名称	投资期限	投资比例	投资金额	按权益法调整的金额
南京电子网板有限责任公司	1989－2007年	20%	15,2000,000.00	32,523,580.70
南京新电子网板有限责任公司	1995－2010年	20%	11,000,000.00	11,000,000.00
南京飞东照明有限责任公司	1990－2015年	29.9%	25,441,551.20	30,441,551.20
南京经销有限责任公司	1994－2014年	40%	400,000.00	1,804,193.23
合　计			52,041,551.20	75,769,325.13

(1)南京新电子网板有限责任公司正在筹建之中;本公司应投注册资本1600万元人民币。

(2)根据经南京市外经贸委宁(市)外经资改字〔1995〕第361号批准的1994年3月29日"南京飞东照明有限责任公司改组和扩产的原则协议"的有关条文:

第一:飞东照明公司中本公司注册资本已发生如下变化(本公司应投资1400万荷兰盾折合25,441,551.20元人民币已全部投足)

	96.7.1	96.3.1	94.7.1	93.12.31
投资比例	29.9%	31.5%	38.8%	50%
投资金额(万荷兰盾)	1400	1400	1400	580

第二:本公司从飞东照明公司享受固定的投资回报:

从1994年7月1日起,飞东照明公司付给本公司固定的投资回报每年500万人民币,而本公司不承担盈亏责任。在合资合同期限内,每4年作为一个时间单位。4年期末可对回报数额重新审核或调整。每年向本公司支付这笔金额的日期为相应财政年度结束的3个月内。

本公司对飞东照明公司的长期投资按每年500万元权益调整。

8. 固定资产及累计折旧

(1)固定资产原值

固定资产类别	期初价值	本期增加	本期减少	期末价值
房屋及建筑物	46,292,017.28	1,209,261.56	105,031.75	47,396,247.09
专用设备	41,004,382.83	1,405,339.60	72,200.00	42.337,522.43
动力设备	27,570,985.46	833,859.92	488,400.00	27,916,445.38
通用设备	9,873,497.91	591,367.00	512,800.00	9,952,064.91
运输工具及其它	6,881,984.08	273,093.02	26,085.15	7,128,991.95
合　计	131,622,867.56	4,312,921.10	1,204,516.9	134,731,271.76

(2)累计折旧

固定资产类别	期初价值	本期增加	本期减少	期末价值
房屋及建筑物	15,899,596.45	1,363,071.92	88,116.46	17,174,551.91
专用设备	32,407,198.60	4,644,050.34	66,610.00	36,984,638.94
动力设备	13,569,265.56	1,917,007.89	262,269.45	15,224,004.00
通用设备	4,609,050.46	547,246.81	359,800.16	4,796,497.11
运输工具及其它	5,533,872.71	906,710.74	15,686.17	6,424,897.28
合　计	72,018,983.78	9,378,087.70	792,482.24	80,604,589.24

9. 在建工程　　47,110,301.76

工程名称	资金来源	预算(万元)	实际支用	工程进度	批文
彩色吸气剂生产线	贷款	2980	37,132,061.31	90%	宁经改(94)319号文
荧光灯生产线	自筹	70	664,562.95	90%	华科质(94)493号文
华利佳生产线	贷款	4133	7,035,154.82	10%	宁经改字(95)566号文
其他工程			2,278,522.68		
合计			47,110,301.76		

(1)在建工程中含资本化利息11,236,680.00元。其中:

94年3,012,480.00元;95年3,881,880.00元;96年4,342,320.00元。

(2)宁经改(94)319号文批准的彩色吸气剂生产线项目按原签定的合约,美元汇率按1:5.5折合人民币计算。由于94年1月1日起汇率并轨,实际支付398万美元已按市场汇率折合人民币,因而造成工程造价超预算733万元(已包含利息)。

10. 无形资产　　16,641,125.00

名　称	原　值	已摊销	期末余额	剩余摊销年限
商标使用权	19,870,000.00	3,228,875.00	16,641,125.00	16年零9个月

1992年6月30日改制时发起人国营华东电子管厂以"电工"牌荧光灯商标作价,由南京会计师事务所宁会查(92)291号评估报告评估并经南京市国资办宁国资办评估确认字(92)50号文件确认为1987万元。

11. 短期借款　　35,640,000.00

放款单位	借款日期	还款日期	金额(万元)	年利率(%)	条件
工行南京市分行	96.2.20	97.2.20	1000	14.472	担保
工行南京市分行	96.8.18	97.3.20	1969	10.8864	担保
工行南京市分行	96.9.20	97.2.20	200	9.9144	担保
工行南京市分行	96.7.29	97.2.20	200	12.078	担保
工行南京市分行	96.9.26	97.4.15	195	11.088	担保

12. 应付帐款　　42,060,304.17

无欠关联企业帐款情况。

13. 预收货款　　6,255,963.95

无预收关联企业货款情况。

14. 其他应付款　　51,578.29

其中:主要债权人	款项内容	金　额
国营华东电子管厂	应付代垫款	51,578.29

15. 未交税金　　4,706,133.05

税　种	未交税金
增值税	1,927,068.49
城市维护建设税	134,894.79
所得税	2,265,412.04
房产税等	378,757.73

比年初增加247.69万元,增长111.68%,主要是所得税和增值税增加。

16. 其他未交款　　1,357,465.21

教育费附加	77,082.74
市场物价调节基金	251,163.57
副食品发展基金	251,163.57
粮食风险基金	251,163.57
防洪保安基金	526,891.76

17. 一年内到期的长期负债　　1,140,000.00

放款单位	借款日期	还款日期	金额(万元)	年利率(%)	借款条件
工行南京市分行	94.12.29	97.06.25	14	11.70	担保
工行南京市分行	96.08.29	97.11.25	100	13.50	担保

18. 长期借款　　35,260,000.00

放款单位	借款日期	还款日期	金额(万元)	年利率(%)	借款条件
工行南京市分行	96.12.26	99.11.15	800	11.70	担保
工行南京市分行	96.12.29	98.06.25	300	12.42	担保
工行南京市分行	96.12.29	98.11.25	236	11.70	担保
工行南京市分行	96.12.29	2001.03.25	700	12.42	担保
工行南京市分行	96.12.29	99.11.25	700	12.42	担保
工行南京市分行	94.08.27	98.03.29	50	10.98	担保
工行南京市分行	94.10.25	98.11.25	40	10.98	担保
工行南京市分行	94.10.17	98.09.25	60	10.98	担保
工行南京市分行	94.12.03	98.05.25	60	10.98	担保
工行南京市分行	94.12.03	98.07.25	60	10.98	担保
工行南京市分行	94.12.03	98.09.25	60	10.98	担保
工行南京市分行	94.12.03	98.11.25	60	10.98	担保
工行南京市分行	94.12.28	98.11.25	50	10.98	担保
工行南京市分行	94.12.28	98.12.28	80	10.98	担保
工行南京市分行	94.12.28	99.03.25	90	10.98	担保
工行南京市分行	94.12.28	99.06.25	90	10.98	担保
工行南京市分行	94.12.28	98.09.25	90	10.98	担保

19. 其他长期负债　　1,734,218.00

96年本年按职工实发工资总额计提住房公积金

20. 股本　　100,786,200.00

股本结构	比例	期末余额

国有法人股	80.43%	81,064,000.00
内部职工股	19.57%	19,722,200.00

(1)华东电子管厂改制投入的部份经营性净资产,以一九九二年六月三十日为基准日,由南京会计师事务所评估,经南京市国资办宁国资办评估确认字(92)50号文件确认,经确认的部分经营性净资产8,106.41万元,以1:1折合国有法人股8,106.40万股,由华东电子管厂持股;内部职工持股1,972.22万股,按每股面值1元折1,972.22万元人民币。

(2)94年1月1日——96年12月31日,股本总额及股本结构均无变化。

21. 资本公积

	96.12.31	95.12.31	94.12.31
资本公积	7,289,224.00	7,289,224.00	7,289,224.00

本公司对南京飞东照明有限公司所投资的资产,由南京会计师事务所以宁会评(94)079号评估,并经南京市国有资产管理办公室以宁国资办确认字(94)61号文确认资产的增值部分。

22. 盈余公积金

	96.12.31	95.12.31	94.12.31
法定盈余公积金	14,161,821.47	9,700,835.21	5,052,340.21
公益金	7,080,910.74	4,850,417.61	2,526,170.10
任意盈余公积金	13,228,139.45	8,767,153.19	4,118,658.19
合 计	34,470,871.66	23,318,406.01	11,697,168.50

94年1月1日——96年12月31日期间的增加数均为税后净利润中的提取数,未支用。

23. 未分配利润

	96.12.31	95.12.31	94.12.31
(1)可供分配利润	41,057,989.30	43,063,271.10	42,944,891.76
减:提任意公积金	4,460,986.26	4,648,495.00	4,118,658.19
每股红利分配	0.20	0.35	0.35
分配利润	20,157,240.00	35,275,170.00	35,275,170.00
未分配利润	16,439,763.04	3,139,606.10	3,551,063.57

(2)94年、95年、96年的每股红利分配均由本公司第三、四、五次股东大会会议决议通过。

24. 主营业务收入

项 目	96年度	95年度	94年度
荧光灯	251,943,285.82	207,296,923.46	151,572,391.53
显像管	10,723,328.58	21,324,961.13	17,307,035.20
示波管	9,210,830.52	7,871,657.09	8,590,822.13
吸气剂	22,987,871.74	25,031,255.89	21,765,592.47
动 力	35,682,138.99	25,420,229.52	10,338,508.81
合 计	330,547,455.65	286,945,027.09	209,574,350.14

25. 主管业务成本

项 目	96年度	95年度	94年度
荧光灯	215,549,741.12	175,368,570.77	130,053,541.62
显像管	9,955,529.72	21,297,703.65	12,052,909.66
示波管	7,774,880.91	7,343,343.35	5,073,544.32
吸气剂	15,944,062.33	16,968,136.68	12,813,523.65
动 力	24,398,864.67	20,485,886.00	12,300,390.65
合 计	273,623,078.75	241,463,640.45	172,293,909.90

26. 销售费用

项 目	96年度	95年度	94年度
	2,817,035.45	3,446,514.59	3,140,158.38
其中主要项目:			
运输费	167,869.74	202,853.20	109,939.69
差旅费	202,347.60	331,455.34	280,626.68
广告展览费	2,040,000.00	2,018,000.00	1,830,000.00
销售服务费	58,443.04	282,241.80	129,016.73

27. 管理费用

28. 财务费用

项 目	96年度	95年度	94年度
利息净支出	4,213,630.26	3,576,647.08	3,439,816.04
手续费	33,165.90	13,779.70	44,882.26
汇兑损益	-12,480.00	508,280.00	-2,300,270.00
合 计	4,234,316.16	4,098,706.78	1,184,428.30

29. 其他业务利润

项 目	96年度	95年度	94年度
材料销售利润	112,400.91	589,885.25	647,901.65

30. 投资收益

项 目	96年度	95年度	94年度
联营投资	13,943,615.62	18,412,876.42	16,063,281.89
其中:			
飞东照明公司	5,000,000.00	5,000,000.00	2,500,000.00
电子网板公司	8,939,757.16	12,281,517.86	13,294,305.68
经销公司	3,858.46	1,131,358.56	268,976.21

31. 营业外支出

项 目	96年度	95年度	94年度
市场物价调节基金	251,163.57	192,240.06	209,574.35
副食品发展基金	251,163.57	192,240.06	209,574.35
粮食风险基金	251,163.57	192,240.06	209,574.35
防洪保安基金	174,490.94	276,057.41	278,656.64
固定资产清理损失	26,383.00	12,020.00	25,687.50
其 他	—	—	43,070.35
合 计	954,364.65	864,797.59	976,137.54

根据南京市人民政府宁政发(88)90号文规定按销售额的0.1%计征副食品生产发展基金;根据南京市人民政府宁政发(89)183号文规定按销售额的0.1%计征市场物价调节基金;根据南京市地税局宁地税三发(95)128号文字规定按上年销售额0.1%计征粮食风险基金;根据南京市地税局宁地税三发(95)129号文规定按上年固定资产原值0.2%计征防洪保安基金。

注释4. 资本承诺

截止一九九六年十二月三十一日,本公司有以下承诺:

按照签订的合同继续对南京新电子网板有限责任公司投资500万元人民币。

注释5. 或有负债或损失

截止一九九六年十二月三十一日,本公司无对外抵押、担保和未决诉讼。

注释6. 关联企业交易

公司与其关联企业的全部交易均按一般及公平商业条款进行,目前公司与其关联企业的关联关系主要有:

一、与发起人国营华东电子管厂的关联交易

(1)与华东电子管厂订有供应材料和动力的供货合同或协议,材料供应价格按物资发票价格加5%—10%的管理费结算,动力供货价格按市场同类产品价格结算;

(2)华东电子管厂与本公司订有供应半成品供货合同或协议,供货价格按成本加合理的利润结算;

1994年至1996年的交易金额如下:

供货内容	1996年度	1995年度	1994年度
材料	15,236,563.29	12,944,230.42	3,610,554.02
动力	11,010,557.76	8,366,311.25	2,364,281.03
半成品	9,468,868.86	9,463,885.74	8,500,661.72

二、与子公司的关联交易

(1)与子公司——南京飞东照明有限责任公司订有供应动力的协议,供货价格按市场同类产品价格结算;

(2)与子公司——南京电工荧光灯经销有限责任公司订有销售"电工"牌荧光灯的销售合同,结算价格为市场销售计划价格/支减销售费用0.43元/支。

1994年至1996年的交易金额如下:

子公司名称	1996年度	1995年度	1994年度
南京飞东照明有限责任公司	7,170,824.54	7,778,437.21	2,259,979.61

经销公司 27,727,437.92 26,907,094.36 11,638,420.75

注释 7. 期后事项

(1)1997 年 3 月 10 日,本公司与华东电子管厂签订了受让中外合资南京华赛吸气剂有限公司中华东电子管厂 475 万美元的股权协议。

(2)应收票据中的陕西咸阳彩虹集团 50 万元已于 97 年 2 月 17 日收回。

(3)短期借款中的工行南京分行贷款共计 3369 万元已重新办理展期借款手续,担保同时办理展期。

(三)资产负债表(见附表)

(四)利润及利润分配表(见附表)

(五)财务状况变动表(见附表)

(六)主要财务指标(见附表)

本公司近三年的主要财务指标计算表。(见附表)

十、董事会上市承诺

本公司董事会将严格遵守《中华人民共和国公司法》、《股票发行与管理暂行条例》、《公开发行股票公司信息披露实施细则》、《深圳证券交易所交易规则》和有关法律、法规的规定,并自股票上市之日起向全体股东作如下承诺:

1、按照法律、法规的规定程序和要求披露重大的信息,并接受 证券主管机关、深圳证券交易所的监督管理;

2、及时、准确、真实地在证券主管部门指定的报刊公布中期报告、年度报告及经营业绩等资料,并置于规定场所供投资者查阅;

3、本公司董事、监事及高级管理人员持股数量发生变化时,及时报告证券管理机关、深圳证券交易所,及时通过证券部门指定的报刊通行社会公众;

4、在任何公共传播媒介中出现的消息可能对本公司股票的市场价格产生误导性影响时,本公司知悉后将对该消息予以公开澄清;

5、本公司董事、监事及高级管理人员将认真听取社会公众的建议和批评,决不利用已获得的内幕消息直接或间接从事股票买卖活动;

6、本公司没有无记录负债。

十一、本公司无重要事项揭示

本公司 1996 年按每股 0.20 元向老股东分配红利,发行前的未分配利润将由新老股东共同享有。

十二、咨询机构

发行人:南京华东电子集团股份有限公司

法定代表人:赵竟成

地址:南京市浦口高新技术产业开发区 D03 栋

联系人:伍华林　　董学山

联系电话:(025)5502050—2925

主承销商:国泰证券有限公司

法定代表人:金建栋

地址:深圳市华强北路 3 号深纺大厦 13 层

联系人:金春保　李华忠

联系电话:(0755)3217225

上市推荐人:国泰证券有限公司

上市推荐人:江苏证券股份有限公司

法定代表人:鲍志强

地址:南京市水西门 2 号

联系人:张　涛

联系电话:(025)4523777—3607

十三、备查文件

1、深圳证券交易所上市通知书

2、招股说明书

3、审计报告

4、营业执照

5、公司章程

6、法律意见书

南京华东电子集团股份有限公司

一九九七年五月十五日

主要财务指标计算表

项目	计算公式	96 年度	95 年度	94 年度
一、流动比率	流动资产/流动负债	1.02 倍	0.86 倍	0.85 倍
二、速动比率	速动资产/流动负债	0.66 倍	0.48 倍	0.47 倍
三、应收帐款周转率	主营收入/应收帐款平均余额	6.60 次	8.28 次	8.02 次
四、存货周转率	主营成本/存货平均余额	7.34 次	6.60 次	5.08 次
五、净资产比率	净资产总额/资产总额×100%	50.89%	47.06%	45.82%
六、资产负债率	负债合计/资产总额×100%	49.11%	52.94%	54.18%
七、每股税后利润	税后利润总额/股本总额	0.4426 元	0.4612 元	0.4087 元
八、净资产收益率	税后利润总额/净资产余额×100%	28.06%	34.56%	33.40%

利润及利润分配表

编制单位:南京华东电子集团股份有限公司　　单位:人民币元

项目	注释	1996 年度	1995 年度	1994 年度	项目	注释	1996 年度	1995 年度	1994 年度
一、主营业务收入	3—24	330,547,455.65	286,945,027.09	209,574,350.14	四.利润总额		50,380,780.55	46,484,950.04	41,186,581.89
减:营业成本	3—25	273,623,078.75	241,463,640.45	172,293,909.90	减:所得税		5,770,917.96		
销售费用	3—26	2,817,035.45	3,446,514.59	3,140,158.38	五.净利润		44,609,862.59	46,484,950.04	41,186,581.89
管理费用	3—27	10,594,450.09	7,993,608.67	6,451,843.32	加:年初未分配利润		3,139,606.10	3,551,063.57	7,936,297.15
财务费用	3—28	4,234,316.16	4,098,706.78	1,184,428.30	六.可分配利润		47,749,468.69	50,036,013.61	49,122,879.04
营业税金及附加		1,999,446.53	1,595,570.64	1,052,474.35	减:提取法定公积金		4,460,986,26	4,648,495.00	4,118,658.19
二.主营业务利润		37,279,128.67	28,346,985.96	25,451,535.89	提取法定公益金		2,230,493.13	2,324,247.51	2,059,329.09
加:其他业务利润	3—29	112,400.91	589,885.25	647,901.65	七.可供股东分配的利润		41,057,989.30	43,063,271.10	42,944,891.76
三.营业利润		37,391,529.58	28,936,871.21	26,099,437.54	减:已分配优先股股利				
加:投资收益	3—30	13,943,615.62	18,412,876.42	16,063,281.89	提取任意公积金		4,460,986.26	4,648,495.00	4,118,658.19
营业外收入					已分配普通股股利		20,157,240.00	35,257,170.00	35,275,170.00
减:营业外支出	3—31	954,364.65	864,797.59	976,137.54	八.未分配利润		16,439,763.04	3,139,606.10	3,551,063.57
加:以前年度损益调整									

财 务 状 况 变 动 表

编制单位:南京华东电子集团股份有限公司　　　　单位:人民币元

流动资金来源和运用	行次	金额	流动资金各项目的变动	行次	金额
一、流动资金来源			一、流动资产本年增加数		
1. 本年净利润	1	44609862.59	1. 货币资金	26	6135211.57
加:不减少流动资金的费用和损失			2. 短期投资	27	
(1)固定资产折旧	2	9003956.61	3. 应收票据	28	1122658.94
(2)无形资产和递延资产摊销	3	993500.00	4. 应收帐款净额	29	16925755.46
(3)固定资产盘亏(减盘盈)	4		5. 预付货款	30	−1014534.63
(4)固定资产损失(减收益)	5	26383.00	6. 其他应收款	31	−3472151.98
(5)其他不减少流动资金的费用和损失	6		7. 待摊费用	32	
小计	7	54633702.20	8. 存货	33	—1914510.22
2. 其他来源			9. 待处理流动资产净损失	34	335761.40
(1)固定资产清理收入(减清理费用)	8	385651.66	10. 一年内到期的长期债券投资	35	
(2)增加长期负债	9	5534218.00	11. 其他流动资产	36	
(3)收回长期投资	10	8000000.00	流动资产增加净额	37	16710676.03
(4)对外投资转出固定资产	11		二、流动负债本年增加数		
(5)资本增加净额	12	11152465.65	1. 短期借款	38	840000.00
小计	13	25072335.31	2. 应付票据	39	
流动资金来源合计	14	79706037.51	3. 应付帐款	40	6195975.15
二、流动资金运用			4. 预收货款	41	255514.39
1. 利润分配	15		5. 其他应付款	42	—18931.29
(1)提取法定公积金	16	4460986.26	6. 应付工资	43	1397122.19
(2)提取法定公益金	17	2230493.13	7. 未交税金	44	2476917.00
(3)提取任意公积金	18	4460986.26	8. 应付福利费	45	304447.11
(4)已分配股利	18	20157240.00	9. 未付股利	46	—15117930.00
小计	19	31309705.65	10. 其他未交款	47	168904.44
2. 其他运用			11. 预提费用	48	24000.00
(1)固定资产和在建工程净增加额	20	9268059.20	12. 一年内到期的长期负债	49	1140000.00
(2)增加无形资产、递延资产及其他资产	21		13. 其他流动负债	50	
(3)偿还长期负债	22	1140000.00			
(4)增加长期投资	23	18943615.62			
流动资金运用合计	24	60661380.47	流动负债增加净额	51	—2333981.01
流动资金增加净额	25	19044657.04	流动资金增加净额	52	19044657.04

资 产 负 债 表

编制单位:南京华东电子集团股份有限公司　　　　单位:人民币元

资产	注释	96年12月31日	95年12月31日	94年12月31日	负债及股东权益	注释	96年12月31日	95年12月31日	94年12月31日
流动资产:					流动负债				
货币资金		16,958,661.09	10,823,449.52	21,572,818.28	短期借款	3—11	35,640,000.00	34,800,000.00	31,000,000.00
短期投资					应付票据				
应收票据	3—1	1,529,858.94	407,200.00		应付帐款	3—12	42,060,304.17	35,864,329.02	31,996,109.70
应收帐款	3—2	58,876,609.47	41,865,799.96	27,784,139.06	预收货款	3—13	6,255,963.95	6,000,449.56	5,064,389.46
减:坏帐准备		294,383.05	209,329.00	138,920.70	应付工资		4,471,513.33	3,074,391.14	4,323,663.29
应收帐款净额		58582226.42	41656470.96	27645218.36	应付福利费		529,903.24	225,456.13	321,641.27
预付货款	3—3	118,376.69	1,132,911.32	933,369.08	未付股利		20,157,240.00	35,275,170.00	35,275,170.00
其他应收款	3—4	62,725.57	3,534,877.55	2,932,397.68	未交税金	3—15	4,706,133.05	2,229,216.05	4,077,149.31
待摊费用	3—6	5,160,886.53	6,568,401.04	7,975,915.55	其他未交款	3—16	1,357,465.21	1,188,560.77	1,006,225.12
存货	3—5	36,326,508.29	38,241,018.51	34,878,253.34	其他应付款	3—14	51,578.29	70,509.58	90,916.63
待处理流动资产净损失			—335,761.40	99,743.00	预提费用		36,300.00	12,300.00	50,259.00
一年内到期的长期债券投资					一年内到期的长期负债	3—17	1,140,000.00		
其他流动资产					其他流动负债				
流动资产合计		118,739,243.53	102,028,567.50	96,037,715.29	流动负债合计		116,406,401.24	118,740,382.25	113,205,523.78
长期投资:					长期负债				
长期投资	3—7	75,769,325.13	64,825,709.51	52,476,833.09	长期借款	3—18	35,260,000.00	32,600,000.00	32,600,000.00
固定资产:					应付债券				
固定资产原价	3—8—1	134,731,271.76	131,622,867.56	128,300,381.71	长期应付款				
减:累计折旧	3—8—2	80,604,589.24	72,018,983.78	65,822,941.83	其他长期负债	3—19	1,734,218.00		
固定资产净值		54,126,682.52	59,603,883.78	62,477,439.88	其中:住房周转金		1,734,218.00		
在建工程	3—9	47,110,301.76	41,781,032.57	39,509,066.59	专项应付款				
固定资产清理					长期负债合计		36,994,218.00	32,600,000.00	32,600,000.00
待处理固定资产净损失					递延税项				
固定资产合计		101,236,984.28	101,384,916.35	101,986,506.47	递延税款贷项				
无形资产及递延资产:					负债合计		153,400,619.24	151,340,382.25	145,805,523.78
无形资产	3—10	16,641,125.00	17,634,625.00	18,628,125.00	股东权益				
递延资产					股本	3—20	100,786,200.00	100,786,200.00	100,786,200.00
无形及递延资产合计		16,641,125.00	17,634,625.00	18,628,125.00	资本公积	3—21	7,289,224.00	7,289,224.00	7,289,224.00
其他长期资产					盈余公积	3—22	34,470,871.66	23,318,406.01	11,697,168.50

资产	注释	96年12月31日	95年12月31日	94年12月31日	负债及股东权益	注释	96年12月31日	95年12月31日	94年12月31日
其他长期资产					其中:公益金		7,080,910.74	4,850,417.61	2,526,170.10
递延税项:					未分配利润	3—23	16,439,763.04	3,139,606.1	3,551,063.57
递延税款借项					股东权益合计		158,986,058.70	134,533,436.11	123,323,656.07
资产总计		312,386,677.94	285,873,818.36	269,129,179.85	负债及股东权益总计		312,386,677.94	285,873,818.36	269,129,179.85

南京华东电子集团股份有限公司1997年度中期报告

一、财务报告(经南京会计师事务所审计)

(一)简化的资产负债表(单位:人民币元)

项目	1997年6月30日	1996年12月31日
流动资产	195654674.88	118739243.53
长期投资	229522149.25	75769325.13
固定资产净值	49692301.97	54126682.52
在建工程	56088745.28	47110301.76
无形资产及递延资产	16144375.00	16641125.00
其他长期资产		
资产总计	547102246.38	312386677.94
流动负债	90181267.57	116406401.24
长期负债	18918593.00	36994218.00
少数股东权益		
股东权益	438002385.81	158986058.70
股本	140786200.00	100786200.00
资本公积金	203726353.62	7289224.00
盈余公积金	34470871.66	34470871.66
未分配利润	59018960.53	16439763.04
负债及股东权益总计	547102246.38	312386677.94

(二)简化的损益表(单位:人民币元)

项目	1997年1—6月	1996年1—6月
主营业务收入	212441286.07	172819349.13
主营业务利润	34713060.56	21889613.02
其他业务利润	68245.02	65567.20
投资收益	8712064.12	6633775.78
营业外收支净额	5309920.46	-6712.71
利润总额	48803290.16	28582243.29
所得税	6224092.67	3292270.13
净利润	42579197.49	25289973.16

(三)其他财务指标

项目	1997年1—6月	1996年1—6月
每股收益(元)	0.302	0.251
净资产收益率(%)	9.72	15.9
每股净资产(元)	3.11	1.58

(四)审计报告

宁会内一审字(97)040号

审计报告

南京华东电子集团股份有限公司全体股东:

我们接受委托,审计了贵公司1997年6月30日的资产负债表和1997年1—6月份的利润表。这些会计报表由贵公司负责,我们的责任是对这些会计报表发表审计意见。我们的审计是依据《中国注册会计师独立审计准则》进行的。在审计过程中,我们结合贵公司的实际情况,实施了包括抽查会计记录等我们认为必要的审计程序。

我们认为上述会计报表符合《企业会计准则》和《股份制试点企业会计制度》及国家有关法律法规的规定,在所有重大方面公允地反映了贵公司1997年6月30日的财务状况和1997年1—6月份的经营成果,会计处理方法的选用遵循了一贯性原则。

南京会计师事务所　　中国注册会计师

杜文俊

邹宏伟

中国.南京　　1997年8月3日

(五)会计报表注释

1.重要会计政策

a.会计制度　执行《股份制试点企业会计制度》。

b.会计年度　以公历1月1日至12月31日为一个会计年度。

c.记帐本位币　以人民币为记帐本位币。

d.记帐原则和计价基础以权责发生制为记帐原则,以历史成本为计价基础。

e.外币核算　外币帐户1994年1月1日起按中国人民银行公布的当月1日人民币基准汇价折合人民币记帐,并于期末按基准汇价进行调整,调整的差额分别计入相应的科目。

f.坏帐准备　采用备抵法核算,按期末应收帐款余额5‰计提坏帐准备。

g.存贷计价

(a)各类存货采用计划价格核算,计划价格与实际价格的差异在结算成本时按差异率综合调整为实际价格。

(b)低值易耗品采用领用时一次摊销的方法。

h.长期投资核算方法

(a)投资金额占被投资单位注册资本20%以下的按成本法核算;

(b)投资金额占被投资单位注册资本20%以上(含20%)的按权益法核算;

(c)投资金额占被投资单位注册资本50%以上的按权益法核算并合并会计报表。

i.固定资产及其折旧

固定资产计价标准为价格在2000元以上(含2000元),使用期限在一年以上。评估入帐的固定资产按重置成本法计价,其他均按实际成本计价,采用直线法计提折旧。

j.无形资产及其摊销

"电工"牌荧光灯商标经评估作价取得,按20年(自1993年至2013年)平均摊销。

k.营业收入的确认

以产品(商品)发出,商品的所有权已提供并已自卖方转移给买方,收到货款或取得取货款的证据时确认收入的实现。

l.税项

(a)流转税　增值税:进项税和销项税税率为17%。

(b)城建税及教育费附加　按应交营业税、增值税金额的7%计征城市维护建设税,3%计征教育费附加。从1995年1月1日起增加计征1%地方教育费附加。

(c)所得税　本公司的所得税1994年、1995年两年免税,1996年起按15%税率计征。

m.利润分配

根据股东大会决议,按税后利润的10%、5%和10%分别计提法定盈余公积金、公益金和任意盈余公积金。

3.财务报表项目说明

a.应收票据比年初数增加1332141.06元,增长87.08%,主要是由于销售业务的增长。

b.其他应收款比年初数增加4272323.79元,主要原因是向保险公司支付职工人身保险保险费4000000.00元。

c.待摊费用比年初数减少2910867.91元,主要原因是根据南京市国税局《1996 年期初存货已征税款追加抵扣审批通知书》,本公司追加抵扣期初进项税额 2000000.00 元。

d. 长期投资比年初数增加 151252824.12 元,增长 199.62%,主要原因有本公司执行招股说明书中募集资金的运用项目增加投资 150040760.00 元,其中:

华飞彩色显示系统有限公司 8.55%股权,其金额为 1332.72 万美元,按 1:8.3 折合人民币 110615760.00 元。

华赛吸气剂有限公司 35%股权,其金额为 475 万美元,按 1:8.3 折合人民币 39425000.00 元。

e. 预收货款比年初数减少 5537823.27 元,主要原因是货发清帐。

f. 其他应付款比年初数增加 641130.04 元,主要原因是土地租赁费尚未支付。

g. 其他未交款比年初数减少 1176572.97 元,主要原因是已缴纳了地方基金。

h. 长期借款比年初数减少 17260000 元,主要原因是本公司基于长期借款利率太高提前还贷。

i. 其他长期负债比年初数减少 815625 元,主要原因是缴纳了住房公积金。

j.1997 年 5 月本公司发行社会公众股(A 股)股票 4000 万股,每股面值 1 元,增加股本 4000 万元。

k. 资本公积比年初数增加 196437129.62 元,主要原因是本公司 1997 年 5 月发行社会公众股(A 股)股票 4000 万股,每股面值 1 元,发行价每股 6.16 元,溢价部分及募集资金冻结期利息减去发行费用后结余 196437129.62 元,全部计入资本公积。

l. 未分配利润比年初数增加 42579197.49 元,为 1997 年 1—6 月实现净利润转入。

m. 主营业务收入比去年同期增加 39621936.94 元,主要是通过发展销售市场,增加荧光灯销售网点建设等而增加荧光灯销售收入 31132160.72 元。

n. 投资收益比去年同期增加 2078288.34 元,主要原因是电子网板公司发展大屏幕彩管网板而使经营业绩比去年同期增长。

o. 营业外收入比去年同期增加 5331273.29 元,主要原因是由于申购股票冻结资金利息计入损益。

4. 关联企业交易

本公司与其关联企业的全部交易均按一般及公平商业条款进行,目前本公司与其关联企业的关联关系主要有:

a. 与发起人国营华东电子管厂的关联交易

(a)与国营华东电子管厂订有供应材料和动力的供货合同或协议,材料供应价格按物资发票价格加 5%—10%的管理费结算,动力供应价格按市场同类产品价格结算;

(b)国营华东电子管厂与本公司订有供应半成品供货合同或协议,供货价格按成本加合理的利润结算;

(c)与国营华东电子管厂定有《国有土地使用权租赁合同》,年租赁金额为 130 万元,租赁期限 50 年(自 1997 年至 2047 年)。

1997 年 1—6 月交易金额如下:

供货内容	1997 年 1—6 月	1996 年 1—6 月
材料	10651196.79	7770666.32
动　力	8750890.64	6097797.64
半成品	6703325.78	5153745.50
土地租赁费	648000.00	—

b. 与参股企业的关联交易

(a)与参股企业—南京飞东照明有限责任公司订有供应动力协议,供应价格按市场同类产品价格结算;

(b)与参股企业—南京华飞彩色显示系统有限公司订有供应动力协议,供应价格按市场同类产品价格结算;

(c)与参股企业—南京电工荧光灯经销有限责任公司订有销售“电工”牌荧光灯的销售合同,每支结算价格为市场销售计划价格减销售费用 0.43 元。

1997 年 1—6 月交易金额如下:

参股企业名称	1997 年 1—6 月	1996 年 1—6 月
南京飞东照明有限责任公司	4245600.95	3293843.87
华飞彩色显示系统有限公司	2136752.14	2564102.58
电工荧光灯经销公司	15378579.02	13863718.96

c. 与同一受控于国营华东电子管厂的子公司南京华浦有限公司订有供应动力的协议,供应价格按市场同类产品价格结算。1997 年 1—6 月发生金额 2564102.58 元。

二、经营情况的回顾与展望

(一)公司概况

南京华东电子集团股份有限公司是具有 60 年历史的电子部大型骨干企业华东电子管厂发起组建并控股的股份制企业,是南京十大重点集团—华东电子集团的核心企业,是在南京浦口国家级高新技术产业开发区注册的高新技术企业。近年以来,公司深化改革,强化管理,不断推进企业科技进步,得到了迅速的发展,获得了全国 50 家用户满意企业、全国财务先进集体,江苏省最佳形象企业等殊荣。1996 年公司跃居电子百强企业第 25 位。

华电是中国第一支荧光灯、白炽灯、巨型照明灯、火车头灯等近百种光源的诞生地,为全国最大的荧光灯生产企业。“电工”牌荧光灯是具有 40 多年历史的光源名牌,全国荧光灯行业历次评比名列前茅,“全国最畅销产品”第一名,通过 IS09002 认证的电光源产品,市场覆盖率占 25%。节能型电光源是国家重点发展的产品,目前公司已被国家指定为“绿色照明工程”重点龙头企业。几年来先后向市场推出了具有国际先进水平的 Φ25 荧光灯、紧凑型节能灯及配套的电子镇流器等产品。目前本公司为国内唯一的吸气剂生产厂家,已于 1994 年通过了 IS09002 认证,市场占有率达 80%以上。

公司投资、参股的中外合资企业飞东照明有限公司、南京电子网板有限公司、华飞彩色显示系统有限公司、华赛吸气剂有限公司等都是高科技、高成长性、高效益的企业。

(二)上半年经营情况回顾

上半年,公司围绕“深改革、净上市;拓市场、上规模;重技改、提新品;降成本、增效益”的方针,坚持效益优先的原则,强化风险意识、经营责任意识与竞争意识。奋力抢占改革、发展、市场、效益四个“制高点”。经过努力,上半年公司完成主营业务收入 21244.1 万元,比去年同期增长 22.9%;实现利润 4880.3 万元比去年同期增长 70.7%;实现净利润 4257.9 万元,比去年同期增长 68.4%,完成了 1997 年度溢利预测指标的 88%。围绕公司全年的发展计划,上半年着重抓了以下几项工作:

1. 强调主营业务

公司加强对“电工”牌荧光灯生产单位的管理,有计划,按步骤地提高产品生产规模,确保产品质量,在确保产品价格水平高于国内同类产品的基础上,加强对福州、广州、武汉,西安、济南、沈阳、天津等地销售网络市场的开拓力度,挖掘网络市场开发的潜力,使公司荧光灯、吸气剂、显像管、示波管等产品的生产、销售进一步增长。

加强对参股的中外合资企业管理,积极参与合资企业的重大决策,加强财务监管,保证合资企业按计划健康发展。确保公司从华飞彩色显示系统有限公司,飞东照明有限公司、南京电子网板有限公司等中外合资企业的收益不断提高。

2. 强化内部管理

上半年,公司建立了新的内部承包体系,严肃考核,并积极推进生产精细化管理,降低生产成本,节约能源消耗。与去年同期相比较,公司主营收入有明显提高,而营业成本却与去年基本持平,向管理要效益。

3. 抓好投资建设

作为公司上半年的重点建设项目,细管径节能型 Φ25 荧光灯生产线技术改造项目已接近尾声，该项目共投资4133万元，已完成了设备的安装、调试，将进入试生产阶段。电子镇流器等项目都正在按计划逐步实施。上半年与飞利浦合资的华飞彩色显示系统公司二期大屏幕彩管和高分辨率彩色显示管生产线已完成厂房建设，设备开始安装。飞东照明有限公司和南京电子网板有限公司上半年发展稳定。与意大利合资的华赛吸气剂有限公司已完成厂房建设，设备全部到位安装。

(三)下半年计划

1. 继续强化公司内部管理，加强经济承包管理，制定了结合市场行情、具有激励机制的各专业厂承包体系。加强质量控制和节能降耗的管理，全面推行QC质量管理。同时深化三项制度改革，以管理促效益，确保完成或超额完成全年任务。

2. 继续巩固和扩大全国范围内的"电工"产品市场销售网络，健全公司的销售体系，进一步提高公司产品的市场占有率。结合产品更新换代，加强广告宣传和企业形象策划。

3. 加强科技开发投入，重点保证电子节能灯、环形灯、节能灯生产线微机智能化检测系统、Φ25高亮度荧光灯等新产品的研制，加速新产品开发到正式生产的节奏，不断提高产品的技术含量。

4. 加强在建项目的质量管理，加快高效节能电光源系列技术改造项目、华赛吸气剂有限公司建设、华飞彩色显示系统有限公司二期建设等工程的进度，争取早日投产、早见效益。

(四)募股资金使用说明

本公司1997年5月7日至9日向社会募集资金24640万元，扣除发行费用，实募集资金23840万元，投向高效节能电光源系列技术改造项目，参股华赛吸气剂有限公司和华飞彩色显示系统有限公司。

高效节能电光源系列技术改造项目已投入4133万元，其中细管径节能型Φ25荧光灯生产线技术改造项目进入调试、试生产阶段，其余项目将按计划正常实施。参股华赛吸气剂有限公司项目已投入3942.5万元，资金已全部到位。参股华飞彩色显示系统有限公司项目已投入11061.6万元。剩余资金4702.9万元将分期投入高效节能电光源系列、电子镇流器、紧凑型节能灯等技术改造项目。

三、重大事件的说明

1.1997年5月4日，本公司在《中国证券报》、《证券时报》、《南京日报》上刊登了南京华东电子集团股份有限公司《招股说明书概要》和《股票发行公告》。

2.1997年5月7日至9日，本公司在南京市采取"全额预缴款、比例配售、余款转存"方式，成功地向社会公开发行了4000万股人民币普通股。

3.1997年5月20日，"华东电子"股票在深圳证券交易所挂牌。

4. 根据国务院证券委、中国人民银行、国家经贸委5月21日联合发布的《严禁国有企业和上市公司炒作股票的规定》，本公司进行了自查。迄今为止，本公司尚未开设A股帐户，未发现以个人名义开户买卖股票及为个人买卖股票提供资金等违规行为。本公司今后如从事股票投资活动，将严格遵循国家政策法规和本公司章程的规定。

5. 本公司在报告期内无重大诉讼、仲裁事项。

6.1997年8月5日，公司董事会通过了按1997年6月30日总股本14078.62万股为基数，向全体股东每10股送1股红股的《关于利润送股本的预案》和以1997年6月30日审计后公司总股本14078.62万股为基数，向全体股东每10股转增4股的《关于资本公积金转增股本的预案》，以上预案需提交股东大会审议通过并报证券管理部门备案。

四、发行在外股票的变动和股权结构的变化

(一)股本变动及股本结构情况(每股面值：人民币1元　单位：万股)

	1996年12月31日	1997年6月30日
1. 尚未流通股份		
发起人股份	8106.40	8106.40
其中：境内法人持有股份	8106.40	8106.40
内部职工股	1972.22	1972.22
其中：高级管理人员持有股份	8.28	8.28
尚未流通股份合计	10078.62	10078.62

	1996年12月31日	1997年6月30日
2. 已流通股份		
境内上市人民币普通股	0	4000.00
已流通股份合计	0	4000.00
3. 股份总额	10078.62	14078.62

(二)主要股东持股情况

股东名称	拥有股数	持股比例
国营华东电子管厂	81064000	57.58%
曹君玉	581500	0.413%
杨月珍	541944	0.385%
倪群二	469356	0.333%
简孟强	383048	0.272%
余沃匡	339200	0.241%
文光林	324219	0.230%
白丽制衣	270000	0.192%
杨笑红	249700	0.177%
童代宾	248447	0.176%

五、股东大会简介

(一)1997年2月19日，本公司第五次股东大会在公司的华电礼堂召开，与会股东68人，代表8126万股，占总股份的80.63%，符合《公司法》和公司章程的有关规定。大会以投票表决的方式通过了以下报告和议案：

1. 审议通过《1996年度董事会和总经理工作报告》；

2. 审议通过《1996年度监事会工作报告》；

3. 审议通过《董事会和监事会人员调整议案》；

4. 审议通过《1996年财务决算和1997年财务预算案》；

5. 审议通过《1996年度利润分配方案》。1996年度公司实现利润4460.99万元，提取公积金、公益金后，累计上年末未分配利润共3659.7万元，每10股分2元红利，剩余未分配利润转入1997年分配。

(二)1997年3月12日，本公司临时股东大会在华电礼堂召开，与会股东55人，代表8203万股，占总股份的81.39%，符合《公司法》和公司章程的有关规定。

大会以投票表决的方式通过以下议案：

1. 审议通过《关于南京华东电子集团股份有限公司新增发行社会公众股及上市的议案》；

2. 审议通过《关于南京华东电子集团股份有限公司章程修改的说明》；

六、备查文件

1. 载有本公司董事长亲笔签名的中期报告原本；

2. 本公司《招股说明书》、《上市公告书》；

3. 南京会计师事务所出具的审计报告及财务报表。

以上文件备置于本公司证券部。

地址：南京市中央门外边皋桥

电话：(025)5502080—2504

传真：(025)5502623

通讯地址：南京邮政2805信箱

邮政编码：210028

南京华东电子集团股份有限公司董事会

1997年8月7日

沈阳特种环保设备制造股份有限公司

沈阳特种环保设备制造股份有限公司股票上市公告书

一、要览

总股本:122,999,495 股

可流通股本:33,000,000 股

本次可流通股本:33,000,000 股

证券简称:环保股份

证券代码:0730

上市地点:深圳证券交易所

上市日期:1997 年 5 月 22 日

股票登记机构:深圳证券登记有限公司

二、绪言

经中国证券监督管理委员会证监发字[1997]157 号文和证监发字[1997]158 号文批准,本公司已成功地向社会公开发行每股面值为 1.00 元人民币的普通股股票 3,300 万股。经深圳证券交易所深证发字[1997]181 号《上市通知书》批准,本公司股票将于 1997 年 5 月 22 日在深圳证券交易所挂牌交易。本公司总股份 122,999495 股,可流通股份 33,000,000 股,本公司内部职工股 10,500,000 股,将于本次新股发行满三年以后上市流通。

本公告书依据《中华人民共和国公司法》、《股票发行与交易管理暂行条例》、《公开发行股票公司信息披露实施细则》、《深圳证券交易所业务规则》以及国家其它有关证券管理的规定,为沈阳特种环保股票公开上市之目的而向社会公众提供各种资料。

本公司于 1997 年 5 月 1 日在《中国证券报》刊登招股说明书概要距今不足 90 日,故与其相重复的内容在此不再赘述,敬请社会公众查阅招股说明书。

本公司董事会及各位董事确信本公告书未遗漏任何重大事项,亦不存在任何误导和虚假成份,并愿就本公告书及相关资料的准确性、真实性、完整性负共同及个别责任。

三、公司概况

1. 发起人简介

法定名称:沈阳特种环保设备制造股份有限公司

注册资金:人民币 122,999.495 元

法定代表人:刘桂琴

成立日期:1993 年 5 月 18 日

经营范围:环保设备制造;电线制造;中西药制剂、原料药加工;化学药品制剂制造;医用保健塑料制造;环保设备调试。

所属行业:环境保护行业

注册地址:沈阳市沈河区热闹路 118 号

联系电话:024—4801450

2. 本公司历史沿革

(1)股份制改制过程

1993 年 3 月 26 日,公司经沈阳市经济体制改革委员会"沈体改[1993]50 号文批准,由沈阳市沈河区工业局主管的集体企业沈阳特种环保设备制造总厂、沈阳市噪声控制设备厂及沈阳利环特种电材厂共同发起并吸收公司内部职工入股以定向募集方式设立。公司于 1993 年 5 月 15 日召开了创立大会,并于 1993 年 5 月 18 日在沈阳市工商行政管理局登记注册。本公司为全国环保行业首家股份制企业。

公司成立后,继承了原 3 个发起人的全部业务,原发起人依法解散。后为保持生产经营的连续性,在重组上述 3 个企业资产基础上,恢复 3 个发起人的名称并在工商局重新登记为本公司的全资附属子公司。1996 年 12 月,为规范企业组织结构与运作,经工商局批准,取消该 3 个发起人的法人地位,其业务及权利、义务全部由公司继承。

(2)历次股票发行情况

本公司在本次股票公开发行前总股本 89,999,495 股,其中沈阳特种环保设备制造总厂以其经评估和确认的全部经营性资产 72,464,099 元折成 72,464,099 股普通股,其股份由沈阳特种环保设备制造总厂股份管理委员会持有;沈阳市噪声控制设备厂以其经评估和确认的全部经营性净资产 6,745,072 元折成 6,745,072 股普通股,其股份由沈阳市噪声控制设备厂股份管理委员会持有;沈阳市利环特种电材厂以其经评估和确认的全部经营性资产 290,324 元折成 290,324 股普通股,其股份由沈阳利环特种电材厂股份管理委员会持有;其余股份以每股 1 元的价格向原发起人内部职工定向募集,内部职工共认股 10,500,000 股。

经国家环保局环科[1997]144 号文批准,本公司获得发行社会公众股额度 3,300 万股,并于 1997 年 5 月 6 日至 13 日全部向社会公开发行,至此,本公司总股本为 122,999,495 元。本次发行成功后本公司由定向募集公司转为社会公众公司。

四、股票发行及承销

(一)本次公开发行

发行数量: 3,300 万股

发行价格: 6.53 元/股

实募资金总额: (扣除发行费用)20,659 万元;

发行方式: 全额预缴、比例配售、余款即退

配售比例: 2.535%

配售户数: 9,313 户

持 1,000 股以上的户数:3291 户

发行费用总额: 890 万元

每股发行费用: 0.27 元

发行市盈率: 13.9 倍

(二)股票承销

本次公开发行的 3,300 万股社会公众股已全部由符合法律规定的社会公众认购。

(三)验资报告　　　　沈会师股验字(1997)第 0070 号

沈阳特种环保设备制造股份有限公司全体股东:

我们接受委托,对沈阳特种环保设备制造股份有限公司截至 1997 年 5 月 12 日止的股本变更情况的真实性和合法性进行了审验。在审验过程中,我们按照《独立审计实务公告第 1 号—验资》的要求,实施了必要的审验程序。沈阳特种环保设备制造股份有限公司的责任是提供真实、合法、完整的验资资料,保护资产的安全、完整;我们的责任是按照《独立审计实务公告第 1 号—验资》的要求,出具真实、合法的验资报告。

沈阳特种环保设备制造股份有限公司变更前的股本为 89,999,495.11 元,变更后的股本为 122,999,495.11 元。根据我们的审验,截至 1997 年 5 月 12 日止,沈阳特种环保设备制造股份有限公司增加投入资本 206,590,000 元,并于 1997 年 5 月 12 日该资金已存入工商银行沈阳分行五爱支行大南分理处(帐号:0732450720 - - 73)。变更后为

所有者权益为368,121,939.87元,其中:股本122,999,495.11元,资本公积174,317,461.73元,盈余公积70,024,843.06元(其中公益金12,670,190.07元),未分配利润780,139.97元。与上述变更后投入资本总额相关的资产总额为499,563,732.01元,负债总额为97,602,037.53元,少数股东权益33,839,754.61元。

附件:(一)变更前后股本对照表

(二)变更前后资产、负债和所有者权益对照表

(三)验资事项说明

中国注册会计师　乌克平

沈阳会计师事务所　中国注册会计师　艾红卫

一九九七年五月十二日　地址:中国　沈阳

五、董事、监事及高级管理人员持股情况

姓名	职　务	持股数(股)	比例%
刘桂琴	董事长、总经理	20,000	0.016
王巨伦	副董事长、常务副总经理	5,000	0.0041
王善福	董事、副总经理	2,000	0.0016
常明远	董事、副总经理	3,000	0.0024
张淑艳	董事、副总经理	0	0
朱树才	董事、副总经理	0	0
邹春亭	董事、财务部经理	0	0
李惠娟	监事	0	0
夏玉珍	监事	1,000	0.0008
于宝明	监事	0	0
廉久彩	监事	0	0
陈海峰	董事会秘书	1,000	0.0008

本公司董事、监事及高级管理人员共持股32,000股,占公司股本总额的0.026%,按照《中华人民共和国公司法》的规定,其持有股份在任职期间不得转让。

六、公司设立

1.公司1996年8月13日召开的临时股东大会作出决议:本公司向社会公众发行的面值1元的3300万人民币普通股在深圳证券交易所上市。

2.公司注册资金:122,999,495元

3.公司注册时间:1993年5月18日

4.公司注册地点:沈阳市沈河区热闹路118号

5.营业执照注册号码:24341464—6—1/1

七、关联企业及关联交易

(一)本公司大股东情况

股东名称	持有本公司股份(股)	持股比例%
1沈阳特种环保设备制造总厂股份管理委员会	72,464,099	58.91
2沈阳市噪声控制设备厂股份管理委员会	6,745,072	5.48
3沈阳利环特种电材厂股份管理委员会	290,324	0.24

(二)本公司全资附属和控股子公司情况

子公司名称	注册资本(万元)	本公司权益%	主要经营范围
1沈阳故宫制药厂	1713.5	100	中药材、中成药加工、化学药品制造
2沈阳火炬特种环保设备制造公司	6842	60	废水处理设备及清洗剂制造
3沈阳发达线材公司	180	67	电线制造

(三)本公司与各股东单位、全资及控股公司之间不存在关联交易。

八、股东结构及大股东持股情况

(一)上市前的股本结构

类　别	股数(股)	比例
尚未流通部分		
发起法人股	79,499,495	64.63
内部职工股	10,500,000	8.54
可流通部分		
社会公众股	33,000,000	26.83
股本总额	122,999,495	100

(二)前十名股东所持股数及持股比例

序号	股　东　名　称	持股数量(股)	占总股本比例
1	沈阳特种环保设备制造总厂股份管理委员会	72,464,099	58.91%
2	沈阳市噪声控制设备厂股份管理委员会	6,745,072	5.48%
3	沈阳利环特种电材厂股份管理委员会	290,324	0.24%
4	徐　哲	200,000	0.16%
5	中国人民建设银行信托投资公司	155,902	0.13%
6	北京德利达化工制品有限公司	155,902	0.13%
7	北京鸿基兆业经济技术发展公司	155,902	0.13%
8	天津市工贸公司	155,902	0.13%
9	哈尔滨国际信托投资公司	155,902	0.13%
10	许继集团有限公司	155,902	0.13%

九、公司财务会计资料

(一)审计报告

沈阳特种环保设备制造股份有限公司全体股东:

我所接受委托,审计了贵公司1994年12月31日、1995年12月31日、1996年12月31日合并及母公司的资产负债表及1994年度、1995年度、1996年度合并及母公司的利润及利润分配表以及1996年度母公司及合并的财务状况变动表。这些会计报表由贵公司负责,我们的责任是对这些会计报表发表审计意见。我们的审计是依据中国注册会计师独立审计准则进行的。在审计过程中,我们结合贵公司实际情况,实施了包括抽查会计记录等我们认为必要的审计程序。

我们认为,上述会计报表符合《企业会计准则》和《股份制试点企业会计制度》的有关规定,在所有重大方面公允地反应了贵公司1994年12月31日、1995年12月31日、1996年12月31日的财务状况及1994年、1995年、1996年度经营成果和1996年度资金变动情况,会计处理方法的选用符合一惯性原则。

沈阳会计师事务所　中国注册会计师:乌克平

中国注册会计师:艾红卫

一九九七年三月十一日　地址:中国　沈阳

(二)资产负债表、利润及利润分配表、财务状况变动表详见附表

(三)主要会计政策

1.本公司的会计核算执行《股份制试点企业会计制度》及其有关补充规定。

2.会计期间

本公司的会计年度自公历1月1日起至12月31日止。

3.记帐本位币

本公司以人民币为记帐本位币。

4.合并报表编制方法

根据财政部《合并会计报表暂行规定》对母公司拥有过半数以上权益资本的被投资企业按权益法计算投资收益,并编制合并报表。

5.记帐原则

按权责发生制原则核算,采用复式记帐法。

计价基础:历史成本

6.坏帐准备

公司坏帐采用直接转销法。

7. 存货

(1)原材料按实际成本计价,结转成本时采用加权平均法;

(2)低值易耗品采用实际成本计价,领用时一次摊销;

(3)库存产品:按实际成本计价,结转成本时采用加权平均法;

(4)在产品按实际成本核算;

(5)开发产品按实际成本核算。

8. 长期投资

(1)债券投资按实际成本核算,投资收益按成本法核算。

(2)对拥有被投资企业25%股权(含25%)以下的长期投资按成本法核算;25%以上的长期投资按权益法核算,并对拥有50%股权(不含50%)以上的长期投资合并会计报表。

9. 固定资产及折旧方法

(1)固定资产除外商投资企业外,固定资产标准为单位价值在人民币1.000元以上,使用期限在一年以上的资产,固定资产按实际成本计价。

(2)固定资产折旧采用直线法,各类折旧年限及折旧率如下:

资产类别	使用年限	年折旧率	残值率
房屋建筑物	40年	2.37%	5%
机械设备	13年	7.00%	5%
运输设备	10年	9.5%	5%

10. 无形资产及递延资产

无形资产按合同或协议规定的年限摊销,递延资产按受益期摊销。

11. 税项

(1)流转税及附加税税种,税率如下:

税种	税率
营业税	3%(按工程施工收入)
营业税	5%(按房租租金收入)
增值税	17%(按产品销售收入)
房产税	12%(按房租租金收入)
城市维护建设税	7%(按增值税、营业税)
教育附加	3%(按增值税、营业税)

注:A. 母公司和子公司除外,均按增值税的销项税扣除进项税后的余额缴值税。

B. 公司发起人原沈阳市噪声控制设备厂1994年度增值税免40%,1995年至1996年度免交(根据辽宁省民政厅发社会福利企业证书NO.0601021019,沈阳市税务局沈河分局依沈民发[88]64号文件核定)。

C. 子公司沈阳故宫制药厂1993年至1996年度免增值税(根据辽宁省民政厅发社会福利企业证书NO.06010210,沈阳市税务局沈河分局依沈民发[88]64号文件核定)。

D. 子公司沈阳发达特种线材有限公司出口产品享受国家对1993年12月31日以前成立的外商投资企业出口产品免交增值税优惠(国家税务局外商投资企业若干税收业务问题的通知国税发[1995]019号)

(2)所得税

公司和子公司除下列外均按33%税率。

A. 原沈阳市噪声控制设备厂1994年至1996年免所得税(根据辽宁省民政厅发社会福利企业证书NO.06010219号确认,依《关于企业所得税若干优惠政策的通知》财税字(94)001号第九条规定)。

B. 原沈阳特种环保设备制造总厂1994年至1996年所得税率15%(沈科发[1994]8号文件认定为高新技术企业,享受科技开发区内高新技术企业优惠)。

C. 子公司沈阳故宫制药厂1994年至1996年免所得税(根据辽宁省民政厅发社会福利企业证书NO.06010210号确认,依《关于企业所得税若干优惠政策的通知》财税字(94)001号第九条规定)。

D. 子公司沈阳发达特种线材有限公司和沈阳火炬特种环保设备制造有限公司均系生产型外商投资企业尚处于免税期,享受国家减免所得税优惠(《中华人民共和国外商投资企业和外国企业所得税法》第八条规定)。

12. 税后利润分配

(1)弥补亏损;

(2)提取法定盈余公积金10%;

(3)提取法定公益金10%;

(4)经股东大会决议,提取任意公积金;

(5)分配股利。

13. 销售收入的确认

(1)销售收入按商品发出或劳务提供,同时收讫价款或取得索取的凭据时确认。

(2)环保工程收入按完工进度确认收入实现

(四)各项财务指标

指标名称	计算公式	1996年	1995年	1994年
流动比率	流动资产/流动负债	2.93	2.15	1.21
速动比率	流动资产-存货/流动负债	2.46	1.50	0.92
净资产比率	净资产/总资产	55.14%	49.32%	43.42%
应收帐款周转率	主营业务收入/应收帐款平均余额	3.33	2.56	2.31
存货周转率	主营业务成本/存货平均余额	2.00	1.30	1.18
净资产收益率	净利润/期末净资产总额	27.86%	30.66%	35.92%
每股净利	净利润/期末股本总额	0.50元	0.47元	0.43元

十、董事会上市承诺

本公司董事会将严格遵守《公司法》、《股票发行与交易管理暂行条例》、《公开发行股票公司信息披露实施细则》、《深圳证券交易所交易规则》和有关法律、法规的规定,并自股票上市之日起作出如下承诺:

1. 按照法律、法规的规定和要求披露重大的信息,并接受证券主管机关、深圳证券交易所的监督管理。

2. 及时、真实、准确地公布中期报告和年度报告,并备置与规定场所供投资者公众查阅。

3. 本公司董事、监事及高级管理人员如发生人事变动或持本公司股票发生变化时,在报告证券主管机关、证券交易所的同时向投资者公告。

4. 在任何公共传播媒介中出现的消息可能对本公司股票的市场价格产生误导性影响时,本公司知悉后将及时该消息予以公开澄清。

5. 本公司董事、监事及高级管理人员将认真听取社会公众的意见和批评,不利用已获得的内幕消息和其他不正当手段直接或间接从事股票买卖活动。

6. 本公司没有无记录负债。

十一、重要事项揭示

1. 本公司前次定向募集的内部职工股10,500,000股在本次新股发行满三年后上市流通,本次上市流通的总股份为33,000,000股。

2. 截止上市公告书刊登之日,本公司未涉及任何重大诉讼事项和仲裁,也无任何尚未了结或可能面临的重大诉讼或索赔要求。

3. 本公司所得税依据《股份制试点企业有关税收政策的暂行规定》和沈阳市人民政府[1997]10号文精神,公司自1997年起所得税按33%计征,返还18%,所得税实际税赋15%。

子公司沈阳火炬特种环保设备制造有限公司系生产型外商投资企业,尚处于免税期,享受国家减免所得税优惠,子公司沈阳故宫制药厂1997年继续享受民政企业免所得税优惠。

十二、备查文件目录

1. 深圳证券交易所上市通知书

2. 验资报告

3. 本公司招股说明书

4. 上市协议

5. 中国证监会关于本公司公开发行股票的批准文件
6. 上市推荐书
7. 其他备查文件

沈阳特种环保设备制造股份有限公司

1997年5月20日

资产负债表主要数据(合并)

单位:万元

项　目	1996年12月31日	1995年12月31日	1994年12月31日
资产			
流动资产			
货币资金	2092.9	3001	2519.9
短期投资			
应收票据			
应收帐款	6318.3	3189.6	5879.4
减:坏帐准备			
应收帐款净额	6318.3	3189.6	5879.4
预付货款	2078.9	1352.8	1.6
其他应收款	2538.4	3108.4	1857.5
待摊费用	346.8	1009.2	525.8
存　货	2671.6	5052.2	3451.5
减:存货变现损失准备			
存货净额	2671.6	5052.2	3451.5
待处理流动资产(减收益)			
一年内到期的长期债券投资			
其他流动资产			
内部应收款			
流动资产合计	16874.8	16713.3	14239.8
长期投资:			
长期投资	32.6	18.8	13.1
合并价差			
长期投资合计	32.6	18.8	13.1
固定资产:			
固定资产原价	7909.9	7376.1	6959.6
减:累计折旧	1462.3	1153.2	1067.8
固定资产净值	6447.6	6222.9	5891.8
在建工程	1893.8	990.2	1271.1
固定资产清理			
待处理固定资产损失(减收益)			
固定资产合计	8341.4	7213.1	7162.9
无形及递延资产:			
无形资产	4046.5	4247.6	3749.1
递延资产	2.1	3.1	1.3
无形及递延资产合计	4048.5	4250.7	3750.4
其他长期资产:			
其他长期资产			
递延税项			
递延税项借项			
资　产　总　计	29297.4	28195.9	25166.2
负债及股东权益			
流动负债			
短期借款	1184	1462.3	2857.1
应付票据			
应付帐款	294.6	2018.3	1642
预收货款			
应付工资	152.7	159.3	124.4
应付福利费	(24.7)	(25)	(47.6)
未付股利	2250	1350	2050.6
未交税金	459	446	663.6
其他未交款	23.5	30.2	27.5
其他应付款	1129	2306	4388.9
预提费用	39.9	34.7	20.5
一年内到期的长期负债	260		
其他流动负债			
内部应付款			
流动负债小计	5767.9	7781.8	11736.2
长期负债:			
长期借款	2580	3728.3	2438.3
待转销汇兑损益	2.3	3.5	4.7
应付债券	1410		
长期应付款			
其他长期负债			
递延收益			
长期负债小计	3992.3	3731.8	2442.9
递延税款			
递延税款贷项			
负　债　合　计	9760.2	11513.5	14179.1
少数股东权益	3384	2776	59.6
股东权益:			
股本	9000	9000	9000
资本公积	72.7	72.8	7.6
盈余公积	7002.5	4756.1	1766.4
其中:公益金	1267	820.9	392.5
未分配利润	78	77.6	153.5
股东权益合计	16153.1	13906.3	10927.4
负债及所有者权益合计	29297.4	28195.9	25166.2

损益表主要数据(合并)

单位:万元

项目	1996年	1995年	1994年
一、主营业务收入	15852.8	11586.7	10420.1
减:销售折扣与折让	—	—	—
主营业务收入净额	15852.8	11586.7	10420.1
减:营业成本	7748.1	5518.6	5040.8
销售费用	112.3	22.7	16.1
管理费用	873	962.3	854.1
财务费用	1370.7	850.1	815.7
进货费用	—	—	—
营业税金及附加	495.1	37.4	102.2
二、主营业务利润(亏损以"-"号表示)	5253.6	4195.5	3591.2
加:其他业务利润(亏损以"-"号表示)	291.7	314.9	273.5
三、营业利润(亏损以"-"号表示)	5545.2	4510.4	3864.7
加:投资收益(亏损以"-"号表示)	—	—	—
营业外收入	4.4	2.5	12.7
补贴收入	160.2	326.9	438.5
减:营业外支出	0.6	0.079	0.04
加:以前年度损益调整	—	—	—
四、利润总额(亏损以"-"号表示)	5709.3	4839.8	4315.9
减:所得税	601.4	596.7	390.3
减:少数股东权益(合并报表填列)	607	(20.6)	(0.4)
提取能源交通基金	—	—	0.4
提取调节基金	—	—	0.3
五、净利润	4500.9	4263.7	3925.3
加:年初未分配利润(未弥补亏损以"-"号表示)	77.6	153.5	109.6

项目	1996年	1995年	1994年
盈余公积转入数	—	—	—
六、可分配利润	4578.4	4417.2	4034.9
减:提取法定盈余公积	450.1	428.4	392.5
提取法定公积金	450.1	428.4	392.5
七、可供股东分配的利润	3678.3	3560.4	3249.8
减:已分配优先股股利	—	—	—
提取任意公积	1350.3	2132.9	981.3
已分配普通股股利	2250	1350	2115
八、未分配利润(未弥补亏损以"-"号表示)	78	77.6	153.5

财务状况变动表(合并)

单位:万元

流动资金来源和运用	行次	金额
一、流动资金来源		
1. 本年净利润(合并报表为合并净利润)	1	4500.9
加:少数股东本期损益(合并报表填列)	2	607
加:不减少流动资金费用和损失		
(1)固定资产折旧	3	309.7
(2)无形资产、递延资产和其他资产摊销(减其他负债转销)	4	201
(3)固定资产盘亏(减盘盈)	5	
(4)清理固定资产损失(减收益)	6	(3.4)
(5)递延税款	7	
(6)其他不减少流动资金的费用和损失	8	
小　　计	10	5615.1
2. 其他来源		
(1)固定资产清理收入(减清理费用)	11	14.8
(2)增加长期负债	12	3640
(3)收回长期投资	13	
(4)对外投资转出固定资产	14	
(5)对外投资转出无形资产	15	
(6)资本增加净额		2248.4
(7)少数股东资本净增加额(合并报表填列)		(1)
小　　计		5902.2
流动资金来源合计		11517.3
二、流动资金运用		
1. 利润分配		
(1)提取法定公积金	19	450.1
(2)提取法定公益金	20	450.1
(3)提取任意公积金	21	1350.3
(4)已分配利润	22	2250
小　　计	23	4500.4
2. 少数股东利润分配(合并报表填列)	23—1	
3. 其他运用		
(1)固定资产和在建工程净增加额	24	1449.4
(2)增加无形资产、递延资产及其他资产	25	
(3)偿还长期负债	26	3378.3
(4)增加长期投资	27	13.8
小　　计	28	4841.5
流动资金运用合计	29	9341.9
流动资金增加净额	30	2175.4

流动资金各项目的变动	行次	合并金额
一、流动资产本年增加数		
1. 货币资金	31	(80.2)
2. 短期投资	32	
3. 应收票据	33	
4. 应收帐款		3128.7
减:坏帐准备		
5. 应收帐款净额	34	3128.7
6. 预付货款	35	726.1
7. 其他应收款	36	(569.9)
8. 待摊费用	37	(662.5)
9. 存货		(2380.7)
减:存货变现损失准备		
10. 存款净额	38	(2380.7)
11. 待处理流动资产损失(减收益)	39	
12. 一年内到期的长期债券投资	40	
13. 其他流动资产	41	
流动资产增加净额		161.5
二、流动负债本年增加数	45	
1. 短期借款		(278.3)
2. 应付票据	46	
3. 应付帐款	47	(1723.6)
4. 预收货款	48	
5. 应付工资	49	(6.7)
6. 应付福利费		0.3
7. 未付股利	50	900
8. 未交税金	51	13
9. 其他未交款	52	(6.8)
10. 其他应付款	53	(1177)
11. 预提费用	54	5.1
12. 一年内到期的长期负债	55	260
13. 其他流动负债	56	
	57	
流动负债增加净额		(2013.9)
流动资金增加净额	58	2175.4

四川美丰化工股份有限公司

四川美丰化工股份有限公司A股股票上市公告书

一、要览

总股本　7523.4万股
可流通股本　2300万股
本次上市流通股本　2300万股
股票简称　四川美丰
证券编码　0731
上市地　深圳证券交易所
上市时间　1997年6月17日
登记机构　深圳证券结算有限公司
上市推荐人　大鹏证券有限责任公司

二、绪言

本公司依据《中华人民共和国公司法》、《股票发行与交易管理暂行条例》、《公开发行股票公司信息披露实施细则》和《深圳证券交易所业务规则》等国家有关法律、法规文件的规定,为本公司股票公开上市之目的向社会公众提供有关资料。

四川美丰化工股份有限公司(以下简称"本公司")的股票发行经中国证券监督管理委员会证监发字(1997)229号和证监发字(1997)230号文件批准,已向社会公众公开发行人民币普通股2300万股,每股面值1.00元,每股发行价8.85元。本次上市流通的股本为2300万新股。本公司股票上市申请经深圳证券交易所[深证发(1997)236号文]审核同意,将于1997年6月17日(星期二)在深圳证券交易所上市挂牌交易。

本公司于1997年5月23日在《证券时报》刊登招股说明书概要,距今不足6个月,故与其相重复的内容在此不再赘述,敬请社会公众查阅招股说明书。

本公司董事会及各位董事确信本公告书未遗漏任何重大事项,亦不存在任何误导和虚假成份,并愿就本公告书及相关资料的真实性、准确性、完整性负个别及连带责任。

三、公司概况

1.概况

(1)公司法定名称:四川美丰化工股份有限公司
英文名称:SICHUAN MEIFENG CHEMICAL INDUSTRY SHARECOLDING COMPANY LTD.

(2)法定代表人:陈平

(3)公司注册地址:四川省射洪县太和镇新阳街87号

(4)联系地址:四川省德阳市嘉陵江西路91号
邮政编码:618000

(5)联系电话:(0838)2871127　2601455

(6)联系人:潘奇志　杨发水

(7)注册资金:75,234,000元人民币

(8)经营范围

主营:化肥及化工产品(化学危险品除外)、建筑材料、化工机械、塑料制品、煤气、化工原料制造、销售,包装、装璜材料制造、加工

兼营:氮肥生产工艺装备技术开发、研制、技术转让、技术咨询、技术服务、汽车运输、修理,防盗门、文件柜、金属门框制造、销售、餐饮娱乐、家电修理

2.公司主要发起人简介

(1)法定名称:四川省射洪县氮肥厂
注册资金:1589.8万元
法定代表人:陈平
成立日期:1977年5月
主营业务:合成氨、碳铵、氨水制造及销售
注册地址:四川省德阳市嘉陵江西路91号
联系电话:0838—2601277

(2)法定名称:四川省德阳市什邡化肥总厂
注册资金:10140万元
法定代表人:胡德清
成立日期:1958年5月
主营业务:磷肥、复合肥、水泥的制造和销售
注册地址:四川省什邡县蓉华镇穿心店
联系电话:0838—8801126

(3)法定名称:四川省中江县农业生产资料总公司
注册资金:135万元
法定代表人:蒋三义
成立日期:1993年2月
主营业务:农业生产资料、农副产品、塑料制品的批发和零售
注册地址:四川省中江县凯江镇下东街15号
联系电话:0838—7202958

(4)法定名称:三台县农业生产资料总公司
注册资金:200.6万元
法定代表人:魏才祥
成立日期:1992年3月
主营业务:农业生产资料的批发和零售
注册地址:四川省三台县潼川镇上东街22号
联系电话:0816—5222617

(5)法定名称:四川省第一建筑工业工程公司
注册资金:1060万元
法定代表人:周和荣
成立日期:1958年8月
主营业务:土木工程建筑,水泥预制构件制造销售、公路、桥梁工程施工
注册地址:四川省德阳市中区岷山路
联系电话:0838—2600502

3.公司历史沿革

(1)股份制改制过程

本公司前身四川省射洪县氮肥厂创建于1977年,主要生产和销售碳酸氢铵。到改制前的1993年12月,该厂已拥有13.7万吨碳酸氢铵的生产能力。1993年12月10日,省体改委以川体改(1993)200号文件批准射洪县氮肥厂进行股份制试点。射洪县氮肥厂联合四川省德阳市什邡化肥总厂、四川省中江县农业生产资料总公司、四川省三台县农业生产资料总公司和四川省第一建筑工业工程公司等四家单位共同发起,以定向募集方式设立本公司。经省体改委川体改(1994)74号文批准,公司筹委会于1994年2月28日召开创立大会,1994年3月3日,本公司正式登记注册。射洪县氮肥厂同时注销。

在改制过程中,射洪县氮肥厂以评估后的经营性净资产按1:1的比例折股4003.8万国家股,由射洪县国有资产管理局持有;四川省什邡化肥厂以自有货币资金按面值(每股面值1元)认购15万股,四川省第一建筑工业工程以司以货币资金按面值认购55万股,中江县农业生产资料总公司以自有资金按面值认购30万股,三台县农资总公司以自有货币资金按面值认购60万股。另外按面值向其他社会法人募集929万股,向内部职工募集130.60万股,至1994年1月20日,全部完成募集股份工作,共募集资金5223.4万元。

1996年10月,经射洪县人民政府射府函(1996)60号文件批准授权,原射洪县国资局持有的本公司4003.8万国家股改由四川美丰(集团)有限责任公司管理经营并行使股东权利。1996年12月四川省国有资产管理局以川国资企(1996)101号文予以确认。

(2)历次股票发行情况

1994年1月,本公司经定向募集后形成如下股本结构:

股权分类	数量(万股)	占总股本的比重(%)
发起人股	4163.8	79.71
其中国家股	4003.8	76.65
法人股	160	3.06
募集法人股	929	17.79
内部职工股	130.6	2.5
总股本	5223.4	100

四、股票发行及承销

1. 本次股票公开发行情况

社会公众股发行数量:2300万股

发行价:8.85元

募集资金总额:20355万元

发行方式:上网定价发行

配售比例:1.008171%

配售户数:23000户

持1000股以上的户数:23000户

发行费用总额:740万元

每股发行费用:0.32元

发行市盈率:14倍

2. 股票承销

本次公开发行的2300万股社会公众股已全部由社会公众认购,承销团成员包销股票的股数为零股。

3. 验资报告:

本次发行共募集资金20355万元,扣除已付的发行费用(券商手续费和承销商承销费)5,794,072.00元,实际收到股款197,755,928.00元,已于1997年6月9日进入本公司帐户。四川会计师事务所以川会师业—(1997)第146号验资报告确认。股款进帐情况如下:

开户行	帐号	金额(元)
工行射洪县支行	2210054-448	30,000,000.00
中行射洪县支行	018211000019	25,000,000.00
工行德阳市分行城南办工农桥分理处	22109	34,755,928.00
农行射洪县支行	871002125	108,000,000.00

五、董事、监事及高级管理人员持股情况

1. 董事、监事及高级管理人员变动情况

经1996年度股东大会审议批准,因工作变动等原因,董事、监事变动如下:

①以下人员不再担任董事职务:魏才祥、李长银、谢生华、贺军;

②以下人员不再担任监事职务:杨德林、胡德树、周和荣、冯开宇、张大益。

2. 新增董事、监事及高级管理人员简介

①新增监事

贺军:男,1952年生,大专文化,中共党员,经济师,1969年下乡,1976年参加工作。现任本公司工会主席,持有本公司股份8,250股。

汪爱平:男,1952年生,初中文化,中共党员,助理经济师,1976年参加工作,现任本公司纪委委员。持有本公司股份4,150股。

另有一名监事将由公司职工代表大会推举产生。

②新任高级管理人员

童刚:男,1966年生,大学文化,中共党员,工程师,1987年参加工作,现任本公司副总经理。持有本公司股份6,600股。

潘奇志:男,1968年生,高中文化,中共党员,经济员,1988年参加工作,现任本公司董事会秘书。持有本公司股份2,450股。

3. 董事、监事及高级管理人员持股数量和比例

序号	姓名	职务	持股数量	占总股本比例(%)
1	陈平	董事长兼总经理	8250	0.01097
2	彭科席	副董事长	8250	0.01097
3	勾永粱	副总经理	8250	0.01097
4	黄瑞阳	副总经理	8250	0.01097
5	杨久宜	副总经理	8250	0.01097
6	王世兆	副总经理	8250	0.01097
7	童　刚	副总经理	6600	0.00877
8	石玉华	董事	3300	0.00439
9	陈　润	董事	8250	0.01097
10	董国政	董事兼财务部部长	8250	0.01097
11	吴盛财	监事	8250	0.01097
12	贺　军	监事	8250	0.01097
13	汪爱平	监事	4150	0.00552
14	况明会	监事	8250	0.01097
15	潘奇志	董事会秘书	2450	0.00326
合计			107250	0.14261

六、公司设立

本公司1997年3月10日公司临时股东大会作出决议:本公司股票发行后,申请在深圳证券交易所挂牌交易。

本次股票发行后,本公司股权变更登记工作已经结束,详细资料如下:注册资金:7523.4万元

注册时间:1997年6月9日

注册地点:四川省射洪县太和镇新阳街87号

营业执照注册号码:20635948-1

七、关联企业及关联交易

1. 关联企业

四川美丰(集团)有限责任公司

1996年7月,经四川省经贸委批准,四川美丰(集团)有限责任公司成立,注册资金6170万元,现有总资产达2.3亿元,净资产1.32亿元。

目前,该集团除持有本公司发行后53.22%的股份外,还有3个全资企业,美丰(集团)公司分支机构图如下:

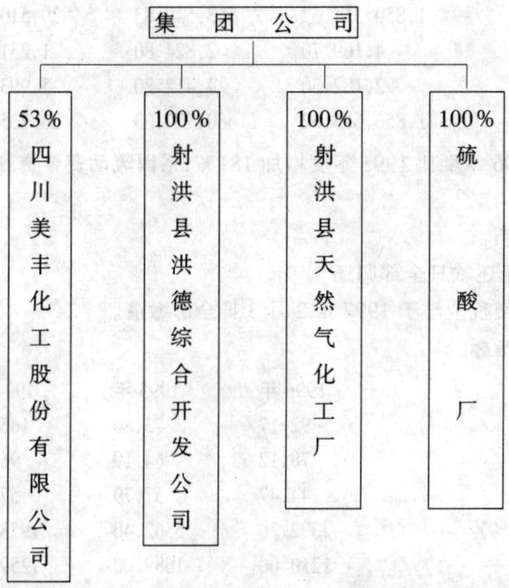

A. 射洪县洪德综合开发公司，注册资金 100 万元，主营批发、零售化工、金属材料、建筑材料、五金交电、副食品等。

B. 射洪县天然气化工厂，注册资金 670 万元，主营制造和销售碳酸氢铵、高效复盐聚合硫酸铁干粉、水剂；石灰等。

C. 四川美丰(集团)有限责任公司硫酸厂，注册资金 100 万元，主营制造和销售硫酸、磷肥。

2. 关联交易

四川美丰(集团)有限责任公司是本公司持股企业，在其全资企业中，射洪县天然气化工厂主要制造和销售碳酸氢铵，与本公司生产销售的碳酸氢铵类同，但由各自自主生产销售，不存在关联交易。该厂所使用的原材料也是天然气，但由于该厂生产地在射洪县，天然气由遂宁市负责供应，而本公司天然气由德阳市供应。两地天然气供应，前者属川中地区，后者属省石油管理局配气站，不存在争夺原材料市场的关系。

美丰(集团)公司承诺 在本公司股票上市二年内通过技术改造使射洪县天然气化工厂转产非化肥产品，不再生产碳酸氢铵。另外，还承诺美丰(集团)公司今后不开发和生产与本公司同类的产品，不与本公司争夺产品和原材料市场。

八、股本结构及大股东持股情况

1. 本公司上市前股本结构为：

总股本：7523.4 万股

尚未流通股份：

(1)发起人股份：4163.8 万股

其中　国家持有股份：4003.8 万股

　　　境内法人(或自然人)持有股份：160 万股

(2)募集法人股：929 万股

(3)内部职工股：130.6 万股

可流通股份：

境内上市人民币普通股：2300 万股

(1)本次公开发行股份：2300 万股

(2)内部职工股(占用额度部份)0 股

2. 前十名股东所持股数及比例

单位名称	持股(万股)	占发行前股本比重(%)	占发行后股本比重(%)
1. 四川美丰(集团)有限责任公司	4003.8	76.65	53.20
2. 四川省射洪县印刷厂	160	3.06	2.13
3. 四川省飞虹轴瓦股份有限公司	105.9	2.03	1.41
4. 四川省射洪县棉麻公司	100	1.91	1.33
5. 遂宁市中区农业生产资料公司	73.6	1.41	0.98
6. 三台县农业生产资料总公司	60	1.15	0.80
7. 四川省第一建筑工业工程公司	55	1.05	0.73
8. 德阳市银马实业公司	50	0.96	0.66
9. 蓬溪县农业生产资料公司	35	0.67	0.47
10. 中江县农业生产资料总公司	30	0.57	0.40
合　计	4673.3	89.47	62.12

九、公司财务会计资料

1. 审计报告[川会师业一(1997)第 81 号]

四川美丰化工股份有限公司全体股东：

我们接受委托，审计了贵公司 1994 年 12 月 31 日、1995 年 12 月 31 日、1996 年 12 月 31 日资产负债表和 1994 年度、1995 年度和 1996 年度利润及利润分配表。这些会计报表由贵公司负责，我们的责任是对这些会计报表发表审计意见。我们的审计是根据《中国注册会计师独立审计准则》进行的，在审计过程中，我们结合贵公司实际情况，实施了包括抽查记录等我们认为必要的审计程序。

我们认为，上述会计报表及其相关附注符合《企业会计准则》和《股份制试点企业会计制度》有关规定，在所有重大方面公允地反映了贵公司 1994 年 12 月 31 日、1995 年 12 月 31 日、1996 年 12 月 31 日的财务状况及 1994 年度、1995 年度、1996 年度经营成果和 1996 年度资金变动情况，会计处理方法的选用遵循了一贯性原则。

四川会计师事务所　　中国注册会计师　罗建平

　　　　　　　　　　　　　　　　　　王　辉

报告日期：1997 年 3 月 10 日

2. 财务报表

(1)资产负债表(见附表一)

(2)利润及利润分配表(见附表二)

(3)财务状况表(见附表三)

3. 财务报表附注

①、重要会计政策

(1)会计制度

本公司会计核算执行《企业会计准则》、《股份制试点企业会计制度》。

(2)会计期间及记帐本位币

本公司会计年度为公历 1 月 1 日至 12 月 31 日，以人民币为记帐本位币。

(3)记帐原则及计价基础

本公司会计核算以权责发生制为基础，各项财产物资除按规定进行资产评估以评估值计价外，均按实际成本计价。

(4)存货计价方法

本公司产品生产的主要原料是天然气，但由于生产工艺过程的特点决定按当月实际耗用数全部计人当月生产成本而不包括在本公司存货中。本公司存货主要是修理用备品备件、燃料(煤)、产成品和低值易耗品，均采用实际成本进行日常核算；生产领用原、辅材料时，按先进先出法计价；销售发出产成品的成本按加权平均法计算；低值易耗品于领用时一次性摊销。

(5)坏帐准备

本公司不计提坏帐准备金，对发生的坏帐损失计人管理费用，收回已核销的坏帐冲减管理费用。

(6)固定资产及其折旧

本公司固定资产是指使用期限超过一年，单位价值在 2000 元以上的房屋、建筑物、机器、机械运输工具以及其他与生产经营有关的设备、器具、工具等。不属于生产经营主要设备的物品，但单位价值在 2000 元以上，且使用期限超过两年的，也作为本公司固定资产。

除 1993 年本公司设立时按规定进行资产评估外，本公司购置的固定资产均按实际成本计价；固定资产折旧按直线法平均计算，并按固定资产类别的原价，规定使用年限和 3% 的残值率确定各类固定资产的年折旧率。

(7)税项

本公司应纳税项如下:

A. 流转税:根据财政部,国家税务局财税字(94)004 号、(1996)18 号文规定,本公司主要产品碳酸氢铵和尿素在 1994、1995、1996 年度均免征增值税;合成氨和附产品石灰按不含税销售收入征收6%的增值税。另按应纳增值税额的 7%和 3%分别计缴城建税和教育费附加。

B. 所得税:根据射洪县人民政府射府发(1994)39 号文件规定,本公司自 1994 年超按应纳所得税额的 15%计缴企业所得税,并经四川省地方税务局确认;四川省人民政府于 1997 年 3 月以川办函[1997]39 号文批准,本公司自 1997 年 1 月 1 日开始所得税税负按 15%计缴企业所得税。

C. 其他税项按国家规定计缴。

(8)利润分配

本公司利润分配顺序为弥补以前年度亏损,提取 10%法定盈余公积金,提取 5%—10%法定公益金,提取任意盈余公积金和分配股利。

②、会计报表主要项目注释

(1). 货币资金

	96-12-31	95-12-31
现　金	489,958.81	431,115.14
银行存款	26,161,690.09	19,314,444.64
	26,651,648.90	19,745,559.78

货币资金 1996 年末比 1995 年末增加 34.98%,主要是本公司尿素“四改六”工程 1996 年 11 月增加专项代款 1,000 万元。1996 年 12 月归还贷款 500 万元。

(2). 应收帐款

应收帐款 1996 年 12 月 31 日余额为 13,864,465.35 元,共 49 户,帐龄分析如下:

帐龄	户数	金额	比例(%)
1 年以内	48	18,864,263.93	99.99
1—2 年	1	201.42	0.01
	49	13,864,465.35	100.00

应收帐款户中无持本公司 5%以上股份的股东。

(3)预付货款

预付货款为预付的原材料、设备、备品备件款,1996 年 12 月 31 日余额为 9,815,117.96 元,帐龄分析如下:

帐龄	户数	金额	比例(%)
1 年以内	29	9,231,503.99	94.05
1—2 年	6	19,183.97	0.20
2—3 年	3	564,430.00	5.75
	38	9,815,117.96	100.00

(4). 短期借款

1996 年末比 1995 年末短期借款增加 562.65%,系因生产规模扩大及尿素技改工程所需流动资金增多所致。

(5). 应付帐款

本公司应付帐款主要是应付天然气等原材料货款,1995 年 12 月 31 日余额为 9,042,136.13 元,共 53 户,1996 年 12 月 31 日余额 11,193,454.58 元,共 85 户明细帐。

1996 年末比 1995 年末应付帐款增加 23.71%,系因天然气和技改设备款增加所致。

(6). 未交税金

1996 年末比 1995 年末未交税金增加 318.14%,系因 96 年所得税未经税务机关汇算,尚未缴纳。

(7). 财务费用

	1996 年	1995 年	1994 年
利息净支出	1,850,314.62	653,540.83	29,510.48
金融机构手续费	4,169.70	2,824.80	1,231.95
其　他	2,182.30	4,412.20	5,993.33
	1,856,666.62	660,777.83	36,735.76

财务费用 1996 年度比 1995 年度增加 181%,系因流动资金贷款增加所致。

(8). 期后事项

到期借款已于还款日全部归还

1996 年度未交税金已于 1997 年 2 月 3 日全部缴清。

4. 主要财务指标

指标名称	1996 年	1995 年	1994 年
流动比率(%)	92.17	73.80	105.50
速动比率(%)	78.12	64.19	96.87
资产负债率(%)	44.47	57.79	57.80
应收帐款周转率(%)	2372.70	5562.40	1958.39
存货周转率(%)	1210.00	1689.00	1259.00
净资产收益率(%)	46.22	37.25	23.24
每股净收益(元)	1.15	0.50	0.24

注:以上指标按照截止于 1996 年 12 月 31 日的前三个会计年度的财务报表计算。

十、董事会上市承诺

本公司董事会承诺将严格遵守《中华人民共和国公司法》、《股票发行与交易管理暂行条例》、《公开发行股票公司信息披露实施细则》、《深圳证券交易所交易规则》和有关法律、法规的规定,并自股票上市之日起作出如下承诺:

1. 按照法律、法规的规定程序和要求披露重大的信息、并接受证券主管机关,深圳证券交易所的监督管理。

2. 及时、真实、准确地公布中期报告和年度报告、并备置于规定场所供投资者公众查阅。

3. 本公司董事、监事及高级管理人员如发生人事变动或持本公司股票发生变化时,在报告证券主管机关,证券交易所的同时向投资者公布。

4. 在任何公共传播媒介中出现的消息可能对本公司股票的市场价格产生误导性影响时,本公司知悉后将及时对该消息予以公开澄清。

5. 本公司董事、监事及高级管理人员将认真听取社会公众的意见和批评,不利用已获得的内幕消息和其他不正当手段直接或间接从事股票买卖活动。

6. 本公司没有无记录负债。

十一、无重要事项提示

十二、备查文件目录

1. 发行人成立的注册登记文件
2. 深圳证券交易所上市通知书
3. 招股说明书
4. 审计报告
5. 验资报告
6. 资产评估报告
7. 本公司营业执照
8. 本公司公司章程
9. 法律意见书
10. 中国证监会关于本公司公开发行股票的批准文件

十三、咨询机构

公司名称:四川美丰化工股份有限公司

法定代表人:陈平

注册地址:四川省射洪县太和镇新阳街 87 号

联系地址:四川省德阳市嘉陵江西路 91 号　　联系人:潘奇志　杨发水
电话:(0838)2601277　2871127
传真:(0838)2601455

四川美丰化工股份有限公司
1997 年 6 月 13 日

附表一

资产负债表

编制单位:四川美丰化工股份有限公司　　单位:元

资产	行次	1996 年 12 月 31 日	1995 年 12 月 31 日	1994 年 12 月 31 日	负债及股东权益	行次	1996 年 12 月 31 日	1995 年 12 月 31 日	1994 年 12 月 31 日
流动资产:					流动负债:				
货币资金	1	26,651,649	19,745,560	8,059,678	短期借款	41	23,139,819	3,492,000	1,970,000
短期投资	2				应付票据	42			
应收票据	3				应付帐款	43	11,193,455	9,042,136	3,487,032
应收帐款	4	13,864,465	1,053,789	2,791,099	预收货款	44	1,696,955	8,873,077	344,351
减:坏帐准备	5				应付福利款	45	2,891,704	2,408,461	1,728,704
应收帐款净额	6	13,864,465	1,053,789	2,791,099	未付股利	46	14,423,994	20,995,358	17,315,286
预付货款	7	9,815,118	8,397,709	2,982,493	未交税金	47	5,159,471	1,233,896	413,221
其他应收款	8	8,145,270	7,499,364	17,331,138	其他未交款	48	52,415	15,478	1,772
待摊费用	9				其他应付款	49	6,800,781	10,309,348	6,202,101
存　货	10	10,524,117	5,493,536	2,778,168	预提费用	50			10,000
待处理流动资产净损失	11				一年内到期的长期负债	51	9,500,000	800,000	700,000
一年内到期的长期债券投资	12				其他流动负债	52			
其他流动资产	13				流动负债合计	55	74,858,594	57,169,754	32,172,467
流动资产合计	15	69,000,619	42,189,958	33,942,576	长期负债:				
长期投资:					长期借款	56	25,500,000	30,100,000	30,900,000
长期投资	16	198,200	242,446	540,232	应付债券	57		6,432,000	9,544,500
固定资产:					长期应付款	58	3,770,900	1,891,240	1,551,255
固定资产原价	18	159,737,484	118,758,559	38,464,132	其他长期负债	60	275,546	386,813	406,141
减:累计折旧	19	22,016,654	14,276,689	10,157,365	长期负债合计	61	29,546,446	38,810,053	42,401,896
固定资产净值	20	137,720,830	104,481,870	28,306,767	递延税项				
在建工程	21	6,382,036	7,622,351	53,857,871	递延税款贷款	62			
固定资产清理	22				负债合计	65	104,405,040	95,979,807	74,574,363
待处理固定资产净损失	23				股东权益:				
固定资产合计	25	144,102,866	122,104,221	82,164,638	股　本	66	52,234,000	52,234,000	52,234,000
无形资产及递延资产:					资本公积	67			
无形资产	26	21,452,304	11,545,528	12,363,817	盈余公积	68	14,851,282	5,814,292	1,897,455
递延资产	30				其中:公益金	69	4,950,427	1,938,097	632,485
无形及递延资产合计	35	21,452,304	11,545,528	12,363,817	未分配利润	70	63,263,667	12,054,054	305,445
其他长期资产:					股东权益合计	75	130,348,949	70,102,346	54,436,900
其他长期资产	36				负债及股东权益总计	80	234,753,989	166,082,153	129,011,263
递延税项:									
递延资款借款	37								
资产总计	40	234,753,989	166,082,153	129,011,263					

附表二

利润及利润分配表

编制单位:四川美丰化工股份有限公司　　单位:元

项　目	行次	1996 年度	1995 年度	1994 年度	项　目	行次	1996 年度	1995 年度	1994 年度
一、主营业务收入	1	176,987,273	106,933,155	54,660,776	四、利润总额	14	70,981,425	30,714,994	14,879,587
减:营业成本	2	96,900,390	69,850,089	34,980,914	减:所得税	15	10,734,822	4,602,749	2,229,86
销售费用	3	54,712	44,335	80,706	五、净利润	16	60,246,603	26,112,245	12,649,701
管理费用	4	6,606,233	5,621,505	4,589,135	加:年初未分配利润	17	12,054,053	305,445	
财务费用	5	1,856,667	660,778	36,736	盈余公积转入数	18			
进货费用	6				六、可分配的利润	19	72,300,656	26,417,690	12,649,701
营业税金及附加	7	5,632	54,269	30,643	减:提取法定公积金	20	6,024,660	2,611,225	1,264,970
二、主营业务利润	8	71,563,639	30,702,179	14,942,642	提取法定公益金	21	3,012,330	1,305,612	632,485
加:其他业务利润	9	56,876			七、可供股东分配的利润	22	63,263,666	22,500,853	10,752,246

项　目	行次	1996 年度	1995 年度	1994 年度	项　目	行次	1996 年度	1995 年度	1994 年度
三、营业利润	10	71,620,515	30,702,179	14,942,642	减:已分配优先股股利	23			
加:投资收益	11	4,500	30,000	13,679	提取任意公积金	24			
营业外收入	12	2,722		702	已分配普通股利	25		10,446,800	10,446,800
减:营业外支出	13	646,312	17,185	77,436	八、未分配利润	26	63,263,666	12,054,053	305,446

附表三

财务状况变动表

编制单位:四川美丰化工股份有限公司

单位:元

流动资金来源和运用	行次	金额	流动资金各项目的变动	行次	金额
一、流动资金来源:			一、流动资金本年增加数:		
1. 本年净利润	1	60,246,603	1. 货币资金	41	6,906,089
加:不减少流动资金的费用和损失			2. 短期投资	42	
(1)固定资产折旧	2	7,924,634	3. 应收票据	43	
(2)无形资产、递延资产及其他资产摊销	3	1,213,691	4. 应收帐款净额	44	12,810,677
(减其他负债转销)			5. 预付货款	45	1,417,409
(3)固定资产盘亏(减盘亏)	4		6. 其他应收款	46	645,905
(4)清理固定资产损失(减收益)	5		7. 待摊费用	47	
(5)递延资款	6		8. 存　货	48	5,030,580
(6)其他不减少流动资金的费用和损失	7		9. 待处理流动资金损失(减收益)	49	
小　计	12	69,384,928	10. 一年内到期的长期债券投资	50	
2. 其他来源:			11. 其他流动资产	51	
(1)固定资产清理收入(减清理费用)	13				
(2)增加长期负债	14	12,060,320			
(3)收回长期投资	15	44,246			
(4)对外投资转出固定资产	16				
(5)对外投资转出无形资产	17				
(6)资本净增加额	18	9,036,990	流动资产增加净额	60	26,810,660
小　计	22	21,141,556	二、流动负债本年增加数		
流动资金来源合计	23	90,526,484	1. 短期借款	61	19,647,819
二、流动资金运用:			2. 应付票据	62	
1. 利润分配:			3. 应付帐款	63	2,151,318
(1)提取盈余公积(用盈余公积补亏以"-"号表示)	24	6,024,660	4. 预收货款	64	-7,176,122
			5. 应付福利费	65	483,243
(2)提取法定公益金	25	3,012,330	6. 未付股利	66	-6,571,363
(3)提取任意公积金	26		7. 未交税金	67	3,925,576
(4)已分配股利	27		8. 其他未交款	68	36,936
小　计	32	9,036,990	9. 其他应付款	69	-3,508,567
2. 其他运用:			10. 预提费用	70	
(1)固定资产和在建工程净增加额	33	39,923,281	11. 一年内到期的长期负债	71	8,700,000
(2)增加无形资产、递延资产及其他资产	34	11,120,466	12. 其他流动负债	72	
(3)偿还长期负债	35	21,323,927			
(4)增加长期投资	36				
小　计	38	72,367,674			
流动资金运用合计	39	81,404,664	流动负债增加净额	79	17,688,840
流动资金增加净额	40	9,121,820	流动资金增加净额	80	9,121,820

福建省三农化学股份有限公司

福建省三农化学股份有限公司A股股票上市公告书

一、要览

总股本:12000万股

可流通股本:6335万股

本次上市流通股本:4000万股

证券编码:0732

上市地:深圳证券交易所

上市推荐人:闽发证券有限责任公司、深圳国投证券有限公司

二、序言

本公司依据《中华人民共和国公司法》、《股票发行与交易管理暂行条例》、《公开发行股票公司信息实施细则》和《深圳证券交易所业务规则》等国家有关法律、法规文件的规定,为本公司股票公开上市之目的向社会公众提供有关资料。

福建省三农化学股份有限公司(以下简称"本公司")的股票发行经中国证券监督管理委员会证监发字(1997)291号和证监发字(1997)319号文件批准,已向社会公开发行人民币普通股4000万股,每股面值1.00元,每股发行价4.30元。本次上市流通的总股本为4000万股。根据国家有关规定,公司原有内部职工股2335万股将于本次上市之日起3年后上市。本公司股票上市申请经深圳证券交易所深证发字(1997)265号《上市通知书》审核同意,将于1997年7月4日(星期五)在深圳证券交易所上市挂牌交易。

本公司于1997年6月13日分别在《证券时报》、《中国证券报》刊登招股说明书概要,距今不足6个月,故与其相重复的内容在此不再重述,敬请投资者查阅招股说明书。

本公司董事会全体成员已批准本上市公告书,确信其中不存在重大遗漏和误导,并对其真实性、准确性和完整性负个别及连带责任。

三、公司概况

1.基本情况

公司法定名称:福建省三农化学股份有限公司

公司法定代表人:庄季希

成立日期:1992年12月29日

公司注册地址:福建省三明市梅列区徐碧

公司经营范围:化学农药、化工产品、化工原料(除化学危险品)的制造;粘合剂,制药机械,仪器仪表,五金交电,金属材料销售;承办本企业对外合作生产,来料加工和补偿贸易业务,经营自产农药商品出口业务,经营本企业生产所需原辅材料,机械设备,仪器仪表和相关技术的进口业务,信息咨询。

公司营业执照注册号:15816452-3

公司所属行业:工业

公司咨询电话:(0598)8221401-3303

联系人:邹昆彬、吴秋萍

2.公司历史沿革

1992年12月,经福建省体改委闽体改(1992)103号文批准,由原福建省三明农药厂为发起人,以定向募集方式设立福建省三农化学股份有限公司。根据福建省资产评估中心闽资(1992)评字第83号文评估,经福建省国有资产管理局闽财国资(1992)158号文确认和闽财国资(1992)163号文批复,原三明农药厂以其经营性净资产3145.72万元,按1:0.85的比例,折为2673万股,作为国有股本,投入公司。同时,公司按每股1.3元的价格,定向募集法人股1344万股、内部职工股2335万股。1992年12月25日,经福建省体改委闽体改(1992)130号文批复,公司总股本为6352万元。1992年12月29日,公司在福建省工商行政管理局登记注册(注册号15816452-3)。

1995年12月3日,经公司临时股东大会同意、并于1995年12月15日经福建省体改委闽体改(1995)110号文批准,公司股本扩大至8000万元。新增股份由福建隆达艺术传播有限责任公司以其在本公司的部分债权2290.72万元,按每股1.39元价格折为1648万股,投入公司运营,以减轻公司负债,改善财务状况。

为筹措资金,进行技术改造和新产品开发,经公司1997年4月1日股东大会同意,本公司申请公开发行人民币普通股(A股)股票4000万股。经中国证监会证监发字(1997)291号和证监发字(1997)319号文件批准,公司于1997年6月18日至20日在福建省福州市,采用"全额预缴款、比例配售、余款转存"的方式向社会公开发行A股股票4000万股,至此公司股本增至12,000万股。

本公司前身为福建省三明农药厂,始建于1959年,于1965年由厦门市迁至福建省三明市。长期以来,本公司坚持发展支农工业的主营方向,致力于农药及相关化工产品的开发、生产、经营,现已发展成为技术力量雄厚、经营管理规范、产品品种齐全的福建省最大的农药生产企业,化工部定点农药生产骨干企业。本公司产品不仅畅销省内、省外,而且远销美国、西欧、东南亚等地区,被化工部列为我国农药出口基地之一。1991年国家经贸委就授予本公司自营进出口权,成为福建省第一家拥有自营进出口权的化工企业。

公司成立以来,充分利用股份制在管理体制和募集资金方面的优势,转换机制,调整产品结构,扩大生产规模,取得了显著成效。1996年完成销售收入28,472.06万元、实现利润3,431.84万元,较公司改制前的1992年分别增长2.3倍、3.85倍。公司始终坚持"科学技术是第一生产力"的方针,努力推动企业技术进步,除成立了科研所进行技术攻关外,还先后与清华紫光集团、沈阳化工研究院、福州大学等科研院校建立了长期的技术合作关系,产、学、研相结合,开发高效、低毒、低残留的农药和高附加值的精细化工产品。几年来,公司综合实力迅速增强,在同行业中的排名不断上升。公司1996年销售收入在全国同行业中的排名由1995年的第10位上升到第7位,实现利润从第5位上升到第3位,出口创汇保持在第3位。

四、股票发行与承销

1、本次公开发行

发行数量:	4000万股
发行价格:	4.30元/股
实际募集资金总额:	17200万元
发行方式:	全额预缴款、比例配售、余款转存
配售比例:	11.384%
配售户数:	27902户
持有1000股以上的户数:	14116户
发行费用总额:	560万元
每股发行费用:	0.14元
发行市盈率:	15倍

2、股票承销

本次股票发行获得超额认购,承销商无余股认购。

3、验资报告

验 资 报 告

闽华兴所(97)股验字第24号

福建省三农化学股份有限公司:

本所接受委托,对贵公司截止一九九七年六月二十五日实收资本的真实性、合法性进行验证。在审验过程中,本所按照《独立审计实务公告第一号-验资》的要求,实施了必要的审验程序。贵公司的责任是提供真实、合法、完整的验资资料,保护资产的安全、完整,本所的责任是按照《独立审计实务公告第一号-验资》的要求,出具真实、合法的验资报告。

公司注册资本120,000,000元,本次向社会公开发行40,000,000股,按每股面值1元折股本金40,000,000元,按每股价格4.30元/股发行,计172,000,000元。本次验资金额为169,420,000元(已扣除承销商费用2,580,000元),公司委托承销商福建兴业证券公司根据中国人民银行福建省分行闽银行复[1997]256号"关于福建省三农股份有限公司募股资金专户存放在中国工商银行三明市分行列东支行的批复"将募集款169,420,000元(含未扣除中介机构的发行费3,020,000)汇入公司的开户银行中国工商银行三明市分行列东支行,帐号48302210144059。

单位:人民币元

股份类别	股本	每股面值	折股本金	资本公积	股权比例%
国家持股	26,730,000	1	26,730,000	4,727,272.54	22.28
法人股	29,920,000	1	29,920,000	10,270,200.00	24.93
内部职工持股	23,350,000	1	23,350,000	7,005,000.00	19.46
社会公众持股	40,000,000	1	40,000,000	126,400,000.00	33.33
合计	120,000,000	1	120,000,000	148,402,472.54	100

注:资本公积148,402,472.54元,其中本次发行的股本溢价132,000,000元,扣除发行费用5,600,000元,加以前年度资本公积22,002,472.54元。

附件:1、银行出具的企业人资凭证(复印件)

2、验资机构法人营业执照(复印件)

福建华兴会计师事务所　　中国注册会计师:徐强、林新田

中国·福州　　一九九七年六月二十五日

五、董事、监事及高级管理人员持股情况

姓名	职务	持股数(股)	持股比例
庄季希	董事长	4000	0.0033%
朱清龙	副董事长　总经理	10000	0.0083%
杨裕国	董事　财务总监	7000	0.0058%
周建山	董事	3000	0.0025%
刘永和	董事	3000	0.0025%
杨忠国	董事	2000	0.0016%
曾慧虹	董事　董事会秘书	2000	0.0016%
林福顺	董事	2000	0.0016%
郑于强	董事	2000	0.0016%
李承昌	监事会主席	2000	0.0016%
邱雪鸿	监事	3000	0.0025%
陈秀仁	监事	8000	0.0067%
李云乐	副总经理	8000	0.0067%
陈万福	副总经理	4000	0.0033%
以上人员持股合计数		60000	0.0500%

六、公司设立

1、公司1997年4月1日股东大会作出决定,向社会公开发行4000万股A股并在深圳证券交易所上市,并授权董事会全权处理股票发行上市有关事宜。

2、公司注册资本:12000万元

3、公司注册时间:1992年12月29日

4. 公司注册地点:福建省三明市梅列区徐碧

5、营业执照注册号:15816452-3

七、关联企业和关联交易

1、关联企业

本公司关联企业如下:

(1)福建省三农化学股份有限公司福州经营部,本公司拥有100%的股权,经销农药、化工产品。

(2)福建省三农化学股份有限厦门公司,本公司拥有100%的股权,经销农药、化工产品。

(3)贵州福泉三江化学有限责任公司,本公司拥有51%股权,生产黄磷等产品。

(4)福建省莆田三农农药联营公司,本公司拥有50%股权,经销农药、化工等产品。

(5)漳州市漳明农药化工联营公司,本公司拥有50%股权,经销农药、化工等产品。

(6)福建省泉州明泉农化联营公司,本公司拥有50%股权,经销农药、化工等产品。

(7)三明市农药厂福清龙田联营分厂,本公司拥有共30%股权,生产、销售化学农药产品。

2. 关联交易

本公司不存在与关联企业的业务往来。

八、股本结构和大股东持股情况

1、上市前的股本结构

总股本:	12000万股(100%)
尚未流通股份:	8000万股(66.67%)
其中:国家股(发起人股)	2673万股(22.28%)
法人股:	2992万股(24.93%)
内部职工股:	2335万股(19.46%)
可流通股份:	
境内上市的人民币普通股:	4000万股(33.33%)

2、上市前前十名股东持股情况及比例

序号	股东名称	持股数(万股)	占总股本比例%
1	福建省三明市国有资产管理局	2673	22.275
2	福建隆达艺术传播有限责任公司	1648	13.733
3	福建利之山实业有限公司	1144.15	9.535
4	泰科工艺	68.304	0.569
5	黑财证券	68.304	0.569
6	平立房产	64.6725	0.539
7	三明市财通公司	50	0.417
8	江苏鑫苏	28.46	0.237
9	宏业物业	25.8644	0.216
	神州国贸	25.8644	0.216
	万业产权	25.8644	0.216
	湖北粮食	25.8644	0.216
	合计	5848.3481	48.736

九、公司财务会计资料

(一)审计报告

审 计 报 告

闽华兴所(97)股审字第32号

福建省三农化学股份有限公司全体股东:

我们接受委托,审计了贵公司一九九四年十二月三十一日,一九九五年十二月三十一日和一九九六年十二月三十一日资产负债表、合并资产

负债及一九九四年度、一九九五年度、一九九六年度利润及利润分配表、合并利润及利润分配表以及一九九六年度财务状况变动表及合并财务状况变动表。这些会计报表由贵公司负责,我们的责任是对这些会计报表发表审计意见。我们的审计是依据《中国注册会计师独立审计准则》进行的。在审计过程中,我们结合贵公司实际情况,实施了包括抽查会计记录等我们认为必要的审计程序。

我们认为,上述会计报表符合《企业会计准则》和《股份制试点企业会计制度》的有关规定,在所有重大方面公允地反映了贵公司一九九四年十二月三十一日、一九九五年十二月三十一日、一九九六年十二月三十一日的财务状况及一九九四年度、一九九五年度、一九九六年度经营成果和一九九六年度资金变动情况,会计处理方法的选用,遵循了一贯性原则。

福建华兴会计师事务所

一九九七年三月三十日

(二)、资产负债表、利润表、财务状况变动表(附后)

(三)、主要会计政策:

1. 会计制度:公司执行《股份制试点企业会计制度》。

2. 会计年度:公历一月一日至十二月三十一日。

3. 合并报表的编制方法:以下企业均纳入合并报表范围:

(1)全资子公司:福建省三农化学股份有限公司福州经营部(注册资本250,000元,实际已全部到位)、福建省三农化学股份有限厦门公司(注册资本577,000元,实际已全部到位)。

(2)占51%股权的公司:贵州福泉三江化学有限责任公司(注册资本11,335,868.11元,实际已全部到位)。

4. 记帐原则和计价基础:记帐原则按权责发生制核算,各项资产按取得实际成本计价。

5. 记帐本位币:公司以人民币为记帐本位币,涉及外币业务的按当日市场汇率折合人民币入帐,期末按期末市场汇率的中间价进行调整列入当期损益。

6. 存货计价方法:原材料、产成品、修理用备件及燃料采用实际成本计价。包装物按实际成本核算并随同产品出售不单独计价。低值易耗品按实际成本反映采用一次摊销法核算。

7. 长期投资核算方法:

(1)债券投资的收益确认:按成本法确认收益。

(2)联营投资的收益确认:

占投资比例25%以下的按成本法核算,占投资比例25%以上(含25%)的按权益法核算,占投资比例50%以上进行报表合并。

8. 固定资产计价及折旧方法:

(1)固定资产计价,采用实际成本法核算。

(2)折旧方法:采用直线法分类计提折旧。

类别	非生产用房	生产用房	建筑物	通用设备	专用设备	运输工具	其他
折旧年限	50	15	20	8	12	10	8
残值率(%)	3	3	3	3	3	3	3
年折旧率(%)	1.94	6.5	4.85	12.20	8.08	9.70	12.13

9. 无形资产:按受益期限平均摊销。

10. 递延资产:按受益期限平均摊销。

11. 销售实现确认原则:产品已经发出,劳务已经提供,同时收讫价款或者取得收取价款的凭据时,确认销售收入的实现。

12. 税项:

增值税:

(1)化工产品按17%税率计缴增值税;

(2)农药按13%税率计缴增值税;

(3)产品出口适用零税率;

(4)至一九九七年十二月三十一日止,本公司生产销售的氧乐果、甲胺磷继续免征增值税。

营业税:税率5%。

所得税:根据福建省人民政府闽政(1992)29号文件规定税率为24%。

13. 利润分配:按净利润的10%计提法定公积金和5%计提公益金后转为可供股东分配的利润,股利分配按股东大会决议进行。

(四)、主要财务指标:

项目	1996年	1995年	1994年
流动比率	1.14	1.06	1.05
速动比率	0.53	0.47	0.49
应收款周转率	19.34	13.36	9.17
存货周转率	2.87	2.83	2.38
资产负债率	0.51	0.62	0.56
净资产利润率(%)	19.67	21.03	19.73
每股净资产(元)	1.67	1.33	1.28
每股盈利(元)	0.328	0.279	0.252

十、董事会上市之承诺

本公司董事会将严格遵守《中华人民共和国公司法》、《股票发行与交易管理暂行条例》《公开发行股票公司信息披露实施细则》、《深圳证券交易所业务规则》和有关法律,法规的规定,并向证券主管机关、深圳证券交易所和广大投资者作出如下承诺:

1、按照法律、法规的规定程序和要求披露重大信息,并接受证券主管机关、深圳证券交易所的监督管理;

2、及时、准确、真实地在证券主管部门指定的报刊上公布中期报告、年终报告及经营业绩等资料,并置于规定场所供投资者查阅;

3、本公司董事、监事及高级管理人员,如发生人事变动或前述人员持有本公司股票数量发生变化时,及时通报证券管理机关,并及时通过证券主管部门指定的报刊通告社会公众;

4、在任何公共传播媒介中出现的消息可能对本公司股票的市场价格产生误导性影响时,本公司知悉后将及时对该消息予以公开澄清;

5、本公司董事、监事及高级管理人员将认真听取社会公众的建议和批评,不利用已获取的内幕信息和其他不正当手段直接或间接从事股票买卖活动;

6、本公司没有无记录负债。

十一、重要事项说明

1、本公司原募集的内部职工股2335万股,将根据国家有关规定在本次上市三年后上市,本次上市流通的股份为4000万股。

2、截止本上市公告书签署日,公司不存在任何对其财务状况、经营成果、声誉、业务活动、未来前景等可能产生较大影响的、尚未了结的或者可以预见的诉讼、仲裁或者被行政处罚的案件。公司的董事、监事、高级管理人员亦未涉及任何刑事诉讼。

3、依据福建省人民政府闽政(1997)文104号的批复"同意福建省三农化学股份有限公司从上市之日起,其所得税减按15%的税率征收。"

4、根据公司1997年4月1日股东大会决议,公司1996年的利润滚存到下一年度分配。新老股东共同享有公司本次发行完成前的滚存利润。

5、经福建华兴会计师事务所闽华兴所(97)股验字第09号文审核,本公司1997年盈利预测为每股净利润0.35元。

十二、咨询机构

发行人

福建省三农化学股份有限公司

地址:福建省三明市梅列区徐碧

法定代表人:庄季希

电话:(0598)8221401-3303

传真:(0598)8242852

联系人:邹昆彬　吴秋萍

主承销商

福建省兴业证券公司

地址:福建福州市湖东路169号天骛大厦6楼

法定代表人:兰荣

电话:(0591)7542524 7560104

传真:(0591)7542534

联系人:江荣华 潘 虹

上市推荐人

1、闽发证券有限责任公司

地址:福建省福州市五一中路199号闽发大厦

法定代表人:马 凌

电话:(0591)3355804

传真:(0591)3353804

联系人:程 准

2、深圳国投证券有限公司

地址:深圳市红岭中路7号国际信托大厦

法定代表人:叶连捷

电话:(0755)5596006

传真:(0755)5894167

联系人:王宁

发行人财务顾问

福州市天力投资顾问有限公司

地址:福建省福州市营迹路井观外巷3号中华大厦4层

法定代表人:熊碧波

电话:(0591)7836999

十三、备查文件

1、深圳证券交易所上市通知书

2、验资报告

3、本公司招股说明书

4、审计报告

5、公司章程

福建省三农化学股份有限公司

1997年6月28日

资 产 负 债 表

单位:福建省三农化学股份有限公司(合并) 单位:元

资 产	1996年末	1995年末	1994年末
流动资产:			
货币资金	45,243,974	17,070,242	9,759,593
短期投资			
应收票据			
应收帐款	14,805,732	14,793,566	18,033,315
减:坏帐准备	74,029	73,968	90,167
应收帐款净额	145,731,703	14,719,598	17,943,149
预付帐款	7,966,725	11,612,296	9,469,564
其他应收款	3,065,660	4,168,782	3,720,107
存 货	85,178,382	64,352,804	52,644,888
待摊费用	2,885,175	4,060,186	4,589,10
待处理流动资产净损失			
一年内到期的长期债券			
其他流动资产			
流动资产合计	159,071,619	116,001,908	98,126,421
长期投资:			
长期投资	2,033,683	3,188,952	3,314,781
固定资产:			
固定资产原价	142,380,797	100,515,611	73,032,130
减:累计折旧	38,811,225	28,476,111	21,822,046
固定资产净值	103,569,571	72,049,500	51,210,084
固定资产清理			
在建工程	6,048,442	13,381,661	28,362,828
待处理固定资产净损失			
固定资产合计	109,629,775	85,431,161	79,572,912
无形及递延资产:			
无形资产	13,136,781	14,185,850	5,854,913
递延资产	333,562	196,228	281,574
无形及递延资产合计	13,470,343	14,382,077	6,136,487
资产总计	284,205,420	219,004,098	187,150,601

资 产 负 债 表 (续)

单位:福建省三农化学股份有限公司(合并) 单位:元

负债及股东权益	1996年末	1995年末	1994年末
流动负债:			
短期借款	72,096,866	56,655,418	37,985,891
应付票据	2,100,000		
应付帐款	22,926,837	8,168,358	7,047,309
预收帐款	14,937,356	12,460,271	11,576,251
其他应付款	11,865,106	11,048,444	13,788,287
应付工资			
应付福利费	4,797,632	4,349,880	4,447,035
未交税金	9,693,179	1,574,707	4,731,495
未付股利		15,054,240	13,656,800
其他未交款	129,020	51,571	58,665
流动负债合计	139,355,996	109,362,889	93,291,733
长期负债:			
长期借款	5,000,000	1,500,000	3,650,000
长期应付款	1,553,139	23,936,150	8,662,580
长期负债合计	6,553,139	25,436,150	12,312,580
负债合计	145,909,135	134,799,039	105,604,313
少数股东权益:	4,951,880		
股东权益:			
股本	80,000,000	63,520,000	63,520,000
资本公积	22,002,473	15,575,273	15,575,273
盈余公积	9,007,946	5,073,124	2,416,172
其中:公益金	3,002,649	1,691,041	805,391
未分配利润	22,333,987	36,663	34,843
所有者权益合计	133,344,405	84,205,059	81,546,288
负债及所有者权益总计	284,205,240	219,004,098	180,150,601

利 润 及 利 润 分 配 表

单位:福建省三农化学股份有限公司(合并) 单位:元

项目	1996年度	1995年度	1994年度
一、主营业务收入	284,720,591	218,235,400	164,496,496
减:营业成本	215,238,671	165,338,757	125,394,532
销售费用	7,432,579	6,045,630	2,623,710
管理费用	22,064,412	18,318,834	12,395,387
财务费用	6,687,233	6,195,421	3,202,756
营业税金及附加	675,659	490,551	391,434
二、主营业务利润	32,622,036	1,846,206	20,488,678
加:其他业务利润	1,462,887	1,477,524	698,319
三、营业利润	34,084,923	23,323,731	21,186,997
加:投资收益	206,791	393,419	52,902
营业外收入	160,228	34,294	86,738

减:营业外支出	133,704	392,974	251,303
加:以前年度损益调整	166	−23,014	
四、利润总额	34,318,405	23,335,457	21,075,334
减:所得税	8,323,748	5,622,445	5,087,122
减:少数股权收益	−237,488		
五、净利润总额	26,232,146	17,713,011	15,988,213
加:年初未分配利润	36,663	34,843	101,662
盈余公积转入数			
六、可分配的利润	26,268,808	17,747,854	16,089,875
减:提取法定公积金	2,623,215	1,771,301	1,598,821
提取公益金	1,311,607	885,651	799,411
七、可供股东分配的利润	22,333,987	15,090,903	13,691,643
减:提取任意公积金			
已分配普通股利		15,054,240	13,656,800
八、未分配利润	22,333,987	36,663	34,843

财务状况变动表

单位:福建省三农化学股份有限公司(合并)　1996 年度　单位:元

流动资金来源和运用	1996 年度
一、流动资金来源:	
1、本年净利润:	26,232,146
加:不减少流动资金的费用和损失	−237,488
(1)少数股东本期损益(亏损以"−"表示)	10,669,314
(2)固定资产折旧	1,136,181
小计	37,800,153
2、其他来源:	
(1)收回长期投资	1,155,270
(2)资本净增加额	26,842,022
(3)少数股东资本净增加额	5,189,368
小计	33,186,659
流动资金来源合计	70,986,812
二、流动资金运用:	
1、利润分配:	
(1)提取法定公积金	2,623,215
(2)提取法定公益金	1,311,607
小计	3,934,822
2、少数股东利润分配	
3、其他运用:	
(1)固定资产和在建工程净增加额	34,867,929
(2)增加无形资产、递延资产及其他资产	224,447
(3)偿还长期负债	18,883,011
小计	53,975,387
流动资金运用合计	57,910,209
流动资金增加净额	13,076,604
流动资金各项目的变化	1996 年度
一、流动资产本年增加数	
1、货币资金	28,173,732
2、应收帐款净额	12,105
3、预付货款	−3,645,572
4、其他应收款	−1,121,122
5、待摊费用	−1,175,011
6、存货	20,825,578
流动资产增加净额	43,069,710
二、流动负债本年增加数	
1、短期借款	16,251,448
2、应付票据	2,100,000
3、应付帐款	14,758,478
4、预收货款	2,477,085
5、应付福利款	447,572
6、未付股利	15,054,240
7、未交税金	8,118,473
8、其他未交款	77,499
9、其他应付款	816,663
流动负债增加净额	29,993,107
流动资金增加净额	13,076,604

山西南风化工集团股份有限公司

山西南风化工集团股份有限公司A股股票上市公告书

一、要览

总股本	18377万股
可流通股本	6200万股
本次上市流通股本	5580万股
证券编码	0737
上市地	深圳证券交易所
上市时间	1997年4月28日
登记机构	深圳证券结算有限公司
上市推荐人	南方证券有限公司　国泰证券有限公司

二、绪言

本公司依据《中华人民共和国公司法》、《股票发行与交易管理暂行条例》、《公开发行股票公司信息披露实施细则》和《深圳证券交易所业务规则》等国家有关法律、法规文件的规定,为本公司股票公开上市之目的向社会公众提供有关资料。

山西南风化工集团股份有限公司(以下简称"本公司")的股票发行经中国证券监督管理委员会证监发字[1997]98号和证监发字[1997]99号文件批准,已向社会公开发行人民币普通股5580万股,每股面值1.00元,每股发行价6.47元;另向公司职工配售股份620万股,每股面值1.00元,配售价格为每股6.47元。本次上市流通的总股本为5580万股,根据国家有关规定,公司职工股自此次上市流通股上市之日起半年后上市。本公司股票上市申请经深圳证券交易所深证发[1997]146号《上市通知书》审核同意,将于1997年4月28日(星期一)在深圳证券交易所上市挂牌交易。

本公司于1997年4月1日分别在《证券时报》、《中国证券报》刊登招股说明书概要,距今不足6个月,故与其相重复内容在此不再重述,敬请投资者查阅招股说明书。

本公司董事会全体成员已批准本上市公告书,确信其中不存在重大遗漏和误导,并对其真实性、准确性和完整性负个别及连带责任。

公司概况

1.基本情况

公司法定名称:山西南风化工集团股份有限公司

公司英文名称:SHANXI SUN - WIND CHEMICAL INDUSTRY GROUP CO., LTD

公司法定代表人:王梦飞

成立日期:1996年4月2日

公司注册地址:山西省运城市解放路294号

公司经营范围:无机盐系列产品、日用化工系列产品、化学肥料系列产品、植物油系列产品的生产及销售。批发零售钢材、建筑材料、普通机械及器材、电子产品、汽车(除小轿车)、塑料制品、橡胶制品、汽车配件。压力容器设计。(以上国家限制生产经营的除外)

公司营业执照注册号:11005677-7-1

公司所属行业:工业

公司咨询电话:0359-2017089

联系人:朱奇立　高翔林

2.本公司的历史沿革本公司系经山西省人民政府晋政函(1996)47号文批准,由运城盐化局、西安日用化学工业公司、中国耀华玻璃集团公司、天津市宏发集团公司和浙江升华集团公司共同发起,以发起方式设立的股份有限公司,其中,山西运城盐化局为公司的主要发起人。公司设立时的股本总额为12177万元,其中,盐化局和西安日化分别以其部分经营性资产15150万元和3000万元作为发起人出资投入本公司,按1:0.66的比例分别折合成股份9999万股和1980万股,中国耀华、天津宏发和浙江升华分别以货币资金100万元投入本公司,均按1:0.66的比例折成股份66万股。

本公司主要发起人山西运城盐化局是一个具有40余年历史的国有大型一档化工企业,其前身是1948年成立的太岳行政公署潞盐管理局,1958年与运城化工厂、鸿裕盐场合并成立运城盐化局;后经合并、租赁、收购等产业结构的调整,发展成为一个兼容无机化工与有机化工,集科研、生产、内外贸易于一体的集团型企业。盐化局下属13个分厂、一个研究所、一个设计室、三个辅助生产单位和24个职能处室。盐化局主要生产无机化工、日用化工和化肥三个系列产品。自1990年起,盐化局连年跻身于全国500家最佳经济效益工业企业,全国100家最大化工企业,山西省50家最大工业企业之列。1988年以来历获"省级先进企业"、"地区明星企业"称号;1990年以来连年被省、地有关部门命名为"重合同、守信用"单位;1995年被国务院发展研究中心评为中华之最——中国最大的无机盐生产基地。

公司是在盐化局的基础上经过重组改制成立的股份有限公司,在对盐化局的重组中,原盐化局的生产单位一厂、二厂、三厂、四厂、五厂、六厂、七厂、八厂、日化厂及设计室、研究所、物资经销公司等单位的资产连同盐化局持有辽宁本溪经济开发区南风日化有限公司的股权投入股份有限公司,其余各单位及其资产仍留在盐化局,盐化局为公司的控股单位。

四、股票发行与承销

1.本次公开发行

发行数量:6200万股,其中5580万股向社会公开发行,620万股向公司职工定向配售

发行价格:6.47元

实际募集资金总额:38998万元

发行方式:向社会公开发行的5580万股系通过深圳证券交易所的交易系统上网定价发行

配售比例:0.583753%

配售户数:59008户

持有1000户以上的户数:59008户

发行费用总额:1116万元

每股发行费用:0.18元

发行市盈率:14倍

2.股票承销

本次股票发行获得超额认购,承销商无余股认购。

3.验资报告　　以下由山西会计师事务所出具的验资报告[(97)晋师股验字第2号]。

山西南风化工集团股份有限公司:

我们接受委托,对贵公司截止1997年4月16日止的注册资本、投入资本变更情况的真实性和合法性进行了审验。在审验的过程中,我们按照《独立审计实务公告第一号-验资》的要求,实施了必要的审验程序。贵公司的责任是提供真实、合法、完整的验资资料,保护资产的安全、完

整,我们的责任是按照《独立审计实务公告第一号－验资》的要求,出具真实、合法的验资报告。

公司变更前的注册资本和投入资本为121,770,000.00元和239,705,329.74元,变更后的注册资本为183,770,000.00元。根据我们的审验,截止1997年4月16日止,公司增加投入资本389,980,000.00元,变更后的投入资本总额为629,685,329.74元,其中,股本183,770,000.00元,资本公积390,710,000.00元,盈余公积6,687,704.37元(其中,公益金2,244,133.00元),未分配利润48,517,625.37元。与上述变更后投入资本总额相关的资产总额为1,175,710,237.61元,负债总额为522,801,436.38元,少数股东权益23,223,471.49元。

山西会计师事务所　　中国注册会计师

地址:中国·太原　　王瑞刚　武世民

一九九七年四月十七日

注:至1997年4月16日,实际募集资金38998万元存中国工商银行运城市支行山西南风化工集团股份有限公司00102210120858帐号内。

五、董事、监事和高级管理人员持股情况

姓名	职务	持股数(股)	持股比例(%)
王梦飞	董事长兼总经理	5000	0.0027
文　林	副董事长	4000	0.0022
张文成	董事	3000	0.0016
朱安乐	董事副总经理	3000	0.0016
程增庆	董事副总经理	3000	0.0016
张仲民	董事	3000	0.0016
吕庆毅	董事	3000	0.0016
王思忠	监事长	3000	0.0016
勒正兵	监事	3000	0.0016
张万孝	监事	3000	0.0016
丁海天	监事	3000	0.0016
刘永明	监事	3000	0.0016
芦仁琐	副总经理	3000	0.0016
曹尔励	副总经理	3000	0.0016
王跃宣	副总经理	3000	0.0016
朱奇立	董事会秘书	3000	0.0016

公司董事、监事和高级管理人员共持有公司股份51000股,占总股本的0.028%,其持有的股份按《公司法》的有关规定在任职期间不得转任。

六、公司设立

1.公司1996年临时股东大会作出决定,向社会公开发行6200万股A股并在深圳证券交易所上市,并授权董事会全权处理股票发行上市有关事宜。

2.公司注册资金:18377万元

3.公司变更注册时间:1997年4月18日

4.公司注册地点:山西省运城市解放路294号

5.营业执照注册号码:11005677－7－1

七、关联企业和关联交易

1.关联企业

本公司的控股公司为运城盐化局,详细情况可参见本上市公告书本公司概况(2)。

本公司现有两家控股子公司,分别是西安南风日化有限公司和辽宁本溪经济开发区南风日化有限公司。

本公司持有西安南风日化有限公司93.75%的股权,西安南风日化有限公司的注册资本为3200万元,主要从事日用化工产品的研究、开发和生产。主要产品有合成洗涤剂、液体洗涤剂、肥皂、化妆品、工业甘油、植物油等。

本公司持有本溪经济开发区南风日化有限公司55%的股权,该公司的注册资本为5000万元,主要从事日用化工、石油化工产品的生产、制造、销售、服务、运输。

2.关联交易

本公司与公司的控股母公司和控股子公司之间的关联交易按独立法人之间的公平交易原则进行。

八、股本结构和大股东持股情况

1.上市前的股本结构

总股本:　　18377万元(100%)

尚未流通股份:

发起人股份:

境内法人持有股份:12177万股(66.26%)

可流通股份:

境内上市的人民币普通股:6200万股(33.74%)

其中:公司职工股:620万股(3.37%)

2.前十名股东持股情况及比例

名称	数量(万股)	持股比例(%)
山西运城盐化局	9999	54.41
陕西西安日用化学工业公司	1980	10.77
天津宏发集团公司	66	0.36
浙江升华集团公司	66	0.36
中国耀华玻璃集团公司	66	0.36
王梦飞	0.5	0.0027
文　林	0.4	0.0022
张文成	0.3	0.0016
朱安乐	0.3	0.0016
程增庆	0.3	0.0016

九、公司财务会计资料

1.审计报告

审计报告

(1997)晋师股审字第3号

山西南风化工集团股份有限公司全体股东:

我们接受委托,审计了贵公司1994年、1995年截止12月31日资产负债表和1994年、1995年度利润表、1996年12月31日合并及母公司资产负债表,1996年度合并及母公司利润表、财务状况变动表。这些会计报表由贵公司负责,我们的责任是对这些会计报表发表审计意见。我们的审计是依据《中国注册会计师独立审计准则》进行的。在审计过程中,我们结合贵公司实际情况,实施了包括抽查会计记录等我们认为必要的审计程序。

我们认为,上述会计报表符合《企业会计准则》和《股份制试点企业会计制度》的规定,在所有重大方面公允地反映了贵公司1994、1995、1996年末的财务状况及相关会计期间经营成果和1996年度资金变动情况,会计处理方法的选用遵循了一贯性原则。

山西会计师事务所　中国注册会计师　王瑞刚

中国·太原　中国注册会计师　白银泉

中国注册会计师　武世民

一九九七年元月十五日

2.资产负债表、利润表和财务状况变动表(附后)

3.利润表主要数据(截止1996年12月31日)(附后)

4.财务状况变动表(1996年度合并)(附后)

5.财务状况变动表(1996年度母公司)(附后)

6.重要会计政策

(1)会计制度:本公司执行《股份制试点企业会计制度》。

(2)会计期间:

本公司采用公历年度,自每年1月1日起至12月31日止为一个会计年度。

(3)合并会计报表的编制方法

本公司合并会计报表的范围包括:

本公司直接或间接拥有其过半数以上权益性资本的子公司。

本公司在对子公司进行合并的过程中,按有关规定,对下列事项进行了调整:

——本公司权益性投资与子公司所有者权益中有关的部分;

——本公司与子公司之间的往来;

——本公司与子公司之间未实现的内部销售。

本公司合并报表的子公司包括:

子公司名称	与本公司关系	设立时间	注册资本(元)	实际投资额(元)	本公司持有股权比例(%)
西安南风	控股子公司	1996.5.7	32,000,000	30,000,000	93.75%
本溪南风	控股子公司	1996.1.8	50,000,000	27,000,000	55%

(4)记帐原则和计价基础:

本公司依据权责发生制原则记帐,各项财产、物资按取得时的实际成本计价。

(5)存货计价方法:

材料的日常核算采用计划成本计价,期末根据材料成本差异率将发出材料调整为实际成本;产成品及自制半成品按实际成本计价,发出时采用加权平均法计价。

(6)坏帐准备:

本公司形成的坏帐,采用直接核销法。

(7)长期投资核算方法:

——债券投资:本公司债券投资按实际支付的款项记帐,实际支付的款项中含有应计利息的,将应计利息单独记帐。

——股权投资和联营投资:本公司向其它单位投资,按投出时支付或确定的金额记帐,投资占被投资企业资本总额50%以上的,采用权益法核算,期末编制合并会计报表;投资占被投资企业资本总额25%以上的,采用权益法核算;投资占被投资企业资本总额25%以下的,采用成本法核算。

(8)固定资产及其折旧

固定资产按实际成本计价,折旧是根据固定资产的预计可使用年限扣除其残值后按直线法计算,各类固定资产估计可使用年限、预计残值率及折旧率如下:

分类	预计使用年限	预计残值率	年折旧率
房屋及建筑物	20年	4%	4.80%
通用设备	14年	4%	6.86%
专用设备	12年	4%	8%
运输工具	8年	5%	11.88%

(9)无形资产及其摊销;本公司无形资产土地使用权,按50年的使用期平均摊销。

(10)递延资产及摊销:本公司递延资产是指不能全部计入当年损益,应当在以后年度分期摊销的开办费,摊销期限为10年。

(11)销售收入的确认本公司以商品已经发出,劳务已经提供,收到货款或取得索取货款的凭证时,确认为销售收入的实现。

(12)税项

——流转税

增值税税率为17%,税目为其它化工产品;

营业税税率为3%,税目为租赁收入;

消费税税率为5%,税目为化妆品;

城市维护建设税税率为7%;

教育费附加税率为3%计提;

价格调控基金:"价格调控基金"系根据山西省人民政府(1995)71号"关于进一步完善价格调控基金征收管理工作的通知"规定"凡在本省境内从事生产、经营有销售收入的单位和个人均应缴纳价格调控基金,该基金以消费税、增值税和营业税为计提依据,按税前'三税'额的1.5%计征";

防洪保安水利建设专项资金:根据陕西省人民政府(1995)44号"关于印发陕西省防洪保安和重点水利建设专项资金征集管理暂行办法的通知"规定,"采掘业、制造业等生产性企业按销售额或营业额的1‰征收"。

——所得税:根据山西省运城行署化工局、财政局与山西运城盐化局签定的第二轮承包合同规定,承包期为1991年1月1日起至1995年12月31日止,1994年、1995年实现利润分别为:1832万元、2200万元,上缴利润指标分别为512.96万元、616万元,超实现利润2:8分成。1996年一执行33%所得税,本公司设立后,根据山西省财政厅(1997)晋财工字第10号文件规定,同意"南风化工集团股份有限公司按33%计算上缴所得税,同级财政按18%返还给集团"。

(13)利润分配

本公司净利润根据公司章程规定按下列顺序分配:

——弥补亏损;

——提取10%的法定盈余公积金;

——提取5%法定公益金;

——根据股东会决议提取任意公积金;

——根据股东会决议分配普通股股利;

7. 主要财务指标:

项目	1996年	1995年	1994年
流动比例	1.18	1.27	1.44
速动比例	0.81	0.77	0.73
应收帐款周转率	5.92	8.75	7.27
存货周转率	6.50	5.27	3.55
资产负债率	58.50%	60.02%	54.74%
净资产利润率	25.58%	34.69%	33.61%
每股净资产	1.88	1.35	1.23
每股净利	0.504	0.467	0.414

由于本公司成立于1996年4月2日,1994、1995的本公司利润按照运城盐化局进入本公司资产部分产生的效益进行模拟,因此1994年和1995年的每股净利按总股本9999万股(运城盐化局进入本公司的净资产折成的股本)计算,分别为0.414元和0.467元。1996年按总股本1-3月份为9999万股,4-12月份为12177万股,全年加权平均11632.5万股计算,每股净利为0.504元。

十、董事会上市之承诺

本公司董事会将严格遵守《中华人民共和国公司法》、《股票发行与交易管理暂行条例》、《公开发行股票公司信息披露实施细则》、《深圳证券交易所业务规则》和有关法律、法规的规定,并自股票上市之日起向全体股东做如下的承诺:

1. 按照法律、法规的规定程序和要求披露重大信息,并接受证券主管机关、深圳证券交易所的监督管理。

2. 及时、准确、真实地在证券主管部门指定的报刊上公布中期报告、年终报告及经营业绩等资料,并置于规定场所供投资者查阅;

3. 本公司董事、监事及高级管理人员持股数量发生变化时,及时报告证券管理机关、深圳证券交易所,并及时通过证券主管部门指定的报刊通告社会公众;

4. 在任何公共传播媒介中出现的消息可能对本公司股票的市场价格产生误导性影响时,本公司知悉后将对该消息予以公开澄清;

5. 本公司董事、监事及高级管理人员将认真听取社会公众的建议和批评,决不利用已获取的内幕消息直接或间接从事股票买卖活动;

6. 本公司没有无记录负债;

7. 董事会及各位董事保证不就任何未经交易所审阅的可能影响股

价变动之重大信息私自公告或发表意见。

十一、重要事项说明

1. 本公司本次发行的6200万股社会公众股中向公司职工配售的620万股,将在本次上市半年后上市。本次上市流通的股份为5580万股。

2. 截止上市公告书刊登之日,本公司未涉及任何重大诉讼事项和仲裁,亦无任何尚未了结或可能面临的重大诉讼或索赔要求。

3. 本公司上市后企业所得税税率为15%。

4. 本次发行购买公司股票的股东,不享有公司1996年的股利分配权,但参与公司1997年全年的利润分配。

十二、咨询机构

发行人

山西南风化工集团股份有限公司

法定代表人:王梦飞

住所:中国山西省运城市解放路294号

电话:0359-2024451

传真:0359-2023302

联系人:芦仁锁　朱奇立

主承销商

南方证券有限公司

法定代表人:王景师

住所:中国广东省深圳市深南东路南方国际大酒店12层

办公地址:中国上海市延安西路2168号仲盛金融中心18层

电话:021-62788788

传真:021-62788777

联系人:李绪付

上市推荐人

1. 南方证券有限公司

2. 国泰证券有限公司

法定代表人:金建栋

住所:中国上海市浦东新区乳山路61号

办公地址:中国上海市延平路135号

电话:021-62587719

传真:021-62581911

联系人:李克敏

十三、备查文件

1. 深圳证券交易所上市通知书
2. 验资报告
3. 本公司招股说明书
4. 审计报告
5. 公司章程

山西南风化工集团股份有限公司

1997年4月24日

2. 资产负债表、利润表和财务状况变动表

资产负债表主要数据(1996年12月31日)

资产主要数据　　单位:元

资产	1996年12月31日(合并)	1996年12月31日(母公司)	1995年12月31日(母公司)	1994年12月31日(母公司)
流动资产				
货币资金	23,289,157	15,402,288	14,525,826	9,892,202
应收票据	752,010	752,010		
应收帐款	215,878,246	157,606,497	71,517,954	50,430,957
减:坏帐准备				
应收帐款净值	215,878,246	157,606,497	71,517,954	50,430,957
预付帐款	15,138,785	9,383,136	17,179,822	9,224,123
其他应收款	49,468,680	66,241,216	37,724,459	21,964,976
待摊费用	11,942,575	8,563,502	11,357,895	13,927,714
存货	168,249,992	109,339,519	99,349,424	103,379,894
一年内到期长期投资	352,560	352,560	538,000	1,024,000
流动资产合计	485,072,005	367,640,728	252,193,380	209,843,866
长期投资	1,400,000	57,918,561	1,958,084	2,696,064
固定资产				
固定资产原值	422,068,743	264,451,941	133,379,202	102,749,868
减:累计折旧	221,819,627	124,867,125	56,678,089	44,549,072
固定资产净值	200,249,116	121,584,816	76,701,113	58,200,796
在建工程	31,773,099	4,811,811	5,735,832	1,094,071
固定资产合计	232,022,215	126,396,627	82,436,945	59,294,867
无形资产	2,174,762			
递延资产	1,804,298			
资产总计	722,473,280	551,955,916	336,588,409	271,834,797

负债主要数据　　单位:元

负债及股东权益	1996年12月31日(合并)	1996年12月31日(母公司)	1995年12月31日(母公司)	1994年12月31日(母公司)
流动负债				
短期借款	184,680,000	100,990,000	83,840,000	60,770,000
应付帐款	169,314,466	119,369,674	50,033,532	38,398,627

资产	1996年12月31日 (合并)	1996年12月31日 (母公司)	1995年12月31日 (母公司)	1994年12月31日 (母公司)
预收帐款	25,659,287	20,460,092	16,368,964	18,053,560
其它应付款	24,293,408	22,189,056	24,238,404	24,022,208
应付福利费	3,079,531	2,305,377	320,148	257,501
未付股利	2,419,660	2,419,660	3,306,495	2,837,900
未交税金	9,384,888	11,304,906	5,780,478	1,107,960
其他未交款	858,023	832,455	147,961	364,324
一年内到期的长期负债	47,012,252	40,000,000	15,000,000	
流动负债合计	466,701,515	319,871,220	199,035,982	145,812,080
长期负债				
长期借款	3,000,000	3,000,000	3,000,000	3,000,000
长期负债合计	3,000,000	3,000,000	3,000,000	3,000,000
负债合计	469,701,515	322,871,220	202,035,982	148,812,080
股东权益				
股本	121,770,000	121,770,000	81,669,510	81,669,510
资本公积	62,730,000	62,730,000		
盈余公积	6,687,704	6,687,704	13,204,972	6,202,981
其中:公益金	2,229,235	2,229,235	4,401,657	2,067,660
未分配利润	37,896,992	37,896,992	39,677,946	35,150,226
股东权益合计	229,084,696	229,084,696	134,552,427	123,022,717
少数股东权益	23,687,069			
负债及股东权益总计	722,473,280	551,955,916	336,588,409	271,834,797

3. 利润表主要数据(截止1996年12月31日)

利　润　表

单位:元

	1996年度(合并)	1996年度(母公司)	1995年度(母公司)	1994年度(母公司)
主营业务收入	874,269,574	678,319,374	533,816,877	366,737,858
减:营业成本	722,990,737	545,662,444	426,572,326	277,206,393
销售费用	25,926,550	23,184,734	19,189,364	16,519,090
管理费用	30,312,549	17,038,816	16,213,199	13,054,864
财务费用	17,960,426	13,656,556	8,889,091	3,294,401
营业税金及附加	5,510,223	5,323,798	3,919,261	2,282,601
主营业务利润	71,569,089	73,453,026	59,033,536	54,380,509
加:其它业务利润	1,759,696	1,466,082	1,367,263	291,268
营业利润	73,328,785	74,919,108	60,400,799	54,671,777
加:投资收益	125,208	−856,231	237,670	186,991
补贴收入	79,445			
营业外收益	1,214,020	1,208,210	1,074,482	646,624
减:营业外支出	1,686,282	1,479,897	1,163,031	1,981,883
利润总额	73,061,176	73,791,190	60,549,920	53,523,509
减:所得税	15,281,975	15,199,058	13,869,984	12,170,302
减:少数股东权益	(812,931)			
净利润	58,592,132	58,592,132	46,679,936	41,353,207

4. 财务状况变动表(1996年度合并)

单位:人民币元

流动资金来源和运用	金额	流动资金各项的变动	金额
一、流动资金来源:		一、流动资产本年增加数:	
1. 本年净利润	58,592,132	1. 货币资金	8,763,331
加:不减少流动资金的费用和损失:		2. 应收票据	752,010
(1)少数股东本期损益	(812,931)	3. 应收帐款净额	144,360,292
(2)固定资产折旧	18,246,896	4. 预付帐款	(2,041,037)
(3)无形资产、递延资产及其他资产摊销	190,677	5. 其他应收款	11,744,221
(4)固定资产盘亏		6. 存货	68,900,568
(5)清理固定资产损失(减收益)	196,714	7. 待摊费用	584,680
小计	76,413,488	8. 一年内到期的长期债券投资	(185,440)

流动资金来源和运用	金额	流动资金各项的变动	金额
2. 其他来源:			
增加长期负债			
收回长期投资	538,000		
资本净增加额	96,313,223		
小计	96,851,223		
流动资金来源合计	173,264,711	流动资产增加净额	232,878,625
二、流动资金运用:		二、流动负债本年增加数:	
1. 利润分配:		1. 短期借款	100,840,000
①提取盈余公积	6,687,704	2. 应付票据	
②已分配股利	39,677,946	3. 应付帐款	119,280,934
③1-3月份利润折股	14,007,436	4. 预收帐款	9,290,323
小计	60,373,086	5. 其他应付款	55,004
2. 其他运用:		6. 应付福利费	2,759,383
①固定资产和在建工程净增加额	143,508,795	7. 未交税金	3,604,410
②增加无形资产、递延资产及其他资产	4,169,738	8. 未付股利	(886,835)
③增加长期投资		9. 其他未交款	710,062
小计	147,678,533	一年内到期的长期负债	32,012,252
流动资金运用合计	208,051,619	流动负债增加净额	267,665,533
流动资金增加净额	(34,786,908)	流动资金增加净额	(34,786,908)

5. 财务状况变动表(1996年度母公司)　　单位:人民币元

流动资金来源和运用	金额	流动资金各项的变动	金额
一、流动资金来源:		一、流动资产本年增加数:	
1. 本年净利润	58,592,132	1. 货币资金	876,462
加:不减少流动资金的费用和损失:		2. 应收票据	752,010
(1)固定资产折旧	13,994,535	3. 应收帐款净额	86,088,543
(2)无形资产、递延资产及其他资产摊销		4. 预付帐款	(7,796,686)
(3)固定资产盘亏		5. 其他应收款	28,516,757
(4)清理固定资产损失(减收益)	160,583	6. 存货	9,990,095
		7. 待摊费用	(2,794,393)
小计	72,747,250	8. 一年内到期的长期债券投资	(185,440)
2. 其他来源:			
增加长期负债			
收回长期投资	538,000		
资本净增加额	96,313,223		
小计	96,851,223		
流动资金来源合计	169,598,473	流动资产增加净额	115,447,348
二、流动资金运用:		二、流动负债本年增加数:	
1. 利润分配:		1. 短期借款	17,150,000
①提取盈余公积	6,687,704	2. 应付票据	
②已分配股利	39,677,946	3. 应付帐款	69,336,142
③1-3月份利润折股	14,007,436	4. 预收帐款	4,091,128
小计	60,373,086	5. 其他应付款	(2,049,348)
2. 其他运用:		6. 应付福利费	1,985,229
①固定资产和在建工程净增加额	58,094,715	7. 未交税金	5,524,428
②增加无形资产、递延资产及其他资产		8. 未付股利	(886,835)
③增加长期投资	56,518,562	9. 其他未交款	684,494
小计	114,613,277	一年内到期的长期负债	25,000,000
流动资金运用合计	174,986,363	流动负债增加净额	120,835,238
流动资金增加净额	(5,387,890)	流动资金增加净额	(5,387,890)

湖南计算机股份有限公司

湖南计算机股份有限公司股票上市公告书

一、释义

在本上市公告书中,除另有说明以外,下列词语之含义应由以下释义规范。

发起人　指中国长城计算机集团公司、湖南电子信息产业集团有限公司、邵阳电源总厂和北京建银电脑公司。

本公司　指湖南计算机股份有限公司

二、绪言

本公告书是根据《中华人民共和国公司法》、《股票发行与交易管理暂行条例》《公开发行股票公司信息披露实施细则》、《深圳证券交易所业务规则》等国家法律、法规的规定编制的。

本公司经中国证券监督管理委员会证监发字(1997)第339号文审核通过,已成功地向社会公众公开发行每股面值为1.00元人民币普通股股票4500万股(含公司职工股450万股),且本公司股票上市申请经深圳证券交易所深证发(1997)264号《上市通知书》批准将于1997年7月4日在深圳证券交易所挂牌交易。本公司总股本12513万股,本次上市流通股为4050万股,向公司职工配售的450万股将按国家规定半年后上市。

本公司已于1997年6月12日在《上海证券报》、《证券时报》、《中国证券报》、《湖南证券报》上刊登了《招股说明书概要》,距今不足6个月,故与其相重复的内容在此不再赘述,敬请投资者查阅本公司的《招股说明书概要》。

本公司董事会及各位董事已批准本上市公告书并确信其中未遗漏任何重大事项,亦不存在任何误导和虚假成分,并愿就本公告书及相关资料的真实性、准确性、完整性负个别及连带责任。

三、发行公司概况

1、法定名称:湖南计算机股份有限公司

英文名称:HUNAN COMPUTER CO.,LTD

注册资本:12513元

法定代表人:杨德泉

成立日期:1997年6月26日

经营业务范围:中西文字符图形终端、网络终端、金融机具、通讯产品、机电一体化产品及成套、商用电子设备、信息化产品和新型化学电源产品。

兼营:其他电子产品及设备的开发、生产、经营以及电子产品、设备贸易。

注册地址:长沙市雨花路21号

联系电话:(0731)5554610

2、公司沿革:

本公司于1997年3月4日经湖南省证监会湘证监字[1997]15号文"关于同意成立湖南计算机股份有限公司筹委会的批复"批准筹建,1997年4月29日,经湘政函[1997]85号文"关于同意募集设立湖南计算机股份有限公司的批复"批准,由中国长城计算机集团公司、湖南电子信息产业集团有限公司、邵阳电源总厂和北京建银电脑公司四家企业共同发起,在部分改组湖南计算机厂、邵阳电源总厂的基础上,以募集设立方式设立。

湖南计算机厂是以开发、生产和经营计算机类产品为主的国有大二型高科技企业,注册资本15000万元,其前身为1969年成立的湖南省无线电厂,1983年更为现名,1991年划归中国长城计算机集团公司管理,1992年进入长沙高新技术开发区,1996年,中国长城计算机集团公司有偿转让湖南计算机厂35%的净资产权益给湖南电子信息产业集团有限公司。

发行人进行了如下资产重组:

中国长城计算机集团公司和湖南电子信息产业集团有限公司以双方按股份共有的湖南计算机厂的主要经营性资产(包括整机一厂、整机二厂、板卡厂,研究发展中心、系统网络中心、机电一体化所和软件大楼),投人本公司,以其经营性净资产折股。其中,65%由中国长城计算机集团公司持有,35%由湖南电子信息产业集团有限公司持有。

邵阳电源总厂以其所属邵阳蓝宝电源厂全资投入,以其经营性净资产折股。

北京建银电脑公司以货币资金248万元折股投入。

1997年4月29日,经湘政函[1997]85号文"关于同意募集设立湖南计算机股份有限公司的批复"批准设立本公司。经中国证券监督管理委员会证监发字[1997]340号文的批准,本公司于1997年6月17日至19日以全额预缴、比例配售、余款转存的方式向社会公开发行了4050万股社会公众股,同时向公司职工发售公司职工股450万股,每股面值1.00元,每股发行价6.52元。本公司于1997年6月26日召开创立大会,宣布设立,并于1997年6月26日在湖南省工商管理局办理了工商注册登记。设立后的股份有限公司总股本为12513万股,发起人股为8013万股,占64.04%,社会公众股为4500万股,占35.96%。

四、股票发行及承销

1、本次股票公开发行情况

社会公众股发行数量:4500万股

含公司职工股:450万股

股票发行价格:6.52元/股

募集资金总额:29340万元

发行方式:全额预缴、比例配售、余款转存

配售比例:10.039%

配售户数:10672

持1000股以上的户数:1873

发行费用总额:990万元

每股发行费用:0.22元

发行市盈率:16.3

2、股票承销

本次公开发行4500万股社会公众股已由社会公众认购,无余额由承销团包销。

3、验资报告

湘会师(1997)内验字第054号

湖南计算机股份有限公司筹委会:

我们接受委托,对湖南计算机股份有限公司(筹)截至1997年6月23日止的实收资本及相关的资产和负债的真实性和合法性进行了审验。在审验过程中,我们按照《独立审计实务公告第1号——验资》的要求,实施了必要的审验程序。湖南计算机股份有限公司(筹)的责任是提供真实、合法、完整的验资资料,保护资产的安全、完整,我们责任是按照《独立审计实务公告第1号——验资》的要求,出具真实、合法的验资报告。

贵公司(筹)申请的注册资本为125130000元。根据我们的审验,截至1997年6月23日,贵公司(筹)已收到各股东投入的资本肆亿壹仟肆佰捌拾壹万叁仟贰佰玖拾玖元贰角捌分(¥414813299.28元),其中各股东投入的资本为125130000.00元,资本公积2797221149.52元(已扣除上市、发行费用9961149.76元),盈余公积0元,未分配利润0元。与上述投入资本相关的资产总额为581449152.92元,负债总额为176597003.40元。

附件(一)投入资本明细表

附件(二)验资事项说明

湖南省会计师事务所　　中国注册会计师:杨迪航

中国注册会计师:戴性哲

1997年6月23日

开户行:长沙市工行司门口支行

帐号:004006018103

五、董事、监事及高级管理人员持股情况及简历

姓名	职务	持股数(股)	占总股本的比例(%)
杨德泉	董事长兼总裁	8500	0.0068
陈彰清	副董事长	6500	0.0052
李庆之	董事	6500	0.0052
李晓华	董事	6500	0.0052
钱乐军	董事	6500	0.0052
吴爱萍	董事	6500	0.0052
张　孜	董事兼副总裁	6500	0.0052
林　平	董事兼财务总监	6500	0.0052
孙治成	董事	6500	0.0052
徐梓干	董事	6500	0.0052
周世明	董事	6500	0.0052
周顺成	监事会召集人	6500	0.0052
罗安英	监事	6500	0.0052
徐雪坤	监事	6500	0.0052
谷剑成	监事	6500	0.0052
左济华	监事	6500	0.0052
高　雷	副总裁	6500	0.0052
李巧云	副总裁	6500	0.0052
杨　林	董事会秘书	5500	0.0044
合　计		124500	0.0995

湖南计算机股份有限公司董事、监事及高级管理人员简介

杨德泉先生:58岁,大学本科毕业,教授级高级工程师,享受国家级特殊津贴专家,曾荣获湖南省优秀企业家、全国电子行业优秀企业家,1969年转业到地方,在湖南计算厂先后担任技术员、工程师、办公室副主任,1983年开始任湖南计算机厂厂长,现任中国长城计算机集团公司董事。湖南计算机股份有限公司董事长兼总裁。

陈彰清先生:50岁,大学本科毕业,高级工程师,曾任长城电子合金厂副厂长、代理厂长,长城电器工业公司处长、副总经理,株洲电子工业局局长。经湖南省委和省人民政府批准,现任湖南省电子工业局副局长兼湖南电子信息产业集团有限公司董事长、总经理。湖南计算机股份有限公司副董事长。

钱乐军先生:50岁,大学本科毕业,高级工程师,享受国家级特殊津贴专家,曾任中国长城计算机集团公司深圳公司副总经理,在电脑业有近三十年科研、生产、计划、基建、技改等管理经验。现任中国长城计算机集团公司副总经理。湖南计算机股份有限公司董事;

李庆之先生:58岁,中专毕业,高级工程师,享受国家级特殊津贴专家,曾荣获电子工业部劳动模范称号、中国化学和物理电源行业协会理事,曾任邵阳电磁厂车间主任、邵阳电源厂副厂长,现任湖南邵阳电源总厂厂长。湖南计算机股份有限公司董事;

李晓华先生:42岁,大专毕业,工程师,曾担任北京中医医院管理工作,中国建设银行总行科技部任计算机管理处处长,现任北京建银电脑公司总经理,湖南计算机股份有限公司董事;

吴爱萍女士:41岁,大专毕业,会计师,曾任中国长城计算机集团公司香港公司财务负责人,具有十七年财务管理经验;现任中国长城计算机集团公司资财部经理。湖南计算机股份有限公司董事;

张孜先生:40岁,大专毕业,MBA专业进修两年,经济师,中国计算机市场动态网领导小组成员,曾任湖南计算机厂经销公司总经理、湖南计算机厂副厂长、常务副厂长。现任湖南计算机股份有限公司董事兼副总裁;

孙治成先生:35岁,大学本科毕业,MBA专业进修两年,高级工程师,享受国家级特殊津贴专家,湖南省青年优秀科技工作者,曾任湖南计算机厂研究所所长、湖南计算机厂副厂长,现任意中希诺达国际商用设备有限公司董事、副总经理。湖南计算机股份有限公司董事;

林平先生:34岁,大专毕业,会计师,曾任湖南计算机厂财务科主管会计、副科长、科长、副总会计师、总会计师。现任湖南省电子工业会计协会副会长。湖南计算机股份有限公司董事、财务总监;

徐梓干先生:52岁,大学本科毕业,高级工程师,享受国家级特殊津贴专家,曾先后任长沙汽车制造厂、长沙水泵厂、长沙化工机械厂厂长、党委书记,经省委组织部批准,现任长沙市经委副主任兼湖南电子信息产业集团有限公司副董事长、副总经理。湖南计算机股份有限公司董事。

周世明先生:47岁,大专毕业,高级经济师。曾任湖南省电子工业局计划处副处长、政策信息研究室主任,经省委组织部批准,现任湖南省电子工业局办公室主任兼湖南电子信息产业集团有限公司副总经理。湖南计算机股份有限公司董事。

周顺成先生:57岁,高级政工师,中专毕业,曾任解放军某部科长、副处长、湖南计算机厂工会副主席、湖南计算机厂纪委书记、武装部长兼党委办主任。现任湖南计算机股份有限公司监事会召集人。

罗安英女士:46岁,经济师,大专毕业,曾任湖南计算机厂办公室秘书、办公室(企管办)主任、厂长助理、湖南计算机厂工会主席。现任湖南计算机股份有限公司监事。

徐雪坤先生:45岁,经济师,中专毕业,曾任湖南计算机厂车间主任、社会服务公司副总经理、湖南计算机厂副厂长、现任实业发展中心总经理。湖南计算机股份有限公司监事。

谷剑成先生:42岁,中国注册资产评估师、会计师,大专毕业,曾任湖南省电子工业局副处长,现任湖南省审计厅驻省电子工业局审计处副处长兼湖南电子信息产业集团有限公司综合办公室副主任。湖南计算机股份有限公司监事。

左济华先生:58岁,大学本科毕业,高级工程师,曾任解放军某部参谋、邵阳电子仪器厂厂长,现任邵阳电源总厂党委书记兼常务副厂长。湖南计算机股份有限公司监事。

高雷先生:45岁,大专毕业,经济师,曾任湖南计算机厂办公室秘书、副主任、人事科科长、副总经济师、副厂长。现任湖南计算机股份有限公司副总裁。

李巧云女士:44岁,大专毕业,高级工程师,享受国家级特殊津贴专家,曾任湖南计算机厂研究所副所长、所长、湖南计算机厂党委副书记。现任湖南计算机股份有限公司副总裁。

杨林先生:29岁,硕士研究生,工程师,曾任湖南计算机厂办公室主任。现任湖南计算机股份有限公司董事会秘书。

六、公司设立

1. 公司于1997年6月26日召开了创立大会暨第一届股东大会,审议并通过了本公司本次向社会公众发行的股票在深圳证券交易所上市的决议。

2. 公司注册资本:12513万元

3. 公司注册时间:1997年6月27日

4. 公司注册地址:湖南省长沙市雨花路21号

5. 公司营业执照注册号码:18380618－8

七、关联企业及关联交易

1. 关联企业

本公司的关联企业为发起人中国长城计算机集团公司、湖南电子信息产业集团公司、邵阳电源总厂和北京建银电脑公司。

中国长城计算机集团公司位于北京市海淀区学院路甲38号,注册资本11000万元,法定代表人:王之。其前身为1986年成立的中国计算机发展公司,1988年更名为现名。主营计算机硬、软件产品、电子产品及通讯设备与电子信息技术产品及有关电子仪器、仪表、集成电路、元器件、模具及表面装饰产品的设计、开发、生产;成套计算机应用系统工程和通讯系统工程的承包等。现有直属企业16家,控股企业7家,参股企业10家,在国家计划中单列,为国务院首批试点的企业集团之一。

湖南电子信息产业集团有限公司,位于长沙市八一西路47号,法定代表人陈彰清,注册资本10000万元,成立于1996年11月。该发起人作为国有大型企业,省政府授权其经营和管理国有资产,行使投资主体职能,实行省级计划单列。

邵阳电源总厂,位于邵阳市宝庆西路樟树垅,法定代表人:李庆之,注册资本259万元,为国有中二型高科技企业,成立于1980年8月。主营化学电源产品的开发、生产、销倍。该发起人将其下属邵阳蓝宝电源厂投入本公司。

北京建银电脑公司,是中国建设银行总行建银科技发展中心所属企业,位于北京市门头沟石龙工业区,注册资本800万元人民币,法定代表人李晓华,成立于1992年11月。主营开发、研制和推广电子计算机软、硬件应用系统、设备安装。

2、关联交易

本公司与原厂已签订《资产重组分离协议》、《有偿服务和生产协作协议》及《非专利技术有偿使用协议》。

据《资产重组分离协议》,实业发展中心等非经营性资产全部留在原厂,原厂将除土地、合资公司、生产保障系统、动力系统以外的经营性资产(包括整机一厂、整机二厂、板卡分厂、开发中心、机电一体化所和软件大楼)投入本公司,与此相关的债务和人员一并分离。上市后,双方若发生技术转让、资产购并等事宜,均按与其他企业正常交易的同等条件依法进行。

据《有偿服务和生产协作协议》,双方就未进入股份公司的生产、生活后勤服务保障等方面的关系和利益问题,本着谁受益、谁交费的原则和互惠互利的精神达成了协议。

据《非专利技术有偿使用协议》,原厂有偿转让给股份公司价值498万元的非专利技术,转让费747万元。

八、股本结构及大股东持股情况

1、上市前的股本结构

股本类别	股数(万股)	占总股本比例
一、尚未流通股份		
国有法人股	8013	64.04%
二、可流通股份		
社会公众股	4500	35.96%
其中:公司职工股	450	3.60%
合计	12513	100%

2. 前十名股东所持股数及比例

序号	持股股东	持股数(股)	占总股本比例
1	中国长城计算机集团公司	47590000	38.03%
2	湖南电子信息产业集团有限公司	25630000	20.48%
3	邵阳电源总厂	5270000	4.21%
4	北京建银电脑公司	1640000	1.31%
5	黑财证券	627437	0.50%
6	大正产权	627437	0.50%
7	龙江华信	627437	0.50%
8	德瑞商贸	627437	0.50%
9	苏宁空调	627437	0.50%
10	中长信息	561079	0.45%

九、公司财务会计资料

以下财务会计资料引自于湖南省会计师事务所湘会师(1997)内审字第126号《审计报告》。

审计报告

湖南计算机股份有限公司筹委会:

我们接受委托,审计了贵公司(筹)1997年1月31日、1996年12月31日、1995年12月31日、1994年12月31日资产负债表和合并资产负债表,1997年1月、1996年度、1995年度、1994年度利润表和合并利润表及1996年度财务状况变动表和合并财务状况变动表。这些会计报表由贵公司(筹)负责,我们的责任是对这些会计报表发表审计意见。我们的审计是依据中国注册会计师独立审计准则进行的。在审计过程中,我们结合贵公司(筹)的实际情况,实施了包括抽查会计记录等我们认为必要的审计程序。

我们认为,上述会计报表符合《企业会计准则》和《股份制试点企业会计制度》的有关规定,在所有重大方面公允地反映了贵公司1997年元月31日、1996年12月31日、1995年12月31日、1994年12月31日的财务状况及1997年1月、1996年、1995年、1994年度经营成果和1996年度资金变动情况,会计处理方法的选用遵循了一贯性原则。

湖南省会计师事务所　　中国注册会计师　杨迪航

中国注册会计师　戴性哲

1997年6月21日

会计报表附注

附注一:公司概况:

湖南计算机股份有限公司(筹)系1997年3月4日经湖南省证监会湘证监字(1997)15号文批准筹建,由中国长城计算机集团公司、湖南电子信息产业集团有限公司、邵阳电源总厂和北京建银电脑公司四家企业共同发起,在部分改组湖南计算机厂、邵阳电源总厂的基础上,采取募集方式设立的股份有限公司。

本次资产重组,将湖南计算机厂大部分经营性资产、部分非经营性资产及相应的权益和负债,以及邵阳电源总厂下属的蓝宝电源厂全部资产投入股份公司,将湖南计算机厂土地、非专利技术、动力设备等辅助生产设施、对外投资和大部分非经营性资产及相应的债务等剥离。剥离后的资产主要通过租赁、出让、提供劳务等方式予以处置。

1997年4月29日,经湖南省人民政府湘政函(1997)85号文批准改组,同期经湖南省工商行政管理局(湘)名称预核(1997)第906号文件核准以"湖南计算机股份有限公司"为企业名称。

经营业务范围为:

主营:中西文字符图形终端、网络终端、金融机具、通讯产品、机电一体化产品及成套、商用电子设备、信息化产品和新型化学电源产品。

兼营:其他电子产品及设备开发、生产、经营以及电子产品、设备贸易。

附注二:会计报表的模拟编制方法

假设公司三年前已成立,以湖南计算机厂大部分经营性资产和邵阳蓝宝电源厂全部资产投入并按股份制企业的有关规定进行运作。以此为依据模拟编制三年的会计报表,即以湖南计算机厂和邵阳蓝宝电源厂的会计记录为基础,资产负债表各项数据以湖南计算机厂会计记录中属于进入公司的资产及相关负债、权益的数据为基础,汇总邵阳蓝宝电源厂的相关报表数据。公司利润表以湖南计算机厂会计核算中进入公司的经营收支及应分担的期间费用为基础,并汇总邵阳蓝宝电源厂的相关报表数据。

在上述基础上,按照《股份制试点企业会计制度》作适当调整,同时,根据国家国有资产管理局对资产评估结果的确认通知和国有资产折股方案进行模拟调帐,并根据财政部《合并会计报表暂行规定》等编制合并会计报表。

附注三:重要会计政策

1、会计制度:本公司改制前均执行《工业企业会计制度》,改制后按《股份制试点企业会计制度》进行了调整;

2、会计期间:公司采用日历年制,即每年1月1日至12月31日为一个会计年度;

3、合并报表的编制方法:公司以湖南计算机厂分离改制的企业和邵阳蓝宝电源厂为母公司,湖南鼎力电源有限公司、湖南奥力电源有限公司、湖南能力电源有限公司、邵阳市丰力电源实业公司等为子公司合并会计报表,并在个别会计报表基础上按股份制试点企业会计制度进行调整,将内部交易,内部往来予以抵销。各子公司基本情况如下:

名称	注册资本	业务性质	持股比例
湖南鼎力电源有限公司	35万美元	生产物理、化学电源产品和产品包销	71.4%
湖南奥力电源有限公司	150万元	生产镉镍蓄电池产品、材料及其制造设备	75%
湖南能力电源有限公司	500万元	生产与销售镉镍蓄电池正负极板	75.70%
湖南丰力电源有限公司	55万元	生产化学电源	91.82%

4、记帐原则和计价基础:公司以权责发生制为记帐原则,以历史成本为计价基础;

5、外币核算方法:公司发生外币业务时,采用业务发生当日的市场汇价折合人民币记帐,期末各外币帐户的余额按期末汇率进行调整。调整后金额与帐面金额的差额,作为汇兑损益,记入当期损益。

6、坏帐准备:公司按年末应收帐款余额的3%计提坏帐准备,并计入当期损益。

7、存货计价:公司存货是生产过程中为销售或耗用而储存的各种资产。存货的取得一律按实际成本计价,其发出或耗用;

A. 原材料采用加权平均法核算;

B、在产品按实际成本核算;

C、产成品按先进先出法核算;

D、低值易耗品领用时采用分次摊销法。

8、长期投资核算方法:

A、债券投资:债券投资按实际成本核算,期末计算应计利息收入;

B、股权投资和联营投资:对外投资拥有被投资企业20%以下股权,按成本法核算;20%以上,50%以下时按权益法核算;50%以上采用权益法核算并合并会计报表;

9. 固定资产及折旧:

A、资产标准和计价:使用期限一年以上的房屋、建筑物、机器设备、器具、工具等资产以及不属于生产经营主要设备,单位价值在2000元以上,使用年限超过两年的资产纳入固定资产核算,其按实际成本计价;评估入帐的固定资产,按重置成本法计价。

B、折旧方法:年限、折旧率:企业按直线法计算折旧率,按分类折旧率计提折旧:

项目	使用年限	折旧率(%)	净残值率(%)
房屋及建筑物	40	2.4	4
通用设备	8-20	12-4.8	4
专用设备	8	12	4
运输工具	10	9.6	4
其它	8	12	4

10. 无形资产及摊销:自创和购入的无形资产按实际成本计价,按使用寿命平均摊销;

11. 递延资产及其摊销

A、开办费按5年平均摊销,租入固定资产的改良支出按合同规定期限平均摊销;

B、低值易耗品采用分次摊销法,摊销期为五年。

12. 收入实现的确认,本公司销售收入以商品已经发出,所有权业已转移,收到货款或取得收款凭据时确认收入实现。

13. 税项:

A、流转税:公司增值税率为17%,94年、95年按应交增值税额7%、3%分别缴纳城市维护建设税和教育费附加。96年按应交增值税额7%、5%分别缴纳城市维护建设税和教育费附加;

B、所得税:1994年、1995年、1996年按照国发[1991]12号文和《国家高新技术产业开发区税收政策的规定》的规定,获得准进入高新技术产业开发区的计算机类产品收益按15%缴纳企业所得税。电池类产品收益按33%缴纳所得税;

C、其它税费按规定缴纳。

14. 利润分配

根据《公司法》及公司章程的有关规定,本公司的税后利润按以下顺序分配:

A、弥补以前年度亏损;

B、按弥补亏损后利润的百分之十提取法定盈余公积金;

C、按弥补亏损后利润的百分之十提取法定公益金;

D、按弥补亏损后利润的百分之五提取任意盈余公积金;

E、根据董事会决议分配股利。

前款第B项,当法定盈余公积金已达注册资金的50%时可不再提取。

主要财务指标

指标名称	1996年	1995年	1994年
流动比率(%)	132	127	124
速动比率(%)	75	78	61
资产负债率(%)	61	72	68
应收帐款周转率(%)	365	506	360
存货周转率(%)	176	219	205
净资产收益率(%)	32	46	50
每股净利	0.50	0.381	0.314

每股净利指标以1996年度模拟股本7849万股计算。

十、董事会上市承诺

本公司董事会将严格遵守《公司法》、《股票发行与交易管理暂行条例》、《公开发行股票公司信息披露实施细则》、《深圳证券交易所交易规则》和有关法律、法规的规定,并自股票上市之日起作出如下承诺:

1、按照法律、法规的规定程序和要求披露重大的信息、并接受证券主管机关,深圳证券交易所的监督管理。

2、及时、真实、准确地公布中期报告和年度报告,并备置于规定的场所供投资者公众查阅。

3、本公司董事、监事及高级管理人员如发生人事变动或持本公司股票发生变化时,在报告证券主管机关、证券交易所的同时向投资者公告。

4、在任何公共传播媒介中出现的消息可能对本公司股票的市场价格产生误导性影响时,本公司知悉后将及时对该消息予以公开澄清。

5、本公司董事、监事及高级管理人员将认真听取社会公众的意见和批评,不利用已获得的内幕消息和其他不正当手段直接或间接从事股票买卖活动。

6、本公司没有无记录负债。

十一、重要事项揭示

1、根据国家有关规定,本公司450万股公司职工股将于半年后上市流通。

2、根据《公司法》及公司章程的有关规定,本公司的税后利润按以下顺序分配:

A、弥补上年度亏损;

B、提取法定盈余公积金10%(达到注册资本50%时可不再提取);

C、提取法定公益金5%~10%;

D、提取任意盈余公积金;

E、支付股利。

3. 本次公开发行股票的投资者将从本公司注册登记日所在月份开始享受本公司的利润分配。

4. 截止本上市公告书刊登之日,本公司以及本公司的董事、监事和高级管理人员并无涉及任何尚未了结或可能发生的诉讼。

十二、备查文件目录

1. 深圳证券交易所批准上市的文件
2. 公司成立的注册登记文件
3. 招股说明书
4. 验资报告
5. 上市推荐书
6. 公司创立大会决议

十三、咨询机构

1. 上市公司:湖南计算机股份有限公司

法定代表人:杨德泉

地址:湖南省长沙市雨花路21号

电话:(0731)5554610　传真:(0731)5553587

联系人:杨林、陈军

2. 上市推荐人:

华夏证券有限公司

法定代表人:邵淳

公司地址:北京复兴路乙63号

电话:(010)6828663

联系人:张望

平安证券有限责任公司

法定代表人:马明哲

地址:深圳市八卦三路平安大厦三楼

电话:(0755)2262888　传真:(0755)2400862

联系人:徐波、金江明

湖南计算机股份有限公司

一九九七年六月三十日

合并资产负债表

编制单位:湖南计算机股份有限公司(筹)　　已审　　单位:元

资产	附注	1997年1月31日	1996年12月31日	1995年12月31日	1994年12月31日	负债及股东权益	附注	1997年1月31日	1996年12月31日	1995年12月31日	1994年12月31日
流动资产:						流动负债:					
货币资金	4-1	24590293.42	36959544.37	19155032.65	8231386.17	短期借款	4-12	63521100.00	63421100.00	51585570.50	30834000.00
短期投资	4-2	3380.00	3380.00	7500.00	24260.00	应付票据		300000.00	570000.00		
应收票据						应付帐款	4-13	50355381.67	44986469.43	26241429.83	23020234.16
应收帐款	4-3	61229275.86	55359023.14	56189803.00	23388473.97	预收货款	4-14	9651561.16	9475673.15	11371727.94	6843179.19
减:坏帐准备			0.00	168569.40	70165.42	应付福利费		377221.66	368589.33	240679.09	
应收帐款净额		61229275.86	55359023.14	56021233.63	23318308.55	未付股利	4-15	138430.00	138430.00		-22393.03
预付货款	4-4	16603788.30	8649488.70	15304843.30	10689883.17	未交税金	4-16	6170783.63	6357738.26	12654289.50	6312774.92
其他应收款	4-5	15875058.81	9967288.41	8879192.37	7646400.84	其他未交款	4-17	182948.83	183935.29	136081.49	225444.84
待摊费用		393398.99		5072728.80	6129987.79	其他应付款	4-18	8053298.18	6671966.92	23226321.29	10076000.73
存货	4-6	81829960.01	82093415.29	65817717.06	57678268.89	预提费用	4-19	1296921.02	671679.26	84656.44	222966.30
待处理流动资产净损失						一年内到期的长期负债	4-20	11150000.00	11150000.00	8500000.00	14500000.00
一年内到期的长期债券投资						其他流动负债					
其他流动资产						流动负债合计		151197646.15	143995581.64	134040756.08	92012206.21
流动资产合计		200525155.39	193032139.91	170258247.33	113718495.89	长期负债:					
长期投资:						长期借款	4-21	48000000.00	48000000.00	32700000.00	14500000.00
长期投资	4-7	185000.00	185000.00	189758.14	418022.49	应付债券					
固定资产:						长期应付款					
固定资产原价	4-8	131176018.00	131153062.00	48787418.44	31287987.98	其他长期负债	4-22	105000.00	105000.00		50000.00
减:累计折旧		27931690.15	27518680.00	11964517.65	10065229.67						
固定资产净值		103244327.85	103634382.00	36822900.79	21222758.31	长期负债合计		48105000.00	48105000.00	32700000.00	14550000.00
固定资产清理						递延税项:					
在建工程	4-9	11521204.81	10039557.09	17279219.24	16487374.84	递延税款贷项					
待处理固定资产净损失						负债合计		199302646.15	192100581.64	166740756.08	106562206.21
固定资产合计		114765532.66	113673939.09	54102120.03	37710133.15	少数股东权益		2280722.55	2295750.74	472761.82	1022958.59
无形资产及递延资产:						股东权益					
无形资产	4-10	1918558.82	1935811.95	2188822.58	1711481.21	股本	4-23	80130000.00	80130000.00	18521158.97	18521158.97
递延资产	4-11	6888765.32	6982740.71	4879196.44	3557080.00	资本公积	4-24	41283299.28	41283299.28		
无形资产及递延资产合计		8807324.14	8918552.66	7068019.02	5268561.21	盈余公积				23060840.26	15000153.21
其他长期资产:						其中:公益金				5650851.40	2498576.58
其他长期资产						未分配利润	4-25	1286344.21		22822627.39	16008735.76
递延税项:											
递延税款借项						股东权益合计		122699643.49	121413299.28	64404626.62	49530047.94
资产总计		324283012.19	315809631.66	231618144.52	157115212.74	负债及股东权益合计		324283012.19	315809631.66	231618144.52	157115212.74

母公司资产负债表

编制单位:湖南计算机股份有限公司(筹)　　已审　　单位:元

资产	1997年1月31日	1996年12月31日	1995年12月31日	1994年12月31日	负债及股东权益	1997年1月31日	1996年12月31日	1995年12月31日	1994年12月31日
流动资产:					流动负债:				
货币资金	24458479.49	36759013.75	17436757.58	8101954.41	短期借款	57096000.00	56996000.00	45450000.00	30034000.00
短期投资	3380.00	3380.00	7500.00	24260.00	应付票据	300000.00	570000.00		
应收票据					应付帐款	39169629.06	38390674.39	24833282.13	22643015.26
应收帐款	53696557.20	43586178.18	42298262.69	20173332.90	预收货款	7786324.86	8367579.84	10901292.92	6704762.97
减:坏帐准备		0	126894.78	60520.00	应付福利费	206057.59	213577.22	150213.08	
应收帐款净额	53696557.20	43586178.18	42171367.91	20112812.90	未付股利				-71638.06
预付货款	14698923.31	7306792.35	11861734.35	10407377.79	未交税金	5306536.14	5152278.09	11576034.78	6092880.52
其他应收款	19786605.30	16295902.42	15455851.48	7611095.51	其他未交款		165929.55	131040.45	225444.84

待摊费用	393398.99	0	4814279.85	5785389.19	其他应付款	8525940.68	6814285.05	15712370.67	8692731.81
存货	63260722.65	69830915.43	58471251.45	56652306.10	预提费用	1214983.02	671679.26	50000.00	222966.30
待处理流动资产净损失					一年内到期的长期负债	11150000.00	11150000.00	8500000.00	14500000.00
一年内到期的长期债券投资					其他流动负债				
其他流动资产					流动负债合计	130755371.35	128492003.40	117304234.03	89044163.64
流动资产合计	176298066.94	173782182.13	150218742.62	108695195.90	长期负债:				
长期投资:					长期借款	48000000.00	48000000.00	32700000.00	14500000.00
长期投资	10419360.87	10366830.25	4788439.16	2971842.19	应付债券				
固定资产:					长期应付款				
固定资产原价	121946310.00	121905754.00	46714653.35	29607910.67	其他长期负债	105000.00	105000.00		50000.00
减:累计折旧	26841089.98	26464880.00	11660212.74	9906673.23					
固定资产净值	95105220.02	95440874.00	35054440.61	19701237.44	长期负债合计	48105000.00	48105000.00	32700000.00	14550000.00
固定资产清理		0			递延税项:				
在建工程	11521204.81	10039557.09	17279219.24	16487374.84	递延税款贷项				
待处理固定资产净损失					负债合计	178860371.35	176597003.40	150004234.03	103594163.64
固定资产合计	106626424.83	105480431.09	52333659.85	36188612.28	少数股东权益:				
无形资产及递延资产:					股本	80130000.00	80130000.00	18521158.97	18521158.97
无形资产	1918558.82	1935811.95	2188822.58	1711481.21					
递延资产	6297603.38	6445047.26	4879196.44	3557080.00	资本公积	41283299.28	41283299.28		
无形资产及递延资产合计	8216162.20	8380859.21	7068019.02	5268561.21	盈余公积			22571150.73	14917506.05
其他长期资产:					其中:公益金			4604112.04	2465517.72
其他长期资产					未分配利润	1286344.21		23312316.92	16091382.92
递延税项:									
递税款借借项					股东权益合计	122609643.49	121413299.28	64404626.62	49530047.94
资产总计	301560014.84	298010302.68	214408860.65	153124211.58	负债及股东权益合计	301560014.84	298010302.68	214408860.65	153124211.58

合并利润表

编制单位:湖南计算机股份有限公司(筹)　　　　已审　　单位:元

项目	附注	1997年1月	1996年度	1995年度	1994年度	项目	附注	1997年1月	1996年度	1995年度	1994年度
一、主营业务收入	4-26	15792188.36	203505810.89	201484782.02	148866152.05	加:投资收益	4-30		1443.73	54479.96	4342.24
减:营业成本	4-27	12006740.31	129996092.23	134937898.91	102211147.78	补贴收入	4-31	288329.47	4470811.23	3300000.00	
销售费用		1275146.02	15620591.22	18301227.77	6169076.45	营业外收入	4-32	2456.77	361753.92	43583.78	83630.75
管理费用		749172.01	7742542.36	8502375.99	7197350.81	减:营业外支出	4-33	1484.44	176561.51	63520.41	100318.98
财务费用	4-28	676012.47	8431808.21	6478722.00	4521176.32	加:以前年度损益调整	4-34		739645.33	-135025.26	312580.88
进货费用						四、利润总额		1559459.40	46922532.35	35651993.94	29045112.44
营业税金及附加			997928.19	1179850.90	959686.63	减:所得税		288143.38	7245646.95	5153593.22	4257515.65
二、主营业务利润		1085117.55	40716848.68	32084706.45	27807714.06	少数股东收益		-15028.19	447945.91	603822.04	132419.56
加:其他业务利润	4-29	185040.05	808590.97	367769.42	937163.49	五、净利润		1286344.21	39228939.49	29894578.68	24655177.23
三、营业利润		1270157.60	41525439.65	32452475.87	28744877.55						

母公司利润表

编制单位:湖南计算机股份有限公司(筹)　　　　已审　　单位:元

项目	1997年1月	1996年度	1995年度	1994年度	项目	1997年1月	1996年度	1995年度	1994年度
一、主营业务收入	15635316.12	175268892.46	170038058.04	136947010.54	三、营业利润	1343586.73	40630628.49	30148111.82	28281681.20
减:营业成本	11899563.58	108424736.00	107993803.68	92501402.51	加:投资收益	52530.62	1433485.31	1682649.42	334931.97
销售费用	1258821.91	14917977.24	17170139.31	5661537.99	补贴收入	200000.00	4110811.23	3300000.00	
管理费用	689229.53	5560567.63	7153819.71	6282191.67	营业外收入	2351.83	193737.45	42370.90	82662.81
财务费用	629144.42	5488129.50	6679690.59	4188111.04	减:营业外支出	1484.44	146561.51	58009.61	99163.98
进货费用					加:以前年度损益调整	-22497.15	36636.05	-135025.26	312580.88
营业税金及附加		954712.53	1162353.24	959686.63	四、利润总额	1574487.59	46258737.02	34980097.27	28912692.88
二、主营业务利润	1158556.68	39922769.56	29878251.51	27354080.70	减:所得税	288143.38	7029797.53	5085518.59	4257515.65
加:其他业务利润	185030.05	707858.93	269860.31	927600.50	五、净利润	1286344.21	39228939.49	29894578.68	24655177.23

合并财务状况变动表

1996年度

编制单位:湖南计算机股份有限公司(筹)　　　　已审　　单位:元

流动资金来源和运用	金额	流动资金各项目的变动	金额
一、流动资金来源:		一、流动资产本年增加数:	
1、本年净利润	39228939.49	1、货币资金	17804512.20
加:不减少流动资金的费用和损失		2、短期投资	-4120.00
(1)固定资产折旧	2279118.79	3、应收票据	
(2)无形资产、递延资产及其他资产摊销(减其他负债转销)	1964137.05	4、应收帐款净额	-5763529.84
(3)固定资产盘亏(减盘盈)	-11000.00	5、预付货款	-6655354.60
(4)清理固定资产损失(减清理费用)	-5738.04	6、其他应收款	1088096.04
(5)递延税款		7、待摊费用	-5072728.80
(6)其他不减少流动资金的费用和损失		8、存货	21377017.58
(7)少数股东本期收益	447945.91	9、一年内到期的长期债券投资	
小计	43903403.20	10、待处理流动资产净损失	

2、其他来源:		11、其他流动资产	
(1)固定资产清理收入(减清理费用)	94700.00		
(2)增加长期负债	20105000.00		
(3)收回长期投资	4758.14		
(4)对外投资转出固定资产	783300.62		
(5)对外投资转出无形资产			
(6)无偿调出固定资产净损失			
(7)资本净增加额	79831300.05		
(8)少数股东权益本期增加额	1822988.92		
小计	102642047.73	流动资产增加净额	22773892.58
流动资金来源合计	146545450.93		
二、流动资金运用:		二、流动负债本年增加数	
1、利润分配		1、短期借款	11835529.50
(1)提取盈余公积	10165245.29	2、应付票据	570000.00
(2)应付利润	7007797.67	3、应付帐款	18745039.60
(3)应交特种基金		4、预收帐款	-1896054.79
(4)利润转增资本	44878523.92	5、应付工资	-146834.79
小计	62051566.88	6、应付福利费	127910.24
2、其他运用		7、未交税金	-6296551.24
(1)固定资产和在建工程净增加额	63030215.65	8、其他未交款	47853.80
(2)增加无形资产、递延资产及其他资产	3944601.38	9、其他应付款	-16407519.58
(3)偿还长期负债	4700000.00	10、预提费用	587022.82
(4)增加长期投资		11、一年内到期的长期负债	2650000.00
小计	71674817.03	12、未付利润	138430.00
流动资金运用合计	133726383.91	流动负债增加净额	9954825.56
流动资金净增加额	12819067.02	流动资金增加净额	12819067.02

母公司财务状况变动表

编制单位:湖南计算机股份有限公司(筹)　1996 年度　　已审　　单位:元

流动资金来源和运用	金额	流动资金各项目的变动	金额
一、流动资金来源:		一、流动资产本年增加数:	
1、本年净利润	39228939.49	1、货币资金	19322256.17
加:不减少流动资金的费用和损失		2、短期投资	-4120.00
(1)固定资产折旧	1997567.73	3、应收票据	
(2)无形资产、递延资产及其他资产摊销(减其他负债转销)	1964137.05	4、应收帐款净额	1414810.27
(3)固定资产盘亏(减盘盈)	-11000.00	5、预付货款	-4554942.00
(4)清理固定资产损失(减清理费用)	-5738.04	6、其他应收款	840050.94
(5)递延税款		7、待摊费用	-4814279.85
(6)其他不减少流动资金的费用和损失		8、存货	11359663.98
(7)少数股东本期收益		9、一年内到期的长期债券投资	
小计	43173906.23	10、待处理流动资产净损失	
2、其他来源:		11、其他流动资产	
(1)固定资产清理收入(减清理费用)	94700.00		
(2)增加长期负债	24000000.00		
(3)收回长期投资			
(4)对外投资转出固定资产			
(5)对外投资转出无形资产			
(6)无偿调出固定资产净损失			
(7)资本净增加额	80320989.58		
(8)少数股东权益本期增加额			
小计	104415689.58	流动资产增加净额	23563439.51
流动资金来源合计	147589595.81		
二、流动资金运用:		二、流动负债本年增加数:	
1、利润分配		1、短期借款	11546000.00
(1)提取盈余公积	9807234.89	2、应付票据	570000.00
(2)应付利润	7007797.67	3、应付帐款	13557392.26
(3)应交特种基金		4、预收帐款	-2533713.08
(4)利润转增资本	45726223.85	5、应付工资	-176720.17
小计	62541256.41	6、应付福利费	63364.14
2、其他运用		7、未交税金	-6423756.69
(1)固定资产和在建工程净增加额	55593270.26	8、其他未交款	34889.10
(2)增加无形资产、递延资产及其他资产	3406007.91	9、其他应付款	-8721365.45
(3)偿还长期负债	8095000.00	10、预提费用	621679.26
(4)增加长期投资	5578391.09	11、一年内到期的长期负债	2650000.00
小计	72672669.26	12、未付利润	
流动资金运用合计	135213925.67	流动负债增加净额	11187769.37
流动资金净增加额	12375670.1414	流动资金增加净额	12375670.14

桂林集琦药业股份有限公司

桂林集琦药业股份有限公司上市公告书

一、绪言

本公司股票发行经中国证券监督管理委员会证监发字(1997)348号文和证监发字(1997)349号文批准,股票上市申请经深圳证券交易所深证发(1997)第271号《上市通知书》审核批准,将于1997年7月9日在深圳证券交易所挂牌交易。

本公司总股本8500万股,可流通股本4000万股,本次上市流通股4000万股,全部为1997年6月19日向社会公开发行的人民币普通股。公司700万内部职工股预计将于本次上市之后三年上市流通。本公司股票招股说明书概要刊登于1997年6月16日的《中国证券报》及《证券时报》,距本公告书公布的时间不足六个月,相同内容不再重复。

发行人董事会和董事会成员已批准该上市公告书,确信其中不存在任何重大遗漏或者误导,并对其真实性、准确性和完整性负个别的和连带的责任。上市公告书中的内容由本公司董事会负责解释。

二、发行公司概况

1.公司发起人简介

(1)法定名称:桂林集琦集团有限公司(原桂林刘三姐集团公司)

(2)法册地址:桂林市育才路55号

(3)法定代表人:刘及响

(4)注册资金:5730万元

(5)成立日期:1992年8月3日

(6)经营范围:主营:化学原料、保健品、制药机械、饲料及添加剂的制造、批零兼营化工产品、五金交电、机电产品(小轿车除外)、金属材料、建筑装饰材料、农副产品、百货、糖、烟(限零售)、酒、副食品。

(7)所属行业:综合类

(8)联系电话:0773—5812938

2.发行公司历史沿革

1)股份公司隶属关系演变及改制重组情况

公司前身是原桂林市第三制药厂。该厂创建于1967年2月,1993年1月4日,经桂林市人民政府以市政复(1993)1号文批准,桂林市第三制药厂加入原桂林刘三姐集团公司,成为该集团公司的全资附属企业。1993年4月1日,经广西壮族自治区体改委以桂体改股字(1993)55号、桂体改股字(1993)108号文件批准,原桂林刘三姐集团公司作为发起人独家发起,以桂林市第三制药厂的经营性资产和土地经评估后,投入股份公司折为国有法人股,由原桂林刘三姐集团公司持有并行使股权(从桂林市第三制药厂剥离的非经营性资产保留在集团公司内)。同时向其他法人单位和公司职工募股,成立定向募集的股份公司。成立时的股份公司名称为"桂林刘三姐股份有限公司"。1996年,经自治区体改委以桂体改股字(1996)16号文批准,公司更名为桂林集琦药业股份有限公司。

2)股本形成

1993年4月1日,广西壮族自治区以桂体改股字(1993)55号文批准股份公司定向募集总股本6890万元。但实际募集时,公司定向募集的法人股和内部职工股资金未全部到位。集团公司以其下属桂林市第三制药厂经营性资产和土地使用权评估后按1:1的比例折3602.0294万股投入股份公司,作为国有法人股(其中土地使用权评估价值为903.8304万元,集团公司首先以交纳出让金方式取得35年土地使用权);其他社会法人和内部职工按每股1元的价格分别购入197.9706万股和700万股。根据股份公司股本实际到位情况,1993年6月15日广西壮族自治区体改委桂体改股字(1993)108号文批准,同意公司股本总额调整为4500万元。故公司成立时注册资本为4500万元,公司自成立始至本次发行前注册资本未发生变动。

股份公司1997年6月19日向社会公开发行了4000万股社会公众股,每股面值1.00元,每股发行价为6.99元,公司于1997年6月28日在广西壮族自治区工商行政管理局办理了工商注册变更登记。

三、股票发行及承销

1.股票公开发行

社会公众发行数量:4000万股

发行价格:6.99元/股

募集资金总额:27960万元

发行方式:上网定价发行

中签比例:0.881080%

配售户数:36921户

持1000股以上户数(含1000股):36921户

发行费用总额:935.94万元

每股发行费用:0.234元

发行市盈率:16倍

2.股票承销

本次发行为超额认购,故无余额承销团包销。

3.验资报告

验资报告

鄂信业字[1997]第442号

桂林集琦药业股份有限公司全体股东:

我所接受委托,对桂林集琦药业股份有限公司(以下简称"公司")截止1997年6月26日的实收股本的真实性、合法性进行了审验。在审验过程中,我们按照《独立审计实务公告第1号—验资》的要求,实施了必要的审验程序。贵公司的责任是提供真实、合法、完整的验资资料保护资产的安全、完整。我们的责任是按照《独立审计实务公告第1号——验资》的要求,出具真实、合法的验资报告。

贵公司的申请注册资本为85,000,000.00元,根据我们的审验,贵公司截至1997年6月26日止的股本总额为8500万股,每股面值1元,实收投资者投入的股本金额为85,000,000.00元。其股本结构为国有法人股3602.0294万股,占总股本的42.38%;募集法人股197.9706万股,占总股本的2.33%;内部职工股700万股,占总股本的8.23%;社会公众股4000万股,占总股本的47.06%。

附件一 投入股本明细表

二 验资事项说明

湖北大信会计师事务所　　　　中国注册会计师　吴卫星

中国注册会计师　邵九林

一九九七年六月二十六日

(2)募集资金的入帐时间:1997年6月26日

(3)入帐金额:271890602.18元

(4)入帐帐号:2202210015207

(5)开户银行:工行开发区支行

四、董事、监事及高级管理人员持股情况

职务	姓名	持股数(股)	占总股本比例(%)
董事会成员	刘及响	12,000	0.014
	杨筱梅	9,600	0.0113
	曾　勇	14,206	0.0167
	胡建平	13,400	0.0158
	常建和	4,800	0.0056
董事会秘书	张文龙	12,300	0.0145
监事会成员	钟丽华	9,600	0.0113
	陶华华	10,000	0.0118
	谢春旦	7,800	0.009
总会计师	李　静	0	0
总工程师	黄　智	5,000	0.0059

五、股东大会上市的决议及公司注册变更情况

1997年5月3日,桂林集琦药业股份有限公司召开了1996年度股东大会,出席会议的股东及股东代表共39人,代表股份39,565,066股,占公司股本总额的87.92%,会议一致通过选择深圳证券交易所作为公司股票上市交易地点的决定。公司注册变更后其主要内容如下:

公司注册资本:8500万元

注册地点:桂林市育才路55号

注册号:19823068—7

六、关联企业及关联交易

1.关联企业情况

目前,公司属下无具有独立法人资格的子公司。公司的最大股东是桂林集琦集团有限公司。目前持有公司股份36,020,294股,占本次发行后公司总股本的42.38%。集团公司目前除拥有本公司国有法人股权外,还全资拥有桂林集琦经济发展有限公司、桂林集琦旅行社,并持有桂林迪奥特有限公司40%的股份。这些企业与本公司属不同行业,不存在竞争关系。

2.关联交易

本公司与集团公司于1997年1月1日签署了《综合服务协议》,规定由集团公司向发行人提供包括职工医院、职工宿舍、职工食堂、幼儿园、职工学校在内的有关服务,公司按协议价格向集团公司支付费用。该合同有效期五年。

七、股本结构及大股东持股情况

1.上市前的股本结构

类别	股数(元)	比例(%)
总股本	45,000,000元	100
尚未流通股份:	45,000,000元	100
(1)发起人股份	36,020,294元	80.05
(国有法人股)		
(2)募集法人股	1,979,706元	4.4
(3)内部职工股	7,000,000元	15.55
(可流通股份)		

本次公开发行人民币普通股4000万股。

2.本次发行后前十名股东持股情况

名　　称	持股数(股)	占总股本比例(%)
桂林集琦集团有限公司	36,020,294	42.38
广东丰顺鸿宝实业总公司	1,400,000	1.65
桂林市信和贸易有限责任公司	579,706	0.68
陈奇山	33,800	0.040
赵桂玉	23,700	0.028
梅瑞安	20,000	0.024
梁玉立	15,800	0.018
冯广灵	15,332	0.018
苏威平	15,200	0.0178
郑　琦	15,000	0.0178

八、财务会计资料

以下为湖北大信会计师事务所出具的桂林集琦药业股份有限公司1994年至1997年1月的审计报告摘要。

审计报告

鄂信业字(1997)第243号

桂林集琦药业股份有限公司全体股东:

我们接受委托,审计了桂林集琦药业股份有限公司(以下简称"公司")1994年12月31日、1995年12月31日、1996年12月31日、1997年1月31日的资产负债表,1994年、1995年、1996年、1997年1月的利润及利润分配表,1996年财务状况变动表。这些会计报表由贵公司负责,我们的责任是对这些会计报表发表审计意见。我们的审计是根据《中国注册会计师独立审计准则》进行的。在审计过程中,我们结合贵公司实际情况,实施了包括抽查会计记录等我们认为必要的审计程序。

我们认为,上述会计报表符合《企业会计准则》和《股份制试点企业会计制度》的有关规定,在所有重大方面公允地反映了贵公司1994年12月31日、1995年12月31日、1996年12月31日、1997年1月31日的财务状况及1994年度、1995年度、1996年度、1997年1月的经营成果和1996年的资金变动情况,会计处理方法的选用遵循了一贯性原则。

湖北大信会计师事务所　　中国注册会计师　吴卫星

中国·武汉　　中国注册会计师　邵九林

1997年3月28日

财务指标分析

以下为公司前三年主要财务指标

指标名称	96年	95年	94年
1.流动比率=流动资产/流动负债	1.05	1.24	2.65
2.速动比率=(流动资产-存货)/流动负债	1.01	1.09	1.95
3.股东权益比率=股东权益总额/资产总额×100%	30.93%	43.52%	77.70%
4.每股净利润=净利润/股本总额	0.767元	0.336元	0.208元
5.每股净资产=股东权益/股本总额	1.20元	1.12元	1.24元
6.净资产收益率=净利润/净资产平均余额×100%	66.02%	28.48%	17.83%
7.资产负债率=负债总额/资产总额×100%	69.07%	56.48%	22.30%
8.销售利润率=利润总额/主营业务收入×100%	44.46%	41.18%	50.67%
9.应收帐款周转率=主营业务收入/应收帐款平均余额×100%	139.09%	157.05%	229.39%
10.存货周转率=主营业务收入/存货平均余额×100%	529.41%	208.51%	59.78%

财务报表注释

一、公司概况

桂林集琦药业股份有限公司(以下简称公司)是以原桂林市第三制药厂为主体,经广西壮族自治区体改委桂体改股字(1993)55号文、桂体改股字(1993)108号文批准成立的定向募集公司。公司原名为桂林刘三姐股份有限公司,后经广西壮族自治区体改委桂体改股字(1996)16号文批准,更名为桂林集琦药业股份有限公司。

公司总股本为4500万股,每股面值人民币1元,其中:国有法人股3602万股,占总股本的80.05%;募集法人股198万股,占总股本的4.4%,内部职工股700万股,占总股本的15.55%。

公司是一个以生产化学原料药和兽用农用原料药为主的国家级高新技术企业,其主导产品阿维菌素是国家"八五"攻关成果,属国家二类新药。

公司在广西壮族自治区工商行政管理局登记注册;

营业执照注册号19823068—7;

注册资本:4500万元;

法定代表人:刘及响;

法定地址:桂林市育才路55号;

经营范围:化学原料药及制剂、中成药及制剂、农药、兽药、饲料及添加剂、保健品、饮料、制药机械、化妆品的制造与销售。

截止1997年1月31日,公司无对外控股企业。

二、公司采用的重要会计政策

1. 执行的会计制度:公司统一执行《股份制试点企业会计制度》。

2. 会计期间:会计期间采用公历年度,即从1月1日起至12月31日止为一个会计年度。

3. 报表编制方法:

本次编制的会计报表系按照财政部、国家体改委(92)财会字第27号文《股份制试点企业会计制度》及财政部(93)财会字第38号文《股份制试点企业执行新会计制度若干问题》的规定而编制。

本次编制的会计报表不含经国家国资局本次确认的资产评估增减值。

4. 记帐本位币:公司以人民币为记帐本位币。

5. 记帐原则和计价基础:按权责发生制原则,以实际成本为计价基础。

6. 记帐方法:会计记帐采用借贷记帐法。

7. 存货的核算:

(1)公司存货主要包括:原材料、在产品、产成品、分期收款发出商品、材料采购、委托加工材料、包装物、低值易耗品等。

(2)原材料、材料采购、委托加工材料、包装物的收、发、结存均采用计划成本核算,月末结转应负担的成本差异调整为实际成本。

(3)在产品、产成品和分期收款发出商品采用实际成本核算。

(4)低值易耗品的取得按实际成本计价,领用时采用一次摊销法核算。

8. 长期投资的核算:公司的长期投资系指债券投资和股权投资。债券投资收益按实际收到利息作为收益的实现;股权投资按成本法核算。

9. 固定资产及折旧:

(1)固定资产是指使用年限在一年以上且单位价值在2,000元以上的房屋、建筑物、机器设备、运输工具和其他设备。

(2)固定资产原值:1993年4月1日组建股份公司时入帐的固定资产原值以经评估并经桂林市国有资产管理局(93)国资字15号文确认的固定资产重置价值入帐;以后年度新增的固定资产原值按购建时的实际成本计价。

(3)固定资产折旧采用直线法

固定资产类别	预计经济使用年限	预计残值率%	年折旧率%
房屋及建筑物	40	4	2.4
机械设备	12—15	4	8—6.4
运输工具	9—12	4	10.67—8
电子仪器设备	10—12	4	9.6—8
其他	12	4	8

10. 无形资产及摊销:公司无形资产为土地使用权价值,按35年期限采用直线法平均摊销。

11. 销售收入的实现以产品(商品)发出、劳务已提供、收讫价款或取得索取收款凭证时确认收入的实现。

12. 坏帐准备:公司按应收帐款年末余额的5‰提取坏帐准备金。

13. 税项:

(1)增值税:农用、兽用药税率为13%,人用药税率为17%。

(2)城市维护建设税:按应纳增值税额的7%计提并缴纳。

(3)教育费附加:按应纳增值税额的3%计提并缴纳。

(4)所得税:公司从1993年9月15日起,历年被广西壮族自治区高新技术产业发展领导小组确认为高新技术企业。根据桂林高新技术产业开发区税收政策试行规定[桂新办字(1996)37号文],公司所得税减按15%的税率缴纳。

14. 利润分配:公司税后利润按以下顺序和比例进行分配:

(1)弥补亏损;

(2)提取法定盈余公积金10%;

(3)提取法定公益金5%;

(4)提取任意公积金(按股东大会决定的比例提取);

(5)分配股利(依据公司章程,由公司股东大会讨论决定分配方案);

九、董事会上市之承诺

本公司董事会承诺将严格遵守《中华人民共和国公司法》、《股票发行与交易管理暂行条例》、《深圳证券交易所交易市场业务试行规则》和有关法律、法规的规定,并自上市之日起向全体股东作出如下承诺:

1. 按照法律、法规的规定程序和要求披露重大信息,并接受证券主管机关、深圳证券交易所的监督管理。

2. 及时、真实、准确地公布中期报告和年度报告,并备置于规定场所供投资者查阅。

3. 本公司董事、监事及高级管理人员持有本公司股票发生变化时,在报告证券主管机关、证券交易所的同时向投资者公布。

4. 在任何公共传播媒介中出现的消息可能对本公司股票的市场价格产生误导性影响时,本公司知悉后将及时对该消息予以公开澄清。

5. 本公司董事、监事及高级管理人员将认真听取社会公众的意见和批评,自觉抵制不正之风,不利用已获得的内幕消息直接或间接从事股票买卖活动。

6. 本公司没有无记录负债。

7. 董事会各位董事保证不就任何未经主管机关审阅的可能影响股价变动之重大信息私自发表公告或发表意见。

十、重要事项揭示

本上市公告书无招股说明书所披露的重要事项之外的事项需要披露。

十一、备查文件

1. 公司成立的注册登记文件
2. 深圳证券交易所上市通知书
3. 招股说明书
4. 审计报告
5. 验资报告
6. 营业执照
7. 公司章程
8. 法律意见书

十二、咨询机构

1. 发行人:桂林集琦药业股份有限公司

法定代表人:刘及响

地址:桂林市育才路55号

电话:0773—5812938

联系人:张文龙

2. 上市推荐人:华夏证券有限公司

地址:上海市陆家浜路711号

电话:021—63057608

联系人:张国强、张露

3. 上市推荐人:广西证券有限责任公司

地址:南宁市教育路7—1号

电话:010—65958113

联第人:刘榕

桂林集琦药业股份有限公司

1997年7月5日

资产负债表

桂林集琦药业股份有限公司　　编制日期:1997年3月28日　　单位:人民币元

项目	注释号	1997年1月31日	1996年12月31日	1995年12月31日	1994年12月31日
流动资产:					
货币资金	1	786,790.88	692,789.04	1,575,669.11	1,932,225.76
短期投资					
应收票据					
应收帐款	2	89,867,270.06	89,275,414.28	41,863,203.00	13,145,301.11
减:坏帐准备		449,336.35	446,377.07	209,316.02	65,726.51
应收帐款净额		89,417,933.71	88,829,037.21	41,653,886.98	13,079,574.60
预付货款					
其他应收款	3	13,432,664.07	18,675,151.04	14,344,544.56	3,933,714.14
待摊费用			9,000.00	488,439.00	339,010.87
存货	4	6,157,432.99	4,521,960.80	8,417,326.98	6,994,337.18
待处理流动资产净损失					
一年内到期的长期债券投资					
其他流动资产				125,383.44	125,383.44
流动资产合计		109,794,821.65	112,727,938.09	66,605,250.07	26,404,245.99
长期投资					
长期投资	5	10,073,470.00	75,918.33	93,738.33	192,137.12
其中:合并价差					
固定资产:					
固定资产原价	6	77,049,101.26	77,046,101.26	57,500,097.16	57,292,221.25
减:累计折旧		27,894,663.28	27,643,537.75	25,071,957.06	22,964,955.47
固定资产净值		49,154,437.98	49,402,563.51	32,428,140.10	34,327,265.78
在建工程	7	4,008,316.00	4,008,316.00	8,278,864.94	1,846,115.05
固定资产清理					
待处理固定资产净损失					
固定资产合计		53,162,753.98	53,410,879.51	40,707,005.04	36,173,380.83
无形资产及递延资产:					
无形资产	8	8,048,395.20	8,496,006.53	8,676,772.61	8,857,538.69
递延资产					
无形资产及递延资产合计:		8,048,395.20	8,496,006.53	8,676,772.61	8,857,538.69
其他长期资产:					
其他长期资产					
递延税款:					
递延税款借项:					
资产总计		181,079,440.83	174,710,742.46	116,082,766.05	71,627,302.63

项目	注释号	1997年1月31日	1996年12月31日	1995年12月31日	1994年12月31日
流动负债:					
短期借款	9	19,350,000.00	23,479,186.06	15,942,095.66	2,835,962.08
应付票据					
应付帐款	10	21,664,721.01	15,492,048.36	7,211,426.97	1,568,216.97
应付福利费	11	741,310.51	730,847.60	-269,657.06	-168,806.84
未付股利	12	35,035,104.48	35,035,104.48	20,250,000.00	
未交税金	13	9,293,319.89	19,179,371.71	5,972,056.61	3,926,506.14
其他未交款	14	333,379.47	800,839.96	523,899.78	529,011.17
其他应付款	15	17,271,217.25	10,997,586.35	3,522,671.91	1,144,183.55
预提费用	16	1,009,521.35	1,167,159.96	427,295.17	134,981.13
一年内到期的长期负债					
其他流动负债					
流动负债合计		104,698,573.96	106,882,144.48	53,579,789.04	9,970,054.20
长期负债:					
长期借款	17	11,900,000.00	11,036,665.26	10,786,854.38	5,630,044.00
应付债券					
长期应付款					
其它长期负债	18	8,579,736.24	2,748,832.10	1,193,825.53	375,012.79
长期负债合计		20,479,736.24	13,785,497.36	11,980,679.91	6,005,056.79
递延税款:					
递延税款贷项					
负债合计		125,178,310.20	120,667,641.84	65,560,468.95	15,975,110.99
少数股东权益:					
股本	19	45,000,000.00	45,000,000.00	45,000,000.00	45,000,000.00
资本公积					
盈余公积	20	9,043,100.62	9,043,100.62	3,865,844.57	1,597,828.75
其中:公益金		3,014,366.88	3,014,366.88	1,288,614.86	532,609.59
未分配利润	21	1,858,030.01		1,656,452.53	9,054,362.89
外币报表折算差额					
股东权益合计		55,901,130.63	54,043,100.62	50,522,297.10	55,652,191.64
负债与股东权益总计		181,079,440.83	174,710,742.46	116,082,766.05	71,627,302.63

利润及利润分配表

桂林集琦药业股份有限公司　　编制日期:1997年3月28日　　单位:人民币元

项目	注释号	1997年元月	1996年	1995年	1994年
一、主营业务收入	22	6,074,185.08	91,331,327.72	43,194,754.53	21,728,555.20
减:销售退回折扣折让					
主营业务收入净额		6,074,185.08	91,331,327.72	43,194,754.53	21,728,555.20
减:营业成本	23	1,917,769.14	34,250,860.10	16,067,045.28	3,053,598.20
销售费用	24	1,049,669.17	4,977,490.19	3,393,550.61	3,422,238.60
管理费用	25	490,586.95	6,673,641.31	4,162,708.71	3,025,800.17
财务费用	26,	201,596.50	3,758,550.91	1,501,568.38	820,251.64
进货费用					
营业税金及附加	27		938,626.78	430,692.24	280,907.76
二、主营业务利润		2,414,563.32	40,732,158.43	17,639,189.31	11,125,758.83
加:其他业务利润	28	226.56	8,198.28	-4,334.81	-12,394.42
三、营业利润		2,414,789.88	40,740,356.71	17,634,854.50	11,113,364.41
加:投资收益	29		4,211.40	4,110.20	
营业外收入	30	110.00	89,725.86	1,016,295.94	1,012,769.63

项目	注释号	1997年元月	1996年	1995年	1994年
四、利润总额		2,185,917.66	40,605,929.76	17,788,359.36	11,011,866.70
减:所得税		327,887.65	6,090,889.46	2,668,253.90	1,651,780.00
少数股东权益					
五、净利润		1,858,030.01	34,515,040.30	15,120,105.46	9,360,086.70
加:年初未分配利润			1,656,452.53	9,054,362.89	1,098,289.20
盈余公积金转入数					
六、可分配的利润		1,858,030.01	36,171,492.83	24,174,468.35	10,458,375.90
减:提取法定公积金			3,451,504.03	1,512,010.55	936,008.67
提取法定公益金			1,725,752.02	756,005.27	468,004.34
七、可供股东分配的利润			30,994,236.78	21,906,452.53	9,054,362.89
减:已分配优先股股利					
提取任意公积金					
已分配普通股股利			30,994,236.78	20,250,000.00	
八、未分配利润		1,858,030.01	0	1,656,452.53	9,054,362.89

项目	注释号	1997年元月	1996年	1995年	1994年	项目	注释号	1997年元月	1996年	1995年	1994年
减:营业外支出	31	228,982.22	228,364.21	866,901.28	1,114,267.34						
加:以前年度损益调整											

财务状况变动表

桂林集琦药业股份有限公司　　1996年度　　单位:人民币元

流动资金来源和运用	行次	金额	流动资金各项目的变动	行次	金额
一、流动资金来源			一、流动资产本年增加数		
1. 本年净利润	1	34,515,040.30	1. 货币资金	28	-882,880.07
加:不减少流动资金的费用和损失			2. 短期投资	29	
(1)固定资产折旧	2	2,571,580.69	3. 应收票据	30	
(2)无形资产、递延资产及其他摊销(减其他负债转销)	3	180, 766.08	4. 应收帐款净额	31	47, 175, 150.23
(3) 固定资产盘亏（减盘盈)	4		5. 预付货款	32	
(4) 清理固定资产损失	5		6. 应收补贴款	33	
(6)其他不减少流动资金的费用损失	6		7. 其他应收款	34	4, 330, 606.48
小　计	7	37, 267, 387.07	8. 存货	35	-3, 895, 366.18
2. 其他来源:			9. 待摊费用	36	-479, 439.00
(1) 固定资产清理收入（减清理费用)	8		10. 待处理流动资产净损失	37	
(2) 增加长期负债	9	9, 608, 881.21	11. 一年内到期的长期债券投资	38	
(3) 收回长期投资	10	17, 820.00	12. 其他流动资产	39	-125, 383.44
(4) 对外投资转出固定资产	11			40	
(5) 对外投资转出无形资产	12			41	
(6) 资本净增加额	13	5, 177, 256.05	流动资产增加净额	42	46, 122, 688.02
小　计	14	14, 803, 957.26	二、流动负债本年增加数:		
流动资金来源合计	15	52, 071, 344.33	1. 短期借款	43	7, 537, 090.40
二、流动资金运用			2. 应付票款	44	
1. 利润分配			3. 应付帐款	45	8, 280, 621.39
(1) 提取法定公积金	16	3, 451, 504.03	4. 预收帐款	46	
(2) 提取法定公益金	17	1, 725, 752.02	5. 其他应付款	47	7, 474, 914.44
(3) 提取任意公积金	18		6. 应付工资	48	
(4) 分配股利	19	30, 994, 236.78	7. 应付福利费	49	1, 000, 504.66
小　计	20	36, 171, 492.83	8. 未交税金	50	13, 207, 315.10
2. 其他运用:			9. 未付股利	51	14, 785, 104.48
(1) 固定资产和在建工程净增加额	21	15, 275, 455.16	10. 其它未交款	52	276, 940.18
(2) 增加无形资产、递延资产及其他资产	22		11. 预提费用	53	739, 864.79
(3) 偿还长期负债	23	7, 804, 063.76	12. 一年内到期的长期负债	54	
(4) 增加长期投资	24		13. 其他流动负债	55	
小　计	25	23, 079, 518.92		56	
流动资金运用合计	26	59, 251, 011.75	流动负债增加净额	57	53, 302, 355.44
流动资金增加净额	27	-7, 179, 667.42	流动资金增加净额	58	-7, 179, 667.42

葫芦岛锌业股份有限公司

葫芦岛锌业股份有限公司股票上市公告书

一、要览

总股本	41000 万股
可流通股本	9000 万股
本次上市流通股本	9000 万股
证券编码	0751
上市地	深圳证券交易所
上市时间	1997 年 6 月 26 日
登记机构	深圳证券登记结算公司
上市推荐人	国泰证券有限公司、华夏证券有限公司

二、绪言

经中国证券监督管理委员会证监发字[1997]298 号和 299 号文批准，本公司已经成功发行每股面值为 1 元的人民币普通股票 9000 万股。经深圳证券交易所深证发[1997]250 号《上市通知书》批准，本公司股票将于 1997 年 6 月 26 日在深圳证券交易所挂牌交易。本公司总股本 41000 万股，本次可以上市流通的股份为 9000 万股，5830 万内部职工股将按国家有关规定于新股上市三年后流通。

本股票上市公告书是根据《中华人民共和国公司法》和《股票发行与交易管理暂行条例》、《公开发行股票公司信息披露实施细则》和《深圳证券交易所业务规则》等有关规定编制，旨在为公司股票上市向社会公众提供资料。本公司董事会及其成员愿就本公告书所载资料的真实性、准确性和完整性负个别及连带责任。

三、公司概况

1、公司名称：葫芦岛锌业股份有限公司

英文名称：HULUDAO ZINC INDUSTRY CO. LTD.

2、法定代表人：郭宗昌

3、成立日期：1993 年 7 月 15 日

4、工商注册号：24059094

5、注册资本：41000 万元

6、注册地址：辽宁省葫芦岛市龙港区锌厂路 24 号

联系电话：(0429)2102841

7、所属行业：有色金属冶炼工业

8、公司经营范围：

公司主要生产锌、锌深加工产品及硫酸、铟、镉、综合利用产品等。

9、主要经营情况

本公司的主要业务是生产、销售锌锭、硫酸等，公司的锌锭有 20 万吨用“火法”工艺生产，13 万吨用“水法”工艺生产，锌锭注册商标“葫锌”牌(HX)，已在伦敦金属交易所注册，每吨比国际市场平均价升水 10－50 美元；公司的硫酸 1985 年 12 月经国家质量奖审定委员会评定为国家金质产品，年产量 56 万吨。

本公司的主要发起人葫芦岛锌厂，是国家重点扶持的 300 家企业之一。该厂始建于 1937 年，先后进行了三次较大规模的技术改造，得到了迅猛发展，使锌的生产能力增加到 20 万吨，硫酸的生产能力增加到 40 万吨，葫芦岛锌厂由一个中型企业发展成为亚洲最大的锌生产厂家，成为国家特大型企业。

葫芦岛锌业股份有限公司自 1993 年 7 月成立以来，对原有的 20 万吨“火法”炼锌工艺进行了技术改造，制酸系统采用了先进的“两转两吸”新工艺，使总硫利用率达到 93％以上。同时公司建设了第三冶炼厂，采用目前世界较为先进的“水法”新工艺，现已形成年产电解锌 13 万吨的生产能力。该工艺的最大优点在于减低了对环境的污染，提高了资源的利用水平，与原有的“火法”工艺形成了优势互补。公司年生产锌锭 33 万吨，硫酸 56 万吨。

四、股票发行及承销

1、本次公开发行

发行数量：9000 万股

发行价格：7.42 元/股

发行方式：全额预缴、比例配售、余款转存

配售比例：7.86575％

配售户数：4687 户

持有 1000 股以上的户数：16108 户

发行费用总额：1500 万元

每股发行费用：0.167 元

发行市盈率：16 倍

2、股票承销

本次公开发行的 9000 万股社会公众股已经全部由社会公众认购，承销团成员无包销比例及金额。

3、验资报告

(97)京会兴字 390 号

葫芦岛锌业股份有限公司：

我们接受委托，对葫芦岛锌业股份有限公司的实收资本及相关的资产、负债的真实性和合法性进行了审验。在审验过程中，我们按照《独立审计实物公告第一号—验资》的要求，实施了必要的审验程序。葫芦岛锌业股份有限公司的责任是提供真实、合法、完整的验资资料，保护资产的安全、完整，我们的责任是按照《独立审计实物公告第一号—验资》的要求，出具真实、合法的验资报告。

葫芦岛锌业股份有限公司申请的注册资本为 41,000 万元。经辽宁金信审计事务所金信审字(93)06 号验资报告验证，截止 1993 年 7 月 5 日，已收到发起股东及内部职工投入的资本 48,000 万元，其中股本 32,000 万元，资本公积金 16,000 万元，并在葫芦岛市工商行政管理局注册。现葫芦岛锌业股份有限公司经中国证券监督管理委员会证监发字[1997]298 号和 299 号文批准，向社会公开发行人民币普通股票 9,000 万股，每股面值 1 元，发行价每股 7.42 元。经我们审验，截止验资日止，证券承销机构已缴来股款人民币陆亿伍仟柒佰捌拾万圆(RMB657,800,000，发行承销费用 1,000 万元已从股款中列支)，其中股本玖仟万圆(RMB89,000)，资本公积金伍亿陆仟贰佰捌拾万圆(RMB562,800,000)，其余伍佰万圆(RMB5,000,000)为其他应付款(系尚未支付的发行费用)。与此相关的资产总额为人民币陆亿伍仟柒佰捌拾万圆((RMB657,800,000)，均为银行存款。至此，葫芦岛锌业股份有限公司到位的股本为肆亿壹仟万圆(RMB410,000,000)。

附件一：投入股本明细表

附件二：验资事项说明

北京兴华会计师事务所　　注册会计师　王全洲

北京市西城区阜城门外大街　　注册会计师　袁连生

2 号万通新世界广场 708 室

主任会计师　　王全洲

1997 年 6 月 18 日

葫芦岛锌业股份有限公司帐号:530－26359138

开户行:葫芦岛市龙港区建设银行

五、公司董事、监事、高级管理人员简介及持股情况

(1)董事:

董事长:郭宗昌先生,现年 55 岁,大学本科学历,1966 年毕业于东北工学院有色重金属冶炼专业,教授级高级工程师。1968 年分配到葫芦岛锌厂三车间工作。历任葫芦岛锌厂技术员、车间主任、厂长,具有丰富的企业管理经验。荣获辽宁省特等劳动模范、全国劳动模范并获全国"五一"劳动奖章,被评为全国优秀企业家并获"金球奖",是享受政府特殊津贴的国家级专家。现任葫芦岛锌厂厂长、葫芦岛锌业股份有限公司董事长兼总经理。持有本公司股票 8,000 股,占公司股本 0.00195%。

副董事长:张福仁先生,现年 57 岁,大学本科学历,高级工程师,1963 年毕业于辽宁冶金学院有色重金属冶炼专业。历任葫芦岛锌厂三车间调度员、计划科副科长、财务科科长、总会计师、副厂长,现任葫芦岛锌厂副厂长。持有本公司股票 54,000 股,占公司股本 0.01317%。

副董事长:徐广堂先生,现年 54 岁,大学本科学历,1968 年毕业于东北工学院有色重金属冶炼专业,高级工程师。历任葫芦岛锌厂技术员、车间副主任、主任、厂长助理,现任葫芦岛锌厂副厂长、本公司常务副总经理。持有本公司股票 7,000 股,占公司股本 0.00171%。

董事:周智先生,现年 56 岁,大学本科学历,1966 年毕业于东北工学院有色重金属冶炼专业,高级工程师。历任葫芦岛锌厂车间主任、经委书记、副厂长。现任葫芦岛锌厂副厂长。持有本公司股票 8,000 股,占公司股本 0.00195%。

董事:王尚绵先生,现年 52 岁,大专文化,毕业于辽宁省委党校经济管理专业,高级政工师。历任葫芦岛锌厂党委办公室主任、工会主席。辽宁省"五一"劳动奖章获得者。现任葫芦岛锌厂副厂长。持有本公司股票 8,000 股,占公司股本 0.00195%。

董事:侯宝泉先生,现年 46 岁,大学本科学历,毕业于东北工学院机械专业,高级工程师。历任杨家杖子矿务局办公室主任、组织部长,兰家沟矿党委书记,抚顺红透山矿矿长、党委书记,葫芦岛锌厂纪委书记、副厂长,现任葫芦岛锌厂副厂长。持有本公司股票 0 股,占公司股本 0%。

董事:白汝孝先生,现年 58 岁,大学本科学历,1964 年毕业于东北工学院有色重金属冶炼专业,教授级高级工程师,享受政府津贴的国家级专家。历任葫芦岛锌厂技术员、技术开发办公室副主任。现任葫芦岛锌厂副厂长。持有本公司股票 8,000 股,占公司股本 0.00195%。

董事:黄兴伟先生,现年 41 岁,研究生学历,毕业于中国社会科学院财贸经济系商业经济专业,高级经济师。历任葫芦岛锌厂销售科科长、供应处处长、销售处处长、厂长助理,现任葫芦岛锌厂副厂长、本公司副总经理。持有本公司股票 9,000 股,占公司股本 0.00220%。

董事:王春瀛先生,现年 53 岁,大学本科学历,1967 年毕业于东北工学院有色重金属冶炼专业,高级工程师。历任葫芦岛锌厂技术员、车间主任、计划处处长,现任葫芦岛锌厂计划部主任、本公司策划部主任。持有本公司股票 0 股,占公司股本 0%。

董事:山广岱先生,现年 53 岁,大学本科学历,1967 年毕业于山东大学物理系,高级经济师。历任葫芦岛锌厂车间主任、宣传部长、供销处处长,现任葫芦岛锌厂企管部主任、本公司证券部主任。持有本公司股票 6,000 股,占公司股本 0.00146%。

董事:刘德祥先生,现年 53 岁,大学本科学历,1967 年毕业于中南矿冶学院分析化学专业,高级工程师,历任葫芦岛锌厂技术员、车间副主任、技术科副科长、技术开发处处长、副总工程师,现任本公司科技部主任。持有本公司股票 10,000 股,占公司股本 0.00244%。

董事:郑登渝先生,现年 46 岁,大专文化,1986 年毕业于辽宁广播电视大学财会专业,经济师,历任葫芦岛锌厂厂办副主任、供销实业公司经理、审计处处长、副总会计师,现任本公司财务总监。持有本公 司股票 4,000 股,占公司股本 0.00098%。

董事:郭恒贤先生,现年 57 岁,大学本科学历,1965 年毕业于东北工学院稀有金属冶炼专业,高级工程师。历任葫芦岛锌厂技术员、技术科副科长、总调度室总调度长、副总工程师,现任本公司生产部主任。持有本公司股票 8,000 股,占公司股本 0.00195%。

董事:张铭君先生,现年 55 岁,大学本科学历,1962 年毕业于辽宁冶金学院有色重金属冶炼专业,高级工程师。历任葫芦岛锌厂技术员、质量管理处科长、处长,现任葫芦岛锌厂副总工程师。持有本公司股票 8,000 股,占公司股本 0.00195%。

董事:金铁山先生,现年 41 岁,大学文化,1982 年毕业于辽宁广播电视大学机械专业,高级经济师,历任葫芦岛锌厂工段长、人事处副处长、处长,现任本公司经营部主任。持有本公司股票 8,000 股,占公司股本 0.00195%。

董事:王锦生先生,现年 56 岁,大学本科学历,1966 年毕业于东北工学院有色重金属冶炼专业,高级工程师,历任葫芦岛锌厂技术员、车间主任、实业公司经理、外协处处长,现任葫芦岛锌厂厂长助理兼葫芦岛锌厂工贸实业总公司经理。持有本公司股票 8,000 股,占公司股本 0.00195%。

董事:魏凤柱先生,现年 44 岁,大专文化,1982 年毕业于辽宁广播大学工企自动化专业,工程师。历任葫芦岛锌厂设备处计划科长、副处长,现任葫芦岛锌厂工程总公司经理。持有本公司股票 10,000 股,占公司股本 0.00244%。

董事:樊建章先生,现年 55 岁,大学本科学历,1966 年毕业于东北工学院冶金物化专业,高级工程师、企业管理高级咨询顾问。历任葫芦岛锌厂技术员、车间主任、厂办主任、教育处处长、原料处处长、企管处处长,现任葫芦岛锌厂企管部副主任、北方工业大学经济管理系顾问。持有本公司股票 5,000 股,占公司股本 0.00122%。

董事:田贵纯先生,现年 46 岁,大学文化,毕业于辽宁省委党校经济管理专业,高级政工师。历任葫芦岛锌厂人事处副处长、干部处处长,现任本公司人事部主任。持有本公司股票 2,000 股,占公司股本 0.00049%。

(2)监事

监事会召集人:成泽荣先生,现年 54 岁,大学本科学历,高级政工师。1966 年毕业于东北工学院有色金属压力加工专业。历任葫芦岛锌厂厂长办公室副主任、组织部长、党委副书记、书记。现任葫芦岛锌厂党委书记。持有本公司股票 0 股,占公司股本 0%。

监事:王宝珍先生,现年 58 岁,大学本科学历,1966 年毕业于中南矿业学院有色重金属冶炼专业,高级工程师。历任葫芦岛锌厂技术员、工段长、车间副主任、副厂长、工会主席。现任葫芦岛锌厂工会主席。持有本公司股票 8,000 股,占公司股本 0.00195%。

监事:高振北先生,现年 54 岁,大学本科学历,1967 年毕业于东北工学院有色重金属冶炼专业,高级经济师。历任葫芦岛锌厂技术员、计划科副科长、厂长助理兼办公室主任、总经济师、纪委书记。现任葫芦岛锌厂副厂长。持有本公司股票 6,000 股,占公司股本 0.00146%。

监事:张中华先生,现年 46 岁,初中文化,政工员。历任吉林军区通信营班长、葫芦岛锌厂工段长、三分厂工会主席。现任本公司第三冶炼厂工会主席。持有本公司股票 6,000 股,占公司股本 0.00146%。

监事:鞠伟先生,现年 45 岁,大专学历,1994 年毕业于辽宁省委党校经济管理专业。历任葫芦岛锌厂工段长、车间副主任、分厂副厂长,现任本公司第二冶炼厂工会主席。持有本公司股票 8,000 股,占公司股本 0.00195%。

(3)高级管理人员

公司副总经理:李永立先生,现年 54 岁,大学本科学历,教授级高级工程师。1964 年毕业于贵州工学院重金属冶炼专业。历任葫芦岛锌厂

技术员、冶金研究所工程师兼副所长、处长。现任本公司副总经理。持有本公司股票12,000股,占公司股本0.00243%。

公司副总经理:张明喜先生,现年47岁,大专学历,工程师。毕业于辽宁省委党校经济管理专业。历任葫芦岛锌厂工程公司工区主任、分厂厂长。现任本公司副总经理。持有本公司股票11,000股,占公司股本0.00268%。

公司副总经理:许德海先生,现年45岁,大专学历,工程师。毕业于党政干部自修大学。历任葫芦岛锌厂车间主任、分厂厂长。现任本公司副总经理。持有本公司股票6,000股,占公司股本0.00146%。

公司董事会秘书:曲路新先生,现年47岁,大专学历,经济师。毕业于辽宁大学中文系中国语言专业。历任葫芦岛锌厂调研员、调研室主任、厂办副主任。现任本公司董事会秘书兼办公室主任。持有本公司股票3,000股,占公司股本0.00073%。

公司董事、监事及高级管理人员共持公司股票231,000股,占公司总股本的0.05634%。

六、公司设立

1、1997年3月18日公司第七次股东大会作出决议:本公司向社会公众发行的9,000万股每股面值1元的普通股在深圳证券交易所上市。

2、本次股票成功发行后,本公司变更注册登记工作已结束,详细资料如下:

公司注册资金:41000万元

注册时间:1997年6月19日

注册地点:辽宁省葫芦岛市锌厂路24号

法定代表人:郭宗昌

营业执照注册号:24059094

七、关联企业及关联交易

葫芦岛锌厂是本公司的第一大股东,本次发行结束后持有本公司63.42%的股份,拥有本公司的绝对控股权。为保证本公司具有一个独立的生产经营环境,本公司已与葫芦岛锌厂签订了一系列合同:

本公司已与葫芦岛锌厂签订了《出让土地使用权租赁合同》,租赁土地面积343166.7平方米,每平方米土地年租金6元,其中71459.2平方米合同期限为44.5年,271707.5平方米合同期限为36年,每年1月31日前向葫芦岛锌厂缴纳当年租金;

本公司已与葫芦岛锌厂签订了《关于提供检修、运输、检斤、化验服务的协议书》,服务的价格按照市场价格由双方商定,协议有效期15年,双方根据需要可以续签该协议,公司每月5号前向葫芦岛锌厂缴纳上月费用;

本公司已与葫芦岛锌厂签订了《生产用水、电、汽、煤气供应协议书》,供应产品的价格为成本价加2%管理费用,协议有效期15年,公司每月收到收费单据5日内向葫芦岛锌厂缴纳上月费用;

本公司已与葫芦岛锌厂签订了《专有技术使用许可合同》,每年向葫芦岛锌厂支付20万元专有技术使用费,本合同有效期15年,每年年末一次缴清当年的使用费;

本公司已与葫芦岛锌厂签订了《葫锌牌商标使用许可合同》,每年向葫芦岛锌厂支付40万元商标使用费,本合同有效期10年,每年年末一次缴清当年的费用。

发行人与葫芦岛锌厂签订的《关于葫芦岛锌厂向葫芦岛锌业股份有限公司供应辅助材料协议书》,葫芦岛锌厂向本公司供应部分辅助材料,价格按成本加2%管理费计算,合同有效期自1993年7月28日至2007年7月28日。

发行人与葫芦岛锌厂签订的《关于非经营性资产使用的协议书》,本公司可以使用葫芦岛锌厂的非经营性资产,根据国家有关政策规定,向葫芦岛锌厂缴纳费用,合同有效期自1993年7月28日至2007年7月28日

上述合同明确规定本公司与葫芦岛锌厂,在业务往来及提供服务等方面遵照公平、公正的市场原则进行业务往来,以确保股东权益不受侵犯。同时葫芦岛锌厂向本公司承诺,不再从事与本公司相同的营业,不以任何形式进行对本公司生产、销售构成或可能构成直接或间接竞争的业务。

八、股东持股情况

1、本次发行后,公司股本结构为:

项目	股数(万股)	占总股本比例(%)
总股本	41000	100.00
尚未流通股		
法人股	26170	63.83
内部职工股	5830	14.22
可流通股		
社会公众股	9000	21.95

2、本次发行后,公司前十名股东的情况

序号	股东名称	持股数(股)	占总股本比例(%)
1	葫芦岛锌厂	260,000,000	63.41
2	黑龙江财政证券公司	1,612,478	0.39
3	葫芦岛锌厂工贸实业总公司	1,200,000	0.36
4	北京汉泽公司	1,171,996	0.29
5	中煤信托投资公司	1,048,111	0.26
6	上海泓嘉实业有限公司	895,122	0.22
7	南京国际信托投资公司	849,501	0.21
8	孚达公司	780,046	0.19
9	云南欣得利公司	663,082	0.16
10	安芝医疗公司	637,125	0.16

九、公司财务状况

以下资料摘自北京兴华会计师事务所审计报告[(97)京会兴字第300号]。

1、审计报告

葫芦岛锌业股份有限公司全体股东:

我们按受委托,审计了贵公司1994年12月31日、1995年12月31日、1996年12月31日的资产负债表,1994年度、1995年度、1996年度的利润表,以及1996年度的财务状况变动表。这些会计报表由贵公司负责,我们的责任是对这些会计报表发表审计意见。我们的审计是依据中国注册会计师独立审计准则进行的。在审计过程中,我们结合贵公司的实际情况,实施了包括抽查会计纪录等我们认为必要的审计程序。

我们认为,上述会计报表符合《企业会计准则》和《股份制试点企业会计制度》的有关规定,在所有重大方面公允地反映了贵公司1994年度、1995年度、1996年度的经营成果和1996年度的资金变动情况,会计处理方法的选用遵循了一贯性的原则。

北京兴华会计师事务所　　注册会计师　王全洲

注册会计师　袁连生

北京市西城区阜城门外大街

2号万通新世界广场708室　　1997年3月18日

2、公司财务报表

3.主要会计政策:

A、会计制度:葫芦岛锌业股份有限公司执行《股份制试点企业会计制度》和《工业企业会计制度》。

B、会计期间:以公历一月一日至十二月三十一日为一会计年度。

C、记帐原则及计价基础:采用借货记帐法,按权责发生制原则进行会计核算,以历史成本为计价基础。

D、计帐本位币:公司以人民币为记帐本位币。

E、外币折算:发生的外币业务,按当日中国人民银行公布的基准汇价折合成记帐本位币记帐,年末将外币帐户余额按当日中国人民银行公布的基准汇价进行调整,与原帐面的差额记入当期财务费用。

F、坏帐准备:公司每年年末按应收帐款期末余额的5‰计提坏帐准

备。

G、存货核算:存货包括原材料、在产品及自制半成品、产成品等。大宗原燃料按实际成本计价。其余存货均按计划成本核算,每月月末通过"材料成本差异"科目进行调整,将发出和期末存货调整为实际成本。

H、长期投资核算:(1)债券投资:按成本法核算。(2)股权投资和联营投资:持股低于20%的按成本法核算;持股比例在20%及以上的按权益法核算;股权比例在50%以上的按权益法核算并合并子公司报表。

I、固定资产及其折旧:固定资产按历史成本法计价,固定资产的确认标准为:单位价值在2000元以上并且使用年限在1年以上,按照平均年限法计提折旧。固定资产的使用年限和预留净残值率按《工业企业财务制度》的规定确定,固定资产的使用年限、净残值率、年折旧率如下:

类别	使用年限	残值率	年折旧率
房屋建筑物	18-40年	3%	2.4%-5.4%
专用设备	9-20年	3%	4.9%-10.8%
运输工具	5-10年	3%	9.7%-19.4%
其他	5-10年	3%	9.7%-19.4%

J、无形资产:无形资产按取得时的实际成本计价,按平均年限法摊销。

K、递延资产:递延资产按实际成本计价,按平均年限法摊销。

L、产品成本计算方法:产品成本包括直接材料、直接人工、制造费用。销售费用、管理费用、财务费用全部计入当期损益。

M、收入确认:以产品发出,并收到货款或取得收取货款的凭证时,确认营业收入实现。

N、税项:增值税按销售收入×17%作为销项税额,扣除当期允许抵扣的进项税额后缴纳;企业所得税按应税利润的33%计算缴纳;其他税项按税法规定计算缴纳。

O、利润分配:葫芦岛锌业股份有限公司章程规定,税后利润按以下顺序分配:(1)弥补亏损;(2)提取10%法定公积金;(3)提取5-10%法定公益金;(4)提取任意公积金;(5)分红:由董事会按法律规定和公司经营状况决定,提交股东大会审议通过。1994年至1996年的税后利润分配政策为:(1)提取10%法定公积金;(2)提取10%法定公益金;(3)1994年、1995年提取5%任意公积金,1996年提取20%任意公积金;(4)向股东分配股利50%,1994、1995年提取25%作为未分配利润,1996年提取10%作为未分配利润。

4. 主要财务指标

项目	1996年	1995年	1994年
流动比率	0.69	0.60	0.58
速动比率	0.46	0.44	0.42
应收帐款周转率(次)	3.96	5.21	3.99
存货周转率(次)	6.76	10.69	7.78
股东权益比率(%)	30.20	36.15	35.03
每股收益(元/股)	0.46	0.46	0.47
净资产收益率(%)	22.80	21.49	24.60
每股净资产(元/股)	2.01	2.15	1.92
资产负债率(%)	69.80	63.85	64.97

十、董事会承诺

根据《中华人民共和国公司法》、《股票发行与交易管理暂行条例》《公开发行股票公司信息披露实施细则》、《深圳证券交易所业务规则》等有关规定的要求,本公司董事会特向证券主管机关、深交所及广大投资者做出如下承诺:

1、按照法律、法规的要求及时地披露重大公司信息,按受证券主管机关、深交所的监督;

2、及时、准确、完整地公布公司中期和年度报告及经营业绩报告;

3、董事会、监事会成员及公司高级管理人员如发生人事变动,或其持股数发生变化时,及时通报证管机关、深交所,并向投资者公布;

4、不利用内幕消息和不正当手段从事股票投机交易;

5、本公司没有无记录负债。

十一、重要事项揭示

1、本次可以上市流通的股份为9000万股,5830万内部职工股将按国家有关规定于新股上市三年后流通。

2、经北京兴华会计师事务所[97]京会兴字第390号验资报告确认,1997年6月18日本公司注册资本变更为41000万元,并已经办理注册登记。

3、截止本公告书刊登之日,本公司及本公司的董事、监事、高级管理人叫并无涉及任何重大诉讼和仲裁,亦无任何尚未了解或面临重大威胁之诉讼;

4、本次新股股东将与老股东一起享受公司1997年度利润。

十二、咨询机构

1、发行人:

葫芦岛锌业股份有限公司

地址:辽宁省葫芦岛市龙港区锌厂路24号

法定代表人:郭宗昌

电话:(0429)2102841

传真:(0429)2104084

邮编:125003

联系人:曲路新

2、上市推荐人:

国泰证券有限公司

法定地址:上海市浦东新区乳山路61号

法定代表人:金建栋

办公地址:北京市海淀区白石桥路3号友谊宾馆乡园

电话:010-68483935

传真:010-68483942

联系人:冯立亮、陈福民

华夏证券有限公司

法定地址:北京市海淀区复兴乙路63号

法定代表人:黄玉峻

电话:010-68285转97

传真:010-68286149

联系人:郑琦、高亮

3、发行人法律顾问:

君合律师事务所

地址:北京市和平宾馆19层

电话:(010)65134500

传真:(010)65134570

经办律师:赵燕士、肖微

4、审计机构:

北京兴华会计师事务所

地址:北京市阜城门外大街2号

经办注册会计师:王全洲、袁连生

电话:(010)68587592

传真:(010)68587594

联系人:袁连生

5、资产评估机构:

中庆会计师事务所

地址:北京市西城区西章胡同9号

经办评估人员:胡亚民　　丁英杰

电话:(010)62256753

传真:(010)62256753

联系人:文铮、王芸

6、股票登记机构：

深圳证券登记结算有限公司

法定代表人：黄铁军

地址：深圳市红岭中路 25 号

电话：(0755)5567899

传真：(0755)5571127

十三、备查文件

1、本公司的登记注册文件；

2、主管机关批准发行上市的文件；

3、《招股说明书》；

4、《深圳证券交易所上市通知书》；

5、《验资报告》；

6、《上市推荐协议》。

葫芦岛锌业股份有限公司

1997 年 6 月 24 日

资产负债表

单位：元

资产	1996.12.31	1995.12.31	1994.12.31	资产	1996.12.31	1995.12.31	1994.12.31
流动资产：				负债及股东权益			
货币资金	25,722,282.09	29,831,537.55	35,934,296.74	流动负债：			
短期投资	---	---	---	短期借款	793,260,000.00	633,800,000.00	326,310,000.00
应收票据	---	---	---	应付票据			---
应收帐款	612,532,791.21	470,653,674.09	400,798,055.67	应付帐款	404,061,535.74	418,032,991.35	653,970,796.20
减：坏帐准备	3,062,663.95	2,353,268.37	2,003,990.28	预收货款			
应收帐款净额	609,470,127.26	468,300,405.72	398,794,065.39	应付福利费	1,652,446.86	697,202.53	1,717,100.42
预付货款	---			未付股利	192,210,704.95	73,991,871.09	75,592,361.02
其他应收款	14,537,711.70	9,617,000.57	11,024,958.30	未交税金	18,710,659.67	11,194,534.52	1,587,023.18
待摊费用	4,004,599.28	4,363,753.21	2,066,780.97	其它未交款	821,522.19	466,871.22	879,311.45
存货	334,210,255.61	183,237,232.76	173,419,968.52	其他应付款	13,564,864.49	16,712,920.49	18,370,173.10
待处理流动资产损失	---	---	---	预提费用			
流动资产合计	987,944,975.94	695,349,929.81	621,240,069.92	一年内到期的长期负债		---	---
长期投资：				流动负债合计	1,424,281,733.90	1,154,896,391.20	1,078,426,765.37
长期投资				长期负债：			
固定资产：				长期借款	61,260,000.00	61,260,000.00	61,260,000.00
固定资产原价	1,569,225,722.36	1,526,209,439.37	970,556,799.75	长期应付款		---	---
减：累计折旧	429,640,516.28	328,354,754.25	232,040,771.55	长期负债合计	61,260,000.00	61,260,000.00	161,260,000.00
固定资产净值	1,139,585,206.08	1,197,854,685.12	738,516,028.20	负债合计	1,485,541,733.90	1,216,156,391.20	1,139,686,765.37
在建工程		10,285,174.00	392,488,546.06	少数股东权益	---		---
固定资产清理				股东权益：			
固定资产合计	1,139,585,206.08	1,208,139,859.12	1,131,004,574.26	股本	320,000,000.00	320,000,000.00	320,000,000.00
无形资产及递延资产：				资本公积	160,000,000.00	160,000,000.00	160,000,000.00
无形资产		---	---	盈余公积	162,891,153.12	104,252,047.85	67,256,112.30
递延资产	902,705.00	1,170,697.17	1,954,345.00	其中：公益金	56,360,595.14	41,700,818.82	26,902,444.60
无形资产及递延资产合计	902,705.00	1,170,697.17	1,954,345.00	任意公积			
资产总计	2,128,432,887.02	1,904,660,486.10	1,754,198,989.18	未分配利润		104,252,047.05	67,256,111,51
				股东权益合计	642,891,153.12	688,504,094.90	614,512,223.81
				负债及股东权益总计	2,128,432,887.02	1,904,660,486.10	1,754,198,989.18

损益表

单　位：元

项目	1996 年度	1995 年度	1994 年度	项目	1996 年度	1995 年度	1994 年度
一、主营业务收入	2,131,099,318.62	2,259,849,804.87	1,601,748,460.46	三、营业利润	215,252,644.39	221,120,326.37	225,298,838.87
减：营业成本	1,748,964,567.42	1,906,947,867.38	1,270,512,960.77	加：投资收益			---
销售费用	5,755,161.29	3,507,210.80	4,053,505.03	营业外收入	7,827,610.00	190,482.85	350,000.00
管理费用	55,944,534.91	42,958,459.11	41,843,295.86	减：营业外支出	4,272,357.30	294,500.00	
财务费用	100,046,504.71	67,308,121.29	43,718,065.30	四、利润总额	218,807,897.09	221,016,309.22	225,648,838.87
营业税金及附加	5,720,912.33	20,783,419.57	16,321,794.63	减：所得税	72,210,133.92	73,032,567.04	74,464,116.83
二、主营业务利润	214,667,637.96	218,344,726.72	225,298,838.87	减：少数股东收益	---		---
加：其他业务利润	585,006.43	2,775,599.65		五、净利润	146,597,763.17	147,983,742.18	151,184,722.04

利润分配表

单位:元

项目	1996年度	1995年度	1994年度	项目	1996年度	1995年度	1994年度
一、净利润	146,597,763	147,983,742	151,184,722	提取法定公益金	14,659,776	14,798,374	15,118,472
加:年初未分配利润	104,252,047	67,256,112	29,459,931	三、可供股东分配的利润	221,530,258	185,643,106	150,407,708
盈余公积转入数				减:已分配优先股股利			
减:弥补上年亏损				提取任意公积金	29,319,553	7,399,188	7,559,236
二、可分配利润	250,849,810	215,239,854	180,644,653	已分配普通股股利	192,210,705	73,991,871	75,592,361
减:提取法定公积金	14,659,776	14,798,374	15,118,472	四、未分配利润	0	104,252,047	67,256,112

财务状况变动表

1996年度

金额单位:元

项目	金额	项目	金额
一、流动资金来源		一、流动资产本年增加数	
1. 本年净利润	146,597,763	1. 货币资金	-4,109,256
加:不减少流动资金的费用和损失		2. 短期投资	
(1)少数股东本期损益		3. 应收票据	
(2)固定资产折旧	103,828,867	4. 应收帐款净额	141,169,721
(3)无形.递延资产及其他资产摊销	267,992	5. 预付货款	
(4)固定资产盘亏损失(减盘盈)	-2,967,536	6. 其他应收款	4,920,711
(5)清理固定资产损失(减收益)		7. 待摊费用	-359,154
(6)递延税款		8. 存货	150,973,023
(7)其他不减少流动资金的费用和损失	424,429	9. 待处理流动资产净损失(减收益)	
小计	248,151,515		
2. 其他来源:		10. 一年内到期的长期债券投资	
(1)固定资产清理收入(减清理费用)		11. 其他流动资产	
(2)增加长期负债			
(3)收回长期投资			
(4)对外投资转出固定资产			
(5)对外投资转出无形资产			
(6)资本净增加额	58,639,105		
(7)少数股东资本净增加额		流动资产增加净额	292,595,045
小计	58,639,105	二、流动负债本年增加数	
流动资金来源合计	306,790,620	1. 短期借款	159,460,000
二、流动资金运用		2. 短期票据	
1. 利润分配:		3. 应付帐款	-13,971,455
(1)提取法定公积金	14,659,776	4. 预收货款	
(2)提取法定公益金	14,659,776	5. 应付福利费	955,244
(3)提取任意公积金	29,319,553	6. 未付股利	118,218,834
(4)分配股利	192,210,705	7. 未交税金	7,516,125
小计	250,849,810	8. 其他未交款	354,651
2. 少数股东利润分配		9. 其他应付款	-3,148,056
3. 其他运用		10. 预提费用	
(1)固定资产和在建工程净增加额	32,731,108	11. 一年内到期的长期负债	
(2)增加无形,递延资产及其他资产		12. 其他流动负债	
(3)偿还长期负债			
(4)增加长期投资			
小计	32,731,108		
流动资金运用合计	283,580,918		
外币会计报表折算差额		流动负债增加净额	269,385,343
流动资金增加净额	23,209,702	流动资金增加净额	23,209,702

西藏拉萨啤酒股份有限公司

西藏拉萨啤酒股份有限公司股票上市公告书

一、释义

在本公告书中,下列词语的含义是:

1. 本公司:指西藏拉萨啤酒股份有限公司
2. 原公司:指西藏拉萨啤酒有限责任公司
3. 股票:指本公司本次发行的每股面值壹元的记名式人民币普通股股票。
4. 公司职工股:指专供公司职工认购之股份。
5. 主承销商:指北京证券有限公司。
6. 上市推荐人:指广东证券公司、北京证券有限公司。
7. 元:指人民币元。
8. 本次发行:指本次向社会公众发行的2500万股A股。
9. 深交所:指深圳证券交易所。

二、绪言

经中国证券监督管理委员会证监发字[1997]273号和274号文批准,本公司已成功地发行每股面值为1元的人民币普通股2500万股(其中2250万股向社会公众发行,250万股向公司职工配售)。经深圳证券交易所深证发[1997]245号《上市通知书》审核同意,本公司股票将于1997年6月25日在深交所挂牌交易。本公司总股本6600万股,本次可流通上市股份为2250万股,250万股公司职工股将按国家有关规定于新股上市半年后流通。

本公司股票上市公告书依据《中华人民共和国公司法》、《股票发行与交易管理暂行条例》、《公开发行股票公司信息披露内容与格式(第七号)》和《深圳证券交易所业务规则》以及国家其它有关证券管理的规定编制。

本公司招股说明书概要刊登于1997年6月5日的《中国证券报》、《证券时报》和《西藏日报》,距本公告书公告的时间不足六个月,依规定对在招股说明书中已公布的内容在此不再赘述。本公司董事会提醒广大投资者,凡本公告书未涉及的内容,敬请查阅招股说明书概要。

三、公司概况

1. 公司法定名称:西藏拉萨啤酒股份有限公司

   英文名称:LHASA BREWERY Co.,ltd.

2. 公司法定地址:西藏自治区拉萨市色拉路36号

   邮政编码:850001

3. 公司法定代表人:王健
4. 公司经营范围:生产、销售啤酒、饮料,饲料的生产和销售,养殖业,娱乐服务。
5. 公司注册资本:6600万股
6. 公司所属行业:轻工行业
7. 公司在册职工人数:截至1996年12月31日,本公司在册职工694人,其中:具有高中初级技术职称的技术人员和管理人员118人,占职工总数的17%。
8. 公司联系电话:(028)7793955、(0891)6329377

   传　　真:(028)7793955、(0891)6329377

四、股票发行及股权结构

(一)股票发行情况

经中国证券监督管理委员会证监发字[1997]273和274号文批准,本公司于1997年6月9日至6月15日在西藏自治区拉萨市以"全额预缴、比例配售、余款转存"的方式向社会公众公开发行A股股票2250万股,发行价格为3.38元人民币,有效申购资金总额为1,533,384,048.00万元,超额认购18.58倍,配售比例为0.05106;本次发行向社会公众发售22486964股,其余13036股由主承销商包销。同时向公司职工发行250万股,发行价格为3.38元。本次发行的2500万股公众股的股款扣除发行费用后已全部进入本公司银行帐户,并经四川德阳会计师事务所德会验股(1997)字第006号验资报告确认。

本次发行结束后,本公司共有股东3099名,其中个人股东3061名;持1000股以上的股东为1800户。

(二)验资报告

根据四川德阳会计师事务所德会验股(1997)字第006号验资报告,截至1997年6月14日止,本公司累计收到各股东投入的资本为142,311,794.88元,其中发起人投入资本为63,211,794.88元,向社会公众募集资本为79,100,000.00元(已扣除发行费用人民币5,400,000.00元)。投入的资本中,包括股本66,000,000.00元,资本公积76,711,794.88元。[开户行:中国农业银行西藏自治区分行营业部,户名:西藏拉萨啤酒股份有限公司(筹),帐号8710050-38]

(三)股本结构

股本结构	股份(万股)	占总股份比例(%)
尚未流通股份	4100	62.12
其中:国家股	1612	24.42
法人股	2488	37.70
可流通股份		
社会公众股	2500	37.88
其中:公司职工股	250	3.79
总　计	6600	100.00

五、股东持股情况

(一)前十名股东所持股数及比例

股东名称	持股数(股)	持股比例(%)
1. 四川光大金联实业有限公司	24180000	36.636
2. 西藏自治区国有资产管理局	16120000	24.424
3. 西藏明珠股份有限公司	300000	0.4545
4. 西藏自治区矿业发展总公司	200000	0.303
5. 吴江色织厂	168498	0.2553
6. 苏州源达公司	168498	0.2553
7. 苏州东达公司	168498	0.2553
8. 苏州华迅公司	168498	0.2553
9. 吴江桃染厂	168498	0.2553
10. 安妮投资	168498	0.2553

(二)董事会、监事会成员及高级管理人员持股情况

姓　名	职　务	持股数(股)	占总股本的比例(%)
王　健	董事长	3000	0.0045
焦永庆	副董事长	1000	0.0015
陈红兵	执行董事	1000	0.0015
殷建平	董事　总经理	3000	0.0045
刘　敏	董　事	1000	0.0015
高晓虹	董　事	1000	0.0015
次　登	董事　副总经理	1000	0.0015
尼玛次仁	董　事	1000	0.0015
汪亚芳	监事会主席	1000	0.0015
刘　琪	监事　总经理助理	1000	0.0015
俄　嘎	监　事	1000	0.0015

合　计	15000	0.0023

六、公司创立大会

1. 本公司于1997年6月20日在本公司会议室召开了创立大会，出席大会的股东为312人，代表股数5216万股，占总股份的86%，符合公司法的有关规定。

本次大会审议并通过了本次发行的2500万股A股股票在深圳证券交易所上市交易的决议。

2. 新选公司董事、监事及高级管理人员的简历

董事长　王健先生，汉族，毕业于北京大学，现年34岁，大学文化。曾在陕西经济律师事务所工作，历任海南光大租赁有限责任公司副董事长、四川光大金联实业有限公司总经理，具有丰富的企业经营、管理经验。

副董事长　焦永庆先生，汉族，现年43岁，大专文化。历任西藏制药厂车间主任，西藏拉萨啤酒厂副厂长、厂长，国有独资西藏拉萨啤酒有限责任公司董事长兼总经理。曾获全国青年突击手称号，并多次受到西藏自治区的奖励，具有丰富的啤酒酿造技术和经验。

执行董事　陈红兵先生，毕业于武汉大学，现年45岁，大学文化，经济师。历任部队指导员、军校营职教官、师宣传科副科长、经济开发管理局副局长、中国新兴公司西南公司副总经理、西南长城经济开发总公司副总经理、四川光大金联实业有限公司副总经理等职，具有丰富的企业管理经验和党政工作领导经验。

董事兼总经理　殷建平先生，汉族，现年36岁，大学文化，经济师。历任西藏那曲地区计划科副科长、西藏那曲地区经济局局长、四川六棱实业发展总公司董事长兼总经理、圣地亚食品有限公司总经理、四川光大金联实业有限公司副总经理等职，具有丰富的经济管理和实业运作经验。

董事　刘敏先生，汉族，毕业于北京大学，硕士研究生，现年44岁。历任中共四川省委政法委员会科长、共青团四川省委副处长等职，现在四川光大金联实业有限公司主管财务工作，具有丰富的经营管理和党政工作领导经验。

董事　高晓虹先生，汉族，毕业于北京大学，现年34岁，大学文化。曾任中国重庆国际经济合作公司海外项目经理，现在四川光大金联实业有限公司主管工程建设工作，具有丰富的经营管理经验。

董事、副总经理　次登先生，藏族，现年53岁，政工师。历任西藏水泥厂车间主任、党委副书记兼副厂长、厂长、党委书记、西藏电机厂党支部书记兼副厂长等职，现任本公司党支部书记，具有多年党政工作领导经验。

董事　尼玛次仁先生，藏族，毕业于天津轻工学院，现年30岁。1990年毕业至今在本公司工作。

监事会主席　汪亚芳女士，汉族，现年48岁，大专文化，会计师。历任成都市第六人民医院会计、主办会计、成都蓉风实业开发总公司财务主管、苏州阳光城美食娱乐有限公司财务部经理、四川广大金联实业有限公司财务部经理，具有多年财务工作实践经验和丰富的管理经验。

监事、总经理助理　刘琪先生，汉族，毕业于清华大学，现年40岁，大学文化。历任西藏拉萨啤酒厂动力车间主任、技术科科长、企管部经理，西藏拉萨啤酒有限责任公司副总经理、总经理助理，具有丰富的企业管理经验。

监事　俄嘎先生，藏族，现年43岁。曾在西藏建设兵团、西藏雪巴林场、林工商联合公司工作，现任本公司动力车间主任。

七、主要财务资料

1. 资产负债表主要数据

本公司1994年以来资产负债表主要数据(附后)

2. 利润及利润分配表主要数据

本公司1994年以来利润及利润分配表主要数据(附后)

3. 说明：

以上报表摘录自德阳会计师事务所出具的德会审股(1997)字第009号审计报告书。

4. 主要会计政策：

本公司会计报表所载主要财务会计信息是根据下列重要会计政策编制的：

(1)会计制度：本公司执行《股份制试点企业会计制度》

(2)会计年度：公历1月1日至12月31日

(3)记帐原则及计价基础：本公司以权责发生制为记帐原则，各项财产物资按取得时的实际成本计价。1996年5月31日的结存资产以评估值计价。

(4)坏帐准备：按期末应收帐款余额3‰计提。

(5)存货：实行永续盘存制。各项存货的购进入库以实际成本入帐。存货中的原材料发出以移动加权平均法计价。库存商品发出以移动加权平均法计价；低值易耗品采用"五·五"摊销法核算。

(6)固定资产及其折旧：本公司固定资产标准为单位价值2000元以上，使用年限一年以上。固定资产折旧方法为直线法，残值率3%。

固定资产分类使用年限和年折旧率如下：

资产类别	使用年限	年折旧率
房屋及建筑物	10—40年	2.43%—9.7%
通用设备	14—18年	5.39%—6.95%
专用设备	14—18年	5.39%—6.95%
运输设备	8—12年	8.08%—12.13%
其　他	28—35年	2.77%—3.46%

原拉萨啤酒厂1995年10月8日，经主管局批准，1994年～1995年停用的机器设备807.84万元，不计提固定资产折旧，从1996年6月起计提。

(7)在建工程：以实际成本计价，包括基建前期费用，施工期的建安工程工料，设备直接费及办理竣工决算交付使用前的筹资利息。

(8)无形资产摊销：本公司无形资产为土地使用权，待股份公司正式成立后，在使用年限内平均摊销。

(9)递延资产及其摊销：递延资产摊销方法为直线法，摊销期限为8年。

(10)本公司应纳税项及税率如下：

A. 流转税：原拉萨啤酒厂1993年免征产品税，从1994年5月1日起执行增值税(产品及劳务)，税率为17%。

B. 城建税：按应交流转税额的7%计征。

C. 消费税：依西藏自治区藏政发(1994)22号文第三条规定，暂不征收。

D. 教育费附加：西藏自治区未开征教育费附加。

E. 所得税：

a. 原拉萨啤酒厂1993年至1995年免征企业所得税，按西藏经贸体改委藏经委字(94)15号、(95)25号文规定，向主管部门上交承包利润180万元。

b. 拉萨啤酒有限责任公司属于国内联营企业，按西藏自治区人民政府"招商引资"优惠政策，1996年免征所得税；

c. 股份公司成立后，按"藏政函[1996]53号"文复，执行15%的所得税税率；

d. 其他税项：从有关规定。

(11)收入实现的确认：按权责发生制确认销售收入实现，即产品已经发出或产品所有权已转移给买方，同时取得收取货款权利凭证时，确认收入的实现。

5. 主要财务指标

	1996年	1995年	1994年
流动比率(%)	178.15	107.62	74.89
速动比率(%)	162.99	83.73	39.29
资产负债率(%)	34.67	60.69	65.61
应收帐款周转率(次)	0.78	1.71	3.55
存货周转率(次)	3.53	6.81	5.32
股东权益比率(%)	65.32	39.31	34.39

净资产收益率(%)　20.01　13.85　11.55
每股净利润(元)　0.37　0.16　0.12

八、董事会上市之承诺

本公司董事会将严格遵守《中华人民共和国公司法》、《股票发行与交易管理暂行条例》、《公开发行股票公司信息披露实施细则》、《深圳证券交易所业务规则》和国家有关法律、法规的规定,并自股票上市之日起作出如下承诺:

1.按照法律、法规的规定程序和要求披露重大的信息,并接受证券主管机关、深圳证券交易所的监督管理。

2.及时、真实、准确地公布中期报告和年度报告,并备置于规定场所供投资者公众查阅。

3.本公司董事、监事及高级管理人员如发生人事变动或所持本公司股票发生变化时,在报告证券主管机关、证券交易所的同时向投资者公布。

4.在任何公共传播媒介中出现的消息可能对本公司股票的市场价格产生误导性影响时,本公司知悉后将及时对该消息予以公开澄清。

5.本公司董事、监事及高级管理人员将认真听取社会公众的意见和批评,不利用已获得的内幕消息和其他不正当手段直接或间接从事股票买卖活动。

6.本公司没有无记录负债。

九、重要事项揭示

1.本次上市流通股份为向社会公众发行的2250万股A股,公司职工股250万股按照国家规定将于本次发行半年后上市流通。

2.经德阳会计师事务所德会验股(1997)字第006号验资报告确认,1997年6月20日本公司注册资本变更为6600万元,并已办理注册登记。

3.截止本公告书刊登之日,本公司及本公司董事、监事和高级管理人员未涉及任何重大诉讼与仲裁,亦无任何尚未了结或有可能提起的重大诉讼。

4.本公司将于1998年上半年首次派发股利。本次股票发行后,新老股东共同享有1997年度利润。

十、咨询机构

1.本公司
法定代表人:王健
地　址:西藏拉萨市色拉路36号
电　话:(028)7793955、(0891)6329377
传　真:(028)7793955、(0891)6329377
联 系 人:牟春华

2.上市推荐人:
(1)广东证券公司
地　址:广州市东风东路703号
电　话:(020)87666000—1210　传　真:(020)87784506
联 系 人:刘小群
(2)北京证券有限公司
地　址:北京市西城区德外东滨河路B11号
电　话:(010)62058007　传　真:(010)62057910
联 系 人:金雷

3.发行人的律师事务所及经办律师:
机构名称:海问律师事务所
地　址:北京亚运村北辰东路三号院
电　话:(010)64957040　传　真:(010)64957037
经办律师:杨静芳　赵燕

4.会计师事务所和经办注册会计师
机构名称:德阳会计师事务所
地　址:四川省德阳市泰山南路4号
电　话:(0838)2303039　传　真:(0838)2201532
经办注册会计师:郃寿铨　张长根

5.股票登记机构:
机构名称:深圳证券登记有限公司
地　址:深圳市红岭中路25号
电　话:(0755)5576283　传　真:(0755)5564759

十一、备查文件

1.本公司的注册登记文件
2.主管机关批准发行上市文件
3.深圳证券交易所上市通知书
4.验资报告
5.招股说明书
6.公司创立大会会议纪要及决议
7.上市协议

西藏拉萨啤酒股份有限公司
1997年6月23日

1.资产负债表主要数据

单位:元

项目	96年12月31日	95年12月31日	94年12月31日	项目	96年12月31日	95年12月31日	94年12月31日
流动资产	50,661,540.18	16,299,403.73	8,878,217.35	流动负债	28,436,290.87	15,144,447.98	11,855,169.53
长期投资				长期负债	11,942,634.70	17,471,155.03	13,000,000.00
固定资产	43,804,443.05	29,128,221.91	28,981,389.44	股东权益	76,069,461.73	21,123,901.74	13,026,273.54
无形及其他资产	21,982,404.07	8,311,879.11	21,836.28	负债及股东权益总计	116,448,387.30	53,739,504.75	37,881,443.07
资产总计	116,448,387.30	53,739,504.75	37,881,443.07				

利润及利润分配表主要数据

单位:元

项　目	1996年度	1995年度	1994年度	项　目	1996年度	1995年度	1994年度
一、主营业务收入	16,253,415.36	11,856,534.84	8,917,206.93	三、营业利润	15,193,605.23	2,581,386.14	1,010,184.57
减:营业成本	8,748,091.82	7,402,029.20	6,110,402.19	加:投资收益			
销售费用	275,771.28	74,699.43	131,981.47	营业外收入	36,103.15	345,099.68	210,344.13
管理费用	1,248,803.38	944,152.55	1,090,791.76	减:营业外支出	5,446.79	—	—
财务费用	720,180.98	761,762.15	253,803.75	加:以前年度损益调整	—	—	283,325.85
营业税金及附加	183,531.83	111,982.64	320,043.19	四、利润总额	15,224,261.59	2,926,485.82	1,503,854.55
二、主营业务利润	5,077,035.62	2,561,908.87	1,010,184.57	五、净利润	15,224,261.59	2,926,485.82	1,503,854.55
加:其他业务利润	10,116,569.61	19,477.27					

福建双菱集团股份有限公司

福建双菱集团股份有限公司股票上市公告书

一、要览

股本总额:10002.58 万元

可流通股:3500 万股

股票简称:福建双菱

股票代码:0753

上市地点:深圳证券交易所

上市时间:1997 年 6 月 26 日

股票登记机构:深圳证券登记有限公司

二、绪言

本公告书依据《中华人民共和国公司法》、《股票发行与交易管理暂行条例》、《公开发行股票公司信息披露实施细则》、《深圳证券交易所业务规则》以及国家其它有关证券管理的规定编写,旨在向投资者提供本公司基本情况及有关资料。

经中国证券监督管理委员会[证监发字(1997)294 号文]和[证监发字(1997)295 号文]批准,本公司已成功地向社会公众公开发行每股面值 1.00 元人民币普通股股票 3500 万股。股票上市申请经深圳证券交易所[深证发(1997)254 号《上市通知书》]审核批准,本公司股票将于 1997 年 6 月 26 日在深圳证券交易所挂牌交易,本公司股本总额 10002.58 万元,本次上市可流通股份 3150 万股,另有 350 万股公司职工股,将按国家有关规定自本次公司 3150 万社会公众股上市之日起半年后上市流通。

本公司于 1997 年 6 月 6 日在《证券时报》、《中国证券报》、《上海证券报》上刊登了《招股说明书(概要)》,距今不足六个月,故与其相重复的内容在此不再重述,敬请投资者查阅本公司的《招股说明书(概要)》。

三、本公司概况

1. 概况:

公司名称:福建双菱集团股份有限公司

注册资本:10002.58 万元

法定代表人:朱煜煊

注册地址:福建省漳州市东环路

发行人成立日期:1994 年 12 月 14 日

公司经营范围:普通陶瓷制品、纸制品、塑料制品制造;建筑材料,装饰装修材料,石油制品(代购代销);室内外装饰;文化娱乐服务;饮食供应;公路运输;自来水供应,房地产开发、基础设施开发与建设;对外贸易。(以上范围凡涉及国家专项专营规定的从其规定)

所属行业:综合

联系电话:0596-2951030

联 系 人:林时茂、井恩义

2. 公司历史情况简介:

本公司是于 1994 年 11 月 23 日经福建省人民政府以闽政体股[1994]01 号文批准,由福建省漳州建筑瓷厂、漳州市自来水公司 联合漳州建筑瓷厂工会、漳州市建筑劳务纸箱厂、漳州建业公司、漳州陶瓷经营公司作为共同发起人,按照《公司法》以发起设立方式组建成立的股份有限公司。其中:福建省漳州建筑瓷厂以其下属的宝盛漳州建筑陶瓷有限公司、漳州江东机砖厂经福建省资产评估中心评估并经福建省国有资产管理局确认后的净资产 4720.27 万元投资入股,折合国有法人股 4715 万股;漳州市自来水公司以其经福建省资产评估中心评估并经福建省国有资产管理局确认后的净资产 1256.46 万元投资入股,折合国家股 1255 万股;同时,漳州建筑瓷厂工会投入现金 1666 万元,漳州建业公司投入现金 175 万元,漳州建筑劳务纸箱厂投入现金 58 万元,漳州陶瓷经营公司投入现金 5 万元,共折合法人股 1904 万股。至此,形成公司总股本 7874 万元。

1995 年 12 月,经公司股东大会决议通过并经福建省人民政府以闽政体股[1995]02 号文批准,漳州公路交通实业总公司以货币资金 3000 万元参股本公司,折合法人股 2205 万股。自此,形成公司总股本 10079 万元。同时,公司名称由福建双菱股份有限公司变更为福建双菱集团股份有限公司。

公司创立以来,坚持"积极开拓、稳步发展,注重效益"的方针,实施"立足沿海、面向全国、走向世界"的经营战略,事业发展迅速,效益显著,现已拥有 5 家控股公司、3 家参股公司,已成为初具集团化、多元化经营规模的大型企业,并基本形成了以建筑材料生产为重点、以公用事业为基础的建材业、公用事业两业共同发展的良好经营格局。公司生产的"双菱"牌瓷砖系列,采用国外先进的生产工艺和技术设备,产品畅销国内外,市场占有率和销售份额在福建省建材行业中名列前茅;公司的自来水生产与供应方面,安全质优,完全符合《国家饮用水标准》。

1997 年 3 月,经公司股东大会决议通过,并经福建省人民政府以闽政体股[1997]08 号文批准,公司股份按 1.55:1 的比例进行调整。经调整后的股本为 6502.58 万元,股权结构为:股本总额 6502.58 万元,其中国家股 809.68 万元,占股本总额的 12.45%;国有法人股 3041.93 万元,占股本总额 46.78%;法人股 2650.97 万元,占股本总额的 40.77%。

本次经中国证监会证监发字[1997]294、[1997]295 号文批准,本公司于 1997 年 6 月 11 日至 18 日采取"全额预缴款、比例配售、余款转存"的发行方式向社会成功地公开发行了 3500 万股社会公众股,每股发行价格为 7.02 元,占发行后总股本的 35%,本次发行后总股本为 10002.58 万股。

四、股票发行及承销

1. 本次股票公开发行情况

发行数量:社会公众股 3500 万股

发行价格:7.02 元/股

发行市盈率:15 倍

发行时间:1997 年 6 月 11 日至 6 月 18 日

发行对象:中华人民共和国公民和法人(法律、法规禁止购买者除外)

股票种类:记名式人民币普通股

面值:1.00 元/股

发行方式:全额预缴款、比例配售、余款转存

配售比例:7.339%

配售户数:6399 户

持 1000 股以上的户数:6017 户

发行费用总额:665 万元

每股发行费用:0.19 元

2. 股票承销

本次公开发行之 3500 万社会公众股,已全部由社会公众认购,承销团成员无包销比例及数量。

3. 验资报告

闽华兴所(97)股验字第22号

福建双菱集团股份有限公司：

本所接受委托，对贵公司截止一九九七年六月十八日实收股本的真实性、合法性进行验证。在审计过程中，本所按照《独立审计实务公告第1号－验资》的要求，实施了必要的审验程序。贵公司的责任是提供真实、合法、完整的验资资料，保护资产的安全、完整，我们的责任是按照《独立审计实务公告第1号－验资》的要求，出具真实、合法的验资报告。

公司注册资本100,025,800,元，本次向社会公开发行35,000,000股按每股面值1元折股本金35,000,000元，按每股价格7.02元/股发行，计245,700,000元。本次验资金额为240,786,000元(已扣除承销商费用4,914,000元)，公司委托承销商福建华兴信托投资公司将募集款240,786,000元(总额245,700,000元，扣除承销费4,914,000元)汇入公司的开户银行中国银行福建省分行营业部，帐号454810181001 6620。

单位：人民币元

股份类别	股本	每股面值	折股本金	资本公积	股权比例
国家股	8,096,800	1	8,096,800		8.09%
国有法人股	30,419,300	1	30,419,300		30.41%
法人股	26,509,700	1	26,509,700		26.50%
社会公众股	35,000,000	1	35,000,000		35.00%
其中：公司职工股	3,500,000	1	3,500,000		3.50%
资本公积				247,687,529.89	
合计	100,025,800		100,025,800	247,687,529.89	100%

注：资本公积239,670,200元，其中本次发行的股本溢价210,700,000元，扣除发行费用6,794,000元，加以前年度资本公积43,781,529.89元。

附件：1.银行出具的企业入资凭证(复印件)

2.验资机构法人营业执照(复印件)

福建华兴会计师事务所　中国注册会计师：徐强

中国　福州　一九九七年六月十八日

五、董事、监事及高级管理人员持股情况

姓名	职务	持股数	占总股本比例%
朱煜煊	董事长总经理	18270股	0.0183%
黄德清	副董事长	0股	0%
石兆庆	副董事长	0股	0%
赵海城	董事副总经理	2100股	0.002%
余创成	董事总工程师	2100股	0.002%
林志明	董事	2100股	0.002%
林阿头	董事兼董事会秘书	2100股	0.002%
吴世建	董事	2100股	0.002%
张金荣	董事	0股	0%
陈海泉	监事会主席	2100股	0.002%
李海源	监事	2100股	0.002%
曾衡程	监事	2100股	0.002%
黄丽娟	监事	0股	0%
黄春林	副总经理	2100股	0.002%
林时茂	财务总监	2100股	0.002%

公司董事、监事和高级管理人员共持有本公司股票39170股，占公司总股本的0.0383%。

六、公司设立

本公司1996年11月8日股东大会作出决议，在本次股票发行后申请在深圳证券交易所挂牌交易。

公司注册资金：10002.58万元

公司注册时间：1994年12月14日

公司注册地址：福建省漳州市东环路

营业执照注册号：15816068－8

七、关联企业及关联交易

1.关联企业名称及概况

本次3500万元A股发行前，福建省漳州建筑瓷厂拥有本公司国有法人股3041.93万股，占公司总股份额的46.78%，是本公司的控股股东。本次A股发行后，福建省漳州建筑瓷厂拥有本公司30.41%的股权。福建省漳州建筑瓷厂是于1958年设立的全民所有制企业，90年代初晋升为国家二级企业，注册资本为3511.40万元，经营范围为建筑陶瓷制造。本公司用地向其租用，并交纳使用费用。

2.关联交易

1995年1月，公司与福建省漳州建筑瓷厂(公司发起人之一)签订三份土地使用权租凭协议书，取得了为期45年的土地使用权，每年租金分别为9.87万元、2.67万元、0.82万元，均于每年年底前一次付清。

八、股本结构及大股东持股情况：

1.本次A股上市前公司股本结构如下：

股本类别	股数(万股)	占总股本比例(%)
总股本	10002.58	100
尚未流通股份		
国家股	809.68	8.09
国有发人股	3041.93	30.41
法人股	2650.97	26.50
公司职工股	350	3.50
可流通股份		
社会公众股	3500	35

2.本公司前十名股东名单及其持股比例如下：

股东名称	持股数(万股)	比例
1.福建省漳州建筑瓷厂	3041.93	30.41%
2.漳州公路交通实业总公司	1422.58	14.22%
3.漳州建筑瓷厂工会	1074.84	10.74%
4.漳州市财政局	809.68	8.09%
5.漳州建业公司	112.90	1.13%
6.漳州建筑劳务纸箱厂	37.42	0.37%
7.张景宗	4.98	0.05%
8.吴天清	4.52	0.05%
9.叶建国	4.52	0.05%
10.杨庆明	4.41	0.04%

九、公司财务会计资料

(一)审计报告

闽华兴所[97]股审字第30号

福建双菱集团股份有限公司全体股东：

我们接受贵公司委托，对福建双菱集团股份有限公司(以下简称"公司")1994年12月31日、1995年12月31日、1996年12月31日合并资产负债表及母公司资产负债表、1994年度、1995年度、1996年度合并利润及利润分配表、母公司利润及利润分配表及1996年度合并财务状况变动表及母公司财务状况变动表进行审计。这些会计报表由贵公司负责，我们的责任是对这些会计报表发表审计意见。我们的审计是依据《中国注册会计师独立审计准则》进行的。在审计过程中，我们结合贵公司的实际情况，实施了包括抽查会计记录等我们认为必要的审计程序。

我们认为，上述会计报表的编制符合《企业会计准则》和《股份制试点企业会计制度》的有关规定，在所有重大方面公允地反映了贵公司合并及母公司1994年12月31日、1995年12月31日、1996年12月31日的财务状况和1994年度、1995年度和1996年度的经营成果，有关会计处理方法的选用符合一贯性原则。

福建华兴会计师事务所　中国注册会计师：

徐强　何爱珍

中国　福州　一九九七年四月四日

(二)资产负债表、利润及利润分配表、财务状况变动表主要数据(附后)

(三)主要会计政策

(1)会计制度:执行《股份制试点企业会计制度》

(2)会计期间:会计年度为公历一月一日至十二月三十一日

(3)记帐本位币:以人民币为记帐本位币

(4)记帐原则和计价基础:以权责发生制为记帐原则、以历史成本法为计价基础。

(5)坏帐准备:按年末应收帐款余额3‰计提坏帐准备。

(6)外币折算方法:按业务发生日中国人民银行公布的人民币基准汇价折合人民币记帐,并于期末进行调整。

(7)存货计价方法:对存货采用实际成本法计价,并以加权平均法结转成本;低值易耗品采用一次摊销法。

(8)长期投资核算方法:

①债券投资的收益确认:按权责发生制

②股权投资和联营投资:股权比例占25%以下,按实际成本法核算;股权比例占25%以上的按权益法核算;股权比例占50%以上的进行报表合并。

(9)固定资产及其折旧:

①固定资产的标准及计价:公司以使用年限在一年以上且单位价值在2000元以上的物品列为固定资产核算,并采用实际成本法计价。

②固定资产折旧方法为直线法,残值率为5%,各类固定资产的折旧年限和年折旧率如下:

类别	年限(年)	折旧率(%)
房屋及建筑物	10－45	9.5－2.11
通用设备	14－28	6.79－3.39
专用设备	12－13	7.92－7.31
运输设备	12	7.92
其他	8－22	11.88－4.32

(10)收入实现的确认:以产品(商品)已经发出,劳务已经提供或所有权已经转移,收讫价款或取得收款凭据时予以确认。

(11)税项:

①主要税种和税率

税种	税率(%)
增值税	17(母公司)
	13(漳州市自来水公司)
	6(漳州江东实业有限公司)
城市建设维护税	按应纳增值税额7%
教育费附加	按应纳增值税额3%
所得税	24

②优惠税率及批文:根据福建省税务局闽税政二(1993)22号"关于我省股份制试点企业征收所得税问题"的通知,公司执行24%的所得税率。

(12)利润分配:根据公司章程规定,公司税后利润按下列顺序及比例进行分配;

①弥补以前年亏损

②提取法定公积金10%

③提取法定公益金5－10%

④提取任意公积金

⑤支付股利

具体分配比例由董事会依法根据公司经营状况和发展需要拟定,由股东大会审议批准。

(13)合并报表:

①编制方法:按财政部《合并会计报表暂行规定》及财政部财会字(1996)2号补充规定执行。

②合并报表的范围:

并表子公司	企业性质	注册资本	持股比例	已出资额
漳州市自来水有限公司	有限责任	1,321万元	95%	1,255万元
漳州江东实业有限公司	有限责任	726万元	95%	690万元

(四)主要财务指标

	1996年	1995年	1994年
流动比率	1.31	1.19	0.80
速动比率	1.10	1.00	0.58
资产负债率(%)	42	48	50
应收帐款周转率(次)	2.18	5.21	18.23
存货周转率(次)	1.97	2.65	3.12
净资产收益率(%)	18.72	27.81	15.56
每股净利(元/股)	0.5155	0.6324	0.2555

注:1.以上指标均根据福建华兴会计师事务所(97)闽华兴所股审字第30号审计报告的数据计算。

2.按照发行前公司按1.55:1缩股后总股本计算。

十、董事会上市承诺

根据《中华人民共和国公司法》、《股票发行与交易管理暂行条例》、《公开发行股票公司信息披露实施细则》和《深圳证券交易所业务规则》及国家有关法律、法规,本公司董事会自股票上市之日起作出如下承诺:

1.按照法律、法规的规定程序和要求披露重大的信息、并接受证券主管机关、深圳证券交易所的监督管理。

2.及时、真实、准确地公布中期报告和年度报告,并备置于规定场所供投资者查阅。

3.本公司董事、监事及高级管理人员如发生人事变动或持本公司股票发生变动时,在报告证券主管机关、证券交易所的同时向投资者公布。

4.在任何公共传播媒介中出现的消息可能对本公司股票的市场价格产生误导性影响时,本公司知悉后将及时对该消息予以公开澄清。

5.本公司董事、监事及高级管理人员将认真听取社会公众的意见和批评,不利用已获得的内幕消息和其它不正当手段直接或间接从事股票买卖活动。

6.本公司没有无记录负债。

十一、重要事项提示

1.本公司本次发行3500万社会公众股,其中350万元公司职工股,将按国家有关规定自公司本次3150万元社会公众股上市之日起半年后上市。

2.截止上市公告书刊登之日,本公司未涉及任何重大诉讼事项和仲裁,亦无任何尚未了结或可能面临的重大诉讼或索赔要求。

3.本公司获福建省人民政府以闽政[1997]文100号批复,从本次所发行社会公众股上市年度起所得税减按15%的税率征收。

4.经公司董事会决议公司1994－1996年度利润暂不分配,滚存至1997年,由公司股票发行上市后新老股东共享。

十二、咨询机构

1、发行人:福建双菱集团股份有限公司

法定代表人:朱煜煊

地址:福建省漳州市东环路

电话:(0596)2951030

传真:(0596)2952023

联系人:林时茂、井恩义

2、主承销商:福建华兴信托投资公司

法定代表人:梁永新

地址:福建省福州市华林路 69 号
电话:(0591)7538459
传真:(0591)7558280
联系人:吴智俊、林碧、陈志水
3、第一上市推荐人:福建兴业证券公司
法定代表人:兰荣
地址:福建省福州市湖东路 169 号天骛大厦
联系人:林威、熊伟佶
电话:(0591)7542524
传真:(0591)7542534
4、第二上市推荐人:中国东方信托投资公司
法定代表人:唐棣华
地址:北京市西直门高梁桥斜街 18 号中苑宾馆 B 楼
电话:(0591)7544490
传真:(0591)7544491
联系人:刘天团

十三、备查文件目录

1. 中国证监会复审意见书
2. 深圳证券交易所上市通知书
3. 验资报告
4. 本公司招股说明书
5. 上市推荐报告
6. 其它备查文件

福建双菱集团股份有限公司
一九九七年六月二十四日

资产负债表(资产类)

单位:元

会计科目	1996 年 12 月 31 日		1995 年 12 月 31 日		1994 年 12 月 31 日	
资产	合并	母公司	合并	母公司	合并	母公司
流动资产:						
货币资金	38,048,724	30,736,105	13,680,936	6,514,908	12,453,530	695,668
短期投资						
应收票据						
应收帐款	38,523,289	36,720,456	27,746,699	26,395,551	3,395,543	3,239,182
减:坏帐准备	115,570	110,162	83,240	79,187	10,187	9,718
应收帐款净额	38,407,719	36,610,295	27,663,459	26,316,364	3,385,357	3,229,464
预付货款	6,465,346	6,284,541	3,526,325	3,526,325	568,318	325,513
其它应收款	23,324,883	12,052,519	27,019,457	15,601,506	13,518,297	4,499,429
待摊费用	255,648	114,812	888,336	634,733	635,741	418,731
存货	20,576,242	17,245,589	14,463,256	11,822,979	11,763,802	7,965,774
待处理流动资产净损失						
一年内到期的长期债券投资	54,400	28,400	293,610	46,450	164,375	127,375
其它流动资产						
流动资产合计	127,132,962	103,072,261	87,535,381	64,463,265	42,489,419	17,261,954
长期投资:						
长期投资	5,495,625	36,498,340	2,082,577	28,641,940	1,406,268	22,041,729
固定资产:						
固定资产原价	102,401,691	58,983,437	101,830,976	58,523,485	95,987,346	58,660,596
减:累计折旧	20,873,035	8,898,726	16,244,105	5,455,613	12,602,918	3,278,421
固定资产净值	81,528,656	50,084,711	85,586,871	53,067,872	83,384,428	55,382,175
固定资产清理						
在建工程	95,771,037	70,617,747	47,960,796	24,309,873	38,513,712	22,239,630
待处理固定资产净损失						
固定资产合计	177,299,693	120,702,458	133,547,667	77,377,745	121,898,140	77,621,805
无形及递延资产:						
无形资产						
递延资产			582,183	475,971	2,212,924	127,892
无形递延资产合计			582,183	475,971	2,212,924	127,892
其它长期资产:						
其它长期资产						
递延税款:						
递延税款借项						
资产合计	309,928,280	260,273,059	223,747,808	170,958,921	168,006,751	117,053,380

资产负债表(负债及所有者权益类)

单位:元

会计科目	1996年12月31日		1995年12月31日		1994年12月31日		会计科目	1996年12月31日		1995年12月31日		1994年12月31日	
负债及所有者权益	合并	母公司	合并	母公司	合并	母公司	负债及所有者权益	合并	母公司	合并	母公司	合并	母公司
流动负债:							流动负债合计	96,767,106	79,696,034	73,387,204	53,988,519	52,982,374	31,837,376
短期借款	59,718,573	54,718,573	33,233,139	27,435,000	16,775,977	11,830,000	长期负债:						
应付票据	9,500,000	9,500,000					长期借款	30,890,000		31,816,716		30,291,401	1,800,000
应付帐款	2,892,167	2,424,323	6,333,061	4,044,618	6,935,361	3,396,941	应付债券						
预收帐款	2,120,293	2,120,219	1,496,120	1,496,046	1,431,839	1,084,481	长期应付款	1,512,459	1,512,459	1,434,867	1,427,255	5,639	
应付福利费	206,708				128,898	33,280	其它长期负债	53,510		128,087		165,476	
应付工资	1,005,177		673,750		526,390		长期负债合计	32,455,969	1,512,459	33,379,670	1,427,255	30,462,516	1,800,000
未交税金	7,739,763	7,424,475	1,096,406	1,095,106	2,073,308	1,750,434	递延税项:						
其它未交款	4,232,263	2,478,304	4,254,506	2,339,749	4,247,614	2,338,104	递延税款贷项						
其它应付款	9,306,564	1,030,140	21,028,611	15,778,000	9,889,193	3,504,136	负债合计	129,223,075	81,208,493	106,766,874	55,415,773	83,444,890	33,637,376
预提费用	45,598		471,611		73,794		少数股东权益	1,640,639		1,437,786		1,145,857	
一年内到期的长期借款			4,800,000	1,800,000	10,900,000	7,900,000	股东权益:						
							股本	100,790,000	100,790,000	78,740,000	78,740,000	78,740,000	78,740,000
							资本公积	8,017,330	8,017,330	67,330	67,330	67,330	67,330
							盈余公积	12,646,302	12,646,302	6,612,447	6,612,447	829,561	829,561
							其中:公益金	5,620,579	5,620,579	2,938,865	2,938,865	368,694	368,694
							未分配利润(未弥补亏损以"-"号表示)	57,610,934	57,610,933	30,123,371	30,123,371	3,779,113	3,779,113
							外币报表折算差额						
							股东权益合计	179,064,566	179,064,566	115,543,148	115,543,148	83,416,004	83,416,004
							负债及所有者权益合计	309,928,280	260,273,059	223,747,808	170,958,921	168,006,751	117,053,380

利润表及利润分配表

单位:元

会计科目	1996年度		1995年度		1994年度		会计科目	1996年度		1995年度		1994年度	
	合并	母公司	合并	母公司	合并	母公司		合并	母公司	合并	母公司	合并	母公司
一、主营业务收入	72,109,230	57,513,771	80,876,133	63,008,809	61,727,896	48,285,943	四、利润总额	44,374,041	42,890,012	42,656,675	40,520,979	17,245,166	14,085,526
减;营业成本	34,445,784	22,007,464	34,693,607	23,345,343	36,728,649	28,822,934	减:所得税	10,649,770	9,368,594	10,237,602	8,393,836	4,138,840	2,806,619
销售费用	676,127	643,142	741,084	630,669	453,262	344,785	减:少数股东权益	202,853		291,930		125,857	
管理费用	3,027,853	1,285,085	2,898,850	1,217,676	5,843,842	4,466,850	五、净利润	33,521,418	33,521,418	32,127,143	32,127,143	12,980,469	11,278,906
财务费用	2,503,670	2,567,627	2,662,590	2,579,264	2,688,374	2,561,333	加:年初未分配利润	30,123,371	30,123,371	3,779,113	3,779,113	3,345,805	3,345,805
进货费用							加:盈余公积转入数						
税金及附加	513.520	438.739	590.780	510.170	446.124	398.561	六、可分配利润	63,644,789	63,644,789	35,906,256	35,906,256	16,326,274	14,624,711
二、主营业务利润	30,942,276	30,571,714	39,289,222	34,725,687	15,567,645	11,691,478	减:提取法定公积金	3,352,142	3,352,142	3,212,714	3,212,714	460,867	460,867
加:其它业务利润	1,294,134		182,969		1,505,787	2,769	提取法定公益金	2,681,714	2,681,714	2,570,171	2,570,171	368,693	368,693
三、营业利润	32,236,410	30,571,714	39,472,191	34,725,687	17,073,432	11,694,247	七、可供股东分配的利润	57,610,933	57,610,933	30,123,371	30,123,371	15,496,712	13,795,150
加:投资收益	8,021,997	11,863,829	189,750	5,721,412	122,728	2,391,279	减:已分配优先股股利						
营业外收入	4,214,493	454,469	3,032,963	73,880	49,756		提取任意公积金						
减:营业外支出	98,859		39,242		750		已分配普通股股利						
加:以前年度调整			1,013				上交财政利润					3,969,417	2,261,053
							折股利润					7,748,182	7,754,984
							八、年末未分配利润	57,610,933	57,610,933	30,123,371	30,123,371	3,779,113	3,779,113

财务状况变动表(1996年度)

单位:元

流动资金来源和运用	合并	母公司	流动资金来源和运用	合并	母公司
一、流动资金来源			流动资金各项目的变化		
1. 本年净利润	33,521,418	33,521,418	一、流动资产本年增加数		
加:少数股东权益	202,853		1. 货币资金	24,367,788	24,221,196
加:不减少流动资金的费用和损失	4,896,966	3,460,452	2. 短期投资		
(1)固定资产折旧	4,773,415	3,443,113	3. 应收票据		
(2)无形资产和递延资产摊销	582,183	475,971	4. 应收帐款净额	10,744,259	10,293,931

(3)固定资产盘亏(减盘盈)			5. 预付货款	2,939,021	2,758,216
(4)清理固定资产损失(减收益)	-458,632	-458,632	6. 其他应收款	-3,694,574	-3,548,988
(5)递延税款			7. 待摊费用	-632,689	-519,920
(6)其他不减少流动资金的费用和损失			8. 存货	6,112,986	5,422,610
小计	38,621,237	36,891,870	9. 待处理流动资产净损失(减收益)		
2. 其他来源			10. 一年内到期的长期债券投资	-239,210	-18,050
(1)固定资产清理收入(减清理费用)			11. 其他流动资产		
(2)收回长期投资	617,547	28,400	流动资产增加净额	39,597,581	38,608,996
(3)增加长期负债		85,203	二、流动负债本年增加数		
(4)对外投资转出固定资产	450,000	450,000	1. 短期借款	26,485,434	27,283,573
(5)对外投资转出无形资产			2. 应付票据	9,500,000	9,500,000
(6)资本净增加额	36,033,855	36,033,855	3. 应付帐款	-3,440,894	-1,620,295
(7)少数股东资本净增加额			4. 预收货款	624,173	624,173
(8)外币报表折算差额			5. 应付福利费	206,708	
小计	37,101,402	36,597,459	6. 应付工资	331,427	
流动资金来源合计	75,722,639	73,579,329	7. 未交税金	6,643,358	6,329,369
二、流动资金运用			8. 其他未交款	-22,243	138,556
1. 利润分配:			9. 其他应付款	-11,722,047	-14,747,860
(1)提取法定公积金	3,352,142	3,352,142	10. 预提费用	-426,013	
(2)提取法定公益金	2,681,713	2,681,713	11. 一年内到期的长期借款	-4,800,000	-1,800,000
(3)提取任意公积金			流动负债增加净额	23,379,902	25,707,516
(4)已分配股利			流动资金增加净额	16,217,679	12,901,480
小计	6,033,855	6,033,855			
2. 其他运用:					
(1)固定资产及在建工程净增加	48,516,808	46,759,195			
(2)增加无形资产、递延资产及其他资产					
(3)偿还长期负债	923,702				
(4)增加长期投资	4,030,595	7,884,799			
小计	53,471,105	54,643,994			
流动资金运用合计	59,504,960	60,677,849			
流动资金增加净额	16,217,679	12,901,480			

山东新华制药股份有限公司

山东新华制药股份有限公司股票上市公告书

一、要览

上市日期:1997年8月6日

上市地点:深圳证券交易所

总股本:42,731.283万股

可流通股本:16,250万股

本次可流通股本:1250万股

证券简称:新华制药

证券编码:0756

股份登记机构:深圳证券登记有限公司

二、绪言

本上市公告书是依据《中华人民共和国公司法》、《股票发行与交易管理暂行条例》、《公开发行股票公司信息披露实施细则(试行)》《深圳证券交易所业务规则》和国家证券管理机关颁布的有关证券管理的现行法规、规定而编制,旨在向投资者提供有关本公司的基本情况和股票上市的有关资料。

经中国证券监督管理委员会证监发字(1997)393号文和证监发字(1997)394号文批准,本公司已成功地向社会公众公开发行每股面值为1.00元的人民币普通股1000万股。根据深圳证券交易所深证上[97]字第289号《上市通知书》,本公司人民币股票1250万元将于1997年8月6日在深圳证券交易所挂牌交易。本公司现有总股本为42,731.283万股。本次上市流通的1250万普通股中1000万股为1997年7月24日在深交所上网发行的新股,其余250万股为占额度上市的内部职工股,原内部职工股3065.333万股于本次股票发行之日起三年后经批准方可在深交所上市。

本公司已于1997年7月22日在《中国证券报》和《证券时报》上刊登了招股说明书概要,距今不足6个月,故与其相重复的内容在此不再赘述,敬请社会公众查询《招股说明书概要》。

本公司董事会及各位董事确信本公告书未遗漏任何重大事项,亦不存在任何误导和虚假之成份,并愿就本公告及相关资料的真实性、准确性、完整性负个别及连带责任。

三、发行企业概况

(一)公司名称:山东新华制药股份有限公司

注册资金:42,731.283万元

法定代表人:贺端湜

成立日期:1993年9月30日

注册地址:山东省淄博市张店区东一路14号

经营范围:西药、化工原料、制药设备、药用玻璃、技术转让、技术服务、技术培训、技术开发、医药控测仪器及仪表。

所属行业:医药

联系电话:0533-2184223

(二)历史沿革

本公司的前身为山东新华制药厂,成立于1943年,当时正值抗日战争时期,新华制药厂为胶东军区提供了大量急需的药品和卫生材料,1949年随着战争的结束,新华制药厂的生产由供应军需转向供应民用,1950年研制成功了治疗“黑热病”的特效药斯锑黑克;1953年研制出中国第一台可防止制药工业及化学工业腐蚀的搪玻璃罐;1954年,新华制药厂建成中国第一条解热镇痛药非那昔汀的大型生产线,并于翌年投产;1956年开始出口非那昔汀及葡萄糖酸钙等产品,两年间,出口产品增至十二种。从五十年代到六十年代后期,新华制药厂由于积累了丰富的医药生产经验,因而参与建设及管理国内多家制药厂,包括济南制药厂、青岛制药厂、济宁杭生素厂、沂蒙新华药厂、西北第二合成药厂、华北制药厂及西北合成药厂。1979年新华制药厂开始新产品吡哌酸的生产。1980年新华制药厂开始新产品布洛芬的生产。1983年到1985年,新华制药厂从瑞典、德国引进技术和设备、用以生产水扬酸并提高阿斯匹林的生产质量。1989年,成功开发尼莫地平原材料药及片剂,并在医药行业中首家晋升为国家一级企业。1992年成功开发了依诺沙星原料药及片剂。公司历年来曾先后荣获国家企业管理优秀奖,国家质量管理奖,全国财务管理工作先进单位,全国专利工作先进单位和质量效益型先进企业等国家级奖项。

1993年经淄博市体改委[淄体改股字(1993)39号]文批准,由新华制药厂独家发起以定向募集方式设立本公司,1993年9月5日,山东省体改委以[鲁体改生字(1993)66号]文对此予以确认。

1996年,经国务院证券委[证委发(1996)39号文]批准,本公司成功发行15,000万股境外上市外资股(H股),并在香港联合交易所挂牌上市。

1997年7月24日,经中国证监会批准,公司通过深圳证券交易所交易系统成功向社会公众发行人民币普通股1000万股。

四、股票公开发行及承销

1. 社会公众股发行数量:1000万股

股票发行价格:3.45元/股

募集资金总额:3450万元

发行方式:上网定价

配售比例:0.320611%

配售户数:10000户

持1000股以上的户数:1000户

发行费用总额:175万元

每股发行费用:0.175元

发行市盈率:15倍

2. 股票承销:本次公开发行的股票已全部由社会公众认购,承销团成员无包销比例及数量。

3. 验资报告

山东新华制药股份有限公司全体股东:

我们接受委托,对山东新华制药股份有限公司截止到1997年7月30日止的投入资本的真实性和合法性进行了审验。在审验过程中,我们按照〈〈独立审计实物公告1号-验资〉〉的要求,实施了必要的审计过程,山东新华制药股份有限公司的责任是提供真实、合法、完整的验资资料,保护资产的安全、完整。我们的责任是按照〈〈独立审计实务公告第1号-验资〉〉的要求出具真实、合法的验资报告。

山东新华制药股份有限公司的注册资本总计为人民币427,312,830元,其中包括公司原有股本人民币417,312,830元,本次国内发行A股募集的股本金人民币10,000,000元。根据我们的审验,截止到1997年7月30日止山东新华制药股份有限公司股本总计人民币肆亿贰仟柒佰叁拾壹万贰仟捌佰叁拾元。

截止1997年7月30日共发售A股10,000,000股,已收到人民币34,500,000元,在减去银行手续费120,747.88元后,所余34,379,252.12元,已存入公司中国工商银行深圳市分行帐户,帐号23024523754。

中信永道会计师事务所　　中国注册会计师
北京东城区朝阳门北大街8号　　1997年7月30日
富华大厦C座12层

五、董事、监事及高级管理人员持股情况

贺端逞先生,本公司董事长兼总经理,持有本公司股票4500股,占总股数的0.001%。

鲁省民先生,本公司副董事长兼党委书记,持有本公司股票4500股,占总股数的0.001%。

梁尚诚先生,本公司董事兼副总经理,持有本公司股票4500股,占总股数的0.001%。

李治先生,本公司董事兼副总经理,持有本公司股票4500股,占总股数的0.001%。

张功权先生,本公司董事兼副总经理,持有本公司股票4500股,占总股数的0.001%。

李其惠先生,本公司董事兼副总经理,持有本公司股票4500股,占总股数的0.001%。

李奕伟先生,本公司董事兼副总经理,持有本公司股票4500股,占总股数的0.001%。

李士祥先生,本公司董事兼工会主席,持有本公司股票4500股,占总股数的0.001%。

于公福先生,本公司董事兼副总经理,持有本公司股票4500股,占总股数的0.001%。

刘从德先生,本公司董事兼副总经理,持有本公司股票3500股,占总股数的0.0008%。

齐谋甲先生,前国家医药管理局局长,本公司非执行董事,持有本公司股票0股。

彭司勋先生,中国医科大学顾问,博士学位导师兼中国工程院院士,本公司非执行董事,持有本公司股票0股。

周怡青女士,易周律师行合伙人,本公司非执行董事,持有本公司股票0股。

马景星先生,本公司监事会监事长,持有本公司股票4500股,占总股数的0.001%

张观民先生,本公司监事会监事,持有本公司股票3500股,占总股数的0.0008%

于长杰先生,本公司监事会监事,持有本公司股票3000股,占总股数的0.0007%。

六、公司设立

公司于1996年11月4日召开的临时股东大会同意公司股票在深圳证券交易所上市交易的决议。

公司注册资金:427,321,830元
公司注册时间:1997年7月30日
公司注册地点:山东省淄博市
公司营业执照注册号码:16410372-7-1

七、关联企业及关联交易

1.1995年6月,淄博市国有资产管理委员会[淄国资委字(1995)1号]文批准,在原新华制药厂的基础上成立了国有独资的山东新华医药集团有限责任公司,集团公司取代新华制药厂持有本公司21,744万股国有股,占当时公司总股本的81.3%,公司H股和A股发行完成后,集团公司持有本公司50.9%的股份,为本公司绝对控股股东。

2.集团公司与本公司签订了重组协议,根据协议,集团公司向本公司承诺,在本公司的证券仍在中国或香港证券交易所上市及集团持有本公司已发行股本30%以上或根据有关规定集团公司被视为本公司的控股股东的情况下,集团公司将不会从事任何与本公司业务直接或间接发生竞争的业务,同时也将促使其附属公司和联营公司不进行该类业务。

3.本公司与集团公司订立了〈〈综合服务协议〉〉、〈〈商标许可协议〉〉及〈〈专利许可协议〉〉,就集团公司向本公司提供的公共设施服务、商标使用许可及专利使用许可规定了双方的权利、义务和收费标准,保证以上交易均按商业条款进行。

4.本公司聘请了三名独立非执行董事。根据香港联合交易所规定,公司每年度所发生的关联交易须经独立非执行董事检查确认,并在年报中加以披露。

八、股本结构及大股东持股情况

(一)上市前的股本结构

		股数(股)	占总股本的比例
	总股本:	427,312,830	100%
1.	尚未流通股份:		
	国家股:	217,440,000	50.9%
	法人股:	16,719,500	3.9%
	职工股:	30,653,330	7.2%
2.	可流通股份:		
	H股:	150,000,000	35.1%
	职工股(占额度部分):	2,500,000	0.6%
	社会公众股:	10,000,000	2.3%

(二)前十名股东所持股数及比例

股东全称	持股数量(万股)	占总股本比例(%)
1.山东新华医集团公司	21,744	50.9
2.HKSCL NOMINESS LIMITED	14,542.8	34.03
3.山东国际经济开发公司	300	0.7
4.中国医药工业公司	154	0.36
5.青岛医药物资公司	110	0.257
6.山东北方制药厂	100	0.234
7.中国医药贸易对外总公司	100	0.234
8.山东农药厂	100	0.234
9.HONGKONG & SHANGHAI BANKING CO,LTD A/C BR-79	90.2	0.211
10.HONGKNG & SHANGHAI BANKING CO,LTD A/C BR-80	90.2	0.211

九、公司财务会计资料

本公司1994年至1997年1月的财务会计资料已经中信永道会计师事务所审计,并出具审计报告。

(一)审计报告

山东新华制药股份有限公司全体股东:

我们接受委托,审计了山东新华制药股份有限公司1994年12月31日、1995年12月31日、1996年12月31日和1997年1月31日的资产负债表,1994年、1995年、1996年度和1997年1月1日至1月31日的利润及利润分配表和财务状况变动表,这些会计报表由贵公司负责,我们的责任是对这些会计报表发表审计意见。我们的审计是依据《中国注册会计师独立审计准则》进行的。在审计过程中我们结合贵公司实际情况,实施了包括抽查会计记录等我们认为必要的审计程序。

我们认为,上述会计报表符合《企业会计准则》和《股份制试点企业会计制度》的有关规定,在所有重大方面公允地反映了贵公司1994年12月31日、1995年12月31日、1996年12月31日、和1997年1月31日的财务状况及1994年度、1995年度、1996年度和1997年1月1日至1月31日的经营成果和资金变动情况,会计处理方法的选用遵循了一贯性原则。

中信永道会计师事务所

注册会计师　张克

注册会计师　朗争

1997年5月26日

（二）财务报表

资产负债表

编制单位:山东新华制药股份有限公司　单位:人民币元

资　产	1997年1月31日	1996年12月31日	1995年12月31日	1994年12月31日
一、流动资产				
货币资金	306,456,622.99	306,450,274.25	8,437,644.96	19,452,961.55
应收票据	2,138,000.00	1,342,000.00	11,043,446.00	4,542,000.00
应收帐款	213,059,635.14	204,285,972.35	114,678,840.27	153,818,181.91
减:坏帐准备	830,175.34	863,570.34	1,912,911.52	2,135,010.28
应收帐款净额	212,229,459.80	203,422,402.01	112,765,928.75	151,683,171.63
预付帐款	9,849,159.89	10,488,748.94	6,798,107.04	13,200,699.47
其他应收款	14,100,854.43	13,332,762.44	77,718,855.69	114,615,917.75
存货	184,924,256.70	184,377,919.52	160,219,155.44	151,385,552.73
待摊费用	1,119,264.07	0.00	5,051,007.95	15,275,402.01
一年内到期的长期债券投资	528,000.00	528,000.00	0.00	0.00
流动资产小计	731,345,617.88	719,942,107.16	382,034,145.83	470,155,705.14
二、长期投资				
长期投资	1,500,000.00	1,500,000.00	2,749,461.00	3,813,838.92
三、固定资产原值	599,708,432.11	599,708,432.11	346,360,147.07	353,636,063.84
减:累计折旧	265,855,446.70	261,428,291.70	181,826,053.90	169,587,614.27
固定资产净额	333,852,985.41	338,280,140.41	164,534,093.17	184,048,449.57
在建工程	90,167,729.22	85,247,640.87	219,430,985.16	146,881,250.34
四、无形资产及递延资产				
土地使用权	67,074,119.00	67,187,804.00	68,210,969.00	0.00
递延资产	0.00	0.00	1,992,849.09	1,246,069.00
资产总计	1,223,940,451.51	1,212,157,692.44	838,952,503.25	806,145,312.97

报表注释为本报告不可分割的组成部分

资　产　负　债　表

编制单位:山东新华制药股份有限公司　单位:人民币元

负债及股东权益	1997年1月31日	1996年12月31日	1995年12月31日	1994年12月31日
一、流动负债				
短期借款	170,539,000.00	167,044,000.00	100,472,000.00	85,721,000.00
应付票据	5,800,000.00	5,800,000.00	3,816,000.00	0.00
应付帐款	65,832,389.13	76,329,482.39	74,807,698.64	50,598,473.38
预付货款	15,094,861.12	13,099,758.68	19,137,007.83	43,342,922.54
应付工资	2,637,460.69	3,678,367.69	3,805,205.29	13,551,980.53
应付福利费	7,768,061.32	7,846,843.23	4,807,502.07	3,856,039.89
应交税金	(11,133,149.25)	(9,960,572.05)	12,745,507.77	18,817,417.75
其他应付款	18,093,886.70	17,676,995.85	33,597,956.92	62,878,669.44
预提费用	1,065,000.00	0.00	0.00	0.00
应付股利	10,776,508.64	10,776,322.64	39,617,343.46	17,948,944.01
一年内到期的长期负债	103,231,766.90	103,231,766.90	86,249,282.94	38,422,000.00
流动负债合计	389,705,785.25	395,522,965.33	379,055,561.92	335,136,424.54
二、长期负债				
长期借款	105,372,462.89	105,372,462.89	84,434,087.93	93,205,049.42
长期负债合计	105,372,462.89	105,372,462.89	84,434,087.93	93,205,049.42
负债合计	495,078,248.14	500,895,428.22	463,489,649.85	428,341,473.96
三、股东权益				
股本	417,312,830.00	411,812,830.00	267,312,830.00	267,312,830.00
资本公积	199,283,883.75	194,049,159.75	78,640,975.18	70,314,266.64
盈余公积	51,606,142.68	51,606,142.68	29,509,096.22	24,552,435.69
未分配利润	60,659,346.94	53,794,131.79	0	15,623,284.68
股东权益合计	728,862,203.37	711,262,264.22	375,462,853.40	377,803,839.01
负债及股东权益合计	1,223,940,451.51	1,212,157,692.44	838,952,503.25	806,145,312.97

报表注释为本报告不可分割的组成部分

利润及利润分配表

编制单位:山东新华制药股份有限公司　单位:人民币元

项目	1997年1月1日～1月31日	1996年1月1日～12月31日	1995年1月1日～12月31日	1994年1月1日～12月31日
一、主营业务收入	64,740,860.57	842,203,953.67	711,895,796.21	533,672,374.70
减:营业成本	53,237,889.37	635,846,010.43	586,754,784.04	391,779,640.85
营业税金	317,509.07	3,249,254.73	3,112,852.14	2,357,589.43
销售费用	1,424,016.23	19,916,658.51	17,554,436.75	18,362,596.06
管理费用	2,430,625.78	54,460,359.57	45,134,249.84	48,644,011.01
财务费用	653,966.09	33,921,117.03	20,832,067.52	9,985,817.92
二、主营业务利润	6,676,854.03	94,810,553.40	38,507,405.92	62,542,719.43
加:其他业务利润	1,152,387.45	4,118,738.50	173,323.90	1,061,312.73
三、营业利润	7,829,241.48	98,929,291.90	38,680,729.82	63,604,032.16
加:投资收益	0.00	314,899.00	1,287,148.34	668,431.19
营业外收入	502,650.60	6,601,122.94	5,623,873.38	4,989,135.75
减:营业外支出	255,168.61	2,309,349.54	2,315,659.57	3,416,095.88
四、利润总额	8,076,723.47	103,535,946.30	43,276,091.97	65,845,503.22
减:应交所得税	1,211,508.32	15,147,586.48	6,423,413.80	10,211,825.51
五、净利润	6,865,215.15	88,388,377.82	36,852,678.17	55,633,677.71
加:年初未分配利润	53,794,131.79	0.00	15,623,284.68	7,281,061.89
上年利润调整	0.00	0.00	0.00	0.00
公积金转入数				
六、可分配利润	60,659,346.94	88,388,377.82	52,475,962.85	62,914,739.60
减:提取法定盈余公积金	－	8,838,819.29	3,304,441.33	4,650,645.57
提取法定公益金	－	4,419,409.65	1,652,220.67	2,325,322.78
七、可供股东分配的利润	60,659,346.94	75,130,148.88	47,519,300.85	55,938,771.25
减:提取任意公积金	－	8,838,819.29	8,326,708.54	5,433,645.57
股利分配	－	12,497,197.80	39,192,592.31	34,879,841.00
八、未分配利润	60,659,346.94	53,794,131.79	0.00	15,623,284.68

报表注释为本报告不可分割的组成部分

财务状况变动表

编制单位:山东新华制药股份有限公司　单位:人民币元

流动资金来源和运用	1997年1月	1996年度
一、流动资金来源		
1.本年净利润	6,865,215.15	88,388,377.82
加:不减少流动资金的费用和损失:		
(1)固定资产折旧	4,427,155.00	79,602,255.80
(2)无形资产、递延资产及其他资产摊销	113,685.00	3,016,014.09
小　计	11,406,055.15	171,006,647.71
2.其他来源:		
(1)增加长期借款	0.00	50,546,734.96
(2)回收长期投资	0.00	1,249,461.00
(3)增加盈余公积金及公益金	0.00	22,097,094.46
(4)增加资本	5,500,000.00	144,500,000.00
(5)增加资本公积	5,234,724.00	115,408,184.57
小　计	10,734,724.00	333,801,114.99
流动资金来源合计	22,140,779.15	504,807,762.70
二、流动资金运用		
1.利润分配:		
(1)盈余公积金及公益金	0.00	22,097,066.23

(2)股利	0.00	12,497,197.80
小　计	0.00	34,594,264.03
2. 其他运用:		
(1)增加固定资产及在建工程	4,920,088.35	119,164,940.75
(2)偿还长期借款	0.00	29,608,000.00
小　计	4,920,088.35	148,772,940.75
流动资金运用合计	4,920,088.35	183,367,204.78
流动资金增加净额	17,220,690.80	321,440,557.92

财务状况变动表(续表)

流动资金各项目的变动	1997年1月	1996年度
一、流动资产本年增加数		
1. 现金	0.00	36,072.57
2. 银行存款	6,348.74	297,976,556.72
3. 应收票据	796,000.00	(9,701,446.00)
4. 应收帐款	8,773,662.79	89,607,132.08
减:坏帐准备	33,395.00	1,049,341.18
5. 预付货款	(639,589.05)	3,690,641.90
6. 其他应收款	768,091.99	(64,386,093.25)
7. 待摊费用	1,119,264.07	(5,051,007.95)
8. 存货	546,337.18	24,158,764.08
9. 一年内到期的长期债券投资	0.00	528,000.00
小　计	11,403,510.72	337,907,961.33
流动资产增加净额	11,403,510.72	337,907,961.33
二、流动负债本年增加数		
1. 短期银行借款	3,495,000.00	66,572,000.00
2. 应付票据	0.00	1,984,000.00
3. 应付帐款	(10,497,093.26)	1,521,783.75
4. 预收货款	1,995,102.44	(6,037,249.15)
5. 应付工资	(1,040,907.00)	(126,837.60)
6. 应交税金	(1,172,577.20)	(22,706,079.82)
7. 应付股利	186.00	(28,841,020.82)
8. 预提费用	1,065,000.00	0.00
9. 其他应付款	416,890.85	(15,921,018.07)
10. 应付福利费	(78,781.91)	3,039,341.16
11. 一年内到期的长期借款	0.00	16,982,483.96
小　计	(5,817,180.08)	16,467,403.41
流动负债增加净额	(5,817,180.08)	16,467,403.41
流动资金增加净额	17,220,690.80	321,440,557.92

注:后附财务报表注释是本报表不可分割的组成部分

(三)财务报表附注(除另有注明外,单位人民币元)

1. 主要会计政策

1.1 会计年度

会计年度自公历每年一月一日起至十二月三十一日止。

1.2 记帐原则及计价基础

公司按权责发生制原则记帐。各项财产物资按照取得或构建时发生的实际成本核算。

1.3 外币折算方法

公司以人民币为记帐本位币,公司外币业务按业务发生当月一日中国人民银行公布的市场汇率折算成人民币记帐。外币货币资产和负债,于资产负债表日按期末汇率调整。所产生的汇兑损益计入当期损益。

1.4 固定资产和在建工程

(1)固定资产

公司改组前的原有的固定资产以改组时固定资产的评估价值计价,改组后新购入的固定资产以实际成本计价,公司属化工类企业,生产用机器设备腐蚀性较强,故不预留残值,其他固定资产预留残值5%,固定资产折旧采用直线法按分类折旧率计算。

	折旧年限
房屋及建筑物	10～15
机器设备	10年
电子仪器	10年
办公设备及运输工具	10年

(2)在建工程以实际成本计价。在建工程包括工程直接成本、建设期间借款利息和建设期间汇兑损益。

1.5 无形资产

无形资产主要为土地使用权。根据淄博市国有资产管理局淄国资企字(1993)第36号文件,按土地使用期限五十年分期摊销。

1.6 长期投资

长期投资包括向其他企业投资和1年以上的有价证券即债券、国库券等,因公司所投出之资本占被投资企业的股权均在25%以下,故按成本法核算。向其他单位投资收入和有价证券利息收入均以权责发生制核算。

1.7 存货

存货以实际成本计价。存货包括原材料、在产品、产成品和辅助材料,原材料实际成本由买价加运费、装卸费、保险费等构成:在产品实际成本由制造和生产过程中发生的各项实际支出,即直接材料、直接工资和制造费用构成。

1.8. 坏帐准备

按应收帐款年末余额的3‰计提坏帐准备。

1.9 税项

(1)所得税

根据山东省人民政府(93)鲁政函159号和鲁政字[1995]150号文件,公司享受股份制试点企业所得税优惠,实际税负为15%。

(2)增值税

公司销售收入适用增值税,其中:内销产品销项税率为17%;出口产品销项税率为零。

公司购买原材料等支付的增值税进项税额可以抵扣销项税。其中:为出口产品而支付的进项税可以申请退税。

公司的增值税应纳税额为当期销项税抵减当期进项税后的余额。

1.10 应付福利费和社会养老统筹金

应付福利费提取比例为工资总额的14%。根据淄博市政府颁布的淄博市企业职工社会养老保险试行办法,淄博市国有企业必须交纳社会养老统筹金,1994年、1995年度企业按上年度职工工资收入和离退休费之和的23%上缴,自1996年上缴比例改为25%,由淄博市社会劳动保险公司统一管理和使用。

1.11 销售收入的确认

以商品已经发出,收到货款或取得收取货款的证据时,确认销售收入的实现。

1.12 利润分配

公司实现的利润,在计算应交所得税、提取10%法定盈余公积金、5%公益金后的余额,加上以前年度未分配利润,为可供股东分配的利润,经股东会决议,在提取任意盈余公积金后,支付普通股股利。

2. 应收帐款

应收帐款帐龄情况分析如下:

	1997.1.31	所占比例
1年以内	176,593,000	83%
1～2年	20,942,421	10%
2年以上	15,524,214	7%
合　计	213,059,635	100%

截至1997年1月末公司与其关联公司的交易全部结清,期末应收帐款中无应收关联公司的款项。

坏帐准备金按年末应收款余额的3‰计提,考虑到谨慎原则,对每年年末帐龄在三年以上的应收帐款余额作坏帐处理。

1996 年销售大幅度提高，但回款速度下降。因此应收帐款增加。

3. 存货

	1997.1.31	1996.12.31
原材料	32,059,470	28,863,128
在产品	72,558,857	70,467,751
产成品	80,305,929	85,047,040
合　计	184,924,256	184,377,919

4. 长期投资

		1997.1.31	1996.12.31
山东北方制药股份公司	4.1	1,500,000	1,500,000
有价证券	4.2	528,000	528,000
合　计		2,028,000	2,028,000

4.1 公司持有山东北方制药股份有限公司股份比例为 5.5%。

4.2 有价证券明细表

截止到 97 年 1 月 31 日

投资名称	1997.1.31	应计利息	有价证券面值	到期日	年利率%	注释
八七年国库券	232,500	82,500	150,000	91 年	6	银行展期到 97 年兑付
中央电力债券(87 年)	220,000	0	220,000	97 年	6	银行展期到 97 年兑付
九一年市重点建设基金	75,500	15,500	60,000	95 年	5	银行展期到 97 年兑付
合　计	528,000	98,000	430,000			

长期债券投资均为一年内到期的债券，已调到流动资产项下。

本期减少	0	0	0	0
本期摊销	113,685	1,023,165	0	1,992,849
期末余额	67,074,119	67,187,804	0	0

5. 应付帐款

	1997 年 1 月 31 日	所占比例
1 年以内	59,225,795	90%
1～3 年	5,537,935	8%
3 年以上	1,068,659	2%
合　计	65,832,389	100%

截至 1997 年 1 月末，公司与其关联公司的交易全部结清，期末应付帐款中无应付关联公司的款项。

6. 主营业务收入

	1997 年 1 月	1996 年 1－12 月	1995 年 1－12 月	1994 年 1－12 月
原料药	41,809,755	526,136,349	421,027,025	321,229,218
制剂	20,196,111	262,042,367	228,568,368	179,250,307
化工产品及其他	2,734,994	54,026,238	62,300,403	33,192,850
合计	64,740,860	842,203,954	711,895,796	533,672,375

7. 利润分配情况

1994 年至 1996 年利润分配情况如下：

		1997.1.31	1996.12.31	1995.12.31	1994.12.31
本年利润		8,076,723	103,536,964	43,276,092	65,845,503
减：企业所得税		(1,211,508)	(15,147,586)	(6,423,414)	(10,211,825)
税后利润		6,865,215	88,388,378	36,852,678	55,633,678
加：期初未分配利润		53,794,132	0	15,623,285	7,281,062
可供分配利润		60,659,347	88,388,378	52,475,963	62,914,740
提取法定盈余公积金		0	(8,838,819)	(3,304,441)	(4,650,646)
提取公益金		0	(4,419,410)	(1,652,221)	(2,325,322)
提取任意盈余公积金		0	(8,838,819)	0	(5,435,646)
转资本公积		0	0	(8,326,709)	0
股利分配	7.1	0	(12,497,198)	(39,192,592)	(34,879,841)
年末未分配利润		60,659,347	53,794,132	0	15,623,285

7.1 经董事会决议，截止 1995 年 12 月 31 日公司所有未分配利润全部转入应付股利，用于对公司现有全体股东的利润分配。

1996 年 1－6 月的未分配利润为人民币 34,320 千元，经董事会决议，预分股利人民币 8,019 千元，剩余未分配利润人民币 26,301 千元，由公司现有全体股东享有。

1996 年 7－12 月的未分配利润经董事会决议，拟按上市公司注册股本总额 417,312,830 股，每股派发股利人民币 0.01073 元，共计派发股利人民币 4,478 千元。

1996 年度应派发股利共计 12,497 千元，全额记于应付股利项目。

1997 年 1 月的利润暂不分配。

8. 关联公司交易

8.1 交易额明细如下：

	1997 年 1 月	1996 年 1－12	1995 年 1－12	1994 年 1－12 月
公司向关联公司销售产成品提供动力和劳务	1,808,660	16,216,261	12,300,000	3,909,082
其中：山东新华工贸股份有限公司	949,123	11,520,089	12,300,00,	3,909,082
山东新华包装装潢有限公司		253,346		
淄川化工有限公司		1,234,657		
桓台精细化工有限公司	292,500	1,953,189		
新达制药责任有限公司		233,807		
新华一肯孚制药责任有限公司	67,037	1,021,173		
山东新华集团有限责任公司	500,000			
关联公司向上市公司提供原材料	3,615,587	53,309,405	39,068,845	24,390,085
其中：				
山东新华集团有限责任公司		2,800,296		
山东新华工贸股份有限公司	1,127,660	13,106,351	9,851,236	6,936,013
山东新华包装装潢有限公司	1,238,932	11,874,709	13,112,258	9,145,336
淄川化工有限公司	1,041,995	17,063,281	13,255,946	6,663,876
桓台精细化工有限责任公司	207,000	2,958,673	2,849,405	1,645,460
新华一肯孚制药责任有限公司		5,506,095		

8.2 公司同关联公司交易主要内容如下：

关联公司名称	上市公司提供交易	关联公司提供交易
山东新华集团有限责任公司	专项技术服务	无
山东新华工贸股份有限公司	产成品、动力、劳务	阀门、轴承、劳保用品、化学制剂、玻璃仪器
山东新华包装装潢有限公司	动力、劳务	原料、针片剂的包装物
淄川化工有限公司	无	原材料如：原甲酸三甲酯、乙酰氯、甲醇钠和氯代丙酰氯
桓台精细化工有限责任公司	原材料	丙酸二乙脂产品
新华制药责任有限公司	动力、劳务	无
新华一肯孚制药责任有限公司	动力、劳务	无

公司同关联公司一切交易均按市场价格进行结算。

9. 期后事项

9.1 公司已于 1997 年 4 月 30 日之前归还了一年内到期长期借款，共计 52,846 千元，其明细如下：

项目名称	1997.1.31 余额	截止 1997.1.31 逾期金额	截止 1997.4.30 已归还金额
废硫酸回收硫酸铵	430,741	430,741	430,741
东分厂移地改造	15,929,316	15,929,316	15,929,316
GMP 片剂技术改造	15,841,708	6,841,709	6,841,709
两氨技术改造	50,364,186	20,544,186	20,544,186
布洛芬工艺改造	14,700,000	9,100,000	9,100,000
合计	9,265,951	52,845,952	52,845,952

9.2 公司已于 1997 年 4 月 30 日收到淄博市财政局返还所得税共计

人民币15,004,400元。

10.或有事项

公司截止审计报告日无重大或有事项。

11.承诺事项

公司截止审计报告日,淄博市财政局承诺在1997年末返还所得税人民币1,090万元。

12.重要事项

关于国内资产评估结果调帐说明。

12.1 1995年12月31日评估基准日评估增值情况如下:

	借贷
应收集团款	1,013,073
存货	744,832
待摊费用	204,783
长期投资	141,229
固定资产原值	49,051,082
累计折旧	43,263,025
在建工程	903,528
坏帐准备	22,962
资本公积	8,772,540

12.2 1996年12月公司H股发行上市,公司按有关规定将1995年12月31日评估结果入帐。因存货、待摊费用和坏帐准备项目已经变动,故这些项目不做调整;同时因在建工程大部分已在1996年转入固定资产,调整时将该部分调入固定资产项下;其他项目均按评估结果逐项入帐。

12.3 1995年12月31日资产置换结果如下:

	借贷
应收集团款	79,001,592
其他应付款	10,790,623
置入土地	68,210,969

公司在1996年12月31日将按资产置换结果入帐。

(四)主要财务指标

	97年1月	96年	95年	94年
流动比率	1.88	1.82	1.01	1.40
速动比率	1.40	1.35	0.59	0.95
资产负债率	40.45%	41.32%	55.25%	53.13%
应收帐款周转率	—	6.9	5.3	3.72
存货周转率	—	3.44	3.77	3.21
净资产收益率	—	12.43%	9.82%	14.73%
每股净利	—	0.33	0.14	0.21

十、董事会上市承诺

本公司董事会将严格遵守《公司法》、《股票发行与交易管理暂行条例》、《公开发行股票公司信息披露实施细则》、《深圳证券交易所交易规则》及有关法律、法规的规定,并自股票上市之日起作出如下承诺:

1.按照法律.法规的规定程序和要求披露重大的信息,并接受证券主管机关和深圳证券交易所的监督管理。

2.及时.真实.准确地公告中期报告及年度报告,并备置于规定场所供投资者查阅。

3.本公司董事、监事及高级管理人员如发生人事变动,或持有本公司股票发生变化时,在报告证券主管机关、证券交易所的同时向投资者公布。

4.在任何公共传播媒介中出现的消息可能对本公司股票的市场价格产生误导性影响时,本公司知悉后将及时对该消息予以公开澄清。

5.本公司董事.监事及高级管理人员将认真听取社会公众的意见和批评,不利用已获得的内幕消息和其他不正当手段直接或间接从事股票买卖活动。

6.本公司没有无记录负债。

十一、重要事项揭示

1.根据国家有关规定,本公司250万股公司内部职工股将占额度与本次发行的1000万公众股一起上市。

2.截止本公告书公布之日,本公司无重大诉讼事项。

十二、备查文件目录

1.公司成立的注册登记文件

2.招股说明书

3.审计报告

4.验资报告

5.营业执照

6.公司章程

7.法律意见书

8.国家证券主管部门批准上市文件

9.资产评估报告

十三、咨询机构

1.发行公司:山东新华制药股份有限公司

地　　址:山东省淄博市

电　　话:0533-2184223

传　　真:0533-2287508

联 系 人:高庆刚　孙抗美

2.上市推荐人:

南方证券有限公司

地　　址:深圳市深南东路南方国际大酒店12层

电　　话:0755-2256728-1316

传　　真:0755-2256728-1315

联 系 人:黄尚文　尉向东

山东国际信托投资公司

地　　址:山东省济南市解放路166号

电　　话:0531-6956565-2842

传　　真:0531-6942770

联 系 人:孙　伟

湖北证券公司

地　　址:湖北省武汉市彭刘扬路232号

电　　话:027-7806778

传　　真:027-7807038

联 系 人:喻大学　孙华　贾暾　李豫湘

山东新华制药股份有限公司

一九九七年七月三十日

本钢板材股份有限公司

本钢板材股份有限公司境内上市外资股(B股)招股说明书概要

一、释义

在本招股书中,除非文义另有所指,下列词语有如下意义:

本公司:指本钢板材股份有限公司(筹)

本钢集团公司:指本溪钢铁(集团)有限责任公司、本公司之控股公司

董事:指本钢板材股份有限公司(筹)候任董事

B股:指本公司注册资本中每股面值人民币1.00元的境内上市外资股

主承销商:指申银万国证券股份有限公司

国际协调人:指荷银浩威·洛希尔:一个由荷兰银行与洛希尔父子有限公司就股票资本市场业务方面建立的合作组合

上市:指本公司股票获准在深圳证券交易所挂牌交易

元:指人民币元

港元:指香港的法定货币

二、绪言

本招股说明书是根据《中华人民共和国公司法》、《股票发行与交易管理暂行条例》、《公开发行股票公司信息披露实施细则》、《国务院关于股份有限公司境内上市外资股的规定》、《股份有限公司境内上市外资股规定的实施细则》和《深圳证券交易所业务规则》等国家及深圳市其它有关证券法规,并参照国际惯例,以本次发行之B股上市及向社会公众披露公司基本情况为目的而编制的。本公司发起人及全体董事候选人已确信其中不存在任何重大遗漏或误导,并愿意对其真实性、准确性、完整性负个别的和连带的责任。

经国务院证券委员会证委发〔1997〕39号批文批准,本次公司溢价发行每股面值人民币1.00元的境内上市外资股400,000,000股,并可行使不超过本次发行额度15%的超额配售权。

本次发行的B股股票是根据本公司招股说明书所载明的资料发行,除本发行人、主承销商及国际协调人外,没有委托或授权任何其他人提供未在本招股说明书中列载的信息和对本招股说明书作任何解释或者说明。

因买卖本公司股票而所需缴纳的税款由投资者自行负担,本公司及本公司上市推荐人和发行承销商对此不承担任何责任。

三、发售新股有关当事人

1. 发行人

名称:本钢板材股份有限公司(筹)

筹委会主任:白尚显

所在地:本溪市平山区钢铁路

电话:(0414)7828734　传真:(0414)7827016

负责本次股票发行的联系人:孙忠政、周景纯

2. 主承销商

名称:申银万国证券股份有限公司

法定代表人:阚治东

所在地:上海市南京东路99号

电话:(021)63295888　传真:(021)63298740

负责本次股票发行的联系人:曹晓坤、冯震宇

联系电话:(021)64312800

3. 国际协调人

名称:荷银浩威·洛希尔

所在地:香港中环置地广场公爵大厦30楼

电话:(00852)28680368　传真:(00852)28452977

负责本次股票发行的联系人:丁宁

联系电话:(021)62797401

4. 承销商

①分销商:申银万国融资(香港)有限公司

所在地:香港中环花园道3号

电话:(00852)25098383　传真:(00852)25225442

负责本次股票发行的联系人:黄永基

②分销商:里昂证券有限公司

所在地:香港中环金钟道89号力宝中心百富勤大厦33及38楼

电话:(00852)25148100　传真:(00852)28770110

负责本次股票发行的联系人:Jane Yong

③分销商:乐金证券株式会社

所在地:韩国汉城特别市150—010永登浦区汝矣岛洞34—6

电话:(00822)7687000　传真:(00822)7848621

负责本次股票发行的联系人:王志翔

5. 上市推荐人:申银万国证券股份有限公司

6. 发行人律师事务所:德恒律师事务所

法定代表人:王丽

所在地:北京友谊宾馆怡宾楼40221室

电话:(010)68498888—40221　传真:(010)68498738

经办律师:涂建、陈静茹、高国富、毛国权

7. 承销商国际律师:司力达律师楼

所在地:香港交易广场第二座27楼

电话:(00852)25210551　传真:(00852)28452125

经办律师:余嘉宝、周冠英

8. 承销商国内律师:上海市联合律师事务所

所在地:上海市衡山路283号华强公寓三楼

电话:(021)64712303　传真:(021)64310763

经办律师:江宪、朱洪超

9. 国际会计师事务所:安达信会计师事务所

所在地:香港中环干诺道中111号永安中心25楼

电话:(00852)28520222　传真:(00852)28150548

经办注册会计师:黄曼瑜

10. 国内会计师事务所:安达信·华强会计师事务所

法定代表人:张本廉

所在地:北京建国门外大街1号国际贸易中心办公楼1118室

经办注册会计师:李燕玉、贾健

联系电话:(0755)2298288　传真:(0755)2280044

11. 资产评估机构:辽宁省资产评估事务所

法定代表人:崔荣禄

所在地:沈阳市沈河区风雨坛街32号

电话:(024)2906746　传真:(024)2906746

经办评估人员:崔荣禄、朱鹤升

12. 资产评估确认机构:国家国有资产管理局

法定代表人:张佑才

所在地:北京市万泉河路66号

电话:(010)62567744　传真:(010)62567744

13. 土地评估机构:辽宁土地估价事务所

法定代表人:李志超

所在地:沈阳市皇姑区宁山东路新新巷1—1号

电话:(024)6227576　传真:(024)6219479

经办土地评估师:李志超、刘晓辉

14. 土地评估确认机构:辽宁省土地管理局

法定代表人:廖维满

所在地:沈阳市皇姑区北陵大街45—54号

电话:(024)6892106　传真:(024)6893442

15. 收款银行:渣打银行深圳分行

联络人:黄国超

所在地:深圳嘉宾路海燕大厦4楼

电话:(0086755)2294667　传真:(0086755)2230571

16. 上市交易所:深圳证券交易所

法定代表人:庄心一

所在地:深圳市福田区红荔西路203栋

电话:(0755)3207540　传真:(0755)3203517

17. 股票登记机构:深圳证券登记有限公司

法定代表人:黄铁军

所在地:深圳市红岭中路25号

电话:(0755)5567898

四、本次B股发行的基本情况

1. 股票类型:记名式普通股

2. 发行数量与面值:本次发行B股400,000,000股,并可行使不超过15%的超额配售权,每股面值人民币1元

3. 每股发行价:每股人民币2.547元,于认购时以港元缴足,每股2.38港元认购。

B股市值(附注1)	人民币101,880万元
全面摊薄之备考每股盈利(附注2)	人民币0.318元
备考B股市盈利倍数(附注3)	8.0倍
每股经调整资产净值人民币(附注4)	人民币1.656元

附注:

①根据发售价每股B股人民币2.547元和将发行之40,000万元股B股,但并无计超额配股权获得行使后可能将予发行的任何B股。

②全面摊薄后之每股盈利之计算,乃以截至1996年12月31日止年度的备考除税后溢利,及本资料备忘录所述已发行及将予发行的股份113,600万股(包括拟发售的12,000万股A股)为依据。但并无计超额配股权获行使后可能将予发行的任何B股。倘超额配股权获全面行使,每股全面摊薄盈利将为人民币0.302元。

③备考市盈率倍数乃根据至1996年12月31日止年度全面摊薄后之备考每股盈利人民币0.318元及发售价每股B股人民币2.547元计算。

④每股经调整资产净值已作出下文〔财务会计资料〕一节所述之调整,并根据紧随完成B股发售后的已发行股份共计101,600万股计算,但并无计超额配股权获行使后可能将予发行的任何B股,亦不包括A股发售。

4. 股票发行和承销方式:股票发行采取私募方式,承销采取包销方式。

5. 配售日期:1997年6月10日至1997年6月12日

6. 承销机构:

主承销商:申银万国证券股份有限公司

国际协调人:荷银浩威·洛希尔

承销商:申银万国融资(香港)有限公司

里昂证券有限公司

乐金证券株式会社

7. 本公司将于1997年6月25日召开创立大会

五、风险因素

投资者在评价发行人此次发售的股票时,除本招股说明书提供的各项资料外,应特别认真考虑上述各项风险因素。

(1)经营风险

①原材料供应的风险

本公司的主要生产原材料是铁水、废钢,主要供应商是本钢集团公司第二炼铁厂和废钢厂。其生产的原材料能否保证供应及其成本的是否稳定,可能给本公司生产、经营带来一定的影响。

②对主要客户依赖的风险

本公司虽然有稳定的客户,前十名客户占1996年度总销售额的49.05%,如果该十名客户发生变化,有可能对本公司的销售造成一定的影响。

③产品结构相对集中的风险

本公司主要生产和经营热轧板材,虽拥有较先进的生产技术和较大的市场占有率,但由于业务相对集中,可能给本公司的经营带来一定风险。

(2)行业风险

本公司所生产的热轧板材是国民经济发展所需的重要材料。因此,国内一些主要钢铁企业也将热轧板材作为重点发展的产品系列,行业竞争对手逐渐增加,增加了行业风险。

(3)市场风险

本公司所生产的热轧板材与建筑、汽车、石油化工、造船等行业有密切的关系,国家对这些行业的政策及其本身的发展状况,将直接影响到本公司的生产经营,并将面临由此引起的市场风险。

(4)政策性风险

①进口关税降低风险

为保护国内市场,我国对进口钢材征收保护性关税,一旦我国加入世界贸易组织,钢材的进口关税将有可能减少,并导致钢材进口增加,加剧国内钢材市场的竞争。

②宏观紧缩政策的风险

随着经济形势的变化,国家有可能在特定时期实行宏观紧缩政策,影响市场对板材的需求,对本公司生产经营产生不利影响,从而形成一定的风险。

(5)外汇风险

人民币对港元的汇率变动,会影响到B股投资者所获股利的价值。另外也会对本公司支付归还用于购买进口设备的外汇贷款构成风险。

(6)股市风险

投资者必须认识到股市存在风险。股票市场投资收益与投资风险并存,股票价格不仅受宏观经济周期、利率、资金供求关系等因素的影响,同时也会因国际政治、经济形势以及投资者心理因素的变化而产生波动,而暂时背离本公司的经营业绩。因此,股票交易是一种风险较大的投资活动,投资者对此应有充分的心理准备。

六、募集资金的运用

本次配售B股所得款项,在扣除有关支出所预计约为人民币9.68亿元,无计超额配股权获得行使后可能将予发行的任何B股之所得款。董事计划将所得款项净额全部投入以下用途:

1. 发行股票所募集资金的计划用途

(1)新建板坯连铸机

①新建1台年生产能力为175万吨的一机二流板坯连铸机

②新建1台155吨RII-TB真空精炼装置

③新建1台155吨AHF化学升温精炼装置

④建设相应的公用辅助设施

该项工程总投资额为189,000万元,已于1996年开工建设,预计将于1998年底完工。该项目获得冶金工业部冶建〔1995〕119号文的批准。

(2)1700mm热连轧机改造工程

①加热炉改造

②粗轧机改造

③精轧机改造

④增设和更新相应的辅助设施

该项工程总投资额为117,000万元,将于1997年稍后时间开工建设,预计将于1999年底完工。该项目获得国家经济贸易委员会国经贸改〔1996〕555号文的批准。

2. 缺口资金的来源及落实

本公司亦已获得在中国境内向公众发行12,000万股A股的额度,将于稍后发行A股,所筹资金全部用于上述项目。此外,董事计划通过其他融资方式解决上述项目所需款项的余额部分。

七、股利分配政策

1. 本公司的税后利润分配方案由董事会制订,经股东大会审议批准。现将本公司章程(草案)的有关内容摘录如下:

公司缴纳税金后的利润,按照以下顺序分配:

①弥补以前年度亏损;

②提取法定公积金;

③提取法定公益金;

④提取任意盈余公积金;

⑤依据股东持有股份的比例支付股利。

法定公积金按税后利润的10%提取,但法定公积金累计额为公司注册资本的50%以上的,可不再提取。法定公益金按税后利润的5%至10%提取。

公司在分配股利时,所依据的税后可分配利润,根据下列两个数据按孰低原则确定:

(一)经会计师事务所审计的根据中国会计准则编制的财务报表中的累计税后可分配利润数;

(二)以中国会计准则编制的已审计的财务报表为基础,按照国际会计准则或者境外主要募集行为发生地会计准则调整的财务报表中的累计税后可分配利润数。

本公司章程(草案)有待创立大会审议通过。

2. 股利派发经过本公司董事会及本公司股东大会批准通过。股利将以人民币为单位宣布,A股股利将以人民币支付,B股股利将以港元支付。兑换率为股东大会决议日后的第一个工作日的中国人民银行公布的港元兑人民币的中间价折算。

3. 由于B股仅于本财政年度发行,1997年度B股股东的股息将根据B股于本财政年度已发行的天数占全年365天的比例计算。

八、发行人情况

1. 发行人名称:本钢板材股份有限公司(筹)

英文名称:BENGANG STEEL PLATES CO.,LTD.

2. 发行人筹建登记日期:1997年3月19日

3. 发行人筹建登记地址:辽宁省本溪市平山区钢铁路

4. 发行人的历史与沿革

本钢集团公司始建于1905年,迄今已有92年历史。1953年3月更名为"本溪钢铁公司"。

建国后,本钢集团公司经过三次大规模的技术改造,已经形成了拥有采矿、选矿、烧结、焦化、炼铁、炼钢、轧钢等主体厂矿以及运输、发电、机修等辅助部门配套齐全的钢铁企业,是我国十个特大型钢铁联合企业之一,也是辽宁省属最大的工业企业。1994年11月,经国务院批准,本钢集团公司正式被确定为全国百家现代企业制度试点单位之一,并于1996年7月正式组建为国有独资有限责任公司。

为加快本钢集团公司的技术改造步伐,拓宽融资渠道,转换企业经营机制,提高产品质量,增强企业竞争能力,经辽宁省人民政府辽政〔1997〕57号文批准,由本钢集团公司独家发起,拟以募集设立方式设立"本钢板材股份有限公司"(以下简称本公司)。本钢集团公司以炼钢厂、初轧厂和热连轧厂为主的生产经营性资产和本溪钢铁(集团)冷轧薄板有限公司的12.375%股权注入本公司,经评估后净资产为94,748万元,并以1:0.65的比例折股,折合股份61600万股。

本公司炼钢厂始建于70年代初,主体设备是我国自行设计、制造安装的三座大型氧气顶吹转炉。设计生产能力为年产200万吨普钢锭。经技术改造后,已形成254万吨钢锭的生产能力。

本公司初轧厂始建于1970年,设计生产能力年产173万吨板坯。经过一系列技术改造,现已形成年产228万吨板坯的生产能力。

本公司热连轧厂1700mm热连轧机是我国自行设计、制造的第一套宽带钢连轧机,1980年2月6日生产出第一个钢卷。从1983年开始,逐步对热轧线设备进行一系列技术改造,产量大幅度提高,产品质量显著改善,1996年年生产能力达到207万吨。

5. 发行人的组织机构及内部管理结构

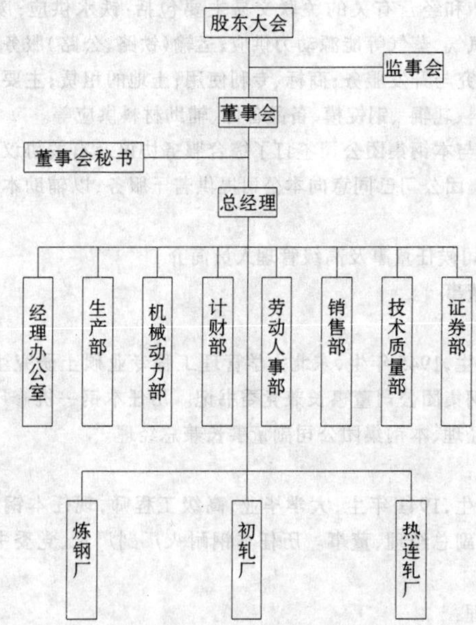

6. 发行人的经营业务范围

钢铁冶炼、压延加工及产品销售

7. 发行人的主要业务

钢铁冶炼和板材轧制

8. 发行人的主要产品品种、生产能力、主要市场及其市场占有情况和销售额、销售方式

(1)主要产品品种

本公司生产的产品与建筑、汽车、造船、石油等行业有关,销售的板材可分为碳素结构钢板,其中包括普通高频焊管用钢板、花纹钢板、船体用结构钢板等;优质碳素结构钢板,其中包括锯条用钢板等;低合金结构钢板,其中包括焊接气瓶用钢板、汽车梁用钢板、石油管线用钢板、自行车链条用钢板等三十余种产品。

(2)产品生产能力

热轧板材220万吨/年。

(3)产品主要市场及其市场占有情况

本公司热轧板材以内销为主,覆盖华北、东北、华东、华中等市场,国内市场占有率14.52%,其中东北和华北市场占本公司销售总额的60%

以上。外销分布在东南亚等国家和地区。

(4)产品的销售额和销售方式

1994 年销售总额为 441,351 万元,1995 年销售总额为 485,421 万元,1996 年销售总额为 497,510 万元。

本公司产品的销售采用自销、门市销售和在本市和外地设有特约经销点相结合的方法。本公司实行先款后货的销售政策。

在市场推广方面:一是发挥销售网点的作用;二是建立与生产厂家的直供渠道;三是与国家大型流通部门搞联销;四是增加销售人员主动出击搞推销;五是广泛收集信息,开发新产品。

9. 主要原材料的供应、自然资源的耗用情况

本公司主要原材料为铁水和废钢,由本钢集团公司第二炼铁厂和本钢集团公司废钢厂供应。铁水需求量为 230 万吨/年,占热轧板材总成本的 66.38%;废钢需求量为 25 万吨/年,占热轧板材总成本的 6.20%。

本公司生产所需的主要能源为水、电、风、蒸气、氧气等。主要供应商为本钢集团公司供水厂、发电厂、燃气厂、动力厂、氧气厂等。

10. 关联交易

重组后,本钢集团公司为本公司的控股公司。本钢集团公司按产权管理原则享受所有权益,作为控股股东还将受公司章程中若干有关保障少数股东规则的限制。本公司将与本钢集团公司及其下属企业进行交易,这些与生产和经营有关的关联交易主要包括:铁水供应;废钢供应;水、电、煤气、氧气、蒸气等能源动力供应;运输(铁路、公路)服务;新产品、技术改造的研究与开发服务;商标、专利使用;土地的租赁;主要设备的大中修;耐火材料、轧辊 、钢锭模、备品备件、辅助材料供应等。

本公司亦与本钢集团公司签订了综合服务协议及有关协议。根据该等协议,本钢集团公司已同意向本公司提供若干服务,以辅助本公司的业务运作。

11. 本公司候任董事及高级管理人员简介

(1)候任董事

董事长:

白尚显先生,1945 年生,东北大学管理工程专业硕士研究生,高级经济师,现任本钢集团公司董事长兼党委书记。历任本钢一机修厂副厂长、厂长、本钢副经理、本钢集团公司副董事长兼总经理。

副董事长:

钱之荣先生,1941 年生,大学毕业,高级工程师,现任本钢集团公司党委副书记兼副总经理、董事。历任本钢耐火厂副厂长、党委书记、本钢党委副书记。

董事、经理:

张禄泉先生,1942 年生,中专文化,高级经济师,现任本钢集团公司副总经济师兼企业管理部部长。历任本钢企业管理处副处长,本钢企业管理处处长,本钢副总经济师兼企业管理部部长。

董事、常务副经理:

梁广德先生,1955 年生,大学毕业,;高级工程师,现任本钢集团公司冷轧薄板厂厂长。历任本钢第二炼钢厂副厂长、厂长、冷轧薄板厂厂长。

董事、副经理:

郭希明先生,1952 年生,大学毕业,高级工程师,现任本钢集团公司炼钢厂党委书记兼第一副厂长。历任本钢二建公司、二钢厂党委副书记,本钢二钢厂党委书记。

董事:

李墨华先生,1949 年生,大学毕业,高级工程师,现任本钢集团公司副总经理。历任本钢二钢厂副厂长、本钢轧辊铸造公司党委书记兼经理、本钢第二炼铁厂厂长。

姜明东先生,1949 年生,大学毕业,工程师,现任本钢集团公司副总经理。历任本钢连轧厂综合厂厂长,热连轧厂厂长。

于天忱先生,1953 年生,大学毕业,高级政工师,现任本钢集团公司副总经理。历任本钢修建公司党委副书记、书记,本钢三建公司经理,本钢建设有限公司党委书记、董事长。

王庆阳先生,1941 年生,大学毕业,高级工程师,现任本钢集团公司初轧厂党委书记兼厂长。历任本钢第二炼钢厂副厂长、党委书记,本钢初轧厂党委书记兼厂长。

(2)候任监事

监事会主席:

路丁卯先生,1940 年生,大学毕业,高级工程师,现任本钢集团公司纪委书记、监事会副主席。曾任本钢人事处处长。

监事会副主席:

李惠春先生,1946 年生,大学毕业,高级政工师,现任本钢集团公司热连轧厂党委书记。历任本钢耐火厂宣传部部长、党委副书记、副厂长、党委书记。

监事:张世华先生,1943 年生,大学毕业,会计师,现任本钢集团公司审计处处长、监事会监事。历任本钢综合工业公司财务处副处长,本钢审计处处长。

公司董事、监事将由公司股东大会选举产生,公司高级管理人员及重要职员将由公司董事会聘请。以上人员的薪资报酬及福利待遇等分别由公司股东大会和董事会决定。

九、经营业绩

1. 生产经营的一般情况

本公司主营业务是钢铁冶炼、板材轧制。其主要产品是热轧板材,年生产能力 220 万吨。主要销往国内 11 个省区,部分产品出口东南亚地区。国内市场占有率 14.52%。产品质量在全部按国际出厂的前提下,按照IS09000 系列标准建立健全质量管理体系。1995 年产品产量的 97.93%达到国际水平标准。

2. 销售及利润情况

香港执业会计师安达信公司根据国际会计准则对本公司前一年的经营业绩进行了审计,并对 1994 年和 1995 年度的经营业绩进行了审阅。下表为本公司 1994 年—1996 年三年会计年度的经营业绩概要:

单位:人民币千元

项目	1996 年度	1995 年度	1994 年度
销售额,扣除销售税	4,975,099	4,854,210	4,413,510
毛利	598,236	375,560	433,519
除税前溢利	434,723	212,704	249,069
除税后溢利(实际税率)	321,968	201,515	241,396
备考除税后溢利 *	361,505	167,945	197,692

注:* 备考除税后溢利是按 15%之税率缴纳企业所得税,经模拟计算得出。辽宁省人民政府于 1997 年 3 月 28 日发出的辽政(1997)58 号批文,本公司股票自上市之日起,按 15%的税率缴纳企业所得税。

3. 发行人业务收入的主要构成

1996 年业务收入构成中,每种主要产品收入及在本公司业务总收入中所占比例为:

卷板	443755 万元	89.21%
切板	22826 万元	4.58%
其它	30928 万元	6.21%

十、股本

1. 注册股份

本次 400,000,000 股 B 股发行结束后,本公司的股本结构如下:

	股份	占总股本比例
发起人股(本钢集团公司)	61,600 万股	60.63%
境内上市外资股(B 股)	40,000 万股	39.37%
总股本	101,600 万股	100.00%

根据国务院证券委员会证委发〔1997〕39 号文批准,在本次发行中将可行使不超过发行额度 15%的超额配售权,若超额配售权获全面行使,则本公司股本结构将作如下调整:

	股份	占总股本比例
发起人股(本钢集团公司)	61,600 万股	57.25%

境内上市外资股(B股)	46,000万股	42.75%
总股本	107,600万股	100.00%

本公司亦已获得在中国境内向公众发行12,000万股A股的额度,将于稍后发行A股,董事预期在无发生不可预见的情况下,并假设B股超额配售权获全面行使,本公司的股本结构将作如下调整:

	股份	占总股本比例
发起人股(本钢集团公司)	61,600万股	51.51%
境内上市外资股(B股)	46,000万股	38.46%
境内上市人民币普通股	12,000万股	10.03%
总股本	119,600万股	100.00%

十一、财务会计资料

以下为本公司1994年至1996年之主要财务会计资料。如果投资人欲对发行人的财务状况、经营成果及其会计政策进行更详细的了解,应当认真阅读在附录中所载的发行人财务报表和注释。

1. 主要财务会计资料

以下为安达信·华强会计师事务所以中国会计准则出具的审计报告:

(1)资产负债表

单位:人民币元

	1996年12月31日	1995年12月31日	1994年12月31
流动资产			
货币资金	15,828,806	62,724	643,679
应收帐款	92,341,265	196,242,496	665,190,532
减:坏帐准备	(461,706)	(981,212)	(3,325,953)
应收帐款净额	91,879,559	195,261,284	661,864,579
应收总公司款	642,677	175,642,927	(402,992,954)
应收关联公司款	202,491,783	210,878,286	84,220,761
其他应收款	34,961,316	4,691,449	22,836,045
待摊费用	2,708,471	2,067,116	2,878,913
存货	488,371,365	392,666,154	349,516,487
流动资产合计	836,883,977	981,269,940	718,967,510
长期投资:	198,000,000	—	—
固定资产:			
固定资产原值	1,615,014,480	1,524,217,843	1,498,332,978
减:累计折旧	(732,452,411)	(779,415,738)	(662,622,516)
固定资产净值	882,562,069	744,802,105	835,710,462
在建工程	223,897,960	70,856,696	47,683,394
固定资产合计	1,106,460,029	815,658,801	883,393,856
无形及其他资产			
无形资产	3,930,831	2,707,849	—
资产总计	2,145,274,837	1,799,636,590	1,602,361,366
流动负债:			
短期借款	335,000,000	449,390,000	338,200,000
应付帐款	10,424,590	4,937,704	703,024
应付福利费	1,051,291	—	0
应付工资	15,219,443	1,940,768	1,940,768
其他应付款	40,270,731	34,036,859	24,668,871
一年内到期的长期负债	208,485,320	229,526,640	222,015,960
流动负债合计	610,451,375	719,831,871	587,528,623
长期负债:			
长期借款	587,340,424	327,008,704	208,429,560
股东权益:			
股本	616,000,000	616,000,000	616,000,000
资本公积金	331,483,038	136,796,015	190,403,183
未分配利润	—	—	—
股东权益合计	947,483,038	752,796,015	806,403,183
负债及东权益合计	2,145,274,837	1,799,636,590	1,602,361,366

注:长期投资系本公司拥有的本溪钢铁(集团)冷轧薄板有限公司12.375%的股权,计人民币198,000,000元。

(2)损益表

单位:人民币元

	1996年	1995年	1994年
主营业务收入	4,975,099,067	4,854,210,449	4,413,510,857
减:营业成本	4,359,946,404	4,465,083,250	3,968,936,320
销售费用	12,377,308	3,826,412	4,042,542
管理费用	27,276,781	25,159,266	17,378,750
财务费用	88,972,997	63,784,631	70,088,810
营业税金及附加	14,989,000	13,567,000	11,056,000
主营业务利润	471,536,577	282,789,890	342,008,435
加:其他业务利润	16,616,956	16,139,712	880,405
营业利润	488,153,533	298,929,602	342,888,840
加:营业外收入	717,497	2,283	78,617
减:营业外支出	752,155	541,466	456,771
利润总额	488,118,875	298,390,419	342,510,686
减:所得税	112,755,460	11,189,641	7,672,239
净利润	375,363,415	287,200,778	334,838,447

说明:本公司销售收入在过去三年呈逐年增长趋势,而利润总额分别为1994年3.34亿元、1995年2.98亿元、1996年4.88亿元。1995年由于受国家宏观经济政策及进口钢材对中国市场的冲击,产品价格处于低谷,导致公司在收入增长10%的情况下,毛利率从1994年约9.82%下降到1995年约7.74%,1995年下半年,国家宏观经济好转,公司积极开拓市场,并于1996年根据市场需求状况适时提高销售价格,致使1996年毛利率大幅增大,由1995年的7.74%增长到12.02%,增长了4.28%。1994年和1995年本钢集团公司与辽宁省人民政府订立的企业承包经营合同,实际所得税率分别为2.24%和3.75%。根据辽宁省财政厅1997年1月发出的《关于返还本溪钢铁公司所得税的通知》,本公司1996年度上缴的所得税按33%计提,但可减免30%,故实际税率为23.1%。

2,以下为国际会计师事务所安达信公司出具的审计报告中截止1996年12月31日止的资产概要:

单位:人民币千元

资产	
固定资产净值	882,562
在建工程	223,898
长期投资	198,000
流动资产	
现金及银行存款	15,829
应收帐款净额	23,321
应收关联公司款净额	50,623
存货净额	486,444
应收本钢集团公司款	643
其他应收款净额	24,792
其他流动资产	6,640
流动资产总额	608,292
负债	
流动负债	
短期银行贷款	335,000
应付帐款	10,425
其他流动负债	56,542
长期银行贷款流动部分	208,485
流动负债总额	610,452
长期负债	
银行贷款	587,341
资产净值	714,959

3. 以下为国际会计师事务所安达信公司以国际会计准则出具的审计报告中,截止1996年12月31日止三个年度每年的业绩概要:

单位:人民币千元

	1994年*	1995年*	1996年
销售	4,413,511	4,854,210	4,975,099
销售税	(11,056)	(13,567)	(14,989)
销售净额	4,402,455	4,840,643	4,960,110
销售成本	(3,968,936)	(4,465,083)	4,361,874)
毛利	433,519	375,560	598,236
销售及管理费用	(114,863)	(114,672)	(91,122)
其他(支出)/收入净额	(69,587)	(48,184)	(72,391)
除税前溢利	249,069	212,704	434,723
税项准备	(7,673)	(11,189)	(112,755)
除税后溢利	241,396	201,515	321,968
备考税项准备	(51,377)	(44,759)	(73,218)
备考除税后溢利	197,692,	167,945	361,505

说明：* 未经安达信公司审核；备考税项准备及备考除税后溢利是按15%之税率缴纳企业所得税，经模拟计算得出。辽宁省人民政府于1997年3月28日发出的辽政(1997)58号批文，本公司股票自上市之日起，按15%的税率缴纳企来所得税。

4. 国际会计准则及其他调整对除税后溢利/资产净值之影响

单位：人民币千元

	除税后溢利			资产净值
	1994年度(未经审核)	1995年度(未经审核)	1996年度	于1996年12月31日
按照中国会计准则编列的会计报表中所载	334,838	287,201	375,363	947,483
调整之净额影响				
-增加呆帐准备	(93,442)	(85,686)	(51,467)	(230,596)
-计提存货陈旧损失准备	-	-	(1,928)	(1,928)
按照国际会计准则重报之数据	241,396	210,515	321,968	714,959

十二、资产评估

以下摘自辽宁资产评估事务所辽资评字〔1997〕第10号，对本公司截止1996年12月31日的资产评估结果。该评估结果已经国家国有资产管理局国资评〔1997〕334号文审核确认。

资产评估结果汇总表

单位：人民币万元

项目	帐面值	评估值	增值额
流动资产	83,688	83,688	
长期投资	19,800	19,800	
固定资产净值	61,438	88,256	26,818
在建工程	22,390	22,390	
无形及递资产	393	393	
资产总计	187,709	214,527	26,818
负债	119,779	119,779	
所有者权益	67,930	94,748	26,818

十三、公司发展规划

1. 发行人的生产经营发展战略

本公司将充分利用现有之铁水原料优势、地域优势、管理优势，通过引进国际先进生产设备并改造现有生产设备，进一步改善产品结构及质量，研究开发新产品，增加高档次、高附加值、高利润产品的产量比重。同时提高产品的成材率、降低生产成本；进一步加强销售工作，开拓新的销售渠道，不断扩大市场占有份额。

2. 发行人的发展目标和规模

本公司拟在1997—1999年，在炼钢系统新建年产175万吨板坯的大型一机二流板坯连铸机和炉外精炼装置；轧钢系统完成包括加热炉、粗轧机、精轧机、带钢层流冷却等改造，使本公司具备当代先进的转炉——连铸——轧钢生产工艺流程，各种消耗指标达到世界先进水平，生产的热轧板材可满足汽车用热轧高强度钢板、船舶用中厚钢板、轮辋用钢板、石油管线钢、液化气瓶钢、集装箱钢板的要求。改造完成后，董事预计，本公司2000年热轧板材的产量将达到230万吨。

随着国民经济高速稳步发展，对薄钢板的需求日益增大。为进一步确保产品质量，拓展市场，本公司薄板系列产品已按照IS09000系列标准建立质量保证体系，争取1997年薄板系列产品通过质量保证体系认证，提高公司产品在国内外市场竞争力。

本公司参股投资冷轧薄板公司，提供用于生产冷轧产品的优质热轧商品卷板。本公司现时持有"本溪钢铁(集团)冷轧薄板有限公司"12.375%的股权，根据本公司与本钢集团公司签订协议之安排，本公司享有于将来从本钢集团公司购买"本溪钢铁(集团)冷轧薄板有限公司"股份的优先权，使本公司对"本溪钢铁(集团)冷轧薄板有限公司"拥有绝对控股权。届时，本公司将拥有热轧板材及冷轧板材，产品品种增加、产品结构更加合理。

3. 发行人的销售计划

根据钢材市场的变化，本公司将不断调整及强化销售策略，实施直销、联销及代理等多种销售方式。本公司拟积极建立直销渠道，逐步减少透过中间人销售产品，选择稳定及购买量大的最终客户直接供货。除充分利用本钢集团公司现有位于全国各地7个销售网点外，本公司计划在哈尔滨、大连、烟台、兰州、天津等地逐步设立销售分公司，进一步完善及建立全国销售网络；此外，本公司亦计划加强销售力量，完善产品定价机制。董事预期，通过上述强化销售之措施可扩大本公司钢材产品的销售量，并可将主要产品热轧板材在国内市场的占有率从现时的14.52%提高到更高的水平。

十四、重大合约及重要诉讼事项

截止本招股书刊登之日，本公司未履行完毕的重大合同主要有：

(1)1997年4月14日本公司与本钢集团公司签订了《重组与分立协议》，明确规定投入本公司的资产、负债的确定原则与方法，并规定本钢集团公司作为本公司的控股股东，不从事与本公司业务相竞争的经营行为。

(2)1997年4月14日本公司与本钢集团公司签订了《综合服务协议》一份，有效期至2001年12月31日止。

(3)1997年6月6日本公司与申银万国证券股份有限公司、荷银浩威·洛希尔签订的承销协议。

(4)1997年4月7日本公司与本钢集团公司签订了为期五十年的《土地使用权租凭合同》。

截止招股说明书签署日，本公司没有涉及尚未了结的或者可以合理预见的对本公司重要资产和业务的持有和经营有重大不利影响的诉讼、仲裁案件和行政处罚案件。

十五、其它重要事项

1.1995年9月1日，辽宁省人民政府、国家经济贸易委员会共同以辽政〔1995〕102号《关于同意本溪钢铁公司建立现代企业制度试点实施方案的批复》同意将本溪钢铁公司改组为国有独资公司，更名为本溪钢铁(集团)有限责任公司。

十六、招股说明书及备查文件查阅地点

下列文件可在一般办公时间于本钢板材股份有限公司办公室(辽宁省本溪市平山区钢铁路)查阅。

1. 辽宁省人民政府《关于同意设立本钢板材股份有限公司的批复》(辽政(1997)57号)；

2. 辽宁省人民政府《关于推荐本钢集团热轧薄板股份有限公司发行B股股票的函》(辽政(1996)172号)；

3. 安达信·华强会计师事务所出具的审计报告、财务报表及附注；

4. 安达信公司出具的国际会计师报告；

5. 本公司的公司章程草案；

6. 深圳证券交易所上市承诺书；

7. 承销协议；

8. 国家国有资产管理局关于资产评估的确认报告；

9. 本钢板材股份有限公司(筹)1997年批准公开发行股票的有关决议；

10. 重大合约；

11. 其它有关文件。

本钢板材股份有限公司(筹)

一九九七年六月十日

本钢板材股份有限公司境内上市外资股(B股)上市公告书

一、释议

在本上市公告书中,除非文义另有所指,下列词语有如下意义:

本公司:指本钢板材股份有限公司

本钢集团公司:指本溪钢铁(集团)有限责任公司、本公司之控股公司

交易所:深圳证券交易所

B股:每股面值人民币1.00元的境内上市外资股400,000,000股

主承销商:指申银万国证券股份有限公司

元:指人民币

港元:指香港的法定货币

二、绪言

本上市公告书是根据《中华人民共和国公司法》、《股票发行与交易管理暂行条例》、《公开发行股票公司信息披露实施细则》、《国务院关于股份有限公司境内上市外资股的规定》、《股份有限公司境内上市外资股规定的实施细则》和《深圳证券交易所业务规则》等国家及地方政府制定的与股票发行有关的其它法律、法规编制。

经国务院证券委(1997)39号批文批准,本公司已成功地发行了每股面值人民币1.00元的境内上市外资股400,000,000股。经深圳证券交易所深证发(1997)第267号上市通知书批准,本公司B股将于1997年7月8日(星期二)在深圳证券交易所挂牌交易。

本公司董事会成员已批准该上市公告书,确信其中不存在任何重大遗漏或误导,并对其真实性、准确性、完整性负个别的和连带的责任。

三、发行公司概况

(一)发起人简介:

1、发定名称:本溪钢铁(集团)有限责任公司

2、注册资金:肆拾柒万万元

3、法定代表人:白尚显

4、成立日期:1996年7月10日

5、注册地址:辽宁省本溪市平山区人民路16号

6、联系电话:(0414)7828734

(二)公司历史沿革:

本钢集团公司始建于1905年,迄今已有92年历史,1953年3月更名为"本溪钢铁公司"。

建国后,本钢集团公司经过三次大规模的技术改造,已经形成拥有采矿、选矿、烧结、焦化、炼铁、炼钢、轧钢等主体厂矿以及运输、发电、机修等辅助部门配套齐全的钢铁企业,是我国十个特大型钢铁联合企业之一,也是辽宁省属最大的工业企业。1994年11月,经国务院批准,本钢集团公司正式被确定为全国百家现代企业制度试点单位之一,并于1996年7月正式组建为国有独资有限责任公司。

为加快本钢集团公司的技术改造步伐,拓宽融资渠道,转换企业经营机制,提高产品质量,增强企业竞争能力,经辽宁省人民政府辽政(1997)57号文批准,由本钢集团公司独家发起,以募集设立方式设立"本钢板材股份有限公司"(以下简称本公司)。本钢集团公司以炼钢厂、初轧厂和热连轧厂为主的生产、经营性资产和本溪钢铁(集团)冷轧薄板有限公司的12.375%股权注入本公司,由辽宁省资产评估事务所评估,并经国家国有资产管理局国资评(1997)261号确认评估结果,净资产为94,748万元,以1:0.65的比例折股,折合股份61600万股。

本公司炼钢厂具有三座大型氧气顶吹转炉,现已形成年产234万吨钢锭的生产能力。

本公司初轧厂具有年产228万吨板坯生产能力。

本公司热连轧厂1700mm热连轧机是我国自行设计、制造的第一套宽带钢连轧机,经过一系列技术改造,1996年年生产能力达到207万吨。

四、股票发行及承销

(一)本次私募配售:

1、境内上市外资股数量:400,000,000股

2、股票发行价格:每股2.547元人民币,折合2.38港元

3、募集资金总额(已扣除发行费用):96271.1万元人民币

4、本次发行方式:私募发行,采用承销商包销方式

5、配售户数:316户

6、发行费用总额:5608.9万元人民币

7、每股发行费用:0.14元人民币

8、备考摊薄发行市盈率:8.0倍

(二)股票承销:

承销商包销股票的数量:40,000万股

主承销商及承销团分销比例及数量:

公司名称	分销比例(%)	分销数量(股)
申银万国证券股份有限公司	43	172,000,000
荷银浩威·洛希尔	43	172,000,000
申银万国融资(香港)有限公司	10	40,000,000
里昂证券有限公司	2	8,000,000
乐金证券株式会社	2	8,000,000

(三)验资报告:

致本钢板材股份有限公司筹备委员会:

安达信·华强会计师事务所(以下简称"我们")接受本钢板材股份有限公司筹备委员会(以下简称"贵公司")的委托,对贵公司截至一九九七年六月二十一日止的实收股本的真实性和合法性进行了审验,在审验过程中,我们按照中华人民共和国《独立审计实务公告第1号——验资》的要求,实施了必要的审验程序。贵公司的责任是提供真实、合法、完整的验资资料,保护资产的安全、完整,我们的责任是按照《独立审计实务公司1号——验资》的要求,出具真实、合法的验资报告。

贵公司申请的注册股本为人民币1,016,000,000元,分为1,016,000,000股,每股面值人民币1元。其中:国有法人股,即贵公司发起股东——本溪钢铁(集团)有限责任公司(以下简称"本钢集团公司")投入人民币616,000,000元,拥有616,000,000股,占60.63%,向社会公开发行境内上市外资股400,000,000股(B股),占39.37%。

根据我们的审验,截至一九九七年六月二十日止,贵公司已收到各股东投入的资本计人民币1,966,283,038元。其中发起人投入的资本为人民币947,483,038元,境内上市外资股股东投入的资本为港币952,000,000元折合人民币1,081,000,000元。各股东投入的资本 包括股本人民币1,016,000,000元;资本公积计人民币894,103,317元,业已扣除发行费用及收取存款和利息计人民币56,089,721元。

安达信·华强会计师事务所　　中国注册会计师

李燕玉、贾健

一九九七年六月二十三日

五、董事、监事及高级管理人员持股情况

姓名	职务
白尚显	董事长
钱之荣	副董事长
张禄泉	董事经理
梁广德	董事、常务副经理
郭希明	董事、副经理
李墨华	董事
于天忱	董事
姜明东	董事
王庆阳	董事

路丁卯	监事会主席
李惠春	监事会副主席
张世华	监事
王云和	监事
吴　畏	监事
李正顺	财务总监

本公司董事、监事和高级管理人员均不持有本公司股票。

六、公司设立

1、公司创立大会暨第一次股东大会决议：

本公司于1997年6月25日在辽宁省本溪市金山宾馆召开了创立大会暨第一次股东大会，出席会议的股东或经股东授权的代理人共代表股份67201.7万股，占本公司总股本的66.14%，达到《中华人民共和国公司法》和《公司章程》规定的法定人数。经大会审议和表决，通过以下决议：

(1)、通过了《关于本钢板材股份有限公司筹建工作的报告》；

(2)、通过了设立公司的议案；

(3)、通过了《本钢板材股份有限公司章程》；

(4)、选举白尚显、钱之荣、李墨华、于天忱、姜明东、张禄泉、梁广德、郭希铭、王庆阳九人为公司董事，组成第一届董事会，任期三年；

(5)、选举路丁卯、李惠春、张世华、王去和、吴畏五人为第一届监事会监事，任期三年；

(6)、通过了公司发行上市A股12,000万股的议案；

(7)、通过了公司股票在深圳交易所上市的议案；

(8)、授权董事会处理一切有关公司设立、注册登记及上市等有关事宜。

2、公司注册资金：1,016,000,000元

3、公司注册时间：1997年6月27日

4、公司注册地址：辽宁省本溪市

5、营业执照注册号码：24269024－3

七、关联企业及关联交易

本钢集团公司为本公司的控股公司。本钢集团公司按产权管理原则享受所有权益，作为控股股东还将受公司章程中若干有关保障少数股东规则的限制。

本公司与本钢集团公司及其下属企业进行关联交易，通过采取公平、公正、以市场价格为原则，本公司已有本钢集团公司签订了综合服务协议等有关协议。根据该等协议，本钢集团公司已同意向本公司提供若干服务，以辅助本公司的业务运作。

八、股本结构及大股东持股情况

1、股本结构：

本公司的股本结构如下：

股本类别	股本	占总股本比例
发起人股(本钢集团公司)	61,600万股	60.63%
境内上市外资股(B)股	40,000万股	39.37%
总股本	101,600万股	100.00%

2、前十名股东所持股数及比例：

序号	股东名称	持股数量	占总股本比例
1	本溪钢铁(集团)有限责任公司	616,000,000	60.630%
2	HG ASIA LIMITED——CLIENT.	40,617,000	3.998%
3	上海香港万国证券有限公司	28,336,000	2.789%
4	EXPLORER FUND, SANTANDER NEW WORLD INVESTMENTS GR	8,750,00	0.861%
5	UNION SYSTEMS LINITED	5,500,00	0.541%
6	SHEEN ASIA HOLDINGS LIMITED	5,400,00	0.531%
7	DBS SECURITIES NOMINEFS(HK)LTD	5,250,000	0.517%
8	文胜投资有限公司	5,000,000	0.492%
9	SILVER FUND MANAGEMENT LIMITED	5,000,000	0.492%
10	TEMPLETON DRAGON FUND, INC.	4,640,000	0.457%

九、公司财务会计资料

1、审计报告：

本钢板材股份有限公司筹备委员会：

我们接受委托，审计了贵公司一九九四年十二月三十一日、一九九五年十二月三十一日及一九九六年十二月三十一日的资产负债表与一九九四年度、一九九五年度及一九九六年度的利润及利润分配表和一九九五年度及一九九六年度的财务状况变动表。这些会计报表由贵公司负责，我们的责任是对这些会计报表发表审计意见。我们的审计是依据《中国注册会计师独立审计准则》进行的。在审计过程中，我们结合贵公司实际情况实施了抽查会计记录等我们认为必要的审计程序。

我们认为，上述会计报表符合中华人民共和国《企业会计准则》及《股份制试点企业会计制度》的有关规定，在所有重大方面公允地反映了贵公司一九九四年十二月三十一日、一九九五年十二月三十一日及一九九六年十二月三十一日的财务状况与一九九四年度、一九九五年度及一九九六年度的经营成果和一九九五年度及一九九六年度的资金变动情况，会计处理方法的选用遵循了一贯性原则。

安达信·华强会计师事务所　　中国注册会计师

李燕玉、贾健

一九九七年四月十四日

2、财务报表：

(1)以下为安达信·华强会计师事务所出具的审计报告中资产负债表的主要数据：

单位：人民币元

	1996年12月31日	1995年12月31日	1994年12月31日
流动资产			
货币资金	15,828,806	62,724	643,679
应收帐款	92,341,265	196,242,496	665,190,532
减：坏帐准备	(461,706)	(981,212)	(3,325,953)
应收帐款净额	91,879,559	195,261,284	661,864,579
应收总公司款	642,677	175,642,927	(402,992,954)
应收关联公司款	202,491,783	210,878,286	84,220,761
其他应收款	34,961,316	4,691,449	22,836,045
待摊费用	2,708,471	2,067,449	2,878,913
存货	488,371,365	392,666,154	349,516,487
流动资产合计	836,883,977	981,269,940	718,967,510
长期投资：	198,000,000	—	—
固定资产：			
固定资产原值	1,615,014,480	1,524,217,843	1,498,332,978
减：累计折旧	(732,452,411)	(779,415,738)	(662,622,,516)
固定资产净值	882,562,069	744,802,105	835,710,462
在建工程	223,897,960	70,856,696	47,683,394
固定资产合计	1,106,460,029	815,658,801	883,393,856
无形及其他资产			
无形资产	3,930,831	2,707,849	
资产总计	2,145,274,837	1,799,636,590	1,602,361,366
流动负债：			
短期借款	335,000,000	449,390,000	338,200,000
应付帐款	10,424,590	4,937,704	703,024
应付福利费	1,051,291	—	—
应付工资	15,219,443	1,940,768	1,940,768
其他应付款	40,270,731	34,036,859	24,668,871
一年内到期的长期负债	208,485,320	229,526,540	222,015,960
流动负债合计	610,451,375	719,831,871	587,528,623
长期负债：			
长期借款	587,340,424	327,008,704	208,429,560
股东权益：			
股本	616,000,000	616,000,000	616,000,000
资本公积金	331,483,038	136,796,015	190,403,183
未分配利润	—	—	—
股东权益合计	947,483,038	752,796,015	806,403,183
负债及股东权益总计	2,145,274,837	1,799,636,590	1,602,361,366

(2)以下为安达信·华强会计师事务所出具的审计报告中利润及利润分配表的主要数据：

单位：人民币元

	1996年	1995年	1994年

主营业务收入	4,975,099,067	4,854,210,449	4,413,510,857
减:营业成本	4,359,946,404	4,465,083,250	3,968,936,320
销售费用	12,377,308	3,826,412	4,042,542
管理费用	27,276,781	25,159,266	17,378,750
财务费用	88,972,997	63,784,631	70,088,810
营业税金及附加	14,989,000	13,567,000	11,056,000
主营业务利润	471,536,577	282,789,890	342,008,435
加:其他业务利润	16,616,956	16,139,712	880,405
营业利润	488,153,533	298,929,602	342,888,840
加:营业外收入	717,497	2,283	78,617
减:营业外支出	752,155	541,466	456,771
利润总额	488,118,875	298,390,419	324,510,686
减:所得税	112,755,460	11,189,641	7,672,239
净利润	375,363,415	287,200,778	334,838,447

(3)以下为安达信·华强会计师事务所出具的审计报告中财务状况变动表的主要数据:

单位:人民币元

流动资金来源和运用	一九九六年度	一九九五年度
一、流动资金来源:		
1、本年净利润:	375,363,415	287,200,778
加:不减少流动资金的费用和损失		
(1)固定资产折旧	127,430,151	124,333,414
(2)处理固定资产损失(减收益)	752,155	541,466
小计	503,545,721	412,075,658
2、其他来源:		
(1)固定资产清理收入	6,586,787	12,714,055
(2)增加长期负债	260,331,720	118,579,144
(3)固定资产评估增值	268,178,539	—
小计	535,097,046	131,293,199
流动资金来源合计	1,038,642,767	543,368,857
二、流动资金运用		
1、利润分配:		
上缴本钢集团公司利润	375,363,415	287,200,778
2、其他运用:		
(1)固定资产和在建工程增加额	157,391,782	69,853,880
(2)增加无形及其资产	1,222,982	2,707,849
(3)增加长期投资	198,000,000	—
(4)减少资本公积	73,491,516	53,607,168
(5)固定资产评估增值转增股本及资本公积	268,178,539	
小计	698,284,819	126,168,897
流动资金运用合计	1,073,648,234	413,369,675
流动资金增加/(减少)净额	(35,005,467)	129,999,182

单位:人民币元

流动资金各项目的变动	一九九六年度	一九九五年度
一、流动资产增加/(减少)数:		
1、货币资金	15,766,082	(580,955)
2、应收帐款净额	(103,381,725)	(466,603,295)
3、应收本钢集团公司款	(175,000,025)	570,487,405
4、应收关联公司款	(8,386,503)	134,806,001
5、其他应收款	30,269,867	(18,144,596)
6、待摊费用	641,355	(811,797)
7、存货	95,705,211	43,149,667
流动资产增加/(减少)净额	(144,385,963)	262,302,430
二、流动负债增加/(减少)数:		
1、短期借款	(144,390,000)	111,190,000
2、应付帐款	5,486,886	4,234,680
3、应付福利费	1,051,291	—
4、应付工资	13,278,675	—
5、其他应付款	6,233,872	9,367,988
6、一年内到期的长期负债	(21,041,220)	7,510,580
流动负债增加/(减少)净额	(109,380,496)	132,303,248
流动资金增加/(减少)净额	(35,005,467)	129,999,182

(4)国际会计准则及其他调整对除税后溢利/资产净值之影响

单位:人民币千元

	除税后溢利 1994年度(未经审核)	1995年度(未经审核)	1996年度	资产净值 于1996年度/12月31日
按照中国会计准则编列的会计报表中所载	334,838,	287,201	375,363	947,483
调整之净额影响				
增加呆帐准备	(93,442)	(85,686)	(51,467)	(230,596)
计提存货陈旧损失准备			(1,928)	(1,928)
按照国际会计准则重报之数据	241,396	201,515	321,968	714,959

3、财务报表附注(摘要)

(1)主要会计政策

本会计报表所载之财务数据系本公司基于下列会计政策编制的,并假设该等会计政策于截止一九九六年十二月三十一日止三个年度(以下简称"有关期间")内已一贯采用。该等会计政策系根据中华人民共和国《企业会计准则》和《股份制试点企业会计制度》及其补充规定厘定。

A、会计年度

本公司以公历一月一日起至十二月三十一日止作为会计年度。

B、记帐原则及计价基础

本公司会计核算以权责发生制为记帐原则。各项资产除按规定进行了资产评估以评估值计价外,均按取得时的实际成本计价。

C、货币换算

本公司以人民币为记帐本位币。年度内发生的外币经济业务,按当月一日中国人民银行公布的市场汇价的中间价折合为本位币记帐。决算日,货币性项目中的非本位币余额概按当日中国人民银行公布的市场汇价的中间价进行调整,由此产生的汇兑损益计入当年度损益类帐项。

D、存货计价方法

本公司的存货以实际成本核算,发出存货的实际成本按加权平均法计算确定。在产品及产成品的成本包括直接材料、直接人工及应占的生产费用。低值易耗品按一次摊销法摊销。

E、坏帐准备。

坏帐准备按决算日应收帐款(不含关联公司往来款项)余额的5%提取,并计入当年度损益类帐项。

F、长期投资

本公司对投资额占被投资企业资本20%以下长期投资采用成本法核算。

G、固定资产及折旧

本公司之固定资产按实际成本或重估值减累计折旧核算。固定资产的折旧采用直线平均计算,并按固定资产的类别、估计经济使用年限和预计残值(原值的3%)确定其折旧率如下:

类别	估计使用年限	年折旧率
房屋建筑物	10—35年	2.8—9.7%
机器设备	5—15年	6.5—19.4%
运输设备	8年	12%
办公室设备	5年	19.4%

H、在建工程

本公司之在建工程是指兴建中厂房、机器设备及其它固定资产,按实际成本核算。该等成本包括直接建造成本,以及于兴建、安装及测试期间的有关借款的利息支出及外币折合差额。在建工程于正式投产后转为固定资产。

I、生产成本的核算

本公司生产成本的计算对象为各类型号的钢铁板材(主要包括卷板、切板和中板)。成本项目为可直接归集的原材料、辅助材料、备品备件、燃料、动力、直接人工和制造费用。生产成本的核算采用分步法分别归集及分配炼钢、初轧和连轧三步骤的生产成本,制造费用按各品种的产量系数进行分配。

J、税项

本公司须缴纳增值税,增值税税率为17%,并另按应缴增值税额的7%和3%,分别计缴城市维护建设税和教育费附加。

K、营业收入

本公司系以商品已发出,同时收讫价款或者取得索取价款的凭据时作为销售收入的实现。

L、修理费用

修理费用系于实际发生时计入当年度损益类帐项。

(2)主要会计报表项目附注(摘要)

A、应收帐款

应收帐款帐龄	一九九六年十二月三十一日	占该帐项余额的百分比
一年以内	20,897,370	23%
一至二年	12,487,777	13%
二至三年	58,965,118	64%
	92,341,265	100%

B、应收关联公司款帐龄

应收关联公司款帐龄	一九九六年十二月三十一日	占该帐项余额的百分比
一年以内	90,244,465	45%
一至二年	70,854,194	35%
二至三年	41,393,783	20%
	202,491,783	100%

C、其他应收款

应收帐款帐龄	一九九六年十二月三十一日	占该帐项余额的百分比
一年以内	12,172,986	35%
一至二年	8,664,908	25%
二至三年	3,428,905	10%
三年以上	10,694,517	20%
	92,341,265	100%

D、存货

	一九九六年十二月三十一日
原材料	2,711,658
在产品	156,016,851
产成品	64,044,739
备品配件	265,598,117
合计	488,371,365

E、长期投资

长期投资系本公司拥有的本溪钢铁(集团)冷轧薄板有限公司12.375%的股权,计人民币198,000,000元

F、在建工程

一九九六年十二月三十一日

工程名称	工程进度	实际支用数	预算数	批准文号	资金来源
连铸工程	10.73%	177,517,000	1,891,460,000	本钢发计字[1996]117号	工商银行贷款3亿,国外贷款1.5亿其余自筹
磨辊间	20.35%	15,638,000	76,840,000	本钢发计字[1996]117号	科技贷款800万,其余自筹
中央变电所	27.56%	5,523,000	20,040,000	本钢发计字[1996]117号	自筹
其他项目		25,219,960	152,270,000		
合计		223,897,960	2,140,610,000		

G、短期借款

借款总额(RMB)	月利率	借款条件
335,000,000	9.24‰—10.065‰	信用

H、主营业务收入

产品名称	一九九六年度
卷板	4,437,554,204
切板	228,262,420
其他	309,282,443
	4,975,099,067

I、其他业务利润

	一九九六年度
代料加工利润	21,769,860
其他	(5,152,904)
	16,616,659

J、所得税

94年和95年本钢集团公司与辽宁省人民政府订立的企业承包经营合同,实际所得税率分别为2.24%和3.75%。根据辽宁省财政厅97年1月发出的《关于返还本溪钢铁公司所得税的通知》。,本公司96年度上缴的所得税按33%计提,但可减免30%,故实际税率为23.1%

根据辽宁省人民政府于一九九七年三月二十八日发出的辽政[1997]58号批文和本钢集团公司的承诺,一九九七年度起,本公司赚取的利润均按15%的税率缴纳企业所得税。

十、董事会上市承诺

本公司董事会将严格遵守《中华人民共和国公司法》、《股票发行与交易管理暂行条例》、《公开发行股票公司信息披露实施细则》、《国务院关于股份有限公司境内上市外资股的规定》、《股份有限公司境内上市外资股规定的实施细则》、《深圳证券交易所业务规则》和国家及深圳市其它有关证券法律、法规,并自上市之日起作出如下承诺:

1、按照法律、法规的规定和要求披露重大的信息,并接受证券主管机关、深圳证券交易所的监督管理。

2、及时、真实、准确地公布中期报告和年度报告,并备置于规定场所供投资者公众查阅。

3、本公司董事、监事及高级管理人员如发生人事变动或持本公司股票发生变化时在报告证券主管机关、证券交易所的同时向投资者公布。

4、在任何公共传播媒介中出现的消息可能对本公司股票的市场价格产生误导性影响时,本公司知悉后将及时对该消息予以公开澄清。

5、本公司董事、监事及高级管理人员将认真听取社会的意见和批评,不利用已获得的内幕消息和其他不正当手段直接或间接从事股票买卖活动。

6、本公司没有无记录负债。

十一、其它重要事项

本公司B股上市后,将于年内发行12,000万股的人民币普通股(A股)。

十二、备查文件目录

1. 国务院证券委员会批准文件;
2. 招股说明书;
3. 安达信·华强会计师事务所出具的审计报告、财务报表及附注;
4. 安达信公司出具的国际会计师报告;
5. 本公司的公司章程;
6. 深圳证券交易所上市通知书;
7. 重大合约;
8. 其它有关文件。

十三、咨询机构

1、发行人:本钢板材股份有限公司

联系地址:辽宁省本溪市平山区钢铁路

电话:86—414—7828734

传真:86—414—7827004

联系人:孙忠政、周景纯

2、主承销商及上市推荐人:申银万国证券股份有限公司

联系地址:上海市瑞金一路98号

电话:86—21—64312800

传真:86—21—64315584

联系人:曹晓坤、冯震宇

本钢板材股份有限公司

一九九七年七月四日

本钢板材股份有限公司1997年度中期报告

一、财务报表

1. 财务报告(未经审计)

(1)简化的资产负债表　　　单位:人民币千元

项目	年初数	期末数
流动资产	836,884	2,103,468
长期投资	198,000	198,000
固定资产净值	882,562	820,406
在建工程	223,898	295,218
无形资产	3,931	6,869
递延资产	0	0
资产总计	2,145,275	3,423,961
流动负债	610,452	737,362
长期负债	587,340	587,340
负债合计	1,197,792	1,324,702
股本	616,000	1,016,000
资本公积	331,483	892,684
盈余公积	0	0
未分配利润	0	190,575
负债及股东权益总计	2,145,275	3,423,961

(2)简化的损益表　　单位:人民币千元

项目	1997年1—6月	1996年1—6月
主营业务收入	2,036,738	2,578,354
主营业务利润	249,994	272,253
其他业务利润	6,270	-3,693
投资收益	0	0
营业外收支净额	133	-106
利润总额	224,206	246,844
应交所得税	33,631	81,458
净利润	109,575	165,386

2、财务指标

上年同期总股本为61,600万股,1997年6月24日B股股本到位,总股本为101,600万股,1997年1—6月份财务指标按B股发行前与发行后分别计算。

项目	1997年1—6月份		1996年1—6月份
	发行后	发行前	
每股收益(元/股)	0.19	0.31	0.27
净资产收益率(%)	9.08	16.75	17.46
每股净资产(元/股)	2.07	1.85	1.54

3. 财务报表附注

(1)本报告期财务报告所采用的中国会计政策和会计方法与1996年一致。

(2)本报告期内按照国际会计准则与中国会计准则,计算的净利润没有差异。

(3)流动资产变化情况

单位:人民币千元

项目	年初数	期末数	增减情况
货币资金	15,829	961,587	945,758
应收帐款净额	91,880	42,330	-49,550
应收关联公司	202,492	94,944	-107,548
应收总公司	643	439,523	438,880
存货	448,371	524,953	36,582
其他流动资产	37,669	40,131	2,462

流动资产比年初增加126,658万元,其主要原因:一是本期利润总额22,421万元尚未分配,以本钢集团公司内部货币形式停留在应收总公司项目下。二是发行4亿元B股增加货币资金96,120万元。三是存货占用比年初增加3,658万元。

(4)应收帐款、应收关联公司款均为帐龄在三年以内的应收货款。

(5)在建工程累计完成29,522万元,本年增加7,132万元。其中:连铸工程累计完成24,063万元,比年初增加6,311万元,包括:建安费增加1,695万元,设备购置费增加1,464万元,其他投资增加3,152万元。

(6)无形资产比年初增加294万元,均为按地方政府规定支付的职工住房动迁费用。

(7)B股溢价发行扣除发行费用后,资本公积比年初增加56,120万元。

(8)主营业务收入减少54,161万元,主要原因是年初公司遭受罕见暴风雪袭击,造成停产、半停产影响减产20万吨,导致主营业务利润减少2,226万元,但今年上半年销售利润率比上年同期提高1.44个百分点。

(9)其他业务利润为627万元,主要是代料加工业务利润。

4. 关联企业及关联交易

本公司与本溪钢铁(集团)有限责任公司的所有购销、劳务供应等交易均为关联交易,上半年本溪钢铁(集团)有限责任公司向本公司销售铁水、废钢、水、电、风、汽等原燃材料,能源动力交易金额为176,669万元(上年同期为184,012万元),本公司向本溪钢铁(集团)有限责任公司销售产品交易金额为28,206万元,关联交易的原则、方式、价格均按照相互间签定的《重组分立协议》及《综合服务协议》执行。

5.B股发行募集资金于1997年6月23日全部存入指定收款银行,本公司于1997年6月25日入帐。由于本公司B股在深圳证券交易所上市日为1997年7月8日,故在上市日之前所募集资金全部冻结在指定收款银行。

二、经营情况的回顾与展望

(一)上半年生产经营情况

今年上半年,公司广大干部、职工团结一致,扎实工作,不断深化内部改革,认真学习邯钢经验,全面加强企业管理,战胜了年初特大暴风雪和持续严寒等诸多困难,连续创造月产热轧板材20万吨的最好水平,公司的经营业绩保持了稳步发展的良好态势。1—6月份公司实现净利润19,057.5万元,占全年盈利预测的50.42%,比上年同期增加15.23%,上半年,公司主要抓了以下几个主面的工作:

1. 面向市场,营销工作取得新进展。面对钢材市场竞争日趋激烈的形势,公司采取有效措施强化营销管理,加大营销力度,大力拓展营销空间,上半年先后召开了直销、联销工作会议,新增了19个直销厂家、30个联销厂家。

2. 健全质量保证体系,强化产品质量攻关。上半年,公司狠抓产品质量管理,制修订工艺规程和质量考核办法,对用户进行跟踪专访,针对反馈的质量信息,制订整改措施,实行工序间逐级退废制度,特别是进行了高压水除磷改造和连轧机高精度轧制攻关等效果显著,转炉钢合格率达99.64%,比上年同期提高0.07%;普钢材合格率达97.99%,比上年同期提高0.85%,普钢成材率达93.23%,比上年同期提商0.38%。

3. 认真学习邯钢经验,实行成本否决。建立科学严密的指标体系、核算体系和考核体系,强化资金、成本管理,对于本公司铁水、煤气、轧辊、成材率、成坯率等重点消耗定额,开展科技攻关,其中:轧辊消耗降低成本443万元,成材率提高降低成本675万元。同时严格控制费用支出,各项费用支出由各单位主要领导一支笔审批,分级归口管理,层层落实管理责任,取得显著成效。

4. 技改工程进展顺利。新建板坯连铸机工程,今年3月全面开工,目前,已完成投资2.4亿元。1700mm热连轧机一期改造正抓紧进行。

5. 调整产品结构,生产高附加值产品。公司适时调整品种计划,上半年增产市场畅销的高附加值的热轧板材33万吨。

(二)下半年工作重点

1. 挖掘潜力,增产增效。下半年是公司生产与销售的旺季,也是公司独立运作的重要发展阶段,公司下达了较高标准的产量指标并与三个厂领导签订责任状,实行严格的奖罚措施。主要产品产量在初连轧中修情况下,连续月产创历史最好水平。要完成转炉钢125万吨,初轧坯117万吨,热轧板材106万吨,热轧板材比年初预测产量195万吨(已扣除暴风雪影响减产因素)将增产5万吨。进一步加强生产系统,在保证安全的前提下均衡生产,稳产高产,实现目标计划。

2. 以市场为导向,大力开拓产品市场。抓住板材市场逐步攀升的机遇,下半年要狠抓销售管理,实行有效的营销机制和营销策略。要加强销售队伍建设,引入激励机制和约束机制,实行销售收入与个人收入挂钩承包,做到奖罚分明。要开发适销对路新产品,进一步拓宽产品销售领域,加强广州、山东、西北、东三省销售网络建设,进一步提高市场占有率。

3. 深入开展学邯钢、找差距、降成本、反浪费、增效益活动。进一步落实增利措施,比原预测增利1400万元。以资金管理为重点,以成本管理为中心,继续实行成本否决,努力做到增加产量,优化指标,减少消耗,降低成本,提高效益。

4. 树立全新观念,搞好资金运筹,合理运用资金,提高资金的使用效果和使用效益。

5. 继续加快技改工程建设进度。搞好施工组织,确保年底板坯连铸工程全面完成土建工程。国内外设备全部到位,具备设备安装条件;热连轧机改造完成技术谈判,签订商务合同,并利用中修时间进行轧机牌坊的测量,为正式开工做好前期准备。

6. 精心组织,确保中修如期完成。要保证质量、保证费用、保证工期、保证中修后尽快达产,为实现全年生产任务打下良好的基础。

7. 搞好A股发行,预计筹资7.2—8.4亿元。

8. 搞好公司的规范运作。认真执行《公司法》等法律法规,贯彻"法制、监管、自律、规范"八字方针,加强基础工作,建章建制,严格执行关联交易协议,自觉规范公司行为,走上市公司规范运作之路。

三、重大事项的说明

1. 公司于1997年6月25日在辽宁省本溪市金山宾馆召开了本钢板材股份有限公司创立大会。创立大会选举九位董事组成公司第一届董事会;选举3位监事与2位职工代表出任的监事组成公司第一届监事会。

2. 公司第一届董事会于1997年6月25日在本钢集团公司会议室召开了第一次会议,应出席会议董事9人,实际出席9人,符合公司章程规定,会议形成下列决议:

(1)到会董事一致同意选举白尚显为董事长,钱之荣为副董事长。

(2)到会董事一致同意聘任张禄泉为公司总经理。

(3)根据公司总经理提名,聘任梁广德为常务副总经理,郭希铭为副总经理,李正顺为财务总监。

(4)同意总经理提出的公司机构设置方案。

(5)董事会决定由总经理负责公司A股发行事宜。

3. 公司第一届监事会于1997年6月25日在辽宁省本溪市金山宾馆召开第一次会议。应出席监事5人,实际出席5人,符合公司章程规定。

到会监事一致同意选举路丁卯为监事会主席,李惠春为监事会副主席。

4. 本公司于6月10日—12日发行4亿B股,每股价格2.38港元/股,共筹集资金95200万港元。全体董事和高级管理人员都不持有本公司的股票。

5. 公司于1997年6月27日在辽宁省工商局登记注册,注册资本10.16亿元。

6. 根据国务院证券委、中国人民银行、国家经贸委5月21日联合发布的《严禁国有企业和上市公司炒作股票的规定》,公司进行了认真的自查,至今为止,本公司未在境内任何证券经营机构开设帐户,买卖已上市流通之股票。未发现任何违反规定的现象。

7. 本报告期内公司无重大诉讼、仲裁事项。

8. 本公司本年度中期不分红。

四、发行在外股票的变动和股权结构的变化

1. 发行在外股票情况

经国务院证券委证委发[1997]39号文批准,1997年6月10日至1997年6月12日,公司发行境内上市外资股(B股)40,000万股。公司总股本为101,600万股。

2. 股权结构情况

单位:万股　每股面值1元人民币

	期初数	期末数
(一)尚未流通股份		
发起人股份	61,600	61,600
尚未流通股份合计	61,600	61,600
(二)已流通股份		
境内上市外资股	40,000	40,000
已流通股份合计	40,000	40,000
(三)股份总数	101,600	101,600

3. 主要股东持股情况

序号	股东全称	持股数量	比例(%)
1	本溪钢铁(集团)有限责任公司	616,000,000	60.63
2	HG ASIA LIMITED-CLIENT.	40,617,000	3.99
3	上海香港万国证券有限公司	23,236,000	2.28
4	EXPLORER FUND, SANTANDER NEW WORLD INVESTMENTS GR	8,750,000	0.86
5	UNION SYSTEMS LIMITED	5,500,000	0.54
6	SHEEN ASIA HOLDINGS LIMITED	5,400,000	0.53
7	DBS SECURITIES NOMINEES(HK)LTD	5,250,000	0.51
8	文胜投资有限公司	5,000,000	0.49
9	SILVER FUND MANAGEMENT LIMITED	5,000,000	0.49
10	TEMPLETON DRAGON FUND, INC.	4,640,000	0.45

五、股东大会简介

本钢板材股份有限公司于1997年6月25日在辽宁省本溪市金山宾馆召开了创立大会暨第一届股东大会。参加大会的股东及股东代表9人,代表股份67201.7万股,占公司总股本的66.14%,经本溪市公证处公证,符合《中华人民共和国公司法》和本公司章程的有关规定。

大会审议表决,通过下列决议:

1. 通过了《关于本钢板材股份有限公司筹建工作报告》;

2. 通过了设立公司的议案;

3. 通过了《本钢板材股份有限公司章程》;

4. 选举白尚显、钱之荣、李墨华、于天忱、姜明东、张禄泉、梁广德、郭希铭、王庆阳九人为公司董事,组成第一届董事会,任期三年;

5. 选举路丁卯、李惠春、张世华为公司监事,和此前已由职工代表推选产生的职工代表王云和、吴畏共五人组成第一届监事会,任期三年;

6. 通过了公司发行上市A股12.000万股的议案;

7. 通过了公司股票在深圳证券交易所上市的议案;

六、备查文件

1. 载有公司董事长白尚显亲笔签名的公司中期报告原件。

2. 公司《境内上市外资股招股说明书》;

3. 公司创立大会暨第一届股东大会决议;

4. 公司1997年上半年财务报告;

查阅地点:辽宁省本溪市平山区钢铁路本公司办公室

查询电话:0414—7828734

本钢板材股份有限公司

1997年8月23日

本钢板材股份有限公司招股说明书概要

一、绪言

本招股说明书根据《中华人民共和国公司法》、《股票发行与交易管理暂行条例》、《公开发行股票公司信息披露实施细则》、《招股说明书的内容和格式》、国家制定的有关股份制企业试点和股票发行管理规定而编写。

本招股说明书已经发行人董事会批准通过，旨在为投资者提供各方面的基本材料，董事会全体成员确信其中不存在任何重大遗漏或者误导，并对其真实性、准确性、完整性负个别的和连带的责任。

公司本次发行的股票是根据本招股说明书所载明的资料申请发行的，除本发行人和主承销商外，没有委托或授权任何其他人提供未在本说明书中列载的信息和对本说明书作任何解释或者说明。

投资者如对本招股说明书有疑问，可咨询本公司本次股票发行的各有关当事人。本招股说明书提醒投资者应自行负担买卖公司股票所应支付的税款，发行人、推荐人和承销商对此不承担责任。

二、释义

在本招股说明书中，除另有说明，下列词语的含义是：

公司、本公司或发行人：指本钢板材股份有限公司

发起人：指本溪钢铁(集团)有限责任公司(以下简称本钢集团公司)

原公司、发行人主体：指本钢集团公司所属炼钢厂、初轧厂和热连轧厂

元：指人民币元

国有法人股：指发起人将原公司净资产投入到公司折成的股份

A股：指本次向社会公开发行的 12000 万股境内上市人民币普通股(含 1200 万股公司职工股)

B股：指公司以私募形式发行 40000 万股境内上市外资股

公司职工股：指公司在册的职工认购的公司股份

主承销商：指申银万国证券股份有限公司

承销团：指以申银万国证券股份有限公司为主体承销商组成的本次股票发行的承销团

三、发售新股有关当事人

1、发行人：本钢板材股份有限公司
法定代表人：白尚显
所　在　地：本溪市平山区钢铁路
电　　　话：0414－7828734
传　　　真：0414－7827016
发行人负责本次股票发行的联系人：孙忠政　周景纯

2、主承销商：申银万国证券股份有限公司
法定代表人：朱恒
所　在　地：上海市南京东路 99 号
电　　　话：(021)63295888
传　　　真：(021)63298740
主承销商负责本次股票发行的联系人：曹建荣　林文琴

3、分销商：
分销商：中国科技国际信托投资公司
分销商：南方证券有限公司
分销商：君安证券有限公司
分销商：深圳国投证券有限公司
分销商：海南港澳国际信托投资有限公司
分销商：海南赛格国际信托投资公司
分销商：大鹏证券有限责任公司
分销商：金华市信托投资股份有限公司
分销商：吉林省证券有限责任公司
分销商：辽宁省证券公司
分销商：辽宁信托投资公司
分销商：江苏联合信托投资公司
分销商：贵州证券公司

4、上市推荐人：申银万国证券股份有限公司
中国科技国际信托投资公司

5、发行人财务顾问：申银万国证券股份有限公司

6、发行人律师事务所：德恒律师事务所
法定代表人：王丽
所　在　地：北京友谊宾馆怡宾楼 40221 室
电　　　话：(010)68498888－40221
传　　　真：(010)68498738
经 办 律 师：涂健　陈静茹　高国富　毛国权

7、主承销商律师事务所：上海市联合律师事务所
法定代表人：朱洪超
所　在　地：上海市衡山路 283 号华强公寓三楼
电　　　话：(021)64712303
传　　　真：(021)64310763
经 办 律 师：朱洪超　江宪

8、会计师事务所：安达信、华强会计师事务所
法定代表人：张本廉
所　在　地：北京建国门外大街一号中国国际贸易中心办公楼 1116 号
电　　　话：(010)65053333
传　　　真：(010)65051828
经办注册会计师：李燕玉　贾健

9、资产评估机构：辽宁资产评估事务所
法定代表人：崔荣禄
所　在　地：沈阳市沈河区风雨坛街 32 号
电　　　话：024－2906746
传　　　真：024－2906746
经办评估人员：崔荣禄　朱鹤升

10、资产评估确认机构：国家国有资产管理局
法定代表人：张佑才
所　在　地：北京市万泉河路 66 号
电　　　话：010－62567744
传　　　真：010－62567744

11、土地评估机构：辽宁省土地评估事务所
法定代表人：李志超
所　在　地：沈阳市皇姑区宁山东路新新巷 1－1 号
电　　　话：024－6227576
传　　　真：024－6219479
经办土地评估师：李志超　刘晓辉

12、土地评估确认机构：辽宁省土地管理局
法定代表人：廖维满
所　在　地：沈阳市皇姑区北陵大街 45－54 号
电　　　话：024－6892106
传　　　真：024－6893442

13、股款存放银行：本溪工商银行本钢支行
负　责　人：杨耀
所　在　地：本溪市平山区人民路 16 号
电　　　话：0414－7827827

帐　　号:004221002146

14、股票登记机构:深圳证券登记有限公司

法定代表人:黄铁军

所　在　地:深圳市红岭中路25号

电　　话:(0755)5585543

15、上市交易所:深圳证券交易所

法定代表人:桂敏杰

所　在　地:深圳市福田区红荔西路203栋

电　　话:(0755)3207540

传　　真:(0755)3203517

四、承销

1、承销方式:

本公司本次公开发行的12000万股(含1200万股公司职工股)社会公众股股票,由承销团采用余额包销的方式承销。

2、承销期的起止日期:

1997年11月3日至1997年11月11日止。

3、发行方式:

采用在深圳证券交易所上网定价的发行方式。

4、发行地区:

与深圳证券交易所交易系统联网的全国各地的证券营业网点。

5、发行对象:

在深圳证券交易所开立股票帐户的持有中华人民共和国身份证的自然人、法人(国家法律、法规禁止者除外)。

6、股票种类:普通股

7、每股面值:1.00元

8、发行数量:12,000万股

9、每股发行价格:5.40元

发行价格确定方法:

(1)公司1994年、1995年、1996年平均每股税后利润为0.54元;

(2)市盈率的确定,主要考虑发行人近三年的经营业绩和目前的市场因素,市盈率为10倍。

(3)发行价格=(1994年每股税后利润+1995年每股税后利润+1996年每股税后利润)÷3×发行市盈率=(0.54+0.47+0.61)÷3×10=5.40元。

10、本次发行预计可筹集资金64,800万元。

11、承销机构、承销量及承销量占总量的比例列表如下:

承销商	承销量(万股)	所占总量的比例(%)
申银万国证券股份有限公司(主承销)	1400	11.67
中国科技国际信托投资公司	1000	8.34
南方证券有限公司	900	7.50
君安证券有限公司	900	7.50
深圳国投证券有限公司	900	7.50
海南港澳国际信托投资有限公司	900	7.50
海南赛格国际信托投资公司	900	7.50
大鹏证券有限责任公司	900	7.50
金华市信托投资股份有限公司	900	7.50
吉林省证券有限责任公司	700	5.83
辽宁省证券公司	700	5.83
辽宁信托投资公司	700	5.83
江苏联合信托投资公司	700	5.83
贵州证券公司	500	4.17

五、风险因素与对策

投资者在评价发行人此次发售的股票时,除本招股说明书提供的各项资料外,应特别认真考虑下述各项风险因素。

(一)风险因素

1、经营风险

(1)原材料供应的风险

本公司的主要生产原材料是铁水、废钢,这两项原材料的开支,分别占公司生产成本的66%和6%以上,主要供应商是本钢集团公司第二炼铁厂和废钢厂。虽然本公司的经营成果从未因这些原材料的供应中断而受到重大不利影响,但未来原材料能否保证供应及其成本的是否稳定,可能给公司生产、经营带来一定的影响。

(2)对主要客户依赖的风险

公司虽然有稳定的客户,前十名客户占1996年度总销售额的49.05%,但如果该十名客户对钢材需求发生变化,有可能对公司的销售造成一定的影响。

(3)原材料价格方面的限制

尽管通过签订综合服务协议,铁水、废钢、能源等可以得到稳定供应,但由于市场的变化,价格会产生一定波动,可能对公司经营造成一定影响。

(4)产品结构相对集中的风险

本公司主要生产和出售热轧板材,生产能力200万吨,国内板材市场占有率为14.52%,热轧板材产量目前居于国内第四位,前三位分别为宝钢、武钢、鞍钢。公司虽拥有较先进的生产技术和较大的市场占有率,但由于业务相对集中,可能给公司的经营带来一定的风险,其主要产品——热轧钢板的价格有任何波动会直接影响本公司的业绩。

2、行业风险

(1)政策风险

本公司所属的冶金行业,是国家基础产业之一,与国民经济发展密切相关,如果国家采取紧缩的宏观经济调控政策,将影响国内钢材市场的消费需求,从而使公司的生产经营受到一定的限制。

(2)行业内部竞争的风险

本钢集团公司是我国十个特大型钢铁联合企业之一,在冶金行业按销售收入排在第六位,在全国500家最大的工业企业中排在第29位,也是辽宁省属最大的工业企业。本钢板材股份有限公司是我国第四大热轧薄板生产企业。本公司所生产的热轧板材是国民经济发展所需的重要材料。目前越来越多的钢铁企业也将热轧板作为重点发展的产品系列,行业竞争对手逐渐增加,因此加大了行业风险。

(3)行业发展存在的限制因素

环境保护技术的应用及环境污染治理的成败是钢铁工业发展的重要制约因素,由于公司主要产品是热轧板材,在生产过程中排放废水、废渣、废烟等有害物质,虽然目前公司"三废"排放已达到国家规定的排放标准,但随着国家对环保工作要求的提高,公司在短期内有可能达不到要求。为了进一步提高治理环境污染的能力,公司决定97、98、99年在环境保护上年平均投入7000万元的费用以适应环保更高标准。

3、市场风险

(1)密切相关的行业存在各种制约因素

本公司所生产的热轧板材与建筑、汽车、石油、化工和造船等行业有密切的关系,国家对这些行业的政策以及这些行业的发展状况直接影响到本公司的生产经营,如果这些行业经营不景气,需求萎缩,可能影响公司产品销售量和销售价格,因此本公司面临由此引起的市场风险。

(2)市场容量方面的限制

目前国内生产热轧板材年产量约在1430万吨左右,而国内的热轧板材需求量在1500万吨左右,中国强大的板材市场需求,不但使国内竞争对手增加,也成为国外板材生产厂家竞争的热点。近年来,由于国际钢材市场疲软,钢材价格下降,中国政府于一九九六年四月一日起又将冶金产品的进口关税优惠平均税率从13.29%调低至9.16%,其中热轧板材的进口关税税率从12%调低至6%,热轧卷材的进口关税税率从9%调低至6%,这导致了进口钢材成本下降,进口钢材增长。国外同类产品向中国

市场的逐渐输入,给本公司的销售带来一定影响。我国加入世界贸易组织后,虽然有利于企业走向国际市场,扩大产品出口,但也面临进口钢材的竞争,从而给公司带来一定的风险。

4、技术改造项目实施过程的风险

本公司所实施的连铸、热连轧两项改造工程项目已经国家经贸委审核批准,其中连铸项目已经开工,热连轧项目年内开工。若两项目工期延迟超出成本或因其他意料之外事情延误,均可造成风险。然而,董事会有信心通过审慎周详的计划及严密严格的管理来控制该等风险。

5、政策性风险

为保护国内市场,我国对进口钢材征收保护性关税,一旦我国加入世界贸易组织,钢材的进口关税将有可能减少,导致进口产品在国内钢材市场上的竞争加剧,另外国家随着宏观形势的变化,有可能在特定时期实行宏观紧缩政策,使市场对板材的需求有所减少,对公司正常生产经营形成一定风险。

目前虽然本公司享有税负上优惠,按33%的税率计算企业所得税,再由辽宁省和本溪市财政总计返还18%,实际所得税负为15%,但如果国家或地方优惠政策有变化,企业竞争能力将有可能削弱。

6、股市风险

投资者必须认识到股市存在风险。股票市场投资收益与投资风险并存,股票价格不仅受宏观经济周期、利率和资金供求关系等因素的影响,同时也会因国际国内政治、经济形势以及投资者心理因素的变化而产生波动而暂时背离公司的经营业绩。因此,股票交易是一种风险较大的投资活动,投资者对此应有充分的心理准备。

(二)风险之对策

本公司针对以上风险,已经或准备采取以下对策:

1、针对经营风险的对策

(1)针对原材料价格波动的风险,本公司一方面与本钢集团公司签订原材料供应协议,使原材料在数量、质量、时间上保证供应,避免由于货源不稳定影响生产。同时,制定了相关定价原则,以避免价格大幅度波动。另一方面,深入学习邯钢经验,实行"模拟市场,成本否决",通过技术改造,加强成本管理,降低原材料消耗,提高产品的质量,消化部分原材料的涨价因素。

(2)针对业务相对集中的风险,本公司将通过技术改造,扩大产品的品种与规格,增加造船钢板、锅炉钢板、石油管线用钢板及汽车大梁用钢板等国内急需的产品的生产,从而分散业务相对集中的风险。

2、针对行业风险

本公司通过新建板坯连铸机和对热连轧机的改造,技术装备将达到国际先进水平。改造后生产的造船用钢板、石油管线用钢板及汽车用钢板等在同行业中具有较强的竞争能力。面对行业内部竞争,本公司将在生产上利用先进的技术水平和具备一定的生产规模优势,提高产品质量,降低生产成本,使自身立于不败之地。针对国家环保工作要求的不断提高,本公司将在治理"三废"排放方面增加力度,增加投资,以适应国家环保政策的新要求。同时在现有的销售网络基础上,不断加强销售力量,准确及时地搜集市场信息,把握有利时机,拓宽国内外市场。

3、针对市场风险

(1)本公司将充分利用位于东北亚经济圈内,交通十分发达,水电供应充足,铁矿石等矿产资源丰富的地域优势,以及铁矿石低磷低硫,有害元素少,所生产的热轧板材深冲性能好的资源优势,巩固东北、华北市场,进一步拓宽华中、华东、华南市场。

(2)加入世贸组织将促进中国钢铁工业加入国际大循坏,本公司将利用国际资源、国际市场和先进技术,调整产品结构,提高质量,增加品种,降低成本,迎接入关的挑战。

4、针对政策风险

本公司通过新建连铸机和1700mm热连轧机改造,将提高技术水平和产品质量,降低成本,在占领国内市场的同时,有重点、有步骤地开发国际市场,以迎接加入世界贸易组织之后国际竞争的挑战。同时,不断开发新产品,生产出更多的替代进口产品,增强在国内外市场上的应变能力,并占有更大的市场份额。

5、针对股市风险

本公司将严格按照《公司法》、《股票发行与交易管理暂行条例》、《公开发行股票公司信息披露实施细则》等股份制企业的规范要求运作,建立和健全一整套生产、经营、财务和人事等管理制度。采取多种措施,努力提高生产能力,降低产品成本,增强公司盈利能力,树立公司的良好形象,给投资者以较丰厚的、长期的和稳定的投资回报,从根本上保证股东利益。

六、募集资金的运用

1、发行股票所募集资金的计划用途

1996年8月国家经贸委以国经贸改〔1996〕555号《关于下达技术改造第二期"双加"工程导向性项目计划的通知》文件将本公司连轧一期工程列入"双加"工程的导向性计划。1994年12月国家经贸委以国经贸改〔1994〕772号《印发<关于审批本溪钢铁公司第二炼钢厂板坯连铸机技术改造项目可行性研究报告的请示>的通知》批准本公司新建板坯连铸机项目。

连轧一期工程所需资金11.7亿元,新建板坯连铸机项目所需资金18.9亿元。本公司于1997年6月10日已同次发行境内上市外资股(B股)40,000万股,每股面值1.00元,每股发行价为港币2.38元,折人民币2.547元,扣除有关费用支出后,所筹资金为人民币9.627亿元。本公司本次向社会公众发行A股12000万股,每股面值1.00元,每股发行价为5.40元,扣除有关费用支出,预计募集资金6.288亿元人民币。本次A、B股发行完成并扣除发行费用后,预计共可募集资金15,915亿元人民币,所募集资金净额将全部投入1700mm热连轧机和新建板坯连铸机两个改造项目。

2、投资项目情况介绍

(1)1700mm热连轧机改造项目

本公司的1700mm热连轧机是六十年代我国自行设计制造的,受当时历史条件的限制,轧机装备水平较低,设备制造质量较差,致使产品质量和产量达不到设计要求。从1983年开始,逐步对连轧机设备存在的问题进行了局部改造,新上了自动调厚系统、电动活套、自动换辊等装置,使该轧机装备水平有了一定的提高,具备了年生产200万吨的能力,产品质量有了明显的改善,但随着市场竞争的不断加剧和冷轧原材料的特殊要求,必须对现有的设备进行必要的改造。热连轧机改造完成后,将进一步提高热轧板材的质量和数量,增强在国内外市场的竞争能力,并为冷轧提供合格原料,全面提高经济效益。长期以来板材产品一直是我国缺口量较大的产品,在数量和质量上都不能满足市场的需求。根据初步测算,2000年我国热轧板材的需求量约为3780万吨,虽然现有热连轧机和国家在"九五"期间拟建设、改造的一批热轧板带轧机将形成3600万吨生产能力,但与需求相比仍有一定缺口。本公司地处东北地区,从地区钢材消耗预测看,板材消耗比例明显高于全国平均水平,所以本公司热连轧机改造后的产品市场广阔。

通过热连轧机一期工程的改造,热轧板材的轧制精度将得到提高,产品质量得到改善,轧制种类得到扩大,每年平均可新增税前利润28,273万元,投资回收期为6.1年,公司利润将明显增加。

(2)新建板坯连铸机项目

炼钢厂担负着普钢生产的冶炼任务,炼钢能力为250万吨。但其浇铸系统仍沿用模铸生产方式,工艺落后,能耗高,金属收得率低。受初轧机能力的限制,产量仅能达到240万吨,严重地制约了企业的生产发展。此外,冷轧生产的优质、低合金和深冲钢板对钢中碳、磷、硫等成份含量的要求更为严格,钢水必须经过炉外精炼和连铸才能达到要求,因此必须对炼钢厂烧浇系统进行技术改造。该项目建成后,将结束本钢没有连铸的历史,提高成材率8%,相当于每年多产14万吨钢坯,同时,也为今后实现热送、热装和直接轧制的先进生产工艺创造了条件。

新建连铸机投产后,财务内部收益率为14.72%,投资回收期为8.8年,年新增利润为27362万元。

3、投资项目使用资金的计划时间表及利润预测

单位:人民币亿元

项目名称	项目投资	建设周期(年)	分期投资(年)				利润预测			静态投资回收期(年)	产销率假设(%)	盈亏平衡点产量(万吨)
			1996	1997	1998	1999	1998	1999	2000			
1700mm热连轧机	11.70	3		8.00	1.20	2.50	1.02	1.40	2.80	6.1	100	81.45
新建板坯连铸机	18.90	4	4.60	8.20	6.10			1.30	2.70	8.8	100	105.23

4、缺口资金的来源及落实

本公司投资项目资金共需30.6亿元,此次向社会公开发行12,000万股境内上市人民币普通股,扣除发行费用后可筹集6.288亿元资金。连同六月份已发行的40,000万股境内上市外资股(扣除有关费用后)所筹集的9.627亿元资金,共筹资15.915亿元将都用于上述项目。其余缺口资金14.685亿元主要通过以下三种渠道解决:一是国外出口信贷,共计5216万元美元,折人民币4.3293亿元;二是商业贷款,计921万美元,折合人民币0.7644亿元,上述两项贷款协议已与中国工商银行本溪支行签订。三是中国工商银行专项款10.5亿元人民币。合计15.5937亿元。资金剩余部分将补充项目流动资金。目前,工行45,000万元专项贷款已到位。

七、股利分配政策

本公司的税后利润分配方案由董事会制定,经股东大会审议批准。

现将公司章程的股利分配有关内容摘录如下:

公司缴纳税金后的利润,按照以下顺序分配:

1、弥补上一年度亏损;

2、提取法定公积金10%(当法定公积金累计额已达注册资本百分之五十时可不再提取);

3、提取法定公益金5%至10%;

4、经股东大会决议提取任意盈余公积金或留存待分配利润;

5、依据股东持有股份的比例支付股利。

6、本公司税后利润在扣除法定公积金、公益金和任意公积金后,未分配利润按中国有关会计制度与会计准则确定的累计未分配利润数字中较低者为最大限额来进行分配。

本公司章程已在公司创立大会上审议通过。

本次发行如能按计划完成,预计首次派发的股息时间为1998年6月30日以前。由于A股仅于本财政年度发行,A股持有人就截止一九九七年十二月三十一日止年度的利润派发的股息,则根据新股发行之日起,募股资金的天数占全年365天的比例计算。A股股息以人民币支付,采取现金或股票形式。具体分配方案由股东大会审议决定。

八、发行人情况

1、发行人名称:本钢板材股份有限公司

2、本公司成立时间:1997年6月25日

3、本公司住所:辽宁省本溪市平山区钢铁路

4、发行人、发起人历史情况简介

本公司经辽宁省人民政府辽政〔1997〕57号文批准,由集团公司将下属的炼钢厂、初轧厂和连轧厂的生产性资产,独家发起采用募集设立方式组建。并将评估后净资产94748万元以1:0.65的比例折股,折合股份61600万股。

本公司发起人本钢集团公司始建于1905年,迄今已有92年历史。建国后几经改造,已经形成了拥有采矿、选矿、烧结、焦化、炼铁、炼钢、轧钢等主体厂矿以及运输、发电、机修等辅助部门配套齐全的钢铁联合企业,是我国十个特大型钢铁联合企业之一,也是辽宁省属最大的工业企业。本溪地区铁矿石资源丰富,水电供应充足,交通便利;十分有利于冶金工业特别是板材工业的发展。本钢素以"人参铁"著称,使本公司有其独特的名牌效应;1994年11月经国务院批准,本溪钢铁公司被确定为全国百家现代企业制度试点企业之一,1996年7月正式改制为国有独资的本溪钢铁(集团)有限责任公司,并被列为全国三百家重点扶持企业之一。

目前,本钢生产能力为年产生铁320万吨、钢260万吨、热轧板材220万吨;96年年末,总资产207亿元,净资产81.80亿元;全年实现利税11.49亿元,利润1.58亿元;职工人数十万人。

炼钢厂、初轧厂、热连轧厂是本钢集团公司下属的三个骨干生产单位,现有职工8400人。炼钢厂始建于70年代初,是我国自行设计、制造安装的大型氧气顶吹转炉炼钢厂。设计生产能力为年产200万吨普钢锭。1974年11月18日炼出第一炉钢,1988年钢产量达到设计生产能力。二十多年来,经过一系列配套改造,冶金设备和工艺技术水平得到极大的改善。自1988年以来,钢产量连年突破200万吨,最高年份已达到242万吨。初轧厂始建于1973年,是国家改造本钢"三二二"规划中的重点项目之一,设计生产能力年产173万吨板坯,1975年投产试轧成功,几经改造,现已形成225吨板坯生产能力。连轧厂拥有我国自行设计制造的第一套1700mm热连轧机,能生产2.5-10.0mm花纹板、汽车大梁钢板等30多个品种的热轧板,年生产能力200余万吨。目前国内市场占有率达14.52%,主要销往11个省区,同时对外创汇也具有一定能力。连轧厂全部原燃料及水、电、风、汽由本钢集团公司提供。

连轧厂曾荣获冶金部产品实物质量"金杯奖"等荣誉称号。

初轧厂曾荣获冶金部、辽宁省优质产品奖。

炼钢厂曾先后荣获全国冶金转炉系统现场管理样板厂等荣誉称号。

5、发行人的组织结构和内部管理结构

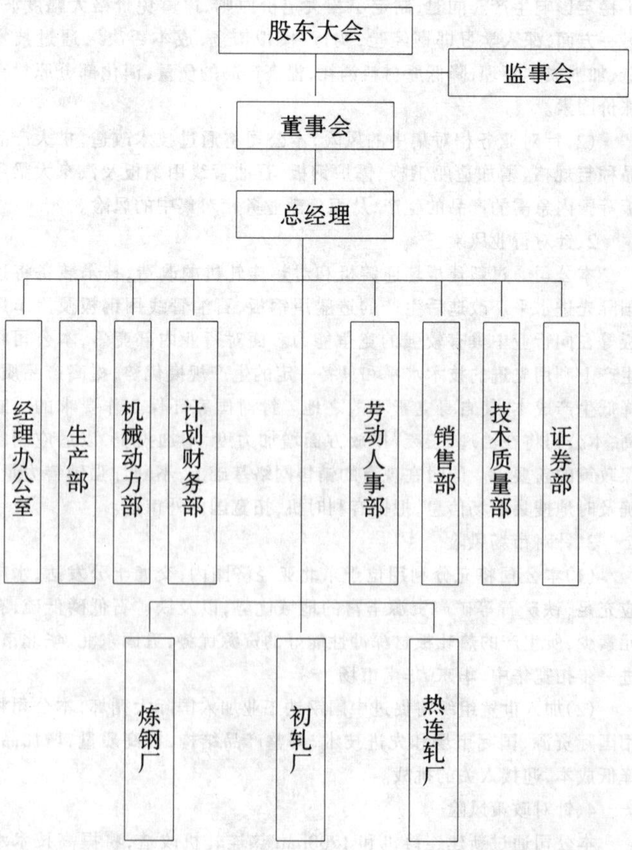

6、公司与本钢集团公司

本钢集团公司产权投资图

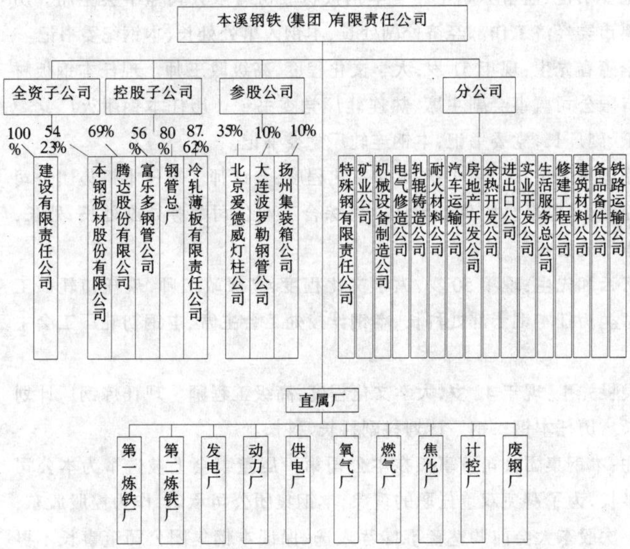

本钢集团公司是公司的控股股东，本公司与本钢集团公司签订资产重组与分立协议，本钢集团公司不从事与本公司经营范围内的生产和销售业务有竞争或可能构成竞争的业务或活动，鉴于本公司在资产重组时已将非经营性资产剥离，并与本钢集团公司签订了综合服务协议和有关分协议，确定了本钢集团公司与本公司的有偿服务关系。

7、本公司职工情况

本公司现有职工数8400人，其中具有中专以上文化程序2292人。工程技术人员539人。直接从事生产人员6665人，占总人数的79.5%；行政人员1076人，占总人数12.8%；销售及质量控制人员384人，占总人数的4.6%，其他人员275人，占总人数的3.1%。

本公司目前无退休职工。1997年、1998年和1999年预计退休职工分别为400人、194人和283人。

8、本公司的经营业务范围

生产、加工、销售热轧板材。

9、本公司的主要业务

钢铁冶炼和板材轧制。

10、本公司的主要产品品种、生产能力、主要市场及其市场占有情况和销售额、销售方式

(1)主要产品品种

本公司生产业务包括炼钢、初轧、热连轧等，产品多与建筑、汽车、造船、石油等行业有关，销售的板材可分为碳素结构钢板(其中包括普通高频焊管用钢板、花纹钢板、船体用结构钢板等)；优质碳素结构钢板(其中包括锯条用钢板等)；低合金钢板(其中包括焊接气瓶用钢板、汽车梁用钢板、石油管线用钢板、自行车链条用热轧钢板)等三十余种。

(2)产品生产能力

热轧板材220万吨/年。

(3)产品主要市场及其市场占有情况

本公司热轧板材以内销为主，覆盖国内华北、东北、华东、华中等市场。其中本公司销售总额的60%分布在东北和华北市场。外销分布在东南亚等国家和地区。国内市场占有率14.52%。

(4)产品的销售额和销售方式

1994年销售总额为441,351万元，1995年销售总额为485,421万元，1996年销售总额为497,510万元。

公司产品的销售采用自销、门市销售及在本市和外地设有特约经销点相结合的方法。

公司实行先款后货的销售政策。

在市场推广方面：一是发挥销售网点的作用；二是建立与生产厂家的直供渠道；三是与国家大的流通部门搞联销；四是增加销售人员，主动出击搞推销；五是广泛收集信息，开发新产品。

11、主要原材料的供应、自然资源的耗用情况

公司主要原材料为铁水和废钢，由本钢集团公司第二炼铁厂和废钢厂供应。铁水需求量为250万吨/年，占热轧板材总成本的66.38%；废钢需求量20万吨/年，占热轧板材总成本的6.20%。

公司生产所需的主要能源为水、电、风、蒸汽、氧气、煤气等。主要供应商为本钢集团公司供水厂、燃气厂、供电厂、氧气厂、发电厂。

公司生产用煤 气年需求5,231,194吉焦，公司生产用水年需求251,355,968吨，公司生产用电年需求288,820,517千瓦时。

12、工业产权和其它类似无形资产的有关情况

公司无工业产权和无形资产。

13、公司土地使用情况

公司现有土地42.8万平方米，该土地使用权经评估后其价值为11374万元。由本钢集团公司办理国有土地使用权出让手续，交纳出让金，再由本钢集团公司以租赁方式将土地交予本公司使用，本公司每年以租赁方式交纳土地使用费267.3万元，获得土地使用权。

14、新产品、新项目研究开发的有关情况

已经开发成功转产鉴定的新产品有：扁豆花纹板、圆豆花纹板、组合型花纹板、焊接气瓶用钢板HP325、深冲乙炔气瓶钢板SP325、压力容器用钢板16MnR，集装箱用钢板JX325、自行车用钢板ZMn315、低中压锅炉焊管用钢板HG410、石油管线用钢板和汽车车轮及配件用钢板等。

15、国家的政策、法规、制度等对公司的影响

根据辽宁省人民政府辽政〔1997〕58号文批复，本公司自股票上市之日起，按15%的税率计算征收企业所得税。

16、关联交易

(1)关联交易概况

改制后，本钢集团公司仍为国有独资公司，本公司将与本钢集团公司及其下属企业进行交易，这些与生产经营有关的关联交易主要包括：铁水供应；废钢供应；水、电、煤气、氧气、蒸汽等能源供应；运输(铁路、公路)；研究与开发；商标；专利；土地；主要设备的大中修；耐火材料；轧辊；钢锭模；备品备件；辅助材料等。

(2)解决办法

①签定协议

关联交易协议由公司律师负责起草，经本钢集团公司和本公司签定，正式确立两公司之间"有偿服务"的经济关系，确定关联交易的定价原则和约束条件。

②建立制度

建立了本钢集团公司与本公司双边协调制度，成立集团公司和本公司双边协调委员会，对两公司在执行关联交易过程中出现的重大矛盾和问题进行协调。

(3)关联交易具体的标的、定价结算办法、金额和期限如下：

单位:元

项目	截止1997.4.30关联交易金额(四个月)	结算办法	期限
原材料	812,012,363	每月的1日.10日.15日.20日.25日,分别进行结算	1997.1.1—2001.12.31
能源动力	1,433,170,631	每月中旬预付,在下月的1日结清上月款项	1997.1.1—2001.12.31
辅助材料及备品备件	50,928,169	每月中旬预付,在下月的1日结清上月款项	1997.1.1—2001.12.31
运输费用	12,812,459	每月中旬预付,在下月的1日结清上月款项	997.1.1—2001.12.31
研究开发	900,00	每年9月30日前交纳当年	由具体合同约定
土地		土地租赁费	租期50年
非经营服务		参照有关服务的商业惯例签定合同并结算	由具体合同约定

注:1、原材料、能源动力、辅助材料定价标准为:如存在国家价格,则为国家价格;如无适用的国家价格,则为协议所定的市场价格;如无适用的市场价格,则为完全成本加国家附加税金;其他双方约定的价格。

2、运输定价标准:汽车运输按市场价格收取费用,使用集团公司的铁路运输按国家价格执行。

3、每年关联交易数量的确定,由双方在前一年度末商定并签定合同。

九、公司董事、监事及高级管理人员简介

1、董事

白尚显先生:现年52岁,硕士学位,高级经济师。现任本溪钢铁(集团)有限责任公司董事长兼党委书记。本钢板材股份有限公司董事长。历任本钢一机修厂副厂长、厂长,本钢副总经理,本钢集团公司副董事长兼总经理。

钱之荣先生:现年48岁,大学文化程度,高级工程师。现任本溪钢铁(集团)有限责任公司党委副书记兼副总经理,董事。本钢板材股份有限公司副董事长。历任本钢耐火厂副厂长、党委书记、本钢党委副书记兼副总经理。

李墨华先生:现年48岁,大学文化程度,高级工程师。现任本钢集团公司副总经理。历任本钢第二炼钢厂副厂长、党委副书记,本钢轧辊厂厂长兼党委书记,本钢二铁厂厂长兼党委副书记。

于天忱先生:现年44岁,大学文化程度,高级政工师。现任本钢集团公司副总经理。历任本钢二铁厂宣传部部长、本钢修建公司党委副书记、书记,本钢三建公司经理,本钢建设有限公司党委书记、董事长。

姜明东先生:现年48岁,大学文化程度,工程师。现任本钢集团公司副总经理。历任本钢连轧厂综合厂副厂长、厂长,大型带钢厂厂长,本钢热连轧厂厂长。

张禄泉先生:现年55岁,中专文化程度,高级经济师。现任本钢板材股份有限公司经理。历任本钢党委办公室副主任,本钢初轧厂党委副书记,本钢企管处副处长、处长,本钢副总经济师兼企管部部长。

梁广德先生:现年42岁,研究生,高级工程师。现任本钢板材股份有限公司常务副经理、兼热连轧厂厂长。历任本钢第二炼钢厂副厂长、厂长,本钢集团公司冷轧薄板厂厂长。

王庆阳先生:现年56岁,大学文化程度,高级工程师。现任初轧厂厂长兼党委书记。历任本钢二钢厂副厂长、党委书记,本钢初轧厂党委书记兼厂长。

郭希铭先生:现年45岁,大学文化程度,高级政工师。现任本钢板材股份有限公司副经理、炼钢厂党委书记兼第一副厂长。历任本钢二建公司党委副书记、第二炼钢厂党委副书记、二钢厂党委书记兼第一副厂长。

2、监事

路丁卯先生:现年57岁,大专文化程度,高级工程师。现任本钢集团公司纪委书记、监事会副主席。本钢板材股份有限公司监事会主席。历任本溪市委经济工作部经济处副处长、本钢人事处处长、本钢纪委书记。

李惠春先生:现年51岁,大学文化程度,高级政工师。现任本钢板材股份有限公司监事会副主席、热连轧厂党委书记。历任本钢耐火厂党委副书记、副厂长、党委书记,本钢连轧厂党委书记。

张世华先生:现年54岁,大学文化程度,会计师。现任本钢集团公司审计处处长、监事会监事。历任本钢综合工业公司财务处副处长、处长,本钢审计处处长。

王云和先生:现年50岁,大学文化程度,高级政工师,现任初轧厂工会主席。历任本钢干部处科长、本钢计控处工会主席、本钢初轧厂工会主席。

吴畏先生:现年42岁,大学文化程度,高级工程师。现任炼钢厂计划科科长。历任本钢二钢厂计划科副科长、科长。

注:本钢集团公司董事长在本公司第一届董事会上被选举为本公司的董事长,为了避免双重任职的现象,本钢集团公司承诺,作为控股股东,将在下次股东大会前调整董事推荐人选,保证本钢集团公司董事长不再兼任板材公司董事长。

十、经营业绩

1、生产经营的一般情况

本公司主营业务是钢铁冶炼、板材轧制。其主要产品是热轧板材,年生产能力220万吨。主要销往11个省区,同时远销欧洲及东南亚各国。国内市场占有率14.52%。产品质量在全部按国际出厂的前提下,绝大部分产品已达到国际一般标准(Ⅰ级)和国际先进标准(Y级)。其中,热轧普碳板、扁豆花纹板、船板和焊瓶板荣获冶金部和辽宁省优质产品,在国内享有较高声誉。

本公司生产规模逐渐扩大,1996年主营业务收入497,510万元,利润总额48,812万元,分别比上年同期增长2.49%和63.58%。

2、根据安达信.华强会计师事务所1997年6月28日审计报告,本公司1994年—1996年三年会计年度及1997年1—4月份的经营业绩为:

单位:人民币元

项 目	1997年1—4月份	1996年度	1995年度	1994年度
销售收入	1,253,262,384	4,975,099,067	4,854,210,449	4,413,510,857
营业利润	119,840,605	488,153,533	298,929,602	342,888,840
利润总额	119,300,131	488,118,875	298,390,429	342,510,686
净利润(实际税负)		375,363,425	287,200,778	334,838,447
净利润(15%税负)	101,405,111	414,901,044	253,631,856	291,134,083
净利润(33%税率)		327,039,646	199,921,580	229,482,160

3、发行人业务收入的主要构成

1994年至1997年(1-4月)业务收入构成中,每种主要产品收入及在公司业务总收入中所占比例为:

单位:人民币万元

项目	1997(1-4)	比例(%)	1996	比例(%)	1995	比例(%)	1994	比例(%)
卷板	113625	90.67	443755	89.21	433904	89.39	386330	87.53
切板	6181	4.93	22826	4.58	8645	1.78	18356	4.16
其他	5520	4.40	30928	6.21	42872	8.83	36665	8.31
合计	125326	100.00	497510	100.00	485421	100.00	441351	100.00

十一、股本

1、注册股份

本次股票发行以后，公司的注册资本总额为113600万元，计113,600万股。

2、已发行股份

本公司于1997年6月10日已同次发行境内上市外资股(B股)40,000万股，每股面值1.00元，每股发行价为港币2.38元，折人民币2.547元，扣除发行费用后实收金额为人民币9.63亿元。

3、超过面值缴人的资本及其用途

截止1996年12月31日，原公司的帐面净资产67930万元，经辽宁资产评估事务所评估，评估后净资产为94748万元(不含土地使用权评估值11374万元)。并经国家国有资产管理局国资评字〔1997〕第334号文件批复确认。评估升值后原公司净资产按1:0.65比例折股，则股本为61600万股，其余33184万元转入资本公积金。折股方案经辽宁省国有资产管理局辽国资产字〔1997〕第44号文批复确认。

4、发起人认购股份情况

本次发行前发起人以其所属炼钢厂、初轧厂和热连轧厂的净资产折成发起人持有股份61600万股。公司于1997年6月10日向境外合法投资人以私募方式发行40000万股境内上市外资股，筹资9.63亿元。

5、本公司之股本结构及股权划分如下：

B股发行前：

项　目	股本数(万股)	占总股本(%)
国有法人股	61,600	100
境内上市外资股(B股)	—	—
境内上市人民币(A股)	—	—
其中：公司职工股		
总股本	61,600	100

B股发行后：

项　目	股本数(万股)	占总股本(%)
国有法人股	61,600	60.63
境内上市外资股(B股)	40,000	39.37
境内上市人民币(A股)	—	—
其中：公司职工股		
总股本	101,600	100

本次发行12000万股境内上市人民币股，其中公司职工股1200万股。

A股发行后：

项　目	股本数(万股)	占总股本(%)
国有法人股	61,600	54.23
境内上市外资股(B股)	40,000	35.21
境内上市人民币(A股)	12,000	10.56
其中：公司职工股	1,200	1.06
总股本	113,600	100

6、本次发行后公司净资产总额(不包括土地使用权)283,410万元。

7、本次发行前每股净资产1.54元。

8、本次发行后每股净资产2.32元。

9、本次A股发行前，B股发行后本公司前十名股东所持股数及比例：

序号	股东名称	持股数量	占总股本比例
(1)	本溪钢铁(集团)有限责任公司	616,000,000	60.630%
(2)	HG ASIA LIMITED - CLIENT.	40,617,000	3.998%
(3)	申银万国(香港)控股有限公司	28,336,000	2.789%
(4)	EXPLORER FUND, SANTANDER NEW WORLD INVESTMENTS GR	8,750,000	0.861%
(5)	UNION SYSTEMS LIMITED	5,500,000	0.541%
(6)	SHEEN ASIA HOLDINGS LIMITED	5,400,000	0.531%
(7)	DBS SECURITIES NOMINEES (HK) LTD	5,250,000	0.517%
(8)	文胜投资有限公司	5,000,000	0.492%
(9)	SILVER FUND MANAGEMENT LIMITED	5,000,000	0。492%
(10)	TEMPLETON DRAGON FUND, IND.	4,640,000	0.457%

10、董事及高级管理人员持股情况

姓　名	职　务
白尚显	董事长
钱之荣	副董事长
张禄泉	董事、经理
梁广德	董事、常务副经理
郭希明	董事、副经理
李墨华	董事
于天忱	董事
姜明东	董事
王庆阳	董事
路丁卯	监事会主席
李惠春	监事会副主席
张世华	监事
王云和	监事
吴HBA	监事
李正顺	财务总监

本公司董事、监事和高级管理人员均不持有本公司股票。

11、股票回购程序

股票回购程序执行《股票发行与交易管理暂行条例》关于股票回购程序规定。

十二、债项

根据安达信·华强会计师事务所审计结果，截止1997年4月30日，公司借款明细项目列示如下：

1．短期借款

债权单位	借还款日期	月利率(‰)	金额(万元)	借款条件
工商银行本钢支行	1996.8.7—1997.4.20	10.065	5,000	信用*
工商银行本钢支行	1996.8.7—1997.4.20	10.065	5,000	信用*
工商银行本钢支行	1996.10.24—1997.5.20	9.24	5,000	信用
工商银行本钢支行	1996.12.15—1997.6.15	9.24	3,000	信用
工商银行本钢支行	1996.12.20—1997.10.20	9.24	700	信用
中国银行本钢支行	1996.7.11—1997.7.11	10.065	2,000	信用
中国银行本钢支行	1997.3.18—1998.3.18	浮动	500	信用
中国银行本钢支行	1997.3.4—1998.3.4	浮动	500	信用
中国银行本钢支行	1997.3.5—1998.3.5	浮动	500	信用
中国银行本钢支行	1997.3.12—1998.3.12	浮动	500	信用
中国银行本钢支行	1997.3.19—1998.3.19	浮动	500	信用
中国银行本钢支行	1997.3.13—1998.3.13	浮动	500	信用
中国银行本钢支行	1997.3.4—1998.3.4	浮动	500	信用
中国银行本钢支行	1997.3.18—1998.3.18	浮动	500	信用
中国银行本钢支行	1997.3.18—1998.3.18	浮动	500	信用
建设银行本钢支行	1996.11.29—1997.6.28	9.24	2,000	信用
建设银行本钢支行	1996.11.29—1997.7.20	9.24	1,000	信用
建设银行本钢支行	1996.11.29—1997.7.28	9.24	1,000	信用
建设银行本钢支行	1996.11.29—1997.11.15	9.24	4,800	信用
工商银行本溪分行	1997.2.28—1997.11.20	9.24	2,750	信用
工商银行本溪分行	1997.4.25—1997.11.20	9.24	2,000	信用
工商银行本溪分行	1997.4.25—1997.11.20	9.24	420	信用

合计		39,170

＊该银行借款已办妥转贷手续。

2. 长期借款

于1997年4月30日之长期借款明细项目列示如下：

债权单位	借款期限	月利率	原币(美元)	汇率	折合人民币元	借款条件
工商银行本钢支行	1995年11月—2000年11月	10.5‰			150,000,000	担保
工商银行国际业务部	1996年10月—2000年	浮动	9,560,000	8.2982	79,330,424	抵押＊
			9,560,000		229,330,424	

＊该等银行借款系以厂房、机器设备抵押。

3. 长期应付款

根据本钢集团公司与本公司于一九九七年三月三日签订的《长期负债转帐协议》，从一九九七年三月一日起，本公司将合计人民币566,495,320元的长期借款转为对本钢集团公司的长期应付款，不计利息。

4. 主要合同承诺

审计报告第四项资本性承诺：截止一九九七年四月三十日，本公司在建工程的约定资本性支出约人民币118,970,000元。该等支出主要用于本公司的连铸项目。

十三、资产评估

以下为辽宁资产评估事务所对公司截止1996年12月31日的资产评估结果

资产评估结果汇总表

单位：人民币万元

资产项目	帐面原值	帐面净值	重置价值	评估值	增值额	增值率%
流动资产	83,688.40	83,688.40	83,688.40	83,688.40		
长期投资	19,800.00	19,800.00	19,800.00	19,800.00		
在建工程	22,389.80	22,389.80	22,389.80	22,389.80		
建筑物	34,883.68	22,756.39	43,119.82	26,070.15	3,313.76	14.6
机器设备	115,071.74	38,213.61	116,258.51	61,275.91	23,062.30	60.4
运输设备	1,495.09	468.35	2,123.11	910.14	441.79	94.3
无形及递延资产	393.08	393.08	393.08	393.08		
资产总计	277,721.79	187,709.63	287,772.72	214,527.48	26,817.85	14.3
流动负债		61,045.14		61,045.14		
长期负债		58,734.04		58,734.04		
负债合计		119,779.18		119,779.18		
净资产		67,930.45		94,748.30	26,817.85	39.5

说明：

1、本次评估已经国家国有资产管理局国资评〔1997〕334号文确认

2、评估基准日：1996年12月31日

3、评估方法：

(1)房屋建筑物：采用重置完全价值评估；

(2)机器设备：采用重置完全价值评估；

评估值＝∑重置价值×成新率

(3)长期投资、流动资产、在建工程、无形递延资产及负债以审计、评估认定数作为评估值。

4. 评估增值的原因：

固定资产评估增值26,818万元。其中：房屋建筑增值3,314万元，机器设备增值23,062万元，运输设备增值442万元。增长因素主要是物价上涨。

十四、财务会计资料

以下会计资料摘录自发行人财务报表，如果投资者欲对发行人的财务状况、经营成果及其会计政策进行更详细的了解，应当认真阅读在附录中所载的发行人财务报表和注释。

1、主要财务会计资料

根据安达信·华强会计师事务所1997年6月28日之《审计报告》，本公司1994年至1996年会计年度及截止1997年4月30日止四个月期间的资产负债状况和相关期间的经营业绩如下所示：

(1)资产负债表　　　　单位：人民币元

资　　产	1997年4月30日	1996年12月31日	1995年12月31日	1994年12月31日
流动资产：				
货币资金	4,965,487	15,828,806	62,724	643,679
应收帐款	504,915,543	295,475,725	582,763,709	346,418,339
减：坏帐准备	(461,706)	(461,706)	(981,212)	(3,325,953)
应收帐款净额	504,453,837	295,014,019	581,782,497	343,092,386
其他应收款	30,697,738	34,961,316	4,691,449	22,836,045
待摊费用	217,090	2,708,471	2,067,116	2,878,913
存货	521,025,381	488,371,365	392,666,154	349,516,487
流动资产合计	1,061,359,533	836,883,977	981,269,940	718,967,510
长期投资	198,000,000	198,000,000		
固定资产：				
固定资产原价	1,614,874,480	1,615,014,480	1,524,217,843	1,498,332,978
减：累计折旧	(776,099,066)	(732,452,411)	(779,415,738)	(662,622,516)
固定资产净值	838,775,414	882,562,069	744,802,105	835,710,462
在建工程	258,539,293	223,897,960	70,856,801	47,683,394
固定资产合计	1,097,314,707	1,106,460,029	815,658,801	883,393,856
无形及递延资产				
递延资产	6,736,776	3,930,831	2,707,849	
资产总计	2,363,411,016	2,145,274,837	1,799,636,590	1,602,361,366
负债及股东权益				
流动负债：				
短期借款	391,700,000	335,000,000	449,390,000	338,200,000
应付帐款	9,523,215	10,424,590	4,937,704	703,024
预收帐款	26,827,767			
应付福利费	982,762	1,051,291		
应付工资	22,161,903	15,219,443	1,940,768	1,940,768
其他应付款	39,586,959	40,270,731	34,036,859	24,668,871
预提费用	27,914,517			
一年内到期的长期负债		208,485,320	229,526,540	222,015,960
流动负债合计	518,697,123	610,451,375	719,831,871	587,528,623
长期负债：				
长期借款	229,330,424	587,340,424	327,008,704	208,429,560
长期应付款	566,495,320			
长期负债合计	795,825,744	587,340,424	327,008,704	208,429,560
负债合计	1,314,522,867	1,197,791,799	1,046,840,575	795,958,183
股东权益				
股本	616,000,000	616,000,000	616,000,000	616,000,000
资本公积金	331,483,038	331,483,038	136,796,015	190,403,183
未分配利润	101,405,111			
股东权益合计	1,048,888,149	947,483,038	752,796,015	806,403,183
负债及股东权益合计	2,363,411,016	2,145,274,837	1,799,636,590	1,602,361,366

(2)利润表主要数据

单位：人民币元

项　目	截至1997年4月30日止	1996年	1995年	1994年
一、主营业务收入	1,253,262,384	4,975,099,067	4,854,210,449	4,413,510,857
减:营业成本	1,100,242,665	4,359,946,404	4,465,083,250	3,968,936,320
销售费用	2,615,690	12,377,308	3,826,412	4,042,542
管理费用	7,509,934	27,276,781	25,159,266	17,378,750
财务费用	21,824,442	88,972,997	63,784,631	70,088,810
营业税金及附加	2,174,731	14,989,000	13,567,000	11,056,000
二、主营业务利润	118,894,992	471,536,577	282,789,890	342,008,435
加:其他业务利润	945,683	16,616,956	16,139,712	880,405
三、营业利润	119,840,605	488,153,533	298,929,602	342,888,840
加:营业外收入	500	717,497	2,283	78,617
减:营业外支出	540,974	752,155	541,466	456,771
四、利润总额	119,300,131	488,118,875	298,390,419	342,510,686
减:所得税	17,895,020	112,755,460	11,189,641	7,672,239
净利润	101,405,111	375,363,415	287,200,778	334,838,447
加:年初未分配利润				
可供分配的利润	101,405,111	375,363,415	287,200,778	334,838,447
减:上缴本钢集团				
公司利润		375,363,415	287,200,778	334,838,447
未分配利润	101,405,111			

2、一般情况说明:

(1)上述"资产负债表"和"利润表"主要数据已经安达信.华强会计师事务所审核验证,并出具审计报告。

(2)根据上述资产反映,发行人的财务状况、经营状况良好,资产规模逐年扩大。

3、主要会计政策

(1)会计年度:本公司会计年度为公历1月1日至12月31日止。

(2)记帐原则及计价基础

本公司会计核算以权责发生制为记帐原则。各项资产除按规定进行了资产评估以评估值计价外,均按取得时的实际成本计价。

(3)货币换算

本公司以人民币为记帐本位币。年度内发生的外币经济业务,按当月一日中国人民银行公布的市场汇价的中间价折合为本位币记帐。决算日、货币性项目中的非本位币余额概按当日中国人民银行公布的市场汇价中的中间价,由此产生的汇兑损益计入当年损益类帐项。

(4)存货计价方法:本公司的存货以实际成本核算,发出存货的实际成本按加权平均法计算确定。在产品及产成品的成本包括直接材料、直接人工及应占的生产费用。低值易耗品按一次摊销法摊销。

(5)坏帐准备

本公司之坏帐准备按决算日应收帐款余额的5‰提取,并计入当年度损益类帐项。

(6)长期投资

本公司对投资额占被投资企业注册资本20%以下的长期投资采用成本核算法。

(7)固定资产及折旧:本公司之固定资产按实际成本或重估值减累计折旧核算。固定资产的折旧采用直线法平均计算,并按固定资产的类别、估计经济使用年限和预计残值(原值的3%)确定其折旧率如下:

类　别	估计使用年限	年折旧率
房屋建筑物	10—35年	2.8—9.7%
机器及设备	5—15年	6.5—19.4%
运输设备	8年	12%
办公室设备	5年	19.4%

(8)在建工程

本公司之在建工程指兴建中的厂房、机器设备及其它固定资产,按实际成本核算。该等成本包括直接建造成本,以及于兴建、安装及测试期间的有关借款的利息支出及外币折合差额。在建工程于正式投产后转为固定资产。

(9)生产成本的核算:

本公司生产成本的计算对象为各类型号的钢铁板材(主要包括卷板、切板和中板)。成本项目为可直接归集的原材料、辅助材料、备品备件、燃料、动力、直接人工和制造费用。生产成本的核算采用分步法分别归集及分配炼钢、初轧和连轧三步骤的生产成本,制造费用按各种的产量系数进行分配。

(10)税项:

①流转税

根据《中华人民共和国增值税暂行条例》,本公司自成立之日起缴纳增值税,增值税税率为17%,并另按应缴增值税额的7%和3%,分别计缴城市维护建设税和教育费附加。根据重组与分立协议及本溪市国家税务局出具的确认函,在本公司正式成立以前的增值税进项及销项税均由本钢集团公司负责承担。

②所得税

本公司按收入总额减去准予扣除项目的余额为应纳税所得额计提企业所得税。

③递延税项

本公司之递延税项目采用负债法按现行税率就应课税溢利与财务报表所载溢利两者之重大时差于可预见之将来可能引起之负债计提准备。除非有关之利益预期于可预见之将来可以兑现,递延税项之资产并不列帐。

(11)营业收入

本公司系以商品已发出,同时收讫价款或者取得索取价款凭据时作为销售收入的实现。

(12)修理费用

每年定期的大修理费用在利润表中预提,当实际发生修理费用时自预费用中扣除。其他修理费用于实际发生时计入当期损益类帐项。

(13)利润分配

根据本公司章程,法定公积金按税后利润的10%提取,当法定公积金累计额为本公司注册资本的50%以上时,可不再提取;法定公益金按税后利润的5%至10%提取。根据重组与分立协议的规定,自重组生效日(一九九七年一月一日)起,至本公司成立之日止,本公司取得的利润在扣除应缴税费后,以股息、红利或其他法律允许的方法,分配给本钢集团公司。

3、主要会计报表项目附注

(1)短期借款

于一九九七年四月三十日之短期借款明细项目列示如下:

债权单位	借还款日期	月利率(‰)	金额(万元)	借款条件
工商银行本钢支行	1996.8.7—1997.4.20	10.065	5,000	信用*
工商银行本钢支行	1996.8.7—1997.4.20	10.065	5,000	信用*
工商银行本钢支行	1996.10.24—1997.5.20	9.24	5,000	信用
工商银行本钢支行	1996.12.15—1997.6.15	9.24	3,000	信用
工商银行本钢支行	1996.12.20—1997.10.20	9.24	700	信用
中国银行本钢支行	1996.7.11—1997.7.11	10.065	2,000	信用
中国银行本钢支行	1997.3.18—1998.3.18	浮动	500	信用
中国银行本钢支行	1997.3.4—1998.3.4	浮动	500	信用

中国银行本钢支行	1997.3.5—1998.3.5	浮动	500	信用
中国银行本钢支行	1997.3.12—1998.3.12	浮动	500	信用
中国银行本钢支行	1997.3.19—1998.3.19	浮动	500	信用
中国银行本钢支行	1997.3.13—1998.3.13	浮动	500	信用
中国银行本钢支行	1997.3.4—1998.3.4	浮动	500	信用
中国银行本钢支行	1997.3.18—1998.3.18	浮动	500	信用
中国银行本钢支行	1997.3.18—1998.3.18	浮动	500	信用
建设银行本钢支行	1996.11.29—1997.6.28	9.24	2,000	信用
建设银行本钢支行	1996.11.29—1997.7.20	9.24	1,000	信用
建设银行本钢支行	1996.11.29—1997.7.28	9.24	1,000	信用
建设银行本钢支行	1996.11.29—1997.11.15	9.24	4,800	信用
中国工商银行本溪市分行	1997.2.28—1997.11.20	9.24	2,750	信用
中国工商银行本溪市分行	1996.4.25—1997.11.20	9.24	2,000	信用
中国工商银行本溪市分行	1997.4.25—1997.11.20	9.24	420	信用
合计			39,170	

*该银行借款已办妥转贷手续。

(2)长期借款

于一九九七年四月三十日之长期借款项目列示如下:

债权单位	借款期限	月利率	原币(美元)	汇率	折合人民币元	借款条件
工商银行本钢支行	1995年11月—2000年11月	10.5‰			150,000,000	担保
工商银行国际业务部	1996年10月—2000年	浮动	9,560,000	8.2982	79,330,424	抵押*
			9,560,000		229,330,424	

*该银行借款系以厂房、机器设备抵押。

(3)所得税

根据于一九九二年一月二十九日,本钢集团公司与辽宁省人民政府及本溪市人民政府订立的企业承包经营合同书及本溪市地方税务局一九九七年三月四日证明文件,本钢集团公司于一九九四年上缴的企业所得税为人民币25,743万元,财政返还人民币24,000万元。于一九九五年度上缴的企业所得税为人民币20,043万元,财政返还人民币18,300万元,以本钢集团公司一九九四年度及一九九五年度实现的税前利润分别为人民币72,940万元及人民币46,448万元计算,本钢集团公司一九九四年度及一九九五年度实际上缴的所得税税率分别为2.24%及3.75%。故本公司截止一九九五年十二月三十一日止两个年度的企业所得税按照本钢集团公司于上述年度的实际上缴所得税税率计提。

另外,根据辽宁省财政厅一九九七年一月八日发出《关于返还本溪钢铁公司所得税的通知》,集团公司于一九九六年度上缴的所得税可享受返还30%的待遇。据此本公司一九九六年度的所得税按33%的税率减免30%计提,实际缴纳所得税税率为23.1%。

经辽宁省人民政府于一九九七年三月二十八日发出的辽政〔1997〕58号文批准,自本公司股票上市之日起,本公司赚取的利润均按15%税率缴纳企业所得税。

根据本钢集团公司于一九九七年四月九日之承诺书,本公司自一九九七年一月一日起自股票上市之日前按15%的税率向本钢集团公司上交所得税,由本钢集团公司统一纳税超过部分的所得税,由本钢集团公司承担。故本公司截止于一九九七年四月三十日止四个月期间的企业所得税按15%的税率计提,由本钢集团公司代为缴纳。

本公司于有关期间内并无任何未计提的重大递延税项。

4、财务指标

项目	1996年12月31日	1995年12月31日	1994年12月31日
流动比率	1.37	1.36	1.22
速动比率	0.57	0.82	0.63
资产负债表(%)	55.83	58.17	49.67
应收帐款周转率	11.37	10.48	12.86
存货周转率	10.22	12.31	11.63
净资产收益率(%)	39.62	38.11	41.56
每股净利(元)	0.61	0.47	0.54

注:(1)流动比率=流动资产×100%/流动负债

(2)速动比率=(流动资产-存货)×100%/流动负债

(3)资产负债率=负债总额×100%/资产总额

(4)应收帐款周转率=主营业务收入/应收帐款平均余额

(5)存货周转率=主营业务成本/存货平均余额

(6)净资产收益率=净利润×100%/期末净资产总额

(7)每股净利=净利润/期末股本总额

(8)前三年净利润和净资产按审计报告之数据;1996年末股本为61600万股。

十五、盈利预测

根据公司盈利预测之基准和假设,在无不可预见的情况下,董事会预测后经安达信·华强会计师事务所验证的本公司1997年盈利预测如下:

	截止一九九七年四月三十日止四个月期间已审核金额	截止一九九六年十二月三十一日止八个月期间盈利预测	一九九七年度盈利预测	一九九六年度已审核金额
	人民币千元	人民币千元	人民币千元	人民币千元
主营业务收入	1,253,262	3,396,360	4,649,622	4,975,099
减:营业成本	1,100,243	3,040,698	4,140,941	4,359,946
销售及管理费用	10,125	29,269	39,394	39,654
财务费用	21,824	(10,227)	11,957	88,973
营业税金及附加	2,175	12,092	14,267	14,989
营业业务利润	118,895	324,528	443,423	471,537
加:其他业务利润	946	1,900	2,846	16,617
营业利润	119,841	326,428	446,269	488,154
加:营业外收入				171
减:营业外支出	541	1,080	1,621	752
利润总额	119,300	325,348	444,648	488,119
减:所得税	17,895	48,802	66,697	112,755
净利润(15%税率)	101,405	276,546	377,951	375,364
净利润(33%税率)	79,931	217,983	297,914	327,040

1997年每股净利润为0.33元,每股净资产2.32元。

说明:

在盈利预测期内

1、本公司遵循之我国有关法律、法规、政策如现时状况而无重大改变。

2、本公司所在辽宁省及本溪市的社会环境无重大改变。

3、与本公司经营业务有关之政治、法律、经济等方面因素,并无重大改变。

4、本公司有关信贷利率、税率、汇率及市场行情在正常范围内变动。

5、本公司之经营运作:如原材料(主要为铁水)采购、能源动力、辅助材料及备品备件供应等有关联公司交易不会受到重大不利影响。

6、无其他人力不可抗拒因素及不可预见因素造成的重大不利影响。

7、本公司按计划创建成立,并正常运作,在中华人民共和国境内外发行境内上市人民币外资股400,000,000股(B股)及人民币普通股票120,000,000股(A股)获得批准,按计划的募集资金到位,并按计划将其主要资金用于计划投资项目。

鉴于盈利预测所依据的种种假设的不确定性,投资者进行投资判断时不应过于依赖该项资料。

十六、重大合约及重要诉讼事项

截止本招股书刊登之日,公司未履行完毕的重大合同主要有:

(1)1997年,本公司与本钢集团公司签订了《资产重组与分立协议》,明确规定投入公司的资产、负债的确定原则与方法,并规定本钢集团公司作为公司的控股股东,不从事与公司业务相竞争的经营行为。

(2)1997年4月7日本公司与本钢(集团)公司签定了《土地使用权租赁合同》,涉及五幅土地,集团公司依法拥有有关土地的使用权,国有土地使用证号号码为本国用〔1997〕字第0012—0016号。上述土地使用权处置方案业经辽宁省土地管理局文件以辽土批字〔1997〕6号《关于确认本溪钢铁(集团)有限责任公司土地资产评估结果和土地资产处置方案的批复》。本溪市土地规划管理局已向发行人颁发《国有土地使用权承租证明书》,号码为国租〔1997〕字第001—005号。

(3)1997年本公司与本钢集团公司签订了综合服务协议。

(4)1997年3月,公司与申银万国证券股份有限公司,签订承销协议一份,确定本公司向社会公众发售12000万元(面值)人民币普通股,由申银万国证券股份有限公司承销。

截止招股说明书签署日,本公司没有涉及尚未了结的或者可以合理预见的对本公司重要资产和业务的持有和经营有重大不利影响的诉讼、仲裁案件和行政处罚案件。

十七、公司发展规划

1、发行人的生产经营发展战略

本公司的生产经营发展战略是:以提高经济效益为中心,以提高产品质量,扩大产品品种、降低成本为重点,积极采用当代先进、可靠、适用的新技术,提高技术装备水平,发挥质量优、交货及时的优势,满足用户各种规格及批量需求,不断扩大市场占有份额,增强公司盈利能力,建设国内一流的板材生产基地。

2、发行人的发展目标和规模

本公司拟于1997-1999年间,在炼钢系统新建年产175万吨板坯的大型一机二流板坯连铸机和炉外精炼装置;轧钢系统完成包括加热炉、粗轧机、精轧机、带钢层流冷却等改造项目,使炼钢和轧钢系统具备当代先进的转炉——连铸——轧钢生产工艺流程,各种消耗指标达到世界先进水平。生产的热轧板材可满足汽车用热轧高强度钢板、船舶用中厚钢板、轮辋用钢板、石油管线钢、液化汽瓶钢、集装箱钢的要求,同时公司还将开发热轧薄板新品种,调整品种结构,进一步适应市场需求。参股投资冷轧薄板有限公司,提供用于生产冷轧产品的优质热轧商品板卷。改造完成后,本公司热轧板材的产量将达到230万吨,板材的实物质量将达到国际先进水平。

3、发行人的市场发展和销售计划

随着国民经济高速稳步发展,对热轧薄板的需求日益增大。因此最大限度满足市场需求是公司发展生产、扩大品种、提高质量的方向和目标。

为进一步确保产品质量,拓展市场,本公司薄板系列产品已按照ISO-9000系列标准建立质量保证体系,争取1997年薄板系列产品通过质量保证体系认证,提高公司产品在国内外市场竞争力。

本公司将根据市场变化不断调整销售策略,将在哈尔滨、烟台、大连、兰州、天津等地设立直属分公司,积极建立直销渠道,稳定长期用户,选择若干有实力的生产厂家,作为本公司直供单位,积极寻求与沿海发达地区省以上金属物资流通部门的合作,发挥其资金优势实行联销和代理。

十八、备查文件

下列文件自即日起至1997年11月12日(该日包括在内)止的期间内可在一般办公时间于本钢板材股份有限公司办公室(辽宁省本溪市平山区钢铁路)查阅。

1、辽宁省人民政府《关于同意设立本钢板材股份有限公司的批复》(〔1997〕57号);

2、辽宁省证券监督管理委员会《关于批准本钢板材股份有限公司(筹)公开发行国内股票的通知》(〔1997〕3号);

3、审计报告、财务报表及附注;

4、发行人成立的注册登记文件;

5、深圳证券交易所上市承诺书;

6、承销协议;

7、国家国有资产管理局关于资产评估的确认批复;

8、辽宁省国有资产管理局关于国家股折股方案的批复;

9、本钢板材股份有限公司关于公开发行股票有关决议;

10、重大合约;

11、其它有关文件。

本钢板材股份有限公司

1997年10月28日

上海汇丽建材股份有限公司

1996年年度报告摘要　　（摘选）

一、公司简况

公司名称：上海汇丽建材股份有限公司

法人代表：张永定　　　　邮政编码：201318

公司地址：上海市浦东康桥工业区

电话：021－58111244　　　　传真：021－58113449

二、主要财务数据与财务指标

指 标 项 目	本年数	上年数	比上年增减(%)
1.主营业务收入(元)	259,280,975.01	499,592,919.51	－48.10%
2.净利润(元)	15,726,781.59	48,694,534.53	－67.70%
3.总资产(元)	449,907,033.16	220,707,157.85	103.85%
4.股东权益(元)	247,367,980.48	95,126,434.74	160%
5.每股收益(元)	0.0953	－	
6.每股净资产(元)	1.50	－	－
7.净资产收益率(%)	6.36	－	－
8.股东权益比率(%)	54.98	43.10	27.56%

三、公司业务经营情况

1．一年来公司经营情况回顾

1996年，是汇丽历史上产品结构调整幅度最大的一年。老产品经过前几年的高速发展后已开始回落，尤其是原主要产品多彩涂料的销售下降，影响了企业的利润，而乳胶漆虽呈上升趋势，终因利润率较低而不能补上多彩涂料的下跌。96年大量投入的资金所建成的地板和木门项目当年不可能产生效益，且项目大，前期费用也大，所以汇丽1996年的经济状态较前几年相比，比较困难。

公司针对装修装潢建材产品更新换代快、产品档次要求高及市场对产品需求的变化，提出了"转换企业经营机制，加快产品结构调整速度，上大的项目，搞大的投入，发展高科技、高档次产品，增强企业竞争实力"的1996年总的经营思路。汇丽地板项目总投资2.3亿元，一期工程于1996年6月开始生产，第一年即生产销售了33万m2，有了一个良好的开端；汇丽木门项目总投资1.4亿元，从1996年4月份动土兴建，到1996年12月份完成基建和设备安装调试工作。

2、经济指标摘要

截至1996年12月31日，公司总资产达到44,990.7万元，比1995年末的22,070.7万元增长了103.85%；股东权益为24,736.8万元，比1995年的9,512.6万元增加了160%；公司1996年实现税后利润1,572.68万元，每股税后利润为0.0953元，比1995年减少67.70%。

3、募集资金使用情况

1996年本公司发行B股，扣除发行费用后，共募集资金11,462万元，募集资金动用情况如下：

（1）、公司于1996年10月出资7133.57万元收购上海汇丽地板制品有限公司的上海汇丽（集团）公司投资的75%的股份。

（2）、公司于1996年10月出资3700万元收购上海汇豪木门制造有限公司原上海汇丽（集团）公司投资的28.63%的股份。

4、97年经营工作目标：

1997年是本公司生产经营较为关键的一年。公司提出1997年度的工作目标是：强化股份制企业的运作机制，提高企业内部管理水平；研究、分析市场，以高科技、高档次、高质量的产品抢占市场，确立汇丽产品在市场中的领先地位，提高经济效益，争取盈利水平在1996年的基础上增长50%以上。

四、股本变化及股本结构情况

1．股本结构情况　　　（单位：万股）

股 份 类 别	期初数	本年度增减	期末数
一、尚未流通股份	8500		8500
1.国家股	633.6		633.6
2.国有法人股	7866.4		7866.4
其中：上海汇丽（集团）公司	5386.3		5386.3
中信房地产公司	899.8		899.8
中技开发公司	899.8		899.8
中国建筑科学研究院	633.1		633.1
上海市上投实业公司	47.4		47.4
二、已流通股份	8000		8000
境内上市外资股	8000		8000
三、股份总额	16500		16500

（二）前十名股东持股情况

股 东 名 称	年末持股数	占总股本
1)上海汇丽（集团）公司	53,863,000	32.64%
2)中信房地产公司	8,998,000	5.45%
3)中技开发公司	8,998,000	5.45%
4)KERRY INVESTMENTS LIMITED	8,000,000	4.85%
5)中国建筑科学研究院	6,331,000	3.84%
6)LIPPO SECURITIES LTD	1,918,000	1.16%
7)CITIBANK HONGKONG S/A CIGNA WORLDWIDE INSURANCE COMPANY	1,500,000	0.91%
8)HKSBCSB A/C BANQUE CANTONALE VAVDOISE S/A CHINA FUND	1,499,100	0.91%
9)SHANGHAI INTERNATIONAL NIMINEES (H.K) LTD	1,359,000	0.82%
10)海通	1,082,200	0.66%

（三）公司董事、监事与高级管理人员持股情况

本报告期内，因本公司未发行境内上市人民币股票（A股），故公司董事、监事与高级管理人员均未持有本公司股票。

上海大众出租汽车股份有限公司

1996 年年度报告摘要 （摘选）

一、公司简况

公司名称：上海大众出租汽车股份有限公司

法人代表：杨国平　　　　邮政编码：200041

公司地址：上海浦东新区龙阳路 100 号

电话：021—62581083　　　传真：021—62581082

二、主要财务数据与财务指标

单位：万元

指标项目	本年数	上年数	比上年增减(%)
1.主营业务收入	60174.80	41599.76	44.65
2.净利润	11177.67	10081.71	10.87
3.总资产	133658.58	86035.49	55.35
4.股东权益	97766.24	63719.53	53.43
5.每股收益(元)	0.53	0.62	－14.52
6.每股净资产(元)	4.59	3.89	17.99
7.净资产收益率(%)	11.43	15.82	－27.75
8.股东权益比率(%)	73.15	74.06	－1.23

附注：按加权平均法计算每股收益为 0.63 元。

三、公司主要业务回顾

（一）九六年公司按照董事会提出的经营目标，坚持“一业为主，多种经营”的发展策略，通过收购、兼并小型出租汽车公司等手段，扩大公司主业的市场占有率；同时加快外地连锁企业的发展，通过投资参股等手段，进一步扩大异地出租汽车业务网络布局，为今后的发展打下扎实的基础。在公司主业发展的同时，公司的房产物业、旅游商贸业和金融保险业也得到了一定的拓展，大众房产进一步开拓房产销售市场，参与旧区改造，实现滚动开发，创净利 1200 万元。大众国际旅行社、物资公司等进一步扩大市场占有率，商贸旅游业所创净利达到 900 余万元。大众保险公司 96 年取得利润总额近 7000 万元，比上年增长 72.24%。

（二）九六年，公司通过收购、兼并等手段扩大了市场占有率，取得了良好的经营业绩，全年实现主营业务收入 60174.80 万元，比九五年增加 44.65%，税后利润 11177.67 万元，比九五年增长 10.87%，全面实现了各项经济指标。

（三）公司经立信会计师事务所，中国注册会计师周琪、王德霞签署的信会报字(96)第 1026 号验资报告确认，九六年对 A.B 股配股扣除所有费用后的实收资金净额为 22,869.04 万元人民币。公司配股所得资金按《配股说明书》中的计划实施，现将 96 年配股资金使用情况说明如下：

1、公司新增出租汽车 255 辆，其中桑塔纳 2000 型 249 辆，奥迪 5 辆，雪佛莱 1 辆，共计资金 4845 万元。

2、公司更新出租汽车 252 辆，更新后的车辆全部为桑塔纳 2000 型，共计资金 2520 万元。

3、新增租赁车 91 辆，其中 40 辆为金杯车，30 辆为大客车，共计资金 2,700 万元。租车公司在车辆规模扩大的同时，其市场份额也进一步拓展，九六年先后完成了与南京、杭州、苏州、无锡等租车业务的联网工作，租车率达 80%以上。

4、中巴公司通过收购其他公司营业车等方式，新增中巴车 52 辆、大巴车 20 辆，共计资金 668.16 万元。同时增加营运线路 6 条，调整一条。在部分居住小区形成了一定的营运规模。

5、参股建办交通大众客运有限公司，共投入资金 2,729.6 万元。“交通大众”根据“边建设、边营运”创四个一流的精神，经过努力，一个以长途客运为主，兼营旅游的有限责任公司已初具规模，10 辆豪华型 UD 车作为沪宁高速公路首发车，已于 96 年 9 月 15 日投入高速客运班线。

6、建办上海大众国际旅行社和参股建办济南大众出租汽车有限责任公司，共 510 万元。

7、新建邯郸路汽车修理厂，共投资 584.58 万元。

8、收购“丽华出租”所有动产，投资 1,810 万元。

以上项目共投入资金 16367.34 万元，尚余 6501.70 万元，将用于 97 年度新增和更新出租汽车等投资项目。

四、股本变化及股本结构情况

（一）股本变化及股本结构情况

截止 1996 年末，公司股本结构如下：

数量单位：万股　　　　每股面值：1 元

	期初数	配股	送股	公积金转股	其他	小计	期末数
1、尚未流通股份							
1)发起人股份	5678.91					5678.91	5678.91
其中：国家拥有股份	5678.91					5678.91	5678.91
2)国家股配股转让	1600	2183.67				3783.67	3783.67
尚未流通股份合计	7278.91	2183.67				9462.58	9462.58
2、已流通股份							
1)境内上市的人民币普通股	1300	390				1690	1690
2)境内上市的外资股	7800	2340				10140	10140
3)其它							
已流通股份合计	9100	2730				11830	11830
3、股份总数	16378.91	4913.67				21292.58	21292.58

（二）股份变动情况及原因

公司 95 年度股东大会通过的一九九六年增资配股方案于一九九六年七月二十九日获国家国有资产管理局国资企(1996)69 号文、一九九六年八月九日获上海证券管理办公室沪证办(1996)168 号文、一九九六年九月三日获中国证券监督管理委员会证监上字(1996)10 号文批准，实施向公司全体股东按 1:0.3 比例配股，其中国家股 1703.67 万股配股权转让给 A 股社会股股东，A 股股东最多可按 10:5.8 比例受让国家股转配部分，配股后公司总股本从 16378.9 万股增至 21292.58 万股。

（三）主要股东持股情况：

股东名称	持股数	比例(%)
1)国家股	56789090	26.67
2)HKSBCSB A/C CMB S/A TEMPLETON DRAGON FUND INC	8820500	4.14
3)SCBHK A/C BROWN BROTHERS HARRIMAN & CO SUB A/C THE GREATER CHINA FUND INC.	6723080	3.16
4)HKSBCSB A/C SOCIETE GENERALE	3290000	1.55
5)ABU DAABI, UNITED ARAB EMIRATES	3211000	1.51
6)HKSBCSB A/C CAISSE CENTRALE DES BANQUES POPULAIRES PARIS	3134703	1.47
7)MSCIL S/A SR GLOBAL FUND INC	2907628	1.37
8)SCBHK A/C NOMURA TB/NOMURA ITM	2876597	1.35
9)CITIBANK N.A S/B JARDINE FLEMING CHINA REGION FUND	2600000	1.22
10)HKSBCSB A/C STB S/A IV－TOYO CHINA FUND(3002)	2275732	1.07

（四）年末股东数量

96 年年末股东数：本公司股东户数为 10142 户，其中国家股 1 户，A 股社会公众股股东 9317 户，B 股境内上市外资股股东为 824 户。

锦州石化股份有限公司

锦州石化股份有限公司(筹)招股说明书概要

一、释义

在本招股说明书概要中,除非另有说明,下列词 组具有以下含义:

本招股书	指本招股说明书
发行人、本公司或公司	指锦州石化股份有限公司(筹)
发起人	指中国石化锦州石油化工公司
股票	指本公司发行的人民币普通股股票
公司章程	指本公司的公司章程草案
董事会、股东大会、监事会	指本公司的董事会、股东大会、监事会
筹委会	指本公司筹备委员会
证监会	指中国证券监督管理委员会
深交所	指深圳证券交易所
主承销商	指南方证券有限公司
上市推荐人	指南方证券有限公司
元	指人民币元
公司职工股	指本公司本次向本公司在册职工发行的记名式人民币普通股股票

二、绪言

本招股说明书是根据《中华人民共和国公司法》、《股票发行及交易管理暂行条例》和《公开发行股票公司信息披露实施细则》等国家法规以及发行人的实际情况编写而成,旨在向社会提供本公司的基本情况及本次发行和认购的各项有关资料。本招股书已经本公司筹委会成员批准,确信其中不存在任何重大遗漏或者误导,并对其真实性、准确性、完整性负个别的和连带责任。

新发行的股票是根据本招股书所载明的资料申请发行的。除发行人和主承销商外,没有委托或授权任何其他人提供未在本招股书中列载的信息和对本招股书作任何解释或者说明。

投资人应自行承担买卖本公司股票所应支付的税款,发行人、上市推荐人和承销商对此不承担责任。

三、新股发行的有关当事人

1、发行人:锦州石化股份有限公司(筹)

负责人:杨学庄

地址:辽宁省锦州市古塔区重庆路2号

联系电话:(0416)4159024　传真:(0416)4159024

联系人:盖文国　陈建志　陈建军

2、主承销商:南方证券有限公司

法定代表人:沈沛

地址:深圳市深南东路南方国际大酒店12层

联系电话:(010)67642164　传真:(010)67617384

联系人:李文　许益群　赵莉红

3、副主承销商:中国经济开发信托投资公司

法定代表人:韩国春

地址:北京车公庄大街21号新大都饭店2号楼

联系电话:(010)68319988-12119　(010)68319988-12120

传真:(010)68319988-12433

联系人:黄玉峰　郑宽

4、分销商:国泰证券有限公司

法定代表人:金建栋

地址:上海浦东乳山路61号

联系电话:(010)68483938　传真:(010)68483942

联系人:于睿

分销商:辽宁省证券公司

法定代表人:邵荣第

地址:辽宁省沈阳市沈河区市府大路262甲

联系电话:(024)2790107　传真:(024)2790090

联系人:党育红

分销商:光大证券有限责任公司

法定代表人:刘纪元

地址:北京市西城区复兴门外大街6号光大大厦

联系电话:(010)63151619　传真:(010)63182382

联系人:朱彤

分销商:辽宁省国际信托投资公司

法定代表人:王永多

地址:辽宁省沈阳市皇姑区黄河南大街105号

联系电话:(024)3239263　传真:(024)3851650

联系人:李杨

分销商:君安证券有限责任公司

法定代表人:张国庆

地址:深圳市春风路5号

联系电话:(010)68588233　传真:(010)68588220

联系人:钱广明　赵玉华

分销商:中国民族国际信托投资公司

法定代表人:马茂宗

地址:北京市西区展览路北露园一号

联系电话:(010)66064205　传真:(010)66064209

联系人:毛妍

分销商:甘肃证券有限责任公司

法定代表人:谢铁牛

地址:甘肃省兰州市东岗西路434号

联系电话:(0931)8416321-2618　传 真:(0931)8861569

联系人:张爱华

分销商:中煤信托投资有限责任公司

法定代表人:王忠民

地址:北京市东城区安外大街168号

联系电话:(010)64279933-6712　传真:(010)64204470

联系人:刘英梅

5、上市推荐人:南方证券有限公司

6、发行人律师:众鑫律师事务所

法定代表人:宋扬之

地址:北京东直门外小街甲27号

联系电话:(010)64609052/57 传真:(010)64609058

经办律师:王云杰 蒋兆康 联系人:刘潇 肖盈

7、主承销商律师:嘉和律师事务所

法定代表人:杨月臣

地址:北京工体北路甲1号

电话:(010)64156613 传真:(010)64156614

经办律师:颜羽 徐莹

8、会计师事务所:石家庄会计师事务所

法定代表人:刘秉廷

地址:石家庄市平安北大街26号

电话:(0311)6035357 传真:(0311)6073519

经办会计师:刘秉廷 卢凤书

9、资产评估机构:中企华资产评估有限公司

法定代表人:孙月焕

地址:北京安定门东大街1号

电话:(010)64064470 传真:(010)64064468

联系人:孙健南

10、土地评估机构:中国地产咨询评估中心

法定代表人:冯庆祥

地址:北京市海淀区大柳树路21号

电话:(010)62176683 传真:(010)62176681

经办估价人:周维纾 王庆泽

11、发行人财务顾问:中华企业股份制咨询公司

法定代表人:孙效良

地址:北京市北二环路钟楼北桥外安德路惠天大饭店310室

联系电话:(010)64225577-2310 传真:(010)64290310

联系人:祝捷 马树卿

12、股票登记机构:深圳证券登记结算公司

法定代表人:黄铁军

地址:深圳市红桂路西口

电话:(0755)5576283 传真:(0755)5564759

13、资产评估确认机构:国家国有资产管理局

法定代表人:张佑才

地址:北京市海淀区万泉河路66号

电话:(010)62567744 传真:(010)62561817

四、股票发行的一般情况

1、承销方式与承销时间

本次新股发行的承销方式为余额包销。主承销商承诺在股票发行后,包销全部未被认购的剩余股票。

本次股票发行承销期自1997年8月12日至1997年8月18日。

2、发行股票的种类、面值、数量。

发行人依本招股书发售的股票为人民币普通股,每股面值壹元。

发行人本次向社会公开发行股票数量是10,000万股(其中公司职工股1,000万股。

3、发行方式

本次股票发行采用上网定价发行方式,具体方法详见《锦州石化股份有限公司(筹)股票发行公告》。

4、发行地区及发行对象

发行地区为与深圳证券交易所联网的证券交易网点;发行对象为中华人民共和国公司及其他投资者(法律、法规禁止者除外)。

5、发行价格及确定价格的方法

本公司本次股票发行价格为每股4.76元,发行价格是按如下公式计算出来的:发行价格=公司前三年(94、95、96年)平均税后利润/公司发行前总股本×发行市盈率=16670.46万元/50,000万股×14.3=4.76元

6、发行费用

本次股票发行若获得成功,预计募集资金47,600万元,扣除发行费用1,500万元,实募资金为46,100万元。

五、风险因素与对策

投资者在评价本公司此次发行的股票时,除本招股书提供的其他资料外,应特别认真地考虑下述各项风险因素:

1、经营风险

1)重要原材料供应风险

天然原油是本公司的主要原料,占公司制造成本的89.78%。由于原油的不可替代性和特殊的战略意义,目前国家实行统一配置、统一定价的政策,原油的国内供应已不能满足生产需要。虽然公司已开始利用进口原油,但进口原油会受国际市场原油价格变化的影响,且需要配套的港口能力、输送储存设施,所以,进口原油的供应也存在一定风险。因此,无论原油来自国内或通过进口,其供应量和价格的变化将直接影响公司的经营与盈利。

2)运输风险

本公司的运输物品主要为原油、汽油、柴油,目前多采用铁路和管道运输方式。随着公司原料供应和产品销售领域的扩展,运输状况、特别是铁路运输的紧张状况,一定程度上会影响公司的经营生产。

3)外汇风险

公司进口原油大多为来料加工,少部分为一般贸易,均以外汇结算,汇率的变化可能会给公司的经营带来风险。

2、行业风险

1)竞争风险

本公司的原油加工量和经济效益在石化行业中处于前十位,虽然在地理位置、运输条件、产品质量方面具备一定优势,但是,同行业日趋激烈的竞争将给公司的经营带来风险。本公司的大部分销售收入来自国内。成品油、石化产品的销售受国家统一控制,在市场上面临的竞争有限,但本公司地处辽宁省,省内石化企业有八家,由于同行业比较集中,虽然石油产品目前尚无可替代,但同业竞争仍很激烈,其生产、销售及科研方面的变化也会对公司产生一定的影响。最近几年,由于石化产品进口关税有所降低,国外石化产品允许部分进入国内市场,公司与国外同行业的竞争将在所难免。

2)环保风险公司具有炼油化工企业通常所具有的一些污染物质,如:污水、废气、固体废弃物、噪声,除此无特殊污染物。公司遵守国家及地方政府颁布的环境保护法规,已建立了一整套保护制度,以处理这些废料并防止污染环境的意外事故发生。然而,本公司并不能保证国家、省或地方政府不会颁布新的或更为严格的法规,要求本公司支付额外的环保费用或修改其环保制度。

3、市场风险

本公司的主要产品为成品油和石化产品,公司面临以下几方面的市场风险:

1)周期性风险。由于石化工业受原油资源减少的限制,以及该行业市场固有的周期性特点,在国内外经济发展周期的影响下,市场需求及销售价格的波动有可能对本公司带来不利影响。

2)销售市场风险。本公司产品销售市场主要分布在东北、华北、华东以及华南一带,公司的主要产品汽油、航煤、柴油的综合市场占有率为2.63%,较为有限,且以上地区经济发展和市场环境的变化可能对本公司

的业务产生一定的影响。

3)产品运输风险。由于国内运输成本较高,铁路运输能力有限,一定程度上会影响公司产品的销售成本和销售效率。

4)销售政策风险。由于国家对石油产品实行统一配置,公司主要产品的销售与推销活动受国家分配体制的限制,产品的定价与市场拓展受到制约。

4、政策风险

国家自1991年起实施的多项经济调整措施,对石化行业的原料成本及分配、产品定价、市场推广、产品推销等带来了重大的影响。我国石化行业和本公司的若干原料及产品仍受国家政策调控。因此,国家经济政策的调整将对公司的经营产生一定的影响。

若我国加入世贸组织,产品进口关税的进一步降低,国外同类产品的大量涌入,将会影响本企业产品在国内市场的占有率。

5、股市风险

股票市场的价格及其波动受到各种经济因素、政治因素、投资心理和交易技术的影响。投资风险和股市风险是相关联的,因此,投资者应对股票市场价格的波动有充分了解。

6、投资风险

本次募集资金用于新项目可能产生的风险。

若新建项目不能如期完工,或者项目投入使用后产品销售不景气,产品销售收入将受到一定影响,进而影响投资收益,使投资风险加大。

针对上述风险,公司将采取如下对策:

1、经营风险主要对策:

1)原料风险主要对策

本公司国内原油主要供应渠道来自辽河油田,按照国家年度计划,辽河油田能够保证均衡供应原油。在按照国家定价定量取得国内原油的基础上,本公司将进一步增加进口原油,以补国内原油供应之不足。进口原油适时灵活采用来料加工、进料加工和一般贸易方式,以减少国际、国内市场原油价格变化带来的风险。同时与原油进口相配套的港口能力现已具备,相关的输送、储存设施已经建成。

2)运输风险主要对策

本公司产品主要销往东北及华北地区,公司与该地区运输管理部门的良好关系,将保证公司在东北及华北地区运输需求得到满足。另外,由于锦州港5万吨级油码头97年下半年将投入使用,从而形成管道运输、海路、陆路、铁路运输的新格局。

3)外汇风险主要对策

本公司与外汇结算相关的业务较少,对此公司主要加强对外汇市场的研究,尽可能及时、准确、全面地把握汇率变动的趋势,加强对业务的指导。

2、行业风险主要对策

1)竞争风险主要对策

本公司的大部分产品为国家统配产品,石油产品基本上按照国家的分配计划出售,因而生产商之间的竞争也降至最低,本公司将提供良好的售后服务满足用户需求。公司约有百分之十五的产品为化工产品,该类产品的销售不受限制,公司将利用产品质量、销售网络等方面的优势来控制竞争风险。

2)环保风险主要对策

本公司完善的环保设施及监测和管理系统,现足以使本公司在环保的各个方面符合环保法律、法规的规定和要求。随着公司生产规模的扩大、生产装置的增加,本公司将进一步完善环保设施、改善环保监测和管理系统,以保障公司生产的正常进行,创造良好的生产与生活环境。

3、市场风险主要对策

鉴于本公司主要市场为东北、华北、华东、华南地区,为消除上述地区市场波动对本公司造成不利影响,公司将利用已建成的由沈阳、广州、深圳、上海、杭州、威海、天津、常州等销售网点组成的国内销售网络,稳步发展国内市场。同时,本公司积极开拓国际市场,产品销往美国、日本、韩国、新加坡等国家和地区,公司利用产品质量信誉和促销活动来降低国外市场风险。

4、政策风险主要对策

本公司力求加强对国家经济政策的研究及谋求加强与国家、地方有关部门的沟通来尽可能减少该种风险。

5、股市风险主要对策

关于股市风险,由于股票市场价格波动不可避免,公司提请投资者在投资公司股票时须正视股价波动所带来的风险。同时,公司将采取积极而稳健的经营方针,使公司盈利能力保持在一个较好水平上,并及时公告公司的重大经营活动信息,自觉接受政府管理部门及广大股东的监督,以从公司的角度最大限度地减小本公司股票投资者的风险。

6、其他风险主要对策

本公司募集资金将用于一些投资小、见效快、投资周期短的项目,以尽量减少投资项目带来的风险。投资项目缺口已由中国石化财务有限责任公司承诺负责落实。

六、募集资金的运用

如本次股票发行成功,扣除发行费用,公司预计募集资金为46,100万元,该资金的运用将依照本公司确定的投资方向和原则安排使用,继续搞好深度加工和综合利用,油化结合,以化为主,优化原料,调整产品结构,增加经济效益。本次募集资金的使用计划安排如下:

1、投资4978.86万元,建设增产无铅汽油措施项目。

该项目主要对生产汽油的原油二次加工装置实施一系列技术改造,扩大二次加工能力,更换反应器,使用多产汽油和提高辛烷值催化剂,焦化汽油入反应器回炼;使用高效雾化进料喷嘴,使重质料深度雾化,转化成汽油馏分,每年增 产90#无铅汽油5万吨。

该项目1997年3月动工,1997年末投产,财务内部收益率15.92%,投资回收期6.97年,盈亏平衡点48.92%,效益产生时间1997年12月,年均销售收入12000万元,年均增加利润576万元。

该项目已经中石化总公司中石化〔1996〕计字632号文批准。

2、投资4450万元,建设进口原油贮运措施项目。

根据公司经营发展规划,需要将进口原油加工量增加到150万吨/年,每年增炼外油100万吨,而目前外油存贮能力只有10万m^3,不能满足生产需要,决定建五万立方米外油罐2座及其配套设施。

该项目1997年5月开工,年末建成,财务内部收益为18.95%,投资回收期7.19年,盈亏平衡点46.3%,年均增加利润476万元,效益产生时间为1997年12月。

该项目已经中石化总公司中厂化〔1996〕计字638号文批准。

3、投资4790.85万元,建设异丙醇装置扩能改造项目。

该项目采用我公司自行开发的丙烯水合法制异丙醇技术,将异丙醇装置由原来的5.5万吨/年扩大到8.0万吨/年。

该项目1997年开工,1998年投产,财务内部收益率为23.71%,投资回收期5.39年,盈亏平衡占45.88%,资产产生时间98年底,年均增加利润921万元。

该项目已经中石化总公司中石化〔1996〕计字634号文批准。

4、投资4878万元,建设汽油脱硫醇改造工程项目。

采用汽油无碱脱臭新工艺,且对二次加工装置实施一系列技术改造,将催化粗汽油深度精制改质,可改善产品质量,达到90#无铅汽油性能指标。

该项目1996年末开工,1998年5月投产,财务内部收益率19.12%,投资回收期6.98年,盈亏平衡点45.09%,效益产生时间1998年5月,年均销售收入20000万元,年均增加利润497万元,投资利润率10.19%。

该项目已经中石化总公司中石化〔1995〕计字614号文批准。

5、投资4879.36万元,建设再生烟气能量回收工程项目。

利用催化高温烟气,更换三级旋风分离器,设置烟气能量回收三机组,CO焚烧炉及余热锅炉,使高温烟气通过烟气轮机膨胀做功,CO在焚烧炉燃烧回收化学能,用余热锅炉发生3.5MP_a中压蒸汽而得到利用。

该项目1997年1月开工,1997年11月投产,财务收益率18.75%,投资回收期6.13年,效益产生时间为1997年11月,盈亏平衡点52.46%,年均增加利润684万元,年均销售收入6624万元,投资利润率14.01%。

该项目已经中石化总公司中石化〔1995〕计字612号文批准。

6、投资3316万元,建设低温热回收工程项目。

利用低温位热量,建成低温热回收站,使热能回收率达80%。

该项目1996年8月开工,1997年12月建成投产,财务收益率22.37%,投资回收期5.29年,效益产生时间为1997年12月,盈亏平衡点48.11%,年均销售收入2535万元,年均增加利润663万元,投资利润率20.02%。

该项目已经中石化总公司中石化〔1995〕计字611号文批准。

7、投资4866.2万元,建设干气、液化气脱硫装置项目。

建设25万吨/年液态烃脱硫装置和9.5万吨/年干气脱硫装置,液态烃脱硫采用胺洗,碱洗,氧化和水洗的工艺路线,干气脱硫采用胺洗的工艺路线,装置建设投产后将为公司提供更多的化工原料。

该项目1997年开工,1998年5月投产,内部收益率为20.02%,投资回收期6.57年,盈亏平衡点44.04%,效益产生时间为1998年5月,年均销售收入53810万元,投资利润率12.02%,年均增加利润811万元。

该项目已经中石化总公司中石化〔1996〕计字637号文批准。

8、投资4763万元,建设DCC-1装置。

建设"DCC-1"增产乙烯料1万吨、丙烯料4.5万吨,顺丁橡胶料2万吨 、异丁烯1.2万吨,为发展石油化工提供原料。

该项目1997年10月开工,1998年8月投产,财务内部收益率:15.3%,投资回收期7.09年,盈亏平衡点:56.27%。效益产生时间为1998年8月,年均销售收入:9180万元。年均增加利润:464万元。投资利润率9.73%。

该项目已由中石化总公司中石化〔1996〕计字633号文批准。

9、投资4976.2万元,建设丙烯精制装置。

异地新建的丙烯精制装置规模12.5万吨/年(处理碳三量)。折合精丙烯7万吨/年。

该项目1997年基本建成,1998年5月投产,财务内部收益率17.92%,投资回收期6.91年(包括建设期1年)

盈亏平衡点49.66%,效益产生时间1998年5月,投资利润率10.49%,年均销售收入33636万元,年均增加利润522万元。

该项目经中石化总公司中石化〔1996〕计字636号文批准。

10、投资4603万元,建设来油加工配套改造项目。

根据公司经营发展规划需将进口原油加工量增加到150万吨/年,需要对一套常减压装置进行改造,并对40万吨/年一加氢装置扩能改造,以满足加工外油数量增加的要求。

加工外油配套改造项目与外油贮运设施相互依托,可为本公司增加显著的经济效益。

该项目1997年3月开工,年底投产,财务内部收益率为23.17%,投资回收期为5.89年,盈亏平衡点为37.88%,投资利润率为15.73%,效益产生时间1997年12月,年均增加利润724万元。

该项目已由中石化总公司中石化〔1996〕计字639号文批准。

11、投资4954.9万元,建设炼油污水处理场项目。

异地改造的炼油污水场处理能力600吨/时。污水处理场建成后,每年可以收回废油6000吨,直接经济效益600万元。该项目于1996年底开工,97年投产。

该项目已经中石化总公司中石化〔1995〕计字613号文批准。

12、投资4980万元,建设丁二烯贮运措施。

配套建设丁二烯接卸贮运措施,以便充分发挥化工生产装置的作用,提高经济效益。接卸能力为(折合纯丁二烯)3.5万吨/年。

本项目1996年末开工,1997年投产,财务内部收益率27.48%,投资回收期5.25年,盈亏平衡点57.14%,投资利润率20.32%,年均增加利润1011万元。

该项目已由中石化总公司中石化〔1996〕计字640号文批准。

13、投资4876.34万元,建成气体分馏装置项目。

该装置采用传统的三塔工艺,并采用节能设备,过程控制采用先进的集散控制系统(DCS),装置投产后将提高液化气的综合利用率,为下游的化工生产装置提供更多的生产原料。

该项目1997年8月开工,1998年5月投产,财务内部收益率为19.1%,投资回收期6.82年,效益产生时间1998年5月,盈亏平衡点为45.6%,投资利润率10.87%。

该项目已经中石化总公司中石化〔1996〕计字635号文批准。

本次募集资金使用计划及时间表

序号	项目名称	生产能力	项目总投资(万元)	投资周期	投资回收期(年)	资金使用情况(万元) 97	98	小计
1	增产无铅汽油措施	5万吨	4978.86	9个月	6.97	4978.86		4978.86
2	进口原油贮运措施	10万m^3	4450	7个月	7.19	4450		4450
3	异丙醇装置扩能	2.5万吨	4790.85	1年	5.39	1916.85	2874	4790.85
4	汽油脱硫醇改造		4878	1年	6.98	3414	1464	4878
5	再生烟气能量回收		4879.36	11个月	6.13	4879.36		4879.36
6	低温热回收工程	110250mj/h	3316	16个月	5.29	3316		3316
7	干气、液化气脱硫	25万吨/年 9.5万吨/年	4866.2	1年	6.57	4000.2	866	4866.20
8	DCC-1装置	30×10^4x/y	4763	10个月	7.09	3463	1300	4763
9	丙烯精制	7万吨/年	4976.2	1年	6.91	4000	976.2	4976.20
10	加工外油配套装置		4603	9个月	5.89	4603		4603
11	炼油污水场处理	600吨/时	4954.9	1年		4954.5		4954.9
12	丁二烯贮运措施	3.5万吨/年	4980	1年	5.25	4980		4980
13	气体分馏装置	20万吨/年	4876.34	9个月	6.82	4000.34	876	4876.34
合计						52956.51	8356.20	61312.71

以上项目共需资金61,312.71万元,本次募集资金为46,100万元,资金缺口为15,212.71万元,基本为98年资金需求,本公司已获得中国石化财务有限责任公司负责落实资金缺口的承诺。

七、股利分配政策

按照本公司章程草案所载的利润分配政策,本公司每年的税后利润在弥补亏损后将按下列顺序和比例分配:

1、提取法定公积金10%;

2、提取法定公益金5%-10%,由股东大会决定;

3、提取任意盈余公积金;

4、税后利润在提取公积金和公益金后用于股利分配;

5、本公司采取现金和股票的形式分派股利,同股同利。现金股利以人民币派付。公司分派股利时,按有关法律和法规代扣股东股利收入的

应缴税金;

6、关于弥补亏损的年限、数额、公积金和公益金计提比例以及股利率的确定,即某一年度的具体分配比例,均由董事会依据有关法规和公司章程的有关规定,并视公司经营状况和发展需要提出分配方案,经股东大会审定批准后实施;

7、本公司股利每年派付一次。每年的股利于次年的上半年派付,公司分派股利时,以公告书形式通知股东。预计首次股利分配时间为1998年6月30日前。

8、本次发行的社会公众股股东参与1997年全年利润分配;

9、由于本公司尚未成立,故股利分配政策需等本次发行后由公司股东大会予以确定。

八、发行人情况

(一)发行人概况

1、发行人名称:锦州石化股份有限公司(筹)

英文名称:JINZHOU PETROCHEMICAL CO. LTD.

2、发行人住所:辽宁省锦州市古塔区重庆路2号

3、发行人的设立:

本公司是根据《中华人民共和国公司法》等有关法规,对中国石化锦州石油化工公司所属部分资产进行重组,由中国石化锦州石油化工公司独家发起,以募集方式设立的股份有限公司。

本公司筹委会已于1997年4月10日成立,并于1997年4月9日获锦州市工商行政管理局公司名称预先核准。本公司将于本次募股结束后一个月内成立。

(二)发起人简介

中国石化锦州石油化工公司是本公司本次募集设立的独家发起人,本次发行结束后将持有本公司83.3%的股份。

中国石化锦州石油化工公司是隶属于中国石化总公司的特大型石油化工联合企业,也是我国润滑油添加剂生产基地之一。它占地500万平方米,固定资产原值30多亿元,拥有80余套生产装置,年原油加工能力550万吨,年催化加工能力160万吨,能生产汽油、柴油、润滑油添加剂、顺丁橡胶、异丙醇、聚丙烯等90余种产品。有20余种产品获国家、省、部优质产品称号,有10余种产品远销美国、俄罗斯、日本、东南亚及港澳地区。1996年公司销售收入40多亿元,利税7亿多元。在1995年国务院公布的全国500家工业企业中排序为70位。

锦州石化公司始建于1937年7月,时称"满州合成燃料株式会社及锦州工地",1951年改名为东北人民政府工业部石油管理局第六工厂。1955年中国石油工业部成立,工厂更名为石油工业部石油六厂。1990年1月,锦州石化公司转换体制,在原锦州炼油厂基础上组建成锦州石化公司,直接隶属于中国石化公司。

经过企业近六十年的发展,目前中国石化锦州石油化工公司已成为具有相当规模的特大型企业。中国石化锦州石油化工公司直属单位包括九个生产厂、21家独资子公司、三家参股公司。有各类专业技术人员3,457人,高级专业技术人员277人,中级专业技术人员1,134人。在技术人员中专业工程技术人员1,563人。现在公司已经形成了比较完善的生产经营、技术进步、企业管理、科研设计、文化教育、安装检修、供应销售系统。

(三)发行人简介

本公司将由中国石化锦州石油化工公司独家发起,并经本次公开募股而设立。

中国石化锦州石油化工公司将从事炼油及主要化工项目的生产经营性净资产和相关债务投入股份公司,共计2,379,880,329.72元。其中净资产759,226,850.35元,折股50,000万股,折股比例为65.86%。

本公司的主营业务为石化产品的生产和销售。经营范围为:石油化工及焦炭产品,有机化学品及催化剂、高分子聚合物。主要为不同标号的汽油、柴油、煤油、溶剂油、顺丁橡胶、异丙醇、聚丙烯、液化气等40余种。经营方式为加工、制造、销售。

本公司的市场和商品发展战略是:立足于国内市场,积极开拓国际市场。为此,公司将在产品质量、价格和销售等方面作出努力。

首先,通过基本建设和技术改造提高产品质量。"八·五"期间新上的柴油加氢改质、制氢等项目和使用新的高效催化剂,已使公司的柴油达到优级品指标,汽油已在国内率先实现了无铅化,航空用油也将在近期新上加氢精制措施。这些将使公司的汽油、柴油产品在国内外市场上拥有很强的竞争能力。公司将采取一些技术和管理措施,以进一步提高石油化工产品的质量。

通过实行成本否决等经营管理体制的改革,依靠科技进步,加大科技投入的力度,进一步挖掘企业内部的潜力,降低产品成本,节约各项费用,合理定价,增收节支。

改革销售体制和方式,变坐销为行销。加强市场信息的搜集、分析和预测,与路透社信息系统联网,24小时观测国际市场行情,为原油采购和成品油销售提供准确的信息和决策的依据。同时,公司将起用高素质人员到销售一线,实行专家销售,并加大售前、销后技术服务的力度。

本公司将以上述业务的整合和资产的重组为基础,以上市公司建立现代企业制度为契机,在坚持以经济效益为核心、以追求股东权益的最大化为目标的前提下,发挥自身在产品、经营、管理、人才、营销网络、信息等方面的优势,在巩固国内市场的同时,积极开发国际市场。

(四)发行人内部组织结构及关联企业情况

本公司将实行董事会领导下的总经理负责制,公司成立后内部组织结构见附表。

公司设立是在锦州石油化工公司对其资产重组的基础上进行。由锦州石油化工公司将其从事炼油及主要化工项目的生产经营性资产评估后作价入股投入公司,形成国有法人股。根据国家国有资产管理局国资企发〔1997〕102号文国有股股权处置方案的批复,锦州石油化工公司持有、行使并负责公司国有法人股的股权管理工作,成为公司的绝对控股股东,持有公司83.3%的股份。因此,锦州石油化工公司是公司的关联企业。对于锦州石油化工公司与本公司的关联关系,双方已于1997年4月作出了《不竞争承诺》,承诺双方及其附属企业不从事、不开发与对方的生产、销售业务有竞争或可能构成竞争的业务或活动。

锦州石油化工公司将其所属的炼油一厂、炼油二厂、化工三厂、贮运厂、试验车间、催化剂车间、中心化验室、计量处、研究院划入公司后,仍有五个直属生产厂,即热电厂、供排水厂、添加剂厂、化工一厂、化工二厂;所属独资公司21个;控股、参股、合资公司3个。

上述企业与公司均为具有独立法人资格的实体企业,行业界定明确、产权清晰,不存在同业竞争。本公司在原料来源、产品销售方面均独立于锦州石油化工公司。具体关系如下:

热电厂、供排水厂、添加剂厂生产系统相互独立,化工一厂、化工二厂属独立经营的两个实体企业,有自己的产、供、销、运一条龙生产经营设施。化工一厂主导产品为T-50石油脂等产品;化工二厂生产环烷酸盐类产品,与公司产品属不同性质的化工产品,也属非可替代产品,因而也不存在对公司构成经营、利益上的竞争。

21个独资公司均属集体、三产分流单位,从事餐饮等服务业,以及简单的生产加工业,主要产品有劳保用品、油漆、涂料、钢窗等,其与本公司无关联业务,不存在关联交易。

锦州六陆实业股份有限公司为锦州石油化工公司之控股子公司,锦州石油化工公司占其总股本的57.84%,锦州六陆实业股份有限公司主要

从事大豆色拉油生产、销售等业务。锦州六陆实业股份有限公司与锦州石油化工公司没有业务交叉,不存在关联交易。锦州港务(集团)股份有限公司为锦州石油化工公司之参股公司,锦州石油化工公司占其总股本的10%。锦州港务(集团)与锦州石油化工公司属不同行业,不存在关联交易。锦埃克森合资公司为锦州石油化工公司与埃克森化工有限公司之合资公司,主要生产添加剂,与本公司无关联交易。锦州石油化工公司占公司总股份的49.9%。

锦州石油化工公司剥离出部分资产进入公司后,除了上述存留的企业外,尚有教育系统、医疗系统、宾馆服务业和管理部门等经费开支单位,这些非经营性资产由锦州石油化工公司管理。1997年预计费用开支11700万元,全部由非上市部分的生产厂实现利润来承担。公司与锦州石油化工公司之间产权清晰,生产经营性服务、生活后勤性服务方面的经济关系已由双方于1997年4月订立的《综合服务协议》予以约定,按照协议,锦州石油化工公司为本公司提供教育、医疗、生活、运输、科研、能源、动力等方面的服务,本公司为锦州石油化工公司提供燃料油、燃料气。以上服务内容均为有偿服务,定价标准按双方协议、国家定价、市场价格、实际成本执行,由双方财务部门按每一会计年度进行结算。

(五)发行人职工与福利

本公司成立后将有职工3,600人(无离退休职工),大专以上职工占职工总数的17%,平均年龄37岁。现有高级积称72人,中级职称227人。全体员工的学历、年龄、专业结构如下:

1、学历结构

大专及大专以上学历	615人	占17%
中专(含中专证书)	96人	占3%
高中	2,540人	占71%
高中以下	349人	占9%

2、年龄结构

50岁以上	211人	占6%
41-50岁	735人	占20%
31-40岁	1,032人	占29%
20-30岁	1,622人	占45%

3、专业结构

管理人员	122人	占3%
技术人员	668人	占19%
财务人员	43人	占1%
其他人员	2,767人	占77%

本公司执行国家关于职工福利、劳资、待业保险及养老保险的有关规定。其中,职工福利按职工工资总额的14%提取,养老保险按职工工资总额的21%由公司定期向统筹部门缴纳保险基金。

(六)发行人经营范围

本公司的经营范围为:石油化工及焦炭产品,有机化学品及催化剂、高分子聚合物的生产与销售。技术开发、技术咨询服务。

(七)发行人从事的主要业务

本公司作为我国较大的石化产品生产企业,主要业务为:生产、销售石油产品、石化产品和有机化工产品,产品均按国际标准组织生产,90#、93#车用汽油实现无铅化,柴油经加氢改质达到国际优级品指标。本公司异丙醇、顺丁橡胶、针状焦等产品目前是市场上的畅销产品,而且异丙醇、针状焦是国内独家产品,顺丁橡胶是我国合成顺丁橡胶的诞生地,在国际国内市场上具有较高声誉,有较强的抗风险能力。

(八)发行人产品

1)生产能力

公司现有原油加工能力550万吨/年,催化加工能力160万吨/年,其中,96年汽油产量34万吨,柴油117万吨,航煤1万吨,顺丁橡胶5万吨,聚丙烯2万吨,异丙醇5.5万吨。

2)近三年主要产品的销售量、销售额及在全部业务收入中的比重

	96年			95年			94年		
	销售量(万吨)	销售收入(万元)	销售收入所占比例(%)	销售量(万吨)	销售收入(万元)	销售收入所占比例(%)	销售量(万吨)	销售收入(万元)	销售收入所占比例(%)
汽油	38.93	72,794	18.44	45.81	80,992	22.10	54.23	85,545	23.33
柴油	119.83	191,874	48.60	112.75	168,125	45.87	106.62	169,767	46.30
航煤	10.61	19,323	4.89	9.55	17.386	4.74	9.07	14,924	4.07
顺丁橡胶	1.83	15,061	3.81	2.16	16,748	4.57	1.51	9,741	2.66
聚丙烯	1.45	7,665	1.94	0.96	6,209	16.94	0.90	4,541	1.24
异丙醇	3.68	13,187	3.34	2.92	13,999	3.82	3.71	13,454	3.67
小计	176.33	319,904	81.02	174.14	303,459	82.79	176.05	297,972	81.26
其他		74,933	18.98		63,060	17.21		68,724	18.74
合计		394,837	100		366,519	100		366,696	100

3)主要产品在全国的市场占有率

汽油	1.93%
柴油	3.14%
航煤	2.91%
顺丁橡胶	10%
聚丙烯	2%
异丙醇	80%

其中,汽油、航煤、柴油综合占有率2.63%。

(九)发行人正在进行或计划进行的投资项目的一般情况

本公司计划进行以下几项投资项目:

A. 投资4978.86万元,建设增产无铅汽油措施项目。

B. 投资4450万元,建设进口原油储运措施项目。

C. 投资4790.85万元,建设异丙醇装置扩能改造项目。

D. 投资4878万元,建设汽油脱硫醇改造工程项目。

E. 投资4879.36万元,建设再生烟气能量回收工程项目。

F. 投资3316万元,建设低温热回收工程项目。

G. 投资4866.2万元,建设干气、液化气脱硫装置项目。

H. 投资4763万元,建设DCC-I装置。

I. 投资4976.2万元,建设丙烯精制装置。

J. 投资4603万元,建设加工外油配套改造项目。

K. 投资4954.9万元,建设炼油污水处理场项目。

L. 投资4980万元,建设丁二烯储运措施。

M. 投资4876.34万元,建设气体分馏装置项目。

以上项目均已经中石化总公司批准。

(十)国家的政策、法规、制度等对发行人是否有任何限制或优惠

无特殊优惠或限制。所得税率按33%执行。

(十一)环保执行情况及费用开支

根据锦州市环境监测中心提供的监测数据,本公司各项环保指标均符合国家标准。

环保费用开支情况如下:

1)94年-96年交纳环保费用:

单位:元

94年	95年	96年
1,767,933	1,372,000	2,661,111

2)94年-96年用于环保设施改造的资金:

单位:元

94年	95年	96年
990,810	21,805,787	3,177,099

(十二)发行人与中国石化锦州石油化工公司的关系:中国石化锦州石油化工公司作为本公司的控股股东,依照公司章程行使股东权利,并承担相应的责任与义务。本公司与中国石化锦州石油化工公司签定了《资产重组协议》、《综合服务协议》,双方已作出《不竞争承诺》、《不双重任职承诺》,业务、资产、人员已进行了分离,具备独立的财务核算体系及经营管理体系。

九、发行人筹委会成员

杨学庄先生,本公司筹委会主任,57岁,大学学历,高级工程师。曾任橡胶车间技术负责人、副主任、主任、生产科科长、党委副书记、副厂长、厂长、厂长兼任党委书记。锦州石化公司经理。1992年获辽宁省人民政府授予的"辽宁省劳动模范"称号、1992年荣获全省颁发的全国"五一"劳动奖章、1995年荣获国务院授予的"全国劳动模范"称号。

方佰威先生,本公司筹委会副主任,59岁,研究生学历,高级经济师。曾任锦西石油五厂宣传科科长、财务科科长、锦州石化公司副经理。锦州石化公司党委书记。本人曾被评为辽宁省委、省政府百名优秀思想政治工作者、省治安综合治理优秀工作者、辽宁省优秀党务工作者及中宣部、中组部全国优秀思想政治工作者称号。

官庆杰先生,本公司筹委会委员,38岁,大学学历,高级会计师。曾任计划科副科长、计划处副处长、财务处副处长、副总会计师。锦州石化公司总会计师。

俞文豹先生,本公司筹委会委员,52岁,大学学历,高级工程师。曾任常减压车间副主任、生产技术科副科长,一催化车间主任、生产技术处副处长、副总工程师。锦州石化公司副经理。

冷述铁先生,本公司筹委会委员,52岁,大学学历,高级工程师。曾任橡胶车间技术员、副主任、计划科第一副科长、副厂长、副经理。锦州石化公司副经理兼党委副书记、纪检委书记。

陈本浩先生,本公司筹委会委员,55岁,大学学历,高级工程师。曾任车间技术员、技术科副科长、副厂长、公司副经理、党委副书记兼任纪委书记。锦州石化公司副经理。

尹航先生,本公司筹委会委员,48岁,大专学历,工程师。曾任工程队副队长、基建科第一副科长、工程队队长、检修队队长、机动处副处长。锦州石化公司副经理。

齐明田先生,本公司筹委会委员,55岁,大学学历,高级工程师。曾任车间技术负责人、车间副主任、主任、技术开发处副处长。锦州石化公司副经理。

王锡元先生,本公司筹委会委员,51岁,大专学历,经济师。曾任工程队副队长、基建科副科长、工会主席、副厂长。锦州石化公司副经理。

于湖芳先生,本公司筹委会委员,46岁,大专学历,高级政工师。曾任黑龙江省建设兵团司务长、排长、林源炼油厂供排水车间指导员、林源炼油厂团委副书记、催化车间党支部书记、副厂长兼宣传部长、党委副书记、中国石化齐鲁石化公司供排水厂党委书记、中国石化林源炼油厂党委书记。锦州石化公司党委副书记。

赵玉中先生,本公司筹委会委员,58岁,大学学历,高级工程师。曾任总工办工程师、主任、副总工程师。锦州石化公司总工程师。

何明杰先生,本公司筹委会委员,44岁,大专学历,政工师。曾任车间团支书、团委副书记、干部科科长、干部处处长、党委组织部部长、人事处处长。锦州石化公司工会主席。

筹委会全体成员在此承诺:在本公司成立后,不在本公司及发起人之间双重担任高级管理职务。

中国石油化工总公司承诺:在本公司成立后,中石化总公司锦州石油化工公司与本公司高级管理人员不相互双重任职。

十、经营业绩

1、发行人前三年经营简况

公司是属于石油化工产品加工企业,现有原油加工能力550万吨/年,催化加工能力160万吨/年,生产产品近50余种。炼油产品主要有:汽油、柴油、煤油、溶剂油和石油液化气。化工产品主要有:异丙醇、聚丙烯、顺丁橡胶、各种苯类、石油焦、针状焦。其中异丙醇在国内市场占有率为80%,部分汽柴油和化工产品出口国际市场。公司年工业产值近20亿元,销售收入近40亿元。1996年公司销售收入40多亿元,利税7亿多元。在1995年国务院公布的全国500家工业企业中排序为70位。

2、发行人1994-1996年及1997年第一季度经营业绩:

单位:元

	1997年1-3月	1996	1995	1994
主营业务收入	965,313,705.93	3,948,374,947.13	3,665,191,872.60	3,666,962,554.34
营业利润	72,285,559.74	241,400,485.97	240,558,470.20	261,093,272.70
利润总额	72,684,223.58	242,848,266.00	240,139,677.90	263,450,529.21
净利润	48,698,429.80	162,708,338.22	160,893,584.19	176,511,854.57

3、发行人业务收入情况

1)生产能力

锦州石化股份有限公司(筹)目前原油加工能力为550万吨/年,近三年实际加工量如下(单位:万吨):

	96年	95年	94年
辽河陆上原油	283.49	288.38	324.46
进口油(来料加工)	51.96	28.08	13.27
合计	335.45	316.46	337.73

三年平均原油加工量330万吨,占全部加工能力的60%。

近三年主要产品产量如下(不含来料加工):

单位:吨

	96年	95年	94年
汽油	341,638	395,289	641,907
柴油	1,179,003	1,118,631	1,222,398
航煤	10,260	93,741	98,730
顺丁橡胶	18,760	20,560	13,348
聚丙烯	13,700	10,224	8,408
异丙醇	35,560	29,859	36,129
合计	1,598,921	1,668,304	2,020,920
占总加工量的比例(%)	56.40	57.85	59.84

2)近三年主要产品的销量、销售收入

	96年			95年			94年		
	销售量(万吨)	销售收入(万元)	销售收入所占比例(%)	销售量(万吨)	销售收入(万元)	销售收入所占比例(%)	销售量(万吨)	销售收入(万元)	销售收入所占比例(%)
汽油	38.93	72,794	18.44	45.81	80,992	22.10	54.23	85,545	23.33
柴油	119.83	191,874	48.60	112.75	168,125	45.87	106.62	169,767	46.30
航煤	10.61	19,323	4.89	9.55	17.386	4.74	9.07	14,924	4.07
顺丁橡胶	1.83	15,061	3.81	2.16	16,748	4.57	1.51	9,741	2.66
聚丙烯	1.45	7,665	1.94	0.96	6,209	16.94	0.90	4,541	1.24
异丙醇	3.68	13,187	3.34	2.92	13,999	3.82	3.71	13,454	3.67
小计	176.33	319,904	81.02	174.14	303,459	82.79	176.05	297,972	81.26
其他		74,933	18.98		63,060	17.21		68,724	18.74
合计		394,837	100		366,519	100		366,696	100

3)主要产品在全国的市场占有率

汽油	1.93%
柴油	3.14%
航煤	2.91%
顺丁橡胶	10%
聚丙烯	2%
异丙醇	80%

其中,汽油、航煤、柴油综合市场占有率2.63%

十一、股本

1、本次公开发行为本公司首次发行,公司拟注册资本为60,000万元。

2、经国家国有资产管理局国资企发〔1997〕398号文批复,中国石化锦州石油化工公司作为本公司独家发起人,以评估后的净资产75,922.68万元按65.86%的比例折为50,000万股国有法人股。根据《中华人民共和国公司法》第一百七十八条的规定,公司以超过股票票面金额的发行价发行股份所得的溢价款列入公司资本公积金。

3、本次发行成功后,公司股本结构如下:

项目	股数(万股)	所占比例
总股本	60,000	100%
国有法人股	50,000	83.3%
社会公众股	10,000	16.7%
其中:公司职工股	1,000	1.67%

4、根据国家有关规定,本次发行的公司职工股将于本次发行的社会公众股上市6个月以后,经深交所批准后上市。

5、本次发行成功后,公司净资产总额将为122,022.68万元,发行前每股净资产为1.52元,发行后每股净资产为2.03元。

十二、债项

根据石家庄会计师事务所石会审一字〔1997〕第40号审计报告,本公司主要债项(截止到1997年3月31日)为:

1、短期借款:1997年3月31日余额278,920,000元

贷款单位	贷款期限	月利率‰	币种	金额	借款条件
锦州市工行城内办事处	1996.9.20-1997.9.20	12.06	人民币	43,420,000	信用
建设银行锦州铁北支行	1996.8.22-1997.8.22	10.065	人民币	50,000,000	信用
建设银行锦州铁北支行	1996.9.28-1997.9.28	9.24	人民币	24,000,000	信用
建设银行锦州铁北支行	1996.4.26-1997.4.26	12.06	人民币	10,000,000	信用
建设银行锦州铁北支行	1996.4.30-1997.4.30	12.06	人民币	50,000,000	信用
中石化财务有限责任公司	1996.11.20-1997.11.20	8.40	人民币	20,000,000	信用
中石化财务有限责任公司	1996.07.01-1997.06.30	9.65	人民币	50,000,000	信用
中石化财务有限责任公司	1996.12.31-1997.12.31	8.90	人民币	20,000,000	信用
中石化财务有限责任公司	1996.01.11-1997.12.31	10.00	人民币	1,500,000	信用
中石化财务有限责任公司	1996.11.02-1997.11.01	9.15	人民币	10,000,000	信用

2、长期借款:1997年3月31日762,405,165.34元:

贷款单位	借款日	到期日	年利率‰	币种	余额	借款条件
建行铁北支行	1991.9.21	2001.9.21	9.27	人民币	28,200,000	信用
建行铁北支行	1991.9.21	2001.9.21	9.27	人民币	46,960,000	信用
建行铁北支行	1991.4.1	2002.12.31	11.16	人民币	7,000,000	信用
建行铁北支行	1994.2.28	2002.12.31	14.04	人民币	20,000,000	信用
建行铁北支行	1994.3.14	2002.12.31	14.04	人民币	240,000,000	信用
建行铁北支行	1995.4.26	2002.12.30	15.30	人民币	280,000,000	信用
开发银行	1994.10.20	2002.12.20	4.2	人民币	15,245,165.34	信用
(国家原材料投资公司借款)						
建行铁北支行	1996.2.10	1998.2.10	13.5	人民币	125,000,000	信用

除上述以外,截至1997年3月31日,本公司无任何其它未偿还的银行贷款、公司债,以及或有负债、主要合同承诺。

债项中的期后事项:建设银行铁北支行的两笔贷款共计60,000,000元,已于4月26日和4月30日到期偿还。没有逾期贷款。

十三、主要会计资料

根据石家庄会计师事务所出具的审计报告,发行前公司的主要资产负债及盈利状况财务会计资料如下。

1、主要财务报表:

资产负债表

单位:元

项目	1997年3月31日	1996年12月31日	1995年12月31日	1994年12月31日
流动资产:				
货币资金	67,867,659.38	69,633,090.01	73,988,771.09	63,468,762.32
短期投资				
应收票据				
应收帐款	391,473,787.42	176,606,072.64	247,715,837.59	494,588,163.63
减:坏帐准备	0.00	883,030.36	1,238,579.19	2,472,940.82
应收帐款净额	391,473,787.42	175,723,042.28	246,477,258.40	492,115,222.81
预付帐款	6,174,367.32	0.00	0.00	0.00
其他应收款	20,699,892.16	2,628,851.81	2,142,095.17	1,263,203.69
待摊费用	23,353,093.75	23,353,093.75	37,117,500.00	49,490,000.00
存货	492,656,041.13	378,709,215.26	343,406,391.63	276,743,427.63
待处理流动资产净损失				
一年内到期的长期债券投资				
其他流动资产				
流动资产合计	1,002,224,841.16	650,047,293.11	703,132,016.29	883,080,616.45
长期投资:				
长期投资				
固定资产:				
固定资产原值	1,759,908,725.86	1,630,584,109.19	1,493,674,707.63	953,822,631.00
减:累计折旧	770,858,958.55	799,269,646.21	515,879,834.53	441,783,983.70
固定资产净值	989,049,767.31	831,314,462.98	977,794,873.10	512,038,647.30
在建工程	328,605,721.25	304,849,694.39	40,005,676.78	8,190,395.30
固定资产清理				
待处理固定资产净损失				
固定资产合计	1,317,655,488.56	1,136,164,157.37	1,017,800,549.88	520,229,042.60
无形资产及递延资产				
无形资产				
递延资产				
无形资产及递延资产合计				
其他长期资产:				
其他长期资产递延税款:				
递延税款借项				
资产总计	2,319,880,329.72	1,786,211,450.48	1,720,932,566.17	1,403,309,659.05
流动负债				
短期借款	278,920,000.00	252,920,000.00	191,020,000.00	138,020,000.00
应付票据				
应付帐款	126,779,439.94	63,654,894.61	69,230,662.56	368,393,863.87
预收帐款	176,922,455.46	24,186,210.47	23,833,812.23	25,457,890.23
应付福利费	2,995,216.76	3,409,530.00	3,624,656.94	3,881,718.16
未付利润				
未交税金	31,587,622.86	43,759,523.08	70,361,731.60	50,600,041.02
其他未交款	67,830,678.75	8,230,941.12	72,394,211.43	-50,259,007.93
其他应付款	44,167,502.11	71,012,322.34	104,232,543.78	87,431,264.65
预提费用				
一年内到期的长期负债	16,429,702.91			

项目				
其他流动负债				
流动负债合计	745,632,618.79	467,173,421.62	534,697,618.54	622,525,870.00
长期负债:				
长期借款	762,405,165.34	728,834,868.25	600,140,393.82	268,477,487.75
应付债券				
长期应付款	52,615,695.24	65,505,076.92	70,174,723.24	
其他长期负债		-36,148,506.47	-20,520,508.86	
其中:住房周转金		-36,148,506.47	-20,520,508.86	
长期负债合计	815,020,860.58	758,191,438.70	649,794,608.20	268,477,487.75
递延税款:				
递延税款贷项				
负债合计	1,560,653,479.37	1,225,364,860.32	1,184,492,226.74	891,003,357.75
股东权益				
股本	500,000,000.00	485,829,523.61	485,829,523.61	485,829,523.61
资本公积	259,226,850.35			
盈余公积		75,017,066.55	50,610,815.82	26,476,777.69
其中:公益金				
未分配利润				
股东权益合计	759,226,850.35	560,846,590.16	536,440,339.43	512,306,301.30
负债及股东权益合计	2,319,880,329.72	1,786,211,450.48	1,720,932,566.17	1,403,309,659.05

利润表

单位:元

项目	1997年1-3月	1996年	1995年	1994年
一、主营业务收入	965,313,705.93	3,948,374,947.13	3,665,191,872.60	3,666,962,554.34
减:营业成本	772,647,573.79	3,196,452,204.02	2,988,013,302.97	2,931,072,981.31
销售费用	13,472,221.26	40,173,850.36	84,842,019.92	46,745,914.10
管理费用	20,385,649.41	106,656,526.78	102,918,185.81	108,062,537.81
财务费用	38,012,144.19	105,502,103.87	30,459,247.12	33,395,793.14
进货费用				
营业税金及附加	55,376,596.69	259,863,967.68	219,373,332.86	287,343,437.09
二、主营业务利润	65,446,520.59	239,726,294.42	239,585,783.92	260,341,890.89
加:其他业务利润	6,839,039.15	1,674,191.55	972,686.28	751,381.81
三、营业利润	72,285,559.74	241,400,485.97	240,558,470.20	261,093,272.70
加:投资收益				
营业外收入	398,663.84	2,731,527.58	1,755,480.44	2,824,536.38
减:营业外支出		1,283,747.55	2,174,272.74	467,279.87
加:以前年度损益调整				
四、利润总额	72,684,223.58	242,848,266.00	240,139,677.90	263,450,529.21
减:所得税	23,985,793.78	80,139,927.78	79,246,093.71	86,938,674.64
五、净利润	48,698,429.80	162,708,388.22	160,893,584.19	176,511,854.57

财务状况变动表

单位:元

流动资金来源和运用	1996年金额	流动资产各项目的变动	1996年金额
一流动资金来源		一、流动资产本年增加数	
1、本年净利润	162,708,338.22	1、货币资金	-4,355,681.08
加:不减少流动资金的费用和损失		2、短期投资	0.00
(1)少数股东本期损益(减亏损)		3、应付票据	0.00
(2)固定资产折旧	283,389,811.68	4、应付帐款净额	-70,754,216.12
(3)清理固定资产损失(减损益)		5、其他应收款	0.00
(4)无形资产、递延资产摊销		6、其他应收款	486,756.64
小计	446,098,149.90	7、待摊费用	-13,764,406.25
2、其他来源		8、存货	35,302,823.63
(1)固定资产清理收入(减清理费用)		9、待处理流动资产净损失(减收)	0.00
(2)增加长期负债	108,296,830.50	10、一年内到期的长期债券投资	0.00
(3)收回长期投资			0.00
(4)资本净增加额	24,406,250.73		0.00
(5)少数股东资本净增加额			0.00
小计	132,803,081.23	流动资产增加净额	-53,084,723.18
流动资金来源合计	578,901,231.13	二、流动负债本年增加数	0.00
二、流动资金运用		1、短期借款	61,900,000.00
1、利润分配		2、应付票据	0.00
(1)提取法定公积金	16,270,833.82	3、应收货款	-5,575,767.95
(2)提取法定公益金	8,135,416.91	4、预收货款	352,398.24
(3)已分配股利	138,302,087.49	5、应付福利费	-215,126.94
小计	162,708,338.22	6、未交股利	0.00
2、其他运用		7、未交税金	-26,602,208.52
(1)固定资产和在建工程净增加额	401,753,419.17	8、其他未交款	-64,163,270.31
(2)增加无形资产递延资产及其他资产		9、其他应付款	-33,220,221.44
(3)偿还长期负债		10、预提费用	0.00
(4)增加长期投资		11、一年内到期的长期负债	0.00
小计	401,753,419.17		0.00
流动资金运用合计	564,461,757.39	流动负债增加净额	-67,524,196.92
流动资金增加净额	14,439,473.74	流动资金增加净额	14,439,473.74

2、采用主要会计政策

1)执行的会计制度

本公司1994－1997年3月执行《工业企业会计制度》,本报告所列报表已按《股份制试点企业会计制度》有关规定进行了调整。

2)会计期间

本公司会计年度自公历一月一日至十二月三十一日止。

3)记帐原则和计价基础

本公司以权责发生制为记帐原则,采用历史成本为计价基础。

4)记帐本位币

本公司以人民币为记帐本位币。

5)外币折算

本公司外币业务发生时,采用当月1日中国人民银行公布的市场汇价的中间价(以下简称中间价)将有关外币金额折合为记帐本位币金额,年末外币余额以12月31日国家公布的中间价调整,计算汇兑损益,计入财务费用。

6)坏帐准备

采用"备抵法",按年末应收帐款余额的千分之五计提调整。

7)存货计价方法

本公司存货主要包括原料油、化工原材料、辅助材料、半成品、产成品、低值易耗品等。其计价方法分别是:

(1)外购原油、外购蜡油、丙烯、丁二烯等其他原料油采用"实际成本计价法"。

(2)本公司外购的化工原材料、辅助材料采用"计划成本计价法",实际成本和计划成本的差异每月按规定办法分摊。

(3)生产过程中的半成品采用"计划成本计价法"年度内不变,计划成本每年调整一次。

(4)库存产品采用加权平均法计价。

低值易耗品采用"计划成本计价法",领用时采用一次摊销法摊入费用,月末结转差异。

8)长期投资核算方法

(1)债券投资采用成本法核算;

(2)股权投资和联营投资:拥有被投资企业20%以下股权的,采用成本法核算;拥有被投资企业20%－50%(含50%)股权的,采用权益法核算;拥有被投资企业50%以上股权的,编制合并会计报表。

9)固定资产及其折旧

(1) 标准及计价

根据《会计准则》和《财务通则》的规定,本公司的固定资产确定的标准是:使用期限超过一年的房屋、建筑物、机器、机械、运输工具及其他与生产经营有关设备、器具、工具等。非生产经营的主要设备物品,单位价值在2000元以上,使用年限超过二年的也做为固定资产。

(2)固定资产的计价

a、外购的设备:按外购设备的实际成本费用计价。

b、自建的固定资产:以全部工程成本(不含土地),做为固定资产的计价标准。

(3)折旧方法

本公司采用"直线法"分类折旧,残值率3%,按固定资产类别及预计使用年限确定的折旧率如下:

固定资产类别	预计使用年限	年折旧率
房屋建筑物	10－40年	2.43%—9.7%
机器设备	7—14年	6.93%—13.86%
运输工具	6—12年	8.08%—16.17%

10)税项

截止1997年3月31日,本公司流转税种及附加列示如下:

消费税:从量计征,其中:汽油277.6元/吨;

柴油117.6元/吨。

增值税:按销售收入17%(其中:液化气按13%)

所得税:应纳税所得额的33%。

营业税:其他业务收入的5%。

城建税及教育费附加:分别按流转税额的7%和3%计算交纳。

11)利润分配

公司当年交纳所得税后利润按下列顺序分配

(1)弥补亏损

(2)提取10%法定盈余公积金

(3)提取5%—10%公益金

(4)提取任意公积金

(5)支付股利

12)营业收入实现的确认原则

在发出商品、提供劳务,同时收讫价款或者取得索取价款的凭据时,确认营业收入。

3、重要财务指标

	96年	95年	94年
流动比率	1.39	1.32	1.42
速动比率	0.58	0.67	0.97
资产负债率(%)	68.60	68.83	63.49
净资产率(%)	31.40	31.17	36.51
每股净资产(元)	1.12	1.07	1.02
每股净利润(元)	0.325	0.322	0.353
净资产收益率(%)	29.01	29.99	34.45
应收帐款周转率(次)	18.61	9.88	11.58
存货周转率(次)	8.85	9.64	12.35

十四、资产评估

根据中企华资产评估有限公司出具的资产评估报告,并经国家国有资产管理局国资评〔1997〕398号文确认,截止1997年3月31日,发行人全部资产总额为2,319,880,329.72元人民币,负债总额为1,560,653,479.37元人民币,净资产为759,226,850.35人民币,评估增值为191,075,500万元人民币,增值率为33.63%。

以下摘自中企华资产评估有限公司的资产评估报告。

评估结果汇总表

单位:万元

资产类型	帐面原值	帐面净值	调整后净值	重置全价	评估值	增(减)值	增(减)率%
机器设备	141,879.15	69,970.74	69,970.74	154,055.17	83,653.00	13,682.26	19.55
房屋建筑	21,205.08	12,039.98	12,039.98	21,935.70	15,251.97	3,211.99	26.7
在建工程	31,707.43	31,707.43	31,707.43	32,860.57	32,860.57	1,153.14	3.6
流动资产	80,933.04	80,660.95	100,308.02	100,222.48	100,222.48	-85.54	-0.085
资产合计	275,624.70	194,379.10	214,026.17	309,073.92	231,988.02	17,961.85	8.39
长期负债	79,530.20	79,530.20	79,530.20	83,145.05	83,145.05	3,614.85	4.55
流动负债	58,033.76	58,033.76	77,680.83	77,680.83	72,920.29	-4,760.54	-6.13
负债合计	137,563.96	137,563.96	157,211.03	160,825.88	156,065.34	-1,145.69	-0.73
净资产	138,060.74	56,815.14	56,815.14	148,248.04	75,922.68	19,107.54	33.63

十五、盈利预测

一、盈利预测基准

1、经石家庄会计师事务所石会审一字〔1997〕第40号审计报告验证的1994年、1995年、1996年及1997年1－3月的经营业绩。

2、根据1997年公司的生产计划、成本计划、各类费用计划和现行税率。

3、遵循我国现行的法律、法规和公认的会计原则,本着求实稳健的原则编制。

二、盈利预测假设

1、公司目前遵循的我国现行的有关法律、法规和政策无重大变化。

2、公司在预测期内的有关信贷、税率、汇率及产品、原材料市场行情在正常范围内变化。

3、本公司所在地的社会经济环境无重大变动。

4、无其他人力不可抗拒和不可预见的因素造成的重大不利影响。

三、盈利预测表

一九九七年度盈利预测表

单位:人民币万元

项目	1－3月实现数	4－12月预测数	合计
一、主营业务收入	96,531	323,469	420,000
减:营业成本	77,265	265,821	343,086
销售费用	1,347	4,013	5,360
管理费用	2,036	8,664	10,700
财务费用	3,801	7,499	11,300
营业税金及附加	5,538	19,462	25,000
二、主营业务利润	6,544	18,010	24,554
加:其他业务利润	684	1,106	1,790
三、营业利润	7,228	19,116	26,344
加:营业外收入	40	116	156
四、利润总额	7,268	19,232	26,500
减:所得税33%	2,398	6,347	8,745
五、净利润	4,870	12,885	17,755
每股盈利(元/股)			0.296

十六、公司发展规划

在国家"九五"规划和2010年远景规划及李鹏总理的政府工作报告中,把振兴石油化工工业放到了重要的战略地位,使之成为国家经济的支柱产业。我国的石化工业还属朝阳工业,发展前景非常广阔。

本公司的发展目标是:深度加工、综合利用、发展化工,经过努力逐步形成油化结合、效率高,有特色的石油化工企业。总体思路为:千方百计提高轻质油收率,常减压装置深拔,扩大催化装置的处理量,在提高催化进料上做文章。增产芳烃、液化气,为化工装置提供更多的原料。在现有的装置上进行技术改造,充分挖潜、提高经济效益。根据本公司的发展目标和 总体思路,制定如下发展规划:

1、以加工 330 万吨/年辽河原油为装置平衡配套的基础,充分利用两种资源、两个市场,灵活采用以来料加工为主的多种方式,增加进口原油的加工量,力争达到年 150 万吨,使原油加工量达到年 400 万吨－450 万吨。进一步解决发展化工的原料资源,调整原料和产品结构。

2、坚持走内涵发展的道路,通过建设无铅汽油措施项目等来提高轻油收率,增加经济效益,根据本公司实际发展需要,适时对延迟焦化、加氢、重整裂化等炼油装置进行扩能和技术改造。

3、继续搞好液化气和芳烃的深度加工和综合利用。改造 DCC 催化裂解装置,增产液化气,最大限度地将油转化为化工原料,改造气体分馏等液化气处理装置,提高液化气加工能力使之与液化气资源相配套,将 2 万吨/年顺丁橡胶改造为 5 万吨/年(现已完成),将 5.5 万吨/年异丙醇装置改造到 8 万吨/年。发展化工项目,开发化工产品,实现资源的合理配置。

4、加大技术开发和科研的力度,依靠科技进步推动企业的发展,搞好减压深拔,应用新型高效催化剂等项目的技术攻关,提高产品产量和收率,降低产品成本。技术开发费用的投入保持在销售收入的 1.5% 或更高的水平。本公司将加大计算机的应用程度,建成覆盖主要生产装置及各管理部门的控制系统和管理系统,实现管理控制一体化。

5、建立现代企业制度,强化企业的竞争能力。本公司将以股份制改革为契机,建立起现代企业制度,优化资本结构,进行资产重组,搞好资本经营。与国际规范接轨,把本公司建成产权明晰,权责分明,政企分开,管理科学的现代企业。

6、本公司将实施人才培养计划,培养高层次、高质量的专业技术人才、复合型人才,以满足本公司逐步向国际扩展的需要,为企业的腾飞打下坚实的基础。

十七、重要合同及重大诉讼事项

1、重要合同

1)《中国石化锦州石油化工公司与锦州石化股份有限公司资产重组协议书》,就中国石化锦州石油化工公司与锦州石化股份有限公司在资产的划分、债务和义务的划分、无形资产(包括商标、专利)的划分、土地使用权的划分、税费的划分、人事管理、离退休人员的安置,以及双方互不竞争等方面达成协议。

2)《锦州石油化工公司与锦州石化股份有限公司(筹)综合服务协议》,就双方之间在生产性服务与生活性服务的项目与费用等内容达成协议。

3)《土地租赁协议》,根据该协议,中国石化锦州石油化工公司以出让方式取得四宗土地(共 25.4 万平方米)的土地使用权,以接受中石化投资方式取得三宗土地(共 102.8 万平方米)的土地使用权,该七宗土地(共 128.2 万平方米)由锦州石油化工公司租赁给锦州石化股份有限公司,双方确定的租金为每平方米 2.00 元,年租金为 256.48 万元。土地租赁期限为 30 年。同时,协议就土地的租金支付方式、双方的权利与义务、违约责任等内容达成协议。

4)《商标使用许可协议》,根据该协议,中国石化锦州石油化工公司将"锦花牌"商标向本公司授予不可转让的非独家使用许可,允许本公司在正常的生产、经营中使用该等商标。本公司每年向中国石化锦州石油化工公司支付商标使用费 99 万元,于每年第一季度内交纳上一年度使用费。双方就由此产生的权利、义务、违约责任等内容达成协议。

5)《专利使用许可协议》,根据该协议,中国石化锦州石油化工公司将名为"馏份油的精制方法"的专利(专利证号为 ZL92109140.0)向本公司授予不可转让的非独家使用许可,允许本公司在正常的生产、经营活动中使用该专利。本公司每年向中国石化锦州石油化工公司支付专利使用费 1 万元,于每年第一季度内交纳上一年度使用费。双方就由此产生的权利、义务、违约责任等内容达成协议。

6)《不竞争承诺》,双方承诺,各方及其附属企业不从事、不开发与对方的生产、销售业务有竞争或可能构成竞争的业务或活动。

7)《不双重任职承诺》,中国石油化工总公司及筹委会全体成员承诺,本公司与锦州石油化工公司高层管理人员之间不双重任职。

2、重大诉讼事项

本公司不存在重大诉讼事项。

十八、附录文件

附件(一):审计报告

附件(二):盈利预测审核报告

附件(三):资产评估报告

附件(四):企业律师出具的法律意见书及律师工作报告

附件(五):主承销商律师出具的法律意见书

附件(六):验资报告

十九、备查文件

投资者可按下述时间、地点到本公司查阅以下文件:

时间:1997 年 8 月 8 日—1997 年 8 月 18 日

地点:辽宁省锦州市古塔区重庆路 2 号

电话:(0416)4159024

1、审计报告、财务报表及附注

2、中国石化总公司《关于锦州石化公司进行股份制改制并向社会公开发行股票的批复》

3、中国证监会复审通过同意公开发行股票的文件

4、深圳证券交易所同意本次新发行股票到该所上市的文件

5、承销协议

6、国家国有资产管理部门关于资产评估的确认报告

7、国家国有资产管理局关于国有股权管理方案的批复

8、重要合同

锦州石化股份有限公司(筹)

1997 年 8 月 8 日

(附图)锦州石化股份有限公司组织结构图

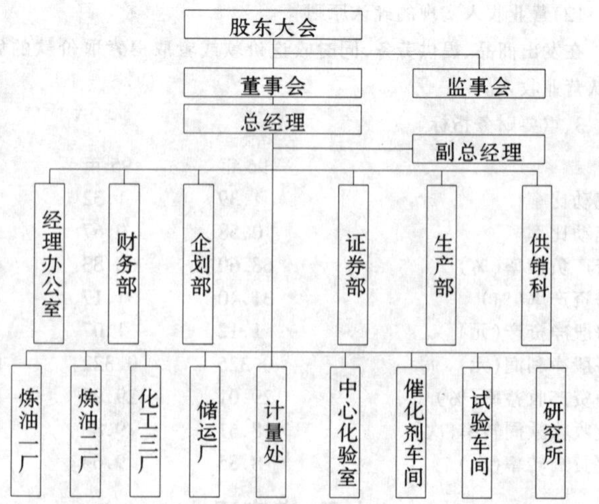

锦州石化股份有限公司股票上市公告书

一、要览

总股本：　60,000万股
可流通股本：　10,000万股
本次上市流通股本：　9,000万股
股票简称：　锦州石化
证券编码：　0763
上市地：　深圳证券交易所
上市时间：　1997年9月15日
登记机构：　深圳证券登记结算公司
上市推荐人：　南方证券有限公司

二、绪言

本公司依据《中华人民共和国公司法》、《股票发行与交易管理暂行条例》、《公开发行股票公司信息披露实施细则》和《深圳证券交易所业务规则》等有关法律、法规、文件的规定，为本公司股票公开上市之目的向社会公众提供有关资料。

锦州石化股份有限公司(以下简称"本公司")的股票发行经中国证券监督管理委员会证监发字[1997]403号和证监发字[1997]404号文批准，已向社会公开发行人民币普通股9000万股，每股面值1.00元，每股发行价4.76元；另向职工配售股份1000万股，每股面值1.00元，配售价格为每股4.76元。本次上市流通股本为9000万股，根据国家有关规定，公司职工股自此次上市流通股上市之日起半年后上市。本公司股票上市申请经深圳证券交易所深证发字[1997]311号文批准审核同意，将于1997年9月15日(星期一)在深圳证券交易所挂牌交易，股票简称"锦州石化"，股票交易代码"0763"。

本公司于1997年8月8日分别在《中国证券报》、《证券时报》和《上海证券报》刊登了《招股说明书概要》，距今不足6个月，故与其重复内容在此不再重复，敬请投资者查阅本公司的《招股说明书概要》。

本公司董事会全体成员已批准本上市公告，确信其中不存在重大遗漏和误导，并对其真实性、准确性和完整性负个别的和连带的责任。

三、公司概况

1.基本情况

公司法定名称：锦州石化股份有限公司

公司英文名称：JINZHOU PETROCHEMICAL CO.,LTD.

公司法定代表人：杨学庄

成立日期：1997年8月29日

经营范围：主营：石油化工及焦炭产品、有机化学品及催化剂、粘合剂、高分子聚合物的加工、制造、销售。

所属行业：工业

注册地址：辽宁省锦州市古塔区重庆路2号

联系电话：(0416)4159024

2.公司历史沿革：

(1)股份制改造过程

中国石化锦州石油化工公司是本公司本次募集设立的独家发起人，本次发行结束后将持有本公司83.3%的股份。

中国石化锦州石油化工公司始建于1937年，经过近六十年的发展，中国石化锦州石油化工公司已成为隶属于中国石化总公司的特大型石油化工联合企业，也是我国润滑油添加剂生产基地之一。在1995年国务院公布的全国500家工业企业中排序为70位。

经国家体改委体改生[1997]90号文批准，本公司由中国石化锦州石油化工公司独家发起，并经本次公开募股而设立。1997年8月12日，本公司获得中国证券监督管理委员会批准发行人民币普通股(A)股10000万股(含公司职工股1000万股)。1997年8月12日至18日，本公司10000万股A股发行获得成功，并于1997年8月28日召开了创立大会。1997年8月29日，本公司在辽宁省工商行政管理局注册登记。

(2)公司本次股票发行为初次发行。

四、股票发行与承销

1.股票公开发行

社会公众股发行数量：10,000万股
公司职工股：　1,000万股
发行价格：　4.76元
实际募集资金总额：　461,000,000元
发行方式：　上网定价
配售比例：　0.696996%
有效申购户数：　383,413户
发行费用总额：　15,000,000元
每股发行费用：　0.15元
发行市盈率：　14.3倍

2.股票承销：

本次公开发行的社会公众股已认购完毕，承销商包销股票的数量为零股。

3.验资报告

募集资金的入帐时间：1997年8月23日

入帐金额：461,000,000元

入帐帐号：5088235

开户银行：中国石化财务有限责任公司沈阳办事处锦州代办点

4.所筹资金未能及时入帐的金额及原因：无

五、董事、监事及高级管理人员持股情况

姓名	职务	持股数量(股)	持股比例(%)
杨学庄	董事长	15,000	0.0025
冷述铁	副董事长	11,000	0.00183
俞文豹	董事、总经理	8,000	0.00133
齐明田	董事	8,000	0.00133
陈本浩	董事	8,000	0.00133
王锡元	董事	8,000	0.00133
于湖芳	董事	8,000	0.00133
赵玉中	董事	8,000	0.00133
尹航	董事	8,000	0.00133
何明杰	董事	8,000	0.00133
裴宏斌	董事	8,000	0.00133
盖文国	董事会秘书	6,000	0.001
夏中伏	监事会主席	8,000	0.00133
崔黎光	监事	6,000	0.001
吕士龙	监事	6,000	0.001
李素芬	监事	6,000	0.001
金惠兰	监事、职工代表	6,000	0.001
宋维贵	常务副总经理	6,000	0.001
胡运昌	副总经理	6,000	0.001
范光玉	副总经理	6,000	0.001
李修业	副总经理	6,000	0.001

六、公司设立

本公司已于1997年8月28日召开创立大会暨首次股东大会，大会

作出决议:本公司向社会公众公开发行面值为1元的人民币普通股(A股)9,000万股将于1997年9月15日在深圳证券交易所上市;向公司职工配售的1,000万股公司职工股半年后上市。

公司注册资金: 60,000万元
公司注册时间: 1997年8月29日
公司注册地点: 辽宁省锦州市古塔区重庆路2号
营业执照注册号码: 24269077-X

七、关联企业及关联交易

(一)关联企业

本次发行结束后,中国石化锦州石油化工公司是本公司的绝对控股股东,持有本公司83.3%的股份,是本公司的关联企业,除此之外,本公司没有其他具有20%以上股权关系的企业。

(二)关联交易

中国石化锦州石油化工公司作为本公司的控股股东,依照公司章程行使股东权利,并承担相应的责任与义务。对于双方的关联关系,公司已与中国石化锦州石油化工公司作出了《不竞争承诺》,承诺:双方及其附属企业不从事、不开发与对方的生产、销售业务有竞争或可能构成竞争的业务或活动。同时,双方签定了《综合服务协议》,就双方的生产经营性服务、生活后勤性服务等方面的经济关系予以约定。另外,本公司与中国石化锦州石油化工公司还签订了《土地租赁协议》、《商标使用许可协议》、《专利使用许可协议》,就土地、商标、专利的使用、费用,及由此产生的权利、义务、违约责任等内容达成协议。总之,本公司与中国石化锦州石油化工公司在业务、资产、人员等方面均已进行了分离,具备独立的财务核算体系及经营管理体系。

八、股本结构及大股东持股情况

(一)股本结构

本次发行前股本结构:

股份种类	股数(万股)	所占比例(%)
国有法人股	50,000	100
总股本	50,000	100

本次发行后股本结构:

股份种类	股数(万股)	所占比例(%)
国有法人股	50,000	83.3
社会公众股	10,000	16.7
其中:公司职工股	1,000	1.67
总股本	60,000	100

(二)前十名股东所持股数及比例

序号	股东名称	持股数(股)	占总股本比例(%)
1	中国石化锦州石油化工公司	500,000,000	83.3
2	杨学庄	15,000	0.0025
3	冷述铁	11,000	0.00183
4	俞文豹	8,000	0.00133
5	齐明田	8,000	0.00133
6	陈本浩	8,000	0.00133
7	王锡元	8,000	0.00133
8	于湖芳	8,000	0.00133
9	赵玉中	8,000	0.00133
10	尹航	8,000	0.00133

九、公司财务会计资料

(一)审计报告

本公司已经石家庄会计师事务所石会审一字(1997)第40号审计,并出具无保留意见的审计报告。

资产负债表、损益表、财务情况变动表分别见附表1、附表2、附表3。

(二)主要财务指标

项目指标	97年1—3月	96年	95年	94年
流动比率	1.34	1.39	1.32	1.42
速动比率	0.68	0.58	0.67	0.97
资产负债率(%)	67.27	68.60	68.83	63.49
净资产产率(%)	32.73	31.40	31.17	36.51
每股净资产(元)	1.52	1.12	1.07	1.02
每股净利润(元)	0.097	0.325	0.322	0.353
净资产收益率(%)	6.41	29.01	29.99	34.45
应收帐款周转率(次)	3.40	18.61	9.88	11.58
存货周转率(次)	1.77	8.85	9.64	12.35

注:1997年1—3月份每股净利润、净资产收益率均按折股后的股本50,000万股计算。

(三)会计报表附注

1.采用主要会计政策

1)执行的会计制度

本公司1994—1997年3月执行《工业企业会计制度》,本报告所列报表已按《股份制试点企业会计制度》有关规定进行了调整。

2)会计期间

本公司会计年度自公历一月一日至十二月三十一日止。

3)记帐原则和计价基础

本公司以权责发生制为记帐原则,采用历史成本为计价基础。

4)记帐本位币

本公司以人民币为记帐本位币。

5)外币折算

本公司外币业务发生时,采用当月1日中国人民银行公布的市场汇价的中间价(以下简称中间价)将有关外币金额折合为记帐本位币金额,年末外币余额以12月31日国家公布的中间价调整,计算汇兑损益,计入财务费用。

6)坏帐准备

采用"备抵法",按年末应收帐款余额的千分之五计提调整。

7)存货计价方法

本公司存货主要包括原料油、化工原材料、辅助材料、半成品、产成品、低值易耗品等。其计价方法分别是:

(1)外购原油、外购蜡油、丙烯、丁二烯等其他原料油采用"实际成本计价法"。

(2)本公司外购的化工原材料、辅助材料采用"计划成本计价法",实际成本和计划成本的差异每月按规定办法分摊。

(3)生产过程中的半成品采用"计划成本计价法"年度内不变,计划成本每年调整一次。

(4)库存产成品采用加权平均法计价。

低值易耗品采用"计划成本计价法",领用时采用一次摊销法摊入费用,月末结转差异。

8)长期投资核算方法

(1)债券投资采用成本法核算;

(2)股权投资和联营投资:拥有被投资企业20%以下股权的,采用成本法核算;拥有被投资企业20%—50%(含50%)股权的,采用权益法核算;拥有被投资企业50%以上股权的,编制合并会计报表。

9)固定资产及其折旧

(1)标准及计价

根据《会计准则》和《财务通则》的规定,本公司的固定资产确定的标准是:使用期限超过一年的房屋、建筑物、机器、机械、运输工具及其他与生产经营有关设备、器具、工具等。非生产经营的主要设备物品,单位价值在2000元以上,使用年限超过二年的也做为固定资产。

(2)固定资产的计价

a.外购的设备:按外购设备的实际成本费用计价。

b. 自建的固定资产：以全部工程成本（不含土地），做为固定资产的计价标准。

（3）折旧方法

本公司采用“直线法”分类折旧，残值率3%，按固定资产类别及预计使用年限确定的折旧率如下：

固定资产类别	预计使用年限	年折旧率
房屋建筑物	10—40年	2.43%—9.7%
机器设备	7—14年	6.93%—13.86%
运输工具	6—12年	8.08%—16.17%

10）税项

截止1997年3月31日，本公司流转税种及附加列示如下：

消费税：从量计征，其中：汽油277.6元/吨，

柴油117.6元/吨。

增值税：按销售收入17%（其中：液化气按13%）

所得税：应纳税所得额的33%。

营业税：其他业务收入的5%。

城建税及教育费附加：分别按流转税额的7%和3%计算交纳。

11）利润分配

公司当年交纳所得税后利润按下列顺序分配

（1）弥补亏损

（2）提取10%法定盈余公积金

（3）提取5%—10%公益金

（4）提取任意公积金

（5）支付股利

12）营业收入实现的确认原则

在发出商品、提供劳务，同时收讫价款或者取得索取价款的凭据时，确认营业收入。

2. 会计报表主要项目注释

1）货币资金　　1997年3月31日余额67,867,659.38元

其中：现金　6,823.65

银行存款67,860,835.73

2）应收帐款　　1997年3月31日余额391,473,787.42元

（1）帐龄分析

帐龄	余额	占期末应收帐款的比例
1年以内	340,033,783.46	86.9%
1—2年	50,990,128.68	13%
2—3年	449,875.28	0.1%
3年以上	无	
合计	391,473,787.42	100%

（2）应收帐款明细

其中：	主要客户名称	余额
	中石化销售公司沈阳分公司	12,418,672.12
	北京石油产品销售公司	16,559,459.97
	张家口石油公司	12,055,087.15
	中石化销售公司大连分公司	16,003,693.65
	中铁物资沈阳公司锦州分公司	30,472,509.86
	镇江焦化厂	14,965,345.59
	锦州港务（集团）股份有限公司	32,643,530.11

本帐户余额中无持有公司5%以上股份的股东的欠款。

（3）应收帐款增加原因

1997年3月末应收帐款余额为391,473,787.42元，较年初增加214,867,714.78元，主要原因是：由于受宏观经济形势影响，用户的资金暂时出现不足，同时，我公司为了进一步巩固和扩大国内市场，在今年一季度，对长期用户采取赊销方式，所以造成应收帐款增加较多。

3）其他应收款　　1997年3月31日余额20,699,892.16元。帐龄均在一年以内。

其中：主要客户名称	余额
锦州石化建筑安装公司	7,388,412.64
两锦电业局	4,278,800.00
中石化三合实业总公司	223,312.00
锦州市康泰服务公司	111,191.18
石化星火电器仪表装修中心	11,277.00
辽宁省安装四处	5,777.22

其他应收款增加的原因：其他应收款1997年3月31日余额20,699,892.16元，较年初增加18,071,040.35元。主要原因是97年1—3月，锦州石油化工公司在生产装置的维修、检修中，安装队伍所领用的各种元器件及所耗用的水、电、气等各种费用。这些费用在检修工程完工以后与工程支出统一核算。

本帐户余额中无持有公司5%以上股份的股东的欠款。

4）固定资产及累计折旧：截止1997年3月31日，本公司固定资产及其累计折旧分类列示如下：

固定资产原价

类别	期初价值	本年增加	本年减少	期末价值
房屋及建筑物	212,508,322.50	6,848,696.36		219,357,018.86
机器设备	1,418,075,786.69	122,475,920.31		1,540,551,707.00
其中：运输工具	3,487,256.74	136,643.26		3,623,900.00
合计	1,630,584,109.19	129,324,616.67		1,759,908,725.86
减：累计折旧		0.00		
房屋及建筑物	92,108,559.20		25,271,254.74	66,837,304.46
机器设备	707,161,087.01		3,139,432.92	704,021,654.09
其中：运输工具	1,325,079.23		747,117.23	577,962.00
合计	799,269,646.21		28,410,687.66	770,858,958.55
固定资产净值		0.00		
房屋及建筑物	120,399,763.30	32,119,951.10		152,519,714.40
机器设备	710,914,699.68	125,615,353.23		836,530,052.91
其中：运输工具	2,162,177.51	883,760.49		3,045,938.00
合计	831,314,462.98	157,735,304.33		989,049,767.31

5）在建工程　　1997年3月31日余额328,605,721.25元

工程名称	工程进度	累计支用数	原预算数	资金来源
一催更新改造	61.97%	307,857,949.60	496,760,000	自筹
一常改造	95%	402,730.00	402,730	自筹
橡胶聚合	95%	16,673,391.03	16,675,000	自筹
开鲁油卸车	76.3%	1,722,956.99	2,258,200	自筹
西山安全措施	54.13%	1,948,693.63	3,600,000	自筹
合计		328,605,721.25	519,695,930	

6）短期借款　　1997年3月31日余额278,920,000元

贷款单位	贷款期限	月利率%	币种	金额	借款条件
锦州市工行城内办事处	1996.9.20—1997.9.20	12.06	人民币	43,420,000	信用
建设银行锦州铁北支行	1996.8.22—1997.8.22	10.065	人民币	50,000,000	信用
建设银行锦州铁北支行	1996.9.28—1997.9.28	9.24	人民币	24,000,000	信用
建设银行锦州铁北支行	1996.4.26—1997.4.26	12.06	人民币	10,000,000	信用
建设银行锦州铁北支行	1996.4.30—1997.4.30	12.06	人民币	50,000,000	信用
中石化财务有限责任公司	1996.11.20—1997.11.20	8.40	人民币	20,000,000	信用
中石化财务有限责任公司	1996.07.01—1997.06.30	9.65	人民币	50,000,000	信用
中石化财务有限责任公司	1996.12.31—1997.12.31	8.90	人民币	20,000,000	信用
中石化财务有限责任公司	1997.01.11—1997.12.31	10.00	人民币	1,500,000	信用
中石化财务有限责任公司	1996.11.02—1997.11.01	9.15	人民币	10,000,000	信用
合　计				278,920,000	

7）应付帐款　　1997年3月31日余额126,779,439.94元

客户名称	余额
辽河油田	100,407,078.18
沈阳铁路运输发展中心	1,188,717.00

沈阳变压器公司	49,500.00
中国核工业电机公司	19,200.00
河南沁阳冷却设备厂	367,000.00
西安通达机械公司	412,000.00
暂估材料	24,310,417.92
山东乳山第二钢窗厂	25,526.84
合计	126,779,439.94

以上应付款项帐龄均属一年以内。本帐户余额中无持有公司5%以上股份的股东的欠款。

增加原因:三月末应付帐款余额较年初增加63,124,545.33元,主要原因是由于今年产品销售资金回笼慢,加之原油调价,使我公司资金紧张,造成欠原油货款增加。

8)预收帐款　1997年3月31日余额176,922,455.46元

其中:主要客户名称	余额
中石化华北公司	1,992,390.83
泰皇岛石油公司储运经销处	3,681,042.87
邢台石油公司	2,155,999.06
山东石油集团日照总公司	9,500,000.00
锦州昌利达有限公司	446,643.95
北京石化产品开发供应公司	806,062.82

预收帐款较年初增加152,736,244.99元,主要原因是我公司生产的异丙醇产品是国内独家产品,年初以来市场十分紧俏,促使用户纷纷预购,其他产品也有相当的用户采取款到发货结算方式,致使预收帐款余额增加较大。随着产品的发出和结算,预收帐款将逐渐降低。

9)其他应付款　1997年3月31日余额44,167,502.11元

其中:主要客户名称	余额
上交总公司专项收入	15,401,448.80
应上交总公司技术开发费	2,860,228.20
太县二建十三处	1,973,993.96
中石化四公司	679,271.32
容兴服务公司	329,578.71

其他应付款较年初降低26,844,820.23元,原因是去年年末维修工程交付使用,一些施工单位的修理费逐渐结清,使其他应付款有所下降。

10)未交税金　1997年3月31日余额　31,587,622.86元

税种	未交税额
应交消费税	3,851,622.78
应交增值税	−2,882,694.61
应交所得税	23,272,950.34
应交城建税	7,345,744.35

以上欠税是由于三月份正值公司主要装置大检修阶段,经锦州市国税局批准同意暂缓缴纳。

11)长期借款　1997年3月31日　762,405,165.34元

贷款单位	借款日	到期日	年利率%	币种	余额	借款条件
建行铁北支行	1991.9.21	2001.9.21	9.27	人民币	28,200,000	信用
建行铁北支行	1991.9.21	2001.9.21	9.27	人民币	46,960,000	信用
建行铁北支行	1991.4.1	2002.12.31	11.16	人民币	7,000,000	信用
建行铁北支行	1994.2.28	2002.12.31	14.04	人民币	20,000,000	信用
建行铁北支行	1994.3.14	2002.12.31	14.04	人民币	240,000,000	信用
建行铁北支行	1995.4.26	2002.12.30	15.30	人民币	280,000,000	信用
开发银行	1994.10.20	2002.12.20	4.2	人民币	15,245,165.34	信用
(国家原材料投资公司借款)						
建行铁北支行	1996.2.10	1998.2.10	13.5	人民币	125,000,000	信用
合计					762,405,165.34	

12)股本

1997年3月31日股本500,000,000.00元,系根据国有资产管理局国资企发[1997]102号《关于锦州石化股份有限公司国有股权管理有关问题的批复》的规定,将截止1997年3月31日评估确认后的净资产759,226,850.35元,按65.86%的比例折股50,000万股,每股面值1元人民币。1994年-1996年各年股本是按照重组方案,根据《股份制试点企业会计制度》等有关规定模拟确定的,三年无变化。

13)资本公积　1997年3月31日余额　259,226,850.35元

系本公司发起人中国石油化工总公司锦州石油化工公司以1997年3月31日评估后的国有净资产759,226,850.35元,按照65.86%比例折股后的余额部分,根据有关规定计入资本公积金。

14)盈余公积

1994、1995、1996各年按当年净利润提取10%的法定公积金和5%的公益金。1996年末累计金额75,017,066.55元,1997年3月31日累计盈余公积评估折股后余额为零。

15)主营业务收入

主营类别	1997年1—3月	1996年度	1995年度	1994年度
1.汽油	166,661,361.63	727,935,655.56	809,922,031.73	855,446,516.83
2.柴油	488,562,568.86	1,918,740,337.41	1,681,246,255.96	1,697,672,394.55
3.渣油	35,915,821.12	87,192,453.32	156,006,541.29	199,421,999.15
4.航煤	36,912,487.17	193,227,211.76	173,050,354.39	149,242,098.60
5.液化气	13,717,617.46	19,335,739.23	16,776,099.43	37,880,732.53
6.溶剂油	26,209,286.04	93,060,632.19	79,491,238.88	96,382,137.03
7.异丙醇	33,365,599.15	131,868,988.92	139,991,039.10	134,544,053.52
8.聚丙烯	20,741,445.06	76,897,610.16	62,665,060.19	45,890,783.73
9.顺丁橡胶	37,001,437.49	151,069,843.70	167,479,720.07	97,407,286.34
10.其他	106,226,084.95	549,046,474.88	378,563,531.56	353,084,552.06
合计	965,313,705.93	3,948,374,947.13	3,665,191,872.60	3,666,962,554.34

16)主营业务成本

主营类别	1997年1—3月	1996年度	1995年度	1994年度
1.汽油	130,377,612.17	526,842,218.49	652,819,402.57	675,573,507.20
2.柴油	370,597,248.39	1,549,907,007.30	1,350,012,900.10	1,373,114,745.27
3.渣油	27,218,769.64	67,260,425.02	144,523,891.36	169,987,676.01
4.航煤	29,710,727.60	161,541,360.08	158,594,374.94	120,759,495.61
5.液化气	6,846,123.01	11,734,752.87	13,342,658.79	17,190,032.13
6.溶剂油	29,025,948.52	85,607,228.16	81,293,716.36	91,329,202.29
7.异丙醇	25,521,080.23	100,548,700.94	87,935,046.40	97,076,289.69
8.聚丙烯	11,622,619.61	37,962,949.83	27,319,906.62	27,766,948.25
9.顺丁橡胶	39,055,794.09	122,013,722.20	150,160,747.07	91,439,413.27
10.其他	102,671,650.53	533,033,839.13	322,010,658.76	266,835,671.59
合计	772,647,573.79	3196,452,204.02	2,988,013,302.997	2,931,072,981.31

17)财务费用

项目	1997年1—3月	1996年度	1995年度	1994年度
1.短期借款利息净支出	7,173,052.63	16,477,496.93	15,679,468.51	10,471,598.35
2.长期借款利息净支出	30,830,188.96	88,961,037.04	13,492,307.06	22,671,534.00
3.汇兑损失			1,232,449.55	252,660.79
4.手续费支出	8,902.06	63,569.90	55,022.00	
合计	38,012,143.65	105,502,103.87	30,459,247.12	33,395,793.14

18)其他业务利润

项目	1997年1—3月	1996年度	1995年度	1994年度
加工收入	9,115,585.35	13,160,629.82	2,228,754.12	4,855,452.72
加工支出	2,276,546.20	11,486,438.27	1,256,067.84	4,104,070.91
其他业务利润	6,839,039.15	1,674,191.55	972,686.28	751,381.81

19)营业外收入

项目	1997年1—3月	1996年度	1995年度	1994年度
1.固定资产盘盈		1,305,000.00		
2.滞纳金收入	398,663.84	938,207.22	1,518,829.06	2,677,532.68
3.其他		488,320.36	236,651.38	147,003.70
合计	398,663.84	2,731,527.58	1,755,480.44	2,824,536.38

20)营业外支出

项目	1997年1—3月	1996年度	1995年度	1994年度
处理固定资产损失		1,283,747.55	2,174,272.74	467,279.87
合计		1,283,747.55	2,174,272.74	467,279.87

3. 承诺事项、或有事项

本公司目前尚无任何重大担保、重大财务承诺及其他或有负债。

4. 资产负债表日后事项

建设银行铁北支行的两笔贷款共计60,000,000元,已于4月26日和4月30日到期偿还。本公司没有逾期贷款。

除此以外,截止报告日1997年5月13日止,本公司未发生其他重大期后事项。

十、董事会上市承诺

本公司董事会将严格遵守《中华人民共和国公司法》、《股票发行与交易管理暂行条例》、《公开发行股票公司信息披露实施细则》和《深圳证券交易所交易规则》和国家有关法律、法规的规定,并自股票上市之日起作出如下承诺:

1. 按照有关法律、法规的规定程序和要求披露重大的信息、并接受证券主管机关、深圳证券交易所的监督管理。

2. 及时、真实、准确地公布中期报告和年度报告、并备置于规定场所供投资者公众查阅。

3. 本公司董事、监事及高级管理人员如发生人事变动或持本公司股票发生变化时,在报告证券主管机关、证券交易所的同时向投资者公布。

4. 在任何公共传播媒介中出现的消息可能对本公司股票的市场价格产生误导性影响时,本公司知悉后将及时对该消息予以公开澄清。

5. 本公司董事、监事及高级管理人员将认真听取社会公众的意见和批评,不利用已获得的内幕消息和其它不正当手段间接从事股票买卖活动。

6. 本公司没有无记录负债。

十一、重要事项揭示

(一)本公司本次发行的10,000万股社会公众股,其中9,000万股本次上市流通,1,000万股公司职工股将在本次上市6个月后上市。

(二)截止上市公告书刊登之日,本公司未涉及任何重大诉讼或索赔要求。

十二、备查文件目录

1. 招股说明书
2. 审计报告、财务报表及附注
3. 验资报告
4. 资产评估报告
5. 土地评估报告
6. 盈利预测报告及注册会计师的意见
7. 中国证监会关于本公司公开发行股票的批准文件
8. 深圳证券交易所上市通知书
9. 创立大会决议
10. 公司章程
11. 营业执照

十三、上市咨询机构

1. 发行人:锦州石化股份有限公司

法定代表人:杨学庄

住所:辽宁省锦州市古塔区重庆路2号

电话:(0416)4159024

传真:(0416)4159024

联系人:盖文国　　陈建军　　顾梅

2. 上市推荐人:南方证券有限公司

法定代表人:沈沛

住所:深圳市深南东路南方国际大酒店12层

电话:(010)67642146

传真:(010)67617384

联系人:李文　　许益群　　赵莉红

锦州石化股份有限公司

一九九七年九月十一日

附表1

资产负债表

单位:元

项目	1997年3月31日	1996年12月31日	1995年12月31日	1994年12月31日	项目	1997年3月31日	1996年12月31日	1995年12月31日	1994年12月31日
流动资产:					流动负债				
货币资金	67,867,659.38	69,633,090.01	73,988,771.09	63,468,762.32	短期借款	278,920,000.00	252,920,000.00	191,020,000.00	138,020,000.00
短期投资					应付票据				
应收票据					应付帐款	126,779,439.94	63,654,894.61	69,230,662.56	368,393,863.87
应收帐款	391,473,787.42	176,606,072.64	247,715,837.59	494,588,163.63	预收帐款	176,922,455.46	24,186,210.47	23,833,812.23	24,457,890.23
减:坏帐准备	0.00	883,030.36	1,238,579.19	2,472,940.82	应付福利费	2,995,216.76	3,409,530.00	3,624,656.94	3,881,718.16
应收帐款净额	391,473,787.42	175,723,042.28	246,477,258.40	492,115,222.81	未付利润				
预付帐款	6,174,367.32	0.00	0.00	0.00	未交税金	31,587,622.86	43,759,523.08	70,361,731.60	50,600,041.02
其他应收款	20,699,892.16	2,628,851.81	2,142,095.17	1,263,203.69	其他未交款	67,830,678.75	8,230,941.12	72,394,211.43	-50,259,007.93
待摊费用	23,353,093.75	23,353,093.75	37,117,500.00	49,490,000.00	其他应付款	44,167,502.11	71,012,322.34	104,232,543.78	87,431,264.65
存货	492,656,041.13	378,709,215.26	343,406,391.63	276,743,427.63	预提费用				
待处理流动资产净损失					一年内到期的长期负债	16,429,702.91			
一年内到期的长期债券投资					其他流动负债				
其他流动资产					流动负债合计	745,632,618.79	467,173,421.62	534,697,618.54	622,525,870.00
流动资产合计	1,002,224,841.16	650,047,293.11	703,132,016.29	883,080,616.45	长期负债				
长期投资:					长期借款	762,405,165.34	728,834,868.25	600,140,393.82	268,477,487.75
长期投资					应付债券				
固定资产:					长期应付款	52,615,695.24	65,505,076.92	70,174,723.24	
固定资产原值	1,759,908,725.86	1,630,584,109.19	1,493,674,707.63	953,822,631.00	其他长期负债		-36,148,506.47	-20,520,508.86	
减:累计折旧	770,858,958.55	799,269,646.21	515,879,834.53	441,783,983.70	其中:住房周转金		-36,148,506.47	-20,520,508.86	
固定资产净值	989,049,767.31	831,314,462.98	977,794,873.10	512,038,647.30	长期负债合计	815,020,860.58	758,191,438.70	649,794,608.20	268,477,487.75
在建工程	328,605,721.25	304,849,694.39	40,005,676.78	8,190,395.30	递延税款:				

项目	1997年3月31日	1996年12月31日	1995年12月31日	1994年12月31日	项目	1997年3月31日	1996年12月31日	1995年12月31日	1994年12月31日
固定资产清理					递延税款贷项				
待处理固定资产净损失					负债合计	1,560,653,479.37	1,225,364,860.32	1,184,492,226.74	891,003,357.75
固定资产合计	1,317,655,488.56	1,136,164,157.37	1,017,800,549.88	520,229,042.60	股东权益				
无形资产及递延资产					股本	500,000,000.00	485,829,523.61	485,829,523.61	486,829,523.61
无形资产					资本公积	259,226,850.35			
递延资产					盈余公积		75,017,066.55	50,610,815.82	26,476,777.69
无形资产及递延资产合计					其中:公益金				
其他长期资产:					未分配利润				
其他长期资产					股东权益合计	759,226,850.35	560,846,590.16	536,440,339.43	512,306,301.30
递延税款:					负债及股东权益合计	2,319,880,329.72	1,786,211,450.48	1,720,932,566.17	1,403,309,659.05
递延税款借项									
资产总计	2,319,880,329.72	1,786,211,450.48	1,720,932,566.17	1,403,309,659.05					

附表2

利润表

单位:元

项目	1997年1—3月	1996年	1995年	1994年
一、主营业务收入	965,313,705.93	3,948,374,947.13	3,665,191,872.60	3,666,962,554.34
减:营业成本	772,647,573.79	3,196,452,204.02	2,988,013,302.97	2,931,072,981.31
销售费用	13,472,221.26	40,173,850.36	84,842,019.92	46,745,914.10
管理费用	20,385,649.41	106,656,526.78	102,918,185.81	108,062,537.81
财务费用	38,012,144.19	105,502,103.87	30,459,247.12	33,395,793.14
进货费用				
营业税金及附加	55,376,596.69	259,863,967.68	219,373,332.86	287,343,437.09
二、主营业务利润	65,446,520.59	239,726,294.42	239,585,783.92	260,341,890.89
加:其他业务利润	6,839,039.15	1,674,191.55	972,686.28	751,381.81
三、营业利润	72,285,559.74	241,400,485.97	240,558,470.20	261,093,272.70
加:投资收益				
营业外收入	398,663.84	2,731,527.58	1,755,480.44	2,824,536.38
减:营业外支出		1,283,747.55	2,174,272.74	467,279.87
加:以前年度损益调整				
四、利润总额	72,684,223.58	242,848,266.00	240,139,677.90	263,450,529.21
减:所得税	23,985,793.78	80,139,927.78	79,246,093.71	86,938,674.64
五、净利润	48,698,429.80	162,708,338.22	160,893,584.19	176,511,854.57

附表3

财务状况变动表

单位:元

流动资金来源和运用	1996年金额	流动资金各项目的变动	1996年金额
一、流动资金来源		一、流动资产本年增加数	
1.本年净利润	162,708,338.22	1.货币资金	-4,355,681.08
加:不减少流动资金的费用和损失		2.短期投资	0.00
(1)少数股东本期损益(减亏损)		3.应收票据	0.00
(2)固定资产折旧	283,389,811.68	4.应收帐款净额	-70,754,216.12
(3)清理固定资产损失(减收益)		5.其他应收款	0.00
(4)无形资产、递延资产摊销		6.其他应收款	486,756.64
小计	446,098,149.90	7.待摊费用	—13,764,406.25
2.其他来源		8.存货	35,302,823.63
(1)固定资产清理收入(减清理费用)		9.待处理流动资产净损失(减收)	0.00
(2)增加长期负债	108,396,830.50	10.一年内到期的长期债券投资	0.00
(3)收回长期投资			0.00
(4)资本净增加额	24,406,250.73		0.00
(5)少数股东资本净增加额			0.00
小计	132,803,081.23	流动资产增加净额	-53,084,723.18
流动资金来源合计	578,901,231.13	二、流动负债本年增加数	0.00
二、流动资金运用		1.短期借款	61,900,000.00
1.利润分配		2.应付票据	0.00
(1)提取法定公积金	16,270,833.82	3.应付帐款	-5,575,767.95
(2)提取法定公益金	8,135,416.91	4.预收货款	352,398.24

流动资金来源和运用	1996 年金额	流动资金各项目的变动	1996 年金额
(3)已分配股利	138,302,087.49	5. 应付福利费	—215,126.94
小计	162,708,338.22	6. 未付股利	0.00
2. 其他运用		7. 未交税金	—26,602,208.52
(1)固定资产和在建工程净增加额	401,753,419.17	8. 其他未交款	—64,163,270.31
(2)增加无形资产及递延资产及其他资产		9. 其他应付款	－33,220,221.44
(3)偿还长期负债		10. 预提费用	0.00
(4)增加长期投资		11. 一年内到期的长期负债	0.00
小计	401,753,419.17		0.00
流动资金运用合计	564,461,757.39	流动负债增加净额	—67,524,196.92
流动资金增加净额	14,439,473.74	流动资金增加净额	14,439,473.74

通化金马药业股份有限公司

通化金马药业股份有限公司上市公告书

一、要览

总股本:12,628 万股　　本次上市流通股本:4,000 万股

可流通股本:4,000 万股　　证券代码:0766

证券简称:通化金马　　上市日期:1997 年 4 月 30 日

上市地:深圳证券交易所　　上市推荐人:吉林省证券有限公司

登记机构:深圳证券登记有限公司　　深圳国投证券有限公司

二、绪言

本公告书依据《中华人民共和国公司法》、《股票发行与交易管理暂行条例》、《公开发行股票公司信息披露实施细则》、《深圳证券交易所业务规则》以及国家其它有关证券管理的规定编写,旨在向投资者提供本公司基本情况及有关资料。

经中国证券监督管理委员会[证监发字(1997)125 号文]和[证监发字(1997)126 号文]批准,本公司已成功地向社会公众公开发行每股面值 1.00 元人民币普通股股票 4000 万股。股票上市申请经深圳证券交易所深证发[1997]151 号《上市通知书》审核批准,本公司股票将于 1997 年 4 月 30 日在深圳证券交易所挂牌交易。

本公司于 1997 年 4 月 14 日在《证券时报》上刊登了《招股说明书(概要)》。距今不足 6 个月,故与其相重复的内容在此不再赘述,敬请投资者查阅本公司的《招股说明书(概要)》。

本公司董事会成员已批准该上市公告书,确信其中不存在任何重大遗漏或者误导,并对其真实性、准确性、完整性负个别和连带的责任。

三、公司概况

1. 简介

公司法定名称:通化金马药业股份有限公司

公司注册资金:12,628 万元

公司法定代表人:张守斌

公司成立日期:1993 年 2 月 26 日

公司经营范围:中西成药、生化制剂、营养保健药品的生产、经营

所属行业:医药工业

公司注册地址:吉林省通化市江南路 100—1 号

联系电话:0435—3622310

联系人:邓金昌

2. 公司历史沿革

本公司的前身为通化市生物化学制药厂,始建于 1990 年,是隶属于通化市二道江区的国有企业,主要从事中西成药的生产和销售。1993 年经吉林省体改委吉改批[1993]12 号文批准,由通化市生物化学制药厂整体改制并与通化市特产集团总公司、通化市制药厂三家公司共同发起,以定向募集方式设立本公司。公司设立时总股本 14380 万股。1996 年 12 月 21 日经本公司股东大会特别决议通过并经吉林省人民政府批准,公司原股本按 1:0.6 同比例缩股。缩股后公司总股本为 8628 万股。

通化市生物化学制药厂以全部经营性资产评估后的折价入股。其资产经通化市资产评估事务所通资评字[1993]第 11 号评估报告,并经通化市国有资产管理局通国工字[1993]001—5 号文确认,同意将评估后的经营性资产 3,119.6 万元,折合为发起人国家股 3,119.6 万股,投入公司。

通化市物产集团总公司以其部分经营性资产评估后折价入股。其资产经通化市评估事务所通国工字[1993]第 6 号评估报告,并经通化市国有资产管理局通国字[1993]第 001-2 号文确认,同意将评估后的净资产 2,340 万元,折合为发起人法人股,投入公司。

通化市制药厂以其部分经营性净资产(机器、厂房、产品等)评估后折价入股。其资产经通化市资产评估事务所通资评字[1992]第 8 号评估报告,并经通化市国有资产管理局通国工字[1992]第 001—2 号文确认,同意将评估后的经营性净资产 1,352.9 万元,折合为发起人法人股,投入公司。

公司发起人股到位后,由公司证券部以每股人民币 1 元的价格,定向募集社会法人股和内部职工股。公司总股本为 14,380 万股。其中发起人股 6,812.5 万股(含国家股 3,119.6 万股),占股本总额的 47,4%;社会法人股 2,057.5 万股,占股本总额的 14.3%;内部职工股 5,510 万股,占股本总额的 38.3%。

四、股票发行及承销

1. 本次公开发行

发行数量:4000 万股

发行价格:7.23 元/股

发行方式:上网定价

配售比例:0.540762%

配售户数:40000 户

持有 1000 股以上的户数:40000 户

发行费用总额:1,200 万元

每股发行费用:0.30 元

发行市盈率:13.8 倍

验资报告

吉会师股验字(1997)第 6 号

通化金马药业股份有限公司全体股东:

我们接受委托,对通化金马药业股份有限公司截止 1997 年 4 月 25 日注册资本、投入资本变更情况的真实性和合法性进行了审验。在审验过程中,我们按照《独立审计实务公告第 1 号—验资》的要求,实施了必要的审验程序。通化金马药业股份有限公司的责任是提供真实、合法、完整的验资资料,保护资产的安全与完整。我们的责任是按照《独立审计实务公告第 1 号—验资》的要求,出具真实、合法的验资报告。

通化金马药业股份有限公司变更前的注册资本和投入资本分别为 8,628 万元和 14,380 万元,通化金马药业股份有限公司变更后的注册资本为 12,628 万元。根据我们的审验,截至 1997 年 4 月 25 日止,通化金马药业股份有限公司向社会公开募集普通股股票增加投入资本 27,720 万元,变更后投入资本总额为 42,100 万元,其中:股本 12,628 万元,资本公积 29,472 万元。与上述投入资本总额相关的资产总额为 27,720 万元,全部为货币资金投入。

附件:(一)变更前后注册资本、投入资本对照表

(二)验资事项说明

吉林会计师事务所　　中国注册会计师:孙洪武　朱洪山

吉林·长春　　1997 年 4 月 25 日

附件(一):变更前后注册资本、投入资本对照表

公司名称:通化金马药业股份有限公司　1997 年 4 月 25 日　单位:人民币万元

附件(二):验资事项说明

一、变更前后基本情况

通化金马药业股份有限公司是1993年2月经吉林省经济体制改革委员会吉改批(1993)第12号文批准,由通化市生物化学制药厂、通化市特产集团总公司、通化市制药厂共同发起以定向募集方式组建的股份有限公司。公司注册资本为人民币8,628万元,并在通化市工商行政管理局注册登记。1997年4月4日经中国证券监督管理委员会证监发字(1997)125号和(1997)126号文批准,公司向社会公众公开发行普通股股票4,000万股,发行价格7.23元/股,使公司由定向募集转为社会募集公司。公司拟注册资本12,628万元。

投资者名称	注册资本				投人资本				
	变更前		变更后		变更前		本次变更(+)增(-)减	变更后	
	金额	%	金额	%	金额	%		金额	%
国家股	1,871.76	21.69	1,871,76	14.82	3,119.60	21.69		3,119.60	7.41
发起人法人股	2,215.74	25.68	2,215.74	17.55	3,692.90	25.68		3,692.90	8.77
社会法人股	1,234.50	14.31	1,234.50	9.77	2,057.50	14.31		2,057.50	4.89
社会公众股			4,000.00	31.68			27.720	27,720.00	65.84
内部职工股	3,306.00	38.32	3,306.00	26.18	5,510.00	38.32		5,510.00	13.09
合计	8,628.00	100.00	12,628.00	100.00	14,380.00	100.00	27,720	42,100.00	100.00

二、注册资本及投入资本变更情况

1993年2月通化市生物化学制药厂以其评估后的净资产3,119.6万元作为国家股折价股3,119.6万股,通化市特产集团总公司作为发起人以其评估后的部分净资产2,340万元折发起人法人股2,340万股,通化市制药厂作为发起人以其评估后的部分净资产1,352.9万元折为发起人法人股1,352.9万股,同时向社会法人募集社会法人股2,057.5万股,本公司内部职工以现金5,510万元认购内部职工股5,510万股。公司总股本为14,380万股。

1996年12月21日经公司临时股东大会决议,并经吉林省人民政府吉政函(1997)5号文批复,公司按1:0.6比例对总股本14,380.00万股进行同比例缩股,缩至8,628万股。超出面值溢价股金5,752万元转为资本公积金。国家股、发起人法人股、社会法人股、内部职工股占股本的比例分别为21.89%、25.68%、14.31%、38.32%。

公司1997年4月18日向社会公开发行人民币普通股股票4,000万股(每股面值1元),致使公司总股本增加至12,628万股,资本公积增加至29.472万元。国家股、发起人法人股、社会法人股、社会公众股、内部职工股占总股本的比例为14.82%、17.55%、9.77%、31.68%、26.18%。

三、本次股金到位情况

根据我们的审验,深圳国投证券有限公司于1997年4月25日划入通化金马药业股份有限公司在中国建设银行深圳市分行罗湖支行金通办事处开设的C71002630006933帐户内募股资金282,403,802.06元(已扣除承销费用578.4万元、深交所手续费1,012,197.94元)。上述资金扣除本次预计其他发行费用后,公司按票面面值4,000万元增加股本,溢价23,720万元增加资本公积。

募集资金总额:28.920万元

2. 股票承销

本次公开发行的4000万股社会公众股已全部由社会公众认购,承销团成员无包销比例及数量。

3. 验资报告(后附)

五、董事、监事及高级管理人员持有股份情况

	持股人	持股数(股)	持股比例%
董事长兼总经理	张守斌	12,000	0.0139
副董事长兼总经理	李永喜	12,000	0.0139
副董事长兼总经理	刘凤阁	12,000	0.0139
董事副总经理	孙林梅	12,000	0.0139
董事	卢忠奎	600	0.0007
董事	樊牧	3,000	0.0035
董事	石胜利	2,400	0.0028
董事副总经理	魏振林	12,000	0.0139
董事副总经理	董志	600	0.0007
董事	律津	1,200	0.0014
董事	王连石	600	0.0007
董事	邓金昌	0	0
董事	汪伟	600	0.0007
董事	张颖	600	0.0007
董事	王桂荣	600	0.0007
监事	王兴亚	0	0
监事	刘煜	600	0.0007
监事	赵铁奎	1,200	0.0014

六、公司设立

1. 公司1996年12月31日召开股东大会作出决议:向社会公众发行面值1元的4,000万人民币普通股在深圳证券交易所上市。

2. 公司注册资金:12,628万元

3. 公司注册地址:吉林省通化市江南路100—1号

4. 营业执照注册号码:24457513—4

七、关联企业与关联交易

(一)本公司大股东情况

股东名称	持股数量(万股)	持股比例%
(1)通化二道江区国有资产经营管理公司	1,871.76	21.69
(2)通化市特产集团总公司	1,404.00	16.27
(3)通化金鑫纸制品厂	1,050.18	12.17

(二)本公司大股东通化二道江区国有资产经营管理公司、通化市特产集团总公司、通化金鑫纸制品厂均与本公司无业务竞争或关联交易。

八、股东结构及大股东持股情况

(一)本次上市前股本结构

类别		股数(万股)	比例(%)
发起	国家股	1,871.76	14.82
人股	法人股	2,215.74	17.55
募集法人股		1,234.50	9.77
内部职工股		3,306.00	26.18
社会公众股		4,000.00	31.68
总股本		12,628.00	100.00

(二)前十名股东所持股数及比例

股东	持股数(万股)	持股比例%
(1)通化二道江区国有资产经营管理公司	1,871.76	14.8
(2)通化市特产集团总公司	1,404.00	11.1
(3)通化金鑫纸制品厂	1,050.18	8.3
(4)通化市三利化工有限公司	811.74	6.4
(5)通化中兴建筑安装工程公司	115.20	0.9
(6)通化市石油工具厂	69.12	0.5
(7)邓贤	12.00	0.095
(8)邓娇	12.00	0.095
(9)林明君	9.00	0.07
(10)樊瑞梅	9.00	0.07

九、公司财务会计资料

(一)审计报告

通化金马药业股份有限公司全体股东:

我们接受委托,审计了贵公司1994年12月31日、1995年12月31日、1996年12月31日资产负债表及合并资产负债表和1994年度、1995

年度、1996年度利润表及利润分配表、合并利润表。合并利润分配表和1996年度财务状况变动表及合并财务状况变动表,这些会计报表由贵公司负责。我们的责任是对这些会计报表发表审计意见。我们的审计是依据《中国注册会计师独立审计准则》进行的。在审计过程中,我们结合贵公司实际情况,实行了包括抽查会计记录等我们认为必要的审计程序。

我们认为,上述会计报表符合《企业会计准则》和《股份制试点企业会计制度》的有关规定,在所有重大方面公允地反映了贵公司1994年12月31日、1995年12月31日、1996年12月31日的财务状况及1994年度、1995年度、1996年度经营成果和1996年度资金变动情况,会计处理方法的选用遵循了一贯性原则。

吉林会计师事务所　　中国注册会计师　孙洪武

韩　波

朱洪山

(二)会计报表编制基础

公司会计报表系按《股份制试点企业会计制度》、财政部财会字(1995)11号文《合并会计报表暂行规定》而编制的。对于公司拥有被投资单位的50%(不含50%)以上权益的控股公司的会计报表予以合并。对纳入合并会计报表的控股公司之间的内部往来、内部投资及内部交易均已抵消,其余项目一一合并。全资子公司如下:

公司名称	业务性质	投资额	占被投资单位股份比例
通化神源药业有限公司	工业	38,844,000	100%
通化金马洗煤有限公司	工业	7,982,000	100%

(三)重要会计政策

(1)会计制度:公司本部及全资子公司均执行《股份制试点企业会计制度》。

(2)会计年度:公司会计年度自公历每年1月1日起至12月31日止。

(3)记帐原则及计价基础

公司采用权责发生制原则,以实际成本为计价基础。

(4)记帐方法及记帐本位币

公司采用借贷复式记帐法。以人民币为记帐本位币。

(5)坏帐准备:公司按年末应收帐款余额的5‰计提坏帐准备,并调整当期损益。

(6)存货:公司存货按实际成本计价。发生存货的实际成本采用加权平均法计算结转。低值易耗品摊销采用一次摊销法。

(7)长期投资:

公司对外投资属权益性投资的,占被投资单位权益比例的20%(含20%)以下的按成本法核算,权益比例在20%以上的按权益法核算。债券投资按历史成本计价,期末按票面利率确认收益。

(8)固定资产及折旧:公司拥有的使用年限在一年以上,单位价值在人民币2,000元以上(含2,000元)的劳动资料,作为固定资产进行核算,并按实际成本计价,按照行业财务制度的规定,采用平均年限法计提折旧,预计残值率5%。

固定资产类别	使用年限(年)	预计残值率	年折旧率(%)
房屋及建筑物	20—45	5%	4.85—2.16
机器设备	10—14	5%	9.70—6.90
运输设备	6—12	5%	16.16—8.08

(9)无形资产及其摊销

公司无形资产为:

1.土地使用权:按照规定使用期限(15年)以开始使用之日起分期摊销;

2.非专利技术:"壮骨伸筋胶囊生产技术","参莲胶囊"生产技术,按照规定使用期限(保护期4年)以开始使用之日起分期摊销。"癃淋消胶囊"生产技术未开始使用,未确定摊销期;

3.房屋使用权:按照规定使用期限(45年)以开始使用之日起分期摊销。

(10)递延资产及其摊销

公司递延资产为:

1.开办费:神源药业公司筹建期间费用,从开始生产之日起按5年期限分期摊销;

2.技术开发费:神源药业公司研制新药(头痛灵)费用,待研制完毕取得新药证书后,转入无形资产,按规定期限分期摊销。

(11)收入的确认

公司按产品已经发出,劳务已经提供,同时收讫价款或者取得收取价款的凭据时,确认收入的实现。

(12)税项及附加

A:增值税

公司所属金马医药包装分公司系小规模纳税人按6%税率计缴,全资子公司金马洗煤有限公司按销售收入的13%计算销项税额,扣除进项税额后的差额计缴,其余均按销售收入的17%计算销项税额,扣除进项税额后的差额计缴。

公司产品"参莲胶囊"为1995年度国家级新产品,根据财政部、国家税务总局财税字(1995)87号《关于1995年度国家级新产品征收增值税问题的通知》有关规定,采取先征税后财政返还的办法。

B:城建税

公司除所属通化金马医药包装分公司按应缴增值税额的1%计缴,所属金泰制药分公司、全资子公司通化金马洗煤有限公司按3%计缴外,其余均按应缴增值税额的7%计缴。

C:教育费附加

公司按应缴增值税额的3%计缴。

D:所得税

公司1994年度按通化市人民政府通市政函(1994)第10号文的规定,按33%税率计征,超过190万元部分由财政返还,公司实际计缴所得税190万元。

公司1995年度按通化市人民政府通市政函(1995)第8号文的规定,按33%税率计征,超过520万元部分由财政返还,公司实际计缴所得税518.8万元。

公司1996年度按通化市人民政府通市政函(1996)第9号文的规定,按33%税率计征,返还18%,公司执行15%所得税税率。

(13)销售费用

根据公司股东大会决议并经通化市地方税务局的批准,公司按产品销售收入的20%提取销售费用。包括销售人员工资、奖金、广告费等费用,其中销售奖金的提取按产品种类分别确定(每盒提成0.20—20.80元之间)。公司年末按销售费用实际支用数,调整当期损益。

(14)利润分配

公司1994年度、1995年度、1996年度按公司章程规定,公司的净利润分配执行如下比例:

项目	1996年	1995年	1994年
提取法定公积金	10%	10%	10%
提取法定公益金	5%	5%	5%
可供股东分配利润	85%	85%	85%

(15)根据本公司1997年1月25日股东大会决议,1996年度税后利润按每股0.65元派发给本公司老股东,新股东不享受1996年度利润分配。

本公司股票上市后预计将于1998年上半年首次派发股利。

(四)主要财务指标

指标	1996年12月31日	1995年12月31日	1994年12月31日
流动比率	1.53	1.82	2.92
速动比率	1.33	1.67	2.72

应收帐款周转率	1.47	2.20	2.68
存货周转率	3.29	5.82	6.63
资产负债率	46%	38%	26%
净资产收益率	35%	27%	13%
销售利润率	47%	39%	25%
每股净利	0.76	0.54	0.26

以上指标均根据吉林会计师事务所吉会师股审字(1997)第二号审计报告的数据计算。

十、董事会承诺

本公司董事会将严格遵守《公司法》、《股票发行与交易管理暂行条例》、《公开发行股票公司信息披露实施细则》、《深圳证券交易所交易规则》和有关法律、法规的规定,并自股票上市之日起作出如下承诺:

1. 按照法律、法规的规定程序和要求披露重大的信息,并接受证券主管机关、深圳证券交易所的监督管理。

2. 及时、真实、准确地公布中期报告和年度报告,并备置于规定场所供投资公众查阅。

3. 本公司董事、监事及高级管理人员如发生人事变动或持本公司股票发生变化时在报告证券主管机关、证券交易所的同时向投资者公布。

4. 在任何公共传播媒介中出现的消息可能对本公司股票的市场价格产生误导性影响时,本公司知悉后将及时对该消息予以公开澄清。

5. 本公司董事、监事及高级管理人员将认真听取社会公众的意见和批评,不利用已获得的内募消息和其他不正当手段直接或间接从事股票买卖活动。

6. 本公司没有无记录负债。

十一、无重要事项揭示

十二、备查文件

1. 深圳证券交易所上市通告书
2. 验资报告
3. 本公司招股说明书
4.《上市协议书》
5. 上市推荐报告
6. 其它备查文件

通化金马药业股份有限公司

1997 年 4 月 28 日

1. 通化金马药业股份有限公司合并资产负债表

单位:人民币元

资产	附注	1996 年 12 月 31 日	1995 年 12 月 31 日	1994 年 12 月 31 日
流动资产				
货币资金	4	16,096,485	58,548,794	84,919,900
短期投资				
应收票据				
应收帐款	5	139,540,394	83,534,777	37,129,282
减:坏帐准备		697,702	417,674	185,646
应收帐款净额		138,842,692	83,117,103	36,943,636
预付货款	6	21,691,021	8,308,743	10,359,993
其他应收款	7	30,345,769	16,469,686	3,610,007
待摊费用	8	688,638	1,087,179	1,374,830
存货	9	29,674,948	14,925,320	10,303,114
待处理流动资产净损失				
一年内到期的长期债券投资				
其他流动资产				
流动资产合计		238,149,553	182,456,824	147,511,480
长期投资				
长期投资	10	594,000	594,000	500,000
固定资产				
固定资产原价	11	116,904,974	87,489,240	84,263,621
减:累计折旧		10,381,925	5,425,072	2,291,764
固定资产净值		106,523,049	82,064,167	81,971,857
在建工程	12	1,009,879	18,471,423	348,811
固定资产清理				
待处理固定资产净损失				
固定资产合计		107,532,928	100,535,590	82,320,668
无形资产及递延资产				
无形资产	13	6,275,660.72	6,448,572	2,836,436
递延资产	14	466,856	558,670	351,203
无形资产及递延资产合计		6,742,517	7,007,242	3,187,639
其他长期资产				
其他长期资产				
递延税项				
递延税项借项				
资产总计		353,018,998	290,593,657	233,519,788
负债与股东权益				

负债与股东权益	附注	1996年12月31日	1995年12月31日	1994年12月31日
流动负债				
短期借款	15	46,195,000	29,039,000	20,823,000
应付票据				
应付帐款	16	11,451,721	3,805,320	5,414,678
预收货款			18,293	
应付福利费	17	685,326	425,513	400,572
未付股利	18	333,058	37,388,000	
未交税金	19	56,415,058	4,142,668	3,058,676
其他未交款	20	357,437	434,624	146,484
其他应付款	21	21,587,003	21,423,225	17,791,495
预提费用	22	180,452	1,089,164	292,412
一年内到期的长期负债		4,540,000	2,260,000	2,540,000
其他流动负债				
流动负债合计		156,077,329	100,025,808	50,467,317
长期负债				
长期借款	23	5,710,000	9,250,000	11,210,000
应付债券				
长期应付款				
其他长期负债				
长期负债合计		5,710,000	11,510,000	13,750,000
递延税项				
递延税款贷项				
负债合计		161,787,329	109,275,808	61,677,318
少数股东权益				
股东权益				
股本	24	86,280,000	143,800,000	143,800,000
资本公积	25	57,520,000		
盈余公积	26	21,270,841	11,371,468	4,341,961
其中:公益金		7,090,280	3,790,489	1,447,320
未分配利润	27	26,160,828	26,146,381	23,700,509
外币报表折算差额				
股东权益合计		191,231,669	181,317,849	171,842,470
负债与股东权益总计		353,018,998	290,593,657	233,519,788

2. 通化金马药业股份有限公司合并利润表

单位:人民币元

项目	附注	1996年度	1995年度	1994年度
(一)主营业务收入	28	163,867,687	132,489,388	99,435,094
减:营业成本	29	47,679,744	50,473,143	49,940,143
销售费用		25,706,252	22,936,421	18,401,245
管理费用		9,180,543	6,395,451	3,242,061
财务费用	30	4,400,678	4,134,393	2,804,383
进货费用				
营业税金及附加	31	1,406,354	1,148,813	292,552
(二)主营业务利润		75,494,116	47,401,167	24,754,709
加:其他业务利润	32	−169.551	−6,110	45,717
(三)营业利润		75,324,564	47,395,056	24,800,426
加:投资收益	33	669,078	67,545	
补贴收入	34	2,578,724	4,964,610	
营业外收入	35	1,920	118,485	34,200
减:营业外支出	36	334,382	494,317	83,187
加:以前年度损益调整				
(四)利润总额		77,637,734	52,051,379	24,751,440
减:所得税		11,641,914	5,188,000	1,900,000
少数股东损益				

项目	附注	1996 年度	1995 年度	1994 年度
(五)净利润		65,995,820	46,863,379	22,851,440

3. 通化金马药业股份有限公司合并利润分配表

单位:人民币元

项目	1996 年度	1995 年度	1994 年度
一、净利润	65,995,820	46,863,379	22,851,440
加:年初未分配利润	26,146,381	23,700,509	4,276,785
盈余公积转入数			
二、可分配的利润	92,142,201	70,563,888	27,128,225
减:提取法定公积金	6,599,582	4,686,338	2,285,144
提取法定公益金	3,299,791	2,343,169	1,142,572
三、可供股东分配的利润	82,242,828	63,534,381	23,700,509
减:已分配优先股股利			
提取任意公积金			
已分配普通股股利	56,082,000	37,388,000	
四、未分配利润	26,160,828	26,146,381	23,700,509

4. 通化金马药业股份有限公司合并财务状况变动表

1996 年

单位:人民币元

流动资金来源及运用	金额	流动资金来源及运用	金额
一、流动资金来源		(4)增加长期投资	
1. 本年净利润	65,995,820	小计	18,210,466
加:不减少流动资金的费用和损失		流动资金运用合计	84,191,839
(1)少数股东本期损益(亏损以"-"号表示)		流动资金增加净额	-358,792
(2)固定资产折旧	5,068,109	流动资金各项目的变动	
(3)无形资产、递延资产及其他摊销资产(减其他负债转销)	1,065,919	一、流动资产本年增加数	
(4)固定资产盘亏(减盘盈)		1. 货币资金	-41,642,309
(5)清理固定资产收入(减收益)	228,981	2. 短期投资	
(6)递延税款		3. 应收票据	
(7)其他不减少流动资金的费用和损失		4. 应收帐款净额	55,725,689
小计	72,358,827	5. 预付货款	13,382,278
2. 其他来源		6. 其他应收款	13,876,083
(1)固定资产清理收入(减清理费用)	327,846	7. 待摊费用	-398,540
(2)增加长期负债	1,247,000	8. 存货	14,749,627
(3)收回长期投资		9. 待处理流动资产净损失(减收益)	
(4)对外投资转出固定资产		10. 一年内到期的长期债券投资	
(5)对外投资转出无形资产		11. 其他流动资产	
(6)资产净增加额	9,899,373	流动资产增加净额	55,692,729
(7)少数股东资本净增加额		二、流动负债本年增加数	
小计	11,474,219	1. 短期借款	17,156,000
流动资金来源合计	83,833,046	2. 应付票据	
二、流动资金运用		3. 应付帐款	7,646,401
1. 利润分配		4. 预收货款	-18,293
(1)提取法定公积金	6,599,582	5. 应付福利费	259,813
(2)提取法定公益金	3,299,791	6. 未付股利	19,027,058
(3)提取任意公积金		7. 未交税金	10,522,664
(4)已分配股利	56,082,000	8. 其他未交款	-77,186
小计	65,981,373	9. 其他应付款	163,778
2. 少数股东利润分配		10. 预提费用	-908,712
3. 其他运用		11. 一年内到期的长期负债	2,280,000
(1)固定资产和在建工程净增加额	12,530,459	12. 其他流动负债	
(2)增加无形资产递延资产及其他资产	893,007	流动负债增加净额	56,051,521
(3)偿还长期负债	4,787,000	流动资金增加净额	-358,792

大连盛道集团股份有限公司

大连盛道集团股份有限公司简介

一、公司简介

大连盛道集团股份有限公司是以塑料彩印复合软包装制品为主导产业的股份有限公司。现注册资本为人民币10300万元，注册地址为大连市，董事长兼总经理为刘丽春。

大连盛道集团股份有限公司由大连盛道集团有限公司将现有的塑料彩印复合软包装制品生产线、对大连大富塑料彩印有限公司和大连东洋凹印制版有限公司的控股权以及部分其他资产剥离出来，进行资产重组、改制，并公开发行股票募集设立，至此已形成总股本10,300万股，包括国有法人股5,800万股，社会公众股4,500万股。

目前大连盛道集团有限公司持有大连盛道集团股份有限公司5,800万股国有法人股，是其控股母公司，她的前身——大连塑料材料厂，成立于1982年7月15日，1984年3月更名为大连塑料彩印厂，1995年7月，组建大连盛道彩印包装集团公司，次年12月改制为国有独资公司，并更名为大连盛道集团有限公司。大连盛道集团股份有限公司是大连盛道集团有限公司的主体，有四个控股子公司：

1. 大连大富塑料彩印有限公司

大连大富塑料彩印有限公司由大连盛道集团股份有限公司与日本富士机械工业株式会社等三家日方公司共同投资兴建的企业，中方占75%的股份。1995年在全国同行业第一家通过ISO9002标准质量认证。公司主要经济技术指标连续六年居国内同行业榜首，是中国规模最大、水平最高、效益最好、发展最快的塑料软包装生产企业。主导产品有23大系列4,000多个品种，产品销往全国29个省市自治区及美国、日本、加拿大、英国、澳大利亚等发达国家和地区。其中美国P&G公司“飘柔”“潘婷”“海飞丝”洗发香波及“碧浪”“汰渍”洗衣粉、瑞士“雀巢”奶粉系列产品、美国玛氏公司“德芙”“M&M”系列巧克力及“宝路”“佳贝”宠物食品、美国固特异轮胎公司的轮胎、中英联合利华的“奥妙”洗衣粉、“力士”洗发香波、德国汉高公司“宝莹”“天天”洗衣粉、日本“日清”饼干以及台湾“康师傅”“统一”方便面、上海“三枪”内衣等国际驰名品牌的包装占80%以上。

2. 大连东洋凹印制版有限公司

大连东洋凹印制版有限公司是我国最早引进国际先进设备、技术，生产凹印版辊的专业企业之一，是大连盛道集团股份有限公司与日本东洋油墨株式会社第二家日方公司共同投资兴建，中方占60.4%的股份。现拥有代表国际先进水平的全套凹印制版设备和精湛的制版技术。自投产以来，其技术水平、产品质量、经营管理和经济效益一直居国内同行业的前列，享有很高的盛誉，有着长期稳定的市场。东洋公司始终以“不求最大，但求最佳”为企业的经营方针和发展战略，先进的设备、精湛的技术、独特的工艺、完善的服务、优质的产品和雄厚的开发能力在同行业中独树一帜，名列前茅。展望未来，东洋公司将以高起点的投入，建高档次的规模；以高质量的产品，争高品位的用户；以高速度的发展，占高层次的市场；以高效率的节奏，创高水准的效益，与世界先进水平同步。

3. 大连盛道玻璃制品厂

大连盛道玻璃制品厂主要产品有玻璃器皿、玻璃工艺品、玻璃包装容器、工业玻璃器皿和玻璃灯饰5大类25个系列4,000余个品种，其中“水晶牌”玻璃器皿为中国国宴“三绝”之一，铅晶质玻璃器皿和窑玻璃器皿分别为中国玻璃制品行业的唯一金质奖产品和银质奖产品，产品销往世界20多个国家和地区。股份公司收购该厂后，通过全面改造，使其正成为拥有国内一流设备、一流技术、一流管理和一流效益的现代化玻璃制品企业。

4. 大连天成包装材料有限公司

天成公司是由大连盛道集团股份有限公司与东昌(香港)贸易有限公司合资兴建的，注册资本为1,600万美元，主要生产用于食品包装、医用包装、日用品包装、香烟包装、真空镀铝基材、建材被复、印刷基材、电工用膜以及其他用途的BOPP与CPP塑料薄膜，是国内同行业技术装备水平领先、产品技术含量高的大规模、国际化、现代化和专业化公司。

在不断加快消化吸收国内外先进技术的同时，大连盛道集团股份有限公司将继续依靠并发挥自身技术力量的优势，进一步优化产品结构，把一流的产品献给用户，把永不满足留给自己，用信心、高技术和竞争力造福于社会，成为中国杰出、全球知名的包装商。同时盛道人的发展战略建立在市场基础之上，她的开发项目直接带领和推动中国软包装业向世界先进水平迈进，缩小了中国同世界的差距，也正是基于此，人们看到了中国软包装业的兴盛之道，真正领略到“国际软包装，中国看盛道”的豪迈气势和雄健风范。

二、董事长介绍

刘丽春，女，47岁，大连盛道集团股份有限公司董事长兼总经理。1968年参加工作，历任大连第三塑料厂副主任，大连塑料工业公司宣传部副部长、党办主任，大连塑料彩印厂厂长、党委书记，大连盛道集团有限公司董事长兼总经理。

本着“内抓质量，外抓市场”的经营方针，她带领盛道人转换经营机制，强化基础管理，狠抓产品质量，调整产品结构，开发新产品等方面做了大量艰苦的工作，从而使企业经济效益连续六年大幅度提高，各项指标均创历史最高水平，在国内三百多家同行业中名列第一。几年来，企业实力显著增强，总资产增加了200多倍，产值增加了600多倍，利税增加了400多倍，并由1990年前单一的生产加工包材小型企业，发展成为今天拥有8个生产经营服务实体和7个中外合资企业，在国内软包装行业规模最大，发展最快，效益最好，代表着中国软包装行业最高、最好水平，在国内外具有很高的知名度和影响力的国家大二型企业，并荣获国家及省市多次表彰。

她本人1990－1991年度被评为市劳动模范；1992年、1993年先后被评为局、市优秀共产党员；1993年被评为省有突出贡献的优秀企业家；全国包装行业优秀企业家、全国轻工系统劳动模范；1992－1993、1994－1995年度被评为大连市特等劳动模范，并获得辽宁省“五一”劳动奖章；1994年被评为全国包装行业优秀企业家、中国优秀女企业家；1995年被评为辽宁省优秀共产党员、全国劳动模范；1996年大连市优秀专家。

大连盛道集团股份有限公司(筹)招股说明书概要

一、绪言

本招股说明书是依据《中华人民共和国公司法》、《股票发行与交易管理暂行条例》、《公开发行股票公司信息披露实施细则》等国家现行有关证券管理法规及政策，并基于本公司的实际情况而编制，旨在向投资者提供本公司的基本情况及本次发行和认购的各项有关资料。

本公司全体筹委会成员已批准本招股说明书,确信其中不存在任何重大遗漏或误导,并对其真实性、准确性、完整性负个别及连带的责任。

新发行的股票是根据本说明书所载明的资料申请发行的。除本发行人和主承销商外,没有委托或授权任何其他人提供未在本说明书中列载的信息和对本说明书作任何解释或者说明。

因买卖本公司股票依法所需缴纳之税款,由投资人自行负担,发行人、承销商和上市推荐人对此不承担责任。

二、释义

本招股说明书概要中,除非文意另有所指,下列简称具有如下特定意义:

本公司(或公司):指大连盛道集团股份有限公司。

发 行 人:指大连盛道集团股份有限公司,即将在大连市注册成立的股份有限公司。

集团公司:指大连盛道集团有限公司。

天成公司:指连港合资大连天成包装材料有限公司。

大富公司:指中日合资大连大富塑料彩印有限公司。

东洋公司:指中日合资大连东洋凹印制版有限公司。

玻璃制品厂:指大连盛道玻璃制品厂。

股　　票:指大连盛道集团股份有限公司本次发行的每股面值为人民币1元的普通股股票。

证 监 会:指中国证券监督管理委员会。

主承销商:指湖北证券有限公司。

元:指人民币元。

三、发售新股的有关当事人

1. 发行人:大连盛道集团股份有限公司(筹)

住　所:大连市中山区捷山街奋斗巷30号

筹委会主任:刘丽春

电　话:0411-2672121　　传　真:0411-2682013

联系人:董爱荣　韩永华

2. 主承销商:湖北证券有限公司

住　所:湖北省武汉市武昌彭刘杨路232号

法定代表人:陈浩武

电　话:021-63298982　　传　真:021-63299686

联系人:罗天生　高建明　马继泓

3. 上市推荐人:

湖北证券有限公司

招银证券公司

住　所:深圳市振华路3号深纺大厦C座1楼

法定代表人:李麦秋

电　话:0755-3216000　　传　真:0755-3362985

联系人:李麦秋

大连信托投资公司

住　所:大连市中山区人民路4号

法定代表人:王洪兰

电话:(0411)2638080

联系人:崔菊萍　刘富宏

4. 副主承销商:平安证券有限公司

住　所:深圳市八卦岭八卦三路平安大厦三楼

法定代表人:马明哲

电　话:0755-2262888　　传　真:0755-2400862

联系人:巢洋　张彪

5. 分销商:

中国新技术创业投资公司

住　所:北京市建国门外大街22号赛特广场10层

法定代表人:徐振国

电　话:(010)65227550*922　　传　真(010)65227560

深圳国投证券有限公司

住　所:深圳市红岭中路国际信托大厦十层

法定代表人:叶连捷

电　话:(0755)5564179　　传　真:(0755)5564179

福建兴业证券公司

住　所:福州市湖东路169号天骜大厦

法定代表人:兰荣

电　话:(021)63553191　　传　真:(021)63553191

浙江省国际信托投资公司

住　所:杭州市体育场路157号国际大厦二楼

法定代表人:王钟麓

电　话:(0571)5106280　　传　真:(0571)5106383

大连信托投资公司

广发证券有限责任公司

住　所:广州市农林下路83号

法定代表人:陈云贤

电　话:(020)87310719　　传　真:(020)87310255

江苏联合信托投资公司

住　所:南京市湖南路18号轻工大厦16楼

法定代表人:陶宁

电　话:(025)3378277-555　　传　真:(0411)3329269

6. 发行人律师事务所:大连市联合律师事务所

住　所:大连市中山区向前街36号

法定代表人:刘宝有

电　话:(0411)2803150　　传　真:(0411)2647014

经办律师:刘宝有　包敬欣

7. 主承销商律师事务所:上海金茂律师事务所

住　所:上海市北京东路431弄15号

法定代表人:吴伯庆

电　话:(021)63292847　　传　真:(021)63219296

经办律师:吴伯庆　虞咏霖　李志强

8. 会计师事务所:大连会计师事务所

住　所:大连市西岗区东北路94号

法定代表人:张耀麟

电　话:(0411)3605476　　传　真:(0411)3601808

经办注册会计师:于波　张立云

9. 资产评估事务所:大连资产评估事务所

住　所:大连市西岗区东北路94号

法定代表人:丛达

电　话:(0411)3601800　　传　真:(0411)3601808

经办评估人员:郭镇　丛达

10. 土地评估事务所:大连市土地估价事务所

住　所:大连市西岗区育仁巷1号

法定代表人:赵吉禄

电　话:(0411)3626047　　传　真:(0411)3626049

经办评估人员:赵吉禄

11. 资产评估确认机构:国家国有资产管理局

住　所:北京市海淀区万泉河路66号

法定代表人:张佑才

电　话:(010)62567744　　传　真:(010)62561817

12. 股票登记机构:

深圳证券登记有限公司

住　所:深圳市红岭中路25号

法定代表人:黄铁军

电　话:(0755)5585536

四、发行与承销

1. 承销方式:本次公开发行采用余额包销方式。

2. 承销期起止日:1997年5月13日至1997年5月23日。

3. 发行方式与发行地区:采用上网定价方式,面向全国发行。

4. 发行对象:

国家法律、法规规定可以购买股票的,在深圳证券交易所进行股东登记的自然人及境内法人。

5. 发行股票种类与发行数量:

本次发行之股票为面值为1元人民币之普通股4500万股,其中向本公司职工配售450万股。

6. 发行价格及其确定方法:

本次发行价格为每股6.43元。具体计算方法如下:

发行价=(1994年、1995年、1996年每股净利润之和)÷3×市盈率

6.43元/股=(0.42+0.49+0.55)÷3×13.2

7. 本次发行预计实收金额:

本次发行预计实收金额27850万元。

8. 承销机构及其承销量:

承销机构名称	承销股数(万股)	包销比例(%)
主承销商:		
湖北证券有限公司	1125	25%
副主承销商:		
平安证券有限责任公司	900	20%
分销商各单位:		
中国新技术创业投资公司	450	10%
深圳国投证券有限公司	450	10%
福建兴业证券公司	315	7%
浙江省国际信托投资公司	315	7%
大连信托投资公司	315	7%
广发证券有限责任公司	315	7%
江苏联合信托投资公司	315	7%

9. 发行费用:

本次公开发行的发行费总额预计为1086万元,其中包括承销费651万元,注册会计师费(含审计费、验资费、盈利预测审核费)74万元、评估费70万元、律师费45万元、上市推荐费50万元、上网发行费16万元、其他费用180万元。

五、风险因素与对策

投资者在评价本发行人此次发售的股票时,应特别认真地考虑下述各项风险因素。

(一)风险因素:

1. 经营风险:

〇原材料供应及其价格变动

大富公司所使用的主要原材料为各种基材膜、油墨与粘合剂,其中BOPP与CPP薄膜是最主要的原材料。目前,这两种塑膜主要从南方各厂家购入。天成公司建成后,大富公司的BOPP与CPP塑膜将由天成公司供应。天成公司生产BOPP与CPP塑膜使用的聚丙烯树脂主要靠进口解决。国际市场这种原材料供应情况与价格的变动将会影响天成公司BOPP与CPP塑膜的生产成本。东洋公司的主要原材料为电解铜、钢辊、铬、菲林片及磨石等。由于这些原材料国内市场并不紧俏,也无供应紧张的趋势,同时价格变动的幅度也不大,因此,原材料供应与原材料价格问题将不会对东洋公司的经营业绩构成较大的影响。

玻璃制品厂玻璃制品生产使用的主要原材料为硅石粉与纯碱,占直接材料的比重约为80%。目前,国内这些原材料生产能力已经超过市场的需求,因此,原材料供应与价格问题不会对玻璃制品厂的经营业绩构成较大的影响。

〇对主要客户的依赖

本公司今后将形成两个主要的产品链,一是塑料彩印复合软包装制品;二是玻璃制品。大富公司塑料彩印复合软包装制品销售额的80%来自于国内国际名牌产品的大客户,而东洋公司与天成公司的业务在较大程度上又依赖于大富公司,因此,大富公司从而本公司对这些大客户具有较强的依赖性。

〇能源的影响

电力与重油是本公司生产中使用的主要能源。大富公司、东洋公司、天成公司与玻璃制品厂电力由大连电力局供应,用电计划已经落实;这些单位所用重油由大连西太平洋石油有限公司、大连石油七厂供应,在数量上可以得到保障。但基于目前我国电力、重油价格偏低的状况,存在国家上调电力、重油价格的可能。

〇业务构成集中的风险性

本公司主要业务集中在包装行业,特别是塑料彩印复合包装行业与玻璃行业的不景气将会直接影响本公司的经营业绩。

〇技术进步的风险

包装工业是个科技含量较高的行业,技术装备与生产工艺水平发展迅速、产品开发速度较快、产品更新换代频率非常高,因此,对本公司而言,存在技术进步、生产装置技术与产品更新快带来的风险。

〇财务风险

本公司今后新建项目多,投资规模大,所需要配套流动资金比较多。由于存在原材料价格上浮,投资预算对流动资金配比估计不足的可能,因此,本公司存在今后流动资金不足影响新增生产能力充分发挥的风险。

〇货款回笼的风险

在"三角债"问题普遍存在的环境下,本公司产品的销售存在货款回笼困难的可能。

〇外汇风险

本公司以及本公司的控股企业生产经营过程中所使用的机器设备相当部分是进口产品,汇率变动将会影响本公司及其控股企业的设备维修成本。同时,天成公司生产所使用的主要原材料也是从国外进口的,因此汇率的变动还会影响天成公司的生产成本,从而影响本公司的投资收益。

2. 行业风险:

〇产业政策的限制

根据《全国包装行业"九五"发展规划及2010年远景发展目标》,"九五"期间国家将采取"科技兴包"、加大资金投入、加大人才培养力度、建立健全行业管理体系等措施,大力发展我国包装工业。

〇环保因素的限制

塑料软包装制品与玻璃包装制品生产造成的污染值能有效地控制在国家环保许可的范围内。塑料彩印复合软包装制品除了具有纸等包装制品不可替代的特点外,据国外环保研究机构调查,纸张、纸与塑料等复合的包装制品回收的难度更大、造成的环境污染度较塑料彩印复合包装制品为高。玻璃包装制品具有可回收性,能在较大程度上降低该产品使用造成的污染。因此,环保问题不会对本公司的生产经营活动与经营业绩构成影响。

〇对其他行业发展的依赖

本公司所处的塑料包装与玻璃包装行业,对洗涤用品、食品加工、酒类加工与旅游饭店行业具有严重的依赖性。洗涤制品、食品加工、酒类加工与旅游饭店行业的发展,将对本公司及其控股公司产品的市场容量产生影响。

〇行业内部的竞争

目前我国涉足该行业的企业较多,市场竞争十分激烈。随着我国资金市场的发展,企业融资渠道的增加,以及其他行业具有经济实力企业的介入,将增强包装行业的竞争激烈程度,给本公司带来行业竞争的风险。

3. 市场风险:

◎商业周期的影响

生活消费品的收入需求弹性较小,商业周期对消费品市场只能产生有限的影响。因此,商业周期对本公司产品的市场需求只能产生有限的影响。

◎发行人所处市场环境的现状

本公司地处东北地区,是我国重要的重工业生产基地。本公司产品的主要销售对象为轻工业产品生产厂家,但东北地区的优势并不在于轻工产品,这将对本公司的市场开发构成一定的制约作用。

◎密切相关行业的制约

本公司生产的玻璃制品主要依赖于酒类、饮料与旅游饭店行业,居民消费习惯的改变,将会对酒类、饮料与旅游饭店行业的发展起一定的制约作用,从而在一定程度上影响玻璃制品的市场需求。

◎对海外市场的依赖

本公司所生产的玻璃制品相当一部分是以国外市场为目标市场,对海外市场具有一定的依赖性。国际市场的竞争将会对本公司的经营业绩产生一定的影响。

4.政策风险:

经大连市人民政府批准,本公司设立后从第一个会计年度起享受15%税负的所得税优惠政策。未来存在国家有关部门取消本公司享受所得税优惠政策的可能。

5.其他风险:

◎由于玻璃制品厂与天成公司均处于在建阶段,两企业除了存在前述风险外,还存在在建工程是否可以按时完工投产、投产后的生产装置是否可以正常运行、设计的生产能力与技术工艺水平是否可以正常发挥等风险,这些风险也将影响上述两公司的经营业绩,从而影响本公司的绩效。

◎大富公司生产使用的油墨溶剂是易燃物品,存在防火不慎引起火灾的危险。

6.股市风险:

股票市场会由于国家的政治、经济以及其他因素的变动产生波动。由于信息不对称问题的存在,各种投资者对本公司的各种信息的理解存在误解的可能。这些因素会直接影响本公司发行股票的市场交易价格,从而影响本公司股票投资者的投资收益,因此,投资本公司的股票存在股市风险。

(二)风险的对策:

针对本公司今后经营过程中可能存在的各种风险,本公司拟采取以下对策加以防范:

1.经营风险防范对策:

本公司拟建立有效的成本费用预算与考核制度、材料的保管与领用制度等,加强成本费用控制,降低消耗水平,提高公司产品成本的市场竞争能力;通过与生产经营情况好、信誉好的原材料供应厂家建立长期稳定的原材料供应关系,在保证原材料供应的同时,稳定原材料供应价格,降低原材料价格的风险;注意本公司流动资金与固定资产投资的配比关系、长期资金与短期资金的有效搭配、财务杠杆的合理利用,优化公司的财务结构,在保证本公司资金正常周转的同时,把公司的融资成本降低到最低的水平;加强公司的信用管理,增加客户信用情况的分析力度,制定合理的信用政策,降低坏帐数量,加快货款回笼速度,提高资金周转速度;协助国内包装机械加工生产企业与原材料生产企业引进国外的生产技术,降低生产设备与原材料对外的依赖程度,降低本公司经营过程中的汇率风险。

2.行业风险的防范措施:

本公司拟有效地利用资本市场与合资渠道,不断引进国外先进的技术装备与生产工艺,保持本公司的技术装备与产品的生产工艺在行业内的领先地位;利用各种优惠条件,大量吸引各种专业人才,加强员工技能训练,提高本公司职工的整体素质,提高产品的设计能力、国外先进技术与生产工艺的吸收消化与应用能力;建立科技情报中心,及时收集国内外最新的包装工业的科技信息,吸收应用新的科研成果,逐步提高"绿色包装制品"的生产比重;加强新产品的研制与开发,跟上国际包装工业产品更新换代的步伐,保持本公司产品在国内外市场的领先地位,保证产品品种、质量的先进性和价格的竞争性。

3.市场风险防范措施:

采取各种策略,创立本公司产品的品牌形象,提高本公司产品的市场影响力;维护与已有客户之间的关系,疏通各销售渠道,稳定现有产品的销售网络;通过收购兼并的方式,建立跨地区的生产机构,更有效地占领全国各地市场。

4.其他风险的防范措施:

◎成立专门的工程技术管理人员组成领导班子,负责在建项目施工进度与施工质量监督管理工作,确保上述两工程按时按质完成。

◎针对各种灾害可能带来的不可抗力风险,本公司已经建立了完善的防火设施、并将加强职工消防教育,提前防范,以免火灾的发生。同时,本公司还采取财产保险措施,以避免各种事故给公司带来经济损失。

5.股市风险的对策

本公司拟严格按照国家有关上市公司信息披露的规定,及时、全面、真实地披露本公司的有关事项,降低投资者的投资风险。

六、募集资金的运用

本次发行成功,预计可募集资金28935万元,在扣除发行费1086万元以后,净收入为27850万元,将作以下用途:

(一)出资2500万元收购玻璃制品厂,并投资10600万元对其进行技术改造;

大连盛道玻璃制品厂的前身,大连玻璃制品厂建于1917年7月,是中国最早的玻璃生产企业之一。该厂具有丰富的生产经验与较高的生产工艺水平。大连玻璃制品厂的"水晶牌"玻璃器皿享誉海内外,该厂生产的中铅晶质玻璃器皿是我国同类产品中唯一荣获国家金质奖的产品;窑制玻璃器皿曾荣获国家银质奖。近年来,该厂由于经营管理不善陷入困境,于1996年7月经大连市中山区人民法院宣布破产。1996年10月,破产清算组通过大连产权交易所对大连玻璃制品厂进行公开拍卖。集团公司于本次拍卖中整体受让了大连玻璃制品厂,并对其进行了全面的整顿。在此基础上,集团公司对玻璃制品厂实施了改造的计划。玻璃制品厂技改总投资额预计为10600万元。大连市经济委员会大经发(1997)59号文《关于下达1997年第一批引进技术设备改造现有企业开展工作项目计划的通知》、大连市经济委员会大经技改函字(1997)02号《关于大连盛道集团有限公司"高中档明料瓶生产线"项目立项的批复》已经对玻璃制品厂的技改作了批复,技改工程目前正在进行中。目前,玻璃制品厂只有成型一车间三座坩埚窑与瓶一车间利用原有部分生产设施承接少量定单进行生产。

本公司以大连资产评估事务所对大连盛道玻璃制品厂资产评估的评估净值2322万元为基础,暂定以2500万元价格收购大连盛道玻璃制品厂。大连盛道集团有限公司与大连盛道集团股份有限公司筹委会签定的《关于整体出让/受让大连盛道玻璃制品厂的协议书》已经明确了本行为。收购完成后,本次募集的资金将投入4660万元置换集团公司已投入玻璃制品厂改造项目的资金,并于1997年6-12月投入5740万元、1998年投入200万元完成后续工程的建设。预计高中档明料瓶生产线1997年7月、啤酒及咖啡瓶生产线1997年10月、机制高级玻璃器皿生产线1997年11月、手工机制高级晶质玻璃制品生产线1997年11月投产并产生效益。本项投资预期的效益指标为:内含收益率26%、投资回收期2.9年。

(二)投资14168万元受让天成公司75%所有者权益;

天成公司是集团公司与东昌(香港)贸易有限公司合资、注册资本为1600万美元,主要生产用于食品包装、医用包装、日用品包装、香烟包装、真空镀铝基材、建材被复、印刷基材、电工用膜以及其他用途的BOPP与CPP塑膜的企业。CPP与BOPP生产线固定资产投资总额预计为18890

万元,已获国家经济贸易委员会国经贸改[1996]184号文《关于大连塑料彩印厂双向拉伸聚丙稀塑膜生产线技术改造项目可行性研究报告的批复》、大连市经济委员会大经发[1997]59号文《关于下达1997年第一批引进技术设备改造现有企业开展工作项目计划的通知》的批准。工程目前正在紧张的施工过程中,预计分别在1997年4月与6月份建成投产。本公司拟在设立后利用募集的资金受让集团公司持有的天成公司75%所有者权益,并与合资方同时按照持股比例投入资金,补足天成公司BOPP与CPP塑膜项目建设的资金缺口。大连盛道集团有限公司《关于同意出让所持天成公司75%出资的承诺函》、东昌(香港)贸易有限公司《关于同意大连盛道集团有限公司出让天成包装材料有限公司75%出资予大连盛道集团股份有限公司的承诺函》已经对此项转让事项作出承诺。

本次募集成功后,本公司即支付9960万元予集团公司受让天成公司出资,同时投入3778万元置换集团公司另投入天成公司BOPP与CPP项目的资金,并按下列计划继续投入资金,完成两项目建设:

(单位:万元)

	1997年6月		1997年7月		合计	
	本公司投入	总投入	本公司投入	总投入	本公司投入	总投入
BOPP项目	250	333	165	220	415	553
CPP项目	5	7	10	13	15	20
合计	255	340	175	233	430	573

项目效益指标:内含收益率=15%

投资回收期=4.4年

七、股利分配政策

发行人股利分配遵循同股同利原则,按照持有股份分配股利,股利分配采取现金和股票两种形式。每一会计年度终结六个月内本公司召开股东大会决定股利分配方案、股本大会召开两个月内依照股东的持股比例完成股利分配事项。除年度分红外,经股东大会通过,公司亦可派发中期股息。

税后利润的分配按照下列顺序进行:

(1)按照法律规定弥补前一年度亏损;

(2)提取10%的法定公积金;

(3)提取5-10%的法定盈余公益金;

(4)经股东大会决议提取任意公积金;

(5)支付普通股股利。

本次发行成功后,本公司将于第一个盈利年度起派发股利。1997年1月1日至发行前的利润,计入1997年可分配利润范围。上述股利分配政策尚待首届股东大会通过。

八、验资报告

根据大连会计师事务所大会师内审字[1997]9号《验资报告》,本公司经评估后的净资产为97,797,345.68元,按照国家国有资产管理局国资企函发[1997]8号文,折合成国有法人股58,000,000股,净资产中余下的39,797,345.68元转入资本公积金。

九、发行人情况介绍

1. 发行人名称:大连盛道集团股份有限公司(筹)

2. 发行人名称预先核准日期:1997年2月3日

3. 发行人拟定住所:大连市中山区捷山街奋斗巷30号

4. 发行人历史情况简介:

〇发起人基本情况:

大连盛道集团有限公司的前身是大连塑料包装材料厂。该厂成立于1983年5月,主要生产和销售各种普通塑料包装材料。1984年3月,根据大连市经委大经发[1984]49号文批准,更名为大连塑料彩印厂。1995年7月,经大连市体改委大体改发[1995]20号文批准,在原大连塑料彩印厂的基础上组建了大连盛道彩印包装集团有限公司。1996年12月,经大连体改委大体改委发[1996]91号文件《关于完善大连盛道彩印包装集团有限公司的批复》,大连盛道彩印包装集团有限公司改制为国有独资公司,更名为大连盛道集团有限公司。1997年2月4日,大连市国有资产管理局大国资企字[1997]12号文,授权大连盛道集团有限公司对集团内国有资产进行统一经营。

塑料彩印复合软包装业是集团公司最主要的产业之一。集团公司通过合资的方式发展塑料彩印复合软包装产业,分别于1988年与1993年与日方合资成立了"中日合资大连东洋凹印制版有限公司"与"中日合资大连大富塑料彩印有限公司",形成了塑料彩印制版与塑料彩印复合包装制品的产业链。以塑料彩印复合软包装业为基础,集团公司又相应发展了制版、油墨、包装基材以及其他包装制品的生产企业。目前,集团公司已发展成为一个集软包装业、制版业、基材业、纸制品业、印铁罐业、玻璃制品业、模具加工业为一体的大型包装集团性企业。近年来,集团公司各项经济指标在全国300多家同行业企业中均名列前茅,被国家计委列为"八五"出口包装定点示范厂十家龙头企业之一。1991年晋升为国家二级企业;1993年度被评为大连市增盈工作成效显著企业;1994年被全国包装调查评价办公室确认为中国十佳百杰包装印刷企业、在1994年度中国500家最佳经济效益工业企业;1996年在辽宁省轻工行业开展的利税总额排序活动中,被评为"五十强"企业。同年,被中国轻工总会与中华人民共和国人事部授予全国轻工业系统先进集体称号。

〇改制及发行人筹建情况

本公司是集团公司将现有的塑料彩印复合软包装制品生产线、对大富公司、东洋公司的控股权、以及部分其他资产剥离出来,进行资产重组,改制设立的一个以塑料彩印复合软包装制品生产为基础产业的股份有限公司。本公司的设立已得到大连市人民政府大政[1997]27号文的批准并已于1997年2月3日在大连市工商行政管理局领取大工商名称预核[97]第88号名称预先核准通知书,获准"大连盛道集团股份有限公司"的命名。本次发行成功后,将正式注册。

5. 发行人内部管理结构与组织结构

〇发行人内部管理结构(见附图一)

〇关联企业情况

本次发行成功且完成募集资金运作方案后,本公司将拥有玻璃制品分公司与控股的大富公司、东洋公司以及天成公司,具体见附图二。

☆表示本次发行后本公司利用募集资金受让股份的企业。

〇发行人与集团公司的关系(见附图三)

1997年4月10日大连市国有资产管理局以[1997]33号文批准,确定集团公司依法代表国家持有本公司国有法人股股权。本公司成立后将成为集团公司的控股公司。

5. 发行人经营范围:

〇塑料彩印包装制品的生产与销售;

〇凹印版辊的生产与销售;

〇BOPP与CPP塑料薄膜的生产与销售;

〇玻璃器皿和包装容器的生产与销售。

6. 发行人实际从事的主要业务及业务收入构成:

本公司发行前三年实际从事塑料彩印复合软包装制品与印刷版辊的生产与销售等业务。

业务收入的构成情况如下:

单位:人民币元

主营项目	1996年度	1995年度	1994年度
塑料膜包装材料销售	255,011,471.95	225,205,918.17	150,110,521.18
包装袋销售	50,987,915.34	35,039,606.68	2,898,622.43
其它包装材料销售	5,168,970.38	6,219,873.94	29,876,254.87
版辊加工收入	12,479,211.25	10,039,146.23	15,062,889.07
版辊维修收入	959,026.40	3,624,961.86	771,270.47
合　计	324,606,595.32	280,129,506.88	198,719,558.02

7. 发行人主要产品、产品的性能与质量、生产能力情况:

附图一

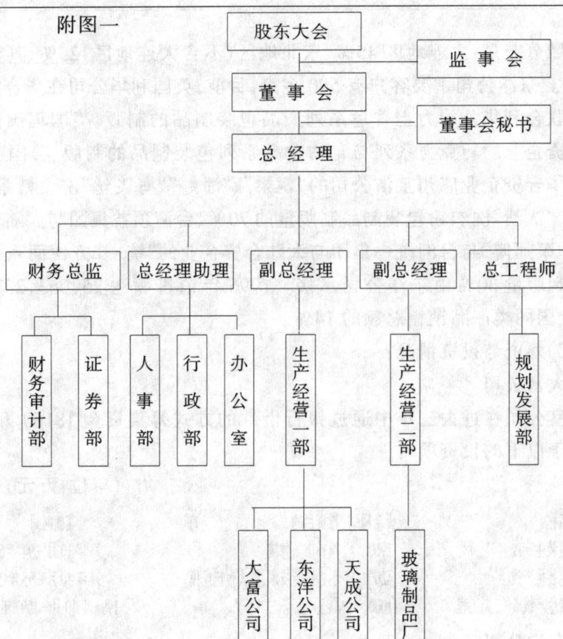

附图二

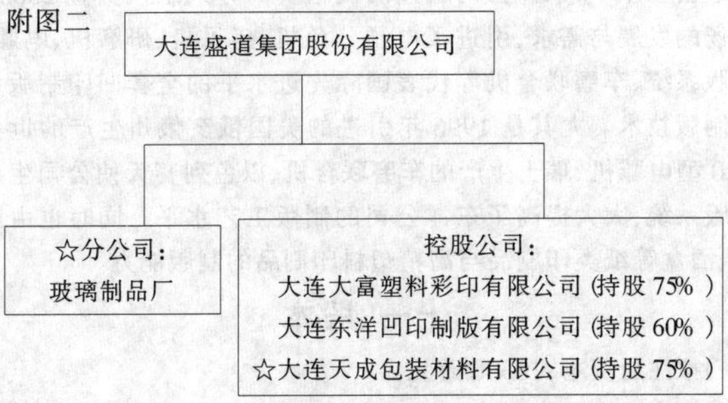

☆表示本次发行后本公司利用募集资金受让股份的企业。

附图三

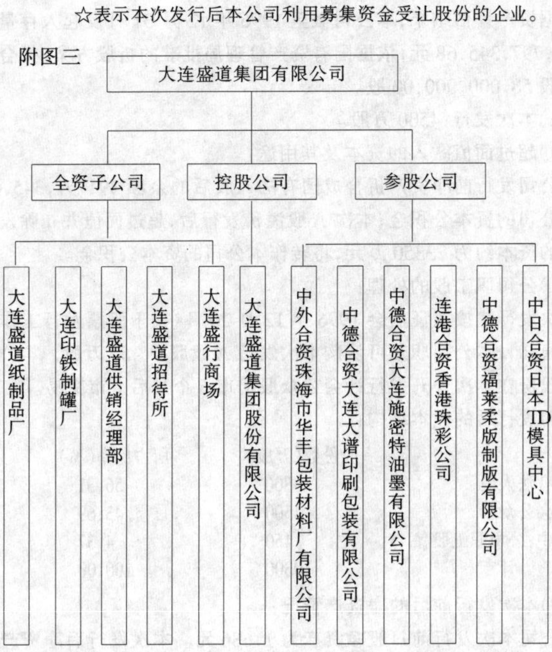

本公司的主要产品为大富公司的塑料彩印复合软包装制品与东洋公司的凹印版辊。

大富公司的产品是塑料彩印复合软包装制品,包括方便面膜卷包材、碗面盖材、洗涤品包材、蒸煮食品包材、冷冻食品包材、巧克力包材、药品包材、奶粉包材、卫生巾包材等23个系列4000多个品种,年生产能力12000吨。这些产品能满足被包装物所需的各种性能,如透明性、阻隔性、耐蒸煮性、抗菌性、抗静电性等。大富公司生产的高级洗衣粉包装膜卷袋、洗发用品包装膜卷、速食碗面盖膜材料、方便面系列膜卷、蒸煮袋、新型蔬菜良种包装袋在1994年第四届国际包装技术展览会上荣获金奖;新型干物食品包装膜(袋)塑料挂历膜片等产品在1994年第四届国际包装技术展览会上获银奖。大富公司于1995年获得国家质量体系审核中心颁发的ISO9002质量体系认证证书。

东洋公司的产品为凹印版辊。该公司的产品也以其优良的品质为用户所认同,与澳大利亚、新加坡、泰国等竞争者在"力士"香皂系列产品包装制版权的竞标中,以优异的产品质量,一举夺标,并在1996年全球"力士"包装评比中荣获最佳奖。东洋公司生产能力为16000根/年,1996年的销售量为13828根。

8. 发行人职工与福利:

本公司总人数为916人,无离、退休人员,其中生产人员762人、销售人员44人、技术人员46人、财务人员15人、行政人员49人。本公司职工的文化素质较高,其中的大专、本科学历的人员有215人、拥有硕士学位的人员有11人、拥有博士学位的人员有2人。

本公司实行全员劳动合同制,采用结构工资制,并执行国家有关规定给予员工各种福利和劳保。本公司拟为员工办理职工养老保险、工伤保险、生育保险、失业保险和医疗保险、并为员工计提住房公积金。

9. 国家税收政策:

本公司及所属的大富、东洋公司适用的流转税政策是:产品销售收入按17%税率计缴增值税;劳务收入、租赁收入分别按3%和5%税率计缴营业税;按当期应缴增值税和营业税的7%计缴城市建设维护税;按当期应缴增值税和营业税的3%计缴教育费附加;费用性税金:包括房产税,车船牌照使用税,印花税等,按有关规定上缴,计入当期损益。经大连市财政局批准,本公司1994年度至1996年度执行33%税率返还18%的所得税政策,实际税负为15%。经大连市人民政府批准,本公司股票发行上市后,仍执行上述所得税政策。本公司控股子公司大富公司、东洋公司享受外商投资企业税收优惠政策,现执行12%的所得税税率。

10. 土地使用权的处置情况:

本公司以及本公司控股的大富、东洋公司所使用的土地,由集团公司按照国家有关规定向国有土地管理部门受让,然后参考大连市土地价格评估事务所对上述土地的评估价以出租方式出租给本公司以及本公司的控股公司使用。上述土地处置方案已经由本公司以及本公司的控股公司与集团公司签订土地使用权租赁协议予以明确,并已经取得国有土地管理部门的确认。

11. 发行人筹委会的主要成员:

刘丽春,女,47岁,大学文化,中共党员,高级经济师,曾任大连塑料工业公司宣传部副部长、党委办公室主任,大连塑料彩印厂副厂长、厂长兼党委书记,现任大连盛道集团有限公司董事会董事长、总经理;大连大富塑料彩印有限公司董事会董事长、总经理;大连东洋凹印制版有限公司董事会董事长。

赵延俊,男,41岁,大学文化,中共党员,高级经济师,曾任大连塑料工业公司教育中心副主任,大连塑料彩印厂副厂长,现任大连盛道集团有限公司董事会副董事长、副总经理;大连大富塑料彩印有限公司董事会董事、副总经理;大连东洋凹印制版有限公司董事会董事。

王昌林,男,56岁,中专文化,中共党员,高级工程师,曾任大钢宣传部副部长,中共大连市委组织部政工组干事,共青团大连市委副书记,大连钢厂研究所副所长,大连塑料彩印厂副厂长,现任大连盛道集团有限公司董事会董事、副总经理。

李长青,男,56岁,大学文化,中共党员,高级工程师,曾任吉林省塑料研究所室副主任,大连塑料彩印厂总工程师、副厂长,现任大连盛道集团有限公司董事会董事、总工程师、大连大富塑料彩印有限公司董事会董事。

张世宽,男,38岁,大学文化,中共党员,高级工程师,曾任大连第十三塑料厂技术科科长、副厂长,大连塑料彩印厂技术科副科长、科长,现任大连盛道集团有限公司监事会监事、副总工程师,大连大富塑料彩印有限公司董事会董事、副总经理。

靳国禄,男,48岁,大学文化,中共党员,高级政工师,曾任大连碧龙海珍品有限公司党总支书记、工会主席,现任大连盛道集团有限公司董事会董事,大连东洋凹印制版有限公司董事会董事、总经理。

罗昭茹,女,46岁,大专文化,中共党员,政工师,曾任大连塑料工业公司宣传部副部长、部长,大连塑料彩印厂党委副书记、工会主席,现任大连盛道集团有限公司董事会董事;大连大富塑料彩印有限公司工会主席。

张爱宝,女,52岁,中专文化,工程师,曾任大连塑料彩印厂销售科副科长、科长,现任大连大富塑料彩印有限公司总经理助理。

陈智民,男,61岁,中专文化,中共党员,高级会计师,曾任大连橡塑机厂财务科副科长、副总会计师、总会计师,现任大连盛道集团有限公司财务总监。

韩永华,女,42岁,大专文化,高级会计师,曾任大连塑料彩印厂财务科副科长、科长,现任大连盛道集团有限公司财务部经理,大连大富塑料彩印有限公司财务部经理;大连东洋凹印制版有限公司董事会董事。

十、经营业绩

(一)业务收入与盈利情况:

本公司1994－1996年三个会计年度的经注册会计师审计经营业绩如下:

(单位:人民币元)

项　目	1996年度	1995年度	1994年度
主营业务收入	324,606,595.32	280,129,506.88	198,719,558.02
营业利润	42,509,829.39	35,364,070.92	29,788,696.34
利润总额	43,784,801.88	37,096,245.69	33,527,422.33
净利润	32,045,164.86	28,642,298.06	24,396,946.81

(二)经营管理的改善:

大富公司与东洋公司根据邯钢的经验,结合本企业的实际情况,建立了一套完整的成本预算制度与预算执行结果的评价制度。在过去一年的实施过程中取得了明显的成效,首批通过了大连市学邯钢企业的验收。

(三)新产品与新工艺的研究与开发:

在过去三年中,大富公司成功地开发了洗发护发用品包装膜卷、高级奶粉包装膜卷、蒸煮袋、方便食品包装材料、速食碗面盖膜、新型干物包装材料、新型蔬菜良种包装材料、日本式湿面条包装袋、冷封包材、复合膜立体袋、塑料挂历膜、多层复合结构的甜果冻盖膜材料等新产品,并投入生产;研究成功洗涤用品包装材料的特殊工艺、无溶剂涂复生产工艺、醇溶性胶干式复合工艺、醇溶性油墨印刷工艺、茶叶袋复合工艺与护舒宝双层材料工艺等新工艺,并投入使用。东洋公司开发出了香烟、酒盒等纸张印刷制品凹印版辊与高精塑料包装制品凹印版辊的生产工艺。

(四)产品的市场情况:

本公司的主要产品为大富公司的塑料彩印复合软包装制品与东洋公司的凹印版辊,其主要的市场占有情况是:

大富公司生产的塑料彩印复合软包装制品主要为国内国际许多名牌洗发水、方便面、洗衣粉、巧克力等产品的生产厂家所使用,常年客户达600多家,如美国P(G公司在华合资企业的洗发精("飘柔"、"海飞丝""潘婷")、洗衣粉("碧浪"、"汰渍")包材;英国利华公司在华合资企业的"奥妙"洗衣粉包材;德国汉高公司在华合资企业的"威白"、"天天"洗衣粉包材;美国玛氏公司在华合资企业的巧克力("德芙"、"m&ms")、宠物食品("宝路"、"佳贝"、"伟嘉")包材;日本格力高日清制果公司在华合资企业的系列饼干包材;台湾顶益在大陆合资的"康师傅"与台湾统一集团在大陆合资的"统一"方便面包材;上海针织九厂的三枪内衣包材等。大富公司1996年的销售额达311,168,357.67元。

东洋公司产品销售地域覆盖全国20多个省、自治区、直辖市,主要市场的地域分布是:大连地区45%、东北地区(不含大连地区)25%、其他地区30%。东洋公司主要客户有500多家,目前,英国利华公司在华合资企业上海联合利华公司力士香皂系列产品包装制品的制版、美国玛氏公司在华合资企业的巧克力系列与宠物食品系列包装制品的制版、美国P(G公司在华合资企业广州宝洁公司的"飘柔"、"潘婷""海飞丝"洗发精系列、"碧浪"、"汰渍"洗衣粉包装制品制版量的70%、台湾顶益集团与大陆合资企业的"康师傅"与台湾统一集团与大陆合资企业的"统一"方便面系列包装制品制版量30%由东洋公司承接。1996年销售额达25,063,237.65元,占全国同类产品销售总额的14%。

(五)筹资与投资情况:

〇大富公司

大富公司在过去三年中通过银行借款的方式筹集资金18160万元,主要用于以下的投资项目:

(单位:万元)

投资项目名称	投资金额	投资目的	实施时间
第四期软包装生产线	2960	填补市场急缺	93年10月－94年5月
第五期软包装生产线	4200	引进高新技术,扩大生产规模。	94年10月－95年2月
塑膜软包装生产线6－7期工程	11000	同上	1995年10月－1997年3月

〇东洋公司

在过去三年中,东洋公司通过两次增资的方式融入资金2500万元,根据市场的发展与需求,引进了电子分色机、拷贝机、研磨机、电雕机、无软片制版系统、车磨联合机等代表国际先进水平的全套凹印制版设备和精湛的制版技术。尤其是1996年引进的美国俄亥俄州生产的世界最先进的820型电雕机、瑞士生产的车磨联合机、以色列赛天使公司生产的无软片制版系统,大大提高了东洋公司的制版工艺水平。同时也由此增加了香烟、酒盒等纸类印刷品与高精塑料印刷品的制版能力。

十一、股本

(一)拟注册资本:10300万元。

(二)国有法人股的形成:

根据资产评估结果,本公司截至1996年12月31日发起人存量净资产为97,797,345.68元,依据国有资产管理局批准的折股方案,折合成国有法人股58,000,000.00股。

(三)本次发行:4500万股。

(四)超过面值缴入的资本及其用途:

本公司发行前净资产折合成国有法人股后的余额39,797,345.68元转作本公司的资本公积金;本次A股溢价发行后,超过面值并扣除发行费后缴入的资本约为23350万元,将转作本公司的资本公积金。

(五)公司职工股的处理:

本次发行将按照证监会1996年12月26日《关于股票发行工作若干规定的通知》,本公司职工可认购本次发行A股股票450万股。本公司职工认购股份在本次公开发行社会公众股上市6个月后上市交易。

(六)发行后的股本结构:

	股份数(万股)	所占比率(%)
国有法人股	5800	56.31
社会公众股	4500	43.69
其中:公司职工股	450	4.37
合　　计	10300	100.00

(七)本次发行前后的净资产情况:

本公司本次发行前每股净资产为1.686元。本次发行后净资产总额为376292345.68元,每股净资产为3.65元。

(八)本次发行前持有发行人5%以上股权的股东及其简要情况:

本次发行前发起人大连盛道集团有限公司为本公司股份唯一持有者,持股数为5800万股。

十二、债项

(一)短期借款

短期借款年末余额 93,200,000.00 元,明细如下:

贷款单位	贷款日	到期日	年利率(%)	金额(元)	贷款条件
中国工商银行大连市分行	1996.4	1997.4	12.06	8,000,000.00	经济担保
中国工商银行大连市分行	1996.8	1997.7	10.065	30,000,000.00	经济担保
中国工商银行大连市分行	1996.10	1997.9	9.24	40,000,000.00	经济担保
中国工商银行大连市分行	1996.12	1997.12	9.24	10,200,000.00	经济担保
中国工商银行大连市分行	1996.7	1997.2	12.078	2,000,000.00	经济担保
中国工商银行大连市分行	1996.11	1997.4	10.098	3,000,000.00	经济担保
合 计				93,200,000.00	

(二)长期借款

长期借款年末余额为 45,6000,000.00 元,明细如下:

贷款单位	贷款日	到期日	年利率(%)	金额(元)	贷款条件
中国工商银行大连市分行	1992.9	1997.11	15.3	2,500,000.00	经济担保
中国工商银行大连市分行	1992.8	1997.12	15.3	2,000,000.00	经济担保
中国工商银行大连市分行	1992.12	1998.12	10.98	7,300,000.00	经济担保
中国工商银行大连市分行	1995.8	1999.11	15.12	16,000,000.00	经济担保
中国工商银行大连市分行	1993.11	1998.11	10.98	17,800,000.00	经济担保
合 计				45,600,000.00	

十三、财务会计资料

(一)主要财务资料:

1. 发行人合并资产负债表:

(单位:人民币千元)

资 产	1996.12.31	1995.12.31	1994.12.31
货币资金	35,351.27	30,425.33	8,109.85
应收帐款净额	93,198.83	78,589.61	65,667.93
预付货款	32,550.38	14,950.61	8,246.27
其他应收款	14,119.71	28,020.85	5,839.75
存货	67,771.68	66,122.49	37,118.61
存货净额	67,771.68	66,122.49	37,118.61
待摊费用	1,127.04	1,775.59	2,247.18
流动资产合计	244,118.90	219,884.48	127,229.60
长期投资			
合并价差	10,588.05		
固定资产原价	213,429.23	126,644.52	117,377.38
减:累计折旧	70,235.35	39,202.35	28,749.22
固定资产净值	143,256.88	87,442.17	88,628.16
在建工程	43,759.15	10,466.06	2,336.44
固定资产合计	187,016.03	97,908.23	90,964.61
无形资产	973.56	757.87	542.20
递延资产	2,836.25	703.41	846.56
无形资产及递延资产合计	3,809.81	1,461.28	1,387.76
资产总计	445,532.78	319,253.98	219,581.97
负债及股东权益	1996.12.31	1995.12.31	1994.12.31
短期借款	93,200.00	89,250.00	41,100.00
应付帐款	105,067.14	32,264.22	26,219.39
预收货款	46,269.88	30,122.17	24,724.85
应付福利费	6,335.78	5,518.57	4,137.81
未付股利	7,030.76	16,327.45	11,622.36
未交税金	6,299.97	3,530.71	3,311.11
其他未交款	5.65		
其他应付款	14,884.03	8,937.45	9,281.10
一年内到期的长期负债	4,500.00		
流动负债合计	283,593.22	185,950.56	120,396.63
长期借款	41,100.00	45,600.00	21,590.00
其他长期负债	31.16	-24.36	-24.36
长期负债合计	41,131.16	45,575.64	21,565.64
负债合计	324,724.37	231,526.20	141,962.27
少数股东权益	23,011.06	22,224.09	16,034.27
股东权益:			
股本	58,000.00	58,117.44	58,117.44
资本公积	39,797.35	287.27	287.27
盈余公积		7,098.98	3,180.72
其中:公益金		2,366.33	1,060.24
股东权益合计	97,797.35	65,503.69	61,585.43
负债及股东权益总计	445,532.78	319,253.98	219,581.97

2. 发行人合并利润表:

(单位:人民币千元)

项目	1996 年度	1995 年度	1994 年度
一、主营业务收入	324,606.60	280,129.51	198,719.56
减:营业成本	241,302.37	199,518.86	137,093.42
销售费用	5,189.44	3,956.90	3,186.07
管理费用	21,151.34	19,944.70	14,945.55
财务费用	10,369.99	14,516.32	9,494.53
进货费用营业税金及附加			
二、主营业务利润	46,593.46	42,192.73	34,000.00
加:其他业务利润	-4,083.63	-6,828.66	-4,211.30
三、营业利润	42,509.83	35,364.07	29,788.70
加:投资收益			
营业外收入	1,347.40	1,844.45	3,784.28
减:营业外支出	72.43	112.28	45.55
加:以前年度损益调整			
四、利润总额	43,784.80	37,096.25	33,527.42
减:所得税	6,412.46	3,101.71	2,126.02
减:少数股东损益	5,327.17	5,352.24	7,004.46
五、净利润	32,045.17	28,642.30	24,396.95
加:年初未分配利润			
盈余公积转入数			
减:职工奖励及福利基金	2,454.92	2,520.60	3,192.12
六、可分配的利润	29,590.25	26,121.70	21,204.83
减:提取法定公积金	2,959.03	2,612.17	2,120.48
提取法定公益金	1,479.51	1,306.09	1,060.24
七、可供股东分配的利润	25,151.71	22,203.44	18,024.10
减:已分配优先股股利			
提取任意公积金			
已分配普通股股利	25,151.71	22,203.44	18,024.10
八、未分配利润			

(二)重要会计政策:

1. 模拟会计报表的编制基准和方法

本会计报表的编制基准系依公司重组方案确立的现实结构,即将原集团公司生产核心部分的资产(不包括土地)及与长期投资中大富公司、东洋公司相关联的资产连同相应的负债从原集团公司剥离,形成本公司的资产、负债及权益和损益,并假设本公司自 1994 年 1 月 1 日至 1996 年 12 月 31 日业已存在,无转变,且按独立法人企业运作,按下列所述的主要会计政策进行独立核算。

基于上述假设,对原不完全独立核算的拟上市部分(即本公司),按其生产经营的实际情况进行了有关资产界定、负债的重组和会计帐目的调整,并按独立法人主体模拟编制其前三年的会计报表。有关资产界定、负债的重组和会计帐目的调整中,实物资产以实际被占用和被使用为界定原则;债权、债务、其它资产和负债以经营相关为界定和重组原则;利润表中的收入、成本、税金、费用项目,是根据实际发生的经济业务在配比一致的基础上按权债发生制原则编制的。

2. 会计制度:

重组前集团公司(其前身为大连塑料彩印厂)执行《工业企业会计制度》,本会计报表基于编报的目的和用途,已按《股份制试点企业会计制度》调整编报。

本公司所属控股子公司——大富公司、东洋公司系中外合资经营企业,执行《外商投资企业会计制度》,在编制合并会计报表时已按《股份制试点企业会计制度》调整编报。

3. 会计期间:

公司采用公历年度,即从 1 月 1 日至 12 月 31 日为一个完整的会计期间。

4. 会计报表的编制方法:

按照财政部制定的《合并会计报表暂行规定》,对本公司拥有50%以上(不包括50%)权益性资本的被投资企业合并会计报表。

5. 记帐方法:本公司采用借贷记帐法。

6. 记帐本位币:

本公司以人民币为记帐本位币。

7. 记帐原则及计价基础:

本公司按权责发生制进行会计核算,以实际成本为计价基础。

8. 外币折算方法:

本公司发生的外币业务,以当日外汇市场价折合人民币记帐;月份终了,将各种外币帐户的外币余额,按月末外汇市场价折合人民币余额,其差额记入"财务费用"。

9. 存货计价方法:

本公司存货包括库存原材料、包装物、在产品、产成品等,按实际成本计价;存货发生时采用加权平均法;低值易耗品采用一次摊销法。

10. 坏帐处理方法:

本公司采用直接转销法。

11. 长期投资核算方法:

(1)债券投资采用成本法核算。

(2)股权投资和联营投资:凡占被投资单位注册资本20%以下的,按成本法核算;占被投资单位注册资本20%~50%的,按权益法核算;达到50%以上的按权益法核算且合并会计报表。

12. 固定资产计价及其折旧:

本公司的固定资产按实际成本计价,惟母公司1993年12月31日的固定资产原值及其累计折旧,因全国统一的清产核资而经资产评估机构并经国有资产管理部门确认,按评估后的价值调整入帐;固定资产折旧年限按照《工业企业财务制度》规定的分类折旧年限确定;预留残值按原价的3%计留;固定资产折旧方法采用分类直线折旧法。

各类固定资产折旧年限及年折旧率列示如下:

类别	折旧年限(年)	年折旧率(%)
房屋建筑物	20~30	4.85~3.23
机械设备	10	9.70
运输工具	51	9.40
其他设备	5	19.40

13. 无形资产及其摊销:

本公司无形资产指大富公司与东洋公司的职工住房使用权。无形资产从开始使用之日起按规定期限分期摊销;没有规定期限的按照预计使用期限或者不少于十年的期限分期摊销。

14. 递延资产及其摊销:

本公司递延资产包括职工境外培训支出,租入固定资产改良支出等。递延资产有规定期限的,按规定期限摊销;没有规定期限的,按预计期限分期摊销。

15. 收入实现的条件:

以产品已经发出,劳务已经提供,款项已经收到或取得收取款项的凭据时确认为营业收入实现。

16. 税项:

1)增值税:产品销售收入按17%税率计算销项税额,扣除当期允许抵扣的进项税额后的余额缴纳。

2)营业税:劳务收入、租赁收入分别按3%和5%税率计缴。

3)城市建设维护税:按当期应缴增值税和营业税的7%计缴。

4)教育费附加:按当期应缴增值税和营业税的3%计缴。

5)费用性税金:包括房产税,车船牌照使用税,印花税等,按有关规定上缴,计入当期损益。

6)所得税:

(1)经大连市财政局批准,本公司1994年度至1996年度按33%上缴所得税,再返还18%,实际税负为15%。经大连市人民政府批准,本公司股票发行上市后,实际的所得税税负为15%。

(2)本公司控股子公司大富公司、东洋公司享受外商投资企业税收优惠政策,现执行12%的企业所得税税率。

17. 利润分配:

1996年12月31日前,本公司形成税后利润提取10%法定公积金、5%公益金后全部上缴集团公司。本公司经股份制改组并发行股票设立后,税后利润分配将由董事会制定分配预案,经股东大会审议通过后实施。

18. 长期投资事项:

东洋公司与大富公司是本公司的两大控股公司。本公司对大连东洋凹印制版有限公司的原始投资额为23,682,000.00元,截止1996年12月31日按权益法核算其长期投资数额为28,705,483.13元;公司对大连大富塑料彩印有限公司的原始投资额为11,271,000.00元,截止1996年12月31日按权益法核算其长期投资数额为32,025,600.80元。

上述长期投资数额在合并会计报表时已予抵消。

合并差价年末余额10,588,049.33元,其产生原因为按照发行股票并上市交易的有关规定,公司委托资产评估机构对改组范围1996年12月31日的发起人资产进行了评估,资产评估范围亦包括公司控股子公司的整体资产,经国家国有资产管理局确认的评估结果,大连大富塑料彩印有限公司整体资产评估增值8,616,626.09元,按投资比例计算本公司对该公司长期投资增值6,462,469.57元;大连东洋凹印制版有限公司整体资产评估增值6,875,966.27元,按投资比例计算本公司对该公司长期投资增值4,125,579.76元。由于按规定控股子公司资产评估增值不调帐,因而合并报表时产生差额。

19.1996年12月31日资产评估结果的帐表处理:

在编制本会计报表时,为了反映发起人净资产的折股情况,已将评估结果做报表调整处理(调帐工作依本公司成立后按有关财务制度规定进行),反映在有关的资产负债项目中。

20. 期后事项:

本公司于1996年4月和1996年11月向中国工商银行大连市分行分别借款800万元与300万元,到期日均为1997年4月,鉴于生产经营需要,本公司除1996年11月向中国工商银行大连市分行借款300万元已按期归还外,尚余800万元借款未能按期支付,现经中国工商银行大连市分行同意,已办理借款缓期还款手续。

(三)发行人主要财务指标:

指标名称	1996年	1995年	1994年
1. 流动比率	0.861	1.183	1.057
2. 速动比率	0.622	0.827	0.749
3. 资产负债率	72.89%	72.52%	64.65%
4. 应收帐款周转率	3.78次	3.88次	3.03次
5. 存货周转率	3.60次	3.87次	3.69次
6. 净资产收益率	32.77%	43.72%	39.61%
7. 每股净利	0.55元	0.49元	0.42元

(四)其他情况说明:

1. 计划或正在进行的重大资本支出项目:

项目名称	资金来源	对本公司的影响
玻璃制品厂收购及改造	本次募集资金	改造完成后年新增利润3291万元
受让天成公司75%股份	本次募集资金	项目完成后年新增利润1806万元

2. 发行人近三年资产流动性变动的情况说明:

由于短期借款与应付帐款的增加引起本公司近三年流动比率的降低。

3. 发行人近三年利润构成及盈利水平变化情况说明:

母公司净利润1995年比1994年增长13.19%、1996年比1995年增长13.28%,其主要原因在于主营业务收入的快速增长。

4. 发行人近三年股本及其他净资产项目的变化情况说明:

主要因每年公积金的计提与资产评估溢价所致。

十四、资产评估

本公司股票发行前，委托大连资产评估事务所对公司全部资产依法进行了评估，评估的基准日为1996年12月31日，评估前后本公司资产价值的变化情况如下：

（单位：人民币千元）

项　目	帐面原值	帐面净值	重置价值	评估值	增加值	增加率
流动资产		93055.80		93055.80	0.00	0.00
长期投资		60731.00		73139.10	10588.10	17.43%
在建工程		459.00	459.00	459.00	0.00	0.00
房屋建筑物	16937.40	13640.70	15444.00	11067.70	-2573.10	-18.86%
机器设备	68072.10	36566.30	106914.20	56398.60	19832.40	54.24%
资产合计		204452.80		232300.20	27847.40	13.62%
流动负债		88871.70		88871.70	0.00	0.00
长期负债		45631.20		45631.20	0.00	0.00
负债合计		134502.80		134502.80	0.00	0.00
净资产		69950.00		97797.40	27847.40	39.81%

本次评估运用的方法为重置成本法，以现行（或比照现行）市场价格为估价标准。本次评估一切取价标准均为评估基准日有效的价格标准。

十五、盈利预测

本盈利预测是以本公司过去的经营经验与对未来各种不确定性因素的判断作出的对本公司未来经营业绩的预期。鉴于本盈利预测所依据的各种假设的不确定性，投资者在进行投资判断时，不应过于依赖本项资料。

（一）预计损益表：

经大连市会计师事务所审核，本公司1997年盈利与此具体情况如下：

项　目	余额（单位：千元人民币）
一、主营业务收入	535,680
减：营业成本	421,090
销售费用	7,230
管理费用	28,530
财务费用	15,470
二、主营业务利润	63,360
加：其他业务利润	1,430
三、利润总额	64,790
减：所得税（实际税负水平15%）	8,510
所得税（33%）	16,030
减：少数股东损益	13,900
减：职工奖励及福利基金	6,930
四、净利润（所得税实际税负水平15%）	35,450
净利润（所得税税率按33%计算）	27,930

（二）预测1997年其他财务指标：

每股净利润＝0.344元

每股净资产＝3.99元

（三）预测期间：1997年1月1日至1997年12月31日。

（四）预测背景说明：

〇基准：

1．编制盈利预测遵循我国现行的有关财政税收法规。

2．预测中所采用的会计核算原则、方法与公司模拟采用的会计政策相一致，并符合《股份制试点企业会计制度》等有关财务会计法规的规定。

3．经大连市政府批准本公司所得税负水平为15%。

〇假设：

1．本公司所遵循的有关法律、法规、政策无重大变化。

2．本公司所在地区的社会经济环境仍如现实状况，盈利预测以公司持续正常的生产经营活动为前提。

3．本公司募集资金及投资项目计划能如期完成。

4．成本预测采用的各种单价、利率等均按现行市场价格或预计价格计算，未考虑今后的变动。

5．本公司涉及的纳税基准和税率以及外汇汇率将在正常范围内波动。

6．无其他不可抗力因素及不可预见因素造成之重大不利影响。

（五）其他：

本盈利预测经大连会计师事务所大会师内审字[1997]97号文件《关于大连盛道集团股份有限公司（筹）1997年度盈得预测审核报告》审核。

十六、重要合同及重大诉讼事项

（一）重要合同：

1．大连大富塑料彩印有限公司合资合同，合资企业投资总额为520万美元，注册资本为260万美元，合营期限为25年，本公司出资占其注册资本的75%。

2．大连东洋凹印制版有限公司合资合同，合资企业投资总额为人民币4,460万元，注册资本为人民币3,947万元，合营期限为16年，本公司出资占其注册资本的60%。

3．大连天成包装材料有限公司合资合同，合资企业投资总额为1,800万美元，注册资本为1,600万美元，合营期限为16年，盛道集团公司出资占该合资企业注册资本的75%。本公司完成出资受让集团公司所持天成公司股份后，本合资合同的权利、义务将由本公司承担，已获合同对方当事人的同意。

4．租用设备及厂房协议书，公司将其三条生产线设备及厂房租赁给大连大富塑料彩印有限公司使用，目前年租金总额20,397,652元。

在大连大富塑料彩印有限公司增资完成后，本协议将废止。

5．长期银行借款合同，总借款金额为人民币4,560万元；短期银行借款合同，总借款金额为人民币8,820万元。

6．国有土地使用权租赁协议书，公司向盛道集团租赁使用土地868.8平方米，租赁期限为30年。前三年年租金为26,064元，三年后可根据实际情况进行调整。

7．大连盛道玻璃制品厂收购协议，公司将以部分募集资金向发起人收购大连盛道玻璃制品厂，收购价格以经评估确认的大连盛道玻璃制品厂净资产为依据确定。

8．综合服务协议，该协议对公司成立后，公司、盛道集团公司及大连大富塑料彩印有限公司之间的相互服务关系进行了明确约定。

以上合同经律师确认均为有效合同。

（二）重大诉讼事项：

本公司截止目前为止，无任何种类的正在发生的或可预见的诉讼、仲裁或被行政处罚的案件。至今没有应由本公司承担义务或经济赔偿责任的法院判决、仲裁裁决或行政处罚。

十七、公司发展规划

（一）发行人的生产经营发展战略：

〇指导思想

充分利用我国包装工业发展的有利条件，发挥原有的市场、技术、规模及股份公司上市的融资优势，瞄准适当的细分市场、选择有利的时机，构筑本公司的产业结构，加速自身发展，力争在"九五"期间将本公司建设成以软包装业与玻璃包装制品业为支柱、生产高技术、高质量、高附加值产品的集团性企业。

〇发展战略

本公司拟分两步进行运作：

※第一步增加中外投资方对大富公司与东洋公司的投资，扩大大富公司与东洋公司的生产能力；利用本次发行募集的资金，收购玻璃制品厂、受让天成公司的控股权，投资对玻璃制品厂进行技术改造与设备更新、投入资金完成天成公司CPP与BOPP塑膜生产线的建设。争取在九七年让上述项目投产见效，完成本公司基础产业结构的构筑。

※在完成第一步运作后，根据市场发展的需要，利用资本市场，通过

跨地区收购国内其他具有潜质的软包装企业的方式,完善本公司的产业格局,稳定本公司在全国包装行业的领先地位。

(二)发展目标与规模:

本公司计划到2000年总资产到达7亿元,年实现销售收入10亿元,年实现利润1.6亿元,成为产品高档次、企业高效益的现代化、国际化、多元化、大型化,以包装业为主业的股份制企业。

(三)发行人的市场发展计划:

大富公司的塑料彩印复合软包装制品计划在稳定原有市场的基础上,提高产品在国内名牌产品包装市场的销售份额;东洋公司的凹印版辊与天成公司的包装基材,计划在保证大富公司生产需要的前提下,提高产品对其他客户的供应比例;本公司生产的酒类包装瓶罐将东北三省一区作为近期的目标市场,机制高级玻璃器皿与手工机制高级晶质玻璃制品70%供应国内市场,30%销售往国外市场。

(四)发行人的销售计划:

本公司计划到2000年大富公司产品的年销售量达到16000吨、年实现销售收入53157万元;东洋公司产品的年销售量达到22000根,年实现销售收入4599万元;玻璃制品厂年销售量达到66550吨,年实现销售收入20758万元;天成公司年销售BOPP塑膜12800吨,实现销售收入18048万元;CPP塑膜3200吨,实现销售收入5060万元。

(五)发行人的生产经营计划:

技术改造后,大富公司将能年产各种包材16000万吨;东洋公司将能年产凹印版辊22000根。本草募集资金到位并实施投资计划后,本公司将形成四条年产8800-10800万个玻璃瓶罐的生产线、两条年产1615万个高级玻璃器皿的生产线,和一条年产640万件的高级铅晶质玻璃制品的生产线。天成公司将形成年产BOPP塑膜12000吨、CPP塑膜3000吨的塑料包装基材生产能力。本公司及其直接经营的大富、东洋、天成公司,计划在各项目投产后,通过设备运行的负荷调整,以保证销售计划的实现。

(六)发行人固定资产投资与设备更新计划:

本公司设立后将受让集团公司持有的天成公司75%的出资,与外方按持股比例投入资金于大连天成包装材料有限公司,置换集团公司在天成公司双向拉伸聚丙烯(BOPP)塑膜生产线与流延聚丙烯(CPP)塑膜生产线项目上的投资,并完成此两项目建设。出资2500万元收购集团公司的玻璃制品厂。完成玻璃制品厂收购后,本公司将充分利用生产技术和产品知名度的优势,投入本次募集资金的10600万元,引进国际九十年代先进设备,和国内近几年消化吸收的国外先进技术,对四条生产线进行技术改造。

大富公司将在1997年继续完成在建项目的建设,争取1997年建成投产。东洋公司拟新增一台雕刻机和一套电镀设备,以平衡公司的生产能力;投资增置无软片制版系统的设备,以扩大制版能力。

本公司还将募集资金,调整本公司以及本公司各控股企业之间的生产能力,以达到本公司内部生产能力的协调性;进行技术改造,以保持本公司生产技术与工艺的先进性。同时,本公司还将根据市场的发展,引进新的生产线,促使本公司的产品结构向纵深方向发展。

(七)发行人的人员扩充计划:

人是公司发展之本。本公司设立后,将根据公司业务的发展情况,积极吸引各种人才以满足本公司发展对各类人员扩充的需要。并且根据公司的发展需要,对有关人员进行定期培训,以提高本公司人员的素质。

(八)本公司的外部扩张计划:

通过各种融资手段继续融资,收购国内其他基础较好的软包装企业加以改造,争取使这些企业在短期内达到本公司现有的生产工艺水平并产生效益。

备查文件

1. 审计报告
2. 盈利预测报告
3. 资产评估报告
4. 地方政府关于大连盛道集团股份有限公司设立的批准文件;
5. 地方政府和证券交易所批准发行与上市的文件;
6. 承销合同书;
7. 本公司章程草案。

大连盛道集团股份有限公司筹委会

1997年5月25日

大连盛道集团股份有限公司股票上市公告书

一、绪言

本上市公告书是根据《中华人民共和国公司法》、《股票发行与交易管理暂行条例》、《公开发行股票公司信息披露实施细则》、《深圳证券交易所业务规则》,以及国家其他有关证券管理的规则编写的,旨在向投资者提供本公司基本情况及有关资料。

经中国证券监督委员会[证监发字(1997)200号文]和[证监发字(1997)201号文]批准,本公司已成功地向社会公众公开发行每股面值为1.00元人民币普通股4500万股。股票上市申请经深圳证券交易所[深证发(1997)200号文]审核批准,本公司股票将于1997年5月30日在深圳证券交易所挂牌交易,本公司总股本为10300万股,可流通股本为4500万股,其中向公司职工配售的450万股公司职工股将按照国家有关规定半年后上市。

本公司于1997年5月8日在《中国证券报》和《证券时报》上刊登了《招股说明书概要》,距今不足6个月,故与其相重复的内容在此不再赘述,敬请投资者查阅本公司的《招股说明书概要》。

本公司董事会及各位董事确信,本公告书未遗漏任何重大事项,亦不存在任何误导和虚假成份,并愿意就本公告书及相关资料的准确性、完整性、真实性负个别的及连带的责任。

二、公司概况

(一)概况:

1. 公司法定名称:大连盛道集团股份有限公司
2. 公司注册资本:10300万元
3. 公司法定代表人:刘丽春
4. 公司成立日期:1997年5月25日
5. 公司注册地址:大连市中山区捷山街奋斗巷30号
6. 公司经营范围:

塑料彩印包装制品的生产与销售;凹印版辊的生产与销售;BOPP与CPP塑料薄膜的生产与销售;玻璃器皿和包装容器的生产与销售。

(二)公司历史沿革:

大连盛道集团有限公司的前身是大连塑料包装材料厂。该厂成立于1983年5月,主要生产和销售各种普通塑料包装材料。1984年3月,根据大连市经委大经发[1984]49号文批准,更名为大连塑料彩印厂。1995年7月,经大连市体改委大体改发[1995]20号文批准,在原大连塑料彩印厂的基础上组建了大连盛道彩印包装集团有限公司。1996年12月,经大连体改委大体改委发[1996]91号文件《关于完善大连盛道彩印包装集团有限公司的批复》,大连盛道彩印包装集团有限公司改制为国有独资公司,更名为大连盛道集团有限公司,注册资本为11,800万元,法定代表人为刘丽春。1997年2月4日,大连市国有资产管理局大国资企字[1997]12号文,授权大连盛道集团有限公司对集团内国有资产进行统一经营。

大连盛道集团有限公司是一个集软包装业、制版业、基材业、纸制品业、印铁制罐业、玻璃制品业、模具加工业为一体的大型包装集团性企业。近年来,集团公司各项经济指标在全国300多家同行业企业中均名列前茅,被国家计委列为“八五”出口包装定点示范厂十家龙头企业之一。

1991 年晋升为国家二级企业;1993 年度被评为大连市增盈工作成效显著企业;1994 年被全国包装调查评价办公室确认为中国十佳百杰包装印刷企业、在 1994 年度中国 500 家最佳经济效益工业企业;1996 年在辽宁省轻工行业开展的利税总额排序活动中,被评为"五十强"企业。同年,被中国轻工总会与中华人民共和国人事部授予全国轻工业系统先进集体称号。

本公司是集团公司将现有的塑料彩印复合软包装制品生产线、对大富公司、东洋公司的控股权、以及部分其他资产剥离出来,进行资产重组,改制设立的一个以塑料彩印复合软包装制品生产为基础产业的股份有限公司。根据资产评估结果,1996 年 12 月 31 日集团公司投入本公司的净资产为 97,797,345.68 元,依据国有资产管理局批准的折股方案,折合成国有法人股 58,000,000.00 股。本公司的设立已得到大连市人民政府大政[1997]27 号文的批准。

三、股票发行与承销

(一)本次公开发行:

1. 发行数量:4,050 万股(另向公司职工配售公司职工股 450 万股)
2. 发行价格:6.43 元/股
3. 发行方式:上网定价
4. 配售比例:0.546104%
5. 有效申购户数:308,605 户
6. 持有 1000 股以上的户数:39,710 户(另公司职工持股 1,000 股以上的户数为 866 户)
7. 发行费用总额:10,855,000 元
8. 每股发行费:0.241 元
9. 发行市盈率:13.2 倍

(二)股票承销:

本次公开发行的 4050 万股社会公众股已全部由社会公众认购,公司职工股 450 万股已全部由公司职工认购,承销团成员包销数量为零。

(三)验资报告

根据大连会计师事务所大会师内验字[1997]10 号《验资报告》,截至 1997 年 5 月 20 日止,本公司已收到各股东投入资本 379,275,895.30 元,其中:发起人投入资本为 97,797,345.68 元,向公司内部职工配售公司职工股募集的资本为 28,935,000.00 元,向社会公开发行社会公众股募集的资本为 252,543,549.62 元(已扣除承销费、上市推荐费 7,871,450.38 元,但尚未扣除其他发行费用)。上述资金已于 1997 年 5 月 20 日全部划入公司的开户行中国工商银行大连市分行营业部 203112004616888 帐号中。投入资本中包括股本 103,000,000.00 元,资本公积 276,275,895.30 元。与上述投入资本相关的资产总额为 513,778,706.53 元,负债总额为 134,502,811.23 元。

四、董事、监事和高级管理人员的持股情况

姓名	职务	持股数	持股比例
刘丽春	董事长/总经理	28000	0.027%
赵廷俊	副董事长/副总经理	26000	0.025%
王昌林	董事/副总经理	24000	0.023%
李长青	董事	24000	0.023%
靳国录	董事	22000	0.021%
张世宽	董事	22000	0.021%
刘建民	董事/董事会秘书/股证事务代表	6500	0.006%
罗昭茹	监事长	24000	0.023%
高柏林	监事	22000	0.021%
蒋晓刚	监事	20000	0.019%
韩永华	财务负责人	20000	0.019%
合计		238500	

五、公司设立

(一)本公司 1997 年 5 月 24 日召开的创立大会暨首届股东大会作出决议:本公司向社会公开发行的面值为 1 人民币元的 4,050 万股将于 1997 年 5 月 30 日在深圳证券交易所上市,向公司职工配售的公司职工股半年后上市。

(二)公司注册资金为:10,300 万元人民币。

(三)公司注册时间:1997 年 5 月 25 日。

(四)公司注册地点:大连市中山区捷山街奋斗巷 30 号。

(五)营业执照号码:大工商企法字 6－1656　24182827－1

六、关联企业与关联交易

(一)本公司的最大股东:

本公司最大的股东为大连盛道集团有限公司,持有本公司的股份数为 5800 万股,占本公司总股数的 56.31%。

(二)本公司的控股企业:

名称	注册资金	所占比例	主营业务
大连大富塑料彩印有限公司	260 万美元	75%	塑料包装材料及其制品
大连东洋凹印制版有限公司	3,847 万元人民币	60%	凹印版辊的生产

(三)关联交易

公司与本公司控股的上述二家公司所使用的土地,是向集团公司租赁的。

本公司设立后的水、电、暖气等设施的使用,由集团公司供应。上述关联交易本公司均已与集团公司签订了协议。

七、股本结构及主要股东持股情况

(一)发行后的股本结构:

	股份数(万股)	所占比率(%)
一、尚未流通股		
国有法人股	5800	56.31
二、可流通股		
社会公众股	4500	43.69
其中:公司职工股(半年后上市)	450	4.37
合　计	10300	100.00

(二)前十名股东所持股数:

股东名称	持股数(股)	持股比例
大连盛道集团有限公司	58000000	56.31%
刘丽春	28000	0.027%
赵廷俊	26000	0.025%
王昌林	24000	0.023%
李长青	24000	0.023%
罗昭茹	24000	0.023%
靳国录	22000	0.021%
张世宽	22000	0.021%
高柏林	22000	0.021%
张爱宝	22000	0.021%
王双进	22000	0.021%

八、财务会计资料

(一)审计报告:

大连盛道集团股份有限公司筹委会:

我们接受委托,审计了贵公司(筹)1994 年 12 月 31 日、1995 年 12 月 31 日、1996 年 12 月 31 日的资产负债表、合并资产负债表和 1994 年度、1995 年度、1996 年度的利润及利润分配表、合并利润及利润分配表以及 1996 年度财务状况变动表、合并财务状况变动表。这些会计报表由贵公司(筹)负责,我们的责任是对这些财务报表发表审计意见。我们的审计是依据中国注册会计师独立审计准则进行的。在审计过程中,我们结合贵公司(筹)实际情况,实施了包括抽查会计记录等我们认为必要的审计程序。

我们认为,上述会计报表的编制符合《企业会计准则》和《股份制试点

企业会计制度》的有关规定,在所有重大方面公允地反映了贵公司(筹)1994年12月31日、1995年12月31日、1996年12月31日的财务状况和1994年度、1995年度、1996年度的经营成果及1996年度的资金变动情况,会计处理方法的选用遵循了一贯性原则。

大连会计师事务所　　　　中国注册会计师:于　波

张立云

1997年4月12日

(二)主要财务资料:

1.发行人合并 资产负债表:(附后)

2.发行人合并利润表:(附后)

3.合并财务状况变动表:(附后)

(三)模拟会计报表的编制基准和方法

本会计报表的编制基准系依公司重组方案确立的现实结构,即将原集团公司生产核心部分的资产(不包括土地)及与长期投资中大富公司、东洋公司相关联的资产连同相应的负债从原集团公司剥离,形成本公司的资产、负债及权益和损益,并假设本公司自1994年1月1日至1996年12月31日业已存在,无转变,且按独立法人企业运作,按下列所述的主要会计政策进行独立核算。

基于上述假设,对原不完全独立核算的拟上市部分(即本公司),按其生产经营的实际情况进行了有关资产界定、负债的重组和会计帐目的调整,并按独立法人主体模拟编制其前三年的会计报表。有关资产界定、负债的重组和会计帐目的调整中,实物资产以实际被占用和被使用为界定原则;债权、债务、其它资产和负债以经营相关为界定和重组原则;利润表中的收入、成本、税金、费用项目,是根据实际发生的经济业务在配比一致的基础上按权责发生制原则编制的。

在编制本会计报表时,为了反映发起人净资产的折股情况,已将评估结果做报表调整处理(调帐工作依本公司成立后按有关财务制度规定进行),反映在有关的资产负债项目中。

(四)会计政策:

1.会计制度:

重组前集团公司(其前身为大连塑料彩印厂)执行《工业企业会计制度》,本会计报表基于编报的目的和用途,已按《股份制试点企业会计制度》调整编报。本公司所属控股子公司—大富公司、东洋公司系中外合资经营企业,执行《外商投资企业会计制度》,在编制合并会计报表时已按《股份制试点企业会计制度》调整编报。

2.会计期间:

公司采用公历年度,即从1月1日至12月31日为一个完整的会计期间。

3.会计报表的编制方法:

按照财政部制定的《合并会计报表暂行规定》,对本公司拥有50%以上(不包括50%)权益性资本的被投资企业合并会计报表。

4.记帐方法:本公司采用借贷记帐法。

5.记帐本位币:

本公司以人民币为记帐本位币。

6.记帐原则及计价基础:

本公司按权责发生制进行会计核算,以实际成本为计价基础。

7.外币折算方法:

本公司发生的外币业务,以当日外汇市场价折合人民币记帐;月份终了,将各种外币帐户的外币余额,按月末外汇市场价折合人民币金额,其差额记入"财务费用"。

8.存货计价方法:

本公司存货包括库存原材料、包装物、在产品、产成品等,按实际成本计价;存货发生时采用加权平均法;低值易耗品采用一次摊销法。

9.坏帐处理方法:

本公司采用直接转销法。

10.长期投资核算方法:

(1)债券投资采用成本法核算。

(2)股权投资和联营投资:凡占被投资单位注册资本20%以下的,按成本法核算;占被投资单位注册资本20%~50%的,按权益法核算;达到50%以上的按权益法核算且合并会计报表。

11.固定资产计价及其折旧:

本公司的固定资产按实际成本计价,惟母公司1993年12月31日的固定资产原值及其累计折旧,因全国统一的清产核资而经资产评估机构并经国有资产管理部门确认,按评估后的价值调整入帐;固定资产折旧年限按照《工业企业财务制度》规定的分类折旧年限确定;预留残值按原价的3%计留;固定资产折旧方法采用分类直线折旧法。

各类固定资产折旧年限及年折旧率列示如下:

类　别	折旧年限(年)	年折旧率(%)
房屋建筑物	20~30	4.85~3.23
机械设备	10	9.70
运输工具	5	19.40
其他设备	5	19.40

12.无形资产及其摊销:

本公司无形资产指大富公司与东洋公司的职工住房使用权。无形资产从开始使用之日起按规定期限分期摊销;没有规定期限的按照预计使用期限或者不少于十年的期限分期摊销。

13.递延资产及其摊销:

本公司递延资产包括职工境外培训支出,租入固定资产改良支出等。递延资产有规定期限的,按规定期限摊销;没有规定期限的,按预计期限分期摊销。

14.收入实现的条件:

以产品已经发出,劳务已经提供,款项已经收到或取得收取款项的凭据时确认为营业收入实现。

15.税项:

1)增值税:产品销售收入按17%税率计算销项税额,扣除当期允许抵扣的进项税额后的余额缴纳。

2)营业税:劳务收入、租赁收入分别按3%和5%税率计缴。

3)城市建设维护税:按当期应缴增值税和营业税的7%计缴。

4)教育费附加:按当期应缴增值税和营业税的3%计缴。

5)费用性税金:包括房产税,车船牌照使用税,印花税等,按有关规定上缴,计入当期损益。

6)所得税:

(1)经大连市财政局批准,本公司1994年度至1996年度按33%上缴所得税,再返还18%,实际税负为15%。经大连市人民政府批准,本公司股票发行上市后,实际的所得税税负为15%。

(2)本公司控股子公司大富公司、东洋公司享受外商投资企业税收优惠政策,现执行12%的企业所得税税率。

16.利润分配:

1996年12月31日前,本公司形成税后利润提取10%法定公积金、5%公益金后全部上缴集团公司。本公司经股份制改组并发行股票设立后,税后利润分配将由董事会制定分配预案,经股东大会审议通过后实施,本公司1997年1月1日至发行前的利润,计入1997年可分配利润范围。

17.长期投资事项:

东洋公司与大富公司是本公司的两大控股公司。本公司对大连东洋凹印制版有限公司的原始投资额为23,682,000.00元,截止1996年12月31日按权益法核算其长期投资数额为28,705,483.13元;公司对大连大富塑料彩印有限公司的原始投资额为11,271,000.00元,截止1996年12月31日按权益法核算其长期投资数额为32,025,600.80元。

上述长期投资数额在合并会计报表时已予抵消。

合并差价年末余额10,588,049.33元,其产生原因为按照发行股票并上市交易的有关规定,公司委托资产评估机构对改组范围1996年12月31日的发起人资产进行了评估,资产评估范围亦包括公司控股子公司的整体资产,经国家国有资产管理局确认的评估结果,大连大富塑料彩印有限公司整体资产评估增值8,616,626.09元,按投资比例计算本公司对该公司长期投资增值6,462,469.57元;大连东洋凹印制版有限公司整体资产评估增值6,875,966.27元;按投资比例计算本公司对该公司长期投资增值4,125,579.76元。由于按规定控股子公司资产评估增值不调帐,因而合并报表时产生差额。

18. 期后事项:

本公司于1996年4月和1996年11月向中国工商银行大连市分行分别借款800万元与300万元,到期日均为1997年4月,鉴于生产经营需要,本公司除1996年11月向中国工商银行大连市分行借款300万元已按期归还外,尚余800万元借款未能按期支付,现经中国工商银行大连市分行同意,已办理借款缓期还款手续。

(三)发行人主要财务指标:

指标名称	1996年	1995年	1994年
1. 流动比率	0.861	1.183	1.057
2. 速动比率	0.622	0.827	0.749
3. 资产负债率	72.89%	72.52%	64.65%
4. 应收帐款周转率	3.78次	3.88次	3.03次
5. 存货周转率	3.60次	3.87次	3.69次
6. 净资产收益率	32.77%	43.72%	39.61%
7. 每股净利	0.55元	0.49元	0.42元

九、董事会承诺

本公司董事会将严格遵守《中华人民共和国公司法》、《股票发行和交易管理暂行条例》、《公开发行股票公司信息披露实施细则》、《深圳证券交易所市场业务规则》和国家有关法律、法规的规定,并自股票上市之日起向全体股东作出如下承诺:

1. 准确、及时地公告本公司中期、年度财务及经营业绩报告资料。

2. 董事会成员、监事会成员及高层管理人员如发生人事变动,或前述人持有本公司股份数量发生变化时,及时通报证券管理机关。并适时通过新闻媒介通告社会公众。

3. 及时、真实地披露本公司重大经营活动信息。

4. 自觉接受证券管理部门的监督和管理,认真听取政府、股东、证券管理及经营部门和社会公众的意见、建议和批评。

5. 不利用内幕消息和不正当手段从事股票投机交易。

6. 本公司没有无记录负债。

7. 董事会及各位董事保证不就任何未经交易所审阅的可能影响股价变动的重大信息私自公告或发表意见。

十、重要事项说明

(一)本公司本次发行的4500万股社会公众股,其中4050万股本次上市流通,450万股公司职工股将在本次上市半年后上市。

(二)截止上市公告书刊登之日,本公司未涉及任何重大诉讼事项和仲裁,亦无任何未了结或可能面临的重大诉讼或索赔要求。

(三)本公司上市后所得税税负为15%。

十一、备查文件

(一)深圳证券交易所上市通知书

(二)验资报告

(三)本公司招股说明书

(四)《上市协议书》

(五)上市推荐报告

(六)其他备查文件

十二、上市咨询机构

(一)本公司:大连盛道集团股份有限公司

住所:大连市中山区捷山街奋斗巷30号

法定代表人:刘丽春

电话:0411-2672121

联系人:刘建民　刘常福

(二)主承销商:湖北证券有限公司

住所:湖北省武汉市武昌彭刘杨路232号

法定代表人:陈浩武

电话:021-63298982

联系人:罗天生　高建明　马继泓

(三)上市推荐人:

湖北证券有限公司

招银证券公司

住所:深圳市振华路3号深纺大厦C座1楼

法定代表人:李麦秋

电话:0755-3216000

大连信托投资公司

住所:大连市中山区人民路4号

法定代表人:王洪兰

电话:(0411)2638080

联系人:崔菊萍　刘富宏

大连盛道集团股份有限公司

1997年5月28日

发行人合并资产负债表

(单位:人民币千元)

资产	1996.12.31	1995.12.31	1994.12.31	负债及股东权益	1996.12.31	1995.12.31	1994.12.31
货币资金	35,351.27	30,425.33	8,109.85	短期借款	93,200.00	89,250.00	41,100.00
应收帐款净额	93,198.83	78,589.61	65,667.93	应付帐款	105,067.14	32,264.22	26,219.39
预付货款	32,550.38	14,950.61	8,246.27	预收货款	46,269.88	30,122.17	24,724.85
其他应收款	14,119.71	28,020.85	5,839.75	应付福利费	6,335.78	5,518.57	4,137.81
存货	67,771.68	66,122.49	37,118.61	未付股利	7,030.76	16,327.45	11,622.36
存货净额	67,771.68	66,122.49	37,118.61	未交税金	6,299.97	3,530.71	3,311.11
待摊费用	1,127.04	1,775.59	2,247.18	其他未交款	5.65		
流动资产合计	244,118.90	219,884.48	127,229.60	其他应付款	14,884.03	8,937.45	9,281.10
长期投资				一年内到期的长期负债	4,500.00		
合并价差	10,588.05			流动负债合计	283,593.22	185,950.56	120,396.63
固定资产原价	213,492.23	126,644.52	117,377.38	长期借款	41,100.00	45,600.00	21,590.00
减:累计折旧	70,235.35	39,202.35	28,749.22	其他长期负债	31.16	-24.36	-24.36
固定资产净值	143,256.88	87,442.17	88,628.16	长期负债合计	41,131.16	45,575.64	21,565.64
在建工程	43,759.15	10,466.06	2,336.44	负债合计	324,724.37	231,526.20	141,962.27
固定资产合计	187,016.03	97,908.23	90,964.61	少数股东权益:	23,011.06	22,224.09	16,034.27

资产	1996.12.31	1995.12.31	1994.12.31	负债及股东权益	1996.12.31	1995.12.31	1994.12.31
无形资产	973.56	757.87	541.20	股东权益:			
递延资产	2,836.25	703.41	846.56	股本	58,000.00	58,117.44	58,117.44
无形资产及递延资产合计	3,809.81	1,461.28	1,387.76	资本公积	39,797.35	287.27	287.27
资产总计	445,532.78	319,253.98	219,581.97	盈余公积		7,098.98	3,180.72
				其中:公益金		2,366.33	1,060.24
				股东权益合计	97,797.35	65,503.69	61,585.43
				负债及股东权益总计	445,532.78	319,253.98	219,581.97

发行人合并利润表

(单位:人民币千元)

项目	1996年度	1995年度	1994年度	资产	1996.12.31	1995.12.31	1994.12.31
一、主营业务收入	324,606.60	280,129.51	198,719.56	四、利润总额	43,784.80	37,096.25	33,527.42
减:营业成本	241,302.37	199,518.86	137,093.42	减:所得税	6,412.46	3,101.71	2,126.02
销售费用	5,189.44	3,956.90	3,186.07	减:少数股东损益	5,327.17	5,352.24	7,004.46
管理费用	21,151.34	19,944.70	14,945.55	五、净利润	32,045.17	28,642.30	24,396.95
财务费用	10,369.99	14,516.32	9,494.53	加:年初未分配利润			
进货费用				盈余公积转入数			
营业税金及附加				减:职工奖励及福利基金	2,454.92	2,520.60	3,192.12
二、主营业务利润	46,593.46	42,192.73	34,000.00	六、可分配的利润	29,590.25	26,121.70	21,204.83
加:其他业务利润	-4,083.63	-6,828.66	-4,211.30	减:提取法定公积金	2,959.03	2,612.17	2,120.48
三、营业利润	42,509.83	35,364.07	29,788.70	提取法定公益金	1,479.51	1,306.09	1,060.24
加:投资收益				七、可供股东分配的利润	25,151.71	22,203.44	18,024.10
营业外收入	1,347.40	1,844.45	3,784.28	减:已分配优先股股利			
减:营业外支出	72.43	112.28	45.55	提取任意公积金			
加:以前年度损益调整				已分配普通股股利	25,151.71	22,203.44	18,024.10
				八、未分配利润			

合并财务状况变动表

(单位:人民币千元)

流动资金来源和运用	金额	流动资金来源和运用	金额
一、流动资金来源:		(4)增加长期投资(合并差价)	10,588.05
1.本年净利润	32,045.17	小　计	119,570.91
加:少数股东本期损益	5,327.17	流动资金运用合计	155,156.28
加:不减少流动资金的费用和损失		外币会计报表折算差额(合并报表填列)	
(1)固定资产折旧	10,972.15	流动资金增加净额	-73,408.24
(2)无形资产、递延资产及其他资产摊销(减其他负债转销)	237.40	流动资金各项目的变动	金额
(3)固定资产盘亏(减盘盈)		一、流动资产本年增加数:	
(4)清理固定资产损失(减收益)	12.01	1.货币资金	4,925.94
(5)递延税款		2.短期投资	
(6)其他不减少流动资金的费用和损失		3.应收票据	
小　计	48,593.90	4.应收帐款净额	14,609,22
2.其他--来源:		5.预付货款	17,599.76
(1)固定资产清理收入(减清理费用)	18.00	6.其他应收款	-13,901.14
(2)增加长期负债	55.51	7.存货净额	1,649.19
(3)收回长期投资		8.待摊费用	-648.55
(4)对外投资转出固定资产		9.待处理流动资产损失(减收益)	
(5)对外投资转出无形资产		10.一年内到期的长期债券投资	
(6)资本净增加额	32,293.66	11.其他流动资产	
(7)少数股东资本净增加额(合并报表填列)	786.97	流动资产增加净额	24,234.42
小　计	33,154.14	二、流动负债本年增加数:	
流动资金来源合计	81,748.04	1.短期借款	3,950.00
二、流动资金运用:		2.应付票据	
1.利润分配:		3.应付帐款	72,802.92
(1)提取法定公积金	2,959.02	4.预付货款	16,147.72
(2)提取法定公益金	1,479.51	5.应付福利费	817.22
(3)提取任意公积金(减:盈余公积转入)		6.未付股利	-9,296.69
(4)已分配股利	25,151.71	7.未交税金	2,769.27
(5)职工奖励及福利基金(合并报表中外商投资子公司项)	2,454.92	8.其他未交款	5.65
小　计	32,045.17	9.其他应付款	5,946.56
2.少数股东利润分配(合并报表填列)	4,540.21	10.预提费用	
3.其他运用:		11.一年内到期的长期负债	4,500.00

流动资金来源和运用	金额	流动资金来源和运用	金额
(1)固定资产和在建工程净增加额	100,896.93	12.其他流动负债	
(2)增加无形资产、递延资产及其他资产	2,585.94	流动负债增加净额	97,642.66
(3)偿还长期负债	4,500.00	流动资金增加净额	-73,408.24

大连盛道集团股份有限公司1997年度中期报告

一、财务报表(未经审计)

1.简化的资产负债表(单位:元)

项目	1997年6月30日		1996年12月31日	
	合并	母公司	合并	母公司
流动资产	447,765,410.30	192,824,140.04	244,118,895.59	93,055,757.77
长期投资	99,600,000.00	267,511,257.81	-	71,319,133.26
合并差价	10,588,049.33	-	10,588,049.33	-
固定资产净值	158,932,019.84	10,855,353.36	143,256,875.82	67,466,290.00
在建工程	58,689,512.14	34,688,896.35	43,759,154.30	458,975.88
无形资产及递延资产	3,173,657.96	-	3,809,806.96	-
其它长期资产	-	-	-	-
资产合计	778,748,649.57	505,879,647.56	445,532,782.00	232,300,156.91
流动负债	304,899,854.57	60,800,718.53	283,593,216.94	93,371,654.69
长期负债	45,631,156.54	45,631,156.54	41,131,155.54	41,131,156.54
负债合计	350,531,011.11	106,431,875.07	324,724,373.48	134,502,811.23
少数股东权益	28,769,865.97	-	23,011,062.84	-
股本	103,000,000.00	103,000,000.00	58,000,000.00	58,000,000.00
资本公积	271,467,688.90	271,467,688.90	39,797,345.68	39,797,345.68
盈余公积	-	-	-	-
未分配利润	24,980,083.59	24,980,083.59	-	-
股东权益合计	399,447,772.49	399,447,772.49	97,797,345.68	97,797,345.68
负债及股东权益总计	778,748,649.57	505,879,647.56	445,532,782.00	232,300,156.91

2.简化的损益表(单位:元)

项目	1997年6月30日		1996年12月31日	
	合并	母公司	合并	母公司
主营业务收入	196,541,870.03	-	155,922,876.26	-
主营业务利润	29,668,473.85	931,010.23	22,033,606.76	407,586.91
其他业务利润	1,518,922.09	2,695,861.04	(6,213,211.56)	5,304,882.03
营业外收支净额	5,788,439.93	-	1,840,068.50	-
利润总额	36,975,835.87	26,209,424.63	17,660,463.70	13,116,876.05
所得税	5,397,001.46	1,229,341.04	2,290,629.71	856,870.34
少数股东损益	3,096,994.32	-	1,848,120.04	-
职工奖励及福利基金	3,501,756.50	-	1,261,708.24	-
净利润	24,980,083.59	24,980,083.59	12,260,005.71	12,260,005.71

3.财务指标:	1997.06.30
1)每股收益:	0.243元/股
2)每股净资产:	3.88元/股
3)净资产收益率:	6.25%

**会计报表附注:

1.本期会计报表所采用的会计政策及会计方法,除公司控股子公司大连东洋凹印制版有限公司执行15%企业所得税税率外,与1996年会计报表所采用的会计政策和会计方法相一致。

2.合并会计报表范围

本次纳入合并报表范围的控股子公司:

企业名称	占权益比例
大连东洋凹印制版有限公司	60%
大连大富塑料彩印有限公司	75%

大连大富塑料彩印有限公司原注册资本为260万美元,根据1997年1月16日该公司临时董事会决议,注册资本增加至1237万美元,其中:大连盛道集团股份有限公司认缴927.75万美元,占注册资本的75%;日方认缴309.25万美元,占注册资本的25%。截止1997年6月30日,大连盛道集团股份有限公司实际认缴出资额为1,154.12万美元占注册资本的93.3%,日方未按规定缴足其应缴出资额,根据该公司1997年5月8日第五次董事会决议,中期及年度利润分配按各自占注册资金比例分配。

3.货币资金期末比年初增加33,667,888.97元,主要是公司上市后募集资金用于引进设备分阶段付款。

4.应收帐款期末比年初增加66,202,000.34元,主要是公司经营规模扩大,销售增加,合同付款期延长。

5.预付货款期末比年初增加34,978,178.66元。主要是公司特殊原材料进口,预付货款增加。

6.其他应收款期末比年初增加59,832,088.36元。主要是增加了对大连天成包装材料有限公司建设期往来帐款。

7.长期投资期末比去年年初增加99,600,000.00元。主要是用于受让大连天成包装材料有限公司75%的股权,未合并会计报表,使长期投资增加。

8.在建工程期末比年初增加14,930,357.84元。主要是收购大连盛道玻璃制品厂以及对新上技改项目的投资。

9.预收货款期末比年初增加32,708,962.19元,主要是开发高技术产品,扩大与国际大公司合作,销量增加。

10.应付股利期末比年初减少5,149,032.23元,是应付股利转增资本金。

11.资本公积期末比年初净增加231,670,343.22元,为1997年5月13日溢价公开发行股票募集资金。

12.主营业务利润期末比上年同期增加7,634,867.09元,主要是与国际大公司合作,订单增加。

13.其他业务利润期末比上年同期增加,7,732,133.65元。是公司本期将机器设备投资于控股子公司大连大富塑料彩印有限公司,从而降低了租赁成本,利润增加。

14.所得税期末比去年同期增加3,106,371.75元,是利润提高,税金增加。

15.少数股东损益期末比去年同期增加1,248,874.28元,主要原因是公司控股子公司大连大富塑料彩印有限公司、大连东洋凹印制版有限公司利润增加所致。

16.公司关联交易

1)根据协议,本公司向大连大富塑料彩印有限公司收取租赁费1,222,602.48元、资金占用费1,533,128.82元。

2)大连东洋凹印制版有限公司按市场价格销售给大连大富塑料彩印有限公司印刷版辊,本期销售额为4,524,405.50元,占总销售额的45.3%。

上述内部交易在合并会计报表时抵消,除此之外,无其它关联交易。

17.股票认购冻结资金利息786.8万元,本次未计入中期报表。

二、经营情况的回顾与展望

1.上半年经营情况的回顾

今年是公司发展壮大,向多元化、集团化、国际化迈进的重要一年。公司在优化资本结构,加快技术改造,扩增生产规模,调整产品结构等方面取得了显著的业绩。1~6月公司实际业务收入196,541,870.03元,实现净利润24,980,083.59元,均比去年同期增长26.05%和103.75%。完成全年预测数的70.64%。其主要工作为:

1).强化主营业务。加大市场开发力度,稳定提高产品质量,充分发挥生产设备能力,主营业务收入比去年同期和年计划有大幅度提高,并创历史最高水平,其中,美国P&C香波、洗衣粉包材、美国玛氏巧克力包材、英荷联合利华洗衣粉包材、德国汉高洗衣粉包材和瑞士雀巢奶粉包材等国际跨国公司的知名品牌产品比去年提高132%,其中P&C公司洗涤品包材比去年同期增幅达152%。

2).调整产品结构,开发新产品。公司发挥雄厚的技术研发优势,调整和优化产品结构,先后开发成功国货精品"奥妮"皂角等5个厂家的洗发香波包材,上海利华"金纺"和虹雨集团"当家"洗衣液立体袋以及洗衣粉大外袋等12个市场前景看好的高技术含量、高附加值产品。

3).严格成本管理,深化经济核算,材料比价采购,推行零库存管理法,压缩各种费用,消化剥离非生产性人员,加快资金周转,增收节支。

4).技术改造收效快。大富公司和东洋制版公司的技术改造,已全部安装投产,使生产规模和装备水平达到国际先进水平。其中大富公司引进了亚洲第一台具有世界一流水平的十二色印刷机,是世界印刷稀有精尖设备,提升了公司市场竞争力。

5).募股资金陆续见效,所募资金专款专用,分期分批,及时快捷地全部投入到企业收购和股权受让公司,使所募资金迅速到位和收益。

6).优化资本结构,重组优质资产。公司募集资金全部用于收购市场前景看好,发展潜力巨大的国有企业和受让高新技术企业股权,分别投入2,500万元收购大连盛道玻璃制品厂以及投入14,138万元受让大连天成包装材料有限公司75%的股权,并加速收购企业和受让公司的技术改造、设备引进和安装投产。玻璃制品厂一期工程改造圆满成功,并投入生产。全套从美国、德国等国引进的世界一流的饮料瓶和水晶玻璃器皿生产线已签约,设备年底全部到厂,其中,饮料瓶生产线厂房建设也破土动工。年产15000吨的天成公司BOPP和CPP薄膜生产线已全部安装完毕并一次性投料试车成功,现进入试生产阶段。

2.下半年工作重点

"国际软包装,中国看盛道"。公司一如往地充满信心,真诚、追求、务实和坚定,牢记民族、时代以及全体股东的重托,不畏新的竞争和挑战,把公司推向前进。

1).推进扩张战略。根据董事会确定从南到北,由东到西的经营发展战略,公司将全面规划运作,加快推进软包装,制版等产业的扩张发展战略。

2).强化主营业务。在市场、质量、工艺、生产、资金和人才等方面,加大对主营业务的投人,管理和开发力度,使公司主营业务继续保持快速高效的增长势头。

3).力求市场最大化。扩增市场占有率,高档驰名品牌的比重要不断增大。

4).加强高新技术开发。公司将调动经营技术力量和优势,力争年底前开发成功高档多层复合软管包材、高档玻璃器皿、高级香烟印刷版辊和烟膜、高阻隔膜等高附加值、高技术含量产品,并投放市场,在市场竞争和未来发展中以高技术为支撑和后盾,并始终立身于新市场开发的前沿。

5).做好设备引进安装投产。公司积极跟踪落实玻璃制品厂高白料饮料瓶和高档水晶玻璃器皿生产线的技术设备引进工作,做好基建施工,配套工程等安装前准备,以及目标市场的开发,保证设备早安装,快投产,高回报。天成公司BOPP和CPP薄膜生产线近期将正式投产。

6).确保全年利润,细分利润目标。公司已将下半年利润全部细分落实,并为保证完成目标利润,公司上下围绕市场订单、工艺质量、产品成本、资金回笼等诸多方面采取措施。增加创利渠道,确保公司利润最大化。

三、重大事项的说明

1.对照1997年5月21日公布的《严禁国有企业和上市公司炒作股票的规定》,本公司截止到6月30日,没有在任何证券机构设立股票帐号,无炒作股票的行为。

2.公司于1997年5月26日在《中国证券报》和《证券时报》上刊出公司创立大会暨第一次股东大会决议公告和董事会及监事会决议公告。

3.募集资金的使用情况:本次募集资金2.78亿元。截止6月30日,投资2500万元收购大连盛道玻璃制品厂;投资9960万元受让大连天成包装材料有限公司中方75%的股权并投入4200万元作为股东贷款;投资1200万元改造大连盛道玻璃制品厂高白料白酒瓶生产线,该生产线已于7月8日正式投产。目前,募集资金尚未用足,现存于股份公司的银行帐户内,未发生用途改变的情况。

4.本公司董事会决定1997年中期利润不分配。

5.报告期内公司无重大诉讼、仲裁事项。

四、发行在外股票的变动

1.股权结构情况	截止97年6月30日	比例
A.尚未流通股份		
国有法人股	5800万股	56.3%
公司职工股	450万股	4.4%
小计	6250万股	60.7%
B.已流通股份		
境内上市的人民币普通股	4050万股	39.3%
小计	4050万股	39.3%
C.股份合计	10300万股	100.0%

本报告期内公司股本结构没有发生变化。

2.1997年6月30日止,本公司股东总额为35910户,其中国家股东1户,社会个人股东35909户。

3.前十名最大股东持股情况(1997年6月30日):

名　称	持股数(股)	比例(%)
1.大连盛道集团有限公司	58000000	56.31
2.辽宁省信托投资公司	510850	0.50
3.丁宁	392525	0.38
4.张关金	260600	0.25
5.王冷双	245700	0.24
6.杨素洲	210000	0.20
7.王明星	207010	0.20
8.海南证大	200000	0.19
9.邓颖辉	182000	0.18
10.温小敏	160000	0.16

五、股东大会简介

本公司第一次股东大会于一九九七年五月二十四日在大连恒元大酒店会议厅举行,出席会议股东82人,代表公司股权数6250.3万股,占公司股份总额的60.68%,根据《公司法》等有关法律、法规的规定,本次股东大会合法、有效。本次股东大会通过了如下决议:

1.审议公司筹委会关于筹建工作报告

2.审议并通过公司章程

3.选举产生第一届董事会

4.选举产生第一届监事会

5.对公司的设立费用进行审核

6.审议并通过公司股票在深圳证券交易所上市的议案

7.审议并通过公司1997年工作计划

8.审议并通过其他事项

六、备查文件

1.载有公司董事长、总经理刘丽春女士亲笔签名的中期报告原本。

2.公司1997年度上半年中期报告原本

3.查阅地址:大连市中山区捷山街奋斗巷30号本公司证券部。

大连盛道集团股份有限公司

一九九七年八月二十五日

新兴铸管股份有限公司

新兴铸管股份有限公司股票上市公告书

一、释义

在本上市公告书中，除另有说明外，下列名词之含意应由以下释义规范：

发行人、本公司、公司：指新兴铸管股份有限公司

发起人、集团公司：指新兴铸管(集团)有限责任公司

证监会：指中国证券监督管理委员会

元：指人民币元

二、绪言

经中国证券监督管理委员会证监发字[1997]203 号文和证监发字[1997]204 号文批准，本公司已成功地向社会公众发行每股面值 1.00 元的 8,000 万股人民币普通股。经本公司 1997 年 5 月 23 日创立大会通过决议，按深圳证券交易所深证发[1997]第 205 号《上市通知书》，本公司股票将于 1997 年 6 月 6 日(星期五)在深圳证券交易所挂牌交易。本公司总股份为 32,000 万股，本次可流通股份 7,200 万股，公司职工所持 800 万股将在本次社会公众股上市流通半年后申请上市流通。

股票简称：新兴铸管　证券代码：0778　交易单位：股

本上市公告书依据《中华人民共和国公司法》、《股票发行与交易管理暂行条例》、《公开发行股票公司信息披露实施细则(试行)》、《深圳证券交易所业务规则》等国家有关法律文件的规定，为本公司股票公开上市之目的向社会公众提供有关资料。本公司于 1997 年 5 月 7 日分别在《中国证券报》、《证券时报》刊登招股说明书概要，距今不足 6 个月，故一些与其相重复的内容在此不再赘述，敬请社会公众查阅招股说明书概要。

本公司董事会及各位董事确信本公告书未遗漏任何重大事项，亦不存在任何误导和虚假成份，并愿就本公告书及相关资料的真实性、准确性、完整性负个别及连带责任。

三、公司概况

1. 法定名称：新兴铸管股份有限公司

(英文)：XIN XING DUCTILE IRON PIPES CO., LTD.

2. 注册地址：河北省武安市 2672 厂区

总机电话：0310－4041425

传真：0310－4041368

邮政编码：056308

3. 法定代表人：范英俊

4. 注册资本：32,000 万元　工商登记号：10436576－8－1

5. 所属行业：冶金、机械

6. 成立日期：1997 年 5 月 24 日

7. 员工简况：截止 1996 年 12 月 31 日止，本公司员工总数 6,526 人，专业技术人员占员工总数的 6.5%(其中具有中高级职称者在专业技术人员中占 45%)，管理人员中，大专以上者占员工总数的 9.75%。

8. 主营业务：

离心球墨铸铁管及配套管件、冶炼及其压延加工、铸造制品、水泥。

9. 发起人简介

本公司发起人新兴铸管(集团)有限责任公司又称为中国人民解放军第二六七二工厂。该厂始建于 1971 年，中央军委以(71)军字第 66 号文件，批准了原中国人民解放军铁道部关于兴建钢铁厂的报告；同年，中国人民解放军总后勤部根据全军新建厂统一编号，批准代号为中国人民解放军第二六七二工程指挥部。

1979 年为便于产品出口，以"太行钢铁厂"为第二厂名。1983 年原铁道部撤编，二六七二工程指挥部移交总后勤部建制领导。1986 年总后勤部军需生产管理部(86)生劳字第 554 号文件批准，撤去工程指挥部代号，正式授予代号为中国人民解放军第二六七二工厂。

1993 年，总后勤部(1993)后生字第 595 号文批准，第二厂名"太行钢铁厂"更名为"新兴铸管联合公司"。1995 年新兴铸管联合公司被列为全国首批百户建立现代企业制度试点单位之一，为此中国人民解放军总后勤部和国家经济贸易委员会以(1995)后生字第 557 号文联合批复，将新兴铸管联合公司改制为国有独资有限公司，定名新兴铸管(集团)有限责任公司(中国人民解放军第二六七二工厂厂名保留)，隶属于中国新兴(集团)总公司，并于 1996 年 8 月 5 日挂牌运行。

经过二十多年的发展，本公司发起人新兴铸管(集团)有限责任公司已成为拥有 12 个厂矿、23 家附属公司(其中中外合资 4 家)，集离心球墨铸铁管、钢铁、水泥、机械成套设备制造和销售于一体的大型规范化企业集团。集团公司现在是国家 500 家大型工业企业和主办银行制度支持的 300 户优强企业之一。1991 年被定为国家大型一类企业；1993 年被总后勤部授予"军队模范企业"；1994 年在全国 500 家大型工业企业最佳效益评价中，位于黑色金属冶炼业第十位；1995 年被评为"全国质量效益型企业"，"全国环境保护先进企业"，在"全国工业企业综合评价指标体系"的评比中排序第 171 位；1996 年获全国"五一劳动奖状"，并通过 ISO9002 质量认证。

1997 年，经中国人民解放军总后勤部[97]后生字第 86 号文批准，新兴铸管(集团)有限责任公司为独家发起人，以其钢铁及水泥等经营性净资产进行股份制改组，以社会募集方式设立本公司。

10. 1996 年公司主营业务收入构成：

单位：元

	产品品种	销售收入	所占比例
1.	圆钢	335,779,758	36.65%
2.	螺纹钢	325,888,999	35.57%
3.	铸管铁水	71,770,517	7.83%
4.	盘条	48,432,410	5.29%
5.	钢	46,586,736	5.08%
6.	水泥	28,472,522	3.11%
7.	角钢	14,069,568	1.54%
8.	生铁	13,303,450	1.45%
9.	原板	10,832,665	1.18%
10.	其它	21,135,599	2.31%
	合　计	916,272,224	100%

11. 关联关系：

本公司是在对集团公司的主要经营性净资产进行股份制改组的基础上设立，公司设立的历史原因导致关联关系的存在。其具体表现有以下方面：

(1)集团公司及其下属的一个合资企业的水、电、汽、通讯以及动力设施，均由本公司提供或转供；

(2)集团公司生活区的水、电、煤气均由本公司提供或转供；

(3)本公司生产所需的一部分原材料(如精矿粉)由集团公司的铁矿分厂提供；

(4)本公司职工后勤、生活设施等方面的综合服务由集团公司提供；

(5)本公司的部分产品由集团公司的销售网络包销或代销；

(6)本公司生产所需的部分备件加工由集团公司附属单位提供；

(7)本公司未来铸管产品与集团公司附属公司现生产的铸管产品属同一类，虽然各自产品的规格型号不尽相同，但在本公司收购集团附属铸管生产企业的股权完成之前，本公司与集团公司之间仍存在一定程度的关联关系。

根据上述关联交易的情况，本公司与集团公司及其合资企业分别就本公司向其供应水、电、汽及设施签定了协议。本公司根据有偿使用集团公司生活服务设施，补贴部分按人数分摊的原则与集团公司签署了生活服务协议书。

签署了集团公司向本公司根据产品质量、数量等规定按当地市场价格向本公司供应原材料的协议。

公司产品的销售根据公平价格的原则与集团公司签署了销售协议。

本公司已签订了有关收购股权的协议，并已获得各被收购方股东的同意及有关部门的批复，本公司正在办理有关评估确认及股权转让事宜。

四、股票发行及股本结构

1. 股票发行

经证监会证监发字[1997]203 号和 204 号文批准，本公司于 1997 年 5 月 9 日采用"上网定价"发行方式，成功地通过深圳证券交易所交易系统公开发行人民币普通股 7,200 万股，同时向公司职工配售 800 万股。本次发行股票每股面值 1.00 元，发行价 9.8 元，主承销商为中国经济开发信托投资公司。本次发行有效申购资金为 3729474 万元，有效申购股数为 3805591000 股，中签率为 1.891953%。本次发行所募股款在扣除各项发行费用后已于 1997 年 5 月 19 日全部汇入本公司帐户(开户行：中国工商银行 2672 办事处，帐号：045－02210038917)，并经中华会计师事务所中华股验字(97)011 号验资报告验证确认。

2. 本公司目前的股权结构

尚未流通股份：国有法人股	24,000 万股	(占总股本的 75%)
可流通股份：社会公众股	7,200 万股	(占总股本的 22.5%)
公司职工股	800 万股	(占总股本的 2.5%)
总股本	32,000 万股	

五、主要股东持股情况

1. 前十名股东持股情况：

新兴铸管(集团)有限责任公司	240,000.000	占总股本的 75%
赵月祥	7,500	占总股本的 0.00234%
赵西锐	7,000	占总股本的 0.00219%
高建稀	7,000	占总股本的 0.00219%
田春英	7,000	占总股本的 0.00219%
牛书合	7,000	占总股本的 0.00219%
徐玉芹	7,000	占总股本的 0.00219%
赵　欣	7,000	占总股本的 0.00219%
李世勋	7,000	占总股本的 0.00219%
董艳宁	7,000	占总股本的 0.00219%

2. 董事、监事及高级管理人员持股情况

姓名	职务	持股数量	占总股本的比例
范英俊	董事长	5000 股	0.0156‰
王书林	副董事长	5000 股	0.0156‰
刘明忠	副董事长	5000 股	0.0156‰
张伯明	董事	5000 股	0.0156‰
王黎晖	董事总经理	5000 股	0.0156‰
哈树旺	董事	5000 股	0.0156‰
王玉坤	董事	5000 股	0.0156‰
李宝赞	董事、副总经理	5000 股	0.0156‰
王桂生	董事、副总经理	5000 股	0.0156‰
郭士进	董事、副总经理	5000 股	0.0156‰
任承端	董事、党委书记	5000 股	0.0156‰
姜国钧	监事会主席	5000 股	0.0156‰
张　林	监事	5000 股	0.0156‰
赵文方	监事	5000 股	0.0156‰
高滢珠	监事	1000 股	0.0031‰
靳克娟	监事	3000 股	0.0094‰
孟福利	财务副总经理	5000 股	0.0156‰
曾耀赣	董事会秘书	3000 股	0.0094‰
合　计		82000 股	0.256‰

六、公司创立大会

1. 本公司创立大会于 1997 年 5 月 23 日在本公司礼堂召开，到会认股人及认股人授权代表所持有或代表的股份数为 24482.57 万股，占总股本的 76.51%。

2. 创立大会审议并通过本公司筹委会所作《关于新兴铸管股份有限公司的筹建工作报告》、《新兴铸管股份有限公司章程》、《关于设立新兴铸管股份有限公司的决议》以及《关于申请公司股票在深圳证券交易所上市的决议》。大会投票选举范英俊、王书林、刘明忠、王黎晖、哈树旺、王玉坤、张伯明、李宝赞、郭士进、王桂生、任承端 11 人为公司董事，组成第一届董事会，任期三年；选举姜国钧、张林、赵文芳、高滢珠、靳克娟 5 人为公司监事，为本公司第一届监事会成员，任期三年。

本公司首次董事会于 1997 年 5 月 23 日举行，选举范英俊为本公司第一任董事长，王书林、刘明忠为副董事长，聘任王黎晖为本公司总经理。

本公司首次监事会于 1997 年 5 月 23 日召开，选举姜国钧为本公司第一届监事会主席。

3. 董事、监事及高级管理人员简介

范英俊先生　董事长　本公司法定代表人　53 岁，中共党员，大学学历，高级工程师，全国优秀企业家、全国劳动模范，持本公司股票 5000 股。

王书林先生　副董事长　51 岁，中共党员，大学学历，高级经济师。持本公司股票 5000 股。

刘明忠先生　副董事长　38 岁，中共党员，大学学历，高级工程师。1976 年参加工作，曾任 2672 工厂技术员、助理工程师、总调度室调度、总调度长助理　副总调度长、炼铁分厂副厂长、安全生产部长、工厂副厂长、常务副厂长，现任新兴铸管(集团)有限责任公司常务副总经理。曾被评为中国青年环保优秀企业家。持本公司股票 5000 股。

哈树旺先生　董事　47 岁，中共党员，大专学历，高级经济师。现任中国新兴集团总公司总经理助理，兼任新兴铸管(集团)有限责任公司副董事长。持本公司股票 5000 股。

王黎晖先生　董事、总经理　41 岁，中共党员，大学学历，高级工程师。1982 年参加工作，曾任 2672 工厂炼钢分厂技术员、工段长、厂长助理、副厂长、厂长，工厂安全生产部副部长、部长，副总工程师兼技术监督部部长，总工程师，河北新兴铸管有限公司代总经理、新兴铸管(集团)有限责任公司副总经理。现已辞去新兴铸管(集团)有限责任公司中的任职。持本公司股票 5000 股。

王玉坤先生　董事　50 岁，中共党员，中专学历，高级会计师。现任新兴铸管(集团)有限责任公司总会计师，持本公司股票 5000 股。

张伯明先生　董事　58 岁，中共党员，研究生学历，教授级高级工程师，铸造专家，享受国家级专家津贴。1966 年参加工作，曾任洛拖技术员、中国农机院工程师，1982 年起作为访问学者在德国进修，1984 年回国任中国农机院工艺所所长、中国农机院副院长，是中国铸造协会、稀土学会、农机学会等理事，现兼任新兴铸管(集团)有限责任公司董事、技术中心主任。持本公司股票 5000 股。

李宝赞先生　董事、副总经理　42 岁，中共党员，大学学历，高级工程师。1982 年参加工作，先后任 2672 工厂技术员、分厂生产技术科科长、副厂长、炼铁分厂厂长、工厂副总工程师、工厂副厂长、新兴铸管(集团)有限责任公司副总经理。现已辞去新兴铸管(集团)有限责任公司中的任职。持本公司股票5000股。

郭士进先生　董事、副总经理　38岁,中共党员,大学学历,高级工程师。82年参加工作,曾任2672工厂技术员、助理工程师、建设公司经理助理、工厂设计处副处长、建设部副部长、工厂副总工程师、工厂副厂长、新兴铸管(集团)有限责任公司付总经理,现兼任石家庄新兴铸管有限责任公司董事。曾荣获"共和国重点工程建设青年功臣"。现已辞去新兴铸管(集团)有限责任公司中的任职。持本公司股票5000股。

王桂生先生　董事、副总经理46岁,中共党员,大专学历,高级工程师。1971年参加工作,先后任2672工厂工段长、炼钢分厂副厂长、工厂安环处副处长、炼钢分厂厂长、工厂副厂长、新兴铸管(集团)有限责任公司董事、副总经理、兼任新兴日积(邯郸)有限公司董事。现已辞去新兴铸管(集团)有限责任公司中的任职。持本公司股票5000股。

任承端先生　董事　公司党委书记,52岁,中共党员,大专,高级政工师。1967年参加工作,曾任新疆阿克陶县县委党办秘书、副主任、2672工厂宣传科科长、党办主任、宣传部长、厂长助理、组干处长、工厂党委副书记兼纪委书记、新兴铸管(集团)有限责任公司党委副书记兼纪委书记。持本公司股票5000股。

姜国钧先生　监事会主席　47岁,中共党员,大专学历,高级政工师。1968年参军,曾任2672工厂组织科干事、副科长、科长、政治部副主任、组织部长、工厂工会主席、工厂党委副书记、党委书记,现任新兴铸管(集团)有限责任公司党委书记。曾荣获"全军企业优秀思想政治工作者"。持本公司股票5000股。

张林女士　监事　41岁,中共党员,硕士学历。1982年参加工作,曾任最高人民法院研究室书记员、主任书记员、中国新兴(集团)总公司法律顾问、法律顾问处处长、监督检查部副部长。持本公司股票5000股。

赵文方先生　监事　51岁,中共党员,大学学历,高级会计师。1968年参加工作,曾任总后中南工厂局财务处助理员、军事经济学院财务系教员、中国新兴(集团)总公司财务部审计处处长、会计处处长、副部长。持本公司股票5000股。

高滢珠女士　监事　48岁,中共党员,大专学历,会计师。1969年参加工作,曾任新疆建设兵团会计、二六七二工厂会计、会计科科长,现任公司炼铁分厂财务主管。持本公司股票1000股。

靳克娟女士　监事　52岁,中共党员,大专学历,高级政工师。1966年参加工作,曾任新疆阿克陶县中学教师、县广播站采编、2672工厂团委书记、子弟中学党支部书记、教育中心党总支书记、工厂工会副主席。拟出任本公司工会主席。持本公司股票3000股。

孟福利先生　财务副总经理,中共党员,大专学历,会计师。1977年参加工作,曾任2672工厂财务处会计、成本主管会计、财务部副部长、部长、新兴铸管(集团)有限责任公司副总会计师兼财务部部长。现已辞去新兴铸管(集团)有限责任公司中的任职。持本公司股票3000股。

曾耀赣先生　董事会秘书,37岁,中共党员,大学学历,高级工程师。1982年参加工作,曾任2672工厂技术员、助理工程师、工程师、工厂设计室主任、轧钢分厂总工程师、工厂策划部副部长、部长、市场部部长,兼任河北新兴铸管有限公司、石家庄新兴铸管有限责任公司及徐州光大新兴铸管有限公司的的董事职务。持本公司股票3000股。

七、财务会计资料

以下资料摘自中华会计师事务所股审字[97]002-1号审计报告关于本公司1994年、1995年、1996年的财务会计数据。投资者如欲对本公司的财务状况进行更详细的了解,应当认真阅读中华会计师事务所股审字[97]002-1号审计报告。

1. 资产负债表:(单位:元)

资　产	1996.12.31	1995.12.31	1994.12.31
货币资金	3,808,847	3,558,572	582,142
流动资产合计	291,539,267	326,374,044	423,104,419
长期投资			
固定资产净值	434,588,358	347,831,880	209,099,381
在建工程	9,514,705	12,750,538	40,170,302
无形资产			
递延资产			
资产总计	735,642,330	686,956,462	672,374,102
流动负债合计	457,940,742	455,716,881	440,779,583
长期负债			
股东权益合计	277,701,588	231,239,581	231,594,519
负债及股东权益总计	735,642,330	686,956,462	672,374,102

2. 利润表:(单位:元)

项　目	1996年度	1995年度	1994年度
一、主营业务收入	916,272,224	946,269,477	932,015,577
减:营业成本	683,623,155	637,946,887	595,149,319
销售费用	3,021,475	1,907,440	3,285,365
管理费用	44,919,440	79,516,455	79,169,016
财务费用	23,808,843	15,445,665	17,722,330
营业税金及附加	2,420,101	2,619,573	965,230
二、主营业务利润	158,479,210	208,833,457	235,724,317
加:其他业务利润	4,027,193	2,897,309	2,732,579
三、营业利润	162,506,403	211,730,766	238,456,896
加:投资收益	—	—	—
营业外收入	40,349,088	10,164,195	429,995
减:营业外支出	12,067,619	19,518,766	5,081,166
加:以前年度利润调整	—	—	—
四:利润总额	190,787,872	202,376,195	233,805,725
减:所得税	47,696,968	50,594,049	58,451,431
五、净利润	143,090,904	151,782,146	175,354,294
减:提取盈余公积	12,782,787	13,559,205	15,664,984
提取公益金	6,391,394	6,779,603	7,832,492
提取任意盈余公积	—	—	—
应付利润	108,653,693	115,253,243	133,152,360
六、年末未分配利润	—	—	—

3. 财务状况及主要财务指标:

项　目	1996年	1995年	1994年
流动比率	0.64	0.79	0.96
速动比率	0.61	0.76	0.93
存货周转率(次/年)	50.80	53.58	51.47
应收帐款周转率(次/年)	3.36	3.07	2.63
资产负债率	62%	61%	66%
净资产收益率	52%	56%	76%
每股盈利(元)	0.60	0.80	0.92
每股净资产(元)	1.16	1.43	1.22

4. 盈利预测

以下资料摘自中华会计师事务所股审字(1997)002-2号盈利预测审阅函关于本公司1997年度盈利预测的财务会计数据。投资者如欲对本公司的财务状况进行更详细的了解,应当认真阅读中华会计师事务所股审字(1997)002-2号盈利预测审阅函。

盈利预测表:(单位:万元)

项　目	1997年度全年预测
一、主营业务收入	120,753
减:营业成本	86,319
销售费用	2,348
管理费用	7,169

财务费用	2,694
营业税金及附加	556
二、主营业务利润	21,667
加:其他业务利润	640
三、营业利润	22,307
加:投资收益	735
营业外收入	—
减:营业外支出	1,076
加:以前年度利润调整	—
四、利润总额	21,966
减:所得税	6,927
少数股东损益	635
五、净利润	14,404

八、重要事项说明

1. 按本公司招股说明书所述,本公司正式成立日(即1997年5月24日)前的利润归发起人享有,成立日以后的利润由本公司全体股东共同享有。

2. 本公司正在按招股说明书所述的收购股权协议办理有关评估确认及股权转让事宜。该收购完成后,主要关联企业有:河北新兴铸管有限公司、石家庄新兴铸管有限公司、徐州光大新兴铸管有限公司,本公司在这些公司中的股权比例分别为75%、60%、31%和60%。

3. 本公司成立后,所得税适用税率为33%。

4. 本公司聘请河北会计师事务所为公司审计机构。

九、董事会上市之承诺

本公司董事会将严格遵守《中华人民共和国公司法》、《股票发行与交易管理暂行条例》、《公开发行股票公司信息披露实施细则(试行)》、《深圳证券交易所业务规则》等有关法规,并向证券主管部门、深交所、广大投资者作出如下承诺:

1. 及时、真实、准确地按规定要求通过正常传播媒介向社会公告本公司的中期及年度财务报告,接受社会公众的监督;

2. 董事会成员、监事会成员及高级管理人员如发生人事变动,或前述人持有本公司股份数量发生变化时,及时通报证券主管部门,并适时通过新闻媒体通告社会公众;

3. 真实、准确、及时地披露公司的重大经营活动信息;

4. 自觉接受证券主管部门的监督和管理,认真听取政府、股东等方面的意见、建议或批评;

5. 不利用内幕消息和非法手段从事股票投机交易;

6. 本公司目前没有无记录负债;

7. 董事会及各位董事保证不就任何未经深交所审阅的可能影响本公司股票市场价格之重大信息私自公告或发表意见。

十、有关咨询当事人

1. 本公司委托曾耀赣、李根林先生为授权代表,负责本公司股份事务管理及咨询。投资者若对本公告书有任何疑问,可向上述授权代表咨询。

本公司有关备查文件存放于本公司办公地点,可供股东查询。

咨询电话:0310-4041425转2346　咨询传真:0310-4041368

2. 上市推荐人

名称:光大证券有限公司

地址:深圳振兴路6号建艺大厦15楼

法定代表人:刘纪元

电　话:0755-3228777　　传　真:0755-3228950

联系人:王兴奎　梁枫

名　称:中国经济开发信托投资公司

地　址:北京市车公庄大街21号新大都饭店

法定代表人:韩国春

电　话:010-68319988-12120、010-68362033

传　真:010-68338766

联系人:沈玮

名称:南方证券有限公司

地址:深圳深南东路南方国际大厦国际大酒店12-13层

法定代表人:王景师

电话:010-67617390　　传真:010-67617384

联系人:杨慕文

名称:深圳国投证券有限公司

地址:深圳市罗湖区红岭中路7号国际信托大厦三楼

法定代表人:叶连健

电话:0755-5894167　　传真:0755-5564179

联系人:包学勤　张军

3. 发行人顾问

名　称:北京均衡投资咨询有限公司

地　址:北京市香河园中里华商楼

法定代表人:李刚剑

电　话:010-68454805　　传　真:010-68454805

联系人:李　勤

4. 发行人的律师事务所和经办律师

名　称:湖南银联律师事务所

地　址:长沙市鞭蓉路省工商银行大楼十五楼

法定代表人:赵野

经办律师:赖杰　刘彦

电　话:0731-4454103　　传　真:0731-4454103

联系人:赖杰

5. 会计师事务所和经办注册会计师

名　称:中华会计师事务所

地　址:北京西城阜外大街1号四川大厦东楼八层

法定代表人:陆兵

经办注册会计师:廖良汉　杨力强

电　话:010-68365511　　传　真:010-68364743

联系人:杨力强　张达威

6. 资产评估机构和经办评估人员

名　称:中锋资产评估事务所

地　址:北京海淀区阜成路33号北京商学院综合楼8楼

法定代表人:张孝勤　谢惠德

电　话:010-68456609　　传　真:010-68437084

联系人:张梅

7. 股票登记机构

名　称:深圳证券结算公司

地　址:深圳市红岭中路25号

电　话:0755-5567898　　传　真:0755-5571127

十一、备查文件

1. 深圳证券交易所上市通知书
2. 验资报告书
3. 招股说明书
4. 本公司创立大会会议纪要及决议
5.《上市协议书》
6. 其他有关文件

新兴铸管股份有限公司

1997年6月3日

兰州三毛实业股份有限公司

兰州三毛实业股份有限公司股票上市公告书

一、要览

总股本:10082 万股

可流通股本:4500 万股

本次上市流通股本:4050 万股

证券简称:三毛派神

证券编码:0779

上市地点:深圳证券交易所

上市日期:1997 年 5 月 28 日

登记机构:深圳证券中央登记结算公司

上市推荐人:甘肃省信托投资公司(原甘肃省投资信托公司)

甘肃证券有限责任公司

二、绪言

本上市公告书依据《中华人民共和国公司法》、《股票发行与交易管理暂行条例》、《公开发行股票公司信息披露实施细则》、《深圳证券交易所业务规则》以及国家有关证券管理的规定编制,为股票公开上市之目的而向投资者提供本公司基本情况及有关资料。

经中国证券监督管理委员会[证监发字(1997)194 号文]和[证监发字(1997)195 号文]批准,本公司已成功地向社会公众公开发行了每股面值为 1.00 元的人民币普通股(A 股)4500 万股。股票上市申请已获深圳证券交易所[深证发(1997)195 号文]审核同意,本公司股票将于 1997 年 5 月 28 日在深圳证券交易所挂牌交易。本公司总股本为 10082 万股,可流通股本为 4500 万股,本次上市流通的股本为 4050 万股;向公司职工配售的 450 万股公司职工股将按国家规定半年后上市。

本公司《招股说明书(概要)》已刊登在 1997 年 5 月 6 日的《中国证券报》、《证券时报》、《甘肃日报》上,距今不超过 90 日,依规定对在招股说明书中已公布的内容在此不再赘述。本公司董事会提醒广大投资者注意,凡本公告书中未涉及的有关内容请查阅《招股说明书(概要)》。

本公司董事会及其成员确信本公告书所载资料不存在重大遗漏或者误导,并愿就本公告书及相关资料的真实性、准确性和完整性负个别及连带责任。

三、公司概况

1. 发起人简介

(1)发起人法定名称:兰州三毛纺织(集团)有限责任公司

(2)注册地址:兰州市西固区玉门街 82 号

(3)注册资本:13900 万元

(4)法定代表人:任俊亭

(5)成立日期:1995 年 8 月

(6)经营范围:国有资产经营、针纺织品、纺织机械、化工原料的生产、批发零售、仓储、科技开发、咨询服务、房地产开发。

(7)所属行业:毛纺织行业

(8)联系电话:(0931)7556841—3305　　3227

2. 发行公司历史沿革

本公司是由兰州三毛纺织(集团)有限责任公司独家发起,采用募集方式设立的股份有限公司。兰州三毛纺织(集团)有限责任公司的前身是原兰州第三毛纺织厂,建厂于 1972 年,后经多次扩建、改造,发展成为一家国有大型一档综合企业。1994 年 12 月兰州第三毛纺织厂被列为国务院建立现代企业制度百户试点企业。1995 年 8 月经甘肃省人民政府及国家体改委甘政发[1995]86 号文批复,组建为国有独资的兰州三毛纺织(集团)有限责任公司。兰州三毛纺织(集团)有限责任公司是甘肃省纺织行业最大的企业集团,具有较高的市场知名度,各项主要经济技术指标在全国同行业处于先进水平。

1997 年 4 月,经甘肃省人民政府甘政发[1997]38 号文正式批准,对兰州三毛纺织(集团)有限责任公司精纺呢绒生产主体部分进行改组,设立兰州三毛实业股份有限公司。

本公司独家发起人兰州三毛纺织(集团)有限责任公司投入本公司的全部资产总额为 21288.61 万元,负债为 12701.85 万元,并以其评估后的主要经营性净资产 8586.76 万元,折成 5582 万股国有法人股,同时向社会公开发行 4500 万股人民币普通股。

1997 年 5 月 22 日,在兰州召开本公司创立大会暨首届股东大会,1997 年 5 月 23 日在甘肃省工商行政管理局完成工商登记,工商登记号 22437150－5,本公司正式成立。

四、股票发行及承销

1. 本次公开发行

发行数量:4500 万股(其中向公司职工配售 450 万股)

发行价格:5.50 元/股

募集资金总额:24750 万元

发行方式:上网定价

配售比例:1.424162%

配售户数:35515 户

持 1000 股以上的户数:35515 户

发行费用总额:1250 万元

每股发行费用:0.278 元

发行市盈率:14.7 倍

2. 股票承销:

本次股票发行采用余额包销方式。承销商分销比例及数量如下:

承销机构名称	承销数量(万股)	承销比例
甘肃省信托投资公司(主承销商)	1363	30.29%
甘肃证券有限责任公司(副主承销商)	900	20%
光大证券有限责任公司(分销商)	1337	29.71%
蔚深证券有限责任公司(分销商)	900	20%
合　　计	4500	100%

本次发行获超额认购,并无余股须承销商包销。

3. 验资报告

本次发行共计募集资金 24672 万元(已扣除券商手续费 779,625 元,未扣除发行费用 1250 万元),已进入本公司帐户,并经甘肃第二会计师事务所甘二会验字[1997]25 号文确认。

开户银行:工商银行兰州市西固办事处

帐　　号:01322104967

户　　名:兰州三毛实业股份有限公司(筹)

入帐日期:1997 年 5 月 20 日

五、董事、监事及高级管理人员持股情况

姓 名	职 务	持股数(股)	占总股本比例(%)

任俊亭	董事长	4000	0.00396
周先宜	副董事长	4000	0.00396
罗钟杰	董事	2000	0.00198
王　玉	董事、总经理	2000	0.00198
蒋永昌	董事、副总经理	1500	0.00149
孟有宪	董事、总会计师	1500	0.00149
陈锦华	董事、总经理助理	2500	0.00247
王　维	董事	3000	0.00297
唐立明	董事	4000	0.00396
乔甘颖	监事会主席	1500	0.00149
谭风元	监事	3500	0.00347
肖素梅	监事	1500	0.00149
董仁学	监事	1500	0.00149
李东英	监事	3000	0.00297
宋晓梅	董事会秘书	0	0
王　岩	董事会秘书	0	0

本公司董事、监事及高级管理人员共持有本公司股票35500股,占本公司总股本的0.0352%,其持有的股份按《中华人民共和国公司法》的规定在任职期间不得转让。

六、公司设立

1.公司创立大会暨第一届股东大会同意公司股票在深圳证券交易所挂牌交易的决议:

经1997年5月22日召开的本公司首届股东大会审议,同意本公司4050万股普通股票在深圳证券交易所挂牌上市的议案。

2.公司注册资本:10082万元

3.公司注册时间:1997年5月23日

4.公司注册地点:兰州市西固区玉门街82号

5.营业执照注册号码:22437150-5

七、关联企业及关联交易

1.关联企业

本公司的控股母公司为兰州三毛纺织(集团)有限责任公司,注册资本13900万元,持有本公司股份5582万股,占总股本的比例为55.37%。

2.关联交易

本公司成立后涉及到对兰州三毛纺织(集团)有限责任公司(下称三毛集团)非生产性资产使用及有关服务项目的关联交易。主要内容是:由三毛集团的生活服务公司向本公司及职工提供房屋租赁、非生产性设施维修、生活用水供应、办公设备、医疗、环保、绿化等服务;由三毛集团的机动厂向本公司提供生产用水、用电、采暖、配件加工、电机设备维修等服务;由三毛集团向本公司的销售部和供应部提供仓库租赁;由三毛集团的进出口公司为本公司代购原料、染化料、设备配件、代理面料毛纱出口;由三毛集团的运输公司向本公司提供客货运输等服务;由三毛集团的培训中心为本公司职工提供各类培训等。对此,双方按照平等互利、有偿使用的原则已签订了长期有偿服务合同。

由于兰州三毛纺织(集团)有限责任公司已将毛条厂、纺纱厂、织布厂、染整厂以及与其紧密相关的生产经营部门的生产经营性资产投入到本公司,因此,该公司的业务与本公司的业务不会产生同业竞争。同时,本公司与该公司的关联交易不会损害本公司的利益,也不会损害本公司其他股东的利益。

八、股东结构及大股东持股情况

1.本次上市前的股本结构

股权种类	数量(万股)	占总股本比例(%)
总股本	10082	100
尚未流通股份		
发起人股(国有法人股)	5582	55.37
可流通股份		
本次公开发行股份	4500	44.63
其中:公司职工股	450	4.46

2.前十名股东所持股数及比例

股东名称	持股数量(万股)	比例(%)
(1)兰州三毛纺织(集团)有限责任公司	5582	55.37
(2)刘自忠	0.65	0.00644
(3)孟大瑄	0.65	0.00644
(4)石占元	0.65	0.00644
(5)喻昭典	0.65	0.00644
(6)孙宁新	0.65	0.00644
(7)蔡兴贵	0.65	0.00644
(8)宋素珍	0.65	0.00644
(9)王晋军	0.65	0.00644
(10)马建科	0.65	0.00644
合　计	5587.85	55.424

九、公司财务会计资料

1.审计报告(甘二会审字[1997]第041号)

兰州三毛实业股份有限公司筹委会:

我所接受委托,审计了贵公司1994年12月31、1995年12月31、1996年12月31的资产负债表;1994年度、1995年度、1996年度的利润表;1996年度的财务状况变动表。这些会计报表由贵公司负责,我们的责任是对这些会计报表发表审计意见。我们的审计是依据中国注册会计师独立审计准则进行的,在审计过程中,我们结合贵公司的实际情况,实施了包括抽查会计记录等我们认为必要的审计程序。

我们认为,上述会计报表符合中华人民共和国财政部颁发的《企业会计准则》、《股份制试点企业会计制度》,在所有重大方面公允地反映了贵公司1994年12月31日、1995年12月31日、1996年12月31日的财务状况及1994年度、1995年度、1996年度的经营成果和1996年度的资金变动情况,会计处理方法的选用遵循了一贯性原则。

甘肃第二会计师事务所　　中国注册会计师:蔺培曼

中国·兰州　　中国注册会计师:刘志文

1997年2月20日

2.资产负债表、利润表及财务状况变动表(见附表)

3.主要会计政策

(1)会计制度:执行中华人民共和国《股份制试点企业会计制度》及有关补充规定。

(2)会计期间:会计年度采用公历年度,即自公历1月1日至12月31日。

(3)记帐原则和计价基础:公司以权责发生制为记帐原则,以历史成本为计价基础。

(4)记帐本位币和外币折算方法:以人民币为记帐本位币。涉及外币的经济业务,按当日国家公布的市场中间汇率折合为人民币记帐,期末外币帐户金额的汇率按当日国家公布的市场中间汇率进行调整。因折算的汇率不同而产生的汇兑损益记入当期损益。

(5)坏帐准备:公司未提坏帐准备金,发生的坏帐损失,据实计入当期费用。

(6)存货记价方法:公司原材料按计划成本计价,通过"材料成本差异"科目核算实际成本与计划成本差异,月终按差异率分摊材料差异。

(7)固定资产及其折旧:固定资产按实际成本计价,公司拥有的使用年限在一年以上的经营性资产及使用年限在两年以上、单位价值在2000元以上的非经营性资产作为固定资产。固定资产折旧采用直线法计算,残值率为3%。

(8)无形资产摊销:无形资产按直线法摊销。土地使用权摊销期40年。

(9)销售收入的实现:销售收入以商品已经发出、货款已经收到或者得到收取货款的凭证时,作为销售收入的实现标志。

(10)税项：

a. 增值税：按销项税额减进项税额后计缴，税率为17%；

b. 城市维护建设税：按实交增值税额的7%计缴；

c. 教育附加：按实交增值税额的3%计缴；

d. 所得税：按应纳税所得额的33%计征；

4. 财务报表主要项目附注

(1)货币资金

1996年12月31日余额为1,113,768元。其中：

银行存款	1,110,248元
现　金	3,520元

(2)存货

1996年12月31日余额为68,576,153元。其中：

原　料	12,127,186元
机物料	3,704,368元
在产品	50,025,807元
机配件	2,418,315元
包装物	300,477元

(3)固定资产及折旧

a. 固定资产

资产类别	期初原值(元)	本期增加(元)	本期减少(元)	期末原值(元)
房屋建筑物	21,692,002	11,859,269		33,551,271
专用设备	115,033,598	42,257,697	3,868,288	153,423,007
通用设备	3,475,974	2,045,453	969,474	4,551,953
运输设备				
合　计	140,201,57	56,162,419	4,837,762	191,526,231

b. 累计折旧

资产类别	期初余额(元)	本期增加(元)	本期减少(元)	期末余额(元)
房屋建筑物	11,418,823	8,286,001		19,704,824
专用设备	36,473,667	9,323,028	2,551,338	43,245,357
通用设备	919,173	620,250	256,364	1,283,059
运输设备				
合　计	48,811,663	18,229,279	2,807,702	64,233,240

(4)无形资产

1996年12月31日余额为15,442,348元。

项　目	来源	帐面价值	摊余价值	剩余摊销年限
土地使用权	资产评估	15,442,348	15,442,348	40年

(5)应付帐款

1996年12月31日余额为18,217,024元，系应付的购货款。

(6)短期借款

1996年12月31日，余额为34,900,000元，明细如下：

贷款银行	借款期限	借款类别	借款月利率(‰)	金额(元)	借款条件
交通银行兰州市分行	96.10.29-97.05.09	流动资金	9.24	1,500,000	担保
工商银行西固办事处	96.12.19-97.05.15	流动资金	9.24	20,600,00	担保
工商银行西固办事处	96.10.15-97.03.10	流动资金	9.24	5,000,000	担保
工商银行西固办事处	96.10.04-97.02.10	流动资金	9.24	2,800,000	担保
工商银行西固办事处	96.10.31-97.04.15	流动资金	9.24	5,000,000	担保
合　计				34,900,00	

(7)长期借款

1996年12月31日余额为67,619,020元，明细如下：

借款单位	借款类别	借款期限	月利率(‰)	币种	金额(元)	借款条件
工行国际业务部	固定资产	94.12.12-1999.12.12	三月浮动	美元	1,250,000	担保
工行国际业务部	固定资产	94.12.12-1999.12.12	三月浮动	美元	1,850,000	担保
工行国际业务部	固定资产	96.07.22-2000.07.22	三月浮动	美元	400,000	担保
工行国际业务部	固定资产	96.08.05-2000.08.05	三月浮动	美元	2,600,000	担保
合　计					6,100,00	
工行西固办事处	固定资产	96.07.31-2001.07.30	12.45	人民币	5,500,000	担保
工行西固办事处	固定资产	96.07.30-1999.07.30	12.95	人民币	5,500,000	担保
工行西固办事处	固定资产	96.07.16-2001.07.16	12.45	人民币	6,000,000	担保
合　计					17,619,020	

注：美元按1996年12月31日汇率8.2982折算人民币，三月浮动利率系中国人民银行通知的外币贷款利率，1996年长期借款较1995年增加50.42%系引进设备增加借款所致。

(8)股本

1996年12月31日余额为55,820,000元。系评估后净资产85,867,598元所折国有法人股。

(9)资本公积

1996年12月31日余额为30,047,598元，系国有净资产折股后的溢余。

(10)主营业务收入

项　目	1996年度	1995年度	1994年度
全毛呢绒	95,031,356	52,749,607	43,576,488
混纺呢绒	86,507,294	108,355,123	84,551,144
其　他	6,428,461	10,900,919	11,248,174
合　计	187,967,111(元)	172,005,649(元)	139,375,806(元)

(11)营业成本

项　目	1996年度	1995年度	1994年度
全毛呢绒	59,760,923	33,157,379	28,428,234
混纺呢绒	53,347,350	64,517,867	51,891,884
其　他	4,256,500	5,992,820	6,915,599
合　计	117,364,772(元)	103,668,066(元)	87,235,717(元)

(12)或有负债

本公司无或有负债及足以影响报表真实性的其他重大事项。

5. 主要财务指标

指标项目	1996.12.31.
资产负债率	59.66%
速动比率	0.23
流动比率	1.18
存货周转率(次)	1.71
股东权益比率	40.33%
每股净利润	0.432元
净资产收益率	28.05%
每股净资产	1.54元

注：①股票发行后本公司每股净资产为3.18元。

②因受资产剥离与重组方案的影响，速动比率以兰州三毛纺织(集团)有限责任公司的此项指标来代替。同时，受重组方案影响，应收帐款周转率从略。

十、董事会上市承诺

本公司董事会将严格遵守《中华人民共和国公司法》、《股票发行与交易管理暂行条例》、《公开发行股票公司信息披露实施细则》、《深圳证券交易所业务规则》和国家有关法律、法规的规定，并自股票上市之日起作出如下承诺：

1. 按照法律、法规的规定程序和要求披露重大的信息，并接受证券主管机关、深圳证券交易所的监督管理。

2. 及时、真实、准确地公布中期报告和年度报告，并备置于规定场所供投资者公众查阅。

3. 本公司董事、监事及高级管理人员如发生人事变动或持本公司股票发生变化时，在报告证券主管机关、证券交易所的同时向投资者公布。

4. 在任何公共传播媒介中出现的消息可能对本公司股票的市场价格产生误导性影响时，本公司知悉后将及时对该消息予以公开澄清。

5. 本公司董事、监事及高级管理人员将认真听取社会公众的意见和批评，不利用已获得的内幕消息和其他不正当手段直接或间接从事股票买卖活动。

6. 本公司没有无记录负债。

十一、重要事项提示

1. 本公司本次发行的4500万社会公众股中向公司职工配售的450万股,将在本次上市半年后上市,本次上市流通的总股本为4050万股。

2. 截止上市公告书刊登之日,本公司未发生对生产经营活动有重大影响的诉讼、仲裁和行政处罚事宜;公司没有可预见的重大诉讼、仲裁或行政处罚事项;公司的董事、监事及高级管理人员亦无一人受到刑事起诉或此类事件的威胁。

3. 经甘肃省财政厅甘财工发[1997]第27号文批准,自1997年1月1日起本公司所得税实行先征收后返还的优惠政策,实际所得税负为15%。

4. 本公司筹建期(1997年1月至公司设立)形成的净利润由发起人和社会公众股股东共同享有,预计首次分红派息的时间为1998年4月。

5. 根据甘肃第二会计师事务所甘二会审字[1997]第042号盈利预测的审核报告,本公司1997年度预测每股收益0.35元(按10082万股、15%所得税率计算)。

十二、备查文件目录及查阅地址

1. 备查文件目录

(1)深圳证券交易所上市通知书;

(2)本公司招股说明书;

(3)验资报告;

(4)甘肃第二会计师事务所的审计报告;

(5)资产评估报告;

(6)本公司营业执照;

(7)中国证监会关于本公司公开发行股票的批准文件;

(8)上市推荐协议;

(9)本公司创立大会决议;

(10)公司章程;

(11)其他备查文件。

2. 备查文件查阅地址

(1)兰州三毛实业股份有限公司

地址:兰州市西固区玉门街82号

电话:(0931)7556841-3227

传真:(0931)7555200

联系人:宋晓梅

(2)甘肃省信托投资公司

地址:兰州市秦安路小北街15号

电话:(0931)8813904　8815556

传真:(0931)8410739

联系人:邱金辉　　李福祥

兰州三毛实业股份有限公司

1997年5月26日

附表

资产负债表

制表单位:兰州三毛实业股份有限公司筹委会

单位:人民币元

项目	1996年12月31日	1995年12月31日	1994年12月31日	项目	1996年12月31日	1995年12月31日	1994年12月31日
资产				负债及股东权益			
流动资产:				流动负债:			
货币资金	1,113,768	1,057,202	542,660	短期借款	34,900,00	41,786,000	37,800,000
短期投资				应付票据			
应收票据				应付帐款	18,217,024	16,082,651	1,392,332
应收帐款				预收帐款			
减:备抵坏帐				应付福利费			
应收帐款净额				未付股利			
预付帐款				未交税金			
其他应收款				其他未交款			
待摊费用	460,833	442,400	484,167	其他应付款	6,282,451	2,169,071	1,487,168
存货	68,576,153	48,695,349	27,910,745	预提费用			
待处理流动资产净损失				其他流动负债			
流动资产合计	70,150,754	50,194,951	28,937,572	一年内到期的长期负债			
长期投资:				流动负债合计	59,399,475	60,037,722	40,679,499
长期投资				长期负债:			
固定资产:				长期借款	67,619,020	44,954,000	25,804,000
固定资产原价	191,526,232	140,201,574	109,968,314	应付债券			
减:累计折旧	64,233,241	48,811,663	39,836,352	长期应付款			
固定资产净值	127,292,991	91,389,911	70,131,962	其他长期负债			
在建工程				长期负债合计	67,619,020	44,954,000	25,804,000
待处理固定资产净损失				负债合计	127,018,495	104,991,722	66,483,499
固定资产合计	127,292,991	91,389,911	70,131,962	股东权益:			
无形及其他资产:				股本	55,820,000	25,745,992	25,745,992
无形资产	15,442,348	10,135,976		资本公积	30,047,598	11,891,001	1,755,026
递延资产				盈余公积		5,804,904	2,478,437
无形及其他资产合计	15,442,348	10,135,976		其中:公益金		1,934,968	826,146
资产总计	212,886,093	151,720,838	99,069,534	未分配利润		3,287,219	2,606,580
				股东权益合计	85,867,598	46,729,116	32,586,035
				负债及股东权益合计	212,886,093	151,720,838	99,069,534

利润表

制表单位：兰州三毛实业股份有限公司筹委会　　　　单位：人民币元

项目	1996 年度	1995 年度	1994 年度
一、主营业务收入	187,967,111	172,005,649	139,375,806
减：营业成本	117,364,772	103,668,066	87,235,717
销售费用	2,530,439	2,109,650	1,626,553
管理费用	25,090,649	23,578,975	18,039,493
财务费用	8,836,432	8,111,317	6,822,446
进货费用			
营业税金及附加	378,659	716,594	1,263,194
二、主营业务利润	33,766,160	33,821,047	24,388,403
加：其他业务利润	2,130,436	63,794	864,844
三、营业利润	35,896,596	33,884,841	25,253,247
加：投资收益			
营业外收入	972,790	366,969	436,662
减：营业外支出	916,711	1,152,636	1,028,844
加：以前年度损益调整			
四、利润总额	35,952,675	33,099,174	24,661,065
减：所得税(33%)	11,864,383	10,922,727	8,138,152
五、净利润	24,088,292	22,176,447	16,522,913

财务状况变动表

制表单位：兰州三毛实业股份有限公司筹委会　　　　1996 年度　　　　单位：人民币元

项目	金额	项目	金额
一、流动资金来源：		一、流动资产本年增加数	
1. 净利润	24,088,292	1. 货币资金	56,566
加不减少流动资金的费用和损失		2. 短期投资	
(1)固定资产折旧	10,490,326	3. 应收票据	
(2)无形资产、递延资产摊销		4. 应收帐款净额	
(3)固定资产盘亏(减盘盈)		5. 预付帐款	
(4)清理固定资产损失(减收益)	-120,944	6. 其他应收款	
		7. 存货净额	19,880,804
小计	34,457,674	8. 待转其他业务支出	
		9. 待摊费用	18.433
2. 其他来源：		10. 待处理流动资产净损失	
(1)固定资产清理收入(减清理费用)		11. 一年内到期的长期债券投资	
(2)增加长期负债	22,665,020	12. 其他流动资产	
(3)收回长期投资		流动资产增加净额	19,955,803
(4)对外投资转出固定资产			
(5)对外投资转出无形资产			
(6)资本净增加额	24,398,993		
小计	47,064,013		
流动资金来源合计	81,521,687		
二、流动资金运用：		二、流动负债本年增加数	
1. 利润分配：		1. 短期借款	-6,886.000
(1)提取盈余公积金	2,408,829	2. 应付票据	
(2)提取公益金	1,204,415	3. 应付帐款	2,134,373
(3)已分配股利	7,104,941	4. 预收帐款	
(4)		5. 其他应付款	4,113,380
		6. 应付福利费	
小计	10,718,185	7. 未交税金	
2. 其他运用：		8. 未付利润	
(1)固定资产和在建工程净增加额		9. 其他未交款	
(2)增加无形资产、递延资产	44,903,079	10. 预提费用	
(3)偿还长期负债	5,306,373	11. 其他流动负债	
(4)增加长期投资		12. 一年内到期的长期负债	
		13. 应付工资	
小计	50,209,452		
流动资金运用合计	60,927,637	流动负债增加净额	-638,247
流动资金增加净额	20,594,050	流动资金增加净额	20,594,050

广东新会美达锦纶股份有限公司

广东新会美达锦纶股份有限公司上市公告书

一、绪言

本公司股票上市公告书根据《中华人民共和国公司法》、《股票发行与交易管理暂行条例》、《公开发行股票公司信息披露实施细则》、《深圳证券交易所业务规则》等有关法律法规编制。本次股票发行经中国证券监督管理委员会证监发字[1997]258号文和259号文核准，股票上市申请经深圳证券交易所深证发[1997]239号《上市通知书》审核批准，将于1997年6月19日在深圳证券交易所挂牌交易。

本公司总股本17,100万股，可流通股本5,000万股。本次上市流通股5,000万股，均为1997年6月3日至5日向社会公开发行的人民币普通股。本公司于1997年5月29日的《中国证券报》、《证券时报》和《江门日报》上刊登了招股说明书概要，距今时间不足六个月，相同内容在此不再重复。

发行人董事会及其成员已批准本上市公告书，确信其中不存在任何重大遗漏或者误导，并对上市公告书所载资料的真实性、准确性和完整性负个别及连带责任。上市公告书的内容由本公司董事会负责解释。

二、公司概况

(一)公司简介

1. 法定名称：广东新会美达锦纶股份有限公司

   英文名称：GUANGDONG XINHUI MESTT NYLON CO.,LTD.

2. 注册地址：广东省新会市江会路上浅口
3. 法定代表人：陈柏森
4. 注册资金：17,100万元
5. 成立日期：1992年11月8日
6. 经营范围：织造、染整、锦纶6切片、纺丝。本公司主要从事锦纶6聚合、纺丝、尼龙绸的织造、印花、染整生产及产品的销售。
7. 主要经营情况

本公司经营锦纶6系列产品。锦纶亦称尼龙，目前在世界各类化纤产品产量中所占比例为19%。我国锦纶占化纤中的比例约为9%，属薄弱环节，是国家重点支持发展的原材料产业。

本公司产品有三大类五个系列4000多个品种。1996年本公司锦纶6切片、长丝、尼塔绸的生产量约分别占国内生产总量的26%、8.6%、15%；其销量在国内市场占有率分别为约15.8%、5.1%、5.47%。同时，本公司产品43.55%出口到端士、新加坡、港澳等国家和地区，香港织带行业的80%用料采用本公司产品。

本公司坚持以高科技为先导，1985年率先引进国外先进的全套锦纶6生产设备技术，连续在此基础上进行了五期技改配套工程，平均每两年上一个大项目，形成锦纶6聚合、纺丝、织造、印花及染整等一条龙的生产体系。通过对引进设备技术的消化、吸收，形成了自己的技术体系，被瑞士依云达公司列为"海外工程样板"。中国纺织总会评价本公司"在国内锦纶6企业中，发展速度、规模、质量、效益以及出口创汇均排第一名，具有同行业排头兵的地位"。公司经营发展模式被誉为"新会锦纶模式"。1995年公司被评为广东省高新技术企业，1996年又列入国家确定重点支持的300家国有企业。

(二)公司历史沿革

本公司前身是始建于1970年的广东新会县氮肥厂，1985年转产锦纶6化纤产品，并更名为广东新会锦纶厂。1992年11月，根据广东省企业股份制试点联审小组和省体改委粤股审[1992]59号文的批复，本公司由广东新会锦纶厂、中国工商银行信托投资公司、中国工商银行广东省信托投资公司和中国银行广州信托咨询公司等法人共同发起设立的，首期总股本13000万股，原广东新会锦纶厂以其评估后净资产2.05亿元折为6500万国有股，占总股本50%；其他法人和内部职工均按每股3.2元以现金方式认购6500万股共计2.08亿元。其中中国工商银行信托投资公司认购750万股，占总股本5.77%；中国工商银行广东省信托投资公司和中国银行广州信托咨询公司各认购1000万股，分别占总股本的7.69%；发起人以外的其它法人认购2375万股，占总股本的18.27%，内部职工认购1375万股，占总股本的10.58%，股金已全部募足，并经广州会计师事务所验证。

由于国家宏观调控的需要，信托业务要撤消归并，中国银行广州信托咨询公司全额转让1000万股发起人股给新会市新联贸易公司。该等股份相应变更为法人股。该转让已经新会市体改办以新体改[1996]020号文确认。上述股权转让后，本公司的发起人由原四家变更为三家。经新会市国有资产管理办公室[1996]35号文、广东省体改委粤体改[1996]164号文批复将非经营性资产、部分未摊销无形资产等净值3,213.32万元采取调减国有法人股的办法剥离本公司，共调减900万股国有法人股。同时确认本公司控股方，国有法人股持股单位广东新会美达锦纶集团公司向广发证券有限责任公司转让200万股，该等股份因而转变为法人股。经过股份规范化工作后，本公司股本调减至12,100万元。

三、发行情况

(一)股票公开发行

1. 社会公众股发行数量：	5,000万股；
2. 发行价格：	每股6.33元；
3. 募集资金总额：	316,500,000元；
4. 发行方式：	全额预缴款、比例配售、余款转存；
5. 配售比例：	10.865%；
6. 配售户数：	13,922户；
7. 持1000股以上户数：	3,741户；
8. 发行费用总额：	11,500,000元；
9. 每股发行费用：	0.23元；
10. 发行市盈率：	14.50倍。

(二)股票承销

本次股票发行为超额认购，无余额由承销团包销。

(三)验资报告[粤会所验字(97)第47号]

广东新会美达锦纶股份有限公司：

我们接受委托，对广东新会美达锦纶股份有限公司截至1997年6月9日止的实收资本及相关的资产和负债的真实性和合法性进行了审验。在审验过程中，我们按照《独立审计实务公告第1号－验资》的要求，实施了必要的审验程序。广东新会美达锦纶股份有限公司的责任是提供真实、合法、完整的验资资料，保护资产的安全、完整。我们的责任是按照《独立审计实务公告第1号－验资》的要求，出具真实、合法的验资报告。

广东新会美达锦纶股份有限公司发行社会公众股前的股本为人民币121,000,000.00元，广东新会美达锦纶股份有限公司发行社会公众股后的股本为人民币171,000,000.00元。根据我们的审验，截至1997年6月9日止，广东新会美达锦纶股份有限公司已收到社会公众股东缴入的股本金人民币305,000,000.00元。其中，实收股本人民币

50,000,000.00元,资本公积人民币255,000,000.00元。

附件:一、变更前后股本对照表;

二、验资事项说明。

广州会计师事务所　　中国注册会计师:何威明　纪彦林

一九九七年六月九日

四、董事、监事及高级管理人员持股情况

姓名	职务	持股数(股)	持股比例(%)
陈柏森	董事长兼总经理	6,000	0.0035
梁湛潮	董事兼常务副总经理	6,000	0.0035
阮炳昆	董事兼副总经理	5,000	0.0029
冯启宗	董事兼副总经理	5,000	0.0029
谢　军	董事	0	0
吴穗生	董事	0	0
吴绍祥	董事	1,000	0.0006
李欢容	监事会主席	5,000	0.0029
梁柏掌	监事	3,000	0.0018
徐茂淮	监事	3,000	0.0018
陈炳耀	副总经理	5,000	0.0029
李卓方	副总经理	5,000	0.0029
徐锡培	副总经理	5,000	0.0029
合　计:		49,000	0.0287

五、公司设立

(一)本公司于1996年5月29日召开了股东大会,审议并通过了向社会公开发行的5000万股A股股票在深圳证券交易所申请上市交易的决议,并责成公司董事会做好各项准备工作。

(二)公司注册资金:17,100万元

(三)公司注册时间:1997年6月9日

(四)公司注册地址:广东省新会市江会路上浅口

(五)营业执照注册号码:19413398-6

六、关联企业及关联交易

(一)关联企业

本公司的最大股东为广东新会美达锦纶集团公司,共持有本公司的股份数为5,400万股,占本公司总股本的31.58%。广东新会美达锦纶集团公司是一家以本公司为主体、工贸结合的外向型集团公司。除本公司外,美达集团还拥有新会市漂染制线厂等6家子公司。

本公司控股公司情况:

公司名称	经营范围	注册资本	本公司持股比例
新会市美达纺织服装贸易公司	纺织原材料、纺织产品、服装	80万元人民币	100%
新会粤新热电联供有限公司	燃油气轮机发电及蒸气生产	500万美元	75%
新会冠华尼龙有限公司	生产锦纶6复丝、弹力丝	705万美元	75%
新会德华尼龙切片有限公司	锦纶6切片	1,368万美元	75%

(二)关联交易

(1)本公司非经营性资产剥离后交由广东新会美达锦纶集团公司(下称美达集团)经营,1997年2月20日本公司与美达集团签订十年期的《财产租赁合同》,本公司在10年内有偿使用非经营性资产,由本公司每年向美达集团支付548,386.80元的租金。

(2)本公司为了将产品销售到国外,每年均与有出口权的美达集团签订产品销售合同,将其部分产品销售给美达锦纶集团,有关销售合同按照公平、等价、有偿的原则签订,其价格与市场价格一致,双方权利义务的规定符合有关法律规定。

(3)持有本公司本次发行前1.65%股份的广发证券有限责任公司为本公司本次股票发行的主承销商。

七、股本结构及大股东持股情况

(一)本公司上市前的股本结构

股本类别	股数	比例
1. 尚未流通股份		
(1)发起人股份	7,150万	41.81%
其中:		
国有法人股	5,400万	31.58%
法人股	1,750万	10.23%
(2)募集法人股	3,575万	20.91%
(3)内部职工股	1,375万	8.04%
合计	12,100万	70.76%
2. 流通股份		
社会公众股	5,000万	29.24%
总　股　本	17,100万	100.00%

(二)前十名股东所持股数

股东名称	持股数(万股)	占总股本比例(%)
广东新会美达锦纶集团公司	5,400	31.58
中国工商银行广东省信托投资公司	1,000	5.85
中国工商银行信托投资公司	750	4.38
新会市新联贸易发展公司	750	4.38
华夏证券有限公司	500	2.92
广东国际租赁公司	400	2.34
广东纺织工业总公司	300	1.75
南海平东海天日用工艺制品厂	225	1.32
广发证券有限责任公司	200	1.17
广州凯信经济发展有限公司	150	0.88
合计:	9,675	56.85

八、财务会计资料

(一)审计报告:

广东新会美达锦纶股份有限公司全体股东:

我们接受委托,审计了贵公司1994年12月31日、1995年12月31日、1996年12月31日的资产负债表及合并资产负债表,1994年度、1995年度及1996年度有关会计期间的利润及利润分配表和合并利润及利润分配表,以及1996年度财务状况变动表及合并财务状况变动表。这些会计报表由贵公司负责,我们的责任是对这些会计报表发表审计意见。我们的审计是依据中国注册会计师独立审计准则进行的。在审计过程中,我们结合贵公司实际情况,实际了包括抽查会计记录等我们认为必要的审计程序。

我们认为,上述会计报表符合《企业会计准则》和《股份制试点企业会计制度》的有关规定,在所有重大方面公允地反映了贵公司上述会计期间截止日的财务状况和相应会计期间的经营成果及1996年度的资金变动情况,会计处理方法的选用遵循了一贯性原则。

广州会计师事务所　　中国注册会计师:何威明

中国注册会计师:黄晓霞

中国·广州　　一九九七年四月八日

(二)会计报表

1. 合并资产负债表(附后)

2. 合并利润及利润分配表(附后)

3. 合并财务状况变动表(附后)

4. 公司的主要会计政策

(1)会计制度:执行《股份制试点企业会计制度》及其有关补充规定。

(2)会计年度:自公历一月一日起至十二月三十一日止。

(3)合并报表的编制方法:

公司合并会计报表是根据公司及公司之子公司的会计报表,按《合并

会计报表暂行规定》的要求编制的。公司合并会计报表时,对因公司与子公司、子公司相互间的内部交易、内部业务往来而形成的债权债务、内部销售收入、未实现内部销售利润等项目以及公司对子公司权益性资本投资项目的金额与子公司的所有者权益中公司所持有的份额相互抵销,少数股东权益予以扣除。

(4)记帐原则和计价基础:按权责发生制的原则记帐,以历史成本为计价基础。

(5)外币换算方法

公司以人民币为记帐本位币。采用外汇统帐制,涉及外币的经济业务在每月月初的外汇市场汇价的中间价折合为人民币记帐;月终对外币的货币项目余额按期末中国人民银行公布的市场汇价的中间价进行调整,其差额计入当期损益。

(6)坏帐准备

公司按照《股份制试点企业财务管理若干问题的暂行规定》,按照年末应收帐款余额(不含合并会计报表的各企业之间的内部往来款项)的3‰—5‰计提坏帐。

(7)存货的计价方法:按实际成本计价,存货日常发出或领用采用移动加权平均法计算确定。低值易耗品在领用时采用一次摊销法核算。

(8)长期投资核算方法:

债券投资:采用成本法核算;以票面值及利率按权责发生制计算确认收益。

股权投资和联营投资:拥有被投资企业股权20%以下时采用成本法核算;拥有被投资企业股权20%至50%时采用权益法核算;拥有被投资企业股权50%以上或虽母公司持股不足50%但拥有被投资企业实质控制权时采用合并会计报表的方式核算。

(9)固定资产及其折旧

固定资产的标准及计价

使用年限超过一年,单位价值2000元以上并且在使用过程中保持原有物质形态的资产为固定资产;固定资产按实际成本计价。

固定资产折旧采用直线法不留残值计算,使用年限和折旧率分别列示如下:

类别	使用年限	年折旧率(%)
房屋及建筑物	30	3.33
专用设备	25	4
通用设备	25	4
运输设备	13	7.69
其他设备	14-18	7.14、5.56

(10)无形资产及其摊销

股东投入的土地使用权,按广东资产评估公司以1993年3月31日为评估基准日的"粤资评[93]028号"《资产评估报告》的评估值入帐(重置成本法);外购土地使用权按实际支出入帐。土地使用权按50年分期摊销。

(11)递延资产及其摊销

开办费按不少于5年的期限平均摊销

(12)收入实现的确认方法

当产品已经发出或劳务已经提供,并且取得有关款项或取得索取有关款项的权利时确认收入。

(13)税项

A、流转税

项目	税费率
营业税	5%
增值税—销项税	17%
—进项税	17%
城市建设维护税 *	7%
教育费附加 *	3%

* 按应缴纳税金的一定比例计缴,应缴纳税金包括营业税、增值税。

B、所得税

97年起根据广东省人民政府办公厅粤办函[1997]176号和江门市人民政府江府函[1997]9号文,公司按实现利润的33%计征所得税,超过15%以上的所得税由新会市财政局返还。

(14)利润分配

根据国家有关法律和本公司章程规定,本公司的税后盈利,按如下顺序及比例分配:

(1)弥补以前年度的亏损;

(2)提取法定盈余公积金10%;

(3)提取法定公益金5～10%;

(4)提取任意公积金,提取比例由股东大会决定;

(5)支付股利、比例由股东大决定。

5. 会计报表主要项目注释

(1)应收帐款

公司1996年12月31日合并应收帐款余额按帐龄分类列出如下:

帐龄	金额	比例(%)
一年以内	53,632,342.93	86.72
一年以上二年以内	7,177,780.19	11.61
二年以上三年以内	1,038,164.16	1.67
合　计	61,848,287.28	100.00

(2)长期投资

①股权投资

被投资公司名称	股　数	占被投资公司股权比例	投资金额
交通银行广州分行	2,446,980	0.02%	2,390,000.00

公司于94年收到交通银行广州分行送的红股56,980股。

②债券投资

债券种类	到期日	面值	年利率	投资金额
重点企业债券	95.3.31	151,220.00	7.2%	151,220.00
新会工业桥梁债券	96.3	177,720.00	12.672%	177,720.00
95年国库券	98.6	532,200.00	14%	532,200.00
91特种国债券	96.5	60,000.00	14%	60,000.00
87国库券	92.7.1	10,000.00	14%	10,000.00
94年国库券	97.7	220,000.00	14%	220,000.00
小　计		1,151,140.00		1,151,140.00

③应计利息　402,237.92

上述①②③合计　3,943,377.92

(3)无形资产

无形资产95年、96年期末余额列示

项目	1996.12.31	1995.12.31
商　标	308,000.00	13,662,000.00
土地使用权	20,006,702.75	20,414,302.75
合　计	20,314,702.75	34,076,302.75

·1992年11月原厂改制时,商标及商誉评估值为20,000,000.00元,作为股东投入进入股份公司,根据广东省体改委"粤体改[1996]164号"文及新会市国有资产管理办公室"新国资[1996]35号"文批准同意核减部分未摊销无形资产11,350,000.00元,故96年12月31日"无形资产—商标"余额为308,000.00元,由股份公司享有该商标的所有权。

(4)应付帐款

96年期末数比95年期末数增加32%,主要原因系购买原材料增加而款项尚未支付。

(5)预提费用

项目	1996.12.31	1995.12.31
预提切片关税	—	2,690,921.81

电　费	7,104,960.67	5,914,160.68
企业财产保险费	28,508,68	—
利　息	1,676,564.35	1,053,589.77
合　计	8,810,033.70	9,658,672.26

(6)其他长期负债

其他长期负债为公司通过锦华实业(香港)有限公司向境外金融机构借的款项 HKD60,000,000.00,按年末汇率 1.0719 折成人民币 64,314,000.00 元。

(7)资本公积

	1996.12.31	1995.12.31	1994.12.31
股票溢价	288,106,439.04	311,239,682.25	311,239,682.25

96 年度调减资本公积系由于根据有关批复将非经营性资产等 32,133,243.21 元折合 900 万股国有法人股剥离。

(8)盈余公积

项目	1996.12.31	1995.12.31	1994.12.31
法定盈余公积金	21,824,748.15	15,073,349.44	10,212,192.40
法定公益金	10,912,374.08	7,536,674.72	5,106,096.20
合计	32,737,122.23	22,610,024.16	15,318,288.60

(9)财务费用

项目	1996 年	1995 年
利息净支出	39,999,537.81	27,469,280.05
汇兑净损失	318,198.00	175,619.00
金融机构手续费	1,805,964.69	435,941.70
合计	42,123,700.50	28,080,841.41

6. 本公事主要财务指标如下:

	1996 年	1995 年	1994 年
(1)流动比率	1.16	1.04	1.11
(2)速动比率	0.64	0.60	0.74
(3)资产负债率	53%	57%	53%
(4)应收帐款周转	13.28 次/年	11.30 次/年	11.10 次/年
(5)存货周转率	3.56 次/年	3.32 次/年	3.60 次/年
(6)每股净资产	4.11 元	3.74 元	3.51 元
(7)每股净利	0.56 元	0.37 元	0.38 元
(8)净资产利润率	13.58%	10%	10.86%

公司在财务报表截止日(1996 年 12 月 31 日)之后,并无编制任何经中国注册会计师审核的财务报表。

九、董事会上市承诺

本公司董事会将严格遵守《中华人民共和国公司法》、《股票发行与交易管理暂行条例》、《公开发行股票公司信息披露实施细则(试行)》、《深圳证券交易所业务规则》,以及国家其他有关的法律、规则的规定,并自股票上市之日起作出如下承诺:

1. 按照法律、法规的规定程序和要求披露重大信息、并接受证券主管机关、深圳证券交易所的监督管理。

2. 及时、真实、准确地公布中期报告和年度报告、并备置于规定场所供投资者公众查阅。

3. 本公司董事、监事及高级管理人员如发生人事变动或持本公司股票发生变化时,在报告证券主管机关、证券交易所的同时向投资者公布。

4. 在任何公共传播媒介中出现的消息可能对本公司股票的市场价格产生误导性影响时,本公司知悉后将及时对该消息予以澄清。

5. 本公司董事、监事及高级管理人员将认真听取社会公众的意见和批评,不利用已获得的内幕消息和其他不正当手段直接或间接从事股票买卖活动。

6. 本公司没有无记录负债。

十、重要事项揭示

(一)本公司本次发行的 5,000 万社会公众股,没有向内部职工发行。本次发行的股份全部上市流通。

(二)截止本上市公告书刊登之日,本公司以及本公司的董事、监事和高级管理人员并无涉及任何尚未了结或可能发生的诉讼。

(三)本公司上市后所得税税率为 15%。

(四)1997 年 5 月 12 日,本公司召开了股东大会年会,讨论通过了向公司原有股东每 10 股派发现金 2.00 元的分红派息决议。未分配利润由新老股东共同享有。

十一、备查文件目录

1. 深圳证券交易所上市通知书;
2. 审计报告;
3. 资产评估报告;
4. 招股说明书;
5. 验资报告;
6. 发行人成立的注册登记文件;
7.《上市协议书》;
8. 国家证券主管部门批准上市的文件;
9. 其他备查文件;

十二、上市咨询机构

1. 上市公司:广东新会美达锦纶股份有限公司
   地　　址:广东省新会市江会路上浅口
   法定代表人:陈柏森
   电　　话:(0750)6126062　6122984
   传　　真:(0750)6120975
   联 系 人:高发中、胡振华
2. 主承销商及
   上市推荐人:广发证券有限责任公司
   地　　址:广州市农林下路 83 号广发金融大厦四楼
   法定代表人:陈云贤
   电　　话:(020)87310888-2419
   传　　真:(020)87310255
   联 系 人:胡健、蔡铁征
3. 上市推荐人:广东证券公司
   地　　址:广东省广州市东风东路 703 号
   法定代表人:钟伟华
   电　　话:(020)87666000-1103
4. 上市推荐人:君安证券有限公司
   地　　址:深圳市春风路 5 号
   法定代表人:张国庆
   电　　话:(0755)2175560
5. 财务审计机构:广州会计师事务所
   地　　址:广州市环市东路 322 号
   电　　话:(020)83813747
   经办注册会计师:黄晓霞、何威明

广东新会美达锦纶股份有限公司

1997 年 6 月 17 日

1、合并资产负债表

单位:元

资产	96.12.31	95.12.31	94.12.31	负债及股东权益:	96.12.31	95.12.31	94.12.31
流动资产:				流动负债:			
货币资金	30,837,710.86	13,093,145.61	22,169,833.55	短期借款	189,876,938.00	153,291,914.00	129,663,839.00
应收票据	1,180,000.00	17,771,216.64	—	应付票据	7,500,000.00	—	—
应收帐款	61,848,287.28	64,905,159.24	48,912,100.17	应付帐款	51,205,258.17	38,764,850.38	43,909,840.79
减:坏帐准备	253,169.83	202,015.74	153,642.39	预收货款	34,800.87	19,397,685.70	9,152,832.21
应收帐款净额	61,595,117.45	64,703,143.50	48,758,457.78	其他应付款	56,831,672.10	94,897,531.04	64,455,902.60
预付货款	31,257,410.20	59,474,791.53	92,972,657.22	应付福利费	482,080.43	247,802.42	196,553.35
其他应收款	114,030,770.33	88,839,209.81	68,738,594.35	未交税金	3,590,274.10	2,807,826.58	6,317,838.78
待摊费用	8,786,058.00	11,799,749.11	11,072,701.12	未付股利	30,700,000.00	19,500,000.00	42,640,000.00
存货	197,331,156.67	192,083,553.66	122,991,154.89	预提费用	8,810,033.70	9,658,672.26	8,990,697.53
流动资产合计	445,018,223.51	447,764,809.86	366,703,398.91	一年内到期的长期负债	35,000,000.00	90,390,680.00	25,508,470.00
长期投资:				流动负债合计:	384,031,057.37	428,956,962.38	330,835,974.26
长期投资	3,943,377.92	4,031,663.50	6,163,140.34	长期负债:			
其中:合并价差	—	-108,076.50	—	长期借款	163,139,191.49	200,398,055.53	200,852,673.50
固定资产:				其他长期负债	64,314,000.00	64,536,000.00	—
固定资产原价	871,019,869.03	891,054,304.04	731,841,573.53	长期负债合计	227,453,191.49	264,934,055.53	200,852,673.50
减:累计折旧	210,983,137.98	186,408,509.01	160,377,595.51	负债合计	611,484,248.86	693,891,017.91	531,688,647.76
固定资产净值	660,036,731.05	704,645,795.03	571,463,978.02	少数股东权益:	55,908,916.00	39,156,073.43	15,776,092.39
在建工程	10,148,928.12	12,711,832.37	23,658,988.35	股东权益:			
固定资产合计	670,185,659.17	717,357,627.40	595,122,966.37	股本	121,000,000.00	130,000,000.00	130,000,000.00
无形及其他资产				资本公积	288,106,439.04	311,239,682.25	311,239,682.25
无形资产	20,314,702.75	34,076,302.75	30,044,032.75	盈余公积	32,737,122.23	22,610,024.16	15,318,288.60
递延资产	25,005,122.08	15,709,864.47	6,212,808.00	其中:公益金	10,912,374.08	7,536,674.72	5,106,096.20
无形及其他资产合计	45,319,824.83	49,786,167.22	36,256,840.75	未分配利润	55,230,359.30	22,043,470.23	223,635.37
资产总计	1,164,467,085.43	1,218,940,267.98	1,004,246,346.37	股东权益合计	497,073,920.57	485,893,176.64	456,781,606.22
				负债及股东权益总计	1,164,467,085.43	1,218,940,267.98	1,004,246,346.37

合并利润及利润分配表

单位:元

项目	1996年度	1995年度	1994年度
一、主营业务收入	838,336,928.94	640,904,873.34	541,042,683.96
减:营业成本	62,657,994.73	523,447,415.11	431,621,825.79
销售费用	8,852,287.50	9,720,868.86	7,021,522.44
管理费用	23,829,267.69	20,973,300.92	24,206,555.81
财务费用	42,123,700.50	28,080,841.41	23,883,302.59
营业税金及附加	412,883.13	717,447.77	1,243,924.81
二、主营业务利润	70,460,795.39	57,964,999.27	53,065,552.52
加:其他业务利润	4,088,046.84	642,110.39	162,503.77
三、营业利润	74,548,842.23	58,607,109.66	53,228,056.29
加:投资收益	437,645.66	378,952.76	3,093,026.41
营业外收入	821,727.25	86,653.80	4,499.95
减:营业外支出	7,500.00	2,359,907.86	1,311,903.26
四、利润总额	75,800,715.14	56,712,808.36	55,013,679.39
减:所得税	6,700,000.00	7,083,716.57	5,068,284.23
少数股东损益	1,586,728.00	1,017,521.37	358,492.39
五、净利润	67,513,987.14	48,611,570.42	49,586,902.77
加:年初未分配利润	22,043,470.23	223,635.37	714,768.02
六、可分配的利润	89,557,457.37	48,835,205.79	50,301,670.79
减:提取法定公积金	6,751,398.71	4,861,157.04	4,958,690.28
提取法定公益金	3,375,699.36	2,430,578.52	2,479,345.14
七、可供股东分配的利润	79,430,359.30	41,543,470.23	42,863,635.37
减:已分配普通股股利	24,200,000.00	19,500,000.00	42,640,000.00
八、未分配利润	55,230,359.30	22,043,470.23	223,635.37

1996年度合并财务状况变动表

单位:元

流动资金来源和运用		流动资金各项目的变动	
一、流动资金来源:		一、流动资产本年增加数:	
1.本年净利润(合并报表为合并净利润)	67,513,987.14	1.货币资金	17,744,565.25
加:少数股东本期损益(合并报表填列)	1,586,728.00	2.应收票据	-16,591,216.64
加:不减少流动资金的费用和损失:		3.应收帐款净款	-3,108,026.05
(1)固定资产折旧	35,654,228.37	4.预付货款	-28,217,381.33
(2)无形资产、递延资产及其他资产摊销(减其他负债转销)	3,497,618.33	5.其他应收款	25,191,560.52
小计	108,252,561.84	6.待摊费用	-3,013,691.11
2.其他来源:		7.存货	5,247,603.01
(1)增加长期负债	29,363,599.52	流动资产增加净额	-2,746,586.35
(2)收回长期投资	598,600.00	二、流动负债本年增加数:	
(3)对外投资转出固定资产	18,241,588.45	1.短期借款	36,585,024.00
(4)对外投资转出无形资产	11,350,000.00	2.应付票据	7,500,000.00
(5)资本净增加额	-22,006,145.14	3.应付帐款	12,440,407.79
(6)少数股东资本净增加项(合并报表填列)	16,752,842.57	4.预收货款	-19,362,884.83
小计	54,300,485.40	5.应付福利费	234,278.01
流动资金来源合计	162,553,047.24	6.未付股利	11,200,000.00
二、流动资金运用:		7.未交税金	782,447.52
1.利润分配:		8.其他应付款	-38,065,858.94
(1)提取法定公积金	6,751,398.71	9.预提费用	-848,638.56
(2)提取法定公益金	3,375,699.36	10.一年内到期的长期负债	-55,390,680.00
(3)已分配利润	24,200,000.00	流动负债增加净额	-44,925,905.01
小计	34,327,098.07	流动资金增加净额	42,179,318.66
2.少数股东利润分配(合并报表填列)	1,586,728.00		
3.其他运用:			
(1)固定资产和在建工程净增加额	6,723,838.59		
(2)增加无形资产、递延资产及其他资产	10,381,275.94		
(3)偿还长期负债	66,844,463.56		
(4)增加长期投资	510,314.42		
小计	84,459,902.51		
流动资金运用合计	120,373,728.58		
流动资金增加净额	42,179,318.66		

北新集团建材股份有限公司

北新集团建材股份有限公司股票上市公告书

一、要览

总股本:	15,500 万股
可流通股份:	4,500 万股
本次上市流通股份:	4,050 万股
证券编码:	0786
股票简称:	北新建材
上市地点:	深圳证券交易所
上市日期:	1997 年 6 月 6 日
股份登记机构:	深圳证券登记有限公司
上市推荐人:	南方证券有限公司 中信证券有限责任公司

二、绪言

经中国证券监督管理委员会证监发字[1997]223 号和证监发字[1997]224 号文批准,本公司已成功地向社会公众发行每股面值 1.00 元人民币普通股 4500 万股。经 1997 年 5 月 30 日本公司创立大会暨第一次股东大会决议通过和深交所深证发[1997]211 号《上市通知书》批准,本公司股票将于 1997 年 6 月 6 日在深交所挂牌交易。本公司总股本为 15500 万股,可流通股份为 4050 万股(另有 450 万股公司职工股将在本次股票上市 6 个月后方可上市流通),股票简称:"北新建材";证券编码"0786";交易单位为"股"。

本公告书依据《公司法》、《股票发行与交易管理暂行条例》、《公开发行股票公司信息批露实施细则》和《深圳证券交易所业务规则》等国家有关法律法规文件的规定,为本公司股票公开上市之目的向社会公众提供本公司的基本情况及有关资料。

本公司于 1997 年 5 月 16 日在《证券时报》、《中国证券报》刊登本公司《招股说明书概要》,距今不足 6 个月,故与其相重复的内容在此不再赘述。本公司董事会提醒广大投资者注意,凡本公告书未涉及的有关内容,敬请查阅《招股说明书概要》。

本公司董事会及各位董事确信本公告书未遗漏任何重大事项,亦不存在任何误导和虚假之成份,并愿就本公告书及相关资料的真实性、准确性、完整性负个别及连带责任。

三、公司概况

(一)发起人简介

1. 发起人名称:北新建材(集团)有限公司
2. 成立日期:1984 年 8 月
3. 注册地址:北京市海淀区西三旗环岛东路南
4. 注册资本:18555 万元
5. 法定代表人:宋志平
6. 公司经营范围:新型建筑材料、装饰材料及配套产品、机械设备、金属房屋的技术开发、制造、销售及技术服务;销售金属材料、木材、煤炭、建筑机械、汽车配件、五金交电化工;汽车货运;仓储服务。
7. 所属行业:新型建材
8. 联系电话:010—62913831

(二)公司历史沿革

本公司唯一发起人北新建材(集团)有限公司是 1979 年原国家建材总局投资兴建的国内规模最大的新型建筑材料生产基地,曾采用"北京新型建筑材料试验厂"、"北京新型建筑材料厂"、"北京新型建筑材料总厂"等名称。1994 年北京新型建筑材料总厂被确定为全国建立现代企业制度百户试点,1995 年 12 月经国家经济贸易委员会和国家建筑材料工业局联合发文,批复北京新型建筑材料总厂的《试点实施方案》,同意暂由中国新型建筑材料公司作为总厂的投资主体,将总厂改制为国有独资公司,更名为北新建材(集团)有限公司。1997 年 4 月 16 日,经国家体改委"体改生[1997]48 号文批准,集团公司将下属石膏板厂、轻钢龙骨厂和装饰石膏板厂等三个厂的资产评估后作价,折为国有法人股 11,000 万股,并向社会公开发行 4500 万股人民币普通股,募集设立本公司。

1997 年 5 月 30 日,在北京市召开本公司创立大会暨首届股东大会,1997 年 5 月 30 日在北京市工商行政管理局完成工商登记,工商登记号:11510134,本公司正式成立。

四、股票发行及承销

1. 社会公众股发行数量:	4500 万股
公司职工股:	450 万股(指向公司职工发行的占社会公众股 10%的部分)
股票发行价格:	5.93 元/股
募集资金总额:	266,850,000 元
发行方式:	上网定价
配售比例:	0.911413%
持股 1000 股以上的户数:	41410 户
发行费用总额	9,590,225 元
每股费用:	0.21 元
发行市盈率	14.5 倍

2. 股票承销

本次发行采用余额包销方式,承销商承销数额及分销比例如下;

主承销:	南方证券有限公司	1575 万股	35%
副主承销:	中信证券有限责任公司	1125 万股	25%
分销:	光大证券有限责任公司	450 万股	10%
	国泰证券有限公司	450 万股	10%
	安徽省国际信托投资公司	450 万股	10%
	君安证券有限公司	450 万股	10%

本次发行获超额认购,并无余额须由承销商包销。

3. 验资报告

本次发行募集资金 26685 万元,扣除发行各项费用 9,590,225 元,并经中华会计师事务所中华股验字[1997]013 号验资报告确认,募集资金 257,259,775 元,已于 1997 年 5 月 28 日进入本公司帐户。

开户行:中国工商银行北京市分行海淀区支行清河分理处

帐号:061041039—48

五、董事、监事及高级管理人员持股情况

姓名	职务	持有股数(股)	比例(%)
宋志平	董事长	6000	0.0039
李宜民	董事、总经理	5000	0.0032
白明文	董事	5000	0.0032
李鸿兴	董事	5000	0.0032
于广宽	董事	5000	0.0032

芦金山	董事	5000	0.0032
龚长德	董事、董事会秘书	5000	0.0032
张乃岭	监事	5000	0.0032
崔利君	监事	5000	0.0032
周继明	监事	5000	0.0032
包文春	副总经理	5000	0.0032
邓玉庭	副总经理	5000	0.0032
张文民	副总经理	5000	0.0032
周　桓	副总经理	5000	0.0032
合　计		71000	0.0455

本公司董事、监事及高级管理人员共持有本公司股票71000股，占本公司总股本的0.046%，其持有的股票按照《公司法》的规定在任职期间不得转让。

六、公司设立

公司创立大会暨第一届股东大会通过决议，同意公司股票在深圳证券交易所上市交易。

公司注册资金：15500万元

公司注册时间：1997年5月30日

公司注册地点：北京市海淀区

营业执照注册号码：11510134

七、关联企业及关联交易

1.关联企业：

北新建材(集团)有限公司作为公司的控股股东，持有公司70.97%的股份，将依照公司章程行使股东权利，并承担相应的责任与义务。公司已与北新集团签定了《综合服务协议》，业务、资产、人员已进行了分离，具备独立的财务核算体系及经营管理体系。

2.关联交易：

(1)本公司与发起人签订《综合服务协议》，由发起人向本公司提供生产经营所必需的服务和设施，其中包括水、电、汽的供应；少量原材料、燃料的供应；部分产品销售和销售网络的利用；仓储、运输、装卸服务；生产区公共设施、办公场所的使用；生活服务设施的使用；办公及生活用车。本公司向发起人支付服务费用。

(2)本公司与发起人签订《土地租赁合同》，由发起人向本公司出租其位于北京市海淀区西三旗环岛东路南厂区内67.145平方米的土地使用权，公司向发起人每年支付租金15元/年。

(3)本公司与发起人签订《商标使用许可协议》，由发起人许可公司使用其注册登记的第168486号龙牌商标，公司向发起人支付商标使用许可费用100万元/年。

本公司已经获得北新建材(集团)有限公司承诺，集团公司与本公司之间将不会产生同业竞争问题。

八、股本结构及大股东持股情况

1.上市前的股本结构

项目	股数(万股)	比例%
总股本	15,500	100
尚未流通股份：	11,000	70.97
国有法人股份	11,000	70.97
可流通股：		
社会公众股	4,500	29.03
其中：		
公司职工股	450	2.90

2.前十名股东所持数额及比例

股东名称	股数(股)	比例(%)
北新建材(集团)有限公司	110,000,000	70.97
宋志平	6000	0.0039
李谊民	5000	0.0032
白明文	5000	0.0032
李鸿兴	5000	0.0032
于广宽	5000	0.0032
芦金山	5000	0.0032
龚长德	5000	0.0032
张乃岭	5000	0.0032
崔利君	5000	0.0032

九、公司财务会计资料

(一)审计报告

中华股审字(97)第021—1号

北新集团建材股份有限公司(筹备委员会)：

我们接受委托，对贵公司1994年12月31日、1995年12月31日和1996年12月31日的资产负债表以及1994年度、1995年度和1996年度的利润表及利润分配表、1995年度和1996年度的财务状况变动表进行了审计。这些会计报表由贵公司负责，我们的责任是对这些会计报表发表审计意见。我们的审计是依据《中国注册会计师独立审计准则》进行的。在审计过程中，我们实施了包括抽查会计记录等我们认为必要的审计程序。

我们认为，上述会计报表符合《企业会计准则》和《股份制试点企业会计制度》及其补充规定，在所有重大方面公允地反映了贵公司1994年12月31日、1995年12月31日和1996年12月31日的财务状况和1994年度、1995年度和1996年度的经营成果以及1995年度和1996年度的资金变动情况。会计处理方法的选用符合一贯性原则。

中华会计师事务所

中国注册会计师：廖良汉

中国·北京

中国注册会计师：谢佳扬

1997年1月16日

(二)主要财务报表：见附表一、二、三

(三)会计报表附注

1.一般情况

北新集团建材股份有限公司(以下简称“北新建材”)是由北新建材(集团)有限公司进行部分股份制改组而发起设立的股份有限公司。北新建材发起人股本为11,000万股。北新建材的前身是北新建材(集团)有限公司所属石膏板厂、轻钢龙骨厂、装饰石膏板厂等三个工厂。经国家建筑材料工业局建材生产发[1997]9号文批准，北新建材(集团)有限公司以上述三个厂为主体进行资产重组，拟向社会公众公开发行A种普通股股票4,500万股，每股面值为1元，计人民币4,500万元。股票发行后，北新建材注册资本为15,500万元。

北新建材位于北京新技术产业开发实验区内，主要生产经营“龙”牌石膏板制品、轻钢龙骨制品等各类新型建筑材料、装饰材料。

2.编报基准

通过对原北新建材(集团)有限公司的部分改组，北新建材已被视为一家持续经营的股份有限公司，因此在编制从1994年1月1日起的会计报表时，假设北新建材现时的生产经营结构业已存在。

本会计报表系对原北新建材(集团)有限公司1994年12月31日1995年12月31日和1996年12月31日的会计报表进行调整和分割转换，根据《股份制试点企业会计制度》及有关补充规定的要求而重新编制的。

3.重要会计政策

(1)会计制度

原北新建材(集团)有限公司会计核算执行财政部颁发的《企业会计

准则》及《工业企业会计制度》;北新建材自成立之日起会计核算执行《股份制试点企业会计制度》及有关补充规定。

(2)会计年度

北新建材会计年度自公历1月1日起至12月31日止。

(3)记帐原则

北新建材以权责发生制为记帐原则,采用历史成本为计价基础。1996年12月31日的资产、负债和净资产已按照经评估确认的价值进行了调整。

(4)记帐本位币

北新建材会计核算以人民币为记帐本位币。

(5)外币折算方法

北新建材外币业务均按当月一日的人民币市场汇价折合为人民币记帐,并按期末(各月末和年末)的人民币市场汇价进行折合调整,折合差异记入当年损益。

(6)存货

北新建材的存货主要包括:原材料、产成品、半成品、包装物、低值易耗品等。原材料按实际成本核算,产成品按计划成本核算,按月计算分摊产品成本差异,将计划成本还原成为实际成本。发出存货计价采用加权平均法;低值易耗品采用一次摊销法摊销。

(7)固定资产及其折旧

北新建材固定资产标准为使用年限在一年以上,单位价值在2000元以上的资产。固定资产按取得时的实际成本记帐。

固定资产折旧根据固定资产原值、扣除3%的残值率及预计使用年限采用直线法分类计提,各类固定资产的年折旧率列示如下:

类别	折旧年限	年折旧率
房屋及建筑物	35	2.77%
机器设备	10	9.70%
运输工具	8	12.13%
其他	10	9.70%

(8)坏帐准备

北新建材按应收帐款年末余额的5‰计提坏帐准备。

(9)税项

①企业所得税

北新建材1994年度、1995年度、1996年度作为高新技术产业,其所得税按应纳税额的15%计缴。

②流转税及附加

北新建材流转税及附加包括增值税、城市维护建设税及教育费附加。北新建材被认定为增值税的一般纳税人,增值税适用税率为17%和13%;城市维护建设税按增值税税额的7%计缴;教育费附加按增值税税额的3%计缴。

③其他税项

北新建材其他税项包括房产税、车船使用税、印花税等,这些税项依据有关税务法规的规定计缴。

(10)收入确认

北新建材于发出商品、提供劳务,同时收讫价款或者取得索取价款的凭据时,确认营业收入的实现。

(11)利润分配

北新建材根据税后利润的10%和5%计提法定盈余公积金和法定公益金。

(12)评估调整情况

北新建材在编制本会计报表时,已将以1996年12月31日为基准日经评估确认后的资产评估增值按有关规定进行了调整。资产评估报告是在完成外勤审计工作日(1996年1月16日)之后获得确认的,确认文号为国资评[1997]269号。

4. 应收帐款

截止1996年12月31日,北新建材应收帐款余额为57,639,871元,按帐龄列示如下;

单位名称	1年以内	1—2年	2—3年	3年以上	合计
(1)沈阳筑根建材有限公司	3,009,386	237,514	—	—	3,246,900
(2)中新建材广州公司	2,942,245	—	—	—	2,942,245
(3)西安华龙新型建材公司	2,395,664	—	—	—	2,395,664
(4)上海申龙建筑材料公司	1,963,104	—	—	—	1,963,104
(5)武汉昌龙公司	1,764,523	—	—	—	1,764,523
(6)中船北京分公司	1,700,135	35,056	—	—	1,735,191
(7)筑根建材北京销售公司	1,564,442	—	—	—	1,564,442
(8)中新建材镇江分公司	1,512,180	—	—	—	1,512,180
(9)南京岩棉制品厂	1,511,590	—	—	—	1,511,590
(10)中新郑州销售公司	1,510,869	—	—	—	1,510,869
(11)其　他	28,022,643	4,736,575	1,741,615	3,281,978	37,782,811
合计	47,896,781	5,009,145	1,741,615	3,281,978	57,929,519
帐龄比重	82.7%	8.6%	3%	5.7%	100%

在上列应收款中,沈阳筑根建筑有限公司、西安华龙新型建材公司、上海申龙建筑材料公司、武汉昌龙公司、筑根建材北京销售公司为持有北新建材5%以上股份的股东单位的投资单位。

5. 预付货款

截止1996年12月31日,北新建材预付货款余额为6,924,719元,按明细列示如下:

单位名称	1996.12.31
(1)南县纸厂	2,881,462
(2)纸浆公司	1,124,076
(3)新材公司	751,331
(4)崇佑新型建材公司	615,631
(5)山西忻州筑根墙纸公司	400,000
(6)中技备件公司	300,000
(7)燕化炼油厂	221,646
(8)张家口化轻公司	119,002
(9)中新齐鲁建筑陶瓷厂	100,000
(10)其　他	411,571
合计	6,924,719

上列预付货款均为支付的购料款,其中无持有北新建材5%以上股份的股东单位的投资单位。

6. 其他应收款

截止1996年12月31日,北新建材其他应收款余额为139,504元,帐龄全部为一年以内,主要为备用金,且无持有北新建材5%以上股份的股东单位的投资单位。

7. 待摊费用

北新建材1996年12月31日的待摊费用为3,014,391元,为1994年期初存货已征税款,根据国家财政部和税务总局的有关规定计算的,应予抵扣销项税额的期初进项税额的尚未转销额。

8. 存货

截止1996年12月31日,北新建材存货按类别列示如下:

项目	1996.12.31
原材料	21,881,086
产成品	11,570,403
库存商品	3,389,017
半成品	1,765,170
包装物	42,660
低值易耗品	1,374,273
合计	40,022,609

9. 固定资产

截止 1996 年 12 月 31 日,北新建材固定资产及其累计折旧分类列示如下:

(1)固定资产原值

类别	期初余额	本年增加	本年减少	期末余额
房屋建筑物	25,123,546	43,570,186	—	68,693,732
机器设备	92,584,650	69,696,910	—	162,281,560
运输设备	3,000,472	597,528	—	3,598,000
小计	120,708,668	113,864,624	—	234,573,292

(2)累计折旧

类别	期初余额	本年增加	本年减少	期末余额
房屋建筑物	7,734,697	14,443,385	—	22,178,082
机器设备	48,808,603	21,288,699	—	70,097,302
运输设备	758,992	45,458	—	804,450
小计	57,302,292	35,777,541	—	93,079,834
(3)固定资产净值	63,406,376			141,493,458

10. 短期借款

截止 1996 年 12 月 31 日,北新建材短期借款按贷款银行列示如下:

贷款银行	金额	月利率‰	期限	担保抵押情况
建设银行西四支行	10,000,000	8.40‰	96.11.30—97.11.30	免　保
工商银行海淀支行	15,000,000	12.06‰	96.4.25—97.3.25	中国新型建筑材料公司
工商银行海淀支行	4,100,000	9.24‰	96.9.13—97.6.13	中国新型建筑材料公司
中新集团财务有限公司	6,000,000	12.06‰	96.2.13—97.6.9	中国新型建筑材料公司
工商银行海淀支行	5,300,000	9.24‰	96.12.20—97.11.20	中国新型建筑材料公司
工商银行海淀支行	6,100,000	9.24‰	96.9.20—97.9.10	中国新型建筑材料公司
工商银行海淀支行	1,800,000	9.24‰	96.11.27—97.11.27	中国新型建筑材料公司
交通银行北京分行	7,000,000	10.65‰	96.7.23—97.9.27	中国新型建筑材料公司
交通银行北京分行	6,000,000	9.24‰	96.11.16—97.11.16	中国新型建筑材料公司
合计	61,300,000			

11. 应付帐款

截止 1996 年 12 月 31 日,北新建材应付帐款的余额为 18,135,118 元,按明细列示如下:

单位名称	1996.12.31
(1)山东郯城纸厂	7,500,555
(2)海南富大贸易公司	2,326,318
(3)武汉天门公司	1,782,607
(4)河北隆尧双牌石膏石矿	752,316
(5)新华物资公司	455,516
(6)天津四维包装公司	428,460
(7)潞城供销公司	349,963
(8)榆次大华石膏矿	264,132
(9)东升建筑金属配件厂	214,204
(10)北京焦化厂	214,075
(11)其他	3,846,972
合计	18,135,118

北新建材应付帐款中无持有北新建材 5%以上股份的股东单位的投资单位。

12. 预收货款

截止 1996 年 12 月 31 日,北新建材预收货款的余额为 2,978,627 元,按明细列示如下:

单位名称	1996.12.31
(1)山东八局第七经理部	100,000
(2)燕山服务部	92,214
(3)北晨金属工厂	90,000
(4)重庆永通装饰材料工程有限公司	89,506
(5)江苏武进电子计算机设备厂	88,121
(6)云南建材供销公司	82,534
(7)广东中山市福亨家私装饰工程公司	76,166
(8)中扶实业公司第一分公司	72,306
(9)科联公司	60,847
(10)太兴建筑装饰材料公司	50,933
(11)其　他	2,176,000
合计	2,978,627

北新建材预收帐款中无持有北新建材 5%以上股份的股东单位的投资单位。

13. 未交税金

截止 1996 年 12 月 31 日,北新建材未交税金余额为 3,423,108 元,按税项列示如下:

税项	1996.12.31
增值税	2,346,350
城建税	163,231
所得税	913,527
合计	3,423,108

14. 其他应付款

截止 1996 年 12 月 31 日,北新建材其他应付款余额为 14,922,230 元,按明细列示如下:

单位名称	1996.12.31
(1)应付工资	4,449,936
(1)中国新型建筑材料公司	5,431,642
(2)筑根化学品有限公司	1,892,849
(3)南京纤维水泥制品厂	955,317
(4)北新建材(集团)服务公司	775,500
(5)其　他	1,416,986
合计	14,922,230

在上列其他应付款中,北新建材(集团)服务公司为持有本公司 5%以上股份的股东单位的全资子公司。

15. 实收资本及资本公积

截止 1996 年 12 月 31 日,北新建材股本为 110,000,000 元,资本公积 40,908,019 元,反映的是北新建材(集团)有限公司作为发起人投入的经评估确认后的净资产。

16. 盈余公积

	法定公积金	法定公益金	合计
1994 年利润分配	4,185,547	2,092,774	6,278,321
加:1995 年利润分配	4,408,114	2,204,057	6,612,171
1996 年利润分配	4,908,852	2,454,426	7,363,278
减:盈余公积折股	13,502,513	6,751,257	20,253,770
1996 年 12 月 31 日余额	—	—	—

17. 主营业务收入

北新建材主营业务收入按类别列示如下:

收入类别	1996 年度	1995 年度	1994 年度
石膏板销售收入	209,308,927	181,026,489	150,270,701
龙骨销售收入	51,645,391	48,023,855	41,130,847
装饰板销售收入	6,280,638	6,225,206	5,512,897
合　计	267,234,956	235,275,550	196,914,445

18. 营业成本

北新建材营业成本按类别列示如下:

成本类别	1996 年度	1995 年度	1994 年度
石膏板销售成本	123,575,883	108,428,741	85,877,058
龙骨销售成本	43,670,356	40,937,910	30,216,912
装饰板销售成本	5,328,301	6,067,944	5,161,199

合 计	172,574,540	155,434,595	121,255,169

19. 销售费用

北新建材销售费用按类别列示如下:

费用项目	1996年度
工资及福利费	3,850,082
差旅费	506,382
业务费	538,873
运杂费	226,618
广告及推广费	1,995,662
修理费	308,552
水电费	124,566
展览费	395,827
其 他	2,900,955
合 计	10,847,517

20. 管理费用

北新建材管理费用按费用项目列示如下:

费用项目	1996年度
工资及福利费	3,140,472
差旅费	1,613,900
办公费	2,522,144
折旧费	658,888
修理费	1,568,496
物料消耗	111,838
低值易耗品摊销	318,538
工会经费	290,142
职工教育经费	217,692
劳动保险费	1,833,080
技术开发费	328,197
业务招待费	885,208
税金	444,071
上级管理费	801,705
其 他	7,422,395
合 计	22,156,766

21. 财务费用

北新建材财务费用按费用项目列示如下:

费用项目	1996年度	1995年度	1994年度
利息支出	5,688,144	3,575,966	2,983,046
利息收入	(547,005)	(562,352)	(63,356)
手续费	19,659	11,730	13,782
合 计	5,160,798	3,025,344	2,933,472

22. 其他业务利润

北新建材其他业务利润按项目列示如下:

项目	1996年度	1995年度	1994年度
材料销售	1,610,792	1,806,210	1,360,517
外购商品销售	1,175,726	1,690,788	1,300,050
非工业性劳务	666,467	805,803	362,805
合 计	3,452,985	4,302,801	3,023,372

23. 营业外收入

项目	1996年度	1995年度	1994年度
罚款收入	2,645	126,883	4,964
无法支付的款项	2,522	107,478	
其 他	2,652	5,476	3,124
合计	7,819	239,837	8,088

24. 营业外支出

项目	1996年度	1995年度	1994年度
罚款支出	45,741	24,778	1,363
捐赠支出	94,741	41,010	81,088
其 他	4,855	3,060	5,300
合 计	145,337	68,848	87,751

25. 关联交易

北新建材与北新建材(集团)有限公司及其下属公司在正常业务过程中发生的重大交易列示如下:

业务说明	1996年度	1995年度	1994年度
销售产成品	27,142,607	12,040,667	18,667,465

其中,1996年度关联交易按关联单位列示如下

关联单位	金额
北京海淀筑根精品商场	3,795,457
北新建材(集团)广州经销公司	4,086,942
西安华龙新材联营公司	2,754,661
上海申龙新材联营公司	3,116,979
厦门鹭龙新材联营公司	3,034,055
济南鲁龙新材联营公司	1,338,955
武汉昌龙建材公司	1,962,698
郑州新材联销售中心	2,401,174
太原晋龙新材联营公司	981,369
石家庄筑根建材公司	2,069,639
合肥皖龙新材联营公司	1,600,678
合计	27,142,607

北新建材与北新集团(建材)有限公司及其下属公司的上述交易均按市场价来结算。其中,96年度上述关联交易占当年该类交易的比例为10.16%。

26. 会计报表中变动较大项目的说明

北新建材1996年度比1995年度同期变动幅度在30%以上的报表项目及其变动原因列示如下:

报表项目	变动幅度	变动原因
应收帐款	29.06%	业务扩展使销售增加
预付货款	387.61%	业务量扩展,采购环节预付货款增加
存货	99.68%	生产量增加,存货储备增长
其他应收款	-51.30%	本期结算部分代垫费用
固定资产原值	94.33%	固定资产评估增值所致
累计折旧	62.44%	固定资产评估增值所致
短期借款	57.83%	业务扩展借取的流动资金
应付帐款	107.71%	业务扩展采购环节应付帐款增加
预收货款	31.17%	销售中的预收款增加
未交税金	234.92%	年末尚未缴纳税金
其他未交款	629.97%	年末尚未缴纳的教育费附加
实收资本	50.91%	评估调帐后的净资产折股
资本公积	无限大	评估调帐后的净资产折股
财务费用	70.59%	贷款增加使得财务费用相应增加
营业外收入	96.74%	95年度公司内纪检罚没收入较大
营业外支出	111.10%	捐赠支出增加

27. 或有负债

北新建材目前尚无任何重大担保、重大财务承诺及其他或有债项。

28. 结算日后帐目

北新建材并无编制1996年12月31日后的任何经审计的帐目。

十、董事会上市承诺

本公司董事会将严格遵守《公司法》、《股票发行与交易管理暂行条例》、《公开发行股票公司信息披露实施细则》、《深圳证券交易所业务细则》及国家有关法律、法规,并自股票上市之日起向证券主管机关、深交所、广大投资者作出如下承诺:

1. 自觉接受证券管理部门的监督和管理，认真听取政府、股东、证券管理部门、证券经营部门和社会公众的意见、建议和批评。

2. 准确和及时地公告本公司中期报告、年度报告及经营业绩资料和披露本公司重大经营活动信息。

3. 本公司董事会、监事会及高级管理人员如发生人事变动，或上述人员持有本公司股份数量发生变化时，及时通报证券管理机关，及时通过证券管理部门指定的媒体通告社会公众。

4. 本公司董事、监事及高级管理人员将认真听取社会公众的意见和批评，不利用内幕消息和不正当手段直接或间接从事任何目的的股票买卖活动。

5. 董事会及各位董事保证不就任何未经主管机关审阅的可能影响股价变动的重大信息私自公告或发表意见。

6. 本公司没有无记录负债。

十一、重要事项揭示

1. 股利分配政策

本公司自评估基准日至公司成立日期间的利润由发起人享有。

2. 盈利预测

根据中华会计师事务所对本公司的盈利预测的审核报告，1997 年度如无不可预测情况出现，本公司 1997 年度将实现税后利润预测为 A: 52,181,500 元(税率 15%)；B:41,131,300 元(税率 33%)。

相应地，按发行新股后全面摊薄计，一九九七年每股税后盈利为 A: 0.34 元(税率 15%)；B:0.27 元(税率 33%)。

3. 截止法律意见书出具日，本公司未发生对生产经营活动有重大影响的民事、刑事、行政诉讼、行政处罚或仲裁事宜，公司的董事、监事、高级管理人员无一人受到刑事处罚或此类事件的威胁。

4. 其他事项

本公司董事会认为没有在股票发行后发生的或将会发生的对公司资产、负债和股东权益有较大影响的重要事项。

十二、备查文件目录

以下文件备查：

1. 深圳证券交易所上市通知书
2. 招股说明书
3. 审计报告
4. 营业执照
5. 公司章程
6. 法律意见书

备查文件查阅地址

1. 北新集团建材股份有限公司

地址：北京市海淀区西三旗

邮编：100085

电话：010—62913831

联系人：龚长德　　邓玉庭

2. 南方证券有限公司

地址：北京市丰台区方庄芳群园 4 区 23 号

邮编：100078

电话：010—67642146；67642127

联系人：刘中　覃耀辉

北新集团建材股份有限公司

1997 年 6 月 4 日

资产负债表

编制单位：北新集团建材股份有限公司　　　　单位：人民币元

资产	注释	1996.12.31	1995.12.31	1994.12.31	负债及股东权益	注释	1996.12.31	1995.12.31	1994.12.31
流动资产					流动负债				
货币资金		2,502,941	2,134,200	1,992,010	短期借款	10	61,300,000	38,840,000	31,840,000
应收帐款	4	57,929,519	44,885,270	42,782,344	应付帐款	11	18,135,118	8,731,119	11,683,680
减：坏帐准备		289,648	224,426	213,912	预收货款	12	2,978,627	2,270,837	5,302,717
应收帐款净额		57,639,871	44,660,844	42,568,432	未交税金	13	3,423,108	1,023,894	1,736,799
预付帐款	5	6,924,719	1,420,149	1,467,171	其他未交款		70,391	9,643	17,542
其他应收款	6	139,504	286,461	104,136	其他应付款	14	14,922,230	11,980,384	11,519,458
待摊费用	7	3,014,391	3,794,773	4,743,466	流动负债合计		100,829,474	62,855,877	62,100,196
存货	8	40,022,609	20,043,566	14,065,793	长期负债				
流动资产合计		110,244,035	72,339,993	64,941,008	长期应付款				
固定资产					长期负债合计		—	—	5,000,000
固定资产原值	9	234,573,292	120,708,668	116,009,324	负债合计		100,829,474	62,855,877	67,100,196
减：累计折旧		93,079,834	57,302,292	47,571,815	股东权益				
固定资产净值		141,493,458	63,406,376	68,437,509	股本	15	110,000,000	72,890,492	66,278,321
在建工程		—	—	—	资本公积	15	40,908,019	—	—
固定资产合计		141,493,458	63,406,376	68,437,509	盈余公积	16	—	—	—
资产总计		251,737,493	135,746,369	133,378,517	未分配利润		—	—	—
					股东权益合计		150,908,019	72,890,492	66,278,321
					负债及股东权益总计		251,737,493	135,746,369	133,378,517

利润表

编制单位:北新集团建材股份有限公司　　单位:人民币元

项目	注释	1996 年度	1995 年度	1994 年度
一、主营业务收入	17	267,234,956	235,275,550	196,914,445
减:营业成本	18	172,574,540	155,434,595	121,255,169
销售费用	19	10,847,517	9,372,683	7,297,447
管理费用	20	22,156,766	18,242,218	17,365,997
财务费用	21	5,160,798	3,025,344	2,933,472
营业税金及附加		2,045,402	1,802,724	1,749,785
二、主营业务利润		54,449,933	47,397,986	46,312,575
加:其他业务利润	22	3,452,985	4,302,801	3,023,372
三、营业利润		57,902,918	51,700,787	49,335,947
加:营业外收入	23	7,819	239,837	8,088
减:营业外支出	24	145,337	68,848	87,751
四、利润总额		57,765,400	51,871,776	49,256,284
减:所得税		8,676,882	7,790,635	7,400,810
五、净利润		49,088,518	44,081,141	41,855,474

财务状况变动表

编制单位:北新集团建材股份有限公司　　单位:人民币元

流动资金来源和运用	1996 年度	1995 年度	流动资金各项目的变动	1996 年度	1995 年度
一、流动资金来源			一、流动资产本年增加数		
1. 本年净利润	49,088,518	44,081,141	1. 货币资金	368,741	142,190
加:不减少流动资金的			2. 应收帐款净额	12,979,027	2,092,412
费用和损失					
(1)固定资产折旧	10,200,269	9,730,477	3. 预付货款	5,504,570	(47,022)
小　计	59,288,787	53,811,618	4. 其他应收款	(146,957)	182,325
2. 其他来源			5. 待摊费用	(780,382)	(948,693)
(1)资本净增加额	(4,298,464)	6,612,171	6. 存货	19,979,043	5,977,773
小计	(4,298,464)	6,612,171			
流动资金来源合计	54,990,323	60,423,789			
二、流动资金运用					
1. 利润分配			流动资产增加净额	37,904,042	7,398,985
(1)提取法定公积金	4,908,812	4,408,114	二、流动负债本年增加数		
(2)提取法定公益金	2,454,426	2,204,057	1. 短期借款	22,460,000	7,000,000
(3)已分配股利	41,725,280	37,468,970	2. 应付帐款	9,403,999	(5,952,561)
小　计	49,088,518	44,081,141	3. 预收货款	707,790	(31,880)
2. 其他运用			4. 未交税金	2,399,214	(712,905)
(1)固定资产和在建工程净增加额	5,971,360	4,699,344	5. 其他未交款	60,748	(7,899)
(2)偿还长期负债	—	5,000,000	6. 其他应付款	2,941,846	460,926
小　计	5,971,360	9,699,344			
流动资金运用合计	55,059,878	53,780,485	流动负债增加净额	37,973,597	755,681
流动资金增加净额	(69,555)	6,643,304	流动资金增加净额	(69,555)	6,643,304

西南合成制药股份有限公司

西南合成制药股份有限公司股票上市公告书

一、绪言

本上市公告书根据《中华人民共和国公司法》、《股票发行与交易管理暂行条例》、《公开发行股票公司信息披露实施细则》、《深圳证券交易所业务规则》等国家有关法律、法规编写，旨在向投资者提供本公司基本情况及有关资料。

经中国证券监督管理委员会证监发字(1997)238 号文、证监发字(1997)239 号文批准，本公司已向社会公众公开发行每股面值 1.00 元人民币普通股 4050 万股，向本公司职工定向配售公司职工股 450 万股。本公司股票上市申请经深圳证券交易所深证发[1997]228 号《上市通知书》审核批准，本公司股票将于 1997 年 6 月 16 日在深圳证券交易所挂牌交易。本公司可流通股为 4500 万股，其中公司职工股 450 万股，将按国家有关规定半年后上市。

本公司于 1997 年 5 月 21 日在《证券时报》和《重庆日报》上刊登了《招股说明书(概要)》，距今不足六个月，故与其重复的内容在此不再赘述。敬请投资者查阅本公司的《招股说明书(概要)》。

本公司董事会已批准该上市公告书，确信其中不存在任何重大遗漏或者误导，并对本公告书及相关资料的真实性、准确性和完整性负个别的和连带的责任。

二、公司概况

1. 发起人简介

西南合成制药总厂是本公司唯一发起人。其核心企业为西南合成制药股份有限公司。西南合成制药总厂的前身——西南合成制药厂始建于 1965 年"三线"建设时期，经过三十多年的发展，现已成为我国西南地区最大原料药生产及出口创汇企业和全国重要的原料药生产基地。1994 年 9 月经重庆市医药管理局重药办发[1994]19 号文批准，重庆市工商行政管理局核准，西南合成制药厂更名为西南合成制药总厂。

2. 本公司概况

(1)公司法定名称：西南合成制药股份有限公司

英文名称：Suothwest Synthetic Pharmaceutical Co. Ltd.

(2)公司注册资本：17500 万元

(3)公司法定代表人：杨尚元

(4)公司成立日期：1993 年 5 月 18 日

(5)公司经营范围：制造，销售原料药及制剂，销售五金、交电、化工产品及原料(不含化学危险品)，百货，建筑材料，装饰材料，钢材，木材，电器机械及器材，普通机械，制药技术咨询及转让。

(6)所属行业：工业

(7)公司注册地址：重庆市江北区黑石子水口

联系电话：023－67867736

联系人：胥思斌、吴前

3. 本公司历史沿革

1993 年 4 月，经重庆市体改委[1993]91 号文批准，由西南合成制药厂(现西南合成制药总厂)作为独家发起人，以其生产经营性净资产 8500 万元折价入股(折股比例 1:1)，同时向社会法人按每股面值一元的价格发行 4500 万股社会法人股，采用定向募集方式设立西南合成制药股份有限公司，原西南合成制药厂更名为西南合成制药总厂，行使国有法人股股权。根据重庆市国有资产管理局渝国资办(1993)32 号文《关于确认西南合成制药厂资产评估结果的通知》和渝国资办(1993)38 号文《关于西南合成制药股份有限公司国有股权管理的批复》，本公司的非经营性资产于 1993 年成立西南合成制药股份公司时进行了剥离，本公司使用的非经营性资产与资产所有人签订了相关协议。

三、股票发行及承销

1. 本次发行情况

股票种类：人民币普通股(A 股)

发行日期：1997 年 5 月 27 日－1997 年 6 月 3 日

发行数量：4500 万股(其中：公司职工股 450 万股)

发行价格：5.70 元/股

募集资金总额：25650 万元

发行方式：本次向社会公众公开发行的 4,050 万股 A 股采用"全额预缴款，比例配售、余款转存"方式

配售比例：9.266%

配售户数：8275 户

持 1000 股以上的户数(含 1000 股)：4186

发行费用：773 万元

每股发行费用：0.17 元

发行市盈率：13.9 倍

2. 股票承销

本次公开发行的 4050 万股社会公众股，获得超额认购，故无余额由承销团包销。

3. 验资报告

以下摘自重庆会计师事务所重会所验字(97)第 76 号验资报告。

西南合成制药股份有限公司全体股东：

我们接受委托，对贵公司截止一九九七年六月二日止(本次社会公众股发行后)的实收股本的真实性和合法性进行审验。在审验过程中，我们按照《独立审计实务公告第 1 号——验资》的要求，实施了必要的审验程序。贵公司的责任是提供真实、合法、完整的验资资料，保护资产的安全、完整。我们的责任是按照《独立审计实务公告第 1 号——验资》的要求，出具真实、合法的验资报告。

贵公司申请的注册资本为 175,000,000.00 元，本次社会公众股发行前，贵公司的股本总额为 130,000,000.00 元，本次向社会公众发行人民币普通股 4500 万股(含职工内部股 450 万股)，每股面值 1 元，发行价为 5.7 元/股，应募集资金 256,500,000.00 元，根据我们的审验，截止一九九七年六月二日止，贵公司已收到向社会公开募集资金 249,188,247.28 元(包括利息收入 418,247.28 元，扣除预计发行费用 7,730,000.00 元)，其中股本 45,000,000.00 元，溢价收入 204,188,247.28 元计入资本公积，本次发行后贵公司股本 175,000,000.00 元已全部到位，其中，国有法人股 8500 万元，社会法人股 4500 万元，社会公众股 4500 万元(其中：内部职工股 450 万股)。

重庆会计师事务所　　　　中国注册会计师：石义杰

中国注册会计师：刘志平

中国·重庆　　　　1997 年 6 月 2 日

	入帐时间	入帐金额(元)	入帐帐号	开户银行
4050 万社会公众股	97.6.2	230,850,000,.00	2014000283	重庆城市合作银行营业部
公司内部职工股款	97.5.27－97.5.29	12,786,240.00	6001196	工行洛碛分理处

公司内部职工股款	97.5.27-97.5.29	12,863,760.00	14408171	工行溉澜溪分理处
利息	97.6.2	418,247.28	2014000283	重庆城市合作银行营业部
合计		256,918,247.28		

四、董事、监事、高级管理人员及重要职员持股情况

姓名	持股数(股)	持股比例(%)
杨尚元	5000	0.00286
刘木金	4000	0.00229
李克英	4000	0.00229
吴振明	4000	0.00229
陈长波	4000	0.00229
曹敬明	4000	0.00229
李树章	4000	0.00229
李保平	4000	0.00229
林厚超	0	0
曹汉锦	2200	0.00126
苏海波	0	0.00126
阳中华	4000	0.00229
杨永明	2200	0.00126
马德银	2200	0.00126
何新华	2200	0.00126
苏维能	2200	0.00126
黄成	1700	0.00097
周邦兰	1700	0.00097
陶可	2200	0.00126

五、公司设立

经本公司临时股东大会授权,董事会作出决议,在本次股票发行后申请在深圳证券交易所挂牌交易。

本次股票发行后,本公司股权变更登记工作已经结束,详细资料如下:

注册资金:17500 万元

注册地点:重庆市江北区黑石子水口

注册时间:1997 年 6 月 6 日

营业执照注册号码:渝直 20281820-6

六、关联企业及关联交易

1. 关联企业

1993 年 4 月,经重庆市体改委[1993]91 号文批准,由西南合成制药厂(现西南合成制药总厂)作为独家发起人,采用定向募集方式设立西南合成制药股份有限公司,原西南合成制药厂更名为西南合成制药总厂,行使国有法人股股权。除本公司外,总厂另有重庆粒康静医药保健品有限公司、重庆华发制药有限公司、重庆前进营养食品工业公司、西南合成制药进出口公司、重庆志达包装装璜有限公司、生活后勤服务公司等下属企业。目前西南合成制药总厂持有本公司 8500 万股国有法人股,占总股本的 48.57%,是本公司最大的股东。

2. 关联交易

本公司的非经营性资产于 1993 年成立西南合成制药股份公司时进行了剥离,本公司使用的非经营性资产均与资产所有人签订了相关协议。

土地租赁合同

该协议由本公司与总厂签订。根据该协议的约定,本公司向总厂租赁由总厂以出让方式获得的 250,000 平方米土地的 50 年使用权,每年每平方米租金 1.20 元。

商标使用许可合同

该协议由本公司与总厂签订。根据该协议的约定,本公司获得属于总厂的"合药"牌注册商标排他性使用权至 2007 年,每年的租金为 20 万元。

综合服务协议

该协议由本公司与总厂签订。根据该协议的约定,本公司将公司的职工医疗保健、房屋修缮、托幼、膳食、供水、供电等服务项目交由总厂承担,本公司将根据总厂的服务项目及服务质量,按照国家、行业或市场标准定期向其支付服务费用。

西南合成制药总厂承诺不从事与本公司主要业务有关的生产经营活动。

七、股本结构及大股东持股情况

1. 本公司上市前股本结构

股权种类	持股数(万股)	占总股本比例(%)
尚未流通股份:		
国有法人持股	8,500	48.57
社会法人持股	4,500	25.715
可流通股份:		
社会公众持股	4,500	25.715
(其中:公司职工持股)	(450)	(2.57)
总股本	17,500	100

2. 本公司前十名股东和持股数:

股东名称	股数(万股)	所占比例(%)
西南合成制药总厂	8500	48.57
重庆长江制药厂	500	2.86
重庆市医药压力容器检测站	470	2.67
重庆市江北县江洛化工厂	165	0.94
西南合成制药厂科协咨询公司	152	0.87
重庆百货大楼股份有限公司	81.0775	0.46
上海茂治实业公司	60	0.342
广州新源实业发展有限公司	64.3801	0.368
光大证券重庆第一营业部	55.596	0.318
重庆市江北县金秋商贸公司	55	0.31

八、本公司财务会计资料

1. 审计报告

西南合成制药股份有限公司全体股东:

我们接受委托,审计了贵公司 1994 年 12 月 31 日、1995 年 12 月 31 日、1996 年 12 月 31 日的资产负债表及 1994 年度、1995 年度、1996 年度的利润及利润分配表和 1996 年度的财务状况变动表。这些会计报表由贵公司负责,我们的责任是对这些会计报表发表审计意见。我们的审计是依据《中国注册会计师独立审计准则》进行的。在审计过程中,我们结合贵公司实际情况,实施了包括抽查会计记录等我们认为必要的审计程序。

我们认为,上述会计报表符合《企业会计准则》和《股份制试点企业会计制度》的有关规定,在所有重大方面公允地反映了贵公司 1994 年 12 月 31 日、1995 年 12 月 31 日、1996 年 12 月 31 日的财务状况和 1994 年度、1995 年度、1996 年度的经营成果以及 1996 年度资金变动情况,会计处理方法的选用遵循了一贯性原则。

重庆会计师事务所　　中国注册会计师:石义杰

中国注册会计师:刘志平

中国·重庆　　1997 年 1 月 30 日

2. 资产负债表、利润及利润分配表、财务状况变动表见附表 1、2、3(附后)。

3. 财务报表附注(概要)

A. 会计报表编制基准

根据公司原 1994、1995、1996 年度财务报表编制,未有什么变动。

B. 主要会计政策

(1)会计制度

公司执行《股份制试点企业会计制度》。

(2)会计年度

公司会计年度为公历1月1日至12月31日。

(3)记帐本位币

公司记帐本位币为人民币。

(4)记帐原则和计价基础

公司会计核算按照权责发生制原则,以实际成本为计价基础。

(5)外币折算

采用外币业务发生日中国人民银行公布的市场汇价折合为人民币记帐,年度终了按照期末市场汇价进行调整,差额列作当期财务费用。

(6)坏帐准备

按应收帐款年末余额3‰计提。

(7)存货计价

存货均按实际成本计价。原材料、燃料、包装物按计划成本进行日常核算,月末通过材料成本差异分摊调整为实际成本;产成品发出按月末一次加权平均法进行核算;低值易耗品领用时采用一次摊销法摊销。

(8)长期投资

a、股权投资及联营投资

公司对持有20%以下股权的股权投资及联营投资采用成本法核算,对持有20%以上(含20%)股权的股权投资和联营投资采用权益法核算,其中持有50%以上(不含50%)股权的合并会计报表。

b、债券投资

按取得成本入帐,按期计算利息收入。

(9)固定资产及折旧

固定资产入帐标准为:使用年限在一年以上的房屋、建筑物、机器、设备、器具、工具等生产经营主要设备,以及单位价值在2000元以上,并且使用期限超过两年的不属于生产经营主要设备的物品。

公司的固定资产均按实际成本计价,折旧按原值(不留残值)采用直线法分类计提,分类折旧年限及折旧率为:

类别	折旧年限	年折旧率(%)
房屋及建筑物	10-45	2.22-10
通用设备	5-20	5-20
专用设备	5-30	3.33-20
运输工具	10-15	6.67-10
其他	5-10	10-20

(10)无形资产

全部为土地使用权,采用直线法自93年6月起摊销,摊销期限为:淹没区11年,非淹没区50年。

(11)税项

公司承担的主要税项如下:

税项	计税依据	税率(%)
增值税*	产品销售收入	17
城市维护建设税	流转税税额	5
教育费附加	流转税税额	3
交通重点建设附加	流转税税额	5
所得税**	应纳税所得额	33

*.根据财政部、国家税务总局(94)财税字第047号、财税字(1996)95号文件,本公司作为三线调整企业,在1994-1997年期间,均享受一定增值税优惠政策,每年实际缴纳增值税均以93年度实际缴纳增值税为核定基数实行定额包干,先征后退。所得税款于实际收到时作为补贴收入金额计入当年损益。

**.本公司系三线搬迁企业和重庆市主要原料药出口基地,依据重庆市地方税务局重地税发(1995)480号文件,在1994年度、1995年度、1996年度均享受减九征一的所得税优惠政策,即实际负担的所得税税率为3.3%。

注:根据重庆市人民政府重府函(1997)57号文规定,本公司上市后所得税税率将按33%的适用税率缴纳,超过15%部分由市政府返还,即实际负担的所得税税率为15%。

(12)收入确认

营业收入以产品已经发出或劳务已提供,并收到货款或取得索取价款的凭据时确认。

(13)利润分配

公司税后利润按下列顺序分配:

a、弥补以前年度亏损;

b、提取法定盈余公积金10%;

c、提取公益金5-10%;

d、提取任意盈余公积金;

e、支付普通股股利。

C.财务报表有关项目注释(单位:人民币元)

(1)应收帐款 119,357,114.36

a、帐龄分析

帐龄	户数(户)	金额	比例(%)
一年以内	983	111,757,356.39	93.64
一至二年	3	2,031,519.75	1.70
二至三年	6	4,230,510.13	3.54
三年以上	2	1,337,728.09	1.12

b、关联企业往来

公司应收帐款期末余额中,有应收西南合成制药进出口公司货款28,339,250.87元,该公司为持有本公司65.4%股权的西南合成制药总厂的全资子公司。

(2)其他应收款 8,404,568.29

a、帐龄分析

帐龄	户数(户)	金额	比例(%)
一年以内	51	7,970,115.29	94.83
一至二年	-	-	-
二至三年	6	234,453.00	2.79
三年以上	1	200,000.00	2.38

b、关联企业往来

西南合成制药总厂为公司控股公司,持有公司65.4%股份。

重庆粒康静医药保健品公司为西南合成制药总厂的子公司,西南合成制药总厂拥有其60%股权。

重庆前进营养食品工业公司为西南合成制药总厂的全资子公司。

(3)应付帐款 25,276,365.78

应付帐款中无持有公司5%以上股份的关联企业款项。

(4)未交税金 4,118,359.51

其中

增值税	2,597,926.33
所得税	986,251.61
城市维护建设税	534,181.57

(5)其他应付款 37,921,164.59

a、主要款项

单位	金额	性质
移民局	32,440,000.00	三峡库区淹没补偿款
重庆市渝北区社会保险局	3,420,274.19	应付退休养老及待业保险金
中国人民保险公司重庆市渝北区支公司	622,257.94	应付代收汽车保险费
公司职工	446,734.00	住房保证金
川东气矿	300,000.00	应付天然气费
重庆川庆化工厂	68,000.000	应付水费
重庆医药工业公司	28,000.00	包装物押金

重庆市水纹仪器厂	20,700.00	应付仪器款
重庆川江化工厂	20,231.00	包装物押金
其他48户	554,967.46	

三峡库区淹没补偿款为公司收到国家拨入的三峡库区淹没补偿款,按规定该款将用于公司搬迁损失补偿,按照财政部门要求转入。

b、关联企业往来

其他应付款中无应付持有公司5%以上股份的关联企业款项。

(6)资本公积　　1,316,738.43

公司资本公积近三年内无变动。

注:1994年年初余额1,316,738.43元为公司股份制改制时,自资产评估基准日至股份公司正式运作日之间的资产净增值,根据重庆市财政局重财企字(1993)108号文规定转入。

5.主要会计指标

指标名称	1996年	1995年	1994年
流动比率	1.40	1.27	1.57
速动比率	1.07	1.00	1.18
资产负债率	59.77%	64.28%	59.40%
应收帐款周转率	2.83	3.28	3.79
存货周转率	3.81	4.25	4.36
净资产收益率	20.47%	26.39%	31.55%
每股净利润(元)	0.40	0.41	0.42
每股净资产(元)	1.95	1.55	1.34

九、董事会上市承诺

本公司董事会承诺将严格遵守《中华人民共和国公司法》、《股票发行与交易管理暂行条例》、《公开发行股票公司信息披露实施细则》、《深圳证券交易所业务规则》等国家有关法律、法规的规定,并自股票上市之日起作出如下承诺:

1.按照国家法律、法规的规定程序和要求披露重大的信息,并接受证券主管机关、深圳证券交易所的监督管理。

2.及时、真实、准确地公布中期报告和年度报告并备置于规定场所供投资者查阅。

3.本公司董事、监事及高级管理人员如发生人事变动或持本公司股票发生变化时,在报告证券主管机关、证券交易所的同时,向投资者公布。

4.在任何公共传播媒介中出现的消息可能对本公司股票的市场价格产生误导性影响时,本公司知悉后将对该消息予以公开澄清。

5.本公司董事、监事及高级管理人员将认真听取社会公众的意见和批评,不利用已获得的内幕消息和其他不正当手段直接或间接从事股票买卖活动。

6.本公司没有无记录负债。

7.董事会及各位董事保证不就任何未经交易所审阅的可能影响股价变动之重大信息私自公告或发表意见。

十、重要事项说明

1.本公司的老厂区位于重庆市渝北区洛碛镇,为三峡电站淹没区。三峡电站建成后,将有部分厂区被淹。根据重庆市三峡办、重庆市经委重三峡办城[1994]18号《关于申请安排西南合成制药股份有限公司三峡库区淹没一期移民技改搬迁专项的请示》和国家经贸委、国务院三峡建设委员会移民开发局国经贸改[1995]53号《关于湖北、四川两省三峡库区搬迁结合技术改造的批复》,本公司正在抓紧建设寸滩新厂区,部分技改项目已建成投入生产。本次募集资金将进一步加快寸滩新厂区的建设速度。本公司已从国家有关主管部门获得承诺,本公司因拆迁所导致的损失将得到补偿。

本公司董事认为,本公司的搬迁将不会对生产经营带来实质性的不利影响。

2.根据重庆市人民政府重府函(1997)57号文规定,本公司上市后所得税税率将按33%的适用税率缴纳,超过15%部分由市政府返还,即实际负担的所得税税率为15%。

3.本公司的税后利润,按以下顺序分配:

a、弥补亏损;

b、提取法定公积金;

c、提取法定公益金;

d、提取任意公积金;

e、分配股利。

法定公积金按照税后利润的10%提取,但当法定公积金已达注册资本的50%时,可不再提取;法定公益金按照税后利润的5%~10%的提取;任意公积金的具体提取比例由股东大会决定。公司每年的税后利润分配在年终决算后由董事会提出分配预案,经股东大会作出决议后实施。

根据本公司董事会提案,本次发行后的新股东享有1996年的利润分配,该提案有待本公司股东大会批准。本公司最大股东——西南合成制药总厂承诺在股东大会表决时,继续投票赞成该董事会提案。公司1996年度利润分配预计在1997年12月底以前实施。

4.截止本公告刊登之日,本公司并无牵涉任何重大诉讼或仲裁。

十一、咨询机构

1.发行人:西南合成制药股份有限公司

法定代表人:杨尚元

法定地址:重庆市江北区寸滩水口

联系电话:023-67867736

传真:023-67725507

联系人:胥思斌、吴前

2.主承销商及第一上市推荐人:国泰证券有限公司

法定代表人:金建栋

法定地址:上海市乳山路63号

办公地址:上海市延平路135号

电话:021-62531028　传真:021-62581911

联系人:俞朴、陈振宽、王东

重庆办公地址:重庆市渝中区上清寺国泰证券城

电话:023-63860236

传真:023-63860219

联系人:李萍、刘毅

十二、备查文件

1.中国证监会关于本公司公开发行股票的批准文件

2.深圳证券交易所上市通知书

3.验资报告

4.本公司招股说明书

5.重庆会计师事务所出具的《西南合成制药股份有限公司审计报告》

6.西南合成制药股份有限公司企业法人营业执照

7.《上市协议》

8.上市推荐书

9.本公司历次股东大会决议

西南合成制药股份有限公司

1997年6月12日

资产负债表

编制单位:西南合成制药股份有限公司　　　　单位:元

资产	注标	1996年12月31日	1995年12月31日	1994年12月31日	负债及股东权益	注标	1996年12月31日	1995年12月31日	1994年12月31日
流动资产:					流动负债:				
货币资金	注1	24,795,221.84	30,557,602.51	14,700,371.56	短期借款:	注11	86,400,000.00	63,700,000.00	31,500,000.00
短期投资					应付票据	注12	3,815,723.24	1,923,000.00	
应收票据					应付帐款	注13	25,276,365.78	32,434,083.52	21,505,258.96
应收帐款	注2	119,357,114.36	106,272,978.14	85,498,566.76	预收货款	注14	1,606,445.03	1,995,558.26	5,312,386.04
减:坏帐准备		358,071.34	318,818.93	256,495.70	应付福利费		7,382,596.07	6,616,454.07	5,378,936.01
应收帐款净额		118,999,043.02	105,954,159.21	85,242,071.06	未付股利	注15	26,000,000.00	26,000,000.00	20,800,000.00
预付货款	注3	62,651,819.68	36,974,498.65	36,227,069.79	未交税金	注16	4,118,359.51	6,155,850.38	11,842,722.18
其他应收款	注4	8,404,568.29	14,492,245.57	29,172,524.59	其他未交款	注17	885,644.21	1,281,027.06	1,284,230.65
待摊费用	注5	6,349,352.08	9,832,960.02	8,711,285.53	其他应付款	注18	37,921,164.59	24,788,750.06	13,024,455.99
存货	注6	68,808,249.47	52,979,862.49	57,304,534.39	预提费用	注19		5,085,642.04	1,500,000.00
待处理流动资产净损失					一年内到期的长期负债	注20	14,620,000.00	29,500,000.00	36,020,000.00
一年内到期的长期债券投资		381,510.62	2,423,236.60	682,280.68	其他流动负债				
其他流动资产		290,389,765.00	253,214,565.05	232,040,137.60	流动负债合计		208,026,318.43	199,480,395.39	148,167,989.83
流动资产合计					长期负债:				
长期投资:					长期借款	注21	155,000,000.00	149,720,000.00	75,800,000.00
长期投资	注7	1,350,760,00	1,732,270.62	4,096,342.44	应付债券				17,922,401.50
固定资产					长期应付款	注22	12,929,161.49	12,929,161.49	12,929,161.49
固定资产原价	注8	115,083,897.82	110,445,473.81	108,360,825.41	其他长期负债				
减:累计折旧	注8	76,385,717.73	68,232,702.90	57,854,624.07	长期负债合计		167,929,161.49	162,649,161.49	106,651,562.99
固定资产净值	注8	38,698,180.09	42,212,770.91	50,506,201.34	递延税项:				
在建工程	注9	291,936,169.16	259,052,362.95	134,604,209.42	递延税款贷项				
固定资产清理					负债合计		375,955,479.92	362,129,556.88	254,819,552.82
待处理固定资产净损失					股东权益:				
固定资产合计		330,634,349.25	301,265,133.86	185,110,410.76	股本	注23	130,000,000.00	130,000,000.00	130,000,000.00
无形资产及递延资产					资本公积	注24	1,316,738.43	1,316,738.43	1,316,738.43
无形资产	注10	6,605,522.46	7,156,691.82	7,707,861.18	盈余公积	注25	80,279,528.50	69,922,366.04	42,818,460.73
递延资产					其中:公益金		17,772,425.33	12,593,844.10	7,283,453.57
无形资产及递延资产合计		6,605,522.46	7,156,691.82	7,707,861.18	未分配利润	注26	41,428,649.86		
其他长期资产:					股东权益合计		253,024,916.79	201,239,104.47	174,135,199.16
其他长期资产					负债及股东权益总计		628,980,396.71	563,368,661.35	428,954,751.98
递延税项:									
递延税款借项									
资产总计		628,980,396.71	563,368,661.35	428,954,751.98					

利润及利润分配表

编制单位:西南合成制药股份有限公司　　　　单位:元

项目	注标	1996年度	1995年度	1994年度	项目	注标	1996年度	1995年度	1994年度
一、主营业务收入	注27	318,271,007.05	313,311,622.54	318,630,703.89	四、利润总额		53,480,187.55	54,680,603.71	56,611,651.55
减:主营业务成本	注28	232,019,564.14	234,482,418.31	241,203,442.84	减:所得税		1,694,375.23	1,576,698.40	1,679,705.85
销售费用	注29	1,308,295.55	1,191,220.89	863,107.53	五、净利润		51,785,812.32	53,103,905.31	54,931,945.70
管理费用	注30	20,966,723.92	19,897,420.39	19,498,352.83	加:年初未分配利润				
财务费用	注31	11,177,599.85	8,333,365.75	4,588,628.99	盈利公积转入数				
进货费用					六、可分配利润		51,785,812.32	53,103,905.31	54,931,945.70
营业税金及附加	注32	1,281,177.27	1,436,989.51	1,427,396.11	减:提取法定公积金		5,178,581.23	5,310,390.53	5,493,194.57
二、主营业务利润		51,517,646.32	47,970,207.69	51,049,775.59	提取法定公益金		5,178,581.23	5,310,390.53	5,493,194.57
加:其他业务利润	注33	342,197.21	664,147.05	475,320.36	七、可供股东分配的利润		41,428,649.86	42,483,124.25	43,945,556.56
三、营业利润:	注34	51,859,843.53	48,634,354.74	51,525,095.95	减:已分配优先股股利				
加:投资收益		317,189.72	158,108.28	913,180.25	提取任意公积金			16,483,124.25	23,145,556.56
补贴收入	注35	1,818,293.80	6,743,756.15	4,798,294.02	已分配普通股股利			26,000,000.00	20,800,000.00
营业外收入	注36	92,973.58	433,069.68	176,536.89	八、未分配利润		41,428,649.86		
减:营业外支出	注37	608,113.08	1,289,585.14	801,455.56					
加:以前年度损益调整									

财务状况变动表

编制单位:西南合成制药股份有限公司　　1996 年度　　单位:元

流动资金来源和运用	行次	金额	流动资产各项目的变动	行次	金额
一、流动资金来源			一、流动资产本年增加数		
1. 本年利润	1	51,785,812.32	1. 货币资金	41	-5,762,380.67
加:不减少流动资金的费用和损失			2. 短期投资	42	
(1)固定资产折旧	2	8,327,271.13	3. 应收票据	43	
(2)无形资产、递延资产及其他资产摊销	3	551,169.36	4. 应收帐款净额	44	13,044,883.81
(3)固定资产盘亏(减盘盈)	4		5. 预付货款	45	25,677,321.03
(4)清理固定资产损失(减收益)	5	-43,790.00	6. 其他应收款	46	-6,087,677.28
(6)递延税款	6		7. 待摊费用	47	-3,483,607.94
(7)其他不减少流动资金的费用和损失	7		8. 存货	48	15,828,386.98
小计	10	60,620,462.81	9. 待处理流动资产净损失(减收益)	49	
2. 其他来源			10. 一年内到期的长期投资	50	-2,041,725.98
(1)固定资产清理收入(减清理费用)	11	186,061.50	11. 其他流动资产	51	
(2)增加长期负债	12	5,280,000.00	流动资产增加净额	60	37,175,199.95
(3)收回长期投资	13		二、流动负债本年增加数		
(4)对外投资转出固定资产	14		1. 短期借款	61	22,700,000.00
(5)对外投资转出无形资产	15		2. 应付票据	62	1,892,723.24
(6)资本净增额	16	10,357,162.46	3. 应付帐款	63	-7,157,717.74
小计	19	15,823,223.96	4. 预收货款	64	-389,143.23
流动资金来源合计	20	76,443,686.77	5. 应付福利费	65	766,142.00
二、流动资金运用			6. 未付股利	66	
1. 利润分配			7. 未交税金	67	-2,037,490.87
(1)提取法定盈余公积	21	5,178,581.23	8. 其他未交款	68	-395,362.85
(2)提取法定公益金	22	5,178,581.23	9. 其他应付款	69	13,132,414.53
(3)提取任意盈余公积	23		10. 预提费用	70	-5,085,642.04
(4)已分配股利	24		11. 一年内到期的长期负债	71	-14,880,000.00
小计	25	10,357,162.46	12. 其他流动负债	72	
2. 其他运用	26		流动负债增加净额	79	8,545,923.04
(1)固定资产和在建工程净增加额	27	37,838,758.02	流动资金增加净额	80	28,629,276.91
(2)增加无形资产、递延资产及其他资产	28				
(3)偿还长期负债	29				
(4)增加长期投资	30	-381,510.62			
小计	31	37,457,247.40			
流动资金运用合计	32	47,814,409.86			
流动资金增加净额	40	28,629,276.91			

西北永新化工股份有限公司

西北永新化工股份有限公司

一、企业简介

西北永新化工股份有限公司是由西北油漆厂独家发起组建的股份制企业，西北油漆厂是该公司的控股单位。

西北油漆厂是1965年由化工部投资兴建的国有大型涂料企业，当时投资718万元，生产设计能力9000吨，经过30多年的发展，目前共有员工1600人，占地面积64076m^2，建筑面积126090m^2，资产总额为2.8亿元（其中固定资产为1.8亿元），生产能力年5.3万吨的油漆产品。主要生产经营油漆，化工半成品、涂料专用设备、包装桶、汽车修理、涂装公司、土建工程等项目。能生产主导产品油漆18个大类，400个品种，2300个花色。每年生产产品2.3万吨左右，年产值达2.15亿元，实现利税2500万元。

从1982年——1996年的15年中，固定资产、产值、产量、销售能力，实现利税和上交财政分别增长了1.7倍、1.1倍、0.9倍、2.9倍、2.2倍和1.2倍有82个产品荣获省优、部优、国优。

化工部组织的全国涂料厂际劳动竞赛中根据生产量、产值、产品质量、新产品率、安全生产、设备管理、资产利税率、劳动生产率销售收入等13个指标的全面考核，西北油漆厂荣获82——88年六年全国亚军，蝉联89、90、91、92年（从93年停止）冠军。

经济效益在全国同行业中连续5年雄居榜首。1989年进入全国工业企业经济效益最佳企业之62位，1990年为39位，1991年为35位，1992年上升到29位。

1993年进入中国化工100强，94年被列入中国化工利税100强。

企业管理也有了较大发展和进步，曾多次被省、市、局评为企业管理优秀单位，省部级安全生产优秀单位、清洁文明工厂、无泄漏工厂、双文明建设模范单位和高效益、高速度的双高企业，1996年被中国设备管理协会评为设备管理优秀单位等各种等级的信誉称号260多项。永新牌商标92年评为甘肃省著明商标、永新牌油漆产品被中国保护消费者基金会评为用户信得过产品。“连续八年被区、市、省、工商部门评为重合同守信用”先进单位。

该厂技术力量雄厚工程技术人员达340多人，设备先进，从德国、美国、日本等国外引进了很多居有90年代国际先进水平的技术软件和生产设备为西北油漆厂的发展奠定了良好基础。

西北油漆厂一直重视科、工、贸一体化，在销售工作中确立了立足西北、面向全国、瞄准国外的经营战略，建立了多渠道、全方位的市场网络，分别在山西、北京、河南、陕西、四川、青海、宁夏、新疆等地建立了自己的产品经销部25个和在全国建立了800多家联营网点，销售人员达240名，每年有2000多吨油漆销往独联体、蒙古、东南亚等10多个国家和地区。由于该产品质量好、品种全、价格合理、服务周到而蜚声于国内外。

今年7月8日该厂经甘肃省人民政府政函[1997]36号文批准进行股份制改造并于1997年9月23日经甘肃省工商局行政管理[1997]第1042号文的核准注册，由西北油漆厂作为独家发起人，该股份有限公司总股本10600万元，其中国有法人股6100万元（尚未流通股份），占总股本为57.55%；社会公众股4500万元（可流通股份，公司职工股450万元，占总股本的4.25%），占总股本的42.45%；社会公众股采用在社会募集方式发行，发行额度为4500万元并于1997年9月29日在深圳交易系统上网发行获得圆满成功，本次发行总有效申购户数为221346户，总有效申购股数为5062631000股，认购倍数为125.0032倍，中签率为0.799979%。该股份公司1997年9月12日在兰州召开创立和第一届股东大会，选举产生董事会、监事会等高级管理人员，并选举张军为董事长、王有义为副董事长。1997年10月14日在深圳证券交易所上市交易。此次募集资金为23800万元，这批资金将重点用于建设年产12000吨聚烯烃合成纸等六个项目，这些项目如期完成后，企业总产值达10亿元以上，实现利税达3.5亿元。

该公司经营范围：

主营：油漆、涂料、机械、合成纸及其它化工产品，化工机械系列产品的研制、技术开发、生产和销售。

兼营：商业贸易、房地产开发、信息技术咨询服务等。

公司地址：甘肃省兰州市东岗东路685号

董事长：张　军

电　话：(0931)8497111

传　真：(0931)8496040

邮　编：730020

二、董事长张军业绩介绍

1.个人简历

张军同志1936年11月出生于陕西省凤翔县、大学本科、高级工程师，1955年参加工作，1958年调干上大学，1963年毕业于北京石油学院，曾在兰州炼油厂担任过车间主任、研究所所长兼党委书记，从1982年起担任西北油漆厂厂长至今，上任仅一年时间，就使一个生产13年徘徊不前、管理不善、效益下滑的后进企业一跃而变为全省和全国同行业的先进单位。从1983年起，在化工部组织的全国涂料行业管理、技术、效益等十七项技术指标评比中，连续六次荣获亚军，四次荣获冠军。企业经济效益连续四年进入全国500家最佳经济效益企业行列，名列甘肃省大中型企业第五位。1988年在西北地区化工企业中率先进入国家二级企业，先后荣获省、部“六好企业”、“双文明建设模范单位”、“学吉化成绩显著单位”和“中国化工百强企业”等260多项荣誉称号。张军同志也先后被评为“兰州市学习焦裕禄先进个人”、“市优秀企业家”、“全省质量明星厂长”、“全省十佳优秀企业家”、“甘肃省劳动模范”、“全国五·一劳动奖章”，全国劳动模范等荣誉称号35项。张军同时兼任社会职务23项，为社会公益事业付出了心血，受到社会各界的好评。

2.靠深化改革加快发展

张军同志把深化企业改革作为企业发展的主动力，坚决贯彻执行党的改革开放方针政策，即大胆又稳妥地在企业推行了一系列改革办法。企业的管理干部和技术干部全部实行聘任制，采用公开考核、竞争择优的办法选聘干部。现厂中层以上干部中，从工人中聘任的占百分之五十左右。在分配制度上，全厂普遍实行了岗位技能工资制，以岗定薪、岗动薪动，对经考核达不到上岗要求的职工，实行试岗或待岗。另外，企业内部还针对不同车间和岗位，分别采取吨油漆工资含量包干，销售量与工资挂钩、计件制等多种分配形式，调动了广大职工的生产积极性，使企业连续3年以两位数的速度向前发展。他担任厂长15年来，国有资产净值平均以每年17.7%的速度递增，工业总产值由起初的4000多万元增长为2亿元，实现利税由1200多万元增长为4000多万元，累计上交利税2.4亿元，等于建厂投资的6倍。1993年，按照集团化、国际化、多元化的经营战略，组建了以西北油漆厂为核心，有省内外56个成员单位加盟、由张军同志出任总经理的西北永新集团公司；还与香港环球贸易发展有限公司合资兴建“兰州永新涂料有限公司”已投产运行;同时,企业正按照建立现代企业制度的改革方向做好了前期准备工作,积极向省政府申报对企业实行股份制改造,现已经甘肃省人民政府1997年7月8日政函[1997]36号文批准正式组建和创立了西北永新化工股份有限公司,已正式投入运转。

3. 靠从严治厂强化管理

西北油漆厂始建于文化大革命之初,企业先天不足,管理不善,效益下滑。张军同志调任西北油漆厂厂长后,在企业管理中主要抓了六件大事。一是狠抓领导班子建设,坚定不移地推行厂长负责制。在工作中,既注意发挥党委的政治核心作用,同时也注意尊重职工民主管理权利,从而理顺了党、政、工三者关系,使“三驾马车”在企业管理中都能充分发挥作用,朝着一个目标前进。二是从整顿劳动纪律、建立岗位责任制入手,强化企业管理。按照“治乱用重典”的原则,坚决果断地处理了一批违法、违章、违纪的人和事,使企业管理混乱的局面有了明显好转。三是狠抓现场管理。以治理“脏、乱、差”为突破口,整顿作风,整修设备,清理环境,使企业的面貌焕然一新。四是整章建制。全厂共制定各种规章制度6大分册,400余条,制定了24个部门120项管理标准,400项工作标准,741个技术标准;已执行专业技术标准110个,原材料标准216个。五是坚持不懈学吉化。经常对照吉化的先进经验,寻找差距,不断提高管理水平。六是引进现代化管理手段,努力改善企业管理条件。这几年厂里投入100多万元,建立了微机管理中心,工业电视监控系统,使企业管理向着现代化和科学化方向前进了一大步。

4. 靠科技进步攀登高峰

张军同志在长期的企业生产实践中,十分重视企业的科技进步工作。坚持开发与引进结合,挖潜与改造并重,高起点、高标准地领先科技进步,使企业走上了优质高效的路子。采取“走出去”和“请进来”的方法,先后派工程技术人员到美国、加拿大、瑞士、比利时等发达国家参观考察,寻求国际第一流的涂料生产技术,花大力气引进国际最先进的设备,对厂原有的生产线进行相应的技术改造。通过“嫁接”,使涂料生产经填平补齐,成龙配套,很快投入生产。固定资产新度系数由原来的5%提高到60%以上;生产工艺和生产技术水平跃居全国同行业领先地位;生产能力扩大了6倍,提高了开发新产品的能力,现在该厂已能生产17大系列、400个品种、2000多个花色的产品,有80多个品种分别获国优、部优、省优。

5. 靠主动出击刻市场

张军同志在多年的经营决策中,不等不靠,超前决策,主动出击,较早地占领和赢得市场,并探索和总结出了一套适应市场经济要求的企业发展路子。这些经验在中共中央《求是》杂志上发表,在全国产生了一定的影响。一是精打细算、勤俭办厂,千方百计降低成本。他上任不久就给供应部门制定了原材料采购五条原则:(1)凡是能就地解决的,不从外地进货;(2)凡能从工厂进货的不从商业进;(3)凡是能批发的,不买零售的;(4)凡能买平价的,不买议价的;(5)凡能修旧利废的,决不买新的。二是加强经济核算,采取“先算后干”的方法节能降耗,降低成本。针对原材料价格的不断变化的实际情况,发动全厂职工经常不断地对全厂生产的2300个成品半成品逐个进行核算,哪些是亏损产品,哪些是微利产品,哪些是获利大的产品,使每个职工心中有数,真正做到生产后算帐为生产前算帐,把亏损产品消灭在投产之前。三是主动出击,自主经销,不断提高市场占有率。他把销售工作作为企业生产经营的“牛鼻子”抓住不放。首先,他改革商业独家经销的旧体制,建立起以企业自销为主的经销机制。15年来,在全国重点城市内组建了25个销售批发部、800多户特约联营经销点。产品远销20个省、市、区和出口独联体。其次是注意做好售后服务工作。每年,张军同志都要亲自带领销售人员走访用户、了解市场行情,举办新产品培训班。以此改进服务态度,提高产品信誉,目前,该厂的产品自销率已达100%,使企业全面掌握了市场生产经营的主动权。

5. 靠榜样的力量带动群体

张军同志经常讲:“权力是人民和党组织给的,威信由要靠人格的力量来得到”。因此,张军同志担任厂长十六年,严于律已,率先垂范,吃苦耐劳,作风俭朴,以厂为家,为政清廉,在全厂职工中树立了良好的形象。他以厂为家,始终保持强烈的事业心,十几年如一日,心系工厂,没有上下班时间之分。据估算,每年他要多干600多个小时,由于长期超负荷的工作,张军同志积劳成疾,为了不耽误工作,他常常带病坚持工作,没有因病离开岗位,处处以身作则,保持了一名共产党员先锋模范作用。厂里组织机关干部义务劳动,只要他在厂,总是身先士卒,积极参加。除夕之夜和节假日在厂区内巡回检查,已成为他约定俗成的惯例。在他的身上,真正体现着“一级做给一级看、一级带动一级干”的作风。他作风俭朴,为政清廉,时时处处以一个共产党员的标准严格要求自己,他出差在外,从不住高级宾馆,不坐出租车,从不借机游山玩水。做为一个生产油漆几万吨的油漆厂厂长,涂刷自己家的家具,也要一五一十的自掏腰包。张军同志不请吃、不受礼、不以权谋私,在经营活动中从未接受别人的礼品,有的人送来的礼品实在退不掉就一律交公。由于在他一身正气、两袖清风,一尘不染的人格力量感召影响下,多年来,该厂领导班子成员中没有发现过一例以权谋私问题,带领出了一支作风正、思想好、素质好、技术精的干部职工队伍。

西北永新化工股份有限公司(筹)招股说明书概要

一、释义

在本招股说明书概要中,除非另有说明,下列简称具有如下意义:

本公司或发行人:指西北永新化工股份有限公司(筹)

发起人: 指西北油漆厂

筹委会: 指西北永新化工股份有限公司筹备委员会

主承销商: 指招银证券公司

上市推荐人: 指国泰证券有限公司和招银证券公司

证监会: 指中国证券监督管理委员会

深交所: 指深圳证券交易所

新 股: 指发行人本次发行的4,500万记名式人民币普通股股票

元:指人民币元

二、绪言

本招股说明书概要是根据《中华人民共和国公司法》、《股票发行与交易管理暂行条例》、《公开发行股票公司信息披露实施细则》等国家法律法规以及发行人的实际情况编写的。本公司筹委会全体成员已批准该招股说明书概要并确信其中不存在任何重大遗漏或者误导,并对其真实性、准确性、完整性负个别的和连带的责任。

本次发行的股票是根据招股说明书所载明的资料申请发行的,除本发行人和主承销商外,没有委托或授权任何其他人提供未在招股说明书及其概要中列载的信息和对招股说明书及其概要作任何解释或说明。

投资人应自行负担买卖本公司股票所应支付的税款,发行人、承销商、推荐人对此不承担任何责任。

三、发售新股的有关当事人

1. 发 行 人:西北永新化工股份有限公司(筹)

地 址:甘肃省兰州市东岗东路685号

筹委会主任:张 军

电 话:(0931)8663061 8497111—361

传 真:(0931)8496040

联 系 人:崔凤来 李晓文 魏兴旺 曹忆峰

2. 主承销商: 招银证券公司

地 址:深圳市振华路3号深纺大厦C座1楼

法定代表人:李麦秋
电　　话:(0755)3622974
传　　真:(0755)3622947
联 系 人:张钊　马卫国

3. 副主承销商:国泰证券有限公司
地　　址:上海市延平路135号
深圳　地址:深圳市华强北路3号深纺大厦B座
法定代表人:金建栋
电　　话:(0755)3215237
传　　真:(0755)3217225
联 系 人:宋劭杰　王立泰

4. 分 销 商:兰州市信托投资公司
地　　址:兰州市城关区五泉路24号
法定代表人:雷原
电　　话:(0931)8849754
传　　真:(0931)8847059
联 系 人:郭青春　王敏丽

分 销 商:福建省华侨信托投资公司
地　　址:福州市湖东路华信大厦
法定代表人:谢长安
电　　话:(0591)7562600
传　　真:(0591)7562724
联 系 人:郭锡龙

分 销 商:黑龙江省国际信托投资公司
地　　址:哈尔滨市南岗区红军街20号金融大厦
法定代表人:王显周
电　　话:(0451)3632953
传　　真:(0451)3636909
联 系 人:李宏芳　王友顺

分 销 商:甘肃省投资信托公司
地　　址:兰州市秦安路小北街15号
法定代表人:王志杰
电　　话:(0931)8813904
传　　真:(0931)8410739
联 系 人:邱金辉　李福祥

5. 发行人律师事务所:甘肃天合律师事务所
经办律师:赵克宏　孙　健　田夏桐
地　　址:兰州市科技街58号
电　　话:(0931)8889708
传　　真:(0931)8889731

6. 主承销商律师事务所:北京星河律师事务所
经办律师:袁胜华　常明传
地　　址:北京市北三环中路甲19号大森林酒店二层
电　　话:(010)62383709
传　　真:(010)62383708

7. 会计师事务所:甘肃第二会计师事务所
经办注册会计师:刘志文　管永宁
地　　址:兰州市庆阳路258号国贸大厦17层
电　　话:(0931)8477733
传　　真:(0931)8413711

8. 资产评估机构:甘肃第三会计师事务所
经办评估人员:从有余　卢　山
地　　址:兰州市庆阳路258号国贸大厦17层
电　　话:(0931)8478239
传　　真:(0931)8413711

9. 资产评估确认机构:国家国有资产管理局
法定代表人:张佑才
地　　址:北京市海淀区万泉河路66号
电　　话:(10)62567744
传　　真:(010)62561817

10. 股票登记机构:深圳证券登记有限公司
地　　址:深圳市红岭中路25号
法定代表人:黄铁军
电　　话:(0755)5567898
传　　真:(0755)5571127

四、发行情况

1. 承销方式

本次股票发行采取余额包销方式进行,由以招银证券公司为主承销商的承销团包销。

2. 承销日期:1997年8月29日至1997年9月9日

3. 发行方式:上网定价

4. 发行地区:面向全国发行

5. 发行对象:中华人民共和国境内自然人、法人和经中国人民银行批准的基金等(法律法规禁止购买者除外)。

6. 发行股票的种类、面值和数量

本次发行的股票全部为记名式人民币普通股;每股面值1元;发行总量为4,500万股,其中向社会公众发售4,050万股,向本公司职工配售450万股。

7. 发行价格及确定价格的方法

本次股票发行的价格为每股人民币5.47元;发行价格是按发行市盈率13.6倍,乘以1996年、1995年、1994年三年实际平均每股税后利润的算术平均值0.402元来确定的。

8. 本次发行预计实收金额

本次股票发行预计募集资金为人民币24,615万元,扣除发行费用810万元,实收金额23,805万元。

9. 发行费用

本次新股发行之费用从股款中列支,发行费用指承销佣金、上市推荐费、律师费、会计师费、评估师费、上网发行费、其它杂费等费用,预计810万元,约占发行总市值的3.29%。

五、风险因素与对策

投资者在评价本发行人此次发售的股票时,除本招股说明书概要提供的其它资料外,应特别认真地考虑下述各项风险因素:

1. 经营风险

(1)本公司的主营业务为油漆产品的生产和销售,过去三年的销售收入和利润有百分之九十以上均来自此业务。业务结构过度集中降低了公司的市场适应能力。

(2)本公司地处兰州,相对偏远,有些原材料及产成品运输路途较远。在可预见的未来,铁路和公路运价上涨在所难免。这会影响公司的供销并相应减少公司收益。

(3)本公司拟从国外引进全套聚烯烃合成纸生产设备和技术,这部分支出需用外汇进行结算,由此产生了汇率风险。

2. 行业风险

(1)本公司主业属涂料行业,是为工业、交通、建筑及装修等产业配套服务的辅助性产业,在一定程度上受相关产业发展的制约。

(2)本公司现在生产的油漆大部分属有机溶剂型涂料,在生产过程中产生工业"三废",随着国家环保政策的日趋严格,本公司的生产成本有可能因之提高。

(3)目前国内涂料市场容量有限,呈现供大于求的饱和状态,同业竞争日趋激烈,行业利润率较低。

3. 市场风险

(1)本公司的生产与销售呈现明显的商业周期。本公司涂料产品在每年4月至11月为销售旺季,12月至次年3月为销售淡季。这一商业周期影响本公司经营的均衡性。

(2)涂料产品的市场分割状况严重。本公司的产品销售市场主要在西北地区(占50%),其次为西南地区(占18%)和中原地区(占17%),再次为华北及其它地区(占10%),另有5%出口独联体等我国周边国家和地区。本公司产品欲进入其他地区和省份尚需作出更大的努力。

4. 政策性风险

(1)本公司所得税目前实行先征后返,实际税负为15%。若国家税收政策发生变化将直接影响本公司的收益。

(2)中国一旦加入世界贸易组织,国内涂料市场必将进一步对外开放,届时国外厂商的涂料产品将大量进入我国,从而将使本公司置身于更趋激烈的国际竞争之中,给公司的生产经营带来一定的风险。

5. 股市风险

公司股票将挂牌上市。由于股票市场的价格不仅仅取决于企业的经营状况,同时也受到利率、汇率、通货膨胀以及国家有关政策等因素的影响,为此公司提醒投资者,必须正视各种因素引起的股价波动及今后股市中可能涉及的风险,以便做出正确的投资决策。

6. 其他风险

(1)本公司将进行大量新项目投资,这些投资项目虽经严格论证,但仍有可能遇到项目建成后因市场及政策环境等因素发生不可预见的变化而导致项目收益不确定的风险。

(2)本公司发起人西北油漆厂持有公司股份6,100万股,占绝对控股地位。西北油漆厂有可能通过行使投票权等方式对本公司的经营决策和人事安排等方面进行控制,由此产生了大股东的控制风险。

(3)本公司亦不排除因政治、经济和自然灾害等不可抗力给本公司经营带来不利影响的可能性。

针对上述风险,本公司拟采取如下对策:

1. 针对经营风险

(1)本公司设立后将扩大主营业务范围,向化工造纸、化工原料等相关产业延伸;同时采取一业为主,多种经营的发展战略,将业务触角伸向商业贸易及证券投资等领域,彻底改变产品过于单一的状况。

(2)本公司将与产品代理商紧密全作,通过加大铁路运输比重的办法尽量降低运输费用。

(3)本公司将与众多的金融机构和外贸企业保持良好的业务往来,加快设备引进工作节奏,利用一切可能降低可能遇到的汇率风险。

2. 针对行业风险

(1)本公司将以市场为导向,调整产品结构,扩大产品覆盖面,尽量使本公司的生产经营保持相对的稳定性。

(2)本公司近三年来在环保方面累计投资250万元,目前有七台(套)污染治理配套设施正常运行,污水及废气治理能力尚留较大余地;本公司新建及扩建项目均将执行建设项目环保"三同时"原则。

(3)本公司将加大科技投入,研制开发节能、低污染、运输使用方便安全的新型涂料产品,在增强本公司产品竞争能力的同时减轻环保方面的压力。

3. 针对市场风险

(1)制定科学的生产计划和营销策略,合理调度能源、运力、资金和劳动力,尽可能降低经营淡季的单位生产成本。

(2)本公司将通过异地联营、合作及股权投资等多种方式向存在市场分割的地区渗透。

4. 针对政策性风险

(1)本公司将本着向管理要效益的指导思想,从原材料供应、生产工耗和物耗、产品销售三个环节狠挖潜力并加强产品质量管理,通过降低产品成本和提高产品质量来增强本公司的竞争能力。

(2)本公司已开始积极准备,迎接中国"复关"带来的新挑战,利用公开发行股票并上市的机遇,集中必要资金,尽快吸收引进世界最新技术和设备,提高本公司产品在国内外市场的竞争力。

(3)本公司将加强对国家宏观政策的分析和预测,加强与国家各有关部门的沟通,建立信息收集和分析系统,做到了解政策、掌握政策、运用政策,增强公司抗风险能力。

5. 针对股市风险

(1)本公司将通过开发新型涂料及化工原料产品,不断抢占和扩大市场份额,并坚持以涂料为基础,积极拓展新技术领域来保证公司盈利水平的不断提高,给股东以长期稳定的投资加报,从根本上维护股东的利益。

(2)本公司将及时准确地披露经营业绩和有关重大事项,自觉接受证券管理部门和广大股民的监督,以保证本公司及广大股东的利益。

6. 针对其他风险

(1)本公司将动员一切可以动员的技术力量,尽力保证新项目的建设质量,缩短建设周期,争取早日投产早日见效;同时本公司将加强新产品的市场宣传,有针对性地开拓新产品和大宗用户,保证新项目的收益稳定。

(2)本公司已与西北油漆厂达成有关协议,双方的经理层将不会双重任职;西北油漆厂也已向本公司作出承诺,确保其本身及其任何附属公司均不从事任何与本公司经营业务竞争的业务。本公司和西北油漆厂将严格遵守《中华人民共和国公司法》及有关法律法规的要求,切实保证本公司及全体股东的利益。

(3)本公司将切实做好防范火灾、地震等自然灾害的宣传教育工作,并采取必要的防范措施,将可能发生的损失降低到最小程度。

六、募集资金的运用

1. 募集资金的计划用途

本公司本次公开发行4,500万记名式人民币普通股,预计募集资金23,805万元(已扣除有关发行费用),用于年产12000吨聚烯烃合成纸合资项目(经甘肃省经贸委发甘经贸技(外)[1997]236号文批准立项)、年产8000吨水性系列涂料项目(经甘肃省经贸委发甘经贸技(外)[1997]258号文批准立项)、油漆喷雾罐包装生产线项目(经甘肃省经贸委发甘经贸技(外)[1997]245号文批准立项)、年产2400万支金属喷雾罐体制造生产线项目(经甘肃省经贸委发甘经贸技(外)[1997]244号文批准立项)、年产5000吨PVC芯层发泡复合管项目(经甘肃省经贸委发甘经贸技[1997]195号文批准立项)等五个项目。

2. 项目简介

(1)年产12000吨聚烯烃合成纸合资项目

聚烯烃合成纸是以高分子聚合物聚烯烃为基本原料,加上无机填充粉末(如碳酸钙),采用压延法、薄膜法、纤维法等技术制造而成的高级纸张。聚烯烃合成纸不含任何植物纤维,具有防腐蚀、耐撕裂、耐老化、不怕虫蛀等常规纸不具备的优越性能。另外,聚烯烃合成纸的生产过程无污染。国内合成纸的生产仍属空白,本项目建成后将填补国内空白,替代进口高档纸,市场前景非常广阔。本公司和美国时运国际公司就建设聚烯烃合成纸项目达成了合资意向。

本项目总投资2408.07万美元(合人民币19987万元),其中固定资产投资2099.64万美元(合人民币17427万元),按合资双方达成的合资协议,中方出资1685.65万美元(合人民币13990.9万元),全部利用本次募股资金投入,占总投资的70%,美方出资722.42万美元(合人民币5996.1万元),占总投资的30%。本项目投资回收期4.5年。

项目建成投产后,预计年销售收入2313.25万美元(合人民币1.92亿元),利税总额604.34万美元(合人民币5016万元),应付利润462.41万美元(合人民币3838万元),其中我方应得应付利润323.69万美元(合人民币2686.63万元)。

(2)年产8000吨水性系列涂料项目

水性涂料是具有节代有机溶剂、无环境污染,又具有节能效益的新产品,被广泛应用于工业产品涂饰、建筑维修、工艺家具、管道防腐等领域。本项目拟引进国外先进的水性系列涂料生产技术,生产以水性醇酸涂料为主的各类水性涂料。

本项目总投资为4800万元,全部利用本次募股资金投入,其中固定资产投资2925万元,流动资金1875万元,投资回收期3年。项目建成投产后,年产水性清漆3000吨,水性色漆5000吨,可实现销售收入11900万元,实现利润1567万元。

(3)油漆喷雾罐包装生产线项目

喷雾罐是一种使用方便、广泛流行的新型包装容器。目前国内市场上喷雾罐包装涂料以进口产品为主,国内生产量甚少。本项目拟引进国外先进的灌装生产线,包装本企业生产的各类产品,满足用户的需求。

本项目总投资为2985万元,其中固定资产投资846万元,流动资金2140万元,投资回收3.5年。项目建成投产后,年产800万支油漆喷雾罐,可新增销售收入1800万元,实现利税982万元。本项目拟利用本次募股资金1209万元。

(4)年产2400万支金属喷雾罐体制造生产线项目

喷雾罐是各种气雾剂产品关键性的专用包装容器,本项目拟建设一条制灌生产线,形成一条与喷雾罐包装相配套的集制罐、灌装为一体的完整的生产体系。

本项目总投资为2815万元,拟全部利用本次募股资金投入,其中固定资产投资为1875万元,流动资金940万元,投资回收期5.5年。项目建成投产后,年产2400万支金属喷雾罐体,可实现销售收入5400万元,实现利税652万元。

(5)年产5000吨PVC芯层发泡复合管项目

PVC芯层发泡复合管具有质轻、抗冲击、隔音、隔热、耐低温等特点,广泛用于建筑、化工、农业、通讯、市政建设等领域,市场潜力非常巨大。根据市场需求及规模效益的原则,本项目年生产能力5000吨,首先开发$_{\varphi}50\sim_{\varphi}160$mm的产品,然后采取滚动发展的步骤,积极开发大口径管材。

本项目总投资2995万元,其中流动资金700万元,投资回收期3.4年。项目建成投产后,年产5000吨PVC芯层发泡复合管,可实现销售收入7000万元,实现利税1297万元。本项目拟利用本次募股资金990万元。

3. 其余资金的来源及落实

上述项目投资总额33582万元,利用本次募股资金23,805万元和外方投资5996万元后,尚余资金缺口3781万元,公司将通过自有资金及其它筹资渠道加以解决。

七、股利分配政策

1. 本公司将按《中华人民共和国公司法》等国家法律、法规及公司章程(草案)的规定向股东派发股利;股利分配将本着同股同利的原则,按股东持有股份比例进行。

2. 根据本公司章程(草案)规定,本公司每年的税后利润按下列顺序分配:

(1)弥补亏损

(2)提取法定盈余公积金

(3)提取法定公益金

(4)经股东大会决议提取任意盈余公积金

(5)支付普通股股利

关于弥补亏损的年限、数额、公积金和公益金的计提比例以及股利率的确定,即某一年度具体的股利分配方案,则由公司董事会依据有关法律法规和公司章程的规定,根据公司当年的经营业绩和未来的生产经营计划提出,经股东大会批准后实施。

3. 本公司股利每年派付一次,每年的股利于次年的上半年派付,股利可采用现金和股票两种方式支付。

4. 公司向个人分配股利时,由公司按《中华人民共和国个人所得税法》和国家税务总局发布的《征收个人所得税若干问题的规定》代扣、代缴个人收入所得税。

5. 本次公开发行股票后,预计首次股利分配日期在1998年7月以前;本次发行的社会公众股股东享受1997年4月1日以后的利润分配。

上述股利分配政策需等本次发行后由公司创立大会选举出的董事会予以确认并经股东大会讨论通过。

八、发行人情况

1. 发行人名称

中文名称:西北永新化工股份有限公司(筹)

英文名称:NORTHWEST YONGXIN CHEMICAL INDUSTRY CO. LTD.

2. 发行人成立日期

本公司筹委会已于1997年3月20日成立并于1997年4月2日取得甘肃省工商行政管理局下发的企业名称预先核准通知书。本公司将于本次募股结束后一个月内正式成立。

3. 发行人住所

甘肃省兰州市东岗东路685号

4. 发行人历史情况简介

西北永新化工股份有限公司(筹)是经甘肃省人民政府甘政函[1997]36号文批准设立并经甘肃省工商行政管理局(甘)名称预核[1997]063号预先核准,由西北油漆厂作为唯一发起人,采用募集方式设立的股份有限公司。

本公司独家发起人西北油漆厂经由本次改制重组,将其部分经营性资产连同有关负债经资产评估后获得的净资产9296万元,按65.62%的折股率折成发起人股(国有法人股)6100万股投入本公司。将其非经营性资产和部分经营性资产进行剥离后继续留原厂经营使用。

本公司独家发起人西北油漆厂是1965年由化工部投资建设的国有大型涂料生产企业,1970年转由甘肃省地方管理并更名为“甘肃油漆厂”,1981年,经甘肃省人民政府批准恢复原厂名“西北油漆厂”。经过30多年的建设发展,目前,企业总资产为29476万元,净资产为17596万元,现有职工1524人,主要生产经营涂料、化工原料、涂料专用机械等产品。涂料生产能力已达每年5万吨;涂料产品共17大类,400多个品种,近2000个花色,其中有1个产品获国优称号,73个产品获部优、省优称号。

本公司的组织结构和内部管理结构图如下:(见附图)

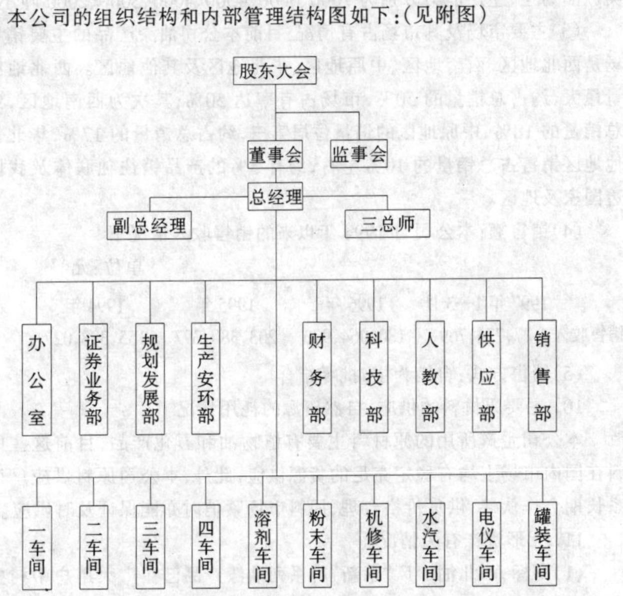

本次发行结束后,西北油漆厂将是本公司控股股东。除此之外,本公司没有其他具有20%以上股权关系的企业。

6. 发行人职工情况

目前公司共有职工1347人,其中各类人员及其构成如下:

(1)职工专业构成:

生产人员:770人,占职工总人数57.16%;

销售人员:145人,占职工总人数10.76%;

技术人员:189人,占职工总人数14.03%;

管理人员:142人,占职工总人数10.54%;

其他人员:101人,占职工总人数7.51%;

(2)专业技术人员构成如下:

高级职称技术人员13人,占职工总人数0.97%;

中级职称技术人员125人,占职工总人数9.28%;

初级职称技术人员137人,占职工总人数10.17%。

(3)本公司员工将实行全员劳动合同制。本公司设立后将按国家和地方政府规定,参加社会统筹,员工享受养老、工伤、待业等保险;员工实行公费医疗、住房公积金等福利制度;员工享受国家及地方政府规定的各种物价补贴。本公司设立前原企业离退休人员的退休金及有关福利待遇均由西北油漆厂负担,本公司对此不承担相关义务。

7. 发行人经营业务范围

根据本公司章程(草案)规定,公司的经营范围是:

主营:油漆、合成纸、化工原料、化工机械系列产品的研制、开发、生产和销售;

兼营:商业贸易、房地产开发、信息技术咨询服务。

公司的经营范围以工商行政管理机关登记核准的项目为准。

8. 发行人实际从事的主要业务

目前,本公司实际从事的业务主要是涂料产品的研制、生产和销售。过去三年的销售收入和利润有90%以上来自此项业务。

9. 发行人主要产品品种、生产能力、主要市场及其市场占有率和销售额、销售方式等情况

(1)主要产品品种:本公司的主要产品品种是醇酸漆、天然树脂漆、硝基漆、酚醛漆、氨基漆、聚氨酯漆、过氯乙烯漆、环氧树脂漆、丙烯酸树脂漆、乙烯树脂漆等17大类油漆产品。

(2)生产能力:本公司目前油漆产品的生产能力在5万吨以上,其中以醇酸树脂、天然树脂、硝基树脂、酚醛树脂、氨基树脂、聚氨酯树脂等漆类产品为主,生产能力分别为7000、5000、4300、4000、3000、2000吨不等。

(3)主要市场及其市场占有情况:目前本公司油漆产品的主要销售市场是西北地区、西南地区、中原地区、华北地区及其他地区。西北地区销量最大,约占总销量的50%,市场占有率达50%;其次为西南地区,约占总销量的18%,中原地区的销量位居第三,约占总销量的17%,华北及其他地区销售占总销量的10%左右,约有5%的产品销往独联体及我国周边国家及地区。

(4)销售额:本公司自1994年以来的销售收入情况下

单位:元

	1997年1—3月	1996年	1995年	1994年
销售收入	27,776,769	180,064,923	203,380,397	155,398,027

(5)销售方式:自销为主,批零结合。

10. 主要原材料的供应、自然资源的耗用情况

本公司生产所用的原材料主要有植物油和石化产品,目前这些原材料在国内市场上均有稳定充足的货源供应;此外,本公司原料供应厂商均系长期合作伙伴,供货价格合理,原料市场紧俏时亦能保证及时供应。

11. 无形资产有关情况

(1)商标:西北油漆厂"永新"牌系列油漆产品已在广大用户中树立了良好形象。该商标已经注册(商标注册证号第241212号),本公司筹委会已与西北油漆厂签订了"永新"注册商标许可使用合同。

(2)土地使用权:本公司用地面积为37380.20平方米,该土地使用权归西北油漆厂所有,将作价折股投入本公司。

12. 新产品、新项目研究开发的有关情况

本公司拥有一个具有三十年历史的研究所,专门负责新产品的开发研制工作。目前该所拥有科研人员近60人,其中四分之一以上具有中、高级职称;该所每年大约完成20余项新产品、新项目开发工作,丙烯酸工程机械磁漆、丙烯酸氨基烘漆、氯化橡胶防火漆和水性膨胀型防火涂料等新产品均由该所开发研制。为了加速科研成果向产品的转化,还设有建制完备的中试车间。本公司将建立起从产品设计、样品试制到小批试生产的成套的新产品设计开发体系。

13. 发行人计划进行的投资项目的一般情况

本公司设立后计划进行的投资项目如下:

Ⅰ年产12000吨聚烯烃合成纸合资项目

Ⅱ年产8000吨水性系列涂料项目

Ⅲ油漆喷雾罐包装生产线项目

Ⅳ年产2400万支金属喷雾罐体制造生产线项目

Ⅴ年产5000吨PVC芯层发泡复合管项目

以上项目详细情况参见招股说明书第六章"募集资金的运用"。

14. 发行人改制前后国家政策、法规、制度对其生产经营条件的优惠和限制

经甘肃省财政厅甘财工发政[1997]第035号文批准,从1997年1月开始本公司的所得税按33%征收,按18%返还,实际执行税负15%。

15. 关联交易

本公司设立后,将不可避免地与绝对控股股东西北油漆厂发生关联交易。为规范关联交易,本公司筹委会与西北油漆厂在《供应及有偿服务合同》、《注册商标使用许可合同》等文件中详细规范了双方之间的业务往来关系,是确双方之间的交易价格的公正性,以此维护本公司及全体股东的利益。

16. 大股东承诺

本公司控股股东西北油漆厂已在《避免同业竞争协议》中作出承诺,保证其不从事与本公司主营业务相同的经营活动。

九、筹委会成员

张军,男,60岁,大学本科,高级工程师,筹委会主任。曾任兰州炼油总厂技术员、车间主任、研究所所长兼党支部书记。1981年起任西北油漆厂厂长,1993年起任西北永新涂料集团公司总经理、甘肃化工研究院院长。是中国涂料协会副理事长、甘肃省涂料协会理事长、甘肃省工业经济协会副会长、甘肃省商标协会常务理事。甘肃省和兰州市优秀企业家、全国"五一"劳动奖章获得者、全国劳动模范。

王有义,男,57岁,大学本科,高级工程师、高级政工师,筹委会副主任。曾任刘家峡化肥厂技术员、车间正副主任、生产技术科(处)长、副总工程师、技术副厂长兼总工程师、党委书记;1990年起任西北油漆厂党委书记,1993年起任西北永新涂料集团公司党委书记兼副总经理、甘肃化工研究院副院长。是甘肃省化工学会理事,全国涂料政研会常务理事,甘肃省劳动模范。

杨德茂,男,47岁,大学专科学历,律师、高级经济师,筹委会委员。曾任甘肃省定西地区活塞环厂团总支书记,定西地区中级法院办公室主任、审判委员会委员;1985年起任甘肃省轻工厅主任科员;1988年起任甘肃省人民政府研究室助理研究员、副处级政研员,1993年任西北油漆厂副厂长。

姜立藩,男,58岁,大学专科学历,高级工程师,筹委会委员。曾任河北省轻工业厅技术员,西北油漆厂技术员、车间技术副主任、主任。1983年起任西北油漆厂副厂长。

王全良,男,55岁,高中学历,筹委会委员。曾任兰州军区某部正副班长、排长、正副连长、正副营长、副团长、甘肃省天水军区副参谋长、天水预备役参谋长。是兰州市第十一届人大代表。1983年起任西北油漆厂副厂长,1994年起兼任纪委书记。

崔厚佳,男,53岁,大学本科学历,高级工程师,筹委会委员。1979年

起任玉门石油管理局机械厂助理工程师、工程师、高级工程师、生产副厂长、党支部书记；1988年起任玉门石油管理局干部处长；1992年起任西北油漆厂副厂长。

徐银红，女，54岁，大学本科学历，高级政工师，筹委会委员。曾任西北油漆厂组织科科员、宣传科副科长、科长、政治工作办公室主任、工会主席、党委副书记；1991年起任甘肃省轮胎厂党委书记；1994年起任西北油漆厂副厂长。

常贵堂，男，57岁，大学本科学历，高级工程师，筹委会委员。曾任兰化机械厂技术员、厂办秘书；1982年起先后任刘家峡化肥厂副总工程师、副厂长；1987年起任甘肃省轮胎厂厂长；1993年起任西北油漆厂副厂长、甘肃化工研究院副院长。

沈安林，女，54岁，研究生学历，高级工程师，筹委会委员。1970年起任西北油漆厂技术员、副总工程师、副厂长、总工程师。是全国化工系统劳动模范。

符丕昌，男，58岁，中专学历，高级经济师，筹委会委员。1974年起先后任西北油漆厂劳人科副科长、科长，企业管理科科长，副总经济师；1992年起任西北油漆厂总经济师兼综合管理处处长。

金城，男，48岁，大学专科学历，会计师，筹委会委员。1983年起先后任西北油漆厂财务科长、财务处长、副总会计师、总会计师。

付淑丽，女，37岁，大学专科学历，政工师，筹委会委员。1986年起任甘肃省涂料工业公司办公室主任；1990年起任西北油漆厂档案室正、副主任，1992年起任西北油漆厂工会主席、党委委员。

上述筹委会成员已承诺不在西北油漆厂和西北永新化工股份有限公司中双重任职。

十、经营业绩

1．生产经营的一般情况

本公司设立后将成为涂料、化工合成纸、化工原料及化工机械等产品研制、开发、生产和销售的重要企业。

2．每年销售总额和利润总额的情况

单位：千元

	1997年1—3月	1996年	1995年	1994年
主营业务收入	27,777	180,065	203,380	155,398
主营业务利润	4,606	29,727	29,864	25,493
利润总额	4,660	30,026	29,635	26,907
税后利润	3,961	25,522	25,190	22,871

3．业务收入的主要构成：

本公司业务收入主要为油漆产品的销售收入，1994年以来实现业务收入构成如下：

单位：千元

收入类别	1997年1—3月	1996年	1995年	1994年
油漆产品	25,630.7	164,038.1	183,955.0	133,076.7
油漆辅材	2,146.1	16,026.8	19,425.4	22,321.3
合　计	27,776.8	180,064.9	203,380.4	155,398.0

4．完成的主要工作

(1)1993年，投资627万元，完成年产10,000吨醇酸树脂项目，使企业的油漆综合生产能力从4万吨提高到5万吨。

(2)1994年，投资374万元，从加拿大引进全套罐装生产技术和设备，新增包装能力129万个/年。

(3)1995年，投资131万元，对全厂给水系统进行改造，将厂区的分散加压系统改造为统一的加压泵站，年节电103万度。

(4)研制开发了一批名牌产品。丙烯酸工程机械磁漆于1986年研制成功，广泛用于各类工程机械的涂装，畅销全国，知名度很高；丙烯酸氨基烘漆系列于1990年研制成功，与普通氨基烘漆相比，烘烤时间缩短，保光性、耐水性、耐油漆、耐候性提高，1992年获甘肃省科技进步三等奖；氯化橡胶防火漆和水性膨胀型防火涂料于1995年研制成功，这两种产品较好地满足了建筑物的安全防火要求，深受广大消费者喜受，声誉日隆。

5．产品性能、质量方面的情况

本公司产品质量优良，是用户信得过产品，被广泛应用于机械、建筑、电器等行业产品的配套涂覆作业。本公司油漆产品涂后耐候性、弹性好，光洁度、硬度、丰满度高，附着力强，抗老化。

6．经营管理的改进与提高

本公司已建立起一整套科学的管理制度，在生产组织方面，实行了先进的定员定额制度；在质量管理方面，突出做了全质管理教育、质量责任制、工序管理、QC小组活动、质量诊断和技术服务等；公司还积极推行内部承包经营责任制，把工资、奖金与责任目标挂钩；此外，公司还设有专门机构负责设备、安全、信息、计量、标准等管理工作。

7．职工数量与业务水平方面的变化

公司不断吸纳优秀的大中专毕业生加盟，以提高公司员工队伍的知识结构。目前，员工的平均知识结构已由原来的初中水平提高到高中以上水平，专业技术人员的比例从93年的5%提高到现在的15%，业务水平明显提高。

十一、股本

1．本公司拟注册股份为10,600万元。本次向社会公众募集4,500万股(含公司职工股450万股)，每股面值1.00元，发行价每股5.47元。

2．经甘肃第三会计师事务所评估，并经国家国有资产管理局国资评[1997]486号文确认，西北油漆厂投入本公司的资产总额为16,639万元，负债总额为7,343万元，净资产9,296万元；经甘肃省国有资产管理局甘国资企发[1997]46号文批准，按1.524:1的比例折成国有法人股6,100万股，由西北油漆厂持有该股权。

3．净资产折股后超过面值的资本部分计3196万元列入资本公积金。

4．本次发行成功后股本结构如下：

股权分类	股数(万股)	占总股本比例(%)
尚未流通股份	6,100	57.55
国有法人股	6,100	57.55
可流通股份	4,500	42.45
社会公众股	4,500	42.45
其中：公司职工股	450	4.25
总股本	10,600	100.00

5．本次发行前后本公司净资产总额及每股净资产变化情况如下：

	净资产总额(元)	股本额	每股净资产(元)
发行前	92,963,265.28	61,000,000	1.52
发行后	331,013,265.28	106,000,000	3.12

十二、财务会计资料

1．审计报告

以下全文引用甘肃第二会计师事务所《审计报告》

西北永新化工股份有限公司筹委会：

我所接受委托，审计了贵公司1994年12月31日、1995年12月31日、1996年12月31日、1997年3月31日的资产负债表，1994年度、1995年度、1996年度、1997年1至3月的利润表，1996年度的财务状况变动表。这些会计报表由贵公司负责，我们的责任是对这些会计报表发表审计意见。我们的审计是依据中国注册会计师独立审计准则进行的，在审计过程中，我们结合贵公司的实际情况，实施了包括抽查会计记录等我们认为必要的审计程序。

我们认为，上述会计报表符合中华人民共和国财政部颁发的《企业会计准则》、《股份制试点企业会计制度》，在所有重大方面公允地反映了贵公司1994年12月31日、1995年12月31日、1996年12月31日、1997年3月31日的财务状况及1994年度、1995年度、1996年度、1997年1至3月的经营成果和1996年度的资金变动情况，会计处理方法的选用遵循了一贯性原则。

甘肃第二会计师事务所　　中国注册会计师:刘志文
中国·兰州　　中国注册会计师:管永宁
庆阳路258号国贸大厦17楼　　一九九七年五月二十八日

2. 财务报表

资产负债表(附后)

利润表(附后)

财务状况变动表(附后)

3. 会计报表附注

(一)公司的一般情况

西北永新化工股份有限公司(筹)是由西北油漆厂将其主要油漆生产系统进行股份制改组,并经甘肃省体改委以体改委发[1997]05号文同意筹建、由西北油漆厂控股的股份有限公司。西北油漆厂作为发起人,将独家发起并以募集设立方式组建西北永新化工股份有限公司。

(二)编报基准与方法

编制从1994年1月1日起西北永新化工股份有限公司的会计报表时,本公司已被视为一家持续经营的股份有限公司,假定本公司现时的生产经营结构业已存在。资产剥离与重组情况的说明:

根据资产剥离与重组方案,将明确属于股份公司的项目划分给股份公司,如固定资产等;将明确属于西北油漆厂的项目划分给西北油漆厂,如长期投资等;其他科目则按权责发生制及配比原则划分给股份公司和西北油漆厂。94年、95年、96年会计报表是根据97年资产重组的方案,结合一致性原则而模拟编制的。

(三)公司的会计政策

1. 会计制度:股份公司发起人西北油漆厂执行《工业企业会计制度》,本报告所述财务资料是按《股份制试点企业会计制度》及其有关补充规定进行了必要的调整及重分类后编制的。

2. 会计年度:公司采用公历制,自每年公历1月1日起至12月31日止为一个会计年度。

3. 记帐原则:权责发生制原则。

4. 计价基础:按历史成本计价。

5. 货币核算:以人民币为记帐本位币。涉及外币的经济业务,按当日国家公布的市场汇价折合为人民币记帐,期末外币帐户余额按当日国家公布的市场汇价进行调整,由于折算的汇率不同而产生的汇兑损益计入当期损益。

6. 坏帐准备:公司年末按应收帐款余额的3‰进行计提。

7. 存货:原材料按计划成本计价,通过"材料成本差异"科目核算实际成本与计划成本差异,月终按差异率分摊材料差异。产成品按实际成本计价,发出时按加权平均法核算,低值易耗品按一次摊销法核算。

8. 固定资产:使用年限在一年以上的经营性资产及使用年限在两年以上,单位价值在2000元以上的非经营性资产作为企业的固定资产。固定资产以实际成本计价。折旧采用直线法计算,残值率为3%。

固定资产类别	折旧年限	折旧率(%)	残值率(%)
房屋建筑物	40	2.43	3
机器设备	14	6.93	3
运输设备	12	8.08	3

9. 无形资产:按直线法摊销。土地使用权摊销期40年。

10. 税项:A. 增值税:按销项税额减进项税额后计缴,税率为17%。

B. 城市维护建设税:按应交增值税额的7%计算交纳。

C. 教育费附加:按应交增值税额的3%计算交纳。

D. 所得税:甘肃省财政厅以甘财工发[1994]第32号文批复,按应纳税所得额的33%计征,由省财政返还18个百分点,实际税负为15%。

11. 销售收入的实现:销售收入以商品已经发出,货款已经收到,或者得到了收取货款的证据作为实现标志。

(四)会计报表主要项目注释

附注1:货币资金

一九九七年三月三十一日余额为15,810,653.69元。其中:

现　　金　　361.13元

银行存款　　15,810,292.56元

注:96年比95年、97年比96年货币资金增加较大,系银行借款增加所致。

附注2:应收帐款

一九九七年三月三十一日余额为8,111,259.28元。其帐龄分析如下:

帐　龄	金额(元)	比例(%)
一年以内	7,569,821.30	93.32
一至两年	530,379.45	6.54
两至三年	11,058.53	0.14
三年以上		
合计	8,111,259.28	100.00

应收帐款中无应收股权占5%以上股东的货款。

附注3:其他应收款

一九九七年三月三十一日余额为2,436,138.59元。

(1)帐龄分析如下:

帐　龄	金额(元)	比例(%)
一年以内	1,964,872.31	80.65
一至两年	367,296.50	15.08
两至三年	103,969.78	4.27
三年以上		
合计	2,436,138.59	100.00

(2)重大项目的内容与性质:

包装物押金 ………………………………………… 1,148,700.00

备用金 ……………………………………………… 513,145.02

备注:包装物押金系付给供货单位的包装大桶押金。

备用金系内部职工所借款项。

其他应收款中无应收股权占5%以上股东的款项。

附注5:存货

一九九七年三月三十一日余额为58,977,813.18元。其明细如下:

项目	金额(元)
材料采购	3,114,235.28
原材料	16,238,314.82
在产品	6,404,370.66
产成品	33,220,892.42
合计	58,977,813.18

附注6:固定资产折旧

(1)固定资产

资产类别	期初原值	本期增加	本期减少	期末原值
房屋建筑物	16,985,617.68	6,422,569.32		23,408,187.00
机器设备	40,411,275.67	7,935,740.35	40,465.02	48,306,551.00
运输设备				
合计	57,396,893.35	14,358,309.67	40,465.02	71,714,738.00

备注:本期增加14,358,309.67元系评估增加13,630,612.22元及购置增加727,697.45元。本期减少40,465.02元系报废减少。

(2)累计折旧

资产类别	期初原值	本期增加	本期减少	期末余额
房屋建筑物	5,854,991.15	2,139,214.85		7,994,206.00
机器设备	12,692,711.61	2,605,348.93	33,861.54	15,264,199.00
运输设备				

合计　18,547,702.76　4,744,563.78　33,861.54　23,258,405.00

备注:本期增加4,744,563.78元系评估增加3,906,026.14元及计提折旧增加838,537.64元。本期减少33,861.54元系报废减少。

附注8:无形资产

一九九七年三月三十一日余额为22,797,800.00元。

项目	来源	帐面价值	累计摊销额	摊余价值	剩余摊销年限
土地使用权	资产评估	22,797,800.00		22,797,800.00	40年

注:无形资产96年增加17,000,000.00元,系清产核资时评估的土地使用权价值;97年增加5,797,800.00元,系股份制改组时在原来的基础上由甘肃第三会计师事务所评估增值。

附注9:短期借款

借款单位	借款期限	借款类别	月利率(‰)	金额(万元)	借款条件	抵押物
工商银行东岗办事处	96.10.31—97.05.05	流动资金	9.24	500	抵押	厂房
工商银行东岗办事处	97.03.29—97.11.10	流动资金	9.24	200	抵押	厂房
工商银行东岗办事处	96.12.23—97.07.23	流动资金	9.24	1290	抵押	厂房
工商银行东岗办事处	97.01.06—97.08.06	流动资金	9.24	1000	抵押	厂房
工商银行东岗办事处	97.03.24—97.06.10	流动资金	8.415	550	抵押	厂房
工商银行东岗办事处	96.12.04—97.07.04	流动资金	9.24	200	抵押	厂房
工商银行东岗办事处	96.12.04—97.07.04	流动资金	9.24	500	抵押	厂房
合计				4240		

附注11:预收帐款

一九九七年三月三十一日余额为5,343,065.40元,系预收的购货款。预收帐款中,预收股权占5%以上股东(西北油漆厂)的货款主要有:

西北油漆厂西宁经销部	755,255.71元
西北油漆厂西安经销部	612,679.99元
西北油漆厂天水经销部	407,665.83元
西北油漆厂贵阳经销部	384,398.56元
西北油漆厂兰州销售中心	276,138.33元
西北油漆厂库尔勒经销部	182,159.56元
西北油漆厂洛阳经销部	162,123.52元

注:预收帐款97年比96年增幅大,主要是因为订货增加所收的预收款增加所致。

附注27:关联交易

与公司有关联的主要企业是西北油漆厂,西北油漆厂作为公司的控股股东,与公司之间不可避免会发生业务往来,但这些企业往来不论大小,均按照通常的市场经营规则进行,每年主要的交易情况如下:

单　位	金额(万元)	经济内容
西北油漆厂	23	商标使用权
西北油漆厂	278	预收购货款

4.主要财务指标:

项目	1997年	1996年	1995年	1994年
流动比率	1.23	1.23	1.28	1.22
速动比率	0.42	0.44	0.43	0.62
资产负债率	44.13%	45.79%	47.68%	45.55%
应收帐款周转率(次)	2.13	17.68	19.63	13.70
存货周转率(次)	0.37	2.94	4.75	5.11
每股收益	0.06	0.42	0.41	0.37
净资产收益率	4.26%	34.35%	48.65%	49.19%

十三、资产评估

1.资产评估结果

本次公开发行股票前,本发行人委托甘肃第三会计师事务所对发起人投入的各类资产采用重置成本法和现行市价法进行了评估。资产评估结果如下:

单位:千元

项目	帐面净值	评估值	增减额	增减率%
(一)资产合计	148,587.1	166,395.9	17,808.8	11.99
流动资产	87,855.3	90,141.8	2,286.4	2.60
固定资产	43,731.8	53,456.3	9,724.6	22.24
无形资产	17,000.0	22,797.8	5,797.8	34.10
(二)负债合计	73,432.6	73,432.6	0.0	0.00
流动负债	73,432.6	73,432.6	0.0	0.00
长期负债	0.0	0.0	0.0	0.00
(三)净资产	75,154.5	92,963.3	17,808.8	23.70

2.各类资产增(减)值的主要原因

(1)流动资产的增值主要是存货的增值,存货的增值主要是市场价格变动及按评估的要求将产成品净利转入产成品价值所致;

(2)固定资产的增值主要是市场价格变动及固定资产实际成新状况比帐面成新率高所致;

(3)无形资产的增值为土地使用权的增值,土地使用权的增值主要是市场转让价格上涨所致。

3.评估方法

流动资产的评估:采用重置成本法和现行市价法。

(1)货币资金:评估人员清点库存现金与帐面余额核对相符,以帐面值作为评估值;银行存款以核实后的帐面价值为评估价值。

(2)应收帐款:以核实后的帐面值为评估价值。

(3)存货:采用重置成本法和现行市价法分类评估。对原材料,在核实数量的基础上,根据油漆化工类原材料的现行市场价格加上合理运杂费用,确定评估值;对在产品,采用重置成本法进行评估;对产成品,采用现行市价法进行评估。

固定资产的评估:采用重置成本法。

(1)房屋建筑物:选择典型建筑物,进行实物工作量解剖,计算其基准日的工程造价,再加上间接成本确定重置成本,并以点代面推算其他建筑物的重置价值。

(2)机器设备:根据现行市场价格加上运杂费、安装调试费等确定重置全价,然后乘以成新率评估其价值。

(3)在建工程:参照房屋建筑物及机器设备的评估方法进行评估。

土地使用权的评估:采用现行市价法。

选择了交易实例作参照,进行各项影响因素的修正,从而确定评估价值。

负债的评估:在验证明细帐的基础上按帐面值评估。

十四、盈利预测

鉴于下述盈利预测所依据的种种假设的不确定性,本公司提醒投资者在进行投资判断时不应过于依赖该项资料。

1.1997年盈利预测:

盈利预测表

单位:万元

项　目	1—3月已审实现数	4—12月预测数	1997全年预测数
一、主营业务收入	2778	19022	22000
减:营业成本	1981	15056	17037
销售费用	21	279	300
管理费用	220	926	1146
财务费用	82	368	450
进货费用			
营业税金及附加	13	94	107
二、主营业务利润	461	2499	2960
加:其他业务利润	6	64	70
三、营业利润	467	2563	3030
加:投资收益			
营业外收入	2	40	42

减:营业外支出	3	57	60
加:以前年度损益调整			
四、利润总额	466	2546	3012
减:所得税(15%)	70	382	452
或所得税(33%)	154	840	994
五、税后利润(按15%)	396	2164	2560
税后利润(按33%)	312	1706	2018
六、每股收益(按15%)(元)	0.04	0.20	0.24
每股收益(按33%)(元)	0.03	0.16	0.19

2.盈利预测基准和假设:

基准:

(1)本盈利预测是根据甘肃第二会计师事务所审计的1994年、1995年、1996年、1997年1—3月会计报表以及本公司对1997年度会计期间作出的计划而编制的,所依据的会计原则在其重要方面与本公司通常所采用的会计政策相一致。

(2)根据《股份制试点企业有关税收问题的暂行规定》,股份制试点企业所得税按33%比例交纳,经甘肃省人民政府以甘政函[1997]39号文批准,本公司从1997年1月1日起所得税实行先征后返的办法,即按33%的所得税率上交,由省财政返还18个百分点,返还后的实际税负为15%,故盈利预测分别按15%和33%的所得税负计算和披露。

假设:

(1)公司遵循的中华人民共和国法律、法规、制度无重大变化;

(2)公司所处的社会经济环境无重大变化;

(3)公司主营销售业务市场不出现剧变;

(4)公司遵循的税收制度和适用的税率无重大变化;

(5)公司经营业务涉及的信贷利率及外汇汇率将在正常范围内波动;

(6)公司计划投资项目能如期实现;

(7)公司无其他不可抗力的因素及不可预见因素造成重大不利影响。

本公司对1997年度公司的盈利情况所做预测所涉及的假设基准的合理性、基础数据的真实性以及会计政策的一致性已经甘肃第二会计师事务所审核确认。

十五、公司发展规划

1.公司发展战略

本公司确定的总体发展战略是:以国内和国际两大市场为导向,通过联合、兼并、控股、参股等方式扩大资产经营规模,获取规模效益;通过加大科技投入,加强企业管理,提高企业素质,确保本公司在同行业的领先地位。同时坚持"一业为主,多元经营"的方针,努力拓展商贸和金融,以分散经营风险。到本世纪末,把公司发展成为集产业、商贸、技术开发和信息服务于一身的多功能、综合性、国际化的大型企业集团。

2.公司发展目标和规模

本公司今后的发展目标是建立一个以化工生产为主业的多功能、综合性、国际化的大型企业集团,重点发展涂料、化工合成纸和化工原料的研制、生产和销售,进一步开拓市场,完善销售网络;建立起"专业经营、统一运作、信息互通、利益共享"的业务经营机制;进一步扩大经营范围,合理调整和改善产品结构。

预计到2000年,资产规模达到8亿元,净资产5.5亿元,实现工业产品销售收入6亿元,税后利润力争突破1亿元。

3.公司市场发展与销售计划

本公司目前主要从事涂料及化工原料的生产和销售,主要面对国内市场,公司已拥有大批稳定的工商客户,主要产品在国内有一定的市场占有率和较高的商业信誉。本公司将进一步巩固、完善和强化现有的营销网络系统,以扩大公司目前主要产品(油漆、化工原料)的市场占有份额。公司将通过市场定位、产品定位、品牌定位、形象定位、全方位的质量保证、售后服务等产品策略、价格策略、市场推销等,力争在2000年实现销售收入6亿元。

4.公司人员扩充计划

本公司将遵循"以人为本"的原则,通过大规模、多层次、多形式的企业员工培训,提高现有人员的素质,培育出一批具有现代经营管理意识和经验的复合型人才,此外,还将通过多种渠道继续引进各类大中专毕业生,招聘与本公司行业相关的专业人才,以适应企业经营规模不断扩大,经营多元化、国际化的需要。

5.公司资金筹措和运用计划

本公司将通过发行有价证券、向银行贷款和自筹等多种筹资方式满足公司的发展需要。为改变本公司产品过于单一,所属产业过度狭窄的经营现状,规避涂料行业可能产生的行业风险、逐步向其他相关产业扩展和渗透,尽快形成多元化、综合性经营格局,公司将投资两亿元左右新建化工合成纸、PVC复合管等新产品生产线,同时积极涉足商贸和金融领域。

十六、重大合同及重大诉讼事项

本公司未履行完毕的重大合同有:

(1)1996年12月23日,西北油漆厂(借款方)与中国工商银行兰州市东岗办事处(贷款方)签订的《人民币短期借款合同》,借款1290万元,借款期限自1996年12月23日至1997年7月23日。

(2)1997年1月6日,西北油漆厂(借款方)与中国工商银行兰州市东岗办事处(贷款方)签订的《人民币短期借款合同》,借款1000万元,借款期限自1997年1月6日至1997年8月6日。

(3)1997年3月29日,西北油漆厂(借款方)与中国工商银行兰州市东岗办事处(贷款方)签订的《人民币短期借款事同》,借款200万元,借款期限自1997年3月29日至1997年11月10日。

(4)1997年4月2日,西北油漆厂(供方)与天水长城开关厂(需方)签订的《订货合同》,由西北油漆厂向需方供应涂料99吨,合同总标的135万元。

(5)1996年8月8日,西北油漆厂(需方)与青岛白玉化工股份有限公司(供方)签订的《工矿产品购销合同》,供方向西北油漆厂供应立德粉800吨,每吨单位3300元,合同总标的264万元。

(6)1996年12月24日,西北油漆厂(需方)与长沙颜料化工厂(供方)签订的《工矿产品订货合同》,供方向西北油漆厂供应立德粉400吨,每吨单价3350元,合同总标的134万元。

(7)1997年6月18日,西北油漆厂与股份公司签订的《资产、债务交接处理协议》,对股份公司成立后土地使用权和房屋所有权的过户登记、机器设备的移交、债务的转移、合同的变更等事项作出了明确约定。

(8)1997年6月18日,西北油漆厂与股份公司签订的《注册商标使用许可合同》,西北油漆厂许可股份公司使用其"永新牌"注册商标,使用期限为10年,股份公司向西北油漆厂支付商标使用费。

(9)1997年6月18日,西北油漆厂同股份公司签订的《供应及有偿服务合同》,西北油漆厂向股份公司提供原材料供应、房屋租赁、非生产性设施维修、医疗、生产及生活水、电、暖供应等服务,股份公司按有关规定或市场价格向西北油漆厂支付费用。

(10)1997年6月18日,西北油漆厂同股份公司签订的《避免同业竞争协议》,西北油漆厂承诺不从事与股份公司主营业务相同的经营活动,西北油漆厂和股份公司经理层人员不双重兼职。

经甘肃天合律师事务所审核,确认上述合同的订立手续完备,内容合法有效。

截至1997年3月31日,本公司没有尚未了结或可预见的诉讼或仲裁案件。

十七、其他重要事项

本公司筹委会全体成员认为除本招股说明书概要已披露的有关事项外无其它事项需要另加披露。

十八、招股说明书及备查文件查阅地点

招股说明书及备查文件查阅地点:

1. 发 行 人:西北永新化工股份有限公司(筹)
地　　址:甘肃省兰州市东岗东路685号
联系电话:(0931)8663061　8497111—361
2. 主承销商:招银证券公司
地　　址:深圳市振华路3号深纺大厦C座
联系电话:(0755)3362974

招股说明书及备查文件的查阅期间为:
1997年8月26日至1997年9月9日
上午8:30——11:30
下午1:30——4:30

利润表

编制单位:西北永新化工股份有限公司筹委会　　　　单位:人民币元

项　目	附注	1997年1—3月	1996年度	1995年度	1994年度	项　目	附注	1997年1—3月	1996年度	1995年度	1994年度
一、主营业务收入	18	27,776,768.52	180,064,923.42	203,380,396.60	155,398,027.30	三、营业利润		4,668,891.37	30,360,148.38	30,396,418.28	27,617,357.30
减:营业成本	19	19,809,678.27	131,842,414.59	156,060,671.44	117,962,842.29	加:投资收益					
销售费用	20	211,559.57	1,810,366.97	2,991,871.20	2,703,912.58	营业外收入	25	22,610.40	76,100.99	200,047.88	224,891.09
管理费用	21	2,201,711.71	10,675,317.53	9,304,146.23	6,392,092.88	减:营业外支出	26	31,086.96	409,931.20	961,213.92	935,608.06
财务费用	22	817,231.04	5,182,114.93	4,095,525.65	2,233,081.04	加:以前年度损益调整					
进货费用						四、利润总额(亏损以"-"号表示)		4,660,414.81	30,026,318.17	29,635,252.24	26,906,640.33
营业税金及附加	23	130,203.38	828,072.80	1,063,809.94	2,123,991.93	减:所得税(15%)		699,062.22	4,503,947.73	4,445,287.84	4,035,996.05
二、主营业务利润		4,606,384.55	29,726,636.60	29,864,372.14	25,493,365.37	五、净利润		3,961,352.59	25,522,370.44	25,189,964.40	22,870,644.28
加:其他业务利润	24	62,506.82	633,511.78	532,046.14	2,123,991.93						

财务状况变动表

编制单位:西北永新化工股份有限公司筹委会　　1996年度　　单位:人民币元

项目	行次	金额	项目	行次	金额
一、流动资金来源:			一、流动资产本年增加数:		
1. 净利润	1	25,522,370.44	1. 货币资金	27	6,052,740.41
加:不减少流动资金的费用和损失			2. 短期投资	28	
(1)固定资产折旧	2	3,113,523.67	3. 应收票据	29	
(2)无形资产、递延资产摊销	3		4. 应收帐款净额	30	1,615,257.82
(3)固定资产盘亏(减盘盈)	4		5. 预付帐款	31	
(4)清理固定资产损失(减收益)	5	36,720.50	6. 其他应收款	32	8,416.59
			7. 存货净额	33	9,619,912.32
小计	6	28,672,614.61	8. 待转其他业务支出	34	
			9. 待摊费用	35	—378,684.51
2. 其他来源:			10. 待处理流动资产净损失	36	
(1)固定资产清理收入(减清理费用)	7	50,861.35	11. 一年内到期的长期债券投资		
(2)增加长期负债	8			37	
(3)收回长期投资	9		12. 其他流动资产	38	
(4)对外投资转出固定资产	10				
(5)对外投资转出无形资产	11				
(6)资本净增加额	12	20,828,355.57	流动资产增加净额	39	16,917,642.63
小计	13	20,879,216.92			
流动资金来源合计	14	49,551,831.53			
二、流动资金运用:			二、流动负债本年增加数:		
1. 利润分配:			1. 短期借款	40	7,700,000.00
(1)提取盈余公积	15	2,552,237.04	2. 应付票据	41	
(2)提取公益金	16	1,276,118.43	3. 应付帐款	42	7,713,007.87
(3)已分配股利	17	23,209,481.50	4. 预收帐款	3	389,389.24
	18		5. 其他应付款	44	—165,863.02
			6. 应付福利费	45	
小计	19	27,037,837.07	7. 未交税金	46	—84,587.35
			8. 未付股利	47	
2. 其他运用:			9. 其他未交款	48	—411.99
(1)固定资产和在建工程净增加额	20	4,147,886.58	10. 预提费用	49	
(2)增加无形资产、递延资产	21	17,000,000.00	11. 其他流动负债	50	
(3)偿还长期负债	22		12. 一年内到期的长期负债	51	
(4)增加长期投资	23			52	
小计	24	21,147,886.58			

项目	行次	金额	项目	行次	金额
流动资金运用合计	25	48,185,723.65	流动负债增加净额	53	15,551,534.75
流动资金增加净额	26	1,366,107.88	流动资金增加净额	54	1,366,107.88

资产负债表

编制单位:西北永新化工股份有限公司筹委会　　　　单位:人民币元

项　目	附注	1997年3月31日	1996年12月31日	1995年12月31日	1994年12月31日	项　目	附注	1997年3月31日	1996年12月31日	1995年12月31日	1994年12
流动资产:						流动负债:					
货币资金	1	15,810,653.69	9,674,694.55	3,621,954.14	3,625,317.91	短期借款	9	42,400,000.00	39,400,000.00	31,700,000.00	24,200,000.00
短期投资						应付票据					
应收票据						应付帐款	10	19,836,732.70	17,344,217.02	9,631,209.15	10,087,117.47
应收帐款	2	8,111,259.28	10,995,008.98	9,374,890.80	11,345,147.02	预收帐款	11	5,343,065.40	1,152,897.55	763,508.31	750,572.99
减:备抵坏帐		24,333.78	32,985.03	28,124.67	34,035.44	应付福利费					
应收帐款净额		8,086,925.50	10,962,023.95	9,346,766.13	11,311,111.58	未付股利					
预付帐款						未交税金	12	2,692,240.87	2,163,947.77	2,248,535.12	1,273,791.34
其他应收款	3	2,436,138.59	2,041,737.16	2,033,320.57	1,893,516.25	其他未交款	13	32,585.84	33,314.09	33,726.08	34,533.02
待摊费用	4	4,830,214.83	4,830,214.83	5,208,899.34	7,394,079.97	其他应付款	14	2,527,988.70	2,647,805.18	2,813,668.20	2,545,077.41
存　货	5	58,977,813.18	49,631,242.28	40,011,329.96	23,062,412.71	预提费用	15	600,000.00			
待处理流动资产净损失						其他流动负债					
流动资产合计		90,141,745.79	77,139,912.77	60,222,270.14	47,286,438.42	一年内到期的长期负债					
长期投资:						流动负债合计		73,432,613.51	62,742,181.61	47,190,646.86	38,891,092.23
长期投资						长期负债:					
固定资产:						长期借款					
固定资产原价	6	71,714,738.00	57,396,893.35	54,179,483.10	51,025,639.53	应付债券					
减:累计折旧		23,258,405.00	18,547,702.76	15,434,179.09	12,922,553.09	长期应付款					
固定资产净值		48,456,333.00	38,849,190.59	38,745,304.01	38,103,086.44	其他长期负债					
在建工程	7	5,000,000.00	4,044,000.00			长期负债合计					
待处理固定资产净损失						负债合计		73,432,613.51	62,742,181.61	47,190,646.86	38,891,092.23
固定资产合计		53,456,333.00	42,893,190.59	38,745,304.01	38,103,086.44	股东权益:					
无形及其他资产						股本	16	61,000,000.00	35,854,090.24	35,854,090.24	35,854,090.24
无形资产	8	22,797,800.00	17,000,000.00			资本公积	17	31,963,265.28	17,000,000.00		
递延资产						盈余公积			11,037,446.87	7,209,091.30	3,430,596.64
无形及其他资产合计		22,797,800.00	17,000,000.00			其中:公益金			3,679,148.95	2,403,030.43	1,143,532.21
资产总计		166,395,878.79	137,033,103.36	98,967,574.15	85,389,524.86	未分配利润			10,399,384.64	8,713,745.75	7,213,745.75
						股东权益合计		92,963,265.28	74,290,921.75	51,776,927.29	46,498,432.63
						负债及股东权益合计		166,395,878.79	137,033,103.36	98,967,574.15	85,389,524.86

西北永新化工股份有限公司股票上市公告书

一、要览

总股本:　　10,600万股

可流通股本:　　4,500万股

社会公众股:　　4,500万股

其中:　　公司职工股450万股

本次上市流通股本:4050万股

股票简称:　　西北化工

股票代码:　　0791

上市地点:　　深圳证券交易所

上市时间:　　1997年10月14日

登记机构:　　深圳证券登记有限公司

上市推荐人:　　国泰证券有限公司　招银证券有限公司

二、绪言

本上市公告书依据《中华人民共和国公司法》、《股票发行与交易管理暂行条例》、《公开发行股票公司信息披露实施细则(试行)》、《深圳证券交易所业务规则》等国家法律、法规的规定编制的。本公司股票上市申请经深圳证券交易所深证发[1997]330号文批准,于1997年10月14日在深圳证券交易所挂牌交易。本次上市流通的股票为1997年8月29日在深圳证券交易所以上网发行方式向社会公众发行的4,050万股A股,公司职工股450万股将按国家及深圳证券交易所的有关规定半年后上市。

本公司1997年8月25日在《中国证券报》和《证券时报》刊登《招股说明书概要》,距今不足6个月,故与其相重复的内容在此不再赘述,敬请社会公众查阅本公司的《招股说明书概要》。

本公司董事会成员已批准本上市公告书,确信本公告书不存在任何重大遗漏或者误导,并对其真实性、准确性、完整性负个别的和连带的责任。

三、本公司概况

(一)概况

法定名称:西北永新化工股份有限公司

注册资金:10,600万元

法定代表人:张　军

成立时间:1997年9月12日

注册地址:甘肃省兰州市东岗东路685号

联系电话:(0931)8663061　8497111－361

传真:(0931)8496040

经营范围:

主营:油漆、涂料、树脂、合成纸及其它化工产品、代工机械系列产品的研制、开发、生产和销售;

兼营:商业贸易、房地产开发、信息技术咨询服务。

所属行业:化工工业

(二)公司历史沿革

本公司是经甘肃省人民政府甘政函[1997]36号文批准设立核准,由西北油漆厂作为独家发起人,采用募集方式设立的股份有限公司。经甘肃省第三会计事务所资产评估后,并经国家国有资产管理局国资评[1997]486号文确认,并经甘肃省国有资产管理局甘国资企发[1997]46号文批准,本公司独家发起人西北油漆厂将其半成品车间、三个产成品车间、中试车间、溶剂车间、水汽车间、电仪车间、机修车间、罐装车间、检验科、机动处、供应处及研究所等单位的经营性净资产9296万元,按65.62%的比例,折为国有法人股6100万股投入本公司。经中国证券监督管理委员会证监发字[1997]417号文和[1997]418号文批准,本公司已向社会公众公开发行4,500万股人民币普通股(含公司职工股450万股),并于1997年9月23日在甘肃省工商行政管理局注册登记。

四、股票发行及承销

(一)本次公开发行

发行数量:4,500万股(其中公司职工股450万股)

发行价格:5.47元/股

募集资金总额:新股发行募得股金24,615万元,扣除发行费用810万元后,实际募集资金额为23,805万元。

发行方式:上网定价发行方式

配售比例:0.799979%

配售户数:38853户

持有1000股以上的户数:2994户

发行费用总额:810万元

每股发行费用:0.18元

发行市盈率:13.6倍

(二)股票承销

本次公开发行的4,050万股社会公众股和450万股公司职工股已全部由社会公众及公司职工认购,承销成员无包销比例及数量。

主承销商及承销团成员分销比例及数量

机构名称	承销数量(万股)	比例
主承销商:招银证券公司	1336.5	29.7%
副主承销商:国泰证券有限公司	688.5	15.3%
分销商:兰州市信托投资公司	675	15%
分销商:福建省华侨信托投资公司	675	15%
分销商:黑龙江省国际信托投资公司	675	15%
分销商:甘肃省投资信托公司	450	10%

(三)验资报告

我所接受委托,对西北永新化工股份有限公司截止1997年9月10日止公开募集的社会公众股股本及资本公积的真实性和合法性进行了审验。在审验过程中,我们按照《独立审计实务公告第1号—验资》的要求,实施了必要的审验程序。西北永新化工股份有限公司的责任是提供真实、合法、完整的验资资料,保护资产的安全、完整;我们的责任是按照《独立审计实务公告第1号—验资》的要求,出具真实、合法的验资报告。

本次公开发行拟筹集的股本为人民币45,000,000元,资本公积为人民币193,050,000元。根据我们的审验,截止1997年9月10日止,西北永新化工股份有限公司已向社会募集资本238,050,000元(已扣除承销费、手续费8,100,000元),其中:股本为45,000,000元,资本公积为193,050,000元,与上述投入资本相关的资产总额为238,050,000元,全部为货币资金。

甘肃第二会计师事务所　　中国注册会计师:刘志文

中国　兰州　　中国注册会计师:管永宁

地址:庆阳路258号国贸大厦10层

注:西北永新化工股份有限公司向社会公众发行的4500万股社会公众股募集资金2.38,050,000元,已于1997年9月10日存入西北永新化工股份有限公司以下三个帐户中:

中国工商银行兰州市拱星墩分理处

帐号:221—03643

中国建设银行兰州开发办东升分理处

帐号:261003867

招商银行兰州市分行

帐号:1080002310001

1997年9月10日

五、董事、监事、高级管理人员简介及持股情况

(一)董事、监事、高级管理人员持股情况

姓名	职务	持股数量(股)	持股比例(‰)
张军	董事长	10000	0.0943
王有义	副董事长	10000	0.0943
王全良	董事	5000	0.0471
杨德茂	董事	4000	0.0377
崔厚佳	董事	8000	0.0754
金城	董事	4000	0.0377
魏其新	董事	0	0
罗志河	董事	2600	0.0245
付淑丽	监事会主席	4000	0.0377
常贵堂	监事	8000	0.0754
胡曦元	监事	8000	0.0754
张京保	监事	8600	0.0811
李璞	监事	2200	0.0207

本公司董事、监事及高级管理人员共持有本公司股票74400股,占总股本0.70188‰,其持有股份按照《中华人民共和国公司法》规定在任职期间不得转让。

六、公司设立

(一)公司1997年9月12日在兰州宁卧庄宾馆礼堂召开的创立大会暨首次股东大会作出决议:本公司向社会公众公开发行的面值为1元的人民币普通股4050万股将于1997年10月14日在深圳证券交易所上市。

(二)本次股票成功发行后,本公司注册登记工作已结束,详细资料如下:

注册资金:10,600万元

注册时间:1997年9月23日

法定代表人:张　军

注册地址:甘肃省兰州市东岗东路685号

营业执照注册号码:22437258—3

七、关联企业及关联交易

1.关联企业

西北油漆厂持有本公司股份6,100万股,占总股本的57.55%,是本公司的绝对控股股东,属本公司的关联企业。

2.关联交易

(1)1997年6月18日,本公司与西北油漆厂签订《注册商标使用许可合同》,约定本公司有偿使用西北油漆厂的“永新牌”注册商标,使用期限

为10年,本公司向西北油漆厂支付商标使用费。

(2)1997年6月18日,本公司与西北油漆厂签订《供应及有偿服务合同》,约定西北油漆厂与股份公司相互提供原材料供应、房屋租赁、非生产性设施维修、医疗、生产及生活水、电、暖供应等服务,双方按国家及地方政府有关规定或参照市场价格相互支付服务费用。

八、股本结构及大股东持股情况

(一)本公司本次上市前股本结构如下:

类　别	股数(万股)	占总股本比例
总股本	10,600	100.00
尚未流通股份	6,100	57.55
国有法人股	6,100	57.55
可流通股份	4,500	42.45
社会公众股	4,500	42.45
其中:公司职工股	450	4.25

(二)前十名股东所持股数及比例

股东名称	持有股数	占总股本比例
西北油漆厂	6100(万)	57.55%
张　军	10000	0.0094%
王有义	10000	0.0094%
茹天贵	9900	0.0093%
李喜阳	9900	0.0093%
王颂东	9500	0.0089%
刘春荣	9400	0.0088%
刘　青	9400	0.0088%
张国庆	9200	0.0086%
霍华利	9200	0.0086%

九、主要财务会计资料

1.审计报告

我所接受委托,审计了贵公司1994年12月31日、1995年12月31日、1996年12月31日、1997年4月30日的资产负债表,1994年度、1995年度、1996年度、1997年1至4月的利润表,1996年度的财务变动表。这些会计报表由贵公司负责,我们的责任是对这些会计报表发表审计意见。我们的审计是依据中国注册会计师独立审计准则进行的,在审计过程中,我们结合贵公司的实际情况,实施了包括抽查会计记录等我们认为必要的审计程序。

我们认为,上述会计报表符合中华人民共和国财政部颁发的《企业会计准则》、《股份制试点企业会计制度》,在所有重大方面公允地反映了贵公司1994年12月31日、1995年12月31日、1996年12月31日、1997年4月30日的财务状况及1994年度、1995年度、1996年度、1997年1至4月的经营成果和1996年度的资金变动情况,会计处理方法的选用遵循了一贯性原则。

甘肃第二会计师事务所　　中国注册会计师:刘志文

中国　兰州　　中国注册会计师:管永宁

地址:庆阳路258号国贸大厦17层

1997年9月30日

2.资产负债表、损益表、财务状况变动表(见附表)

3.主要财务指标

项目	1997年1—4月	1996年
流动比率	1.26	1.23
速动比率	0.37	0.44
资产负债率	42.78	45.79
应收帐款周转率(次)	3.10	17.68
存货周转率(次)	0.48	2.94
每股收益(元)	0.095	0.42
净资产收益率(%)	6.11	34.35

4.会计报表附注

(一)主要会计政策

a会计制度:股份公司发起人西北油漆厂执行《工业企业会计制度》,本报告所述财务资料是按《股份制试点企业会计制度》及其有关补充规定进行了必要的调整及重分类后编制的。

b货币核算:以人民币为记帐本位币。涉及外币的经济业务,按当日国家公布的市场汇率价折合人民币记帐,期末外币帐户余额按当日国家公布的市场汇价进行调整,由于折算的汇率不同而产生的汇兑损益计入当期损益。

c坏帐准备:公司年末按收帐款余额的3‰进行计提。

d税项:(1)增值税:按销项税额减进项税额后计缴,税率为17%。

(2)城市维护建设税:按应交增值税额的7%计算交纳。

(3)教育费附加:按应交增值税额的3%计算交纳。

(4)所得税:甘肃省财政厅以甘财工发[1994]第32号文批复,按应纳税所得额的33%计征,由省财政返还18%,实际税负为15%。

e销售收入的实现:销售收入以商品已经发出,货款已经收到,或者得到了收取货款的证据作为实现标志。

(二)会计报表主要项目注释

1.应收帐款

1997年4月30日余额为8,793,833.33元。其帐龄分析如下:

帐　龄	金额(元)	比例(%)
一年以内	8,276,405.26	94.12
一至两年	505,116.70	5.74
两至三年	12,311.37	0.14
三年以上		
合　计	8,793,833.33	100.00

应收帐款中无应收股权占5%以上股东的货款。

2.其他应收款

1997年4月30日余额为1,665,155.01

(1)帐龄分析如下:

帐　龄	金额(元)	比例(%)
一年以内	1,340,947.52	80.53
一至两年	253,105.38	15.20
两至三年	71,102.11	4.27
三年以上		
合计	1,665,155.01	100.00

(2)重大项目的内容与性质

包装物押金	1,174,400.00
备用金	180,152.09

备注:包装物押金系给供货单位的包装大桶押金

备用金系内部职工所借款项。

其他应收款中无应收股权占5%以上股东的款项。

十、董事会上市承诺

本公司董事会将严格遵守《中华人民共和国公司法》、《股票发行与交易管理暂行条例》、《公开发行股票公司信息披露实施细则》、《深圳证券交易所业务规则》和有关法律、法规的规定,并自股票上市之日起作出如下承诺:

1.按照法律、法规的规定程序和要求披露重大的信息,并接受证券主管机关、深圳证券交易所的监督与管理。

2.及时、真实、准确地公布中期报告和年度报告,并备置于规定场所供投资者公众查阅。

3.本公司董事、监事及高级管理人员如发生人事变动或持本公司股票发生变化时,在报告证券主管机关、证券交易所的同时向投资者公布。

4. 在任何公共传播媒介出现的消息可能对本公司股票的市场价格产生误导性影响时,本公司知悉后将及时对该消息予以公开澄清。

5. 公司董事、监事及高级管理人员将认真听取社会公众的意见和批评,不利用已获得的内幕消息和其他不正当手段直接或间接从事股票买卖活动。

6. 本公司没有无记录负债。

十一、重要事项揭示

(一)甘肃省人民政府以甘政函[1997]39 号函批复,本公司按应纳税所得额的 33% 计征,由省财政返还 18%,实际税负为 15%。

(二)根据国家有关规定,本公司 450 万股公司职工股将于本次社会公众流通股上市半年后,经批准方可上市。

(三)截止本公告书公布之日,本公司无重大诉讼事项。

十二、备查文件目录

1. 招股说明书
2. 审计报告
3. 验资报告
4. 中国证监会关于本公司公开发行股票的批准文件
5. 深圳证券交易所上市通知书
6. 创立大会决议
7. 公司章程
8. 营业执照

十三、咨询机构

1. 发行人:西北永新化工股份有限公司

注册地址:甘肃省兰州市东岗东路 685 号

法定代表人:张　军

电　话:(0931)8497111—361—215　(0931)8663061

传　真:(0931)8496040

联系人:李小文　曹忆峰

2. 第一上市推荐人:国泰证券有限公司

法定代表人:金建栋

法定地址:上海市浦东新区乳山路 61 号

办公地址:深圳市华强北路深纺大厦 1306 室

电　话:(0755)3217225

传　真:(0755)3200792

联系人:刘丰元　宋劭杰　王力泰

3. 第二上市推荐人:招银证券公司

法定代表人:李麦秋

电　话:(0755)3622947

联系人:张　钊　马卫国

西北永新化工股份有限公司

1997 年 10 月 10 日

资产负债表

编制单位:西北永新化工股份有限公司筹委会　　　　单位:人民币元

项目	附注	1997年4月30日	1996年12月31日	1995年12月31日	1994年12月31日	流动负债:					
流动资产:						短期借款	9	42,400,000.00	39,400,000.00	31,700,000.00	24,200,000.00
货币资金	1	10,663,053.01	9,674,694.55	3,621,954.14	3,625,317.91	应付票据					
短期投资						应付帐款	10	18,438,110.72	17,344,217.02	9,631,209.15	10,087,117.47
应收票据						预收帐款	11	4,922,588.50	1,152,897.55	763,508.31	750,572.99
应收帐款	2	8,793,833.33	10,995,008.98	9,374,890.80	11,345,147.02	应付福利费		19,557.45			
减:备抵坏帐		24,333.78	32,985.03	28,124.67	34,035.44	未付股利					
应收帐款净额		8,769,499.55	10,962,023.95	9,346,766.13	11,311,111.58	未交税金	12	2,722,422.29	2,163,947.77	2,248,535.12	1,273,791.34
预付帐款						其他未交款	13	23,926.29	33,314.09	33,726.08	34,533.02
其他应收款	3	1,665,155.01	2,041,737.16	2,033,320.57	1,893,516.25	其他应付款	14	2,346,954.28	2,647,805.18	2,813,668.20	2,545,077.41
待摊费用	4	4,830,214.83	4,830,214.83	5,208,899.34	7,394,079.97	预提费用	15				
存货	5	63,858,126.45	49,631,242.28	40,011,329.96	23,062,412.71	其他流动负债					
待处理流动资产净损失						一年内到期的长期负债					
流动资产合计		89,786,048.85	77,139,912.77	60,222,270.14	47,286,438.42	流动负债合计		70,873,559.53	62,742,181.61	47,190,646.86	38,891,092.23
长期投资:						长期负债:					
长期投资						长期借款					
固定资产:						应付债券					
固定资产原价	6	71,714,738.00	57,396,893.35	54,179,483.10	51,025,639.53	长期应付款					
减:累计折旧		23,584,776.68	18,547,702.76	15,434,179.09	12,922,553.09	其他长期负债					
固定资产净值		48,129,961.32	38,849,190.59	38,745,304.01	38,103,086.44	长期负债合计					
在建工程	7	5,000,000.00	4,044,000.00			负债合计		70,873,559.53	62,742,181.61	47,190,646.86	38,891,092.23
待处理固定资产净损失						股东权益:					
固定资产合计		53,129,961.32	42,893,190.59	38,745,304.01	38,103,086.44	股本	16	61,000,000.00	35,854,090.24	35,854,090.24	35,854,090.24
无形及其他资产						资本公积	17	31,963,265.28	17,000,000.00		
无形资产	8	22,750,304.58	17,000,000.00			盈余公积			11,037,446.87	7,209,091.30	3,430,596.64
递延资产						其中:公益金			3,679,148.95	2,403,030.43	1,143,532.21
无形及其他资产合计		22,750,304.58	17,000,000.00			未分配利润		1,829,489.94	10,399,384.64	8,713,745.75	7,213,745.75
资产总计		165,666,314.75	137,033,103.36	98,967,574.15	85,389,524.86	股东权益合计		94,792,755.22	74,290,921.75	51,776,927.29	46,498,432.63
						负债及股东权益合计		165,666,314.75	137,033,103.36	98,967,574.15	85,389,524.86

利润表

编制单位:西北永新化工股份有限公司筹委会　　单位:人民币元

项目	附注	1997年1—4月	1996年度	1995年度	1994年度
一、主营业务收入	18	42,260,745.84	180,064,923.42	203,380,396.60	155,398,027.30
减:营业成本	19	29,791,624.17	131,842,414.59	156,060,671.44	117,962,842.29
销售费用	20	509,837.60	1,810,366.97	2,991,871.20	2,703,912.58
管理费用	21	3,543,572.64	10,675,317.53	9,304,146.23	6,392,092.88
财务费用	22	1,444,533.51	5,182,114.93	4,095,525.65	2,233,081.04
进货费用					
营业税金及附加	23	209,957.68	828,072.80	1,063,809.94	612,733.14
二、主营业务利润		6,761,220.24	29,726,636.60	29,864,372.14	25,493,365.37
加:其他业务利润	24	63,297.63	633,511.78	532,046.14	2,123,991.93
三、营业利润		6,824,517.87	30,360,148.38	30,396,418.28	27,617,357.30
加:投资收益					
营业外收入	25	25,494.40	76,100.99	200,047.88	224,891.09
减:营业外支出	26	37,256.35	409,931.20	961,213.92	935,608.06
加:以前年度损益调整					
四、利润总额(亏损以"-"号表示)		6,812,755.92	30,026,318.17	29,634,252.24	26,906,640.33
减:所得税(15%)		1,021,913.39	4,503,947.73	4,445,287.84	4,035,996.05
五、净利润		5,790,842.53	25,522,370.44	25,189,964.40	22,870,644.28

财务状况变动表

编制单位:西北永新化工股份有限公司筹委会　　1996年度　　单位:人民币元

项目	行次	金额	项目	行次	金额
一、流动资金来源			一、流动资产本年增加数:		
1. 净利润	1	25,522,370.44	1. 货币资金	27	6,052,740.41
加:不减少流动资金的费用和损失			2. 短期投资	28	
(1)固定资产折旧	2	3,113,523.67	3. 应收票据	29	
(2)无形资产、递延资产摊销	3		4. 应收帐款净额	30	1,615,257.82
(3)固定资产盘亏(减盘盈)	4		5. 预付帐款	31	
(4)清理固定资产损失(减收益)	5	36,720.50	6. 其他应收款	32	8,416.59
小计	6	28,672,614.61	7. 存货净额	33	9,619,912.32
2. 其他来源:			8. 待转其他业务支出	34	
(1)固定资产清理收入(减清理费用)	7	50,861.35	9. 待摊费用	35	—378,684.51
(2)增加长期负债	8		10. 待处理流动资产净损失	36	
(3)收回长期投资	9		11. 一年内到期的长期债券投资	37	
(4)对外投资转出固定资产	10		12. 其他流动资产	38	
(5)对外投资转出无形资产	11				
(6)资本净增加额	12	20,828,355.57	流动资产增加净额	39	16,917,642.63
小计	13	20,879,216.92	二、流动负债本年增加数:		
流动资金来源合计	14	49,551,831.53	1. 短期借款	40	7,700,000.00
二、流动资金运用:			2. 应付票据	41	
1. 利润分配			3. 应付帐款	42	7,713,007.87
(1)提取盈余公积	15	2,552,237.04	4. 预收帐款	43	389,389.24
(2)提取公益金	16	1,276,118.53	5. 其他应付款	44	—165,863.02
(3)已分配股利	17	23,209,481.50	6. 应付福利费	45	
(4)	18		7. 未交税金	46	—84,587.35
小计	19	27,037,837.07	8. 未交股利	47	
2. 其他运用:			9. 其他未交款	48	—411.99
(1)固定资产和在建工程净增加额	20	4,147,886.58	10. 预提费用	49	
(2)增加无形资产、递延资产	21	17,000,000.00	11. 其他流动负债	50	
(3)偿还长期负债	22		12. 一年内到期的长期负债	41	
(4)增加长期投资	23		13.	52	
小计	24	21,147,886.58			
流动资金运用合计	25	48,185,723.65	流动负债增加净额	53	15,551,534.75
流动资金增加净额	26	1,366,107.88	流动资金增加净额	54	1,366,107.88

青海盐湖钾肥股份有限公司

青海盐湖钾肥股份有限公司股票上市公告书

一、要览

总股本:20000 万股

可流通股本:5000 万股

本次上市流通股本:4500 万股

证券简称:盐湖钾肥

证券编码:0792

上市地点:深圳证券交易所

上市时间:1997 年 9 月 4 日

股份登记机构:深圳证券登记结算公司

上市推荐人:广发证券有限责任公司

南方证券有限责任公司

二、绪言

本公司股票上市公告书系根据《中华人民共和国公司法》、《股票发行与交易管理暂行条例》、《公开发行股票公司信息披露实施细则》、《深圳证券交易所业务规则》和国家现行有关证券管理法规编制,为青海盐湖钾肥股份有限公司股票公开上市之目的向社会公众提供各种资料。

本次股票发行及发行方案业经中国证券监督管理委员会证监发字[1997]391 号文及证监发字[1997]392 号文批准,本公司已成功地向社会公众公开发行每股面值 1.00 元之人民币普通股票 4500 万股,另向公司职工配售每股面值 1.00 元之人民币普通股票 500 万股。经深圳证券交易所深证发[1997]304 号《上市通知书》批准,本公司 4500 万公众股将于 1997 年 9 月 4 日(星期四)在深圳证券交易所挂牌交易。

本公司《招股说明书概要》刊登于 1997 年 7 月 31 日的《中国证券报》上,距今不足 6 个月,故与其重复的内容不在此重述,敬请投资者查阅本公司的《招股说明书概要》。

本公司董事会及各位董事确信本公告书未遗漏任何重大事项,亦不存在任何误导和虚假成分,并愿就本公告书及相关资料的准确性、完整性、真实性负共同及个别责任。

三、公司概况

1. 基本情况

法定名称:青海盐湖钾肥股份有限公司

注册资金:20000 万元

法定代表人:安平绥

成立日期:1997 年 8 月 25 日

经营范围:氯化钾产品的开发、生产、销售;光卤石、低钠光卤石及其它矿产品的开发、加工、冶炼。

所属行业:钾肥工业

注册地址:青海省格尔木市察尔汗

联系电话:(0979)417445

2. 历史沿革

本公司是经青海省经济体制改革委员会青体改(1997)第 035 号文批准,由青海盐湖工业集团有限公司以所属全部氯化钾生产车间的经营性净资产为改组主体,并联合北京华北电力实业总公司、中国农业生产资料成都公司、中国科学院青海盐湖研究所、湖北东方农化中心、化工部连云港设计研究院、化工部长沙设计研究院,以募集方式设立的股份有限公司。

本公司地处钾矿资源储量丰富的察尔汗盐湖,并辅以国家政策的优惠,经过数年的艰苦创业,已形成了年产 23 万吨氯化钾的生产能力,是国内唯一的钾肥生产基地,也是亚洲最大的钾肥生产企业之一。

青海盐湖工业集团有限公司之前身是于 1982 年成立的青海钾肥厂,该厂是由原青海省海西州察尔汗钾肥厂与原化工部格尔木钾矿筹建处合并而成的。青海省海西州察尔汗钾肥厂始建于 1958 年,1969 年建成年产万吨车间,采用冷分解浮选法工艺生产。化工部格尔木钾矿筹建处是于 1975 年经化工部批准为筹备建设青钾一期工程而设立的。青海钾肥厂成立后,加快了青海钾肥一期工程的筹备工作,1986 年正式开始青海钾肥厂一期工程建设,工程总投资 5.8347 亿元。该工程氯化钾设计生产能力为 20 万吨,为国家"七五"重点工程,1989 年建成投料试车成功,产出第一袋钾肥,1990 年取得"双系列、满负荷、高品位"72 小时试车成功,日产达到设计能力,于 1992 年 9 月一期工程经过三年试运行正式通过国家竣工验收。1996 年 7 月 31 日,经青海省体改委青体改[1995]第 032 号文批准,青海钾肥厂整体改组为青海盐湖工业集团有限公司,注册资本为人民币 31326 万元。1996 年底经过五年的技术攻关,建成了二万吨冷结晶车间,攻克了氯化钾生产工艺技术 - 反浮选冷结晶法,并获青海省科委、青海省经贸委鉴定通过,使我国氯化钾生产迈向采用先进技术的新纪元。经过几年的发展,青海盐湖工业集团有限公司已成为集盐湖资源研究、开发和加工生产为一体的综合型盐化工企业,经营氯化钾、硫酸钾、光卤石、水氯镁石、低钠盐等盐化产品,并承担盐湖开发技术研究、项目设计和盐田工程建设。

本公司系在青海盐湖工业集团有限公司全部氯化钾生产车间的基础上设立的。

四、股票发行与承销

1. 股票发行

发行数量:5000 万股(其中向公司职工配售 500 万股)

发行价格:4.35 元

募集资金总额:21750 万元

发行方式:全额预缴、比例配售、余款即退

配售比例:0.390%

配售户数:12854

持 1000 股以上的户数:9396 户

发行费用总额:748 万元

每股发行费用:0.15 元

发行市盈率:15 倍

2. 股票承销

本次公开发行的社会公众股已认购完毕,超额认购 256 倍,配售后的余股部分共 24718 股已由主承销商包销。

3. 验资报告

中国　　青海　　深诚证字(1997)第 058 号

青海盐湖钾肥股份有限公司筹委会:

我们接受委托,对青海盐湖钾肥股份有限公司(筹)截至 1997 年 8 月 15 日止的实收股本及相关的资产和负债的真实性和合法性进行了审验。在审验过程中,我们按照《独立审计实务公告第 1 号 - 验资》的要求,实施了必要的审验程序,青海盐湖钾肥股份有限公司(筹)的责任是提供真实、合法、完整的验资资料,保护资产的安全、完整,我们的责任是按照《独立审计实务公告第1号-验资》的要求,出具真实、合法的验资报告。

青海盐湖钾肥股份有限公司(筹)申请的注册资本为200,000,000.00元。根据我们的审验,截至1997年8月15日止,青海盐湖钾肥股份有限公司(筹)已收到各股东投入的资本415,635,126.28元(肆亿壹仟伍佰陆拾叁万伍仟壹佰贰拾陆元贰角捌分),其中发起人投入的资本为205,615,126.28元,向社会募集的资本为210,020,000.00元。投入的资本中包括股本200,000,000.00元,资本公积215,635,126.28元。

帐　号:41502210148910

开户行:中国工商银行格尔木支行

附注1:投入股本明细表(略)

附注2:验资事项说明(略)

深圳中诚会计师事务所　　中国注册会计师　刘继忠

中国注册会计师　易永健

地址:广东深圳市华富路

5号南光大厦三楼　　1997年8月15日

五、公司董事、监事和高级管理人员简历及持股情况

姓名	职务	持股数量	占总股本比例(%)
安平绥	董事长	8000股	0.004%
王有斌	副董事长兼经理	6000股	0.003%
伊亮亮	副董事长兼副经理	6000股	0.003%
于树德	董事兼副经理	5000股	0.0025%
朵复礼	董事兼副经理	5000股	0.0025%
王庆生	董事兼总工程师	5000股	0.0025%
杨　华	董事兼副经理	0股	0
赵清政	董事	0股	0
戴大荣	董事	0股	0
马培华	董事	0股	0
徐能海	董事	0股	0
曹先军	董事	0股	0
唐纪禹	董事	0股	0
吴文好	董事会秘书	6000股	0.003%
邓　瀛	监事会主席	7000股	0.0035%
刘生福	监事	5000股	0.0025%
郑长山	监事	0股	0
叶小玲	监事	0股	0
王永晏	监事	0股	0
陈义龙	副经理	4000股	0.002%
唐永新	副经理	4000股	0.002%
杨兆胜	副经理	3370股	0.0016%
李文陆	副经理	3370股	0.0016%
陈宏海	副经理	4000股	0.002%
唐德新	总会计师	0股	0
合计		71740股	0.036%

杨　华　女,32岁,大学本科,经济师,曾任青海钾肥厂副科长、青海盐湖工业集团有限公司销售科副科长、科长、公司副经理。本公司董事兼副经理。

戴大荣　男,52岁,大专文化,高级经济师,1964年-1977年11月在四川省农资成都公司工作,1977年12月至今在中农公司成都公司工作,历任副科长、副经理,现任中农成都公司总经理。本公司董事。

曹先军　男,41岁,大学本科,高级工程师,1996年度化工部中青年专家,1990年被国家计委、共青团中央授予"共和国重点工程建设青年功臣"称号。曾任化工部连云港设计研究院工程管理部主任助理、项目经理、副处长、副院长,现任化工部设计研究院常务副院长。本公司董事。

郑长山　男,43岁,大专文化,统计师。曾任青海水泥厂副科长、科长,青海钾肥厂科长、副处长、处长,青海盐湖工业集团有限公司副总经济师兼审计处处长。本公司监事。

叶小玲　女,42岁,大专文化,会计师,曾任北京市财政局所长,现任北京华北电力实业总公司副总会计师。本公司监事。

王永晏　男,32岁,大专文化,会计师,曾任中国科学院青海盐湖研究所财务室副主任,现任中国科学院青海盐湖研究所财务室主任。本公司监事。

陈义龙　男,34岁,大专文化,曾任青海钾肥厂生产部调度室副调度长,青海盐湖工业集团有限公司钾肥公司生产技术部部长、公司副经理。本公司副经理。

唐永新　男,35岁,中专文化,曾任青海钾肥厂副科长、科长,青海盐湖工业集团有限公司钾肥公司生产技术部部长、公司副经理。本公司副经理。

陈宏海　男,35岁,大学本科,曾任青海钾肥厂科员、副科长、科长,青海盐湖工业集团有限公司钾肥公司机动部部长、公司副经理。本公司副经理。

李文陆　男,42岁,大专文化,曾任青海电化厂工人、调度员、车间副主任,青海盐湖工业集团有限公司销售公司经理助理、公司副经理。本公司副经理。

杨兆胜　男,44岁,中专文化,曾任青海钾肥厂工人、副科长、科长,青海盐湖工业集团有限公司钾肥公司副经理。本公司副经理。

唐德新　男,34岁,中专文化,曾任青海钾肥厂科员、副科长、科长,青海盐湖工业集团有限公司钾肥公司财务部部长、公司总会计师。本公司总会计师。

本公司公司董事、监事和高级管理人员共持有本公司股票71740股,占公司总股本的0.036%,其持有股份按照《中华人民共和国公司法》规定在任职期间不得转让。

六、公司的设立

1. 本公司1997年8月15日召开的公司创立大会暨首届股东大会作出决议:本公司向社会公众发行的面值为1.00元的5000万股人民币普通股在深圳证券交易所上市。

2. 公司注册资本:人民币20000万元。

3. 公司注册时间:1997年8月25日

4. 公司注册地点:青海省格尔木市察尔汗

5. 营业执照注册号码:22659374-2

七、关联企业和关联交易

1. 关联企业

本公司的主要发起人青海盐湖工业集团有限公司是本公司的控股股东,拥有本公司65%的股权。有关盐湖集团的情况,本文"公司概况之历史沿革"中已有介绍,请参见。

2. 关联交易

(1)本公司系在青海盐湖工业集团有限公司全部氯化钾生产车间的基础上改制而成的。依本次重组方案,本公司在改组设立过程中涉及的无形资产包括专有技术、土地使用权及动力供应包括水、电均保留在集团公司内部,本公司已按公平市场原则与集团公司签订相应的使用合同,确保本公司正常的生产经营。

(2)集团公司承诺在本公司成立后,将不从事任何与本公司有竞争的经营活动。

八、股本结构及大股东持股情况

1. 上市前的股本结构

股份名称	股数(万股)	股权比例(%)
(1)尚未流通股		
国有法人股	13000	65%
法人股	2000	10%

(2)可流通股

社会公众股	5000	25%
其中:公司职工股	500	2.5%
合　计	20000	100%

2. 前十名股东所持股数及比例

股东名称	持有股数(万股)	占总股本比例(%)
青海盐湖工业集团有限公司	13000	65.00
北京华北电力实业总公司	1000	5.00
中国农业生产资料成都公司	300	1.50
中国科学院青海盐湖研究所	200	1.00
湖北东方农化中心	200	1.00
化工部连云港设计研究院	150	0.75
化工部长沙设计研究院	150	0.75
华夏证券	3.9	0.019
粤财投资	3.9	0.019
四通投资	3.9	0.019

九、公司财务会计资料

(一)审计报告

青海盐湖钾肥股份有限公司(筹):

我们接受委托,审计了贵公司1994年12月31日,1995年12月31日,1996年12月31日及1997年1月1日至1997年3月31日的资产负债表与1994年度、1995年度、1996年度及1997年1月1日至1997年3月31日会计期间的利润及利润分配表和1996年度及1997年1月1日至1997年3月31日会计期间的财务状况变动表。这些会计报表由贵公司负责,我们的责任是对这些会计报表发表审计意见。我们的审计是依据《中国注册会计师独立审计准则》进行的。在审计过程中,我们结合贵公司实际情况,实施了包括抽查会计记录等我们认为必要的审计程序。

我们认为,上述会计报表符合中华人民共和国《企业会计准则》和《股份制试点企业会计制度》的有关规定,在所有重大方面公允地反映了贵公司1994年12月31日、1995年12月31日、1996年12月31日及1997年1月1日至1997年3月31日会计期间的财务状况与1994年度、1995年度、1996年度及1997年1月1日至1997年3月31日会计期间的经营成果和1996年度资金变动情况,会计处理方法的选用遵循了一贯性原则。

深圳中诚会计师事务所　　中国注册会计师　刘继忠

中国注册会计师　易永健

地址:广东深圳市华富路

5号南光大厦三楼　　1997年5月31日

(二)鉴于《青海盐湖钾肥股份有限公司(筹)招股说明书概要》及《青海盐湖钾肥股份有限公司(筹)股票发行公告》已同时刊登于1997年7月31《中国证券报》,其上已载明公司详细财务资料,故此处仅刊载财务资料摘要,请投资者注意查询。

(三)财务报表

1. 资产负债表(附后)

2. 损益表(附后)

3. 财务状况变动表(附后)

4. 财务报表附注

A. 评估结果调整说明

按照发行股票并上市交易的有关规定,本公司以1996年12月31日为基准日,已委托资产评估机构对纳入是次重组范围的资产进行了评估,其评估结果业经国家国有资产管理局确认。在编制本会计报表时,为反映发起人净资产的折股情况,已将上述评估结果进行了调整,反映在有关的资产负债项目中。

B. 新改制企业模拟会计报表编制方法说明

本会计报表的编制基准系假设本公司依重组方案确立的现时结构,自1994年1月1日起业已存在且无转变,假设原钾肥公司于整个有关期间已按独立法人企业运作,并进行独立核算。

基于上述假设,对原不完全独立核算的钾肥公司按其生产经营的实际情况进行了有关资产的界定和会计帐目的重整,并按独立法人主体模拟编制其前三年的会计报表。在有关资产界定和会计帐目重整中,实物资产以实际被占用和被使用为界定原则;债权债务及其它资产负债以其与生产经营相关为界定原则;资本金按实际拔付和上交情况反映为变动数;利润表中的收入、成本、税金、费用项目,是根据实际发生的经济业务在配比一致基础上按权责发生制原则编制的;对原钾肥公司与盐湖集团及其所属单位之间发生的材料采购、产品销售、劳务供应等关联交易已按公允市价进行调整。

C. 重要会计政策

(1)会计制度

本公司重组前执行中华人民共和国《企业会计准则》和《工业企业会计制度》。基于编报的目的和用途,编制本会计报表时已按《股份制试点企业会计制度》的有关规定进行了调整。

(2)会计报表的编制基准和编制方法

本会计报表的表达基准系假设本公司依重组方案确定的现时结构自1994年1月1日至1997年3月31日期间业已存在。

(3)记帐原则和计价基础

记帐原则为权责发生制;计价基础为历史成本法。

(4)会计期间

会计期间采用自公历每年1月1日起至12月31日止为一个会计年度。

(5)记帐本位币

本公司以人民币为记帐本位币。

(6)坏帐准备

决算日,按应收帐款(不含关联公司往来款项)余额的3‰计提坏帐准备,并计入当年度损益类帐项。

(7)存货计价方法

存货以实际成本计价,发出存货的成本按加权平均法计算确定。

低值易耗品于领用时采用一次摊销法摊销。

(8)长期投资核算方法

a. 债券投资:债券投资按实际成本计价,其存续期内的应计利息计入当年度(期)损益类帐项。

b. 股权投资及联营投资

本公司对附属/联营公司的长期投资采用下列会计处理方法:投资额占联营公司资本总额不足20%时,以成本法核算;投资额占联营公司资本总额20%至50%时,以权益法核算;投资额占附属公司资本总额50%以上以及投资额虽占联营公司资本总额20%至50%,但本公司对其实质上拥有控制权者,采用权益法核算并对会计报表予以合并。

(9)固定资产及其折旧

a. 固定资产标准:指使用期限超过一年的房屋建筑物、机器设备、运输工具及其它与经营有关的工器具等,以及不属于经营的主要设备但单位价值在人民币2,000元以上,使用期限超过二年的物品。

b. 固定资产计价:固定资产按实际成本计价。

c. 固定资产折旧方法:固定资产折旧采用直线法平均计算,并根据固定资产类别的原值、估计经济使用年限和预计残值(原值的3%)确定其折旧率。各类折旧率如下:

类　别	预计使用年限(年)	年折旧率
房屋	35	2.77%
建筑物	25	3.88%
机器设备	15	6.47%
运输设备	12	8.08%
仪器仪表	12	8.08%
管理用具	20	4.85%

其他设备　　10　　9.70%

(10)收入实现的确认

以产品已经发出或劳务已经提供,并收到价款或取得索取价款的凭据为销售实现的依据。

(11)税项

a. 主要税种和税率

税　种	计税依据	税率
增值税	工业用氯化钾销售收入	17%
	农业用氯化钾销售收入	13%
城市维护建设税	增值税、营业税额	5%
教育费附加	增值税、营业税额	3%
企业所得税	应纳税所得额	13%
矿产资源补偿费	氯化钾销售收入	0.9%

b. 优惠税率及批文

根据财政部、国家税务总局财税字(1995)91号文及财税字(1996)18号文,1995年度至1997年度本公司农业用氯化钾(钾肥)的销售免征增值税。

原钾肥公司为非独立纳税单位,实现利润全额上缴盐湖集团统一纳税;根据青海省财政厅青财企字第(1994)809号文件,青海钾肥厂(盐湖集团前身)自1994年起按33%缴纳所得税,年终将高于13%的部分由省财政予以返还。根据青海省人民政府办公厅青政办函(1997)29号批复,本公司自1994年起享受每年按应纳税所得额的20%反还的优惠政策,企业所得税实际税负为13%。

(12)利润分配

1996年12月31日前,原钾肥公司利润全额上缴盐湖集团。基于本报表的目的,假设原钾肥公司税后利润按《公司法》规定,在提取法定盈余公积金及法定公益金后余额上缴盐湖集团。

本公司经股份制改组设立并股票上市后,税后利润将依据公司章程按如下程序分配:

a. 弥补以前年度未弥补亏损;

b. 提取法定盈余公积金10%;

c. 提取法定公益金5%－10%;

d. 提取任意公积金;

e. 分配普通股股利。

5. 主要会计指标

指标名称	1996年	1995年	1994年
流动比率	1.04	0.686	0.725
速动比率	0.586	0.358	0.505
资产负债率(%)	62.34	61.67	61.19
应收帐款周转次数	2.33	2.95	3.05
存货周转次数	2.26	3.65	5.80
净资产收益率(%)	21.63	24.98	29.79
每股净利(元)	0.296	0.267	0.306

十、董事会上市承诺

本公司董事会将严格遵守《中华人民共和国公司法》、《股票发行与交易管理暂行规定》、《公开发行股票公司信息披露实施细则》、《深圳证券交易所业务规则》和国家有关法律、法规的规定,并自股票上市之日起作出如下承诺:

1. 按照法律、法规的规定程序和要求披露重大的信息,并接受证券主管机关、深圳证券交易所的监督管理;

2. 及时、认真、准确地公布中期报告和年度报告,并置备于规定场所以供投资者查询;

3. 本公司董事、监事及高级管理人员如发生人事变动或持本公司股票发生变动时,在报告证券主管机关、证券交易所的同时,向投资者公布;

4. 在任何传播媒介中出现的消息可能对本公司股票的市场价格产生误导影响时,本公司知悉后将及时对该消息予以公开澄清;

5. 本公司董事、监事及高级管理人员将认真听取社会公众的意见和批评,不利用已获得的内幕信息和其他不正当手段直接或间接从事股票买卖活动;

6. 本公司没有无记录负债。

十一、重要事项揭示

1. 股利分配:本公司预计首次派发股利的时间为1998年6月,新老股东共享1997年利润。

2. 公司职工股:本次发行配售的500万公司职工股将在本公司股票上市后半年上市流通。

十二、咨询机构

1. 发行人:青海盐湖钾肥股份有限公司

注册地址:青海省格尔木市察尔汗

法定代表人:安平绥

联系人:吴文好

电　话:(0979)417445

传　真:(0979)417445

2. 上市推荐人:广发证券有限责任公司

地　址:广州市农林下路83号广发金融大厦四楼

法定代表人:陈云贤

联系人:邹云龙

电　话:(020)87310307

传　真:(020)87310255

联系人:平建传　周永胜　白敬健

电　话:(0898)6788538

传　真:(0898)6751574

南方证券有限责任公司

地　址:深圳市深南东路南方国际大酒店十二层

联系人:王　岚　　俞　露

电　话:(021)6788788－639

传　真:(021)82788777

十三、备查文件目录

1. 深圳证券交易所上市通知书;

2. 审计报告;

3. 资产评估报告;

4. 招股说明书;

5. 验资报告;

6. 发行人成立的注册登记文件;

7. 上市协议书;

8. 国家证券主管部门批准上市的文件;

9. 其他备查文件。

青海盐湖钾肥股份有限公司

1997年9月1日

资产负债表

青海盐湖钾肥股份有限公司(筹)　　单位:人民币元

	1997-03-31	1996-12-31	1995-12-31	1994-12-31
资　　产				
流动资产				
货币资金	3,239,494.64	4,737,781.00	885,211.65	1,466,653.78
应收帐款	107,489,116.96	77,162,527.43	36,029,994.18	49,347,897.99
减:坏帐准备	51,509.97	--	108,089.98	148,043.69
应收帐款净额	107,437,606.99	77,162,527.43	35,921,904.20	49,199,854.30
预付帐款	12,577,290.07	7,700,797.97	2,063,080.66	--
其它应收款	4,110,864.30	2,770,890.34	4,564,412.81	4,705,663.30
待摊费用	2,369,583.83	2,570,729.48	3,174,062.61	4,014,882.97
存货	63,427,414.20	73,819,408.12	42,795,287.92	25,905,708.56
流动资产合计	193,162,254.03	168,762,134.34	89,403,959.85	85,292,762.91
固定资产				
固定资产原价	465,576,389.00	465,476,989.00	341,435,060.40	305,090,875.18
减:累计折旧	163,264,459.57	160,974,466.00	68,721,884.03	46,205,433.45
固定资产净值	302,311,929.43	304,502,523.00	272,713,176.37	258,885,441.73
固定资产合计	302,311,929.43	304,502,523.00	272,713,176.37	258,885,441.73
资产总计	495,474,183.46	473,264,657.34	362,117,136.22	344,178,204.64
负债及股东权益				
流动负债:				
短期借款	61,000,000.00	61,000,000.00	60,000,000.00	59,500,000.00
应付票据	1,472,343.37	800,000.00	--	--
应付帐款	63,495,154.49	54,902,444.38	30,992,703.50	9,922,596.48
预收帐款	7,262,118.53	3,598,203.55	3,121,486.98	2,254,551.61
未付股利	32,759,356.73	32,759,356.73	29,471,777.30	33,824,636.28
预提费用	1,505,627.75	--	--	--
其他应付款	10,504,830.03	8,989,526.40	6,742,090.60	12,088,244.31
流动负债合计	177,999,430.90	162,049,531.06	130,328,058.38	117,590,028.68
长期负债:				
长期借款	93,000,000.00	93,000,000.00	93,000,000.00	93,000,000.00
长期应付款	40,000,000.00	40,000,000.00	--	--
长期负债合计	133,000,000.00	133,000,000.00	93,000,000.00	93,000,000.00
负债合计	310,999,430.90	295,049,531.06	223,328,058.38	210,590,028.68
股东权益:				
股本	130,000,000.00	130,000,000.00	126,200,000.00	126,200,000.00
资本公积	48,215,126.28	48,215,126.28	1,419,122.50	1,419,122.50
盈余公积		--	11,169,955.34	5,969,053.46
其中:公益金		--	3,723,318.46	1,989,684.49
未分配利润	6,259,626.28	--	--	--
股东权益合计	184,474,752.56	178,215,126.28	138,789,077.84	133,588,175.96
负债及股东权益总计	495,474,183.46	473,264,657.34	362,117,136.22	344,178,204.64

利润及利润分配表

青海盐湖钾肥股份有限公司(筹)　　单位:人民币元

	1997.1.1-3.31	1996	1995	1994
主营业务收入	33,563,318.64	131,614,480.43	125,505,654.95	150,297,345.62
减:营业成本	21,237,358.60	62,930,734.84	57,770,996.61	68,028,697.87
销售费用	1,109,019.42	9,514,789.66	7,817,609.45	7,652,876.57
管理费用	3,030,653.73	12,811,106.23	15,926,746.26	14,429,897.23
财务费用	4,088,941.94	14,428,578.80	13,999,310.31	12,222,000.00
营业税金及附加	207,596.10	1,203,003.36	1,189,999.14	1,390,877.26
主营业务利润	3,889,748.85	30,726,267.54	28,800,993.18	46,572,996.69

	1997.1.1-3.31	1996	1995	1994
加:其他业务利润	1,331,641.36	381,248.04	--	--
营业利润	5,221,390.21	31,107,515.58	28,800,993.18	46,572,996.69
加:补贴收入	2,000,000.00	7,280,031.03	11,807,452.63	--
营业外收入	50.00	6,095,427.59	70,597.18	7,311.00
减:营业外支出	26,467.48	183,641.23	825,388.76	840,434.42
利润总额	7,194,972.73	44,299,332.97	39,853,654.23	45,739,873.27
减:所得税	935,346.45	5,758,913.29	5,180,975.05	5,946,183.53
净利润	6,259,626.28	38,540,419.68	34,672,679.18	39,793,689.74
可分配利润	6,259,626.28	38,540,419.68	34,672,679.18	39,793,689.74
减:提取法定公积	--	3,854,041.97	3,467,267.92	3,979,368.97
提取法定公益金	--	1,927,020.98	1,733,633.96	1,989,684.49
可供股东分配的利润	6,259,626.28	32,759,356.73	29,471,777.30	33,824,626.28
减:已分配普通股股利	--	32,759,356.73	29,471,777.30	33,824,636.28
未分配利润	6,259,626.28	--	--	--

财务状况变动表

青海盐湖钾肥股份有限公司(筹)

单位:人民币元

	1997.1.1-1997.3.31	1995		1997.1.1-1997.3.31	1995
流动资金来源和运用			流动资金各项目的变动		
一、流动资金来源			一、流动资产本年增加数		
1. 本年净利润	6,259,626.28	38,540,419.68	(1)货币资金	(1,498,286.36)	3,852,569.35
加:不减少流动资金的费用和损失			(2)应收帐款净额	30,275,079.56	41,240,623.23
(1)固定资产折旧	2,289,993.57	18,482,382.31	(3)预付货款	4,876,492.10	5,637,717.31
(2)固定资产盘亏(减盘盈)	--	(2,708,908.89)	(4)其他应收款	1,339,973.96	(1,793,522.47)
(3)清理固定资产损失(减收益)	--	(1,447.26)	(5)待摊费用	(201,145.65)	(603,333.13)
小 计	8,549,619.85	54,312,445.84	(6)存货	(10,391,993.92)	31,024,120.20
2. 其他来源			流动资产增加(减少)净额	24,400,119.69	79,358,174.49
(1)固定资产清理收入(减:清理费用)	--	--	二、流动负债本年增加数		
(2)增加长期负债	--	40,000,000.00	(1)短期借款	--	1,000,000.00
(3)资本净增加额	--	39,426,048.42	(2)应付票据	672,343.37	800,000.00
小 计	--	79,426,048.42	(3)应付帐款	8,592,710.11	23,909,740.88
流动资金来源合计	8,549,619.85	133,738,494.26	(4)预收货款	3,663,914.98	476,716.57
二、流动资金运用			(5)预提费用	1,505,627.75	--
1. 利润分配			(6)未付股利	--	3,287,579.43
(1)提取法定公积金	--	3,854,041.97	(7)其他应付款	1,515,303.63	2,247,435.80
(2)提取法定公益金	--	1,927,020.98	流动负债增加净额	15,949,899.84	31,721,472.68
(3)上交利润	--	32,759,356.73	流动资金增加(减少)净额	8,450,219.85	47,636,701.81
小 计	--	38,540,419.68			
2. 其他运用					
固定资产和在建工程净增加额	99,400.00	47,561,372.77			
流动资金运用合计	99,400.00	86,101,792.45			
流动资金增加(减少)净额	8,450,219.85	47,636,701.81			

湖南酒鬼酒股份有限公司

湖南酒鬼酒股份有限公司股票上市公告书

一、释义

在本公告书中,除非另有说明,下列简称具有如下含义:

1. 本公司或发行人:指湖南酒鬼酒股份有限公司

2. 湘泉集团:指湖南湘泉集团有限公司

3. 上市推荐人:湘财证券有限责任公司

南方证券有限公司

4. 董事会:指本公司董事会

5. 元:指人民币元

二、绪言

经中国证券监督管理委员会证监发字(1997)361号和证监发字(1997)362号文批准,本公司已成功地向社会公众发行每股面值为1元的人民币普通股股票5500万股。经本公司第一次股东大会决议,按深圳证券交易所深证发(1997)279号《上市通知书》,本公司此次发行的股票将于1997年7月18日在深圳证券交易所挂牌交易,本公司此次发行的股票将于1997年7月18日在深圳证券交易所挂牌交易。本公司总股份18500万股,可流通股份:5500万股,证券简称:"湘酒鬼",证券代码:0799

本公告书是依据《中华人民共和国公司法》、《股票发行与交易管理暂行条例》、《公开发行股票公司信息披露实施细则》、《深圳证券交易所业务规则》以及国家其它有关证券管理的规定,为湘酒鬼人民币普通股公开上市之目的而向社会公众提供各种资料。

本公司于1997年6月21日在《中国证券报》、《证券时报》上刊登招股说明书距今不足6个月,故与其重复的内容在此不再复述,敬请社会公众查阅招股说明书。

本公司董事会及各位董事确信公告书未遗漏任何重大事项,不存在任何误导和虚假成份,并愿就本公告书及有关资料的真实性、准确性、完整性负共同及个别责任。

二、公司概况

1. 公司法定名称:湖南酒鬼酒股份有限公司

2. 成立日期:1997年7月14日

3. 注册地址:湖南省吉首市振武营

4. 法定代表人:王锡炳

5. 其他情况:

(1)经营范围

生产、销售曲酒系列产品、陶瓷包装物、纸箱、提供印刷服务。

(2)注册资本:18500万元

工商登记号:18380638-0

(3)公司员工情况

公司在岗正式员工总数2809人,其中管理人员456人,生产人员2256人,离退休职工97人。本公司的管理人员均具有大专以上学历,具有高中级职称的人数约占55%。职工的平均年龄约为29岁。

6. 历史沿革

本公司前身是1956年成立的湘西自治州吉首酒厂,1981年11月办理工商业企业登记,经济性质为全民所有制,主管部门为自治州轻工业局,1989年8月,吉首酒厂办理企业法人登记,领取了湘西自治州工商行政管理局核发的企业法人营业执照,企业名称:湖南省吉首酿酒总厂;法定代表人:王锡炳。

1991年12月,湘西自治州计划委员会下文同意吉首酿酒总厂更名为"湖南省湘西湘泉酒总厂"。1995年3月,湖南省人民政府将湘泉酒总厂列为全省建立现代企业制度试点单位,1996年2月7日,经湖南省经济贸易委员会及湘西自治州人民政府联合下发湘经贸企业[1996]14号文批准,湘泉酒总厂改组为国有独资公司,行使国有资产投资主体职能,同时更名为湖南湘泉集团有限公司。

1997年4月28日经湖南省人民政府湘政函[1997]88号文批准,湘泉集团有限公司作为独家发起人,将其下辖的湘泉酒、酒鬼酒和陶瓷公司三个子公司即湘泉酒总厂的净资产折股,同时向社会公开募集股份,设立湖南酒鬼酒股份有限公司。1997年7月14日在湖南省工商行政管理局办理了工商注册登记。

四、股票发行及承销

1. 股票发行

发行数量:5500万股

其中内部职工股:550万股

发行价格:8.00元

募集资金总额:44000万元

发行方式:全额预缴款,比例配售,余款转存

配售比例:2.830%

配售户数:23123户

持1000股以上户数:2522户

发行费用总额:1595万元

每股发行费用:0.29元

发行市盈率:16.23倍

2. 股票承销

本次股票发行超额认购,无余额由承销团包销。

3. 验资

(1)验资报告(湘会师[1997]内验字第060号)

湖南酒鬼酒股份有限公司筹委会:

我们接受委托,对贵公司(筹)截至1997年7月7日止的实收资本及相关资产、负债的情况进行了审验。

在审验过程中,我们按照《中国注册会计师独立审计事务公告第1号—验资》的要求,结合贵公司(筹)的具体情况,实施了我们认为必要的审验程序,贵公司(筹)的责任是提供真实、合法、完整的验资资料,保护资产的安全、完整。我们的责任是按照《独立审计实务报告第1号-验资》的规定,出具真实、合法的验资报告。

贵公司(筹)申请的注册资本为185000000元。根据我们的审验,截至1997年7月7日止,贵公司(筹)已收到各股东投入的资本陆亿贰仟贰百捌拾壹万捌仟柒佰捌拾柒元捌角玖分(￥622818787.89),其中:发起人投入资本为182818787.89元,向社会募集的资本为440000000元,投入的资本中包括股本185000000元,资本公积437818787.89元。与上述投入资本相关的资产总额为840240701.17元,负债总额为217421913.28元。

湖南省会计师事务所　　中国注册会计师:周重揆

湖南·长沙　　中国注册会计师:戴性哲

1997年7月7日

五、重事、监事、高级管理人员持股情况

姓名	职务	持股数量(股)	持股比例(%)
王锡炳	董事长兼总经理	8500	0.0046
杨 波	董事兼副总经理	6000	0.0032
杨军波	董事	6000	0.0032
彭顺文	董事兼财务总监	6000	0.0032
曹宏杰	董事兼副总经理	6000	0.0032
全子介	董事	6000	0.0032
刘建新	董事	6000	0.0032
滕建新	董事	5000	0.0027
谢茂拾	董事	5000	0.0027
吴仲秋	董事	5000	0.0027
向选华	董事	5000	0.0027
樊耀传	监事会主席	6000	0.0032
唐岩桥	监事	5000	0.0027
姚本松	监事	5000	0.0027
舒良进	监事	5000	0.0027
段四军	监事	5000	0.0027
合 计		90500	0.0486

董事、监事及高级管理人员简介

王锡炳先生　48岁,大专学历,高级经济师,先后任吉首酿酒总厂厂长、湘西湘泉酒总厂厂长,现任湘泉集团有限公司董事长、总经理、本公司董事长、总经理,是第八届全国人大代表。

杨 波先生　40岁,本科学历,曾任吉首市政府办公室主任,吉首市副市长,现任湘泉集团副董事长、本公司董事、副总经理。

杨军波先生　42岁,大专学历,工程师,曾任浦市化工总厂副厂长、厂长,现任湘泉集团副总经理、本公司董事。

彭顺文先生　45岁,大专学历,高级会计师,曾任吉首酿酒总厂会计,湘西湘泉酒总厂财务科长、总会计师,现任湘泉集团副董事长兼总会计师、本公司董事、财务总监。

曹宏杰先生　35岁,大学本科,工程师,曾任湘西自治州经委办公室主任,化工局副局长,现任湘泉集团总经理助理、本公司董事、副总经理、董事会秘书。

全子介先生　46岁,助理经济师,曾任湘泉酒总厂科研所所长,现任湘泉酒厂主要负责人,本公司董事。

刘建新先生　39岁,助理工程师,先后任吉首酿酒总厂湘泉分厂副厂长,科研所副所长,现任本公司董事。

滕建新先生　33岁,大专学历,曾任共青团湘西自治州委副书记,现任本公司董事。

谢茂拾先生　41岁,大学本科,经济师,先后任永顺县经委副主任、主任、标准计量局局长,现任本公司董事。

吴仲秋先生　35岁,大专学历,助理经济师,曾任湘泉酒总厂花垣酒厂厂长,现任本公司董事。

向选华先生　48岁,曾任湘泉集团保靖陶瓷厂副厂长,现任本公司董事。

樊耀传先生　45岁,大专学历,工程师,先后任永顺县经委副主任、主任、湘西制药厂厂长,现任湘泉集团纪委副书记、本公司监事会主席。

唐岩桥先生　44岁,大专学历,曾任湘泉酒总厂武装部部长、现任本公司监事。

姚本松先生　54岁,中专学历,政工师,现任湘泉集团劳动人事处负责人,本公司监事。

舒良进先生　39岁,中专学历,助理政工师,现任湘泉集团纪检监察室副主任、本公司监事。

段四军先生　41岁,大专学历,助理经济师、现任本公司监事。

六、公司设立

1. 公司于1997年7月10日召开创立大会,大会审议并通过了公司股票在深圳证券交易所上市的决议。

2. 公司注册资金:18500万元

3. 公司注册时间:1997年7月14日

4. 公司注册地址:湖南省吉首市振武营

5. 营业执照号:18380638-0

七、关联企业及关联交易

[一]关联企业

关联方名称	关联关系
湘泉集团	拥有本公司70.27%的股份

(二)关联交易

1. 本公司与集团经贸公司签订《独家经销协议》,经贸公司每年以其销售总额的8%向本公司交付独家经销费。

2. 本公司与集团公司签订《土地使用权租赁协议》,本公司租用集团公司252185平方米土地使用权,每年向集团公司交付租金222万元。

3. 本公司与集团公司签订独家《专利实施许可协议》,本公司被许可使用第34371号、第43195号酒包装盒外观设计、第40439号酒包装盒片材外观设计、第7015号酒瓶外观设计等四项专利,每年以其使用该项产品年销售额的1%向集团公司支付专利使用费,合同有效期为专利有效期界满止。

4. 本公司与集团公司签订《注册商标使用许可合同》,本公司被许可使用"湘泉"、"神鼓"等商标,本公司每年向集团公司支付该商标酒类产品(不含税)销售收入总额1%的商标使用费(经双方协商可在1-5%幅度内调整),合同有效期为商标本次核准的有效期限届满止,自下次续展期始,上述商标无偿转让给本公司所有。

5. 本公司与集团有限公司签订《有偿综合服务协议》,集团公司向本公司提供水电等综合服务,收费标准有国家定价的按国家定价,国家无定价的按市场价,无市场价的根据提供服务的成本收取。

八、股本结构及大股东情况

1. 上市前股本结构

本公司本次获准发行5500万股,发行后公司股本结构如下:

	股数(万股)	占总股本比例(%)
总股本	18500	100
尚未流通股份		
国有法人股	13000	70.27
可流通股份		
社会公众股	5500	29.73
其中:公司职工股	550	2.97

2. 公司前十名股东持股情况

股东名称	持股数量(股)	占总股本比例(%)
湘泉集团	130000000	70.27
涌金财经	261775	0.14
和德养殖司	261775	0.14
北京比爱特	261775	0.14
广州证券	254700	0.137
千百有限	20851	0.135
涌金物业	246210	0.133
鑫恒期货	244398	0.132
凯欣公司	237578	0.128
长沙同智	216013	0.117

九、公司财务会计资料

(1)审计报告

湘会师(1997)内审字第129号

湖南酒鬼酒股份有限公司筹委会:

我们接受委托,审计了贵公司(筹)1994年12月31日、1995年12月

31日、1996年12月31日、1997年3月31日资产负债表和1994年度、1995年度、1996年度、1997年度1－3月三年及三个月 的利润表及1996年度财务状况变动表。这些会计报表由贵公司(筹)负责,我们的责任是对这些会计报表发表审计意见。我们的审计是依据中国注册会计师独立审计准则进行的,在审计过程中,我们结合贵公司(筹)的实际情况,实施了包括抽查会计记录等我们认为必要的审计程序。

我们认为,上述会计报表符合《企业会计准则》和《股份制试点企业会计制度》的有关规定,在所有重大方面公允地反映了贵公司(筹)1994年12月31日、1995年12月31日、1996年12月31日、1997年3月31日的财务状况和1994年度、1995年度、1996年度、1997年1－3月的经营成果及1996年度资金变动情况。会计处理方法的选用遵循了一贯性原则。

湖南省会计师事务所　　中国注册会计师:周重揆

中国·长沙　　中国注册会计师:戴性哲

1997年7月8日

(2)会计报表(附后)

3. 财务报表附注

(1)会计制度

本公司改制前执行《工业企业会计制度》,本报告所列会计报表已按《股份制试点企业会计制度》调整编制,股份有限公司成立后将执行《股份制试点企业会计制度》。

(2)会计期间

采用公历年制,即从1月1日至12月31日为一个会计年度。

(3)记帐原则与计价基础

采用权责发生制的原则,以历史成本为计价基础。

(4)本位货币

以人民币元为记帐本位币。

(5)存货计价方法

本公司存货包括原材料、在产品、产成品、低值易耗品等,存货取得一律按实际成本计价,其发出或耗用时,其计价方法分别为:

A. 原材料采用后进先出法核算;

B. 在产品按实际成本核算;

C. 产成品按先进先出法核算;

D. 低值易耗品按一次摊销法摊销。

(6)固定资产及折旧

A. 固定资产标准。使用年限在一年以上的生产经营用房屋建筑物、机器设备、运输工具和其它设备、工具、器具等和单位价值在2000元以上、使用年限在二年以上的非生产经营设备和物品,作为固定资产核算。

B. 固定资产原价按购进时的实际成本计价,经评估后的固定资产按评估确认的重置的完全价值计价。

C. 固定资产折旧采用直线法,各类固定资产的预计可使用年限、预计残值率、年折旧率如下:

	折旧年限	残值率(%)	折旧率(%)
房屋及建筑物	30－35	3	3.23－2.77
机器设备	10	3	9.7
运输工具	6	3	16.17
电子设备	5	3	19.4
其他	5	3	19.4

(7)销售收入实现:以产品已经发出或劳务已提供,并收到货款或已取得索取货款的凭据时作为收入的实现。

(8)主要税项

A. 流转税

1994、1995、1996年企业缴纳17%的增值税,同时,酒类销售业务缴纳25%消费税;企业按应交增值税和消费税的金额分别缴纳7%的城市维护建设税和3%的教育费附加。

B. 所得税

根据湘泉集团与湘西自治州政府签订的承包合同,1994年、1995年湘泉集团按承包经营目标利润的20%计交的金额分别为500万元和600万元。1996年由于湘泉集团有限公司被确定为湖南省现代企业制度试点企业之一,根据湘政发(1995)19号文件规定,其所得税先按33%征收,财政再将18%返还给企业,企业实际税负为15%,经湖南省人民政府湘政府湘政函(1997)89号文批准,公司成立后将按15%的税率征收所得税。

(9)利润分配

公司成立后按照《公司法》和股东大会决议分配税后利润,顺序如下:

A. 弥补亏损;

B. 提取10%法定公积金;

C. 提取法定公益金;

D. 提取任意公积金;

E. 支付股利。

4. 主要财务指标

	1996年	1995年	1994年
流动比率	1.22	0.85	1.56
速动比率	0.20	0.27	0.54
应收帐款周转率(次)	10	8.08	7.98
资产负债率	54.32%	68.79%	59.93%
净资产收益率	51.32%	77.38%	65.57%
每股收益(元)	0.72	0.53	0.23

十、董事会上市承诺

本公司董事会将严格遵守《公司法》、《股票发行与交易管理暂行条例》、《公开发行股票公司信息披露实施细则》、《深圳证券交易所交易规则》和有关法律的规定,并自上市之日起作出如下承诺:

1. 按照法律、法规的规定程序和要求披露重大的信息、并接受证券主管机关、深圳证券交易所的监督管理。

2. 及时、真实、准确地公布中期报告和年度报告、并备置于规定场所供投资者公众查阅。

3. 本公司董事、监事及高级管理人员如发生人事变动或持本公司股票发生变化时,在报告证券主管机关、证券交易所的同时向投资者公布。

4. 在任何公共传播媒介中出现的消息可能对本公司股票的市场价格产生误导性影响时,本公司知悉后将及时对该消息予以公开澄清。

5. 本公司董事、监事及高级管理人员将认真听取社会公众的意见和批评,不利用已获得的内幕消息和其他不正当手段直接或间接从事股票买卖活动。

6. 本公司没有无记录负债。

十一、重要事项揭示

1. 向公司职工配售的550万股内部职工股在本次上市半年后上市流通。

2. 截止本公告书公布之日,本公司无重大诉讼事项。

3. 经湖南省人民政府批准,公司自设立之日起按15%的税率征收企业所得税。

十二、备查文件目录

1. 注册登记文件
2. 深圳证券交易所上市通知书
3. 验资报告
4. 上市推荐书
5. 本公司股东大会批准上市决议
6. 招股说明书

十三、咨询机构

1. 发行人:湖南酒鬼酒股份有限公司

地址:湖南省吉首市振武营湘泉城
电话:(0743)8234968
联系人:曹宏杰　　伍良远
2. 上市推荐人:
湘财证券有限责任公司
地址:长沙市黄兴南路中山国际大厦12楼
电话:(0731)8855410
联系人:王锡谷　　肖贤辉　　储慧斌
南方证券有限公司
地址:深圳市深南东路56号南方国际大酒店12层
电话:(0755)2256728-1315
联系人:郑佑长

湖南酒鬼酒股份有限公司
1997年7月16日

资 产 负 债 表

单位:人民币元

	1997年3月31日	1996年12月31日	1995年12月31日	1994年12月31日
流动资产:				
货币资金	1636368.67	359335.56	1149149.57	487076.27
短期投资				
应收票据				
应收帐款	36664223.25	32983227.67	35011483.48	17824443.14
减:坏帐准备			105034.45	53473.33
应收帐款净额	36664223.25	32983227.67	34906449.03	17770969.81
预付货款	1330172.15	922274.31	7480017.53	4947134.67
其他应收款	3651324.19	1360895.91	4217493.55	1148345.04
待摊费用	300876.10		2599600.30	3037981.47
存货	174876392.97	181747107.34	107418360.34	52207091.33
待处理流动资产净损失				
一年内到期的长期债券投资				
其他流动资产				
流动资产合计	218459357.33	217372840.70	57771070.32	79598598.59
长期投资:				
长期投资				
固定资产:				
固定资产原值	174400958.50	174310513.96	111351264.03	26298239.11
减:累计折旧	22761628.81	19287647.25	7334419.08	5264663.24
固定资产净值	151639329.69	155022866.71	104016844.95	21033575.87
固定资产清理				
在建工程	54598586.84	27844993.76	21663808.42	13887326.13
待处理固定资产净损失				
固定资产合计	206237916.53	182867860.47	125680653.37	34920902.00
无形及递延资产:				
无形资产				
递延资产				
无形及递延资产合计				
其他长期资产				
其他长期资产				
递延税项:				
递延税款借项				
资产总计	424697273.86	400240701.17	283451723.69	114519500.59
流动负债:				
短期借款	117740000.00	15277000.00	142745904.91	37763328.66
应付票据	1800000.00			
应付帐款	22463256.96	17291260.22	13265513.54	10582017.18
预收货款	26340.12	746555.37	2476217.48	
应付福利费	1825146.95	2564278.67	1026144.49	962269.15
未付股利		1834594.94	933097.26	479240.59
未交税金	32126667.19			
其他未交款	39111.58			240.03
其他应付款	15197141.38	3215224.08	7044824.20	1360048.46
预提费用	508611.13			
一年内到期的长期负债			17485576.27	
其他流动负债				
流动负债合计	191726275.31	178421913.28	184977278.15	51147144.07
长期负债:				
长期借款	39000000.00	39000000.00	10000000.00	17485576.27
应付债券				
长期应付款				

	1997年3月31日	1996年12月31日	1995年12月31日	1994年12月31日
其他长期负债				
长期负债合计	39000000.00	39000000.00	10000000.00	17485576.27
递延税项:				
递延税款贷项				
负债总计	230726275.31	217421913.28	194977278.15	68632720.34
股东权益:				
股本	130000000.00	130000000.00	69849700.00	39921500.00
资本公积	52818787.89	52818787.89		
盈余公积				
其中:公益金				
未分配利润	11152210.66		18624745.54	5965280.25
股东权益合计	193970998.55	182818787.89	88474445.54	45886780.25
负债及股东权益合计	424697273.86	400240701.17	283451723.69	114519500.59

利 润 表

单位:人民币元

	1997年3月	1996年12月31日	1995年12月31日	1994年12月31日
主营业务收入	156315203.01	348830850.60	212819399.65	147688737.42
减:营业成本	57931878.21	105538563.83	59017957.86	60339829.81
销售费用	3038860.84	1498280.28	2465995.28	2910538.87
管理费用	2440669.83	9279895.31	7318524.84	5310580.84
财务费用	4714991.75	20804240.02	8586305.86	7051002.55
营业税金及附加	45195661.55	101123908.02	60920491.53	36922184.36
主营业务利润	42993140.83	110585963.14	74510124.28	35154600.99
加:其他业务利润	144891.00	157526.40		
营业利润	43138031.83	110743489.54	74510124.28	35154600.99
加:投资收益				
营业外收入	505.05	11225.43	109833.10	153.00
减:营业外支出	117452.28	402795.17	152514.48	64870.13
利润总额	43021084.60	110351919.80	74467442.90	35089883.86
减:应交所得税	6453162.69	16552787.97	6000000.00	5000000.00
净　利　润	36567921.91	93799131.83	68467442.90	30089883.86

财务状况变动表(1996年度)

单位:人民币元

流动资金来源和运用		流动资金各项目的变动	
流动资金来源:			
本年净利润	93,799,131.83	流动资产本年增加数	
固定资产折旧	6,747,386.17	货币资金	-789,814.01
小计	100,546,518.00	应收帐款净额	-1,923,221.36
其他来源:		预收帐款	-6,557,743.22
增加长期负债	29,000,000.00	其他应收款	-2,856,597.64
资本净增加额	112,969,087.89	存货	74,328,746.91
小计	141,969,087.89	待摊费用	-2,599,600.30
流动资金来源合计	242,515,605.89	流动资产增加净额	59,601,770.38
流动资金运用:		流动负债本年增加数	
利润分配		短期借款	10,024,095.09
应付利润	112,423,877.37	应付帐款	4,025,746.68
其他运用		预收帐款	-1,729,662.11
固定资产和在建工程净增加额	63,934,593.27	其他应付款	-3,829,600.12
流动资金运用合计	176,358,470.64	应付工资	1,538,134.18
流动资金增加净额	66,157,135.25	应付福利费	901,497.68
		其他未交款	
		一年内到期的长期负债	-17,485,576.27
		流动负债增加净额	-6,555,364.87

一 汽 轿 车 股 份 有 限 公 司

一汽轿车股份有限公司股票上市公告书

一、绪言

本公司股票上市公告书依据《中华人民共和国公司法》、《股票发行与交易管理暂行条例》、《公开发行股票公司信息披露的内容与格式(第七号)》和《深圳证券交易所市场业务试行规则》等规定编制。本次股票发行经中国证券监督管理委员会证监发字(1997)第267号及证监发字第268号文批准,股票上市申请经深圳证券交易所深证发(1997)第238号《上市通知书》审核批准,将于1997年6月18日在深圳证券交易所挂牌交易。

本公司总股本105,000万股,可流通股本30,000万股。本次上市流通股27,000万股,均为1997年5月29日向社会公开发行的人民币普通股,公司职工股2,700万股预计将于本次发行股票上市半年以后上市。本公司于1997年5月26日的《中国证券报》、《上海证券报》和《证券时报》上刊登了招股书概要,距今不足6个月,相同内容不再重复。

发行人董事会和董事会成员已批准该上市公告书,确信其中不存在任何重大遗漏或者误导,并对其真实性、准确性和完整性负个别及连带责任。上市公告书中的内容由本公司董事会负责解释。

二、公司概况

(一)公司发起人简介

1. 法定名称:中国第一汽车集团公司

2. 注册地址:吉林省长春市东风大街63号

3. 法定代表人:耿昭杰

4. 注册资金:159,190万元

5. 成立日期:1953年7月15日

6. 经营范围:汽车及汽车配件,小轿车及小轿车配件,旅游车及旅游车配件,兼营修理动能输出、机械加工、建筑一级。

7. 所属行业:机械制造业

8. 联系电话:(0431)5974246

(二)发行人历史沿革

1. 公司名称:一汽轿车股份有限公司

2. 英文名称:FAW CAR CO., LTD

3. 英文简称:FAW CAR

4. 注册地址:吉林省长春市绿园区一汽厂区

5. 法定代表人:耿昭杰

6. 经营范围:开发、制造、销售轿车、旅游车及其配件、汽车修理、加工非标设备、机械配件

7. 所属行业:机械制造业

8. 联系电话:(0431)5974246

9. 联系人:范希军

一汽轿车股份有限公司(以下简称"股份公司"或"公司")是经国家体改委[体改生(1996)55号]文批准,由中国第一汽车集团公司(以下简称"集团公司")作为独家发起人,以其从事红旗轿车整车、总成及其配件生产的第一轿车厂、第二轿车厂、长春齿轮厂、第二发动机厂及与轿车生产相关的协作、销售等部门的资产及相应负债进行重组,通过募集方式设立股份公司。

经中发国际资产评估公司评估和国家国有资产管理局国资评[1997]336号文确认,截至1996年12月31日,集团公司投入股份公司的净资产为12,177.70万元。

根据国家国有资产管理局国资企发[1997]49号文《关于一汽轿车股份有限公司(筹)国有股权管理有关问题的批复》,集团公司投入股份公司的净资产按66.858%的折为股本,计30,000万股,未完全折股部分计入股份公司的资本公积金,股权性质为国有法人股,由集团公司持有。

股份公司1997年5月29日向社会公开发行了27,000万股社会公众股,每股面值1.00元,每股发行价为6.80元。公司于1997年6月9日召开创立大会宣布公司设立,且于1997年6月10日在吉林省长春市工商行政管理局办理了工商注册登记。设立后的股份公司总股本为105,000万,集团公司作为独家发起人,以71.43%的比例控股。

三、股票发行及承销

1. 股票公开发行

社会公众股发行数量:	30,000万股
其中:公司职工股:	3,000万股
发行价格:	6.80元/股
募集资金总额:	204,000万元
发行方式:	上网定价发行
配售比例:	1,980741%
持1000股以上户数(含1000股):	96224户
发行费用:	3,098万元
每股发行费用	0.01元
发行市盈率:	15倍

2. 股票承销

本次发行为超额认购,故无余额由承销团包销。

3. 验资报告

(1)验资报告,普华验字(97)第16-A号

一汽轿车股份有限公司(筹):

我们接受委托,对贵公司截至1997年6月9日止向社会公众发行普通股(A股)而筹集的资本及相关的资产的真实性和合法性进行了审验。在审验过程中,我们按照《独立审计实务公告第1号—验资》的要求,实施了必要的审验程序。贵公司的责任是提供真实、合法、完整的验资资料,保护资产的安全、完整,我们的责任是按照《独立审计实务公告第1号—验资》的要求,出具真实、合法的验资报告。

根据中国机械工业部机政字[1997]014号文件的批准,中国证券监督管理委员会证监发字[1997]267、268号文的审核通过,以及与海通证券有限公司签订的承销协议,贵公司此次发行每股面值为人民币1元的A股共计30,000万股,以溢价发行,发行价格为每股人民币6.80元,总值为人民币2,040,000,000元。根据我们的审验,截至1997年6月9日止,贵公司在此次发行A股中,扣除发行费用人民币30,983,262元后,实际筹得资本为人民币2,009,016,738元,其中股本300,000,000元,资本公积1,709,016,738元。与缴入资本相关的资产总额为人民币2,009,016,738元,均为货币资金。

普华大华会计师事务所　中国注册会计师　周忠惠

中国注册会计师　谢　荣

1997年6月9日

(2)募集资金的入帐时间:1997年6月6~9日

(3)入帐金额:2,009,016,738元

(4)入帐帐号:261002320

(5)开户银行:建行一汽专业支行

四、董事、监事及高级管理人员持股情况

姓名	职务	持股数	持股比例(%)
耿昭杰	董事长	5000	0.0005
马文兴	副董事长	5000	0.0005
田雨时	董事	5000	0.0005
李文海	董事	5000	0.0005
李启祥	董事	5000	0.0005
竺延风	董事、总经理	5000	0.0005
赵忠信	董事	5000	0.0005
祝业精	董事	5000	0.0005
徐光尧	董事	5000	0.0005
崔明伟	董事	5000	0.0005
黄金河	董事	5000	0.0005
赵方宽	监事会主席	5000	0.0005
刘兴德	监事	5000	0.0005
姜若平	监事	5000	0.0005
高　尚	监事	5000	0.0005
戴秀梅	监事	5000	0.0005
翁伟雄	副总经理	5000	0.0005
葛　凯	副总经理	5000	0.0005
田冠军	副总经理	5000	0.0005
范希军	董事会秘书	4600	0.0004

五、公司创立

1. 本公司于1997年6月9日召开了第一届股东大会，审议并通过了本次向社会公开发行的30,000万股A股股票在深圳证券交易所申请上市交易的决议，并责成公司董事会做好各项准备工作。

2. 公司注册资金:105,000万元

3. 公司注册登记时间:1997年6月10日

4. 公司注册地址:吉林省长春市绿园区一汽厂区

5. 营业执照注册号码:24497641－3

六、关联企业及关联交易

1. 关联企业

本公司是由中国第一汽车集团公司独家发起，以募集方式设立的股份公司。集团公司隶属中华人民共和国机械工业部，是中国"一·五"期间建设起来的第一个汽车工业基地。集团公司目前已形成了重、中、轻、微、轿五大整车系列全面发展，并拥有271家企业，技术、经济实力雄厚，是集科研开发、生产、销售、金融、外贸于一体的跨地区的国有特大型汽车企业集团，是国务院批准的进行现代企业制度试点的56家企业集团之一。作为本公司的控股母公司，集团公司持有本公司75,000万股，占总股本的71.43%。

2. 关联交易

公司与集团公司之间不可避免的关联交易，按正常商业条款遵照公平、公正的市场原则，与集团公司签订了《综合服务协议》、《商标使用许可合同》、《汽车零部件及原材料供应协议》以及《关于汽车产品销售、广告宣传和售后服务的协议书》、以确保股东权益不受侵犯。

七、股本结构及大股东持股情况

1. 本公司本次上市前股权结构

股本类别	股数(万股)	占总股本比例(%)
尚未流通股份	75,000	71.43
其中:国有法人股	75,000	71.43
可流通股份	30,000	28.57
其中:社会公众股	27,000	25.71
公司职工股	3,000	2.86
总股本	105,000	100

2. 本公司前十名股东所持股数及比例

股东名称	持股数(千股)	比例(%)
中国第一汽车集团公司	7,500,000	71.43
李自祥	8000	0.001
陶歌红	8000	0.001
李世隆	8000	0.001
王解明	8000	0.001
卢定恒	8000	0.001
徐小安	8000	0.001
吕振祥	8000	0.001
汤依明	8000	0.001
李锡增	8000	0.001

八、公司财务会计资料

(一)审计报告

1. 普华大华会计师事务所普华审字(97)第348审计报告

审计报告

普华审字(97)第348号

一汽轿车股份有限公司筹备委员会:

我们接受委托，审计了贵公司编制的1994年12月31日、1995年12月31日、1996年12月31日的资产负债表和1994年度、1995年度、1996年度的利润表和1996年度的财务状况变动表。这些会计报表是由贵公司负责，我们的责任是对这些会计报表发表审计意见。我们的审计是根据《中国注册会计师独立审计准则》进行的。在审计过程中，我们结合贵公司的实际情况，实施了包括抽查会计记录等我们认为必要的审计程序。

我们认为，上述会计报表符合《企业会计准则》及《股份制试点企业会计制度》的有关规定，在所有重大方面公允地反映了贵公司1994年12月31日、1995年12月31日、1996年12月31日的财务状况和1994年度、1995年度、1996年度的经营成果及1996年度的资金变动情况。会计处理方法的选用遵循了一贯性原则。

普华大华会计师事务所　　中国注册会计师:周忠惠

中国注册会计师:谢　荣

1997年4月18日

一汽轿车股份有限公司(筹)

会计报表注释

(一)公司的一般情况

一汽轿车股份有限公司(筹)(以下简称"公司")是根据《中华人民共和国公司法》等有关法规，由中国第一汽车集团公司(以下简称"一汽集团")作为发起人而成立的。根据公司的1997年4月8日的重组方案和国家国有资产管理局国资评[1997]336号文，一汽集团将部分经营性资产及相关负债转入公司，并按国家国有资产管理局国资企发[1997]49号文批准的方案折股。经中华人民共和国机械工业部机械政[1997]275号文件批准，拟向社会公开发行A股。

公司的主要业务为生产与销售轿车及其零配件。

(二)会计报表编制基础

公司的会计报表以一汽集团的会计记录为基础。资产负债表中的各项数据是以一汽集团会计记录中进入公司的资产及相关负债的数据为基础。公司利润表是以一汽集团会计核算中属于进入公司的经营收支及应分担的期间费用为基础。

公司上述会计报表已按《企业会计准则》《股份制试点企业会计制度》及有关补充规定进行了调整。

公司1996年12月31日的资产负债表按照国家国有资产管理局国资评[1997]336号文件《对中国第一汽车集团公司组建上市公司并发行A种上市股票项目资产评估结果的确认批复》确认的中发国际资产评估公司的资产评估结果进行了调整。评估后的净资产增值金额为人民币169,

492千元。

(三)主要会计政策

公司的主要会计政策均根据财政部颁发的《企业会计准则》、《股份制试点企业会计制度》、及其有关的补充规定而制定的。具体内容如下:

1.会计年度

公司的会计年度是从公历1月1日至12月31日。

2.记帐原则和计价基础

公司按权责发生制的原则记帐。计价基础为实际成本。

3.固定资产及其折旧

固定资产为使用期限在一年以上,单位价值在人民币2,000元以上的资产。

固定资产采用直线法计提折旧。其折旧率按照固定资产的类别、原值、使用年限及预计残值(残值率3%)确定如下:

	使用年限	折旧率
房屋及建筑物	8年至36年	3%—12%
机器设备及办公室设备	4年至15年	6%—24%
运输设备	6年	16%

4.在建工程

在建工程指正在兴建中的资本性资产,并以成本入帐。成本包括设备费用,建筑费用,安装费用,在兴建期间为项目筹借资金所发生的利息费用及其他直接费用。

5.存货

存货按取得时的实际成本入帐。存货的发出成本采用加权平均法计算。

6.坏帐准备

公司按应收帐款期末余额的5‰计提坏帐准备。

7.营业收入

公司在发出商品、提供劳务,同时收讫价款或取得索取价款的凭据时,确认销售收入。

8.维修及保养开支

维修及保养开支按实际发生额计入当期损益。

9.研究及开发费用

研究及开发费用按实际发生额计入当期损益。

10.外币换算

公司的记帐本位币为人民币。

外币交易按当月的第一天的国家外汇牌价换算。资产负债表结算日以外币为单位的货币性资产与负债按当日的外汇牌价换算,所产生的汇兑损益直接记入利润表。

11.无形资产和递延资产及其摊销

无形资产和递延资产按实际成本入帐,并按照预计的受益期摊销。

12.税项

公司应纳税项和适用税率列示如下:

(1)企业所得税

公司在1994年至1996年的所得税根据国家规定按应纳税所得额的33%缴纳。

(2)增值税

公司为增值税一般纳税人,按17%的税率计算销项税,符合规定的进项税额从销项税额中抵扣。

(3)消费税

公司按排气量在2.2升以下的整车销售收入的5%及排气量在2.2升以上(含2.2升)的整车销售收入的8%计缴消费税。

(4)城市维护建设税

公司按增值税和消费税应纳税额的7%计缴城市维护建设税。

(5)教育费附加

公司按增值税和消费税应纳税额的3%计缴教育费附加。

(6)其他税项按国家有关税项的具体规定计算缴纳。

13.利润分配

公司的税后利润为利润总额扣除按规定缴纳的所得税后的利润,公司税后利润根据《中华人民共和国公司法》和公司章程规定,按照以下顺序分配:

(1)弥补亏损;

(2)提取10%法定公积金;

(3)提取5%-10%法定公益金;

(4)经股东会决定,提取任意公积金;

(5)公司弥补亏损和提取公积金、法定公益金后所余利润,经股东会决定,按照股东持有的股份比例分配。

主要财务指标:

序号	财务指标	1996年12月31日	1995年12月31日	1994年12月31日
1	流动比率	0.97	0.97	0.99
2	速动比率	0.57	0.61	0.69
3	应收帐款周转率(次)	69.09	76.78	67.69
4	存货周转率(次)	7.69	13.09	18.04
5	净资产比率	38%	36%	39%
6	资产负债率	62%	64%	61%
7	净资产收益率	23%	55%	42%
8	每股税后利润(元)*	0.34	0.61	0.41

*前三年的股本均按1996年底的股本75,000万股计。

九、董事会上市承诺

本公司董事会将严格遵守《中华人民共和国公司法》、《股票发行与交易管理暂行条例》和《深圳证券交易所市场业务试行规则》和有关法律、法规的规定,并自股票上市之日起作出如下承诺:

1.按照法律、法规的规定程序和要求披露重大的信息、并接受证券主管机关、深圳证券交易所的监督管理。

2.及时、真实、准确地公布中期报告和年度报告,并备置于规定场所供投资者公众查阅。

3.本公司董事、监事及高级管理人员如发生人事变动或持本公司股票发生变化时,在报告证券主管机关、深圳证券交易所的同时向投资者公布。

4.在任何公共传播媒介中出现的消息可能对本公司股票的市场价格产生误导性影响时,本公司知悉后将及时对该消息予以公开澄清。

5.本公司董事、监事及高级管理人员将认真听取社会公众的意见和批评,不利用已获得的内幕消息和其他不正当手段直接或间接从事股票买卖活动。

6.本公司没有无记录负债。

十、重要事项揭示

1.股利分配

本公司的税后利润分配由董事会提出方案,经股东大会批准后,本公司实行同股同利的分配政策,按股份比例分配,股利分配采取现金或股票形式。

本公司每一会计年度的税后利润按照以下顺序分配:

(1)弥补亏损(如有的话);

(2)提取法定公积金10%;

(3)提取法定公益金5%～10%;

(4)提取任意公积金;

(5)支付普通股股利。

法定公积金按照税后利润的10%提取,但当法定公积金已达注册资本的50%时,可以不再提取;法定公益金按税后利润的5%～10%提取。任意公积金的提取比例由股东大会决定。

本次股票发行后,本公司将于1998年6月或之前派发1997年度股利。本公司1997年税后利润根据公司章程所规定的利润分配政策进行分配,新股东不享受公司本次股票发行前形成的利润的分配。

每一年度的股利将于次年6月或之前派付。

本公司向个人股东分配股利时,由本公司按国家有关政策代扣代缴个人所得税。

十一、咨询机构

1. 上市公司:一汽轿车股份有限公司

地　　址:吉林省长春市绿园区一汽厂区

法定代表人:耿昭杰

电　　话:(0431)5974246

传　　真:(0431)5974246

联 系 人:范希军

2. 上市推荐人:海通证券有限公司

法定代表人:李惠珍

地　　址:上海市唐山路218号

电　　话:(021)-65842411

传　　真:(021)-65849531

联 系 人:毛旭峰　范净

上市推荐人:君安证券有限公司

法定代表人:张国庆

地　　址:深圳市罗湖区春风路5号

十二、备查文件目录

1. 发行人成立的注册登记文件
2. 主管部门和证券交易所批准发行上市的文件
3. 公司章程
4. 审计报告
5. 资产评估报告
6. 验资报告
7. 招股说明书
8. 发行人改组的其他有关文件

一汽轿车股份有限公司

1997年6月14日

资产负债表

一汽轿车股份有限公司(筹)　　　　单位:人民币千元

资产	1996年12月31日	1995年12月31日	1994年12月31日	负债及股东权益	1996年12月31日	1995年12月31日	1994年12月31日
流动资产				流动负债			
货币资金	19,834	11,970	6,520	短期借款	1,488,951	1,198,783	858,367
短期投资				应付票据			
应收票据				应付帐款	96,149	58,002	46,139
应收帐款	84,876	72,361	99,348	预收货款	8,175	11,433	2,573
减:坏帐准备	424	362	497	应付福利费			
应收帐款净额	84,452	71,999	98,851	未付股利			
预付货款	799,425	695,877	547,812	未交税金			
其他应收款	17,501	21,804	26,443	其他未交款			
待摊费用				其他应付款	27,028	36,786	62,426
存货	648,488	476,554	295,095	预提费用			
待处理流动资产净损失				一年内到期的长期负债	6,175	7,519	19,019
一年内到期长期债券投资				其他流动负债			
其他流动资产				流动负债合计	1,626,478	1,312,523	988,524
流动资产合计	1,569,700	1,278,204	974,721	长期负债			
长期投资				长期借款	150,500	158,079	132,126
固定资产				应付债券			
固定资产原价	1,443,706	755,153	609,100	长期应付款			
减:累计折旧	477,619	176,806	124,890	待转销汇兑损益			
固定资产净值	966,087	578,347	484,210	其它长期负债	38,294	42,783	41,090
在建工程	306,123	384,628	345,556	长期负债合计	188,794	200,862	173,216
固定资产清理				递延税项			
待处理固定资产净损失				递延税款贷项			
固定资产合计	1,272,210	962,975	829,766	负债合计	1,815,272	1,513,385	1,161,740
无形资产及递延资产				股东权益			
无形资产	50,589	56,894	63,200	股本	750,000	722,396	684,425
递延资产	44,550	52,795	25,026	资本公积金	371,777		
无形资产及递延资产合计	95,139	109,689	88,226	盈余公积金		115,087	46,548
其他长期资产				其中:公益金		38,362	15,516
其他长期资产				未分配利润			
递延税项				股东权益合计	1,121,777	837,483	730,973
递延资款借项				负债及股东权益总计	2,937,049	2,350,868	1,892,713
资产总计	2,937,049	2,350,868	1,892,713				

利润表

一汽轿车股份有限公司(筹)　　　　单位:人民币千元

	1996 年度	1995 年度	1994 年度
一、主营业务收入	5,432,020	6,591,538	6,724,706
减:营业成本	4,327,214	5,051,525	5,323,019
销售费用	100,803	137,448	142,815
管理费用	148,896	192,329	221,543
财务费用	188,836	130,165	102,087
进货费用			
营业税金及附加	292,912	400,577	474,458
二、主营业务利润	373,359	679,494	460,784
加:其他业务利润	5,246	1,952	2,110
三、营业利润	378,605	681,446	462,894
加:投资收益			
营业外收入	841	1,210	776
减:营业外支出	1,032	677	500
加:以前年度损益调整			
四、利润总额	378,414	681,979	463,170
减:所得税	124,877	225,053	152,846
五、净利润	253,537	456,926	310,324

1996 年度财务状况变动表

一汽轿车股份有限公司(筹)　　　　单位:人民币千元

流动资金来源和运用		流动资金各项目的变动	
一、流动资金来源:		一、流动资产本年增加数:	
1. 本年净利润	253,537	1. 货币资金	7,864
加:不减少流动资金的费用和损失		2. 短期投资	
(1)固定资产折旧	79,077	3. 应收票据	
(2)无形资产、递延资产及其他资产摊销(减其他负债转销)	16,611	4. 应收帐款净额	12,453
(3)固定资产盘亏(减盘盈)		5. 预付帐款	103,548
(4)清理固定资产损失(减收益)	1,032	6. 其他应收款	(4,303)
(5)递延税款		7. 待摊费用	
(6)其他不减少流动资金的费用和损失		8. 存货	171,934
小计	350,257	9. 待处理流动资产损失(减收益)	
2. 其他来源:		10. 一年内到期的长期债券投资	
(1)固定资产清理收入(减清理费用)	43,435	11. 其他流动资产	
(2)增加长期负债		流动资产增加净额	291,496
(3)收回长期投资		二、流动负债本年增加数:	
(4)投资转出固定资产		1. 短期借款	290,168
(5)投资转出无形资产		2. 应付票据	
(6)资本净增加额	284,294	3. 应付帐款	38,147
小计	327,729	4. 预收帐款	(3,258)
流动资金来源合计	677,986	5. 应付福利费	
二、流动资金运用:		6. 未付股利	
1. 利润分配:		7. 未交税金	
(1)提取法定公积金	25,354	8. 其他未交款	
(2)提取法定公益金	12,677	9. 其他应付款	(9,758)
(3)单项留用利润		10. 预提费用	
(4)已分配股利	215,506	11. 一年内到期的长期负债	(1,344)
小计	253,537	12. 其他流动负债	
2. 其他运用:		流动负债增加净额	313,955
(1)固定资产和在建工程净增加额	432,779	流动资金增加净额	(22,459)
(2)增加无形资产、递延资产及其他资产	2,061		
(3)偿还长期负债	12,068		
(4)增加长期投资			
小计	446,908		
流动资金运用合计	700,445		
流动资金增加净额	(22,459)		

锦化化工集团氯碱股份有限公司

锦化化工集团氯碱股份有限公司概况

"锦化氯碱"——中国化工行业的一颗明珠

锦化化工集团氯碱股份有限公司(锦化氯碱)座落在环渤海经济圈中美丽的滨海城市葫芦岛。"锦化氯碱"作为中国主要的化工基础原料生产基地之一,曾经是中国化学工业自立的典范,谱写了我国化学工业自立更生、白手起家的不朽篇章。高纯度烧碱、聚氯乙烯及氯化苯等10多种产品首先在这里成功投产,然后推广到全国,为全国各化工企业输送了6000多名技术骨干和领导干部。党和国家领导人邓小平、朱德等先后视察过"锦化氯碱",并给予了很高的评价。

"锦化氯碱"现拥有资产5.3亿元,职工2825人,其主要产品是烧碱(生产能力13万吨/年)、聚氯乙烯(生产能力5万吨/年)、氯化苯(生产能力2.3万吨/年)、三氯乙烯(生产能力0.54万吨/年),产品在国内市场占有率分别为:氯化苯和三氯乙烯为第一位,烧碱第四位,聚氯乙烯第五位。"锦化氯碱"在全国化工原料市场乃至国计民生中有着举足轻重的地位和作用。

"锦化氯碱"不仅有辉煌的过去,也有着现时的良好业绩。94-96年三年平均净利润1.1亿元,按发行9000万A股计,每股税后利润将达到0.441元/股,预计1997年净利润可达1.01亿元,在辽宁省工业企业和全国化工行业中均居于前列。

"锦化氯碱"坚持走质量兴厂之路,产品质量国家计划完成率和抽检合格率均达到100%,其中烧碱和聚氯乙烯被选入"中国名牌商品库"。"锦化氯碱"拥有强大的技术开发队伍。

"锦化氯碱"发展后劲十足,"九五"规划项目总投资41亿元,其中:8万吨离子膜烧碱技改项目和12万吨配套离子膜碱扩建项目分别列为国家一期和二期"双加"(加大投资力度、加快建设速度)工程;20万吨/年聚氯乙烯及配套工程项目也审批有望。"九五"规划实现后,预计"锦化氯碱"销售收入可达47亿元,利润总额可达7.8亿元。将成为中国氯碱行业的排头兵。

"锦化氯碱"曾经是其母体——锦化化工(集团)有限责任公司(以下简称锦化)的直属二级非法人企业,锦化曾下设氯碱、树脂、有机、聚醚、水泥、热电、动力、机械八大生产厂及若干直接为生产服务的辅助机构,是集科、工、贸为一体的国家特大型企业,资产总值17.6亿元,拥有职工15800人。

俗话说:火车跑得快,全靠车头带。锦化这列东方化学工业的快车在以方福生董事长为首的领导班子的带领下,先后获得了全国思想政治工作先进单位、省优秀企业、省工业企业现场管理红旗单位、化工部产品质量信得过企业等39个部、省级荣誉称号。

锦化的领导班子是一个政治业务素质过硬、勇于开拓进取的领导集体。他们奉行"以人为本"的治厂方针,抓"精神第一,效益第一";抓体制改革,建立现代企业制度;抓"学邯钢、学山焦"实行科学管理;抓资产重组、融资引资;抓技术开发,向规模经济和产品深加工要效益,取得了卓越成绩。锦化被列为"九五"期间国家重点支持的500户企业之一,1996年在辽宁省百户最优工业企业中排名第13位。

"锦化氯碱"的今天光辉灿烂,"锦化氯碱"的明天将更加美好。

永久的市场来自不断的"创新"

熟语市场竞争之道的人士说:企业没有永久的顾客,产品没有永久的市场。然而,锦化"东方红"的乐章却在神州大地响彻,久久不衰。"东方红"牌烧碱、聚氯乙烯被列入"中国名牌商品库",P2500牌号聚氯乙烯树脂研制获联合国发明创新科技之星奖。公司主要产品在全国的市场占有率:氯化苯第一位;三氯乙烯第一位;烧碱第四位;聚氯乙烯第五位。锦化化工集团这颗灿烂的东方之珠被化工部评为"质量信得过"企业。

拥有永久的市场和用户,来自于锦化坚持不懈地创新:

——质量创新。公司实行严格的质量否决制,各部门围绕提高产品质量加强管理,人人重视质量,处处为了质量,公司建立了完善的质量管理体系。质量检验部门对没达到规定指标的产品不予出厂。成立群众性的QC小组70多个,针对产品质量技术攻关,取得显著成效,多项成果获部、省奖励。

——管理创新。不断丰富全员性质量管理的内容。坚持不断地开展质量竞赛,切实保证工艺控制条件的合格率全部达标,开展全员性的技术学习、安全学习、精神文明教育,提高职工的综合素质,所有关键岗位的操作工人都经考核后持证上岗。公司多次获部、省"管理先进单位"称号。

——销售服务创新。锦化在稳定产品老用户的同时,千方百计发展新用户,千山万水打开销售新市场,千辛万苦做好售后服务,千遍万遍走访用户,及时改进,满足用户需要。

——技术创新。锦化紧紧依靠科技进步,以市场为导向,不惜重金引进人才、开发新技术、引进先进技术取代落后工艺。达到节能降耗、降低成本、提高产量、增加新品种、扩大市场占有率,使企业在市场的竞争能力不断增强。公司有26项技术和新产品获得部、省、市的奖励。公司被省政府授予技术改造先进单位,科技先导型企业,科技创新示范企业等称号。公司在"七五"期间引进了具有世界先进水平的聚氯乙烯聚合装置和离子膜烧碱装置,并通过消化吸收与改进,最大限度地挖掘装置的潜力,以实现设备的最佳运行状态和效能。聚氯乙烯聚合引进装置年生产能力原设计为四万吨,经过技术创新实际能力现已达到5万吨,实现了"依靠科技进步求效益"。

——产品创新。公司在抓主导产品技术进步的同时,积极开发适销对路的新产品,发展下游产品。每年新产品的销售收入达到1亿元以上,企业效益不断出现新的增长点。

市场——是"锦化氯碱"永远追寻的目标

具有近60年光辉历史的锦化,虽然对我国化学工业作出过杰出的贡献,但随着改革开放的不断深入和市场竞争的日趋激烈,锦化人没有停步,他们通过强化企业管理,深挖内部潜力,"锦化氯碱"94--96年平均每年利润总额递增36%,走出了一条成功之路。

——转换机制进市场。要想让企业能够适应市场经济规律的要求,就要改变计划经济的传统体制。锦化正是看准了这一点,近几年来依照公司法的要求,以较大力度变革领导体制和管理体制,建立了董事会领导下的总经理负责制,设置了监督机构。使决策、监督、执行机构相互制约、相互制衡,改变了过去责任不清、监督无力的状况。以企业两个文明建设的实际需要设置处室,砍掉了企业承担社会职能的对口部门,使机关处室减少21%,各子公司及二级单位的科室减少51%。机构精简,人员精干,奠定了企业进入市场的良好基础。

——改制建制闯市场。作为辽宁省和化工部的现代企业制度首批试点单位,锦化自94年以来一直按现代企业制度的要求不断完善自我,制定了一整套适应现代企业运行的管理制度,如财务制度、劳动人事工资制度,加强企业管理制度等等。还根据公司下属二、三级单位的不同情况,采取了一厂多制、多渠道搞活的办法,在不改变资产所有权,确保资产保值、增值的前提下,对工程公司、公路运输公司、机械厂、包装容器厂等单位实行了租赁承包,使其逐步走上了自主经营、自负盈亏的发展道路,从公司相对分离出去4394.5万元的固定资产和3000名职工。对企业的富余人员,采取待岗培训,择优上岗的办法,激励职工学技术、爱岗位。

——建立企业内部市场机制以适应市场。为跟上市场经济步伐,彻底打破大锅饭,公司建立了内部银行。企业内部银行在企业生产经营中行使社会银行的权力和责任,公司的一切经济活动通过企业内部银行办理结转。公司内部各关联二级单位全部建立了模拟市场价格的买卖关系,单位与单位之间、部门与部门之间,按现行市场价格组织生产经营,并以此考核各单位的内部利润和确定分配方案,极大地调动了公司各单位和职工的积极性。

——把降低成本、赢得市场作为企业永恒的追求。成本管理是企业管理的综合体现,为了搞好成本管理,公司以市场价格为依据,以国内先进水平和自身的历史最好水平为参数,实行成本一票否决制,使公司的每道环节、每个人都能直接感受到市场的压力。因而精打细算、降低消耗、关心产品的生产和价格,成了职工的自觉行动。

——狠抓营销占有市场。公司实行以销定产、以产促销的方针,把精兵强将充实到供销部门,不断扩大产品销售领域,并按照市场规则进行承包,实行销售大包干,即把工资、奖金、各种费用捆在一起,与销售收入、回款挂钩。并在全国各地设立了分销处,使产吕的销售、售后服务和用户意见及时反馈到公司。

——严格管理为了市场,狠挖企业内部潜力。锦化是一个具有多年管理基础和经验的企业,但他们丝毫没有满足、没有停步,始终向更高的标准攀登。学吉化、学邯钢、学山焦,每学一处,都是脚踏实地、卓有成效。公司为了严格规范每个职工的行为,制定了885条管理标准。并注重标准考核的可操作性,注重不同岗位、不同工种、不同难度、不同业务量、不同环境的区别,使个人和单位的业绩与收益挂购,充分调动了职工的积极性和创造性。促进了锦化经济逐年发展。

优良的环境与举足轻重的地位

"锦化氯碱"是"关外第一市——葫芦岛市迄今为止第二家即将上市公司。葫芦岛市位于辽西走廊中部,地处东北咽喉,依山傍海,是联结关内外的枢纽。京沈铁路横贯城区,三条铁路支线通往邻近市县,市东郊十五公里处是我国著名的天然不冻良港——葫芦岛港,东北三十公里处是新建的锦州港,两个港口正在成为葫芦岛市与国内外通商的重要海上通道。市东南三公里处有一座可容中、小型飞机和运输机起落的飞机场,可谓陆、海、空齐备,交通十分方便。孙中山先生早年在建国大纲中曾把葫芦岛确定为北方重要的港口,现今这已成为现实。

在改革开放的今天,葫芦岛作为"关外第一市"正以其崭新的风貌展现在世人面前:新城区整洁优美,老城区改造日新月异,"水果之乡"果香更浓,工业建设迅猛发展,葫芦岛市正在向一个现代化的工业城市仰首迈进。

在这座工业城市中,锦化化工(集团)有限责任公司——一个具有五十多年光辉历史被誉为我国化学工业摇篮的企业,一直具有举足轻重的地位,在祖国化学工业的发展和四个现代化的建设中起着重要的作用。

锦化化工(集团)有限责任公司的前身是锦西化工厂,是我国最早的化工生产、试验基地,担负着为我国化工行业出技术、出产品、出人才的艰巨任务,六十年代被列为全国八大化工骨干企业和"九五"规划的十八个化工基地之一。先后有十六种化工产品在锦化试制投产,并推广到全国。1950年自己设计、自行施工建成的我国第一套水银法生产烧碱装置,开创了我国生产高纯度烧碱的历史;1958年第一套聚氯乙烯装置的投产结束了我国不能生产聚氯乙烯树脂的历史;有机玻璃装置建成投产,为我国生产了第一批国产航空玻璃;锦纶(即已内酰胺)是以在锦化诞生而命名。同时,锦化还为全国四十多家大中型企业输送过近6000名技术骨干和领导干部,有的成为国家各部委的主要负责人。近几年来锦化先后从国外引进离子膜烧碱、聚氯乙烯等三套生产装置,为锦化的发展增加了后劲。"九五"规划的实现将给锦化腾飞增添新的羽翼,使锦化的经济形成更大规模,质和量上都将有一个飞跃,从而在祖国的化工行业中仍将保持着重要的地位。

锦化在几十年的发展进程中,受到党和国家的高度重视。党和国家领导人邓小平、朱德、董必武、李富春、蔡畅等都曾到锦化视察过,这给锦化职工带来了极大的鼓舞、激励、勤勉与自豪。

优越的环境和地理位置为锦化的发展提供了良好的条件。锦化的燃料和主要原料大部分来自于邻近的石化企业,公司又在锦州港建设了二万六千立方米的液体化工储罐,以切实保证原料的进口和产品的出口,四通八达的交通则保证了企业供与销的运输。

得益于天时地利,依靠锦化职工几十年的团结奋斗,锦化现已发展成为拥有八大生产厂,以化工基础原料的生产为主体,集科、工、贸为一体的国家特大型企业。

"双加"工程的起飞

停止就是落后。一个企业只有不断地寻求发展,才能在市场中永久地站稳脚跟,占据广阔的市场空间。锦化作为化工部"九五"规划的化工基地,把目光紧紧地盯在国际、国内两个市场,以上规模、上档次、上水平为目标,绘制了气势宏伟的"九五"蓝图。"九五"规划的逐步实施,将为锦化注入新的活力与生机,将为锦化插上奋飞的双翅,在渤海之滨飞起,翱翔在广阔的蓝天之中,锦化将会迎来又一次发展的良机。

"锦化氯碱"是锦化集团公司控股并即将发行上市的股份公司。"锦化氯碱""九五"规划的项目中,年产8万吨离子膜烧碱技术改造和为年产8万吨环氧丙烷项目配套的年产12万吨离子膜烧碱扩建等两项工程已经得到了国家经贸委的批准并被列入"双加"(加大投资力度、加快建设速度)工程。"锦化氯碱""九五"规划的项目20万吨/年聚氯乙烯及配套15万吨/年烧碱扩建项目也正在国家有部门的审理中。"九五"规划的目标:2000年烧碱生产能力达到40万吨、聚氯乙烯25万吨,并通过组建聚氯乙烯塑料深加工集团,生产板材、管材、异型材等塑料制品,改变聚氯乙烯原料路线与石油化工相结合,采用乙烯氧氯化法先进工艺。

规划项目总投资估算41亿元,销售收入预计47亿元(其中"九五"新增41亿元),利润预计7.8亿元,税金预计4亿元(其中"九五"新增3亿元)。

"九五"规划完成后,产品市场占有率:烧碱由2.4%提高到6.2%,聚氯乙烯由3.5%提高到10.3%,氯化苯、三氯乙烯市场占有率继续保持全国第一位。

规划的实施分为二步走:第一步1998和1999年前分别完成年产8万吨离子膜烧碱的改造和配套扩建年产12万吨离子膜烧碱工程,本次募集的资金主要运用于上述两项工程所需要的建设资金;第二步2000年完成20万吨聚氯乙烯及配套15万吨烧碱的改扩建。各工程的主要内容有:

1、8万吨/年离子膜烧碱技术改造工程,列入国家1995年第一批"双加"工程计划,主要改造现有的水银法,石墨阳极隔膜法等两套烧碱装置,具有节能降耗价值,经测算比被替代的两套装置年可节电、节汽折标煤4万余吨,该工程现已开工建设,1998年竣工投产。

2、为锦化集团公司聚醚厂8万吨环氧丙烷配套建设年产12万吨离子膜烧碱装置,已列入国家1996年"双加"工程导向性计划。

3、20万吨/年聚氯乙烯及配套15万吨/年烧碱改扩建工程、聚氯乙烯原料路线采用最新的乙烯氧氯化法工艺。投产后公司聚氯乙烯的生产能力达到25万吨,在国内将排名前列。

4、组建聚氯乙烯树脂深加工集团,达到6万吨塑料制品的生产规模(含板材、管材、异型材),以提高聚氯乙烯的附加产值。增加企业在市场上的竞争能力。锦化集团公司现已控股兴城富期塑料波纹管材公司,该公司生产各种规格聚氯乙烯塑料波纹管,今后还将继续吸收一些塑料加工设备水平较高,产品有销路的工厂进入塑料加工集团。

5、开发以三氯乙烯为原料生产替代氟里昂一12四氯乙浣、氯乙酸、八氯异丙醚等新产品。

"锦化氯碱"的产品广泛应用于国民经济各部门和人民日常生活中,氯碱工业属材料工业,没有氯碱产品的发展,也不会有今天的化学工业,化学工业部制订的"九五"规划把氯碱工业列为国家重点支持发展的产业,离子膜烧碱列为"九五"重大的技术进步项目。因此,氯碱产品的市场前景十分广阔。

"双加"工程的实施,将为锦化注入强大的推动力。"锦化氯碱"将紧紧依靠良好的外部环境和雄厚的技术力量,绘制出绚丽多彩的"九五"蓝图,为祖国的化工事业再做新贡献。

董事长、总经理简介

董事长方福生先生,53岁,高级工程师,毕业于清华大学。曾任锦西化工总厂副厂长、厂长兼党委书记,锦化化工(集团)有限责任公司董事长、党委书记、总经理。享受政府特殊津贴。1994年被评为省劳动模范、"五一"劳动奖章获得者;1995年被评为省优秀企业家、劳动模范;1996年被评为全国化工环境保护先进厂长、化工部技术监督优秀厂长、省优秀厂长(经理)。

总经理李世杰先生,49岁,高级经济师,毕业于辽宁大学。曾任锦西化工总厂工会主席、副厂长、党委副书记,锦化化工(集团)有限责任公司董事、党委副书记。1988年被评为省总工会优秀工会工作者;1990年被评为全国化工工会优秀工作者。

锦化化工集团氯碱股份有限公司(筹)招股说明书

一、绪 言

本招股说明书是根据《中华人民共和国公司法》、《股票发行与交易管理暂行条例》及《公开发行公司信息披露实施细则》等国家法律、法规以及本公司的实际情况而编写,旨在为投资者提供本公司的基本情况。本招股说明书经本公司筹委会全体成员通过并报中国证券监督管理委员会批准,筹委会全体成员确信其中不存在任何重大遗漏或者误导,并对其真实性、准确性、完整性负个别的和连带的责任。

本次发行的A股是根据本招股说明书所载明的资料申请发行的,除发行人和主承销商外,没有委托或授权任何其他人提供未在本招股说明书中列载的信息和对本招股说明书作任何解释或者说明。

经中国证券监督管理委员会证监发字〔1997〕426号和中国证券监督管理委员会证监发字〔1997〕427号文批准,本公司向社会公众公开发行9,000万股(每股面值为人民币1.00元),其中900万股将向本公司职工配售。

投资人须自行负担买卖本公司股票所应支付的税款,发行人、主承销商和上市推荐人对此不承担任何责任。

二、释 义

在本招股说明书中,除非文意另有所指,下列词语具有如下含义:

本公司(发行人)	指锦化化工集团氯碱股份有限公司
集团公司(发起人)	指锦化化工(集团)有限责任公司
化工厂	指锦西化工总厂
主承销商	指中信证券有限责任公司
上市推荐人	指中信证券有限责任公司
公司章程	指锦化化工集团氯碱股份有限公司(筹)的公司章程(草案)
A股	指每股面值1.00元的记名式人民币普通股
重组	指为成立本公司而进行的资产及债务分离(详见本招股说明书"重组情况"一节)
本次发行	指本次向社会公众发行的9,000万股A股
筹委会	指锦化化工集团氯碱股份有限公司筹备委员会
董事或董事会	指本公司董事或董事会
监事	指本公司监事

三、新股发售的有关当事人

发 行 人: 锦化化工集团氯碱股份有限公司(筹)
筹委会主任: 方福生
地 址: 辽宁省葫芦岛市连山区化工街
电 话: 0429—2709065
传 真: 0429—2126152
联 系 人: 赵志鹏 毛万良

主 承 销 商: 中信证券有限责任公司
法定代表人: 常振明
地 址: 北京市朝阳区新源南路6号京城大厦
电 话: 021—64156091
传 真: 021—64742979
联 系 人: 郑志强 许海斌 刘 政

副主承销商: 辽宁省证券公司
法定代表人: 邵荣弟
地 址: 辽宁省沈阳市沈河区市府大路262号甲
电 话: 024—2790072
传 真: 024—2790090
联 系 人: 宫映雪

分 销 商: 辽宁信托投资公司
法定代表人: 李安民
地 址: 沈阳市和平区桂林街68号
电 话: 024—2859391
传 真: 024—2859392
联 系 人: 杨锦铭

分 销 商: 国泰证券有限公司
法定代表人: 金建栋
地 址: 上海市延平路135号
电 话: 021—62580818
传 真: 021—62581911
联 系 人: 胡 勇

分 销 商: 中国国际金融有限公司
法定代表人: 王岐山
地 址: 北京复兴门外大街6号光大大厦三层
电 话: 010—68561166
传 真: 010—68561145
联 系 人: 朱寒松

分 销 商: 辽宁省国际信托投资公司
法定代表人: 王永多
地 址: 沈阳市和平南大街43号
电 话: 024—3239263
传 真: 024—3851650
联 系 人: 鄂 齐

分 销 商: 海南港澳国际信托投资公司
法定代表人: 李耀祺
地 址: 海口市滨海新村588号
电 话: 0898—8513372
传 真: 0898—8513379
联 系 人: 王雪梅

分 销 商: 吉林省证券有限责任公司
法定代表人: 祁崇焕
地 址: 长春市人民大街87号
电 话: 021—63259289

传　　真：021—63259280
联 系 人：俞　斌
分 销 商：重庆有价证券公司
法定代表人：蒋　钢
地　　址：重庆市渝中区陕西路72号
电　　话：023—63833963
传　　真：023—63843964
联 系 人：姚　西
分 销 商：三峡证券有限责任公司
法定代表人：邓贵安
地　　址：宜昌市夷陵大道85号
电　　话：010—64608213
传　　真：010—64608213
联 系 人：聂　燕
分 销 商：武汉国际信托投资公司
法定代表人：夏献明
地　　址：武汉市江岸区兰陵路24号
电　　话：027—2424122
传　　真：027—2422871
联 系 人：张　利
分 销 商：厦门国际信托投资公司
法定代表人：游永华
地　　址：厦门市渝中区陕西路72号
电　　话：0592—5072466
传　　真：0592—5072466
联 系 人：黄燕山
分 销 商：厦门建发信托投资公司
法定代表人：曾华池
地　　址：厦门市海滨大厦一楼夹层
电　　话：0592—2128559
传　　真：0592—2076982
联 系 人：屈文洲
分 销 商：甘肃省证券公司
法定代表人：谢铁中
地　　址：兰州市东岗西路434号
电　　话：0931—8861500
传　　真：0931—8861569
联 系 人：穆　彬
分 销 商：中国旅游国际信托投资公司
法定代表人：刁玉良
地　　址：北京市北京站东街6号金皇都酒店四层
电　　话：010—65158640
传　　真：010—65158642
联 系 人：姜玉梅
上市推荐人：中信证券有限责任公司
　　　　　　辽宁信托投资公司
发行人法律顾问：信达律师事务所
主　　任：徐育康
地　　址：深圳市深南中路东风大厦21层
电　　话：0755—3243139
传　　真：0755—3243108
经办律师：霍　庭　刘凤良　魏　晓
主承销商法律顾问：众天律师事务所
主　　任：苌宏亮
地　　址：北京市海淀区志新东路14号太极饭店4层
电　　话：010—62329518
传　　真：010—62325870
经办律师：苌宏亮　许军利　李　宏
财务审计机构：辽宁会计师事务所
法定代表人：杨智克
地　　址：沈阳市和平区南京北街103号
电　　话：024—2837481
传　　真：024—2837482
经办注册会计师：张庆美　范广荀　高凤元
资产评估机构：辽宁资产评估事务所
法定代表人：崔荣禄
地　　址：沈阳市沈河区风雨坛街32号
电　　话：024—2906744
传　　真：024—2906745
经办评估人：崔荣禄　李　宏
资产评估确认机构：国家国有资产管理局
法定代表人：张佑才
地　　址：北京市海淀区万泉河路66号
电　　话：010—62567744
传　　真：010—62561817
土地评估机构：辽宁省土地估价事务所
法定代表人：李志超
电　　话：024—6219479
传　　真：024—6227576
经办评估人：李志超　丁红颖
股票登记机构：深圳证券结算有限公司
法定代表人：庄心一
地　　址：深圳市红岭中路25号
电　　话：0755—5595572
传　　真：0755—5571127
资金冻结银行：中国人民银行葫芦岛市分行
法定代表人：陈自川
地　　址：葫芦岛市龙港区
电　　话：0429—3110991
传　　真：0429—3110094
收 款 银 行：中国建设银行葫芦岛市分行
法定代表人：王　毅
地　　址：葫芦岛市龙湾大街
电　　话：0429—3113833
传　　真：0429—3110777
收 款 银 行：中国工商银行葫芦岛市分行
法定代表人：王宪奎
地　　址：葫芦岛市龙湾大街
电　　话：0429—3116859
传　　真：0429－3112349
收 款 银 行：中信实业银行葫芦岛市支行
法定代表人：王立伟
地　　址：葫芦岛市新华大街55号
电　　话：0429—2802683
传　　真：0429—2800882

四、发行情况

1、股票种类：记名式人民币普通股(A股)

2、承销期：1997年8月30日至1997年9月15日

3、发行地区：中华人民共和国境内

4、发行对象：中华人民共和国境内自然人及法人(法律、法规禁止购买者除外)

5、发行方式：全额预缴款、比例配售、余款即退

6、每股面值:1.00元

7、每股发行价:6.31元

8、发行数量:9000万股(其中向公司职工配售900万股)

9、发行总市值:56790万元

10、发行前三年平均每股税后利润:0.441元

11、发行市盈率:14.3倍

12、发行前每股净资产:1.41元

13、发行后每股净资产(扣除发行费用):2.66元

14、上市地点:深圳证券交易所

15、挂牌交易:本公司已得到深圳证券交易所的承诺,在本次发行的社会公众股(A)股发行结束后,将尽快在深圳证券交易所挂牌交易。

本次发行中向公司职工配售的股份,其挂牌交易遵照国家和深圳证券交易所有关法律、法规和规则,待社会公众股上市六个月后上市交易。

五、风险因素与对策

提　示

投资者在评价发行人此次发售的股票时,应特别认真地考虑下述各项风险因素。

1、经营风险

(1)原材料与能源供应

本公司生产所需主要原料是电石、工业盐及纯苯,它们分别占本公司总原料成本的61.93%、17.27%、13.99%,上述原材料目前全部从国内采购,大部分供应商与公司订有长期供货合同,在价格、发货方式、结算方式等方面已相互达成默契。但是,上述原材料价格的变动和供应商的变动将有可能直接影响本公司的生产经营,造成生产成本的上升和经营的不稳定,进而影响公司的盈利。

本公司的生产过程中需耗用大量电能,电能成本在公司生产经营成本中近三年平均占19%的比例,本公司电力来源由集团公司供应,集团公司除向本公司供应部分其自备电站生产的电能外,本公司生产所需之大部分电能由其向东北电网采购经变配电后提供予本公司。目前,电力供应能充分、稳定地保证本公司生产所需。但是,集团公司向东北电网采购电力价格近三年平均每年有6.9%的涨幅,集团公司向本公司供应电力的价格近三年来每年亦有7%的平均涨幅,能源价格的上涨将直接增加本公司的成本负担,影响盈利能力。

(2)运输方面的风险

本公司原料和产品的运输主要依靠铁路,1996年铁路运输的费用占总运输费用的90%以上,运输方面的服务由集团公司提供。本公司地处沈山线和锦葫线交汇处,铁路交通极为方便,并有集团公司拥有的铁路专用线直接延伸至本公司,目前的运输条件能较好地满足本公司运输的需要。但是,由于新建项目投产后,本公司的运输量将有大幅度增加,将由目前的70余万吨增加到110余万吨,增长率为57%,提高运输能力的计划如不能按时完成,将制约本公司的生产规模的扩张,影响本公司的发展。

(3)产品价格波动的风险

本公司主导产品为烧碱、聚氯乙烯、氯化苯、三氯乙烯,其销售价格基本由市场调节,价格水平取决于当地市场状况、消费企业生产经营情况等因素。价格水平的波动加剧了产品价格上的竞争。虽然本公司产品质量优良,在同行业名列前茅,同时注重售后服务,与下游客户建立了长期友好的供求关系,但是,产品市场价格的波动将对本公司盈利造成正面或负面的影响。

(4)产品生产技术

电解法制烧碱有三种方法:水银法、隔膜法、离子膜法,本公司目前的生产采用了上述三种方法,其中,离子膜法是现时最先进的生产技术,本公司采用离子膜法生产的产品占全部烧碱产品产量的36%左右,其余用水银法和隔膜法生产。这两种工艺由于环境污染问题和综合能耗高,正处于被替代阶段。

(5)对主要客户的依赖

本公司经过多年的市场开拓,建立了良好的客户基础,液碱产品的主要用户:丹东化纤厂、吉林化纤厂、保定化纤厂、鞍钢供销公司、锦州炼油厂;固碱产品的主要用户:昆山化工厂、大庆石化总厂、陵山化工厂、江西化纤厂、金龙集团公司;聚氯乙烯产品的主要用户:锦州塑料厂、阜新塑胶有限公司、保定塑料总厂、杭州塑料厂、大仓塑料制品三厂。这十五家长期客户的需求量占本公司总销售量的42%,因此未构成销售依赖于个别用户的局面,与这些客户保持长期而又良好的关系能保证本公司销售量的基本稳定。若长期客户发生变化,将对本公司的产品销售产生一定程度的影响。

2、行业风险

(1)环保风险

本公司在生产烧碱过程中存在环境污染问题,主要是由于本公司目前采用的生产烧碱的水银法装置和隔膜法装置运行过程中产生汞、石棉绒等的污染,属于被逐步替代技术。本公司严格执行国家和地方的有关环境保护法律、法规。采用多种技术治理"三废",1996年环境保护支出近475万元,本公司对污染的治理是卓有成效的。但是,在离子膜烧碱装置全部达产前,本公司仍将继续水银法和隔膜法的生产,不可避免地会对水体、大气造成一定程度的污染,根据国家和地方有关法律、法规的要求,本公司有可能会面临环保治理方面的风险。

(2)行业内部竞争

氯碱行业是国家原材料基础工业,是国家产业政策鼓励、支持和发展的产业,氯碱行业的产品已经渗透到国民经济各个部门和人民日常生活中,由于产业受到国家政策扶持,近几年生产能力增长较快,烧碱产量1995年与1985年相比,增长111%。本公司其它产品都属市场紧缺产品,竞争主要体现在烧碱产品。1996年本公司烧碱产品市场占有率排名第四,在行业内具有一定竞争优势,但是根据化工行业的发展,全国各地化工产品产量都在以不同的速度增长,上海、河北、北京的烧碱装置现已投产或动工,东南亚地区亦将有一批新的烧碱装置上马,国内、国际烧碱生产能力的扩容、产量的增长,将对目前的烧碱产品市场产生影响和冲击,本公司面临的行业竞争将更为激烈。

3、市场风险

本公司主要市场在东北地区,其销售量约占总销售量的40%,主要原因一是省外运输距离远,出现价格差,形成南北市场差异,发达地区需要的化工产品一般就地解决;二是落后地区工业发展慢,市场需求量小;三是有些地区交通发展与工业发展不协调,交通运输影响产品流通,从而造成了本公司产品市场的区域局限性。

另外,本公司主要产品中,三氯乙烯、氯化苯由于下游产品不断开发,需求稳步增加,价格总体保持上升趋势。聚氯乙烯在建筑业的应用范围不断扩大,每年大量进口,需求快速增加,价格随着进口量的变化有所波动,总体是上升趋势。烧碱经过连续三年价格稳步上升之后,受其下游行业调整的影响,供需趋于平衡,目前价格稳中有降。产品的市场供求变化和价格波动将对本公司盈利造成正面或负面的影响。

4、政策风险

中国已于1996年4月大幅度降低关税,并取消了一些进口限制,为加入世界贸易组织作最后阶段准备。关税的降低有利于本公司的技术改造,为本公司引进技术和设备创造良好条件,如离子膜烧碱装置主要设备电解槽的关税税率由1992年的20%降低到1997年的10%;关税降低也有利于本公司从国际市场有选择地采购低价优质原材料。但关税的降低和进口限制的取消亦可能使本公司处于不利,部分产品,如聚氯乙烯有可能面临国外同类产品的竞争。

5、股市风险

本公司本次发行的股票即将挂牌交易,股票价格不仅仅取决于本公司的经营状况,同时也受到利率、通货膨胀以及国家有关政策等因素的影响,股票市场价格波动属股市正常现象。因此,投资者必须正视股票价格波动及今后股市中可能涉及的风险。

6、其他风险

本次发行后,集团公司将持有本公司73.5%的股份,处于绝对控股地位。另外,本公司经营过程中还部分地存在对集团公司不同程度的依赖。

针对上述风险,本公司拟采取如下对策:

1、经营风险

(1)原材料与能源供应

本公司通过学习"邯钢"经验,深挖内部潜力,努力降低消耗定额,以降低成本,增加效益;随时掌握国内外价格信息,巩固供货主渠道,开辟新的来源。

本公司目前的生产计划和投资项目都已充分考虑了电能和其他能源的供应,集团公司拟建三期电站工程,保证本公司电力和蒸汽的需求;同时,本公司将致力于节能降耗,尤其是离子膜烧碱装置投产后,烧碱产品的综合能耗水平将由水银法的每吨1.3710吨标煤、隔膜法的每吨1.7310吨标煤下降为每吨1.063吨标煤左右,预计能源成本年下降幅度与能源价格上涨幅度持平,以使能源价格的变动对本公司生产经营不致产生重大影响。

(2)运输方面

根据未来三年对运输能力增加的要求,本公司和集团公司将改善现有运输能力,拟新建铁路编组站及到发线4.5公里,相应配套新购运输工具,根据国家规划,外部运输条件亦将得到改善,如铁路干线全面提速,沈山线"九五"期间将新建三线,距本公司分别为10公里和38公里的葫芦岛和锦州两个港口进出口运输能力的提高,都将为本公司运输方面提供良好的条件,由此,本公司运输方面的风险将得到有效控制。

(3)产品价格的波动

为了降低产品价格波动对本公司盈利稳定性的影响,本公司将实施以下竞争策略:

A、充分发挥信息作用,掌握市场价格变动趋势,随时调整销售价格,加速资金回笼。

B、合理调整产品结构,以畅销产品多投入市场,压低滞销产品产量。

C、革新挖潜,节能降耗,努力降低成本,提高产品边际效益。

(4)产品技术风险

本公司拥有强大的技术实力,有能力对引进的离子膜烧碱装置进行技术改造,原离子膜烧碱装置设计生产能力为年产4万吨,目前实际产量达到每年4.5万吨,本公司拟建的8万吨/年离子膜烧碱装置和为环氧丙烷产品配套的12万吨/年烧碱装置将全部采用离子膜生产技术。由于本公司具有丰富的离子膜烧碱生产经验,拟建和新建的烧碱装置可望很快达到设计能力,正常运转。此外,上述8万吨/年烧碱装置已签订引进协议,离子膜电解槽在低电流密度下操作,该装置生产能力为年产8万吨,在正常电流密度下操作,该装置生产能力可望达到年产12万吨。届时,水银法和隔膜法生产装置将全部被取代,本公司将以最先进的技术进行生产。

(5)对主要客户的依赖

本公司将进一步拓展销售渠道,采用直销、委托贸易等方式建立广泛的销售网络,使之更好地发挥信息和服务的优势,为公司扩大产品销售奠定坚实的基础。

2、行业风险

(1)环境保护

本公司将继续严格实施目前采用的治理"三废"的技术措施,并不断加以改进,以实现"九五"期间污染物达标排放目标。本公司新建离子膜烧碱装置运行后,将完全取代旧的生产工艺,从根本上消除污染。

(2)行业竞争

针对化工行业的发展状况和面临的行业竞争,本公司将致力于以下工作:

A、尽快实施新项目,以期迅速扩大生产规模,改进工艺,降低成本,增加产品边际效益,"九五"末期,本公司烧碱产品产量在国内将名列第二位;

B、充分发挥现有设备的利用率,相对降低生产成本,提高工作效率;

C、加大成本控制力度,严把采购关,广开货源,在保证质量的前提下,降低采购成本;

D、利用毗邻葫芦岛和锦州两港口优势,开拓、扩展南太平洋和东南亚地区的销售,缓解国内市场竞争的压力。

另外,本公司产品品种较多,可依据市场需求调整产品结构,增加畅销产品的产量。

3、市场风险

针对市场状况,本公司将实施以下战略:第一、发展规模经济,创造价格优势,争取更大的市场份额;第二、充分利用迅速发展的公路运输和水路运输,弥补铁路运输的不足,扩大本公司产品的覆盖面;第三、集团公司在锦州港建有进出口贸易液体化工产品储运区,在区内有液体烧碱储罐4台,总容积1.2万立方米,由于储罐容积大,一次可向国外出口烧碱产品万吨以上,该储运区被化学工业部确定为华北、东北地区氯碱生产企业出口烧碱的基地,本公司将充分利用该基地的优势,增强烧碱产品的对外贸易;第四、把战略眼光转向西部地区,与国家经济建设同步发展,开发西部市场;第五、实施名牌战略,开展优质服务,争取客户、争取市场;第六、有选择的在重要地区设立分销处,发展业务,形成网络优势;第七、适时、合理地根据市场状况,调整产品结构,并以市场为导向,不断开发新产品。

4、政策风险

针对该类风险,本公司将致力保持和加强在产品品种、原材料供应、产品质量、市场销售等方面具有的优势,同时,利用机遇,进一步改进现有设备和工艺,提高技术水平和产品质量,扩大生产规模,有重点、有步骤地开拓国际市场,以迎接国际市场的挑战。

5、股市风险

针对该类风险,本公司将严格按照《公司法》、《股票发行与交易管理暂行条例》及中国证券监督管理委员会关于信息披露的有关规定,规范运作,及时、真实地披露本公司有关重要信息,努力提高经济效益,维护广大股东的权益。同时,本公司提醒广大投资者在综合分析股票市场及本公司经营业绩的基础上,作出投资决策。

6、其它风险

针对该类风险,本公司已与集团公司签订了一系列协议,就集团公司向本公司提供动能、部分辅助原料、包装容器、通讯服务、进出口代理、仓储、商标使用、运输、大修理、污染治理、管网及生产服务等方面和本公司向集团公司提供部分产品的事项作出了规定,以确保公司正常的生产经营活动。

六、募集资金的运用

如果本次股票发行成功,预计可募集资金56790万元,扣除发行费用1467万元,募集资金净额为55323万元。本公司拟将全部资金用于8万吨/年离子膜烧碱技改项目和12万吨/年离子膜烧碱扩建项目,国家经贸委已分别以国经贸改〔1996〕272号文和国经贸改〔1996〕555号文批准上述两个项目,并被列入国家"双加"工程(加大投资力度、加快建设速度)。

烧碱是基本化工原料之一,广泛应用于国民经济各个部门,根据有关部门统计,各部门烧碱消费比例为:

轻工业	35%
化工	25%
纺织业	18.9%
其它(冶金、医药、石油、军工、水处理等)	21.1%

1996年全国烧碱总产量为531万吨,其中出口30多万吨。据国家有关部门预测在未来几年中,烧碱消费量将以每年5—6%的速度增长,到2000年市场需求将达到630万吨左右,尤其是辽宁省至2000年的市场需求量将达到每年76万吨,而目前省内烧碱产量每年仅为38万吨,产量和需求量相比有很大缺口,项目发展前景十分广阔。

本公司拟投资42236万元用于8万吨/年离子膜烧碱技改工程,以替代目前尚在采用的隔膜法和水银法生产装置,将于1998年中期建成;投资78717万元用于12万吨/年离子膜烧碱扩建工程,将于1998年末建成。上述两个项目完成后,本公司的离子膜烧碱设计生产能力将达到24

万吨/年,预计实际生产能力将达到28万吨/年,形成规模经济。上述项目资金需求计划为:

(1)8万吨/年离子膜烧碱技改工程项目

项　　目	资金需求(万元)	投资比例
设备购置费	17969	42.54%
安装工程费	9782	23.16%
建筑工程费	2959	7.01%
其它基建费	7709	18.25%
建设期利息	3817	9.04%
合　计	42236	100%

(2)12万吨/年离子膜烧碱扩建工程项目

项　　目	资金需求(万元)	投资比例
设备购置费	35751	45.42%
安装工程费	9116	11.58%
建筑工程费	12078	15.34%
其它基建费	12883	16.37%
建设期利息	3435	4.36%
流动资金	5454	6.93%
合　计	78717	100%

上述项目资金使用计划:　　　　单位:人民币万元

项 目 名 称	1997年	1998年	合　计
8万吨/年离子膜烧碱技改工程	33238	8998	42236
12万吨/年离子膜烧碱扩建工程	26394	52323	78717
总　　计	59632	61321	120953

上述项目总投资120953万元(其中含外汇4727万美元),除以募集资金投入外,不足部分由工行提供人民币贷款,外汇部分拟以亚行贷款及利用出口信贷解决。

上述项目完成后,每年将实现销售收入76862万元,利润总额19681万元。

上述项目是本公司发展和生存的基础,必须同时进行建设,力争尽早投产、尽早见效,增加公司新的经济增长点,以高速成长的业绩回报广大股东。

七、股利分配政策

本公司的股利分配采取同股同利的政策,根据公司章程规定,公司税后利润按下列顺序分配:

(1)弥补以前年度亏损;

(2)提取10%的法定公积金;

(3)提取5%～10%的法定公益金;

(4)提取任意公积金;

(5)支付股利。

税后利润的具体分配比例由董事会根据公司该年度的经营状况拟定,报股东大会审定。

上一个会计年度亏损未弥补之前不分红利。上一个会计年度未分配的利润,可并入本会计年度分配。

本公司原则上每年分派股利一次,按股分配,在公司年终决算后进行;董事会有特别决议除外。普通股不支付固定股息,股利支付可采取下列形式:

(1)现金:以人民币计价和宣布;

(2)股票:股东可按所持股份的种类比例依法分得相应种类的红利股票。

上述两种方式可同时采用。

本公司在分配股利时,将按照法律规定代扣并代缴各股东所获股利收入应缴的税金。

上述股利分配政策,尚需本次A股发行之后首届股东大会审议确认。预计首次分配股利的时间为1998年6月底之前。本次公开发行的社会公众股股东享有的利润分配权利自本公司的注册登记之日起计算。

八、验资报告

经辽宁会计师事务所〔1997〕辽宁师验字第104号《验资报告》确认,截至1997年3月31日止,锦化化工集团氯碱股份有限公司(筹)已收到其独家发起人——锦化化工(集团)有限责任公司投入的资本352,314,825.90元人民币,其中股本250,000,000元,资本公积102,314,825.90元。与上述投入资本相关的资产总额为534,963,324.57元,负债为182,648,498.67元。

九、发行人情况

1、发行人名称:锦化化工集团氯碱股份有限公司(筹)

2、发行人名称预先核准日期:1997年4月16日

3、发行人住所:辽宁省葫芦岛市连山区化工街

4、发行人历史沿革

本公司发起人为锦化化工(集团)有限责任公司,主要生产烧碱、氯化苯、液氯、聚氯乙烯、三氯乙烯、合成盐酸、苯酚、有机玻璃、环己酮、氯乙醇、环氧丙烷、聚醚、丙二醇、缩丁醛等化工产品。建立于1939年,中华人民共和国成立后,曾使用"锦西炼油厂"、"锦西化学工业公司"、"锦西化工厂"、"锦西化工总厂"等名称,1996年11月26日,根据建立现代企业制度和发展企业集团的客观要求,组建为"锦化化工(集团)有限责任公司"。

集团公司是国家特大型企业,属化工行业,是我国最早的化工生产、试验基地,担负着为我国化工行业出技术、出产品、出人才的艰巨任务,先后有锦纶(即己内酰胺,以锦西化工厂命名)、烧碱、聚氯乙烯、氯化苯、三氯乙烯、有机玻璃等16种化工产品在集团公司试制投产,并推广到全国。建国后几经改造,目前已成为以化工基础原料的生产为主体,设计、研究、运输、发电、机修等辅助部门配套齐全的特大型企业,先后被列为全国化工行业八大骨干企业和化工部"九五"规划的十八个化工基地之一。1995年在全国500家最大企业中排名第312位,全国化工行业排名第13位,辽宁省化工企业排名第二位。1996年,集团公司总资产17.6亿元,净资产9.1亿元。

本公司经辽宁省人民政府〔1997〕80号文批准,集团公司将下属氯碱厂的全部和树脂厂的主体部分乙炔车间、氯乙烯车间、聚氯乙烯车间、三氯乙烯车间的全部资产及集团公司持有的占葫芦岛锦晖石油化工储运有限公司18.75%权益的长期投资1500万元以及相关的债权、债务投入本公司,由集团公司独家发起,采取社会募集方式设立。

组建本公司的氯碱厂和树脂厂是集团公司装备最好,生产规模最大,效益最佳的生产主体。氯碱厂主要产品是烧碱(生产能力13.2万吨/年)、氯化苯(生产能力2.3万吨/年);树脂厂主要产品是聚氯乙烯(生产能力4.8万吨/年)、三氯乙烯(生产能力0.54万吨/年)。烧碱、聚氯乙烯、三氯乙烯、氯化苯都是化工行业的基础原料,上述产品的国内市场占有率分别为第四位、第五位、第一位、第一位。

5、发行人组织机构(附后)

6、发行人与发起人的关系

本公司在集团中的地位参见集团公司组织机构图(附后)。

本公司设立后,集团公司作为本公司的独家发起人将拥有本公司73.53%的股份。集团公司投入本公司的净资产为35232万元,折合股本25000万元,资本公积金10232万元,与此相关的资产总额为53497万元,负债总额为18265万元。

未进入本公司的资产,包括土地、商标和其它非经营性资产将仍由集团公司拥有,并本着有偿使用的原则为本公司提供服务。

7、发行人员工情况

截至1997年3月31日,本公司职工人数为2825人,其构成情况见下表:

管理人员	251人	占职工总人数的8.9%
生产人员	2290人	占职工总人数的81.1%
工程技术人员	258人	占职工总人数的9.1%

管理人员	251 人	占职工总人数的 8.9%
其他人员	26 人	占职工总人数的 0.9%

本公司员工中,中专以上学历的有 958 人,占职工总数的 33.9%;具有中高级技术职称的有 56 人,占职工总数的 1.98%;具有初级技术职称的 202 人,占职工总数的 7.2%。职工平均年龄为 34 岁。

本公司职工全部实行劳动合同制。本公司执行《葫芦岛市深化城镇职工基本养老保险制度改革实施办法》的规定,为职工建立基本养老保险个人帐户,参加养老统筹。本公司职工参加失业保险,并享受医疗、物价补贴。

8、发行人的业务经营范围

经营范围:烧碱、氯化苯、氯、聚氯乙烯、三氯乙烯、四氯乙烯、氢、乙炔、合成盐酸、副产盐酸、次氯酸钠等化工产品的制造与加工;购销、运输、工程施工、技术开发与服务、资产经营等。

公司根据国内外市场变化和公司业务发展的需要,经政府有关部门批准,可以调整投资方向、经营范围和经营方式;公司根据业务发展需要,经政府有关部门批准,可以在国内外设立分公司或者办事机构。

9、发行人主要业务

本公司主要从事烧碱、聚氯乙烯、氯化苯、三氯乙烯、合成盐酸、副产盐酸、氯等化工产品的生产、销售。

烧碱是重要的基本化工原料之一,用途极为广泛,主要用于粘胶人造丝、合成纤维、染料中间体、橡胶再生、织物漂染、造纸、制皂、制革、石油精制等。

聚氯乙烯是世界上通用的五大树脂之一,用于生产高级电绝缘材料,一般塑料软制品,工业和民用薄膜、硬管、硬片、套管、型材等。

三氯乙烯在国内是属于发展阶段的产品,应用于多孔性材料、金属制品的洗涤剂、干洗剂及某些有机物的萃取剂,麻醉剂等。

氯化苯可以生产上百种化工产品,是生硝基氯苯、二苯醚、染料、医药和农药工业的原料。

10、发行人的主要产品及产量

本公司主要产品近三年的产量如下表所示:　　单位:吨

产品/年份	1994 年	1995 年	1996 年
烧碱	113562	122275	130134
氯化苯	21298	22648	22560
聚氯乙烯	38253	45092	48516
三氯乙烯	2665	4203	5566

本公司主要产品市场占有率和行业排名情况:

产品	市场占有率	行业排名
烧　碱	2.6%	第四位
氯 化 苯	14.6%	第一位
聚氯乙烯	3.6%	第五位
三氯乙烯	39%	第一位

11、产品销售

本公司产品的主要用户皆为国内大中型工业企业,本公司近三年主要产品的销售收入及其占本公司销售收入的比例情况为:

单位:人民币万元

产品/时间	1994 年	比例	1995 年	比例	1996 年	比例
烧　碱	15,271	29.83%	19,532	27.55%	19,383	30.27%
氯 化 苯	6,493	12.68%	10,667	15.05%	8,551	13.36%
聚氯乙烯	23,594	46.08%	32,177	45.39%	27,367	42.74%
三氯乙烯	1,344	2.62%	2,715	3.83%	3,177	4.96%
其它产品	4,500	8.79%	5,800	8.18%	5,546	8.67%
总　计	51,202	100%	70,891	100%	64,024	100%

本公司的主要销售市场是在东北地区,其销量约占总销量的 40%,其中,省内市场约占 20%。近几年,为了适应市场经济的发展,扩大市场占有率,建立销售网络,更好地发挥信息和服务的优势,为公司的产品销售奠定了坚实的基础。

本公司产品的销售方式主要是通过自己的销售人员直销为主,委托贸易为辅。因本公司的产品在国内供不应求,产品以内销为主,惟出口带来的利润高于国内销售或为开拓特定市场才组织出口,因此外销部分比例仅占总销售量的 4—9%,外销部分通过集团公司下属的进出口公司代理。

12、原材料供应

本公司原材料采购均在国内市场进行,一般向有关原材料生产厂商直接订货。目前,整个原材料市场总体情况良好,本公司与原材料供应厂商保持有长期、良好的合作关系。本公司生产用原料的供应商主要是以下一些国内大型专业企业:

原材料	供应商
工业盐	大清河盐场、营口盐场、南堡盐场、汉沽盐场等
电石	太原电石厂、牡丹江化工一厂、包头第二化工厂、呼和浩特化工厂等
苯	鞍钢焦化厂、辽阳石油化纤公司、本钢焦化厂、南京扬子公司等

上述原材料供应商在各自行业内均处于优势地位,供应渠道畅通,产品质量可靠,能够满足本公司生产、技术发展及质量等方面的要求。此外,本公司生产过程中需耗用大量电能,除集团公司向本公司提供其自备电站生产的部分电能外,大部分由集团公司向东北电网采购经变配电后供应给本公司。东北电网供应稳定,并给予集团公司价格上的优惠,能够满足本公司生产所需,集团公司向本公司供应电能的具体事宜由本公司与集团公司订立的《动能服务合同》规定。

13、质量管理

本公司坚持"质量第一、用户至上,向国内外用户提供优质产品和服务"的质量方针,强化质量管理,宣传贯彻 GB/TI9000 - ISO9000 系列标准,建立了完善的质量保证体系,严格实行质量否决权,坚持走质量兴厂之路。质量国家计划完成率 100%。上级技术监督部门抽检产品合格率 100%。主要产品质量稳定提高率 93.75%。1985 年至 1994 年国家、化工部、技术监督部门抽检本公司聚氯乙烯、烧碱、氯化苯等产品共 14 次全部合格。1995 年被化工部授予"产品质量信得过企业"、"产品质量好企业"。"东方红"牌烧碱、聚氯乙烯被选入"中国名牌商品库"。本公司还于 1995 年被国家技术监督局、中国质量万里行组委会授予"中国质量万里行五年回顾展荣誉企业",被辽宁省石化厅授予"八五期间省化工技术监督先进企业"等荣誉称号。

14、无形资产

本公司目前生产的烧碱、聚氯乙烯、三氯乙烯、氯化苯、合成盐酸、氯等产品都使用"东方红"牌注册商标,该商标权属由集团公司持有。本公司已与集团公司订立《商标使用许可合同》,协议规定本公司有偿使用该商标于本公司生产的所有产品,本公司需以该等产品年销售额的千分之一向集团公司按年度交纳商标使用费。

本公司为保持在同行业的领先地位,加快企业技术进步,在原有的生产工艺基础上进行了卓有成效的技术改造和创新,形成了企业自己的技术诀窍。目前本公司拥有的专有技术有:真空脱氯工艺、氯气正负压安全液封循环液系统、一效冷凝水的综合利用、水银电解生产技术与设备、复合引发剂用于提高聚氯乙烯产量、P2500 聚氯乙烯树脂生产技术等。以上专有技术构成了本公司的无形资产,经评估确认,本公司拥有的专有技术价值为 1167 万元。

15、研究与开发

本公司自"七五"以来引进了几套先进技术,并积极进行技术改造。

(1)1986 年,集团公司从美国古德里奇公司引进聚氯乙烯聚合技术及关键设备。该技术是目前世界上最先进的聚合技术之一,生产的新品种有 6-8 型的高型号树脂,填补了国内空白,并自己开发了 P-2500、P-4000 等树脂。目前,本公司能生产国标中 1-8 型的全部各种树脂。

(2)1989 年,集团公司从日本旭硝子公司引进年产 4 万吨离子膜烧碱装置。该装置是当今最先进的电解制烧碱技术,具有能耗低、三废排放少等优点,开发的新产品有 50% 烧碱。

通过技术改进，加强管理，目前上述装置的实际产量已经超过设计生产能力。聚氯乙烯装置超设计生产能力21%，离子膜装置超设计生产能力14%。

16、环境保护

本公司生产过程中产生的污染主要有：烧碱生产过程中产生的含汞盐泥、含氯尾气；合成盐酸生产过程中产生的含氯化氢尾气及三氯乙烯生产过程中产生的皂化渣。对于上述污染，本公司已采取以下措施予以治理：(1)含汞盐泥的治理：采取泥浆萃取、固化，经压滤，使其成为干渣，然后送指定置场堆放。该堆场采取了严格的防水渗环保措施。由此，盐泥污染得到有效治理。

(2)含氯尾气的治理：在生产烧碱过程中产生的淡盐水脱氯尾气中含有氯，对于该废气，本公司采用碱液吸收后高空排放。经监测，废气中氯含量符合辽宁省污水与废气排放标准(1996年监测值为0.0008kg/h，标准值为2.5kg/h)。

(3)含氯化氢尾气治理：对于合成盐酸生产过程中产生的含氯化氢尾气，本公司采取三段膜式逆流吸收，然后排放。经监测，尾气中氯化氢含量符合辽宁省污水与废水排放标准(1996年监测值为0.09kg/h，标准值为0.5kg/h)。

(4)三氯乙烯皂化渣治理：对三氯乙烯生产过程中产生的皂化渣，本公司采取板框压滤机压滤后，使其成为干渣，然后送置场堆放。

本公司严格执行国家及地方的环保法律、法规，并制定了内部环保规章制度，1990年被国家环境保护局评为全国环境保护先进企业，1996年经复查再次被确认为环保先进企业；1995年被化工部评定为第一批复查合格化工清洁文明工厂；1996年被化学工业部评为“八五”化工环境保护先进集体。

17、重组情况

根据辽宁省人民政府辽政〔1997〕80号文“关于同意设立锦化化工集团氯碱股份有限公司的批复”及辽宁省国有资产管理局辽国资产字〔1997〕第105号文“关于锦化化工集团氯碱股份有限公司国有股权管理有关问题的批复”的批准，集团公司将其下属的氯碱厂全部和树脂厂主体部分乙炔车间、氯乙烯车间、聚氯乙烯车间、三氯乙烯车间的全部资产及集团公司持有的占葫芦岛锦晖石油化工储运有限公司18.75%权益的长期投资1500万元以及相关的债权、债务投入本公司，由集团公司独家发起，采用募集方式设立本公司。

集团公司投入本公司的资产均为生产经营性资产，未进入本公司的资产，包括土地、商标及其它非生产经营性资产将仍由集团公司拥有，并本着有偿使用的原则，为本公司提供服务。

18、关联交易说明

本公司设立后，集团公司将不再经营与本公司业务相竞争的业务。本公司生产的烧碱、聚氯乙烯、氯化苯、三氯乙烯原是集团公司的龙头产品，现由本公司独家生产经营，集团公司转为以投资手段来进行存量资产的调整和增量资产的运作，以及对集团内其余产业的生产经营。

本公司在生产经营过程中，还需部分地依赖于集团公司，主要表现在：

(1)集团公司或其控股的其它子公司须向本公司提供动能、部分辅助原料、包装容器、通讯服务、进出口代理、仓储、商标使用、运输、大修理、污染治理、管网及生活服务等资源与服务；

(2)本公司部分产品亦需提供予集团公司。

本公司已与集团公司签订了《供货合同》、《进出口代理合同》、《动能服务合同》、《厂区铁路协定服务合同》、《商标使用许可合同》、《综合服务合同》、《土地使用权租赁合同》，以规范双方在上述相互关系中的权利与义务。

(3)上述协议价格条款约定的基本原则：有国家定价的执行国家定价；没有国家定价的执行市场价格；即无国家定价也无市场价格，则执行价格为发生的相应成本加上不超过2%的管理费。

19、发行人税收情况

本公司上市以后，根据辽宁省人民政府辽政〔1997〕78号文“关于锦化化工集团氯碱股份有限公司所得税税率的批复”，本公司自上市之日起，按33%计算征收企业所得税，由葫芦岛市财政返还18%，实际所得税率为15%。

本公司上市之前，根据辽宁省人民政府辽政〔1997〕77号文“关于确认锦化化工(集团)有限责任公司1994、1995年和“九五”期间执行企业所得税税率的批复”，所得税按33%计征，由葫芦岛市财政全额返还，实际税负为零。

十、筹委会成员

本公司筹备委员会成员及其主要简历如下：

方福生先生，本公司筹委会主任，53岁，高级工程师，毕业于清华大学。现任集团公司董事长、总经理、党委书记，曾任化工厂副厂长、厂长、党委书记。享受政府特殊津贴。1994年被评为省劳动模范、“五一”劳动奖章获得者；1995年被评为省优秀企业家、劳动模范；1996年被评为全国化工环境保护先进厂长、化工部技术监督优秀厂长、省优秀厂长(经理)。

李世杰先生，本公司筹委会副主任，49岁，高级政工师，毕业于辽宁大学。现任集团公司党委副书记，曾任化工厂副厂长、党委副书记。1988年被评为省总工会优秀工会工作者；1990年被评为全国化工工会优秀工作者。

沈申成先生，本公司筹委会副主任，52岁，高级工程师，毕业于上海交通大学。现任集团公司董事、副总经理，曾任化工厂副总工程师、副厂长。享受政府特殊津贴。

王新生先生，本公司筹委会副主任，58岁，高级经济师，毕业于合肥工业大学。现任集团公司董事，曾任化工厂常务副厂长、总经济师。

焦金声先生，本公司筹委会副主任，63岁，高级经济师，毕业于东北财经大学。现任集团总公司总会计师，曾任化工厂政策研究室主任，化工厂总会计师。

宦文定先生，本公司筹委会成员，48岁，会计师，毕业于辽宁大学。现任集团公司监事会监事、审计处处长、纪委副书记，曾任化工厂审计处副处长、纪委副书记。曾被评为1992年—1994年度化工部审计工作先进工作者。

赵志鹏先生，本公司筹委会成员，46岁，高级政工师，毕业于中央党校。现任集团公司证券办公室主任，曾任化工厂生活公司副经理，化工厂党委组织部副部长。

朱书庭先生，本公司筹委会成员，50岁，经济师，毕业于中央党校。现任集团公司办公室主任，曾任化工厂厂长办公室秘书科科长，化工厂厂长办公室副主任、主任。

华振林先生，本公司筹委会成员，52岁，政工师，毕业于化工厂职工高中。现任集团公司党委组织部部长，监事会监事，曾任化工厂劳动服务公司经理，化工厂党委组织部部长。

刘德玉先生，本公司筹委会成员，58岁，高级政工师，毕业于沈阳军械学校。现任集团公司劳资处处长，曾任化工厂党委组织部副部长。

宋慧毅先生，本公司筹委会成员，44岁，毕业于中央党校。现任集团公司氯碱厂厂长，曾任化工厂生产处调度科科长、生产处副处长。

张泰生先生，本公司筹委会成员，56岁，高级工程师，毕业于南京大学。现任集团公司树脂厂厂长，曾任化工厂聚氯乙烯车间主任，化工厂树脂厂副厂长、厂长。享受政府特殊津贴。1995年获得联合国颁发的发明创新科技之星奖，并被评为省优秀科技工作者；1996年被化工部评为聚氯乙烯行业有突出贡献的工作者。

孟建华先生，本公司筹委会成员，42岁，会计师，毕业于辽宁电视大学。现任集团公司计财处副处长，曾任化工厂财务处副处长。

十一、经营业绩

1、本公司生产经营的一般情况

本公司的产品主要有：烧碱、氯化苯、聚氯乙烯、三氯乙烯，1994年以来，本公司生产稳步发展，产品产量、主营业务利润均有大幅增长，取得了良好的经营业绩。本公司的主营业务收入由1994年的51201.6万元增加到1996年的64024.1万元,增幅达到25%,利润总额由1994年的6053.4万元增加到1996年的10394.0万元,增幅达到72%。

2、本公司1994年、1995年、1996年及1997年1至3月之经营业绩:

单位:人民币元

项目/年份	1997年1至3月	1996年	1995年	1994年
主营业务收入	160,716,851.35	640,240,575.84	708,912,607.49	512,016,408.13
营业利润	18,045,825.81	105,077,861.45	169,188,795.15	62,209,138.15
利润总额	17,908,794.98	103,939,985.97	166,454,002.71	60,534,496.91
净利润	17,908,794.08	103,939,985.97	166,454,002.71	60,534,496.91

3、本公司业务收入的主要构成

本公司近三年主要产品的销售收入及其占本公司销售收入的比例情况:

单位:人民币万元

产品/时间	1994年	比例(%)	1995年	比例(%)	1996年	比例(%)
烧碱	15,271	29.83	19,532	27.55	19,383	30.27
氯化苯	6,493	12.68	10,667	15.05	8,551	13.36
聚氯乙烯	23,594	46.08	32,177	45.39	27,367	42.74
三氯乙烯	1,344	2.62	2,715	3.83	3,177	4.96
其它产品	4,500	8.79	5,800	8.18	5,546	8.67
总　计	51,202	100	70,891	100	64,024	100

4、本公司完成的重大项目和科研成果

近年来,本公司通过技术改进和攻关,开发了多种新产品,提高了产量、质量,降低了能耗,改善了环境,取得了良好的经济效益和社会效益。

(1)开发50%的液碱新产品,获得辽宁省优质产品成果奖;

(2)开发聚氯乙烯高聚合度P2500、P4000树脂获辽宁省科技进步三等奖;

(3)开发聚氯乙烯聚合复合引发剂,通过省级鉴定,由于采用复合引发剂,缩短了聚合时间和降低反应温度,聚氯乙烯树脂合釜单位生产能力达到世界先进水平。

5、本公司主要产品市场占有率和行业排名情况:

产品/项目	市场占有率(%)	行业排名
烧　碱	2.6	第四位
氯化苯	14.6	第一位
聚氯乙烯	3.6	第五位
三氯乙烯	39	第一位

6、产品质量

本公司坚持"质量第一、用户至上,向国内外用户提供优质产品和服务"的质量方针,强化质量管理,宣传贯彻GB/TI9000-ISO9000系列标准,建立了完善的质量保证体系。质量国家计划完成率100%,上级技术监督部门抽检产品合格率100%,主要产品质量稳定提高率93.75%。1995年被化工部授予"产品质量信得过企业"、"产品质量好企业"。"东方红"牌烧碱、聚氯乙烯入选"中国名牌商品库"。本公司还于1995年被国家技术监督局、中国质量万里行组委会授予"中国质量万里行五年回顾展荣誉企业",被辽宁省石化厅授予"八五期间省化工技术监督先进企业"等荣誉称号。

7、本公司生产经营设备增加、改进情况

本公司在"七五"期间进行了较大规模的技术改进,分别从日本旭硝子公司、美国古德里奇公司引进了4万吨/年聚氯乙烯聚合装置和4万吨/年离子膜烧碱装置的生产技术和关键设备。通过技术改造和技术改进,目前装置的实际产量已经远远超过设计生产能力,主要产品产量逐年提高,在降低产品的单位制造成本方面起到了决定性作用,为降低成本和提高产品的竞争能力创造了条件。

十二、股本

1、股本形成

经辽宁资产评估事务所评估,国家国有资产管理局国资评〔1997〕484号文确认,辽宁省国有资产管理局辽国资产字〔1997〕第105号文批准,锦化化工(集团)有限责任公司投入本公司的净资产为35232万元,折国有法人股25000万股,折股比例为70.96%,折股溢价10232万元,计入本公司资本公积金。本次发行经中国证券监督管理委员会证监发字〔1997〕426号文和中国证券监督管理委员会证监发字〔1997〕427号文批准,以每股6.31元向社会公众发行人民币普通股(A股)9000万股(其中向本公司职工配售900万股),新股发行超过面值部分计入本公司资本公积金。

2、股本结构

本次A股发行完成后,本公司股本结构为:

股　份	股数(万股)	占总股本的比例
国有法人持股	25000	73.53%
社会公众持股	9000	26.47%
其中:公司职工股	900	2.65%
总股本	34000	100%

3、发行前后净资产情况

本次发行前后,本公司净资产总额、股本及每股净资产变动情况如下:

	净资产总额(万元)	股本(万股)	每股净资产(元/股)
发行前	35232	25000	1.41
发行后	90555	34000	2.66

4、筹委会成员及高级管理人员持股情况

目前本公司筹委会成员及高级管理人员均未持有本公司股票。

5、股票回购程序

根据国务院1993年5月4日颁布的《股票发行与交易管理暂行条例》第四十一条规定:未按国家有关规定进行申请和批准,股份有限公司不得购回本公司发行在外的股票(指A股)。

本公司在下列情况下,可以按公司章程和股票上市的证券交易所规定的程序,报国家有关主管机关批准,购回其发行在外的股份:

(1)为减少公司注册资本而注销股份;

(2)与持有公司股票的其他公司合并;

(3)法律、行政法规许可的其他情况。

本公司依法购回股份后,将在十日内注销该部分股份,向公司登记机关申请办理注册资本变更登记,并公告。被注销股份的票面总值将从公司的注册资本中核减。

本公司对于任何由于注销原股票或者补发新股票而受到损害的人无赔偿义务,除非该当事人能证明属公司的疏漏或欺诈行为。

十三、财务会计资料

以下资料全文引自辽宁会计师事务所〔1997〕辽会师证审字第105号《审计报告》。

锦化化工集团氯碱股份有限公司筹委会:

我们接受委托,审计了贵公司1994年12月31日、1995年12月31日、1996年12月31日、1997年3月31日的资产负债表以及1994年度、1995年度、1996年度、1997年1至3月份的损益表和1996年度的财务状况变动表。这些会计报表由贵公司负责,我们的责任是对这些会计报表发表审计意见。我们的审计是依据《中国注册会计师独立审计准则》进行的。在审计过程中,我们结合贵公司实际情况,实施了包括抽查会计记录等我们认为必要的审计程序。

我们认为,上述会计报表符合《企业会计准则》及《股份制试点企业会计制度》的有关规定,在所有重大方面公允地反映了贵公司1994年12月31日、1995年12月31日、1996年12月31日、1997年3月31日的财务状况以及1994年度、1995年度、1996年度、1997年1至3月份的经营成果和1996年度资金变动情况,会计处理方法的选用遵循了一贯性原则。

资产负债表(一)

单位:人民币元

项目	行次	附注	1997.3.31	1996.12.31	1995.12.31	1994.12.31
流动资产:						
货币资金	1	1	21,366,081.16	10,024,329.92	52,129,792.45	48,291.26
短期投资	2					
应收票据	3	2	42,622,100.00	30,045,849.83		
应收帐款	4	3	67,961,633.46	55,190,848.82	50,334,080.12	61,559,390.67
减:坏帐准备	5		203,884.90	165,572.55	151,002.24	184,678.17
应收帐款净额	6		67,757,748.56	55,025,276.27	50,183,077.88	61,374,712.5
预付货款	7					
其他应收款	8	4	3,500	1,800	2,684,500.00	500
待摊费用	9	5	4,141,180.15	4,394,721.79	5,408,888.36	6,761,110.45
存货	10	6	54,546,128.18	50,122,508.73	36,370,064.58	43,756,558.28
待处理流动资产净损失	11					
一年内到期的长期债券投资	12					
其他流动资产	13					
流动资产合计	14		190,436,738.05	149,614,486.54	144,094,507.27	111,941,172.49
长期投资:						
长期投资	15	7	15,000,000	15,000,000		
固定资产:						
固定资产原价	16	8	569,280,974.33	408,721,609.40	401,100,977.00	314,451,325.27
减:累计折旧	17	9	251,424,780.81	167,453,178.66	152,085,018.73	100,418,416.26
固定资产净值	18		317,856,193.52	241,268,430.74	249,015,958.27	214,032,909.01
在建工程	19					
固定资产清理	20					
待处理固定资产净损失	21					
固定资产合计	22		317,856,193.52	241,268,430.74	249,015,958.27	214,032,909.01
无形资产及递延资产:						
无形资产	23	10	11,670,393			
递延资产	24					
无形及递延资产合计	30					
其他长期资产:						
其他长期资产	31					
递延税项:						
递延税款借项	32					
资产总计	40		534,963,324.57	405,882,917.28	393,110,465.54	325,974,081.50

资产负债表(二)

单位:人民币元

项目	行次	附注	1997.3.31	1996.12.31	1995.12.31	1994.12.31
流动负债:						
短期借款	41	11	18,230,000.00	3,540,000.00	1,310,000.00	17,370,000.00
应付票据	42					
应付帐款	43	12	94,957,865.30	97,587,132.41	76,700,861.28	54,558,948.74
预收货款	44	13	7,802,926.59	2,450,963.30	4,590,114.36	6,685,909.52
应付福利费	45	14	2,321,157.15	1,692,768.31	560,305.74	986,820.90
未付股利	46					
未交税金	47	15	3,181,176.18	463,662.76	1,877,674.02	3,765,455.32
其他未交款	48	16	151,617.46	−18,127.56	168,291.53	−382,724.06
其他应付款	49	17	3,103,755.99	3,095,327.58	4,293,453.44	3,388,804.07
预提费用	50				11,292,871.90	12,167,028.99
一年内到期的长期负债	51	18	7,960,000.00	1,000,000.00	19,090,000.00	21,010,000.00
其他流动负债	52					
流动负债合计	55		137,708,498.67	109,811,726.80	119,883,572.27	119,550,243.48
长期负债:						
长期借款	56	19	44,940,000.00	51,900,000.00	52,900,000.00	71,990,000.00
应付债券	57					
长期应付款	58					
其他长期负债	60					
长期负债合计	65		44,940,000.00	51,900,000.00	52,900,000.00	71,990,000.00
递延税项:						
递延税款贷项	66					
负债合计	67		182,648,498.67	161,711,726.80	172,783,572.27	191,540,243.48
少数股东权益						
股东权益:						
股本	68	20	250,000,000.00	83,243,570.98	82,563,812.82	82,563,812.82
资本公积	69	21	102,314,825.90	50,347,449.30	50,347,449.30	30,010,316.00
盈余公积	70			49,639,272.84	34,048,274.94	9,080,174.54
其中:公益金	71			16,546,424.28	11,349,424.98	3,026,724.85
未分配利润	72			60,940,897.36	53,367,356.21	12,779,534.66
股东权益合计	79		352,314,825.90	244,171,190.48	220,326,893.27	134,433,838.02
负债及股东权益总计	80		534,963,324.57	405,882,917.28	393,110,465.54	325,974,081.50

损益表

编报单位:锦化化工集团氯碱股份有限公司(筹)　　单位:人民币元

项　　目	行次	附注	1997年1－3月	1996年	1995年	1994年
一、主营业务收入	1	22	160,716,851.35	640,240,575.84	708,912,607.49	512,016,408.13
减:营业成本	2	23	134,162,241.81	490,851,019.25	490,585,650.91	409,435,023.80
销售费用	3		793,667.61	3,408,692.03	2,172,243.83	2,349,606.66
管理费用	4	24	3,357,521.66	19,832,694.34	22,741,457.37	15,601,484.69
财务费用	5	25	3,456,855.15	17,873,053.95	19,298,781.70	17,857,846.75
进货费用	6					
营业税金及附加	7	26	900,739.31	3,197,254.82	4,925,678.53	4,563,308.08
二、主营业务利润	8		18,045,825.81	105,077,861.45	169,188,795.15	62,209,138.15
加:其他业务利润	9					
三、营业利润	10		18,045,825.81	105,077,861.45	169,188,795.15	62,209,138.15
加:投资收益	11					
营业外收入	12	27		982,864.75	136,378.52	1,062,936.15
减:营业外支出	13	28	137,030.83	2,120,740.23	2,871,170.96	2,737,577.39
加:以前年度损益调整	14					
四、利润总额	15		17,908,794.98	103,939,985.97	166,454,002.71	60,534,496.91
减:所得税	16					
五、净利润	17		17,908,794.98	103,939,985.97	166,454,002.71	60,534,496.91

财务状况变动表

编报单位:锦化化工集团氯碱股份有限公司(筹)　　单位:人民币元

流动资金来源和运用	金　额	流动资金各项目的变动	金　额
一、流动资金来源:		一、流动资产本年增加数:	
1、本年净利润	103,939,985.97	1、货币资金	－42,105,462.53
加:不减少流动资金的费用损失:		2、短期投资	
(1)少数股东本期损益(亏损以"－"号表示)		3、应收票据	30,045,849.83
(2)固定资产折旧	17,045,599.00	4、应收帐款净额	4,842,198.39
(3)无形资产、递延资产及其他资产摊销(减其他负债转销)		5、预付帐款	
(4)固定资产盘亏(减盘盈)		6、其他应收款	－884.00
(5)清理固定资产损失(减收益)		7、待摊费用	－1,014,166.57
(6)递延税款	249,773.51	8、存货	13,752,444.15
(7)其他不减少流动资金的费用和损失		9、待处理流动资产净损失	
小　计	121,235,358.48	10、一年内到期的长期债券投资	
2、其他来源:		11、其他流动资产	
(1)固定资产清理收入(减清理费用)			
(2)增加长期负债			
(3)收回长期投资		流动资产增加净额	5,519,979.27
(4)对外投资转出固定资产		二、流动负债本年增加数:	
(5)对外投资转出无形资产		1、短期借款	2,230,000.00
(6)资本净增加额	16,270,756.06	2、应付票据	
(7)少数股东资本净增加额		3、应付帐款	20,886,271.13
小　计	16,270,756.06	4、预收帐款	－2,139,151.06
流动资金来源合计	137,506,114.54	5、应付福利费	1,132,462.57
二、流动资金运用:		6、未付股利	
1、利润分配		7、未交税金	－1,414,011.26
(1)提取法定公积金	10,393,998.60	8、其他未交款	－186,419.09
(2)提取法定公益金	5,196,999.30	9、其他应付款	－1,198,125.86
(3)提取任意公积金		10、预提费用	－11,292,871.9
(4)已分配股利	80,775,446.92	11、一年内到期的长期负债	－18,090,000.00
(5)利润增资		12、其他流动负债	
小　计	96,366,444.82		
2、少数股东利润分配			
3、其他运用:			
(1)固定资产和在建工程净增加额	9,547,844.98		
(2)增加无形资产、递延资产及其他资产			
(3)偿还长期负债	1,000,000.00		
(4)增加长期投资	15,000,000.00		
小　计	25,547,844.98		
流动资金运用合计	121,914,289.80		
外币会计报表折算差额		流动负债增加净额	－10,071,845.47
流动资金增加净额	15,591,824.74	流动资金增加净额	15,591,824.74

会计报表附注

一、公司一般情况

本公司是辽宁省人民政府辽政〔1997〕80 号文批准，由锦化化工（集团）有限责任公司（以下简称锦化集团）作为独家发起人，采用募集方式设立的股份有限公司。公司申请注册资本为 34,000 万元人民币，向社会公开募集 9000 万股。锦化集团投入净资产 35,231 万元，折为国有法人股 25,000 万元人民币，折股方案已取得辽宁省国有资产管理局辽国资产字〔1997〕第 105 号文批准。公司已于 1997 年 4 月 16 日获得辽宁省工商行政管理局核准的企业名称预先核准通知书。

本公司是由锦化集团部分改组而设立。锦化集团是以化工原料为生产主体，设计、研究、运输、发电、机修等辅助部门配套齐全的国家特大型企业，下设氯碱厂、树脂厂、聚醚厂、有机厂、水泥厂、热电厂、动力厂、机械厂等八大生产厂。主要生产烧碱、氯化苯、聚氯乙烯、三氯乙烯、有机玻璃、环氧丙烷、聚醚等 16 种化工产品；锦化集团以下属氯碱厂和树脂厂的乙炔车间、氯乙烯车间、聚氯乙烯车间、三氯乙烯车间的经营性资产投入本公司，非经营性资产继续保留在集团公司，并在供销、动能及其他方面为本公司提供服务。

二、会计报表编制基础及方法

1、本公司三年度的会计报表是假设本公司自 1994 年 1 月 1 日起进行资产重组，并持续经营，按股份公司要求运作。本公司的会计报表是以锦化集团的会计报表为基础，并按《股份制试点企业会计制度》及有关补充规定进行模拟调整而成。

2、资产负债表以锦化集团的会计帐项为基础，把与本公司的资产重组方案相关的资产及相关负债分离而形成：

对于资产类剥离主要根据资产重组方案，按照相关性原则，采用个别辨认法，逐笔从集团公司明细帐余额中剥离。其中：固定资产、存货、应收帐款、应收票据、其他应收款根据集团公司相关帐薄和会计凭证逐笔分离；货币资金选择集团公司在银行开设的一个结算帐户进行模拟；待摊费用根据本公司九四年期初存货进项税金减去以后各年已摊销金额的余额来确定；长期投资根据本公司与集团公司签定的投资协议来确认。此外，无形资产根据资产评估结果确认。

对于负债类剥离是在资产确认基础上，根据债务的归属，按照相关性原则进行剥离的。其中：对能够直接确认的，如：短期借款、应付帐款、预收帐款、预提费用、长期借款，我们都采用了个别确认法，逐笔确认和分离；对不能够直接确认、分离的项目，我们遵循相关性原则，确定合适的比例系数进行分配。如：应交税金按本公司各期应交增值税占集团公司该期应交增值税的比例乘以集团公司期末未交税金余额而得；其他未交款分离方法与应交税金相同；其他应付款中应付工资和应付工会经费按本公司当期的职工人数占集团公司的比例乘以集团公司期末余额求得；应付福利费的分离方法与此相同。

对于所有者权益部分的剥离：股本依据本公司固定资产购建时的企业自筹资金数用个别辨认法来确定；资本公积是由国家退税和资产重估增值两部分构成的；公积金及未分配利润是由本公司经营成果积累而成。

3、利润表是以锦化集团的会计帐项中属于本公司资产重组方案形成的资产及负债取得的经营收入及分担的成本、期间费用分离编制。具体方法如下：

主营业务收入及营业成本的剥离：集团公司的主营业务收入及营业成本按产品类别分设二级明细帐，其中已包括本公司生产的烧碱、氯化苯、聚氯乙烯、三氯乙烯、液氯、盐酸等所有产品。因此，本公司的主营业务及营业成本均根据集团公司明细帐，按照个别确认法逐项分离。

销售费用的剥离方法：集团公司销售费用按产品分设二级明细，并按销售收入的配比进行分配，本公司销售费用是从集团公司销售费用明细帐中按产品明细分离的。

管理费用的剥离方法：由于本公司是由集团公司下属的两个相对独立的分厂组建而成的，因此，剥离时对于存在费用计量标准，能够直接确质、确量、确定金额的项目，根据相关的会计凭证和原始记录直接进行确认，如：保险费、土地使用税、房产税、技术开发费等项；对于不能够直接确认，但又与本公司有直接关系的项目则按相关性原则确定的分配系数，按比例进行分配，如：劳动保险、业务招待费、印花税、教育经费、办公费、修理费、运费、物料消耗、取暖费、水电汽费、咨询费和其他等；对于股份公司成立后可能增加费用的项目充分考虑可能增加因素进行相应调整，如：工资、职工福利费、旅差费、关联交易等项；对于与本公司没有关系的项目则不予分配。

财务费用的剥离方法：短期借款利息支出按配比原则进行分配，分配剥离方法用本公司流动资产平均余额占集团公司的比重乘以集团公司当期短期借款利息支出总额求得；长期借款利息支出根据贷款合同按本公司长期贷款实际发生额、贷款时间乘以贷款合同规定的利率确定。

其他影响损益的项目，收入的取得及费用的发生都按照相关性原则和配比原则进行确认和分配。

4、公司 1997 年 3 月 31 日资产负债表起已按照国家国有资产管理局国资评〔1997〕484 号文确认的辽宁资产评估事务所的资产评估结果进行了调整。

三、重要会计政策

1、会计制度

会计报表根据上述之基准，按照中华人民共和国《股份制试点企业会计制度》的要求而编制的。

2、会计期间

采用公历年度为会计期间自 1 月 1 日至 12 月 31 日为一个会计年度。

3、记帐原则和计价基础

采用权责发生制为记帐原则，以实际成本为计价基础。

4、外币换算

以人民币为记帐本位币，涉及外币的经济业务按发生时市场汇价记帐，月末按市场汇价进行调整，发生的汇兑损益列入当期损益。

5、存货计价

原材料及辅助材料按计划成本计价，材料成本差异按加权平均法计算差异率，发出按计划成本计价，并按差异率分摊材料成本差异；产成品按实际成本计价，发出按加权平均法；在产品按实际成本计价；低值易耗品按实际成本计价，采用一次摊销法摊销。

6、长期投资核算方法

①股权投资

拥有被投资单位 20% 以下权益性资本的，采用成本法核算；拥有被投资单位 20% 以上（含 20%）权益性资本的，采用权益法核算，其中超过 50% 的，要合并其会计报表。

②债券投资及其他投资采用成本法核算。

7、固定资产计价及其折旧方法

①固定资产按实际成本计价，标准为使用年限一年以上，单位价值在 2,000 元以上。

②固定资产折旧采用直线法分类提取折旧，并按各类固定资产的原值和规定的使用年限扣除残值（残值率 4%）确定其折旧率，分类及折旧率如下：

资产类别	使用年限	年折旧率（%）
房屋及建筑物	25	3.84
专用设备	14	6.86

8、无形资产及递延资产摊销

专有技术自公司成立之日起按 10 年摊销。

9、收入实现的确认

公司一般于产品已经发出，所有权转移至买方，劳务已经提供，同时收到货款或取得收取货款的汇据时作为收入实现。

10、税项

①增值税销项税率为 17%，附加的城建税及教育费附加依应缴纳的流动转税额分别计片 7% 和 3%。

②根据辽宁省人民政府辽政发〔1997〕77号文,葫芦岛市人民政府辽政发〔1996〕68号文以及葫政发〔1994〕55号文原锦化化工(集团)有限责任公司1994年、1995年及"九五"期间(1996年－2000年)所得税按33%税率计征,由葫芦岛市财政全额返还,实际税负为零。

③根据辽政发〔1997〕78号文,本公司自股票上市之日起,按33%的税率计算征收企业所得税,由葫芦岛市财政返还18%,实际所得税率为15%。

④其它税项包括房产税、车船使用税等依据有关税法计征。

11、坏帐准备

按年末应收帐款余额的3‰提取。

12、利润分配

本公司税后利润按下列顺序和比例进行分配:

①弥补以前年度亏损;

②提取10%的法定公积金;

③提取5～10%的法定公益金;

④提取任意公积金;

⑤分配股利。

四、会计报表项目说明

1、货币资金21,366,081.16元,全部为公司在中国工商银行葫芦岛市分行的存款。

2、应收票据42,622,100元,均为购货单位开出的银行承兑无息票据。

3、应收帐款67,961,633.46元。其中:

帐　龄	金　额	占总额比例(%)
一年以内	50,766,832.92	74.70
一至二年	4,594,749.66	6.76
二至三年	3,391,452.39	4.99
三年以上	9,208,598.49	13.55
合　计	67,961,633.46	100.00

注:其中不含关联企业款项

4、其它应收款3,500元均为备用金。

5、待摊费用4,141,180.15元,为94年期初存货进项税尚未摊销完余额。

6、存货54,546,128.18元。明细列示如下:

类　别	期末余额
原材料	7,383,002.73
辅助材料	18,575,110.19
产成品	23,064,066.69
在产品	5,523,948.57
合　计	54,546,128.18

7、长期投资15,000,000元。明细列示如下:

被投资单位名称	注册资本(人民币)	出资(%)	投资性质	期限
葫芦岛锦晖石油化工储运有限公司	80,000,000.00	18.75	合资经营	30年

8、固定资产

类　别	期初金额	本期增加	本期减少	期末金额
房屋及建筑物	80,542,260.30	10,992,957.07	2,143,850.04	89,391,367.33
专用设备	328,179,349.10	165,621,405.52	13,911,147.62	479,889,607.00
合　计	408,721,609.40	176,614,362.59	16,054,997.66	569,280,974.33

9、累计折旧

类　别	期初金额	本期增加	本期减少	期末金额
房屋及建筑物	41,582,331.87	438,643.00	7,326,387.06	34,694,587.81
专用设备	125,870,846.79	93,693,478.35	2,834,132.14	216,730,193.00
合　计	167,453,178.66	94,132,121.35	10,160,519.20	251,424,780.81

10、无形资产11,670,393.00元系评估确认的专有技术,将于公司成立日起按10年摊销。

11、短期借款18,230,000.00元,明细列示如下:

借款银行名称	金　额	月利率(%)	期　限	借款条件
工商行葫芦岛市分行	3,540,000.00	9.24	96.8.26－97.7.11	信用
工商行葫芦岛市分行	10,000,000.00	9.24	97.2.25－98.1.1	信用
工商行葫芦岛市分行	4,690,000.00	9.24	97.3.11－97.10.11	信用
合　计	18,230,000.00			

12、应付帐款94,957,865.30元,均为欠供货单位货款,其中不含持有本公司5%股份的单位及其他关联企业款项。

13、预收货款7,802,926.59元均为预收购货单位货款,其中不含关联企业款项。

14、应付福利费2,321,157.15元。为按职工工资总额的14%计提数与支用数之差。

15、未交税金3,181,176.18元,其中:增值税2,958,493.85元;城建税222,682.33元。

16、其它未交款151,617.46元均为所欠教育费附加。

17、其它应付款3,103,755.99元,其中:应付工资3,055,436.55元;工会经费余额48,319.44元。

18、一年内到期的长期负债7,960,000元。明细列示如下:

借款银行名称	年利率%	金额(人民币)	到期日	借款条件
建行葫芦岛市分行	15.3	6,960,000	97.12.31	担保
建行葫芦岛市分行	15.3	1,000,000	97.8.30	担保

19、长期借款44,940,000元。明细列示如下:

借款银行名称	年利率%	金额(人民币)	到期日	借款条件
建行葫芦岛市分行	15.3	24,040,000	99.11.28	担保
人行葫芦岛市分行	12.6	20,900,000	96.12.20	担保

说明:人民银行配汇贷款2090万元是国家政策性专项贷款,利率较低,按国家规定此笔贷款应由人行给农业发展银行,由于贷款人变更暂时不能办理贷款展期手续,待银行办完贷款移交手续后,再办理贷款展期。

20、股本250,000,000元。均为锦化化工(集团)有限责任公司国有法人股。

21、资本公积102,314,825.90元。为本公司发起人锦化化工(集团)有限责任公司投入本公司的净资产352,314,825.90元,按批准的折股方案折为250,000,000元国有法人股后的剩余部分。

22、主营业务收入各期明细列示如下:

	1997.1－3.31	1996	1995	1994
水银固碱	17,952,467.64	69,478,577.83	76,374,853.58	56,534,316.35
离子膜碱	12,241,877.44	57,829,235.33	50,049,091.10	49,928,004.51
氯化苯	19,795,947.08	85,513,480.60	106,666,370.43	64,929,640.79
聚氯乙烯	76,545,950.85	273,665,175.51	321,766,270.66	235,936,257.70
其　它	34,180,608.34	153,754,106.57	154,056,021.72	104,688,188.78
合　计	160,716,851.35	640,240,575.84	708,912,607.49	512,016,408.13

23、主营业务成本各期明细如下:

	1997.1－3.31	1996	1995	1994
水银固碱	16,843,882.41	53,504,886.64	53,064,064.87	51,691,630.49
离大膜碱	10,563,623.88	41,618,303.74	39,850,137.21	41,701,905.79
氯化苯	13,381,414.79	54,056,408.37	68,732,872.75	47,129,922.89
聚氯乙烯	72,125,384.32	229,914,069.97	217,817,310.97	179,452,043.80
其　它	21,247,936.41	111,757,350.53	111,121,265.82	89,459,520.83
合　计	134,162,241.81	490,851,019.25	490,585,650.91	409,435,023.80

24、管理费用各期主要明细项目列示如下:

项目/年度	1997.1－3.31	1996	1995	1994
工资费用	106,922.92	470,548.00	349,791.00	262,007.00
劳动保险费	1,271,724.76	5,097,184.80	4,154,002.56	2,164,032.78

技术开发费		1,335,697.18	1,003,617.06	183,677.00
业务招待费	19,927.38	601,044.48	873,987.00	902,794.37
房产税	147,982.00	591,927.30	591,927.30	355,156.38
旅差费	276,815.62	1,953,484.98	2,642,093.66	1,684,373.68
物料消耗		2,168,936.30	2,666,356.57	1,992,583.23
取暖费	534,822.00	1,967,369.50	1,608,106.86	1,553,668.94
关联交易		2,616,046.22	2,200,703.00	1,865,453.96
其它各项	999,326.98	3,030,455.58	6,650,872.36	4,637,737.35
合　计	3,357,521.66	19,832,694.34	22,741,457.37	15,601,484.69

25、财务费用各期明细列示如下：

项目/年度	1997.1-3.31	1996	1995	1994
利息支出	3,456,855.15	18,517,149.84	20,216,494.38	17,859,710.99
利息收入		644,095.89	917,712.68	1,864.24
合　计	3,456,855.15	17,873,053.95	19,298,781.70	17,857,846.75

26、营业税金及附加各期明细列示如下：

项目/年度	1997.1-3.31	1996	1995	1994
城市维护建设税	630,517.52	713,774.50	3,447,974.96	3,194,315.66
教育费附加	270,221.79	305,903.35	1,477,703.56	1,368,992.42
合　计	900,739.31	1,019,677.85	4,925,678.52	4,563,308.08

27、营业外收入：

项目/年度	1997.1-3.31	1996	1995	1994
滞纳金罚金收入		37,455.33		707,436.15
固定资产清理		674,593.96	94,470.32	355,500.00
其　他		270,815.46	41,908.20	
合　计		982,864.75	136,378.52	1,062,936.15

28、营业外支出各期明细列示如下：

项目/年度	1997.1-3.31	1996	1995	1994
违约赔偿金、捐赠		826,748.25	1,135,718.07	1,386,119.96
子弟学校教育经费	137,030.83	1,019,436.82	1,096,843.40	985,050.00
非季节性停工损失			280,700.93	
更改固定资产调整		274,555.16	357,908.56	366,407.43
合　计	137,030.83	2,120,740.23	2,871,170.96	2,737,577.39

五、关联交易情况

(一)定价方法：本公司售往控股公司(锦化集团)的液碱按业务发生时的市场价格计算；从控股公司购入的包装物按实际成本加2%管理费计价；控股公司为本公司提供的动能服务，如果有国家定价执行国家定价，没有国家定价执行市场价格，没有市场价格则按实际成本附加1%～2%的管理费，其他综合服务按实际成本加2%的管理费。

(2)本公司与控股公司发生关联交易及所占比例如下：

单位：人民币元

项　目	1997年1-3月发生额	1996年发生额	1995年发生额	1994年发生额
销往控股公司	7,608,326	30,393,806	24,712,460	18,450,048
购入控股公司	1,913,347	8,328,846	8,092,384	6,550,278
支付动能服务	40,578,054	164,159,456	130,253,475	111,524,375
支付其他服务	5,283,767	19,291,313	19,085,924	15,746,264

项　目	1996年发生额	占该类业务比例
销往控股公司	30,393,806	4.74%
购入控股公司	8,328,846	3.18%
支付动能服务	164,159,456	100%
支付其他服务	19,291,313	100%

六、期后事项及或有负债

1、本公司(筹)从中国人民银行葫芦岛市分行借入2090万元配汇贷款，已于1996年12月20日到期，至本报告日尚未归还，按国家规定，此笔贷款应由人民银行转给农业发展银行。由于贷款人变更暂不能办理展期手续，该款项已经两行协商同意，待银行办妥移交手续后再办展期。

2、本公司(筹)无重大或有负债。

七、主要财务指标分析

	1997年1-3月	1996年	1995年	1994年
速动比率(%)	138.29	136.25	120.20	93.64
速动比率(%)	98.68	90.60	89.86	57.03
应收帐款周转率(次)	2.61	12.13	12.67	——
存货周转率(次)	2.56	11.35	12.25	
资产负债率(%)	34.14	39.84	43.95	58.76
净资产收益率(%)	5.08	42.57	75.55	45.03
销售利润率(%)	11.14	16.23	23.48	11.82
平均每股收益(%)	0.072	0.42	0.67	0.24

最近几年公司流动比率及速动比率每年都在递增，说明公司资产的流动性在逐年提高，支付能力增强，主要原因在于公司产品销售情况良好，货币回笼加快。资产负债率逐年下降，说明公司内部积累增加，具有较强的经济实力和还债能力。

近几年每股收益呈上升趋势，由1994年的0.24元/每股递增到1996年的0.42元，说明公司的盈利水平有较大幅度的提高，其中1995年，受市场等因素影响，增加幅度较大，1997年1-3月末因化工产品受季节性因素影响而造成盈利水平较低。

十四、资产评估

1、资产评估情况

在本次公开发行股票前，辽宁资产评估事务所对发起人投入本公司的各类资产进行了评估。以1997年3月31日为基准日期的评估结果如下：本公司的总资产为53497万元，总负债为18265万元，净资产为35232万元，资产评估情况见下表：

单位：人民币万元

资产项目	帐面原值	帐面净值	调整后净值	重置价值	评估价值	增加值	增值率
流动资产	18,053.00	18,053.00	18,053.00	18,053.00	19,044.00	991	5%
长期投资	1,500.00	1,500.00	1,500.00	1,500.00	1,500.00		
在建工程							
建筑物	9,154.00	4,951.00	4,951.00	8,939.00	5,470.00	519	10%
机器设备	32,043.00	19,390.00	19,390.00	47,989.00	26,316.00	6,926	36%
土地使用权							
无形资产				1,167.00	1,167.00	1,167	100%
其它资产							
资产总计		43,894.00	43,894.00	77,648.00	53,497.00	9,603	22%
流动负债	13,333.00	13,333.00	13,333.00	13,333.00	12,975.00	-358	-3%
长期负债	5,290.00	5,290.00	5,290.00	5,290.00	5,290.00		
负债总额		18,623.00	18,623.00	18,623.00	18,265.00		
净资产		25,271.00			35,232.00	9,961	39%

2、各类资产增(减)值的主要原因及资产评估的主要方法：

根据本次评估目的，本次评估采用的基本方法为重置成本法，并用收益现值法对重置成本法的评估结果进行验证。根据评估对象的不同，采用了不同的评估方法和计价标准。

(1)流动资产评估增值991万元，增值率为5%。系采用重置成本法，计价标准为重置价值。

(2)固定资产评估增值7445万元，其中建筑物评估增值519万元，增值率为10%，机器设备评估增值6926万元，增值率为36%。系采用重置成本法，计价标准为重置价值。

(3)无形资产评估增值1167万元。其中土地使用权评估采用成本逼近法，并用基准地价系数修正法进行验证，成本逼近法的计价标准为重置成本，基准地价系数修正法的计价标准为葫芦岛市市政府制订的基准地价，土地使用权评估的结果不计入股本，仅作为确定土地租赁价格的依据；专有技术评估采用割差法，计价标准为收益现值。

(4)流动负债评估增值-358万元。系以审核后的帐面值作为评估值。

十五、盈利预测

本公司筹委会郑重提示投资者:鉴于盈利预测所依据的假设的不确定性,进行投资判断时,不宜过于依赖下述资料。

以下资料摘录自辽宁会计师事务所辽会师证审字第102号《盈利预测审核报告》。

辽宁会计师事务所认为:本公司所作之盈利预测所依据的基本假设已充分披露,未发现能够表明此些基本假设是不合理之证据,盈利预测选用的会计政策与实际采用的相关会计政策相一致,并按确定的编制基础编制。

(Ⅰ)一九九七年度盈利预测表

编制单位:锦化化工集团氯碱股份有限公司(筹)　单位:人民币千元

项　目	1-3月已审计数	4月未审实现	5-12月预测	全年预测
一、主营业务收入	160717	60905	454525	676147
减:营业成本	134162	49913	352240	536315
销售费用	794	553	2499	3846
管理费用	3357	1183	16353	20893
财务费用	3457	772	-2317	1912
营业税金及附加	901	431	3367	4699
二、主营业务利润	18046	8053	82383	108482
加:其它业务利润				
三、营业利润	18046	8053	82383	108482
加:投资收益				
营业外收入				
减:营业外支出	137		1097	1234
四、利润总额	17909	8053	81286	107248
减:所得税(33%)			13412	13412
所得税(15%)			6096	6096
五、净利润(所得税33%)	17909	8053	67874	93836
净利润(所得税15%)	17909	8053	75190	101152
六、每股净利润(所得税33%)(按全面摊薄法计算)				0.28元
每股净利润(所得税15%)(按全面摊薄法计算)				0.30元

注:每股净利润按加权平均法计算(新募股份预计9月份到位)

(1)按33%所得税:每股净利润=0.34元

(2)按15%所得税:每股净利润=0.36元

(Ⅱ)盈利预测基准与假设

一、盈利预测基准

本盈利预测是根据辽宁会计师事务所审计过的本公司1994、1995、1996和1997年1-3月份实际的经营业绩,结合本公司1997年度生产经营计划和投资计划并充分考虑现实可能性和现有能力及潜力,按照稳健性原则和慎重性原则而编制的。公司筹委会并不预见截至1997年12月31日止年度内有非常项目出现的可能。本盈利预测所选用的会计政策与公司实际采用的相关会计政策相一致。

二、盈利预测基本假设

公司1997年度盈利预测的编制,建立在下列基本假设之上:

1、公司遵循的国家现行法律、法规、制度及公司所在地的社会政治和经济政策无重大变化。

2、公司各项经营业务所涉及地区的有关政策、法律、法规及其它经济环境无重大变化。

3、公司盈利预测期间内,有关贷款利率、税率、汇率及市场行情在正常范围内,无重大变化。

4、公司的计划投资项目能如期完成。

5、公司的生产经营计划能如期完成。

6、无其它人力不可抗拒和不可预见的因素造成重大不利因素。

(Ⅲ)盈利预测说明

1996年度锦化化工集团氯碱股份有限公司的利润总额103940千元,业经辽宁会计师事务所审计确认。

1997年度预测的本公司利润总额为107248千元,比1996年度增加3308千元,增长率为3.18%。其主要原因如下:

一、主营业务收入增加35906千元,其构成如下:

1、产品销售数量变化,影响销售收入增加26738千元。

由于聚氯乙烯、三氯乙烯、氯化苯等产品销售数量增加,影响销售收入增加40591千元。

由于液体烧碱、液氯等产品销售数量减少,影响销售收入减少13853千元。

2、产品销售价格变化,影响销售收入增加16359千元。

由于聚氯乙烯、氯化苯产品销售价格上涨,影响销售收入增加34942千元。

由于烧碱、液氯等产品销售价格下降,影响销售收入减少18583千元。

3、产品销售结构变化,影响销售收入减少7191千元。

96年度销售联副产品7191千元,利润为897千元,利润率低,并有一定的不可确定性。本次盈利预测考虑到预测的稳定性和简捷性,没有包括联副产品的销售情况。

二、主营业务成本增加45464千元,其构成如下:

1、产品销售数量增加,影响销售成本增加25435千元。

2、由于成本升高,影响销售成本增加20029千元。成本升高的主要原因:

原盐价格每吨上涨20元,影响成本升高1300千元。

重油价格每吨上涨220元,影响成本升高2810千元。

电价格每度大约上涨0.008元,影响成本升高850千元。

根据关联协议规定,转供水、电、蒸汽加价约580千元。

大修理费用比96年度增提8175千元。

97年度3月份资产评估增值,固定资产增值部分自股份公司成立之日起计提折旧10192千元。

其他因素增减变化,影响成本减少3878千元。

三、销售费用增加437千元,主要原因是:

根据关联协议规定,集团公司从股份公司成立之日起按其销售收入的1‰提取商标使用费227千元。(454525÷×8×4×0.001)

另外,由于产品销售数量增加,使销售费用增加210千元。

四、管理费用按96年度销售收入费用水平计算。

五、97年度预计财务费用为1912千元,比上年同期财务费用17873千元减少15961千元,其原因如下:

股票发行筹集到的资金约为567,900千元,扣除发行费用约14,670千元,其余部分在投入建设项目前,全部存入市建行。根据项目投资计划以及与建行达成的协议,该部分资金可先期偿还银行贷款52900千元,九月份开始均匀用于项目投资约263,935千元,余款存入银行,预计可取得存款利息3959千元。冲减1-9月份贷款利息后财务费用约为1912千元。

六、营业税金及附加根据前三年平均税负水平测算(前三年平均税负6.95%)。

七、97年预计营业外支出为1234千元。

营业外支出主要是股份公司员工及其子女的普通教育费用。根据关联协议规定,97年股份公司普通教育经费按96年标准确定。

八、所得税计算方法:假设股份公司从1997年9月1日正式营业,开始纳税,5~12月份每月盈利水平均衡。

十六、公司发展规划

本公司成为规范化的公众公司后,将严格按照股份制规范公司的要求运作。加快项目的实施速度,扩大企业规模,壮大经济实力,促进企业稳定、快速、健康地发展。

一、生产经营发展战略

1、巩固本公司现有的行业地位与优势，根据国家有关化工行业的规划和市场发展状况，抓住机遇，迅速扩大生产经营规模，产量与质量并重，在“九五”期间发展成为国内化工行业的龙头企业之一。

2、利用证券市场的融资功能，持续扩大融资规模，加大技术投入，成为行业技术的领先者。

3、根据市场变化和宏观经济形式的趋势，尝试资产经营，以资产重组、兼并收购为手段，迅速扩大资产规模。

二、经营目标

1、在“九五”期间形成40万吨/年的烧碱生产能力，成为国内最大的烧碱生产基地之一，依靠港口优势面向国内外两个市场；

2、扩建聚氯乙烯的生产能力使之达到25万吨/年，并采用先进的乙烯氧氯化法，使聚氯乙烯的产量和技术水平名列国内前茅，市场占有率达到10%以上，并利用聚氯乙烯树脂深加工开发异型材、管板等产品，提高产品附加值；

3、继续提高氯化苯产品的质量，降低成本，适当提高产量至3万吨/年，并开发二氯苯等新产品；

4、扩大三氯乙烯的生产规模，并开发其下游新产品四氟乙烷、氯乙酸等。

三、市场发展计划

1、坚持以市场为导向，全方位、全过程地加强营销管理，制订切合实际的营销计划，提高服务质量。

2、通过进一步开拓产品应用范围，和开拓产品覆盖面两条路来开拓潜在市场，提高在国内市场的占有率。

3、同时利用集团公司的自营进出口权，进一步扩大海外市场。

4、在加大销售力度、销售收入同时，将进一步完善售后服务体系，听取用户意见和建议。

四、销售计划

随着计划经济向市场经济的转变，本公司将由生产经营性的企业过渡为经营生产性企业，公司将把营销工作作为工作的重点，随着生产产量的提高，扩大经营规模，采取一系列营销政策。

1、加强销售队伍的建设，落实销售责任制，进一步完善公开招聘销售人员的做法，加强销售队伍。

2、加强对市场的调查研究和开拓，在现有各销售网点的基础上，要开辟东南、中南、西北销售网点，直接服务到用户，加大产品覆盖面，扩大市场占有率。

3、对于新产品，产品种类要加大宣传力度，促进产品销售，尤其是对利润水平高的品种要加大宣传力度，以期得到较好的经济效益。在宣传工作上采用多层次、多方位、多形式的办法，不但要宣传产品，也要宣传企业。

4、依靠传统出口产品有良好声誉的优势，不断稳定发展老市场，开拓新市场，发挥集团公司自营进出口权优势。尤其是集团公司控股、本公司参股的在锦州港建设的锦晖液体化工产品贮运公司，依靠锦晖公司建成的大型烧碱贮罐，铁路装卸车设施，装船设施，发展向澳大利亚等传统烧碱进口国的出口业务。

五、生产经营计划

1、加强企业管理，广泛开展双增双节活动，以提高经济效益为目标，降低原材料和公用工程消耗，降低管理费用。

2、建立完善的财务体制，建立以成本管理为核心的内部核算体制，强化资金运用功能，用活存量资产，积极转变经济增长方式。

3、加强设备管理，继续强化清洁文明工厂、无泄漏工厂的建设，确保设备完好率，使装置最大限度的发挥作用，增加产量，降低成本。

4、强化原料供应工作，确保生产装置满负荷工作，降低原材料供应价格，优选所采购原料的内在质量，以创造最大的经济效益。

5、做好本公司主要产品：烧碱和聚氯乙烯的生产计划，结合募集资金投入的项目建设，烧碱产品计划为1997年13万吨；1998年14万吨；1999年18万吨；2000年28万吨。聚氯乙烯产量计划为1997年5万吨；1998年5.2万吨。

六、固定资产投资计划

除本次募集资金拟投资的项目外，根据国家对化工行业的规划，本公司拟在未来几年中进行下列新项目的投资：

单位：人民币万元

项目名称	主要内容	投资估算	主要经济指标				
			销售收入	利润	利润率	内部收益率	回收期(年)
20万吨/年聚氯乙烯及配套烧碱技术改造	乙烯输送系统、氯乙烯、聚氯乙烯、循环水等	264000	213970	44966	24.98	29.32	5.83
聚氯乙烯树脂深加工	兼并、重组塑料加工企业及增加塑料加工生产装置	30485	122350	12983	42.59	30.15	4.0

上述项目尚需进一步的可行性研究，并报国家有关主管部门批准。董事会将根据发展状况和公司的经营实力适时提出上述项目实施的建议。

七、人力资源规划

按照公司生产经营发展规划，拟在两年内增加高级技术开发人员（硕士、本科以上）和中级技术人才、管理人才的比重，采用现代化管理手段，提高员工的技术水平和生产积极性，生产规模扩大所需新增生产人员计划全部在现有员工队伍中消化，以进一步提高劳动生产率，降低成本，提高企业的整体经济效益。

八、资金筹措和运用计划

本次发行所筹集的资金将用于“8万吨/年离子膜烧碱技改工程”和“12万吨/年离子膜烧碱扩建工程”，今后将通过企业留利、配股、银行贷款、利用外资渠道进一步筹集资金，建设“20万吨/年聚氯乙烯配套烧碱技改工程”和“聚氯乙烯树脂深加工项目”，以期早日形成经济规模，提高企业经济效益。

十七、重要合同及重大诉讼事项

截至本招股说明书签署之日，本公司将要履行、正在履行的重大合同有：

1、财产保险单；

2、贷款合同；

3、转贷协议；

4、建设工程施工合同；

5、设备引进合同；

6、关联交易合同（包括：土地使用权租赁合同、供货合同、动能服务合同、厂区铁路协定服务合同、商标使用许可合同、进出口代理合同和综合服务合同）。

根据发行人律师信达律师事务所出具的《法律意见书》，未发现本公司正在履行和将要履行的重大合同与现行法律、法规有抵触之情形，该等合同内容与形式合法；未发现本公司在上述合同项下的任何义务与其依据其他合同或者法律文件承担的义务有冲突；上述合同主体因集团公司重组而需要变更的，该等变更不构成上述合同履行的障碍，惟待本公司成立后办理有关合同主体变更手续。

截至本招股说明书签署之日，本公司及本公司筹委会成员并无涉及任何未了结的或可预见的重大诉讼、仲裁或行政处罚。

十八、其他重要事项

1、对外投资

本公司将持有对葫芦岛锦晖石油化工储运有限公司（简称锦晖储运）的长期投资人民币1500万元，占其注册资本人民币8000万元的18.75%。锦晖储运是由集团公司、澳门永晖（集团）有限公司、日本丸红株式会社、丸红（中国）有限公司四家合资设立的中外合资企业。本公司与锦晖储运的股权关系是基于集团公司依法定程序募集设立本公司而形成,因而是合法有效的。本公司拟持有该等长期投资所涉及的股权转移事宜已由集团公司与上述另三方股东进行协商,并已经取得该等股东的书面同意,惟待本公司成立后办理相关的变更登记手续。

2、同业竞争

集团公司重组募集设立本公司后,因本公司拟从事的业务与集团公司不同,其双方没有同业竞争问题。此外,集团公司已作出承诺不与本公司进行同业竞争。根据发行人律师信达律师事务所出具的法律意见书,集团公司的该等承诺具有法律约束力。

备查文件

一、发行人成立的注册登记文件

二、主管部门和证券交易所批准发行上市的文件

三、承销协议

四、国有资产管理部门关于资产评估的确认报告

五、发行人改组的其它有关文件

六、重要合同

七、证监会要求的其它文件

查阅时间:1997 年 9 月 3 日至 1997 年 9 月 10 日

查阅地点:锦化化工集团氯碱股份有限公司(筹)

地　　址:葫芦岛市连山区化工街

查阅地点:中信证券有限责任公司

地　　址:北京朝阳区新源南路 6 号京城大厦

锦化化工集团氯碱股份有限公司(筹)

1997 年 8 月 30 日

发行人组织机构图

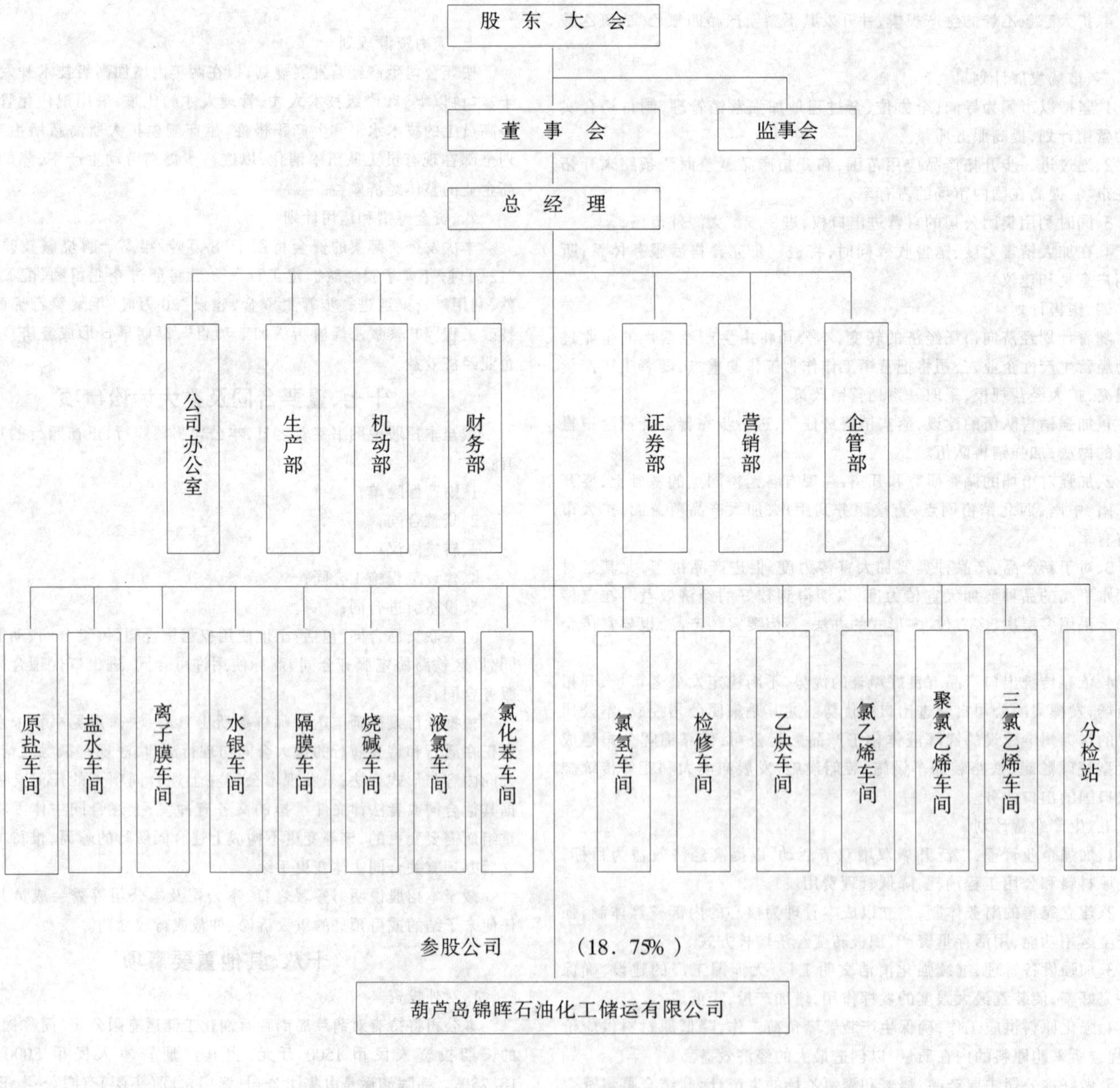

锦化化工(集团)有限责任公司组织机构图

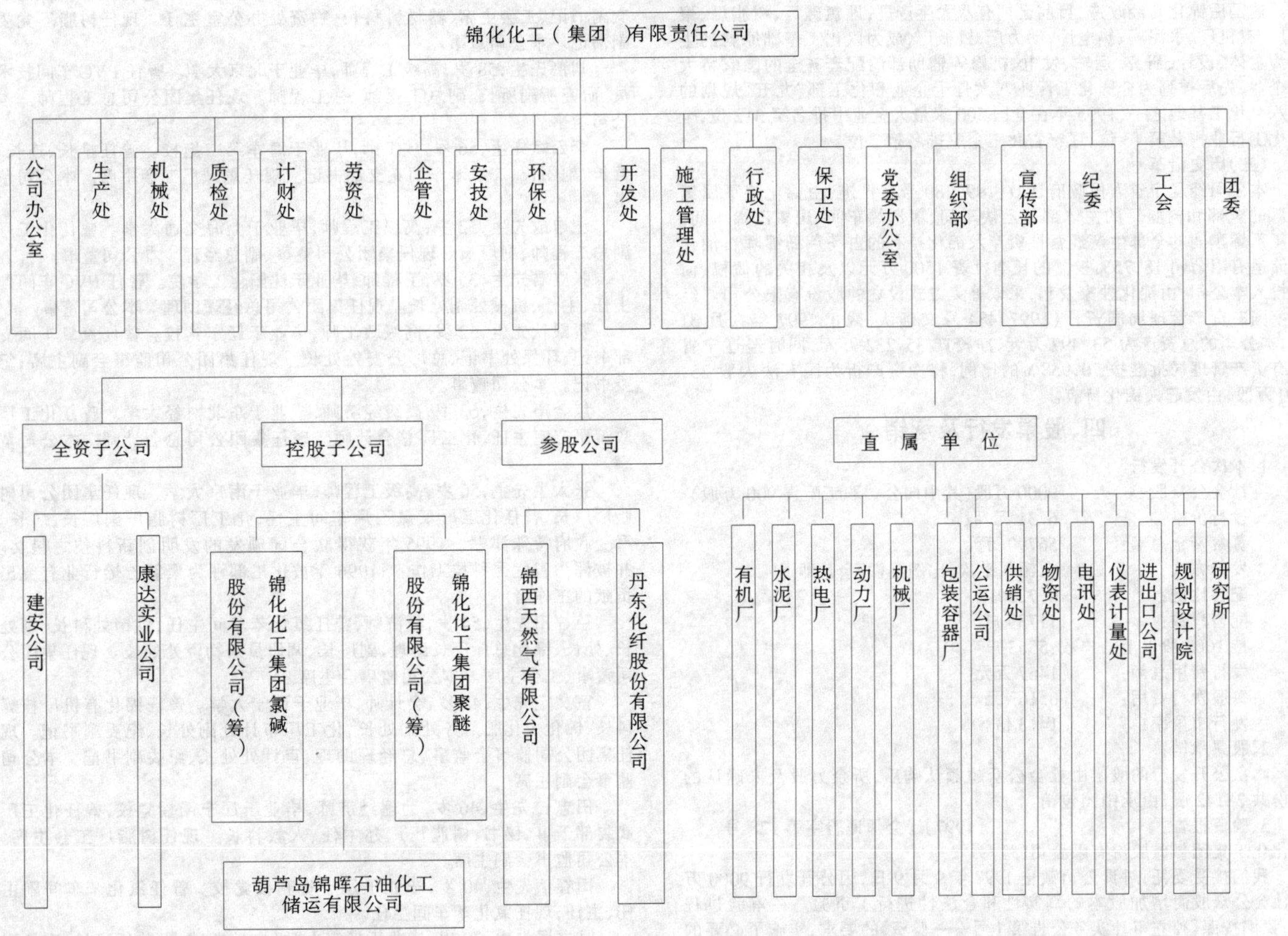

锦化化工集团氯碱股份有限公司股票上市公告书

一、要览

总 股 本: 34,000 万股
可流通股本:9,000 万股
本次上市流通股本:8,100 万股
股票简称: 锦化氯碱
股票代码: 0818
上市地点: 深圳证券交易所
上市日期: 1997 年　　月　　日
股份登记机构:深圳证券登记有限公司
上市推荐人:中信证券有限责任公司
　　　　　　辽宁信托投资公司

二、绪言

本上市公告书是依据《中华人民共和国公司法》、《股票发行与交易管理暂行条例》、《公开发行股票信息披露实施细则》、《深圳证券交易所业务规则》和国家有关证券管理的现行法规、规定而编制,旨在向投资者提供有关本公司的基本情况和股票上市的有关资料。

经中国证券监督管理委员会证监发字〔1997〕426 号文和证监发字〔1997〕427 号文批准,本公司已成功地向社会公众公开发行每股面值为 1.00 元的人民币普通股 9000 万股(含公司职工股 900 万股)。根据深圳证券交易所深证发〔1997〕字第　　号《上市通知书》,本公司人民币普通股股票 8100 万股将于 1997 年　　月　　日在深圳证券交易所挂牌交易。本公司现有总股本为 34,000 万股,可流通股份 9000 万股,其中公司职工股 900 万股将按国家规定于社会公众股上市满半年后经批准方可上市流通。

本公司于 1997 年 8 月 30 日在《中国证券报》、《证券时报》和《上海证券报》上刊登了《招股说明书概要》,距今不足 6 个月,故与其相重复的内容在此不再赘述,敬请投资者查阅《招股说明书概要》。

本公司董事会及各位董事确信本上市公告书未遗漏任何重大事项,亦不存在任何误导和虚假成份,并愿就本上市公告书及相关资料的真实性、准确性、完整性负个别及连带责任。

三、发行公司概况

(一)概况

公司法定名称:锦化化工集团氯碱股份有限公司
公司英文名称:JIN HUA GROUP CHLOR—ALKALI CO.,LTD
公司注册资本:340,000,000 元
公司法定代表人:方福生
公司成立日期:1997 年 9 月 16 日
经营范围:烧碱、氯化苯、氯、聚氯乙烯、三氯乙烯、四氯乙烯、氢、乙炔、合成盐酸、副产盐酸、次氯酸钠等产品的制造、加工、运输、销售、技术开发与服务,资产经营等。
所属行业:化工行业
公司注册地址:辽宁省葫芦岛市连山区化工街
联系电话:0429—2709065

(二)发起人简介

本公司发起人为锦化化工(集团)有限责任公司(简称锦化),是经辽宁省人民政府批准,于 1996 年 11 月成立的有限责任公司,实行国有资产授权经营。公司注册资本 8.6 亿元,1996 年末总资产 17.6 亿元,净资产 9.1 亿元。锦化前身是锦西化工总厂,至今已有五十多年的历史,是我国最早的化工生产、试验基地,担负着为我国化工行业出技术、出产品、出人

才的艰巨任务,先后有锦纶(以锦西化工厂命名)、烧碱、聚氯乙烯、氯化苯、三氯乙烯、有机玻璃等16种化工产品在锦化试制投产,填补了国内空白。建国后锦化几经改造,目前已拥有八大生产厂,即氯碱厂、树脂厂、聚醚厂、有机厂、水泥厂、热电厂、动力厂、机械厂,成为以化工基础原料的生产为主体,设计、研究、运输、发电、机修等辅助部门配套齐全的国家特大型企业,先后被列为全国化工行业八大骨干企业和化工部"九五"规划的十八个化工基地之一,1995年在全国500家最大企业中排名第312位,全国化工行业排名第13位,辽宁省化工企业排名第2位。

(三)历史沿革

本公司经辽宁省人民政府辽政〔1997〕80号文批准,由锦化将下属氯碱厂的全部和树脂厂的主体部分乙炔车间、氯乙烯车间、聚氯乙烯车间、三氯乙烯车间的全部生产经营性资产及锦化持有的占葫芦岛锦晖石油化工储运有限公司18.75%权益的长期投资1500万元以及相关的债权、债务投入本公司,由锦化独家发起,采取募集方式设立的股份有限公司。经国家国有资产管理局国资评(1997)484号文确认,截止1997年3月31日,本公司的总资产为53,497万元,净资产35,232万元,同时经辽宁省国有资产管理局批准按70.958%的比例,将净资产折为国有法人股25,000万股,由发起人锦化持有。

四、股票发行及承销

1、本次公开发行

社会公众股:	9000万股(其中向公司职工配售900万股)
发行价格:	6.31元/股
募集资金总额:	56790万元
发行方式:	全额预缴款、比例配售、余款即退
配售比例:	0.725%
配售户数:	11739户
持1000股以上的户数:	5563户
发行费用总额:	1467万元
每股发行费用:	0.163元
发行市盈率:	14.3倍

2、股票承销:

本次公开发行的股票由社会公众超额认购后,所余另股及未确认的股份共38142股,由承销团包销。

3、验资报告:　　〔1997〕辽会师证验字第128号

锦化化工集团氯碱股份有限公司(筹):

我们接受委托,对贵公司截止1997年9月9日,因公开发行9000万股社会公众股而增加股本的真实性和合法性进行了审验。在审验过程中,我们按照《独立审计实务公告第1号——验资》的要求,实施了必要的审验程序。贵公司的责任是提供真实、合法、完整的验资资料,保护资产的安全、完整。我们的责任是按照《独立审计实务公告第1号——验资》的要求,出具真实、合法的验资报告。

贵公司拟注册资本340,000,000.00元人民币,其中发起人法人股250,000,000.00元人民币已经我所辽会师证验字第104号验资报告验证,本次向社会公开发行9000万股社会公众股,每股面值1元人民币、发行价6.31元人民币、发行费用0.163元人民币。

根据我们审验,贵公司本次公开发行的主承销商中信证券有限责任公司已于1997年9月9日将新股认购款人民币伍亿伍仟陆佰玖拾万元整(556,900,000.00元,已扣除承销费用11,000,000.00元),分别转入贵公司在下列银行开立的帐户中:(1)中国建设银行葫芦岛市分行50026360058号帐户278,450,000.00元;(2)中国工商银行葫芦岛市分行2222210043——65号帐户222,760,000.00元;(3)中信实业银行葫芦岛支行700226026380号帐号55,690,000.00元。

上述认购款贵公司列入"股本"90,000,000.00元,列入"资本公积"463,230,000.00元,其余3,670,000.00元为发行费用。

至此,贵公司实收股本总额为人民币340,000,000.00元,其中发起人法人股250,000,000.00元,社会公众股90,000,000.00元;资本公积565,544,825.90元,其中102,314,825.90元为发起人投入净资产折股溢价部分。

辽宁会计师事务所　　中国注册会计师:赵　一

高凤元

中国·沈阳　　一九九七年九月十日

五、董事、监事及高级管理人员简历及持股情况

方福生先生,53岁,高级工程师,毕业于清华大学。曾任化工厂副厂长、厂长、党委书记。现任集团公司董事长、总经理、党委书记。本公司董事长。

李士杰先生,49岁,高级政工师,毕业于辽宁大学。曾任化工厂副厂长、党委副书记。现任集团公司党委副书记。本公司副董事长兼总经理。

王宝彦女士,44岁,经济师、政工师,毕业于中央电视大学。曾任总支副书记、工会主席、器材科科长、物资处办公室主任。现任树脂厂党委副书记。本公司董事。

刘慕先生,58岁,高级工程师,毕业于北京大学。曾任PVC车间技术员、研究所副所长、副总工程师、总工程师。现任集团公司总工程师。本公司董事。

李云斌先生,56岁,政工师,毕业于海军第二炮校。曾任排长、连长、营长、副团长、二氯苯车间党支部书记。现任氯碱厂工会主席。本公司董事。

沈申成先生,52岁,高级工程师,毕业于上海交通大学。曾任化工厂副总工程师、副厂长。现任集团公司董事、副总经理。本公司董事。

张立君先生,35岁,工程师,毕业于沈阳化工学院。曾任PVC车间副主任、主任、机械处副处长。现任集团公司总经理助理。本公司董事。

贾殿秋先生,52岁,高级政工师,毕业于辽宁党校。曾任氮氧车间支部书记、环保处书记、总厂公安处处长。现任集团公司监事会副主席、纪委书记。本公司董事。

焦金声先生,63岁,高级经济师,毕业于东北财经大学。曾任化工厂政策研究室主任,化工厂总会计师。现任集团公司总会计师。本公司董事。

张太生先生,56岁,高级工程师,毕业于南京大学。现任集团公司树脂厂厂长,曾任化工厂聚氯乙烯车间主任,化工厂树脂厂副厂长、厂长。享受政府特殊津贴。1995年获得联合国颁发的发明创新科技之星奖。并被评为省优秀科技工作者;1996年被化工部评为聚氯乙烯行业有突出贡献的工作者。

芦福田先生,54岁,经济师,曾任氯化苯车间主任、供销处科长、副处长、处长、锦化总厂厂长助理、副厂长、调研员兼物资处处长。现任集团公司董事、工会主席。本公司监事会主席。

宦文定先生,48岁,会计师,毕业于辽宁大学。曾任锦化有机厂核算科长、锦化大化肥财务处副处长、化工厂审计处副处长、纪委副书记。现任集团公司监事会监事、总经理助理、审计处处长、纪委副书记。本公司监事会副主席。

田忠仁先生,46岁,助理经济师,毕业于辽宁函授党校,曾任化工厂武装部干事、秘书、树脂厂厂办主任、人教科长。现任树脂厂工会主席。本公司监事会副主席。

田春信先生,40岁,毕业于辽宁省刊授党校。曾任氯化苯车间副主任、主任,现任氯化苯车间主任。

马立民先生,29岁,毕业于辽宁大学(自学考试)。曾任班长,现任副段长。1996年被评为公司标兵。

陈运起先生,53岁,高级会计师。曾任部队战士、班长。退伍入厂后,曾任锦化工程公司财务科长,氯碱厂财务科长,锦西化工总厂财务处副处长、处长,锦化集团公司财务处长等职,现任本公司财务部经理。

持股情况:

姓名	职务	持股数量(股)	占总股本比例(%)
方福生	董事长	5000	0.0015
李士杰	副董事长、总经理	4400	0.0013
王宝彦	董事	4400	0.0013
李云斌	董事	4400	0.0013
刘　慕	董事	4400	0.0013
沈申成	董事	4400	0.0013
张立君	董事	4400	0.0013
贾殿秋	董事	4400	0.0013
焦金声	董事	4400	0.0013
张太生	董事会秘书	4000	0.0012
芦福田	监事会主席	4000	0.0012
宦文定	监事会副主席	4000	0.0012
田忠仁	监事	4000	0.0012
田春信	监事	3180	0.001
马立民	监事	3180	0.001
陈运起	财务部经理	4000	0.0012

本公司董事、监事和高级管理人员共持有本公司股票66560股,占本公司总股本的0.02%,其持股按《中华人民共和国公司法》规定在任职期间不得转让。

六、公司设立

公司于1997年9月15日，召开了创立大会暨首届股东大会，审议并通过《关于申请锦化化工集团氯碱股份有限公司A股股票在深圳证券交易所上市的议案》。

公司注册资本：340,000,000元

公司注册日期：1997年9月16日

公司注册地点：辽宁省葫芦岛市连山区化工街

公司营业执照注册号码：24269099—9

七、关联企业及关联交易

1、关联企业

本公司的关联企业是其发起人锦化化工(集团)有限责任公司与本公司的参股公司锦晖石油化工储运有限公司。

锦化化工(集团)有限责任公司持有本公司25,000万股国有法人股，占总股本的73.53%，为本公司的控股公司。锦化集团承诺，本公司设立后，将不再经营与本公司业务相竞争的业务。

本公司持有对葫芦岛锦晖石油化工储运有限公司的长期投资人民币1500万元，占其注册资本人民币8000万元的18.75%。锦晖储运是由锦化集团、澳门永晖(集团)有限公司、日本丸红株式会社、丸红(中国)有限公司四家合资设立的中外合资企业。锦晖储运建有进出口贸易液体化工产品储运区，被化学工业部确定为华北、东北地区氯碱出口基地，本公司将充分利用锦晖储运的优势，扩大产品的对外贸易。

2、关联交易

本公司在生产经营过程中，还需部分地依赖于锦化集团，主要表现在：

(1)锦化集团或其控股的其它子公司须向本公司提供动能、部分辅助原料、包装容器、通讯服务、进出口代理、仓储、商标使用、运输、大修理、污染治理、管网及生产服务等资源与服务。

(2)本公司部分产品亦需提供予锦化集团。

本公司已与锦化集团签订了《供货合同》、《进出口代理合同》、《动能服务合同》、《厂区铁路协定服务合同》、《商标使用许可合同》、《综合服务合同》、《土地使用权租赁合同》，以规范双方在上述相互关系中的权利与义务。

(3)上述协议价格条款约定的基本原则：有国家定价的执行国家定价；没有国家定价的执行市场价格；既无国家定价也无市场价格，则执行价格为发生的相应成本加上不超过2%的管理费。

八、股本结构及大股东持股情况

(一)上市前股本结构

股本类别	股　数	占总股本的比例
尚未流通股份：		
国有法人股	250,000,000	73.53%
可流通股份：		
社会公众股	90,000,000	26.47%
其中：公司职工股	9,000,000	2.65%
总　股　本：	340,000,000	100%

(二)前十名股东所持股数及比例

序号	股东名称	持股数量(股)	占总股本比例(%)
1	锦化化工(集团)有限责任公司	250,000,000	73.53
2	青岛市金信计算机网络股份有限公司	123,250	0.03625
3	安徽安托信息咨询公司	123,250	0.03625
4	深圳市麦高尔投资发展有限公司	123,250	0.03625
5	北京飞希高新技术产业开发公司	123,250	0.03625
6	北京苏信达投资顾问有限责任公司	123,250	0.03625
7	北京金海湾经贸有限责任公司	123,250	0.03625
8	青岛圣明达实业有限公司	123,250	0.03625
9	广东省南方金融服务总公司证券交易营业部	123,250	0.03625
10	国泰财务顾问有限责任公司	123,250	0.03625

九、公司财务会计资料

(一)审计报告(摘要)

辽宁会计师事务所〔1997〕辽会师证审字第105号

锦化化工集团氯碱股份有限公司筹委会：

我们接受委托，审计了贵公司1994年12月31日、1995年12月31日、1996年12月31日、1997年3月31日的资产负债表以及1994年度、1995年度、1996年度、1997年1至3月份的损益表和1996年度的财务状况变动表。这些会计报表由贵公司负责，我们的责任是对这些会计报表发表审计意见。我们的审计是依据《中国注册会计师独立审计准则》进行的。在审计过程中，我们结合贵公司实际情况，实施了包括抽查会计记录等我们认为必要的审计程序。

我们认为，上述会计报表符合《企业会计准则》及《股份制试点企业会计制度》的有关规定，在所有重大方面公允地反映了贵公司1994年12月31日、1995年12月31日、1996年12月31日、1997年3月31日的财务状况以及1994年度、1995年度、1996年度、1997年1至3月份的经营成果和1996年度资金变动情况，会计处理方法的选用遵循了一贯性原则。

(二)会计报表编制基础方法

1、本公司三年度的会计报表是假设本公司自1994年1月1日起进行资产重组，并持续经营，按股份公司要求运作。本公司的会计报表是以锦化集团的会计报表为基础，并按《股份制试点企业会计制度》及有关补充规定进行模拟调整而成。

2、资产负债表以锦化集团的会计帐项为基础，把与本公司的资产重组方案相关的资产及相关负债分离而形成：

对于资产类剥离主要根据资产重组方案，按照相关性原则，采用个别辨认法，逐笔从集团公司明细帐余额中剥离。其中：固定资产、存货、应收帐款、应收票据、其他应收款根据集团公司相关帐簿和会计凭证逐笔分离；货币资金选择集团公司在银行开设的一个结算帐户进行模拟；待摊费用根据本公司九四年期初存货进项税金减去以后各年已摊销金额的余额来确定；长期投资根据本公司与集团公司签定的投资协议来确认。此外，无形资产根据资产评估结果确认。

对于负债类剥离是在资产确认基础上，根据债务的归属，按照相关性原则进行剥离的。其中：对能够直接确认的，如：短期借款、应付帐款、预收帐款、预提费用、长期借款，我们都采用了个别确认法，逐笔确认和分离；对不能够直接确认、分离的项目，我们遵循相关性原则，确定合适的比例系数进行分配。如：应交税金按本公司各期应交增值税占集团公司该期应交增值税的比例乘以集团公司期末未交税金余额而得；其他未交款分离方法与应交税金相同；其他应付款中应付工资和应付工会经费按本公司当期的职工人数占集团公司的比例乘以集团公司期末余额求得；应付福利费的分离方法与此相同。

对于所有者权益部分的剥离：股本依据本公司固定资产购建时的企业自筹资金数用个别辨认法来确定；资本公积是由国家退税和资产重估增值两部分构成的；公积金及未分配利润是由本公司经营成果积累而成。

3、利润表是以锦化集团的会计帐项中属于本公司资产重组方案形成的资产及负债取得的经营收入及分担的成本、期间费用分离编制。具体方法如下：

主营业务收入及营业成本的剥离：集团公司的主营业务收入及营业成本按产品类别分设二级明细帐，其中已包括本公司生产的烧碱、氯化苯、聚氯乙烯、三氯乙烯、液氯、盐酸等所有产品。因此，本公司的主营业务及营业成本均根据集团公司明细帐，按照个别确认法逐项分离。

销售费用的剥离方法：集团公司销售费用按产品分设二级明细，并按销售收入的配比进行分配，本公司销售费用是从集团公司销售费用明细帐中按产品明细分离的。

管理费用的剥离方法：由于本公司是由集团公司下属的两个相对独立的分厂组建而成的，因此，剥离时对于存在费用计量标准，能够直接确质、确量、确定金额的项目，根据相关的会计凭证和原始记录直接进行确认，如：保险费、土地使用税、房产税、技术开发费等项；对于不能够直接确认，但又与本公司有直接关系的项目则按相关性原则确定相应的分配系数，按比例进行分配，如：劳动保险、业务招待费、印花税、教育经费、办公费、修理费、运费、物料消耗、取暖费、水电汽费、咨询费和其他等；对于股份公司成立后可能增加费用的项目充分考虑可能增加因素进行相应调整，如：工资、职工福利费、旅差费、关联交易等项；对于与本公司没有关系的项目则不予分配。

财务费用的剥离方法：短期借款利息支出按配比原则进行分配，分配剥离方法用本公司流动资产平均余额占集团公司的比重乘以集团公司当期短期借款利息支出总额求得；长期借款利息支出根据贷款合同按本公司长期贷款实际发生额、贷款时间乘以贷款合同规定的利率确定。

其他影响损益的项目，收入的取得及费用的发生都按照相关性原则和配比原则进行确认和分配。

4、公司1997年3月31日资产负债表已按照国家国有资产管理局国资评〔1997〕484号文确认的辽宁资产评估事务所的资产评估结果进行了调整。

(三)重要会计政策

1、会计制度

会计报表根据上述之基准,按照中华人民共和国《股份制试点企业制度》的要求而编制的。

2、会计期间

采用公历年度为会计期间即自1月1日至12月31日为一个会计年度。

3、记帐原则和计价基础

采用权责发生制为记帐原则,以实际成本为计价基础。

4、外币换算

以人民币为记帐本位币,涉及外币的经济业务按发生时市场汇价记帐,月末按市场汇价进行调整,发生的汇兑损益列入当期损益。

5、存货计价

原材料及辅助材料按计划成本计价,材料成本差异按加权平均法计算差异率,发出按计划成本计价,并按差异率分摊材料成本差异;产成品按实际成本计价,发出按加权平均法;在产品按实际成本计价;低值易耗品按实际成本计价,采用一次摊销法摊销。

6、长期投资核算方法

①股权投资

拥有被投资单位20%以下权益性资本的,采用成本法核算;拥有被投资单位20%以上(含20%)权益性资本的,采用权益法核算,其中超过50%的,要合并其会计报表。

②债券投资及其他投资采用成本法核算。

7、固定资产计价及其折旧方法

①固定资产按实际成本计价,标准为使用年限在一年以上,单位价值在2,000元以上。

②固定资产折旧采用直线法分类提取折旧,并按各类固定资产的原值和规定的使用年限扣除残值(残值率4%)确定其折旧率,分类及折旧率如下:

资产类别	使用年限	年折旧率(%)
房屋及建筑物	25	3.84
专用设备	14	6.86

8、无形资产及递延资产摊销

专有技术自公司成立之日起按10年摊销。

9、收入实现的确认

公司一般于产品已经发出,所有权转移至买方,劳务已经提供,同时收到货款或取得收取货款的证据时作为收入实现。

10、税项

①增值税销项税率为17%,附加的城建税及教育费附加依应缴纳的流转税额分别计征7%和3%。

②根据辽宁省人民政府辽政发〔1997〕77号文,葫芦岛市人民政府葫政发〔1996〕68号文以及葫政发〔1994〕55号文原锦化化工(集团)有限责任公司1994年、1995年及"九五"期间(1996-2000年)所得税按33%税率计征,由葫芦岛市财政全额返还,实际税负为零。

③根据辽政发〔1997〕78号文,本公司自股票上市之日起,按33%的税率计算征收企业所得税,由葫芦岛市财政返还18%,实际所得税率为15%。

④其它税项包括房产税、车船使用税等依据有关税法计征。

11、坏帐准备

按年末应收帐款余额的3‰的提取。

12、利润分配

本公司税后利润按下列顺序和比例进行分配:

①弥补以前年度亏损;

②提取10%的法定公积金;

③提取5~10%的法定公益金;

④提取任意公积金;

⑤分配股利。

由于以上审计的基准日为1997年3月31日,至今已超出了有效期,故而按照有关规定要求,由辽宁会计师事务所以〔1997〕辽会师证审字第134号审计报告对锦化化工集团氯碱股份有限公司(筹)1997年4月30日的资产负债表、1997年1—4月的损益表进行了新增审计,此次审计所依据的重要会计政策与〔1997〕辽会师证审字105号审计报告所依据的重要会计政策一致,具体数据见附表。

四、主要财务指标

项　目	1997年1-4月	1996年	1995年	1994年
流动比率(%)	135.49	136.25	120.20	93.64
速动比率(%)	100.93	90.60	89.86	57.03
应收帐款周转率(次)	3.46	12.13	12.67	--
存货周转率(次)	4.17	11.35	12.25	--
资产负债率(%)	35.90	39.84	43.95	58.76
净资产收益率(%)	7.43	42.57	75.55	45.03
销售利润率(%)	11.81	16.23	23.48	11.82
平均每股收益(元)	0.105	0.42	0.67	0.24

十、董事会上市承诺

本公司董事会将严格遵守《公司法》、《股票发行与交易管理暂行条例》、《公开发行股票公司信息披露实施细则》、《深圳证券交易所交易规则》及有关法律、法规的规定,并自上市之日起作出如下承诺:

1、按照法律、法规的规定程序和要求披露重大的信息,并接受证券主管机关和深圳证券交易所的监督管理。

2、及时、真实、准确地公告中期报告及年度报告,并备置于规定场所供投资者查阅。

3、本公司董事、监事及高级管理人员如发生人事变动,或持有本公司股票发生变化时,在报告证券主管机关,证券交易所的同时向投资者公布。

4、在任何公共传媒介中出现的消息可能对本公司股票的市场价格产生误导性影响时,本公司知悉后将及时对该消息予以公开澄清。

5、本公司董事、监事及高级管理人员将认真听取社会公众的意见和批评,不利用已获得的内幕消息和其他不正当的手段直接或间接从事股票买卖活动。

6.公司没有无记录负债。

十一、重要事项揭示

1、公司职工股:本次发行配售的900万公司职工股将按国家规定在社会公众股上市满半年后方可申请上市流通。

2、本公司创立大会于1997年9月15日召开,会议通过了创立和章程的决议,选举产生了公司董事会和监事会,选举了方福生先生为董事长,芦福田先生为监事会主席。

3、截止本公告公布之日,本公司无重大诉讼事项。

十二、备查文件目录

1、深圳证券交易所上市通知书

2、中国证监会证监发字〔1997〕426号、427号文

3、辽宁省人民政府辽政〔1997〕80号文

4、营业执照

5、审计报告、验资报告

6、资产评估报告

7、法律意见书

8、招股说明书

9、创立大会决议

10、其它文件

十三、咨询机构

本公司:锦化化工集团氯碱股份有限公司

法定代表人:方福生

地址:辽宁省葫芦岛市连山区化工街

电话:0429—2709065

传真:0429—2901152

联系人:赵志鹏、毛万良

上市推荐人:中信证券有限责任公司

法定代表人:常振明

地址:北京市朝阳区新源南路6号京城大厦

联系地址:上海市番禺路390号时代大厦7楼

电话:021—64156091

传真:021—64742979

联系人:郑志强、许海斌、刘　政

上市推荐人:辽宁信托投资公司

法定代表人:李安民

地址:沈阳市和平区桂林街68号

电话:024—2859391

传真:024—2859392

联系人:郭庆军、李洪涛、王　军

锦化化工集团氯碱股份有限公司

一九九七年　月　日

广东汕头超声电子股份有限公司

广东汕头超声电子股份有限公司简介

一、公司概况

广东汕头超声电子股份有限公司是广东省人民政府粤府函[1997]123号文批准由汕头超声电子(集团)公司独家发起,并经中国证券监督管理委员会证监发字[1997]412号文批准向社会公开发行6500万股A股股票,以募集方式设立的股份有限公司。

本公司位于广东省汕头市兴业路21号。以制造、加工、销售、技术开发和技术服务的方式,经营超声电子仪器、仪器仪表、电子元器件、电子材料、家用电器、通讯和计算机产品以及经批准的投资业务。汕头超声电子(集团)公司投入14000万股占有本公司总股本20500万股的68.29%,是本公司的主要股东。

本公司现有主要产品:超声电子仪器、双面及多层印制电路板、液晶显示器等。

超声波探伤仪、检测仪和电子仪器是本公司的传统拳头产品,产销量占国内同行业中的一半以上,被称为"中国超声仪器第一家",是我国超声检测仪器制造行业的龙头企业。现有通用型系列、数字化系列、图像化超声波探伤仪及专用超声检测设备等十多项新产品,分别填补国内空白或居国内领先,接近或达到国际九十年代同类产品先进水平。产品广泛应用于对金属和非金属材料、零部件、设备内部结构进行非破坏性检测,是保证产品质量和在线设备安全运行所不可缺少的先进检测装备。

双面及多层印制电路板是本公司的又一拳头产品,已获美国UL认证和国优产品证书、广东省名牌产品证书。该产品已通过ISO9002质量管理体系国际标准认证和中国商检质量认定证书。本公司的高精度、高密度、高可靠的印制电路板产销量居国内同行业前列,被称誉为"中国印制线路板之冠",在电子元器件行业中连年进入"中国行业一百强"的排序。本公司的产品在国内外计算机工业、程控交换机制造业及各类电子产品中广泛应用,年出口创汇超千万美元。

液晶显示器是本公司引进美国九十年代先进制造技术建成生产线批量生产的新产品,现有生产规模和产品技术质量居国内同行前列,成为我国液晶显示器的主要生产企业之一。产品通过省级鉴定,达到国内领先水平,已获ISO9001质量标准体系认证证书,产品广泛应用于国内外计算机、通讯设备、视听装置、便携式电脑、精密医疗诊断仪器及新型家电产品等,产销量及出口创汇连年成倍增长。

本公司属下的广东省超声电子工程技术开发中心是省级科研开发机构,拥有一支技术水平高、经验丰富的技术开发队伍。历年来已研制开发各类新产品40多项,其中已有24项获省市级科技奖励,18项通过部省级鉴定,大部分新产品已试产投产,成果转化率达80%以上,该中心是获广东省政府、省科委表彰奖励的优秀科研机构。目前正与高等院校和科研单位进一步紧密技术合作,创建国家级技术研究中心。

本公司经济实力雄厚,具有良好的技术优势和生产基础,高新技术产品的技术发展符合国家优先扶持产业政策,最近又获广东省人民政府粤府函[1997]137号文批准享受10%所得税税负的优惠政策,使本公司的经营运作具有更广阔的发展前景。本公司将通过产品技术延伸、扩大生产规模、提高技术档次和增加高附加值产品生产等一系列措施,加速企业的技术经济发展,力争在2000年成为高科技产品规模化、生产经营国际化、企业管理现代化的新型企业。

广东汕头超声电子股份有限公司
地　　址:广东省汕头市兴业路21号
邮政编码:515041
电　　话:(0754)8610992、8626997
传　　真:(0754)8628027

二、公司主要领导简介

1. 董事长:林盛川先生　1936年出生,大学本科毕业,高级工程师,华南理工大学兼职教授。历任车间副主任、技术科副科长、副总经理、总经理、党委书记。曾获得汕头市科技进步突出贡献特等奖,广东省企业技术进步突出贡献奖;被评为广东省优秀企业家、广东省优秀科技企业家,被国务院发展研究中心评为中国500名企业创业者之一;享受国家级政府特殊津贴专家;现任汕头超声电子(集团)公司法定代表人、党委书记、广东汕头超声电子股份有限公司董事长。

2. 总经理:莫少山先生　40岁,大学本科毕业,高级工程师。历任副厂长、生产部经理、副总经理,汕头超声电子(集团)公司副总经理兼汕头超声印制板公司董事总经理。曾被评为全国优秀青年企业家,中国青年优秀环保企业家,荣获全国五·一劳动奖章,是享受国家级政府特殊津贴专家。现任广东汕头超声电子股份有限公司董事兼总经理。

广东汕头超声电子股份有限公司(筹)招股说明书概要

一、释义

在本招股说明书概要中,除非另有所指,下列词汇具有如下意义:
发行人或本公司:指广东汕头超声电子股份有限公司(筹)
集　团　公　司:指汕头超声电子(集团)公司
发　　起　　人:指汕头超声电子(集团)公司
筹　　委　　会:指广东汕头超声电子股份有限公司筹备委员会
新　　　　　股:指本公司本次向社会公众公开发行的6500万股面值为1.00元的人民币普通股(含公司职工股650万股)
主　承　销　商:指广东证券公司
推　　荐　　人:指广东证券公司、广发证券有限责任公司
证　　监　　会:指中国证券监督管理委员会
　　　　　　元:指人民币元

二、绪言

本招股说明书概要根据《中华人民共和国公司法》、《股票发行与交易管理暂行条例》、《公开发行股票公司信息披露实施细则》、《招股说明书的内容与格式》等有关证券管理法规、规定及本公司的实际情况编制而成,旨在向广大投资者提供有关本公司的基本情况等资料。

发行人保证本招股说明书概要的内容真实、准确、完整。政府及国家证券管理部门对本次发行所作出的任何决定,均不表明其对发行人所发行的股票的价值或者投资人的收益作出实质性判断或者保证。任何与之相反的声明均属虚假不实陈述。

本公司筹委会成员已审阅批准本招股说明书概要,确信其中不存在任何重大遗漏或者误导和虚假成份,并对其真实性、准确性和完整性负个别的及连带的责任。

新发行的股票是根据本招股说明书概要所载明的资料申请发行的。除本公司和主承销商外,没有委托或授权任何其他人提供未在本招股说明书概要中列载的信息和对本招股说明书概要作任何解释或者说明。

投资者应自行负担买卖本公司股票所应支付的税款,本公司、推荐人和承销商对此不承担责任。

本次发行已经中国证券监督管理委员会证监发字[1997]412号文和证监发字[1997]413号文批准。

三、发售新股的有关当事人

(一)发　行　人:广东汕头超声电子股份有限公司(筹)
住　　所:广东省汕头市兴业路21号
筹委会主任:林盛川
电　　话:0754-8610992
传　　真:0754-8628027
联 系 人:林琪　郑创文

(二)主承销商:广东证券公司
住　　所:广东省广州市东风东路703号
法定代表人:钟伟华
电　　话:020-87666000-1201
传　　真:020-87784506
联 系 人:刘小群　钟慧玲

(三)副主承销商:广东粤财信托投资公司
住　　所:广东省广州市环市中路316号金鹰大厦东楼15、16楼
法定代表人:孙亚余
电　　话:(020)83829249
传　　真:(020)83802385
联 系 人:黄方杰　罗晓涛

(四)分销商:

1. 北京证券有限公司
住　　所:北京市西城区德胜门东滨河路B11号
法定代表人:张克俭
电　　话:(010)62058031
传　　真:(010)62058007
联 系 人:徐凯盈

2. 福建兴业证券公司
住　　所:福建省福州市湖东路169号天骛大厦
法定代表人:兰荣
电　　话:(0591)7542524
传　　真:(0591)7542534
联 系 人:翁巍

3. 广发证券有限责任公司
住　　所:广东省广州市农林下路83号广发金融大厦4楼
法定代表人:陈云贤
电　　话:(020)87310073
传　　真:(020)87310025
联 系 人:张慧龙

4. 珠海国际信托投资公司
住　　所:广东省珠海市吉大路1号
法定代表人:李伟泉
电　　话:(0756)2273851
传　　真:(0756)2273539
联 系 人:赵奕

5. 浙江省金华市信托投资股份有限公司
住　　所:浙江省金华市西市街32号
法定代表人:葛政
电　　话:(0579)2322265　(021)64716524
传　　真:(021)64714093
联 系 人:李康　葛敏

(五)推荐人:广东证券公司　广发证券有限责任公司

(六)发行人的律师事务所:广东对外经济律师事务所
住　　所:广东省广州市东风东路707号自动化大厦1楼
法定代表脸:张锡海
电　　话:(020)87760231
传　　真:(020)87300550
经办律师:张锡海　张建中
联 系 人:邓超平

(七)主承销商的律师事务所:信利律师事务所
住　　所:北京市东城区南池子大街劳动人民文化宫内文华宫写字楼
法定代表人:高宗泽
电　　话:010-65237536
传　　真:010-65237515
经办律师:丁志钢　谢思敏

(八)会计师事务所:汕头会计师事务所
住　　所:汕头市长平路18号
法定代表人:俞俊雄
电　　话:0754-8550791
传　　真:0754-8550785
经办注册会计师:谢胜杰　陈迅

(九)资产评估机构:汕头市资产评估公司
住　　所:广东省汕头市中平街5号
法定代表人:刘跃华
电　　话:0754-8568272、8568276
传　　真:0754-8568272
评估负责人:马振文

(十)资产评估确认机构:国家国有资产管理局
住　　所:北京市海淀区万泉河路66号
法定代表人:张佑才
电　　话:(010)62567744
传　　真:(010)62541817

(十一)收款银行:中国建设银行汕头市分行
中国建设银行南海市支行
中国建设银行肇庆市分行
中国银行汕头市分行

(十二)股票登记机构:深圳证券登记有限公司
住　　所:广东省深圳市红岭中路25号
法定代表人:黄铁军
电　　话:(0755)5567898
传　　真:(0755)5571127

四、发行情况

1. 股票种类:人民币普通股(A股)
2. 每股面值:1.00元。
3. 发行数量:65,000,000股。
4. 发行价格:4.97元/股(发行价格=前3年平均每股税后利润×发行市盈率)。
5. 发行市盈率:13.8倍。
6. 发行总市值:323,050,000元。
7. 实募资金:本次发行如获成功,扣除发行费用后,预计实募资金31395万元。
8. 承销方式:承销团余额包销方式。

9. 承销日期:1997 年 8 月 14 日至 1997 年 11 月 14 日。

10. 发行方式:"全额预缴款、比例配售、余款即退"方式。

11. 发行日期:1997 年 8 月 25 日——1997 年 9 月 1 日。

12. 发行地区:广东省汕头市、南海市、肇庆市。

13. 发行对象:依据有关法律、法规规定可以从事股票投资的法人和自然人。

14. 预计上市日期及地点:本次发行结束后,预计本公司社会公众股股票将于 1997 年 9 月在深圳证券交易所上市挂牌交易。

五、风险因素与对策

投资者在评价本公司此次发售的股票时,除本招股说明书概要提供的其他资料外,应特别认真地考虑下述各项风险因素;

(一)经营风险

1. 原材料供应的风险

本公司主营产品在生产经营过程中,存在着不同程度的原材料供应和价格风险。

(1)印制电路板:原材料主要有覆铜板、干膜、铜箔、铜球、绿油等。覆铜板是印制板的基础材料,目前一部分由国内厂家定点供应,高性能需求的超薄和特种覆铜板国内尚属空白,需依靠进口;干膜、铜箔、绿油等材料均需进口,受国际市场价格波动影响。

(2)液晶显示器:原材料主要有 ITO 玻璃、偏振片、液晶材料等,国产材料尚不过关,影响成品率,国际市场上近几年液晶材料价格上涨,对企业收益率影响较大。

(3)超声电子仪器(整机):主要是电子元器件和少量的金属、非金属材料。元器件的性能直接影响整机仪器的技术水平。高速运算器件、大容量电子元器件、大规模集成电路等基本依靠进口。关键进口元器件的性能质量和进口价格、进口渠道对超声电子仪器产品的制造和应用推广存在一定程度的风险。

2. 产品价格方面的制约

本公司主营产品属高科技产品,随着电子技术的迅速发展,竞争日趋激烈,国内外市场上同类产品销售价格呈下降趋势,尤其受电子技术工业发展很快的日本、韩国、台湾地区的厂商影响,产品价格下跌对本公司预期收益有较大影响。

3. 产品结构方面的风险

近几年本公司致力于产品结构的调整优化。已形成多元化的主营产品门类,产量及销售均具相当规模,在国内同行中领先,但与国外相比,生产规模尚不及国外大厂家,通用型超声仪器、双面或 4 层印制板、TN 型液晶显示器等中低档类产品在主营产品中仍占较大比重,产品结构风险依然存在。

4. 产品技术方面的风险

本公司的印制线路板 1994 年获 ISO9002 质量管理体系认证,1996 年又获广东省名牌产品证书,主要技术指标国内领先,但与国外先进水平相比仍有差距;本公司 TN(扭曲向列材料)型液晶显示器已批量生产,1997 年获 ISO9001 国际标准体系认证,但 STN(超扭曲向列材料)型产品因质量稳定性较低,尚未批量生产,彩色 LCD(液晶显示器)尚处于研制阶段,国外的彩色 STN 和 TFT(有源矩阵超扭曲向列材料)型产品已批量投放市场,成为当前 LCD 主流产品;本公司超声检测仪器以通用型仪器为主,产品水平及质量在国内同行中长期领先,仪器主要性能指标与国外同类产品相近或超过。但近年来国外的数字化、图像化仪器发展很快,本公司虽已研制生产这类产品,但技术及工艺水平仍有一定差距。这些技术差距使本公司主营产品在(国际)市场上存在一定的竞争风险。

5. 融资能力的局限性

本公司目前生产经营的流动资金和技改项目投资主要来源于银行贷款,融资渠道比较单一,融资能力受到一定影响和制约。

(二)行业风险

1. 产业政策风险

本公司主营产品基础电子元器件和超声电子仪器属国家扶持发展的电子元器件产业,而电子元器件产业是电子工业的基础支柱产业,整个电子行业的发展直接影响到该产业的发展快慢和技术水平。因此,本公司主营产品的生产必然受国家关于电子产业政策的影响。

2. 环保因素的限制

电子元器件生产过程有少量废水、废气产生,本公司已投资 800 多万元扩建的废水处理中心,目前能达到国家有关标准的二级标准规定,但随着社会发展对环保要求的不断提高,本公司仍需继续提高环保处理能力。

3. 行业内部竞争风险

在国内同行中,本公司的产品规模、技术水平目前均占有较大优势,但随着国内工业的发展和向集约型经济增长方式的转变,同行业制造厂家不断增加,规模不断扩大,特别是引进国外先进技术和资金后,新建厂家的技术装备更加先进,国内同行竞争日趋激烈;与国外大厂家相比,本公司的生产规模和技术水平,仍有一定差距,国际竞争能力较低。

(三)市场风险

本公司的主营产品为双面及多层印制电路板、液晶显示器、超声探伤仪和超声检测仪器,这类产品近年来发展迅速,产品技术更新较快,国内外市场竞争激烈。本公司的主营产品不仅在技术、质量、生产规模等方面面临剧烈的市场竞争,也存在市场周期、产品价格波动等方面的市场风险。

(四)加入世界贸易组织的风险

根据形势发展,我国将会在不久的将来加入世界贸易组织,当前本公司正进行各种与国际商贸接轨的改革,本公司的主营产品已有相当一部分参与国际竞争,努力开拓国际市场,一旦我国加入世贸组织之后,将会降低所需的原材料进口成本,增加创汇收入;另一方面,国外同类产品的进口关税及其他进口限制的取消,在给本公司带来巨大机遇的同时也将使本公司面临更大的挑战,国内外市场竞争更加激烈。

(五)外汇风险

本公司主营产品 40%以上外销创汇,而所需的主要原材料和关键元器件需用外汇进口,目前外汇收支保持平衡且有盈余,但外汇市场的汇率变动将直接影响本公司的汇兑损益和盈利水平,存在一定的外汇风险。

(六)政策性风险

国家的金融宏观调控政策、产业发展政策、信贷政策以及税收等其他重大政策的变动都对本公司的生产经营产生一定影响;本公司拟注册于汕头经济特区,享受国家和广东省对经济特区内高新技术企业实行扶持的优惠政策。若上述政策发生调整,将影响本公司的收益。

(七)其他风险

1. 项目投资风险

本公司募集资金的投向,着眼于提高主营产品档次和扩大规模、降低成本。各项投资建设项目已经过慎重、充分的可行性研究论证,预期能产生良好的经济效益。本公司投资项目属高科技项目,高科技产品的研制、生产需要高投入,高风险与高收益并存。项目的研制开发、建设进度、完成程度及市场需求的变化或延误都会对项目预期效益产生影响,项目投资风险仍然存在。

2. 其他风险

本公司募集资金投入项目的可行性研究论证均以现阶段调查为基础,技术发展及市场竞争的影响因素是多方面的,更不能排除在建设发展过程中有其他自然条件或不可抗力因素造成的突发性影响。

(八)股市风险

中国证券市场为新兴的市场,现行的法律、法规还有待于进一步完善。本公司的经营状况、发展前景、股市的供求关系、投资心理、交易手段以及国家的政治、经济等多种因素将会对本公司股票价格的波动产生影响。投资者进入股市,必须对股市的机遇和风险有一定的认识。

本公司在分析上述各项风险因素的基础上,为降低和规避风险,将采取以下对策:

(一)经营风险对策

1. 针对原材料供应风险之对策

(1)本公司印制线路板的主要原材料为覆铜板，本公司拟自建覆铜板生产线，生产超薄及特种覆铜板，该产品既可填补国内产品空白，又可减少对进口的依赖；同时，自产产品既能保证本公司印制板生产需要，减少外购所需的包装、运输等费用，降低生产成本，又可供应国内外市场，为企业增加收益和创汇。

(2)液晶显示器的重要原材料目前仍需依靠进口，但因这些产品不受市场有关许可证限制，且国际市场上有多家厂商可供选择，可利用其市场竞争机制选购质优价廉的原材料，尽量减少供应风险。

(3)超声电子仪器的关键元器件供应也因国内外市场供应较为充足，可依据其性能和价格多家比较选择供货商，避免独家供应的风险。

2. 针对产品价格风险之对策

本公司将通过提高主营产品生产规模，加强内部管理和成本核算，降低原材料消耗和各种费用等措施，进一步减少生产经营成本，使主营产品以质优价廉的优势参与市场竞争；同时，通过提高主营产品技术档次和增加生产品种，提高主营产品附加值，减少价格因素的影响。

3. 针对产品结构方面的风险之对策

本公司将继续优化产品结构，加速新产品开发研制步伐，目前已研制成功高密度高精度的多层板、刚——挠性多层板、全挠性双面及多层板等多种产品；STN(超扭曲向列材料)液晶显示器已通过技术鉴定，即将投入批量生产，继续进行各种用途的液晶显示模块研制，发展新品种；超声电子仪器则在通用型仪器基础上，发展数字化、图像化等高档次检测设备，形成系列，以适应不同行业、不同层次用户的需求，避免单一产品结构的风险。

4. 针对产品技术方面风险之对策

本公司已具有较强的产品研制开发和批量生产基础，产品技术水平在国内同行中始终处于领先位置。本公司属下的广东省超声电子工程技术开发中心是省级技术开发型科研机构，现正与华南理工大学、中科院等高校科研院所开展长期技术合作，共同进行高新技术项目开发；同时，本公司将进一步与国外大公司或专业机构加强技术合作与交流，积极引进先进技术和产品，使本公司产品技术水平更快赶上和达到国际先进水平，提高产品技术档次，降低产品技术方面的风险。

5. 针对融资风险之对策

本公司除本次发行股票募集资金外，今后还将通过企业自筹、银行贷款、增资扩股等手段筹集资金，拓宽融资渠道，增加直接融资比例。

(二)行业风险对策

1. 针对产业政策风险之对策

本公司主营产品基础电子元器件及超声电子仪器都是符合国家经济发展和优先扶持发展的产业政策的高新技术产品，由于国家的产业政策扶持，对本行业的迅速发展起着十分重要作用。本公司将继续增强对国家有关电子信息产业宏观政策学习和研究，提高经营决策的预见能力和水平，及时调整经营对策。同时在国家政策指导下，以主营产品为基础，开发新项目，逐步发展或收购兼并上下游产品生产企业，使产品结构和生产规模更适合市场需要，可减少产业政策的影响。

2. 针对环保因素限制之对策

本公司元器件生产有少量废水排放，本公司已投入800多万元建成废水处理中心，经市环保管理部门检测，目前废水、废气排放经处理后已符合国家DB44－26－89《水污染物排放标准》中的二级标准，符合国家DB44－27－89《大气污染物排放标准》中的二级标准。本公司今后将根据生产规模及产品发展的需要继续提高环保处理水平，建成文明的花园式企业。

3. 针对行业内部竞争风险之对策

本公司通过扩大生产规模和提高产品档次，降低产品成本，形成规模经济效益，使本公司主营产品在国内市场的占有率提高，保持在国内同行业中位居龙头企业的优势；在国际市场上则以产品价格、产品技术水平和质量可靠、供应及时等措施争取扩大市场销售份额，以求在海外市场占有一席之地。

(三)市场风险对策

本公司将根据市场变化灵活经营，在目前已经相对稳定的销售渠道和销售网络的基础上，进一步采用联营型、投资型、松散型等多种方式扩大销售网络；开发和投产高技术含量的新产品，针对不同领域和不同层次客户需求提供质量可靠、方便使用的品种，争取扩大市场份额和客源；在充分利用现有产品规模和技术水平的基础上，不断改造更新生产设备，加快新产品研制投产时间，以抢占市场；同时，进一步强化内部管理和产品成本核算，全方位降低产品成本，使本公司主营产品以价廉质优的市场竞争优势减少市场风险。

(四)加入世界贸易组织的风险对策

我国加入世贸组织势在必行，其机遇应与风险并存。本公司将通过加大对技术改造和新产品开发的投资力度，尽快达到高新技术产品的规模化生产，扩大产品出口比例，抓住机会，努力开拓国际市场，向国际化经营转变。

(五)外汇风险对策

本公司主营产品所采用的主要原材料和关键电子元器件目前仍依靠进口，主营产品有一定比例出口创汇，因此，在外汇风险存在的情况下，本公司首先将着力于对引进技术装备和生产技术的消化吸收，积极进行国产化研制配套工作，逐步增加国产原材料的比例，以替代进口原材料；其次，从国际市场上拓宽原材料供应渠道，利用其市场竞争机制，选择质优价廉的国外供应商或制造厂家，购买原材料，以保证生产需要；与此同时，积极拓展国外销售渠道和网络，努力增加高科技产品出口比例，提高出口所占份额，增加外汇收入；同时，密切关注国际市场外汇波动趋势，不断调整对策，规避汇兑损失，最大限度降低外汇风险。

(六)政策性风险对策

本公司将进一步认真学习研究国家有关产业、金融税收、高新技术企业的各项重大方针、政策和规定，加强信息收集和政策研究，与政府有关部门，特别是电子工业部、外经贸委等部门密切联系，充分利用国家及地方政府对本公司实行的扶持发展政策，使本公司在规避政策风险的同时获得更大经济效益。

(七)其他风险对策

本公司将投资建设的各项目虽然已经过前期的调查研究和专家论证，但市场供求随时间推移产生新的变化，技术水准也在不断提高，本公司将成立投资决策小组，及时收集了解本行业市场和技术变化动向，定期监督检查。

对于正在实施和即将进行的项目，在严格执行计划、保证实施进度的同时，将周密考虑各种影响因素的存在，及时采取各项措施加以解决，以保证各项目在实施过程中顺利完成。建设项目完成后，将加快产品生产和推广应用，及时回收投资，切实有效地降低项目投资风险。

2. 其他风险之对策

本公司将严格按股份制要求规范化运作，通过强化内部管理，不断提高本公司经营管理水平，加强安全生产管理，增强安全生产意识，努力防范各种突发性事件的发生，从而增强抵御其他风险的能力。

(八)股市风险对策

为减少本公司股票上市后的股市风险，充分保障股东利益，本公司将采取如下措施：

1. 建立科学的决策体系，加强市场调研与分析，努力提高决策的预见性，防止决策失误带来的风险；

2. 多渠道开展培训工作，以进一步提高本公司决策层和管理层的经营管理水平，提高公司整体实力；

3. 本公司将严格遵照《中华人民共和国公司法》和《股票发行与交易管理暂行条例》等法规，规范本公司行为，及时公开披露重大信息，加强与投资者的信息沟通，树立良好的公司形象；同时，本公司通过完善企业管理机制和技术开发、技术引进等各种措施提高经营效益，确保本公司盈利水平稳步增长，为股东谋求可靠稳定和长期的投资回报，提高本公司股票在二级市场的抗风险能力。

六、募集资金的运用

(一)募集资金的计划用途和立项审批

本次向社会公众发行人民币普通股6500万股，拟按4.97元/股溢价发行。若预期发行成功，在扣除发行费用910万元后，实际筹集资金31395万元，本公司筹委会经过认真研究和论证，拟计划用于下列三个项目：

1.拟投资16500万元，用于超薄及特种覆铜板项目。该项目已获国家计委计机轻[1997]1310号文批准；

2.拟投资11002.5万元，用于印制板生产线技改项目。该项目已获国家经贸委国经贸改[1996]第195号文批准；

3.3892.5万元用于补充本公司流动资金。

(二)项目情况及资金使用、产生效益和投资回收时间表

若本次股票发行成功，扣除发行费用后，本公司将可募集资金31395万元，拟用于以下项目：

1.投资16500万元，用于超薄及特种覆铜板项目

覆铜板是电子工业基础材料，专用于制造印制线路板。本项目拟引进国外先进技术和设备，开发生产超薄型及特种覆铜板。

本项目计划总投资16500万元，于1997年8月开工建设，1998年8月建成投产，项目建成达产后，可年产超薄及特种覆铜板300万平方米，年可创产值4.267亿元，税后利润5310万元，投资收益率为32.18%，投资回收期约4.11年(含建设期1年)。

2.投资11002.5万元，用于印制板生产线技术改造项目

该项目根据国内外市场分析，结合本公司已有的技术基础和生产能力，拟计划利用原生产线部分工序剩余的能力，再增加部分先进设备以达到扩容目的；改造沉铜、干膜、图形、碱蚀等影响产量和质量的瓶颈工序，并利用本公司的旧厂房安装新生产线，以达到提高产品技术档次和产量的目的。

该项目总投资14670万元，根据汕头超声电子(集团)公司与合资方香港汕华发展有限公司签订的项目投资协议书，中方投资占总投资的75%(即中方投资11002.5万元)。该项目于1997年8月开工建设，1998年8月建成投产，项目建成达产后，可年产双面板11.6万平方米，多层板10万平方米，产品70%出口。项目投产后，年可实现销售收入2.4亿元，年新增净利润3494万元，创汇2000万美元，按本公司拥有该项目75%权益计算，本公司可年新增销售收入1.8亿元，年新增净利润2620万元，创汇1500万美元，投资收益率为23.81%，投资回收期5.2年(含建设期1年)。

本次发行股票募集资金预计1997年8月到位后，将陆续投入上述二个投资项目，上述二个投资项目将按计划分步实施，项目实施过程中对于因资金投入时间差而产生的闲置资金，将存入银行，以求获得较高的收益。

本公司对上述二个项目总投资为27502.5万元，项目实现并产生项目效益后，预计年新增销售收入60700万元，新增利润7930万元，平均投资收益率为28%。

3.3892.5万元用于补充本公司流动资金

本公司在业务发展过程中，购置原材料、备用品和其他用品周转资金很大，需要补充相应的流动资金。同时，销售收入实现后资金有一段被客户占用时间，资金正常回笼受到一定程度的影响。国家采取适度从紧的货币政策，本公司通过自筹资金解决流动资金有一定的困难。

为了保证本公司生产业务的正常进行和今后的长足发展，拟用本次募股筹集的资金3892.5万元补充流动资金，减轻本公司经营压力，降低经营风险，改善本公司财务结构。

(四)募集资金运用基本情况表(附后)

七、股利分配政策

(一)本公司股利分配的一般政策

1.本公司本次发行的股票为记名式人民币普通股，在股利分配方面实行同股同利政策。

2.本公司每一会计年度实现的利润，在依法缴纳所得税后按下列顺序分配：

(1)弥补以前年度的亏损

(2)提取法定公积金10%，当法定公积金累计已达注册资本的50%以上时，可不再提取；

(3)提取法定公益金5～10%；

(4)提取任意公积金，比例由股东大会决议决定；

(5)支付普通股股利。

本公司在弥补亏损、提取法定公积金和法定公益金之前，不得分配股利。

3.本公司将依据国家有关法律和公司章程所载明的股利分配原则进行股利分配。本公司股利原则上每年派发一次，在每一会计年度结束后六个月内进行；经股东大会特别决议，本公司可进行中期分红；股利分配可采取派发现金和股票两种形式；本公司向个人股东分配股利时，将依法代为扣缴股利收入的应纳税金。

(二)本次公开发行股票后，新股东将参加本公司自1997年4月1日起的利润分配；预计本公司首次股利分配时间在1998年第二季度，具体实施时间由本公司创立后的股东大会决定。

以上股利分配政策需由本公司创立后选举产生的董事会确认，并经股东大会批准通过。

八、发行人情况

(一)发行人名称：广东汕头超声电子股份有限公司(筹)

(二)英文名称：GUANGDONG GOWORLD CO.,LTD.

(三)发行人成立的日期：

本公司已于1997年4月25日成立筹委会，并于1997年5月20日获广东省工商行政管理局发给的《公司名称预先核准通知书》。1997年7月7日经广东省人民政府粤府函[1997]123号文批准设立本公司；在本次股票发行成功后，本公司将召开创立大会并向工商行政管理部门申请登记注册后正式成立。

(四)发行人住所：广东省汕头市兴业路21号

(五)发行人的历史沿革

1.发行人的历史沿革及简介

本公司发起人汕头超声电子(集团)公司的前身是创建于1957年的地方国营企业：汕头无线电厂，1965年经汕头市人民委员会以汕人会字[1965]101号文批准改名为汕头超声电子仪器厂，1985年经汕头市人民政府汕府函[1985]2号文批准更名为汕头市超声电子仪器公司，1992年经汕头市人民政府汕府[1992]第270号文批准组建为汕头超声电子(集团)公司。

集团公司于1994年对属下三个国有企业进行企业重组成立了汕头超声仪器公司。

汕头超声电子(集团)超声换能器厂原是汕头市超声电子仪器公司属下的汕头超声换能器厂，1984年底经上级批准体制改革，形成司、厂两级体制而成立，1992年随公司改组成为集团公司属下企业。

广东省超声电子工程技术开发中心是集团公司在1992年成立的研究开发中心，后经广东省科委批准成为以集团公司为依托单位的省级技术开发型科研机构。

汕头超声印制板公司是1985年由汕头市超声电子仪器公司与香港汕华发展有限公司合资创办成立的中外合资企业，中方占股75%。

汕头超声显示器有限公司是1991年由汕头市超声电子仪器公司和美国闻得公司在汕头合作创建的中美合资企业，中方占股75%，上述两家合资公司自集团公司成立后成为集团公司下属控股企业。

集团公司主要从事超声电子仪器、印制板和液晶显示器的研制和生产，七十年代至八十年代初期，超声电子仪器产销量占国内同行业的三分之二，成为“中国超声仪器第一家”。1985年引进国外先进的印制电路板

生产技术,经过二次技术改造,使原仅2万平方米的生产能力扩大到12万平方米,产品质量连续获全国行业评比第1名,1993年获印制板行业唯一的国优证书,被誉为“中国印制线路板之冠”,1994年又通过了英国劳埃德船级社认证并获得ISO9002证书,1996年获“广东省名牌产品”证书,印制电路板成为集团公司的又一拳头产品;1992年,又引进液晶显示器制造技术,建成LCD生产线,1994年开始试产,现已成为我国平面显示器的又一主要生产厂家,1997年通过了ISO9001认证。集团公司依靠技术进步,不断扩大生产规模,经济效益增长迅速。

1992年,集团公司被评为国有大型工业企业。同年,集团公司创办的研究开发中心被省科委评审认定为广东省超声电子工程技术开发中心,成为省级科研开发机构,1993年集团公司被国务院进出口办公室批准为国家级机电产品出口基地企业,1995年经国家外经贸委、经贸委批准享有国家级进出口业务经营权,1994年被广东省科委批准为首批“广东省高新技术企业集团(试点单位)”,并被广东省列为187家建立现代企业制度试点企业,1996年被国家科委批准为首批“国家级重点高新技术企业”,被国家经贸委列入全国1000户重点信息联系企业之一。

集团公司以高新技术产品为主导,努力发展数字化、智能化超声探伤仪器、高精度高密度双面及多层印制电路板、大屏幕液晶显示模块等新产品,建立了多元化的产品结构,并形成规模化生产,现已拥有年生产能力为超声电子仪器5000台,双面及多层印制板12万平方米、液晶显示器2万平方米等多项高新技术产品生产线。

目前,集团公司生产的三大类产品(超声检测仪器、多层印制电路板、液晶显示器)按市场经济需求进行生产、销售,在国内市场的占有率分别居同行业的第一、第一和第三位。自1992年以来,集团公司经济效益逐年增长,连年被评价进入“广东电子工业50强”、“中国行业一百强”等排序,在全国电子仪器行业、印制电路板行业、无损探伤仪器行业中名列前茅,集团公司技术含量逐年提高,高新技术产品在集团生产经营中的比例已达58%,近年曾获“广东省企业技术进步奖”、“广东省机电产品出口先进单位”、“广东省优秀科研开发机构”、“广东省模范集体”、“广东省先进企业党委”等表彰奖励。

本次由集团公司进行资产重组,独家发起,以募集方式设立之后,集团公司将下属生产三大类产品(超声电子仪器、双面及多层印制线路板、液晶显示器)的企业和销售网络全部投入本公司,本公司正式成立后,集团公司不再生产和经营以上产品。

本公司正式成立后,汕头超声电子(集团)公司将形成的组织结构图详见附页。

2. 重组过程

本公司发起人集团公司将下属三个全资附属企业的非生产经营性资产进行剥离,剥离后将截止1997年3月31日评估基准日的生产经营性资产经评估后折价折为国有法人股,投入本公司,由发起人持有;原集团公司三个全资子公司重组进入本公司的部分分别设为本公司下属的三家分公司,无独立法人地位,其相应的债权债务关系由本公司承继;原属集团公司的对两家合资公司的投资权益(各占75%)转由本公司享有,成为本公司控股的具有独立法人地位的有限责任公司,该方案已经两家合资公司外方股东同意并做出承诺。

3. 发行人的历史沿革

广东汕头超声电子股份有限公司(筹)是由汕头超声电子(集团)公司独家发起,对其下属的汕头超声仪器公司、汕头超声电子(集团)超声换能器厂、广东省超声电子工程技术开发中心三家全资子公司和汕头超声印制板公司、汕头超声显示器有限公司两家控股公司(中外合资企业)进行股份制改组,以募集方式设立的股份有限公司。本公司名称已经广东省工商行政管理局名称预核[1997]第0310号《企业名称预先核准通知书》预先核准。本公司已经广东省人民政府粤府函[1997]123号文批准设立。

(六)发行人的组织结构和内部管理结构

1. 本公司的权力机构是股东大会,股东大会下设董事会,是股东大会的常设执行机构,在股东大会闭会期间,负责本公司的重大决策,并向股东大会负责。

2. 本公司组织结构和内部管理结构如下:

汕头超声电子(集团)公司组织结构图

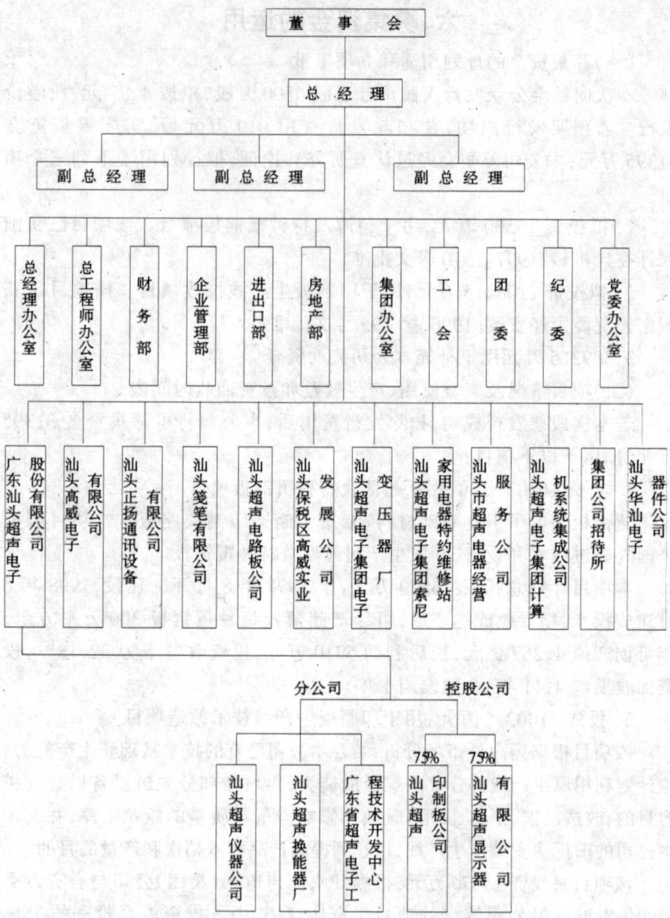

汕头超声电子(集团)公司内部管理结构图

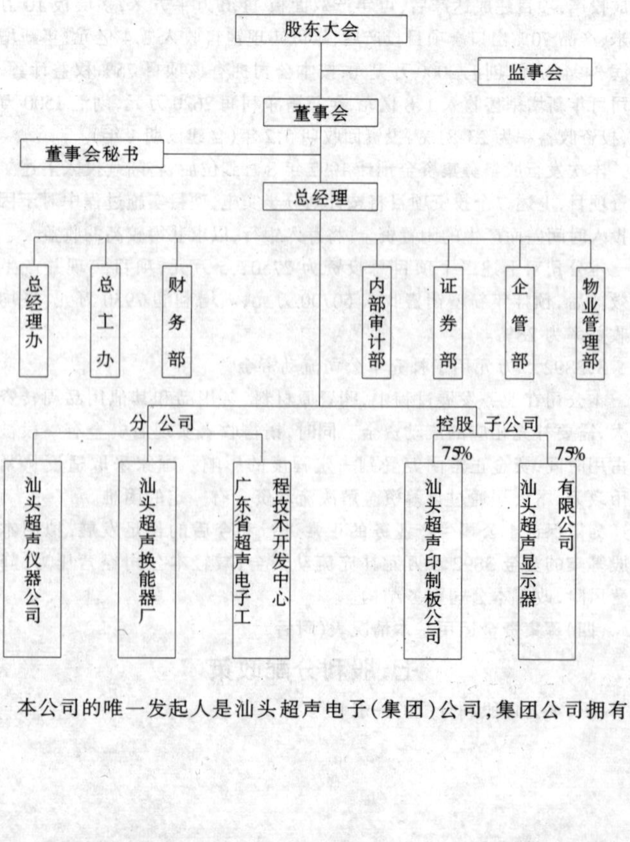

本公司的唯一发起人是汕头超声电子(集团)公司,集团公司拥有本

公司股份 14000 万股,占本公司成立后总股本的 68.29%。本公司是集团公司下属核心企业,也是集团公司下属规模和实力最大的控股子公司,正式成立后将拥有独立的法人地位。

(七)本公司职工情况

本公司现有在册职工总人数为 1350 人,其中生产人员 922 人,占 68.29%,销售人员 42 人,占 3.11%,技术人员 326 人,占 24.15%,财务人员 36 人,占 2.67%,行政管理人员 24 人,占 1.7%;大专及大专以上学历 286 人,占 21.19%;具有中高级职称的人员 140 人,占 10.37%。

根据《中华人民共和国劳动法》和国家有关法规规定,本公司全体员工实行全员劳动合同制,并执行国家有关规定给予员工各种福利和劳保;本公司拟为员工办理职工养老保险、工伤保险、待业保险、女职工生育保险和医疗保险等社会保险。

(八)发行人的业务经营范围:超声电子仪器、仪器仪表、电子元器件、电子材料、家用电器、通讯和电子计算机产品以及经批准的投资业务。

(九)发行人实际从事的主要业务:超声电子仪器、液晶显示器、印制线路板的生产和销售、技术开发及技术服务。

(十)本公司主要产品品种、生产能力、主要市场及其市场占有情况和销售情况

1. 主要产品品种和生产能力

本公司的主要产品有超声电子仪器、印制线路板、液晶显示器三大类高新技术产品。1994－1996 年实际产量及年生产能力情况详见下表:

项目 \ 产量 \ 时间	单位	1994 年	1995 年	1996 年
印制线路板	m^2	60704	90523	100093
液晶显示器	m^2	3713	11970	15131
超声电子仪器	台	1114	1886	4148

1996 年底,本公司印制板线路板的生产能力达 12 万 m^2,液晶显示器的生产能力达 2 万 m^2,超声电子仪器的生产能力达 5000 台。

2. 市场及销售情况

本公司产品的销售方式以直接销售为主,间接销售为辅,具体销售方式有合同订货、代理等方式。

本公司 1996 年印制线路板国内共销售 38286m^2,外销 58527m^2,销售额达 16515 万元;液晶显示器国内销售量为 2637m^2,外销 9958m^2,销售额达 3274 万元;超声电子仪器国内共销售 828 台,销售额达 1030 万元,技术开发服务费 516 万元。

(十)主要原材料供应、自然资源的耗用情况

1. 主要原材料供应情况

本公司印制线路板所需原材料主要有覆铜板、干膜、铜箔、绿油等。覆铜板目前一部分由国内厂家定点供应,高性能需求的超薄和特种覆铜板需依靠进口;干膜、铜箔、绿油等材料均需进口;液晶显示器所需原材料主要有 ITO 玻璃、偏振片、液晶材料等,这些原材料均需进口;超声电子仪器所需原材料有高速运算集成、放大器等元器件,关键元器件需进口,普通元器件均可在国内订购。

上述本公司产品所需原材料在国内外市场上均有多家供应,可满足本公司对上述原材料的需求。随着即将投资建设的超薄和特种覆铜板项目的建成投产,将彻底解决印制线路板等产品的原材料依靠进口的问题,不但能保证本公司生产所需,而且可以外销创汇。

2. 主要自然资源的耗用情况

本公司所需耗用的自然资源主要有水、电资源,其中:

(1)水:1996 年用水总量为 140 万吨,由汕头市自来水管网供给,保证率 100%。

(2)电:1996 年用电量 1560 万度,1997 年预计需 1800 万度,本公司现有供电变电容量可达 5300 万度,可保证本公司今后生产规模扩大的需要。

(十一)对本公司业务有重要意义的工业产权和其它类似无形资产的有关情况

"汕头牌"商标两件,注册号分别为:第 129207 号和第 129208 号,上述商标持有人为集团公司,本公司目前已就上述商标的使用权问题与集团公司签订了《商标使用许可合同》,合同有效期为 20 年,根据该合同之约定,本公司为取得上述商标的使用权,须每年向集团公司支付商标使用费。

(十二)新产品、新项目研究开发的有关情况

1996 年以来本公司已投入批量试产的新产品、新项目包括收银机液晶显示模块、PZT 基压电陶瓷材料、STN 液晶显示器、工业用数字图像化超声检测仪等;正在研制开发的新产品、新项目包括卡式数字超声探伤仪、CTS－60B 铁路长钢轨焊缝探伤设备、超声换能器计算机自动测试装置、CTS－9010 型智能液晶超声探伤仪、CTS－8005A 型铁路轮轴专用超声探伤仪、加油机计税器、STN 液晶显示器模块。

(十三)正在进行或计划进行的投资项目、技术改造、产品更新的一般情况

1. 本公司正在进行的项目

(1)多层印制线路板生产线扩建工程

投资 4410 万元,增购层压机、多层 PTH 线、开板－图形线等设备,扩大原有多层板生产能力达到 5 万平方米以上。

(2)印制板生产线废水处理中心改造增容工程

原有主要用于对印制板生产废水处理站的处理能力随着生产规模的提高而日显不足,1996 年投资 300 万元进行增容改造,安装废气净化处理设备 4 台,中央吸尘设备各一套,日处理废水能力达 1400 立方米,不但满足当前环保要求,而且能保证今后扩大生产规模的需要。

(3)液晶显示器及模块生产线技术改造

投资 2324 万元,使原液晶显示器生产线达到年产 STN 型 1 万平方米、TN 型 2 万平方米、模块 15 万套的生产能力。

2. 本公司已计划中的投资项目

(1)计划投资 16500 万元,于 1998 年建成超薄及特种覆铜板生产线,达到年产超薄及特种覆铜板 300 万平方米的生产能力,年创净利润 5310 万元。

(2)计划投资 11002.5 万元,于 1997～1998 年进行印制板生产线技术改造项目,项目完成后可使高密度高精度的双面和多层印制线路板生产能力达到年产 21.6 万平方米,年创利润 2620 万元,创汇 1500 万美元。

以上二个项目完成后,将使本公司成为国内规模较大、技术装备先进的印制板、覆铜板等基础电子元器件生产基地之一,在同行业中继续保持领先地位。

(十四)所得税:经广东省人民政府粤府函[1997]137 号文批复,本公司正式成立之后,按国家规定税率 15%计缴所得税;同时,按照国家和广东省对高新技术企业实行扶持政策的精神,对本公司缴纳所得税额中超过 10%部分(5%)由汕头市财政返还给本公司,即本公司实际执行 10%的所得税负。

(十五)发行人现有关联企业及关联交易

1. 关联企业

本公司关联企业包括:

(1)本公司发起人:汕头超声电子(集团)公司。

(2)本公司全资附属企业:汕头超声仪器公司、汕头超声换能器厂、广东省超声电子工程技术开发中心;

(3)本公司控股企业:汕头超声印制板公司、汕头超声显示器有限公司。

2. 关联交易

本公司设立后,集团公司成为本公司的第一大股东,处于控股的地位,为规范关联交易,本公司与集团公司签订了《资产重组协议》、《综合服务协议》、《土地使用权租赁协议》、《商标使用许可合同》、《房屋租赁协议》

等合同和协议,上述合同明确规定了集团公司与本公司在提供各类服务和有偿使用等方面所应遵循的原则和具体约定,以充分保证本公司的利益不受侵害。

集团公司承诺,作为本公司的控股股东,集团公司及其附属企业将不再从事与本公司的主要业务有竞争或可能构成竞争的业务或活动。同时,集团公司承诺其将按照公平、公正的原则处理与本公司的各项关系。

九、筹委会成员

(一)本公司筹委会成员名单及简历

林盛川先生　1936年出生,大学本科毕业,高级工程师,华南理工大学兼职教授。历任车间副主任、技术科副科长、副总经理、总经理、党委书记,现任汕头超声电子(集团)公司法定代表人、党委书记兼总经理。曾获得汕头市科技进步突出贡献特等奖,广东省企业技术进步突出贡献奖;被评为广东省优秀企业家、广东省优秀科技企业家,被国务院发展研究中心评为中国500名企业创业者之一;享受国家级政府特殊津贴专家;本公司筹委会主任。

李大淳先生　41岁,大学本科毕业,高级工程师。历任厂长、副总经理(兼技术开发中心主任),现任汕头超声电子(集团)公司常务副总经理。1996年获广东省经委授予的广东省企业技术进步突出贡献奖。本公司筹委会副主任。

刘永锴先生　50岁,大学专科毕业,经济师。历任车间主任、生产科长、厂长、副总经理,现任汕头超声电子(集团)公司副总经理兼汕头超声仪器公司总经理。

莫少山先生　40岁,大学本科毕业,高级工程师。历任副厂长、生产部经理、副总经理,现任汕头超声电子(集团)公司副总经理兼汕头超声印制板公司董事、总经理。曾被评为全国优秀青年企业家,中国青年优秀环保企业家,荣获全国五·一劳动奖章,是享受国家级政府特殊津贴专家。

陈汉龙先生　46岁,大学专科毕业。历任党支部副书记、人事部经理、办公室主任、总经理办主任,现任汕头超声电子(集团)公司副总经理。是广东省党建学会会员并任汕头市经委政研会副会长。

陈东阳先生　49岁,高中毕业,政工师,预备役常上校军衔。历任排长、科长、团政委、党委书记、南澳县党委常委、汕头军分区党委委员,1992年任汕头超声公司武装部长,现任汕头超声电子(集团)公司办公室主任,党委委员。

林诗彪先生　34岁,大学本科毕业,高级工程师。历任工程师、总经理办公室副主任,现任汕头超声电子(集团)公司副总工程师。曾被评为中科院广州分院优秀青年科技工作者。现任汕头市科学技术成果专家评审组成员,汕头市中级专业技术职务评委会委员。

(二)本公司筹委会成员承诺

本公司筹委会成员,若准备担任本公司高级管理职务,将在本公司成立之前,辞支原在集团公司提任的高级职务,以避免出现担任双重职务情况。

十、经营业绩

(一)本公司生产经营的一般情况

本公司主要从事超声电子仪器、印制线路板、液晶显示器的生产和销售,根据汕头会计师事务所(97)汕会审字第112号审计报告,本公司近年来生产一直呈现稳定的增长态势,主营业务收入逐年快速增长,1996年主营业务收入21839.59万元,利润5775.77万元,出口创汇1280万美元。本公司1994~1997.3的销售、利润情况如下:

单位:千元

项目	1997.1-3	1996年度	1995年度	1994年度
主营业务收入	46,709	218,396	210,510	140,805
主营业务利润	6,231	59,919	69,577	44,416
利润总额	10,545	81,051	77,437	52,073
税后利润	8,083	57,757	56,085	37,071

(二)本公司业务收入的主要构成

详见下表:

单位:千元

	1997.1-3		1996年度		1995年度		1994年度	
项目	销售额	所占比例	销售额	所占比例	销售额	所占比例	销售额	所占比例
印制线路板	32419	69.41	170471	78.06	168389	79.99	118674	84.28
液晶显示器	10114	21.65	32740	14.99	30677	14.57	10140	7.20
超声仪器	2467	5.28	11338	5.19	9727	4.62	9427	6.70
技术开发服务	1709	3.66	3846	1.76	1717	0.82	2564	1.82
合计	46709	100	218395	100	210510	100	140805	100

1995年度比1994年度销售收入有较大幅度增加,主要是印制线路板扩大出口销售和液晶显示器由试产步入正常生产而致。

(三)已完成的重大项目和科研成果

1. 主要科研成果

(1)CTS-8002型数字化超声探伤仪

1993年12月8日由广东省科委组织主持专家评审,通过省级科技成果鉴定([1993]粤科鉴字202号《鉴定证书》),1994年起投入小批试产。该项目1994年获汕头市科技进步一等奖,广东省科技进步三等奖,1996年被国家经贸委列入国家级重点新产品试产计划,获"国家级新产品"证书。

(2)CTS-8005型超声探伤仪

1995年12月25日由广东省科委组织主持专家评审,通过省级科技成果鉴定([1995]粤科鉴字151号《鉴定证书》),1996年起投入小批生产。该项目1995年分别被广东省、电子工业部列入电子工业科研试制计划,1996年被列入国家级重点新产品试产计划,年获国家经贸委评审认定的"国家级新产品"证书。

(3)CTS-46型六通道超声波探伤仪

1994年1月15日由国家教委组织,委托清华大学主持专家评审,通过国家级科技成果鉴定([教Q94]鉴字57号《鉴定证书》)。该项目采用新颖的脉冲鉴别电路设计技术,抗干扰能力强,特别适用于管、棒坯等金属材料的自动化超声探伤,已申请国家实用新型专利(专利申请号:932039049)居国内同类产品领先水平。

(4)高精度、高密度、高可靠印制板技改项目

1994年获汕头市科技进步突出贡献特等奖。该项目引进国外制造技术后,经过消化吸收并不断创新,通过生产线技术改造,在扩大生产规模同时提高产品技术档次,使多层板产品形成批量生产能力,该生产线的多层板产量、企业人均利税、劳动生产率均居国内同行首位,连续三年进入电子元件行业的"中国行业一百强"前列。

(5)液晶显示器

1996年3月5日由汕头市科委主持专家评审,通过科技成果鉴定(汕科鉴[1996]04号《鉴定证书》),1996年获汕头市科技成果一等奖。1997年4月18日由广东省经委组织、省电子机械工业厅主持专家评审,通过省级新产品鉴定([1997]鉴字150号《鉴定证书》)。1996年获广东省省级重点新产品证书。

(6)功率型压电陶瓷振子

1996年8月27日由广东省科委组织主持专家评审,通过省级科技成果鉴定([1996]粤科鉴字129号《鉴定证书》),1997年获汕头市科技进步二等奖。

2. 已完成和正在进行的重大技术改造、技术引进项目

(1)印制线路板生产线技术改造项目

印制线路板生产线自1985年从国外引进设备和制造技术后,已先后投资共987万美元,经过1990年和1994年两次重大技术改造,使生产线原设计年产2.23万平方米印制板的生产能力逐步提高,至1996年底达到年产12万平方米(其中多层板5万平方米,双面板7万平方米)的能力,1996年已实现年产值3.4亿元,销售收入1.6亿元,税利4000万元,出口

创汇 1005 万美元，居国内同行首位。

(2)液晶显示器技术引进项目

1993 年从美国引进液晶显示器制造技术，已投资 478 万美元建设专用净化厂房和购买关键设备建成生产线，经过对引进技术消化吸收，至 1996 年已实现年产 1.5 万平方米液晶显示器生产能力，创产值 6087 万元，销售收入 3247 万元，出口创汇 262 万美元，生产规模居国内同行业中第三位。

(四)产品性能、质量方面的情况

1. 印制线路板(PCB)

1994 年通过美国、德国、荷兰、澳大利亚等 LRQA 验收的 ISO9002 质量体系标准认证并获证书(编号:942SIS)。

1995 年 6 月通过中国商检质量认证中心(CCIB)评审合格，并获质量体系注册证书(证书号:4403/95059)。

1996 年 12 月通过广东省经委和省名牌认定委员会评审，并获"广东省名牌产品"证书。

2. 液晶显示器及模块(LCD& LCM)

1997 年通过英国 SGS 验收的 ISO9001 产品质量标准认证并获证书(证书编号:Q9070)。

3. 超声探伤仪

1997 年获铁道部科学研究院产品质理认可证书，并被指定为铁道部机务系统专用定型产品(证书号:97－03)。

4. 超声换能器(超声探伤用探头)

1997 年获铁道部科学研究院产品质量认可证书，并被指定为铁道部机务系统专用定型产品(证书号:97－04)。

(五)筹资和投资方面的情况

目前本公司主要的筹资渠道是银行贷款，包括国家专项技改贷款、省市政府专项技改贷款等，1994 年至 1996 年共筹集资金 11625 万元用于技术改造，所筹资金主要用于新建、改建项目投资、补充流动资金。通过新建和改建后，1996 年末本公司主营产品实际完成为:印制板 10 万平方米，液晶显示器 1.5 万平方米，超声电子仪器 4148 台，比 1994 年分别增长了 66.67%、275%、272%。

(六)生产经营设备和主要固定资产增加、改进情况

本公司坚持依靠技术进步，通过对引进技术的消化吸收，生产经营能力和水平逐步提高。1994 年以来，共筹措资金 11625 万元，投入生产线更新添补设备和改善生产条件，1994 年投入 2578 万元补充印制板生产线设备，1995 年再投入 1168 万元更新印制板生产线设备，该生产线能力达到 10 万平方米。1996 年分别投入 1477 万元用于改造显示器生产线的净化、中央空调、自动控制及冷却循环系统工程，投入 4998 万元用于更新添置印制板生产线多层板生产设备，使多层板生产能力达 5 万平方米，总生产能力达 12 万平方米。投入 690 万元，用于印制板生产车间的厂房改扩建。投入 609 万元增购配套设备用于扩建废水处理中心，提高三废处理能力，投入 150 万元用于补充液晶显示器生产所需的真空设备、防火安全设备。

这些投入大大提高了本公司生产技术装备，达到国内一流水平，同时，改进和改善了生产劳动环境，提高了三废处理能力，对提高本公司劳动生产率、保证产品质量有着重要作用，为本公司进一步发展打下了坚实基础。

(七)经营管理的改进与提高

本公司按照市场经济的要求，不断更新观念，加强经营管理，并采取了一系列行之有效的措施:

1. 积极优化主营产品结构，努力扩大经营规模，并着力探索产品经营与资本经营并举的经营模式，促进企业规模的高速发展；

2. 以市场为中心，做好市场调研和市场预测，扩大销售队伍，采用各种销售策略，加强售后服务，利用资金、网络、商誉等优势，以总代理、总经销的方式迅速提高市场占有份额；

3. 规模经营，突出特色，努力塑造文明企业的良好形象；

4. 不断加强新产品的开发与研制，提高产品档次和附加值，增加产品品种，规避市场风险；

5. 改革了劳动人事制度，实行全员劳动合同制，建立了优胜劣汰的竞争机制；

6. 改革了分配制度，建立了职工上岗考核、奖励工资等按劳分配的各种激励机制；

7. 坚持以提高效率为目的，建立了科学的决策程序、成本核算制，严格执行国家质量标准，全面推行现代企业管理制度。

(八)职工数量与业务水平方面的变化

本着"人才为本"的观念，本公司努力提高员工的业务水平和现代企业管理新经验，采取了多种形式对管理人员、技术人员和生产人员进行培训，努力造就一支既有专业知识，又有实践经验的员工队伍，从各方面促使职工业务素质不断提高。近年来，本公司还从全国部分高等院校中陆续择优引进了大量优秀毕业生，不断充实技术和管理力量。

十一、股本

(一)拟注册股本为 20500 万股

(二)超过面值缴入的资本及其用途:

本次发行成功后，本公司总股本为 20500 万股，其中发起人认购部分按 69.79% 折股比例将其净资产 20060.53 万元折成 14000 万股，同时向社会公众按每股溢价 4.97 元发行 6500 万股社会公众股。全部认购股份超过面值部分，在扣除发行费用后缴入的资本 30955.53 万元，将全部计入资本公积金。

(三)本次发行后的股本结构如下:

股份类型	持股人	出资方式	持股数量(万股)	占总股本比例(%)
国有法人股	汕头超声电子(集团)公司	净资产	14000	68.29
社会公众股	社会法人和自然人	现金	6500	31.71
其中:公司职工股	公司职工		650	3.17
总股本			20500	100

(四)本次股票发行前后净资产变动情况:

	净资产总额(万元)	股本额(万股)	每股净资产(元/股)
发行前	20060.53	14000	1.43
发行后	51455.53	20500	2.51

(五)本次发行前持有发行人 5%以上股权的股东名单及其简要情况

本公司由汕头超声电子(集团)公司独家发起，集团公司持有本公司股份 14000 万股，占发行前总股本的 100%，是本公司唯一发起人。

(六)本次股票发行对本公司职工的配售情况

1. 发行依据:本公司将依据《公司法》、《股票发行与交易管理暂行条便》等有关法规和中国证监会 1996 年 12 月 26 日《关于股票发行工作若干规定的通知》精神向本公司职工配售公司职工股。

2. 发行对象:截止 1997 年 3 月 31 日本公司在册职工 1350 人。

3. 集中托管:本公司此次向在册职工配售的 650 万公司职工股将被集中托管。

4. 上市时间:本公司本次向公司职工配售之 650 万公司职工股，将自本次社会公众股上市交易之日起期满半年后上市交易。

(七) 股票回购

1. 根据《中华人民共和国公司法》第 149 条之规定:本公司不得回购本公司发行在外的股票。

2. 当出现下列情形时，本公司可以回购本公司股票:

(1)因减少本公司资本而注销股份；

(2)与持有本公司股票的其他公司合并时；

(3)收购持有本公司股票的其他公司。

3. 若本公司须回购已发行在外的股票时，将按《公司法》及《股票发行

与交易管理暂行条例》的有关规定,由本公司董事会提议,经股东大会决议通过,并报有关主管部门批准后,按有关回购规则进行。

本公司按上述规定回购本公司的股票后,必须在10日内注销该部分股份,依照法律、行政法规办理变更登记,并公告。

十二、主要会计资料

本节向投资者提供本公司最基本的财务状况、经营结果及其会计政策等资料。如投资者对本公司的财务状况、经营成果、会计政策等资料进行更为详细的了解,请认真阅读汕头会计师事务所(97)汕会审字第112号审计报告及公司财务报表和附注全文。

以下资料数据均摘录自汕头会计师事务所对本公司出具的审计报告和经审计的本公司编制的财务报表及附注。

(一)汕头会计师事务所对本公司出具的审计报告

(97)汕会审字第112号

审计报告

广东汕头超声电子股份有限公司筹备委员会:

我们接受委托,审计了广东汕头超声电子股份有限公司(筹)(以下简称公司)1994年12月31日、1995年12月31日、1996年12月31日、1997年3月31日的资产负债表和合并资产负债表,1994年度、1995年度、1996年度、1997年1-3月份的利润及利润分配表和合并利润及利润分配表,以及1996年度财务状况变动表和合并财务状况变动表。这些会计报表由贵公司负责,我们的责任是对这些会计报表发表审计意见。我们的审计是依据中国注册会计师独立审计准则进行的,在审计过程中,我们结合贵公司实际情况,实施了包括抽查会计记录等我们认为必要的审计程序。

我们认为,上述会计报表符合《企业会计准则》及《股份制试点企业会计制度》及有关补充规定,在所有重大方面公允地反映了贵公司1994年12月31日、1995年12月31日、1996年12月31日、1997年3月31日的财务状况和1994年度、1995年度、1996年度、1997年1-3月份的经营成果及1996年度的资金变动情况,会计处理方法的选用遵循了一贯性原则。

汕头会计师事务所　　中国注册会计师　谢胜杰

中国注册会计师　陈　迅

1997年7月8日

(二)经汕头会计师事务所审计的本公司财务报表

(三)主要会计政策

1. 模拟会计报表的编制基准和方法

本会计报表的编制基准系依公司重组方案确立的架构,即将原集团公司下属三家全资子公司(不包括土地)和长期投资中印制板公司和显示器公司相关联的资产连同相应的负债从原集团公司剥离,形成本公司的资产、负债及权益和该项资产相关的经营业务,并假设本公司现有架构自1994年1月1日起至1997年3月31日业已存在并无转变,且按独立法人企业运作,按下列所述的主要会计政策进行独立核算。

基于上述假设,对拟上市部分的三家全资子公司按其生产经营和对外投资的实际情况进行了有关资产界定、负债的重组和会计帐目的调整合并模拟为本公司的母公司,长期投资中的印制板公司和显示器公司为子公司,并在此基础上编制模拟的合并报表。有关资产界定、负债的重组和会计帐目的调整中,实物资产是以实际被占用和被使用为界定原则;债权、债务、其它资产和负债以经营相关为界定和重组原则;利润表中的收入、成本、税金、费用项目,是根据实际发生的经济业务在配比一致的基础上按权责发生制原则编制的。

2. 会计制度

重组前三家全资子公司执行《工业企业会计制度》,本会计报表基于编报的目的和用途,已按《股份制试点企业会计制度》及有关补充规定调整编报。

本公司所属控股子公司——印制板公司和显示器公司系中外合资企业,执行《外商投资企业会计制度》,在编制合并会计报表时已按《股份制试点企业会计制度》及有关补充规定调整编报。

3. 会计期间

自公历每年一月一日起至十二月三十一日止。

4. 合并会计报表的编制方法

公司合并会计报表是根据公司及子公司的会计报表,按《合并会计报表暂行规定》及有关补充规定的要求编制的。

合并会计报表子公司概况:

子公司名称	业务性质	注册资本(万美元)	实际投资额(万元)	本公司所持股权比例	按权益法调整后的投资额(万元)1997-03-31
汕头超声印制板公司	电子加工	758	2,936	75%	6,661
汕头超声显示器有限公司	电子加工	390	1,599	75%	2,715

5. 记帐原则和计价基础

按权责发生制原则,采用复式记帐法记帐,按实际成本进行计价。

6. 外币折算方法

记帐本位币为人民币。对涉及外币的经济业务采用当月1日的市场汇价折算为本位币记帐。期末外币货币资金以及债权债务等各种外币帐户的帐面余额以期末中国人民银行公布的市场汇价进行调整,其差异计入当期财务费用。

7. 坏帐处理与准备

坏帐处理为备抵法,坏帐准备计算的基准为应收帐款期末余额的5‰。

8. 存货计价的方法

存货按实际成本计价,原材料和产成品发出采取加权平均法;产品成本按品种法计算;在产品成本计算采用约当产量法;低值易耗品采用领用时一次性摊销法摊销。

9. 长期投资核算方法

债券投资和股权投资中股权比例占20%以下的投资采用成本法核算,股权比例占20%~50%(含50%)投资采用权益法核算;股权比例占50%以上的投资采用权益法核算并编制合并会计报表。

10. 固定资产计价及折旧方法

使用年限超过1年,单位价值在2000元以上的为固定资产;固定资产按实际成本计价,折旧方法为直线平均法,预计残值率5%。

资产类别	估计使用年限	年折旧率
经营(生产)用房	35	2.71%
机器设备	14	6.79%
运输工具	10	9.50%
其他设备	8	11.88%

11. 无形资产及其摊销

无形资产系专有技术从正式生产之日起按10年平均摊销。

12. 递延资产及其摊销

①开办费按5年平均摊销;

②机器设备改良支出按5年平均摊销;

③房屋装修按8年平均摊销。

13. 收入实现确认原则

商品、产品已经发出,劳务已经提供,并且取得货款或索取货款的凭据。

14. 税项

①流转税的适用税率及优惠政策

a. 增值税:产品销售及技术开发收入按17%税率计算销项税额,扣除当期允许抵扣的进项税额后的余额缴纳。两家中外合资企业享受改征增值税增加返还的优惠政策,享受期限至1998年12月31日止。

b. 营业税:租赁收入按5%税率计缴。

c. 城市建设维护税:按当期应缴增值税和营业税的7%计缴。

d. 教育费附加:按当期应缴增值税和营业税的3%计缴。

②所得税的适用税率及优惠政策

a. 本公司按经济特区企业所得税15%税率计征企业所得税,经广东省人民政府粤府函[1997]137号文确认,同意本公司成立后,按国家规定税率15%计征所得税;同时,按照国家和省对高新技术企业实行扶持政策的精神,对所得税额中超过10%部分(5%)由市财政返还给企业,返还部分由市财政负担。因此本公司实际所得税税负为10%。

b. 本公司控股的中外合资企业享受外商投资企业税收优惠政策,所得税率具体为:印制板公司1994、1995年为7.5%;1996年起为10%;显示器公司1994年(亏损)、1995年、1996年免税,1997年至1999年为7.5%。

15. 利润分配

1996年12月31日前,本公司形成税后利润提取10%法定公积金、5%公益金后全部上缴集团公司。本公司经股份制改造并发行股票以募集方式设立后,税后利润分配将由董事会制定分配预案,经股东大会审议通过后实施。

(四)主要财务指标

项　目	1997.3.31	1996.12.31	1995.12.31	1994.12.31
流动比率(%)	113.98	118.33	131.44	134.61
速动比率(%)	57.62	67.69	78.45	89.08
资产负债率(%)	46.46	50.69	45.30	43.51
应收帐款周转率(%)	64.69	270.06	304.04	248.05
存货周转率(%)	3.58	156.04	192.87	166.09
净资产收益率(%)	4.08	33.72	35.98	26.03
每股净利润(元)	0.06	0.41	0.40	0.26

(五)计划进行的重大资本支出项目对企业财务状况和经营成果的影响及其资金来源:

项目名称	投资金额(万元)	新增销售收入(万元)	新增利润(万元)	创汇(万美元)	资金来源
超薄及特种覆铜板项目	16500	42670	5310		本次募股资金
印制板生产线技术改造项目	11002.5	18000	2620	1500	本次募股资金
补充本公司流动资金	3892.5				本次募股资金
合　计	31395	60670	7930	1500	本次募股资金

说明:本公司本次募集的资金主要用于新建超薄及特种覆铜板项目和印制板生产线技术改造项目。项目投产后,本公司可年增加净利润7930万元,按总股本20500万股计算,每股可新增利润0.39元。本公司本次募股所筹集的资金还计划用于补充本公司流动资金3892.5万元,以改善本公司生产经营过程的财务状况,进一步提高本公司的经济实力,降低经营风险,增加效益。

(六)本公司在最近三年中资产流动性的情况及变化趋势

根据汕头会计师事务所出具的审计报告,本公司1994—1996年的营运资金和流动性比率变化如下:

项　目	1997.3.31	1996.12.31	1995.12.31	1994.12.31
营运资金	22,667,733	33,071,293	47,349,351	38,601,957
流动比率	113.98	118.33	131.44	134.61
速动比率	57.62	67.69	78.45	89.08

说明:本公司近三年的生产经营资产流动性基本趋于正常。速动比率较大主要是应收款减少,其中预付帐款减幅较大,主要是生产用的主要原材料市场货源充足,货到付款。截至1997年3月31日预付货款280万元,比1994年12月31日1595万元减少82.4%。

(七)本公司在最近三年中利润构成、盈利水平变化趋势及原因

根据汕头会计师事务所出具的审计报告,本公司1996年度、1995年度、1994年度利润构成、盈利水平变化如下:

单位:元

项　目	1997年1-3月	1996度	1995度	1994度
主营业务收入	46,708.771	218,395,899	210,509,821	140,804,759
主营业务利润	6,231,448	59,918,858	69,577,200	44,416,043
其他业务利润	271,367	241,908	696,433	428,043
营业利润	6,502,815	60,160,766	70,273,633	44,844,086
利润总额	10,544,518	81,050,640	77,436,663	53,072,680

说明:

1. 本公司坚持以工业生产为主的经营方针,主营业务利润分别为59,918,858元、69,577,200元、44,416,043元,三年平均为57,970,700元;分别占利润总额的73.93%、89.85%、85.30%,三年平均为83.03%。

2. 本公司经营状况良好,主营业务收入持续上升。

3. 1996年营业利润比1997年减少1011万元,主要是财务费用增加529万元,管理费用增加412万元。

4. 由于生产经营顺利进行,利润逐年上升;1995年利润总额比1994年增长48.7%,主要是新投产的液晶显示器项目1995年开始盈利。

十三、资产评估

以下数据资料均摘录自汕头市资产评估公司对本公司出具的资产评估报告书[汕市评字(97)第048号]。

(一)评估方法

根据汕头市资产评估公司出具的资产评估报告,此次评估主要应用重置成本法分别求出各项资产的评估值并累加求和,再扣减负债评估净资产现行公允价值的方法。

本次评估采用的具体方法如下:

1. 流动资产:采用重置成本法。

2. 长期投资:视不同项目的具体情况,分别采用成本法、票面金额加应计利息及收益现值法。

3. 固定资产:采用重置成本法。

4. 负债:采用成本法,按核实后的帐面余额评定。

5. 土地使用权租凭价格:采用基准地价系数修正法和剩余法评估土地使用价格,再用收益现值法计算土地使用权租凭价格。

6. 水电设施及增容使用费:采用重置成本法评估设施及增容价值,再用收益现值法计算年水电设施及增容使用费。

7. 整体资产:采用收益现值法。

(二)评估结果

根据汕头市资产评估公司对本公司出具的资产评估报告,截止1997年3月31日(评估基准日),经评定估算,本公司原帐面资产总值为23265.29万元,负债总值为5648.79万元,资产净值为17616.50万元,评估后资产总值为25709.32万元,负债总值为5648.79万元,资产净值为20060.53万元,比帐面净值增加2444.03万元,增幅为13.87%。

详见下表:

单位:万元

资产项目	帐面原值	帐面净值	重置价格	评估值	增加值	增值率%
流动资产	10991.83	10991.83	–	11021.28	29.45	0.27
长期投资	9273.69	9273.69	–	10937.10	1663.41	17.94
在建工程	–	–	–	–	–	–
建筑物	2024.22	1799.50	2777.00	2496.90	697.40	38.76
机械设备	1411.30	1200.27	1574.49	1254.04	53.77	4.48
无形资产	–	–	–	–	–	–
资产总计	–	23265.29	–	25709.32	2444.03	10.51
流动负债	–	5648.79	–	5648.79	0.00	–
长期负债	–	–	–	–	–	–
负债总计	–	5648.79	–	5648.79	0.11	–
净资产	–	17616.50	–	20060.53	2444.03	13.87

(三)各类资产增值的主要原因:

1. 流动资产主要是产成品评估增值。

2. 长期投资主要是控股企业投资收益评估增值。

3. 建筑物增值原因是由于建筑工程费用增长。

4. 机械设备主要是由于考虑关税、增值税、汇率变动等因素使价值增长。

上述资料详见汕头市资产评估公司汕市评字(97)第048号资产评估报告书。

本次评估已经国家国有资产管理局国资评(1997)528号文确认。

本公司已根据确认后的资产评估结果进行了相应的帐务处理。

十四、盈利预测

本公司提醒投资者,鉴于盈利预测所依据的种种假设的不确定性,本公司所提供的以下盈利预测数据仅供参考,投资者进行投资判断时不应过于依赖本项资料。

(一)盈利预测之编制基准

本盈利预测是根据业经中国注册会计师审计的1994年度至1996年度相应会计期间的经营业绩,考虑本公司现实各项基础、能力、潜力及本公司制订的1997年度发展规划,本着实事求是、稳步发展的原则与遵循我国现有法律、法规的前提下,按照《企业会计准则》和《股份制试点企业会计制度》的有关规定,采用与前三年一致的会计政策编制的。

(二)盈利预测之主要假设

1. 本公司所遵循的我国有关法律、法规、政策及公司所处的地区性社会环境无重大变化。

2. 本公司经营所涉及国家或地区目前的有关政策、政治、经济、法律、法规及社会环境无重大改变。

3. 在盈利预测时期内,有关信贷、利率、税率、汇率及市场行情仍如现实状况,无重大变化。

4. 本公司经营运作不受诸如原材料供应不足、人员工资定额大幅涨价、燃料供应不正常等不利因素的影响。

5. 本次A股发行将按计划进行。

6. 无其他人力不可抗拒的因素及不可预见的因素造成的重大影响。

(三)盈利预测

经汕头会计师事务所审核的本公司1997年度盈利预测如下:

单位:万元

项　目		1997年度
一、主营业务收入		29000
减:营业成本		19048
销售费用		560
管理费用		1722
财务费用		866
营业税金及附加		21
二、主营业务利润		6783
加:其他业务利润		80
三、营业利润		6863
加:投资收益		200
营业外收入		1299
减:营业外支出		20
四、利润总额		8342
减:所得税	按15%税率	802
	按10%税负	777
少数股东权益		1735
五、净利润	按15%税率	5805
	按10%税负	5830

根据以上说明,1997年预测利润总额为8342万元。

上述盈利预测已经汕头会计师事务所(97)汕会审字第131号审核报告予以审核。

十五、公司发展规划

根据本公司的实际情况,本公司制定如下的发展规划:

(一)本公司的生产经营发展战略

本公司在生产经营过程中,将继续坚持"引进、消化、吸收、创新、振兴民族工业"的发展方针,以印制线路板、液晶显示器、超声电子仪器、超薄及特种覆铜板等电子信息产业的上游基础产品为龙头,抓住时机大力进行技术改造和产品结构的调整,使现有主导产品上规模、上系列、向多元化的方向发展。

(二)本公司的市场发展计划

在未来的市场发展中,本公司一方面将按照高技术、多元化、规模化的要求,立足于国内的专业市场,继续充分发挥本公司在国内享有良好声誉所带来的市场优势,巩固国内市场,进一步扩大本公司产品品牌的社会知名度,创造名牌效应,不断扩大名牌产品的市场占有率;另一方面,以香港为跳板和通道,致力拓展国际市场,扩大对海外的产品出口,采取多种形式同国外跨国公司合作,建立本公司在海外的生产点,逐步实现市场的国际化,使本公司主导产品产值的大部分在国际市场上实现。

(三)本公司的销售计划

本公司计划积极培训销售人员,充分发挥销售网络作用,建立健全各地办事处与本部沟通的渠道,积极跟踪国内外市场动向,采用灵活多样的销售方式,通过加强营销工作和完善销售网络,不断提高本公司主营产品在国内外市场的占有率。国内市场主要是稳定、扩大交通运输(铁路、航空、公路)系统、能源(水电、煤矿)系统的检测部门及计算机、通迅设备生产厂家等主要客户;国外市场,积极争取国际大公司如康柏、惠普、富士通、西门子、IBM等成为本公司的主要客户,逐步将高附加值的主营产品推向全国,走向世界。

(四)本公司的生产经营计划

本公司的生产经营计划实施高技术起点、产业和产品多元化、系列化、规模化的产业发展和产品开发战略,一是扩大、优化国内外市场容量大的本公司主导产品印制线路板、液晶显示器、超声电子仪器等生产规模,并逐步用高附加值的多层板、彩色液晶显示器等产品取代相对低附加值的双面板、单色液晶显示器等产品;二是利用主导产品优势,发展上游产品和下游终端产品,建成覆铜板生产线,逐步建立自己的印制线路板原材料生产基地;开发印制板的中间产品电路板模块及终端产品、液晶显示器终端产品等;三是对企业传统产品进行再开发,使产品从模拟电路技术向数字电路技术发展,从波形显示向图像显示技术发展,加速传统产品的升级换代。

(五)本公司的固定资产投资计划及设备更新计划

本公司拟投资27502.5万元,用于超薄及特种覆铜板项目和印制板生产线技改项目等二大项目,上述二个项目已经国家计委和省市有关部门批准。

另外,根据市场需求和本公司发展目标,拟计划建设彩色液晶显示器及终端产品生产线、传感器生产线、OEM生产线、超声检测设备生产线等项目。

(六)本公司的人员扩充计划

本公司将按照高科技产业的要求,实施人才发展战略。建设一支高水平的技术研究开发队伍,熟悉经济、科技,熟悉国内、国际两个市场的高级管理人员队伍和高素质的职工队伍。受过高等教育的科技人员应占本公司职工总数的30%以上,在岗职工要达到高中以上文化水平,并受过专业技术培训。

(七)本公司的资金筹措和运用计划

本公司除本次发行股票幕集资金外,今后还将通过申请银行贷款、企业自筹、增资扩股、发行可转换债券等手段筹集资金,主要用于固定资产投资和技术改造项目。

十六、重要合同及重大诉讼事项

(一)重要合同

经广东对外经济律师事务所审核，本公司所涉及的重要合同有：

1.1997年6月12日集团公司与本公司签订了《资产重组协议》，该协议约定，集团公司作为本公司的发起人，将其质优资产重组投入本公司，双方就资产与业务划分、财务支持、不竞争等达成一致协议。

2.1997年6月12日，集团公司与本公司签订了《商标使用许可合同》，该合同约定，集团公司同意本公司依据该合同规定在其产品上使用集团公司所拥有的"汕头"牌商标，商标使用许可期限为20年，自本公司成立之日起计算。根据该合同，本公司每年(分两次)向集团公司支付商标使用费共60万元，期满20年后，商标所有权归本公司所有。

3.1997年6月12日，集团公司与本公司签订了《综合服务协议》，该协议约定，本公司成立后将继续使用集团公司的非经营性资产，包括职工住宅和食堂等，使用费每月人民币2万元整，按月支付。

4.1997年6月12日，集团公司与本公司签订了《土地使用权租赁协议》，该协议约定，集团公司将出让取得的土地使用权出租给本公司，出租土地面积23001.4M^2，出租年限为20年，自本公司成立之日起计算。根据该协议，本公司第一年向集团公司交付土地使用权年租金1064454元，以后每年递增2.5%，期满10年后不再递增。

5.1997年6月12日，本公司与汕关超声印制板公司签订了《房屋租赁协议》，该协议约定，本公司将自有的印制板车间全座(建筑面积11587.07M^2)出租给汕头超声印制板公司，租期为2年，从本公司成立之日起，年租金69.5万元，每半年支付一次，每年分两次付清。

6.1997年6月12日，本公司与汕头超声显示器有限公司签订了《房屋租赁协议》，该协议约定，本公司将自有的显示器厂房全座(面积9836.69M^2)出租给汕头超声显示器有限公司，租期2年，从本公司成立之日起计算年租金59万元。每半年支付一次，每年分两次付清。

7.1991年9月28日，汕头市超声电子仪器公司［汕头超声电子(集团)公司前身］与美国闻得公司(WANDE INC.)和中国银行汕头信托咨询公司三方签订了《关于合资经营汕头经济特区超声显示器有限公司合同》，经批准合资设立汕头经济特区显示器有限公司，注册资本为300万美元。1997年5月22日，汕头市对外经济贸易委员会以汕经贸资批字［1997］098号文同意发起人汕头超声电子(集团)公司将其在汕头超声显示器有限公司所占75%的投资权益所代表的经营性净资产折股投入本公司。

8.1985年3月7日，汕头市超声电子仪器公司［汕头超声电子(集团)公司前身］与香港汕华发展有限公司签订了关于合资兴办汕头超声印制板公司的《合同书》，同年3月13日，经汕头市对外经济工作委员会和国家对外经济贸易部批准设立汕头超声印制板公司，注册资本为300万美元，1997年5月22日，汕头市对外经济贸易委员会以汕经贸资字［1997］098号文同意，集团公司将在汕头超声印制板公司所占75%的投资权益所代表的经营性净资产折股投入本公司。

9.1996年5月16日，本公司控股子公司汕头超声印制板公司与中国银行汕头市分行签订的《抵押借款合同》，贷款金额388万美元，月利率6.302%，贷款期限三年，到期日为1999年6月10日，由集团公司提供抵押担保。

以上合同，详见备查文件。

(二)重大诉讼事项

本公司目前没有尚未了结的或可预见的足以影响本公司经营的，以及将导致本公司股票不能发行上市的诉讼、仲裁或行政处罚。

本公司筹委会成员目前没有涉及刑事诉讼、仲裁或行政处罚的情况。

十七、备查文件

1. 广东省人民政府批准本公司设立的文件
2. 资产评估报告书
3. 审计报告、财务报表及附注
4. 盈利预测报告和审核报告
5. 广东省证监会关于下达本公司A股股票发行额度的通知
6. 公司章程(草案)
7. 承销协议
8. 集团公司各类荣誉和奖励证书
9. 重大合同

以上备查文件自本招股说明书概要签署之日起半年内，投资者可到以下地点查阅：

广东汕头超声电子股份有限公司证券部

广东省汕头市兴业路21号

广东汕头超声电子股份有限公司(筹)

1997年8月19日

募集资金运用基本情况表

单位：万元

序号	项目	建设内容	总投资额	投资进度		建设期(年)	预计投产时间	预计年营业收入	年利润预测	投资收益率(%)	投资回收期	批准文号
				1997	1998							
1	超薄及特种覆铜板项目	引进国外先进技术和设备开发生产超薄及特种覆铜板生产线，开发高新技术产品，填补国内空白	16500	12000	4500	1	1998.8	42670	5310	32.18	4.11	国家计委计机轻［1997］1310号
2	印制板生产线技术改造项目	增加部分设备，扩容原生产线，对四个工序安装新生产线	11002.5	9000	2002.5	1	1998.8	18000	2620	23.81	5.20	国家经贸委国经贸改［1996］195号
3	补充公司流动资金		3892.5	3892.5								
合计			31395	24892.5	6502.5			60670	7930	35.19		

合并财务状况变动表(1996年度)

单位：元

项目	金额	项目	金额
一、流动资金来源		一、流动资产本年增加数	
1. 本年净利润	57,757,726	1. 货币资金	6,251,056
加：不减少流动资金的费用和损失	–	2. 短期投资	—
(1)少数股东本期损益(亏损以"—"号表示)	16,234,444	3. 应收票据	3,450,000
(2)固定资产折旧	11,009,190	4. 应收帐款净额	(865,441)
(3)无形资产、递延资产及其他资产摊销(减其它负债转销)	1,849,782	5. 预付货款	(12,605,751)

项目	金额	项目	金额
(4)固定资产盘亏损失(减盘盈)	—	6. 其他应收款	7,783,018
(5)清理固定资产损失(减收益)	—	7. 待摊费用	(21,742)
(6)递延税款	—	8. 存货	11,584,324
(7)其他不减少流动资金的费用和损失	—	9. 待处理流动资产净损失	—
小计	86,851,142	10. 一年内到期的长期债券投资	—
2. 其他来源:		11. 其他流动资产	—
(1)固定资产清理收入(减清理费用)	—		
(2)增加长期负债	29,697,016		
(3)收回长期投资	128,100		
(4)对外投资转出固定资产	—		
(5)对外投资转出无形资产	—		
(6)资本净增加额	8,663,659		
(7)少数股东资本净增加额	5,746,500	流动资产增加净额	15,575,464
小计	44,235,275	二、流动负债本年增加数	
流动资金来源合计	131,086,417	1. 短期借款	12,865,631
二、流动资金运用		2. 应付票据	—
1. 利润分配:		3. 应付帐款	(3,582,876)
(1)提取法定公积金	5,775,773	4. 预收货款	(35,464)
(2)提取法定公益金	2,887,886	5. 应付福利费	24,357
(3)提取任意公积金	—	6. 未付股利	8,944,377
(4)职工福利及奖励基金	2,435,167	7. 未交税金	(14,787,444)
(5)已分配股利	24,966,943	8. 其他未交款	—
小计	50,995,059	9. 其他应付款	25,448,369
2. 少数股东权益分配	16,234,444	10. 预 提费用	976,572
3. 其他运用		11. 一年内到期的长期负债	—
(1)固定资产和在建工程净增加额	71,654,034	12. 其他流动负债	—
(2)增加无形、递延资产及其他资产	6,456,838		
(3)偿还长期负债	—		
(4)增加长期投资	24,100		
小计	78,134,972		
流动资金运用合计	145,364,475	流动负债增加净额	29,853,522
流动资金增加净额	(14,278,058)	流动资金增加净额	(14,278,058)

合并利润及利润分配表

单位:元

项目	1997.1-3月	1996年度	1995年度	1994年度	项目	1997.1-3月	1996年度	1995年度	1994年度
一、主营业务收入	46,708,771	218,395,899	210,509,821	140,804,759	四、利润总额	10,544,518	81,050,640	77,436,663	52,072,680
减:营业成本	32,736,296	133,545,738	125,917,016	84,335,736	减:所得税	934,550	7,058,470	5,307,637	4,614,081
销售费用	809,896	4,123,630	3,506,775	1,975,069	少数股东权益	1,526,207	16,234,444	16,043,206	10,387,364
管理费用	4,818,896	14,900,377	10,924,534	7,481,805	五、净利润	8,083,761	57,757,726	56,085,820	37,071,235
财务费用	2,048,510	5,718,958	430,209	2,427,594	加:年初未分配利润	14,212,996	7,450,329	2,419,104	12,121,641
进货费用	—	—	—	—	减:职工福利及奖励基金	228,931	2,435,167	2,278,950	1,661,027
营业税金及附加	63,725	188,338	154,085	168,485	六、可分配利润	22,067,826	62,772,888	56,225,974	47,531,849
二、主营业务利润	6,231,448	59,918,858	69,577,200	44,416,043	减:提取法定公益金	808,376	5,775,773	5,608,582	3,707,123
加:其他业务利润	271,367	241,908	696,433	428,043	提取法定公益金	404,188	2,887,886	2,804,291	1,853,562
三、营业利润	6,502,815	60,160,766	70,273,633	44,844,086	七、可供股东分配的利润	20,855,262	54,109,229	47,813,101	41,971,164
加:投资收益	1,706,600	2,342,507	2,272,416	698,918	减:提取任意公积金	—	—	—	—
营业外收入	2,389,958	18,636,567	4,921,224	6,546,413	已分配普通股股利	2,979,369	39,896,233	40,362,772	39,552,060
减:营业外支出	54,855	89,200	30,610	16,737	八、未分配利润	17,875,893	14,212,996	7,450,329	2,419,104
加:以前年度损益调整	—	—	—	—					

合并资产负债表

单位:元

资产	1997-3-31	1996-12-31	1995-12-31	1994-12-31	负债与股东权益	1997-3-31	1996-12-31	1995-12-31	1994-12-31
流动资产:					流动负债:				
货币资金	8,324,693	20,083,650	13,832,594	9,365,952	短期借款	80,875,090	64,097,940	51,232,309	39,135,002
短期投资	–	–	–	–	应付票据	–	–	–	–
应收票据	5,250,000	3,450,000	–	–	应付帐款	14,165,730	22,241,480	25,824,356	27,713,087
应收帐款	63,561,541	80,839,437	81,709,227	56,764,560	预收货款	1,510,126	1,915,149	1,950,613	1,491,040
减:坏帐准备	480,823	404,197	408,546	283,823	应付福利费	(73,041)	(83,570)	(107,927)	(121,777)
应收帐款净额	63,080,718	80,435,240	81,300,681	56,480,737	未付股利	13,892,699	13,454,292	4,509,915	–
预付货款	2,794,028	3,281,936	15,887,687	15,946,981	未交税金	6,486,193	5,505,588	20,293,032	6,100,981
其他应收款	13,790,708	14,797,311	7,014,293	17,249,346	其他未交款	–	–	–	–
待摊费用	202,744	81,947	103,689	313,458	其他应付款	43,110,590	71,950,271	46,501,902	31,944,985
存货	91,378,314	91,377,695	79,793,371	50,777,434	预提费用	2,186,085	1,355,336	378,764	5,268,633
待处理流动资产净损失	–	–	–	–	一年内到期的长期负债	–	–	–	–
一年内到期的长期债券投资	–	–	–	–	其他流动负债	–	–	–	–
其他流动资产	–	–	–	–	流动负债合计	162,153,472	180,436,486	150,582,964	111,531,951
流动资产合计	184,821,205	213,507,779	197,932,315	150,133,908	长期负债:				
长期投资:					长期借款	35,697,016	35,697,016	6,000,000	18,764,915
长期投资	36,558,766	19,919,000	20,023,000	20,072,500	应付债券	–	–	–	–
其中:合并价差	15,620,800				长期应付款	–	–	–	–
固定资产:					其他长期负债	–	–	–	–
固定资产原值	183,949,055	173,403,969	158,633,551	146,952,864	长期负债合计	35,697,016	35,697,016	6,000,000	18,764,915
减:累计折旧	56,757,281	52,174,196	41,165,006	29,728,102	递延税项:				
固定资产净值	127,191,774	121,229,773	117,468,545	117,224,762	递延税项贷项	–	–	–	–
在建工程	62,966,109	56,883,616	–	299,683	负债合计	197,850,488	216,133,502	156,582,964	130,296,866
待处理固定资产净损失	–		–	–	少数股东权益:				
固定资产合计	190,157,883	178,113,389	117,468,545	117,524,445	少数股东权益	27,403,100	38,940,759	33,194,259	26,769,510
无形资产及递延资产:					股东权益:				
无形资产	3,764,475	3,903,900	4,461,600	5,019,300	股本	140,000,000	140,000,000	140,000,000	140,000,000
递延资产	10,556,605	10,919,721	5,754,965	6,735,327	资本公积	60,605,346	–	–	–
无形及递延资产合计	14,321,080	14,823,621	10,216,565	11,754,627	盈余公积	–	17,076,532	8,412,873	–
其他长期资产:	–	–	–	–	其中:公益金	–	5,692,177	2,804,291	–
其他长期资产	–	–	–	–	未分配利润	–	14,212,996	7,450,329	2,419,104
递延税项:	–	–	–	–	股东权益合计	200,605,346	171,289,528	155,863,202	142,419,104
递延税项借项	–	–	–	–	负债及股东权益总计	425,858,934	436,363,789	345,640,425	299,485,480
资产总计	425,858,934	426,363,789	345,640,425	299,485,480					

广东汕头超声电子股份有限公司股票上市公告书

一、释义

本上市公告书中,除非另有所指,下列词汇具有如下意义:

发行公司或本公司:指广东汕头超声电子股份有限公司

集　团　公　司:指汕头超声电子(集团)公司

发　　起　　人:指汕头超声电子(集团)公司

筹　　委　　会:指广东汕头超声电子股份有限公司筹备委员会

股　　　　　票:指本公司本次发行的面值为1.00元的人民币普通股(A股)股票

主　承　销　商:指广东证券公司

推　　荐　　人:指广东证券公司、广东证券有限责任公司

证　　监　　会:指中国证券监督管理委员会

元:指人民币元

二、要览

总股本　　20500万股

可流通股本　　6500万股

本次上市流通股本5850万股

证券编码　　0823

上市地　　深圳证券交易所

上市时间　　1997年10月8日

登记机构　　深圳证券登记有限公司

上市推荐人　　广东证券公司、广发证券有限责任公司

三、绪言

本上市公告书依据《中华人民共和国公司法》、《股票发行与交易管理暂行条例》、《公开发行股票公司信息披露实施细则(试行)》和《深圳证券交易所业务规则》和国家其它有关证券管理的规定而编制,为本公司股票公开上市之目的而向社会公众披露本公司基本情况及相关资料。

经中国证券监督管理委员会证监发字[1997]412号和证监发字[1997]413号文件批准,本公司已成功地发行每股面值为1.00元之人民币普通股(A股)股票6500万股(其中向社会公众公开发行5850万股,向本公司职工配售650万股)。本公司股票上市申请经深圳证券交易所(深证发[1997]325号《上市通知书》)审核批准,将于1997年10月8日(星期三)在深圳证券交易所上市挂牌交易,股票简称:超声电子,股票交易代

码:0823。本公司总股本为20500万股,其中社会公众股6500万股。本次上市流通的股本为5850万股,另公司650万股公司职工股将于本次社会公众股上市交易之日起期满半年后上市。

本公司于1997年8月19日分别在《上海证券报》、《中国证券报》和《证券时报》上刊登了《招股说明书概要》,距今不足6个月,故与其相重复的内容在此不再赘述,敬请投资者查阅本公司的《招股说明书概要》。

本公司董事会及其成员已批准本上市公告书,确信本公告书所载资料不存在任何重大遗漏或者误导和虚假成份,并对其真实性、准确性和完整性负个别的及连带的责任。

四、发行公司概况

1. 发行公司简介

(1)概况

公司名称:广东汕头超声电子股份有限公司

英文名称:CUANGDONG GOWORLD CO.,LTD.

注册地址:广东省汕头市兴业路21号

注册资本:20500万元

法定代表人:林盛川

联系电话:0754-8610992

成立日期:1997年9月5日

发行公司所属行业:电子及通讯设备制造业

(2)经营范围

制造、加工、销售超声电子仪器、仪器仪表、电子元器件、电子材料、家用电器、通讯产品(不含通信终端)、电子计算机,超声电子仪器的技术服务。

2. 发行公司历史沿革

本公司是经广东省人民政府粤府函[1997]123号文批准设立的股份有限公司。公司由汕头超声电子(集团)公司独家发起,将其下属的汕头超声仪器公司、汕头超声电子(集团)超声换能器厂、广东省超声电子工程技术开发中心三家全资子公司和汕头超声印制板公司、汕头超声显示器有限公司两家控股公司(中外合资企业)的经营性净资产20060.53万元,按69.79%的折股比例折成14000万股发起人股,同时,向社会公众发行6500万股社会公众股(其中向公司职工配售650万股),每股面值1.00元,发行价4.97元。

1997年9月3日,本公司在广东省汕头市召开了创立大会暨首届股东大会,1997年9月5日在广东省工商行政管理局完成工商登记注册(注册号:23113103-2),至此本公司正式成立。

五、股票发行及承销

1. 股票公开发行

社会公众股发行数量	6500万股
公司职工股	650万股
发行价格	4.97元
实际募集资金总额	31395万元
发行方式	全额预缴款、比例配售、余款即退
配售比例	0.61%
配售户数	21260户
持有1000股以上(含1000股)的股东户数	7597户
发行费用总额	910万元
每股发行费用	0.14元
发行市盈率	13.80倍

2. 股票承销

本次发行的社会公众股6500万股(其中向社会公众公开发行5850万股,向本公司职工配售650万股)已认购完毕,配售的余股部分85709股由主承销商包销。

3. 验资报告(摘要)

以下摘自广州会计师事务所出具的《验资报告》[粤会所字(97)第085号]

广东汕头超声电子股份有限公司(筹):

我们接受委托,对广东汕头超声电子股份有限公司(筹)截至1997年9月1日止的股本的真实性和合法性进行了审验。在审验过程中,我们按照《独立审计实务公告第1号——验资》的要求,实施了必要的审验过程。广东汕头超声电子股份有限公司(筹)的责任是提供真实、合法、完整的验资资料,保护资产的安全、完整。我们的责任是按照《独立审计实务公告第1号——验资》的要求,出具真实、合法的验资报告。

广东汕头超声电子股份有限公司(筹)发行社会公众股前的股本为人民币壹亿肆仟万元整(140000000.00),广东汕头超声电子股份有限公司(筹)发行社会公众股后的股本为人民币贰亿零伍佰万元整(205000000.00)。根据我们的审验,截至1997年9月1日止,广东汕头超声电子股份有限公司(筹)已收到社会公众股东(含公司职工股650万股)缴入的股本金人民币叁亿贰仟叁佰零伍万元整(323050000.00),其中,实收股本人民币陆仟伍佰万元整(65000000.00),差额部分扣除发行费用玖佰零玖万玖仟捌拾叁元捌角捌分(9099983.88)后计贰亿肆仟捌佰玖拾伍万零壹拾陆元壹角贰分(248950016.12)列入资本公积。

附件:(一)投入股本对照表

(二)验资事项说明

广州会计师事务所　　中国注册会计师:李柏生

一九九七年九月二日　　中国注册会计师:黄晓霞

注:募集资金已入本公司在中国银行汕头市分行的帐户,帐号:47645010517010001419

六、董事、监事及高级管理人员持股情况

1. 本公司董事、监事和高级管理人员持股情况如下:

姓名	职务	持股数量(股)	占总股本的比例(%)
林盛川	董事长	10000	0.00488%
李大淳	董事	10000	0.00488%
莫少山	董事兼总经理	10000	0.00488%
刘永锴	董事兼副总经理	10000	0.00488%
林诗彪	董事兼副总经理	10000	0.00488%
刁美萍	董事兼副总经理	10000	0.00488%
朱佩慧	董事兼财务部经理	10000	0.00488%
陈东屏	董事会秘书	10000	0.00488%
陈汉龙	监事会主席	10000	0.00488%
陈东阳	监事	10000	0.00488%
姚光裕	监事	10000	0.00488%
合计		110000	0.05368%

本公司董事、监事和高级管理人员共持有本公司股票110000股,占本公司总股本的0.05368%,其持有股份按照《中华人民共和国公司法》的规定在任职期间不得转让。

2. 董事、监事和高级管理人员简介

林盛川先生　1936年出生,大学本科毕业,高级工程师,华南理工大学兼职教授。历任车间副主任、技术科副科长、副总经理、总经理、党委书记。曾获得汕头市科技进步突出贡献特等奖,广东省企业技术进步突出贡献奖;被评为广东省优秀企业家、广东省优秀科技企业家,被国务院发展研究中心评为中国500名企业创业者之一;享受国家级政府特殊津贴专家;现任汕头超声电子(集团)公司法定代表人、党委书记,本公司董事长。

李大淳先生　41岁,大学本科毕业,高级工程师。历任厂长、副总经理(兼技术开发中心主任),1996年获广东省经委授予的广东省企业技术进步突出贡献奖。现任汕头超声电子(集团)公司总经理。本公司董事。

莫少山先生　40岁,大学本科毕业,高级工程师。历任副厂长、生产

部经理、副总经理、汕头超声电子(集团)公司副总经理兼汕头超声印制板公司董事、总经理。曾被评为全国优秀青年企业家,中国青年优秀环保企业家,荣获全国五·一劳动奖章,是享受国家级政府特殊津贴专家。现任本公司董事兼总经理。

刘永锴先生　50岁,大学专科毕业,经济师。历任车间主任、生产科长、厂长、副总经理、汕头超声电子(集团)公司副总经理兼汕头超声仪器公司总经理。现任本公司董事兼副总经理。

林诗彪先生　34岁,大学本科毕业,高级工程师。历任工程师、总经理办公室副主任、汕头超声电子(集团)公司副总工程师。曾被评为中科院广州分院优秀青年科技工作者。现任汕头市科学技术成果专家评审组成员,汕头市中级专业技术职务评委会委员,本公司董事兼副总经理。

刁美萍女士　42岁,大学本科毕业,助理研究员。历任翻译、汕头超声电子仪器公司外引内联办公室副主任、汕头市超声电子仪器公司办公室副主任、汕头超声电子(集团)公司总经理办公室主任。现任本公司董事兼副总经理。

朱佩慧女士　49岁,中专毕业,会计师。历任汕头超声电子仪器厂会计、财务科副科长、汕头市超声设备工业公司财务科副科长、汕头市超声电子仪器公司财经部经理、汕头超声电子(集团)公司财经部经理。现任本公司董事、财务部经理。

陈东屏先生　28岁,大学本科毕业。1986年参加工作,1994年起任汕头超声电子(集团)公司总经理秘书,1996年起兼任集团公司团委副书记。现任本公司董事会秘书。

陈汉龙先生　46岁,大学专科毕业。历任党支部副书记、人事部经理、办公室主任、总经理办主任、汕头超声电子(集团)公司副总经理。是广东省党建学会会员并任汕头市经委政研会副会长。现任本公司监事会主席。

陈东阳先生　49岁,高中毕业,政工师,预备役上校军衔。历任排长、科长、团政委、党委书记、南澳县委党委常委、汕头军分区党委委员,1992年任汕头超声公司武装部长,汕头超声电子(集团)公司办公室主任,党委委员。现任本公司监事。

姚光裕先生　56岁,大学本科毕业,高级工程师。历任技术员、工程师、汕头超声仪器研究所所长助理、广东省超声电子工程技术开发中心副主任、汕头超声电子(集团)公司纪委副书记、党委办公室主任。现任本公司监事。

七、公司的设立

1997年9月3日,本公司在广东省汕头市召开了创立大会暨首届股东大会,会议审议并通过了《关于广东汕头超声电子股份有限公司的筹备工作的报告》、《广东汕头超声电子股份有限公司章程》、《关于设立广东汕头超声电子股份有限公司的议案》及《关于公司股票在深圳证券交易所上市的议案》等有关事项,并选举产生了本公司第一届董事会和第一届监事会。

1997年9月5日,本公司在广东省工商行政管理局办理了工商登记注册,注册资本为20500万元,注册地址为:广东省汕头市兴业路21号,营业执照注册号为:23113103-2

八、关联企业及关联交易

1.关联企业

本公司的关联企业包括:

(1)本公司的发起人:汕头超声电子(集团)公司

(2)本公司全资附属企业:汕头超声仪器公司、汕头超声换能器厂、广东省超声电子工程技术开发中心;

(3)本公司控股企业:汕头超声印制板公司、汕头超声显示器有限公司。

2.关联交易

本公司设立后,集团公司成为本公司的第一大股东,处于控股的地位,为规范关联交易,本公司与集团公司签订了《资产重组协议》、《综合服务协议》、《土地使用权租赁协议》、《商标使用许可合同》、《房屋租赁协议》等合同和协议,上述合同明确规定了集团公司与本公司在提供各类服务和有偿使用等方面所应遵循的原则和具体约定,以充分保证本公司的利益不受侵害。

集团公司承诺,作为本公司的控股股东,集团公司及其附属企业将不再从事与本公司的主要业务有竞争或可能构成竞争的业务或活动。同时,集团公司承诺其将按照公平、公正的原则处理与本公司的各项关系。

九、股本结构及大股东持股情况

1.本公司上市前的股本结构为:

股份种类	持股数量(万股)	占总股本的比例(%)
总股本	20500	100.00
尚未流通股份		
发起人股份 (国有法人股)	14000	68.29
可流通股份	6500	31.71
本次公开发行股份 (社会公众股)	6500	31.71
其中:公司职工股	650	3.17

2.前10名股东所持股数及比例

序号	股东名称	持股数量(股)	占总股本的比例(%)
1	汕头超声电子(集团)公司	140000000	68.29
2	秦皇岛市信托投资公司	62525	0.0305
3	振业(合肥)股份有限公司	62525	0.0305
4	深圳市盈益投资发展有限公司	62525	0.0305
5	天津山水旅游有限公司	62525	0.0305
6	深圳市富莱明投资发展有限公司	62525	0.0305
7	从化市英豪学校服务有限公司	62525	0.0305
8	河南孚达商务有限公司	62525	0.0305
9	上海申俊实业有限公司	62525	0.0305
10	宁波万联贸易有限公司	62525	0.0305

十、公司财务会计资料

以下数据资料均摘录自汕头会计师事务所(97)汕会审字第112号审计报告。

1.审计报告

广东汕头超声电子股份有限公司筹备委员会:

我们接受委托,审计了广东汕头超声电子股份有限公司(筹)(以下简称公司)1994年12月31日、1995年12月31日、1996年12月31日、1997年4月30日的资产负债表和合并资产负债表,1994年度、1995年度、1996年度、1997年1—4月份的利润及利润分配表和合并利润及利润分配表,以及1996年度财务状况变动表和合并财务状况变动表。这些会计报表由贵公司负责,我们的责任是对这些会计报表发表审计意见。我们的审计是依据中国注册会计师独立准则进行的,在审计过程中,我们结合贵公司实际情况,实施了包括抽查会计记录等我们认为必要的审计程序。

我们认为,上述会计报表符合《企业会计准则》及《股份制试点企业会计制度》及有关补充规定,在所有重大方面公允地反映了贵公司1994年12月31日、1995年12月31日、1996年12月31日、1997年4月30日的财务状况和1994年度、1995年度、1996年度、1997年1—4月份的经营成果及1996年度的资金变动情况,会计处理方法的选用遵循了一贯性原则。

汕头会计师事务所　　中国注册会计师　射胜杰

中国　　汕头　　中国注册会计师　陈　迅

一九九七年九月二十九日

2. 财务报表

3. 主要会计政策

(1)会计报表的编制基准和方法

本会计报表的编制基准系依公司重组方案确立的架构,即将原集团公司下属三家全资子公司(不包括土地)和长期投资中印制板公司和显示器公司相关联的资产连同相应的负债从原集团公司剥离,形成本公司的资产、负债及权益和该项资产相关的经营业务,并假设本公司现有架构自1994年1月1日起至1997年4月30日止已存在并无转变,且按独立法人企业运作,按下列所述的主要会计政策进行独立核算。

基于上述假设,对拟上市部分的三家全资子公司按其生产经营和对外投资的实际情况进行了有关资产界定、负债的重组和会计帐目的调整合并模拟为本公司的母公司,长期投资中的印制板公司和显示器公司为子公司,并在此基础上编制模拟的合并报表。有关资产界定、负债的重组和会计帐目的调整中,实物资产是以实际被占用和被使用为界定原则;债权、债务、其它资产和负债以经营相关为界定和重组原则;利润表中的收入、成本、税金、费用项目,是根据实际发生的经济业务在配比一致的基础上按权责发生制原则编制的。

(2)会计制度

重组前三家全资子公司执行《工业企业会计制度》,本会计报表基于编报的目的和用途,已按《股份制试点企业会计制度》及有关补充规定调整编报。

本公司所属控股子公司——印制板公司和显示器公司系中外合资企业,执行《外商投资企业会计制度》,在编制合并会计报表时已按《股份制试点企业会计制度》及有关补充规定调整编报。

(3)会计期间

自公历每年一月一日起至十二月三十一日止。

(4)合并会计报表的编制方法

公司合并会计报表是根据公司及子公司的会计报表,按《合并会计报表暂行规定》及有关补充规定的要求编制的。

合并会计报表子公司概况:

子公司名称	业务性质	注册资本(万美元)	实际投资额(万元)	本公司所持股权比例	按权益法调整后的投资额(万元)1997-04-30
汕头超声印制板公司	电子加工	758	2936	75%	6173
汕头超声显示器有限公司	电子加工	390	1599	75%	2098

(5)记帐原则和计价基础

按权责发生制原则,采用复式记帐法记帐,按实际成本进行计价。

(6)外币折算方法

记帐本位币为人民币。对涉及外币的经济业务采用当月一日的市场汇价折算为本位币记帐。期末外币货币资金以及债权债务等各种外币帐户的帐面余额以期末中国人民银行公布的市场汇价进行调整,其差异计入当期财务费用。

(7)坏帐处理与准备

坏帐处理为备抵法,坏帐准备计算的基准为应收帐款期末余额的5‰。

(8)存货计价的方法

存货按实际成本计价,原材料和产成品发出采取加权平均法;产品成本按品种法计算;在产品成本计算采用约当产量法;低值易耗产品采用领用时一次性摊销法摊销。

(9)长期投资核算方法

债券投资和股权投资中股权比例占20%以下的投资采用成本法核算,股权比例占20%—50%(含50%)的投资采用权益法核算;股权比例占50%以上的投资采用权益法核算,并编制合并会计报表。

(10)固定资产计价及折旧方法

使用年限超过一年,单位价值在2000元以上的为固定资产;固定资产按实际成本计价,折旧方法为直线平均法,预计残值率5%。

资产类别	估计使用年限	年折旧率
经营(生产)用房	35	2.71%
机器设备	14	6.79%
运输工具	10	9.50%
其他设备	8	11.88%

(11)无形资产及其摊销

无形资产系专有技术从正式生产之日起按十年平均摊销。

(12)递延资产及其摊销

①开办费按五年平均摊销;

②机器设备改良支出按五年平均摊销;

③房屋装修按八年平均摊销。

(13)收入实现确认原则

商品、产品已经发出,劳务已经提供,并且取得货款或索取货款的凭据。

(14)税项

①流转税的适用税率及优惠政策

a. 增值税:产品销售及技术开发收入按17%税率计算销项税额,扣除当期允许抵扣的进项税额后的余额缴纳。两家中外合资企业享受改征增值税增加返还的优惠政策,享受期限至1998年12月31日止。

b. 营业税:租赁收入按5%税率计缴。

c. 城市建设维护税:按当期应缴增值税和营业税的7%计缴。

d. 教育费附加:按当期应缴增值税和营业税的3%计缴。

②所得税的适用税率及优惠政策

a. 本公司按经济特区企业所得税15%税率计征企业所得税,经广东省人民政府粤府函[1997]137号文确认,同意本公司成立后,按国家规定税率15%计征所得税;同时,按照国家和省对高新技术企业实行扶持政策的精神,对所得税额中超过10%部分(5%)由市财政还给企业,返还部分由市财政负担。因此本公司实际所得税税负为10%。

b. 本公司控股的中外合资企业享受外商投资企业税收优惠政策,所得税率具体为:印制板公司94、95年为7.5%;96年起为10%;显示器公司94年(亏损)、95、96年免税,97年至99年为7.5%。

(15)利润分配

1997年3月31日前,本公司形成税后利润提取10%法定公积金、5%公益金后全部上缴集团公司。本公司经股份制改造并发行股票以募集方式设立后,税后利润分配将由董事会制定分配预案,经股东大会审议通过后实施。

4. 主要财务指标

项目	1996.12.31	1995.12.31	1994.12.31
流动比率(%)	118.33	131.44	134.61
速动比率(%)	67.69	78.45	89.08
资产负债率(%)	50.69	45.30	43.51
应收帐款周转率(%)	270.06	304.04	248.05
存货周转率(%)	156.04	192.87	166.09
净资产收益率(%)	33.72	35.98	26.03
每股净利润(元)	0.41	0.40	0.26

十一、董事会上市承诺

本公司董事会承诺将严格遵守《中华人民共和国公司法》、《股票发行与交易管理暂行条例》、《公开发行股票公司信息披露实施细则(试行)》、《深圳证券交易所业务规则》和国家有关法律、法规的规定,并自本公司股票上市之日起作出如下承诺:

1. 按照法律、法规的规定程序和要求披露重大的信息,并接受证券主管机关、深圳证券交易所的监督管理。

2. 及时、真实、准确地公布中期报告和年度报告,并备置于规定场所供投资者公众查阅。

3. 本公司董事、监事及高级管理人员如发生人事变动或持本公司股票发行变化时，在报告证券主管机关、证券交易所的同时向投资者公布。

4. 在任何公共传播媒介中出现的消息可能对本公司股票的市场价格产生误导性影响时，本公司知悉后将及时对该消息予以公开澄清。

5. 本公司董事、监事及高级管理人员将认真听取社会公众的意见和批评，不利用已获得的内幕消息和其他不正当手段直接或间接从事股票买卖活动。

6. 本公司没有无记录负债。

十二、重要事项揭示

1. 本公司本次发行社会公众股(A股)6500万股，其中向社会公众公开发行5850万股，向公司职工配售650万股。本次上市可流通股从5850万股，公司职工股650万股按国家有关规定在本次社会公众股股票上市之日起期满半年后方可上市交易。

2. 根据汕头会计师事务所出具的盈利预测报告(97)汕会审字第131号，本公司1997年预计实现销售收入29000万元，主营业务利润6783万元，利润总额8342万元，税后净利润5830万元，每股税后利润0.284元。

本次发行新股东将参加本公司自1997年4月1日起的利润分配。

3. 本公司创立后所得税实际税负为10%。

4. 截止本上市公告书刊登之日，本公司及本公司董事、监事和高级管理人员没有尚未了结或可能的刑事诉讼事项。

十三、备查文件目录

1. 招股说明书
2. 审计报告
3. 验资报告
4. 资产评估报告书
5. 本公司营业执照
6. 本公司章程
7. 法律意见书
8. 广东省人民政府批准本公司成立的文件
9. 中国证监会关于本公司公开发行股票的批准文件
10. 本公司1997年创立大会暨首届股东大会决议
11. 上市推荐书
12. 深圳证券交易所上市通知书

十四、咨询机构

1. 上市公司：广东汕头超声电子股份有限公司

法定代表人：林盛川

地　　址：广东省汕头市兴业路21号

电　　话：0754－8610992

传　　真：0754－8628027

联　系　人：刁美萍、林琪、郑创文

2. 上市推荐人：

(1)广东证券公司

法定代表人：钟伟华

地　　址：广州市东风东路703号

电　　话：020－87666000－1201

传　　真：020－87784506

联　系　人：刘小群、钟慧玲

(2)广发证券有限责任公司

法定代表人：陈云贤

地　　址：广州市农林下路83号广发金融大厦4楼

电　　话：020－87310073

传　　真：020－87310025

联　系　人：张慧龙

(3)股份登记机构：深圳证券登记有限公司

地　　址：深圳市红岭路25号

电　　话：0755－5567898

传　　真：0755－5571127

广东汕头超声电子股份有限公司

一九九七年十月六日

(1)合并资产负债表

单位：元

资产	1997－4－30	1996－12－31	1995－12－31	1994－12－31	负债与股东权益	1997－4－30	1996－12－31	1995－12－31	1994－12－31
流动资产：					流动负债：				
货币资金	7,938,885	20,083,050	13,832,594	9,365,952	短期借款	80,875,090	64,097,940	51,232,309	399,135,002
短期投资	—	—	—	—	应付票据	—	—	—	—
应收票据	6,000,000	3,450,000	—	—	应付帐款	11,968,976	22,241,480	25,824,356	27,713,087
应收帐款	75,410,098	80,839,437	81,709,227	56,764,560	预收货款	1,572,781	1,915,149	1,950,613	1,491,040
减：坏帐准备	309,744	404,197	408,546	283,823	应付福利费	(73,673)	(83,570)	(107,927)	(121,777)
应收帐款净额	75,100,354	80,435,240	81,300,681	56,480,737	未付股利	13,892,699	13,454,292	4,509,915	—
预付货款	2,187,934	3,281,936	15,887,587	15,946,981	未交税金	9,254,165	5,505,588	20,293,032	6,100,981
其他应收款	14,510,777	、14,797,311	7,014,293	17,249,346	其他未交款	—	—	—	—
待摊费用	223,690	81,947	103,689	313,458	其他应付款	43,220,315	71,950,271	46,501,902	31,944,985
存　货	89,195,335	91,377,695	779,793,371	50,777,434	预提费用	3,495,733	1,355,336	378,764	5,268,633
待处理流动资产净损失	—	—	—	—	一年内到期的长期负债	—	—	—	—
一年内到期的长期债券投资	—	—	—	—	其他流动负债	—	—	—	—
其他流动资产	—	—	—	—	流动负债合计	164,205,526	180,436,486	150,582,964	111,531,951
流动资产合计	195,156,975	213,507,779	197,932,315	150,133,908	长期负债：				
长期投资：					长期借款	35,697,016	35,697,016	6,000,000	16,764,915
长期投资	36,485,166	19,919,000	20,023,000	20,072,500	应付债券	—	—	—	—
其中：合并价差	15,620,800				长期应付款	—	—	—	—
固定资产：					其他长期负债	—	—	—	—
固定资产原值	184,242,780	173,403,989	158,633,551	146,952,864	长期负债合计	35,697,016	35,697,016	6,000,000	18,764,915
减：累计折旧	58,604,278	52,174,196	41,165,006	29,728,102	递延税项：				

资产	1997-4-30	1996-12-31	1995-12-31	1994-12-31	负债与股东权益	1997-4-30	1996-12-31	1995-12-31	1994-12-31
固定资产净值	125,638,508	121,229,773	117,468,545	17,224,762	递延税项贷项	—	—	—	—
在建工程	62,966,109	56,883,616	—	299,683	负债合计	199,902,542	216,133,502	156,582,964	130,296,866
待处理固定资产净损失	—	—	—	—	少数股东权益:				
、固定资产合计	188,604,617	178,113,389	117,468,545	117,524,445	少数股东权益	28,924,889	38,940,759	33,194,259	26,769,510
无形资产及递延资产:					股东权益:				
无形资产	3,718,000	3,903,900	4,461,600	5,019,300	股本	140,000,000	140,000,000	140,000,000	140,000,000
递延资产	10,467,935	10,919,721	5,754,965	6,735,327	资本公积	60,605,346			
无形及递延资产合计	14,185,935	14,823,621	10,216,565	11,754,627	盈余公积	785,947	17,076,532	8,412,873	—
其他长期资产:	—	—	—	—	其中:公益金	261,982	5,692,177	2,804,291	—
其他长期资产	—	—	—	—	未分配利润	4,213,409	14,212,996	7,450,329	2,419,104
递延税项:	—	—	—	—	股东权益合计	205,604,702	171,289,528	155,863,202	142,419,104
递延税项借项	—	—	—	—	负债及股东权益总计	434,432,693	426,363,789	345,640,425	299,485,480
资产总计	434,432,693	426,363,789	345,640,425	299,485,480					

(2)合并利润及利润分配表

单位:元

项目	1997.1-4月	1996年度	1995年度	1994年度
一、主营业务收入	74,377,791	218,395,899	210,509,821	140,804,759
减:营业成本	49,604,331	133,545,738	125,917,016	84,335,763
销售费用	1,198,006	4,123,630	3,506,775	1,975,069
管理费用	6,532,042	14,900,377	10,924,536	7,481,805
财务费用	3,317,233	5,718,958	430,209	2,427,594
进货费用	—	—	—	—
营业税金及附加	67,175	188,338	154,085	168,485
二、主营业务利润	13,659,004	59,918,858	69,577,200	44,416,043
加:其他业务利润	249,560	241,908	696,433	428,043
三、营业利润	13,908,564	60,160,766	70,273,633	44,844,086
加:投资收益	1,923,521	2,342,507	2,272,416	698,918
营业外收入	2,389,958	18,636,567	4,921,224	6,546,413
减:营业外支出	95,882	89,200	30,610	16,737
加:以前年度损益调整	—	—	—	—
四、利润总额	18,126,161	81,050,640	77,436,663	52,072,680
减:所得税	1,674,672	7,058,470	5,307,637	4,614,081
少数股东权益	3,128,090	16,234,444	16,043,206	10,387,364
五、净利润	13,323,399	57,757,726	56,085,820	37,071,235
加:年初未分配利润	14,212,996	7,450,329	2,419,104	12,121,841
减:职工福利及奖励基金	459,214	2,435,167	2,278,950	1,661,027
六、可分配利润	27,067,181	62,772,888	56,225,974	47,531,849
减:提取法定公积金	1,332,340	5,775,773	5,608,582	3,707,123
提取法定公益金	666,170	2,887,886	2,804,291	1,853,562
七、可供股东分配的利润	25,068,671	54,109,229	47,813,101	41,971,164
减:提取任意公积金	—	—	—	—
已分配普通股股利	2,979,369	39,896,233	40,362,772	39,552,060
八、未分配利润	22,089,302	14,212,996	7,450,329	2,419,104

(3)合并财务状况变动表(1996年度)

单位:元

项　目	金　额	项　目	金　额
一、流动资金来源		一、流动资产本年增加数	
1. 本年净利润	67,757,726	1. 货币资金	6,281,050
加:不减少流动资金的费用和损失		2. 短期投资	——
(1)少数股东本期损益(亏损-)	16,234,444	3. 应收票据	3,450,000
(2)固定资产折旧	11,009,190	4. 应收帐款净额	(865,441)
(3)无形资产递延资产及其他资产摊销(减其他负债转销)	1,840,762	5. 预付贷款	(12,605,751)
(4)固定资产盘亏损失(减盘益)	——	6. 其他应收款	7,783,018
(5)清理固定资产损失(减收益)	——	7. 待摊费用	(21,742)
(6)递延税款	——	8. 存货	11,584,324
(7)其他不减少流动资金的费用和损失	——	9. 待处理流动资产净损失	
小计	86,851,142	10. 一年内到期的长期债券投资	
2. 其他来源	——	11. 其他流动资产	
(1)固定资产清理收入(减清理费用)			
(2)增加长期负债	29,697,016		
(3)收回长期投资	126,100		
(4)对外投资转出固定资产			
(5)对外投资转出无形资产			
(6)资本净增加额	8,663,559		
(7)少数股东资本净增加额	5,746,500	流动资产增加净额	15,575,464
小计	44,235,275	二、流动负债本年增加数	
流动资金来源合计	130,086,417	1. 短期借款	12,860,631
二、流动资金运用		2. 应付票据	
1. 利润分配		3. 应付帐款	(3,502,676)
(1)提取法定公积金	5,775,772	4. 预收货款	(35,484)
(2)提取法定公益金	2,887,686	5. 应付福利款	24,357
(3)提取任意公积金		6. 未付股利	6,944,377
(4)职工福利及奖励基金	2,436,167	7. 未交税金	(14,787,444)
(5)已分配股利	24,986,943	8. 其他未交款	
小计	50,995,59	9. 其他应付款	25,448,369
2. 少数股东权益分配	16,234,444	10. 预提费用	976,572
3. 其他运用		11. 一年内到期的长期负债	
(1)固定资产和在建工程净增加额	71,654,034	1. 其他流动负债	
(2)增加无形、递延资产及其他资产	6,456,838		
(3)偿还长期负债			
(4)增加长期投资	24,100		
小计	78,194,972		
流动资金运用合计	145,364,475	流动负债增加净额	29,853,622
流动资金增加净额	(14,278,058)	流动资金增加净额	(14,278,058)

广东福地彩色显像管股份有限公司

广东福地彩色显像管股份有限公司概况

一、公司概况

广东福地彩色显像管股份有限公司，前身广东彩色显像管有限公司，是国家"八五"计划彩管重点项目和广东省"八五"重点项目。九七年五月经中国证监会批准，原公司全资改组为股份有限公司，于六月十七日在深交所上市。该公司主要引进日本日立公司生产技术与设备，主营21"、25"HS彩管，年产彩管250万只，是集技术、资金密集于一体的现代化大生产的国家特大型企业，现有总资产27.7亿元，职工人数3498人，总面积为38.2万平方米。公司生产的"福地"牌彩管通过国际ISO9002质量认证、美国UL总部及德国VDE产品安全认证，并销往"长虹"、"康佳"、"TCL"等二十四家电视机厂。95年被列入广东省高新技术企业；96年被列为国家重点扶持300家企业广东省70家重点大集团之一；97年被列入中国制造行业排头企业及中国电子百强第23位。

法人代表：董事长、总经理　詹宗庆

地址：广东省东莞市周溪工业区

邮编：511715　　电话：2404888

二、董事长、总经理詹宗庆简介及经营业绩

詹宗庆同志，广东省东莞虎门人，1944年出生，中共党员，高级工程师。1962年就读于长沙铁道学院桥梁隧道系桥梁专业。1968年到广西梧州市工作。85年当选为广西梧州市副市长。1990年2月调回东莞，被市委、市府任命广东彩色显像管有限公司董事长、总经理。坚持以人为本、追求卓越的管理思想，奉行大力推动技术进步和技术改造，营造大集团的经营策略，使广东彩管公司迅速成长、壮大。公司于91年7月动工兴建，93年6月进入试生产，94年11月通过国家正式验收，95至96年，公司通过两次大规模技术改造，使公司综合实力大增，97年5月，经中国证监会批准，原公司全资改组成股份制企业。现已步入国务院重点扶持的300家企业行列，被确认为广东省政府重点扶持的70家企业集团之一，被国家六部委确认为特大型企业，且已入选中国电子工业百强和中国电子及通讯设备制造业的排头企业。

广东福地彩色显像管股份有限公司(筹)招股说明书

一、主要资料

以下资料节录自本招股说明书。欲购买本次发行股票的投资者，在作出投资决策前，应该认真阅读本招股说明书全文。

1. 发行人简介

(1)发行人名称：广东福地彩色显像管有限公司(筹)

(2)英文名称：GUANGDONG FORTUNE COLOUR PICTURE TUBE CO.,LTD.

(3)发行人住所：广东省东莞市篁村区周溪

(4)设立情况：广东福地彩色显像管股份有限公司(筹)是经广东省人民政府粤办函〔1997〕194号文正式批准由广东彩显像管总公司、福民发展有限公司、东莞市财信发展有限公司、东莞市经济贸易总公司、东莞市银川能源实业公司5家发起人共同发起，以募集方式向社会公开发行股票而设立的股份有限公司。

(5)主营业务：设计、开发、生产、销售各种规格彩色显示器件以及其配套零、部件。

(6)资产规模：截止1996年12月31日，发行人总资产24419.49万元(其中流动资产118048.20万元，固定资产121841.46万元)；净资产77575.70万元。

(7)经营业绩：本公司近三年的经营业绩 如下表(摘自北京兴华会计师事务所京兴会字第225号审计报告)

(单位：人民币元)

项目	1996年度	1995年度	1994年度
主营业务收入	1,879,289,477	1,822,355.728	1,024,600,756
主营业务利润	277,720,426	312,092,680	149,183,439
利润总额	317,806,917	311,568,440	167,797,109
税后利润	302,552,185	311,568,440	167,797,109

(8)股权结构

本次新股发行前，股本结构如下表：

项目	股份(万股)	比例(%)
国有法人股	36000	69.23
外资股	16000	30.77
合计	52000	100

(9)职工人数：本公司现有正式职工1167人，在册合同工2331人。

2. 本次发行

(1)本次发行的一般情况

①股票种类：人民币普通股

②每股发行价：7.75元

③每股面值：人民币1.00元

④本次公开发行数量：12000万股，其中1200万股向发行人在册职工配售。

⑤发行总市值：93000万元

⑥盈利预测：1997年税后利润预测为23689.60万元(根据广东省政府办公厅粤办函〔1997〕116号文，所得税按15%计算)

⑦每股盈利：按加权平均计算(预测股金到位时间为1997年5月1日)1997年每股预测税后利润为0.39元。按全面摊薄法计算，1997年每股预测税后利润为0.37元。

⑧发行市盈率：13.7倍

⑨发行前每股净资产：1.54元

⑩发行后每股净资产：2.68元

(2)本次新股发行前及发行后的股权结构

结构	新股发行前		新股发行后	
	股份(万股)	比例(%)	股份(万股)	持股比例(%)
发起人股				
1. 国有法人股	36000	69.23	36000	56.25
2. 外资股	16000	30.77	16000	25.00
社会公众股	——	——	12000	18.75
其中：				
公司职工股	——	——	1200	1.875
总股本	52000	100	64000	100

(3)募股资金的运用：

若本次发行成功扣除发行费用后，将可募集人民币91680万元，拟用于以下用途：

①投资19361万元用于64厘米彩管生产线兼容生产74厘米彩管的调整项目；

②投资11045万元用于偏转线圈技改项目；

③投资9062万元用于改造彩管生产的动力配套设备；

④28600万元用于归还银行贷款；

⑤23612万元用于补充公司流动资金。

(4)股利分配

本公司依据国家有关法律和公司章程所载明的分配原则,予以分红派息。股利在每个年度会计决算后进行分配,采用现金和股票两种形式派发。本次募股后预计首次股利分配时间为1997年年度结算后,本次认购股票的新股东与发起人一起参与自1997年度起的股利分配。

(5)风险因素

本公司在经营过程中涉及的风险因素有:经营风险、行业风险、市场风险、政策性风险、项目投资风险、加入世界经济贸易组织风险、证券市场风险等。

(6)发行地区:广东省广州市、东莞市。

(7)发行对象:依据有关法律规定可以从事股票投资的法人和自然人。

(8)承销期:1997年5月16日至1997年8月16日。

(9)拟上市地:深圳证券交易所

3. 主要会计数据

以下资料摘录自北京兴华会计师事务所(97)京会兴字第225号审计报告

(1)资产负债表数据

单位:元

项目	1996年12月31日	1995年12月31日	1994年12月31日
营运资金	-63,694,577	75,038,138	-112,080,511
总资产	2,441,934,854	2,111,438,357	1,946,18,229
长期负债	422,001,360	652,329,848	560,828,319
股东权益	775,756,957	575,535,177	544,378,332

(2)利润表数据

项目	1996年度	1995年度	1994年度
销售收入	1,879,289,477	1,822,355,728	1,024,600,756
营业利润	278,289,494	312,106,898	167,235,599
利润总额	317,806,917	311,568,440	167,797,109
净利润	302,552,185	311,568,440	167,797,109

4. 预计时间表

本次新股将采用"全面预缴、比例配售、余款即退"的方式发行。

(1)申购缴款期从1997年5月20日至1997年5月22日。

(2)配售日期为:1997年5月25日。

(3)配售结果公布日期为:1997年5月26日。

(4)退款日期为:1997年5月27日。

(5)预计挂牌交易日期:预计新股在发行结束及本公司创立大会召开后的适当时间在深圳证券交易所挂牌交易。

二、释义

在本招股说明书中,下列词汇除非另有所指,具有如下意义:

发行人或本公司:指广东福地彩色显像管股份有限公司(筹)

原公司或有限公司:指广东彩色显像管有限公司

总公司:指广东彩色显像管总公司

福民公司:指福民发展有限公司

发起人:广东彩色显像管总公司、福民发展有限公司、东莞市财信发展有限公司、东莞市经济贸易总公司、东莞市银川能源实业公司。

筹委会:指广东福地彩色显像管股份有限公司筹备委员会

新股:本公司本次向社会公众和公司职工发售的12000万股的人民币普通股

省政府:指广东省人民政府

市政府:指广东省东莞市人民政府

主承销商:指广东证券公司

证监会:指中国证券监督管理委员会

元:指人民币元

汇率:指1996年12月31日的国家外汇管理局公布的美元兑人民币汇率即1美元=8.2982元人民币

彩管:指彩色显像管

广彩工程:指1989年12月经国务院同意由国家计划委员会批准的广东彩色显像管工程项目

三、绪言

本招股说明书根据《中华人民共和国公司法》、《股票发行与交易管理暂行条例》、《公开发行股票公司信息披露实施细则》、《招股说明书的内容与格式》等有关证券管理法规、规定及发行人的实际情况编制而成,旨在向投资者提供有关本公司的基本情况和股票发行认购办法等资料。本公司筹委会成员已审阅批准本招股说明书,确信其中不存在任何重大遗漏或者误导和虚假成份,并愿就本招股说明书所载资料之完整性、真实性和准确性负个别及连带责任。

新股是根据本招股说明书所载明的资料而申请发行的。除发行人和主承销商外,没有委托或授权任何其他人提供未在本招股说明书中列载的信息和对本招股说明书作任何解释或者说明。

投资者如对本招股说明书有任何疑问,可咨询本次新股发行的各有关当事人。为方便投资者咨询,在新股发行期间,本公司特设咨询电话:(0769)2402236、(0769)2404888-3319。

投资人应自行负担买卖发行人股票所应支付的税款,发行人、承销商和推荐人对该税款不承担责任。

四、发售新股的有关当事人

1. 发行人:广东福地彩色显像管股份有限公司(筹)

住所:广东省东莞市篁村区周溪

筹委会主任:詹宗庆

电话:(0769)2402236、(0769)2404888-3319

传真:(0769)2402525

邮编:511716

联系人:刘国真、胡唯唯

2. 主承销商:广东证券公司

住所:广东省广州市东风东路703号

法定代表人:钟伟华

电话:(020)87789051、(020)87666000-1201

传真:(020)87784506

邮编:510080

联系人:谢东晖、卢晨芳、胡汉杰、王忠民

3. 副主承销商:广发证券有限责任公司

住所:广东省广州市农林下路83号广发金融大厦4楼

法定代表人:陈云贤

电话:(020)87310073

传真:(020)87310025

联系人:张慧龙

4. 分销商:

(1)广东粤财信托投资公司

住所:广东省广州市环市中路316号金鹰大厦东楼15、16楼

法定代表人:孙亚余

电话:(020)83829249

传真:(020)83802385

联系人:黄方杰、罗晓涛

(2)中国东方信托投资公司

住所:北京市西城区西直门外高梁桥斜街18号中苑宾馆B楼

法定代表人:唐棣华

电话:(010)62178888-7201

(021)63723028

传真:(021)63727056

联系人:李耀、李学

(3)大鹏证券有限责任公司

住所:广东省深圳市福田区深南东路333号信兴广场地王商业中心商业大楼8层

法定代表人:徐卫国

电话:(0755)2463388-8622

传真:(0755)2462021

联系人:潘谨、黄映红

(4)海南港澳国际信托投资有限公司

住所:海南省海口市国贸大道港澳大厦1、2层

法定代表人:李耀祺

电话:(0898)8513372
传真:(0898)8513437
联系人:王雪梅
(5)浙江金华市信托投资股份有限公司
住所:浙江省金华市西市街32号
法定代表人:葛政
电话:(0579)2322265
(021)64716524
传真:(021)6471093
联系人:李康
(6)福建兴业证券公司
住所:福建省福州市湖东路169号天骜大厦
法定代表人:兰荣
电话:(0591)7542524
传真:(0591)7542534
联系人:翁巍
(7)北京证券有限公司
住所:北京市西城区德胜门东滨河路B11号
法定代表人:张克俭
电话:(010)62058031
传真:(010)62058007
联系人:徐凯盈
(8)珠海国际信托投资公司
住所:广东省珠海市吉大路1号
法定代表人:李伟泉
电话:(0756)2273851
传真:(0756)2273539
联系人:赵奕
(9)广州证券公司
住所:广东省广州市北较场路19号金鹰酒店附6楼
法定代表人:劳建光
电话:(020)83804342
传真:(020)83541077
联系人:戚曙光、王国忠
(10)海南省国际信托投资公司
住所:海南省海口市南宝路国托大厦9楼
法定代表人:彭振明
电话:(0898)6779568
传真:(0898)6777333
联系人:王鸿武、董杰
5.推荐人:广东证券公司　广发证券有限责任公司
6.发行人律师事务所:北京市金杜律师事务所
住所:北京市东城区朝阳门北大街8号
法定代表人:王辉
电话:(010)65541627
传真:(010)65541560
经办律师:王俊峰、白彦春
7.主承销商的律师事务所:广东对外经济律师事务所
住所:广东省广州市东风东路707号自动化大厦12楼
法定代表人:张锡海
电话:(020)87760231
传真:(020)87300550
经办律师:张锡海、张建中
8.会计师事务所:北京兴华会计师事务所
住所:北京市阜城门外大街2号万通新世界广场708号
法定代表人:王全洲
电话:(010)68587595
传真:(010)68587589
经办注册会计师:张韬、胡毅
9.资产评估机构:北京中企华资产评估有限责任公司
住所:北京市东城区青龙胡同35号
法定代表人:孙月焕
电话:(010)64064470
传真:(010)64064468
评估负责人:黎东标、孙健南
10.资产评估确认机构:国家国有资产管理局
住所:北京市海淀区万泉河路66号
法定代表人:张佑才
电话:(010)62567744
传真:(010)62541817
11.收款银行:
中国建设银行广东省分行
中国建设银行广州市分行
中国建设银行东莞分行
中国工商银行东莞分行
中国农业银行东莞分行
中国银行东莞分行
广东发展银行东莞分行
东莞农村信用合作联合社
东莞市城市信用合作社中心社
12.股票登记机构:深圳证券登记有限公司
住所:广东省深圳市红岭中路25号
法定代表人:黄铁军
电话:(0755)5567898
传真:(0755)5671127

五、风险因素与对策

投资者在评价公司此次发售的股票时,除招股说明书提供的其他资料外,应特别认真地考虑下述各项风险因素:

1.经营风险

(1)原材料供应的风险

本公司彩管生产所需的原材料主要有玻壳、荫罩、电子枪、金属材料、特殊化工材料。以上几种主要原材料价格占产品制造成本的77.18%,一旦原材料供应出现短缺或价格波动,必将直接影响彩管的生产成本,进而使公司产品的市场价格和经济效益受到影响。

(2)对主要客户依赖的风险

虽然本公司产品的客户有40多家,但由于彩电市场竞争激烈、变化无常,本公司为了保证产品的销量和资金周转的正常性,产品主要供给国内的几大电视机生产厂家,包括四川长虹、深圳康佳、TCL王牌、华强三洋、熊猫电子集团等公司,其经营情况影响到本公司的经营,因而相应带来一定的风险。

(3)产品结构集中的风险

本公司主营业务突出,集中于54厘米和64厘米彩管的生产和销售,截止1996年12月31日,公司的彩管销售收入占营业收入的97.87%。虽然在目前乃至将来一段时期内54厘米和64厘米彩管仍是市场需求的主流,但过度集中的产品结构仍会削弱公司抵御市场需求变化的能力。

(4)产品技术方面的风险

彩管生产属于技术密集型的高科技电子工业,它的生产技术和产品品种更新换代较快。虽然本公司所引进的国际先进的日立彩管生产技术在目前同行业中仍较有优势,但如果不能及时把握最新的彩色显示器件生产技术,仍有可能被市场所淘汰,存在一定的技术风险。

(5)外汇风险

本公司目前有约5%的产品外销,另有少部分原材料需要进口,在采购与销售的过程中都涉及外汇的收付和相应产生的外汇债权债务关系,因此,外汇市场汇率的波动会在一定程度上影响公司的盈利水平。

2.行业风险

(1)产业政策风险

彩色显像管制造业是集资金、技术密集为一体的高科技电子行业,作为国家国民经济支柱产业的重要组成部分,受到国家产业政策的扶持。如果国家产业政策发生改变,可能会对本公司的发展产生影响。

(2)行业内部竞争风险

彩色显像管生产行业收益率较高,目前国内有数家彩管生产厂家投入生产,其中主要的竞争对手及期基本情况见下表:

企业名称	投产时间	主要产品品种	96年底的产量

			(万只/年)
陕西彩色显像管厂(彩虹)	82年	37厘米彩色显像管	245
		46厘米彩色显像管	49
		54厘米彩色显像管	184
		56厘米彩色显像管	16
		64厘米彩色显像管	74
		37厘米彩色显像管	48
北京松下彩色显像管有限公司(BMCC)	89年12月	37厘米彩色显像管	77
		54厘米彩色显像管	52
		49厘米彩色显像管	155
		74厘米彩色显像管	44
		37厘米彩色显像管	76
上海永新彩色显像管有限公司	90年12月	46厘米彩色显像管	27
		54厘米彩色显像管	148
		64厘米彩色显像管	80
深圳赛格日立彩色显示器件有限公司	92年4月	54厘米彩色显像管	203
本公司	93年7月	54厘米彩色显像管	183
		64厘米彩色显像管	43

另外,高速成长的中国电子市场也吸引了不少国外同业经营者参与竞争。如韩国三星自1995年起就计划在中国建设彩管生产厂,并已获得国家有关部门的批准。众多的国外同业经营者凭借其较先进的技术、较强的产品开发能力及其雄厚的财力打入国内市场。所以股份公司的发展将面临着国内外同行业的竞争,存在一定的行业风险。

3. 市场风险

彩管是彩电生产的中间产品,彩管行业与彩电行业之间相互依赖性较强,所以彩管生产的产量、销量、价格随彩电市场的波动而变化。随着彩电品种的更新换代,彩电厂家对彩管的品种、性能选择范围越来越大,变化周期越来越短,这将影响本公司产品的生产方向和销售利润,存在一定的市场风险。

同时,本公司目前的产品国内市场占有率约12%,省内市场占有率近50%,占据较大的市场份额,如股份公司产品不能适销对路,适应市场的变化,股份公司的市场占有率就会发生变化,相应带来一定的市场风险;同时倘若彩管市场中产品需求量降低,市场容量减少,将影响公司产品的销售量及利润,相应带来一定市场风险。

4. 政策性风险

本公司"广彩工程"是经国务院同意并列入国家"八五"计划的重点项目,是广东省"八五"期间重点建设工程。本公司1995年被广东省确定为高新技术企业,1996年被国务院确认为重点扶持的300家大型国有企业之一,被国家六部委确认为特大型工业企业,同年又被广东省政府确认为广东省重点发展的70家企业集团之一,属国家产业政策扶持的企业,因此得到国家在项目、规划、税收、资金、人才、信息等方面的优惠和支持。其中,本公司享受中外合资企业的"两免三减半"的所得税优惠政策,1994、1995两年已享受"两免"优惠,1996年享受减半政策,1997年、1998年须待本公司成立并经国家外经贸部批准后,方可继续享受减半优惠的税收政策,1999年后本公司将根据国家税法规定,按33%税率计缴所得税;同时,根据国务院的有关规定,有限公司从1996年起中外合资企业在关税方面的优惠政策已被取消。

以上优惠待遇方面的政策变化将影响本公司的经营利润,带来一定的政策性风险。

5. 项目投资风险

本次募集资金拟投向彩管生产线调整产品品种项目。我国彩管生产技术是在引进国外整条生产线的基础上发展起来的,起点较高。但由于发展时间不长,技术基础薄弱,自主开发能力也相对较弱。另一方面,彩管生产线技术改造项目相对资金投入量大,投资回收期较长。所以,彩管生产线技改成功带来高收益的同时亦伴随有技改失败的投资风险。

6. 加入世界经济贸易组织的风险

中国加入世界经济贸易组织,对本公司而言一方面有利于降低进口原材料的成本和扩大产品出口,使本公司产品更具竞争力,而另一方面,将降低国外同类产品的进口关税和其他限制关税,消除进口限制,从而导致彩管市场竞争加剧,直接影响本公司产品的价格和销量。因此,加入世界经济贸易组织对本公司而言是机遇与风险并存。

7. 证券市场风险

中国证券市场为新兴的市场,现行的法律、法规还有待于进一步完善。上市公司的经营状况、发展前景、股市的供求关系、投资心理、交易技术以及国家的经济、政治等多种因素将会对股票的波动产生影响。投资者进入股市,必须对股市的机遇和风险有一定的认识。

针对以上风险,本公司将采取以下对策:

1)经营风险对策

(1)原材料供应风险对策

目前本公司彩管生产的主要原材料已基本实现国产化。其中玻壳及荫罩在国内已供大于求;金属材料和电子枪由本公司的专门部门合成生产,保障供应;特殊化工材料已陆续认定国内材料。本公司将继续加大材料国产化步伐,争取原材料能全部实现国产化,有利于降低产品成本,使产品价格更具竞争力。同时公司将继续与各原材料供应商保持良好的合作关系,保障原材料的稳定供应。

(2)对主要客户依赖的风险对策

组织专门人力对国内外彩电市场的需求进行深入的调查研究,及时调整产品结构,增加产品品种,适应市场的变化。同时,制订市场营销策略,通过各种营销手段扩大销售渠道,拓展国外市场;增加销售人员,建立完善的销售网络,保证产品的销量。

(3)产品结构集中风险对策

针对产品结构集中的风险,本公司将继续加强现有产品品种规格的切换和兼容生产的能力;增加74厘米彩管新品种规格;加大对平板显示器包括前景看好的液晶显示器(LCD、TFT)、等离子体显示器(PDP)以及场致电子发射显示器等显示器件的开发投入,力求在未来显示器件领域中占领技术制高点;采取联合、兼并上下游生产厂家的方式,以扩大经营范围,拓展显示器件电子配套市场业务,有效降低产品结构集中的风险。

(4)产品技术方面风险对策

本公司将立足现有的先进技术,继续坚持"引进、消化、吸收、创新"的方针,加大技术研究和产品开发的投入,定期与国内外高校、科研机构以及彩管专家进行交流与合作,及时把握国际上先进的彩管生产技术和新产品品种,增强公司经营发展的内在动力。

(5)外汇风险对策

本公司目前有少量的产品外销,今后将致力于开拓国际市场,扩大产品的出口量,增强公司的创汇能力。同时,本公司将进一步提高设备、原材料的国产化率,既降低生产成本,又规避汇率风险。

2)行业风险对策

(1)产业政策风险对策

彩管业作为国民经济支柱的重要领域,受到国家产业政策的扶持,对本行业的繁荣发展起到十分重要的作用。本公司将增强对国家宏观政策的研究,提高经营决策的预见性,适时调整经营策略,同时,在国家产业政策的指导下,建立现代化企业制度,运用现代化管理手段,强化内部管理,使公司上规模、上水平,增强抵御产业政策风险的能力。

(2)行业内部竞争风险对策

①提高规模经济效益。本公司目前彩管生产能力居全国第三,产品的国内市场占有率约为12%,省内市场占有率近50%。通过技术改造,使本公司的生产规模逐步达到行业合理的经济规模,从而降低单位原材料及零部件的采购成本及其它成本,获取规模效益。

②发挥地理环境优势。本公司位于珠江三角洲腹地,广深高速公路中部,交通发达而且邻近省内各大型彩电生产厂家(如康佳、TCL王牌、华强三洋、创维等),从运输费用方面比较,本公司每只彩管的运输费用仅2元,而其它厂家则需约20元。有利的地理优势使本公司占据了省内彩管市场的近50%。而据有关资料显示,目前54厘米以下中小屏幕和64厘米以上大屏幕彩管需求分别有40%和60%集中在广东地区。本公司将进一步发挥目前已占有的地理优势,降低销售成本,巩固并进一步扩大市场份额,提高经济效益。

③进一步提高产品质量。本公司的彩管生产是引进国际上先进的日立彩管生产技术,产品质量可靠。产品先后通过中国的CCEE、CCIB认证、CB认证和英国的BSI认证、德国的VDE,64厘米彩管还通过了美国的UL认证,此外,公司质量保证体系通过了ISO9002认证;"福艳"牌彩管连续两年被评为"中华名牌显像管",1996年被评为"中华之光名牌产品"。本公司将充分发挥技术力量雄厚的优势,保证产品的质量。

④加强市场营销。本公司将进一步拓展广泛的销售渠道,稳定一批需求量大的客户,继续加强与国内客户的合作;同时拓宽国外的产品销售渠道,打开国际市场,进一步提高公司经济效益。

⑤针对市场占有率可能发生变化带来的风险,本公司将增强对市场情况的调研,及时调整产品结构。例如针对目前74厘米彩管的需求增大情况,本公司及时进行产品结构调整,增加兼容生产74厘米彩管品种。针对市场容量可能发生变化带来的风险,本公司将坚持以市场为导向,积极开拓国内外市场,同时积极开发与生产其他适应市场需求的电子显示器件产品,使本公司产品品种多元化、系列化。

3)市场风险对策

针对市场风险,本公司将增加产品品种,提高产品档次。本公司年均产销率超过99%,并且是国内彩管厂中品种规格较齐全的厂家之一,已建成的两条彩管生产线有切换生产54厘米、64厘米彩管品种的能力。本公司将通过产品品种调整形成64厘米和74厘米兼容生产的能力,增加新的产品品种,同时加大对国际市场上有发展前景的其它种类显示器件的研究开发和投入生产,在装备能力、产品品种、市场应变能力、产品品牌上保持较强的竞争优势,有效降低因市场变化带来的风险。

4)政策性风险对策。本公司将增强企业本身对政策的研究力量,与政府有关部门,特别是国家电子工业部、外经贸部等部门密切联系,加强信息收集,研究对策,以规避风险。

5)项目投资风险对策。本公司充分认识到增资调整产品品种的项目投资中可能出现的风险,聘请国内外彩管生产专家针对项目实施过程中的关键件和少量设备引进和安装,以及调试完成后设备运行的稳定性、能耗、环保以及新增产量的市场销路等有关问题进行了充分的可行性论证,同时成立相应投资决策小组,采取定期监控制度,确保项目按计划的方向发展,有效降低项目投资风险。

6)加入世界经济贸易组织的风险对策

中国加入世界经济贸易组织,对本公司而言是风险与机遇并存。本公司目前引进的是国际先进的彩管生产技术,生产的产品先后得到国内外众多机构颁发质量检测认证,同时创造出自己的"福地"名牌,产品占领广东省内彩管市场的近50%和国内市场的近12%。总体生产能力居全国第三位。依靠各项优势本公司有能力对抗国外同类产品的竞争。另外,本公司将积极参与研究开发国际领先的新型彩管及其它彩色显像示器件的生产技术,进一步调整产品品种结构和挖潜改造,降低产品成本,提高产品质量,强化自身优势,利用我国加入世界经济贸易组织的机会,扩大产品的出口,打入国际市场。

7)证券市场风险对策

为减少公司股票上市后的证券市场风险,充分保障股东利润,本公司将按照《公司法》等有关法规的要求规范运作,加强信息披露工作,及时、准确地公布中期报告、年度报告以及重大经营活动信息,自觉接受证券管理部门及广大股东的监督,以保护本公司及广大股东的利益,提高本公司股票在二级市场上的抗风险能力。

六、募集资金的运用

1、本次募集的社会公众股12000万股,拟按7.75元/溢价发行。若预期发行成功,在扣除发行费1320万元后,实际募集资金91680万元,计划用于下列五个用途:

(1)拟投资19361万元,用于引进产品技术、少数关健设备和关健件与国产设备配套,对原64厘米彩管生产线进行调整,达到兼容年产74厘米彩管60万只的生产能力。

随着经济的发展和人民生活水平的普遍提高,大屏幕彩电的市场需求将不断增大,其市场前景较为乐观。以珠江三角洲地区的情况为例,珠江三角洲三大彩电装配厂1997年计划生产量中,74厘米彩电的产量为90万台,即康佳50万台、TCL30万台、华强三洋10万台,共需74厘米彩管约95万只,而珠江三角洲的彩管厂平面型74厘米彩管的供应为零。

为了适应市场需求,解决国内74厘米管源紧张问题,获取产品高附加值,增强公司的竞争能力,同时考虑到投资建设新的彩管生产线需要大量资金和较长的建设周期,筹委会决定利用原有厂房和公共设施,投资19361万元引进产品技术和制造技术,增添部分设备和工模夹具,对原有的64厘米彩管生产线进行调整,调整后原设计年产64厘米彩管60万只的彩管生产线将达到兼容年产64厘米彩管20万只和74厘米彩管40万只的生产能力,以至最终形成年产74厘米彩管60万只的生产能力。本项目已获国家计划委员会(计机轻函〔1997〕07号文)批准。

本公司现有的64厘米彩管生产设备是国内同类中较先进的设备,采用大量的自动移载设备、机械手和平衡器,自动化程度较高,相当于日本日立公司生产设备的技术水平,本次调整只需增添部分工艺设备和工模夹具,调整部分分配套设备,即可实现兼容74厘米彩管的目的。该调整项目确定从日本日立公司引进产品设计和工艺技术,从而最大限度地利用原有工艺设备和技术以及原材料,降低投资成本,并于1996年12月5日与日立公司签订了《74厘米彩色显管技术转让合同》。同时,随着我国安阳玻壳二期工程、石家庄玻壳和烟台网板的投产,国内亦已具备了74厘米彩管生产所需主要原材料的配套能力。加上64厘米彩管生产线积累了前次技改的成功经验,所以此次64厘米、74厘米兼容调整项目在技术上的可行性较有保障。

本项目投资预算如下表:

项　目	投资金额(万元)
设备投资	10311.4
设备安装调试费	3105.4
建安工程改造费	200
软件费、专家费	1152.6
开办费	558.6
其它不可预见费用	2502
新增流动资金	1532
合　计	19361

项目进度计划安排如下:

时间	投入金额	计划工作进度
1997年第二季度	8000万元	完成项目设计,开始设备的订货、制造。
1997年第三季度	5000万元	开始生产设备的安装调试、进行设备试运行
1998年第一季度	--	完成项目的调整工作
1998年第二季度	3500万元	开始试生产
1998年第三季度	2861万元	正式投产,达到设计生产能力

若无不可预见之重大事件发生,预计1998年第三季度产品即可投放市场。项目达产后预计年新增销售收入40560万元,新增利润4798万元,投资收益率为24.78%,投资回收期约为4年。

(2)投资11045万元(1331万美元),用于引进偏转线圈 关键设备与国产设备配套,进行技术改造,形成年产偏转线圈216万只的生产能力。

本公司现使用的偏转线圈生产线的全部关键生产设备和工艺技术是从日本三洋电机株式会社引进的,所生产的偏转线圈目前全部为公司的54厘米和64厘米彩管配套。生产线原设计能力为年产154.5万只偏转线圈,其中54厘米彩管配套92.7万只;64厘米彩管配套61.8万只。

根据国内、国外彩管市场的分析,64厘米以上大屏幕彩管的市场缺口较大,国内部分无偏转线圈配套能力的彩管厂,例如长沙的乐金曙光厂也要求公司提供偏转线圈进行配套年需求量达100万只。为了给公司扩大彩管生产能力,增加新品种,以进一步形成规模经济打下基础,筹委会决定利用原有厂房和公共设施,投资11045万元引进偏转线圈关键设备与国产设备配套进行技术改造,形成年产偏转线圈216万只的生产能力。本项目已获广东省经济委员会(粤经改〔1995〕452号文)批准。

我国的彩管工业经过实施两个五年计划,已建成多个偏转线圈工厂,在消化、吸收进口设备技术的基础上,国内设备制造厂家的工程技术人员已掌握了相当一部分的设备制造技术,因此本技改项目涉及引进冲压机、弯曲成形机、涂敷机、串扰调整机和工模夹具等偏转线圈生产的关键设备和配套件,通过挖潜或国内专业设备制造厂家能配套解决的部分则不再引进,尽可能地节省投资。

本项目投资预如下表:

项　目	投资金额(万元)
设备投资	9339.6
安装调试费	468
软件费、专家费	298.7
其它不可预见费用	937.7
合计	11045(1331万美元)

项目进度计划安排如下表:

时间	投入金额	计划工作进度

1997年第二季度	5800万元	完成项目设计,开始设备的订货、制造。
1997年第三季度	3000万元	开始生产设备的安装调试、进行设备试运行
1998年第一季度	--	完成项目的改造工作
1998年第二季度	1200万元	开始试生产
1998年第三季度	1045万元	正式投产,达到设计生产能力

项目达产后预计年新增销售收入19325万元,新增利润2759万元,创汇420万美元,投资收益率24.98%,投资回收期约为4年。

(3)拟投资9063万元(1092万美元),改造彩管动力配套设备。

为适应市场需要,谋求规模经济效益,筹委会决定调整原64厘米彩管生产线,兼容生产74厘米彩管,并对偏转线圈生产线进行技改。为了保证上述调整、技改项目顺利地实施、投产,必须对现有动力供应能力作相应的调整补充,筹委会决定充分利用原有厂房设施,投资9062万元改造彩管生产的动力配套设备。本项目已获广东省经济委员会(粤经改〔1997〕044号文)批准。

本公司在"广彩工程"中不但已建成完整的设备能力留有余量的动力系统,而且动力厂房已留有扩建所需的设备安装空位。水源站、氮氧站、液化石油气站均有余量可充分利用,不必再增添设备,废水处理系统只需增加一点投药设备。相应本技改项目只需引进供电系统、中央监控系统、火灾报警系统和蒸汽,冷冻水、压缩空气、纯水、空调等设备及仪器仪表等进行填平补充齐。我国彩管工业经过10年的发展,在消化、吸收进口设备技术的基础上,国内设备制造厂家已经积累了相当一部分的设备制造和配套技术,因此本项目除了扩大彩管生产能力所需进口的动力配套关键设备和配套件外,坚持对原有设备进行挖潜和国内厂家提供配套设备解决。

本项目投资预算如下表:

项目	投资金额(万元)
设备投资	7883
生产流动资金	664
其它不可预见费用	515
合计	9062(1092万美元)

项目进度计划安排如下表:

时间	投入金额	计划工作进度
1997年第二季度	5000万元	完成项目设计,开始设备的订货、制造。
1997年第三季度	3500万元	开始生产设备的安装调试、并进行设备试运行
1998年第二季度	--	完成项目的改造工作
1998年第三季度	562万元	正式开始运作

项目实现后预计年增产值12600万元,新增利润1950万元,投资收益率为21.52%,投资回收期约为4年。

(4)拟用28600万元归还银行贷款,改善公司财务结构。

"广彩工程"是1989年12月经国务院同意,国家计划委员会以计工二函〔1989〕048号文批准的建设项目,被列入国家"八五"彩管计划项目和广东省"八五"重点建设工程。工程于1991年7月动工,至1993年7月试生产,比合同规定时间提前了8个月时间,各项经济指标均达到和超过合同标准。该工程项目主要是引进日本日立公司彩管生产技术与设备,建成54厘米彩管生产线和64厘米彩管生产线,年设计平面彩管150万只。"广彩工程"是一个高投入、高产出的项目,投资很大。在国家资金没有投入的情况下,在东莞市政府的支持下,由本公司自筹资金解决。项目总投资中除由总公司和福民公司注入的8572.5万美元人民币外,其余资金约7亿元人民币通过银行贷款解决。上述贷款主要是在1992年和1993年贷入,平均贷款期限为4年,绝大部分在1997年到期,且主要集中在1997年5月份至7月份三个内到期,约为3.6亿元人民币。由于目前国家实行适度从紧的货币政策,加上本公司贷款到期的数目较大,且相对集中,并绝大部分办理过展期手续,因而还贷压力较大。为了保证本公司彩管生产业务的正常进行和今后的长足发展,拟用本次募集资金28600万元还贷,减轻本公司经营的压力。

本公司是由国务院确定的重点扶持的300家大型国有企业之一,是广东省重点发展的大型集团企业,"广彩工程"的建成投产和公司第一次技术改造的完成,使本公司彩管生产的规模不断扩大,资产投入的规模相应增大。截止1996年12月31日,本公司的总资产为24.4亿元,其中负债总额为16.7亿元,资产负债率高达68.23%。据统计,本公司从筹建至今已向银行支付利息近5.04亿元,其中1993年至1996年三年间共支付利息3.7亿元,为公司三年税后利润的47%。沉重的债务负担,大大影响了公司的发展,提高了生产经营成本,一定程度上削弱了本公司的市场竞争能力。为了改变本公司目前这种高负债经营的局面和财务结构,降低经营风险,拟用本次募集奖金28600万元归还银行贷款,使资产负债率降低至56.52%,维持在较为正常的结构范围内。

目前本公司向银行所贷款项目的月利率一般为10.02‰,如用本次募集资金归还28600万元银行贷款,则一年可减少3439万元的财务费用,如按本公司本次股票发行后的总股本64000万股计,每股可新增净利润0.05元,为广大股东的投资回报带来可靠的保障。

(5)拟用23612万元补充流动资金,保证公司生产经营的正常进行。

本公司截止1996年12月31日的流动资产共11.8亿元,其中应收帐款净额约3.6亿元,占流动资产的30.5%。这种财务结构主要是由于彩管行业的特点所造成。由于彩电生产厂家通常是在整体机装配、销售、资金回笼后才与公司结算,造成本公司的销售收入有一段被客户占有的时间。同时,本公司目前54厘米彩管生产线和64厘米彩管生产线的年生产能力分别为150万只和60万只,生产规模较大,本公司的固定客户主要是长虹、康佳、TCL、华强三洋等我国大型的彩电生产厂家,因而本公司每次销售的收入较大,结算资金较多,考虑到巨额资金结算的安全性,客户与本公司结算的方式大部分是采用银行票据结算的形式进行,造成资金到位存在一定的滞后期。根据统计资料显示,彩电的市场销售有一定的季节性,通常是每年的五月份至十月份为销售淡季,从而使公司的产品在该时期也随之进入销售淡季,同时,由于公司的产品没有季节性,生产任务没有淡季和旺季之分,造成公司的存货增加,公司相当一部分的流动资金被占用。如果采用银行贷款来补充流动资金,财务费用将增大,影响本公司产品的市场竞争能力,用本次募集资金23612万元补充一部份流动资金,以达到降低生产经营成本,提高经济效益的目的。

截止1996年12月31日,本公司的营运资金为-63,694,577元,说明公司的结构性资产占用过多的资金,本公司的流动资产将不能抵偿短期债务,本公司短期资金周转不灵,一定程度上使本公司的长期权益得不到保障,因而用本次募集资金补充本公司的流动资金,有利于公司的长足发展,保障广大股东的长期权益和投资回报。

2、募集资金使用时间表

项目名称	投资额(万元)	本次募集资金投入(万元)				预计投产时间	利润预测(万元)	投资回收(年)
		1997年二季度	1997年三季度	1998年二季度	1998年三季度			
64cm彩管生产线兼容生产74cm彩管的技改项目	19361	8000	5000	3500	2861	1998年	4798	4.0
增资引进偏转线圈关键设备的技改项目	11045	5800	3000	1200	1045	三季度	2759	4.0
改造彩管生产的动力配套设备的技改项目	9062	5000	3500		562	1998年三季度	1950	4.0
归还银行贷款	28602	28602						
补充流动资金	23612	23612						
合计	91680	71014	11500	4700	4468		9507	4.0(平均)

七、股利分配政策

1、本公司股利分配的一般政策

(1)本公司本次发行的股票为记名式人民币普通股,在股利分配方面实行同股同利政策,可采用现金股利和股票股利两种形式。

(2)本公司实现的利润按规定税率上缴所得税后,税后利润按下列顺序分配。

①提取法定公积金;②提取公益金;③经股东大会批准确定后提取任意盈余公积金;④支付普通股股利。

(3)本公司根据经营情况在每个会计年度结束后6个月内制订利润分配方案,决定每年分配股利次数,提交股东大会审议。在符合有关法规并经股东大会通过决议后进行。

2、本公司准备在1997年年度结算后,派发股利一次,预计股利将在股东大会通过利润分配方案后向股东发放。

3、本次认购股票的新股东与发起人一起参与自1997年度起的股利分配。

以上股利分配政策,将由本公司创立大会通过后实施。

八、发行人情况

1、发行人的名称:广东福地彩色显像管股份有限公司(筹)

2、发行人的成立日期:

本公司已于1997年1月28日成立筹委员,并于1997年2月21日获广东省工商行政管理局发给《公司名称预先核准通知书》。1997年4月4日经广东省人民政府办公厅粤办函〔1997〕194号文批准设立股份公司。本公司将于本次募股结束后一个月内正式成立。

3、历史沿革

本公司的前身广东彩色显像管有限公司是于1991年4月经国家对外经济贸易部[1991]外经贸资二函字第82号文批准,由广东彩色显像管总公司和福民发展有限公司按3:1比例出资设立的中外合资企业。主要业务是生产销售54厘米彩管、64厘米彩管。原公司没有非经营性资产,公司职工宿舍楼及其他福利性设施是以向总公司租赁的形式取得,并与总公司签订了有关《员工福利合同》和《房屋租赁协议》。1997年4月,经广东省人民政府办公厅粤〔1997〕194号文批准,由原公司全资改组变更为股份有限公司。经北京中企华资产评估有限责任公司评估,国家国有资产管理局资评〔1997〕248号文确认,原公司截止1996年12月31日的全部净资产为77575.70万元,按原出资比例计算,原公司股东广东彩色显像管总公司和福民发展有限公司分别拥有58181.78万元和19393.92万元。为了便于股份公司的长远发展,经国家外经贸部〔1997〕外经贸资二函字第177号文、东莞市人民政府东府办〔1997〕13号文和东莞市国有资产管理办公室东国债〔1997〕9号文批准,总公司以5220.85万元的价格向福民公司转让原公司的6.73%股份,即5220.85万元价格向福民公司转让原公司的6.73%股份,即5220.85万元净资产。转让后,总公司和福民公司以其各自所持有的原公司净资产52960.93万元和24614.77万元,按65%的比例分别折成34424万股和16000万股,同时联合东莞市财信发展有限公司、东莞市经济贸易总公司、东莞市银川能源实业公司三家法人分别以现金1981.54万元、295.39万元和147.70万元,按65%的折股比例分别认购1288万股、192万股和96万股,共同发起,以募集方式设立股份有限公司。

有限公司将在股份公司依国家有关部门批准设立日本次发行A股股金到位后,在办理股份公司设立工商登记的同时,办理其工商注销登记。有限公司对其债权债务人均民发出变更确认函,由于有限公司整体改组后,其债权债务全部由股份公司承担,故股份公司正式成立后,将对上述债权债务人届时尚有履行的合同办理合同主体变更手续。

4、组织结构(见附图)

5、发行人的业务经营范围;

本公司的经营范围为设计、开发、生产、销售各种规格彩色显示器件及其配套零、部件,从事产品的售和服务。

6、本公司实际从事的主要业务:

本公司的主要业务是生产和销售54厘米彩色显像管、64厘米彩色显像管。

7、主要产品品种、生产能力、主要市场及销售情况。

本公司生产的"福地"牌平面直角彩色显示像管分为54厘米、64厘米两种规格,具体型号如下:

规格	型号
64厘米	64SX502Y22-DC01
	64SX502Y22-DC02
	64SX602Y22-DC01
54厘米	54SX508Y22-DC01
	54SX508Y22-DC02
	54SX528Y22-DC01
	54SX528T22-DC02

本公司原引进的彩色显像管生产线的设计生产能力分别为:54厘米彩管生产线年产90万只;64厘米彩管生产线年产60万只。经过投产后的挖潜改造,逐步提高了生产能力,目前已具备年产250万只彩管(以54厘米彩管计算)的生产能力。

本公司近三年彩管产量、销量如下表:

项目	1996年	1995年	1994年
产量	226万只	200万只	125万只
销量	225.6万只	204.7万只	118.6万只

本公司的产品销售主要面向国内各大电视机生产厂家,包括四川长虹、深圳康佳、TCL王牌、深圳华强三洋等都是公司的稳定客户,产品销售情况良好,平均年产销率达到99%以上,根据电子工业部和广东省有关统计部门的统计数字;1996年彩管的全国销售量为1909.22万只,广东省为456万只,按照本公司1996年彩管销售量225.6万只来计算,本公司产品的国内市场占有率约为12%,省内市场占有率近50%。

8、主要原材料供应、自然资源的耗用情况。

1)主要原材料供应情况

本公司生产所需的主要原材料有玻壳、荫罩、电子枪、金属材料、特殊化工材料。其中:

①玻壳生产厂家目前国内有5家,分别在上海、深圳、安阳、石家庄、成都、荫罩的生产厂家目前国内有烟台、南京、上海3家。两种原材料的国内生产能力总和均达2500万套以上,市场情况供大于求,已基本实现国产化,而且本公司与各生产厂家长期以来建立稳定的供销合作关系,确保原材料的供应。

②电子枪和冷轧钢带等金属材料由本公司的电子枪分厂、大零件分厂等专门部门自己合成生产,以有计划确保生产供应。

③特殊化工材料包括石墨和红粉、蓝粉、绿粉三种荧光粉等,目前已陆续认定国内材料,以替代少量的日本进口,逐步实现完全国产化,降低产品成本。

2)主要自然资源的耗用情况

本公司所需耗用的自然资源主要有水、电、气资源,其中:

①电力由周溪110/10KV区域变电站提供,年供电总量为1100万度,保证供电基本充足;

②供水由城市自来水管网供给,城市自来水由社会宿舍区升泵站加压至厂区储水池,年用水总量为480万吨,保证率100%;

③本公司拥有自己的动力分厂提供日常生产的用水、用电、用气,可充分保障生产的水、气、电供应。

9、发行人现有关联企业及关联交易

(1)关联企业

关联企业包括本公司5个发起人:广东彩色显像管总公司、福民发展有限公司、东莞市财信发展有限公司、东莞市经济贸易总公司和东莞市银川能源实业公司和总公司下属中外合资公司广东东福偏转线圈有限公司。

(2)关联交易

本公司已经存在的关联有:①总公司与有限公司之间的有关土地使用权、房屋、生产技术、商标和员工福利方面的租赁关系;②有限公司与总公司下属中外合资企业广东东福偏转线圈有限公司之间有关生产设备方面的租赁关系。

以上已经签订有关合同如下表:

合同	标的	期限	价格与付款
《土地使用权出租合同》	们于东莞市篁村区局溪管理区总面积382236.31平方米的地块使用权	自1991年5月1日至2000年5月1日止	年租金533万元每半年支付一次
《房屋租赁协议》	产权属于总公司的面积为94826.43平方米的彩管厂区房屋	自1991年5月1日起至2000年5月1日止	年租赁费6040万元,每半年支付一次
《商标使用许可合同》	总公司在中国商标局登记注册的10件商标	自1991年5月1日起至2000年5月1日止	年租赁费100万元,每半年支付一次
《员工福利合同》	本公司员工的职工住房,工作就餐,子女入幼和医疗服务	自1991年5月1日起至2000年5月1日止	支付的福利费用参照国家财政部有关规定,每季度支付一次
《专有技术许可合同》	总公司拥有的专有技术(包括54厘米、64厘米的彩管生产技术,工艺图纸,以及电子枪,大型金属部件等生产技术、工艺)	自1991年5月1日起至2000年5月1日止	年使用费150万元,每年5月15日和11月15日前支付

《生产设备租赁协议》	产权属于东福公司所有的54厘米、64厘米彩色显像管用的偏转线圈生产设备。	自1991年5月1日起至2000年5月1日止	年租金3100万元，每季度支付一次。

本公司可能存在原关联交易为本公司与总公司之间和本公司与广东东福偏转线圈有限公司之间签订的租赁合同，合同须经本公司第一次股东大会按章程有关关联交易的表决程序通过后生效。

签订的有关合同如下表：

合 同	标 的	期 限	价格与付款
《土地使用权出租合同》	位于东莞市篁村区周溪管理区总面积382236.31平方米的地块使用权	自1997年1月1日至2036年12月31日止	年租金1372.99万元每季度支付一次
《房屋租赁协议》	产权属于总公司的面积为94826.43平方米的彩管厂区房屋	自1997年1月1日起至2106年12月31日止	年租赁费4752万元，每季度支付一次
《商标使用许可合同》	总公司在中国商标局登记注册的10件商标	自1997年1月1日起至2006年12月31日止	年租赁费144.68万元，每季度支付一次
《员工福利合同》	本公司员工的职工住房，工作就餐，子女人幼和医疗服务	自1997年1月1日起至2006年12月31日止	本公司向总公司支付的福利费用参照国家财政部有关规定，每年12月协调规定下一年度用标准，每年度支付一次
《专有技术许可合同》	总公司拥有的专有技术(包括54厘米、64厘米的彩管生产技术，工艺图纸，以及电子枪，大型金属部件等生产技术、工艺)	自1997年1月1日起至2000年12月31日止	年使用费751.8万元，每年5月15日和11月15日前支付
《生产设备租赁协议》	产权属于东福公司所有的54厘米、64厘米彩色显像管用的偏转线圈生产设备。	自1997年1月1日起至2026年12月31日止	年租金3100万元，每季度支付一次。

九、筹委会成员

詹宗庆，男，53岁，大学本科，高级工程师，东莞市人大代表，候选本公司董事长。长期从事经营管理工作，对现代化企业管理具有丰富的实践经验；个人曾在国内刊物多次发表专业论文，在企业建设、性质等方面做出过突出贡献，1992年至今连年被选为东莞市人大代表。曾任广西梧州市副市长，现任广东彩色显像管有限公司董事长、总经理，本公司筹委会主任。

刘国平，男，55岁，大专文化，候选本公司副董事长 。曾任东莞市人民政府副市长(县级)，现任广东彩色显像管有限公司副董事长，福民发展有限公司董事总经理，本公司筹委会副主任。

温锦坚，男，50岁，大专文化，经济师，候选本公司董事。曾任东莞商业局副局长，现任东莞市信投资公司经理，东莞市财信发展有限公司董事长，本公司筹委会成员。

王镜光，男，43岁，大学文化，候选本公司董事。曾任东莞市中兴保鲜设备有限公司副总经理，东莞市振华机电发展公司总经理，现任东莞市经济贸易总公司总经理，本公司筹委会成员。

张伟，男，51岁，大学本科，高级工程师，候选本公司董事。现任广东彩色显像管有限公司副总经理，本公司筹委会成员。

夏春奎，男，52岁，大学文化，候选本公司董事。现任广东彩色显像管有限公司副总经理，本公司筹委会成员。

梁大多，男，43岁，大专文化，候选本公司董事。曾任东莞市纺织品进出口公司副总经理，现任福民发展有限公司总经理助理，本公司筹委会成员。

伍维宪，男，51岁，大学文化，高级工程师，候选本公司董事。曾任贵州家有电器厂副总工程师、副厂长兼总工程师，现任广东彩色显像管有限公司计材部部长，本公司筹委会成员。

莫耀东，男，59岁，大学本科，工程师，候选本公司监事会主席。曾任东莞市铸造厂厂长，现任广东彩色显像管总公司副董事长，本公司筹委会成员。

宋帆，男，33岁，大学本科，高级工程师，候选本公司监事。现任广东彩色显像管有限公司制造部部长，本公司筹委会成员。

李其明，男，42岁，高中文化，候选本公司监事。现任广东彩色显像管有限公司后勤部部长，本公司筹委会成员。

李汉华，男，56岁，大专文化，会计师，候选本公司监事。现任福民发展有限公司财务高级经理，本公司筹委会成员。

黄焕祥，男，40岁，中专文化，会计师，候选本公司监事。曾任东莞粉厂财务股长，现任东莞经济贸易总公司财务部经理，本筹委会成员。

刘国真，男，29岁，大学本科，助理工程师，候选本公司董事会秘书。现任广东彩色显像管有限公司经理部部长，本公司筹委会成员。

周致纳，男，45岁，大学，工程师，市人在代表。曾任东莞市经委主任，现任市政府副市长，本公司筹委会成员。

邢德普，男，58岁，中专，会计师，曾任3127厂副总会计师，现在广东彩色显像管有限公司财务部副部长，本公司筹委会成员。

李玲，女，49岁，大专文化，助理会计师。现在广东彩色显像管有限公司部副部长，本公司筹委会成员。

徐东强，男，39岁，大学本科，高级工程师。现任广东彩色显像管有限公司设备部部长，本公司筹委会成员。

十、经营业绩

1. 生产经营的一般情况

本公司前身广东彩色显像管有限公司是于1991年4月由广东彩色显像管总公司和福民发展有限公司按3:1出资比例合资成立的中外合资企业，注册资本8572.5万美元(折合人民币53000万元)。有限公司成立以后，引进日本日立公司彩管生产技术和设备，先后建成了54厘米、64厘米两条彩管生产线，该项工程被列人国家“八五”计划项目和广东省“八五”重点建设工程，从1991年7月破土动工兴建厂房，到1993年7月完成设备的引进、安装、验收并开始试生产。同年，本公司生产的“福地”牌平面直角彩管顺利通过了2000小时寿命试验，产品获得中国电工产品认证委员会颁发的电子产品认证(长期安全认证)合格证书。投产以后，本公司坚持“引进、消化、吸收、创新”的方针，推进技术进步，提高自有技术能力，走内涵扩大再生产的发展道路，1994年试生产期间，对54厘米彩管生产线的关键工序进行技术改造，初步提高生产线产量。1995年6月，在依靠自己力量和国内配套设备厂家努力的基础上，本公司取得54厘米、64厘米两条彩管生产线挖潜改造的成功，使本公司的生产能力由原设计年产150万只彩管提高到的产250万只(以54厘米彩管计)，生产能力跃居全国行业第三位。本公司的产量一步一个台阶往上突破，1994年、1995年、1996年的彩管生产量分别为125万、200万226万只，本公司利润也随之呈增长之势，1994年、1995年分别实现税后利润16779.71万元、31156.84万元，1996年在彩管销售价格下降情况下，本公司仍实现税后利润30255.22万元。

本公司因其良好的经营业绩，得到了社会各届的肯定，获得了众多的荣誉，1995年1月被国家计划委员会等六部委评定为特大型工业企业；1995年11月由广东省科学技术委员会颁发高新技术企业认定证书；1995年12月被电子部和国家工商管理局评为1995年度全国电子器件类产品销售收人最大的企业之一；1996年被国务院确定为重点扶持的300家大型国有企业之一；被广东省政府确定为重点发展的70家大型企业集团之一；被电子部评为“八五”全国电子工业节能先进企业；并荣获广东省“八五”企业技术进步奖。

2. 本公司每年销售总额和利润总额情况

根据北京兴华会计师事务所出具的审计报告，本公司1994年－1996年的销售、利润情况如下：

单位：元

项 目	1996年度	1995年度	1994年度
主营业务收入	1,879,289,477	1,822,355,728	1,024,600,756
产品销售净额	1,879,289,477	1,822,355,728	1,024,600,756
产品销售毛利	528,169,484	553,295,030	250,343,743
主营业务利润	277,720,426	312,092,680	149,183,439
利润总额	317,806,917	311,568,440	167,797,109

3. 本公司业务收入的主要构成

项目	1996年度	1995年度	1994年度
54厘米彩管内销	1,371,045,304	1,610,558,329	837,749,157
54厘米彩管外销	17,158,877	695,723	39,937,525
64厘米彩管内销	416,955,983	133,918,664	118,397,182
64厘米彩管外销	74,129,313	77,183,012	28,516,892
合计	1,879,289,477	1,822,355,728	1,024,600,756

4.已完成的重大投资项目

广东彩色显像管有限公司自1991年4月成立以来,先后完成了以下重大投资项目:

(1)"广彩工程"是1989年12月经国务院同意,由国家计划委员会以计工二函〔1989〕048号文批准立项的建设项目,被列入国家"八五"计划项目和广东省"八五"重点建设工程。该工程于1991年7月正式动工,共投资144885万元从日本日立公司引进彩管生产技术,并先后建成54厘米、64厘米两条彩管生产线,生产线年设计生产能力150万只平面直角彩管,其中54厘米彩管90万只,64厘米彩管60万只。该工程在1993年7月基本完成并开始试生产,比合同规定的时间提前8个月建成,各项经济指标均达到和超过合同标准。1994年11月底"广彩工程"竣工,顺利通过了国家验收委员会的验收并正式投产,投产后两条彩管生产线一直运作正常,生产的产品质量可靠,取得了多个机构颁发的质量认证证书,而且产量稳定并达到设计生产能力。通过本项工程的实施,本公司收到了预期的经济效果,并创造了良好的产品形象重企业形象。

(2)1995年上半年,投资约4000万元对原有的54厘米和64厘米两条彩管生产线及其配套设施进行技改挖潜,成功地将生产能力由原设计的年产150万只彩色显像管提高到生产250万只,其中54厘米彩管原来的年产90万只提高到150成只,64厘米彩管由原来年产60万只挖潜改造为可切换生产54厘米彩管100万只,使公司的生产能力跃居全国同行业第三位。并且实现了当年技改,当年获利,1995年创造的销售收入达182235.57万元,净资产收益率达54.14%,本次技改挖潜是依靠本公司自己的技术力量与国内配套设备厂家配合进行,在相对少量资金投入下,较大地提高了原有的产品产量,取得了良好的经济效益和社会效益。

5.产品的性能、质量方面的情况

公司生产的"福地"牌平面直角彩色显像管有54厘米、64厘米二种规格,产品均是引进目前国际先进的日立彩色显像管专利技术,其结构、工艺最具先进性,在生产工艺方面,采用涂软跳火石墨技术,更好地保证彩色显示像管的耐电压特性,而荧光面采用BM黑底涂敷技术,使生产出来的高性能平面直角彩色显像管与同类产品比较具有更高的色纯度和对比库,特别是采用椭园孔透镜电子枪,快速自动阴极等先进技术更进一步提高了产品性能,保证了生产的彩显像管的画面质量。

本公司产品质量认证一览表

时间	颁发机构	所获荣誉
1994年1月 1997年3月	中国电工产品认证委员会	电子产品认证(CCEE)合格证书
1994年5月	中国电工产品认证委员会	CB证书
1995年	中国质量检验协会	中华之光名牌产品
1995年5月	中国科协中华科技精品推展活动组织委员会	中华名牌显像管
1995年7月	中国进出口商检局	进口商品安全质量许可证(CCTB)
1995年9月	德国质检部门	VDE安全认证
1996年2月	中国名牌商品介绍活动委员会	名牌商品
1996年11月	美国质检部门	UL安全认证
1996年12月	赛宝质量体系认证中心	ISO9002认证

6.产品的市场情况

因为有了严格的质量保证,本公司所54厘米和64厘米两种规格的彩管自投放市场以来,平均年产销率达99%以上,创造了良好的销售利润。目前本公司产品主要销往国内二十多家电视机制造厂家,其中包括四川长虹、深圳康佳、惠州TCL、南京熊猫、华强三洋、创维电子、苏州飞利浦等各大名牌厂家。产品国内市场占有率约为12%,广东省内市场占有率近50%。

十一、股本

1.拟注册股份有64000万股。

2.本次发行后的股本结构如下:

项目		股份(万股)	比例(%)
发起人股	国有法人股	36000	56.25
	外资股	16000	25.00
	社会公众股	12000	18.75
	其中:公司职工股	1200	1.875
	总股本	64000	100.00

3.本次发行后本公司净资产总额为171680.33万元。

4.本次发行前每股净资产为1.54元。

5.本次发行后每股净资产为2.68元。

6.本次发行前持有本5%以上股权的股东有两家,一是广东彩色显像管总公司,持有本公司的34424万股,占全部股份的53.79%,是目前本公司第一大股东、主要发起人;二是福民发展有限公司,持有本公司的16000万股,占全部股份的25%,是目前本公司第二大股东、主要发起人。

十二、财务会计资料

1、北京兴华会计师事务所对本公司出具的审计报告

审计报告

〔97〕京会兴字第225号

广东福地彩色显像管股份有限公司筹委会:

我们接受委托,审计了贵公司1994年12月31日、1995年12月31日和1996年12月31日的资产负债表,1994年度、1995年度、1996年度的损益表以及1996年度的财务状况变动表。这些会计表由贵公司负责,我们的责任是对这些会计报告发表审计意见。我们的审计是依据《中国注册会计师独立审计准则》进行的。在审计过程中,我们结合贵公司的实际情况,实施了包括抽查会计记录等我们认为必要的审计程序。

我们认为,上述会计报表符合《企业会计准则》和《股份制试点企业会计制度》的有关规定,在所有重大方面公允地反映了贵公司1994年12月31日、1995年12月31日和1996年12月31日财务状况,1994年度、1995年度和1996年度的经营成果及1996年度的资金变动情况,会计处理方法的选用遵循一贯性原则。

北京兴华会计师事务所　　注册会计师　张韬

中国·北京　　注册会计师　胡毅

1997年4月6日

2.经北京兴华会计师事务所审计的公司财务报表(见附表)

3.财务报表附注:

(1)主要会计政策

1)会计制度:本公司原执行《外商投资企业会计制度》,成为公众公司后执行《股份制试点企业会计制度》。

2)会计年度:以公历1月1日至12月31日为一会计年度。

3)记帐原则及计价基础:采用借贷记帐法,按权责发生制原则进行核算,以历史成本为计价基础。

4)记帐本位币:以人民币为记帐本位币。

5)外币折算:发生外币业务,按当月1日中国人民银行公布的市场汇率折合成记帐本位币记帐,年末将外币帐户余额按12月31日中国人民银行公布的市场汇率进行调整,与原帐面差额记入当期财务费用。

6)坏帐准备:本公司不计提坏帐准备,发生坏帐时采用直接冲销法计入当期管理费用。坏帐确认的标准为应收帐款超过3年以及因债务人破产死亡而无法收回的应收帐款。

7)存货核算:存货包括原材料、在产品、产成品等。在产品、产成品按实际成本核算,按移动平均法计价,原材料按计划成本核算,每月月末通过"材料成本差异"科目进行调整,将发出和期末存货调整为实际成本。

8)固定资产及折旧:固定资产按照历史成本计价。固定资产的确认标准为单位价值2000元以上并且使用年限1年以上。固定资产按使用年限法人计提折旧。各类固定资产的使用、净残值率、年折旧率如下:

固定资产名称	使用年限	净残值率(%)	年折旧率(%)
房屋建筑物	40	5	2.375
专用设备	20	5	4.75

运输工具	10	5	9.5
其他	10	5	9.5

9)无形资产及其他资产:无形资产按《股份制试点企业会计制度》的规定摊销,按照规定的无形资产有效期限确定摊销期限,分期平均摊销,开办费摊销期限为5年,其他递延支出摊销期限为10年。

10)产品成本计算方法:产品成本包括直接材料、直接人工和制造费用,成本核算方法采用分步法——平行结转法。销售费用、管理费用、财务费用全部计入当期损益。

11)收入确认:以产品发出,收到货款或取得收取货款的凭证时,确认营业收入实现。

12)税项:增值税按销售收入的17%作为销项税额,扣除当期允许抵扣的进项税额后缴纳;企业所得税根据广东省人民政府办公厅粤办函〔1997〕116号文确认,本公司1994年度、1995年度期间享受中外合资企业"两免"政策,全额免交企业所得税,1996年度享受"减半"的优惠政策,按12%计征企业所得税并由东莞市财政返还7.2%作为企业补贴收入,用于利润分配,股份公司成立后按33%所得税率计征,东莞市财政返还18%,实际税负为15%。

13)利润分配:本公司章程规定税后利润按以下顺序分配:

①弥补亏损;

②提取10%的法定盈余公积金;

③提取5%——10%法定公益金;

④提取任意盈余公积金;

⑤股利分配:由董事会按法律规定和公司经营状况决定,提交股东大会审议通过。

4、主要财务指标

项目	1996年12月31日	1995年12月31日	1994年12月31日
流动比率(%)	94.88	108.49	86.67
速动比率(%)	83.54	87.93	61.21
资产负债率(%)	68.23	72.24	72.03
应收帐款周转率(%)	676.06	1153.55	856.48
存货周转率(%)	837.18	641.23	361.59
净资产收益率(%)	39.00	54.14	30.82
每股净利(元)	0.58	0.60	0.32

十三、资产评估

1、评估结果

根据北京中企华资产评估有限责任公司对本公司出具的"资产评估报告"(中企华评字〔97〕第006号),截止1996年12月31日(评估基准日),本公司的各类资产和负债的评估结果列表如下:

单位:元

资产项目	帐面原值	帐面净值	重置价值	评估值	增加值	增值率%
流动资产	114609.99	115609.99	--	118048.19	2407.87	2.08%
机器设备	121231.55	10537.15	157844.80	119888.07	14580.92	13.85%
在建工程	1945.52	1945.52	1953.39	1953.39	7.87	0.40%
其它资产	4303.83	4303.83	4303.83	4303.83	0.00	0%
资产总计	242090.89	227166.49	--	244193.48	16996.66	7.48%
流动负债	--	100493.93	--	100493.93	0.00	0%
长期负债	--	66123.85	--	66123.85	0.00	0%
负债总计	--	166617.78	--	166617.78	0.00	0%
净资产	总资产-总负债=244193.48-166617.78=77575.70					

说明:各类资产增值幅度中,机器设备增值最大,其主要原因是对54厘米、64厘米两条彩管生产线评估时,考虑到关税、增值税、汇率等因素,在评估基准日确定两条生产线的价格比该生产线1991—1993年引进时的价格高13.85%左右。

2、评估方法

1)机器设备,在建工程采用重置成本法;

2)流动资产、其他资产采用重置成本法和现行市价法;

3)土地租赁价格采用重置成本法和现行市价法;

3)土地租赁价格采用成本逼近法、基准地价修正法和收益还原法。

本次评估结果已经国家资产管理局国资评〔1997〕248号文确认。本公司已按有关规定调整入帐。

十四、盈利预测

鉴于盈利预测所依据的种种假设的不确切性,本公司所提供的以下盈利预测数据仅供参考,投资者进行投资判断时不应过于依赖本项资料。

1、盈利预测表

经北京兴华会计师事务所审阅的本公司1997年度盈利预测如下:

单位:万元

项目		1997年预测数
一、主营业务收入		195,496.96
减:营业成本		137,625.84
销售费用		4,443.00
管理费用		11,883.00
财务费用		13,675.00
营业税金及附加		
二、主营业务利润		27,870.12
加:其他业务利润		
三、利润总额		27,870.12
	按33%税率	9,197.13
减:所得税		
	按15%税负	4,180.52
	按33%税率	18,672.99
四、净利润		
	按15%税负	23,689.60

2、基准与假设

(1)编制基准

①根据本公司1994年到1996年度经营业绩和发展规划及市场需求变化预测,本着实事求是、稳步发展的原则,编制了1997年度的盈利预测。编制盈利预测所依据的会计政策在各主要方面均与本公司所采用的会计政策一致,并符合我国法律、法规及制度的有关规定。

②经广东省人民政府办公厅粤办函〔1997〕116号"关于广东福地彩色显像管股份有限公司(筹)所得税问题的复函"批复,本公司上市后实际执行15%的所得税优惠政策,故盈利预测按15%的所得税负计算和披露。

(2)主要假设

①我国的股份制有关法律、法规、政策没有重大变化;

②本公司所在广东省政治、经济、法律等社会环境无重大变化;

③未来一年的利率、税率、汇率及市场行情无重大变化;

④无不可抗力及不可预测因素造成重大不利影响;

⑤本公司资金运用计划可顺利实施,按计划形成生产能力并盈利。

十五、公司发展规划

根据本公司的实际情况,制定如下的发展规划:

1、本公司经营发展战略

在今后的生产经营中,本公司将继续坚持"引进、消化、吸收、创新、振兴民族工业"的发展方针,以彩色显示器件等信息产业为龙头,抓紧时机大力进行技术改造和产品的调整,使现有产品上规模、上系列、向多元化的方向发展。

2、本公司的生产发展目标和规模

本公司力争到2000年使公司发展成为总资产值达50亿元,利润达8亿元的跨行业、跨地域、多元化的具有国际竞争力的大型企业集团。

3、本公司的市场发展计划

在未来的经营中,本公司一方面立足于国内的彩管市场,继续发挥本公司目前已有的市场优势,稳定与主要客户的业务联系,进一步扩大本公司"福地"注册商标的社会影响,产出名牌效应;另一方面,本公司致力于拓展国外市场,专门成立调查小组进行产品打入国际市场的可行性研究,计划逐步扩大本公司产品的外销比例。

4、本公司的销售计划

由于人民生活水平的不断提高,未来对彩电的需求将越来越大,且产品品种和规格也将相应的增加,在市场竞争日益激烈的情况下,本公司计划增设专门的产品销售部门负责推广本公司的产品,发掘产品销售的渠道,利用各种传播媒介,进一步树立本公司的形象和进一步宣传本公司的产品,增加产品的销量,保证公司的销售利润。现正准备与各大型整机生产厂家签订长期供货合同,有效确保产品的销量。

5、本公司的生产经营计划

针对未来的生产经营,公司有如下规划:

(1)在彩色显像管的生产方面,对已建成的54厘米、64厘米彩管生产线进行挖潜改造,并在此基础上增资调整64厘米的彩管生产线兼容生产74厘米彩管。同时计划于1999年投资9.96亿元对现有彩管生产线进行挖潜改造,使之能兼容生产高清晰度16:9彩色显像管,预计可增加产值约16亿元,利润1.2亿元。

(2)计划投资3亿元用于新增彩色显示器100万台产量的项目,现正组织专家对项目进行初步的可行情研究,预计项目于2000年动工,初步于2002年完成,可新增产值约2.5亿元,资金来源计划向银行贷款1亿元,通过其他渠道由本公司自筹2亿元。

十六、重要合同及重大诉讼事项

1、重大合同

经北京市金杜律师事务所审核确认,本公司所涉及的重大合同的有:

(1)土地使用权出租合同:

1997年3月1日,广东彩色显像管总公司(甲方)与本公司(乙方)签订了出租合同。按合同规定,甲方将位于广东省东莞市篁村区周溪工业区,总面积382236.31平方米块的土地使用权出租给乙方,乙方同意承租,并保证租用土地使用权期间,将该地块用于本公司的生产经营项目。该地块土地使用权出租年限为40年,追溯自1997年1月1日至2036年12月31日止,同时乙方同意每年向甲方支付该地块年基本租金1372.99万元,第一笔租金自1997年1月1日起算,租金按季支付,租期届满,向甲方无偿返还该地块使用权,乙方对该地块的建设投资部分可折价转给甲方。

(2)商标使用许可合同

1997年3月1日,总公司(许可人)与本公司(被许可人)签订了该许可合同。按合同规定,许可人同意被许可人在其产品上使用许可人在中国登记注册的“福地”商标,商标使用许可期限为二十年,追溯自1997年1月1日起至2016年12月31日止,被许可人支付给许可人的商标使用费按每年144.68万元计算,被许可人向许可人按季度支付使用费。使用许可期限届满,如双方协商议定,许可人同意被许可人继续使用该商标,双方应提前三个月签订合同。另外,双方就各自的权利义务作出明确决定。

(3)房屋租赁协议

1997年3月1日,广东彩色显像管总公司(甲方)签订了租赁协议,甲方同意将产权属于自己所有的彩管厂区全部房屋出租给乙方,房屋所占总面积为94826.43平方米,乙方同意承租,租赁期限为20年,自1997年1月1日起至2001年12月31日止。租金数额为每年4752万元,第一笔租金自1997年1月1日起算,租金按季交付。租赁终止时,乙方对厂区房屋的投资改造部分可折价转给甲方。双方就其他方面的权利义务作出明确规定。

(4)员工福利合同

1997年3月1日,总公司(甲方)与本公司(乙方)根据有关规定就有关员工福利规定达成协议,甲方同意向乙方提供职工住房、工作就餐、子女入幼、子女入托和医疗服务,为此乙方每年向甲方支付福利费用。双方参照国家财政部有关规定,每年12月协商确定下一年的费用标准,乙方向甲方分季度支付福利费,合同有效期为十年,追溯自1997年1月1日起,至2006年12月31日止。合同还对乙方人员的确定,福利标准、福利费用的支付方式、违约责任等作出了明确规定。

(5)生产设备租赁协议

1997年3月1日广东东福偏转线圈有限公司(甲方)与本公司(乙方)签订了本租赁协议。协议规定甲方同意将产权属于自己所有的54厘米、64厘米彩管的偏转线圈生产设备出租给乙方,乙方同意承租,租赁期限为30年,追溯自1997年1月1日起,至2026年12月31日,租期将满时,如双方一致同意延长租赁期限,则应在期满前3个月签订新的租赁协议。租金数额为年租金3100万元,第一笔租金自1997年1月1日起算,双方还就各自权利义务作出明确规定。

(6)专有技术实施许可合同

1997年3月1日总公司(许可人)与本公司(被许可人)签订了本许可合同,按合同规定,许可人同意被许可人在其产品上实施许可人拥有的专有技术。该专有技术许可期限为10年,追溯自1997年1月1日起至2006年12月31日止,被许可人支付给许可人专用技术使用费每年751.8万元,在每年5月15日前和11月15日前支付,期限届满,经双方协商可于期满前三个月续签新合同。合同还列示了双方的权利和义务。

以上合同,详见备查文件。

1、审计报告、财务报表及附注

2、诉讼事项

本公司目前没有尚未了结或可预见的足以影响本公司经营的,以及将导致本公司股票不能发行上市的诉讼、仲裁或行政处罚。本公司董事、监事及其他高级管理人员目前没有涉及诉讼、仲裁或行政处罚的情况。

十七、董事会成员及承销团成员签署意见

董事会成员及承销团成员分别签署了有关意见如下:

已审阅本招股说明书(送审稿),确信其中没有遗漏有关的重大事项,亦不存在任何误导或虚假成份,并愿就本招股说明书所载资料之完整性、真实性和准确性负个别及连带责任。

备查文件

1、审计报告

2、广东省人民政府有关公司设立的批准文件

3、广东省证监会关于下达公司A股股票发行上市额度的通知

4、深圳证券交易所上市承诺函

5、承销协议、承销团协议

6、股权转让协议

7、国家国资局关于资产评估结果的确认报告

8、土地使用权证

9、重大合同

说明:以上备查文件自本招股说明书签署之日起半年内,投资者可到如下地点查阅:

1、广东省福地彩色显像管股份有限公司总经理办公室

广东省东莞市篁村区周溪本公司办公楼3楼

2、广东证券公司投资银行部

广东省广州市东风东路703号13楼

广东福地彩色显像管股份有限公司(筹)

1997年5月16日

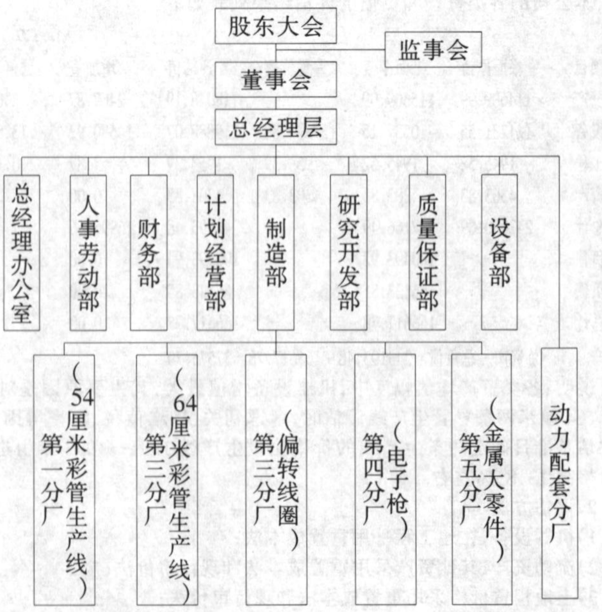

(1)资产负债表

单位:元

资　　产	1996年12月31日	1995年12月31日	1994年12月31日	负债及股东权益	1996年12月31日	1995年12月31日	1994年12月31日
流动资产:				流动负债:			
货币资金	300,050,978	82,603,207	247,302,135	短期借款	505,092,215	489,905,155	533,395,883
短期投资				应付票据	30,000,000		
应收票据	75,066,002	281,988,113	13,000,000	应付帐款	264,708,889	121,321,653	113,127,187
应收帐款	359,629,687	196,324,000	119,631,600	预收货款			
减:坏帐准备				应付福利费	23,399,882	18,248,985	8,452,280
应收帐款净额	359,629,687	196,324,000	119,631,600	未付股利			
预付货款	29,918,987	22,848,723	41,827,234	未交税金	182,575,796	123,289,048	55,185,987
其他应收款	249,140,732	187,564,961	66,158,118	其他未交款			
待摊费用	25,599,278	5,581,430	26,852,242	其他应付款	21,616,830	51,204,319	121,522,647
存　货	141,076,296	181,701,035	214,122,738	预提费用	24,380,685	20,954,171	9,290,594
待处理流动资产净损失				一年内到期的长期负债	192,402,240	58,650,000	
一年内到期的长期负债投资				其他流动负			
其他流动资产				流动负债合计	1,244,176,537	883,573,331	840,974,578
流动资产合计	1,180,481,960	958,611,469	728,894,067	长期负债:			
长期投资:				长期借款	422,001,360	652,329,848	560,828,319
长期投资				应付债券			
固定资产:				长期应付款			
固定资产原价	1,352,118,958	1,197,057,307	1,178,786,587	其他长期负债			
减:累计折旧	153,238,307	109,155,993	33,844,060	长期负债合计	422,001,360	652,329,848	560,828,319
固定资产净值	1,198,880,651	1,087,901,310	1,144,942,527	负债合计	1,666,177,897	1,535,903,179	1,401,802,897
在建工程	19,533,924	9,827,945	7,614,947	股东权益:			
固定资产清理				股　本	504,242,022	530,000,000	530,000,000
待处理固定资产净损失				资本公积	271,514,935		
固定资产合计	1,218,414,575	1,097,729,255	1,152,557,474	盈余公积		45,535,178	14,378,332
无形资产及递延资产:				未分配利润			
无形资产							
其他资产	43,038,319	55,097,633	64,729,688				
无形资产及递延资产合计	43,038,319	55,097,633	64,729,688	股东权益合计	775,756,957	575,535,178	544,378,332
资产合计	2,441,934,854	2,111,438,357	1,946,181,229	负债及股东权益合计	2,441,934,854	2,111,438,357	1,946,181,229

(2)损益表

单位:元

项　　目	1996年度	1995年度	1994年度
一、主营业务收入	1,879,289,477	1,822,355,728	1,024,600,756
减:营业成本	1,351,119,993	1,269,060,698	774,257,013
销售费用	28,362,549	18,064,733	10,117,711
管理费用	68,622,678	62,683,604	31,587,738
财务费用	153,463,831	160,454,013	59,454,855
进货费用			
营业税及附加			
二、主营业务利润	277,720,426	312,092,680	149,183,439
加:其他业务利润	569,068	14,218	18,052,160
三、营业利润	278,289,494	312,106,898	167,235,599
加:投资收益			
营业外收入	39,927,564	17,150	662,349
减:营业外支出	410,141	555,608	100,839
加:以前年度损益调整			
四、利润总额	317,806,917	311,568,440	167,797,109
减:所得税	15,254,732		
五、净利润	302,552,185	311,568,440	167,797,109

(3)财务状况变动表(1996年度)

单位:元

项　目	金　额	项　目	金　额
一、流动资金来源		一、流动资产本年增加数	
1.本年净利润	302,552,185	1.货币资金	217,447,771
加:不减少流动资金的费用和损失		2.短期投资	
(1)固定资产折旧	44,082,314	3.应收票据	-206,922,111
(2)无形、递延资产及其他资产摊销	12,059,314	4.应收帐款净额	163,305,687
(3)固定资产盘亏损失(减盘盈)		5.预付货款	7,070,264
(4)清理固定资产损失(减盘盈)		6.其他应收款	61,575,771
(5)递延税款		7.待摊费用	20,017,848
(6)其他不减少流动资金的费用和损失		8.存　货	-40,624,739
小　计	358,693,813	9.待处理流动资产净损失(减收益)	
2.其他来源:		10.一年内到期的长期债券投资	
(1)固定资产清理收入(减清理费用)		11.其他流动资产	
(2)增加长期负债	-133,752,240		
(3)收回长期投资			
(4)对外投资转出固定资产			
(5)对外投资转出无形资产			
(6)资本净增加额	200,221,779		
小　计	66,469,539	流动资产增加净额	221,870,491
流动资金来源合计	425,163,352		
二、流动资金运用		二、流动负债本年增加数	
1.利润分配:		1.短期借款	15,187,060
(1)提取法定公积金	30,255,218	2.应付票据	30,000,000
(2)提取法定公益金	15,127,609	3.应付帐款	143,387,236
(3)提取任意公积金		4.预付货款	
(4)已分配股利	257,169,357	5.应付福利费	5,150,897
小　计	302,552,184	6.未付股利	
2.少数股东利润分配		7.未交税金	59,286,748
3.其他运用		8.其他未交款	
(1)固定资产和在建工程净增加额	164,767,634	9.其他应付款	-29,587,490
(2)增加无形资产、递延资产及其他资产		10.预提费用	3,426,514
(3)偿还长期负债	96,576,248	11.一年内到期的长期负债	133,752,240
(4)增加长期投资		12.其他流动负债	
小　计	261,343,882	13.应付工资	
流动资金运用合计	563,896,066		
外币会计报表折算差额		流动负债增加净额	360,603,206
流动资金增加净额	-138,732,714	流动资金增加净额	-138,732,714

广东福地彩色显像管股份有限公司股票上市公告书

一、绪言

本公告书是依据《中华人民共和国公司法》、《股票发行与交易管理暂行条例》、《公开发行股票信息披露实施细则》、《深圳证券交易所业务规则》及国家有关证券管理法规的规定编制,旨在向投资者提供本公司基本情况及有关资料。经中国证券监督管理委员会证监发字〔1997〕214号文和证监发字〔1997〕215号文批准,本公司已成功地向社会公众公开发行每股面值为1.00元人民币普通股股票12,000万股(其中含公司职工股1200万股)。经深圳证券交易所深证发〔1997〕235号《上市通知书》批准,本公司股票将于1997年6月17日在深圳证券交易所挂牌交易。本公司总股份为64,000万股,可流通股份为12,000万股,本次上市流通股份为10,800万股(公司职工股1200万股将于本次新股上市6个月后上市流通)。

本公司已分别于1997年5月16日在《中国证券报》、《证券时报》及1997年5月17日在《东莞日报》刊登了《招股说明书概要》,距今不足六个月,故与其重复的内容在此不再重述,敬请投资者查阅本公司的《招股说明书概要》。

本公司董事会及董事已批准本公告书并确信本公告书未遗漏任何重大事项,亦不存在任何误导和虚假成份,并愿就本公告书及相关资料的准确性、完整性、真实性负个别及连带责任。

二、发行公司概况

(一)发行公司主要发起人简介

1、法定名称:广东彩色显像管总公司

2、注册资金:人民币39,800万元

3、法定代表人:詹宗庆

4、成立日期:1988年12月26日

5、经营范围:视屏产品及其部件零配件、彩色显像管原材料

6、所属行业:电子

7、注册地址:广东省东莞市篁村周溪工业区

8、联系电话:0769—2407920

(二)发行公司历史沿革

发行公司的前身广东彩色显像管有限公司(以下简称"原公司")是于1991年4月经国家对外经济贸易部[1991]外经贸资二函字第82号文批准,由广东彩色显像管总公司和福民发展有限公司按3:1比例出资设立的中外合资企业,主要业务是生产销售54厘米彩管、64厘米彩管。原公司没有非经营性资产,公司职工宿舍楼及其他福利性设施全部是以向总公司租赁的形式取得,并与总公司签订了有关《员工福利合同》和《房屋租

赁协议》。1997年4月,经广东省人民政府办公厅粤办函〔1997〕194号文批准,由原公司全资改组变更为股份有限公司。经北京中企华资产评估有限责任公司评估,国家国有资产管理局国资评〔1997〕248号文确认,原公司截止1996年12月31日的全部净资产为77575.70万元,按原出资比例计算,原公司股东广东彩色显像管总公司和福民发展有限公司分别拥有58181.78万元和19393.92万元。为了便于股份公司的长远发展,经国家外经贸部〔1997〕外经贸资二函字第177号文、东莞市人民政府东府办〔1997〕13号文和东莞市国有资产管理办公室东国资〔1997〕9号文批准,总公司以5220.85万元的价格向福民公司转让原公司的6.73%股份,即5220.85万元净资产。转让后,总公司和福民公司以其各自所持有的原公司净资产52960.93万元和24614.77万元,按65%的比例分别折成34424万股和16000万股,同时联合东莞市财信发展有限公司、东莞市经济贸易总公司、东莞市银川能源实业公司三家法人分别以现金1981.54万元、295.39万元和147.70万元,按65%的折股比例分别认购1288万股、192万股和96万股,共同发起,以募集方式设立股份有限公司。

本公司已在于1997年6月6日在广东省工商行政管理局办理了设立注册登记手续,并领取了营业执照。

三、股票发行及承销

(一)本次公开发行

1、发行数量:12000万股(包括公司职工股1200万股)

2、发行价格:7.75元/股

3、发行市盈率:13.7倍

4、募集资金总额:93000万元

5、发行方式:全额预缴款、比例配售、余款即退

6、配售比例:2.316%

7、配售户数:50937户

8、持1000股以上的户数:8363户

9、发行费用总额:1320万元

10、每股发行费用:0.11元

(二)股票承销

1、本次股票发行超额认购,无余股由承销商包销。

2、承销机构及承销比例

	机构名称	承销比例(%)	承销数量(万股)
主承销商	广东证券公司	8	960
副主承销商	广发证券有限责任公司	10.75	1290
分销商	大鹏证券有限责任公司	10.75	1290
分销商	广东粤财信托投资公司	8	960
分销商	中国东方信托投资公司	8	960
分销商	海南港澳国际信托投资有限公司	8	960
分销商	金华市信托投资股份有限公司	8	960
分销商	福建兴业证券有限责任公司	8	960
分销商	北京证券有限公司	8	960
分销商	珠海国际信托投资公司	8	960
分销商	广州证券公司	8	960
分销商	海南省国际信托投资公司	6.5	780

(三)验资报告

验资报告

(97)京会兴字第360号

广东福地彩色显像管股份有限公司筹委会:

我们接受委托,对广东福地彩色显像管股份有限公司(筹)的实收资本及相关的资产和负债的真实性和合法性进行了审验。在审验过程中,我们按照《独立审计实务公告书第1号——验资》的要求,实施了必要的审验程序。广东福地彩色显像管股份有限公司(筹)的责任是提供真实、合法,完整的资金鉴证资料,保护资产的安全,完整。我们的责任是按照《独立审计实务公告书第1号——验资》的要求,出具真实,合法的验资报告。

广东福地彩色显像管股份有限公司(筹)的申请注册资本为640,000,000元。根据我们的审验,截止至1997年四月二日止,广东福地彩色显像管股份有限公司(筹)已收到各发起股东投入的资本捌亿零叁仟叁佰元(RMB800,003,300元),其中股本伍亿贰仟万元整(RMB520,000,000元),资本公积贰亿捌仟万零叁仟叁佰元整(RMB280,003,300元),以上入资已由北京兴华会计师事务所出具(97)京会兴字第226号验报告验证。

现广东福地彩色显像管股份有限公司(筹)经中国证券监督管理委员会以证监发字〔1997〕214号和215号文批准向社会公开发行人民币普通股12000万股,每股面值人民币1元,共计人民币12000万元。向社会公开发行的股票溢价发行,每股发行价为人民币7.75元。经过我们审验,截止1997年5月28日,证券承销机构已缴来股款人民币玖亿叁仟万元整(RMB930,000,000元),其中人民币壹亿贰仟万元(RMB120,000,000元)为实收资本;人民币柒亿玖仟陆佰捌拾万元(RMB79,680万元)为资本公积金,其余人民币壹仟叁佰贰拾万元(RMB1320万元)为其他应付款(系尚未支付的发行费用),与此相关的资产总额为人民币玖亿叁仟万元(RMB930,000,000元),均为银行存款。

中国北京兴华会计师事务所　　注册会计师　张韬

北京市西城区阜外大街2号　　注册会计师　胡毅

万通新世界广场708室

1997年5月29日

四、董事、监事及高级管理人员持股情况

姓　名	职　务	持股数(股)
詹宗庆	董事长兼总经理	5000
刘国平	副董事长	0
张　伟	董事兼副总经理	5000
夏春奎	董事兼副总经理	5000
温锦坚	董事	0
王镜光	董事	0
张健华	董事	0
梁大钧	董事	0
伍维宪	董事	1000
莫耀东	监事会主席	0
宋　帆	监事	1000
李其明	监事	1000
李汉华	监事	0
黄焕祥	监事	0
刘国真	董事会秘书	1000
邢德普	财务主管	1000

五、公司设立

1. 公司1997年5月30日召开的本公司创立大会暨第一届股东大会通过了公司社会公众股股票在深圳证券交易所上市的决议。

2. 公司注册资金:人民币64,000万元

3. 公司注册时间:1997年6月6日

4. 公司注册地点:广东省东莞市篁村区周溪

5. 公司营业执照注册号码:23113004-8

六、关联企业及关联交易

(一)本公司关联企业包括:

1、本公司5个发起人:广东彩色显像管总公司、福民发展有限公司、东莞市财信发展有限公司、东莞市经济贸易总公司、东莞市银川能源实业公司。

2、广东东福偏转线圈有限公司。

(二)关联交易

本公司存在的关联交易有:

1、股份公司与总公司之间的有关土地使用权、房屋、生产技术、商标和员工福利方面的租赁关系;

2、股份公司与总公司下属中外合资企业广东东福偏转线圈有限公司之间有关生产设备方面的租赁关系。(见附表)

附表:以上已经签订有关合同如下表:

合　同　　标　的　　期　限　　价格与付款

《土地使用权出租合同》	位于东莞市篁村区周溪管理区总面积382236.31平方米的地块使用权。	自1991年5月1日起至2036年5月1日止。	年租金1372.99万元,每季度支付一次。
《房屋租赁协议》	产权属于总公司的面积为94826.43平方米的彩管厂区房屋。	自1991年1月1日起至2106年12月31日止。	年租赁费4752万元,每季度支付一次。
《商标使用许可合同》	总公司在中国商标局登记注册的10件商标。	自1997年1月1日起至2006年12月31日止。	年租赁费144.68万元,每季度支付一次。
《员工福利合同》	本公司员工职工住房、工作就餐,子女入幼和医疗服务。	自1997年1月1日起至2006年12月31日止。	本公司向总公司支付的福利费用参照国家财政部有关规定,每年12月协调规定下一年费用标准,每季度一次。
《专有技术许可合同》	总公司拥有的专有技术(包括54厘米、64厘米的彩管生产技术、工艺图纸以及电子枪、大型金属部件等生产技术、工艺)。	自1997年1月1日起至2006年12月31日止。	年使用费751.8万元,每年5月15日和11月15日前支付。
《生产设备租赁协议》	产权属于东福公司所有的54厘米、64厘米彩色显像管用的偏转线圈生产设备。	自1997年1月1日起至2006年12月31日止。	年租金3100万元,每季度支付一次。

七、股本结构及大股东持股情况

(一)上市前的股本结构

股权结构	股本(万股)	占总股本的比例(%)
国有法人股	36000	56.25
外资股	16000	25.00
社会公众股	12000	18.75
其中:		
公开发行	10800	16.875
公司职工股	1200	1.875
总股本	64000	100

(二)前十名股东所持股数及比例

股 东 名 称	持股数(万股)	占总股本比例(%)
1)广东彩色显像管总公司	34424	53.79
2)福民发展有限公司	16000	25
3)东莞市财信发展有限公司	1288	2.01
4)东莞市经济贸易总公司	192	0.30
5)东莞市银川能源实业公司	96	0.15
6)北京华银达投资咨询有限责任公司	74.112	0.12
7)国泰集团财务有限责任公司	74.112	0.12
8)天津信托投资公司	74.112	0.12
9)深圳市深财证券业务部	74.112	0.12
10)工商银行哈尔滨信托上海证券部	59.4609	0.09

八、公司财务会计资料

(一)北京兴华会计师事务所出具的审计报告

审计报告

(97)京会兴字第225号

广东福地彩色显像管股份有限公司筹委会:

我们接受委托,审计了贵公司1994年12月31日、1995年12月31日和1996年12月31日的资产负债表,1994年度、1995年度、1996年度的损益表以及1996年度的财务状况变动表。这些会计报表由贵公司负责,我们的责任是对这些会计报表发表审计意见。我们的审计是依据《中国注册会计师独立审计准则》进行的。在审计过程中,我们结合贵公司的实际情况,实施了包括抽查会计记录等我们认为必要的审计程序。

我们认为,上述会计报表符合《企业会计准则》和《股份制试点企业会计制度》的有关规定,在所有重大方面公允地反映了贵公司1994年12月31日、1995年12月31日和1996年12月31日的财务状况,1994年度、1995年度和1996年度的经营成果及1996年度的资金变动情况,会计处理方法的选用遵循一贯性原则。

北京兴华会计师事务所　　注册会计师　张韬

中国　北京　　注册会计师　胡毅

1997年4月6日

(二)经北京兴华会计师事务所审计的本公司财务报表(附后)

(三)主要会计政策

1. 会计制度:本公司原执行《外商投资企业会计制度》,成为公众公司后执行《股份制试点企业会计制度》。

2. 会计年度:以公历1月1日至12月31日为一会计年度。

3. 记帐原则及计价基础:采用借贷记帐法,按权责发生制原则进行会计核算,以历史成本为计价基础。

4. 记帐本位币:以人民币为记帐本位币。

5. 外币折算:发生外币业务,按当月1日中国人民银行公布的市场汇率折合成记帐本位币记帐,年末将外币帐户余额按12月31日中国人民银行公布的市场汇率进行调整,与原帐面差额记入当期财务费用。

6. 坏帐准备:本公司不计提坏帐准备,发生坏帐时采用直接冲销法计入当期管理费用。坏帐确认的标准为应收帐款超过3年以及因债务人破产或死亡而无法收回的应收帐款。

7. 存货核算:存货包括原材料、在产品、产成品等。在产品、产成品按实际成本核算,按移动平均法计价,原材料按计划成本核算,每月月末通过"材料成本差异"科目进行调整,将发出和期末存货调整为实际成本。

8. 固定资产及折旧:固定资产按照历史成本计价。固定资产的确认标准为单位价值2000元以上并且使用年限1年以上。固定资产按使用年限法分类计提折旧。各类固定资产的使用年限、净残值率、年折旧率如下:

固定资产名称	使用年限	净残值率(%)	年折旧率(%)
房屋建筑物	40	5	2.375
专用设备	20	5	4.75
运输工具	10	5	9.5
其他	10	5	9.5

9. 无形资产及其他资产:无形资产按《股份制试点企业会计制度》的规定摊销,按照规定的无形资产有效期限确定摊销期限,分期平均摊销,开办费摊销期限为5年,其他递延支出摊销期限为10年。

10. 产品成本计算方法:产品成本包括直接材料、直接人工和制造费用,成本核算方法采用分步法——平行结转法。销售费用、管理费用、财务费用全部计入当期损益。

11. 收入确认:以产品发出,收到货款或取得收取货款的凭证时,确认营业收入实现。

12. 税项:增值税按销售收入的17%作为销项税额,扣除当期允许抵扣的进项税额后缴纳;企业所得税根据广东省人民政府办公厅粤办函〔1997〕116号文确认,本公司1994年度、1995年度期间享受中外合资企业"两免"政策,全额免交企业所得税;1996年度享受"减半"的优惠政策,按12%计征企业所得税并由东莞市财政返还7.2%作为企业补贴收入,用于利润分配;股份公司成立后按33%所得税率计征,东莞市财政返还18%,实际税负为15%。

13. 利润分配:本公司章程规定税后利润按以下顺序分配:

1)弥补亏损;

2)提取10%法定盈余公积金;

3)提取5%—10%法定公益金;

4)提取任意盈余公积金;

5)股利分配:由董事会按法律规定和公司经营状况决定,提交股东大会审议通过。

(四)主要财务指标

项　目	96年12月31日	95年12月31日	94年12月31日
流动比率(%)	94.88	108.49	86.67
速动比率(%)	83.54	87.93	61.21
资产负债率(%)	68.23	72.74	72.03
应收帐款周转率(%)	676.06	1153.55	856.48

存货周转率(%)	837.18	641.23	361.59
净资产收益率(%)	39.00	54.14	30.82
每股净利(元)	0.58	0.60	0.32

九、董事会上市承诺

本公司董事会将严格遵守《中华人民共和国公司法》、、《股票发行与交易管理暂行条例》、《公开发行股票信息披露实施细则》和《深圳证券交易所交易规则》及有关法律、法规的规定,并向证券主管机关、深圳证券交易所和广大投资者作出如下承诺:

1、按照法律、法规的规定程序和要求披露重大的信息、并接受证券主管机关、深圳证券交易所的监督管理。

2、及时、准确、真实地在证券主管部门指定的报刊公布中期报告、年终报告及经营业绩等资料,并置于规定场所供投资者查阅。

3、本公司董事、监事及高级管理人员如发生人事变动或前述人员持有本公司股票数量发生变化时,及时通报证券管理机关,并及时通过证券主管部门指定的媒体通告社会公众。

4、在任何公共传播媒介中出现的消息可能对本公司股票的市场价格产生误导性能影响时,本公司知悉后将及时对该消息予以公开澄清。

5、本公司董事、监事及高级管理人员将认真听取社会公众的意见和批评,不利用已获得的内幕消息和其他不正当手段直接或间接从事股票买卖活动。

6、本公司没有无记录负债。

十、重要事项揭示

1. 本公司本次发行的12000万股社会公众股中向公司职工配售的1200万股,将根据国家有关规定在本次上市半年后上市流通。

2. 本次股票发行后,根据国家有关规定,本公司按33%计征所得税,由东莞市财政返还18%,实际按15%税率计缴所得税。

3. 截止本上市公告书刊登之日,本公司未涉及任何重大诉讼和仲裁。

十一、咨询机构

1. 发行人:广东福地彩色显像管股份有限公司
住所:广东省东莞市篁村区周溪
电话:(0769)2402236
传真:(0769)2402525
联系人:刘国真、胡唯唯

2. 主承销商及上市推荐人:广东证券公司
住所:广东省广州市东风东路703号13楼
电话:(020)87666000-1207
传真:(020)87784506
联系人:卢景芳、胡汉杰

3. 副主承销商及上市推荐人:广发证券有限责任公司
住所:广东省广州市农林下路83号广发金融大厦4楼
电话:(020)87310073
传真:(020)87310025
联系人:张慧龙

十二、备查文件目录

1. 中国证监会的复审意见书
2. 深圳证券交易所上市通知书
3. 北京兴华会计师事务所的验资报告
4. 创立大会决议
5. 第一届董事会决议
6. 第一届监事会决议
7. 公司章程
8. 招股说明书
9. 营业执照

广东福地彩色显像管股份有限公司
一九九七年六月十三日

一、资产负债表

编制单位:广东福地彩色显像管股份有限公司　　　　单位:人民币元

资　产	96年12月31日	95年12月31日	94年12月31日	负债及股东权益			
流动资产:				流动负债:			
货币资金	300,050,978	82,603,207	247,302,135	短期借款	505,092,215	489,905,155	533,395,883
短期投资				应付票据	30,000,000		
应收票据	75,066,002	281,988,113	13,000,000	应付帐款	264,708,889	121,321,653	113,127,187
应收帐款	359,629,687	196,324,000	119,631,600	预收货款			
减:坏帐准备				应付福利费	23,399,882	18,248,985	8,452,280
应收帐款净额	359,629,687	196,324,000	119,631,600	未付股利			
预付货款	29,918,987	22,848,723	41,827,234	未交税金	182,575,796	123,289,048	55,185,987
其他应收款	249,140,732	187,564,961	66,158,118	其他未交款			
待摊费用	25,599,278	5,581,430	26,852,242	其他应付款	21,616,830	51,204,319	121,522,647
存　货	141,076,296	181,701,035	214,122,738	预提费用	24,380,685	20,954,171	9,290,594
待处理流动资产净损失				一年内到期的长期负债其他流动负债	192,402,240	58,650,000	
一年内到期的长期债券投资其他流动资产				流动负债合计	1,244,176,537	883,573,331	840,974,578
流动资产合计	1,180,481,960	958,611,469	728,894,067				
长期投资:				长期负债:			
长期投资				长期借款	422,001,360	652,329,848	560,828,319
固定资产:				应付债券			
固定资产原价	1,352,118,958	1,197,057,303	1,178,786,587	长期应付款			
减:累计折旧	153,238,307	109,155,993	33,844,060	其他长期负债			
固定资产净值	1,198,880,651	1,087,901,310	1,144,942,527	长期负债合计	422,001,360	652,329,848	560,828,319
在建工程	19,533,924	9,827,945	7,614,947	负债合计	1,666,177,897	1,535,903,179	1,401,802,897
固定资产清理							
待处理固定资产净损失				股东权益:			
固定资产合计	1,218,414,575	1,097,729,255	1,152,557,474	股本	504,242,022	530,000,000	530,000,000
无形资产及递延资产:				资本公积	271,514,935		
无形资产				盈余公积		45,535,178	14,378,332
其他资产	43,038,319	55,097,633	64,729,688	未分配利润			
无形资产及递延资产合计	43,038,319	55,097,633	64,729,688	股东权益合计	775,756,957	575,535,178	544,378,332
资产总计	2,441,934,854	2,111,438,357	1,946,181,229	负债及股东权益总计	2,441,934,854	2,111,438,357	1,946,181,229

二、损　益　表

编制单位:广东福地彩色显像管股份有限公司　　　　单位:人民币元

项　目	1996 年度	1995 年度	1994 年度
一、主营业务收入	1,879,289,477	1,822,355,728	1,024,600,756
减:营业成本	1,351,119,993	1,269,060,698	774,257,013
销售费用	28,362,549	18,064,733	10,117,711
管理费用	68,622,678	62,683,604	31,587,738
财务费用	153,463,831	160,454,013	59,454,855
进货费用			
营业税金及附加			
二、主营业务利润	277,720,426	312,092,680	149,183,439
加:其他业务利润	569,068	14,218	18,052,160
三、营业利润	278,289,494	312,106,898	167,235,599
加:投资收益			
营业外收入	39,927,564	17,150	662,349
减:营业外支出	410,141	555,608	100,839
加:以前年度损益调整			
四、利润总额	317,806,917	311,568,440	167,797,109
减:所得税	15,254,732		
五、净利润	302,552,185	311,568,440	167,797,109

三、财务状况变动表(1996 年度)

编制单位:广东福地彩色显像管股份有限公司　　　　单位:人民币元

项　目	金　额	项　目	金　额
一、流动资金来源:		一、流动资产本年增加数	
1.本年净利润	302,552,185	1.货币资金	217,447,771
加:不减少流动资金的费用和损失		2.短期投资	
(1)固定资产折旧	44,082,314	3.应收票据	-206,922,111
(2)无形、递延资产及其他资产摊销	12,059,314	4.应收帐款净额	163,305,687
(3)固定资产盘亏损失(减盘盈)		5.预付货款	7,070,264
(4)清理固定资产损失(减收益)		6.其他应收款	61,575,771
(5)递延税款		7.待摊费用	20,017,848
(6)其他不减少流动资金的费用和损失		8.存货	-40,624,739
小　计	358,693,813	9.待处理流动资产净损失(减收益)	
2.其他来源		10.一年内到期的长期债券投资	
(1)固定资产清理收入(减清理费用)		11.其他流动资产	
(2)增加长期负债	-133,752,240		
(3)收回长期投资			
(4)对外投资转出固定资产			
(5)对外投资转出无形资产		流动资产增加净额	221,870,491
(6)资本净增加额	200,221,779	二、流动负债本年增加数	
小　计	66,469,539	1.短期借款	15,187,060
流动资金来源合计	425,163,352	2.应付票据	30,000,000
		3.应付帐款	143,387,236
二、流动资金运用		4.预收货款	
1.利润分配:		5.应付福利费	5,150,897
(1)提取法定公积金	30,255,218	6.未付股利	
(2)提取法定公益金	15,127,609	7.未交税金	59,286,748
(3)提取任意公积金		8.其他未交款	
(4)已分配股利	257,169,357	9.其他应付款	-29,587,490
小　计	302,552,184	10.预提费用	3,426,514
2.少数股东利润分配		11.一年内到期的长期负债	133,752,240
3.其他运用		12.其他流动负债	
(1)固定资产和在建工程净增加额	164,767,634	13.应付工资	
(2)增加无形资产、递延资产及其他资产			
(3)偿还长期负债	96,576,248		
(4)增加长期投资			
小　计	261,343,882		
流动资金运用合计	563,896,066		
外币会计报表折算差额		流动负债增加净额	360,603,206
流动资金增加净额	-138,732,714	流动资金增加净额	-138,732,714

广东福地彩色显像管股份有限公司1997年中期报告

一、财务报告(未经审计)

广东福地彩色显像管股份有限公司(下称"公司")董事会谨向各位股东公告,公司截止1997年6月30日会计期间之财务报告如下:

1. 简化的资产负债表　　单位:人民币元

项　目	1997年6月30日	1996年12月31日
流动资产	1,380,530,830.67	1,180,481,961.83
长期投资	——	——
固定资产净值	1,172,844,834.77	1,198,880,650.70
在建工程	185,532,684.60	19,533,923.58
无形资产及递延资产	37,025,064.15	43,038,319.59
其他长期投资	——	——
资产总计	2,775,933,414.19	2,441,934,855.70
流动负债	805,885,594.71	1,244,176,537.00
长期负债	148,845,288.30	422,001,360.00
负债合计	954,730,883.01	1,666,177,897.00
少数股东权益	——	——
股本	640,000,000.00	504,242,022.00
资本公积金	1,097,501,058.37	271,514,935.03
盈余公积金	——	——
未分配利润	83,701,472.81	——
股东权益合计	1,821,202,531.18	775,756,957.03

2. 简化的损益表　　单位:人民币元

项　目	97年6月30日(本期)	96年6月30日(上年同期)	增减%(本期比上年同期)
主营业务收入	791,622,591.96	879,972,577.44	-10.04
主营业务利润	98,198,341.44	149,215,002.93	-34.19
其他业务利润	343,591.15	179,873.04	91.02
投资收益	——	——	——
营业外收支净额	-69,611.64	-241,801.22	——
利润总额	98,472,320.95	149,153,074.75	-33.98
应交所得税	14,770,848.14	7,159,347.59	106.32
净利润	83,701,472.81	141,993,727.16	-41.05

3. 主要财务指标

项　目	97年6月30日(本期)	96年6月30日(上年同期)	增减%(本期比上年同期)
资产负债率(%)	34.39	68.23	-49.59
每股收益(元/股)	0.131	0.222	-40.99
净资产收益率(%)	4.60	18.30	-74.86
每股净资产(元/股)	2.85	1.21	135.54

4. 财务报表附注

1)本期报告所采用的会计政策和方法与1996年度财务报告所采用的会计政策和方法一致。

2)根据广东省人民政府粤办函〔1997〕116号文,公司1997年税负按实际税负15%计。

3)主要财务指标计算时股本均以1997年6月30日止的总股本64000万元计算。

4)公司通过公开募集资金和公司自有资金归还了部分银行贷款,减少了利息支出,增加了效益;至6月30日止,公司资产负债率为34.39%,预计下半年公司利息支出是上半年的72.3%,比上半年减少27.7%。

5)资产负债各项与上一会计年度末相比:

资产类:流动资产增加20005万元,主要原因是货币资金增加28998万元及募集资金未使用;在建工程增加16,599.87万元,为三个技改项目新增工程支出。

负债类:短期借款增加8510万元,是银行短期贷款;未交税金减少12,892万元是已交纳税金;一年内到期的长期负债减少17,060万元是已归还银行借款;长期借款减少41,987万元是归还银行长期借款。

6)损益表各项目与上年同期损益相同项目相比:

主营业务收入79,162.26万元,上年同期收入为87,997.26万元,比去年同期减少10.04%;期间费用11,193.93万元,上年同期17,327.39万元,比去年同期减少35.40%,主要是减少了利息支出;利润总额9,847.23万元,上年同期14,915.31万元,比去年同期减少33.98%。

7)资产负债表股东权益类项目发生的变化:

股本64000万元全部到位;资本公积金109,750万元为发起人折股溢余和公众股溢价发行溢余;未分配利润8,370万元均为本年净利润。

8)关联方关系及其交易的披露

(1)关联方关系

A:广东彩色显像管总公司系本公司的控股公司,占有股份53.79%;

B:福民发展有限公司(外资)系本公司现在的第二大股东,占有股份25%;

C:广东东福偏转线圈有限公司系公司的控股公司广东彩色显像管总公司与福民发展有限公司的合资企业;

D:东莞市福地电子化工新材料有限公司系本公司的控股公司广东彩色显像管总公司的子公司。

(2)关联交易的披露

A:广东彩色显像管总公司的资产租赁给本公司,双方签订租赁合同并规定每月由本公司支付租赁费标准如下:土地租赁费114.41万元,商标租赁费12.06万元,专有技术62.65万元,房屋租赁费396万元;

B:广东东福偏转线圈有限公司的资产租赁给本公司,双方签订租赁合同并规定每月由公司支付制造偏转线圈设备租赁费289.58万元;

C:东莞市福地电子化工新材料有限公司生产的"会聚磁件"(偏转线圈零件)供给本公司并规定由本公司按半年支付货款,上半年发生交易额265.84万元。

二、生产经营情况的回顾与展望

(一)1997年上半年生产经营情况的回顾

1. 上半年生产经营情况回顾

(1)企业改制情况

1997年上半年,成功地完成了向社会公众发行12000万股人民币普通股(含1200万公司职工股)并上市,为公司开辟了一条直接融资的渠道,同时也是公司实行现代企业制度改革与创新的一次成功实践,为公司进一步发展壮大奠定了坚实的基础,具有十分深远的意义。

(2)生产经营情况

在股东们的鞭策下,在董事会的领导下,经过全体员工的共同努力,公司的生产经营稳步进行:上半年共生产彩色显像管(下简称"彩管")1021813只,其中54厘米彩管641192只、64厘米彩管380621只;共销售彩管953188只,其中54厘米彩管580343只、64厘米彩管372845只;平均产销率为94.3%;上半年实现主营业务收入为791,622,591.96元,比去年同期略减少10.04%,完成全年计划的40.49%;实现利润总额为98,472,320.95元,比上年同期减少33.98%,完成年计划的35.33%。

(3)技改情况 1996年,54厘米彩管市场趋于饱和,销售价格滑落,几乎无利可得,而64厘米彩管市场需求增长迅速,产品附加价值较高。为适应市场需求必须调整产品品种结构,为降低成本必须进一步挖掘生产潜力,形成规模经济,以适应竞争的形势,公司董事会在年初就通过了决议,决定对原54厘米彩管生产线进行兼容生产64厘米彩管并挖潜增产改造达年产100万只,对原64厘米彩管生产线进行挖潜改造使其由原年产80万只增至年产100万只。经过全体员工的努力,在主要依靠自己的力量并力争正常生产尽量不受大影响的前提下,经过近半年的充分研究和准备,于1997年3月1日至8日和6月1日至20日进行了停产改造并取得成功。本次技改由公司自筹资金4500万元,共完成了248项技术改造项目,新增设备73台(套),改造设备300台(套),现在两条彩管生产线已达到日产共6700只,各年产100万只64厘米彩管的新水平,目前本公司已成为全国64厘米彩管生产量最大的厂家。按两项技改项目全面达产计算,每年可新增产值为53400万元(含增值税)。

2. 关于募股资金使用情况的说明:

本公司通过向社会公众公开发行股票共募集资金 91680 万元人民币,均按招股说明书的要求使用,具体使用情况如下:

A:投资 19361 万元用于 64 厘米彩管生产线兼容生产 74 厘米彩管的技改项目。截止 1997 年 6 月 30 日,实际累计投入项目资金为 6916.39 万元,余额部份资金以活期存款存入银行。

B:投资 11045 万元用于偏转线圈关键设备的技改项目。截止 1997 年 6 月 30 日,实际累计投入项目资金为 1578.64 万元,余额部分资金以活期存款存入银行。

C:投资 9062 万元用于彩管生产配套动力设备的技改项目。截止 1997 年 6 月 30 日,实际累计投入项目资金为 1766.99 万元,余额部分资金以活期存款存入银行。

D:拟计划用募集资金的 28600 万元归还银行货款。截止 1997 年 6 月 30 日,实际累计归还银行贷款为 28600 万元,完成募股资金使用计划。

E:拟计划募集资金的 23612 万元用于补充企业流动资金。截止 1997 年 6 月 30 日,已全部投入作为企业流动资金,完成募集资金使用计划。

3. 关于完成盈利预测的情况说明:

1997 年公司盈利预测主营业务收入 195496.96 万元,利润总额 27870.12 万元,净利润 23689.60 万元(经广东省人民政府粤办函〔1997〕116 号文批准,股份公司所得税实际税负为 15%)。截止 1997 年 6 月 30 日,实际完成主营业务收入 79162.26 万元,完成全年计划的 40.49%;实际完成利润总额 9847.23 万元,完成全年计划的 35.33%。未能依期完成计划的主要原因是:

A:彩管行业通常下半年为销售旺季,下半年效益大于上半年;

B:彩管价格下降导致效益受到一定的影响;

C:因停产 1 个月进行技术改造导致主营收入减少(估计减少收入 15000 万元)。

(二)1997 年下半年工作计划

(1)抓紧组织制定企业发展战略规划,为企业的长远发展作出安排;

(2)深化市场调研工作,以市场为导向,加大新工艺、新技术及新产品开发和技改的力度,不断提高企业技术装备水平,进一步完善两条彩管生产线技改成果,充分发挥生产资源能力,全力以赴生产出适销的产品,提高产销率;

(3)结合现代企业制度建设,进一步完善和强化企业内部管理,尤其是财务和成本的管理,进一步降低成本,增加收益,为广大投资者创造更大的投资回报。

(4)下半年将全力组织好生产和销售工作,保证全年计划指标的完成;

(5)重点抓好 64 厘米彩管生产线兼容 74 厘米彩管的技改项目,确保 1998 年上半年投入生产 74 厘米彩管。

三、重大事件揭示:

(1)经中国证券监督管理委员会证监发字〔1997〕214 号、215 号和深圳证券交易所深证发〔1997〕235 号[上市通知书]审核批准,公司 12000 万股于 1997 年 5 月 20 日至 29 日在广州市、东莞市网下发行成功,向社会公众发行的 10800 万股于 6 月 17 日在深圳证券交易所挂牌上市,向公司职工配售的 1200 万股期满半年后上市交易。

(2)经广东省工商行政管理局批准,1997 年 6 月 6 日公司注册成立,注册股本为 64000 万元人民币。

(3)根据国务院证券委、中国人民银行、国家经贸委 1997 年 5 月 21 日联合发布的《严禁国有企业和上市公司炒作股票的规定》,公司按照有关规定进行了认真自查,至今为止本公司没有在境内任何证券机构开立任何证券股票帐户,没有炒作股票行为。公司今后如果从事股票投资活动,必将严格遵循国家有关法规和公司章程规定进行。

(4)报告期内公司无重大诉讼、仲裁事项。

(5)本公司本年度中期不分红。

四、发行在外股票的变动和股权结构的变化

1. 新发行 A 股 12000 万股,其中向社会公众发行的 10800 万股于 1997 年 6 月 17 日在深圳证券交易所挂牌交易,1200 万股公司职工股期满半年后方能上市交易。

2. 公司股份变动情况(截止 1997 年 6 月 30 日)

数量单位:万股　　每股面值:1 元

	本次变动前	本次变动增减(+/-)	本次变动后
一、尚未流通股份			
1. 发起人股份	52000	0	52000
其中:			
国家拥有股份			
境内法人持有股	36000	0	36000
外资法人持有股	16000	0	16000
其他			
2. 募集法人股			
3. 内部职工股	1200	0	1200
4. 优先股或其他			
尚未流通股份合计	53200	0	53200
二、已流通股份			
1. 境内上市的人民币普通股	10800	0	10800
2. 境内上市的外资股			
3. 境外上市的外资股			
4. 其他			
已流通股份合计	10800	0	10800
三、股份总数	64000	0	64000

3. 公司前十名股东持股情况:

截止 1997 年 6 月 30 日本公司前十名股东持股情况:

股东名称	持股数(万股)	占总股本比例(%)
广东彩色显像管总公司	34424.00	53.79
福民发展有限公司	16000.00	25.00
东莞市财信发展有限公司	1288.00	2.01
东莞市经济贸易总公司	192.00	0.30
东莞市银川能源实业公司	96.00	0.15
悦誉实业	80.00	0.13
天津信托投资公司	74.11	0.12
孙朝迅	58.00	0.09
百峰	56.58	0.09
李勇	35.00	0.05

4. 持股占总股本 5% 以上的股东为广东彩色显像管总公司和福民发展有限公司,其股份在本报告期内无任何变动。

五、股东大会简介:

广东福地彩色显像管股份有限公司于 1997 年 5 月 30 日上午在东莞市广彩城酒店福地宴会厅召开了第一届股东大会,出席会议股东代表股份为 52115.4 万股,占公司股份总额的 81.43%。经东莞市公证处公证,会议合法、有效。股东大会表决通过如下决议:

(1)通过《广东福地彩色显像管股份有限公司筹建工作报告》;

(2)通过《广东福地彩色显像管股份有限公司章程》;

(3)通过《广东福地彩色显像管股份有限公司拟在深圳证券交易所上市的议案》;

(4)投票选举詹宗庆、刘国平、温锦坚、张伟、夏春奎、伍维宪、张健华、梁大钧、王镜光等九人为公司董事,组成公司第一届董事会;

(5)投票选举莫耀东、李汉华、黄焕祥等三人为公司监事,公司职工民主推荐宋帆、李其明为公司职工代表监事,共同组成公司第一届监事会。

六、备查文件

下列文件置于本公司总部,以供股东和有关管理部门查询:

1. 有公司董事长亲笔签名的中期报告原本;
2. 广东福地彩色显像管股份有限公司《招股说明书》;
3. 广东福地彩色显像管股份有限公司《上市公告书》;
4. 1997 年第一届股东大会文件;
5. 公司财务报告正本。
6. 查询电话:(0769)2402236;传真(0769)2402525

广东福地彩色显像管股份有限公司董事会

董事长签字:詹宗庆

1997 年 8 月 6 日

东北制药集团股份有限公司

东北制药集团股份有限公司1996年年度报告摘要

一、公司简况

1. 公司名称:东北制药集团股份有限公司

英文名称:NORTHEAST PHARMACEUTICAL GROUP COMPANY LIMITED

2. 注册地址:沈阳市和平区和平北大街79号

办公地址:沈阳市和平区和平北大街79号

邮政编码:110003

3. 法定代表:吴挺宝

4. 咨询机构:公司证券部

咨询电话:024-2821343

传真:024-2821343

二、主要财务数据和财务指标

(单位:万元)

序号	指标项目	本年数	上年数	比上年增减(%)
1.	主营业务收入	116607	104972.5	11.08
2.	净利润	1995	4710.5	-57.65
3.	资产总额	309719.5	245222.7	26.30
4.	股东权益	99458	77510.5	28.32
5.	每股收益(元)	0.1024	0.32	-68.00
6.	每股净资产(元)	5.11	5.18	-1.35
7.	净资产收益率(%)	2.01	6.09	-67
8.	股东权益比(%)	32.11	31.6	1.61

注:根据中国证券监督管理委员会证监上字(1997)1号文件规定,上述财务数据,扣除新股申购冻结资金利息收入后,分别为:

1. 净利润:1891万元; 2. 股东权益:99354万元;
3. 每股收益:0.0971元; 4. 每股净资产:5.10元;
5. 净资产收益率:1.90%; 6. 股东权益比率:31.66%。

三、公司业务回顾

1. 一年来经营情况

1996年是实施“九五”计划的第一年。在资金紧张,能源、运输价格上涨,主导产品价格大幅下降,出口退税率降低等不利情况下,本公司全体干部职工解放思想,真抓实干,开拓进取,在困难的形势下全年实现工业总产值122308万元,比上年增长3.95%;实现销售收入116607万元,比上年增长11.08%;实现利润2356万元,比上年下降60.17%;出口交货值完成47280万元,比上年增长21.5%;出口创汇完成5695万美元,比上年增长31%。

全年共生产化学原料药9710吨,比上年增长9.76%;其中:维生素C共生产6450吨,其中内销387吨,外销6063吨,在激烈的国际竞争中保持了一定的市场份额。生产磷霉素钠原料201吨,市场占有率为100%。全年共生产各种制剂药 品5大类共88个品种,完成制剂产值57035万元,比上年增长16%,制剂产品产值占公司总产值的比重达到46.63%。

本公司坚持以市场为导向,大力开发高新技术产品,全年累计开发新产品6个,其中国家级新药3个。全年投产新产品2个,实现新产品产值40671.8万元,完成年计划的164.6%。

继维生素C、氯霉素等名牌产品之后,东北牌磷霉素钠及磷霉素钠粉针又被评为沈阳市名牌产品。

2. 公司财务状况说明

1996年度公司财务状况与1995年对比情况如下:

	1996年度	1995年度	增减(%)
总资产(万元)	309719.5	245223	26.30
长期负债(万元)	66571	54385	22.41
股东权益(万元)	99458	77510	28.32

增减变动情况如下:

(1)总资产增加64497万元,其中:流动资产增加26800万元,长期投资增加742万元,固定资产增加22883万元,无形资产及递延资产增加14072万元。流动资产增加比例较大的是短期投资增加10550万元,主要是委托东北制药集团财务公司理财投资。固定资产中在建工程增加26348万元系万吨维生素C工程尚未办理竣工决算。递延资产增加14411万元,主要是万吨维生素C产品在市场销售中大幅度降价,贷款利息及出口退税进销售成本部分难以消化,经财政批准暂时挂帐分三年摊销。

(2)长期负债增加12186万元,主要是万吨维生素C的长期借款增加及应付债券的增加。九六年公司发行两年期债券4300万元。

(3)股东权益增加21948万元,主要系股票溢价发行收入进入资本公积金所致。

3. 对实际经营结果与盈利预测的重大差异的说明

本公司招股说明书概要披露,1996年盈利预测主营业务收入126948万元,利润总额12712万元,净利润10805万元。1996年生产经营实现主营业务收入、利润总额、净利润分别为预测数的91.85%、18.53%、18.46%。影响公司经营成果的直接原因是:

公司万吨维生素C工程上马后,其生产规模位居国内第一,世界第二。一些国外公司为了保护其市场份额,联手压价,导致维生素C价格暴跌,出口价格由1995年每公斤11.8美元,跌至1996年每公斤4.5美元。本公司为了将维生素C的降价损失降到最低点,同时又不丢失市场份额,一方面控制产品产量,一方面强化管理,深挖企业潜力。在恶劣的形势下,1996年因为维生素C开工率仍达到49.6%,出口率达到94%,可比产品成本较上年降低14.27%。即使如此,1996年因为维生素C限产、开工不足和销售价格下降,直接影响本公司经济效益15033万元人民币。

4. 对前次募股资金运用情况的说明

1996年公司发行A股募集资金28800万元,投入万吨维生素C项目8125万元;投入磷霉素钠扩产改造项目4000万元;投入维生素C-97项目500万元;投入维生素C钠盐项目50万元;投入药用丁基胶塞项目200万元;投入整肠生胶囊项目1687万元,投入双嘧达膜胶囊项目450万元;投入1000吨丙炔醇项目400万元。

四、股本变化及股本结构情况

1. 股本变化及股本结构情况

(1)股本结构情况

1996年12月31日,本公司总股本为194750000股。股权结构及股本变动情况如下:

填报日期:1997年4月15日　　数量单位:股　　每股面值:1元

	期初数	本次变动增减(+、-)		期末数
		股票上市	小计	

一、尚未流通股份				117000000
1.发起人股份	117000000	0	0	117000000
其中:				
境内法人持有股份	117000000	0	0	117000000
2.募集法人股	8000000	0	0	8000000
3.内部职工股	24750000	-5000000	-5000000	19750000
尚未流通股份合计	149750000	-5000000	-5000000	144750000
二、已流通股份				
1.境内上市的人民币普通股		50000000	50000000	50000000
已流通股份合计		50000000	50000000	50000000
三、股份总数	149750000			149750000

(2)主要股东持股情况(截止1996年度)

序号	股东代码	股东名称	持有股数(股)	占股份总额
1	D3400185	东北制药集团公司	117000000	60.08%
2	D3400210	东北电力集团公司	2000000	1.03%
3	67010889	无详细资料	635000	0.33%
4	D3400190	中行沈阳信托投资公司	500000	0.26%
5	D3400186	辽宁省证券公司	250000	0.13%
6	D3400187	辽宁国际信托投资公司	250000	0.13%
7	D3400188	辽阳市灯塔里红信用社	250000	0.13%
8	D3400189	大连市机电设备公司	250000	0.13%
9	D3400192	工行南湖开发支行	250000	0.13%
10	D3400193	辽宁省证券公司盘锦分公司	250000	0.13%

(3)股东数量(截止1996年底)

年末股东总人数为60662名。

2.董事、监事及高级管理人员持股情况:

董事会成员持股数量:

序号	姓名	职务	95年底持股数量(股)	96年底持股数量(股)
1	王德玉	董事	1000	1000
2	刘亚英	董事会秘书长兼副总经理 常务董事	1700	1700
3	刘庆国	常务董事	4160	4160
4	杨成敏	董事	1000	1000
5	吴挺宝	董事兼总经理	1000	1000
6	谷焕云	董事兼总会计师	1000	1000
7	张连刚	董事兼副总经理	1000	1000
8	张宝忠	常务董事	1000	1000
9	陈长海	董事	1000	1000
10	徐林延	董事	1000	1000
11	高鹏飞	董事兼副总经理	1360	1360
12	黄朝珏	董事	1000	1000
13	韩长春	常务董事	1000	1000
14	程红军	常务董事	400	400
15	童乃文	董事	1000	1000

监事会成员持股数量:

序号	姓名	职务	95年底持股数量(股)	96年底持股数量(股)
1	朱丕均	监事	1000	1000
2	孙兴儒	监事	1200	1200
3	刘源	监事	660	660
4	苏东涛	监事会主席	0	0
5	罗玉卿	监事	1000	1000
6	赵景芝	监事	1600	1600
7	徐龙海	监事	2150	2150

五、重要事项

1.股东大会简介

本公司1996年股东大会于1996年12月18日在沈阳金城宾馆举行。股东及股东委托人共73人出席本次大会,代表股份120816138股,占公司总股本的62.04%。会议通过首届董事会工作报告;通过首届监事会工作报告;确认了《东北制药集团股份有限公司章程》;选举产生公司二届董事会董事;选择产生公司二届监事会监事。

2.董事会简介

本年度内董事会共召开三次会议。首届董事会第五次会议根据1995年10月公司临时股东大会授权,研究讨论了公司1995年度股利分配方案及对以前年度未分配利润进行帐务处理问题;首届董事会第六次会议提出公司第二届董事候选人名单,决定召开1996年度公司股东大会;二届董事会第一次会议选举了公司董事长,决定设置公司常务董事,委任了公司董事会秘书长,聘任了公司总经理和副总经理。

3.公司董事、监事变动情况说明

公司在报告期内,董事会、监事会及高级管理人员因换届选举有所变化。根据1996年12月18日公司召开的股东大会选举结果,新增选了刘庆国、陈长海、高鹏飞、程红军(女)等四名董事,及孙兴儒、刘源、苏东涛、赵景芝、徐龙海等五名监事,根据总经理提名,本公司董事会聘任刘亚英、高鹏飞、张连刚为公司副总经理,聘任谷焕云(女)为公司总会计师。

原公司监事会主席李全德、董事史洪元因到年龄退休,原公司董事刘其英、监事陈长海、徐立源因工作变动,不再担任原职。

4.公司董事会于1997年4月24日召开二届董事会第二次会议,审议通过了公司1996年度报告、1996年度财务决算报告、1996年度利润分配预案及决定召开1997年公司股东大会。经沈阳会计师事务所审计,1996年度本公司实现净利润1995万元,根据《公司法》关于"法定公积金累计额为注册资本的50%以上的,可不再提取",本年度不再提取法定公积金;根据公司章程规定,提取10%的法定公益金199.5万元,可供股东分配的利润为1795.5万元。考虑公司长远发展的需要,董事会决定对1996年度利润不予分配,结转下年一并处理。

上述利润分配预案尚待公司股东大会批准后实施。

5.公司股票上市后的重大事项均按国家证监会的规定,在证监会指定的刊物上进行披露。

6.重大诉讼、仲裁事项报告

报告期内本公司无重大诉讼、仲裁事项。

7.关联企业

名称	注册地点	注册资金(万美元)	主营业务	本公司所占权益
沈阳东港制药有限公司	沈阳	2764.3	生产和销售山梨醇和维生素C	49%
东北制药总厂-巴斯夫(沈阳)维生素有限公司	沈阳	1746	医药级维生素A油结晶 维生素B1 维生素(A、D3)干粉	30%
沈阳东恒化工原材料有限公司	沈阳	668	生产和销售药用山梨醇 瓦楞纸包材及相关产品	70%
中日合资沈阳山之内制药有限公司	沈阳	3526.3	药品、保健品和卫生材料的制造、销售及开发	20%
沈阳贝朗制药有限公司	沈阳	162.65	制造与销售血浆代用品、腹膜透析液、输液等产品	40%
沈阳沙诺广告公司	沈阳	411.3万RMB	广告	30%

六、财务报告

(一)、审计意见

公司财务报告经沈阳会计师事务所注册会计师苗沈愿、胡颖审计,并出具无保留意见的审计报告(沈会师股审字(1997)第0031号)。

(二)、财务报表

1.资产负债表(附表一)

2.损益表及利润分配表(附表二)

3. 财务状况变动表(附表三)

(三)财务报表注释

A. 编制原则及主要会计政策

1. 会计制度:执行《股份制试点企业会计制度》。

2. 会计期间:采用公历制,即每年一月一日至十二月三十一日。

3. 记帐原则和计价基础,按照权责发生制的记帐原则。,采用借贷记帐法,以历史成本为计价基础。

4. 记帐本位币:为人民币。各种外币计价按结算当日公布的人民币基准汇价折合人民币记帐,期末外币余额均按期末人民币基准汇价进行调整,由此产生的帐面差额,计入当期损益。

5. 坏帐准备:根据应收帐款期末余额3‰的比例提取。

6. 存货:原材料采用计划成本核算,期末调整为实际成本。产成品采用实际成本核算,结转时分类采用加权平均法与先进先出法。低值易耗品在领用时一次摊销。

7. 长期投资

(1)债券投资按成本法核算;

(2)股权投资与联营投资:对拥有被投资企业20%以下股份的投资采用成本法核算,对拥有被投资企业20%-50%股份的投资采用权益法核算,对拥有被投资企业50%以上的股份的投资采用权益法核算合并会计报表。

8. 固定资产计价及折旧:固定资产原值按实际成本计价,固定资产折旧按《工业企业财务制度》规定的固定资产分类折旧年限采用直线法计提折旧,残值率为固定资产原值的5%。

9. 无形资产及递延资产摊销:无形资产按合同和协议规定的年限进行摊销,递延资产按规定摊销

10. 税项:

(1)流转税:公司销售主营产品适用增值税率,税率为17%;公司下属第三产业适用营业税,税率为3%-5%。

(2)城建税:按应缴增值税和营业税额的7%计缴。

(3)教育费附加按应缴增值税和营业税额的3%计缴。

(4)所得税:经沈阳市人民政府以沈政(1996)5号文件批准,公司在依法纳税的前提下,通过列支办法由市财政局返还企业18%的所得税。同时,经沈阳市财政局同意将18%作为利润分配,参与公积金、公益金、普通股利的分配。公司实际所得税率按15%计算。

11. 利润分配:

1996年5月31日公司董事会根据1995年10月份公司临时股东大会授权通过了一九九五年度利润分配方案,并对一九九四年、一九九五年的未分配利润进行了帐务处理。

根据董事会本年度利润分配预案,按实现净利润的10%提取法定公益金,剩余部分留在未分配利润中,不予分配,接转下年一并处理。

B. 报表项目附注

(1996年12月31日) 金额单位:人民币元

项目	金额
1. 货币资金	
现金(其中:外币3,951.74美元)	582,625.08
银行存款(其中:外币32,792.33美元)	130,347,365.85
	130,929,990.93

2. 短期投资

期末余额105,500,000.00元,均为短期合作经营投资,具体投资情况如下:

(1)公司向东北制药集团财务公司投入6,550万元作为合作经营的投资,经营资金总额8,550万元,期限从一九九六年一月一日至一九九主年十二月三十一日,采用封闭式运营,收益按双方投资比例进行分配,本年已计投资收益896万元。

(2)一九九六年五月二十八日公司向华堂房地产开发有限公司投入4,000万元人民币作为对其的短期投资,双方商定投资回报率为20%,资金运营期限,从一九九六年七月一日至一九九七年六月三十日,截至一九九六年末已计投资收益400万元。

3. 应收票据

期末余额929,518.00元,为企业销售产品而收到的商业汇票。

4. 应收帐款

	户数	占总额	金额
帐龄在一年以内	3,267	86,66%	458,468,478.60
帐龄在一年至二年	480	4.93%	26,112,487.84
帐龄在二年至三年	266	2.27%	11,989,733.15
帐龄在三年以上	427	6.14%	32,480,671.43
减:坏帐准备			1,587,153.93
	4,440	100%	527,464,217.09

5. 预付货款

	户数	占总额	金额
帐龄在一年以内	26	82.87%	1,290,438.00
帐龄在一年至二年	5	15.50%	241,285.95
帐龄在二年至三年	2	0.99%	15,500.00
帐龄在三年以上	10	0.64%	9,896.29
	43	100%	1,557,120.24

6. 其它应收款

	户数	占总额	金额
帐龄在一年以内	489	66.64%	156,310,424.06
帐龄在一年至二年	52	13.76%	32,267,102.46
帐龄在二年至三年	31	8.46%	19,841,401.25
帐龄在三年以上	67	11.14%	26,124,137.96
	639	100%	234,543,065.73

7. 待摊费用

项目	金额
检修费	15,824,021.19
保险费	305,255.84
期初存货抵扣进项税额	23,026,762.63
采暖费	7,664,615.70
排污费	1,600,550.17
其它	320,950.00
	48,742,155.53

待摊费用期末余额比上年同期增加了17,631,667.44元,增长幅度为56.67%。其主要原因是氢化可的松与VB1两个生产车间停工检修尚未开车,其检修费增加了11,106,470.56元;96~97年度采暖费增加7,664,615.70元,将于97年度进行摊销。

8. 存货

项目	金额
原材料	52,856,135.18
产成品	144,233,616.38
在产品	72,907,519.90
低值易耗品	6,996,774.17
委托加工材料	10,847,500.04
自制半成品	4,582,500.67
库存商品	22,854,543.56
	315,278,589.90

9. 长期投资

(1)股权投资

被投资单位	占注册资本	投资金额
东港制药有限公司	49%	111,631,131.05
沈阳沙诺国际广告公司	30%	1,234,035.00
沈阳东巴维生素有限公司	30%	11,376,019.40
沈阳山之内制药有限公司	20%	45,474,423.95
沈阳贝朗制药有限公司	40%	5,400,000.00

(2)联营投资

沈阳国际信托投资公司		1,099,918.20
交通银行沈阳分行		1,000,000.00
毛里求斯东云制药有限公司	25%	1,500,000.00
太平洋保险公司		6,240,000.00
沈阳东宇集团公司		2,780,000.00
北方证券公司		2,500,000.00
珠海东佳药业有限公司	35%	7,030,000.00
马氏保健品总公司	44%	5,658,049.79
星达营养品有限公司		1,879,200.00
其他单位投资		11,016,468.01
(3)债券投资		
各种有价证券		4,753,274.20
(4)应计有价证券利息		264,893.00
		220,837,412.60

注:投资金额中含有年末按权益法调整的投资额。其中:

①东港制药有限公司减少9,851,436.30元;

②沈阳东巴维生素有限公司增加2,026,019.40元;

③马氏保健品总公司减少29,574.21元。

10. 固定资产

原值	期初数	本年增加	本年减少	期末数
房屋建筑物	288,148,811.73	22,460,993.94	17,262,201.40	293,347,604.27
机器设备	478,441,249.52	4,874,166.51	9,514,932.08	473,800,483.95
运输设备	46,343,656.10	3,670,616.94	150,321.00	49,863,961.04
	812,933,717.35	31,005,777.39	26,927,445.48	817,012,049.26
折旧	期初数	本年增加	本年减少	期末数
房屋建筑物	76,451,320.69	8,954,508.77	2,691,736.00	82,714,093.46
机器设备	131,522,332.23	33,562,951.08	6,866,098.38	158,219,184.93
运输设备	11,431,159.51	6,653,622.73	50,975.31	18,033,806.93
	219,404,812.43	49,171,082.58	9,608,809.69	258,967,085.32
净值	期初数	本年增加	本年减少	期末数
房屋建筑物	211,697,491.04	13,506,485.17	14,570,465.40	210,633,510.81
机器设备	346,918,917.29	-28,688,784.57	2,648,833.70	315,581,299.02
运输设备	34,912,496.59	-2,983,005.79	99,336.69	31,830,154.11
	593,528,904.92	-18,165,305.19	17,318,635.79	558,044,963.94

11. 固定资产清理

期末余额835,678.42元,为本期报废的固定资产,尚未清理。

12. 在建工程

工程名称	进度	批准文号	资金来源	原预算数	实际支出数
万吨Vc	100%	国经贸改(94)517号	贷款39,450万元 自筹14,429万元	62,542万元	545,326,897.36
综合楼	40%	审计经技改发(94)4号	企业自筹	4,500万元	13,723,145.14
供水中心	95%	审地经技改发(95)5号	企业自筹	2,200万元	11,373,132.59
八五项目	100%	沈府资字第(91)0137号	企业自筹	3,036万元	27,040,221.25
其它工程					74,069,640.02
					671,533,036.36

在建工程期末余额比期初余额增长了34.25%,主要是万吨Vc工程项目本年增加投入230,004,404.66元,由于该工程尚未决算,属于试生产阶段,经有关部门批准,同意1996年度暂不结转固定资产,未计提折旧。在建工程中利息资本化金额52,939,856.37元。

13. 无形资产

项目	原值	已摊金额	剩余摊销年限	期末余额
土地	128,549,517.00	2,570,990.32	49	125,978,526.68
整肠生专有技术	4,868,655.00	585,631.60	13	4,283,023.40
马家军1号专有技术	5,000,000.00	500,000.00	9	4,500,000.00
征地费	1,310,000.00	29,108.96	44	1,280,891.04
	139,728,172.00	3,685,730.88		136,042,441.12

14. 递延资产

项目	原值	已摊金额	剩余摊销年限	期末余额
车间搬迁费	410,640.68	164,256.27	3	246,384.41
模具费	261,141.99	104,456.80	3	156,685.19
TACA项目费用	486,961.84 (注3)		待定	486,961.84
长期借款利息	111,400,000.00 (注1)		3	111,400,000.00
出口产品进项税额转出	15,620,000.00 (注2)		3	15,620,000.00
期间费用	12,400,000.00 (注1)		3	12,400,000.00
固定资产改良支出	4,646,924.56 (注4)		5	4,646,924.56
	145,225,669.07	268,713.07		144,956,956.00

(注1):公司于"七五"、"八五"期间的工程与技术改造项目已竣工验收交付使用,工程项目贷款尚未全部归还,九六年公司主导产品Vc国际市场价格大幅度下降,部分借款利息、期间费用公司承担困难,经有关部门批准暂挂递延资产,计划于九七年至九九年三年内摊销。

(注2):九六年国家对出口退税率进行调整(从17%降到9%),出口产品按离岸价销售额的8%进当期产品销售成本。本期公司的主导产品Vc国际市场大幅度降价从去年的含税价105元/公斤降到55元/公斤,产品销售收入显著减少,本期无法承担按销售额的8%应进成本的税金,经有关部门批准暂作挂帐处理。

(注3):TACA项目尚未完工投入运营。

(注4):是1996年12月份发生而未摊销。

15. 短期借款

贷款单位	借款条件	币种	金额
工商银行沈阳市分行	抵押	人民币	318,280,000.00
工商银行沈阳市分行	担保	人民币	109,940,000.00
交通银行沈阳市分行	担保	人民币	103,200,000.00
建设银行沈阳市分行	担保	人民币	5,600,000.00
合作银行沈阳市分行	担保	人民币	1,000,000.00
中国银行沈阳市分行	担保	人民币	142,980,000.00
人民银行沈阳市分行	担保	人民币	1,000,000.00
招商银行沈阳市分行	担保	人民币	16,190,000.00
东药集团财务公司	担保	人民币	43,827,000.00
中信实业银行	担保	人民币	5,910,000.00
交行太平洋保险公司	担保	人民币	6,000,000.00
工行信托投资公司	担保	人民币	4,050,000.00
工商银行总行	担保	人民币	10,000,000.00
工行南湖科技开发行	担保	人民币	1,000,000.00
沈阳国际信托投资公司	担保	人民币	10,138,560.00
沈阳市信托投资公司	担保	80万美元	3,100,000.00
沈阳市财政局	担保	人民币	500,000.00
			782,715,560.00

16. 应付票据

期末余额为15,700,000.00元,为企业购货时对外开出的商业汇票。

17.应付帐款

期末余额为262,254,681.19元,主要是购买各种材料等应付的款项。

18.预收货款

期末余额为2,524,739.80元,其中外币77,736.40美元,主要是预收的销售货款。

19.应付工资

期末余额为45,826,403.03元,是历年工效挂钩结余的效益工资。

20.应付福利费

期末余额为15,081,218.29元,是按实发工资14%的比例提取的福利费结余部分。

21.未付股利

国家股股利	37,997,284.15
法人股、个人股股利	1,373,215.86
	39,370,500.01

22.未交税金

增值税	347,601.62
营业税	264,469.96
所得税	279,558.32
城建税	3,386,736.45
	4,278,366.35

23.其它未交款

教育费附加	1,494,835.41
能交、预算调节基金	10,496,649.50
	11,991,484.91

24.其它应付款

期末余额为144,658,298.34元。

25.预提费用

电费	400,688.80
排水设施费用	51,823.05
	452,511.85

26.一年内到期的长期负债

贷款单位	还款日期	年利率%	币种	借款条件	金额
工商银行沈阳市分行	97.9-97.12	8.46-11.7		担保	51,500,000.00
市建设信托投资公司	97.7	9.9	USD120万	担保	9,957,840.00
市建设信托投资公司	97.9	5.04-14.04		担保	646,000.00
交通银行沈阳市分行	97.1-97.3	12.1-12.75		担保	5,100,000.00
沈阳市国际信托投资公司	97.2-97.8	8.85	USD12万	担保	9,981,480.00
沈阳市国际信托投资公司	97.10	12.1		担保	9,940,000.00
人民银行	97.7	10.08		担保	14,070,000.00
国家开发银行	97.10	11.7		担保	10,370,000.00
市财政局	97.12	8.64		担保	461,522.00
中国医药工业公司	97.8	无息			24,000.00
					112,050,842.00

27.长期借款

贷款单位	还款日期	年利率%	币种	借款条件	金额
工商银行沈阳市分行	1999.12	8.46-14		担保	52,366,064.25
工商银行沈阳市分行	2000.9-2003.12	12.42		担保	287,000,000.00
建设银行沈阳市分行	2002.6	5.76-14.40		担保	27,833,200.00
中国银行	1999.12	15.12		担保	116,599,529.36
中行沈阳信托投资公司	1998.3	7	USD87万	担保	10,772,599.17
沈阳市信托投资公司	2001.11	13.50		担保	38,400,000.00
沈阳市国际信托投资公司	1998.4	13.176-15			7,100,000.00
沈阳市国际信托投资公司	1999.3	8.85	USD60万	担保	4,990,740.00
沈阳市国际信托投资公司	1998.2-98.6	8.86	USD120万	担保	12,802,281.00
国家开发银行	1998.10-1999.8	11.70		担保	29,000,000.00
沈阳市还保投资公司	1998.12	6.80-8.78		担保	5,585,000.00
银团(工、建、农、国、信托)	1999.12	13.219		担保	16,220,915.05
市财政局	1998.5	无息		担保	2,130,000.00
国家医药局	1998.12	无息		担保	2,750,000.00
中国成套设备出口公司	2001.8	0.6		担保	7,000,000.00
					620,550,328.83

28.应付债券

债券种类	面值	期限	利率	期末应计利息
企业债券	4,000万元	2年	15%	300万元

29.长期应付款

期末余额为2,242,847.96元,主要是科技三项费用等专项应付款。

30.其它长期负债

住房周转金	-4,251,831.16
待转销利息收入	4,169,672.80
	-82,158.36

待转销利息收入4,169,672.80元,为公司股票上网发行时无效申购资金利息收入按五年进行转销的余额。

31.股本

股本结构	期初数	本年增加	本年减少	期末余额
国家法人股	117,000,000.00			117,000,000.00
法人股	8,000,000.00			8,000,000.00
内部职工股	24,750,000.00		5,000,000.00	19,750,000.00
社会公众股		50,000,000.00		50,000,000.00
合计	149,750,000.00	50,000,000.00	5,000,000.00	194,750,000.00

32.资本公积

期初数	363,095,605.36
本年增加数	243,410,054.71
(1)股票溢价收入	243,000,000.00
(2)有效申购资金利息收入	368,235.98
(3)发行费结余	31,687.96
(4)捐赠收入	10,130.77
期末数	606,505,660.07

33.盈余公积

期初数	173,044,814.76
加:按10%提取法定公益金	1,994,504.68
调整数	334,000.00

期末数 175,373,319.44

34. 未分配利润

年初未分配利润 89,214,393.92

加:本年净利润 19,945,046.83

减:分配95年、95年股利 88,880,393.92

调整数 334,000.00

按10%提取法定公益金 1,994,504.68

年款末未分配利润 17,950,542.15

35. 主营业务收入

公司主营业务全年收入为1,166,074,786.27元,其中产品销售收入1,037,055,972.94元,商品销售收入129,018,813.33元。

36. 财务费用

利息净支出 13,346,272.50

汇兑净损失 2,501.61

银行手续费等 530,018.44

13,878,792.55

37. 其它业务利润

销售材料利润 -1,659,928.51

运输净收入 25,098.90

三产利润 3,423,172.89

租赁收入 58,314.06

1,846,657.34

38. 投资收益

国库券、债券利润 314,685.88

股权投资收益 -7,854,991.11

联营投资收益 108,000.00

短期投资收益 12,960,000.00

5,527,694.77

39. 营业外收入

处理固定资产净收益 312,955.50

发行股票无效申购利息收入 1,042,418.20

停薪留职管理费 186,848.80

其它 4,000.00

1,546,222.50

40. 营业外支出

各种滞纳金 2,083,616.83

各种罚款 300,753.15

处理固定资产净损失 133,421.44

捐赠支出 110,600.00

技校经费 793,169.26

搬迁安置费 112,961.87

3,534,522.55

七、其他事项

1. 公司首次注册登记日期、地点:公司于1993年6月10日在沈阳市工商行政管理局注册登记。

2. 报告期内变更注册日期、地点:公司于1996年5月18日在沈阳市工商行政管理局变更注册登记。

3. 工商登记号码:24349022-7-1/1

4. 税务登记号码:210102520122106

5. 股票上市交易场所名称:深圳证券交易所

6. 股票代码:0597

7. 公司股票总承销机构名称:国泰证券有限公司

8. 公司未上市股票的托管机构名称:沈阳证券登记有限公司

9. 会计师事务所名称:沈阳会计师事务所

办公地址:沈阳市沈河区10纬路35号

电话:024--2717372

传真:024--2714247

八、备查文件

1. 载有董事长亲笔签名的年度报告原本;

2. 载有会计师事务所盖章、注册会计师亲笔签名的审计报告正文及财务报表;

3. 招股说明书、上市公告书、股东大会公告;

4. 公司章程。

东北制药集团股份有限公司董事会

1997年4月26日

利润及利润分配表

编报单位:东北制药集团股份有限公司　　1996年度　　会股02表　金额单位:元

项目	行次	附注	本年累计数	上年同期累计数
一、主营业务收	1	35	1,166,074,786.27	1,049,724,661.86
减:营业成本	2		1,018,179.396.96	891,205,927.88
销售费用	3		36,131,083.65	36,795,297.09
管理费用	4		78,498,969.46	55,858,264.52
财务费用	5	36	13,878,792.55	26,929,520.58
进货费用	6			
营业税金及附加	7		1,213,873.56	1,149,988.55
二、主营业务利润(亏损以"-"号表示)	8		18,172,671.09	37,785,663.24
加:其他业务利润(亏损以"-"号表示)	9	37	1,846,657.34	2,666,518.90
三、营业利润(亏损以"-"号表示)	10		20,019,328.43	40,452,182.14
加:投资收益(损失以"-"号表示)	11	38	5,527,694.77	8,956,884.56
营业外收入	12	39	1,546,222.50	13,994,385.85
减:营业外支出	13	40	3,534,522.55	3,983,497.39
加:补贴收入	14			
以前年度损益调整	15		-145.60	-270,466.26
四、利润总额(亏损以"-"号表示)	16		23,558,577.55	59,149,488.90
减:所得税	17		3,613,530.72	12,044,800.00

项目	行次	附注	本年累计数	上年同期累计数
五、净利润(亏损以"-"号表示)	18		19,945,046.83	47,104,688.90
加:年初未分配利润(未弥补亏损以"-"号表示)	19		89,214,393.92	49,175,408.35
盈余公积转入数	20			
六、可分配利润	21		109,159,440.75	96,280,097.25
减:提取法定盈余公积	22			4,710,468.89
提取法定公益金	23		1,994,504.68	2,355,234.44
七、可供股东分配的利润	24		107,164,936.07	89,214,393.92
减:已分配优先股股利	25			
提取任意公积金	26			
已分配普通股股利	27		89,214,393.92	
八、未分配利润(未弥补亏损以"-"号表示)	28		17,950,542.15	89,214,393.92

资产负债表

编报单位:东北制药集团股份有限公司　　1996 年 12 月 31 日　　会股 01 表　　金额单位:元

项目	行次	附注	期初数	期末数	项目	行次	附注	期初数	期末数
资产					负债及股东权益				
流动资产					流动负债				
货币资产	01	01	130,171,484.42	130,929,990.93	短期借款	41	15	623,446,442.00	782,715,560.00
短期投资	02	02		105,500,000.00	应付票据	42	16		15,700,000.00
应收票据	03	03		929,518.00	应付帐款	43	17	232,287,750.24	262,254,681.19
应收帐款	04	04	451,026,284.37	529,051,371.02	预收货款	44	18	985,559.57	2,524,739.80
减:坏帐准备	05	04	1,353,078.86	1,587,153.93	应付工资	45	19	41,586,401.87	45,826,403.03
应收帐款净额	06	04	449,673,205.51	527,464,217.09	应付福利费	46	20	8,410,310.88	15,081,218.29
预付货款	07	05	2,958,255.26	1,557,120.24	未付股利	47	21		39,370,500.01
其他应收款	08	06	202,748,854.60	234,543,065.73	未交税金	48	22	6,327,033.89	4,278,366.35
待摊费用	09	07	31,110,488.09	48,742,155.53	其他未交款	49	23	10,625,113.78	11,991,484.91
存货	10	08	280,280,846.07	315,278,589.90	其他应付款	50	24	89,744,885.67	144,658,298.34
待处理流动资产净损失	11				预提费用	51	25	9,862,813.94	452,511.85
一年内到期的长期债券投资	12				一年内到期的长期负债	52	26	110,000,000.00	112,050,842.00
其他流动资产	13				其他流动负债	53			
流动资产合计	15		1,096,943,133.95	1,364,944,657.42	流动负债合计	55		1,133,276,311.84	1,436,904,605.77
长期投资					长期负债				
长期投资	16	09	213,424,561.31	220,837,412.60	长期借款	56	27	540,034,633.71	620,550,328.83
固定资产					应付债券	57	28		43,000,000.00
固定资产原价	18	10	812,933,717.35	817,012,049.26	长期应付款	58	29	1,430,230.67	2,242,847.96
减:累计折旧	19	10	219,404,812.43	258,967,085.32	其他长期负债	59	30	2,380,829.48	-82,158.36
固定资产净值	20	10	593,528,904.92	558,044,963.94	其中:住房周转金	59-1		2,380,829.48	-4,251,831.16
在建工程	21	12	408,051,751.74	671,533,036.36	长期负债合计	60		543,845,693.86	665,711,018.43
固定资产清理	22	11		835,678.42	递延税项				
待处理固定资产净损失	23				递延税款贷项	61			
固定资产合计	30		1,001,580,656.66	1,230,413,678.72	负债合计	62		1,677,122,005.70	2,102,615,624.20
无形资产及递延资产					股东权益				
无形资产	31	13	139,427,972.00	136,042,441.12	股本	64	30	149,750,000.00	194,750,000.00
递延资产	32	14	850,495.82	144,956,956.00	资本公积	65	32	363,095,605.36	606,505,660.07
无形资产及递延资产合计	33		140,278,467.82	280,999,397.12	盈余公积	66	33	173,044,814.76	175,373,319.44
其他长期资产					其中:公益金	67		2,355,234.44	-8,400,953.47
其他长期资产	34				未分配利润	68	34	89,214,393.92	17,950,542.15
递延税项					股东权益合计	70		775,104,814.04	994,579,521.66
递延税款借项	35				负债及股东权益总计	80		2,452,226,819.74	3,097,195,145.86
资产总计	40		2,452,226,819.74	3,097,195,145.86					

财务状况变动表

编制单位:东北制药集团股份有限公司　　1996 年度　　会股 03 表　　金额单位:元

流动资金来源和运用	行次	金额	流动资金各项目的变动	行次	金额
一、流动资金来源			一、流动资产本年增加数		
1.本年净利润	01	19,945,046.83	1.货币资金	29	758,506.51
加:不减少流动资金的费用和损失			2.短期投资	30	105,500,000.00
(1)固定资产折旧	02	49,171,082.58	3.应收票据	31	929,518.00
(2)无形资产、递延资产及其他资产摊销(减其他负债转销)	03		4.应收帐款净额	32	77,791,011.58
			5.预付货款	33	-1,401,135.02
(3)固定资产盘亏(减盘盈)	04	3,567,840.74	6.其他应收款	34	31,794,211.13
(4)清理固定资产损失(减收益)	05		7.待摊费用	35	17,631,667.44
(5)递延税款	06		8.存货	36	34,997,743.83
(6)其他不减少流动资金的费用和损失	07		9.待处理流动资产净损失	37	
小计	08	72,683,970.16	10.一年内到期的长期债券投资	38	
2.其他来源			11.其他流动资产	39	
(1)固定资产清理收入(减清理费用)	09	179,534.06	流动资产增加净额	40	268,001,523.47
(2)增加长期负债	10	176,603,325.18	二、流动负债本年增加数		
(3)收回长期投资	11	10,699,410.51	1.短期借款	41	159,269,118.00
(4)对外投资转出固定资产	12	10,626,235.40	2.应付票据	42	15,700,000.00
(5)对外投资转出无形资产	13		3.应付帐款	43	29,966,930.95
(6)资本净增加额	14	290,738,559.39	4.预收货款	44	1,539,180.23
小计	15	488,847,064.54	5.应付工资	45	4,240,001.16
流动资金来源合计	16	561,531,034.70	6.应付福利费	46	6,670,907.41
二、流动资金运用			7.未付股利	47	39,370,500.01
1.利润分配			8.未交税金	48	-2,048,667.54
(1)提取法定盈余公积	17		9.其他未交款	49	1,366,371.13
(2)提取公益金	18	1,994,504.68	10.其他应付款	50	54,913,412.67
(3)提取任意盈余公积	20		11.预提费用	51	-9,410,302.09
(4)已分配股利	19	89,214,393.92	12.一年内到期的长期负债	52	2,050,842.00
小计	21	91,208,898.60	13.其他流动负债	53	
2.其他运用			流动负债增加净额	54	303,628,293.93
(1)固定资产和在建工程净增加额	22	288,809,374.10	流动资金增加净额	55	-35,626,770.46
(2)增加无形资产、递延资产	23	144,288,770.05			
(3)偿还长期负债	24	54,738,000.61			
(4)增加长期投资	25	18,112,261.80			
小计	26	505,948,906.56			
流动资金运用合计	27	597,157,805.16			
流动资金增加净额	28	-35,626,770.46			

东北制药集团股份有限公司 1997 年度中期报告

一、财务报告(未经审计)

东北制药集团股份有限公司董事会谨向各位股东公告,本公司截止1997 年 6 月 30 日会计期间之重要财务数据如下:

1.简化的资产负债表

单位:人民币元

项目	1997 年 6 月 30 日	1996 年 12 月 31 日
流动资产	1,376,542,003.70	1,364,944,657.42
长期投资	220,237,412.60	220,837,412.60
固定资产净值	547,897,248.24	558,044,936.94
固定资产清理	2,770,453.61	835,678.42
在建工程	695,852,850.04	671,533,036.36
无形资产及递延资产	271,820,088.28	280,999,397.12
其他长期资产		
资产总计	3,115,120,056.47	3,097,195,145.86
流动负债	1,495,949,530.88	1,436,904,605.77
长期负债	664,485,832.02	665,711,018.43
股东权益	954,684,693.57	994,579,521.66
其中:股本	194,750,000.00	194,750,000.00
资本公积金	606,505,660.07	606,505,660.07
盈余公积金	175,373,319.44	175,373,319.44
未分配利润	-21,944,285.94	17,950,542.15
负债及股东权益总计	3,115,120,056.47	3,097,195,145.86

2.简化的损益表

单位:人民币元

项目	1997 年 1-6 月	1996 年 1-6 月
主营业务收入	509,412,370.70	559,205,698.68
主营业务利润	-48,815,514.07	25,245,874.33
其他业务利润	5,185,417.91	1,692,607.06

投资收益	3,405,122.00	3,950,000.00
营业外收支净额	330,146.07	-513,181.16
以前年度损益调整		
利润总额	-39,894,828.09	30,375,300.33
所得税		4,556,295.03
净利润	-39,894,828.09	52,819,005.20

3．主要财务指标

项目	1997年1-6月	1996年1-6月
每股净收益(元)	-0.2049	0.1326
净资产收益率(%)	-4.18%	2.60%
每股净资产(元)	4.90	5.11

4．财务报表附注

资产负债表部分

1)应收票据下降46.2%,系收回到期应收票据。

2)待摊费用增长34.61%,系VC停产检修费及排污费等。

3)固定资产清理增长231.5%,系1997年上半年清理报废的固定资产。

4)应付福利费增长30.8%。系1997年上半年提取的福利费。

5)未交税金增长239%,系欠缴的增值税,已向税务部门提交了缓交报告。

6)预提费用比年初增长701.8%,系预提的水电费。

7)其他长期负债增长4804.4%,系发生的住房周转金。

8)未分配利润减少222.25%,系本年上半年亏损所至。

利润及利润分配表部分

9)主营业务收入与去年同期对比减少4979万元,下降幅度为8.9%,减少收入的主要原因是维生素C产品价格大幅降价,降幅42.72%,影响收入达5603万元。

10)利润总额比去年同期减少利润7027万元。

(1)产品销售利润比上年同期减少1872万元。

其中:

产品销售数量变化,增加销售利润619万元,主要是整肠生胶囊、磷霉素纳等产品销量增加。

产品销售价格变化,减少销售利润6312万元,其中仅维生素C降价减少销售利润5603万元。

产品销售成本变化增加利润2071万元,主要是VC、磷霉素纳等产品成本下降幅度较大。

产品销售结构变化增加利润1804万元。

产品销售税金增加减少利润54万元,主要是教育费附加提高一个百分点所致。

(2)其他业务利润比同期增加350万元。

(3)营业外收支净额比同期增加利润51万元。

(4)投资收益比同期减少利润54万元。

(5)期间费用比同期增加,减少利润5502万元。

其中:销售费用增加120万元。

管理费用增加703万元,主要原因是上年1203万元管理费经批准未计入当期损益,暂挂在递延资产中。

财务费用增加4679万元,主要原因是万吨VC项目贷款利息上年计入工程成本,本年3719万元计入当期损益,并摊销上年经批准挂在递延资产的利息900万元。

5．关联企业

1)沈阳东港制药有限公司

注册地点:沈阳

注册资金:2764.3万美元

主营业务:生产和销售山梨醇和维生素C

拥有股权:49%

2)东北制药总厂-巴斯夫(沈阳)维生素有限公司

注册地点:沈阳

注册资金:1746万美元

主营业务:医药级维生素A油结晶、维生素B1、维生素(A、D3)干粉

拥有股权:30%

3)沈阳东恒化工原材料有限公司

注册地点:沈阳

注册资金:668万美元

主营业务:生产和销售药用山梨醇、瓦楞纸包材及相关产品

拥有股权:70%

4)中日合资沈阳山之内制药有限公司

注册地点:沈阳

注册资金:35263万美元

主营业务:药品、保健品和卫生材料制造、销售及开发

拥有股权:20%

5)沈阳贝朗制药有限公司

注册地点:沈阳

注册资金:162.65万美元

主营业务:制造与销售血浆代用品、腹膜透析液、输液等产品

拥有股权:40%

6)沈阳沙诺广告公司

注册地点:沈阳

注册资金:411.3万人民币

主营业务:广告代理

拥有股权:30%

二、经营情况的回顾与展望

1．经营情况回顾

上半年,公司受主导产品大幅度降价,国际市场竞争异常激烈等不利因素影响,经济运行不尽人意。1-6月份,实现工业总产值56114万元,完成年度计划的40.66%。实现销售收入50942万元,完成年度计划的36.47%。利润亏损3989.5万元。实现出口交货值12991.8万元,完成年度计划的28.87%。

各项指标完成不理想的主要原因:一是主导产品价格下降,出口品种和出口数量锐减。上半年,由于产品价格下降,减少销售利润6312万元,仅VC一个产品影响收入达5603万元。VC、氯霉素等产品出口数量分别较上年有较大幅度减少;二是一些主要产品开工不足。氯霉素、利福平、VC等产品相继出现停产和减产现象,直接减少公司销售收入。三是企业债务负担较重,财务费用较大,主导产品价格下降导致公司难以有效消化沉重债务负担。

上半年公司为扭转不利局面,积极采取措施,扎实开展了以下工作:

(1)继续开展学邯钢、抓管理活动

围绕降成本,降两费,促进技术进步和管理进步,在提高产品技经指标、节约化工原料、降低能源消耗、降低采购成本上,花力气,下功夫,重点产品在质量、收率和能源消耗等方面取得进步。在考核的17个产品的45项指标中,22.22%指标超历史最好水平,27.27%的指标位于全国领先。万元产值综合耗能同比下降20.8%。上半年通过挖潜增效,降低产品成本,增加销售利润2071万元。

(2)积极调整产品结构

上半年,公司实现新产品产值12897.1万元,占全部产值的22.98%。PG05注射液、整肠生小儿颗粒剂等品种已申报临床。国家Ⅳ类新药头泡克罗已经向省厅申报生产。通过调整产品结构,增加适销对路产品产量,累计增加利润2423万元。

(3)着力推动外贸工作

一批规模较大,有形象的合资项目进展顺利。沈阳山之内制药有限

公司通过验收并竣工投产;东北制药总厂与德国巴斯夫合作生产维生素E的二期工程项目,前期准备工作就绪,可研报告已上报待批;一药与德国贝朗合资项目,已经正式投产。

(4)着手进行改组,改制和减人增效活动

为了提高广大干部特别是领导干部对资产重组和结构调整的认识,上半年举办了三期领导干部学习班,重点学习《公司法》、减人增效有关政策,统一思想,明确目的。上半年通过开展减人增效工作,制订减人增效方案,实行定岗定员,剥离企业富余人民1000余人,逐步形成企业内部竞争上岗机制,增强了职工的紧迫感和危机感,减轻了企业负担,对加强企业管理,提高企业竞争力起到了积极的作用。

2. 下半年展望

下半年,公司所面临的困难仍然很多。在严峻的形势面前,要着重抓好以下工作。

(1)强化市场开发工作

一要转变观念,树立一切从市场出发的观念,按市场经济规律办事。二要研究营销策略,制定系统的产品营销方案;下力气作好维生素C、磷霉素钠、头孢、PG05、以及整肠生的市场开发工作,义无返顾抢市场,提高市场占有率。三要进一步健全营销网络,完善医药代表制、区域代理制,稳定老客户,广交新朋友,开拓新渠道,建立起能够经得起市场冲击的营销网络。四要将产品销售延伸到销售队伍素质提高、售后服务、信息反馈等环节。将一批有文凭、有热情、懂管理、会经营、肯吃苦的大学毕业生充实到销售队伍,清理不称职的销售人员,提高销售队伍的整体水平。同时抓好产品售后服务和市场信息收集反馈工作。五要狠抓资金回笼。本着谁销售谁回笼的原则,压缩应收帐款;同时抓好陈欠款的清欠工作,加速资金周转,提高资金利用率。

(2)加强新产品开发工作

新产品开发工作将坚持以市场为导向,以经济效益为中心,把新产品、新工艺、新装备的研究开发、生产、销售、获得商业利润融为一体,使新产品的研制与市场开发相结合,新产品的科技含量与经济效益相结合,新产品的工艺研制与生产实际相结合,提高新产品对公司经济效益的贡献率。下半年要重点完成整肠生小儿颗粒剂等产品的临床批复工作,争取年内获得批准文号。

(3)进一步调整产品结构

要根据市场的需求,集中一切力量,提高公司拳头产品的产销量和产品质量。积极增加磷霉素钠、整肠生、头孢、脑复康、氯霉素和PG05等适销对路产品产销量,提高经济效益。

(4)继续强化企业管理工作

在继续学习推广邯钢经验,促进技术进步和管理进步,向科学管理要效益的同时,强化对人的管理、成本的管理和质量的管理。坚持以人为本,搞活企业用人机制,以严格的制度约束人,以良好的教育引导人,以有效的激励机制鼓舞人,形成竞争上岗,能者上庸者下的良性循环。以成本为核心,加强对产品的计经指标和各费用的管理,要通过算细帐,明确产品的各项经济技术指标,与同行业同品种的历史最好水平、全国先进水平、国际先进水平的差距,开展产品技经指标晋档达标活动。进一步强化对资金的管理,作好资金运营。加强质量管理,建立健全质量保证体系,从原料进厂到产品出厂,抓好各个环节的质量监督和保证工作;实行产品质量事故否决和处罚制度,加大质量执法力度。

(5)推进重组工作,提高资产收益水平。

下半年公司将集中力量,调整公司的资产结构、负债结构和人员结构。通过重组,优化资产和人员结构,减轻债务负担,增强盈利能力,提高公司资产收益水平,力争在较短的期限内实现卸包袱、减债务、增效益、重塑公司的市场形象。

三、重大事件说明

1. 中期分红或资本公积金转增股本事项报告

本公司1997年中期不进行分红和资本公积金转增股本事项。

2. 重大诉讼、仲裁事项报告

本报告期内公司无重大诉讼、仲裁事项

3. 根据国务院证券委、中国人民银行和国家经贸委1997年5月21日联合下达的《严禁 国有企业和上市公司炒作股票的规定》,经自查,本公司及子公司无任何违反《严禁国有企业和上市公司炒作股票的规定》的事项。本公司如果今后从事股票投资,将严格遵循国家的有关政策法规。

4. 公司募集资金使用情况

1996年公司发行A股募集资金,投入万吨维生素C项目8125万元;投入磷霉素钠扩产改造项目4000万元;投入维生素C-97项目500万元;投入维生素C钠盐项目50万元;投入药用丁基胶塞 项目200万元。投入整肠生胶囊项目1687万元;投入双嘧达膜胶囊项目450万元;投入1000吨丙炔醇项目400万元;用于补充流动资金2437万元。

四、发行在外股票的变动和股权结构的变化

1. 报告期内本公司股本结构未发生变化

2. 股本结构情况

股份单位:股　　面值:每股1元

	1997年6月30日	比例%
(1)尚未流通股份	144,750.000	74.33
国家股	117,000,000	60.08
募集法人股	8,000,000	4.11
内部职工股	19,750,000	10.14
(2)已流通股份	50,000,000	25.67
社会公众股(A股)	50,000,000	25.67
(3)股份总数	194,750,000	100

3. 主要股东持股情况(截止1997年6月30日)

序号	股东名称	持股数量(股)	占总股本比例(%)
1	东北制药集团公司	117,000,000	60.08
2	东北电力集团公司	2,000,000	1.03
3	中行沈阳信托投资公司	500,000	0.26
4	辽宁省证券公司	250,000	0.13
5	辽宁国际信托投资公司	250,000	0.13
6	辽阳市灯塔里仁信用社	250,000	0.13
7	大连市机电设备公司	250,000	0.13
8	辽宁省证券盘锦分公司	250,000	0.13
9	海口宁通有限公司	250,000	0.13
10	海南盛达实业投资公司	250,000	0.13

五、股东大会简介

东北制药集团股份有限公司1997年股东大会于1997年5月28日在公司会议室召开。出席会议的股东共21人,代表股份117045550股,占公司总股本的60.1%。公司董事、监事及高级管理人员出席了会议。会议由董事长吴挺宝委托常务董事黄朝珏主持。

本次股东大会审议批准了公司1996年度董事会工作报告、1996年度监事会工作报告、1996年度财务决算报告、1996年利润分配方案。

本次股东大会决议已刊登在1997年5月29日的《中国证券报》上。

本公司在报告期内没有召开临时股东大会。

六、备查文件

1. 载有董事长、总经理吴挺宝亲笔签名的中期报告原本;

2. 公司1997年股东大会决议及股东大会有关文件;

3. 公司章程。

东北制药集团股份有限公司

1997年8月29日

西南化机股份有限公司

西南化机股份有限公司股票上市公告书

一、要览

总股本:5,009.22万股

可流通股本:1,350万股

本次上市流通股本:1,347.80万股

股票简称:西南化机

股票代码:0838

上市地点:深圳证券交易所

上市时间:1997年6月26日

上市推荐人:光大证券有限责任公司

中国工商银行信托投资公司

财务顾问:平安证券有限责任公司

股份登记处:深圳证券结算有限公司

四川省证券交易中心

二、释义

在本上市公告书中,除非文意另有所指,下列简称具有如下意义:

本公司或公司:指西南化机股份有限公司。

原公司:指四川省化工设备机械厂。

股票:指本公司已发行的每股面值为人民币壹元的普通股。

上市:指本公司股票在深圳证券交易所挂牌交易。

元:指人民币元。

三、绪言

经中国证券监督管理委员会证监发字[1997]360号文和深证发[1997]252号文审核批准,本公司股票将于1997年6月26日在深圳证券交易所挂牌交易。

本公司总股份为5,009.22万股,可流通股份为1,350万股,可流通的人民币普通股简称"西南化机",股票编码:"0838"。

本上市公告书依据《中华人民共和国公司法》、《股票发行与交易管理暂行条例》、《深圳证券交易所交易市场业务规则》以及国家其它有关证券管理规定编制,旨在向社会公众披露本公司基本情况。

本公司董事会及其成员愿就上市公告书所载资料的真实性、准确性和完整性负责。本公告书的内容由本公司董事会负责解释。

四、公司概况

1.公司法定名称:西南化机股份有限公司

公司英文名称:Southwest Machinery co. ltd

2.公司注册地址:四川省什邡市两路口镇

邮政编码:618407

3.公司法定代表人:杨树荣

4.经营范围:

主营:化工压力容器;医药、石油、化工设备;化工机械。

兼营:铸件、制氧、制冷设备生产及销售、机电设备安装、汽车运输、修理、金属材料经销等。

5.经营方式:制造、销售、服务等。

6.董事、监事及高级管理人员简历:

董事长杨树荣先生:现年54岁,中专文化,高级政工师。曾任四川省化工设备机械厂副厂长、党委副书记、公司副董事长、总经理,曾荣获"四川省100名优秀企业领导干部"、"全国化工优秀思想政治工作者"称号。具有30年从事大中型企业管理的工作经验。现任公司董事长、党委书记,持有本公司股票3,000股。

副董事长杨巨伦先生:现年42岁,大专文化,经济师。曾任四川省化工设备机械厂人事教育部主任、副厂长、公司副总经理,具有20多年从事大、中型企业生产经营管理的经验。现任公司副董事长、总经理,持有本公司股票3,000股。

副董事长陈仁才先生:现年54岁,高中文化,经济师。曾任四川省化工设备机械厂生产部主任、副厂长,具有35年从事大、中型化工企业生产、经营经验和实践。现任公司副董事长、常务副总经理,持有本公司股票3,000股。

董事吴世金先生:现年52岁,大学文化,高级政工师。曾任德阳市伐木厂副厂长、厂长、四川省树脂厂副厂长、党委副书记。现任四川金路股份有限公司董事长、党委书记,持有本公司股票0股。

董事张荣九先生:现年50岁,大学文化,高级会计师。曾任四川省化工设备机械厂财务科长、公司财务部主任。具有25年从事财会管理工作的经验。现任公司总会计师,持有本公司股票3,000股。

董事强凯先生:现年38岁,大学文化,高级工程师,曾任公司设计工艺科科长、化机研究所副所长。现任公司总经理助理、副总工程师、化机研究所所长,荣获"四川省有突出贡献的优秀专家"称号,持有本公司股票1,000股。

董事潘强先生:现年33岁,大学文化,政工师。曾任四川省化工设备机械厂党委办公室副主任,公司金工车间支部书记,对外经济发展部主任,现任公司总经理助理、总经理办公室主任、持有本公司股票1,000股。

董事梅奇先生:现年33岁,大学文化,工程师。曾任公司经营部办公室副主任,公司驻北京办事处主任。现任公司总经理助理、经营部主任,持有本公司股票1,000股。

董事李春奇先生:现年34岁,大学文化,工程师。曾任四川省化工设备机械厂六车间主任、公司第二容器车间主任,现任公司总经理助理、生产安全部主任,持有本公司股票1,000股。

周凤举先生:现年53岁,中专文化、高级工程师。曾任四川省化工设备机械厂设备动力科副科长、造粒机开发科科长。现任公司副总经理,持有本公司股票2,000股。

监事会主席张贵安先生:现年51岁,大学文化,高级政工师。曾任四川省化工设备机械厂政治部主任、公司工会主席。现任公司监事会主席、纪委书记、党委副书记,现持有本公司股票3,000股。

监事刘孙志先生:现年46岁,中专文化,助理经济师。曾任四川省化工设备机械厂劳动人事科副科长,现任公司人事部副主任、纪委委员,持有本公司股票0股。

监事张传福先生:现年44岁,大专文化,高级工程师。曾任四川省化工设备机械厂三车间副主任、七车间主任。现任公司球罐制造厂厂长兼党支部书记,持有本公司股票1,000股。

监事龚明迈先生:现年55岁,高中文化。现任公司设备部工会主席、公司职代会成员,持有本公司股票0股。

监事张海燕女士:现年45岁,初中文化。现任公司生产安全部工会主席,持有本公司股票0股。

7.本公司其他情况:

(1)所属行业:化工

(2)成立日期:1989 年 4 月 10 日

工商登记号:20510992—9—1

(3)在册员工:本公司现有员工 1,960 名,其中具有高、中级职称者 180 人,各类专业技术人员 440 人,占本公司员工总数 23.16%。公司按照国家和地方政府的规定,员工参加了社会养老保险、失业保险和工伤保险。

(4)公司占地面积 17.8 万平方米,生产性建筑面积 5.5 万平方米。

(5)公司咨询服务项目:

咨询电话:(0838)8213333—3027

传　　真:(0838)8204843

本公司股权事务代表:阎建军

公司文件资料索阅及股东接待地址:四川省什邡市:西南化机股份有限公司证券部。

(6)会计师事务所:德阳会计师事务所

法定代表人:叶宏扬

地址:四川省德阳市泰山南路 4 号物资大厦五楼

电话:(0838)2201532

经办注册会计师:谢小兰、刘洪

(7)资产评估机构:东方资产评估事务所

法定代表人:魏铁冰

地址:四川省德阳市泰山南路 220 号

电话:(0838)2303694

经办人员:许怀瑞、许茂全、吴晓阳、黄勇

(8)律师事务所:中辰律师事务所

法定代表人:刘西荣

地址:成都市人民东路 48 号物资大厦 8 楼

电话:6744456—20829

经办律师:朱方明、刘榕

8.公司股票发行情况:

(1)股票种类:人民币普通股(A 股)。

(2)股票面值:每股人民币壹元。

(3)股票发行价格:1989 年股份制改组,经批准募集社会公众股时发行价为人民币壹元;1993 年 3 月及 1994 年 1 月经批准募集法人股时,发行价格分别为 1.20 元和 1.25 元。

(4)股票发行日期:社会公众股 1989 年 10 月 30 日至 1990 年 4 月 30 日;法人股发行时间:1993 年 3 月、1994 年 1 月。

(5)股东人数:本公司股东总数为 4,710 户,其中持有本公司股票 1,000 股以上的股东 4,172 户。

(6)股票发行对象:境内法人及社会公众

(7)股票上市推荐机构:

光大证券有限责任公司

法人代表人:刘纪元

地址:北京市复兴门外大街 6# 光大大厦 9 层

经办人:单鲁、王立勇

电话:(0755)3228877

中国工商银行信托投资公司

法定代表人:黄玉峻

地址:北京市西城区车公庄大街丙三号

经办人:漆力平

联系电话:(028)6782957

(8)公司财务顾问:平安证券有限责任公司

法定代表人:马明哲

地址:深圳市八卦岭八卦三路平安大厦三层

经办人:张鹏

电话:(0755)2433794

(9)股票登记托管机构:深圳证券结算有限公司

(10)股票上市地点:深圳证券交易所

(11)股票上市时间:1997 年 6 月 26 日

(12)股票代码:0838

(13)证券简称:西南化机

五、公司组织状况

1.公司沿革

公司是生产经营以大中型化工装置为主的国家重点骨干企业。原名四川省化工设备机械厂,始建于 1966 年,1970 年投产,为省直属企业,后划归德阳市。1984 年起,一直为国家有关部委、省、市的改革试点企业,其改革经验多次受到国家有关部委、省、市的表彰和推广。1989 年 4 月,经德阳市人民政府批准,改组为股份制企业。通过深化改革,企业得到不断地发展,"八五"期间各项经济指标翻了两番。1993 年 11 月,经国家体改委确认为继续进行规范化股份制企业,系全国化机行业唯一的一家。经过八年的股份制试点,公司不断发展壮大,产品由原来的中小化工设备发展到大中型化工成套装置及石油、医药、生化等门类齐全的系列产品,成为西南地区大、中化工成套装置的设计、制造基地。目前,属于国家大型二档企业,全国 500 家最大机械工业企业之一。系中化机集团紧密层成员。

公司下辖八厂两公司:容器厂、金加工厂、成粒机械厂、液压机械厂、铸锻厂、制氧厂、球罐厂、汽车修理厂;运输公司、金属材料公司。并代管西南化机综合服务公司。

2.公司创立大会及历次股东大会决议摘要

(1)1990 年 5 月 10 日公司召开了第一次股东大会,出席会议的股东共 712 人,代表股份数占总股本的 78.46%。会议审议通过了公司章程;通报了股票发行情况,并选举产生了第一届董事会成员。

(2)1991 年 4 月 16 日,公司召开了第二次股东大会,出席会议的股东 324 人,代表股份数占总股本的 84.11%。会议审议通过了 1990 年度红利分配的议案和公司"1990～1995 年"发展规划等。

(3)1992 年 1 月 18 日,公司召开了第三次股东大会,出席会议的股东 559 人,代表股份数占公司总股本数的 75.88%,大会审议并通过 1991 年度红利分配的议案,并通过了吸纳法人股,更改工厂名称,修改公司章程等议案。

(4)1993 年 1 月 12 日,公司召开了第四次股东大会。出席会议的股东 535 人,代表股份数占公司总股份的 75%,大会审议通过了募集法人股的议案,通过了公司关于申请重新审批向社会公开发行股票股份制试点的报告议案,审议并通过了公司 1992 年度利润分配方案。

(5)1994 年 4 月 28 日,分司召开了第五次股东大会。出席会议的股东代表股份数占公司股份总额的 73.98%,会议审议通过了公司 1993 年度利润分配方案等。

(6)1994 年 11 月 6 日,公司召开了临时股东大会,出席会议的股东代表股份占公司股份的总数的 66.07%,会议审议通过了规范国有股权,调整股本结构及修改章程的议案。

(7)1995 年 7 月 18 日,本公司召开了第六次股东大会,出席会议的股东代表股份数占公司股份总额的 70.67%,大会审议批准了公司 1994 年度利润分配方案和公司"九五"发展规划及"双加"技改项目等。

(8)1996 年 7 月 26 日,公司召开了第七次股东大会,出席会议的股东代表股份数占公司股份总额的 66.59%,大会审议并通过了公司 1995 年度税后利润分配的议案及公司股票异地上市的议案等。

(9)1997 年 4 月 18 日,公司召开了第八次股东大会,出席会议的股东代表股份数与总公司的 70.78%。会议审议并通过了公司 1995—1996 年度红利待上市后一并分配的议案。

3.公司现有组织状况

公司最高权力机构是股东大会;董事会是常设权力机构,对股东大会负责;监事会是监督机构,对股东大会负责并报告工作,总经理由董事会聘任,对董事会负责。

公司组织机构见附图。

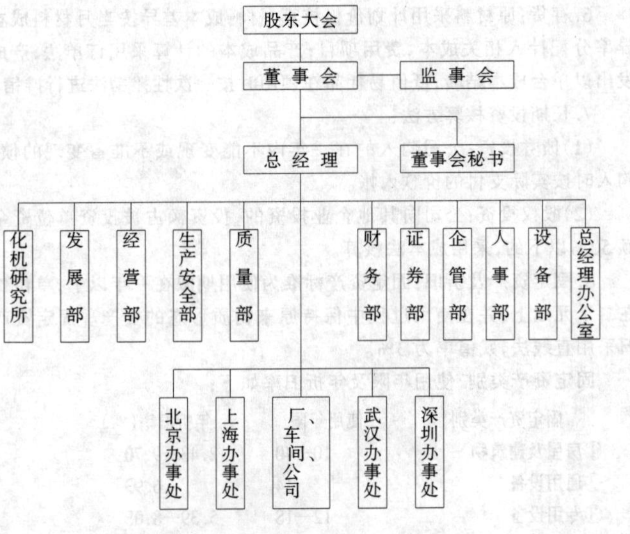

六、股本结构及股东持股情况

(一)股本形成过程

1.1989 年 4 月,原公司经德阳市人民政府德市府函(1989)31 号文批准进行股份制试点。同月,经德阳市财政局德市财工(1989)62 号文批复,将国家历年投入及其滚动形成的国有资产帐面净值中 1,305 万元折为国家股本 1,305 万股。同年 10 月,经中国人民银行德阳市分行德人行金(1989)479 号文批准,公司按面值向社会公开发行个人股票 1,350 万股全部发行完毕。1992 年 1 月公司经德阳市人民政府德市府函(1992)03 号文批准,将公司对什邡兴隆科技咨询服务公司和四川什邡众友技术开发公司的债务共 117 万元,折为法人股 117 万股。至此,公司总股本为 2,772 万股,其中国家股 1,305 万股,法人股 117 万股,个人股 1,350 万股。

2.1992 年 3 月,公司委托德阳会计师事务所对本公司 1992 年 2 月 29 日的资产进行了全面评估。根据评估结果,划剥非经营性资产 734.74 万元后,经营性净资产为 4,150.45 万元,评估增值 1,378.45 万元。由于当时的资产评估是在国家有关部门一系列规范化后续文件下发之前进行的,当时将帐面增值和评估增值的 1,378.45 万元全部转增为国家股份,经德阳市国有资产管理局德市国资企(1992)46 号文确认,截止 1992 年 2 月 29 日,公司总股本为 4,150 万股,其中国家股 2,683 万股,法人股 117 万股,个人股 1,350 万股。

3.1993 年 1 月,公司根据发展和需要,为使股权结构更加规范合理,经股东大会决议,并经德阳市人民政府德府函(1993)36 号文批准,同意公司按每股不低于 1.2 元的价格募集法人股 1,650 万股,公司于 1993 年 3 月按每股 1.2 元的价格募集法人股 1,000 万股,其余的 650 万股于 1994 年元月按每股 1.25 元的价格全部募齐。

4.1993 年 11 月经国家体改委体改生(1993)204 号文批复,公司继续进行规范化股份制试点。1994 年,公司按照国家国资局《关于对 1990 年底以前向社会公开发行股票的股份制试点企业重新规范国有股权管理的通知》的要求,对 1992 年 2 月 29 日资产评估时将帐面增值和评估增值的 1,378,45 万元全部进入国家股的作法进行了规范。1994 年 11 月,经公司股东大会决议,并经德阳市国资局德市国资综(1994)74 号文重新确认,公司经营性地价 400.22 万元进入国家股;并考虑 1989 年生产资料物价指数等因素,国家股增值 187 万元;国家股份总数为 1,892.22 万股。公司股本总额为 5,009.22 万股,其中国家股 1,892.22 万股,法人股 1,767 万股,个人 1,350 万股,至此,公司股本结构调整完毕。

上述国有股权变动及股本结构调整,于 1996 年 9 月经国家国资局国资企发(1996)145 号文予以最终确认。

(二)股本

1994 年底至今,公司股本结构如下:

项目	持股数(万股)	占总股本(%)
总股本	5,009.22	—
其中:		
国家股	1,892.22	37.77
法人股	1,767.00	35.28
社会公众股	1,350.00	26.95

(三)前十名股东持股情况

持股单位	持股数量(万股)	持股比例(%)
①德阳市国有资产经营有限公司	1,892.22	37.77
②山东临沂工业搪瓷股份有限公司	300.00	5.99
③深圳西来洋投资发展公司	200.00	3.99
④什邡兴隆科技咨询服务公司	157.00	3.13
⑤深圳福田区投资管理公司	130.00	2.60
⑥深圳鹏城港水产公司	120.00	2.40
⑦深圳巨安投资有限公司	100.00	1.99
⑧深圳市筑银投资发展有限公司	100.00	1.99
⑨四川金路股份有限公司	100.00	1.99
⑩深圳有色金属财务有限公司	100.00	1.99

七、公司前三年经营业绩

(一)经营情况及主营业务概述

公司是以生产大、中型化工成套装置为主,石油、医药、生化设备并举,集科、工、贸为一体的国家重点骨干企业。近三年来,公司承制的国家重点工程和开发的具有国内领先水平的主导产品有:

1.承制的四川化工总厂年产二十万吨合成氨国产化装置获化工部特等奖,其中,二氧化碳再生塔获国务院颁发的国家重大技术装备成果奖二等奖。参与开发制作的年产 6 万吨料浆法磷铵国产化装置获化工部科技进步特等奖。

2.开发制造了 ø1200—ø1400 尿素合成塔及成套设备。产品质量在全国统检中荣获第一名。开发制造了 ø500—ø1200 冷激式氨合成设备,荣获国优产品和四川省名牌产品称号。

3.成功地开发和制造了日商在华投资的川化味之素工程主体设备。开发承制了国内最大的制药项目—齐鲁制药厂安迪比奥制药设备。公司产品首次进入了生物化工和制药设备领域。

4.与意大利 TPL、CTIP、TCM 等公司合作,承制了新疆独山子、天津 P.P、中原乙烯、北京乙烯、广州乙烯等 5 个国家重点石化工程的低温材料设备,使公司在低温材料设备的制作上处于国内领先水平,并达到国际先进水平。

5.不断开发国际市场。部分化工设备和特种合金钢铸件已销往澳大利亚、印度尼西亚、越南、新加坡等国家,出口创汇前景较好。

公司从实行股份制试点以来,不断深化改革,加速技术改造,狠抓产品开发,取得了长足的进步和发展。目前,公司和美国、德国、日本等五个国家七个公司建立了经济合作关系。与国内五大设计院、十一家大公司建立了长期的经济技术协作关系,并在北京、上海、武汉、深圳、成都等地建立了经营机构,形成了产品遍布全国的市场开发网络体系。募集资金运用于技术改造后,已形成石油化工设备、液压机械、球形贮罐、成粒机械、合金钢铸件等五大系列产品,现已具备了设计制造大中型化工设备的全套装置和能力,成为西南地区最大的石油化工设备设计、制造企业。公司已获得美国机械工程师学会颁发的 ASME 设计制造许可证和 U、U2 授权钢印,出口产品免检;质量管理处于全国化机行业领先水平,获国优、部优、省优产品达 10 余种。新产品产值连年占公司总产值的 60% 以上,获"国家级新产品"、"四川省优秀新产品"、国家专利产品等共 12 页,产品在市场上的竞争力不断增强。

(二)经营业绩

“八五”期间,公司经济效益持续稳步增长,主要经济指标在全国同行业名列前茅,先后被评为“全国五百家最大机械工业企业”和“四川省百家经济效益好的先进企业”。

根据德阳会计师事务所审计,注册会计师鉴证,截止1996年12月31日,前三个会计年度的经营业绩如下:

(单位:人民币元)

项　目	1996年	1995年	1994年
主营业务收入	81,027,926.07	84,032,904.81	74,723,319.27
主营业务利润	8,706,445.86	8,964,412.19	5,205,274.42
营业利润	9,409,805.02	9,709,057.10	5,965,168.96
利润总额	10,746,379.83	9,945,573.19	8,870,945.70
减:所得税	1,508,270.79	1,486,147.06	1,285,383.55
税后利润	9,238,109.04	8,459,426.13	7,585,562.15

注:经德阳市人民政府德府函(1993)125号文、(1995)101号文批准,并经四川省人民政府川府函(1997)210号文批准确认,1994年~1996年,公司按15%企业所得税的实际水平负担。

八、公司财务状况

(一)财务指标分析(单位:人民币元)

指标名称	计算公式	1996年	1995年	1994年
流动比率	流动资产/流动负债	1.54	1.48	1.50
速动比率	速动资产/流动负债	0.96	0.79	0.83
资产负债比率	负债总额/资产总额	56.91%	56.27%	55.08%
股东权益比率	股东权益总额/资产总额	43.09%	43.73%	44.92%
净资产收益率	税后利润/股东权益	10.71%	10.98%	10.11%
应收帐款周转率	主营业务收入/应收帐款平均余额	2.70	3.37	4.04
存货周转率	营业成本/存货平均余额	0.97	0.96	1.05
每股净资产	股东权益总额/股本总额	1.72	1.54	1.50
每股收益	税后利润/股本总额	0.184	0.169	0.151

注:(1)以上指标均根据本公告书公布的财务报表计算;

(2)应收帐款平均余额为应收帐款净额(期初+期末)÷2;

(3)速动资产=流动资产-存货-待摊费用。

(二)审计报告(摘要):德会审股(1997)字第15号

西南化机股份有限公司全体股东:

我们接受委托,审计了贵公司1994年12月31日、1995年12月31日、1996年12月31日的资产负债表及1994年度、1995年度、1996年度利润及利润分配表、财务状况变动表。这些会计报表由贵公司负责,我们的责任是对这些会计报表发表审计意见。我们的审计是依据《中国注册会计师独立审计准则》进行的。在审计过程中,我们结合贵公司实际情况实施了包括抽查会计记录等我们认为必要的审计程序。

我们认为,上述会计报表符合《企业会计准则》和《股份制试点企业会计制度》的有关规定,有所有重大方面公允地反映了贵公司1994年12月31日、1995年12月31日、1996年12月31日的财务状况及1994年度、1995年度、1996年度经营成果及资金变动情况,会计处理方法的选用,遵循了一贯性原则。

德阳会计师事务所　　中国注册会计师:谢小兰

(地址:中国·四川)　　中国注册会计师:刘洪

一九九七年三月二十五日

附:资产负债表、利润及利润分配表、财务状况变动表。

(三)公司主要会计政策:

1.会计制度:本公司执行《股份制试点企业会计制度》。

2.会计期间:公历1月1日至12月31日。

3.记帐本位币:人民币。

4.记帐原则和计价基础:本公司按照权责发生制原则,采用借贷复式记帐法记帐,以历史成本作为计价基础。

5.坏帐准备:采用备抵法核算,按年末应收帐款余额的3‰计提坏帐准备金。

6.存货:原材料采用计划价格核算,材料成本差异按当月材料成本差异率分配计入相关成本、费用项目;产品成本的计算采用订单法,产成品发出以单台成本结转;低值易耗品在领用时按一次性摊销法进行摊销。

7.长期投资核算方法:

(1)债券投资:公司购入的在一年内不能变现或不准备变现的债券,购入时按实际支付的价款入帐。

(2)股权投资:公司向其他企业投资的,投资额占被投资单位资金总额50%以下的,采用成本法核算。

8.固定资产及折旧:固定资产标准为使用期限在一年以上,单位价值在二千元以上,并在使用过程中保持原来物质形态的资产。固定资产折旧采用直线法,残值率为3%。

固定资产类别、使用年限及年折旧率如下:

固定资产类别	使用年限	年折旧率(%)
①房屋及建筑物	10—40	2.43—9.70
②通用设备	14	6.93
③专用设备	12—18	5.39—8.08
④运输设备	10—12	8.08—9.70
⑤其　他	5—12	8.08—19.4

9.在建工程:在建工程成本包括前期准备费、设备购置费、建安成本,施工间接费和建造期间的利息支出等。

10.销售收入确认:以货物已经发出、所有权已经转移给对方,并收到货款或已办妥收取货款的手续时确认为销售收入的实现。

11.无形资产:土地使用权按50年平均摊销。

12.递延资产:1993年新旧会计制度对接时,从存货中剥离出的管理费用,按三年期限平均摊销。

13.税项及其他应交款项:

(1)销售产品及提供工业性劳务,适用增值税,税率为17%。

(2)城市维护建设税:以应交流转税额为税基,税率为1%;成粒机械厂(城区)税率为7%。

(3)教育费附加:按应交流转税额的3%计征。

(4)交通建设费附加:根据四川省人民政府办公厅川办发(1992)70号文件精神,由德阳市人民政府办公室,以德府办发(1994)字第88号文件规定,交通建设费附加以公司实际缴纳的增值税、营业税税额为计征依据,按4%的费率计征。

(5)所得税:

根据德阳市人民政府德府函[1993]125号文和德府函[1995]101号文,经四川省人民政府川府函(1997)210号文批准,公司94年、95年、96年按15%企业所得税的实际水平负担。

根据四川省人民政府川府函(1997)211号文,公司上市后按15%企业所得税的实际水平负担。

14.利润分配:公司年度税后利润按10%提取法定盈余公积金、按5%提取公益金后,剩余部分按股东大会决议进行分配。

(四)会计报表主要项目注解(摘要):

1.货币资金:

1996年12月31日止的货币资金总额为10,514,249.04元,1995年12月31日止的货币资金总额为3,325,709.48元。1996年比1995年增加7,188,539.56元,增加216.15%,主要是本公司《尿素高压设备、反应器等技术改造项目》所需贷款在1996年12月到位。

2.应收帐款:

(1)帐龄分析:

帐龄	1996年12月31日	户数	比例	1995年12月31日	比例
一年以内	26,700,091.82	64	69.37%	5,199,075.67	24.05%
一至二年	2,882,942.16	35	7.48%	7,266,121.81	33.61%

二至三年	2,561,734.80	24	6.65%	7,512,973.28	34.76%
三年以上＊	6,351,465.67	54	16.50%	1,638,510.96	7.58%
合计	38,496,234.45	177	100.00%	21,616,681.72	100.00%

＊本公司以合同销售定生产，有法律保障，三年以上帐款无坏帐风险。

应收帐款 1996 年比 1995 年增加 16,879,552.73 元，增加 78.09%，主要是公司产品结构调整，大、重型产品增多，集中在第四季度销售。

应收帐款中无持有本公司 5%以上股份的股东欠款。

3. 预付货款：

帐龄	1996 年 12 月 31 日	比例	1995 年 12 月 31 日	比例
一年以内	8,543,722.93	85.14%	4,058,991.31	60.09%
一至二年	302,970.87	3.02%	1,132,134.50	16.76%
二至三年	119,144.69	1.19%	857,611.62	12.70%
三年以上	1,069,198.38	10.65%	706.607.91	10.45%
合　计	10,035,036.87	100.00%	6,755,345.34	100.00%

预付货款 1996 年比 1995 年增加 3,279,691.53 元，增加 48.55%，主要是生产所需特殊材料的采购，供应方要求先付款，后安排生产。

4. 其他应收款：

(1)帐龄分析：

帐　龄	1996 年 12 月 31 日	比例
一年以内	16,329,470.47	51.26%
一至二年	5,534,219.34	17.37%
二至三年	3,962,150.00	12.44%
三年以上	6,032,031.66	18.93%
合　计	31,857,871.47	100.00%

三年以上的其他应收款 6,032,013.66 元，主要是公司国有股股东德阳市国有资产经营公司欠款，无坏帐风险。

(2)其他应收款的主要项目如下：

单位	金额	经济内容
德阳市国有资产经营公司	22,517,476.38	(1)根据公司与德阳市国有资产经营公司的协议，暂由公司垫付的非生产经营性人员工资费用 16,401,810.38 元，以后从国家股红利中逐年归还。(2)非经营性资产剥离时为保证非经营性在建工程的续建完工由公司垫支而转作的借款及利息 6,115,666.00 元。
四川省什邡市泰川实业公司	2,697,325.11	加工业务往来，租赁费等
什邡兴隆科技咨询公司	2,284,814.52	技术咨询服务，设计制图
其他另星户合计	4,358,255.46	备用金差旅费及其他另星往来
合计	31,857,871.47	

注：其他应收款中占公司 5%以上股份的股东单位，仅有上述德阳市国有资产经营公司一家。

5. 存货：

1996 年 12 月 31 日止的存货总额为 53,772,196.08 元，1995 年 12 月 31 日止的存货总额为 57,338,106.97 元。

6. 待摊费用：1996 年年末数为 1,845.565.96 元，比 1995 年减少 823,569.33 元，减少 30.86%，主要原因是期初库存进项税余额 1,930,998.39 元，于 1996 年 12 月 10 日经公司请示德阳市国税局直属分局同意，一次性抵扣。

7. 长期投资：3,005,000.00 元。

(1)债券投资：

债券种类	购买时间	到期时间	面值	年利率
电力建设债券	1987 年 6 月	无期限	325,000.00	无

注：电力债券为水电部西南电业管理局向专向企业发行的无还本期限亦无利息的债券。

(2)股权投资：

被投资单位名称	占被投资单位注册资本比例	投资金额
四川省化学工业厅新技术开发公司		50,000
上海华东化肥设备成套公司		20,000
四川蜀华化工进出口有限公司		50,000
成都成达化工设备开发公司	25.0%	750.000
四川省化工设备联营公司		40,000
什邡市皮鞋厂	15.0%	215,000
什邡市家俱厂	23.0%	1,555,000
合计	—	2,680,000

8. 固定资产及累计折旧：

(1)固定资产原价：

类别	1996 年初数	本年增加数	本年减少数	1996 年末数
房屋建筑物	28,419,476.02	2,708,059.18	606,937.85	30,520,597.35
通用设备	20,964,342.65	2,840,959.76	3,246,270.04	20,559,032.37
专用设备	2,030,300.00			2,030,300.00
运输设备	3,388,625.79	762,950.28	529,335.70	3,622,240.37
其　他	6,463,083.20	816,399.67	4,458,673.48	2,820,809.39
合　计	61,265,827.66	7,128,368.89	8,841,217.07	59,552,979.48

(2)累计折旧：

类　别	1996 年初数	本年增加数	本年减少数	1996 年末数
房屋建筑物	4,968,415.50	362,109.90	457,985.85	4,872,539.55
通用设备	11,354,972.65	1,664,184.54	3,393,146.52	9,626,010.67
专用设备	617,552.94	131,360.41		748,913.35
运输设备：	1,320,750.56	406,377.48	524,975.10	1,202,152.94
其　他	909,439.65	251,938.06	244,102.28	917,275.43
合　计	19,171,131.30	2,815,970.39	4,620,209.75	17,366,891.94

9. 在建工程：

工程名称	工程进度	实际支出数	原预算数	批准机关文号	资金来源
合金钢车间	70%	1,250,785.79	1,600,000.00	西南化机[1996]005 号	自筹
第二期工程改造					
球罐车间改造	80%	798,261.16	900,000.00	西南化机[1996]005 号	自筹
“九五”技改项目		2,436,717.07	45,200,000.00	化计发[96]662 号	工行“双加”贷款 2,800 万 自筹 1,720 万
合　计		4,485,764.02	47,700,000.00		

在建工程 1996 年比 1995 年增加 2,850,363.39 元，增加 174.29%，主要是本公司“九五”技改项目——尿素高压设备、反应器等技术改造项目，经国家经贸委国经贸改(1996)555 号和化学工业部化计发(96)662 号文批复，在 1996 年底开工。

10. 无形资产：

公司 1996 年 12 月 31 日无形资产 3,682,014.80 元全部是土地使用权。公司生产经营占用国有土地 1992 年经德阳会计师事务所评估(见德会评(1992)第 21 号、第 22 号)和德阳市国有资产管理局国资企(1992)字第 45 号确认土地价值为 4,002,190.00 元，公司在 1992 年调帐时将土地进入固定资产，1996 年又将土地调入无形资产，并对土地使用权按照 50 年使用期限进行平均摊销，1993 年、1994 年、1995 年共计应摊销 240,131.40 元进入以前年度损益调整，1996 年应摊销 80,043.80 元进入当期损益。

11. 短期借款：

贷款单位	金额	期限	月利率‰	借款条件
建行什邡支行	2,230,000.00	96.12.30—97.06.29	8.415	担保
德阳市财政局	2,500,000.00	96.08.14—97.02.13	7.50	担保
什邡市两路口信用社	500,000.00	96.10.24—97.04.23	10.71	抵押*
什邡工行	35,100,000.00	96.08—97.06	9.24	担保
合 计	40,330,000.00			

*抵押标的为土地使用权，该土地使用权的土地使用证号为国用(什)字第070103号，面积为6.73亩，价值60万元。

12.应付帐款：

(1)帐龄分析：

帐龄	1996年12月31日	比例	1995年12月31日	比例
一年以内	9,047,490.03	72.18%	2,533,415.68	17.70%
一至二年	193,909.35	1.55%	9,214,699.54	64.36%
二至三年	636,107.83	5.08%	2,454,166.57	17.14%
三年以上	2,656,583.10	21.19%	114,367.89	0.80%
合 计	12,534,090.31	100.00%	14,316,649.68	100.00%

13.预收货款

帐龄	1996年12月31日	户数	比例
一年以内	13,762,607.41	64	79.77%
一至二年	2,295,310.29	23	13.30%
二至三年	46,489.29	5	0.28%
三年以上	1,148,037.01	37	6.65%
合 计	17,252,444.00	129	100.00%

1996年比1995年增加7,033,966.8元，主要是公司接受客户大件订货的数量增加。

14.其他应付款：

(1)帐龄分析：

帐 龄	1996年12月31日	比例
一年以内	5,733,273.70	65.90%
一至二年	2,323,352.76	26.70%
二至三年	544,379.66	6.26%
三年以上	99,481.37	1.14%
合计	8,700,487.49	100.00%

(2)其他应付款主要项目列示如下：

	金额	经济内容
成都市信托投资公司	2,000,000.00	借入资金，借期96年10月23日至97年5月27日，月息率为9.24‰。
内部职工风险抵押金	3,854,000.00	1996年初，公司为保证内部承包经济责任制的实施和经济指标的完成，向公司内部职工收取的风险抵押金，待1997年底经济指标完成后归还。
应付工资	909,518.00	公司1996年12月份未付工资。
德阳市房地产信贷部(德阳市建行下属单位)	260,000.00	借入短期信贷资金。
什邡福利厂	620,005.10	业务往来。
其他	1,056,964.39	
合计	8,700,487.49	

15.未付股利：

1996年初数为6,278,705.66元，年末数1,592,921.66元。

未付股利1996年比1995年减少4,685,784.00元，减少74.63%，主要是支付以前年度应付未付的法人股、个人股红利。年末未付股利挂帐的主要原因是，公司的股东分散，公司付息时间不长，形成部分应付未付股利。

16.未交税金：

项 目	1996年12月31日	1995年12月31日
应交增值税	4,620,253.78	3,943,056.61
应交城建税	—429.83	62,147.24
应交所得税	1,214,788.38	1,012.60
合 计	5,834,612.33	4,006,216.45

17.一年内到期的长期负债：

贷款银行或单位	借款金额	借款日	到期日	年利率	借款条件
建行什邡市支行	2,500,000.00	92.10.30	97.10.30	9.54%	担保
德阳市财政局	500,000.00	96.12.18	97.12.18	11.10%	信用
工行什邡市支行	2,840,000.00	94.12.30	97.12.29	13.18%	信用
合计	5,840,000.00				

18.长期借款：

贷款银行	金额	借款日	到期日	年利率	借款条件
工行什邡市支行	500万	96.11.27	99.11.26	10.98%	担保
工行什邡市支行	500万	96.11.29	99.11.28	10.98%	担保
工行什邡市支行	400万	96.12.26	99.12.25	10.98%	担保
建行什邡市支行	250万	96.12.30	98.06.29	12.42%	担保
建行什邡市支行	80万	96.12.30	98.06.29	12.42%	担保
合计	1,730万				

长期借款1996年比1995年增加6,359,000.00元，增加58.12%，主要是本公司"九五"技改项目新增贷款。

19.长期应付款

1996年末数为1,830,199.43元，全部为住房周转金。

20.股本：

公司94年、95年、96年年末总股本均为50,092,200.00元，其中：国家股18,922,200.00元，占总股本的37.77%；法人股17,670,000.00元，占总股本的35.28%；个人股13,500,000.00元，占总股本的26.95%。

21.资本公积：

项目	1996年末数	1995年末数	1994年末数
股本溢价*	3,113,770.00	3,113,770.00	3,113,770.00
资产评估增值	9,101,990.94	9,101,990.94	9,101,990.94
合计	12,215,760.94	12,215,760.94	12,215,760.94

*股本溢价3,113,770.00元的构成是：

(1)法人股溢价收入3,625,000.00元。

(2)支付股本募集费用511,230.00元。

22.盈余公积金：

项目	1996年末数	1995年末数	1994年末数
法定公积金	7,193,169.20	6,269,358.30	5,423,415.69
法定公益金	1,739,656.20	1,277,750.75	854,779.44
合计	8,932,825.40	7,547,109.05	6,278,195.13

本年增加数为：法定公积金按税后利润的10%提取；法定公益金按税后利润的5%提取。

23.未分配利润：

1996年末数为 15,042,904.90元。

1995年末数为 7,190,512.21元。

1994年末数为 6,447,727.82元。

未分配利润是1995年度和1996年度税后利润计提法定盈余公积金和公益金后的余额，根据公司董事会利润分配预案，96年的税后利润按规定提取法定盈余公积金和公益金后，暂不分配。

24.主营业务收入：

1996年末数为 81,027,926.07元。

1995年末数为 84,032,904.81元。

1994 年末数为　74,723,319.27 元。

25. 主营业务成本：

1996 年末数为　53,952,865.05 元。

1995 年末数为　57,568,668.79 元。

1994 年末数为　55,214,920.49 元。

26. 财务费用：

1996 年末数为　6,376,457.60 元。

1995 年末数为　5,985,936.84 元。

1994 年末数为　4,196,269.59 元。

27. 其他业务利润：

项目	1996 年度	1995 年度	1994 年度
销售材料	636,089.05	664,909.79	539,035.08
运输	67,270.11	79,735.12	220,859.46
合计	703,359.16	744,644.91	759,894.54

28. 投资收益：

项目	1996 年度	1995 年度	1994 年度
国库券利息	211,813.88	37,926.11	207,450.07
股票投资收益	—	—	1,016,310.00
股权投资收益	454,000,00	—	577,962.00
合计	665,813.88	37,926.11	1,801,722.07

29. 营业外收入：

项目	1996 年度	1995 年度	1994 年度
固定资产盘盈	1,060,004.22	63,245.58	921,525.88
收赔偿款	—	384,922.64	244,000.00
其他	154,440.60	325,892.55	—
合计	1,214,444.82	774,060.77	1,165,525.88

30. 营业外支出：

项目	1996 年度	1995 年度	1994 年度
处理固定资产净损失	116,219.64	—	61,471.21
其他	187,332.85	575,470.79	—
合计	303,552.49	575,470.79	61,471.21

31. 以前年度损益调整：

1996 年为 -240,131.40 元，是公司摊销 93 年、94 年、95 年的土地使用权。

(五)或有负债或损失

公司除以土地 6.73 亩作抵押，向四川省什邡市两路口信用社取得抵押贷款 50 万元外，无其他对外抵押、担保以及未决诉讼事项。

(六)关联企业交易

公司无关联企业交易。

(七)期后事项

公司无重大期后事项。

九、上市之承诺

本公司董事会将严格遵守《公司法》、《股票发行与交易管理暂行条例》、《深圳证券交易所交易市场业务试行规则》及有关法律、法规的规定，并自股票上市之日起向全体股东作如下承诺：

1. 严格遵守政府及其有关部门、深圳证券交易所及证券管理机构的各项法律、法规的规定；

2. 准确及时地在证券管理部门指定的报刊上公布本公司中期报告、年度报告及经营业绩等资料和披露本公司重大经营活动信息，并备置于规定场所供投资者查阅；

3. 董事会成员、监事会成员及高级管理人员持股数量发生变化时，及时通报证券管理机关、深圳证券交易所并适时通过证券主管部门指定的报刊向社会公众披露；

4. 接受证券管理部门的监督和管理。在任何公共传播媒介中出现的消息可能对本公司股票的市场价格产生误导性影响时，本公司知悉后将及时对该消息予以公开澄清；

5. 本公司董事、监事及高级管理人员将认真听取社会公众的建议和批评，自觉抵制不正之风，不利用已获得的内幕消息直接或间接从事股票买卖活动。

6. 公司董事会确信本公司没有无记录负债。

十、重要事项揭示

(一)主要会计政策

本公司在 1993 年以前执行财政部 1989 年颁布的《国营工业企业会计制度》，1993 年起开始执行《股份制试点企业会计制度》，并据此编制 1994 年、1995 年、1996 年财务报表。

(二)资产评估

1. 1992 年公司第一次资产评估：

1992 年 3 月，公司委托德阳市会计师事务所对公司截止 1992 年 2 月 29 日的资产进行了评估。根据评估结果，公司总资产为 10,175.54 万元，净资产为 4,885.19 万元，其中：生产经营性资产为 4,150.45 万元，非生产经营资产为 734.74 万元。该评估结果经德阳市国有资产管理局德市国资企(1992)字第 45 号文予以确认。

2. 1996 年公司资产评估情况(最近一次)：

(1)评估目的、范围、基准日：

①评估目的：公司最近一次资产评估的目的仅为提供股票上市作参考。

②评估范围：公司拥有的全部资产。即流动资产、固定资产(含在建工程)、长期投资和无形资产。

③评估基准日：一九九六年六月三十日。

(2)评估方法和计算标准：

根据本次评估的特定目的，主要采用重置成本法、收益现值法、现行市价法进行评估，计价标准和评估方法根据公司资产的具体情况分别确定。

(3)评估结果(单位：万元)

项目	帐面净值	评估价值	评估增减值
流动资产	12,897.38	12,206.03	-691.35
长期投资	347.33	367.44	+20.11
房屋建筑物	2,580.13	3,135.93	+555.80
机器设备	1,745.88	2,143.22	+397.34
在建工程	204.91	204.91	—
土地使用权	400.22	823.83	+423.61
资产总计	18,175.85	18,881.36	+705.51
流动负债	8,660.61	8,660.61	—
长期负债	1,282.24	1,282.24	—
负债总计	9,942.85	9,942.85	—
净资产	8,233.00	8,938.51	+705.51

3. 非经营性资产

本公司依据德阳市国有资产管理局德市国资企(1992)字第 45 号《关于对西南化机股份有限公司资产评估结果确认的通知》，将公司非生产经营性资产 7,347,423.90 元剥离，剥离后成立的西南化机综合服务公司，为德阳市预算外国有企业，属于独立的法人单位，实行单独核算。根据公司与德阳市国有资产经营有限公司所签订的协议，综合服务公司为本公司提供的住房、医疗、教育、生活、娱乐等各种服务，由本公司付费；其收不抵支的部分暂由本公司垫付，以后从国家股红利中逐年归还。

4. 公司利润分配政策

根据本公司章程第六十五条规定，公司税后利润按以下顺序分配：

(1)弥补亏损；

(2)提取法定公积金，按税后利润的 10% 提取；

(3)提取法定公益金，按税后利润的 5%～10% 提取；

(4)提取任意公积金;

(5)支付股利。

根据《公司章程》第六十七条规定,公司的公积金用于弥补公司的亏损,扩大公司生产经营或者转增公司资本。

5.税收政策

经德阳市人民政府德府函(1993)125号文、(1995)101号文,1994年～1996年公司按15%的所得税税率计征所得税,1997年开始,公司执行33%的所得税税率,由市财政返还18%给公司,实际负担的所得税税率为15%,此政策获得四川省人民政府川府函(1997)210号文和川府函(1997)211号文批准确认。

6.中辰律师事务所法律意见书(摘要):

经办律师认为,贵公司具备申请股票上市的主体资格;公司《章程》修改后,已经股东大会通过并向有关部门备案,其内容符合《公司法》的要求;贵公司股票上市已获得批准和授权;本次股票上市的实质条件和程序性条件已经得到满足;资产权属关系明确;重大合同和债权债务关系清楚;有关法律障碍已经排除;本次股票上市前应履行的程序均已履行,符合国家现行有关公众个人股上市的法律、法规和政策规定。

中辰律师事务所

经办律师:朱方明、刘榕

一九九七年四月二十八日

7.重大项目投资情况:

1996年底,公司已开始实施经国家经贸委国经贸改(1996)555号文和化工部化计字发(1996)662号批准的公司"九五双加技改"工程,即开始全面实施"尿素高压设备、反应器、粉体工程"系列产品技术改造项目。该项目总投资6,600万元,完工后,将年均新增销售收入8,500万元,年均新增税后利润1,400多万元。

8.历年分红派息情况:

1991年4月16日公司第二次股东大会决定1990年度红利按每10股派送现金1.00元进行分配。

1992年1月18日,公司第三次股东大会决定1991年度红利按每10股派送现金1.20元。

1993年1月12日,公司第四次股东大会决定1992年度红利暂不分配,结转下年一并分配。

1994年4月28日,公司第五次股东大会决定,1993年度红利按每10股派送现金2.00元(其中:含92年1.00元)向全体股东进行分配。

1995年7月18日,公司第六次股本大会决定,1994年度红利按每10股派送现金1.20元向全体股东进行分配。

1996年7月26日,公司第七次股东大会决定1995年度税后利润提取10%法定公积金、5%公益金后,红利暂不分配,结转下一年。

1997年4月18日,公司第八次股东大会决定1996年度税后利润提取10%法定公积金、5%公益金后,与1995年度红利一并待股票上市后分配。

9.募集资金使用情况:

公司成立后,1989年经批准向社会公开发行股票1,350万股,募集资金1,350万元,该部分资金已全部投资于经德阳市经委德市经(1990)科字第119号文批准的公司尿素设备车间和合金钢车间的技术改造项目,已取得了当时可行性分析报告中预计的良好的经济效益,为公司每年新增产值3,000余万元,新增利润300万元以上。

1993年1月,公司经市政府德府函(1993)36号文批准,定向募集法人股1,650万股,共计募集资金2,000余万元,其中:1993年3月到位资金1,200万元,1994年元月到位资金812.5万元,前者用在经德阳市经委德市经(1993)科字第08号文批准立项的复混肥造粒机车间技术改造项目,该项目于1993年底完工投产后,每年为公司新增产值1,000余万元,新增利润200余万元;后者中420万元用于添置焊接设备和检测设备,其余用于补充企业生产流动资金。

上述募集资金的投入,为公司经济效益的逐年稳步增长打下了较好的基础,募集资金的使用情况与募集时的宗旨和股东的利益相符合。

10.重大合同和重大债权债务关系。

本公司目前尚在履行的重要合同有:

(1)借款合同:本公司1996年11月—12月以担保的方式与什邡市工行签订1,400万元借款合同,还款期为3年,年利率为10.98%;1996年12月以担保的方式与什邡市建行签订250万元借款合同,还款期3年,年利率为12.42%。

(2)产品销售合同:本公司截止1997年3月底,陆续与全国30余家大中型企业签订了214台化工设备和8,160吨铸钢件总金额为9,914万元的销售合同,均于1997年度交货。主要有:云南红河州化肥厂、广西河池化肥厂1,392万元的合成氨设备;齐鲁制药厂559万元的制药设备;北京石化工程公司450万元的聚丙烯装置;四川金路公司710万元的氯碱设备;山东寿光化肥厂、云南东风氮肥厂、河北钦州化肥厂、贵州毕节氮肥厂等1,556万元的尿素设备等。

(3)原材料采购合同:本公司原材料采购的渠道主要包括上海钢铁三厂、重庆钢铁公司、长城特殊钢厂等,并建立了长期合作关系,原材料供应能满足生产经营的需要。其较大合同有:1997年5月与上海创升贸易有限责任公司签订的140吨尿素设备专用材料采购合同;与重庆钢铁公司签订的1,080吨化工容器板材采购合同等。

中辰律师事务所法律意见书(摘录)。

(1)经办律师审阅了贵公司正在履行或者准备履行的购销、借贷和投资等各类合同原件。前述合同,均已使用国家工商局认可的合同范本,其内容和形式均无重大瑕疵,属于法有效合同。

(2)经审核,未发现贵公司在上述合同项下所承担的义务与贵公司依据其他合同或法律文件而承担的义务相冲突。

(3)贵公司其他应收、应付帐目下的法律关系清楚、合法有效。

十一、投资环境、风险、对策及发展展望

1.投资环境

本公司地处成都平原腹地,地址位于广木二级公路和广木铁路之间,距什邡市6公里、距德阳市20公里、距成都市67公里,交通方便、通讯发达、物产丰富,电力、天然气供应充足、地理环境优越。公司所在的德阳市为国家重型设备制造基地,有中华人民共和国第二重型机器厂、东方电机厂、东方汽轮机厂、四川金路股份有限公司等国家特大型、大型重点企业,公司外部条件极好,公司主要原材料的生产厂重庆特殊钢厂和长城特殊钢厂均在四川,公司原材料供应容易得到保证,加之四川省和德阳市对发展企业所采取的一系列优惠政策,使公司的投资环境具有独特的优越性。

2.风险因素

投资者在评价本上市股票时,除本上市公告书提供的其他资料外,应特别认真地考虑下列风险因素。

(1)经营风险

①原材料供应的风险

本公司的主导产品化工压力容器、石油、制药设备和合金钢铸件的原材料主要为特种合金钢,所需原材料质量要求高、品种规格多,原材料成本占制造成本的60%左右。

截止1996年12月31日,本公司主导产品的原材料主要由重庆特殊钢厂和长城特殊钢厂供应。尽管最近几年没有出现原材料价格大幅上扬和供应量不足的情况。但原材料供应商提供的钢材如在价格、品种规格、质量上出现不利变化将对本公司的经营产生一定影响。

②产品结构的风险

公司的产品虽然由中小化工设备发展到了大中型化工成套装置及石油、医药、生化等门类齐全的系列产品。但公司的产品主要还停留在中型化工设备及部分大型设备上,大型、特大型化工设备由于受公司制造能力的影响尚未构成公司的主导产品。因此,公司产品结构有待升级。

③产品质量风险

化工压力容器大多在高温、高压和贮存有毒介质状态下工作,产品质量要求十分严格,因此存在一定的产品质量风险。

④融资能力风险

公司现有的融资渠道仍以间接融资为主,成本较高,难以满足公司技术改造和发展的需要,在一定程度上影响了公司业务的发展。

(2)行业风险

据初步估计,目前全国大中型化机企业近30家,西南地区5家,加之部分机械企业也可从事化机制造,化机产品行业市场竞争比较激烈。而且,化机行业属于特种制造行业,对冶金行业原材料的依赖性较大。

同时,化工机械行业主要属于化工行业的基本建设行业,因此,它与经济周期有一定的关联,国家的宏观调控政策对它会造成一定的影响。

(3)市场风险

公司经过提高制造能力,提高产品质量,目前产品已遍及化工、石油、生化、医药、军工等行业,主要经济指标在全国同行业中名列前茅。但由于公司产品专用性较强,且是以销定产,产品完工后往往由于用户不能及时持款提货,导致公司存货应收帐款增加。因此,公司面临市场压力较大。

(4)政策风险

公司所从事的主导产品—化工压力容器,是直接为化学工业并间接为农业服务的,行业经营受国家农业政策和化肥政策的影响。同时,若我国加入世界贸易组织,国家大量进口化肥或引进化工装置,将对企业经营产生一定的冲击和影响。

(5)股市风险

投资者应充分考虑到股票市场变幻莫测,本公司股票市场价格可能出现的风险因素,股市中的投机行为投资者心态以及其他不可预测事件的发生,致使本公司股票市场价格暂时背离其经营业绩,从而直接或间接地给投资者造成损失。

3.风险对策

针对上述客观存在的风险因素,本公司将采取以下对策在最大程度上规避风险,保护投资者利益。

(1)针对经营风险

①对于原材料供应风险:本公司将尽力与重庆特殊钢厂、长城特殊钢厂保持良好而稳定的供应关系,以保证钢材的主渠道供应,同时积极寻找新货源,力争在降低原材料采购成本的基础上,保证生产日常供应。

②对于产品结构风险:公司将积极开展技术革新,加大新产品的开发力度,特别是利用“双加”技术改造的契机,提高公司制造大型化工设备的能力,提高产品档次,不断开发和制造出工艺先进、结构合理、质量可靠的新型化工设备。

③对于产品质量风险:公司将继续坚持以科技为先导,经营为龙头、质量为核心的经营宗旨,严格执行ASME标准和ISO9000标准,健全质量保证体质,加强员工技术质量水平培训,同化工部、劳动部驻公司质量检验机构一道,把公司产品质量保持到最好水平。

④对于融资能力风险:公司将在积极维持原有间接融资渠道的基础上,充分利用证券市场直接融资,增加对公司技术改造的投入,努力扩大生产能力。

(2)针对行业风险和市场风险

公司将充分利用30年来专业生产化工压力容器的丰富技术贮备和生产制作经验,不断加强企业内部管理,提高产品质量,并进一步加强与用户的联系,加强经营销售和售后服务,促进用户及时履行合同,降低库存,减少应收款项,加速资金周转,提高资金利用率。使公司在激烈的市场竞争中立于不败之地。同时,公司在稳定发展主业,扩大经营规模时,将依据实际情况积极稳健地发展冶炼、安装、橡塑、餐饮等多种经营业务。条件成熟时,组建集团,进一步实现多元化、集约化经营,力争把行业风险和市场风险降到最低限度。

(3)针对政策风险

国家产业政策、化肥、化工装置进出口等政策的调整对本公司经营活动造成的风险,本公司力求提高自身经营管理水平,积极发展多元化经营来消除。

(4)针对股市风险

虽然股市具有变幻莫测的风险,但本公司将本着对股东负责的精神,规范信息披露,以良好的业绩和规范的管理树立本公司股票二级市场形象,使股价维持在较合理和相对稳定的水平上。

十二、盈利预测

1.盈利预测审核报告:德会阅股(1997)字第002号

西南化机股份有限公司全体股东:

我们接受委托,对贵公司一九九七年度盈利预测进行审核。编制盈利预测是贵公司管理当局的责任,我们的责任是对贵公司编制的盈利预测发表审核意见。我们的审计是依据《独立审计实务公告第四号—盈利预测审核》进行的,在审核过程中,我们实施了审核公司编制盈利预测采用的会计政策、预测方法和预测过程等我们认为必要的审核程序。

我们认为,本报告所附贵公司一九九七年度盈利预测所依据的基本数据和假设是合理的,编制该预测采用的会计政策与会计报表实际采用的会计政策一致。

德阳会计师事务所　　中国注册会计师:刘　洪

地址:中国·四川　　中国注册会计师:谢小兰

一九九七年三月二十五日

2.1997年度盈利预测表

单位:万元

项目	1997年预测数	1996年实际数
一、主营业务收入	9,000	8,102.79
减:营业成本	6,146	5,395.29
销售费用	162	154.76
管理费用	959	1,022.76
财务费用	574	637.65
营业税金及附加	26	21.69
二、主营业务利润	1,133	870.64
加:其它业务利润	82	70.34
三、营业利润	1,215	940.98
加:投资收益	46	66.58
营业外收入		121.44
减:营业外支出	19	30.36
加:以前年度损益调整		-24.01
四、利润总额	1,242	1,074.63
减:所得税(15%)	186	150.82
所得税(33%)	410	
五、净利润(所得税率15%)	1.056	923.81
(所得税率33%)	832	
六、每股税后利润(所得税15%)	0.21	0.184
(所得税33%)	0.166	

说明:(1)根据四川省人民政府川府函(1997)211号文,公司上市后比照其他上市公司按15%企业所得税率的实际水平负担。

(2)每股税后利润是以总股本5,009.22万股为基准计算的。

3.盈利预测基准

(1)公司经注册会计师审计的前三年经营业绩。

(2)公司一九九七年度生产经营计划。

(3)公司一九九七年一季度的实际生产经营情况。

(4)公司实际的生产经营能力、产品市场占有率及其他各项基础因素。

(5)公司编制会计报表实际采用的会计政策。

4.盈利预测的假设

(1)本公司所遵循的国家和地方法律、法规及政策在预测期内无重大改变。

(2)公司所在地的社会环境仍如现时状况无重大改变。

(3)预测期内的税率、信贷利率和汇率无重大变动。

(4)预测期内公司的原料、燃料、能源动力的供应及运输无重大不利变动。

(5)预测期内公司的生产经营计划能全面完成,产品销售价格和提供劳务价格无重大不利变动。

(6)预测期内公司无其他不可预见和不可抗拒因素造成的重大不利影响。

十三、备查文件

1. 中国证券监督管理委员会《关于西南化机股份有限公司申请股票上市的批复》;

2. 国家体改委体改生(1993)204号《关于西南化机股份有限公司继续进行股份制试点的批复》;

3. 德阳市会计师事务所德会审股(1997)字第25号《审计报告》;

4. 东方资产评估事务所东评所(1996)字第48号《西南化机股份有限公司资产评估报告》;

5. 中辰律师事务所法律意见书;

6. 西南化机股份有限公司《公司章程》;

7. 其他相关文件。

附图:公司组织机构图

附表1:资产负债表

附表2:利润及利润分配表

附表3.财务状况变动表

西南化机股份有限公司董事会

1997年6月24日

资 产 负 债 表

编制单位:西南化机股份有限公司　　1996年12月31日　　单位:元

资产	附注	1996年12月31日	1995年12月31日	1994年12月31日
流动资产:				
货币资金	1	10,514,249.04	3,325,709.48	3,903,012.65
短期投资				
应收票据				
应收帐款	2	38,496,234.45	21,616,681.72	28,276,006.49
减:坏帐准备		115,488.70	64,850.05	84,828.02
应收帐款净额		38,380,745.75	21,551,831.67	28,191,178.47
预付货款	3	10,035,036.87	6,755,345.34	7,321,502.73
其他应收款	4	31,857,871.47	36,947,820.30	30,944,488.59
存货	5	53,772,196.08	57,338,106.97	52,888,161.97
待摊费用	6	1,845,565.96	2,669,135.29	3,799,224.48
待处理流动资产净损失				
一年内到期的长期债券投资		477,903.55		
流动资产合计		146,883,568.72	128,587,949.05	127,047,568.89
长期投资:				
长期投资	7	3,005,000.00	3,476,120.67	1,353,070.07
固定资产:				
固定资产原价	8	59,552,979.48	61,265,827.66	51,330,801.20
减:累计折旧		17,366,891.94	19,171,131.30	16,565,532.50
固定资产净值		42,186,087.54	42,094,696.36	34,765,268.70
在建工程	9	4,485,764.02	1,635,400.63	2,723,013.88
固定资产清理				
待处理固定资产净损失				
固定资产合计		46,671,851.56	43,730,096.99	37,488,282.58
无形资产及递延资产:				
无形资产	10	3,682,014.80		
递延资产			377,773.20	1,133,319.60
无形及递延资产合计		3,682,014.80	377,773.20	1,133,319.60
其他长期资产:				
其他长期资产				
递延税款借项				
资产总计		300,242,435.08	176,171,939.91	167,022,241.14
负债及股东权益				
流动负债:				
短期借款	11	40,330,000.00	39,000,000.00	32,500,000.00
应付票据				
应付帐款	12	12,534,090.31	14,316,649.68	16,680,686.68
预收货款	13	17,252,444.00	10,218,477.19	13,791,895.48
其他应付款	14	8,700,487.49	9,745,309.54	8,104,672.62
应付福利费		2,267,311.43	1,425,359.42	603,422.90
未付股利	15	1,592,921.66	6,278,705.66	3,013,757.38
应交税金	16	5,834,612.33	4,006,216.45	1,742,395.92
其他未交款		476,677.19	1,611,241.15	1,494,088.09
预提费用				
一年内到期的长期负债	17	5,840,000.00	500,000.00	6,961,000.00

资产	附注	1996年12月31日	1995年12月31日	1994年12月31日
其他流动负债				
流动负债合计		94,828,544.41	87,101,959.09	84,891,919.07
长期负债：				
长期借款	18	17,300,000.00	10,941,000.00	6,000,000.00
应付债券				
长期应付款	19	1,830,199.43	1,083,398.62	1,096,438.18
其他长期负债				
长期负债合计		19,130,199.43	12,024,398.62	7,096,438.18
递延税项：				
递延税款贷项				
负债合计		113,958,743.84	99,126,357.71	91,988,357.25
股东权益：				
股本	20	50,092,200.00	50,092,200.00	50,092,200.00
资本公积	21	12,215,760.94	12,215,760.94	12,215,760.94
盈余公积	22	8,932,825.40	7,547,109.05	6,278,195.13
其中：公益金		1,739,656.20	1,277,750.75	854,779.44
未分配利润	23	15,042,904.90	7,190,512.21	6,447,727.82
股东权益合计		86,283,691.24	77,045,582.20	75,033,883.89
负债及股东权益总计		200,242,435.08	176,171,939.91	167,022,241.14

利润及利润分配表

编制单位：西南化机股份有限公司　　1994—1996年度　　单位：元

项目	附注	1996年累计数	1995年累计数	1994年累计数
一、主营业务收入	24	81,027,926.07	84,032,904.81	74,723,319.27
减：营业成本	25	53,952,865.05	57,568,668.79	55,214,920.49
销售费用		1,547,638.17	1,834,394.02	1,339,720.53
管理费用		10,227,587.61	9,499,485.33	8,645,562.64
财务费用	26	6,376,457.60	5,985,936.84	4,196,269.59
营业税金及附加		216,931.78	180,007.64	121,571.60
二、主营业务利润		8,706,445.86	8,964,412.19	5,205,274.42
加：其他业务利润	27	703,359.16	744,644.91	759,894.54
三、营业利润		9,409,805.02	9,709,057.10	5,965,168.96
加：投资收益	28	665,813.88	37,926.11	1,801,722.07
营业外收入	29	1,214,444.82	774,060.77	1,165,525.88
减：营业外支出	30	303,552.49	575,470.79	61,471.21
加：以前年度损益调整	31	-240,131.40		
四、利润总额		10,746,379.83	9,945,573.19	8,870,945.70
减：所得税		1,508,270.79	1,486,147.06	1,285,383.55
五、净利润		9,238,109.04	8,459,426.13	7,585,562.15
加：年初未分配利润		7,190,512.21	6,447,727.82	4,856,137.38
盈余公积转入数				
六、可分配的利润		16,428,621.25	14,907,153.95	12,441,699.53
减：提取法定公积金		923,810.90	845,942.61	758,556.22
提取法定公益金		461,905.45	422,971.31	379,278.11
七、可供股东分配的利润		15,042,904.90	13,638,240.03	11,303,865.20
减：已分配优先股股利				
提取任意公积金				
已分配普通股股利			6,447,727.82	4,856,137.38
八、未分配利润		15,042,904.90	7,190,512.21	6,447,727.82

财务状况变动表

编制单位：西南化机股份有限公司　　1996年12月31日　　单位：元

流动资金来源和运用	1996年	1995年	1994年
一、流动资金来源			
1.本年净利润	9,238,109.04	8,459,426.13	7,585,562.15
加：不减少流动资金的费用和损失			
①固定资产折旧	2,977,581.87	2,764,786.10	2,336,562.18

流动资金来源和运用	1996年	1995年	1994年
②无形、递延资产及其他资产摊销	697,948.40	755,546.40	755,546.40
③固定资产盘亏(减盘盈)	-1,041,055.72		-920,400.00
④清理固定资产损失(减收益)	97,271.14	-47,687.30	15,727.29
⑤递延税款			
⑥其他不减少流动资金的费用和损失			
小计	11,969,854.73	11,932,071.33	9,772,998.02
2.其他来源			
①固定资产清理收入(减清理费用)	18,948.50	118,500.00	24,521.96
②增加长期负债	18,207,061.33	5,551,547.85	6,113,134.96
③收回长期投资	678,662.55	396,949.40	115,160.00
④资本净增加额	1,385,716.35	1,268,913.92	8,901,604.33
小计	20,290,388.73	7,335,911.17	15,154,421.25
流动资金来源合计	32,260,243.46	19,267,982.50	24,927,419.27
二、流动资金运用			
1.利润分配:			
①提取法定公积金	923,810.90	845,942.61	758,556.22
②提取法定公益金	461,905.45	422,971.31	379,278.11
③提取任意公积金			
④已分配股利		6,447,727.82	4,856,137.38
小计	1,385,716.35	7,716,614.74	5,993,971.71
2.其他运用:			
①固定资产和在建工程净增加额	4,994,500.36	9,077,413.21	3,522,187.81
②增加无形资产、递延资产及其他	4,002,190.00		
③偿还长期负债	11,101,260.52	623,587.41	8,172,776.94
④增加长期投资	207,541.88	2,520,000.00	523,450.07
小计	20,305,492.76	12,221,000.62	12,218,414.82
流动资金运用合计	21,691,209.11	19,937,642.36	18,212,386.53
流动资金增加净额	10,569,034.35	-669,659.86	6,715,032.74
流动资金各项目的变动			
一、流动资产本年增加数:			
1.货币资金	7,188,539.56	-577,303.17	-2,314,018.55
2.短期投资			
3.应收票据			
4.应收帐款净额	16,829,582.65	-6,639,346.80	19,549,309.13
5.预付货款	3,279,691.53	-566,157.39	-3,690,545.32
6.其他应收款	-5,089,948.83	6,003,331.71	8,359,293.95
7.待摊费用	-823,569.33	-1,130,089.19	3,164,696.48
8.存货	-3,566,579.46	4,449,945.00	824,785.59
9.待处理流动资产损失(减收益)			
10.一年内到期的长期债券投资	477,903.55		
11.其他流动资产			
流动资产增加净额	18,295,619.67	1,540,380.16	25,893,521.28
二、流动负债本年增加数:			
1.短期借款	1,330,000.00	6,500,000.00	4,860,000.00
2.应付票据			
3.应付帐款	-1,782,559.37	-2,364,037.00	6,824,785.39
4.预收货款	7,033,966.81	-3,573,418.29	-925,110.53
5.应付福利费	841,952.01	821,936.52	339,723.29
6.未付股利	-4,685,784.00	3,264,948.28	3,013,757.38
7.未交税金	1,828,395.88	2,263,820.53	2,514,609.47
8.其他未交款	-1,134,563.96	117,153.06	85,178.70
9.其他应付款	-1,044,822.05	1,640,636.92	-3,466,529.81
10.预提费用			-1,128,925.35
11.下年内到期的长期负债	5,340,000.00	-6,461,000.00	6,961,000.00
12.其他流动负债			
流动负债增加净额	7,726,585.32	2,210,040.02	19,178,488.54
流动资金增加净额	10,569,034.35	-669,659.86	6,715,032.74

沈阳北方商用技术设备股份有限公司

沈阳北方商用技术设备股份有限公司股票上市公告书

一、释义

在本上市公告书中，除非另有所指，下列词语具有如下涵义：

公司、本公司或发行人：指沈阳北方商用技术设备股份有限公司；

原公司：指沈阳电子商用设备有限公司；

元：指人民币元；

股票：指本公司已发行的每股面值为人民币壹元的普通股；

上市：指本公司股票在深圳证券交易所挂牌交易；

董事会：指本公司董事会；

上市推荐人：指中国信达信托投资公司；

社会公众股：指公司本次公开发行的1,300万股股票(包括向公司职工配售的130万股)。

二、绪言

经中国证券监督管理委员会[证监发字(1997)414号文和证监发字(1997)415号文]批准，本公司已成功地向社会发行每股面值1.00元人民币普通股票1300万股，其中1170万股系通过深圳证券交易所系统发行(即上网定价)，向公司职工配售130万股。股票上市申请经深圳证券交易所[深证发(1997)第315号文]审核批准，将于1997年9月25日在深圳证券交易所挂牌交易。本公司总股本50019258股，本次上市流通的股票1170万股。公司职工股130万股将在本次股票上市之日起半年后经批准后上市。

本公司总股本为50,019,258股，本次可流通股本为1,170万股，证券简称为"北商技术"，证券代码"0863"，交易单位为"股"。

本公司股票上市公告书依据《中华人民共和国公司法》、《股票发行与交易管理暂行条例》、《公开发行股票公司信息披露的内容与格式(第七号)》和《深圳证券交易所业务试行规则》以及国家其它有关证券管理的规定编制。

本公司招股说明书概要刊登于1997年8月21日的《中国证券报》和《证券时报》，距本公告书的公告时间不足六个月，依规定对在招股说明书已公布的内容在此不再重复，本公司董事会提醒广大投资者注意，凡本公告书中未涉及的有关内容请投资者查阅招股说明书概要。

本公司董事会成员已批准本上市公告书，确信其中不存在任何重大遗漏或者误导，并对其真实性、准确性和完整性负个别及连带责任。

三、公司概况

(一)、基本情况

1．公司法定名称：沈阳北方商用技术设备股份有限公司

英文名称：SHENYANG NORTHERN BUSINESS TECHNOLOGY AND EQUIPMENT INCORPORATED CORPORATION

2．公司注册地址：沈阳市和平区青年大街386号华阳国际大厦A座24层

3．公司法定代表人：陈大海

4．公司注册资本：50,019,258元

5．注册时间：1997年9月11日

6．公司经营范围：电子商用技术开发、电子商用设备生产；技术转让，技术咨询；冷冻机械设备和汽车空调的制造加工等。

7．本公司从事主要业务：电子商用技术开发、电子商用设备、制冷空调成套设备和汽车空调的研制和生产、制造加工、经营销售。

(二)历史沿革

1．发行公司筹建情况

沈阳北方商用技术设备股份有限公司是由沈阳中天电子发展股份有限公司、洋浦鑫民实业有限公司、沈阳北方商用技术有限公司、广州南沙经济技术开发区安华保税有限公司、长白计算机集团公司、沈阳市建设投资公司和沈阳高技术发展公司七家原沈阳电子商用设备有限公司的法人股东，采用募集设立方式，将沈阳电子商用设备有限公司依法变更而成的。沈阳电子商用设备有限公司是注册于沈阳高新技术产业开发区的高新技术企业，原名辽宁试验设备有限公司，成立于1994年1月20日，系由沈阳中天电子发展股份有限公司和沈阳迈克金融证券自动化技术有限公司分别出资97%和3%发起成立的。

辽宁试验设备有限公司的前身为辽宁试验设备厂。辽宁试验设备厂始建于五十年代，隶属于沈阳市电子工业管理局。经过多年的建设，发展成为了国内生产环境试验设备和制冷成套设备的大型全民骨干企业，在国内外市场享有良好的声誉，产品覆盖国内十几个省、市和国外多个国家和地区。1993年，为转换企业经营机制，沈阳市电子工业管理局以辽宁试验设备厂等四家企业资产发起，定向募集设立沈阳中天电子发展股份有限公司，辽宁试验设备厂成为沈阳中天电子发展股份有限公司的全资企业。1994年1月20日，沈阳中天电子发展股份有限公司以原辽宁试验设备厂主要经营性资产与沈阳迈克金融证券自动化技术有限公司合资组建辽宁试验设备有限公司，其中，沈阳中天电子发展股份有限公司占97%的股份，沈阳迈克金融证券自动化技术有限公司占3%的股份。原辽宁试验设备厂其余部分资产改组为沈阳冷冻机公司。

1997年2月18日，沈阳中天电子发展股份有限公司将其持有的辽宁试验设备有限公司70%的股份转让给沈阳北方商用技术有限公司、长白计算机集团公司等六家单位，沈阳迈克金融证券自动化技术有限公司将其所持有的辽宁试验设备有限公司的股份全部转让给沈阳中天电子发展股份有限公司。股权变更后，在其总股本中，洋浦鑫民实业有限公司占35%，沈阳中天电子发展股份有限公司占30%，沈阳北方商用技术有限公司占10%，广州南沙经济技术开发区安华保税有限公司占10%，长白计算机集团公司占10%，沈阳市建设投资公司占3%，沈阳高技术发展公司占2%。根据辽宁试验设备有限公司临时股东会决议，1997年2月26日公司名称依法变更为沈阳电子商用设备有限公司。

1997年经沈阳市人民政府[沈政(1997)49号]文件批准：沈阳电子商用设备有限公司变更为沈阳北方商用技术设备股份有限公司(筹)。各发起人出资方式、折股数见下表。

公司发起人	出资方式	折股比例	折股数(股)
洋浦鑫民实业有限公司	净资产	1:1	12,956,740
沈阳中天电子发展股份有限公司	净资产	1:1	11,105,777
沈阳北方商用技术有限公司	净资产	1:1	3,701,926
广州南沙经济技术开发区安华保税有限公司	净资产	1:1	3,701,926
长白计算机集团公司	净资产	1:1	3,701,926
沈阳市建设投资公司	净资产	1:1	1,110,578
沈阳高技术发展公司	净资产	1:1	740,385

1997年8月26日至9月1日公司股票发行取得成功，共新增社会公众股1300万股(含向公司职工配售130万股)，总股本达50,019,258股。

2. 发起人基本情况

A. 沈阳中天电子发展股份有限公司

法定代表人:邹春生

注册地址:沈阳市沈河区热闹路55号

注册资本:6,108万元

沈阳中天电子发展股份有限公司成立于1993年12月29日。该公司是由辽宁试验设备厂、辽宁无线电压铸厂、沈阳市电子对外贸易公司、沈阳市电子房屋工程承包公司等几家企业发起创立的股份公司,注册资本6,108万元,经营范围:机械电子设备、家用电器制造;电子系统工程调试;建筑材料、五金交电批发、零售;(房屋开发限分支机构归口审批后经营);经济信息咨询、中介服务。

B. 沈阳北方商用技术有限公司

法定代表人:刘新

注册地址:沈阳市东陵区文化路96号

注册资本:2,000万元

沈阳北方商用技术有限公司成立于1994年8月31日。该公司是由国家科委高技术研究发展中心和国内贸易部技术开发中心与沈阳高技术发展公司共同组建的技术先导型公司。该公司承担着一项国家级火炬计划项目、两项国家高技术研究发展计划("863"计划)课题和两项国家"九·五"重中之重科技攻关项目专题的研究开发任务。该公司经营范围为:开发、制造、零售、批发商业及仓储自动化设备及系统、计算机系统及网络工程、自控系统、仪器仪表、商用机具、办公用品、电子器具;信息、技术咨询服务。

C. 长白计算机集团公司

法定代表人:祝福勋

注册地址:沈阳市和平区三好街55号

注册资本:17,000万元

长白计算机集团公司成立于1987年6月9日。该公司经营范围:主营计算机软硬件系统及外部设备、信息通讯设备、自动化智能仪器仪表和电子产品、制造、维修,技术咨询,工程项目承包,成果转让;兼营销售本公司开发产品和日用电器、日用电子器具、机电产品、建材、装饰材料。

D. 洋浦鑫民实业有限公司

法定代表人:李三友

注册地址:海南省洋浦瑞丰小区3楼103房

注册资本:4,000万元

洋浦鑫民实业有限公司成立于1997年1月8日,经营范围为:高科技开发,房地产开发,矿产品加工、销售,电子计算机开发、加工及销售,建材加工,对外贸易,纺织品、化工产品、石油制品的销售。

E. 广州南沙经济技术开发区安华保税有限公司

法定代表人:任全利

注册地址:番禺市南沙经济技术开发区进港路东段

注册资本:200万元

广州南沙经济技术开发区安华保税有限公司成立于1996年1月26日。该公司经营范围为保税仓储业务(凭保税仓库登记证经营),国内商业及物资供销业(国家专营专控商品及危险物品除外)。

F. 沈阳市建设投资公司

法定代表人:刘刚

注册地址:沈阳市和平区十三纬路6号

注册资本:7,000万元

沈阳市建设投资公司成立于1993年1月20日。该公司经营范围为固定资产投资开发,发行债券,担保,咨询;投资,参股,委托存放款,经销从投资参股和企业中分成的产品。

G. 沈阳高技术发展公司

法定代表人:刘新

注册地址:沈阳市文化路96号

注册资本:25万美元

沈阳高技术发展公司成立于1992年4月28日。该公司经营范围:计算机软件和应用系统、高技术产品的开发、生产、销售及服务,引进项目和国际招标项目的工程设计、技术咨询和商务谈判,科技园区的设计、工程开发、组织国际学术交流、考察、人员培训。

四、股票发行与承销

1. 股票发行

股票种类:人民币普通股(A股)

发行方式:上网定价

主承销商:中国信达信托投资公司(原中国建设银行信托投资公司)

股票发行日期:1997年8月26日至9月1日

社会公众股:1300万股

公司职工股:130万股

股票发行价格:5.80元

股票面值:每股人民币壹元

实际募集资金:7096万元

中签率:0.296518%

持有1000股以上(含1000股)的股东:12049

发行费用总额:403万元

每股发行费用:0.31元

市盈率:14.6倍

2. 股票承销

本次公开发行的社会公众股已认购完毕,超额认购337.2477倍,承销商包销的股票数量为零。

3. 验资报告:

验资报告

京都会验字(1997)第103号

沈阳北方商用技术设备股份有限公司全体股东:

我们接受委托,对沈阳北方商用技术设备股份有限公司(筹)截至1997年9月9日止的实收股本及相关的资产和负债的真实性和合法性进行了审验。在审验过程中,我们按照《独立审计实务公告第1号--验资》的要求,实施了必要的审验程序。沈阳北方商用技术设备股份有限公司(筹)的责任是提供真实、合法、完整的验资资料,保护资产的安全、完整,我们的责任是按照《独立审计实务公告第1号—验资》的要求,出具真实、合法的验资报告。

沈阳北方商用技术设备股份有限公司(筹)申请的注册资本为50,019,258.00元。根据我们的审验,沈阳北方商用技术设备股份有限公司(筹)本次公开发行股票前已收到其发起人股东投入资本37,019,258.57元,其中,股本37,019,258.00元,资本公积0.57元,业经本所京都会验字(1997)第0081号验资报告验证。本次公开发行A股股票1,300万元,截至1997年9月9日止,沈阳北方商用技术设备股份有限公司(筹)已收到公开募集的股本金75,400,000.00元,其中,股本1,300万元,资本公积58,370,000.00元(已扣除发行费用403万元),与上述募集资金相关的资产为货币资金,已全部存入中国建设银行沈阳南湖科技开发区支行沈阳北方商用技术设备股份有限公司筹备委员会273009210帐户内。

附件:1. 投入股本明细表(略)

2. 验资事项说明(略)

京都会计师事务所 中国注册会计师:童登书

中国·北京 中国注册会计师:魏刚

1997年9月10日

五、董事、监事和高级管理人员简介及持股情况

1. 董事、监事和高级管理人员简介

陈大海先生:董事长,47岁,研究员。曾任沈阳电子商用设备有限公

司董事长，沈阳北方商用技术有限公司总经理，中国科学院沈阳自动化所第一、三研究开发部业务副主任，法国国家自动化与计算机技术研究所客座教授。同时，他还是国家高技术研究发展计划专题专家组成员，国家"九·五"重中之重科技攻关项目专家组成员，省、市优秀专家，国内贸易部优秀专家，国家有突出贡献的中青年专家。

周刚先生：副董事长，总经理，47岁，大专。曾任沈阳电子商用设备有限公司总经理，沈阳中天电子发展股份有限公司副董事长，辽宁试验设备有限公司总经理。从1993年起当选为沈阳市人大代表，曾三次被评为沈阳市劳动模范，1996年被评为电子工业部十佳优秀企业家。

陆郑重先生：副董事长，39岁，经济学硕士。现任海南洋浦鑫民实业有限公司常务副总经理。曾任广东湛江师院教师，海南大学教师，中国律师事务中心海口办事处副主任。

刘新先生：董事，47岁，大学本科，高级经济师。现任中国交通物资东北公司总经理，沈阳北方商用技术有限公司董事长。曾任交通部沈阳物资管理处副主任、主任。

顾鸣初先生：董事，51岁，大学本科，高级工程师、高级会计师。现任长白计算机集团公司董事长、总经理。曾任沈阳市计划经济委员会科技处处长。同时，他还是辽宁省人大常委、沈阳市人民政府科技顾问、并兼任中国科学院沈阳计算技术研究所副所长。

刘刚先生：董事，47岁，高级经济师。现任沈阳市建设投资公司总经理，中国投资协会理事。曾任沈阳市计划经济委员会人事处副处长、处长。

陈乃康先生：董事，38岁，工业工程博士。现任北京中和信达投资顾问有限责任公司副总裁。曾任中工信托投资公司总经理助理和粤海策略有限公司总经理助理等职。

戚军先生：董事，41岁。现任广州南沙经济技术开发区安华保税有限公司副总经理。曾任中共中央政策研究室秘书。

邹春生先生：董事，67岁，高中。现任沈阳中天电子发展股份有限公司董事长。曾任沈阳纺织工业管理局党委副书记，沈阳市电子工业管理局副局长。

李勣先生：董事，50岁，大专，经济师。现任沈阳中天电子发展股份有限公司董事。曾任沈阳电子商用设备有限公司副总经理，辽宁试验设备有限公司部门经理，新兴试验设备联合开发公司总经理，辽宁试验设备有限公司常务副总经理。

刘宇明先生：监事会主席，45岁，大学本科，高级工程师。现任国家科委高技术研究发展中心副主任，国家高技术研究发展计划北京科希盟科技集团公司董事长。曾任国家科委高技术司自动化处副处长、国家科委高技术研究发展中心项目管理处处长。

孙成先生：监事会副主席，45岁，大专，政工师、助理经济师。现任沈阳中天电子发展股份有限公司董事。曾任沈阳电子商用设备有限公司党委副书记、工会主席，辽宁试验设备有限公司二车间主任，基建科长，四车间主任兼书记。

王培昌先生：监事，42岁，留法博士后，研究员。现任沈阳北方商用技术有限公司副总经理，沈阳高技术发展公司副总经理、总工程师。曾在法国科学院工作7年，并获硕士、博士和博士后学位。同时，他还是国内贸易部优秀专家和享受政府特殊津贴的专家。

郝先臣先生：监事，36岁，工学硕士，高级工程师。现任北京中鼎北方商用技术有限公司常务副总经理，沈阳北方商用技术有限公司副总经理。曾任中国科学院沈阳自动化研究所"CIMS"实验室主任，国家高技术研究发展计划专题专家组成员。

王振华先生：监事，50岁，大学本科，高级工程师。现任中国长白计算机集团公司销售总公司常务副总经理。曾任沈阳计算机厂副厂长，沈阳计算机通讯设备总公司副总经理。

宋文图先生：监事，54岁，大学本科，高级工程师。曾任沈阳电子商用设备有限公司副总经理。辽宁试验设备有限公司设计科科长，经营科科长，副总工程师。

沈明宏先生：监事，30岁，管理工程硕士。现任国家科委高技术研究发展中心成果转化处处长、北京中鼎北方商用技术有限责任公司董事，曾任国家科委高技术研究发展中心成果转化处副处长、北京桑夏科技开发中心副总经理。

陈万里先生：董事会秘书，45岁，管理工程硕士，高级工程师。曾任沈阳北方商用技术有限公司副总经理，沈阳高技术发展公司副总经理，东北大学团委书记、产业处处长，东北大学计算机软件工程中心副主任，并参加组建了东大阿尔派有限公司。

2. 董事、监事和高级管理人员持股情况

姓名	职务	所持股数
陈大海	董事长	5000
周刚	副董事长、总经理	4500
陆郑重	副董事长	4500
邹春生	董事	4000
顾鸣初	董事	4000
刘新	董事	4000
戚军	董事	4000
刘刚	董事	4000
陈乃康	董事	0
李勣	董事	4000
刘宇明	监事会主席	3500
孙成	监事会副主席	4000
王培昌	监事	3800
王振华	监事	3500
沈明宏	监事	2500
郝先臣	监事	3700
宋文图	监事	3500
陈万里	董事会秘书	3200

公司董事、监事和经理人员共持有本公司股票65700股，占公司总股本的0.1313%，其持有股份按照《中华人民共和国公司法》规定在任职期间不得转让。

六、公司的设立

1. 本公司于1997年9月9日召开了创立大会，审议并通过了本次向社会公开发行的1300万股（其中包括向公司职工配售130万股）A种股票在深圳证券交易所上市的决议，并责成董事会做好各项准备工作。

2. 公司注册资本金50,019,258元

3. 公司开户银行：中国建设银行沈阳南湖科技开发区支行

4. 公司注册日期：1997年9月11日

5. 公司注册地址：沈阳市和平区青年大街386号华阳国际大厦A座24层

6. 公司法定代表人：陈大海

7. 营业执照注册号码：24377700－9－1/1

七、关联企业及关联交易

1. 北京中鼎北方商用技术有限责任公司是本公司发起人之一沈阳北方商用技术有限公司的参股公司。北京中鼎北方商用技术有限责任公司系沈阳北方商用技术有限公司与北京中鼎创业科技发展股份有限公司共同出资设立的有限责任公司，双方出资分别为47.6%和52.4%的股份。本公司通过收购北京中鼎北方商用技术有限责任公司的一家股东北京中鼎创业科技发展股份有限公司52.4%的全部股权，达到对北京中鼎北方商用技术有限责任公司控股。

通过由沈阳资产评估事务所对北京中鼎北方商用技术有限责任公司进行资产评估，评估后净资产为24,589,437.70元。本公司已与北京中鼎创业科技发展股份有限公司签定协议，以1,288.5万元的价格收购其在北京中鼎北方商用技术有限责任公司52.4%的全部股份。

本公司将向北京中鼎北方商用技术有限责任公司追加投资3,350万

元,用于扩大虚拟POS生产规模及开发基于虚拟POS的商业自动化应用软件系统项目,并相应对北京中鼎北方商用技术有限责任公司的注册资本进行变更,变更后的股本结构将调整为沈阳北方商用技术设备股份有限公司占北京中鼎北方商用技术有限责任公司股份的80%。

2.长白计算机集团公司是本公司的发起人之一,本公司与其存在关联交易。长白计算机集团公司销售总公司是长白计算机集团公司的全资子公司。

通过沈阳资产评估事务所对长白计算机集团公司销售总公司进行资产评估,净资产为8,772,299.22元。本公司已与长白计算机集团公司签定协议,以447万元的价格收购长白计算机集团公司销售总公司51%的股份。

3.沈阳冷冻机公司是本公司发起人之一沈阳中天电子发展股份有限公司的全资子公司,本公司与其存在关联交易。本公司与沈阳冷冻机公司签订了厂房及土地的租赁合同、综合服务合同和技术使用合同。

过去三年与沈阳冷冻公司的关联交易　　单位:元

交易内容	1997年1-2月	1996年度	1995年度	1994年度
租赁厂房	33,333.34	200,000.00	200,000.00	200,000.00
租赁土地	41,666.67	250,000.00	250,000.00	250,000.00
综合服务	16,666.67	100,000.00	100,000.00	100,000.00
技术使用	200,000.00	200,000.00	200,000.00	200,000.00

(1)本公司已与沈阳冷冻机公司续签房屋、土地租赁协议,租用沈阳冷冻机公司27,399平方米土地和8,719.66平方米厂房及2,733平方米办公楼,租期10年,土地租赁费为每年137.67万元,厂房及办公楼为每年20万元。

(2)本公司已与沈阳冷冻机公司续签综合服务合同,由沈阳冷冻机公司有偿向本公司职工提供就餐、职工住宅管理服务,期限5年,服务费每年10万元。

(3)本公司已与沈阳冷冻机公司续签技术许可合同,本公司有偿使用沈阳冷冻机公司拥有的气候环境试验箱技术,期限5年,费用为每年28.896万元。

4.沈阳谷轮压缩机公司是本公司的参股公司,本公司与其存在关联交易。沈阳谷轮压缩机公司是本公司与外商共同投资兴建的合资公司,本公司占20%的股份。1996年公司向谷轮压缩机公司出售固定资产1,080.33万元。

八、股本结构及股东持股情况

(一)、本次A股上市前,公司股本结构:

股份种类	股数(股)	所占比例(%)
1.尚未流通股:		
发起人法人股	37,019,258	74.01
其中:国有法人股	4,812,504	9.62
2.可流通股:		
社会公众股	13,000,000	25.99
(其中:公司职工股)	1,300,000	2.6
总股本	50,019,258	100.00

(二)、前十名股东持股情况:

序号	股东名称	股数(股)	占总股本比例(%)
1	洋浦鑫民实业有限公司	12,956,740	25.9
2	沈阳中天电子发展股份有限公司	11,105,777	22.21
3	沈阳北方商用技术有限公司	3,701,926	7.4
4	广州南沙经济技术开发区安华保税有限公司	3,701,926	7.4
5	长白计算机集团公司	3,701,926	7.4
6	沈阳市建设投资公司	1,110,578	2.22
7	沈阳高技术发展公司	740,385	1.48
8	陈大海	5.000	0.01
9	周　刚	4.500	0.009
10	陆郑重	4.500	0.009

九、公司财务会计资料

(一)审计报告

沈阳北方商用技术设备股份有限公司筹委会:

我们接受委托,审计了沈阳北方商用技术设备股份有限公司(筹)1994年12月31日、1995年12月31日、1996年12月31日、1997年6月30日资产负债表,1994年度、1995年度、1996年度、1997年1至6月利润及利润分配表和1996年度财务状况变动表。这些会计报表由贵公司负责,我们的责任是对这些会计报表发表审计意见。我们的审计是根据《中国注册会计师独立审计准则》进行的。在审计过程中,我们结合贵公司实际情况,实施了包括抽查会计记录等我们认为必要的审计程序。

我们认为,上述会计报表的编制符合《企业会计准则》及《股份制试点企业会计制度》的有关规定,在所有重大方面公允地反映了贵公司1994年12月31日、1995年12月31日、1996年12月31日、1997年6月30日的财务状况及1994年度、1995年度、1996年度、1997年1至6月的经营成果和1996年度的资金变动情况,会计处理方法的选用遵循了一贯性原则。

京都会计师事务所　　中国注册会计师:童登书
中国·北京　　中国注册会计师:魏　刚
1997年9月3日

(二)财务报表(附后)

(三)会计报表附注

一.公司设立情况

本公司经辽宁省沈阳市经济体制改革委员会沈体改发(1997)37号文件批复及辽宁省沈阳市人民政府沈政(1997)49号文件批复批准,由沈阳电子商用设备有限公司变更、以募集方式设立。沈阳市工商行政管理局高新技术产业开发区分局于1997年6月12日以(16)名称预核(97)0081号通知预核准本公司名称为"沈阳北方商用技术设备股份有限公司"。

沈阳电子商用设备有限公司注册于沈阳高新技术产业开发区,原名"辽宁试验设备有限公司",成立于1994年1月20日,系由沈阳中天电子发展股份有限公司与沈阳迈克金融证券自动化技术有限公司共同出资组建的有限责任公司。1997年2月18日,沈阳中天电子发展股份有限公司将其持有的辽宁试验设备有限公司70%的股份转让给沈阳北方商用技术有限公司、长白计算机集团公司、洋浦鑫民实业有限公司、广州南沙经济技术开发区安华保税有限公司、沈阳市建设投资公司、沈阳高技术发展公司等六家单位,同时受让沈阳迈克金融证券自动化技术有限公司持有的辽宁试验设备有限公司3%股份。经过上述变更,沈阳电子商用设备有限公司的股东及出资比例为:

洋浦鑫民实业有限公司,占注册资本35%;

沈阳中天电子发展股份有限公司,占注册资本30%;

沈阳北方商用技术有限公司,占注册资本10%;

长白计算机集团公司,占注册资本10%;

广州南沙经济技术开发区安华保税有限公司,占注册资本10%;

沈阳市建设投资公司,占注册资本3%;

沈阳高技术发展公司,占注册资本2%。

上述七家股东以沈阳电子商用设备有限公司截至1997年2月28日止的整体资产投入沈阳北方商用技术设备股份有限公司。沈阳电子商用设备有限公司截止1997年2月28日净资产为37,019,258.57元,经辽宁省国有资产管理局辽国资产字(1997)110号批复批准,折股37,019,258股。国家科委以国科发政字(1997)248号批复同意本公司获得公开发行A股股票1300万元额度。一俟发行成功,则本公司实收股本为50,019,258股,申请注册资金为50,019,258元。

二、会计报表编制基础与方法

沈阳北方商用技术设备股份有限公司(筹)会计报表由沈阳电子商用设备有限公司会计报表根据《股份制试点企业会计制度》及本附注所载重

要会计政策改制编制。

经沈阳中沈资产评估事务所评估，本公司截至1997年2月28日净资产为3,994.84万元，沈阳中沈资产评估事务所的资产评估报告已经辽宁省国有资产管理局辽国资产函发(1997)第31号和国家国有资产管理局国资评(1997)527号批复确认。1997年6月30日资产负债表未予调整。

三、重要会计政策

1. 会计制度

本公司会计报表及本附注所载财务数据根据《股份制试点企业会计制度》编制。

2. 会计年度

本公司会计年度自公历1月1日起至12月31日止。

3. 记帐原则和计价基础

本公司采用权责发生制原则，以实际成本为计价基础。

4. 坏帐准备

本公司不计提坏帐准备，发生坏帐时按坏帐损失的实际发生额列入当期损益。坏帐确定执行财务制度的有关规定，并履行相关核实、批准手续。

5. 存货计价方法

本公司存货以实际成本计价。原材料和产成品的发出、领用采用加权平均法结转成本。低值易耗品采用五五摊销法。

6. 长期投资

本公司投资额占被投资企业资本额20%及20%以下时采用成本法核算，超过20%时采用权益法核算，其中投资额占被投资企业资本总额50%以上的子公司会计报表予以合并。

7. 固定资产及其折旧

本公司固定资产为使用年限在一年以上且单位价值在2,000元以上的房屋建筑物、机器设备、运输工具及其他与生产经营有关的设备、工具等。固定资产以实际成本计价，并按直线法计提折旧，各类固定资产的折旧年限及年折旧率如下：

固定资产类别	折旧年限	年折旧率	预计残值率
房屋建筑物	30年	3.17%	5%
机器设备	10-20年	4.75-9.50%	5%
运输设备	10年	9.50%	5%

8. 税项

A. 主要税种及税率

(1)增值税

增值税税率为17%，以抵扣进项税额后计缴。

(2)营业税

以运输收入的3%计缴。

(3)城市维护建设税

按应交增值税、营业税的7%计缴。

(4)所得税

公司所得税1994年、1995年每年定额上缴40万元，1996年度实际上缴所得税44万元。1997年1至2月公司实际应上缴所得税8万元。自1997年3月1日起公司所得税减按15%所得税率计缴。

B. 优惠税率及批文

(1)根据沈阳市人民政府沈政(1994)19号批复、公司所得税1994年、1995年每年定额上缴40万元；根据沈阳市人民政府沈政(1996)32号批复，1996年年度所得税按33%全额上缴，超过44万元部分由市财政返还；有效期截止1997年2月28日。

(2)根据财政部(94)财税字001号《关于企业所得税若干优惠政策的通知》第一条第一款的规定，沈阳市地方税务局南湖科技开发区分局以南税地字(97)55号"减免税通知书"同意本公司减按15%所得税率计缴企业所得税。有效期自1997年3月1日起。

9. 收入实现的确认

本公司以产品已经发出、并收到货款或取得收取价款的凭据时，确认销售收入的实现。

10. 利润分配

本公司净利润提取10%法定盈余公积金和5%公益金后，各年度可供分配利润按原有限责任公司各股东的出资比例予以分配。

四、会计报表主要项目注释

1. 货币资金

现金	1,912.34
银行存款	6,150,444.65
合计	6,152,356.99

2. 应收帐款

A. 帐龄分析及百分比

帐龄	金额	百分比
一年以内	12,778,285.54	81.50%
一至二年	619,278.23	3.95%
二至三年	918,752.46	5.86%
三年以上	1,363,286.04	8.69%
合计	15,679,602.27	100%

B. 截止1997年6月30日，本公司不存在持有5%以上股份的股东欠款。

C. 截止1997年6月30日，本公司应收帐款余额较1996年12月31日增加9,142,469.34元，主要原因为增加对沈阳田氏国际实业有限公司销货款640万元。

3. 预付货款

A. 帐龄分析及百分比

帐龄	金额	百分比
一年以内	368,109.49	100%
合计	368,109.49	100%

B. 截止1997年6月30日，本公司不存在预付关联单位款项。

4. 其他应收款

A. 帐龄分析及百分比

帐龄	金额	百分比
一年以内	2,012,730.73	94.25%
一年至二年	82,446.37	3.86%
二年至三年	40,264.19	1.89%
合计	2,135,441.29	100%

B. 应收款项内容及性质

债务单位	金额	性质
公司各部门及个人	618,446.48	周转金及借支
齐贤起重机设备厂	328,515.59	垫付款
新星制冷设备厂	182,665.13	垫付款
沈阳冷冻机公司	601,720.76	垫付购房款
保险公司	382,275.62	福寿安康险押金
税务局	5,300.00	发票押金
其他	16,517.71	
合计	2,135,441.29	

C. 截止1997年6月30日，本公司无持本公司5%以上股份的股东欠款。

5. 存货

项目	1997.6.30
原材料	4,894,740.64
低值易耗品	61,882.14
在产品	4,503,846.79

自制半成品	90,624.65
产成品	26,408,077.11
合计	35,959,171.33

6. 待摊费用

待抵扣期初进项税额	1,040,000.00
合计	1,040,000.00

7. 长期投资

债券	124,172.84
沈阳谷轮压缩机有限公司	8,500,000.00
合计	8,624,172.84

说明;沈阳谷轮压缩机有限公司由沈阳电子商用设备有限公司与艾默生电气(中国)有限公司共同出资组建,注册资本500万美元,沈阳电子商用设备有限公司出资100万美元,占20%,无期限。

8. 固定资产及累计折旧

A. 固定资产原价

类别	97.1.1	本期增加	本期减少	97.6.30
房屋建筑物	11,183,458.75	—	—	11,183,458.75
机器设备	21,643,308.42	40,179.00	—	21,683,487.42
运输工具	3,272,321.43	—	—	3,272,321.43
其他	2,701,871.93	69,393.07	—	2,771,265.00
合计	38,800,960.53	109,572.07	—	38,910,532.60

B. 累计折旧

类别	97.1.1	本期增加	本期减少	97.6.30
房屋建筑物	2,558,183.54	126,803.59	—	2,684,987.13
机器设备	6,578,829.20	730,080.64	—	7,308,909.84
运输工具	1,116,011.85	152,863.75	—	1,268,875.60
其他	1,451,286.13	98,775.16	—	1,550,061.29
合计	11,704,310.72	1,108,523.14	—	12,812,833.86

说明:本公司1996年12月31日固定资产较1995年12月31日减少27,239,042.29元,主要是对沈阳谷轮压缩机有限公司投资转出和出售固定资产。其中,投资转出固定资产原值11,956,117.95元,净值8,713,375.95元,作价出资8,500,000.00元;出售固定资产原值15,920,364.84元,净值10,803,281.91元,作价11,000,000.00元。

9. 短期借款

	金额	期限	利率	条件
工行铁西区建设路支行	20,170,000.00	96.09.25-97.09.25	9.24‰	抵押
工行铁西区建设路支行	2,000,000.00	96.12.25-97.12.25	10.065‰	抵押
工行铁西区建设路支行	2,000,000.00	96.09.25-97.09.25	9.24‰	抵押
合计	24,170,000.00			

说明:上述借款的低押物为房屋建筑物及机器设备。

10. 应付帐款

A. 应付帐款系本公司未付供货单位货款,截止1997年6月30日本公司应付帐款为4,652,527.22元。

B. 截止1997年6月30日,本公司不存在欠付持本公司5%以上股份的股东及关联公司款项。

C. 1997年6月30日本公司应付帐款较1996年12月31日增加1,776,937.38元系公司增加外购材料所致。

11. 应付票据

单位	金额	期限	内容
锡山金城散热管厂	300,000.00	97.2.4-97.8.4	购置散热铜管

12. 预收货款

A. 预收帐款系本公司根据销售合同的有关规定而收取的购货单位预付款项,截止1997年6月30日,本公司预收帐款为4,245,209.27元。

B. 截止1997年6月30日,本公司不存在预收关联单位款项。

13. 其他应付款

债权人	1996.6.30	性质
公司职工	7,018.71	教育经费
煤气站	1,260.00	押金
热力公司	60,000.00	代收取暖费
	68,278.02	

14. 未交税金

税种	1997.6.30
增值税	793,247.96
城建税	29,453.94
营业税	4,829.20
所得税	814,905.88
合计	1,642,436.98

15. 预提费用

项目	1997.6.30
采暖费	639,997.62
合计	639,997.62

16. 长期借款

贷款银行	金额	期限	利率	条件
沈阳工行铁西区建设路支行	16,450,000.00	1996.6.1-1998.8.31	9.15%	抵押
沈阳人行	1,400,000.00		7.05%	信用
预提人行利息	1,379,610.00			
合计	19,229,610.00			

说明:(1)沈阳人行140万系原辽宁试验设备厂半封闭制冷压缩机技术设备引进人民币配套贷款,其后未办理展期手续,其1,379,610元利息根据沈阳人行利息通知预提。

(2)工行建设路支行1645万借款的抵押物为房屋建筑物。

17. 股本

股东名称	1997.6.30	1996.12.31	1995.12.31	1994.12.31
沈阳中天电子发展股份有限公司	11105777.00	19400000.00	19400000.00	19400000.00
沈阳迈克金融证券自动化技术有限公司	—	600000.00	600000.00	600000.00
洋浦鑫民实业有限公司	12956740.40	—	—	—
沈阳北方商用技术有限公司	3701926.00	—	—	—
广州南沙经济技术开发区安华保税有限公司	3701926.00	—	—	—
长白计算机集团公司	3701926.00	—	—	—
沈阳市建设投资公司	1110578.00	—	—	—
沈阳高技术发展公司	740385.00	—	—	—
合计	37019258.00	20000000.00	20000000.00	20000000.00

说明:

(1)沈阳中天电子发展股份有限公司于1997年2月18日将所持辽宁试验设备有限公司70%股份分别出让给洋浦鑫民等6家公司,同时受让沈阳迈克金融证券自动化技术有限公司所持3%股份。经过上述转让与受让,本公司1997年2月28日股东变更为洋浦鑫民实业有限公司、沈阳中天电子发展股份有限公司、沈阳北方商用技术有限公司、广州南沙经济技术开发区安华保税有限公司、长白计算机集团公司、沈阳建设投资公司和沈阳高技术公司。

(2)根据辽宁省国有资产管理局辽国资产字(1997)110号批复,本公司以截止1997年2月28日帐面净资产折股后,各发起人折算股本及比例如下:

股东名称	折算股本	比例
洋浦鑫民实业有限公司	12,956,740元	35%
沈阳中天电子发展股份有限公司	11,105,777元	30%
沈阳北方商用技术有限公司	3,701,926元	10%
广州南沙经济技术开发区安华保税有限公司	3,701,926元	10%

长白计算机集团公司	3,701,926 元	10%
沈阳建设投资公司	1,110,578 元	3%
沈阳高技术公司	740,385 元	2%
合计	37,019,258 元	100%

18. 资本公积

项目	1997.6.30	1996.12.31	1995.12.31	1994.12.31
投资溢价	—	-213,374.95	—	—
资本折算差异	0.57	—	—	—
合计	0.57	-213,374.95	—	—

说明:

(1)投资溢价系本公司1996年投资沈阳谷轮压缩机有限公司时实物出资折价差异。

(2)根据辽宁省国有资产管理局辽国资产字(1997)110号批复,本公司截止1997年2月28日净资产为37,019,258.57元,折股37,019,258股,折余差额0.57元计入资本公积金。

19. 盈余公积

	97.6.30	96.12.31	95.12.31	94.12.31
年度(期间)净利润	5,539,906.79	13,044,067.13	16,773,371.25	14,288,366.13
提取法定公积金	—	1,304,406.71	1,677,337.13	1,428,836.61
提取公益金	—	652,203.36	838,668.56	714,413.31
提取合计	—	1,956,610.07	2,516,005.69	2,143,254.92
加:期初盈余公积	6,615,870.68	4,659,260.61	2,143,254.92	—
减:转增折股净资产	6,615,870.68	—	—	—
期末盈余公积	—	6,615,870.68	4,659,260.61	2,143,254.92

说明:转增折股净资产根据辽宁省国有资产管理局辽国资产字(1997)110号批复,本公司将截止1997年2月28日累计盈余公积折股投入。

20. 未分配利润

	97.6.30	96.12.31	95.12.31	94.12.31
年度(期间)净利润	5,539,906.79	13,044,067.13	16,773,371.25	14,288,366.13
减:提取盈余公积	—	1,956,610.07	2,516,005.69	2,143,254.92
加:期初未分配利润	9,189,933.83	6,102,476.77	4,345,111.21	—
减:已分配利润	—	8,000,000.00	12,500,000.00	7,800,000.00
转增折股净资产	10,616,762.84	—	—	—
期末未分配利润	4,113,077.78	9,189,933.83	6,102,476.77	4,345,111.21

说明:

(1)1994、1995、1996年度按原有限责任公司各股东出资比例予以分配,具体分配如下:

	1996年度	1995年度	1994年度
沈阳中天电子发展股份有限公司	7760000.00	12125000.00	7566000.00
沈阳迈克金融证券自动化技术公司	240000.00	375000.00	234000.00
合计	8000000.00	12500000.00	7800000.00

(2)截止1997年2月28日,本公司可供分配利润10,616,762.84元,根据新一届董事会决议及辽宁省国有资产管理局辽国资产字(1997)110号批复转为折股净资产。

(3)本公司1997年3至6月实现净利润4,113,077.78元。待本公司本次股票发行后,新老股东同股同权,共同享有1997年利润分配。

21. 主营业务收入

	1997.1—6月	1996年度	1995年度	1994年度
冷冻机组	24980412.29	44705708.90	51083391.91	43342432.99
冷库及吊顶风机	5010206.95	12385602.50	14003039.00	12646310.57
试验设备	932709.41	1525875.21	5556711.43	4721148.30
压缩机	175641.02	12471567.52	18563997.64	11271296.06
合计	31098969.67	71088754.13	89207139.98	71981187.92

22. 主营业务成本

	1997.1—6月	1996年度	1995年度	1994年度
冷冻机组	15270627.66	28440855.15	26900065.43	22118420.21
冷库及吊顶风机	4085413.86	10001769.80	11193976.93	9617575.01
试验设备	786484.88	721955.49	3379036.56	2946163.72
压缩机	93874.33	5914344.43	8381588.55	4761048.82
合计	20236400.73	45078924.87	49854667.17	39443207.76

23. 管理费用

	1997.1—6月	1996年度	1995年度	1994年度
工资及福利费	562956.03	1041810.63	1507044.78	1331333.75
差旅费	18438.25	105689.68	532346.95	285986.62
办公费	196006.71	122560.19	503029.94	487230.28
折旧费	141532.20	249841.83	317933.53	278697.49
四税	64599.06	207816.70	207135.53	168250.62
招待费	102796.50	438458.60	657739.04	472903.90
租赁费	265217.00	400000.00	474063.10	604875.00
技术使用费	200000.00	200000.00	200000.00	200000.00
排污费	10826.84	24838.57	35797.34	45707.16
出国经费	181293.94	—	1014501.93	433867.94
其他	407037.11	485791.62	1401233.07	1129729.33
合计	2150703.64	3276807.82	6850825.21	5438582.09

24. 财务费用

	1997.1—6月	1996年度	1995年度	1994年度
利息净支出	1645472.06	6163672.93	8287501.16	6435623.35
手续费	1203.01	4826.42	6860.78	2206.31
合计	1646675.07	6168499.35	8294361.94	6437829.66

25. 其他业务利润

	1997.1—6月	1996年度	1995年度	1994年度
材料销售	1406163.15	6404584.65	2280511.45	1801060.65
减:材料成本	728655.26	4889734.70	1317939.54	1273154.50
加:房租净收入	380232.89	873076.25	—	—
运费收入	—	11276.60	150474.54	25595.64
合计	1057740.78	2399202.80	1113046.45	553501.79

26. 投资收益

	1997.1—6月	1996年度	1995年度	1994年度
债券利息	13749.00	11,700.00	5,800.00	20,113.60
合计	13749.00	11,700.00	5,800.00	20,113.60

27. 营业外收入

	1997.1—6月	1996年度	1995年度	1994年度
出口退税收入	45,924.64	139,188.84	—	—
固定资产清理收益	—	196,718.09	200.00	41,559.64
罚款收入	—	—	400.00	187.99
赔偿收入	—	170,000.00	—	—
其他	1,373.00	1,760.00	870.00	1,170.00
合计	47,297.64	507,666.93	1,470.00	42,917.63

28. 营业外支出

	1997.1—6月	1996年度	1995年度	1994年度
赔偿支出	2,925.38	36,513.01	—	—
罚款支出	51,388.84	—	14,302.39	24,523.83
固定资产清理损失	—	24,816.04	39,207.82	9,176.14
捐赠及赞助	8,000.00	301,944.35	135,429.14	12,500.00
合计	62,314.22	363,273.40	188,939.35	46,199.97

五、1996年度利润及利润分配表增减幅度较大项目说明

1. 主营业务收入

较1995年度减少18,118,385.85元,主要是谷轮压缩机公司合资成立,减少本公司压缩机销售6,092,430.11元,另冷冻机组销售减少6,377,683.01元,试验设备销售减少4,030,836.22元。

2. 销售费用

较1995年度下降32.94%,主要是压缩机产品销售费用减少。

3. 管理费用

较1995年度下降52.17%,主要是压缩机产品管理费用减少及出国费用减少。

4. 主营业务利润

较1995年度减少530万元,下降32.71%,原因如下:

a. 销售收入下降减少1996年度主营业务利润330万元。

b. 销售毛利率降低减少1996年度主营业务利润200万元。

六、关联公司及关联交易

1. 主要关联公司名称及关联关系

关联公司名称	与本公司关系
沈阳新技术公司	本公司股东－长白计算机集团公司之全资子公司
齐资起重机设备厂	本公司股东－中天电子股份公司之全资子公司
新星制冷设备厂	本公司股东－中天电子股份公司之全资子公司
沈阳冷冻机公司	本公司股东－中天电子股份公司之全资子公司
沈阳谷轮压缩机有限公司	本公司投资之合资公司

2. 沈阳电子商用设备有限公司自成立日至1997年6月30日关联交易明细

关联公司名称	交易内容	1997年1—6月	1996年度	1995年度	1994年度
沈阳冷冻机公司	租赁厂房	100,000.00	200,000.00	200,000.00	200,000.00
	租赁土地	160,000.00	250,000.00	250,000.00	250,000.00
	综合服务	50,000.00	100,000.00	100,000.00	100,000.00
	技术使用	200,000.00	200,000.00	200,000.00	200,000.00
谷轮压缩机公司	出售固定资产		1,080.33万元		

3. 关联交易

本公司组建以后,将履行或继续履行以下协议:

(1)本公司已与长白计算机集团公司草签股权转让协议,收购长白计算机集团公司所属长白计算机集团公司销售总公司51%的股权。收购价为长白计算机集团公司销售总公司截止1997年4月30日经评估、确认的净资产×51%。

(2)本公司已与北京中鼎创业科技发展股份有限公司草签股权转让协议,购买北京中鼎创业科技发展股份有限公司持有的北京中鼎北方商用技术有限责任公司52.4%的股权。收购价为北京中鼎北方商用技术有限责任公司截止1997年4月30日经评估、确认的净资产×52.4%。

(3)本公司已与沈阳冷冻机公司续签房屋、土地租赁协议,租用沈阳冷冻机公司27,399平方米土地和8,719.66平方米厂房及2,733平方米办公楼。

(4)本公司已与沈阳冷冻机公司续签综合服务合同,由沈阳冷冻机公司有偿向本公司职工提供就餐、职工住宅管理服务。

(5)本公司已与沈阳冷冻机公司续签技术许可合同,本公司有偿使用沈阳冷冻机公司拥有的气候环境试验箱技术。

七、或有事项

截止1997年6月30日止,除沈阳电子商用设备有限公司为沈阳冷冻机公司217万美元贷款提供担保外,本公司无其他或有负债、或有收入、或有损失。

沈阳冷冻机公司于1991年4月从中国投资银行沈阳市分行借款310万美元,尚有217万美元按借款合同约定在1997、1998年度归还。沈阳冷冻机公司已向本公司筹委会承诺将按期如数归还该项借款。

八、期后事项

本公司已于1997年8月26日在深圳证券交易所公开发行人民币普通股1170万股;除此,无其他重大期后事项。

沈阳北方商用技术设备股份有限公司(筹)

1997年9月2日

京都会计师事务所　　中国注册会计师:童登书　魏刚

中国·北京　　1997年9月3日

十、董事会上市之承诺

本公司董事会将严格遵守《公司法》、《股票发行与交易管理暂行条例》、《深圳证券交易所业务试行规则》和有关法律、法规的规定,并自上市之日起向全体股东作如下承诺:

(1)按照法律、法规的规定程序和要求披露重大的信息,并接受证券主管机关、深圳证券交易所的监督管理。

(2)及时、真实、准确地公布中期报告和年度报告,并备置于规定场所供投资者公众查阅。

(3)本公司董事、监事及高级管理人员持本公司股票发生变化时,在报告证券主管机关、深圳证券交易所的同时向投资者公布。

(4)在任何公共传播媒介中出现的消息可能对本公司股票的市场价格产生误导性影响时,本公司知悉后将及时对该消息予以公开澄清。

(5)本公司董事、监事及高级管理人员将认真听取社会公众的建议和批评,自觉抵制不正之风,不利用已获得的内幕消息直接或间接从事股票买卖活动。

(6)本公司没有无记录负债。

(7)本公司董事会及各位董事保证不就任何未经主管机关审阅的可能影响股份变动之重大信息私自发表公告或发表意见。

十一、重要事项揭示

截止本公告书刊登之日,本公司及本公司董事、监事和高级管理人员并无涉及任何重大诉讼与仲裁,亦无任何尚未了结或有可能提起的重大诉讼。

十二、备查文件

1. 主管部门批准发行、上市的文件
2. 沈阳北方商用技术设备股份有限公司营业执照
3. 沈阳北方商用技术设备股份有限公司章程(修正案)
4. 京都会计师事务所出具的审计报告、财务报表及附注
5. 上市推荐书
6. 上市协议书
7. 本公司招股说明书
8. 验资报告
9. 深圳证券交易所出具的上市承诺书
10. 其它备查文件

十三、咨询机构

(一)发行人:沈阳北方商用技术设备股份有限公司

法定代表人:陈大海

注册地址:沈阳市和平区青年大街386号华阳国际大厦A座24层

电　　话:(024)3902497　3901682

传　　真:(024)3901682

联 系 人:陈万里　侯英梅

(二)上市推荐人:中国信达信托投资公司

注定代表人:陈玉华

注册地址:北京西长安街28号

电　　话:(010)62372152　62372151

传　　真:(010)62372136

联 系 人:尤涛　李晓岱

(三)股票登记机构:深圳证券登记有限公司

注册地址:深圳市红岭路28号

电　　话:(0755)5567898
传　　真:(0755)5571127

沈阳北方商用技术设备股份有限公司董事会
1997年9月22日

资产负债表

编制单位:沈阳北方商用技术设备股份有限公司(筹)　　人民币:元

项目	附注	1997/06/30	1996/12/31	1995/12/31	1994/12/31
货币资金	4.01	6,152,356.99	7,469,187.54	9,023,293.90	2,977,734.29
短期投资		0.00	0.00	0.00	0.00
应收帐款	4.02	15,679,602.27	6,258,132.93	7,731,385.32	6,996,651.06
减:坏帐准备		0.00	0.00	0.00	0.00
应收帐款净额		15,679,602.27	6,258,132.93	7,731,385.32	6,996,651.06
预付货款	4.03	368.109.49	0.00	903,794.56	0.00
其他应收款	4.04	2,135,441.29	386,872.59	2,829,744.59	959,946.11
存货	4.05	35,959,171.33	38,974,673.93	47,780,169.71	39,290,771.44
待摊费用	4.06	1,040,000.00	1,040,000.00	1,336,457.15	1,888,915.09
流动资产合计		61,334,681.37	54,128,866.99	69,604,845.23	52,114,017.99
长期投资	4.07	8,624,172.84	8,826,522.84	371,522.84	381,522.84
固定资产原值	4.08	38,910,532.60	38,800,960.53	66,040,002.82	63,382,310.99
减:累计折旧	4.08	12,812,833.86	11,704,310.72	17,867,802.71	11,487,325.93
固定资产净值		26,097,698.74	27,096,649.81	48,172,200.11	51,894,985.06
固定资产清理		0.00	0.00	0.00	0.00
在建工程		0.00	505,548.15	572,928.27	1,388,646.51
固定资产合计		26,097,698.74	27,602,197.96	48,745,128.38	53,283,631.57
资产总计		96,056,552.95	90,557,587.79	118,721,496.45	105,779,172.40
短期借款	4.09	24,170,000.00	24,170,000.00	26,170,000.00	22,470,000.00
应付帐款	4.10	4,652,527.22	2,875,589.84	7,067,813.82	5,798,063.18
应付票据	4.11	300,000.00	300,000.00	0.00	0.00
预收货款	4.12	4,245,209.37	3,656,757.59	5,488,865.89	5,388,075.08
其他应付款	4.13	68,278.02	722,805.93	49,558.33	1,200,760.18
应付福利费		-40,354.11	5,255.39	38,624.43	91,916.77
未交税金	4.14	1,642,436.98	-228,926.66	-260,754.65	138,198.80
应付利润		0.00	3,301,834.11	10,526,832.99	7,050,299.33
其他未交款		16,511.50	7,735.03	0.00	0.00
预提费用	4.15	639,997.62	954,107.00	2,811,266.83	1,693,066.07
流动负债合计		35,694,606.60	35,765,158.23	51,892,207.64	43,830,379.41
长期借款	4.16	19,229,610.00	19,200,000.00	36,067,551.43	35,460,426.86
长期负债合计		19,229,610.00	19,200,000.00	36,067,551.43	35,460,426.86
负债合计		54,924,216.60	54,965,158.23	87,959,759.07	79,290,806.27
股本	4.17	37,019,258.00	20,000,000.00	20,000,000.00	20,000,000.00
资本公积	4.18	0.57	-213,374.95	0.00	0.00
盈余公积	4.19	0.00	6,615,870.68	4,659,260.61	2,143,254.92
其中:公益金		0.00	2,205,290.23	1,553,086.87	714,418.31
未分配利润	4.20	4,113,077.78	9,189,933.83	6,102,476.77	4,345,111.21
股东权益合计		41,132,336.35	35,592,429.56	30,761,737.38	26,488,366.13
负债及股东权益合计		96,056,552.95	90,557,587.79	118,721,496.45	105,779,172.40

财务状况变动表

编制单位:沈阳北方商用技术设备股份有限公司(筹)　　单位:人民币元

流动资金来源和运用	1996年度	流动资金各项目的变动	1996年度
一、流动资金来源		一、流动资产本年增加额	
1. 本年净利润	13,044,067.13	1. 货币资金	-1,554,106.36
加:不影响流动资金的费用和损失		2. 短期投资	
(1). 固定资产折旧	2,237,257.90	3. 应收票据	
(2). 无形资产递延资产及其他资产摊销		4. 应收帐款净额	-1,473,252.39
(3). 固定资产盘亏(减盘盈)		5. 预付帐款	-903,794.56

流动资金来源和运用	1996 年度	流动资金各项目的变动	1996 年度
(4). 清理固定资产损失(减收益)	-171,902.05	6. 其他应收款	-2,442,872.00
(5). 递延税项		7. 存货	-8,805,495.78
(6). 其他不减少流动资金的费用和损失		8. 待摊费用	-296,457.15
小计	15,109,422.98	9. 一年内到期的长期债券投资	
2. 其他来源		10. 待处理流动资产净损失	
(1). 固定资产清理收入(减清理费用)	11,000,260.00	11. 其他流动资产	
(2). 增加长期负债	1,350,000.00		
(3). 收回长期投资	45,000.00		
(4). 对外投资转出固定资产	8,713,374.95		
(5). 对外投资转出无形资产			
(6). 资本净增加额	1,743,235.12		
小计	22,851,870.07		
流动资金来源合计	37,961,293.05	流动资产增加净额	-15,475,978.24
二、流动资金运用		二、流动负债本年增加数	
1. 利润分配		1. 短期借款	-2,000,000.00
(1). 提取法定公积金	1,304,406.71	2. 应付帐款	-4,192,223.98
(2). 提取法定公益金	652,203.36	3. 预收帐款	-1,832,108.30
(3). 提取任意公积金		4. 其他应付款	673,247.60
(4). 已分配股利	8,000,000.00	5. 应付票据	300,000.00
(5). 未分配利润调整		6. 应付福利费	-33,369.04
小计	9,956,610.07	7. 未交税金	31,827.99
2. 其他运用		8. 未付股利	-7,224,998.88
(1). 固定资产和在建工程净增加额	636,060.38	9. 其他未交款	7,735.03
(2). 增加无形资产递延资产及其他资产		10. 预提费用	-1,857,159.83
(3). 偿还长期负债	18,217,551.43	11. 一年内到期的长期负债	
(4). 增加长期投资	8,500,000.00	12. 其他流动负债	
小计	27,353,611.81		
流动资金运用合计	37,310,221.88	流动负债增加净额	-16,127,049.41
流动资金增加净额	651,071.17	流动资金增加净额	651,071.17

利润及利润分配表

编制单位:沈阳北方商用技术设备股份有限公司(筹)　　单位:人民币元

项目	附注	1997 年 1-6 月	1996 年度	1995 年度	1994 年度
一、主营业务收入	4.21	31,098,969.67	71,088,754.13	89,207,139.98	71,981,187.92
减:主营业务成本	4.22	20,236,400.73	45,078,924.87	49,854,667.17	39,443,207.76
销售费用		1,540,271.99	4,877,014.13	7,272,589.95	6,196,688.67
管理费用	4.23	2,150,703.64	3,276,807.82	6,850,825.21	5,438,582.09
财务费用	4.24	1,646,675.07	6,168,499.35	8,294,361.94	6,437,829.66
营业税金及附加		226,578.78	758,737.16	692,701.56	346,846.66
二、主营业务利润		5,298,339.46	10,928,770.80	16,241,994.15	14,118,033.08
加:其他业务利润	4.25	1,057,740.78	2,399,202.80	1,113,046.45	553,501.79
三、营业利润		6,356,080.24	13,327,973.60	17,355,040.60	14,671,534.87
加:投资收益	4.26	13,749.00	11,700.00	5,800.00	20,113.60
营业外收入	4.27	47,297.64	507,666.93	1,470.00	42,917.63
减:营业外支出	4.28	62,314.22	363,273.40	188,939.35	46,199.97
四、利润总额		6,354,812.66	13,484,067.13	17,173,371.25	14,688,366.13
减:所得税	3.08	814,905.87	440,000.00	400,000.00	400,000.00
五、净利润		5,539,906.79	13,044,067.13	16,773,371.25	14,288,366.13
加:年初未分配利润		9,189,933.83	6,102,476.77	4,345,111.21	0.00
六、可分配的利润		14,729,840.62	19,146,543.90	21,118,482.46	14,288,366.13
减;提取法定公积金		0.00	1,304,406.71	1,677,337.13	1,428,836.61
提取公益金		0.00	652,203.36	838,668.56	714,418.31
七、可供股东分配利润		14,729,840.62	17,189,933.83	18,602,476.77	12,145,111.21
减:已分配利润		10,616,762.84	8,000,000.00	12,500,000.00	7,800,000.00
八、未分配利润		4,113,077.78	9,189,933.83	6,102,476.77	4,345,111.21

中信国安信息产业股份有限公司

中信国安信息产业股份有限公司(筹)招股说明书概要

一、释　义

在本招股说明书中,除非另有规定,下列词语具有以下涵义:

1、本公司、发行人:指中信国安信息产业股份有限公司(筹)

2、发起人、国安总公司:指中信国安总公司

3、中信公司:指中国国际信托投资公司

4、股票:指本公司本次发行每股面值壹元,以人民币认购及交易的普通股A种股票。

5、公司职工股:指专供公司职工认购之股份。

6、主承销商、上市推荐人:指北京证券有限公司。

7、筹委会:指本公司设立及股票发行之筹备委员会。

8、元:指人民币元。

二、绪　言

本招股说明书概要依据《中华人民共和国公司法》、《股票发行与交易管理暂行条例》、《公开发行股票公司信息披露实施细则(试行)》的规定,按照中国证券监督管理委员会制定的《招股说明书的内容与格式》编制。

本次发行,已经中国国际信托投资公司资安字〔1997〕14号文批准和国家经济体制改革委员会体改生〔1997〕128号文批准,并经中国证券监督管理委员会证监发字〔1997〕443号文及证监会字〔1997〕444号文审核批准。本招股说明书概要旨在说明股票发行目的,并向投资人披露公司情况及有关资料。本公司全体筹委会成员已批准该招股说明书概要,确信其与招股说明书全文一致,并对其内容的真实性、准确性、完整性负个别的和连带的责任。

本次发行的股票是根据本说明书中所载明的资料申请发行的。除本发行人和主承销商外,没有委托或授权任何其他人提供未在本招股说明书中列载的信息和对本说明书作任何解释或者说明。

本招股说明书提醒投资人自行负担买卖本公司股票所应支付的税款,发行人、承销商和推荐人对此均不承担责任。

三、发售新股的有关当事人

1、发起人:中信国安总公司

法定代表人:李士林

地　　址:北京市朝阳区国安大厦办公区内

电　　话:(010)65010853

传　　真:(010)65010854

联 系 人:吕来泉、郭庆民

2、发行人:中信国安信息产业股份有限公司(筹)

筹委会主任:李士林

地　　址:北京市海淀区北三环中路31号

电　　话:(010)65008037

传　　真:(010)65061482

联 系 人:许前喜、王晓明、刘秉军

3、主承销商:

机构名称:北京证券有限公司

法定代表人:张克俭

地　　址:北京市西城区德胜门东滨河路B11号

电　　话:(010)62058007

传　　真:(010)62057910

联 系 人:杜军、陈丹旭、周翔

4、副主承销商:

机构名称:中信证券有限责任公司

法定代表人:常振明

地　　址:北京市朝阳区新源南路6号京城大厦

电　　话:(010)64665844

传　　真:(010)64661041

联 系 人:罗先文

5、分销商:

(1)大鹏证券有限公司

法定代表人:徐卫国

地　　址:深圳深南东路333号地王商业中心商业大楼8层

电　　话:(0755)2462023

传　　真:(010)63485664

联 系 人:丁永顺

(2)光大证券有限责任公司

法定代表人:刘纪元

地　　址:北京市西城区复兴门外大街6号光大大厦

电　　话:(010)68561513

传　　真:(010)68561008

联 系 人:王永春　王为

(3)国泰证券有限公司

法定代表人:金建栋

地　　址:北京市白石桥路友谊宾馆内

电　　话:(010)67637993

传　　真:(010)67638440

联 系 人:邵颖　斌凯

(4)三峡证券有限公司

注册地址:湖北省武汉市武昌区武珞路114号-10

法定代表人:邓贵安

电　　话:(027)8065936

传　　真:(027)8055789

联 系 人:朱传春

(5)中国民族国际信托投资公司

注册地址:北京西城区展览路北露园一号十层

法定代表人:马茂宗

电　　话:(010)65139083

传　　真:(010)65139082

联 系 人:王青文

(6)中国人保信托投资公司

注册地址:北京市崇文区天坛东路70号

法定代表人:朱斌

电　　话:(010)67119457

传　　真:(010)67119456

联 系 人:唐悦波

(7)长城证券有限责任公司

注册地址:深圳市八卦三路平安大厦四楼

法定代表人:李仁杰

电　　话:(010)68353968

传　　真:(010)68336072

联 系 人:叶晨

(8)北京国际信托投资公司

注册地址:北京朝阳区团结湖北路6号

法定代表人:高学增

电　　话:(010)65008086
传　　真:(010)65011832
联 系 人:屠继国
(9)河北证券有限责任公司
注册地址:石家庄市裕华东路270号
法定代表人:武铁锁
电　　话:(0311)6054234
传　　真:(0311)6054234
联 系 人:王志北
6、上市推荐人:
机构名称:北京证券有限公司
法定代表人:张克俭
地　　址:北京市西城区德胜门东滨河路B11号
电　　话:(010)62058007
传　　真:(010)62057910
联 系 人:杜军、陈丹旭、周翔
7、会计师事务所及经办注册会计师
机构名称:北京会计师事务所
法定代表人:方滨
地　　址:北京市建外大街22号赛特广场五层
电　　话:(010)65227609
传　　真:(010)65227521
经办注册会计师:李欣　陈雯
联 系 人:李欣　陈雯
8、发行人律师事务所及经办律师:
机构名称:信利律师事务所
法定代表人:高宗泽
地　　址:北京市东城区劳动人民文化宫内文华宫写字楼
电　　话:(010)65237536
传　　真:(010)65237515
经办律师:高宗泽　丁志刚　韩　巍
联 系 人:丁志刚　韩　巍
9、主承销商律师:
机构名称:嘉和律师事务所
法定代表人:杨月臣
地　　址:北京工体北春秀路甲1号华夏宾馆3号楼2层
电　　话:(010)64156612
传　　真:(010)64156614
经办律师:颜羽　徐莹
联 系 人:刘薇
10、资产评估机构及经办评估人员
机构名称:北京德威评估公司
法定代表人:邓小丰
地　　址:北京市车公庄西路20号
电　　话:(010)68438529
传　　真:(010)68472789
经办评估人员:朱喜初　田勇
联 系 人:刘晓东
11、资产评估确认机构:
机构名称:中华人民共和国国家国有资产管理局
法定代表人:张佑才
地　　址:北京市海淀区万泉河路20号
电　　话:(010)62567744
传　　真:(010)62561817
12、股票登记机构:
机构名称:深圳证券登记有限公司
法定代表人:黄铁军
地　　址:深圳市红岭中路25号
电　　话:(0755)5585543
传　　真:(0755)5571127

四、本次发行基本材料

1、承销方式:余额包销
2、承销期:1997年9月22日至1997年9月26日
3、发行方式:上网定价
4、发行地区:与深圳证券交易所交易系统联网的各证券交易网点。
5、发行对象:持有中华人民共和国居民身份证的公民和机构投资者(法律法规禁止者除外)。
6、发行股票种类:人民币(普通股)股票
7、发行配额:本次股票发行额度为5,000万股("A股"),向社会公开发售4500万股,同时向本公司职工配售500万股,公司职工股自社会公众股上市交易之日起满半年后上市交易。
8、发行价格:本次新股溢价发行,每股发行价格:7.09元

确定方法:本公司1994年——1996年的税后利润分别为75,185,327.59元、70,762,940.90元、85,657,304.61元,按总股本15,000万股计算,本公司1994年——1996年每股税后利润分别为0.501元、0.472元、0.571元,三年平均每股税后利润为0.51元/股。按13.9倍的发行市盈率计算,发行价格为7.09元/股,即7.09=(0.501+0.472+0.571)÷3×13.9。

9、本次发行预计实收金额:343,300,000.00元。
10、拟上市交易所:深圳证券交易所
11、承销机构及承销比例

	承销机构	承销比例(%)
主承销商	北京证券有限公司	18
副主承销商	中信证券有限责任公司	17
分销商	大鹏证券有限公司	12
分销商	光大证券有限公司	9.6
分销商	国泰证券有限公司	8.4
分销商	三峡证券有限公司	6
分销商	中国民族国际信托投资公司	6
分销商	中国人保信托投资公司	6
分销商	长城证券有限责任公司	6
分销商	北京国际信托投资公司	4.8
分销商	河北证券有限责任公司	4.8

五、风险因素与对策

提示:投资者在评价本发行人此次发行的股票时,除本招股说明书提供的其它资料外,应特别认真考虑下述各项风险因素。

1、经营风险

(1)新产品开发风险

本公司的主营业务集中在信息领域,已开发和正在开发的产品大多属技术密集型,例如,证券期货金融技术分析软件、卫星系统硬件及互联网络等。为了适应市场的变化,必须不断提高其技术水平和服务质量,持续投资进行产品更新换代,以保证在同行业中的技术优势和行业优势,否则将有丧失技术优势、丧失竞争力和市场份额的风险。因此,公司在保持技术优势及连续投资方面存在一定风险。

(2)运行机制风险

本公司所处的信息行业,市场竞争激烈,因此本公司的持续发展必须以高素质人才、先进的技术装备和良好的运行机制为基础。本公司在理顺和转换企业经营机制、充分调动各种经营要素的积极性等方面存在着不同程度的风险。

(3)对客户依赖性风险

本公司为客户提供的信息服务,如北京世华国际金融信息有限公司为广大客户提供的证券、期货资讯服务和卫星通讯服务,对信息服务的技术性、及时性、准确性、稳定性的要求很高,对信息资料的深加工及进一步处理也有很严格的要求,用户一般为专业性公司或专业人员,相对较稳定。所以本公司对广大用户信任和支持有依赖性风险。

2、行业风险

(1)信息行业的风险

信息行业本身与其所依托的高新技术均具有高投入、高产出、高风险的行业特点，影响其持续稳定成长的关键因素是高新技术向产品的转化。如果在新技术的跟踪、新产品的开发等方面滞后，将会对公司的收益带来不利的影响。

(2)行业内部竞争风险

本公司所从事的信息行业是新兴的产业，具有巨大的市场潜力和良好的发展前景。由于信息行业的高速发展，市场竞争日趋激烈，目前该行业主要有国家卫星公司、邮电部网等企业，另外还有企业希望进入这一行业，本公司将面临信息行业内部竞争的风险，风险和机会同时存在。

(3)知识产权的侵权风险

随着本公司信息业务的发展，例如北京世华国际金融信息有限公司的期货资讯市场占有率从1994年的10%发展到1996年的60%以上，产品社会知名度也日益提高，本公司将面临知识产权被他人侵权的风险。

3、市场风险

(1)本公司虽然技术先进，市场需求也正在高速成长，但由于国内统一、有序的市场体系尚未完全建立，国家信息产业政策也有待进一步完善等原因，尤其是国内通讯信息市场不够发达(如西方国家上网人数已占人口总数的10%，而且每年还在以30%的速度增加，而我国上网的人数只有10—15万人左右)，仍需要继续培育。

(2)另外，随着计算机技术的迅速更新、提高，本公司与计算机相关的专业技术可能会逐步落后，本公司开发的软件系统可能会跟不上市场的发展，因此，会给本公司经营带来风险。

(3)在推广本公司产品时，要受到当地的市场环境以及对本公司产品的了解程度等诸多方面因素的制约，如果出现产品营销策略的失误，将影响本公司市场的拓展，营业收入、利润及市场占有率的提高。

(4)由于本公司属于高新技术产业，因此对市场培育、人才管理、技术更新等方面有较高的要求。

4、投资项目风险

本公司投资项目都是符合国家产业政策，市场潜力很大的高科技项目，但是在项目进行当中，可能会出现人为因素和不可预测因素等的干扰，会影响工程的顺利完工日期。另外，项目完工后，市场开拓也需经过一定的努力，因此，投资项目有一定的风险。

卫星通信网项目：卫星通信是近年来发展很快的领域。目前，我国已有数十个卫星专用通信网及若干个可以对外服务的卫星网，有来自国家卫星网的竞争和从事相似业务的邮电部门企业的竞争，因此竞争会日趋激烈。

金卫工程：由于此项目采用了电子、计算机等高新技术，因此对专业设备能力、技术水平、人员专业知识要求较高，所以会面临着设备淘汰、技术更新、专业人员再培训等方面的较大压力。

中国商品订货系统项目：由于该项目是一个以电脑网络为基础的电子化商品批发市场，也是为商品制造商和销售商提供电子化交易手段的综合性服务网络，因此对广域计算机信息处理网络的技术水平有较高的要求。目前，有部分公司已开始建立类似网络，因此，在该行业内存在着一定的竞争。

“3CNET”项目：目前，国内已有中国科学院网(INCF)、高能物理所网(IHEPNET)、邮电部网(CHINANET)等专业网，因此行业内竞争比较激烈。但目前，我国网络基础建设比较薄弱，所以对于技术、资金、设备人员等方面要求较高。

5、政策性风险

党的十四届五中全会提出“加快国民经济信息化进程”，八届全国人大四次会议把提高国民经济信息化程度作为重要目标纳入到“九五计划”和“2010年远景目标纲要”中，因此，本公司面临行业政策风险相对较小。但一般企业所共有的其他政策风险，如国家实施宏观调控，税收制度的变化等，对本公司也同样存在。

6、股市风险

本公司提醒投资者注意，股票市场是一个高风险市场，股票市场价格不仅取决于企业的经营状况，同时也受国内外政治形势、经济形势、投资者心理状况和市场自身等因素的影响，加之目前中国股市正处于成长阶段，市场的投机行为、投资者心理预期、不可预测事件的发生等等，都可能使本公司股票价格产生波动，从而可能对投资者造成损失。因此，本发行人提醒广大投资者，在投资本公司股票之前，应对股市风险有清醒的认识。

针对上述风险，本公司将积极、主动地采取以下对策：

1、针对经营风险的对策：

(1)针对新产品开发风险。本公司将组织精干业务人员深入地进行市场调查和可行性研究分析，同时与国内外著名科研单位和企业密切合作，共同研制开发符合市场需求的新产品，并持续投资以扩大已有的市场份额，努力保持技术优势。

(2)针对运行机制风险。本公司将建立科学的经营管理体制，从优化组织结构和强化经营方式两方面着手，强化公司内部管理，加强管理人员与技术人员沟通与交流，注重企业文化建设，充分调动各方面的积极性，以发挥所处信息行业的优势，使企业人、财、物、信息等各类资源处于最佳配置状态。制订公司中长期发展战略，实现公司发展连续性和阶段性的有机统一，以保证持续的技术优势和行业优势。与此同时，公司还将根据未来市场需求的变化投资其它相关领域，实行多元化经营，增强企业抵御风险的能力。

(3)针对对客户依赖性的风险。本公司将继续以先进的技术、优质的产品及完善的服务为基础，努力保持与广大客户之间的信任，同时加强营销队伍的培养和建设，根据细分市场的各自特点制定有效的行销策略，不断拓展客户的范围，通过多种途径开发潜在的市场。

2、针对行业风险的对策：

(1)针对信息行业的风险。本公司具有丰富的市场开拓经验和较强的科研开发能力，随着市场化进程的进一步推进和企业经营机制的不断完善，本公司将致力于行业高级技术人才的培养、高新技术的开发、转化与利用，使本公司的竞争力以及适应市场变化的能力得到进一步加强。

(2)针对行业内部竞争风险。本公司将与国内外著名科研单位和企业密切合作，加强高新技术跟踪与储备，强化新项目的可行性研究和优选工作，学习国内外先进技术和管理经验，强化管理、科技和营销队伍的建设，制定科学的发展战略规划和切实可行的产品营销策略，努力扩大市场占有率，形成规模效益。

(3)针对知识产权的风险。本公司内部制定了严格的技术保密制度、协议和职工手册，防止泄密，同时还将利用国内外保护知识产权的法律、法规，有效维护本公司的权益，防范知识产权被侵权的风险。

3、针对市场风险的对策：

(1)本公司将利用自身技术先进、设备优良、资金充足的优势，积极开发满足广大市场需要的产品，利用中信国安的知名度和良好声誉，树立良好的企业形象，吸引客户，进一步培育市场。

(2)在现有成熟产品的良好业绩的基础上，针对不同地区市场状况和不同行业的需求特点，开发技术含量高、附加值高、适销对路的新产品。并积极与国际国内科技力量合作，努力开发新技术，并尽可能快的将高新技术转化为产品，开拓新的市场领域。

(3)扩大已有市场规模与开拓新的市场同时并重，形成规模经济，降低经营成本，提高市场竞争能力；积极研究市场发展规律，从而使公司在同业市场趋于完善的道路上掌握时机，减少风险。

(4)本公司已与清华大学建立了良好的技术业务交流、能够确保本公司的技术优势、人才优势；并且本公司已与政府相关部门就市场的培育和开发达成了有关协议。

4、投资项目风险对策：

(2)卫星通信网项目：该项目建成后，将成为仅次于国家卫星公司的全国第二大卫星网。另外，它是国家优先、重点发展的“金桥工程”的重要组成部分。它能够为本公司金卫工程、“CGOS”等项目提供强有力支持，因此，市场有了保证，该项目在市场当中安全具备竞争能力。

(2)“金卫工程”项目：该项目是国有金字项目之一，济南市政府和有关医疗卫生机关都十分重视，本公司有成熟的网络和通信技术，并为此组建了强大的专门技术开发力量。由于本公司在此方面首先取得了开发市场的机会，因此在今后较长的时期内享有行业垄断优势。

(3)中国商品订货系统项目：CGOS得到了政府的大力支持，是符合国家“九五”和2010年市场体系发展规划的设想。该项目所使用的网络在技术上是可靠的,在实施上是可行的。本公司在计算机领域内一直处于国内领先地位,因此本公司对该项目的实施在技术上是有可靠保证的。

(4)"3CNET"项目:本项目有极强的技术力量,更有清华大学作为强大的技术后盾,具备了国内领先的计算机硬件、网络、系统集成能力。本公司已与政府相关部门就市场的开发达成了有关协议,再加上该项目使用领先的技术和设备,能使之在长时间内保持相当的市场占有率。

5、针对政策性风险的对策:

本公司所在行业是国家重点扶持行业,其发展符合国家的产业政策。本公司将在国家各项产业政策和经济政策指导下,适时调整和完善自己的经营发展战略和发展目标。充分利用各项优惠政策,依托中信公司和国安总公司的综合优势,努力拓宽信息渠道和业务渠道。本公司还将加强对国家政策的研究力度,做好国家政策与市场变动的预测工作,以尽可能规避因政策因素的变化可能导致的风险。

6、针对股市风险的对策:

股票价格的波动乃股市正常现象。本公司提醒投资者,必须正视今后股市中可能介入的风险,以便做出正确的投资决策。同时,本公司将严格按照《公司法》等法律法规要求运作,并按照国家证券管理部门和证券交易所的法规、规章进行信息披露,让投资者对本公司有更清楚的了解,减少盲目操作带来的风险。

六、募集资金的运用

1、本次资金募集情况

本次向社会公众公开发行总市值35,450万元,扣除发行费用1,120万元,预计实际募集资金34,330万元。

2、本次募集资金主要用途

(1)中信国安卫星通信网项目改造扩建16,800万元;

(2)中国商品订货系统项目,投资总额7,000万元,其中本公司投入6,000万元;

(3)医疗保健"金卫工程"试点项目,投资总额5,600万元,其中本公司出资4,600万元;

(4)"3CNET"互联信息系统项目,投资总额19,608万元,其中本公司投资额为10,000万元。

上述四个项目共需投资总额49,008万元,本公司投资37,400万元,其余11,608万元由项目合作方投入。本次发行股票可募集资金34,330万元,尚有3,070万元的资金缺口,本公司已与银行达成初步协议,通过贷款解决。

3、项目投资简介

(1)中信国安卫星通信网项目

本公司原有的卫星通信网拥有完全由自己投资建设的卫星通讯主控站,安装了近500个双向或单向地面站,上网双向TES通讯卫星站40余个。目前已应用于国内石油开采、有色金属开采等领域。该网采用了美国休斯公司TES设备及美国伽玛公司的高功放设备,主要实现通过卫星的话音传输等功能,比照邮电的有线通讯具有灵活、快捷、信息传输量大、方便等优点。

中信国安卫星通信网项目是对本公司原有的卫星通信网进行改造扩建,并且由本公司独资建设。该项目已经中国国际信托投资公司资安字〔1997〕1号文及〔1997〕15号文批准。随着信息产业的发展,利用卫星进行信息传递的技术也在不断进步,市场不断扩大。本公司拟投资16,800万元扩大发展建设中信国安卫星通信网,利用先进的VSAT技术,实现语音传输、数据传输、电视电话会议和计算机系统联网等功能。本网建成后将成为仅次于国家卫星公司的全国第二大卫星通讯网,具有应用领域广泛,不受地面通信条件限制,覆盖地域广阔和信息传输量大等优势。卫星通信是近年来发展很快的领域,就目前市场看,邮电部开放了VSAT卫星专网通信的经营,为卫星通信发展提供了极大的机会,本网可满足中国"金卫工程"、中国商品订货系统、移动通信等方面的需要,发展前景十分广阔。本卫星通信网计划1997年9月启动扩建,在项目启动的同时,扩大发展用户,预计1999年12月网络扩建达到510个小站的设计规模,建成后每年新增营业收入4,870万元,实现税后利润2,131万元,此项目投资回收期为4年,内部收益率为23.4%。

(2)中国商品订货系统项目

中国商品订货系统(以下简称CGOS)项目是由本公司与商友商务有限公司共同出资组建的"北京商友商务有限责任公司"来承担的,北京商友商务有限责任公司注册资本为7,000万元,本公司投入金额6,000万元,占注册资本的85.71%(利润按注册资本比例分配)。该项目已经中国国际信托投资公司资安字〔1997〕11号文批准。随着我国市场经济的迅速发展,迫切需要建设现代化的商品流通体系,因此,本公司拟参与建设CGOS北京地区二级站项目。CGOS北京地区二级站是以电脑网络为基础的电子化商品批发交易市场,是为全国商品的流通提供的综合性服务网络。本网建成后可提供商品交易服务、货物配送服务、货款清算服务和商品信息服务,有利于减少流通环节,降低流通成本,提高流通效率。CGOS可以使企业的产品迅速与国内、国际市场见面,对企业生产发展、提高竞争能力将十分有利;并且CGOS迎合了国内刚刚兴起的商业自动化浪潮,并与国家发展连锁商业提高商业现代化水平的产业目标相一致,在当前和今后相当长时期内,具有良好的市场前景。本项目计划1997年9月启动,同时发展用户,预计1999年12月本网用户规模将达到15,000户,建成后平均每年新增营业收入7,004万元,实现税后利润3,528万元,本公司此项目投资回收期为3.9年,内部收益率为28.5%。

(3)医疗保健"金卫工程"试点项目

医疗保健"金卫工程"试点项目是本公司与济南市卫生局合作建设的济南市医疗卫生信息网络系统,已经中国国际信托投资公司资安字〔1997〕12号文批准。随着我国经济的迅速发展,人民医疗保健需求的不断增长,迫切需要增加现有医疗保健系统的工作效率,建设利用现代科技的医疗保健信息网络符合人民的需要,符合市场的需求。因此,本公司拟与济南市卫生局共同投资5,600万元建设医疗保健"金卫工程"试点项目,其中本公司投资额为4,600万元。本公司在该项目中的收益来自两部分:1、"金卫电子病历卡"和"金卫医疗保险卡"的发行收入,在扣除发行单位每卡10%的提留后,余额按本公司65%、济南市卫生局35%分成;2、将"金卫工程"的成果推广到试点单位以外的收入,在扣除费用及税金后,双方各提取50%。医疗保健"金卫工程"试点项目包括:A、建立医疗卫生信息网络;B、建立各类医疗卫生机构信息系统;C、统一使用医疗卫生保健卡"金卫电子病历卡"。本项目利用先进的信息科学,计算机网络技术和通信技术建设先进、高效、实用的医疗卫生信息网络,可以实现对医疗质量、医疗费用和保险结算的动态监控,强化医院管理,改进服务质量,提高工作效率。"金卫工程"的实施既符合国家发展信息产业的战略目标,得到政府部门的全力支持,又在医疗卫生信息网络化发展方面抢先占领了市场,首先取得了在此方面不断开发市场的机会。本项目计划1997年9月启动,预计1998年12月系统建成。本项目平均每年新增营业收入3,719万元,实现税后利润1,268万元,本公司此项目投资回收期为4.2年,内部收益率为20.9%。

(4)"3CNET"互联信息系统项目

"3CNET"互联信息系统项目是本公司对中网信息技术有限公司进行增资后建设的计算机互联网络系统。中网信息技术有限公司增资后,注册资本为19,608万元,其中本公司投资10,000万元,占注册资本的51%(利润按注册资本比例分配)。已经中国国际信托投资公司资安字〔1997〕13号文批准。由于我国信息产业起步较晚,网络基础建设相对薄弱,资金、技术实力较弱,达不到规模化经营的水平,而企业又十分迫切希望我国有自己的互联网络,这就为"3CNET"的发展提供了良好的机遇。因此,本公司拟对中网技术有限公司进行增资,"3CNET"互联信息系统是利用INTERNET技术在北京、上海等十二个城市建设运营中心,是在国内建成一个独立、快捷和性能优越的网络系统,与国际互联网连接。本项目计划1997年9月启动,预计2001年"3CNET"互联信息系统达到30万户的设计规模,平均年营收入为78,955万元,年均税后利润6,063万元,本公司此项目投资回收期为4.5年,内部收益率24.3%。

4、项目资金使用计划时间表

单位:万元

项目名称	总投资	本公司投资	1997年	1998年	内部收益率(%)	投资回收期(年)
中信国安卫星通信网项目	16,800	16,800	10,866	5,934	23.4	4.0
中国商品订货系统项目	7,000	6,000	2,175	3,825	28.5	3.9

医疗保健"金卫工程"试点项目	5,600	4,600	911	3,689	20.9	4.2
"3CNET"互联信息系统项目	19,608	10,000	4,986	5,014	24.3	4.5
合　计	49,008	37,400	18,938	18,462		

上述项目按预定的项目进度实施。项目实施过程中出现资金闲置时，该项资金用于补充流动资金。

七、股利分配政策

1、根据本公司章程(草案)之规定，本公司税后利润分配顺序为：

(1)弥补以前年度发生的亏损；

(2)提取法定公积金 10%；

(3)提取法定公益金 5%—10%；

(4)提取任意公积金；

(5)支付普通股股利。

2、根据本公司章程(草案)之规定，法定盈余公积金、任意盈余公积金、公益金、普通股股利的提取比例，由本公司董事会依照法律规定和公司经营发展状况提出预案，并提交股东大会审议通过。

3、本公司在股利分配方面实行同股同权、同股同利的原则。公司股利的派发分配，于每个会计年度终结后六个月内进行。

4、本公司派发股利采取现金和股票两种形式。在分派股利时，本公司按有关法律、法规代扣股东股利收入的应纳税金。

具体分配方式、比例由公司董事会视公司经营发展状况提出预案，经股东大会决议后执行。

5、本公司 1997 年度税后利润由新老股东按持股比例共同享有及分配。预计本次发行后首次派发股利的时间是 1998 年 6 月 30 日之前。

八、验资报告

根据北京德威评估公司 1997 年 5 月 25 日提供的资产评估报告，并经国家国有资产管理局国资评〔1997〕562 号文确认、国资企发〔1997〕151 号文批复，发起人以经评估确认后的净资产 18,000 万元投入本公司，按 83.33%折为股本，计 15,000 万股，其余 3,000 万元入资本公积。经北京会计师事务所〔97〕京会师字第 990 号"验资报告"验证，截止 1997 年 3 月 31 日，本公司发起人投资均已全部到位，具体如下：

单位：元

发起人	出资方式	认缴出资额	实缴出资额
中信国安总公司	货币、实物	18,000,000	18,000,000

九、发行人情况

1、公司名称：中信国安信息产业股份有限公司(筹)。

2、筹建登记日期：1997 年 6 月 5 日领取(国)名称预核内字〔1997〕第 238 号"企业名称预先核准通知书"。

3、注册地址：北京市海淀区北三环中路 31 号。

4、历史沿革：

本公司的发起人中信国安总公司前身是北京国安实业发展总公司，成立于 1989 年 9 月。1994 年 9 月，经中国国际信托投资公司资办字〔1994〕41 号文批准，北京国安实业发展总公司更名为中信国安总公司，系中国国际信托投资公司直属一级子公司。

本公司是经中国国际信托投资公司资安字〔1997〕14 号批复和国家体改委体改生〔1997〕128 号文批准，由中信国安总公司独家发起、部分改制、采用募集方式设立的股份有限公司。本公司筹委会已于一九九七年六月五日在国家工商行政管理局领取《企业名称预先核准通知书》[(国)名称预核内字〔1997〕第 238 号]。

5、发起人简介

中信国安总公司系中国国际信托投资公司直属一级子公司，是以实业投资、经济开发为主业，兼营贸易、服务等业务，集科、工、贸为一体的跨行业、跨地区的综合性企业集团。

中信国安总公司成立于我国改革开放和建立社会主义市场经济体制时期的 1989 年，在中信公司和社会各界的大力支持下，业务发展十分迅速，在成立仅仅 8 年时间，从当初 150 万元投资开始，到目前已成为具有 34 亿元总资产、16 亿元净资产，行业涉及通讯、信息、房地产开发、宾馆饭店、旅游、工程建筑、商贸、广告、足球产业、科技开发等领域的综合性企业集团，现下辖北京国安电气总公司、北京国安广告总公司、北京中信国安工贸集团、北京国安国际足球实业集团、惠州市大亚湾国安实业集团公司、北海中信国安实业发展总公司、香港美食城管理集团等七大企业集团以及包括北京国安城市物业管理中心和北京国安足球俱乐部等其他直属、下属企业共计 70 余家，业务遍及全国各省市、港澳台地区及东南亚国家。

中信国安总公司经营项目主要集中于信息、房地产开发、饭店、旅游、广告和足球产业等方面。信息业务方面，中信国安总公司在通讯、计算机和信息相结合的领域取得了显著的成绩，开拓了移动通讯、卫星通讯、有线电视、信息传输四大业务，建立了先进的中信国安 VSAT 卫星专用通讯网和完善的世华国际金融信息传输服务系统，形成了集科研、生产、信息服务为一体的产业群体；房地产业务方面，中信国安总公司在北京、河北、广东、广西等地开发了一系列的商住、办公、旅游等方面房地产项目；饭店旅游业务方面，中信国安总公司已形成以香港美食城管理集团、北京国安宾馆和大型旅游娱乐项目"天下第一城"为主体的旅游服务产业；广告业务方面，中信国安总公司拥有全国十大广告公司之一的北京国安广告总公司，投资建成了亚洲第一超级广告视屏，并投资全国第二大广告公司精信广告有限公司，目前每年的营业额达 3 亿元人民币以上；足球产业方面，中信国安总公司从 1992 年开始投资成立北京国安足球俱乐部，经过 5 年的建设，北京国安足球俱乐部在球队比赛、球员培养和转会、足球广告、实业投资等方面形成了 完整的足球产业体系，在职业化方面走在全国前列，已成为全国最具实业的足球俱乐部之一。

国安总公司现有职工 3,000 多人，其中具有高级职称的 40 人，中级职称 794 人，管理人员中 86%具有大专以上学历，35 岁以下的青年职工占公司总人数的 78%。国安总公司领导班子年富力强，富有开拓创新精神，在他们的带领下，全体员工恪守"遵纪守法，作风正派；实事求是，开拓创新；谦虚谨慎，团结互助；勤勉奋发，雷厉风行"的中信风格，发扬"国安永远争第一"的企业精神，努力拓展国内、国际市场，取得了良好的经营业绩。

6、组织机构(见图示)

一、中信国安总公司组织结构图(改组前)

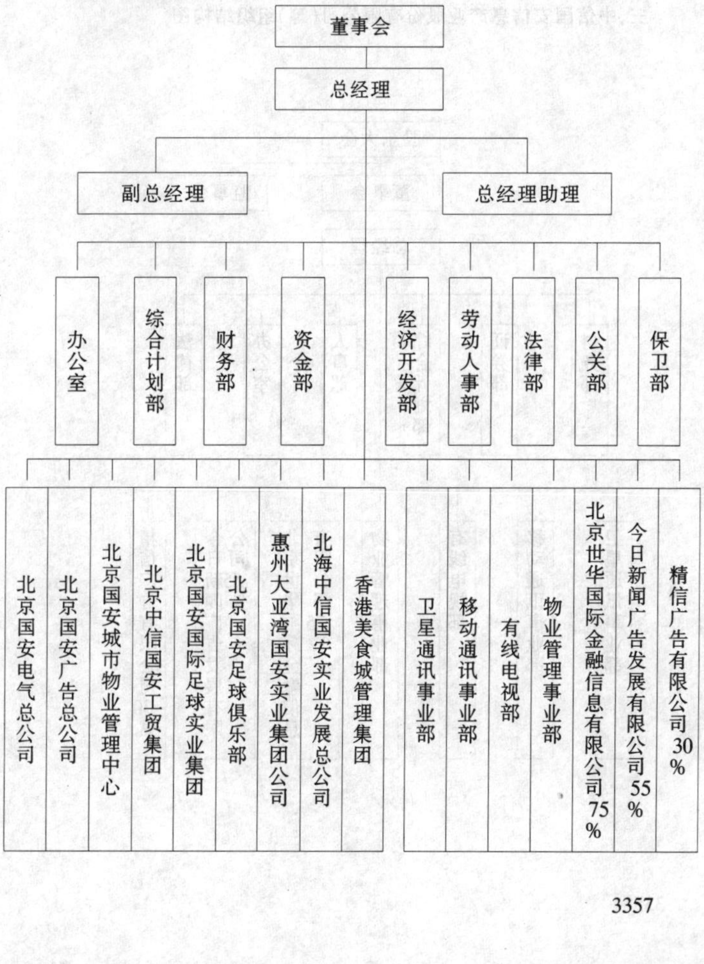

二、中信国安总公司组织结构图(改组后)

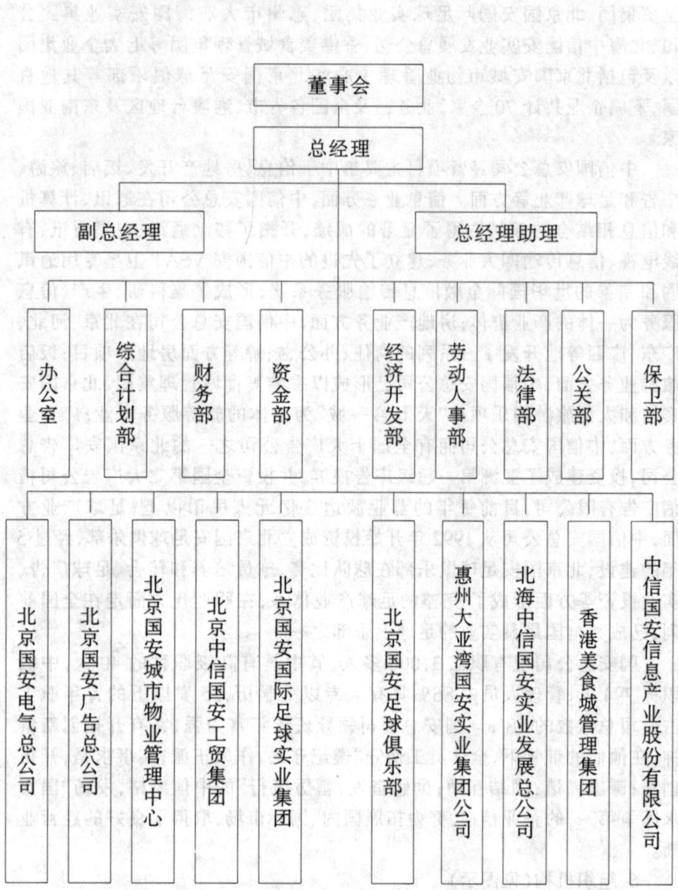

三、中信国安信息产业股份有限公司(筹)组织结构图

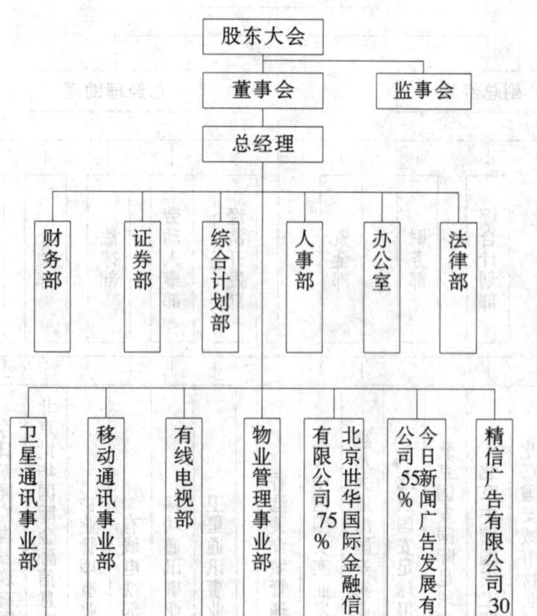

注:1、本公司四个经营部门,包括卫星通讯事业部、移动通讯事业部(风云、瑞信两个全资寻呼台和中信国安总公司与拥有信息网专营权部门合作的通讯信息项目武汉移动电话网、华英寻呼台)、有线电视部、物业管理事业部(北京国安宾馆、香河国安建设开发公司)。

2、本公司拥有的合资企业股权,其中包括:北京世华国际金融信息有限公司75%的权益、今日新闻广告发展有限公司55%的权益、精信广告有限公司30%的权益。

本公司下辖卫星通讯事业部、移动通讯事业部、有线电视部、物业管理事业部四个事业部门和北京世华国际金融信息有限公司、今日新闻广告发展有限公司、精信广告有限公司三个公司。四个事业部实行内部独立核算、对外独立开展业务活动的经营方式。

本公司的卫星通讯事业部成立于1992年,同年7月,开通了国内第一家对社会公开经营与服务的卫星通信网。采用美国HNS公司先进的TES卫星通讯系统,建立了语音与数据交换功能的中心控制站,速率满足9.6K至4MHZ各类用户的需要,主要实现了语言传输、数据传输、可视电话会议、计算机联网等多项功能。目前该网使用亚洲2号卫星转发器,已应用于国内石油开采,有色金属开采等工业领域。上网双向TES通讯卫星站40余个,成功地实现了大地域、高速度、全天候的工业通讯,为政府和社会提供了先进完善的通讯平台。卫星通讯具有覆盖区域广、不受地域限制、快捷、传输量大等优点,随着我国信息产业的发展,我国卫星通讯市场前景将更加广阔。

移动通讯事业部。本公司的移动通讯事业部于1989年开始经营无线寻呼业务,目前有5万余寻呼用户。本公司移动通讯事业部业务起步较早,拥有成熟的管理经验、较强的市场开拓意识,其先进的装备、熟练的技术和优质的服务赢得了广大用户的赞誉,业务近年来稳定上升,发展潜力很大。本公司称动通讯事业部与武汉电信局合建的蜂窝式无线移动电话通讯网,已于1992年3月开通,覆盖了武汉市和鄂东南八市县,可为本公司提供稳定增长的投资收益。

有线电视部。本公司的有线电视部利用具有国际先进水平的550MH$_Z$光电缆传输技术,在沈阳投资建设了有线电视网,光电缆总长度为2700公里,可传送50余套电视节目,可为110万用户提供收视服务。现已覆盖沈阳市和平、皇姑、大东等主要社区,目前已发展入网用户30万户,从规模、网络技术水准和频道资源等几项重要参数看,均居于国内有线电视行业前列。

物业管理事业部。本公司物业管理事业部主要负责管理北京国安宾馆、香河国安建设开发公司。北京国安宾馆地处繁华市区、交通便利,由于经营出色、管理有方,客房出租率一直在95%以上,在广大客户间树立了良好的形象。香河国安建设开发公司凭借自身实力承建了一系列工程项目,如我国大型旅游、娱乐项目"天下第一城"一期工程的整体建设等。香河国安建设开发公司以"设计新、质量好、工期短、守信誉"赢得了用户的好评,特别是在古建筑的建设方面,处于国内领先水平,在同业中具有较强的竞争实力。

北京世华国际金融信息有限公司利用卫星通讯、有线电视、互联网络建立的金融信息传输网络,以其现代化的通讯手段,先进的软件技术,丰富的信息内容,完善的售后服务受到有关部门的表扬和国内金融资讯用户的赞誉。该公司全天24小时提供国际、国内40余家期货、股票交易所实时交易行情,每日转发5万余字的国内外经济新闻,几十种分析参考报告,内容涵盖欧、美、日等国际17家著名金融中心及上海证券交易所、深圳证券交易所等20家国内证券、期货交易所的金融信息。该网仅期货终端用户达1000余个,国内市场占有率达60%以上。

今日新闻广告有限公司拥有亚洲最大的超辉度彩色显示大屏,该屏位于黄金地段一北京火车站,宽13.1米、高9米,每天滚动播放各类广告、新闻、经济信息等,经济效益良好。

精信广告有限公司是美国CREY国际广告集团的重要成员,也是国内最大的跨国广告公司之一,主要代理国外知名品牌在国内市场的广告,其营业额在1996年度全行业中排名第二。

本公司上市后,将充分利用国家和北京市扶持高新技术的优惠政策,继续以中信公司的综合实力为依托,密切注意国内外信息产业的高新技术及其产品市场的最新发展趋势,在合理规划产品布局的基础上,理顺企业内部经营机制,重点发展信息高技术产品,拓宽融资渠道,扩大产品市场占有率和企业规模,充分发挥人才、技术、资金等经营要素优势,努力提高经济效益,将本公司发展成为推动我国信息产业高速发展的生力军。本公司将重点采取以下措施:一、建立起符合市场运行机制的内部管理体制;二、巩固现有经营规模,扩大市场占有率;三、立足主营业务,开发新的经济增长点;四、加强风险防范措施,促进企业稳定健康发展。

7、发行人职工情况

截止到1997年6月,本公司职工人数为2,389人,大专以上文化程度1,744人,各类专业技术人员1,056人占总人数的44.2%,其中:高级技术职称30人,中级职称567人。本公司目前尚无离退休职工。公司成立以后,即根据国家有关部门规定拟与员工签订"全员劳动合同",本着国家、企业、个人三方负担的原则,组织职工参加退休基金、社会统筹,并按国家规定建立起企业福利、劳保、待业保险、养老保险等制度。

本公司在册职工学历、年龄、岗位结构分别如下:

(1)学历结构:

中　专:	324人
大专以上:	1744人

(2)年龄结构:

30岁以下:	976人
31-40岁:	1301人
41-50岁:	89人
51岁以上:	23人
离退休职工:	无

(3)岗位结构:

技术人员:	894人	占37.4%
管理人员:	367人	占15.4%
销售人员:	206人	占8.6%
财务人员:	162人	占6.8%
其它业务人员:	760人	占31.8%

8、业务经营范围

实业投资;卫星通讯、计算机信息传输网络工程、有线电视网络工程的安装、施工及服务;移动通讯的技术开发、技术服务、技术咨询;对广告行业的投资;房地产开发;物业管理等。

9、本公司主要业务

本公司主要业务集中于信息产业,是属于国家政策扶持、市场广阔的朝阳产业,具体业务包括:卫星通讯、网络工程、信息传输、有线电视、移动通讯和广告等。

10、研究与开发

本公司认为,通过对高科技成果的深度开发,面向市场持续推出高技术含量、高附加值的新产品,努力保持领先的技术优势,不断扩大自身的市场份额,是确保持续发展的基本前提。目前,本公司正在开发的产品有股票、期货通用的WINDOWS版网络软件等。

11、重组

本公司是对中信国安总公司进行部分改制,并对进入股份公司的资产进行了资产评估后,以评估后的净资产投入本公司,以中信国安总公司作为独家发起人,采取募集方式设立的股份有限公司。

本次资产重组的总体原则是提高资本运营效率,具体的重组原则如下:(1)避免同业竞争。资产重组后,股份公司主营业务主要集中于信息行业,中信国安总公司以实业投资、经济开发为主要业务。中信国安总公司已承诺不经营与股份公司相同的业务,以避免同业竞争。(2)产权关系明确。双方通过签定《资产重组协议》明确界定双立产权关系,协调处理好重组后各方的利益关系。(3)重组后,双方实行独立核算,其业务关系依市场规则维系,中信国安总公司已承诺若双方发生关联交易,将遵从有关法律、法规的要求,本着一般商业原则,公平合理的进行交易;就后勤保障问题,如单身宿舍等事项,双方将按《综合服务协议》执行。

中信国安总公司将下列单位的资产进行重组:

(1)中信国安总公司四个经营部门,包括卫星通讯事业部、移动通讯事业部(风云、瑞信两个全资寻呼台和中信国安总公司与拥有信息网络专营权利部门合作的通讯信息项目武汉移动电话网、华英寻呼台)、有线电视部、物业管理事业部(北京国安宾馆、香河国安建设开发公司)。

(2)本公司拥有的合资企业股权,包括:北京世华国际金融信息有限公司75%的权益、今日新闻广告发展有限公司55%的权益、精信广告有限公司30%的权益。

12、工业产权及无形资产的情况

根据中信国安总公司与本公司的重组协议约定,发起人投入到公司的无形资产主要有如下几项,无形资产的投入均已办理完成相应的法律手续,可以由本公司合法持有或使用。

(1)金融家软件:由公司控股之合资企业——北京世华国际金融信息有限公司研制完成,软件著作权属于该公司。

(2)休期公司软件系统:为中信国安总公司全资子公司国安电气总公司与美国休斯网络系统公司于1991年11月所签订的购买"卫星电话地球站(TES)室内单元"合同时,连带购买的该公司软件,根据前述合同约定国安电气总公司在改造该合同时,合法持有该软件。且经国安电气总公司征得休斯公司同意后该系统的使用包括其中所含的软件系统可由公司合法使用。

13、计划进行的项目

项目名称	总投资	本公司投资
中信国安卫星通信网项目	16,800	16,800
中国商品订货系统项目	7,000	6,000
医疗保健"金卫工程"试点项目	5,600	4,600
"3CNET"互联信息系统项目	19,608	10,000

14、政府的优惠政策

本公司执行33%的所得税赋,本公司控股子公司北京世华国际金融信息有限公司1994年~1996年度为免税年度,1997年为减免50%,执行7.5%所得税率。

15、关联交易

(1)中信国安总公司向本公司做出承诺,中信国安总公司不经营与本公司相同的业务,以避免同业竞争。

(2)本公司已与中信国安总公司签署了《综合服务协议》,就后勤保障问题,如单身宿舍等事项达成协议。

(3)本公司已与中信国安总公司签署了《重组协议》。中信国安信息产业股份有限公司以信息产业为主营业务,中信国安总公司则以实业投资、经济开发为主业,各自独立经营。

(4)中信国安总公司向本公司做出承诺,若改组以后发生关联交易,将遵从有关法律、法规的要求,依照市场规则,本着一般商业原则,公平合理的进行交易,将上报中国证券监督管理委员会。

(5)本公司与中信国安总公司有《经营承包协议》一份,承包经营座落于本市朝阳区关东店北街1号国安宾馆物业,建筑面积为9000平方米,承包期为1994年至2014年,1994年至1996年每年缴纳承包经营费230万元,1997年缴纳承包经营费241.5万元。协议中就具体的付费方式、方法等达成一致。

(6)本公司在其他应收款中,应收中信国安总公司4782.5万元;本公司在其他应付款中,应付中信国安总公司3048万元。(详细情况请参见北京会计师事务所出具的[97]京会师字第959号《审计报告》。)

十、筹委会成员、高级管理人员及重要职员

筹委会成员:

李士林先生,现年47岁,大专文化,历任北京国安实业发展总公司总经理、中信国安总公司总经理。现任中国国际信托投资公司董事、协理,兼中信国安总公司总经理、党委书记。本公司筹委会主任。

彭评选先生,现年47岁,大学文化,讲师。历任中信国安总公司总经理助理、北京国安电气总公司总经理。现任中信国安总公司副总经理。本公司筹委会副主任。

高为先生,现年35岁,大学文化,经济师。历任中信国安总公司总经理助理、北海中信国安实业发展总公司总经理。现任中信国安总公司副总经理。本公司筹委会成员。

罗宁先生,现年38岁,大专文化。历任北京国安电气总公司副总经理。现任中信通信项目管理有限责任公司常务副总经理。本公司筹委会

成员。

张建昕先生,现年35岁,大专文化。历任中信国安总公司企业管理部经理、惠州市大亚湾国安实业集团公司副董事长。现任中信国安总公司总经理助理。本公司筹委会成员。

梁玉田先生,现年53岁,大专文化,高级工程师。历任北京市第四市政工程公司高碑店污水处理厂工程指挥部第一副指挥、惠州市大亚湾"天下第一城"工程总指挥部常务副总指挥。现任香河国安建设开发公司总经理。本公司筹委会成员。

鄢钢先生,现年44岁,大专文化,编辑。历任北京华侨建设广告公司总经理、今日新闻广告发展有限公司总经理。现任中信国安总公司总经理助理。本公司筹委会成员。

夏桂兰女士,现年35岁,大专文化,经济师。历任北京国安宾馆总经理、惠州市大亚湾国安酒店董事、惠州市大亚湾国安实业集团公司副总经理、常务董事。现任中信国安总公司总经理办公会成员、国安城市物业管理中心总经理。本公司筹委会成员。

李恒发先生,现年40岁,大专文化,会计师。历任中信国安总公司计财部经理、资金处处长。现任中信国安总公司总经理办公会成员兼资金处处长。本公司筹委会成员。

孙亚雷先生,现年29岁,大学文化。历任惠州市大亚湾国安房地产开发公司总经理、惠州大亚湾国安经济开发股份有限公司总经理、惠州市大亚湾国安实业集团公司副总经理。现任惠州市大亚湾国安实业集团公司总经理。本公司筹委会成员。

公司董事、监事将由公司股东大会选举产生;高级管理人员将由公司董事会聘请。以上人员的薪资报酬及福利待遇等由公司董事会决定。进入本公司的筹委会成员已作出不双重任职的承诺,具体内容如下:

1、中信国安信息产业股份有限公司筹委会成员如果在中信国安总公司中担任高级管理职务,将不在中信国安信息产业股份有限公司(筹)中担任高级管理职务。

2、中信国安信息产业股份有限公司筹委会成员如果在中信国安信息产业股份有限公司(筹)中担任高级管理职务,将辞去中信国安总公司担任的高级管理职务。

十一、经营业绩

1、生产经营的一般情况

本公司主要业务集中于信息产业,是属于国家政策扶持、市场广阔的朝阳产业,具体业务包括:卫星通讯、网络工程、信息传输、有线电视、移动通讯和广告等。

本公司过去三年主要经营收入来源于信息产业,主营业务比较突出。本公司自94年以来各项收入增幅较大,其中信息产业的业务利润占68%,信息服务收入年均递增25.31%。

2、本公司过去三年营业记录(合并数)

根据北京会计师事务所出具的审计报告,本公司过去三年的经营业绩如下:

单位:元

项　目	1996年	1995年	1994年
主营业务收入	336,118,475.56	254,744,460.91	261,326,682.77
主营业务成本	135,934,758.49	90,236,469.86	104,095,959.64
利润总额	128,125,266.80	104,712,965.49	112,226,275.90
净利润	85,657,304.61	70,762,940.90	75,185,327.59

3、业务利润的主要构成

单位:人民币元

项　目	1996年度利润总额	1996年度净利润
(1)信息	86,712,288.98	57,910,609.44
(2)工程结算	33,491,601.25	22,439,372.84
(3)客房及餐饮	7,921,376.57	5,307,322.33
合　计	128,125,266.80	85,657,304.61

4、本公司的筹资能力

由于本公司经营状况良好,资金周转快,资信等级高,因此融资能力较强。另外,本公司成立后,资本和生产规模都将进一步扩大,新的利润增长点潜力很大,通过银行借贷的能力也将进一步提高。通过本次股票发行并上市,本公司还可以通过资本市场融资。

5、各下属公司及部门业务情况:

(1)本公司的金融信息传输业务。利用卫星通讯、有线电视、互联网络建立的金融信息传输网络,以其现代化的通讯手段,先进的软件技术,丰富的信息内容,完善的售后服务受到有关部门的表扬和国内金融资讯用户的赞誉。该网全天24小时提供国际、国内40余家期货、股票交易所实时交易行情,每日转发5万余字的国内外经济新闻,几十种分析参考报告,内容涵盖欧、美、日等国际17家著名金融中心及上海证券交易所、深圳证券交易所等20家国内证券、期货交易所的金融信息。该网仅期货终端用户达1000余个,国内市场占有率达60%以上。

(2)本公司的卫星通讯业务。经国家无线电管理委员会批准,并经亚洲卫星公司入网测试通过,本公司的卫星通讯网采用美国HNS公司先进的TES卫星通讯系统,建立了语音与数据交换功能的中心控制站,速率满足9.6K至4MHZ各类用户的需要,实现了语言传输、数据传输、可视电话会议、计算机联网等多项功能。目前该网使用亚洲2号卫星转发器,已经应用于国内石油开采,有色金属开采等工业领域。上网双向TES通讯卫星站40余个,成功地实现了大地域、高速度、全天候的工业通讯,为政府和社会提供了先进完善的通讯平台。随着我国信息产业的发展,我国卫星通讯市场前景更加广阔。

(3)本公司的有线电视业务。利用具有国际先进水平的550MH$_Z$光电缆传输技术,在沈阳投资建设了有线电视网,可传送50余套电视节目,从规模、网络技术水准和频道资源等几项重要参数看,均居于国内有线电视行业前列。

(4)本公司的移动通讯业务。本公司经营无线寻呼业务较早,以其先进的装备、熟练的技术和优质的服务赢得了广大用户的赞誉,本公司无线寻呼业务起步较早,拥有较高的知名度,发展潜力很大。

(5)广告业务。本公司经营广告业务的企业有今日新闻广告发展有限公司、精信广告有限公司,今日新闻广告有限公司拥有位于北京火车站、亚洲最大的超辉度彩色显示大屏,经济效益良好。1996年度精信广告有限公司的营业额在全行业中排名第二。

6、职工数量和业务水平的变化

信息技术企业成长的关键因素是人才资源,本公司始终注重职工队伍尤其是高素质科技人才队伍的建设。目前,本公司职工队伍无论在职工数量上还是业务水平上都有了很大的进步,本公司正是一贯重视人才工程建设战略决策和培养职工的敬业精神,才获得经济效益和社会效益的高速增长。

十二、股　本

1、拟注册股本:本次发行后拟注册股本为20,000万元。

2、股本形成过程

截止招股说明书签署日,发行人股本总额15,000万股,中信国安总公司以经评估确认后的部分经营性资产18,000万元,并经国资企发[1997]151号文批复,折成15,000万股,经北京会计师事务所[97]京会师字第990号验资报告验证,发起人的股本金已全部到位。

3、超过面值缴入的资本及其用途

发起人认购股份超过面值缴入的资本共3,000万元,全部计入资本公积金。

4、本次设立发行时股本结构、主要股东及其持股情况

股本结构	股份(万股)	所占比例(%)
国有法人股	15,000	100%
总　计	15,000	100%

股　东	股份(万股)	持股比例(%)
中信国安总公司	15,000	100%

5、本次发行后的股本结构

股本结构	股份(万股)	所占比例(%)
国有法人股	15,000	75%

社会公众股	5,000	25%
其中:公司职工股	500	2.5%
总　计	20,000	100%

注:本次发行中,5,000万股社会公众股的10%,即500万股为公司职工股。根据现行规定,公司职工股票在本次发行的社会公众股上市半年后方可上市流通。

6、本次发行前后净资产总额及每股净资产

1997年5月北京会计师事务所对本公司的资产情况进行了审计、验证,截止到1997年3月31日,本公司净资产为18,000万元,每股净资产1.20元,如本次公开发行达到预期目标,则本公司股本将增加到20,000万股,净资产总额52,330万元,每股净资产增至2.62元。本次A股发行后,溢价部分扣除发行费用后全部列入资本公积金。

7、筹委会成员、高级管理人员及重要职员持股情况

截止到本招股说明书签署之日,本公司筹委会成员,及拟在本公司任职的高级管理人员及重要职员均未持有本公司股票。

8、股票回购程序

本公司除非因减少资本等特殊情况,不得回购本公司已发行的股票,如经股东大会特别决议减少公司资本需回购本公司已发行股票时,将申请政府主管部门和中国证监会批准,并予以公告披露。

十三、债　项

截至1997年3月31日,本公司债项主要为:

1、一年内到期的长期借款

金额(元)	期限	年利率	借款条件
24,000,000	96.12.16-97.12.15	11.088%	担保

2、短期借款

行次	1997年3月31日金额(元)	期限	年利率(%)	借款条件
1	2,000,000.00	96.9.26-97.4.25	11.088	担保
2	1,500,000.00	96.8.1-97.7.1	11.088	担保
3	5,200,000.00	97.1.28-97.11.28	11.088	担保
4	2,000,000.00	97.1.27-97.10.10	11.088	担保
5	1,000,000.00	97.1.27-97.10.10	11.088	担保
6	2,900,000.00	96.11.26-97.11.2	11.088	担保
7	3,000,000.00	96.12.30-97.10.22	10.080	担保
8	16,596,400.00	97.1.1-98.1.1	浮动	担保
9	2,000,000.00	96.12.20-97.9.20	18.600	担保
合计	36,196,400.00			

截止1997年3月31日,本公司无公司债、对内部人员及关联企业无负债。

主要借款合同情况:本公司与建行铁道支行、朝阳工行、中国新技术创业投资公司的贷款合同。涉及总金额2449.64万元,均为短期借款。

本公司无承诺事项。

十四、主要固定资产

截止1997年3月31日,本公司固定资产净值为148,599,356.24元,主要包括如下几类:

单位:人民币元

固定资产类别	原　值	累计折旧	净　值
房屋及建筑物	599,297.80	160,027.89	439,269.91
专用设备	164,054,494.75	35,366,996.36	128,687,498.39
交通运输设备	13,914,900.14	4,056,779.86	9,858,120.28
通用设备	10,879,401.69	4,256,160.99	6,623,240.70
其　他	4,499,764.45	1,508,478.66	2,991,285.79
合　计	193,947,858.83	45,348,443.76	148,599,415.07

固定资产简介:

房屋及建筑物主要包括办公用房等;

专用设备主要包括无线寻呼接发设备、交换机、卫星接发设备和大量的计算机系统等;

交通运输设备主要包括卡玛斯、斯科达大型重载货车等;

通用设备主要包括空调、计算机等;

其他设备主要包括影视器材、办公用品、检测仪器等。

十五、财务会计资料

1、以下财务会计资料摘自北京会计师事务所〔97〕京会师字第959号

(1)合并资产负债表

(2)合并利润表

(3)合并财务状况变动表

2、母公司报表

(1)母公司资产负债表

(2)母公司利润表

(3)母公司财务状况变动表

3、主要财务指标

指标名称	1996年	1995年	1994年
流动比率	1.31	1.67	1.55
速动比率	1.24	1.55	1.41
资产负债率(%)	50	41	41
应收帐款周转率(次)	7.71	7.33	10.74
存货周转率(次)	9.93	6.58	8.26
净资产收益率(%)	47	38	51
每股净资产(元)	1.21	1.24	0.99
每股净利润(元)	0.57	0.47	0.50

4、重要会计政策

(1)本公司执行《股份制试点企业会计制度》,控股子公司北京世华国际金融信息有限公司、今日新闻广告发展有限公司执行《外商投资企业会计制度》。

(2)会计期间　本公司会计年度自公历1月1日起至12月31日止。

(3)合并报表的编制方法

a、合并会计报表根据财政部《合并会计报表暂行规定》编制。投资项目按股权比例,合作项目按原签订的合同及协议编制。本公司合并报表的子公司包括:

公司名称	注册资本	公司持权比例	业务性质
北京世华国际金融信息有限公司	50万美元	75%	信息服务
今日新闻广告发展有限公司	450万美元	55%	广告

(4)记帐原则和计价基础

本公司采用权责发生制原则,以实际成本为计价基础。

(5)计帐本位币

以人民币为计帐本位币。

(6)外币折算方法

外币业务发生时,以中国人民银行公布的当日市场汇价折合人民币计帐,年末对有关外币帐户余额按期末市场汇价调整,差额计人财务费用。

(7)存货计价方法

本公司存货以实际成本计价,采用加权平均法结转成本,低值易耗品采用五五摊销法。

(8)坏帐准备

坏帐损失采用直接转销法核算,符合下列条件且经过有关部门批准的即确认为坏帐:(1)因债务人破产或死亡,以其破产或遗产清偿后,仍不能收回的应收帐款;(2)因债务人逾期未履行偿债义务超过三年仍不能收回的应收帐款。

(9)长期投资核算方法

本公司投资额占被投资企业资本总额20%以上时采用权益法核算,其中投资额占被投资企业资本总额50%以上或实际具有控制权的子公司纳入合并会计报表。

(10)固定资产及其折旧

本公司固定资产为使用年限在一年以上且单位价值在2000元以上的房屋建筑物、机器设备、运输工具及其他与生产经营有关的设备、工具

等。固定资产以实际成本计价,并扣除预留残值按直线法计提折旧,各类固定资产折旧年限及折旧率如下:

分类	使用年限	残值率	年折旧率
房屋及建筑物	30~40	3%	2.4%~3.2%
专用设备	5~15	3%	6.5%~19.4%
运输设备	8~14	3%	6.9%~12.1%
通用设备	5~8	3%	12.1%~19.4%
其　他	5	3%	19.4%

(11)无形资产、递延资产及其摊销

无形资产、递延资产以实际成本计价,按受益年限摊销。

(12)收入实现的确认

本公司以产品已经发出或劳务已经提供,并收到货款或取得收取价款凭据时,确认销售收入的实现。

(13)税项

A、增值税

按应纳增值税销售收入的17%计算销项税,抵扣进项税后的余额缴纳。

B、营业税

营业税3%~5%

C、所得税

本公司执行33%的所得税率,外商投资企业北京世华国际金融信息有限公司1994年~1996年度为免税年度,1997年为减免50%,执行7.5%所得税率。

(14)利润分配

根据本公司章程,净利润按下列顺序分配

A、弥补亏损

B、提取法定公积金10%

C、提取法定公益金5%~10%

D、提取任意公积金

E、支付普通股股利

十六、资产评估

为向社会公众公开发行股票,1997年5月,本公司委托北京德威评估公司,以1997年3月31日为基准日,对发起人投入本公司的全部资产进行了评估,北京德威评估公司为此出具的"中信国安信息产业股份有限公司(筹)资产评估报告"已获得国家国有资产管理局1997年6月26日国资评〔1997〕562号文的确认,依据资产评估报告,发起人投入本公司的全部资产、负债和净资产在评估基准日所表现的评估价值如下:

单位:千元

项　目	帐面原值	帐面净值	调整后净值	重置价值	评估价值	增加值	增加率
流动资产		179,898.8	179,630.3		181,639.9	2,009.6	1.12%
长期投资		43,920.0	43,920.0		48,102.1	4,182.0	9.52%
在建工程		6,600.5	0.00				
机器设备	146,407.2	106,489.9	113,342.6	128,527.7	109,285.0	-4,057.6	-3.58%
其它资产		1,240.3	1,256.7		1,256.7	0.00	0.00%
资产总额		338,149.6	338,149.6	128,527.7	340,283.7	2,134.0	0.63%
流动负债		136,280.5	136,280.5		136,283.7	3.2	0.00%
长期负债		24,000.0	24,000.0		24,000.0	0.00	0.00%
负债总额		160,280.5	160,280.5		160,283.7	3.2	0.00%
净资产		177,869.1	177,869.1		180,000.0	2,130.9	1.20%

注:1)表中"-"号表示评估减值或减值率;

2)北京会计师事务所京会师字〔97〕第959号《审计报告》已据此调帐。

资产评估时采用的主要评估方法

机器设备采用重置成本法;流动资产及各项负债在调查核实调整分析的基础上,以帐面值计算评估值;对长期投资以帐面值确定评估值和按被投资企业资产负债表中的净资产及本公司投资比例确定评估值。

十七、盈利预测

本招股说明书提醒投资者,鉴于盈利预测所依据的种种假设的不确定性,投资者在进行投资判断时不应过于依赖本节资料。

1、盈利预测的编制基础与基本假设

(1)编制基础

本盈利预测是参照公司1994—1996年度经营业绩及公司1997年生产经营计划、生产能力、市场占有率、潜力和企业发展规划,遵循我国的现行法律、法规的有关规定和股份制试点企业财务会计制度,按照公认的会计原则,采用规定的计算方法,本着求实、稳健的原则编制的,会计处理方法符合一贯性原则。

(2)基本假设

1)公司所遵循的国家现行法律、法规、制度、及公司所在地的社会政治、经济政策无重大变化。

2)公司各项经营业务所涉及地区的有关现行政策、法律、法规及其它经济环境无重大变化。

3)公司在盈利预测期间,有关税率、利率及市场行情在正常范围内变化。

4)公司计划的投资项目能如期完成。

5)无其它人力不可抗拒和不可预见的因素造成重大不利影响。

2、盈利预测编制说明

A.1997年预计收入比1996年增加2.3亿元,主要原因是新增项目产生的收入,新增项目为沈阳数字移动电话网工程费收入、卫星通讯网转发器租金及工程费收入、工商企业信息管理系统收入。根据可行性报告,各项目的实施均具有多项有利保障条件:

1)各项目是国家优先发展及支持的信息通讯业务,其实施完成可为国家经济建设、信息通讯提供有利支持,因此,在国家产业政策上享有优惠;

2)公司已先后建立并经营了信息通讯系统,在人员、设备、管理等方面均奠定了坚实的基础,因此,在技术管理方面占有优势;

3)公司利用新技术,带来成本费用上的优势,在价格上采用低价竞争,这给进入市场提供了有利支持;

4)在市场上占有优势;

5)有关项目已与有关部门签定了合作协议。根据上述几项分析,新增项目的实施与完成是完全可行的。

B.1997年预计成本比1996年增加1.8亿元,主要原因是增加营业收入而增加的营业成本,包括新建48芯光缆72公里、16芯光缆91公里、光传输设备40套、基站电源50套、移动交换局一个以及相应配套设备等。

C.1997年预计销售费用、管理费用分别比1996年增加1,000万元、3,100万元,主要原因是增加新项目产生的费用,包括人员工资、福利、差旅费、办公费、折旧费等。

D.1997年预计财务费用比1996年增加920万元,主要原因是增加新项目产生的占用费。

E.1997年预计营业税金及附加比1996年增加790万元,主要原因是增加新项目应缴纳营业税金及附加;

新增项目前期成本费用较高,因此1997年预计净利润与1996年基本持平。

3、经北京会计师事务所审核的1997年盈利预测表:

单位:人民币万元

序号　项　　目	1997年1-3月 实际数	1997年4-12月 预测数	合计数
一、主营业务收入	6,832.33	49,774.97	56,607.30
减:营业成本	2,864.61	26,760.37	29,624.98
销售费用	350.36	2,203.44	2,553.80
管理费用	1,225.99	6,742.91	7,968.90
财务费用	92.99	872.01	965.00
营业税金及附加	224.49	1,677.29	1,901.78
二、主营业务利润	2,073.89	11,518.95	13,592.84

加:其它业务利润	1.47	15.23	16.07
三、营业利润	2,075.36	11,534.18	13,609.54
加:投资收益	(18.41)	512.87	494.46
营业外收入	3.00	20.00	23.00
减:营业外支出	2.29	14.01	16.30
四、利润总额	2,057.66	12,053.04	14,110.70
减:所得税	538.50	3,560.13	4,098.63
减:少数股东损益	167.00	1,268.26	1,435.26
五、净利润	1,352.16	7,224.65	8,576.81

十八、公司发展规划

1、发展战略

随着世界经济由工业化向信息化的过渡,各国家都非常重视信息产业。我国"九五"规划把信息产业列入发展的重点,给信息产业带来了良好的发展机遇。通过此次A股发行并上市,本公司将进入一个全新的高速发展时期。本公司的发展战略为:

充分利用国家和北京市扶持高新技术产业的优惠政策,继续以中国国际信托投资公司的综合实力为依托,密切注意国内外信息产业的高新技术及其产品市场的最新发展趋势,在合理规划产品布局的基础上,理顺企业内部经营机制,重点发展信息高技术产品;拓宽持续融资渠道,扩大产品市场占有率和企业规模;充分发挥人才、技术、资金等经营要素优势,提高经济效益,将本公司发展成为我国信息产业的生力军和领头羊。

2、发展目标和规模

本公司发展目标和规模是:到2000年,本公司总资产将达到20亿元,利税总额达到3亿元。本公司计划在未来十年中保持高速成长,并发展成为技工贸一体化的大型高新技术企业。

3、发展规划

巩固和发展信息主营业务,利用本公司目前业已形成的技术优势和生产规模,加大技术改造力度,在扩大经营规模的基础上,提高本公司在信息行业的竞争实力,同时本公司对精选的项目进行投资、开发和生产,以获得新的利润增长点,增强企业的发展后劲。

1)改造、扩建已有的卫星通信网。运用国际上最先进的VSAT技术建设中信国安卫星通信网,这个项目建成后将成为国内第二大卫星通信网,不仅具有语音传输功能,而且可对各种文字信息、图片信息作数据处理后进行传输,技术功能更加全面,到2000年,卫星小站规模将达到500个左右。

2)建立"世华信息系统研究中心",完善金融信息网络。对现有"金融家"软件和信息系统进行更新换代;通过对信息进行深加工,为客户提供更可靠、更全面的投资咨询服务。到本世纪末,在全国建立20个办事机构,市场占有率由现在的62%提高到80%。

3)加速无线寻呼业务发展。在上规模、上档次、上水平、上质量等方面下工夫,扩大经营规模和范围。到本世纪末,本公司无线寻呼在北京市场占有率达到16%左右。

4)加速发展项目,培育新的经济增长点。开发建设中国商品订货系统、医疗保健"金卫工程"试点项目和"3CNET"互联信息系统项目,为公司发展增添后劲,确保效益的持续增加。

4、具体措施:

1)加强市场调查和市场研究工作,强化内部管理机制,完善经营决策系统。

2)合理引进国外先进的技术和设备,扩大市场规模,保持技术、设备在同行中领先。

3)公司加强技术人才、管理人才的梯队建设,大力培养复合型人才,建立完善的人才利用机制。

十九、重要合同及重大诉讼事项

1、本公司履行中的重要合同共五项:

(1)1997年7月,筹委会与中信国安总公司签订《重组协议》就双方的资产划分、债务划分、未分配利润及盈余公积金的分配税费等有关的事宜作出安排。

(2)公司与建行铁道支行、朝阳工行、中国新技术创业投资公司的贷款合同。涉及总金额2449.64万元,均为短期借款。具体内容如下:

贷款单位	1997年3月31日金额	期　限	年利率
建行铁道支行	2,900,000.00	96.11.26-97.11.2	11.088
朝阳工行	3,000,000.00	96.12.30-97.10.22	10.080
朝阳工行(美元)	16,596,400.00	97.1.1-98.1.1	浮动
中国新技术创业投资公司	2,000,000.00	96.12.20-97.9.20	18.600
合　计	24,496,400.00		

(3)1997年6月,公司与北京证券有限公司签订关于公开发行股票的承销协议,由北京证券有限公司担任公司股票发行的主承销商和上市推荐人,并就北京证券有限公司以余额包销方式承销公司公开发行的5000万股人民币A股的有关事宜作出安排。

(4)1997年7月,筹委会与中信国安总公司就单身宿舍等问题签订了《综合服务协议》。

(5)本公司与中信国安总公司有《承包经营协议书》一份,承包经营座落于北京朝阳区关东店北街1号之国安宾馆物业,建筑面积为9000平方米,承包期为1994年至2014年,1994年至1996年每年缴纳承包经营费230万元,1997年缴纳承包经营费241.5万元。协议中就具体的付费方式、方法等达成一致。

经信利律师事务所审查,认为中信国安信息产业股份有限公司(筹)所订立的重要合同的基本内容和程序均未违背国家有关法律和法规。

2、本公司无重大诉讼事件

二十、其他重要事项

本公司无其他重要事项

二十一、招股说明书及备查文件查阅地点

1、查阅地点:以下各种备件文件将陈放在本公司和主承销商的办公地点,投资者在本公司股票发行的承销期内可到上述地点查阅。

2、查阅时间:本次股票发行期间

3、备查文件:

1)审计报告

2)中国国际信托投资公司和国家经济体制改革委员会同意设立"中信国安信息产业股份有限公司"的批准文件。

3)承销协议

4)辅导工作报告

5)中国国际信托投资公司关于辅导报告的评估验收函

6)深圳证券交易所同意中信国安信息产业股份有限公司(筹)上市的承诺函

7)国家国有资产管理局国资企发〔1997〕562号文《对中信国安总公司组建股份有限公司并发行A种上市股票项目资产评估结果的确认批复》

8)国家国有资产管理局国资评〔1997〕151号文《关于中信国安信息产业股份有限公司(筹)国有股权管理问题的批复》

9)重要合同

10)其它有关文件

中信国安信息产业股份有限公司(筹)

一九九七年九月十八日

合并利润表

编制单位:中信国安信息产业股份有限公司(合并)　　　　单位:人民币元

项　　目	行次	1997年1—3月	1996年	1995年	1994年
一、主营业务收入	1	68,323,290.65	336,118,475.56	254,744,460.91	261,326,682.77
减:营业成本	2	28,646,134.18	135,934,758.49	90,236,469.86	104,095.959.64
销售费用	3	3,503,612.31	15,396,063.13	9,183,776.85	4,816,698.07
管理费用	4	12,259,902.70	47,818,831.51	41,240,461.17	33,114,531.21
财务费用	5	929,861.33	429,059.15	2,342,541.38	1,144,117.19
进货费用	6	—	—	—	—
营业税金及附加	7	2,244,900.44	11,115,184.06	8,040,740.32	8,434,463.93
	8				
二、主营业务利润	9	20,738,879.69	125,424,579.22	103,700,471.33	109,720,912.73
加:其他业务利润	10	14,708.07	553,320.86	150,964.17	1,348.96
	11				
三、营业利润	12	20,753,587.76	125,977,900.08	103,851,435.50	109,722,261.69
加:投资收益	13	(184,118.13)	1,515,897.92	750,277.40	2,542,597.11
营业外收入	14	30,000.00	734,464.04	557,478.04	468,001.42
减:营业外支出	15	22,940.24	102,945.24	446,225.45	506,584.32
加:以前年度损益调整	16	—	(50.00)	—	—
	17				
四、利润总额	18	20,576,529.39	128,125,266.80	104,712,965.49	112,226,275.90
减:所得税	19	5,385,067.07	35,640,122.69	26,185,603.90	33,783,731.26
减:少数股东本期损益	20	1,670,005.57	6,827,839.50	7,764,420.69	3,257,217.05
	21				
五、净利润	22	13,521,456.75	85,657,304.61	70,762,940.90	75,185,327.59

母公司利润表

编制单位:中信国安信息产业股份有限公司(筹)　　　　单位:人民币元

项　　目	行次	1997年1—3月	1996年	1995年	1994年
一、主营业务收入	1	50,656,646.86	268,168,403.73	191,442,947.18	227,901,462.46
减:营业成本	2	24,796,928.12	118,084,886.84	73,680,196.01	94,856,891.84
销售费用	3	2,695,356.69	11,217,195.37	6,548,123.52	3,964,233.62
管理费用	4	7,453,363.32	28,463,330.70	29,534,620.11	23,306,185.18
财务费用	5	272,910.39	1,032,220.10	1,271,548.53	607,542.40
进货费用	6	—	—	—	—
营业税金及附加	7	1,754,409.89	8,957,255.43	6,161,151.92	7,377,241.47
	8				
二、主营业务利润	9	13,683,678.45	100,413,515.29	74,247,307.09	97,789,367.95
加:其他业务利润	10	14,708.07	453,304.46	150,964.17	1,348.96
	11				
三、营业利润	12	13,698,386.52	100,866,819.75	74,398,271.26	97,790,716.91
加:投资收益	13	4,580,142.86	18,310,183.55	21,245,759.96	10,285,614.80
营业外收入	14	—	—	130.00	59,675.28
减:营业外支出	15	20,100.00	99,658.18	418,129.93	415,920.23
加:以前年度损益调整	16	—	(50.00)	—	—
	17				
四、利润总额	18	18,258,429.38	119,077,295.12	95,226,031.29	107,720,086.76
减:所得税	19	4,736,972.63	33,419,990.51	24,463,090.39	32,534,759.17
	20				
五、净利润	21	13,521,456.75	85,657,304.61	70,762,940.90	75,185,327.59

合并资产负债表

编制单位:中信国安信息产业股份有限公司(合并)　　　　单位:人民币元

资　　产	行次	1997年3月31日	1996年12月31日	1995年12月31日	1994年12月31日
流动资产:					
货币资金	1	26,016,928.57	40,957,444.18	29,355,001.64	19,934,538.81
短期投资	2	—	—	—	—
应收票据	3	—	—	.—	—
应收帐款	4	59,006,201.09	42,020,486.36	45,208,299.20	24,328,648.01
减:坏帐准备	5	—	—	—	—
应收帐款净额	6	59,006,201.09	42,020,486.36	45,208,299.20	24,328,648.01

资　　产	行次	1997年3月31日	1996年12月31日	1995年12月31日	1994年12月31日
预付货款	7	31,270,064.15	33,123,254.38	27,961,115.35	42,429,707.35
其他应收款	8	106,275,932.56	100,093,803.06	81,405,295.29	38,324,650.69
待摊费用	9	2,190,493.00	1,336,822.48	860,455.32	1,172,357.97
存货	10	11,526,988.54	12,549,812.24	14,825,250.08	12,604,031.17
待处理流动资产净损失	11	—	—	7,687.23	—
一年内到期的长期债券投资	12	—	—	70,000.00	—
其他流动资产	13	—	—	—	—
流动资产合计	15	236,286,607.91	230,081,622.70	199,693,104.11	138,793,934.00
长期投资：					
长期投资	16	22,946,158.16	26,243,450.98	25,708,691.47	25,706,438.58
其中：合并价差	17	(2,156,998.53)	—	—	—
固定资产：					
固定资产原价	18	193,947,858.83	182,472,706.93	139,734,162.32	35,570,700.20
减：累计折旧	19	45,348,443.76	40,320,571.15	20,760,965.64	5,776,478.57
固定资产净值	20	148,599,415.07	142,152,135.78	118,973,196.68	29,794,221.63
在建工程	21	—	2,601,934.57	4,533,260.06	84,180,567.02
固定资产清理	22	—	—	—	—
待处理固定资产净损失	23	—	—	—	—
固定资产合计	30	148,599,415.07	144,754,070.35	123,506,456.74	113,974,788.65
无形资产及递延资产：					
无形资产	31	2,009,030.34	—	—	—
递延资产	32	3,964,974.85	4,105,807.15	5,865,695.30	5,665,555.16
无形资产及递延资产合计	33	5,974,005.19	4,105,807.15	5,865,695.30	5,665,555.16
其他长期资产：					
其他长期资产	34	—	—	—	—
递延税项					
递延税款借项	35	—	—	—	—
资产总计	40	413,806,186.33	405,184,951.18	354,773,947.62	284,140,716.39
负债及股东权益					
流动负债：					
短期借款	41	36,196,400.00	33,496,400.00	29,134,800.00	25,748,200.00
应付票据	42	—	—	—	—
应付帐款	43	48,477,724.41	48,695,305.96	18,114,507.18	19,589,639.44
预收帐款	44	39,326,134.66	37,128,537.92	39,860,801.48	5,669,542.09
应付福利费	45	934,408.92	780,066.03	680,642.03	398,436.61
未付股利	46	—	—	—	—
未交税金	47	14,919,643.83	13,115,703.26	8,347,008.98	5,191,827.42
其他未交款	48	332,913.67	305,743.90	182,964.76	114,091.64
其他应付款	49	47,698,889.19	36,735,519.03	11,877,722.74	16,017,428.67
预提费用	50	5,991,554.70	4,908,909.02	11,422,120.19	17,012,238.46
一年内到期的长期负债	51	24,000,000.00	—	—	—
其他流动负债	52	—	—	—	—
流动负债合计	55	217,877,669.38	175,166,185.12	119,602,567.36	89,741,404.33
长期负债：					
长期借款	56	—	28,600,000.00	27,400,000.00	27,800,000.00
应付债券	57	—	—	—	—
长期应付款	58	—	—	—	—
其他长期负债	59	—	—	—	—
长期负债合计	60	—	28,600,000.00	27,400,000.00	27,800,000.00
递延税项：					
递延税款贷项	61	—	—	—	—
负债合计	62	217,877,669.38	203,766,185.12	147,020,567.36	117,541,404.33
少数股东权益		15,928,516.95	19,886,181.88	21,350,767.46	17,916,970.17
股东权益：					
股本	64	150,000,000.00	81,702,894.32	83,775,921.26	83,471,986.73
资本公积	65	30,000,000.00	9,222.30	9,222.30	9,222.30
盈余公积	66	—	3,898,130.53	2,425,894.36	521,200.05
其中：公益金	67	—	—	—	—
未分配利润	68	—	95,922,337.03	100,191,574.88	64,679,932.81
外币报表折算差额	69	—	—	—	—
股东权益合计	70	180,000,000.00	181,532,584.18	186,402,612.80	148,682,341.89
负债与股东权益合计	80	413,806,186.33	405,184,951.18	354,773,947.62	284,140,716.39

母公司资产负债表

编制单位:中信国安信息产业股份有限公司(筹)　　　　单位:人民币元

资　　产	行次	1997年3月31日	1996年12月31日	1995年12月31日	1994年12月31日
流动资产:					
货币资金	1	18,765,640.46	28,824,589.46	24,474,301.82	15,884,679.17
短期投资	2	—	—	—	—
应收票据	3	—	—	—	—
应收帐款	4	59,006,201.09	42,020,486.36	45,208,299.20	22,005,565.73
减:坏帐准备	5	—	—	—	—
应收帐款净额	6	59,006,201.09	42,020,486.36	45,208,299.20	22,005,565.73
预付货款	7	31,103,074.86	31,910,914.59	23,839,456.64	40,380,166.47
其他应收款	8	61,718,286.91	60,093,549.50	53,135,247.34	26,360,397.18
待摊费用	9	1,099,151.96	459,013.14	58,245.26	817,750.18
存货	10	9,947,553.11	10,808,818.63	12,630,766.83	10,462,634.26
待处理流动资产净损失	11	—	—	7,687.23	—
一年内到期的长期债券投资	12	—	—	70,000.00	—
其他流动资产	13	—	—	—	—
流动资产合计	15	181,639,908.39	174,117,371.68	159,424,004.32	115,911,192.99
长期投资:					
长期投资	16	48,102,068.41	47,161,696.30	48,872,631.65	46,060,908.25
固定资产:					
固定资产原价	18	143,254,636.52	131,082,728.05	98,001,690.43	30,188,077.13
减:累计折旧	19	33,969,636.52	30,635,187.37	17,587,882.02	4,789,673.13
固定资产净值	20	109,285,000.00	100,447,540.68	80,413,808.41	25,398,404.00
在建工程	21	—	2,130,064.57	2,636,243.16	42,795,824.17
固定资产清理	22	—	—	—	—
待处理固定资产净损失	23	—	—	—	—
固定资产合计	25	109,285,000.00	102,577,605.25	83,050,051.57	68,194,228.17
无形资产及递延资产:					
无形资产	26	1,240,311.80	—	—	—
递延资产	30	16,368.00	—	—	—
无形资产及递延资产合计	35	1,256,679.80	—	—	—
其他长期资产:					
其他长期资产	36	—	—	—	—
递延税项:					
递延税款借项	37	—	—	—	—
资产总计	40	340,283,656.60	323,856,673.23	291,346,687.54	230,166,329.41
负债及股东权益					
流动负债:					
短期借款	41	14,600,000.00	11,900,000.00	7,500,000.00	5,850,000.00
应付票据	42	—	—	—	—
应付帐款	43	48,387,770.35	48,605,351.90	17,940,571.12	18,413,936.98
预收帐款	44	31,755,606.35	31,067,406.35	30,328,443.26	—
应付福利费	45	708,416.20	610,367.98	437,297.93	325,795.15
未付股利	46	—	—	—	—
未交税金	47	11,745,978.75	10,700,622.20	7,427,756.00	4,869,492.05
其他未交款	48	332,913.67	305,743.90	182,964.76	114,091.64
其他应付款	49	28,652,971.28	10,534,596.72	6,563,527.41	7,098,433.24
预提费用	50	100,000.00	0.00	7,163,514.26	17,012,238.46
一年内到期的长期负债	51	24,000,000.00	—	—	—
其他流动负债	52	—	—	—	—
流动负债合计	55	160,283,656.60	113,724,089.05	77,544,074.74	53,683,987.52
长期负债:					
长期借款	56	—	28,600,000.00	27,400,000.00	27,800,000.00
应付债券	57	—	—	—	—
长期应付款	58	—	—	—	—
其他长期负债	60	—	—	—	—
长期负债合计	61	—	28,600,000.00	27,400,000.00	27,800,000.00
递延税项:					
递延税款贷项	62	—	—	—	—
负债合计	65	160,283,656.60	142,324,089.05	104,944,074.74	81,483,987.52
股东权益:					
股本	66	150,000,000.00	81,702,894.32	83,775,921.26	83,471,986.73
资本公积	67	30,000,000.00	9,222.30	9,222.30	9,222.30
盈余公积	68	—	3,898,130.53	2,425,894.36	521,200.05
其中:公益金	69	—	—	—	—
未分配利润	70	—	95,922,337.03	100,191,574.88	64,679,932.81
股东权益合计	75	180,000,000.00	181,532,584.18	186,402,612.80	148,682,341.89
负债及股东权益合计	80	340,283,656.60	323,856,673.23	291,346,687.54	230,166,329.41

合并财务状况变动表

编制单位：中信国安信息产业股份有限公司（合并）　　1996 年度　　单位：人民币元

流动资金来源和运用	行次	金额	流动资金各项目的变动	行次	金额
一、流动资金来源			一、流动资产本年增加数		
1、本年净利润	1	85,657,304.61	1、货币资金	41	11,602,442.54
加：不减少流动资金的费用和损失			2、短期投资	42	
(1)少数股东本年起损益（亏损以"－"表示）	2	6,827,839.50	3、应收票据	43	
(2)固定资产折旧	3	6,559,605.51	4、应收帐款净额	44	－3,187,812.84
(3)无形资产、递延资产及其他资产摊销（减其他负债转销）	4	1,759,888.15	5、预付货款	45	5,162,139.03
			6、其他应收款	46	18,688,507.77
(4)固定资产盘亏（减盘盈）	5	8,377.88	7、待摊费用	47	476,367.16
(5)清理固定资产损失（减收益）	6	83,990.30	8、存货	48	－2,275,437.84
(6)递延税项	7		9、待处理流动资产损失（减收益）	49	－77,687.23
(7)其他不减少流动资金费用和损失	8		10、一年内到期的长期债券投资	50	
小计	10	100,891,005.95	11、其他流动资产	51	
2、其他来源：					
(1)固定资产清理收入（减清理费用）	11				
(2)增加长期负债	12	1,200,000.00			
(3)收回长期投资	13				
(4)对外投资转出固定资产	14				
(5)对外投资转出无形资产	15		流动资产增加净额	60	30,388,518.59
(6)资本净增加额	16	－600,790.77	二、流动负债本年增加数		
(7)少数股东资本净增加额	17		1、短期借款	61	4,361,600.00
小计	19	599,209.23	2、应付票据	62	
流动资金来源合计	20	101,496,215.18	3、应付帐款	63	30,580,798.78
二、流动资金运用：			4、预收货款	64	－2,732,263.56
1、利润分配			5、应付福利费	65	99,424.00
(1)提取法定公积金	21	147,223.62	6、未付股利	66	
(2)提取法定公益金	22		7、未交税金	67	4,768,694.28
(3)提取任意公积金	23	1,325,012.55	8、其他未交款	68	122,779.14
(4)已分配利润	24	8,792,796.25	9、其他应付款	69	24,857,796.29
小计	25	10,265,032.42	10、预提费用	70	－6,513,211.17
2、少数股东利润分配	26		11、一年内到期的长期负债	71	
3、其他运用：			12、其他流动负债	72	
(1)固定资产和在建工程净增加额	27	109,025,682.92			
(2)增加无形资产、递延资产及其他资产	28	6,827,839.50			
(3)偿还长期负债	29				
(4)增加长期投资	30	534,759.51			
小计	31	116,388,381.93			
流动资金运用合计	32	126,653,314.35			
外币会计报表折算差额	33		流动负债增加净额	79	55,545,617.76
流动资金增加净额	40	－25157099.17	流动资金增加净额	80	－25,157,099.17

母公司财务状况变动表

编制单位：中信国安信息产业股份有限公司（筹）　　1996 年度　　单位：人民币元

流动资金来源和运用	行次	金额	流动资金各项目的变动	行次	金额
一、流动资金来源			一、流动资产本年增加数		
1、本年净利润	1	85,657,304.61	1、货币资金	41	4,350,287.64
加：不减少流动资金的费用和损失			2、短期投资	42	
(1)固定资产折旧	2	1,047,308.35	3、应收票据	43	
(3)无形资产、递延资产及其他资产摊销（减其他负债转销）	3		4、应收帐款净额	44	－3,187,812.84
(3)固定资产盘亏（减盘盈）	4	8,377.88	5、预付货款	45	8,071,457.95
(4)清理固定资产损失（减收益）	5	83,990.30	6、其他应收款	46	6,958,302.16
(5)递延税项	6		7、待摊费用	47	400,767.88
(6)其他不减少流动资金费用和损失	7		8、存货	48	－1,821,948.20
小计	12	86,796,981.14	9、待处理流动资产损失（减收益）	49	－77,687.23
2、其他来源：			10、一年内到期的长期债券投资	50	
(1)固定资产清理收入（减清理费用）	13		11、其他流动资产	51	
(2)增加长期负债	14	1,200,000.00			
(3)收回长期投资	15				
(4)对外投资转出固定资产	16				
(5)对外投资转出无形资产	17				
(6)资本净增加额	18	－600,790.77	流动资产增加净额	60	14,693,367.36
小　计	22	599,209.23	二、流动负债本年增加数		
流动资金来源合计	23	87,396,190.37	1、短期借款	61	4,400,000.00
二、流动资金运用：			2、应付票据	62	
1、利润分配			3、应付帐款	63	30,664,780.78
(1)提取盈余公积（用盈余公积补亏用"－"号表示）	24	1,325,012.55	4、预收货款	64	738,963.00
(2)提取法定公积金	25	147,223.62	5、应付福利费	65	173,070.05
(3)提取法定公益金	26		6、未付股利	66	
(4)已分配利润	27	8,819,796.25	7、未交税金	67	3,272,866.20
小　计	32	10,292,032.42	8、其他未交款	68	122,779.14
			9、其他应付款	69	24,857,796.29
2、其他运用：			10、预提费用	70	7,163,514.26
(1)固定资产和在建工程净增加额	33	100,301,740.25	11、一年内到期的长期负债	71	
(2)增加无形资产、递延资产及其他资产	34				
(3)偿还长期负债	35		12、其他流动负债	72	
(4)增加长期投资	36	－1,710,935.35			
小　计	38	98,590,804.90			
流动资金运用合计	39	108,882,837.32	流动负债增加净额	79	36,180,014.31
流动资金增加净额	40	－21,486,646.95	流动资金增加净额	80	－21,486,646.95

中信国安信息产业股份有限公司股票上市公告书

一、要览

总股本:20000 万股

可流通股本:5000 万股

本次上市可流通股本:4500 万股

股票简称:中信国安

股票代码:0839

上市日期:1997 年 10 月 31 日

上市地点:深圳证券交易所

登记机构:深圳证券登记有限公司

上市推荐人:北京证券有限公司

二、绪言

本上市公告书依据《中华人民共和国公司法》、《股票发行与交易管理暂行条例》、《公开发行股票公司信息披露实施细则(试行)》的规定,按照中国证券监督管理委员会制定的公开发行股票的公司信息披露的内容与格式准则第七号《上市公告书的内容与格式(试行)》编制,旨在向投资者提供有关本公司的基本情况和股票上市的有关资料。

经中国证券监督管理委员会证监发字[1997]443 号文和证监发字[1997]444 号文批准,本公司已成功地向社会公众公开发行人民币普通股 5000 万股(含向公司职工配售的 500 万股)。根据深圳证券交易所深证发[1997]343 号《上市通知书》,本公司人民币普通股 4,500 万股将于 1997 年 10 月 31 日在深圳证券交易所挂牌交易。本公司总股本为 20000 万股,可流通股份为 5,000 万股,本次上市流通 4,500 万股。按国家有关规定,其余公司职工股 500 万股待社会公众股上市满 6 个月后上市流通。公司股票代码为 0839,股票简称"中信国安",交易单位为"股"。

本公司于 1997 年 9 月 18 日在《证券时报》及《中国证券报》上刊登了《招股说明书概要》,距今不足 3 个月,故与其重复的内容在此不再重述。敬请投资者查阅本公司的《招股说明书概要》。

本公司董事会成员已批准本上市公告书,确信其中不存在任何重大遗漏或者误导,并愿对本上市公告书内容及相关材料的真实性、准确性、完整性负个别的和连带的责任。

三、公司概况

1. 基本情况

法定名称:中信国安信息产业股份有限公司

注册资金:人民币 20,000 万元

法定代表人:李士林

成立日期:1997 年 10 月 14 日

经营业务范围:

信息产业、广告行业项目的投资:卫星通讯工程、计算机信息传输网络工程、有线电视网络工程的施工、设备安装及技术服务;移动通讯的技术开发、技术服务、技术咨询;房地产开发与经营;物业管理;装饰装修;日用百货、电子计算机、办公设备、五金交电、机械设备、电子设备、家用电器的销售。

所属行业:信息产业

注册地址:北京市海淀区北三环中路 31 号

联系电话:(010)65008037

联 系 人:许前喜、王晓明、刘秉军

2. 本公司历史沿革:

中信国安信息产业股份有限公司是经中国国际信托投资公司资安字[1997]14 号文和国家经济体制改革委员会体改生[1997]128 号文批准,由中信国安总公司独家发起、部分改制,采取社会募集方式设立的股份有限公司,本公司的总股本为 20000 万股,其中国有法人股为 15000 万股。中信国安总公司以经评估后的净资产 18000 万元作为独家发起人出资投入本公司,经国家国有资产管理局国资评(1997)562 号文确认、国资企发(1997)151 号文批复,按 1:0.833 的比例折为股份 15000 万股。经中国证券监督管理委员会证监发字[1997]443 号文及证监发字[1997]444 号文审核批准,公司成功地向社会公众公开发行了每股面值为 1.00 元人民币普通股股票 5000 万股(含公司职工股 500 万股),并于 1997 年 10 月 14 日在国家工商行政管理局注册登记。

四、股票发行及承销

1. 本次公开发行:

发行数量:5000 万股(其中向公司职工配售 500 万股)

发行价格:7.09 元/股

发行方式:上网定价发行

配售比例:0.928823%

有效申购户数:217780 户

持 1000 股以上的户数:43802 户(含公司职工股户数)

发行费用总额:1121.7 万元

每股发行费用:0.224 元

发行市盈率:13.9 倍

2. 股票承销

	承销机构
主承销商	北京证券有限公司
副主承销商	中信证券有限责任公司
分销商	大鹏证券有限公司
分销商	光大证券有限公司
分销商	国泰证券有限公司
分销商	三峡证券有限公司
分销商	中国民族国际信托投资公司
分销商	中国人保信托投资公司
分销商	长城证券有限责任公司
分销商	北京国际信托投资公司
分销商	河北证券有限责任公司

本次公开发行的 5000 万股社会公众股已全部由社会公众认购,承销团成员无包销比例和数量。

3. 验资报告:

验资报告

(97)京会师字第 1037 号

中信国安信息产业股份有限公司筹委会:

我们接受委托,对中信国安信息产业股份有限公司(筹)截至 1997 年 9 月 29 日投入股本及相关资产和负债的真实性和合法性进行了审验。在审验过程中,我们按照《独立审计实务公告第 1 号——验资》的要求,实施了必要的审验程序。贵公司(筹)申请注册资本为 200,000,000.00 元。根据我们的审验,中信国安信息产业股份有限公司(筹)本次公开发行股票前已收到其他发起人股东投入的资本 180,000,000.00 元,其中股本 150,000,000.00 元,资本公积 30,000,000.00 元;业经本所(97)京会师字第 990 号验资报告验证。本次公开发行 A 股股票 50,000,000.00 元,截至 1997 年 9 月 29 日中信国安信息产业股份有限公司(筹)已收到社会公众股东投入的股本 346,383,327.30 元(已扣除部分发行费用 8,116,872.70 元),投入的资本中包括股本 50,000,000.00 元,资本公积 296,383,327.30 元,至此中信国安信息产业股份有限公司(筹)共收到投入的资本 526,383,327.30 元,包括股本 200,000,000.00 元,资本公积 326,383,327.30 元。与上述投入资本相关的资产总额为 686,666,983.90 元,负债总额为 160,283,656.60 元。

北京会计师事务所　　　　中国注册会计师　李欣

中国注册会计师　陈雯

地址:北京市建国门外大街22号赛特广场

邮编:100004

一九九七年九月二十九日

五、董事、监事及高级管理人员持股情况

李士林先生,本公司董事长,现年47岁,大专文化。历任北京国安实业发展总公司总经理、中信国安总公司总经理。现任中国国际信托投资公司董事、协理,兼中信国安总公司董事长、总经理。持有本公司股票8000股。

彭评选先生,本公司副董事长,现年47岁,大学文化,讲师。历任北京国安电气总公司总经理、中信国安总公司副总经理。现任中信国安总公司副董事长、党委书记。持有本公司股票7000股。

夏桂兰女士,本公司副董事长,现年35岁,大专文化,经济师。历任北京国安宾馆总经理、惠州市大亚湾国安酒店董事、惠州市大亚湾国安实业集团公司副总经理、常务董事。现任中信国安总公司董事、副总经理、国安城市物业管理中心总经理。持有本公司股票6000股。

常振明先生,本公司董事,现年41岁,工商管理硕士。历任中信公司银行部副经理、中信实业银行行长助理、副行长、中信公司协理。现任中信公司常务董事、副总经理兼中信证券有限责任公司董事长。未持有本公司股票。

高为先生,本公司董事,现年35岁,大学文化,经济师。历任中信国安总公司总经理助理、北海中信国安实业发展总公司总经理。现任中信国安总公司董事、副总经理。持有本公司股票7000股。

李恒发先生,本公司董事,现年40岁,大专文化,会计师。历任中信国安总公司计财部经理、资金处处长。现任中信国安总公司董事、襄理。持有本公司股票6000股。

罗宁先生,本公司董事,现年38岁,大学文化。历任北京国安电气总公司副总经理。现任中信通信项目管理有限责任公司常务副总经理。持有本公司股票6000股。

鄢钢先生,本公司董事,现年44岁,大专文化,编辑。历任北京华侨建设广告公司总经理、今日新闻广告发展有限公司总经理。现任中信国安总公司副董事长。持有本公司股票6000股。

孙亚雷先生,本公司董事兼总经理,现年29岁,大学文化。历任惠州市大亚湾国安房地产开发公司总经理、惠州大亚湾国安经济开发股份有限公司总经理、惠州市大亚湾国安实业集团公司总经理。持有本公司股票7000股。

张建昕先生,本公司董事,现年35岁,大专文化。历任中信国安总公司企业管理部经理、惠州市大亚湾国安实业集团公司副董事长。现任中信国安总公司董事、副总经理。持有本公司股票6000股。

梁玉田先生,本公司董事,现年53岁,大专文化,高级工程师。历任北京市第四市政工程公司高碑店污水处理厂工程指挥部第一副指挥、惠州市大亚湾"天下第一城"工程总指挥部常务副总指挥。现任中信国安总公司董事、副总经理。持有本公司股票6000股。

秦永忠先生,本公司副总经理,现年40岁,大专文化,会计师。历任北京国安国际足球集团财务部经理、中信国安总公司财务部副经理。现任中信国安总公司财务部经理、综合计划部经理。持有本公司股票2000股。

赵春明先生,本公司副总经理、董事会秘书,现年42岁,中专文化。历任北京国安宾馆行政部经理,现任北京国安宾馆常务副总经理。持有本公司股票2000股。

赵卫平先生,本公司监事会召集人,现年44岁,大专文化。历任北京国安电气总公司副总经理。现任国联实业有限公司总经理。持有本公司股票2000股。

刘欣女士,本公司监事,现年34岁,大专文化。历任北京国安宾馆人事部经理助理、北京国安实业发展总公司人事部副经理。现任中信国安总公司人事部经理,总经理办公会议成员。持有本公司股票2000股。

王晓明先生,本公司监事,现年26岁,大学文化,律师。历任北京新元律师事务所律师。现任中信国安总公司法律部律师。持有本公司股票2000股。

公司董事、监事和高级管理人员共持有本公司股票75000股,占本公司股本总额的0.0375%,按照《中华人民共和国公司法》的规定,其持有股份在任职期间不得转让。

六、公司设立

1. 本公司1997年10月6日召开的公司创立大会暨第一届股东大会作出决议:本公司向社会公众发行的面值为1.00元的4500万股人民币普通股在深圳证券交易所上市。

2. 公司注册资本:人民币20000万元

3. 公司注册时间:1997年10月14日

4. 公司注册地点:北京市海淀区北三环中路31号

5. 营业执照注册号码:10002787-6

七、关联企业和关联交易

(1)中信国安总公司向本公司做出承诺,中信国安总公司不经营与本公司相同的业务,以避免同业竞争。

(2)本公司已与中信国安总公司签署了《综合服务协议》,就后勤保障问题,如单身宿舍等事项达成协议。

(3)本公司已与中信国安总公司签署了《重组协议》。本公司以信息产业为主营业务,中信国安总公司则以实业投资、经济开发为主业,各自独立经营。

(4)中信国安总公司向本公司做出承诺,若发生关联交易,将遵从有关法律、法规的要求,依照市场规则,本着一般商业原则,公平合理的进行交易。

(5)本公司与中信国安总公司有《经营承包协议》一份,承包经营座落于本市朝阳区关东店北街1号国安宾馆部分物业,建筑面积约为9000平方米。协议中就具体的付费方式、方法等达成一致。

八、股本结构及大股东持股情况

1. 上市前的股本结构

股本结构	发行后股份(万股)	所占比例%
国有法人股	15,000	75.0%
社会公众股	5,000	25.0%
其中:公司职工股	500	2.5%
总　　计	20,000	100.0%

2. 前十名股东所持股数及比例

序号	股东名称	持股数(股)	占总股本比例(%)
1	中信国安总公司	15,000,000	75.00
2	李士林	8,000	0.004
3	廖小同	8,000	0.004
4	李小明	8,000	0.004
5	张欧	8,000	0.004
6	何谐	8,000	0.004
7	邓幼霰	8,000	0.004
8	彭评选	7,000	0.0035
9	高为	7,000	0.0035
10	孙亚雷	7,000	0.0035

九、财务会计资料

1. 审计报告

(97)京会师字第959号

中信国安信息产业股份有限公司筹委会:

我们接受委托,审计了中信国安信息产业股份有限公司(筹)1994年12月31日、1995年12月31日、1996年12月31日、1997年4月31日合并及母公司的资产负债表和1994年度、1995年度、1996年度、1997年1

～4月合并及母公司利润表、1996年度合并及母公司财务状况变动表。这些会计报表由贵公司(筹)负责,我们的责任是对这些会计报表发表审计意见。我们的审计是依据中国注册会计师独立审计准则进行的。在审计过程中,我们结合贵公司(筹)实际情况,实施了包括抽查会计记录等我们认为必要的审计程序。

我们认为,上述会计报表符合《企业会计准则》和《股份制试点企业会计制度》的有关规定,在所有重大方面公允地反映了贵公司(筹)上述会计报表日的财务状况和相应会计期间的经营成果及1996年度资金变动情况,会计处理方法的选用遵循了一贯性原则。

北京会计师事务所　　中国注册会计师　李欣

中国　北京　　中国注册会计师　陈雯

地址:北京市建国门外大街22号赛特广场

邮编:100004

一九九七年九月二十九日

2. 合并报表

(1)资产负债表(附后)

(2)合并利润表(附后)

(3)合并财务状况变动表(附后)

3. 主要会计政策

1). 会计制度

本公司执行《股份制试点企业会计制度》,控股子公司北京世华国际金融信息有限公司、今日新闻广告发展有限公司执行《外商投资企业会计制度》。

2). 会计期间

本公司会计年度自公历1月1日起至12月31日止。

3). 合并报表的编制方法

合并会计报表根据财政部《合并会计报表暂行规定》编制。投资项目按股权比例,合作项目按原签订的合同及协议编制。本公司合并报表的子公司包括:

公司名称	注册资本	公司持权比例	业务性质
a、北京世华国际金融信息有限公司	50万美元	75%	信息服务
b、今日新闻广告发展有限公司	450万美元	55%	广告

4). 记帐原则和计价基础

本公司采用权责发生制原则,以实际成本为计价基础。

5). 记帐本位币

以人民币为记帐本位币

6). 外币折算方法

外币业务发生时,以中国人民银行公布的当日市场汇价折合人民币记帐,年末对有关外币帐户余额按期末市场汇价调整,差额计入财务费用。

7). 存货计价方法

本公司存货以实际成本计价,采用加权平均法结转成本,低值易耗品采用五五摊销法。

8). 坏帐准备

坏帐损失采用直接转销法核算,符合下列条件且经过有关部门批准的即确认为坏帐:(1)因债务人破产或死亡,以其破产财产或遗产清偿后,仍不能收回的应收帐款;(2)因债务人逾期未履行偿债义务超过三年仍不能收回的应收帐款。

9). 长期投资核算方法

本公司投资额占被投资企业资本总额20%以上时采用权益法核算,其中投资额占被投资企业资本总额50%以上或实际具有控制权的子公司纳入合并会计报表。

10). 固定资产及其折旧

本公司固定资产为使用年限在一年以上且单位价值在2000元以上的房屋建筑物、机器设备、运输工具及其他与生产经营有关的设备、工具等。固定资产以实际成本计价,并扣除预留残值按直线法计提折旧,各类固定资产折旧年限及折旧率如下:

分类	使用年限	残值率	年折旧率
房屋及建筑物	30～40	3%	2.4%～3.2%
专用设备	5～15	3%	6.5%～19.4%
运输设备	8～14	3%	6.9%～12.1%
通用设备	5～8	3%	12.1%～19.4%
其他	5	3%	19.4%

11). 无形资产、递延资产及其摊销

无形资产、递延资产以实际成本计价,按受益年限摊销。

12). 收入实现的确认

本公司以产品已经发出或劳务已经提供,并收到货款或取得收取价款凭据时,确认销售收入的实现。

13). 税项

(1)增值税

按应纳增值税销售收入的17%计算销项税,抵扣进项税后的余额缴纳。

(2)营业税

营业税3%～5%

(3)所得税

本公司执行33%的所得税率,外商投资企业北京世华国际金融信息有限公司1994年～1996年度为免税年度,1997年为减免50%,执行7.5%所得税率。

14). 利润分配

根据本公司章程,净利润按下列顺序分配

(1)弥补亏损

(2)提取法定公积金10%

(3)提取法定公益金5～10%

(4)提取任意公积金

(5)支付普通股股利

4. 主要财务指标

指标名称	1996年	1995年	1994年
流动比率	1.31	1.67	1.55
速动比率	1.24	1.55	1.41
资产负债率(%)	50	41	41
应收帐款周转率(次)	7.71	7.33	10.74
存货周转率(次)	9.93	6.58	8.26
净资产收益率(%)	47	38	51
每股净资产(元)	1.20	1.24	0.99
每股净利润(元)	0.57	0.47	0.50

十、董事会上市承诺

本公司董事会将严格遵守《公司法》、《股票发行与交易管理暂行条例》、《公开发行股票公司信息披露实施细则》、《深圳证券交易所业务规则》和有关法律、法规的规定,并自股票上市之日起作出如下承诺:

1. 按照法律、法规的规定程序和要求披露重大的信息,并接受证券主管机关、深圳证券交易所的监督管理。

2. 及时、真实、准确地公布中期报告和年度报告,并备置于规定场所供投资者查阅。

3. 本公司董事、监事及高级管理人员,如发生人事变动或持有本公司股票数量发生变化时,在报告证券主管机关、深圳证券交易所的同时向投资者公布。

4. 在任何公共传播媒介中出现的消息可能对本公司股票的市场价格产生误导性影响时,本公司知悉后将及时对该消息予以公开澄清。

5. 本公司董事、监事及高级管理人员将认真听取社会公众的意见和批评,不利用已获得的内幕消息和其他不正当手段直接或间接从事股票买卖活动。

6. 本公司没有无记录负债。

十一、重要事项揭示

1. 本次上市可流通股份为4500万股。

2. 本次向公司职工配售的500万股,将按国家有关规定在本次社会公众股股票上市之日满半年后方可申请上市流通。

3. 本公司创立后所得税实际税负为33%。

4. 截止上市公告书刊登之日,本公司及本公司董事、监事和高级管理人员没有尚未了结或可能的刑事诉讼事项。

十二、备查文件目录

1. 深圳证券交易所上市通知书
2. 中国证券监督管理委员会关于本次发行的批准文件
3. 验资报告
4. 公司创立大会决议
5. 招股说明书
6. 审计报告
7. 公司营业执照
8. 其它备查文件

十三、咨询机构

1. 发行人:中信国安信息产业股份有限公司

法定代表人:李士林

地　　址:北京市海淀区北三环中路31号

电　　话:(010)65008037

传　　真:(010)65061482

联 系 人:许前喜　王晓明　刘秉军

2. 上市推荐人及主承销商:

机构名称:北京证券有限公司

法定代表人:张克俭

地　　址:北京市西城区德胜门东滨河路B11号

电　　话:(010)62058007

传　　真:(010)62057910

联 系 人:杜军　陈丹旭

中信国安信息产业股份有限公司

1997年10月29日

(1)资产负债表

编制单位:中信国安信息产业股份有限公司(筹)　　　　单位:人民币元

资产	行次	1997年4月31日	1996年12月31日	1995年12月31日	1994年12月31日	负债及股东权益	行次	1997年4月31日	1996年12月31日	1995年12月31日	1994年12月31日
流动资产:						流动负债:					
货币资金	1	20,250,064.01	40,957,444.18	29,355,001.64	19,934,538.81	短期借款	41	38,196,400.00	33,496,400.00	29,134,800.00	25,748,200.00
短期投资	2	-	-	-	-	应付票据	42	-	-	-	-
应收票据	3	-	-	-	-	应付帐款	43	44,095,201.37	48,695,305.96	18,114,507.18	19,589,639.44
应收帐款	4	54,408,337.81	42,020,486.36	45,208,299.20	24,328,648.01	预收帐款	44	39,057,352.20	37,128,537.92	39,860,801.48	5,669,542.09
减:坏帐准备	5	-	-	-	-	应付福利费	45	978,646.33	780,066.03	680,642.03	398,436.61
应收帐款净额	6	54,408,337.81	42,020,486.36	45,208,299.20	24,328,648.01	未付股利	46	-	-	-	-
预付货款	7	32,829,504.15	33,123,254.38	27,961,115.35	42,429,707.35	未交税金	47	14,996,679.83	13,115,703.26	8,347,008.98	5,191,827.42
其他应收款	8	114,814,709.42	100,093,803.06	81,405,295.29	38,324,650.69	其他未交款	48	333,365.81	305,743.90	182,964.76	114,091.64
待摊费用	9	2,511,808.59	1,336,822.48	860,455.32	1,172,357.97	其他应付款	49	50,077,952.98	36,735,519.03	11,877,722.74	16,017,428.67
存货	10	12,032,246.62	12,549,812.24	14,825,250.08	12,604,031.17	预提费用	50	6,021,972.80	4,908,909.02	11,422,120.19	17,012,238.46
待处理流动资产净损失	11	-	-	7,687.23	-	一年内到期的长期负债	51	24,000,000.00	-	-	-
一年内到期的长期债券投资	12	-	-	70,000.00	-	其他流动负债	52	-	-	-	-
其他流动资产	13	-	-	-	-	流动负债合计	55	217,757,571.32	175,166,185.12	119,620,567.36	89,741,404.33
流动资产合计	15	236,846,670.60	230,081,622.70	199,693,104.11	138,793.934.00	长期负债:					
长期投资:						长期借款	56	-	28,600,000.00	27,400,000.00	27,800,000.00
长期投资	16	22,759,175.27	26,243,450.98	25,708,691.47	25,706,438.58	应付债券	57	-	-	-	-
其中:合并价差	17	(2,156,998.53)	-	-	-	长期应付款	58	-	-	-	-
固定资产:						其他长期负债	59	-	-	-	-
固定资产原价	18	194,472,832.26	182,472,706.93	139,734,162.32	35,570,700.20	长期负债合计	60	-	28,600,000.00	27,400,000.00	27,800,000.00
减:累计折旧	19	46,400,387.88	40,320,571.15	20,760,965.64	5,776,478.57	递延税项:					
固定资产净值	20	148,072,444.38	142,152,135.78	118,973,196.68	29,794,221.63	递延税款贷项	61	-	-	-	-
在建工程	21	-	2,601,934.57	4,533,260.06	84,180,567.02			-	-	-	-
固定资产清理	22	-	-	-	-	负债合计	62	217,757,571.32	203,766,185.12	147,020,567.36	117,541,404.33
待处理固定资产净损失	23	-	-	-	-	少数股东权益		15,772,402.02	19,886,181.88	21,350,767.46	17,916,970.17
固定资产合计	30	149,306,868.21	144,754,070.35	123,506,456.74	113,974.788.65	股东权益:					
无形资产及递延资产:						股本	64	150,000,000.00	81,702,894.32	83,775,921.26	83,471,986.73
无形资产	31	2,009,030.34	-	-	-	资本公积	65	30,000,000.00	9,222.30	9,222.30	9,222.30
递延资产	32	3,844,228.05	4,105,807.15	5,865,695.30	5,665,555.16	盈余公积	66	-	3,898,130.53	2,425,894.36	521,200.05
无形资产及递延资产合计	33	5,853,258.39	4,105,807.15	5,865,695.30	5,665,555.16	其中:公益金	67	-	-	-	-
其他长期资产						未分配利润	68	1,235,999.13	95,922,337.03	100,191,574.88	64,679,932.81
其他长期资产	34	-	-	-	-	外币报表折算差额	69	-	-	-	-
递延税项:						股东权益合计	70	181,235,999.13	181,532,584.18	186,402,612.80	148,682,341.89
递延税款借项	35	-	-	-	-	负债与股东权益合计	80	414,765,972.47	405,184,951.18	354,773,947.62	284,140,716.39
资产总计	40	414,765,972.47	405,184,951.18	354,773,947.62	284,140,716.39						

(2)合并利润表

编制单位:中信国安信息产业股份有限公司(筹)　　单位:人民币元

项目	行次	1997年1-4月	1996年	1995年	1994年	项目	行次	1997年1-4月	1996年	1995年	1994年
一、主营业务收入	1	87,460,546.35	336,118,475.56	254,744,460.91	261,326,682.77	三、营业利润	12	26,497,606.68	125,977,900.08	103,851,435.50	109,722,261.69
减:营业成本	2	32,189,254.70	135,934,758.49	90,236,469.86	104,095,959.64	加:投资收益	13	14,498.98	1,515,897.92	750,277.40	2,542,597.11
销售费用	3	6,073,410.13	15,396,063.13	9,183,776.85	4,816,698.07	营业外收入	14	33,200.00	734,464.04	557,478.04	468,001.42
管理费用	4	18,616,968.11	47,818,831.51	41,240,461.17	33,114,531.21	减:营业外支出	15	23,075.24	102,945.24	446,225.45	506,584.32
财务费用	5	1,318,181.64	429,059.15	2,342,541.38	1,144,117.19	加:以前年度损益调整	16		(50.00)	-	-
进货费用	6	-	-	-	-		17				
营业税金及附加	7	2,793,733.16	11,115,184.06	8,040,740.32	8,434,463.93	四、利润总额	18	26,522,230.42	128,125,266.80	104,712,965.49	112,226,275.90
二、主营业务利润	9	26,468,998.61	125,424,579.22	103,700,471.33	109,720,912.73	减:所得税	19	7,377,606.49	35,640,122.69	26,185,603.90	33,783,731.26
加:其他业务利润	10	28,608.07	553,320.86	150,964.17	1,348.96	减:少数股东本期损益	20	1,513,890.64	6,827,839.50	7,764,420.69	3,257,217.05
						五、净利润	22	17,630,733.29	85,657,304.61	70,762,940.90	75,185,327.59

(3)合并财务状况变动表

编制单位:中信国安信息产业股份有限公司(筹)　　1996年度　　单位:人民币元

流动资金来源和运用	行次	金额	流动资金各项目的变动	行次	金额
一、流动资金来源			一、流动资产本年增加数		
1.本年净利润	1	85,657,304.61	1.货币资金	41	11,602,442.54
加:不减少流动资金的费用和损失			2.短期投资	42	
(1)少数股东本年损益(亏损以“-”表示)	2	6,827,839.50	3.应收票据	43	
(2)固定资产折旧	3	6,559,605.51	4.应收帐款净额	44	-3,187,812.84
(3)无形资产、递延资产及其他资产摊销	4	1,759,888.15	5.预付货款	45	5,162,139.03
(减其他负债转销)			6.其他应收款	46	18,688,507.77
(4)固定资产盘亏(减盘盈)	5	8,377.88	7.待摊费用	47	476,367.16
(5)清理固定资产损失(减收益)	6	83,990.30	8.存货	48	-2,275,437.84
(6)递延税项	7		9.待处理流动资产损失	49	-77,687.23
(7)其他不减少流动资金费用和损失	8		(减收益)		
小计	10	100,897,005.95	10.一年内到期的长期	50	
2.其他来源:			债券投资		
(1)固定资产清理收入(减清理费用)	11		11.其他流动资产	51	
(2)增加长期负债	12	1,200,000.00			
(3)收回长期投资	13				
(4)对外投资转出固定资产	14				
(5)对外投资转出无形资产	15				
(6)资本净增加额	16	-600,790.77	流动资产增加净额	60	30,388,518.59
(7)少数股东资本净增加额	17		二、流动负债本年增加数		
小计	19	599,209.23	1.短期借款	61	4,361,600.00
流动资金来源合计	20	101,496,215.18	2.应付票据	62	
二、流动资金运用:			3.应付帐款	63	30,580,790.78
1.利润分配			4.预收货款	64	-2,732,263.56
(1)提取法定公积金	21	147,223.62	5.应付福利费	65	99,424.00
(2)提取法定公益金	22		6.未付股利	66	
(3)提取任意公积金	23	1,325,012.55	7.未交税金	67	4,768,694.28
(4)已分配利润	24	8,792,796.25	8.其他未交款	68	122,779.14
小计	25	10,265,032.42	9.其他应付款	69	24,857,796.29
2.少数股东利润分配	26		10.预提费用	70	-6,513,211.17
3.其他运用:			11.一年内到期的长期负债	71	
(1)固定资产和在建工程净增加额	27	109,025,682.92			
(2)增加无形资产、递延资产及其他资产	28	6,827,839.50	12.其他流动负债	72	
(3)偿还长期负债	29				
(4)增加长期投资	30	534,759.51			
小计	31	116,388,281.93			
流动资金运用合计	32	126,653,314.35			
外币会计报表折算差额	33		流动负债增加净额	79	55,545,617.76
流动资金增加净额	40	-25,157,099.17	流动资金增加净额	80	-25,157,099.17

瓦房店轴承股份有限公司

瓦房店轴承股份有限公司概况

一、公司简介

瓦房店轴承股份有限公司(英文名:WAFANGDIAN BEARING COMPANY LIMITED),是中国大型轴承工业企业之一,是由瓦轴集团公司独家发起,以原瓦房店轴承有限公司为主体,改组、改制组建而成的。于97年3月在深交所上市,向境外发行13000万人民币B种股票。公司拥有总资产13.25亿元,净资产4.14亿元,占地42.9万平方米,员工11950人,其中经理及部门主管20人,管理人员1270人,专业工程师和技术人员844人,生产工人8916人,公司拥有主要生产设备2401台。瓦轴是中国轴承工业的发源地,经过多次的扩建和技术改造,相继研制开发了一系列高技术含量,有特殊性能和特殊用途的产品。目前,瓦轴集团公司能生产和经营9大类型、5个精度等级、5000多个规格的工业轴承,产品销往全国各省市和世界80多个国家和地区。

瓦轴股份公司的创立,为企业的发展又注入新的活力。同时引入世界轴承王牌公司SKF公司参与瓦轴股份公司下步经营与发展。SKF公司做为战略投资者认购本公司6500万股,占总股本的19.7%,占发行总额度的50%。通过合作,不仅为瓦轴股份公司带来新的管理机制,同时,也带来了世界上最先进的轴承制造技术,瓦轴股份公司从1994年就着手进行ISO9000质量体系认证,经过公司全体员工的共同努力和奋力拼搏,于1997年6月5日一次性通过了挪威船级社国际质量体系认证。

"九五"期间,瓦轴的发展蓝图是:精心建立现代企业制度,进行技术创新和管理创新,大力调整资产结构、产业结构、产品结构、组织结构和负债结构,以实现规模大型化、产权多元化、资源配置最优化、经营多角化、制造技术现代化、产品高科技化、管理科学化。到2000年,实现销售额80亿元,把"瓦轴"建设成集工、科、贸、金融、服务为一体的"巨人"企业,使"ZWZ"品牌成为世界驰名商标,"瓦轴"跻身于世界轴承行业最大企业前十五名行例,进入亚洲轴承行业前五名。到下个世纪初销售额将突破100亿元,把瓦轴建成跨国的世界轴承王牌公司。

地址:中国 . 辽宁 . 瓦房店市

邮编:116300

电话:(0411)5509888 总机转

传真:(0411)5500585

二、董事长、总经理介绍

董事长:于杰,1944年4月20日生,汉族,大学文化程度,高级工程师。受雇于本公司28年,历任瓦房店轴承厂设备处工段长、车间主任、处长;瓦房店轴承厂厂长助理、副厂长、厂长。自1995年10月起,任瓦轴集团公司董事长兼总经理,瓦轴股份公司成立后,出任董事长一职。

总经理:王路顺,1950年11月6日生,汉族,大学本科学历,高级工程师。受雇于本公司26年,历任过瓦轴动力处工长、科长、党总支书记、副处长、处长;瓦房店轴承厂厂长助理、副厂长;自1995年10月后任瓦轴集团公司副总经理、瓦轴股份公司总经理。

瓦房店轴承股份有限公司B股招股说明书概要

一、绪言

本招股说明书是根据《中华人民共和国公司法》、《股票发行与交易管理暂行条例》、《公开发行股票公司信息披露实施细则》、《国务院关于股份有限公司境内上市外资股的规定》、《深圳证券交易所业务规则》等国家及深圳市其它有关证券法规,并参照国际惯例,以本次发行之B股上市及向社会公众披露公司基本情况为目的而编制的。本公司发起人及全体董事侯选人已确认本招股说明书,确信其中不存在任何重大遗漏或误导,并愿意对其真实性、准确性、完整性负个别的和连带的责任。

经国务院证券委1997年2月19日(1997)第9号批文批准,本次公司溢价发行每股面值人民币1.00元的境内上市外资股130,000,000股。

本次发行是根据本招股说明书所载明的资料发行的,除本发行人、主承销商及国际协调人外,没有委托或授权任何其他人提供未在本招股说明书中列载的信息和对本招股说明书作任何解释或者说明。

因买卖本公司股票而所需缴纳的税款由投资者自行负担,本公司及本公司上市推荐人和发行承销商对此不承担任何责任。

二、释义

在本招股书中,除非文义另有所指,下列词语有如下意义:

本公司:指瓦房店轴承股份有限公司

集团公司:指瓦房店轴承集团有限责任公司,本公司之控股公司

B股:指本公司每股面值人民币1.00元的境内上市外资股

主承销商:指中国南方证券有限公司

国际协调人:指西敏企业融资亚洲有限公司

策略性投资者:指AB SKF,在瑞典成立的公司

上市:指本公司股票获准在深圳证券交易所挂牌交易

元:指人民币元

三、与B股发行有关的当事人

发行人:瓦房店轴承股份有限公司(筹)

地址:中国瓦房店市北共济街1号

电话:(0411)5509888

传真:(0411)5500794

主承销商:中国南方证券有限公司

地址:中国广东深圳深南东路56号南方国际大酒店12楼

电话:(0755)2172021

传真:(0755)2227082

国际协调人:西敏企业融资亚洲有限公司

地址:香港铜锣湾时代广场国民西敏大厦四十三字楼

电话:(00852)21158875

传真:(00852)21158602

承销商:中国南方证券有限公司

地址:中国广东深圳深南东路56号南方国际大酒店12楼

电话:(0755)2172021

传真:(0755)2227082

西敏企业融资亚洲有限公司

地址:香港铜锣湾时代广场国民西敏大厦四十三字楼

电话:(00852)21158875

传真:(00852)21158602

本公司法律顾问:竞天律师事务所

地址:北京麦子店西路3号新恒基大厦323室

国际协调人及承销商的法律顾问:威莎律师事务所

地址:香港中环交易广场第一座三十一楼

国际会计师:容永道会计师事务所

地址:香港铜锣湾希慎道十号新华大厦

中国会计师:信德会计师事务所

地址:中国深圳蛇口兴华路海滨花园海滨中心商场A座3楼

资产评估机构:大连中华会计师事务所

地址:中国大连市中山区友好路173号

收款银行:标准渣打(麦加利)银行深圳分行

地址:深圳嘉宾路海燕大厦2楼

股份登记公司:深圳证券登记有限公司

地址:深圳红岭中路25号

四、本次B股发行的基本情况

(一)股票名称:瓦房店轴承股份有限公司B股

(二)股票类型:记名式普通股

(三)发行数量与面值:130,000,000股,每股面值人民币1元

(四)股票发行价格:普通投资者认购价为每股人民币2.85元,于认购时以港元缴足,每股2.66港元,策略性投资者认购价为每股人民币3.828元,于认购时以港元缴足,每股3.575港元。

(五)股票发行和承销方式:股票采取私募发行,承销采取包销方式。

(六)配售日期:1997年2月27日起至1997年3月5日止

(七)承销机构:

主承销商:中国南方证券有限公司

西敏企业融资亚洲有限公司

五、风险因素及对策

提示

投资者在评价本发行人此次发售的股票时,除本招股说明书提供的其他资料外,应特别认真地考虑下述各项风险因素。

(一)业务风险

倚靠工业

使用轴承的最终用途行业的表现对轴承需求的影响举足轻重。中国轴承工业的增长潜力以及本公司的表现与中国工业和整体经济的表现紧密联系。

加入世贸组织的影响

中国现非世界贸易组织的成员国,倘若中国成为世贸组织的成员国,或须降低部分进口关税。进口轴承的关税税率现为10-17%。

利益冲突及关连各方的交易

本公司的若干董事亦为集团和不受本公司控制的集团公司的附属公司的董事。

尽管一间公司的董事按一般公司法对其公司有受信责任,但在同一行业多间公司存在连锁的管理架构,该等董事可能随时会有利益冲突。

(二)政治及经济因素

中国的整体经济情况可能对公司会有重大影响。中国经济正处于由社会主义计划经济转向社会主义市场经济的过渡阶段,国家政策的调整可能会对本公司在内的中国企业产生直接影响。虽然中国政府对经济结构所作的调整或变化会对本公司的业务产生不利影响,惟董事相信,经济改革的大方向将不可能有任何急剧改变,而本公司很可能将由中国经济持续发展中获益。

(三)外汇管制及汇率风险

1994年1月1日前,中国有两套汇率制度:官方汇率和个别调剂中心汇率。

由1994年1月1日起,这两套汇率制度被废除。

尽管对经常项目帐户交易的外汇管制有所放宽,人民币仍然是不可自由兑换为其他外币的货币。这里不能保证调剂中心或指定银行的外币短缺不会限制本公司获取足够外币以派发股息给B股持有人或应付其他外币需求的能力又或人民币不会进一步贬值。

(四)市场风险

中国证券市场,包括深圳证券交易所均属新兴市场,正处在发展变动期,故证券买卖可能上下波动。发行及买卖B股仍处在发展初期,而有关法律及规范框架可能不时更改,此外,在新兴证券市场上市的公司有关公司及财务资料的披露亦有限制或延迟。

六、募集资金的运用

配售B股所得款项,在扣除有关支出后预计约为4亿元,目前董事拟将所得款项净额用作下列用途:

	预计所需B股款项 人民币(百万元)
扩建、改良和开发	
汽车圆锥滚子轴承项目	80
冶金轴承项目	80
铁路轴承项目	60
	220
偿还贷款	100
合计	320

七、股息分配政策

本公司本着同股同利的原则,公司股东享有同等权益,按各股东持有股份的比例派发股利。股利派发一般采取现金或股票形式。本公司向个人股东派发股利时,由公司按《中华人民共和国个人所得税法》和国家税务总局发布的《征收个人所得税若干问题的规定》代扣、代缴所得税。股利派发形式、股利率由本公司股东大会决定。

本公司每一会计年度的税后利润按照以下顺序分配:

(1)弥补亏损;

(2)提取法定公积金;

(3)提取法定公益金;

(4)提取任意盈余公积金;

(5)支付股利。

法定公积金按照税后利润的10%提取,但当法定公积金已达注册资本的50%时,可不再提取;法定公益金按税后利润的5%-10%提取,任意盈余公积金的提取比例由股东大会决定。

公司每年的税后利润分配在年终决算后由董事会提出分配预案,经股东大会作出决议并报主管机关批准后实施,在每个会计年度结束后6个月内公布分配方案。

B股股东将不享受1996年9月30日前年度之股息。

八、发行人情况

(一)发行人名称:瓦房店轴承股份有限公司(筹)

英文名称:WAFANGDIAN BEARING COMPANY LIMITED

(二)发行人拟注册地址:中国辽宁省瓦房店市北共济街1号

法定代表人:于杰(候任)

(三)行业背景

中国的轴承工业创始1938年,由当时日本NTN轴承制造株式会社在瓦房店建造的第一个"满州轴承制造株式会社",即当今的瓦轴集团开始。1950年,朝鲜战争期间,瓦轴集团北迁,在哈尔滨又建起一个哈尔滨轴承厂,即当今的"哈轴"。

在五十年代中期,瓦轴集团又根据国家建设的需要,筹建一个洛阳轴承厂,即当今的"洛轴"。到了六十年代末期,瓦轴集团又筹建了一个"西北轴承总厂";"哈轴"筹建了"海江轴承厂";"洛轴"筹建了"襄樊轴承厂";

七十年代末期襄轴又筹建了"虹山轴承厂"。这些企业都是产生于中国计划经济时代,是当时中国轴承行业的业务骨干,产品按计划指标供应全国。

根据机械部基础装备司在1995年拟定"九五—轴承工业振兴发展纲要":"九五"期间(1996年至2000年)将是中国轴承工业蓬勃发展大好时机,随着国民经济持续、快速、健康发展,机械、电子、能源、交通、原材料,特别是汽车、铁路、数控机床等生产装备的自动化水平大幅度提高,对各种轴承的需求明显上升,对产品性能、质量、可靠性及品种多样化要求越来越高。

轴承产品要面向国内外两个市场,要为汽车,各类主机提供不同层次的配套,所以轴承产品有着广阔的市场前景。此外,近几年全国进口轴承平均超过1亿美元,相当于全国轴承行业总销售值八分之一。中国轴承制造商既要满足国内市场的不断增长的需求,又要增大出口进一步占领国际市场,在"九五"期间将是这些企业发展的最好的机遇。

"九五"期间中国将集中力量重点发展三车、三机、三高配套轴承产品,突破当前供需矛盾最为突出的技术难度大的产品。三车轴承是指:火车轴承、汽车轴承、工程农机车辆轴承;三机轴承:冶金、矿山机械轴承、机床用精密轴承、低噪音电机轴承;三高:高附加值出口轴承、高新技术轴承、高精度高效轴承。

(四)公司概况及历史沿革

瓦轴集团是由中国第一家轴承制造商瓦房店轴承厂演变而成的。瓦轴集团是中国轴承工业的发源地。素有"中国轴承工业故乡和摇篮"的美誉。1949年9月,瓦轴集团依靠自己的力量研制出轴承的关键部件,从而打开了中国轴承工业发展之门。

中国第一个五年计划期间,瓦轴集团被列为国家重点建设项目,进行了大规模扩建,包括援建了洛阳轴承厂。同时,瓦轴集团还研制、生产出中国第一套铁路机车轴承等四项新产品,填补了中国轴承产品的空白。

在八十年代中期,瓦轴集团再次被列为国家和机械部技术改造重点企业之一,总投资人民币218,000,000元,引进了一批具有当代世界水平的先进设备和实用技术,为国家重点工程开发出300多种高技术含量的新产品。

"八五计划"期间,国家计委批准瓦轴集团"八五"技改计划,瓦轴集团再实际投资359,200,000元用于技术改造,完成技改项目128项,新增生产能力人民币650,000,000元。相继研制开发了一系列高技术含量,有特殊性能和特殊用途的产品。

瓦轴集团已有近六十年制造轴承产品的历史,不仅直接或间接筹建援建了"哈轴"、"洛轴"、"西北轴承总厂"、"海江轴承厂"、"襄樊轴承厂"等中国轴承骨干企业,而且至今仍是中国最大的,产品种类最齐全的轴承制造商。截至1995年12月31日止年度及截至1996年6月30日止六个月在营业额方面都是中国最大的轴承产品制造商。

(五)公司的主要业务:

本公司乃中国最大轴承制造商和供应商,制造的轴承适用于多种最终用途。

本公司在中国中型至大型轴承的生产和供应方面,普遍被推许为处于领导地位,本公司约90%的产品在国内销售,而其中约有一半以上乃透过其全国分销网络售予原件设备制造商,余下乃售予其他轴承加工厂的半制成品的销售。本公司轴承之最终用户主要制造道路运输工具、铁路设备、冶金矿山机械及其他一般机械例如农业、电动、石油化工、印刷、造纸和纺织机械。

(六)产品情况

通用机械轴承

本公司的通用轴承用于多种工业及机器,例如电动机械、石油化工、纺织、印刷及造纸机器及机床等。

冶金重矿轴承

本公司这类轴承主要用于炼钢及建筑和矿山工业使用的重型机械设备上。

铁路轴承

铁路轴承主要用于载客和载货火车的引擎和车身。

汽车轴承

汽车轴承主要用于各种陆上交通工具,例如轿车、商用车和农用车等。

其他产品

属于这一类的轴承销售约90%来自按照顾客的特定要求而生产的非标准型轴承。

(七)生产能力

每年九月,本公司的计划部门由其他有关部门配合制定未来一年的生产计划。该计划主要是为制定本公司于有关年度的生产和销售目标,乃根据多项因素而编制,例如:

* 国内与海外轴承市场的供求情况及发展趋势
* 现有的销售定单
* 过去的生产和销售成绩
* 短期与中期销售预测及产品开发计划

此外,本公司亦编制季度及每月生产与销售计划,以不断监察生产和销售表现。

(八)产品质量

本公司非常重视产品质量控制,认为此乃达至和保持其在中国市场的领导地位的主要原因。

本公司设有中央质量控制部门,约由450名员工组成,推行广泛的程序以确保产品保持一致的高质量。各生产工厂有员工负责质量控制,向中央部门汇报。

本公司现在开发和改良其质量管理系统以符合ISO9001国际标准。本公司的目标为到1997年可获颁受ISO9001资格。

(九)公用服务

本公司在瓦房店市厂房的电力需求约70%是通过瓦轴集团由国有公司东北电力公司供应,约30%直接由瓦轴集团在厂址经营的发电厂供应。大连市附近有充足的用水供应。

九、董事、监事、高级管理人员候选人

(1)董事候选人:

于杰先生:52岁,大学文化,高级工程师。于先生是原瓦房店轴承厂厂长,在瓦房店轴承厂工作二十八年。本公司成为股份有限公司后,于先生将成为本公司董事长候选人。

王凤璋先生59岁,大学文化,高级政工师。王先生自1991年起任瓦房店轴承厂党委书记,1995年起兼任副董事长等职务。王先生亦为瓦轴集团党委书记兼副董事长。

王路顺先生46岁,大学文化,高级工程师。王先生是原瓦房店轴承厂副厂长,在瓦房店轴承厂工作二十年。在1995年起任常务总经理。本公司成为股份有限公司后,王先生将成为本公司总经理候选人。王先生在生产经营及企业管理方面有丰富的经验。王先生亦为瓦轴集团副总经理。

Gunnar Gremlin先生52岁,现为AB SKF亚洲太平洋部行政总裁。Gremlin先生在财务及管理方面有丰富的经验。

Christer Gyberg先生49岁,现为AB SKF工业部总裁,Gyberg先生毕业于瑞典哥德堡之Chalmers Techical大学,在AB SKF工作二十六年,Gyberg先生在专业技术及管理方面有丰富经验。

唐裕荣先生35岁,现为SKF中国有限公司之董事经理,唐先生为工程师,在SKF工作七年,唐先生在市场销售及管理方面有丰富的经验。

张如民先生55岁,大学文化程度,高级经济师。张先生自1991年起任瓦房店轴承厂总经济师、副厂长,1995年起任董事。张先生在人事管理及经营管理方面有丰富经验。张先生亦为瓦轴集团副总经理。

田彦慈先生33岁,大学文化程度,高级工程师。田先生自1994年起

任瓦房店轴承厂副总工程师,1995年起任副总经理。田先生在技术管理及技术开发方面有丰富经验,并曾驻美国,发展业务。田先生亦为瓦轴集团董事。

刘一丁先生42岁,研究生文化程度,工程师。刘先生自1990年起在大连市委机关从事政治工作,1996年初任瓦房店轴承厂党委副书记,刘先生亦为瓦轴集团党委副书记兼副总经理。

李显荣先生51岁,大学文化程度,高经会计师,李先生自1993年起任瓦房店轴承厂总会计师,1995年起任董事、财务负责人。本公司成为股份有限公司后,李先生将为本公司董事及财务负责人侯选人。李先生在财务管理方面有丰富经验,亦为瓦轴集团财务负责人。

宋明东先生41岁,研究生文化程度,高级工程师。宋先生自1994年起任瓦房店轴承厂副厂长,1995年起任副总经理。宋先生在生产管理及技术管理方面有丰富经验。宋先生亦为瓦轴集团董事。

张家义先生47岁,大学文化程度,高级经济师。张先生自1992年起任瓦房店轴承厂经委书记,1995年任本公司董事工会主席。张先生在民主管理及员工工作方面有丰富经验。张先生亦为瓦轴集团董事及工会主席。

倪仁善先生41岁,大学文化程度,经济师。倪先生自1993年起任瓦房店轴承厂总经济师,1995年起任副总经理,倪先生亦在经营管理方面有丰富经验,亦为瓦轴集团董事。

(2)监事候选人

孙武督先生47岁,孙先生将为本公司监事会主席候选人,大连市机械局党委副书记,纪委书记。

王润田先生53岁,现任瓦轴集团党委副书记兼纪委书记。

段灿先生42岁,现任大连市委组织部办公室主任。

江忠元先生44岁,现任大连市经委企管处处长。

李新涛先生35岁,现任大连市国有资产管理局企业处副处长。

付忠伟先生33岁,现任大连市审计局工业审计处处长。

姜连清先生33岁,现任中国工商银行瓦房店支行副行长。

王瑞兰先生47岁,现任瓦轴集团公关部长。

耿秀玲女士47岁,现任瓦轴集团工会副主席。

十、公司主要优势及经营业绩

董事相信本公司的优势主要如下:

1、管理阶层经验丰富,大部分效力本公司逾20年;

2、以生产高质量产品在中国享有盛誉,并因最近大举投资外国制造的生产设备,令产品质量得以提高,在海外亦声誉日隆;

3、获中国政府指定为优先发展工业,包括道路运输工具、铁路和冶金矿山的客户基础日益增长;

4、产品种类广泛;

5、拥有全国性的分销网络,在各地均可提供售后服务;

6、与主要供应商和客户建立悠久业务关系。

香港执业会计师容永道会计师事务所根据国际会计准则对本公司的经营业绩进行了审计。下表为本公司截至1993、1994、1995年12月31日止及截至1996年9月30日止三个年度零九个月的业绩概要。

单位:人民币千元

	截止1996年9月30日	1995年	1994年	1993年
营业额	879,912	1,066,864	1,063,532	865,609
利息支出前之税前利润	173,688	162,866	138,242	173,369
利息支出净额	54,430	57,274	32,271	30,461
税前利润	119,258	105,592	105,971	142,908
税后利润	101,513	89,082	90,541	128,488
毛利率	26%	26%	24%	36%

十一、本次发行B股后的股本结构

下表显示本公司B股发售事项完成后的股权结构:

	发行股份数目	占注册资本百分比
国有法人股(瓦轴集团持有的发起人股份)	200,000,000	60.6%
将在深圳交易所上市之B股	130,000,000	39.4%
总计	330,000,000	100.00%

十二、未来计划与前景

本公司未来的整体策略为:

1、集中发展与策略性投资者的关系;

2、购入生产设备以提高生产能力及改良技术能力和产品素质;

3、开发本公司已展示其设计能力范畴(如汽车和铁路)的产品;

董事预期,中国国内对轴承产品的需求将会继续增加,至少能追随工业的整体增长,特别是列为优先发展的工业所用的轴承。

董事已订计划展开一系列的发展项目:

1、提高汽车工业用的锥形滚子轴承的生产能力;

2、提高(主要)用于冶金、矿山、建筑和石油化工工业的轴承的生产能力;

3、提高、轮毂轴的生产能力及开发和生产新一代的轮毂轴承。

4、提高铁路轴承的生产能力及开发和生产用于高速火车的轴承。

十三、溢利预测

董事会预测,在无发生不可预见之情形下,本公司自1996年1月1日至1996年12月31日止年度12个月的除税后但未计非经常项目前的溢利将不低于120,187,308.01人民币元。自1997年1月1日至1997年12月31日止年度12个月的除税后但未计非经常项目前的溢利将不低于129,327,500.00元。

十四、重要事项

世界最大的滚动轴承制造商瑞典SKF轴承公司同意认购65,000,000股B股,占B股50%和B股发行完成后本公司的正发行股本约19.7%。集团公司与策略性投资者已签订协议以监管其各自管理和本公司的股东权利,其中包括授予策略性投资者在若干决定上的否决权。本公司与策略性投资者就制造多种工业所需的滚动轴承在中国建立独家的业务关系,双方已原则上同意就制造该等行业所需的球面滚子轴承进行初步的合资经营。

十五、董事会承诺

本公司董事会将严格遵守《公司法》、《国务院关于股份有限公司境内上市外资股的规定》、《股票发行与交易管理暂行条例》和其他有关法律法规的规定,并自上市日起向全体股东做出如下承诺:

——按照有关法规的规定程序和要求披露重大信息,并接受证券管理机关、证券交易所的监督管理;

——及时、真实、准确地公布中期报告和年度报告;

——在本公司董事监事及高级管理人员持股数量发行变化时,及时通报证券主管部门,深圳证券交易所,并适时通过传播媒介通告社会;

——不利用内幕消息和不适当手段从事股票投机交易;

——在任何公共传播媒介中出现的消息可能对本公司股票价格产生误导性影响时,本公司知悉后将及时对该消息予以公开澄清;

——本公司没有无记录负债。

十六、B股上市及交易

本公司已向深圳证券交易所申请准许本公司本次配售的B股在深圳证券交易所上市,本公司预计B股可在1997年4月10日左右在深圳证券交易所上市。

瓦房店轴承股份有限公司B股上市公告书

一、释义

在本公告书中，除非文义中有所指，下列词语有如下意义：

本公司：指瓦房店轴承股份有限公司

集团公司：指瓦房店轴承有限责任公司，本公司之发起人

B股：指本公司每股面值人民币1.00元的境内上市外资股

主承销商：指中国南方证券有限公司

国际协调人：指西敏企业融资亚洲有限公司

策略性投资者：指AB SKF，在瑞典成立的公司

元：指人民币元

二、绪言

经深圳市证券管理办公室以深证办(1997)3号文和国务院证券委员会以证委发(1997)9号文批准，本次公司已成功地配售每股面值人民币1.00元的境内上市外资股130,000,000股。根据深圳证券交易所深证发(1997)96号《上市通知书》本公司本次发行之B股将于1997年3月25日在深圳证券交易所挂牌交易。该部分B股总额为130,000,000股，股票简称为瓦轴B，股票编码为2706。

本上市公告书系根据《中华人民共和国公司法》、《国务院关于股份有限公司境内上市外资股的规定》、《股票发行与交易管理暂行条例》、《公开发行股票公司信息披露实施细则(试行)》、《深圳证券交易所业务规则》等国家及深圳市其它有关证券法规，并参照国际惯例，以本次发行之B股上市及向社会公众披露公司基本情况为目的而编制的。

本公司董事会及各位董事确认本公告书未遗漏任何重大事项，并不存在任何误导和虚假成份，并愿就上市公告书所载资料的真实性，准确性和完整性承担共同及个别责任。上市公告书中的内容由本公司董事会负责解释。

三、公司概况

1. 公司名称：瓦房店轴承股份有限公司

2. 公司注册地址：中国辽宁省瓦房店市北共济街1号

3. 联系电话：(0411)5509888

4. 公司法定代表人：于杰

5. 公司历史沿革：

瓦房店轴承股份有限公司的前身瓦房店轴承厂始建于1938年，是由当初日本NTN轴承制造株式会社演变而成，1958年改名为瓦房店轴承厂，并一直沿用至瓦房店轴承集团有限责任公司(以下简称"瓦轴集团")成立前。瓦轴集团是中国轴承工业的发源地，是中国第一家轴承制造商，亦为现今中国最大的轴承制造商，在1995年成为"中国机械"十大杰出企业之一。

为加速国有大中型企业的改革，促进企业经营机制转换，早在1995年瓦房店轴承集团有限公司积极筹备申请以募集方式申请组建瓦房店轴承股份有限公司。1996年1月，瓦轴集团向大连市人民政府正式提出关于瓦房店轴承有限公司发行境内上市外资股(B股)的申请，并向大连市证券管理办公室提出发行B股的申请。1996年7月8日瓦轴集团董事会决议一致同意申请借用深圳市130,000,000股B股额度，并在B股募足后，依法设立瓦房店轴承股份有限公司，随后再次向大连市人民政府和市体改委呈报了"关于组建瓦房店轴承股份有限公司的请示"。1996年8月，向深圳市证券管理办公室发出了设立瓦房店轴承股份有限公司并借用深圳市130,000,000股B股额度的请示，1996年8月15日获得深圳市证券管理办公室"深证办复(1996)第32号"文批复，获准借用国家下达给深圳市的B股规模，筹备发行工作。公司及各主要中介机构经过10个多月的紧张工作，终于在1997年1月完成所有的文件准备工作，向深圳市证券管理办公室提出发行申请，1997年1月23日获深圳证券管理办公室深证办字(1997)3号批复，获准向境外投资者发售130,000,000股境内上市外资股即B股。

四、股票发行及承销

1. 股票发行

本次公司共发行境内上市外资股即B股130,000,000股，每股面值人民币1元，溢价发行为每股2.85元，认购时以2.66港元缴足，按截至1996年9月30日止实际盈利及该年度末三个月之预测盈利水平，加权平均市盈率为6.3倍，全面摊薄市盈率为7.9倍，全部采用私募配售方式，本次发行在扣除发行费用2827万元后，共募集资金40658万元。

2. 股票承销

世界最大的轴承制造公司瑞典的SKF公司认购了本次发行B股的50%，即6500万股，剩余50%(6500万股)，由主承销商南方证券有限公司和境外承销商西敏企业融资亚洲有限公司全部包销。

3. 验资报告

本次发行募集的资金已于1997年3年13日全部汇入收款银行——标准渣打(麦加利)银行深圳分行，入帐金额为378,931,975.00港元，入帐帐号系根据《收款银行协议》的规定，在收款银行渣打银行开立的配售帐户——HORSFORD NOMINEES LTD.——WAFANGDIAN B SHARE NEW ISSUE A/C。

五、董事、监事及高级管理人员

瓦房店轴承股份有限公司创立大会选举公司董事会及监事会成员如下：

(1)董事：

于杰先生任公司董事长，王凤璋先生任党委书记兼副董事长，王路顺先生任总经理。其它董事会成员包括：Gunnar Gremlin先生，Christer Gyberg先生，唐裕荣先生，张如民先生，田彦慈先生，刘一丁先生，李显荣先生，宋明东先生，张家义先生以及倪仁善先生。

(2)监事：

孙武督先生任公司监事会主席。其它监事会成员包括：王润田先生，段灿先生，江忠元先生，李新涛先生，付忠伟先生，姜连清先生，王瑞兰先生，耿秀玲女士。

公司董事会及监事会成员的介绍请详见刊登于1997年3月1日的《证券时报》及《中国证券报》的《瓦房店轴承股份有限公司(筹)B股招股说明书概要》，在此不再赘述。公司董事及监事会成员均未持有瓦轴B股。

六、公司设立

瓦房店轴承股份有限公司创立大会于1997年3月19日在大连瓦房店轴承集团公司"轴承工人文化中心"举行，与会股东及其代表共代表股份27851万股，占全部股份总额的84.4%，大会通过了下列议案：

1. 同意设立瓦房店轴承股份有限公司(下称公司)，并批准公司B股上市交易；

2. 通过了公司章程；

3. 审议通过了公司设立费用说明的报告；

4. 同意公司第一届董事会及第一届监事会人选。

公司已办理工商注册登记，注册资金叁亿叁仟万元整，注册时间为1997年3月20日，注册地点为大连瓦房店市，营业执照注册号码大工商企法字24239971－3。

七、股本结构及大股东持股情况

1.下表显示本公司B股发售事项完成后的股权结构:

	发行股份数目	占注册资本百分比
国有法人股(瓦轴集团持有的发起人股份)	200,000,000	60.6%
将在深圳交易所上市之B股	130,000,000	39.4%
总计	330,000,000	100.00%

2.前十名股东所持股数及比例

序号	股东名称	持股数量	占总股本百分比
(1)	AKTIEBOLAGET SKF	65,000,000	19.70%
(2)	CSSC INTL LTD	4,590,000	1.39%
(3)	杰星科技有限公司	2,370,000	0.72%
(4)	KINGS BENEFIT ENTERPRISES LIMITED	2,000,000	0.61%
(5)	卢灿球	2,000,000	0.61%
(6)	WONG YING 王英	1,650,000	0.50%
(7)	TAN ZHI 谭志	1,600,000	0.48%
(8)	王瑞平	1,500,000	0.45%
(9)	张军	1,500,000	0.45%
(10)	BBH - THE GREATER CHINA FUND INC.	1,470,000	0.44%

八、公司财务会计资料

本公司在《招股说明书概要》内已登载香港执业会计师容永道会计师事务所根据国际会计准则对本公司的经营业绩进行审计的结果,在此不再赘述。

经深圳蛇口信德会计师事务所审计的主要财务资料如下:

1.资产负债表(见附表)

2.利润及利润分配表(见附表)

3.主要财务指标分析:

项目	1996年1-9月	1995年	1994年
流动比率	1.14	1.30	1.46
速动比率	0.67	0.69	0.90
存货周转率	1.73	2.24	2.60
应收帐款周转率	2.56	2.74	2.37
资产负债率	74.18%	69.04%	84.87%
销售利润率	13.54%	10.38%	12.36%
净资产收益率	30.14%	23.05%	67.13%
每股盈利	0.50	0.47	0.58
每股净资产	1.68	2.04	0.86

*注:上述财务指标均根据深圳蛇口信德会计师事务所审计报告的数据,按公司公开发行股票前的20000万股(国有资产折股)的股本计算。

4.盈利预测

盈 利 预 测 表

单位:人民币元

	预测经营成果 1996年	1997年
主营业务收入	1,217,290,545	1,371,500,000
减:营业成本	908,867,052	1,047,900,000
销售费用	40,927,129	39,520,000
管理费用	79,137,505	82,530,000
财务费用	64,283,191	56,600,000
营业税金及附加	7,268,441	9,700,000
主营业务利润	116,807,224	135,250,000
加:其他业务利润	21,796,790	16,900,000
营业利润	138,604,014	152,150,000
加:营业外收入	3,116,021	----
减:营业外支出	474,011	----
利润总额	141,246,024	152,150,000
减:所得税及其他	46,329,176	50,209,500*
减:所得税及其他	21,058,716	22,822,500**
净利润	94,916,847	101,940,500*
净利润	120,187,308	129,327,500**

*系根据国家税务规定的企业所得税税率33%计算的。

**系根据1996年8月27日大连市人民政府大政(1996)110号文批复,本公司的企业所得税自1996年1月1日起可以采用先征收后返还的办法,返还部门作为本公司的利润分配。本公司企业所得税的实际税负率为15%。

九、董事会承诺

本公司董事会将严格遵守《公司法》、《国务院关于股份有限公司境内上市外资股的规定》、《股票发行与交易管理暂行条例》、《公开发行股票公司信息披露实施细则》、《深圳证券交易所交易规则》和其他有关法律和法规的规定,并自上市日起向全体股东做出如下承诺:

1.按照有关法规的规定程序和要求披露重大信息,并接受证券管理机关,深圳证券交易所监督管理;

2.及时、真实、准确地公布中期报告和年度报告,并备置于规定场所供投资者公众查阅。

3.本公司董事、监事及高级管理人员如发生人事变动或持本公司股票数量发生变化时,及时通报证券主管部门、深圳证券交易所,同时向投资者公布。

4.在任何公共传播媒介中出现的消息可能对本公司股票价格产生误导性影响时,本公司知悉后将及时对该消息予以公开澄清;

5.本公司董事、监事及高级管理人员将认真听取社会公众的意见和批评,不利用已获得的内幕消息和其他不正当手段直接或间接从事股票买卖活动。

6.本公司没有无记录负债。

十、重要事项

世界最大的滚动轴承制造商瑞典SKF轴承公司已认购65,000,000股B股,占B股50%和B股发行完成后本公司总股本约19.7%。集团公司与策略性投资者已签订协议以监管其各自管理和在本公司的股东权利,其中包括授予策略性投资者在若干决定上的否决权。本公司与策略性投资者就制造多种工业所需的滚动轴承在中国建立独家的业务关系,双方已原则上同意就制造该行业所需的球面滚子轴承进行初步的合资经营。

十一、备查文件目录

1.股本验证报告

2.辽宁省人民政府关于同意设立瓦房店轴承股份有限公司的批复

3.深圳市证券管理办公室关于同意本公司B股发行的批复

4.深圳证券交易所上市通知书

5.独立会计师报告及经审核财务报表

6.溢利预测报告

7.B股发行、上市法律意见书

8.股份公司创立大会决议

9.营业执照

10.本公司B股资料备忘录

瓦房店轴承股份有限公司

一九九七后三月二十一日

1.资 产 负 债 表

单位:人民币元

	1996.9.30	1995.12.31	1994.12.31		1996.9.30	1995.12.31	1994.12.31
资 产				负债及股东权益			
流动资产:				流动负债			
货币资金	61,464,800	53,851,813	6,021,885	短期借款	440,580,000	364,254,000	294,081,000
应收票据	6,426,617	26,966,179	24,364,450	应付票据	3,000,000	4,200,000	4,000,000
应收帐款	357,084,551	329,194,695	448,480,081	应付帐款	127,938,403	144,783,239	144,402,604
减:坏帐准备	1,689,695	1,538,810	2,159,301	预收货款	11,969,371	24,694,903	31,706,530
应收帐款净额	355,394,856	327,655,884	446,320,780	未交税金	53,866,274	14,318,084	1,814,972
预付帐款	41,137,167	25,735,559	723,486	其他未交款	4,157,981	2,424,965	1,163,559
其他应收款	20,107,887	11,366,478	15,425,906	其他应付款	33,032,879	34,099,938	49,141,408
待摊费用	1,936,885	--	--	预提费用	423,201	--	--
存货	352,529,489	395,007,766	308,307,245	一年内到期负债	58,300,000	57,900,000	21,420,000
流动资产合计	838,997,701	840,583,680	801,163,752	流动负债合计	733,268,109	646,675,128	547,730,073
固定资产:				长期负债:			
固定资产原价	643,147,173	642,011,960	423,661,886	长期借款	131,960,786	120,432,561	120,633,333
减:累计折旧	318,829,911	278,632,181	220,288,225	长期应付款	101,551,238	145,004,478	301,592,587
	324,317,262	363,379,779	203,373,661	其他长期负债	280,000	--	--
在建工程	131,551,612	101,751,318	109,998,816	长期负债合计	233,792,024	265,437,039	422,225,920
固定资产合计	455,868,874	465,131,097	313,372,477	负债合计	967,060,133	912,112,167	969,955,993
				股东权益:			
递延资产				股本	66,426,544	66,426,544	66,426,544
递延资产	8,713,493	15,321,293	28,291,214	资本公积	204,863,941	204,863,941	63,086,453
				盈余公积	65,229,449	53,339,715	43,359,452
				其中:公益金	6,167,357	2,204,112	1,728,861
				未分配利润	--	84,293,702	--
				股东权益合计	336,519,935	408,923,903	172,871,450
资产总计	1,303,560,068	1,321,036,070	1,142,827,443	负债及股东权益总计	1,303,580,068	1,321,036,070	1,142,827,443

2.利 润 及 利 润 分 配 表

主营业务收入	1996.9.30	1995.12.31	1994.12.31
主营业务收入	879,912,486	1,066,863,166	1,063,530,803
减:营业成本	648,128,730	788,198,299	802,285,906
销售费用	23,080,754	34,476,871	29,785,048
管理费用	49,115,065	76,359,427	61,774,262
财务费用	47,705,238	57,904,017	37,660,437
营业税金及附加	5,776,728	4,188,000	3,914,000
主营业务利润	106,105,971	105,736,552	128,111,150
加:其他业务利润	12,209,216	3,170,485	4,647,290
营业利润	118,315,187	108,907,037	132,758,440
加:营业外收入	925,469	3,353,986	3,811,461
减:营业外支出	80,259	1,477,058	5,076,106
利润总额	119,160,397	110,783,965	131,493,795
减:所得税及其他	39,040,919	16,510,000	15,430,000
净利润	80,119,478	94,273,965	116,063,795
加:年初未分配利润	84,293,702	--	--
可分配利润	164,413,180	94,273,965	116,063,795
减:提取法定公积金	7,926,490	9,505,012	12,084,907
提取法定公益金	3,963,245	475,251	604,246
可供股东分配利润	152,523,445	84,293,702	103,374,642
减:已分配普通股股利	152,523,445	--	103,374,642
未分配利润	--	84,293,702	--

瓦房店轴承股份有限公司1997年度中期报告

一、财务报告(已审计)

本公司财务报告已经深圳蛇口信德会计师事务所中国注册会计师蔡春鸣、刘至成审计,并出具审计报告〔信德财审报字(1997)第49号、信德特审报字(1997)第15号〕。

我公司董事会认为,下述会计报表符合中华人民共和国《企业会计准则》和《股份制试点企业会计制度》的有关规定,在所有重大方面公允地反映了我公司1996年12月31日的财务状况与1997年6月30日的经营成果及资金变动情况,会计处理方法的选用遵循了一贯性的原则。

(一)财务报表

1.简化的资产负债表

单位:人民币元

项目	1996.12.31止
流动资产	786084526.95
固定资产净值	378784071.73
在建工程	67630123.70
递延资产	2211781.57
资产总计	1234710503.95
流动负债合计	716299797.35
长期负债合计	146604627.88
股本	66426543.87
资本公积	204863941.48
盈余公积	70522371.13
未分配利润	29993222.24
股东权益合计	371806078.72

负债与股东权益总计	1234710503.95

2. 简化的合并资产负债表

单位:人民币元

项目	1997.6.30止	1996.12.31止
流动资产	1318409761.82	786084526.95
固定资产净值	320350978.18	378784071.73
在建工程	97418530.89	67630123.70
递延资产	3077665.74	2211781.57
资产总计	1739256936.63	1234710503.95
流动负债合计	735857548.74	716299797.35
长期负债合计	91561336.70	146604627.88
股本	330000000.00	66426543.87
资本公积	490867909.04	204863941.48
盈余公积	5292921.57	70522371.13
未分配利润	85677220.58	29993222.24
股东权益合计	911838051.19	371806078.72
负债与股东权益总计	1739256936.63	1234710503.95

3. 简化的合并利润及利润分配表

单位:人民币元

项目	自1997.1.1-6.30止	自1996.1.1-6.30止
主营业务收入	602560277.98	545568581.54
主营业务利润	52859455.38	50873549.77
其它业务利润	12075752.19	3993206.03
营业外收支净额	575378.71	(4929091.73)
利润总额	65510586.28	49937664.07
所得税	9826587.94	16129682.93
净利润	55683998.34	33807981.14

4. 主要财务指标

	1997.1—6月
每股收益(元)	0.169
每股净资产(元)	2.76
净资产收益率(%)	6.11

(二)财务报表附注

1. 货币资金比期初增加242204071.81元,主要是本公司募集B股资金;

2. 应收帐款净额比期初增加118877426.06元,主要是本公司主营业务扩大,应收帐款增加;

3. 待摊费用期末数为零,期初数为2253308.00元,主要是本公司上年度股票发行费用已转入"资本公积"帐项;

4. 股本比期初增加263573456.13元,主要是本公司国有法人股和境内上市外资股增加;

5. 资本公积比期初增加286003967.56元,主要是本公司股票溢价发行收入和资产重估增值增加;

6. 其他业务利润比上年度增加8082546.16元,主要是本公司材料销售收入增加;

7. 所得税比上年度减少6303094.99元,主要是上年同期按利润总额的33%计提企业所得税,而本期是按利润总额的15%计提企业所得税。

(三)关联方交易

1. 本会计期间本公司向下述关联方购买轴承零件,明细项目列示如下:

	自1997.1.1-6.30止	占当期销售额的比例(%)
辽阳轴承	2568635.00	0.43
滚子制造	1215512.00	0.20
非标准轴承	34162642.00	5.67
瓦轴实业	31800619.00	5.28
瓦轴特钢	2416081.00	0.40
华美轴承	17160810.00	2.85
瓦轴运输	5270163.00	0.87
工具制造	17528310.00	2.91
瓦轴煤气	10649064.00	1.77
设备制造	10198493.00	1.69
	132970329.00	22.07

2. 本会计期间本公司向下述关联方销售配件、原材料及轴承零件,明细项目列示如下:

	自1997.1.1-6.30止	占当期购货额的比例(%)
海亚特轴承	6744834.00	13.07
滚子制造	16219360.00	7.37
非标准轴承	20747762.00	9.43
瓦轴特钢	6214735.00	2.82
华美轴承	10167377.00	4.62
瓦轴运输	13031.00	—
设备制造	303780.00	0.01
工具制造	16759.00	—
瓦轴煤气	4882.00	—
宏达万向节	324226.00	0.15
	60483746.00	37.47

(四)境内、外注册会计师审定的同期会计报表差异调节表

单位:人民币千元

项目	资产净值	经营成果	
	1997.6.30	1997.1.1-6.30	1996
境外注册会计师按《国际会计准则》审定的资产净值/净利润	864371	49977	119042
差异调节项目			
一坏帐准备	56840	—	—
一存货清理	8627	—	(3989)
一汇兑损益	—	2568	—
一其他	—	3139	353
调节净增(减)额			
境内注册会计师按《企业会计准则》和《股份制试点企业会计制度》审定的资产净值/净利润	911838	55684	115406

二、经营情况的回顾与展望

(一)上半年经营情况的回顾

今年上半年,公司狠抓了市场开发、产品销售、管理升级、增收节支等各项工作,使公司在规范运作中实现了稳步发展。1997年1—6月份,公司实现主营业务收入60.256万元,实现利润6,551万元,税后利润5,568.4万元,主营业务收入、实现利润和税后利润分别比去年同期增长10.44%、31.18%、64.71%。每股盈利0.169元人民币,净资产收益率6.11%,每股净资产2.76元。

上半年公司着重抓了以下几个方面的工作:

1. 加大市场开发和营销工作力度,市场建设有了新的进展,在轴承市场的激烈竞争中,及时调整了公司的营销策略。根据市场变化情况,及时调整产品结构,促进了新产品、新市场的开发,突出的是铁路轴承、汽车轴承和其它新产品的生产和销售量均有了较大幅度的增长。

2. 抓收入、降成本、增效益的工作得到了全面的落实,使利润指标有较大幅度的增长。通过"双增双节"活动,公司抓时机,突出了采购渠道和价格的控制与管理,并通过计算机系统实施了"标准成本"管理工程,细化成本责任,改进工艺,使制造成本降低幅度较大,保证了效益的增长。

3. 加强质量管理和质量保证体系的建设与管理。上半年,在全公司范围内及协作配套厂之间开展了贯彻ISO9000质量体系认证活动,经挪威船级社(DNV)专家的审核,于今年6月5日一次性通过了ISO9001的质量体系国际认证。

4. 实施"十人管理工程",促进管理进步。计算机网络工程已实施完成:CAD及技术管理系统进入试运行;"标准成本"已开始实施,企业管理升级活动在全公司全面展开。公司在联合国开发计划署的援助下,在两个分厂推行了"平准化生产"和SPC统计加工控制,促进了公司生产管理

水平的提高。按照上市公司的要求,公司治理结构、组织机构和各项管理制度全部建立起来并规范运作。

5.按招股说明书披露规范使用募股资金。截止到6月末,本公司利用募股资金已归还银行贷款10,274万元。另外,在汽车圆锥滚子轴承,冶金矿山配套轴承、铁路轴承三个技术改造项目上已投资3,540.4万元。

(二)下半年展望

下半年,公司董事会和经营者将会与全体员工共同努力,力争全面完成超额完成全年的生产经营计划纲领。

1.坚持资金划回与市场开发并重的方针,积极推进市场细分化工程的实施。开发新市场,稳定、巩固老市场,将市场占有率由1996年的15%提高到16%,同时,将着力解决应收帐款占用营运资金的问题。

2.加大产品结构调整力度,推动公司向产品多样化、规模大型化方向发展。调整产品结构,以产品多样化满足和引导市场需求,形成新的利润生长点。下半年要完成十大系列产品的开发,为明年做好准备。

3.狠抓管理素质整顿以及以优化生产要素、合理配置资源为中心的管理升级工作。

4.加快技术创新和技术改造步伐,全面开展"平准化、一个流"生产线的改造和计算机辅助设计(CAD)的开发与应用,并全力组织实施汽车圆锥滚子轴承、冶金矿山配套和铁路轴承的技术改造计划,力争做到早投入、快产出、早出效益。

5.巩固质量体系认证成果,把企业管理升级活动不断引向深入。

6.进一步开展学邯钢、抓管理、降成本、保效益活动,把双增双节、提质降耗工作落到实处。

三、重大事件的说明

1、按照《招股说明书》披露的募集资金用途,公司在成立之后即开展了偿还银行贷款的工作,偿还短期借款7,999万元人民币,长期借款2,275万元人民币,合计10,274万元人民币。

2.遵照国务院证券委、中国人民银行、国家经贸委发布的《严禁国有企业和上市公司炒作股票的规定》和深交所深证发(1997)193号文通知精神,我公司进行了认真的自查工作,到目前为止,公司没有在上交所和深交所开设任何股票帐户,因此也没有买卖股票的行为。如本公司今后从事股票投资,将严格遵照国家有关政策法规规定。

3.公司将持有的大连光洋瓦轴汽车轴承有限公司45%的股份转让给瓦房店轴承集团有限责任公司。

4.修改了公司章程第43条,公司董事会成员由13人增加为14人,宫龙云先生被增选为本公司新董事。

5.将1996年10月—12月的利润滚存,与1997年红利一并分配,1997年中期利润不分配。

6.本报告期内公司无重大诉讼、仲裁事项。

四、发行在外股票的变动和股权结构的变化

1.本公司在报告期内没有发行股票(包括送配股):

本公司在报告期内没有拆细或合股;本公司在报告期内没有发行可转换债券;本公司在报告期内发行在外的股票没有变化。

2.股本结构:

总股本:	33000万股	占总股本的百分比
其中:国有法人股	20000万股	60.61%
社会公众股(B股)	13000万股	39.39%
合计:	33000万股	100%

3.主要股东持股情况(前10名最大股东)

名次	股东名称	持股数	占总股本(%)
1	瓦房店轴承集团有限责任公司	200000000	60.6
2	AKTIEBOLAGETSKF	65000000	19.7
3	BBH-THE GREATER CHINA FUND INC	3070000	0.0093
4	WULIN	2219400	0.0067
5	CSSC INTL LTD 南证国际有限公司	2190000	0.0066
6	NICE VIEW ENTERPRISES LIMITED	1985400	0.006
7	TAN ZHI 谭志	1743000	0.0053
8	GT PRC FUND	1460000	0.0044
9	GRAND LOYAL INVESTMENT LTD 帝豪投资有限公司	1292500	0.0039
10	BIAL/HSBC GLOBAL INVESTMENT FUNDS CHINESE EQUITY	1074000	0.0033

注:截止1997年6月30日,公司股东总数为3964名,其中国有法人股东1名,社会公众股东3963名。

五、股东大会简介

(一)瓦房店轴承股份有限公司创立大会于1997年3月19日在辽宁省瓦房店轴承集团有限责任公司轴承工人文化中心举行。与会股东及其代表共3名,代表27851万股,占股份总数84.1%。大会听取了"瓦房店轴承股份有限公司章程草案"说明等报告,审议通过了下列议案:

1.同意设立瓦房店轴承股份有限公司;并批准B股上市交易;责成公司董事会办理公司工商注册登记及申请B股上市交易的全部事宜;

2.通过了瓦房店轴承股份有限公司筹备工作报告;

3.通过了《瓦房店轴承股份有限公司章程》;

4.选举产生了瓦房店轴承股份有限公司第一届董事会,其成员是:于杰、王凤璋、王路顺、张如民、刘一丁、张家义、李显荣、倪仁善、宋明东、田彦慈、Cunnar Gremlin、Christer. Gyberg、唐裕荣共13名;

5.选举产生了瓦房店轴承股份有限公司第一届监事会,其成员是:孙武督、王润田、耿秀玲、王瑞兰、段炼、付忠伟、江忠元、李新涛、姜连清共9名;

6.通过了瓦房店轴承股份有限公司设立费用说明报告;

7.同意聘请深圳蛇口信德会计师事务所、香港永道会计师事务所为瓦房店轴承股份有限公司的年度审计师。

(二)瓦房店轴承股份有限公司临时股东大会于1997年6月24日在中国大连瓦房店公司本部办公室楼309会议室召开。共有3名股东及授权代表出席本次会议,代表股份267190000股,占总股本的80.87%,符合《公司法》及公司章程的有关规定。公司董事会向本次股东大会提交的拟讨论和表决的事项为:

1.关于修改公司章程的议案;

2.关于增选一名董事的议案:

3.关于利润滚存的议案;

本次股东大会对上述报告和议案进行了充分的讨论、研究,并形成如下决议:

1.审议通过了章程修正议案;修改公司章程第43条,本公司董事会成员由13人增加为14人。

2.审议通过了增选董事的议案:宫龙云先生被增选为本公司新董事。

3.审议通过了关于1996年10-12月份利润滚存到1997年一并分配的议案。

(三)瓦房店轴承股份有限公司独立股东大会于1997年6月24日在中国大连瓦房店公司本部办公楼309会议室召开。出席本次会议的股东及授权代表共代表61790000股,占本公司总股本的20.36%。会议是按照中华人民共和国公司法和本公事章程的条款举行的。与会股东形成如下决议:通过了将本公司持有的大连光洋瓦轴汽车轴承有限公司45%股份转让给瓦房店轴承有限责任公司的决议,并将以瓦房店轴承股份集团有限责任公司和大连光洋瓦轴汽车轴承有限公司的董事会决议为准。

六、备查文件

1.载有董事长、总经理亲笔签名的中期报告原本。

2.经审计的1997年中期审计报告。

3.《瓦房店轴承股份有限公司招股说明书》、《瓦房店轴承股份有限公司上市公告书》。

4.瓦房店轴承股份有限公司创立大会资料,瓦房店轴承股份有限公司临时股东大会及独立股东大会资料。

查阅地址:辽宁省大连瓦房店市北共济街1段1号,公司办公楼董事会秘书处。

邮编:116300

电话:0411—5509888—2616 传真:0411—5500794

附:宫云龙先生简历 宫龙云,男,现年32岁。现任中国南方证券有限公司副总裁,曾任"首钢"带钢厂厂长助理,经贸副厂长,中国南方证券有限公司投资银行部总经理,兼上海分公司总经理等职,在投资业务和金融管理方面具有丰富的经验。

瓦房店轴承股份有限公司

1997年8月30日

北京东方电子集团股份有限公司

北京东方电子集团股份有限公司简介

一、公司概要

北京东方电子集团股份有限公司是北京市第一家发行B股的企业,目前也是北京电子城内唯一的一家上市公司。公司注册资本37658亿人民币,占地面积32万平方米,现有员工3170人,公司从事电子产品和照明产品的生产和销售,并投资于电子产品的生产企业以及发展北京电子城的物业。公司数年来名列全国电子百强企业,正在步入国际化大公司行列。

公司的最大股东北京电子管厂成立于1952年,为第一个五年计划期间国家重点项目之一,是中国著名的电子器件生产厂家,被誉为"中国电子工业的摇篮",曾包建、援建38家工厂和科研所。

自1987年起,公司开始与外资合作,已分别与日本、新加坡、台湾等合资合作建立了北京松下彩色显像有限公司(BMCC)、北京旭硝子电子玻璃有限公司、北京日伸、北京日端、北京东方冠捷电子有限公司、环宙大厦、星城置业、东方灯饰等八家知名合资企业。

集团彩色显像管和显示管及支架玻杆与低熔点焊料、大功率发射管等产品的市场占有率在全国位居前列,其它显示类、绿色照明、电真空与半导体器件等产品在国内外市场颇具影响。

1997年6月10日,京东方B成功上市,使企业募集到发展所需资金,同时极大地提升了企业形象、经营运作平台和发展空间,企业进入了产品经营与资本经营相结合、按国际化惯例运作的高速发展轨道。

公司遵循"不断地为社会提供优质的产品和服务"为宗旨,推进国际化、多元化、高新化、规模化的经营战略,正在以稳定与自信脚步迈进二十一世纪。

二、董事长兼总裁简介

王东升先生,39岁,公司董事长、总裁,公司的创办人之一,先后毕业于杭州电子工业学院、成都电子科技大学,是高级会计师、中国注册会计师、工学硕士。他于1982年加入北京电子管厂,先后担任财务处科长、处长、总会计师、厂长,1993年发起组建本公司时,任董事长、总裁。王总思维敏捷、思路开阔、极具战略眼光,有着果断的决策魄力和顽强求实不断进取的工作作风。他精于企业战略投资与管理,是经营管理和财务的专家,在企业战略发展、产业结构调整、资本运作、重大项目推进等许多方面有着过人的领导决策能力和协调能力,并且与政府、企业界、新闻界等都保持着融洽良好的关系。王总还担任北京电子城有限公司副董事长、北京松下彩色显像管有限公司董事、北京日端电子有限公司董事长、北京环宙大厦有限公司名誉董事长、中国电子商会常务理事。他也是国内多家大学的客座教授、MBA导师。

北京东方电子集团股份有限公司境内上市外资股(B股)招股说明书概要

一、绪言

本招股说明书概要是根据《中华人民共和国公司法》、《股票发行与交易管理暂行条例》、《公开发行股票公司信息披露实施细则》、《国务院关于股份有限公司境内上市外资股的规定》、《股份有限公司境内上市外资股规定的实施细则》、《深圳证券交易所业务规则》等国家及深圳市其它有关证券法规,并参照国际惯例,以本次发行之B股上市及向社会公众披露公司基本情况为目的而编制的。本公司全体董事会成员已确认该招股说明书概要,确信其中不存在任何重大遗漏或者误导,并愿意对其真实性、准确性、完整性负个别的和连带的责任。

经国务院证券委[1997]第32号文批准,本公司溢价发行每股面值人民币1.00元的境内上市外资股不超过115,000,000股。

本次发行是根据本招股说明书所载明的资料发行的,除本发行人及主承销商,没有委托或授权任何其他人提供未在本招股说明书中所列载的信息和对本招股说明书作任何解释或者说明。

因买卖本公司股票而所需缴纳的税款由投资者自行负担,本公司及本公司上市推荐人及发行承销商对以此不承担任何责任。

二、释义

在本概要中,除非本文另有所指,下列词语有如下意义:

本公司:指北京东方电子集团股份有限公司

本集团:指本公司及其附属、联营公司

北京松下彩管:指北京·松下彩色显像管有限公司

B股:指本公司每股面值人民币1.00元的境内上市外资股

主承销商:指中国南方证券有限公司

国际财务顾问:指野村国际(香港)有限公司

上市:指本公司股票获准在深圳证券交易所挂牌交易

元:指人民币元

三、与B股发行有关的当事人

发行人:北京东方电子集团股份有限公司

地址:中国北京市朝阳区酒仙桥路10号

电话:(010)64366264,64372373　传真:(010)64366264

联系人:陈炎顺　仲惠峰

主承销商:中国南方证券有限公司

地址:中国广东深圳深南东路56号南方国际大酒店12层

电话:(0755)2256728—1212、1214　传真:(0755)2227082

联系人:王世平　江岩　何明

国际财务顾问:野村国际(香港)有限公司

地址:香港中环花园道三号万国宝通广场亚太金融大厦二十楼

电话:(00852)25361568　传真:(00852)25361594

联系人:王长虹

承销商:

中国南方证券有限公司

地址:中国广东深圳深南东路56号南方国际大酒店12层

电话:(0755)2256728—1212　传真:(0755)2227082

荷银浩威·洛希尔

地址:香港中环置地广场公爵大厦三十楼

电话:(00852)21022351　传真:(00852)28452977

富国证券株式会社

地址:韩国汉城特别市永澄浦区汝矣岛洞34—2号

电话:(021)62123703　传真:(021)62123704

东西证券株式会社

地址:韩国汉城特别市永澄浦区汝岛洞34—1号

电话:(021)63521699　传真:(021)63523447

日兴证券(亚洲)有限公司

地址:香港中环金钟道88号太古广场第一座19楼

电话:(00852)28421111　传真:(00852)25264498

海裕证券有限公司

地址:香港中环遮打道16号历山大厦32—4楼

电话:(00852)28474745　传真:(00852)28773410

国际会计师:普华亚洲会计有限公司

地址:美国纽约NY10185—1448,邮政信箱1448号

中国会计师:普华大华会计师事务所

地址:上海市漕溪路222号航天大厦8楼

发行人律师:竞天律师事务所

地址:北京市朝阳区麦子店西路3号新恒基大厦323室

承销商境外律师:美国高特兄弟律师事务所

地址:香港中环皇后大道中九号25楼

承销商境内律师:通商律师事务所

地址:北京市朝外大街19号华普国际大厦714号

资产评估机构:北京德威评估公司

地址:北京市车公庄西路20号

土地评估机构:

北京市房地产价格评估事务所

地址:北京市东城区南河沿大街甜水井胡同37号

北京北方房地产咨询评估中心

地址:北京市友谊宾馆苏园公寓60841室

收款银行:标准渣打银行深圳分行

地址:中国深圳嘉宾路海燕大厦4楼

股份登记公司:深圳证券登记有限公司

地址:深圳市红岭中路25号

四、本次B股发行的基本情况

1. 股票名称:北京东方电子集团股份有限公司B股

2. 股票类型:记名式普通股

3. 发行数量与面值:100,000,000股,加上15%超额配股权,但最高发行量不超过115,000,000股,每股面值人民币1元。

4. 股票发行价格:预计每股人民币3.2998元,认购时每股以港币3.08元缴足。

5. 股票发行方式和承销方式:股票采取私募发行,承销采取包销方式。

6. 配售日期:1997年5月21日起至1997年5月23日止。

7. 承配人付款日期:1997年5月26日或之前。

8. 承销机构:

主承销商:中国南方证券有限公司

9. 公司股本:

B股发行前总股本为26158万股,B股发行后总股本增为36158万股(如15%超额配售权全面行使,总股本将变为37658万股)。

10. 每股税后利润及市盈率

截至1997年12月31日止年度的除税后但未计非经常项目的盈利将不少于人民币122,478,000元。

每股盈利

备考全面摊薄:人民币0.3675元

加权平均:人民币0.3841元

配售B股统计数字

募集总金额:约人民币329,980,000元

市盈率

备考全面摊薄:8.98倍

加权平均:8.59倍

假如完全行使超额配售权,每股盈利将应摊薄,但是本公司相信这将不会给股东带来任何重大影响。

五、风险因素与对策

提示

投资者在评价本发行人此次发售的股票时,除本招股说明书提供的其它资料外,应特别认真地考虑下列风险因素:

1. 政治及经济因素:中国由于部分改革措施仍处于试验阶段,包括国家政策及有关法规都可能重新调整,故此可能对本集团业务产生影响。根据第九个五年计划即1996年至2000年期间,中国政府将继续实行经济改革,将每年平均增长率定为8.0%,而通货膨胀率则保持低于10%。1996年通货膨胀率为6.1%。由于本集团业务主要在中国进行,故部分原材料价格上升有可能导致生产成本的上涨,但随着进口原材料及零部件的国产化,应会使部分产品的生产成本有所下降。

2. 货币兑换及汇率风险:尽管对经常项目帐户交易的外汇管制有所放松,人民币仍然是不可自由兑换为其它外币的货币,1996年12月1日起,人民币实行在经常项目下的可兑换。

北京松下彩管原材料进口部分以日美元计价,出口以美日元计价,人民币对该两种货币之汇率变化将会对其业绩造成影响,从而亦对本公司业绩构成影响。

由于预计未来本集团对外汇的需要(主要为进口机器、原材料及向B股股东以港币派发股息)会有所增加,本集团计划提高出口以增加外汇收入。本集团亦可直接购入外汇应付需求。董事会认为在日后取得外汇方面不会有任何困难。

3. 世贸及关税:中国正在积极争取加入世界贸易组织,一旦加入世贸,可能会对国内企业带来冲击,本公司亦会受到波及。董事会相信由于本集团CRT产品及其配套产品业已达到国际水平,所以影响不大。真空开关管、半导体器件以及节能光源等可能会受到不同程度的影响。本公司将致力提高产品的国际竞争能力,并力争使产品达到国际水平。

4. 营运因素:本公司生产设备之运作会受多项因素的不利影响,例如设备突然发生故障、天灾及其它不可预见的情况等。本公司董事会相信,通过严格内部管理,定期保养及大修机器设备,将可减少上述事件发生的机会。

5. 对合资企业的依赖:从本公司前3年之财务状况看,本公司收益主要来自于对合资企业的投资,特别是北京松下彩色显像管有限公司。对此,本公司主要拟采取以下措施:

* 成立新公司,以分散盈利来源;

* 进一步发展本公司主要产品,并利用发行B股所筹集之资金扩大该等产品的生产能力。

6. 流通性:本公司此次发售之B股已获得深交所上市的承诺。深交所为一个发展中的证券市场,在深交所上市的股票之总市值及交投量均比发展较完备之国际股票市场为小。故此买卖人民币特种股之流通性可能较低,而价格波幅亦可能较大。

7. 市场竞争:由于北京松下彩管生产的彩色显像管系列产品受到国际国内电视机行业的影响,而本公司盈利目前主要来自于合资公司北京松下彩管,因此对本公司业绩有直接及重大的影响,但北京松下彩管CRT系列的29英寸(SF)CPT、19英寸(F5)CPT及14英寸0.28mmCDT为目前国内独家生产,14英寸CPT主要供应海外的松下集团企业,在一定程度上减少了国内彩管竞争带来的风险。在照明市场竞争中,本集团将充分发挥松下集团的技术优势和本公司电子镇流器生产配套的优势,以确立本公司的地位。在电真空领域,本公司技术及市场占有率均处于国内领先水平,目前在该产品领域,本公司面临的竞争较小。

9. 原材料涨价:目前生产CRT所需原材料及零部件价格近几年有下降趋势,随着部分零部件的国产化,其生产成本亦会有所降低。生产节能灯所需的三基色荧光粉,其主要原料为稀土材料,我国资源最为丰富,近几年来三基色荧光粉价格趋势是稳中有降。但这些原料不能排除将来涨

价的可能,这对本公司经营而言存在着一定风险。

10. 技术更新:本公司曾为中国最大的电子管生产企业,目前也面临着技术更新问题。为此,本公司在充实人才、加强自我研究开发能力的同时,积极引进国外先进技术以加强本公司的竞争力。

六、募集资金的运用

发售B股在扣除应由本公司承担的开支后所得的款项净额估计约为305,231,500元人民币。本公司拟将所得款项净额用于以下几个方面:

1. 约5522万元用于北京松下彩管CRT生产线的结构改造和规模扩大工程;

2. 约1880万元用于北京日伸的电子枪及零件生产线工程;

3. 约8848万元用于彩色显示器及多媒体系统项目;

4. 约2950万元用于紧凑型荧光灯的生产线扩大工程;

5. 约5800万元用于扩大真空开关管生产线项目;

6. 余额将拨作营运资金。

上述项目本公司1999年前预计需投入资金约4.3亿元,利用B股筹集资金约305,231,500元,其余部分用企业近几年滚存利润和通过银行贷款解决。

倘若发售B股所得款项未能立即用作上述用途,则本公司拟将上述款项存入银行作短期存款。

七、股利分配政策

本公司股东享有同等权益,按各股东持有股份的比例派发股利。股利派发一般采取现金或股票形式。本公司向个人股东派发股利时,由公司按《中华人民共和国个人所得税法》和国家税务局发布的《征收个人所得税若干问题的规定》代扣、代缴所得税。股利派发形式、股利率由本公司股东大会决定。

本公司每一会计年度的税后利润按照以下顺序分配:

1. 弥补亏损;

2. 提取法定公积金;

3. 提取法定公益金;

4. 提取任意盈余公积金;

5. 支付股利。

法定公积金按照税后利润的10%提取,但当法定公积金已达到注册资本的50%时,可不再提取;法定公益金按税后利润的5%—10%提取;任意盈余公积金的提取比例由股东大会决定。

本公司在每个会计年度结束后6个月内公布分配方案,所有股息由董事派发,由董事建议并经本公司股东大会确认。新老股东将享受截止1996年度的累计未分配利润。

八、发行人情况

1. 发行人名称:北京东方电子集团股份有限公司

英文名称:Beijing Orient Electronics Group Co. Ltd.

2. 发行人成立的日期:1993年4月9日

3. 发行人住所:北京市朝阳区酒仙桥路10号

4. 法定代表人:王东升

5. 行业背景:据国际经济组织预测,九十年代后五年世界经济增长最快的是电子工业,全球将保持4.3%的年平均增长率,经济增长率最快的在亚洲,而亚洲平均增长率最高的又是在中国,其中中国电子市场将以平均每年30%的速度递增。

随着国民经济信息化工程的全面推进,将对电子信息产品特别是计算机及其配套产品提出巨大的需求;随着中国城乡居民购买力的不断增长,以彩电及新兴的家用电脑为代表的消费类电子产品仍有其巨大的国内市场规模,并保持不断的平稳增长;与此相伴随的是对元器件类电子产品的巨大需求。

1996年中国电子市场总规模约为3200亿元,2000年可达到10000亿元,1996年实现工业总产值2800亿元,到2000年将达到7000亿元,2010年可能达到50000亿元左右,中国将成为世界电子工业强国。

6. 公司概况及历史沿革:

本公司的前身为北京电子管厂,该厂成立于1952年,作为国家重点工程之一,是中国著名电子器件产品生产厂家。1965年该厂开始生产集成电路,成为中国第一家能批量生产集成电路的企业;1970年该厂生产的集成电路被用于中国第一颗人造卫星;1978年,生产了中国第一支18英寸彩色显像管;1982年开始生产液晶显示屏。

从1987年起,本公司开始与国外企业合资,成立了多家合资公司。

1992年6月在北京电子管厂的基础上组建了北京东方电子集团公司。

1993年4月在集团公司的基础上进行股份制改组,建立本公司。注册资金26158万元。

7. 公司的主要业务

公司主要从事电子产品和照明产品的生产和销售,投资于中国的电子产品的生产企业以及发展北京电子城的物业。

本公司生产和销售的电子产品包括多种电真空器件、显像管零部件和半导体器件等;本公司生产的照明产品主要为紧凑型荧光灯和各种灯具。

本公司所投资的电子产品生产企业主要是中外合资企业,其中包括北京·松下彩色显像管有限公司、北京旭硝子电子玻璃有限公司、北京日端电子有限公司及北京日伸电子精密部件有限公司等,分别占其25%、50%、40%和40%的权益。

本公司的物业开发业务主要是通过北京环宙大厦有限公司和北京星城置业有限公司出租及出售其位于北京电子城之物业及对这些物业提供全面之服务及设施。

8. 本公司业务收入构成

本公司销售额可分为五大类,即节能电光源,电真空器件,支架玻杆、低熔点焊料,半导体器件及其他产品。其中前四大类主要产品的销售额占本公司截至1996年12月31日止三个销售年度总销售额的50%、47%和57%。该等产品为本公司之重点发展产品。

其他产品销售包括音响销售、医用及工业气体、建筑模板销售收入等。该类非主要产品的总销售额占本公司1996年度总销售额的43%。

本公司供应蒸汽、水、电和出租物业租金等其他业务利润约占过去三年税后利润的3.5%、2.3%和3.1%左右。

9. 本集团的主要产品:本公司依托其传统的电真空、半导体技术,并积极地吸引国外先进技术及资本、从事电子类产品及节能电光源的生产与开发。本集团主要产品为:

CRT(彩色显像管、显示管)及其零部件,节能电光源、电真空器件等。作为与CRT配套的电子产品包括电子枪、支架玻杆、低熔点焊料及管内外金属零件等,其生产、销售均与彩色显像管、显示管的生产紧密连接在一起,这些产品的生产主要是通过本公司、附属公司以及合资联营公司进行的。其中CRT是由合资公司北京松下彩管生产,而CRT的零部件则是由合资公司北京日伸、北京旭硝子、北京维松等生产,其产品主要供应北京松下彩管。

节能电光源在本公司及北京松下彩管均有生产,二者类型不同,互为补充。

电真空器件则为本公司的传统产品,它主要有大功率发射管及真空开关管等,真空开关管有着良好的市场前景。

10. 主要市场和市场占有情况

1)CRT及其零部件:1996年北京松下彩管的CRT产品内销占67.6%,出口占32.4%。其平均国内市场占有率在20%以上,主要分布在东北、华北、华东、华南及中南等地区,出口国主要包括美国、日本、墨西哥、马来西亚、印尼、泰国、巴西。

2)节能电光源:本公司紧凑型荧光灯的生产能力为300万只/年,其国内主要销售市场为华北、东北及西南等地区;国外市场为德国、伊朗、韩国等。同时北京松下彩管也于1995年底开始生产节能电光源产品。

3)电真空器件:

★大功率发射管:在国内大功率发射管市场上,本公司产品占有率为19.6%。

★真空开关管:本公司现已形成一定规模的生产能力,正在组建年产3万只中高压真空开关管的生产线,且本公司是目前国内唯一能生产63kv高压真空开关管的厂家。就电力行业而言,目前我国真空开关的使用量仅占全国现有开关数量的10%,而发达国家则达到70—80%,改造设备和新增电力需求使中国每年需要中高压真空开关管79万支,而目前我国之生产能力与该需求相比差距较大。

11. 主要原材料供应

为保证物资供应的正常进行,本公司主要原材料的供货厂商至少在两家以上。采购通常无须通过国家批准。只有金银材料由国家指定供货厂家,各级相应的供应部门有相应的采购计划,与各供货商亦有长期合作关系。

12. 质量管理

本公司共有各类检验人员519人。1993年9月30日刊发了根据《军工产品质量管理条例》以及ISO9000质量管理和保证系列标准而制定的《质量管理手册》。本集团产品全部采用国家标准、电子工业部标准或北京市地方标准进行生产,其中11个产品直接采用IEC等国际标准进行生产。

北京松下彩管产品以日本式经营及优良的品质在市场竞争中处于优势地位,北京松下彩管已取得ISO9002质量认证,并于1996年12月获得ISO14001环境管理体系认证,主要产品已通过美国UL认证以及德国VDE、加拿大CSA、英国BSI、日本JQA等安全标准认证。

北京日端以严格的质量管理控制体系和优良的产品质量通过美国UL、加拿大CSA及德国TüV安全认证。

13. 环境保护

本公司一直遵守国家、市级及地方环保法规。本集团北京松下彩管已于1996年12月27日在国内首批通过ISO14001环境管理体系认证,此项认证是建立国际性企业的标志之一。

九、董事、监事及其他高级管理人员

董事

王东升先生,39岁,本公司董事长、总裁,本公司的创办人之一,高级会计师、CICPA会员、工学硕士。80年代初加入北京电子管厂,先后担任财务处科长、处长、总会计师、厂长,1993年发起组建本公司时,任董事长、总裁。另外,还担任北京电子城有限责任公司副董事长,北京·松下彩色显像管有限公司董事,北京日端电子有限公司董事长,中国电子商会常务理事。持本公司股票5000股。

边江女士,59岁,本公司副董事长,本公司创办人之一,大学文化,高级经济师,现任中国工商银行北京信托投资公司总经理。1993年本公司成立后,任本公司副董事长,有长期从事金融、投资与行政管理工作的丰富经验。持本公司股票0股。

曹尔贤先生,57岁,本公司副董事长。大学文化,高级工程师,长期从事企业管理工作,是真空电子技术和企业管理方面的专家。持本公司股票0股。

梁新清先生,45岁,本公司常务董事、常务副总裁。大学文化,高级工程师。是本公司国际合作方面的专家,现任北京旭硝子电子玻璃有限公司董事长,北京日伸电子精密部件有限公司董事长,中国硅酸盐协会电子玻璃专业分会副理事长。持本公司股票2000股。

赵才勇先生,49岁,本公司常务董事、副总裁、财务总监。大学文化,高级会计师、CICPA会员,长期从事企业财务管理方面工作,是本公司的理财专家。持本公司股票5000股。

王和生先生,39岁,本公司董事,副总裁。大学文化,高级工程师,半导体及电子节能领域的专家,擅长于企业生产组织与管理。同时还兼任中国电子节能技术协会副理事长、中国半导体协会理事。持本公司股票5000股。

纪玉升先生,59岁,本公司董事、副总裁、总工程师,大学文化,教授级高级工程师,电真空技术方面的专家,中国电子学会真空电子学分会委员。持本公司股票2500股。

石栋先生,39岁,本公司董事,副总裁,工程师,大学毕业。长期从事企业人事、行政、后勤等方面的管理工作,是本公司人力资源管理专家,本公司成立后任总裁助理,人事部经理,副总裁等职务。持本公司股票2000股。

江玉昆先生,43岁,本公司董事、副总裁。大学文化,经济师,长期从事动力供应、物业开发等方面的经营和管理工作,是本公司动力供应及物业合作方面的专家,曾任本公司动力事业部经理,总裁助理,副总裁,北京环宙大厦有限公司副董事长、北京星城置业有限公司副董事长。持本公司股票3000股。

监事会成员

王超英先生,37岁,监事会召集人。自1993年起任本公司监事,现任中国工商银行北京信托投资公司证券部经理。持本公司股票0股。

王爱贞女士,47岁,现任本公司监事。持本公司股票1000股。

马焕荣女士,43岁,现任本公司监事、北京显像管总厂副厂长。持本公司股票0股。

钟炳林先生,58岁,现任本公司监事、工会主席。持本公司股票2500股。

段玉科先生,55岁,现任本公司监事、审计处处长。持本公司股票2000股。

其他高级管理人员

陈炎顺先生,32岁,本公司董事会秘书,证券部经理。持本公司股票0股。

十、本公司主要优势及经营业绩

本集团的主要优势在于以下几点:

1. 本集团大部分产品目前在国内市场竞争中保持着较大优势和垄断地位。

2. 本公司母体原为军工企业,拥有传统的技术优势与品质管理保证,为民品提供较强的技术与品质支持;同时本集团的合资企业北京松下彩管已通过ISO9002质量认证及ISO14001环境管理体系认证。

3. 本公司主要产品均属中国国家政策扶植性产业,随着中国经济的高速增长,为本集团显示、绿色照明、电力电子等产品提供了巨大商机。

4. 本集团地处北京电子城中心区域,地理位置优越,交通便利。北京市政府与电子工业部计划将电子城建设成为北方电子类产品的生产、销售中心。

5. 本集团拥有丰富的与跨国公司合作的经验,在引进跨国公司之先进技术、品质保证、管理方式及市场开拓等方面均有良好的合作记录,同时使本集团在经营方面风险分散、收益亦有较稳定的保证。

国际会计师普华亚洲会计有限公司根据国际会计准则对本公司的经营业绩进行了审计。下表为本公司截至1996年12月31日止三个年度每年的合并业绩概要。

单位:人民币千元

	1994年	1995年	1996年
销售收入	117,618	160,549	161,915
销售成本	(87,987)	(114,097)	(111,663)
销售毛利	29,631	46,452	50,252
减:销售及管理费用	(24,428)	(41,575)	(35,366)
财务收入(费用)	1,711	403	(2,934)
其它业务利润	3,465	2,371	3,491
营业利润	10,379	7,651	15,443
联营公司利润分成	99,978	105,801	105,672
与联营公司有关的财务费用	(11,916)	(10,889)	(11,917)

营业外收入(支出)	(80)	320	4,214
税前利润	98,361	102,883	113,412
减:税项	(465)	(801)	(1,963)
税后利润	97,896	102,082	111,449

十一、本次发行B股后的股本结构

下表显示本公司B股发售事项完成后的股权结构:

单位:万股

	发售事项完成前		发售事项完成后			
			未行使超额配售权		全数行使超额配售权	
	已发行股数	占股本百分比	已发行股数	占股本百分比	已发行股数	占股本百分比
国有法人股	20028	76.57%	20028	55.39%	20028	53.18%
其它法人股	5480	20.95%	5480	15.15%	5480	14.55%
内部职工股	650	2.48%	650	1.80%	650	1.73%
B股			10000	27.66%	10000	30.54%
总股数	26158	100%	36158	100%	37658	100%

十二、公司经调整后资产净值

公司经调整后资产净值是以国际会计师报告所载本公司于1996年12月31日的资产净值而编制。

	人民币千元
本集团于1996年12月31日的合并有形资产净值	554.671
估计发售B股所得款项净额	305.231
经调整有形资产净值	859.902
每股经调整有形资产净值(未考虑超额配售权)	2.37元/股
每股经调整有形资产净值(考虑超额配售权)	2.4元/股

十三、公司计划与前景

本集团的未来计划主要有:

1. 北京·松下彩管CRT生产线的结构改造和规模扩大工程;
2. 北京日伸电子枪及零件生产线工程;
3. 东方冠捷彩色显示器及多媒体系统项目;
4. 本公司紧凑型荧光灯的生产线扩大工程;
5. 本公司的真空开关管生产线扩建项目;
6. 通过对一些产品与本公司相同或相关、有较大发展潜力的国内企业的收购、兼并等行动,不断扩大本公司的技术实力和市场份额,提高竞争力。

十四、盈利预测

董事预测,在无不能预见的情况下,本公司截至1997年12月31日止年度的除税后但未计非经常项目的盈利将不少于12,478,000元人民币。

十五、重大协议、关联交易与诉讼

本集团成员在本概要刊登日期前两年内曾签订以下日常营业范围以外的重大协议:

1. 包销协议。
2. 于1997年5月13日,本公司、主承销商及国际财务顾问订立之协议。
3. 于1997年4月23日,北京电子管厂与北京市房屋土地管理局签订的国有土地使用权出让合同。
4. 于1997年4月7日,北京电子管厂与本公司草签的土地使用权转让协议。
5. 于1997年4月7日,北京电子管厂与本公司草签的土地租赁合同。
6. 于1997年4月7日,北京电子管厂与本公司签订的动能指标有偿使用协议。
7. 于1997年4月7日,北京电子管厂与本公司签订的生活服务和生产协作协议。
8. 于1997年3月20日,本公司与北京市华银实业开发公司签订的股权转让协议。
9. 于1997年4月7日,本公司与北京电子管厂签订的资产和负债转移协议。

本集团并无牵涉任何重大的诉讼仲裁;据董事所知,本集团亦无任何尚未了结或面临威胁之重大诉讼、仲裁或索偿要求。

十六、董事会承诺

本公司董事会将会严格遵守《公司法》、《国务院关于股份有限公司境内上市外资股的规定》及《国务院关于股份有限公司境内上市外资股规定的实施细则》、《股票发行与交易管理暂行条例》和其他有关法律法规的规定,并自上市日起向全体股东作出如下承诺:

*按照有关法规的规定和要求披露重大信息,并接受证券管理机关、证券交易所的监督管理;

*及时、真实、准确地公布中期报告和年度报告;

*在本公司董事、监事及高级管理人员持股数变化时,及时通报证券主管部门、深圳证券交易所,并适时通过传播媒介通告社会;

*不利用内幕消息和不适当手段从事股票投机交易;

*在任何公共传播媒介中出现的消息可能对本公司股票产生误导性影响时,本公司知悉后将及时对该消息予以公开澄清。

*本公司没有无记录负债。

十七、B股上市与交易

本公司已向深圳证券交易所申请准许本公司本次配售的B股在深圳证券交易所上市,本公司预计B股可在1997年6月16日左右在深圳证券交易所上市。

十八、备查文件

(一)供查阅的有关文件

1. 普华亚洲会计有限公司审计报告
2. 普华大华会计师事务所审计报告
3. 普华大华会计师事务所《关于北京东方电子集团股份有限公司1997年度利润预测报告》
4. 本公司的章程草案
5. 主承销商、国际财务顾问及国际会计师同意印发招股说明书之同意书
6. 本概要所述之重要合同

(二)查阅地点

美国高特兄弟律师事务所

地址:香港中环皇后大道中九号25楼

联系电话:00852—28104111

传真:00852—28459021

北京东方电子集团股份有限公司

1997年5月21日

北京东方电子集团股份有限公司境内上市外资股(B股)上市公告书

一、释义

在本上市公告书中,除非另有说明,下列简称具有如下意义:

1. 本公司:指北京东方电子集团股份有限公司
2. 本集团:指本公司及其附属公司和联营公司

3. 深交所:指深圳证券交易所

4. 元:指人民币元

5.A股:指本公司注册资本中每股面值1.00元的26158万股人民币普通股

6.B股:指本公司本次发行的每股面值1.00元的境内上市外资股(B股)

7. 超额配售权:指本公司根据承销协议授予主承销商之额外配售权

8. 港元:香港货币

二、绪言

本上市公告书是根据《中华人民共和国公司法》、《股票发行与交易管理暂行条例》、《国务院关于股份有限公司境内上市外资股的规定》、《公开发行股票公司信息披露实施细则》及《股份有限公司境内上市外资股规定的实施细则》等国家有关证券法规而编制。本公司董事会及各位董事已批准本公告书,确信其中不存在任何重大遗漏或者误导,并对其真实性、准确性、完整性负个别的和连带的责任。

经国务院证券委员会证委发[1997]32号文批准,本公司已成功发行每股面值1.00元人民币的境内上市外资股(B股)11500万股。经深圳证券交易所深证发[1997]212号上市通知书批准,本公司B股将于1997年6月10日(星期二)在深圳证券交易所挂牌交易。

本公司董事会提醒广大投资者注意,凡本公告书中未涉及的有关发行内容请投资者查阅本公司在1997年5月21日在《中国证券报》、《证券时报》上刊登的招股说明书概要。

三、发行公司概况

(一)发行人简介

1. 法定名称:北京东方电子集团股份有限公司

2. 注册资金:26158万元

3. 法定代表人:王东升

4. 成立日期:1993年04月09日

5. 经营范围:电子产品、通信设备(未取得专项许可项目除外)的制造及购销;机械电器设备、五金交电、建筑材料、纸制品、工业气体、工具模具、蒸汽热气的制造、设计、销售;技术开发、技术转让;承办展览展销活动;经营本企业成员企业自产产品及相关技术出口业务及生产所需原辅材料、机械设备、仪器仪表、零配件及相关技术的进口业务;承办中外合资经营、合作生产及开展"三来一补"业务。

6. 所属行业:电子

7. 营业执照注册号码:11501259

8. 注册地址:北京市朝阳区酒仙桥路10号

联系电话:(010)64366264、64372373

(二)本公司历史沿革

本公司的前身为国营北京电子管厂,该厂筹建于1952年,1956年正式投产,为国家"一五"计划期间重点工程之一。1965年北京电子管厂开始生产集成电路,成为中国第一家能批量生产集成电路的企业;1978年,生产了中国第一支十八英寸彩色显像管;从1987年起开始与外商合资,建立了多家生产电子产品的合资企业。

1993年4月,经北京市体改委京体改办字[1992]第22号文批准,由北京电子管厂作为主要发起人,以定向募集方式设立北京东方电子集团股份有限公司。1996年,公司依据《中华人民共和国公司法》及其他有关法律法规要求重新登记,重新登记后的公司股本结构为:发起人股:25233万股;其他法人股:275万股;内部职工股:650万股。1997年经北京市人民政府京政办函[1997]87号文批准本公司增资扩股发行境内上市外资股,1997年5月19日经国务院证券委员会证委发[1997]32号文批准本公司发行境内上市外资股(B股)11500万股(其中:含超额配售权部分1500万股)。

四、股票发行与承销

(一)本次私募配售

1. 境内上市外资股(B股)数量:115,000,000股(含超额配售部分)

2. 发行价格:每股3,2998元人民币,折合3.08港元

3. 募集资金总额(已扣除发行费用):350,995,375.50元人民币

4. 发行方式:私募发行,股票承销采取承销商包销方式

5. 配售户数:184户

6. 发行费用总额:28,459,008.45元人民币

7. 每股发行费用:0.247元人民币

8. 发行市盈率:备考全面摊薄　8.98倍

加权平均　8.59倍

(二)股票承销

本次B股配售采取各承销商按一定比例包销方式,主承销商及承销团成员分销比例及数量如下:

承销商	承销数量(万股)	承销比例(%)
中国南方证券有限公司	9300	80.87
日兴证券(亚洲)有限公司	1800	15.65
荷银浩威●洛希尔	100	0.87
海裕证券有限公司	100	0.87
富国证券株式会社	100	0.87
东西证券株式会社	100	0.87

(三)验资报告

验资报告

普华验字(97)第33号

北京东方电子集团股份有限公司:

我们接受委托,对贵公司截至一九九七年五月二十九日止向社会公众募集境内上市外资股(B股)而增加的股本及相关的资产的真实性和合法性进行审验。在审验过程中,我们按照《独立审计实务公告第1号—验资》的要求,实施了必要的审验资料,保护资产的安全、完整;我们的责任是按照《独立审计实务公告第一号—验资》的要求,出具真实、合法的验资报告。

根据贵公司于1996年股东大会通过并报经中国证监会批准的向社会公开募集境内上市外资股(B股)的决议,以及与中国南方证券有限公司签订的承销协议,贵公司发行每股面值为人民币1元B股共计为11,500万股,其中含超额配售部分1,500万股,以溢价发行,发行价格为每股港币3.08元,总值为港币354,200,000元。

经过我们审验,截止一九九七年五月二十九日止,承销机构在扣除境内外发生的发行费用计港币26,565,000元后,实际缴入贵公司募集股款港币327,635,000元,按当日国家外汇管理局公布的港币兑人民币中间价1.0713计算,折合为人民币350,995,375.50元,其中股本115,000,000元,资本公积235,995,375.50元,与缴入股本相关的资产总额为人民币350,995,375.50元,均为银行存款。

普华大华会计师事务所　　中国注册会计师:周忠惠

中国注册会计师:谢　荣

一九九七年五月二十九日

五、董事、监事及高级管理人员持股情况

姓　名	职　务	持股数(A股)
王东升	董事长兼总裁	5000
边　江	副董事长	0
曹尔贤	副董事长	0
梁新清	常务董事兼常务副总裁	2000
赵才勇	常务董事兼副总裁、财务总监	5000
纪玉升	董事兼副总裁、总工程师	2500
王和生	董事兼副总裁	5000
石　栋	董事兼副总裁	2000
江玉昆	董事兼副总裁	3000
王超英	监事会召集人	0
王爱贞	监事	1000
马焕荣	监事	0

钟炳林	监事	2500
段玉科	监事	2000
陈炎顺	董事会秘书	0

六、本公司股东大会有关B股发行及上市的决议

本公司第一届第六次股东大会暨第一届第八次董事会于1997年3月28日在北京召开,出席本次大会股东代表及董事应到9人,代表股份26158万股,占公司股份的100%;符合《中华人民共和国公司法》及股份公司章程的规定。大会经过认真审议,通过以下决议:

1、同意股份公司申请发行并在深圳证券交易所上市境内上市外资股10000万股,并授权主承销商根据市场情况决定是否行使超额配售权。

2、通过股份公司依《中华人民共和国公司法》和《国务院关于股份有限公司境内上市外资股的规定》及有关规定而修改的《公司章程(草案)》。

七、关联企业及关联交易

本公司的关联企业为本公司国有法人股股东北京电子管厂及其他法人股股东及本公司附属的若干合资公司。

本公司已于1997年4月7日与北京电子管厂分别签订了《生活服务和生产协作协议》和《动能指标有偿使用协议书》,根据上述协议规定,本公司与北京电子管厂将发生如生产后勤、医疗卫生、劳务、产品、动力供应以及用电、用水及使用天然气等方面的相关服务,该等服务的服务费按国家定价或市场价格定价。本公司向本公司投资的部分企业提供房屋租赁,供应电、热,水、暖、气,提供零配件及加工、模具制造等服务,该等服务均建立在双方签订的有关协议基础上。

八、股本结构及大股东持股情况

1. 于本次11500万股(含超额配售部分1500万股)境内上市外资股(B股)发行完毕后,本公司的股权结构如下:

股本类别	股本(万股)	占总股本比例(%)
国有法人股	20028	53.18
其他法人股	5480	14.55
内部职工股	650	1.73
境内上市外资股(B股)	11500	30.54
合　计	37658	100.00

2. 前十名股东所持股数及比例

序号	股东名称	持股数量(万股)	占总股本的比例
1	北京电子管厂	20028	53.18%
2	中国工商银行北京信托投资公司	5005	13.29%
3	NOMURA INTERNATIONAL(HK)LTD	906.8	2.41%
4	北京市华银实业开发公司	275	0.73%
5	银港国际财务有限公司	240	0.64%
6	TOPPOREIT INVESTMENT LTD	220	0.58%
7	北京显像管总厂	200	0.53%
8	力安投资有限公司	200	0.53%
9	英明金融证券有限公司	200	0.53%
10	创兴基金有限公司	160	0.42%

九、公司财务会计资料

(一)审计报告

审计报告

普华审字(97)第323号

致北京东方电子集团股份有限公司全体股东:

我们接受委托,审计了贵公司1994年12月31日、1995年12月31日、1996年12月31日的资产负债表(合并及母公司)和1996年度的财务状况变动表。这些会计报表由贵公司负责,我们的责任是对这些会计报表发表审计意见。我们的审计是依据《中国注册会计师独立审计准则》进行的。在审计过程中,我们结合贵公司的实际情况,实施了包括抽查会计记录等我们认为必要的审计程序。

我们认为,上述会计报表符合《企业会计准则》及《股份制试点企业会计制度》的有关规定,在所有重大方面公允地反映了贵公司1994年12月31日、1995年12月31日、1996年12月31日的财务状况和1994年度、1995年度、1996年度的经营成果及1996年度的财务状况变动状况,会计处理方法的适用遵循了一贯性原则。

普华大华会计师事务所　　注册会计师:周忠惠

注册会计师:谢荣

1997年4月7日

(二)资产负债表、利润表、财务状况变动表(见附表)

(三)主要会计政策:

会计报表的编制所采用的主要会计政策均根据财政部颁布的《企业会计准则》、《股份制试点企业会计制度》及有关的补充规定而制定。合并报表中的控股子公司执行《工业企业会计制度》或《外商投资企业会计制度》。

1、会计年度

本公司的会计年度是从公历1月1日至12月31日。

2、计帐原则和计价基础

本公司按权责发生制的原则计帐。计价基础为实际成本法。

3、合并基准

合并会计报表的编制是以《财政部合并会计报表暂行规定》为依据,合并了本公司直接拥有50%以上权益性资本且拥有控制权的子公司。本公司内部的重大交易及内部往来的余额均已冲销。另外根据北京市财政局批复将北京旭硝子电子玻璃有限公司的会计报表纳入本公司合并会计报表之范围。

4、固定资产

固定资产是按购置或建造厂房及机器设备实际发生的直接及间接成本入帐,其中包括建造期间及正式启用之前相关的利息支出及汇兑损益。

固定资产折旧按该固定资产的原值或重估值扣除估计残值后,按预计可使用年限以直线法摊销。

	使用年限	残值
厂房及其他建筑物	35	3%
机器设备及办公室设备	6—30	3%
运输设备	8	3%

5、在建工程

在建工程指正在兴建中的资本性资产,以成本入帐,成本包括设备费用、建筑费用、安装费用、及其他直接费用,还包括在兴建期间为项目筹借资金所发生的利息费用与汇兑损益。

6、股权投资和联营投资

本公司对持有被投资企业20%以上至50%以下的权益资本及对其管理能施加重大影响的长期投资按权益法核算;本公司对持有被投资企业50%以上权益资本,除按权益法核算外,还于年末编制合并会计报表,凡本公司持有20%以下权益资本的投资,则按成本法核算。

7、存货

存货按取得时的实际成本记帐,发出的存货的成本采用加权平均法计算;成本包括原材料、直接人工以及适当部分的间接生产费用。

8、坏帐准备

坏帐准备按应收帐款的年末余额的千分之五计提坏帐准备。

9、销售

销售收入均在商品交付客户并取得收取货款权利时确认。销售收入指扣除增值税及销售折扣与折让后的销售货物的发票金额。

10、外币换算

公司的记帐本位币为人民币。

以外币为单位的交易按交易当日中国人民银行公布的市场汇价的中间价(简称"市场汇价")作为折合汇率,折合成人民币记帐。会计报表结算日以外币为单位的货币性资产及负债按结算日的市场汇价换算为人民币,由此产生的汇兑差异已列入当期损益。

11、无形资产

无形资产为本公司成立时获得的土地开发成本，该土地开发成本于1996年12月31日，以历史成本价转还给控股公司北京电子管厂，根据本公司与北京电子管厂签订的土地租赁协议，本公司向北京电子管厂支付土地租赁费，并计入当期损益，原摊销的土地开发成本则已冲回。

12、关联公司

关联公司包括控股公司、控股子公司和联营公司。

13、员工福利

本公司的员工福利按有关规定办理，计提标准按工资的一定比例计算。

14、税项：

(1)增值税：本公司按17%的税率计缴增值税(此税项不计入销售收入)。

(2)营业税金及附加：是指应由销售产品、提供劳务、负担的城市维护建设税和教育费附加。

(3)所得税：是根据每年度的业绩按照国家有关规定进行计提与缴纳。在1994年至1996年之间，本公司及所属全资子公司按照33%的税率缴纳企业所得税。1997年3月19日，经北京市财政局京财工[1997]224号文批复，本公司上市后在依法交纳所得税后，超过15%税负上交的所得税部分由北京市财政全额返还，返还资金并入企业税后利润统一进行分配。

(四)主要财务数据与财务指标

指标项目	1996年度	1995年度	1994年度
1 主营业务收入(千元)	191165	183819	134792
2 利润总额(千元)	117368	108561	101051
3 净利润(千元)	107592	101906	98313
4 总资产(千元)	938594	810670	702473
5 股东权益(千元)	552229	448090	410227
6 每股收益(元)	0.41	0.39	0.38
7 每股净资产(元)	2.11	1.71	1.57
8 净资产收益率(%)	19.43	22.81	24.20
9 股东权益比(%)	58.84	55.27	58.40

以上数据摘自普华大华会计师事务所1994—1996年度审计报告。

十、董事会上市承诺

本公司董事会将严格遵守《公司法》、《股票发行与交易管理暂行条例》、《公开发行股票公司信息披露实施细则》、《深圳证券交易所交易规则》和有关法律、法规的规定，并自股票上市之日起作出如下承诺：

1、按照法律、法规的规定程序和要求披露重大的信息，并接受证券主管机关，深圳证券交易所的监督管理。

2、及时、真实、准确地公布中期报告和年度报告，并接受投资者公开查阅。

3、本公司董事、监事及高级管理人员如发生人事变动或持本公司股票发生变化时，在报告证券主管机关、证券交易所的同时向投资者公布。

4、在任何公共传播媒介中出现的消息可以对本公司股票的市场价格产生误导性影响时，本公司知悉后将及时对该消息予以公开澄清。

5、本公司董事、监事及高级管理人员将认真听取社会公众的意见和批评，不利用已获得的内幕消息和其他不正当手段直接或间接从事股票买卖活动。

6、本公司没有无记录负债。

十一、重要事项揭示

1、根据本公司第一届第六次股东大会决议，本公司截止到1996年12月31日累计未分配利润及1997年度利润由发行B股后的全体股东共享。

2、鉴于本公司上市首日距离发行结束日未超过90日，根据《公开发行股票公告信息披露实施细则(试行)》第十条的规定，本公司仅编制简要上市公告书，在简要上市公告书中省略的事项在该期间没有发生重大变化。

十二、备查文件目录

1、国务院证券委员会批准文件

2、深圳证券交易所上市通知书

3、境内会计师事务所关于本次B股股金的验资报告

4、北京东方电子集团股份有限公司境内上市外资股(B股)招股说明书

5、独立会计师审计报告

6、溢利预测报告

7、营业执照

十三、咨询机构

1、发行人：北京东方电子集团股份有限公司

地址：中国北京市朝阳区酒仙桥路10号

联系电话：(010)64366264、64372373

联系人：陈炎顺、仲慧峰

2、主承销商及上市推荐人：南方证券有限公司

地址：深圳市深南东路55号南方国际大酒店12、13层

联系电话：(0755)2256728—1209

联系人：江岩、王世平

北京东方电子集团股份有限公司

1997年6月5日

附表一：

合并资产负债表

	1996 12月31日 人民币千元	1995 12月31日 人民币千元	1994 12月31日 人民币千元
资产			
流动资产			
货币资金	47,734	41,349	27,882
应收票据	9,583	884	256
应收帐款	39,596	32,657	34,882
减：坏帐准备	(13,470)	(13,865)	(14,530)
应收帐款净项	26,126	18,792	20,352
预付货款	2,135	4,536	1,141
其他应收款	96,322	89,699	95,938
待摊费用	3,603	4,781	6,093
存货净额	85,649	63,375	48,549
流动资产合计	271,152	223,416	200,211
长期投资	499,012	408,560	319,932
固定资产			
固定资产原值	258,152	227,643	206,856
减：累计折旧	(106,743)	(89,354)	(75,543)
固定资产净值	151,409	138,289	131,313
在建工程	17,021	15,021	25,633
固定资产合计	168,430	153,310	156,946
无形资产	–	25,384	25,384
资产总计	938,594	810,670	702,473

合并资产负债表(续)

	1996 12月31日 人民币千元	1995 12月31日 人民币千元	1994 12月31日 人民币千元
负债及股东权益			
负债			
流动负债			
短期借款	23,515	27,371	22,522
应付帐款	31,026	23,386	25,345
预收货款	6,861	10,111	6,896

应付福利费	1,372	1,422	13,114
应付工资	10,569	14,034	17,509
未付股利	29,734	27,606	347
未交税金	1,121	(2,499)	254
专项拨款	4,455	3,969	3,839
其他应付款	98,553	77,073	56,775
预提费用	9,214	6,362	4,744
一年内到期的长期负债	9,140	11,342	2,340
流动负债合计	225,560	200,177	153,685
长期负债			
长期借款	102,367	108,127	124,668
长期应付款	35,714	35,714	-
长期负债合计	138,081	143,841	124,668
负债合计	363,641	344,018	278,353
少数股东权益	22,724	18,562	13,893
股东权益			
股本	261,580	261,580	261,580
资本公积	3,541	3,541	3,541
盈余公积金	54,743	38,604	23,318
其中:公益金	17,722	12,392	7,297
未分配利润	232,365	144,365	121,788
股东权益合计	552,229	448,090	410,227
负债及股东权益总计	938,594	810,670	702,473

附表二:

合并利润表及利润分配表

	1996	1995	1994
		12月31日	
	人民币千元	人民币千元	人民币千元
主营业务收入	191,165	183,819	134,792
减:营业成本	(124,991)	(125,252)	(96,360)
销售费用	(4,082)	(3,669)	(2,900)
管理费用	(34,475)	(40,570)	(22,818)
财务费用	(15,326)	(10,981)	(10,702)
营业税金及附加	(1,126)	(907)	(859)
主营业务利润	11,165	2,440	1,153
加:投资收益	106,110	106,170	100,099
营业外收入	93	-	-
减;营业外支出	-	(49)	(201)
利润总额	117,368	108,561	101,051
减:所得税	(2,933)	(800)	(465)
少数股东损益	(6,843)	(5,855)	2,273)
净利润	107,592	101,906	98,313
加:期初未分配利润	144,365	121,788	38,651
可分配的利润	251,957	223,694	136,964
减:提取盈余公积金	(10,759)	(10,191)	(9,831)
提取法定公积金	(5,380)	(5,095)	(4,916)
可供股东分配的利润	235,818	208,408	122,217
减:已分配股利	(3,453)	(64,043)	(429)
未分配利润	232,365	144,365	121,788

附表三:

合并财务状况变动表

1996年度	人民币千元
一、流动资金来源	
1、本年净利润	107,592
加:不减少流动资金的费用和损失	
(1)少数股东本年损益	6,843
(2)固定资产折旧	22,284
(3)无形资产转让	25,384
(4)处理固定资产损失(减收益)	214
小计	162,317
2、其他来源	
(1)固定资产清理收入(减清理费用)	712
(2)收回长期投资	1,667
(3)资本净增加额	16,139
(4)少数股东资本净加额	2,581
小计	21,099
流动资金来源合计	183,416
二、流动资金运用	
1、利润分配	
(1)提取盈余公积金	10,759
(2)提取法定公益金	5,380
(3)已分配股利	3,453
小计	19,592
2、少数股东利润分配	5,262
3、其他运用	
(1)固定资产和在建工程净增加额	38,330
(2)偿还长期借款	5,760

合并财务状况变动表(续)

1996年度	人民币千元
一、流动资产增加(减少)数	
货币资金	6,385
应收票据	8,699
应收帐款净额	7,334
预付货款	(2,401)
其他应收款	6,623
待摊费用	(1,178)
存货净额	22,274
流动资产增加净额	47,736
二、流动负债增加(减少)数	
短期借款	(3,856)
应付帐款	7,640
预收货款	(3,250)
应付工资	(3,465)
应付福利费	(50)
未交税金	3,620
其他应付款	21,480
预提费用	2,852
专项拨款	486
未付股利	2,128
一年内到期的长期负债	(2,202)
流动负债增加净额	25,383
流动资金增加净额	22,353

北京东方电子集团股份有限公司1997年度中期报告

一、主要财务数据与财务指标

(一)财务报表(未经会计师审计)

1、简化合并资产负债表(见附表一)

2、简化合并损益表(见附表二)

(二)主要财务指标

内容	本期数	上年同期
	(以期末股本37658万股计算)	(以96年末股本26158万股计算)
1、每股收益(摊薄、元)	0.18	0.20
2、每股净资产(元)	2.58	2.11
3、净资产收益率(摊薄、%)	7.07	9.65

(三)财务报表注释

1、本报告期内会计政策与以前年度相比没有发生变化。

2、本报告期内会计主体未发生合并、分立等变化。

3、合并基准：合并会计报告的编制是以《财政部合并会计报表暂行规定》为依据，合并了本公司直接拥有50%以上权益性资本且拥有控制权的子公司。本公司内部的重大交易及内部往来余额均已冲销。另外根据北京市财政局批复，同意将本公司直接拥有50%权益性资本之北京旭硝子电子玻璃有限公司的会计报表，纳入本公司合并会计报表之范围。

4、本公司国际报告已根据国际会计准则进行调整，国内报告和国际报告中营业收入、营业利润的差异(其中营业收入国内报告多1360万元，营业利润国内报告多390万元)系国际报告对旭硝子电子玻璃有限公司采用分配法合并(即合并50%部分)而国内报告采用合并报表法合并所致。根据中国会计准则计算的净利润与遵照国际会计准则调整的净利润，不存在差异。

5、长期借款较年初减少5900万，为归还借款。

6、股本增加11500万元，为公司发行每股面值为人民币1元的B股共计为11500万股，其中含超额配售部分1500万股。

7、资本公积增加23599.5万元，为溢价发行B股所增加。

8、主营业务利润比上年同期有较大幅度增长，主要原因：

(1)销售收入增加，利润增长；

(2)加强内部管理，节约开支，降低费用；

(3)借款利率降低及年初归还部分借款，使财务费用比同期减少。

9. 投资收益为联营公司北京松下彩管之投资收益。

10. 营业外收入为公司之物业项目星城置业支付的搬迁费收入。

11、募集资金尚未投入项目，故作为短期存款存于银行。

12、关联交易：

(1)关联企业

名称	所占权益	成立日期	主要业务
北京东电金鑫建筑器材有限责任公司	55.9%	1996年10月8日	制造和销售建筑用模板与材料
北京维松电子有限责任公司	51%	1994年11月18日	生产、加工和销售彩色显像管用金属零件
北京市朝阳区电子玻璃制品联营厂	59%	1989年9月8日	生产和销售玻璃制品
北京旭硝子电子玻璃有限公司	50%	1993年11月16日	生产和销售支架玻杆和低熔点焊料
北京松下彩色显像管有限公司	25%	1987年9月8日	生产和销售彩色显像管、彩色显示管和照明产品
北京东方灯饰工程有限公司	50%	1993年4月16日	生产和销售各种灯饰、灯具及提供售后服务
深圳众大实业股份有限公司	25%	1993年11月1日	开发和生产机械部件，通信卫星设备，计算机软件和自动化设备
北京环宙大厦有限公司	50%	1994年4月28日	商业租赁、餐饮、娱乐业及商务中心经营
北京星城置业有限公司	25%	1995年10月11日	开发和建设商住房，及物业经营管理
北京日端电子有限公司	40%	1995年12月7日	生产和销售端子、连接器和压缩机
北京日伸电子精密部件有限公司	40%	1996年4月1日	生产和销售电子枪及相关零件

(2)根据本公司与主要股东北京电子管厂签定的生活服务和生产协作协议，本公司上半年收取北京电子管厂能源动力费，房屋租金共计383.9万元，上述交易均是在公平交易基础下进行的。另外，应收关联公司款为本公司和北京电子管厂的往来款项，北京电子管厂已于上半年归还2218.3万元，余款20.9万元将于年内结清。

二、经营情况回顾与展望

(一)经营情况回顾：

1、1997年上半年，本公司实现销售收入11110万元，比去年同期增长24.3%；实现净利润6872万元，较上年同期增长28.8%，完成年度利润计划的56.1%。主要经济指标按同口径比较，均较上年同期有较大幅度增长；整体生产经营形势呈稳定发展之局面，本公司在上半年的主要经营措施：

(1)加强市场营销体系建设，强化市场功能，加大公司产品推销力度，采取多种手段促进产品销售，公司产品产销率相比较有较大程度提高。

(2)强化成本控制和质量管理，狠抓现场管理，提高主要产品成品率，降低消耗。

(3)强化以企业内部经济责任制为核心的资产管理，以净资产回报为主要经济指标考核下属子公司经营者之经营业绩。既加强了宏观控制，又激发了经营者的积极性。

(4)公司总部加强管理；强调内部管理各环节的控制，节约管理费用，上半年公司管理费用比去年同期减少9.1%，提高了企业效益。

2、几个项目的进展情况：

(1)北京松下彩管三期工程土建部分已进入管路铺设阶段，第五线(29英寸超平面CRT)进口设备合同已签定，国内设备将陆续到货，按计划年底将如期进行设备安装调试。

(2)北京日伸精密部件有限公司已于年初正式开工生产，目前运行状况良好。

(3)显示器项目上半年已与合作方正式签定合营合同，计划在9月底之前合营公司完成注册工作。

(4)紧凑型节能灯生产线扩大工程，正在进行扩产计划论证，并做了引进设备的技术考察工作。

(5)真空开关管扩大生产线工程处于方案设计阶段，各项工作正在推进之中。

(6)物业项目；北京星城置业有限公司外方第一期资金已注入，目前正进行开工前的各项准备工作。

(二)下半年工作重点：

1、加快项目实施：

(1)全力推进北京松下彩管三期工程，确保在98年4月份之前。第五条29英寸彩色显像管生产线正式投产；

(2)抓好电子枪及其零件的扩产工程，在下半年完成扩产工程论证和扩产计划；

(3)加速显示器项目的实施，下半年完成合营公司注册，按进度注资，并做好市场导入及新厂房建设工作；

(4)下半年完成紧凑型节能灯引进生产线技术与经济可行性论证；

(5)完成真空开关管扩产工程方案论证工作。

2、加强公司内部各项基础管理，进一步理顺内部管理体制，按国际化公司的要求规范运作，向管理要效益，节支降耗，确保完成董事会下达的全年经营计划。

3. 研究、实施企业收购、兼并策略，以进一步壮大企业整体实力。

三、重大事项说明

1、经中国证券委证券委发[1997]第32号批准，我公司成功发行11500万股境内上市外资股(B股，其中含1500万股超额配售权)，并经深圳证券交易所深证发[1997]212号文批准于1997年6月10日挂牌上市。

本公司此次B股发行国内主承销商为中国南方证券有限公司，国际财务顾问为野村国际(香港)有限公司。

本次B股发行募集资金净额为350995375.50元人民币，其中股本金115000000元人民币，资本公积金235995375.50元人民币。本次股票发行完毕后，股份公司总股本由26158万股扩大到37658万股。

2、鉴于本公司境内上市外资股占本公司总股本的30.54%，依据国务院关于中外合资企业有关规定要求，本公司目前正在申请变更为中外合资企业。

3、1997年3月25日，本公司和香港冠捷投资有限公司签定有关生产、销售彩色显示器的合营合同和章程，该项目一期生产规模为年产100万台，一期总投资规模2993万美元，注册资本2050万美元，本公司在合营公司中占52%股份，合营公司产品以外销为主。

4、1997年4月28日，本公司与新加坡佳华置业有限公司签定合营合同，共同组建东方恒通物业中心，对本公司原101#厂房进行内部改造、装修后出租商业设施及其它配套服务。本公司拥有合营公司50%权益。

5、依据国务院证券委、中国人民银行、国家经贸委5月21日联合发布的《严禁国有企业和上市公司炒作股票的规定》，本公司按有关文件要求进行自查，至今为止，本公司及子公司未在境内任何证券经营机构开设帐户，买卖已上市流通之股票，本公司今后如从事股票投资，将严格遵守国家政策法规和本公司章程的有关规定。

6、本公司在报告期内无重大诉讼，仲裁事项。

7、依本公司1997年3月27日召开的股东大会有关决议，本公司将在年内适当时期对本公司截止1996年末累计未分配利润(已经普华国际会计公司、普华大华会计师事务所审计)进行分配，此次利润分配为新老股东共享，具体分配方案，正在拟定之中。本公司1997年中期不分红。

四、公司发行在外股票的变动和股权结构的变化

1、本公司根据国务院证券委、证委发[1997]第32号文，及深圳证券交易所[1997]212号文批准，发行并上市境内上市外资股11500万股(其中含超额配售权1500万股)。

2、公司股权结构情况：

1997年6月30日　　单位:万股　　每股面值:1元

	期初数	本次变动增减				期末数
		配股	送股	公积金转增	公开发行	
一、尚未流通股份						
1、发起人股						
国有法人股	20028					20028
其它法人股	5205					5205
2、募集法人股	275					275
3、内部职工股	650					650
尚未流通股份合计	26158					26158
二、已上市流通股份						
1、境内上市人民币普通股						
2、境内上市外资股					11500	11500
3、境外上市外资股						
已流通股份合计					11500	11500
三、股份合计	26158				11500	37658

3、主要股东持股情况(截止本年度6月30日)

序号	股东名称	持股数量(万股)	占总股本比例
1	北京电子管厂	20028	53.18%
2	中国工商银行北京信托投资公司	5005	13.29%
3	NORMURA INTERNATIONAL (HK)LTD	292.1	0.77%
4	北京华银实业开发公司	275	0.73%
5	银港国际财务有限公司	240	0.64%
6	GRAND LOYAL INVESTMENT LTD	230	0.61%
7	GHINA SOUTHERN CORPORATE FINANCE LIMITED	222	0.59%
8	TOP PROFTT INVEST MENTS LTD	220	0.58%
9	北京显像管总厂	200	0.53%
10	力安投资有限公司	200	0.53%

五、股东大会简介

北京东方电子集团股份有限公司第一届第六次股东代表大会暨第一届第八次董事会于1997年3月28日在北京召开，出席本次大会的股东代表及董事共9人，代表股份26158万股，占公司股份100%，符合《公司法》及本股份公司章程的规定，会议合法有效。大会由股份公司董事长、总裁王东升先生主持，经大会审议作出如下决议：

1、审议通过股份公司申请发行并上市人民币特种股票(B股)10000万股的议案，并根据市场情况决定是否行使超额配售权。

2、审议通过股份公司变更董事、监事的议案。

3、审议通过股份公司申请在深圳证券交易所上市人民币特种股(B股)的议案。

4、审议通过B股上市过程中的有关资产置换、土地处置方案。

5、确认股份公司B股发行成功后的股本结构。

6、审议通过陈炎顺先生担任股份公司董事会秘书的议案。

7、审议通过股份公司章程草案。

8、审议通过关于股份公司历年累计未分配利润分配议案。

9、重新确认股份公司董事会、监事会成员。

六、备查文件

1、载有董事长兼总裁亲笔签名的中期报告原本。

2、公司1996年3月股东大会材料。

查阅地址：中国北京市朝阳区酒仙桥路10号

北京东方电子集团股份有限公司证券部

北京东方电子集团股份有限公司

1997年8月4日

附表一：

简化的资产负债表

单位：人民币千元

项目	合并数		母公司	
	97年6月30日	96年12月31日	97年6月30日	96年12月31日
流动资产	590564	271152	549442	242552
长期投资	524021	499012	546025	517910
固定资产净值	155752	151409	124280	117861
在建工程	19661	17021	18059	15559
无形资产				
递延资产				
资产总计	1289998	938594	1237806	893882
负债及股东权益				
流动负债	216976	225560	189100	205885
长期负债	79073	138081	76761	135768
负债合计	296049	363641	265861	341653
少数股东权益	22004	22724	–	–
股东权益	971945	552229	971945	552229
其中：股本	376580	261580	376580	261580
资本公积	239537	3541	239537	3541
盈余公积	54743	54743	54743	54743
未分配利润	301085	232365	301085	232365
负债及股东权益合计	1289998	938594	1237806	893882

附表二：

简化的损益表

单位：人民币千元

项目	合并数		母公司	
	97年1—6月	96年1—6月	97年1—6月	96年1—6月
主营业务收入	111102	89340	83888	64874
主营业务利润	37641	5873	29834	-620
投资收益	31066	51237	34836	54093
营业外收支净额	11629	-136	10867	-134
利润总额	80336	56974	75537	53339
应交所得税	7845	790	6816	11
少数股东权益	3770	2856	–	–
净利润	68721	53328	68721	53328

鲁泰纺织股份有限公司

鲁泰纺织股份有限公司招股说明书概要

一、释义

在本招股说明书中,除非另有说明,下列简称具有如下意义:

1. 本公司:指鲁泰纺织股份有限公司
2. 本集团:指本公司及其附属公司
3. B股:指本公司每股面值人民币1.00元的境内上市外资股
4. 主承销商:指南方证券有限公司
5. 国际协调人:指日兴证券(亚洲)有限公司
6. 上市:指本公司股票获深圳证券交易所挂牌上市
7. 元:指人民币元

二、绪言

本招股说明书是根据《中华人民共和国公司法》、《股票发行与交易管理暂行条例》、《公开发行股票公司信息披露实施细则》、《国务院关于股份有限公司境内上市外资股的规定》、《深圳证券交易所业务规则》等国家及深圳市其它有关证券法规,并参照国际惯例,以本次发行之B股上市及向社会公众披露公司基本情况为目的而编制的。本公司发起人及全体董事已确认本招股说明书,确信其中不存在任何重大遗漏或误导,并愿意对其真实性、准确性、完整性负个别的和连带的责任。

经国务院证券委证券发[1997]第47号文批推,本次公司溢价发行每股面值人民币1.00元的境内上市外资股80,000,000股。

本次发行是根据本招股说明书所载明资料发行的,除本发行人、主承销商及国际协调人才,没有委托或授权任何其他人提拱未在本招股说明书中列载的信息和对本招股说明书作任何解释或者说明。

因买卖本公司股票而所需缴纳的税款由投资者自行负担,本公司及本公司上市推荐人和发行承销商对此不承担任何责任。

三、与B股发行有关的当事人

1. 发行人:鲁泰纺织股份有限公司
法定代表人:刘石祯
地址:中国山东省淄博市淄川松龄东路81号
联系人:秦桂玲　孙志刚
电话:(0533)5185166　5180888
传真:(0533)5182188
2. 发行人财务顾问:中华企业股份制咨询公司
地址:中国北京市西城区成方街33号奔德金融会所508室
联系人:林振铎
电话:(010)64225577转2306/2314
传真:(010)64290310
3. 主承销商:南方证券有限公司
法定代表人:王景师
地址:中国广东深圳深南东路56号南方国际大酒店12—13楼
联系人:陈远　罗鹏
电话:(0755)2172021
传真:(0755)2227082
4. 国际协调人:日兴证券(亚洲)有限公司
地址:香港中环太古广场第一座19楼
电话:(00852)28421111
传真:(00852)28108637
5. 发行人法律顾问:中银律师事务所
地址:中国北京西城区南礼士路21号648室
经办律师:唐金龙　朱玉栓　郭玉林
电话:(010)68573796
传真:(010)68573559
6. 主承销商法律顾问:上海市万国律师事务所
地址:中国上海南京西路1728号百乐门大酒店622室
经办律师:吕红兵　王骞　刘维
电话:(021)62488662　传真(021)63845297
7. 国际协调人法律顾问:易周律师行
地址:香港干诺道中111号永安中心1302室
电话:(00852)29057641
传真:(00852)28549596
8. 国际会计师:张陈会计师事务所(普华国际成员所)
地址:中国北京建国门外大街一号中国国际贸易中心国贸东楼409房。
电话:(010)65051155
传真:(010)65055033
9. 中国审计师事务所:山东会计师事务所
法人代表:许中祜
地址:中国山东省济南市大纬二路59号海联大厦
联系人:周志济
电话:(0531)6907042　传真:(0531)6907042
10. 收款银行:标准渣打(麦加利)银行深圳分行
地址:深圳嘉宾路海燕大厦2楼
11. 股分登记公司:深圳证券登记有限公司
地址:深圳红岭中路25号

四、本次B股发行的基本情况

1. 股票名称:鲁泰纺织股份有限公司B股
2. 股票类型:记名式普通股
3. 发行数量:80,000,000股
4. 每股面值:人民币1.00元
5. 股票发行价格:普通投资者认购价为人民币2.065元,于认购时以港元缴足,每股1.93港元
6. 股票发行和承销方式:股票采取私募发行,承销采取包销方式
7. 配售日期:1997年7月31日起至1997年8月5日止
8. 承销机构:
南方证券有限公司
日兴证券(亚洲)有限公司
9. 上市地点:深圳证券交易所

五、风险因素与对策

投资者在评价本发行人此次发售的股票时,除本招说明书提供的其它资料外,应特别认真地考虑下述各项风险因素:

1. 经营风险

1. 本公司在生产经营过程中可能存在以下风险因素:

(1)主要原材料供应风险

本公司主要原材料包括棉花、涤纶等。截至1996年12月31日止年

度,棉花及涤纶分别占本集团采购总额的49%及24%。

主要原材料的供应能否保证,及其质量和价格的变动,都可能对本公司的生产和经营产生一定的影响。

(2)产品价格方面的风险

本公司产品价格主要依据本公司产品的生产成本结合同类产品和市场价格而制定,同时受政府有关法规和政策监督。原材料成本、各项费用的变动以及同类产品的竞争都有可能导致本公司产品价格的波动。

(3)产品外销的限制

本公司产品70%以上外销。目前中国政府对部分纺织品及成衣产品实施出口限制。本公司的纱线出口向当局申请出口许可证。过去,本公司的纱线出口全部领有出口许可证。该等出口许可证的申请会因当时的市场情况而转变。由于纱线的出口限制只是中国政府自行实施以保障国内纺织生产商的原料供应,董事相信中国政府会因应市场情况而调节所发的出口许可证数量,故预计本公司纱线出口在未来申请出口许可证将不会有重大困难。

(4)外汇风险

本公司的收入超过75%为外汇,其余为人民币,而B股的股息将以港元支付。人民币兑外汇的汇率仍受国际及国内的经济及政治发展所影响。故投资者务请注意:本公司要承受人民币兑外币的任何贬值的风险,日后人民币兑其他外币贬值会对本公司的资产净值、外币开支及负债的金额有不利影响。虽然本公司有对外汇风险做出外汇套期保值工作,但不能保证本公司的能有效对冲所有人民币值的变动。本公司预计日后在获取足够外汇以支付B股持有人股息方面,不会遇到很大困难。人民币对港元的任何贬值或会对B股持有人所获派的股息(当兑换为港元时)的价值及海外供应商的资本设备的应付价格构成负面影响。目前,尽管对经常帐户交易的外汇有所放宽,人民币仍是不可自由兑换为其他外币的货币,惟本公司不能保证调剂中心或指定银行的外币短缺,不会限制本公司获取足够外币以派发股息给B股持有人或应付外币需求的能力,又或人民币不会进一步贬值。

(5)对外担保

本公司就对第三方银行信贷作担保之五笔担保金额共计4,847千美元。若以上五笔贷款中之任何贷款人无力偿还其根据有关贷款协议规定之任何款项,则本公司需要以担保人之身份继续履行该贷款人之责任。在此情况下,本公司之负债金额会受到负面影响。

2.市场竞争

纺织及制衣工业是中国的传统工业,近年来行业内竞争日益加剧。本公司是国内少数有技术生产50S纱或以上的的高档纺织品生产商之一。公司所生产的纱线和色织布产品均为高纱支的高档产品。全部以本身的"双泰"及"海皇"品牌销售至国内外的客户。本公司的衬衣以本身的"格蕾芬"牌及特许的国际成衣名牌"阿兰·德隆"销售。本公司的产品及牌子均为建立良好的声誉及已成为高素质的保证,在国内外市场都有广泛稳定的客户基础。

3.政策风险

我国加入世界贸易组织,其将须逐步减少其部分进口关税及贸易限制。目前若干由与本公司制造的纺织品相类似的进口产品须受进口限制。放宽及废除该等限制将有助与进口的纺织品易于进入国内市场。鉴于本公司产品竞争力的质量与产品定价,董事相信随中国获准加入世贸组织后,本公司仍可维持较其他海外制造商为佳的竞争优势。

目前,本公司享受税项减免及税项优惠缴纳12%的所得税税率。如遇国家有关税收政策的变化,也可能对本公司的经营业绩生产一定的影响。

4.股市风险

中国证券市场,包括深圳证券交易所均属新兴市场,市场总值和在深圳交易所上市股份(尤其是境内上市外资股)的成交量均远较发达、完备的证券市场小。一般而言与其他发展已具水平的证券交易所比较,在深圳交易所买卖B股时的流通程度在现阶段会较低,而价格波动与幅度可能会较大。此外,此等证券市场的交收程序、监管水平及方式均与香港及其他主要国际市场不同。在新兴证券市场上市的公司及其财务资料的披露亦有限制或延迟。

六、募集资金的应用

配售B股所得款项,在扣除有关支出后预计约为人民币15000万元,目前董事拟将所得款项间净额用作下列内容如下:

——约150000000元用作色织布扩建工程

——其余作为本公司之营运资金

B股配售所得的净收益未作上述用途部分,董事目前拟将其中部分用作减少短期银行贷款或存于银行作短期存款之用途。

七、股息分配政策

本公司本着普通股同股同利的原则,各类普通股享有同等权益,按各股东持有股份的比例派发股利。公司向股东支付股利及其他款项,均以人民币计价和宣布。B股的现金股利以港元派付。

公司每年的税后利润分配由董事会每个会计年度结束后提出分配预案,经股东大会作出决议后实施,在每年会计年度结束后6个月内分配。除股东大会有特别决议外,股利派发采取现金或股票形式。本公司向个人股东派发股利时,由公司按《中华人民共和国个人所得税法》和国家税务总局发布的《征收个人所得税若干问题的规定》代扣、代缴所得税。股利派发形式、股利率由本公司股东大会决定。

本公司每一会计年度的税后利润按照以下顺序分配:

(1)弥补亏损;

(2)提取法定公积金;

(3)提取法定公益金;

(4)提取任意盈余公积金;

(5)支付股利。

法定公积金按照税后利润的10%提取,但当法定公积金已达到注册资本的50%时,可不再提取,法定公益金按税后利润5%--10%提取,任意盈余公积金的提取比例由股东大会决定。

公司历年股利分配实际情况:1993年每股分配现金红利0.123元;1994年每股分配现金红利0.25元;1995年每股分配现金红利0.26元。根据山东会计师事务所的审计报告,公司1994年每股应分配红利为0.06元,1995年每股应分配红利0.18元。故公司决定其超额分配部分将在1996年利润中作相应的调整。公司董事建议,由于发售B股预计将于1997年8月才可完成,B股股东将不享受截至1996年12月31日止的年度之股息。

八、发行人情况

(三)发行人名称:鲁泰纺织股份有限公司

英文名称:LUTHAI TEXTILE JOINT STOCK COMPANY, LIMITED

(二)发行人成立日期:1993年10月16日

(三)发行人注册地址:中国山东省淄博市淄川区松龄东路81号

法定代表人:刘石祯

(四)发行人历史沿革:

本公司的前身为鲁泰纺织有限公司,于1988年10月18日,由淄博七棉与泰纶纺织共同设立的中外合资企业。

1990年3月鲁泰纺织有限公司正式开业投产,开业初期面临国际纺织品市场竞争白热化及国内纺织行业萎缩萧条,但在董事及管理层专业的经营下,业务依然发展理想,更由初期的纱线生产开发至色织布生产。在往后至1992年的两年间,鲁泰纺织有限公司再投资1,000,000美元,用作提高生产技术及引进先进的生产设备。1992年5日鲁泰纺织有限公司投资1,000,000美元,扩建色织布的生产能力。董事及管理层重视质量的经营方针下,本集团的[双泰]、[海皇]及[格蕾芬]牌纱线及色织布产品在国内外市场已建立良好的声誉及市场地位。同年10月,再投资550,000美元,扩建两条衬衣生产线,并开始以本身的[格蕾芬]牌销售自行生产的衬衣,为本集团现时集纺织、染纱、织布及制衣全套的垂直综合生产体系打下良好的基础。

1993年2月,经原国家对外经济贸易部批准,鲁泰纺织有限公司改组为股份制公司,本公司因而正式成立。

(五)公司组织结构(见附件1)

(六)公司职工情况

至1996年12月31日止,本公司在册员工总数为1,320名。其中:

	员工数目:
管理	67
采购	11
生产及技术监督	1,009
质量控制	27
产品设计及开发	19
销售及市场推广	125
财务、会计及计划	31
其他	31
总数	1,320

(七)公司经营范围

生产销售棉涤纶纱、色织布、衬衣、服装饰品、保健内衣。

(八)产品情况

本公司目前主要生产纺织用纱、线,包括棉纱、涤棉纱、CVC纱等;生产的面料包括纯棉布、涤棉布、CVC布等色织布以及梭织、针织服装及其配件。

(九)质量控制

本公司一向重视产品质量控制,设有质量控制部门专职负责质量管理方面的工作,并定期对管理人员生产员工做质量管理培训。为保证产品质量,公司配备了整套瑞士乌斯特试验仪器,棉纱质量达到瑞士乌斯特公报25%的水平,部分产品达到乌斯特公报5%的水平。1995年10月获得ISO9000质量体系认证,进一步完善了公司内部的质量管理和质量控制。

(十)无形资产

公司已在纱线、色织布及衬衣三大类产品中注册了"双泰"、"海皇"、"格蕾芬"共七个商标。

公司被许可使用"阿兰·德隆(ALAIN DE—LON)"男式服装及领带的商标。

本公司总部及厂房位于山东省淄博市淄川区松龄东路81号,占地超过90000平方米。

(十一)主要税项

按照有关政策规定本公司的产品享受减半缴纳所得税的税收优惠,即执行12%的所得税税率。

九、董事、监事、公司高级管理人员

(一)董事会成员:

刘石祯先生,57岁,中专文化程度,经济师,现任本公司董事长兼总经理,并兼任全国外商投资企业协会理事,山东省外商投资企业副会长等职务。在生产及行政管理等方面有广泛的经验。

陈有汉先生,64岁,大学文化程度,现任本公司副董事长,并任泰国盘谷银行总裁,泰美商业促进委员会主席、泰中促进投资贸易商会名誉主席,泰中友好协会副会长,泰华报人公益基金会永远主席等职务。在国际金融与贸易等方面有广泛的经验。

许植楠先生,67岁,董事兼副总经理,大学文化程度,现任泰国联合纱布商公会副理事长、泰纶纺织董事长、泰标准工业有限公司董事长兼总经理。在生产组织、国际贸易等方面有广泛的经验。

李景河先生,72岁,董事,大学文化程度,现任明泰集团有限公司董事长、泰华国际银行董事长、泰中促进投资贸易商会主席,在国际金融及国际贸易等方面有广泛的经验。

丁政曾先生,72岁,董事,大学文化程度,现任化泰制衣(大众)有限公司董事、开源发展有限公司董事长、泰国石油化学工业(大众)有限公司常务董事、美固玻璃纤维有限公司常务董事、太平洋金融证券(大众)有限公司董事,联合畜牧有限公司董事。在行政管理、国际贸易等方面有广泛的经验。

苏化生先生,53岁,董事,高级会计师,现任本公司总会计师,彼从事财务工作30余年,在财务管理方面富有经验。

赵可树先生,51岁,董事,中专文化程度,高级工程师,曾在山东省多家生产企业任管理职务。在生产组织、行政管理等方面富有经验。

曹绪彬先生,58岁,董事,大学文化程度,高级经济师,曾在山东省多家银行及金融机构任管理职务。在金融业务、经济管理等方面富有经验。

胡景光先生,57岁,董事,大学文化程度,高级经济师,曾在山东省多家银行及金融机构任管理职务,在金融业务、经济管理等方面富有经验。

(二)监事会成员:

秦桂玲女士,31岁,监事兼董事会秘书,中专文化程度,曾历任本公司计划科、证券办公室、财务部及制衣厂等部门的管理职务。彼在行政管理等方面富有经验。

陈锐谋先生,52岁,监事,曾历任多家日本贸易公司及商社的销售及管理职务。彼在销售及市场推广方面有丰富经验。

李同民先生,41岁,监事,曾历任本公司多个生产部门的管理职务。彼在生产组织和管理方面富有经验。

(三)高级管理人员:

王方水先生,36岁,中专文化程度,工程师,现任本公司总工程师,在棉纺织工艺、质量管理等方面有广泛的经验。

赵可桂先生,51岁,大学文化程度,工程师,现任本公司总经济师兼计划处主任,在经济分析、管理等方面有经验。

朱玲文先生,45岁,大专文化程度,现任本公司经营公司经理,在经营管理等方面富有经验。

十、经营业绩

国际执业会计师张陈会计师事务所(普华国际成员所)根据国际会计准则对本公司的经营业绩进行了审计。下表为本公司1994年、1995年、1996年(截至1996年12月30日止)的经营业绩概要:

单位:人民币千元

项目/年份	1996年	1995年	1994年
营业额	106264	153380	206948
除税前溢利	10732	17210	30440
税项	1034	838	—
除税后溢利	9698	16372	30440

十一、股本

1.本次B股发行前的股本结构

股份类别	股份数目(万股)	占股本百分比(%)
法人股:		
淄博第七棉纺厂	2,915	37,23%
外资股:		
泰纶纺织有限公司	2,915	37,23%
内部职工股	2,000	25.24%
合计	7,830	100%

2.本次B股行后的股本结构

股份类别	股份数目(万股)	占股本百分比(%)
法人股:		
淄埔第七棉纺厂	2,915	18.415%
外资股:		

泰纶纺织有限公司	2,915	18.415%
内部职工股	2,000	12.63%
B股	8,000	50.54%
合计	15,830	100%

3. 本公司发起人法人股、发起人外资股以及内部职工均已于1997年4月8日由山东证券登记有限责任公司集中托管,经山东证券登记公司鲁证登字(1997)第34号文确认。

十二、财务会计资料

经山东会计师事务所对发行人1996年12月31日以前三年会计期间财务报表的审计,主要财务会计资料如下:

1. 资产负债表主要数据:

2. 利润表主要数据:

3. 主要财务状况分析

财务指标	1996年	1995年	1994年
流动比率	0.80	0.68	0.85
速动比率	0.35	0.38	0.56
股东权益比率	31.94	33.52	38.15
存货周转率	1.77	1.72	1.40
应收帐款周转率	14.84	13.70	8.85
净资产税后利润率	17.75	10.26	4.56
每股净利润	0.35	0.21	0.09
每股净资产	1.97	2.07	2.07

提示:如果投资人欲对本公司财务状况、经营成果及其会计政策进行更为详细的了解,应当认真阅读在附录中所载的公司财务报表和注释。

十三、盈利预测

本公司根据目前生产经营状况及未来发展计划情况,并依据现行的会计原则和会计制度,遵循以下基准与假设,对本公司1997年的盈利情况作如下预测:

(一)盈利预测基准:

基准:本盈利预测是在分析总结1996年和1997年1-2月份已实现的经营业绩的基础上,根据目前公司的生产规模、生产能力以及纺织市场情况,并考虑到1997年预测年份业务发展情况以及各种因素,本着求实稳健的原则,采用公司一贯采用的会计政策及计算方法而编制的。这些会计准则和计算方法符合我国现行的法律、法规和财务会计制度的规定。

假设:

1. 公司所遵循的国家现行法律、法规、制度及公司所在的社会政治和经济政策无重大变动;

2. 公司各项经营业务所涉及地区有关现行政策、法律、法规及其他环境无重大变动;

3. 计划增产措施能如期完成;

4. 公司在盈利预测期间内,有关利率、税率、汇率及市场行情在正常范围内变动;

5. 1997年通货膨胀率在10%以下幅度变化。

6. 无其他人为不可抗拒和不可预见的因素造成重大影响。

(二)盈利预测(金额单位:万元)

项目	1996年实际	1997年预测数
产品销售收入	20694.80	30228.50
减:产品销售成本	15411.40	21779.45
销售费用	1118.60	1824.61
管理费用	651.10	504.44
财务费用	679.90	2113.00
主营业务利润	2833.80	4007.00
加:其他业务利润	188.20	160.00
营业利润	3022.00	4167.00
加:投资收益		95.00
营业外收入	22.90	
减:营业外支出	0.80	
利润总额	3044.10	4262.00
减:所得税		511.44
税后利润	3044.10	3750.56

十四、未来计划及前景

董事预测,在可以预见之将来,随着中国经济的发展,国民收入水平逐步提高,中国市场对高质量的纺织品及成衣的需求将持续增加。国际市场亦对技术要求较高,产品品质优良的新型纺织和成衣产品有殷切的需求。董事预期,本集团未来的发展计划将依上述发展趋向而设定,将在继续扩大布料生产规模的同时,积极采用染纱、色织布生产过程中的新技术,推出更优秀的防绉型、防缩型及防污型等新型产品,使本公司的产品在同业中保持领先地位。

在成衣生产方面,本集团可发挥本身全面垂直综合生产及知名的[格蕾芬]及[阿兰·德隆]牌之优势,未来会积极加强新产品的设计和开发,及扩大产品种类。在未来几年,本集团计划推出各类新布料及新款式的衬衫、内衣、针织成衣等新产品。为开发此类新产品,本集团将引入电脑辅助设计系统,进一步加强产品设计及开发的能力。未来,预计成衣生产会为本集团日益重要的业务。

在销售方面,本集团会致力稳定及扩大现有日本、韩国、东南亚及中国的市场占有率,积极开拓欧、美等地的新市场。预计以本集团优质的产品,将可在此新的国外市场取得地位。

本集团已计划扩大色织布生产规模。投资增加色织布的设备及兴建部分厂房。此外本集团亦会引进新的成衣生产线,扩大现有的成衣生产设备。董事预计,至2000年,本集团的生产能力会增加至纱线3200吨、色织布22,000,000米及成衣2,000,000件。

十五、重要合同及重大诉讼事项

(一)重要合同

截止1996年12月31日止,本公司所签订的重要合同:

1. 本公司主承销商签订的《承销协议》(1997年7月28日)。

2. 淄博第七棉纺厂与泰纶纺织有限公司签订的《关于将双方合资兴建的鲁泰纺织有限公司进行股份制改组的协议书》(1992年.10.8)。

3. 本公司与淄川第二职业中专学校就本公司接收学员实习和联合办学而签订的《联合办学协议书》(1995.4.15)

4. 本公司与(泰国)文诗丽国际有限公司签订的关于在中国及香港地区许可使用"阿兰·德隆"注册商标的协议(1996.1.1)。

5. 本公司与淄博鑫胜热电有限公司签订的《工业用热合同》(1997.1.28)。

6. 本公司与淄川热电厂、淄博电业局债券办公室签订的《购买用电权合同》(1995.6.30)。

(二)重大诉讼

本公司前没有涉及任何重大诉讼或仲裁,亦没有任何尚未了结或可能面临的重大诉讼或仲裁。

十六、招股说明书及备查文件查阅地点

下列文件的副本由1997年8月1日起至1997年8月30日止期间的一般办公时间内可于本公司的注册地址和香港干诺道中111号永安中心1302室易周律师行查阅:

1. 中国证监会关于同意本次B股发行的批准文件

2. 审计报告

3. 盈利预测报告

4. 资产评估报告

5. 法律意见书

6. 承销协议及承销商协议

7. 深圳证券交易所《上市承诺函》

8. 其他有关文件

鲁泰纺织股份有限公司

1997 年 7 月 30 日

1、资产负债表主要数据

单位"人民币元

项目	1996.12.31	1995.12.31	1994.12.31
流动资产:			
货币资金	10912216.84	16566066.57	19365940.33
短期投资	67512.00	67512.00	67512.00
应收票据	15827707.39	18733065.64	17906215.29
应收由帐款	16307680.68	13159548.53	9237771.29
减:坏帐准备	81538.40	65797.74	46188.86
应收帐款净额	16226142.28	13093750.79	9191582.43
预付帐款	17669062.53	23346401.70	35142482.86
其他应收款	18188884.91	26026967.23	19844695.47
待摊费用	1664293.90	1991091.98	2736089.21
存货	102470792.59	76000847.88	54587270.94
流动资产合计	183026612.44	175825703.79	158841788.53
长期投资	105000.00	105000.00	105000.00
固定资产			
固定资产原价	328499164.24	257008277.17	23648544.34
减:累计折旧	76046296.98	56321726.98	41164306.98
固定资产净值	252452867.26	200686550.19	195322237.36
在建工程	19657096.52	69832330.93	37160795.94
固定资产合计	272019963.78	270518881.12	232483033.30
无形及递延资产合计	20578668.05	21281599.72	24044272.78
待转销汇兑损失	6552902.80	16861023.25	10129165.90
资产总计	482283147.07	484592207.88	425603260.51
负债及股东权益	1996.12.31	1995.12.31	1994.12.31
流动负债			
短期借款	76107114.08	101817414.65	67507269.53
应付票据	5000000.00	278328.79	1700034.29
应付帐款	61407280.90	62008458.06	65589267.29
预收货款	810982.50	3803829.72	1399590.21
应付福利费	−894910.89	−467624.75	39287.11
未付股利	34054813.62	26239144.11	13187170.01
未交税金	−113741.21	312981.66	−64321.84
其他应付款	11373152.79	9743167.92	8315758.74
预提费用	5580871.42	4929167.80	2710300.90
一年内到期的长期负债	35151299.86	50832420.08	25854706.57
流动负债合计	228477408.07	259497288.04	186239062.81
长期负债			
长期借款:	55919000.00		16313459.10
长期应付款	36812302.99	62668484.86	60676784.38
长期负债合计	92731302.99	62668484.86	76990243.48
负债合计	321208706.06	322165772.90	263229306.29
少数股东权益	7048000.00		
股东权益			
股本	78300000.00	78300000.00	78300000.00
资本公积	65877779.04	38232460.03	38829842.22
盈余公积	9848661.97	5747126.95	3246532.00
其中:公益金	3069804.99	1702626.65	869095.00
外币报表折算差额		40146848.00	41997580.00
股东权益合计	15426441.01	162426434.98	162373954.22
负债与股东权益总计	482283147.07	484592207.88	425603260.51

2. 利润表主要数据　　　　　　　　单位:人民币元

	1996 年	1995 年	1994 年
主营业务收入	206948124.16	153380165.18	106263743.57
减:营业成本	157599812.28	112223318.14	75216716.23
销售费用	11186002.02	9517578.86	7819989.13
管理费用	6057306.58	6818452.27	4989413.24
财务费用	6863879.67	9912082.45	11712433.39
主营业务利润	25241123.61	14908733.46	6525191.58
加:其他业务利润	1881763.58	2611160.62	1983374.26
营业利润	27122887.19	17519894.08	8508565.84
加:营业外收入	229179.58	8933.58	19485.07
减:营业外支出	8500.00	20087.68	80968.85
加:以前年度损益调整			－1319443.23
利润总额	27343566.77	17508739.98	7127638.83
减:所得税		838107.00	1034809.00
净利润	27343566.77	166670632.98	6092829.83
可分配利润	27343566.77	16670632.98	6092829.83
减:提取法定公积金	2734356.68	1667063.30	741227.31
提取法定公益金	1367178.34	833531.65	370613.65
可供股东分配的利润	23242031.75	14170038.03	4980988.87
减:已分配普通股股利		14170038.03	4980988.87

附件 1:鲁泰纺织股份有限公司组织结构图

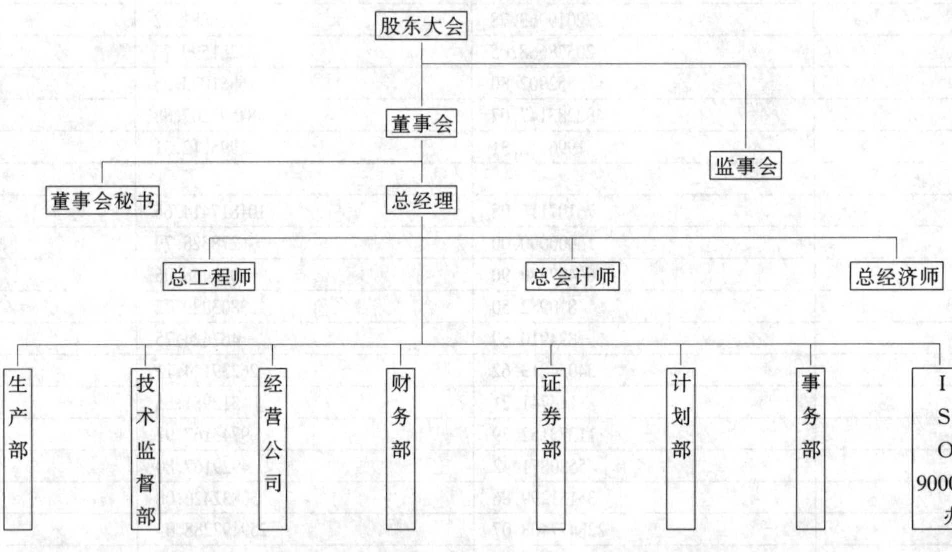

鲁泰纺织股份有限公司境内上市外资股(B 股)上市公告书

一、释义

在本公告书中,除非文义另有所指,下列名词有如下意义:

本公司:指鲁泰纺织股份有限公司

深交所:指深圳证券交易所

A 股:指本公司注册资本中每股面值 1.00 元的 7830 万股人民币普通股

B 股:指本公司本次发行的每股面值人民币 1.00 元的境内上市外资股(B 股)

元:指人民币元

二、绪言

本上市公告书依据《中华人民共和国公司法》、《股票发行与交易管理暂行条例》、《国务院关于股份有限公司境内上市外资股的规定》《公开发行股票公司信息披露实施细则》、《深圳证券交易所业务规则》以及国家其它有关证券管理的规定编制,旨在向投资者提供本公司基本情况及有关资料。本公司董事会及各位董事已批准本公告书,确信其中不存在任何重大遗漏或者误导,并对其真实性、准确性、完整性负个别和连带的责任。

经国务院证券委员会证委发(1997)47 号文批准,本公司已成功发行每股面值为 1.00 元人民币的境内上市外资股(B 股)8,000 万股。经深圳证券交易所深证发(1997)296 号上市通知书批准,本公司 B 股将于 1997 年 8 月 19 日(星期二)在深圳交易所挂牌交易。

本公司董事会提醒广大投资者注意,凡本公告书中未涉及的有关发行内容请投资者查阅本公司于 1997 年 7 月 30 日在《中国证券报》和《证券时报》上刊登的《招股说明书概要》

三、发行公司概况

1. 发行人简介

法定名称:鲁泰纺织股份有限公司

英文名称:LUTHAI TEXTILE JOINT STOCK COMPANY, LIMITED

注册地址:中国山东省淄博市淄川区松龄东路81号

法定代表人:刘石祯

注册资本:人民币15,830万元

成立日期:1993年10月16日

经营范围:生产销售棉涤纶纱、色织布、衬衣、服装饰品、保健内衣。

所属行业:纺织

营业执照注册号码:企股鲁淄总字第000066号

联系电话:(0533)5185166 5180888 传真:(0533)5182188

联系人:秦桂玲 王海青

2.本公司历史沿革

本公司的前身为鲁泰纺织有限公司,于1988年10月18日,由淄博第七棉纺厂与泰国泰纶纺织有限公司共同设立的中外合资企业。

1990年3月鲁泰纺织有限公司正式开业投产,开业初期正面临国际纺织品市场竞争白热化及国内纺织行业萎缩萧条,但在公司董事及管理层专业的经营下,业务依然发展理想,更由初期的纱线生产开发至色织布生产。在往后至1992年的两年间,鲁泰纺织有限公司再投资10,000,000美元,用作提高生产技术及引进先进的生产设备。1992年5月鲁泰纺织有限公司投资10,000,000美元,扩建色织布的生产能力。在董事及管理层重视质量的经营方针下,本公司的[双泰]、[海皇]、[格蕾芬]牌纱线及色织布产品在国内外市场已建立良好的声誉及市场地位,同年10月,再投资550,000美元,扩建两条衬衣生产线,并开始以本身的[格蕾芬]品牌销售自行生产的衬衣,为本公司现时集纺纱、漂染、织布及制衣全套的垂直综合生产体系打下良好的基础。

1993年2月,经原国家对外经济贸易部[1993]外经贸资二函字第59号文批准,鲁泰纺织有限公司改组为股份制公司,本公司因而正式成立。

四、股票发行及承销

(一)本次私募配售

1.发行方式:私募发行

2.发行价格:每股人民币2.065元,折合港币1.93元

3.承销方式:包销

4.募集资金总额(已扣除发行费用):15,032万元人民币

5.发行费用:1,490万元人民币

6.发行市盈率:加权平均 5.92倍

全面摊薄 8.71倍

备考全面摊薄 7.76倍

(二)股票承销

本次B股配售采取各包销商按一定比例包销方式,主包销商及包销商成员分销比例及数量如下:

包销商	包销数量(万股)	包销比例(%)
中国南方证券有限公司	4080	51%
日兴证券(亚洲)有限公司	3200	40%
元富证券(香港)有限公司	80	1%
新鸿基投资服务有限公司	80	1%
海南省国际信托投资公司	80	1%
光大证券有限责任公司	80	1%
中国信达信托投资公司	80	1%
唯高达香港有限公司	80	1%
和升国际有限公司	80	1%
南证财务顾问有限公司	80	1%
瑞士联合证券(香港)有限公司	80	1%
合计	8000	100%

(三)验资报告

验资报告(97)鲁会验字第0115号

鲁泰纺织股份有限公司全体股东:

我们接受委托,对鲁泰纺织股份有限公司截至1997年8月11日止向社会公众募集境内上市外资股(B股)而增加的股本及相关的资产的真实性和合法性进行了验证。在审验过程中,我们按照《独立审计实务公告第一号——验资》的要求,实施了必要的审验程序。鲁泰纺织股份有限公司的责任是提供真实、合法、完整的验资资料,保护资产的安全、完整。我们的责任是按照《独立审计实务公告第一号——验资》的要求,出具真实、合法的验资报告。

鲁泰纺织股份有限公司1997年7月29日经国务院证券委员会证委发(1997)47号文批准发行境内上市外资股(B股)8000万股,每股面值人民币1元。根据公司与中国南方证券有限公司签定的包销协议,以溢价发行,发行价格为每股港币1.93元,总值为港币154,400,000.00元。

根据我们审验,截至1997年8月11日止,包销机构在扣除境内外发生的发行费用计港币13,924,000.00元后,实际缴入贵公司募集股款港币140,476,000.00元,按当日国家外汇管理局公布的港币兑人民币市场汇价1.0701计算,折合为人民币150,323,367.60元,其中股本80,000,000.00元,资本公积70,323,367.60元,与缴入股本相关的资产总额为人民币150,323,367.60元,均为银行存款。

山东会计师事务所　　中国注册会计师:周志济

赵毓茂

1997年8月12日

五、董事、监事及高级管理人员持股情况

姓 名	职 务	持股数(A股)
刘石祯	董事长兼总经理	84,800
陈有汉	副董事长	—
许植楠	董事兼副总经理	—
李景河	董事	—
丁政曾	董事	—
苏化生	董事	19,600
赵可树	董事	—
曹绪彬	董事	—
胡景光	董事	—
秦桂玲	监事兼董事会秘书	12,000
陈锐谋	监事	—
李同民	监事	13,200

公司董事及监事会成员均未持有鲁泰B股

六、关联企业及关联交易

本公司与本公司发起人之一淄博第七棉纺厂及鲁泰公司的控股子公司之间因股权持有存在一定的关联经济关系,从而成为关联企业。淄博第七棉纺厂作为本公司发起人,现持有本公司2,915万股法人股。本公司与日本株式会社北播合资成立的淄博鲁泰漂染有限公司,本公司出资234.8万美元,占该公司注册资本的74.59%,该公司成为本公司的控股子公司。本公司与淄博泰美领带有限公司共同举办的青岛保税区鲁泰国际贸易有限公司,本公司出资120万元人民币,占该公司注册资本的75%,该公司亦为本公司的控股子公司。

针对以上关联关系,本公司决定依法按市场的经济原则公平处理,所有与关联企业之间的经济往来一律按照等价、有偿、公平交易的原则,采用经济合同的方式进行,交易价格等条款均按同类商品或服务的市场价格条件确定,以公平维护公司、各个股东及交易相关人的正当权益。为此,双方之间签定了有关的生产、生活服务方面等涉及关联经济关系的协议。

为避免与关联企业的同业竞争,淄博第七棉纺厂已将其绝大部分经营性资产投入到股份公司,已不再进行经营性生产,主要从事服务性及适合其管理职能的活动。

七、股本结构及大股东持股情况

1. 上市前的股本结构

总股本　15,830万股

尚未流通股份:

(1)发起人股份

境内法人股　2,915万股

境外法人股　2,915万股

(2)职工内部股　2,000万股

可流通股份

境内上市外资股　8,000万股

2. 前十名股东所持有股数及比例

序号	股东名称	持股数量(万股)	占总股本比例
1	淄博第七棉纺厂	2,915	18.41%
2	泰纶纺织有限公司	2,915	18.41%
3	ITOCHU HONG KONG LIMITED	500	3.16%
4	SINOCOT DEVELOPMENT COMPANY LIMITED	450	2.84%
5	BANOUE PARIBAS LUXEMBOURG (S A), LUXEMBOURG	360	2.27%
6	BARCAL INT'L LT	200	1.26%
7	STRENGTH PROPERTIES LIMITED	200	1.16%
8	BTNY-KEPPEL INVESTMENT MANAGEMENT LIMITED	180	1.14%
9	CHINA EVERBEST FINANCEAL COMPANY LIMITED	150	0.95%
10	BANK JULIUS BAER	140	0.88%

八、公司财务会计资料

(一)审计报告

(97)鲁会审字第0112号

鲁泰纺织股份有限公司全体股东:

我们接受委托,审计了贵公司1994年12月31日、1995年12月31日、1996年12月31日母公司及合并资产负债表;1994年度、1995年度、1996年度母公司及合并的利润分配表;1996年度母公司及合并的财务状况变动表。这些会计报表由贵公司负责,我们的责任是对这些会计报表发表审计意见。我们的审计是依据《中国注册会计师独立审计准则》进行的。在审计过程中,我们结合贵公司实际情况,实施了包括抽查会计记录等我们认为必要的审计程序。

我们认为,上述会计报表符合《企业会计准则》和《股份制试点企业会计制度》的有关规定,在所有重大方面公允地反映了贵公司1994年12月31日、1995年12月31日、1996年12月31日的财务状况和1994年度、1995年度、1996年度的经营成果以及1996年度的资金变动情况,会计处理方法的选用遵循了一贯性原则。

山东会计师事务所　　中国注册会计师　周志济

中国注册会计师　赵毓茂

1997年7月29日

中国　济南

(二)以下为境内会计师事务所山东会计师事务所的审计报告中关于本公司的资产负债表(见附表)、利润及利润分配表(见附表)、财务状况变动表(见附表)。

(三)主要会计政策:

公司在日常会计核算中执行《外商投资企业会计制度》。本报告所附会计报表根据《股份制试点企业会计制度》、《股份制试点企业执行新财务会计制度的若干规定》作了必要的调整。

1. 记帐原则和计价基础

公司按权责发生制进行核算与编制会计报表,并遵循历史成本法计价。

2. 会计期间

采用公历制自每年1月1日起到12月31日止。

3. 记帐本位币

公司1994年度、1995年度以美元为记帐本位币,1996年度以人民币为记帐本位币。公司1994、1995年度会计报表按适用汇率换算为人民币。

4. 外币折算方法

公司发生的非本位币交易按当日的国家外汇市场汇价中间价折合计帐本位币计帐,年度终了按年末的国家外汇市场汇价中间价调整汇兑损益,计入当期损益。为在建工程融资所借贷资金而产生的汇兑损益,在建设期间内资本化,工程完工后的汇兑损益则作为当期损益处理。

5. 存货

原材料按计划成本计价,计划成本与实际成本差异计入"材料成本差异",月末调整为实际成本;产成品入库按实际成本核算,发出按加权平均法核算;外购商品入库按实际成本核算,发出按加权平均法核算;低价易耗品按五五摊销法摊销。

6. 长期投资

(1)债券投资:按成本价入帐,期末依据面值及利率计提应计利息。

(2)股权及联营投资:公司占被投资单位权益性资本20%以下的按成本法核算;占被投资单位20%—50%的按权益法核算;占被投资单位50%以上的采取权益法核算并编制合并会计报表。

7. 固定资产

固定资产按使用期限在一年以上的房屋、建筑物、机器、设备、器具、工具等生产经营性资产,以及不属于生产经营的,单位价值在2000元以上,并且使用期限超过两年的资产确认。固定资产按历史成本或重估价值入帐,折旧采用直线法,按各类固定资产的估计使用年限计提并考虑了10%的残值。固定资产折旧年限如下:

类别	年限	年折旧率
厂房及建筑物	20	4.5%
机器设备	13	6.92%
运输设备	5	18.00%
电子设备	5	18.00%
其他设备	5	18.00%

8. 在建工程

与建造、购置或安装厂房设备有关的一切直接或间接成本,包括建造及安装期间相关借贷资金的利息开支及汇兑损益,均资本化为在建工程。当建造工程完工后,工程决算总成本转为固定资产。

9. 无形资产

无形资产以形成或购入的实际成本入帐,有合同或协议受益年限的按受益年限平均摊销,无合同或协议受益年限的,按10年平均摊销。

10. 税项

(1)增值税:内销产品税率17%,出口产品税率为零。

(2)企业所得税;

1994年公司所得税率为12%;1995、1996年公司纱纺产品所得税率按12%执行,漂染、织布、制衣产品免交所得税。

(四)主要财务数据与财务指标

指标名称	1996年度	1995年度	1994年度
流动比率	0.80	0.68	0.85
速动比率	0.35	0.38	0.56
股东权益比率	31.94%	33.52%	38.15%
应收帐款周转率	14.84	13.70	8.85
存货周转率	1.77	1.72	1.40
每股收益	0.35	0.21	0.09

每股净资产	1.97	2.07	2.07
净资产收益率	17.75%	10.26%	4.56%

九、董事会上市承诺

本公司董事会承诺将严格遵守《中华人民共和国公司法》、《股票发行与交易管理条例》、《公开发行股票公司信息披露实施细则》、《深圳证券交易所交易规则》和有关法律、法规的规定,并自上市之日起作出如下承诺:

1. 按照法律、法规的规定程序和要求披露重大的信息,并接受证券主管机关、深圳证券交易所的监督管理。

2. 及时、真实、准确地公布中期报告和年度报告,并备置于规定场所供投资者公众查阅。

3. 本公司董事、监事及高级管理人员如发生人事变动或持本公司股票发生变动时,在报告证券主管机关、证券交易所的同时向投资者公布。

4. 在任何公共传播媒介中出现的消息可能对本公司股票的市场价格产生误导性影响时,本公司知悉后将及时对该消息予以公开澄清。

5. 本公司董事、监事及高级管理人员将认真听取社会公众的意见和批评,不利用已获得的内幕消息和其他不正当手段直接或间接从事股票买卖活动。

6. 本公司没有无记录负债。

十、重要事项揭示

鉴于本公司上市首日距离发行结束日未超过90日,根据《公开发行股票公司信息披露实施细则(试行)》第十条的规定,本公司仅编制简要上市公告书,在简要上市公告书中省略的事项在该期间没有发生重大变化。

十一、备查文件目录

1. 本公司营业执照
2. 本公司章程
3. 包销协议及包销商协议
4. 独立会计师审计报告
5. 招股说明书及招股说明书概要
6. 山东会计师事务所出具的本次B股股金的验资报告
7. 深圳证券交易所上市通知书
8. 国务院证券委员会批准文件

十二、咨询机构

1. 发行人:鲁泰纺织股份有限公司

地址:中国山东省淄博市淄川区松龄东路81号

电话:86-533-5185166

传真:86-533-5182188

联系人:秦桂玲、王海青

2. 主包销商及上市推荐人:中国南方证券有限公司

地址:深圳市深南东路56号南方国际大酒店12、13层

电话:86-755-2256728-1209

传真:86-755-2227082

联系人:陈远　罗鹏

鲁泰纺织股份有限公司

1997年8月15日

鲁泰纺织股份有限公司合并资产负债表

单位:人民币元

项目	1996.12.31	1995.12.31	1994.12.31
流动资产			
货币资金	10912216.84	16566066.57	19365940.33
短期投资	67512.00	67512.00	67512.00
应收票据	15827707.39	8733065.64	17906215.29
应收帐款	16307680.68	13159548.53	9237771.29
减:坏帐准备	81538.40	65797.74	46188.86
应收帐款净额	16226142.28	13093570.79	919582.43
预付帐款	17669062.53	23346401.70	35142482.86
其他应收款	18188884.91	26026967.23	19844695.47
待摊费用	1664293.90	1991091.98	2736089.21
存货	102470792.59	76000847.88	54587270.94
流动资产合计	183026612.44	175825703.79	158841788.53
长期投资	105000.00	105000.00	105000.00
固定资产			
固定资产原价	328499164.24	257008277.17	236486544.34
减:累计折旧	76046296.98	56321726.98	41164306.98
固定资产净值	252452867.26	200686550.19	19532237.36
在建工程	19567096.52	69832330.93	37160795.94
固定资产合计	272019963.78	270518881.12	232483033.30
无形资产及递延资产			
无形资产	2020191.90	21010089.92	23837586.64
递延资产	376476.15	271509.80	206686.14
无形资产及递延资产合计	20578668.05	21281599.72	24044272.78
其他长期资产待转销汇兑损失	6552902.80	16861023.25	10129165.90
资产合计	482283147.07	484592207.88	425603260.51
流动负债			
短期借款	76107114.08	101817414.65	67507269.53
应付票据	5000000.00	278328.79	1700034.29
应收帐款	61407820.90	62008458.06	65589267.29

预收帐款	810982.50	3803829.72	1399590.21
应付福利费	-894910.89	-467624.75	39287.11
未付股利	34054813.62	26239144.11	13187170.01
未交税金	-113741.21	312981.66	-64321.84
其他应付款	11373152.79	9743167.92	8315758.74
预提费用	5580871.42	4929167.80	2710300.90
一年内到期的长期负债	35152199.86	50832420.08	25854706.57
流动负债合计	228477403.07	259497288.04	186239062.81
长期负债			
长期借款	55919000.00		16313459.10
长期应付款	36812302.99	62668484.86	60676784.38
长期负债合计	92731302.99	62668484.86	76990243.48
负债合计	321208706.06	322165772.90	26329306.26
少数股东权益	7048000.00		
股东权益			
股本	78300000.00	78300000.00	78300000.00
资本公积	65877779.04	38232460.03	38829842.22
盈余公积	9848661.97	5747126.95	3246532.00
其中:公益金	3069804.99	1702626.65	869095.00
外币报表折算差额		40146848.00	41997580.00
股东权益合计	154026441.01	162426434.98	162373954.22
负债与股东权益合计	482283147.07	484592207.88	425603260.51

鲁泰纺织股份有限公司合并利润及利润分配表

单位:人民币元

项目	1996 年	1995 年	1994 年
主营业务收入	206948124.16	153380165.18	106263743.57
减:营业成本	157599812.28	112223318.14	75216716.23
销售费用	11186002.02	9517578.86	7819989.13
管理费用	6057306.58	6818452.27	4989413.24
财务费用	6863879.67	9912082.45	11712433.39
主营业务利润	25241123.61	14908733.46	6525191.58
加:其他业务收入	1881763.58	2611160.62	1983374.26
营业利润	27122887.19	17519894.08	8508565.84
加:营业外收入	229179.58	8933.58	19485.07
减:营业外支出	8500.00	20087.68	80968.85
加:以前年度损益调整			-1319443.23
利润总额	27343566.77	17508739.98	7127638.83
减:所得税		838107.00	1034809.00
净利润	27343566.77	16670632.98	6092829.83
可分配利润	27343566.77	16670632.98	6092829.83
减:提取法定公积金	2734356.68	1667063.30	741227.31
提取法定公益金	1367178.34	833531.65	370613.65
可供股东分配利润	23242031.75	14170038.03	4980988.87
减:已分配普通股利润	23242031.75	14170038.03	4980988.87
未分配利润	--	--	--

鲁泰纺织股份有限公司合并财务状况变动表(1)

1996 年度	人民币元
一、流动资金来源	
1.本年净利润	27343566.77
加:不减少流动资产的费用和损失	
(1)固定资产折旧	19724570.00
(2)无形资产、递延资产及其他资产摊销(减其他负债转销)	2034575.53
(3)清理固定资产损失(减收益)	5500.00
小 计	49108212.30
2.其他来源	
(1)固定资产清理收入(减清理费用)	352500.00
(2)增加长期负债	55919000.00
(3)资本净增加额	31746854.03
(4)少数股东资本净增加额	7048000.00
小 计	95066354.03
流动资产来源合计	144174566.33
二、流动资产应用	
1. 利润分配	
(1)提取法定公积金	2734356.68
(2)提取法定公益金	1367178.34

(3)已分配利润	23242031.75
小　计	27343566.77
2.其他应用	
(1)固定资产和在建工程增加额	36377562.44
(2)增加无形资产、递延资产及其他资产	2085795.50
小　计	38463357.94
流动资金应用合计	65806924.71
外币会计报表折算差额	-40146848.00
流动资金增加净额	38220793.62

鲁泰纺织股份有限公司合并财务状况变动表(2)

1996 年度	人民币元
一、流动资产本年增加数	
1.货币资金	-5653849.73
2.应收票据	-2905358.25
3.应收帐款净额	3132391.49
4.预付货款	-5677339.17
5.其他应收款	-7838082.32
6.待摊费用	-326798.08
7.存货	26469944.71
流动资产增加净额	7200908.65
二、流动负债本年增加数	
1.短期借款	-25710300.57
2.应付票据	4721671.21
3.应收帐款	-600637.16
4.预收货款	-2992847.22
5.应付福利费	-427286.14
6.未付股利	7815669.51
7.未交税金	-426722.87
8.其他应付款	1629984.87
9.预提费用	651703.62
10.一年内到期的长期负债	-15681120.22
流动负债增加净额	-31019884.97
流动资金增加净额	38220793.62

鲁泰纺织股份有限公司 1997 年度中期报告

一、主要财务数据与财务指标

(一)财务报表(未经审计)

1.简化资产负债表(见附表)

2.简化损益表(见附表)

(二)主要财务指标

内容	本期数	上年同期
1.每股收益(元)	0.246	0.085
2.每股净资产(元)	2.21	1.98
3.净资产收益率(%)	11.13	4.30

注:按 B 股发行前总股本 7830 万股计算。

内容	本期数	上年同期
1.每股收益(元)	0.122	0.085
2.每股净资产(元)	2.04	1.98
3.净资产收益率(%)	5.96	4.30

注:按 B 股发行后股本 15830 万股计算。

(三)财务报表附注

1.本报告期内会计政策与以前年度相比没有发生变化。

2.本报告期内会计主体未发生合并、分立等变化。

3.生产经营环境及有关的宏观政策、法规未发生重大变化,亦未对公司的财务状况和经营成果产生负面影响。

4.本公司分别持有淄博鲁泰漂染有限公司、青岛保税区鲁泰国际贸易有限公司 74.59%、75%的权益,根据与其出资对方的约定,均于每个会计年度终了时,经会计师事务所审计后,进行利润分配。

5.长期负债较年初减少 164 万元,为长期借款减少所致。

6.主营业务利润比去年同期有较大幅度增长,增长了 240.98%,主要原因:

(1)纺纱车间经过技术改造,增加了部分生产能力,且由于国际棉纺市场的复苏,棉纱价格上涨,使得利润增加;

(2)由于加大销售力度,销售收入增加,利润增加;

(3)加强内部管理,降低成本及费用开支;

(4)借款利率降低,使公司财务费用相应降低。

7.关联交易:

(1)关联企业

名　称	注册资本	本公司所占权益	经济性质	主要业务
淄博鲁泰漂染有限公司	314.80 万美元	74.59%	中外合资	棉纱漂染
青岛保税区鲁泰国际贸易有限公司	160 万人民币	75.00%	集体企业	保税区内进出口贸易
淄博施丹露化妆品有限公司	70 万人民币	15.00%	中外合资	生产及销售化妆品

(2)公司与淄博鲁泰漂染有限公司、淄博施丹露化妆品有限公司往来关联款项,有关各方均不计息,亦没有固定之还款期。

二、经营情况回顾与展望

(一)经营情况回顾

1.1997 年上半年,本公司实现销售收入 14363 万元,比去年同期增长 69.41%,完成年度盈利预测中销售收入的 47.57%"实现净利润 1929.50 万元,较上年同期增长 191.10%;完成年度盈利预测的 51.66%,出口创汇 1325 万美元,较上年同期增长 48.39%,完成了年盈利预测中出口创汇的 45.07%。主要指标均较上年同期有较大幅度增长;整体生产经营形势呈稳定发展之态势。本公司在上半年的主要经营措施:

1)加大市场营销力度,强化市场功能,采取多种促销手段,公司产品产销率有较大程度提高。

(2)强化成本控制和质量管理,提高产品成品率,降低消耗。

(3)加强公司内部管理,节约三项费用,提高经济效益。

(二)下半年工作重点:

1.加快项目实施:

(1)积极推进公司色织布扩建工程项目的工程进度,确保工程质量。

(2)抓好配套新建污水处理工程的进度、质量,努力使各项技术指标达到或超过国家及地方环境保护部门的检测要求,做到防患于未然。

2.加强公司各项基础工作的建设,进一步理顺内部管理体制,按照规范的股份制公司运作,向管理要效益,降低消耗。

3.继续加大营销力度,提高产品产销率,从而达到增加销售收入。

4.研究、实施企业收购、并兼策略,以进一步壮大企业整体实力,提高企业的盈利能力和抗风险能力。

三、重大事项说明

1.经国务院证券委证发[1997]第 47 号文批准,准予公司发行 8000 万股境内上市外资(B股),经深圳证券交易所深证发[1997]296 号文批准,公司发行的 8000 万股境内上市外资股(B股)于 8 月 19 日在深圳证券交易所挂牌上市交易。

本公司此次B股发行国内主承销商为中国南方证券有限公司,国际协调人为日兴证券(亚洲)有限公司。

本次股票发行完毕后,公司总股本将由原来的7830万股,扩大到15830万股。

2. 由公司与株式会社北播(日本)合资兴办的淄博鲁泰漂染有限公司(公司持有74.59%权益)已于1997年1月1日正式投产,目前经营状况良好。

3. 公司已于1997年6月经中国商检质量认证中心认证,继纺纱产品之后,公司的织布、针织产品:纱线漂染;色织布后整理;制衣及饰品正式通过ISO9002—1994认证,并获得注册。

4. 依据国务院证券委、中国人民银行、国家经贸委5月21联合发布的《严禁国有企业和上市公司炒作股票的规定》,本公司按有关文件要求进行自查。至今为止,本公司、控股公司及分支机构未在境内任何证券经营机构开设帐户,买卖已上市流通股票。本公司将严格遵守国家政策法规和本公司章程的有关规定。

5. 本年度中期不分红利。

6. 本公司在报告期内无重大诉讼、仲裁事项。

四、公司发行在外股票的变动和股权结构的变化

1. 公司在本期内未发生股权结构之变化,截止报告期末股权结构如下:

股份类别	股份数量(万股)	占总股本比例
(1)发起人股份		
境内法人股	2915	37.23%
境内法人股	2915	37.23%
(2)内部职工股	2000	25.54%
合计	7830	100.00%

(2)此次公司B股发行后,公司股本结构将为;

股份类别	股份数量(万股)	占总股数比例
(1)尚未流通股份		
境内法人股	2915	18.41%
境外法人股	2915	18.41%
内部职工股	2000	12.64%
(2)上市流通股		
B股	8000	50.54%
合计	15830	100.00%

3. 本次B股发行后主要股东持股情况:

序号	股东名称	持股数量(万股)	占总股本比例
1	淄博第七棉纺厂	2915	18.41%
2	泰纶纺织有限公司	2915	18.41%
3	ITOCHU HONG KOCG LIMTED	500	3.16%
4	SINGCOT DEVELOPMENT COMPANY LIMITED	450	2.84%
5	BANQUE PARIBAS LUXEMBOURG (S.A), LUXEMBOURG	360	2.27%
6	BARCAL INT'L LT	200	1.26%
7	STRENGTH PROPERTIES LIMITED	200	1.26%
8	BTNY—KEPPEL INVESTMENT MANAGEMENT LIMLTED	180	1.14%
9	CHINA EVERBEST FINANCIAL COMPANY LIMITED	150	0.95%
10	BANK JULUS BAER	140	0.88%

五、股东大会简介

鲁泰纺织股份有限公司在本报告期内没有召开年度股东大会或临时股东大会。

六、备查文件

1. 载有董事长签名的中期报告原本。

2. 质量体系注册证书

查阅地点:山东省淄博市淄川区松龄东路81号

鲁泰纺织股份有限公司证券部

联系电话:086—533—5185166

鲁泰纺织股份有限公司

1997年8月25日

(附表)

合并利润及利润分配表

编制部门:鲁泰纺织股份有限公司　　单位:人民币元

项目	1997年1—6月	1996年1—6月
主营业务收入	143633136.71	206948124.16
减:营业成本	104912052.35	157599812.28
销售费用	6594725.56	11186002.02
管理费用	2850300.31	6057306.58
财务费用	9066881.60	6863879.67
进货费用		
营业税金及附加		
主营业务利润	20209176.89	25241123.61
加:其他业务利润	1900267.04	1881763.58
营业利润	22190443.93	27122887.19
加:投资收益		
营业外收入	−92828.03	229179.58
减:营业外支出		8500.00
加:以前年度损益调整		
利润总额	220616615.90	27343566.77
减:所得税	2570484.48	
减:少数股东损益	151421.21	
净利润	19294710.21	27343566.77
加:年初未分配利润		
盈余公积转入数		
可分配利润	19294710.21	27343566.77
减:提取法定公积金		2734356.68
提取法定公益金		1367178.34
可供股东分配的利润		23242031.75
减:已分配优先股股利		
提取任意公积金		
已分配普通股股利		23242031.75
未分配利润		

母公司利润及利润分配表

编制部门:鲁泰纺织股份有限公司　　单位:人民币元

项目	1997年1—6月	1996年1—6月
主营业务收入	133348268.02	84784331.92
减:营业成本	95213180.31	63072196.21
销售费用	6594725.56	5389350.42
管理费用	2849323.83	2276979.02
财务费用	9072169.21	8118635.44
进货费用		
营业税金及附加		
主营业务利润	19618869.11	5927170.83
加:其他业务利润	189466.92	692177.04
营业利润	21513532.03	6619347.87
加:投资收益	444490.69	
营业外收入	−92828.03	10204.40

项目		
减:营业外支出		
加:以前年度损益调整		
利润总额	218965194.69	6629552.27
减:所得税	2750484.48	
减:少数股东权益		
净利润	19294710.21	6629552.27
加:年初未分配利润		
盈余公积转入数		
可分配利润		
减:提取法定公积金		
提取法定公益金		
可供股东分配的利润		
减:已分配优先股股利		
提取任意公积金		
已分配普通股股利		

合并资产负债表

编制单位:鲁泰纺织股份有限公司　　　　单位:人民币元

项目	附注	金额 1997.06.30	额 1996.12.31
流动资产			
货币资金	5	11330641.59	10912216.84
短期投资		67512.00	67512.00
应收票据	6	28596977.49	15827707.39
应收帐款	7	20997049.59	16307680.68
减:坏帐准备		1049852.48	81538.40
应收帐款净额		19947197.11	16226142.28
预付帐款	8	22086563.63	17669062.53
其他应收款	9	13798505.82	18188884.91
待摊费用	10	1424521.26	1664293.90
存货	11	119585689.02	10247079.59
待处理流动资产净损失			
一年内到期的长期债券投资			
其他流动资产			
流动资产合计		2168376087.92	183026612.44
长期投资			
长期投资	12	105000.00	105000.00
其中:合并价差(贷差以"-"号表示)			
固定资产			
固定资原产价	13	328329355.05	328499164.24
减:累计折旧		83330629.77	76046296.98
固定资产净值		244998725.28	252452867.26
在建工程	14	20633186.57	19567096.52
固定资产清理			
待处理固定资产净损失			
固定资产合计		265631911.85	272019963.78
无形资及递延资产			
无形资产	15	19157611.32	20202191.90
递延资产	16	611370.93	376476.15
无形资产及递延资产合计		19768982.25	20578668.05
其他长期资产			
待转销汇兑损失	17	6552902.80	6552902.80
递延税项:			
递延税款借项			
资产总计		508896404.82	482283147.07
流动负债:			
短期借债	18	73451602.86	76107114.08
应付票据	19		5000000.00
应付帐款	20	71631051.04	61407280.90
预收帐款	21	6306613.66	810982.50
应付福利费	22	-488447.90	-894910.89
未付股利	23	34054813.62	34054813.62
未交税金	24	4235838.69	-113741.21
其他未交款			
其他应付款	25	9818474.83	11373152.79
预提费用	26	5015446.07	5580871.42
一年内到期的长期负债	27	33257208.00	35151299.86
其他流动负债			
流动负债合计		237282600.87	228477403.07
长期负债:			
长期借款	28	55639963.65	55919000.00
应付债券			
长期应付款	29	35454041.23	36812302.99
其他长期负债			
长期负债合计		91094004.88	92731302.99
递延税项:			
递延税款贷项			
负债合计		328376605.75	321208706.06
少数股东权益		7198646.86	7048000.00
股东权益:			
股本	30	78300000.00	78300000.00
资本公积	31	65877779.04	65877779.04
盈余公积	32	9848661.97	9848661.97
其中:公益金		3069804.99	3069804.99
未分配利润	33	19294710.21	
外币报表折算差额			
股东权益合计		173321152.21	154026441.01
负债与股东权益总计		508896404.82	482283147.07

母公司资产负债表

编制单位:鲁泰纺织股份有限公司　　　　单位:人民币元

项目	附注	金额 1997.06.30	额 1996.12.31
流动资产:			
货币资金	5	11185891.54	9717019.84
短期投资		67512.00	67512.00
应收票据	6	28596977.49	15827707.39
应收帐款	7	16111066.14	14727680.68
减:坏帐准备		80960.13	81538.40
应收帐款净额		16030106.01	14646142.28
预付帐款	8	22086563.63	17669062.53
其他应收款	9	13798505.82	18188884.91
待摊费用	10	1376103.66	1664293.90
存货	11	118470849.14	102372781.81
待处理流动资产净损失			
一年内到期的长期债券投资			
其他流动资产			
流动资产合计		211612509.29	180153404.66
长期投资:			
长期投资	12	21261371.25	20816880.56
其中:合并差价(贷差以"-"号表示)			
固定资产			
固定资产原价	13	303237983.70	300567884.15
减:累计折旧		82466331.49	73036429.54

固定资产净值		220771652.21	227531454.61
在建工程	14	20633168.57	19567096.52
固定资产清理			
待处理固定资产净损失			
固定资产合计		241404838.78	247098551.13
无形资产及递延资产:			
无形资产	15	19157611.32	20202191.90
递延资产	16	553758.71	287887.45
无形资产及递延资产合计		19711370.03	204490079.85
其他长期资产:			
待转销汇兑损失	17	6552902.80	6552902.80
递延税项:			
递延税款借项			
资产总计		500542992.15	47511818.50
流动负债:			
短期借款	18	73451602.86	76107114.08
应付票据	19		5000000.00
应付帐款	20	71631051.04	61284492.33
预收帐款	21	6306613.66	810982.50
应付福利费	22	－517420.70	－894910.89
未付股利	23	34054813..62	34054813.62
未交税金	24	3310632.52	－113741.21
其他未交款			
其他应付款	25	9617896.99	11373152.79
预提费用	26	5015446.07	5580871.42
一年内到期的长期负债	27	33257208.00	35151299.86
其他流动负债			
流动负债合计		236127835.06	228354074.50
长期负债:			
长期借款	28	55639963.65	55919000.00
应付债券			
长期应付款	29	35454041.23	36812302.99
其他长期负债			
长期负债合计		91094004.88	92731302.99
递延税项:			
递延税款贷项			
负债合计		327221839.94	321085377.49
少数股东权益			
股东权益			
股东权益:			
股本	30	78300000.00	78300000.00
资本公积	31	65877779.04	65877779.04
盈余公积	32	9848661.97	9848661.97
其中:公益金		3069804.99	3069804.99
未分配利润	33	19294710.21	
外币报表折算差额			
股东权益合计		17331152.21	154026441.01
负债与股东权益合计		500542992.15	475111818.50

深圳本鲁克斯实业股份有限公司

1996 年年度报告摘要　（摘选）

一、公司简况

公司名称：深圳本鲁克斯实业股份有限公司

法人代表：赵从钊　　　　　　　　邮政编码：518057

公司地址：深圳市南山区南油中兴工业城 11 栋

电话：(0755)6406856 6649025　　　传真：(0755)6649031

二、主要财务数据与财务指标

（单位：人民币元）

指标项目	1996 年	1995 年	比上年增减
主营业务收入	228,353,307.09	256,396,690.54	-10.9%
净利润	9,393,416.88	9,496,900.42	-1.1%
总资产	224,429,407.31	200,033,398.54	12.2%
股东权益	133,011,505.63	124,477,182.39	6.8%
每股收益	0.17	0.19	-10.5%
每股净资产	2.42	2.49	-2.8%
净资产收益率(%)	7.06	7.62	-7.4%
股东权益比率(%)	59.26	62.22	-4.8%

三、公司主要业务回顾

1996 年，虽然国际电脑软盘市场竞争激烈，需求量持续减少，但我公司产品凭着良好而稳定的质量，稳定了原有客源，保证了订单。新产品电脑显示器的生产线经过改造，生产规模扩大到月产 15000 台，本年度产量比去年同期上升28.9%，销量上升 72.2%。同时加大对高科技项目的投资力度，增加了新的利润增长点。在全体员工的积极努力下，保持了稳定的经济效益。

1. 主营产品生产经营情况

1996 年本公司完成主营业务收入人民币 22,835 万元，净利润人民币 939.3 万元，比上年同期略有下降。主营业务利润 810,012 万元，占利润总额的 98.6%。

主要产品产销情况如下：

	年产量	年销售量
电脑软盘	5,538 万片	5,539 万片
微型合式录音带	378 万盒	374 万盒
电脑显示器	5.8 万台	6.2 万台

2. 项目投资情况

1996 年本公司投资人民币 820 万元设立深圳市本鲁克斯仿真控制有限公司，公司注册资本人民币 900 万元。该公司主要业务是以电脑仿真技术开发相关产品和承接相关工程。公司成立以来，已开发了高尔夫球模拟器和汽车模拟器等新产品，并完成两套电力学校教学仿真机的开发研制工程，生产经营已走上良性循环的轨道。

子公司本鲁克斯实业（武汉）有限公司投资约 240 万元成立武汉多伦堡啤酒有限公司，该公司占 75% 股份，将于 1997 年上半年开业。该公司与武汉金田实业（华中）有限公司合作开发的房地产项目由于资金缺乏，仍处于调整阶段，公司准备运用资产重组的方式，注入优质资产，以盘活存量资产。

四、股本变化及股本结构情况

1. 股本变化及股本结构情况

股份类别	年初数	年末数	百分比
一、尚未流通股份			
发起人股份中：			
境内法人股(A 股)	23,166,180	24,482,798	46.33%
外资法人股(B 股)	12,633,820	13,897,202	25.27%
内部职工股(A 股)	1,200,000	1,320,000	2.40%
尚未流通股份合计	37,000,000	40,700,000	74.00%
二、已流通股份			
B 股	13,000,000	14,300,000	26.00%
已流通股份合计			
B 股	13,000,000	14,300,000	26.00%
三、股份总计	50,000,000	55,000,000	100.00%

注：因 1995 年分红派息中每 10 股送 1 股红股，所以股本扩大 10%。

2. 主要股东持股情况（除注明外，均为 B 股）

股东名称	年末持股数	占总股本比例
蛇口汉盛电子有限公司	17,780,070(A 股)	32.33%
香港佳利精密制造有限公司	12,952,082	23.55%
武汉华兴电子有限公司	7,702,728(A 股)	14.00%
香港捷利音响工业有限公司	945,120	1.72%
王维明	930,000	1.69%
KOTO TRANSPORT LTD	660,000	1.20%
PETO VENTURES LTD	660,000	1.20%
SHUM YIP NONFEMET HONG KONG LTD	550,000	1.00%
京隆证券有限公司	400,500	0.72%
黄幼精	385,000	0.70%

3. 公司董事、监事及高级管理人员持股情况

姓名	职务	年末持股数
赵从钊	董事长	11,000
黄先锋	副董事长兼总经理	22,000
周家辰	副董事长	0
周家平	董事	0
梁敏开	董事	0
曾昭森	监事会主席	0
何小娟	监事	0
惠书建	监事	4,400
邵英	财务总监	6,050

注：所有股东因分红使得持股比上年同期增加 10%。

4. 截至 1996 年 12 月 31 日本公司 A 股股东人数为 119 人，B 股股东数量为 1774 人，股东总人数为 1893 人。

5. 子公司及关联企业

公司名称	本公司拥有权益	注册资本	主营业务
本鲁克斯实业(武汉)有限公司	100%	港币 2300 万元	投资兴办实业信息咨询
深圳市本鲁克斯仿真控制有限公司	91.1%	人民币 900 万元	仿真控制系统的技术开发
湖北金隆房地产开发有限公司	60%	人民币 3000 万元	经营房地产开发承接建筑装饰工程

深圳北方建设摩托车股份有限公司

1996 年年度报告摘要　（摘选）

一、公司简况

公司名称：深圳北方建设摩托车股份有限公司
法人代表：陈子升　　　　　　邮编：518031
公司地址：深圳市深南中路 30 号 A 电子科技大厦 1802 室
电话：0755—3240750　　　　传真：0755—3236776

二、主要财务数据与财务指标

单位：千元

指　标　项　目	96 年度	95 年度	增减(%)
1.主营业务收入	2,491,754	3,614,673	-31.07
2.税后利润	117,175	293,264	-60.04
3.资产总额	2,998,969	3,008,982	-0.33
4.股东权益	1,197,011	1,112,784	7.57
5.每股收益(元)	0.25	0.61	-60.04
6.每股净资产(元)	2.51	2.33	7.57
7.净资产收益率(%)	9.79	26.35	-62.86
8.股东权益比率(%)	39.91	36.98	7.93

国际会计师审计报告中关于除税后利润、净资产与中国会计师审计报告的差异说明：

	除税后利润		净资产	
	1996 年度	1995 年度	1996 年度	1995 年度
本公司法定帐目所载金额（依据中国会计制度编制）	117,175	172,405	1,229,959	1,112,784
根据国际会计准则作调整之影响：				
一增加呆帐准备	(46,115)	(4,558)	(50,673)	(4,558)
一存货变现净值之调整	(20,334)	—	(20,334)	—
按国际会计准则重新编制	50,726	167,847	1,158,952	1,108,226

三、公司主要业务回顾

1. 一年来经营情况

1996 年，本公司在国内摩托车市场激烈竞争的形势下，将生产经营的重点放在调整产品结构，狠抓适销对路新产品开发，加强内部管理，大力开拓市场，使经济增长质量得到改善，为保证公司持续、稳步发展奠定了基础。

（一）经营情况

1）经营业绩：

全年截止 12 月 31 日，生产摩托车 578,335 辆，销售摩托车 608,626 辆，产销率 105.24%；完成销售收入 2,491,754 千元，实现税后利润 117,175 千元。

2）经营措施：

（1）调整生产经营计划。1996 年，本公司计划生产摩托车 95 万辆，预计实现销售收入 2,976,538 千元。由于摩托车市场发生变化，公司加大畅销 80 车生产量，减少 50 车、60 车生产，两次调整生产经营计划，调整后的生产经营目标为生产摩托车 578,000 辆，实现销售收入 2,490,000 千元。

（2）调整经营策略。为稳定市场，本公司从长远利益出发，对摩托车产品销售价格进行了适当调整，对经销商实行了奖励促销政策。同时，加强销售、服务体系建设，加大广告宣传力度，积极开拓市场。

（3）加强内部管理，狠抓国产化，降低产品成本。

3）经营分析：

1996 年，本公司实际生产摩托车 578,335 辆，较年初计划减少 39.12%；实际完成销售收入 2,491,754 千元，较年初计划减少 16.29%。产量、销售收入减少的主要原因是：

（1）根据市场需求，调整了摩托车产量，相应减少销售收入。
（2）调整摩托车价格，相应减少销售收入。
（3）奖励让利，相应减少销售收入。

（二）新产品开发情况

1）JS35PL 助力车、CY80－A(电启动)型摩托车通过部级技术鉴定，投入批量生产。
2）JS150 型(欧美式)摩托车部级技术鉴定，开始进入试生产。
3）JS125 型摩托车进行样车试制。
4）JS90 型摩托车通过部级技术鉴定，进行样车试制。
5）与日本 YAMAHA 发动机株式会社开展合作，签订联合开发 JY100 型轻便摩托车技贸合同。

（三）技术改造情况

1）完成 JS35LL 助力车车架和总装生产线建设，使 JS35LL 助力车进入批量生产。
2）完成 CY80－A 型摩托车生产线技术改造，形成 80CC 系列摩托车生产能力。
3）JS150 型摩托车(欧美式)生产线，完成设备安装调试工作，进入试生产。
4）完成压铸厂房及附属工程建设，投入使用。
5）完成压铸生产线设备安装调试，投入试生产。
6）完成机加厂房及附属工程建设，为设备安装调试做好准备。

（四）对投资及前次募集资金运用情况的说明

本公司首次发行 B 股 120,000 千股，募集资金净额 454,783 千元，1995 年使用后剩下 239,711 千元，1996 年又用于技术改造 228,978 千元，其具体应用情况如下：

单位：千元

项目	金额
JS35PL 助力车生产线建设	5,094
JS150 型摩托车生产线建设	79,836
压铸、机加厂房及配套设施建设	28,923
压铸生产线建设	113,527
技术开发中心建设	1,598
尚余	10,733

四、一九九七年生产经营发展计划

（一）．经营目标

全年计划生产摩托车 79 万辆。

（二）．主要措施

1. 进一步加大调整产品结构的力度，重点抓好：

1）改进性开发。一季度完成 JY55T、JS60、CY80 型摩托车的改进，二季度批量投放市场。

2）增长性开发。抓好 JS120DL 电动自行车的开发，二季度形成批量生产能力，投入市场销售，形成新的经济增长点。

3）突破性开发。主要利用社会科技和资产存量，开发 100CC、125CC 四冲程摩托车，力争在三季度形成批量生产能力。

2. 加强营销战略研究，开拓市场新局面。

（1）搞好市场调研，加强信息管理和市场预测分析。
（2）强化联营公司的管理，进行有限责任制和销售代理制试点。
（3）吸收中小规模经销商进入销售集团，开拓农村市场。
（4）改善售后服务的管理，落实地区性售后服务制。
（5）结合市场销售情况，利用电视、广播等传播媒体，对产品进行多渠道、多形式、全方位的宣传。

3. 加强内部管理，提高经济增长的质量。

（1）加强资金管理，控制贷款规模，提高资金使用效率，减少利息支出。
（2）层层落实经济责任制，实行目标成本管理，降低产品成本。
（3）以销定产，适应市场需要。
（4）深入推行 TPM、5S 管理和降低不良品损失活动，开展“奥地特”质量评审工作，推进 ISO9000 质量保证体系建设。

（三）正在开发建设项目的预期进度

新产品开发项目进度

1997 年 6 月 31 日前完成

.JS60T、JS100、JS125 型摩托车部级技术鉴定，投入批量生产。
.JS80T 型摩托车部级技术鉴定。

1997 年 12 月 31 日前完成

.JS80PY 型越野摩托车部级技术鉴定，试生产。
.JS90－2 型摩托车部级技术鉴定，试生产。

五、股本变化及股本结构情况

1. 股本结构

单位：千股　　面值：每股 1 元

股　份　类　别	年初数	年末数
总股本	477,500	477,500
一、尚未流通股份		
A 股(国有法人股)	357,500	357,500
二、已流通股份		
B 股	120,000	120,000

2. 前十名主要股东持股情况

股　东　名　称	年末持股数(股)	占总股本比例(%)
1)建设工业(集团)有限责任公司	339,625,000	71.13
2)中国北方工业深圳公司	17,875,000	3.74
3)JARDINE FLEMING CHINA REGION FUND,TNC	2,395,000	0.50
4)BT－SCHRODER GLOBAL EMERGING MARKETS FUND	1,900,000	0.40
5)ZHENG BIN ZHOU 郑斌	1,616,900	0.34
6)香港影视报有限公司	1,165,000	0.24
7)TEAMDORE COMPANY LIMITED 德多有限公司	1,030,000	0.22
8)PEARLY GOLD(HOLDINGS)LIMITED 百利鑫集团有限公司	1,010,000	0.21
9)GRAND PREMIUM DEVLOPMENT LIMITED 鑫利发展有限公司	900,000	0.19
10)PEARLY GOLD ARTIST LIMITED 百利鑫演艺有限公司	886,700	0.19

南京邮电通信设备股份有限公司

南京邮电通信设备股份有限公司境内上市外资股(B股)上市公告书

一、释义

在本上市公告书中,除非另有说明,下列简称具有如下意义:

1. 发起人:指中国邮电工业总公司。
2. 本公司:指南京邮电通信设备股份有限公司。
3. 证交所:指深圳证券交易所。
4. 股票:指本次发行的每股面值人民币1元的境内上市外资股(B股)。
5. 元:指人民币元,中国法定货币单位。
6. 港币:指香港货币。

二、绪言

本上市公告书是根据《中华人民共和国公司法》、《股票发行和交易管理暂行条例》、《国务院关于股份有限公司境内上市外资股的规定》、《股份有限公司境内上市外资股的实施细则》以及国家与地方政府制定的与股票发行有关的其他法律、法规编制。

经国务院证券委员会证委发[1997]22号文批准,本公司已成功发行每股面值1元人民币的境内上市外资股100,000,000股。经深圳证券交易所深证发[1997]174号上市通知书批准,本公司B股将于1997年5月22日(星期四)在深圳证券交易所挂牌交易。

发行人董事会成员已批准该上市公告书,确信其中不存在任何重大遗漏或者误导,并对其真实性、准确性、完整性负个别的和连带的责任等。

三、发行公司概况

(一)发起人简介:

1. 法定名称:中国邮电工业总公司(亦称“PTIC”)
2. 注册资金:109337万元人民币
3. 法定代表人:张庆忠
4. 成立日期:1980年4月1日
5. 经营范围:邮政专用设备、通信线路器材及维修零配件、通信设备专用电子元器件等。
6. 所属行业:电子类、通信设备制造业
7. 注册地址:北京新街口外大街28号

联系电话:86-10-62021144

(二)公司历史沿革:

本公司成立于1958年,前身由江苏省邮电学校和南京电信局各自的附属工厂组成,生产电话机和增音机。并于1961年4月,两厂合并,成立了南京电信器材厂。同年12月易名为江苏邮电器材厂,归江苏省邮电管理局直接领导,生产和开发包括3路载波终端机等基本通信设备。

1962年9月,本公司转由国家邮电部直接管辖,更名为邮电部南京邮电器材厂,开始生产分线设备。本公司1969年至1980年期间,开发和生产了当时具有国内领先水平的60路对称电流载波设备,其中ZH363-Ⅰ型60路载波无人增音机于1983年曾获得国家银质奖。

1981年,本公司更名为邮电部南京通信设备厂,开发并生产SC501低速数传机、电话网数传机和四路插播机等邮电通信设备。1988年,本公司投入100.56万美元建成中国邮电工业系统技术先进的精密模具生产线。1989年起,本公司在国内首家开发了卡接式总配线架产品,该产品的几项关键技术分别在1991年、1993年和1995年三次荣获国家专利。

1993年,本公司与加拿大北方电讯(亚洲)有限公司签订了DPN-100分组交换设备的技术转让和制造合同,建立了目前国内唯一生产大型分组交换设备的生产基地。本公司于1995年跻身为国家大型企业,为中国邮电工业总公司六家重点发展企业之一。1996年本公司被国家统计局列为中国电子行业百强企业之一,并于同年通过了GB/T19001-ISO9001-94质量体系认证。本公司迄今已形成了以数据通信设备、分线配线设备、程控交换设备、光电传输设备和建筑电气装置件五大系列产品为主的生产和经营格局。

根据邮电部邮部[1997]159号文批准的重组方案,中国邮电工业总公司以独家发起人的身份以其全资所有的邮电部南京邮电通信设备厂的资产为主体进行股份制改组。1997年2月3日,国家国有资产管理局以国资评[1997]112号文确认了中国邮电工业总公司投入本公司净资产176419.5万元,并于同年3月6日以国资企发[1997]15号文批准将上述资产折为11500万股国有法人股,由中国邮电工业总公司持有。

1997年3月21日,经国家经济体制改革委员会体改生[1997]28号文批复同意以募集方式设立南京邮电通信设备股份有限公司。根据国务院证券委员会[1997]22号文批准,本公司已发行每股面值为人民币1元的境内上市外资股(B)股100,000,000股。

四、股票发行及承销

(一)本次私募配售:

1. 境内上市外资股数量:100,000,000股
2. 股票发行价格:每股2.69元人民币,折合2.43元港币
3. 募集资金总额(已扣除发行费用):241,517,782元人民币
4. 本次发行方式:私募发行,采用承销商包销方式
5. 配售户数:171户
6. 发行费用总额:1979万元人民币
7. 每股发行费用:0.198元人民币
8. 发行市盈率:备考全面摊薄 8.87倍
   加权平均 5.83倍

(二)股票承销:

承销商包销股票的数量:10000万股

主承销商及承销团分销比例及数量:

公司名称	分销比例(%)	分销数量(股)
南方证券有限公司	43.5	43500000
荷银浩威*洛希尔	41.5	41500000
国泰证券有限公司	12.0	12000000
山一国际(香港)有限公司	1.0	1000000
富国证券株式会社	1.0	1000000
东洋证券株式会社	1.0	1000000

(三)验资报告:

信德验资报字(1997)第14号

南京邮电通信设备股份有限公司筹备委员会:

我们依据《独立审计实务公告第1号——验资》的规定,对贵公司提供的国务院证券委员会、国家国有资产管理局文件、公司章程、招股说明书、B股股票的包销协议、收款银行协议、B股发行登记协议书、聘请发行B股主承销商的合作协议、股东名册等法律性文件,以及有关会计记录进行了审验。上述审验资料的真实性、合法性、完整性以及保护资产的安全、完整由贵公司筹备委员会负责,我们的责任是在审验的基础上出具真

实、合法的验资报告。

我们确认,截至1997年5月8日,贵公司向社会公开发行的境内上市外资股股票为100,000,000股,股票发行收入总额为243,000,000.00港元,扣除发行费用计18,428,218.00港元后的股票发行净收入计224,517,782.00港元,业已缴入贵公司的配售帐户中。至此,贵公司发行的普通股股份总额为215,000,000股,实收股本金计215,000,000.00人民币元,资本公积金计201,900,461.16人民币元。

深圳蛇口信德会计师事务所
中国注册会计师　魏小珍
中国注册会计师　邓建新
1997年5月14日

五、董事、监事及高级管理人员持股情况

姓名	职务
路俊海	董事长
励伟德	副董事长兼总经理
王加强	董事
蒋海珊	董事兼副总经理
胥爱民	董事兼副总经理
曹　斌	董事兼副总经理
倪玉良	董事兼副总经理
李学根	监事长
刘襄品	监事
孙　强	监事
肖兆开	董事会秘书
钱瑞诚	副总会计师

本公司董事、监事和高级管理人员均不持有本公司股票。

六、公司设立

1.公司创立大会暨第一次股东大会决议:

本公司于1997年5月17日在江苏省南京市召开了创立大会暨第一次股东大会,出席会议的股东或经股东授权的代理人共代表股份13988万股,占本公司总股本的65.05%,达到《中华人民共和国公司法》和《公司章程》规定的法定人数。经大会审议和表决,通过以下决议:

(1)通过了《关于南京邮电通信设备股份有限公司筹建工作的报告》。

(2)通过了《南京邮电通信设备股份有限公司公司章程》。

(3)选举了路俊海、励伟德、王加强、蒋海珊、胥爱民、曹斌、倪玉良为第一届董事会董事,任期三年。

(4)选举了李学根、刘襄品、孙强为第一届监事会监事,任期三年。

(5)通过了《关于南京邮电通信设备股份有限公司筹建费用审核报告》。

(7)通过了《关于南京邮电通信设备股份有限公司股票在深圳证券交易所上市的报告》。

(8)通过了《关于聘请公司会计师的报告》。

(9)授权董事会处理一切有关公司设立、注册登记及上市等有关事宜。

2.公司注册资金:215,000,000.00元

3.公司注册时间:1997年5月18日

4.公司注册地址:南京市秦淮区长乐路9-1号

5.营业执照注册号码:13487805-4

七、关联企业及关联交易

本公司有两家全资子公司:南京南方电讯公司、南京三通星实业有限责任公司;五家联营企业:南京八达通信设备厂、南京长乐通信设备厂、南京雨花电镀厂、上海华宁通信发展有限公司、南京鸿雁电器公司;两家中外合资企业:南京华丽灯具有限公司、南京曼奈柯斯电器有限公司。上述全资或控股公司不会与本公司直属生产系统部在产品或业务方面构成竞争。

八、股本结构及大股东持股情况

1.股本结构

本公司的股本结构如下:

股本类别	股本(万股)	占总股本百分比(%)
国有法人股	11500	53.49
境内上市外资股(B)股	10000	46.51
总股本	21500	100

2.前十名股东所持股数及比例:

序号	股东名称	持股数量	占总股本比例
1	中国邮电工业总公司	115000000	53.49%
2	HG ASIA LIMITED-CLIENT	5490000	2.55%
3	MANSION HOUSE SECURITIES (FE)LTD	5450000	2.53%
4	EASTSUN INVESTMENT FUND S.A.	2100000	0.98%
5	VIN INVESTMENTS LIMITED	2000000	0.93%
6	HONG KONG KEEP GOING DEVE LTD	1900000	0.88%
7	华海国际有限公司	1850000	0.86%
8	ENCALUCK INTERNATIONAL LTD	1600000	0.74%
9	GT PRC FUND	1500000	0.70%
10	CHINA HARBOUR RESOURCES LTD	1500000	0.70%

九、公司财务会计资料

本公司在《招股说明书概要》内已登载香港执业会计师安达信会计师事务所根据国际会计准则对本公司的经营业绩进行审计的结果,在此不再赘述。以下为深圳蛇口信德会计师事务所出具的审计报告摘要。

1.审计报告:

南京邮电通信设备股份有限公司筹备委员会:

我们接受委托,审计了贵公司1993年12月31日、1994年12月31日、1995年12月31日及1996年10月31日的资产负债表及合并资产负债表与1993年度、1994年度、1995年度及1996年度1月1日起至10月31日止会计期间利润及利润分配表、合并利润及利润分配表和1995年度、1996年1月1日起至10月31日止会计期间的财务状况变动表及合并财务状况变动表。这些会计报表是由贵公司负责,我们的责任是对这些会计报表发表审计意见。我们的审计是依据《中国注册会计师独立审计准则》进行的,在审计过程中,我们结合贵公司实际情况,实施了包括抽查会计记录等我们认为必要的审计程序。

我们认为,上述会计报表符合中华人民共和国《企业会计准则》和《股份制试点企业会计制度》的有关规定,在所有重大方面公允地反映了贵公司1993年12月31日、1994年12月31日、1995年12月31日及1996年10月31日的财务状况及合并财务状况与1993年度、1994年度、1995年度及1996年度1月1日起至10月31日止会计期间的资金变动情况及合并资金变动情况,会计处理方法的选用遵循了一贯性原则。

中国注册会计师:魏小珍　邓建新
深圳蛇口信德会计师事务所
1997年1月21日

2.财务报表:

(1)以下为蛇口信德会计师事务所出具的会计报告中合并资产负债表的主要数据(单位:人民币元):

项目	1996.10.31	1995.12.31	1994.12.31	1993.12.31
流动资产	379665043.81	251247070.65	158017933.98	89990417.02
长期投资	6285811.05	6343458.72	1753508.72	1166300.00
固定资产合计	81530098.62	72514028.24	61312265.41	50685306.18

递延资产	3695252.64	4267095.54	5577407.69	—
资产总计	471176206.12	334371653.15	226661115.80	141842023.20
流动负债	307867600.10	211216648.97	129911345.73	66275222.61
长期负债	21465351.69	19439233.69	21655000.00	25900246.82
股东权益	133109436.28	95601916.84	67760008.73	44295549.34
负债及股东权益				
总　计	471176206.12	334371653.15	226661115.80	141842023.30

(2)以下为蛇口信德会计师事务所出具的会计报告中合并利润及利润分配表的主要数据(单位:人民币元):

项　目	1996.1.1-10.31	1995	1994	1993
主营业务收入	328913631.90	280172446.06	202177457.64	138031624.20
减:营业成本	217471477.96	185890066.68	127284545.53	82923578.01
销售费用	11778307.66	12052665.25	6068446.73	606735.68
管理费用	30528233.52	35665949.38	32167518.42	22968658.64
财务费用	13820185.58	12866321.41	8637363.42	3420351.90
营业税及附加	2684532.23	1894462.66	808895.59	7226738.30
主营业务利润	52630894.95	31802980.68	27210687.95	15431561.67
加:其他利润	3101502.63	1505941.61	770825.65	774589.01
营业利润	55732397.58	33308922.29	27981513.60	16206150.68
加:投资收益	607034.23	301610.45	81269.10	29187.53
补贴收入	3419966.09	1150452.97	217607.59	—
营业外收入	499942.57	1527391.31	1172558.64	106911.58
减:营业外支出	1117795.44	1104658.10	703588.82	924027.92
利润总额	59141545.03	35183718.92	28749360.11	15418221.87
减:所得税	13004108.88	5256935.11	2566239.05	1169578.55
应交特种基金	—	40723.00	524875.83	1277998.00
少数股东损益	836249.59	1782514.87	1241824.59	416966.30
净利润	45301186.56	28103545.94	24416420.64	12553679.02
加:年初未分配利润	37291396.59	27145473.35	11434950.63	4821112.75
可分配利润	82592583.15	55249019.29	35851371.27	17374791.77
减:提取法定公积金	4645421.64	2885564.78	1187514.92	1517806.02
提取法定公益金	2255996.05	2291875.34	1496763.15	37106.85
可供股东分配利润	75691165.46	50071579.17	33167093.20	15819878.90
减:提取任意公积金	27195645.72	10088518.71	4604768.12	2572125.04
已分配普通股股利	8367890.99	2691663.87	1416851.73	1812803.23
未分配利润	40127628.75	37291396.59	27145473.35	11434950.63

(3)以下为蛇口信德会计师事务所出具的会计报告中合并财务状况变动表(单位:人民币元):

流动资金来源和运用	1996.1.1-10.31	1995
一、流动资金来源		
1. 本年(期)净利润	RMB 45,301,186.56	RMB 28,103,545.94
加:不减少流动资金的费用和损失		
(1)少数股东本年(期)损益	836,249.59	1,782,517.87
(2)固定资产折旧	8,263,023.54	8,082,471.29
(3)递延资产摊销	586,042.90	1,310,312.15
(4)清理固定资产损失(减收益)	(199,657.38)	79,218.63
小　计	54,786,845.21	39,358,062.88
2. 其他来源:		
(1)清理固定资产变价收入	1,227,374.68	27,399.05
(2)增加长期负债	9,026,118.00	3,884,233.69
(3)收回长期投资	152,728.27	—
(4)对外投资转出固定资产	94,000.15	1,678,780.60
(5)资本净增加净额	34,671,287.28	17,695,984.87
(6)少数股东资本净增加额	619,964.40	779,092.31
小　计	45,791,472.78	24,065,490.52
流动资金来源合计	100,578,317.99	63,423,553.40
二、流动资金运用		
1. 利润分配:		
(1)提取法定公积金	4,645,421.64	2,885,564.78
(2)提取法定公益金	2,255,996.05	2,291,875.34
(3)提取任意公积金	27,195,645.72	10,088,518.71
(4)已分配股利	8,367,890.99	2,691,663.87
小　计	42,464,954.40	17,957,622.70
2. 少数股东利润分配	836,249.59	1,782,514.87
3. 其他运用:		
(1)固定资产和在建工程增加额	18,400,811.37	21,069,632.40
(2)增加递延资产	14,200.00	—
(3)偿还长期负债	7,000,000.00	6,100,000.00
(4)增加长期投资	95,080.60	4,589,950.00
小　计	25,510,091.97	31,759,582.40
流动资金运用合计	68,811,295.96	51,499,719.97
流动资金增加净额	RMB31,767,022.03	RMB 11,923,833.43
流动资金各项目的变动	1996.1.-10.31	1995
一、流动资金本年(期)增加数		
1. 货币资金	RMB(10,701,751.85)	RMB22,531,279.75
2. 应收票据	(560,000.00)	560,000.00
3. 应收帐款净额	77,693,125.77	71,491,522.10
4. 预付货款	5,305,756.95	(13,889,699.88)
5. 其他应收款	11,178,741.89	(1,270,487.09)
6. 待摊费用	471,626.74	—
7. 存货	45,030,473.66	13,806,421.79
流动资产增加额	128,417,973.16	93,229,136.67
二、流动负债本年(期)增加数		
1. 短期借款	44,815,000.00	28,103,000.00
2. 应付帐款	33,431,263.47	20,704,051.41
3. 预收货款	20,309,012.59	14,016,659.94
4. 应付工资	(2,253,962.96)	1,988,277.06
5. 应付福利费	(489,559.95)	733,399.03
6. 未付股利	2,883,453.41	2,035,944.05
7. 未交税金	2,316,495.77	8,408,202.65
8. 其他未交款	(2,804,552.81)	79,950.85
9. 其他应付款	1,279,854.41	1,918,061.61
10. 预提费用	4,163,947.20	(582,243.36)
11. 一年内到期的长期负债	(7,000,000.00)	3,900,000.00
流动负债增加净额	96,650,951.13	81,305,303.24
流动资金增加(减少)净额	RMB,31,767,022.03	RMB 11,923,833.43

3. 财务报表附注(摘要)

(1)主要会计政策

A. 会计政策系根据中华人民共和国《企业会计准则》和《股份制试点企业会计制度》及有关补充厘定。

B. 会计年度

自公历每年1月1日起至12月31日止。

C. 合并报表的编制方法按财政部财会二字[1996]2号《关于合并会计报表合并范围请示的复函》的有关规定进行编制。

D. 本公会计核算以权责发生制为基础。

E. 货币折算

货币折算产生的汇兑损益计入当年度(期)损益类帐户。

F. 坏帐准备

决算日,按应收帐款(不含关联公司往来款项)余额的5‰计提坏帐准备,并计入当年度(期)损益类帐项。

G. 存货

决算日,存货按成本与可变现净值孰低法计价,预计存货变现损失计入当年度(期)损益类帐项。

H. 长期投资

a. 本公司对债券投资以成本法核算;

b. 本公司对附属(联营)公司的长期投资采用下列会计处理方法:

投资额占联营公司资本总额不足20%时,以成本法核算;投资额占联营公司资本总额20%至50%时,以权益法核算;占附属公司资本总额50%以上,以及投资额虽占联营公司资本总额20%至50%,但本公司对其实质上拥有控制权者,采用权益法核算并对会计报表予以合并。

I. 税项

增值税按销售额的17%计算销项税额减可抵扣的进项税额缴款。

城市维护建设税按增值税额及营业税额的7%计缴。

教育附加费1995年12月31日前按增值税及营业税额的3%计缴,自1996年1月1日起按增值税额及营业税额的4%计缴。

J. 利润分配

利润首先用于弥补亏损(近五年内,本公司无亏损),然后依次提取法定公积金,法定公益金和任意公积金,最后向股东分配。

(2)应收帐款

帐 龄	1996年10月31日余额	百分比(%)
1年以内	RMB 175,592,294.03	82.0
1-2年	29,360,680.18	13.7
2-3年	8,145,801.00	3.8
3年以上	1,040,499.82	0.5
合 计	214,139,275.03	100

(3)其他应收款

帐 龄	1996年10月31日余额	百分比(%)
1年内以	RMB11,295,417.29	75.7
1-2年	701,598.17	4.7
2-3年	2,302,619.86	15.4
3年以上	622,973.00*	4.2
合 计	14,922,608.32	100

*系本公司之附属公司——长乐厂为上海凯利(集团)有限公司加工产品应收款项,待该产品验收合格后,该等款项即可收回。

(4)待摊费用

1996年10月31日修理费用为RMB478,361.90元。

(5)存 货	1996年10月31日
原材料	RMB14,364,494.76
在产品	17,611,474.25
产成品	79,551,946.70
外购商品	1,993,270.00
总 计	113,521,185.71

(6)长期投资	1996年10月31日
债权投资	RMB 110,000.00
其他投资	6,175,811.00
合 计	6,285,811.05

(7)短期投资 1996年10月31日

贷款金额	年利率	贷款条件
RMB 7,500,000.00	12,078%-14.472%	信用贷款
116,680,000.00	10.89%-14.472%	担保贷款
合计 124,180,000.00		

(8)应付帐款系本公司及其附属公司应付的购货款计85,503,004.71人民币元。

(9)预收货款系本公司及其附属公司预收的销货款计37,950,230.62人民币元。

(10)利润及利润分配表中各项损益类项目增减变化,主要系会计期间不同引起。

十、董事会上市承诺

本公司董事会将严格遵守《公司法》、《股票发行与交易管理暂行条例》、《公开发行股票公司信息披露实施细则》、《国务院关于股份有限公司境内上市外资股的规定》、《股份有限公司境内上市外资股规定的实施细则》、《深圳证券交易所业务规则》和国家及深圳市其他有关证券的法律、法规,并自上市之日起作出如下承诺:

1. 按照法律、法规的规定和要求披露重大的信息,并接受证券主管机关、深圳证券交易所的监督管理。

2. 及时、真实、准确地公布中期报告和年度报告、并备置于规定场所供投资者公众查阅。

3. 本公司董事、监事及高级管理人员如发生人事变动或持本公司股票发生变化时,在报告证券主管机关、证券交易所的同时向投资者公布。

4. 在任何公共传播媒介中出的消息可能对本公司股票的市场价格产生误导性影响时,本公司知悉后将及时对该消息予以公开澄清。

5. 本公司董事、监事及高级管理人员将认真听取社会的意见和批评,不利用已获得的内幕消息和其他不正当手段直接或间接从事股票买卖活动。

6. 本公司没有无记录负债。

十一、主要事项揭示

B股股东将不享受1996年12月31日前年度之股息,但享有1997年度之股息;未分配利润按中国有关会计制度与国际会计准则确定的累计未分配利润中利润较低者为最大限度额来进行分配。

十二、备查文件目录

1. 国务院证券委员会批准文件
2. 深圳证券交易所上市通知书
3. 招股说明书
4. 创立大会暨第一次股东大会决议
5. 营业执照
6. 深圳蛇口信德会计师事务所验资报告、审计报告
7. 安达信会计师事务所审计报告
8. 盈利预测报告

十三、咨询机构

1. 发行人:南京邮电通信设备股份有限公司

联系地址:南京市雨花门外养虎仓巷88号

电话:86-25-2418518×2278

传真:86-25-2421954

联系人:肖兆开、顾小荣

2. 主承销商及上市推荐人:南方证券有限公司

联系地址:上海市延安西路2168号仲盛金融中心大厦18楼

电话:86-21-62788788×619

传真:86-21-62788777

联系人:王茜、王国文

南京邮电通信设备股份有限公司

1997年5月20日

山东晨鸣纸业集团股份有限公司

山东晨鸣纸业集团股份有限公司上市公告书

一、绪言

本公司董事会提醒广大投资者注意,凡本公告书中未涉及的有关发行内容请投资者查阅《中国证券报》(1997年5月7日)上刊登的本公司招股说明书概要。

山东晨鸣纸业集团股份有限公司(以下简称"本公司")的11500万股境内上市外资股(B股)发行经国务院证券委员会证委发〔1997〕第26号文批准;境内上市外资股(B股)上市申请经深圳证券交易所深证发〔1997〕188号文审核批准,公司B股将于1997年5月26日在深圳证券交易所挂牌交易。股票简称"晨鸣B",证券代码:2488。

本公司总股本273,855,665股,可上市流通股为115,000,000股,本次上市流通的115,000,000股B股(含超额配售1500万股)为1997年5月8日至12日向境内上市外资股投资者发行的新股。

本公司上市公告书依据《中华人民共和国公司法》、《国务院关于股份有限公司境内上市外资股的规定》、《股份有限公司境内上市外资股规定的实施细则》、《股票发行与交易管理暂行条例》等法规的规定编制。本公司董事会及各位董事确认本公司公告书未遗漏任何重大事项,并不存在任何误导和虚假成分,并愿就上市公告书所载资料的真实性、准确性和完整性承担共同及个别责任,上市公告书中的内容由本公司董事会负责解释。

二、发行公司概况

(一)发起人简介

1、法定名称:山东寿光造纸总厂

2、注册地址:山东省寿光县城潍博路1号

3、法定代表人:陈永兴

4、注册资金:叁仟贰佰另陆万伍仟元(1993年)

(本公告中元指人民币元)

5、所属行业:轻工业

6、经营范围:文化用纸的制造、销售

7、营业执照注册号码:16568230-2

8、咨询电话:86-536-5280007

(二)发行公司的股本形成过程

根据山东省体改委、中国人民银行山东省分行鲁体改生字〔1992〕第98号和潍坊市经济体制改革委员会潍改发〔1993〕17号文件批准,1993年5月寿光造纸总厂独家发起成立定向募集公司,同时更名为山东寿光造纸印刷包装(集团)股份有限公司,1993年8月,经山东省寿光市体改办寿改发〔1993〕23号文批复,公司更名为"山东寿光造纸集团股份有限公司",1996年12月,经山东省体改委以鲁体改函字〔1996〕第123号文同意,公司更名为"山东晨鸣纸业集团股份有限公司";1993年5月,公司成立时股本总额为6,664.74万股,每股面值1元,溢价1.2元发行,其中山东寿光造纸总厂全部资产由山东潍坊会计师事务所进行资产评估,评估后国有资产为5,580万元,折股4,649.74万股;向社会法人发行155.85万股,向公司职工发行1,859.15万股。

根据1996年10月27日本公司第三次股东大会决议、寿光市国有资产管理局以寿国资字〔1996〕第16号文、寿国资字〔1996〕第17号文批准及潍改发〔1996〕70号文批准,本公司将改制前占用的税前利润还款及新产品减免税本息计11,014,565.54元,折股5,099,000股转增国家股,将1994年国家股分红计9,299,479.96元及1995年1月1日至12月31日的资金占用费计1,000,000元,折4,768,000股转增国家股。

根据1996年10月27日本公司第三次股东大会决议以及潍坊市经济体制改革委员会以潍改发〔1996〕70号文批准,本公司将1995年度税后利润以10送3比例送股和资本公积10转0.5的比例转增股本,共增股本23,326,590元(股)。

经上述变动,本公司股本增至99,840,990元(股),其中国家股计72,638,490元(股),法人股计2,103,975元(股),内部职工股计25,098,525元(股),此股本结构已获得山东省体改委以鲁体改函字〔1996〕第123号文及山东省人民政府鲁政股字〔1996〕98号《批准证书》确认。

根据1997年2月4日第四次股东大会决议,山东省人民政府以鲁政字〔1997〕第64号文和山东省外经贸委以鲁外经贸外资字〔1997〕第33号文批准,本公司吸收合并中外合资寿光永立纸业有限公司后,英国广华(寿光)投资有限公司折股19,078,279股。本公司将1996年度税后利润以10送2.5的比例向全体股东送股和资本公积10转1.5的比例转增股本,共计45,387,333股。

B股发行前,本公司总股本增为158,855,665元(股),其股本结构如下:

	股数(股)	比例
国家股:	101,693,886	64.02%
境内法人股:	2,945,565	1.85%
内部职工股:	35,137,935	22.12%
境外法人股:	19,078,279	12.01%
总股本:	158,855,665	100.00%

三、股本发行及承销

(一)股票发行:

1997年5月4日经国务院证券委员会证委发〔1997〕26号文批准,本公司已成功发行境内上市外资股11500万股。

本公司境内上市外资股的发行情况:

1、发行方式:股票发行采取私募方式

2、发行价格:每股4.75元,投资者按中国人民银行公布在发售B股首日的前一个日历周港币兑人民币中间价的平均值1.0708人民币/港币,折算成现汇港币,以每股4.43港币认购。

3、承销方式:包销

4、承销日期:1997年5月8日-12日

5、发行对象:境内上市外资股投资者

6、募集资金总额:545875675.00元

7、发行费用总额:29689395.07元

8、每股发行费用:0.258元

9、发行市盈率(备考全面摊薄):8.5倍

(二)股票承销:本次B股配售采取各承销商按一定比例包销方式,主承销商及承销商成员分销比例及数量如下:

承销商	承销数量(万股)	承销比例(%)
南方证券有限公司	5700	49.56
海裕证券有限公司	4000	34.78
怡富证券有限公司	400	3.48
日兴证券(亚洲)有限公司	500	4.35
东洋证券株式会社	600	5.22

广利证券有限公司　300　2.61

(三)验资报告

信德验资报告〔1997〕第15号

山东晨鸣纸业集团股份有限公司全体股东：

我们依据《独立审计实务公告第1号－验资》的规定，对贵公司提供的国务院证券委员会文件、国家国有资产管理局文件、山东省人民政府文件、公司章程、招股说明书、B股股票的承销协议、收款银行协议、B股发行登记协议书、股东名册等法律性文件，以及有关会计记录进行了审验。上述审验资料的真实性、合法性、完整性以及保留资产的安全、完整由贵公司董事会负责，我们的责任是在审验的基础上出具真实、合法的验资报告。

我们确认，截止1997年5月20日止，贵公司向社会公开发行境内上市外资股(B股)的股票为115,000,000股，股票发行收入总额为509,450,000港元，折合545,875,675.00元，扣除发行费用计19996172.28元后的股票溢价收入净额计410879502.72元，业已缴入贵公司的配售帐户中。至此，贵公司发行的普通股股份总额为273855665股，实收股本金计273855665.00元；是次发行B股股票收入总额扣除发行费用(包括从股票发行中直接扣减的发行费用计19996172.28元及未从股票发行收入中直接扣减的其他发行费用计9693222.79元)后的股票溢价净收入计401186279.93元，拟计入资本公积金。

深圳蛇口信德会计师事务所
中国注册会计师：朱琪珩
中国注册会计师：魏小珍
1997年5月20日

四、董事、监事及高级管理人员持股情况

董事	持股(内部职工股)数(A股)
陈永兴	50,085
尹同远	21,735
韩文建	21,735
王东兴	14,175
许向东	18,900
王志军	8,505
陈明勋	7,560
孙尔洪	9,450
黄国霖	11,340
监事：	
侯焕才	12,285
常立亭	9,450
郑立勇	7,560

五、股本结构及大股东持股情况

1、于本次11500万股(含超额配售1500万股)境内上市外资股发售完毕后，本公司的股本结构如下：

	股份数(股)	百分比(%)
总股本	273,855,665	100.00
尚未流通股份：		
国家股	101,693,886	37.13
境内法人股	2,945,565	1.07
内部职工股	35,137,935	12.83
境外法人股	19,078,279	6.97
可流通股份：		
境内上市外资股	115,000,000	42.00

2、前十名股东所持股数及比例

序号	股东名称	持股数量	占总股本的比例
1	山东寿光市国有资产管理局	101,693,886	37.13%
2	SEAPOWER SECURITIES LTD	29,420,000	10.74%
3	英国广华投资有限(寿光)公司	19,078,279	6.97%
4	YAMAICHI INT'L(HK) LTD	2,750,000	1.00%
5	HAIHANGLA ENTERPRISE DEVELOPMENT INCORPORATION	2,250,000	0.82%
6	KOOKABURRA INVESTMENTS LTD	1,380,000	0.50%
7	WARDLEY JAMES CAPEL(F.E.)LTD	1,300,000	0.47%
8	HONGKONG SUCCESS LTD	1,295,000	0.47%
9	HOI WAN TRADING COMPANY LTD	1,200,000	0.44%
10	JOHN LAM & ASSOCIATES LTD	1,010,000	0.37%

六、公司财务会计资料

(一)审计报告

信德特审报字〔1997〕第01号

山东寿光造纸集团股份有限公司全体股东：

我们接受委托，审计了贵公司1995年12月31日及1996年12月31日的资产负债表与1994年至1996年度的利润及利润分配表及1996年度的财务状况变动表，这些会计报表由贵公司负责，我们的责任是对这些会计报表发表审计意见，我们的审计是依据《中国注册会计师独立审计准则》进行的，在审计过程中，我们结合贵公司实际情况，实施了包括抽查会计记录等我们认为必要的审计程序。

我们认为，上述会计报表符合《企业会计准则》和《股份制试点企业会计制度》的有关规定，在所有重大方面公允地反映了贵公司1995年12月31日及1996年12月31日的财务状况与1994年度、1995年度及1996年度的经营成果和1996年度资金变动情况，会计处理方法的选用遵循了一贯性原则。

深圳蛇口信德会计师事务所　中国注册会计师　魏小珍
中国注册会计师　邓建新
1997年3月5日
中国　深圳

(二)以下为境内会计师事务所深圳蛇口信德会计师事务所的审计报告中关于本公司的资产负债表(见附表)、利润及利润分配表(见附表)、财务状况变动表(见附表)。

(三)主要会计政策：

1、会计年度：会计年度自公历1月1日起至12月31日止。

2、附属机构：本公司本部与各附属机构在有关期间(若时间较短者，则由其注册成立日期起计)汇总会计报表的原则为：公司本部与附属机构相互之间的重大交易及内部往来款项在会计报表汇总时予以抵销外，其余帐项均逐一汇总。

3、货币折算：本公司以人民币为记帐本位币，年度内发生的非本位币经济业务，按当月1日中国人民银行公布的市场汇价的中间价折为人民币记帐。月份终了，货币性项目中的非本位币余额概按当日中国人民银行公布的市场汇价的中间价进行调整，由此产生的折合人民币差额，业已计入当年度损益类帐项。

4、坏帐准备：决算日，按应收帐款(不含关联公司往来款项)余额的5‰计提坏帐准备，并计入当年度损益类帐项。

5、存货：存货以计划成本计价，计划成本与实际成本之间的差异，按各类存货的存销比例分摊计入存货成本与销售成本，从而将存货的计划成本调整为实际成本。决算日，存货按成本与可变现净值孰低法计价，预计存货变现损失计入当年损益类帐项。

6、长期投资：

(1)本公司对债券投资以成本法核算。

(2)本公司对附属(联营)公司的长期投资采用下列会计处理方法：投资额占联营公司资本总额不足20%时，以成本法核算；投资额占联营公司资本总额20%至50%时，以权益法核算；投资额占附属公司资本总额50%以上以及投资额虽占附属公司资本总额20%至50%，但本公司对其

实质上拥有控制权者，采用权益法核算，并对会计报表予以合并。

7、固定资产及其累计折旧：固定资产以实际成本计价。固定资产折旧采用直线法平均计算，并根据固定资产类别的原价、估计经济使用年限和估计残值(原价的5%)确定其折旧率如下：

类别	年折旧率
房屋及建筑物	4.75%
机器设备	9.5%
运输工具	11.875%－19.00%
其他设备	19.00%

8、无形资产：无形资产系指本公司有偿取得的土地使用权。

9、递延资产：

(1)开办费：开办费是永立公司在筹建期间发生的费用(不包括资本性支出)，自1993年7月1日起，按5年摊销。

(2)租入固定资产改良支出：租入固定资产改良支出系指本公司对山东晨鸣纸业集团齐河板纸厂租赁固定资产改良工程发生的费用，自1997年1月1日起按租赁期十年摊销。

(3)用电权费用：用电权费用是指本公司因开发浆纸平衡工程项目，于1993年5月向山东寿光供电公司购买990千瓦的长期用电负荷指标而一次性支付的费用，自购人之日起按十年摊销。

10、税项：

(1)增值税：应纳增值税额为销项税额减去进项税额。

(2)营业税：场地租赁收入按5%计缴营业税。

(3)城市维护建设税：城市维护建设税按应交增值税额及营业税额的7%计缴。

(4)教育费附加：按应交增值税额及营业税额的3%计缴。

(5)企业所得税：本公司企业所得税税率为33%。1997年2月1日，经山东省寿光市人民政府〔97〕寿改函11号文批复，本公司与永立公司1994年度、1995年度、1996年度企业所得税按山东省寿光市税务局核定的实际税负缴纳，分别为879416.83元、664118.02和20985723.84元。

(6)房产税：本公司房产税按房产原值的70%计算缴纳，税率为1.2%。

(四)主要财务数据与财务指标

	指标项目	1996年度	1995年度	1994年度
1	主营业务收入(万元)	56,660	39,840	21,060
2	利润总额(万元)	15,109	9,512	2,723
3	净利润(万元)	12,957	9,446	2,635
4	总资产(万元)	67,000	37,689	22,835
5	股东权益(万元)	33,242	17,141	8,754
6	每股收益(元)	1.30	1.42	0.40
7	每股净资产(元)	3.33	2.57	1.31
8	净资产收益率(%)	39.0	55.3	30.5
9	股东权益比率(%)	49.6	45.5	38.3

七、董事会承诺

本公司董事会将严格遵守《公司法》、《股票发行与交易管理暂行条例》、《公开发行股票公司信息披露实施细则》等有关法律、法规的规定，并自股票上市之日起作出如下承诺：

1、按照法律、法规的规定程序和要求披露重大的信息，并接受证券主管机关、深圳证券交易所的监督管理。

2、及时、真实、准确地公布中期报告和年度报告，并备置于规定场所供投资者公众查阅。

3、本公司董事、监事及高级管理人员如发生人事变动或持本公司股票发生变化时，在报告证券主管机关、证券交易所的同时向投资者公布。

4、在任何公共传播媒介中出现的消息可能对本公司股票的市场价格产生误导性影响时，本公司知悉后将及时对该消息予以公开澄清。

5、本公司董事、监事及高级管理人员将认真听取社会公众的意见和批评，不利用已获得的内幕消息和其他不正当手段直接或间接从事股票买卖活动。

6、本公司没有无记录负债。

八、重要事项揭示

(一)本公司于1993年5月5日成立，于1993年7月1日开始执行《股份制试点企业会计制度》。

(二)本公司缴纳所得税后的利润，按下列顺序分配：

1、弥补上年度亏损；

2、提取法定公积金；

3、提取法定公益金；

4、提取任意盈余公积金；

5、支付普通股股利。

(三)公司向股东支付股利及其他款项，均以人民币计价和宣布，其中A股的现金股利以人民币派付，B股的现金股利均以港币派付。

(四)B股现金红利的折算汇率为中国人民银行公布的红利发放日的前一个日历周的港币现汇兑人民币中间价之平均值。

(五)本公司于1997年2月4日召开第四次股东大会。大会审议并通过了《增资发行境内上市外资股的申请报告》，并授权董事会办理公司本次发行境内上市外资股的申请及公司章程修改等具体事宜。

(六)根据本公司第四次股东大会决议，本公司1996年未分配利润及1997年度利润由B股发行后的全体股东共享。

(七)鉴于公司上市首日距离发行结束日未超过90日，根据《公开发行股票公司信息披露细则(试行)》第十条的规定，公司仅编制简要上市公告书，在简要上市公告书中省略的事项在该期间内没有发生重大变化。

九、备查文件目录

1、本公司营业执照

2、本公司章程

3、承销协议

4、永道会计师事务所发出的国际会计师报告

5、本公司的法律顾问深圳信达律师事务所为本次B股发行出具的法律意见书

6、主承销商、国际协调人、永道会计师事务所就本信息备忘录的刊发发出的同意书

7、招股说明书

8、验证笔录

十、咨询机构

1、发行人：山东晨鸣纸业集团股份有限公司

地址：中国山东省寿光市圣城路403号

电话：86－536－5280007

传真：86－536－5228900

联系人：郝筠、刘英华

2、主承销商及上市推荐人：南方证券有限公司

地址：深圳市深南东路56号南方国际大酒店

电话：86－21－62788788

传真：86－21－62788777

联系人：陈晶光、任强

山东晨鸣纸业集团股份有限公司

1997年5月22日

山东晨鸣纸业集团股份有限公司利润及利润分配表

单位:人民币元

	1996	1995	1994
	本公司	本公司	本公司
主营业务收入	RMB 566,599,197.40	RMB 398,404,487.20	RMB 210,604,280.33
减:主营营业成本	350,613,567.20	260,819,070.07	158,090,624.03
销售费用	16,218,275.70	16,589,968.28	8,346,861.92
管理费用	44,709,672.37	26,326,806.75	12,671,897.68
财务费用	12,248,743.81	9,368,460.99	1,710,914.31
营业税金及附加	140,938.55	30,615.01	–
主营业务利润	142,667,999.77	85,269,566.10	29,783,982.39
加:其他业务利润	1,588,232.19	(1,854,573.33)	358,518.09
营业利润	144,256,231.96	83,414,992.77	30,142,500.48
加:投资收益	(2,174,493.70)	236,744.00	58,858.04
营业外收入	10,584,391.55	12,280,435.81	560,398.19
减:营业外支出	1,574,925.34	809,527.70	1,897,940.46
加:以前年度损益调整	–	–	(1,632,267.59)
利润总额	151,091,204.47	95,122,644.88	27,231,548.66
减:所得税	21,523,828.71	664,118.02	879,416.83
净利润	129,567,375.76	94,458,526.86	26,352,131.83
加:年初未分配利润	43,271,291.89	(866,266.79)	431,351.72
可分配利润	172,838,667.65	93,592,260.07	26,783,483.55
减:提取法定公积金	21,099,347.61	16,495,958.82	4,391,046.92
提取法定公益金	5,327,454.86	7,852,460.26	2,939,765.61
转增股本	115,180,355.49	–	–
可供股东分配的利润	31,231,509.69	69,243,840.99	19,452,671.02
减:提取任意公积金	–	11,847,323.28	1,086,582.35
已分配普通股股利	25,216,457.49	14,125,225.82	19,232,355.46
未分配利润	RMB 6,015,052.20	RMB 43,271,291.89	RMB (866,266.79)

山东晨鸣纸业集团股份有限公司资产负债表

单位:人民币元

	1996.12.31	1995.12.31	
	本公司	本公司及附属公司	本公司
资产			
流动资产:			
货币资金	RMB 121,307,032.89	RMB 24,696,447.85	RMB 601,561.78
应收票据	2,505,000.00	–	–
应收帐款	146,954,966.75	83,087,677.94	3,171,096.57
减:坏帐准备	734,774.83	415,438.39	15,855.48
应收帐款净额	146,220,191.92	82,672,239.55	3,155,241.09
预付货款	11,662,594.70	9,185,628.84	1,500,000.00
内部往来	–	–	46,164,341.93
其他应收款	35,462,700.87	39,065,667.87	20,624,734.39
应收股利	–	–	19,156,477.40
待摊费用	1,961,671.96	402,705.58	22,944.21
存货	122,126,808.84	48,733,343.86	283,602.19
一年内到期的长期债券投资	200,000.00	200,000.00	–
流动资产合计	441,446,001.18	204,956,033.55	91,508,902.99
长期投资:			
长期投资	20,960,360.00	16,702,599.29	108,998,721.93
其中:合并价差	–	11,626,973.59	–
长期投资合计	20,960,360.00	16,702,599.29	108,998,721.93
固定资产:			
固定资产原价	186,252,075.60	163,017,043.24	16,712,804.71
减:累计折旧	41,624,222.25	41,183,796.66	4,384,798.15
固定资产净值	144,627,853.35	121,833,246.58	12,328,006.56
在建工程	21,283,820.50	6,284,664.12	787,153.93
固定资产合计	165,911,673.85	128,117,910.70	13,115,160.49
无形资产及递延资产:			
无形资产	32,777,645.53	23,255,488.87	18,838,425.20
递延资产	8,908,935.96	3,859,986.34	387,623.00
无形资产及递延资产合计	41,686,581.49	27,115,475.21	19,226,048.20
资产总计	RMB670,004,616.52	RMB376,892,018.75	RMB232,848,833.61
负债及股东权益			
流动负债			
短期借款	RMB67,338,510.00	RMB41,201,345.00	RMB20,000,000.00
应付帐款	46,196,565.08	22,676,355.15	8,385,207.54
预收货款	38,881,433.20	2,293,570.86	–
应付工资	4,798,768.14	2,771,678.46	1,247,623.46
应付福利费	9,475,461.68	10,079,224.41	392,570.01
未付股利	26,819,507.81	15,700,652.93	9,315,160.46
未交税金	70,343,615.91	25,834,417.85	596,501.49
其他未交款	78,483.95	6,107.44	6,407.44
其他应付款	36,560,007.25	27,711,301.90	7,509,584.76
预提费用	5,730,390.86	2,321,719.85	741,792.32

	1996.12.31	1995.12.31	
一年内到期的长期负债	18,362,035.94	10,969,195.94	7,642,035.94
流动负债合计	324,584,779.82	161,565,569.79	55,836,883.42
长期负债			
长期借款	12,000,000.00	9,149,685.00	–
应付债券	1,000,000.00	4,000,000.00	4,000,000.00
长期负债合计	13,000,000.00	13,149,685.00	4,000,000.00
负债合计	337,584,779.82	174,715,254.79	59,836,883.42
少数股东权益	–	30,765,374.20	–
股东权益			
股本	158,855,665.00	66,647,400.00	66,647,400.00
资本公积	101,485,444.86	13,341,260.16	13,341,260.16
盈余公积	66,063,674.64	48,151,437.71	27,120,705.75
其中:公益金	8,457,487.33	3,130,032.47	3,130,032.47
未分配利润	6,015,052.20	43,271,291.89	65,902,584.28
股东权益合计	332,419,836.70	171,411,389.76	173,011,950.19
负债及股东权益总计	RMB 670,004,616.52	RMB376,892,018.75	RMB232,848,833.61

山东晨鸣纸业集团股份有限公司财务状况变动表

单位:人民币元

流动资金来源和运用	1996
一、流动资金来源	
1、本年净利润	RMB129,567,375.76
加:不减少流动资金的费用和损失:	
(1)固定资产折旧	13,145,603.01
(2)递延资产摊销	893,065.27
(3)清理固定资产损失(减收益)	556,836.02
(4)抵销转出固定资产折旧	(11,626,973.59)
小计	132,535,906.47
2、其他来源:	
(1)固定资产清理收入	132,168.30
(2)增加长期负债	12,000,000.00
(3)收回长期投资	2,985,265.70
(4)抵销长期投资合并价差	11,626,973.59
(5)对外投资转出固定资产	4,074,526.35
(6)资本净增加额	198,264,686.63
(7)少数股东资本净增加额	(30,765,374.20)
小计	198,318,246.37
流动资金来源合计	330,854,152.84
二、流动资金运用	
1、利润分配:	
(1)提取法定公积金	21,099,347.61
(2)提取法定公益金	5,327,454.86
(3)转增股本	115,180,355.49
(4)已分配股利	25,216,457.49
小计	166,823,615.45
2、其他运用:	
(1)固定资产和在建工程净增加额	44,075,923.24
(2)增加递延资产	5,942,014.89
(3)增加无形资产	9,522,156.66
(4)偿还长期负债	12,149,685.00
(5)增加长期投资	18,870,000.00
小计	90,559,779.79
流动资金运用合计	257,383,395.24
流动资金增加净额	RMB73,470,757.60
流动资金各项目的变动	
一、流动资金本年增加数	
1、货币资金	RMB96,610,585.04
2、应收票据	2,505,000.00
3、应收帐款净额	63,547,952.37
4、预付货款	2,476,965.86
5、其他应收款	(3,602,967.00)
6、待摊费用	1,558,966.38
7、存货	73,393,464.98
流动资产增加净额	236,489,967.63
二、流动负债本年增加数	
1、短期借款	26,137,165.00
2、应付帐款	23,520,209.93
3、预收货款	36,587,862.34
4、应付工资	2,027,089.68
5、应付福利费	(603,762.73)
6、未付股利	11,118,854.88
7、未交税金	44,509,198.06
8、其他未交款	72,376.51
9、其他应付款	8,848,705.35
10、预提费用	3,408,671.01
11、一年内到期的长期负债	7,392,840.00
流动负债增加净额	163,019,210.03
流动资金增加净额	RMB73,470,757.60

厦门灿坤实业股份有限公司

1996年年度报告摘要　(摘选)

一、公司简况

公司名称：厦门灿坤实业股份有限公司

法人代表：吴灿坤

公司地址：厦门市湖里工业区兴隆路88号

电话：0592—6021708　　传真：0592—6021598

二、主要财务数据与财务指标

摘要	本年数	上年数	比上年增减(%)
1.主营业务收入(仟元)	896,670	784,091	+14.36
2.纯益额(仟元)	46,457	35,878	+29.49
3.纯益率(%)	5.18%	4.58%	+13.10
4.总资产(仟元)	960,648	774,623	+24.01
5.股东权益(仟元)	455,377	410.987	+10.80
6.每股收益(元)*	0.24	0.24	0
7.每股净资产(元)	2.37	2.78	-14.75
8.净资产收益率	10.20%	8.73%	+16.84

*上年度(1995年度)因盈余及资本公积转增资4440万股，故每股净资产下降14.75%。

内外销百分比

类别	外销额	内销额	合计
金额	823,827仟元	72,843仟元	896,670仟元
%	91.9	8.1	100

营运市场分布表

市场	美洲	欧洲	亚洲	其他	合计
金额	320,180	293,250	247,682	35,558	896,670
%	35.71	32.70	27.62	3.97	100

外销机种百分比

产品系列	家居帮手	美食烹调	茗茶/咖啡	其他	合计
金额	314,016	358,708	198,626	25,320	896,670
%	35.02	40.00	22.15	2.83	100

三、公司主要业务回顾

1.经营成果分析——秉持既往策略，减低特定国家对中国采取保护主义或经济制裁，充分分散市场。2.电脑化全方位管理。3.Internet及视讯网路的应用。4.中国市场总部营运据点扩充。5.中国品牌的加强。

另外有关国际会计准则与国内会计准则会计师签证差异数：

	国际会计准则	国内会计准则	*差异数
税后利润	55,529仟元	46,457仟元	9,072仟元

*主要差异在于出售上海灿坤股权，国际会计准则采权益法追回以前认列投资损失，国内会计准则采成本法。

2.董事长报告

根据深交所资料本公司股东人数已近四仟人，1996年之经营状况及1997年规划如下：

1) 1996年是中小家电业经营相当辛苦的一年，世界经济不景气的持续，低价竞争仍持续进行，股东会决议的发起人法人股上市暂无法获得北京中国证管会批准，现金增资也不是很顺利，公司基于财务考量及维护股东权益，董事会及临时股东会断然决定出售投资上海灿坤实业有限公司全部股权，获利了结。

2)经会计师签证，本公司1996年营业额为896,670仟元，营业额较上年度成长14%，1996年度是本公司在租税优惠已进入第一年半税期7.5%税率，税前纯益为52,497仟元，税后纯益为46,457仟元，较上年度税前纯益34,664仟元增加51%。

3)1996年的中小家电业不景气持续中，公司仍能成长是相当不容易，中国经营成本年年持续上升，公司将在管理方面加强，使出货更顺畅，创造更好利润回馈股东，1997年公司将持续拓展外销市场，于国内将扩大市场品牌占有率为营业重点。

4)1997年公司希望4000万股B股扩股计划得以顺利进行，使公司可以阔步发展。

3.董事会报告

1) 公司章程修订案→修订注册资本额达27088万元人民币。

配合1997年盈余及任意盈余公积转增资3848万元及预计增资4000万股所作章程修订及相关条文修订。

2) 1996年盈余分配案→预计每10股配现金股息0.5元人民币和每10股送股1股。

3) 1996年任意盈余公积金转增资案→预计每10股送1股。

4) 预计1997年增资扩股4000万股及资金用途计划

预计增产能及增加营运资金计港币1亿元及两年内扩充增加10个内销据点预计港币6000万元，合计1.6亿港币。

四、公司股本结构及变化情况

1.股本结构(截至1996年12月31日)

类别	期初股数	本年增加	年末股数
尚未流通股份			
发起人外资法人股	108,000,000股	32,400,000股	140,400,000股
已流通股份			
境内上市外资B股	40,000,000股	12,000,000股	52,000,000股
股份合计	148,000,000股	44,400,000股	192,400,000股

2.前十名股东持股状况　(1996年12月31日)

名次	股东名称	持股	比例(%)
1	香港福驰发展有限公司	56,160,000	29.19
2	香港优柏工业有限公司	56,160,000	29.19
3	香港侨民投资有限公司	28,080,000	14.59
4	TEMPLETON CHINA WORLD FUND INC.	4,322,200	2.25
5	TIMMERTON CO. INC.	2,509,000	1.30
6	BOBL-CHINA INVESTMENT TRUST PLC	1,550,060	0.81
7	LI, WEI QUAN	1,355,500	0.70
8	江强	1,121,030	0.58
9	EQUITY FUND OF CHINA	886,290	0.46
10	中国平安保(香港)	838,630	0.43

3.董监事与高级经理人持股情况：

年末本公司高层人员无持股情况。

无锡威孚股份有限公司

1996年年度报告摘要 （摘选）

一、公司简况

公司名称：无锡威孚股份有限公司

法人代表：薛祖兴　　邮政编码：214031

公司地址：无锡国家高新技术产业开发区46号地块

电话：0510—2719597　　传真：0510—2751025

二、主要财务数据与财务指标

指标项目	1996年	1995年	比上年增减
主营业务收入(万元)	42533.2	39547.4	7.55%
净利润(万元)	6738.8	6563.3	2.67%
总资产(万元)	63698.9	54529.6	16.82%
股东权益(万元)	42794.0	37889.6	12.94%
每股收益(元)	0.37	0.36	2.78%
每股净资产(元)	2.33	2.07	12.56%
净资产收益率(%)	15.75	17.32	-1.57
股东权益比率(%)	67.18	69.48	-2.30

注：数据来源国内会计师审计报告。

三、公司主要业务回顾

1996年是我国"九五"规划的第一年，也是本公司在面临激烈市场竞争的情况下，充分发挥规模优势、品质优势、品种优势，积极培育新的经济增长点，使企业继续发展壮大的一年。主营业务稳定提高，财务状况明显好转。经国家批准的三个重大投资项目取得重大进展，其中两个已竣工投产，并将成为公司未来发展的新的增长点。

1．一年来的经营情况

公司围绕年初股东大会确定的目标，着力打好市场开拓、产品质量提高、内部管理优化等战役，有效地拓展原有的市场基础，控制了产品成本，使公司在国内同行业效益大幅度滑波的情况下，仍保持了一定的增长。

公司的主导产品产量及销量以及各项主要技术经济指标在国内同行业中继续保持领先地位，产品的市场占有率有了新的提高，A型泵达到了41.69%，比上年增长了β.35%；Ⅰ号泵达到了52.75%，比上年增长了4.66%；单体泵达到了19.49%，比上年增长了2.21%；其他产品也得到了巩固和提高，顺利地通过了ISO9002质量体系的认证复评。

2．年度经营业绩

公司1996年实现税后利润6738.8万元，按现有总股本18343.55万股计算，每股税后利润为0.37元，与1995年相比，增长2.78%。

随着企业生产经营的发展，企业规模也逐渐壮大，资产总值达到63698.9万元，比1995年增长16.82%，年度主营业务收入达到42533.16万元，比1995年增长7.55%。截止1996年12月31日，公司股东权益为42794.0万元，比1995年增长12.94%，每股净资产达到2.33元，比1995年增长12.56%。

3．前次募集资金运用情况，1995年8月，经中国证券监督管理委员会及深圳证券管理办公室批准，发行境内上市外资股6800万股(B股)，共募集资金净额16800万元人民币。按照招股说明书公布的资金使用计划，募股资金主要用于经国家经贸委批准的"双加工程"一期扩能改造项目，中外合资"无锡欧亚柴油喷射有限公司"项目及"联合汽车电子有限公司"项目。"双加工程"一期扩能改造项目于1996年11月27日竣工投产；"无锡欧亚柴油喷射有限公司"项目进展顺利，目前正在进行设备调试及小批量试生产。三个项目的进展及资金投入与招股书公布的计划同步，并且控制在原预算范围内。

四、股本变化及股本结构情况

1．股本结构情况

单位：万股

内容	1996年末	比例%	1995年末	比例%
一．尚未流通股份				
国有法人股	9243.55	50.39	9243.55	50.39
社会法人股	800	4.36	800	4.36
内部职工股	1500	8.18	1500	8.18
二．已流通股份				
B股	6800	37.07	6800	37.07
三．股份合计	18343.55	100	18343.55	100

2．主要股东持股情况

股东名称	持股数	比例%
1)无锡威孚集团有限公司	92435500	50.39
2)ROBERT BOSCH GMBH	10880000	5.93
3)TEMPLETON SMALLER COMPANIES GROWTH FUND	4745850	2.59
4)YASUDA TRUST ASIA PACIFIC-YTB-INVESCO ITM	3900000	2.13
5)PACIFIC RIM ASSETS LIMITED ITM	3282200	1.79
6)ROBERT FLEMING-THEFLEMING CHINESE INV TST PLC	2540497	1.38
7)GT PRC FUND	2480000	1.35
8)PICTET AND CIE	2314900	1.26
9)BTSL A/C CL REGIDNAL FUND	2207100	1.20
10)无锡市国有资产投资开发总公司	2000000	1.09

3．年末股东数量：6990名。

4．公司董事、监事及高级管理人员持股情况

姓名	职务	年初持股数	年末持股数
薛祖兴	董事长	8000	8000
许良飞	副董事长兼总经理	8000	8000
祖吉林	董事	8000	8000
洪建华	董事	8000	8000
李同华	董事	8000	8000
韩江明	董事	8000	8000
钟锡畅	董事兼副总经理	5000	5000
徐　霖	董事	11000	11000
陈浩军	董事	3000	3000
赵献时	监事会主席	5000	5000
苏锦文	监事	5000	5000
吴建亮	监事	2000	2000
王正平	监事	7000	7000
唐镇寰	副总经理	3000	3000

烟台张裕葡萄酿酒股份有限公司

烟台张裕葡萄酿酒股份有限公司境内上市外资股(B股)

一、公司释义

在本公告书中,除非文意另有所指,下列用语含义如下:

"本公司":指烟台张裕葡萄酿酒股份有限公司

"集团公司":指烟台张裕集团有限公司,本公司的发起人

"B股":指本公司发行的每股面值为人民币1.00元的境内上市外资股

"承销商":指光大证券有限公司、国泰证券有限公司、荷银浩威·洛希尔和中国光大证券(香港)有限公司

"元":指人民币元

二、绪言

经山东省人民政府推荐,国务院证券委员会证委发[1997]52号文批准,本公司已成功地配售每股面值为1.00元的境内上市外资股88,000,000股。经本公司创立大会通过决议,按深圳证券交易所深证发[1997]317号《上市通知书》,本公司本次发行之B股将于1997年9月23日在深圳证券交易所挂牌交易。

有关本次B股发行的《招股说明书概要》刊登于1997年8月30日的《中国证券报》和《证券时报》,与之重复的内容在本公告书中不再刊登,敬请投资者留意。

本公告书依据《中华人民共和国公司法》、《国务院关于股份有限公司境内上市外资股的规定》、《股票发行与交易管理暂行条例》、《公开发行股票公司信息披露实施细则》、《深圳证券交易所业务规则》以及国家其它有关证券管理规定编制。

本公告书已经本公司董事会全体董事批准。本公司董事会及各位董事确信本公告书未遗漏任何重大事项,亦不存在任何误导和虚假成份,并愿就本公告书所载资料的真实性、准确性、完整性承担个别的和连带的责任。本公告的内容由本公司董事会负责解释。

三、公司概况

(一)发起人简介

1. 法定名称:烟台张裕集团有限公司

2. 注册资本:50,000,000元

3. 成立日期:1997年4月24日

4. 注册地址:中国山东省烟台市芝罘区大马路56号

(二)发行人简介

1. 公司名称:烟台张裕葡萄酿酒股份有限公司

2. 法定代表人:孙利强

3. 创立大会日期:1997年9月18日

4. 注册时间:1997年9月18日

5. 注册资金:228,000,000元

6. 注册地址:中国山东省烟台市大马路56号

7. 营业执照注册号码:26718011-9-1

8. 经营范围:葡萄酒、白兰地、香槟酒、保健酒等的加工生产与销售;自产产品出口;生产及科研所需原辅材料、机械设备等的进口;工商局核准的其他业务

(三)公司历史沿革:

烟台张裕葡萄酿酒股份有限公司是由拥有百年历史的烟台张裕集团有限公司独家发起,以募集方式设立的股份公司。公司的前身张裕酿酒有限公司成立于1892年,由著名华侨实业家张弼士先生投资创办。经过百年沧桑,该公司已发展成为中国乃至亚洲最大的葡萄酒生产企业之一,"张裕"商标被国家工商局认定为全国驰名商标,1994年9月,张裕公司成为烟台市第一家国有独资有限责任公司即烟台张裕集团有限公司。1997年4月24日,集团公司变更注册资本为5,000万元。

1996年12月24日,国务院证券委员会批准集团公司为发行境内上市外资股的预选企业。

1997年4月10日,山东省人民政府批准集团公司将其下属的白兰地、葡萄酒、香槟酒、保健酒四个酒业公司及五个相关联的辅助公司进行资产重组设立本公司。1997年5月18日,集团公司与本公司筹委会订立《重组及资产投入协议》,该协议已经本公司一届一次董事会批准。

四、股票发行及承销

1. 股票发行情况

本公司本次计划发行B股80,000,000股,同时授予主承销商及国际协调人8,000,000股(即10%)的超额配售选择权。而超额配售选择权已经按照有关协议获得行使,因此,本公司本次实际共发行B股88,000,000股,每股面值人民币1.00元,每股发行价3.48元,认购时以港元缴足,每股B股3.25港元,按照一九九七年度之盈利预测,备考全面摊薄市盈率为9.79倍。本次发行全部采用私募配售方式,扣除发行费用2,352万元后,募集资金总额为28,261万元。

2. 承销情况

本次发行之B股88,000,000股全部由承销团包销,承销团成员承销数量及比例如下:

承销商	承销数量	承销比例(%)
光大证券有限公司	26,400,000	30.0
国泰证券有限公司	26,400,000	30.0
荷银浩威·洛希尔	31,200,000	35.5
中国光大证券(香港)有限公司	4,000,000	4.5

3. 验资报告

1997年9月17日,山东烟台会计师事务所出具了编号为烟会外字[1997]228号的验资报告。以下为该验资报告正文的全文:

烟台张裕葡萄酿酒股份有限公司筹委会:

我们接受委托,对烟台张裕葡萄酿酒股份有限公司(筹)截至1997年9月17日止新发行境内上市外资股股金到位情况进行了审验。在审验过程中,我们按照《独立审计实务公告第1号——验资》的要求,实施了必要的审验程序。烟台张裕葡萄酿酒股份有限公司(筹)的责任是提供真实、合法、完整的验资资料,保护资产的安全、完整,我们的责任是按照《独立审计实务公告第1号——验资》的要求,出具真实、合法的验资报告。

烟台张裕葡萄酿酒股份有限公司(筹)1997年8月28日经国务院证券委员会证委发[1997]52号文批准发行境内上市外资股8,800万股(含超额配售选择权800万股),每股面值人民币1元。根据承销协议,发行价格为每股港币3.25元,发行总值为港币28,600万元。

根据我们的审验,截至1997年9月17日,发行费用总计为港币21,977,259元,扣除发行费用后,其余股款已存入烟台张裕葡萄酿酒股份有限公司(筹)在渣打银行深圳分行开设的N2-201152号帐户,实际到位资金为港币264,022,741元。按照约定汇率1港元兑人民币1.0704元计算,折合人民币282,609,941.97元,其中股本8,000,000元,资本公

积194,609,941.97元。发行费用折合人民币23,524,458.03元。

五、董事、监事及高级管理人员

姓　名	职　务
孙利强先生	董事长兼总经理
田福永先生	副董事长
王国祝先生	董事
付世勇先生	董事副总经理
付铭志先生	董事副总经理
曲为民先生	董事副总经理兼董事会秘书
李洪臣先生	董事兼财务总监
王世良先生	监事会主席
张虹霞女士	监事
史世春先生	监事
孙茂健先生	副总经理兼香槟酒业公司经理
周洪江先生	白兰地酒业公司经理
李建军先生	葡萄酒业公司经理
杨　明先生	保健酒公司经理
王恭堂先生	顾问
徐滋恒先生	顾问
林文炳先生	顾问

以上人士均未持有本公司股票。

六、关联企业及关联交易

1. 公司关联企业:

(1)集团公司:集团公司持有本公司61.4%的股权,为本公司的控股股东;

(2)附属公司:

烟台张裕葡萄酿酒公司果品食杂公司,注册资本30,000元,主要业务为批发及零售果品;

烟台张裕葡萄酿酒公司机械包装公司,注册资本300,000元,主要业务为机械加工及维修;

烟台张裕葡萄酿酒公司汽车运输公司,注册资本300,000元,主要业务为汽车运输服务。

本公司持有上述三家公司100%的权益。

(3)联营公司:烟台神马白兰地有限公司,注册资本1,604,060法国法郎,主要业务为生产及销售白兰地。本公司持有其40%的股权。

2. 关联交易概述:

本公司与集团公司于1997年5月18日签订《服务协议》等一揽子有偿服务协议,按照公平合理的原则对包括商标使用、土地租赁在内的各项关联交易事项进行了约定;本公司自成立之日起,每年须向集团公司支付服务费,而集团公司亦将承担部分涉及公司形象的广告支出。上述协议已经本公司一届一次董事会批准生效。

集团公司同时承诺不从事与本公司业务存在或可能构成竞争的一切生产经营活动。

(详情请参见《招股说明书概要》)

七、股本结构及大股东持股情况

1. 本公司B股发行后的股本结构如下:

	持股数量(股)	持股比例(%)
国有法人股(集团公司持有的发起人股份)	140,000,000	61.4
B股(拟在深交所上市的境内上市外资股)	88,000,000	38.6
合计	228,000,000	100.00

2. 前十名股东所持股数及比例

序号	股东名称	持股数量(股)	持股比例(%)
(1)	烟台张裕集团有限公司	140,000,000	61.40
(2)	HG ASLA LTD. - CLIENT	6,751,000	2.96
(3)	XIN LIAN INTERNATIONAL PLY. LTD.	4,100,000	1.80
(4)	LONGBUSY INVESTMENT LTD.	4,000,000	1.75
(5)	CROWNBLE ENTERPRISES LTD.	3,210,000	1.41
(6)	WELLPLANNED LTD.	3,000,000	1.32
(7)	MINDSON INVESTMENT LTD.	2,700,00	1.18
(8)	中国光大资产管理有限公司	2,500,400	1.10
(9)	SPEEDY LINK INVESTMENT LTD.	2,500,000	1.10
(10)	CHINA EVERBRIGHT FINANCIAL HOLDINGS LTD.	2,500,000	1.10

八、公司财务会计资料

本公司经香港执业会计师安达信公司根据国际会计准则审计或审阅的合并经营业绩已在《招股说明书概要》中详细刊载,在此不再重述。

本公司经安达信·华强会计师事务所审计或审阅的主要财务资料如下:

1. 合并资产负债表(见附表):其中1994、1995、1996年截至12月31日的合并资产负债表已经该所审核,而1997年6月30日的资料未经审计;

2. 合并利润及利润分配表(见附表):其中1994、1995、1996年度的合并利润及利润分配表已经该所审核,而截至1997年6月30日上半年的资料未经审计;

3. 主要财务指标:

项目	1997年1-6月	1996年	1995年
流动比率	1.647	1.404	1.206
速动比率	1.036	0.835	0.713
资产负债率	53.69%	58.53%	74.58%
净资产收益率	14.32%	21.37%	30.56%
每股收益(元)*	0.226	0.289	0.199
每股净资产(元)*	1.578	1.352	0.651

*注:总股本按照发行前的140,000,000股计算。

4. 盈利预测:　　单位:千元

	1997年7—12月	1997年
主营业务收入	201,735	416,832
利润总额	45,238	92,436
税项	(6,610)	(22,185)
税后利润	38,628	70,251

九、董事会上市承诺

本公司董事会将严格遵守《公司法》、《股票发行与交易管理暂行条例》、《公开发行股票公司信息披露实施细则》、《深圳证券交易所业务规则》和有关法律、法规的规定,并自股票上市之日起作出如下承诺:

1. 按照法律、法规的规定程序和要求披露重大的信息,并接受证券主管机关,深圳证券交易所的监督管理。

2. 及时、真实、准确地公布中期报告和年度报告,并备置于规定场所供投资者公众查阅。

3. 本公司董事、监事及高级管理人员如发生人事变动或持本公司股票发生变化时,在报告证券主管机关、证券交易所的同时向投资者公布。

4. 在任何公共传播媒介出现的消息可能对本公司股票的市场价格产生误导性影响时,本公司知悉后将及时对该消息予以公开澄清。

5. 本公司董事、监事及高级管理人员将认真听取社会公众的意见和批评,不利用已获得的内幕消息和其他不正当手段直接或间接从事股票买卖活动。

6. 本公司没有无记录负债。

十、重要事项

1. 股利分配

B股股东自本公司注册成立之日起参加本年度的利润分配。

2. 超额配售选择权

根据《包销及配售协议》以及承销商与本公司于1997年9月9日签署的《补充协议》,承销商已于当日选择行使超额配售选择权,至1997年9月15日股份登记完毕,共计发售股份228,000,000股。

十一、备查文件目录

1. 国务院证券委员会批准文件
2. 深圳证券交易所上市通知书
3. 公司章程
4. 审计报告
5. 验资报告
6. 烟台张裕葡萄酿酒股份有限公司创立大会决议
7. 烟台张裕葡萄酿酒股份有限公司一届一次董事会决议
8. 资料备忘录及招股说明书概要

十二、咨询机构

1. 发行人

烟台张裕葡萄酿酒股份有限公司

地址:山东省烟台市大马路56号

电话:86-535-6247214、6242258

传真:86-535-6244616、6648741

联系人:曲为民　吕恒享

2. 主承销商及上市推荐人

光大证券有限公司

地址:深圳市福田区振兴路6号建艺大厦15层

电话:86-755-3228777

传真:86-755-3228946

联系人:路峰　罗浩

国泰证券有限公司

地址:北京市海淀区白石桥路3号友谊宾馆乡园

电话:86-10-68498530

传真:86-10-68483942

联系人:杨广立　李伟

烟台张裕葡萄酿酒股份有限公司

一九九七年九月十九日

附表一、合并资产负债表

单位:千元

年度	1997.6.30*	1996	1995	1994
流动资产	304,849	288,793	255,236	187,782
长期投资	703	703	595	595
固定资产净值	140,378	142,490	60,691	60,073
在建工程	30,895	24,249	41,860	43,631
递延资产	129	131	—	—
资产总计	476,954	456,366	358,382	292,081
流动负债	185,113	205,650	211,713	152,851
长期负债	70,958	61,456	55,559	53,948
股东权益	220,883	189,260	91,110	85,282
负债与股东权益合计	476,954	456,366	358,382	292,081

*注:未经安达信·华强会计师事务所审核

附表二、合并利润及利润分配表

单位:千元

年度	1997.1-6*	1996	1995	1994
主营业务收入	195,097	315,301	299,858	244,573
营业成本	(87,671)	(150,306)	(153,725)	(107,338)
营业利润	47,526	56,335	34,210	52,410
营来外收支净额	(328)	(960)	2,217	112
利润总额	47,198	55,375	36,427	52,522
所得税	(15,575)	(14,931)	(8,586)	(8,810)
净利润	31,623	40,444	27,840	43,712
加:年初未分配利润	—	—	—	—
可供分配的利润	31,623	40,444	27,840	43,712
减:上交总公司利润	—	(40,444)	(27,840)	(43,712)
未分配利润	31,623	—	—	—

*注:未经安达信·华强会计师事务所审核。

湖南华天大酒店股份有限公司

湖南华天大酒店股份有限公司1996年年度报告摘要

一、公司简况

1、公司法定名称:湖南华天大酒店股份有限公司

英文名称:HUNAN HUATIAN GREAT HOTEL CO;LTD.

2、公司地址:湖南长沙市解放东路380号(原16号)

邮政编码:410001

3.法定代表人:朱方地

4.公司咨询服务机构:董事会秘书办公室

联系电话:0731—4442888—80928(办)

传真:0731—4421788

0731—4442270

联系人:(董秘):邹长贵

5、股票代码:0428

股票简称:华天酒店

二、主要财务数据与财务指标

指标项目	本年数 母公司	本年数 合并	上年数	比上年增减(%)(合并)
1.主营业务收入(万元)	12832	17518	10310	69.9
2.净利润(万元)	5107	5636	1878	200
3.总资产(万元)	41707	47665	19794	140.8
4.股东权益(万元)	27665	27665	11646	137.5
5.每股收益(元)	0.355	0.391	—	—
6.每股净资产(元)	1.92	1.92	—	—
7.净资产收益率(%)	18.5	20.3	16.1	26.1
8.股东权益比率(%)	66.3	58.0	58.8	-1.4

扣除公司发行股票时无效申购资金利息本年度摊入的2,002,254元,则净利润(合并值)为5435.8万元,净资产27464.8万元,每股收益0.38元,净资产收益率19.8%。

三、公司业务回顾

1.一年来经营情况

1996年是公司历史上成效卓著的一年。在这一年里,公司大堂改造、兴建立体车库、公寓楼等五星级改造工程项目全面动工,酒店顺利地完成了股份制改组,成功地向社会公开发行了2000万股A股(含200万内部职工股),并于96年8月8日在深交所上市交易。

公司主营客房、餐饮、娱乐、96年经过全体员工的共同努力,全年实现主营业务收入17518万元,净利润5636万元,分别比上年增长69.9%和200%,其中客房、餐饮收入分别为6500万元、5487万元,分别比上年增长48%、19%,娱乐收入5130万元,占总营业收入29%。公司被授予96年度全军质量效益双佳饭店称号。

96年我们主要抓了以下几项工作:

1)利用募股资金,加大服务设施的改善。公司面对激烈的市场竞争,以改善设施、强化服务为指导,共计投入资金1.7亿元,在不影响日常营业情况下,重点对酒店的大堂实施"五星级标准"扩建及装修改造,并同时新建了立体车库及公寓楼等配套设施。大堂5200平方米的扩建和7760平方米的车库及公寓楼等工程已基本完工,将为97年上"五星级"打下扎实的基础。

2)强化人才培训,改进经营管理。公司坚持走"外引内培"的人才培养道路。全年先后派出68名管理人员到国内著名的酒店学习、培训,外聘10余名专家来酒店授课或任职。并选派部分高层管理人员到国外酒店考察、学习。在对员工的培训上,我们着重进行了业务技能和外语能力的培训,使员工培训率达100%。

在经营管理方面,以引进人才来促进管理水平的提高,酒店着重引进国际饭店的管理模式。加强了管理的计划性,集中力量抓落实。公司在年初就制订了年度工作计划,把收入、成本、费用等各项指标落实到各部门、各班组,经常检查各部门经济效益指标完成情况,将指标完成好坏与个人收入直接挂钩。在财务监督上,推行了成本控制法,从节约一滴水、一张纸、一度电等细微入手,提高全员节约成本意识;开展市场调查,降低采购成本,控制收货环节,防止假、伪、劣、次、残、短斤少两物品进入酒店,96年成本比计划降低3%。

3)做好销售宣传,实施CI战略。在激烈的市场竞争中,我们不满足已有的声誉与成绩,力求以更加新颖的销售方式、更加优良的服务质量,吸引客户,增加收益。酒店部门经理以上干部,每天坚持开早会,研究安排日常工作,加强部门间协作。在宣传方面,结合各种促销方式进行电视、报刊等广告宣传;走以经济与文化相结合的新路子,设立CI办公室。从酒店的各种物料及服务标志,到员工的衣饰风貌及行为规范,无不按照CI形象的标准进行设计和要求,从而有效地促进了经营业务的开展。全年共接待中外宾客3.1万人次,其中境外宾客占总人数的50%,客房年均出租率达72%,居同行业前列。

2.主要指标分析

96年,公司计划实现营业收入1.23亿元,税后利润2608万元。实际完成主营业务收入17518万元,为原计划的142%,比1995年增长69.9%,主要原因是:并入湖南华天文化娱乐公司增加娱乐收入4334.6万元,母公司实际完成主营业务收入12832万元,完成原计划的104%。

公司96年利润总额6762万元中,主营业务利润6061万元,其他业务利润287.5万元,投资收益239.3万元,营业外收支净额173万元,分别占利润总额的89.6%、4.3%、3.5%、2.6%。

公司96年实现净利润5636.7万元,完成原计划的216%,比上年增长200%。利润大幅度增长的主要原因是:一是并入湖南华天文化娱乐公司后,相应增加1198万元税前利润,二是根据财政部、国家税务总局财税字(1997)37号文精神,并经当地税务部门初步确认,所得税率按9.9%计征(原设定为33%)。

3.对前次募集资金的运用情况的说明

公司于1996年7月19日公开发行2000万股社会公众股,扣除发行等费用后,实际募集资金11641.8万元。资金到位后,按照《招股说明书》规定用于公司大堂改造、兴建立体车库、扩建公寓楼等工程项目。

1)大堂改造工程。该项目于1995年9月动工,预计1997年5月初完工投入使用,至96年底已完成工程的90%,投资6084.5万元,总面积5200平方米,兴建了咖啡厅、多功能厅、商场等服务设施。

2)立体车库工程。本项目于95年9月开工,至96年底已完成工程的95%,投入资金1372万元。

3)扩建公寓楼。96年底已完成工程的75%,投资9690.5万元。

三项工程共投入17147万元,募集资金1.16亿元全部投入,缺口部分由公司向华天集团借资解决。由于上述项目开工时间在发行股票时间之前;大部分工程款是先由集团公司结算中心垫付,募股资金到位再逐步偿还。1996年8月份以前集团公司结算中心共垫支工程支出12247万元,至年底共垫支13080.2万元,1996年8-12月公司已归还集团结算中心垫付款9596万元。

四、股本变化及股本结构情况

1.股本变化及股本结构情况

1)股本结构

单位:万股　面值:每股 1 元

股份类别	期初数	比例(%)	本次变动增减(+)	期末数	比例(%)
一、尚未流通股份					
1. 发起人股份	6,000	75	4,800	10,800	75
其中:					
国有法人股	6,000	75	4,800	10,800	75
2. 内部职工股	200	2.5	160	360	2.5
尚未流通股份合计	6,200	77.5	4,960	11,160	77.5
二、已流通股份					
1. 人民币普通股(A股)	1,800	22.5	1,440	3,240	22.5
已流通股份合计	1,800	22.5	1,440	3,240	22.5
三、股份总数	8,000	100	6,400	14,400	100

注:期初数指公司股票上市时数值。

2)股本变动情况及原因

报告期内,公司经 1996 年 11 月 16 日召开的临时股东大会表决通过,实施了用资本公积金按 10 股转增 8 股的方案,公司 96 年度股本增加即为此次公积金转增所致。《股份变动公告》载于 97 年 1 月 7 日《证券时报》。

3)主要股东持股情况(前十名股东)

股东名称	年末持股数(股)	占总股本(%)
1)湖南华天实业集团公司	108,000,000	75
2)银华装饰	1,500,000	1.04
3)湖南湘敏咨询有限公司	940,000	0.653
4)顾秋宝	712,480	0.495
5)廖群华	701,000	0.487
6)郭志辉	701,000	0.487
7)张建波	662,840	0.460
8)深圳市凯润达实业发展有限公司	571,099	0.396
9)杨俊勇	451,300	0.313
10)苏证常州	421,000	0.292

4)股东数量

1996 年末,公司股东总人数为 20283 人,其中国有法人股东 1 人,个人股东 20282 人(含内部职工股东 454 人)。

2. 公司董事、监事与高级管理人员持股情况

姓名	职务	期初持股数(股)	本年度增减(+)	期末持股数	变动原因
朱方地	董事长兼总经理	4000	3200	7200	公积金
苏令葭	董事	3000	2400	5400	转增股本
高　峰	董事兼副总经理	5000	4000	9000	
贺家富	董事兼总会计师	4000	3200	7200	
李　毅	董事	0	0	0	
曹法治	监事会召集人	3000	2400	5400	
张　敏	监事	0	0	0	
郭　敏	监事	5500	4400	9900	
贺汉湘	监事	4000	3200	7200	
郑嘉强	监事	0	0	0	

五、重要事项

1、报告期内董事会、股东大会情况

于 1996 年 8 月 3 日召开了公司创立大会暨第一届股东大会,审议通过了筹委会关于公司筹建工作的报告、《公司章程》、公司发展规划的报告、公司股票上市的决议。一致同意设立湖南华天大酒店股份有限公司,选举产生公司第一届董事会、监事会,第一届董事会成员为朱方地、苏令葭、高峰、贺家富、李毅;第一届监事会成员为曹法治、张敏、郭敏、贺汉湘、郑嘉强。

1996 年 8 月 3 日公司召开了第一届董事会第一次会议,选举朱方地先生为公司董事长,并聘任朱方地先生为公司总经理,高峰先生为公司副总经理,贺家富先生为公司总会计师。

1996 年 10 月 16 日公司召开了第一届董事会第二次会议,决议动用资本公积金 6400 万元,以总股本 8000 万股计按 10 股转增 8 股比例转增股本。

1996 年 11 月 16 日公司召开了 1996 年度临时股东大会,审议通过了公司董事会提出的以资本公积金转增股本的提案,即每 10 股转增 8 股,并授权董事会在适当时候提议拓宽经营公司经营范围、公司更名等事项。

1996 年 12 月 6 日公司召开了第一届董事会第 3 次会议,作出了受让湖南华天文化娱乐公司 75%股权的决议,并提出了公司拓宽范围、公司更名的议案,提交 1997 年第一次临时股东大会审议。

2、报告期内股票发行、收购兼并、重大投资事项的说明

(1)经中国证监会证监发字(1996)107 号、(1996)108 号文批准,公司于 1996 年 7 月 19 日在深交所以“上网定价”方式向社会公开发行人民币普通股 1800 万股,同时向职工配售 200 万内部职工股,每股发行价格 5.98 元;1996 年 8 月 8 日,1800 万股社会公众股获准在深交所上市,本次内部股在 1800 万股社会公众股上半年后再上市流通。公司《招股说明书概要》刊登在 1996 年 7 月 15 日《中国证券报》和《证券时报》上,《上市公告书》刊登在 1996 年 8 月 5 日《证券时报》上。

(2)经公司第一届董事会第 3 次会议提议,公司决定受让湖南华天文化娱乐公司 75%股权,本提案已经 97 年 1 月 6 日召开的 1997 年度第一次临时股东大会审议通过;股权转让后,本公司持有湖南华天文化娱公司 75%股权,香港广银发展公司持有 25%。根据 96 年 8 月 9 日签订的股权转让协议,本公司作为受让方以现付方式偿还原出资方湖南新兴公司 217 万美元的本金及贷款利息及香港广银发展公司 45.5 万美元的本金及贷款利息。且湖南华天文化娱乐公司 96 年度利润分配按上述比例进行,即本公司占 75%,香港广银发展公司占 25%。

3、报告期内,公司无重大诉讼仲裁事项。

六、子公司及关联企业

名称	注册资金	主营业务范围	本公司持有比例
湖南华天文化娱乐发展公司	350 万美元	娱乐	75%
湖南联合包机公司	1000 万元	航空旅游包机	15%
华天出租汽车公司	70 万美元	汽车出租	30%
株洲华天大酒店	2888 万元	酒店业	11.98%

七、财务报告

审计报告及财务报表附后

湖南华天大酒店股份有限公司

董事会

1997 年 4 月 29 日

审计报告

湖南华天大酒店股份有限公司公司全体股东:

我们接受委托,审计了贵公司一九九六年十二月三十一日母公司及合并的资产负债表、一九九六年度母公司及合并的利润分配及利润表和母公司及合并的财务状况变动表。这些会计报表由贵公司负责,我们的责任是对这些会计报表发表审计意见。我们的审计是依据中国注册会计师独立审计准则进行的。在审计过程中,我们结合贵公司实际情况,实施了包括抽查会计记录等我们认为必要的审计程序。

我们认为,贵公司上述会计报表符合《企业会计准则》和《股份制试点企业会计制度》的有关规定,在所有重大方面公允地反映了贵公司一九九六年十二月三十一日的财务状况和一九九六年度的经营成果及资金变动情况,会计处理方法的选用遵循了一贯性原则。

需要说明的是:贵公司在向社会募集的资金到位前,大堂改造,立体车库等工程款项,系华天集团公司垫付,资金到位后归还垫付款共计 9596 万元,此款没有直接付给华天集团公司,而是汇入了其指定的某资金帐户中。

湖南省会计师事务所　　　　中国注册会计师:杨迪航

湖南.长沙　　　　　　　　中国注册会计师:戴性哲

一九九七年四月二十四日

会计报表附注

附注1:重要会计政策

1、合并会计报表编制依据

本公司的母公司执行《股份制试点企业会计制度》,其控股子公司华天文化娱乐有限公司执行《外商投资企业会计制度》,但在编制上述合并会计报表时已将后者按《股份制试点企业计制度》进行了调整。

2、会计期间

公司采用公历年制,即公历每年一月一日起至十二月三十一日止为一个会计年度。

3、记帐原则和计价基础

所附会计报表,均按权责发生制采用实际成本计价的原则进行编制。

4、记帐本位币

公司以人民币为记帐本位币,外币业务的日常核算采用当月一日的市场汇率折合人民币记帐,期末外币资金余额按当日市场汇价调整。

5、坏帐损失的核算

公司坏帐损失采用直接转销法,不计提坏帐准备。

6、存货的核算

公司的主要存货为库存材料、低值易耗品和库存商品。各类存货的购入均按实际成本核算,领用与发出采用先进先出法。低值易耗品采用分次摊销法核算,摊销期为一年。

7、长期投资的核算

(1)债券投资:

债券投资采用成本法核算。

(2)股权投资:

对拥用被投资单位股权比例20%以下的按成本法核算,20%—50%的采用权益法核算,超过50%和实际拥有控制权的按权益法核算并编制合并会计报表。

8、固定资产及其累计折旧

(1)固定资产标准:使用年限在一年以上,单位价值在2000元以上且在使用过程中保持其实物形态的资产。

(2)固定资产按历史成本计价,其折旧采用直线法,按分类折旧率计提,各类固定资产分类折旧率如下:

固定资产类别	使用年限	年折旧率	残值率
A、母公司			
房屋建筑物			
营业用	30年	3.2%	4%
非营业用	35年	2.74%	4%
机器设备	10年	9.6%	4%
运输设备	5年	19.2%	4%
电器及影视设备	5年	19.2%	4%
其他设备	5年	19.2%	4%
B、控股子公司			
房屋建筑物	20年	4.5%	10%
机器设备	10年	9%	10%
电子设备	5年	18%	10%
运输工具	5年	18%	10%
其他设备	5年	18%	10%

9、递延资产的核算:

公司递延资产系酒店支付的电力增容及楼层装修的长期待摊费用,自发生当日起分5年平均摊销。

10、收入的实现

本公司以提供了服务或商品,并且收讫价款或取得索取价款的凭据时确认收入实现。

11、税项:

(1)流转税:本公司母公司缴纳营业税,并按营业税额的7%和5%分别交纳城市维护建设税和教育费附加。控股子公司缴纳营业税,享受自94年1月起5年内不增加税赋负担的税收优惠。各项收入的营业税率如下:

收入	税率
商品销售收入	6%
餐饮收入、客房收入	5%
汽车出租收入	3%
娱乐收入	10%
洗衣房收入	5%

(2)所得税:根据财政部、国家税务总局财税字(1997)37号文件精神,并当地税务部门初步确认按9.9%计征。

12、利润分配

根据《公司法》及本公司章程的规定,本公司当年税后利润按下列顺序分配:

(1)弥补以前年度亏损;

*(2)提取弥补亏损后剩余利润的百分之十的法定公积金;

*(3)提取弥补亏损后剩余利润的百分之五的法定公益金;

(4)经股东会决议,可提取任意公积金;

(5)经股东会决议,分配股利。

前款第(2)项,公司法定公积金累计为公司注册资本的百分之五十以上时,可不再提取。

公司控股的湖南华天文化娱乐有限公司系外商投资企业,依董事会决议96年度按弥补亏损后剩余利润的10%、5%、5%分别提取储备基金、企业发展基金和职工福利及奖励基金。

附注2:会计报表项目注释

1、应收帐款　　18248641.97

(1)帐龄分析如下:

帐龄	金额	比重
一年以内	18206841.94	99.80%
一至二年	41800.03	0.20%

(2)持有本公司75%股份的华天实业集团公司欠款3737043.71元。

(3)应收帐款期末余额比上年增加13856286.23元,主要系合并96年受让的华天文化娱乐有限公司会计报表所致。

2、其他应收款　　75815337.86

(1)帐龄分析如下:

帐龄	金额	比重
一年以内	40203033.05	53.03%
一至二年	35526902.81	46.86%
二至三的	37194.90	0.05%
三年以上	48207.10	0.06%

(2)无持有5%以上股份的股东欠款。

(3)主要客户	金额	经济内容
华天实业集团公司	15175517.36	往来款项
中南国际公司	3474178.00	往来款项
银华公司	1815000.00	往来款项
湖南省军区	383782.63	往来款项
华天房地产公司	10771825.24	暂借款及往来款
华地国贸公司	18496101.49	暂借款及往来款
华天国际旅行社	3516747.74	往来款
华讯公司	2350843.17	往来款
省外汇局	910589.60	暂垫款

其他应收款期末余额比上年增加55836331.88元主要系受让华天文化娱乐有限公司75%股份所致。

3、长期投资　　12658117.65

其中:

被投资单位名称	投资金额	投资比例	备注
湖南联合包机公司	463500.00	15%	

华天出租车公司　1120018.23　30%　净利润按4:6分成
株洲华天大酒店　3240460.00　11.98%
合并价差　7834139.42

长期投资期末余额比上年增加10934617.65元,系新增华天出租车公司投资和追加联合包机公司的投资以及产生的合并价差所致。

4、资本公积金　76258092.53

其中:期初数　51141430.45
本年增加数　96522576.54
本年减少数　71405914.46
期末余额　76258092.53

本期增加数为股票发行溢价96418640.00元和股票有效申购资金利息收入103936.54元,本期减少数中:(1)转赠股本64000000元,(2)股票发行及股份制改组费用7405914.46元

5、盈余公积　9046603.52

期初数　2817061.65
本年增加　8615354.63
本年减少　2385812.76
期末余额　9046603.52

本期增加数为按规定从税后利润中提取法的公积金5942387.48元和提取的法定公益金2672967.15元,本期减少数系因合并报表时按规定抵销长期投资所致。

6、未分配利润　47350125.27

期初数　2506137.03
本年增加数　44843988.24
期末余额　47350125.27

本期增加数为税后净利润按规定进行分配后所形成的可供股东分配利润,期末余额为可供股东分配的净利润。

7、投资收益　2392789.00

其中:股票投资收益　2397009.68
股权投资收益　-4220.68

其中股票投资收益为华天文化娱乐公司所取得。

8、营业外收入　3806447.60

其中:株洲华天管理咨询费收入　1524173.44
固定资产清理收入　200000.00
*股票无效申购资金利息收入　2002254.16
罚款收入　80020.00

*本公司发行股票时,其无效申购资金存款利息收入共24027049.95元,根据财政部财工字(1996)434号文件规定,分五年平均转销。

合并资产负债表

会股01表

编制单位:湖南华天大酒店股份有限公司　　1996年12月31日　　已审　单位:元

资产	附注	年初数	期末数	负债及股东权益	附注	年初数	期末数
流动资产:				流动负债:			
货币资金	3—1	31268902.60	21408336.56	短期借款	3—11	13500000.00	44088124.93
短期投资				应付票据			
应收票据				应付帐款	3—12	3056958.44	10495958.92
应收帐款	3—2	4392355.74	18248641.97	预收货款	3—13		1603413.26
减:坏帐准备				应付福利费	3—14	2403347.30	3854216.27
应收帐款净额		4392355.74	18248641.97	未付股利			
预付货款	3—3		2957648.15	未交税金	3—15	9770157.49	11582415.35
其他应收款	3—4	19979005.98	75815337.86	其他未交款	3—16		335921.69
待摊费用	3—5		478861.71	其他应付款	3—17	14590470.73	75646474.11
存货	3—6	7933724.78	7072597.02	预提费用		1051251.80	
待处理流动资产净损失				一年内到期的长期负债	3—18		1200000.00
一年内到期的长期债券投资				其他流动负债			
其他流动资产				流动负债合计		44372185.76	148806524.53
流动资产合计		63573989.10	125981423.27	长期负债:			
长期投资:				长期借款	3—19	15000000.00	42360767.07
长期投资	3—7	1723500.00	12658117.65	应付债券			
其中:合并价差			7834139.42				
固定资产:				长期应付款			
固定资产原价	3-8A	156194398.75	216439131.90	其他长期负债		22107294.12	
减:累计折旧	3—8B	38572336.92	63679327.87				
固定资产净值		117622061.83	152759804.03	长期负债合计		37107294.12	42360767.07
固定资产清理				递延税项:			
在建工程	3—9	10380558.34	181671546.18	递延税款贷项			
待处理固定资产净损失				负债合计		81479479.88	191167291.60
固定资产合计		128002620.17	334431350.21				
无形资产及递延资产:				少数股东权益			8833037.20
无形资产				股东权益			
递延资产	3—10	4643999.74	3584258.99	股本	3—20	60000000.00	144000000.00
无形资产及递延资产合计		4643999.74	3584258.99	资本公积	3—21	51141430.45	76258092.53
其他长期资产:				盈余公积	3—22	2817061.65	9046603.52
其他长期资产				其中:公益金		939020.55	
递延税项:				未分配利润	3—23	2506137.03	47350125.27
递延税款借项				股东权益合计		116464629.13	276654821.32
资产合计		197944109.01	476655150.12	负债及股东权益合计		197944109.01	476655150.12

资 产 负 债 表

会股 01 表

编制单位:湖南华天大酒店股份有限公司(母公司)　　1996 年 12 月 31 日　　已审　单位:元

资产	行次	年初数	期末数	负债及股东权益	行次	年初数	期末数
流动资产:				流动负债:			
货币资金		31268902.60	12181467.06	短期借款		13500000.00	30150000.00
短期投资				应付票据			
应收票据				应付帐款		3056958.44	6242413.93
应收帐款		4392355.74	6795671.68	预收货款			1603413.26
减:坏帐准备				应付福利费		2403347.30	3058945.35
应收帐款净额		4392355.74	6795671.68	未付股利			
预付货款			2941754.9	未交税金		9770157.49	7416712.12
其他应收款		19979005.98	54559497.18	其他未交款			335921.69
待摊费用			478861.71	其他应付款		14590470.73	84040196.27
存货		7933724.78	6676085.68	预提费用		1051251.80	
待处理流动资产净损失				一年内到期的长期负债			1200000.00
一年内到期的长期债券投资				其他流动负债			
其他流动资产				流动负债合计		44372185.76	134047602.62
流动资产合计		63573989.10	8363337.80				
长期投资:				长期负债:			
长期投资		1723500.00	39157229.24	长期借款		15000000.00	6370000.00
固定资产:				应付债券			
固定资产原价		156194398.75	160543193.88	长期应付款			
减:累计折旧		38572336.92	51480624.62	其他长期负债		22107294.12	
固定资产净值		117622061.83	109062569.26	长期负债合计		37107294.12	6370000.00
固定资产清理				递延税项:			
在建工程		10380558.34	181671546.18	递延税款贷项			
待处理固定资产净损失				负债合计		81479479.88	140417602.62
固定资产合计		128002620.17	290734115.44				
无形资产及递延资产:				股东权益			
无形资产				股本		60000000.00	144000000.00
递延资产		4643999.74	3547741.46	资本公积		51141430.45	76258092.53
无形资产及递延资产合计		4643999.74	3547741.46	盈余公积		2817061.65	9046603.52
其他长期资产:				其中:公益金		939020.55	
其他长期资产				未分配利润		2506137.03	47350125.27
递延税项:							
递延税款借项				股东权益合计		116464629.13	276654821.32
资产合计		197944109.01	417072423.94	负债及股东权益合计		197944109.01	417072423.94

合并利润及利润分配表

1996 年度　会股 02 表

编制单位:湖南华天大酒店股份有限公司　已审　单位:元

项目	附注	合计
一、主营业务收入	3—24	175185633.22
减:营业成本	3—25	34137505.10
销售费用		13402523.67
管理费用		38678323.58
财务费用	3—26	17947818.72
进货费用		
营业税金及附加		10413143.80
二、主营业务利润		60606318.35
加:其他业务利润	3—27	2875367.75
三、营业利润		63481686.10
加:投资收益	3—28	2392789.00
营业外收入	3—29	3806447.60
减:营业外支出	3—30	2079678.00
加:以前年度损益调整	3—31	21664.49
四、利润总额		67622909.19
减:所得税		6310914.59
减:少数股东损益		4945428.88
五、净利润		56366565.72
加:年初未分配利润		－401085.82
六、可供分配利润		55965479.90
减:提取法定盈余公积		5942387.48
提取公益金		2672967.15
七、未分配利润		47350125.27

利润及利润分配表

会股 02 表

编制单位:湖南华天大酒店股份有限公司(母公司)　已审　单位:元

项目	1996 年度	1995 年度
一、主营业务收入	128318300.52	103104431.13
减:营业成本	32020193.23	39488997.12
销售费用	8404321.67	5493412.58
管理费用	30637974.45	19021702.37
财务费用	8800298.87	6063393.02
进货费用		
营业税金及附加	7410353.95	5039743.18
二、主营业务利润	41045158.35	27997182.86
加:其他业务利润	2875367.75	353553.15
三、营业利润	43920526.10	28350736.01
加:投资收益	9539030.33	
营业外收入	3806447.60	72150.80
减:营业外支出	1679678.00	349530.00
加:以前年度损益调整	50464.49	－42892.57
四、利润总额	55636790.52	28030464.24
减:所得税	4563260.41	9250053.20
五、净利润	51073530.11	18780411.04
加:年初未未分配利润	2506137.03	
六、可供分配利润	53579667.14	
减:提取法定盈余公积	4153027.91	
提取公益金	2076513.96	
七、未分配利润	47350125.27	

合并财务状况变动表

1996 年度　　　　会股 03 表

编制单位:湖南华天大酒店股份有限公司　　　　已审　单位:元

流动资金来源和运用	行次	金额	流动动资金各项目的变动	行次	金额
一、流动资金来源:			一、流动资产本年增加安数:		
1、本年净利润		56366565.72	1、货币资金		-9860566.04
加:不减少流动资金的费用和损失			2、短期投资		
(1)少数股东本期损益		4945428.88			
(2)固定资产折旧		18403186.29	3、应收票据		
(3)无形资产、递延资产及其他资产摊销(减其他负债转销)		1153595.39	4、应收帐款净额		13856286.23
(4)固定资产盘亏(减盘盈)			5、预付货款		2957648.15
(5)清理固定资产损失(减清理费用)			6、其他应收款		55836331.88
(6)递延税款			7、待摊费用		478861.71
(7)其他不减少流动资金的费用和损失			8、存货		-861127.76
小计		80868776.28	9、待处理流动资产净损失(减收益)		
2、其他来源:			10、一年内到期的长期债券投资		
(1)固定资产清理收入(减清理费用)			11、其他流动资产		
(2)增加长期负债		27360767.07			
(3)收回长期投资					
(4)对外投资转出固定资产					
(5)对外投资转出无形资产					
(6)资本净增加额		109116662.08			
(7)少数股东资本净增加额		8833037.20			
小计		145310466.35			
流动资金来源合计		226179242.63	流动资产增加净额		62407434.17
二、流动资金运用:			二、流动负债本年增加数:		
1、利润分配			1、短期借款		30588124.93
(1)提取法定盈余公积		5942387.48	2、应付票据		
(2)提取公益金		2672967.15	3、应付帐款		7439000.48
(3)提取任意公积金			4、预收货款		1603413.26
(4)已分配股利			5、应付工资		
小计		8615354.63	6、应付福利费		1450868.97
2、其他运用			7、未交税金		1812257.86
(1)固定资产和在建工程净增加额		226548880.83	8、其他未交款		335921.69
(2)增加无形资产、递延资产及其他资产			9、其他应付款		61056003.38
(3)偿还长期负债		22107294.12	10、预提费用		-1051251.80
(4)增加长期投资		10934617.65	11、一年内到期的长期负债		1200000.00
小计		259590792.60	12、其他流动负债		
流动资金运用合计		268206147.23	流动负债增加净额		104434338.77
流动资金增加净额		-42026904.60	流动资金增加净额		-42026904.60

财务状况变动表

会股 03 表

编制单位:湖南华天大酒店股份有限公司(母公司)　　　　已审　单位:元

流动资金来源和运用	1996 年度	1995 年度
一、流动资金来源:		
1、本年净利润	51073530.11	18780411.04
加:不减少流动资金的费用的损失		13231421.64
1)固定资产折旧	13155261.54	12442075.23
2)无形资产、递延资产及其他资产摊销(减其他负债转销)	1096258.28	789346.41
3)固定资产盘亏(减盘盈)		
4)清理固定资产损失(减清理费用)		
5)递延税款		
6)其他不减少流动资金的费用和损失		
小计	65325049.93	32011832.68
2、其他来源:		
1)固定资产清理收入(减清理费用)		7770.00
2)增加长期负债		-739587.71
3)收回长期投资		12212040.00
4)对外投资转出固定资产		
5)对外投资转出无形资产		
6)资本净增加额	115346203.95	87790015.55
小计	115346203.95	99270237.84
流动资金来源合计	180671253.88	131282070.52
二、流动资金运用		
1、利润分配		
1)提取法定盈余公积		2817061.65
2)提取公益金	4153027.91	
3)提取任意公积金	2076513.96	
4)已分配股利		47484558.00
小计	6229541.87	50301619.65
2、其他运用		
1)固定资产和在建工程净增加额	175886756.81	59647055.59
2)增加无形资产、递延资产及其他资产		4481291.41
3)偿还长期负债	30737294.12	3000000.00
4)增加长期投资	37433729.24	1635000.00
小计	244057780.17	68763347.00
流动资金运用合计	250287322.04	119064966.65
流动资金增加净额	-69616068.16	12217103.87
流动资金各项目的变动		
一、流动资产本年增加数:		
1.货币资金	-19087435.54	20265812.04

流动资金来源和运用	1996 年度	1995 年度
2.短期投资		
3.应收票据		
4.应收帐款净额	2403315.94	1156226.20
5.预付货款	2941754.49	
6.其他应收款	34580491.20	-13667084.36
7.待摊费用	478861.71	-2500.00
8.存货	-1257639.10	1540661.84
9.待处理流动资金损失(减收益)		
10.一年内到期的长期债券投资		
11.其他流动资产		
流动资产增加净额	20059348.70	9293115.72
二、流动负债本年增加数:		
1.短期借款	16650000.00	
2.应付票据		-132.59
3.应付帐款	3185455.49	3056958.44
4.预收货款	1603413.26	
5.应付工资		
6.应付福利费	655598.05	965435.30
7.未交税金	-2353445.37	-9981515.30
8.其他未交款	335921.69	
9.其他应付款	69449725.54	6539814.20
10.预提费用	-1051251.80	-4548.20
11.一年内到期的长期负债	1200000.00	3500000.00
12.其他流动负债		
流动负债增加净额	89675416.86	-2923988.15
流动资金增加净额	-69616063.16	12217103.87

湖南华天大酒店股份有限公司1997年度中期报告

一、财务报告(已审计)

(一)审计报告

湘会师(1997)内审字第141号

湖南华天大酒店股份有限公司全体股东:

我们接受委托,审计了贵公司1997年6月30日母公司及合并的资产负债表、1997年1—6月母公司及合并的利润表。这些会计报表由贵公司负责,我们的责任是对这些会计报表发表审计意见。我们的审计是依据中国注册会计师独立审计准则进行的。在审计过程中,我们结合贵公司的实际情况,实施了包括抽查会计记录等我们认为必要的审计程序。

我们认为,贵公司上述会计报表符合《企业会计准则》和《股份制试点企业会计制度》的有关规定,在所有重大方面公允地反映了贵公司1997年6月30日的财务状况和1997年1—6月的经营成果,会计处理方法的选用遵循了一贯性原则。

湖南省会计师事务所　　中国注册会计师:李双桂

湖南.长沙　　中国注册会计师:周重揆

1997年8月22日

(二)财务报表

1.简化的资产负债表(单位:元)

	合并数		母公司数	
	年初数	期末数	年初数	期末数
流动资产	125,981,423.27	116,795,648.27	83,633,337.80	48,652,995.37
长期投资	12,658,117.65	12,658,117.65	39,157,229.24	46,168,534.62
固定资产净值	152,759,804.03	144,248,346.48	109,062,569.26	103,112,643.71
在建工程	181,671,546.18	214,263,001.90	181,671,546.18	214,263,001.90
无形资产及递延产	3,584,258.99	3,977,323.78	3,547,741.46	3,949,935.61
其他长期资产			—	—
资产总计	476,655,150.12	491,942,438.08	417,072,423.94	416,147,111.21
流动负债	148,806,524.53	167,281,453.66	134,047,602.62	102,656,265.78
长期负债	42,360,767.07	3,670,000.00	6.370,000.00	3,670,000.00
少数股东权益	8,833,037.20	11,170,138.99	—	—
股本	144,000,000.00	144,000,000.00	144,000,000.00	144,000,000.00
资本公积	76,258,092.53	76,258,092.53	76,258,092.53	76,258.092.53
盈余公积	9,046,603.52	9,046,603.52	9,046,603.52	9,046,603.52
未分配利润	47,350,125.27	80,516,149.38	47,350,125.27	80,516,149.38
股东权益合计	276,654,821.32	309,820,845.43	276,654,821.32	309,820,845.43

2.简化损益表(单位:元)

	合并数	母公司数	
	1997年1—6月	1997年1—6月	1996年1—6月
主营业务收入	93,619,117.06	72,517,959.57	61,649,187.67
主营业务利润	36,894,640.56	26,519,049.92	19,816,317.48
其他业务利润	—	—	—
投资收益	—	7,011,305.38	—
营业外收支净额	2,509,494.73	2,509,494.73	-412,017.98
利润总额	39,404,135.29	36,039,850.03	19,404,299.50
所得税	3,901,009.39	2,873,825.92	6,403,418.84
少数股东收益	2,337,101.79	—	—
净利润	33,166,024.11	33,166,024.11	13,000,880.66

注:1996年1—6月无合并数

3、主要财务指标

	1997年1—6月	1996年1—6月
每股收益	0.23元	0.217元
净资产收益率	10.70%	10.04%
每股净资产	2.15元	2.16元

注:1996年1—6月财务指标是按发行前6000万股计算而成,若以发行后总股本8000万股计算摊薄计算,则1996年上半年每股收益为0.163元;1997年上半年指标按14400万股计算。

(三)财务报表附注

1.本期财务报告所采用的会计政策与会计制度与公司1996年度报告所采用的会计政策与会计制度一致。

2.与去年同期相比,本期由于公司已收购了湖南华天文化娱乐有限公司75%的股权,因而编制了合并会计报表。

3.本期应收帐款16,611,668.40元,较年初的18,248,641.97元减少了1,636,973.57元。

4.本期在建工程较年初增加32,591,455.72元,系油锅炉工程、大堂改造工程、公寓楼工程的投入增加所致。

5.股本、资本公积、盈余公积本期无变化。未分配利润比年初增加了33,166,024.11元,系本期产生的净利润所致。

6.本期主营业务收入93,619,117.06元,比上年同期增加31,969,929.39元,主要系并入湖南华天文化娱乐公司,娱乐收入大幅度增加所致。

7.本期营业外收入2,529,494.73元。其中:根据财政部财工字(1996)434号文件规定,公司发行股票时所得24,027,049.95元无效申购资金利息收入分五年平均转销,本期转入2,402,705.00元;罚款收入及其他收入126,789.73元。

8.关联企业及关联交易

1)关联企业情况 关联企业名称 注册资金 注册地址 主营业务 持股情况

湖南华天实业集团公司 1.84亿元 长沙市 房地产、旅游服务等 持有本公司75%股份

湖南华天汽车出租公司 70 万美元 长沙市 小汽车出租客运 本公司持有其 30%股份

2)关联交易事项

根据本公司与湖南华天实业集团公司原签定的协议,本公司 1997 年 1—6 月提取应向湖南华天实业集团公司支付的土地租赁费 374579.50 元,员工住房租金 832998.50 元,职工食堂租金 47869.40 元,净资产借用费 732722.40 元。

二、经营情况的回顾与展望

1.上半年经营情况的回顾

上半年,公司董事会紧紧围绕"提高效益、回报股东"这一经营宗旨,根据年初制定的工作计划,分部门、分环节抓落实。在整个酒店业不太景气的情况下,仍取得了较好的经营成果,1997 年 1—6 月完成营业收入 9361.9 万元,比去年同期增长 51.9%,其中餐饮收入 3343.6 万元,客房收入 3045.6 万元,娱乐收入 2757.9 万元,分别占收入总额的 35.7%、32.5%和 29.5%。特别是娱乐收入因华天文化娱乐公司的并入比上年同期大幅增加。实现净利润 3316.6 万元,比去年同期增长 155%。重点抓了以下几方面的工作:

1)加快了酒店五星级改造工程,至今年 5 年底大堂改造基本竣工,投入使用,既提高了大堂档次,又新增加营业面积 5200 平方米,兴建了多功能厅、咖啡厅、商场等服务设施。

2)在财务监督上,完善成本控制法。开展市场调查,严把采购、收货关,降低了进货成本,保证了物品的质量与数量;加强了库存物品的清理工作,防止重复购置和过度浪费;严格控制财务管理费用与开支,财务费用比上年同期降低了 10.5%。

3)做好企业形象策划,加大公关销售力度,及时掌握市场动态与消费心理。开展全员促销活动,对省、市组织的一些重大活动,做到及时跟踪,提前准备,周密安排,多创收入。

2.前次募集资金的使用情况

前次募股资金 1.16 亿元已按《招股说明书》承诺,全部投入大堂改造、公寓楼、立体车库工程。本报告期内,大堂改造新增加投资 294.16 万元,公寓楼新增加投资 2963.52 万元,立体车库已于 1996 年底完工,本期未增加投入。上述三项工程于今年上半年基本竣工,累计投入 20404.7 万元。

3.下半年计划

为了超额完成年度目标,下半年,公司将采取以下措施:

1)全面开展创五星活动,从 8 月份开始进入五星攻关阶段,争取 10 月份通过国家旅游局"五星"验收,进一步提高酒店的档次,扩大影响。目前,公司各部门正对照五星级标准,分工负责抓落实。在硬件上,进一步完善配套设施,在软件上,加强员工素质教育与技能培训,严格按五星标准,开展对客服务。

2)充分利用"第六届湘交会"主会场的机会,做好整体接待和销售工作,争取创造较好的经济净益和社会效益。

三、重大事件的说明

1.对照国务院证券委、中国人民银行、国家经贸委 5 月 21 日联合发布的《严禁国有企业和上市公司炒作股票的规定》,本公司进行了认真自查。迄今为止,本公司及子公司未在境内任何证券经营机构开设买卖已上市流通股票的帐户,本公司今后如有股票投资,将严格遵循国家有关政策法规和公司章程的规定。

2.本公司于 1997 年 4 月 25 日召开了一届董事会第四次会议,审议通过了公司 1996 年度工作报告、1996 年度财务决算和 1997 年度财务预算方案、1996 年度利润分配方案、部分董事成员变更的议案,并作出了申请成立或控股一家贸易公司决议,聘任邹长贵先生为公司董事会秘书。此决议公告登载于 1997 年 4 月 29 日《证券时报》。

3.关于 1996 年度审计报告注释段的说明:我公司大堂改造、公寓楼和立体车库等工程,由于早于公司发行股票之前已陆续开工,因此,先期工程款系集团公司结算中心垫付,至 1996 年 7 月,集团公司结算中心共垫付工程款 122,476,436.53 元。1996 年 8 月 9 日,董事会作出用募集资金优先偿还集团公司结算中心垫付工程款的决议,因此,募集股资金到位后,归还集团公司结算中心垫付款 9596 万元,该笔款项,本公司按照集团结算中心还款指令(委托、调拨通知书),从银行付款。

4.本公司中期不分红。

5.本公司 354.87 万内部股于 2 月 28 日获准在深交所上市流通

6.本报告期内,公司无重大诉讼、仲裁事项。

四、公司发行在外股票的变动和股权结构的变动。

1.报告期内公司没有发行新股(包括送、配股)及其它变化情况。

2.股权结构情况

股份单位:万股 面值:每股 1 元

股份类别	年初数	占总股本比例(%)	1997 年 6 月 30 日	占总股本比例(%)
一、尚未流通股份				
1.国有法人股	10800	75	10800	75
2.职工内部股	360	2.5	5.13 高管股	0.0356
尚未流通股份合计	11160	77.5	10805.13	75.0356
二、已流通股份				
1.A 股	3240	22.5	3594.87	24.96
已流通股份合计	3240	22.5	3594.87	24.96
三、股份总数	14400	100	14400	100

3.主要股东持股情况(前 10 名股东)

股东名称	期末持股量(股)	占总股本比例(%)
湖南华天实业集团公司	108,000,000	75
王利平	157,500	0.109
陈素华	150.000	0.104
杨秀梅	142,300	0.099
庄春梅	141,650	0.098
深圳市富地园实业有限公司	117,500	0.082
罗斌	111,000	0.077
张大力	92,800	0.064
周明	90,040	0.0625
黄姗	90,000	0.0625

注:湖南华天实业集团公司为国有法人股

五、股东大会简介

1.于 1997 年 1 月 6 日在本公司国际会议中心召开了 1997 年第一次临时股东大会。到会股东或股东代表 28 人,代表股份 10971.2183 万股,占总股份的 76.19%。本次会议对一届第 3 次董事会所提议案进行了表决。通过了如下决议:

1)受让湖南华天文化娱乐发展有限公司 75%股权。

2)采取收购、受让等方式将经营范围逐步扩大到旅游、文化娱乐、房地产开发与经营、电脑生产及软件开发、能源、通讯等业务,并相应修改公司章程第九条"公司经营范围"。

1996 年度公积金转增股本后,将公司章程中第三条中注册资本由 8000 万元人民币变更为 1.44 亿元人民币;并相应修改第十二条中的"股本结构"。

关于变更公司名称的议案,经本次临时股东大会表决,未获通过。

本次大会决议公告刊登于 1997 年 1 月 7 日《证券时报》上。

2.本公司 1996 年度股东大会于 1997 年 5 月 29 日在酒店国际会议中心举行,参加会议的股东或股东代表 29 人,代表股份 10,842.46 万股,占总股份 75.3%。经大会审议,通过了如下决议:

1)1996 年度董事会报告。

2)1996 年度总经理业务报告。

3)1996 年度监事会工作报告。

4)1996 年度财务决算和 1997 年度财务预算方案。

5)1996 年度利润分配方案:1996 年度利润暂不分配。

6)公司董事高峰先生、李毅先生因工作变动或工作需要,同意其辞去董事之职,增补孙玄墨先生、张恒洲先生为公司董事。

7)同意申请成立一家有进出口自营权的贸易公司或控股一家贸易公司。

本次股东大会决议公告刊登于 1997 年 5 月 30 日《证券时报》。

六、备查文件

1.载有董事长、总经理亲笔签名的中期报告原本。

2.1997 年第一次临时股东大会文件。

3.1996 年度股东大会文件。

4.查询地址:长沙市解放东路 380 号董事会办公室

联系电话:0731—4442888—80928

湖南华天大酒店股份有限公司董事会

1997 年 8 月 27 日

张家界旅游开发股份有限公司

张家界旅游开发股份有限公司1996年年度报告摘要

一、公司概况

1、公司名称

中文:张家界旅游开发股份有限公司

英文:ZHANGJIAJIE TOURISM DEVELOPMENT CO.,LTD.

2、公司注册地址:

湖南省张家界市南庄坪1号花园

邮政编码:427000

3、公司法定代表

董事长肖碧文

4、董事会办公室

董事会秘书:李中钦;秘书助理:周巧能

电话:0744—8224448;传真:0744—8229280

5、咨询中介机构

会计师事务所:湖南省会计师事务所

律师事务所:湖南省金融经济律师事务所

二、主要财务数据与财务指标

单位:万元

指标项目	本年数	上年数	比上年增减(%)
1.主营业务收入(万元)	9208.76	6522.61	41.18
2.净利润(万元)	1920.92	2087.89	-8.00
3.每股净盈利(摊薄)(元)	0.178	0.418	-57.42
4.总资产(万元)	22340.33	14576.11	53.27
5.股东权益(万元)	17019.67	7480.59	127.52
6.每股净资产(元)	1.58	1.50	5.33
7.净资产收益率(%)	11.29	27.91	-59.55
8.股东权益比率(%)	76.18	51.32	48.44

注:第(4)-(8)为年底末数据,其它为年度数据。

三、公司主要业务回顾

经中国证监会审核批准,公司于1996年8月13日向社会公开发行股票1000万股,除去各种发行费用后实际募集资金6350万元左右。按照《招股说明书》上的披露,截至到本年底,这部分资金已大部分投资于张家界国际大酒店和黄狮寨客运索道两个项目。

1.1996年业绩回顾

1996年本公司实现主营业务收入9208.76万元,比上年增长41.18%;实现利润总额2136.01万元,比上年增加2.30%;实现税后利润1920.92万元,比上年减少8.0%。完成溢利预测2053万元的93.57%。税后利润的变动幅度大于利润总额的变动幅度,乃因为1996年公司享受减半税收的优惠,而1995年则享受减免税收的优惠。

2.加强公司内部管理,促进公司规范化运营

1996年是公司具有里程碑意义的一年,不仅公司的股票获准公开发行并在深圳证券交易所上市,公司的规范化运作也迈上了新的台阶。公司股票发行并上市后,为适应公司向"集团化、多元化、外向型"发展的需要和符合现代化企业制度的要求,公司董事会和监事会进行了换届选举,经营班子的力量也得到了加强。在1996年,公司主要围绕以下四个方面来加强公司内部管理,促进公司规范化运作:一是加强内务管理,主要是重新构建布局合理、分工明确的职能部门以及完善并执行公司各种规章制度;二是加强业务管理,强调科学决策和务实精神,提高中层领导的素质和敬业精神,加强业务监管和人才培训;三是加强外联管理,作好旅游接待工作和对外联络工作,树立良好的上市公司形象;四是加强信息披露的管理,严格按照国家证券管理部门的要求对外披露信息,努力做到信息披露的"公开、公正、公平"。

3.募集资金的使用情况

在1996年,本公司主要围绕主营业务并按照《招股说明书》上披露的内容要求展开以下几个方面的工作:

1)投资兴建张家界国际大酒店。张家界国际大酒店(以下简称酒店)原系由中旅(集团)、湖南中旅、香港中旅三家国际知名的旅游企业合资建造的四星级标准的涉外旅游酒店,座落于风景旎逦的新兴国际旅游城市张家界市内;注册资金400万美元,占地面积约50亩,于1993年开始兴建。目前主楼已建造、装修完毕,预计1997年6月份可全面对外营业,净资产回报率预计为25%。在公司筹划公开发行股票时,经与酒店三方股东友好协商,公司拟把募集资金的一部分参股20%投资该酒店;后经公司董事会研究,决定增持该酒店的股权至51%。1996年12月,酒店原董事会与公司签订股权转让协议,公司以51%的股权派驻董事和主要经营人员,全面参与该酒店的运作。按照股权转让协议和酒店实际运作情况,到本年度末,公司已投入资金1370万元,以后仍将要投入3970万元,总计投资约5340万元。

2)参股投资黄狮寨客运索道。黄狮寨客运索道(以下简称索道)位于张家界风景区的中心地带——黄狮寨、天子山景区,观景地理位置绝佳。俗语云:"不游黄狮寨,枉到张家界"。但徒步上下黄狮寨费时耗力,影响观景质量。因此,建造和经营黄狮寨索道将有较大的利益保证。公司在募集资金到位后,即开始着手投资建造黄狮寨客运索道。该项目系三方投资,根据协议,台资占51%的股权,张家界森林管理处占14%的股权,公司占35%的股权。目前,该项目已基本建造完工,预计1997年7月份正式营业。到本年度底,公司按照协议尚未投人资金,1997年须投入资金1800万元左右。

至本年度底,公司共投资1370万元人民币用于上述两个项目,1997年仍将投入约5770万元人民币。

四、股本及其变动

1.股本变化及股本结构情况

(1)股本变动及股本结构表:

数量单位:万股　面值:每股1元

股份类别	期初数	送配股	新发行	公积金转增股	年末数
一、尚未流通股份					
1.发起人股份	3070			2456	5526
2.一般法人股	500			400	900
3.内部职工股	930			744	1674
合计	4500			3600	8100
二、已流通股份					
1.境内上市普通股	500*		1000	1200	2700
合计	500*		1000	1200	2700
三、股份总数	5000		1000	4800	10800

注*:为占用额度的内部职工股,已与新发行的股票同时上市。

(2)股本变动情况及原因

A.1996年8月13日,经中国证监会审核批准,公司在深圳证券交易所向社会公开发行1000万股普通股票,致使公司股本增加1000万股;

B.1996年12月26日,经湖南省证监会审核同意,公司以每10股送8股的比例实施公积金转增股本方案,致使公司股本总额增加4800万股;

C. 截止到本年度底,因新股发行和公积金转增股本而使公司总股本增加5800万股,总股本为10800万股。

(3)主要股东持股情况如下:

股 东 名 称	本年度末持股数(万股)	占总股本比例(%)
1)市旅游经济开发总公司	3330	30.83
2)深圳市兆成投资有限公司	900	8.33
3)张家界市金龙房地产开发公司	658.8	6.10
4)张家界市土地房产开发公司	457.2	4.23
5)张家界市中兴房地产开发公司	360	3.33
6)工行张家界旅游经济开发区房地产公司	360	3.33
7)张家界市华发房地产综合开发公司	360	3.33
8)郑春平	51.3360	0.48
9)杨堂章	46.1664	0.43
10)谢海文	35.1189	0.33

2.公司董事、监事和高级管理人员持股情况

到本年度底,公司董事、监事和高级管理人员持股情况如下:

序号	姓名	职务	年初持股数(股)	年末持股数(股)
1.	肖碧文	董事长	0	0
2.	杨泽忠	副董事长、总经理	3,300	5,940
3.	陈　志	副董事长	0	0
4.	刘端甫	董事	1,100	1,980
5.	李元龙	董事	1,100	1,980
6.	刘伏生	董事	1,100	1,980
7.	张林	董事	1,100	1,980
8.	李建章	董事、副总经理	2,200	3,960
9.	陈麒麟	董事、副总经理	0	0
10.	薛立强	董事、副总经理	0	0
11.	章胜汉	董事	180,00	324,00
12.	邓达荣	董事	0	0
13.	钱方根	董事	0	0
14.	杨开业	监事会主席	1,100	1,980
15.	沈明伉	监事	1,100	1,980
16.	刘　莉	监事	1,100	1,980
17.	严莉霞	监事	0	0
18.	邢海荣	监事	0	0
19.	杨碧波	监事	0	0
20.	王选用	监事	0	0
21.	杨成宇	总经济师	1,100	1,980
22.	余大静	总工程师	1,100	1,980
23.	赵巨群	总会计师	0	0

五、重要事项

1.本年度股东大会情况

(1)本年计公司临时股东大会于1996年9月28日在张家界公司本部举行,审议并通过了以下议题:

①通过公司章程修订案;

②选举产生新一届董事会;

③选举产生新一届监事会。

(2)公司本年度第二次临时股东大会于1996年12月22日在张家界公司本部举行,会议审议并通过了以下议题:

①关于资本公积金转增股本的议案。

②关于修改公司章程的议案。

2.本年度董事会议情况

本年度内,公司董事会就公司管理和业务问题先后召开了多次工作协调会,其中:

(1)公司董事会于1996年8月21日晚在张家界市详龙宾馆举行第八次董事会会议。会议决议如下:

①同意关于修改公司章程的议案;

②同意关于董事会换届选举的议案;

③同意关于监事会换届选举的议案;

④同意关于召开1996年临时股东大会的议案。

(2)1996年11月21日,公司董事会以通讯表决的形式召开了1996年临时董事会会议,会议审议并通过了以下议题:

①同意关于资本公积金转增股本的议案;

②同意公司章程修改的议案;

③同意关于召开1996年第二次临时股东大会的议案。

3.本年度监事会议情况

公司监事会于1996年9月28日举行会议,选举产生了新一届监事会的主席并制定了有关监事会议事规则。

4.公司股票发行及公积金转增股本情况

(1)1996年8月13日,经中国证监会证监发字〔1996〕143号文和证监发字〔1996〕144号文审核批准,公司利用深圳证券交易所电脑系统以每股6.80元的价格向社会公开发行普通股股票1000万股,致使公司总股本增加到6000万股。

(2)公司《招股说明书》刊登在1996年8月9日的《中国证券报》和《证券时报》上,《上市公告书》刊登在1996年8月27日的《中国证券报》和《证券时报》上。

(3)新发行的1000万股与占用额度的500万股内部职工股一起于1996年8月29日在深圳证券交易所挂牌上市。

(4)1996年12月22日,经公司第二次临时股东大会审议通过并报湖南省证监会批准(湘证监字〔1996〕58号文),公司以资本公积金每10股送8股的比例实施增资扩股,致使公司总股本增加到10800万股。

5.公司法定代表、董事、监事及高级管理人员变动情况说明

(1)董事会和监事会的换届选举:公司1996年9月28日的股东大会通过决议,选举产生了新一届董事会和监事会。董事会成员由9人增加到13人,监事会成员仍为7人。新一届董事会成员有:肖碧文、杨泽忠、李元龙、刘伏生、张林、刘端甫、陈志、邓达荣、李建章、钱方根、薛立强、陈麒麟、章胜汉。

新一届监事会由7人组成,他们为:杨开业、刘莉、沈明伉、王选用、杨碧波、邢海荣、严丽霞。

(2)1996年9月28日的董事会选举肖碧文为公司新一任董事长。

(3)1996年9月28日的监事会选举杨开业为公司监事会主席。

6.重大事件简介

(1)增持张家界国际大酒店股权。根据公司股票发行时《招股说明书》上的披露,募集资金的一部分将参股20%投资张家界国际大酒店。后经可行性分析,公司董事会认为增加对该酒店的投资将有利于公司集团化经营和盈利能力的提高,因而决定增加对该酒店投资,从而使公司占有该酒店股权达到51%的控股地位。有关股权转让的协议已于年底前签订并生效。详情请参见公司刊登在1997年1月25日《证券时报》上的公告。

(2)1996年11月份,公司因证券违规行为受到中国证监会的查处。中国证监会于1997年1月17日对本公司作出了处罚决定,对公司利用关联公司长沙公司帐户买卖本公司股票所获盈利1180.5万元予以没收,并处以罚款200万元。本公司从1997年1月17日起进行为期一个月的内部整顿;中国证监会以证监查字〔1997〕9号文检查验收合格。

7.重大诉讼、仲裁事项报告

本年度内公司无重大诉讼和仲裁事项。

六、子公司及关联企业

1.全资或控股企业

企业名称	注册资本	主营业务	本公司拥有股权(%)
(1)张家界国际大酒店	400万美元	酒店服务、出租车队等	51
(2)张家界国际旅游总公司	964万元人民币	旅游服务、客货运输、出租车队	100
(3)张家界万众建筑安装公司	122万元人民币	建筑安装	100

2.关联企业

企业名称	注册资本	主营业务	本公司占有股权(%)
(1)张家界黄狮寨客运索道	2100万元人民币	索道客运、旅游配套服务	35

七、财务报告

1.审计意见

本公司财务报表经湖南省会计师事务所中国注册会计师杨迪航和戴性哲审计,并出具了无保留意见的审计报告。

2.财务报表(附后)

3.财务报表注释

(1)主要会计政策

A.合并报表编制依据:公司本部自成立以来一直按股份制试点企业会计制度核算,下属各子公司按其所属行业会计制度进行核算,但在编制上述合并会计报表时已按《股份制试点企业会计制度》进行调整。另因公司控股的张家界国际大酒店正处于基建阶段,故未将其纳入合并会计报表范围。

B.会计期间:公司采用公历年制,即公历每年1月1日起至12月31日止为一个会计年度。

C.记帐原则和计价基础:所附会计报表,均按责权发生制采用实际成本计价的原则进行编制。

D.记帐本位币:公司以人民币为记帐本位币。

E.坏帐损失的计算:公司坏帐损失采用直接转销法,不计提坏帐准备。

F.存货的核算:公司的主要存货为旅游基础设施开发成本,按实际成本核算。低值易耗品的摊销,采用一次摊销法。

G.长期投资的核算:

a.债券投资:采用成本法核算。

b.股权投资:对拥有被投资单位资本总额20%以下的按成本法进行核算,20—50%的采用权益法进行核算,超过50%和实际拥有控股权的公司按权益法核算并编制合并报表。公司拥有51%股权的张家界国际大酒店和拥有21.74%股权的广东怡和花园因其正处于基建期,其投资按实际成本法核算。

H.固定资产及其折旧

a.固定资产标准:使用年限在一年以上,单位价值在2000元以上且在使用过程中保持其实物形态的资产。

b.固定资产按历时成本计价,按分类折旧率计提。

I.无形资产及摊销:无形资产系土地使用权,按使用年限50年平均进行摊销。

J.递延资产及其摊销:公司递延资产主要为旅游基础设施开发前期银行借款利息,按5年平均摊销。

K.税项:

a.流转税:旅游基础设施开发收入和旅游服务收入均按5%缴纳营业税,建筑安装收入按3%缴纳营业税,另按应纳营业税额的7%和3%分别缴纳城市维护建设税和教育附加费。

b.所得税:公司所在地张家界市属老少边穷地区,根据湖南地方税务局批复张家界市地税局的文件规定,公司前三年免征所得税,后两年减半征收。

L.利润分配:公司当年税后利润按下列顺序分配:

a.弥补以前年度亏损;

b.提取弥补亏损失剩余利润的10%列入公司法定公积金;

c.提取弥补亏损失剩余利润的10%列入公司法定公益金;

d.经股东大会决议,可提取任意公积金;

e.经股东大会决议,可分配股利。

当公司法定公积金累计为公司注册资本的50%以上时,可不再提取。

(2)会计报表主要项目注释

附注1.货币资金:21552155.73,其中现金68415.27元,银行存款21483740.46元。货币资金增加20522810.48元,主要系经批准向社会公开发行股票募集的资金。

附注2.应收帐款:98838092.86元,其中:

帐龄分析	户数	金额(元)	比例(%)
一年以下	12	21475649.27	21.7
一至二年	13	76332298.64	77.2
三年以上	4	1030144.95	1.1

本帐户余额中没有持本公司5%以上股份股东的欠款。

应收帐款期末余额较上年底增加45088013.99元,系公司销售扩大以及跨年度工程结算收入所致。

附注3.预付货款:193354.62元,其中:

帐龄分析	金额(元)	比重(%)	内容
一年以内	62098.04	32.1	预付建筑安装款
一至二年	131256.58	67.9	同上

预付货款期末增加系公司预付建筑安装款,因未办理结算手续,故未转帐。

附注4.其它应收款:29828794.53元,其中:

帐龄分析	金额(元)	比重(%)
一年以内	25856964.07	86.95
至少二年	2620499.37	8.61
三年以上	1351331.09	4.44

本帐户余额中没有持公司5%股权股东的欠款。

其它应收款较1995年增加,主要是应收分成利润及应收工程款项。

附注5.存货:38633237.28元,其中开发产品38151354.09元,周转材料209579.70元,低值易耗品14630.97元,库存商品257672.52元。存货较上年减少,系公司销售增加所致。

附注6.长期投资:19403200.00元,其中:

被投资公司名称	公司股权比例(%)	投资金额(元)	备注
张家界国际大酒店	51	13700000.00	正处基建期
广东怡和花园	21.74	5000000.00	
湖南省国际证券投资咨询公司	20	580000.00	
渔潭电站债券		100000.00	1994年购10年期
国库券		3000.00	1993年购3年期
湘潭彩虹股票		20200.00	

长期投资较上年增加,系收购张家界国际大酒店股权增加所致。

附注7.固定资产及累计折旧

(A)固定资产原值(单位:元)

固定资产类别	期初原值	本期增加	本期减少	期末余额
房屋及建筑物	8836243.52	—	550590.89	8285652.63

通用设备	—	—	—	—
运输设备	1029704.00	1108696.00	180000.00	1958400.00
电子设备	180447.52	285150.68	—	465598.20
其它设备	20510.00	231264.00	—	251774.00
合计	10066905.04	1625110.68	—	10961424.83

(B)累计折旧(单位:元)

固定资产类别	期初原值	本期增加	本期减少	期末余额
房屋及建筑物	185214.89	247924.18	—	43139.07
通用设备	—	—	—	—
运输设备	164456.82	112820.02	—	277276.84
电子设备	41270.36	37520.42	—	78790.78
其它设备	1027.85	16247.78	—	17275.63
合计	391969.92	414512.40	—	806482.32

附注8.无形资产:1323000.00元,其中:(单位:元)

无形资产名称	原值	已摊销额	期末数	已摊销年限	未摊销年限
土地使用	1350000.00	27000.00	1323000.00	1年	49年

附注9.递延资产:4376531.59元,其中(单位:元)

项目	原值	已摊销额	期末余额	已摊销年限	未摊销年限
基础设施开发前银行借款利息	4345664.49	217283.22	3476531.59	1年	4年

附注10.短期借款:短期借款减少9750000元,主要系股票发行所募资金到位还贷款所致。

附注11.应付帐款:应付帐款7157479.39元,主要系应付工程款。

附注12.未付股利:未付股利1004748.00元,系1995年以前应付未付的现金红利;1996年已支付3948762.00元,1996年未增加。

附注13.未交税金:7136185.05元,其中营业税4667591.97元,城建税317630.38元,所得税2150962.70元。

附注14.其它未交款:57665.97元,系未支付的教育费附加。

附注15.其它应付款:16621615.77元,主要系减股回购款、土地转让费、预收土地转让款等。

附注16.预提费用:320760.00元,为预提银行借款利息。

附注17.一年内到期的长期借款:计1074000.00元,其中:

贷款银行	年利率(%)	起止日期	借款金额(元)	贷款条件	备注
工行开发区支行	14.25	1994.12.20—1996.12.20	700000.00	抵押	不动产抵押
建行开发区支行	14.25	1995.10.6—1997.10.6	374000.00	抵押	不动产抵押

附注18.长期应付款:6938897.82元,系应付张家界永定区国营农场的土地补偿费,1996年已归还5068937.15元,1997年底前应归还款项的67%,剩余部分于1998年底前付讫。

附注19.股本:108000000.00,增加5800万元系股票上市和资本公积金转增所致。

附注20.资本公积:20220599.32元,其中(单位:元)

期初数	本年增加数	本年减少数	期末数
2038895.54	74769511.12	56587807.34	20220599.32

其中冻结申购资金的利息收入18,961,511.12元在1996年10月根据有关部门要求计入资本公积,并在1996年12月实施10送8的比例资本公积转增股本方案。

附注21.盈余公积:11495260.20元,其中(单位:元)

期初数	本年增加数	本年减少数	期末数
7653425.20	3841834.76	11495260.20	增加数为1996年提取数

附注22.未分配利润:计30480880.17元,其中(单位:元)

期初余额	本年增加数	本年减少数	期末余额	备注
15113541.18	19209173.75	3841834.76	30480880.17	减少数为提取法定公积金和公益金

附注23.主营业务收入:92087619.90元,其中旅游基础设施回报80319739.91元,建安收入11733419.89元,旅游组团承包收入34460.10元。

附注24.主营业务成本:68751988.27元,其中旅游基础设施支出57744935.24元,建安成本11007053.03元。

附注25.其它业务利润:8362968.28元,主要系公司与广州市鹏达集团有限公司合作开发珠岛花园第三期工程分成利润。

附注26.财务费用:1033186.03元,其中利息净支出1032002.77元,金融结构手续费1183.26元。

附注27.营业外支出:470101.48元,其中固定资产清理净支出180000.00元。

八、其它事项

公司董事会于1997年4月15日召开会议决定1996年度的利润分配预案为:1996年度公司的税后盈利为19209173.75元,提取10%的法定公积金1920917.38元、10%的法定公益金1920917.38元和10%任意盈余公积金1920917.38元后,可供股东分配的利润为13446421.62元,加上1995年未分配的利润15113541.18元,1996年度可供股东分配的利润为28559962.80元。公司董事会决定暂缓分配1995、1996年度利润。

九、备查文件

1.公司1996年年度报告原件;

2.湖南省会计师事务所出具的本公司1996年度财务报表及审计报告原件。

张家界旅游开发股分有限公司董事会

1997年4月18日

公　司　资　产　负　债　表

日期:1996年12月31日

编制单位:张家界旅游开发股份有限公司　　　　单位:人民币元

资产	行次	母公司年初数	合并年初数	母公司年末数	合并年末数
流动资金					
货币资金	1	1025511.51	1029345.25	21549299.62	21552155.73
短期投资					
应收票据					
应收帐款	2	46374731.42	53750078.87	90342481.43	98838092.86
减:坏帐准备					
应收帐款净额		46374731.42	53750078.87	90342481.43	98838092.86
预付货款	3	79850.00	79850.00		193354.62
其它应收款	4	5213499.34	7392409.99	25920114.46	29828794.53
待摊费用					
存货	5	61607944.51	61836675.38	38271802.34	38633237.28
待处理流动资产净损失					
一年内到期的长期债券投资					

资产	行次	母公司年初数	合并年初数	母公司年末数	合并年末数
其它流动资产				2043141.52	
流动资产合计		114301536.78	124088359.49	178126839.37	189045635.02
长期投资	6				
长期投资		7080858.40	5703200.00	20858450.00	19403200.00
固定资产					
固定资产原价	7	6011708.14	10066905.04	6894627.93	10961424.83
减:累计折旧		313434.85	391969.92	588713.22	806482.32
固定资产净值		5698273.29	9674935.12	6305914.71	10154942.51
固定资产清理					
在建工程			598900.00		
待处理固定资产净损失					
固定资产合计		629713.29	10273835.12	6305914.71	10154942.51
无形资产及递延资产					
无形资产	8	1350000.00	1350000.00	1323000.00	1323000.00
递延资产	9	4345664.49	4345664.49	3476531.59	3476531.59
无形资产及递延资产合计		5695664.49	5695664.49	4799531.59	4799531.59
其它长期资产					
其它长期资产					
递延税项					
递延税款借项					
资产合计		133375232.96	145761059.10	210090735.67	223403309.12
负债及股东权益					
流动负债					
短期借款	10	21170000.00	22746364.03	11620000.00	12996364.03
应付票据					
应付帐款	11	1602374.76	8342315.04	117272.00	7157479.39
预收货款		345861.46	345861.46		
应付福利费		－21446.99	－1966.97	－136908.59	－101146.60
未付股利	12	4953510.00	4953510.00	1004748.00	1004748.00
未交税金	13	1173449.70	1771634.81	6578081.99	7136185.05
其它未交款	14		17611.25	41665.89	57665.97
其它应付款	15	19216967.87	21561213.32	12638005.57	16621615.77
预提费用	16				320760.00
一年内到期的长期负债	17		700000.00		1074000.00
其它流动负债					
流动负债合计		48440716.80	60436542.94	31862864.86	46267671.61
长期负债					
长期借款			390000.00		
应付债券					
长期应付款	18	10128654.00	10128654.00	6938897.82	6938897.82
其它长期负债					
长期负债合计		10128654.00	10518654.00	6938897.82	6938897.82
递延税项					
递延税款贷项					
负债合计		59569370.80	70955196.94	38801762.68	53206569.43
股东权益					
股本	19	50000000.00	50000000.00	108000000.00	108000000.00
资本公积	20	2038895.54	2038895.54	19424259.03	20220599.32
盈余公积	21	7653425.44	7653425.44	11520138.25	11495260.20
其中:公益金		3551696.67	3551696.67	5472614.05	5472614.05
未分配利润	22	15113541.18	15113541.18	32344575.71	30480880.17
股东权益合计		74805862.16	74805862.16	171288972.99	170196739.69
负债及股东权益合计		133375232.96	145761059.10	210090735.67	223403309.12

公　司　利　润　及　利　润　分　配　表

日期:1996 年度

编制单位:张家界旅游开发股份有限公司　　　　单位:人民币元

项目	行次	母公司		合并	
上年实际数	本年实际数	上年实际数		本年实际数	
		上年实际数	本年实际数	上年实际数	本年实际数
一、主营业务收入	23	55202829.00	80319739.91	65226142.91	92087619.90
减:营业成本	24	25807501.47	57744935.24	34907285.00	68751988.27
销售费用		176504.94	532817.90	214477.75	532817.90
管理费用		2335194.09	2489044.94	2702290.98	
财务费用	26	1525776.16	1124296.70	2164996.89	1033186.03
进货费用					
营业税金及附加		2644423.60	4417585.70	2953097.47	4806683.87

项目	行次	母公司		合并	
二、主营业务利润(亏损以"-"示)		22713428.74	14011059.43	22283994.82	13659997.38
加:其它业务利润(亏损以"-"示)	25	1990000.00	8355160.00	206600.08	8362968.28
三、营业利润(亏损以"-"示)		22912428.74	22366219.43	22490594.90	22022965.66
加:投资收益(亏损以"-"示)		-389550.62	481.00	35682.00	491.00
营业外收入		295279.09		313383.49	
减:营业外支出	27	139236.00	469051.48	139457.00	470101.48
加:以前年度损益调整(调减为"-")	28	-1800000.00		1821282.18	-193218.95
四、利润总额(亏损以"-"示)		20878921.21	21897658.95	20878921.21	21360136.23
减:所得税			2150962.48		2150962.48
五、净利润		20878921.21	19746696.47	20878921.21	19209173.75
加:年初未分配利润(未弥补亏损以"-"示)			15113541.18		15113541.18
盈余公积转入数					
六、可分配的利润(亏损以"-"示)		29489325.42	34860237.65	29402028.64	34322714.93
减:提取法定公积金		2087892.12	1920917.38	2130415.38	1920917.38
提取法定公益金		2987892.12	1920917.38	2130415.38	1920917.38
七、可供股东分配的利润(亏损以"-"示)		25313541.18	31018402.89	25141197.88	30480880.17
减:已分配优先股股利					
提取任意公积金					
已分配普通股股利		10200000.00		10200000.00	
八、未分配利润(亏损以"-"示)		15113541.18	31018402.89	14941197.88	30480880.17

公司财务状况变动表

(1996 年度

编制单位:张家界旅游开发股份有限公司　　　　单位:人民币元

流动资金来源和运用	行次	母公司金额	合并金额
一、流动资金来源			
1.本年净利润(合并报表为合并净利润)		19746696.47	19209173.75
加:不减少流动资金的费用和损失			
(1)固定资产折旧		275278.37	414512.40
(2)无形资产、递延资产及其它资产摊销(减其它负债转销)		896132.90	896132.90
(3)固定资产盘亏(减盘盈)			
(4)清理固定资产损失(减收益)		180000.00	180000.00
(5)递延税款			
(6)其它不减少流动资金的费用和损失		250039.92	-1450132.90
小计		21348147.66	19249686.15
2.其它来源			
(1)固定资产清理收入(减清理费用)			
(2)增加长期负债			
(3)收回长期投资			
(4)对外投资转出固定资产			
(5)对外投资转出无形资产			
(6)资本净增加额		79252076.30	80023538.54
小计			
流动资金来源合计		100600223.96	99273224.69
二、流动资金运用			
(1)提取法定公积金		1920917.38	1920917.38
(2)提取法定公益金		1920917.38	1920917.38
(3)提取任意公积金(减盈余公积转入)			
(4)已分配股利			
小计		3841834.76	3841834.76
2.其它运用			
(1)固定资产和在建工程净增加额		284019.79	295619.79
(2)增加无形资产、递延资产及其它资产		-896132.90	-896132.90
(3)偿还长期负债		3189756.18	3205756.18
(4)增加长期投资		13777591.60	13700000.00
小计		16355234.67	16305243.07
流动资金运用合计		20197069.43	20147077.83
流动资金增加净额		80403154.53	79126146.86
流动增加各项目的变动			
一、流动资产本年增加数			
1.货币资金		20523788.11	20522810.48
2.短期投资			
3.应收票据			
4.应收帐款净额		43967750.01	45088013.99
5.预付货款		-79850.00	113504.62
6.其它应收款		20706615.12	22436384.54
7.待摊费用			
8.存货		-23336142.17	-23203438.10

流动资金来源和运用	行次	母公司金额	合并金额
9.待处理流动资产净损失(减收益)			
10.一年内到期的长期债券投资			
11.其它流动资产		2043141.52	2043141.52
流动资产增加净额		63825302.59	64957275.53
二、流动负债本年增加数			
1.短期借款		-9550000.00	-9750000.00
2.应付票据			
3.应付帐款		-1485102.76	-1184835.65
4.预收货款		-345861.46	345861.46
5.应付福利费		-115461.60	-99179.63
6.未付股利		-3948762.00	-3948762.00
7.未交税金		5404632.29	5364550.24
8.其它未交款		41665.89	40054.72
9.其它应付款		-6578962.30	-4939597.55
10.预提费用			320760.00
11.一年内到期的长期负债			374000.00
12.其它流动负债			
流动负债增加净额		-16577851.94	-14168871.33
流动资金增加净额		80403154.53	79126146.86

张家界旅游开发股份有限公司1997年度中期报告

一、财务报告(未经审计)

(一)财务报表

1.简化的合并资产负债表

单位:元

项目	期初数(1996.12.31)	期末数(1997.6.30)
资产		
流动资产	189045635.02	180403865.53
长期投资	19403200.00	4345655.13
固定资产净值	10154942.52	16267283.76
在建工程	—	1397219.42
无形及递延资产合计	4799531.59	9442712.12
资产合计	223403309.12	250966835.96
负债及股东权益		
流动负债	46267671.61	49613599.31
长期负债	6938897.82	12488891.82
负债合计	53206569.43	62102497.13
少数股东权益	—	6592710.44
股本	108000000.00	108000000.00
资本公积	20220599.32	20957286.96
盈余公积	11495260.20	11503749.08
未分配利润	30480880.17	41810592.35
所有者权益合计	170196739.69	182271628.39
负债及所有者权益合计	223403309.12	250966835.96

2.简化的合并损益表

项目	1996.1—6	1997.1—6
主营业务收入	58203200.00	52723146.28
主营业务利润	12241257.88	13596113.73
其它业务利润	—	—
投资收益	491.00	5330698.71
营业外收入	—	274762.00
利润总额	12181800.00	19131841.96
所得税	1463800.00	4055101.60
少数股东收益	—	3747028.18
净利润	10718000.00	11329712.18

(二)主要财务指标:

截止1997年6月30日的主要财务指标为:

	1997年1—6月(按总股本1.08亿元计)	1996年1-6月(按上市前总股本0.5亿元计)
1.净资产收益率	6.22%	12.53%
2.每股净资产	1.69元	1.71元
3.每股净收益	0.105元	0.214元

(三)财务报表附注:

1.本期财务报表所采用的会计政策、会计方法与1996年度财务报表所采用的会计政策与会计方法相互一致;

2.货币资金较年初减少14936218.93元,系将资金陆续投入项目中;

3.应收帐款较年初减少18937962.67元,主要是公司上半年采取了清收措施,收回了帐款;

4.存货较期初增加24277310.00元,为开发购入土地100亩及珠岛大酒楼原材料库存1429834.29元;

5.长期投资较年初增加24052455.13元是由于本年度增加了对张家界国际大酒店投资800万元,广州珠岛大酒楼投资5088000元及其合并价差2461216.39元,珠岛花园第三期开发增加投资13591238.74元;

6.固定资产增加6482409.59元,在建工程增加1397219.42元,系设备投资及装修工程增加数;

7.短期借款增加1170000元,系从开发区工行借入的周转资金;

8.应付帐款较年初减少4098248.72元,是由于下属万众建安工程公司结算了已完工工程,支付了款项;

9.长期借款8000000元是从建设银行借入的项目资金;

10.长期应付款较上年减少2450000元,系支付了原取得开发土地使用权时,欠付的征地款项;

11.少数股东权益6592710.44元,系投资珠岛大酒楼有限公司的另两家公司股东权益额之和;

12.投资收益5330698.71元,系为股票投资收益,在股票投资中共计投入39158600.80元,扣除各项费用后,股票投资净收益为5330698.71元。

13.本公司本会计期间无关联交易。

二、经营业绩回顾与展望

(一)经营情况回顾

上半年,公司在董事会的领导下,全体员工精诚团结、调整心态,拉开了二次创业的帷幕,及时调整经营格局,走以旅游业为主体的资本经营和产品经营相结合的道路,主要经营项目为酒店、旅行社、豪华车队、旅游索道、娱乐等。上半年,实现主营业务收入5272万元,利润总额1913万元,税后净利润1133万元,税后净利润比去年同期增长5.7%,完成全年计划的45.4%,上半年主要工作包括:

1.突出主营业务,兼顾旅游配套

公司持有51%股权的张家界国际大酒店四星级标准的涉外旅游酒店,投资总额为1260万美元,我公司需投资5340万元人民币,已投入2140万元,尚需投入3200万元。目前主副楼已建成,外装修已完华,内装修、庭院布置及中西餐厅、商务中心、娱乐设施的建造正紧锣蜜鼓地进行,因装修标准、设施规格的提高,酒店将延期开业。

公司除抓好大酒店这一重点建设外,还兼顾旅游相关业务,包括基础设施的开发与转让、珠岛大酒楼的经营管理、国际旅行社的组团业务、建筑安装公司的房产开发业务、豪华旅游车队项目筹备工作等。

2.加强内部管理,清理二级企业

抓紧落实各项制度,实行精兵简政和公司系统内的大财务管理模式,对公司二级企业万众国旅、万众建安公司进行改制重组,对大亨娱乐城进行清理整顿。

3.盘活存量资产,优化资产结构

公司现有土地320亩,占压资金5000多万元,为合理使用存量资产,提高公司整体盈利能力,利用"安居工程"、对外招商、合作经营等方式,为盘活资产做了大量准备工作。

(二)下半年规划

1.培育主营业务链。

收购香港某旅行社,力争开通香港至张家界的包机航线,尽快完成张家界国际大酒店的筹建工作,形成境外旅行社—包机航线—张家界国际旅行社—张家界国际大酒店—豪华车队的一条龙经营,提供食、住、行、游、购、娱全方位的服务。同时,积极开拓国内客源,提高公司旅游服务的市场定位。

2.积极开展资本经营。

努力创造条件,实施增资扩股,发展龙头项目;适时出击,通过企业收购、兼并、参股等方式,不断扩大资产规模。

3.继续规范运作。

逐步完善法人治理结构,严格按法定程序办事,更好发挥股东大会、董事会、监事会、经营班子的职能;强化内部管理,提高员工素质;做好信息披露工作。

4.进一步加强资金管理、增收节支。

针对公司项目资金紧张的现状,公司将通过发行B股、股权置换等方式积极筹集资金、完善资金管理、降低营运成本,争取早日将国际大酒店投入营运,以形成新的利润增长点,增强公司实力。

三、重大事件的说明

1.根据国务院证券委、中国人民银行、国家经贸委5月21日联合发布的《严禁国有企业和上市公司炒作股票的规定》,公司对有关情况作了认真检查,至1997年5月底,公司没有以公司或关联企业、个人名义开设任何违法股票帐户,也没有买卖股票,并已向湖南省证监会作了专题汇报。

2.本公司董事会第二届五次会议决定,同意董事长提名聘任李彪先生为公司总经理。此事项已于4月18日的《证券时报》上披露。

3.董事会决定不进行中期分红。

4.本报告期内公司无重大诉讼、仲裁事项。

四、股份及股东持股情况

1.本报告期内公司发行在外的股票及公司股权结构未发生变动,现有股权结构如下:

股份单位:股　面值:每股1元

	1996年末	1997年6月30日	比例(%)
(一)尚未流通股份			
发起法人股	64,260,000	64,260,000	59.50
内部职工股	16,869,303	16,869.303	15.62
其中:高管股	369,144	369,144	3.4
合计	81,129,303	81,129,303	75.12
(二)已流通股份	26,870,697	26,870,697	24.88
(三)股份总数	108,000,00	108,000,000	100

2.截止6月30日前十名大股东持股情况

数量单位:股　比例(%)

序号	股东名称	持股数	持股比例
1	张家界旅游经济开发总公司	33300000	30.83
2	深圳兆成投资有限公司	9000000	8.33
3	张家界市金龙房地产开发公司	6588000	6.1
4	张家界市土地房产开发公司	4572000	4.23
5	张家界中兴房地产开发公司	3600000	3.33
6	工行张家界旅游经济开发房地产公司	3600000	3.33
7	张家界华发房地产综合开发公司	3600000	3.33
8	牛刚	515077	0.48
9	谢海文	351189	0.32
10	吴愈群	351189	0.32

五、股东大会简介

(一)本公司于1997年5月18日上午在张家界公司本部五楼会议室召开了1996年度股东大会,与会股东25名,代表股权64,170,292股,占公司总股本的59.42%,符合《公司法》和公司章程的有关规定。大会在张家界市公证处的现场公证下审议通过了以下议题:

1.1996年度董事会工作报告和1997年工作计划;

2.1996年度监事会工作报告;

3.1996年度总经理工作报告;

4.1996年度财务工作报告;

5.1996年度利润分配方案,决定将可供股东分配的利润30480880.17元结转下一年度分配;

6.同意刘端甫、李元龙先生因工作变动辞去公司董事职务,增选孙权、禹华初先生为公司董事;

7.通过筹划发行B股的议案,责成董事会全权负责有关B股发行的所有事宜。

(二)本报告期内未召开临时股东大会。

六、备查工作

总部备置了完整、齐备的备查文件供股东随时查阅:

1.公司董事长、总经理亲笔签名的中期报告原本;

2.公司1997年上半年的财务报告;

3.公司1996年度股东大会资料;

4.中国证监会、深圳证交所要求的其他文件、资料。

张家界旅游开发股份有限公司

董事会

1997年8月19日

广州市东方宾馆股份有限公司

广州市东方宾馆股份有限公司简介

本公司的前身是广州市东方宾馆，于1961年10月建成开业，原名羊城宾馆，1966年经广东省人民政府批准，改名为东方宾馆。1961年至1973年属于事业性单位，1973年改为企业化经营管理。1979年至1985年期间进行大规模改造后，进入世界高级名酒店行列，1990年被国家旅游局评定为五星级宾馆。

1992年10月，经广州市人民政府批准，以广州市东方酒店集团为发起人，对广州市东方宾馆进行股份制改造，1993年9月经中国证监会监审字(1993)42号文批准公司转为社会募集公司，首次向社会公开发行人民币普通股2,100万股，并于同年11月18日在深圳证券交易所上市。

本公司主营旅馆业，兼营各种相关配套服务，发展其他多元业务。公司主营场所占地近6万平方米，建筑面积近12万平方米，拥有各种客房和商务套房近1,200间，公司各类员工近2,300人。

公司全称：广州市东方宾馆股份有限公司

英文名称：GUANG ZHOU DONGFANG HOTEL CO.，LTD

公司住所地址：广州市流花路120号

邮政编码：510016

公司联系电话：(020)86669900

公司负责信息披露事务人员：邓贤新　陈　聪

联系电话：(020)86662791、86669900－3103

传真：(020)86669900－3102

广州市东方宾馆股份有限公司1996年度报告摘要

一、公司简况

公司全称：广州市东方宾馆股份有限公司

英文名称：GUANGZHOU DONGFANG HOTEL CO.，LTD

公司住所地址：广州市流花路120号

邮政编码：510016

公司联系电话：(020)86669900

公司咨询机构：证券部

联系人：邓贤新　陈聪

联系电话：(020)86662791，86669900－3103

传真：(020)86669900－3102

二、主要财务数据与财务指标

（单位：人民币万元）

指标项目	本年数	上年数	比上年增减
主营业务收入	19,528	25,650	－23.87%
净利润	5,386	5,669	－4.99%
总资产	56,471	53,422	5.71%
股东权益	46,006	43,589	5.54%
每股收益	0.33元	0.38元	－13.16%
每股净资产	2.82元	2.94元	－4.08%
净资产收益率	11.71%	13.01%	－9.99%
股东权益比率	81%	82%	－1.22%

注：1995年度股东权益、每股净资产、每股收益按年度报告列示。

三、公司主要业务回顾

（一）一年来经营情况

1996年，本公司处于本地区旅游酒店业和饮食业市场竞争激烈的环境，下半年由于“东方时代广场”的全面施工，使公司的主营业务收益受到较大的影响，全年完成主营收入19,528万元，比上年度下降23.87%；完成净利润5,386万元，比上年减少4.99%。

1996年，广州市地区旅客比上年度有所增加，本公司接待入住宾客增加了1.46%，年平均开房率增加7个百分点，但由于较长时间受宾馆大规模改造工程全面施工的影响，平均房价比去年下降了17个百分点，使客房收入减少4,044万元，降幅为24.41%。同时受到严重影响的餐饮业，营业收入亦下降了34.16%。

1996年，本公司主营业经营场所处在调整改造时期，受此影响，主营业务不可避免地以相当幅度下降，因此构成公司收益的因素出现了新的变化，非主营的收益比例较大，包括：由于广州市东方酒店集团有限公司与广州市华隆兆业投资发展公司在“东方宾馆”范围内合作建设“东方时代广场”，在全面施工过程中，对本公司1996年度的经营产生较大的影响，根据有关协议规定，本公司得到广州市东方酒店集团有限公司转入经济补偿人民币524万元，得到广州市华隆兆业投资发展公司经济补偿人民币2,300万元。两项共计2,824万元，占公司全年利润总额的45%。

尽管诸多因素造成主营业务收入大幅下降，但公司针对市场新环境和消费需求的新特点调整促销策略，改进服务方式，提高服务质量，为改造后的主营业增长打下了良好的基础。

（二）前次募集资金运用情况的说明

本公司经中国证监会证监发审字[1993]42号文批准，于1993年10月向社会公开发行面值1元、每股发行价6.28元的社会公众股股票2,100万股，扣除发行费用后共募得资金12,621万元。至本报告年末止，公司未有实施配售新股和发行其他股票增资。根据招股说明书的投资计划，前次募集资金使用情况说明如下：

1．投资8,000万元改建宾馆新大堂，480间客房及相关基础设施的改造。

本项目属于局部性的改造，从1994年开始投入，至1995年末止，完成对480间客房(其中包括将80间客房改建为40间豪华商务套房)及其内部设施改造，同时完成配电增容、污水处理等基础工程，共完成投资额4,860万元，占该项目计划总投资的61%。由于大堂的改造涉及宾馆原有建筑基础，并从市场环境和经济角度出发，改建大堂的计划推迟到1996年实施，此项计划实施时间的变更，已被1994年3月26日的股东大会对董事会提交的报告审议确认。1996年10月，新大堂的建造工程及与之相连的春晖苑餐厅的装修改造工程全部竣工投入营运，两项工程实际投资分别为4,300万元和520万元。

至本报告年末止，本项计划实际完成投资9,680万元，为计划的121%。

2．投资1,100万元与美国祥贵集团合资经营“广州东方祥贵饮食美容有限公司"。

本计划实际完成投资额969.9万元，为计划的88%。该合资企业已于1994年10月开业。

3. 向广州市国土局交纳二、三期土地使用权出让金2,354万元。

该项资金已于1993年12月和1994年6月支付结清，依法取得了合同规定用地的40年使用权。

4. 计划投资3,300万元与广州东方游乐中心有限责任公司联合经营广州金东酒店项目。

由于受广州南湖国家旅游渡假区总体规划的影响，经广州市政府的规划，广州服务旅游发展公司与香港新中粤投资有限公司于1996年12月签署了《中外合作经营广州旅游中心有限公司合同》，规定原东方乐园土地使用权和全部资产作为中方投入的合作条件，"金东酒店"因此停办。公司于1993年12月首期投入的750万元已全部撤回。本项投资计划的撤消，亦经1994年3月26日召开的股东大会对董事会提交的报告作出的说明进行审议并经表决通过予以确认。

以上三项招股说明书列明前次募集资金运用计划，至本报告年末止，已全部完成投入营运，实际完成总投资13,009.9万元，为募集资金总额的103.03%。

四、股本变化及股本结构情况

(一) 股权结构：

1995年12月31日，公司总股本全部为人民币普通股，其股权结构为：

股份单位：股　　面值：每股1元

股份类别	年初数		年末数	
	股份数	比例(%)	股份数	比例(%)
(一)尚未流通股份				
(1)国家股(注1)	33,239,888	22.39	36,563,877	22.39
(2)境内法人股(注2)	60,746,695	40.91	66,821,364	40.91
尚未流通股份合计	93,986,583	63.30	103,385,241	63.30
(二)已流通股份				
(1)社会公众股	54,429,760	36.65	59,872,736	36.65
(2)董事、监事等高级管理人员持股	74,240	0.05	81,664	0.05
已流通股份合计	54,504,000	36.70	59,954,400	36.70
(三)股份总数(注3)	148,490,583	100	163,339,641	100

注1：根据广州市人民政府《关于广州市东方宾馆股份有限公司国家股授权持有等有关问题的批复》(穗府函[1996]243号)的批复，从1996年12月起，本公司国家股由广州越秀集团有限公司持有。

注2：境内法人股为由广州市东方酒店集团有限公司持有的国有法人股。

注3：本报告期末总股份数比年初增加14,849,058股，为1996年6月21日股东大会通过1995年度分红送股方案每10股送1股的增加数，除权日为1996年7月16日，红股到帐及流通部分的起始交易日为1996年7月28日。

(二) 主要股东持股情况

截至1996年12月31日止，本公司位列前10名股东的持股情况：

股东姓名	持股数	持股比例
1. 广州市东方酒店集团有限公司	66,821,364	40.91%
2. 广州越秀集团有限公司	36,563,877	22.39%
3. 彭梅香	750,000	0.46%
4. 邓大凯	659,326	0.40%
5. 深金飞洋	547,063	0.33%
6. 陆海龙	384,963	0.24%
7. 广州越银财务发展公司	300,000	0.18%
8. (股东代码31057825)	300,000	0.18%
9. 梁艳华	255,900	0.16%
10. 吴烈从	234,700	0.14%
合计	106,817,193	65.40%

注：前2名股东持股数比年初增加10%，为公司1995年度分红送股的增加数，其占总股本比例与年初比较未发生增减变动。后八名股东持股数占总股份不足5%。

(三) 年末股东户数

截至1996年12月31日，公司股东总人数48080人，其中：

国家股(广州越秀集团有限公司)	1人
发起人法人股(广州市东方酒店集团有限公司)	1人
社会公众股	48066人
内部职工股(公司董事、监事、高级人员持股)	12人

(四)公司董事、监事与高级人员持股情况

姓名	现任职务	年初持股数	年末持股数
龙丕泉	董事长	7,250	7,975
麦鉴钊	副董事长、总经理	5,800	6,380
谭伟企	董事、副总经理	5,800	6,380
龚其坚	董事、副总经理	5,800	6,380
谭义庆	董事、副总经理	5,800	6,380
陈勤业	董事、副总经理	8,700	9,570
邹声灵	董事、工会主席	11,600	12,760
俞长嘉	董事、副总经理	0	0
梁浩芹	董事、副总经理	0	0
周锐钊	监事会主席	5,800	6,380
邓贤新	董事、董事会秘书	0	0
田志能	董事、财务经理	1,450	1,595
张葆红	监事	0	0
金基凤	监事	4,640	5,104
陈汝锋	(已退休,前任董事长,总经理)	7,250	7,975
何咏璋	(已退休,前任监事会主席)	4,350	4,785
合计		74,240	81,664

(注:以上人员年末持股数比年初增加7424股,是于1996年7月实施1995年度分红送股方案每10股送1股形成。)

五、重要事项

(一)本报告期内的股东大会、董事会情况

1.1996年3月7日董事会作出决议,通过向股东会提交的1995年度董事会工作报告、1995年度的财务决算报告,并通过1995年度利润预分配方案:每10股派发现金股利1.20元。

2.1996年6月6日董事会作出决议,对1995年度利润分配方案进行了调整,改为每10股送红股1股,并派发现金股利1元。该调整预案提交6月21日股东大会审议。

3.1996年6月21日召开1995年度股东大会,对如下事项作出决议:

通过了1995年度董事会工作报告;

通过了1995年度监事会工作报告;

通过了1995年度财务决算和1996年度财务预算报告;

选举了龙丕泉、麦鉴钊、谭伟企、谭义庆、龚其坚、陈勤业、邹声灵、俞长嘉、梁浩芹、邓贤新、田志能等11名董事组成的第二届董事会;

选举了周锐钊、张葆红、金基凤三名监事组成的第二届监事会。

4.1996年6月21日召开第二届董事会一次会议并作出决议:选举了龙丕泉先生为董事长、麦鉴钊为副董事长、聘任麦鉴钊兼任公司总经理;

聘任董事邓贤新兼任董事会秘书。

5.1996 年 6 月 21 日召开第二届监事会一次会议并作出决议：选举了周锐钊先生为监事会主席。

6.1996 年 8 月 29 日召开第二届董事会二次会议并作出决议：决定本公司对广州鸣泉居渡假村有限公司不予进行股权投资；公司原根据市政府要求以借款形式直接或间接投入广州鸣泉居的建设资金，要求市政府协调有关方面向本公司清偿债务本息。

7.1996 年 11 月 12 日召开第二届董事会三次会议，通过了申请 1996 年度配股增资的基本方案：按 1996 年末总股份每 10 股配 2.7 股，配售发行股份数为 44,101,703 股，配股价格浮动幅度为每股 3－5 元人民币，配股募集资金用于调整、扩充本公司主营业务的资产收购和控股投资海南三亚东方宾馆两个项目。并决定将该方案提交 12 月 13 日召开的临时股东大会审议。

8.1996 年 12 月 13 日召开临时股东大会，审议公司董事会提交的 1996 年度配股方案，并作出决议：

决定实施 1996 年度配股，配股比例为按现有总股份 16,333.9641 万股为基数，每 10 股配 2.7 股，配售发行股份总数为 4,410.1703 万股。

配股价格为每股 3.00－5.00 元人民币。

本次配股募集资金用途为控股投资海南三亚东方宾馆约 9,600 万元，跨地区扩充本公司主营业务；收购广州市东方酒店集团有限公司的经营性房产及交付土地使用权出让金约投资 20,380 万元，调整和扩充公司主营业务，增加主营收入，同时授权董事会于 1996 年 12 月 31 日前用公司现有的自有资金约 9,700 万元向东方酒店集团有限公司收购第一部分经营性资产。

本次配股决议的有效期限自通过之日起至 1997 年 6 月 30 日。

授权董事会决定和处理有关执行和实施本公司 1996 年度配股所发生的除已由本次股东大会表决事项以外的一切事项。

本项临时股东会决议已于 1996 年 12 月 14 日在指定报刊上作出公告。

(二)本报告期内公司无发生实施配股和企业购并事项。

(三)关于公司法定代表、董事、监事的变动。

公司于 1996 年 6 月 21 日召开的 1995 年度股东年会对董事会进行了换届改选，前届董事长陈汝锋先生和监事会主席何咏璋先生均因任期届满并适逢退休离任。经换届改选，第二届董事会由 11 名董事组成，增选了梁浩芹、俞长嘉、邓贤新 3 名董事。原董事周锐钊先生不再出任董事，被改选为公司监事。股东会决议授权董事会对董事会由 9 名变更为 11 名董事组成的事项修改公司章程有关规定。

经 1996 年 6 月 21 日第二届一次董事会会议决议，被选举为新一届董事长的龙丕泉先生为公司的法定代表人，并已办理了与此有关的工商变更登记手续。

(四)在本报告期内，公司的注册地址、会计师事务所、法律顾问均未有发生过变动。

(五)重大事件简介

1.1996 年 7 月 18 日，本公司(甲方)与广州市华隆兆业投资发展公司(乙方)签署一份"补偿协议书"：广州市华隆兆业投资发展公司因租用广州市东方酒店集团的物业用于经营"东方时代广场"，并由于"东方时代广场"的全面施工对本公司 1996 年度的经营产生的影响，向本公司作出 2,300 万 经济补偿。

1996 年 7 月 20 日，本公司(甲方)与广州市华隆兆业投资发展公司(乙方)签署一份"协议书"：鉴于本公司新建的宾馆大堂与"东方时代广场"的兴建改造装修同时施工，按市规划部门要求需统一规划设计、统一报建和统一施工管理，确保全面工程在 1996 年 10 月秋交会前竣工投入使用。新大堂总投资 4,600 万元，本公司委托乙方将其应支付给本公司的 1996 年度经济补偿资金直接投入新大堂的建设；同时，本公司将其余所需投资款 2,300 万元按工程进度划付给乙方，委托乙方统一办理工程用款和结算；新大堂于 1996 年 9 月 30 日竣工，产权归本公司所有。

上述协议事项已于 1996 年 11 月执行完毕。

2.根据 1996 年 12 月 13 日临时股东大会的决议及对董事会的授权，本公司于 1996 年 12 月 20 日与广州市东方酒店集团有限公司签署《资产转让合同》，由本公司收购广州市东方酒店集团有限公司权属的位于东方宾馆内的经营性房产约 5.2 万平方米，根据评估，收购总值 1.7 亿元，土地使用权出让金由本公司按规定另行向国土局支付。

根据临时股东大会决议的授权，首期收购于 1996 年 12 月 28 日签署房产交易契约，交易总价 6,742 万元，交易的房产建筑面积 2.07 万平方米。根据交易双方确认的结算方式，公司本次购买的物业全部用广州市东方酒店集团有限公司欠本公司借款的本息支付，并已于 1996 年 12 月 30 日完成支付清算手续。本次交易涉及应由本公司缴纳的土地使用权出让金及产权转移手续将于近期办理完毕。如获准于 1997 年 6 月 30 日前配股，公司将根据 1996 年 12 月 31 日股东大会决议，运用配股募集资金实施第二步收购。所收购物业将用于公司主营业务结构的调整，并从 1997 年度起实现以该等物业场地的长期出租业务，增加公司的主营收入。

上述事项，已于 1997 年 1 月 10 日在《中国证券报》、《上海证券报》、《证券时报》和《信息时报》上予以公告。

(六)本报告期内公司无重大诉讼、仲裁事项。

六、公司关联企业

截至 1995 年 12 月 31 日止，公司共有对外投资的关联企业 11 个，其中持有 20% 以上权益的关联企业：

公司名称	注册地	注册资金(万元)	权益比例	主营业务
广东惠州国贸工程开发总公司	广东省惠州市	11,500	20%	开发经营"惠州国际贸易中心"大厦
广州东方祥贵饮食美容有限公司	广州市	2,750	40%	饮食业与美容服务
广州东方国际商贸有限公司	广州市	1,184	35%	国内商业和物资供销业
广州保税区瑞丰实业有限公司	广州经济技术开发区	1,000	20%	房地产经营和进出口贸易
广东增城东成日用化工有限公司	广东增城市	1,040	49%	生产经营化学洗涤用品
广州东方房地产开发公司	广州市	1,000	40%	房地产开发及经营
广州君安礼仪服务有限责任公司	广州市	200	40%	礼仪服务和信息咨询服务

至本报告年末止，公司未有全资附属或控股公司。

七、财务报告

(一)公司财务报告经羊城会计师事务所陈雄溢、余树旗注册会计师审计，于 1997 年 1 月 7 日出具无保留意见的审计报告(97)羊查字第 4112 号。

(二)财务报表(附后)

(三)财务报表附注：

八、本年度报告截止日后的重要事项

公司董事会于 1997 年 1 月 6 日下午召开会议，通过了 1996 年度的利润预分配方案：按年度税后净利润 5,386 万元提取 10% 法定盈余公积金、10% 法定公益金和 10% 任意盈余公积金后，加上年末未分配利润 889 万元，按 1996 年末总股本 16334 万股向全体股东每 10 股分派现金股利 2.00 元、送红股 1 股。拟分派现金股利总额 32,667,928.20 元，送红股总数 16,333,964 股。

上述分配预案为董事会的建议案，将提交 1996 年度股东年会审议。召开股东大会的日期将另行公告。

广州市东方宾馆股份有限公司董事会

董事长(签名):龙丕泉

副董事长、总经理(签名):麦鉴钊

1997年1月20日

注:本报告摘要于1997年1月23日同时在《中国证券报》、《证券时报》、《信息时报》和《上海证券报》上刊登。欢迎索取年度报告全文本。

(97)羊查字第4112号

审计报告

广州市东方宾馆股份有限公司:

我们接受贵公司的委托,对贵公司提供的1996年12月31日的资产负债表和截至该日止的本年度利润及利润分配表,财务状况变动表(详见后附报表一至三)进行了审计。贵公司管理阶层应对以上会计报表的真实性负责,我们的责任则是根据审计的结果,对这些会计报表发表审计意见。我们的审计是依据《中国注册会计师独立审计准则》进行的。在审计过程中,我们结合贵公司的实际情况,实施了包括抽查会计记录等我们认为必要的审计程序。

我们认为,上述会计报表,符合《企业会计准则》和《股份制试点企业会计制度》的有关规定,在所有重大方面公允地反映了贵公司1996年12月31日的财务状况及1996年度的经营成果和资金变动情况,会计处理方法的选用遵循了一贯性原则。

羊城会计师事务所　　中国注册会计师　陈雄溢

中国.广州　　中国注册会计师　余树旗

1997年1月7日

附件一

资 产 负 债 表

企业名称:广州市东方宾馆股份有限公司　　1996年12月31日　　单位:人民币元

资产	年初数	期末数	负责及股东权益	年初数	年末数
流动资产			流动负债:		
货币资金	58,194,916.46	42,393,165.95	短期借款		
短期投资	28,775,704.71	23,491,117.63	应付票据		
应收票据			应付帐款	21,909.61	157,006.94
应收帐款	5,481,143.31	5,456,963.77	预收货款	1,382,973.04	1,952,446.69
减:坏帐准备			其他应付款	43,942,238.65	41,829,540.03
应收帐款净额	5,481,143.31	5,456,963.77	应付福利费	15,982,525.97	12,566,266.88
预付货款	18,999,935.03	93,505.00	未付股利	14,849,058.30	32,667,928.20
其他应收款	113,322,068.53	62,926,471.97	未交税金	1,392,771.14	3,330,853.37
存货	5,773,154.95	5,380,305.63	其他未交款	695,033.77	1,221,891.07
待摊费用	3,200,726.48	125,642.16	预提费用	240,058.38	219,767.82
待处理流动资产净损失			其他应交款		
一年内到期的长期债券投资		304,136.98	其他流动负债		
其他流动资产			流动负债合计	78,506,568.86	93,945,701.00
流动资产合计	233,747,649.47	140,171,309.09	长期负债:		
长期投资:			长期借款		
长期投资	70,309,548.87	69,846,914.71	应付债券		
固定资产:			长期应付款	16,860,027.99	10,700,625.48
固定资产原价	284,150,351.32	420,587,290.99	其他长期负债		
减:累计折旧	120,395,787.11	130,332,015.85	长期负债合计	16,860,027.99	10,700,625.48
固定资产净值	163,754,564.21	290,255,275.14	递延税项:		
在建工程	15,920,859.10	1,317,798.14	递延税款贷项		
固定资产清理	52,079.55	102,861.13	负债合计	95,366,596.85	104,646,326.48
待处理固定资产净损失			股东权益:		
固定资产合计	179,737,502.86	291,675,934.41	股本	163,339,641.00	163,339,641.00
无形资产及递延资产:			资本公积	203,800,373.56	203,808,533.56
无形资产	31,080,000.00	30,240,000.00	盈余公积	62,827,188.90	78,985,657.32
递延资产	19,360,019.16	32,772,085.00	其中:公益金	17,644,770.04	23,030,926.18
无形及递延资产合计	50,440,019.16	63,012,085.00	未分配利润	8,890,920.05	13,926,084.85
其他长期资产:			股东权益合计	438,858,123.51	460,059,916.73
其他长期资产					
递延税项:					
递延税款借项					
资产总计	534,224,720.36	564,706,243.21	负债及股东权益总计	534,224,720.36	564,706,243.21

附件三

财 务 状 况 变 动 表

企业名称:广州市东方宾馆股份有限公司　　1996 年度　　单位:人民币元

流动资金来源和运用	金额	流动资金各项目的变动	金额
一、流动资金来源:		一、流动资产本年增加数:	
1.本年净利润	53,861,561.42	1.货币资金	-15,801,750.51
加:不减少流动资金的费用和损失		2.短期投资	-5,284,587.08
(1)固定资产折旧	10,857,652.59	3.应收票据	
(2)无形资产、递延资产及其他资产摊销	3,084,018.91	4.应收帐款净额	-24,179.54
(3)固定资产盘亏(减盘盈)		5.预付货款	-18,906,430.03
(4)清理固定资产损失(减收益)	114,620.98	6.其他应收款	-50,395,596.56
(5)递延税款		7.待摊费用	-3,075,084.32
(6)其他不减少流动资金的费用和损失		8.存货	-392,849.32
小 计	67,917,853.90	9.待流动资产净损失(减收益)	
2.其他来源		10.一年内到期的长期债券投资	304,136.98
(1)固定资产清理收入(减清理费用)	173,820.98	11.其他流动资产	
(2)增加长期负债			
(3)收回长期投资	1,310,700.00		
(4)对外投资转出固定资产			
(5)对外投资转出无形资产			
(6)资本净增加额	16,158,468.42	流动资产增加净额	-93,576,340.38
小 计	17,642,989.40	二、流动负债本年增加数	
流动资金来源合计	85,560,843.30	1.短期借款	
二、流动资金运用		2.应付票据	
1.利润分配		3.应付帐款	135,097.33
(1)提取法定公积金	5,386,156.14	4.预收货款	569,473.65
(2)提取法定公益金	5,386,156.14	5.应付福利费	-3,416,259.09
(3)提取任意公积金	5,386,156.14	6.未付股利	17,818,869.90
(4)已分配股利	32,667,928.20	7.未交税金	1,938,082.23
小 计	48,826,396.62	8.其他未交款	526,857.30
2.其他运用		9.其他应付款	-2,112,698.62
(1)固定资产和在建工程净增加额	137,925,129.03	10.预提费用	-20,290.56
(2)增加无形资产、递延资产及其他资产	5,080,790.17	11.一年内到期的长期负债	
(3)偿还长期负债		12.其他流动负债	
(4)增加长期投资	2,744,000.00		
小 计	145,749,919.20		
流动资金运用合计	194,576,315.82	流动负债增加净额	15,439,132.14
流动资金增加净额	-109,015,472.52	流动资金增加净额	-109,015,472.52

利 润 及 利 润 分 配 表

1996 年度　　附件二

企业名称:广州市东方宾馆股份有限公司　　单位:人民币元

项　目	1996 年度	1995 年度
一、主营业务收入	195,284,289.58	256,500,498.98
减:营业成本	21,669,026.49	27,466,695.61
销售费用(营业费用)	92,937,103.71	100,295,030.06
管理费用	55,589,425.48	55,008,081.39
财务费用	-21,178,677.11	-10,766,504.10
进货费用		
营业税金及附加	11,756,478.54	14,172,911.62
二、主营业务利润	34,510,932.47	70,324,284.40
加:其他业务利润		
三、营业利润	34,510,932.47	70,324,284.40
加:投资收益	1,813,202.92	634,734.78
营业外收入	28,183,257.18	727,536.92
减:营业外支出	1,576,633.40	4,679,202.36
加:以前年度损益调整		-345,822.80
四、利润总额	62,930,759.17	66,661,530.94
减:所得税	9,069,197.75	9,972,425.88
五、净利润	53,861,561.42	56,689,105.06
加:年初未分配利润	8,890,920.05	1,741,118.07
盈余公积转入数		
六、可分配的利润	62,752,481.47	58,430,223.13
减:提取法定公积金	5,386,156.14	5,668,910.51
提取法定公益金	5,386,156.14	5,668,910.51
七、可供股东分配的利润	51,980,169.19	47,092,402.11
减:已分配优先股股利		
提取任意公积金	5,386,156.14	8,503,365.76
已分配普通股股利	32,667,928.20	29,696,116.30
八、未分配利润	13,926,084.85	8,890,920.05

广州市东方宾馆股份有限公司1997年度中期报告

一、财务报告(未经审计)

广州市东方宾馆股份有限公司(下称"公司")董事会谨向全体股东公告,公司截止1997年6月30日会计期间之财务报告如下:

(一)财务报表

1.资产负债表(简化)

1997年6月30日 金额单位:人民币元

	期末数	期初数
流动资产	278,121,827.30	140,171,309.09
长期投资	69,846,914.71	69,846,914.71
固定资产净值	381,650,696.56	290,225,275.14
在建工程	11,456,032.02	1,317,798.14
固定资产清理		102,861.13
无形资产及递延资产	81,480,667.81	63,012,085.00
资产总计	822,556,138.40	564,706,243.21
流动负债	85,213,660.52	61,277,772.80
长期负债	6,200,625.48	10,700,625.48
股东权益	731,141,852.40	492,727,844.93
其中:股本	269,673,744.00	163,339,641.00
资本公积	303,949,060.59	203,808,533.56
盈余公积	55,954,731.14	55,954,731.14
公益金	23,030,926.18	23,030,926.18
未分配利润	78,533,390.49	46,594,013.05
负债及股东权益总计	822,556,138.40	564,706,243.21

2.损益表(简化)

金额单位:人民币元

项目	1997年1-6月	1996年1-6月	增减(%)
主营业务收入	126,139,587.96	97,119,373.88	29.88
主营业务利润	34,273,000.44	20,895,571.08	64.02
其他业务利润	/	/	
投资收益	2,262,199.84	790,360.64	186.22
营业外收支净额	1,040,421.91	-361,188.13	288.06
利润总额	37,575,622.19	21,324,743.59	76.20
所得税	5,636,244.75	3,055,495.05	84.46
净利润	31,939,377.44	18,269,248.54	74.83

3.其他财务指标

项目	本期数	上年同期数	增减(%)
每股收益	0.12元	0.11元	9.09
净资产收益率	4.37%	4.00%	9.25
每股净资产	2.71元	2.80元	-3.21

(二)财务报表附注

附注:1:会计政策

(1)本报告期内会计政策和会计方法与上年一致。

(2)本公司从1997年1月份增加物业场地租赁业务,由此增加租赁房产税,按租金收入的12%计缴。

附注2:1997年6月30日会计报表重要项目注释

(1)货币资金

期末余额169,386,299.08元,比年初增加126,993,134.00元,主要是于1997年4月配股募集资金2.06亿元所致。公司于6月份收购东方酒店集团有限公司的房产物业,已支付9,000万元,配股投资的另一项目尚未发生注资,所余资金大部分在有关银行办理了3个月到1年的各种定期存款业务。

(2)短期投资

期末余额27,683,392.90元,比年初增加4,192,275.00元。主要是股票投资项目增加327万元所致,期末持股情况如下:

股票名称	持股数	总成本	总市值
深南玻	30,000	445,980.15	384,900.00
小天鹅	150,000	4,315,010.43	3,915,000.00
民族集团	43,200	549,223.56	371,520.00
欧亚集团	189,410	2,394,678.76	1,727,419.20
合计		7,704,892.90	6,398,839.20

(3)应收帐款

期末余额21,903,556.45元,帐龄分析如下:

帐龄	金额(元)	占总额比重(%)
1年以内的	21,605,341.60	98.64
1-2年的	298,214.85	1.36
合计	21,903,556.45	100.00

比年初增幅较大,主要是'97年新增租赁业务形成上半年未收租金1,528万元,承租人承诺于1997年9月底前清偿。

(4)其他应收款

期末余额52,377,627.75元,帐龄分析如下:

帐龄	金额(元	占总额比重(%)
1年以内的	6,561,645.87	12.53
1-2年的	24,069,789.67	45.95
2-3年的	7,659,798.34	14.63
3年以上	14,086,293.87	26.89
合计	52,377,627.75	100.00

主要单位如下:

单位名称	金额(元)	业务内容
广州市东方酒店集团有限公司	13,457,231.64	借款本息
广州东方祥贵饮食美容有限公司	6,910,715.92	借款本息及代垫水电费等
广州君安礼仪服务有限公司	1,905,301.13	借款本息
广州增城东成日用化工有限公司	3,691,997.60	借款本息

(以上单位除东方酒店集团有限公司为本公司法人股东外,其余均为本公司投资的企业)

(5)固定资产

原价期末数519,152,412.72元,比年初增加98,565,121.73元,主要是1997年6月收购东方酒店集团有限公司房产建筑物的增加数。

(6)在建工程

期末余额11,456,032.02元,比年初增加10,138,233.88元。主要是新增保安电视和电信系统改造工程支出273.4万元(总预算546.8万元,将于今年竣工)和宿舍工程支出762.56万元(总预算1386万元)所致。

(7)无形资产

期末余额52,314,875元,比年初增加22,074,875元。主要是1997年6月完成收购东方酒店集团有限公司房产后,对土地使用权出让金按初拟评估价2,278万元暂估入帐所致。同时对此进行与租赁业务收入配比的摊销。本报告期末止,公司两项土地使用权情况如下:

项目	取得原值	已摊金额	期末余额	剩余摊销年限
'96年改组设立时购入	33,632,247.50	3,812,247.50	29,820,000.00	35.5年
'97年收购房产暂估	22,776,875.00	282,000.00	22,494,875.00	39.5年
合计	56,409,122.50	4,094,247.50	52,314,875.00	

(8)递延资产

期末余额29,165,792.81元,比年初减少3,605,292.19元,为本年已摊所致。本项均为1994－1995年宾馆改造装修工程费,原值5,758万元,致本期止已摊2,842万元。

(9)未交税金

期末数12,432,329.42元,比年初增加9,101,476.05元。主要为1997年6月收购东方酒店集团有限公司房产应交未交的交易契税、印花税和出租场地等增加的房产税所致。

(10)预提费用

期末余额23,011,860.74元,比年初增加22,792,092.92元。主要是1997年6月收购东方酒店集团有限公司房产建筑物按初拟评估价预提入帐的约2万平方米、使用40年土地使用权出让金2,277万元所致。

(11)长期应付款

期末余额6,200,625.48元,比年初减少4,500,000.00元,主要是归还有偿占有的广州国资局以前年度国家股股利所致。

(12)股本

期末总股本269,673,744元,比年初增加106,334,103元,增幅65%。主要是由于97年4月配股增加44,101,703元和1997年6月实施资本公积转增股本62,232,400元所致。

(13)资本公积

期末余额303,949,060.59元,比年初净增100,140,527.03元。主要是1997年4月份实施配股时,配股价4.80元超出面值的溢价总额扣除发行费用后增加162,372,927.03元和1997年6月实施资本公积转增股本62,232,400元而减少所致。

(14)未分配利润

期末余额78,533,390.49元,比年初增加的31,939,377.44元是本年中期实现之净利润。根据1997年6月5日召开的股东大会决议修改的1996年度分配方案'96年度可供股东分配利润46,594,013.05元暂不作1996年度的分配,全数转入1997年度一并分配。据此,本期报告之年初数相应调整为46,594,013.05元。

(15)主营业务收入

本期实现的主营业务收入126,139,587.96元,比上年同期增加29,020,214.08元,增幅约30%。主要是今年新增"东方时代广场"的租金收入20,280,000元所致。

(16)主营业务利润

主营业务利润比上年同期增加13,377,429元,主要是新增"东方时代广场"租赁业务收入形成。

(17)投资收益

投资收益比上年同期增加1,471,839元。主要是上半年股票投资收益2,057,734元,比上年同期增加172万元所致。

(18)营业外收支净额

营业外收支净额104万元,比上年同期增加140万元。主要是营业外收入增加178万元,营业外支出增加38万元而产生净增额所致。

附注3:关联企业及交易

(1)本公司投资的关联企业(金额:人民币万元)

公司名称	原投资额	占有权益	期末投资余额	注册地	主营业务
广州商业进出口贸易股份有限公司	200	11.43%	200	广州市	贸易等
惠州国贸工程开发总公司	2,300	20%	2,300	惠州市	房地产
东方祥贵饮食美容有限公司	969.89	40%	493.73	广州市	饮食业
广州增城东成日用化工有限公司	509.60	49%	215.78	增城	洗衣粉产销
广州华南通信投资有限公司	1,000	10%	1,000	广州市	通信业投资
广州联合交易股份有限公司	100	1%	100	广州市	产权交易中介
广州瑞丰实业有限公司	200	20%	200	广州开发区	商贸等
广州东方国际商贸有限公司	414.47	35%	414.47	广州市	国内外商业
广州东方房地产开发公司	400	40%	508.49	广州市	房地产开发
广州君安礼仪服务有限公司	80	40%	71.71	广州市	服务、咨询
广州世界大观园股份有限公司	1,480.5	3.95%	1,480.50	广州市	旅游、娱乐

(2)本公司与以下关联方的关联交易

A.向广州东方祥贵饮食美容有限公司提供有偿使用资金350万元人民币。

B.向广州君安礼仪服务有限公司提供有偿使用资金190.50万元人民币。

C.向广州增城东成日用化工有限公司提供有偿使用资金255.60万元人民币。

(3)本公司与法人股东广州东方酒店集团有限公司的关联交易

根据"资产转让合同",本公司于1997年6月完成第二批收购东方酒店集团有限公司的房产建筑物,共计房产建筑面积2.75万平方米,建筑物设施五项,交易总价9506.56万元。交易价格的确定为经广州资产评估公司评估,并经广州市国有资产管理局确认和批准,于1996年12月13日临时股东大会由出席会议的非关联股东表决通过。本项交易已于1997年6月30日前全部结算,其中以现金支付9,000万元,506.56万元以抵偿债务方式结算。

附注4:或有事项

本公司为广州东方酒店集团有限公司490万美元和4,000万元人民币银行借款提供担保。

附注5:本报告期内无发生合并或分立事项。

二、经营情况的回顾与展望

(一)上半年经营情况的回顾

上半年完成主营业务收入12,614万元,为年度计划的46.72%,比上年同期增长29.88%;完成净利润3,194万元,为年度计划50.10%,比上年同期增长74.82%;净资产收益率4.37%,比上年同期增加0.37个百分点。

1.主营业务完成情况

(1)今年起,主营业务产生结构性的调整,新增"东方时代广场"近2万平方米的场地租赁业务的2,028万元租金收入,占主营业务收入总额的16%。剔除新增业务计算,原有主营业务项目收入比上年同期增长9%,主要是根据市场和自身经营环境的变化改善营销策略,入住客源增加了10.8%,餐饮上座率上升14%,同时平均房价上升11%。上半年旅馆客房出租收入7,130万元,比上年同期增加13%,餐饮收入3042万元,比上年同期增加1.5%,但人均消费下降14%。这两项业务收入分别完成年度计划的45.2%和47.97%。

(2)上半年成本费用控制实施责任制取得效果。

节约降耗,加强原材料采购及价格的监控管理,促进营业耗费的降低,是今年抓好主营效果的重要任务之一,成本责任制的推行和挖潜降耗活动的开展,使综合营业成本率比上年同期下降11.95%,营业费用率下降6.62%。今年以来,能源价格升幅较大,用水价格每立方米达1.85元,比去年同期上升1.05倍,基本电价每度1.20元,比去年同期上升50%;平均每吨燃油价格升幅达15%。能源价格的大幅上升,对主营收益构成明显的负面影响。去年底以来,公司把能耗挖潜列为重点任务,通过革新和更新改造高耗能设备,控制和克服浪费能源的薄弱环节,使今年上半年用电量比上年同期下降14.39%,用水量下降3%。

2.公司对外投资的关联企业经营情况

公司参股、联营投资的广州保税区瑞丰实业有限公司、东方房地产开发公司、广州世界大观股份有限公司、广州华南通信投资有限公司等,仍继续保持盈利经营;广州增城东成日用化工有限公司上半年完成减亏任务;上半年仍亏损或增亏的企业包括东方祥贵饮食美容有限公司、广州商业进出口贸易股份有限公司、广州君安礼仪服务有限公司。盈利经营的世界大观股份有限公司和华南通讯投资有限公司将待股东会决议实施1996年利润分配。

3.1997年4月配股募集资金运用情况

经中国证监会证监上〔1997〕3号文批准,本公司于1997年4月按计划完成配股工作,配售新股4,410.1703万股,实际募集资金2.06亿元。根据1996年12月13日临时股东大会决议和配股说明书,此次募集资金运用情况说明如下:

(1)关于收购东方酒店集团有限公司物业资产

于1997年6月13日由广州市房地产交易所监证完成了七份房产交易契约项下2.75万平方米房产的交易,交易总额8,941万元;同时,通过广州产权交易中心完成对五宗非房产类的建筑物及设施的收购,交易总价565万元。两项收购总额为9,506.56万元,连同交易应缴纳的税费,本公司在这次收购使用资金共达9,827.08万元。本公司已于1996年12月经临时股东会授权,已收购广州市东方酒店集团有限公司的房产2.07万平方米,收购总值6,742万元。两次已收购的房产建筑物共计4.82万平方米,资金运向总额16,569万元,其中,运用本次募集资金9,380万元。

(2)关于控股投资"三亚东方宾馆"项目

根据配股说明书,本次配股募集资金将运用9,600万元控股投资"三亚东方宾馆",享有权益60%。该项目的合作投资方三亚开发总公司已完成了用于出资的1.8万平方米土地使用权法律手续,双方就项目总投资概算和出资的细节基本达成合同条款。目前双方仍就项目投资的阶段性计划方案和联营公司创立后开展项目建设期间其他经营业务的规划进行有关的磋商,因此,本公司未就该项目发生实质性的资金投入。按照配股说明书,本公司对该项目在今年的投资额为6,000万元,该计划未有变化。目前,计划用于该项目的资金,已安排近1亿元在银行办理了3个月到一年不等的定期存款业务。

(二)下半年工作计划

1.继续抓好酒店服务硬件的装修改造工作进度,完成电话系统设备的更新改造、西八楼客房装修及其他基础设施的工程项目,进一步落实改善服务功能和提高服务标准的条件。

2.在优化经营环境和提高服务水平的条件下,以增加开房率和平均房价为目标,改进和强化客源网络的促销工作,努力完成或超额完成主营业务收入的年度计划。

3.针对能源价格的提高,继续深入抓好降耗降费的技术挖潜,努力保持上半年取得的工作成果,使全年耗能和费用指标控制在低于上年度的计划之内。

4.于9月份落实"三亚东方宾馆"的分阶段投资方案,并实施"三亚东方宾馆有限公司"组建和项目建设工作,预计本公司今年对该项目的投资额不超出6,000万元。此外,公司现有对外投资业务的重整将在下半年由董事会通过重整计划。

5.严格履行租赁及关联公司业务合同,清理到期或逾期的应收款项,努力排除各种非企业行为的干扰或干预,切实维护公司的资产权益。

三、重大事件揭示

(一)实施增资配股

经中国证监会证监上〔1997〕3号文批准,公司于1997年4月实施增资配股,配售新股4,410.1703万股,按1996年末总股本10:2.7向全体股东配售,配股价4.80元。此次配股,国家股股东的配股权987.2247万股全额定向有偿向发起人法人股东转让。本次配股全部按计划完成,配股后的总股本为20,744.1344万股。本事项已于1997年4月19日在《中国证券报》和《证券时报》等报刊上作出公告。

(二)实施资本公积转增股本

根据1997年6月5日召开的股东年会决议,本公司于1997年6月实施资本公积转增股本,转增股本6,223.2400万股,按1997年4月配股后的总股本向全体股东每10股转增3股。此次资本公积转增股本的股权登记日为1997年6月24日,除权日为1997年6月25日,转增股本可流通部分起始交易日为1997年6月27日。本事项于1997年7月11日在《中国证券报》和《证券时报》等报刊上公告。

(三)第二批收购广州市东方酒店集团有限公司资产

根据1997年12月13日临时股东大会决议和1997年配股说明书确定的配股募集资金用途,本公司于1997年6月完成了第二批收购东方酒店集团资产的工作。本次收购的资产范围为经广州市国有资产管理局以穗国二确〔1997〕第08号、第09号和〔1996〕国二确第19号分别确认的广州资产评估公司广资评字(96)第462号、第463号和第492号评估报告项下之广州市东方酒店集团有限公司的经营性房产及建筑物。1997年6月13日,经由广州市房产交易所监证,与广州市东方酒店集团有限公司签署了(97)穗房买卖契约字第(2342)至(2347)和(1562)号共七份房产交易契约,实现交易房产建筑面积27,560.71平方米,交易总价8,941.18万元。此外,于1997年6月23日,交易双方根据《固定资产转让合同》,通过广州产权交易服务中心完成了广资评字(96)第463号评估报告的五宗非房产类建筑物及设施的交易,交易总价565.37万元,此次交易由广州产权交易服务中心穗产交证字〔1997〕014号《产权交易证书》。

本公司第二批收购广州市东方酒店集团有限公司资产总额为9,506.56万元,占公司总资产的12%。在此之前,于1996年12月30日前,根据临时股东会的授权,本公司已实施第一批收购东方酒店集团的房产20,706.25平方米,收购值6,742万元。至此,两批已收购的资产总值为16,248.56万元,包括物业房产48,226.96平方米及庭院连廊,庭院绿化道路等五宗建筑物设施。

根据《资产转让合同》,列入1997年下半年作第三批收购的物业房产约9,000平方米,评估确认的交易总价约2,700万元,完成全部收购后,建筑总面积达57,300平方米。由于所涉及的应缴土地使用权出让金须重新测定地积及调整容积率,须于1997年下半年方能办理完毕,两次收购完成后,根据暂评价格,已将土地使用权暂估预提入帐。

(四)公司主营业务结构变动

由于广州市东方酒店集团有限公司通过本次交易将原向广州市华隆兆业投资发展公司出租用于经营"东方时代广场"商业的房产物业已向本公司转让、根据1997年6月23日由广州市东方酒店集团有限公司、广州市东方宾馆股份有限公司、广州市华隆兆业投资发展公司签署的《出租主体变更协议》,于1997年6月25日经广州市房地产租赁管理所办理了《租赁合同》和《房地产租赁契约》的出租主体变更手续,本公司成为原《租赁合同》和《房地产租赁契约》的出租权利人。

根据1997年1月8日本公司与广州市东方酒店集团有限公司签署的《资产转让补充合同》有关条款的规定,自1997年1月1日起,广州市华隆兆业投资发展公司按《租赁合同》缴付的租金归本公司所有。

根据《租赁合同》,本公司自1997年1月起主营业务增加了房产租赁业务,租赁期为25年。根据合同,1997年该项租金收入4,056万元,每年递增3.3%。

(五)关于在股票二级市场的投资活动

公司于1994年8月经董事会决定,仅利用少量闲余资金投入500万元,以公司名义开设帐户,在二级市场进行股票投资。至本报告期末,在仅有一个的证券帐户余存股票成本总额770.49万元,现金存款250.14万元,资产累积总额1020.63万元。在此期间,并无对证券帐户注入新增资金。公司在二级市场进行的股票投资活动一贯严格遵守《股票发行与交易管理暂行条例》,从无直接或间接参与对本公司股票的炒作。根据国务院证券委、中国人民银行、国家经贸委《严禁国有企业和上市公司炒作股票的规定》,公司按有关规定和要求认真进行了自查,并于1997年5月23日向深圳证券交易所递送了自查报告。公司确信,在股票投资的操作中,无发生利用银行信贷资金及发行股票募集的资金和炒作本公司股票之违规行为。亦从未以任何个人名义在其他任何券商开设帐户或向任何个人购买股票提供资金。

(六)诉讼事项

1.已发生之诉讼事项

(1)本公司于1996年12月作原告对广州佳宁娜潮州酒楼有限公司无理拖欠本公司水电费及资金占用费190.71万元之行为向广州市越秀区人民法院提起诉讼,该诉讼申请已被受理并在审理中。

(2)本公司于1997年3月作原告对美国太平洋T&W实业发展有限公司广州办事处无理拖欠本公司房租及利息126万元之行为向广州市越秀区人民法院提起诉讼,该诉讼申请已被受理并在审理中。

(3)本公司于1997年3月作原告对珠海健宝乐饮料有限公司广州经销公司无理拖欠本公司房租及利息67万元之行为向广州市越秀区人民法院提起诉讼。该诉讼申请已被受理并在审理中。

2.已确知可能发生诉讼的事项

(1)广东阳江国际大酒店于1993年11月向本公司借款1000万元人民币,借款人几经书面承诺或作出偿还计划,却一直未按有关协议和承诺书履行偿还全部借款本息的义务。对此,本公司不排除在适当时候向法院提起诉讼。

(2)截至1997年6月30日,广州东方祥贵饮食美容有限公司拖欠本公司借款本息及水电费共达691.07万元,且无理不履行协议。对此,本公司不排除在适当时候向法院提起诉讼。

(3)截至1997年6月30日,中国会娱乐饮食有限公司拖欠本公司的水电费及房租共418.22万元。如债务人不完整履行与本公司达成的还款协议,本公司不排除就此向法院提起诉讼。

(七)董事会无对本年度中期作出权益分派的决议。

四、发行在外股票的变动和股权结构的变化

1.股份变动和股权结构(截止1997年6月30日):

股份单位:股　　面值:每股1元

股份类别	期初数		本期增加数		期末数	
	股份数	比例(%)	配股增加(1997年4月)	资本公积转增(1997年6月)	股份数	比例%
一、尚未流通股份						
1.发起人股份	103,385,240	63.30	27,914,015	39,389,775	170,689,030	63.30
其中:国家股	36,563,876	22.39	0	10,969,162	47,533,038	17.63
境内法人股	66,821,364	40.91	27,914,015	28,420,613	123,155,992	45.67
尚未流通股份合计	103,385,240	63.30	27,914,015	39,389,775	170,689,030	63.30
二、已流通股份						
1.A股	59,954,401	36.70	16,187,688	22,842,625	98,984,714	36.70
其中:董事、监事及高管人员持股	68,904	0.04	18.599	26,250	113,753	0.04
已流通股份合计	59,954,401	36.70	16,187,688	22,842,625	98,984,714	36.70
三、股份总数	163,339,641	100.00	44,101,703	62,232,400	269,673,744	100.00

2.主要股东持股情况

截止1997年6月30日,持有本公司5%以上股份和前十名股东:

序号	股东名称	持股数(股)	比例(%)
(1)	广州市东方酒店集团有限公司	123,155,992	45.67
(2)	广州越秀集团有限公司	47,533,038	17.63
(3)	包玉秀	1,079,925	0.40
(4)	孙金康	856,700	0.32
(5)	薛爱珍	709,300	0.26
(6)	从火炳	669,160	0.25
(7)	太原北和投资发展有限公司	652,987	0.24
(8)	傅茂方	501,800	0.19
(9)	王敏薇	498,872	0.18
(10)	陈志文	390,000	0.14
合计		176,048,274	65.28

五、股东大会简介

1.本公司1996年度股东年会于1997年6月5日上午在公司法定住所广州市东方宾馆召开,出席本次股东大会的股东17名,代表持有公司的股份131,377,672股,占公司总股份数的63.33%。经大会审议表决,一致通过了如下决议:

(1)批准《1996年度董事会工作报告》;

(2)批准《1996年度监事会工作报告》;

(3)批准《1996年度财务决算和1997年度财务预算报告》;

(4)批准《1996年度利润分配修改方案和资本公积转增股本案》;

根据大股东的提案将董事会于1997年1月作出的10派2送1的1996年度利润预分配方案修改为:出于对公司近期业务发展的需要,1996年度净利润5,386.16万元,在各按10%提取法定盈余公积金538.61万元、公益金538.61万元和任意盈余公积538.61万元后,加年初未分配利润889.09万元,共计实际可供股东分配利润4,659.40万元,不作1996年度的分配,全数作未分配利润转入1997年度一并分配。同时,通过了资本公积转增股本方案:从资本公积转增股本62,232,403元,按配股后总股本207,441,344股,向全体股东每10股转增3股。

(5)批准修改公司章程的议案。

上述股东大会决议已于1997年6月10日在《中国证券报》、《证券时报》和《信息时报》上作出公告。

2.在本报告期内,本公司没有召开临时股东会。

六、备查文件

1.载有董事长、总经理亲笔签名的中期报告原本;

2.公司中期财务报告全文本原件;

3.《1996年度报告》及本报告期内公司的有关信息公告。

以上文件备置于公司董事会秘书处。

有关查询资料:

地址:广州市流花路120号东方宾馆A座3103室 本公司董事会秘书处

邮政编码:510016

电话:(020)86662791或(020)86669900转3103

传真:(020)86669900转3102

联系人:邓贤新、陈聪

广州市东方宾馆股份有限公司

1997年8月13日

昆明百货大楼(集团)股份有限公司

昆明百货大楼(集团)股份有限公司1996年年度报告(摘要)

一、公司简况

1. 公司名称

公司法定名称:昆明百货大楼(集团)股份有限公司

公司英文名称:KUNMING DEPARTMENT STORE(GROUP)CO., LTD

公司简称:昆百大

2. 公司地址:昆明市东风西路99号

邮政编码:650021

3. 公司法定代表人:吴新元

公司资询服务机构:股份事务办公室

4. 联系电话及传真:(0871)3610972

二、主要财务数据与财务指标(单位:万元)

指标项目	本年数	上年数	比上年增减(%)
1. 营业收入(不含税)	49,923.35	43,273.87	15.37
营业收入(含税)	58,409.91	50,630.42	15.37
2. 净利润	1,225.96	1,791.87	-31.58
3. 总资产	85,014.27	49,193.09	72.82
4. 股东权益	26,608.08	26,354.01	0.96
5. 每股收益	0.091	0.133	-32.33
6. 每股净资产	1.98	1.96	1.02
7. 净资产收益率	4.62	6.80	-32.06
8. 股东权益比率	31.29	53.57	-41.59

注:以上财务指标均按合并报表计算。

三、公司业务回顾

1. 一年来经营情况

1996年是公司发展中关键的一年,也是公司自1994年上市以来发展多种产业的投资高峰期。在这一年里,公司形成了以商贸为基础,集加工业、旅游、物业、金融、房地产、广告为一体的多种产业并举的经营格局。在各位股东的支持下,经过公司全体员工的共同努力,克服各种困难,1996年共完成销售5.8亿元,实现利润1,398万元,基本完成了年初制定的各项奋斗目标和工作计划。

1996年8月,公司募集股金投入的重点项目新纪元广场按期封顶断水,紧接着于12月份又完成了裙楼2万平方米商场的装修,并于12月26日成功开业,为公司商贸业第二次创业奠定了坚实的基础。公司以新楼开业为契机,全面加强企业管理,使企业形象得到提高。

在商贸业方面,公司加大了连锁经营和建立专卖店的力度,连锁公司遵循"靠规模取效益,以连锁占市场"的原则,完成了16个便民连锁店的铺点工作,为公司发展连锁经营打下了一定的基础。家电产品在确保零售的基础上,积极拓展经营规模,在各专州建立供货关系的经营单位近60个,形成了覆盖全省的批发网点。

公司的旅游业现处于调整阶段,1996年末已着手对新纪元大酒店开业进行筹备,该酒店是公司投资旅游业的最大项目,位于新纪元广场的18层-29层,计有320套客房,按四星级酒店标准设计,1997年底可完工;1996年公司对已开业的旅游项目通过狠抓管理,理顺关系,争取客源等各项措施,取得较好的成效:瑞丽新世纪宾馆现已产生较好的社会效益,提高了住房率,1996年下半年投入资金对尚未装修完的60余间客房继续装修,1997年可投入使用,届时将取得更好的效益;野鸭湖度假区部分宾馆年底已试营业,现正拟定扩建方案。再通过两年的努力,公司将逐步形成以新纪元大酒店为龙头,以各旅游实体为基础的旅游产业支柱。

公司在投资入股百大城市信用合作社及百大典当公司的基础上,1996年又入股中国民生银行和中国华夏银行,这些都对公司介入金融领域,迅速扩充企业规模,寻求新的利润增长点具有重要意义。

公司投资参股的云南大东公司在1996年已生产出符合国家标准的电解铜,目前正努力完善管理,加强融资力度,尽快使项目达到设计规模。

1996年现代企业制度试点的正式启动,电脑化管理的全面推开,使公司的管理工作进一步向科学化、规范化方向健康发展。

2. 公司本年度主营业务收入、净利润实际完成情况分析

目前公司的利润主要来自商贸业。面对激烈的市场竞争,公司采取多种形式扩大销售,增设销售网点,取得了较大的市场占有率,使主营业务增长了14.5%。但由于1996年市场竞争加剧,公司扩大批发销售,毛利率下降1.22%。加之1996年公司全力发展多种经营格局,经营规模扩大,贷款额增加,筹建新纪元商场开业,新增人员工资等各项业务经营费用也随之增加。另一方面,由于投资开发的各项目还处于建设期,新的利润增长点尚未形成,因此公司虽然销售额较1995年增加,但净利润仍有所降低。

3. 前次募集资金的使用情况说明

公司投资的主要项目新纪元广场建筑面积6万平方米,主楼已于1996年8月封顶,裙楼2万平方米的商场于12月26日正式开业,主楼新纪元大酒店及写字间1996年底开始筹组装修,预计1997年底可投入使用。其它建设项目正按计划进行。

四、股本变化及股本结构情况

1. 股本变化及股本结构情况

(1)股权结构表(单位:股):

股份类别	年初数	本年增减	年末数
一、尚未流通股份			
1. 发行人股份			
其中:国有法人股	32,261,900	0	32,261,900
2. 募集法人股	39,738,100	0	39,738,100
尚未流通股份合计	72,000,000	0	72,000,000
二、已流通股份			
A股	62,400,000	0	62,400,000
其中:高管人员冻结股份	70,200	0	70,200
已流通股份合计	62,400,000	0	62,400,000
三、股份总数	134,400,000	0	134,400,000

(2)公司前十名股东名称及其年末持股数量、年度内股份增减变动的情况:

股东名称	持有股数(股)
昆明百货大楼	32,261,900
昆明县乡企业开发公司	11,111,800
昆明西南商业大厦股份有限公司	7,000,000
昆明三联百货经营部	5,226,300
昆明继达工贸公司	4,000,000
昆明卷烟厂	3,000,000

深圳鸿基运输实业股份有限公司	2,500,000
昆明一商边贸有限责任总公司	2,000,000
珠海英君科技有限公司昆明分公司	2,000,000
云南民航经营公司	800,000

(4)股东数量

报告期末股东总数 35,225

2. 公司董事、监事及高级管理人员持股情况

序号	姓名	职务	持股数
1	吴新元	董事长、总经理	7800 股
2	龚存义	副董事长	7800 股
3	董家荣	副董事长　常务副总经理	7800 股
4	成　辉	董事、副总经理	0 股
5	杨惠秋	董事	7800 股
6	何统	董事	0 股
7	陈传柏	董事	0 股
8	汪晓红	董事	7800 股
9	刘家福	董事	7800 股
10	汪稚晔	董事会秘书	0 股
11	杨树森	监事会主席	7800 股
12	陈明珠	监事会副主席	7800 股
13	邓　钦	监事	0 股
14	徐丽行	监事	0 股
15	郭丽明	监事	0 股
16	李少清	总会计师	7800 股
合计			70,200 股

五、重要事项

1. 公司于 1996 年 4 月 30 日在昆明召开股东大会,会议批准了公司《董事会 1995 年度工作报告》、《总经理 1995 年度工作报告及 1996 年度工作计划》、《监事会 1995 年度工作报告》、《1995 年度财务结算及 1996 年度财务预算》、《1995 年度税后利润分配方案》、修改后的公司章程;进行了董事会、监事会换届选举、选举结果如下:吴新元、龚存义、董家荣、成辉、杨惠秋、何统、陈传柏、汪晓红、刘家福为本公司第二届董事会董事;杨树森、陈明珠、邓钦为本公司第二届监事会股东监事。此前,经职代会选举郭丽明、徐丽行为职工监事。

1996 年 4 月 30 日公司第二届董事会召开第一次会议,形成如下决议:

(1)选举吴新元先生为董事长;龚存义和董家荣先生为副董事长;聘任汪稚晔先生为公司董事会秘书;

(2)聘任吴新元先生为公司总经理;

(3)聘任成辉、董家荣、何统先生为公司副总经理;

(4)聘任杨惠秋女士为人事总监,李少清先生为监审总监,汪晓红女士为旅游总监。

1996 年 4 月 30 日公司第二届监事会召开第一次会议,形成如下决议;

选举杨树森先生为监事会主席,陈明珠女士为监事会副主席。

2. 1996 年初,经董事会决议,股东会批准,公司投资 3000 万元入股中国民生银行,投资 1000 万元入股华夏银行。

3. 公司法定代表人未发生变动,公司董事、监事的变动情况已如上述。

4. 公司注册地址、会计师事务所、法律顾问均未发生变动。

5. 重大事件简介;

(1)公司于 1996 年 3 月 29 日在《证券时报》刊登 1995 年年度报告(摘要)。

(2)公司于 1996 年 8 月 24 日《证券时报》刊登 1996 年中期报告。

(3)公司投资的主要项目新纪元广场主楼部分已于 1996 年 8 月封顶,裙楼 2 万平方米的商场于 12 月 26 日正式开业。

6. 本报告期内公司无重大诉讼、仲裁事项。

六、子公司及关联企业

公司主要关联企业列示如下(单位:人民币元):

名称	主营业务	注册资本	股权比例
昆明百货大楼房地产开发经营公司	房地产开发经营、租赁、仓储服务	10,000,000.00	100.00%
昆明百货大楼(集团)开发经营有限公司	批发、零售、代购、代销、边镜小额贸易	5,000,000.00	100.00%
华侨友谊公司	零售、批发	1,940,000.00	100.00%
昆明百货大楼(集团)珠宝经营有限公司	工艺美术品、珠宝玉石制品、黄金首饰的批发零售、代购、代销、加工服务	5,000,000.00	100.00%
瑞丽新世纪宾馆有限责任公司	宾馆服务、旅游、边境小额贸易	15,000,000.00	100.00%
昆明友谊商店	百货、家电、旅游工艺品	2,000,000.00	100.00%
昆百大进出口公司	进出口业务	1,000,000.00	100.00%
昆明百汇广告有限公司	制作、发布广告、CI 设计和与广告配套的展览、礼仪服务	5,842,934.40	75.00%
西双版纳依兰依兰度假村	宾馆服务、旅游、边境贸易	12,926,400.00	40.00%
昆都商场有限责任公司	商业服务、饮食、娱乐、办公	1,680,000.00	32.00%
云南大东产业股份有限公司	有色黑色金属冶炼、加工、销售	55,000,000.00	23.64%
昆明百大城市信用合作社	金融业务	880,000,00	22.73%

七、财务报告

1. 审计报告

云南会计师事务所

(97)云会审字第 51 号

审　计　报　告

昆明百货大楼(集团)股份有限公司全体股东:

我们接受委托,审计了贵公司 1996 年 12 月 31 日的资产负债表及 1996 年度利润及利润分配表和 1996 年度财务状况变动表。这些会计报表由贵公司负责,我们的责任是对这些会计报表发表审计意见。我们的审计是依据《中国注册会计师独立审计准则》进行的。在审计过程中,我们结合贵公司实际情况,实施了包括抽查会计记录等我们认为必要的审计程序。

我们认为,上述会计报表符合《企业会计准则》和《股份制试点企业会计制度》的有关规定,在所有重大方面公允地反映了贵公司 1996 年 12 月 31 日的财务状况及 1996 年度的经营成果和资金变动情况,会计处理方法的选用遵循了一贯性原则。

云南会计师事务所　　中国注册会计师

中国　昆明　　杨守任　杨　苍

昆明市吴井路 161 号　　1997 年 3 月 29 日

2. 财务报表(见表)

3. 财务报表附注

(1)本公司本年度采取的会计政策和核算方法与上年度一致。

(2)应收帐款:本期末余额 40,952,851.02 元,其中帐龄为

一年以内的	36,032,405.49
一至二年的	4,353,392.37

二至三年的 246,816.36
三年以以上的 320,236.80
合计 40,952,851.02

(3)其他应收款:本期末余额148,326,532.17元,其中帐龄为

一年以内的 111,602,833.15
一至二年的 25,924,990.26
二至三年的 7,439,151.16
三年以上的 3,395,557.60
合计 148,362,532.17

(4)长期投资:本报告期为105,866,037.19元。明细情况如下:

被投资名称	股数	股权比例	长期投资金额	备注
云南大东产业股份公司	13,000,000.00	23.64%	14,527,281.82	昆百大(集团)股份投资
北京德恒有限公司	10,000,000.00	10.00%	10.000,000.00	昆百大(集团)股份投资
西南商业大厦	8,000,000.00	8.00%	8,000,000.00	昆百大(集团)股份投资
樱花宾馆	6,608,694.00	15.18%	6,608,694.00	昆百大(集团)股份投资
野鸭湖度假区	3,500,000.00	23.91%	3,,500,000.00	昆百大(集团)股份投资
波音大酒店	900,000.00	50.00%	104,555.63	昆百大(集团)股份投资
森华广告公司	250,000.00	40.00%	331,663.32	昆百大(集团)股份投资
一商河口经营部	300,000.00		300,000.00	昆百大(集团)股份投资
昆都商城	537,600.00	32.00%	0	昆百大(集团)股份投资
百大方糖食品有限公司	310,000.00	50.00%	255,623.69	昆百大(集团)股份投资
市场新报社	200,000.00	20.00%	200,000.00	昆百大(集团)股份投资
百大信用社	200,000.00	22.00%	200,000.00	昆百大(集团)股份投资
西双版纳依兰依兰度假村	5,170,000.00	40.00%	4,895,117.88	昆百大(集团)股份投资
经联会单位	210,320.00		210,320.00	昆百大(集团)股份投资
国库券	712,779.40		712,779.40	昆百大(集团)股份投资
中国民生银行	30,300,000.00	2.20%	30,300,000.00	昆百大(集团)股份投资
中国华夏银行	10,000,000.00	0.40%	10,000,000.00	昆百大(集团)股份投资
西南大厦珠宝部	2,500,000.00	50.00%	2,500,000.00	昆百大珠宝公司投资
孟海珠宝	500,000.00		500,000.00	昆百大珠宝公司投资
昆明企联矿产公司	7,000,000.00	20.00%	7,000,000.00	昆百大房地产公司投资
昆明新义公司	600,000.00		600,000.00	昆百大房地产公司投资
龙潭砖厂	590,000.00	49.00%	590,000.00	昆百大房地产公司投资
债券	500,000.00		500,000.00	昆百大房地产公司投资
瑞丽大明源山庄	3,675,078.62		3,675,078.62	昆百大房地产公司投资
其它项目	354,922.83		354,922.83	昆百大机电公司投资
合计	105,919,394.85		105,866,037.19	

(5)资本公积金 112,919,211.78元

本年因分子公司将以往年度的免税767,146.97元,以资本公积金转入盈余公积金,所以减少767,146.97元。

(6)盈余公积金 18,761,627.01元

本年按税后利润的10%分别提取法定盈余公积金和公益金共2,451,919.02元,以往年度公司的免税767,146.97元转入,其余88,766.72元为处理以往年度吊帐转入增加数。

(7)投资收益-717,735.32明细如下

波音大酒店	年末按权益法核算所有者权益	-795,444.37
昆都商城	年末按权益法核算所有者权益	-537,600.00
西双版纳依兰依兰度假村	年末按权益法核算所有者权益	-1,908,494.00
森华广告公司	年末按权益法核算所有者权益	50,398.48
卫生发展公司	撤销清理损失	-9,797.87
北京德恒有限公司	1996年董事会决议按10%分股利	1,000,000.00
北京德恒有限公司	实际收到1995年股红	1,180,000.00
经联会单位	1996年实收股红	2,194.00
百大城市信用社	1996年实收股红	72,000.00
西南商业大厦珠宝部	联营分回利润	303,824.44
国库券	兑付国库券利息	115,184.00
昆明新义公司	清理损失	-240,000.00
瑞丽新世纪宾馆	联营分回利润	50,000.00

昆明百货大楼(集团)股份有限公司

1997年4月5日

资 产 负 债 表

编制单位:昆明百货大楼(集团)股份有限公司　　编报日期1996年12月31日　　金额单位:人民币元

资产	附注	合并报表		母公司报表	
		1996年12月31日	1995年12月31日	1996年12月31日	1995年12月31日
流动资产:					
货币资金		86,893,669.42	73,140,212.45	80,730,679.26	71,610,668.98
短期投资					
应收票据		1,203,056.44	527,910.09	397,495.81	
应收帐款	A	40,952,851.02	14,458,424.87	30,747,832.87	5,805,874.63
减:备抵帐款		122,593.24	43,375.27	119,235.69	17,417.62
应收款项净额		40,830,257.78	14,415,049.60	30,628,597.18	5,788,457.01
预付货款		5,327,718.09	3,584,997.18	2,514,111.68	622,480.60
其他应收款	B	148,362,532.17	71,643,943.56	133,583,067.61	117,498,328.99
待摊费用		9,489,330.67	9,909,580.09	4,066,863.47	5,682,626.35
存货		132,234,609.08	102,721,244.61	58,989,129.08	40,609,406.54
待处理流动资产净损失		83,449.12	1,037,628.26	24,906.55	1,012,266.26
一年内到期的长期债券投资					
其他流动资产				58,344,104.09	
流动资产合计		424,424,622.77	276,980,565.84	369,278,954.73	242,824,234.73
长期投资:	C				
长期投资		105,866,037.19	65,008,496.33	132,730,119.82	100,422,324.66

资　　产	附注	合并报表		母公司报表	
		1996年12月31日	1995年12月31日	1996年12月31日	1995年12月31日
其中:合并价差(贷差以"—"表示)					
固定资产:					
固定资产原价	D	54,757,491.69	47,581,847.86	38,673,309.82	35,448,435.31
减:累计折旧	D	19,438,770.75	15,092,679.18	15,272,412.32	13,539,051.93
固定资产净值	D	35,318,720.94	32,489,168.68	23,400,897.50	21,909,383.38
在建工程	E	258,133,812.52	102,305,173.03	228,018,793.16	77,675,511.72
固定资产清理					
待处理固定资产净损失					
固定资产合计		293,452,533.46	134,794,341.71	251,419,690.66	99,584,895.10
无形资产及递延资产:					
无形资产	F	10,012,867.68	8,382,206.71	9,424,867.68	8,042,592.64
递延资产	G	16,386,637.58	6,765,303.79	8,150,604.98	2,157,111.62
无形及递延资产合计		26,399,505.26	15,147,510.50	17,575,472.66	10,199,704.26
其他长期资产:					
其他长期资产					
递延税项:					
递延税项借项					
资产总计		850,142,698.68	491,930,914.38	771,004,237.87	453,031,158.75
负债及股东权益					
流动负债:					
短期借款	H	356,965,000.00	147,715,000.00	320,500,000.00	113,050,000.00
应付票据		17,899,433.61		17,899,433.61	
应付帐款	I	54,246,774.79	46,799,309.14	46,622,851.49	35,418,822.24
预收货款		6,052,441.79	94,286.75	842,552.00	146,838.91
应付福利费		169,794.48	102,973.68	135,172.15	90,500.04
未付股利		13,517,302.21	15,199,951.50	13,517,218.17	15,199,867.46
未交税金	J	-885,953.45	6,144,345.09	650,292.42	6,339,843.02
其他未交款		66,478.97	92,686.81	61,629.47	89,054.19
其他应付款		42,108,648.95	8,448,174.47	12,882,813.50	18,712,327.99
预提费用		3,115,610.13	1,192,309.85	2,850,079.26	423,751.85
一年内到期的长期负债					
其他流动负债		-93,941.55			
流动负债合计		493,161,589.93	225,789,037.29	415,962,042.07	189,471,005.70
长期负债:					
长期借款	K	88,000,000.00		88,000,000.00	
应付债券					
长期应付款		787,707.79	20,000.00	787,707.79	20,000.00
其他长期负债					
长期负债合计	L	88,787,707.79	20,000.00	88,787,707.79	20,000.00
递延税项:					
递延税款贷项					
负债总计					
少数股东权益:					
少数股东权益		2,112,562.17	2,581,724.04	173,649.22	
股东权益:					
股本	M	134,400,000.00	134,400,000.00	134,400,000.00	134,400,000.00
资本公积	N	112,919,211.78	113,686,358.75	112,919,211.78	113,686,358.75
盈余公积	O	18,761,627.01	15,453,794.30	18,761,627.01	15,453,794.30
其中:公益金					
未分配利润					
外币报表折算差额					
股东权益合计		266,080,838.79	263,540,153.05	266,080,838.79	263,540,153.05
负债及股东权益总计		850,142,698.68	491,930,914.38	771,004,237.87	453,031,158.75

财务状况变动表

编制单位:昆明百货大楼(集团)股份有限公司　　编报日期:1996年12月31日　　金额单位:人民币元

流动资金来源和运用	附注	合并 1996年度	母公司 1996年度	流动资金各项目的变动	合并 1996年度	母公司 1996年度
一、流动资金来源				一、流动资产本年增加数:		
1.本年净利润		12,259,595.10	12,259,595.10	1.货币资金	13,753,456.97	9,120,010.28
加:不减少流动资金的费用和损失:				2.短期投资		
(1)少数股东本期损益(亏损以"—"号表示)		-376,108.73	-76,350.78	3.应收票据	675,146.35	397,495.81
(2)固定资产折旧		4,494,574.26	1,869,083.51	4.应收帐款净额	26,415,208.18	24,840,140.17
(3)无形资产、递延资产及其他资产摊销(减其他负债转销)		3,877,032.51	1,467,851.21	5.预付货款	1,742,720.91	1,891,631.08
(4)固定资产盘亏(减盘盈)				6.其他应收款	76,718,588.61	16,084,738.62
(5)清理固定资产损失(减收益)		25,549.75	25,549.75	7.待摊费用	-420,249.42	-1,615,762.88
(6)递延税款				8.存货	29,513,364.47	18,379,722.54
(7)其他不减少流动资金的费用和损失				9.待处理流动资产净损失	-954,179.14	-987,359.71
小计		20,280,642.89	15,545,728.79	10.一年内到期的长期债券投资		
2.其他来源:				11.其他流动资产		58,344,104.09
(1)固定资产清理收入(减清理费用)						
(2)增加长期负债		88,787,707.79	88,787,707.79			
(3)收回长期投资		3,599,802.44	3,270,566.84			
(4)对外投资转出固定资产						
(5)对外投资转出无形资产						
(6)资本净增加额		2,540,585.74	2,540,585.74			
(7)少数股东资本净增加额		-93,053.14	250,000.00			
小计		94,835,142.83	94,848,860.37	小计		
流动资金来源合计		115,115,785.72	110,394,689.16	流动资产增加净额	147,444,056.93	126,454,720.00
二、流动资金运用:				二、流动负债本年增加数:		
1.利润分配:				1.短期借款	209,250,000.00	207,450,000.00
(1)提取法定公积金		1,225,959.51	1,225,959.51	2.应付票据	17,899,433.61	17,899,433.61
(2)提取法定公益金		1,225,959.51	1,225,959.51	3.应付帐款	7,447,465.65	11,204,029.25
(3)提取任意公积金				4.预收货款	5,958,155.04	695,713.09
(4)已分配股利		9,807,676.08	9,807,676.08	5.应付福利费	66,820.80	44,672.11
小计		12,259,595.10	12,259,595.10	6.未付股利	-·1,682,649.28	-1,682,649.29
2.少数股东利润分配				7.未交税金	-7,030,298.54	-5,689,550.60
3.其他运用:				8.其他未交款	-26,207.84	-27,424.72
(1)固定资产和在建工程净增加额		163,178,315.76	153,729,428.82	9.其他应付款	33,660,474.48	-5,829,514.49
(2)增加无形资产、递延资产及其他资产		15,129,027.27	8,843,619.61	10.预提费用	1,923,300.28	2,426,327.41
(3)偿还长期负债		20,000.00	20,000.00	11.一年内到期的长期负债		
(4)增加长期投资		44,457,343.30	35,578,362.00	12.其他流动负债	-93,941.55	
小计		222,784,686.33	198,171,410.43			
流动资金运用合计		235,044,281.43	210,431,005.53			
外币会计报表折算差额				流动负债增加净额	267,372,552.64	226,491,036.37
流动资金增加净额		-119,928,495.71	-100,036,316.37	流动资金增加净额	-119,928,495.71	-100,036,316.37

利润及利润分配表

编制单位:昆明百货大楼(集团)股份有限公司　　编制日期:1996年12月31日　　金额单位:人民币元

项目	附注	合并报表		母公司报表	
		1996年	1995年	1996年	1995年
一、主营业务收入	P	499,233,531.39	432,738,669.20	355,672,861.86	298,382,577.68
减:营业成本		416,716,492.37	355,915,847.66	296,447,850.08	243,861,608.99
销售费用		5,080,471.71	4,785,996.43	3,157,996.78	3,266,126.51
管理费用		53,840,587.89	46,224,750.60	35,188,443.33	31,927,515.67
财务费用	Q	951,342.45	-1,994,344.51	-5,910,828.89	-4,391,459.22
进货费用		6,510,970.24	5,034,947.91	6,100,579.03	4,047,781.58
营业税金及附加		3,302,794.73	3,891,934.78	1,253,600.02	996,767.81
二、主营业务利润		12,830,872.00	18,879,536.33	19,435,221.51	18,674,236.29

项目	附注	合并报表		母公司报表	
		1996年	1995年	1996年	1995年
加:其他业务利润		724,096.87	673,697.58	512,345.74	40,571.90
三、营业利润		13,554,968.87	19,553,233.91	19,947,567.25	18,714,808.19
加:投资收益	R	-717,735.32	1,026,903.97	-5,452,365.90	2,423,569.95
营业外收入		2,206,588.76	944,891.51	641,237.52	356,488.10
减:营业外支出		1,063,250.11	490,451.28	856,108.72	420,941.36
加:以前年度损益调整					
四、利润总额		13,980,572.20	21,034,578.11	14,280,330.15	21,073,924.88
减:所得税		2,097,085.83	3,155,186.72	2,097,085.83	3,155,186.72
减:少数股东本期收益		-376,108.73	-39,346.77	-76,350.78	
五、净利润		12,259,595.10	17,918,738.16	12,259,595.10	17,918,738.16
加:年初未分配利润					
盈余公积转入数					
六、可分配的利润		12,259,595.10	17,918,738.16	12,259,595.10	17,918,738.16
减:提取法定公积金		1,225,959.51	1,791,873.82	1,225,959.51	1,791,873.82
提取法定公益金		1,225,959.51	1,791,873.82	1,225,959.51	1,791,873.82
七、可供股东分配的利润		9,807,676.08	14,334,990.42	9,807,676.08	14,334,990.52
减:已分配优先股股利					
提取任意公积金					
已分配普通股股利		9,807,676.08	14,334,990.52	9,807.676.08	14,334,990.52
八、未分配利润					

昆明百货大楼(集团)股份有限公司1997年中期报告

一、财务报告(未经审计)

1.财务报表

表一:简化的资产负债表

1997年6月30日　　单位:人民币万元

项　目	期末数 母公司	期末数 合　并	年初数 母公司	年初数 合　并
流动资产	43,981.43	50,698.43	36,927.89	42,442.46
长期投资	12,632.48	9,985.52	13,273.01	10,586.60
固定资产净值	2,401.06	3,749.61	2,340.08	3,531.87
在建工程	27,069.61	30,231.25	22,801.87	25,813.38
无形及递延资产	1,729.88	2,595.11	1,757.54	2,639.95
其他长期资产				
资产总计	87,814.48	97,260.01	77,100.42	85,014.26
流动负债	50,657.77	59,878.96	41,596.20	49,316.15
长期负债	8,886.22	8,886.22	8,878.77	8,878.77
少数股东权益	20.95	245.28	17.36	211.25
股东权益	28,249.53	28,249.53	26,608.08	26,608.08
其中:股本	13,440.00	13,440.00	13,440.00	13,440.00
资本公积	11,291.92	11,291.92	11,291.92	11,291.92
盈余公积	2,133.08	2,133.08	1,876.16	1,876.16
未分配利润	1,384.53	1,384.53	980.77	980.77

注:1996年终实现的全年可分配利润980.77万元已按规定进行分配,转入未付股利。1997年5月10日,经股东大会审议决定,1996年利润暂不分配。按股东大会决定,前述利润1997年6月结算已调帐入本年未分配利润。

表二、简化的损益表

1997年1-6月　　单位:人民币万元

项　目	本报告期 母公司	本报告期 合　并	上年同期 母公司	上年同期 合　并
主营业务收入	30,532.50	40,018.43	21,181.36	28,769.42
主营业务利润	602.97	297.40	437.38	449.88
其他业务利润	26.35	29.18	3.06	6.07
投资收益	-279.67	10.63	181.08	145.50
营业外收支净额	237.03	240.87	29.29	33.57
利润总额	586.69	578.09	650.82	635.04
所得税	86.71	86.71	97.92	97.92
净利润	504.02	504.02	554.88	554.88

其他财务指标:

(1)每股收益(元)　0.038

(2)净资产收益率　1.78%

(3)每股净资产(元)　2.10

我公司本报告期净资产收益率1.78%低于同期银行存款利率,主要原因是主营业务毛利率比去年同期下降1.4个百分点,投资项目仍处于投入期,致使本期净资产收益率下降。

2.财务报表附注

(1)从1997年1月1日起,本公司所属百货大楼由于实行电脑管理,所以库存商品由原来的售价核算改为进价核算。售价核算与进价核算对接时,库存商品差数为684,723.97元,为售价核算以柜组综合毛利率转成本正常差额,此部分已调整报告期营业成本。本报告期其他执行的会计政策与1996年终期报告一致。

(2)本报告期主体合并范围与1996年度终期报告一致。

(3)资产负债表各项目与上一年度末资产负债表相比,无重大、异常变化。

(4)主营业务收入同比增长39%,主要原因是我公司新楼1996年12月26日开业,新增加营业面积13000平方米。

(5)主营业务利润下降33.89%,主要原因一是毛利率同比下降1.4个百分点,二是费用总额同比增长36%。

(6)投资收益同比下降92.69%,主要原因是1996年同期有国库券利息收入,投资北京德恒公司的1995年收益入帐。而本报告期无上述收入。

(7)营业外收支净额同比增加6.17倍,主要原因是本报告期本公司新楼地下一层出租后有租赁费收入。

(8)关联企业及其交易

A. 关联企业　　单位:万元

企业名称	经济性质	股权比例	注册地址	注册资金	关联关系	主营业务
昆百大(集团)珠定公司	股份制	100%	东风路99号	500	全资	工艺美术品、珠宝玉石制品等
美雅西南工贸公司	有限责任	50%	吴井路238号	50	控股	床上用品等
昆百大(集团)机电公司	股份制	100%	环城路361号	63	全资	国内商业贸易、物资供销业等
昆百大(集团)商务计算机公司	有限责任	88.17%	新闻路60号	62	控股	销售电脑、软件开发、通讯器材
昆明市华侨公司	股份制	100%	正文路122号	363	全资	百货、家电等
昆百大(集团)开发公司	股份制	100%	吴井路195号	500	全资	批发零售、代购代销、边境贸易
昆百大(集团)装饰公司	股份制	100%	云瑞西路39号	55.55	全资	室内装修、商场柜台及装修工程
昆百大(集团)房地产公司	股份制	100%	永昌小区	1000	全资	房地产开发经营租赁等
昆明康大旅行社	股份制	100%	西昌路66号	30	全资	旅游服务
昆明百汇广告公司	有限责任	75%	东风路99号	584.29	控股	制作发布广告、CT设计等
瑞丽市新世纪宾馆有限公司	股份制	100%	瑞丽边城街	1,500	全资	宾馆服务、旅游、边境贸易等
昆明百云摄影制作公司	有限责任	51%	东风路99号	$10	控股	销售照相器材冲洗相等
华信广告公司	股份制	100%	东风路99号	64	全资	设计制作广告等

B. 关联交易:我公司关联交易主要是为上述子公司提供部分经营资金。截止本报告期末提供资金共计6,657万元。所有资金均按银行同期利率收取利息。

C. 上述表列关联企业共计贷款3,900万元均为我公司担保。

D. 本公司上述关联企业之间无其他关联交易。

二、经营情况的回顾与展望

1. 上半年经营情况的回顾

1997年上半年,公司新纪元裙楼商场建成开业,新老楼连为一体,使公司的营业面积成倍增加。但是与此同时,本市又有数家大商场建成开业,市场竞争更加激烈。针对这种情况公司对所属商贸网点进行了调整,采取多种营销措施,不断扩大经营,共完成销售40,018.43万元,比去年同期增长39.10%;但由于批发扩大,降低了毛利率,加之费用上升,利润有所减少。

公司新纪元广场主楼的装修工程上半年全面展开,进度正常,截止6月30日外立面已完成部分装修。瑞丽新世纪宾馆60余间客房装修完毕并投入使用。其它投资项目正按计划进行。

2. 下半年计划

1997年下半年公司将不断加强内部管理,改进服务,采用各种促销措施,扩大销售,适当调整经营,压缩开支,争取利润有所提高。

新纪元广场主楼装修工程将抓紧进行,力争1997年底完工,新纪元大酒店1998年初建成开业。

三、重大事件的说明

1. 公司于1997年4月5日在《证券时报》上刊登《昆明百货大楼(集团)股份有限公司1996年年度报告》和《昆明百货大楼(集团)股份有限公司董事会决议和召开股东大会的公告》。

2. 根据国家证券委、中国人民银行、国家经贸委联合发布的《严禁国有企业和上市公司炒作股票的规定》要求,公司对本公司及子公司进行了认真检查。公司上市至今没有开设过股票帐户,也未进行过股票投资。本公司如果今后进行证券投资,将严格遵循国家政策法规和本公司章程的规定。

3. 公司中期不进行分红派息,亦无资本公积转增方案。

4. 本报告期内无重大诉讼、仲裁事项。

四、发行在外股票的变动和股权结构的变化

1. 报告期内本公司未发行新股也未送股、配股、拆细和合股。

2. 报告截止日6月30日公司的股权结构如下表(单位:股):

股份类别	股数
一、尚未流通股份	
1. 发行人股份	
其中:国有法人股	32,261,900
2. 募集法人股	39,738,100
尚未流通股份合计	72,000,000
二、已流通股份合计	
A股	62,400,000
其中:高管人员冻结股份	70,200
已流通股份合计	62,400,000
三、股份总数	134,400,000

注:本报告期内公司股份未发生变化。

3. 公司前十名股东名称及其年末持股数量:

数量单位:股　　持股比例(%)

股东名称	持有股数	占总股本比例
昆明百货大楼	32,261,900	24.00
昆明县乡企业开发公司	11,111,800	8.27
昆明西南商业大厦股份有限公司	7,000,000	5.21
昆明三联百货经营部	5,226,300	3.89
昆明继达工贸公司	4,000,000	2.98
昆明卷烟厂	3,000,000	2.23
深圳鸿基运输实业股份有限公司	2,500,000	1.86
昆明一商边贸有限责任公司	2,000,000	1.49
珠海英君科技有限公司昆明分公司	2,000,000	1.49
云南民航经营公司	800,000	0.60

注:本报告期内公司前十名股东持股情况未发生变化。

五、股东大会简介

1997年5月10日公司在昆明市召开1997年股东大会,大会审议批准了以下决议:

1. 批准公司董事会1996年度工作报告。
2. 批准总经理1996年工作报告及1997年度工作计划。
3. 批准公司监事会1996年度工作报告。
4. 批准公司1996年度财务结算及1997年财务预算。
5. 批准公司1996年度税后利润分配方案为:提取法定盈余公积金10%,计122.596万元,提取公益金10%,计122.596万元,可供分配的普通股红利为980.768万元。分红方案为:暂不分配,留转下一年度派发。

六、备查文件

1. 载有董事长、总经理签名的1997年中期报告原本。

2.1997年股东大会文件。

备查文件查阅地址:昆明市东风西路99号昆明百货大楼(集团)股份有限公司四楼股份事务办公室

联系电话及传真:(0871)3610972

邮编:650021

昆明百货大楼(集团)股份有限公司

董事会

1997年8月14日

海南大东海旅游中心股份有限公司

海南大东海旅游中心股份有限公司简介

海南大东海旅游中心股份有限公司是在原三亚大东海旅游中心发展有限公司基础上改组设立的定向募集型股份有限公司,1993年4月26日注册成立,总股本40000万股(元)。

为进一步拓展公司发展空间,转为社会公众上市公司,公司于1996年上半年,根据国家有关法律法规的规定和证券市场的要求,结合本公司的实际情况,对公司进行分立重组,公司股东所持有的股份按6:4的比例进行分割,另行成立一家新公司。分立后,原公司即海南大东海旅游中心股份有限公司发行B股8000万股,于1996年10月8日在深圳证券交易所挂牌上市,公司总股本3.2亿股。1996年12月13日-15日,以"全额预缴、比例配售、余款转存"方式发行人民币普通股1100万股,原内部职工股占用额度上市300万股,并于1997年1月8日在深圳证券交易所挂牌上市,从而使总股本增加到3.31亿股。

本公司是海南省旅游龙头企业,是一家集吃、住、行、游、购、娱为一体的综合性旅游服务企业,座落在风景如画的大东海海滨,"大东海-亚龙湾"被国家旅游局评为"全国旅游胜地四十佳"之一,是国内外知名的热带旅游度假、避寒冬泳胜地。1993年11月,"大东海旅游中心"荣获法兰西最高品味委员会授予的"国际最佳旅游金杯奖",公司总经理林维庆荣获"国际卓越成就金奖",这在亚洲尚属首次。本公司拥有四星级南中国大酒店、游乐公司等多样旅游服务设施,南中国大酒店是海南省首批四星级酒店之一,是"中国名酒店俱乐部"的注册会员,一九九五年被国家旅游局评为中国五十佳最佳酒店之一,滨临大东海,阳光、沙滩、椰风海韵一览无遗,拥有二百三十八间客房和10幢设备豪华、各具异国风情的海滨别墅,是中国最佳热带度假酒店之一。游乐公司拥有在东南亚落差最大滑道的大型戏水乐园,设有水上俱乐部,提供种类繁多的水上娱乐活动和潜水服务。本公司将顾客至上的服务宗旨与国际水准的消闲设施和管理技巧结为一体,再加上独一无二的天然热带风光,必令你宾至如归,尽享游兴。

海南大东海旅游中心股份有限公司A股股票上市公告书

一、释义

在本公告书中,除非另有说明,下列词语具有如下含义:

本公司,公司:指海南大东海旅游中心股份有限公司

董事会:　　指海南大东海旅游中心股份有限公司董事会

集团公司:　　指海南大东海旅游中心集团有限公司

新公司:　　指海南大东海旅业股份有限公司

新股:　　指本次发行的人民币普通股股票

内部职工股:　指公司成立时,公司职工、董事、监事持有之股份

省:　　指海南省

主承销商:　　指海南港澳国际信托投资有限公司

酒店:　　指南中国大酒店

二、绪言

经中国证券监督管理委员会证监发审字〔1997〕6号文和证监发审字〔1997〕7号文批准,本次公司已成功向社会公众公开发行人民币普通股A股1100万股,每股面值1元,每股发行价格3.20元。按深圳证券交易所深证发〔1997〕39号文〈上市通知书〉,本公司股票将于1997年1月28日在深圳证券交易所挂牌上市。本公司总股本33,100万股,本次流通1400万股(含300万内部职工股),内部职工股上市比例为10%,其余2700万股内部职工股按国家有关规定自新股发行之日起满3年后,方可上市流通。

三、公司概况

1.公司法定名称

中文名称:海南大东海旅游中心股份有限公司

英文名称:Hainan Dadonghai Tourism Centre (Holdings) Co. Ltd

2.公司成立日期:1993年4月26日

3.公司注册地址:海南省三亚市大东海

4.公司法定代表人:苏国华

5.公司注册资本:33,100万元

6.公司经营范围

酒店业、房地产开发经营、旅游服务、汽车客运运输、旅游设施开发及服务、文化娱乐服务、体育场地及设施服务、文化艺术事业、国内商业、对外贸易

兼营:物资供销

7.公司主要业务及经营情况

本公司主要经营业务是酒店业及旅游娱乐业。公司地处海南省三亚市大东海旅游胜地,占有独特的地理位置,三亚大东海是国内最佳风景区之一,拥有一流的沙滩海湾。1991年,国家旅游局评定大东海——亚龙湾为"中国旅游胜地四十佳"之一。

公司属下的南中国大酒店毗邻大东海,是海南省首批四星级酒店之一,占地超过4万平方米,包括一幢4层主楼,并连接一幢9层观海楼,酒店拥有238间客房,包括101间标准房,71间海景豪华房,34间豪华套房,10套共30间分别以中、欧、美、日等风格布置的海滨别墅。酒店还提供餐饮、商务中心、潜水、风帆、网球、桑拿、购物、国际国内会议等各类服务,拥有各种娱乐、服务设施。公司及酒店拥有一批高素质之管理人才,酒店开业以来,接待过许多国内外知名人士、官员和领导,并受到广泛好评。公司于1993年获法兰西委员会颁发的"国际最佳旅游金杯奖",成为亚洲获此殊荣的第一家。1993年酒店被评为四星级酒店,1994年,被国家旅游局评为最佳星级饭店,1995年,在国家旅游局组织的"全国百优五十佳"评选活动中,酒店获1995年"全国百优秀五十佳"酒店称号。

良好的业绩,优美的环境和优质的服务,使酒店稳步发展。自开业以来,平均住房率70%以上,营业收入稳步增长。同时公司进一步加强酒店管理业务,除拥有并管理南中国大酒店以外,还为三亚滨海渡假村、滨海大酒店提供酒店管理,并经营海上俱乐部及授托经营管理海南港澳国际旅行社,该社为国家一级旅行社,公司从中获得良好的效益。

8.公司职工情况

截止1996年6月31日,公司共有职工938人,其中行政管理人员160人,财务人员48人,酒店服务人员730人,公司具备一流高素质酒店业、旅游业专业人才。

四、股票发行与股本结构

1.股票发行过程

(1)经海南省股份制试点领导小组琼股办〔1993〕11号文批准,以原三亚大东海旅游中心发展有限公司、海南三亚农行实业开发总公司、三亚市中兴发展公司共同发起,以定向募集方式设立公司,成立于1993年4

月,注册资本4亿元人民币。经海南省证券管理办公室琼证办〔1996〕58号文批准,公司于1996年6月进行了重组分立。分立后公司股本2.4亿元人民币,分立后公司总资产4.19亿人民币,净资产2.96亿人民币,经深圳证券管理办公室〔1996〕30号文及国务院证券委证委发〔1996〕29号文批准,公司于1996年9月以国际配售方式发行境内上市外资股(B股)8,000万股,并于1996年10月8日在深圳证券交易所上市。

本次发行前的股本结构为:

股份类别	股本数额(万股)	占总股本比例(%)
发起人持股	10,107	31.58
社会法人持股	10,893	34.04
内部职工股	3,000	9.38
境内上市外资股(B)股	8,000	25
总股本	32,000	100

(2)公司成立时定向募集之内部职工股,已按国家有关规定,由海南省证券交易中心托管,并全部登记造册,内部职工股中的10%即300万股将占用本次额度随新股一同上市,余下2700万股内部职工股按国家有关规定自本次新股发行之日起,3年后上市。

2.本次股票发行情况

经中国证券监督管理委员会证监发审字〔1997〕6号文和〔1997〕7号文批准,本公司于1997年1月13日至1月21日在海南省三亚市采取"全额预缴,比例配售,余额转存"的发行方式公开发行人民币普通股1100万股,每股面值1元,发行价3.20元。本次公开发行的主承销商为海南港澳国际信托投资有限公司。经确认,本次发行有效申购资金金额为1,239,229,200元,在效申购股数375,524,000股,配售比例2.929%。本公司新发行之1100万股社会公众股股款在扣除发行费用后已全部划入公司帐户,并经海南会计师事务所琼会内验字〔1997〕001号验资报告予以确认。

3.本次发行后,股本结构如下:

股份类别	股本数额(万股)	占总股本比例(%)
发起人持股	10,107	30.53
社会法人持股	10,893	32.91
内部职工持股	2,700	8.16
社会公众股	1,400	4.23
其中:内部职工股占额度上市	300	0.91
境内上市外资股(B股)	8,000	24.17
总股本	33,100	100

4.主要股东持股情况

本次发行后前十名股东(截止1997年1月17日)

序号	股东名称	持股数(万股)	占总股本(%)
1	海南大东海旅游中心集团有限公司	87,570,000	26.46
2	海南三亚银农实业开发总公司	9,000,000	2.72
3	海南国际企业发展有限公司	6,000,000	1.82
4	辽宁海佳实业发展公司	6,000,000	1.82
5	三亚中兴发展公司	4,500,000	1.36
6	中国对外经济贸易信托投资公司	3,600,000	1.09
7	海南港澳国际租赁公司	3,540,000	1.07
8	中国农业银行海南省信托投资公司	3,000,000	0.90
9	海南三亚国华发展公司	3,000,000	0.90
10	三亚市信用合作联社	3,000,000	0.90
	合　计	129,210,000	39.04

5.董事、监事、高级管理人员持股情况

姓名	职务	持股数(股)	占总股本(%)
苏国华	董事长	7,800	0.0024
林维庆	董事、总经理	21,000	0.0063
霍文铭	董事	18,600	0.0056
林新扬	董事会秘书	3,000	0.0009
叶英华	监事	18,000	0.0054
冯成杰	监事	1,200	0.0004
赵开亮	监事	600	0.0002

以上公司董事、监事、高级管理人员共持有公司股份70,200股,占总股本的0.02%。

五、董事、监事及公司其他高级管理人员简历

1.董事

执行董事苏国华先生:43岁,中山大学毕业,1991年3月加入本公司,现为本公司董事长。1979年至1987年在广州国际旅行社任外联部部长,1988年底香港新华社安排往海南省,组建海南国投,现亦为海南国投总经理并任集团公司董事长,有丰富的管理及旅游业经验。

林维庆先生:57岁,中山大学毕业,1991年3月加入本公司。现为本公司副董事长兼总经理、集团公司常务董事。现兼任三亚市总商会常务理事、三亚市政协委员及三亚市外商投资企业协会副会长。历任广东省旅游局办公室副主任、广东省旅游协会秘书长,有30年从事经营与管理旅游业务的专业经验。

童九如女士:49岁,云南大学毕业,高级经济师。1992年3月加入本公司,现为本公司董事及副总经理及南中国大酒店总经理。现兼任中国旅游饭店协会理事、海南省旅游协会理事、海南省饭店协会理事。曾任云南省旅游局副局长、昆明国旅副经理、云南省中国旅行社经理(法人代表)、北京丽都假日饭店A级经理等职务,对国内外的旅游业和酒店业管理业务具有超过18年的经验。

陈益民先生:49岁,上海外国语学院毕业,1995年3月加入本公司,现为本公司董事兼副总经理及集团公司董事。曾从1984年至1995年历任广东(澳门)旅游有限公司总经理、广东省中国国际旅行社副总经理、广东海外旅游总公司副总经理等职务,有约15年从事旅游经营与管理及外事工作经验。

钟琼新先生:44岁,海南大学毕业,1991年3月加入本公司,现任本公司董事、集团公司董事,有约11年从事酒店业管理和房地产开发经营的经验。

霍文铭先生:49岁,中山大学函授毕业,本公司董事。1992年3月加入本公司,历任广东省南海县常委、县工业交通办公室副主任、经济委员会副主任、科技委员会副主任等职。现任海国投集团副董事长、副总经理,具有丰富的企业管理经验。

2.非执行董事

覃志新先生:37岁,华南理工学院毕业,高级经济师。本公司董事,现任中国银行三亚分行行长、三亚中兴发展公司董事长。从事金融管理工作约11年,有丰富的企业管理经验。

张小康先生:37岁,北京经济学院毕业,现为中国对外经济贸易信托投资公司证券部副总经理,曾任中国化工进出口财务公司证券部经理,有丰富的证券专业经验和企业管理经验。

陈振能先生:46岁,本公司董事,现任海南三亚银农实业开发公司总经理,曾任三亚农业银行工商信贷科副科长等职,有丰富的金融工作和企业管理经验。

3.董事会秘书

林新扬先生:31岁,厦门大学毕业,讲师,现任公司董事会秘书。曾任福建金融管理学院金融专业理论教研室主任、海南大东海旅游中心集团有限公司总经理助理等职,有较强的理论基础及丰富的金融证券工作经验。

4.监事

何灿佳先生:46岁,曾任滨海度假村总经理,现任南中国大酒店副总经理,负责餐饮、娱乐等主要工作,有8年从事酒店业,有丰富的旅游管理经验。

叶英华女士:28岁,广东民族学院毕业。1991年加入本公司,曾任鸿光酒店副总经理,现任滨海度假村副总经理。

罗文恩先生:53岁,助理经济师,广东财贸管理干部学院毕业,三亚市金得来实业开发公司总经理,有5年企业管理经验。

冯成杰先生:40岁,海南大学毕业,三亚市工商银行信托投资公司信贷部经理,从事银行信贷工作8年,具有丰富金融投资、项目管理经验。

赵开亮先生:30岁,会计师,中南财经大学毕业,现任本公司证券部副经理,从事企业财务、证券工作6年,具有丰富的财务管理工作经验。

六、主要财务资料

根据海南会计师事务所内验〔1996〕049号审计报告,本公司1996年7月31日以前3年期间主要财务会计资料如下:

1.资产负债表主要数据(截止1996年7月31日)

项目 日期	1996年7月31日	1995年12月31日	1994年12月31日	1993年12月31日
流动资产	54,792,074.19	31,027,280.99	17,398,444.63	8,547,379.53
长期投资			4,400,000.00	4,400,000.00
固定资产	209,936,723.68	211,328,529.12	234,580,970.01	217,566,101.86
无形资产及递延资产	173,883,290.34	176,549,455.22	73,887,488.44	74,119,141.96
资产总计	438,612,088.21	418,905,265.33	330,266,903.08	304,632,623.35
流动负债	40,344,735.08	43,515,066.61	57,414,598.89	44,562,448.42
长期负债	78,153,898.12	79,003,620.00		3,853,794.00
负债合计	118,498,633.20	122,518,686.61	57,414,598.89	48,416,242.42
股东权益合计	320,113,455.01	296,386,578.72	272,852,304.19	256,216,380.93
负债及股东权益总计	438,612,088.21	418,905,265.33	330,266,903.08	304,632,623.35

2、利润表主要数据

	1996年1-7月	1995年度	1994年度	1993年度
主营业务收入	64,432,947.45	98,114,474.39	87,539,944.58	65,862,800.37
主营业务利润	27,572,349.77	43,031,196.47	35,125,293.06	27,900,148.44
营业利润	28,042,853.93	43,502,796.29	35,182,181.46	27,900,148.44
利润总额	28,075,810.54	44,112,289.62	35,440,518.65	28,007,357.04
净利润	23,726,876.29	40,849,650.67	32,824,479.77	28,007,357.04
可供分配利润	23,726,876.29	41,155,891.76	33,198,043.97	28,007,357.04

3.主要财务指标

指标名称	1996年1-7月	1995年度	1994年度	1993年度
流动比率	1.358	0.713	0.303	0.192
速动比率	1.213	0.566	0.160	0.172
存货周转率(次)	1.12	1.08	1.86	3.08
应收帐款周转率(次)	5.89	25.95	44.20	47.70
资产负债率(%)	27.02	29.25	17.38	15.89
净资产收益率(%)	7.41	13.78	12.03	10.93
每股净资产(元)	1.33	1.23	1.14	1.07
每股收益(元)	0.10	0.17	0.14	0.12

注:速动资产=流动资产-存货

4.1996年及1997年度盈利预测表

以下资料摘自海南会计师事务所琼会测字(1996)004号《关于审查海南大东海旅游中心股份有限公司1996年度、1997年度盈利预测的函》:

(1)盈利预测基准:

本公司董事会根据公司现实能力和经营、发展规划编制了1996年度、1997年度的盈利预测,编制盈利预测的会计原则,在各方面均与本公司所采用的会计原则一致,并依据了我国现行法律、法规和相关制度的有关规定。

(2)盈利预测假设:

(a)本公司所遵循的我国法律、法规政策仍如现时状况而无重大改变。

(b)本公司所在地区以及经济业务涉及地区的社会、政治、经济环境无重大变化。

(c)本年度内信贷利率、税率、汇率在正常范围内变化。

(d)无其他人为不可抗拒因素的重大影响。

(e)本公司依法正常经营。

(3)盈利预测:

1996年度盈利预测明细表

货币单位:人民币万元

项 目	南中国大酒店	游乐公司	本部	滨海度假村	港澳国旅	滨海大酒店装修	合 计
一、主营业务收入	9222	1178		658	2100		13158*
减:营业成本	758	80		10	886		1734
营业费用	2528	299		64	273		3164
管理费用	958	276	223	277	474		2208
财务费用	59		121		-80		100
营业税金及附加	511	60		36	55		662
二、主营业务利润	4408	463	-344	271	492		5290
加:其他业务利润	269	0.1	52	81		1087	1489.1
三、营业利润	4677	463.1	-292	352	492	1087	6779.10
加:投资收益							
营业外收入							
减:营业外支出							
四、利润总额	4677	463.1	-292	352	492	1087	6779.10
减:所得税			727	87	82	163	1059
少数股东损益							
五、净利润	4677	463.1	1019	265	410	924	5720.1

*其中承包经营单位海南港澳国际旅行有限公司5月1日至12月31日收入2,100万元;三亚滨海度假村4月1日至12月31日收入658万元。

1997年度盈利预测明细表

货币单位:人民币万元

项 目	南中国大酒店	游乐公司	本部	滨海度假村	港澳国旅	滨海大酒店管理	滨海大酒店装修	保龄球馆	合 计
一、主营业务收入	10998	1241		714	2331				15284*
减:营业成本	821	56		11	1278				2166
营业费用	3271	265		38	156				3730
管理费用	1010	305	280	349	305				2249
财务费用	52		-196		-27				-171
营业税金及附加	600	65		39	56				760
二、主营业务利润	5244	550	-84	277	563				6550
加:其他业务利润				133		107	331	227	798
三、营业利润	5244	550	-84	410	563	107	331	227	7348
加:投资收益			513						513
营业外收入									
减:营业外支出									
四、利润总额	5244	550	429	410	563	107	331	227	7861
减:所得税			934	107	108	16	50	34	1249
少数股东损益									
五、净利润	5244	550	-505	303	455	91	281	193	6612

*其中承包经营单位海南港澳国际旅行有限公司1997年度收入2,331万元;三亚滨海度假村1997年度收入714万元。

5.经三亚市税务局核定,公司自1996年起执行15%的所得税率。

6.按3.31亿股股本全面摊薄,1996年每股税后利润0.17元,市盈率18.8倍;1997年每股税后利润为0.20元,市盈率16倍。

七、董事会承诺

本公司董事会将严格遵守《公司法》、《股票发行与交易管理暂行条例》、《深圳证券交易所规则》和有关法律、法规的规定,并自股票上市之日起作出如下承诺:

1.按照法律、法规的规定程序和要求披露重大信息,并接受证券主管机关、深圳证券交易所的监督管理;

2.及时、真实、准确地公布中期报告和年度报告,并备置于规定场所

供投资者查阅;

3. 本公司董事、监事和高级管理人员持本公司股票发生变化时,及时通报证券主管机关,并适时通过传播媒介通告社会公众;

4. 在任何公共传播媒介中出现的消息可能对本公司股票的市场价格产生误导性影响时,本公司知悉后将及时对该消息予以公开澄清;

5. 本公司董事、监事和高级管理人员将认真听取社会公众的意见和批评,不利用已获得的内幕消息和其他不正当手段直接或间接从事股票买卖活动;

6. 本公司没有无记录负债。

八、重要事项揭示

1. 本公司的税后利润按以下顺序分配:

(1)弥补以前年度亏损;

(2)提取法定公积金;

(3)提取公益金;

(4)提取任意盈余公积金;

(5)支付普通股股利,支付B股股利。

2. 根据本公司第二届董事会第六次会议决议,由于本公司所募集资金于1997年1月才投入使用,因此决定本次新股股东不参与1996年度分红派息。

3. 截止本上市公告书刊登之日,本公司没有涉及任何影响本公司正常经营的重大诉讼、仲裁或行政处罚,亦无任何尚未了结或可能面临的重大诉讼。

九、咨询机构

本公司决定,由赵开亮、黎才杰先生担任本公司股证事务代表负责本公司股份事务管理与咨询,本公司有关备查文件放于本公司办公地点,可供股东查询。

1. 发行人:海南大东海旅游中心股份有限公司

法定代表人:苏国华

地址:海南省三亚市大东海

电话:(0899)8212298

传真:(0899)8212298

联系人:赵开亮、黎才杰

2. 主承销商:海南港澳国际信托投资有限公司

法定代表人:李耀祺

地址:海南省海口市滨海新村588号

电话:(0898)8513437

电话:(0898)8513379

联系人:姚弘、侯小兵

副主承销商:中国经济开发信托投资公司

法定代表人:韩国春

地址:北京市车公庄大街21号新大都饭店

电话:(0755)3351000-3467

传真:(0755)3253499

联系人:潘同文

3. 上市推荐人:海南港澳国际信托投资有限公司

国泰证券有限公司

法定代表人:金建栋

地址:中国上海延平路135号

电话:(021)62587719

传真:(021)62581911

联系人:戴敏云

中国经济开发信托投资公司

4. 发行人律师事务所:中银律师事务所

法定代表人:朱玉栓

地址:北京市西城区南礼士路21号核工之家6层

电话:(010)68573796

传真:(010)68573559

经办律师:唐金龙、朱玉栓

5. 会计师事务所:海南会计师事务所

法定代表人:黄玉珍

地址:海南省海口市义龙路宁海大厦3楼

电话:(0898)6788422

传真:(0898)6775738

经办会计师:黄玉珍　杜树良

6. 主承销商律师:深圳信达律师事务所

法定代表人:徐玉康

地址:深圳市人民南路国际贸易中心大厦43层

电话:(0755)2200301

传真:(0755)2250422

经办律师:郑伟鹤

十、备查文件

1. 本公司的注册登记文件

2. 深圳证券交易所的上市通知书

3. 验资报告

4. 上市推荐书

5. 招股说明书

海南大东海旅游中心股份有限公司

1997年1月24日

海南大东海旅游中心股份有限公司1996年年度报告摘要

一、公司简况

1. 公司名称

海南大东海旅游中心股份有限公司

Hainan Dadonghai Tourism Centre(Holdings) CO. Ltd.

2. 公司地址:海南省三亚市大东海

邮政编码:572021

3. 公司法定代表:苏国华董事长

4. 公司咨询服务机构:金融证券部

联系电话及传真:(0899)8212298(传真)、8212270—4882

联系人:赵开亮、黎才杰

二、主要财务数据与财务指标

指标项目	本年数	上年数	比上年增减(%)
1. 主营业务收入(万元)	11,976.45	9,811.45	22.07
2. 净利润(万元)	5,921.87	4,084.97	44.97
3. 总资产(万元)	58,768.50	41,890.53	40.29
4. 股东权益(万元)	44,798.04	29,638.66	51.15
5. 每股收益(元)	0.185	0.17	8.82
6. 每股净资产(元)	1.40	1.23	13.82
7. 净资产收益率(%)	13.22	13.78	-4.06
8. 股东权益比率(%)	76.23	70.75	7.75

三、公司业务回顾

1. 一年来经营情况

1996年是公司股份制改组分立上市的一年,即公司B股于10月8日在深圳证券交易所上市交易。公司通过资产优化的合理配置,使本公司拥有的热带旅游资源的优势及知名度得到充分利用。以发展旅游业为主要产业，不断扩大经营范围，取得了良好的经济效益。全年实现主营业务收入11,976.45万元，比上年同期增长22.07%，利润总额6,969.96万元，比上年同期增长58%，净利润5,921.87万元，比上年同期增长44.97%，期末总资产为58,768.50万元，净资产为44,798.04万元。

2. 关于经营成果与预测差异的说明

香港德勤会计师行根据公司1996年6月30日的经营情况，对公司1996年度作盈利预测，预测税后利润6303.80万元，而海南会计师事务所根据公司1996年11月30日的经营情况，对公司1996年度作盈利预测，预测税后利润5720.10万元。经海南会计师事务所和香港德勤会计师行对公司1996年度审计实际实现税后利润分别为5921.87万元和5986.04万元，分别完成海南所和德勤预测的103.53%和94.96%，经营成果与预测指标无重大差异。

3. 关于审计差异的说明

经海南会计师事务所和香港德勤会计师行对公司1996年度财务审计后，海南会计师事务所按中国会计准则审计税后利润为5921.87万元，香港德勤会计师行按国际会计准则审计税后利润为5985.97万元，相差64.10万元。差异原因为：①应收帐款27.20万元，海南所按超过3年无法收回作坏帐处理，而德勤在1995年认为不可收回，已在1995年作坏帐处理。②1995年12月31日，中咨评估电力增容及电话中继线等资产增值181.50万元，海南所作资产增值1996年摊销36.90万元，而德勤对此项未作增值，所以未作摊销。

3. 募集资金使用情况说明

公司于1996年9月16日－19日以国际配售方式发行境内上市外资股(B股)8,000万股，并于10月8日在深圳证券交易所挂牌上市，B股发行共筹集资金净额,9,200多万元人民币。本次募集资金计划用于南中国大酒店扩建工程，该工程计划于1996年9月动工，但由于三亚市规划局对扩建工程的设计方案提出诸多要求，公司根据三亚市规划局提出的工程建设设计条件及要求，对南中国大酒店扩建工程的设计方案进行多次修改，设计方案近期将获批准，预计1997年底完工，因该设计的审批，使整个工期延期了约半年时间。

四、股本变化及股本结构情况

1. 股本变化与股本结构情况

(1) 股权结构情况　　　　(单位：万股)

项　目	期初数	本次变动增减(+、-)					期末数
		溢价处理	分立	配股	送股	公积金转股	
一、尚未流通股份							
1. 发起人股	22390	－5545	－6738				10107
其中：国家持股	20140	－5545	－5838				8757
2. 募集法人股	12610	＋5545	－7262				10893
3. 内部职工股	5000		－2000				3000
尚未流通股合计	40000		－16000				24000
二、已流通股份							
境内上市外资股(B股)	8000						8000
已流通股份合计	8000						8000
股份总数	48000		－16000				32000

(2) 股本变动原因：

a. 根据海南省证管办琼证办〔1996〕57号文批复，处理定向募股时部分社会法人股溢价购买，溢价收入5,545万元并被集团公司长期占用事实，核减的股份由公司原溢价认购的社会法人股东持有；

b. 根据公司第四次股东大会的决议及海南省证管办琼证办〔1996〕58号文批复，决定公司按60%:40%的比例分立为海南大东海旅游中心股份有限公司及海南大东海旅业股份有限公司；

c. 根据深圳市证券管理办公室深证办字〔1996〕30号文及国务院证券委员会证委发〔1996〕29号文批复，公司以国际配售的方式发行境内上市外资股8,000万股，使公司期末总股本增至32,000万股。

(3) 公司前几名股东持股情况

名次	名称	年末持股数(万股)	占总股本(%)
1	海南大东海旅游中心集团有限公司	8757	27.37
2	海南三亚银农实业开发总公司	900	2.81
3	海南国际企业发展有限公司	600	1.88
4	辽宁海佳实业发展公司	600	1.88
5	三亚市中兴发展公司	450	1.41
6	中国对外经济贸易信托投资公司	360	1.13
7	海南港澳国际租赁公司	354	1.11
8	中国农业银行海南省信托投资公司	300	0.94
9	海南三亚国华发展公司	300	0.94
10	三亚市信用合作联社	300	0.94
11	三亚市金得来房地产公司	300	0.94

(4) 股东数量

至1996年度末，公司股东总数为12,325户，其中国有股东57户，内部职工股股东7,344户，其他法人股股东51户，社会公众股股东4,873户。

2. 公司董事、监事与高级管理人员持股情况

姓　名	年初持股数(股)	年末持股数(股)
苏国华	7,800	7,800
林维庆	21,000	0
童九如	0	0
陈益民	0	0
钟琼新	0	0
霍文铭	18,600	18,600
覃志新	0	0
陈振能	0	0
孙桂兰	0	0
张小康	0	0
林新扬	3,000	3,000
何灿佳	0	0
叶英华	18,000	18,000
冯成杰	1,200	1,200
罗文恩	0	0
赵开亮	600	600

五、重要事项

(一) 报告期内的股东大会、董事会情况说明

1. 股东大会

A. 公司第四次股东大会于1996年5月3日在南中国大酒店贵宾厅召开，出席会议人员共50人，代表的股份为30,513万股，占总股本的76.28%，符合《公司法》及《公司章程》的有关规定，通过的决议有：

(1) 同意第一届董事会1995年度工作总结及1996年度工作计划；

(2) 同意第一届监事会1995年度工作总结及1996年度工作计划；

(3) 同意公司1995年度财务决算方案；

(4) 同意公司1996年度财务预算方案；

(5) 同意公司1995年度利润分配与分红派息方案；

(6) 选举下列人士担任公司第二届董事会董事，他们是：

苏国华、林维庆、童九如、陈益民、钟琼新、霍文铭、覃志新、陈振能、孙桂兰；该等人士组成的第二届董事会任期将延续到本公司依法正式分立之后；

(7) 选举下列人士担任公司第二届监事会中应由股东选任的监事，他们是：

叶英华、冯成杰、罗文恩，该等人士组成的第二届监事会任期将延续到公司依法正式分立之后；

(8)同意公司分立方案(草案);

(9)同意修改后的公司章程(草案);

(10)责成公司董事会严格按照公司分立方案确定的计划和安排,具体实施其中的各项内容;

(11)如果公司分立方案全部按时完成,分立后的本公司(下称“原公司”)已依法进行了变更登记,分立之后拟设立的新公司(下称“新公司”)的资产已经全部界定;原公司和新公司将于1996年6月8日上午在中国海南省三亚大东海南中国大酒店国际会议厅分别召开原公司临时股东大会和新公司创立大会暨第一届股东大会。

B.公司临时股东大会,于1996年6月8日在南中国大酒店国际会议厅召开,出席会议人员共82人,代表的股份为19,937万股,占总股本的83.07%,符合《公司法》及《公司章程》的有关规定,通过的决议有:

(1)在本公司办理变更登记之后,即转为社会募集公司,并通过本公司增资扩股方案;根据深圳证管办(深证办〔1995〕99号文)批准,发行7,000万股境内上市外资股(B股)及海南省证管办(琼证办〔1996〕65号文)批准,发行1,400万股境内上市内资股(A股,如海南省追加A股额度,以有关批文为准),总股本将达到不低于32,400万股;

(2)原则通过修改后的《海南大东海旅游中心股份有限公司章程(草案)》,并授权本公司董事会根据主管机关的要求对该章程(草案)进行修改;

(3)授权本公司董事会制定境内上市外资股(B股)及境内上市内资股(A股)发行方案及全权处理公司发行股票及上市的一切事宜;

(4)授权本公司董事会与海南大东海旅业股份有限公司签订分立协议、股务协议、海景大酒店工程项目开发优先权协议其他以本公司名义对外签订的重大合同、协议。

C.公司临时股东大会,于1996年11月8日在南中国大酒店国际会议厅召开,出席会议人员共73人,代表的股份为22,106万股,占总股本的69.08%,符合《公司法》及《公司章程》的有关规定,通过的决议有:

(1)同意董事会关于本公司8,000万股境内上市外资股(B股)发行上市情况的报告;

(2)同意本公司增资扩股发行1,400万股A股并上市(如果海南省证管办追加A股发行额度,以最终获得的A股额度总量为准),同时授权公司董事会制定A股发行方案并全权处理本公司股票发行及上市的一切事宜;

(3)授权公司董事会根据《公司法》和国家有关法律法规及主管机关的要求,结合股票发行和公司实际情况,对公司章程进行修改;

(4)同意孙桂兰女士辞去公司第二届董事会董事职务,补选张小康为公司第二届董事会董事;

(5)同意公司董事会关于顺安娱乐城有关情况的说明,并授权董事会根据国家政策的执行和变化情况,决定顺安娱乐城经营项目的有关事宜,并全权负责该经营项目的信息披露事宜。

2.董事会

本年度公司董事会共召开九次董事会议,审议并通过了提交股东大会的报告和议案,完成了董事会换届工作;审议并通过了公司的重组及分立方案;审议并通过了公司章程的修改方案;审议并通过了公司B股、A股的发行及上市的有关方案等其他议案。

(二)重大事件简介

(1)公司于1995年5月10日,以南中国大酒店东楼作为抵押物,向交通银行三亚分行贷款500万元人民币,贷款期限一年,年利息为17.64%,并于1996年5月10日到期,但已经得到交通银行三亚分行承诺展期。该笔贷款事项已在公司发行B股的信息备忘录里披露。

(2)为了保证B股、A股发行与上市的成功,公司根据国家有关法律、法规的规定,以及本公司的实际情况,决定按60%:40%的比例对公司进行重组及相应的分立,另行组建一间新的股份公司。公司的重组及分立方案,经过1996年5月3日公司第四次股东大会通过,并经海南省证管办琼证办〔1996〕58号文批复同意,公司于1996年5月分别在《中国证券报》及《海南日报》上刊登三次分立公告,并于1996年6月21日与新组建的股份公司签署了分立协议,完成了公司的分立手续。

(3)公司于1996年8月8日与三亚海港大酒店签订《娱乐城承包经营合同》,合同规定承包者每月向公司上缴150万元承包费,并于签订之日正式营业。1996年10月27日,由文化部、公安部、国家工商行政管理局联合发出通知,要求自11月1日起全国各地对有奖电子游戏机经营活动进行清理取缔,并对现有游戏机场所进行重新审核。鉴于这种情况,公司1996年度的经营和盈利将受到一定的影响。因此,公司已在1996年11月8日召开的临时股东大会上向全体股东作了说明,并于11月9日在《证券时报》、《信报》及《南华早报》上公告。

(4)根据公司董事孙桂兰女士曾多次向公司董事会提出申请辞去公司第二届董事会董事职务的要求,公司1996年11月8日临时股东大会通过了该董事的辞职申请,并根据《公司法》和公司章程的有关规定,由公司1996年11月8日临时股东大会选举张小康先生作为公司第二届董事会董事,该信息于11月9日在《证券时报》、《信报》及《南华早报》上披露。

3.重大诉讼、仲裁事项报告

本年度内公司没有发生重大诉讼、仲裁事项。

六、子公司及关联企业

1.企业名称:海南大东海旅游中心股份有限公司南中国大酒店

地址:三亚市大东海

主营业务范围:住宿、饮食服务、文化娱乐服务、代售机、车船票等

公司持有权益:100%

2.企业名称:海南大东海旅游中心股份有限公司游乐公司

地址:三亚市大东海

主营业务范围:海上娱乐服务、淡水冲洗服务、嬉水乐园等

公司持有权益:100%

七、财务报告

(一)审计意见

公司财务报告经海南会计师事务所黄玉珍、杜树良两位注册会计师审计,并出具无保留意见的审计报告(琼会内〔1997〕审008号)。

(二)财务报表

(三)财务报表附注

附注1:公司主要会计政策

1.1.会计制度

本公司执行《股份制试点企业会计制度》

1.2.会计年度自公历1月1日至12月31日为一个会计年度。

1.3.记帐原则和计价基础

记帐原则为权责发生制,计价基础为历史成本。

1.4.记帐本位币及外币折算方法

以人民币为记帐本位币,涉及外币的经营业务,按业务发生当日中国人民银行公布的市场汇价(中间价)折算为人民币入帐,年末按公布的年末市场汇价调整,其差额列入当期损益处理。

1.5.坏帐准备

本公司不提坏帐准备,确认的坏帐按直接转销法核算,计入当期费用。

1.6.存货计价方法

库存商品采用售价核算。其他材料购入或入库按实际成本计价,领用与发出按行先进先出法计价。低值易耗品采用领用时一次摊销法摊销。

1.7.长期投资核算方法

股票投资与联营投资占被投资单位注册资本20%以下的按成本法核算,20%以上的按权益法,其中50%以上的合并报表。

1.8.固定资产与折旧

(1)固定资产标准为单位价值在2000元以上,同时使用年限超过一年。固定资产按实际成本计价。

(2)固定资产折旧采用直线法计算,即按各类固定资产原值扣除5%的残值后根据国家财务制度规定的折旧年限制定折旧率,各类固定资产年折旧率如下:

固定资产类别	折旧年限(年)	年折旧率(%)
房屋建筑物	5-40	19-2.37
机械设备	8-20	11.87-4.75
电器娱乐设备	5-16	19-5.93
运输设备	7-12	13.57-7.91
其他设备	8	11.87

1.9.无形资产及其摊销

土地使用权按50年平均摊销。

1.10.递延资产及其摊销

开办费按五年平均摊销,其他长期待摊费用按受益期限平均摊销。

1.11.收入确认

(1)营业收入于提供货物或劳务,同时收讫价款或取得收取价款权利凭据时确认;

(2)利息收入根据尚未收回的本金和合同约定的利率,按计息时间计算确认。

1.12.税项

(1)营业税、增值税、消费税

各服务性经营项目,依5-10%的税率计纳营业税;商品销售,按小规模纳税人依6%的征收率计纳增值税;贵重首饰及珠宝玉石销售另依5%的税率计纳消费税。

(2)城市维护建设税与教育费附加

以营业税、增值税、消费税为计算基础,分别按7%和3%计纳。

(3)企业所得税

根据国务院国发(1988)26号文《国务院关于鼓励投资开发南海岛的规定》和海南省人民政府的有关规定,海南大东海旅游中心股份有限公司(含南中国大酒店和游乐公司),承包经营单位三亚滨海度假村和海南港澳国际旅游有限公司1996年企业所得税税率均为15%。

1.13.利润分配

依据公司章程和股东大会通过的利润方案按下列顺序进行利润分配:

(1)提取法定盈余公积金10%;

(2)提取法定公益金10%;

(3)提取任意盈余公积金;

(4)分配普通股股利。

附注2:应收帐款

帐龄	户数	金额
1年以内	181	17,505,316.18
1-2年	21	286,332.31
2-3年	2	315,751.54
合计	204	18,107,400.03

附注3:其他应收款

帐龄	户数	金额
1年以内	88	63,230,680.40
1-2年	31	1,419,522.32
2-3年	1	214,548.47
合计	120	64,864,751.19

其中:应收持股5%以上股东单位海南大东海旅游中心集团有限公司往来款45,411,171.21元。

附注4:长期投资

被投资单位名称	股数	持股比例	投资金额
广东金马旅游集团股份有限公司	200万股	3.92%	4,000,000.00

附注5:资本公积

资本公积年初数11,600,299.37元,本年发行境内上市外资股溢价12,375,135.28元,年末余额为23,975,434.65元。

附注6:盈余公积

项目	年初数	本年增加数	本期减少	年末余额
法定盈余公积	13,672,653.51	5,921,873.55		19,594,527.06
公益金	13,285,464.31	5,921,873.55		19,207,337.86
任意盈余公积	17,828,161.53	11,843,747.10		29,671,908.63
合计	44,786,279.35	23,687,494.20		68,473,773.55

附注7:投资收益

项目	金额
证券投资收益	10,217,025.00
其他投资收益	1,172,000.00
合计	11,389,025.00

附注8:未分配利润35,531,241.31元,系本公司1996年度实现的净利润按董事会决议分别提取10%的法定盈余公积金、10%法定公益金和20%任意盈余公积金后留待分配的利润。

八、其他事项

经公司第八次董事会审议通过了1996年度利润分配预案:1996年公司实现利润6969.96万元,税后利润5921.87万元,可供股东分配利润3553.12万元,经董事会研究作出决定,1996年度利润不派发,留转下年分配。

海南大东海旅游中心股份有限公司董事会

1997年4月23日

利润表及利润分配表

附表(二)

海南大东海旅游中心股份有限公司　　单位:人民币元

项目	附注	1996年度	1995年度
一、主营业务收入	24	119,764,461.73	98,114,474.39
减:营业成本		16,920,177.55	7,878,368.57
经营费用		26,892,307.11	27,647,883.47
管理费用		21,309,804.81	16,084,986.37
财务费用	25	991,584.70	-1,832,392.90
营业税金及附加		6,039,196.82	5,304,432.41
二、主营业务利润		47,611,390.74	43,031,196.47
加:其他利润	26	11,114,113.41	471,599.82
三、营业利润		58,725,504.15	43,502,796.29
加:投资收益	27	11,389,025.00	660,000.00
营业外收入	28	98,320.49	98,424.94
减:营业外支出	29	513,246.05	148,931.61
四、利润总额		69,699,603.59	44,112,289.62
减:所得税		10,480,868.08	3,262,638.95
五、净利润		59,218,735.51	40,849,650.67
加:年初未分配利润			306,241.09
六、可分配的利润		59,218,735.51	41,155,891.76
减:提取法定公积金		5,921,873.55	4,084,965.06
提取法定公益金		5,921,873.55	4,084,965.06
七、可供股东分配的利润		47,374,988.41	32,985,961.64
减:提取任意公积金		11,843,747.10	8,169,930.13
已分配普通股股利			16,800,000.00
八、未分配利润(未消除剥离引起的差异前)		35,531,241.31	8,016,031.51
减:消除剥离引起的差异			8,016,031.51
九、未分配利润	30	35,531,241.31	0.00

资产负债表

附表(一)

海南大东海旅游中心股份有限公司　　单位:人民币元

资　　产	附注	1996年12月31日	1995年12月31日
流动资产:			

资　　产	附注	1996年12月31日	1995年12月31日
货币资金	4	103,024,273.72	1,999,068.72
短期投资			4,400,000.00
应收票据			
应收帐款	5	18,107,400.03	5,454,789.21
减:备抵坏帐			
应收帐款净额		18,107,400.03	5,454,789.21
预付货款		6,917,493.40	5,820,927.06
其他应收款	5	64,864,751.19	5,958,594.25
待摊费用		397,904.56	997,286.30
存货	7	6,562,857.99	6,396,615.45
待处理流动资产损失			
流动资产合计		199,874,680.89	31,027,280.99
长期投资:			
长期投资	8	4,000,000.00	
固定资产:			
固定资产原价	9	242,567,094.66	239,471,793.94
减:累计折旧	9	36,601,985.58	28,535,264.82
固定资产净值		205,965,109.08	210,936,529.12
在建工程	10	5,599,830.50	392,000.00
待处理固定资产损失			
固定资产合计	19	211,564,939.58	211,328,529.12
无形资产及其他资产:			
无形资产	11	169,362,989.39	172,819,336.11
递延资产	12	2,882,407.64	3,730,119.11
无形及其他资产合计		172,245,397.03	176,549,455.22
资产总计		587,685,017.50	418,905,265.33
流动负债:			
短期借款	13	32,400,000.00	17,791,800.00
应付票据			
应付帐款	14	7,676,287.05	2,717,802.88
预收货款		296,655.00	30,000.00
应付福利费		935,770.21	426,593.56
未付股利	15	3,490,500.00	11,623,500.00
未交税金	16	15,655,075.08	6,017,193.94
其他未交款		286,271.21	143,245.12
其他应付款	17	9,275,768.43	3,723,050.81
预提费用	18	1,085,768.03	1,041,880.30
一年内到期的长期负债	19	30,787,575.79	
流动负债合计		101,889,670.80	43,515,066.61
长期负债:			
长期借款			
长期应付款	20	37,814,897.19	79,003,620.00
长期负债合计		37,814,897.19	79,003,620.00
负债合计		139,704,567.99	122,518,686.61
股东权益:			
股本	21	320,000,000.00	240,000,000.00
资本公积	22	23,975,434.65	11,600,299.37
盈余公积	23	68,473,773.55	44,786,279.35
其中:公益金		19,207,337.86	13,285,464.31
未分配利润		35,531,241.31	
股东权益合计		447,980,449.51	296,386,578.72
负债及股东权益总计		587,685,017.50	418,905,265.33

财务状况变动表

附表(三)

海南大东海旅游中心股份有限公司　　1996年度　　单位:人民币元

流动资金来源和运用	金　　额
一、流动资金来源:	
1. 本年净利润	59,218,735.51
加:不减少流动资金的费用和损失:	
(1)少数股东本期损益(亏损以"-"表示)	
(2)固定资产折旧	8,387,662.62
(3)无形资产、递延资产及其他资产摊销(减其他负债转销)	4,503,058.19
(4)固定资产盘亏(减盘盈)	
(5)清理固定资产损失(减收益)	343,921.66
(6)递延税款	
(7)其他不减少流动资金的费用和损失	
小　　计	72,453,377.98
2. 其他来源:	
(1)固定资产清理收入(减清理费用)	715,280.32
(2)增加长期负债	-30,787,575.79
(3)收回长期投资	
(4)对外投资转出固定资产	
(5)资本净增加额	116,062,629.48
小　　计	85,990,334.01
流动资金来源合计	158,443,711.99
二、流动资金运用:	
1. 利润分配:	
(1)提取法定公积金	5,921,873.55
(2)提取法定公益金	5,921,873.55
(3)提取任意公积金	11,843,747.10
(4)已分配股利	
小　　计	23,678,494.20
2. 其他运用:	
(1)固定资产和在建工程净增加额	9,683,275.06
(2)增加无形资产、递延资产及其他资产	199,000.00
(3)偿还长期负债	10,401,147.02
(4)增加长期投资	4,000,000.00
小　　计	24,283,422.08
流动资金运用合计	47,970,916.28
流动资金增加净额	110,472,795.11
流动资金各项目的变动	
一、流动资产年增加数:	
1. 货币资金	101,025,205.00
2. 短期投资	-4,400,000.00
3. 应收票据	
4. 应收帐款净额	12,652,610.82
5. 预付货款	1,096,566.34
6. 其他应收款	58,906,156.94
7. 待摊费用	-599,381.74
8. 存货	166,242.54
9. 待处理流动资产净损失(减收益)	
10. 一年内到期的长期债券投资	
11. 其他流动资产	
流动资产增加净额	168,847,399.90
二、流动负债本年增加数:	
1. 短期借款	14,608,200.00
2. 应付票据	
3. 应付帐款	4,958,484.17
4. 预收帐款	266,655.00
5. 应付福利费	509,176.65
6. 未付股利	-8,133,000.00
7. 未交税金	9,637,881.14
8. 其他未交款	143,026.09
9. 其他应付款	5,552,717.62
10. 预提费用	43,887.73
11. 一年内到期的长期负债	30,787,575.79
12. 其他流动负债	
流动负债增加净额	58,374,604.19
流动资金增加净额	110,472,795.71

海南大东海旅游中心股份有限公司1997年度中期报告

一、财务报告(未经审计)

(一)财务报表

资产负债表简表

编制单位:海南大东海旅游中心股份有限公司　　单位:元

项　目	行次	1997.6.30	1996.12.31
流动资产	1	234,112,391.52	199,874,680.89
长期投资	2	8,250,470.81	4,000,000.00
固定资产净值	3	203,931,552.87	205,965,109.08
在建工程	4	7,868,383.98	5,599,830.50
无形资产及递延资产	5	170,012,528.05	172,245,397.03
其他长期资产	6	—	
资产总计	7	624,175,327.23	587,685,017.50
流动负债	8	84,683,885.12	101,889,670.80
长期负债	9	37,814,897.19	37,814,897.19
少数股东权益	10	—	—
股东权益	11	501,676,544.92	447,980,449.51

损益表(简化)

编制单位:海南大东海旅游中心股份有限公司　　单位:元

项　目	行次	1997年1－6月	1996年1－6月
主营业务收入	1	45,238,480.91	53,806,539.93
主营业务利润	2	14,167,930.89	22,446,072.87
其他业务利润	3	335,813.85	287,047.74
投资收益	4	8,018,173.85	—
营业外收入净额	5	3,374,076.01	36,425.76
利润总额	6	25,895,994.60	22,769,546.37
所得税	7	3,879,899.19	3,417,935.87
净利润	8	22,016,095.41	19,351,610.50

(二)主要财务指标

项　目	行次	1997年1－6月	1996年1－6月
每股收益(元)	1	0.066	0.08
净资产收益率(%)	2	4.39	6.13
每股净资产(元)	3	1.52	1.32

(三)财务报表附注:

1.本期财务报告所采用的会计政策及会计方法和1996年度所采用的会计政策和会计方法一致。

2.本期报告合并范围与1996年同期减少一个会计核算单位。

3.流动资产较年初增加34237710.63元,主要是应收团队、客户入住酒店的消费款增加及大海集团公司借款增加。

4.流动负债较年初减少17205785.68元,主要是归还银行借款、一年内到期的长期应付款及货款减少11628136.74元,主要是支付大东海土地款,而应交税金、预提借款利息及水电费增加5019299.67元。

5.股本较年初增加11000000.00元,系发行社会公众股1100万股A股股票所致。

6.资本公积较年初增加20680000.00元,系股票溢价发行收入扣除发行费用后转入所致。

7.未分配利润较年初增加22016095.41元,系本期增加的净利润。

8.主营业务收入较1996年同期减少8568059.02元,主要是公司从今年1月1日起终止承包"海南港澳国旅"所致。

9.主营业务利润1996年同期减少8278141.98元,主要是营业收入减少、公司上市后在宣传方面费用增加及机构设立人员配置完善相应增加管理费用的开支所致。

10.投资收益8018173.85元,系今年第一季度委托资产管理收益。

11.营业外收支净额3374076.01元,主要是股票发行无效申购利息收入。

12.利润总额25895994.60元,净利润22016095.41元,分别较1996年同期增长13.7%,主要是委托资产管理所致。

13.关联企业及关联交易

(1)关联企业	所占权益	主要业务
A.海南大东海旅游中心集团有限公司	26.46%	旅馆业、房地产开发经营旅游服务等
B.海南大东海旅业股份有限公司	由集团控股	住宿、饮食业、房地产开发经营等

(2)关联交易

海南大东海旅游中心股份有限公司应收海南大东海旅游中心集团有限公司往来款14620万元。

14.按照国际会计准则编制,与中国会计准则编制的综合损益表不存在重大差异。

二、经营情况的回顾与展望

1.上半年经营情况的回顾

上半年,在本公司领导和董事会的正确领导及社会各界和广大股东热情关心、支持与帮助下,在公司上下的不懈努力下,公司坚持抓住机遇,立足三亚,重点发展旅游产业,走多元化的经营方针,继续强化企业内部管理,不断完善企业规范化,标准化和科学化管理,明确各岗位的工作职责,加强财务管理,增收节支,严控资金支出,在市场营销方面采取"走出去,请进来"的促销办法,努力挖掘潜力,加强员工培训工作,提高服务素质和服务质量,提高经济效益。公司1—6月实现主营业务收入4523.84万元,与去年同期相比减少15.92%,实现净利润2201.61万元,与去年同期相比增长13.7%。

2.下半年工作计划

(1)利用公司拥有丰富的天然旅游资源,充分利用上市公司的诸多优势,抓住机遇,大力发展新兴的旅游业,增加新的旅游服务项目,壮大公司经营实力。

(2)创造和培植新的利润增长点,形成公司利润稳步增长的良好势头,公司已在湖北荆州市投资425万元建设一个集吃、住、娱乐等多功能的娱乐城,计划总投资2600万元,经济效益将十分显著。

(3)立足三亚,走出岛外,突破地区局限,建立合理产业布局,分散公司的经营风险和市场风险,进而提高抗风险能力。

(4)为了适应公司发展,充实和加强领导班子和管理人员建设,健全人才引进、使用和培训管理制度,提高公司整体素质和技能,调动员工的积极性、主动性和创造性,加强内部管理,进一步降低成本,提高经济效益。

重大事件的说明

1.经中国证券监督管理委员会证监会字〔1997〕6号和7号文批准,本公司在三亚市采取以"全额预缴、比例配售、余款转存"方式,成功地向社会公开发行1100万股A股,原内部职工股占用额度上市300万股,每股面值1.00元,本次可上市流通的人民币普通股A股共1400万股,并经深圳证券交易所批准于1997年1月28日挂牌上市。

2.1997年1月21日,经三亚市工商行政管理局办理了本公司注册登记的有关变更手续。

3.1997年6月8日,经本公司第五次股东大会通过,将1996年度本公司的税后未分配利润 35531241.31 元不作分配转入 1997 年度一并分配。

4. 经公司第五次股东大会通过同意,公司自今年 1 月 1 日起,终止与海国投工业开发股份有限公司签署《公司承包经营合同》。

5. 关于募股资金的说明。

本公司于 1997 年 1 月 13 日至 19 日,向社会公开募集资金 3520 万元,扣除发行费用后募集资金净额 3168 万元,募集的资金全部投入南中国大酒店扩建工程。

本次募集的资金和去年发行 8000 万股 B 股共募集资金净额约为 12405 万元人民币,该资金计划全部投入南中国大酒店扩建工程,初期工程已投入 561 万元,因该工程设计方案近期才获批准,由于三亚市新建酒店过多,供过于求,旅游酒店行业竞争空前激烈,绝大多数酒店削价竞争,致使目前三亚市酒店房价过低,开房率不高,大部分酒店的盈利都有所下降,鉴于目前三亚市旅游市场这种状况,经董事会同意,该扩建工程暂时缓建,待以后时机成熟时再扩建。剩余股本金暂作流动资金使用。

6. 根据国务院证券委、中国人民银行、国家经贸委 5 月 21 日联合发布的《严禁国有企业和上市公司炒作股票的规定》,本公司按有关文件要求做了认真自查,至今为止,本公司及子公司尚未在境内任何证券经营机构开设帐户买卖已上市流通之股票,本公司今后如从事股票投资,将严格遵守国家政策法规和本公司章程的有关规定。

7. 本公司在报告期内无重大诉讼、仲裁事项。

8. 本公司本年度中期不分红。

四、公司发行在外股票的变动和股权结构的变化

1. 本公司根据中国证券委、证监发字〔1997〕6 号文及深圳证券交易所批准,发行并上市 1400 万股 A 股。

2. 本公司股权结构情况(截止 1997 年 6 月 30 日)

每股面值:1 元　　单位:万股

	年初数	发行后	期末数
一、尚未流通股份			
1. 发起人股	10,107	10,107	10,107
其中:国有法人股	8,757	8,757	8,757
2. 募集法人股	10,893	10,893	10,893
3. 内部职工股	3,000	2,700	2,700
尚未流通股份合计	24,000	23,700	23,700
二、已上市流通股份			
1. 境内上市人民币普通股		1,400	1,400
2. 境内上市外资股	8,000	8,000	8,000
3. 境外上市外资股			
已上市流通股份合计	8,000	9,400	9,400
三、股份合计	32,000	33,100	33,100

3. 主要股东持股情况(截止到 1997 年 6 月 30 日)

股东名称	持股数(万股)	占总股本(%)
1. 海南大东海旅游中心集团有限公司	8,757	26.46
2. 海南三亚银农实业开发总公司	900	2.72
3. 海南国际企业发展有限公司	600	1.81
4. 辽宁海佳实业发展公司	600	1.81
5. 三亚市中兴发展公司	450	1.36
6. 中国对外经济贸易信托投资公司	360	1.09
7. 海南港澳国际租赁公司	354	1.07
8. 中国农业银行海南省信托投资公司	300	0.91
9. 海南三亚国华发展公司	300	0.91
10. 三亚信用合作联社	300	0.91
11. 三亚金得来房地产公司	300	0.91

五、股东大会简介

公司于 1997 年 6 月 8 日在三亚市南中国大酒店召开第五次股东大会,出席会议的代表共 68 人,代表的股份 18655.4 万股,占总股本的 58.3%,符合《公司法》和公司章程的有关规定,会议合法有效。

本次股东大会对有关报告和方案进行充分的讨论,并经表决形成如下决议:

1. 同意公司董事会 1996 年工作总结和 1997 年工作计划;

2. 同意公司监事会 1996 年度工作总结和 1997 年工作计划;

3. 同意公司 1996 年度财务决算和 1997 年度财务预算报告;

4. 同意公司 1996 年度利润分配与分红派息方案;

公司 1996 年度实际税后利润 5921.87 万元,可供分配利润 35531241.31 元,1996 年度利润暂不分配,滚存至 1997 年度合并分配;

5. 同意关于南中国大酒店扩建方案的说明;

6. 同意南中国大酒店重新装修方案;

7. 同意公司与海南大东海旅游中心集团有限公司及荆州市文湖公园管理处签署的《协议书》等有关合同;

8. 同意公司与海国投工业开发股份有限公司签署终止《公司承包经营合同》协议书;

9. 选举朱兴烈、陈海雄为公司第二届董事会董事,同意覃志新、陈振能辞去公司董事职务。

六、备查文件

1. 载有董事长、总经理亲笔签名的中期报告原本;

2. 报告期内发行 1400 万股 A 股的《招股说明书》和《上市公告书》。

查阅地址:海南省三亚市大东海滨海度假村公司证券部办公室

电话:(0899)8213898-4882

海南大东海旅游中心股份有限公司董事会

1997 年 8 月 23 日

大连友谊(集团)股份有限公司

大连友谊(集团)股份有限公司股票上市公告书

一、释义

在本上市公告书中,除非文意另有所指,以下简称具有如下含义:

本公司/发行人　指大连友谊(集团)股份有限公司

上市推荐人　指海通证券有限公司

集团公司/母公司　指大连友谊集团有限公司

元　指人民币元

二、绪言

本公司股票发行经中国证券监督管理委员会[证监发字(1996)395号文]和[证监发字(1996)396号文]批准,股票上市申请经深圳证券交易所深证发(1997)第26号《上市通知书》审核同意,将于1997年1月24日在深圳证券交易所挂牌交易。本公司总股本为11,000万股,本次上市流通的股票3,500万股均为1996年12月26日向社会公开发行的新股,尚余公司内部职工股1,500万股预计于2000年1月后上市。

本公司上市公告书依据《中华人民共和国公司法》、《股票发行与交易管理暂行条例》、《公开发行股票公司信息披露实施细则(试行)》、《深圳证券交易所业务规则》以及国家有关证券管理的规定编制。本公司上市公告书旨在说明公司股票上市的目的,并向社会公众披露公司基本情况及有关资料。

本公司招股说明书概要刊登于1996年12月20日的《中国证券报》,距本公告书公布的时间不足六个月,依规定对在招股说明书已公布的内容在此不再重复。凡本公告书中未涉及的内容,敬请投资者查阅本公司招股说明书概要。

三、公司概况

1.公司中文名称:大连友谊(集团)股份有限公司

英文名称:DALIAN FRIENDSHIP (GROUP) CO.,LTD

2.公司地址:大连市中山区人民路91号

邮政编码:116001

英文地址:91 RENMIN ROAD,DALIAN,CHINA

Post-Code:116001

3.公司法定代表人:徐学敏

4.公司董事、监事及高级管理人员持股情况:

姓名	职务	持股数(股)
徐学敏	董事长兼总经理	30,000
郑义明	副董事长	30,000
田益群	副董事长	25,000
宋传远	董事兼副总经理	25,000
林涣功	董事兼副总经理	25,000
张华昌	董事兼副总经理	25,000
张宝森	董事兼副总经理	25,000
丁正义	董事兼副总经理	25,000
曲钦振	董事	16,000
刘力军	董事会秘书	9,000
陈廷才	监事会主席	25,000
张立奂	监事会副主席	25,000
董启明	监事	16,000
卢　林	监事	11,000
王玉琴	监事	9,000

以上人员共持有本公司股票321,000股,占公司总股本的0.291%,其股票按有关规定在任期内不得转让。

5.公司经营范围:

主营:商业零售、酒店

兼营:对船供应、旅游、进出口贸易、仓储、保税

6.公司成立日期:1993年5月8日

7.在册职工人数:2,248人

8.公司占地面积:公司占有土地7,958.56平方米,土地使用权属于集团公司,公司依法与集团公司签订了土地租赁合同,租期为10年

9.公司控股公司和关联企业:

企业名称	注册资本(万元)	拥有权益	主要业务
大连进出口贸易公司	RMB 88	100%	商品进出口贸易
大连免税商品供应公司	RMB 69	100%	食品、百货
大连对外供应总公司	RMB 2,724	100%	百货、对船供应
大连友谊外商俱乐部有限公司	USD 692	60%	餐饮、娱乐
大连富丽华大酒店	USD 2,994	60%	宾馆、餐饮、商场

10.公司咨询电话:(0411)2802712　传真:(0411)2644828

联络人:刘力军

股东接待日:每周五下午2:30-4:30

公司文件资料索阅地点:辽宁省大连市人民路91号大连友谊(集团)股份有限公司证券部

四、股本结构及主要股东持股情况

1.股本的形成

1993年3月29日,经大连市经济体制改革委员会以大体改委发[1993]76号文批准,大连友谊集团公司以定向募集方式独家发起设立了大连友谊(集团)股份有限公司。公司成立时注册资本7,500万元按每股面值1元折为7,500万股。其中大连友谊集团公司以其主要经营性净资产折股,经大连会计师事务所评估并经大连市国资局大国企字[1993]33号文确认,该部分资产为6,339万元,其中339万元为负债处理,其余6,000万元按1:1折为6,000万股国家股。同时内部职工以现金方式投入1,500万元,折为1,500万股内部职工股,经中国证券监督管理委员会[证监发字(1996)395号文]和[证监发字(1996)396号文]批准,本公司于1996年12月26日在深圳证券交易所以上网定价方式向社会公开发行每股面值为1元的人民币普通股3,500万股,每股发行价9.80元。本次发行有效申购户数为53,963户,有效申购股数631,655,000股,中签率5.540999%,发行总价值为34,300万元。所募资金全部到位,并已经大连会计师事务所出具大会师内验字(1997)1号验资报告验证确认。

2.公司股本结构

	发行前		发行上市后	
	股数(万股)	比例(%)	股数(万股)	比例(%)
国家股	6,000	80	6,000	54.5
内部职工股	1,500	20	1,500	13.7
社会公众股			3,500	31.8
总股本	7,500	100	11,000	100

3.前十名股东持股情况

股东名称	持股数(万股)	占总股本比例(%)
(1)大连友谊集团有限公司	6,000.0	54.545
(2)徐学敏	3.0	0.027
(3)郑义明	3.0	0.027
(4)张宝森	2.5	0.023
(5)张华昌	2.5	0.023
(6)林涣功	2.5	0.023
(7)宋传远	2.5	0.023
(8)张立奂	2.5	0.023
(9)陈廷才	2.5	0.023
(10)田益群	2.5	0.023
(11)丁正义	2.5	0.023

4. 股东人数

本次发行新股后的股东人数为22,869户,其中持有本公司股票1,000股以上的股东人数为22,869户。

五、公司财务状况

(一)近三年经营营业绩(单位:元)

	96年1-9月	95年度	94年度
主营业务收入	402,575,000.71	550,598,087.73	498,407,552.71
主营业务利润	72,904,187.32	104,801,283.01	109,398,959.50
利润总额	75,343,829.31	107,634,778.79	110,224,919.22
净利润	48,125,311.73	54,270,134.49	55,211,867.58

注:以上数据摘自业经大连会计师事务所审计的公司《利润及利润分配表》

(二)会计报表

1. 合并资产负债表(见附表一)

2. 合并利润及利润分配表(见附表二)

(三)财务指标分析

项目	1996年9月	1995年度	1994年度	1993年度
流动比率	0.66	0.72	0.71	1.33
速动比率	0.53	0.53	0.50	0.97
存货周转率	5.12	5.20	0.34	4.72
应收帐款周转率	20.96	24.33	14.55	31.93
资产负债率	65%	69%	68%	66%
净资产收收益率	26.19%	38.78%	46.64%	49.00%
每股净资产(元)	2.45	1.87	1.58	1.28
每股收益(元)	0.64	0.72	0.73	0.63

(四)盈利预测(单位:万元)

	1996年	1997年
一、营业收入	57,500	61,500
减:营业成本	32,800	35,511
销售费用	5,460	5,850
管理费用	6,045	6,488
财务费用	1,230	1,173
税金及附加	1,250	1,396
二、利润总额	10,715	11,082
减:所得税(15%)	1,607	1,662
减:少数股东损益	2,808	2,920
三、净利润	6,300	6,500

六、董事会上市之承诺

本公司董事会将严格遵守《中华人民共和国公司法》、《股票发行与交易管理暂行条例》、《公开发行股票公司信息披露实施细则(试行)》、《深圳证券交易所业务规则》和有关法律、法规的规定,并自本公司股票上市之日起向全体股东作如下承诺:

1. 按照法律、法规的规定程序和要求披露公司重大的信息,并接受证券主管机关、深圳证券交易所的监督管理。

2. 及时、真实、准确地公布公司财务中期报告和年度报告,并备置于规定场所供投资者查阅。

3. 本公司董事、监事及高级管理人员持本公司股票情况发生变化时,在即时报告证券主管机关、深圳证券交易所的同时向投资者公布。

4. 在任何公共传媒中出现的消息可能对本公司股票价格产生误导性影响时,本公司知悉后将及时予以公开澄清。

5. 本公司董事、监事及高级管理人员将认真听取投资者的意见和批评,不利用已获得的内幕消息直接或间接从事股票买卖活动。

6. 本公司没有无记录负债。

七、重要事项揭示

1. 本公司原发行的1,500万股内部职工股,不占本次发行额度,按现行规定将在2000年1月以后上市。本次上市全部为新发行的社会公众股,共3,500万股。

2. 从1996年起,经大连市人民政府同意,本公司执行15%的所得税税率。

3. 截止1997年1月8日,本公司社会公众股发行结束后每股净资产约4.66元。

4. 本公司1996年度、1997年度经大连会计师事务所审阅后的每股盈利预测分别为0.57元、0.59元。

5. 北京星河律师事务所出具的法律意见书表明,未发现有影响本公司本次股票公开发行与上市的诉讼、仲裁、行政处罚等情况。

6. 公司股利分配政策

根据公司章程规定,本公司税后利润在弥补上年度亏损后按如下顺序比例分配:

提取法定盈余公积金	10%
提取公益金	5-10%
提取任意盈余公积金	
分配普通股股利	

7. 本公司自成立以来,进行过三次股利分配:1993年度每股分红0.20元,1994年度每股分红0.337元,1995年度每股分红0.337元。

8. 本公司重要合同:

(1)1995年8月8日,大连对外供应总公司与香港富享有限公司签订了合资合同,双方同意建立中外合资企业大连富丽华大酒店。合资公司注册资本为600万美元,其中中方占60%,外方占40%。后合资合同经过了三次修改,合资合同的外方变更为香港广信实业有限公司,合资公司的注册资本变更为790万美元,双方出资的比例不变。

(2)1995年10月18日,公司与香港港连有限公司签订了合资合同,双方同意设立大连友谊外商俱乐部有限公司。合资公司注册资本为692万美元,其中中方占60%,外方占40%。合资公司的合营期限为20年。

(3)1996年11月1日,公司与集团公司签订了《土地使用权租赁合同》。公司租用集团公司7,958.56平方米土地的使用权,租期10年,年租金31.8万元。

(4)1996年6月15日,公司与香港预发集团有限公司签署合资经营大连大窑湾港对外供应有限公司合同,双方共同经营外轮和中远轮的供应及服务业。合资公司注册资本1,800万美元,其中中方出资1,260万美元,占注册资本的70%,外方出资540万美元,占注册资本的30%。此合同尚待有关审批机构批准。

(5)1996年3月5日,公司与香港新百森国际有限公司签署合资经营大连经济技术开发区友谊大厦有限公司合同,双方共同经营大型零售百货业。合营公司注册资本963万美元,其中中方出资577.8万美元,占注册资本的60%,外方出资385.2万美元,占注册资本的40%。此合同尚待有关审批机构批准。

八、中介机构

1. 上市推荐人:海通证券有限公司
   法定代表人:李惠珍
   地址:上海市唐山路218号
   电话:(021)65842411　传真:(021)65841935
   联系人:雷杭伟、尹广宇
2. 发行人律师事务所:北京市星河律师事务所
   法定代表人:庄涛
   地址:北京北三环中路甲19号大森林酒店二层
   电话(010)62383709　传真:(010)62383708
   经办律师:袁胜华、林岩、王海
3. 会计师事务所:大连会计师事务所
   法定代表人:张耀麟
   地址:大连市西岗区东北路94号
   电话:(0411)3601718　传真:(0411)3601808
   经办会计师:纪勇、臧德胜
4. 资产评估机构:大连会计师事务所
   法定代表人:丛达
   地址:大连市西岗区东北路94号
   电话:(0411)3601718　传真:(0411)3601808
   经办评估人员:姜长群、王仲琪、王秀玉、蒋国通
5. 股票登记机构:深圳证券登记有限公司
   法定代表人:黄铁军
   地址:深圳市红岭中路25号
   电话:(0755)5585536
   大连市财政证券公司
   法定代表人:陈维刚
   地址:大连市中山区玉光街59号
   电话:(0411)2649255

九、备查文件

1. 本公司成立的有关批准文件及注册登记文件
2. 政府主管部门和深圳证券交易所批准发行上市的文件
3. 招股说明书
4. 验资报告
5. 审计报告
6. 公司章程
7. 证监会要求的其他文件

大连友谊(集团)股份有限公司
1997年1月21日

附表一

合并资产负债表

金额单位:人民币元

资　　产	1996年9月30日	1995年12月31日	1994年12月31日	1993年12月31日
流动资产				
货币资金	86,557,279.06	72,381,397.24	55,668,772.13	41,205,209.52
应收帐款	25,604,146.94	22,627,082.38	34,262,142.16	17,208,929.20
应收帐款净额	25,604,146.94	22,627,082.38	34,262,142.16	17,208,929.20
预付货款	2,666,333.12	1,261,704.91	1,762,875.73	4,894,175.07
其他应收款	136,849,631.62	74,953,890.90	41,920,945.87	135,065,183.53
待摊费用	4,617,210.22	5,270,066.09	8,397,353.68	203,686.00
存货	59,245,058.29	63,693,197.66	60,017,327.03	73,821,833.18
存货净额	59,245,058.29	63,693,187.66	60,017,327.03	73,821,833.18
流动资产合计	315,539,659.25	240,187,329.18	202,029,416.60	272,399,016.50
长期投资:				
长期投资	4,355,100.00	2,386,080.10	5,340,150.00	9,324,130.00
固定资产原价	378,733,651.51	132,800,994.38	128,399,338.18	115,893,707.81
减:累计折旧	60,114,732.83	52,440,146.25	47,640,391.75	41,780,121.56
固定资产净值	318,618,918.68	80,360,848.13	80,758,946.43	74,113,586.25
在建工程	447,566,134.90	594,189,613.35	253,649,373.68	44,235,127.72
固定资产合计	766,185,053.58	674,550,461.48	334,408,320.11	118,348,713.97
无形资产及递延资产:				
无形资产	6,563,449.85	4,742,590.54	6,060,114.46	4,036,395.47
递延资产	19,501,261.48	13,473,428.63	15,178,522.32	8,010,495.76
无形及递延资产合计:	26,064,711.33	18,216,019.17	21,238,636.78	12,046,891.23
资产总额	1,112,144,524.16	935,339,889.93	563,016,523.49	412,118,751.70
负债及所有者权益				
流动负债				
短期借款	167,850,800.00	113,210,000.00	79,190,000.00	68,930,000.00
应付帐款	53,612,642.31	39,081,388.99	33,251,192.42	35,557,354.85
应付福利费	25,545,890.53	16,191,110.30	7,645,214.43	11,562,106.19
未付股利		31,370,395.06	35,838,463.88	14,018,460.33
未交税金	37,769,380.83	32,851,914.65	18,274,979.65	2,481,952.55
其他交款	151,414.82	116,086.02	66,089.23	5,837,701.36
其他应付款	166,827,776.52	99,860,646.46	108,686,607.41	66,215,897.22

预提费用	2,912,941.83		526,229.54	574,446.71
一年内到期的长期负债	25,452,550.00			
流动负债合计	480,123,396.84	332,681,541.48	283,478,776.56	205,177,919.21
长期负债:				
长期借款	319,743,750.00	372,351,250.00	94,077,200.00	62,268,482.01
长期负债合计	319,743,750.00	372,351,250.00	94,077,200.00	62,268,482.01
负债合计	799,867,146.84	705,032,791.48	377,555,976.56	267,446,401.22
少数股东权益(合并报表填列)	128,504,680.26	90,353,977.81	67,074,889.75	48,513,643.43
股东权益				
股本	75,000,000.00	75,000,000.00	75,000,000.00	75,000,000.00
盈余公积	64,198,280.50	64,198,380.50	43,228,686.71	21,146,980.19
未分配利润(未弥补亏损"-"表示)	44,574,416.56	754,840.14	156,970.46	11,726.86
股东权益合计	183,772,697.06	139,953,120.64	118,385,657.18	96,158,707.05
负债及股东权益合计	1,112,144,524.16	935,339,889.93	563,016,523.49	412,118,751.70

附表二

合并利润及利润分配表

金额单位:人民币元

项目	1996年1-9月末	1995年度	1994度	1993年度
一、主营业务收入	402,575,000.71	550,598,087.73	498,407,552.71	549,498,016.15
减:营业成本	227,377,452.56	330,964,556.86	260,312,176.83	348,405,262.72
销售费用	39,769,463.56	47,140,218.30	46,836,375.62	28,646,612.02
管理费用	44,542,759.91	56,138,421.48	54,429,241.42	47,315,103.18
财务费后	9,319,851.70	173,678.71	17,089,488.06	-4,336,519.60
营业税金及附加	8,661,285.66	11,379,929.37	10,341,311.28	40,744,312.41
二、主营业务利润(亏损以"-"号表示)	72,904,187.32	104,801,283.01	109,398,959.50	88,723,245.42
加:其他业务利润(亏损以"-"号表示)	458,878.18	714,254.03	79,171.93	585,619.69
三、营业利润(亏损以"-"号表示)	73,363,065.50	105,515,537.04	109,478,131.43	89,308,865.11
加:投资收益(损失以"-"号表示)	741,881.88	1,444,451.02	738,227.05	385,954.95
营业外收入	368,330.41	842,594.64	85,428.89	206,526.36
减:营业外支出	129,448.48	167,803.91	76,868.15	2,300,200.45
四、利润总额(亏损以"-"号表示)	74,343,829.31	107,634,778.79	110,224,919.22	87,601,145.97
减:所得税	11,097,363.34	26,760,028.59	27,392,348.83	17,701,323.52
减:少数股东损益(合并报表填列)(亏损以"-"号表示)	15,121,154.24	26,604,615.71	27,620,702.81	22,779,765.33
五、净利润(亏损以"-"号表示)	48,125,311.73	54,270,134.49	55,211,867.58	47,120,057.12
加:年初未分配利润(未弥补亏损以"-"号表示)	754,840.14	156,970.47	11,726.86	
六、可分配的利润(亏损以"-"号表示)	48,880,151.87	54,427,104.96	55,223,594.44	47,120,057.12
减:提取法定公积金		4,687,996.35	4,753,945.01	3,615,870.70
提取法定公益金		3,281,597.44	3,327,761.51	2,531,109.49
职工奖金福利(合并报表填列、子公司为外商投资企业项目)	4,305,735.31	7,390,171.03	7,672,417.45	10,961,350.07
七、可供股东分配的利润(亏损以"-"号表示)	44,574,416.56	39,067,340.14	39,469,470.47	30,011,726.86
减:已分配优先股股利				
提取任意公积金		13,000,000.00	14,000,000.00	15,000,000.00
已分配普通股股利		25,312,500.00	25,312,500.00	15,000,000.00
八、未分配利润(亏损以"-"号表示)	44,574,416.56	754,840.14	156,970.47	11,726.86

大连友谊(集团)股份有限公司一九九六年年度报告摘要

一、公司简况

1. 公司法定中文名称:大连友谊(集团)股份有限公司

   公司英文名称:DALIAN FRIENDSHIP (GROUP) CO.,LTD.

2. 公司注册地址:辽宁省大连市中山区人民路91号

   邮政编码:116001

3. 公司法定代表人:徐学敏

4. 公司咨询服务机构:证券部

   电话:0411-2802712

   传真:0411-2644828

   股证事务代表:张宝森、刘力军

5. 股票简称:大连友谊

   股票代码:0679

二、会计数据和业务数据摘要

指标项目	本年度	上年度	比上年增减(%)
1. 主营业务收入(万元)	55,909	55,060	+1.54
2. 净利润(万元)	6,485	5,427	+19.50
3. 总资产(万元)	120,479	93,745	+28.52

4. 股东权益(万元)	16,795	13,995	+20.01
5. 每股收益(元)*	0.86	0.72	+19.44
6. 每股净资产(元)*	2.24	1.86	+20.43
7. 净资产收益率(%)	38.61	38.78	-0.44
8. 股东权益比率(%)	13.94	14.93	-6.63
母公司股东权益比率(%)	32.70	30.36	+7.71

*以上本年度每股收益、每股净资产均以本公司总股本7,500万股为基数计算。

三、公司业务回顾

一九九六年是公司发展过程中极其不平凡的一年。在国家宏观经济环境向好,大连市以建设北方商都为城市发展目标,积极吸引外资加速本地的综合大型零售店和旅游饭店消费市场平衡发展,全方位竞争日趋激烈的形势下,公司本着以维护广大股东利益为根本宗旨,以提高企业经济效益为经营目标,以不断完善科学的经营管理体系为保证措施,以保持企业长远发展后劲为经营战略的指导思想,在进一步转变干部和职工队伍的观念,上下一心按期落实投资项目,利润水平稳步增长,经营管理机制朝着规范化方向转换等方面取得了长足的进展。本年度公司共实现营业收入55,909万元,比去年上升1.54%,实现净利润6,485万元,比去年上升19.5%,全面实现了预期目标。公司营业收入位居大连市综合商业企业第二位。

1. 确保重点项目,攒足企业发展后劲

一九九六年是公司发展史上规模拓展成绩最为显著的一年。公司依靠自身积累,抓住投资的有利时机,审时度势,集中力量开展主营业务设施的改造和开发,三个大项目在本年度中期之后按计划相继运营。新增加国际标准的五星级酒店营业面积60,000平方米,现代化百货店15,000平方米,高档次写字间5,000平方米,以及综合娱乐中心10,000平方米,为公司在骨干行业扩大规模发展和持续的经济效益增长奠定更为扎实的基础。

2. 增强竞争意识,提高资产经营质量

公司在一九九六年商品零售业务方面,以调整经营、提高质量、突出规模效益为主要举措,进一步强化零售业务的经营特色,侧重于满足消费者多层次、高品位的购物需求,各商店在公司的统一协调下,针对供货渠道进行相互支持、组合及其协作,进一步扩大了公司主要骨干大类品种的市场占有份额,同时,各个零售单位加大经营过程中的划细成本核算,改善销售与分配挂钩的激励机制,提高零售业务的经营管理质量,有效地挖掘出各方面的潜力。

3. 调整经营机制,逐步建立现代企业制度

根据市场发展变化,通过确立新的经营理念,调整组织结构和进一步完善公司管理制度,是公司适应进入资本市场,实现现代企业管理的基本保证。公司在一九九六年注重理顺产权关系,建立起以《公司法》为准绳,以资产授权委托经营为公司对下属单位实施管理的公司治理结构,坚持"精简高效、优化配置"的原则,健全以激励机制为核心的公司人事管理制度,严格落实绩效考核章程,强化财务专业管理系统,推行全面质量管理,同时加大公司对零售业计算机设备和管理开发的投入,有效地提高了公司零售业计算机管理水平。

4. 募集资金使用情况的说明

公司经中国证监会证监字[1996]395号文和证监发字[1996]396号文批准,于一九九六年十二月二十六日发行3,500万股A股,募集资金于一九九七年一月七日到达本公司帐户,因而募集资金的运用情况将在一九九七年年度报告中披露。

四、股本变化及股本结构情况

1. 股本变化及股本结构情况

(1)截止一九九六年末股本公司结构如下:

	期初数(万股)	期末数(万股)
1. 尚未流通股份		
国家股	6,000	6,000
内部职工股	1,500	1,500
2. 总股本*	7,500	7,500

*公司虽经国家证监会批准于一九九六年十二月二十六日通过深圳证券交易所上网发行了3,500万社会公众股,但募集资金于一九九七年一月七日才到达本公司帐户,因此一九九六年度末公司的总股本仍为年初的7,500万股。

2. 主要股东持股情况(前十名股东)

股东名称	持股数(万股)	占总股本比例(%)
1. 大连友谊集团有限公司	6,000.0	54.545
2. 徐学敏	3.0	0.027
3. 郑义明	3.0	0.027
4. 田益群	2.5	0.023
5. 宋传远	2.5	0.023
6. 林泱功	2.5	0.023
7. 张华昌	2.5	0.023
8. 张宝森	2.5	0.023
9. 丁正义	2.5	0.023
10. 陈廷才	2.5	0.023

3. 公司董事、监事及高级管理人员持股情况

姓名	职务	年初持股数(股)	年末持股数(股)
徐学敏	董事长、总经理	30,000	30,000
郑义明	副董事长	30,000	30,000
田益群	副董事长	25,000	25,000
宋传远	董事、副总经理	25,000	25,000
林泱功	董事、副总经理	25,000	25,000
张华昌	董事、副总经理	25,000	25,000
张宝森	董事、副总经理 财务总监	25,000	25,000
丁正义	董事、副总经理	25,000	25,000
曲钦振	董事	16,000	16,000
刘力军	董事会秘书	9,000	9,000
陈廷才	监事会主席	25,000	25,000
张立奂	监事会副主席	25,000	25,000
董启明	监事	16,000	16,000
卢林	监事	11,000	11,000
王玉琴	监事	9,000	9,000

4. 截止一九九六年底股东总数为1,664户,其中国有法人股东1户,内部职工股东1,663户。

五、重要事项

1. 一九九六年三月十一日召开了第一届董事会第九次会议,讨论和通过了《董事会一九九五年度工作报告》、《一九九五年度财务工作和利润分配预案》、《公司发行社会公众股(A股)的工作意见》,同时提名增补丁正义、曲钦振为董事会董事,提交股东大会讨论。

2. 公司于1996年3月15日在公司俱乐部召开股东大会,出席会议的股东53人,代表股份7,054万股,占股本总数94%。本次大会审议并通过:

(1)《公司1995年度财务决算报告》、《公司1996年度财务预算和1995年度利润分配预案》、《公司1995年度董事会工作报告》、《公司1995年度监事会工作报告》;

(2)增选丁正义、曲钦振为公司董事会董事,改选监事会并选举陈廷才、张立奂、董启明、卢林和王玉琴为监事会成员;

(3)同意公司发行社会公众股(A股),由定向募集公司转为社会公众公司。

3. 公司《股票发行公告》和《招股说明书概要》于1996年12月20日

分别刊登于《中国证券报》、《深圳特区报》、《大连日报》和《大连晚报》上。

4. 公司于 1996 年 12 月 26 日通过深圳证券交易所上网定价发行 3,500 万股 A 股股票。

5. 本报告期内，公司无重大诉讼、仲裁事项。

六、子公司及关联企业

企业名称	注册资金(万元)		主营业务	拥有权益
大连进出口贸易公司	RMB	88	进出口贸易	100%
大连免税商品供应公司	RMB	69	食品，百货	100%
大连对外供应总公司	RMB	2,724	百货，对船供应	100%
大连富丽华大酒店	USD	2,994	宾馆，餐饮，商场	60%
大连友谊外商俱乐部有限公司	USD	692	餐饮，娱乐	60%

七、财务报告

(一)审计意见

公司财务报告经大连会计师事务所纪勇、臧得胜注册会计师审计，并出具无保留意见的审计报告〖大会师内审字(1997)86 号〗。

(二)财务报表(见附表)

(三)主要会计政策

1. 会计制度：执行财政部、国家体改委制定的《股份制试点企业会计制度》。

2. 会计期间：为公历 1 月 1 日至 12 月 31 日。

3. 合并会计报表的编制方法：按照财政部制定的《合并会计报表暂行规定》对母公司拥有半数以上(不包括半数)权益性资本的被投资企业合并会计报表。

4. 记帐方法：采用借贷记帐法。

5. 记帐本位币：以人民币为记帐本位币。

6. 记帐原则及计价基础：按权责发生制原则进行会计核算，以实际成本为计价基础。

7. 外币折算方法：外币业务，以发生当日的外汇市场汇率折合人民币记帐，月份终了，将各种外币帐户的外币余额，按照月末外汇市场汇率折合为人民币余额，其差额计入“财务费用”。

8. 坏帐损失的核算方法：采用直接转销法核算坏帐损失。

9. 存货计价方法：零售库存商品实行售价核算，进销差价按商品类别进行核算与分摊，对船供应及酒店库存商品实行进价核算，发出商品采用全月一次加权平均法；材料物资、在途商品、低值易耗品均按实际成本计价，发出材料物资采用先进先出法。低值易耗品采用五五摊销法进行核算。

10. 长期投资核算方法：占被投资单位权益为 20% 以下的，按成本法核算；占被投资单位权益为 20% 以上至 50% 的，按权益法核算；占被投资单位权益为 50% 以上的，按权益法核算，并合并会计报表。

11. 固定资产及其折旧：固定资产为使用期限超过一年的房屋、建筑物、机器设备、电子设备、运输设备以及其他与生产经营有关的设备、用具、工具等。固定资产原价，在改组定向募集股份制企业时经评估的固定资产，以评估确认的价值计价，之后新增固定资产按实际成本计价，折旧年限按照《商品流通企业财务制度》规定的固定资产分类折旧年限确定。预留残值按原价的 5% 计留，折旧方法采用平均年限法。

各类固定资产折旧年限及年折旧率列示如下：

类别	折旧年限	年折旧率(%)
房屋及建筑物	35	2.71
机器设备	10	9.5
电子设备	5	19
运输设备	10	9.5
其他设备	5	19

12. 无形资产及其摊销：无形资产均为购入只有使用权的职工住房，从开始使用之日起，按照十年平均摊销。

13. 递延资产及其摊销：递延资产包括待转销汇兑损失、开办费及商场装修改造支出。其中：待转 销汇兑损失、开办费按五年平均摊销、商场装修改造支出按预计受益期平均摊销。

14. 营业收入实现的确认方法：在发出商品、提供劳务时收讫价款或取得收取货款的凭证后确认为营业收入的实现。

15. 税项：

(1)营业税：宾馆、酒店均执行营业税，税率分别为餐饮客房收入 5%、健身收入 3%、娱乐收入 10%。

(2)增值税：出口商品销售收入，增值税税率为零；内销商品销售收入，增值税税率分别为 17% 和 13%。

(3)城建税和教育费附加：按照当期增值税额和当期营业税额的 7% 和 3% 上缴。

(4)所得税：从本年度起，经大连市人民政府同意，执行 15% 的所得税税率。

(5)费用性税金：包括房产税、车船使用税、印花税等按照有关规定上缴，计入当期损益。

16. 利润分配：

由董事会制定分配方案，经股东大会审议批准后实施。

净利润的分配顺序如下：

(1)按税后净利润 10% 提取法定公积金，该项公积金达注册资本 50% 时可不再提取；

(2)按税后净利润 5%—10% 提取法定公益金；

(3)提取任意公积金；

(4)分配股东股利。

(四)合并资产负债表和合并利润及利润分配表有关项目的附注

1. 合并会计报表范围：本次纳入合并会计报表范围的控股子公司有：大连富丽华大酒店(以下简称富丽华)、大连友谊外商俱乐部有限公司(以下简称外商俱乐部)。

2. 货币资金 143,489,538.54 元，其中现金 14,721.85 元，银行存款 143,474,816.69 元。货币资金比上年同期增加 98.24%，主要原因是富丽华积存还款准备金，其银行存款增加 7,000 余万元。

3. 应收帐款 24,102,215.01 元。

(1)帐令情况：

帐 令	户 数	金 额	占本科目余额%
年 内	351	20,845,128.79	86.48
一年至二年	13	570,080.65	2.37
二年至三年	26	2,687,005.57	11.15
合 计	390	24,102,215.01	100

(2)无持有本公司 5% 以上股份的股东欠款。

4. 预付货款 2,611,259.66 元，比上年同期增加 106.96%，主要原因为富丽华预付二期工程所需空调、家俱等款项。

5. 其他应收款 27,594,231.05 元。

(1)帐令情况：

帐令	户数	金额	占本科目余额%
年 内	360	23,584,628.26	85.47
一年至二年	72	298,323.30	1.08
二年至三年	66	3,711,279.49	13.45
合 计	498	27,594,231.05	100

(2)主要帐户列示如下：

帐户名称	余额	业务内容及性质
大连万达集团	2,374,815.85	代垫款项
大连市建设银行	2,113,475.24	住房公积金
辽宁省铁岭县外贸公司	1,604,951.39	代垫款项
大连经济技术开发区五彩乐园	1,000,000.00	借款

(3)无持有本公司 5% 以上股份的股东欠款。

6. 存货 65,575,376.96 元。

其中：库存商品 53,347,981.63 元；

在途商品 2,183,585.60 元;

材料物资 9,015,620.16 元;

低值易耗品 1,028,189.57 元;

7. 待摊费用 4,332,981.46 元。其中:

(1)1994 年实行新税制期初存货进项税额按有关税收政策摊余数额为 3,828,905.12 元。

(2)外商俱乐部员工服装费摊余数额为 504,076.34 元,其费用原值为 627,843.30 元,已摊销额为 123,766.96 元,剩余摊销期限为 8 个月。

8. 长期投资 4,355,100.00 元,其投资情况如下:

(1)股权投资:

投资单位名称	投资金额	占投资单位股本比例
交通银行	4,350,000.00	0.38%

(2)债券投资:

债券种类	投资余额	年利率	到期日
国库券	5,100.00	8%	1997.7.1

9. 固定资产及累计折旧

固定资产原值情况如下:

类　别	固定资产原值			
	期初数	本期增加	本期减少	期末数
房屋建筑物	93,084,777.58	223,234,379.24	191,542.55	316,127,614.27
机器设备	9,504,129.22	14,139,755.03	——	23,643,884.25
运输设备	11,754,525.45	1,986,850.04	304,494.60	13,436,880.89
电子设备	5,050,833.94	7,302,989.37	2,208,101.31	10,145,722.00
办公设备	13,406,728.19	7,422,166.77	120,172.72	20,708,722.24
合　计	132,800,994.38	254,086,140.45	2,824,311.18	384,062,823.65

累计折旧情况如下:

类　别	累计折旧			
	期初数	本期增加	本期减少	期末数
房屋建筑物	26,460,090.25	7,494,488.49	73,945.70	33,880,593.04
机器设备	6,670,790.53	1,624,468.49	——	8,295,259.02
运输设备	5,166,585.29	1,738,274.34	72,357.18	6,832,502.45
电子设备	3,678,081.83	844,109.46	1,092,097.82	3,430,093.47
其他设备	10,464,598.35	1,098,733.33	94,949.44	11,468,382.24
合计	52,440,146.25	12,800,034.11	1,333,350.14	63,906,830.22

固定资产原值比上年同期增加 189.20%,主要原因是:

(1)友谊商城一期工程转入固定资产 114,253,315.26 元;

(2)本年公司投入外商俱乐部固定资产 76,864,281.82 元;自购固定资产增加 59,262,211.14 元。

10. 在建工程 588,635,039.66 元,列示如下:

工程名称	批准文号	资金来源	工程预算额(万元)
富丽华二期工程	国家计划委员会计社会[1992]1768 号	合营双方借资款及银行借数	49,800
友谊商城工程	大连市计划委员会大计商发[1993]320 号	定向募集资金及银行借款	27,000
富丽华冰浴沟酒店工程	——	企业自筹	3,000
开发区友谊商店工程尾数	——	企业自筹	
合　计		——	79,800

实际发生额	在建工程余额	其中:利息资本化金额	完工进度%
553,979,215.66	553,979,215.66	35,075,286.16	95
208,722,490.26	23,513,733.00	44,676,259.18	85
10,603,153.00	10,603,153.00		30
538,938.00	538,938.00		——
773,843,796.92	588,635,039.66	79,751,545.34	——

11. 递延资产摊余额 18,907,364.25 元,列示如下:

项目名称	原值	已摊销额	剩余摊销额	剩余摊销年限
友谊商城开办费	5,197,530.08	481,334.30	4,716,195.78	4 年零 6 个月
外商俱乐部开办费	7,504,704.09	500,313.60	7,004,390.49	4 年零 8 个月
开发区友谊商店开办费	633,313.13	563,208.91	70,104.22	12 个月
待转销汇兑损失	14,562,972.01	8,737,783.20	5,825,188.81	24 个月
商场装修费	3,441,992.04	2,150,507.09	1,291,484.95	2 年
合　计	31,340,511.35	12,433,147.10	18,907,364.25	——

递延资产比上年同期增加 37.53%,主要原因是外商俱乐部开办费本年度入帐 700 余万元。

12. 无形资产 5,035,536.29 元,均为购入只有使用权的职工住房摊余款,其中:

名　称	原值	已摊销额	剩余摊销额	剩余摊销年限
富丽华第一批员工住宅	10,090,987.79	9,081,888.48	1,009,099.31	1 年
富丽华第二批员工住宅	3,084,221.40	668,251.09	2,415,970.31	7 年零 10 个月
外商俱乐部员工住宅	1,666,000.00	55,533.33	1,610,466.67	9 年零 4 个月
合　计	14,841,209.19	9,805,672.90	5,035,536.29	——

13. 短期借款 209,464,680.00 元。其中:人民币借款 189,550,000.00;美元借款 USD2,400,000.00 元(折人民币 19,914,680.00 元)。贷款条件均为信用担保。

14. 应付帐款 51,419,809.22 元,主要为应付代销商品款,其帐令情况如下:

帐令	户数	金额	占本科目余额%
年内	2,237	48,912,071.66	95.12
一年至二年	43	1,974,355.49	3.84
二年至三年	127	277,408.03	0.54
三年以上	7	255,974.04	0.50
合　计	2,414	51,419,809.22	100

本科目无应付与公司有关联的公司的款项。

15. 应付福利费 24,204,472.39 元,其中富丽华职工奖励及福利基金结余 21,920,471.85 元,其它 2,284,000.54 元,为公司按工资总额 14% 提取职工福利费使用节余部分。

16. 未交税金 27,913,103.09 元。其中:

应交增值税 9,013,471.09 元;

应交营业税 997,496.86 元;

应交城建税 8,287.19 元;

应交企业所得税 17,813,847.95 元。

17. 其他应付款 208,117,816.07 元。

(1)帐令情况:

帐令	户数	金额	占本科目余额%
年内	2,503	161,931,475.65	77.80
一年至二年	111	31,434,204.96	15.11
二年至三年	21	14,752,135.46	7.09
合　计	2,635	208,117,816.07	100

(2)其他应付款比上年同期增加 104.09%,主要原因是:

(1)友谊商城和富丽华应付工程款增加 3,500 万元;

(2)外商俱乐部应付投资方香港港连有限公司借款增加 2,400 余万元;

(3)向大连友谊集团有限责任公司借款增加 4,500 余万元。

18. 未付股利 30,000,000.00 元,为本期由税后净利润中计提的应付股东利润。

19. 一年内到期的长期借款 37,477,300.00 元。其中人民币借款 25,030,000.00 元,美元借款 USD1,500,000.00 元(折人民币为 12,447,300.00 元)。贷款条件均为信用担保。

20. 长期借款 USD37,500,000.00 元,折人民币 311,163,750.00 元。

21. 少数股东权益情况列示如下:

少数股东名称	1996.12.31	1995.12.31
香港广信实业有限公司	115,042,357.95	90,353,977.81
香港港连实业有限公司	22,025,262.86	

22. 股本 7,500 万元,其中:国家股 6,000 万元,占股本总额的 80%,职工个人股 1,500 万元,占股本总额的 20%。各年度情况如下(万元):

日期	国家股	职工个人股	合计
1995 年 12 月 31 日	6,000	1,500	7,500
1996 年 12 月 31 日	6,000	1,500	7,500

23. 盈余公积:期初余额为 64,198,280.50 元,本年度根据公司第一届第十三次董事会会议纪要,按净利润的 10% 提取的法定公积金和按 5% 提取的公益金共计 8,699,523.47 元。期末各项目余额列示如下:

	期末数	期初数
法定公积金	18,857,494.37	13,057,812.06
公益金	12,040,309.60	9,140,468.44
任意公积金	42,000,000.00	42,000,000.00
合计	72,897,803.97	64,198,280.50

24. 未分配利润 20,052,139.80 元,本期增减变化情况如下:

项目	上年数	本年数
净利润	54,270,134.49	64,854,706.50
加:年初未分配利润	156,970.47	754,840.14
减:提取盈余公积	20,969,593.79	8,699,523.47
提取职工奖励及福利基金	7,390,171.03	6,857,883.37
分配股利	25,312,500.00	30,000,000.00
年末未分配利润	754,840.14	20,052,139.80

25. 主营业务收入各会计期间情况如下:

项目	1996 年度	1995 年度
商品销售收入	362,244,890.05	328,971,145.22
客房收入	105,103,118.46	109,154,386.82
餐饮收入	51,468,051.17	43,778,082,50
外轮供应收入	15,323,240.84	29,000,046.43
其他	24,949,447.01	39,694,426.76
合计	559,088,747.53	550,598,087.73

26. 营业成本各会计期间列示如下:

项目	1996 年度	1995 年度
商品销售成本	274,702,816.97	264,463,055.85
客房成本	6,541,097.28	6,495,622.32
餐饮成本	18,860,065.59	12,472,137.74
外轮供应成本	11,700,087.52	23,668,867.18
其他	7,643,061.40	23,864,873.77
合计	319,447,128.76	330,964,556.86

27. 财务费用各会计期间情况如下

费用项目	1996 年度	1995 年度
利息支出	7,183,496.75	7,602,685.99
银行手续费	1,079,431.69	719,294.39
汇兑损失	−8,375,914.41	−8,148,301.67
合计	112,985.97	173,678.71

28. 其他业务利润各会计期间情况如下:

项目	1996 年度	1995 年度
代理手续费收入	393,708.71	564,254.03
租金收入	1,135,394.02	150,000.00
合计	1,529,102.73	714,254.03

29. 投资收益情况如下:

1995 年度	1,444,451.02	其中:对交通银行投资收益	644,637.90
1996 年度	753,128.47	其中:对交通银行投资收益	668,784.00

30. 营业外收入情况如下:

	固定资产清理收入	补贴收入	其 他	合 计
1995 年度	811,983.53		30,611.11	842,594.64
1996 年度		196,944.15	313,976.04	510,920.19

31. 营业外支出情况如下:

	清理固定资产损失	其 他	合 计
1995 年度	78,665.08	84,138.82	162,803.90
1996 年度	249,147.73	34,962.87	284,110.60

32. 利润总额情况如下:

	利润总额	其中:母公司	富丽华	外商俱乐部
1995 年度	107,634,778.79	20,691,590.20	86,943,188.59	
1996 年度	104,478,706.42	26,308,438.93	80,680,980.84	−2,510,713.35

(五). 或有负债

本公司无或有负债有关事项的发生。

(六). 关联交易

本公司无与有关联的公司的交易事项的发生。

(七). 期后事项

1. 本公司资产负债表日至审计报告日止到期的短期借款人民币 19,500,000.00 元、USD2,500,000.00 元已如期偿还。

2. 本公司于 1996 年 12 月 26 日向社会公开发行人民币普通股(A 股)3,500 万股,募集资金净额为 329,000,000.00 元人民币,于 1997 年 1 月 7 日入帐。其中人民币 35,000,000.00 元记入实收资本帐户、人民币 294,000,000.00 元记入资本公积帐户。至此,本公司股份总数为 110,000,000 股,均为普通股,每股面值人民币 1.00 元,股本总额为人民币 110,000,000.00 元。

八. 备查文件

1. 年度报告原本;
2. 审计报告正本;
3.《招股说明书》、(《上市公告书》);
4. 年度统计报表。

大连友谊(集团)股份有限公司董事会

一九九七年四月　日

大连友谊(集团)股份有限公司一九九七年度中期报告

一、财务报告(未经审计)

(一)财务报表

1. 简化的资产负债表　　　　单位:元

项目	年初数	年初数	期末数	期末数
	母公司	合并	母公司	合并
流动资产	128,901,225.90	267,705,602.68	186,200,034.79	284,308,299.70
长期投资	209,914,893.90	4,355,100.00	222,959,991.76	4,355,100.00
固定资产净值	145,010,434.94	320,155,993.43	261,903,638.60	420,961,042.98

在建工程	24,052,671.00	588,635,039.66	2,215,501.09	613,534,614.66
无形资产及递延资产	5,699,813.14	23,942,900.54	4,871,568.08	24,842,220.81
其他长期投资				
资产总计	513,579,038.88	1,204,794,636.31	678,150,734.32	1,348,001,278.15
流动负债	345,629,095.11	588,613,321.73	150,832,518.63	481,673,219.75
长期负债		311,163,750.00		196,563,690.00
负债合计	345,629,095.11	899,777,071.73	150,832,518.63	678,236,909.75
少数股东权益		137,067,620.81		142,446,152.71
股本	75,000,000.00	75,000,000.00	132,000,000.00	132,000,000.00
资本公积			272,056,595.00	272,056,595.00
盈余公积	72,897,803.97	72,897,803.97	72,897,803.97	72,897,803.97
未分配利润	20,052,139.80	20,052,139.88	50,363,816.72	50,363,816.72
股东权益合计	167,949,943.77	167,949,943.77	527,318,215.69	527,318,215.69
负债及股东权益合计	513,579,038.88	1,204,794,636.31	678,150,734.32	1,348,001,278.15

2. 简化的损益表

项目	上年同期母公司	上年同期合并	1997年1-6月母公司	1997年1-6月合并
主营业务收入	180,788,952.26	268,383,333.81	216,712,863.82	332,933,319.63
主营业务利润	15,603,919.27	48,602,791.55	17,705,307.02	43,344,905.20
其他业务利润	305,918.77	305,918.77	1,660,488.62	1,660,48.62
投资收益	18,486,232.38	494,587.92	13,672,082.86	626,985.00
营业外收支净额	20,191.99	159,254.63	321,208.08	308,439.66
利润总额	34,416,212.41	49,562,552.87	33,359,086.58	45,940,818.48
所得税	2,332,671,26	7,398,242.23	3,047,209.66	6,932,209.66
少数股东损益		10,080,769.49		8,696,731.90
净利润	32,083,541.15	32,083,541.15	30,311,876.92	30,311,876.92

3. 其他财务指标

项目	上年同期数	1997年1-6月
每股收益(元)	0.43	0.23
净资产收益率(%)	19.10	5.75
每股净资产(元)	2.24	4.00

注:1997年财务指标是以期末总股本额13,200万股为基数计算。1996年财务指标是以期末总股本额7,500万股为基数计算。

(二)财务报表附注

1. 本期财务报告与一九九六年度财务报告相比,会计政策与会计方法没有发生变化。

2. 本报告期会计报表的合并范围是大连富丽华大酒店、大连友谊外商俱乐部有限公司。

3. 财务报表中变动幅度超过30%的数据分析说明:

(1)固定资产原值比期初增加12,459万元,主要是友谊商城后续工程投入使用,固定资产估价入帐。

(2)未交税金比期初减少1,164万元。

(3)预提费用比期初增加518万元,主要是预提贷款利息。

(4)一年内到期的长期负债比期初减少3,748万元,主要是资金回笼归还借款。

(5)长期借款比期初减少1,146万元,主要是资金回笼归还借款。

(6)股本比期初增加5,700万元。

其中:a. 1996年末募集资金于1997年1月到位,增加股本3,500万元;

b.1997年资本公积转增股本2,200万元。

(7)资本公积金比期初增加27,206万元。

其中:a. 1996年募集资金在1997年1月到位,发行股票溢价净收入29,406万元;

b.1997年资本公积转增股本,减少2,200万元。

(8)其他业务利润比同期增加136万元,主要是母公司的托运费、包装费收入增加。

(9)营业外收入比同期增加25万元,主要是无效申购资金存款利息。

(10)营业外支出比同期增加10万元,主要是扶贫捐赠款。

(三)关联企业及其交易

1. 关联企业

企业名称	注册资金(万元)	主营业务	拥有权益
大连富丽华大酒店	USD 2,994	宾馆,餐饮,商场	60%
大连友谊外商俱乐部有限公司	USD 692	餐饮,娱乐	60%

2. 担保和抵押

(1)公司为大连友谊外商俱乐部有限公司向银行贷款提供经济担保,其中:人民币贷款200万元,贷款到期日为1997年8月;人民币贷款400万元,贷款到期日为1998年5月;美元贷款150万元,贷款到期日为1998年10月。

(2)公司为大连富丽华大酒店向银行贷款提供经济担保,其中:人民币贷款2,480万元,贷款到期日为1998年5月;美元贷款200万元,贷款到期日为1998年4月。

二、经营情况的回顾与展望

1. 上半年经营情况的回顾

公司按照董事会确定的以提高经济效益为核心,以拓宽全方位经营为主攻方向,以确立新的经营机制和完善规范化经营管理工作为保证措施,以不断扩大主营业务规模为发展规划的经营指导思想,努力提高全员的工作质量,不断调整和完善新的经营管理体制,根据公司今后经营发展需要对下属企业进行相应的合并,同时为确保新开发项目能够具备稳定的成长性并适应新形势的发展,公司对此进行细致的再论证。在市场竞争日趋激烈的大环境下,公司上半年实现营业收入33,293万元,净利润总额为3,031万元,分别占全年计划的48.96%和38.86%,较去年同期分别增长了24.05%和减少了5.52%。

2. 下半年经营情况的展望

(1)新开业的友谊商城、大连富丽华大酒店(二期)和大连友谊外商俱乐部将完成调整经营布局的工作,实现销售稳步增长。

(2)根据股东大会决议,公司独资实施兴建大窑湾港货物仓储中转基地和港口供应服务中心。一期工程预计在今年九月动工,投资约为2,000万元人民币,明年上半年峻工。

(3)抓紧对友谊商店大楼装修项目的组织实施工作,确定大楼新的功能布局为以二星级旅游饭店为主,使公司的主营业务从国际水准的五星级酒店向中档饭店延伸,同时辅助以中等规模的零售商场,其中包括大连免税商品供应商店的回迁。目前各项准备工作已经就绪,保证今年八月份开工,预计明年春节前开业。

(4)加快实施人才开发战略,多种渠道引进和培养干部后备力量,充实骨干队伍的建设,进一步提高管理人员能力和工作质量。

三、重大事件的说明

1. 公司在《严禁国有企业和上市公司炒作股票的规定》下达后进行认真自查,目前未持有已上市流通股票且未有以公司以外名义开立的股票帐户。如本公司今后从事股票投资,将严格遵循国家有关政策法规和本公司章程的规定。

2. 公司中期利润不分配。

3. 公司已于1997年7月8日在大连市工商行政管理局进行年检登记。

4. 公司发行股票募集资金32,900万元,其中按照公司《招股说明书》于今年一至六月末投资友谊商城后续工程14,000万元,补充公司流动资金1,050万元;按照公司第六次股东大会决议通过银行暂时转贷给公司控股企业大连富丽华大酒店13,000万元;其余4,850万元现为银行存款。

5. 本报告期内公司无重大诉讼、仲裁事项。

四、发行在外股票的变动和股权结构的变化

(一)股本变化的原因

本公司于1996年12月26日通过深交所发行新股,但吸纳资金于1997年1月7日到达公司帐户,1月9日经大连市工商行政管理局批准增资注册,注册资本为11,000万元。其次,公司第六次股东大会通过的《1997年资本公积金转增股本方案》,决定向全体股东每10股转增2股,现方案已经实施。

(二)股本变化及股本结构情况(单位:万股)

	1996年12月31日	1997年1月9日	本次变动(+,-)公积金转增	1997年6月30日	占总股本比例%
1. 尚未流通股份					
国有股	6,000	6,000	1,200	7,200	54.5
内部职工股	1,500	1,500	300	1,800	13.6
2. 已流通股份					
境内上市人民币普通股	0	3,500	700	4,200	31.8
3. 股份总额	7,500	11,000	2,200	13,200	100.0

(三)主要股东持股情况(截止到1997年6月27日,单位:股)

	持股数	占总股本比例%
1. 大连友谊(集团)有限公司	72,000,000	54.54
2. 兰州盛大商贸有限公司	198,000	0.15
3. 李润发	180,000	0.14
4. 黄连燕	176,520	0.13
5. 魏雪东	144,000	0.11
6. 秦兆伟	139,000	0.11
7. 代继光	126,120	0.10
8. 兰州平安商贸有限责任公司	100,560	0.08
9. 肖绍添	96,000	0.07
10. 吕帅	96,000	0.07

五、股东大会简介

1997年6月13日,公司第六次股东大会在公司七楼会议室召开。出席会议的股东、股东代理人123人,代表股份6136.64万股,占公司总股份的55.78%,符合《公司法》及公司章程的规定。经大会表决,通过以下决议:

1. 审议批准公司一九九六年度董事会工作报告;

2. 审议批准公司一九九六年度董事长业务报告;

3. 审议批准公司一九九六年度财务决算报告和一九九七年财务预算报告;

4. 审议批准公司一九九六年度利润分配方案及一九九七年资本公积金转增股本方案;

公司利润分配方案为:向国家股股东和内部职工股股东每10股派4元人民币现金(含税,扣税后个人股东实际每10股派3.5元现金)。

公司转股方案为:向全体股东每10股转增2股。

5. 审议批准公司一九九六年监事会工作报告;

6. 审议批准公司关于吸纳资金改变用途方案;

7. 选举公司第二届董事会和第二届监事会成员;

8. 审议批准公司关于组织结构调整方案。

六、备查文件

1. 载有公司董事长徐学敏先生亲笔签名的中期报告原本。

2. 公司第六次股东大会材料。

查阅地址:大连市人民路91号,公司证券部

电话:(0411)2802712

大连友谊(集团)股份有限公司董事会

董事长:徐学敏

一九九七年八月十八日

佛山市兴华集团股份有限公司

佛山市兴华集团股份有限公司股票上市公告书

一、释义

本上市公告书中,除非文义另有所指,下列词组具有以下意义:

本公司:指佛山市兴华集团股份有限公司,即发行人。

承销机构:指以广东证券公司为主承销商的本公司新股发行承销团。

深交所:指深圳证券交易所

董事会:指本公司董事会

新股:指本公司于1997年1月14日通过深圳证券交易所上网定价发行的1600万股社会公众股。

二、绪言

本公司经中国证券监督管理委员会证监发字[1996]416号文和证监发字[1996]417号文批准,已成功向社会公众公开发行人民币普通股1600万股,每股面值1.00元,每股发行价6.74元。按深交所深证发[1997]34号《上市通知书》,本公司1600万股社会公众股将于1997年1月23日(星期四)在深交所挂牌交易。本公司总股本为6000万股,可流通股份为1600万股,公司内部职工股880万股在新股发行期满三年后方可上市,股票简称"佛山兴华"、股票代码为"0685"、交易单位为"股"。

本公告书依据《中华人民共和国公司法》、《股票发行与交易管理暂行条例》、《公开发行股票公司信息披露实施细则(试行)》、《深圳证券交易所业务规则》及国家有关证券管理法规的规定,为本公司股票公开上市之目的而向社会公众提供有关资料。

本公司于1997年1月10日在《中国证券报》、《证券时报》、《佛山日报》上分别刊登了《招股说明书概要》,距今不足6个月,故与其重复的内容在此不再重述。敬请投资者查阅本公司的《招股说明书》。

本公司董事会及各位董事确信本公告书未遗漏任何重大事项,亦不存在任何误导及虚假成分,并愿就本公告书及相关资料的真实性、准确性、完整性负个别及连带责任。

三、公司概况

1.本公司的法定名称:佛山市兴华集团股份有限公司

英文名称:FOSHAN XINGHUA GROUP CO. LTD

2.成立日期:1992年12月26日

3.注册地址:广东省佛山市祖庙路42号之一

4.法定代表人:潘文钜

5.本公司经营范围:

主营:国内商业

兼营:房地产经营、饮食业、娱乐服务、旅游服务

经营方式:批发、零售、代购、代销、服务

6.本公司主要业务:本公司以经营各种商品的批发零售业为主,兼营饮食服务等业务。

7.注册资本:6000万

8.本公司职工情况:截止1996年12月31日,本公司现有员工1724人,其中:大中专学历以上员工169人;具有专业技术职称的员工有102人,占员工总数的9.8%,其中具有中高级以上专业职称的4人,具有初级专业职称的98人。本公司现有员工的分工情况如下:

人员分工	数量	占员工总数的比例(%)
行政人员	92	5.34
财务人员	72	4.17
销售业务员	126	7.31
营业员	1434	83.18
合计	1724	100.00

四、股本结构及股东持股情况

1.股本形成

1992年12月,经广东省企业股份制试点联审小组、广东省经济体制改革委员会粤股审[1992]81号文批准,由佛山市兴华商业集团公司独家发起,以定向募集方式设立了本公司,总股本为4400万股。其中发起人以属下兴华商场经评估确认的经营性净资产5840万元按2.5:1折成国有法人股(发起人股)2336万股;社会法人按每股2.5元以现金方式认购1184万股;公司内部职工按每股2.5元以现金方式认购880万股。经中国证券监督管理委员会证监发字[1996]416号文和证监发字[1996]417号文批准,本公司于1997年1月14日在深交所交易系统采用"上网定价"方式发行社会公众股1600万股,每股面值1元,发行价为每股6.74元。本次发行之1600万股社会公众股股款在扣除发行费用后已全部进入本公司帐户,并经广州市会计师事务所出具的粤会所验字(1997)第003号《验资报告》确认。

新股发行后,公司总股本为6000万股。本公司内部职工股不占用新股发行额度,须待新股发行期满三年后方可上市。社会公众股上市后,本公司股本结构如下:

股份类型	股份数(万股)	占总股本比例(%)
国有法人股(发起人股)	2336	38.93
募集法人股	1184	19.73
内部职工股	880	14.67
社会公众股	1600	26.67
总股本	6000	100

2.前十名股东持股情况

序号	股东名称	持股数(万股)	占总股份比例(%)
1	佛山市兴华集团有限公司	2336	38.93
2	工商银行广东省信托投资公司佛山办事处	304	5.06
3	佛山市兴智电脑开发中心	160	2.66
4	佛山市财贸工会	92.8	1.54
5	佛山市税务咨询所	40	0.66
6	农业银行广东省信托投资公司佛山代办处	40	0.66
7	佛山市财务发展公司	23.24	0.38
8	国内贸易部科研院佛山办事处	20	0.33
9	佛山城区华美设计工程公司	16.52	0.27
10	佛山市建设银行信托投资公司	16	0.26
	合 计	3048.56	50.8

五、公司董事、监事、高级管理人员简历及持股情况

董事长:潘文钜先生,55岁,大专学历,经济师。从事商业经营管理工作37年,现任本公司法人代表、党委书记。持有本公司股票8000股。

副董事长:何德钊先生,46岁,大专学历。1978年起从事商业经营工

作,现任本公司总经理。持有本公司股票8400股。

董事:杨惠益先生,55岁,大专学历,高级政工师。从事商业经营管理工作21年,现任本公司工会主席。持有本公司股票4400股。

董事:李琼梅女士,40岁,大专学历,1983年开始从事商业工作。现任本公司副总经理。持有本公司股票11200股。

董事:李淑仪女士,46岁,大专学历,政工师。1977年起从事商业经营管理工作。现任本公司纪委书记、党委副书记。持有本公司股票0股。

董事:何宜基先生,45岁,大专学历,1976年起从事商业经营管理工作。现任本公司副总经理。持有本公司股票8400股。

董事:李道亨先生,50岁,大专学历,从事商业工作34年。现任本公司副总经理。持有本公司股票12000股。

董事:冯禄炜先生,42岁,大专学历,1975年起从事商业工作。现任本公司副总经理。持有本公司股票8000股。

董事:何伟雄先生,42岁,大专学历,1976年起从事商业工作。现任佛山市兴华五金机电公司党支部书记。持有本公司股票8000股。

董事:张美玲女士,40岁,大专学历,1978年起从事商业工作。现任本公司食品日化商场经理。持有本公司股票0股。

董事:陈志刚先生,40岁,大专学历,1975年起从事商业工作。现任兴华集团新里程实业公司总经理。持有本公司股票8000股。

监事会主席:黄昭常先生,55岁,高中学历,1987年起从事商业管理工作。现任本公司党委办公室主任。持有本公司股票0股。

监事:郭秋玉女士,42岁,大专学历,现任本公司服装商场党支部书记兼经理。持有本公司股票8000股。

监事:林建忠先生,37岁,大专学历,助理政工师,1977年起从事商业管理工作。现任兴华商场工会副主席。持有本公司股票8000股。

监事:曾秀英女士,39岁,中专学历,1976年起从事商业工作。现任本公司交电商场党支部副书记。持有本公司股票0股。

监事:李惠芳女士,33岁,高中学历,现任本公司纺织商场办事员。持有本公司股票5600股。

董事会秘书:原建林先生,40岁,大专学历,1974年起从事商业工作。现任本公司总经理办公室主任。持有本公司股票8000股。

六、主要财务资料

经广州市会计师事务所审计,本公司1996年9月30日以前三年间的主要财务会计资料如下:

1. 合并的资产负债表主要数据:

单位:人民币元

项目	1996.9.30	1995.12.31	1994.12.31	1993.12.31
流动资产	322,808,666.99	222,668,055.19	225,289,926.91	202,710,354.62
长期投资	13,480,973.01	24,953,503.83	29,847,119.42	39,039,148.34
固定资产	132,753,794.64	112,375,189.03	86,743,089.95	65,042,580.93
无形及递延资产	44,260,547.87	36,149,734.06	31,119,317.75	23,508,523.01
资产总计	513,303,982.51	396,146,482.11	372,999,454.03	330,300,606.90
流动负债	284,549,000.12	240,804,648.20	232,111,477.22	198,066,531.88
长期负债	74,076,707.19	35,296,690.43	24,658,518.68	18,998,349.94
股东权益	154,678,275.20	120,045,135.48	116,229,458.13	113,235,725.08
负债及股东权益合计	513,303,982.51	396,146,482.11	372,999,454.03	330,300,606.90

2. 合并利润及利润分配表主要数据:

单位:人民币元

项目	1996.9.30	1995.12.31	1994.12.31	1993.12.31
一、主营业务收入	713,213,672.98	938,794,505.66	679,195,013.26	779,140,205.58
二、主营业务利润	22,361,815.92	30,583,900.59	17,287,105.84	20,356,908.34
三、营业利润	24,244,956.23	33,515,593.14	21,774,122.53	21,326,990.48
四、利润总额	21,264,992.04	28,680,115.45	22,856,317.98	23,217,500.12
五、净利润	18,075,243.23	19,215,677.35	15,313,733.05	15,555,725.08
六、可分配利润	18,103,351.61	19,271,243.86	15,438,313.11	15,555,725.08
七、可供股东分配利润	18,103,351.61	15,428,108.38	12,375,566.51	12,444,580.06
八、未分配利润	18,103,351.61	28,108.38	55,566.51	124,580.06

3. 主要财务状况及经营成果指标:

指标名称	1995年	1994年	1993年
1流动比率	0.92	0.97	1.02
2速动比率	0.45	0.45	0.46
3存货周转率	7.01次/年	5.02次/年	5.7次/年
4应收帐款周转率	61.6次/年	42.5次/年	34.6次/年
5资产负债率	69.70%	68.84%	65.72%
6净资产利润率	16.27%	13.35%	13.74%
7每股净资产	2.73元	2.64元	2.57元
8每股税后利润	0.44元	0.35元	0.35元

4.1996年度盈利预测

经广州会计师事务所审核,本公司董事会预测,本公司1996年度及1997年度合并盈利预测如下:

金额单位:人民币元

项目	1996年1-9月实际数	1996年度	1997年度
一、主营业务收入	713,213,672.98	950,000,000.00	1,150,000,000.00
减:营业成本	637,212,650.05	840,000,000.00	1,010,000,000.00
营业费用	8,118,553.05	13,100,000.00	17,000,000.00
管理费用	33,530,383.31	56,400,000.00	71,500,000.00
财务费用	8,684,152.19	11,000,000.00	15,000,000.00
营业税金及附加	3,306,118.46	2,500,000.00	3,500,000.00
二、主营业务利润	22,361,815.92	27,000,000.00	33,000,000.00
加:其他业务利润	1,883,140.31	5,420,000.00	6,800,000.00
三、营业利润	24,244,956.23	32,420,000.00	39,800,000.00
加:投资收益	547,452.00	800,000.00	1,000,000.00
营业外收入	588,606.73	830,000.00	1,000,000.00
减:营业外支出	4,116,022.92	4,550,000.00	6,800,000.00
四、利润总额	21,264,992.04	29,500,000.00	35,000,000.00
减:所得税15%	3,189,748.81	4,425,000.00	5,250,000.00
(所得税33%)	7,017,447.37	9,735,000.00	11,550,000.00
五、净利润			
所得税15%	18,075,243.23	25,075,000.00	29,750,000.00
(所得税33%)	14,247,544.67	19,765,000.00	23,450,000.00
六、每股税后利润			
所得税15%	0.3元/股	0.42元/股	0.5元/股
(所得税33%)	0.23元/股	0.33元/股	0.39元/股

七、董事会承诺

本公司董事会将严格遵守《中华人民共和国公司法》、《股票发行与交易管理暂行条例》、《公开发行股票公司信息披露实施细则》和《深圳证券交易所业务规则》及国家与深圳市有关法规,并向证券主管机关、深交所、广大投资者作出如下承诺:

1. 准确和及时地公告本公司中期、年度财务及经营业绩报告资料。

2. 董事会成员、监事会成员及高级管理人员如发生人事变动,或前述人持有本公司股份数量发生变化时,及时通报证券管理机关,并适时通过传播媒介通知社会公众。

3. 及时真实地披露本公司重大经营活动信息。

4. 自觉接受证券管理部门的监督和管理,认真听取政府、股东、证券管理及经营部门和社会公众的意见、建议和批评。

5. 不利用内幕消息和不正当手段从事股票投机交易。

6. 本公司没有无记录负债。

7. 不就任何未经证券管理部门和深交所审阅的可能影响股价变动之重大信息私自公告或发表意见。

八、特别事项说明

1. 本公司原发行的公司内部职工股880万股，须待本次社会公众股上市期满三年后方可上市流通。本次上市流通的股本为1997年1月14日上网发行的1600万股。

2. 本公司96年1月1日起根据粤办函[1996]660号文批复按实现利润的15%计征所得税。

3. 根据本公司临时股东大会的授权，经本公司董事会研究通过，认购本次新股的股东将参与享受本公司1996年度利润分配。

4. 截至本公告书公布之日，本公司没有重大诉讼或仲裁事项。

九、咨询机构

1. 上市公司：佛山市兴华集团股份有限公司
注册地址：广东省佛山市
法定代表人：潘文炬
电话：((0757)2285126　传真：(0757)2222322
联系人：冯禄炜　原建林

2. 上市推荐人：广东证券公司
注册地址：广东省广州市东风东路703号
法定代表人：钟伟华
电话：(020)87784720　传真：(020)87784506
联系人：谢东晖　傅军　石红岚

上市推荐人：佛山国际信托投资公司
注册地址：广东省佛山市汾江南路99号
法定代表人：梁达明
电话：(0757)3369802　传真：(0757)3329404
联系人：林奕辉

上市推荐人：广东广发证券公司
注册地址：广东省广州市先烈南路23号华泰宾馆15楼
法定代表人：陈云贤
电话：(020)87667652　传真：(020)87667652
联系人：叶俊英

3. 股份登记机构：深圳证券结算公司
地址：深圳市红岭中路25号
法定代表人：黄铁军
电话：(0755)5585536

十、备查文件

1. 本公司的注册登记文件
2. 深圳证券交易所上市通知书
3. 验资报告
4. 上市推荐书
5. 招股说明书

佛山市兴华集团股份有限公司
1997年1月21日

佛山市兴华集团股份有限公司一九九六年年度报告摘要

一、公司简况

1. 公司法定名称：佛山市兴华集团股份有限公司
公司英文名称：FOSHAN XINGHUA GROUP CO,LTD.
2. 公司注册地址：佛山市祖庙路42号之一
　邮编：528000
3. 公司法人代表：潘文钜
4. 公司信息披露负责人：原建林
　电话：0757—2221554
　传真：0757—2222322

二、主要财务数据与财务指标

指标项目	本年数	上年数	比上年增减
1. 主营业收入(万元)	99,627.95	93,879.45	6.1%
2. 净利润(万元)	2,497.07	1,921.57	29.9%
3. 总资产(万元)	52,326.94	39,614.65	32.1%
4. 股东权益(万元)	16,015.70	12,004.51	33.4%
5. 每股收益(元)	0.57	0.44	29.5%
6. 每股净资产(元)	3.64	2.73	33.3%
7. 净资产收益率(%)	15.59	16.27	-4.18%
8. 股东权益比率(%)	30.61	30.30	1.0%

三、公司业务经营回顾

本公司1996年度主营业务利润实现2,843万元，利润总额2,924万元与预测数2,950万元无重大差异。

1996年，在全国流通业日显困难和竞争激烈的情况下，本公司狠抓主营业务的稳步发展，着力商品经营的布局调整，规范内部经营运作，大力开拓市场和新的经营网点，加强优质服务工作，使公司主营业务商品销售额达99,627.95万元，比95年增长6.1%。在由国内贸易部商业统计信息管理办公室对全国150家销售超亿元以上的企业进行的“一九九六年度全国重点大商场(店)主要经济指标情况统计”中，排行第十四名。一年来，公司在稳住零售阵地，寻找新的经济增长点，盘活经营资金等方面，采取了以下措施：

1. 立足市场，稳住零售阵地，在困难中寻求发展

面对九六年流通领域日显困难的态势，公司在经营策略、手法、措施等方面进行了不断的调整。确立了立足零售这个根本，把扩大零售市场占有率，作为发展的突破口。对一些已进入更新换代期的产品进行了及时转档，制定“定向销售”的营销方向，及时组织名优新产品上柜。采取舍“大而全”而求“小而精”的策略，以灵活而不乏新意的促销活动为主题，继“200万元奖上奖”之后又推出了“累积印花赠礼品”的酬宾活动，有效地稳住了零售。在市道平淡的情况下，属下主体企业兴华商场零售额仍比上年增长1.3%，成为佛山市区零售额唯一增长的大商场。

2. 顺应市场变化，寻找新的经济增长点

(1)实施名优战略，扩大名牌商品销售

随着国家宏观经济调控的逐步到位，特别是储蓄存款的两次降息措施的出台，有效地刺激了商品消费，公司把握这一机遇，多次举办名优商品系列优惠展销，彩电、微波炉、洗衣机等商品的名牌系列均比上年增长八成以上，交电系列商品还创出了年销售额4.95亿元的历史最好成绩。

(2)扩大销售网络，拓展批发市场

挖掘省内外市场潜力，沟通省际间的商品交流，寻找新伙伴，开辟新市场是我们九六年拓展商品批发市场的一大特色，公司通过组织业务人员分赴浙江、东北、华北、西南等地重点摸索市场走向，探讨地域性的差异，还实行开单、交款、提货一条龙服务，减少了提货环节，召开了四次大型的综合性展销订货会，成交金额达3122万元，各经营部门除参加四次大型订货会外，还分别召开各种类型的产品专业订货会、展评会、新闻发布会，共计10多个，这些小型订货会成绩喜人，合计总成交额达4200多万元。

(3)发展代理制，增强市场竞争力

稳定货源客源，扩大市场的占有率，争取名牌畅销产品的总经销总代理是公司做好九六年购销工作的着力点，公司把已取得的总经销总代理商品向更高层次发展，以实力强、产品优、销路畅的商品作为我们扩大营销代理的目标。使公司九六年经销、代理商品数达150个，其销售额近2亿元。

(4)保证质量,诚招天下客

诚信是企业生存的源泉,结合全国正在开展的“反私打假”活动。今年,我们把开展打假活动放在首位,一方面强化服务质量的提高,另一方面,认真把好商品的进货关、验收关和上柜关,受到工商、消委会、技监等部门和广大顾客的好评。

3.盘活资金,增创资金运作效益

九六年,公司在满足正常性业务经营资金需求调节的同时,严格资金投向的效益分析,注意资金运用过程的监控,落实资金清理责任制,重点是加快落实库存和应收未收款的清理,减少资金沉淀。全年财务费用支出比上年减少427.59万元,下降率为35.65%。通过各方面的努力,企业经济效率比去年又提高一步,创利2,923.85万元,增长1.95%。

四、股本结构情况

1.本公司一九九二年十二月十四日止以定向募集方式发行股票,发行价格每股为人民币2.50元,发行数量为4400万股。

股本结构情况如下:(截至1996年12月31日止)

(一)尚未流通股份

	年初数	本年增减	年末数
1.发起人股	2336万股		2336万股
其中:国家股	2336万股		2336万股
外资法人股	0股		0股
境内法人股	0股		0股
其它			
2.募集法人股	1184万股		1184万股
3.内部职工股	880万股		880万股
4.优先股或其它	0股		0股
尚未流通股份合计	4400万股		4400万股

(二)已流通股

	年初数	本年增减	年末数
1.境内上市的人民币普通股			
2.境内上市的外资股			
3.境外上市外资股			
4.其它			
已流通股合计			
(三)股份总数	4400万股		4400万股

2.前三年每股净资产的变化情况

1993年	1994年	1995年
2.57元	2.64元	2.73元

3.股东情况介绍

前十名股东持股情况

	持股数(股)	持股比例(%)
佛山兴华集团有限公司	2336万	53.09(国家股)
工商行广东省信托公司佛山分公司	304万	6.9%
佛山市兴智电脑开发中心	160万	3.6%
佛山市财贸工会工作委员会	92.8万	2.1%
农行广东信托投资公司佛山办事处	40万	0.91%
佛山市税务咨询所	40万	0.91%
佛山市财务发展公司	23.24万	0.52%
商业部科研院佛山办	20万	0.45%
佛山城区华美设计公司	16.52万	0.37%
建行佛山市信托投资公司	16万	0.36%

本年度未持本公司股总户数为1956户,其中:持法人股109户;持内部职工股1847户。本公司内部职工股已于1993年3月30日在佛山市国际信托投资公司证券部全部售中托管登记。

五、董事、监事及高级管理人员持股情况

姓名	职务	持股数
潘文钜	董事长	8,000股
何德钊	副董事长、总经理	8,400股
李琼梅	董事、副总经理	11,200股
何宜基	董事、副总经理	8,400股
李道亨	董事、副总经理	12,000股
冯禄炜	董事、副总经理	8,000股
李淑仪	董事、党委副书记、纪委书记	8,000股
杨惠益	董事、工会主席	4,400股
陈志刚	董事	8,000股
张美玲	董事	8,000股
何伟雄	董事	8,000股
黄昭常	监事会主席	0股
曾秀英	监事	0股
林建忠	监事	8,000股
郭秋玉	监事	8,000股
李惠芳	监事	5,600股
原建林	董事会秘书	8,000股

以上人员持有股份总数122,000股,占本公司总股份的0.277%。

六、重要事项

董事会今年来分别召开了三次全体会议,具体内容如下:

1.一九九六年三月三日召开董事会第一届十次全体会议,审议通过如下内容。

(1)一九九五年工作报告

(2)一九九五年财务报告及分红方案

(3)一九九六年工作计划

(4)关于修改章程的报告

(5)同意就第二届董事会候选人的产生及选举方法提交股东大会通过

2.一九九六年四月十六日召开第二届一次董事全体会议,会议选举产生了第二届董事会董事长、副董事长,并根据董事长的提议,聘任了总经理、副总经理如下:

董事长、总经理:潘文钜先生

副董事长、副总经理:何德钊先生

副总经理:李琼梅女士

何宜基先生

李道亨先生

冯禄炜先生

会议选举原建林为董事会秘书。

3.一九九六年九月二十日召开二届二次董事会,会议通过以下决议:

(1)同意潘文钜先生辞去兴华集团股份有限公司总经理职务,聘何德钊先生为兴华集团股份有限公司总经理。

(2)提议召开临时股东大会,就公司向社会公众发行股票的提案,提交临时股东大会通过。

4.兴华集团股份有限公司于一九九六年度召开了两次股东大会,内容如下:

(一)一九九六年四月十五日在佛山市兴华集团股份有限公司召开第二届股东代表大会,出席会议股东所持股份4218.96万股,占应出席股份的95.88%。大会决议如下:

1.同意董事会九五年度工作报告及“九五”规划期间工作设想。

2.同意监事会一九九五年度工作报告。

3.同意公司一九九五年度财务报告及利润分配方案。

4.通过公司章程修改报告。

5.根据公司第一届董事会提名,选举产生了兴华集团股份有限公司第二届董事会,名单如下:

潘文钜、何德钊、李淑仪、李琼梅、何宜基、李道亨、冯禄炜、陈志刚、何伟雄、张美玲、杨惠益。

6. 根据第一届监事会提名，选举产生了兴华集团股份有限公司第二届监事会，名单如下：

林建忠、郭秋玉、黄昭常、曾秀英(注)、李惠芳(注)。

注：曾秀英、李惠芳是兴华职工代表大会推选的监事会成员。

(二)一九九六年十月三日经董事会提议在兴华集团股份有限公司召开临时股东大会，出席会议股东所持股份4177.52万股，占应出席股份的94.94%。大会决议如下：

1. 同意董事会提出的本公司向社会公开发行人民币普通股1600万股的提议，并授权董事会全权处理有关公开发行股票的工作事宜。

2. 同意董事会提出的对公司章程的修改草案，并授权董事会根据国家证券管理部门对本公司章程的审核，在成功发行新股后，办理公司章程及注册登记变更手续。

3. 同意董事会提出的将本次发行新股所募集的资金投入以下几个项目：

(1)投资2980万元在张槎兴建2.18万平方米的配送中心；

(2)投资880万元用作更新设备和开发电脑管理系统；

(3)投资3400万元用于支付兴华商务大厦后期楼款及工程装修费；

(4)余下资金用于补充本公司的商品流动资金。

4. 其它

(1)一九九六年十月七日，广东省证券委下达我公司向社会公众发行A股的额度为1600万股(粤证委发字[1996]015号)。

(2)本年度公司无重大诉讼、仲裁事项。

七、财务报告

(一)审计意见：公司财务报告经广州会计师事务所中国注册会计师何威明和黄晓霞审计，并出具了无保留意见的审计报告粤会所审字(97)第123号。

(二)财务报表(附后)

(1)审计报告

(2)资产负债表

(3)利润及利润分配表

(4)财务状况变动表

(三)财务报表附注编制说明

一、主要会计政策

1. 会计制度：执行《股份制试点企业会计制度》及其有关补充规定。

2. 会计期间：自公历一月一日起至十二月三十一日止。

3. 合并报表的编制方法：

公司合并会计报表是根据公司及公司之子公司的会计报表，按《合并会计报表暂行规定》的要求编制的，公司合并会计报表时，对因公司与子公司、子公司相互之间的内部交易、内部业务往来而形成的债权债务、内部销售收入、未实现内部销售利润等项目以及公司对子公司权益性资本项目的金额与子公司所有者权益中公司所持有的份额相互抵销，少数股东权益予以扣除。

纳入合并会计报表合并范围的子公司列示如下：

企业名称	成立日期(年)	注册地点	注册资本(万元)	拥有权益(%)	主营业务
佛山市兴华五金机电公司	1994	佛山市	RMB100	100	电器机械及器材、五金机电、建筑材料、清洁用具、电动工具、五金交电、百货商业
佛山市兴华实业开发公司	1993	佛山市	RMB100	100	纺织品、针织品、服装、陶瓷制品、建筑材料、印刷
佛山市商业贸易中心	1994	佛山市	RMB50	100	百货、五金、交电、纺织品、针织品
佛山市兴华商场桂城购物中心	1996	南海市	RMB100	100	国内商业

4. 记帐原则和计价基础：按权责发生制的原则记帐，以历史成本为计价基础。

5. 外币折算方法

公司记帐本位币为人民币。对发生的非本位币经济业务采用经济业务发生当日的国家外汇市场价的中间价折合为本位币入帐；月份终了，对非本位币的货币资金、债权债务等货币性项目余额按当日国家外汇市场价的中间价进行调整，其差额计入当期损益。

6. 坏帐准备

公司按照《股份制试点企业财务管理若干问题的暂行规定》，按照年末应收帐款余额(不含合并会计报表的各企业之间的内部往来款项)的3‰计提坏帐准备。

7. 存货

零售门市部的商品，采用售价进行核算，而对兼营大额批发商品的商场(如五金、交电商场)其库存仓库的商品(物资)，则按进价进行核算。

8. 长期投资

(1)债券投资：按取得债券的实际成本为入帐价值。

(2)股权及联营投资：拥有被投资企业股权20%以下时，采用成本法核算；拥有被投资企业股权20%至50%且不拥有被投资企业实质控制权时，采用权益法核算；拥有被投资企业股权50%以上或拥有被投资企业实质控制权时，采用权益法以合并会计报表方式核算。

9. 固定资产及其折旧

(1)固定资产的标准及计价

使用期限超过一年，单位价值在规定标准以上并且在使用过程中保持原有物质形态的资产为固定资产；固定资产按实际成本计价。

(2)固定资产折旧采用直线法并估计5%的残值计算，使用年限和折旧率分别列示如下：

类别	使用年限	年折旧率(%)
房屋及建筑物	40	2.714
机器设备	10	9.5
运输设备	10	9.5
办公设备	5	19

10. 无形资产、递延资产及其摊销

(1)土地使用权按实际成本计价；土地使用权按规定的使用年限分期摊销。

(2)开办费按不少于五年的期限平均摊销。

11. 收入实现的确认方法

商品已经发出，劳务已经提供，并且取得货款或取得索取货款的权利。

12. 税项

(1)流转税

项目	税率
营业税	5%—10%
消费税(金银首饰收入)	5%
增值税—销项税	17%
—进项税	17%
*城市建设维护税	7%
*教育费附加	7%

*按应缴纳税金的7%计算，应缴纳税金包括营业税、消费税、增值税。

(2)所得税

95年公司按实现利润的33%计征所得税；96年起根据“粤办函[1996]660号”、“粤办函[1997]89号”以及“佛府办函[1997]024号”文件精神及批复,按实现利润的33%计征所得税后,超过15%部分由佛山市财政局返还给公司作可供分配利润。

13. 利润分配

根据公司章程,公司之税后净利润按下列比例分配(各项目的具体比例由公司董事会拟定并报股东代表大会审议确定)。

法定公积金	10%
法定公益金	5—10%
任意盈余公积金	*
股东分配股利	*

*、任意盈余公积金、股东股利的分配比例由董事会根据当年实现的净利润拟定并报股东大会审议通过。

二、会计报表主要项目注释

1. 货币资金本年末比去年末增加¥8,766,801.58,增加了154.39%,是由于公司为筹备元旦、春节商品而增加备用资金。

2. 应收帐款

公司一九九六年十二月三十一日合并应收帐款余额按帐龄分类列示如下:

帐龄	金额	比例(%)
一年以内	15,581,502.54	75.42
一年以上二年以内	2,168,913.45	10.50
二年以上三年以内	2,693,910.08	13.04
三年以上	214,066.22	1.04
合计	20,658,392.29	100.00

3. 预付帐款

本年末比去年末增加¥6,000,000.00,主要是预付中山市汇丰空调工业有限公司、省华运家用电器厂、粤兴经济发展公司等单位,用于采购空调机等家用电器系列,以争取在九七年商品价格上的优惠。

4. 其他应收款

其他应收款本年末比去年末增加¥38,262,059.66,增加了47.74%,主要是由于公司与关联公司往来增加。

A、公司于一九九六年十二月三十一日合并其他应收款余额按帐龄分类列示如下:

帐龄	金额	比例(%)
一年以内	57,781,918.87	48.80
一年以上二年以内	43,693,490.52	36.90
二年以上三年以内	5,906,584.49	4.99
三年以上	11,022,469.34	9.31
合计	118,404,463.22	100.00

B、其他应收款主要明细项目余额列示如下:

对方单位名称	1996.12.31	款项内容
*顺德泰安家用电器厂	5,888,079.54	暂付
南海桂平房地产公司	9,014,495.14	购房定金
*香港新里程公司	28,909,841.47	暂付
佛山时达装修工程公司	8,000,000.00	预付工程款
*佛山兴华集团有限公司	32,338,816.87	暂付

注:*为公司与关联公司之往来余额。

5. 待摊费用

项目	1996.12.31	1995.12.31
库存商品进项税	———	367,264.41
装修费	363,662.10	819,662.10
工作服	1,239,449.04	70,000.00
其他	54,361.76	105,233.44
合计	1,657,472.90	1,362,159.95

6. 存货

项目	1996.12.31	1995.12.31
库存商品	146,721,177.45	98,381,908.31
在途商品	16,860,660.13	15,655,138.32
库存材料	345,779.38	234,849.23
在产品	150,665.12	———
产成品	———	153,826.11
合计	164,078,282.08	114,425,721.97

存货本年末比去年末增加¥49,652,560.11,增加了43.39%。原因一是为元旦、春节增加商品花色品种;原因二是由于营业场所调整布局,故存货有较大的变动。

7. 长期投资

公司一九九六年十二月三十一日及一九九五年十二月三十一日之合并长期投资余额分别为人民币13,668,473.01元和24,953,503.83元,其明细分类项目列示如下:

投资类别	1996.12.31	1995.12.31
股权投资	9,379,600.00	6,730,000.00
债券投资	13,000.00	260,300.00
联营投资	4,275,873.01	17,963,203.83
合计	13,668,473.01	24,953,503.83

联营投资减少主要是因为收回向佛山市华信发展公司投资¥1,000,000.00及用投资于佛山市国合商业财务公司款项¥12,500,000.00抵公司向其借款。

A、股权投资明细项目

被投资公司名称	股数	投资比例	投资金额
佛山市电器照明股份有限公司		小于20%	450,000.00
上海永久自行车股份有限公司	100,000	小于20%	550,000.00
佛山市电力股份有限公司	1,000,000	小于20%	1,339,000.00
泰州第一百货商店	500,000	小于20%	583,000.00
高明毛纺织企业集团	100,000	小于20%	138,000.00
杭州安琪儿股份有限公司	200,000	小于20%	245,400.00
上海凤凰自行车有限公司	100,000	小于20%	710,000.00
北京首都创业集团		小于5%	3,000,000.00
西安唐城集团股份有限公司	100,000	小于20%	180,200.00
交行佛山分行股份有限公司	800,000	小于20%	1,081,000.00
北京建信实业股份有限公司		小于20%	1,103,000.00
小计			9,379,600.00

B、联营投资明细项目

被投资公司名称	投资期限	投资比例	投资金额
顺德泰安家用电器厂		40%	3,312,000.00
佛山名兴时装厂	1993-2005年	49%	963,873.01
小计			4,275,873.01

C、债券投资

债券种类	到期日	面值	年利率	投资金额
国库券	1992年5月27日	13,000.00	14%	13,000.00

注:到期后一直未兑现

上述A+B+C三项合计 13,668,473.01

8. 固定资产及累计折旧

固定资产原值	合计	房屋及建筑物	机器设备	运输设备	办公设备
1996.1.1	89,756,877.39	72,065,192.05	8,923,504.33	6,256,363.05	2,511,817.96
本期增加	18,957,084.60	9,648,837.14	4,426,569.26	4,700,872.20	180,806.00
本期减少	119,943.21	———	———	40,891.25	79,051.96
1996.12.31	108,594,018.78	81,714,029.19	13,350,073.59	10,916,344.00	2,613,572.00
累计折旧					
1996.1.1	20,317,340.78	15,390,127.82	2,226,145.98	1,647,440.36	1,053,626.62
本期增加	11,128,870.09	3,350,247.05	4,117,514.95	3,462,228.24	198,879.85

本期减少	25,602.30	---	---	25,602.30	---
1996.12.31	31,420,608.57	18,740,374.87	6,343,660.93	5,084,066.30	1,252,506.47
固定资产净值					
1996.1.1	69,439,536.61	56,675,064.23	6,697,358.35	4,608,922.69	1,458,191.34
1996.12.31	77,173,410.21	62,973,654.31	7,006,412.66	5,832,277.70	1,361,065.53

9．在建工程

工程名称	工程进度	实际开支数	原预算数	资金来源	批准文号
弼塘仓库工程	96%	5,730,213.12	6,000,000.00	自筹	佛市计资字[1993]116号
兴华商务大厦工程	40%	55,192,975.19	80,000,000.00	自筹	佛市计资字[1992]124号
合　计		60,923,188.31			

在建工程本年末比去年末增加￥17,987,535.89，增加了41.89%，主要是由于兴华商业大厦工程款增加。兴华商务大厦工程累计资本化利息金额为15,756,975.19元。

10．无形资产

种　类	来　源	原　值	未摊销原因	期末金额	使用年限
张槎调配中心	购　置	16,418,563.42	拟计划项目用地	16,418,563.42	1994年7月28日至2044年7月27日
佛山市祖庙路42号之一兴华商场	评估增值	27,182,236.00	*	27,182,236.00	1992年6月30日至2030年6月30日
佛山市建设路仓库、幼儿园	评估增值	995,270.00	*	995,270.00	1992年6月30日至2030年6月30日
合　计		44,596,069.42		44,596,069.42	

*根据经国家国有资产管理局"国资评[1996]1014号"文批复确认的广东资产评估公司以一九九六年九月三十日为评估基准日的"粤资评[1996]178号"《资产评估报告》的评估增值入帐，尚未摊销。

11．递延资产

项目	原值	已摊销金额	期末余额	剩余摊销年限
开办费	1,780,257.81	53,802.65	1,726,455.16	4年
合　计	1,780,257.81	53,802.65	1,726,455.16	

12．短期借款

贷款单位	人民币金额	期限	月利率	借款条件	逾期借款说明
工商银行佛山分行	800,000.00	96.8.5-97.3.20	9.24‰	抵押	
工商银行佛山分行	600,000.00	96.11.21-97.6.20	9.24‰	抵押	
工商银行佛山分行	2,000,000.00	96.6.20-97.2.20	9.24‰	抵押	
工商银行佛山分行	1,420,000.00	96.8.5-97.3.30	9.24‰	抵押	
工商银行佛山分行	2,000,000.00	96.6.27-96.11.10	10.065‰	抵押	工商行同意展期
建设银行佛山分行	2,000,000.00	96.7.4-97.4.3	10.065‰	担保	
建设银行佛山市汾江分行	2,500,000.00	96.9.15-97.3.15	9.24‰	抵押	
工商银行总行	1,500,000.00	96.3.29-97.10.29	12.06‰	抵押	工商行同意展期
广东发展银行	3,000,000.00	96.12.4-97.7.3	9.24‰	担保	
建设银行南海分行第二营业部	1,000,000.00	96.10.22-97.10.22	9.24‰	抵押	
佛山市供电局	2,000,000.00	96.7.22-97.7.22	12.50‰	信用	
佛山市供电局	2,000,000.00	96.4.12-97.4.12	16.66‰	信用	
佛山市供电局	1,000,000.00	96.2.1-97.2.1	16.66‰	信用	
佛山市诚信实业投资公司	23,000,000.00	96.12.21-97.12.20	16‰	抵押	诚信实业投资公司同意展期
交通银行佛山分行	3,000,000.00	96.11.19-97.2.19	7.65‰	担保	
交通银行佛山分行	1,500,000.00	96.9.24-97.3.24	7.65‰	担保	
合　计	49,320,000.00				

13．应付帐款

公司一九九五年十二月三十一日及一九九六年十二月三十一日之合并应付款余额分别为人民币74,379,391.29及137,287,496.38，其主要明细项目列示如下：

对方单位名称	1996.12.31
上海钦州糖果厂	5,183,282.36
慎昌华大物资流通公司	646,496.37
东莞市多利首饰有限公司	3,822,391.28
广东省华侨友谊总公司	703,212.82
南海平东玉器厂	1,534,244.44

应付帐款本年余额较95年底增加￥62,908,105.09，增加了84.58%，是因为购货增多，销货较多，货款未收回，未能及时偿还购货款。

14．预收帐款

预收帐款本年余额较上年底增加￥11,109,658.63，增加了91.95%，主要是预收机团销货款增加。

15．应付工资

应付工资本年末比上年末减少￥6,051,135.95，减少了55.32%，主要是95年计提的年度奖励金在九六年支付；上年末未付工资余额较大，而96年计提工资正在96年支付，故年末未付工资余额较少。

16．未交税金

项目	1996.12.31	1995.12.31
营业税	2,310,228.05	97,494.25
城建税	1,017,805.77	887,807.77
增值税	26,417,278.11	12,480,330.86
消费税	1,049,531.29	892,545.65
所得税	4,267,889.18	9,464,438.01
合计	35,062,732.40	23,822,616.54

未交税金本年底比去年底增加￥11,240,115.86，增加了47.18%，主要是年底应收未收的销售收入全部入帐，从而增大了增值税—销项税。年底购进的大量商品尚未结算(未取得发票，按暂估值入"存货")，未能及时抵扣进项税。

17．其他应付款

单位名称	金额	款项内容
佛山市财政局	4,504,757.59	所得税返借
职工风险保证金	1,091,100.00	保　证　金

其他应付款本年余额比上年末减少￥12,098,419.75，减少了34.78%，主要是母公司清偿了部分暂借周转的资金。

18．预提费用

项目	1996.12.31	1995.12.31
利息	1,503,210.00	173,345.63
合计	1,503,210.00	173,345.63

预提费用增加￥1,329,864.37，增加了767.18%，主要系预提借款利息的增加。

19．一年内到期长期负债

贷款单位	金额	期限	年利率	借款条件
1．佛山市城市信用合作社	4,000,000.00	95.10.20-97.12.20	14.4%	信用
2．佛山市财政局企财科	5,500,000.00	95.10.20-97.10.20	18%	担保
3．佛山市财政局企财科	3,000,000.00	95.10.20-97.10.20	14.4%	担保
4．交通银行佛山分行	5,000,000.00	95.12.13-97.12.13	9.18%	担保
5．建设银行南海二营	2,000,000.00	95.10.22-97.10.22	12.06%	担保
6．工商行佛山分行二营	3,800,000.00	96.4.8-97.10.20	14.472%	抵押
7．工商行佛山分行二营	11,400,000.00	96.4.15-97.10.20	14.472%	抵押
8．工商行佛山分行二营	22,300,000.00	96.8.28-97.10.20	11.088%	抵押
9．佛山城市信用社	4,140,000.00	95.9.24-97.3.24	15.84%	担保
10．工商行佛山分行	2,300,000.00	92.11.23-97.11.20	10.98%	抵押
合　计	63,440,000.00			

本年末比去年末增加63,440,000.00，是由一年内到期的长期借款转入。

20．长期借款

公司一九九五年十二月三十一日及一九九六年十二月三十一日之合并长期借款余额分别为人民币34,690,000.00和人民币14,190,000.00,其96年12月31日明细情况如下:

贷款单位	金额	期限	年利率	借款条件
工商行佛山分行第二营业部	3,690,000.00	95.12.19-98.12.20	14.472%	抵押
佛山市城市信用合作社	3,000,000.00	95.9.28-98.3.28	10.08%	担保
工商行佛山分行第二营业部	3,000,000.00	92.12.19-98.12.18	10.98%	抵押
工商行佛山分行第二营业部	4,500,000.00	92.12.20-99.12.20	12.078%	抵押
合计	14,190,000.00			

21.股本

股本类别	1995.12.31	本期增加	本期减少	1996.12.31
尚未流通股份				
1.发起人股份	23,360,000.00	----	----	23,360,000.00
其中:				
国家拥有股份	23,360,000.00	----	----	23,360,000.00
2.募集法人股	11,840,000.00	----	----	11,840,000.00
3.内部职工股	8,800,000.00	----	----	8,800,000.00
尚未流通股份合计	44,000,000.00	----	----	44,000,000.00
股份总数	44,000,000.00	----	----	44,000,000.00

22.资本公积金

项目	1995.12.31	本期增加	本期减少	1996.12.31
股票溢价	66,000,000.00	----	----	66,000,000.00
资产重估增值	----	16,557,896.49 A	----	16,557,896.49
财政返拨所得税	----	4,583,284.75 B	----	4,583,284.75
合计	66,000,000.00	21,141,181.24	----	87,141,181.24

A、资产重估增值是根据广东资产评估公司"粤资评[1996]第178号"资产评估报告的结果列报(该评估报告已经国家国有资产管理局(1996)014号文批复确认)。

B、财政返拨所得税是指佛山市财政局根据佛山市政府领导意见及"佛财城(1993)04号"文精神,同意公司93、94年所得税返借款共¥4,583,284.75转作返拨处理,相应增加资本公积金。

23.盈余公积

项目	1995.12.31	本期增加	本期减少	1996.12.31
法定盈余公积金	5,008,513.55	2,497,065.73	----	7,505,579.28
法定公益金	5,008,513.55	2,497,065.73	----	7,505,579.28
合计	10,017,027.10	4,994,131.46	----	15,011,158.56

法定盈余公积金和法定公益金的增加原因系公司按本年净利润的10%提取法定盈余公积金和法定公益金。

24.未分配利润

1995.12.31	本期增加	本期减少	1996.12.31
28,108.38	24,970,657.34	10,994,131.36	14,004,634.26

公司本年增加24,970,657.34元系本年实现净利润;本年减少10,994,131.46系提取盈余公积金以及预分6,000,000.00元红利。

25.主营业务收入

项目	1996年度	1995年度
批发	559,171,078.58	530,785,700.07
零售	431,669,075.92	408,008,805.59
服务收入	5,439,315.64	----
合计	996,279,470.14	938,794,505.66

26.主营业务成本

项目	1996年度	1995年度
批发	558,563,441.73	510,903,325.31
零售	333,010,879.63	315,214,876.81
服务收入	1,455,502.13	----
合计	893,029,823.49	826,118,202.12

27.财务费用

项目	1996年度	1995年度
利息支出	7,718,398.86	12,019,413.25
汇兑损益	----	-25,089.81
合计	7,718,398.86	11,994,323.44

本年比去年减少¥4,275,924.58,减少了35.65%,主要是银行利率调低,利息支出减少。

28.其他业务利润

项目	1996年度	1995年度
租金收入	4,204,894.94	2,598,201.81
康乐机收入	50,364.77	65,817.51
印刷收入	-336,845.57	256,851.21
金饰代销收入	89,972.86	----
加工收入	65,088.09	----
冲印及摄影器材收入	----	10,822.02
合计	4,073,475.09	2,931,692.55

本年比去年增加¥1,141,782.54,增加了38.95%,主要是公司拓展其他业务,效益增加。

29.投资收益

公司在有关期间之合并投资收益明细项目如下:

项目	1996年度	1995年度
股权投资收益	641,317.00	404,117.70
债券投资收益	144,635.00	77,501.44
联营收益	----	-32,944.00
合计	785,952.00	448,675.14

30.营业外收入

项目	1996年度	1995年度
顾客赔偿及罚款收入	185,376.75	6,874.80
不用偿还债务收入	76,185.20	1,204,141.57
其他	885,579.01	578,779.31
合计	1,147,140.96	1,789,795.68

31.营业外支出

项目	1996年度	1995年度
劳动保险费	1,925,615.08	1,761,738.36
科技及防洪费	2,648,100.62	2,957,153.54
赞助费	190,048.00	1,200,000.00
其他	437,736.54	1,155,056.61
合计	5,201,500.24	7,073,948.51

32.所得税

本年比去年减少¥5,196,548.92,减少了54.91%,是由于95年度公司按实现利润的33%计征所得税,96年根据"粤办函(1996)660号"、"粤办函(1997)89号"、"佛府办函(1997)024号"文件批复按实现利润的33%计征所得税,超过15%部分由佛山市财政局返给公司作可供分配利润。

三、承诺事项

截至1996年12月31日止,本公司及属下子公司未有任何承诺事项。

四、或有事项

截至1996年12月31日止,本公司及属下子公司未有发现对本年度会计报表将产生重大影响的或有事项。

五、关联交易

本公司属下交电商场本期销售给其关联公司—持本公司5%以上股份的主要股东佛山市兴华集团有限公司商品总额¥107,386,053元,占总收入的10.78%。

六、期后事项

公司对外发行1,600万股社会公众股于1997年1月23日在深圳证券交易所挂牌交易，根据本公司临时股东大会授权，经本公司董事会研究通过，认购本次新股的股东将参与享受本公司1996年度利润分配。另外，根据公司1997年度第3次董事会会议纪要，1996年度预分配方案为每10股送1.5股派1元现金。

佛山市兴华集团股份有限公司董事会

1997年4月19日

佛山市兴华集团股份有限公司资产负债表

单位:人民币元

资产	附注	1996.12.31		1995.12.31		负债及股东权益	附注	1996.12.31		1995.12.31	
		合并数	母公司	合并数	母公司			合并数	母公司	合并数	母公司
流动资产:						流动负债:					
货币资金	(1)	14,445,132.07	11,683,868.26	5,678,330.49	4,899,343.01	短期借款	(12)	49,320,000.00	45,320,000.00	78,770,000.00	76,070,000.00
应收帐款	(2)	20,658,392.29	13,739,788.41	21,122,807.64	7,694,649.95	应付帐款	(13)	137,287,496.38	112,429,782.23	74,379,391.29	67,266,288.32
减:坏帐准备		61,975.54	44,722.14	63,368.42	25,806.74	预收帐款	(14)	23,192,042.92	19,998,639.76	12,082,384.29	9,301,839.37
应收帐款净额		20,596,416.75	13,695,066.27	21,059,439.22	7,668,843.21	应付工资	(15)	4,887,288.91	4,702,909.53	10,938,424.86	11,726,522.31
预付帐款	(3)	6,000,000.00	6,000,000.00	----	----	应付福利费		1,390,858.42	1,370,943.68	2,687,376.60	2,958,026.42
其他应收款	(4)	118,404,463.22	129,010,961.43	80,142,403.56	84,460,338.99	未付股利		6,000,000.00	6,000,000.00	----	----
待摊费用	(5)	1,657,472.90	1,603,111.14	1,362,159.95	832,533.00	未交税金	(16)	35,062,732.40	34,899,388.44	23,822,616.54	23,822,616.54
存货	(6)	164,078,282.08	133,724,402.13	114,425,721.97	98,891,498.11	其他未交款		3,053,417.20	3,053,417.20	3,169,274.84	3,169,274.84
流动资产合计		325,181,767.02	295,717,409.23	222,668,055.19	196,752,556.32	其他应付款	(17)	22,683,414.40	53,622,305.10	34,781,834.15	19,109,629.95
长期投资:						预提费用	(18)	1,503,210.00	1,503,210.00	173,345.63	----
长期投资	(7)	13,668,473.01	12,004,014.11	24,953,503.83	23,221,494.23	一年内到期的					
固定资产:						长期负债	(19)	63,440,000.00	34,140,000.00	----	----
固定资产原值	(8)	108,594,018.78	108,594,018.78	89,756,877.39	89,756,877.39	流动负债合计		347,820,460.63	317,040,595.94	240,804,648.20	213,424,197.75
减:累计折旧		31,420,608.57	31,420,608.57	20,317,340.78	20,317,340.78	长期负债:					
固定资产净值		77,173,410.21	77,173,410.21	69,439,536.61	69,439,536.61	长期借款	(20)	14,190,000.00	14,190,000.00	34,690,000.00	34,690,000.00
在建工程	(9)	60,923,188.31	60,923,188.31	42,935,652.42	42,935,652.42	长期应付款		348,952.00	----	267,058.02	----
固定资产合计		138,096,598.52	138,096,598.52	112,375,189.03	112,375,189.03	其他长期负债		752,976.44	752,976.44	339,640.41	339,640.41
无形及递延资产:						长期负债合计		15,291,928.44	14,942,976.44	35,296,698.43	35,029,640.41
无形资产	(10)	44,596,069.42	44,596,069.42	35,344,873.82	35,344,873.82	负债合计		363,112,389.07	331,983,572.38	276,101,346.63	248,453,838.16
递延资产	(11)	1,726,455.16	1,726,455.16	804,860.24	804,860.24	股东权益:					
无形及递延资产合计		46,322,524.58	46,322,524.58	36,149,734.06	36,149,734.06	股本	(21)	44,000,000.00	44,000,000.00	44,000,000.00	44,000,000.00
资产总计		523,269,363.13	492,140,546.44	396,146,482.11	368,498,973.64	资本公积	(22)	87,141,181.24	87,141,181.24	66,000,000.00	66,000,000.00
						盈余公积	(23)	15,011,158.56	15,011,158.56	10,017,027.10	10,017,027.10
						其中:公益金		7,505,579.28	7,505,579.28	5,008,513.55	5,008,513.55
						未分配利润	(24)	14,004,634.26	14,004,634.26	28,108.38	28,108.38
						股东权益合计		160,156,974.06	160,156,974.06	120,045,135.48	120,045,135.48
						负债及股东权益总计		523,269,363.13	492,140,546.44	396,146,482.11	368,498,973.64

佛山市兴华集团股份有限公司利润及利润分配表

单位:人民币元

项目	附注	1996年度		1995年度		项目	附注	1996年度		1995年度	
		合并数	母公司	合并数	母公司			合并数	母公司	合并数	母公司
一、主营业务收入	(25)	996,279,470.14	911,788,723.34	938,794,505.66	818,896,923.73	四、利润总额		29,238,546.52	29,238,546.52	28,680,115.45	28,680,115.45
减:营业成本	(26)	893,029,823.49	818,433,580.74	826,118,202.12	714,471,135.81	减:所得税	(32)	4,267,889.18	4,267,889.18	9,464,438.10	9,464,438.10
销售费用		9,863,865.80	8,938,031.33	10,956,271.08	9,611,940.57	五、净利润		24,970,657.34	24,970,657.34	19,215,677.35	19,215,677.35
管理费用		49,758,214.81	45,873,549.32	53,094,359.37	50,587,560.64	加:年初未分配利润		28,108.38	28,108.38	55,566.51	55,566.51
财务费用	(27)	7,718,398.86	3,144,133.27	11,994,323.44	10,302,651.31	六、可分配利润		24,998,765.72	24,998,765.72	19,271,243.86	19,271,243.86
进货费用		3,651,744.31	3,312,254.15	3,387,200.35	3,061,000.12	减:提取法定公积金		2,497,065.73	2,497,065.73	1,921,567.74	1,921,567.74
营业税金及附加		3,823,944.16	3,636,517.40	2,660,248.71	2,489,853.81	提取法定公益金		2,497,065.73	2,497,065.73	1,921,567.74	1,921,567.74
二、主营业务利润		28,433,478.71	28,450,657.13	30,583,900.59	28,372,781.47	七、可供股东分配利润		20,004,634.26	20,004,634.26	15,428,108.38	15,428,108.38
加:其他业务利润	(28)	4,073,475.09	4,471,158.76	2,931,692.55	4,383,550.49	减:提取任意公积金		--	--	--	--
三、营业利润		32,506,953.80	32,921,815.89	33,515,593.14	32,756,331.96	已分配普通股股利		6,000,000.00	6,000,000.00	15,400,000.00	15,400,000.00
加:投资收益	(29)	785,952.00	84,696.93	448,675.14	679,869.37	八、未分配利润		14,004,634.26	14,004,634.26	28,108.38	28,108.38
营业外收入	(30)	1,147,140.96	1,054,225.50	1,789,795.68	1,763,754.45						
减:营业外支出	(31)	5,201,500.24	4,822,191.80	7,073,948.51	6,519,840.33						

佛山市兴华集团股份有限公司财务状况变动表

单位:人民币元

流动资金来源和运用	金额		流动资金来源和运用	金额	
	合并数	母公司		合并数	母公司
一、流动资金来源:			一、流动资产本年增加数:		
1.本年净利润	24,970,657.34	24,970,657.34	1.货币资金	8,766,801.58	6,784,525.25
加:不减少流动资金的费用和损失:			2.应收帐款净额	-463,022.47	6,026,223.06
(1)固定资产折旧	11,103,267.79	11,103,267.79	3.预付帐款	6,000,000.00	6,000,000.00
(2)无形资产、递延资产摊销	53,802.65	53,802.65	4.其他应收款	38,262,059.66	44,550,622.44
小 计	36,127,727.78	36,127,727.78	5.待摊费用	295,312.95	770,578.14
2.其他来源:			6.存货	49,652,560.11	34,832,904.02
(1)增加长期负债	4,500,000.00	4,500,000.00	流动资产增加净额	102,513,711.83	98,964,852.91
(2)收回长期投资	11,936,830.82	11,681,949.30	二、流动负债本年增加数		
(3)资本净增加额	26,135,312.70	26,135,312.70	1.短期借款	-29,450,000.00	-30,750,000.00
小 计	42,572,143.52	42,317,262.00	2.应付帐款	62,908,105.09	45,163,493.91
流动资金来源合计	78,699,871.30	78,444,989.78	3.预收货款	11,109,658.63	10,696,800.39
二、流动资金运用:			4.应付工资	-6,051,135.95	-7,023,612.78
1.利润分配			5.应付福利费	-1,296,518.18	-1,587,082.74
(1)提取法定公积金	2,497,065.73	2,497,065.73	6.未付股利	6,000,000.00	6,000,000.00
(2)提取法定公益金	2,497,065.73	2,497,065.73	7.未交税金	11,240,115.86	11,076,771.90
(3)已分配股利	6,000,000.00	6,000,000.00	8.其他未交款	-115,857.64	-115,857.64
小 计	10,994,131.46	10,994,131.46	9.其他应付款	-12,098,419.75	34,512,675.15
2.其他运用			10.预提费用	1,329,864.37	1,503,210.00
(1)固定资产和在建工程净增加额	36,824,677.28	36,824,677.28	11.一年内到期的长期负债	63,440,000.00	34,140,000.00
(2)增加无形资产、递延资产	10,226,593.17	10,226,593.17	流动负债增加净额	107,015,812.43	103,616,398.19
(3)偿还长期负债	24,504,769.99	24,586,663.97	流动资金增加净额	-4,502,100.60	-4,651,545.28
(4)增加长期投资	651,800.00	464,469.18			
小 计	72,207,840.44	72,102,403.60			
流动资金运用合计	83,201,971.90	83,096,535.06			
流动资金增加净额	-4,502,100.60	-4,651,545.28			

佛山兴华集团股份有限公司1997年度中期报告

一、财务报告(未经审计)

1.财务报表

(1)简化的资产负债表

1997年6月30日　　金额单位:元

项目	年初数(母公司)	年初数(合并数)	期末数(母公司)	期末数(合并数)
资产				
流动资产	295,717,409.23	325,181,767.02	317,381,190.76	359,198,178.04
长期投资	12,004,014.11	13,668,473.01	15,892,600.00	16,668,473.01
固定资产净值	77,173,410.21	77,173,410.21	84,605,808.64	84,605,808.64
在建工程	60,923,188.31	60,923,188.31	67,527,078.39	67,527,078.39
无形资产及递延资产	46,322,524.58	46,322,524.58	49,326,653.34	49,326,653.34
其他资产				
资产总计	492,140,546.44	523,269,363.13	534,733,331.13	577,326,191.42
流动负债	317,040,595.94	347,820,460.63	239,723,943.95	281,923,213.04
长期负债	14,942,976.44	15,291,928.44	17,745,553.15	18,139,144.35
负债合计	331,983,572.38	363,112,389.07	257,469,497.10	300,062,357.39
股本	44,000,000.00	44,000,000.00	60,000,000.00	60,000,000.00
资本公积	87,141,181.24	87,141,181.24	174,181,181.24	174,181,181.24
盈余公积	15,011,158.56	15,011,158.56	15,011,158.56	15,011,158.56
其中:公益金	7,505,579.28	7,505,579.28	7,505,579.28	7,505,579.28
未分配利润	14,004,634.26	14,004,623.26	28,071,494.23	28,071,494.23
股东权益合计	160,156,974.06	150,156,974.06	277,263,834.03	277,263,834.03
负债及股东权益合计	492,140,546.44	523,269,363.13	534,733,331.13	577,326,191.42

(2)简化的损益表

项目	上年同期数(母公司)	上年同期数(合并数)	1997年1—6月(母公司)	1997年1—6月(合并数)
主营业务收入	407,287,170.35	460,816,234.14	458,058,262.19	536,771,960.18
主营业务利润	15,322,544.97	15,020,226.31	14,074,462.73	13,842,136.24
其他业务利润	120,663.44	957,006.55	947,631.33	1,852,194.47
投资收益	548,647.67	290,450.00	797,711.15	348,000.00
营业外收支净额	-1,657,311.13	-1,933,137.91	257,369.13	34,843.63
利润总额	14,334,544.95	14,334,544.95	16,077,174.34	16,077,174.34
所得税	2,150,181.74	2,150,181.74	2,411,575.96	2,411,575.96
净利润	12,184,363.21	12,184,363.21	13,665,598.38	13,665,598.38

2.财务指标

	上年同期数	1997年1—6月(本期)	1997年1—6月(摊薄后)
(1)每股收益	0.27元	0.23元	0.20元
(2)净资产收益率	7.87%	4.93%	4.93%
(3)每股净资产	3.51元	4.62元	4.02元

注:上年同期每股收益和每股净资产是以当期期末公司总股本4400

万股为基数计算的。本期每股收益和每股净资产是以当期期末公司总股本6000万股为基数计算的。1997年度分红派息后每股收益和每股净资产是以分红派息后公司总股本6900万股为基数计算的。

3. 财务报表附注

(1)本期财务报告所采用的会计政策与会计方法和1996年度财务报告所采用的会计政策与会计方法相互一致。

(2)本报告期内主体未发生合并,分立等变化。

(3)合并报表原则:公司合并会计报表是根据公司及公司之子公司的会计报告,按《合并会计报表暂行规定》的要求编制的,公司合并会计报表时,对因公司与子公司、子公司相互之间的内部交易、内部业务往来而形成的债权债务、内部销售收入、未实现内部销售利润等项目以及公司对子公司权益性资本项目的金额与子公司所有者权益中公司所持有的份额相互抵销,少数股东权益予以扣除。

(4)本公司并联企业

公司名称	地址	主营业务范围	本公司所有权益(%)	注册资金(万元)
佛山市兴华五金机电公司	佛山市祖庙路27号	电器机械及器材、五金机电、建筑材料、清洁用具、电动工具	100	100
佛山市兴华实业开发公司	佛山市祖庙路38号	五金交电、百货商业、纺织品、针织品、服装、陶瓷制品、建筑材料、印刷	100	100
佛山市兴华商场桂城购物中心	南海市桂城南新一路桂华花园A座首层	国内商业	100	100
佛山市商业贸易中心	佛山市祖庙路42之一	百货、五金、交电、纺织品、针织品	100	50
佛山市名兴时装有限公司	佛山市石湾区张槎镇	生产经营各类男、女时装	49	638(港元)
顺德泰安家用电器厂	顺德市桂州镇	生产、加工、销售熨斗、灯饰	40	828

(本公司国家股持股人持股:2336万股,占总股本38.93%)

(5)关联交易

本公司属下交电商场、五金机电公司本期以商品成本价销售给其关联公司——持本公司5%以上股份的主要股东佛山市兴华集团有限公司商品总额5320万元,比去年同期5370万元减少0.93%,占本公司总收入的9.91%。

(6)长期投资1666.85万元,比年初增加21.95%,主要是投资300万元参加佛山市合作银行股金,占佛山市合作银行2.5%的股份。

(7)在建工程6752.71万元,比年初增加10.84%。

工程名称	工程进度	实际开支数	原预算数	资金来源
粥塘仓库工程	96%	5,730,213.12	6,000,000.00	自筹
兴华商务大厦工程	40%	57,559,135.19	80,000,000.00	自筹
张槎商品配送中心工程	25%	4,237,730.08	29,800,000.00	自筹
合计		67,527,078.39		

兴华商务大厦工程累计资本化利息金额为18,123,135.19元。

(8)应付票据222万元。是本公司属下交电商场支付购货款而办理银行承兑汇票。

(9)预收帐款16459.9万元,比年初减少29.03%,主要是预收机团销货款回笼。

(10)其他未交款608.5万元,比年初增加99.3%,主要是各项带税附加费增加大于缴交数。

(11)长期借款1669万元,比年初增加250万元,是向市工商银行借入长期技改借款。

(12)股本6000万元,比年初增加36.36%,是增加今年上市1600万股股金。

(13)资本公积17,418.12万元,比年初增加99.88%,是增加1600万股上市股溢价发行部分。

(14)未分配利润2807.15万元,是上年结余数,本期净利润数之和。

(15)其他业务利润185.22万元,比上年同期增加95.54%,主要是五金机电公司联营返利数。

(16)投资收益34.8万元,比上年同期增加19.81%,主要是投资参股股金收益增加。

(17)营业外收支净额3.48万元,比上年同期增加101.8%,主要是今年兴华股上市申购利息收入218万元影响所致。

二、经营情况与回顾

1. 上半年经营情况的回顾

(1)1997年上半年,公司坚持以市场为先导,以零售为依托,立足主业,开拓市场的经营方针,积极推进企业两个效益的同步发展。1—6月份公司实现商品销售5.37亿,完成年度计划48.33%,同比增长16.48%,实现利润1608万元,完成年度计划45.95%同比增长12.17%。

(2)调整企业营销战略,坚持以品牌化、个性化、系列化为市场定位,根据现代消费求宽、求便、求舒的心理,合理配置档次。上半年,公司新增商品共200多种,根据顾客心理的日益成熟,我们把国产名牌电器作为销售的主攻方向,重点开辟国产家电商场,1至6月份,共销售出华凌冰箱4340台,同比增长41%,容声冰箱8576台,同比增长2倍,康宝消毒柜23114个,同比增长21%。

(3)再造经营特色,发挥内涵效益。上半年,我们利用"春节"、"母亲节"、"六一节"等各大节日,推出应景促销活动,继有"服务到家,真情无价"、"母亲节购物点歌服务"等均收到较好效果,特别是"购物赠礼品印花"活动,更是营造了市场销售热浪。

(4)多头并进、开拓市场。上半年,我们以手中所掌握的名优商品为王牌,从边远农村到繁茂的个体市场,不断扩大商品的市场触点,开辟批发业务的新天地。上半年,公司共新开发的业务网点35个,而且把名优商品向总经销、总代理延伸,增加市场垄断的份额,上半年新增总经销、总代理的商品12种。此外,我们利用"政府搭台,企业演戏"的办法,积极拓展有潜力的市场。4月份,我公司认真筹备参加了"佛山产品郑州博览会",合同成交额200万元,而为架通国际贸易的桥梁,4月中旬,乘佛山市人民政府与法国海外省留尼旺缔结友好城市之机,在波塞雄市举办了'97佛山产品展销会',带去的商品销售一空,成交达120万法郎。

2.1997年下半年的工作计划

下半年,公司将在"营造新优势,促进新发展"上下功夫,发挥"兴华"是佛山市金牌商场的名店效应,充分利用中秋、开学、国庆、重阳等民间风俗和节日,营造出一系列促销活动,引导佛山市新一轮的销售高潮。此外,要组织、落实好97秋季全国五金电动工具交易会,并以此为契机,带动其他商品的销售,下半年,将利用国有资产重组的有利时机,积极参与资本运营,力争在收购或兼并上有新的举措,以实现公司的扩充计划。

三、重大事件说明

1. 本公司无炒作股票行为,亦无开设股票帐户,本公司今后如果从事股票投资,将严格遵循国家政策法规和本公司章程规定。

2.1997年1月发行股票新募集的1.03亿元中,投资兴华配送中心的2900万元,项目建设按计划施工进展顺利。投资800万元的电脑管理信息系统正进行发标工作,预计在9月份完成招标工作后,可全面铺开,投资3400万元购买的佛山市兴华商务大厦,由于基建方工程进展缓慢,所以资金尚未投入使用,经董事会研究决定,暂作企业商品资金,待工程进度达到要求时再按进度计划付款。余下股金已按股东大会决议转作流动资金。

3. 本公司中期不分配。

4. 本报告期内无重大诉讼仲裁事项。

四、发行在外股票的变动和股权结构的变化

1. 本公司1996年实施10股送1.5红股,派人民币1元(含税)的分配

方案,国家股、法人股、内部职工股、社会公众股同比例增长。

2.股权结构情况(单位:万股,每股面值:1.00元人民币)

	1997年1月1日	1997年6月30日
(1)尚未流通股份	4400	4400
1)发起人股份	2336	2336
其中:		
国家拥有股份	2336	2336
境内法人持有股份		
外资法人持有股份		
其他		
2)募集法人股	1184	1184
3)内部职工股	880	880
4)优先股或其他		
尚未流通股份合计		
(2)已流通股份		
1)境内上市的人民币普通股	1600	1600
2)境内上市的外资股		
3)境外上市的外资		
4)其他		
已流通股份合计	1600	1600
(3)股份总数	6000	6000

3.主要股东持股情况(截止日前)

序号	股东名称	持股数(万股)	占总股份比例(%)
1	佛山市兴华集团有限公司	2336	38.93
2	工商银行广东省信托投资公司佛山办事处	304	5.05
3	佛山市商业贸易中心	160	2.27
4	佛山市财贸工会	92.8	1.55
5	农业银行广东省信托投资公司佛山代办处	40	0.6
6	佛山市税务咨询所	40	0.6
7	王　艳	27.45	0.46
8	佛山市财务发展公司	23.24	0.39
9	商业部科研究院佛山办事处	20	0.33
10	曹克如	19.75	0.33
	合计	3063.24	50.51

五、股东大会简介

本公司第五次股东大会于1997年5月20日在佛山市兴华股份有限公司九楼会议厅召开。出席会议的股东96名,代表股份3804.49万股,占公司总股本6000万股的63.41%,符合《公司法》及公司《章程》的有关规定。会议合法有效,大会审议通过了以下决议:

1.审议通过了《1996年度董事会工作报告》

2.审议通过了《1996年度监事会工作报告》

3.审议通过了《1996年度财务决算和1997年财务预算方案》

4.审议通过了公司1996年度利润分配方案。

1996年度公司实现净利润24,970,657.34元,按10%提取法定公积金2,497,065.73元,按10%提取法定公益金2,497,065.73元,加上上年未分配利润28,108.38元,年度可供股东分配利润为20,004,634.26元。股东大会决定分配方案为用可供股东分配利润向全体股东按每10股送1.5股红股、派发现金人民币1元(含税),共派发现金6,000,000元,尚余可供股东分配利润5,004,634.26元转下年度一并分配。

六、备查文件

1.载有公司董事长潘文钜先生、总经理何德钊先生亲笔签名的中期报告原本。

2.查阅地址:佛山市祖庙路42号之一公司企改办。

佛山兴华集团股份有限公司

1997年8月23日

西安饮食服务(集团)股份有限公司

西安饮食服务(集团)股份有限公司董事长总经理介绍

一、董事长介绍

王志刚,男,汉族,陕西蓝田县人,1938年4月出生,中专文化程度,1956年9月加入中国共产党,现任西安饮食服务(集团)股份有限公司董事长、党委书记。高级政工师。

个人简历:

1952年9月—1955年1月　西安银行学校金融专业上学;
1955年1月—1957年9月　西安五四四厂团委任团专干;
1957年9月—1960年8月　西安市四十九中学任党专干;
1960年9月—1965年3月　西安市未央区委任宣传干部;
1965年4月—1965年11月　西安市农业科研所党专干;
1962年12月—1968年12月　西安市委农工部干部处干部;
1969年1月—1971年1月　西安市革委会政法组办案组干部;
1971年2月—1972年2月　南泥湾五七干校学员;
1972年3月—1977年8月　西安市革委会组织组、市委组织部干部处负责人;
1977年9月—1978年8月　西安市饮食公司副经理,党委委员;
1978年9月—1985年1月　西安市二商局企管处副处长;
1985年2月—1985年10月　西安市二商局信息处副处长;
1985年11月—1992年10月　西安市二商局计划处处长;
1992年11月—1994年4月　西安饮食集团公司党委书记;
1994年4月至今　西安饮食服务(集团)股份有限公司董事长、党委书记。

荣誉称号:

①荣获全国、省、市优秀企业思想政治工作者。
②《半月谈》思想政治工作创新奖。

二、总经理介绍

毕海生,男,汉族,河南省安阳县人,1939年12月20日出生,大专文化程度,1978年9月加入中国共产党,高级经济师,现任西安饮食服务(集团)股份有限公司总经理、副董事长。

个人简历:

1955年1月—1958年8月　西安市运输公司东关运输站工人;
1958年8月—1962年4月　西安钢厂工人;
1962年4月—1969年12月　西安群宴核算店负责人;
1969年12月—1978年3月　西安小寨餐厅主任;
1978年3月—1983年2月　西安小寨餐厅、换算店主任兼党支部书记;
1983年2月—1985年4月　西安烹饪技术培训站餐厅部主任;
1985年4月—1986年8月　西安五一饭店副经理;
1986年8月—1991年5月　西安解放路饺子馆经理;
1991年5月—1992年12月　西安市饮食公司副经理、经理;
1992年12月—1994年4月　西安饮食集团公司总经理;
1994年4月至今　西安饮食服务(集团)股份有限公司总经理、副董事长。

荣誉称号:

先后荣获内贸部劳动模范、陕西省商务系统优秀企业家等称号。

西安饮食服务(集团)股份有限公司招股说明书概要

一、释义

本招股说明书概要中除非文意另有所指,下列词语具有如下涵义:

发行人,本公司:指本次股票发行的主体,即西安饮食服务(集团)股份有限公司。
董事会:指西安饮食服务(集团)股份有限公司董事会
市体改委:指西安市经济体制改革委员会
市证监会:指西安市证券监督管理委员会
市计委:指西安市计划委员会
本股票:指本公司本次向社会公众公开发售的4,000万股
本次股票发行或本次发行:指发行人本次向社会公众公开发行人民币普通股(A股)股票的行为。
主承销商:指陕西省证券公司
元:指人民币元

二、绪言

本招股说明书系根据《中华人民共和国公司法》、《股票发行与交易管理暂行条例》、《公开发行股票公司信息披露实施细则》等国家法律、法规、规则及发行人实际情况编写的,旨在向投资者提供本公司基本情况及本次招股的有关资料。本公司全体董事已批准本招股说明书,确信其中不存在任何重大遗漏或者误导,并对其真实性、准确性、完整性负个别的和连带的责任。

本次发行的股票系根据本招股说明书所载明的资料申请发行的,除发行人和主承销商外,没有委托或授权任何其他人提供未在说明书中列载的信息和对本说明书作出任何解释或说明。

投资者须自行负担买卖本公司股票所应支付的税款,发行人、承销商和上市推荐人对此不承担任何责任。

三、本次发行的有关当事人

(一)发行人:西安饮食服务(集团)股份有限公司
英文:XI'AN FOOD SERVICE (GROUP) CO,LTD.
住所:陕西省西安市东大街263号
法定代表人:王志刚
联系人:李宝成
电话:(029)7214985 传真:(029)7217024

(二)主承销商:陕西省证券公司
住所:陕西省西安市解放路233号
法定代表人:吴全昌
联系人:张国勇　程永康
电话:(029)7804269　传真:(029)7804269

(三)副主承销商:湖北证券有限公司
住所:湖北省武汉市武昌彭刘杨路232号
法定代表人:陈浩武
联系人:喻大学　吴丰安　电话:(027)8311774

(四)分销商:海通证券有限公司

住所:上海市四川中路175号
法定代表人:李惠珍
联系人:黄京安　李　锋
电话:(021)63296016　(029)7286034
名称:宝鸡市信托投资公司
住所:陕西省宝鸡市中山西路37号
法定代表人:张帆
联系人:卫积成　电话:(0917)3650925
(五)上市推荐人:陕西省证券公司
海通证券有限公司
(六)律师事务所:金杜律师事务所
法定代表人:王辉
住所:北京东城区朝阳门北大街八号富华大厦C栋17层
电话:(010)65541627　经办律师:王俊峰　白延春
(七)主承销商律师:上海万国律师事务所
法定代表人:吕红兵
住所:上海市南京西路1728号622室、623室
电话:(021)62488662转622、623　经办律师:吕红兵　刘维
(八)会计师事务所:陕西会计师事务所
法定代表人:蒋纯昌
住所:西安市北四府街48号
电话:(029)7611692　经办注册会计师:王少植　门俊义
(九)资产评估机构:西安正衡资产评估公司
法定代表人:段芝山
住所:西安市北关正街18号
电话:(029)6260842 经办评估人员:高惠民 桑中胜 韩佩琴 李雅春
(十)资产评估确认机构:国家国有资产管理局
法定代表人:张佑才
住所:北京万泉河路66号
(十一)土地估价机构:西安市地产估价事务所
法定代表人:刘瑜
电话:(029)7210066　经办人员:冯铁军　巩荣生　全志运　鲁百顺
(十二)土地估价确认机构:西安市土地管理局
法定代表人:王志军
住所:陕西省西安市环城南路东段30号
(十三)收款银行:中国人民银行西安分行
法定代表人:李哲
住所:陕西省西安市西大街378号
(十四)发行人财务顾问:西安证券公司
法定代表人:王文学
住所:陕西省西安市西大街344号
(十五)股票登记机构:深圳证券登记有限公司
住所:深圳市红岭中路25号　电话:(0755)5585536

四、风险因素与对策

投资者在评价发行人本次发行的股票时,除本招股说明书提供的其他资料外,应特别认真地考虑下述各项风险因素。

(一)经营风险

1. 经营成本:本公司主营餐饮、娱乐业,原辅材料消耗量大,周转率高,所需原辅材料各产地经营规模较小,技术和管理落后,加上传统经济模式的制约,供应价格较高,且受通货膨胀的影响有长期上升的趋势,将增加公司经营成本。

2. 投资项目风险:本公司由国有企业整体改组设立,老字号较多,现有的服务场地和营业场地大部分急需改建、扩建,所需资金量大,投资回收期长,投资项目建设过程中的任何意外变化都可能影响到公司的经营业绩。

3. 融资渠道的限制:本公司目前的融资渠道仍以间接融资为主,难以满足公司发展需要,且成本较高,对公司的业务发展不利。

4. 水、电供应的局限:西安是缺水缺电城市,且用水与用电的高峰季节基本上同步,致使城区部分地区水电供应不足,影响到公司提供服务的质量和数量。

(二)行业风险

1. 劳动力成本的刚性支出:本公司属劳动密集型行业,在公司的日常性支出中,工资占有相当大的比例,且易升难降,随时间推移呈上升趋势,会加大公司经营成本。

2. 同业竞争激烈,西安是全国性旅游城市,餐饮业发展很快,多种经济成份的餐饮店比比皆是,同业竞争激烈,分流客源,直接影响本公司的收入。

(三)市场风险

1. 原辅材料供应:本公司的原辅材料主要依靠农副产品。因此,各种自然灾害对农副产品的影响程度将直接影响到本公司原材料的供应满足程度和经营成本。

2. 饮食服务的质量和档次:传统陕菜以家常菜点和面食加工为主,营养结构方面欠缺,技术含金量低,附加值较小,对本公司收入的增长存在一定的负面影响。

3. 服务市场:环境污染对农副产品的各种影响,直接制约本公司的市场发展规模,一方面是客源的减少导致收入降低,另一方面本公司对所有有问题的原辅材料直接淘汰,从而一定程度上成本上升。

(四)政策性风险

本公司属第三产业,国家对餐饮、娱乐业的限制发展性政策,将会对公司经营产生直接负面影响;另一方面,本公司的发展在一定程度上依托增设营业网点,扩大市场占有率,国家对固定资产投资的限制政策会影响公司的市场扩张能力。

(五)股市风险

股票市场投资收益与投资风险并存。股票价格的波动不仅受公司盈利水平发展前景的影响,而且受投资者的心理预期、股票供求关系、国家宏观经济状况及政治、经济、金融政策等因素的影响。投资人对此应有充分的认识。

针对以上风险和影响,本公司将积极采取如下对策;

(一)针对经营风险,本公司将

(1)加强对生产经营过程中各个环节的管理,开源节流,增收节支,降低物耗。

(2)加强资产管理,盘活资产存量,统一调剂公司系统内资金,有偿使用,提高资金运用效率。

(3)开辟新的融资渠道,逐步从以间接融资为主转向直接融资与间接融资并重,尽可能满足本公司发展的资金需求。

(4)加强市场调研与市场预测,提高项目管理的科学性和预见性。

(5)以餐饮为主,加强科研,创名、优、特、营养型新菜点。

(6)走工业化、工厂化、连锁化、管理科学化之路,面向大众,满足不同消费者的需要,提高市场占有率。

(二)针对行业风险,本公司将充分发挥自身的名牌优势、地理优势,发扬大店、名店、示范店的作用,增设营业网点,提高服务质量,薄利多销,拓展市场份额;加强行业管理,逐步实现行业管理的现代化,降低人工成本。

(三)针对市场风险,本公司将

1. 建立更广泛的原辅材料供应客户网络,避免对个别客户和地区的依赖性,以确保公司原辅材料的正常供应及较低经营成本;

2. 致力于传统名优食品的发掘,开发高档次菜点,提高产品和服务的技术含量和附加值。

3. 加强对原辅材料供应过程的检测,杜绝各种问题的出现和发生。

(四)针对政策性风险,本公司将充分利用已有的规模优势、声誉优

势,走集约化、规模化之路,充分利用现有的各项政策,加强发展力度,积累发展后劲。

(五)针对股市风险,本公司将严格信息披露,规范公司运作,同时加强研究,提高对宏观经济和政策变化的预见性。

五、募集资金的运用

(一)本次公开发行募集资金的投向

本次公开发行股票若按计划完成,发行总市值12,600万元,扣除发行费用600万元后,可募集资金12,000万元,主要用于以下几个项目的投资。

1.投资2,805万元用于德发长酒店购买房产、设备及其内部装修。

本公司德发长酒店原位于西安市钟楼和鼓楼之间,该饭店因市政建设需要而临时拆迁。现钟鼓楼广场已基本竣工,根据广场总体规划,新建成的德发长酒店位于钟楼西侧。本公司德发长酒店原自有房产881平方米,拟再购置房产1919平方米(售价:8800元/平方米),新的营业总面积2,800平方米。

德发长酒店营业后,预计年增营业收入2,500万元,利润260万元,投资回收期10.78年。该项目已经西安市计划委员会市计财发[1996]460号文批准。

2.投资2,994万元用于同盛祥牛羊肉泡馍馆购买房产、设备及其内部装修。

本公司同盛祥牛羊肉泡馍馆原位于西安市钟楼和鼓楼之间,该饭店因市政建设需要而临时拆迁。现钟鼓楼广场已基本竣工,新建成的同盛祥牛羊肉泡馍馆位于鼓楼东侧。本公司同盛祥牛羊肉泡馍馆原自有房产2,108.74平方米,拟再购置房产1,611.26平方米(售价:8800元/平方米),新的营业总面积3,720平方米。

同盛祥牛羊肉泡漠馆营业后,预计年增营业收入3,312万元,利润350万元,投资回收期8.55年。该项目已经西安市计划委员会市计财发[1996]461号文批准。

3.投资2,885万元用于老孙家饭庄扩建工程。

老孙家饭庄是西安市一家历史悠久、富有民族特色、规模较大的老字号清真饭店,地处闹市区东大街中段,端履门十字东南角。现营业面积2,400平方米,其中企业自有面积1,000平方米。为扩大经营面积,本公司计划在该店以南进行扩建。

该项目建成投入使用后,预计年营业额5,440万元,利润720万元,投资回收期4年。该项目已经西安市计划委员会市计财发[1996]463号文批准。

4.投资2,960万元用于曲江春酒家扩建工程。

曲江春酒家位于西安市繁华地段—解放路中段,以经营具有长安饮食文化特色的"仿唐菜"而享有盛名。为进一步弘扬长安饮食文化,扩大经营规模,本公司拟对曲江春酒家予以扩建。曲江春酒家现有营业面积2,292平方米,扩建后建筑面积近13,000平方米。

该项目建成投入使用后,预计年营业额利润4,680万元,利润720万元,投资回收期4.23年。该项目已经西安市计划委员会市计财发[1996]493号文批准。

所余资金,补充流动资金。

资金运用计划时间表

时　间	用　途	金额(万元)
1.1997年4月	募股资金到位	12,000
2.1997年4月	德发长酒店和同盛祥牛羊肉泡馍馆购买房产	3,200
	老孙家饭庄和曲江春酒家拆迁安置工作开始	1,500
3.1997年5月	德发长酒店和同盛祥牛羊肉泡漠馆购设备,装修	2,500
4.1997年6月	老孙家饭庄和曲江春酒家土建工程开始	2,400
5.1998年6月	老孙家饭庄和曲江春酒家购设备,装修	2,000

(二)前次定向募集资金的运用情况

前次定向募集资金扣除各项费用后,共计5,600万元,使用情况与前次《招股说明书》所述的用途相符,主要用于公司下属饭店的新建、扩建和改建项目,都取得了可观的经济效益。具体情况如下:

1.投资2,700万元,对西安饭庄进行扩建,改造营业面积近万平方米,完工后主营业务收入比上年同期增长59.09%。

2.投资800万元,新建五一饭店客房楼一座,营业面积2,200平方米,完工后营业收入比上年同期增长43%。

3.投资380万元,用于皇城饭店增添设备,改造装修客房,年创利润56万元,比上年同期增长6.7倍。

4.投资170万元,用于老孙家饭庄装修改造营业场所,完工后营业收入比上年同期增加58.49%。

5.投资2,850万元,修建天长大厦,建筑面积9400平方米,现已竣工,即将营业。

实施以上项目投资过程中,资金不足部分已由公司通过银行贷款解决。

六、股利分配政策

本公司实行同股同利的股利分配政策,按股东持有股份的比例进行分配。每年税后利润的分配办法由董事会根据当年的经营业绩和未来的经营计划制订方案,经股东大会通过后施行。股利分配可采取现金或股票形式。本公司按税务部门的规定,代扣、代缴股东股利收入的应纳税金。

本公司在缴纳所得税和其他税费后的利润,按下列顺序分配:

1.弥补亏损;

2.提取利润的10%列入公司法定公积金,当法定公积金已达到公司注册资本的50%时,可不再提取;

3.提取利润5%—10%列入法定公益金,具体比例由股东大会决定;

4.提取任意盈余公积金,具体比例由股东大会决定;

5.支付普通股股利。

本公司股利支付时间在会计年度决算后进行,每年支付一次。如果中期分配,必须由股东大会作出决议。年度股利在每个会计年度结束后的6个月内分配。

本公司当年若无利润,将不分配股利。

根据股东大会决议,如本次发行在1997年完成,则1997年公司的税后利润按照同股同权的原则,由新老股东共同享有,具体分配方案由发行结束后的公司股东大会再做决定;1996年公司的税后利润由发行前的股东享有,将在1997年度内分配。

七、承销

1.承销方式:

由主承销商陕西省证券公司组织承销团采用余额包销方式承销。

2.承销期:1997年4月9日至1997年4月25日

3.发行日期:1997年4月9日

4.发行方式:全额预缴款,比例配售,余款转存

5.发行地区:陕西省西安市

6.发行对象:

本次发行对象为中华人民共和国境内的合法投资者,国家法律、法规禁止者除外。

7.发行股票的种类、面值及数量:

本次发行的股票均为人民币认购的无纸化、记名式普通股(A股)股票,每股面值人民币1.00元。向社会公众公开发行数量为40,000,000股。

8.发行价格:

发行价格按1994年、1995年和1996年三年每股税后利润平均数0.21元/股,综合考虑公司今后发展情况后,乘以发行市盈率15倍确定,以此方法确定的发行价格为每股3.15元。发行总市值12,600万元。

9.预计实收金额:

本次股票发行扣除发行费用600万元后,预计实收金额为12,000万元。

10. 承销机构:

承销商	承销数量(万股)	承销比例(%)
陕西省证券公司	2320	58
湖北证券有限公司	600	15
海通证券有限公司	600	15
宝鸡市信托投资公司	480	12

11. 发行费用共计600万元,用途如下:

承销费用	277.20万元
审计费用	22万元
盈利预测审核费用	4万元
评估费用	37.3万元
律师费用	20万元
上市推荐费用	80万元
公关费用	70万元
差旅费	80万元
其他费用	39.5万元

八、发行人情况

(一)名称:西安饮食服务(集团)股份有限公司

英文名称:XI'AN FOOD SERVICE (GROUP) CO., LTD.

(二)成立日期:1994年5月18日

(三)注册地址:陕西省西安市东大街263号

(四)历史沿革:

本公司前身可追溯至创建于1956年的西安市饮食公司,是国有商业企业。经西安市人民政府批准,在原西安市饮食公司的基础上,于1992年12月8日组建西安饮食集团公司,拥有核心紧密层企业18个。1993年11月11日,经西安市体改委市体改字[1993]98号文审查同意,对西安饮食集团公司进行整体改组;1993年11月24日,经西安市体改委市体改字[1993]103号文批准,采用定向募集方式设立本公司,本公司拥有全资附属企业16家。本公司全资附属企业原均为公司子公司,具有独立的法人资格;本次公司由定向募集公司转为社会募集公司,依《公司法》进行规范,全部为公司分公司,不具备法人资格。此外,公司与香港建秦发展有限公司合资成立西安老孙家食品有限公司,本公司投资比例为70%,处控股地位。

(五)组织机构图

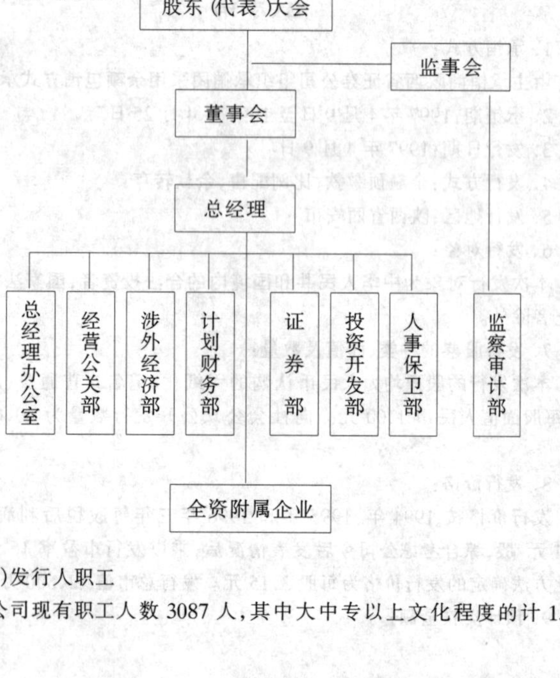

(六)发行人职工

本公司现有职工人数3087人,其中大中专以上文化程度的计1573人,占职工总人数的50.9%。具有各类专业技术职称的职工1107人,占职工总人数的35.9%,其中具有高级职称的21人,占职工总人数的0.7%,具有中级职称的90人,占职工总人数的2.9%;国家特级厨师83人,占职工总人数的2.7%;国家一级厨师85人,占职工总人数的2.8%;国家二级厨师233人,占职工总人数的7.5%。

本公司现有职工的专业构成如下:

专业分工	人数	占职工总数的比例(%)
营业服务人员	832人	26.95
技术人员	1690人	54.75
管理人员	240人	7.78
财务人员	90人	2.91
其他	235人	7.61
合计	3087人	100.00

本公司对职工实行全员劳动合同制,视其工作性质分别签有固定期限,无固定期限的劳动合同。对管理人员全部实行聘任制,能上能下。职工的劳保、医疗执行西安市人民政府关于批转市劳动局《西安市劳保医疗制度改革试点意见的通知》精神,并参加西安市的养老统筹和社会保险。

(七)经营范围

饮食供应业、服务业;批零销售副食品、酒、饮料、百货、五金交电、针纺织品、餐具、灶具;投资项目信息资询及中介服务;人员培训。

(八)发行人简介

本公司是以餐饮、宾馆、娱乐及旅游服务为主业的服务性股份制企业。西安作为国际性旅游城市,其旅游业的发展为本公司的经营活动提供了坚实的基础和广阔的发展空间;同时本公司经营的饭店、酒店所提供的独具特色的饮食服务丰富了长安古都的饮食文化,成为吸引中外游客的重要因素,对促进西安旅游业的发展起到了相当大的作用。

本公司下属有14家具有数十年至上百年历史的饭店、酒店,家家特色鲜明,店店风味独特,无不体现着长安饮食文化的悠久传统和西安的地方特色。西安饺子宴饭店的饺子宴被誉为神州一绝;同盛祥的牛羊肉泡馍被视为长安饮食文化的象征;西安饭庄的小吃宴、桃李村饭店的官府宴体现着浓郁的西安地方特色;老孙家饭庄创建于1898年,是国内久负盛名的清真饭庄,以经营牛羊肉泡馍驰名中外。本公司的饺子宴、牛羊肉泡馍、仿唐菜被誉为"西安三绝"。

在继承和发扬长安饮食文化的同时,公司还致力于菜点宴席的挖掘创新。1993年以来,共挖掘传统菜点432种,创新菜点823种,引进菜点797种,这些菜点以精致广泛的选料用料、精湛多样的烹调技艺、色香味型俱佳的特色更加丰富了长安饮食文化的内涵。

本公司下属各饭店、酒店均分布在西安市繁华地段,地理位置十分优越,成为西安市接待中外游客的主要窗口。公司有11家饭店被列为陕西省旅游涉外定点单位,在西安的重大外事活动和经贸活动中扮演着十分重要的角色。我国许多领导人及国内外知名人士曾多次光临本公司多个饭店。本公司在经营管理、技术服务、环境设施等方面,均位于西安市同行业前列,有四家饭店被国内贸易部、国家技术监督局确定为达标评比试点企业,6个网点被评为西安市特一级饭店,7个网点被评为西安市特二级饭店。

本公司先后向北京、沈阳、郑州、哈尔滨、深圳等大中城市输出技术人员75人次,并先后和日本、韩国、新加坡、法国、德国、香港等国家和地区进行烹饪交流30余次,还在上述部分国家和地区设立了分店。西安每年接待境外旅游者近50万人次,公司为他们提供饮食服务;公司和中央电视台合作拍摄《风风火火迎犬年》、《西安人好口福》等电视专题片在国内外播出引起很大反响;公司组织专人编写《长安食话》等一系列饮食专论书籍宣传公司和长安饮食文化。这一系列活动和举措不仅宣传了公司的形象,而且大大提高了西安、陕西在国内、国际的知名度。

在经营活动中,公司及下属企业先后共获市级以上各项荣誉称号达30多项。1996年公司被评为省级"优秀企业"。西安饭庄先后共获"中国最大服务行业企业",陕西省财贸系统十佳企业称号,并在赴西班牙进行的"西安中国美食节"技术表演菜点活动中荣获"国际烹饪质量金像奖";德发长酒店荣获国内贸易部"先进企业"称号;西安饺子宴饭店被评为国家二级企业;同盛祥牛羊肉泡馍馆被西安市政府评为民族团结进步先进集体;五一饭店在"1994年中国500家最大服务企业及行业企业评价"中名列第97位。

(九)本公司全资附属企业简介

1. 西安饭店

西安饭庄已有70余年发展历史,主营陕西风味菜点、小吃,供应的菜肴达七八百种,各种小吃和中西点心二三百种,名特菜点主要有"长安八景小吃宴"、"宫廷长寿宴"、"陕西风味小吃宴"、"双烤宴"等。

2. 老孙家饭庄

老孙家饭庄创建于1898年,主营炒菜、牛羊肉泡馍。其泡馍以"三秦第一碗"著称。并和香港合资组建了"西安老孙家食品有限公司",开创了牛羊肉泡馍工业化生产的新路。

3. 五一饭店

该饭店主营淮扬风味菜肴及名贵小吃。檀长煎、炒、烹、炸、烤、爆、蒸、烩、熘技法,供应南北大菜七八百种、100多种风味小吃和细点。

4. 德发长酒店

该饭店以供应"天下第一鲜"的长安饺子宴为主,主要品种有"葵花向阳"、"群象嬉戏"、"时果鲜杏"、"五叶梅"、"牧羊曲"、"小天鹅"等20余种。

5. 同盛祥牛羊肉泡馍馆

该店以有近70年的经营历史,主营牛羊肉泡馍、炒菜、涮锅等。其牛羊肉泡馍以料重味醇、肉烂汤浓、馍筋光滑、鲜肥醇厚而久负盛名。该店先后在北京、乌鲁木齐、太原、郑州等地开设了分店。

6. 东亚饭店

该店始建于1916年,1956年从上海迁至西安。以经营苏锡菜肴为主,能烹制六百余款苏锡风味菜肴和近百种小吃、细点。名菜有"红烧划水、"明月红松鸡"、"红烧甲鱼"、"珍珠百鸟"等,名点有"奶油开花包"、"鸳鸯酥"、"四花粉点"、"荷花包"等。

7. 西安烤鸭店

该店在本公司下属饭店中独具特色,以经营烤鸭为主,名菜有"金鱼鸭掌"、"红扒炉鸭条"、"海参扒鸭掌"、"烩鸭四宝"、"银耳鸭舌"等,并引进了四川樟菜鸭、南京盐水鸭、合肥五香鸭等品种。

8. 西安饺子宴饭店

该饭店以供应具有浓郁西北风味的酸汤饺子和鲜汤饺子为主,开发并推出符合各种口味的"牡丹宴"、"贵妃宴"、"八珍宴"、"龙凤宴"等系列品种。

9. 皇城饭店

皇城饭店以客房服务为主,毗邻西安火车站,为过往旅客提供住宿和餐饮服务。

10. 聚丰园饭店

该店以经营川味菜点为主,供应正宗川味菜点五百多种,面点三十多种,在选料、烹饪技法方面保留了川菜的固有风味,其名菜有"家常海参"、"豆瓣鲤鱼"、"泡椒墨鱼花"等,名点有"三鲜烧麦"、"海味蒸饺"等。

11. 曲江春酒家

曲江春酒家以经营仿唐、仿秦汉菜点为主,现已挖掘整理出唐、秦、汉菜点160款,并创制了药膳、蛇蝎、龙宴90款。其菜点体现了"食寓文化,文化寓食"的特色,主要有"遍地锦装鳖"、"凤凰胎"、"驼蹄羹"、"风粥海参"、"僧来破禅"、"国色猴头"等。

12. 清雅斋饭店

该店专营清真风味菜点,拥有一批制做清真菜肴的名厨,精于爆、烤、炒、炸等技法,烹制的菜肴讲究刀功、火候,名菜有"鱼羊鲜料"、"波斯烤羊腿"、"白玉凤腿"、"古映牛肚"等。

13. 桃李村饭店

该店以经营"官府宴"而闻名,集烹饪、科研、教学为一体,传统名菜有"海参烀蹄子"、"蝴蝶海参"、"牧丹鱼"、"碧绿虾扇"等。

14. 春发生饭店

春发生饭店经营的"葫芦头"是西安特有的风味佳肴,为陕西名贵小吃之一。其特色菜"五行菜"以猪肠、肚、肾、心、肝为主料,炒、炸、烧、炝、挂汁而成,具有滋补、怯病的食疗和保健作用。

15. 金唐贸易公司

以经营冰箱、冷柜等制冷设备为主,负责公司内部制冷设备的购置和维修,同时面向社会营业。

16. 皇城装璜装修工程公司

专营装璜装修工程,主要从事公司内部各企业的装璜、装修工程,兼向社会服务。

(十)主营业务及其收入的主要构成

本公司主营餐饮服务和宾馆服务,公司1995年、1996年(1-9月)主营业务收入的构成如下(单位:千元)

项　目	1996年(1-9)收入	比例%	1995年收入	比例%
1. 餐饮收入	78,154	76.33	93.095	73.14
2. 客房收入	10,252	10.01	16.041	12.60
3. 商品销售收入	13,494	13.18	17.169	13.49
4. 建筑安装收入	58	0.05	409	0.32
5. 其他收入	437	0.43	578	0.45
合计	102,395	100.00	127,292	100.00

(十一)主要市场及市场占有情况

本公司的主要市场是西安市区,同时在国内外设有分店。

本公司在西安地区的营业网点占餐饮业营业网点(含各种经济成份的小吃摊点)的0.4%,营业收入占当地同行业营业收入的9.24%;在国内其他大中城市开设有24家联营、合作的分店;在国外开办了两个合作店。

(十二)主要原料的供应情况

本公司经营所需主要原辅材料是农副产品,依靠效区、县的供应;部分原辅材料从沿海地区采购。

(十三)有重要意义的无形资产的情况

本公司的无形资产以土地使用权为主,在本次公开发行股票所进行的资产评估过程中,对"同盛祥"、"清雅斋"两个注册商标进行了评估。

(十四)新产品的研究开发

本公司在保持传统风味菜点的基础上,不断翻新经营品种,增加风味特色,继"饺子宴"、"牛羊肉泡馍"、"仿唐菜"西安三绝以后,又先后推出了"陕西风味小吃宴"、"唐宫长寿宴"、"五福宴"、"全羊席"、"全鸭席"和"官府宴"。本公司已有21个菜点和宴席获国内贸易部优质产品"金鼎奖"。

目前,本公司正在加强研讨,积极开发中式快餐和饮食连锁超市的经营,在此基础上,确定中式快餐的拳头产品,发展连锁分店。

(十五)正在进行和计划进行的投资项目

本公司正在进行的投资项目如下:

主要工程项目	批准立项文件	实际投入	预算投资	预计完工期
1. 五一饭店改造	西安市计委财字(92)77号,816号市计委1994.3.9便函	5,586,120.46	6,704,000.00	1997年
2. 老孙家饭庄扩建工程	市计委市计财字(93)315号文	3,688,748.02	99,020,000.00	94-98年
3. 东亚饭店餐厅改造		601,207.12	680,000.00	1996年底
4. 西安烤鸭店旧楼翻建工程		1,789,720.29		1996的底
5. 桃李村饭店临建楼改造		620,310.61		1996年底
6. 同盛祥饭店营业楼改造		276,781.63		1996年底
7. 老孙家食品有限公司装修		185,909.58	185,909.58	1996年底

募股资金全额到位后,本公司拟进行以下项目投资:

(1)德发长酒店购买房产(增加营业面积)、设备及内部装修。

(2)同盛祥牛羊肉泡馍馆购买房产(增加营业面积)、设备及其内部装修。

(3)老孙家饭庄扩建工程。

(4)曲江春酒家扩建工程。

(十六)公司改制情况及非经营性资产剥离情况

本公司的前身为西安饮食集团公司,是国有企业。1993年11月11日,经西安市经济体制改革委员会市体改[1993]98号文批准,同意西安饮食集团公司整体改组为西安饮食服务(集团)股份有限公司,以定向募集方式设立。1993年11月24日,经西安市经济体制改革委员会市体改字[1993]103号文批准,同意定向募集股份。在改制过程中,对原西安饮食集团进行整体改组,西安饮食集团经营性资产全部进入股份公司,该部分经营性资产所形成的股份由西安市国有资产管理局持有,股份公司拥有全资附属企业16家。

非经营性资产的剥离情况:原西安饮食集团的非经营性资产为职工住宅楼、职工宿舍和其他职工福利设施,该部分非经营性资产在集团整体改组过程中,全部剥离于股份公司之外,由股份公司代为管理。1994年4月28日,西安市国有资产管理局与公司签订了为期十年的《西安饮食服务(集团)股份有限公司非经营性资产代管协议》,委托公司代为管理。根据该协议,对原西安饮食集团公司剥离出的非经营性资产采取以下代管措施:

1. 职工住宅楼和职工宿舍,由公司实施物业管理,向住户征收物业管理费,该部分费用主要用于住宅楼及宿舍的维修和保养,力争做到自收自支;

2. 职工福利设施,由公司提取资产使用补偿费,计提的资产使用补偿费转入代管资产帐户进行专项管理;

3. 上述非经营性资产如收入不足以维持日常运转的,由公司从公益金中列支;

4. 公司保证非经营性资产的完整、保值。

九、董事、监事、高级管理人员

王志刚,董事,男,58岁,中专学历,高级政工师,中共党员。曾任西安饮食集团公司党委书记。现任公司党委书记、董事长。

毕海生,董事,男,56岁,大专学历,高级经济师,中共党员。曾任西安饮食集团公司总经理,党委副书记。现任公司副董事长、总经理。

李宝成,董事,男,54岁,大专学历,会计师,中共党员。曾任西安饮食集团公司总会计师。现任公司总会计师。

王俊生,董事,男,43岁,大专学历,政工师,中共党员。现任公司副总经理兼办公室主任。

鲍长德,董事,男44岁,大专学历,经济师,中共党员。西安市政协委员。曾任西安饮食集团公司副总经理。现任公司副总经理。

孙　红,董事,男,50岁,大专学历,高级政工师,曾任西安饮食集团公司党委副书记,副总经理,现任公司副总经理、党委副书记。

陶光仲,董事,男,39岁,大专学历,高级政工师,中共党员。曾任西安饮食集团公司副总经理。现任公司副总经理。

刘龙宇,董事,男,48岁,大专学历,高级经济师,中共党员。曾任西安饮食集团公司副总经理,西安饭庄经理,现任公司副总经理,西安饭庄经理。

马运生,董事,男,42岁,大专学历,经济师,中共党员。现任德发长酒店经理。

王生民,监事,男,56岁,高中学历,经济师,中共党员。曾任西安饮食集团公司副总经理。现任公司纪委书记,工会主席,监事会主席。

关大学,监事,男,60岁,高中学历,中共党员。曾任西安饮食集团公司调研员。

朱栓成,监事,男,47岁,大专学历,高级政工师,中共党员。曾任西安饮食集团公司纪委副书记。现任公司曲江春酒家党支部书记。

于秋莲,监事,女,47岁,大专学历,高级政工师,中共党员。原任五一饭店党总支书记,副经理。

李兰生,监事,男,50岁,高中学历,助理会计师,中共党员。现任东亚饭店财务部经理。

赵娟娟,董事会秘书,女,32岁,大专学历,政工师,中共党员。现任公司团委书记。

十、经营业绩

(一)生产经营情况

本公司自成立以来,坚持以饮食服务为主导产业,坚持"面向大众,中档为主,兼顾高档"的经营方针,加强经营管理,改善服务设施,取得了良好的经济效益,在西安市同行业中处于优势地位。

(二)1993年至1996年(1-9月)营业额和利润总额情况(单位:千元)

项目	1996年(1-9月)	1995年	1994年	1993年
主营业务收入	100,973	126,662	121,266	106,662
主营业务利润	10,662	10,836	10,081	4,916
营业利润	15,557	16,646	15,287	9,463
利润总额	18,609	17,622	16,329	9,428
税后利润	14,887	13,794	13,010	8,570

(三)完成的主要工作

本公司自成立以来,按照建立现代企业制度的要求,加强管理,锐意进取,不断开拓。

1. 建立健全了规范的法人治理机构和组织结构;

2. 充分利用定向募集资金,改建、扩建营业网点,提高了市场占有份额;

3. 建成了公司系统内部财务管理网络,该网络进一步加强了公司对下属企业的科学管理。

(四)服务的质量与市场情况

本公司由国有企业整体改制设立,拥有固定的客户网络,在激烈竞争的西安餐饮行业中一直处于龙头地位,针对市场情况的变化,本公司调整服务体系,具体如下:

1. 发展大众饮食业,满足本地区居民的生活需要,建立起固定的客户网络;

2. 开发高档次菜点,满足国内外商务人员和旅游者的需求,拓展客户范围。

在上述经营方向调整的基础上,本公司一方面加强管理,提高服务质量和饮食质量,另一方面改善营业环境,为客户创造良好的文化氛围。

(五)经营条件的改进

本公司自成立以来,着力改善陈旧的经营环境,总共投资6000多万元,用于改造、改建、扩建下属营业网点,主要包括:

(1)投资2700万元扩建、改造西安饭庄;

(2)投资800万元新建五一饭店客房楼一座;

(3)投资380万元用于皇城饭店增添设备、改造客房;

(4)投资170万元,装修改造老孙家饭庄;

(5)投资2850万元,修理天长大厦。

(六)经营管理的改进与提高

本公司在转换经营机制的过程中,以市场为导向,着力进行了以下几方面的改革:

1. 建立健全了法人治理结构,制定了董事会、监事会和总经理工作细则;

2. 精简机构,撤销、合并有关职能部门,使公司总部的职能部门由12个逐步精简到目前的7个;

3. 改革人事用工和分配制度,实行全员劳动合同制,干部实行聘任制,根据岗位、技能决定工资收入水平;

4. 对下属企业适时予以调整,并、转了部分经营不善的饭店;

5. 统一资产运用权和投资权;

6. 下放经营权和用人权。

通过以上方面的改革,充分调动了全体员工的积极性和创造性,服务品种推陈出新,服务质量显著提高,从而公司效益连年增长。

(七)职工数量与业务水平的变化

本公司自成立以来,通过内部培养和外部引进,职工业务水平发生了明显的变化,具有各类专业技术职称的人数由改制前的 774 人增加到 1107 人,占职工人数的比例由 24.7%(改制前职工人数 3131 人),增加到 35.8%(现有职工人数 3087 人),短短几年时间,增长了 11 个百分点。

十一、股本

(一)注册资本

本公司本次发行前的注册资本为 7441.51 万元。

(二)股本形成

1993 年 11 月 11 日,经西安市体改委市体改字[1993 年]98 号文审查同意,对西安饮食集团公司进行改组,并经西安市体改委市体改字[1993] 103 号文批准,由西安饮食集团公司采用定向募集方式改组设立本公司。西安饮食集团公司委托西安正衡资产评估公司进行以股份制改组为目的的资产评估。根据西安正衡资产评估公司西正衡评字[1993]020 号评估报告,并经西安市国有资产管理局市国资评发[1993]083 号文确认,西安饮食集团公司以其评估后的部分经营性净资产 54,059,619.15 元,按 1.54:1 的比例折成 3500 万股作为国家股,由西安市国有资产管理局持有;以 1.60 元/股的价格向社会法人单位定向配售法人股,西安裕隆贸易公司等 67 家法人单位用货币资金认购 3807.39 万股法人股;以 1.60 元/股的价格向本公司内部职工定向配售 134.12 万股内部职工股。截止 1994 年 5 月 5 日,募股资金全部划至本公司指定帐户,并经西安康达审计师事务所 1994 年 5 月 6 日出具验资证明验证,本公司实收资本 117,123,769.15 元,溢价部分 42,708,669.15 元全部入资本公积金。1994 年 5 月 18 日,公司依法向西安市工商行政管理局办理注册登记,注册资本 7441.51 万元。

(三)已发行内部职工股的处理

本公司定向募集时共募集内部职工股 134.12 万股,严格限制于有关规定的范围内,没有超比例,超范围配售。内部职工股在本次发行新股上市三年后,将公开上市交易。

(四)本次发行前股本结构

股份类别	股份数量(万股)	占总股本的比例(%)
总股本	7,441.51	100.00
国家持股	3,500.00	47.03
法人持股	3,807.39	51.17
内部职工持股	134.12	1.80

(五)本次发行后公司股本结构

股份数别	股份数量(万股)	占总股本的比例(%)
总股本	11,441.51	100.00
国家持股	3,500.00	30.59
法人持股	3,807.39	33.28
社会公众持股	4,000.00	34.96
内部职工持股	134.12	1.17

(六)本次发行前后的净资产总额

本公司本次发行前净资产总额为 144,906,215.01 元,发行后净资产总额为 264,906,215.01 元。

(七)本次发行前后每股净资产

本公司本次发行前每股净资产 1.95 元,发行后每股净资产 2.32 元。

(八)本次发行前持有公司股份前 10 名股东名单

股东名称	持股数量(万股)	占总股本的比例(%)
1. 西安市国有资产管理局	3,500.00	47.03
2. 西安裕隆贸易公司	889.375	11.95
3. 华秦贸易公司	817.70	10.98
4. 万厦工程服务部	814.17	10.94
5. 西安卫康商店	445.71	5.98
6. 西安烹饪学会	362.20	4.86
7. 西安开诚实业公司	292.58	3.93
8. 西安华强三洋电子联合销售公司	13.20	0.18
9. 西安银城房地产开发公司	10.00	0.13
10. 西安机电设备公司	10.00	0.13

(九)董事、监事、高级管理人员持股情况

职务	姓名	持股
董事	王南刚	1,000 股
董事	毕海生	1,000 股
董事	孙　红	1,000 股
董事	鲍长德	1,000 股
董事	陶光仲	1,000 股
董事	李宝成	1,000 股
董事	王俊生	500 股
董事	刘龙宇	1,000 股
董事	马运生	1,000 股
监事	王生民	1,000 股
监事	关大学	2,000 股
监事	朱栓成	500 股
监事	李兰生	800 股
监事	于秋莲	0 股
秘书	赵娟娟	500 股

(十)股票回购程序

根据国家法律规定及本公司章程,本公司非因减少资本或者与持有本公司股票的其他公司合并,或按《股票发行与交易管理暂行条例》第四十六条规定等特殊情况,本公司一般不回购已发行在外的股票。特殊情况需要回购股票时,本公司将按规定向有关部门办理批准手续,并将在十日内注销该部分股份,依照法律、法规办理变更登记,并公告。

十二、债项

经陕西会计师事务所审计(审计报告陕师内[1996]136 号),截止 1996 年 9 月 30 日,本公司总共负债 88,798,967.89 元,其中银行贷款 3,070 万元,百万元以上的贷款主要有:

(一)短期借款

贷款单位	金额	月利率‰	到期日	贷款条件
1. 西安市工行东大街办事处	1,100,000.00	12.06	1997.4	担保
2. 省建行营业部	1,000,000.00	12.096	1996.9.30	市饮食公司担保
3. 省建行营业部	2,000,000.00	12.08	1996.11	市饮食公司担保
4. 市建行南郊支行	1,000,000.00	12.06	1997.10	市饮食公司担保
5. 西安市国际信托投资公司	1,200,000.00	10.08	1996.9.18	市饮食公司担保

(二)一年内到期的长期负债

贷款单位	金额	月利率‰	到期日	贷款条件
1. 辛家坡信用社	3,361,520.18	14.64	1995.5.15	担保
2. 中行营业部	15,000,000.00	7.625	1996./../	担保
3. 西安市国际信托投资公司	1,100,000.00	6.9	1995.12.18	担保
4. 西安市国际信托投资公司	4,281,784.00	12.6	1996.12.5	担保
5. 市商业网点办	1,000,000.00	4.8	1996./../	担保
6. 市财政局商粮处	1,000,000.00	10.2	1997.9.19	/

(三)长期借款

贷款单位	金额	月利率‰	期　限	贷款条件
1. 市工行东大街办事处	2,350,000.00	12.06	95.8.18－98.8.18	担保
市工行东大街办事处	5,000,000.00	10.95	96.7.9－99.7.9	保证

2. 西安市国际信托投资公司　1,000,000.00　10.95　96.6.11－98.6.11

本公司存在部分到期未还款项,现说明如下:

1. 企业发展的资金需求量较大;

2. 逾期未还的贷款主要为西安市商业网点办、西安市财政局商粮处和陕西省资金局对本公司的扶持资金。

所有未还贷款,除陕西省资金局和西安市商业网点办两笔共计30万元正在办理展期合同外,其余款项在到期日均已办理展期合同。

本公司从未发行公司债,亦不存在对内部人员贷款和或有负债情况。

十三、主要固定资产

根据陕西会计师事务所陕师内[1996]136号审计报告,截止1996年9月30日,本公司拥有固定资产原值11,241万元,累计折旧2,244万元,固定资产净值8,997万元,其明细如下(单位:万元):

	固定资产原值	累计折旧	固定资产净值
房屋及建筑物	7,849	1,175	6,675
机器设备	2,138	567	1,571
交通运输工具	503	229	274
家具设备	71	29	42
电器及影视设备	604	229	375
文体娱乐设备	58	9	49
其他设备	18	6	12
合计	11,241	2,244	8,997

十四、资产评估

(一)定向募集资产评估情况

经西安正衡资产评估公司西正衡评字[1993]020号评估报告,并经西安市国有资产管理局市国资企发[1993]083号文确认,截止1992年12月31日,本公司资产评估结果如下(单位:元):

项目	帐面价值	评估价值	评估增减值	增减率%
流动资产	23,369,132.47	22,667,180.21	-701,952.26	-3
固定资产	29,061,135.91	48,928,796.60	19,867,660.69	68
减:折旧	6,224,770.63	12,286,341.03	6,061,570.40	97
固定资产净值	22,836,365.28	36,642,455.57	13,806,090.29	60
专项资产	23,460,515.80	13,988,586.89	-9,471,928.91	-40
土地使用权	51,067.90	24,540,660.00	24,439,592.10	47858
资产总量	69,717,081.45	97,838,882.67	28,121,801.22	40

1. 评估基准日:1992年12月31日

2. 评估方法

(1)流动资产

A. 商品及材料:采用现行市价法。

B. 非商品资产:采用重置成本法。

C. 结算资产:采用重置成本法。

(2)固定资产:采用重置成本法。

3. 评估说明

经评估确认,经营性国有资产54,059,619.15元,非经营性国有资产6,901,242.10元,其中经营性国有资产中包括折价入股的土地使用权24,540,660.00元。

(二)本次资产评估情况

本次评估作为本次股票发行的定价参考依据,不进行财务调整。下表列示的是经国家国有资产管理局国资评[1997]55号文确认的西安正衡资产评估公司西正衡评字[1996]057号评估报告,反映了截止1996年9月30日本公司资产情况。

资产评估结果汇总表

评估基准日:1996年9月30日　　单位:万元

资产项目	帐面原值	帐面净值	重置价值	评估值	增减值	增减率%
流动资产	7,612.49	7,612.49	7,612.59	7,612.59	0.10	0.001
长期投资	1,767.88	1,767.88	1,910.63	1,910.63	142.75	8.07
在建工程	1,256.29	1,628.16	1,597.84	1,597.84	-30.32	-1,86
房屋建筑物	7,950.74	8,048.57	9,243.66	7,950.85	-97.72	-1.21
机器设备	3,220.45	2,001.80	3.310.58	2,404.79	402.99	20.13
土地使用权	2,021.13	1,836.47	4,090.35	4,090.35	2,254.88	122.73
无形资产			186.00	186.00	186.00	0.00
递延资产	1,828.02	584.62	557.53	557.53	-27.09	-4.63
资产总计	25,657.00	23,479.99	28,509.18	26,310.58	2,830.59	12.10
负债总计	8,846.77	8,841.20	8,877.36	8,877.36	36.16	0.4
净资产	16,810.23	14,638.79	19,631.82	17,433.22	2,794.43	19.09

1. 评估说明

(1)评估增减值情况

截止评估基准日,西安饮食服务(集团)股份有限公司汇总报表资产评估总值为263,105,844.04元,评估增值28,305,900.90元。

(2)期后调整事项说明:

本报告提交后,有效期内资产数量或作价标准若发生显著变化,我公司提示如下:

①当资产数量发生变化时,应根据原评估方法对资产价值进行相应调整。当评估方法为重置成本法时,应按资产的实际发生额进行调整。

②若资产价格标准发生变化时,应及时聘请有资格的评估机构重新确定评估值。

2. 评估方法

本次资产评估主要采用重置成本法、市价法、无形资产中商标和商誉采用收益现值法评估。

十五、财务会计资料

以下资料摘自陕西会计师事务所出具的陕师内[1996]136号审计报告。投资者如欲对发行人的财务状况、经营成果及其会计政策进行更详细的了解,应认真阅读在附录中所载的由陕西会计师事务所出具的《审计报告》。

(一)资产负债表主要数据(附后)

(二)利润表主要数据(附后)

(三)公司会计报表编报基准

除公司本部外,下设各分公司实行独立核算,每期期末向公司本部报送会计报表。公司本部进行必要调整后,汇总形成集团公司会计报表,在编制集团公司会计报表时,假定本公司在整个报告期内现有的经营结构已存在,因此对1993年及1994年1至3月的会计报表进行了转换及调整,根据《股份制试点企业会计制度》及有关补充规定的要求重新编制。公司1994年4月1日起的会计报表根据公司本部及分公司的会计报表,按《股份制试点企业会计制度》及有关补充规定的要求编制的。

(四)公司采用的主要会计政策

1. 会计制度:原"西安饮食集团公司"在1993年6月30日前执行《国营商业企业会计制度》;1994年4月西安饮食服务(集团)股份有限公司创立后执行《企业会计准则》、《股份制试点企业会计制度》及其补充规定。

2. 会计期间:自公历1月1日起至12月31日止为一个会计年度。

3. 合并报表的编制:

本公司与香港建秦发展有限公司合资成立西安老孙家食品有限公司,本公司对其投入490,000.00元,占其实收资本的70%,对其会计报表已根据财政部《合并会计报表的暂行规定》进行了合并。

4. 记帐原则和计价基础:

本公司以权责发生制为记帐原则,以历史成本为计价基础,以人民币为记帐本位币,采用借贷复式记帐法记帐。

5. 坏帐的处理:

由于公司行业性质,使得应收帐款所占总资产的比例较低,发生坏帐的可能性也较小,故对坏帐损失的核算采用直接转销法。

6. 存货计价方法:

库存商品实行售价核算,会计期末通过"商品进销差价"将发出和期末存货调整为实际成本;原材料、物料用品按实际成本核算,发出时原材料直接计入成本,物料用品根据领出量或使用期限,一次或分次计入费用;低值易耗品采用"五五摊销法"核算。

7. 长期投资核算方法:

(1)债券投资:公司债券投资全部为面值购入,按权责发生制计算应计利息。债券面值金额与应计利息,计入长期投资。

(2)股票投资:按成本法记帐。

(3)联营投资:投资占被投资单位权益性资本20%(含20%)以下的,按成本法核算;占被投资单位权益性资本20%以上时,按权益法核算,并且占被投资单位权益性资本50%(不含50%)以上时,编制合并报表。若投资合同、协议对被投资单位的经营利润分配做出特殊规定的,按合同、协议规定确定核算方法。

8. 固定资产及其折旧:

固定资产的标准为单价在2000元以上,使用年限在一年以上的资产。按取得时的实际成本记帐。固定资产折旧的计算,按《旅游饮食服务企业财务制度》规定的分类折旧年限,采用直线法分类计提。

9. 无形资产及其摊销:

无形资产全部为本公司所拥有的土地使用权,按50年摊销。

10. 递延资产及其摊销:

递延资产主要为房屋装修费用,按五年时间摊销;开办费摊销期限不短于五年;场地租赁费按租赁期限摊销。

11. 税项:

(1)1993年12月31日以前公司按营业收入的5%计缴营业税。1994年1月1日执行新税制,除商品经销业务按17%的税率交纳增值税外,仍按营业收入的5%计缴。

按营业税、增值税税额的7%和3%分别计缴城市维护建设税和教育费附加。

(2)防洪保安和重点水利建设专项资金,依据陕西省人民政府陕政发字(1995)44号文规定,1995年7月1日起按营业收入的2%计缴。

(3)城市公用设施补偿附加,依据西安市人民政府市政发(1991)173号文件,按客房收入的10%计缴。

(4)房产税、车船使用税、印花税等,依据有关税务规定计缴。

(5)所得税:1993年实现的利润总额扣除经西安市财政局批准的税前还贷额后,按33%的税率计缴;西安市财政局市财税便(1996)003号文同意1994年、1995年及1996所的得税实行先征后返,按33%税率征收,由财政返还13%,实际纳税率为20%,返还部分并入公司净利润。

12. 利润分配:

本公司章程规定按照税后利润的10%提取法定盈余公积,按税后利润的5%至10%提取法定公益金。

计提任意盈余公积和股利分配比例由股东大会决议。

(五)主要财务指标

	计算公式	1996年9月30日	1995年	1994年
1. 流动比率	流动资产/流动负债	0.98	1.45	1.95
2. 速动比率	速动资产/流动负债	0.85	1.24	1.64
3. 资产负债率	负债总额/资产总额	37.99%	35.33%	34.63%
4. 股东权益比	股东权益总额/资产总额	61.99%	64.65%	65.36%
5. 每股净资产(元)	股东权益总额/股本总额	1.95	1.75	1.63
6. 股本净利润(元)	净利润/股本总额	0.20	0.18	0.17
7. 净资产收益率	净利润/平均股东权益	10.11%	10.34%	10.55%
8. 总资产收益率	净利润/资产总额	6.26%	6.69%	6.89%

十六、盈利预测

根据陕西会计师事务所陕会审字[1997]048号《盈利预测审核报告》,本公司1996年盈利情况和1997年盈利预测如下:

西安饮食服务(集团)股份有限公司1996年盈利实现表

(单位:千元)

项目	1-9月已审数	10-12月未审实现数	全年数
一、主营业务收入	102,395	39,447	141,842
减:营业成本	45,978	15,967	61,945
销售费用	28,794	13,266	42,060
管理费用	11,529	6,090	17,619
财务费用	511	129	640
营业税金及附加	5,181	2,083	7,264
二、主营业务利润	10,402	1,912	12,314
加:其他业务利润	4,895	920	5,815
三、营业利润	15,297	2,832	18,129
加:投资收益	2,305	1,024	3,329
营业外收支净额	640	3,579	4,219
以前年度损益调整	76	-11	65
减:少数股东权益	13	66	79
四、利润总额	18,305	7,358	25,663
减:所得税(33%)	6,041	2,428	8,429
减:所得税(20%)	3,661	1,472	5,133
五、税后利润(33%)	12,264	4,930	17,194
(20%)	14,644	5,886	20,530
六、每股税后利润(元)(33%)			0.23
(20%)			0.28

西安饮食服务(集团)股份有限公司1997年度盈利预测表

(单位:千元)

项目	1996年度实现数	1997年度预测数
一、主营业务收入	141,842	236,689
减:营业成本	61,945	105,449
销售费用	42,060	62,020
管理费用	17,619	26,719
财务费用	640	957
营业税金及附加	7,264	13,020
二、主营业务利润	12,314	28,524
加:其他业务利润	5,815	6,849
三、营业利润	18,129	35,373
加:投资收益	3,329	3,591
营业外收支净额	4,219	—
以前年度损益调整	65	—
减:少数股东权益	79	—
四、利润总额	25,663	38,964
减:所得税(33%)	8,469	12,858
减:所得税(20%)	5,133	7,792
减:所得税(15%)		5,845
五、税后利润(33%)	17,194	26,106
(20%)	20,530	31,172
(15%)		33,119
六、每股税后利润(33%)	0.23	0.23
(20%)	0.28	0.27
(15%)		0.29

本公司1997年主营业务收入增加基于以下因素:

1. 正常业务和管理因素增长。

2. 位于西安东关正街的天长大厦,交老孙家饭庄装修改造成"老孙家西部民族风味苑",建筑面积9,400平方米,将于1997年4月以前起营业。

3. 位于西安钟鼓楼广场的同盛祥牛羊肉泡馍馆和德发长酒店,将于1997年5月1日起对外营业。

盈利预测的基准和假设

(1)基准:

本公司董事会参照业经陕西会计师事务所审计的1995年度和1996

年1-9月份的经营业绩,结合1996年度经营计划和前三季度经营实绩,着重考虑新增饭店和新设服务品种的收益,经过分析研究编制了本公司1997年度盈利预测。编制该预测在各重要方面均与本公司以前年度采用的会计原则保持一致,严格遵循我国现行的会计准则和会计制度。

(2)假设:

A. 本公司所在地区的经营环境无重大变化;

B. 本公司的经营业绩涉及国家和地区政治、法律、经济、财政等情况无重大变化;

C. 现行的利率、税率、汇率及物价水平在正常范围内波动;

D. 无其他人力不可抗拒因素造成的重大不利影响;

E. 本公司的经营运作相对稳定;

F. 本公司基本客户来源的稳定和新客户的增加。

G. 本公司本次发行募股资金于1997年5月以前到位。

十七、重大合同及重大诉讼事项

(一)公司的重要合同

1.《天顺大厦联合开发有限公司合同》(合作合同)

1993年12月28日本公司为下属企业西安饺子宴饭店与香港隆成投资有限公司签订天顺大厦联合开发有限公司合同,成立中外合作西安天顺大厦联合开发有发公司(以下简称"合作公司")。该合作公司总投资人民币6,500万元。注册资本3,250万元,中方出资人民币500万元,外方出资折合人民币2,750万元。合作条件为除双方出资外,公司西安饺子宴饭店提供其占地1.3亩的土地使用权,外方负责提供注册资本以外另提供人民币3,250万元,该部分款项公司西安饺子宴饭店不承担还本付息的责任。大厦建成后,公司西安饺子宴饭店分得房产5,300平方米,其余部分归别外方销售或出租。该合作公司合作期限为五年。

该合作公司经1994年4月18日,西安市对外经济贸易委员会西外经贸外字[1994]第101号《关于同意合作设立"西安天顺大厦联合开发有限公司"及其合同、章程》的批复,并取得台港澳侨企业批准证书外经贸西府外企字[1994]第057号,并在国家工商行政管理局注册登记,注册号工商企作陕西安副字第00715号。

2.《合资经营西安渭水园温泉度假村有限公司合同书》

1996年9月4日本公司为下属企业西安饭庄与香港Terrychen有限公司签订,双方同意在西安市未央区草滩农场内,共同兴建中外合资西安渭水园温泉度假村有限公司(以下简称"合资公司")。合资公司的投资总额为人民币1,000万元。注册资本人民币1,000万元,其中公司西安饭庄出资人民币750万元,占注册资本的70%;外方出资以设备折合人民币250万元,占注册资本的30%。

合资公司经1996年9月6日西安对外经济贸易委员会西外经贸外资字[1996]第320号《关于同意设立合资经营西安渭水园温泉度假村有限公司合同及其章程的批复》及台港澳侨投资企业批准证书外经贸西府台港澳侨企字[1996]043号批准,并于1996年9月14日国家工商行政管理局注册登记,取得企业法人营业执照,注册号:企合陕西安总副字第001216号。根据合资合同的约定,双方出资将于营业执照签发之日起6个月内一次缴清,目前西安饭庄已缴出资额人民币15万元,尚未完全缴清。

(二)与公司有关的诉讼、仲裁、行政处罚等情况

公司没有尚未了结或者可预见的重大诉讼、仲裁案件或行政处罚,并不存在发生上述情况的潜在可能。

十八、公司发展规划

国民经济和社会发展十年规划中明确提出,第三产业是国家重点扶持的产业。

随着国家经济建设重点向中西部地区转移,西安作为我国中西部地区的商业中心、文化中心和国际性旅游城市,旅游业的发展前景十分广阔,中外游客数量呈几何级数增长。"民以食为天",作为西安市饮食行业的骨干企业,本公司将充分发挥自身优势,把握市场机遇,积极开拓市场,加强管理,将本公司建设成为集吃、住、行、乐等功能为一体的多元化大型股份制企业。因此,本公司的发展战略是:一业为主,多业并举,开拓发展。

本公司"九五"期间的发展目标是:效益增长规模化、集约化、市场开发科技化,多元化,管理工作现代化、科学化、程序化。

为实现上述发展目标,本公司已制定以下发展规划:

1. 增加投入,改建、扩建、新建营业网点。

(1)基于西安钟鼓楼广场已基本竣工,本公司将投资购买部分房产,增加同盛祥、德发长两个老字号饭店的营业面积。

(2)扩建位于东大街中段,端履门十字东南角的老孙家清真饭庄。

(3)扩建位于解放路中段的曲江春酒家。

2. 加强科研,充分利用现代科学技术、运用市场营销观念促进本公司发展的质的飞跃。

(1)挖掘整理和创新名、优、特、营养型新菜点。

(2)研究饮食业工业化,工厂化,连锁化、管理科学化的发展道路,实现集约型经营。

(3)研究消费者对饮食的嗜好的变化和市场竞争形势,及时调整服务品种和服务方式,

3. 充分利用陕西、西安的科技优势,和大专院校、科技机构联合,加快科技成果转化为生产力的步伐,使科技含量高的产品成为公司新的利润增长点。

4. 加强职工专业技术培训,提高职工文化素质和业务技能,在全国范围内多途径地广揽人才,到本世纪末,公司中高级专业技术人员达到员工总数的2/3以上。

5. 进一步完善法人治理结构,在企业内部建立起风险机制、激励机制和约束机制相结合的岗位责任制度。

6. 积极筹措,合理安排、使用资金。

(1)实现融资渠道多样化,通过发行股票、债券和申请银行贷款,使公司的整体运作有充裕的资金。

(2)合理调配内部资金,使其产生最大效益。

4 附录

(一)陕西会计师事务所审计报告;

(二)西安正衡资产评估公司资产评估报告;

(三)本公司营业执照;

(四)陕西会计师事务所盈利预测审核报告;

(五)北京市金杜律师事务所法律意见书和律师工作报告;

(六)上海万国律师事务所法律意见书。

备查文件

(一)本公司创立大会决议;

(二)承销协议;

(三)西安市国有资产管理局关于资产评估结果的确认文件;

(四)本公司改组设立的申请;

(五)本公司改组设立的可行性研究报告;

(六)历年股东大会决议和会议记录;

(七)本公司章程;

(八)重要合同;

(九)土地证和房产证;

(十)证监会要求的其他文件。

以上文件备置于本公司及主承销处,发行期间的办公时间随时接受投资者的查询。

西安饮食服务(集团)股份有限公司

1997年3月29日

合并资产负债表

单位:人民币元

资产	1996年9月30日	1995年12月31日	1994年12月31日	1993年12月31日	负债及股东权益	1996年9月30日	1995年12月31日	1994年12月31日	1993年12月31日
流动资产:					流动负债:				
货币资产	29,770,667.71	17,776,239.76	19,212,968.67	7,929,673.93	短期借款	8,750,000.00	8,857,200.00	4,137,200.00	5,590,000.00
短期投资	1,990,000.00	16,890,000.00	20,470,000.00	120,000.00	应付帐款	5,363,615.88	4,516,735.30	4,559,236.97	3,599,197.99
应收帐款	1,204,005.51	743,943.17	2,616,805.47	1,674,653.68	预收货款	233,270.00		33,641.61	120,315.74
应收帐款净值	1,204,005.51	743,943.17	2,616,805.47	1,674,653.68	应付福利费	638,341.40	-176,377.82	-1,401,043.27	-1,662,882.58
预付货款	227,428.00		40,428.69	1,093,837.75	未付股利	1,899,600.04	6,394,600.04	8,652,448.90	
其它应收款	32,980,184.42	31,671,925.18	21,381,127.03	11,634,833.48	未交税金	2,606,914.88	1,051,459.00	314,701.84	456,212.45
待摊费用	1,501,999.66	1,427,627.42	1,015,374.78	249,391.88	其他未交款	125,335.34	120,003.58	-19,067.72	476,212.45
存货	8,135,746.32	9,004,286.42	10,579,894.76	9,146,127.23	其他应付款	19,294,932.71	17,367,498.29	14,905,731.71	12,643,174.27
待处理流动资产净损失	7,381.00	772,272.61	48,643.61	401,758.66	预提费用	2,398,743.49	334,674.19	315,151.81	212,735.05
流动资产合计	75,817,412.62	78,286,294.56	75,365,243.01	32,250,276.61	一年内到期的长期负债	36,258,983.09	15,428,983.09	7,241,199.09	4,516,958.38
长期投资:					流动负债合计	77,569,736.83	53,894,775.67	38,739,200.94	25,951,799.94
长期投资	17,868,449.09	15,796,284.38	7,172,832.00	3,696,488.00	长期负债:				
固定资产:					长期借款	9,536,722.00	15,888,497.29	24,441,270.90	29,839,042.61
固定资产原价	112,412,227.36	94,653,118.05	76,470,130.42	31,057,089.46	长期应付款	206,485.53	501,687.39	420,879.35	395,243.72
减:累计折旧	22,438,566.47	19,450,906.82	15,599,095.08	7,039,393.14	其它长期负债	1,486,023.53	883,995.34	594,632.89	147,672.00
固定资产净值	89,973,660.89	75,202,211.23	60,871,035.34	24,017,696.32	长期负债合计	11,229,231.06	17,274,180.02	25,456,783.14	30,381,958.33
在建工程	12,748,797.71	10,663,044.96	18,640,396.52	22,259,316.91	负债合计	88,798,967.89	71,168,955.69	64,195,984.08	56,333,758.27
固定资产清理	27,201.71				少数股东权益	46,942.06	33,865.43	33,866.43	82,213.41
固定资产合计	102,749,660.31	85,865,256.19	79,511,431.86	46,277,013.23	股东权益:				
无形资产及递延资产					股本	74,415,100.00	74,415,100.00	74,415,100.00	20,587,122.67
无形资产	19,216,423.59	19,519,593.36	21,275,019.76	17,131.90	资本公积	42,728,679.15	42,708,679.15	42,708,679.15	20,000.00
递延资产	18,280,179.35	1,977,059.10	2,071,063.06	2,550,300.50	盈余公积	3,369,270.91	3,369,270.91	1,348,631.97	7,768,115.89
无形资产递延资产合计	37,496,602.94	21,496,652.46	23,346,082.82	2,567,432.40	其中:公益金	1,123,090.30	1,123,090.30	449,543.99	170,399.21
资产总计	233,752,124.96	201,444,487.59	185,395,589.69	84,791,210.24	未分配利润	24,393,164.95	9,748,615.41	2,693,328.06	
					股东权益合计	144,906,215.01	130,241,665.47	121,165,739.18	28,375,238.56
					负债及股东权益总计	233,752,124.96	201,444,487.59	185,395,589.69	84,791,210.24

资产负债表

单位:人民币元

资产	1996年9月30日	1995年12月31日	1994年12月31日	1993年12月31日	负债及股东权益	1996年9月30日	1995年12月31日	1994年12月31日	1993年12月31日
流动资产:					流动负债:				
货币资产	29,348,438.70	17,601,415.66	19,170,321.48	7,743,717.26	短期借款	8,350,000.00	7,657,200.00	3,237,200.00	4,390,000.00
短期投资	1,990,000.00	16,890,000.00	20,470,000.00	120,000.00	应付货款	5,064,656.13	4,477,372.03	4,516,909.42	3,554,236.04
应收帐款	1,187,016.35	679,764.52	2,515,691.42	1,534,171.71	预收货款	233,270.00		33,641.61	120,315.74
应收帐款净值	1,187,016.35	679,764.52	2,515,691.42	1,534,171.71	应付福利费	638,341.40	-176,377.82	-1,401,043.27	-1,662,882.58
预付货款	227,428.00		40,428.69	1,093,837.75	未付股利	1,899,600.04	6,394,600.04	8,652,448.90	
其它应收款	32,941,533.57	31,637,794.83	21,378,745.68	11,609,870.03	未交税金	2,594,013.08	1,050,265.39	310,975.03	450,118.93
待摊费用	1,487,844.16	1,246,126.01	782,513.87	215,821.86	其他未交款	125,335.34	120,003.58	-19,067.72	476,212.45
存货	7,762,756.15	8,743,852.71	10,341,111.13	8,730,520.36	其他应付款	18,423,277.79	17,067,026.08	14,394,662.07	12,484,363.83
待处理流动资产净损失	7,381.00	772,272.61	48,643.61	401,758.66	预提费用	2,398,743.49	334,674.19	315,151.81	211,335.05
流动资产合计	74,952,397.93	77,571,226.34	74,747,455.88	31,449,697.63	一年内到期的长期负债	36,258,983.09	15,428,983.09	7,241,270.90	4,516,958.38
长期投资:					流动负债合计	75,986,220.36	52,353,746.58	37,282,076.94	24,540,657.84
长期投资	17,797,980.55	15,875,306.05	7,251,853.67	3,888,319.29	长期负债:				
固定资产:					长期借款	9,536,722.00	15,888,497.29	24,441,270.90	29,839,042.61
固定资产原价	111,684,708.41	93,935,139.10	75,730,351.47	30,634,103.36	长期应付款	206,485.53	501,687.39	420,879.35	395,243.72
减:累计折旧	22,400,113.23	19,412,453.59	15,552,217.85	7,006,551.61	其它长期负债	1,486,023.53	883,995.34	594,632.89	147,672.00
固定资产净值	89,284,595.17	74,522,685.51	60,178,133.62	23,627,551.75	长期负债合计	11,229,231.06	17,274,180.02	25,456,783.14	30,381,958.33
在建工程	12,562,888.13	10,477,135.38	18,454,486.94	21,847,107.33	负债合计	87,215,451.42	69,627,926.60	62,738,860.08	54,922,616.17
固定资产清理	27,201.71				股东权益:				
固定资产合计	101,874,685.01	84,999,820.89	78,632,620.56	45,474,659.08	股本	74,415,100.00	74,415,100.00	74,415,100.00	20,587,122.67
无形资产及递延资产					资本公积	42,728,679.15	42,708,679.15	42,708,679.15	20,000.00
无形资产	19,216,423.59	19,519,593.36	21,275,019.76	17,131.90	盈余公积	3,369,270.91	3,369,270.91	1,348,631.97	7,768,115.89

资产	1996年9月30日	1995年12月31日	1994年12月31日	1993年12月31日	负债及股东权益	1996年9月30日	1995年12月31日	1994年12月31日	1993年12月31日
递延资产	18,280,179.35	1,903,645.43	1,997,649.39	2,468,046.83	其中:公益金	1,213,090.30	1,123,090.30	449,543.99	170,399.21
无形资产递延					未分配利润	24,393,164.95	9,748,615.41	2,693,328.06	
资产合计	37,496,602.94	21,423,238.79	23,272,669.15	2,485,178.73	股东权益合计	144,906,215.01	130,241,665.47	121,615,739.18	28,375,238.56
资产合计	232,121,666.43	199,869,592.07	183,904,599.26	83,297,854.73	负债及股东权益总计	232,121,666.43	199,869,592.07	183,904,599.26	83,297,845.73

合并利润表

单位:人民币元

项　目	1996年1-9月	1995年1-12月	1994年1-12月	1993年1-12月	项　目	1996年1-9月	1995年1-12月	1994年1-12月	1993年1-12月
一、主营业务收入	102,395,228.98	127,291,785.67	121,492,058.32	106,978,337.84	三:营业利润	15,297,469.88	16,229,703.82	14,829,085.26	9,118,679.27
减:营业成本	45,978,132.14	56,439,142.44	58,828,647.82	60,305,928.68	加:投资收益	2,304,939.73	340,533.36	230,956.84	73,307.53
销售费用	28,794,362.86	36,912,762.43	34,010,634.36	28,811,566.29	营业外收入	770,729.02	706,995.40	1,011,424.24	255,323.56
管理费用	11,529,393.06	16,083,851.16	12,917,840.63	8,402,941.85	减:营业外支出	130,282.61	59,783.73	78,385.48	200,467.29
财务费用	510,688.33	1,244,534.81	264,512.05	426,301.04	加:以前年度损益调整	76,006.59			58,768.92
营业税金及附加	5,180,622.50	6,191,611.43	5,847,637.73	4,444,070.73	四、利润总额	18,318,762.56	17,217,448.85	15,993,080.76	9,305,611.99
二、主营业务利润	10,402,030.09	10,419,883.40	9,622,785.73	4,568,920.96	减:所得税	3,661,137.39	3,746,522.56	3,261,733.44	858,692.63
加:其它业务利润	4,895,339.74	5,809,820.42	5,206,299.47	4,547,512.91	减:少数股东权益	13,075.63		-48,346.98	-122,642.91
					五、净利润	14,644,549.54	13,470,926.29	12,779,694.30	8,569,562.27

利　润　表

单位:人民币元

项　目	1996年1-9月	1995年1-12月	1994年1-12月	1993年1-12月	项　目	1996年1-9月	1995年1-12月	1994年1-12月	1993年1-12月
一、主营业务收入	100,972,645.12	126,662,005.98	121,266,058.17	106,661,686.07	三、营业利润	15,253,784.41	16,241,729.03	14,999,598.11	9,463,200.32
减:营业成本	45,131,815.20	56,010,518.00	58,640,755.13	59,994,589.45	加:投资收益	2,335,449.52	340,533.36	118,147.22	-212,859.25
销售费用	28,786,876.86	36,904,155.31	33,949,970.11	28,706,012.54	营业外收入	770,729.02	694,970.19	1,002,067.89	249,712.48
管理费用	11,109,807.66	16,030,724.75	12,831,041.85	8,244,297.39	减:营业外支出	130,282.61	59,783.73	78,385.48	130,567.57
财务费用	405,078.23	1,093,087.88	203,354.71	357,028.55	加:以前年度损益调整	76,006.59			58,768.92
营业税金及附加	5,180,622.50	6,191,611.43	5,847,637.73	4,444,070.73	四、利润总额	18,305,686.93	17,217,448.85	16,041,427.74	9,428,254.90
二、主营业务利润	10,358,444.67	10,431,908.61	9,793,298.64	4,915,687.41	减:所得税	3,661,137.39	3,746,522.56	3,261,733.44	858,692.63
加:其他业务利润	4,895,339.74	5,809,820.42	5,206,299.47	4,547,512.91	五、净利润	14,644,549.54	13,470,926.29	12,779,694.30	8,569,562.27

西安饮食服务(集团)股份有限公司上市公告书

一、要览

总股本:11,441.51万股

可流通股本:4,134.12万股

本次上市可流通股本:4,000万股

股票简称:西安饮食

股票代码:0721

上市地:深圳证券交易所

上市时间:一九九七年四月三十日

登记机构:深圳证券登记有限公司

二、绪言

本公司本次新股发行经中国证券监督管理委员会证监发字(1997)112号文和证监发字(1997)113号文批准。股票上市申请经深圳证券交易所深证发〔1997〕150号《上市通知书》同意,于一九九七年四月三十日(星期三)在深圳证券交易所挂牌交易。本公司总股本11,141.51万股,本次上市流通的4,000万股均为1997年4月9日至4月11日向社会公开发行的新股。公司前次定向募集时发行的内部职工股134.12万股,将于本此新股发行结束后三年以后上市。

本公司于1996年3月29日至31日在《中国证券报》、《证券时报》上刊登了《招股说明书概要》,距今不足六个月,故与其重复的内容在此不再重述。敬请投资者查阅本公司的《招股说明书》。

本公司董事成员已批准本上市公告书,确信其中不存在任何重大遗漏或者误导,并对其真实性、准确性、完整性负个别及连带责任。

三、公司概况

(一)概况

1. 公司名称:西安饮食服务(集团)股份有限公司

英　　文:XI'AN FOOD SERVICE (GROUP)CO. LTD.

2. 注册地址:陕西省西安市东大街263号

邮政编码:710004

3. 成立日期:1994年5月18日

4. 注册资本:7,441.51万元

5. 法定代表人:王志刚

6. 经营范围:饮食供应业、服务业;批零销售副食品、酒、饮料、百货、五金交电、针纺织品、餐具、灶具;投资项目信息咨询及中介服务;人员培训。

7. 公司职工人数:3,087人

8. 公司咨询电话:(029)7437752

9. 联系人:李宝成　　赵娟娟

(二)公司历史沿革

本公司的前身可追溯至创建于1956年的西安市饮食公司,是国有企业。1992年12月8日,经西安市人民政府批准,在原西安市饮食公司的基础上组建西安饮食集团公司。1993年11月,经西安市经济体制改革委员会市体改字[1993]98号文和市体改字[1993]103号文批准,同意西安饮食集团公司整体改组为西安饮食服务(集团)股份有限公司,以定向募集方式设立。

(三)公司历次股票发行情况

1.1994年2月,经西安市经济体制改革委员会市体改字[1993]103号文批准,本公司向社会法人定向募集股份3,807.39万股,同时向内部职工定向配售134.12万股。

2.本次上市新股,经中国证券监督管理委员会[1997年]112号文和[1997]113号文批准,向社会公开发行4,000万股。

(四)发起人简介

本公司主要发起人西安饮食集团公司是一个具有40余年的商业企业,其前身是1956年的西安市饮食公司,1958年与西安市服务公司合并,后于1960年分离;1992年改称为西安饮食集团公司,下属18家子公司,其中16家属饭店和酒店,均为具有数十年乃至上百年的老店、名店和特色店,在西安市享有很高的声誉。

在改制过程中,西安饮食集团的经营性资产全部进入公司,公司拥有全资附属企业(均为分公司)16家,非经营资产由公司代为管理。

四、股票发行与承销

(一)本次公开发行

发行数量:4,000万股

发行价格:每股3.15元

发行市盈率:15倍

股票面值:每股1.00元

发行期:1997年4月9日至4月11日

发行方式:全额预缴款,比例配售,余款转存

配售比例:0.48889%

配售户数:29046

持1000股以上的户数:9768

发行费用总额:600万元

每股发行费用:0.15元

募集资金总额:120,000万元

(二)股票承销

本次公开发行40,000,000股,其中社会公众认购39,983,120股,主承销商认购16,880股。

(三)验资报告:

西安饮食服务(集团)股份有限公司:

受托,对贵公司截至1997年4月16日止的1997年向社会公开发行人民币普通股(A股)股本金到位的真实性和合法性进行了验资。在审验过程中,我们按照《独立审计实务公告第1号--验资》的要求,实施了必要的审验程序。贵公司的责任是提供真实、合法、完整的验资材料,保护资产的安全、完整,我们的责任是按照《独立审计实务公告第1号--验资》的要求出具真实、合法的验资报告。

根据我们的审验,截至1997年4月16日止,贵公司共收到向社会公开发行人民币普通股的投入资金120,000,000.00元,其中股本40,000,000.00元,资本公积金80,000,000.00元。

陕西会计师事务所　　中国注册会计师:门俊义　　王少植

一九九七年四月十六日

注:截至1997年4月16日,实际募集资金12000万元全部存西安饮食服务(集团)股份有限公司开设在交通银行西安分行的6010040051-043帐号内。

五、董事、监事、高级管理人员持股情况

姓　名	职　务	持股数(股)	占总股本的比例(%)
王志刚	董事长	1000	0.000874
毕海生	副董事长	1000	0.000874
鲍长德	董事	1000	0.000874
李宝成	董事	1000	0.000874
孙　红	董事	1000	0.000874
陶光仲	董事	1000	0.000874
刘龙宇	董事	1000	0.000874
马运生	董事	1000	0.000874
王俊生	董事	500	0.000437
王生民	监事会主席	1000	0.000874
关大学	监事	1000	0.000874
朱栓成	监事	500	0.000437
余秋莲	监事	0	0
李兰生	监事	0	0
赵娟娟	董事会秘书	500	0.000437

公司董事、监事和高级管理人员共持有本公司股票11,500股,占公司股本总额的0.01005%,按照《中华人民共和国公司法》规定,上述人员持有的股份在任职期间不得转让。

六、公司设立

1.本公司1996年10月7日召开的1996年度临时股东大会通过了公司由定向募集公司转 为社会募集公司,申请公开发行股票并在国内证券交易所上市的决议。

2.公司注册资金:11,441.51万元

3.本次发行后重新注册登记时间:1997年4月18日

4.公司注册地址:陕西省西安市东大街263号

5.营业执照注册号码:29424191

七、关联企业及关联交易

1.关联企业

本公司现有两家控股子公司,分别是老孙家食品有限公司和西安渭水园温泉度假村有限公司。

本公司持有老孙家食品有限公司70%的股权,该公司注册资本70万元,主要从事食品加工及其销售。

本公司持有西安渭水园温泉渡假村有限公司75%的股权,该公司注册资本1000万元,主要从事旅游休闲服务、餐饮和娱乐等。

2.关联交易

本公司与各股东单位、控股公司之间不存在关联交易。

八、股本结构及大股东持股情况

(一)本次上市前本公司总股本11,441.51万元。其中:

种　类	股数(万股)	比例(%)
1.尚未流通股份	7,441.51	65.04
(1)发起人股	3,500	30.59
国家持股	3,500	30.59
(2)募集法人股	3,807.39	33.28
(3)内部职工股	134.12	1.17
2.可流通股份	4,000	34.96
社会公众股(A股)	4,000	34.96
合　计	11,441.51	100

(二)本公司前十名股东所持股数及持股比例

股东名称	持股数(万股)	占总股本的比例(%)
1.西安市国有资产管理局	3500.00	30.59
2.西安裕隆贸易公司	889.375	7.77
3.华秦贸易公司	817.70	7.14
4.万厦工程服务部	814.17	7.11
5.西安卫康商店	445.71	3.90
6.西安烹任学会	362.20	3.17
7.西安开诚实业公司	292.58	2.56
8.西安华强三洋电子联合销售公司	13.20	0.12
9.西安银城房地产开发公司	10.00	0.08

10. 西安机电设备公司 10.00 0.08

九、主要财务会计资料

本公司《招股说明书》所列财务会计资料截止日为1996年9月30日,以下新增财务会计资料摘自陕西会计师事务所陕会审字[1997]129号审计报告。

西安饮食服务(集团)股份有限公司全体股东:

我们接受委托,审计了贵公司1996年12月31日的资产负债表及1996年度利润表和财务状况变动表。这些会计报表由贵公司负责,我们的责任是对这些会计报表发表审计意见。我们的审计是依据中国注册会计师独立审计准则进行的。在审计过程中,我们结合贵公司实际情况,实施了包括抽查会计记录等我们认为必要的审计程序。

我们认为,上述会计报表符合《企业会计准则》和《股份制试点企业会计制度》的有关规定,在所有重大方面公允地反映了贵公司1996年12月31日的财务状况及1996年度的经营成果和资金情况,会计处理方法的选用遵循了一贯性原则。

陕西会计师事务所 中国注册会计师:王少植 门俊义

一九九七年四月八日

(一)资产负债表

合并资产负债表

单位:人民币元

资　　产	1996年12月31日	1995年12月31日
流动资产:		
货币资金	13,048,709.06	17,776,239.76
短期投资	17,177,908.91	16,890,000.00
应收帐款	945,795.51	743,943.17
应收帐款净值	945,795.51	743,943.17
预付货款	497,480.31	
其它应收款	67,420,219.36	31,671,925.18
待摊费用	799,650.24	1,427,627.42
存　　货	8,690,928.56	9,004.286.42
待处理流动		
资产净损失	227,550.98	772,272.61
流动资产合计	108,808,242.93	78,286,294.56
长期投资:		
长期投资	17,868,449.09	15,796,284.38
固定资产:		
固定资产原价	83,825,325.63	94,653,118.05
减:累计折旧	23,155,648.56	19,450,906.82
固定资产净值	60,669,677.07	75,202,211.23
在建工程	13,662,839.41	10,663,044.96
固定资产清理	112,499.66	
固定资产合计	74,445,016.14	85,865,256.19
无形资产及递延资产		
无形资产	19,115,366.96	19,519,593.36
递延资产	18,482,526.92	1,977,059.10
无形资产递延		
资产合计	37,597,893.88	21,496,652.46
资产总计	238,640,602.54	201,444,487.59
流动负债:		
短期借款	7,750,000.00	8,857,200.00
应付帐款	5,593,403.15	4,516,735.30
应付福利费	719,221.03	-176,377.82
应付股利	3,784,571.90	6,394,600.04
应交税金	2,729,022.28	1,051,459.00
其他未交款	125,715.66	120,003.58
其他应付款	25,467,171.36	17,367,498.29
预提费用	290,216.31	334,674.19
一年内到期		
的长期负债	28,899,706.89	15,428,983.09
流动负债合计	75,359,028.58	53,894,775.67
长期负债:		
长期借款	14,406,670.20	15,888,497.29
长期应付款	103,516.12	501,687.39
其它长期负债	1,368,235.05	883,995.34
长期负债合计	15,878,421.37	17,274,180.02
负债合计	91,237,449.95	71,168,955.69
少数股东权益	113,560.09	33,866.43
股东权益:		
股　　本	74,415,100.00	74,415,100.00
资本公积	42,728,679.15	42,708,679.15
盈余公积	5,923,459.96	3,369,270.91
其中:公益金	1,974,486.65	1,123,090.30
未分配利润	24,222,353.39	9,748,615.41
股东权益合计	147,289,592.50	130,241,665.47
负债及股东		
权益总计	238,640,602.54	201,444,487.59

母公司资产负债表

单位:人民币元

资　　产	1996年12月31日	1995年12月31日
流动资产:		
货币资金	12,943,734.44	17,601,415.66
短期投资	17,177,908.91	16,890,000.00
应收帐款	929,087.15	679,764.52
应收帐款净值	929,087.15	679,764.52
预付货款	497,480.31	
其它应收款	67,367,068.51	31,637,794.83
待摊费用	785,494.74	1,246,126.01
存　　货	8,000,751.52	8,743,852.71
待处理流动		
资产净损失	227,550.98	772,272.61
流动资产合计	107,929,076.56	77,571,226.34
长期投资:		
长期投资	18,054,423.14	15,875,306.05
固定资产:		
固定资产原价	82,897,097.10	93,935,139.10
减:累计折旧	23,117,195.33	19,412,453.59
固定资产净值	59,779,901.77	74,522,685.51
在建工程	13,662,839.41	10,477,135.38
固定资产清理	112,499.66	
固定资产合计	73,555,240.84	84,999,820.89
无形资产及递延资产		
无形资产	19,115,366.96	19,519,593.36
递延资产	18,482,526.92	1,903,645.43
无形资产递延		
资产合计	37,597,893.88	21,423,238.79
资产总计	237,136,634.42	199,869,592.07
流动负债:		
短期借款	7,350,000.00	7,657,200.00

应付帐款	5,523,298.60	4,477,372.03
应付福利费	719,221.03	-176,377.82
应付股利	3,784,571.90	6,394,600.04
应交税金	2,724,701.07	1,050,265.39
其他未交款	125,715.66	120,003.58
其他应付款	24,551,189.09	17,067,026.08
预提费用	290,216.31	334,674.19
一年内到期		
的长期负债	28,899,706.89	15,428,983.09
流动负债合计	73,968,620.55	52,353,746.58
长期负债:		
长期借款	14,406,670.20	15,888,497.29
长期应付款	103,516.12	501,687.39
其它长期负债	1,368,235.05	883,995.34
长期负债合计	15,878,421.37	17,274,180.02
负债合计	89,847,041.92	69,627,926.60
股东权益:		
股　本	74,415,100.00	74,415,100.00
资本公积	42,728,679.15	42,708,679.15
盈余公积	5,923,459.96	3,369,270.91
其中:公益金	1,947,486.65	1,123,090.30
未分配利润	24,222,353.39	9,748,615.41
股东权益合计	147,289,592.50	130,241,665.47
负债及股东		
权益总计	237,136,634.42	199,869,592.07

(二)利润及利润分配表

合并利润及利润分配表

单位:人民币元

项　目	1996年1月-12月	1995年1月-12月
一、主营业务收入	140,151,561.80	127,291,785.67
减:营业成本	61,944,988.75	56,439,142.44
销售费用	43,801,528.10	36,912,762.43
管理费用	18,955,949.14	16,083,851.16
财务费用	2,411,558.44	1,244,534.81
营业税金及附加	7,151,864.94	6,191,611.43
二、主营业务利润	5,885,672.43	10,419,883.40
加:其它业务利润	5,827,438.55	5,809,820.42
三、营业利润	11,713,110.98	16,229,703.82
加:投资收益	5,761,549.68	340,533.36
营业外收入	4,173,018.45	706,995.40
减:营业外支出	320,580.03	59,783.73
加:以前年度损		
益调整	56,289.89	58,768.92
四、利润总额	21,383,388.97	17,217,448.85
减:所得税	4,275,768.28	3,746,522.56
减:少数股东权益	79,693.66	
五、净利润	17,017,927.03	13,470,926.39
加:年初未分配利润	9,748,615.41	2,693,328.06
六、可分配利润	26,776,542.44	16,164,254.35
减:法定公积金	1,702,792.70	1,347,092.63
减:法定公益金	851,396.35	673,546.31
七、可供股东分配利润	24,222,353.39	14,143,615.41
减:已分配普通股股利		4,395,000.00
八、年末未分配利润	24,222,353.39	9,748,615.41

母公司利润及利润分配表

单位:人民币元

项　目	1996年1月-12月	1995年1月-12月
一、主营业务收入	138,081,145.76	126,662,005.98
减:营业成本	60,801,955.11	56,010,518.00
销售费用	43,785,463.30	36,904,155.31
管理费用	18,425,158.57	16,030,724.75
财务费用	2,296,676.95	1,093,087.88
营业税金及附加	7,151,864.94	6,191,611.43
二、主营业务利润	5,620,026.89	10,431,908.61
加:其它业务利润	5,827,438.55	5,809,820.42
三、营业利润	11,447,465.44	16,241,729.03
投资收益	5,947,501.56	340533.36
营业外收入	4,173,018.45	694,970.19
减:营业外支出	320,580.03	59,783.73
加:以前年度损		
益调整	56,289.89	58,768.92
四、利润总额	21,303,695.31	17,217,448.85
减:所得税	4,275,768.28	3,746,522.56
五、净利润	17,027,927.03	13,470,926.29
加:年初未分配利润	9,748,615.41	2,693,328.06
六、可分配利润	26,776,542.44	16,164,254.35
减:法定公积金	1,702,792.70	1,347,092.63
减:法定公益金	851,396.35	673,546.31
七、可供股东分配利润	24,222,353.39	14,143,615.41
减:已分配普通股股利		4,395,000.00
八、年末未分配利润	24,222,353.39	14,143,615.41

(三)财务状况变动表

合并财务状况变动表

单位:人民币元

流动资金来源和运用	1996年12月31日	1995年12月31日
一、流动资金来源		
1.净利润	17,027,927.03	13,470,926.29
加:不减少流动资金的费用与损失		
(1)累计折旧	5,333,570.45	4,749,035.93
(2)无形资产,递延资产摊销	2,621,214.77	1,129,712.85
(3)固定资产盘亏(减盘盈)		(1,081.45)
(4)固定资产清理净损失	225,264.73	(48,733.96)
(5)其他不减少流动资金的		
费用和损失	2,432,922.21	(299,818.83)
(6)少数股东权益本期损益	79,693.66	19,000,040.83
小　计	27,720,592.85	
2.其他来源		(40,223.86)
(1)固定资产清理收入		
(减清理费用)	2,737.00	647,842.10
(2)收回长期投资	143,680.00	
(3)收回中长期贷款(含租赁)		7,069,058.57
(4)增加长期负债	22,171,869.84	
(5)对外投资转出固定资产	79,850.00	2,020,638.94
(6)资本净增加额	2,574,189.05	
(7)固定资产转为递延资产	15,042,816.81	
小　计	40,015,142.70	9,697,315.75
流动资金来源合计	67,735,735.55	28,697,356.58
二、流动资金运用		
1.利润分配		
(1)提取法定公积金	1,702,792.70	1,347,092.63
(2)提取法定公益金	851,396.55	673,546.31
(3)提取任意公积金		

(4)已分配利润		4,395,000.00
小　计	2,554,189.05	6,415,638.94
2. 其他运用		
(1)固定资产及在建		
工程净增加额	11,696,921.15	10,060,646.75
(2)递延资产及其他		
资产增加额	18,722,456.19	
(3)偿还长期负债	23,567,628.49	15,251,661.69
(4)增加长期投资	2,136,845.21	9,203,932.38
小　计	56,123,851.04	34,516,240.82
流动资金运用合计	58,678,040.09	40,931,879.76
三、流动资金增加净额	9,057,695.46	(12,234,523.46)
流动资金各项的变动	1996年12月31日	1995年12月31日
一、流动资产本年增加数		
货币资金	(4,727,530.70)	(1,436,728.91)
短期投资	287,908.91	(3,580,000.00)
应收帐款净值	201,852.34	(1,872,862.30)
预付货款	497,480.31	(40,428.69)
其他应收款	35,748,294.18	10,290,798.15
待摊费用	(627,977.18)	412,252.64
存货	(313,357.86)	(1,575,608.34)
待处理流动资产净损失	(544,721.63)	723,629.00
流动资产增加净额	30,521,948.37	2,921,051.55
二、流动负债本年增加数		
短期借款	(1,107,200.00)	4,720,000.00
应付帐款	1,076,667.85	(42,051.67)
预收帐款		(33,641.61)
应付福利	895,598.85	1,224,665.45
应付股利	(2,610,028.14)	(2,257,848.86)
应交税金	1,667,563.28	736,757.16
其他未交款	5,712.08	139,071.30
其他应付款	8,099,673.07	2,461,766.58
一年内到期的长期负债	13,470,723.80	8,187,784.00
流动负债增加额	21,464,252.91	15,155,574.73
三、流动资金增加净额	9,057,695.46	(12,234,523.18)

母公司财务状况变动表

单位:人民币元

流动资金来源和运用	1996年12月31日	1995年12月31日
一、流动资金来源		
1. 净利润	17,027,927.03	13,470,926.29
加:不减少流动资金的费用与损失		
(1)累计折旧	5,333,570.45	4,735,6595.93
(2)无形资产,递延资产摊销	2,547,801.10	1,129,712.85
(3)固定资产盘亏(减盘盈)		(1,081.45)
(4)固定资产清理净损失	225,264.73	(48,733.96)
(5)其他不减少流动资金的		
费用和损失	2,432,922.21	(299,818.83)
(6)少数股东权益本期损益	79,693.66	19,000,040.83
小　计	10,539,558.49	5,515,738.54
2. 其他来源		
(1)固定资产清理收入		
(减清理费用)	2,737.00	(40,223.68)
(2)收回长期投资	143,680.00	647,842.10
(3)增加长期负债	22,171,869.84	7,069,058.57
(4)对外投资转出固定资产	79,850.00	2,020,638.94
(5)资本净增加额	2,574,189.05	
(6)固定资产转为递延资产	15,042,816.81	
小　计	40,012,405.70	9,737,539.61
流动资金来源合计	40,012,405.70	9,737,539.61
二、流动资金运用		
1. 利润分配		
(1)提取法定公积金	1,702,792.70	1,347,092.63
(2)提取法定公益金	851,396.55	673,546.31
(3)提取任意公积金		
(4)已分配利润		4,395,000.00
小　计	2,554,189.05	6,415,638.94
2. 其他运用		
(1)固定资产及在建		
工程净增加额	11,672,581.15	10,060,646.75
(2)递延资产及其他		
资产增加额	18,722,456.19	
(3)偿还长期负债	23,567,628.49	15,251,661.69
(4)增加长期投资	2,322,797.09	9,203,932.38
小　计	56,285,462.92	34,516,240.82
流动资金运用合计	58,839,651.97	40,931,879.76
三、流动资金增加净额	(18,827,246.27)	(31,194,340.15)
流动资金各项的变动	1996年12月31日	1995年12月31日
一、流动资产本年增加数		
货币资金	(4,657,681.22)	(1,568,905.82)
短期投资	287,908.91	(3,580,000.00)
应收帐款净值	249,322.63	(1,835,926.90)
预付货款	497,480.31	(40,428.69)
其他应收款	35,729,273.68	10,259,049.15
待摊费用	(460,631.27)	463,612.14
存货	(743,101.19)	(1,597,258.42)
待处理流动资产净损失	(544,721.63)	723,629.00
流动资产增加净额	30,357,850.22	2,823,770.46
二、流动负债本年增加数		
短期借款	(307,200.00)	4,720,000.00
应付帐款	1,045,926.57	(39,537.39)
预收帐款		(33,641.61)
应付福利	895,598.85	1,224,665.45
应付股利	(2,610,028.14)	(2,257,848.86)
应交税金	1,674,435.68	739,290.36
其他未交款	5,712.08	139,071.30
其他应付款	7,484,163.01	2,672,364.01
一年内到期的长期负债	13,470,723.80	8,187,784.00
流动负债增加净额	21,614,873.97	15,071,669.64
三、流动资金增加净额	8,742,976.25	(12,247,899.18)

(四)主要财务指标(根据合并会计报表计算)

	计算公式	1996年	1996年
1. 流动比率	流动资产/流动负债	1.44	1.45
2. 速动比率	速动资产/流动负债	1.31	1.24
3. 资产负债率	负债总额/资产总额	38.23%	35.33%
4. 股东权益比	股东权益总额/资产总额	61.72%	64.65%
5. 每股净资产(元)	股东权益总额/股本总额	1.98	1.75
6. 股本净利润(元)	净利润/股本总额	0.23	0.18
7. 净资产收益率	净利润/股东权益	11.56%	10.34%
8. 总资产收益率	净利润/资产总额	7.14%	6.69%

十、董事会上市承诺

本公司董事会将严格遵守《中华人民共和国公司法》、《股票发行与交易管理暂行条例》、《公开发行股票公司信息披露实施细则》和《深圳证券

交易所业务规则》和国家有关法律法规的规定,并自股票上市之日起作出如下承诺:

1. 按照法律、法规的规定程序和要求披露重大的信息,并接受证券主管机关,深圳证券交易所监督管理。

2. 及时、真实、准确地公布中期报告、年度报告和经营业绩等资料,并备置于规定场所提供投资者公众查阅。

3. 本公司董事、监事及高级管理人员如发生人事变动持有本公司股份数额发生变动时,及时报告证券主管机关、深圳证券交易所,并及时通过证券主管机关指定的报刊通告社会公众。

4. 在任何公共传播媒介中出现的消息可能对本公司股票的市场价格产生误导性影响时,本公司知悉后将及时对该消息予以公开澄清。

5. 本公司董事、监事及高级管理人员将认真听取社会公众的意见和批评,不利用已获得的内幕消息和其他不正当手段直接或间接从事股票买卖活动。

6. 本公司没有无记录负债。

十一、重要事项揭示

1. 根据公司1996年临时股东大会决议,公司1996年度实现的税后利润,由1996年12月31日的在册股东享有,将在1997年内分配;本次发行购买公司股票的股东,参加1997年全年的利润分配。

2. 本公司上市后实际税负为15%。

十二、咨询机构

发行人:西安饮食服务(集团)股份有限公司

法定代表人:王志刚

地址:陕西省西安市东大街263号

电话:(029)7437752

联系人:李宝成　　赵娟娟

主承销商:陕西省证券公司

法定代表人:吴全昌

地址:陕西省西安市解放路233号

电话:(029)7804269　　7806501－－715

联系人:张国勇　　程永康

上市推荐人:陕西省证券公司

海通证券有限公司

地址:上海市四川中路175号

法定代表人:李惠珍

电话:(021)63296016　　(029)7286034

联系人:黄京安　李锋

十三、备查文件

1. 深圳证券交易所上市通知书
2. 招股说明书
3. 审计报告
4. 营业执照
5. 公司章程
6. 法律意见书

西安饮食服务(集团)股份有限公司

一九九七年四月二十六日

西安饮食服务(集团)股份有限公司1997年度中期报告

一、财务报告(未经审计)

(一)财务报表

1. 简化的资产负债表

单位:元

项　目	1996年12月31日	1995年12月31日
流动资产	160,599,552.95	108,808,242.93
长期投资	10,743,677.88	17,789,449.59
固定资产	84,618,086.90	67,543,774.04
无形资产		
及递延资产	42,088,568.47	37,597,893.88
其它长期资产	6,984,125.04	6,901,242.10
资产总计	305,034,011.24	238,640,602.54
流动负债	40,283,747.84	75,359,028.58
长期负债	9,640,198.79	15,878,421.37
负债合计	75,923,946.63	91,237,449.95
少数股东权益		113,560.09
股东权益	255,110,064.61	147,289,592.50
其中:股本	114,415,100.00	74,415,100.00
资本公积	122,303,089.72	42,728,679.15
盈余公积	5,126,273.19	5,923,459.96
未分配利润	13,265,601.70	24,222,353.39
负债及股东		
权益合计	305,034,011.24	238,640,602.54

2. 简化的损益表

单位:元

项　目	1997年1－6月	1996年1－6月
主营业务收入	75,461,141.93	68,077,249.50
主营业务利润	5,225,910.00	4,748,529.08
其它业务利润	3,115,106.32	
投资收益	353,319.20	339,446.48
营业外收支净额	2,902,793.11	1,905,009.97
利润总额	11,597,128.63	6,992,985.53
所得税	1,737,202.47	2,282,022.21
净利润	9,859,926.16	4,710,963.32

(二)财务报表附注

1. 本期财务报告所采用的会计政策及会计方法,和1996年度财务报告所采用的会计政策和会计方法一致,无变化。

2. 流动资产较期初增加5,179万元,增加的主要原因:

①货币资金增加4,873万元,系发行流通股4,000万股,银行存款增加。

②其它应收款增加214万元,是由于所属曲江春酒家、聚丰园饭店按审计要求由长期投资调入。

3. 固定资产较期初增加1,707万元,主要原因是:

①固定资产原值增加了1,075万元,包括:老孙家饭庄天长大厦装修改造工程351万元,东亚饭店旅馆部改造工程109万元,五一饭店旅馆部改造装修工程615万元。

②在建工程增加了890万元,系老孙家饭庄和德发长酒店预付工程款。

4. 流动负债较期初减少3,507万元,是由于归还了短期借款造成的。

5. 长期负债较期初减少724万元,减少主要原因是归还长期借款。

6. 股本较期初增加4,000万元,主要原因是发行流通股4,000万股而增加股本。

7. 资本公积较期初增加7,703万元,主要是发行流通股,股票溢价部分。

8. 未分配利润减少507万元,减少的主要原因是分配1996年度法人股股利及内部职工股股利在当期列帐。

9. 营业外收入 297 万元,系公司发行 A 股股票期间无效申购的存款利息收入。

10. 其它业务收入 310 万元,主要是公司劳务培训收入 115 万元和房屋租赁收入 195 万元。

11. 关联企业

企业名称	经济性质	法定代表人	注册地址	注册资金	拥有权益	主要业务
西安国宾大酒店有限公司	其它经济	刘龙宇	环城东路中段28号	600万	33.5%	餐饮服务娱乐
西安渭水园温泉度假村有限公司	中外合资	刘龙宇	北效现代农业综合开发区	1,000万	35%	餐饮客房娱乐养殖等

10. 关联交易

西安国宾大酒店于 1997 年 6 月中旬筹建完毕,开始营业。

渭水园温泉度假村现正在筹建中,部分场所已试营业,预计 1997 年 9 月份可正式营业。本公司与关联企业无任何关联交易。

(三)其它财务指标

1. 每股净收益　　0.086 元

2. 净资产收益率　　3.86%

3. 每股净资产　　2.23 元

二、业务回顾与展望

(一)公司概况

西安饮食服务(集团)股份有限公司主要由下属的在西安地区乃至全国享有盛名的西安饭庄、老孙家饭庄、德发长酒店、五一饭店、同盛祥饭庄、西安烤鸭店、东亚饭店、解放路饺子馆、聚丰园饭店、桃李村饭店、曲江春酒家、清雅斋饭庄、皇城饭店、春发生饭店、皇城建筑装潢公司、金唐贸易公司、天长期货部、桃李烹饪培训学院等 18 家企业 40 个网点组成。

自发起设立至今,经历了转观念、上规模、抓管理、求发展几个阶段,通过转换经营机制,强化内部管理,建立健全法人治理结构和各项管理制度,逐步建立起了一套适应市场经济发展和企业自身发展需要的现代企业制度。现今已发展成为一个立足餐饮、旅店业,兼营商贸、旅游、房地产开发、建筑装潢、期货交易、技术培训、劳务转出等多元经营的大型股份制企业,整个集团公司管理水平不断提高,经济实力不断增强。

(二)上半年经营情况的回顾

1. 主要经济指标执行情况

截止 1997 年 6 月 30 日,公司实际完成主营业务收入 7546.11 万元,较上年同期增长 10.85%;实现利润总额 1159.71 万元,较上年同期增长 46.80%;实现净利润 985.99 万元,较上年同期增长 109.30%,完成 1997 年预测净利润的 30%。主要是由属于市政府钟鼓楼广场工程的同盛祥牛羊肉泡馍馆和德发长酒店两个大型饭店,因工程施工单位未按计划移交,影响近半年经营所致。两个饭店目前已移交完毕,进入最后装修阶段。

2. 上半年工作总结

①加快建立现代企业制度步伐,于 4 月份成功地完成了 4000 万流通股的发行及上市工作,为公司的高速发展打下了良好基础。

②分析市场,调整结构,提高公司竞争能力。面对激烈的竞争的市场,公司积极调整战略方针,确定了"面向大众,突出特色,多档次并举,扩大份额"的战略方针,所属各饭店、酒店大力开拓便餐、快餐、小吃、自助餐等大众化市场。增加了新的经济增长点,吸引了各层次的消费者。仅下属五一饭店长安中式快餐日营业额高达 8 万元。与此同时,各店抓住节假日市场大作文章,推出了"合家欢"、"情侣餐"、"聚朋餐"、"休闲餐"等迎合进餐宾客需求多种创新宴席、菜点,并增加了成品半成品的售卖,生意十分火爆,为扩大供应,各饭店、酒店还普遍采取了延点供应、上市服务、钟点服务等供应办法,使企业潜力得到了很好的发挥,市场占有份额进一步扩大。

③以主业规模化经营为核心,探索资本经营新路子,形成了一批新的经济增长点。上半年,公司一是优化资本结构继续实行"以大带小,以强带弱"的方式,截止 6 月底已有 8 家弱小企业被 6 家强势企业合并;二是通过收、购、兼并,盘活存量资产,实现资本扩张,上半年跨行业兼并了 4 家企业;三是输出管理及商誉,发展连锁,现已开办连锁 21 个;四是通过股权融资,吸引中外资金,扩大多元经营,公司下属西安饭庄筹建的建筑面积 10000 平方米的西安国宾馆、占地 780 亩的西安渭水园温泉渡假村一部分正式投入营业。五是投资改造装修企业,壮大规模,提高档次。以经营饺子宴、牛羊肉泡馍闻名中外的西安老孙家饭庄的民族饮食风味苑、德发长酒店、同盛祥饭庄主体建造已顺利完成。

④以实现企业三年发展目标为条件,完成了第二轮经营者的层层聘任工作。

⑤加强公司的各项管理工作,提高各饭店的服务水平。一是健全、完善各项规章制度;二是推行全面质量管理工作;三是加强了财务和资金的管理。各项管理工作的开展,为公司提高效益、增加业务的附加值打下了坚实的基础。上半年,公司获陕西省优秀企业光荣称号。

⑥大力开展企业的文化建设。成立了企业文化建设研究会,以树立公司形象为重点,培育企业精神,优化企业的人文环境,形成了"求新、求特、求实、求严"的企业风格。

(三)下半年工作计划:

①扩大规模经营,培育新的效益增长点,促使经营业绩稳定增长。力争在 8 月底前实现投资达 5000 万元,经营面积达 1 万多平方米,年营业额可望达 6000 万元,地处古城西安繁华闹市地段的新建网点"老孙家饭庄西部民族饮食苑"正式开张营业;力争在年底前完成建筑面积 4050 平方米,投资 2805 万元的德发长酒店及建筑面积 3720 平方米,投资 2994 万元的同盛祥饭庄新营业楼的装修改造和开门营运工作,抓紧西安解放路饺子馆与香港隆成投资有限公司合作建造面积 26000 平方米"天顺大厦"的施工进度,同时加快长安中式快餐的连锁步伐,在稳步规范发展的基础上,建成 5 个长安中式快餐连锁网点,并以饺子系列为龙头,成立饺子连锁经营公司,在省内外建立 10 个饺子连锁网点。

②做好资本运营,实现低成本扩张。公司将除对募集资金做到认真考察、科学决策,慎重投资确保万无一失的情况下,还在拥有饮食管理和品牌优势的基础上,充分利用一大批大店、老店、名店的无形资产,在不投入或少投入资金的情况下,取得控股权并转让部分股权,对现有的股权也将进行重组,以使资本运营取得最佳成果。下半年将完成占地 2500 平方米集饮食休闲、娱乐为一体的"大西安美食娱乐城"的参股收购工作。

③突出经营特色,提高饮食服务的附加值。下半年将继续按照"食寓文件、文化寓食"的思路,加快传统品种的挖掘和新品种的创新,并为餐饮品种注入文化含量,通过举办名优菜点和风味小吃联展联销活动,省内外名师名厨技艺交流活动、烹饪服务技术比赛活动、长安金秋美食万家乐活动,集中展示出一批名宴、名点和名厨,提高企业知名度。

④发展外向型经营,拓展合作渠道。下半年将完成与泰国恒发实业有限公司在泰国曼谷合作经营的"金唐美食娱乐公司"、在韩国合作经营的两个以西安饮食品种为主的中餐饮顺利开业。

⑤进一步强化企业管理,降低营业成本和各项费用支出,不断提高公司的整体素质和盈利水平。

⑥继续调整经营结构,努力占领大众化餐饮市场。公司将进一步对餐饮市场进行调查研究,积极指导所属企业定品种、变形式、占市场。

⑦进一步抓好企业文化建设,完整企业 CIS 设计,塑造行业的良好形象。

三、重大事项的说明

(一)经中国证券监督管理委员会证监发字[1997]112 号文件和深圳证券交易所深证发[1997]113 号[上市通知书]审核批准,公司 4000 万股的流通股于 1997 年 4 月 9 日至 4 月 11 日在西安以全额预缴款方式公开发行成功,并于 4 月 30 日在深圳证券交易所挂牌上市。

(二)经西安市工商行政管理局批准,1997 年 4 月 18 日,公司注册资金改为 11441.51 万元人民币。

(三)根据国务院证券委、中国人民银行、国家经贸委 1997 年 5 月 21 日联合发布的《严禁国有企业和上市公司炒作股票的规定》,公司进行了认真自查,至今为止,公司没有在境内任何证券机构开立任何证券股票帐户,没有炒作股票行为。公司今后如果从事股票投资活动,将严格遵循国家有关法规和公司章程规定进行。

(四)募集资金的运用情况

本公司发行社会公众股 4000 万股,共募集资金 1.2 亿元,具体情况如下:

1. 投资 2805 万元用于德发长酒店购买房产、设备及内部装修。截止 1997 年 6 月 30 日,实际累计投入该项目资金 500 万元,余额部分存入银行。

2. 投资 2994 万元用于同盛祥饭庄购买房产、设备及内部装修。截止 1997 年 6 月 30 日,实际累计投入该项目资金 800 万元,余额部分存入银行。

3. 投资 2885 万元用于老孙家饭庄扩建工程。

4. 原计划投资 2906 万元对曲江春酒家进行扩建项目,因拆迁难度大,工期长,该项目投资资金经股东大会审议通过,改投西安渭水园温泉渡假村。

(五)公司与海大空调器电器工程公司,博华科技产品开发有限公司合资经营的西安国宾大酒店,于 1997 年 6 月 12 日开业,公司拥有该酒店 33.5%股权。公司与香港陈氏有限公司合资兴建的渭水园温泉渡假村的餐饮、住宿、游泳、娱乐、健身部分于 1997 年 7 月上旬开业,本公司拥有 35%的权益。

(六)本公司本年度中期不分红。

(七)报告期内无重大诉讼、仲裁事项。

四、发行在外股票的变动和股本结构的变化

(一)1997 年 4 月 9 日 - 4 月 11 日发行社会公众股 4000 万股,于 4 月 30 日在深圳证券交易所挂牌交易。

(二)股权结构情况

截止 1997 年 6 月 30 日本公司股权结构如下:

股份单位:万股　　每股面值 1 元人民币

股份类别	1996 年 12 月 31 日 股份数量	比例	1997 年 6 月 30 日 股份数量	比例
一、尚未流通股份				
其中:				
国家股	3500	47.03	3500	30.59
境内法人股	3807.39	51.17	3807.39	33.28
内部职工股	134.12	1.80	134.12	1.17
二、已流通股份				
社会公众股	0	0	4000	34.96
三、合计总股份	7441.51	100	11441.51	100

(三)公司前十名股东持股情况(1997 年 6 月 30 日)

序号	名称	持股数(万股)	占总股本比例(%)
1	西安市国有资产管理局	3500	30.59
2	西安裕龙贸易公司	889.375	7.78
3	华秦贸易公司	817.70	7.15
4	万厦工程服务部	814.17	7.12
5	西安卫康商店	445.71	3.90
6	西安烹饪学会	362.20	3.17
7	西安开诚实业公司	292.58	2.57
8	华强三洋电子联合销售公司	13.20	0.12
9	西安银城房地产开发公司	10.00	0.09
10	西安机电设备公司	10.00	0.09

五、股东大会简介

本公司第四次股东大会,于 1997 年 7 月 22 日上午在西安饭庄三楼大厅举行。出席会议的股东共 19 人,代表股权数 6578.06 万股,占公司总股本 57.49%。符合《公司法》及公司章程规定。会议审议通过了以下决议:

1. 会议审议并通过了公司副董事长、总经理毕海生同志所作的公司 1996 年度工作报告及 1997 年度工作目标计划,公司监事会主席王生民同志所作的 1996 年度监事会工作报告以及公司董事、总会计师李宝成同志所作的 1996 年度财务计划执行情况报告。

2. 审议通过了关于 1996 年度股利分配的议案。

①1996 年度公司实现税后利润	1702.79 万元
提取 10%法定公积金	170.28 万元
提取 5%法定公益金	85.14 万元
当年可供股东分配利润	1447.37 万元
结转上年度未分配利润	103.60 万元
1996 年度实际可供股东分配利润	1550.97 万元;

②股利分配方案:向截止 1996 年 12 月 31 日登记在册的股东按每 10 股派发现金股利 1.20 元(含税)。本次分配后结余的 657.99 万元转存至下年度分配。

六、备查文件

下列文件置于本公司总部,以供股东和有关管理部门查询

(一)有公司董事长亲笔签名的中期报告原本;

(二)西安饮食服务(集团)股份有限公司《招股说明书》;

(三)西安饮食服务(集团)股份有限公司《上市公告书》;

(四)1996 年度股东大会文件;

(五)公司财务报告正本;

(六)查询电话(029)7272944

传真(029)7217024

西安饮食服务(集团)股份有限公司董事会

1997 年 8 月 23 日

武汉中百集团股份有限公司

武汉中心百货(集团)股份有限公司招股说明书概要

一、释义

在本招股说明书中除非另有说明,下列简称具有如下意义:

公司、本公司或发行人:指武汉中心百货(集团)股份有限公司;

主承销商:指广发证券有限责任公司

上市推荐人:指武汉国际信托投资公司

广发证券有限责任公司

股份:指发行人发行的面值为人民币1元的普通股;

元:指人民币元;

新股:指本公司本次公开发行的40,000,000股人民币普通股;

本次发行:指本公司向社会公开发行人民币普通股40,000,000股的行为;

原股东:指本次股票发行前,持有公司股份的股东。

二、绪言

本招股说明书依据《中华人民共和国公司法》、《股票发行与交易管理暂行条例》等法律法规编制而成,旨在向投资者提供有关本公司的基本情况和本次发行的详细资料。发行人董事会全体成员已批准了本招股说明书,确信其中不存在任何重大误导、虚假及遗漏。

发行人保证本招股说明书的内容真实、准确、完整。政府及国家证券管理部门对本次发行所作出的任何决定,均不表明其对发行人所发行的股票的价值或者投资人的收益作出实质性判断或者保证。任何与此相反的声明均属虚假不实陈述。

本次发行业经中国证券监督管理委员会证监发字〔1997〕149号文件和证监发字〔1997〕150号文件批准。

三、发售新股的有关当事人

1.发行人:武汉中心百货(集团)股份有限公司

住所:湖北省武汉市江汉区江汉路129号

法定代表人:汪爱群

联系电话:027-2777083

传　　真:027-2823568

联系人:陈纪文　韩　波　陈　雯

邮政编码:430021

2.财务顾问:中国诚信证券评估有限公司

住所:北京东城区和平里东街民旺乙19号7楼

法定代表人:毛振华

联系电话:010-64275969

联系人:费屹立

3.主承销商:广发证券有限责任公司

住所:广州农林下路83号广发金融大厦4楼

法定代表人:陈云贤

电话:020-87310888-2420

传真:020-87310255

联系人:周惠亮　黄旭辉　秦永恒　方红

副主承销商:武汉国际信托投资公司

住所:武汉江岸区解放大道单洞门国际大厦

法定代表人:许志超

电话:027-2413135

联系人:夏　铮

分销商:厦门国际信托投资公司

住所:厦门市湖滨北路振业十层

法定代表人:游永华

电话:0592-5052090　027-3636445

联系人:蔡卫平

分销商:三峡证券有限公司

住所:武汉市武昌区武珞路114号-10

法定代表人:邓贵安

电话:027-8055790

联系人:朱传春

4.上市推荐人:武汉国际信托投资公司、广发证券有限责任公司

5.发行人的律师事务所:北京市通商律师事务所

住所:北京市朝外大街19号华普国际大厦714号

法定代表人:韩小京

经办律师:王志雄　韩小京　白　涛

联系电话:010-65992255

6.主承销商的律师事务所:上海市对外经济律师事务所

住所:上海市新闸路1324号

法定代表人:俞云鹤

经办律师:孙文浩　俞云鹤　张　琼

联系电话:021-62586056

7.会计师事务所:武汉中华会计师事务所

住所:武汉市江汉区江汉路25号

法定代表人:王　岚

经办会计师:王　岚　石文先　肖秋萍

联系电话:027-2815504

8.资产评估机构:武汉资产评估公司

住所:武汉市江汉区双洞正街16号

法定代表人:周国章

经办评估人员:连建英　李海清

联系电话:027-5841601

9.资产评估确认机构:武汉市国有资产管理局

住所:武汉市江汉区双洞正街16号

法定代表人:杨卫东

联系电话:027-5841481

10.土地估价确认机构:武汉市土地管理局

住所:武汉市汉口三阳路13号

法定代表人:眭录明

联系人:赵向前

联系电话:027-2833801

11.股票登记机构:深圳证券登记公司

住所:深圳市红岭路25号

电话:0755-5567899

四、发行情况

1.股票类型:记名式人民币普通股

2.发行日期:1997年4月29日

3.发行地区:中华人民共和国境内与深圳证券交易所联网地区。

4.发行对象:中国法律法规规定有资格买卖股票的自然人、法人(法律、法规禁止购买者除外)。

5.承销期起止日期:1997年4月29日至5月9日。

6.预计上市日期:发行人本次发行的股票已获得深圳证券交易所的上市承诺,本次发行结束后将尽快在深圳证券交易所上市交易。

7.上市交易所:深圳证券交易所

8.发行方式:上网定价

9.每股发行价:5.25元

10.每股面值:1.00元

11.发行量:40,000,000股

12.发行总市值:210,000,000元

13.发行预计实收金额:201,000,000元

五、风险因素与对策

投资者在评价本发行人此次发售的股票时，除本招股说明书提供的其它资料外,应特别认真地考虑下述各项风险因素:

(一)主要风险因素

1.经营风险

(1)本公司是以经营百货为主的商业零售企业,家用电器和服装在本公司的销售收入中占了较大比重。家用电器主要来自于四川长虹、无锡小天鹅、青岛海尔、深圳康佳、广东容声、上海上菱等国内著名厂家。中国加入关贸总协定之后，国内家电业会受到较大冲击,涉及本公司家用电器的销售。同时本公司主要销售"杉杉"、"美尔雅"、"好来西"、"雪莲"、"鄂尔多斯"等全国名牌服饰,但国内服装行业竞争激烈,更新换代较快,无疑会影响本公司的销售。

(2)1996年本公司批发销售占总销售的22.2%，客户主要是公司所建立的数十个长期批销点,与零售业务相比,批发销售利薄风险大，加之行业竞争引起的批销点队伍的不稳定,将会影响本公司的销售收入。

(3)本公司销售的商品60%以上来自外地,国家货运价格的波动将影响本公司的经营成本。

(4)本公司销售的黄金饰品由国家定价,这类商品市场价格的波动将会影响本公司的经营成本。

(5)本公司的经营业务主要依赖于百货零售,经营方式相对单一，商品结构不尽合理,抗风险能力较弱。

(6)本公司的销售方式没有完全脱离传统的柜台式销售,还没有采取诸如邮购、电视购物、电话购物等国内外最先进的营销手段，这给公司的同业竞争带来一定的不利因素。

(7)由于国家金融体制的制约,本公司的融资渠道主要有发行股票和取得银行贷款,由于发行股票具有筹资成本高而银行贷款有还款期限等原因,使本公司的融资能力受到一定的限制。

2.行业风险

(1)武汉素有"九省通衢"之称,商业十分发达,国有商业零售总额居全国前列。商业企业竞争对手林立,各商业企业凭借规模优势进行激烈的行业内部竞争,市场已接近饱和。超市、购物中心、专卖店、连锁店在武汉的兴起，造成了原有客源和购买力的分流。同时国外商业企业在我国的迅速发展，势必给我国商业企业带来较大的冲击,致使国内商业零售企业市场占有率下降,行业利润率降低，竞争力削弱。

(2)百货零售业依赖于制造业的发展,制造业的行业风险会波及百货零售业。

(3)高档娱乐业、住宅业、金融业的迅速发展,使居民消费倾向呈多元化趋势,引了大量的社会闲散资金,造成了消费资金由商业向上述行业的转移。

3.市场风险

(1)本公司属商业企业,一、四季度为销售旺季,二、三季度为销售淡季,呈现明显的季节性商业周期,影响了本公司的经营稳定性。

(2)本公司地处武汉,武汉市商业零售企业较为密集,市场趋于饱和,进一步提高市场占有率成本很高。

(3)国内商业零售业地域色彩浓厚,存在明显的市场分割，本公司向周边地区拓展会受到地方保护主义的阻力。

4.政策性风险

我国的社会主义市场经济处于初级阶段,商业政策的不成熟性与商业法律、法规的不健全性直接影响商业经营。目前正处于国家产业政策调整期,国家有关商业经营和商品流通的政策、法律法规(如税收)在将来如作较大调整和改变，可能会在一定时期内给公司的经营和获利带来一定的风险,例如:在"九五"期间，国家将调整对房地产业的政策,刺激房地产市场,推动住宅商品化，以此作为启动消费市场的突破口,这会对本公司所处的商业行业带来不利因素。目前,受到国家进出口政策的限制,本公司的国际业务还没有开展起来。

5.项目风险

本公司为扩大企业经营规模,提高竞争能力,将利用本次发行新股募集的资金进行新的较大规模的投资(主要投入台商合资项目)及投资改扩建项目。尽管这些投入都将进行充分的市场调查和科学论证,但由于市场变化不以人的意志为转移,因此,不排除有不可预见因素对投资项目带来影响的可能性。

6.股市风险

近几年来,我国证券业发展速度较快,各项证券交易法规正在不断完善，投资者素质也有所提高。但股票市场的价格不仅仅取决于企业的经营状况，同时也受到各种经济因素、政治因素和投资心理的影响。投资风险和股市风险是相连的。为此本公司提醒投资者,应对股票市场的价格波动和可能涉及的风险有所了解,以便作出正确的投资决策。

(二)风险对策

为了最大限度降低上述风险，本公司对于上述风险因素拟进一步采取以下对策:

1.针对经营风险

(1)拓宽供货渠道,在一年内建立完善的进口家用电器供货网络。对于国产家用电器和服装供货商，实施淘汰制。根据本公司存货管理系统和国内商业行业定期发布的营销信息,对供货商进行筛选，定期调整，首先在供货环节实行本公司对市场的快速反应机制。针对全国家庭装璜材料市场需求旺盛的特点，开设装璜材料专卖店,改变本公司销售收入主要依赖于家用电器和服装的局面。

(2)培养一批高素质的营销人才,主要面对机关、企业、学校等，以优质服务挖掘集团消费客源，形成一支固定的集团消费客户群。

(3)扩大本公司车队的规模,提高本公司销售商品的自运比例。

(4)以家庭这一社会最基本的消费单位为目标,在武汉老城区居民居住密集区、新住宅小区、高档住宅区发展连锁超市,同时向旅游业、高档娱乐业渗透,改变本公司经营主要依赖百货零售的局面。调整商品结构，形成高档商品50%，中档商品40%,低档商品10%的理想的商品结构，提高本公司的抗风险能力。

(5)逐步缩小传统的柜台销售方式,扩大开架售货形式,采用诸如邮购、电视购物、电话购物等国内外最先进的营销手段，使本公司在营销方式上始终立足于国内商业企业的最前沿。

(6)采取科学的存货管理方法,提高存货周转速度，避免公司商品结构不合理而形成的资金沉淀。特别要减少黄金饰品的库存，降低黄金饰品市场价格浮动对本公司经营稳定性的影响。

2.针对行业风险

(1)充分发挥本公司知名度高的优势，瞄准武汉周边地区及湖北中小城市，以中低档商品为特色,开辟新的客源,进而占领潜力巨大的城镇商品销售市场。

(2)继续巩固百货零售业,积极向高档娱乐业、旅游业、饮食业等行业渗透，避免百货零售业对制造业的过份依赖。

(3)健全市场研究及分析体系,及时捕捉市场信息，掌握居民消费心理及消费倾向的变化,根据市场需求的变化及时调整公司经营策略。

3.针对市场风险

(1)针对本公司一、四季度为销售旺季,二、三季度为销售淡季的周期性特点,制定科学的存货管理制度及营销策略,使公司的销售淡季不淡,旺季更旺。

(2)针对武汉市商品零售市场趋于饱和的特点，选择一些规模大、效益差的商业企业作为目标企业进行收购兼并。

(3)针对国内商品零售市场存在市场分割的特点,通过联营及股权投资的形式向存在市场分割的地区渗透。

4.针对政策风险

加强对国家宏观政策的分析和预测,加强与国家各有关部门沟通,建

立信息收集和分析系统,做到了解政策、掌握政策及运用政策。注重提高公司经营管理人员的素质和科学决策能力,增强应变能力,以适应我国经济发展和社会发展的需要。

5.针对项目风险

任何投资项目都存在风险,但也孕育受益的机会。本公司针对新建项目,将以最快的速度,最可行的方法制定出施工方案,把握最佳时机,充分利用建设筹资的时间差,提高资金使用效率,减少因投资增加、周期延长等因素带来的风险。

6.针对股市风险

对于股市风险,本公司将严格按照《公司法》等有关法律、法规的要求,规范运作,履行信息披露义务,及时公告有关信息,对市场上有关本公司的谣言,及时予以澄清,尽本公司的职责,减少投资者的股市风险。

六、募集资金的运用

1.本次募集资金的运用

本公司本次拟向社会公开发行 40,000,000 股人民币普通股,预计发行成功后,扣除发行费用,可募集资金 201,000,000 元,主要用于下列项目:

(1)投资 150,000,000 元与台湾丰群投资股份有限公司合资兴建"武汉来来中心百货商场"。

该项目总投资 700,000,000 元,此次本公司出资 150,000,000 元,全部由本次募集资金投入。本公司占合资公司注册资本的 51%,台湾丰群投资股份有限公司占合资公司注册资本的 49%。其余资金缺口将由合资公司通过银行贷款及自筹方式解决。其中部分银行贷款已得到中国建设银行武汉市分行的承诺。

此项目业经国务院国办通〔1996〕4 号文立项批准。武汉来来中心百货商场总建筑面积 51,832 平方米,地上 11 层,地下 2 层,其中营业面积 31,912 平方米,办公、仓库、其他用房为 16,440 平方米,停车场 3,480 平方米。项目建设期 2.5 年,预计项目 1999 年 12 月完工,建成后第一年销售收入预期达 1,659,441,000 元,年利润 113,893,000 元,税后利润 76,369,000 元。平均投资利润率 37.82%,以净现金流量计算投资回收期 6.83 年。

(2)投资 18,900,000 元用于武汉星中星商城技术改造一期工程。

该项目总投资 18,900,000 元,商城位于武昌区中华路街面,全长 109 米,主营百货零售业兼批发,建筑面积 8000 平方米。

该项目经武汉市经济委员会武经〔1994〕243 号文批准立项。1995 年 10 月 11 日,武汉市经济委员会以武经〔1995〕167 号文批准该项目可行性报告。由于国家投资体制改革及地方政策变化等原因,该项目延迟到 1996 年 11 月开工,公司已投资了 1,430,000 元用于开发费用。本次募集资金中的 18,900,000 元将用于投资该项目,预计该项目 1998 年 3 月完工,完工后当年可新增销售收入 300,000,000 元,新增利润 10,700,000 元,新增税后利润 9,095,000 元,以净现金流量计算,投资回收期 2.67 年。

(3)剩余 32,100,000 元拟用于补充本公司流动资金及发展连锁经营,其中 12,000,000 元用于改善本公司商场营业设施,其余 20,100,000 元,用于发展连锁经营。

2.本次募集资金运用计划时间表:

单位:万元

投入时间 项目	1997年6月	1997年12月	1998年3月	合计
武汉来来中心百货合资项目	11,900		3,100	15,000
武汉星中星商城技改一期工程	500	1,390		1,890
补充公司流动资金及发展连锁经营	1,800	1,410		3,210
合计	14,200	2,800	3,100	20,100

注:(1)项目的闲置资金主要用于短期商品流转资金

(2)武汉来来中心百货商品项目是本公司近期主要投资的项目,本次募股资金的投入及资金缺口的落实应优先保证。

若此次募股资金能及时到位,上述项目全部完工后,无不可预见因素,武汉中心百货(集团)股份有限公司每年可新增销售收入 1,146,310,000 元,每年新增税后利润 49,140,000 元。

3.公司历次募股资金运用情况简介

本公司分别于 1989 年 9 月和 1992 年 3 月两次向社会发行股票,总共募集资金 49,960,000 元,已投入到招股说明书所列示的项目中。

(一)第一次募股资金 14,840,000 元,用于下列项目:

1.1989 年 10 月投入 1,200,000 元,建造 10000 平方米的商品仓库,1990 年 4 月竣工,平均每年节约仓租费用 450,000 元。

2.1990 年投资 9,000,000 元,用于公司一期改造扩建收尾工程,开辟了儿童购物中心、食品自选大厅、友谊超级商场,增加营业面积 3000 平方米,并购置自动手扶电梯等现代化营业设施,改善购物环境。当年增加销售收入 40,000,000 元,利润 1,800,000 元。

3.其余款项于 1989 年底全部作为商品流转资金,用于采购名优商品,当年增加销售收入 4,000,000 元。

(二)第二次募股资金 35,120,000 元,用于下列项目:

1.1993 年投资 33,800,000 元,用于批租和拆迁毗邻公司大楼 3700 平方米土地,兴建一座 24 层商贸大厦,新增营业面积 22000 平方米。1995 年底已部分营业,1996 年 10 月大楼总体基建已经完工,大楼的商场部分已全部营业。1996 年底实现销售收入 90,000,000 元,实现利润 4,500,000 元。

2.其余款项用于在湖北沙市兴建 700 平方米商场,年销售收入 5,000,000 元,实现利润 250,000 元。

七、股利分配政策

1.发行人股利分配的一般政策

根据国家有关法律和公司章程的规定,本公司缴纳所得税后的利润按如下顺序和比例进行分配:

(1)弥补亏损;

(2)提取法定公积金 10%;

(3)提取法定公益金 5-10%;

(4)提取任意公积金;

(5)分红。

公司在弥补亏损、提取法定公积金和法定公益金前,不得分配股利。税后利润具体分配比例〔(3)-(5)〕项由公司董事会根据当年经营状况和公司今后发展需要拟定分配预案后提交股东大会审定。

公司当年有盈利时,分红在会计年度结束后六个月内进行。但经董事会提议,股东大会决议,本公司可进行中期分红或者决定当年不分配利润,结存下一年度分配。公司当年无利润时,不得分配股利。但公司已用公积金弥补亏损后,公司为维护其股票信誉,经股东大会特别决议,用公积金转增股本形式分配股利,但转增股本后公司的法定公积金不得低于注册资本的百分之二十五。

2.1997 年 3 月 6 日,公司董事会拟订预分配方案,1996 年度股利以每股 0.20 元派发,具体分配方案由 1996 年度股东大会通过后实施。根据 1997 年 3 月 18 日公司临时股东大会决议,1996 年度股利分配由原股东享受。此次分配实施后,新老股东共同享受 1997 年全年度及未分配的滚存利润的分配。预计发行股票后,新股东首次享受分红派息的时间为 1998 年 6 月。

3.本公司股票均为人民币普通股,同股同权,同股同利。

4.分红时,公司依法代扣代缴个人股东红利收入应交纳的税金。

八、发行人情况

1.发行人名称:武汉中心百货(集团)股份有限公司;

2.发行人成立日期:1989 年 11 月 8 日。

3.住所:湖北省武汉市江汉区江汉路 129 号。

4.发行人的历史情况简介:

武汉中心百货(集团)股份有限公司前身为中国国货公司武汉分公司。武汉解放后,1949 年 5 月 16 日成立了武汉中心百货大楼。该大楼是解放后武汉市第一家国营百货零售企业,从事商品批零业务。

武汉中心百货大楼是隶属武汉市商委领导的大型国营商业零售企

业，是八十年代初武汉市政府确定的首批经理负责制单位。

1989 年 8 月，武汉市经济体制改革委员会以武体改〔1989〕29 号文批准，同意以股份制方式组建武汉中心百货大楼股份有限公司，武汉中心百货大楼以全部经营性净资产 9,960,000 元折为 9,960,000 股，非经营性净资产未作价入股。1989 年 9 月，中国人民银行武汉市分行以武银管〔1989〕138 号文批复，同意武汉中心百货大楼股份有限公司向社会发行股票 14,840,000 股，每股面值 1 元，发行价格每股 1 元。此次发行结束后，1989 年 11 月 8 日在武汉市正式注册成立了武汉中心百货大楼股份有限公司，注册资金 24,800,000 元。

1991 年 10 月，经公司董事会提议和股东大会表决通过，并于 1992 年 1 月经武汉市经济体制改革委员会武体改〔1992〕122 号文批准，公司名称变更为“武汉中心百货(集团)股份有限公司”。与此同时，经武汉市经济体制改革委员会武体改〔1992〕122 号文和中国人民银行武汉市分行武银办〔1992〕2 号文批准，公司向社会公开增资扩股 17,560,000 股，每股面值 1 元，发行价格每股 2 元。此次增资扩股后，公司注册资金增加为 42,360,000 元。

1992 年 10 月 26 日，公司完成了企业法人营业执照变更登记手续。

1993 年 8 月，经武汉资产评估公司武资评〔1992〕042 号文件评估并由武汉市土地管理局以武土偿字〔1993〕011 号文核定本公司位于汉口新华下路八古墩右一巷的土地使用权地价为 7,736,085 元。1993 年 8 月，经武汉市国有资产管理局以武国资综〔1993〕201 号文确认本公司土地使用权价值 7,736,085 元，后经武汉市国有资产管理局武国资非工〔1993〕202、203 号文明确将上述公司的土地使用权价值 7, 736,085 元折为国家股 7,720,000 股。此次公司变更股本已获得 1993 年 8 月公司临时股东大会一致通过，并获得武汉市经济体制改革委员会武体改〔1993〕171 号文及武汉市证券管理领导小组武证办〔1993〕44 号文批准。

至此，公司注册资金增加为 50,080,000 元。

1994 年 4 月，经国家体改委体改生〔1994〕45 号文批复，同意本公司进行规范化的股份制企业试点。

之后，本公司逐步按照《股份有限公司规范意见》、《中华人民共和国公司法》、《股票发行与交易管理暂行条例》以及其他相关法规进行了全面规范，公司经营规范不断扩大，经济效益显著提高。

5. 发行人的组织结构和内部管理结构

本公司的组织结构和内部管理结构图如下：

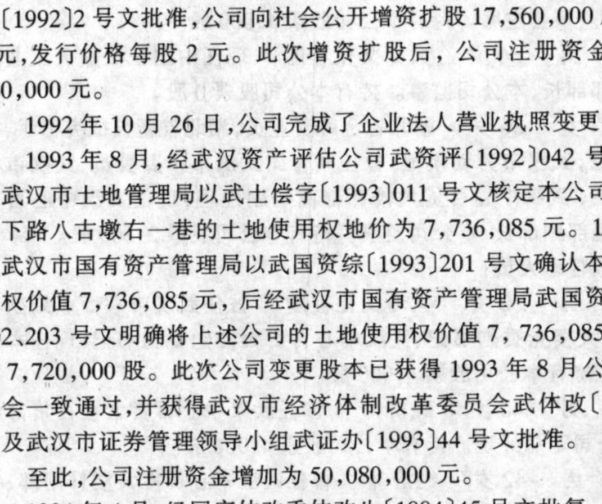

6. 发行人的经营范围

根据本公司章程规定并经武汉市工商行政管理局核准，本公司的经营范围是：

主营：百货、针纺织品、五金交电(不含消防器材)、副食品零售兼批发；烟、酒、彩电、金银、首饰零售。

兼营：工艺美术品、家俱、日用杂品(不含烟花爆竹)零售兼批发；丁烷气体、油漆粘胶零售；彩扩；家用电器、钟表维修；汽车运输；家用电器及旧货调剂。

7. 发行人实际从事的主要业务

目前，本公司实际所从事的业务主要是经营日用百货、针纺织品、五金交电、、副食品等商品的零售与批发，并提供较为全面的售后送货上门、安装、使用示范以及保护、维修等服务。

8. 发行人的主要产品品种、生产能力、主要市场及其市场占有情况和销售额、销售方式等情况：

(1)主要产品品种：本公司的主要产品品种是提供百货、针纺织品、五金交电(不含消防器材)、副食品零售兼批发以及烟、酒、金银、首饰商品零售等服务。1996 年底，本公司销售产品品种 50,000 余种。

(2)销售能力及销售额：

近几年来，本公司年销售商品总额均在 200,000,000 元以上，近 3 年的销售情况如下(单位：千元)：

时间	1996 年度	1995 年度	1994 年度
销售额	292,023.39	248,125.93	306,509.72

(3)主要市场及其市场占用情况：

在商品结构上，本公司主要是家用电器、服装及针纺织品、日用百货和五金交电。

在地区分布上，本公司主要市场位于武汉三镇，占 90%以上；外地主要是批发业务，约占 10%左右。

在商品档次上，本公司销售的主要产品为中档商品，主要市场为大众化产品，约占 75%以上；高档商品约占 15%，其他产品约占 10%。

在市场份额上，以销售收入计算，本公司在武汉地区同行业中名列第五位，已进入全国百家最大商业零售企业。

(4)本公司销售商品的方式主要是零售、批发、专柜联营、总代销等，并提供售后保修、维修服务。

9. 主要货物的供应情况

本公司主要从事日用百货、针纺织品、五金交电、副食品等商品的零售与批发，主要货物的供应根据消费市场产品需求进行调整，供货渠道是通过与各商品生产厂家直接联系进货。目前，本公司销售货源的主要供货单位是全国各大生产厂家，包括合肥美菱集团股份有限公司、四川长虹电器股份有限公司、深圳康佳集团股份有限公司等上市公司。

10. 发行人职工与福利情况

本公司现有在册员工 1980 人，根据其专业分工、受教育程度和职称，其结构如下：

类别	人数(人)	占总人数的比例(%)
按专业分		
营业人员	1072	54
管理人员	499	25
其中：财务人员	112	5.5
其他人员	409	21
按教育程度分		
大专及以上	398	20
中专	686	35
中专以下	896	45
按年龄分		
20－30	798	40
30－40	897	45
40 岁以上	285	15

到目前为止，本公司离休人员 9 人，退休人员 794 人，其安置已按国家有关规定，参加社会统筹，其费用支出按公司在职职工工资总额的 26%承担。

本公司按照国家及地方政策的规定，已经为员工办理了相关的劳动保险。今后，本公司将进一步采取措施，一方面加强在册职工的培训，一方面积极吸引更多的高水平人才，使公司的经营管理水平得到进一步提高。

11. 新产品、新项目研究开发的有关情况

本公司的产品主要为商业服务，拟采取连锁经营、专柜销售、增加广

告、改善店内装修和商品陈列等现代化的促销方式,以提高公司的经济效益和社会效益。

12.发行人上市前后的生产经营条件

(1)根据武汉市税收政策,本公司从公司成立时至1995年企业所得税实行定额上缴。经武汉市政府武政(1997)14号文批准,本公司的所得税按33%征收,从1996年1月开始按18%返回,实际执行税率为15%。

(2)根据国家目前的有关规定,国内对烟草等销售实行专卖,对金银业务等实行专营,本公司现已相继获得了上述特种产品的专卖或经营权。

13.发行人在过去三年内所发生的重大改组、购并、清理整顿行为

1993年7月,根据《国务院办公厅关于执行<股份有限公司规范意见>的通知》等有关规定的要求,在完成了资产评估(包括土地使用权价评估)、国有股权界定等规范工作之后,本公司向上级主管部门提出了进行规范化股份制企业试点申请。

1994年4月15日,国家体改委以体改生〔1994〕45号文批复,同意武汉中心百货(集团)股份有限公司进行规范化的股份制企业试点。

14.关联交易

发行人与持有本公司20%以上股权的股东之间在产品供销、服务、管理、资金融通方面不存在关联交易。

15.董事、监事及高级管理人员

董 事:

汪爱群　男　43岁　大专文化程度　高级经济师　曾任武汉中心百货大楼常务副总经理,武汉商业大厦总经理,武汉服装城党委书记兼总经理,深圳金田实业集团华中有限公司总经理;现任本公司董事长、总经理。持有本公司股票5,000股。

陈汉华　男　44岁　大学文化程度　高级经济师　历任建行武汉市分行拨贷处、计划处副处长、投资处处长,建行江汉支行行长、党委书记,建行武汉市分行行长助理;现任建设银行武汉市分行副行长,本公司副董事长。持有本公司股票0股。

俞善伟　男　45岁　大专文化程度　经济师　曾任武汉中心百货大楼电讯部副主任、支部书记,经理办公室主任,党委办公室主任,总经理助理,党委副书记;现任本公司副董事长、常务副总经理。持有本公司股票4,000股。

吴志豪　男　62岁　大专文化程度　高级会计师　曾任武汉市财政局处长、巡视员,武汉市信托投资公司副总经理;现任长江经济联合发展股份有限公司武汉公司副总经理,本公司董事。持有本公司股票0股。

黎东辉　男　28岁　大学文化程度　经济师　1990年至1994年在武汉希岛实业股份有限公司工作,历任外贸干事、总经理办公室副主任;1995年至今在武汉国兴投资咨询有限公司工作,任该公司董事,本公司董事。持有本公司股票0股。

朱永彤　男　38岁　大学文化程度　现任中国工商银行武汉市分行营业部主任,本公司董事。持有本公司股票0股。

樊启炎　男　47岁　大专文化程度　现任深圳盛达实业发展公司总经理,本公司董事。持有本公司股票0股。

李　伟　男　67岁　曾任汉南区区委书记,武汉石化厂长;现任武汉华中房地产综合开发总公司董事长兼总经理,本公司董事。持有本公司股票0股。

肖启顺　女　39岁　大专文化程度　现任武汉市民生城市信用社副主任,本公司董事。持有本公司股票0股。

张克俭　男　57岁　大学文化程度　高级会计师　曾在麻城商业供销外贸部门、湖北省纺织品进出口公司从事财会管理工作;现任湖北省纺织品进出口公司总会计师,本公司董事。持有本公司股票500股。

夏庆建　男　44岁　大学文化程度　高级经济师　曾任工商银行利川市支行副行长、工商银行湖北省工行副处长;现任中国工商银行省直属支行副行长,本公司董事。持有本公司股票500股。

张锦松　男　35岁　大专文化程度　会计师　曾任武汉中心百货大楼财会科科长;现任本公司总会计师及董事会秘书,本公司董事。持有本公司股票4,000股。

刘双红　女　47岁　大专文化程度　武汉市劳动模范　曾任武汉中心百货大楼服装部副主任,文化部、电讯部等支部书记;现任本公司工会主席,本公司董事。持有本公司股票4,000股。

潘春凤　女　51岁　大专文化程度　高级经济师　曾任武汉中心百货大楼服装部副经理、财务科科长、工会第一副主席;现任本公司副总经理,本公司董事。持有本公司股票4,000股。

杨锦春　女　44岁　大专文化程度　高级经济师　曾任武汉中心百货大楼团总支副书记、商管科副科长、四鞋部、服装部副经理兼书记,人事科科长;现任本公司副总经理,本公司董事。持有本公司股票4,000股。

监 事:

姜武实　男　59岁　大专文化程度　曾任鄂南纸坊煤矿、武汉市五交公司干部,武汉市商业管理委员会统战部副科长;现任本公司纪委书记,本公司监事会主席。持有本公司股票4,000股。

宋恕章　男　56岁　大专文化程度　现任中国三江航天工业集团公司财务部部长,本公司监事。持有本公司股票0股。

夏艳红　女　36岁　湖北省金牌营业员,湖北省新长征突击手,湖北省劳动模范,武汉市劳动模范,曾任共青团武汉市市委委员、武汉市江汉区人大代表、武汉中心百货大楼针棉商场副经理;现任武汉中心百货大楼现场管理部副部长,本公司监事。持有本公司股票2,500股。

其他高级管理人员:

汪利伟　男　52岁　大专文化程度　曾任武汉市一商业局副科长、中南商业大楼党委副书记、武汉中心百货大楼党委副书记;现任本公司副总经理。持有本公司股票4,000股。

邱正雄　男　40岁　经济师　曾任武汉中心百货大楼百货部经理;现任本公司副总经理。持有本公司股票4,000股。

李国勤　男　42岁　经济师　曾任武汉中心百货大楼日用部、针棉部、友谊服务部、钟表部副经理、家电商场经理;现任本公司副总经理。持有本公司股票2, 500股。

程　军　男　36岁　大专文化程度　经济师　曾任武汉中心百货大楼经理办公室副主任、团委书记、办公室主任、总经理助理;现任本公司副总经理。持有本公司股票2,500股。

上述人员个人待遇按公司有关规定处理,其责任已由本公司章程规定,与本公 司没有借款、担保等对价协议关系。

九、经营业绩

1.生产经营的一般情况

本公司股份制改造以来,在上级的大力支持下,经过全体股东和员工的共同努力,在商品的零售与批发、市场的拓展、规范化服务及经营管理水平等诸多方面取得了良好的业绩。曾获得国家部委、省市等上级的各种奖励60多个,先后被授予"中华老字号"、"全国青年文明服务示范单位"、"全国商业打假先进单位"、"消费者最乐意去购物的商场"、"商品质量计量信得过单位"、"经济效益先进单位"、"93年湖北最大、盈利最多的商业企业"、"武汉二十强单位"、"湖北省重合同守信用企业"等称号。

2.近三年发行人每年销售总额和利润总额的情况(单位:千元)

	1996年	1995年	1994年
销售收入	292,023.39	248,125.93	306,509.72
营业利润	19,147.33	11,970.12	15,780.23
利润总额	22,918.02	17,667.95	16,984.56

3.发行人业务收入的主要构成如下表:

发行人业务收入主要为商品的零售与批发收入,1996年主营业务收入总额为292,023,394元,明细如下(单位:元)

收入构成名称	金额	比例
商品零售收入	291,026,310	99.66%
商品批发收入	969,749	0.33%
广告收入	27,335	0.01%

4.发行人完成的主要工作

(1)建立起较为完善的内部管理机制。

本公司根据《公司法》的规定重新调整了内部组织机构，确定本公司股东大会是公司的权力机构，董事会对股东大会负责。总经理负责日常的经营管理活动，由董事会聘任或解聘，并对董事会负责。监事会由股东代表和适当比例的公司职工代表组成，对董事会成员、高级管理人员的管理行为进行监督。

与此同时，结合本公司所属行业的特点和公司具体情况制订了较为完善的管理制度。

(2)完成规范化股份制企业试点的初步工作。

本公司曾是国营百货零售企业，在国内企业进行股份制改造的试点阶段较早地开展了股份制的探索与试验。

1993年，根据《国务院办公厅关于执行＜股份有限公司规范意见＞的通知》等有关规定的要求，在完成了资产评估(包括土地使用权价评估)、国有股权界定等规范工作之后，本公司向上级主管部门提出了进行规范化股份制企业试点申请。

1994年4月15日，国家体改委以体改生〔1994〕45号文批复，同意武汉中心百货(集团)股份有限公司进行规范化的股份制企业试点。

之后，本公司召开了股东大会，审定了经修改后的公司章程及有关文件，从而使公司得到了较为全面的规范。

1996年10月23日，国家国有资产管理局以国资企发〔1996〕175号文批复，确认了本公司国家股权管理的有关问题，同意公司国家股股权由武汉国有资产经营公司持有和行使。

这些都为公司以后的规范化运作和经营管理提供了良好的基础。

(3)公司成立以来，已经投资改造了商品仓库，完成了老的营业大楼的改造，兴建的一座24层的商贸大厦已基本完工，并参股投资了无锡小天鹅股份有限公司等企业。

(4)引进名牌产品，增设名牌专柜。本公司先后与青岛海尔、无锡小天鹅、金利来等名牌产品的生产企业达成协议，在本公司营业地开设了名牌专柜，提高了商品档次，增加了经济效益。

5.生产经营设备、主要固定资产增加、改进的情况

公司成立后完成了武汉中心百货大楼扩建工程以及一座商贸大厦的部分装修改造，并购置部分设备对大楼进行了重新装修和商品重新陈列。公司近三年的固定资产合计分别为196,137,563元、157,826,333元和113,793,003元，年增长率均在20%以上。

6.职工数量与业务水平方面的变化情况

随着公司业务的快速发展，公司员工的数量不断增加，业务水平得到了较快提高。

公司股份制改造之初，员工总数为1,407人，具有大中专以上学历的仅有95人。目前，公司在册职工总数已达1,980人，其中具有大中专以上学历的已有1,084人，占在册职工总数的55%.公司对所有上岗员工都实行岗前培训，并且实行在岗监督、岗后定期考核的办法。职工在商品陈列、营销策略、产品应知与使用推广等方面的业务水平有了明显提高。

十、股本

1.注册股份：

1993年9月30日本公司注册股份为50,080,000股，每股面值1元。此后，公司注册股份一直未发行变动。

此次发行成功后，公司拟注册股份为90,080,000股。

2.已发行的股份

经武汉中心百货大楼申请，武汉市经济体制改革委员会于1989年8月15日以武体改〔1989〕29号文批准，武汉中心百货大楼整体改组，以全部经营性净资产9,960,000元，按每股1元折为9,960,000股。1989年9月20日，经中国人民银行武汉市分行武银管〔1989〕138号文批准，公司向社会发行股票14,840,000股，每股面值1元，为记名式股票，每股发行价为人民币1元，共计14,840,000元。其中，向法人发行2,240,000股，向社会公众发行12,600,000股，此次发行由武汉证券公司代理发行，发行期9天。至1989年9月30日，公司第一期股票发行完毕，股金14,840,000元全部到位。1989年11月5日，武汉中华会计师事务所出具了验资报告，公司于1989年11月8日注册成立。公司名称为武汉中心百货大楼股份有限公司，注册资金为24,800,000元。

此次发行后的股本结构如下表：

股份类别	持股数	占总股份比例
国家持股	9,960,000	40.2%
法人持股	2,240,000	9.0%
社会公众持股	12,600,000	50.8%
总股本	24,800,000	100%

经武汉中心百货大楼股份有限公司董事会和股东大会决议并申请，武汉市经济体制改革委员会于1992年1月10日以武体改〔1992〕122号文、中国人民银行武汉市分行于1992年2月28日以武银办〔1992〕2号文批准，公司第二期增加发行法人股17,560,000股，每股面值1元，为记名式股票，发行价为每股2元。此次发行由武汉证券公司代理发行，发行期为10天，至1992年3月12日，公司第二期股票发行完毕，股金35,120,000元全部到位，武汉中华会计师事务所在1992年4月3日出具了验资报告。公司于1992年10月26日完成了营业执照变更手续。公司名称变更为武汉中心百货(集团)股份有限公司，注册资金42,360,000元。

此次发行后的股本结构如下表：

股份类别	持股数	占总股份比例
国家持股	9,960,000	23.5%
法人持股	19,800,000	46.7%
社会公众持股	12,600,000	29.8%
总股本	42,360,000	100%

此次发行超过面值缴入的溢价部分在扣除发行手续费后全部计入资本公积金。

1993年7月，经武汉资产评估公司武资评〔1993〕042号文评估并由武汉市土地管理局以武土偿字〔1993〕011号文确认公司所使用的土地一宗，位于汉口新华下路八古墩右一巷8号，土地面积10,818,93平方米，其所处单位等级为六级，用途为生产经营仓储、厂房用地，核定土地使用权地价总额为7,736,085元人民币。

根据武汉市国有资产管理局关于武汉中心百货(集团)股份有限公司国有土地折股意见(武国资非工〔1993〕202号)，鉴于公司成立时至1993年一直无偿使用国有土地，而且国有资产以经营性净资产帐面值入股，未考虑资产增值因素，又考虑到公司自实行股份制以来，享受承包定额税的优惠政策，为了维护国家股东的利益，1993年8月，经本公司临时股东大会通过了关于变更总股本及结构的特别决议，并经过武汉市经济体制改革委员会以武体改〔1993〕171号及武汉市证券管理领导小组办公室武证办〔1993〕44号文批准，该部分土地使用权折为国家股7,720,000股。

至此，公司股本结构如下

股份类别	持 股 数	占总股份比例
国家持股	17,680,000	35.3%
法人持股	19,800,000	39.5%
社会公众持股	12,600,000	25.2%
总 股 份	50,080,000	100%

上述股本金已经武汉中华会计师事务所武中会外93048号验资报告验证，并于1996年10月23日获国家国有资产管理局国资企发〔1996〕175号文件确认，其中国家股股权由武汉国有资产经营公司持有和行使。此后，股本结构至今未发生变动。

3.本公司已发行的股份已经根据有关规定进行了集中托管，武汉证券登记中心已出具托管情况的报告(武证登托字〔1997〕第34号)。

4.本次发行成功后，公司股份的结构将为：

股份类别	发行前		发行后	
	股份数(股)	占总股本比例%	股份数(股)	占总股本比例%
尚未流通股份				
国家持股	17,680,000	35.30	17,680,000	19,63
法人持股	19,800,000	39.50	19,800,000	21.98
社会公众持股	12,600,000	25.20		

可流通股份				
社会公众持股			52,600,000	58,39
总股份	50,080,000	100.00	90,080,000	100

5. 本公司此次向社会公开发行40,000,000元面值的股票将采用溢价发行,溢价部分扣除发行费用后转入公司的资本公积金。

6. 本公司原发行的社会公众股12,600,000股,经1997年3月18日临时股东大会决议,将申请与本次发行的新股一并上市。

7. 公司本次发行前净资产总额为114,464,102元,每股净资产2.29元。

8. 本次发行后净资产总额约315,464,102元,每股净资产3.50元。

9. 本次发行前按持股比例排列的前十名股东名单(单位:股)

序号	前十名股东名单	持股数	比例(%)
(1)	武汉国有资产经营公司	17,680,000	35.30
(2)	武汉国兴投资咨询有限公司	5,040,000	10.06
(3)	武汉市建设银行信托投资公司	2,000,000	3.99
(4)	长江经济联合发展股份有限公司 武汉公司	1,410,000	2.82
(5)	湖北省纺织品进出口公司	1,200,000	2.39
(6)	武汉市民生信用合作社	1,050,000	2.09
(7)	中国三江航天工业集团公司	1,000,000	1.99
(8)	深圳盛达实业发展公司	1,000,000	1.99
(9)	中国工商银行湖北省信托 投资公司	1,000,000	1.99
(10)	中国工商银行武汉市分行营业部	1,000,000	1.99

注:以上银行股东已出具关于股权转让的承诺书,保证于1997年5月31日前将所持股份转让给国家法律、法规允许持股的单位。

十一、主要会计资料

如果投资者欲对本公司的财务状况、经营成本及会计政策进行更详细的了解,应当认真阅读本招股说明书附录中所载的发行人财务报表及其注释。

以下资料摘自武汉中华会计师务所出具的审计报告[武中会〔1997〕038号]

1. 审计报告

审 计 报 告

武中会(1997)038号

武汉中心百货(集团)股份有限公司全体股东:

我们接受贵公司的委托,审计了贵公司编制的1994年12月31日、1995年12月31日、1996年12月31日资产负债表与合并的资产负债表与1994年度、1995年度、1996年度利润及利润分配表和财务状况变动表及合并的财务状况变动表,这些会计报表由贵公司负责编制,我们的责任是对这些会计报表发表审计意见。我们的审计是依据中国注册会计师独立审计准则进行的。在审计过程中,我们结合贵公司实际情况,实施了包括抽查会计记录,审核有关证据以及在当时情况下,我们认为必要的其他审计程序。

我们认为,贵公司编制的上述会计报表符合《企业会计准则》和《股份制试点企业会计制度》有关规定,在所有重大方面公允地反映了贵公司1994年12月31日、1995年12月31日、1996年12月31日的财务状况和该三个会计年度的经营成果及资金变动情况,会计处理方法的选用遵循了一贯性原则。

武汉中华会计师事务所　　中国注册会计师　王岚

中国注册会计师　石文先

中国注册会计师　肖秋平

中国　武汉　江汉路25号　　1997年3月7日

2. 公司财务报表

合并资产负债表(附后)

合并利润及利润分配表(附后)

合并财务状况变动表(附后)

3. 发行人合并会计报表注释摘要

注释1. 公司的主要会计政策

(1)会计制度:公司执行《企业会计准则》、《股份制试点企业会计制度》及有关补充规定。

(2)会计期间:会计年度采用公历年制,即1月1日至12月31日。

(3)记帐原则及计价基础:公司会计核算采用权责发生制原则,会计计价以历史成本为基础。

(4)记帐方法:会计记帐方法采用借贷复式记帐法。

(5)记帐本位币:会计核算以人民币作为记帐本位币。

(6)合并报表的基础和方法

A. 纳入合并报表除母公司外,另有四家全资子公司:武汉星中星商城、武汉中达房地产开发公司、武汉中发贸易公司、武汉中天广告公司。

B. 公司对所属全资 子公司及对外投资占被投资单位资本50%以上的或拥有实际控股权者,按照财政部财会字〔1995〕11号《合并报表暂行规定》编制合并报表。

(7)外币折算

公司截止1996年12月31日前未发生外币业务。

(8)存货

A. 公司存货包括:库存商品、材料物资、低值易耗品、在途物资、包装物、开发成本等。

B. 除库存商品实行售价金额核算外,其余存货均以实际成本计价。

C. 低值易耗品在领用时按"五五摊销法"摊销。

D. 存货实行永续盘存制。

(9)长期投资

A. 公司对债券投资按实际支付的价款入帐,债券投资收益,根据权责发生制原则计算。

B. 本公司对拥有25%以下股权的长期投资采用成本法核算,对拥有25% 以上股权的长期投资采用权益法核算,并对拥有50%以上股权或拥有实际控股权的长期投资单位编制合并会计报表。

(10)固定资产及其折旧

A. 固定资产的标准为使用年限在一年以上的房屋建筑物、机器、机械、运输工具以及其他与生产经营有关的设备、器具、工具等;不属于生产经营主要设备的物品,单位价值在2,000元以上,并且使用期限超过两年的。

B. 固定资产按实际成本计价。

C. 固定资产折旧采用直线法平均计算,按分类折旧率计提折旧。固定资产分类及折旧年限如下:

固定资产分类	折旧年限	残值率	年折旧率
房屋及建筑物	30	3%	3.23%
通用设备	6	3%	16.17%
专用设备	15	3%	6.47%
运输工具	14	3%	6.93%

(11)坏帐准备

坏帐损失按直接转销法核算。

(12)无形资产

无形资产受益年限摊销。

(13)递延资产

递延资产为大修理费用,在费用项目的受益期限为分期摊销。

(14)收入确认,商品销售收入的确认,以商品已经发出,商品所有权转移买方,收到货款或取得收取货款的证据时,作为营业收入实现。

(15)税项及教育费附加

A. 增值税销项税率为17%,按扣除进项后的余额缴纳。

B. 营业税为营业额的5%。

C. 城市维护建设税为应纳增值税额、消费税额和营业税额的7%。

D. 教育费附加为应纳增值税额、消费税额和营业税额的3%。

E. 所得税:八五期间公司享受第二轮承包优惠政策,所得税按核定税额计征。1994年核定所得税额为106.13万元,1995年核定所得税额为107.725万元。1996年所得税税率为应纳税所得额的33%,返还18%

(武政〔1997〕14号文批准)。

F.堤防费为应纳增值税额、消费税额和营业税额的1%。

G.平抑物价基金为销售收入的1‰。

(16)利润分配

A.公司净利润按下列顺序分配,

a.弥补亏损。

b.提取净利润的10%计入公司法定公积金。

c.提取净利润的5%-10%计入公司法定公益金。

d.根据股东大会决议提取任意公积金。

e.支付普通股股利。

B.历年的利润分配于次年进行,按有关规定调整年初"未分配利润"及相关帐户,不在次年会计报表中反映。

C.1996年已按净利润的10%分别提取法定公积金和法定公益金,按每股0.20元现金股利进行预分配。待股东大会决议后,再按利润分配方案予以调整。

3.财务指标

	1996年	1995年	1994年
流动比率	1.22	1.39	1.49
速动比率	0.70	0.90	0.85
资产负债率(%)	59.67	57.26	53.72
应收帐款周转率(次)	28.82	29.62	82.23
存货周转率(次)	8.29	7.22	7.97
净资产收益率(%)	17.03	15.80	17.05
每股净利润(元)	0.39	0.33	0.32

十二、资产评估的主要情况

公司自成立以来,按照国务院1991年第91号令《国有资产评估管理方法》等文件规定,曾分别在1992年1月及1993年8月进行了资产评估。有关评估情况如下:

(一)第一次资产评估

根据武汉市国有资产评估事务所武国资评〔1992〕053号《武汉中心百货大楼股份有限公司资产评估报告》,武汉中心百货大楼股份有限公司以1991年12月31日为基准日的评估结果如下:

单位:元

项目	帐面(净)值	评估值	评估增减值	增减率%
一资产总额	56,979,232.15	72,086,499.86	15,107,267.71	26.51
1.流动资产	40,822,236.13	40,822,236.13	0	0
2.固定资产	6,984,194.53	21,965,803.44	14,981,608.91	214.51
3.在建工程	8,159,447.76	8,159,447.76	0	0
4.长期投资	387,390.00	513,048.80	125,658.80	32.44
5.其它资产	625,963.73	625,963.73	0	0
二负债总额	31,399,858.68	31,399,858.68	0	0
三净资产	25,579,373.47	40,686,641.18	15,107,267.71	59.06

(二)第二次资产评估

根据武汉资产评估公司武资评〔1993〕042号《武汉中心百货(集团)股份有限公司整体资产评估报告》,武汉中心百货(集团)股份有限公司以1993年7月31日为基准日的评估结果如下:

单位:元

项目	帐面(净)值	评估值	评估增减值	增减率%
一资产总额	136,521,200.26	144,949,060.61	8,427,860.35	6.17
1.流动资产	68,412,945.88	68,420,897.37	7,951.49	0.01
2.长期投资	1,221,458.80	1,225,284.80	3,826.00	0.31
3.固定资产	22,863,110.46	23,543,108.32	679,997.86	2.97
4.在建工程	43,319,123.68	43,319,123,68	0	0
5.固定资产清理	41,149.36	41,149.36	0	0
6.土地使用权		7,736,085.00	7,736,085.00	100
7.待处理流动资产损失	663,412.08	663,412.08	0	0
二负债总额	55,535,701.44	55,535,701.44	0	0
1.流动负债	28,786,573.44	28,786,573.44	0	0
2.长期负债	26,749,128.00	26,749,128.00	0	0
三净资产	80,985,498.82	89,413,359.17	8,427,860.35	10.41

(三)评估与计价方法

1.固定资产的评估采用重置成本方法;

2.流动资产的评估采用现行市价方法;

3.债权债务的评估以帐、表核实数为准;

4.土地使用权价值评估依据武汉市土地管理局武土偿字(1993)011号文件为准;

5.有价证券的评估采用现行市价方法。

十三、盈利预测

1.公司认为以下盈利预测数据有助于投资人对公司所发行的股票做出正确判断,且公司确认有能力对1997年度的盈利情况作出比较切合实际的预测,鉴于盈利预测所依据的种种假设的不确定性,投资人进行投资判断时不应过份依赖该项数据。

2.盈利预测报告(已经武汉中华会计师事务所审核,并出具审核报告〔武中会(1996)081号〕

武汉中心百货(集团)股份有限公司

1997年度盈利预测表

单位:人民币万元

项目	金额
一、主营业务收入	55,000.00
减:营业成本	47,800.00
销售费用	1,600.00
管理费用	1,635.00
财务费用	200.00
营业税金及附加	65.00
二、主营业务利润	3,700.00
加:其他业务利润	150.00
三、营业利润	3,850.00
加:投资收益	120.00
营业外收入	
减:营业外支出	70.00
四、利润总额	3,900.00
减:所得税33%	1,287.00
减:返还18%,实际税率15%	585.00
五、税后利润	
按33%计算	2,613.00
按15%计算	3,315.00
六、每股税后利润(元,按全面摊薄法计算)	
按33%所得税率计	0.29
按15%所得税率计	0.37
七、预计市盈率(倍,以发行价5.25元计算)	
按33%所得税率计	18.10
按15%所得税率计	14.19
八、预测实现后每股净资产(元)	
按33%所得税率计	3.79
按15%所得税率计	3.87

注:经武汉市人民政府武政〔1997〕14号批准,发行人自1996年1月1日所得税按33%征收,返还18%,实际执行税率15%。

3.基准

本盈利预测是公司在充分考虑现时的基础和所有能力及潜力并在下列各项假设的前提下编制的,预测所依据的会计原则在各主要方面与现行的会计原则相一致。

4.假设

(1)公司所在地区的社会经济环境无重大变化;

(2)公司所遵循的我国有关法律、法规、政策仍如现实状况无重大改变;

(3)公司的经营运作不受诸如交通、电讯、水电和原材料等的严重短缺或成本中客观因素的巨大变动而产生不利影响;

(4)公司计划投资项目能如期实现或完成而无较大变化;

(5)1997年之税率及汇率将在正常范围内变动;

(6)无其它人力不可抗拒因素的重大不利影响。

十四、公司发展规划

(一)公司发展目标和规模

在本世纪内实现商品销售总额达25亿元,利润总额达2亿元的目标,使本公司在经营规模、经济效益等方面在国内行业中位居前列。

(二)公司发展战略

公司将以商贸业为重点,以零售业为主业,努力开创多元化经营,积极发展连锁超市,通过兼并、收购,迅速壮大公司实力,到2000年,把公司建设成为集商、工、贸、科、服务娱乐为一体的现代大型商业股份制集团公司。

1.市场发展计划

a.夯实公司主体经营。以人为本,利用现代化的管理手段抓好百货大楼的经营,增加百货大楼在市场上的销售份额。根据市场需求,发挥经营特色,扩大名品、名牌商品的经营比重,商品经营逐步向中高档方向发展。

b.创办"来来中心百货"合资项目。该项目已获国务院批准,市政府将其作为武汉对外开放的重点项目,早进资、早开工、早投产。通过合资经营大型零售商业,引进先进的商业管理经验,培养现代企业管理人才。该项目效益测算依据武汉市商业系统六大商场经营状况分析,每平方米营业面积年销售额可达4万元。武汉来来中心百货商场建成后营业面积达31.912平方米,完成后可实现年营业额12亿元。该项目为台商合资的商业零售企业,无论从装潢到商品,还是从服务到陈列都会给百货零售业带来崭新的商业理念,将成为一座具有先进管理系统的,适应武汉市场发展的高品位购物中心。

c.积极发展连锁经营。公司计划2至3年内在武汉市发展20至30个连锁超市,并以武汉为中心,辐射全省、全国。零售业大型化、连锁化是一种趋势,公司将抓紧时间,占领市场,成为连锁经营的先驱。

d.在原开办旧货调剂中心已取得初步经验和一定规模基础上,兴建国家级的旧货交易中心。该市场名称为"湖北武汉旧货交易中心",已被中华人民共和国内贸部〔1997〕内贸函行一字第69号文批准为全国第二批旧货调剂试点单位。

e.在汉口八古墩建立占地6,000平方仓储式商场,并建立相应的系统配套设施,与全市城镇体系建设和商业发展相适应,建立由大型批发到百货零售的完整统一体系,为批发业、零售业和消费者提供便利、迅速、优质的服务。

2.销售计划

a.建立集团公司配售中心,实行集中进货,零售业统一进货,降低进货成本。

b.扩大批发业务,积极向市外、省外拓展销售渠道,发展新的销售网点。

c.通过来来中心百货合资项目,扩大外贸出口业务。

d.发展联营业务,利用公司的商誉与无形资产,发展"加盟店"扩大销售。

3.固定资产投资计划

a.投资建设武汉星中星商城。

b.在八古墩兴建6,000平方米仓储式商场。

c.投资800万元建设集团公司的微机网络。

4.人员培训计划

a.对现有职工根据岗位要求,有计划、有步骤开展培训,提高员工素质,适应公司发展需要。

b.接受高素质人才,提高企业整体文化素质,改善职工文化结构,降低平均年龄,使职工队伍更趋年轻化。

c.增加专业技术人员,适应公司发展需要和现代化要求。

十五、重要合同及重大诉讼事项

1.发行人所签订的重要合同如下:

(1)合资经营"武汉来来中心百货商场"协议书

1997年3月10日武汉中心百货(集团)股份有限公司(甲方)与台湾丰群来来百货股份有限公司(乙方)签订了《合资经营"武汉来来中心百货商场"协议书》。

(2)建筑安装工程合同

1993年3月18日,武汉中心百货(集团)股份有限公司(甲方)与中国建筑第三工程局(乙方)就武汉中心百货大楼第二期改造扩建工程签订《建筑安装工程施工合同》。

(3)国有土地使用权批租合同

1992年8月11日,武汉市土地管理局(甲方)与武汉中心百货(集团)股份有限公司(乙方)签订了《国有土地使用权批租合同》。合同约定,甲方将位于武汉市江汉区华中里49-55号附近,面积为3,703平方米的占地批租给乙方,土地使用权批租年限为50年,用途为商贸。

(4)国有土地使用权出让合同

1993年7月26日,武汉市土地管理局(甲方)与武汉中心百货(集团)股份有限公司(乙方)签订了《国有土地使用权出让合同》。合同约定,甲方将位于武汉市江江汉区新华下路八古墩,面积为10,818.93平方米的地块出让给乙方,土地使用权出让年限为50年,用途为厂房。

(5)国有土地使用权出租合同

1996年5月8日,武汉市土地管理局(甲方)与武汉中心百货(集团)股份有限公司签订了《国有土地使用权出租合同》,合同约定,甲方将位于中华路39号,面积为13,075.12平方米的国有土地,出租给乙方使用,本合同中土地使用年限为10年,土地用途为商业用地。

(6)房屋租约

1997年1月1日,本公司与武汉市江汉区房地产公司延安房管所签订了武汉市公有非住宅租约,继续租赁原武汉中心百货大楼用作公司营业场所之一。租约的房屋共6层51间,建筑面积5,007.73平方米,月租金额31,628元,租期自1997年1月1日至1999年1月1日。

2.重大诉讼事项

公司截止到1997年2月28日,无重大诉讼、仲裁或行政处罚事项。

十六、其他重要事项

鉴于本公司于1993年9月向武汉市工商行政管理局申请将"武汉中心百货大楼"列为公司的第二名并取得了工商注册,1994年《公司法》和《公司登记管理条例》等法律颁布之后,公司的第二名称已不符合现行法规的要求,为了规范公司名称,1997年3月18日召开的公司临时股东大会通过决议,同意在1997年度股东大会上提出规范公司名称的议案,在得到股东大会批准后,办理工商变更登记手续。

十七、招股说明书及备查文件查阅地点

1.备查文件

(1)审计报告、财务报表及附注

(2)公司成立的登记注册文件

(3)主管部门和证券交易所批准发行上市的文件

(4)承销协议

(5)国有资产管理部门关于资产评估的确认报告

(6)公司改组的其他有关资料

(7)重要合同

2.查阅地点:武汉市汉口江汉路129号本公司八楼证券部

广州市农林下路83号广发证券有限责任公司总部

武汉中心百货(集团)股份有限公司

1997年4月23日

合 并 资 产 负 债 表

单位:人民币元

资产	注释	1996年12月31日	1995年12月31日	1994年12月31日	负债及所有者权益	注释	1996年12月31日	1995年12月31日	1994年12月31日
流动资产:					流动负债:				
货币资金	3	14,862,269.13	15,092,994.32	13,551,411.57	短期借款	16	25,990,000.00	18,150,000.00	12,320,000.00
短期投资	4	7,500.00	4,917,992.55	7,482,190.80	应付票据	17	10,240,900.00		
应收票据	5	400,000.00			应付帐款	18	5,434,102.40	16,820,842.41	17,344,707.58
应收帐款	6	10,211,464.21	10,053,977.75	6,698,182.47	预收货款			350.00	
减:坏帐准备					应付福利费	19	(2,303,946.12)	(1,993,351.63)	(1,470,105.32)
应收帐款净额		10,211,464.21	10,053,977.75	6,698,182.47	未付股利	20	11,742,800.00	10,881,800.00	12,407,350.00
预付货款	7	4,866.00	168,166.00		未交税金	21	4,691,538.10	1,313,387.61	1,451,176.32
其他应收款	8	13,518,838.79	8,926,849.05	6,581,568.04	其他未交款	22	474,625.63	310,815.15	839,681.41
待摊费用	9	6,753,624.38	6,821,904.69	6,916,686.23	其他应付款	23	8,851,039.26	7,173,439.76	6,603,396.89
存货	10	33,995,955.44	25,959,284.23	31,383,491.65	预提费用	24	77,598.00	309,000.00	29,000.00
待处理流动资产净损失			1,583,089.19	1,012,394.40	一年内到期的长期负债				
一年内到期的长期债券投资					其他流动负债				
其他流动资产					流动负债合计		65,198,657.27	52,966,283.30	49,525,206.88
流动资产合计		79,754,517.95	73,524,257.78	73,625,925.16	长期负债:				
长期投资:					长期借款	25	83,000,000.00	73,240,000.00	49,000,000.00
长期投资	11	542,017.40	6,662,233.60	6,856,384.80	应付债券				6,208,333.33
固定资产:									
固定资产原值	12	123,775,901.97	33,798,498.54	32,478,319.00	长期应付款	26	19,795,049.80	14,248,899.42	3,686,756.19
减:累计折旧		8,575,861.35	7,197,985.56	5,727,319.31	其他长期负债	27	1,348,727.71	185,864.10	
固定资产净值		115,200,040.62	26,600,512.98	26,750,999.69	长期负债合计		104,143,777.51	87,674,763.52	58,895,089.52
固定资产清理					递延税项:				
在建工程	13	80,937,522.79	131,225,819.94	87,042,002.83	递延税款贷项				
待处理固定资产损失					负债合计		169,342,434.78	140,641,046.82	108,420,296.40
固定资产合计		196,137,563.41	157,826,332.92	113,793,002.52	少数股东权益				
无形资产及递延资产:					股本权益:				
无形资产	14	7,155,878.64	7,349,280.76	7,542,682.88	股本	28	50,080,000.00	50,080,000.00	50,080,000.00
递延资产	15	216,560.00	270,700.00	11,360.00	资本公积	29	32,021,267.70	32,021,267.70	32,021,267.70
无形及递延资产合计		7,372,438.64	7,619,980.76	7,554,042.88	盈余公积	30	11,839,469.88	7,941,801.00	4,623,661.14
其他长期资产:					其中:公益金		5,521,653.37	3,572,818.93	1,913,749.00
其他长期资产					未分配利润	31	20,523,365.04	14,948,689.54	6,684,130.12
递延税项:					股东权益合计		114,464,102.62	104,991,758.24	93,409,058.96
递延税款借项					负债及所有者权益总计		283,806,537.40	245,632,805.06	201,829,335.36
资产总计		283,806,537.40	245,632,805.06	201,829,335.36					

合 并 利 润 及 利 润 分 配 表

单位:人民币元

项目	注 释	1996年度	1995年度	1994年度
一、主营业务收入	32	292,023,393.74	248,125,928.26	306,509,723.85
减:营业成本	33	248,634,663.72	206,972,973.62	267,589.142.86
销售费用		10,214,329.85	11,271,418.52	12,825,028.82
管理费用		11,565,139.08	13,799,644.77	7,725,529.98
财务费用	34	2,068,096.88	2,472,747.16	1,610,523.22
进货费用				
营业税金及附加		947,952.59	1,661,538.00	1,065,509.61
二、主营业务利润		18,593,211.62	11,947,606.19	15,693,989.36
加:其他业务利润	35	554,114.61	22,509.14	86,235.94
三、营业利润		19,147,326.23	11,970,115.33	15,780,225.30
加:投资收益	36	3,541,600.76	2,003,187.22	1,573,185.03
营业外收入	37	574,276.55	4,617,003.67	374,625.19
减:营业外支出	38	345,680.04	361,989.88	743,472.67
加:以前年度损益调整		500.00	(560,367.06)	
四、利润总额		22,918,023.50	17,667,949.28	16,984,562.85
减:所得税		3,429,679.12	1,077,250.00	1,061,300.00
五、净利润		19,488,344.38	16,590,699.28	15,923,262.85
加:年初未分配利润		14,948,689.54	6,684,130.12	3,916,556.69
盈余公积转入数				
六、可分配的利润		34,437,033.92	23,274,829.40	19,839,819.54
减:提取法定公积金		1,948,834.44	1,659,069.93	1,592,326.28
提取法定公益金		1,948,834.44	1,659,069.93	796,163.14
七、可供股东分配的利润		30,539,365.04	19,956,689.54	17,451,330.12
减:已分配优先股股利				
提取任意公积金				
已分配普通股股利		10,016,000.00	5,008,000.00	10,767,200.00
八、未分配利润		20,523,365.04	14,948,689.54	6,684,130.12

合 并 财 务 状 况 变 动 表

(1996年度)　　　　　　单位:人民币元

流动资金来源和运用	金额	流动资金各项目的变动	金额
一、流动资金来源和运用		一、流动资产本年增加数	
1.本年净利润	19,488,344.38	1.货币资金	(230,725.19)
加:不减少流动资金的费用 和损失		2.短期投资	(4,910,492.55)
(1)少数股东本期损益		3.应收票据	400,000.00
(2)固定资产折旧	1,428,876.35	4.应收帐款净额	157,486.46
(3)无形资产、递延资产摊销	247,542.12	5.预付货款	(163,300.00)
(4)固定资产盘亏(减盘盈)		6.其他应收款	4,591,989.74
(5)清理固定资产损失(减收益)	39,399.44	7.待摊费用	(68,280.31)
(6)递延税款		8.存货	8,036,671.21
(7)其他不减少流动资金的 费用和损失		9.待处理流动资产损失	(1,583,089.19)
小计	21,204,162.29	10.一年内到期的长期债券投资	
2.其他来源		11.其他流动资产	
(1)固定资产清理收入(减清理费用)	3,200.00	流动资产增加净额	6,230,260.17
(2)增加长期负债	31,068,323.01		
(3)收回长期投资	6,141,735.00		
(4)对外投资转出固定资产			
(5)对外投资转出无形资产			
(6)资本净增加额	3,897,668.88		
(7)少数股东资本净增加额			
(8)盈余公积转入数			
小计	41,110,926.89	二、流动负债本年增加数	
流动资金来源合计	62,315,089.18	1.短期借款	7,840,000.00
二、流动资金运用		2.应付票据	10,240,900.00
1.利润分配:		3.应付帐款	(11,386,740.01)
(1)提取法定盈余公积金	1,948,834.44	4.预收货款	(350.00)
(2)提取法定公益金	1,948,834.44	5.应付福利费	(310,594.49)
(3)提取任意公积金		6.未付股利	861,000.00
(4)已分配股利	10,016,000.00	7.未交税金	3,378,150.49
小计	13,913,668.88	8.其他未交款	172,261.95
2.少数股东利润分配		9.其他应付款	1,669,148.03
3.其他运用		10.预提费用	(231,402.00)
(1)固定资产和在建工程净		11.一年内到期的长期负债	
增加额	39,782,706.28	12.其他流动负债	
(2)增加无形资产、递延资产及其他资产			
(3)偿还长期负债	14,599,309.02		
(4)增加长期投资	21,518.80		
小计	54,403,534.10		
流动资金运用合计	68,317,202.98	流动负债增加净额	12,232,373.97
外币会计报表折算差额			
流动资金增加净额	(6,002,113.80)	流动资金增加净额	(6,002,113.80)

武汉中心百货(集团)股份有限公司股票上市公告书

一、要 览

总股本:9008万股

可流通股份:5260万股

本次可流通股份:5260万股

证券简称:武汉中百

证券代码:0759

上市地:深圳证券交易所

上市日期:1997年5月19日

股票登记机构:深圳证券登记有限公司

二、绪 言

本公告书依据《中华人民共和国公司法》、《股票发行与交易管理暂行条例》、《公开发行股票公司信息披露实施细则》、《深圳证券交易所业务细则》以及国家其它有关证券管理的规定编写,旨在向投资者提供本公司基本情况及有关资料。

经中国证券监督管理委员会证监发字(1997)149号文和证监发字(1997)150号文批准,本公司已成功地向社会公众公开发行每股面值为1.00元人民币普通股票4000万股。股票上市申请经深圳证券交易所深证发(1997)172号文审核批准,本公司股票将于1997年5月19日在深圳证券交易所挂牌交易,本公司总股本为9008万股,可流通股本为5260万股,其中公司原发行的社会公众股1260万股将随本次新发行的4000万股社会公众股一并上市流通。

本公司于1997年4月23日在《中国证券报》和《证券时报》上刊登了《招股说明书概要》,距今不足6个月,故与重复的内容在此不再赘述,敬请投资者查阅本公司的《招股说明书概要》。

本公司董事会及各位董事确信本公告书未遗漏任何重大事项,亦不存在任何误导和虚假成份,并愿就本公告书及相关资料的准确性、完整性、真实性负连带及个别责任。

三、公司概况

(一)概况:

1.公司法定名称:武汉中心百货(集团)股份有限公司

英文名称:Wuhan Center Department Store(Group) Co. LTD

2.公司注册资本:9008万元

3.营业执照注册号:17768201-9-03

4.公司法定代表人:汪爱群

5.经营范围:主营百货、针纺织品、五金交电(不含消防器材)、副食品零售兼批发、烟、酒、彩电、金银、首饰零售。

兼营:工艺美术品、家俱、日用杂品(不含烟花爆竹)零售兼批发,丁烷气体、油漆粘胶零售;彩扩、家用电器、钟表维修、汽车运输;家用电器及旧货调剂。

6.成立日期:1989年11月8日

7.所属行业:商业

8.注册地址:湖北省武汉市江汉区江汉路129号

9.联系电话:(027)2777083

联系人:陈纪文　韩　波　陈雯

(二)公司历史沿革

武汉中心百货(集团)股份有限公司其前身为解放前的中国国货公司武汉分公司,武汉解放后,1949年5月16日成立了武汉中心百货大楼。1989年8月,武汉市经济体制改革委员会以武体改(1989)29号文批准,同意以股份制方式组建武汉中心百货大楼股份有限公司,武汉中心百货大楼以全部经营性净资产9,960,000元折为9,960,000股,非经营性净资产未作价入股。1989年9月,中国人民银行武汉市分行以武银管(1989)138号文批复,同意武汉中心百货大楼独家发起成立武汉中心百货大楼股份有限公司,向社会发行股票14,840,000股,每股面值1元,发行价格每股1元。此次发行结束后,1989年11月8日在武汉市正式注册成立了武汉中心百货大楼股份有限公司,注册资金24,840,000元,公司法定代表人:胡延福,注册地址:湖北省武汉市江汉区江汉路129号。

1991年10月,经公司董事会提议和股东大会表决通过,并在1992年1月经武汉市经济体制改革委员会武体改(1992)122号文批准,公司名称变更为"武汉中心百货(集团)股份有限公司"。与此同时,经武汉市经济体制改革委员会武体改(1992)122号文和中国人民银行武汉市分行武银办(1992)2号文批准,公司向社会公开增资扩股17,560,000股每股面值1元,发行价格每股2元。此次增资扩股后,公司注册资金增加为42,360,000元。

1992年10月26日,公司完成了企业法人营业执照变更登记手续。

1993年8月,经武汉资产评估公司武资评(1993)042号文评估,并由武汉市土地管理局以武土偿字(1993)011号文核定,本公司位于汉口新华下路八古墩右一巷的土地使用权地价为7,736,085元。1993年8月,经武汉市国有资产管理局以武国资综(1993)201号文确认本公司土地使用权价值7,736,085元,后经武汉市国有资产管理局武国资非工(1993)202号、203号文将上述公司的土地使用权价值7, 736,085元折为国家股7,720,000股。至此国家股由原来的9,960,000股增至17, 680,000股。此次公司变更股本已获得1993年8月公司临时股东大会一致通过,并获得武汉市经济体制改革委员会武体改(1993)171号文及武汉市证券管理领导小组武证办(1993)44号文批准。

至此,公司注册资金增加为50,080,000元。

四、股票发行及承销

1、本次股票公开发行情况:

社会公众股发行数量:4000万股

发行价格:5.25元/股

发行方式:上网定价

配售比例:0.6228757%

配售户数:353278户

持有1000股以上的户数:40000个

发行费用总额:9,000,000元

每股发行费用:0.225元

发行市盈率:15倍

2、股票承销:

本次股票发行由广发证券有限责任公司担任主承销,武汉国际信托投资公司担任副主承销及厦门国际信托投资公司、三峡证券有限公司作为分销商的股票承销团负责包销。总承销股票4000万股,其中主承销商包销2400万股,占总额的60%,副主承销商包销800万股,占总额的20%,分销商各分销400万股,分别占总额的10%。本次股票发行获得超额认购,各承销商无余股认购。

3、验资报告

武中会(1997)203号

武汉中心百货(集团)股份有限公司全体股东:

我所接受委托,对武汉中心百货(集团)股份有限公司本次公开发行人民币普通股的实收股本及相关的资产、负债和权益的真实性和合法性进行审验。在审验过程中,我们按照《中国注册会计师独立审计实务公告第1号－验资》的要求,根据武汉中心百货(集团)股份有限公司的实际情况,实施必要的审验程序。武汉中心百货(集团)股份有限公司的责任是按照《中国注册会计师独立审计实务公告第1号－验资》的要求,出具真实、合法的验资报告。

武汉中心百货(集团)股份有限公司申请的注册资本为人民币9,008万元。本次发行前,武汉中心百货(集团)股份有限公司股本总额为人民币5,008万元,业经我所验证。本次经中国证券监督管理委员会批准,向社会公开发行人民币普通股4,000万股,每股面值1元,按每股5.25元溢价发行,委托广发证券有限公司主承销,应募集股款为人民币210,000,000.00元。扣除发行费人民币9,000,000.00元,实际应募集股款为人民币201,000,000.00元。经过我们审验,截至1997年5月9日止,承销机构已将股款人民币201,000,000.00元,存入武汉中心百货(集团)股份有限公司银行帐户,其中股本40,000,000.00元,资本公积161,000,000.00元。武汉中心百货(集团)股份有限公司开户行:中国建设银行武汉市分行江汉支行,帐号为852668－261061549。本次股票发行后,武汉中心百货(集团)股份有限公司股本总额为9,008万元,其中:国家股1,768万股,法人股1,980万股,社会公众股为5,260万股。

武汉中华会计师事务所　　中国注册会计师　王　岚

中国　武汉　江汉路25号　　中国注册会计师　欧阳韬

1997年5月9日

五、董事、监事及高级管理人员持股情况

姓名	职务	持股数	比例(%)
汪爱群	董事长、总经理	5000	0.0056
陈汉华	副董事长	0	0
俞善伟	副董事长、副总经理	4000	0.0044
吴志豪	董事	0	0
黎东辉	董事	0	0
朱永彤	董事	0	0
樊启炎	董事	0	0
李伟	董事	0	0
肖启顺	董事	0	0
张克俭	董事	500	0.0005
夏庆建	董事	500	0.0005
张锦松	董事、总会计师	4000	0.0044
刘双红	董事	4000	0.0044
杨锦春	董事、副总经理	4000	0.0044
潘春凤	董事、副总经理	4000	0.0044
姜武实	监事会主席	4000	0.0044
宋恕章	监事	0	0
夏艳红	监事	2500	0.0028
汪利伟	副总经理	4000	0.0044
邱正雄	副总经理	4000	0.0044
李国勤	副总经理	2500	0.0028
程军	副总经理	2500	0.0028
合计:		45500	0.051

公司董事、监事和高级管理人员按照《中华人民共和国公司法》规定,其持有股份在任职期间不得转让。

六、公司设立

1.本公司1997年3月18日召开的临时股东大会通过了公司社会公

众股票在深交所上市的决议。

2.公司注册资金 9008 万元

3.公司注册时间:1989 年 11 月 8 日

4.公司注册地点:武汉市江汉区江汉路 129 号

5.营业执照注册号码:17768201－9－03

七、关联企业及关联交易

(一)本公司的大股东情况:

股东名称	持有本公司股份(万股)	持股比例(%)	主要业务
武汉国有资产经营公司	1768	19.62	国有资产经营管理
武汉国兴投资咨询有限公司	504	5.60	国有资产投资咨询

(二)本公司全资附属和投资企业情况:

名称	性质	投资比例(%)	主要业务
武汉中天广告公司	全资附属	100	广告设计
武汉中发贸易公司	全资附属	100	百货批零
武汉中达房地产开发公司	全资附属	100	房地产开发
武汉星中星商城	全资附属	100	百货批零

注:本公司与上述关联企业无关联交易

八、股本结构及大股东持股情况

1.上市前的股本结构

本次上市前本公司总股本为 9008 万元,包括:

(1)尚未流通股份

名称	股份(万股)	比例(%)
国家股	1768	19.63
法人股	1980	21.98

(2)可流通股份

名称	股份(万股)	比例(%)
社会公众股	5260	58.39
合　计	9008	100.00

2.前十名股东所持股数及比例(截止 1997 年 5 月 10 日)

前十名股东名单	持股数(万股)	比例(%)
武汉国有资产经营公司	1768	19.62
武汉国兴投资咨询有限公司	504	5.60
武汉市建设银行信托投资公司	200	2.22
长江经济联合发展股份有限公司武汉公司	141	1.576
湖北省纺织品进出口公司	120	1.33
武汉市民生信用合作社	105	1.17
中国三江航天工业集团公司	100	1.11
深圳盛达实业发展公司	100	1.11
中国工商银行湖北省信托投资公司	100	1.11
中国工商银行武汉市分行营业部	100	1.11

九、公司财务会计资料

1.审计报告

武中会(1997)038 号

武汉中心百货(集团)股份有限公司全体股东:

我们接受贵公司的委托,审计了贵公司编制的 1994 年 12 月 31 日、1995 年 12 月 31 日、1996 年 12 月 31 日资产负债表与合并的资产负债表及 1994 年度、1995 年度、1996 年度利润及利润分配表合并的利润及利润分配表和财务状况变动表及合并的财务状况变动表,这些会计报表由贵公司负责编制,我们的责任是对这些会计报表发表审计意见。我们的审计是依据中国注册会计师独立审计准则进行的。在审计过程中,我们结合贵公司实际情况,实施了包括抽查会计记录,审核有关证据以及在当时情况下,我们认为必要的其他审计程序。

我们认为,贵公司编制的上述会计报表符合《企业会计准则》和《股份制试点企业会计制度》有关规定,在所有重大方面公允地反映了贵公司 1994 年 12 月 31 日、1995 年 12 月 31 日、1996 年 12 月 31 日的财务状况和该三个会计年度的经营成果及资金变动情况,会计处理方法的选用遵循了一贯性原则。

武汉中华会计师事务所　　中国注册会计师:王 岚

中国注册会计师:石文先

中国武汉江汉路 25 号　　中国注册会计师:肖秋平

1997 年 3 月 7 日

2.资产负债表、利润表及利润分配表、财务状况变动表见附表

3.财务报表附注

(1)会计制度:公司执行《企业会计准则》、《股份制试点企业会计制度》及有关补充规定。

(2)会计期间:会计年度采用公历年制,即 1 月 1 日至 12 月 31 日。

(3)记帐原则及计价基础:公司会计核算采用权责发生制原则,会计计价以历史成本为基础。

(4)记帐方法:会计记帐方法采用借贷复式记帐法。

(5)记帐本位币:会计核算以人民币作为记帐本位币。

(6)合并报表的基础和方法

A:纳入合并报表除母公司外,另有四家全资子公司:武汉星中星商城、武汉中达房地产开发公司、武汉中发贸易公司、武汉中天广告公司。

B:公司对所属全资子公司及对外投资占被投资单位资本 50% 以上的或拥有实际控股权者,按照财政部财会字(1995)11 号《合并报表暂行规定》编制合并报表。

C:全资子公司注册资本及实际投资额:

子公司名称:	注册资本(元)	母公司实际投资额(元)
武汉星中星商城	600,000.00	600,000.00
武汉中达房地产开发公司	20,000,000.00	20,000,000.00
武汉中发贸易公司	100,000.00	100,000.00
武汉中天广告公司	100,000.00	100,000.00

(7)外币折算

公司截止 1996 年 12 月 31 日前未发生外币业务。

(8)存货

A.公司存货包括:库存商品、材料物资、低值易耗品、在途物资、包装物、开发成本等。

B.除库存商品进行售价金额核算外,其余存货均以实际成本计价。

C.低值易耗品在领用时按"五五摊销法"摊销。

D.存货实行永续盘存制。

(9)长期投资

A.公司对债券投资按实际支付的价款入帐,债券投资收益,根据权责发生制原则计算。

B.本公司对拥有 25% 以下股权的长期投资采用成本法核算,对拥有 25% 以上股权的长期投资采用权益法核算,并对拥有 50% 以上股权或拥有实际控股权的长期投资单位编制合并会计报表。

(10)固定资产及其折旧

A.固定资产的标准为使用年限在一年以上的房屋建筑物、机器、机械、运输工具以及其他与生产经营有关的设备、器具、工具等;不属于生产经营主要设备的物品,单位价值在 2000 元以上,并且使用期限超过两年的。

B.固定资产按实际成本计价。

C.固定资产折旧采用直线法平均计算,按分类折旧率计提折旧。固

定资产分类及折旧年限如下：

固定资产分类	折旧年限	残值率(%)	年折旧率(%)
房屋及建筑物	30	3	3.23
通用设备	6	3	16.17
专用设备	15	3	6.47
运输工具	14	3	6.93

(11)坏帐准备

坏帐损失按直接转销法核算。

(12)无形资产

无形资产按受益年限摊销。

(13)递延资产

递延资产为大修理费用,在费用项目的受益期限内分期摊销。

(14)收入确认,商品销售收入的确认,以商品已经发出,商品所有权转移买方,收到货款或取得收取货款的证据时,作为营业收入实现。

(15)税项及教育费附加

A.增值税销项税率为17%,按扣除进项后的余额缴纳。

B.营业税为营业额的5%。

C.城市维护建设税为应纳增值税额、消费税额和营业税额的7%。

D.教育费附加为应纳增值税额、消费税额和营业税额的3%。

E.所得税:"八五"期间公司享有第二轮承包优惠政策,所得税按核定税额计征,1994年核定所得税额为106.13万元,1995年核定所得税额为107.725万元。1996年所得税税率为应纳税所得额的33%,返还18%〔武政(1997)14号文批准〕。

F.堤防费为应纳增值税额、消费税额和营业税额的1%。

G.平抑物价基金为销售收入的0.1%。

(16)利润分配

A.公司净利润按下列顺序分配:

a.弥补亏损。

b.提取净利润的10%计入公司法定公积金。

c.提取净利润的5%－10%计入公司法定公益金。

d.根据股东大会决议提取任意公积金。

e.支付普通股股利。

B.历年的利润分配于次年进行,按有关规定调整年初"未分配利润"及相关帐户,不在次年会计报表中反映。

C.1996年已按净利润的10%分别提取法定公积金和法定公益金,按每股0.20元现金股利进行预分配,待股东大会决议后,再按利润分配方案予以调整。

4.主要财务指标:

	1996年	1995年	1994年
流动比率	1.22	1.39	1.49
速动比率	0.70	0.90	0.85
存货周转率(次)	8.29	7.22	7.97
应收帐款周转率(次)	28.82	29.62	82.23
资产负债率(次)	59.67	57.26	53.72
每股收益(元)	0.39	0.33	0.32
每股净资产(元)	2.29	2.10	1.87
净资产收益率(%)	17.03	15.80	17.05

十、董事会上市承诺

根据《中华人民共和国公司法》、《股票发行与交易管理暂行条例》、《公开发行股票公司信息披露食施细则》和《深圳证券交易所交易规则》和国家有关证券管理法规的要求,本公司董事会自股票上市之日起向证券主管机关、深圳证券交易所、广大投资者作出如下承诺:

1.按照法律、法规的规定程序和要求披露本露本公司重大的信息,并接受证券主管机关、深圳证券交易所的监督管理。

2.及时、真实、准确地公布中期报告和年度报告,并备置于规定场所供投资者公众查阅。

3.本公司董事、监事及高级管理人员如发生人事变动,或持有本公司股票发生变化时,在报告证券主管机关、证券交易所的同时向投资者公布。

4.在任何公共传播媒介中出现的消息可能对本公司股票的市场价格产生误导性影响时,本公司知悉后将及时对该消息予以公开澄清。

5.本公司董事、监事及高级管理人员将认真听取社会公众的意见和批评,不利用已获得的内幕消息和其他不正当手段直接或间接从事股票买卖活动。

6.本公司没有无记录负债。

十一、重要事项揭示

1.根据1997年3月18日公司临时股东大会决议,1996年度股利分配由原股东享受。此次分配实施后,新老股东共同享受1997年全年度及未分配的滚存利润的分配。本次公开发行股票后,新股东首次享受分红派息时间为1998年6月底以前。

2.鉴于本公司于1993年9月向武汉市工商行政管理局申请将"武汉中心百货大楼"列为公司的第二名称并取得工商注册,1994年《公司法》和《公司登记管理条例》等法律颁布之后,公司的第二名称已不符合现行法规的要求,为了规范公司名称,1997年3月18日召开的公司临时股东大会通过决议,同意在1997年度股东大会上提出规范公司名称的议案,在得到股东大会批准后,办理工商变更登记手续。

3.本公司法人股股东中,中国工商银行湖北省信托投资公司、中国工商银行武汉市分行营业部、中国建设银行武汉信托投资公司和武汉市民生城市信用合作社分别持有本公司的股份,已不符合现行法律、法规的要求,上述金融机构均已向本公司出具承诺书,承诺将在1997年5月31日之前将其各自所持股份转让给法律、法规允许持股的单位。

十二、咨询机构

1.公司咨询机构:武汉中心百货(集团)股份有限公司

咨询电话:(027)2777083

传　　真:(027)2823568

公司文件资料索阅地址:武汉市江汉区江汉路129号

股东接待人:陈纪文　韩波

2.主承销商:广东广发证券有限责任公司

法定代表人:陈云贤

地址:广东省广州市农林下路83号

电话:(020)87310888

3.上市推荐人:武汉国际信托投资公司

法定代表人:许志超

地址:湖北省武汉市解放大道单洞路口武汉国际大厦

电话:(027)24222870

联系人:夏　铮　杜朝霞

十三、备查文件

1.深圳证券交易所上市通知书

2.招股说明书

3.验资报告

4.法律意见书

5.其他备查文件

武汉中心百货(集团)股份有限公司

1997年5月15日

合并资产负债表

单位:人民币元

资产	注释	1996年12月31日	1995年12月31日	1994年12月31日	负债及所有者权益	注释	1996年12月31日	1995年12月31日	1994年12月31日
流动资产:					流动负债:				
货币资金	3	14,862,269.13	15,092,994.32	13,551,411.57	短期借款	16	25,990,000.00	18,150,000.00	12,320,000.00
短期投资	4	7,500.00	4,917,992.55	7,482,190.80	应付票据	17	10,240,900.00		
应收票据	5	400,000.00			应付帐款	18	5,434,102.40	16,820,842.41	17,344,707.58
应收帐款	6	10,211,464.21	10,053,977.75	6,698,182.47	预收货款			350.00	
减:坏帐准备					应付福利费	19	(2,303,946.12)	(1,993,351.63)	(1,470,105.32)
应收帐款净额		10,211,464.21	10,053,977.75	6,698,182.47	未付股利	20	11,742,800.00	10,881,800.00	12,407,350.00
预付货款	7	4,866.00	168,166.00		未交税金	21	4,691,538.10	1,313,387.61	1,451,176.32
其他应收款	8	13,518,838.79	8,926,849.05	6,581,568.04	其他未交款	22	474,625.63	310,815.15	839,681.41
待摊费用	9	6,753,624.38	6,821,904.69	6,916,686.23	其他应付款	23	8,851,039.26	7,173,439.76	6,603,396.89
存货	10	33,995,955.44	25,959,284.23	31,383,491.65	预提费用	24	77,598.00	309,000.00	29,000.00
待处理流动资产净损失			1,583,089.19	1,012,394.40	一年内到期的长期负债				
一年内到期的长期债券投资					其他流动负债				
其他流动资产					流动负债合计		65,198,657.27	52,966,283.30	49,525,206.88
流动资产合计		79,754,517.95	73,524,257.78	73,625,925.16	长期负债:				
长期投资:					长期借款	25	83,000,000.00	73,240,000.00	49,000,000.00
长期投资	11	542,017.40	6,662,233.60	6,856,384.80	应付债券				6,208,333.33
固定资产:					长期应付款	26	19,795,049.80	14,248,899.42	3,686,756.19
固定资产原值	12	123,775,901.97	33,798,498.54	32,478,319.00	其他长期负债	27	1,348,727.71	185,864.10	
减:累计折旧		8,575,861.35	7,197,985.56	5,727,319.31	长期负债合计		104,143,777.51	87,674,763.52	58,895,089.52
固定资产净值		115,200,040.62	26,600,512.98	26,750,999.69	递延税项:				
固定资产清理					递延税款贷项				
在建工程	13	80,937,522.79	131,225,819.94	87,042,002.83	负债合计		169,342,434.78	140,641,046.82	108,420,296.40
待处理固定资产损失					少数股东权益				
固定资产合计		196,137,563.41	157,826,332.92	113,793,002.52	股本权益:				
无形资产及递延资产:					股本	28	50,080,000.00	50,080,000.00	50,080,000
无形资产	14	7,155,878.64	7,349,280.76	7,542,682.88	资本公积	29	32,021,267.70	32,021,267.70	32,021,267.70
递延资产	15	216,560.00	270,700.00	11,360.00	盈余公积	30	11,839,469.88	7,941,801.00	4,623,661.14
无形及递延资产合计		7,372,438.64	7,619,980.76	7,554,042.88	其中:公益金		5,521,653.37	3,572,818.93	1,913,749.00
其他长期资产:					未分配利润	31	20,523,365.04	14,948,689.54	6,684,130.12
其他长期资产					股东权益合计		114,464,102.62	104,991,758.24	93,409,058.96
递延税项:					负债及所有者权益总计		283,806,537.40	245,632,805.06	201,829,335.36
递延税款借项									
资产总计		283,806,537.40	245,632,805.06	201,829,335.36					

合并利润及利润分配表

单位:人民币元

项目	注释	1996年度	1995年度	1994年度
一、主营业务收入	32	292,023,393.74	248,125,928.26	306,509,723.85
减:营业成本	33	248,634,663.72	206,972,973.62	267,589,142.86
销售费用		10,214,329.85	11,271,418.52	12,825,028.82
管理费用		11,565,139.08	13,799,644.77	7,725,529.98
财务费用	34	2,068,096.88	2,472,747.16	1,610,523.22
进货费用				
营业税金及附加		947,952.59	1,661,538.00	1,065,509.61
二、主营业务利润		18,593,211.62	11,947,606.19	15,693,989.36
加:其他业务利润	35	554,114.61	22,509.14	86,235.94
三、营业利润		19,147,326.23	11,970,115.33	15,780,225.30
加:投资收益	36	3,541,600.76	2,003,187.22	1,573,185.03
营业外收入	37	574,276.55	4,617,003.67	374,625.19
减:营业外支出	38	345,680.04	361,989.88	743,472.67
加:以前年度损益调整		500.00	(560,367.06)	
四、利润总额		22,918,023.50	17,667,949.28	16,984,562.85
减:所得税		3,429,679.12	1,077,250.00	1,061,300.00
五、净利润		19,488,344.38	16,590,699.28	15,923,262.85
加:年初未分配利润		14,948,689.54	6,684,130.12	3,916,556.69
盈余公积转入数				
六、可分配的利润		34,437,033.92	23,274,829.40	19,839,819.54
减:提取法定公积金		1,948,834.44	1,659,069.93	1,592,326.28
提取法定公益金		1,948,834.44	1,659,069.93	796,163.14
七、可供股东分配的利润		30,539,365.04	19,956,689.54	17,451,330.12
减:已分配优先股股利				
提取任意公积金				
已分配普通股股利		10,016,000.00	5,008,000.00	10,767,200.00
八、未分配利润		20,523,365.04	14,948,689.54	6,684,130.12

合　并　财　务　状　况　变　动　表

(1996 年度)　　　　单位:人民币元

流动资金来源和运用	金额	流动资金各项目的变动	金额
一、流动资金来源和运用		一、流动资产本年增加数	
1.本年净利润	19,488,344.38	1.货币资金	(230,725.19)
加:不减少流动资金的费用 和损失		2.短期投资	(4,910,492.55)
(1)少数股东本期损益		3.应收票据	400,000.00
(2)固定资产折旧	1,428,876.35	4.应收帐款净额	157,486.46
(3)无形资产、递延资产摊销	247,542.12	5.预付货款	(163,300.00)
(4)固定资产盘亏(减盘盈)		6.其他应收款	4,591,989.74
(5)清理固定资产损失(减收益)	39,399.44	7.待摊费用	(68,280.31)
(6)递延税款		8.存货	8,036,671.21
(7)其他不减少流动资金的 费用和损失		9.待处理流动资产损失	(1,583,089.19)
小计	21,204,162.29	10.一年内到期的长期债券投资	
2.其他来源		11.其他流动资产	
(1)固定资产清理收入(减清理费用)	3,200.00	流动资产增加净额	6,230,260.17
(2)增加长期负债	31,068,323.01		
(3)收回长期投资	6,141,735.00		
(4)对外投资转出固定资产			
(5)对外投资转出无形资产			
(6)资本净增加额	3,897,668.88		
(7)少数股东资本净增加额			
(8)盈余公积转入数			
小计	41,110,926.89	二、流动负债本年增加数	
流动资金来源合计	62,315,089.18	1.短期借款	7,840,000.00
二、流动资金运用		2.应付票据	10,240,900.00
1.利润分配:		3.应付帐款	(11,386,740.01)
(1)提取法定盈余公积金	1,948,834.44	4.预收货款	(350.00)
(2)提取法定公益金	1,948,834.44	5.应付福利费	(310,594.49)
(3)提取任意公积金		6.未付股利	861,000.00
(4)已分配股利	10,016,000.00	7.未交税金	3,378,150.49
小计	13,913,668.88	8.其他未交款	172,261.95
2.少数股东利润分配		9.其他应付款	1,669,148.03
3.其他运用		10.预提费用	(231,402.00)
(1)固定资产和在建工程净增加额	39,782,706.28	11.一年内到期的长期负债	
		12.其他流动负债	
(2)增加无形资产、递延资产及其他资产			
(3)偿还长期负债	14,599,309.02		
(4)增加长期投资	21,518.80		
小计	54,403,534.10		
流动资金运用合计	68,317,202.98	流动负债增加净额	12,232,373.97
外币会计报表折算差额			
流动资金增加净额	(6,002,113.80)	流动资金增加净额	(6,002,113.80)

武汉中百集团股份有限公司1997年度中期报告

一、财务报告(未经审计)

(一)财务报表

1.简化的资产负债表

单位:元

项目	合并数		母公司	
	1997年6月30日	1996年12月31日	1997年6月30日	1996年12月31日
流动资产	299,217,983.56	79,754,517.95	273,695,004.19	54,391,800.30
长期投资	542,017.40	542,017.40	38,242,621.85	38,278,830.84
固定资产净值	114,731,764.89	115,200,040.62	113,952,225.60	114, 402,946.89
在建工程	102,538,761.81	80,937,522.79	86,387,258.08	64,802, 651.06
无形资产及递延资产	7,372,438.64	7,372,438.64	7,372,438.64	7,372,438.64
资产合计	524,402,966.30	283,806,537.40	519,649,548.36	279, 248, 667.73
流动负债	91,595,931.99	61,192,257.27	87,152,769.30	58,508,165.75
长期负债	103,482,445.30	104,143,777.51	103,172,190.05	102, 269, 999.36
股本	90,080,000.00	50,080,000.00	90,080,000.00	50,080,000.00
资本公积	188,055,917.70	32,021,267.70	188,055,917.70	32,021,267.70
盈余公积	11,839,469.88	11,839,469.88	11,839,469.88	11,839,469.88
未分配利润	39,349,201.43	24,529,765.04	39,349,201.43	24,529,765.04
股东权益	329,324,589.01	118,470,502.62	329,324,589.01	118, 470, 502.62
负债及所有者权益合计	524,402,966.30	283,806,537.40	519,649,548. 36	279,248,667.73

2.简化的损益表

单位:元

项目	合并数		母公司	
	1997年1-6月	1996年1-6月	1997年1-6月	1996年1-6
一.主营业务收入	190,292,930.88	120,751,673.31	189,477,977. 10	117,258,754.80
二.主营业务利润	9,445,779.30	7,688,293.00	9,703,263.97	7,878,215.54
三.其他业务利润	2,460,611.04	229,126.39	2,460,611.04	222,881.22
四.投资收益	31,500.00	1,464,451.91	-229,127.37	1,402,230.89
五.营业外收支净额	5,454,258.96	94,731.41	5,453,846.22	-26,724.94
六.以前年度损益调整	42,471.75		46,037.19	
七.利润总额	17,434,631.05	9,476,602.71	17,434,631.05	9,476, 602.71
八,所得税	2,615,194.66	1,421,490.41	2,615,194.66	1,421,490.41
九.净利润	14,819,436.39	8,055,112.30	14,819,436.39	8,055,112.30

(二)主要财务指标

项目	1997年1-6月	1996年1-6月
每股收益	0.165元	0.161元
净资产收益率	4.500%	7.125%
每股净资产	3.656元	2.257元

(注:每股收益1996年按5008万股,1997年按9008万股计算)

(三)财务报表注释

1.本期财务报告所采用的会计政策与会计方法和1996年度财务报告所采用的会计政策和会计方法一致,报表合并范围未发生变化。

2.应收帐款期末余额为11,477,061.18元。

(1)帐龄结构	比重(%)	金额(元)
一年以内的	5.47	627,795.25
一年至二年的	89.34	10,253,606.46
二年至三年的	2.41	276,597.17
三年以上的	2.78	319,062.30

(2)应收帐款中无持有5%以上股东的欠款。

3.其他应收款期末余额为19,537,321.57元

(1)帐龄结构	比重(%)	金额(元)
一年以内的	59.79	11,681,364.57
一年至二年的	27.85	5,441,144.05
二年至三年的	5.94	1,160,516.90
三年以上的	6.42	1,254,296.05

(2)其他应收款中无5%以上股东单位的欠款。

4、主营业务收入较1996年同期有较大幅度的增长,主要原因是上半年新商场一至五层全面营运、营业面积增加1.1万平方米扩大了主营业务收入,另外增加了电脑、高档食品、进口服饰经营,对家电商品实行了市内连锁经营等在一定程度上也增加了主营业务收入。

5、其他业务利润较1996年同期有较大幅度增长,主要为租赁收入较上年有较大幅度增长。

6、营业外收支净额较1996年上半年大幅度增长,主要原因是1997年4月29日新股发行申购冻结资金利息收入。

7、货币资金期初为1,486万元,期末为21,153万元,增加的原因是新股发行增加货币资金。

8、在建工程期初为8,094万元,期末为10,254万元,增加的主要原因是商贸城工程的后期投入。

9、股本期初为5,008万股,期末9,008万股,原因是1997年4月29日发行新股4,000万股,增加了总股本。

10、资本公积期初为3,202万元,期末为18,806万元,主要是上半年实现利润增加未分配利润(1996年12月31日未分配利润2,453万元与1996年年度报告数差额401万元,是根据1996年年度股东大会分红方案调整年初董事会分配预案的差额)。

11、未分配利润期初为2,453万元,期末为3,935万元,主要是上半年实现利润增加未分配利润(1996年12月31日未分配利润2,453万元与1996年年度报告数差额401万元,是根据1996年年度股东大会分红方案调整年初董事会分配预案的差额)。

12、关联企业及关联交易

(一)与本公司存在控制关系的关联企业

公司名称	注册资本	法定代表人	本公司投资额
武汉星中星商城	60万元	俞善伟	60万元
武汉中达房地产开发公司	2000万元	刘运生	2000万元
武汉中发贸易公司	10万元	马方亮	10万元
武汉中天广告公司	10万元	肖良信	10万元

(二)本公司与关联企业在本期未发生关系交易事项。

二、经营情况的回顾与展望

1.上半年经营情况的回顾

1997年上半年,公司按照以深化改革为动力、强化管理为基础、提高效益为目标、扩张规模为重点的全年工作思路,振奋职工精神,积极开拓经营,全力扩销增利,实现主营业务收入19,029.29万元,比去年同期增长57.59%,实现利润1,743.46万元,比去年同期增长83.98%,完成1997年度盈利预测的44.70%。利润比去年同期增长,但未实现时间过半,任务过半。主要是原因一是根据一般的规律,商业旺季在下半年;二是4、5、6月百货大楼老楼内部部分商场装修调整影响利润完成进度;三是募股资金5月份到位,补充的流动资金,上半年尚未产生效益。

上半年公司经营中主要抓了以下几个方面的工作：

(1)改革内部经营管理体制。根据市场竞争和企业发展的需要，年初集团公司与中心百货大楼在经营管理上相对分离。分离后，集团公司主要履行投资、决策、管理职能，中心百货大楼主要行使商品经营管理的职责，更好地集中精力抓好商品经营，提高经济效益。进一步理顺家电商品连锁经营的管理体制，在公司内实行了家电商品的集中统一进货，增强了家电商品卖场连锁经营的能力。

(2)抓好主营业务的经营。根据市场变化和消费热点，公司重新进行了市场定位，调整商品结构，大力引进国内、国际知名品牌。1－6月份共扩大经营品种4200余种，引进名优商品，增加名优骨干商品比重，扩大了商品销售，部分商品销售名次有了较大提高，如电脑销售额位居武汉市零售企业前列，电冰箱6月销售、洗衣机5月、6月销售均居武汉市各大商场第一。为增强竞争优势，大力提高自营能力，开展了清理引厂进店和柜台出租工作，做到凡是适合自营的商品一律实行自营，不允许引厂进店和柜台出租。

(3)加大营销策划力度。为了更好地抓住消费热点适应顾客消费心理，体现营销策划的整体性和连续性，公司加强了营销专班力量，调查市场，研究消费，积极进行企业经营策划和广告宣传，上半年的"开年有福"、"真情献真金"以及为庆祝公司股票发行并上市而开展的一系列大型酬宾活动都取得了较好的社会效益和经济效益，在社会务界引起了强烈反响。

(4)积极改善百货大楼的购物环境。公司利用市场淡季，对百货大楼老楼进行了改造装修，改造装修后的老楼与新楼形成了整体，使经营的内动线更趋于合理，购物环境得到了较大改善。

2．下半年计划

下半年是公司发展的关键时间，公司将在狠抓主营业务的前提下，积极稳妥地实施多元化经营战略，进一步扩大公司规模。

(1)进一步抓好商品结构的调整。根据市场特点，结合公司实际，拟从7月份开始，开展品牌经营运动，淘汰低档商品，进一步加大引进国内、国际知名品牌的力度，增加名优中商档商品经营比重。

(2)进一步抓好专业化、特色化的经营。以家用电器、食品、服装商品经营为重点，办好家用电器商品的连锁经营，完善食品超市，盘全盘好速冻、熟食、鲜活商品经营，积极发展外埠服装经营，扩大全国知名服装品种比重。

(3)进一步增强公司的自营能力。要进一步清理引厂进店，做到适合自营的商品坚决实行自营。

(4)积极办好旧货交易中心。公司在武昌中华路兴办的"湖北武汉旧货交易中心"于上半年注册，已被国内贸易部批准为全国旧货调剂试点单位。公司要把旧货交易作为多元经营的一个方面，办出特色，成为新的效益增长点。

(5)完成公司硬件设施的整件美化工作。利用7月、8月市场淡季，对百货大楼的附楼进行改造装修，9月份要完成装修工程，使老楼、附楼、新楼形成有机的整体。完善服务功能，大力营造优良的购物环境，美化店堂灯光、指示牌、宣传牌，建立残疾人通道、各楼层导购台和小憩屋等服务硬件设施，创造优良的购物环境和氛围，吸引顾客。

(6)积极探索进一步扩大公司规模的新路子。在科学论证的基础上，下半年公司拟通过控股、收购、兼并、托管等资产重组形式，收编和投资有发展前途的企业和项目，进一步扩大公司的规模。

三、重大事件的说明

(1)来来中心百货合资项目的进展情况

搞好国务院批准的、武汉市对外开放的重点项目—来来中心百货合资项目，是公司相当长一段时期的重点工作。早进资、早开工、早投产、早见效是公司运作该项目的基本思路。目前该项目已完成了可行性方案的制作和申报，草拟了合资合同和公司章程的初稿，上述有关合资文件争取年内得到有关部门的批准。经过多方考察论证，公司与合资方台湾丰群来来百货股份有限公司已将四处地址作为来来中心百货的备选地址，合资双方初步确定10月份完成选址工作。

(2)根据国务院证券委、中国人民银行、国家经贸委5月21日联合发布的《严禁国有企业和上市公司炒作股票的规定》，公司对有关情况作了认真检查，至今为止本公司没有从事任何违规的股票炒作行为。本公司今后如果从事股票投资，将严格遵循国家政策法规和本公司章程的规定。

(3)公司募集资金使用情况

本公司严格按照《招股说明书》披露的内容运用募股资金，1997年4月29日发行股票所募集的资金，除补充了公司流动资金1200万元外，其余资金由于项目的实施进度慢于计划安排，现暂作为银行存款。

(4)根据《公司法》和《公司登记管理条例》规定，为了规范公司名称，经1997年7月4日公司股东大会审议通过，决定将本公司名称变更为"武汉中百集团股份有限公司"。名称变更后，有关工商登记注册手续已经履行完毕。

(5)在1997年7月4日召开的1996年度股东大会上，补选卢俊先生、张广春先生为本公司董事。

(6)本报告期内公司无重大诉讼、仲裁事项。

(7)本公司本年度中期不分红。

四、发行在外股票的变动和股权结构的变化

1．本公司股票上市前，总股份为5008万股，其中国家股1768万股，社会法人股1980万股，社会公众股1260万股。公司1997年3月18日的临时股东大会通过了《关于公司增资扩股并上市的议案》，经中国证券监督管理委员会证监发字〔1997〕149号文件和证监发字〔1997〕150号文件批准，同意公司增发新股4000万股并与原社会公众股1260万股一并上市，增资扩股后公司总股本增至9008万股。经深交所安排，公司5260万股社会公众股于1997年5月19日上市。

2．股权结构情况(单位:股，每股面值1.00元人民币)

(1)尚未流通股份

	1997年6月30日	比率(%)	上市前	比率(%)
国家持股	17,680,000	19.63	17,680,000	35.30
社会法人股	19,800,000	21.98	19,800,000	39.54
社会公众持股			12,600,000	25.16
尚未流通股份合计	37,480,000	41.61	50,080,000	100.00
(2)已流通股份				
社会公众股	52,600,000	58.39		
已流通股份合计	52,600,000	58.39		
(3)股份总额	90,800,000	100.00	50,080,000	100.00

3．主要股东持股情况(截止1997年6月30日)

股东名称	持有股数(单位:股)	持股比例%
1. 武汉国有资产经营公司	17,680,000	19.63
2. 武汉国兴投资咨询有限公司	6,040,000	6.71
3. 武汉市建设银行信托投资公司	2,000,000	2.22
4. 长江经济联合发展股份有限公司武汉公司	1,410,000	1.57
5. 湖北省纺织品进出口公司	1,200,000	1.33
6. 武汉市民生信用合作社	1,050,000	1.17
7. 中国三江航天工业集团公司	1,000,000	1.11
8. 中国工商银行湖北省信托投资公司	1,000,000	1.11
9. 中国工商银行武汉分行营业部	1,000,000	1.11
10. 武汉市华中房地产开发总公司	1,000,000	1.11

本公司《招股说明书》披露的前十名股东之一深圳盛达实业发展公司于1997年6月10日将

所持有的本公司法人股100万股协议转让给武汉国兴投资咨询有限公司,有关转让手续已履行完毕。至此,武汉国兴投资咨询有限公司所持有本公司股份增至604万股,占本公司总股本的6.71%。

五、股东大会简介

(一)本公司1997年3月18日在公司八楼会议室召开了临时股东大会,出席临时股东大会股东共62人,代表股权数3484.20万股,占公司5008万股总股本的69.57%,符合《公司法》和公司《章程》的有关规定,会议合法有效,经过大会投票表决,通过了以下决议:

1. 审议通过了《关于公司增资扩股并上市工作进展情况的通报》
2. 审议通过了《关于公司增资扩股并上市的议案》
3. 审议通过了《公司原社会公众股<历史遗留问题　持股处理方案的议案》
4. 审议通过了修改后的《公司章程》
5. 审议通过了《关于变更公司部分董事的议案》

(二)1997年7月4日在本公司八楼会议室召开了1996年度股东大会,出席本次大会的股东26人,代表股份3270.93万股,占总股本9008万股的36.31%,符合《公司法》和本公司《章程》的有关规定,经过大会投票表决,通过了以下决议:

1. 审议通过了《公司1996年度董事会工作报告》
2. 审议通过了《公司1996年度监事会工作报告》
3. 审议通过了《公司1996年度财务决算和1997年度财务预算方案》
4. 审议通过了《公司1996年度利润分配方案》
5. 审议通过了《关于变更公司名称的议案》
6. 审议通过了《关于变更公司部分董事的议案》

(详见1997年7月7日《证券时报》和1997年7月8日《中国证券报》)

六、备查文件

1. 载有公司董事长、总经理亲笔签名的1997年度中期报告原件。
2. 公司《招股说明书》及《上市公告书》。
3. 1996年度临时股东大会和股东大会材料。

查阅地址:武汉市江汉路129号本公司证券部

联系电话:(027)2777083

武汉中百集团股份有限公司

1997年8月20日

宝鸡商场(集团)股份有限公司

宝鸡商场(集团)股份有限公司公司简介

一、公司概况

公司前身是成立于1956年的"宝鸡市经二路百货商店",经扩建改造后,1984年8月更名为"宝鸡商场"。1992年10月17日经陕西省体改委批准,由原宝鸡商场作为发起人,以定向募集方式设立"宝鸡商场股份有限公司"。1994年11月经陕西省体改委批准,公司更名为"宝鸡商场(集团)股份有限公司"。公司地处宝鸡市中心经二路商业黄金地段,是宝鸡市重点形象企业和宝鸡市首家上市公司。法定代表人:魏存功。

公司立足宝鸡,辐射西北,西南,主要经营日用百货、纺织品、电器设备、化工产品、烟酒的零售与批发业务,已发展成为宝鸡市最大的商业企业集团。公司现有员工1457人,下设宝鸡商场和宝鸡商城两大骨干零售窗口,20个专营批发公司,11个零售经营公司,29个连锁经营分公司和连锁网点,10个售后服务中心。公司营业面积30000平方米,经营各类名优商品50000余种。

公司通过加强内部管理,拓宽经营领域,搞活分配机制,促使资产规模不断扩大,税后利润迅速增长,经济效益和社会效益显著提高。与改制前的1992年相比,公司销售额由8040万元上升到1996年的50041万元,增长5.2倍;利润由401万元上升到1400万元,增长2.5倍;营业面积由10000平方米增加到30000平方米,增长了2倍,公司资产由1785万元增加到现在的54081万元,增长了29.3倍。经中国证券管理委员会证监发字(1997)275号文批准,公司于1997年6月18—20日在宝鸡市公开发行股票3000万股,于7月3日在深交所挂牌上市,本次发行共募集资金2.25亿元。1997年1至6月已完成销售40037万元,实现利润1367万元,分别比上年同期增长63%和321%,经营形势出现突破性进展。公司五项主要经济指标连续五年居全省同行业首位,先后荣获"全国商业信誉企业"、"全国文明经营先进单位"、"陕西经济明星"、"陕西省重点零售企业"、"陕西省重合同、守信用企业"等近百项荣誉称号。1995年在内贸部八项经济指标综合评比中,公司荣获"全国商业优秀企业"称号(全国仅十家零售商业企业获此殊荣),是西北、西南地区唯一获此殊荣的企业。

随着公司股票成功上市,公司的二次腾飞计划将全面启动并分步实施。公司将创建全省乃至西北地区一流的综合性商贸中心,并向工业、农副产品加工、房地产开发、进出口贸易等方面发展,逐步建成一个内外贸相结合,科工贸一体化,全方位、多门类、跨地区、跨行业的综合性企业集团。

二、董事长、总经理介绍

魏存功,男,汉族,中共党员,生于1946年12月19日,中专学历,高级经济师,现任宝鸡商场(集团)股份有限公司董事长兼总经理。1970年5月参加工作,曾任宝鸡市五金公司门市部主任,政秘股股长,宝鸡市经二路百货商店经理等职。自1984年8月担任宝鸡商场总经理以来,他带领企业从搞活分配机制入手,不断深化改革,强化内部管理,拓宽经营领域,使企业由一个只有60多人的小门市部发展成为拥有1400多名员工,下设宝鸡商场、宝鸡商城两大支柱零售窗口,20个专营批发公司,11个零售经营公司,29个连锁经营分公司和连锁网点,10个售后服务中心的大型股份制企业集团,也是宝鸡市首家上市公司。

实事求是,坚持改革,勇于进取是魏存功同志工作的主旋律。1984年,魏存功同志在全面分析当时的市场形势后,敏锐地意识到多渠道筹集资金才是企业发展的必由之路。于是,他果断决策,创造性地采用了"以资代劳"的形式,解决了企业资金不足的困难,使企业在短短5年间营业面积由200平方米发展到1200平方米,销售额由350万元上升到1500万元,利润由13万元增加到60万元,翻了5番,为企业的长足发展奠定了坚实的基础,其后,他又带领企业先后进行了利改税试点,技能工资改革试点、"破三铁"改革试点股份制改革试点,建立现代企业制度和连锁经营改革试点,使企业在改革的大潮中乘风破浪,不断前进。他在企业中大胆进行内部管理体制改革,将原来的"三办七科'压缩为"三部一办"(业务部、财务部、商管部和总经理办公室),使管理人员由原来的12.6%下降为5%,大大提高了公司管理层的办事效率。同时在原来按销计酬分配办法的基础上,推行"百元销售含量工资"、"双包五挂"经营承包责任制的分配办法,创建激励机制,充分调动了广大员工的经营积极性,使企业的经济效益和社会效益连年大幅度增长。1996年公司实现销售额50041万元,利润1400万元,分别比建场初期的1984年增长了250倍和108倍,五项主要经济指标连续5年名列全省同行业榜首,公司先后荣获"全国文明经营先进单位"、"全国商业信誉企业"、"全国商业优秀企业"等近百项荣誉称号。

1997年他又抓住机遇,大力度规范股份制企业行为,积极促成宝商集团股票在深交所上市交易,为公司的二次腾飞计划全面实施奠定了坚实的基础。他本人也先后被授予"全国商业特级劳动模范"、"宝鸡市企业特等功臣"等多项荣誉称号。

宝鸡商场(集团)股份有限公司招股说明书概要

一、绪言

本招股说明书概要系依据《中华人民共和国公司法》、《股票发行与交易管理暂行条例》、《公开发行股票公司信息披露实施细则》等国家法律、法规、规则及发行人实际情况编写的,旨在为投资者提供宝鸡商场(集团)股份有限公司的基本情况。本公司董事会已批准本招股说明书概要,确信所摘内容与招股说明书正文一致且不存在任何重大遗漏或者误导,并对其真实性、准确性、完整性负个别的和连带的责任。

经陕西省证监会陕证监发[1997]5号文批准,同意本公司作为陕西省1996年度股票发行计划内企业。本次发行已经中国证监会证监发字[1997]275号文和证监发字[1997]276号文批准。

本次发行是根据本招股说明书所载明的资料申请发行的,除本发行人和主承销商外,没有委托或授权任何其他人提供未在本招股说明书中列载的信息和对本招股说明书中作任何解释或者说明。

因买卖本公司股票而所需缴纳的税款及相关费用由投资者自行负担,本公司、承销商和上市推荐人对此不承担任何责任。

二、释义

在本招股说明书中,除非另有说明,下列简称具有如下意义:

公司、本公司　　宝鸡商场(集团)股份有限公司

发行人　　宝鸡商场(集团)股份有限公司

董事会　　宝鸡商场(集团)股份有限公司董事会

A股　　本公司本次发行的每股面值为人民币1.00元的记名式普通股股份,以人民币认购及购买

元　　人民币元

本次发行　　本次向社会公众发行3000万股(A股)

主承销商　　南方证券有限公司

上市推荐人　　南方证券有限公司

广发证券有限责任公司

上市　本公司股票获准在深圳证券交易所挂牌交易

中国证监会　中国证券监督管理委员会

省证监会　陕西省证券监督管理委员会

证券交易所　深圳证券交易所

三、与A股发行有关的当事人

发 行 人　宝鸡商场(集团)股份有限公司

法定代表人:魏存功

住所:陕西省宝鸡市经二路114号

电话:0917—3215282

传真:0917—3215282

联系人:董启怀

主承销商　南方证券有限公司

法定代表人:沈沛

住所:深圳市深南东路南方国际大酒店12层

办公地址:上海市延安西路2168号仲盛金融中心18层

电话:021—62788788 029—7251205

传真:021—62788777

联系人:王昶　王锐　段虎　钏焱

副主承销商　广发证券有限责任公司

法定代表人:陈云贤

住所:广州市农林下路83号

电话:020—87676350

传真:020—87310255

联系人:唐展鹏

承 销 商　浙江证券有限责任公司

法定代表人:李训

住所:杭州市延安路400号

电话:0571—7084440

传真:0571—7062121

联系人:刘素英

承 销 商　海南港澳国际信托投资公司

法定代表人:李耀祺

住所:海南省海口市滨海新村588号

电话:0898—8513372

传真:0898—8513437

联系人:王雪梅　黄琼

承 销 商　湖北证券公司

法定代表人:陈浩武

住所:武汉市武昌区彭刘杨路232号

电话:027—8311774

传真:027—8040056

联系人:金艳　陈彩萍

承 销 商　武汉国际信托投资公司

法定代表人:许志强

住所:武汉市解放大道单洞路口武汉国际大厦

电话:027—2422870

传真:027—2422871

联系人:夏铮　杜朝霞

承 销 商　陕西省国际信托投资股份有限公司

法定代表人:孙武学

住所:西安市环城东路南段八号祁州明珠酒店二楼

电话:029—3239457

传真:029—3239456

联系人:胡梦琪

承 销 商　宝鸡证券公司

法定代表人:陈杰

住所:宝鸡市红旗路3号华康大厦五楼

电话:0917—3215040

传真:0917—3227304

联系人:雷鹏宇 张军

上市推荐人　南方证券有限公司

广发证券有限责任公司

承销商法律顾问　信达律师事务所

负责人:徐育康

住所:深圳市深南中路东风大厦21层

电话:0755—3243139

传真:0755—3243108

经办律师:刘凤良　霍　庭　张　炯

发行人法律顾问　北京海问律师事务所

法定代表人:何斐

住所:北京市亚运村北辰东路住总3号院

电话:010—64957040

传真:010—64957038

经办律师:郭斌 越燕

会计师事务所　陕西岳华会计师事务所

法定代表人:李延成

住所:陕西省西安市高新技术开发区 光华路15号中航大厦5楼

电话:029—8210426

传真:029—8210411

联系人:胡养雄　古小荣

资产评估机构　陕西资产评估公司

法定代表人:王益龙

住所:陕西省西安市五星街36号

电话:029—7210184×2205

传真:029—7210441

联系人:徐良善

资产评估确认机构　中华人民共和国国家国有资产管理局

法定代表人:张佑才

地址:北京市海淀区万泉河路66号

电话:010—62567744

传真:010—62561817

土地评估机构　中国地产咨询评估中心

法定代表人:冯庆祥

地址:北京市海淀区大柳树路21号

电话:010—62176683

传真:010—62166781

联系人:范树印

收款银行　中国工商银行宝鸡分行

法定代表人:张鹏飞

地址:宝鸡市中山西路82号

电话:0917—3657447 联系人:李骏

收款银行 中国建设银行宝鸡分行

法定代表人:雷天恒

地址:宝鸡市红旗路36号

电话:0917—3212164

联系人:张宏

收款银行 中国农业银行宝鸡分行

法定代表人:聂万良

地址:宝鸡市红旗路27号

电话:0917—3228973

联系人:梁文昌

收款银行 中国银行宝鸡支行

法定代表人:王辛哥

地址:宝鸡市中山路132号

电话:0917—3650640

联系人:高军

资金冻结银行 中国人民银行宝鸡市分行

法定代表人:赵生堂

地址:宝鸡市红旗路27号

电话:0917—3214664

联系人:宁喜祥

股票登记机构:深圳证券登记公司

法定代表人:黄铁军

地址:深圳市红岭中路25号

电话:0755—5567898

传真:0755—5564759

四、本次发行的有关情况

1、承销方式:

本次公开发行的3000万股社会公众股由承销团采用余额包销的方式承销。

2、承销期的起止日期:

1997年6月18日至1997年6月20日。

3、发行方式、地区

本次新股发行将采取"全额预缴款、比例配售、余款转存"的发行方式,发行地点在陕西省宝鸡市。

4、发行对象

持有深圳证券交易所股东帐户的境内公民、法人和其它组织(国家法律、法规禁止购买者除外。)

5、发行股票的种类、面值和总量:

本次发行每股面值人民币1.00元的记名式普通股(A股)共3000万股

6、发行价格:

本次股票发行价格为7.74元,该价格由以下方法确定:

本公司1994年度实现税后利润7,227,467.89元,按总股本1441.4万股计算,每股税后利润为0.501元;1995年度实现税后利润8,167,090.52元,按总股本1441.4万股计算,每股税后利润为0.567元;1996年度实现税后利润11,902,233.77元,按配股资金实际到位时间(1996年5月28日经送配股后总股本变更为3228.736万股)加权计算,每股税后利润为0.479元。(根据陕西省税务局陕证函[1993]303号文批复,1993年—1996年公司执行15%的所得税率)

本公司1994年、1995年、1996年三个年度连续盈利,每股税后利润的简单平均值为0.516元,以15倍的发行市盈率,按下列公式计算确认。

发行价=平均每股盈利×发行市盈率=0.516*15=7.74(元)

7.本次发行预计实收金额

本次公开发行,预计可募集资金22,500万元(已扣除有关发行费用)

8.承销机构:

	承销份额(万元)	承销比例(%)
主承销商:		
南方证券有限公司	9752.4	42
副主承销商:广发证券有限责任公司	3715.2	16
承销商:浙江证券有限责任公司	1625.4	7
海南港澳国际信托投资公司	1625.4	7
湖北证券公司	1625.4	7
武汉国际信托投资公司	1625.4	7
陕西省国际信托投资股份有限公司	1625.4	7
宝鸡证券公司	1625.4	7

9.发行费用:

本次公开发行的费用总额预计为720万元,包括承销费464.4万元,审计费用50万元,资产评估费用35万元,土地评估费用20万元,律师费45万元,上市推荐费40万元,其它费用65.6万元。

五、风险因素及对策

投资者在评价本发行人此次发售的股票时,应特别认真地考虑下述各项风险因素。

1.政策风险

目前我国正处于从计划经济向市场经济转换时期,国家宏观经济政策的变动特别是产业政策、有关情况税收政策、价格政策、信贷政策等,将对流通领域产生直接影响,继而影响到公司的经济效益。

本公司目前享受所得税返还18%、实际税负为15%的优惠政策。一旦该项优惠政策改变,将会对公司的盈利产生明显影响。

2.行业风险

(1)商业行业属中间流通环节,首先会受到生产环节和消费环节的直接影响;

(2)商业行业具有一定的商业周期性,对本公司的经营状况不可避免地产生一定的负作用;

(3)我国商业行业内部竞争日趋激烈,与此同时,外资商业企业逐步进入中国市场,也给我国商业企业带来较大的冲击,也将影响到公司的市场占有率及盈利。

3.经营风险

本公司主营商品零售批发业务,在经营中受到商品供销渠道、商品价格、费用成本以及服务管理水平等诸多因素的制约:

(1)本公司所经营的商品80%以上是从厂方直接购进,对生产厂方依赖性较强,生产厂方产品的更新换代是否适应市场,厂方产品价格的调整消费能否接受,都将直接影响公司经营效益。

(2)在激烈的市场竞争中,商品价格波动较大,经营费用增大,销售利润降低,也影响到公司的经营效益。

(3)本公司为宝鸡市糖酒副食品总公司担保借款,存在一定程度的担保风险。

4.市场风险

(1)公司地处宝鸡市商业黄金地段,商业企业较为密集,同行业竞争较为激烈,公司将面临顾客分流,市场被细分的风险;

(2)消费市场有其独特的特点,某些商品的消费的季节性差异、市场消费趋势及购买力水平等因素都将会对公司的经营产生一定的影响。

5.项目风险

本公司本次发行新股募集资金将主要用于设施的改造、扩建,发展连锁经营,购并商贸企业,兴建净水厂等项目。若项目缺口资金不能顺利到位,将造成项目周期延长;若所需原材料价格上涨,将增加项目投资成本;购并商贸企业以后,若不能立刻完成调整磨合,将影响到短期内综合效益的发挥。

6.股市风险

股票投资风险较大,主要表现在股票价格上下波动大,难以预见,对发展中的股市而言,此表现更为明显。股票市场价格不仅仅取决于企业的经营状况,而且受到政治形势、经济形势、宏观政策、投资者心理、新闻媒体信息披露等多种因素的影响,这些都会造成股价的波动,投资者对此应有充分的心理准备。

公司对上述风险采取的对策

1. 政策风险的对策

公司将加强对经济形势和经济政策的研究分析,提高管理人员自身素质和决策能力,增强公司对经济政策的应变能力;同时,着眼于深挖公司潜力,提高自身创利能力,以降低对优惠政策的依赖程度。

2. 行业风险的对策

公司将利用股票公开发行的契机,提高企业的竞争能力,在竞争中求发展,以抵御行业风险。具体措施是:

(1)加快现有设施的更新改造,确保其上水平,上档次;

(2)广招社会贤才,加强员工培训,提高管理人员和广大员工素质,积极参与市场竞争;

(3)在大力发展商业的同时,将通过兼并、收购、参股等形式,多元化发展,集团化经营,积极抵御行业风险。

3. 经营风险的对策

(1)公司将充分发挥所处区域的地理优势,突出自身的经营特色,实施名店名牌策略;同时,加强市场调研,多渠道掌握市场信息,及时调整经营品种,把商品供销置于大市场之中,按照市场需求,及时补充适销对路商品,避免商品更新换代价格波动的风险;

(2)大力发展连锁经营,扩展连锁网络,建立配送中心,完善购销渠道,减少经营费用,实行薄利多销,吸引更多的消费者;

(3)完善售后服务体系,开展社会监督活动,树立良好的公司形象;

(4)完善财务管理制度,有效发挥财务管理和财务监督的职能;

(5)充分发挥规模优势,名店效应,实施综合经营、特色经营、以质量过硬、品种齐全、服务优良的综合优势将经营风险降至最低程度。

4. 市场风险的对策

公司将组织专门的工作班子和组织机构,加强市场调研和分析预测,掌握市场变化和消费趋势,及时调整经营结构,营造消费热点,努力扩大市场占有份额,并不断开发潜在市场,以确保公司的经营效益稳定增长。

5. 项目风险的对策

公司将设法保证项目资金的及时投入,促使项目工程的按期完成;并专门成立领导小组,控制投入资金的使用,科学合理地组织施工,努力降低各项成本,确保工程质量,为项目产生预期效益奠定基础;同时,在购并商贸企业以后,公司将充分利用自身的综合优势,使购并双方在管理制度、经营方式和企业文化等方面加快整合,尽早发挥库存量资产重组后的综合效益。

6. 股市风险的对策

股市风险不可预见,公司将严格按照《中华人民共和国公司法》、《股票发行与交易管理暂行条例》和中国证监会关于信息披露的有关规定,及时、真实地向广大股东披露有关公司的重大信息,并加强经营管理,规范公司运作,努力提高经济效益,以维护本公司股东的权益。

六、募集资金的运用

1. 本次募集资金的运用

本公司本次向社会公众发行记名式普通股共3000万股,每股面值1.00元,溢价发行每股7.74元,预计将筹集资金23,220万元,扣除发行费用后实际募集资金为22,500万元,计划用于以下项目,项目缺口资金将通过贷款等途径解决。

(1)投资3000万元用于发展连锁经营、扩展连锁网络项目。

连锁经营是目前国际上普通采用的一种现代商业的经营方式和组织形式。发展连锁经营,将有利于改变目前传统的商业经营方式和组织形式,提高商业组织化程度,增强商业企业的竞争力,实现商品流通的现代化。

1996年3月15日,经陕西省商务厅、陕西省体改委陕商策(1996)84号文批准,本公司被确定为全省四家重点连锁经营试点单位之一。

本公司以商贸批发零售为主业,建立商贸连锁经营网络,可以充分发挥公司主营业务优势,促进其它业务同步发展。但是,由于配套设施的简陋,流动资金的短缺,直接影响了连锁经营的进一步发展。为此,公司计划利用发行A股募集资金发展连锁经营,扩展连锁网络,补充经营流动资金,项目总投资3000万元,其中:增强商品仓储面积需投入600万元;建立配送中心需投入350万元;建立微机信息网络系统需投入150万元;更新改造连锁网点需投入400万元。同时,投资1500万元用于补充经营流动资金。项目已于1997年1月开始实施,到1998年3月投入运行。实施后可年新增销售额1.8亿元,新增利润600万元,新增税后利润510万元。

(2)投资2900万元用于公司营业大楼二期主体扩建工程项目和投资2800万元用于二期扩建配套设施项目。

宝鸡市是连接西北、西南的交通枢纽,随着中西部地区经济的发展,对宝鸡市商贸、餐饮、宾馆、娱乐、办公等综合性服务的需求将越来越大。而公司现有的营业面积和配套设施已远远不能适应市场的变化和发展的需要,公司需要建设完备的综合性商业服务设施。经有关专家分析论证后,公司计划利用发行A股募集资金投资二期主体扩建工程。该项目已获宝鸡市计划委员会宝市计资发(1997)020号文批准。项目总投资2900万元,主要包括土建工程、设计费、投资方向调节税、钻探测量费等。公司营业大楼二期主体工程共12层,总建筑面积为10000平方米。二期主体扩建工程同一期工程相连接,总面积可达40000平方米,规模宏伟,设施齐全,将成为全市最大的综合性商贸大厦。若资金到位,预计1998年12月底竣工。

同时,公司决定实施二期扩建配套设施工程。该项目已获宝鸡市计划委员会宝市计资发(1997)021号文批准。项目总投资2800万元,其中:扩建960万元,用于购置自动扶梯12部,货梯2部,观光电梯2部;投资40万元,用于完善售后服务系统,购置配送车辆10部;投资840万元,用于配备全套消防报警系统及通讯设施;投资620万元,用于二期主体工程的装修及设备的安装;投资80万元,用于柜台货架的购置;投资260万元,用于配置照明、电器设备和配电设备。二期工程全面竣工投入运行后,可年新增销售收入25000万元,新增利润总额925万元,新增税后利润786万元,投资利润率15.5%。投资回收期为7.2年。

(3)投资7000万元实施商贸企业购并项目

本公司作为宝鸡市商贸企业的龙头,实施商贸企业的收购、兼并具有十分优越的条件。购并实施后,既能充分拓展公司主业,扩大经营规模,为公司参与大市场、大流通、大贸易奠定坚实的基础;又能避免区域性经济重复投资,实现国有资产的重组,提高国有资产的利用率,投资少、见效快。宝鸡市政府以宝政发(1996)13号文对优势企业收购、兼并劣势企业给予了相当优惠的政策,其中包括:免收被兼并企业的原欠银行贷款利息,原贷款本金可实行停息挂帐,归还期限可达5年;减免土地出让金;缓缴被兼并企业的原欠缴税款等。

本着"有利于盘活国有资产,有利于增强企业的竞争能力,有利于整体开发、综合利用,有利于带动和促进本地区经济发展"的原则,经组织有关方面专家分析论证,由公司第六次股东大会审议通过,公司计划购并地处宝鸡市经二路繁华地段的两家商贸企业,并已获宝鸡市政府宝政发〔1997〕31号文和宝鸡市商务局宝市商发〔1997〕029号文批准,具体事宜正在办事之中。

·投资5000万元用于购并和改造宝鸡国际大酒店

宝鸡国际大酒店属宾馆餐饮业,现有员工353人,占地面积6100平方米,客房10000平方米,餐饮、娱乐、商贸营业面积4000平方米,总资产约2100万元(包括土地),总负债1000万元,1995年实现利润20万元,1996年实现利润10万元。购并后,公司承担其1000万元的负债,可取得约2100万元的资产。

本公司计划用1000万元归还原该企业债务：拨出400万元用于安置职工和缴纳土地出让金；投资900万元对原客房进行装修、改造，预计年可实现利润120万元；投资300万元开发旅游业，更新改造旅游车辆30部，设置旅游观光接待点，搞好配套设施创造综合效益，预计年可实现利润60万元；投资300万元装修、改造餐饮服务设施，开办海鲜酒楼、快餐服务等，提高现有设施利用率，预计年可创利100万元；投资500万元改造娱乐、保健和温泉设施，增加服务项目，预计年可创利80万元；投资1600万元装修、改造临街门店并补充经营流动资金，开办照像器材、盆景花卉、化妆品、工艺品等12个专营店，预计年销售8000万元，年创利180万元。

购并改造项目预计1997年7月开始实施，1997年10月投入使用，当年投资，当年收效，年可增销售1.5亿元，年可创利540万元。

·投资2000万元用于购并和改造宝鸡工贸大厦

宝鸡工贸大厦地处宝鸡市经二路繁华地带，是八十年代建成的宝鸡市首座高层商贸设施，建筑面积5000平方米，现有员工149人，总资产约904万元，总负债约750万元，1995年靠租赁收入收支持平，1996年盈余3万元，已无力投资更新改造。购并后，公司承担其750万元的负债，可取得月904万元的资产。

本公司计划投资1000万元归还原企业债务，安置职工和缴纳土地出让金；投资10000万元对原有设施进行装修改造并开发利用，1—5层2500平方米可作为商贸批发营业用，预计年增销售收入4000万元，实现利润90万元；6—10层2500平方米经过装修改造，可作为保健、娱乐、写字楼营业面积，预计年可创利80万元。

购并该企业可以取得价格约1500万元的商业大楼，还可以享受国家优惠政策，通过拓展经营门类，采取多种经营方式，年可创利170万元。

本公司购并商贸企业项目总投资7000万元，计划1997年7月实施，1998年3月投入营运，年可新增销售收入2.2亿元，新增利润710万元。

(4)投资7000万元用于兴建冯家山水库取水工程净水厂项目。

宝鸡市是一座新兴的工贸城市，自改革开放以来，城市经济迅速发展，人民生活不断改善，但是，城市供水条件远远不能满足经济发展和居民生活的需要。从1974年到1986年，宝鸡市生活用水量平均增长率为4.3%。若按此年增长率计算，2000年需水量13.31万吨/日，2010年需水量20.27万吨/日，而目前地区的实际供水情况是：低压区4.0万吨/日，中压区1.4万吨/日，共计5.4万吨/日。市中心区供水多数来自距市中心5千米的斗鸡水厂，由于该水厂水源短缺，且市区管道偏小，供水极其困难，高压区每日只能供8—12小时，中压区管网末梢常在用水高峰时，水供不到二层楼，水源不足，供水管径偏小，正常的生产和生活受到严重影响。为了缓解城市供水紧张的矛盾，宝鸡市政府决定实施冯家山水库取水工程项目。项目共投资1.5亿元，其中：需投资7000万元建设净水厂一座，投资8000万元建设33.4公里输水管线一条以及其他输配管网。该项目已获陕西省计划委员会陕计投资〔1996〕98号文批准。

公司计划利用发行A股筹集资金7000万元，以投资冯家山水库取水工程中的净水厂项目，该项目已获宝鸡市计划委员会宝市计资发〔1996〕336号文批准。输水管线以及其他输配管网由宝鸡市自来水公司筹资8000万元修建，本公司占该项目总投资的46.7%，宝鸡市自来水公司占总投资的53.3%。实施该项目后，可促使公司改变原有的经营方式，增加新的经济增长点，降低商业行业风险，以逐步实现公司全方位、综合性发展的战略目标。

净水厂项目设计水量8万立方米/日。主要用于：宝鸡市区中压区2.5万吨/日用水量及低压区5万吨/日用水量，剩余用水量通过低压区配水管转输至市郊福临堡地区，70%用于工业用水，30%用于居民生活用水，工业用水价格为1.144元/立方米，居民生活用水价格为0.824元/立方米。项目将于1997年8月投入建设，1998年6月竣工，投入使用后，年可供水2992万立方米，依据项目投资比例，公司每年可获得利润总额1000万元，税后利润850万元，投资回收期为7年。

以上项目投资总额为22700万元，本次募集资金投入22500万元，不足部分由银行贷款解决。

预计项目资金使用的时间安排表

单位：人民币万元

项目名称	1997年	1998年
商业连锁店经营	3000	
公司营业大楼二期主体扩建及配套设施	2900	2800
商业企业收购兼并	5000	2000
冯家山水库取水工程(净水厂)	2000	5000

2. 前次定向募集资金和配股资金的运用

公司1993年定向募集设立时，共募集资金1000万元，募集资金的运用与定向募集时的招股说明书所陈述的用途一致，主要用于公司营业大楼一期主体工程项目。营业大楼一期主体工程竣工投入使用后，取得了较好的投资收益。公司的销售额由1993年的13789万元增加到1994年的25062万元，1993年实现利润总额651万元，1994年实现利润总额850万元，比1993年增长了30.68%。

公司1996年实施配股方案时，共募集资金3632.3280万元，按照配股说明书分配投入以下项目：

(1)投入1109.15万元用于归还公司营业大楼一期主体工程银行贷款。

(2)投入251万元用于兼并宝鸡橡胶厂，并投入150万元用于建立储备中心。

(3)投入1000万元用于归还宝鸡商城的银行贷款，并投入1500万元用于补充经营流动资金。

以上项目共投入资金4010.15万元，资金用途与当时配股说明书中的资金计划投向完全一致，取得了较好的投资收益。公司的销售额由1995年的41865万元增加到1996年的50041万元，增长了19.53%，利润总额由1995年的961万元增加到1996年1400万元，增长了45.68%。

七、股利分配政策

1、股利分配的一般政策

本公司股利分配实行同股同利的分配政策。

2、本次发行后股利的派发

根据公司1997年第六次股东大会决议，1996年度可供股东分配的利润计11,759,510.04元暂不分配，待公司股票公开发行上市后，由新老股东按持股比例共同享有和分配。董事会预计本次股票发行后首次股利分配将在1998年6月30日或之前进行。

3、利润分配的顺序本公司可供股东分配的利润由董事会提出方案，经股东大会批准后，按股份比例分配。每一年度的股利是否分配，采用何种形式分配及是否进行中期分红，由董事会提出方案，由股东大会审议批准。

本公司股利分配采取现金或股票的形式(或同时采取两种形式)，派发股利时，按中国税法规定代扣代缴股东股利收入的应纳税金。

本公司每一会计年度的税后利润按照以下顺序分配：

(一)弥补亏损(如有亏损)；

(二)提取税后利润的10%作为法定公积金；

(三)提取税后利润的5%—10%作为法定公益金；

(四)经股东大会决议提取任意公积金；

(五)支付普通股股利。

法定公积金按照税后利润的10%提取，但当法定公积金已达注册资本的50%时，可不再提取；法定公益金按税后利润的5%—10%提取。任意公积金的提取比例由股东大会决定。本公司目前尚无亏损。

董事会预计每一年度的股利将于次年6月或之前派付。

4. 历年股利分配情况

1995年　　1994年　　1993年

送红股 0.40 股/股　分现金红利 0.40 元/股　分现金红利 0.32 元/股

5. 本公司向个人股东分配股利时,由本公司按国家有关法律、法规代扣代缴个人所得税。

八、发行人情况

1、发行人名称:宝鸡商场(集团)股份有限公司

2、发行人工商登记日期:1993 年 3 月 1 日

3、发行人住所:陕西省宝鸡市经二路 114 号

4、发行人简况:

公司是经陕西省体改委陕改发〔1992〕69 号文、陕改发〔1993〕4 号文和陕股办〔1993〕003 号文批准,由原宝鸡商场作为发起人,以定向募集方式设立的股份有限公司,原名为"宝鸡商场股份有限公司"。1993 年 3 月 1 日,公司在宝鸡市工商行政管理局登记注册。1994 年 11 月,经陕西省体改委陕改发〔1994〕97 号文批准,公司更名为"宝鸡商场〔集团〕股份有限公司"。1994 年 11 月,经陕西省体改委陕改发〔1994〕97 号文批准,公司更名为"宝鸡商场〔集团〕股份有限公司"。目前公司注册资本为 3228.736 万元。截止 1996 年 12 月 31 日,公司的总资产为 180,896,080.48 元,净资产为 73,268,995.61 元。

5、本公司历史情况,发起人及重组简况

公司前身是成立于 1956 年的"宝鸡市经二路百货商店",1984 年 12 月 10 日经扩建改造后更名为"宝鸡商场"。经陕西省体改委陕改发〔1992〕69 号文、陕改发〔1993〕4 号文和陕股办〔1993〕003 号文批准,由原宝鸡商场作为发起人,以定向募集方式设立"宝鸡商场股份有限公司"。发起人宝鸡商场经评估确认后资产总额为 1784.5 万元,负债总额为 1048.5 万元,净资产为 736.1 万元,其中:经营性资产为 587.7 万元,非经营性资产为 148.4 万元。经宝鸡市国有资产管理局宝市国资评估(1992)054 号文批复,经营性资产中 4,414,526.88 元作为国家对发行人的出资,按 1:1 的比例折为 441.4 万股国家股;其余经营性资产 1,462,354.7 元的商品未折价入股,委托公司经营,为保证国有资产的保值增值,公司每年缴纳国有资产使用费 10 万元,宝鸡市有关部门承诺该部分资产在公司上市后将作为国家股配股资金投入;非经营性资产 1,483,716.11 元委托宝鸡商场劳动服务中心管理。而社会法人和公司内部职工按 1:1 的比例以现金方式分别认购 700 万股和 300 万股。公司定向募集股份 1441.4 万股,每股面值 1 元,计 1441.4 万元人民币,并于 1993 年 3 月 1 日在宝鸡市工商行政管理局登记注册(注册号:22130301—45—1)。1994 年 11 月经陕西省体改委陕改发(1994)97 号文批准,公司更名为"宝鸡商场(集团)股份有限公司"。

公司立足宝鸡,辐射西北、西南,主要经营日用百货、纺织品、电器设备、化工产品、烟酒的零售与批发业务,已发展成为宝鸡市最大的现代化商业企业集团。公司下设宝鸡商场和宝鸡商城两大骨干零售窗口,20 个专营批发公司,11 个零售经营公司,29 个连锁经营分公司和连锁网点,10 个售后服务中心。同时,公司已先后与全国 3000 多家名优厂家联销经营名牌商品,与近万家工商企业建立了稳定的供销关系。同时,公司大力扩展连锁经营,开拓了四川、新疆、甘肃、宁夏、河南、山西等省市的联销网点,建立了一个比较系统的名优产品供销网络。公司营业面积 30000 平方米,经营各类名优商品 50000 余种。1996 年 3 月 31 日,公司召开第五次股东大会,决定在 1995 年度利润分配每 10 股送 4 股的基础上,对全体股东配售股份,每 10 股配 6 股,并同意国家股股东和法人股股东将部分分配股权有偿转让给内部职工股股东。该方案经陕西省国资局陕国企(1996)049 号文和陕西省体改委陕改发(1996)71 号文批准:国家股股东应配 370.776 万股,全部有偿转让给内部职工股股东法人股股东应配 588 万股,其中认购 300 万股,有偿转让给内部职工股股东 288 万股,内部职工股股东实际配售 910.776 万股。送配股后公司总股本增加 3228.736 万股,其中:国家 617.96 万股,法人股 1280 万股,内部职工股 1330.776 万股。

公司通过加强内部管理,拓宽经营领域,搞活分配机制,促使资产规模不断扩大,税后利润迅速增长,经济效益和社会效益显著提高。与改制前的 1992 年相比,公司销售额由 8040 万元上升到 1996 年的 50041 万元,增长 5.2 倍;利润由 401 万元上升到 1400 万元,增长 2.5 倍;营业面积由 10000 平方米增加到 30000 平方米,增长 2 倍;公司资产由 1785 万元增加到现在的 18098 万元,增长 9.1 倍。公司五项主要经济指标连续 5 年居全省同行业首位,先后荣获"全国商业信誉企业"、"全国文明经营先进单位"、"陕西经济明星"、"陕西省重点零售企业"、"陕西省重合同、守信用企业"等 30 多项荣誉称号。1995 年在内贸部八项经济指标综合评比中,公司荣获"全国商业优秀企业"称号(全国仅十家零售商业企业获此殊荣),是西北、西南地区唯一获此殊荣的企业。

6. 组织结构

公司的组织机构如下图:

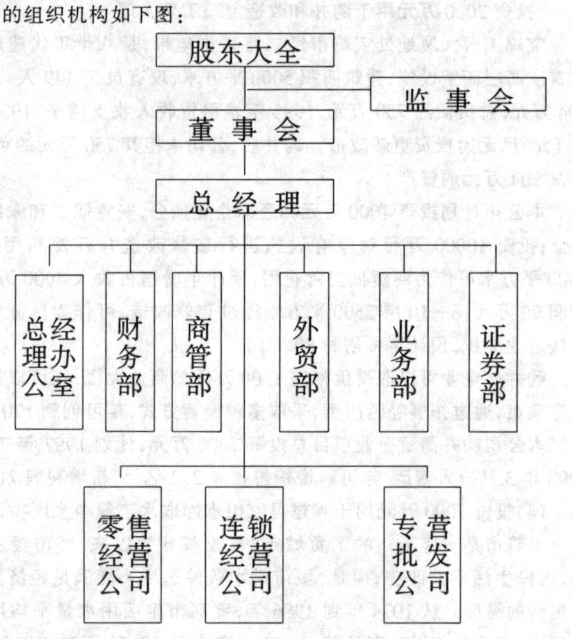

7. 本公司的职工情况

截止 1996 年 12 月 31 日,本公司共有职工 1457 人,其具体构成如下:

类别	人数	占职工总数的比例
营业人员	1214	83.32%
管理人员	99	6.79%
财务人员	41	2.82%
后勤人员	103	7.07%
合计	1457	100%

本公司职工中现有高级职称 4 人,中级职称 17 人;公司职工中具有大专以上学历的有 243 人,占职工总数的 16.68%,中专以上学历的有 546 人,占职工总数的 37.47%。

本公司职工年龄 35 岁以下的有 1092 人,占职工总人数的 74.95%;36—50 岁的有 335 人,占职工总人数的 22.99%;51 岁以上的有 29 人,占职工总人数的 2.06%。

截止 1996 年 12 月 31 日,本公司共有离退休人员 69 人。

本公司职工根据国家及地方政府的有关规定,享受养老、工伤、医疗等保险。

8、经营范围

公司登记注册的经营范围为:百货、纺织品、摩托车、普通机械、电器设备、塑料制品、化工产品及原料(除专营)、烟酒、食品、粮油制品、日用杂品、金属材料、木材、五金交电、音像制品、钻石珠宝、黄金首饰、冷饮、建材、汽车(含小轿车)、汽车配件的销售;柜台租赁、饮食服务、房地产开发、

广告。

9、公司的主要业务及经营方式:

公司主要从事商品零售兼批发等业务。

10、本公司业务收入的主要构成

本公司业务收入主要为商品销售收入,占业务收入的100%,1996年度为50041万元。

11、商品的购销环节和渠道

本公司商品采购的主要来源是生产企业,从生产厂家购入的商品占总购入量的81—85%;从批发企业购入的占11%;从其他企业购入的占4—8%。

公司已先后与全国3000多家名优厂家联销经营名牌商品,与近万家工商企业建立了稳定的供销关系。

公司拥有宝鸡商场和宝鸡商城两大骨干零售窗口,零售占总销售额的53%;批发网点遍及全省,并开拓了四川、新疆、甘肃、宁夏、河南、山西等省市的联销网点。建立了一个比较系统的名优产品供销网络,其销售额已占到总销售额的47%。

12、税收

根据陕西省人民政府陕政函(1997)61号文批准,本公司自上市年度起,所得税实行先按33%的税率征税,后返还18%的政策,实际税负为15%,对本公司的经营业绩将产生良好的影响。

13、公司土地使用权情况

公司现占用土地共两宗,均已办妥国有土地使用证,合法享有该两宗土地的使用权。

原宝鸡商场占用面积3567.4平方米(1994年商场大楼改造时,其中120.2平方米已留作城市道路用地,故现实际占用3447.2平方米),其土地使用权在公司定向募集设立时,作为国家出资,以1:1的比例全部作价入股,为国家股,并经陕西省土地管理局陕土籍字(1997)第03号文予以确认。

公司于1996年10月兼并宝鸡橡胶厂,以出让方式取得该厂原划拨土地12.614平方米的使用权,根据宝鸡市渭滨区人民政府宝渭地字(1996)第29号文批复,公司已于1996年10月31日办理了该宗土地使用权变更手续。

九、董事、监事及高级管理人员

董事

魏存功先生:50岁,高中文化,高级经济师。曾任宝鸡市五金公司人事科长,宝鸡商场副总经理。现任本公司董事长兼总经理、党委书记。魏存功先生一直从事商业经营管理工作,具有丰富的经营管理经验,曾荣获"全国商业特级劳动模范"、"陕西省商业系统优秀经理"和"宝鸡市企业特等功臣"等荣誉称号。

宋宝林先生:44岁,高中文化,经济师。曾任宝鸡商场业务科科长,副总经理。现任本公司副董事长兼副总经理。

李锡华女士:46岁,大专文化,经济师。曾任宝鸡商场党支部副书记兼副总经理。现任本公司副董事长兼副总经理、党委副书记、纪检委书记。长期从事企业政治思想工作,具有丰富的思想政治工作经验。

董启怀先生:51岁,大专文化,政工师。曾任宝鸡市千阳县广播站编辑部主任。现任本公司董事、总经理助理、董事会秘书。

蔺　茂先生:31岁,大专文化,会计师。曾任宝鸡商场财务科科长。现任本公司董事、总会计师、财务部部长。

王明科先生:45岁,大学文化,高级工程师。现任陕西省西凤酒厂副厂长兼销售公司经理,本公司董事。

韩宗强先生:36岁,大学文化,经济师。曾任宝鸡卷烟厂党委办、厂办副主任、主任兼党支部书记,现任宝鸡卷烟厂、宝鸡卷烟调拨站副经理、市场处处长,本公司董事。

云献科先生:43岁,大专文化。曾任陕西日报驻宝鸡记者站站长,办事处主任。现任本公司董事。

魏继科先生:38岁　经济学研究生,中国律师。曾任陕西省商业厅商业管理处副主任科员,主任科员。现任本公司董事、陕西省商业物资总公司副总经理。

监事

王利平女士:52岁,中专文化,经济师。曾任宝鸡商场政秘股股长、人事科长、办公室主任、副食经营部副经理、党委办公室主任。现任本公司监事会召集人兼工会主席。

郭晓明先生:38岁,高中文化,助理经济师。曾任宝鸡商场财务科副科长、业务科科长。现任本公司业务部部长。

李宝成先生:37岁,初中文化,技师。曾任宝鸡商场鞋帽部经理兼鞋帽批发专营公司经理。现任董事会职工代表监事。

十、经营业绩

1、经营的一般情况

公司自创立以来,严格按照股份制企业规范要求,着力转换经营机制,先后进行了领导体制、组织管理、人事、劳动、分配等多项制度的改革,逐步使之适应了市场经济发展的要求,公司整体素质和经营实力进一步提高。

与此同时,公司采取"巩固零售,拓展批发,立足宝鸡,辐射西北、西南市场"的经营策略,不断改善经营手段,提高经营管理水平,加强商业售后服务,积极组织各种促销活动,公司经济效益与社会效益显著提高。

2、业务收入和利润

根据陕西岳华会计师事务所出具的陕岳会内审字(1997)037号审计报告,截止1996年12月31日,本公司经营业绩如下:

单位:人民币元

项目/年份	1996年	1995年	1994年度
主营业务收入	500,412,623.30	418,654,208.26	250,617,548.83
主营业务利润	14,335,007.75	8,869,829.93	8,417,132.65
加:其它业务利润			
营业利润	14,335,007.75	8,869,829.93	8,417,132.65
利润总额	14,002,627.96	9,608,341.79	8,502,903.39
减:所得税	2,100,394.19	1,441,251.27	1,275,435.50
净利润	11,902,233.77	8,167,090.52	7,227,467.89

公司的主营业务收入逐年上升,1995年比1994年增长67.05%,1996年比1995年增长19.53%。公司的净利润1995年比1994年增长13.00%,1996年比1995年增长45.73%。

3.企业管理方面

1995年在内贸部八项经济指标综合评比中,公司荣获"全国商业优秀企业"称号(全国仅十家商场获此殊荣),是西北、西南地区唯一获此殊荣的企业。公司主要经济指标连续5年名列全省同行业前茅,先后荣获"全国商业信誉企业"、"全国文明经营先进单位"、"陕西经济明星"、"陕西省重点零售企业"、"陕西省重合同、守信用企业"等100多项荣誉称号。

十一、股本

公司是经陕西省体改委陕改发(1992)69号文、陕改发(1993)4号文和陕股办(1993)003号文批准,由原宝鸡商场作为发起人,以定向募集方式设立的股份有限公司。其中:公司发起人原宝鸡商场以经1992年7月评估确认后的经营性资产441.4万元,按1:1的比例折为国家股441.4万股;社会法人和公司内部职工按1:1的比例分别以现金方式认购700万股和300万股。1993年3月1日,公司在宝鸡市工商行政管理局登记注册(注册号:22130301—4 5—1)。注册资本为人民币1441.4万元,其中:国家股441.4万股,法人股700万股,内部职工股300万股。

1996年3月31日,公司召开第五次股东大会,决定在1995年度利润分配每10股送4股的基础上,对全体股东配售股份,每10股配6股,并同意国家股股东和法人股股东将部分分配股权有偿转让给内部职工股股东。该方案经陕西省国资局陕国企(1996)049号文和陕西省体改委陕改发(1996)71号文批准:国家股股东应配370.776万股,全部有偿转让给内部职工股股东;法人股股东应配588万股,其中认购300万股,有偿转让给内部职工股股东288万股;内部职工股股东实际配售910.776万股。送配股实施后,总股本增加到3,228.736万股,公司在宝鸡市工商行政管理局变更登记注册,变更后的注册资本为人民币3228.736万元,其中:国家股617.96万股,占股本总额的19.14%;法人股1280万股,占股本总额的39.64%;内部职工股1330.776万股,占股本总额的41.22%。

本次向境内公开发行每股面值为人民币1.00元的记名式普通股(A股)共3000万股。采用溢价发行,每股发行价7.74元。

1.在本次发行之前,本公司注册资本为3228.736万元;本次发行后,本公司注册资本将增至6228.736万元。

2.本次发行系本公司向境内公开发行每股面值为人民币1.00元的记名式普通股(A股)共3000万股。

3.本次公开发行前,本公司股本结构为:

股份类别	股数(万股)	占总股本的比例(%)
国家股	617.96	19.14
法人股	1280	39.64
内部职工股	1330.776	41.22
总股本	3228.736	100

公司内部职工股是于1993年定向募集时形成的。公司的股权证已按国家有关规定委托西安证券登记有限公司全部集中托管。

4.本次发行后的股本结构

股份类别	股份(万股)	占总股本的比例(%)
国家股	617.96	9.92
法人股	1280	20.55
内部职工股	1330.776	21.37
社会公众股	3000	48.16
总股本	6228.736	100

5.超过面值缴入的资本及其用途

本次股票发行超过面值并扣除发行费用后缴入的资金约为19,500万元,将列入本公司的资本公积金。

6.本次发行前后本公司净资产总额、股本及每股净资产变动情况如下:

	净资产总额(元)	股份(万股)	每股净资产(元)
发行前	73,268,995.61	3228.736	2.269
发行后	298,268,995.61	6228.736	4.789

7.股票回购程序:

根据国务院1993年5月4日颁布的《股票发行和交易管理暂行条例》第四十一条规定:未依照国家有关规定经过批准,股份有限公司不得购回其发行在外的股票。

经国家有关机构批准可回购股份,按照公司章程规定,本公司为了减少公司资本而注销股份或者与持有本公司股票的其他公司合并时可以按以下方式的一种回购股份:

(1)向全体股东按照相同比例发出回购要约;

(2)在证券交易所通过公开交易方式回购;

(3)在证券交易所外以协议方式回购。

8.前十名股东情况

股东名称	持股数量(股)	持股比例(%)
宝鸡市国有资产管理局	6179600	19.14
陕西省西凤酒厂	5280000	16.35
宝鸡卷烟厂	5280000	16.35
西安市肝病研究所	2240000	9.94
姚亚萍	152250	0.472
景小莉	146400	0.454
刘 竣	145000	0.449
张银霞	145000	0.449
陈宝霞	145000	0.449
王小蓉	145000	0.449

9.董事、监事及高级管理人员持股情况

姓名	职务	持股数(股)	占总股本比例(%)
魏存功	董事长兼总经理、党委书记	5800	0.018
宋宝林	副董事长兼副总经理	4350	0.013
李锡华	副董事长兼副总经理	4350	0.013
董启怀	董事、董事会秘书	4350	0.013
蔺 茂	董事、董事会秘书	4350	0.013
王明科	董事	4350	0.013
韩宗强	董事	4350	0.013
云献科	董事	4350	0.013
魏继科	董事	4350	0.013
王利平	监事会召集人兼工会主席	4350	0.013
郭晓明	业务部部长	4350	0.013
李宝成	监事	4350	0.013

十二、债项

根据陕西岳华会计师事务所出具的陕岳会内审字(1997)037号审计报告,截止1996年12月31日,本公司主要债项情况如下:

1.负债

单位:元

项 目	金额
其他长期负债	9,391,489.61
短期借款	35,220,000.00
应付帐款	52,934,951.39
应付工资	228,951.89
应付福利费	(530,478.41)
未付股利	3,196,380.00
未付税金	(560,166.67)
其它应付款	7,745,957.06
负债总额	107,627,084.87

2.主要银行借款及债券条件情况如下:

短期借款余额为35,220,000.00元。借款明细如下:

借款银行	借款条件	月利率(‰)	借款日期	还款日期	金额(元)
工行宝鸡市支行渭滨办事处	担保	12.06	1996.04.30	1997.04.30	5,000,000.00
工行宝鸡市支行渭滨办事处	担保	8.415	1996.09.28	1997.02.05	500,000.00
工行宝鸡市支行渭滨办事处	担保	12.06	1996.04.30	1997.03.30	4,000,000.00
工行宝鸡市支行渭滨办事处	担保	9.24	1996.09.04	1997.03.05	600,000.00
工行宝鸡市支行渭滨办事处	担保	10,065	1996.08.13	1997.02.15	800,000.00
工行宝鸡市支行渭滨办事处	担保	12.06	1996.04.30	1997.02.28	3,570,000.00

工行宝鸡市支行渭滨办事处	担保	12.06	1996.04.30	1997.01.30	5,000,000.00
工行宝鸡市支行渭滨办事处	担保	9.24	1996.10.30	1997.03.30	3,000,000.00
*工行宝鸡市支行渭滨办事处	担保	9.24	1996.10.30	1997.04.20	1,000,000.00
*工行宝鸡市支行渭滨办事处	担保	9.24	1996.12.30	1997.03.04	2,000,000.00
*工行宝鸡市支行渭滨办事处	担保	9.24	1996.07.05	1997.04.05	1,500,000.00
工行宝鸡市支行渭滨办事处	担保	8.415	1996.12.27	1997.01.30	3,000,000.00
*工行宝鸡市支行渭滨办事处	担保	9.24	1996.11.25	1997.01.20	600,000.00
*工行宝鸡市支行渭滨办事处	担保	9.24	1996.12.17	1997.02.26	1,650,000.00
工行宝鸡市支行渭滨办事处	担保	12.06	1996.04.30	1997.01.30	1,000,000.00
宝鸡市科技城市信用社	担保	9.24	1996.10.17	1997.07.17	2,000,000.00
合计					35,220,000.00

*为展期借款，借款、还款日期均为展期合同规定日期。

十三、财务会计资料

根据陕西岳会计师事务所出具《宝鸡商场(集团)股份有限公司审计报告》(陕岳会内审字(1997)037号)，对公司1994年至1996年三个会计年度的财务报表进行审计验证，其主要会计数据如下：

(四)说明：

一、公司本次发行股票，委托陕西资产评估公司对其所属的全部资产进行了评估，经国家国有资产管理局国资评(1997)356号文确认，评估增值16,719,173.18元，评估增值未进行帐务调整。

二、重要会计政策

1、本公司执行的会计制度：

本公司执行《股份制试点企业会计制度》。

2、会计期间：

本公司采用公历制，自公历1月1日起至12月31日止为一个会计年度。

3、记帐本位币：

本公司以人民币为记帐本位币。

4、记帐原则和计价基础：

本公司会计核算采用“权责发生制”原则，资产计价以历史成本作为计价基础。

5、坏帐损失：

坏帐损失采用直接转销法核算，坏帐的确认标准为：

(1)因债务单位撤销，依照民事诉讼法进行清偿后确实无法追还的应收帐款；

(2)因债务人死亡，既无遗产可供清偿，又无义务承担人，确实无法收回的应收帐款；

(3)因债务人逾期未履行偿债义务，超过三年，确实不能偿还的应收帐款。

6、存货计价方法：

存货按实际成本计价。

库存商品中批发商品按进价核算，成本结转采用“后进先出法”；零售商品按售价核算，成本结转采用“毛利率法”。

低值易耗品核算采用“五五摊销法”进行核算。

7、长、短期投资：

(1)短期投资按成本法核算。

(2)长期投资：债券投资按成本法核算；股权和联营投资对持有20%(含20%)以下的股权投资按成本法核算，对持有20%以上的股权投资按权益法进行核算，其中对持有50%以上的股权投资和联营投资编制合并报表。

8、固定资产及累计折旧：

本公司固定资产是指使用年限在一年以上，单位价值在2000元以上并在使用过程中保持原有实物形态的资产。固定资产按实际成本计价，其折旧采用直线法核算，并根据各类固定资产的原值、使用年限和预计净残值(原值的4%)确定年分类折旧率如下：

.60

其他设备	15	6.40

9、无形资产：

无形资产——土地使用权按实际成本计价，采用直线法在规定的使用年限期内平均摊销。

10、税项：

(1)增值税：本公司经税务机关核定为增值税一般纳税人，销项税税率为17%，并按销项税额扣除进项税额后的差额缴纳。

(2)城市维护建设税及教育费附加：本公司分别按应纳增值税额的7%和3%缴纳。

(3)所得税：本公司根据陕西省税务局陕税函(1993)303号“关于对宝鸡商场股份有限公司调整所得税税率的批复”的文件规定，从1993年1月1日起按15%税率缴纳企业所得税。

根据陕西省人民政府陕政函[1997]61号文规定，本公司自上市年度起企业所得税实行先按33%的税率征税，后返还18%的政策。

(4)其他税项按国家有关规定计提缴纳。

11、主营业务收入

营业收入的实现是以商品已经发出，所有权已经转移且收到货款或取得收取货款的证据时，作为主营业务收入的实现。

12、利润分配：

按本公司章程规定，依法缴纳所得税后的利润，按下列顺序进行分配：

(1)弥补以前年度亏损；

(2)按税后利润的10%提取法定公积金；

(3)按税后利润的5%—10%提取公益金；

(4)提取任意盈余公积金；

(5)支付股东股利。

三、期后事项：

1、本公司的短期借款1997年4月5日之前已归还款项28,220,000.00元。(见明细表)

借款银行	借款条件	月利率(‰)	借款日期	还款日期	金额(元)
工行宝鸡市支行渭滨办事处	担保	9.24	1996.09.04	1997.03.05	600,000.00
工行宝鸡市支行渭滨办事处	担保	12.06	1996.04.30	1997.01.30	1,000,000.00

工行宝鸡市支行渭滨办事处	担保	12.06	1996.04.30	1997.01.30	5,000,000.00
工行宝鸡市支行渭滨办事处	担保	9.24	1996.10.30	1997.03.30	3,000,000.00
工行宝鸡市支行渭滨办事处	担保	9.24	1996.12.30	1997.03.04	2,000,000.00
工行宝鸡市支行渭滨办事处	担保	10,065	1996.08.13	1997.02.15	800,000.00
工行宝鸡市支行渭滨办事处	担保	9.24	1996.11.25	1997.01.20	600,000.00
工行宝鸡市支行渭滨办事处	担保	8.415	1996.09.28	1997.02.05	500,000.00
工行宝鸡市支行渭滨办事处	担保	9.24	1996.12.17	1997.02.26	1,650,000.00
工行宝鸡市支行渭滨办事处	担保	12.06	1996.04.30	1997.02.28	3,570,000.00
* 工行宝鸡市支行渭滨办事处	担保	9.24	1996.10.30	1997.04.20	1,000,000.00
工行宝鸡市支行渭滨办事处	担保	8.415	1996.12.27	1997.01.30	3,000,000.00
工行宝鸡市支行渭滨办事处	担保	12.06	1996.04.30	1997.03.30	4,000,000.00
工行宝鸡市支行渭滨办事处	担保	9.24	1996.07.05	1997.04.05	1,500,000.00
合计					28,220,000.00

* 为提前归还借款

2. 本公司1997年4月5日之前新增加短期借款27,460,000.00元(见明细表)

借款银行	借款条件	月利率(‰)	借款日期	还款日期	金额(元)
工行宝鸡市支行渭滨办事处	担保	8.415	1997.01.31	1997.04.16	2,000,000.00
工行宝鸡市支行渭滨办事处	担保	9.24	1997.01.31	1997.08.04	5,600,000.00
工行宝鸡市支行渭滨办事处	担保	8.415	1997.02.26	1997.06.30	2,000,000.00
工行宝鸡市支行渭滨办事处	担保	8.415	1997.03.20	1997.06.25	8,500,000.00
工行宝鸡市支行渭滨办事处	担保	8.415	1997.02.26	1997.07.24	7,120,000.00
工行宝鸡市支行渭滨办事处	担保	8.415	1997,03.284	1997.09.10	2,240,000.00
合计					27,460,000.00

3. 本公司应收票据中,下述各项已于1997年3月31日以前进行了承兑。

单位名称	到期日	承兑日	金额
天水光明家电公司	1997.05.13	1997.02.01	1,500,000.00
天水光明家电公司	1997.05.13	1997.02.05	1,800,000.00
天水光明家电公司	1997,03.24	1997.02.06	940,140.00
西安海星科技集团公司	1997.06.05	1997.02.08	3,000,000.00
西安海星科技集团公司	1997.06.05	1997.02.10	2,000,000.00
甘肃平凉地区轻工业公司	1997.06.02	1997.02.12	500,000.00
陕西百隆股份有限公司	1997.05.01	1997.02.15	1.465,043.00
陕西百隆股份有限公司	1997.05.01	1997.02.19	1,035,381.00
宝鸡市百货大楼	1997.03.10	1997.02.20	427,607.50

四、或有负债:

担保事项:本公司为宝鸡市糖酒副食品总公司担保借款计1,426万元。

借款性质	借款日期	还款日期	利率‰	借款金额(元)
专项贷款	1995.09.15	1998.09.14	11.25	2,000,000.00
专项贷款	1995.09.15	1997.09.14	11.25	1,100,000.00
流动资金贷款	1996.12.23	1997.07.22	9.24	2,000,000.00
流动资金贷款	1996.12.16	1997.11.30	9.24	2,000,000.00
流动资金贷款	1996.04.30	1997.04.26	9.24	660,000.00
流动资金贷款	1996.04.18	1997.04.26	9.24	1,500,000.00
流动资金贷款	1996.04.30	1997.04.26	9.24	2,000,000.00
流动资金贷款	1996.04.30	1997.04.26	9.24	3,000,000.00
合计				14,260,000.00

截止1996年12月31日本公司无其他抵押、税务纠纷及未结诉讼等带来的或有负债

(五)财务指标

指标名称	1996年	1995年	1994年
1、流动比率	1.46	1.10	0.96
2、速动比率	0.68	0.19	0.56
3、应收帐款周转率	50.18	55.90	20.79
4、存货周转率	7.15	11.14	13.16
5、资产负债率(%)	59.50	78.83	75.06
6、每股收益(元)	0.369	0.567	0.501
7、净资产收益率(%)	16.24	42.25	43.03

十四、资产评估

公司定向募集设立时,发起人宝鸡商场委托宝鸡会计师事务所进行整体资产评估,截至1992年6月30日,宝鸡商场资产总额1784.5万元,负债总额1048.5万元,国家资本金736.1万元,其中:经营性资本587.7万元,非经营性资本148.4万元。经宝鸡市国有资产管理局宝市国资评估(1992)054号文批复,经营性资本中4,414,526.88元作为国家对发行人的出资,折为441.4万股国家股;未折股的国家资金1,462,354.7元委托公司经营,非经营性资产1,483,716.11元委托宝鸡商场劳动服务中心管理。

评估基准日:1996年12月31日 单位:人民币元

项目	帐面值	评估值	增或减
资产总值	15265545.69	17845442.17	+2579896.48
负债总值	12736436.55	10484844.45	-2251592.10
资产净值	2529109.14	7360597.72	+4831488.58
其中:经营性资本	1045393.03	5876881.61	+4831488.58
非经营性资本	1483716.11	1483716.11	

根据陕西资产评估公司出具的《宝鸡商场(集团)股份有限公司资产评估报告书》,截止1996年12月31日,公司全部资产总值为197,615,313.66,负债总值为107,627,084.87元,净资产为89,988 228.79元。

本次资产评估的目的,系给股票发行,上市提供资产价值之依据,并不作帐务处理。

资产评估结果汇总表

评估基准日:1992 年 6 月 30 日　　　　单位:人民币元

资产项目	帐面原值	帐面净值	调整后净值	重置价格	评估值	增加值	增加率%
流动资产	142,860,179.45	142,860,179.45	141,461,477.15	141,461,477.15	141,626,576.56	165,099.41	0.12
长期投资	555,500.00	555,500.00	555,500.00	555,500.00	612,488.33	56,948.33	10.25
在建工程							
建筑物	28,531,631.74	26,450,764.72	26,450,764.72	35,235,256.60	31,089,150.64	4,638,385.92	17.5
机器设备	9,781,285.31	8,428,022.09	8.428,022.09	10,556,789.59	9,233,599.83	805,577.74	9.6
固定资产合计	38,312,917.05	34,878,786.81	34,878,786.81	45,792,055.19	40,322,750.47	5,443,963.66	15.6
土地使用权	2,601,614.22	2,601,614.22	2,601,614.22	13,309,532.00	13,309,532.00	10,707,791.78	411.59
无形资产	0	0	0	345,244.00	345,244.00	345,244.00	
递延资产	0	0	1,398,702,30	1,398,702.30	1,398,702.30	0	
资产总计	184,330,210.72	180,896,080.48	180,896,080.48	202,862,510.64	197,615,253.66	16,719,173.18	9.24
流动负债	98,235,595.26	98,235,595.26	98,235,595.26	98,235,595.26	98,235,595.26	0	
长期负债	9,391,489.61	9,391,489.61	9,391,489.61	9,391,489.61	9,391,489.61	0	
负债总计	107,627,084.87	107,627,084.87	107,627,084.87	107,627,084.87	107,627,084.87	0	
净资产		73,268,995.61	73,268,995.61	95,235,425.77	89,889,168.79	16,719,173.18	22.82

评估方法:

1、房屋建筑物、机械设备、车辆采用重置成本法。

2、土地使用权按市场比较法。

3、存货商品按现行市价法。

4、债权债务按审核后的帐面价值。

5、长期投资(债券)按收益现值法。

具体计算方法、程序详见《资产评估报告书送审专用材料》

十五、盈利预测

本预测是根据陕西岳华会计师事务所已审计的本公司 1994 年、1995 年、1996 年前三年会计报表及公司现时的各项基础、计划、能力及投资项目可行性等因素,并在下列各项基本假设前提下编制的,预测采用的会计原则和计算方法所依据的法律、法规及会计准则在各主要方面与目前一致。

1、盈利预测基本假设

本盈利预测的编制建立在下述基本假设之上:

(1)本公司所在地区的经营环境无重大变动;

(2)本公司的经营业务所涉及国家和地区政治、法律、经济、财政等情况无重大变化;

(3)现在的信贷利率、税率、汇率及物价在正常范围内波动;

(4)本公司的进货渠道和客户来源保持相对稳定;

(5)本公司所执行的会计政策及核算方法无重大变化;

(6)无其它人力不可抗拒因素造成的重大不利影响。

2. 盈利预测:(1997 年度)

1997 年盈利预测表

编制单位:宝鸡商场(集团)股份有限公司　　单位:万元

项目	行次	1997 年 1—3 月实际	1997 年 4—12 月	合计
一、主营业务收入	1	19,891.22	40,108.78	60,000.00
减:营业成本	2	19,057.72	35,942.28	55,000.00
经营费用	3	213.47	736.53	950.00
营业税金及附加	4	12.50	37.50	50.00
二、主营业务利润	5	607.53	3,392.47	4,000.00
减:管理费用	6	378.81	621.19	1,000.00
财务费用	7	93.91	478.45	572.36
三、营业利润	8	134.81	2,292.83	2,427.64
加:投资收益	9	72.36	5.00	77.36
营业外收入	10	3.22	11.78	15.00
减:营业外支出	11	4.51	15.50	20.00
四、利润总额	12	205.89	2,294.11	2,500.00
减:所得税(15%)	13	30.88	344.12	375.00
所得税(33%)	14	67.94	757.06	825.00
五、净利润(15%)	15	175.01	1,949.99	2,125.00
净利润(33%)	16	137.95	1,537.05	1,675.00

注:本公司所得税税率按 33% 计缴,18% 返还。

3、按全面摊薄法计算 1997 年每股收益;

每股收益=税后利润/股本总额=2,125/6228.736=0.341 元/股

上述结果均经陕西岳华会计师事务所审阅确认。

十六、公司发展规划

(一)发展战略方针

公司坚持以提高经济效益为中心,以企业长足发展为目标,以企业信誉为根本,以转机建制为动力,从实际出发、抓住机遇,全方位、多门类、综合性发展。

(二)发展战略目标

公司的发展战略目标是逐步发展成为跨行业、跨地区、多元化经营、多功能服务的综合型股份制企业集团。到 1998 年,公司将实现销售收入 8 亿元,实现利润总额 2800 万元;到 2000 年,公司将实现销售收入 12 亿元,利润总额 6000 万元。

(三)经营策略

公司将始终坚持"主业为本、信誉第一、效益优先、综合发展"的原则,充分发挥自身优势,突出主业经营,立足宝鸡,面向西北、西南市场,扩大经营规模,拓宽经营领域,在优化资本结构中,不断寻求和开辟新的经济增长点,增强企业市场竞争能力。

(四)经营规划

在今后的经营中,公司将重着从以下几方面进行开拓:

(1)扩大主业规模,提高服务档次。公司将充分发挥募集资金的效用,通过扩建、收购、兼并等方式,使营业面积由 30000 平方米逐步增加到 50000 平方米,抢占商业发展先机,创建全省乃至西北、西南地区的第一流的多功能的综合性商贸设施。

(2)发展连锁经营,开辟国际贸易。到 2000 年,公司拟在现有基础上,在周边省市再建 10 个连锁网点,同时,积极争取进出口贸易权,开展涉外业务,逐步与国际市场接轨。

(3)在发展主业的同时,向其他行业渗透,开办旧货调剂、拍卖市场和典当行业,发展金融业、房地产、加工业,把公司建成科工贸一体化、内外贸相结合,多功能,多元化,综合性的跨国企业集团。

十七、重大合同及重要诉讼事项

(一)重大合同

1.截止1997年4月5日,本公司银行短期贷款共计人民币3446万元,利率符合国家有关规定。

2.截止1997年4月5日,本公司为宝鸡市糖酒副食品总公司提供银行短期贷款担保共计人民币1426万元。

3.本公司于1996年7月19日与宝鸡橡胶厂、宝鸡市渭滨区工业管理办公室签订兼并协议,以继承该厂全部债权、债务,接收全部在职与退休职工,交纳土地出让金和政府建设配套补助等费用计人民币150.69万元为条件,取得宝鸡橡胶厂包括12614平方米国有地土使用权在内的全部经营性资产。上述兼并协议已经宝鸡市公证处予以公证,并经宝鸡市体改委、国资局宝改发(1996)39号文批复,国有土地使用证和房屋产权证已全部办理变更手续。

4.本公司与宝鸡市国资局于1993年3月26日签署委托经营协议,受托经营146.2万元国有资产,每年缴纳国有资产使用费10万元,委托经营期限5年;在委托经营期间,公司除每年缴纳使用费之外,1993年收入为44万元,1994年收入为53万元,1995年收入为52万元,1996年收入为14万元,预计1997年收入为7万元。

(二)诉讼事项

据本公司所知,本公司目前不存在尚未了解或可预见之诉讼、仲裁案件或者被行政处罚的案件,亦不存在任何针对董事会成员的刑事、经济诉讼案件。

十八、备查文件

1、陕西省证监会陕证监发〔1997〕5号文《关于下达1996年我省股票发行计划指标的通知》

2、陕西省体改委陕改发〔1992〕69号文《关于设立宝鸡商场股份有限公司的批复》

3、陕西省体改委陕改发〔1994〕97号文《关于宝鸡商场股份有限公司更名的批复》

4、承销协议及发行方案

5、深圳证券交易所上市承诺函

6、陕西岳华会计师事务所陕岳会内审字(1997)037号审计报告

7、陕西资产评估公司陕资评司业字(1997)009号资产评估报告

8、宝鸡市地税分局关于《延期缴纳税款申请审批表》

9、中国建设银行宝鸡市中心支行《关于宝鸡商场(集团)股份有限公司投资项目资金缺口贷款的承诺》

10、证监会要求的其它文件

上述备查文件的查阅地点:

宝鸡商场(集团)股份有限公司

陕西省宝鸡市经二路114号

南方证券有限公司

上海市延安西路2168号仲盛金融中心18层

上述备查文件的查阅时间:

1997年6月16日—1997年6月26日

宝鸡商场(集团)股份有限公司

1997年6月13日

资　产　负　债　表

编制单位:宝鸡商场(集团)股份有限公司　　　　单位:人民币元

资产	注释	1996年12月31日	1995年12月31日	1994年12月31日
流动资产				
货币资金	1	14,896,637.54	3,517,389.80	11,682.832.18
短期投资				
应收票据	2	18,668,171.50		
应收帐款		17,018,644.83	2,924,478.53	12,054,317.86
减:坏帐准备				
应收帐款净额	3	17,018,644.83	2,924,478.53	12,054,317.86
其他应收款	4	14,554,630.63	2,448,749.75	331,781.88
存货	5	76,643,392.65	53,063,171.18	17,875,020.71
待摊费用	6	1,398,702.30	2,087,400.27	1,007,517.85
流动资产合计		143,180,179.45	64,041,189.53	42,951,470.48
长期投资:				
长期投资	7	235,500.00	331,785.00	286,016.50
固定资产:				
固定资产原价		38,312,917.05	20,747,201.83	20,447,139.76
减:累计折旧		3,434,130.24	1,828,966.66	1,079,049.68
固定资产净值	8	34,878,786.81	18,918,235.17	19,368,090.08
在建工程			6,928,324.53	3,594,821.74
固定资产合计		34,878,786.81	25,846,559.70	22,962,911.82
无形资产	9	2,601,614.22	1,098,401.10	1,128,087.62
资产总计		180,896,080.48	91,317,935.33	67,328,486.42
负债及股东权益				
流动负债:				
短期借款	10	35,220,000.00	48,359,730.00	30,410,000.00
应付帐款	11	52,934,951.39	1,132,874.48	1,473,822.92
应付工资	12	228,951.89	228,951.89	221,433.39
应付福利费	13	(530,478.41)	(149,395.69)	(160,077.07)
未付股利	14	3,196,380.00	9,148,380.00	7,152,640.00
未交税金	15	(560,166.67)	(5,633,673.37)	(2,113,053.02)
其他未交款				
其他应付款	16	7,745,957.06	5,374,965.07	7,466,744.12
预提费用				102,743.44
流动负债合计		98,235,595.26	58,461,832.38	44,554,253.78
长期负债:				
长期借款			4,000,000.00	4,000,000.00
其他长期负债	17	9,391,489.61	9,526,073.16	1,979,827.66
其中:住房周转金		1,058,782.22	1,483,365.77	
长期负债合计		9,391,489.61	13,526,073.16	5,979,827.66
负债合计		107,627,084.87	71,987,905.54	50,534,081.44

资产	注释	1996年12月31日	1995年12月31日	1994年12月31日
股东权益:				
股本	18	32,287,360.00	14,414,000.00	14,414,000.00
资本公积	19	24,339,511.90	134,661.17	526.88
盈余公积	20	4,882,613.67	3,138,757.29	1,913,693.71
其中:公益金		1,641,364.12	1,046,252.43	637,897.90
未分配利润	21	11,759,510.04	1,642,611.33	466,184.39
股东权益合计		73,268,995.61	19,330,029.79	16,794,404.98
负债及股东权益合计		180,896,080.48	91,317,935.33	67,328,486.42

利润及利润分配表

编制单位:宝鸡商场(集团)股份有限公司　　　　单位:人民币元

项目	注释	1996年	1995年	1994年
一、主营业务收入	23	500,412,623.30	418,654,208.26	250,617,548.83
减:营业成本	24	463,450,939.78	395,097,982.91	235,244,546.69
经营费用	25	10,735,090.98	3,313,434.94	1,035,118.54
管理费用	26	6,659,013.61	5,008,227.12	3,931,799.68
财务费用	27	4,872,841.05	6,128,914.12	1,911,432.25
营业税金及附加		359,730.13	235,819.24	77,519.02
二、主营业务利润		14,335,007.75	8,869,829.93	8,417,132.65
加:其他业务利润				
三、营业利润		14,335,007.75	8,869,829.93	8,417,132.65
加:投资收益	28	16,055.00	27,861.50	
营业外收入		30,162.70	321,665.00	143,034.28
减:营业外支出		378,597.49	71,724.54	57,263.54
加:以前年度损益调整			460,709.90	
四、利润总额		14,002,627.96	9,608,341.79	8,502,903.39
减:所得税	29	2,100,394.19	1,441,251.27	1,275,435.50
五、净利润		11,902,233.77	8,167,090.52	7,227,467.89
加:年初未分配利润		1,642,611.33	466,184.39	88,436.68
六、可供分配利润		13,544,845.10	8,633,274.91	7,315,904.57
减:提取法定公积金		1,190,223.37	816,709.05	722,746.79
提取公益金		595,111.69	408,354.53	361,373.39
减:已分配普通股股利			5,675,600.00	5,765,600.00
七、未分配利润		11,759,510.04	1,642,611.33	466,184.39

财务状况变动表
1996年

编制单位:宝鸡商场(集团)股份有限公司　　　　单位:人民币元

流动资金来源和运用	金　额
一、流动资金来源	
1.本年净利润	11,902,233.77
加:不减少流动资金的费用和损失	
(1)固定资产折旧	1,605,163.58
(2)无形资产、递延资产及其他资产摊销(减其他负债转销)	118,746.06
(3)其他不减少流动资金的费用和损失	52,147.95
小计	13,678,291.36
2.其他来源:	
(1)增加长期负债	9,391,489.61
(2)收回长期投资	96,285.00
(3)资本净增加额	43,769,919.16
小计	53,257,693.77
流动资金来源合计	66,935,985.13
二、流动资金运用:	
1.利润分配	
(1)提取法定公积金	1,190,223.37
(2)提取公益金	595,111.69
小计	1,785,335.06
2.其他运用:	
(1)固定资产和在建工程净增加额	10,637,390.69
(2)增加无形资产、递延资产及其他资产	1,621,959.18
(3)偿还长期负债	13,526,073.16
小计	25,785,423.03
流动资金运用合计	27,570,758.09
流动资金增加净额	39,365,227.04
流动资金各项目的变动	
一、流动资金本年增加数	
1.货币资金	11,379,247.74
2.短期投资	

流动资金来源和运用	金　　额
3.应收票据	18,668,171.50
4.应收帐款净额	14,094,166.30
5.其他应收款	12,105,880.88
6.待摊费用	(688,697.97)
7.存货	23,580,221.47
流动资金增加净额	79,138,989.92
二、流动负债本年增加数	
1.短期借款	(13,139,730.00)
2.应付帐款	51,802,076.91
3.应付福利费	(381,082.72)
4.未付股利	(5,952,000.00)
5.未交税金	5,073,506.70
6.其他应付款	2,370,991.99
流动负债增加净额	39,773,762.88
流动资金增加净额	39,365,227.04

宝鸡商场(集团)股份有限公司股票上市公告书

一、要览

总股本:6228.736万股

可流通股本:3000万股

本次上市流通股本:3000万股

股票代码:0796

上市地点:深圳证券交易所

上市时间:1997年7月3日

上市推荐人:南方证券有限公司

广发证券有限责任公司

股票登记机构:深圳证券登记有限公司

二、绪言

本上市公告书系根据《中华人民共和国公司法》、《股票发行与交易管理暂行条例》,公开发行股票公司信息披露的内容与格式准则第七号《上市公告书的内容与格式(试行)》及国家证券管理机关颁布的有关证券管理的现行法规、规定而编制。本公司本次新股发行经中国证券监督管理委员会证监发字(1997)275号文和证监发字(1997)276号文批准,股票上市申请经深圳证券交易所深证发字(1997)261号文同意,将于1997年7月3日在深圳证券交易所挂牌交易。本公司总股本为6228.736万股,本次上市流通的3000万股均为1997年6月18日至25日向社会公开发行的新股。公司内部职工股1330.736万股按规定自公开发行之日起三年后上市。

本公司于1997年6月13日在《中国证券报》、《证券时报》刊登了《招股说明书概要》,距今不足6个月,与其重复的内容不再重述,敬请广大投资者查阅本公司的《招股说明书概要》。

本公司董事会成员已批准本上市公告书,确认其中不存在重大遗漏或误导,并对其真实性、准确性和完整性负个别的和连带的责任。

三、公司概况

(一)概况

1.公司名称:宝鸡商场(集团)股份有限公司

2.注册地址:陕西省宝鸡市经二路114号

3.注册资本:6228.736万元

4.法定代表人:魏存功

5.成立日期:1993年3月1日

6.经营范围:百货、纺织品、摩托车、普通机械、电器设备、塑料制品、化工产品及原料(除专营)、烟酒、食品、粮油制品、日用杂品、金属材料、木材、五金交电、音像制品、钻石珠宝、黄金首饰、冷饮、建材、汽车(含小轿车)、汽车配件的销售;柜台租赁、饮食服务、房地产开发、广告。

7、所属行业:百货行业

8、公司联系电话:0917—3215282

9、联系人:董启怀

(二)公司历史沿革

公司前身是成立于1956年的"宝鸡市经二路百货商店",1984年12月10日经扩建改造后更名为"宝鸡商场"。经陕西省体改委陕改发(1992)69号文、陕改发(1993)4号文和陕股办(1993)003号文批准,由原宝鸡商场作为发起人,以定向募集方式设立"宝鸡商场股份有限公司",总股本为1441.4万元人民币;并于1993年3月1日在宝鸡市工商行政管理局登记注册(注册号:22130301—45—1)。1994年11月经陕西省体改委陕改发(1994)97号文批准,公司更名为"宝鸡商场(集团)股份有限公司"。

1996年3月,公司召开第五次股东大会决议,经陕西省国资局陕国企(1996)049号文和陕西省体改委陕改发(1996)71号文批准,在1995年度利润分配每10股送4股基础上,对全体股东配售股份,每10股配6股,并同意在国家股股东和法人股股东将部分股权有偿转让给内部职工股股东。送配股后公司总股本增加到3228.736万股。

公司立足宝鸡,辐射西北、西南,主要经营日用百货、纺织品、电器设备、化工产品、烟酒的零售与批发业务,已发展成为宝鸡市最大的商业企业集团。公司五项主要经济指标连续5年居全省同行业首位,先后荣获"全国商业信誉企业"、"全国文明经营先进单位"、"陕西经济明星"、"陕西省重点零售企业"、"陕西省重合同、守信用企业"等30多项荣誉称号。1995年在内贸部八项经济指标综合评比中,公司荣获"全国商业优秀企业"称号(全国仅十家零售商业企业获此殊荣),是西北、西南地区唯一获此殊荣的企业。

1997年6月18日至25日,经中国证券监督管理委员会以证监发字(1997)275号、(1997)276号文批准,采用"全额预缴款、比例配售、余款转存"的发行方式成功地向社会发行了3000万人民币普通股A股。

四、股票发行与承销

(一)本次股票公开发行

发行数量:社会公众股3000万股

发行价格:7.74元

发行市盈率:15倍

股票种类:记名式普通股(A股)

股票面值:人民币1.00元/股

发行时间:1997年6月18日至1997年6月25日

发行方式:全额预缴款、比例配售、余款转存

配售户数:5332

配售比例:4.658%

持1000股以上的户数:1789

发行费用总额:720 万元

每股发行费用:0.24 元

募集资金总额:22,500 万元(已扣发行手续费 720 万元)

(二)股票承销

本次公开发行 3000 万股全部被符合法律、法规规定的投资者认购。

(二)验资报告(陕岳会内验字(1997)025 号)

宝鸡商场(集团)股份有限公司:

我们接受委托,对宝鸡商场(集团)股份有限公司截止 1997 年 6 月 24 日止的股本的变更情况的真实性和合理性进行了审验。在审验过程中,我们按照《独立审计实务公告第一号—验资》的要求,实施了必要的审验程序。宝鸡商场(集团)股份有限公司的责任是提供真实、合法、完整的验资资料,保护资产的安全、完整,我们的责任是按照《独立审计实务公告第一号—验资》的要求,出具真实、合法的验资报告。

宝鸡商场(集团)股份有限公司原注册资本为 3,338.736 万元,变更后的注册资本为 6,228.736 万元。根据我们的审验,截止 1997 年 6 月 24 日止,宝鸡商场(集团)股份有限公司增加股本 3,000 万元,变更后的股本为 6,228.736 万元。

陕西岳华会计师事务所　　中国注册会计师　古小荣

中国·西安　　中国注册会计师　王永平

1997 年 6 月 24 日

本次募集资金入帐时间 1997 年 6 月 24 日,入帐金额为 23,220 万元。

开户银行:中国工商银行宝鸡市分行渭滨办事处,帐号为:0225001777。

五、董事、监事及高级管理人员持股情况

姓名	职务	持股数(股)	占总股本比例(%)
魏存功	董事长兼总经理	5800	0.0093
宋宝林	副董事长兼副总经理	4350	0.0070
李锡华	副董事长兼副总经理	4350	0.0070
董启怀	董事、董事会秘书	4350	0.0070
蔺　茂	董事、总会计师	4350	0.0070
王明科	董事	4350	0.0070
韩宝强	董事	4350	0.0070
云献科	董事	4350	0.0070
魏继科	董事	4350	0.0070
王利平	监事会召集人	4350	0.0070
郭晓明	监事	4350	0.0070
李宝成	监事	4350	0.0070
合　计		53650	0.0863

六、公司设立

1. 本公司 1997 年 3 月 22 日召开的第六次股东大会通过了公司申请向社会公开发行股票并在深圳证券交易所上市的特别决议

2. 公司注册资本 6228.7367 万元

3. 公司发行后重新注册登记日期:1997 年 6 月 24 日

4. 公司注册地址:陕西省宝鸡市经二路 114 号

5. 营业执照注册号码:22132264

七、关联企业及关联交易

本公司发起人宝鸡商场已将其主要经营性净资产折股投入本公司,本公司成立后,其宝鸡商场法人资格注销,本公司与其发起人宝鸡商场不存在同业竞争关系。

八、股本结构及大股东持股情况

(一)本次股票上市前公司总股本为 6228.736 万股,股本结构构成如下:

股本类别	股数(万股)	占总股本的比例(%)
1. 总股本	6228.736	100
2. 尚未流通股份	3228.736	51.84
(1)国家股	617.96	9.92
(2)法人股	1280.00	20.55
(3)内部职工股	1330.776	21.37
3. 可流通股份	3000	48.16
社会公众股	3000	48.16

(二)本公司前十名股东所持股数及比例:

股东名称	持股数量(股)	持股比例(%)
宝鸡市国有资产管理局	6179600	9.92
陕西省西凤酒厂	5280000	8.47
宝鸡卷烟厂	5280000	8.47
西安市肝病研究所	2240000	3.60
姚亚萍	152250	0.244
景小莉	146450	0.232
刘　竣	145000	0.232
张银霞	145000	0.232
王　芳	145000	0.232
王小蓉	145000	0.232

九、公司财务会计资料

(一)审计报告[陕岳会内审字(1997)037 号]

宝鸡商场(集团)股份有限公司全体股东:

我们接受委托,审计了贵公司 1994 年 12 月 31 日、1995 年 12 月 31 日、1996 年 12 月 31 日的资产负债表及 1994 年度、1995 年度、1996 年度的利润及利润分配表和 1996 年度的财务状况变动表。这些会计报表由贵公司负责,我们的责任是对这些会计报告发表审计意见。我们的审计是依据《中国注册会计师独立审计准则》进行的。在审计过程中,我们结合贵公司的实际情况,实施了包括抽查会计记录等我们认为必要的审计程序。

我们认为,上述会计报表符合《企业会计准则》和《股份制试点企业会计制度》的有关规定,在所有重大方面公允地反映了贵公司 1994 年 12 月 31 日、1995 年 12 月 31 日、1996 年 12 月 31 日的财务状况及 1994 年度、1995 年度、1996 年度的经营成果和 1996 年度的资金变动情况,会计处理方法的选用遵循了一贯性的原则。

陕西岳华会计师事务所　　中国注册会计师　古小荣

中国·西安　　中国注册会计师　王永平

1997 年 4 月 5 日

(二)资产负债表、利润及利润分配表和财务状况变动表(附后)(三)财务报表附注:

注释 1:公司一般情况

宝鸡商场(集团)股份有限公司(以下简称本公司)是经陕西省经济体制改革委员会陕改发(1992)69 号文件批准,于 1993 年 3 月由原宝鸡商场作为发起人,采用定向募集方式设立的股份有限公司。公司股票按 1:1 平价发行,共募集股本 1,441.4 万元,注册资本 1,441.4 万元。本公司在宝鸡市工商局登记注册,住所为宝鸡市经二路 114 号。主要经营范围为为商品零售、批发、兼营房地产、证券广告、汽车、综合开发等。

本公司于 1993 年 3 月 1 日开始按《股份制试点企业会计制度》的规定进行会计核算。1996 年经本公司第五次股东大会决定,并经陕西省经济体制改革委员会陕改发(1996)71 号文、陕西省国有资产管理局陕国企[1996]049 号文件批准,以 1995 年度可供分配利润对本公司全体股东按 10:4 比例送股,同时在送股的基础上按 10:6 的比例向全体股东实施配股,送配股方案实施后,公司的股本为 3,228.736 万元。

1996 年 12 月根据宝鸡市经济体制改革委员会、宝鸡市国有资产管理局宝改发[1996]39 号文兼并宝鸡橡胶厂,该厂资产为 55.64 万元,负债 56.70 万元,净资产 -1.06 万元。

本公司为本次发行股票,委托陕西资产评估公司以 1996 年 12 月 31 日为基准日对全部资产进行了评估,评估结果已经国家国有资产管理局

国资评[1997]356号文确认,评估增值16,719,173.18元,评估增值未进行帐务调整。

注释2:重要会计政策

1、本公司执行的会计制度:

本公司执行《股份制试点企业会计制度》。

2、会计期间:

本公司采用公历制:自公历1月1日起至12月31日止为一个会计年度。

3、记帐本位币:

本公司以人民币为记帐本位币。

4、记帐原则和计价基础:

本公司会计核算采用"权责发生制"原则,资产计价以历史成本作为计价基础。

5、坏帐损失:

坏帐损失采用直接转销法核算,坏帐的确认标准为:

(1)因债务单位撤销,依照民事诉讼法进行清偿后确实无法追还的应收帐款。

(2)因债务人死亡,既无遗产可供清偿,又无义务承担人,确实无法收回的应收帐款;

(3)因债务人逾期未履行偿债义务,超过三年,确实不能偿还的应收帐款。

6、存货计价方法:

存货按实际成本计价。

库存商品中批发商品按进价核算,成本结转采用"后进先出法";零售商品按售价核算,成本结转采用"毛利率法"。

低值易耗品核算采用"五五摊销法"进行核算。

7、长、短期投资:

(1)短期投资按成本法核算。

(2)长期投资:债券投资按成本法核算;股权和联营投资对持有20%(含20%)以下的股权投资按成本法核算,对持有20%以上的股权投资按权益法进行核算,其中对持有50%以上的股权投资采用权益法,以合并会计报表方式核算。

8、固定资产及累计折旧:

本公司固定资产是指使用年限在一年以上,单位价值在2000元以上并在使用过程中保持原有实物形态的资产。固定资产按实际成本计价,其折旧采用直线法核算,并根据各类固定资产的原值、使用年限和预计净残值(原价的4%)确定分类折旧率如下:

资产类别	折旧年限	折旧率(%)
(1)房屋建筑物	25	3.84
(2)通用设备		
其中:动力设备	15	6.40
动输设备	10	9.60
其他设备	15	6.40

9、无形资产:

无形资产——土地使用权按实际成本计价,采用直线法在规定的使用年限期内平均摊销。

10、税项:

(1)增值税:本公司经税务机关核定为增值税一般纳税人,销项税税率为17%,并按销项税额扣除进项税额后的差额缴纳。

(2)城市维护建设税及教育费附加:本公司分别按应纳增值税额的7%和3%缴纳。

(3)所得税:本公司根据陕西省税务局陕税函(1993)303号"关于对宝鸡商场股份有限公司调整所得税税率的批复"的文件规定,从1993年1月1日起按15%税率缴纳企业所得税。

根据陕西省人民政府陕政函[1997]61号文规定,本公司自上市年度起企业所得税实行先按33%的税率征税,后返还18%的政策。

(4)其他税项按国家有关规定计提缴纳。

11、营业收入

营业收入的实现是以商品已经发出,所有权已经转移且收到货款或取得收取货款的证据时,作为营业收入的实现。

12、利润分配:

按本公司章程规定,依法缴纳所得税后的利润,按下列顺序进行分配

(1)弥补以前年度亏损;

(2)按税后利润的10%提取法定公积金

(3)按税后利润的5%—10%提取公益金;

(4)提取任意盈余公积金;

(5)支付股东股利。注释3:期后事项:

1、本公司的短期借款1997年4月5日之前已归还款项28,220,000.00元。(见明细表)

借款银行	借款条件	月利率(‰)	借款日期	还款日期	金额(元)
工行宝鸡市支行渭滨办事处	担保	9.24	1996.09.04	1997.03.05	600,000.00
工行宝鸡市支行渭滨办事处	担保	12.06	1996.04.30	1997.01.30	1,000,000.00
工行宝鸡市支行渭滨办事处	担保	12.06	1996.04.30	1997.01.30	5,000,000.00
工行宝鸡市支行渭滨办事处	担保	9.24	1996.10.30	1997.03.30	3,000,000.00
工行宝鸡市支行渭滨办事处	担保	9.24	1996.12.30	1997.03.04	2,000,000.00
工行宝鸡市支行渭滨办事处	担保	10,065	1996.08.13	1997.02.15	800,000.00
工行宝鸡市支行渭滨办事处	担保	9.24	1996.11.25	1997.01.20	600,000.00
工行宝鸡市支行渭滨办事处	担保	8.415	1996.09.28	1997.02.05	500,000.00
工行宝鸡市支行渭滨办事处	担保	9.24	1996.12.17	1997.02.26	1,650,000.00
工行宝鸡市支行渭滨办事处	担保	12.06	1996.04.30	1997.02.28	3,570,000.00
*工行宝鸡市支行渭滨办事处	担保	9.24	1996.10.30	1997.04.20	1,000,000.00
工行宝鸡市支行渭滨办事处	担保	8.415	1996.12.27	1997.01.30	3,000,000.00
工行宝鸡市支行渭滨办事处	担保	12.06	1996.04.30	1997.03.30	4,000,000.00
工行宝鸡市支行渭滨办事处	担保	9.24	1996.07.05	1997.04.05	1,500,000.00
合计					28,220,000.00

*为提前归还借款

2.本公司1997年4月5日之前新增加短期借款27,460,000.00元(见明细表)

借款银行	借款条件	月利率(‰)	借款日期	还款日期	金额(元)

工行宝鸡市支行渭滨办事处	担保	8.415	1997.01.31	1997.04.16	2,000,000.00
工行宝鸡市支行渭滨办事处	担保	9.24	1997.01.31	1997.08.04	5,600,000.00
工行宝鸡市支行渭滨办事处	担保	8.415	1997.02.26	1997.06.30	2,000,000.00
工行宝鸡市支行渭滨办事处	担保	8.415	1997.03.20	1997.06.25	8,500,000.00
工行宝鸡市支行渭滨办事处	担保	8.415	1997.02.26	1997.07.24	7,120,000.00
工行宝鸡市支行渭滨办事处	担保	8.415	1997,03.28	1997.09.10	2,460,000.00
合计					27,460,000.00

3. 本公司应收票据时,下述各项已于 1997 年 3 月 31 日以前进行了承兑。

单位名称	到期日	承兑日	金额
天水光明家电公司	1997.05.13	1997.02.01	1,500,000.00
天水光明家电公司	1997.05.13	1997.02.05	1,800,000.00
天水光明家电公司	1997,03.24	1997.02.06	940,140.00
西安海星科技集团公司	1997.06.05	1997.02.08	3,000,000.00
西安海星科技集团公司	1997.06.05	1997.02.10	2,000,000.00
甘肃平凉地区轻工业公司	1997.06.02	1997.02.12	500,000.00
陕西百隆股份有限公司	1997.05.01	1997.02.15	1.465,043.00
陕西百隆股份有限公司	1997.05.01	1997.02.19	1,035,381.00
宝鸡市百货大楼	1997.03.10	1997.02.20	427,607.50

注释 4:或有负债:

担保事项:为宝鸡市糖酒副食品总公司担保借款计 1,426 万元。

借款性质	借款日期	还款日期	利率‰	借款金额(元)
专项贷款	1995.09.15	1998.09.14	11.25	2,000,000.00
专项贷款	1995.09.15	1997.09.14	11.25	1,100,000.00
流动资金贷款	1996.12.23	1997.07.22	9.24	2,000,000.00
流动资金贷款	1996.12.16	1997.11.30	9.24	2,000,000.00
流动资金贷款	1996.04.30	1997.04.26	9.24	660,000.00
流动资金贷款	1996.04.18	1997.04.26	9.24	1,500,000.00
流动资金贷款	1996.04.30	1997.04.26	9.24	2,000,000.00
流动资金贷款	1996.04.30	1997.04.26	9.24	3,000,000.00
合计				14,260,000.00

注:1996 年 12 月 31 日本公司无其他抵押、税务纠纷及未结诉讼等带来的或有负债

(四)主要财务指标分析

公司主要财务指标

财务指标	1996 年	1995 年	1994 年
1、流动比率	1.46	1.10	0.96
2、速动比率	0.68	0.19	0.56
3、应收帐款周转率	50.18	55.90	20.79
4、存货周转率	7.15	11.14	13.16
5、资产负债率(%)	59.50	78.83	75.06
6、每股收益(元)	0.369	0.567	0.501
7、净资产收益率(%)	16.24	42.25	43.03

十、董事会上市承诺

本公司董事会将严格遵守《中华人民共和国公司法》、《股票发行与交易管理暂行条例》、《公开发行股票公司信息披露实施细则》和《深圳证券交易所业务规则》及国家有关法律、法规,并自股票上市之日起作出如下承诺:

1. 按照法律、法规的规定程序和要求披露重大的信息,并接受证券主管机关、深圳证券交易所的监督管理。

2. 及时、真实、准确地公布中期报告和年度报告,并备置于规定场所供投资者查阅。

3. 本公司董事、监事及高级管理人员如发生人事变动或持本公司股票发生变动时,在报告证券主管机关、证券交易所的同时向投资者公布。

4. 在任何公共传播媒介中出现的消息可能对本公司股票的市场价格产生误导性影响时,本公司知悉后将及时对该消息予以公开澄清。

5. 本公司董事、监事及高级管理人员将认真听取社会公众的意见和批评,不利用已获得的内幕消息和其它不正当手段直接或间接从事股票买卖活动。6. 本公司没有无记录负债。

十一、重要事项揭示

根据公司 1997 年第六次股东大会决议,1996 年度可供股东分配的利润计 11,759,510.04 元暂不分配,待公司股票公开发行上市后,由新老股东按持股比例共同享有和分配。董事会预计本次股票发行后首次股利分配将在 1998 年 6 月 30 日或之前进行。

十二、咨询机构

发行人:

名称:宝鸡商场(集团)股份有限公司

法定代表人:魏存功

住所:陕西省宝鸡市经二路 114 号

电话:0917—3215282

传真:0917—3215282

联系人:董启怀

主承销商及上市推荐人:

名称:南方证券有限公司

法定代表人:沈沛

住所:深圳市深圳东路南方国际大酒店 12 层

办公地址:上海市延安西路 2168 号仲盛金融中心 18 层

电话:021—62788788

传真:021—62788777

联系人:王昶

南方西安办公地址:西安市南新街 28 号

电话:029—7251204

传真:029—7265830

联系人:王锐、钏焱

上市推荐人:

名称:广发证券有限责任公司

法定代表人:陈云贤

住所:广州市农林下路 83 号

电话:020—87676350

传真:020—87310255

联系人:唐展鹏

十五、备查文件

1、深圳证券交易所上市通知书

2、招股说明书

3、审计报告

4、营业执照

5、公司章程

6、法律意见书

7、其它备查文件

宝鸡商场(集团)股份有限公司

1997 年 6 月 27 日

资 产 负 债 表

编制单位:宝鸡商场(集团)股份有限公司 单位:人民币元

资产	注释	1996年12月31日	1995年12月31日	1994年12月31日
流动资产				
货币资金	1	14,896,637.54	3,517,389.80	11,682.832.18
短期投资	2	5,000,000.00		
应收票据	3	18,668,171.50		
应收帐款		17,018,644.83	2,924,478.53	12,054,317.86
减:坏帐准备				
应收帐款净额	4	17,018,644.83	2,924,478.53	12,054,317.86
其他应收款	5	9,234,630.63	2,448,749.75	331,781.88
存货	6	76,643,392.65	53,063,171.18	17,875,020.71
待摊费用	7	1,398,702.30	2,087,400.27	1,007,517.85
流动资产合计		142,860,179.45	64,041,189.53	42,951,470.48
长期投资:				
长期投资	8	555,500.00	331,785.00	286,016.50
固定资产:				
固定资产原价		38,312,917.05	20,747,201.83	20,447,139.76
减:累计折旧		3,434,130.24	1,828,966.66	1,079,049.68
固定资产净值	9	34,878,786.81	18,918,235.17	19,368,090.08
在建工程			6,928,324.53	3,594,821.74
固定资产合计		34,878,786.81	25,846,559.70	22,962,911.82
无形资产	10	2,601,614.22	1,098,401.10	1,128,087.62
资产总计		180,896,080.48	91,317,935.33	67,328,486.42
负债及股东权益				
流动负债:				
短期借款	11	35,220,000.00	48,359,730.00	30,410,000.00
应付帐款	12	52,934,951.39	1,132,874.48	1,473,822.92
应付工资	13	228,951.89	228,951.89	221,433.39
应付福利费	14	(530,478.41)	(149,395.69)	(160,077.07)
未付股利	15	3,196,380.00	9,148,380.00	7,152,640.00
未交税金	16	(560,166.67)	(5,633,673.37)	(2,113,053.02)
其他未交款				
其他应付款	17	7,745,957.06	5,374,965.07	7,466,744.12
预提费用				102,743.44
流动负债合计		98,235,595.26	58,461,832.38	44,554,253.78
长期负债:				
长期借款			4,000,000.00	4,000,000.00
其他长期负债	18	9,391,489.61	9,526,073.16	1,979,827.66
其中:住房周转金		1,058,782.22	1,483,365.77	
长期负债合计		9,391,489.61	13,526,073.16	5,979,827.66
负债合计		107,627,084.87	71,987,905.54	50,534,081.44
股东权益:				
股本	19	32,287,360.00	14,414,000.00	14,414,000.00
资本公积	20	24,339,511.90	134,661.17	526.88
盈余公积	21	4,882,613.67	3,138,757.29	1,913,693.71
其中:公益金		1,641,364.12	1,046,252.43	637,897.90
未分配利润	22	11,759,510.04	1,642,611.33	466,184.39
股东权益合计		73,268,995.61	19,330,029.79	16,794,404.98
负债及股东权益合计		180,896,080.48	91,317,935.33	67,328,486.42

利 润 及 利 润 分 配 表

编制单位:宝鸡商场(集团)股份有限公司 单位:人民币元

项目	注释	1996年	1995年	1994年
一、主营业务收入	23	500,412,623.30	418,654,208.26	250,617,548.83
减:营业成本	24	463,450,939.78	395,097,982.91	235,244,546.69
经营费用	25	10,735,090.98	3,313,434.94	1,035,118.54
管理费用	26	6,659,013.61	5,008,227.12	3,931,799.68
财务费用	27	4,872,841.05	6,128,914.12	1,911,432.25
营业税金及附加		359,730.13	235,819.24	77,519.02
二、主营业务利润		14,335,007.75	8,869,829.93	8,417,132.65
加:其他业务利润				
三、营业利润		14,335,007.75	8,869,829.93	8,417,132.65
加:投资收益	28	16,055.00	27,861.50	
营业外收入		30,162.70	321,665.00	143,034.28
减:营业外支出		378,597.49	71,724.54	57,263.54
加:以前年度损益调整			460,709.90	
四、利润总额		14,002,627.96	9,608,341.79	8,502,903.39

项目	注释	1996 年	1995 年	1994 年
减:所得税	29	2,100,394.19	1,441,251.27	1,275,435.50
五、净利润		11,902,233.77	8,167,090.52	7,227,467.89
加:年初未分配利润		1,642,611.33	466,184.39	88,436.68
六、可供分配利润		13,544,845.10	8,633,274.91	7,315,904.57
减:提取法定公积金		1,190,223.37	816,709.05	722,746.79
提取公益金		595,111.69	408,354.53	361,373.39
已分配普通股股利			5,765,600.00	5,765,600.00
七、未分配利润		11,759,510.04	1,642,611.33	466,184.39

财务状况变动表

1996 年

编制单位:宝鸡商场(集团)股份有限公司　　　　单位:人民币元

流动资金来源和运用	金　额
一、流动资金来源	
1.本年净利润	11,902,233.77
加:不减少流动资金的费用和损失	
(1)固定资产折旧	1,605,163.58
(2)无形资产、递延资产及其他资产摊销(减其他负债转销)	118,746.06
(3)其他不减少流动资金的费用和损失	52,147.95
小计	13,678,291.36
2.其他来源:	
(1)增加长期负债	9,391,489.61
(2)收回长期投资:	96,285.00
(3)资本净增加额	43,769,919.16
小计	53,257,693.777
流动资金来源合计	66,935,985.13
二、流动资金运用:	
1.利润分配	
(1)提取法定公积金	1,190,223.37
(2)提取公益金	595,111.69
小计	1,785,335.06
2.其他运用:	
(1)固定资产和在建工程净增加额	10,637,390.69
(2)增加无形资产、递延资产及其他资产	1,790,182.15
(3)偿还长期负债	13,526,073.16
(4)增加长期投资	320,000.00
流动资金运用合计	28,058,981.06
流动资金增加净额	38,877,004.07
流动资金各项目的变动	
一、流动资金本年增加数	
1.货币资金	11,379,247.74
2.短期投资	5,000,000.00
3.应收票据	18,668,171.50
4.应收帐款净额	14,094,166.30
5.其他应收款	6,553,138.60
6.待摊费用	(688,697.97)
7.存货	23,644,740.78
流动资金增加净额	78,650,766.95
二、流动负债本年增加数	
1.短期借款	(13,139,730.00)
2.应付帐款	51,802,076.91
3.应付福利费	(381,082.72)
4.未付股利	(5,952,000.00)
5.未交税金	5,073,506.70
6.其他应付款	2,370,991.99
流动负债增加净额	39,773,762.88
流动资金增加净额	38,877,004.07

宝鸡商场(集团)股份有限公司 1997 年中期报告

一、财务报告(已审计)

1、审计意见〔陕岳会内审字〔1997〕078 号〕

宝鸡商场(集团)股份有限公司全体股东:

我们接受委托,审计了贵公司 1997 年 6 月 30 日的资产负债表及 1997 年 1—6 月的利润表。这些会计报表由贵公司负责,我们的责任是对这些会计报表发表审计意见。我们的审计是依据《中国注册会计师独立审计准则》进行的。在审计过程中,我们结合贵公司的实际情况,实施了包括抽查会计记录等我们认为必要的审计程序。

我们认为,上述会计报表符合《企业会计准则》和《股份制试点企业会计制度》的有关规定,在所有重大方面公允地反映了贵公司 1997 年 6 月 30 日的财务状况及 1997 年 1—6 月的经营成果,会计处理方法的选用遵循了一贯性原则。

陕西岳华会计师事务所　　中国注册会计师　古小荣

中国注册会计师　王永平
中国·西安　一九九七年八月十八日

2、财务报表

(1)简化的损益表

金额单位:人民币元

项目	97年1-6月	96年1-6月
一、主营业务收入	400,373,138.86	245,616,289.28
二、主营业务利润	7,089,239.85	900,620.17
三、其他业务利润		3,092,670.71
四、投资收益	5,982,610.90	
五、营业外收支净额	3,013,293.64	-176,682.69
六、利润总额	16,085,144.39	3,816,608.19
七、所得税	2,412,771.67	572,491.22
八、净利润	13,672,372.72	3,244,116.97

(2)简化的资产负债表

金额单位:人民币元

项目	1997年6月30日	1996年12月31日
流动资产	509,514,192.85	143,180,179.45
长期投资	235,500.00	235,500.00
固定资产净值	35,014,461.45	34,878,786.81
在建工程	444,835.39	
无形资产及递延资产合计	2,601,614.22	2,601,614.22
资产总计	547,810,603.91	180,896,080.48
流动负债	225,605,573.27	98,235,595.26
长期负债	10,226,537.31	9,391,489.61
负债合计	235,832,110.58	107,627,084.87
股东权益	311,978,493.33	73,268,995.61
股本	62287360.00	32287360.00
资本公积	219,376,626.90	24,339,511.90
盈余公积	4,882,613.67	4,882,613.67
未分配利润	25,431,882.76	11,759,510.04
股东权益合计	311,978,493.33	73,268,995.61
负债及所有者权益合计	547,810,603.91	180,896,080.48

3. 财务指标对照表

指标名称	1997年1-6月	1996年1-6月
每股收益(元)	0.22	0.16
净资产收益率%	4.38	5.03
每股净资产(元)	5.01	2.00

附:(1)以上数据按1997年6月30日股本总额6228.736万股摊薄后计算,摊薄前公司股本为3228.736万股。

4、财务报表附注:

(1)本报告期内所采用的会计政策和会计方法与上年一致。

(2)应收帐款:

应收帐款余额为15,651,216.40元。

其帐龄列示如下:

帐龄	金额	比例(%)
一年以内	6,632,534.34	42.38
一至二年	8,875,642.06	56.71
二至三年	20,050.00	0.13
三年以上	122,990.00	0.78
合计	15,651,216.40	100.00

(3)其他应收款:

其他应收款余额为40129290.98元。

帐龄分析

帐龄	金额	比例(%)
一年以内	39.292.048.57	97.91
一至二年	732,551.19	1.83
二至三年	104,691.22	0.26
合计	40,129,290.98	100.00

(4)长期投资金额为235,500.00元,系国库券投资。

(5)资本公积余额为219,376,636.90元,较年初增加195,037,125.00元,系97年6月发行股票溢价收入及有效申购资金冻结利息减去发行费用所致。

(6)投资收益实现5,982,610.90元,系股票投资收益。

(7)未分配利润余额为25,431,882.76元;比年初增加13,672,372.72元,是97年1-6月份实现的净利润。

(8)主营业务收入400,373,138.68元,比去年同期增长63%,主要是公司调整淡季营销策略,积极开拓潜在市场,扩大连锁经营,使主营业务收入大幅度提高。

(9)本公司1997年发行股票募集资金于6月25日全部到位,在本报告期内所募资金尚未使用,已全部作为银行存款。

(10)关联交易及承诺事项:

本公司对外无其他承诺事项和其相关联的交易,也无其他相关联企业。

二、经营情况的回顾与展望

1、上半年经济指标完成情况

一九九七年是公司股票上市的第一年,公司一手抓企业素质,一手抓经济效益。全体员工发扬团结、竞争、超前、奋进的企业精神,规范管理,开拓经营,争创效益。上半年主营业务收入40037万元,比去年同期增长63%,完成97年主营业务收入预测的66.7%;实现利润1367万元,比去年同期增长321%,完成97年利润预测的64.3%,上半年销售、利润大幅度增长,为全年销售收入80000万元,实现利润3500万元奠定了坚实基础。

2、采取的措施及进展情况

(1)狠抓首季双节旺季市场,开展了12项扩销效新举措,使首季销售突破22000万元,实现利润920万元。调整淡季市场品种品牌、清仓理库、借势造市、便民让利,达到淡季不淡。

(2)拓展连锁网点,扩大连锁规模,增加名品品牌,把连锁经营与专营批发结合起来,上半年在西南、西北的6省区12个地市增加连锁网点12个。新增专营连锁经营品种18种,厂商携手开辟经营空间,使连锁经营销售额达2.6亿元。

(3)合理调度资金,调整营销投入,优先投入用于新品、名品的开发,重点投资各专营公司开发连锁经营,使资金向效益型部门,短平快项目倾斜,发挥资金的最佳效益。

(4)降低财务费用,强化内部管理,提高员工素质,增强全员的管理效益意识。

3、下半年经营举措

(1)狠抓零售市场,增加新产品的开发、引进,实施名牌战略,强化售后服务,继续推出新的营销举措,以启动淡季市场,抓住旺季市场,力争超额10%完成全年销售利润计划。

(2)稳步发展连锁经营,巩固连锁网络,在后半年不再增加新网点的情况下,重点充实提高,继续推行连锁网络与专营批发同步发展战略,做好考察论证,为明年首季新开10个网点打好基础。

(3)合理调度资金,继续加大名品和连锁经营比重,以绝对的资金优势,掌握市场竞争主动权。

〈1〉高标准、高质量、高起点,实施国贸大酒店内外装修、设备安装、营业部局调整,使其成为宝鸡市首家四星级多功能涉外大酒店,力争1998年初开业投入使用。

〈2〉做好被兼并企业的调查论证,使其既能促进公司发展,又能给股东带来更大的利润。

〈3〉协商争取企业投资城市设施项目政策,以利增强企业发展后劲稳步增加效益。

〈4〉加强公司科学、规范管理,向管理要效益,教育全体员工继续发扬艰苦奋斗的创业精神,开辟市场、开拓经营、全方位发展,以适应公司多门类、综合性、高速度发展的需要。

三、重大事件说明

1、1997年6月18至22日,公司以"全额预缴、比例配售、余额转存"的方式,向社会公开发行人民币普通股股票3000万股,(详见6月13日《中国证券报》、《证券时报》刊登的《招股说明书概要》)。

2、公司股票(简称"宝商集团")于1997年7月3日在深交所挂牌上市。(详见6月27日《证券时报》的《上市公告书》)。

3、按照国务院证券委、中国人民银行、国家经贸委5月21日联合发布的《严禁国有企业和上市公司炒作股票的规定》,本公司进行了认真自查,迄今为止没有利用银行贷款买卖股票,也没有其他违规行业。目前公司尚有深、沪证券帐户各一个,未持有流通股票。公司今后若从事股票投资,将严格遵循国家有关法律法规和本公司章程的规定。

4、本公司在报告期内无重大诉讼、仲裁事项。

5、本公司本年度中期不分配。

四、发行在外股票的变动和股权结构的变化

1、本公司1997年6月经中国证券会批准向社会公开发行A股3000万股。

2、股本结构情况

数量单位:股　　每股面值:1元

项目	1996年12月31日	比例%	本期股本变动增减(+、-)	1997年6月30日	比例%
一、尚未流通股份					
1、发起人股份	617.96	19.14		617.96	9.92
其中:					
国家拥有股份	617.96	19.14		617.96	9.92
法人持有股份					
其他					
2、募集法人股	1280.00	39.64		1280.00	20.55
3、内部职工股	1330.776	41.22		1330.776	21.36
尚未流通股份合计	3228.736	100		3228.736	51.84
二、已流通股份					
境内上市人民币普通股			3000.00	3000.00	48.16
已流通股份合计			3000.00	3000.00	48.16
三、股份总数	3228.736	100	3000.00	6228.736	100

3、主要股东持股情况

1997年6月30日

股东名称	持股数量(股)	比例%
宝鸡市国有资产管理局	6179600	9.921
陕西西凤酒厂	5280000	8.477
宝鸡卷烟厂	5280000	8.477
西安肝病研究所	2240000	3.596
徐阳	385000	0.618
袁赛男	311309	0.499
陕西省证券公司	310000	0.498
刘小雁	291510	0.468
成强	251473	0.404
熊仁尧	250000	0.401

五、股东大会

公司根据1997年2月19日董事会决议,已于1997年3月22日召开了1996年度股东大会,出席本次大会的股东76名,代表股份2818.8万股,占公司总股本的87.3%,符合《公司法》和《公司章程》的法定要求,大会审议批准并形成了以下决议:

1、审议批准了《1996年公司董事会工作报告》;

2、审议批准了《1996年公司监事会工作报告》;

3、审议批准了《1996年度公司财务决算和1997年度公司财务预算的报告》;

4、审议批准了《1996年度公司利润分配方案》;

5、会议一致通过了《关于修改公司章程的决议》;

6、会议审议通过《关于公司增资扩股公开发行股票并申请上市的决议》。

六、备查文件

1、载有董事长兼总经理亲笔签名的中期报告原本;

2、报告期内的《招股说明书》、《上市公告书》;

3、1996年度股东大会全套资料;

4、查阅地址:陕西省宝鸡市经二路114号,本公司证券部。

宝鸡商场(集团)股份有限公司董事会

一九九七年八月二十日

深圳新都酒店股份有限公司

1996年年度报告摘要 (摘选)

一、公司简况

公司名称：深圳新都酒店股份有限公司

法人代表：张炳文　　邮政编码：518001

公司地址：深圳市春风路一号

电话：0755—2320888－383　　传真:0755—2334060

二、主要财务数据与财务指标

单位:万元

指标项目	本年度	上年度	比上年增减(%)
1.主营业务收入	14628	15836	－7.63
2.净利润	639	2853	－77.60
3.总资产	81689	83355	－2.00
4.股东权益(注1)	53030	52164	1.66
5.每股收益(元)	0.02	0.10	－80.00
6.每股净资产(注2)	1.84	1.90	－3.16
7.净资产收益率(%)	1.2	5.4	－77.78
8.股东权益比率(%)	64.92	62.58	3.74

(注1)1995年12月31日股东权益港币:57824万元。

(注2)1995年12月31日每股净资产港币:2.01元

三、公司主要业务回顾

1.1996年度,深圳市旅游及饮食业市场仍处于低谷,来深港客比1995年减少,本公司一向依重港客,故对本公司的主营业务影响很大,而短期投资项目也大幅减少,长期投资项目仍未进入回报期,故本年经营业绩未如理想。本年度,本公司主营业收入14628万元,比上年减少7.6%,实现税后利润639万元,比上年减少77.6%。

1996年度本公司业务继续处于调整期,本公司之新都酒店已完成装修工程,加强了宣传推广,使得客房入住率比上年增加3.72%,但由于激烈的竞争,平均房价却下调5.30%;而酒店之餐饮受到国家持续宏观调控,消费力下降,以及恶性竞争,收入摊薄的影响,收入下降了11.5%。

本公司投资之王府井项目,由于交楼期延迟,本公司正就此问题与天元公司磋商解决方案。

2.本报告期内,公司未曾进行配股,1995年配股集资5,300万元,已按股东大会决议投人项目:

韩国餐厅,实际投人800万元,由于1996年深圳饮食业市场消费不振,加之竞争激烈,营业成绩未达预期目标。

新都酒店改造,投入2000万元(其它为自筹资金),改造工程已完工,对酒店经营有很大帮助。

偿还银行贷款2,500万元,已完成。

四、股本变化及股本结构情况

1.股本变化及股本结构情况

1)股本结构

股本类别	年初数(万股)	占总股本(%)	年末数(万股)	占总股本(%)
一、尚未流通股份				
1.发起人股份	21000	76.64	22050	76.64
其中:				
外资法人股	8400	30.65	8820	30.65
境内法人股	12600	45.98	13230	45.98
2.其它*	942.237	3.44	989.3488	3.44
尚未流通股份合计	21942.237	80.07	23039.3488	80.07
二、已流通股份				
A股	5460	19.93	5733	19.93
三、股份总计	27402.237	100	28772.3488	100

*其它指法人股转配部分的股票。

2)本期内曾对全体股东按20股送1股的比例送股,故使期末股本情况有所变动。

3)主要股东持股情况(截止96年12月31日)

股东名称	持股数(股)	占股份总数(%)
1)中国银行信托咨询公司	68,250,000	23.72
2)(香港)建辉投资有限公司	58,275,000	20.25
3)南油(集团)有限公司	34,125,000	11.86
4)香港桂江企业有限公司	34,125,000	11.86
5)深圳贵州经济贸易公司	34,125,000	11.86
6)张步宏	1,185,869	0.41
7)南方番禺	399,078	0.14
8)卓翠华	254,500	0.01
9)倪荣松	250,000	0.01
10)穆云	211,100	0.01

3)股本数量:

年末股东总数:44367户。

2.公司董事、监事及高级管理人员持股情况

姓名	职务	年初持股数(股)	年末持股数(股)
张炳文	董事长	50000	52500
黄振汉	副董事长兼总经理	0	0
林天富	副董事长	50000	52500
邵伯田	董事	0	52500
吴一波	董事	0	0
李凡	董事	5000	52500
王恬	监事长	0	0
涂剑义	监事	0	0
黄兰根	监事	9000	9450

本期内本公司董事监事及高级管理人员股份因实施1995年年度分红方案,每20股送1股,引起持股量有所变化。

深圳市国际企业股份有限公司

1996 年年度报告摘要 （摘选）

一、公司简况

公司名称：深圳市国际企业股份有限公司
法人代表：李锦全　　邮政编码：518001
公司地址：深圳市人民南路发展中心大厦二十三层
电话：0755—2281888-231,2285559　　传真：0755—2285573

二、主要财务数据与财务指标

单位：万元

指标项目	1996 年	1995 年	比上年增减（%）
1. 主营业务收入	20,184.8	26,849.6	-24.82
2. 净利润	4,976.7	4,085.4	21.82
3. 总资产	77,160.9	55,885.5	38.07
4. 股东权益	36,727.6	22,667.6	62.03
股东权益比率（%）			
5. 每股收益（元）	0.3244	0.306	6.00
6. 每股净资产（元）	2.39	1.70	40.59
7. 净资产收益率（%）	13.55	18.02	-24.81

本公司本年度发行股票冻结利息收入 900.048 万元，全部进入营业外收入，若扣除发行资金冻结利息收入，主要财务数据如下：

单位：万元

指标项目	1996 年	1995 年	比上年增减（%）
1. 主营业务收入	20,184.8	26,849.6	-24.82
2. 净利润	4,135.8	4,085.4	1.23
3. 总资产	76,319.9	55,885.5	36.56
4. 股东权益	35,886.0	22,667.6	58.31
股东权益比率（%）			
5. 每股收益（元）	0.27	0.306	11.76
6. 每股净资产（元）	2.39	1.70	40.59
7. 净资产收益率（%）	11.52	18.02	-36.07

三、公司主要业务回顾

1. 一年来公司经营情况

2000 万股 A 股的成功发行不仅为公司进一步实施企业发展战略提供了相当的资金基础，而且使公司的经营管理进一步科学化、市场化。公司将经营重点放在主导产业上，大力发展名牌锁商业及房地产业，经营特色日趋鲜明，形成了企业发展的良性循环，经营水平得到提高，企业盈利能力得到加强。96 年完成了年初定下的主要经济指标，公司全年实现主营业务收入 20185 万元，利润总额 5493 万元，合并后年底总资产达 77161 万元，净资产为 36727 万元。深国商去年税后利润 4976.70，每股收益 0.324 元。

回顾 96 年，公司主要抓好了以下几项工作：

(1)制度改革卓有成效。1996 年 7 月 8 日，经有关部门批准，我司新增发行 2000 万 A 股，并在深圳证券交易所挂牌上市，使我司成为深交所唯一一家 B 股、A 股的商业概念股公众公司，标志着我司现代化企业制度建设取得新突破。

(2)新网点建设全面铺开。96 年公司为新建、扩建新的商业网点花费了大量人力物力，三个新建、扩建的商场即日开业。随着七个商场的经营到位，我司将初步形成初具规模的名牌商品连锁店格局，总商业营业面积达 36500 万平方米，为实现公司连锁商业战略目标奠定坚实的基础。

(3)经营措施推陈出新。连锁商业公司进一步确立高、中档名牌百货的定位，突出新、特、廉、优的商品特色，汇总经营国内外名牌商品；建立采购配送中心，完善和扩大商品采购供应网络。融发公司新开工的国裕大厦，是目前国内最高层的住宅楼，投资大，工程复杂，该司严格项目预算和监管，强化成本核算。物业管理系统工程实施运作，树立公司地产业的良好形象，促进了房产的销售。

2. 按国内会计准则和国际会计准则计算的税后利润差异说明：

经中华会计师事务所依据中国注册会计师独立审计准则进行审计，本公司 1996 年度的税前利润为 5492.9 万元人民币；而经国际会计师浩华国际会计师事务所按照国际会计标准委员会公布之国际会计准则进行的审计，本公司 1996 年度的税前利润为 4109.9 万元人民币，比中国会计师审计的结果少 1383 万元人民币，其差异调整项目为下：

单位：人民币千元

项目	金额
经中华会计师事务所审计之税前利润	54,929
1)减应占联营公司权益	-12,176
2)减呆帐准备	-1,689
3)减陈旧存货损失准备	-167
4)增待摊费用摊销	+202
经浩华国际会计师事务所审计之税前利润	41,099

3. 对实际经营结果与盈利预测的重大差异说明：

1995 年董事会预测本公司 1996 年将完成税后利润 5432 万元人民币。截止 1995 年 12 月 31 日，经深圳中华会计师事务所独立审计，本公司 1996 年实际完成税后利润 4976.70 万元人民币，比预测数减少 8.38%，主要原因是上步国际商场装修设计变动和市场定位更改导致推迟开业，费用增加的同时，未能为公司带来盈利所致。

4. 对前次募集股金运用情况的说明：

本公司前次发行 2,000 万 A 股新募集资金扣除有关支出后约为人民币 9110 万元。董事会根据招股说明书刊载的募集资金运用计划，将所得款项用于下列项目：

1)约人民币 50,000,000 元用于开设深圳福田区上步南路国际商场及提供该商场之营运资金，以形成规模经营。本公司原本已购买了国企大厦 4122 平方米的商业面积作为开办深圳上步国商之用，此次长期租用国企大厦四层裙楼近一万平方米，使其营业面积达到 14000 平方米，是深国商设立至今面积大，档次高，经营品种齐全的大型商场；预计开业后平均日营业额为 100 万元，年销售额为 3.5 亿元。

2)约人民币 25,000,000 元用于扩大商业网点资金。主要是用于投资兴办梅林超市及惠州平价超市。由于深圳市梅林大型住宅区内无任何大型、正规的大商场，竞争对手少，董事会认为该等项目投资少，见效快，效益及市场前景良好；

3)约人民币 16,000,000 元用于发展连锁商业的流动资金。

本公司筹集股金已全部按招股说明书的指定用途投入。

四、97 年业务发展计划

去年，我国经济形势实现软着陆，两次减息意味着今年的经济环境将相对较为宽松。随着经济的增长，居民收入得到提高，市场需求进一步增加，国内消费品和房产市场将会繁荣活跃。同时，97'回归日益临近，深圳有其特有的地缘优势，这些对我司的发展提供了难得的机遇。为此，公司 1997 年的工作指导思想是：根据中央省市工作会议的精神，抓住宏观经济复苏、深港衔接等有利时机，继续走规模与效益并举的发展路子，实行名牌战略，强化经营管理，盘活生产要素，提高资金质量，使企业向集团化、现代化、国际化迈进。

1. 开办十大商场，扩大规模经营。对发展连锁商业应充满信心，但也要充分估计到困难，国际大型连锁商业企业登陆深圳，使得我们直接面临着"国际级"的激烈竞争。在年底前，力争使我司属下的商场达到十家，其中营业七家，筹办三家。嘉宾国商的扩建，上步国商、惠州国商、梅林国商超市的新建均在加紧进行、陆续开张营业。同时，东北、西南地区开办新商场的可行性研究也着手进行。

2. 突出国裕大厦，保持稳定发展。融发公司已成为公司最重要的利润增长点之一，97 年的重点抓好目前全国最高的超高层住宅楼——国裕大厦的建设，深圳龙岗中心区新开工项目也要保质保期完成，打响上市公司的牌子；同时抓一些短、平、快的多层楼宇项目，并向房地产业务如工程监理、装饰工程及建材等相关领域延伸。物业管理争取通过 ISO9002 国际标准认证。

3. 强化股证运作，完善制度建设。利用上市公司的有利条件，通过资本市场的运作，在适当时候进行增资扩股、配股，广开直接融资渠道，为公司的进一步发展筹集资金，并藉此健全组织机构和企业制度，更好地让投资者行使权力，承担义务，保障投资者的权益。

4. 完善电脑系统、实现办公自动化。要以加快商业连锁公司实施 MIS-POS 系统作为突破口，逐步对信息、办公、股票、财务、物业等进行全面联网，进而实施无纸化和自动化，使电脑在企业决策和企业管理中担当起重要的角色。同时在员工中开展电脑培训，提高员工用现代化手段实施企业管理的能力。

5. 建立内部动力机制，充分调动员工积极性和创造性。

五、股本变化及股本结构情况

1. 股本变化及股本结构情况

股份类别	期初数	比例%	本期增减值	期末数	比例%
一、尚未流通股份					
发起法人股	29,191,200	21.88	——	29,191,200	19.03
募集法人股	35,863,600	26.89	——	35,863,600	23.38
内部职工股	18,348,800	13.75	——	18,348,800	11.96
尚未流通股份合计	83,403,600	62.52	——	83,403,600	54.37
二、流通股份					
境外公众上市	50,000,000	37.48	——	50,000,000	32.59
境内公众上市			20,000,000	20,000,000	13.04
流通股份合计	50,000,000	37.48	20,000,000	70,000,000	45.63
三、股本总数	133,403,600	100.00	20,000,000	153,403,600	100.00

注：股本变动原因为 1996 年 6 月 21 日在深圳证券交易所交易系统定价上网向境内公众投资者公开发行 A 股 2000 万股，并于 1996 年 7 月 8 日在深圳证券交易所上市流通。

2. 前十名最大股东持股情况如下（截止 1996 年 12 月 31 日）：

股东名称	持股数（万股）	占总股本（%）
1)深圳经济特区发展公司	2919.12	19.03
2)马来西亚和昌父子有限公司	2101.68	13.70
3)深圳市泰天实业发展公司	1324.68	8.64
4)F.C.(ASIA) HODINGS SDN. BHD.	706.37	4.60
5)LETSCON HOLDINGS SDN. BHD.	700.00	4.56
6)PAIRGRAND 公司	260.00	1.69
7)李木桂	225.50	1.47
8)UCHINO 公司	200.00	1.30
9)深圳市宝安银鹏投资有限公司	200.00	1.30
10)香港和盛国际贸易公司	200.00	1.30

青岛国货股份有限公司

1996年年度报告摘要 （摘选）

一、公司简况

公司名称：青岛国货股份有限公司

法人代表：姜玉玲　　　邮政编码：266001

公司地址：青岛市市南区中山路149号

电话：(0532)2847960　　　传真：(0532)2826558

二、主要财务数据与财务指标

项目	1996年数	1995年数	比上年增减(%)
1.主营业务收入(万元)	405,175,984.50	369,530,730.73	9.65
2.净利润(万元)	21,080,479.36	16,917,631.43	24.61
3.总资产(万元)	315,594,716.24	260,376,720.69	21.21
4.股东权益(万元)	210,259,981.25	96,063,465.49	118.88
5.每股收益(元)	0.326	0.36	-9.44
6.每股净资产(元)	3.25	2.06	57.77
7.净资产收益率(%)	10.03	17.61	-43.04
8.股东权益比率(%)	66.62	36.89	80.59

(注：扣除发行利息前)

项目	1996年数	1995年数	比上年增减(%)
1.主营业务收入(万元)	405,175,984.50	369,530,730.73	9.65
2.净利润(万元)	19,681,183.86	16,917,631.43	16.34
3.总资产(万元)	314,195,420.74	260,376,720.69	20.67
4.股东权益(万元)	280,860,685.75	96,063,465.49	117.42
5.每股收益(元)	0.30	0.36	-16.67
6.每股净资产(元)	3.23	2.06	56.80
7.净资产收益率(%)	9.42	17.61	-46.51
8.股东权益比率(%)	66.47	36.89	80.18

(注：扣除发行利息后)

三、公司主要业务回顾

(一) 一年来的经营情况

1996年，是青岛国货发展史上卓有成效的一年，在这一年中，实现销售收入4.05亿元(不含税)，完成1996年预测目标的94.19%，净利润2108万元，完成年盈利预测的99.01%。分别较上年同期增长9.65%和24.61%，从而在“九五”计划第一年实现了开门红，为“九五”期间公司的发展壮大打下了良好的基础。

1996年，是全国商业零售业竞争更趋激烈的一年，青岛市作为沿海开放城市，著名的旅游城市，经济基础较好，一直是众商家激烈争夺的重要市场之一，除地方商业的快速发展之外，国内外的著名商品零售企业也纷纷抢滩，已经开业和即将开业的商场，营业面积在十万平方米以上。原有的商业零售市场的格局正逐步被打破，特别是境外零售商的介入，对国内商业零售的经营模式、管理方法，更是带来了巨大的冲击。针对这些情况，公司及时调整经营策略，积极发展连锁经营，抢占市场份额，同时以“名牌战略、名店效应”等优势，积极争取新老客户。在提高服务质量上，及时推出“变上帝为朋友”的新的服务理念，更好地从售前、售中、售后三个环节提高顾客的满意率。通过公司上下的共同努力，终于在1996年取得了销售总额、利税总额、人均创利税额全省第一的良好业绩。

(二) 前次募集资金的使用情况

公司1996年发行新股所募集的资金已陆续投入到公司发行新股时招股说明书中所披露的投资项目中，并逐步取得经济效益。

四、股本变化及股本结构情况

1. 股本变化及股本结构情况

(1) 股本结构及变动情况表

数量单位：股　每股面值：1元

	期初数	新发行股份	期末数
一、尚未流通股份			
1. 发起人股份	19964000		19964000
其中：			
国家持有股份	18776000		18776000
境内法人持有股份	1188000		1188000
2. 募集法人股	10032000		10032000
3. 内部职工股	16676000		16676000
尚未流通股份合计	46672000		46672000
二、已流通股份			
1. 境内上市的人民币普通股		18000000	18000000
已流通股份合计		18000000	18000000
三、股份总数	46672000	18000000	64672000

(2) 股本变动情况及原因

1996年度，公司总股本增加18000000股，系因本公司于1996年6月24日至7月5日向社会公众发行了18000000股人民币普通股票。

3) 主要股东持股情况

截止1996年12月31日，本公司位列前10名股东持股情况：

股东名称	持股数	持股比例(%)
青岛市商业总公司	18776000	29.03
深圳高尔夫俱乐部有限公司	787800	1.22
中国工商银行青岛市信托投资股份有限公司	638000	0.99
青岛益青房地产公司	550000	0.85
青岛太阳房地产公司	385000	0.60
深圳松立电子实业公司	375000	0.58
中南证券	300000	0.46
深圳市图新发投资有限公司	237300	0.37
青岛市城乡建设委员会材料站	220000	0.34
国营青岛印刷厂	220000	0.34

(4) 股东数量

1996年度，公司股东总数8473人。

2. 公司董事、监事及高级管理人员持股情况

姓名	职务	年初持股数	年末持股数
姜玉玲	董事长	11000	11000
吴建国	董事、总经理	5500	5500
刘铁轮	董事、副总经理	5500	5500
万新国	董事、副总经理	11000	11000
武少红	董事、副总经理	5500	5500
苏晓新	董事、总会计师	8800	8800
孙俐声	董事、工会主席	5500	5500
李玉英	董事、副总会计师	7700	7700
孙保华	董事	0	0
汤自强	董事	0	0
马　鑫	董事	0	0
宫永宪	监事会主任	3300	3300
汤棣萍	监事	8800	8800
李爱娟	监事	5940	5940
赵　玉	监事	9900	9900
杨素妮	监事	5500	5500
陈　波	董事会秘书	0	0

合肥百货大楼股份有限公司

1996年年度报告摘要　（摘选）

一、公司简况

公司名称：合肥百货大楼股份有限公司

法人代表：金　杰　　　邮政编码：230001

公司地址：中国安徽省合肥市长江中路124号

电话：(0551)2647133转3034、2640803传真：(0551)2652936

二、主要财务数据与财务指标

指标项目	本年数	上年数	比上年增减(%)
1.主营业务收入(万元)	45,724.84	43,281.37	5.65
2.净利润(万元)	2,659.54	2,019.96	31.66
3.总资产(万元)	25,858.98	14,649.05	76.52
4.股东权益(万元)	22,135.76	8,582.88	157.91
5.每股收益(元)	0.44	0.46	-4.35
6.每股净资产(元)	3.65	1.96	86.22
7.净资产收益率(%)	12.01	23.53	-48.96
8.股东权益比率(%)	85.60	58.59	46.10

注：本期净利润中包含1996年7月新股发行无效申购冻结资金利息89.93万元(总额269.79万元，按3年分摊)，仅占总利润的2.9%，对其他财务数据影响较小，故未计算扣除利息款后的各项财务指标。

三、公司主要业务回顾

1. 一年来经营情况：

1996年是九五规划的开局之年，面临网点激增，购买力分流，商战激烈的严峻形势，我公司坚持以经济效益为中心，以深化改革为动力，更新观念，抓住机遇，加强管理，开拓经营，充分发挥了国有经济在流通领域中的主渠道作用，再现了"安徽第一店"的风采。各项主要经济指标均创历史新高。1996年，公司共实现主营业务收入45724.84万元，利润总额3095.17万元，净利润2659.54万元，在国内贸易部发展中心对1996年全国百货零售100强排序中，我公司销售收入位列第56位，利润总额位居第29位。一年来主要做了以下工作：

(一)以市场为导向，以信誉为根本，狠抓经营、扩大市场占有份额。1996年，在市场竞争激烈，商业销售普遍不景气的情况下，销售再创佳绩，主营业务收入实现45724.84万元，同比增长5.65%，实现利润3095万元，同比增长2.66%，再次名列全省零售商业之首，并荣获省创优质服务先进单位称号。

(二)抓住机遇，以深化改革为动力，推动企业快速发展。公司先后完成股票上市、鼓楼商厦开业、组建商业企业集团的三级跳，使企业步入高速发展的快车道。

(三)致力现代企业制度建设，搞好公司规范化运作。围绕股票上市工作，公司严格按照《公司法》等有关证券法规精神，规范运作，完善公司法人治理结构，以确保企业持续、快速、健康发展。

(四)转换管理体制，强化内部管理。1996年，公司大胆稳妥地推进企业体制改革，以产权为基础，进一步明确公司与合资伙伴职责，强化内部管理，建立健全各项规章制度，从根本上实现经营管理机制的转变。

(五)重视精神文明建设，不断提高员工素质。公司不断加强党风廉政和职工思想文化建设，通过建立人才培训与激励机制，培养出大批优秀专业技术人才。

2. 主要经济指标分析：

公司本年度完成主营业务收入45,724.84万元，比上年增长5.65%，完成盈利预测的89.66%，净利润2659.54万元，比上年增长31.66%，完成盈利预测的89.40%。

3. 前次募集资金的使用情况说明：

1996年7月，公司经中国证监会证监发字(1996)122号和123号文件批准，向社会公开发行人民币普通股1800万股(含占用额度上市的内部职工股109.36万股)，其募集资金9436.112万元。所募资金主要用于投资筹建合肥鼓楼商厦及建造大型配送中心。资金使用情况与投股说明书披露内容一致。其中合肥鼓楼商厦已于1996年12月正式开业，大型仓储配送中心目前正在筹建中。

四、股本变化及股本结构情况

1. 股本变化及股本结构情况

填报日期：1996年12月31日　数量单位：股　每股面值：1元

项目	期初数	本次变动增减(+,-) 配股	送股	公积金转增	其他	小计	期末数
一、尚未流通股份							
1.发起人股份	34,553,700						34,553,700
其中：							
国家拥有股	31,068,800						31,068,800
境内法人持有股份	3,484,900						3,484,900
2.募集法人股	8,098,790						8,098,790
尚未流通股份合计	42,652,490						42,652,490
二.已流通股份：							
1.境内上市的							
人民币普通股	18,000,000						18,000,000
已流通股份合计	18,000,000						18,000,000
三.股份总数	60,652,490						60,652,490

2. 股本变动情况及原因：

公司1996年7月向社会公开发行1800万股股票后(含占额度上市的内部职工股109.36万股)至本年度报告公布时，股本未发生变化。

3. 主要股东持股情况(前10名最大股东)

股东名称	年末持股数量	占总股本比例(%)
合肥百货大楼实业总公司	31068800	51.22
合肥美菱股份有限公司	3416600	5.63
合肥百货大楼裕安开发部	1379240	2.27
合肥洗衣机总厂(荣事达)	1138800	1.88
中国工商银行合肥市分行	1138800	1.88
安徽省国际信托投资公司	569400	0.94
恒达实业	324750	0.54
中经开北京证券交易营业部	271000	0.45
合肥金达利娱乐有限公司	260160	0.43
方武权	252600	0.42

4. 截止1996年12月31日，公司股东总数为9909户，其中：国家股股东1户，法人股股东93户，社会公众股股东9815户。

5. 公司董事、监事与高级管理人员持股情况：

姓名	职务	年初持股数	年末持股数
金　杰	董事长兼总经理	1300	1300
马　荣	副董事长	1100	1100
王宏珍	副董事长兼副总经理	1100	1100
金友樵	董事兼副总经理	1100	1100
陈世友	董事兼副总经理	1100	1100
郑晓燕	董事兼董事会秘书、副总经理	920	920
王蓉芬	董事兼总会计师	1100	1100
姜继直	董事	1100	1100
丁杰萍	董事	920	920
胡庭政	监事会主席	1100	1100
巫绪琴	监事会副主席	1100	1100
王友斌	监事	920	920
魏　东	副总经理	1100	1100

长沙东塘百货股份有限公司

1996年年度报告摘要 （摘选）

一、公司简况

公司名称：长沙东塘百货股份有限公司
法人代表：周兆达　　　　邮政编码：410007
公司地址：长沙市劳动路2号
电话：0731-5535588　　传真：0731-5535588

二、主要财务数据与财务指标（经湖南省会计师事务所审计）

指标项目	1996年	扣除申购利息收入	1995年	96-95增减(%)
1.主营业务收入(万元)	50421.9	50421.9	47170.7	6.89
2.利润总额(万元)	3393.9	3119.3	2037.1	66.60
3.净利润(万元)	2926.9	2652.3	1364.9	114.4
4.总资产(万元)	28230.7	27956.1	16406.5	72.1
5.股东权益(万元)	17412.0	17137.6	6049.2	187.8
6.每股收益(元)	0.287	0.26	0.38	-24.5
7.每股净资产(元)	1.71	1.68	1.68	1.8
8.净资产收益率(%)	16.8	15.47	28.92	-41.9
9.股东权益比率(%)	61.68	61.3	36.87	67.3

注：(1)1996年按33%税率计征所得税，其中由长沙市政府返还18%。
2)1996年指标按年末总股本10,210万股计算。

三、公司业务回顾

1.一年来经营情况

1996年是国家"九五"计划第一年，一方面国民经济成功实现"软着陆"，企业运行外部环境进一步宽松；另一方面，长沙地区商业竞争趋于白热化，湖南今年遭受罕见的洪、涝灾害，一定程度上削弱了社会购买力。在董事会的领导下，公司全体员工以公司创立和股票上市为契机，奋发向上，开创新局，1996年工作再上新的台阶。公司五项主要经济指标在连续十年保持年递增40-50%的基础上，1996年继续保持高速增长势头，其中完成主营业务收入58993.6万元(不含税50421.9万元)，比上年增长6.89%，实现利润3393.9万元，净利润2926.9万，比上年增长114.4%。

1.深入进行企业内部改革，转换运行机制。

公司的创立和上市，既为公司的新一轮发展提供了机遇，也对公司的经营运作提出了更严峻的要求。为此，公司不失时机地提出了"围绕转换机制，加快对接速度，适应规范要求，强化操作力度，立足实际实效，拓展经营深度"的方针，结合实际制订出实施方案，抓住重点、难点问题的突破带动整体推进。首先是从转变观念认识入手，以"规范、合理、能力"为原则，迅速展开了一场以"理顺治理关系，建立责权体系"为主要目标的全方位整改战役；其次是随即开展了一场旨在提高员工整体素质，实现人力资源合理配置的"三个三分之一"运动，即三分之一员工下岗息工，由公司保障其基本生活；三分之一员工转岗换岗，迅速适应新岗位的要求，三分之一员工带岗强化训练，限期提高工作质量和效率；再次就是抓住管理跟进这个命脉，以"严密、高效、适应"为原则，以"目标细化、评价量化、落实规则化"为主要内容的管理改善运动。

2、调整经营策略，完善市场导向机制。

公司以上市为契机，及时调整经营策略。首先以东塘、西城二座百货大楼的一体化经营为突破口，改变过去机构重叠，分工不明确，各自为政的局面，实现连锁经营模式，统一进货渠道，统一配送，统一销售推广，同时，按现代商业的要求进行经营过程分解，向集约化和连锁化经营发展；其次，公司立足市场特点，着手建立遍布全省的城镇批发网络，争取名、优、新、特商品总代理权，1996年，公司成为一系列名优产品湖南省或中南地区总代理；第三，改善、改进经营手段，开发深层次经营，公司通过改善购物环境，营造一种具有浓郁特色的购物文化，通过对营业员的服务技能培训，提高整体服务水平，通过提高商品的附加价值及配套服务，改进零售、加强批发，提高盈利水平。

3、优化产业结构。

公司在不断强化与突出主营业务的基础上，致力于新兴第三产业领域的开拓进取，取得突破性发展，实现多元化经营格局。

公司全体员工经过1996年的艰苦卓绝的努力，开创了公司发展史上一个新的里程碑，基本确立了以商业零售与批发为支柱，在酒店、旅游服务、高科技农业、交通运输等领域进行渗透、投资，逐步形成拥有立体化市场适应能力和经营空间多元化的新群体。

(二)募集资金使用情况说明

1996年公司经中国证监发字〔1996〕105号和〔1996〕106号文批准，于7月19日向社会公开发行面值1元，每股发行价6.08元的社会公众股1500万股(含公司职工股150万股)，扣除发行费用后实际募集资金8720万元，按照《招股说明书》的投资计划，对募集资金的使用情况说明如下：

1.投资长沙通程国际广场项目的建设。该项目是经国家计委以计社会(1995)59号文批准立项，投资总额2700US$(折合人民币23,000万元)，注册资本为1050万美元，按合同规定，公司持有45%的权益。本次募集资金前，公司已向该项目投入资本金1500万元人民币，募集资金后，公司投入2550万元，前后共投入资本金4050万元，另公司按投资各方的协议要求还向该项目提供融资4200万元。

2.投入800万元，进行东塘百货大楼内部改造。该项目已经长沙市计委以长计基[1995]698号文批准，正在进行紧张的施工中。

3.1170万元用于补充公司流动资金和进行短期性周转，并将根据通程国际广场项目建设进度情况分批投入该项目。

(三)主营业务收入、利润、每股盈利完成情况分析

公司在1996年度《招股说明书》预测的主营业务收入、利润、净利润分别为60000万，2700万，1809万，每股盈利为0.354元，主营业务收入、利润、净利润、每股盈利实际完成比预测分别增长-16%、25,7%、61.8%、-19%。主营业务收入比预测减少的主要原因是湖南省1996年遭受罕见的洪涝灾害，削弱了当地居民的购买力。利润、净利润增长主要依靠加大内部改革力度，深挖潜力，向管理要效益，销售成本与管理费用有所下降和充分发挥资金使用效益所致；另外1996年实现投资收益398.7万元，股票无效申购利息收入摊入274.6万元和公司所得税按33%计征，由长沙市政府返还18%。每股税后利润减少原因是报告期末总股本转增至10210万元，总股本扩大一倍，每股盈利摊薄。

四、股本变化及股本结构情况

1.股本变化及股本结构情况

(1)股本结构情况(填报日期：1996年12月31日)

数量单位：万股　每股面值：壹元

	期初数	本次变动增减(+-) 送股	公积金转股	其他	小计	期末数
一.尚未流通股份						
1.发起人股份	3605		+3605		3605	7210
其中：						
境内法人持有股份	3605		+3605		3605	7210
2.募集法人股						
3.内部职工股	150		+150		150	300
尚未流通股份的合计	3755		+3755		3755	7510
二.已流通股份						
1.境内上市的人民币普通股	1350		+1350		1350	2700
已流通股份合计	1350		+1350		1350	2700
三.股份总额	5105		+5105		5105	10210

(2)股本变动原因

1996年12月，公司以现有总股本5105万股，向全体股东以10:10比例转增股本，转增股本总额为5105万股，转增后总股本增至10,210万股，其中法人股7210万股，公司职工股300万股，流通股2700万股。

(3)主要股东持股情况(单位：万股)

截止1996年12月31日止，公司前10名股东持股情况：

股东名称	年末持股数量	持股比例%
长沙通程实业集团有限公司	6410	62.78
长沙电业局	200	1.96
长沙通信发展总公司	200	1.96
长沙市自来水公司	200	1.96
湘江宾馆有限公司	200	1.96
深圳中经信证券业务部	121.1	1.19
袁成英	63.41	0.62
何国姝	59.86	0.59
邹方军	50	0.49
梁月娟	50	0.49

股东数量

根据深圳证券登记有限公司提供的数据，截止1996年12月31日止，公司股东总数为6190名，其中法人股东8人，个人股东6182人。

武汉武商集团股份有限公司

1996年年度报告摘要（摘选）

一、公司简况

公司名称：武汉武商集团股份有限公司

法人代表：毛冬声　　邮政编码：430022

公司地址：武汉市汉口解放大道358号

电话：(027)5841995　　传真：(027)5861271

二、主要财务数据与财务指标

单位：元

指标项目	本年数	上年数	比上年增减(%)
1.主营业务收入	1,558,852,188.83	1,572,803,299.05	-0.89
2.净利润	117,613,916.30	81,007,788.13	45.19
3.总资产	2,111,705,363.47	1,548,751,156.87	36.35
4.股东权益	996,052,973.15	836,496,421.85	19.07
5.每股收益	0.41	0.32	28.13
6.每股净资产	3.44	3.37	2.08
7.净资产收益率	11.81%	9.68%	22
8.股东权益比率	47.17%	54.01%	-12.66

三、公司业务回顾

(一)经营回顾

1996年是公司实施第一步战略目标的最后一年，在抓项目缺资金，抓效益没有增长点的双重压力下，我们坚持既定的战略目标不动摇，一步一个脚印，胜利完成了第一步战略目标，并且为实现第二步战略目标奠定了良好的基础。

1.强化了母体企业的核心作用。面对低迷的市场和激烈的竞争，母体企业武汉商场进一步树立经营特色，完善市场形象，确定了“名品进名店，名店卖名品”的全年经营工作指导思想，抓住骨干品牌，开发新品货源，名优商品的经营比重逐步上升，增强了各专业市场的竞争能力，为稳定消费群，提高效益奠定了基础，继续保持了全市的排头兵地位。1996年武汉商场单体实现销售12.7亿元，实现利润6329万元。强化了母体企业，扩大了武汉商场的经营跨度。

2.抓住机遇，扩大经营规模。面对新一轮的流通革命，为了不断地完善自己，发展自己，连续保持辉煌，我们的决策是以规模取胜，将武汉商场、武汉广场连成一体，形成全市性的购物中心，使集团属下的二个姊妹店产生了1+1=2的效果。下一步，我们将购买世贸广场1-2层，开辟新商场，然后在武汉商场、武汉广场、世贸广场之间构筑空中通道，形成总营业面积达15万平方米的一家巨型商店，称为武商一条街，形成商流、物流、客流最集中的全市性的购物中心区，产生“扎堆”效应。

3.继续坚持发展商业规模与开发房地产相结合的方针，使房地产开发与新增商业规模有机地统一起来，互相促进。武汉广场主体工程已经封顶，进入内装修阶段，年内可交付使用。目前在建的国际批发中心(武商百盛广场)是以国际批发中心为主体，阳光城为配套工程的大型综合商城，其主体工程已经封顶，将于今年上半年开业迎宾，东舜花园第一期工程已基本完工，预计1997年上半年可交付使用。

4.开发农村市场，产生“网络”效应。发展连锁是我国商业的一项具有方面性的重大改革，在开展连锁经营实践过程中，我们根据探索的四种连锁经营的特点、优势和功能的比较，最后选择了投资少，风险小，占领市场覆盖面大的连锁形式——农村加盟店，计划在全省72个县市各建立一个加盟店，1996年，我们共发展了40家加盟店，形成销售网络，达到连锁效应。

(二)经营业绩

1996年在面临市场平稳，购买力分流，资金短缺，新的效益增长点推迟实现的艰难环境下，坚持以效益为中心，实事求是的原则，集团公司仍然实现销售15.59亿元，利润1.37亿元，保持了持续增长态势。

四、股份变动情况

1.公司股份变动情况

股份类别	本次变动前	本次送股增加	本次变动后
一、尚未流通股份			
其中：			
国家股	83,029,341	12,454,401	95,483,742
境内法人股	10,476,000	1,571,400	12,047,400
2.募集法人股	72,863,352	10,929,501	83,792,853
3.高级管理人员股	151,175	22,673	173,840
尚未流通股份合计	166,519,868	24,977,975	191,497,843
二、已流通股份			
1.A股	85,552,671	12,832,905	98,385,576
已流通股份合计	85,552,671	12,832,905	98,385,576
三、股份总数	252,072,539	37,810,880	289,883,419

2.前十名股东持股情况

股东名称	持股数	持股比例
1)武汉国有资产经营公司	95,483,742	32.94%
2)中国宝安集团股份有限公司	12,800,000	4.76%
3)武汉证券公司	11,938,242	4.12%
4)武汉国兴投资咨询有限责任公司	7,795,454	2.69%
5)武汉华中电力实业公司	7,379,136	2.55%
6)工商银行武汉分行天安支行	6,657,120	2.30%
7)市建行投资公司	4,653,360	1.61%
8)中国农行武汉信托投资公司	4,140,000	1.43%
9)长江经济联合发展股份武汉公司	4,140,000	1.43%
10)武汉保险公司信托投资公司	2,500,560	0.86%

3.截止1996年12月31日，公司股东总数为43648户。

4.公司董事、监事及高级管理人员持股情况

姓名	职务	年初持股数	年末持股数
毛冬声	董事长、总经理	20,000	25,768
万文达	副总经理	10,000	52,062
胡冰心	董事、副总经理	10,000	11,598
尹国琴	副总经理	10,000	11,510
龙启贤	副总经理	10,000	11,500
苗秀堂	副总经理	10,000	11,500
黄俊	董事、总会计师	10,000	11,500
黄清林	董事	0	1,242
李仁彪	董事	0	621
王培林	董事	0	0
邓重英	董事	0	0
卢志忠	董事	0	0
王汉桥	董事	0	0
李昕	董事	0	0
黄保云	董事	0	0
李永宽	董事	0	0
曾文涛	董事	0	0
唐国文	监事会主席	10,000	14,674
熊玉珍	监事	10,000	11,763
章杰	监事	0	23
周泽敏	董事会秘书、副总经理	5,000	9,466

注：以上人员股份变动系1995年度分红及从二级市场购入。

沈阳物资开发股份有限公司

1996 年年度报告摘要 （摘选）

一、公司简况

公司名称：沈阳物资开发股份有限公司

法人代表：李盛丰　　邮政编码：110014

公司地址：沈阳市沈河区风雨坛街 144 号

电话：024—2915306　　传真：024—2915074

二、主要财务数据与财务指标

单位：千元

指 标 项 目	本年数	上年数	比上年增减(%)
1.主营业务收入	273,784	426,709	-35.84
2.净利润	-30,270	7,563	-500.24
3.总资产	542,651	666,045	-18.53
4.股东权益	291,535	300,158	-2.87
5.每股收益(元)	-0.23	0.07	-428.57
6.每股净资产(元)	2.24	2.77	-19.13
7.净资产收益率(%)	-10.38	2.52	-511.9
8.股东权益(%)	53.72	45.1	19.11

三、公司主要业务回顾

1996 年是公司调整的一年，面对市场形势偏紧，经营不景气等诸多不利因素，在广大股东的大力支持下，公司紧紧依靠全体员工，团结拼搏，全面实施"发展主业，开辟第二战场"经营战略，下大力量抓促销，争取市场份额；抓存量资产开发，盘活资金创效益，公司在逆境中求生存，谋发展。为公司走出低谷、振兴发展奠定了基础。

1．一年来公司经营情况

1)公司主业经营

一年来，由于受市场需求疲软，资金严重紧缺，销售回款困难等因素的制约和影响，公司主业经营始终在低谷中徘徊。公司千方百计采取措施，针对需求不旺，资金紧缺的矛盾，狠抓适销对路商品的购进，以市场需求为导向，及时组织购进钢材。发动全体员工开展了促销增效活动。特别是加强了不锈钢材销售力量，进一步完善了激励机制，调动全员促销积极性。但是，公司销售额仍呈下滑趋势。

2)国际贸易有新进展

公司积极发展国际贸易，发挥已有的进出口贸易优势，扩大经营规模。一年来，对美国、俄罗斯、乌克兰皮衣出口创汇 90 多万美元，为公司开拓海外市场，发展对外贸易奠定了基础。

3)多元化经营，开辟第二战场

发挥公司存量资产的优势，盘活资产，开拓经营，变死资产为活资金，发展新生效益点。先后开办了沈阳皮革鞋料市场(东区)，沈阳北行粮油批发市场，全年实现纯收入 370 万元。

开发高新实业项目取得显著成效。公司所属天宝永磁材料有限公司生产的钕铁硼产品，通过了国家技术鉴定，达到了世界先进水平，产品已进入国际市场。公司在原有年产 10 吨水平的基础上，下大力量投资建设扩产生产线，年产 50 吨的生产能力正在形成，开辟了高科技生产新领域。

2.1996 年公司主要经济指标完成情况

全年实现经营收入 27,378 万元，较去年同期下降 35.84%；利润总额(-)3,095 万元，净利润(-)3,027 万元。

公司出现亏损的主要原因是：

1)由于生产资料市场持续性疲软，需求不旺，公司受资金紧缺的影响，调整商品结构的力度不够，导致商品适销率下降，销售量锐减。同时，由于市场供大于求，商品销售价格不断下调，加之政策性税收费用增支较大，致使公司经营毛利率下降，成本增加，综合差价率由上年的 13%降至 9%。

2)主营业务规模不经济。公司在经营指导思想上偏重于开辟第二战场，主业未稳即追求多元化经营，使本来已短缺的资金被分解，难以发挥作用，削弱了公司的竞争力。新开辟的多元化经营，难以在短期内取得明显、稳定的效益。

3)公司自身经营体制调整尚未完全到位，所属企业目标市场选择雷同，没有真正形成拳头，实现规模经营，发挥集团军作用，在一定程度上影响了市场销售。

4)公司投资收益下降幅度较大。天宝永磁材料有限公司集中力量建设扩产工程，生产未正式运营，收益受到影响。东泽紧固件有限公司因受国际市场变化影响，一年来生产开工不足，产值下降，销售不畅，未分回利润。海南利宝航运公司由于经营管理不善，出现亏损，导致我方投资回报受损。

3．公司扭亏措施

公司已认识到目前存在的问题，组织管理层和广大员工反思，总结经验，吸取教训。重新调整经营战略，制定切实可行的战略措施，依靠全体员工齐心奋争，重振雄风。

1)转换公司经营机制，组建龙头企业，形成集团优势。将公司三个经营系列组建成东北不锈钢材经销中心，再生资源经销中心，优质钢材经销中心，以集团和整体优势参与市场竞争，上规模，创效益，扩大市场占有份额。

2)盘活存量资产，利用 2 万平方米的仓库用地组建沈阳市旧货交易中心市场，拟于 97 年 7 月开市，届时将成为辽宁省内最大的旧货交易市场。

3)以发展主业为核心，下大力量抓好再生资源回收。特别是加大废金属回收力度，立足国内市场，开辟海外渠道，在九六年回收 2.4 万吨的基础上，九七年回收量要创新高，达到 10 万吨的水平。

4)调整公司股权投资结构，集中力量，筹集有效资金支持钕铁硼永磁材料生产，确保年产 50 吨目标，争取 70 吨奋斗目标。

5)国家予再生资源行业的征三返七税收政策，九七年继续执行，随着措施的到位，经营规模的扩大，将给公司带来更大的利益。

6)沈阳市作为深化改革，搞活国有大中型企业试点城市，政府将大力扶持、搞活大中型企业，公司要抓住有利契机，运用政府给企业创造的政策环境，内转机制，外攻市场，重塑公司新形象。

四、股本变化及股本结构情况

1．股本变化及股本结构情况

1)股本结构情况(截止 1996 年末)

股份单位：股　　面值：每股 1 元

股 份 类 别	期初数	本年增加数	期末数
一、尚未流通股			
1．发起人股	38,860,360	7,772,072	46,632,432
其中：			
国家股拥有股	20,348,760	4,069,752	24,418,512
境内法人持有股	18,511,600	3,702,320	22,213,920
2．募集法人股	780,000	156,000	936,000
3．内部职工股	33,500	-2,900	30,600
(高级管理人员持股)			
4．优先股或其他	11,159,277	2,231,855	13,391,132
尚未流通股合计	50,833,137	10,157,027	60,990,164
二、已流通股			
境内上市的 A 股	57,400,988	11,489,798	68,890,786
流通股份合计	57,400,988	11,489,798	68,890,786
股份总数	108,234,125	21,646,825	129,880,950

2)股本变动原因

经公司 1996 年 6 月 26 日召开的三届一次股东大会审议通过，并获沈阳证券监督管理委员会(沈证监发[1996 年]37 号文)批准的本公司 1995 年度向公司全体股东每 10 股送 2 股红股的分红方案，经深圳证券交易所、深圳证券登记有限公司审核同意，于 1996 年 7 月 30 日至 8 月 2 日实施完毕。共送红股 21,646,825 股，使公司股本总数增至 129,880,950 股。

3)前十名股东持股情况

股 东 名 称	持股数(股)	占总股本(%)
1)沈阳国有资产经营公司	24,418,512	18.80
2)沈阳市供销合作社联合社	12,000,000	9.24
3)沈阳市物资回收总公司	10,213,920	7.86
4)深圳万业兴投资发展有限公司	3,120,000	2.40
5)沈阳好猫集团股份公司	2,401,346	1.85
6)辽宁省正安公司	1,560,000	1.20
7)深圳市深财证券业务部	1,560,000	1.20
8)沈阳精细石油化工厂	1,248,000	0.96
9)辽宁国发股份有限公司	1,092,000	0.84
10)沈阳中大实业有限公司	889,200	0.68

截止 1996 年末，公司股东总数 49,623 户，其中法人股东 37 户，社会公众股东 49,586 户。

西安解放集团股份有限公司

1996 年年度报告摘要（摘选）

一、公司简况

公司名称：西安解放集团股份有限公司

法人代表：王科　　邮政编码：710001

公司地址：中国西安市解放市场 6 号

电话：(029)7217854　　传真：(029)7217705

二、主要财务数据与财务指标

单位：元

指标项目	本年数	比上年增减(%)	上年数
1. 主营业务收入	240,044,207	596.37	34,470,879
2. 净利润	7,424,400	98.97	3,731,413
3. 总资产	382,776,723	19.07	321,478,158
4. 股东权益	149,197,688	5.24	141,773,287
5. 每股收益	0.11	96.43	0.056
6. 每股净资产	2.23	5.19	2.12
7. 净资产收益率(%)	4.98	89.21	2.63
8. 股东权益比率(%)	38.98	-11.61	44.10

注:①本年及上年主营业务收入为不含税商品销售额;②净利润不含少数股东权益;③以上数据和指标系合并报表数据。

三、公司主要业务回顾

1. 一年来经营情况

1996 年是拼搏进取，走出困境，取得良好业绩的一年，在公司发展史上写下了光辉的一页，具有十分重要的意义。公司全体员工在董事会和经理班子的领导下，发扬"团结、奉献、求实、创新"的企业精神，克服了难以想象的困难，付出了艰辛的劳动，高速高效地建成开元商城购物中心，并于 1996 年 6 月 15 日开业经营。公司历经数年艰苦创业之后终于初见成效，建设面积 30000 平方米，营业面积 20000 平方米，设施先进、装修典雅的新商城耸立在古城西安繁华的市中心，给古老的城市增添了新的景观，也给公司的经营和发展打下了坚实的基础。开元商城购物中心的建成营业在西安消费市场引起很大的振动，尽管时处商业购销淡季，开业首日营业营业额即达 368 万元人民币，是同类企业开业首日销售中鲜见的，显示了强劲的经营实力。年度内，公司以优良的经营设施和严格的科学管理,实现了董事会制订的当年完成基建装修和开业筹备、当年投入高效运营、当年创最佳业绩的奋斗目标，取得了显著的经济、社会效益。

全年完成商品销售收入 24004.42 万元，实现利润总额 870.60 万元，其中：营业利润 757.06 万元，占全年利润总额的 86.95%，投资收益 62.15 万元，占全年利润总额的 7.13%。根据西安市商贸委统计报表显示,公司销售收入、实现利润等十项主要经济指标，在全市商业企业 1996 年度综合考核中名列第一。

2. 主要指标分析

1996 年公司主营业务收入为 24004.42 万元，完成年度计划的 160.03%，比上年增长 596.37%；实现利润为 870.60 万元，完成年度计划的 145.10%。比上年增长 99.68%;税后利润为 742.44 万元，完成年度计划的 145.58%，比上年增长 98.97%。主营业绩大幅度增长的主要原因是开元商城购物中心开业经营。

3. 前次募集资金的运用情况说明

1994 年 5 月公司以 10:1 向股东配售新股 506.25 万股，每股配售价 3 元，应筹资金 1,519,575 万元。扣除国家股股东以实物的资产折价配股金额及发行费用后，本次配股净筹资额为 898.5482 万元。所筹资金已按配股说明书所列资金用途，全部投入开元商城建设。该项目一期工程业已投入运营。截至 1996 年 12 月 31 日止，该工程建设进度及资金投入情况如下：

单位：人民币元

工程名称	工程进度	原预算数	实际支用数
西安开元商城	102,868,100	90,000,000	88,005,328

1995 年度和 1996 年度公司均未实施配股。

四、股本变化及股本结构情况

1. 股本结构情况：　　股份单位：股；面值：每股 1 元

股份类别	年初数	占总股本%	本年增减	年末数	占总股本%
一、尚未流通股份					
国家股	15,581,274	23.30		15,581,274	23.30
法人股	32,709,737	48.92		32,709,737	48.92
尚未流通股份合计	48,291,011	72.23		48,291,011	72.23
二、已流通股份					
A 股	18,570,289	27.77		18,570,289	27.77
三、股份总数	66,861,300	100.00		66,861,300	100.00

注:已流通股份含公司高级管理人员冻结股份。

2. 股本变动情况及原因：

根据 1996 年 1 月 19 日临时股东大会通过的 1994 年度分红方案，公司于 1996 年 2 月 13 日向全体股东每 10 股送 1 股红股，共计派送红股 607.83 万股，送股后公司总股本增至 6686.13 万股，于 1996 年 3 月 7 日在《证券时报》公布了《股份变动报告》，公司 1995 年股本也作了相应调整，并已在公司《1995 年年度报告》中对此次股份变动情况作了反映。

3. 主要股东持股情况：

股东名称	年初数(万股)	持股比例(%)	本年增减(万股)	年末数(万股)	持股比例(%)
西安市国有资产管理局(持国家股)	1558.1274	23.30	0.00	1558.1274	23.30
西安明达投资咨询有限公司	0.00	0.00	+332.75	332.75	4.97
西安国明实业发展有限公司	0.00	0.00	+332.75	332.75	4.97
西安商业科技开发公司	324.4037	4.85	0.00	324.4037	4.85
中国宝安集团股份有限公司	242.00	4.85	0.00	242.00	3.62
广州从化和悦实业有限公司	242.00	3.62	0.00	242.00	3.62
太原兆和投资发展有限公司	242.00	3.62	0.00	242.00	3.62
海南海虹企业股份有限公司	242.00	3.62	0.00	242.00	3.62
四川省农村信托有限公司	205.70	3.07	0.00	205.70	3.07
中国航空油料西北公司	121.00	1.81	0.00	121.00	1.81

4. 股东数量

本报告期末的股东总数为 12474 户。其中，国家股东 1 户；法人股东 29 户；社会公众股东 12444 户。

5. 子公司与关联企业

企业名称	主营业务范围	注册资本(元)	本公司权益	所在地
西安开元商城有限公司	房地产开发、写字楼、餐饮、娱乐经营、展厅、商场场地的境内出租、出售、购物(中方商业经营)	150,000,000	51%	西安市东大街解放市场 6 号

天津立达国际商场股份有限公司

1996年年度报告摘要 （摘选）

一、公司简况

公司名称：天津立达国际商场股份有限公司
法人代表：葛子平　　　　邮编：300052
公司地址：天津市和平区南京路211号
电话：022—27315560　　　　传真：022—27316657

二、主要财务数据与财务指标

单位：元

指　标　项　目	本年数	上年数	比上年增减(%)
1.主营业务收入	268,240,581.23	407,457,762.22	-34.2
2.净利润	29,051,058.24	20,599,531.20	41.0
3.总资产	752,094,596.27	817,061,247.87	-7.9
4.股东权益	290,358,650.07	261,307,591.83	11.1
5.每股收益	0.21	0.15	40.0
6.每股净资产	2.10	1.89	11.1
7.净资产收益率(%)	10.01	7.88	27.0
8.股东权益比率(%)	38.61	31.98	20.7

三、公司主要业务回顾

1.一年来公司经营情况

1996年是公司开业十周年，也是公司经营面临严峻形势和困难的一年。由于各种业态的商业网点不断涌现，大商场垄断市场的局面已被打破，竞争日益激烈，加之公司开业已十周年，其硬件设施日趋老化，缺乏竞争力。一年来，在董事会的领导下，公司深化企业内部改革，强化基础管理，经营上保持了稳步发展的态势。在天津市零售业年销售额超亿元的14家大中型商场中取得利润总额居第四位，销售额居第八位的较好成绩。

1)1996年公司主要经济指标完成情况

(1)主营业务收入26824万元，比上年同期减少13922万元，同比下降34.17%。

(2)营业利润：850.82万元，比上年同期减少978.26万元，同比下降48.4%。

(3)投资收益：2647.62万元，比上年同期增长249.50%，其中含原投资吉利大厦股权转让收益2050万元。

(4)利润总额：3379.96万元，比上年同期增长42.04%。

2)1996年公司主要工作

1996年公司在经营面对诸多困难的情况下，坚持围绕经济效益这个中心，做了以下工作：

(1)调整商品结构，提高商品档次。在零售方面，经营高档时装是公司的强项，已在消费者心目中占有一定的地位。1996年公司重点开发了男女羊绒衫、羊绒大衣、高档时装的经营，取得了一定的成效。

(2)转变经营方式，扩大自营比例。引厂入店、厂商联营是当前百货零售业一种普遍的经营方式，但是厂家人员流动性大，给服务、管理带来困难。1996年公司在经营中，有计划、有步骤地压缩联营比例，扩大自营比例，截止至年底，公司自营商品比重已超过30%且为市场畅销商品或名牌商品，使过去主要依靠联营的被动局面有了较大改观。

(3)采取多种形式，大力搞好促销。公司围绕国际商场开业十周年和迎奥运百年纪念活动，不失时机地推出各种主题销售。如"十年场庆，十年回报"、"奥运幸运购物年"、"奥运贴花珍藏卡有奖销售"、"奥运产品义卖支持天津市申办1999年世界体操锦标赛"等活动。各商品部还因地制宜地举办了购物送伞、时装表演以及老人节、儿童节、妇女节优惠购物活动，不断形成销售热点，在一定程度上收到了较好的经济效益和社会效益。

3)吉利大厦股权转让的情况说明

天津吉利大厦是天津房地产开发集团与我公司共同投资兴建的综合性商业大厦，该大厦总面积6万平方米，总投资2.8亿元，注册资金7000万元。我公司实投6837万元，其中注册资金1750万元，占25%的股权，其余资金是利用公司公开发行股票的融资款通过银行委放给吉利大厦的。虽然吉利大厦经营状况良好，但从公司扩大规模经营的实际考虑，长期占压近7000万元的资金，且每年只有359万元的利息收入，对公司的发展是不利的。因此决定将公司所持吉利大厦的25%的股权转让变现用于商场扩建和短期投资，实现投资最大限度的回报。公司经多方努力于1996年12月完成了股权转让变现工作，变现金额为8800万元，投资收益为2050万元。

2.公司主营业务利润与年度计划产生差异的说明

1996年公司主营业务利润为473.1万元，比1995年的1568.9万元降低了69.8%，完成1996年计划指标2046万元的23.1%。利润总额为3379.95万元，比1995年的2379万元增加了42.01%，完成1996年计划指标2866万元的117.9%，其中吉利大厦股权转让收益占61%，该收益属非经常性项目。

分析公司主营业务利润下降的原因，主要是由于公司批发业务大幅度滑坡所致。1996年批发业务实现主营业务利润90.9万元，比1995年的784万元降低了88.4%，只完成1996年计划指标1200万元的7.6%。

3.募集股金使用情况说明

1993年底公司公开发行股票募集资金12291.2万元，扣除发行费334万元，实收股金11957.2万元，截止到1996年底募集资金使用情况如下：

1)投资商场扩建工程。国际商场扩建工程原计划投资5200万元，现已投入2580.1万元。由于与我公司扩建毗邻的市重点工程北洋钢铁交易大厦，其方案在设计审定后又进行了部分改动，市有关部门出于南京路整体布局的考虑，要求我公司的扩建方案也做相应的调整，另外扩建有资金缺口问题，所以公司扩建工程随之推迟。

目前公司已完成征地、电力增容、变电站工程、集中供热工程、管线工程的拆迁和部分地上建筑物的拆除，办公楼的拆除工作正在进行，公司聘请美国加州城建设计集团所做的建筑设计方案已初步完成，正在调整修改过程中，待设计方案完成、主管部门审批后，即可施工。

2)投入吉利大厦工程5087万元。

3)投入天津伊势丹有限公司21万元美元(当时折合人民币118万元)。

4)投入天津证券有限责任公司2200万元。

5)投入天津环球磁卡股份有限公司372万元。

6)补充流动资金1600.1万元。

募集资金使用情况一览表(单位：万元)

项　　目	招股说明书中计划	实际投入
商场扩建工程	5200	2580.1
吉利大厦工程	4250	5087
天津伊势丹有限公司	0	118
补充公司流动资金	1357.2	1600.1
医疗电子设备公司、珠宝交易市场	1150	0
天津证券有限责任公司	0	2200
天津环球磁卡股份有限公司	0	372
合　计	11957.2	11957.2

注：上述部分投资项目的变动已经公司第四次、第五次股东大会讨论通过。

四、股本变化及股本结构情况

1.股本变化及股本结构情况

1)股本结构情况(截止1996年12月31日)

单位：万股　　面值：每股1元

股　份　类　别	年初数	比例(%)	年末数	比例(%)
一、尚未流通股份				
法人股	8769.02	63.56	8769.02	63.56
二、已流通股份				
A股	5028.078	36.44	5028.078	36.44
三、股份合计	13797.098	100	13797.098	100

注：已流通股份中包含董事、监事和高级管理人员锁定的持股数3.155万股。

2)股本变动情况及原因

本年度股本无变化。

3)前十名主要股东持股情况

股　东　名　称	持股数(万股)	占总股本(%)
1)天津立达集团有限公司	7033.72	50.98
2)天津环球磁卡股份有限公司	300	2.17
3)沈阳京联证券交易营业部	150	1.09
4)中信天津工业发展公司	100	0.72
5)天津津益联合公司	100	0.72
6)天津证券有限责任公司	90	0.65
7)天津立达(集团)公司珠海公司	75	0.54
8)天津经济技术开发区工业投资公司	50	0.36
9)中国新技术创业投资公司	50	0.36
10)浙江证券有限责任公司	50	0.36

4)股东数量

报告期末股东总数33913名，其中法人股东97名，个人股东33816名。

苏州物资集团股份有限公司

1996年年度报告摘要（摘选）

一、公司简况

公司名称：苏州物资集团股份有限公司

法人代表：顾衡如　　邮政编码：215004

公司地址：苏州市苏州新区河用路狮山小区

电话：0512—8621951　　传真：0512—8273400

二、主要财务数据与财务指标

单位：万元

指 标 项 目	本年数	上年数	比上年增减(%)
1.主营业务收入	74242.77	95258.40	-22.06
2.净利润	14006.04	2724.17	414.14
3.总资产	126364.44	115204.21	9.69
4.股东权益	44765.95	28493.02	57.11
5.每股收益(元)	1.16	0.27	329.19
6.每股净资产(元)	3.70	2.83	30.74
7.净资产收益率(%)	31.29	9.56	227.30
8.股东权益比率(%)	35.43	24.73	43.27

三、公司主要业务回顾

1．一年来公司经营情况

1996年，公司在省、市党委和政府的正确领导下，在各位股东的关心、支持下，继续按照"抓住机遇，深化改革，四业并举，加快发展"的方针，扬长避短，调整策略，较好地发挥了多元经营的优势，取得了令人鼓舞的整体业绩。全年主营业务收入7.42亿元，净利润1.40亿元，为上年的78.15%和514.14%。

由于公司对外创汇1960万美元，比上年增长88%；开设超市连锁店21家，零售额2456万元，并形成年零售额1亿元的经营规模；汽车贸易业务又比上年增长10%，使公司形成了生产资料现货贸易与期货贸易相结合，内贸与外贸相结合，生产资料贸易与商业超市连锁业相结合的稳健型贸易经营格局。

财务公司累计吸收存款42.44亿元，证券营业部代理股票交易额75.7亿元，其筹资、结算等金融功能在公司经营活动中的地位和作用，得到了充分显示。

房地产业通过调整开发层次、营销策略和管理方式，在宏观经济形势好转的背景下开始复苏，竣工面积43714平方米、销售收入2484万元、净利润292万元，比上年增长36%、217%和39%，由房地产建设开发总公司开发的新升小区13500平方米安居工程住宅6月底竣工，获苏州市政府颁发的"国家安居工程首期项目建设先进奖"，到年底已实现销售95%。

156辆出租车队全面投入运营、美国通用汽车特约维修站始见成效、沪宁高速公路苏州西互通汽车维修站工程项目竣工投入运营；公司参股的煤气联营公司和木材加工合资公司项目均已竣工交付使用，逐步构筑成公司多元化经营的实业群体。

通过修订公司章程、制定《控制经营风险的暂行规定》、实行事业部制和子公司财务主管委派制，加强了企业管理水平，提高了规范运作水平。

2．实际经营成果与计划差异的说明

1996年，公司主营业务收入比计划数下降25.76%，原因一是采取了控制经营风险措施，下半年严格控制了现货贸易业务的规模，二是汽车销售量增价减，三是安居工程住宅房售价较低；主营业务利润和净利润比计划数有大幅度增长，原因一是加强了企业管理，减少了失误，较大幅度提高了主营业务利润率；二是财务公司的金融、证券业务在宏观经济形势好转的背景下获得较大发展，主营业务利润、净利润比上年增长100%和180%；三是在控制风险和规范运作的前提下，期货套期保值业务量有较大幅度增长，盈利达7000多万元；四是较好地把握了1996年度股市复苏，进入牛市的时机，扩大了证券投资的规模，盈利达6000多万元。

3．募集资金情况说明

公司1996年没有新募集资金，1995年募入配股资金6126.86万元，按计划分别投入液化气贮罐场、汽车出租和进出口贸易项目计4450万元，其中汽车出租项目，自筹500万元配套资金已按计划到位；延续到1996年度的液化气贮罐场建设项目，已顺利竣工投入营业；投入超市连锁店项目的1660万元（含自筹483万元配套资金）也已全部到位，并已完成开设21家连锁店的计划。

至此，前次募集资金已全部按计划投入，建设项目也已全部完成并投入运营，为公司长期稳定的经营发展，奠定了坚实的基础。

四、股本变化及股本结构情况

1．股本变化及股本结构情况

1）截止1996年12月31日，公司股本结构如下：

（单位：股　面值：1元）

股 份 类 别	期初数	本期送股	期末数
尚未流通股份			
发起人股			
境内法人持有股	54555046	10911009	65466055
转配股	167086	33417	200503
尚未流通股份合计	54909732	10979211	65855351
已流通股份			
境内上市的人民币普通股	45997199	9199440	55196639
已流通股份合计	45997199	9199440	55196639
股份总数	100719331	20143866	120863197

2．股本变动情况和原因

根据1995年度利润分配方案，公司向全体股东按10:2的比例派送红股，共计派送红股20143866股，总股本增至120863197股。

3．主要股东持股情况

序号 股 东 名 称	年末持股数(股)	持股比例(%)
1)江苏苏州物贸中心(集团)有限公司	52755415	43.64
2)中国物资开发投资总公司	10310640	8.53
3)李桂春	1390244	1.15
4)中国黑色金属材料总公司	1200000	0.99
5)中国轻工物资供销华东公司	1200000	0.99
6)宋欣伟	1150954	0.95
7)海口长乐置业有限公司	714311	0.59
8)黄少林	714101	0.59
9)李杰	680000	0.56
10)深圳蛇口功业企业有限公司	643324	0.53
合 计	70758989	58.54

注：第1、2、4、5名发起人股东持股比年初增加20%，为公司派送1995年度红股的增加数。

4）截止1996年12月31日公司股东总人数8982人。

西安民生集团股份有限公司

1996年年度报告摘要（摘选）

一、公司简况

公司名称：西安民生集团股份有限公司

法人代表：詹军道　　邮政编码：710005

公司地址：西安市解放路103号

电话：029—7418562　　传真：029—7418562

二、主要财务数据与财务指标

单位：千元

指标项目	本年数(合并)	上年数(合并)	比上年增减(%)
1.主营业务收入	808036	567,526	42.4
2.净利润	34590	28,181	22.7
3.资产总额	914272	717,962	27.3
4.股东权益	332674	281,324	18.3
5.每股收益(元/股)	0.214	0.21	1.9
6.每股净资产(元/股)	2.06	2.09	-1.4
7.净资产收益率(%)	10.40	10.02	3.8
8.股东权益比率(%)	36.39	39.18	-7.1

注：1)主营业务收入为不含税指标；

2)主营业务收入增幅较大，系公司营业面积扩大增加的销售收入。

三、公司主要业务回顾

1．一年来公司经营情况

1996年是我国"九五"计划第一年，也是民生集团二期工程五至地下一层全面投入营运的一年，是公司商业由单体扩张转向连锁化发展的一年。这是公司在经营与发展战略上的一个大调整、大转移，可以说是民生集团"二次创业"的开始。

1)．公司经营状况的回顾

在过去的一年里，公司面对西安地区商业网点增多、竞争激烈、购买分流等新的形势，积极调整经营策略，适应市场变化，加大发展连锁商业力度，全年的经营状况取得了较好的成绩。集团全资企业年销售和营业收入达到6.5亿元，加上各参、控股企业，年销售和营业收入达到8.08亿元(不含税)，比去年同期增长42.4%，实现净利润3459万元，比去年同期增长22.7%，实现利税6400亿元，继续保持西北地区商业零售企业之首。

2)．公司主营业务业绩概述。目前民生集团公司的主营业务仍为百货，销售比重占到94%以上。一年来，公司主营业务有了较大发展，二期工程五层以下商场全面开业，使整个大楼商场营业面积增至4.3万平方米，跨入全国零售商业企业前十位。空调、供电、扶梯系统陆续投入运行，为正常的经营活动提供了保证。通过调整结构，积极组织货源；不断开发新品，使公司经营商品种增加到6900多种。公司通过对大楼进行内部机制改革，成立了家电公司、服纺公司、副食公司，组建了民生配送公司，为实现购销分离、发展连锁创造了条件。为广泛占领市场，公司积极发展连锁经营，自1996年1月8日民生第一家连锁店开业至今，又先后有六家连锁店相继开业，已初步形成"东西南北中，处处有民生"的商业布局。与此同时，公司不断推出营销举措，较好地完成了年初预定的销售指标。

3)前次募集资金使用情况说明：

西安民生集团股份有限公司1995年3月23日股东大会批准并经1995年8月20日临时股东大会确认通过的公司1995年度增资配股方案。经中国证监会复审通过，实施此次配股，共筹集资金5122.484542万元人民币。经西安市会计师事务所验证，该笔资金已于1996年1月10日前全部到位。按照股东大会的授权，该笔资金已按计划全部投入到公司二期扩建工程。

1996年1月至12月底，公司二期工程累计投入资金13548万元，其中：建筑安装工程投资—土建(1-8层，局部14层)投入资金1397万元，建筑安装工程投资—装修(1-5层)投入资金3324万元，设备投资(包括：电梯、自动扶梯44部，冷冻机组4台，中央空调等)投入资金7220万元，其他投资1607万元，以上资金，除使用配股所筹资金5122万元外，其余依靠贷款解决。截止目前，二期基本建设累计支出为41223万元。

四、股本变化及股本结构情况

1．股本变化及股本结构情况(截止1996年12月31日)

数量单位：万股　　面值：每股1元

股份类别	年初数	占总股本比例%	本期送股	期末数	占总股本比例%
一、尚未流通股份					
1)发起人股份					
国家股	3977.3965	29.53	795.4793	4772.8758	29.52
发起人法人股	396.4141	2.94	79.2828	475.6969	2.94
2)募集法人股	584.3200	4.3	116.8640	701.1840	4.34
3)转配股份	4.8980	0.03	0.9796	5.8776	0.04
尚未流通股合计	4963.0286	36.84	992.6057	5955.6343	36.84
二、已流通股份					
A股	8508.1358	63.16	1701.6371	10209.7629	63.16
三、股份总数	13471.1644	100.00	2694.2328	16165.3972	100.00

注：股份数量变动是由于报告期内送红股所致。

2．主要股东持股情况如下(截止1996年12月31日)：

股东名称	持股数(万股)	占总股本(%)	年度内增加
1)西安市国有资产管理局	4772.8758	29.52	795.4793
2)西安民生劳动服务公司	475.6969	2.94	79.2827
3)陕西电视台广告经理部	51.4800	0.32	8.5800
4)工行西安解放办劳司	51.4800	0.32	8.5800
5)苏跃英	38.6800	0.24	38.6800
6)申资产	36.2000	0.22	36.2000
7)深圳华晟投资发展公司	35.5100	0.22	35.5100
8)曹贤德	35.0000	0.22	35.0000
9)陕西工商学院	34.3200	0.21	7.5200
10)保险公司西安分公司	34.3200	0.21	7.5200

以上前十名股东除苏跃英、申资产、深圳华晟投资发展公司、曹贤德四名股东所持股份为流动股，其余股东所持股份为尚未流通股，其变动原因是由于1995年度分红所致。

3．报告期末本公司股东数量

股东总人数：65511人

其中：法人股东113人

个人股东65398人

青海百货股份有限公司

1996年年度报告摘要（摘选）

一、公司简况

公司名称：青海百货股份有限公司

法人代表：张德雷　　　　邮政编码：810001

公司地址：青海省西宁市五四大街39号

电话：(0971)6138725　　　　传真：(0971)6144887

二、主要财务数据与财务指标

指标项目	本年数	上年数	比上年增减(%)
主营业务收入(元)	136,936,952.76	131,484,943.94	+4.15
净利润(元)	14,417,071.56	11,679,106.14	+23.44
总资产(元)	249,625,573.17	216,357,594.33	+15.38
股东权益(元)	143,457,996.91	91,089,997.32	+57.49
每股收益(元)	0.20	0.23	-11.95
每股净资产(元)	1.98	1.76	+12.50
净资产收益率(%)	10.05	12.82	-21.61
股东权益比率(%)	57.47	42.10	+36.51

三、公司主要业务回顾

1996年是青海百货股份有限公司发展进程中具有重要意义的一年。公司按照董事会3年发展规划的总体思路，相继完成增资配股、5000吨电解铝生产项目建设，并积极参与控股青海证券公司的前期准备工作等，对公司今后发展产生深远影响的一系列重要工作。虽然消费品市场整体疲软，竞争激烈，公司主营业务经历了前所未有的困难，但是公司统揽全局，及时调整经营思路，较好地处理了全年经营工作种种不利因素，埋头潜心图发展、创效益，各项工作都取得了令人瞩目的业绩，奠定了集团化经营的基础布局。

概括起来讲，就是这样三句话：经营业绩令人满意，困难和问题不容忽视，公司的发展前景十分看好。

在社会各界和全体股东的支持下，通过公司全体员工的奋力进取，本年度公司完成销售收人13,694万元，较上年增长4.15%；实现利润1,652万元，较上年增长23.13%；经济效益再创历史新高，连续三年荣获"青海省上缴税利先进企业"称号。

1．经营概述

1996年，公司主营业务完成销售13693.7万元，同比增长4.15%；实现利润700.7万元，同比增长13.85%。

(1) 批发业务：批发经营受整体市场环境和"房改"等配套改革措施出台的影响，购买力和购销渠道加速分流，市场竞争激烈导致销售滑坡、创利下降。完成销售收人9478.7万元，同比下降16.29%。为扭转被动的经营局面，公司适时调整经营策略，积极探索新的营销方式，加大经营力度，力促经营状态的改善。但由于市场及内部经营机制等因素的制约，批发业务经营实际效果与年度计划目标出现较大差异，遇到自公司创立以来最为严峻的考验。

(2) 零售业务：零售经营完成销售4215万元；实现利润230.1万元。青百商城经过一年多的运营，经营管理日渐成熟，在公司统一领导下，商城严抓管理、苦练内功、积极开展多种营销活动，提高经营水平，在扩大企业声誉、稳定和发展公司主营业务等方面起到了积极的带动作用。

(3) 公司仓储运输有了新的突破。储运分公司抓住基础条件好的优势，充分利用仓储和运输设施，积极开展综合性经营，全年创收56万元，超额完成公司下达的经营任务。

1996年，公司共实现投资收益941.6万元。在致力于主业经营的同时，在注重风险控制的前提下，精心组织一、二级市场的证券经营，加大运作力度，不断扩大战果，全年创利874.4万元，保证了公司整体经营目标的实现。

2．公司前次募集资金运用情况说明

公司1996年度配股工作，已于1996年10月10日结束，扣除发行费用，实际募集资金45,276,547.37元，依据1995年股东大会年会决议，本公司配股募集资金主要用于5000吨(一期)电解铝项目和青百商城二期工程的建设；

(1) 5000吨(一期)电解铝项目：

1996年股东大会获准通过的电解铝投资项目，从1996年4月全面开工，经过八个多月的紧张工作，已于1996年12月31日正式送电运行。标志着公司第二步发展目标实现。公司共投人资金3431万元。该项目的建设工期、施工质量、规范化程度、资金投放都名列省内同类企业建设的先进行列。

(2) 青百商城二期工程：

本公司配股工作于1996年10月10日结束，由于资金到位较迟，悬误了青百商城二期工程的基建时机，故此项投资计划暂缓执行。

四、股本变化及股本结构情况

1．股本变化及股本结构情况

股份类别	年初数	所占比例(%)	本年增减数	年末数	所占比例(%)	股份增减(%)
(一)尚未流通股份						
国家股	20,666,355	40	2,066,635	22,732,990	31.43	+10.00
法人股	16,000,000	30.97	12,599,906	28,599,906	39.54	+78.75
内部职工股	21,800	0.04	8,710	30,510	0.04	+39.95
尚未流通股份合计	36,688,155	71.01	14,675,251	51,363,406	71.01	+39.92
(一)已流通股份						
社会公众股	14,978,200	28.99	5,990,840	20,969,040	28.99	+40.00
已流通股份合计	14,978,200	28.99	5,990,840	20,969,040	28.99	+40.00
(三)股份总数	51,666,355	100	20,666,091	72,332,446	100	+40.00

*a．国家股增加数为年内送股部分

b．法人股和社会公众股增加数为年内送股及配股部分

2．主要股东持股情况

截止1996年12月31日公司股东总数为11,733人，前十名股东持股情况如下表：

股东名称	持股数(股)	持股比例(%)	股份增减情况(%)
青海省国有资产管理局	22,732,990	31.43	+10
申银万国证券股份有限公司	6,199,906	8.57	+8.57
深圳四通投资发展有限公司	4,800,000	6.64	+6.64
深圳蛇口天通实业有限公司	4,400,000	6.08	+10
海南海虹企业股份有限公司	3,300,000	4.56	+10
珠海经济特区神驰实业股份有限公司	3,300,000	4.56	+10
深圳南油物业发展股份有限公司	2,200,000	3.04	+10
北京天龙股份有限公司	1,100,000	1.52	+10
北京亿隆实业股份有限公司	1,100,000	1.52	+10
中国工商银行青海省信托投资股份有限公司	1,100,000	1.52	+10
中国人民建设银行青海省信托投资公司	1,100,000	1.52	+10

成都华联商厦股份有限公司

1996年年度报告摘要（摘选）

一、公司简况

公司名称：成都华联商厦股份有限公司

法人代表：陈 炜　　　　邮政编码：610051

公司地址：四川省成都市建设路55号

电话：028—4321238　4329490　　传真：028—4329490

二、主要财务数据与财务指标

单位：万元

指标项目	本年数	上年数	比上年增减(%)
1.主营业务收入	31,179.53	28,082.93	+11.03
2.利润总额	2,551.03	2,105.52	+21.16
3.净利润	2,170.38	1,792.01	+21.11
4.总资产	29,643.74	26,326.36	+12.60
5.股东权益	15,824.71	14,054.33	+12.60
6.每股收益(元)	0.310	0.358	-13.41
7.每股净资产(元)	2.26	2.81	-19.57
8.净资产收益率%	13.72	12.75	+7.61
9.股东权益比率%	53.38	53.39	-0.02

三、公司主要业务回顾

1．一年来经营情况

一九九六年，公司以"规范、发展、效益"为核心，始终坚持"顾客的信赖，华联的追求"这一服务宗旨，按照"尊客爱店，文明守纪，求实创新，勇争一流"的要求，面对群雄并举的市场竞争环境，从狠抓内部管理着手，改革会计分散核算体制为集中核算体制：结合企业实际学习邯钢经验，努力扩销降耗，销售比上年同期增加3,097万元，费用水平降低0.03个百分点：强化基础管理，加强制度建设，企业的科学管理水平又有提高；按《公司法》规范运作，坚持先审计后兑现，严格审计监察等一系列管理措施，有力地促进了企业经营管理水平的提高和经济效益的增长。

公司以提高经济效益为中心，进一步优化了华联商厦的经营布局和商品结构，撤销建设路百货分公司，改建成五金家电专业商场，将华联商厦8个经营部按商品专业化经营的需要调整为12个，经营范围扩大，商品品种增加，销售增长17.28%；同时结合"百城万店无假货"活动的深入开展，狠抓了商品及服务质量，实施名牌战略，切实提高了优质服务水平。投资设立了"连锁公司"，面向市场，发展连锁，第一个6000平方米的连锁店天祥店于1997年初开业。"庄士大厦"工程经过合作双方艰苦的工作，工程进度取得了一定的进展，地下工程已基本完工。公司股票上市后，进一步提高了公司的知名度，树立了企业良好的社会公众形象，提高了公司参与市场竞争的能力，销售收入和实现利润继续保持较大幅度增长，各项经济指标均创历史最高纪录，初步确立了大型零售商业骨干企业的地位。

2．主营业务收入、净利润完成情况

主营业务收入31,179.53万元，比上年增长11.03%，净利润2,170.58万元，比上年增长21.11%，完成了股东大会确定的1996年度利润目标。1996年是华联商厦全面投产后的第一年，针对试营业的实际情况和市场变化，进一步优化了华联商厦经营布局和经营结构，增加了商品种类，提高了营业场所的利用效率，同时加强了商厦的营销宣传策划工作，根据市场变化，不断推出新颖的营销措施，并与之配合强化了营业现场管理，推出了一系列便民服务措施，服务质量有了一定的提高，赢得了顾客的信赖，确立了华联商厦良好的企业形象，取得了明显的经济效益和社会效益。

3．对前次募集资金的运用情况的说明

1993年3月向社会法人溢价发行法人股2,469.81万股，募集资金6,174.53万元，主要用于建设成都华联商厦，该商厦总建筑面积2.6万平方米。从1994年竣工投产至今，商厦已营造成为集购物、餐饮、住宿、娱乐、服务为一体的多功能现代化大楼。1996年该商厦实现销售2.5亿元，比上年增长17.28%，实现利润1,476.63万元，比上年增长7.7%。该商厦的开业成功对树立公司良好的企业形象、获取良好的经济效益作出了突出的贡献。该项目现已全面进入投资回报期。与募集时的宗旨和股东的利益相符合。

四、股本变化及股本结构情况

1．股权结构情况

股份单位：股　　　面值：每股1.00元

股份类别	年初数	本年红股增加数	本年资本公积金转股增加数	年末数
一、尚未流通股份				
1.发起人股份	12,301,920	2,460,384	2,460,384	17,222,688
其中:国家股	12,301,920	2,460,384	2,460,384	17,222,688
2.募集法人股	24,698,100	4,939,620	4,939,620	34,577,340
尚未流通股份合计:	37,000,020	7,400,004	7,400,004	51,800,028
二、已流通股份				
A股	13,000,000	2,600,000	2,600,000	18,200,000
已流通股份合计:	13,000,000	2,600,000	2,600,000	18,200,000
三、股份总数	50,000,020	10,000,004	10,000,004	70,000,028

2．股本变动情况及原因

1996年7月1日，实施了本公司股东大会批准公司董事会提出的每10股送红股2股的分红方案和资本公积金每10股转增股本2股的方案，公司股份总数由50,000,020股增加为70,000,028股。

3．主要股东持股情况

股东名称	年末持股数量(股)	持股比例
(1)成都市国有资产管理局	17,222,688	24.60%
(2)成都大业国际投资股份有限公司	3,220,000	4.60%
(3)成都全兴酒厂	2,800,000	4.00%
(4)四川天歌集团股份有限公司	2,800,000	4.00%
(5)深圳阳光基金管理有限公司	2,240,000	3.20%
(6)深圳巨安投资有限公司	1,820,000	2.60%
(7)深圳南光(集团)股份有限公司	1,680,000	2.40%
(8)深圳宝恒(集团)股份有限公司	1,400,000	2.00%
(9)中国航空技术进出口深圳公司	1,400,000	2.00%
(10)深圳市名宝投资发展有限公司	1,400,000	2.00%

4．股东数量

报告期末，本公司有股东12349户。

石家庄国际大厦(集团)股份有限公司

1996年年度报告摘要　(摘选)

一、公司简况

公司名称：石家庄国际大厦(集团)股份有限公司

法人代表：吕毅华　　邮政编码：050011

公司地址：石家庄市广安街1号

电话：0311－6672224　　传真：0311－6672254

二、主要财务数据与财务指标

指标项目	本年数	上年数	比上年增减(%)
1.主营业务收入(万元)	13,663	11,555	18.24
2.净利润(万元)	3,558	1,073	231.59
3.总资产(万元)	30,495	18,336	66.31
4.股东权益(万元)	18,684	8,059	131.84
5.每股收益(元)	0.60	0.24	150.00
6.每股净资产(元)	3.16	1.78	77.52
7.净资产收益率(%)	19.04	13.30	43.16
8.股东权益比率(%)	61.27	43.95	39.41

剔除股票发行时,冻结申购资金利息收入后,各项主要财务指标数据为:主营业务收入13663万元;净利润3193万元;总资产30059万元;股东权益18313万元;每股收益0.54元;每股净资产3.10元;净资产效益率17.44%;股东权益比例60.91%。

三、公司业务经营回顾

1.一年来经营情况

1996年,公司在"以多元化为基础,集团化、规模化、国际化"的发展战略指导下,抓住A股发行上市后公司声誉和实力大为增强的有利时机,通过实行资产占用责任制,提高企业管理水平,加大开拓市场力度,强化资产经营手段,克服诸多的市场不利条件,较好地发挥了多元经营的优势,取得了令人鼓舞的整体业绩,全年主营业务收入1.37亿元,税后利润3558万元,分别较上年增长了18.24%和231.59%。分别完成1996年度盈利预测的81.21%和171.18%。一年来主要工作是:

1.在酒店业方面,公司面对激烈的市场竞争,以实现"两个转变"为指导,按计划投入了募股资金2000万元,用于国际大厦酒店的装修改造,完善各项设施,增添服务项目,使酒店档次由三星级提升到四星级,准备进行申请报批工作。酒店的装修不仅没有影响正常经营,反而由于装修酒店面貌焕然一新,营业额有较大幅度提高,1996年实现营业收入3996万元,实现利润718万元。

2.1996年公司对与外商合资的石家庄世贸广场追加投资4100万元,该项目原名石家庄国贸大厦,与国际大厦隔街相望,占地面积12000平方米,总建筑面积70000平方米,将成为河北省唯一一家五星级智能型的综合服务设施。1996年9月已实现主体封顶,并进入全面装修阶段,拟于1997年投入运营。该项目以其速度快、质量好,得到省市领导和各界人士的高度评价。本公司在该项目中占有45%的股份,项目建成后将成为本公司一个新的增长点。

3.1996年本公司投入资金900万元与石家庄市物资总公司合资成立石家庄物华大厦有限公司,本公司占55%的股份。石家庄物华大厦位于石家庄市商业中心区,占地面积4000平方米,建筑面积25000平方米,按三星级标准装修,目前本公司已接受委托,负责物华大厦酒店的经营管理。本公司除可按股份比例获取相应收益外,还可按营业收入提取一定比例的经营管理费。该酒店拟于1997年上半年开始营业。

4.本公司利用兼并工厂土地资源兴建的商务公寓已全部售出,共售出建筑面积8200平方米,收回资金2200万元,实现利润880万元;同时成功地开发销售也使公司在石家庄房地产市场上树立了"国大"品牌。

5."国大集团"兼并了石家庄广播录音机厂,以较低的代价获得了位于石家庄市区优越商业地段的58亩商用土地开发权,规划报建工作已初步完成,规划建筑面积约70,000平方米,拟建成商用和商住相结合的多功能综合小区。本公司参与开发将加快本小区建设进度,力争年内实现较大收益。

6.在食品工业方面,公司利用兼并企业原有资源,低成本改造建立的洛杉奇食品工业公司,1996年通过不断提升产品质量,扩大市场占有份额,加大力度创造本地食品名牌,并率先起步进入连锁经营领域,1996年底洛杉奇连锁店发展到35家,公司销售收入有了较大幅度的增长。1996年11月公司又与味全国际食品公司签订了合资合同,双方将扩大投资共同组建大型的综合食品生产和销售基地,为公司扩大国内市场占有率和跻身海外市场打下了基础。

7.在商贸方面,公司一方面抓住1996年名优家电市场活跃的有利时机,大力开拓家电批发市场,继续发展各种名牌商品代理业务;另一方面,不断调整和优化零售业的经营结构,扬长避短,稳中求进,1996年商贸业完成销售收入5936万元,较好地实现了预期利润目标。

8.在金融业务方面,公司于1995年底投资500万元参股石家庄城市合作银行,并抓住时机,利用上市募集资金到位和实际项目投入的时间差,加速短期资金周转获得投资收益1210万元。这样既保证了开发项目的资金需求,又减少资金闲置时间,大大提高了资金的运作效率。

(二)对公司利润大幅度增长的说明

实行资产占有责任制,促进管理水平提高。为提供股东的满意回报,从根本上保证投资者的利益,公司首创并率先推行了资产占用责任制。这项制度从保证资产回报出发,要求公司各级经营者按照税后净资产收益率10%以上的水平,制定并实现经营目标,从而保证了投资效益的实现。由于该项制度先进合理,受到河北省主要领导的肯定,并决定在全省商贸系统加以推广。

加强企业管理,节省费用开支。在资产占用责任制的指导下,公司各级经营者大力加强管理,节省各项费用消耗,1996年公司费用水平同比下降4.16个百分点,同时,加大应收款催收力度,盘活资金580万元。抓住时机,利用上市募集资金到位和实际投入项目的时间差,进行短期资金周转,取得投资收益1210万元。既保证了发展项目所需资金,又减少了资金闲置。

突出市场营销,增强竞争能力。在宏观经济从紧,市场竞争加剧的情况下,公司坚持以"营销作为全年工作主线"的经营方针,大力开拓省会消费市场,连续举办各具特色,卓有成效的营销活动,在相对严峻的市场形势下实现了主营业务收入比去年同期有较大幅度增长,1996年公司抓住本地房地产市场复苏的有利时机,完成了商务公寓的销售,实现利润880多万元。

国贸大厦建设项目投资,部分收益提前实现,由于国贸大厦合资各方实行了重组,根据协议规定,合资外方对我方前期投入资金补偿625万元。

股票发行时冻结认购资金利息537万元,扣除发行费用后,分别转入资本公积金6.4万元和营业外收入429.6万元。

(三)前次募集资金使用情况说明

单位:万元

项目名称	计划投资	实际投资	项目进度
装修改造国际大厦酒店	2000	2000	已完工投入使用
合资建设国贸大厦	3000	4100	1996年9月封顶
合资经营物华大厦	2000	900	正在内装修

四、股本变化及股本结构情况

1.股本结构

单位:万股

股份类别	1996年末数	比例(%)	1995年末数	比例(%)
1.尚未流通股份				
发起人法人股	3015.6	50.98	3015.6	66.59
社会法人股	1400	23.67	1400	30.92
内部职工股			113	2.49
2.流通股份				0
社会公众股	1500	25.35	0	
股份合计	5915.6	100	4528.6	100

(二)主要股东持股情况(前10名股东)

单位:万股

股东名称	年末持股数	持股比例%
石家庄国际酒店公司	1610	27.22
中信房地产公司	840	14.20
金耀康工	247.6942	4.19
河北省服装进出口公司	210	3.55
石家庄国瑞信息服务中心	145.6	2.46
石家庄信托投资股份公司	140	2.37
深圳飞康现代生物工程公司	140	2.37
湛江飞康保税仓有限公司	105	1.77
河北工商银行职工技术协会	74.27	1.26
河北省纺织品进出口公司	70	1.18

广东金马旅游集团股份有限公司

1996 年年度报告摘要（摘选）

一、公司简况

公司名称：广东金马旅游集团股份有限公司

法人代表：章振城　　　　　　　　邮编:521000

公司地址：广东省潮州市永护路口

电话：0768—2269299　　　　　　传真：0768—2262628

二、主要财务数据与财务指标

经广州会计师事务所审计，主要财务指标如下：

单位:万元

指 标 项 目	1996 年度	1995 年度	比上年增减(%)
1.主营业务收入	7,513.27	5,272.79	42.49
2.净利润	2,917.97	1,952.73	49.43
3.总资产	38,815.25	26,437.64	46.82
4.股东权益	23,307.58	10,687.61	118.08
5.每股收益(元)	0.44	0.51	-13.73
6.每股净资产(元)	3.52	2.81	25.27
7.净资产收益率(%)	12.52	18.27	-33.83
8.股东权益比率(%)	60.04	40.43	48.50

注:(1)本公司年末股本数为 6,630 万股。公司于 97 年 2 月实施向全体股东按 10∶4 的比例转增股本方案，转增后总股本为 9,282 万股，按此股本数摊薄，每股收益为 0.314 元，每股净资产为 2.51 元。

(2)扣除发行新股无效申购资金利息收入 949,636.96 元(按 5 年平均分摊收入)，本公司 96 年净利润 28,230,104.56 元。每股收益为 0.426 元。

三、公司主要业务回顾

1. 一年来经营情况

1996 年，公司以争取股票上市为动力，严格按照上市公司的规范进行运作，努力提高企业素质，营建一个有利于激励、吸纳、培养人才的机制，充分调动广大员工的积极性。公司以年初制定的经营计划为奋斗目标，抓住机遇，调整思路，强化管理，精心经营，奋力开拓，使公司基本完成年初制定的经营计划。旅游主营业务得到新的增长和突破，在旅游企业不断增多，客源市场的竞争异常激烈的形势下，公司注重旅游宣传招徕和业务人员培训，改进促销方式，重视旅游质量管理，严格服务规范，使国内旅游、国际旅游和出境旅游业务在激烈的竞争中取得全面稳步增长。全年共组织接待海外旅游者 39,241 人次，比 95 年增长 15.6%；组织国内游 55,365 人次，比 95 年增长 13.2%；组织出境游 1,125 人次，比 95 年增长 8.6%。公司主营收入实现 7,513 万元，比 95 年增长 42.5%；主营利润 1,628 万元，比 95 年增长 50.43%。净利润 2,918 万元，比 95 年增长 49.5%。

2. 关于经营成果与盈利预测的说明

公司本年度实行经营成果与盈利预测无重大差异。

3. 募集资金使用情况说明

公司于 1996 年 8 月公开发行人民币普通股 1,300 万股，发行价每股 7.38 元，募集资金总额 9,594 万元，扣除发行费用后实收资金 9,204 万元。

1)根据公司《招股说明书》，投资“潮州美人城”项目 4,800 万元，完成了本公司在该项目的出资比例。项目建设至年底已完成总工程量的 80%，由于去年公司通过多方论证，吸取了国内外人造景区的经验教训，围绕强化特色、丰富内涵，对景区内容进行了充实调整，增加活动项目和综合配套设施，完善景区环境，致使施工期延长；同时，为了在开业时产生更大的轰动效应，取消原来将部分已完工景区先行试业的设想。予计本项目将在 97 年下半年全面开放营业。

2)根据公司《招股说明书》，投资 1,500 万元对潮州宾馆进行装修改造完善部分公共设施。该改造工程按原计划在 96 年底全面完工，投入营业，并取得较大的经济效益。

3)根据公司《招股说明书》，投资 1,000 万元，建设“金马休闲广场”该项目已按期完工，於 96 年 11 月 30 日正式对外开放。

4)根据公司《招股说明书》，本次募集资金中 1,000 万元用于补充公司流动资金，904 万元用于归还银行贷款。

四、股本变化及股本结构情况

1. 股本变化及股本结构情况

股 份 类 别	年初数	本年增减	年末数	占股本总额%
一、尚未流通股份				
1. 发起人股	1,500	450	1,950	29.41
2. 募集法人股	1,540	462	2,002	30.20
3. 内部职工股	760	228	988	14.90
尚未流通股份合计	3,800	1,140	4,940	75.51
二、已流通股份				
1. 境内上市的人民币普通股		1,690	1,690	25.49
已流通股份合计		1,690	1,690	25.49
三、股份总数	3,800	2,830	6,630	100.00

2. 股份变动情况及原因

1)公司于 1996 年 8 月 16 日以“全额预交，比例配售，余额即退”方式，向社会公众发行 1,300 万股人民币普通股，每股面值一元，发行价格每股 7.38 元，并于 1996 年 8 月 19 日在深交所挂牌交易。

2)经 1996 年 10 月 14 日公司第五次股东大会审议通过，对公司 1995 年可分配利润 1,776 万元，向全体股东按每十股送红股 3 股进行分配，股权登记日为 1996 年 11 月 18 日，除权日为 1996 年 11 月 19 日。

3. 前十名主要股东持股情况

股 东 名 称	持股数	占总股本比例(%)
1)潮州市旅游总公司	650	9.8
2)广东海外旅游总公司	325	4.9
3)广东省物资总公司	325	4.9
4)广东发展银行潮州分行	325	4.9
5)中国银行广州信托咨询公司	325	4.9
6)深圳横岗镇股份有限公司	260	3.92
7)海南大东海旅游中心股份有限公司	260	3.92
8)潮州市兴安实业总公司	239.85	3.62
9)深圳蛇口金海实业股份有限公司	195	2.94
10)中国华能财务公司	195	2.94

4. 股东数量

截止 1996 年 12 月 31 日公司股东总户数 15,002 户，共持有 6,630 万股。

西安旅游服务(集团)股份有限公司

1996年年度报告摘要　(摘选)

一、公司简况

公司名称:西安旅游服务(集团)股份有限公司

法人代表:马中秋　　邮政编码:710001

公司地址:中国西安东大街315号

电话:029—7218156　　传真:029—7424274

二、主要财务数据与财务指标

单位:元

指　标　项　目	本年数(96)	比上年增减%	上年数(95)
1.主营业务收入	90726135.52	19.43	75966823.67
2.净利润*	21862540.41	37.70	15877136.98
3.总资产	284571106.76	55.79	182659634.26
4.股东权益	198615278.25	92.26	103303153.95
5.每股收益*	0.25	4.17	0.24
6.每股净资产	2.25	43.31	1.57
7.净资产收益率(%)*	11.01	-28.37	15.37
8.股东权益比率(%)	67.79	23.41	56.55

注:*扣除公司股票冻结无效申购资金利息1178599.02元,净利润为20860731.21元,每股收益为0.24元,净资产收益率为10.50%。

*以上数字为1996年度利润分配及分红派息预案实施后的数字。

三、公司主要业务回顾

1.一年来经营情况

1996年是公司发展至关重要的一年,公司在坚持"以旅游服务业为基础,以能源、矿产、高科技为目标"的企业发展战略过程中,把握市场脉搏,面对市场竞争,在巩固发展旅游服务业的同时,圆满地进行了A股发行,实现了公司股票在深圳证券交易所挂牌上市交易,较好地实现了1995年度股东大会制定的各项目标。本年度公司适应市场需求,面向国际、国内两个旅游市场,狠抓国内旅游市场,取得较好的经营效益,所经营的涉外旅游饭店经济效益在陕西省涉外饭店中名列前茅。在抓好主营业务的同时,公司整体经营继续保持稳步发展,经营触角得到延伸,吃、住、游、购、娱乐、美发美容、健身、摄影、沐浴、能源开发等多种经营业务的全面开展,公司全年主营收入9072.61元,比上年增长19.43%,实现净利润2186.25万元,比上年增长37.70%,完成了本年度内公司各项工作目标。

1)公司主营业务概述。公司的主营业务为旅游服务业,其经营收入占公司营业收入的87.73%,为7959.37万元,较上年增长4.77%。1996年,公司通过加大对饭店基础设施投入,新增客房,对所属部分饭店电话总机、锅炉等重要设备进行了改造,取得了较为理想的效果。在西安市激烈的饭店业市场竞争中,公司主动出击,建立了稳固的客源基地。旅行社在开展国内旅游业务的基础上,结合西安实际,积极开发双休日旅游项目,提高经营收入。摄影、沐浴、美发美容业坚持"特、优、新"经营方针,顺应市场热点,不断推出新的经营服务项目,扩大经营成果,实现收入247万元。

2)公司财务状况说明。截止1996年12月31日止,公司总资产为28457.11万元,比上年同期增长55.79%,其中,流动资产增加7961.15万元,主要是公司发行股票2236万股所致;固定资产类年末增加2084万元,增幅20%,主要原因是本年度内公司对石油开发、小寨饭店热水井、工程西北大酒店二期工程等投入所致;一年内到期的长期负债比上年减少448万元,原因是本年度偿还了借款,股东权益为20567.93万元,比上年增长99.10%,其中股本增加股2236万元,资本公积金增加5815.36万元;主要是以发行价每股3.60元向社会公众发行人民币普通2160万股,内部职工股配售76万股所致。

2.实际经营成果与盈利预测的比较。公司《上市公告书》公布1996年预测主营收入为9020万元,利润总额2503万元,净利润2125万元,每股税后利润0.24元;1996年实际实现主营收入9073万元,利润总额2572万元,净利润2186万元,每股税后利润0.25元。1996年实际经营成果与预测相比,无重大差异。

3.对前次募集资金的运用情况的说明

公司1996年8月向社会公开募集股份募集的资金8049.6万元,已于1996年9月8日到位,依照招股说明书中所列的资金用途,公司对胜利饭店改扩建工程开始实施。朱雀商厦工程前期筹备投入的710万元资金已到位,筹备工作尚在进行。解放饭店改扩建工程正在积极进行前期准备工作。

四、股本变化及股本结构情况

1.股本变化及股本结构情况

1)股权结构情况

股份单位:万股　:每股1元

股　份　类　别	年初数	占总股本%	本年增减	年末数	占总股本%
一.尚未流通股份					
国家股	3430	52.01	0	3430	38.85
法人股	3000	49.50	0	3000	33.98
内部职工股	164	2.49	-88	76	0.86
尚未流通股份合计	6594	100.00	-88	6506	73.69
二.已流通股份					
A股	0	0	2324	2324	26.31
三.股份总额	6594	100.00	2236	8830	100.00

本年度初公司原164万内部职工股占用额度上市流通,截止年末,本公司1996年8月28日配售的76万内部职工股,按规定该部分股票于1997年3月31日上市流通。

2)股本变动情况及原因

报告期内本公司于1996年8月28日增资扩股后,总股本由原来的6594万股增至8830万股,股票值每股1元。其后未发生送、配股、拆细、合股等引起的股本总额变动原因。

3)主要股东持股情况

股　东　名　称	持股数(股)	占总股本(%)
1)西安国有资产管理局	34300000	38.84
2)西安江洋商贸公司	8270000	9.37
3)西安珍珠泉健身娱乐有限公司	4200000	4.76
4)泾阳县三星建材厂	3268200	3.70
5)西安和熙实业有限公司	2910694	3.30
6)西安秦歌工贸有限责任公司	2727772	3.09
7)西安秦天商贸有限责任公司	2500000	2.83
8)西安解青商店	957300	1.09
9)陕西开源证券公司	700000	0.79
10)钟青商店	458700	0.52

4)报告期末本公司的股东数量

截止1996年12月31日,本公司股东总数18219个,其中:国家股东1个,法人股股东133家;社会公众股东18085个。

内蒙古民族商场股份有限公司

1996年年度报告摘要　（摘选）

一、公司简况

公司名称：内蒙古民族商场股份有限公司（集团）

法人代表：云文广　　　邮政编码：010010

公司地址：呼和浩特市中山西路69号

电话：(0471)－6968822－2216　　传真：(0471)－6962236

二、主要财务数据与财务指标

单位：元

指标项目	1996年	比上年增减%	1995年	1994年
1.主营业务收入	283,131,887.45	－3.61	293,754,587	281,178,882
2.净利润	25,553,189.79	42.69	17,907,605	16,479,039
3.总资产	430,583,790.11	67.09	257,689,322	220,873,688
4.股东权益	210,943,510.42	169.86	78,167,182	59,401,009
5.每股收益	0.358	10.84	0.323	0.30
6.每股净资产	2.96	109.93	1.41	1.07
7.净资产收益率	12.11	－47.14	22.91	27.74

注：主营业务收入不含税

三、公司业务回顾

1．一年来经营情况

继"八·五"期间的高速发展之后，一九九六年公司又取得了辉煌的成绩，为实现"九·五"发展目标奠定了良好的基础。一年来，公司认真贯彻落实自治区和呼市经济工作会议精神，严格按照上市公司规范要求，改革和理顺经营管理体制，成功地完成了股票发行与上市工作。各大投资项目进展迅速，主营业务稳步增长，公司进入了一个规模拓展，资本扩张，效益驱动的"二次创业"阶段。

(1)各项指标圆满实现。公司全年营业总收入完成60,318万元(按国家统计局统计口径计算)，较上年52,060万元增长15.86%，实现利润2,977万元，较上年2,168万元纯增809万元增长37.32%，各项经济指标均提前20天完成了全年计划任务。在国内贸易部商业信息中心监评处发布的公告中，1996年全国国家大型零售商场(店)按独立门店商品销售收入民族商场列第67位，继续保持全国少数民族地区同行业之首。

(2)主营业务稳步增长。1996年在全国性商品销售普遍下滑，呼市地区商业网点不断增加，市场竞争日趋激烈，货币购买力分流，经营难度较大的情况下，公司仍较好地把握了消费品需求意向，凭借与全国各地众多名牌产品生产厂家的密切合作关系，积极组织货源，调整经营结构，创造市场热点，引导消费时尚，确保了销售额的稳步增长。公司主要借助三个大型商场—民族商场、满达商城、长乐宫购物中心分别经营中、高档商品的优势，创建了自己的经营特色。全年完成商品销售34.304万元(含税)，较上年增长4.50%，占营业总收入的56.87%。公司核心层—民族商场采取灵活多样的营销策略，较好地发挥了核心作用和母体功能。

(3)物业开发进展顺利。改造装修民族商场营业楼、新建广州内蒙古民族商场、新建立体仓库项目及娱水乐园工程在资金紧、时间短、任务重的情况下，克服重重困难，基本按原计划进度进行；长乐宫娱乐城全面投入营运。

(4)综合经营成绩显著。

集团公司继续坚持"一业为主，多元发展"的战略，推动了分(子)公司的发展。自治区最大的集贸市场满达商城和二星级涉外旅游饭店——云中大酒店继续保持良好的增长势头。将云中夜总会、贝尔路食品一条街的三个快餐厅、美容美发中心、云中海鲜啤酒城等均以物业租赁形式定额承包经营，其租赁收入达230万元；长乐宫购物中心以经营高中档商品为主，同"长乐宫娱乐城"相配套形成集购物、娱乐为一体的市场格局，全年完成商品销售4,851万元，实现利润208万元；中外合资内蒙古云龙房地产开发有限公司续开发旧城四小区改造项目，已建成建筑面积6000平方米商住楼，预计销售收入900万元，投资1,300万元，营业面积为8,000平方米的"云龙大厦"于5月1日建成开业，为自治区旧货市场填补了一项空白；中外合资内蒙古长乐宫娱乐有限公司包括保龄球中心、溜冰场、迪厅、海鲜城、KTV包房、大型模拟游戏中心相继开业，成为我区面积最大、功能最全的现代化娱乐场所。

(5)软件建设得力有效。公司始终重视软件建设，在服务管理、服务建设、商品管理等诸多方面不断推出新招，一年来，进一步完善"优质服务系列工程"；推出"规范上岗"、"十大承诺作保证，购物风险降为零"、"购物无风险、退货保满意"等一系列行之有效的营销措施，以民族商场为龙头的经营特色在广大顾客心目中形成强有力的影响。

2．主要指标分析

根据1996年度股东大会审议并通过的一九九六年工作计划，全年完成主营业务收入34,304万元(含税)，较上年增长4.50%，实现净利润2555.3万元，较上年增长42.69%，均与本年度招股说明书中披露的预测数基本持平。

3．募集资金使用情况的说明

1996年经中国证监会证监发字(1996)220号和证监发字(1996)224号文件批准，于9月20日向社会公众公开发行了面值为1元，每股发行价6.48元的人民币普通股股票1,600万股，扣除发行费用后实际募集资金9,664万元。所募集资金主要用于民族商场旧营业楼改造装修工程项目；新建广州内蒙古民族商场项目，新建立体仓库工程项目；归还长乐宫购物中心基建贷款。截止1996年12月31日公司累计投入5714.4万元用于上述项目；尚余资金暂用于补充流动资金及今后继续投入的项目．募集资金使用情况招股说明书披露的内容一致。

四、股本变化及股本结构情况

1．股权结构情况

单位：万股

股份类别	年初数	占总股本比例%	年末数	占总股本比例%
(一)尚未流通股份				
(1)发起人股份				
国家股	3,563.9592	49.93	3,563.9592	49.93
法人股	777.6500	10.9	777.6500	10.9
(2)其它				
内部职工股	945.6120	13.25	945.6120	13.25
尚未流通股份合计	5,287.2212	74.08	5,287.2212	74.08
(二)已流通股份				
A股	1,850.0000	25.92	1,850.0000	25.92
已流通股份合计	1,850.0000	25.92	1,850.0000	
股份总额	7,137.2120	100	7,137.2120	100

(2)股本变动情况

报告期内，本公司无送配股事宜，亦无购买、赎回本公司股份因此股本没有变动。

(3)主要股东持股情况(截至1996年12月31日)

股东名称	持股数(万股)	占总股本(%)
呼和浩特市国资局	3,563.9592	49.93
内蒙阿拉善盟吉兰泰盐场	200.0000	2.80
刘社成	135.8400	1.90
北京东安集团公司	100.0000	1.40
呼和浩特市租赁公司	100.0000	1.40
呼和浩特市卷烟厂	100.0000	1.40
深圳进烨贸易发展有限公司	100.0000	1.40
骆絮飞	45.9459	0.64
深圳市羊山投资有限公司	43.9686	0.62
深圳市帝恒实业有限公司	32,7700	0.46

(4)股东数量

截至1996年12月31日，公司股东总户数11,096户，其中国家股(呼和浩特市国资局)1户，法人股34户，内部职工股股东2808户，社会公众股股东11,061户。

大连渤海饭店(集团)股份有限公司

1996年年度报告摘要 (摘选)

一、公司简况

公司名称:大连渤海饭店(集团)股份有限公司

法人代表:刘春堂　　邮政编码:116001

公司地址:辽宁省大连市中山区荣盛街27号

电话:0411—3633671-381、3642706　传真:0411—3632037

二、主要财务数据与财务指标

单位:万元

指标项目	1996年	比上年增减%	1995年	1994年
1.主营业务收入	8,337	14.53	7,279	6,268
2.净利润	2,040	75.26	1,164	1,345
3.总资产	15,638	82.18	8,584	7,736
4.股东权益	13,463	104.23	6,592	5,810
5.每股收益(元)	0.408	31.61	0.310	0.392
6.每股净资产(元)	2.69	52.84	1.76	1.69
7.净资产收益率(%)	15.15	-14.21	17.66	23.15
8.股东权益比率(%)	86.09	12.11	76.79	75.11

注:扣除无效申购利息,净利润为1,895万元,每股收益为0.379元。

三、公司主要业务回顾

1.一年来经营情况

1996年公司确立了"经营规模集团化、效益增长集约化、经营项目多元化、目标市场大众化"的经营战略,牢牢抓住餐饮、酒店、商贸、旅游四大主业经营,使生产规模进一步扩大,经济实力逐步增强,较好地实现了公司在《招股说明书》中所预测的各项经济指标。

1996年公司实现主营业务收入8,337万元,利润总额2,400万元,分别比上年增长14.53%、38.17%。

2.募集资金使用情况

公司年度内发行1,250万股A股股票,实际募集到资金5,830万元。按照《招股说明书》中募集资金用途于1996年11月12日投资大连王子饭店有限公司3,600万元,投资渤海饭店装修改造300万元。尚余1,930万元,将在1997年根据工程进度情况陆续投入。

四、股本变化及股本结构情况

1)股本变化及股本结构情况　(填报日期1996年12月31日)

股份单位:万股　:每股1元

股份类别	期初数	新发行股份	期末数
一、尚未流通股份合计	3,750		3,750
其中:			
国家股	320		320
国有法人股	2,080		2,080
法人股	600		600
内部职工股	750		750
二、已流通股份合计		1,250	1,250
境内上市人民币普通股		1,250	1,250
三、股份总计	3,750	1,250	5,000

2)股本结构变动原因:

是因1996年10月22日向社会公开发行并于11月8日上市流通的1,250万股人民币普通股。

3)主要股东持股情况

股东名称	持股数(股)	占总股本比例(%)
1)大连渤海饭店集团公司	20,800,000	41.6
2)工行大连信托投资股份有限公司	4,500,000	9
3)大连市国有资产管理局	3,200,000	6.4
4)大连日兴实业公司	1,500,000	3
5)龙耀辉	670,000	1.34
6)李玉安	585,300	1.17
7)么尔康	435,440	0.87
8)深圳市容顺投资有限公司	386,521	0.77
9)肖时禹	200,000	0.4
10)郑清爱	100,000	0.2

4)股东数量

截止1996年12月31日,公司股东总户数为15,864户,其中国家股股东1户,国有法人股股东1户,法人股股东2户,社会公众股股东6,171户,内部职工股股东9,689户。

5)公司董事、监事及高级管理人员持股情况

(单位:股)

职务	姓名	年初持股数	年末持股数
董事长、总经理	刘春堂	2,100	2,100
副董事长、党委书记	郑恩玉	0	0
董事、副总经理	李禧	7,000	7,000
董事	聂慧萌	700	700
董事、董事会秘书	丁俐娜	800	800
董事	董永成	0	0
董事	李力	0	0
监事会主席	亓镇亭	0	0
监事	李强	1,200	1,200
监事	杨洪丽	1,100	1,100
副总经理	周延路	300	300
副总经理	张连刚	0	0
财务总监	王德强	1,300	1,300

浙 江 震 元 股 份 有 限 公 司

浙江震元股份有限公司股票上市公告书

一、释义

本招股说明书,除非另有说明,下列简称具有如下意义:

本公司或发行人:指浙江震元股份有限公司

省政府:指浙江省人民政府

证交所:指深圳证券交易所

董事会:指本公司董事会

主承销商:指大鹏证券有限责任公司

承销团:指以大鹏证券有限责任公司为主承销商的承销团

上市推荐人:指大鹏证券有限责任公司

新股:指本公司本次向境内社会公众发售的2,500万股人民币普通股票

元:指人民币元

二、绪言

本公司2,500万股社会公众股经中国证券监督管理委员会[证监发字(1997)57号]文件和[证监发字(1997)58号]文件批准发行,股票上市申请已获深圳证券交易所[深证发(1997)122号]《上市通知书》审核同意,本公司总股本5,524.9996万股,其中2,500万股流通股将于1997年4月10日在深圳证券交易所挂牌交易,955.286万股内部职工股将按国家有关规定于新股发行满三年后上市。

本上市公告书根据《中华人民共和国公司法》、《股票发行与交易管理暂行条例》、《深圳证券交易所业务规则》的规定编制。本公司董事会及其成员愿就本公告书所载资料的真实性、准确性和完整性负个别及连带责任。

本公司招股说明书概要已刊登在1997年3月14日的《中国证券报》、《证券时报》、《上海证券报》,距本公告书公布时间不超过90日,依规定对在招股说明书已公布的内容在经不再重复,本公司董事会提醒广大投资者注意:凡本公告书中未涉及的有关内容请查阅招股说明书概要。

三、发行公司概况

(一)主要发起人简介

1. 发起人法定名称:浙江省绍兴医药采购供应站

2. 注册地址:浙江省绍兴市解放北路289号

3. 注册资金:677.7万元

4. 成立日期:1971年8月

5. 经营范围:主营:中药材、中药饮片、化学原料等及制剂、健字号营养滋补药品、医疗器械、化学试剂、玻璃仪器。

兼营:医疗防御、康复保健、中药配方相关的药品。

6. 所属行业:中医药商业

(二)发行公司简介

1. 公司法定名称:浙江震元股份有限公司

法定英文名称:ZHEJIANG ZHENYUAN CO. LTD

2. 注册地址:浙江省绍兴市解放北路289号

电话:(0575)5144161 传真:(0575)5126922

法定代表人:孙舜官

联系人:黄继明

3. 成立日期;1993年6月14日

4. 注册资金:5,525万元

5. 工商注册号:14294232-7

6. 法定代表人:孙舜官

7. 公司经营范围:中药材、中药饮片、中成药、化学原料药、化学药制剂、健字号营养滋补药品、医疗器械、化学试剂、玻璃仪器、营养食品、饲料添加剂、化工原料、五金交电、建筑材料的销售。

8. 所属行业:医药商业

9. 发行公司历史沿革:

本公司是根据《股份有限公司规范意见》,于1993年3月,经浙江省股份制试点工作协调小组浙股[1993]10号文批准,由原浙江省绍兴医药采购供应站作为主要发起人以其经评估后的全部经营性国有资产1,337.1896万元折股1,337.1896万股,联合绍兴市财务开发公司、中国工商银行浙江省信托投资公司两单位作为发起人各出资100万元认购100万股,同时以每股1.2元的发行价格募集社会法人股500万股、内部职工股510万股而设立的定向募集公司。

1994年2月,本公司对全体股东实施分红,即:1993年度的红利分配采取每股派发现金红利0.20元或送0.15股红股,两种分配方法由股东自由选择。同时,经浙江省经济体制改革委员会浙经体改(1994)19号文批准,本公司还以10:1.5的比例向全体股东配股,配股价格为1.5元/股,国家股股东及法人股股东承诺将其部分配股无偿转让给内部职工股股东。送、配股计划实施后,总股本为3,024.9996万股,其中:国家股1,337.1896万股,发起人法人股200万股,社会法人股532.524万股,内部职工股955.286万股。

本公司主要发起人浙江省绍兴医药采购供应站,系经国家商业部批准,于1971年创建的国营医药商业二级站,1984年,在绍兴地市机构改革过程中经合并绍兴市(县)医药公司后,成为二、三级批发与零售合一的、绍兴地区最大的医药商业企业。改制后,灵活的经营机制给企业的发展注入了生机与活力,1995年销售收入、利税总额列居全国同行前8位,全员劳动生产率、人均利润、货款回笼率、销售利税增长率居同行前列。三年来,本公司先后被评为全国医药行业法制工作先进集体、全国医药行业质量效益型先进企业、省医药商业“十佳”企业、省级信用优等企业、省级AAA资信企业、省级文明单位。所属第一医药商店、震元堂药店被评为省医药系统优质服务、优质药品零售企业。1996年公司经国家医药管理局GSP认证领导小组审核验收,被认证为国家级GSP达标企业。

四、股票发行及承销

本次公开发行新股数量:	2,500万股
每股发行价格:	4.45元
募集资金总额:	11,125万元
发行方式:	上网定价
配售比例:	0.314914%
配售户数:	702,236
发行市盈率:	15倍
发行费用总额	382.50万元
每股发行费用	0.153元/股
募集资金入帐时间:	1997年3月28日
入帐金额:	107,846,000元
开户银行:	中国工商银行浙江省绍兴市分行第二营业部

帐号：　　　02－70002

承销情况：

承销机构名称	承销数量(万股)	比例
大鹏证券有限责任公司(主承销商)	2125	85%
君安证券有限公司(副主承销商)	250	10%
浙江省国际信托投资公司(分销商)	125	5%
合计	2500	100%

本次发行获超额认购，并无余股须承销商包销。

五、董事、监事及高级管理人员持股情况

姓　名	职务	持股数(股)	持股比例(%)
孙舜官	董事长、总经理	8,500	0.0154
傅国兴	副董事长、副总经理、党总支书记	7,750	0.0140
陈小南	董事、副总经理	5,750	0.0104
沈阿牛	董事、副总经理	8,500	0.0154
周国锦	董事	0	0
王志强	董事	0	0
杜世嘉	董事	3,910	0.0070
宋汉章	董事	0	0
贺晓华	董事、下属公司经理	8,500	0.0154
丁惠玲	监事会召集人、人事部主任	8,500	0.0154
张馨馨	监事	8,500	0.0154
董金标	监事	1,050	0.0019
袭达仁	副总经理	5,500	0.0099
袭森林	总会计师、财务部主任	8,500	0.0154

以上股份累计 74,960 股，占总股份的 0.136%。

六、与控股公司或被控股公司无关联关系亦无关联交易

七、股本结构及大股东持股情况

1. 本次发行前后的股权结构变化

项目	本次发行前		本次发行后	
	股份总额(万股)	比例(%)	股份总额(万股)	比例(%)
发起人股:				
国家股	1,337.1896	44.20	1,337.1896	24.20
法人股	200.00	6.61	200.00	3.62
其它法人股	532.524	17.61	532.524	9.64
个人股	955.286	31.58	3,455.286	62.54
其中:				
内部职工股	955.286	31.58	955.286	17.29
社会公众股	0	0	2,500.00	45.25
总股本	3,024.9996	100.00	5,524.9996	100.00

2. 前十名股东所持股数及比例

名称	持股数(万股)	比例(%)
1. 绍兴市国有资产投资经营有限公司	1,337.1896	24.20
2. 中国工商银行浙江省信托投资股份有限公司	100	1.81
3. 绍兴市财务开发公司	100	1.81
4. 绍兴市房地产开发公司	97.1910	1.76
5. 绍兴第二医院	63.4920	1.15
6. 绍兴制药厂	50	0.90
7. 瑞安市医药公司	50	0.90
8. 吉林省集安新开河人参有限责任公司	50	0.90
9. 杭州医药站股份有限公司	40	0.72
10. 杭州胡庆余堂制药厂	31.7460	0.57

以上股份总计 1919.6186 万股，占总股份的 34.74%。

八、主要财务资料

以下财务数据为本公司经审计的 1993 年 12 月 31 日、1994 年 12 月 31 日、1995 年 12 月 31 日、1996 年 12 月 31 日母公司及合并的资产负债表及 1993 年度、1994 年度、1995 年度、1996 年度母公司及合并的利润与利润分配表、1996 年度母公司及合并的财务状况变动表之摘要，投资者欲了解公司详细的财务情况，请查阅本公司审计报告。

(一)资产负债表主要数据

单位：千元

项　目	1996.12.31	1995.12.31	1994.12.31	1993.12.31
流动资产	125,527.00	117,498.31	104,201.54	106,576.52
长期投资	1,322.48	1,988.05	2,305.04	2,153.65
固定资产	37,368.69	31,878.05	25,155.35	10,868.69
无形资产	8,475.08	3,709.64	3,788.57	3,867.50
资产总计	172,693.24	155,074.05	135,452.11	123,466.36
流动负债	121,400.14	106,706.59	86,221.23	85,527.04
长期负债	(638.63)	1,480.89	5,418.31	3,593.29
股东权益	51,931.74	46,886.57	43,812.57	34,346.03
负债及股东权益总计	172,693.24	155,074.05	135,452.11	123,466.36

(二)利润表主要数据

单位：千元

项　目	1996 年	1995 年	1994 年	1993 年
主营业务收入	264,555.01	216,553.47	166,793.10	166,209.44
营业成本	234,768.79	191,122.46	146,604.79	146,033.16
销售费用	12,896.86	9,186.81	7,541.62	5,767.13
管理费用	9,407.53	8,997.59	6,362.89	4,431.17
财务费用	277.96	(1,836.18)	(1,302.59)	1,968.55
进货费用	369.36	459.48	433.11	343.18
营业税金及附加	610.34	414.91	363.15	370.41
主营业务利润	6,780.09	8,208.40	6,790.14	7,295.83
其他业务利润	54.08	6.58	0	0
投资收益	785.44	132.99	100.36	0
营业外收支净额	4,064.54	2,306.14	2,016.89	674.86
利润总额	11,614.15	10,654.10	8,907.39	7,970.70
税后利润	9,987.66	9,275.25	7,555.49	6,845.14

上表摘自浙会审[1997]第 8 号和浙会审[1997]第 322 号审计报告。

(四)主要财务指标

指标名称	1996 年	1995 年	1994 年	1993 年
流动比率	1.03	1.10	1.21	1.25
速动比率	0.69	0.72	0.68	0.62
资产负债率	69.9%	69.8%	67.7%	72.2%
存货周转率	5.50	4.44	2.95	–
应收帐款周转率	8.42	9.43	7.07	–
净资产收益率	19.2%	19.8%	17.2%	19.9%
净资产收益率	0.330	0.307	0.25	0.269

注：1. 表 24 中存货周转率、净资产收益率等是相应年度的数据。

2. 以上指标计算均采用合并报表中有关数据作为依据。

3. 速动资产为流动资产减存货。

4. 存货周转率＝营业成本÷年平均存货余额×100%。

5. 净资产收益率＝净利润÷期末净资产总额×100%。

6. 每股收益＝净利润÷期末股本总额

7. 应收帐款周转率＝主营业务收入×100%÷应收帐款平均余额。

(五)对上述资料的说明：

1. 财务状况和经营成果的一般性说明

本公司 1993、1994、1995 年及 1996 年末的净资产为 34.346.03 千元、43,812.57 千元、46,886.57 千元、51,931.74 千元；总资产分别为 123,466.36 千元、135,452.11 千元、155,074.06 千元、172,693.24 千元；净资产占总资产的比例分别为 27.8%、32.3%、30.2%、30.1%，财务状况波动不大。同时，1995 年度实现税后利润 9,275.25 千元，比 1994 年度增长 22.76%，1996 年实现税后利润 9,987.66 千元，比 1995 年度增长 7.68%，盈利能力呈逐年上升趋势。

2. 重要会计政策

(1)会计制度

公司执行《股份制试点企业会计制度》。

(2)会计期间

会计年度自公历1月1日起至12月31日止。本报告所载财务信息为1993年1月1日至1996年12月31日止。

(3)坏帐准备

按期末应收款余款5‰计提，并计入当期损益。

(4)存货

实行永续盘存制。库存商品各批发经营部按实际在本核算，发出计价采用先进先出法；零售药店按售价法核算。

低值易耗品的摊销采用一次摊销法。

(5)固定资产及其折旧

固定资产的标准为：使用年限在一年以上的房屋及建筑物、机器设备、运输工具以及其他生产经营有关的设备、器具、工具等；不属于生产经营主要设备的物品，单位价值在2,000元以上，并且使用期限超过两年的。固定资产按实际成本计价，其折旧采用直线法平均计算，并根据固定资产类别、估计经济使用年限和预计净残值率(5%)确定其折旧率。

(6)税项

a.增值税：

中药材、参茸等税率13%；

中成药、西药、医疗器械、化学试剂等税率17%；

计划生育之特种药品税率0%；

b.营业税：

1993年批发收入按批零差价的10%计征，零售按营业收入的3%计征；

1994年税制改革后按其他业务收入的5%计缴。

c.城市建设维护税：

按应交流转税额的7%计缴。

d.教育费附加：

1993年1－9月按应交流税额的3%计缴；1993年10月起按应交流转税额的3.5%计缴。

e.所得税：

根据浙江省人民政府办公厅浙政办发(1993)137号文、绍兴市体改委、绍兴市财政局绍市体改(1993)39号文以及1997年2月绍兴市地方税务局、浙江省地方税务局重新确认，浙江震元股份有限公司1993年－1996年所得税实际税负为15%。

3.财务报表数据主要项目比较分析

(1)应收帐款：近几年企业生产经营规模迅速发展，为扩大销售灵活采用适时的短期赊销方式，以及国家税制改革后实行按权责发生制确定商品销售收入基准使应收帐款增加。

(2)其他应收款：1996年12月31日其他应收款余额比1995年末减少4,387,064.40元，主要系垫付及临时外借资金逐渐收回所致。

(3)待摊费用：1996年12月31日待摊费用余额比1995年末、1994年末分别减少588,222.41元和2,372,138.49元，主要是1994年初存货已征税款经税务局同意，逐年抵扣所致。

(4)无形资产：1996年12月31日无形资产余额比1995年末增加了4,765,435.86元，系1996年2月新购入7宗地块的土地使用权所致。

(5)短期借款：1996年12月31日短期借款余额比1995年末增加22,740,003.21元，主要系公司经营规模扩大，资金回收期却延长，占用流动资金增加所致。

(6)未分配利润：

1996年12月31日	1995年12月31日	1994年12月31日	1993年12月31日
12,513,385.13元	9,166,370.46元	7,483,657.03元	5,818,366.60元

4.重大资本支出项目

本公司计划在一年内投资9800万元兼并收购一家中成药制剂厂，建造一个中药材贮备中心及中药材初级加工场，开辟一个中药材种植基地和中药材养殖基地，设立一家中药研究所，其资金来源主要靠本次募股资金及银行专项贷款。以上投资如按计划实施，到1998年末可全部完成。预计1997年可新增利润约865万元，1998年可新增利润1866万元。1999年可新增利润2411万元，三年平均投资收益率为17.5%，1999年以后四个项目作为一个系统工程将全部正常运作，公司的经济效益将持续稳定地增长；2005年4万亩木本药材成林以后，公司的经营规模和经济效益将跨越一个新的台阶。

5.资产流动性情况

(1)营运资金

本公司1993年、1994年、1995年和1996年的营运资金(流动资产减流动负债)分别为21,049.48千元、17,980.31千元、10,791.72千元、4,126.86千元，呈不断减少的趋势，主要是由于这几年资本性支出增加较多，减少了运营资金的运用。

(2)流动性比率

本公司1993年12月31日、1994年12月31日、1995年12月31日和1996年12月31日的流动性比率分别为1.25、1.21、1.10、1.03、速动比率分别为0.62、0.68、0.72和0.69。流动比率的逐年下降是由于资本性支出增加所致，速动比率呈上升趋势主要是存货占流动资产比重下降所致。

九、董事会上市承诺

本公司董事会承诺将严格遵守《中华人民共和国公司法》、《股票发行与交易管理暂行条例》、《公开发行股票公司信息披露实施细则》、《深圳证券交易所交易规则》等国家与地方有关法律、法规的规定并自股票上市之日起作出如下承诺：

1.按照法律、法规的规定程序和要求披露重大的信息、并接受证券主管机关、深圳证券交易所的监督管理。

2.及时、真实、准确地公布中期报告和年度报告及经营业绩报告。

3.本公司董事、监事及高级管理人员如发生人事变动或持本公司股票发生变化时，在报告证券主管机关、证券交易所的同时向投资者公布。

4.在任何公共传播媒介中出现的消息可能对本公司股票的市场价格产生误导性影响时，本公司知悉后将及时对消息予以公开澄清。

5.本公司董事、监事及高级管理人员将认真听取社会公众的意见和批评，不利用已获得的内幕消息和其他不正当手段直接或间接从事股票买卖活动。

6.本公司没有无记录负债。

十、重要事项揭示

1.本次上市流通股本为本次新发行的2,500万社会公众股，公司原内部职工股按国家有关规定于新股发行满三年后上市。

2.根据浙江省人民政府浙政发[1997]3号文批复，公司上市后所得税按15%计征。

3.经浙江会计师事务所浙会验字(1997)第43号《验资报告》确认，1997年4月3日，本公司注册资本变更为5,524.9996万元，并已办理变更登记，营业执照编号为14294232－7。

4.除股东大会有特别决议外，公司股利每年派发一次，采用的形式为现金、股票或两种方式并用，每一年度的具体分配方案由董事会提议，报股东大会审查批准。股利的派发以年终财务决算为依据，于次年6月30日之前派发。

按国家法律和本公司章程的有关规定，本公司税后利润弥补亏损后按下列顺序和比例分配：

(1)提取10%法定盈余公积金

(2)提取5%－10%公益金

(3)提取任意盈余公积金

(4)支付普通股股利

本次发行如能按计划完成，预计首次派发股利的时间为1997年6月30日以前。本次发行新股股东是否享受本次股票发行前完成的滚存利润及1996年度可分配利润由本公司1996年度股东大会年会决定。

十一、咨询机构

1. 发行人:浙江震元股份有限公司
地址:浙江省绍兴市解放北路 289 号
电话:(0575)5144161
传真:(0575)5126922
法定代表人:孙舜官
授权代表:黄继明
2. 上市推荐人:大鹏证券有限责任公司
地址:深圳市深南东路 330 号信兴广场地王商业中心商业大楼八层
电话:(0755)2463388-8627
传真:(0755)2462021
法定代表人:徐卫国
联系人:金永忠、郑卫峰、钱传琛
3. 发行人律师:北京市国方律师事务所
地址:北京市海淀区知春路 56 号中航科技大厦东楼六层
电话:(010)62614101
传真:(010)62614104
经办律师:丛培国、冯方
4. 会计师事务所:浙江会计师事务所
地址:浙江省杭州市体育场路 423 号
电话:(0571)5178251
传真:(0571)5178273
经办注册会计师:王越豪　　陈曙
5. 资产评估机构:浙江资产评估公司
地址:浙江省杭州市体育场路 423 号
电话:(0571)5055156
传真:(0571)5055193
经办注册评估师:朱永勤

十二、附录

1. 发行人成立的注册登记文件及发行人更名的批复与注册登记文件
2. 主管部门和证券交易所批准发行、上市的文件
3. 招股说明书
4. 上市推荐书
5. 承销协议及上市推荐协议
6. 验资报告
7. 审计报告
8. 公司章程
9. 证监会要求的其它有关文件

浙江震元股份有限公司
1997 年 4 月 8 日

财务状况变动表

(1996 年度)

单位:人民币元

流动资金来源和运用	母公司	合并	流动资金各项目的变动	母公司	合并
一、流动资金来源			一、流动资产本年增加数		
1. 本年净利润	9,983,611.05	9,987,663.52	1. 货币资金	629,389.49	1,136,411.16
加:不减少流动资金的费用和损失			2. 短期投资		
(1)固定资产折旧	1,028,818.96	1,031,150.50	3. 应收票据	(800,000.00)	(800,000.00)
(2)无形资产、递延资产及	183,364.14	183,364.14	4. 应收帐款净额	11,406,402.64	12,682,161.21
其他资产摊销(减:其他负债转销)			5. 预付货款	(1,754,404.33)	(1,703,886.14)
(3)固定资产盘亏(减盘盈)			6. 其他应收款	(4,543,359.69)	(4,387,064.40)
(4)处理固定资产损失(减收益)	72,208,10	76,166.56	7. 待摊费用	(671,877.22)	(588,222.41)
(5)递延税款			8. 存货	(1,638,175.19)	1,338,087.52
(6)其他不影响流动资金的费用和损失			9. 待处理流动资产净损失(减收益)		
小计	11,268,002.25	11,278,344.72	10. 一年内到期的长期债券投资	351,200.00	351,200.00
2. 其他来源:			11. 其他流动资产		
(1)固定资产清理收入(减清理费用)			流动资产增加净额	2,979,175.70	8,028,686.94
(2)增加长期负债	23,275.00	23,275.00			
(3)收回长期投资	637,550.00	669,374.88			
(4)对外投资转出固定资产					
(5)对外投资转出无形资产					
(6)资本净增加额	200,000.00	200,000.00			
小计	860,825.00	892,649.88	二、流动负债本年增加数:		
流动资金来源合计	12,128,827.25	12,170,994.60	1. 短期借款	22,340,003.21	22,740,003.21
二、流动资金运用:			2. 应付票据		
1. 利润分配:			3. 应付帐款	5,939,296.34	8,138,168.91
(1)提取法定公积金			4. 预收货款	(70,759.15)	(47,799.15)
(2)提取法定公益金			5. 应付福利费	(138,839.89)	(77,564.36)
(3)提取任意公积金			6. 未付股利	2,077,135.12	2,082,158.39
(4)已分配股利	5,142,499.32	5,142,499.32	7. 未交税金	417,078.72	111,444.31
小计	5,142,499.32	5,142,499.32	8. 其他未交款	(1,858.69)	679.41
2. 其他运用:			9. 其他应付款	(18,368,261.52)	(17,483,421.21)
(1)固定资产和在建工程净增加额	6,584,708.76	6,597,958.76	10. 预提费用	(770,755.56)	(770,119.98)
(2)增加无形资产、递延资产及其他资产	4,948,800.00	4,948,800.00	11. 一年内到期的长期负债		
(3)偿还长期负债	2,142,799.11	2,142,799.11	12. 其他流动负债		
(4)增加长期投资	1,753,882.94	3,800.00			
小计	15,430,190.81	13,693,357.87			
流动资金运用合计	20,572,690.13	18,835,857.19	流动负债增加净额	11,423,038.58	14,693,549.53
流动资金增加净额	(8,443,862.88)	(6,664,862.59)	流动资金增加净额	(8,443,862.88)	(6,664,862.59)

中兴——沈阳商业大厦(集团)股份有限公司

中兴——沈阳商业大厦(集团)股份有限公司上市公告书

一、要览

总股本:12,000 万股
可流通股份:3,000 万股
本次可流通股本:2,700 万股
证券简称:中兴商业
证券代码:0715
上市地点:深圳证券交易所
上市日期:1997 年 5 月 8 日
股票登记机构:深圳证券登记有限公司

二、绪言

本公告书是根据《中华人民共和国公司法》、《股票发行与交易管理暂行条例》、《公开发行股票公司信息披露实施细则》、《深圳证券交易所业务规则》以及国家其它有关证券管理的规定编写,旨在向投资者提供本公司基本情况及有关资料。

经中国证券监督管理委员会证监发字[1997]114 号文和证监发字[1997]115 号文件批准,本公司已成功地向社会公众公开发行每股面值为 1.00 元人民币的普通股股票 3,000 万股。股票上市申请经深圳证券交易所[深证发(1997)156 号文]审核批准,本公司股票将于 1997 年 5 月 8 日在深圳证券交易所挂牌交易。本公司总股本为 12,000 万股,可流通股本为 3,000 万股,其中向公司职工配售的 300 万股公司的职工股将按国家规定半年后上市。

本公司于 1997 年 4 月 8 日在《证券时报》、《中国证券报》以及《上海证券报》上刊登了《招股说明书(概要)》,距今不足 6 个月,故与其相重复的内容在此不再赘述,敬请投资者查阅本公司的《招股说明书(概要)》。

本公司董事会及各位董事确信本公告书未遗漏任何重大事项,亦不存在任何误导和虚假成分,并愿就本公告书及相关资料的准确性、完整性、真实性负连带及个别责任。

三、公司概况

1. 概况

公司法定名称:中兴——沈阳商业大厦(集团)股份有限公司
英文名称:CITIC DEVELOPMENT - SHENYANG COMMERCIAL BUILDING (GROUP) COMPANY LIMITED
公司注册资本:120,000,000 元
公司法定代表人:李顺生
公司成立日期:1997 年 4 月 25 日
公司经营范围:主营国内一般商业贸易、食品、烟酒、熟食品、粮油、水产品、音像制品、金首饰、滋补中药材、中成药、西药、汽车及配件、民用通讯器材以及进出口贸易,兼营租赁服务、信托寄卖、餐饮、旅游、广告策划、美术装璜、建筑材料、科技开发、房地产。
所属行业:商业
公司注册地址:沈阳市和平区太原北街 86 号
联系电话:(024)3831985　(024)3838888 转 2626
联系人:孙国良

2. 历史沿革

本公司前身为中兴——沈阳商业大厦(集团),主要经营商业零售,兼营宾馆及餐饮业务,是由中信公司与沈阳市百货公司于 1986 年 3 月以联营方式投资兴建的多功能、内外贸相结合的大型商业企业,注册资金 2,000 万元,联营双方各占 50%。1993 年 11 月,中信公司发出《关于将中信公司原业务部对外签订的项目合资及贷款合同的权力与义务转移给中信兴业信托投资公司的通知》,将合资经营中兴大厦的合同项下的权力与义务转移给了兴业公司。兴业公司成立于 1992 年 7 月,注册资金 46,345 万元,法定代表人李顺生,法定住所北京市朝阳区新源南路 6 号,是中信公司投资业务规模最大的直属子公司,以实业为主,并经营金融、贸易、服务等业务。1996 年 10 月,经沈阳市人民政府批准,沈阳市百货公司之上级主管单位沈阳市商业局转制为资产经营公司,注册资金 51,961 万元,法定代表人姚维安,法定住所沈阳市沈河区中街路万宝盖北巷 1 号,主要负责沈阳市商业国有资产的经营管理,沈阳市百货公司因此成为其全资子公司。1996 年 11 月,为便于统一管理沈阳市商业国有资产的经营运作,资产经营公司和沈阳市百货公司签订了《关于转让中兴——沈阳商业大厦(集团)投资的协议》,沈阳市百货公司将其在中兴大厦中的权力和义务转让给了资产经营公司。至此,中兴大厦之联营主体变更为兴业公司和资产经营公司,各自持股比例仍为 50%。

1996 年 11 月,经沈阳市人民政府沈政[1996]63 号文批准、联营双方兴业公司和资产经营公司及中兴大厦董事会同意,联营双方在对中兴大厦的非经营性资产和部分经营性资产进行剥离的基础上,对中兴大厦商场及其相关的经营性资产进行了重组和资产评估,并以评估后的净资产按原联营时持股比例界定为联营双方对本公司的投入,同时联合中兴——大连商业大厦、沈阳市联营公司、沈阳五金商业集团股份有限公司 3 家发起人共同发起,以社会募集的方式设立本公司。经沈阳中沈资产评估事务所评估,国家国有资产管理局确认,沈阳市国有资产管理局批准,资产经营公司投入的净资产为 6,687.70 万元,折国家股 4,460 万股。兴业公司投入的净资产为 6,687.80 万元,折法人股 4,460 万股。其他三家发起人共出资 119.92 万元,折 80 万股。发起人出资的溢值部分 4,495.32 万元计入本公司资本公积金。1997 年 4 月 15 日,本公司通过深圳证券交易所交易系统采用上网定价发行方式以每股 7.50 元向社会公众发行 2,700 万股(同时向公司职工配售 300 万股),新股发行超过面值的部分计入本公司资本公积金。经北京会计师事务所验证,募股资金已于 4 月 23 日全部到帐。

3. 其它发起人简介

中兴——大连商业大厦。注册资金 1,500 万元,法定代表人张麟祥,法定住所大连市中山区友好街 42 号,是由大连市与中信公司于 1990 年 11 月合资兴建的商业零售企业。

沈阳市联营公司。成立于 1952 年 1 月 26 日,注册资本 575 万元,法定代表人高军,法定住所沈阳市和平区中华路 63 号,是全国十大百货商店贸易联合会成员单位之一,同时也是中华老字号企业。

沈阳五金商业集团股份有限公司。成立于 1951 年,注册资本 6,434 万元,法定代表人李开明,法定住所沈阳市和平区文化路 44 号。该公司主要从事国内一般贸易、轿车和国家政策允许商品的进出口业务。

四、股票发行及承销

1. 本次公开发行

发行数量:3,000 万股(其中向公司职工配售 300 万股)
发行价格:7.50 元/股
发行方式:上网定价

配售比例:0.273223%

配售户数:16,384户

持有1,000股以上的户数:

发行费用总额:7,583,562元

每股发行费用:0.25278元

发行市盈率:12.03倍

2.股票承销

本次公开发行的3,000万股社会公众股已全部由社会公众认购,承销团成员无包销比例及数量。

3.验资报告

根据北京会计师事务所(97)京会师字第888号文验资报告,中兴——沈阳商业大厦(集团)股份有限公司本次发行人民币普通股股票3,000万股,每股面值1.00元,发行价7.50元,总计募集资金为人民币225,000,000元,扣除发行费用7,583,562元,净额为217,416,438元,已于1997年4月23日汇入中兴——沈阳商业大厦(集团)股份有限公司(筹)在沈阳工商银行南站支行的帐户,帐户号码为:0202250404-99

五、董事、监事和高级管理人员持股情况

序号	姓名	职务	持股数(股)	持股比例
1	李顺生	董事长	5,000	0.0042%
2	刘芝旭	副董事长、总经理	5,000	0.0042%
3	吕文平	董事	3,000	0.0025%
4	李捷男	董事	3,000	0.0025%
5	王世纲	董事、副总经理	3,000	0.0025%
6	柴国彦	董事	3,000	0.0025%
7	张　坷	董事、副总经理	3,000	0.0025%
8	胡凯峰	董事、副总经理	3,000	0.0025%
9	牛静萍	监事会主席	3,000	0.0025%
10	孙思英	监事会副主席	3,000	0.0025%
11	马春光	监事会副主席	3,000	0.0025%
12	董博光	监事	2,000	0.0017%
13	潘兴权	监事	2,000	0.0017%
14	宋继文	副总经理	3,000	0.0025%
15	李　华	副总经理	3,000	0.0025%
16	李文鹤	副总经理	3,000	0.0025%
17	张静华	副总经理	3,000	0.0025%
18	曲守茂	副总经理	3,000	0.0025%
19	梁大栓	副总经理	3,000	0.0025%
20	孙国良	董事会秘书	2,000	0.0017%
合计	—	—	61,000	0.0508%

六、公司设立

1.公司1997年4月24日召开的创立大会暨首届股东大会作出决议:本公司向社会公众发行的面值1元的3,000万人民币普通股在深圳证券交易所上市。

2.公司注册资金:120,000,000元

3.公司注册时间:1997年4月25日

4.公司注册地点:沈阳市和平区太原北街86号

5.营业执照注册号码:24349029-4-1/1

七、关联企业及关联交易

(一)本公司大股东情况

股东名称	持有本公司股份	持股比例
沈阳市商业国有资产经营有限责任公司	44,600,000	37.17%
中信兴业信托投资公司	44,600,000	37.16%
中兴-大连商业大厦	400,000	0.33%
沈阳市联营公司	200,000	0.17%
沈阳五金商业集团股份有限公司	200,000	0.17%

(二)本公司全资附属和控股子公司情况

子公司名称	注册资本(万元)	母公司所持股权比例(%)	主要经营范围
中兴-沈阳商业大厦美术广告公司	15	100	广告策划制作室内装饰等
沈阳中艺装饰工程公司	20	100	室内外装饰等
深圳侨兴实业发展公司	200	100	经营日用工业品、机电产品、食品、服装等
中兴商业集团鞍山商场	200	20	商业零售业务
*沈阳开泰比萨饼食品有限公司	—	75	—

*注:本公司出资比例为着75%,该子公司因政府占地拆迁及本身亏损严重,于1994年停业,目前在清算过程中。

(三)本公司与各股东单位、全资及控股公司之间不存在关联交易。

八、股东结构及大股东持股情况

(一)上市前的股本结构

股份种类	数量	占总股本比例(%)
总股本	12,000万股	100.00
尚未流通股份		
发起人股		
其中:国家股	4,460万股	37.17
国有法人股	4,540万股	37.83
可流通股份		
本次公开发行股份	3,000万股	25.00
其中:公司职工股	300万股	2.50

(二)前十名股东所持股数及持比例

股东名称	持有股数	持股比例(%)
1.沈阳市商业国有资产经营有限责任公司	44,600,000	37.17%
2.中信兴业信托投资公司	44,600,000	37.17%
3.中兴-大连商业大厦	400,000	0.33%
4.沈阳市联营公司	200,000	0.17%
5.沈阳五金商业集团股份有限公司	200,000	0.17%
6.李顺生	5,000	0.0041%
7.刘芝旭	5,000	0.0041%
8.吕文平	3,000	0.0025%
9.李捷男	3,000	0.0025%
10.王世纲	3,000	0.0025%
合计	90,019,000	75.016%

九、公司财务会计资料

(一)审计报告

中兴——沈阳商业大厦(集团)股份有限公司筹委会:

我们接受委托,审计了贵公司1994年12月31日、1995年12月31日、1996年12月31日的合并及母公司资产负债表和1996年度财务状况变动表。这些会计报表由贵公司负责,我们的责任是对这些会计报表发表审计意见。我们的审计是依据中国注册会计师独立审计准则进行的。在审计过程中,我们结合贵公司实际情况,实施了包括抽查会计记录等我们认为必要的审计程序。

我们认为,上述会计报表符合《企业会计准则》和《股份制试点企业会计制度》的有关规定,在所有重大方面公允地反映了贵公司1994年12月31日、1995年12月31日、1996年12月31日的财务状况及1994年度、1995年度、1996年度的经营成果和资金变动情况,会计处理方法的选用遵循了一贯性原则。

北京会计师事物所　　中国注册会计师:朱敏珍

中国北京市建国门外大街　　中国注册会计师:范惠民

22号赛特广场五楼

邮政编码:100004

(二)资产负债表、利润及利润分配表、财务状况变动表详见附表

(三)主要会计政策

(1)本公司的会计核算执行《股份制试点企业会计制度》及其有关补充规定。

(2)会计期间

本公司会计年度自公历1月1日起至12月31日止。

(3)记帐本位币

本公司以人民币为记帐本位币。

(4)记帐原则及计价基础

本公司采用权责发生制的记帐原则,以实际成本为计价基础。

(5)存货

本公司存货中库存商品采用零售价格进行核算,当月销售及月末结存调整为实际成本金额,库存材料采用实际价格核算,低值易耗品实行五五摊销法。

(6)成本核算

本公司所属各商场及部门的费用,均由各商场及部门直接支出,自行核算。房屋折旧,集中空调等由本公司统一核算再分配下转。

(7)坏帐的确认方法

本公司对坏帐的确认采用直接转销法,实际发生坏帐时,直接计入管理费用,同时注销该笔应收款。已冲销的应收款又收回时,相应冲减管理费用。

(8)固定资产及累计折旧

本公司固定资产按实际成本计价。固定资产折旧采用平均年限法计算,并按固定资产类别的原价、规定的使用年限和预计残值(原价的3%)确定其折旧率如下:

类别	使用年限	年折旧率
房屋及建筑物	45年	2.16%
机器设备	10年	9.7%
运输设备	8年	12.13%

(9)长期投资

本公司长期投资中投资额占被投资单位权益性资本50%以下的(含50%)采用成本法核算,投资额占被投资单位权益性资本50%以上的采用权益法核算,并编制合并会计报表。

(10)合并报表的编制

本公司合并报表的范围包括:本公司长期投资中投资额超过被投资单位权益性资本50%以上的子公司。

纳入合并报表的子公司与母公司会计政策一致。

本报告纳入合并报表的子公司:

子公司名称	注册资本	实际投资额	母公司所持股权比例	注册地点	主要经营范围
1.中兴-沈阳商业大厦美术广告公司	15万元	9万元	100%	沈阳	广告策划制作
2.沈阳中艺装饰工程公司	20万元	20万元	100%	沈阳	室内外装饰
3.深圳侨兴实业发展公司	200万元	200万元	100%	深圳	经营日用工业品

未纳入合并报表的子公司:

子公司名称	未合并的原因
中兴商业集团鞍山商场	本公司出资比例20%,不纳入合并会计报表范围
沈阳开泰比萨饼食品有限公司	本公司出资比例为75%,该子公司因政府占地拆迁及本身亏损严重,于1994年停业,目前在清理过程中,因此,未纳入合并会计报表范围。

(11)税项

本公司应纳税项如下:

①流转税

商业销售收入	增值税	17%
运输收入	营业税	5%
餐饮收入	营业税	5%
客房收入	营业税	5%
舞厅收入	营业税	15%
贵重首饰及珠宝玉石收入	消费税	5%

城市维护建设税为增值税、消费税和营业税额的7%,教育费附加为增值税、消费税和营业税额的3%

②企业所得税

本公司改组股份制前,经沈阳市财政局同意,按33%所得税率上缴所得税,超过财政核定的定额上缴部分,由财政实行列收列支,1996年度定额上缴330万元。

③车船使用税、房产税、印花税等税项按有关税收法规缴纳。

(12)利润分配

本公司利润分配顺序如下:

①弥补亏损;

②提取法定盈余公积金10%

③提取法定公益金9.7%

④提取任意公积金;

⑤分配股利。

(三)财务分析指标

	1996年	1995年	1994年
营运资金(万元)	3,846	2,517	1,230
净资产收益率(%)	37.50	55.04	79.32
每股收益(元)	0.58	0.58	0.67
流动比率(%)	117.56	117.52	108.42
速动比率(%)	66.15	57.77	48.50
存货周转率(%)	820.85	1,110.13	995.34
应收帐款周转率(%)	5,095.0	10,160.86	8,148.64
股东权益比率(%)	36.75	35.44	29.49

十、董事会上市承诺

根据《股票发行与交易管理暂行条例》、《公开发行股票公司信息披露实施细则》和《深圳证券交易所业务规则》及国家有关法律、法规,本公司董事会向证券主管机关、深圳证券交易所、广大投资者作出如下承诺:

1.准确、及时地公告本公司中期、年度财务及经营业绩报告资料。

2.董事会成员、监事会成员及高层管理人员如发生人事变动,或前述人持有本公司股份数量发生变化时,及时通报证券管理机关。并适时通过新闻媒介通告社会公众。

3.及时、真实地披露本公司重大经营活动信息。

4.自觉接受证券管理部门的监督和管理,认真听取政府、股东、证券管理及经营部门和社会公众的意见、建议和批评。

5.不利用内幕消息和不正当手段从事股票投机交易。

6.本公司没有无记录负债

7.董事会及各位董事保证不就任何未经交易所审阅的可能影响股价变动之重大信息私自公告或发表意见。

十一、重要事项说明

1.本公司本次发行的3,000万社会公众股中向公司职工配售的300万股,将在本次上市半年后上市,本次上市流通的总股份为2,700万股。

2.截止上市公告书刊登之日,本公司未涉及任何重大诉讼事项和仲裁,也无任何尚未了结或可能面临的重大诉讼或索赔要求。

3.根据沈阳市人民政府沈政[1996]77号文《关于中兴——沈阳商业大厦(集团)股份有限公司所得税问题的批复》,批准本公司股票上市后,

所得税按33%征收,通过列收列支的办法由沈阳市财政返还18%的所得税,本公司实际负担所得税税率为15%。

4.本次公开发行的社会公众股东以及除兴业公司、资产经营公司外的其他发起人享有的利润分配权利自认购股份的当月起计算。

十二、备查文件

1.深圳证券交易所上市通知

2.验资报告

3.本公司招股说明书

4.《上市协议书》

5.中国证监会关于本公司公开发行股票的批准文件

6.上市推荐报告

7.其他备查文件

中兴——沈阳商业大厦(集团)股份有限公司

1997年5月6日

资 产 负 债 表

单位:元

资 产	1996年12月31日	1995年12月31日	1994年12月31日	流动负债	1996年12月31日	1995年12月31日	1994年12月31日
流动资产:				短期借款	62,850,000.00	49,350,000.00	39,350,000.00
货币资金	42,490,391.50	31,624,694.67	25,556,766.47	应付票据	40,000,000.00	10,281,471.00	17,972,320.00
短期投资	700,000.00	700,000.00	2,700,000.00	应付帐款	69,812,462.24	56,612,260.51	46,366,267.96
应收票据	6,700,000.00	2,084,446.00		预收货款	912,068.92		595,183.50
应收帐款	29,169,362.53	9,737,230.65	12,744,673.04	应付福利费	−1,588,685.93	−9,192,539.08	−7,038,489.33
减:备抵坏帐				未交税金	−13,970,237.68	2,637,504.30	1,726,810.70
应收帐款净额	29,169,362.53	9,737,230.65	12,744,673.04	其他未交款	31,404.72	31,851.74	118,836.36
预付货款	12,396,711.96	2,230,060.00	1,897,900.00	其他应付款	55,924,231.21	33,566,237.99	47,049,854.79
其他应收款	37,661,173.54	29,634,664.87	18,669,851.10	预提费用	5,092,727.71	408,030.55	
待摊费用	15.801,127.73	7,004,606.72	9,309,967.58	流动负债合计	219,063,971.19	143,694,817.01	146,140,783.98
存货	112,603,740.56	85,850,489.33	87,563,315.26	长期借款	22,275,021.58	29,132,351.70	36,435,869.07
流动资产合计:	257,522,507.82	168,866,192.24	158,442,473.45	长期负债合计	22,275,021.58	29,132,351.70	36,435,869.07
长期投资	2,634,689.51	984,689.51	1,149,303,93	负债合计	241,338,992.77	172,827,168.71	182,576,653.05
固定资产:				股东权益:			
固定资产原价	152,385,465.10	118,001,839.74	115,801,868.74	股本	90,000,000.00	48,621,218.72	39,915,109.91
减:累计折旧	30,970,379.76	20,177,518.58	16,652,690.48	资本公积	44,953,228.45	21,531,022.00	21,531,022.00
固定资产净值	121,415,085.34	97,824,321.16	99,149,178.26	盈余公积	5,280,061.45	24,708,951.30	14,889,270.68
固定资产合计:	121,415,085.34	97,824,321.16	99,149,178.26	其中:公益金	512,165.96	15,503,749.54	9,415,136.54
递延资产		13,157.82	171,100.00	股东权益合计	140,233,289.90	94,861,192.02	76,335,402.59
资产总计	381,572,282.67	267,688,360.73	258,912,055.64	负债及权益总计	381,572,282.67	267,688,360.73	258,912,055.64

合 并 损 益 表

单位:元

项 目	1996年度	1995年度	1994年度	项 目	1996年度	1995年度	1994年度
一、主营业务收入	991,145,254.02	1,142,177,212.45	1,038,518,037.10	三、营业利润	60,825,859.75	58,062,521.12	66,136,217.43
减:营业成本	814,507,401.87	962,558,244.59	871,553,391.00	加:投资收益	160,737.00	702,809.18	784,658.47
销售费用	46,123,562.05	41,911,893.84	42,332,603.92	加:营业外收入	81,434.23	125,024.55	527,765.66
管理费用	50,046,308.02	56,075,065.63	49,762,194.41	减:营业外支出	5,178,487.49	3,377,682.92	3,901,844.49
财务费用	14,185,892.33	17,520,661.27	6,570,434.70	加:以前年度损益调整			
营业税金及附加	5,973,296.20	6,736,348.68	3,392,925.66	四、利润总额	55,889,543.49	55,512,671.93	63,546,797.07
二、主营业务利润	60,308,793.55	57,374,998.44	64,906,487.41	减:所得税	3,300,000.00	3,300,000.00	3,000,000.00
加:其他业务利润	517,066.20	687,522.68	1,229,730.02	五、净利润	52,589,543.49	52,212,671.93	60,546,797.07

1996年财务状况变动表

单位:元

流动资金来源和运用	1996年度	流动资金来源和运用	1996年度
一、流动资金来源		流动资金运用合计	95,480,498.97
1.本年净利润	52,589,543.49	流动资金增加净额	13,287,161.40
加:不减少流动资金的费用和损失:		流动资金各项目的变动	
(1)固定资产折旧	10,792,861.18	一、流动资产本年增加数	
(2)无形资产、递延资产及其他资产摊销	13,157.82	1.货币资金	10,865,696.83
减其他负债转销		2.短期投资	0.00

流动资金来源和运用	1996 年度	流动资金来源和运用	1996 年度
(3)固定资产盘亏		3. 应收票据	4,615,554.00
(4)清理固定资产损失(减收益)		4. 应收帐款净额	19,432,131.88
(5)递延税款		5. 预付货款	10,166,651.96
(6)其他不减少流动资金费用和损失	63,395,562.49	6. 其他应收款	8,026,508.67
小计		7. 待摊费用	8,796,521.01
2. 其他来源		8. 存货	26,753,251.23
(1)固定资产清理收入(减清理费用)		9. 待处理流动资产净损失	
(2)增加长期负债		10. 一年内到期的长期债券投资	
(3)收回长期投资		11. 其他流动资产	
(4)对外投资转出固定资产		流动资产增加净额	88,656,315.58
(5)对外投资转出无形资产		二、流动负债本年增加数	
(6)资本净增加额	45,372,097.88	1. 短期借款	13,500,000.00
小计	45,372,097.88	2. 应付票据	29,718,529.00
流动资金来源合计	108,767,660.37	3. 应付帐款	13,200,201.73
二、流动资金运用:		4. 预收货款	912,068.92
1. 利润分配		5. 应付福利费	7,603,853.15
(1)提取法定公积金	4,144,056.05	6. 未付股利	
(2)提取法定公益金	6,216,083.99	7. 未交税金	-16,607,741.98
(3)用利润归还借款	42,229,403.45	8. 其他未交款	-447.02
(4)已分配股利		9. 其他应付款	22,357,993.22
小计	52,589,543.49	10, 预提费用	4,684,697.16
2. 其他运用:		11. 一年内到期的长期负债	
(1)固定资产和在建工程净增加额	34,383,625.36	12. 其他流动负债	
(2)增加无形资产、递延资产及其他资产		流动负债增加净额	75,369,154.18
(3)偿还长期负债	6,857,330.12	流动资金增加净额	13,287,161.40
(4)增加长期投资	1,650,000.00		

青岛东方贸易大厦股份有限公司

青岛东方贸易大厦股份有限公司股票(A股)上市公告书

一、绪言

本上市公告书根据《中华人民共和国公司法》、《股票发行与交易管理暂行条例》、《公开发行股票公司信息披露的内容与格式(第七号)》、《深圳证券交易所业务规则》的规定编制。本次股票发行经中国证券监督管理委员会【证监发字[1997]第152号】及【证监发字[1997]第153号】文批准,股票上市申请经深圳证券交易所【深证发(1997)第160号】文审核批准,将于1997年5月9日(星期五)在深圳证券交易所挂牌交易。

本次上市流通股本为2700万股,均为1997年4月22日起发行的人民币普通股,公司职工股300万股预计将于1997年11月9日以后上市。发行人董事会已批准该上市公告书、确信其中不存在任何重大遗漏或者误导,并对其真实性、准确性和完整性负个别及连带责任。上市公告书中的内容由本公司董事会负责解释。

二、发行公司概况

(一)发行公司主要发起人简介:

主要发起人

1. 法定名称:青岛东方贸易大厦

2. 注册资金:2000万元

3. 法定代表人:纪家伟

4. 成立日期:1991年10月3日

5. 经营范围:零售、批发、"四代":国内商业(不含国家危禁、专营、专控决品);住宿、饮食服务、客车出租;场地、柜台、设施出租;销售:劳保用品、特种护品。

6. 所属行业:商业

7. 公司注册地址:青岛市市北区胶州路140号

8. 联系电话:0532-2835928

(二)发行公司历史沿革

1. 发行公司筹建情况

本公司是经青岛市经济体制改革委员会青体改发【1997】5号文批准,在原青岛东方贸易大厦基础上,由青岛东方贸易大厦、青岛市农业生产资料总公司、青岛市棉麻公司、青岛市供销房地产开发公司、青岛市东海家电冰箱维修中心共同发起,并向社会公众募股而设立。

四家发起人委托青岛东方贸易大厦具体负责本公司的筹建工作,并成立了本公司筹备委员会,进行本公司的筹备工作。此次改组中,青岛东方贸易大厦以其经营性净资产5011.7万元,认购3260万股。

其他四家发起人全部以现金方式按每股1.54元价格共认购股份40万股,本公司筹委会已于1997年2月18日在青岛市工商行政管理局领取名称预核准第97(052)号《企业名称预先核准通知书》。并于1997年5月6日在青岛市工商行政管理局办理了注册登记手续,领取了营业执照,正式成立。

2. 主要发起人情况

青岛东方贸易大厦是青岛市现代企业制度试点单位,1991年,为改变青岛市商业服务设施落后的现状,树立我市在山东省龙头地位形象,青岛市政府决定组建青岛东方贸易大厦,由青岛市供销合作社联合社用1991年度全系统企业减免税1840万元投资兴建。1992年底大厦竣工投入使用,建筑面积3.6万平方米,营业面积2.9万平方米,大楼主体高14层,有七个零售商场,并设有宾馆、酒店、写字间、珠宝城、飞利浦专卖店、广告服务中心、商务公司等经营机构,经营品种6万种,1996年销售总额达3.7亿元,利润总额1995万元,各项经济指标在山东省同行业中名列前茅,是青岛市最大商业零售企业之一。在全国供销行业中排第六名。连续被评为"重合同、守信用"企业,先后荣获全国"青年文明号"、"山东省管理示范企业"、"青岛市财贸系统经济效益最佳企业"等荣誉称号。

三、股票发行及承销

1. 股票公开发行

(1)社会公众股发行数量:3000万股;

其中:公司职工股:300万股(占社会公众股10%);

(2)股票发行价格:每股5.70元人民币;

(3)募集资金总额:17100万元人民币;

(4)本次股票发行方式:全额预缴款、比例配售、余款即退;

(5)配套比例:1.147%

(6)配售户数:18974户;

(7)持有社会公众股1000股以上(含1000股)的股东户:4914户;

(8)发行费用总额:600万元;

(9)每股发行费用:0.20元;

(10)发行市盈率:15倍。

2. 股票承销

本次股票认购为超额认购,无余股由承销商包销。

3. 验资报告

(1)验资报告

(97)青所验字第5-014号

青岛东方贸易大厦股份有限公司筹备委员会:

我们接受委托,对贵公司(筹)截至1997年4月28日止的实收股本以及相关的资产和负债的真实性和合法性进行了审验。在审验过程中,我们按照《独立审计实务公告第1号—验资》的要求,实施了必要的审验程序。贵公司(筹)的责任是提供真实、合法、完整的验资资料,保护资产的安全、完整,我们的责任是按照《独立审计实务公告第1号—验资》的要求,出具真实、合法的验资报告。

贵公司(筹)申请的注册资本为6300万元。根据我们的审验,截至1997年4月28日止,贵公司(筹)已收到其发起股东投人的资本221,732,891.06元,其中63,000,000.00元作为股本入帐,其余158,732,891.06元作为资本公积入帐。与上述投入资本相关的资产总额为335,982,682.77元,其中货币资金为176,607,093.69元,实物资产为147,228,858.75元。

以上实物资产尚未办理财产权转移手续。

中国注册会计师:许志扬、张琴芳

山东青岛会计师事务所

1997年4月28日

(2)募集资金的入帐时间:1997年4月28日

(3)开户银行	入帐帐号	入帐金额
农行青岛市市南区支行龙口路办理处	874010336	10100万元
中行青岛市市南支行	8100999	7000万元

四、公司董事、监事和高级管理人员持股情况

姓名	职务	持股数	持股比例

纪家伟	董事长兼总经理	8000 股	0.0127%
谭京信	董事	8000 股	0.0127%
赵鸽	董事兼副总经理	6000 股	0.0095%
杨毅	董事兼副总经理	6000 股	0.0095%
王顺山	董事兼副总经理	6000 股	0.0095%
孙桐树	董事兼副总经理	6000 股	0.0095%
张文岗	董事兼总会计师	6000 股	0.0095%
丁晖	董事兼总经理助理	6000 股	0.0095%
林国华	董事兼总经办主任	6000 股	0.0095%
闫国强	董事兼董事会秘书	6000 股	0.0095%
金庆瑞	监事会主席	6000 股	0.0095%
臧作青	监事	6000 股	0.0095%
张百涛	监事	6000 股	0.0095%
周志业	监事	6000 股	0.0095%
王伟	监事	4800 股	0.0076%

本公司董事、监事及高级管理人员共持有公司股份 92800 股,占总股份的 0.147%,其持有股份按《公司法》规定在任职期间不得转让。

五、公司设立

1. 本公司创立大会同意公司股票在深圳证券交易所交易的决议:

经 1997 年 5 月 6 日召开的本公司第一届股东大会审验,同意本公司 2700 万股 A 股在深圳证券交易所挂牌上市的议案。

2. 公司注册资金:6300 万元

3. 公司注册时间:1997 年 5 月 6 日

4. 公司注册地点:山东省青岛市胶州路 140 号

5. 公司法定代表人:纪家伟

6. 营业执照注册号码:26462848—3

六、关联企业及关联交易

1. 关联企业

青岛东方贸易大厦已将其经营性净资产折股投入本公司,本公司设立后,其青岛东方贸易大厦法人资格注销,本公司与其主要发起人青岛东方贸易大厦之间不存在同业竞争关系。

本公司与其他发起人不存在关联交易的可能性和同业竞争情况。

青岛市供销合作社联合社是全市供销合作社的联合组织,其主要职责为:研究制定全市供销合作社的发展规划和年度计划,依照国家、市政府和社章规定,决定或批准市社直属企业的设立、合并、兼并、分立及小型企业的出售。承担政府委托的任务,行使政府授权的某些职能。青岛市供销合作社联合社根据青国资贰[1997]6 号文件《关于对青岛东方贸易大厦股份有限公司股权界定与管理方案的批复》受青岛市国有资产管理局的委托,持有东方贸易大厦 5011 万元净资产按 1.53 折为 3260 万股的国家股。成为东方贸易大厦股份公司的第一大股东,是本公司的国有股权持有者,行使股东权利、承担义务,负责本公司国有资产的保值增值。

七、股本结构及大股东持股情况

1. 上市前的股本结构:

本公司于上市前股本总额为 6300 万股,股本结构如下:

股份种类	持有股数(万股)	持股比例(%)
(1)总股本	6,300	100.00
(2)尚未流通股份		
发起人股	3,300	52.38
其中:国家持有股份	3,260	51.75
境内法人持有股份	40	0.63
(3)可流通股份		
境内上市人民币普通股	3,000	47.62
其中:公司职工股	300	4.76

2. 前十名股东持股情况及比例

名称	持股数(万股)	持股比例(%)
青岛市供销合作社联合社	3260	51.75
中信华山	31.5	0.5
申银万国	31.5	0.5
天津信托	31.5	0.5
晋投大营	31.5	0.5
华银实业	31.5	0.5
宁夏证券	31.5	0.5
粤财证券	31.5	0.5
国泰证券	31.5	0.5
海通证券	31.5	0.5

八、公司财务会计资料

1. 审计报告(摘要)

(97)青所审字第 5—021 号

青岛东方贸易大厦股份有限公司筹委会:

本所接受委托,对贵公司(筹)一九九四年十二月三十一日、一九九五年十二月三十一日、一九九六年十二月三十一日的资产负债表和到各该日截止的年度利润表以及一九九六年度财务状况变动表进行了审计。这些会计报表由贵公司(筹)负责,我们的责任是对这些会计报表发表审计意见。我们的审计是依据《中国注册会计师独立审计准则》进行的。在审计过程中,我们结合贵公司(筹)实际情况,实施了包括抽查会计记录等我们认为必要的审计程序。

我们认为,以上会计报表符合《企业会计准则》和《股份制试点企业会计制度》的规定,在所有重大方面公允地反映了贵公司(筹)一九九四年十二月三十一日、一九九五年十二月三十一日和一九九六年十二月三十一日的财务状况和到该日截止的各年度的经营成果和一九九六年度资金变动情况。会计处理方法的选用遵循了一贯性原则。

中国注册会计师:许志扬、张琴芳

山东青岛会计师事务所

1997 年 2 月 3 日

2. 财务报表

(1)资产负债表(资产方)

单位:人民币元

资产	1996.12.31	1995.12.31	1994.12.31
流动资产:			
货币资金	4,991,093.69	5,460,802.34	5,868,083.64
短期投资			
应收票据			
应收帐款	869,565.75	1,475,929.05	2,738,292.81
减:坏帐准备		28,927.23	20,185.21
应收帐款净额	869,565.75	1,447,001.82	2,718,107.60
预付帐款	3,862,480.65	2,599,491.25	4,219,929.90
其他应收款	2,759,798.28	2,649,776.79	4,304,324.96
待摊费用	4,654,885.65	5,590,888.89	9,156,558.47
存　　货	27,340,401.75	22,385,916.28	42,323,919.97
待处理流动资产净损失		124,608.92	37,853.65
一年内到期长期债券投资			
其他流动资产			
流动资产合计	44,478,225.77	40,258,486.29	68,628,778.19
长期投资:			
长期投资			105,500.00
其中:合并价差			
固定资产:			
固定资产原价	121,318,922.00	64,720,143.35	24,351,647.95
减:累计折旧	12,080,460.00	6,907,648.44	4,497,012.46
固定资产净值	109,238,462.00	57,812,494.91	19,854,635.49
在建工程	10,649,995.00	48,215,763.51	52,920,278.69
固定资产清理			
待处理固定资产净损失			
固定资产合计	119,888,457.00	106,028,258.42	72,774,914.18
无形资产及递延资产:			
无形资产			
递延资产			
无形资产及递延资产合计			
其他长期资产:			
其他长期资产			
递延税项:			
递延税款借项			
资产总计	164,366,682.77	146,286,744.71	141,509,192.37

(2)资产负债表(权益方)

单位:人民币元

负债及股东权益	1996.12.31	1995.12.31	1994.12.31

项目			
流动负债：			
短期借款	6,000,000.00	18,180,000.00	21,050,000.00
应付票据			
应付帐款	48,780,938.59	38,443,587.19	29,572,965.24
预收帐款	515,430.31	475,721.63	165,407.08
应付福利费	2,820,330.88	1,958,809.78	833,954.06
未付股利			
未交税金	6,316,726.14	9,551,631.65	2,481,005.40
其他未交款	749,541.17	410,230.68	901,378.86
其他应付款	16,955,211.02	11,380,039.07	14,680,295.82
预提费用	1,501,237.65	607,500.00	2,000,000.00
一年内到期的长期负债			
其他流动负债			
流动负债合计	83,639,415.76	81,007,520.00	71,685,006.46
长期负债：			
长期借款	30,000,000.00	17,200,000.00	34,300,000.00
应付债券			
长期应付款			
其他长期负债	610,375.95	293,127.26	176,804.65
长期负债合计	30,610,375.95	17,493,127.26	34,476,804.65
递延税项			
递延税款贷项			
负债合计	114,249,791.71	98,500,647.26	106,161,811.11
少数股东权益			
股东权益：			
股本	32,600,000.00	18,449,602.99	18,449,602.99
资本公积	17,516,891.06		
盈余公积		13,873,358.74	11,275,969.14
其中：公益金		2,888,980.70	978,052.39
未分配利润		15,463,135.72	5,621,809.13
股东权益合计	50,116,891.06	47,786,097.45	35,347,381.26
负债及股东权益总计	164,366,682.77	146,286,744.71	141,509,192.37

(3)利润表

单位：人民币元

项　　目	1996 年度	1995 年度	1994 年度
主营业务收入	368,680,420.56	344,315,446.33	331,163,997.48
减：主营业务成本	313,639,895.72	294,640,203.12	288,033,681.50
销售费用	17,257,145.60	16,239,184.93	16,116,240.53
管理费用	16,782,076.09	15,870,149.31	14,533,384.36
财务费用	5,083,535.09	4,384,036.56	2,011,706.77
进货费用			
营业税金及附加	1,726,710.00	1,376,650.34	680,140.79
主营业务利润	14,191,058.06	11,805,222.07	9,788,843.53
加：其他业务利润	5,771,007.07	6,512,042.55	4,297,114.21
营业利润	19,962,065.13	18,317,264.62	14,085,957.74
加：投资收益		21,100.00	13,254.83
营业外收入	227,247.21	167,962.92	109,373.31
减：营业外支出	233,726.04	284,841.81	278,658.31
加：以前年度损益调整			
利润总额	19,955,586.30	18,221,485.73	13,929,927.57
减：所得税	5,733,477.93	5,234,537.70	3,369,403.68
少数股东损益			
净利润	14,222,108.37	12,986,948.03	10,560,523.89

(4)财务状况变动表(1996 年度)

流动资金来源和运用	金额	流动资金各项目的变动	金额
一、流动资金来源：		一、流动资产本年增加数：	
1. 本年净利润	14,222,108.37	1. 货币资金	-469,708.65
加：不减少流动资金费用和损失：		2. 短期投资	
(1)少数股东本期损益(亏损以"-"号表示)		3. 应收票据	
(2)固定资产折旧	5,172,811.56	4. 应收帐款净额	-577,436.07
(3)无形资产、递延资产及其他资产摊销(减其他负债转销)		5. 预付货款	1,262,989.40
(4)固定资产盘亏(减盘益)		6. 其他应收款	110,021.49
(5)清理固定资产损失(减收益)		7. 待摊费用	936,003.24
(6)递延税款		8. 存货	4,954,485.47
(7)其他不减少流动资金的费用和损失		9. 待处理流动资产净损失(减收益)	-124,608.92
小计	19,394,919.93	10. 一年内到期的长期债券投资	
2. 其他来源：		11. 其他流动资产	
(1)固定资产清理收入(减清理费用)			
(2)增加长期负债	13,117,248.69		
(3)收回长期投资			
(4)对外投资转出固定资产			
(5)对外投资转出无形资产			
(6)资本净增加额	17,793,929.33		
(7)少数股东资本净增加额			
小计	30,911,178.02		
流动资金来源合计	50,306,097.95	流动资产增加净额	4,219,739.48
二、流动资金运用：		二、流动负债本年增加数：	
1. 利润分配		1. 短期借款	-12,180,000.00
(1)提取法定公积金	1,422,210.84	2. 应付票据	
(2)提取法定公益金	1,422,210.84	3. 应付帐款	10,337,351.40
(3)提取任意公积金		4. 预收货款	39,708.68
(4)已分配股利	14,412,395.59	5. 应付福利费	
(5)利润增资	12,428,426.82	6. 未付股利	
小计	29,685,244.09	7. 未交税金	-3,234,905.51
2. 少数股东利润分配		8. 其他未交款	339,310.49
3. 其他运用		9. 其他应付款	5,575,171.95
(1)固定资产和在建工程净增加额	19,033,010.14	10. 预提费用	893,737.65
(2)增加无形资产、递延资产及其他资产		11. 一年内到期的长期负债	
(3)偿还长期负债		12. 其他流动负债	
(4)增加长期投资			
小计	19,033,010.14		
流动资金运用合计	48,718,254.23		
外币会计报表折算差额：		流动负债增加净额	2,631,895.76
流动资金增加净额	1,587,843.72	流动资金增加净额	1,587,843.72

3. 财务报表附注(摘要)

(1)主要会计政策

A 会计制度

原执行《商品流通企业会计制度》，为配合本次股票发行，已按《股份制试点企业会计制度》进行调整。

B 会计期间

按公历年度，每年 1 月 1 日至 12 月 31 日

C 合并报表的编制方法按财政部《合并会计报表暂行规定》进行编制。

D 记帐原则和计价基础

执行权责发生制原则，以历史成本为计价基础。

E 坏帐准备

按年末应收帐款余额的 5‰计提。

F 存货

存货包括库存商品、材料物资、低值易耗品等。库存商品按售价核算、售出库存商品采用差价率法按月结转进销差价；材料物资按实际成本核算；低值易耗品采用"五五摊销法"进行摊销；商品削价准备按年末库存商品余额的 3‰计提。

G 长期投资

a 债券投资按成本法核算；

b 股本投资和联营投资：对长期投资占被投资企业 20% 以下(含 20%)权益性资本的采用成本法核算；对占被投资企业 20% 以上，50% 以下(含 50%)权益性资本的采用权益法核算；对占被投资企业 50% 以上权益性资本的合并报表。

H 税项

增值税：按销售额的 17% 或 13% 计算销项税额减可抵扣的进项税额缴纳。

营业税：按服务收入的 5% 缴纳。

消费税：按金银首饰销售额的 5% 缴纳。

城市维护建设税：按缴纳增值税、营业税、消费税税额的 7% 缴纳。

教育费附加：按缴纳增值税、营业税、消费税税额的 3% 缴纳。

所得税：所得税税率为 33%。

I 利润分配

利润首先用于弥补亏损，然后按税后利润的 10% 提取法定公积金，5%—10% 提取法定公益金，提取任意公积金后向股东分配。

(2)应收帐款		占总的应收帐款比例
1 年以内的	786,216.84	90.41%
1—2 年的	83,348.91	9.59%
合计	869,565.75	100.00%

A应收帐款中无持有5%以上股份的股东欠款。

B应收帐款1996年末比1995年末减少41.08%,原因是公司催款及时。

(3)其他应收款		占总的其他应收款比例
1年以内的	1,526,851.25	55.32%
1—2年的	124,963.03	4.53%
2—3年的	538,426.77	19.51%
3年以上的	569,557.23	26.64%
合计	2,759,798.28	100.00%
其中:青岛市农贸中心	450,000.00	暂借款
青岛市电子货币网络有限公司筹建处	500,000.00	暂借款
太平洋保险公司青岛分公司	532,440.00	暂借款

其他应收款中无持有5%以上股份的股东欠款。

(4)待摊费用

94年期初存货进项税额	4,491,223.89
其他	163,661.76
合计	4,654,885.65

(5)存货

库存商品	26,251,488.59
原材料	133,608.57
物料用品	95,978.59
低值易耗品	859,326.00
合计	27,340,401.75

(6)短期借款

贷款单位	借款日	到期日	年利率	金额	借款条件
农业银行青岛市南支行	96.09.17	97.08.17	11.088%	4,000,000.00	担保
农业银行青岛市南支行	96.08.14	97.07.26	11.088%	2,000,000.00	担保
合计				6,000,000.00	

1996年比1995年贷款减少67%,主要是因为1996年归还到期短期借款。

(7)应付福利费

1996年应付福利费比1995增加43.98%,是因为1996年计提福利费增加。

(8)长期借款

贷款银行	借款日	到期日	年利率	金额	借款条件
农业银行青岛市南支行	96.08.16	99.08.15	12.078%	30,000,000.00	担保

1996年末长期借款额比1995年末增加74.42%,是因为1996年内增加借款1280万。

(9)资本公积	1996年末	1995年末	1994年末
	17,516,891.06		

96年末资本公积是以1996年12月31日资产评估后净资产50,116,891.06元折股本32,600,000.00元后的余额。

(10)盈余公积	1996年末	1995年末	1994年末
		13,873,358.74	11,275,969.14

93年转入7,300,254.38元,94年提取法定公积金1,056,052.39元,提取法定公益金1,056,052.39元,提取任意公积金1,863,609.98元,年末余额11,275,969.14元。

95年提取法定公积金1,298,694.80元,法定公益金1,298,694.80元,年末余额为13,873,358.74元。

96年末盈余公积资产评估后转入股本。

(11)或有事项

截止1996年12月31日为以下单位提供担保:

被担保单位	担保金额	
青岛市供销社对外贸易总公司	1,000,000.00	已取得反担保
青岛榉林园大酒店	100,00.00	已取得反担保
合计	1,100,000.00	

(12)重要事项

1997年1月1日到股票发行前的利润由新老股东共同享有。

若投资者需对本公司财务情况作进一步了解,可参阅审计报告。

4. 主要会计指标分析(1996年12月31日)

主要会计指标	计算公式	1996年12月31日
流动比率	流动资产/流动负债	53.2%
速动比率	速动资产/流动负债	20.5%
资产负债率	负债总额/资产总额	69.5%
应收帐款周转率	主营业务收入/应收帐款平均余额	314.4次
存货周转率	主营业务成本/存货平均余额	12.6次
净资产收益率	(净利润/期末净资产总额)×100%	28.4%
每股净利	净利润/期末股本总额	0.43元

注:(1)上述指标是根据山东青岛会计师事务所审计报告计算而得。

(2)每股税后利润以总股本6300万股计算。

九、董事会上市之承诺

本公司董事会将严格遵守《中华人民共和国公司法》、《股票发行与交易管理暂行条件》、《公开发行股票公司信息披露实施细则》《深圳证券交易所业务规则》和有关法律、法规的规定,并自股票上市之日起向全体股东做如下承诺:

1. 按照法律、法规的规定程序和要求披露重大的信息,并接受证券主管机关、深圳证券交易所的监督管理。

2. 及时、准确、真实地在证券主管部门指定的报刊公布中期报告,年度报告及经营业绩等资料,并备置于规定场所供投资者查阅。

3. 本公司董事、监事及高级管理人员如发生人事变动或持股数量发生变化时,及时报告证券管理机关、深圳证券交易所,并及时通过证券主管部门指定的报刊通告社会公众。

4. 在任何公共传播媒介中出现的消息可能对本公司股票的市场价格产生误导性影响时,本公司知悉后将对该消息予以公开澄清。

5. 本公司董事、监事及高级管理人员将认真听取社会公众的意见和批评,决不利用已获得的内幕消息和其他不正当手段,直接或间接从事股票买卖活动。

6. 本公司没有无记录负债。

十、咨询机构

1. 上市公司:青岛东方贸易大厦股份有限公司

注册地址:山东省青岛市胶州路140号

法定代表人:纪家伟

电话:0532—2829999—2553　传真:0532—2833885

联系人:丁晖、张百涛、闫国强

2. 上市推荐人:中信证券有限责任公司

注册地址:北京市朝阳区新源南路6号京城大厦1208室

联系地址:上海市淮海中路1720号7号楼

法定代表人:常振明

电话:021—64156602　传真:021—64156087

联系人:丁忠明、谢靖佳、赖小琳

十一、备查文件

1. 批准本次股票发行的相关方件
2. 本公司注册成立的相关文件
3. 深圳证券交易所同意本次股票在其上市的承诺函
4. 招股说明书
5. 上市推荐协议
6. 山东青岛会计师事务所验资报告、审计报告
7. 青岛资产评估中心资产评估报告
8. 青岛琴岛律师事务所对本次股票发行与上市的法律意见书。
9. 公司章程
10. 证监会要求的其他有关文件

青岛东方贸易大厦股份有限公司

1997年5月7日

武汉市六渡桥百货集团股份有限公司

武汉市六渡桥百货集团股份有限公司概况

一、公司简介

武汉,历史悠久,素有九省通衢之美称,是商贾云集、货物集散的大商埠。地处老城区繁华地带的武汉市六渡桥百货集团股份有限公司(以下简称"公司"或"六百集团")是拥有四十多年经营历史的大型国有零售企业,是全国百家大型零售企业之一,被武汉市政府列为建立现代企业制度试点企业和重点扶持发展的企业集团。

公司的前身为武汉市六渡桥百货公司,是一家老字号国有商业企业。自1989年实行股份制改造、组建武汉市六渡桥百货股份有限公司以来,在政府职能部门的大力支持下,全体股东和员工共同努力,不断转变观念和转换经营机制,积极参与全市各项企业改革试点,并通过改扩建桥东商城,新建桥西商厦,迅速扩大公司经营规模,营业面积从改制前的0.85万平方米增加到3.5万平方米,经营商品种类也由2.5万种扩展到8万余种,职工人数2200余人。使公司步入超常规发展的快车道。1996年公司在国内贸易部统计的全国221家重点零售企业中按利润排名位居第57位。同年10月,公司更名为"武汉市六渡桥百货集团股份有限公司"。公司在扩大规模,开拓经营的同时,狠抓内部管理,不断完善和规范股份制运作,1991年公司晋升国家二级企业,1994年经国家体改委审核批准,同意公司进行规范化的股份制企业试点,并荣获国家部委、省市的多次奖励,先后被授予"全国百货纺织品经营先进企业"、"全国首届商业优秀管理奖"、"全国商业企业管理现代化创新成果一等奖"、"武汉二十强企业"等称号。"声誉满三镇、购物在六门"的企业形象,早已为江城人民所认同。

悠久的历史为六渡桥百货集团奠定了牢固的商业基础,股份制改造又为其扩展经营规模、完善经营机制创造了条件。如今,这家武汉市老字号大型商业企业又以崭新的形象加入到上市公司的行列之中,这必将为其蓬勃发展带来更多的机遇。

二、规范运作　再上台阶

武汉市六渡桥百货集团股份有限公司董事长江富庭说,六渡桥经历了40多年的发展,特别是近10年的发展,综合实力迅速增加,成为了国家二级企业,武汉市十八家大型企业集团和全市首批建立现代企业制度30家试点单位之一。

江富庭说,公司股票上市后,公司将通过经营多元化、成长绩优化、管理科学化、规模集团化、发展连锁化等方面的工作使公司的发展再上新台阶。按照"主业创优、外延发展、一业为主、多角经营"的发展战略和"大商业、大流通、大市场"的思路来抓发展。公司将通过自身的努力,使集团形成以百货零售业为龙头,以物业发展为重点,以工业、餐饮娱乐业、外贸、运输、房产、旅游等领域发展为补充,实现中、长期投资项目梯次配置,构筑商业、工业、餐饮业三位一体的多元化体系框架,并且要以六渡桥地区为核心,依托大武汉,实现经营规模化、功能系统化、管理科学化、营运国际化。到2000年,集团公司的营业面积力争由现在的8万平方米发展到10万平方米,销售收入达到20亿元,实现利润1.2亿元。

在谈到如何应对武汉商界的激烈竞争时,江富庭说公司将在主业、连锁、物业及业务发展和资本营运上加大改革力度,加速发展。在主业上,要大力拓展零售市场占有率,切实转变效益增长方式,运用先进的流通技术,开展各种优质新型服务,提高零售经营效益。在连锁上,计划三年内兴办15-20家连锁店;兴建商业配售中心,发展一批区域中心。在网点布局上,以江汉路为圆点进行辐射,形成市级商业中心、百货连锁店、超市连锁店等。

江富庭接着说,公司在物业上,一是兴办万商广场,把广场作为集团进军市场、占领汉正街的前沿阵地,办成华中地区最大最有特色的服装批发市场和汉正街的龙头批发市场,充分利用已征用的土地,盘活存量资产,实行物业经营,形成新的经济增长点。在多业发展上,公司进行旅店、餐饮娱乐业的综合开发工程,完成桥西大酒店。在资本营运上,利用现有的经营优势,发展流通加工业。向工业领域渗透,对生产名牌产品的工业企业积极参股,通过资产重组吸收、兼并、联合一批中小企业,壮大企业规模,优化产业结构,实现经营活动多元化。

三、特色经营　成长迅速

42岁的杨金汉总经理,在武汉市六渡桥百货集团股份有限公司工作了22个年头,他用八个字概括公司的发展,那就是"特色经营,成长迅速"。

杨金汉说,公司是一家拥有40多年经营历史的老字号企业。面对武汉商界激烈的竞争,公司开展特色经营,企业成长迅速,销售额从1988年的1亿元发展到5亿元。

他认为,公司今天的发展,依赖于公司的三次跨越。1988年至1992年,这是公司的第一次跨越,期间公司完成了股改,成功地发行了股票,兴建了桥东家电商场,揭开了公司规模发展的序幕。公司在1991年跻身全国百家最大的商业企业行列。

1992年至1994年,是公司发展的第二次跨越。1992年,公司兴建的桥西商厦和扩建的桥东商城先后竣工,营业面积由原来的8500平方米增加到35000平方米,期间公司的效益得到提高,1994年实现销售5.98亿元,利润1646万元。

杨金汉把1994年到1995年定为公司的第三次跨越期。他说,从1994年开始,公司开始调整了经营布局,目前,集团公司已拥有了3家控股公司、4家参股企业,初步形成了商业、工业、餐饮娱乐业、物业管理并举的大型企业集团。

杨金汉又说,公司能在竞争白热化的武汉商界得到如此的发展,得益于公司始终坚持特色经营,以文兴商、以恒言商,培植经营特色,使"声誉满三镇,购物在六门"的企业形象在武汉家喻户晓。

他说,近几年来,公司积极探索商业促销方式,努力提高营销水平和层次,组织了一系列的卓有成效的企业形象宣传活动。同时,公司始终把良好的商誉作为企业赢得长远发展的法宝。公司以便民为标准,逐步完善公司的服务功能,改进售后服务,在武汉市创下了三个第一,率先推出送货上门;率先推出信誉卡,对顾客实行退换服务;率先推出"四大服务"制度,为顾客送温暖,献爱心。在此基础上,公司又大力推进服务工作全面质量管理,向管理要效益,深入持久地开展了QC小组活动,为公司探索服务工作新路子、新举措找到了一条捷径,公司的三个QC小组先后被国家和省贸易、质协部门评为"最佳QC小组"。

杨金汉介绍,这些年来,公司先后接有关部门授予全国商业企业管理现代化创新成果一等奖,和评为武汉市"二十强企业"。1996年,公司在全国重点零售企业按利润排名居第57位。

武汉市六渡桥百货集团股份有限公司股票上市公告书

一、释义

本公告书中,除非文义另有所指,下列简称具有以下意义:

本公司、公司:指武汉市六渡桥百货集团股份有限公司或更名前的武汉市六渡桥百货(集团)股份有限公司、武汉市六渡桥百货股份有限公司

上市推荐人:指武汉国际信托投资公司
中国科技国际信托投资公司

深交所:指深圳证券交易所

元:指人民币元

二、绪言

经中国证券监督管理委员会证监发字〔1997〕434号文批准,根据深交所深证发〔1997〕344号《上市通知书》,本公司股票将于1997年11月3

日(星期一)在深交所挂牌交易。本公司总股份为5002万股,本次可流通股份为1244.774万股,属历史遗留问题股票,股票简称为"六渡桥",证券编码"0765"。

本公告书依据《中华人民共和国公司法》、《股票发行与交易管理暂行条例》、《公开发行股票公司信息披露实施细则》、《深圳证券交易所业务规则》以及国家有关证券管理的规定编制,为股票公开上市之目的而向社会公众披露公司基本情况及相关资料。

本公司董事会及各位董事已批准本上市公告书,并确定本公告书未遗漏任何重大事项,亦不存在任何误导和虚假成份,并就上市公告书及相关资料的真实性、准确性、完整性负个别的和连带的责任。本公告书的内容由本公司董事会负责解释。

三、本公司概况

(一)公司基本情况:

1、公司法定名称:武汉市六渡桥百货集团股份有限公司

英文名称:WUHAN LIUDUQIAO STORES GROUP CO. LTD.

2、公司法定地址:武汉市江汉区中山大道779—805号

邮政编码:430021

3、公司法定代表人:江富庭

4、公司经营范围:

百货、五金、交电、针纺织品、金银饰品、医疗器械、建筑材料、电器机械及器材、计划外汽车(含小轿车)、橡胶制品、工艺美术品、其它食品批发兼零售、汽车货运、服装加工;日用品修理(国家有专项规定的项目经审批后方可经营)。

5、注册资本:5002万元,工商登记号:17784033-9-01

6、所属行业:商业

7、在册职工人数(截止1997年4月30日)2208人,其中管理人员348人,各类营业人员1860人。

公司离退休人员605人,其中:526人已办理社会养老保险统筹手续,79人系集体所有制职工,由公司直接支付其退休金。

(二)历史没革

公司的前身为武汉市六渡桥百货公司,是一家有40多年经营历史的老字号国有商业企业。1989年10月,经武汉市经济体制改革委员会武体改〔1989〕30号文批准同意,武汉市六渡桥百货公司独家发起,组建武汉市六渡桥百货股份有限公司。

1989年10月,经武汉市江汉区财政局江财〔1989〕08号文批复,将原武汉市六渡桥百货公司截止1989年8月31日的国有资产帐面净值11727842.51元中的经营性国有资产11682000元折为国家股1168.2万股(不含土地使用权价值),同时中国人民银行武汉市分行以武银管〔1989〕155号文批复,同意武汉市六渡桥百货股份有限公司(筹)委托武汉证券公司代理发行社会公众股票1251万股,每股面值1元,发行价每股1元。

1990年1月29日,武汉市六渡桥百货股份有限公司在武汉市工商行政管理局登记注册,成为向社会公开发行股票的股份制试点企业。

1991年公司晋升为国家二级企业。

1992年公司为扩大经营规模,经武汉市经济体制改革委员会武体改〔1992〕123号文和中国人民银行武汉市分行武银办〔1992〕3号文批准,于4月1日向社会公开发行法人股1845万股,每股面值1元,发行价每股2元。

1992年6月13日,公司名称变更为武汉市六渡桥百货(集团)股份有限公司。

1993年,经武汉资产评估公司武资评〔1993〕043号文评估,并由武汉市土地管理局武土偿字〔1993〕012号文核定,公司位于汉口中山大道779-805号的土地使用权地价为737.8万元,同年7月,经武汉市江汉区国有资产管理办公室江国资〔1993〕14号文确认该土地使用权价值为737.8万元,并折为国家股737.8万股。

1994年4月15日公司经国家经济体制改革委员会体改生〔1994〕46号文批复,同意进行规范化的股份制企业试点。

1995年公司摸索形成的一套"企业目标控制管理法"荣获国内贸易部颁发的全国商业企业管理现代化创新成果一等奖。

1996年公司在国内贸易部统计的全国221家重点零售企业中按利润排名位居第57位。

1996年10月28日,经武汉市经济体制改革委员会武体改〔1996〕106号文批准,公司将其名称由"武汉市六渡桥百货(集团)股份有限公司"变更为"武汉市六渡桥百货集团股份有限公司",并于1997年3月31日正式办理了工商变更登记手续。

(三)本公司组织结构(见附图)

(四)控股子公司及参股企业

控股子公司:

名　称	投资额(万元)	占股比例
武汉市银桥广告有限责任公司	8	80%
武汉市金桥床上用品有限责任公司	60	54.55%
武汉市虹桥装饰有限责任公司	30	60%
小　计	98	

参股企业:

名　称	投资额(万元)	占股比例
武汉市武昌商场集团股份有限公司	54.03	1.875%
武汉市冰川集团股份有限公司	40.03	0.27%
海南新大陆投资股份有限公司	22	0.033%
武汉太和实业(集团)股份有限公司	10	0.26%
小　计	126.06	

注:公司与上述关联企业无关联交易。

四、股本形成及主要股东持股情况

(一)股本形成:

本公司是1989年10月经武汉市经济体制改革委员会武体改〔1989〕30号文批准,由原武汉市六渡桥百货公司独家发起组建的社会募集股份制试点企业。

1.1989年10月4日,经武汉市江汉区财政局江财〔1989〕08号文批复,将原武汉市六渡桥百货公司截止1989年8月31日的国有资产帐面净值11727842.51元中的经营性国有资产11682000元折为国家股1168.2万股(不含土地使用权价值)。非经营性国有资产45842.51元不折股,由公司代管。

1989年11月12日,公司向社会公开发行股票1251万股,每股面值1元,发行价为1元,为记名式股票,由武汉证券公司代理发行。此次发行全部为社会公众认购,发行期30天,股金1251万元于12月11日全部到位。1990年1月18日,武汉中华会计师事务所出具了(武会外字90004号)验资报告。公司股本结构为:

国家股:1168.2万股

社会公众股:1251万股

总股本:2419.2万股

2.经武汉市经济体制改革委员会武体改〔1992〕123号文及中国人民银行武汉市分行武银办〔1992〕3号文批准,1992年4月1日,公司增资扩股,向社会发行法人股票1845万股,每股面值1元,发行价为2元,为记名式股票,由公司自办发行,发行期为30天,1992年4月30日发行完毕。此次发行全部为社会法人认购。股金3690万元于5月6日全部到位。1992年6月10日,武汉中华会计师事务所出具了(武会外字92095号)验资报告。公司股本结构为:

国家股:1168.2万股

法人股:1845万股

社会公众股1251万股

合计:4264.2万股

3.1993年7月,经武汉资产评估公司武资评〔1993〕043号评估,并由武汉市土地管理局武土偿字〔1993〕012号文核定,公司位于汉口中山大道779-805号的土地使用权地价为737.8万元。1993年7月28日,经武汉市江汉区国有资产管理办公室江国资〔1993〕14号文,确认公司该土地使用权价值737.8万元,并折为国家股737.8万股。至此,国家股由原来的1168.2万股增至1906万股。此次公司变更股本已获得1993年9月公司临时股东大会一致通过,并获得武汉市经济体制改革委员会武体改〔1993〕168号文和武汉市证券管理领导小组办公室武证办〔1993〕45号文批准确认。公司股本结构为:

国家股1906万股,占38.1%

法人股1845万股,占36.89%

社会公众股1251万股,占25.01%

总股本:5002 万股

1994 年 4 月 15 日公司经国家经济体制改革委员会体改生〔1994〕46 号文确认进行规范化的股份制企业试点。至此,公司总股本为 5002 万股,公司股本调整完毕。

历次股本变动表: (单位:万股)

年份	总股本	国家股	法人股	社会公众股	变动原因
1989.12	2419.2	1168.2		1251	首次发行
1992.4	4264.2	1168.2	1845	1251	增资扩股
1993.7	5002	1906	1845	1251	增资扩股

附注:1994 年 4 月 15 日公司经国家经济体制改革委员会确认进行规范化股份制企业试点时的股本结构至上市公告书公告之日未作变动。

(二)公司股本结构

股份类型	股数(万股)	占总股本比例
总股本	5002	100%
尚未流通股份	3751	
其中:国家持股	1906	38.1%
法人持股	1845	36.89%
可流通股份		
社会公众股	1244.774	24.89%

(公司董事、监事、高级管理人员共持股 6.226 万股,不上市流通)

(三)公司前十名股东:

股东名称	持股数(万股)	占总股本比例(%)
武汉市江汉区国有资产管理局	1906	38.10
中国工商银行武汉市分行	150	3.00
武汉市城市信用合作社联社	150	3.00
武汉市江汉区房地产公司	150	3.00
中保人寿保险有限公司武汉市江汉区支公司	125	2.50
海南三亚亚龙湾开发股份有限公司	100	2.00
深圳丰华电子有限公司	100	2.00
杭州一洲电器有限公司	100	2.00
武汉市江汉区贺家墩村	100	2.00
武汉市第二建筑工程公司	85	1.70
合计	2966	59.30

注:中国工商银行武汉市分行、武汉市城市信用合作社联社和中保人寿保险有限公司武汉市江汉区支公司分别持有本公司的股份,这些金融机构的持股已不符合现行法律、法规的要求。上述金融机构均已向本公司出具了承诺书,承诺将在 1998 年 3 月 31 日之前将各自所持股份转让给法律、法规允许持股的单位。

五、公司历次股东大会及发放股利情况

(1)1990 年 1 月 22 日,公司召开创立会暨第一次股东大会,通过公司章程和关于国家股份设置的提案,以及关于第一期股票发行结果及资金运用项目的提案,并选举产生董事会。

(2)1991 年 3 月 20 日,公司召开第二次股东大会,通过公司 90 年度分红方案,每股按 0.14 元支付现金红利。

(3)1992 年 2 月 17 日,公司召开第三次股东大会,通过增资扩股方案和对公司资产进行评估的议案,并通过名称变更为"武汉市六渡桥百货(集团)股份有限公司"的方案,大会通过 91 年度分红方案,每股按 0.135 元支付现金红利。

(4)1992 年 8 月 28 日,公司召开临时股东大会,通过《关于公司近期投资方向及预测》议案,修改公司章程,通过董事换届选举并选举产生公司监事会。

(5)1993 年 4 月 29 日,公司召开股东大会,审议批准对原武汉市六渡桥百货公司所占的土地使用权价值进行评估的议案并通过公司 92 年度分红方案,每股按 0.10 元支付现金红利。

(6)1993 年 9 月 1 日,公司召开临时股东大会,审议批准将原武汉市六渡桥百货公司所占用的土地经评估确认的使用权价值 737.8 万元,按 1:1 比例折为 737.8 万股列入国家股股本,并审议通过公司股本总额变更及修改公司章程的议案。

(7)1994 年 6 月 10 日,公司召开 93 年度股东大会,审议通过修改公司章程的议案,并通过 93 年度分红方案,每股按 0.14 万元支付现金红利。

(8)1995 年 5 月 4 日,公司召开 94 年度股东大会,审议通过 94 年度分红方案,每股按 0.32 元(含税)支付现金红利。

(9)1996 年 6 月 28 日,公司召开 95 年度股东大会,审议通过修改公司章程及将公司名称变更为"武汉市六渡桥百货集团股份有限公司"的议案,董事会、监事会换届选举,并决定申报公司股票异地上市。大会决定 95 年度可供分配红利 1509.43 万元暂不分配。

(10)1997 年 5 月 20 日,公司召开 97 年度董事会第一次会议,决定 1996 年度股东大会待公司股票上市后再行召开,并决定 96 年度可供分配红利 1375.56 万元暂不分配。

六、股利分配政策

(一)公司净利润按下列顺序分配:

1. 弥补亏损。
2. 提取净利润的 10% 计入公司法定公积金。
3. 提取净利润的 5% - 10% 计入公司法定公益金。
4. 根据股东大会决定提取任意公积金。
5. 支付普通股股利。

(二)历年的利润分配于次年进行,按有关规定调整年初"未分配利润"及相关帐户,不在次年会计报表中反映。

七、董事、监事、高级管理人员简介及持股情况

董事:

江富庭先生:43 岁,大专学历,经济师、政工师,武汉市优秀思想政治工作者,武汉市江汉区优秀经营者,曾任本公司副总经理。现任公司董事长。持有本公司股票 9800 股。

吴建华女士:44 岁,大专学历,高级政工师,中国商业职工思想政治工作研究会优秀干部。武汉市优秀思想政治工作者,曾任六渡桥百货公司党总支副书记,现任中共江汉区区委委员和公司党委书记,副董事长。持有本公司股票 5600 股。

张学宁女士:48 岁,大专学历,经济师,曾任中国工商银行武汉市分行航空路办事处书记、主任,现任中国工商银行武汉市分行江汉支行党委书记、行长和公司副董事长。持有本公司股票 0 股。

杨金汉先生:41 岁,大专学历,经济师,武汉市江汉区优秀经营者,市优秀青年实业家,曾任公司副总经理,现任公司总经理。持有本公司股票 2800 股。

宋品兰女士:53 岁,高中学历,经济师,曾任中国人民保险公司江汉区支公司副经理,现任中保人寿保险有限公司武汉市江汉区支公司党组书记、总经理。持有本公司股票 0 股。

刘建平先生:44 岁,大专学历,经济师,曾任武汉市江汉区日用工业行办主任,现任公司常务副总经理。持有本公司股票 0 股。

徐佑桐先生:50 岁,大专学历,经济师,曾任六渡桥百货公司人事科长,现任公司副总经理。持有本公司股票 9800 股。

孙明先女士:47 岁,大专学历,高级会计师,全国先进会计工作者,湖北省财会先进工作者,曾任公司总会计师,现任公司副总经理。持有本公司股票 2800 股。

吴章汉先生:49 岁,中专学历,助理经济师,曾任武汉市江汉区房地产公司副经理,现任该公司经理。持有本公司股票 2800 股。

甄少民先生:46 岁,大专本科学历,经济师,曾任中国人民银行武汉市分行处长,现任武汉市城市信用合作社联社主任。持有本公司股票 0 股。

李观亮先生:51 岁,中专学历,现任深圳丰华电子有限公司董事长、总经理。持有本公司股票 0 股。

陈萍女士:39 岁,大专学历,助理会计师,曾任中国银行三亚分行亚北办事处主任。现任海南三亚亚龙湾开发股份有限公司总经理。持有本公司股票 0 股。

龚清泉先生:45 岁,高中学历,现任江汉区贺家墩村村长。持有本公司股票 12600 股。

万建平先生:43 岁,大学本科学历,高级经济师,曾任武汉市供电局

组织部部长,现任武汉华源电力集团股份有限公司总经理兼党委书记。持有本公司股票0股。

郑慎之先生:47岁,中专学历,助理经济师,曾任杭州西冷电器(集团)经营科科长,现任杭州一洲电器有限公司总经理、党委书记。持有本公司股票0股。

监事:

丁必和先生:45岁,大专学历,经济师。曾任六渡桥百货公司行政科科长,现任公司工会主席、监事会主席。持有本公司股票9800股。

曹明平先生:33岁,高中学历,助理经济师,武汉市劳动模范,现任公司电讯商场电视机柜柜长。持有本公司股票1000股。

项洪平女士:49岁,中专学历,会计师,现任武汉市江汉财务开发公司经理。持有本公司股票0股。

其他高级管理人员:

杨玲莉女士:49岁,大专学历,经济师,曾任六渡桥百货公司商品部经理,现任本公司副总经理。持有本公司股票4200股。

闵家安先生:43岁,大专学历,助理经济师,曾任六渡桥百货公司企管科副科长,现任公司证券投资部部长、董事会秘书长。持有本公司股票1060股。

注:上述公司董事、监事、高级管理人员共持有公司股份62260股,占总股份比例为0.125%,根据《中华人民共和国公司法》规定,上述人员所持股份在其任职期内不得转让。

八、公司章程摘录

第四章　　股东和股东大会

第二十三条　经登记的公司股份持有人为公司股东。股东按其持有股份享有权利和承担义务。

第二十四条　公司股东享有下列权利:(法人作为公司股东时,应由法定代表人或其委托代理人行使其权利。)

1、参加或委托代理人(须出具委托证明)参加股东大会并行使表决权;

2、依国家有关规定及公司章程规定分得红利、转赠股本、接受配股、转让股份;

3、查阅公司章程、股东大会会议记录和财务会计报告,对公司的经营提出建议或质询;

4、股东大会、董事会的决议违反法律、行政法规,侵犯股东合法权益时,有权向人民法院提起要求停止该违法行为和侵害行为的诉讼;

5、公司解散后,按所持股份比例依法取得公司剩余财产。

第二十五条　公司股东承担下列义务:

1、遵守公司章程;

2、依其所认购股份和入股方式按期缴纳股金。在公司办理工商登记手续后,不得退股;

3、积极支持公司改善管理,提出合理化建议,促进公司的发展;

4、不得从事危害公司利益的各种活动。

第二十六条　公司由股东组成股东大会,股东大会是公司的权力机构,行使下列职权:

1、决定公司的经营方针和投资计划;

2、选举和更换董事,决定董事的报酬事项;

3、选举和更换由股东出任的监事,决定监事的报酬事项;

4、审议、批准董事会的报告;

5、审议、批准监事会的报告;

6、审议、批准公司年度财务预算方案、决算方案;

7、审议、批准公司的利润分配方案和弥补亏损方案;

8、对公司增加或者减少注册资本作出决议;

9、对发行公司债券作出决议;

10、对公司的合并、分立、解散和清算等事项作出决议;

11、修改公司章程。

第二十七条　股东大会每年召开一次年会。有下列情况之一的,在二个月内召开临时股东大会:

1、董事人数不足公司章程定人数的三分之二时;

2、公司累计未弥补亏损额达股本总额三分之一时;

3、代表公司股份百分之十以上的股东请求时;

4、董事会认为必要时;

5、监事会提议召开时。

第二十八条　股东大会由董事会负责召集,由董事长主持。董事长因特殊原因不能履行职务时,由董事长指定的副董事长或者其他董事主持。召开股东大会,应当将会议日期、地址和审议的事项于会议召开三十日以前通知各股东。临时股东大会不得对通告中未列事项作出决议。

第二十九条　股东出席股东大会,须持有公司股权证明和本人身份证。因故不能出席的股东,可以书面委托代理人出席并在授权范围内行使表决权。

第三十条　股东出席股东大会,所持每一股份有一票表决权

第三十一条　股东大会作出决议,必须经出席会议的股东所持表决权的半数以上通过。

股东大会对修改公司章程和公司合并、分立或者解散公司作出决议,必须经出席会议的股东所持表决权的三分之二以上通过。

第三十二条　股东大会应当对所议事项的决定作出会议记录,由出席会议的董事签名。会议记录应当与出席股东的签名册及代理出席的委托书一并保存。

第三十三条　股东大会对持有股份总额百分之十以上股东提出的议案,大会主持人应将该议案列入会议议程,并提交会议表决。

第五章　董事会、总经理

第三十四条　公司设立董事会,董事会是股东大会闭会期间的决策机构,对股东大会负责。

第三十五条　董事会行使下列职权:

1、负责召集股东大会,并向股东大会报告工作;

2、执行股东大会的决议;

3、决定公司的经营计划和投资方案;

4、制订公司的年度财务预、决算方案,利润分配方案及弥补亏损方案;

5、制订公司增、减注册资本的方案以及发行公司债券的方案;

6、拟订公司合并、分立、解散的方案;

7、决定公司内部管理机构的设置;

8、聘任或者解聘公司总经理,根据总经理的提名,聘任或者解聘公司副总经理、财务负责人,决定其报酬事项;

9、制定公司的基本管理制度;

10、在紧急情况下,对符合公司利益的事务实行特殊裁决权和处置权,并在事后向股东大会报告;

11、其他需由董事会作出决议的重大事项。

第三十六条　董事会由十五名董事组成。董事由股东大会选举产生,可以由股东或非股东担任。董事候选人名单由上届董事会提出或者由持有公司股份百分之十(含百分之十)以上股东联合提名。

董事实行任期制,每届三年,可连选连任。董事在任期届满前,股东大会不得无故解除其职务。

第三十七条　董事会设董事长一名,副董事长二名,秘书长一名,由董事会的全体董事的过半数选举产生。任期三年,可连选连任。

第三十八条　董事长行使下列职权:

1、主持股东大会和召集、主持董事会会议;

2、检查董事会决议的实施情况;

3、签署公司股票、公司债券;

4、股东大会或董事会授予的其他职权。

副董事长协助董事长工作,董事长不能履行职权时,由董事长指定的副董事长代行其职权。

第三十九条　董事会会议每半年召开一次。每次会议应当于会议召开前十天通知全体董事。

第四十条　发生下列情形之一时,可召开临时董事会议:

1、董事长认为有必要;

2、三分之一以上董事或总经理提议。

董事会召开临时会议,应当于会议召开前三天通知全体董事。

第四十一条　董事会会议应由二分之一以上的董事出席方可举行。董事出席会议应亲自参加,因故不能出席,可以书面委托其他董事代为出席董事会,委托书中应载明授权范围。

董事会作出决议,采取一人一票的表决方式,并须经全体董事的过半数通过。

第四十二条　董事会对会议所议事项的决定作成会议记录,并由出席会议的董事和记录员在会议记录上签字。

董事有要求在记录上作出某些记载的权利。董事应当对董事会的决议承担责任。董事会的决议违反法律、行政法规或者公司章程,致使公司遭受严重损失的,参与决议的董事对公司负赔偿责任。但经证明在表决时曾表明异议并记载于会议记录的,该董事可以免除责任。无故不出席会议、又不委托代表的董事视作未表示异议,不免除责任。

第四十三条　公司设总经理,由董事会聘任或解聘,任期三年,可以连聘连任。总经理对董事会负责,并行使下列职权:

1、主持公司的生产经营管理工作,组织实施董事会决议;

2、组织实施公司年度经营计划和投资方案;

3、拟订公司内部管理机构设置方案;

4、拟订公司的基本管理制度;

5、制定公司的具体规章;

6、提请聘任或者解聘公司副总经理、财务负责人;

7、聘任或者解聘除应由董事会聘任或者解聘以外的负责管理人员;

8、公司董事会授予的其他职权。

总经理在行使职权时,不得变更股东大会和董事会的决议或超越职权范围。

总经理列席董事会会议。

第四十四条　董事、总经理应当遵守公司章程,忠实履行职务,维护公司利益,不得利用在公司的地位和职权为自己谋取私利。

凡有下列情况之一者,不能担任公司的董事、总经理;

1、无民事行为能力者和限制民事行为能力者;

2、担任因经营不善破产清算的公司、企业的法定代表人并负有个人责任的,自该公司、企业被吊销营业执照之日起未逾三年者;

3、因犯有贪污、贿赂、侵占财产、挪用财产罪或者破坏社会秩序罪,被判刑罚,执行期满未逾五年,或者因犯罪被剥夺政治权利,执行期满未逾五年;

4、担任因违法经营被吊销营业执照的公司、企业的法定代表人并负有个人责任的,自该公司、企业被吊销营业执照之日起未逾三年者;

5、个人所负债数额较大的债务到期未清偿;

6、国家法律、法规和政策规定不能担任企业领导职务者。

第四十五条　公司研究决定有关职工切身利益的问题(工资、福利、保险)以及决定生产经营的重大问题,制定重要的规章制度时,应当听取公司工会和职工的意见和建议。

第六章　监事会

第四十六条　公司设立监事会,对董事会及其成员和总经理等管理人员行使监督职能。

第四十七条　监事会成员由三人组成,三分之一的监事由公司员工民主选举和变更。监事会其他成员由股东大会选举和变更。董事、总经理及财务负责人不得兼任监事。监事的任期每届三年,可连选连任。监事会三分之二以上组成人员推选监事会主席一人。

第四十八条　监事会行使下列职权

1、检查公司的财务;

2、对董事、总经理执行公司职务时违反法律、法规或者公司章程的行为进行监督;

3、当董事和总经理的行为损害公司的利益时,要求董事和总经理予以纠正;

4、提议召开临时股东大会。

监事列席董事会会议。

监事会向股东大会负责并报告工作。

第四十九条　监事会会议必须由全体监事出席才能举行,并实行一人一票表决制度。监事会的决议须经过三分之二以上(含三分之二)监事表决通过;

第五十条　监事会行使职权时可以聘请律师、注册会计师、注册审计师等专业人员的协助,聘任费用由公司承担。

第五十一条　公司监事会应当依照法律、行政法规、公司章程,忠实履行其监督职责,凡有前款第四十三条情况之一者,不得担任公司监事会监事。

九、募股资金的运用

(一)一九八九年募股资金使用情况的说明

经武汉市体改委(武体改〔1989〕30号文)和中国人民银行武汉市分行武银管〔1989〕155号文批准,公司于1989年11月12日至1989年12月11日向社会公众公开发行普通股票1251万股,共募集资金1251万元,全部按招股说明书规定的投向使用于市商业幼儿园和民宅及桥西三角区内门点和民宅的拆迁还建工程。该工程从1990年8月起至1992年1月结束,资金使用效益良好。

(二)关于第二期发行股票募集资金使用情况的说明

经武汉市经济体制改革委员会(武体改〔1992〕123号文)、中国人民银行武汉市分行(武银办〔1992〕3号)文批准,公司于1992年4月1日至30日向社会法人发行普通股股票1845万股,股票面值为人民币1元,发行价格2元,实际发行1845万股,筹集资金3690万元,资金于1992年5月6日全部到位。按招股说明书规定,所募资金全部用于兴建桥西商厦。该工程从1992年5月动工至1995年7月竣工,资金使用效益良好。

十、经营业绩

(一)经营概述

公司自股份制改造以来,在政府职能部门的大力支持下,经过全体股东和员工的共同努力,通过扩改建、新建等方式,迅速扩大公司规模,主营业务收入和主营业务利润逐年递增。1991年公司晋升国家二级企业。公司所处的六渡桥地段是武汉市最繁华的商业中心,扩改建桥东商场,兴建桥西商厦,营业面积从改制前的0.85万平方米增加到3.5万平方米,经营商品种类也由改制前的2.5万种扩至8万余种。

公司在开拓经营的同时,还狠抓内部管理,在诸多方面取得了良好业绩。曾获得国家部委、省市的多次奖励,先后被授予"全国百货纺织品经营管理先进企业"、"全国首届商业优秀管理奖"、"武汉二十强企业"等称号,1994年4月15日公司经国家经济体制改革委员会体改生〔1994〕46号文批复,同意进行规范化的股份制企业试点。1995年公司在实践中摸索形成的一套颇具有特色的"企业目标控制管理法"荣获全国商业企业管理现代化创新成果一等奖。1996年公司在国内贸易部统计的全国221家重点零售企业中按利润排名位居第57位。

(二)近三年及1997年1至4月的公司经营业绩

	1997.4.30	1996.12.31	1995.12.31	1994.12.31
主营业务收入(万元)	14,701.33	42,220.75	50,228.32	51,117.29
营业利润(万元)	688.40	1,836.82	1,972.00	1,634.05
利润总额(万元)	735.70	2,020.34	1,971.20	1,646.17
税后利润(万元)	625.65	1,719.46	1,838.63	1,513.56

(三)主要财务指标

项　目	1997.4.30	1996.12.31	1995.12.31	1994.12.31
1. 资产负债率(%)	63.31	65.13	70.10	65.93
2. 流动比率	0.82	0.81	0.89	0.57
3. 速动比率	0.45	0.49	0.55	0.38
4. 存货周转率(次)	4.30	14.11	20.63	18.53
5. 净资产收益率(%)	5.14	14.88	18.70	19.06
6. 每股盈利(元/股)	0.13	0.344	0.368	0.303
7. 每股净资产额(元)	2.44	2.31	1.97	1.59

十一、资产评估报告(摘要)

(一)公司按照国务院1991年第91号令《国有资产评估管理办法》等文件规定,为了保证国有资产在股份制企业中不受损失和其他股东的应持份额,同时也为扩大经营规模,增强竞争实力,需通过增资扩股募集资金,投资开发新项目,故在1992年3月进行了资产评估,并对资产评估结果进行了调帐处理。

根据武汉市国有资产评估事务所武国资评〔1992〕001号资产评估报告,以1991年12月31日为基准日期的评估结果如下:
(单位:元)

	帐面值	评估值	增减值(±)	增减率(%)
资产总额	60,601,033.05	64,601,748.91	+4,000,715.86	+0.66
1. 固定资产	4,716,122.43	8,591,923.86	+3,875,801.43	+82.18
2. 流动资产	24,441,233.51	24,457,871.94	+16,638.43	+0.07
3. 专项资产	31,443,677.11	31,551,953.11	+108,276.00	+0.34
负债总额	36,201,252.54	36,201,252.54	0	0
资产净值	24,399,780.51	28,400,496.37	+4,000,715.86	+16,40

说明:

1. 公司固定资产帐面原值6,024,184.58元,净值4,716,122.43元,

其中:非经营性固定资产帐面原值 218,350.51 元,净值 207,780.51 元,评估后,非经营性固定资产按原帐面值保留(不含 1989 年公司试行股份制时受托代管非经营性资产 45,842.51 元)。

2.公司此次评估资产总值中不包括土地使用权价值和无形资产(商誉)。

(二)根据武汉资产评估公司武资评〔1993〕043 号关于土地使用权价值评估报告,公司位于武汉市汉口中山大道 779－805 号土地使用权价值以 1993 年 6 月 30 日为评估基准日的评估值为 737.8 万元。

(三)资产评估确认书(摘要)

一、根据武汉市江汉区国有资产管理办公室江国资〔1992〕07 号文确认如下:

1.截止 1991 年 12 月 31 日公司的资产总额 64,601,748.91 元;

2.截止 1991 年 12 月 31 日公司的资产净值 28,400,496.37 元;

3.截止 1991 年 12 月 31 日经过武国资评〔1992〕001 号文评估验证资产升值 4,000,715.86 元;

4.非经营国有资产 45,841.51 元未评估(该国有资产未折股,由公司代管)。

二、根据武汉市江汉区国有资产管理办公室江国资〔1993〕14 号文确认如下:

原武汉市六渡桥百货公司经营用地 4340 平方米,评估的使用权价值 7,378,000 元,鉴于 1989 年改制时,国有资产按帐面经营性资产净值折为国家股,未考虑评估增值因素;该土地几年来由公司无偿使用;改制后公司继续享受承包制的优惠政策。因此,该土地使用权价值应按 1:1 比例折为 737.8 万股,列入国家股股本。

三、武汉市国有资产管理局对公司历次资产评估立项及其结果确认的批复(武国资企〔1996〕39 号文)

武汉市六渡桥百货(集团)股份有限公司:

你公司《关于公司历次资产评估立项及其结果确认的请示》(六百集团政〔1996〕44 号)收悉。根据江汉区国有资产管理办公室的上报意见,经审查和研究,同意江汉区财政局、江汉区国资办对你公司历次资产评估确认及国家股折股的意见。特此批复。

武汉市国有资产管理局

1996 年 5 月 24 日

十二、验资报告

武中会〔1993〕508 号

武汉市六渡桥百货(集团)股份有限公司:

我所接受委托,验证贵公司 1993 年 7 月 31 日的实收股本。根据公司提供的会计报表及相关的财务资料,依据国家法律、法规和制度,按照《注册会计师验资规则(试行)》等规定,检查验证了贵公司截止 1993 年 7 月 31 日的实收股本。

我们经过检查验证后确认,贵公司截止 1993 年 7 月 31 日的实收股本金额为人民币 50,020,000.00 元,折股 5002 万股。其中:国家股本金额为:19,060,000.00 元,折股 1906 万股,占总股本的 38.1%,法人股股本金额为 18,450,000.00 元,折股 1845 万股,占总股本的 36.89%。个人股本金额为 12,510,000.00 元,折股 1251 万股,占总股本 25.01%。

武汉中华会计师事务所　　中国注册会计师:胡道润

地址:中国　武汉　江汉路 25 号　　中国注册会计师:邹玉芳

1993 年 8 月 4 日

十三、公司财务会计资料

(一)审计报告

武中会〔1997〕216 号

武汉市六渡桥百货集团股份有限公司全体股东:

我们接受委托,审计了贵公司 1994 年 12 月 31 日、1995 年 12 月 31 日、1996 年 12 月 31 日、1997 年 4 月 30 日的资产负债表及合并的资产负债表;1994 年度、1995 年度、1996 年度、1997 年 1 至 4 月的利润及利润分配表及合并的利润及利润分配表和 1996 年度财务状况变动表与合并的财务状况变动表。这些会计报表由贵公司负责,我们的责任是对这些会计报表发表审计意见。我们的审计是依据中国注册会计师独立审计准则进行的。在审计过程中,我们结合贵公司实际情况,实施了包括抽查会计记录等我们认为必要的其他审计程序。

我们认为,上述会计报表符合《企业会计准则》和《股份制试点企业会计制度》的有关规定,在所有重大方面公允地反映了贵公司 1994 年 12 月 31 日、1995 年 12 月 31 日、1996 年 12 月 31 日、1997 年 4 月 30 日的财务状况及 1994 年度、1995 年度、1996 年度、1997 年 1 至 4 月的经营成果和 1996 年度的资金变动情况,会计处理方法的选用遵循了一贯性原则。

武汉中华会计师事务所　　中国注册会计师:王　岚

地址:中国　武汉　江汉路 25 号　　中国注册会计师:石文先

中国注册会计:肖秋平

1997 年 5 月 24 日

(二)会计报表

经武汉中华会计师事务所【武中会〔1997〕216 号】审计的会计报表见附表。

(三)会计报表附注

注释 1.公司概况

武汉市六渡桥百货集团股份有限公司前身为武汉市六渡桥百货公司,1989 年 10 月 20 日经武汉市经济体制改革委员会武体改〔1989〕30 号文批准,由武汉市六渡桥百货公司独家发起,在武汉市六渡桥百货公司基础上,进行股份制改组。1990 年元月 29 日注册登记成立武汉市六渡桥百货股份有限公司,1992 年 2 月 25 日经武汉市经济体制改革委员会武体改〔1992〕123 号文同意增资扩股,同时更名为武汉市六渡桥百货(集团)股份有限公司。1996 年 10 月 28 日经武汉市经济体制改革委员会武体改〔1996〕106 号文同意,更名为:武汉市六渡桥百货集团股份有限公司。公司现有股本总额为 5,002 万股,其中:国家股 1,906 万股、社会法人股 1,845 万股、个人股 1,251 万股。公司法人执照注册号为:17784033－9－01。公司注册地址:武汉市江汉区中山大道 779－805 号。

经营范围:主营:百货、五金交电、针纺织品、金银饰品、医疗器械、建筑材料、电器机械及器材、计划外汽车(含小轿车)、橡胶制品、工艺美术品、其它食品批发兼零售。汽车货运;服装加工;日用品修理。(国家有专项规定的项目经审批后方可经营)

注释 2.公司的主要会计政策

(1)会计制度:公司执行《企业会计准则》、《股份制试点企业会计制度》及有关补充规定。

(2)会计期间:会计年度采用公历年制,即 1 月 1 日至 12 月 31 日。

(3)记帐原则及计价基础:公司会计核算采用权责发生制原则,会计计价以历史成本为基础。

(4)记帐方法:会计记帐方法采用借贷复式记帐法。

(5)记帐本位币:会计核算以人民币作为记帐本位币。

(6)合并报表的基础和方法

A.纳入合并报表除母公司外,另有三家控股子公司:武汉市银桥广告有限责任公司、武汉市金桥床上用品有限责任公司、武汉市虹桥装饰有限责任公司。

B.子公司注册资本及母公司实际投资额:

子公司名称	注册资本	母公司投资额	母公司投资比例	成立日期
武汉市银桥广告有限责任公司	100,000.00	80,000.00	80%	95.1.26
武汉市金桥床上用品有限责任公司	1,100,000.00	600,000.00	54.55%	96.9.5
武汉市虹桥装饰有限责任公司	500,000.00	300,000.00	60%	96.11.8

C.公司对外投资占被投资单位资本 50%以上,按照财政部财会字〔1995〕11 号《合并报表暂行规定》编制合并报表(1994 年无子公司,故未编制合并报表)。

(7)外币折算

发行外币业务时,采用当月 1 日中国人民银行市场汇率(中间价)折合记帐本位币记帐,月份终了,外币余额按期末市场汇率调整折合记帐本位币,差额作为汇兑损益列作当期财务费用。

(8)存货

A.公司存货包括:库存商品、低值易耗品、在途物资、产成品、材料物资、包装物。

B.除库存商品实行售价金额核算外,其余存货均以实际成本计价。

C.低值易耗品在领用时按“五五摊销法”摊销。

D.存货实行永续盘存制。

(9)长期投资

A.公司对债券投资按实际支付的价款入帐,债券投资收益,根据权责发生制原则计算。

B. 本公司对拥有25%以下股权的长期投资采用成本法核算，对拥有25%以上股权的长期投资采用权益法核算，并对拥有50%以上股权长期投资单位编制合并会计报表。

(10)固定资产及其折旧

A. 固定资产的标准为使用年限在一年以上的房屋建筑物、机器、机械、运输工具以及其他与生产经营有关的设备、器具、工具等；不属于生产经营主要设备的物品，单位价值在2,000元以上，并且使用期限超过两年的。

B. 固定资产按实际成本计价。

C. 固定资产折旧采用直线法平均计算，按分类折旧率计提折旧。固定资产分类及折旧年限如下：

固定资产分类	折旧年限	残值率	年折旧率
房屋及建筑物	30	4%	3.2%
通用设备	10	4%	9.6%
专用设备	15	4%	6.86%
运输工具	14	4%	6.4%
其　他	10	4%	9.6%

(11)坏帐损失

A. 坏帐损失按直接转销法核算

B. 坏帐损失的确认

(a)因债务人破产或者死亡，以其破产财产或者遗产清偿后，仍然不能收回的应收帐款。

(b)因债务人逾期未履行偿债义务超过三年仍然不能收回的应收帐款。

(12)无形资产

无形资产——土地使用权按40年限摊销。

(13)递延资产

递延资产在5年内分期摊销。

(14)收入的确认

商品销售收入的确认，以商品已经发出，商品所有权转移买方，收到货款或取得收取货款的证据时，作为营业收入实现。

(15)税项及教育费附加

A. 增值税销项税率为17%，按扣除进项税后的余额缴纳。

B. 营业税为营业额的5%。

C. 城市维护建设税为应纳增值税额、消费税额和营业税额的7%。

D. 教育费附加为应纳增值税额、消费税额和营业税额的3%。

E. 所得税：八五期间公司享受第二轮承包优惠政策，核定所得税额为1,326,105.22元，截止1995年不变。1996年所得税税率为应纳税所得额的33%，返还18%，实际执行税率为15%。(见武政〔1997〕48号文)。

F. 堤防费为应纳增值税额、消费税额和营业税额的1%。(堤防费系根据武汉市人民政府武政〔1992〕62号文规定计提。)

G. 平抑副食品价格基金为销售收入的1‰。(系根据武汉市人民政府〔1988〕76号文规定计提)。

(16)利润分配

A. 公司净利润按下列顺序分配：

a. 弥补亏损。

b. 提取净利润的10%计入公司法定公积金。

c. 提取净利润的5%－10%计入公司法定公益金。

d. 根据股东大会决议提取任意公积金。

e. 支付普通股股利。

B. 历年的利润分配于次年进行，按有关规定调整年初"未分配利润"及相关帐户，不在次年会计报表中反映。

注释3. 货币资金

货币资金期末余额为4,498,829.25元，其中：现金25,080.13元，银行存款4,473,749.12元。

注释4. 短期投资

短期投资期末余额为1,296,664.10元，系股票投资。期末持有股票及数量如下：

股票名称	购价	数量(股)	金　额	97.4.30市价	金　额
蓝天基金	3.107	30,000	93,200.00	3.05	91,500.00
天骥基金	2.451	82,060	201,120.00	3.01	247,000.00
富岛基金	4.57	80	365.60	5.26	420.80
君安基金	4.77	50	238.50	4.83	241.50
沱牌曲酒	16.645	17,000	282,960.00	16.25	276,250.00
辽房天	7.60	6,000	45,600.00	6.35	38,100.00
中百申购	5.25	10,000	52,500.00	5.25	52,500.00
深金田	13.21	3,000	39,630.00	9.67	29,010.00
白云山	6.22	5,000	31,100.00	6.77	33,850.00
中百一店	19.67	5,000	98,350.00	19.58	97,900.00
深纺织	11.54	16,000	184,640.00	11.59	185,440.00
武汉电缆	14.58	5,000	72,900.00	13.69	68,450.00
冰熊股份	12.30	3,000	36,900.00	12.38	37,140.00
中国嘉陵	18.13	4,000	72,520.00	17.30	69,200.00
中福实业	10.58	8,000	84,640.00	12.40	99,200.00
合　计			1,296,664.10		1,326,202.30

注释5. 应收帐款

应收帐款期末余额为16,072,374.12元，帐龄分析如下：

帐龄	户数	金额(元)	占余额比例%
一年以内	126	5,856,364.57	36.44
一至二年	28	8,634,847.30	53.72
二至三年	53	1,242,727.04	7.73
三年以上	14	338,435.21	2.11
合　计		16,072,374.12	100

注：本公司无5%以上股份的主要股东单位的欠款。三年以上的14户欠款单位均属公司业务往来单位，其款项系数购货单位尚欠尾款，待1997年结算后可望收回。

注释6. 预付货款

预付货款期末余额为545,677.20元，均属一年以内的预付货款。

注释7. 其他应收款

其他应收款期末余额为6,793,615.74元，其帐龄分析如下：

帐　龄	户数	金　额	占余额比例%
1年以内	12	1,282,809.73	18.9
1－2年	47	4,042,399.00	59.5
2－3年	8	1,069,207.01	15.7
3年以上	14	399,200.00	5.9
合　计		6,793,615.74	100

其他应收款主要户名期末余额及款项内容如下：

户名及款项内容	金额
武汉电力开发公司电力集资款	240,900.00
武汉市供电局押金	7,800.00
武汉市电信局押金	500.00
武昌火车站押金	150,000.00
职工个人借支	133,830.76
代垫厂家广告费及商品装饰费	684,320.00
武汉市裕红服饰公司租金	120,000.00
武汉市胭脂服装公司租金	240,000.00
武汉市鸣笛服饰有限公司租金	100,000.00
武汉市隆祥服装有限公司租金	120,000.00
武汉市洲天制衣服饰公司租金	80,000.00
武汉市莹和服饰公司租金	380,000.00
武汉市卓越服装公司租金	110,000.00
武汉市金福泰制衣公司租金	120,000.00
武汉市昌顺服饰公司租金	210,000.00
武汉市太阳服饰公司租金	240,000.00
武汉市中信服饰公司租金	160,000.00
武汉市女豪服饰公司租金	140,000.00
武汉市太和服饰公司租金	90,000.00
武汉市华联制衣公司租金	240,000.00

武汉市森林服装公司租金	120,000.00
武汉市中达服饰公司租金	100,000.00

注:(1)公司无5%以上股份的股东单位的欠款。三年以上的其他应收款大部分为支付有关单位的押金和电力集资款。

(2)应收有关公司的租金,系上述公司欠付1996年至1997年4月份的摊位租金。

注释8. 待摊费用

待摊费用期末余额为8,358,657.33元,其中:

94年期初库存待扣进项税金	8,190,780.21
企业财产保险	167,877.12
合　计	8,358,657.33

注释9. 存货

存货期末余额为31,010,082.39元。其中:

项　目	金　额
库存商品	27,259,850.44
材料物资	902,731.09
低值易耗品	1,487,771.65
在途物资	794,745.70
产成品	562,098.21
包装物	2,885.30
合　计	31,010,082.39

注释10. 长期投资

长期投资期末余额为1,455,900.00元,其中股权投资1,260,600.00元,债券投资145,300.00元,联营投资50,000.00元。

(一)股权投资

公司名称	股数(股)	投资金额	投资比例%
武汉市武昌商场集团股份有限公司	30万	540,300.00元	1.875
武汉冰川集团股份有限公司	20万	400,300.00元	0.27
海南新大陆投资股份有限公司	20万	220,000.00元	0.033
武汉太和实业(集团)股份有限公司	10万	100,000.00元	0.26
小　计	80万	1,260,600.00元	

(二)债券投资

债券种类	到期日	面值(元)	投资金额(元)	年利率
1986年五年期国库券	1991.4.30	23,000.00	23,000.00	8%
1987年五年期国库券	1992.4.30	30,000.00	30,000.00	8%
1988年八年期国库券	1996.8.16	45,000.00	45,000.00	88-91年6% 92-96年8%
债券应计利息			47,300.00	
小　计		98,000.00	145,300.00	

(三)联营投资

被投资单位名称	投资金额(元)
武汉市七大国营百货商场股份有限公司	50,000.00
小　计	50,000.00

注释11. 固定资产及累计折旧

期末固定资产原值为169,504,321.75元,累计折旧价值为11,049,736.67元,期末固定资产净值为158,454,585.08元。

其增减变化如下:

(一)固定资产原值

类别	期初价值	本期增加	本期减少	期末价值
房屋及建筑物	160,168,557.13			160,168,557.13
通用设备	1,075,084.00	6,800.00		1,081,884.00
专用设备	1,389,997.36	27,600.00		1,417,597.36
运输设备	5,241,407.94	43,900.00		5,285,307.94
其　他	1,545,475.32	5,500.00		1,550,975.32
合　计	169,420,521.75	83,800.00		169,504,321.75

(二)累计折旧

类别	期初价值	本期增加	本期减少	期末价值
房屋及建筑物	7,258,928.97	1,708,464.62		8,967,393.59
通用设备	674,688.20	34,402.70		709,090.90
专用设备	231,764.15	29,653.30		261,417.45
运输设备	607,252.44	119,853.53		727,105.97
其　他	335,273.63	49,455.13		384,728.76
合　计	9,107,907.39	1,941,829.28		11,049,736.67

注释12. 在建工程

在建工程期末余额为96,794,101.43元,其项目如下:

工程项目	累计实际支出	工程进度	原预算数	批准文号	资金来源
桥东二期工程	83,182,098.51	90%	67,100,000	武计市场507号 武计市场[96]474号	自筹
职工宿舍	13,612,002.92				自筹
合　计	96,794,101.43				

注释13. 无形资产

无形资产期末余额为6,763,166.67元,系土地使用权价值。

项　目	原　值	已摊销金额	期末余额	剩余摊销年限
土地使用权	7,378,000.00	614,833.33	6,763,166.67	36年8个月

注释14. 递延资产

递延资产期末余额1,990,123.26元。其形成过程如下:

项　目	原　值	已摊销金额	期末余额	剩余摊销年限
租入固定资产				
改良工程	2,078,352.00	728,027.20	1,350,324.80	3年零8个月
开办费	135,466.93	9,001.80	126,465.13	3年零8个月
大修理费用支出	700,000.00	186,666.67	513,333.33	4年零6个月
合　计	2,913,818.93	923,695.67	1,990,123.26	

注释15. 短期借款

短期借款期末余额为68,970,000.00元,其贷款单位及明细项目如下:

贷款单位	金额(万元)	贷款期限	年利率%	贷款条件
中国工商银行江汉支行	100	96.07.19-97.5.18	9.18	信用
中国工商银行江汉支行	50	96.09.10-97.6.10	8.46	信用
中国工商银行江汉支行	16	96.11.11-97.5.15	9.72	信用
中国工商银行江汉支行	40	96.11.28-97.5.28	8.46	信用
中国工商银行江汉支行	60	96.12.31-97.7.10	8.46	信用
中国工商银行江汉支行	295	97.4.24-97.10.27	9.18	信用
中国工商银行江汉支行	260	97.4.24-97.10.27	10.692	信用
中国工商银行江汉支行	460	97.4.24-97.10.27	10.88	信用
中国工商银行民族路办处	50	96.12.6-97.6.6	9.24	信用
中国工商银行民族路办处	30	96.12.23-97.6.25	9.24	信用
中国工商银行民族路办处	50	96.12.25-97.5.25	9.24	信用
中国银行前进路分理处	100	96.8.2-97.5.15	11.088	信用
中国建设银行江汉支行	200	96.9.22-97.7.22	13.5	信用
中国建设银行武汉经济技术开发区支行	260	96.10.11-97.5.30	12.078	信用
中国建设银行武汉经济技术开发区支行	300	96.11.8-97.5.7	12.078	信用
中国建设银行武汉经济技术开发区支行	300	96.11.8-97.7.8	12.078	信用
中国农业银行统一街办事处	200	96.9.25-97.8.25	11.088	信用
武汉合作银行六渡桥分理处	800	96.8.18-97.6.8	12.088	抵押
武汉合作银行六渡桥分理处	200	96.10.18-97.7.18	12.088	抵押
武汉合作银行六渡桥分理处	500	96.11.17-97.5.17	12.088	抵押

武汉合作银行六渡桥分理处	350	96.12.22-97.6.22	12.078	抵押
武汉合作银行六渡桥分理处	200	96.12.21-97.6.21	13.065	抵押
武汉合作银行新华信用社	25	96.11.15-97.5.15	13.05	抵押
中国工商银行江汉支行	40	96.11.15-97.5.15	10.8	信用
中国工商银行江汉支行	20	96.11.15-97.6.14	10.8	信用
武汉合作银行民生信用社	25	96.11.15-97.5.15	13.05	抵押
武汉合作银行民生信用社	25	96.11.15-97.5.15	13.05	抵押
武汉合作银行民生信用社	25	96.11.15-97.5.15	13.05	抵押
武汉合作银行汉兴信用社	25	96.11.15-97.5.15	13.05	抵押
中国交通银行江岸支行	400	96.10.14-97.8.14	11.088	抵押
中国交通银行江岸支行	300	96.10.14-97.7.14	11.088	抵押
中国交通银行江岸支行	311	96.10.14-97.5.14	11.088	抵押
中国交通银行江岸支行	300	96.10.22-97.8.22	11.088	抵押
中国交通银行江岸支行	50	96.12.19-97.6.19	11.088	抵押
中国交通银行江岸支行	100	96.12.27-97.6.27	11.088	抵押
中国交通银行江岸支行	130	96.12.27-97.8.27	11.088	抵押
中国交通银行江岸支行	110	96.12.30-97.6.30	11.088	抵押
中国交通银行江岸支行	100	96.12.30-97.6.30	11.088	抵押
中国交通银行江岸支行	90	96.12.30-97.6.20	11.088	抵押
合　计	6897			

注:上述抵押借款均以公司营业用房屋作抵押。

注释16.应付帐款

应付帐款期末余额为9,279,304.32元,其主要户名如下:

单位名称	金　额
宁波杉杉西服股份有限公司武汉公司	347,344.27
上海金伊诺制衣有限公司	187,292.88
上海毛毯厂	139,338.00
广东佛山丝绸试样厂	241,253.36
河南商水毛纺织厂	172,845.27
兰州市第三毛纺厂	215,881.29
江苏省江阴第一毛纺厂	332,909.86
杭州亚子恒电器有限公司	136,837.61
武汉市五金交电批发站	84,810.00
杭州老板电器实业集团有限公司	239,058.00
苏州长城营销电器集团股份有限公司	230,404.57
江苏句容华宝首饰厂	586,683.27
深圳仁和贸易公司	1,862,155.47
深圳市中旅珠宝金行	558,574.63
江苏小天鹅股份有限公司	505,420.53

注:应付帐款中无关联公司款项

注释17.应付福利费

应付福利费期末余额为-5,029,291.76元,系公司历年滚存职工福利费超支额。

注释18.应付股利

应付股利期末余额为471,680.00元,系应付法人股股利。

注释19.未交税金

未交税金期末余额为5,332,435.12元,其中:

项　目	金　额
增值税	2,869,190.81
营业税	1,848.08
企业所得税	1,968,044.63
城市维护建设税	406,696.59
消费税	86,655.01
合　计	5,332,435.12

注释20.其他未交款

其他未交款期末余额为508,642.53元,其中:

项　目	金　额
教育费附加	274,655.53
城市提防维护费	28.22
平抑副食品价格基金	352,256.65
预算调节基金及能源交通基金	-118,297.87
合　计	508,642.53

注释21.其他应付款

其他应付款期末余额为3,780,394.45元,其中:

项　目	金　额
职工教育经费	254,780.13
养老保险金	14,561.20
合同工保险金	8,748.05
职工风险金	126,702.00
中保财产保险有限公司武汉市分公司江汉区支公司(企业财产保险费)	250,000.00
铺面出租预收保证金	2,832,251.80

注释22.预提费用

预提费用期末余额为19,751.20元,系预提短期借款利息。

注释23.长期借款

长期借款期末余额为109,450,000.00元,贷款单位如下:

贷款单位名称	金　额	贷款期限	贷款利率	贷款条件
中国工商银行江汉支行	3,000,000.00	95.4-98.5	12.088	信用
中国工商银行江汉支行	3,000,000.00	95.4-98.10	11.088	信用
中国工商银行江汉支行	22,250,000.00	95.10-98.10	11.088	信用
中国工商银行江汉支行	2,000,000.00	96.4-98.6	11.088	信用
中国工商银行江汉支行	25,600,000.00	96.4-98.9	11.088	信用
中国工商银行江汉支行	3,300,000.00	96.5-98.5	11.088	信用
中国工商银行江汉支行	5,100,000.00	96.6-99.12	10.8	信用
中国工商银行江汉支行	2,000,000.00	96.9-99.9	10.8	信用
中国建设银行江汉支行	3,000,000.00	96.12-98.12	11.088	信用
中国建设银行江汉支行	2,000,000.00	96.12-98.12	11.088	信用
中国建设银行武汉经济技术开发区支行	1,400,000.00	96.9-98.12	12.088	信用
中国建设银行武汉经济技术开发区支行	2,000,000.00	96.11-98.11	13.5	信用
中国建设银行武汉经济技术开发区支行	3,000,000.00	96.12-98.12	12.088	信用
武汉合作银行六渡桥分理处	4,400,000.00	95.7-99.10	8.46	信用
武汉合作银行六渡桥分理处	12,000,000.00	96.8-99.11	8.46	信用
武汉合作银行六渡桥分理处	2,400,000.00	95.10-99.12	8.46	信用
武汉合作银行六渡桥分理处	4,000,000.00	96.8-99.10	13.5	抵押
武汉合作银行六渡桥分理处	6,000,000.00	96.9-99.12	12.088	抵押
武汉市待业保险办公室	1,500,000.00	(“再就业工程”贷款)		
武汉市商业网点办	1,900,000.00	(“再就业工程”贷款)		
合　计	109,450,000.00			

注释24.长期应付款

长期应付款期末余额为18,326,500.00元,其中:

单位名称	金　额
职工住房集资款	15,926,500.00
江汉区人民政府垫付再就业基金	1,500,000.00
江汉区财政局垫付再就业基金	900,000.00

合　计	18,326,500.00

注释25. 其他长期负债

其他长期负债期末余额为383,840.47元,系职工住房周转金。

注释26. 股本

股本总额为50,020,000.00股,每股面值1元,股本总额为50,020,000.00元,其股份结构如下:

股份类别	期初数(股)	期末数(股)	比例(%)
国家股	19,060,000	19,060,000	38.1
社会法人股	18,450,000	18,450,000	36.89
个人股	12,510,000	12,510,000	25.01
合　计	50,020,000	50,020,000	100

股本的形成过程:

第一次股本形成:根据武汉市江汉区财政局江财〔1989〕08号和武体改〔1989〕30文,将国有企业改制为股份制企业,国有净资产折股(国家股)1,168.2万股;根据武银管〔1989〕155号文同意,公司向社会发行个人股股票1,251万股。股本总股数为2,419.2万股。

第二次扩股:根据武银办〔1992〕3号文,同意公司发行社会法人股1,845万股,扩股后股本总数为4,264.2万股。

第三次扩股:根据江国资〔1993〕14号文,同意公司土地使用权价值737.8万元,折为国家股股本,扩股后总股本为5,002万股。

单位:万股

项　目	第一次形成	第二次扩股增加	第三次扩股增加	期末股本总数
国家股	1,168.20		737.80	1,906.00
法人股		1,845.00		1,845.00
个人股	1,251.00			1,251.00
合　计	2,419.20	1,845.00	737.80	5,002.00

注释27. 资本公积

资本公积期末余额为22,667,363.67元,明细项目如下:

项目	金额	备注
股票溢价	18,222,280.81	其中:股票溢价18,450,000.00元,手续费支出227,719.19元
资产评估增值	4,000,715.86	其中:1992年武国资评001号文,评估增4,000,715.86元。
接受捐增	444,367.00	其中:1995年11月接受深圳仁和珠宝有限公司捐赠WL6470大霸王汽车一辆,金额288,000.00元;1995年11月接受江汉区劳动局待业服务中心捐赠双环HBJ6440越野车一辆,金额98,500元,1996年6月接受上海百事可乐饮料有限公司、武汉市国营美乐食品厂,深圳市老兄弟食品有限公司联合捐赠五菱LEW6320B4车一辆,金额57,867.00元。

注释28. 盈余公积

盈余公积期末余额为14,031,642.99元,其形成过程如下:

(一)法定盈余公积金

年　份	提取比例	提取金额	公益金转入	期末余额
1992年转入				24,809.77
1993年提取	10%	1,514,945.74	57,600.00	1,597,355.51
1994年提取	10%	1,513,559.16		3,110,914.67
1995年提取	10%	1,838,633.64		4,949,548.31
1996年提取	10%	1,719,464.10		6,669,012.41

(二)法定公益金

年　份	提取比例	提取金额	福利设施支出	期末余额
1993年提取	10%	1,514,945.74	57,600.00	1,457,345.74
1994年提取	10%	1,513,559.16	2,970,904.90	
1995年提取	10%	1,838,633.64		4,809,538.54
1996年提取	10%	1,719,464.10		6,529,002.64

(三)任意盈余公积金:1993年提取任意盈余公积金833,627.94元。

注释29. 未分配利润

未分配利润期末余额为35,106,481.74元,其中:1996年度已分别按10%的比例提取法定盈余公积金和法定公益金进行分配,待股东大会决议后,再按利润分配方案予以调整,1996年期末可供股东分配的利润为28,849,993.15元,根据1997年5月20日董事会决议,1996年普通股股利暂不分配。另1997年1-4月实现净利润6,256,488.59元,共计待分配利润余额为35,106,481.74元。

注释30. 营业收入

项目	1997年1-4月	1996年	1995年	1994年
商品零售收入	126,452,711.14	352,747,931.95	356,819,172.38	347,995,879.31
商品批发收入	20,560,552.56	69,459,564.59	145,464,000.25	163,176,985.51
合　计	147,013,263.70	422,207,496.54	502,283,172.63	511,172,864.82

注释31. 营业成本

项目	1997年1-4月	1996年	1995年	1994年
商品零售收入	107,065,878.66	297,243,761.85	303,296,296.52	296,028,002.34
商品批发收入	18,641,054.36	61,469,075.51	139,037,333.98	155,834,021.16
合　计	125,706,933.02	358,712,837.36	442,333,630.50	451,862,023.50

注释32. 财务费用

财务费用总额1997年1-4月为4,349,669.90元;1996年为9,923,586.25元;1995年为5,668,128.75元;1994年为5,286,757.89元,明细项目如下:

项目	1997年1-4月	1996年	1995年	1994年
利息支出	4,321,574.23	9,868,328.14	5,480,275.08	5,203,328.05
银行手续费	28,095.67	50,246.08	187,814.13	83,429.84
汇兑损失	5,012.03	39.54		
合计	4,349,669.90	9,923,586.25	5,668,128.75	5,286,757.89

注释33. 其他业务利润

其他业务利润总额1997年1-4月为2,690,000.00元;1996年为8,631,420.17元;1995年为7,974,332.03元;明细项目如下:

项目	1997年1-4月	1996年	1995年
租赁净收入	2,690,000.00	8,614,085.48	5,515,832.34
汽车修理净收入		17,334.69	
装修净收入			2,458,499.69
合　计	2,690,000.00	8,631,420.17	7,974,332.03

注释34. 投资收益

投资收益总额1997年1-4月为561,585.45元;1996年为2,342,286.65元;1995年为341,477.00元;1994年为538,161.24元,明细项目如下:

项目	1997年1-4月	1996年	1995年	1994年
股票投资收益	561,585.45	2,190,319.95		
债券利息收入		47,300.00	100,880.00	78,645.00
股票红利		104,666.70	94,901.00	459,516.24
其他投资收益			145,696.00	
合　计	561,585.45	2,342,286.65	341,477.00	538,161.24

注释35. 营业外收入

营业外收入总额1997年1-4月为21,801.33元;1996年为69,934.93元;1995年为220,573.79元;1994年122,407.54元,明细项目如下:

项目	1997年1-4月	1996年	1995年	1994年
三年以上无法支付的应付款项	17,301.75		88,816.57	58,436.20
损失索赔收入			12,452.80	
固定资产清理收入				7,000.00
废品收入	4,499.58	69,934.93	118,105.20	53,928.34

长款收入			1,199.22	3.043.00
合　计	21,801.33	69,934.93	220,573.79	122,407.54

注释 36. 营业外支出

营业外支出总额 1997 年 1－4 月为 110,261.35 元,1996 年为 487,067.88 元;1995 年为 569,963.67 元;1994 年为 539,351.07 元,明细项目如下:

项目	1997 年 1－4 月	1996 年	1995 年	1994 年
平抑副食品价格基金	84,484.94	410,110.03	495,722.41	496,051.07
罚没支出		7,077.66		22,300.00
固定资产报废清理损失		17,774.00	50,403.44	
公益性捐赠	25,000.00	49,686.00	18,470.00	16,000.00
赔偿损失		2,400.00	5,352.03	
其　他	776.41	20.19	15.79	5,000.00
合　计	110,261.35	487,067.88	569,963.67	539,351.07

注释 37. 期后事项

在资产负债日后与签署报告日期之前,发生下列期后事项:

1. 长期投资

长期投资中,债券投资到本期应收回 98,000.00 元,其均为国家债券。到期日未予偿还,系未接到银行部门兑付通知。截止报告日期前,均未兑付。

2. 短期借款

短期借款在期后应还款 2,271 万元,公司已与有关金融单位续签贷款合同。

3. 短期投资

1997 年 4 月 30 日库存股票 1,296,664.10 元,截止 1997 年 5 月 22 日全部平仓,收回资金 1,166,132.00 元,损失 130,532.10 元,已冲减当期投资收益。

注释 39. 其他

公司在 1994 年 1 月至 1997 年 4 月无关联交易和或有负债。

十四、盈利预测

根据武汉中华会计师事务所具的《关于武汉市六渡桥百货集团股份有限公司盈利预测审核报告》(武中会〔1997〕244 号),在充分现时的基础和所有能力及潜力并在下列各项假设的前提下,本公司 1997 年实现净利润 1528 万元(按 15%所得税计)。

1997 年盈利预测表

单位:万元

项目	97 年 1－4 月	预测 97 年 5－12 月	预计全年
一. 主营业务收入	14,701.33	32,298.67	47,000.00
减:营业成本	12,570.69	27,614.31	40,185.00
销售费用	305.65	1,094.35	1,400.00
管理费用	840.83	1,674.17	2,515.00
财务费用	434.97	865.03	1,300.00
进货费用	57.13	139.37	196.50
营业税金及附加	72.67	127.33	200.00
二. 主营业务利润	419.39	784.11	1,203.50
加:其他业务利润	269.00	311.00	580.00
三. 营业利润	688.39	1,095.11	1,783.50
加:投资收益	56.16	10.34	66.50
营业外收入	2.18	3.82	6.00
减:营业外支出	11.03	44.97	56.00
四. 利润总额	735.70	1,064.30	1,800.00
减:所得税 33%	243.11	350.89	594.00
减:返还 18%按 15%	110.52	159.48	270.00
少数股东权益	-0.46	2.46	2.00
五. 税后利润			
按 33%计	493.05	710.95	1,204.00
按 15%计	625.64	902.36	1,528.00

假设:

1. 公司所在地区的社会经济环境无重大变化。

2. 公司所遵循的我国有关法律、法规、政策仍如现状实况无重大改变。

3. 公司的经营运作不受到诸如交通、电讯、水电和原材料等的严重短缺或成本中客观因素的巨大变化而产生不利影响。

4. 公司在盈利预测期内,经营计划能如期实现,不受客观环境较大变化的不利制约和经营费用大幅度上升的不利影响,能如期实现或完成而无较大变化。

5. 1997 年之税率、汇率、信贷利率及市场情况将在正常范围内变动。

6. 无其他人力不可抗拒因素的重大不利影响。

十五、重要事项

1、公司股份制改造后至 1995 年度,经武汉市江汉区财政局、武汉市税务局江汉分局批准,所得税实行按定额上缴的办法。根据武汉市江汉区财政局、江汉区税务局【江财〔1988〕20 号】、【江财〔1991〕08 号】、【江财〔1993〕15 号】文件规定,1990 年至 1992 年度公司所得税按每年 122.35 万元缴纳,1993 年至 1995 年度公司所得税每年 132.61 万元缴纳。根据武汉市人民政府武政〔1997〕48 号文的规定,自 1996 年 1 月开始,公司的所得税按 33%征收,返还 18%,实际执行税率为 15%。

2. 武汉正信律师事务所

关于本公司申请 1997 年度股票上市的意见书(摘要)

(一)经办律师认为公司具备申请股票上市的主体资格。

(二)公司历次发行股票都经有关部门批准,没有违规行为对国有股权的设置和非经营性资产的分离托管符合国家规定。公司产权关系明晰,股权结构的规范。

(三)公司章程关于"三会"的设置符合《公司法》的规定,在对"三会"的议事规则及职能,股东的权利和义务,董事、经理及高级管理人员勤勉尽责等规定中,体现了保护股东权利,特别是小股东权利的原则。

(四)1996 年 6 月 28 日,公司召开 1995 年度股东大会,通过了公司申请股票上市的决议。该决议的内容和通过的程序及股东大会的授权符合《公司法》的规定和公司章程要求,合法有效。

(五)经办律师对公司正在履行和将要履行的重大合同以及已履行完毕的重大合同进行了审查,认为上述合同的基本内容和形式合法有效,公司在上述合同项下的义务与其依据其他合同或法律文件承担的义务不存在冲突,而且上述合同的主体将不会因公司上市而发生变更。

公司目前不存在因环境保护,知识产权,产品质量,劳动安全,人身权等原因而发生侵权之债。

公司应收、应付款项均是依据有关合同或合同性法律文件在公司的正常经济往来中形成的债权、债务,其性质合法并应受到法律的保护。

(六)公司目前没有被牵涉到任何尚未了结或者可预见的重大法律诉讼、仲裁案件或者被行政处罚的案件之中。

(七)公司募股资金的使用情况:

1989 年募得资金 1251 万元,主要用于:1)投资 855 万元,用于桥东老商场相邻的武汉市商业幼儿园和居民拆迁工程;2)投资 1892 万元,用于桥西商厦工程三角区内的门点及居民拆迁工程。

1992 年募行资金 3690 万元,所募资金全部用于兴建桥西商厦。

公司两次募集资金的使用与当年招股说明书所述用途相符,并且资金使用效益良好。

3. 关于"桥东商场二期扩建工程"问题

该工程于 1995 年 5 月 18 日开工,竣工日期应为 1996 年 5 月 18 日,到目前为止,该工程主体已经完工,商场部分已全部投入营业但尚未完成整体工程决算和验收工作,工程延期达一年。根据武汉市黄陂建筑(集团)公司提供的说明文件,造成工期延误的原因是:1)施工现场位于闹市区,并且施工位置狭窄,现场操作不便。2)工程开工后,恰逢工程相邻的市政道路扩建,影响了工程进度。据公司介绍,目前有关的工程决算审核工作正在抓紧进行。

4. 上市推荐人的推荐意见

公司聘请武汉国际信托投资公司、中国科技国际信托投资公司作为公司本次股票上市推荐人。上述推荐人详细考查了本公司的上市条件,对本公司作出如下上市推荐意见:

武汉市六渡桥百货集团股份有限公司已具备股票上市的法定主体资格,公司近三年财务经营状况良好,且无重大违法事项,作为股份有限公司上市符合《公司法》及其国家有关法规,因此武汉市六渡桥百货集团有限公司符合上市条件,上市推荐人愿意推荐该公司上市。

十六、风险及对策

(一)主要风险因素

1、经营风险

本公司是以商业零售为主的企业,其经营受种类、促销方式、融资能力等诸多方面因素的影响与制约。这主要表现在:

(1)受商品经营种类的影响:本公司虽然经营着8万余种商品,但随着人民生活水平提高和现代科技的进步,老产品不断被淘汰,新产品层出不穷,商品更新换代的步伐加快,给公司增大了商品经营的压力。

(2)受促销方式的影响:随着商业群的不断增多,各路商家为争夺市场,纷纷推出优价促销、服务促销、品牌促销等多种营销手段,价格战、精品战、购物环境战愈演愈烈,公司面临着促销方式向更高层次发展的挑战。

(3)融资能力的限制

近年来,本公司为了保证桥东二期工程的正常进行,形成了较多的银行负债。尽管本公司享有较高的融资信誉,但由于国家采取适度从紧的金融政策和银行的商业化经营,本公司的融资能力受到一定的限制。

2、行业风险

武汉市素有"九省通衢"之称,商业一向发达,先后涌现出"鄂武商"、"汉商集团"、"武汉中百"、"武汉中商"等著名的上市商业企业,行业竞争激烈可见一斑,尤其是近几年来,由于对大型商场建设缺乏有力的调控,过多营业面积上万平方米的超大型商场陆续开业,行业的平均利润率面对相对稳定的客源必然呈现下降趋势,这势必影响公司的经济利益。

3、市场风险

随着我国市场经济的进一步发展,商品零售业的结构发生了很大的变化,消费者的消费观念日益更新,消费偏好不断变化,商业经营者越来越难以及时、准确地把握市场变化情况,一旦市场疲软、消费转入低潮时期,就会对本公司的盈利带来不利的影响。同时,本公司与全国闻名的汉正街小商品市场地域十分接近,随着汉正街小商品市场的不断向外扩张和延伸,公司面临着强大的市场竞争压力。

4、政策性风险

目前我国正处于产业政策调整期,抑制通胀、紧缩银根、压缩基建投资规模、控制消费基金过快增长等一系列政策措施,将会影响社会总需求。另外,商业属于资金密集型产业,国家的金融、税收政策的变化将直接影响本公司的经济效益。

5、股市风险

近几年来,我国证券业发展速度较快,各项证券交易法规正在不断完善,投资者素质也有所提高,但股票市场的价格不仅仅取决于企业的经营状况,同时也受到各种经济因素,政治因素和投资心理因素的影响。投资风险和股市风险是相连的。为此本公司提醒投资者,应对股票市场的价格波动和可能涉及的风险有所了解,以便作出正确的投资决策。

(二)主要风险对策

针对以上风险和影响,本公司将积极采取以下措施,将风险因素降低到最小程度:

1、针对经营风险

(1)本公司将在现有的经营基础上,科学地调整商品经营结构,一方面严把进货关,对购进的商品一律实施验证和报检制度,建立完善的商品编码制度,对购进商品的各个环节相互制约,有利遏制住人情货以及随意代销商品,保证购进商品的高质量。另一方面对引厂进店的各路厂家积极导人销售淘汰制度,用市场机制推动名优新特商品的更新换代步伐,从而保证所经销的商品都能适销对路、货畅其流。

(2)针对促销方式的挑战,公司将充分发挥在湖北省武汉市的知名效应,保持和发展与电台、电视台、报社等新闻媒体的良好关系,走"文化搭台,商家唱戏"的促销路子,兴办富有浓郁企业文化特色的电视晚会、电视模特儿大赛,用好用足"声誉满三镇,购物在六门"的公司知名度,将企业文化渗透到营销中,使公司不仅成为工薪阶层理想的购物商城,而且成为一个文化氛围浓郁的休闲娱乐场所。

(3)本公司将采取银行贷款等多种融资方式,保证桥东二期工程的建设资金需求,使其尽早投入经营产生效益;同时严格控制开支成本,减少不合理的费用,尽可能提高盈利水平以回报股东。

2、针对行业风险

公司将针对周边超大型商场的不足,以城乡结合部、新兴居民住宅小区为目标市场,发挥企业整体优势,大力发展连锁店、配送中心,靠发展上规模,以价格占市场,以服务争顾客,抓管理争效益,为公司培育新的利润增长点。

3、针对市场风险

公司将坚持"面向工薪,服务大众"的市场策略,始终把工薪阶层作为公司服务的市场主体,结合自身经营布局的特点,对桥西商厦侧重于发展以"太和"、"雅琪"、"红人"、"翔泰"为主流的汉派精品服饰,满足工薪族对质优价宜的汉派服饰的喜爱;对桥东商城则侧重于发展家电、食品、日用工业品、黄金首饰等商品,以品种全、质量优、价格廉为特色,巩固和扩大市场占有率。

同时,公司正积极筹划在汉正街口兴办服装批发市场,作为公司进军汉正街的桥头堡,并以此为契机,改变单一的零售经营方式,走批零兼营的路子,在多角化经营上迈出新的一步。

4、针对政策性风险

本公司将加强对市场经济信息的调查研究工作和对宏观政策面的分析,提高公司经营决策的科学性和预见性,以提高抵御政策风险的能力。

5、针对股市风险

对于股市风险,本公司将严格照《公司法》等有关法律、法规的要求,规范运作,履行信息披露义务,及时公告有关信息,对市场上有关本公司的不实传闻,及时予以澄清,尽本公司的职责,减少投资者的股市风险。

十七、公司发展规划

公司将遵循"主体创优、外延发展、一业为主、多角经营"的发展方针,力争到本世纪末,形成以商贸业为龙头、以物业发展为重点,以向餐饮娱乐业、旅业、房地产开发、工业生产等领域发展为补充,构筑以六渡桥地区为核心、依托大武汉、辐射全国的大型企业集团,具体规定如下:

(1)务实主体经营。以现有桥西商厦、桥东商城的主营业务为基础,科学地调整商品结构和经营布局,扩大自营业务和名牌消费品在主营业务中的比重,突出特色经营,提高竞争能力,以文化促销等方式巩固良好商誉及扩大市场占有率,到2000年,主营业务收入将达到12亿元。

(2)在汉正街口兴办万商广场。在现已租赁一至二楼5,000平方米的基础上,拟再租赁其余的40,600平方米,合计租赁面积达45,600平方米,实行统一策划,统一招商、统一管理,充分发挥其规模和区位优势,形成华中地区最大、最有特色的服装批发市场之一,成为公司重要的效益增长点。

(3)发展连锁经营。以位于江汉路的六百超市为基础,在今后三年内开办15至20家连锁店。建立商品配售中心,形成以江汉区商业闹市区为第一辐射圈,以本市城乡结合部、新兴居民住宅小区为第二辐射圈,以湖北省周边地区为第三辐射圈的商业网络。

(4)盘活存量资产。对目前桥西商厦作内仓和办公用的7至10楼分两期进行改造。通过合资或合作方式,98年改造7至8楼,99年改造9至10楼,可增加营业面积10000平方米,形成餐饮、娱乐、旅业、健身一体化配套服务的经营实体,进一步增强桥西商厦的综合功能,提高整体经济效益。

(5)开拓资本运营。充分利用当前部分市属企业下放给区的有利契机,选择资产有优势、开发有潜力的下放企业,通过兼并、合并等形式实现资产重组和优势互补,为公司的高成长开创一条投入少、发展快、收益好的新途径。

十八、董事会承诺

根据《股票发行与交易管理暂行条例》、《公开发行股票公司信息披露实施细则》和《深圳证券交易所业务规则》及国家有关法规的要求,本公司董事会特向证券主管机关、深圳证券交易所、广大投资者做出如下承诺:

1、准确和及时公告本公司中期、年度财务及经营业绩报告资料。

2、董事会成员、监事会成员及高层管理人员如发生人事变动,或前述人员持有本公司股份数量发行变化时,及时通报证券管理机关,并适时通过传播媒介通知社会公众。

3、及时、真实披露本公司重大经营活动信息。

4、自觉接受证券管理部门的监督和管理,认真听取政府、股东、证券管理及经营部门和社会公众的意见、建议和批评。

5、不利用内幕消息和不正当手段从事股票投机交易。

6、本公司没有无记录负债。

7、董事会及各位董事保证不就任何未经交易所审阅的可能影响股价变动之重大信息私自公告或发表意见。

十九、有关当事人

1、上市公司:武汉市六渡桥百货集团股份有限公司

法定代表人:江富庭

联系人:闵家安

地址:武汉市江汉区中山大道779-805号

电话:(027)5891122

传真:(027)5833507

2、上市推荐机构:武汉国际信托投资公司

法定代表人:许志超

联系人:夏铮　刘迎风　雷霆

法定地址:武汉市解放大道单洞路口武汉国际大厦

电话:(027)2422870

传真:(027)2422871

上市推荐机构:中国科技国际信托投资公司

法定代表人:张钢

联系人:饶震宇　姜卫华

法定地址:北京亚运村北辰东路8号国际会议中心四层

电话:(010)64933341

(027)5770800

传真:(027)5770921

3、资产评估机构:武汉资产评估公司

法定代表人:周国章

评估经办人员:连建英　李海清

地址:武汉市江汉区双洞正街16号

电话:(027)5842601

4、会计师事务所:武汉中华会计师事务所

法定代表人:王岚

经办注册会计师:石文先　肖秋平

地址:武汉市江汉路25号

电话:(027)2815504

5、律师事务所:武汉正信律师事务所

法定代表人:纪诚信

经办律师:顾恺　方芳

地址:武汉市青年路66-5号招银大厦10楼

电话:(027)5721855

6、股份登记机构:

深圳证券登记结算公司

地址:深圳市红岭路25号

电话:(0755)5567899

武汉证券登记中心

法定代表人:徐世民

地址:武汉市江岸区台北路151号

电话:(027)5795066

二十、备查文件

1、中国证券监督管理委员会审核批复证监发字〔1997〕434号文

2、国家经济体制改革委员会体改生〔1994〕46号《关于同意武汉市六渡桥百货(集团)股份有限公司进行规范化股份制企业试点的批复》

3、武汉市经济体制改革委员会武体改〔1989〕30号《关于组建武汉市六渡桥百货股份有限公司的批复》

4、武汉市六渡桥百货公司营业执照(江工商字0902号,1986年)

5、武汉市六渡桥百货集团股份有限公司营业执照

6、人民银行武汉市分行武银管〔1989〕155号《关于同意武汉市六渡桥百货股份有限公司发行股票的批复》

7、武汉市江汉区财政局江财〔1989〕08号文《关于组建六渡桥百货股份有限公司设置国家股的通知》

8、人民银行武汉市分行武银办〔1992〕3号《关于同意武汉市六渡桥百货股份有限公司发行股票的批复》

9、武汉市体改委武体改〔1992〕123号《关于同意武汉市六渡桥百货股份有限公司增资扩股并更名的批复》

10、武汉市国有资产评估事务所武国资评〔1992〕001号《关于对武汉市六渡桥百货股份有限公司整体资产的评估报告》

11、武汉市江汉区国有资产管理办公室江国资〔1992〕07号《关于武汉市六渡桥百货股份有限公司资产评估结果确认的通知》

12、武汉市土地管理局武土偿字〔1993〕012号《武汉市六渡桥百货(集团)股份有限公司国有土地使用权地价评估意见书》

13、武汉资产评估公司武资评〔1993〕043号《关于武汉市六渡百货(集团)股份有限公司土地使用权价值评估报告》

14、武汉市江汉区国有资产管理办公室江国资〔1993〕14号《关于武汉市六渡桥百货(集团)股份有限公司土地使用权价值评估结果确认及折股的通知》

15、武汉中华会计师事务所武中会〔1993〕508号《验资报告》

16、武汉市经济体制改革委员会武体改〔1993〕168号《关于同意武汉市六渡百货(集团)股份有限公司土地折股及调整股本结构的批复》

17、武汉市证券领导小组办公室武证办〔1993〕45号《同意变更总股本及结构的批复》

18、武汉市国有资产管理局武国资企〔1996〕39号《对武汉市六渡桥百货(集团)股份有限公司历次资产评估立项及其结果确认的批复》

19、武汉市六渡桥百货集团股份有限公司章程。

20、武汉中华会计师事务所武中会〔1997〕216号《审计报告》

21、武汉中华会计师事务所武中会〔1997〕244号《盈利预测审核报告》

22、武汉正信律师事务所《关于武汉市六渡桥百货集团股份有限公司申请1997年度股票上市的法律意见书》

23、武汉正信律师事务所为武汉市六渡桥百货集团股份有限公司1997年度股票上市出具法律意见书的工作报告

24、武汉市人民政府武政〔1997〕48号《关于武汉市六渡桥百货集团股份有限公司所得税问题的批复》

25、第一期发行股票的招股说明书

26、第二期发行股票的招股说明书

27、公司历年股东大会决议

28、武汉市证券管理办公室武证办〔1997〕90号《关于武汉市六渡桥百货集团股份有限公司股票集中登记托管的确认报告》

29、武汉市人民政府武政函〔1997〕27号《关于武汉市六渡桥百货集团股份有限公司股票上市申报材料问题的函》

30、上市推荐协议

武汉市六渡桥百货集团股份有限公司

1997年10月30日

公　司　组　织　机　构

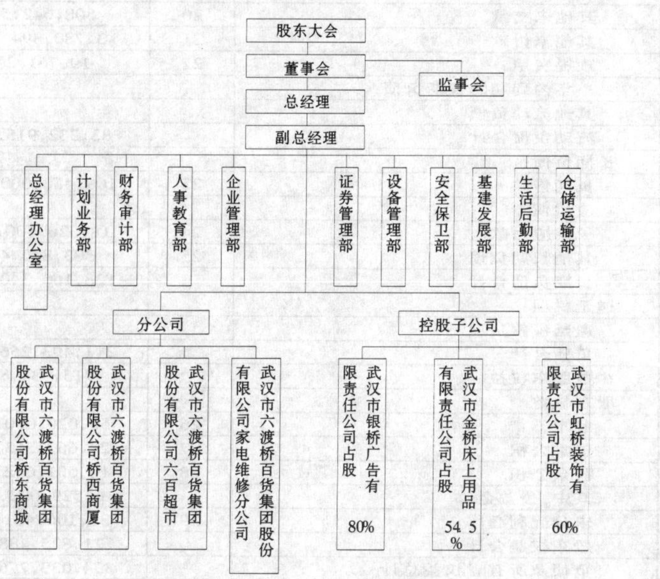

合 并 资 产 负 债 表

单位:人民币元

资　　产	注释	1997.4.30	1996.12.31	1995.12.31	1994.12.31
流动资产:					
货币资金	3	4,498,829.25	16,821,551.59	14,334,798.74	3,658,453.87
短期投资	4	1,296,664.10	1,694,365.02		
应收票据					
应收帐款	5	16,072,374.12	9,975,022.53	10,471,246.58	10,243,626.54
减:坏帐准备					
应收帐款净额		16,072,374.12	9,975,022.53	10,471,246.58	10,243,626.54
预付货款	6	545,677.20	535,265.00		
其他应收款	7	6,793,615.74	4,473,644.60	4,267,673.40	17,268,834.09
待摊费用	8	8,358,657.33	8,190,780.21	8,190,780.21	8,431,488.09
存货	9	31,010,082.39	27,500,159.92	23,346,809.20	20,247,361.25
待处理流动资产净损失					
一年内到期的长期债券投资					
其他流动资产					
流动资产合计		68,575,900.13	69,190,788.87	60,611,308.13	59,849,763.84
长期投资:					
长期投资	10	1,455,900.00	14,455,900.00	6,315,402.15	2,650,602.15
固定资产:					
固定资产原值	11	169,504,321.75	169,420,521.75	166,027,521.65	18,843,173.32
减:累计折旧		11,049,736.67	9,107,907.39	3,786,020.98	2,901,520.13
固定资产净值		158,454,585.08	160,312,614.36	162,241,500.67	15,941,653.19
固定资产清理					
在建工程		96,794,101.43	93,511,539.64	41,724,240.58	147,852,363.85
待处理固定资产损失	12				
固定资产合计		255,248,686.51	253,824,154.00	203,965,741.25	163,794,017.04
无形资产及递延资产:					
无形资产	13	6,763,166.67	6,824,650.00	7,009,100.00	7,193,550.00
递延资产	14	1,990,123.26	2,168,548.53	700,000.00	
无形资产及递延资产合计					
其他长期资产:		8,753,289.93	8,993,198.53	7,709,100.00	7,193,550.00
其他长期资产					
递延税项:					
递延税款借项					
资产总计		334,033,776.57	333,464,041.40	278,601,551.53	233,487,933.03
负债及所有者权益					
流动负债:					
短期借款	15	68,970,000.00	70,660,000.00	61,545,720.00	55,764,140.00
应付票据					
应付帐款	16	9,279,304.32	11,488,204.74	6,022,868.12	20,084,826.40
预收货款				280,000.00	
应付福利费	17	(5,029,291.76)	(4,740,122.08)	(6,035,147.28)	(5,516,319.91)
未付股利	18	471,680.00	516,480.00	665,124.00	18,805,450.80
未交税金	19	5,332,435.12	2,940,638.88	201,971.40	(2,313,906.01)
其他未交款	20	508,642.53	335,634.24	45,806.70	47,438.49
其他未付款	21	3,780,394.45	3,705,963.52	5,385,639.88	18,191,166.52
预提费用	22	19,751.20	19,751.20		
一年内到期的长期负债					
其他流动负债					
流动负债合计		83,332,915.86	84,926,550.50	68,111,982.82	105,062,796.29
长期负债:					
长期借款	23	109,450,000.00	109,450,000.00	109,450,000.00	48,550,000.00
应付债券					
长期应付款	24	18,326,500.00	22,148,000.00	6,703,448.05	331,481.34
其他长期负债	25	383,840.47	650,776.49		
长期负债合计		128,160,340.47	132,248,776.49	116,153,448.05	48,881,481.34
递延税项:					
递延税款贷项					
负债合计		211,493,256.33	217,175,326.99	184,265,430.87	153,944,277.63
少数股东权益		715,031.84	719,714.60	19,628.84	
股东权益					
股本	26	50,020,000.00	50,020,000.00	50,020,000.00	50,020,000.00
资本公积	27	22,667,363.67	22,667,363.67	22,609,496.67	22,222,996.67
盈余公积	28	14,031,642.99	14,031,642.99	10,592,714.79	6,915,447.51
其中:公益金		6,529,002.64	6,529,002.64	4,409,538.54	2,970,904.90
未分配利润	29	35,106,481.74	28,849,993.15	15,094,280.36	385,211.22
股东权益合计		121,825,488.40	115,568,999.81	98,316,491.82	79,543,655.40
负债及所有者权益总计		334,033,776.57	333,464,041.40	278,601,551.53	233,487,933.03

资产负债表(母公司)

单位:人民币元

资　　产	1997.4.30	1996.12.31	1995.12.31	1994.12.31
流动资产:				
货币资金	4,396,922.47	16,680,463.77	14,293,086.09	3,658,453.87
短期投资	1,296,664.10	1,694,365.02		
应收票据				
应收帐款	15,741,370.07	9,759,014.56	10,469,910.67	10,243,626.54
减:坏帐准备				
应收帐款净额	15,741,370.07	9,759,014.56	10,469,910.67	10,243,626.54
预付货款	520,000.00	530,000.00		
其他应收款	6,767,681.74	4,420,322.60	4,261,917.40	17,268,834.09
待摊费用	8,358,657.33	8,190,780.21	8,190,780.21	8,431,488.09
存货	29,322,991.43	25,838,646.73	23,296,149.49	20,247,361.25
待处理流动资产净损失				
一年内到期的长期债券投资				
其他流动资产				
流动资产合计	66,404,287.14	67,113,592.89	60,511,843.86	59,849,763.84
长期投资:				
长期投资	2,428,849.32	2,435,022.45	6,393,917.52	2,650,602.15
固定资产:				
固定资产原值	169,307,473.95	169,223,673.95	166,027,521.65	18,843,173.32
减:累计折旧	11,042,570.63	9,104,836.23	3,786,020.98	2,901,520.13
固定资产净值	158,264,903.32	160,118,837.72	162,241,500.67	15,941,653.19
固定资产清理				
在建工程	96,794,101.43	93,511,539.64	41,724,240.58	147,852,363.85
待处理固定资产损失				
固定资产合计	255,172,173.10	253,630,377.36	203,965,741.25	163,794,017.04
无形资产及递延资产:				
无形资产	6,763,166.67	6,824,650.00	7,009,100.00	7,193,550.00
递延资产	1,863,658.13	2,033,081.60	700,000.00	
无形资产及递延资产合计				
其他长期资产:	8,626,824.80	8,857,731.60	7,709,100.00	7,193,550.00
其他长期资产				
递延税项:				
递延税款借项				
资产总计	333,038,966.01	332,036,724.30	278,580,602.63	233,487,933.03
负债及所有者权益				
流动负债:				
短期借款	68,370,000.00	70,060,000.00	61,545,720.00	55,764,140.00
应付票据				
应付帐款	9,151,391.78	11,446,094.00,	6,022,868.12	20,084,826.40
预收货款			280,000.00	
应付福利费	(5,033,933.71)	(4,747,017.83)	(6,035,147.28)	(5,516,319.91)
未付股利	471,680.00	516,480.00	665,124.00	18,805,450.80
未交税金	5,335,977.80	2,955,874.39	201,820.12	(2,313,906.01)
其他未交款	509,082.66	335,048.99	45,806.70	47,438.49
其他未付款	3,728,938.61	3,652,468.45	584,471.10	18,191,166.52
预提费用				
一年内到期的长期负债				
其他流动负债				
流动负债合计	82,533,137.14	84,218,948.00	68,110,662.76	105,062,796.29
长期负债:				
长期借款	109,450,000.00	109,450,000.00	105,450,000.00	48,550,000.00
应付债券				
长期应付款	18,326,500.00	22,148,000.00	6,703,448.05	331,481.34
其他长期负债	383,840.47	650,776.49		
长期负债合计	128,160,340.47	132,248,776.49	112,153,448.05	48,881,481.34
递延税项:				
递延税款贷项				
负债合计	210,639,477.61	216,467,724.49	180,264,110.81	153,944,277.63
少数股东权益				
股东权益				
股本	50,020,000.00	50,020,000.00	50,020,000.00	50,020,000.00
资本公积	22,667,363.67	22,667,363.67	22,609,496.67	22,222,996.67
盈余公积	14,031,642.99	14,031,642.99	10,592,714.79	6,915,447.51
其中:公益金	6,529,002.64	6,529,002.64	4,809,538.54	2,970,904.90
未分配利润	35,106,481.74	28,849,993.15	15,094,280.36	385,211.22
股东权益合计	121,825,488.40	115,568,999.81	98,316,491.82	79,543,655.40
负债及所有者权益总计	333,518,966.01	332,036,724.30	278,580,602.63	233,487,933.03

合并利润及利润分配表

单位:人民币元

项　　目	注释	1997年4月份	1996年度	1995年度	1994年度
一、主营业务收入	30	147,013,263.70	422,207,496.54	502,283,172.63	511,172,864.82
减:营业成本	31	125,706,933.02	358,712,837.36	442,333,630.50	451,862,023.50
销售费用		3,056,513.44	13,345,840.10	14,426,052.01	13,377,824.26
管理费用		8,408,318.31	26,232,946.13	23,588,926.99	19,340,722.56
财务费用	32	4,394,669.90	9,923,586.25	5,668,128.75	5,286,757.89
进货费用		571,253.04	1,602,506.58	2,073,656.72	2,831,138.61
营业税金及附加		726,719.99	2,652,968.32	2,447,126.33	2,133,918.88
二、主营业务利润		4,193,856.00	9,736,811.80	11,745,654.33	16,340,479.12
加:其他业务利润	33	2,690,000.00	8,631,420.17	7,974,332.03	
三、营业利润		6,883,856.00	18,368,231.97	19,719,983.36	16,340,479.12
加:投资收益	34	561,585.45	2,342,286.65	341,477.00	538,161.24
营业外收入	35	21,801.33	69,934.93	220,573.79	122,407.54
减:营业外支出	36	110,261.35	487,067.88	569,963.67	539,351.07
加:以前年度损益调整			(90,000.00)		
四、利润总额		7,356,981.43	20,203,385.67	19,712,070.48	16,461,696.83
减:所得税		1,105,175.60	3,008,658.92	1,326,105.22	1,326,105.22
减:少数股东本期损益		(4,682.76)	85.76	(371.16)	
五、净利润		6,256,488.59	17,194,640.99	18,386,336.42	15,135,591.61
加:年初未分配利润		28,849,993.15	15,094,280.36	385,211.22	4,283,137.93
盈余公积转入数					
六、可分配的利润		35,106,481.74	32,288,921.35	18,771,658.64	19,418,729.54
减:提取法定公积金			1,719,464.10	1,838,633.64	1,513,559.16
提取法定公益金			1,719,464.10	1,838,633.64	1,513,559.16
七、可供股东分配的利润		35,106,481.74	28,849,993.15	15,094,280.36	16,391,611.22
减:已分配优先股利					
提取任意公积金					
已分配普通股股利					16,006,400.00
八、未分配利润		35,106,481.74	28,849,993.15	15,094,280.36	385,211.22

利润及利润分配表(母公司)

单位:人民币元

项　　目	1997年4月份	1996年度	1995年度	1994年度
一、主营业务收入	146,759,989.26	421,970,047.46	502,254,456.16	511,172,864.82
减:营业成本	125,566,675.28	358,617,806.82	442,333,630.50	451,862,023.50
销售费用	3,025,677.32	13,307,516.49	14,402,329.33	13,377,824.26
管理费用	8,341,769.50	26,157,913.47	23,585,214.06	19,340,722.56
财务费用	4,326,568.41	9,897,493.78	5,666,616.01	5,286,757.89
进货费用	571,253.04	1,602,506.58	2,073,656.72	2,831,138.61
营业税金及附加	723,643.52	2,650,948.99	2,445,546.93	2,133,918.88
二、主营业务利润	4,204,402.19	9,735,861.33	11,747,462.61	16,340,479.12
加:其他业务利润	2,690,000.00	8,631,420.17	7,974,332.03	
三、营业利润	6,894,402.19	18,367,281.50	19,721,794.64	16,340,479.12
加:投资收益	555,412.32	2,342,893.73	339,992.37	538,161.24
营业外收入	21,801.33	69,934.93	220,573.79	122,407.54
减:营业外支出	109,951.65	486,810.25	569,919.16	539,351.07
加:以前年度损益调整		(90,000.00)		
四、利润总额	7,361,664.19	20,203,299.91	19,712,441.64	16,461,696.83
减:所得税	1,105,175.60	3,008,658.92	1,326,105.22	1,326,105.22
减:少数股东本期损益				
五、净利润	6,256,488.59	17,194,640.99	18,386,336.42	15,135,591.61
加:年初未分配利润	28,849,993.15	15,094,280.36	385,211.22	4,283,137.93
盈余公积转入数				
六、可分配的利润	35,106,481.74	32,282,921.35	18,771,547.64	19,418,729.54
减:提取法定公积金		1,719,464.10	1,838,633.64	1,513,559.16
提取法定公益金		1,719,464.10	1,838,633.64	1,513,559.16
七、可供股东分配的利润	35,106,481.74	28,849,993.15	15,094,280.36	16,391,611.22
减:已分配优先股利				
提取任意公积金				
已分配普通股股利				16,006,400.00
八、未分配利润	35,106,481.74	28,849,993.15	15,094,280.36	385,211.22

合并财务状况变动表

（1996年度）

单位:人民币元

流动资金来源和运用	金额	流动资金各项目的变动	金额
一、流动资金来源和运用		一、流动资产本年增加数:	
1.本年净利润	17,194,640.99	1.货币资金	2,486,752.85
加:不减少流动资金的费用和损失:		2.短期投资	1,694,365.02
(1)少数股东本期损益	85.76	3.应收票据	
(2)固定资产折旧	5,340,402.41	4.应收帐款净额	(496,224.05)
(3)无形资产、递延资产摊销	692,720.40	5.预付货款	535,265.00
(4)固定资产盘亏(减盘盈)		6.其他应收款	205,971.20
(5)清理固定资产损失(减收益)	17,774.00	7.待摊费用	
(6)递延税款		8.存货	4,153,350.72
(7)其他不减少流动资金的费用和损失		9.待处理流动资产净损失	
小计	23,245,623.56	10.一年内到期的长期债券投资	
2.其他来源		11.其他流动资产	
(1)固定资产清理收入(减清理费用)	10,000.00	流动资产增加净额	8,579,480.74
(2)增加长期负债	20,095,328.44		
(3)收回长期投资	4,906,802.15		
(4)对外投资转出固定资产			
(5)对外投资转出无形资产			
(6)资本净增加额	3,496,795.20		
(7)少数股东资本净增加额	700,000.00		
(8)盈余公积转入数			
小计	29,208,925.79	二、流动负债本年增加数:	
流动资金来源合计	52,454,549.35	1.短期借款	9,114,280.00
二、流动资金运用		2.应付票据	
1.利润分配:		3.应付帐款	5,465,336.62
(1)提取法定盈余公积金	1,719,464.10	4.预收帐款	(280,000.00)
(2)提取法定公益金	1,719,464.10	5.应付福利费	1,295,025.20
(3)提取任意公积金		6.未付股利	(148,644.00)
(4)已分配股利		7.未交税金	2,738,667.48
小计	3,438,928.20	8.其他未交款	289,827.54
2.少数股东利润分配		9.其他应付款	(1,679,676.36)
3.其他运用		10.预提费用	19,751.20
(1)固定资产和在建工程净增加额	55,226,589.16	11.一年内到期的长期负债	
(2)增加无形资产、递延资产及其他资产	1,976,818.93	12.其他流动负债	
(3)偿还长期负债			
(4)增加长期投资	47,300.00		
小计	57,250,708.09		
流动资金运用合计	60,689,636.29	流动负债增加净额	16,814,567.68
外币会计报表折算差额			
流动资金增加净额	(8,235,086.94)	流动资金增加净额	(8,235,086.94)

财务状况变动表

（1996年度）

单位:人民币元

流动资金来源和运用	金额	流动资金各项目的变动	金额
一、流动资金来源和运用		一、流动资产本年增加数:	
1.本年净利润	17,194,640.99	1.货币资金	2,386,337.68
加:不减少流动资金的费用和损失:		2.短期投资	1,694,365.02
(1)少数股东本期损益		3.应收票据	
(2)固定资产折旧	5,337,331.25	4.应收帐款净额	(710,896.11)
(3)无形资产、递延资产摊销	692,720.40	5.预付货款	530,000.00
(4)固定资产盘亏(减盘盈)		6.其他应收款	158,405.20
(5)清理固定资产损失(减收益)	17,774.00	7.待摊费用	
(6)递延税款		8.存货	2,542,497.24
(7)其他不减少流动资金的费用和损失		9.待处理流动资产净损失	
小计	23,242,466.64	10.一年内到期的长期债券投资	
2.其他来源		11.其他流动资产	
(1)固定资产清理收入(减清理费用)	10,000.00	流动资产增加净额	6,601,749.03
(2)增加长期负债	20,095,328.44		
(3)收回长期投资	4,986,195.07		
(4)对外投资转出固定资产			
(5)对外投资转出无形资产			
(6)资本净增加额			
(7)少数股东资本净增加额	3,496,795.20		
(8)盈余公积转入数			
小计	28,588,318.71	二、流动负债本年增加数:	
流动资金来源合计	51,830,785.35	1.短期借款	8,514,280.00
二、流动资金运用		2.应付票据	
1.利润分配:		3.应付帐款	5,423,225.88
(1)提取法定盈余公积金	1,719,464.10	4.预收帐款	(280,000.00)
(2)提取法定公益金	1,719,464.10	5.应付福利费	1,288,129.45
(3)提取任意公积金		6.未付股利	(148,644.00)
(4)已分配股利		7.未交税金	2,754,045.27
小计	3,438,928.20	8.其他未交款	289,242.29
2.少数股东利润分配		9.其他应付款	(1,732,002.65)
3.其他运用		10.预提费用	
(1)固定资产和在建工程净增加额	55,029,741.36	11.一年内到期的长期负债	
(2)增加无形资产、递延资产及其他资产	1,841,352.00	12.其他流动负债	
(3)偿还长期负债			
(4)增加长期投资	1,027,300.00		
小计	57,898,393.36		
流动资金运用合计	61,337,321.56	流动负债增加净额	16,108,285.24
外币会计报表折算差额			
流动资金增加净额	(9,506,536.21)	流动资金增加净额	(9,506,536.21)

武汉中商集团股份有限公司

武汉中商集团股份有限公司上市公告书

一、要览

总股本:54,936,000 股

可流通股本:13,750,000 股

本次上市流通股本:13,750,000 股

股票简称:武汉中商

证券编码:0785

上市地:深圳证券交易所

上市时间:1997 年 7 月 8 日

股份登记机构:深圳证券登记有限公司

上市推荐人:君安证券有限责任公司

武汉国际信托投资公司

二、释义

在本公告书中,除非文义另有所指,下列词语具有如下意义:

本公司或公司:指武汉中商集团股份有限公司或更名前的武汉中南商业(集团)股份有限公司

六家企业:指以 1996 年 10 月 31 日为基准日被本公司兼并的原武汉中南商都、武汉中南和记实业开发公司、武汉中南旅业餐饮公司、中南百货精品商场、大桥精品商场、中南海鸥妇幼用品商场等六家国有企业

元:指人民币元

个人股或社会公众股:指本公司于 1990 年 3 月向社会个人发行的 13,750,000 股人民币普通股票

上市:指本公司社会公众股股票获准在深圳证券交易所挂牌交易

市:指武汉市

体改委:指经济体制改革委员会

市国资局:指武汉市国有资产管理局

人行:指中国人民银行

三、绪言

本公告书依据《中华人民共和国公司法》、《股票发行与交易管理暂行条例》、《深圳证券交易所业务规则》等有关证券管理法规的规定,为本公司社会公众股股票上市之目的而向社会公众提供各项资料。

经中国证券监督管理委员会证监发字[1997]363 号文复审通过,根据深圳证券交易所深证发(1997)第 363 号文审核批准,本公司 1375 万股社会公众股将于 1997 年 7 月 8 日(星期二)在深圳证券交易所挂牌交易。本次上市流通的股份均属历史遗留问题股票,股票简称为"武汉中商",证券编码为"0785"。

本公司董事会已批准本上市公告书并确信不存在任何重大遗漏,亦不存在任何误导及虚假成份,并对其真实性、准确性、完整性负个别的和连带的责任。

四、公司概况

1. 法定名称:武汉中商集团股份有限公司

英文名称:WUHAN ZHONGNAN COMMERCIAL GROUP CO.LTD

2. 法定代表人:严规方

3. 注册地址:武汉市武昌区中南路 9 号

英文地址:NO.9,ZHONGNAN ROAD,WUCHANG,WUHAN

邮政编码:430071

联系电话:(027)7822939

4. 成立日期:1990 年 4 月 25 日

5. 注册资本:54,936,000 元

股本总额及其结构

总股本:5493.6 万股,其中

国家持股　3258.6 万股,59.32%

法人持股　860 万股,占 15.65%

社会公众持股　1375 万股,占 25.03%

7. 经营范围

主营:针纺织品、百货、西药、中成药、工艺美术品、五金交电、日用杂品、电器机械及器材、农机　其他食品零售兼批发;黄金饰品零售及维修。兼营摄影;干洗;复印;字画装裱;工艺美术匾及玻璃用品加工;编织工艺品制造;油漆、粘胶零售;汽车货运。(国家有专项规定的项目经审批后方可经营)

8. 所属行业:商业

9. 营业执照注册号:17769143－3

10. 在册职工人数:截止 1997 年 3 月 31 日,本公司在册职工人数 3561 名,其中管理人员 441 人,占总人数的 12.4%;专业技术人员 337 人,占总人数的 9.5%,其它人员 2783 人,占总人数的 78.1%。员工具有大专以上学历的有 480 人,中学专历的有 334 人,高中学历的有 1566 人,拥有专业技术职称有 337 人,其中具有高级职称的有 6 人,中级职称的有 104 人,初级职称的有 227 人。公司职工实行劳动合同制,根据国家及地方政府有关规定,为保障职工利益,公司职工参加了退休养老保险、劳动保险、失业保险基金。

11. 股东人数:截止 1997 年 3 月 31 日,本公司现有股东 2548 户,其中持有 1000 股以上的个人股东 1067 户。

12. 营业面积:4.5 万平方米

13. 公司咨询服务项目

本公司已授权罗明涛、薛玉负责本公司股证事务管理及股东咨询事宜。本公司的有关备查文件、资料陈列在本公司办公地点,可供股东查询。

查询电话:(027)7822939

传真:(027)7814972

地址:武汉市武昌区中南路 9 号

股东接待日:每周二、周五上午 9:00－11:00

14. 全资附属企业、分公司和参股公司

(1)全资附属企业

①武汉中南旅业餐饮公司

该公司成立于 1993 年 8 月 22 日,注册资金为 450 万元,注册地址为江岸区大智路 28 号,法人代表为程少华,经营范围:中餐供应、午餐、卡拉 OK。兼营:其他食品批发兼零售、汽车货运。营业执照注册号:30005686－6。

②武汉中南和记实业开发公司

该公司成立于 1993 年 11 月 26 日,注册资金为 900 万元,注册地址为武汉市江岸区胜利街 315 号,法定代表人为肖书钢。经营范围主营:蛋品加工;副食品、其他食品、冷饮制造、销售;冷冻储存;兼营:机械模具销售;汽车货运。营业执照注册号 30006248－1。

③中江房地产开发有限公司

该公司成立于 1993 年 2 月 11 日,注册资金为 1100 万元,注册地址

为武昌区中南路9号,法人代表为艾新国。经营范围主营:房地产开发、商品房销售;商品房出租;兼营室内外装修、商场设备安装、维修;建筑材料、装饰材料零售兼批发;复印、打字、名片制作;承办路牌、灯箱、霓红灯国内广告业务。营业执照注册号30003233-8。

(2)分公司

①中南商业大楼

该公司成立于1997年4月13日,营业场所为武昌区中南路9号,负责人为乐荣军。经营范围:针纺织品、百货、西药制剂、中成药、工艺美术品、五金交电、日用杂品、电器机械及器材、农用机械、其它食品零售兼批发;内销黄金饰品零售,兼营摄影服务、干洗、字画装饰;工艺美术匾及玻璃用品加工;编织工艺品制造;油漆、粘胶零售;汽车货运。营业执照注册号:93115166-7。

②武汉中南商都

该公司成立于1993年9月26日,营业场所为江岸区中山大道1458号,负责人为袁振修。经营范围:针纺织品、百货、工艺美术品、五金交电、日用杂品、电器机械及器材、农业机械、其他食品零售兼批发、黄金饰品零售及维修;油漆、粘胶零售。兼营:摄影、干洗;复印、字画装裱;工艺美术匾及玻璃用品加工;编织工艺品、制造、汽车货运。营业执照注册号为93115169-1。

③大桥精品商场

该公司成立于1996年6月20日,资金数额30万元,营业场所:武昌区解放路396号,负责人为周莲英。经营范围:百货、针纺织品、五金交电、日用杂品、电器机械及器材、工艺美术品批发兼零售。兼营:摄影、干洗,字画装裱、工艺美术匾制作。营业执照注册号为93115616-9。

④中南百货精品商场

该公司成立于1996年6月20日,资金数额30万元,营业场所:武昌区解放路350号,负责人为史金保。经营范围:百货、针纺织品、五金交电、日用杂品、电器机械及器材、工艺美术品批发兼零售。兼营:摄影、干洗,字画装裱、工艺美术匾制作。营业执照注册号为93115615-0。

⑤中南海鸥妇幼用品商场

该公司成立于1991年1月7日,资金数额18.1万元,营业场所:江汉区中山大道929号,负责人为梅强刚。经营范围:百货零售兼批发。兼营:家用电器零售。营业执照注册号为8771196-8。

⑥沙市百货连锁分公司

该公司成立于1996年8月13日,资金数额1040万元,营业场所:沙市红门路与北京路交叉处,负责人为:乐荣军。经营范围:针纺织品、百货、工艺美术品、五金交电、日用杂品、电器机械及器材、农机、其他食品、酒零售兼批发。兼营:摄影、干洗、字画、工艺美术匾、玻璃用品、纺织工艺品、油漆、粘胶零售。营业执照注册号为88162336-2。

⑦进出口贸易公司

该公司成立于1995年5月15日,资金数额500万元,经营范围:经营食品、畜产品、纺织品、服装、轻工业品、工艺品、医药、仪器仪表进出口业务及山货、中药材、纺织品、陶瓷品出口业务;承办中外合资经营、合作生产、"三来一补"、易货贸易及转口业务。兼营:经营本系统商品、技术的进出口业务;接受本系统单位的委托代理出口业务。营业执照注册号:93114390-7。

(3)控股企业

①武汉中南房地产开发建筑有限公司

该公司成立于1993年2月19日,经营场所为武昌区中南路9号。经营范围:房地产综合开发、商品房、租赁,承接各类建筑装饰施工;建筑材料的生产、加工、销售,为国内外投资者提供信息、配套服务。注册资本:人民币2000万元,法定代表人:严规方;营业执照注册号:企合鄂总字第000578号。本公司持股比例为50%。

②武汉中商徐东平价市场有限公司

该公司成立于1996年9月20日,经营场所为:洪山区徐东路7号。经营范围:商品销售、物业管理、餐饮、文化娱乐服务、组织商品展览、展销。注册资本:人民币1818万元,法定代表人:严规方,注册号:30021911-9。本公司持股比例为50%。

(4)参股企业

①武汉东方之珠酒楼夜总会有限公司

该公司成立于1993年6月4日,经营场所为武昌区中南路9号。经营范围:经营中西餐饮、卡拉OK、歌舞厅及中西糕点的制作、销售。注册资本:人民币800万元,法定代表人:严规方;营业执照注册号:企合鄂武总字第000795号。本公司持股比例为40%。

②武汉中商艺能超市食品发展有限公司

该公司成立于1995年7月24日,法定代表人:严规方,经营范围:生产、加工、销售食品、副食品及相关的日常家居用品。注册资金:美元185万元;营业执照注册号:企合鄂武总字第002607号。本公司持股比例为49%。

③珠海经济特区竞海实业发展公司

该公司成立于1995年4月20日,住所:珠海市九洲大道荔苑第十栋101室;经营范围:生产5″核苷酸及系列产品;注册资金200万元;法定代表人:李焕强;营业执照注册号:19252143-2。本公司的持股比例为40%。

15. 公司历史沿革

本公司的前身为武汉市中南商业大楼。中南商业大楼始建于1984年,是一家主要从事商业零售及批发业务的全民所有制大型商业零售企业。

1989年12月,经武汉市体改委批准,在中南商业大楼的基础上组建了本公司;1990年3月,本公司向社会发行个人股1375万股;1992年,本公司向社会发行法人股860万股;1993年,公司将经营性土地的使用权价值折为国家股本750万股。1993年12月29日,国家体改委以体改生[1993]238号文同意本公司进行规范化的股份制企业试点。

1996年底,本公司整体兼并了武汉中南商都、武汉中南和记实业开发公司、武汉中南旅业餐饮公司、中南百货精品商场、大桥精品商场、中南海鸥妇幼用品商场等六家企业。兼并后,本公司投入资金对被兼并企业中的商业网点进行改造装修,建成连锁店、专卖店,新增营业面积二万平方米,创造了良好的经济效益。

1997年9月5日经市体改委武体改[1996]21号文批准,本公司由"武汉中南商业(集团)股份有限公司"更名为"武汉中商集团股份有限公司",并于1997年2月19日办理了工商变更登记手续。

本公司自成立以来,始终注重发展主营业务,通过投资、新建、扩建、兼并等多种方式,迅速壮大公司规模,主营业务收入和主营业务利润呈逐年递增的趋势。随着沙市百货连锁分公司的开业和武汉中南商都的兼并,本公司的营业面积已从原中南商业大楼的1.6万平方米增加到现在的4.5万平方米,经营品种逾20万种。与公司本部毗邻的武汉中商广场购物中心、位于武汉长江二桥畔的徐东平价市场预计将于1997年8月竣工开业,新商业网点的建立,为本公司在湖北和华中地区稳定和提高市场占有率奠定了坚实的基础。

近年来,公司一直坚持"以人为本、服务社会、锐意拓展、追求卓越"的企业宗旨,改革了企业的内部组织机构,建立了比较完善的能适应股份制企业特点的内部管理制度,适时将发行股票所筹的资金投向回报率高、又具有长期效益的项目,公司盈利能力稳步提高,并保持了持续增长的势头。目前,公司已发展成为一个集商贸、餐饮、实业、房地产于一体的综合性企业集团,是武汉市20强企业之一。根据国内贸易部商业信息中心监测网发布的统计信息,在全国百家大型零售商场中,本公司的零售总额和利润总额近三年均跻身于前十名。

16. 公司现有组织机构图

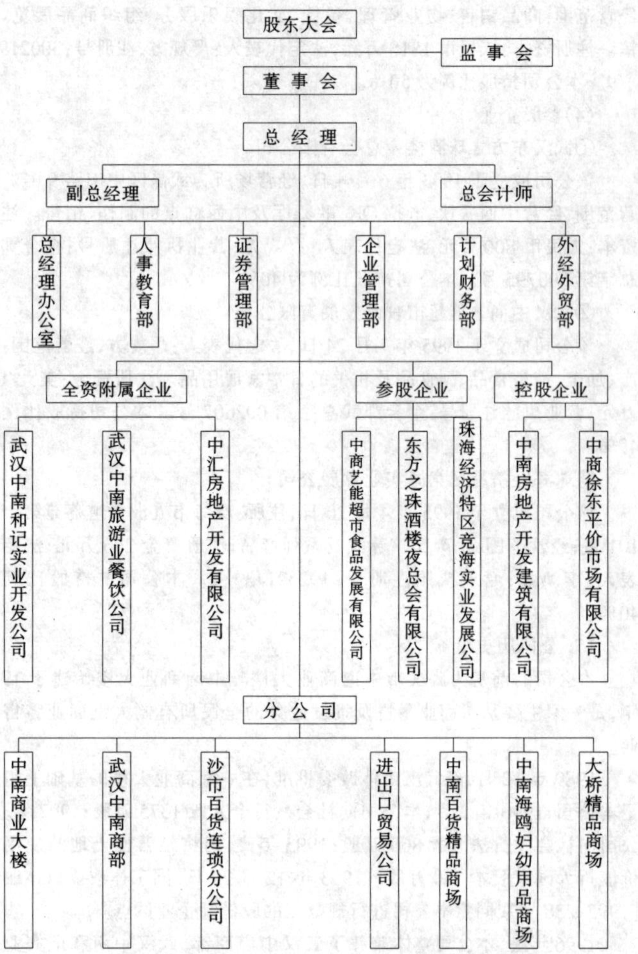

五、股本形成过程及主要股东持股情况

1. 股本形成过程

本公司的前身是武汉市中南商业大楼。1989年12月31日经武汉市体改委武体改[1989]78号文批准,以中南商业大楼截止1989年12月31日的帐面经营性资产净值折成公有股,并向社会个人发行股票1375万股,组建武汉中南商业(集团)股份有限公司。公司改制时折股的净资产为2508.6万元,折股股份数为2508.6万股。1990年3月10日,人行武汉市分行以武银管[1990]20号文同意公司向社会发行个人股票1375万股,每股面值1元,按1:1平价发行。发行完毕后公司的股份结构为:总股本3883.6万股,其中公有股2508.6万股,个人股1375万股。

1992年,经武汉市体改委武体改[1992]8号文及人行武汉市分行武银办[1992]14号文批准,本公司发行法人股860万股,每股面值1元,按1:2.8溢价发行。发行后公司总股本增至4743.6万股,其中国家股2508.6万股,法人股860万股,个人股1375万股。

1993年2月,武汉市土地管理局以武土偿字(1993)001号地价评估书核定本公司中南商业大楼自用土地地价总额为1016.064万元;1993年5月18日,武汉市体改委以武体改[1993]218号文同意本公司以经营性国有土地折为国家股本;1993年9月,武汉市国资局以武国资综[1993]166号文确认了公司经营性土地使用权的评估结果,并以武国资非工[1993]175号文同意将经营性土地使用权折为国家股本750万股。至此,公司总股本达5493.6万股,其中国家持股3258.6万股,法人持股860万股,社会公众持股1375万股。

1994年10月8日,武汉市国有资产管理委员会以武国资委[1994]3号文授权武汉国有资产经营公司为本公司国家股持股机构。

2. 历次股票发行情况

项目	第一次	第二次
发行股票的种类	个人股	法人股
发行股票的数量	1375万股	860万股
发行股票的面值	1.00元	1.00元
每股发行价格	1.00元	2.80元
发行起止日期	1990.3.18-1990.4.18	1992.5.17-1992.6.7
股票发行对象	社会个人	社会法人单位
承销机构	武汉证券公司	武汉证券公司

3. 历次股本变动情况(单位:万股)

时间	总股本	国家股	法人股	个人股
1990年4月	3883.6	2508.6	0	1375
1992年6月	4743.6	2508.6	860	1375
1993年11月	5493.6	3258.6	860	1375

4. 上市后的股本结构

上市后公司的总股本为5493.6万股,其中国家持股3258.6万股,占总股本的59.32%;法人持股860万股,占总股本的15.65%;社会公众持股1375万股,占总股本的25.03%。

5. 主要股东(前十名)持股情况

序号	股东名称	持股数(万股)	占总股本%、
①	武汉市国有资产经营公司	3258.6	59.32
②	中国工商银行武汉市分行	215	3.91
③	湖北省电力公司	80	1.46
④	中国工商银行湖北直属支行	80	1.46
⑤	中国平安保险公司	80	1.46
⑥	武汉徐东集团	50	0.91
⑦	武汉市信托投资公司	50	0.91
⑧	中国建设银行武汉市沿江支行	50	0.91
⑨	武汉市机械设备进出口公司	50	0.91
⑩	武汉市粮油食品进出口公司	30	0.55

上述股东的持股数共计3943.6万股,占总股本的71.78%。其中,公司股东中国工商银行武汉市分行、中国工商银行湖北省直属支行、中国建设银行武汉市沿江支行和中国平安保险公司等股东已出具关于股权转让的承诺书,保证尽快将其所持股份转让给国家法律、法规所允许持股的单位。

六、公司董事、监事及高级管理人员简介及其持股情况

严规方,董事长,男,48岁,大学文化,1968年至1973年期间曾任武汉中心百货商店营业员、支部文书,高级经济师、副经理、经理,1984年至1985年任中南商业大楼副总经理,1985年至1987年在武汉商业财贸学校学习,1987年至1990年任中南商业大楼总经理,1990年至今任本公司董事长、总经理、党委书记。严先生长期从事商业贸易及行政管理方面的工作,荣获1994年度全国经营大师、内贸部劳模、湖北省人大代表,具备十分丰富的理论知识和实践经验。持有本公司股票5000股。

万泽源,副董事长,男,44岁,大专文化程度,高级经济师。曾任人行武昌办团委书记、出纳科和会计科副科长,工行武昌区支行副行长、副书记、行长、书记,现任工行武汉市分行副行长。持有本公司股票0股。

王琴英,董事,女,40岁,中专文化程度,会计师,历任本公司副科长、科长、副总会计师、总会计师等职。持有本公司股票2500股。

罗明涛,董事,男,34岁,大专文化程度,经济师。曾就职于武汉市汉阳区法院,曾任汉阳区法制委员会科员、副科长,武汉市人民政府办公厅副主任科员、主任科员,现任本公司副总经理。持有本公司股票0股。

黄保云,董事,男,44岁,大学文化程度,经济师。历任武汉市委办公厅秘书、武汉市国资局工业处处长,现任武汉市国有资产经营公司董事兼副总经理。持有本公司股票0股。

韩学仲,董事,男,55岁,大学文化。曾任湖北省水电局电管局办公

室秘书、湖北省电力局生技处工程师、办公室主任、副局长，现任湖北省电力公司副总经理。持有本公司股票0股。

肖伟，董事，男，40岁，硕士研究生，高级经济师。现任中国平安保险公司实业投资部副总经理。持有本公司股票0股。

李明，董事，女，52岁，大专文化程度，高级会计师。历任武汉市房地产公司财务科科长、副经理、武汉市房地产管理局财务处副处长、武汉市信托投资公司副总经理、总经理，持有本公司股票0股。

黄伟力，董事，男，54岁，大专文化程度。历任建行青山专业分行副科长、建行武汉市信托投资有限公司任副总经理、经济师。持有本公司股票0股。

徐世祥，董事，男，41岁，大专文化程度。曾任徐东村村长、党委书记、徐东集团总裁。持有本公司股票4000股。

陈义萍，董事，女，43岁，大专文化程度，经济师。历任交行武汉市分行计划部和证券部副科长、武汉证券公司业务部副经理、经理、总经理助理、副总经理。持有本公司股票0股。

王汉桥，董事，男，39岁，大专文化程度，高级经济师。历任武汉市农行洪山区支行副行长、武汉市农行信托投资公司副总经理、总经理。持有本公司股票0股。

张广春，董事，男，35岁，大专学历，高级经济师。现任中国工商银行湖北省分行直属支行行长。持有本公司股票0股。

金永虹，董事，男，33岁，大专文化程度，助理统计师。历任中南商业大楼鞋帽商场统计员、五金车缝商场经理助理、鞋帽商场副经理。持有本公司股票0股。

卢育展，监事会主席，男，55岁，大专文化，曾任中南商业大楼鞋帽商场党支部书记，工会主席、现任本公司工会主席。持有本公司股票0股。

王清泉，监事，男，52岁，大专文化程度，现任武汉市机械设备进出口公司副总经理。持有本公司股票1000股。

黄志明，监事，女，51岁，大专文化程度，历任中南商业大楼针棉商场经理，服纺商场经理、儿童商场经理。持有本公司股票0股。

马希增，公司副总经理，男，56岁，大专，政工师，1985年至今任中南商业大楼现场管理部部长、纪委书记、党委副书记。持有本公司股票3000股。

熊佑良，公司副总经理，男，42岁，大专文化程度，经济师。曾任武汉市中心百货商店任柜长、团委书记、武汉市第一商业局科长，武汉市商业管理委员会副处长、处长。持有本公司股0股。

上述董事、监事及高级管理人员的持股数共计15500股，占总股本的0.028%。按《公司法》的规定，上述股份在其任期内不得转让。

七、历次发行股票募集资金的使用情况

1.1990年发行股票筹集资金使用情况的说明

公司于1990年3月10日经中国人民银行武汉市分行武银管[1990]20号文批准，向社会个人公开发行股票1375万股，每股面值1元，按1:1发行，实际发行1375万股，共募集资金1375万元。扣除发行费后主要用于：

(1)对公司本部中南商业大楼地下室进行了装修改造，装修成营业厅，共投资500万元，其土建工程150万元，装修工程350万元。改造后新增营业面积2400平方米，当年增加营业收入1000万元。

(2)对公司本部西区低跨部分加层改造成二层营业厅，共投资800多万元，其中土建工程投资680万元，装修工程175万元。改造后新增营业面积1000平方米，增加销售收入4000万元。

2.1992年发行股票筹集资金使用情况的说明。

1992年5月7日经中国人民银行武汉市分行武银办[1992]14号文批准，本公司向社会发行法人股860万股，发行价格为每股2.8元，发行期从1992年5月17日起到1992年6月7日止，实际发行860万股，共募集资金2408万元。扣除发行费后主要用于：

(1)投资1200万元，对本部中南商业大楼1－4层及内仓进行彻底改造装修，新增营业面积6000平方米，至1993年8月公司营业面积由1985年开业时的1.6万平方米扩大到2.5万平方米。

(2)为大力发展商业连锁，筹建新的购物中心，本公司投资1300万元用于批租武昌区中南路口6900平方米的土地和支付相关费用。所批土地已由公司全资附属企业武汉中江房地产开发公司开发建设一期九层营业大楼和二期48层共13万平方米集商贸、娱乐、宾馆、写字楼于一体的"中商广场"综合楼房地产项目，发展商业连锁。目前，一期工程九层营业大楼已土建完工，进入装修阶段，预计可在1997年8月份开业。

上述投资均按该次发行的《招股说明书》中披露的投资计划执行，并已取得公司股东大会的认可。

八、公司历次股东大会决议摘要

本公司自成立以来，共计召开了九次股东大会，历次股东大会决议的摘要如下：

(1)1990年4月22日，在长江大酒店五楼会议室召开公司创立大会暨第一次股东代表大会，共有35位股东代表出席了会议。会计审议通过了公司筹建工作情况的报告和公司章程，批准了公司一九九零年度计划预测，选举产生了公司董事会。

(2)1991年2月12日，在中南大酒店三楼会议室召开了公司1990年股东代表大会，出席会议的股东代表共31人，大会审议通过了公司90年工作情况报告、90年财务报告及分红方案。

(3)1992年1月15日，在公司职工俱乐部召开1991年股东代表大会，出席会议的股东代表30人，代表股份3205.8万股，占总股本的82.55%，大会审议通过了公司1991年工作总结、1991年度财务报告，1990年资金使用情况的说明、1991年利润分配方案、增发860万法人股的方案等。

(4)1993年1月28日，在公司本部三楼职工俱乐部召开了临时股东会。到会股东代表29人，代表股份3594.2万股，占总股本的75.77%。会议通过了将公司的经营性土地折为国家股本的议案。

(5)1993年4月20日，在中南大酒店三楼会议室召开公司1992年度股东大会。出席会议的股东38人符合公司《章程》的有关规定，经大会审议通过了公司1992年董事会工作报告、1992年度工作报告、1992年度财务决算报告、1992年度利润分配方案、1992年募集资金用途的报告、公司章程修改方案、关于申请确认公司为社会募集公司的报告；并调整了公司董事会成员，董事会成员由原7名董事增至15名；设立监事会。

(6)1994年4月10日，在武昌中南大酒店三楼会议室召开1993年度股东大会，到位股东代表48人，代表股份4682.6万股，占总股本的85.2%，大会审议通过了公司1993年度经营业绩和1994年工作计划的报告、1993年年度财务决算报告和1994年财务预算的报告，批准了将公司经营性土地使用权价值1016.064万元折为国家股本750万股的方案、1993年度利润分配方案，并换届选举了公司董事会。

(7)1995年5月20日，在东方之珠酒楼夜总会召开1994年度股东大会，到会股东代表35人，代表股份4536.1万股，占总股本的82.6%，大会审议通过了1994年度董事会工作报告、1994年度监事会工作报告、1994年度财务决算报告、1995年财务预算的报告、1994年度利润分配方案、公司章程修改方案、调整公司董事会成员的方案等。

(8)1996年6月25日，在公司本部七楼会议室召开了1995年度股东大会。出席本次会议的股东共48人，代表股份4105.4万股，占总股本的74.72%，大会审议通过了1995年董事会工作报告、1995年监事会工作报告、1995年度财务决算报告、1996年财务预算报告、1995年利润分配方案等。

(9)1996年8月25日，在公司七楼会议室召开了临时股东大会，出席会议的股东代表28人，代表股份4110.5万股，占总股本的74.8%，会议通过了《关于公司兼并武汉中南商都、武汉中南和记实业开发公司、武汉中南旅业餐饮公司、大桥精品商场、中南海鸥妇幼用品商场、中南百货精品商场等六家企业的可行性报告》、关于更换公司名称及经营范围的议

案、关于公司股票在深圳证券交易所上市的议案、关于公司章程修改议案,并授权董事会办理兼并及公司上市、更名、更新注册登记等手续。

九、历年发放股利情况

公司1990年到1991年执行财政部制定的《国营商业企业会计制度》,1992年开始执行财政部《股份制试点企业会计制度》,公司始终坚持股权平等、同股同利、风险共担的基本原则,历年来公司发放股利情况如下:

1.1990年公司股东代表大会决定:鉴于公司成立时间不长以及为了加速公司发展的需要,本年度不发放股息。

2.公司1991年股东代表大会决定:本年度每股分现金红利0.10元。按总股本3883.6万股计算,共发放红利388.36万元,其中:国家股250.86万元,个人股137.5万元。

3.公司1992年股东大会决定每股分现金红利0.05元。按总股本4743.6万股计算,共发放股利237.18万元,其中:国家股125.43万元,法人股43万元,个人股68.75万元。

4.公司1993年度股东大会决定每股分现金红利0.47元(含税)。考虑到国家股东以国有土地折股的时间较短,其在1993年所形成的750万股不享受1993年度的分红。按总股本4743.6万股计算,共发放股利2229.49万元,其中:国家股1179.04万元,法人股404.2万元,个人股646.25万元。

5.公司1994年度股东大会决定每股分现金红利0.52元(含税)。按总股本5493.6万计算,共发放股利2856.672万元,其中:国家股1694.472万元,法人股447.2万元,个人股715万元。

6.公司1995年度股东大会决定:公司1995年税后利润45,404,179.31元,公司在提取10%的公积金4,450,417.93元,10%的公益金4,540,417.93元和25%的任意盈余公积金11,351,044.83元后,可供分配利润为24,972,298.62元,考虑到促进公司进一步壮大发展,95年暂不分配,结转到1996年度一并考虑。

7.考虑到公司股票即将上市,公司1997年3月15日董事会决定,公司1996年度税后利润拟提取10%的法定公积金、10%的法定公益金、25%的任意盈余公积金,余下部分加上1995年度结转的未分配利润暂不分配。待公司股票上市后,由公司1996年度股东大会另行讨论1996年度利润分配方案。

十、公司经营业绩

1.公司经营概述

本公司自股份制改造以来,立足商业零售主业,利用品牌优势实现规模扩张和效益提高。本公司利用筹集资金不断改善公司购物环境,新建营业场所,扩大销售网点,经济效益不断提高。随着中商广场购物中心、徐东平价市场的即将开业,本公司的经营领域、发展空间将会迅猛扩大。截止1997年3月31日,本公司总资产达75,702万元,净资产达28,377万元,每股净资产为5.17元/股。

2.经武汉会计师事务所审计,本公司1994-1996年度及1997年1-3月经营业绩如下:

单位:万元

项目	1997年1-3月	1996年	1995年	1994年
主营业务收入	39,980	99,543	105,767	84,183
主营业务利润	1,955	7,366	6,499	6,545
利润总额	1,965	7,524	6,722	6,845
净利润	1,325	5,095	4,540	4,627

十一、公司财务状况

(一)资产评估报告(摘要)

1.武汉市国有资产评估事务所1992年对公司整体资产的评估报告

武国资评[1992]013号

①评估基准日:1991年12月31日

②评估日期:1992年3月1日至1992年3月7日

③评估目的:增资扩股,准备向社会发行法人股860万股

④评估范围:公司整体资产

⑤被评估资产所在地:武昌区中南路交叉路口9号

⑥评估依据:

a、委托方提供的资料

b、评估人员现场实际勘察和核实结果

c、武汉市国有土地使用权证《武房地籍昌字第0774号》

d、武汉市房屋所有权证《武房房字第0635号》

e、武汉市房地局、武汉市物价局武房记[1988]147号文

f、机械电子工业部一九九一年《机械产品目录》

g、中华人民共和国国务院令(第91号)《国有资产评估管理办法》

h、武汉市国库券推销委员会1982年到1989年国库券还本付息规定

i、湖北省建工局1990-1991年房屋建安工程造价

⑦评估原则:客观、公正、科学、合理

⑧评估结论:

单位:元

	帐面值	评估数	增减数	增减率%
资产总额	81,356,711.90	101,938,116.41	20,581,404.51	+25.30
其中:固定资产净值	22,358,746.98	42,832,094.95	20,473,347.97	+91.56
流动资产	42,831,537.45	42,905,561.19	74,023.74	+0.17
专项资产	16,166,427.47	16,200,460.27	34,032.80	+0.21
负债总额	39,476,101.46	39,476,101.46		
资产净值	41,880,610.44	62,462,014.95	20,581,404.51	+49.14

⑨说明:

a、评估值中,含非生产用房5栋,建筑面积7965.42平方米,原值2174700元,净值1463228.42元,(以帐面值确定)已剔除拆掉的房屋2栋和建筑物2项;含非生产设备26台(套),原值172,720.10,净值106,242.87元。

b、营业大楼重置价值中仅含土地征用费1214851.45元,未考虑土地使用权价值。

⑩评估人员:席美　刘为亮　夏红芳　周灵俊　王竹芬

2.武汉市国资局《关于确认武汉中南商业(集团)股份有限公司整体资产评估报告的通知》武国资非工[1992]26号

武汉中南商业(集团)股份有限公司

你公司一九九二年三月八日报送的武国资评[1992]013号资产评估报告书收悉,经审核验证,现确认如下:

(1).你公司一九九一年十二月三十一日经评估后的资产总额为10193.81万元,负债总额为3947.61万元,净资产总额为6246.2万元。

(2).确认净资产中含非经营性净资产总额为156.95万元。

武汉市国有资产管理局

1992年3月20日

3.武汉资产评估公司《武汉中南商业(集团)股份有限公司经营性土地使用权价值的评估报告》武资评[1993]020号

①评估基准日:1993年6月30日

②评估日期:1993年7月16日至1993年7月23日

③评估目的:土地折股

④评估范围:中南商业大楼所占用的经营性土地

⑤评估依据:

a.中华人民共和国国务院令第91号《国有资产评估管理办法》及其《实施细则》;

b.《中华人民共和国土地管理法》;

c.《中华人民共和国耕地占用税暂行条例》;

d.武房地籍昌字第0774号《武汉市国有土地使用权证》。

⑥评估方法:成本逼近法

⑦评估结论:武汉中南商业(集团)股份有限公司拟作价折股之14,515.20平方米土地使用权之评估价值为10,160,640.00元。

⑧评估人员:王竹芬　程　璐

4.武汉市国资局《关于确认武汉中南商业(集团)有限公司部分资产评估报告的通知》武国综字[1993]166号

武汉中南商业(集团)股份有限公司:

你公司一九九三年八月五日报送的武资评[1993]020号资产评估报告书收悉。经审核验证,现确认如下:

你公司拥有的14515.20平方米经营性土地使用权一九九三年六月三十日经评估后的价值为1016.06万元。

武汉市国有资产管理局

1993年8月7日

5.六家企业的评估及确认情况

(1)经武汉资产评估公司评估,六家企业1996年10月31日的资产评估值列示如下:

单位:元

公司名称	资产总额	负债总额	净资产	经营性净资产	非经营性净资产
中南和记实业开发公司	22,545,854.91	12,977,935.08	9,567,919.83	9,312,613.24	255,306.60
大桥精品商场	219,025.93	813,893.58	-594,867.65	-	-
中南百货精品商场	1,061,862.03	1,825,348.16	-763,486.13	-	-
中南旅业餐饮公司	6,628,414.19	2,069,375.97	4,559,038.22	4,559,038.22	0
海鸥妇幼用品商场	564,080.38	2,099,500.72	-1,535,420.34	-	-
中南商都	121,312,198.05	97,455,472.45	23,856,725.60	13,519,127.41	10,337,598.19

(2)武汉市国有资产管理委员会分别以武国资办评[1996]37(乙)号、38(乙)号、39(乙)号、40(乙)号、41(乙)号、42(乙)号文对上述评估结果予以确认,并以武国资企[1996]104号文同意上述六家被兼并企业的经营性净资产2449.7万元划转本公司,非经营性净资产1059.29万元委托本公司代管。

(二)财务审计报告

A、武汉会计师事务所审计报告　　武会股字[97]042号

武汉中商集团股份有限公司全体股东:

我们接受委托,审计了贵公司1994年12月31日、1995年12月31日、1996年12月31日、1997年12月31日的资产负债表和合并资产负债表,1994年度、1995年度、1996年度1997年1-3月的利润及利润分配表和合并利润及利润分配表以及1996年度财务状况变动表和合并财务状况变动表。这些会计报表由贵公司负责,我们的责任是对这些会计报表发表审计意见。我们的审计是依据《中国注册会计师独立审计准则》进行的。在审计过程中,我们结合贵公司实际情况,实施了包括抽查会计记录等我们认为必要的审计程序。

我们认为,上述会计报表符合《企业会计准则》和《股份制试点企业会计制度》的有关规定,在所有重大方面公允地反映了贵公司和合并的1994年12月31日、1995年12月31日、1996年12月31日、1997年12月31日的财务状况及1994年度、1995年度、1996年度、1997年1-3月的经营成果和1996年度资金变动情况,会计处理方法的选用遵循了一贯性原则。

武汉会计师事务所　　中国注册会计师

中国·武汉　　陶年军　陈永刚

1997年5月8日

B、资产负债表、损益表、财务状况变动表(包括母公司报表和合并报表,见附表1至6)

C、主要会计政策

1.会计制度:《股份制试点企业会计制度》。

2.会计期间:公司会计年度采用公历年制,自公历每年1月1日起至12月31日止。

3.合并会计报表的编制方法:

①合并范围:除母公司外包括下列控股公司

编号	公司名称	注册奖金	投资比例	投资金额
1	武汉市中江房地产开发有限公司	1100万元	100%	11,000,000.00
2	武汉市中南房地产开发建筑有限公司	2000万元	50%	10,000,000.00
3	武汉中南和记实业开发公司	900万元	100%	9,000,000.00
4	武汉中南旅业餐饮公司	450万元	100%	4,500,000.00
5	武汉中商徐东平价市场有限公司	1818万元	50%	9,090,000.00

②合并方法:对母公司拥有其过半数以上权益性资本的被投资企业和母公司对外投资虽然没有拥有被投资企业其过半数以上的权益性资本,但对其拥有实际控制权,母公司在对长期投资按权益法核算的同时,根据财政部财会字[1995]11号《合并会计报表暂行规定》编制合并会计报表。

4.记帐原则和计价基础:按权责发生制采用实际成本计价。

5.记帐方法:借贷复式记帐法。

6.记帐本位币:人民币。

7.坏帐损失:因债务人破产或者死亡,以及破产财产或者遗产清偿后,仍然不能收回的应收帐款以及因债务人逾期未履行偿债超过三年确实不能收回的应收帐款,报董事会批准后确认为坏帐损失。

8.存货计价方法:

①公司存货包括:库存商品、在建开发商品、库存材料、低值易耗品。

②库存商品采用售价核算,其余存货采用实际成本核算;

③低值易耗品采用领用时一次摊销法;

④存货实行永续盘存制。

9.外币折算:外币业务按业务发生时的市场汇率作为折合率,折算为人民币入帐,期末外币银行存款及债权债务等帐户按期末市场汇率进行调整,所产生的汇差计入当期损益。

10.长期投资:

①公司对债券投资按实际成本核算,每期结帐时,计算应计利息收入。

②股权投资和联营投资:股权比例在50%以下的,采用成本法核算,股权比例在50%(含50%)以上的,采用权益法核算,其中对超过50%或拥有实际控制权的长期投资单位编制合并会计报表。

11.固定资产及其折旧:

①固定资产的标准为使用年限在一年以上的房屋、建筑物、机械、运输工具及其它与经营有关的设备器具、工具等以及不属于生产经营主要设备,但单位价值在2000元以上,并且使用期限超过二年的物品。

②固定资产按实际成本计价,其折旧采用分类平均年限法计算,并根据固定资产类别的原值,估计经济使用年限和预计残值率(3%)确定,其折旧率如下:

固定资产分类	使用年限(年)	残值率(%)	年折旧率(%)
房屋及建筑物	30-35年	3	3.23-2.77
通用设备	10-14年	3	9.70-6.93
运输工具	8-14年	3	12.13-6.93
其他	5-10年	3	19.40-9.70

12.无形资产及其摊销:无形资产为土地使用权,按50年摊销。

13.延递资产及其摊销:按受益年限平均摊销。

14.营业收入实现的确认:以商品已经发出、商品所有权已经转移给买方后,收到货款或取得收取货款的凭据时,作为营业收入的实现。

15.税项及教育费附加

①增值税:增值税销项税率为17%,按销项税额扣除进项税额后的余额缴纳。

②营业税:税率为5%。

③消费税:金银首饰的消费税率为5%。

④城市建设维护税按应纳增值税额、消费税额和营业税额的7%。

⑤教育费附加按应纳增值税额、消费税额和营业税额的3%计缴。

⑥所得税:根据武汉市企业机制改革领导小组办公室武企改办[1992]41号文,八五期间公司享受第二轮承包政策,1994年、1995年所得税在承包期内以600万元利润为基数,基数内按55%所得税率计缴,超基数部分实行分档分成,超基数20%部分交三留七,超基数20%以上部分交二留八。

根据武汉市人民政府武政[1997]39号文,公司从1996年1月开始,按33%缴纳所得税,18%返回,表内按33%计提,待返回时入帐,所得税实际负担率为15%。

⑦堤防费为应纳增值税额、消费税额和营业税额的1%。

⑧平抑物价基金为销售收入的1‰。

16. 利润分配(见"重大事项揭示")。

D、合并会计报表主要项目注释

1. 应收票据期末余额　7,400,560.00元

单位名称	票据种类	金额(元)	开票日期	到期日期
中国人民解放军第4802工厂	银行承兑汇票	500,000.00	1996.9.2	1997.6.2
湖北襄樊工贸中心人民商场	银行承兑汇票	50,000.00	1996.8.31	1997.5.30
柳州华联家电公司	银行承兑汇票	300,000.00	1996.10.15	1997.4.10
山东乐陵海翔皮革有限公司	银行承兑汇票	199,560.00	1996.11.11	1997.4.11
青岛百总成套设备公司	银行承兑汇票	2,000,000.00	1996.10.19	1997.4.18
淮坊市东方实业公司	银行承兑汇票	600,000.00	1996.10.24	1997.4.23
青岛广信达商贸有限公司	银行承兑汇票	2,000,000.00	1996.11.19	1997.5.18
青岛即墨市长宏实业总公司	银行承兑汇票	1,000,000.00	1996.12.17	1997.6.16
胶州市永吉皮衣有限公司	银行承兑汇票	400,000.00	1997.1.28	1997.7.28
哈尔滨市正阳冰箱空调商场	银行承兑汇票	150,000.00	1997.2.26	1997.8.20
哈尔滨市正阳冰箱空调商场	银行承兑汇票	50,000.00	1997.3.3	1997.6.13
武汉无线电厂	银行承兑汇票	151,000.00	1997.1.20	1997.4.20
合计		7,400,560.00		

2. 应收帐款期末余额　25,722,068.33元

(1)帐龄分析

帐龄	金额(元)	户数	总金额%
一年以内	18,191,558.66	347	70.72
一至二年	4,841,025.23	207	18.82
二至三年	2,144,792.12	63	8.34
三年以上	544,692.32	27	2.12
合计	25,722,068.33	644	100

(2)无持股5%以上股东欠款。

3. 预付帐款期末余额　122,367,784.64元

无持股5%以上股东欠款。

4. 其他应收款期末余额　24,703,812.39元

(1)帐龄分析

帐龄	金额(元)	户数	总金额%
一年以内	17,015,985.97	218	68.88
一至二年	3,463,474.50	42	14.02
二至三年	3,112,680.36	71	12.60
三年以上	1,111,671.56	44	4.50
合计	24,703,812.39	375	100

(2)无持股5%以上股东欠款

(3)其他应收款主要单位:

单位名称	内容及性质	金额(元)
武汉徐东通用设备厂	代垫电费	118,181.19
深圳漫其洋服设计公司	预付职工工作服款	2,700,000.00
武汉供电局	预付维修费	508,280.00
武汉飞达广告装饰公司	预付广告费	300,000.00
海南商科工贸公司	预付电脑配件款	504,806.80
武昌火车站	预付定金	103,000.00
集团各业务部门	信用卡结算	810,105.16
集团各业务部门	支票结算	149,821.93
武汉现代电梯装修工程公司	预付电梯订金	511,523.00
武汉市汉阳建桥运输公司	持结算运输费	360,000.00
集团各业务部门	周转金	1,038,325.66
武汉市黄陂第十建筑公司	代垫工程材料款	500,000.00
无锡小天鹅洗衣机公司	代垫广告费	100,000.00
武汉市海达制衣公司	代垫广告费	263,000.00
武汉市城建委人防处	预付押金	200,000.00
武汉市城市建设档案馆	预付押金	120,000.00
武汉市规划管理局	预付押金	120,000.00
珠海企业集团红海工业公司武汉办事处	暂垫装修材料款	100,000.00
武汉市墙体材料改革办公室	预付墙改费	174,900.00
人保公司武昌紫阳路办事处	财产人寿保险款	250,000.00

5. 待摊费用期款余额　4,920,924.75元。

项目	年初余额	本年增加数	本年摊销数	期末余额
1期初存货进项税额	3,532,855.19		294,152.00	3,238,703.19
2保险费		1,075,427.77	210,000.00	865,427.77
3房产税		100,000.00	20,000.00	80,000.00
4仓租费	105,927.50	698,083.75	201,000.00	603,011.25
5报刊费	104,261.46	55,339.08	25,800.00	133,800.54
合计	3,743,044.15	1,928,850.60	750,952.00	4,920,942.75

6. 存货期末余额　241,088,593.67元

其中:库存商品　76,834,939.48元

库存材料　1,978,662.50元

低值易耗品　5,462,371.94元

在建开发产品　156,812,619.75元

7. 长期投资期末余额　18,487,306.21元

(1)股权股资

单位名称	股数	投资金额(元)	投资比例
武汉劲松实业股份有限公司	10万	100,000.00	6.67%
武汉物业(集团)股份有限公司	250.359万	2,503,590.00	11.50%
武汉九通实业股份有限公司	127万	1,270,000.00	5.08%
武汉商业发展股份有限公司(集团)	200万	2,000,000.00	10%
武汉市汉商集团股份有限公司	10万	280,000.00	0.2%
湖北美尔雅股份有限公司	55万	605,000.00	0.69%
小计		6,758,590.00	

(2)债券投资

债券种类	到期日	面值	年利率	投资金额	应计利息	合计
86年5年期国库券	91	3,200.00	5%	3,200.00	800.00	4,000.00
87年5年期国库券	92	44,000.00	6%	44,000.00	13,200.00	57,200.00
88年10月3年期国库券	91.10	7,000.00	6%	7,000.00	1,260.00	8,260.00
89年8月5年期国库券	94.8	7,000.00	15%	7,000.00	5,250.00	12,250.00
90年特种国库券	95	15,000.00	15%	15,000.00	11,250.00	26,250.00
93年国库券	96.4.1	132,300.00	24%	132,300.00	95,242.77	227,542.00
94年9月上海煤气建设债券	99.9	2,000.00	3.6%	2,000.00	186.00	2,186.00
95年4月3年期国库券	98.4	120,000.00	14%	120,000.00	33,600.00	153,600.00
96年4月2年期国库券	98.4	10,000.00	14.5%	10,000.00	1,329.00	11,329.00
国库券	96.4.1	2,000.00	13%	2,000.00	520.00	2,520.00
1987年电力建设债券		72,820.00		72,820.00		72,820.00
小计				415,320.00	162,637.77	577,957.77

①电力建设债券为湖北省电力工业局发行的电力建设债券,此债券

含用电权,不计利息,从购买之日起,第十一年开始分五年偿还本金。

②1996年4月1日到期的国库券134,300.00元,企业未及时兑付,其他已到期国库券延期兑付。

(3)联营投资:

公司名称	投资期限	投资比例	投资金额
海南企业家集团公司	1988-2003年	0.73%	100,000.00
武汉市东湖开发区城市信用社		16%	160,000.00
珠海经济特区竞海实业发展公司	1992-2002年	40%	800,000.00
湖北同兴置地发展有限公司	1993-2013年	20%	2,400,000.00
武汉东方之珠酒楼夜总会有限公司	1993-2008年	40%	3,200,000.00
武汉中商艺能超市食品发展有限公司	1995-2010年	49%	2,485,749.50
武汉市和洲食品水产有限公司	1992-2002年	10%	100,000.00
武汉新都会装饰工程有限公司	1994-2009年	30%	1,500,000.00
武汉美景实业有限公司	1994-2004年	49%	405,008.94
小计			11,150,758.44

武汉市东湖开发区城市信用社现已加入正在筹建中的武汉城市合作商业银行,其投资期限待定。

8.固定资产及累计折旧

(1)固定资产原值　　156,634,540.93元

类别	年初余额	本年增加	本年减少	期末价值
房屋建筑物	123,815,958.40	315,942.09		124,131,900.49
通用设备	24,996,140.27	92,568.94		25,088,709.21
运输工具	7,044,783.79	224,010.00	93,000.00	7,175,793.79
其他	238,137.44			238,137.44
合计	156,095,019.90	632,521.03	93,000.00	156,634,540.93

(2)累计折旧　　48,094,134.73元

类别	年初余额	本年增加	本年减少	期末价值
房屋建筑物	33,949,747.96	913,210.44		34,862,958.40
通用设备	8,655,410.85	912,903.55		9,568,314.40
运输工具	3,351,929.77	245,017.51	87,525.00	3,509,422.28
其他	147,526.86	5,912.79		153,439.65
合计	46,104,615.44	2,077,044.29	87,525.00	48,094,134.73

(3)固定资产净值　　108,540,406.20元

9.在建工程期末余额　　94,627,425.44元

工程名称	工程进度	实际支用数	原预算数	批准文号	资金来源
中南徐东仓库工程	95%	13,847,201.38	1400万元	董事会[1993]8号	自筹
中南大楼微机工程	85%	2,884,717.16	368万元		自筹
中南徐东宿舍工程	95%	16,961,688.32	1750万元	董事会[1993]10号	自筹
中南配电房改造工程	95%	3,466,100.18	350万元		自筹
中南商业大楼装修工程	90%	1,896,000.40	180万元		自筹
徐东平价房屋装修工程	90%	6,314,760.00	750万元		自筹
中南沙市店堂工程	90%	49,131,858.00	5560万元	董事会[1996]3号	自筹
中南商都商场工程	95%	125,100.00	12万元		自筹
合　计		96,627,425.44			

其中利息资本化金额2,118,973.59元。

10.无形资产期末余额　　22,492,319.40元

项　目	地　址	面积(M2)	来源	原　值	已摊金额	期末余额	剩余摊销年限
土地使用权	武汉市武昌区中南路9号土地使用权	14,515.20	折股	10,160,640.00	660,441.60	9,500,198.40	47年
	武汉市江岸区胜利街315号	15,415.19	兼并	8,069,852.00	67,250.00	8,002,602.00	49年
土地使用权	武汉市武昌区解放路350号	96.75	兼并	50,648.00	420.00	50,228.00	49年
土地使用权	武汉市江岸区沿江大道156号	3806.64					
土地使用权	武汉市江岸区五福小路6号	640.71	兼并	4,609,536.00	38,415.00	4,571,120.00	49年
土地使用权	武汉市黄陂滠口刘店村	36915					
土地使用权	武汉江岸大智路28号	709.20	兼并	371,266.00	3,095.00	368,171.00	49年
合　计				23,261,941.00	769,621.60	22,492,319.40	

11.递延资产期末余额　　1,599,073.41

项　目	原　值	已摊金额	期末余额	剩余摊销年限
开办费	1,978,063.12	378,989.71	1,599,073.41	1-5年

12.短期借款期末余额　　176,305,000.00元

贷款单位	金　额	起止日期	月利率‰	借款条件
武汉市工商银行四唯路办事处	4,300,000.00	96,7.26-97.7.25	10.065	信用
武汉市工商银行四唯路办事处	2,870,000.00	96.12.16-97.12.15	9.24	信用
武汉市交通银行三阳路办事处	500,000.00	96.4.20-97.4.19	9.24	信用
武汉交通银行三阳路办事处	1,500,000.00	97.3.14-97.6.27	9.24	信用
武汉市交通银行三阳路办事处	3,000,000.00	97.3.26-97.6.30	9.24	信用
武汉商业网点办	45,000.00	96.9.21-97.9.20	9.24	信用
武汉市工商银行国际业务部	3,600,000.00	96.11.5-97.5.5	9.20	信用
武汉市农业银行武昌区支行	5,000,000.00	96.7.29-97.7.25	10.065	信用
武汉市农业银行武昌区支行	10,000,000.00	96.9.11-97.9.10	9.24	信用
武汉市农业银行武昌区支行	4,000,000.00	96.9.19-97.9.16	9.24	信用
武汉市农业银行武昌区支行	3,000,000.00	96.10.29-97.10.27	9.24	信用
武汉市农业银行武昌区支行	8,000,000.00	96.11.22-97.11.20	9.24	信用
武汉市农业银行武昌区支行	30,000,000.00	96.12.26-97.12.16	9.24	信用
武汉市农业银行武昌区支行	10,000,000.00	96.2.28-98.1.27	9.35	信用
荆沙市建设银行凤凰支行	6,000,000.00	96.11.14-97.11.13	8.4	信用
武汉市工商银行武珞路办事处	3,000,000.00	96.8.7-97.8.6	9.24	信用
武汉市工商银行武珞路办事处	24,290,000.00	96.8.30-97.8.29	9.24	信用
武汉市工商银行武珞路办事处	5,000,000.00	96.9.4-97.9.3	9.24	信用
武汉市工商银行武珞路办事处	5,000,000.00	96.9.25-97.9.4	9.24	信用
武汉市工商银行武珞路办事处	500,000.00	96.12.24-97.8.30	9.24	信用
武汉市工商银行武珞路办事处	2,700,000.00	97.1.9-97.8.30	9.24	抵押
武汉市工商银行武珞路办事处	8,000,000.00	97.3.28-98.3.27	9.24	抵押
武汉市工商银行天安支行	5,000,000.00	96.12.19-97.6.19	9.24	信用
武汉市工商银行天安支行	4,000,000.00	96.10.28-97.4.28	9.24	信用
武汉市工商银行天安支行	8,000,000.00	96.12.26-97.11.25	8.4	信用
武汉市工商银行天安支行	9,000,000.00	96.11.26-97.5.26	9.24	信用
武汉市工商银行武珞路办事处	2,000,000.00	96.12.30-97.12.29	12.06	信用
武汉市工商银行武珞路办事处	3,000,000.00	96.8.30-97.8.29	9.75	信用
武汉市工商银行武珞路办事处	5,000,000.00	96.8.30-97.8.29	9.24	信用
合　计	176,305,000.00			信用

13.应付票据数余额　　33,400,000.00元

单位名称	票据起止日期	金　额	种　类
武汉开达冷气设备公司	96.11.13-97.4.11	1,000,000.00	银行承兑汇票
武汉开达冷气设备公司	96.11.13-97.5.11	1,400,000.00	银行承兑汇票
广东科龙电器股份公司	96.11.25-97.4.13	4,000,000.00	银行承兑汇票
广东科龙电器股份公司	96.11.25-97.5.12	3,000,000.00	银行承兑汇票
广东科龙电器股份公司	96.11.25-97.5.21	3,000,000.00	银行承兑汇票
青岛海尔空调销售公司	96.12.20-97.4.17	5,000,000.00	银行承兑汇票
青岛海尔空调销售公司	96.11.13-97.4.20	4,000,000.00	银行承兑汇票
青岛海尔空调销售公司	97.2.25-97.5.5	3,000,000.00	银行承兑汇票
青岛海尔空调销售公司	97.2.25-97.5.28	2,000,000.00	银行承兑汇票
青岛海尔电冰箱销售公司	96.12.20-97.4.17	1,000,000.00	银行承兑汇票
青岛海尔电冰箱销售公司	97.2.25-97.4.10	1,000,000.00	银行承兑汇票
青岛海尔冷柜销售公司	97.2.25-97.6.7	1,000,000.00	银行承兑汇票

无锡小天鹅股份有限公司	96.12.20-97.6.22	1,000,000.00	银行承兑汇票
无锡小天鹅股份有限公司	96.11.25-97.4.21	1,000,000.00	银行承兑汇票
长岭集团股份有限公司	96.12.20-97.6.13	1,000,000.00	银行承兑汇票
广州华凌空调设备有限公司	97.2.25-97.7.3	1,000,000.00	银行承兑汇票
合　计		33,400,000.00	

14. 应付帐款期末余额　　79,395,053.37 元

无应付给与本公司有关联的公司的款项。

15. 预收帐款期末余额　　1,913,676.05 元

无预收与本公司有关联的公司的款项。

16. 未交税金期末余额　　22,941,875.68 元

其中:

增值税	602,054.40 元
营业税	238,190.35 元
消费税	500,194.55 元
城市建设维护税	392,598.40 元
所得税	21,208,837.98 元

17. 其他应付款期末余额　　47,366,471.97 元

(1)其他应付款主要款项内容:

应付工资	5,207,724.43 元
退休统筹金	4,242,000.38 元
职工教育经费	653,586.53 元
思想政治工作专项基金(鄂组通[1995]78 号、武商工委[1996]25 号)	118,976.94 元
预收职工工作服装款	1,452,217.00 元
预收武汉雅琪实业(集团)有限公司定金	330,000.00 元
应付深圳南利装饰装璜有限公司装修款	672,358.93 元
预收武汉麦当劳公司定金	120,000.00 元
职工交纳住房押金	7,214,132.23 元
中南房地产公司预收购房保证金	15,215,432.00 元

(2)无应付给与本公司有关联的公司的款项。

18. 一年内到期的长期负债期末余额　　3,800,000.00 元

贷款单位	金　额	期　限	月利率‰	借款条件	逾期说明
武汉市工商银行武珞路办事处	3,800,000.00	95.12.29-97.11.30	11.25	信用	

19. 长期借款期末余额　　69,250,000.00 元

贷款单位	金　额	起止日期	月利率‰	借款条件	备注
武汉市财政局	4,000,000.00	88.3.5-91.3.5	无息贷款		被兼并企
武汉市工商银行武昌支行	3,430,000.00	90.3.7-92.3.7	9.75	信用	业原中南
武汉市工商银行武昌支行	14,990,000.00	91.3.13-93.3.13	9.24	信用	商都转入
中国建设银行湖北省分行直属支行	26,830,000.0	96.12.27-2002,12.27	10.35	按揭	
武汉市工商银行武珞路办事处	20,000,000.00	97.1.6-99.1.6	9.24	抵押	
合　计	69,250,000.00				

中国建设银行湖北省分行直属支行 2683 万元贷款为按揭贷款分六年按季度还款,1997 年一季度已还款 117 万元。

由被兼并企业中南商都转入的已逾期贷款享受兼并的有关优惠政策。

20. 股本期末余额　　54,936,000.00 元

股本结构	股本金额(万元)	占股本比率%	形成过程	批准文号
国家股	2,508.6	59.32	1989 年以帐面经营性资产净值折为公有股	武体改[1989]78 号
	750		1993 年以经营性土地使用权价值折股	武国资非工[1993]175 号
法人股	860	15.65	1992 年向社会公开发行	武银办[1992]14 号
社会公众股	1,375	25.03	1990 年向社会公开发行	武银管[1990]20 号
合　计	5,493.6	100		

21. 资本公积期末余额　　78,306,400.53 元

资本公积历年增减情况变动表:

项　目	1997 年 1-3 月	1996 年度	1995 年度	1994 年度	1993 年度	1992 年度
期初余额	78,127,400.53	53,630,395.79	46,954,629.66	40,197,183.66	37,536,543.66	--
本年增加	179,000.00	24,497,004.74	6,675,766.13	6,757,446.00	2,660,640.00	37,536,543.66
本年减少	--	--	--	--	--	--
期末余额	78,306,400.53	78,127,400.53	53,630,395.79	46,954,629.66	40,197,183.66	40,536,543.66

历年增减情况说明:

(1)1992 年

①公司执行股份制试点企业会计时由相关会计科目帐面余额转入 3,044,610.44 元

②资产评估增值 20,581,404.51 元,剔除非经营性资产 1,569,471.29 元净值转入 19,011,933.22 元

③法人股溢价(8,600,00×1.8 元)15,480,000.00 元

(2)1993 年经营性土地使用权评估值为 10,160,640.00 元,根据武汉市国有资产管理局武国资非工[1993]175 号文,折国家股 7,500,000 股后其差额转入 2,660,640.00 元

(3)1994 年按 33%提取所得税 22,790,945.21 元,实际按承包政策上缴 16,033,499.21 元,其差额转入 6,757,446.00 元

(4)1995 年按 33%提取所得税 22,369,776.72 元,实际按承包政策上缴 15,780,010.59 元,其差额转入 6,589,766.13 元;接受捐赠万山汽车一辆 86,000.00 元

(5)1996 年兼并中南商都等六家企业转入 24,497,004.74 元,其中:中南商都 13,519,127.41 元;中南和记实业开发公司 9,312,613.23 元;武汉中南旅业餐饮有限公司,4,559,038.22 元;中南百货精品商场-763,486.13 元;大桥精品商场-594,867.65 元;中南海鸥妇幼用品商场-1,535,420.34 元

(6)1997 年接受捐赠南京伊维柯汽车一辆 179,000.00 元

22. 盈余公积期末余额 84,283,956.71 元

(1)盈余公积历年余额表

项　目	1997 年 3 月 31 日	1996 年 12 月 31 日	1995 年 12 月 31 日	1994 年 12 月 31 日	1993 年 12 月 31 日	1992 年 12 月 31 日
法定公积金	--	5,094,831.77	4,540,417.93	4,626,837.56	2,833,689.09	1,955,350.66
公益金	--	5,094,831.77	4,540,417.93	4,626,837.56	2,833,689.09	1,955,350.66
任意公积金	--	12,737,079.44	11,351,044.83	8,447,980.46	374,592.73	13,271,005.23
合　计		22,926,742.98	20,431,880.69	17,701,655.58	6,041,970.91	17,181,706.55
累　计	84,283,956.71	84,283,956.71	61,357,213.73	40,925,333.04	23,223,677.46	17,181,706.56

(2)盈余公积历年增减变动表

项　目	1997 年 1-3 月	1996 年度	1995 年度	1994 年度	1993 年度
期初余额	84,283,956.71	61,357,213.73	40,925,333.04	23,223,677.46	17,181,706.55
本年增加	---	22,926,742.98	20,431,880.69	17,701,655.58	6,041,970.91
本年减少	--	--	--	--	
期末余额	84,283,956.71	84,283,956.71	64,357,213.73	40,925,333.04	23,223,677.46

23. 未分配利润期末余额　　66,242,732.72 元

历年增减情况变动表

项　目	1997 年 1-3 月	1996 年度	1995 年度	1994 年度	1993 年度
期初余额	52,993,873.38	24,972,298.62	--		
本年增加	13,248,859.34	28,021,574.76	24,972,298.62	--	--
本年减少	--	--	--	--	--
期末余额	66,242,732.72	52,993,873.38	24,972,298.62	--	--

24. 主营业务收入

项　目	1997 年 1-3 月	1996 年度	1995 年度	1994 年度
商品零售收入	296,585,432.03	714,963,063.00	663,445,726.10	561,219,969.01
商品批发收入	98,645,902.63	278,818,956.52	394,229,811.68	280,609,984.51
产品销售收入	2,081,443.46	1,192,596.31	--	--
餐饮服务收入	2,489,927.02	458,429.32	--	--

合　　计	399,802,705.14	995,433,045.15	1,057,675,537.78	841,829,953.52

25. 主营业务成本

项　　目	1997年1-3月	1996年度	1995年度	1994年度
商品零售成本	251,292,176.32	584,872,664.34	582,736,755.00	480,261,913.28
商品批发成本	97,337,187.98	273,522,304.19	345,885,043.35	240,130,956.63
产品销售成本	1,719,048.40	979,562.14	--	--
餐饮服务成本	2,260,694.79	233,870.25	--	--
合　　计	352,609,107.49	859,608,400.92	928,621,798.35	720,392,869.91

26. 期间费用

项　　目	1997年1-3月	1996年度	1995年度	1994年度
销售费用	1,758,735.59	2,080,050.05	2,872,132.50	2,175,512.42
管理费用	17,854,895.17	46,064,524.47	48,803,184.11	43,780,959.10
财务费用	3,969,243.99	5,868,034.87	5,204,750.87	5,186,260.54
其中:利息净支出	3,910,654.45	5,754,313.08	5,085,032.91	5,084,623.30
其他支出	58,589.54	113,721.79	119,717.96	101,637.24

27. 其他业务利润

项　　目	1997年1-3月	1996年度	1995年度	1994年度
出租资产	13,965.26	--	--	--
其　　他	97,957.80	72,744.17	104,680.00	309,229.03
合　　计	111,923.06	72,744.17	104,680.00	309,229.03

28. 投资收益

项　　目	1997年1-3月	1996年度	1995年度	1994年度
股权投资收益	53,500.00	261,000.00	1,104,950.00	130,246.00
联营投资收益	--	--	1,030,469.86	2,284,426.66
债券投资收益	8,978.00	320,246.17	75,170.00	
合　　计	62,478.00	581,246.17	2,210,589.86	2,414,672.66

29. 营业外收入

项　　目	1997年1-3月	1996年度	1995年度	1994年度
处理固定资产收入	--	84,057.41	--	--
罚款收入	--	38,900.00	16,015.00	37,385.66
其　　他	71,546.58	997,675.83	115,896.71	321,948.98
合　　计	71,546.58	1,120,633.24	131,911.71	359,334.64

30. 营业外支出

项　　目	1997年1-3月	1996年度	1995年度	1994年度
处理固定资产净损失	459.00	11,551.50	9,163.87	57,699.14
捐赠支出	126,752.00	65,200.00	164,000.00	24,500.00
其　　他	11,035.95	118,032.37	55,603.177	--
合　　计	138,246.95	194,783.87	228,767.04	82,199.14

31. 财务指标:

指标名称	计算公式	1997.3.31	1996.12.31	1995.12.31	1994.12.31
1. 流动比率	流动资产/流动负债	1.32	1.22	1.35	1.22
2. 速动比率	速动资产/流动负债	0.69	0.60	0.75	0.77
3. 存货周转率	销售成本/存货平均余额		4.32	8.76	11.57
4. 每股收益	净利润/期末股本总额		0.93	0.83	0.84
5. 资产负债比率	期末负债总额/期末资产总额×100%	60.23%	62.68%	53.29%	56.98%
6. 每股权益	期末股东权益/期末股本总额	5.17	4.92	3.55	2.60
7. 净资产收益率	净利润/期末净资产总额×100%		18.85%	23.3%	32.40%

E. 其它重要事项说明

(1)期后事项:

①1996年4月1日到期的国库券134,300.00元已于1997年4月兑付。

②截止报告日止,已到期的应收票据、应付票据已如期兑付。

(2)或有事项:公司对外无担保、诉讼、仲裁事项。

(3)承诺事项:公司对外无承诺事项。

(4)关联事项:公司无关联交易。

十二、董事会承诺

本公司董事会将严格遵守《公司法》、《股票发行与交易管理暂行条例》、《公开发行股票公司信息披露实施细则》、《深圳证券所交易业务规则》和有关法律、法规的规定,并自本公司股票上市之日起作出如下承诺:

1. 按照法律、法规的规定程序和要求披露重大的信息,并接受证券主管机关、深圳证券交易所的监督管理。

2. 及时、真实、准确地公布中期报告和年度报告,并备置于规定场所供投资者查阅。

3. 本公司董事、监事及高级管理人员如发生人事变动或持有本公司股票发生变化时,在报告证券主管机关、证券交易所的同时向投资者公布。

4. 在任何公共传播媒介中出现的消息可能对本公司股票的市场价格产生误导性影响时,本公司知悉后将及时对该消息予以公开澄清。

5. 本公司董事、监事及高级管理人员将认真听取社会公众的意见和批评,不利用已获得的内幕消息和其它不正当手段直接或间接从事股票买卖活动。

6. 本公司没有无记录负债。

十三、重要事项揭示

1. 股利分配政策

根据《公司法》和公司章程,公司税后利润按下列顺序分配:(1)弥补亏损;(2)提取法定公积金(10%);(3)提取法定公益金(5-10%);(4)提取任意公积金;(5)支付普通股股利。

2. 税收政策

根据武汉市企业机制改革领导小组武企改办[1992]41号文,本公司在1991年至1992年实行第一轮经营责任制的基础上,从1993年至1995年继续沿用原承包合同中规定的税率,即以600万元为基数,超基数部分实行分档分成,超基数20%部分交三留七,超基数20%以上部分交二留八,承包期自1993年1月10日至1995年12月31日止。

根据武汉市人民政府武政[1997]39号文,本公司从1996年开始按33%缴纳所得税,18%由地方财政返还,所得税实际负担率为15%。

3. 兼并事项

根据武汉市企业机制改革领导小组武企改办[1996]40号文,本公司以1996年10月31日为基准日兼并了武汉中南商都、武汉中南和记实业开发公司、武汉中南旅业餐饮公司、中南百货精品商场、大桥精品商场、中商海鸥妇幼用品商场等六家企业。本公司与上述六家企业分别签订了兼并协议,并全面接受六家企业的债权、债务和人员,兼并协议已履行完毕。经评估,被兼并的六家企业的经营性净资产为2449.7万元。根据武汉正信律师事务所出具的法律意见书,本公司兼并六家企业的程序合法,手续完备,债权、债务的处理合法有效。

4. 非经营性资产的处理

1990年,本公司改制时按1989年12月31日原中南商业大楼经营性资产净值2508.6万元折为国家股本2508.6万股,非经营性资产未作价入股。

1992年3月20日,经武汉市国有资产评估事务所武国资评(1992)013号评估报告及武汉市国资局武国资非工[1993]26号确认通知,本公司的非经营性净资产总额为156.95万元;1993年6月10日,武汉市国资局与本公司签订管理非经营性资产协议书,武汉市国资局委托本公司管理重置净值为156.95万元的非经营性国有资产。

1996年10日,本公司整体兼并了武汉中南商都第六家企业。1996年12月28日,武汉市国有资产管理委员会以武国资企[1996]104号文批准六家企业的非经营性净资产1059.29万元委托本公司代管。1996年12月28日,武汉市国资局与本公司签订协议,武汉市国资局委托本公司管理该部分非经营性净资产。

5. 重大合同

(1)1993年6月4日,经武汉市外商投资工作委员会办公室武外资办(1993)278号文批准,公司与香港利都投资有限公司合资设立武汉东方之珠酒楼夜总会有限公司。合营期限为十五年,注册资金800万元人民币,公司持股40%,香港利都投资有限公司持股60%。合资各方投资均已到位,合同履行情况正常。

(2)1993年2月19日,经武汉市外商投资工作委员会办公室武外资办(1992)055号文批准,公司与炜泰(香港)有限公司合资设立武汉中南房地产开发建筑有限公司,合营期限二十年,注册资金2000万元人民币。公司持股50%,炜泰(香港)有限公司持股50%。各方投资已到位,合同履行情况正常。

(3)1995年9月20日,公司与徐东集团联营设立武汉中商徐东平价市场有限公司,注册资金为1818万元人民币,公司持股50%,徐东集团持股50%,目前合同履行情况正常,"平价市场"即将开业。

(4)1993年4月3日,公司与武汉市土地管理局签订国有土地使用权批租合同。批租地块位于武汉市武昌区中南路口,土地面积6900平方米,用途为商业、公寓和写字楼,使用年限50年。

(5)1997年1月6日,公司与中国工商银行武汉市武珞路办事处签订最高额抵押借款合同。约定在1997年1月6日至2001年1月6日期间,在最高贷款1019万限额内,公司以座落在中南路9号,建筑面积38,209.08平方米房屋作抵押担保,1997年1月6日公司与该办事处签订借款2000万元合同,期限2年。

6. 中商广场的建设情况

经武汉市经济委员会武经[1993]96号文和武经[1993]354号文批准立项,本公司计划在紧邻中南商业大楼处拟建立一座地下3层、地上45层的集商场购物、娱乐、餐饮、写字楼、邮电为一体的楼宇—中商广场。中商广场占地面积6900平方米,于1993年开始动工,预计总投资近4亿元。工程分二期建设。截止目前为止,一期工程九层营业大楼已土建完工,现已进入装修阶段,其中一至六层营业面积达2.7万平方米,预计在1997年8月份开业。二期工程的主楼土建工作也在加紧建设之中。

十四、关联企业及关联交易

1. 本公司大股东情况

股东名称	持股数(万股)	持股比例(%)	主要业务
武汉市国有资产经营公司	3258.6	59.32	国有资产经营
中国工商银行武汉市分行	215	3.91	银行业务

本公司与上述股东单位之间不存在关联交易。

2. 本公司全资附属企业参股公司

公司名称	性质	投资比例	主要业务
武汉中南和记实业开发公司	全资	100%	食品加工与销售
武汉中南旅业餐饮公司	全资	100%	中餐供应、舞厅
中江房地产开发有限公司	全资	100%	房地产开发与销售
中商艺能超市食品发展有限公司	中外合资	49%	生产、加工、销售食品、副食品
珠海经济特区竞海实业公司	有限责任	40%	生产核苷酸及系列产品
东方之珠酒楼夜总会有限公司	中外合资	40%	中西餐饮、歌舞厅
中南房地产开发建筑有限公司	中外合资	50%	房地产综合开发、承接各类建筑
中商徐东平价市场有限公司	有限责任	50%	商品销售、餐饮、展销

本公司与上述关联企业的资产关系明晰,公司与关联企业的关系并不影响公司其它重大合同及履行,不存在对公司经营产生不利影响的关联交易。

十五、风险因素与对策

投资者在评价本公司股票的价值时,除本公告书提供的各项资料外,应特别认真地考虑下述各项风险因素:

1. 主要风险因素:

(1)经营风险

①商品采购与价格

本公司是以商业零售为主的企业,其经营受商品供货渠道、商品价格、交通便利条件等诸多方面因素的影响。本公司销售的商品主要来自全国各大生产厂家,一旦供货方的经营发生不利于本公司的变故,或者供货价格发生不利于本公司的变化,本公司的经营可能会受到一定的不利影响。

②对主要客户的依赖

本公司主业为日用工业品的零售与批发,其经营受城乡居民的消费倾向的影响较大。随着社会经济的发展和人民生活水平的提高,当前居民消费呈现多元化,这必将对公司的经营有所影响。

③对交通运输条件的限制

尽管本公司所在地武汉市是华中地区的交通枢纽,为本公司的商业零售创造了便利条件,但本公司销售售商品的运输主要依靠铁路、公路、空运、海运等交通方式,运输方式的取舍将会影响本公司的营销成本。

④融资能力的限制

近几年公司为了保证中商广场的正常进行,形成了较多的银行负债。尽管本公司享有较高的融资信誉,但由于国家采取适度从紧的金融政策和银行的商业化经营,本公司的融资能力势必受到一定的限制。

(2)行业风险

近几年来,武汉市及周边地区的一些商业企业通过扩建增加了营业面积,提高了经营档次,同时一些新的商厦纷纷开业,使得华中地区的商业竞争日趋激烈,这在一定程度上分流了本公司的客源。

(3)市场风险

随着我国市场经济的进一步发展,消费结构发生了很大的变化,消费者的消费观念日益更新,消费偏好不断变化,使得产品更新换代的速度越来越快,商业经营者越来越难以及时、准确地把握市场变化情况,一旦市场疲软、消费转入低潮时期,就会对本公司的盈利带来不利的影响。

(4)政策性风险

目前我国正处于产业政策调整期,抑制通胀、紧缩银根、压缩基建投资规模等一系列政策措施,仍将会影响社会总需求。另外,商业属于资金密集型产业,国家的金融、税收政策的变化将直接影响本公司的经济效益。

(5)股市风险

股票市场投资收益与投资风险并存。股票价格不仅受公司盈利水平和发展前景的影响,而且受投资者的心理预期、股票供求关系、国家宏观经济状况及政治、经济、金融政策等因素的影响。本公司股票市场价格可能因出现上述风险因素而背离其投资价值,直接或间接地对投资者造成损失,投资者对此应该有充分的认识。

2. 主要风险对策

针对以上风险的影响,本公司将积极采取以下措施,将风险因素降低到最小程度:

(1)针对经营风险

①本公司将在现有的经营基础上,科学地调整商品品种结构,减少购销环节,降低购销成本;同时依靠公司在规模、信誉上的优势,拓宽购销渠道,减少资金和库存商品的积压,提高经营管理水平。

②本公司将采取银行贷款等多种融资方式,保证中商广场主体工程的建设资金需求,使其尽早投入经营产生效益。

(2)针对行业风险

①鉴于武汉及华中地区商业竞争日趋激烈的现实,本公司将充分发挥在武汉市及地区的知名效应,利用环境优势及地理优势扩大销售,加快发展连锁经营,在武汉市区及周边地区发展连锁店。

②围绕商贸业,拓展实业、高科技产业及相关旅游餐饮业,并发展进出口贸易,实现多元化经营。

(3)针对市场风险

本公司将加强市场调研，努力做好商品的市场分析与预测，及时掌握市场信息，调整经营思路，以规避市场风险。

(4)针对政策性风险

本公司将加强对市场经济信息的调查研究工作和对宏观政策面的分析，提高公司经营决策的科学性和预见性，以提高抵御政策风险的能力。

(5)针对股市风险

严格按照《公司法》、《股票发行与交易管理暂行条例》、《公司发行股票公司信息披露实施细则》等法规，规范公司行为，及时、公正、公开地披露重要信息，加强与投资公众的沟通，树立公司的良好形象。同时将采取积极措施，保持利润的稳定增长，为股东创造稳定丰厚的回报，保持企业良好的形象，尽可能降低投资风险。

十六、公司发展规划

1．本公司将继续以商贸业为支柱产业，实业、房地产、餐饮娱乐、进出口贸易并举，开展多元化经营。

2．推进商贸业多业态发展。本公司将以商业连锁为突破，保持商贸领先地位。主要分四个层次突破：一是中高档大型百货公司，建造营业面积达3万平方米的超大型高档购物中心武汉中商广场；二是中商百货大型连锁，以中南商业大楼、武汉中南商都、沙市百货连锁分公司等营业面积在1万平方米以上的大型商场为骨干，成立连锁总部，构建中商百货配送中心，逐步按连锁“八统一”规范运作，沿中心城市“一江二线”梯度开发，至2000年形成总数达10家年销达30亿元的连锁集团；三是中商平价连锁，以面向工薪阶层的仓储式商场为主，营业面积达3.3万平方米的中商徐东平价广场预计将于1997年8月开业迎宾，至2000年在全省形成年销10亿元的平价仓储连锁；四是超市便利店连锁，中艺超市现拥有6家分店，至2000年将发展至80—100家，年销10亿元的小型超市连锁。

3．加快中南工业园的开发步伐。该园位于武汉机场、汉口火车站、青山外贸码头金三角区。公司将先期投资，完成“七通一平”，除移植公司现有工业设施外，还将通过“三来一补”招商引资，并与商贸结合，利用连锁网络和出口优势，培植公司自有品牌。

4．开发房地产业，推动商贸业的发展。公司房地产与商业连锁推进相配套，为其提供一流卖场和房地产物业管理，以商贸为龙头，推动餐饮、酒店、娱乐的发展，以多元化经营吸引消费者。

5．大力发展进出口业务，逐步与国际接轨，公司利用内贸优势，并积极寻求海外进出口总代理、总经销，力争到2000年涉外营业额占公司总营业额的20%—30%以上，为实现公司立足内贸、拓展外贸的策略，力争在创汇指标上迈上新台阶。

6．加速中商品牌的开发，围绕高新技术、出口创汇率高，市场覆盖面广，自行设计、开发出国内名牌、世界畅销的产品。

十七、盈利预测

1．武汉会计师事务所盈利预测审核报告　　　武会股字[97]044号

武汉中商集团股份有限公司全体股东：

我们接受委托，对贵公司编制的一九九七年度盈利预测所依据的基本假设，选用的会计政策及其编制基础进行了审核。上述盈利预测的真实性和可靠性由贵公司负责，我们的责任是对贵公司的盈利预测发表审核意见。我们的审核是依据《独立审计实务公告第4号——盈利预测审核》进行的。在审核过程中，我们结合贵公司的实际情况实施了包括对其主要数据的计算方法，基础数据的取得及贵公司年度经营计划可行性的检查等我们认为必要的审核程序。

我们认为，贵公司编制的一九九七年度盈利预测所依据的基本假设已充分披露，没有证据表明这些基本假设是不合理的；盈利预测选用的会计政策与贵公司实际采用的相关会计政策是一致的；盈利预测是按确定的编制基础编制的，未发现与我国现行法律、法规和会计原则有相悖之处。

武汉会计师事务所　　　　中国注册会计师

中国·武汉　　　　陶年军　陈永刚

一九九七年五月十四日

2．编制基准：

本公司1997年度盈利预测是根据公司前三年经营业绩和1997年市场形势分析，结合公司年度经营计划和投资计划并充分考虑现实可能性和所有能力及潜力、采用公司现行会计政策经详细计算编制的。

3．基本假设

①公司所在地武汉的社会经济环境无重大变化。

②公司所遵循的我国有关法律、法规、政策仍如现状无重大变化。

③盈利预测期间，有关信贷、利率、税率和汇率将在正常范围变动。

④无其他人力不可抗拒因素及不可预测因素造成重大不利影响。

4.1997年度盈利预测表

单位：万元

项目 水平 指标	96年实际数	97年1—3月份实际数	97年4—12月预测数	97年预测数	97年预测数较96年增长%
主营业务收入	99,543	39,980	135,675	175,655	76
营业成本	85,960	35,261	119,052	154,313	80
销售费用	208	176	719	895	330
管理费用	4,606	1,785	6,415	8,200	78
财务费用	589	397	643	1,040	77
进货费用	426	271	589	860	102
营业税金及附加	388	135	532	667	72
主营业务利润	7,366	1,955	7,725	9,680	31
其他业务利润	7	11	109	120	1,614
投资收益	58	6	194	200	245
营业外净收支	93	-7	7	0	
利润总额	7,524	1,965	8,035	10,000	33
所得税　按33%计算	2,483	649	2,651	3,300	33
按15%计算				1,500	
净利润　按33%计算	5,095	1,325	5,384	6,700	32
按15%计算				8,500	
每股收益(元)按33%计算	0.93	0.24	0.98	1.22	31
每股收益(元)按15%计算				1.55	

十八、咨询机构

1．本公司：武汉中商集团股份有限公司

法定代表人：严规方

地址：武汉市武昌区中南路9号

电话：(027)7822939

传真：(027)7814972

联系人：罗明涛　薛玉

2．上市推荐人：君安证券有限责任公司

法定代表人：张国庆

地址：深圳市春风路5号

电话：(0755)2175560

传真：(0755)2296188

联系人：夏泉贵　朱仙奋

上市推荐人：武汉国际信托投资公司

法定代表人：许志超

3．会计师机构：武汉会计师事务所

法定代表人：夏方林

地址：武汉市江汉路25号

电话：(027)2825674

传真：(027)2825659

经办会计师:陶年军　陈永刚

4. 律师事务所:武汉正信律师事务所

法定代表人:纪诚信

地址:武汉市青年路66—5号招银大厦10楼

电话:(027)5791895

传真:(027)5780620

经办律师:纪诚信　顾恺　方芳

6. 资产评估机构:武汉资产评估公司

法定代表人:张琼

地址:武汉市友谊路双洞正街16号

电话:(027)5412586

传真:(027)5841601

经办评估人员:王竹芬　周灵俊　夏红芳

7. 资产评估确认机构:武汉国有资产管理局

法定代表人:杨卫东

地址:武汉市友谊路双洞正街16号

电话:(027)5862273

8. 土地评估确认机构:武汉市土地管理局

法定代表人:瞿秀明

9. 股份登记机构:深圳证券登记有限公司

地址:深圳市红岭中路25号

法定代表人:黄铁军

十九、备查文件目录

1. 复审意见书
2. 国家体改委同意本公司进行规范化股份制企业试点的批复
3. 各级主管机关对本公司股份制改组,历次股票发行、增资扩股的批复
4. 历次招股文件
5. 公司章程
6. 历次资产评估报告及其确认文件
7. 历次验资报告
8. 历次股东大会决议
9. 上市推荐协议
10. 上市通知书

武汉中商集团股份有限公司

一九九七年六月

利润及利润分配表(合并)

编制单位:武汉中商集团股份有限公司　　金额单位:人民币元=

项目	行次	报表附注号	1997年1-3月	1996年度	1995年度	1994年度	项目	行次	报表附注号	1997年1-3月	1996年度	1995年度	1994年度
一、主营业务收入	1	24	399,802,705.14	995,433,045.15	1,057,675,537.78	841,829,953.52	四、利润总额	15		19,653,732.04	75,242,698.62	67,215,940.53	68,448,935.86
减:营业成本	2	25	352,609,107.49	859,608,400.92	928,621,798.35	720,392,869.91	减:所得税	16		6,494,962.15	24,832,288.98	22,369,776.72	22,790,945.21
销售费用	3	26	1,758,735.59	2,080,050.05	2,872,132.50	2,175,512.42	少数股东损益	17		-90,089.45	-537,908.10	-558,015.50	-610,384.93
管理费用	4	26	17,854,895.17	46,064,524.47	48,803,184.11	43,780.959.10	五、净利润	18		13,248,859.34	50,948,317.74	45,404,179.31	46,268,375.58
财务费用	5	26	3,969,243.99	5,868,034.87	5,204,750.87	5,186,260.54	加:年初未分配利润	19		52,993,873.38	24,972,298.62		
进货费用	6		2,710,817.67	4,263,488.32	3,236,107.76	3,247,931.44	盈余公积转入数	20					
营业税金及附加	7		1,353,873.88	3,885,687.61	3,940,038.19	1,598,521.44	六、可供分配的利润	21		66,242,732.72	75,920,616.36	45,404,179.31	46,268,375.58
二、主营业务利润	8		19,546,031.35	73,662,858.91	64,997,526.00	65,447,898.67	减:提取法定公积金	22			5,094,831.77	4,540,417.93	4,626,837.56
加:其他业务利润	9	27	111,923.06	72,744.17	104,680.00	309,229.03	提取法定公益金	23			5,094,831.77	4,540,417.93	4,626,837.56
三、营业利润	10		19,657,954.41	73,735,603.08	65,102,206.00	65,757,127.70	七、可供股东分配的利润	24		66,242,732.72	65,730,952.82	36,323,343.45	37,014,700.46
加:投资收益	11	28	62,478.00	581,246.17	2,210,589.86	2,414,672.66	减:已分配优先股股利	25					
营业外收入	12	29	71,546.58	1,120,633.24	131,911.71	359,334.64	提取任意公积金	26			12,737,079.44	11,351,044.83	8,447,980.46
减:营业外支出	13	30	138,246.95	194,783.87	228,767.04	82,199.14	已分配普通股股利	27					28,566,720.00
加:以前年度损益调整	14						八、未分配利润	28		66,242,732.72	52,993,873.38	24,972,298.62	

利润及利润分配表(母公司)

编制单位:武汉中商集团股份有限公司　　金额单位:人民币元

项目	行次	1997年1-3月	1996年度	1995年度	1994年度	项目	行次	1997年1-3月	1996年度	1995年度	1994年度
一、主营业务收入	1	395,231,334.66	993,782,019.52	1,050,125,409.45	835,604,504.35	四、利润总额	15	19,624,868.89	75,539,383.58	67,767,431.80	69,057,276.98
减:营业成本	2	348,629,364.30	858,394,968.53	921,347,554.17	714,356,956.43	减:所得税	16	6,376,009.55	24,591,065.84	22,363,252.49	22,788,901.40
销售费用	3	1,309,419.27	1,658,398.06	2,673,427.36	2,075,823.36	少数股东损益	17				
管理费用	4	17,866,631.98	45,346,692.03	47,481,536.41	41,831,395.48	五、净利润	18	13,248,859.34	50,948,317.74	45,404,179.31	46,268,375.58
财务费用	5	3,901,020.68	5,828,635.52	5,099,687.21	5,240,382.38	加:年初未分配利润	19	52,993,873.38	24,972,298.62		
进货费用	6	2,710,817.67	4,263,488.32	3,236,107.76	3,247,931.44	盈余公积转入数	20				
营业税金及附加	7	1,331,304.47	3,860,565.29	3,932,439.46	1,595,718.79	六、可供分配的利润	21	66,242,732.72	75,920,616.36	45,404,179.31	46,268,375.58
二、主营业务利润	8	19,482,776.29	74,429,271.77	66,354,657.08	67,256,296.47	减:提取法定公积金	22		5,094,831.77	4,540,417.93	4,626,837.56
加:其他业务利润	9	102,705.26	72,000.00	104,680.00	309,229.03	提取法定公益金	23		5,094,831.77	4,540,417.93	4,626,837.56
三、营业利润	10	19,585,481.55	74,501,271.77	66,459,337.08	67,565,525.50	七、可供股东分配的利润	24	66,242,732.72	65,730,952.82	36,323,343.45	37,014,700.46
加:投资收益	11	103,285.71	117,634.84	1,392,533.73	1,214,615.98	减:已分配优先股股利	25				
营业外收入	12	70,346.58	1,115,260.84	121,740.46	359,334.64	提取任意公积金	26		12,737,079.44	11,351,044.83	8,477,980.46
减:营业外支出	13	134,244.95	194,783.87	206,179.47	82,199.14	已分配普通股股利	27				28,566,720.00

项目	行次	1997年1-3月	1996年度	1995年度	1994年度	项目	行次	1997年1-3月	1996年度	1995年度	1994年度
加:以前年度损益调整	14					八、未分配利润	28	66,242,732.72	52,993,873.38	24,972,298.62	

财务状况变动表(合并)

编制单位:武汉中商集团股份有限公司　　　　金额单位:人民币元

流动资金来源和运用	行次	金额	流动资金各项目的变动	行次	金额
一、流动资金来源			一、流动资产本年增加数:		
1.本年净利润	1	50,948,317.74	1.货币资金	30	50,579,237.07
加:少数股东本期损益		-537,908.10	2.短期投资	31	-500,000.00
加:不减少流动资金的费用和损失	2		3.应收票据	32	10,065,829.00
(1)固定资产折旧	2	4,038,262.05	4.应收帐款净额	33	9,586,487.63
(2)无形资产、递延资产及其他资产摊销	3	749,706.90	5.预付货款	34	48,058,360.76
其他负债转销(减)			6.其他应收款	35	-26,006,122.29
(3)固定资产盘亏(减盘盈)	4		7.待摊费用	36	699,960.96
(4)清理固定资产损失(减收益)	5	-72,505.91	8.存货	37	136,076,417.66
(5)其他不减少流动资金的费用和损失	6		9.待处理流动资产净损失(减收益)	39	
小计	7	55,125,872.68	10.一年内到期的长期债券投资	40	
2.其他来源			11.其他流动资产	41	
(1)固定资产清理收入(减清理费用)	8	68,000.00		42	
(2)增加长期负债	9	45,673,905.11		43	
(3)收回长期投资	10	20,464,139.20		44	
(4)对外投资转出固定资产	11			45	
(5)对外投资转出无形资产	12			46	
(6)资本净增加额	13	47,423,747.72		47	
(7)少数股东资本净增加额	14	8,552,091.90	流动资产增加净额	48	228,560,170.79
小计	15	122,188,883.93	二流动负债本年增加数:		
流动资金来源合计	16	177,307,756.61	1.短期借款	49	126,355,000.00
二、流动资金运用:			2.应付票据	50	34,400,000.00
1.利润分配:			3.应付帐款	51	47,899,550.84
(1)提取法定公积金	17	5,094,831.77	4.预收货款	52	743,074.93
(2)提取法定公益金	18	5,094,831.77	5.应付福利费	53	-872,279.67
(3)提取任意公积金	19	12,737,079.44	6.未付股利	54	-18,400,000.00
(4)已分配股利	20		7.未交税金	55	5,426,957.17
小计	21	22,926,742.98	8.其他未交款	56	137,027.73
2.少数股东利润分配	22	-537,908.10	9.其他应付款	57	9,828,071.37
3.其他运用:			10.预提费用	58	1,074,854.77
(1)固定资产和在建工程净增加额	23	105,574,259.78	11.一年内到期的长期负债	59	3,800,000.00
(2)增加无形资产、递延资产及其他资产	24	14,765,841.60	12.其他流动负债	60	
(3)偿还长期负债	25	5,253,905.11		61	
(4)增加长期投资	26	11,157,001.59			
小计	27	136,751,008.08		62	
流动资金运用合计	28	159,139,842.96	流动负债增加净额	63	210,392,257.14
流动资金增加净额	29	18,167,913.65	流动资金增加净额	64	18,167,913.65

财务状况变动表(母公司)

编制单位:武汉中商集团股份有限公司　　　　金额单位:人民币元

流动资金来源和运用	行次	金额	流动资金各项目的变动	行次	金额
一、流动资金来源			一、流动资产本年增加数:		
1.本年净利润	1	50,948,317.74	1.货币资金	30	44,443,884.47
加:少数股东本期损益			2.短期投资	31	-300,000.00
加:不减少流动资金的费用和损失	2		3.应收票据	32	10,163,429.00
(1)固定资产折旧	2	3,933,536.25	4.应收帐款净额	33	5,581,753.10
(2)无形资产、递延资产及其他资产摊销	3	609,638.40	5.预付货款	34	44,266,249.80
(减其他负债转销)			6.其他应收款	35	7,000,880.06
(3)固定资产盘亏(减盘盈)	4		7.待摊费用	36	551,774.21

流动资金来源和运用	行次	金额	流动资金各项目的变动	行次	金额
(4)清理固定资产损失(减收益)	5	-72,505.91	8.存货	37	31,528,383.55
(5)其他不减少流动资金的费用和损失	6		9.待处理流动资产净损失(减收益)	39	
小计	7	55,418,986.48	10.一年内到期的长期债券投资	40	
2.其他来源			11.其他流动资产	41	
(1)固定资产清理收入(减清理费用)	8	68,000.00	流动资产增加净额	42	143,236,354.19
(2)增加长期负债	9	45,673,905.11	二、流动负债本年增加数		
(3)收回长期投资	10	15,342,066.97	1.短期借款	43	69,355,000.00
(4)对外投资转出固定资产	11		2.应付票据	44	34,400,000.00
(5)对外投资转出无形资产	12		3.应付帐款	45	51,064,303.84
(6)少数股东资本净增加额	13		4.预收帐款	46	743,074.93
(7)资本净增加额	14	47,423,747.72	5.应付福利费	47	-394,124.83
小计	15	108,507,719.80	6.未付股利	48	-18,400,000.00
流动资金来源合计	16	163,926,706.28	7.未交税金	49	5,053,672.84
二、流动资金运用:			8.其他未交款	50	136,789.04
1.利润分配:			9.其他应付款	51	-9,117,279.79
(1)提取法定公积金	17	5,094,831.77	10.预提费用	52	767,054.77
(2)提取法定公益金	18	5,094,831.77	11.一年内到期的长期负债	53	3,800,000.00
(3)提取任意公积金	19	12,737,079.44	12.其他流动负债	54	
(4)已分配股利	20				
小计	21	22,926,742.98			
2.少数股东利润分配					
3.其他运用:					
(1)固定资产和在建工程净增加额	22	92,845,165.44			
(2)增加无形资产、递延资产及其他资产	23	9,547,455.60			
(3)偿还长期负债	24	5,253,905.11			
(4)增加长期投资	25	27,525,573.76		55	
小计	26	135,172,099.91		56	
流动资金运用合计	28	158,098,842.89	流动负债增加净额	57	137,408,490.80
流动资金增加净额	29	5,827,863.39	流动资金增加净额	58	5,827,863.39

资产负债表(合并)

编制单位:武汉中商集团股份有限公司　　　　金额单位:人民币元

资产	行次	报表附注号	1997年3月31日	1996年12月31日	1995年12月31日	1994年12月31日	负债及股东权益	行次	报表附注号	1997年3月31日	1996年12月31日	1995年12月31日	1994年12月31日
流动资产							流动负债:						
货币资金	1		85,072,218.16	95,958,968.91	45,379,731.84	49,234,069.94	短期借款	29	12	176,305,000.00	193,345,000.00	66,990,000.00	49,990,000.00
短期投资	2				500,000.00	7,562,135.00	应付票据	30	13	33,400,000.00	34,400,000.00		
应收票据	3	1	7,400,560.00	15,849,560.00	5,783,731.00		应付帐款	31	14	79,395,053.37	103,892,782.36	55,993,231.52	41,056,142.90
应收帐款	4	2	25,722,068.33	21,393,083.07	11,806,595.44	9,396,445.07	预收帐款	32	15	1,913,676.05	930,631.22	187,556.29	66,107.65
减:坏帐准备	5						应付福利费	33		6,425,450.11	5,921,400.89	6,793,680.56	5,998,569.85
应收款项净额	6		25,722,068.33	21,393,083.07	11,806,595.44	9,396,445.07	未付股利	34		10,452,221.09	10,452,221.09	28,852,221.09	39,713,116.69
预付帐款	7	3	122,367,784.64	96,482,819.01	48,424,458.25	28,417,034.38	未交税金	35	16	22,941,875.68	19,660,839.03	14,233,881.86	6,141,607.07
其他应收款	8	4	24,703,812.39	28,353,069.91	54,359,192.20	49,547,608.34	其他未交款	36		360,378.63	307,255.02	170,227.29	143,197.21
待摊费用	9	5	4,920,942.75	3,743,044.15	3,043,083.19	3,072,114.91	其他应付款	37	17	47,366,471.97	57,324.812.26	47,496,740.89	42,440,106.02
存货	10	6	241,088,593.67	267,139,044.19	131,062,626.53	80,959,868.15	预提费用	38		4,349,691.72	2,781,139.77	1,706,285.00	1,049,120.00
待处理流动资产净损失	11						一年内到期的长期负债	39	18	3,800,000.00	3,800,000.00		
一年内到期的长期债券投资	12						流动负债合计	40		386,709,818.62	432,816,081.64	222,423,824.50	186,597,967.39
其他流动资产	13						长期负债:						
流动资产合计	14		511,275,979.94	528,919,589.24	300,359,418.45	228,189,275.79	长期借款	41	19	69,250,000.00	50,420,000.00	10,000,000.00	15,000,000.00
长期投资:							应付债券	42					
长期投资	15	7	18,487,306.21	18,478,328.21	27,785,465.82	17,958,116.28	长期应付款	43					
固定资产:							其他长期负债	44					
固定资产原价	16	8-(1)	156,634,540.93	156,095,019.90	79,074,074.33	78,833,658.13	长期负债合计	45		69,250,000.00	50,420,000.00	10,000,000.00	15,000,000.00
减:累计折旧	17	8-(2)	48,094,134.73	46,104,615.44	19,498,923.87	15,712,539.61	负债合计	46		455,959,818.62	483,236,081.64	232,423,824.50	201,597,967.39
固定资产净值	18	8-(3)	108,540,406.20	109,990,404.46	59,575,150.46	63,121,118.52	少数股东权益:	47		17,293,602.02	17,383,691.47	8,831,599.57	9,389,615.07

资产	行次	报表附注号	1997年3月31日	1996年12月31日	1995年12月31日	1994年12月31日
固定资产清理	19					
在建工程	20	9	94,627,425.44	89,237,279.44	38,112,029.80	34,162,891.05
待处理固定资产净损失	21					
固定资产合计	22		203,167,831.64	199,227,683.90	97,687,180.26	97,284,009.57
无形及递延资产:						
无形资产	23	10	22,492,319.40	22,652,302.60	10,160,640.00	10,160,640.00
递延资产	24	11	1,599,073.41	1,683,099.78	158,627.68	211,503.52
无形及递延资产合计	25		24,091,392.81	24,335,402.38	10,319,267.68	10,372,143.52
其他资产:						
其他长期资产	26					
递延税项:						
递延税款借项	27					
资产总计	28		757,022,510.60	770,961,003.73	436,151,332.21	353,803,545.16

负债及股东权益	行次	报表附注号	1997年3月31日	1996年12月31日	1995年12月31日	1994年12月31日
股东权益:						
股本	49	20	54,936,000.00	54,936,000.00	54,936,000.00	54,936,000.00
资本公积	50	21	78,306,400.53	78,127,400.53	53,630,395.79	46,954,629.66
盈余公积	51	22	84,283,956.71	84,283,956.71	61,357,213.73	40,925,333.04
其中:公益金	52		19,051,127.01	19,051,127.01	13,956,295.24	9,415,877.31
未分配利润	53	23	66,242,732.72	52,993,873.38	24,972,298.62	
股东权益合计	54		283,769,089.96	270,341,230.62	194,895,908.14	142,815,962.70
负债及股东权益总计	55		757,022,510.60	770,961,003.73	436,151,332.21	353,803,545.16

附表 6

资产负债表(母公司)

编制单位:武汉中商集团股份有限公司　　　　金额单位:人民币元

资产	行次	1997年3月31日	1996年12月31日	1995年12月31日	1994年12月31日
流动资产:					
货币资金	1	74,990,692.17	86,392,610.67	41,948,726.20	44,095,566.57
短期投资	2			300,000.00	7,562,135.00
应收票据	3	7,400,560.00	15,849,560.00	5,686,131.00	
应收帐款	4	21,850,630.47	17,882,583.63	12,300,830.53	9,236,625.91
减:坏帐准备	5				
应收款项净额	6	21,850,630.47	17,882,583.63	12,300,830.53	9,236,625.91
预付帐款	7	61,401,712.60	77,510,008.05	33,243,758.25	22,630,081.94
其他应收款	8	15,953,708.42	127,917,573.20	120,916,693.14	70,808,223.80
待摊费用	9	4,287,116.75	3,594,857.40	3,043,083.19	3,063,328.92
存货	10	64,209,593.62	70,300,074.41	38,771,690.86	39,582,614.92
待处理流动资产净损失	11				
一年内到期的长期债券投资	12				
其他流动资产	13				
流动资产合计	14	386,094,014.03	399,447,267.36	256,210,913.17	196,978,577.06
长期投资:					
长期投资	15	58,248,364.85	58,198,579.14	46,015,072.35	36,550,532.36
固定资产:					
固定资产原价	16	132,238,915.96	131,664,543.93	78,081,706.46	77,867,350.26
减:累计折旧	17	36,022,369.96	34,073,677.88	19,331,755.87	15,646,113.81
固定资产净值	18	96,216,546.00	97,590,866.05	58,749,950.59	62,221,236.45
固定资产清理	19				
在建工程	20	88,312,665.44	88,187,249.44	38,112,029.80	34,162,891.05
待处理固定资产净损失	21				
固定资产合计	22	184,529,211.44	185,778,115.49	96,861,980.39	96,384,127.50
无形及递延资产:					
无形资产	23	17,553,028.40	17,671,501.60	10,160,640.00	10,160,640.00
递延资产	24	1,250,326.93	1,426,955.60		
无形及递延资产合计	25	18,803,355.33	19,098,457.20	10,160,640.00	10,160,640.00
其他资产:					
其他长期资产	26				
递延税项:					
递延税款借项	27				
资产总计	28	647,674,945.65	662,522,419.19	409,248,605.91	340,073,876.92

负债及股东权益	行次	1997年3月31日	1996年12月31日	1995年12月31日	1994年12月31日
流动负债:					
短期借款	29	106,305,000.00	133,345,000.00	63,990,000.00	49,990,000.00
应付票据	30	33,400,000.00	33,400,000.00		
应付帐款	31	78,341,591.03	102,701,830.27	51,637,526.43	40,833,900.06
预收帐款	32	1,913,676.05	930,631.22	187,556.29	66,107.65
应付福利费	33	6,917,164.32	6,399,555.73	6,793,680.56	5,998,569.85
未付股利	34	10,452,221.09	10,452,221.09	28,852,221.09	39,713,116.69
未交税金	35	22,518,151.87	19,355,404.39	14,301,731.55	6,154,328.03
其他未交款	36	360,208.65	307,016.33	170,227.29	144,468.93
其他应付款	37	27,507,550.96	28,460,839.77	37,578,119.56	38,865,153.01
预提费用	38	3,140,291.72	1,608,689.77	841,635.00	492,270.00
一年内到期的长期负债	39	3,800,000.00	3,800,000.00		
流动负债合计	40	294,655,855.69	341,761,188.57	204,352,697.77	182,257,914.22
长期负债:					
长期借款	41	69,250,000.00	50,420,000.00	10,000,000.00	15,000,000.00
应付债券	42				
长期应付款	43				
其他长期负债	44				
长期负债合计	45	69,250,000.00	50,420,000.00	10,000,000.00	15,000,000.00
负债合计	46	363,905,855.69	392,181,188.57	214,352,697.77	197,257,914.22
少数股东权益:	47				
股东权益:					
股本	49	54,936,000.00	54,936,000.00	54,936,000.00	54,936,000.00
资本公积	50	78,306,400.53	78,127,400.53	53,630,395.79	46,954,629.66
盈余公积	51	84,283,956.71	84,283,956.71	61,357,213.73	40,925,333.04
其中:公益金	52	19,051,127.01	19,051,127.01	13,956,295.24	9,415,877.31
未分配利润	53	66,242,732.72	52,993,873.38	24,972,298.62	
股东权益合计	54	283,769,089.96	270,341,230.62	194,895,908.14	142,815,962.70
负债及股东权益总计	55	647,674,945.65	662,522,419.19	409,248,605.91	340,073,876.92

湖南五一文实业股份有限公司

湖南五一文实业股份有限公司一九九七年度中期报告

一、财务报告(未经审计)

(一)、财务报表

1. 简化的资产负债表　　单位:元

项　目	期末数	年初数
流动资产	227,353,496.35	109,530,728.62
长期投资	4,202,913.00	2,167,913.00
固定资产净值	76,031,796.52	75,616,280.39
在建工程	120,578,143.66	98,417,212.66
无形资产	8,099,844.72	8,112,734.16
递延资产	7,024,226.89	8,131,289.00
资产总计	443,328,415.33	301,976,157.83
流动负债	204,117,228.32	189,626,821.20
长期负债	11,000,000.00	6,000,000.00
负债合计	215,117,228.32	189,626,821.20
股东权益	228,211,187.01	112,349,336.63
其中:股本	89,350,143.71	64,350,143.71
资本公积	80,958,259.84	180,000.00
盈余公积	9,569,841.41	9,569,841.41
未分配利润	48,332,942.05	38,249,351.51
负债及股东权益合计	443,328,415.33	301,976,157.83

2. 简化的损益表　　单位:元

项　目	1997年1-6月	1996年1-6月
主营业务收入	241,516,324.97	191,985,060.79
主营业务利润	11,352,857.95	8,145,239.41
其他业务利润	1,074,239.38	466,463.76
投资收益	100,112.33	1,486,324.58
营业外收支净额	1,423,613.64	156,029.66
利润总额	13,950,823.30	10,254,057.41
应交所得税	2,092,623.50	831,905.70
净利润	11,858,199.80	9,422,151.71

3. 其他财务指标

指标项目	1997年上半年	1996年上半年
每股收益	0.1327元(已摊薄)	0.1464元
净资产收益率	5.20%	8.39%
每股净资产	2.554元	1.746元

注:财务指标的股本数以期末数为计算基础。

(二)、财务报表附注

1. 本期财务报告与1996年度报告相比,会计政策与会计方法没有发生变化。

2. 流动资产227,353,496.35元,较年初数增加117,822,767.73元,主要原因系公司今年6月向社会公开发行2500万A股,募集资金114,250,000.00元所致。

3. 应收帐款9,435,334.82元,无持股5%以上的股东欠款。

帐龄	余额	比例
一年以内	9,158,972.06元	97.07%
一年至二年	276,362.76元	2.93%

4. 其他应收款10,140,520.15元,无持股5%以上的股东欠款。

帐龄	余额	比例
一年以内	10,140,520.15元	100%

5. 长期投资4,202,913.00元。

其中:股权投资:1,000,000.00元

联营投资:1,000,000.00元

股权投资系1993年9月24日投资入股湖南石油实业股份有限公司。

6. 无形资产8,009,844.72元,较年初减少12,889.44元,是本期摊销数。

7. 递延资产7,024,226.89元,较年初减少金额1,107,062.11元,是本期摊销数。其中五一文北斗星商厦因室内装修新增29551.12元。

8. 长期负债1100万元,比年初数增加83.33%,是增加银行长期借款。

9. 股本89,350,143.71元,比年初增加38.85%,即是1997年6月向社会募集流通A股2500万股。

10. 资本公积80,958,259.84元,较年初增加80,778,259.84元,是发行股票溢价部分。

11. 盈余公积9,569,841.41元,本报告期内无变动。

12. 未分配利润48,332,942.05元,系1996年与1997年上半年滚存利润。

13. 其他业务利润1,074,239.38元,主要是分公司五一文快速彩印公司印刷业务利润增加及各项维修业务利润的增加。

14. 投资收益100,112.33元,全部为股票投资收益。

15. 营业外收入1,605,186.96元,其中因发行股票冻结及转存资金利息合计1,490,000.00元。

16. 承诺事项:至本年7月底,5月12日为中山商业集团股份有限公司担保贷款200万元,7月3日为中山商业集团股份有限公司担保130万的贷款展期

(三)、关联企业与关联交易

企业名称:湖南施乐自动化设备有限公司

经济性质:责任有限公司

法定代表:郑文斗

注 册 地:长沙市蔡锷路157号

注册资金:200万元人民币

拥有权益:本公司拥有该企业50%的股权

主要业务:施乐复印机的经营,维修及培训服务。

本公司与该企业无任何关联交易。

二、经营情况的回顾与展望

(一)、上半年经营情况的回顾

1. 上半年,在董事会正确领导下,公司坚持不懈地抓好主营业务,重点抓住现代文化用品经营,以经济效益为中心,公司上市为契机,连锁为方向,降低成本为核心,不断强化市场占有率,取得了较好经济效益。上半年截止六月底,公司主营销售24151.63万元,同比增长25.80%,公司实现利润总额1395.08万元,同比增长36.05%。上半年公司完成全年盈利预测的40%,主要系募股资金于1997年6月中旬到位,故盈利预测中的新增效益尚未产生。

2. 创新营销方法,大力拓展市场。上半年,公司凭借资金、网络、商

誉等优势，对主要大宗商品实行规模经营并获取某些名牌商品的区域代理权，以集中经营的方式，获取规模效益，从而大幅度地提高公司销售高附加值商品的市场占有率。

3．加强资金管理、提高资金使用效率，公司将财务部改组为财务经营管理部，使其职能由“核算”型理财向“管理”型理财转变，并适应集团管理的要求，设立结算中心，极大程度地提高了公司资金使用效率。

（二）、下半年经营情况的展望

1．推进连锁经营。公司已被内贸部确定为“国内经营定点连锁联系企业”，为实现资源共享，追求规模效益，公司已设立连锁推进委员会，预计年内将在省内岳阳、衡阳、常德开设三家连锁店，同时，下半年将不断完善信息中心、采购中心、配送中心等连锁经营机构，以达到规模化、规范化的要求。

2．对北斗星商厦5－8层实行综合开发利用，完善其购物的整体功能，提高商厦经济效益预计该项目将于9月底完成并投入经营。

3．投资扩建五一文快印第一期工程。使其在不断开发市场的同时抓紧高附加值产品的开发工作，增强其市场竞争能力。

4．构造新的用工分配制度，增强激励机制，健全约束机制，最大限度调动员工积极性，同时加强人才的培养、选拔工作，为公司大规模发展不断储备、补充人才。

三、重大事件说明

1．公司（五一文）股票于1997年6月26日在深圳交易所挂牌交易，标志着公司发展进入了一个新阶段。

2.1997年2月25日，董事会选举唐山先生为董事长、李庆林女士为副董事长，董事会聘任唐山先生为总经理。

3.1997年3月10日，公司董事会决议：将1996年度公司净利润2229.51万元，提取10%法定公积金222.95万元和5%法定公益金111.47万元，加上年未分配利润1929.85万元3824.94万元滚存至1997年由新老股东共享。

4．公司募集资金使用情况：公司所募集资金于1997年6月中旬到位，报告期已投入1070万元用于北斗星商厦改建项目，该项目将于1997年9月底投入经营。其他募股资金在报告期内尚未投入计划项目使用，剩余资金作为流动资金以银行存款等形式存放银行。

5．按照国务院证券委、中国人民银行、国家经贸委5月21日发布的《严禁国有企业和上市公司炒作股票的规定》的要求，公司对原持有的股票投资进行清理，并已在规定期内将股票全部卖出，收益10万元，现公司未持有任何上市公司的股票。本公司今后如果从事股票投资，将严格遵循国家政策法规和本公司章程的规定。

6．本公司本年度中期不分红。

7．本公司报告期内无任何关联交易。

8．本公司报告期内无重大诉讼、仲裁事项。

四、发行在外股票的变动和股权结构的变化

1．股本变化原因

公司于1997年6月5日获准向社会公众发行A股2500万股，发行成功后于1997年6月17日办理了工商登记，注册资本从6435.01万元增加到8935.01万元，1997年6月26日2500万A股在深交所挂牌交易。

2．股权结构情况　　单位：万股

项　目	1996年12月31日	本次变动增减（+－）	1997年6月30日
一、尚未流通的股份			
1．发起人股份	3135.01		3135.01
2．社会法人股	2300		2300
3．公司职工股	1000		1000
二、流通的股份			
境内上市人民币普通股	0	+2500	2500
三、股份总额	6435.01	+2500	8935.01

3．主要股东持股情况（截止1997年6月30日）

股东名称	持股数（万股）	占总股份比例（%）
原长沙五一文化用品商场集体资产管理协会	1315.15	14.72
湖南金通投资咨询有限公司	718	8.04
中国工商银行长沙市分行银工现代装饰公司	700	7.83
湖南昌龙房地产开发公司	500	5.60
长沙市工矿综合商业公司	403.25	4.51
长沙市调料食品公司	216.61	2.42
长沙市五一路百货商场	90	1.01
长沙电力经济技术开发公司	80	0.90
海口东信商贸有限公司	40	0.45
长沙富力达制冷设备有限公司	36.4	0.41

五、股东大会简介

1．公司于1997年2月12日，在本公司三楼会议室召开临时股东大会。到会股东76人，代表公司股份4255.96万股，占公司股本总额的66.61%，符合《公司法》和《公司章程》的规定。大会决议如下：

（1）审议批准新修订的《公司章程》；

（2）审议批准公司以社会募集方式发行新股并上市；

（3）审议批准董事会制订的新股发行上市方案；

（4）授权董事会根据新股发行与上市的需要处理相关事宜；

（5）选举确认产生第二届董事会、监事会成员。其中董事会成员：唐山，郑文斗，李庆林，刘作忠，彭柱湘，何贤平，金礼胜共七人。监事会成员：王国海，毛飞，李伟共三人。

2．公司于1997年4月12日在本公司三楼会议室召开1996年度股东大会。到会股东38人，代表公司股份4073.16万股，占公司股本总额的63.30%，符合《公司法》和《公司章程》的规定。

大会决议如下：

（1）审议批准董事会“1996年度工作报告”；

（2）审议批准“1996年度财务决算报告”；

（3）审议批准公司“1996年度利润分配方案”；1996年度公司净利润2229.51万元，提取10%法定公积金222.95万元和5%法定公益金111.47万元。加上年未分配利润1929.85万元，可供股东分配的利润为3824.94万元。股东大会决定股利滚存至1997年度一并分配，新老股东共同享受。

（4）审议批准“董事会董事年薪的提议”；

（5）审议批准新修订“公司章程”

六、备查文件

1．载有公司董事长、总经理唐山先生亲笔签名的中期报告原本；

2．报告期内发行新股时的《招股说明书》；

3．报告期内发行新股时的《上市公告书》；

查阅地址：长沙市黄兴南路187号公司证券部

湖南五一文实业股份有限公司

董事长、总经理：唐山

1997年8月12日

峨眉山旅游股份有限公司

峨眉山旅游股份有限公司（筹）招股说明书概要

一、绪言

本招股说明书是根据《中华人民共和国公司法》、《股票发行与交易管理暂行条例》、《公开发行股票公司信息披露实施细则》等相关法律、法规、规则及发行人实际情况编写的，发行人筹委会成员已批准本招股说明书，确信其中不存在任何重大遗漏或者误导，并对其真实性、准确性、完整性负个别的和连带的责任。

本公司本次股票发行是根据本招股说明书所载明的资料申请发行的。除本发行人和主承销商外，没有委托或授权任何其他人提供未在本招股说明书中列载的信息和对本招股说明书作任何解释或者说明。

本招股说明书提醒投资者自行负担买卖本公司股票所应付的税款，发行人、主承销商和上市推荐人对此不承担任何责任。

本公司本次公开发行股票已经中国证券监督管理委员会批准。

二、释义

在本招股说明书中，除非另有说明，下列简称具有以下意义：

发起人：指峨眉山旅游总公司及乐山市红珠山宾馆

发行人：指峨眉山旅游股份有限公司（筹）

本公司（或公司）：指峨眉山旅游股份有限公司（筹）

筹委会：指本公司筹备委员会

峨眉山风景区（或风景区）：指方圆154平方公里的峨眉山风景名胜区

峨眉山管委会（或管委会）：指峨眉山市峨眉山管理委员会

主承销商：指国泰证券有限公司

本次股票：指本次经中国证监会批准向社会公开发行的4，000万股社会公众股

A股：指本公司股本中每股面值人民币1.00元的人民币普通股股票

元：指人民币元

三、与发售新股有关的当事人

1、发行人：峨眉山旅游股份有限公司（筹）
筹备委员会负责人：马元祝
拟注册地址：四川省峨眉山市名山西路168号
联系人：周栋良、刘道友
电　话：（0833）5528888
传　真：（0833）5526666

2、主承销商：国泰证券有限公司
法定代表人：金建栋
住　所：上海市浦东新区浮山路61号
联系人：董海
电　话：（021）62580818
传　真：（021）62531028
成都营业部地址：四川省成都市人民东路48号物资宾馆十楼
联系人：赵波、李学军
电　话：（028）6615848
传　真：（028）6615808

3、副主承销商：中国旅游国际信托投资公司
法定代表人：刁玉良
住　所：北京市北京站东街6号金安皇都大酒店四层
联系人：姜玉梅、王晓茹
电　话：（010）65158640
传　真：（010）65158642

4、分销商：海南港澳国际信托投资有限公司
法定代表人：李耀祺
住　所：海南省海口市滨海新村588号
联系人：彭旭、王雪梅
电　话：（0898）8513372
传　真：（0898）8513437
分销商：四川省信托投资公司
法定代表人：梁昌飞
住　所：四川省成都市蜀都大道福兴街30号
联系人：吕莉
电　话：（028）6756478
传　真：（028）6623605
分销商：四川省国际信托投资公司
法定代表人：陈远义
住　所：四川省成都市少城路6号
联系人：马建一
电　话：（028）6691206
传　真：（028）6682007

5、发行人法律顾问：中辰律师事务所
法定代表人：刘西荣
住　所：四川省成都市人民东路48号物资宾馆八楼
电　话：（028）6611178
传　真：（028）6611178
经办律师：刘西荣、刘榕

6、主承销商法律顾问：四川省经济律师事务所
法定代表人：刘安颖
住　所：四川省成都市上翔街24号
电　话：（028）5567673
传　真：（028）6755270
经办律师：寇孟良

7、会计师事务所：四川会计师事务所
法定代表人：黄万清
住　所：四川省成都市红庙子街60号
电　话：（028）6786186
传　真：（028）6758729
经办注册会计师：罗建平、贺军

8、资产评估机构：四川省资产评估事务所
法定代表人：唐光兴
住　所：四川省成都市玉双路3号3楼
电　话：（028）4332919
传　真：（028）4332922
经办评估人员：饶洁、李孝珍

9、资产评估确认机构：国家国有资产管理局
法定代表人：张佑才
住　所：北京市万泉河路66号
电　话：（010）68368172
传　真：（010）62541817

10、收款银行：峨眉山市工商城市信用社
住　所：四川省峨眉山市名山路东段46号
电　话：（0833）5523638

11、股票登记机构：　　深圳证券登记有限公司
法定代表人：　　黄铁军
住　所：　　深圳市红岭中路25号
电　话：　　(0755) 5567898
传　真：　　(0755) 5571127

四、本次发行基本情况

1. 承销方式

本次股票发行采取承销团余额包销的承销方式。

2. 承销期的起止日期

1997年9月18日至1997年10月17日。

3. 发行方式

上网定价。具体认购及交款办法详见本次股票发行公告。

4. 发行地区

为中华人民共和国境内与深圳证券交易所联网的证券交易网点。

5. 发行对象

为中华人民共和国境内自然人和法人（国家法律、法规禁止购买者除外）。

6. 股票的种类、面值和数量

本次发行的股票为4000万股，每股面值1.00元人民币普通股，其中向公司职工定向配售400万股。

7. 发行价格及确定价格的方法

发行价格＝（1994、1995、1996年每股税后利润之和/3）×发行市盈率

本次发行市盈率为14.9倍。

本次发行前三年的平均每股税后利润＝0.454元/股

本次发行价格＝0.454×14.9＝6.76元/股

8. 本次股票发行预计实收金额为25，900.08万元（已扣除发行费用）。

五、风险因素与对策

投资者在评价本发行人此次发售的股票时，应特别认真地考虑下述各项风险因素。

1、经营风险

本公司主要从事峨眉山风景名胜区的园林管理及经营索道、宾馆、水电综合开发及相关旅游服务。本公司的经营风险主要包括以下方面：

(1) 峨眉山的旅游风景资源

本公司的现有业务集中于峨眉山风景区，均以峨眉山的旅游风景资源为依托。峨眉山风景资源的保护、管理、开发与利用的水平和程度直接关系到峨眉山风景区对游客的吸引力，更直接关系到前来峨眉山旅游的人次。虽然本公司有义务维护、有权利根据峨眉山风景区发展规划开发和利用峨眉山的风景资源，但并不能保证峨眉山的风景资源在可预见的将来不会遭受任何程度的人为或自然灾害的破坏。

(2) 峨眉山的旅游环境

峨眉山风景名胜区的旅游环境，包括景区治安、景区内的公路和道路、庙宇及其他不归本公司所属的旅游饭店和相关旅游服务设施等，是与游客在峨眉山风景区的旅游享受密切相关的，其服务质量的高低、基础设施的完善与否，将影响到峨眉山风景区对游客的吸引力。因此，峨眉山旅游环境的优劣可能会影响本公司的业务。

(3) 外部交通

峨眉山风景区的对外交通条件经过多年的努力，已有了很大改善，在山岳型风景区中居于领先地位。目前，成都至峨眉山铁路线长142公里，行车时间3小时。成都双流机场至乐山市和峨眉山公路里程分别是150公里和130公里，行车时间分别为3小时和2.5小时。但外部交通的现有状况已不能完全适应旅游业飞速发展的需要，尤其峨眉山旅游人次的逐年增长所造成的交通压力，在一定程度上影响了本公司业务的增长。

(4) 价格制约

本公司经营的峨眉山风景区游山票价格由公司依据经营成本而拟定，同时需经峨眉山管委会厘定并由四川省物价局核准。本公司在未能得到批准之前不能随意调高游山票的价格。因此公司在游山票经营策略方面的决策权受到一定程度的限制。

(5) 索道配件和备件的进口及其价格

本公司索道在运营中会有一定的损耗，需要更换一些部件，以及为保证正常运营需要维持一定数量的备件。目前，这些部件和备件主要从国外进口。因此有关国家对外经济政策的变化及这些备件和配件的国际市场价格的波动均会对公司的索道经营成本产生一定的影响。

(6) 外汇风险

公司索道配件和备件及相关设施从国外进口时需以外汇支付，而公司营业收入均为人民币，因此如果我国外汇市场人民币对美元的汇率发生重大变化，将使公司承受一定的汇率风险。

2、行业风险

根据我国目前的产业政策，旅游业属于重点扶持和大力发展的行业，一定程度上享受国家的政策优惠，尤其是四川省将旅游业作为全省的五大支柱产业之一和峨眉山市将旅游业作为依山兴市的重点发展战略。因此如果我国的产业政策或省市发展规划有所调整，会对本公司的业务产生一定的影响。

本公司在峨眉山风景名胜区的园林管理和风景区游山票的经营及风景名胜区的索道、水电综合开发经营等业务都具有垄断地位，但是在宾馆的经营业务上与峨眉山风景区内同行业的其他宾馆、招待所等存在一定程度的竞争。

3、市场风险

从峨眉山风景区1995、1996两年的旅游统计资料看，峨眉山平均每月旅游人次达15万，全年仅有两个月人次较低。尽管峨眉山旅游淡旺季不明显，但是季节因素仍然对公司旅游业务收入产生一定的不利影响。

4、股市风险

本公司股票将在深圳证券交易所挂牌上市。由于股票市场中的股票价格一方面取决于企业的盈利能力及增长潜力，另一方面也会受市场供求关系，政治、经济和政策因素的影响而产生波动。因此，本公司提醒广大投资者充分考虑股票市场的风险。

5、其他风险

本次股票发行所募集资金将主要用于旅游设施和旅游服务项目投资，这些投资项目可能存在投资回报率高低的风险。

本公司的控股股东为峨眉山旅游总公司，本次股票发行成功后，将持有本公司55.33%的股权，其经营发展策略将对本公司的运作产生一定影响。

发行人针对上述各项风险因素，拟采取以下措施，尽力将上述风险的影响降至最低，以减少其对公司产生的不利影响：

1、经营风险之对策

(1) 提高对风景资源的保护意识，合理开发和利用

本公司通过与峨眉山管理委员会签定“关于委托经营游山票的协议”及其补充协议，有权对峨眉山风景区旅游资源进行开发利用，在开发中努力避免对风景资源的人为破坏，并积极配合峨眉山管委会制止其它有可能对风景资源造成人为破坏的行为。本公司还将致力于对游客的宣传教育，提高其保护意识，引导他们自觉维护风景区的旅游资源。

(2) 改善峨眉山的旅游环境

本公司将积极配合峨眉山风景区管理机构，加强峨眉山风景区治安、交通和旅游市场秩序的管理，并联合行业内外的其它有关单位共同投资兴建、改造旅游基础设施和接待服务设施，改善峨眉山风景区的旅游环境，提高旅游服务水平，增强峨眉山对中外游人的吸引力。

(3) 改善外部交通

四川省、乐山市和峨眉山市各级人民政府已着手制定并分步实施进一步改善峨眉山风景区外部交通条件的方案，包括修建成都市至乐山市的高速公路（简称成乐高速公路，含乐山市至峨眉山市路段）和乐山旅游机场，将乐山市至峨眉山市高等级公路改造为城市快速通道。目前，成都市至乐山市高速公路和乐山市至峨眉山市的城市快速通道工程已全面动工，预计1998年底全程通车。通车后，行车时间将分别缩短为1小时15分和20分。外部交通环境的改善将吸引更多的海内外游客前来

峨眉山旅游，从而极大促进本公司的业务发展。

(4) 价格因素

峨眉山风景区面积为154平方公里。目前游山票价格为50元/人，在全国山岳型风景区中处于较低水平，本公司有权对游山票价格的调整提出方案，在四川省物价局核准的范围内享有一定的自主权。

(5) 索道的配件和备件的进口及其价格

本公司已与现有两条索道的供应商保持着良好供货联系，他们已在中国设立办事处，负责中国市场索道设备和配件的销售。其中奥地利供应商已在北京开办工厂，主要生产索道设备和配件，为公司今后索道配件、备件的供应带来了便利。同时公司正积极与国际上其它索道生产厂家建立联系，以消除独家垄断供应对公司经营成本带来的不利影响。

此外本公司正计划与国内索道科研单位、生产厂家及国内其他同类型索道公司一起进行索道配件、备件国产化工作，以降低对进口配件、备件的依赖程度。

(6) 外汇风险之对策

公司将通过国外索道生产商的国内生产基地进行所需索道配件、备件采购，同时通过促进同类型索道配件、备件国产化工作，尽力将公司因采购索道配件、备件所需外汇而带来的汇率风险，降至最低。

2、行业风险之对策

本公司将以峨眉山旅游资源为依托，充分享用国家和省市对旅游业的优惠政策，完善服务设施，提高服务质量和合理开发新景点，积极开拓主营业务，拓展旅游产业相关的产品经营，逐步形成山上和山下旅游相匹配的多层次、多样化的综合性旅游服务体系。同时加强同行业合作，形成跨地区经营，分散经营风险。另一方面，本公司将努力改善所经营宾馆的硬件设施和提高服务质量，增强本公司所属宾馆在峨眉山风景区的竞争力，以促进本公司所经营宾馆在峨眉山风景区市场占有率的不断增长。

3、市场风险之对策

峨眉山最高海拔3，099米，植被繁茂，四季常青，年平均降雪时间为80天，冬季景色多姿多彩，当高山区白雪皑皑，一派银装素裹景象时，低中山区仍然是一片葱茏景象，堪与欧洲的阿尔卑斯山脉媲美。因此本公司一方面将利用峨眉山冬季独特的旅游资源，与旅游管理机构共同开发冬季滑雪、冬季生态考察、冬季赏雪等旅游项目，另一方面本公司还拟增设高档次的文化娱乐和体育健身设施，增加冬季旅游附加项目。同时，通过电视、报纸、杂志等新闻媒介和各种旅游交易会、展销会等渠道加强峨眉山冬季旅游的宣传促销力度，吸引更多的中外游客，使峨眉山旅游淡季不淡，从而减少季节因素对本公司业务带来的不利影响。

4、股市风险之对策

本公司将积极发展高增长率的投资项目，加强管理，挖掘企业潜力，尽力为全体股东创造高回报，维护股东的根本利益。同时本公司将严格按照国家有关部门的要求，规范信息披露，避免本公司股票市场价格的异常波动，维护中小股东的利益。

5、其他风险之对策

本次股票发行所募集资金的投资方向已经过反复筛选和论证。本公司确信将有优良的投资回报，并将在实施过程中加强管理，降低投资风险。

本公司成立后，股东大会是最高权力机构，根据国家法律、法规以及本公司章程，董事会负责制定本公司的投资计划与经营方针等，监事会对董事、总经理及其他高级管理人员履行公司职责时违反法律、法规或者公司章程的行为进行监督。

六、募集资金的运用

本公司本次发行可募集资金25，900.08万元(已扣除发行费用)，将主要用于旅游基础设施的改建、扩建和新建及旅游项目的开发，具体项目附后。

上述项目总投资为31，358万元，本次募集资金为25，900.08万元(已扣除发行费用)，资金不足部分本公司将通过银行贷款予以解决。如果本次募集的资金未能立即全部用于上述项目，本公司计划将其用作短期银行存款或适当运用，以获取经济效益。

七、股利分配政策

本公司的税后利润分配由董事会提出方案，经股东大会批准后，按股份比例分配，股利分配采取现金或红股形式。

本公司每一会计年度的税后利润按照以下顺序分配：

(1) 弥补亏损(如有此项亏损)；

(2) 提取法定公积金10%；

(3) 提取法定公益金5—10%；

(4) 提取任意公积金；

(5) 支付普通股股利。

法定公积金按照税后利润的10%提取，但当法定公积金已达注册资本的50%时，可不再提取；法定公益金按税后利润的5—10%提取。任意公积金的提取比例由股东大会决定。

本公司实行同股同利的分配政策。

本公司预计每一年度的股利将于次年6月或之前派付。

本公司预计首次股利将于1998年6月30日之前派付。

本公司向个人股东分配股利时，由本公司按国家有关政策代扣代缴个人所得税。

本公司提议1997年度的股利由新老股东共同享有。

本公司目前尚无亏损。

八、发行人情况

1、发行人名称：峨眉山旅游股份有限公司(筹)

英文名称：EMEI SHAN TOURISM COMPANY LIMITED

2、拟成立日期：本次股票发行后工商登记注册日。

3、拟注册地址：四川省峨眉山市名山西路168号

4、发行人的历史情况简介

(1) 公司沿革

峨眉山旅游股份有限公司(筹)是经四川省人民政府批准由峨眉山旅游总公司、乐山市红珠山宾馆共同发起并公开发行社会公众股，以募集方式设立的股份有限公司。

发起人之一的峨眉山旅游总公司，是为了加强对峨眉山风景名胜区的保护、管理、开发、利用，加快风景区的建设步伐，贯彻"依山兴市，协调发展"的发展战略而于一九九二年设立的一家综合性的旅游服务公司，公司的经营范围包括风景名胜区园林业务、宾馆、索道及相关旅游服务。总公司下设峨眉山索道公司、峨眉山大酒店、风景区游山票收费站、水电综合开发公司等7个全资机构及控股子公司峨眉山万年索道有限公司。

本次峨眉山旅游总公司以其下属的峨眉山索道公司、峨眉山大酒店、风景区游山票收费站的全部资产、水电综合开发公司部分经营性资产及总公司拥有的峨眉山万年索道有限公司70%的权益作为发起人的出资，投入本公司。

另一发起人，乐山市红珠山宾馆位于峨眉山风景区内，是峨眉山市目前唯一的一家三星级酒店，被评为四川省优秀星级饭店。宾馆始建于1958年，共有风格各异的别墅楼8幢，并拥有峨眉山国际旅行社、红珠山客票服务公司等子公司。本次红珠山宾馆以其下属的贵宾楼及附属文娱活动中心作为投入本公司的资产。

(2) 公司概况

本公司是经四川省人民政府川府函〔1997〕234号文批准，由峨眉山旅游总公司与乐山市红珠山宾馆作为发起人，向社会公开发行4，000万股社会公众股，以募集方式设立的股份有限公司。发起人峨眉山旅游总公司和乐山市红珠山宾馆以其拥有的部分经营性资产(包括峨眉山大酒店、红珠山宾馆贵宾楼、两条索道、水电综合开发相关设施等)，按国家国有资产管理局国资评〔1997〕513号文确认的净资产12，095.96万元，以四川省国有资产管理局川国资企〔1997〕49号文批准的折股比例1:0.6503折成国有法人股(发起人持股)7，866万股。

成立后的股份公司主要经营风景区游山票、宾馆、索道、水电综合开发及相关旅游服务，业务范围包括两条索道、一家三星级宾馆、一家二星级宾馆、风景区的水电供应、风景区游山票的经营、园林管理和景

点维护及开发等。公司将延续发起人的优势，充分利用国家及四川省对旅游行业的优惠政策，依托峨眉山风景区作为世界自然和文化双重遗产的优势，通过股份制改制，规范公司运作，进一步提高公司的营运能力和水平，使公司成为全国一流的旅游服务企业。截止 1997 年 4 月 30 日公司现有职工人数 806 人，其中高级职称以上有 4 人，中级职称有 34 人。截止 1997 年 4 月 30 日，本次发行前公司总资产 15，562.58 万元，净资产 12，095.96 万元。公司 1996 年、1995 年、1994 年的税后利润分别为 42，279，628.62 元、35，814，054.48 元和 28，536，720.98 元。

5、发行人的组织机构

本公司的组织机构图附后。

在本公司的组织机构中，除峨眉山万年索道有限公司是本公司持股 70% 的控股子公司外，其余均为本公司全资附属的分公司。

6、关联企业

峨眉山旅游总公司，持有本公司股份 65，651，200 股，占发行后总股本的 55.33%，为本公司第一大股东。

乐山市红珠山宾馆，持有本公司股份 13，008，800 股，占发行后总股本的 10.96%，为本公司第二大股东。

本公司持有峨眉山万年索道有限公司 70% 的权益。

7、发行人的职工人数

截止 1997 年 4 月 30 日，本公司共有职工 806 人，其中：

行政管理人员	72 人
财务人员	42 人
技术人员	183 人
营销人员	159 人
生产及服务人员	350 人

本公司职工中现有高级职称 4 人、中级职称 34 人、大专以上学历的 150 人，具有中专以上学历的职工占职工总数的 30.7%。本公司职工平均年龄为 34 岁。

本公司职工实行全员劳动合同制，享有住房、劳动保护、人身保险、医疗卫生及物价补贴等方面的福利。根据国家、四川省和峨眉山市的有关规定，本公司职工参加峨眉山市养老保险基金社会统筹、失业基金社会统筹，本公司退休职工的工资由社会统筹支付。

8、经营范围及经营方式

经营范围

主营：峨眉山游山票、客运索道、水电开发供应、旅游宾馆、旅行社、旅游汽车客运等。

兼营：旅游纪念品、商贸等。

经营方式

接待、服务、销售、生产等。

9、主要业务

本公司的主要业务包括风景区游山票及园林业务、索道客运、宾馆、水电综合开发和其他旅游相关服务。

10、主要备件、配件及能源耗用情况

本公司 96% 的水电由本公司所属的水电公司提供，不足部分由峨眉山市水电企业供应，并按市场价格支付相应费用。本公司的水电供应得到了保证。

本公司主要备件、配件为两条索道正常运行所需的一定数量的备件及日常维修所需的配件，目前这些备件、配件主要通过国外供应商提供。这些供应商已在国内设立办事处，其中奥地利供应商已在中国境内建立了生产厂家。同时国内的几家索道公司正与有关科研单位进行索道备件、配件的国产化工作，这一切均为公司索道业务发展提供了稳定的供货渠道。

11、无形资产

本公司所使用的无形资产包括峨眉山风景区游山票专门经营权和本公司所使用的土地使用权。具体如下：

本公司已与峨眉山管委会签订了一项为期 40 年的有偿受托经营峨眉山风景区游山票协议及其补充协议，峨眉山游山票专营权的评估价值为 2.24 亿元。据此峨眉山管委会已委托本公司经营峨眉山风景区游山票，负责销售游山票，维护风景区的环境卫生，维护、维修风景区现有游览道路、桥梁、安全设施以及亭阁建筑、摩崖石刻等风景景观，峨眉山风景区的对外宣传和旅游促销工作等。根据协议本公司每年须按月支付峨眉山管委会游山票专门经营权使用费。此项专门经营权的使用费由管委会负责的景区、庙宇的防火、防虫和环保等费用按游山票收入（扣除游山票制作费、游山票房全部管理费用、游客人身保险费、峨眉山旅游风景保护基金并交纳营业税后）的 50% 支付。

根据本公司与峨眉山旅游总公司所签订的土地使用权租赁协议书，本公司向峨眉山旅游总公司租用峨眉山风景区内九宗地块，包括峨眉山大酒店、峨眉山索道公司（上、下站）、万年索道有限公司、峨眉山风景区水电综合开发公司雷洞坪配电站、35KV 变电站、金顶变电站、金顶水厂等所使用的土地，租用面积为 67，823.37 平方米，租金为每年 1，288，644.03 元，租期自本公司正式成立之日起至 2036 年 1 月 9 日止。土地租用期届满后，在峨眉山旅游总公司仍拥有上述土地使用权的情况下，本公司可与其重新签订土地租赁协议。

根据本公司与乐山市红珠山宾馆签订的土地使用权租赁协议书，本公司向乐山市红珠山宾馆租用红珠山宾馆内两宗地块，包括贵宾楼及其附属文娱活动设施所使用的土地，租用面积 9，435.80 平方米，租金为每年 179，280.2 元，租期从本公司正式成立之日起至 2036 年 1 月 9 日止。土地租用期在满后，在乐山市红珠山宾馆仍拥有上述土地使用权的情况下，本公司可与其重新签订土地租赁协议。

以上无形资产均经有资格的评估机构进行评估，并经主管部门确认。

12、重组

本公司是经四川省人民政府川府函〔1997〕234 号文批准，由峨眉山旅游总公司与乐山市红珠山宾馆作为发起人，以募集方式设立的股份有限公司。

根据两家发起人签订的重组协议，两家发起人均以生产经营性的实物资产投入本公司。峨眉山旅游总公司投入的资产包括峨眉山金顶索道及相关设施、峨眉山万年索道有限公司 70% 权益、峨眉山大酒店、峨眉山风景区收费站及相关设施、峨眉山风景区金顶水厂及供电设施。乐山市红珠山宾馆投入的资产包括红珠山宾馆贵宾楼及其附属文娱活动中心。上述资产已经国家国有资产局国资评〔1997〕513 号文确认，总资产为 15，562.58 万元，净资产为 12，095.96 万元。并按四川省国有资产管理局川国资企〔1997〕49 号文批准，以 1∶0.6503 的比例折为国有法人股（发起人持股）7，866 万股，其中峨眉山旅游总公司持有 65，651，200 股，占本公司发行后总股本的 55.33%，乐山市红珠山宾馆持有 13，008，800 股，占本公司发行后总股本的 10.96%。

13、税收政策

本公司本次经四川省人民政府川府函〔1997〕234 号文批准，由峨眉山旅游总公司和乐山市红珠山宾馆共同发起，并公开发行社会公众股而成立的股份有限公司。两家发起人的企业所得税在 1994 年、1995 年、1996 年均按四川省人民政府川府函〔1997〕236 号文规定实行先征后返，即企业所得税按 33% 的法定税负缴纳后，再由地方财政返还 18%，实际按 15% 水平负担。本公司已获得四川省人民政府川府函〔1997〕235 号文批准，在本公司上市后，比照其它上市公司按 33% 的税负缴纳所得税，再由地方财政返还 18%，实际按 15% 水平负担。

14、关联交易

本公司与发起人之间签订了为期 40 年的《生产经营综合服务合同》和《生活服务合同》。根据上述合同，本着公平、公正、公开的原则，在本公司辅助性生产经营及职工生活后勤方面由发起人提供的服务作了规定，明确了双方的权利和义务。发起人向本公司提供包括生产经营性用水、用电、用气，生产经营所需要的交通及其附属设施，职工宿舍，生活用水、用电、用气及有线电视网络等生产生活服务项目。以上合同是按平等自愿、等价有偿的原则，其交易价格和条件构成均按国家、地方有关规定或市场情况确定，以维护本公司及全体股东的利益。

15、发起人有关放弃竞争和利益冲突的承诺

本公司的两家发起人——峨眉山旅游总公司、乐山市红珠山宾馆，

为避免与本公司进行同业竞争，向本公司保证并承诺：本公司发起人在峨眉山风景区内不新设或者拓展经营与本公司经营业务实际构成直接或间接竞争关系的任何业务，其中包括但不限于旅店业、餐饮业、娱乐业、旅行社、索道运输业。在因峨眉山风景区旅游业务发展需要须新设上述业务时，发起人已承诺优先协助本公司取得这些业务的设立和经营权利。在因国家法律或政策所限，只能由发起人新设上述构成竞争关系之业务的情况下，发起人承诺将这些业务授权由本公司经营。

16、公司筹委会成员

马元祝，男，49岁，大专文化，经济师，本公司筹委会主任。1967年参加工作，长期致力于经济工作以及城市和风景区规划、管理、建设、开发工作，历任峨眉县计委副主任、主任、副县长、建委主任、峨眉山市常务副市长、市委副书记兼常务副市长，现任峨眉山管理委员会常委书记兼主任。

秦福荣，男，42岁，大专文化，经济师，本公司筹委会副主任。1972年3月至1995年8月在陆军第四十二师历任战士、班长、营部书记、团司令部参谋、连指导员、营副教导员、教导员、团政治处主任、乐山军分区干休所政委：1995年9月任峨眉山市峨眉山管委会党委副书记；1996年12月至今任峨眉山市峨眉山管委会副主任，党委副书记。

陈洪根，男，50岁，大专文化，经济师，本公司筹委会副主任。1964年12月到1984年3月在部队先后任排长、连长、营长；1984年4月到1984年12月任峨眉山旅游公司副经理；1985年1月至1987年11月任峨眉山旅游汽车公司经理；1987年12月到1992年11月任峨眉山索道公司总经理；1992年12月至今任峨眉山管委会副主任兼峨眉山旅游总公司总经理和峨眉山索道有限公司董事长。

洪佳，男，35岁，大专文化，经济师，本公司筹委会副主任。1982年至1995年6月在乐山市就日峰宾馆工作，历任管理员、会计、副经理、副总经理、总经理；1995年6月至今任乐山市红珠山宾馆总经理兼党支部书记。

周栋良，男，44岁，大专文化，经济师，本公司筹委会副主任。1978年10月到1992年8月在峨眉县财政局工作，任财政局综合科科长、副局长；1992年9月到1993年11月在峨眉山市审计局工作，任审计局局长；1993年12月到峨眉山市外经委、引资办工作，任外经委副主任、引资办主任；1997年1月至今在管委会财务处主持工作的副处长。

侯有明，男，35岁，大专文化，助理经济师，本公司筹委会成员。1982年7月至1985年1月，在峨眉山管理局办公室从事秘书工作；1985年2月到1985年8月任管理局办公室副主任；1985年9月到1987年7月，在乐山市委党校就读；1987年7月到1993年4月，任峨眉山管理局办公室副主任兼机关二支部书记；1993年5月至今，任峨眉山索道公司总经理。

李建华，男，35岁，大专文化，经济师，本公司筹委会成员。1982年7月到1996年11月，工作于红珠山宾馆，历任餐饮部经理、宾馆副总经理；现任峨眉山大酒店总经理。

古树超，男，43岁，中专文化，本公司筹委会成员。1970年到1986年在武汉军区第九航空学校服役；1986年到1988年在峨眉山管理局金顶索道公司任副经理；1988年至今在峨眉山管委会水电处任处长。

王毅，男，34岁，大专文化，会计师，本公司筹委会成员，1981年至1988年在峨眉冶金机械厂从事会计工作；1989年至1992年在峨眉啤酒厂从事会计工作，任财务部副部长；1993年至今在乐山市红珠山宾馆从事会计工作并担任计财部经理、总经理助理。

邹邦本，男，50岁，中专文化，工程师，本公司筹委会成员。1985年到1990年在市焊管厂任厂长；1990年到1995年在市二轻工业局任局长兼党委书记；1996年至今，在峨眉山委员会企业管理处任处长。

张伯兰，男，42岁，大专文化，政工师，本公司筹委会成员。1977年8月至1989年8月在仁寿县大化中学任教，任教导主任；1989年9月至1992年6月任峨眉山索道公司办公室主任、工会主席；1992年7月至1993年5月任峨眉山旅游汽车公司书记、副经理；1993年6月至今任峨眉山万年索道有限公司总经理。

九、经营业绩

（一）公司经营业绩一般情况

1、生产经营一般情况

公司现有峨眉山风景区收费站、峨眉山索道公司、峨眉山大酒店、峨眉山风景区水电开发总公司、红珠山宾馆贵宾楼五个分公司以及峨眉山万年索道有限公司（本公司拥有峨眉山万年索道有限公司70%的股权）。

本公司下属的游山票收费站是景区内唯一一家获准经营游山票的单位，本公司拥有的两条索道，其中一条——金顶索道——位于高山区，是一条代步索道，其建成解决了峨眉山高山区游览险与难的问题。另一条索道——万年索道——位于中山区，是一条游览索道，其乘客率分别高达88%、58%，具有较好的经济效益；本公司目前拥有峨眉山市境内唯一一家三星级酒店，以及一家按三星级标准设计的二星级宾馆，其接待能力档次均居风景区前列。水电开发总公司拥有对全山水电的供应权，市场占有率高达96%。本公司现已形成集吃、住、行、娱乐、游览一条龙的服务体系。

2、收入利润情况

多年来，本公司对内加强组织建设、规范经营管理，建立了一套内部管理制度；对外加强宣传，扩大公司知名度，树立良好的企业形象，获得了较好的经济与社会效益。1994－1996年，本公司合并报表实现收入利润情况如下：

（单位：元）

	1996年	1995年	1994年
营业收入	74，608，769.40	63，649，917.61	50，259，881.23
利润总额	50，116，210.89	42，513，838.28	33，634，553.72

3、收入结构

公司主要收入来源：一是游山票收入，二是索道收入。

1994－1996年，游山票收入分别为：29，176，272.00元、22，845，440.00元、15，468，123.00元，分别占总收入30.8%、35.9%、39.1%。

1994－1996年，索道收入分别为：28，625，421.85元、27，403，050.45元、23，404，309.00元，分别占总收入46.6%、43.1%、38.4%。

4、生产经营设备、固定资产增加改进情况

本公司现有日本制造的双承载、双循环往复式索道一条，全条1168米、高差508米，单边承载能力为480人/小时，是目前国内海拔最高、单跨最长、坡度最大的索道。另有奥地利制造的循环脱挂式索道一条，全长1480米、高差178米。公司96年投资一千万元，对大酒店二号楼及相关娱乐设施进行一期工程改造，现已竣工投入运营。

5、市场情况

1996年，峨眉山申报世界遗产获得成功，大大提高了峨眉山在国际国内的知名度，加上旅游业已列入国家"九五"计划期间的重点发展产业，市场潜力巨大。公司目前已和北京、昆明、大连、重庆、中山、成都等城市建立起旅游网络，并同香港、澳门、台湾地区及东南亚地区的泰国、新加坡、马来西亚的一些旅游团体建立了业务联系，海内、外市场逐步扩大。

（二）以下为本公司截止1997年4月30日止前三个会计年度及四个月的经济注册会计师审计后的经营业绩。

单位：元

项　目	1997年1至4月	1996年度	1995年度	1994年度
一、主营业务收入	17，098，713.32	68，528，553.05	58，107，093.16	48，732，171.73
二、主营业务利润	9，635，446.37	44，094，796.73	37，154，552.40	32，170，256.13
三、营业利润	10，792，640.50	48，139，278.71	40，280，851.14	33，326，893.97
四、利润总额	10，658，076.75	49，472，175.57	41，867，427.36	33，529，254.34
五、净利润	9，059，365.23	42，279，628.62	35，814，054.48	28，536，720.98

十、股本

1、拟注册资本：发起人净资产12，095.96万元折股为7，866万股，余额4229.96万元进入资本公积。本次股票发行总额为4000万股，其中向公司职工定向配售400万股，向社会公众公开发行3，600万股。本次发行成功后，公司拟注册资本11，866万元。

2、本次发行股票4000万股，发行价为6.76元/股，募集资金总额为25，900.08万元（已扣除发行费用），其中4，000万元计入股本，余额21，900.08万元计入资本公积。

3、股本结构：

本公司是以募集方式设立的股份有限公司，两家发起人以经国家国有资产管理局国资评〔1997〕513号文确认的经营性净资产12095.96万元投入本公司，并按四川省国有资产管理局川国资〔1997〕49号文批准的折股比例折为国有法人股（发起人股），其中峨眉山旅游总公司持有6565.12万股，乐山市红珠山宾馆持有1300.88万股。

本次股票发行系公司首次发行，发行成功后，本公司的股本结构为：

	股数（万股）	占总股本比例（%）
国有法人持股（发起人持股）	7，866	66.29
社会公众持股	4，000	33.71
其中：公司职工持股	400	3.371
总股本	11，866	100

4、本公司此次发行的400万公司职工股将按国家有关规定在社会公众股上市之日起半年后上市交易。

5、本次发行前后公司净资产总额、股本及每股净资产变动情况如下表：

	净资产总额（万元）	股份（万股）	每股净资产（元）
发行前	12，095.96	7，866	1.54
发行后	37，996.04	11，866	3.20

发行后净资产根据四川省会计师事务所出具的审计报告中关于本公司截至1997年4月30日止的净资产总额12095.96万元与本公司本次发行股票筹集的资金（已扣除发行费用）计算所得。

6、本次发行前发起人持股情况如下：

峨眉山旅游总公司　　65，651，200股

乐山市红珠山宾馆　　13，008，800股

十一、债项

截止1997年4月30日，经四川会计师事务所审计后，本公司主要的银行借款、企业债券、内部人员、关联企业及或有负债情况如下：

1、短期借款

贷款单位	借款日期	还款日期	年利率%	借款余额	借款条件
峨眉山市中行	97.04.16	98.04.15	11.09	1，500，000.00	信用
峨眉山市建行	96.11.26	97.11.25	11.09	1，350，000.00	信用
峨眉山市建行房地产信贷部	97.01.01	97.12.31	11.09	1，000，000.00	信用
峨眉山市工商城市信用社	97.04.01	97.09.30	12.08	2，000，000.00	信用
乐山市建行房地产信贷部	97.01.01	97.12.31	11.09	500，000.00	信用
乐山信托投资公司	97.01.01	97.12.31	11.09	500，000.00	信用
峨眉山市净水信用社	96.12.01	97.12.01	10.50	500，000.00	担保
峨眉山市建设银行	96.10.25	97.10.25	18	500，000.00	担保
乐山市财政局外经科	96.06.25	97.06.25	10.98	500，000.00	信用
峨眉山市建行	96.04.11	98.04.10	10.98	500，000.00	信用
工行乐山市沙湾支行	97.01.26	97.07.25	19.80	300，000.00	信用
峨眉山市工商城市信用社	97.02.03	97.08.03	11.09	200，000.00	信用
农行峨眉支行报国营业所	97.03.05	97.09.05	11.09	200，000.00	担保
乐山市财政局	96.09.26	97.09.25	10.98	300，000.00	信用
合　计				9，850，000.00	

2、长期借款

贷款单位	借款日期	还款日期	年利率%	借款余额	借款条件
建设银行峨眉山支行			3.00	7，091，216.09☆	信用
峨眉山市城市信用社	96.10.14	2001.10.14	14.90	2，500，000.00	抵押
峨眉山市工商城市信用社	96.12.04	2002.03.04	12.42	1，300，000.00	抵押
四川省财政厅	95.12.21	1998.12.21	3.60	900，000.00	信用
峨眉山市城市信用社	96.09.03	2001.12.03	13.66	700，000.00	抵押
峨眉山市城市信用社	96.07.24	1999.07.24	14.94	500，000.00	抵押
峨眉山市工商城市信用社	96.09.11	2001.12.11	12.42	500，000.00	抵押
峨眉山市工商城市信用社	96.06.24	1999.06.24	14.94	400，000.00	信用
峨眉山市工商城市信用社	96.07.16	2000.07.16	12.42	400，000.00	抵押
峨眉山市城市信用社	96.07.02	2000.07.02	14.94	300，000.00	抵押
峨眉山工商城市信用社	96.09.03	2001.12.03	14.94	300，000.00	抵押
峨眉山市财务服务公司	93.12.06	1998.12.06	7.56	375，050.00	信用
合　计				15，266，266.09	

☆：系建设银行峨眉山市支行拨改贷款项，其中：本金5，400，000.00元，利息1，691，216.09元。

3、应付帐款

本公司应付帐款系应付供货单位及建筑施工单位款项。1997年4月30日报表余额3，670，620、62元，计82户，无持有本公司5%以上股权单位款项。

4、其他应付款

本公司其他应付款1997年4月30日报表余额4，720，023.43元计81户。

5、债项说明

以上债项详情请参见本招股书附录3之审计报告中有关债项及应付款的会计报表注释。除上述之外，截止1997年4月30日，本公司并无任何尚无偿还按揭、抵押、债券或其他借贷资本或银行透支、贷款、债务证券或其他此类债项或其他重大或有负债。

十二、财务会计资料

一、审计报告（摘要）（川会师业—〔1997〕第147号）

峨眉山旅游股份有限公司筹委会：

我们接受了委托，审计了贵公司1997年4月30日、1996年12月31日、1995年12月31日、1994年12月31日的资产负债表及合并资产负债表和1997年1-4月、1996年度、1995年度、1994年度的利润及利润分配表与合并利润及利润分配表以及1996年度的财务状况变动表及合并财务状况变动表。这些会计报表由贵公司负责，我们的责任是对这些会计报表发表审计意见。我们的审计是依据《中国注册会计师独立审计准则》进行的，在审计过程中，我们结合贵公司实际情况，实施了包括抽查会计记录等我们认为必要的审计程序。

我们认为，上述会计报表符合《企业会计准则》和《股份制试点企业会计制度》有关规定，在所有重大方面公允地反映了贵公司1997年4月30日、1996年12月31日、1995年12月31日、1994年12月31日的财务状况及合并财务状况和1997年1-4月、1996年度、1995年度、1994年度的经营成果及合并经营成果以及1996年度的资金变动情况，会计处理方法的选用遵循了一贯性原则。

四川会计师事务所　　中国注册会计师　罗建平

中国注册会计师　贺　军

中国·四川·成都　　报告日期：1997年6月25日

二、根据四川会计师事务所对本公司截至1996年12月31日前三个会计年度及截至1997年4月30日止四个月的财务会计资料所出具的审计报告，本公司的主要财务会计数据如下：（见附表）

三、会计报表附注（1994年1月1日-1997年4月30日）

（一）模拟会计报表编制方法

本次编制的会计报表乃假设本公司于1994年1月1日已重组设立并一直从事峨眉山风景区观光游览票、客运索道、宾馆及餐饮娱乐、商贸等业务的开发建设和营运。为使会计报表具有可比性，将峨眉山管理

委员会所有的峨眉山观光门票专营权于1997年5月委托本公司经营的协议假设自1994年1月1日起生效，每年所得门票收入的50%亦自1994年1月1日起记入本公司营业收入；将红珠山宾馆投入本公司的贵宾楼及娱乐中心的资产和相应收入作为本公司的组成部分从红珠山宾馆分出单独编制资产负债表和利润表并假设自1994年1月1日起即与峨眉山大酒店、峨眉山索道公司、峨眉山风景区水电综合开发总公司等一并作为本公司的分公司各自编制会计报表后汇总编制本公司的会计报表；将峨眉山万年索道有限公司1994年1月1日至1997年4月30日的会计报表纳入本公司报表的合并范围，在1994年至1996年各年末和1997年4月30日的合并资产负债表中，该公司30%的净资产列“少数股东权益”，另70%归本公司所有，在1994年1月1日至1997年4月30日各会计期间的合并利润表中，该公司实现净利润按本公司控股比例70%归属本公司所有，另30%列入“少数股权本期收益”。以此为基础，编制本公司1994年1月1日至1997年4月30日的模拟会计报表。

所附会计报表系采用《股份制试点企业会计制度》重新制定的下列会计政策编制，并假设整个有关期间已一致地采用该等会计政策。

（二）主要会计政策

1、会计制度

本公司执行《股份制试点企业会计制度》及其补充规定。

2、会计期间

自公历1月1日至12月31日止。

3、合并会计报表的编制方法

合并会计报表是母公司和纳入合并范围的子公司的会计报表以及其他有关资料为依据，按《合并会计报表暂行规定》合并各项目数额编制而成。母公司与子公司采用的主要会计政策一致，相互间的重大业务与资金往来均在会计报表合并时抵销。纳入合并范围的子公司概况如下：

公司名称	成立日	注册资本	出资额	拥有权益
峨眉山万年索道有限公司	1993.08.10	15，000，000.00	10，500，000.00	70%

4、记帐原则和计价基础

以权责发生制为记帐原则核算，各项财产物资除按规定进行资产评估以评估价值计价外，均以实际成本计价。

5、外币折算方法

本公司以人民币为记帐本位币。对发生的外币业务，采用当月1日中国人民银行公布的市场汇价（中间价）折合人民币记帐，每月末，按市场汇价对各种外币帐户的外币期末余额进行调整。

6、坏帐准备

本公司坏帐损失采用直接核销法，不计提坏帐准备。根据《企业财务通则》第十三条规定确认坏帐，实际发生坏帐损失时在履行规定的审批手续后，记入当期损益。

7、存货计价方法

本公司存货主要是宾馆购入的副食品、烟酒、客户用低值易耗品及索道公司和水电公司的索道维修配件和配、变电站的维修配件；存货发出时均采用先进先出法计价，宾馆的低值易耗品于领用时一次性摊销。1997年4月本公司筹备时，存货资产进行了价值重估，存货按国家国有资产管理局确认的资产价值进行了报表调整。

8、长期投资核算

（1）债券投资采用成本法核算，以取得成本入帐，年末预提应计利息。

（2）股权投资和联营投资：投资额占被投资企业资本20%以下的，按成本法核算；投资额占被投资企业资本20%至50%的，采用权益法核算；投资额占被投资企业资本50%以上的，要用权益法核算并编制合并会计报表。

9、固定资产及其折旧

固定资产是指使用期限超过一年，单位价值在2000元以上的房屋及建筑物、索道设备、机器及运输设备以及其他与经营有关的设备、器具、工具等。不属于经营性质的主要设备、物品，如单位价值在2000元以上并且使用期限超过两年的，也作为固定资产核算。

本公司的各类固定资产均按实际成本计价，1997年4月30日的价值进行了价值重估，并按国家国有资产管理局确认的重估价值进行报表调整。固定资产折旧按直线法平均计算，并按固定资产类别的原价，规定使用年限和5%的残值率确定各类固定资产的年折旧率如下：

类　别	使用年限	年折旧率	残值率
房屋及建筑物	20－30	4.75%—3.16%	5%
索道设备	15	6.33%	5%
机器设备	10	9.5%	5%
电器及影视设备	5	19%	5%
运输设备	8	11.88%	5%
其他设备	5	19%	5%

10. 递延资产及其摊销

本公司递延资产主要是开办费和宾馆工作服支出等，采用直线法分2—5年期限平均摊销。

11. 营业收入和成本、费用的确认

主营业务收入主要有峨眉山风景区游山门票收入、客运索道收入、宾馆客房收入、餐饮娱乐收入等，以开出发票收到货款或已取得收取款项的凭据时作为营业收入实现，同时将与其配比的营业成本与期间费用予以结转。

12. 税项

（1）营业税

宾馆的收入按5%计缴营业税；

客运索道、门票收入按3%计缴；

（2）增值税

供水、供电收入按小规模纳税人计算增值税、税率为6%；商品销售收入按17%计算增值税的销项税金。

（3）税金附加

按应交增值税、营业税款的7%缴纳城市维护建设税；

按应交增值税、营业税款的3%缴纳教育费附加；

按应交增值税、营业税款的4%缴纳交通费附加。

（4）所得税

根据峨眉山市地方税务局峨地税发〔1994〕12号、13号文，本公司组建结构中的各企业自1994年起按计税利润总额的15%计缴企业所得税，四川省人民政府于1997年6月25日以川府函〔1997〕236号文对本公司1994年至1996年的减征情况作了说明，即按33%的法定税率缴纳后，再由地方财政返还18%，实际按15%的水平负担。四川省人民政府于1997年6月25日又以川府函〔1997〕235号文同意本公司上市后，比照其他上市公司按33%的税率缴纳所得税，再由地方财政返还18%，实际按15%水平负担。

13. 利润分配

组建结构中的各企业，在组建前按各企业的实际情况分别进行利润分配；本公司成立后按本公司章程（草案）第71条规定，对税后利润的分配原则是：

（1）弥补亏损；

（2）按税后利润的10%提取法定盈余公积金；

（3）按税后利润的5%—10%提取法定公益金；

（4）按股东大会决议提取任意盈余公积金；

（5）按股东大会决议支付股利。

（三）合并会计报表有关项目注释

注1. 货币资金

	1997－04－30
现金	461，542.26
银行存款—人民币户	11，274，659.28
银行存款—外币户	21，231.22
合　计	11，757，432.76

货币资金1995年末较上年底增长2.23倍，主要是因为索道公司、大酒店年末存款余款较大。1996年末较1995年末增长62.97%，主要系大酒店改造工程增加贷款所致。

注2. 应收帐款

对1997年4月30日余额帐龄分析如下：

帐龄	户数	金额	比例（%）
1年以内	21	16，891，767.72	98.18
1—2年	11	169，432.02	0.98
2—3年	5	18，312.42	0.11
3年以上	5	124，824.44	0.73
合计	41	17，204，336.60	100

本公司应收帐款中无关联单位欠款。

对3年以上的应收帐款本公司已召开专门会议研究分析，均能收回，并已组织专人负责催收。

应收帐款净额1995年末较上年底增加45.10%，主要是因为游山票及索道收入在年末未及时结清，红珠山宾馆也由于各旅行社和其他有关单位的签单记帐未及时催收回笼；1996年末比1995年末增长107.80%，系各旅行社及有关单位签单记帐年末未收回；1997年4月底较1996年末增加54.44%，主要系各旅行社和其它有关单位的签单记帐未及时结算所致。

注3.应付帐款

本公司应付帐款系应付供货单位及建筑施工单位款项。1997年4月30日报表余额3，670，620.62元，计82户，无持有本公司5%以上股权单位款项。余额较大的单位列示如下：

	1997—04—30
成都大众福生公司	712，917.23
四川省外贸进出口公司	341，615.88
成都云辉装饰公司	308，740.12
成都兰剑空调公司	287，161.80
成都恒丰实业公司	239，800.00

本公司应付帐款中无应付关联单位款项。

应付帐款1997年4月底较1996年末增加258.9%，主要系峨眉山大酒店应付装修单位工程款250万元所致。

注4.资本公积

项目	1997-4-30	1996-12-31	1995-12-31	1994-12-31
评估增值	42，299，632.77	—	—	—

本公司资本公积1997年4月30日余额42，299，632.77元。系1997年4月30日基准日对本公司发起股东投入股份公司的全部经营性资产评估后经国家国有资产管理局以国资评〔1997〕513号文件确认的净资产数额120，959，632.77元，按1997年6月25日四川省国有资产管理局川国资企〔1997〕49号文件批准将净资产的65.03%折股78，660，000.00元后的差额转入。本公司1994年12月31日至1996年12月31日资本公积的数额为零。

注5.未分配利润

项目	1996-12-31	1995-12-31	1994-12-31
一、净利润	42，279，628.62	35，814，054.48	28，536，720.98
加：年初未分配利润	4，503，372.24	252，113.34	-87，064.46
二、可分配的利润	46，783，000.86	36，066，167.82	28，449，656.52
减：提取法定公积金	4，131，991.43	3，560，658.71	2，717，950.99
提取公益金	2，307，187.91	1，889，036.46	1，518，517.76
三、可供股东分配的利润	40，343，821.52	30，616，472.65	24，213，187.77
减：提取任意公积金	1，569，873.14	1，273，684.45	1，833，551.49
已分配股利	36，180，253.82	24，839，415.96	22，127，522.94
四、未分配利润	2，593，694.56	4，503，372.24	252，113.34

注6.营业收入

本公司营业收入明细项目如下：

	1997年1—4月	1996年度	1995年度	1994年度
游山票收入	8，241，040.00	29，176，272.00	22，845，440.00	15，468，123.00
索道收入	4，768，570.50	28，625，421.85	27，403，050.45	23，404，309.00
客房收入	2，626，525.53	9，081，322.07	8，013，255.69	6，411，079.34
餐厅收入	1，219，682.50	3，993，852.48	3，399，764.05	3，445，131.83
娱乐收入	706，506.94	1，422，880.43	6，262.00	—
商贸收入	16，945.83	167，330.10	289，086.36	609，451.38
供水供电收入	324，680.38	1，403，327.06	1，035，264.55	611，093.07
其他收入	367，111.14	738，363.41	657，794.51	310，693.61
合计	18，271，062.82	74，608，769.40	63，649，917.61	50，259，881.23

注7.营业成本

本公司营业成本明细项目如下：

项目	1997年1—4月	1996年	1995年	1994年
游山票成本	228，915.05	1，046，577.64	1，160，628.82	742，561.45
索道成本	2，922，851.40	9，442，762.39	9，270，779.97	5，494，632.90
客房成本	344，584.23	1，622，760.16	917，602.87	720，459.09
餐厅成本	1，228，082.21	5，282，897.08	5，011，430.93	3，759，984.06
商贸成本	5，223.07	519，864.02	756，285.74	1，397，684.31
供水供电成本	77，194.16	296，815.25	135，555.08	63，908.52
其他	56，858.09	726，243.83	328，517.06	199，153.63
合计	4，923，708.21	18，937，920.37	17，580，800.47	12，378，383.96

营业成本1995年度较1994年度增长42%，主要是因为索道公司成本增加所致，其中万年索道公司1994年8月开始投产运行，1995年与1994年有不可比因素。

注8.财务费用

本公司财务费用明细项目如下：

项目	1997年1-4月	1996年	1995年	1994年
利息净支出	359，578.62	874，829.39	358，380.86	303，926.58
金融机构手续费	843.20	886.00	621.17	3，074.31
汇兑损益		—	699.15	-244，145.45
合计	360，421.82	875，715.39	359，701.18	62，855.44

注9.其他业务利润

本公司其他业务利润明细项目如下：

项目	1997年1-4月	1996年	1995年	1994年
道路维护费收入利润	550，648.59	2，504，963.03	1，826，292.35	546，431.23
景区维护费收入利润	—	758，795.81	536，999.84	111，278.80
滑竿收入利润	—	99，922.63	17，213.29	11，502.84
停车场收入利润	—	57，948.00	57，948.00	—
房租收入利润	—	4，000.00	—	4，000.00
安装收入利润	114，164.90	45，231.66	46，251.29	3，223.09
其他	492，380.64	573，620.85	641，593.97	380，201.88
合计	1，157，194.13	4，044，481.98	3，126，298.74	1，156，637.84

（四）期后事项

本公司截止至1997年6月25日四川会计师事务所外勤结束日止，未发生影响1997年4月30日财务状况及1994年度至1997年1-4月经营业绩的期后事项。

（五）或有事项

截止1997年4月30日，本公司没有对外提供债务担保，也未发生或存在或有负债。

（六）关联交易

由于本公司主要发起人峨眉山旅游总公司隶属于峨眉山管理委员会，而旅游总公司总经理陈洪根先生在峨眉山管理委员会担任副主任职务，本公司发生的关联交易系向峨眉山管理委员会接待处提供服务等发生的收入，其明细如下：

年度	1997年1-4月		1996年		1995年		1994年	
项目	金额	比例%	金额	比例%	金额	比例%	金额	比例%
游山票收入	98，000.00	1.19	330，000.00	1.21	270，000.00	1.43	180，000.00	1.39
索道收入	160，000.00	3.36	460，000.00	1.8	450，000.00	1.84	430，000.00	2.22
客户、餐厅收入	220，000.00	5.72	740，000.00	5.66	690，000.00	6.05	680，000.00	6.9
其他收入	180，000.00	4.9	82，000.00	11.11	63，000.00	9.58	76，000.00	24.46

合　计	496,000.00	1,612,000.00	1,473,000.00	1,366,000.00

（七）其他重要事项说明

根据峨眉山市国土局1997年6月23日峨国土籍〔1997〕01号峨眉山市国土局“关于对峨眉山旅游股份有限公司（筹）国有土地使用权处置方案”的批复文件，对本公司有关国有土地使用权处置为本公司所占用的土地使用权分别属峨眉山旅游总公司和乐山市红珠山宾馆的无形资产，由本公司分别向峨眉山旅游总公司和乐山市红珠山宾馆采用租赁方式取得使用权，租赁的土地面积共计77，259.17平方米，按每年每平方米19元计算租金，年租金为1，467，924.23元，并已签订土地使用权租赁协议书。租赁期限从本公司正式成立之日起至2036年1月9日止，每年7月底向出租方通过银行转帐方式一次性支付上半年的租金。在承租期内，本公司只有使用权，其土地处置权仍属峨眉山旅游总公司和乐山市红珠山宾馆，本公司不得将租用的土地进行转租、转让或抵押。

四、财务指标分析

本公司前三年及1997年4月30日的主要财务指标如下（合并报表数）：

指标	1997年4月30日	1996年12月31日	1995年12月31日	1994年12月31日
净资产比率（%）	70.71%	63.02%	61.65	52.36
负债比率（%）	29.29%	33.15%	33.89	42.97
流动比率	1.75	1.53	0.99	0.55
速动比率	1.61	1.42	0.89	0.48
应收帐款周转率（次）	1.29	9.04	14.06	13.6
净资产收益率（%）	7.5%	53.72	55.74	56.33

十三、资产评估

1．资产评估情况

根据四川省资产评估事务所出具的资产评估报告（川资评〔1997〕16号），本公司截止1997年4月30日，资产总额为15562.58万元，同期负债总额为3466.62万元，净资产值12095.96万元。

资产评估汇总表

单位：万元人民币

资产项目	帐面原值	帐面净值	重置价格	评估值	增加值	增值率（%）
流动资产	4790.62	4790.62	4838.67	4838.67	48.05	1.00
长期投资	1361.35	1361.35	1661.89	1661.89	300.54	22.08
在建工程	223.52	223.52	223.52	223.52	—	—
建筑物	5271.96	4291.26	6328.96	5533.99	1242.73	28.96
机器设备	2725.38	1562.72	5229.60	3256.42	1693.70	108.38
无形资产	—	—	45.00	45.00	45.00	—
递延资产	13.99	13.99	3.09	3.09	-10.90	-77.91
资产总计	14386.82	12243.46	18330.73	15562.58	3319.12	27.11
流动负债	—	1668.17	—	1668.17	—	—
长期负债	—	1798.45	—	1798.45	—	—
负债总额	—	3466.62	—	3466.62	—	—
净资产	—	8776.84	—	12095.96	3319.12	37.82

2．评估的主要方法

评估范围　截止1997年4月30日峨眉山旅游总公司和乐山市红珠山宾馆准备投资入股的全部资产。

评估基准　1997年4月30日。

评估方法　重置成本法和收益现值法。

十四、盈利预测

一、盈利预测审核报告（摘要）（川会师业—〔1997〕第148号）

峨眉山旅游股份有限公司筹委会：

我们接受委托，对贵公司编制的1997年度盈利预测进行了审核。合理编制并充分披露盈利预测是贵公司的责任，我们的责任是按照《独立审计实务公告第4号——盈利预测审核》的要求出具真实、合法的盈利预测审核报告，我们的审核是根据《独立审计实务公告第4号——盈利预测审核》进行的。在审核过程中对贵公司1997年度盈利预测所依据会计政策和计算方法实施了复核计算等相应的审核程序。

我们认为，贵公司1997年度盈利预测所依据的基本假设已充分披露，且并无证据表明这些期假设是不合理的，选用的会计政策与实际采用的相关会计政策一致，并按照贵公司确定的编制基础编制。

四川会计师事务所　　中国注册会计师：罗建平

中国注册会计师：贺　军

中国·四川·成都　　报告日期：1997年6月23日

二、1997年度盈利预测表

编制单位：峨眉山旅游股份有限公司筹委会　单位：人民币万元

	1997年度 1-4月已审计实际数	5-12月预测数	1997年度 全年预测数	备注
一、主营业务收入	1,827	6,261	8,088	
减：营业成本	492	1,582	2,074	
管理费用	277	273	550	
财务费用	36	-436	-400	
营业税金及附加	79	243	322	
二、主营业务利润	943	4,599	5,542	
加：其他业务利润	116	84	200	
三、营业利润	1,059	4,683	5,742	
加：投资收益				
营业外净收入	1	121	122	
四、利润总额	1,060	4,804	5,864	
减：所得税（按15%计算）	160	720	880	
少数股东本期收益	-6	40	34	
五、净利润	906	4,044	4,950	

2．按全面摊薄法计算每股收益及市盈率：

1997年度盈利预测为人民币4，950万元

1997年度预测全面摊薄每股盈利＝1997年盈利预测数/发行后总股本＝0.42元

发行后每股净资产3.20元

三、盈利预测的基础和假设

（一）盈利预测的基础：

本公司编制的1997年5—12月盈利预测所依据的会计原则，在主要方面与本公司所披露的1994年至1997年1—4月财务报表所依据的会计原则相符，以业经审计的1994年至1997年1—4月的经营业绩为基础，按照1997年经营规划与各项业务收支计划，结合本公司所处的地理、经济环境及其它有关资料，本着实事求是，稳健可行的原则，并采用本公司一贯采用的会计政策及计算方法而妥善编制的，这些会计原则和计算方法符合我国现行的法律、法规及财务会计制度的规定。

（二）盈利预测的假设

1．本公司所遵循的国家及地方的政策、法律、法规和制度无重大变动；

2．本公司所在省及地区的社会政治、经济环境无重大变化；

3．现行的汇率及利率在预测期内无重大变动；

4．国家及地方现行的税收政策在预测期内无重大变化；

5．本公司的游山票、索道票及水电售价在预测期内无重大变化；

6．无其它人力不可抗拒的因素或无法预见的因素给本公司造成重大不利影响。

十五、公司发展规划

（一）发展战略

本公司将充分发挥峨眉山风景区巨大的发展潜力和利用峨眉山丰富的旅游资源，开发多元化、多层次的旅游产品；凭借峨眉山世界自然与文化遗产在国际国内的盛名，进一步拓展国内外客源市场，同时不断改善旅游设施条件，提高旅游服务质量，实现最优经济效益和社会效益。

（二）发展规模和目标

到“九五”末，当年接待游人总数210万人次，其中境外人数7.34万人次，营业收入突破1.65亿元，利润突破1亿元。

（三）市场发展计划

“九五”期间，以国内客源市场为基础，积极拓展国际客源市场。

1.国内市场

（1）立足成都、重庆两市，开发绵阳、德阳、自贡、西昌、攀枝花等周边地区市场。

（2）依托昆明、西安两市，发展西南和西北市场。

（3）积极开拓北京、上海、广州、深圳、中山等口岸城市市场。

2.国际市场

（1）充分利用峨眉山佛教名山在海外的影响和香港回归祖国之机，重点开拓东南亚、日本、韩国和港、澳、台等客源市场。

（2）充分利用峨眉山被列入《世界自然与文化遗产名录》的契机，积极拓展欧美市场。

（四）销售计划

1.充分利用电视媒介进一步宣传峨眉山，不断提高峨眉山在海内外的知名度。目前，公司正邀请中央电视台、黄河电视台海外部、香港凤凰卫视台和四川电视台分别拍摄多部峨眉山旅游专题系列片。拍摄完毕后，拟在海外主要客源市场播放。

2.积极参加国内外大型旅游展销会、博览会和交易会，提高知名度，争取更多客源。

3.进一步强化外联工作，公司将组建一个国际旅行社，进一步拓展国内外客源市场。

4.公司拟进人国际电脑互联网，以进一步扩大公司知名度。

（五）生产经营计划

“九五”期间，本公司将以市场为导向，搞好旅游产品的开发，优化产品结构。

（1）充分利用和发挥原有景观、旅游线路的游赏价值，推出高山景区四大奇观（云海、日出、佛光、圣灯）、高山杜鹃景观、冷杉林景观、红枫林景观观赏游，野生猴趣游，冬季赏雪、滑雪游、峨眉山科考、登山、探险和宗教朝圣游。

（2）开发峨眉山腹心地带大坪、石笋沟和九老洞景区，形成万年寺—大坪—石笋沟—洗象池—洪椿坪生态观光旅游黄金线。

（3）开发峨眉山高山景区、龙洞景区、建立龙洞野营休闲度假区。

（4）开发峨眉山高山景区的千佛顶、万佛顶原始森林景区，形成金顶—千佛顶—万佛顶最佳生态观光旅游专线。

（5）开发峨眉山低山区的黄湾景区，建立黄湾旅游休闲娱乐度假区。

（6）改造拓展峨眉山杨岗—零公里—洪雅高庙公路，连接洪雅瓦屋山国家森林公园，形成乐山大佛—峨眉山—瓦屋山的旅游“金三角”。

（7）与峨眉山市旅游行政管理机构，共同开发二峨山，连接郭沫若故居，形成峨眉山—沙湾—乐山大佛游环线。

十六、重要合同及重大诉讼事项

（一）以下合同为本公司招股说明书签署时，于日常业务之外订立的重大或性质可属重大的合同：

借款合同

1.峨眉山大酒店与峨眉山市工商城市信用合作社签订《长期借款合同》，合同号262号，标的额130万元，有效期1996.12.4—2002.3.4。

2.峨眉山大酒店与峨眉山市城市信用社签订《长期借款合同》，合同号259号，标的额250万元，有效期1996.10.14—2001.10.14。

土地使用权租凭协议

1.1997年6月，峨眉山旅游总公司与本公司签订土地使用权租赁协议，年租金为1，288，644.03元，有效期从本公司成立之日起至2036年1月9日止。

2.1997年6月，乐山市红珠山宾馆与本公司签订土地使用权租赁协议，年租金为179，280.2元，有效期从本公司成立之日起至2036年1月9日。

委托经营山票协议

1997年5月，峨眉山风景区管理委员会与本公司签订了委托经营游山票协议及其补充协议。依据该协议，本公司将在管理委员会授权范围内经营游山票，并将获得游山票收入的50%用于风景区的环境卫生维护，游览道路、桥梁、安全设施及亭阁建筑、摩崖石刻等景观的维修、维护，峨眉山风景区的对外宣传和旅游促销工作开支及本公司的工作报酬。协议有效期40年，自本公司营业执照颁发之日起计算。

（二）本公司并无牵涉任何重大诉讼事项或仲裁；而根据本公司所知，本公司并无任何尚未了结或可能涉及的重大诉讼或索偿要求。

十七、其他重要事项

（一）本公司本次经四川省人民政府川府函〔1997〕234号文批准，由峨眉山旅游总公司和乐山市红珠山宾馆共同发起，并公开发行社会公众股而成立的股份有限公司。二家发起人的企业所得税在1994年、1995年、1996年均按四川省人民政府川府函〔1997〕236号文规定实行先征后返，即企业所得税按33%的法定税率缴纳后，再由地方财政返还18%，实际按15%水平负担。本公司已获四川省人民政府川府函〔1997〕235号文批准，在本公司上市后，比照其它上市公司按33%的税率缴纳所得税，再由地方财政返还18%，实际按15%水平负担。

（二）本公司本次经中国证监会批准，向社会公开发行4，000万股每股面值为1.00元的记名式人民币普通股，其中向社会公众公开发行3，600万股，向公司职工配售400万股。公司职工股根据国家有关规定，在本次公开发行的社会公众股上市之日起半年后方可上市流通。

（三）截止1997年4月30日，本公司没有任何无记录负债。

十八、备查文件

1.发行人成立的注册登记文件

2.深圳证券交易所批准发行上市的文件

3.承销协议

4.国有资产管理部门关于资产评估的确认报告

5.发行人改组的其他有关资料

6.重要合同

备查文件的查阅期间为每星期二下午2：00—5：00

查阅地址：峨眉山市名山西路168号公司董事会秘书室。

峨眉山旅游股份有限公司

1997年9月16日

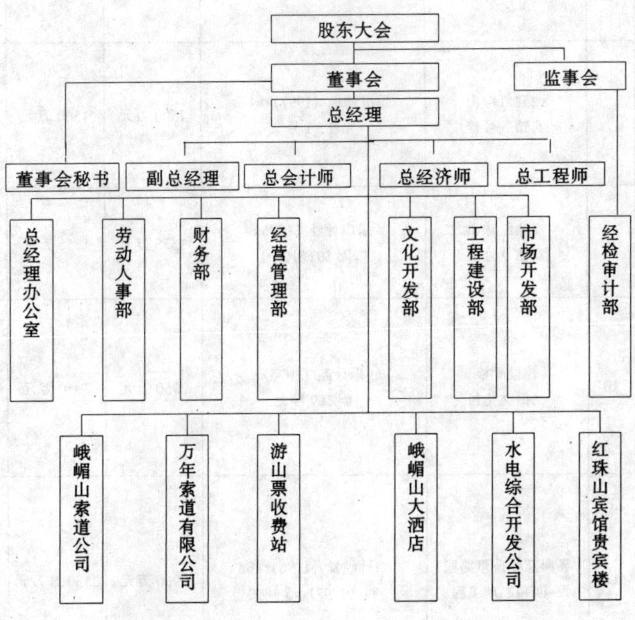

募集资金使用项目表

序号	项目名称	立项批文	投资总额	募资投入	年均收入	年均利润	建设期限	回收期限	项目特点
1	万年寺至大坪索道	川计（1997）社事244号文	5800万元	5800万元	2558万元	1737万元	2年	3.3年	由于峨眉山景区旅游线路的特殊情况，即前山游山道过长，便道过于难行，使这一拥有峨眉山十大景观中六大奇景的中山区让游人望而却步，近几年游人量只占总游人量的30%，与其所含的丰富人文、自然景观品位极不相称，未能发挥其拥有全山景区精华的资源优势。本次募集资金所投资建设的三条索道长度分别为2650米、1900米和620米，高度落差分别为413米、304米和272米，全部引进国外循环吊箱式索道设备，其索道旅游线路将贯穿峨眉山景区的腹心地带，为游客充分展现其千山万岭、形状各异、如盖如塔、如屏如鼎和千姿百态的自然资源遗产，同时又能心旷神怡地观赏到春天的翠绿、夏季的杜鹃、深秋的红叶、隆冬的白雪。
2	大坪至九老洞索道	川计（1997）社事245号文	5400万元	5400万元	1614万元	935万元	2年	5.69年	
3	大坪至洪椿坪索道一期和二期工程	峨计经发（1995）210和（1996）187号文	4000万元	4000万元	2180	1021	2年	3.92年	
4	雷洞坪至接引殿滑道	峨计经发（1996）188号文	1180万元	1180万元	600万元	345万元	1.17年	3.4年	旱式滑道集刺激性、娱乐性于一体，同时又可减轻游客在游览后下行时的旅游疲劳，是理想的旅游休闲项目。雷洞坪—接引殿滑道，全长1，200—1，500米，高差约100米，沿途可欣赏到迷人的杜鹃和令人捧腹的猴趣，干田坝—凤凰坪滑道，位于报国寺左侧，长度1，000—1200米，高差约100米，沿途风景秀丽。
5	干田坝至凤凰坪滑道	峨计经发（1996）189号文	1025万元	1025万元	600万元	395万元	1年	2.5年	
6	峨眉山大酒店改造工程	峨计经发（1996）88号文	1988万元	1988万元	1500万元	600万元	0.67年	3.3年	峨眉山大酒店兴建于1986年并在1991年获二星级称号。近十年经营后，其硬件设施老化且滞后于市场需要，尤其在功能上缺少商场、商务中心、娱乐设施和上档次的标间和套间，已不适应峨眉山这一世界自然和文化遗产所带来的旅游业发展，本次大酒店的改建包括客房205间、大堂、餐厅、娱乐设施、中央空调系统、自备电源系统和消防系统等，使其总体上达到三星级标准。
7	修建金顶宾馆	峨计经发（1996）79号和（1997）108号文	3000万元	3000万元	1850万元	1000万元	1.5年	3年	目前金顶景区尚无一家星级宾馆，原有接待设施差，功能不足，制约着金顶景区旅游业的发展。拟建中的金顶宾馆将按三星级标准修建，拥有240个床位。
8	改建红珠山宾馆5号楼	乐市计经（1997）固函第1-1号文	1500万元	1500万元	1198万元	500万元	1.25年	3年	峨眉山景区现有涉外三星级宾馆仅红珠山宾馆贵宾楼一家，床位350余张，而每年到峨眉山旅游的人次却以8%的速度递增，至2000年将达到210万人次/年，其中涉外游客约有7.34万人次，现有接待能力已不适应旅游业发展需求。本次按四星级标准修建的拥有98个和32个床位的五号楼和九号楼将位于峨眉山麓报国寺左侧，四周湖光山色、树木葱郁，将是旅游休闲最佳下榻之地。
9	修建红珠山宾馆9号楼	乐市计经（1996）固502号文	1555万元	1555万元	451.87万元	344万元	0.83年	4.5年	
10	建设彝族民俗文化村	乐计经（1996）固509号文	2950万元	2950万元	4666万元	1686万元	1.5年	1.7年	本次建设的彝族民俗文化村位于峨眉山脚峨秀湖一带，建筑面积20万平方米，村内将建陈列馆、彝家楼、雕塑景点和娱乐休闲设施等，充分展示彝族风情，丰富旅游文化，将被动式参观旅游与参与式旅游结合一体，让旅游者领略到异族风情。
11	杨岗至零公里路段一期和二期工程	峨计经发（1996）185和（1997）45号文	2960万元	2550.8万元	450万元	290万元	3年	12年	杨岗至零公里路段是省道峨高线第一段，也是进入峨眉山核心景区的唯一通道，全长29公里，属山陵重丘四级公路，弯道多、坡度大、路面窄，与峨眉山世界自然文化遗产的称誉极不相称，同时制约了区域旅游业和相关经济的发展。本次修建这一路段将为上山游客提供一条安全、畅通和高效的旅游通道。

1、资产负债表主要数据

单位：人民币元

资产	注释	1997年4月30日		1996年12月31日		1995年12月31日		1994年12月31日	
		母公司	合并数	母公司	合并数	母公司	合并数	母公司	合并数
流动资产：									
货币资金	1	11024561.00	11757432.76	11730118.00	12173852.09	7048367.14	7470007.55	1524502.80	2309907.88
短期投资									
应收票据									
应收帐款	2	17222623.90	17204336.60	11158329.48	11140042.18	5361623.84	5361623.84	3695223.30	3695223.30
减：坏帐准备									
应收帐款净额		17222623.90	17204336.60	11158329.48	11140042.18	5361623.84	5361623.84	3695223.30	3695223.30
预付货款						9223.95	9223.95		
其他应收款	3	17153736.36	13638360.66	13176775.75	12112824.35	12552305.17	10458088.00	11354680.26	8610677.27
待摊费用	4	30910.30	53114.28	90229.38	104807.88	85111.53	117201.91	513176.42	556076.83
存货	5	3435841.29	3504611.16	2713029.86	2726345.28	2633176.18	2638929.78	2374599.65	2392826.96
待处理流动资产净损失				－32237.20	－32237.20	－8653.18	－8653.18	－13665.44	－13665.14
一年内到期的长期投资								4640.00	4640.00
其他流动资产									
流动资产合计		48867672.85	46157855.46	38836245.27	38225607.58	27681154.63	26046421.85	19453156.99	17555686.80
长期投资：									
长期投资		16618855.42		13756688.43		12283990.70	30000.00	10773498.54	27800.00
其中：合并价差									
固定资产：									
固定资产原价	6	115585604.88	155801595.88	68898719.93	103328609.62	61959133.08	96350952.77	52779032.23	85776848.58
减：累计折旧	6	27681548.09	33284077.55	20153700.71	24967264.55	16596528.28	19428525.27	13827020.13	14704234.18
固定资产净值	6	87904056.79	122517518.33	48745019.22	78361345.07	45362604.80	76922427.50	38952012.10	71072614.40
在建工程	7	2235237.68	2235237.68	7994680.67	7994680.67	1003038.38	1003038.38	6791543.77	7941473.83
固定资产清理						20845.70	20845.70		
待处理固定资产损失									
固定资产合计		90139294.47	124752756.01	56739699.89	86356025.74	46386488.88	77946311.58	45743555.87	79014088.23
无形及其它资产：									
无形资产									
递延资产	8		157317.73	169925.12	307936.88	1225.00	197625.02	3325.00	148557.40
无形及递延资产			157317.73	169925.12	307936.88	1225.00	197625.02	3325.00	148557640
其他资产：									
其他长期资产									
递延税款借项									
资产总计		155625822.74	171067929.20	109502558.71	124889570.20	86352859.21	104220358.45	75973536.40	96746132.43
负债及股东权益									
流动负债：									
短期借款	9	3000000.00	9850000.00	2300000.00	7150000.00	3300000.00	6300000.00	300000.00	689000.00
应付票据									
应付帐款		3670620.62	3670620.62	1022612.61	1022612.61	1148627.87	1148627.87	1091979.06	1091979.06
预收货款	11	346851.56	346851.56	535833.96	535833.96	707587.09	707587.09	817931.64	817931.64
应付福利费		1173145.45	1394962.85	1194843.91	1423812.59	981421.74	1143822.32	582538.81	611948.68
应付股利		1091298.98	773152.18	1091298.98	1975257.28	1091298.98	1567382.17	549684.32	616373.93
未交税金	12	1396996.65	1590672.35	3402730.22	3571235.43	766550.60	822649.34	1113930.18	1159761.47
其他未交款	13	1752858.66	1752858.66	1728677.48	1728677.48	1668589.29	1668589.29	1636981.50	1636981.50
其他应付款	14	2668286.89	4720023.43	1631559.49	5864672.57	1533393.48	10994428.65	8986370.87	23484976.26
预提费用	15	1881608.98	2318844.88	1425652.21	1668973.71	1829234.01	1890773.51	1707632.15	1707632.15
一年内到期的长期负债									
其他流动负债									
流动负债合计		16981667.79	26417986.53	14333208.86	24941075.63	13026703.06	26243860.24	16787048.53	381584.69
长期负债：									
长期借款	16	15266266.09	15266266.09	15566266.09	15566266.09	8311312.69	8311312.69	7911312.69	9111312.69
应付债券									
其他长期负债	17	2418256.09	2418256.09	894050.93	894050.93	866689.57	866689.57	618038.87	640038.97
长期负债合计		17684522.18	17684522.18	16460317.02	16460317.02	9078002.26	9078002.26	8529351.56	9751351.56
递延税款贷项									
负债合计		34666189.97	44102508.71	30793525.88	41401392.65	22104705.32	35321862.50	25316400.09	41567936.25
少数股东权益			6005787.72		4779144.72		4650342.06		4521059.87
股东权益：									
股本	18	78660000.00	78660000.00	54684126.17	54684126.17	46322622.03	46322622.03	43706242.97	43706242.97
资本公积	19	42299632.77	42299632.77						
盈余公积	20			21431212.10	21431212.10	13422159.62	13422159.62	6698780.00	6698780.00
其中：公益金	20			5714742.13	5714742.13	3407554.22	3407554.22	1518517.76	1518517.76
未分配利润	21			2593694.56	2593694.56	4503372.24	4503372.24	252113.34	252113.34
外币报表折算									
差额股东权益合计		120959632.77	120959632.77	78709032.83	78709032.83	64248153.89	64248153.89	50657136.31	50657136.31
负债及股东权益合计		155625822.74	171067929.20	109502558.71	124889570.20	86352859.21	104220358.45	75973536.40	96746132.43

2、利润及利润分配表主要数据

单位：人民币元

项目	注释	1997年1-4月		1996年度		1995年度		1994年度	
		母公司	合并数	母公司	合并数	母公司	合并数	母公司	合并数
一、主营业务收入	22	17098713.32	18271062.82	68528553.05	74608769.40	58107093.16	63649917.61	48732171.73	50259881.23
减：营业成本	23	4080680.50	4923708.21	16323365.71	18937920.37	15115078.93	17580800.47	11385358.23	12378383.96
销售费用									
管理费用		2594117.53	2767830.79	5121731.97	5588830.30	3474724.75	4033763.11	3249719.31	3376973.87
财务费用	24	37138.43	360421.82	206269.57	875715.39	163824.44	359701.18	62855.44	62855.44
营业税金及附加	25	751330.49	786500.98	2782389.07	2964795.56	2198912.64	2365197.37	1863982.62	1909813.91
二、主营业务利润		9635446.37	9432601.02	44094796.73	46246507.78	37154552.40	39310455.48	32170256.13	32531854.05
加：其他业务利润	26	1157194.13	1157194.13	4044481.98	4044481.98	3126298.74	3126298.74	1156637.84	1156637.84
三、营业利润		10792640.50	10589795.15	48139278.71	50285989.76	40280851.14	42436754.22	33326893.97	33688491.89
加：投资收益	27	-143251.75		1521737.91	19040.18	1511608.16	3316.00	245698.54	
营业外收入	28	8688.00	8688.00	35395.45	35395.45	75660.86	75660.86	9732.60	9882.60
减：营业外支出	29		1800.00	224214.50	224214.50	692.80	1892.80	85396.64	96146.64
加：以前年度损益调整								32325.87	32325.87
四、利润总额		10658076.75	10596683.15	49472197.57	50116210.89	41867427.36	42513838.28	33529254.34	33634553.72
减：所得税		1598711.52	1598711.52	7192568.95	7192568.95	6053372.88	6053372.88	4992533.36	4992533.36
少数股东本期收益			-61393.60		644013.32		646410.92		105299.38
五、净利润		9059365.23	9059365.23	42279628.62	42279628.62	35814054.48	35814054.48	28536720.98	28536720.98
加：年初未分配利润		2593694.56	2593694.56	4503372.24	4503372.24	252113.34	252113.34	-87064.46	-87064.46
盈余公积转入数									
六、可分配的利润		11653059.79	11653059.79	46783000.86	46783000.86	36066167.82	36066167.82	28449656.52	28449656.52
减：提取法定公积金				4131991.43	4131991.43	3560658.71	3560658.71	2717950.99	2717950.99
提取法定公益金				2307187.91	2307187.91	1889066.46	1889066.46	1518517.76	1518517.76
七、可供股东分配利润		11653059.79	11653059.79	40343821.52	40343821.52	30616472.65	30616472.65	24213187.77	24213187.77
减：提取任意公积金				1569873.14	1569873.14	1273684.45	1273684.45	1833551.49	1833551.49
已分配普通股股利				36180253.82	36180253.82	24839415.96	24839415.96	22127522.94	22127522.94
八、未分配利润		11653059.79	11653059.79	2593694.56	2593694.56	4503372.24	4503372.24	252113.34	252113.34

3、1996年度财务状况变动表数据

单位：人民币元

流动资金来源和运用	母公司	合并数	流动资金各项目的变动	母公司	子公司
一、流动资金来源			流动资金各项目的变动		
1. 本年利润	42279628.62	42279628.62	1. 货币资金	4681750.86	4703817.45
加：不减少流动资金的费用和损失			2. 短期投资		
(1) 固定资产折旧	3790592.99	5772159.84	3. 应收票据		
(2) 无形资产、递延资产及其他资产摊销	34121.57	121927.57	4. 应收帐款净额	5796705.64	5778418.34
(3) 固定资产盘亏（减盘盈）			5. 预付货款	-9223.95	-9223.95
(4) 清理固定资产损失（减收益）	140918.35	140918.35	6. 其他应收款	624470.58	1654736.35
(5) 递延税款			7. 待摊费用	5117.85	-12394.03
(6) 其他不减少流动资金的费用和损失			8. 存货净额	79853.68	87415.50
(7) 少数股东本期收益		644013.32	9. 待处理流动资金损失	-23584.02	-23584.02
小计	46245261.53	48958647.70	10. 一年内到期的长期债券投资		
2. 其他来源			11. 其他流动资产		
(1) 固定资产清理收入（减清理费用）	108438.38	108438.38			
(2) 增加长期负债	7382314.76	7382314.76			
(3) 收回长期投资	30000.00	30000.00			
(4) 对外投资转出固定资产					
(5) 对外投资转出无形资产					
(6) 资本净增加额	16370556.62	16370556.62	流动资产增加净额	11155090.64	12179185.73
(7) 少数股东资本净增加额		128802.66	二、流动负债本年增加数		
小计	23891309.76	24020112.42	1. 短期借款	-1000000.00	850000.00
流动资金来源合计	70136571.29	72978760.12	2. 应付票据		
二、流动资金运用			3. 应付帐款	-126015.26	-126015.26
1. 利润分配			4. 预收货款	-171753.13	-171753.13
(1) 提取法定盈余公积金	4131991.43	4131991.43	5. 应付福利费	213422.17	279990.27
(2) 提取法定公益金	2307187.91	2307187.91	6. 未付股利		407875.11
(3) 提取任意公积金	1569873.14	1569873.14	7. 未交税金	2636179.62	2748586.09
(4) 已分配股利	36180253.82	36180253.82	8. 其他未交款	60088.19	60088.19
小计	44189306.30	44189306.30	9. 其他应付款	98166.01	-5129756.08
2. 少数股东已分配股利		644013.32	10. 预提费用	-403581.80	-221799.80
3. 其他运用			11. 一年内到期的长期负债		
(1) 固定资产和在建工程净增加额	14393160.73	14431230.73	12. 其他流动负债		
(2) 增加无形资产、递延资产及其他资产	202821.69	232239.43			
(3) 偿还长期负债					
(4) 增加长期投资	1502697.73				
小计	16098680.15	14663470.16			
流动资金运用合计	60287986.45	59496789.78	流动负债增加净额	1306505.80	-1302784.61
流动资金增加净额	9848584.84	13481970.34	流动资金增加净额	9848584.84	13481970.34

峨眉山旅游股份有限公司股票上市公告书

一、要览

总股本：	11，866万股
可流通股本：	4，000万股
本次上市流通股本：	3，600万股
股票简称：	峨眉山A
股票代码：	0888
上市地点：	深圳证券交易所
上市日期：	1997年10月21日
登记机构：	深圳证券登记有限公司
上市推荐人：	国泰证券有限公司
	海南港澳国际信托投资有限公司

二、绪言

本上市公告书是根据《中华人民共和国公司法》、《股票发行与交易管理暂行条例》、《公开发行股票公司信息披露实施细则（试行）》和《深圳证券交易所业务规则》以及国家其他有关证券管理的规定编制，为本公司股票公开上市之目的而向社会公众披露本公司基本情况及相关资料。

本公司股票上市申请经深圳证券交易所深证发字〔1997〕335号《上市通知书》批准，于1997年10月21日（星期二）在深圳证券交易所挂牌交易。本次上市流通的股票为1997年9月18日向社会公众发行的3，600万股A股，公司内部职工持股400万股依照国家有关法律、法规及深圳证券交易所的有关规定，自公司本次公开发行股份上市之日起半年后上市流通。

本公司于1997年9月16日在《证券时报》、《中国证券报》上刊登了《招股说明书概要》，距今不足六个月，故与其重复的内容在此不再重述，投资者需详细了解本公司的情况，请查阅本公司的《招股说明书概要》。

本公司董事会及各位董事确信本公告书不存在任何重大遗漏或者误导，并对其真实性、准确性、完整性负个别的和连带的责任。

三、公司概况

（一）概况

公司法定名称：峨眉山旅游股份有限公司

英文名称：EMEI SHAN TOURISM CO.，LTD

公司法定代表人：马元祝

公司成立日期：1997年10月9日

公司注册地址：四川省峨眉山市名山西路168号

邮编：614200

经营范围

提供旅游，索道运输，住宿，客运，餐饮娱乐方面的服务；旅游资源及商品、水电开发；销售食品（酒、烟限零售），日用百货，日用杂品，五金，交电，化工材料，建筑材料，工艺美术品（不含金银饰品）。

公司营业执照注册号：20188431—6

公司咨询电话：（0833）5528888

联系人：周栋良、齐道友

（二）公司沿革

1、股份制改制过程

本公司是经四川省人民政府川府函〔1997〕234号文批准，由峨眉山旅游总公司与乐山市红珠山宾馆作为发起人，向社会公众公开发行4，000万股社会公众股，以募集方式设立的股份有限公司。发起人峨眉山旅游总公司和乐山市红珠山宾馆以其拥有的部分经营性资产（包括峨眉山大酒店、红珠山宾馆贵宾楼、两条索道、水电综合开发相关设施等），按国家国有资产管理局国资评〔1997〕513号文确认的净资产12，095.96万元，以四川省国有资产管理局川国资企〔1997〕49号文批准的折股比例1:0.6503折为国有法人股（发起人持股）7，866万股，其中峨眉山旅游总公司持有6565.12万股，乐山市红珠山宾馆持有1300.88万股。

2、历次股票发行情况

本次经中国证监会证监发字〔1997〕428号文和证监发字〔1997〕429号文批准，本公司于1997年9月18日以每股6.76元的价格向社会发行4，000万股社会公众股（其中向公司职工配售400万股），占发行后总股本的33.71%。本次成功发行后，本公司总股本为11，866万股。本次发行系本公司首次股票发行。

四、股票发行及承销

（一）本次公开发行

发行数量：4，000万股（其中向公司职工配售400万股）

发行价格：6.76元/股

发行方式：上网定价

中签率：0.419625%

股东户数：36，804户

持有1000股以上的户数：36，804户

募集资金总额：259，000，800元

发行费用总额：11，399，200元

每股发行费用：0.285元

发行市盈率：14.9倍

（二）股票承销

本次公开发行的4，000万股社会公众股已全部由社会公众认购，承销团成员无包销比例及数量。

（三）验资报告（摘要）（川会师业—〔1997〕第182号）

峨眉山旅游股份有限公司筹委会：

我们接受委托，对贵公司经批准公开发行40，000，000股股票引起贵公司股本总额、资本公积的变更情况及相关资产的真实性、合法性进行了审验。在审验过程中，我们按照《独立审计实务公告第1号—验资》的要求，实施了必要的审验程序。贵公司的责任是提供真实、合法、完整的验资资料，保护资产的安全完整。我们的责任是按照《独立审计实务公告第1号—验资》的要求，出具真实、合法的验资报告。

贵公司申请的注册资本为118，660，000.00元。贵公司公开发行股票前于1997年4月30日的股本和资本公积分别为78，660，000.00元和42，299，632.77元，贵公司公开发行股票后的股本变更为118，660，000.00元。根据我们的审验，截止1997年9月25日止，贵公司因公开发行股票而增加的实收投入资本259，000，800.00元，变更后的实收股本为118，660，000.00元，资本公积为261，300，432.77元。与上述变更股本总额及资本公积相关的投入资金259，000，800.00元，全部由贵公司于1997年9月25日收讫。

附件：一、股票发行前后股本、资本公积对照表；

二、股票发行前后股份变动对照表；

三、验资事项说明。

四川会计师事务所　　中国注册会计师　罗建平

中国注册会计师　贺　军

中国·四川·成都　　报告日期：1997年9月26日

注：募集资金已入本公司在峨眉山工商城市信用社的帐户，帐户号码为：20190095661。

五、董事、监事及高级管理人员简介及持股情况

姓　名	职　务	持股数量（股）	持股比例（%）
马元祝	董事长兼总经理	6，800股	0.006258
陈洪根	副董事长	6，800股	0.006258
洪　佳	副董事长	6，800股	0.006258
易乃亨	董事	6，800股	0.006258
邹邦本	董事、副总经理	6，800股	0.006258
古树超	董事、副总经理	6，800股	0.006258
侯有明	董事、副总经理	6，800股	0.006258
周栋良	董事、副总经理	6，800股	0.006258
王　毅	副总经理	0股	0
张伯兰	董事	6，800股	0.006258
李建华	董事	6，800股	0.006258
杨志平	董事	6，800股	0.006258
秦福荣	监事会主席	6，800股	0.006258
鞠方云	监事	5，800股	0.005338
吕福华	监事	0股	0
刘道友	代理董事会秘书	5，800股	0.005338

本公司董事、监事和高级管理人员共持有本公司股票9.32万股，占公司总股本的0.078544%，其持有股份按照《中华人民共和国公司法》规定在任职期间不得转让。

六、公司设立

（一）本公司已于1997年9月30日在峨眉山市召开了公司创立大会暨首届股东大会，通过了关于设立峨眉山旅游股份有限公司的议案，宣告公司成立。

（二）本公司于1997年9月30日在峨眉山市召开了公司创立大会暨首届股东大会，审议通过了关于公司社会公众股在深圳证券交易所上市的议案。

（三）本公司已于1997年10月9日在四川省工商行政管理局注册登记，详细资料如下：

公司注册资金：11，866万元

注册时间：1997年10月9日

注册地点：四川省峨眉山市名山西路168号

公司法定代表人：马元祝

营业执照注册号码：20188431-6

七、关联企业及关联交易

（一）关联企业

本公司的关联企业包括：

峨眉山旅游总公司，持有本公司股份65，651，200股，占发行后总股本的55，33%，为本公司第一大股东。

乐山市红珠山宾馆，持有本公司股份13，008，800股，占发行后总股本的10.96%，为本公司第二大股东。

本公司持有峨眉山万年索道有限公司70%的权益。

（二）关联交易

1．根据本公司分别与峨眉山旅游总公司和乐山市红珠山宾馆所签订的土地使用权租赁协议书，本公司向峨眉山旅游总公司租用峨眉山风景区内九宗地块、向乐山市红珠山宾馆租用峨眉山风景区内共两宗地块，租期自本公司正式成立之日起至2036年1月9日止。土地租用期届满后，在峨眉山旅游总公司和乐山市红珠山宾馆仍拥有上述土地使用权的情况下，本公司可分别与其重新签订土地租赁协议。

2．本公司与发起人之间签订了为期40年的《生产经营综合服务合同》和《生活服务合同》。根据上述合同，本着公平、公正、公开的原则，在本公司辅助性生产经营及职工生活后勤方面由发起人提供的服务作了规定，明确了双方的权利和义务。发起人向本公司提供包括生产经营性用水、用电、用气，生产经营所需要的交通及其附属设施，职工宿舍，生活用水、用电、用气及有线电视网络等生产生活服务项目。以上合同是按平等自愿、等价有偿的原则，其交易价格和条件构成均按国家、地方有关规定或市场情况确定，以维护本公司及全体股东的利益。

八、股本结构及大股东持股情况

（一）本次A股发行完成后，本公司的股本结构如下表：

	股数（万股）	占总股本比例（%）
国有法人持股（发起人持股）	7，866	66.29
社会公众持股	4，000	33.71
其中：公司职工持股	400	3.371
总股本	11，866	100

（二）前十名股东所持股数及比例

股东名称	持有股数（股）	占总股本比例（%）
峨眉山旅游总公司	65，651，200	55.33
乐山市红珠山宾馆	13，008，800	10.96
马元祝	6，800	0.006258
陈洪根	6，800	0.006258
洪　佳	6，800	0.006258
易乃亨	6，800	0.006258
邹邦本	6，800	0.006258
古树超	6，800	0.006258
侯有明	6，800	0.006258
周栋良	6，800	0.006258

九、公司财务会计资料

（一）审计报告（摘要）（川会师业一〔1997〕第147号）

峨眉山旅游股份有限公司筹委会：

我们接受委托，审计了贵公司1997年4月30日、1996年12月31日、1995年12月31日、1994年12月31日的资产负债表及合并资产负债表和1997年1-4月、1996年度、1995年度、1994年度的利润及利润分配表以及1996年度的财务状况变动表及合并财务状况变动表。这些会计报表由贵公司负责，我们的责任是对这些会计报表发表审计意见。我们的审计是依据《中国注册会计师独立审计准则》进行的，在审计过程中，我们结合贵公司实际情况，实施了包括抽查会计记录等我们认为必要的审计程序。

我们认为，上述会计报表符合《企业会计准则》和《股份制试点企业制度》有关规定，在所有重大方面公允地反映了贵公司1997年4月30日、1996年12月31日、1995年12月31日、1994年12月31日的财务状况及合并财务状况和1997年1-4月、1996年度、1995年度、1994年度的经营成果及合并经营成果以及1996年度的资金变动情况，会计处理方法的选用遵循了一贯性原则。

四川会计师事务所　　中国注册会计师　罗建平

中国注册会计师　贺　军

中国·四川·成都　　报告日期：1997年6月25日

（二）根据四川会计师事务所对本公司截至1996年12月31日止前三个会计年度及截至1997年4月30日止四个月的财务会计资料所出具的审计报告，本公司的主要财务会计数据如下：

1、资产负债表主要数据（附后）

2、利润及利润分配表主要数据（附后）

3、1996年度财务状况变动表数据（附后）

（三）主要会计政策

1、会计制度

本公司执行《股份制试点企业会计制度》及其补充规定。

2、会计期间

自公历1月1日至12月31日止。

3、合并会计报表的编制方法

合并会计报表是母公司和纳入合并范围的子公司的会计报表以及其他有关资料为依据，按《合并会计报表暂行规定》合并各项目数额编制而成。母公司与子公司采用的主要会计政策一致，相互间的重大业务与资金往来均在会计报表合并时抵销。纳入合并范围的子公司概况如下：

公司名称	成立日	注册资本	出资额	拥有权益
峨眉山万年索道有限公司	1993.08.10	15，000，000.00	10，500，000.00	70%

4、记帐原则和计价基础

以权责发生制为记帐原则核算，各项财产物资除按规定进行资产评估以评估价值计价外，均以实际成本计价。

5、外币折算方法

本公司以人民币为记帐本位币。对发生的外币业务，采用当月1日中国人民银行公布的市场汇价（中间价）折合人民币记帐，每月末，按市场汇价对各种外币帐户的外币期末余额进行调整。

6、坏帐准备

本公司坏帐损失采用直线核销法，不计提坏帐准备。根据《企业财务通则》第十三条规定确认坏帐，实际发生坏帐损失时在履行规定的审批手续后，记入当期损益。

7、存货计价方法

本公司存货主要是宾馆购入的副食品、烟酒、客户用低值易耗品及索道公司和水电公司的索道维修配件和配、变电站的维修配件；存货发出时均采用先进先出法计价，宾馆的低值易耗品于领用时一次性摊销。

1997年4月本公司筹备时，存货资产进行了价值重估，存货按国家国有资产管理局确认的资产价值进行了报表调整。

8、长期投资核算

（1）债券投资采用成本法核算，以取得成本入帐，年末预提应计利息。

（2）股权投资和联营投资：投资额占被投资企业资本20%以下的，按成本法核算；投资额占被投资企业资本20%至50%的，采用权益法核算；投资额占被投资企业资本50%以上的，采用权益核算并编制合并会计报表。

9、固定资产及其折旧

固定资产是指使用期限超过一年，单位价值在2000元以上的房屋及建筑物、索道设备、机器、设备及运输设备以及其他与经营有关的设备、器具、工具等。不属于经营性质的主要设备、物品，如单位价值在2000元以上并且使用期限超过两年的，也作为固定资产核算。本公司的各类固定资产均按实际成本计价，1997年4月30日的价值进行了价值重估，并按国家国有资产管理局确认的重估价值进行报表调整。固定资产折旧按直线法平均计算，并按固定资产类别的原价，规定使用年限和5%的残值率确定各类固定资产的年折旧率如下：

类别	使用年限	年折旧率	残值率
房屋及建筑物	20－30	4.75%－3.16%	5%
索道设备	15	6.33%	5%
机器设备	10	9.5%	5%
电器及影视设备	5	19%	5%
运输设备	8	11.88%	5%
其他设备	5	19%	5%

10、递延资产及其摊销

本公司递延资产主要是开办费和宾馆工作服支出等，采用直线法分2－5年期限平均摊销。

11、营业收入和成本、费用的确认

主营业务收入主要有峨眉山风景区游山门票收入、客运索道收入、宾馆客户收入、餐饮娱乐收入等，以开出发票收到货款或已取得收取款项的凭据时作为营业收入实现，同时将与其配比的营业成本与期间费用予以结转。

12、税项

(1) 营业税

宾馆的收入按5%计缴营业税；

客运索道、门票收入按3%计缴；

(2) 增值税

供水、供电收入按小规模纳税人计算增值税、税率为6%；商品销售收入按17%计算增值税的销项税金。

(3) 税金附加

按应交增值税、营业税款的7%缴纳城市维护建设税；

按应交增值税、营业税款的3%缴纳教育费附加；

按应交增值税、营业税款的4%缴纳交通费附加。

(4) 所得税

根据峨眉山市地方税务局峨地税发〔1994〕12号、13号文，本公司组建结构中的各企业自1994年起按计税利润总额的15%计缴企业所得税，四川省人民政府于1997年6月25日以川府函〔1997〕236号对本公司1994年至今1996年的减征情况作了说明，即按33%的法定税率缴纳后，再由地方财政返还18%，实际按15%的水平负担。四川省人民政府于1997年6月25日又以川府函〔1997〕235号文同意本公司上市后，比照其他上市公司按33%的税率缴纳所得税，再由地方财政返还18%，实际按15%水平负担。

13、利润分配

组建结构中的各企业，在组建前按各企业的实际情况分别进行利润分配；本公司成立后按本公司章程（草案）第71条规定，对税后利润的分配原则是：

(1) 弥补亏损；

(2) 按税后利润的10%提取法定盈余公积金；

(3) 按税后利润的5%－10%提取法定公益金；

(4) 按股东大会决议提取任意盈余公积金；

(5) 按股东大会决议支付股利。

(四) 财务指标分析

本公司前三年及1997年4月30日的主要财务指标如下（合并报表数）：

指标	97年4月30日	96年12月31日	95年12月31日	94年12月31日
净资产比率（%）	70.71%	63.02%	61.65%	52.36
负债比率（%）	29.29%	33.15%	33.89	42.97
流动比率	1.75	1.53	0.99	0.55
速动比率	1.61	1.42	0.89	0.48
应收帐款周转率（次）	1.29	9.04	14.06	13.6
净资产收益率（%）	7.5%	53.72	55.74	56.33

十、董事会上市承诺

本公司董事会将严格遵守《中华人民共和国公司法》、《股票发行与交易管理暂行条例》、《公开发行股票公司信息披露实施细则（试行）》、《深圳证券交易所市场业务试行规则》和有关法律、法规的规定，并自股票上市之日起作出如下承诺：

(一) 按照法律、法规的规定程序和要求披露重大的信息，并接受证券主管机关，深圳证券交易所的监督管理。

(二) 及时、真实、准确地公布中期报告和年度报告，并备置于规定场所供投资者查询、阅读。

(三) 本公司董事、监事及高级管理人员如发生人事变动或持本公司股票发生变化时，在报告证券主管机关和深圳证券交易所的同时，向投资者公布。

(四) 在任何公共传播媒介中出现的消息可能对本公司股票的市场价格产生误导性影响时，本公司知悉后将及时对该消息予以公开澄清。

(五) 本公司董事、监事及高级管理人员将认真听取社会公众的意见和批评，不利用已获得的内幕消息和其他不正当手段直接或间接从事股票买卖活动。

(六) 本公司没有无记录负债。

十一、重要事项揭示

(一) 截止本公告书刊登之日，本公司及本公司董事、监事和高级管理人员并无涉及任何重大诉讼及仲裁，而且据本公司董事会所知，亦无任何未了结或面临重大威胁之诉讼。

(二) 本次发行前每股净资产1.54元，本次发行后每股净资产3.20元。

(三) 本公司严格遵照国家有关规定，本次向内部职工配售400万股公司职工股，在本次股票上市半年后上市。

(四) 本公司实行同股同利的分配政策，预计每一年度的股利将于次年6月或之前派付。

本公司预计首次股利将于1998年6月30日之前派付。

本公司提议1997年度的股利由新老股东共同享有。

(五) 根据本公司编制并经四川会计师事务所出具的盈利预测阅核报告，按全面摊薄法计算每股收益如下：

1997年度盈利预测为人民币4，950万元

1997年度预测全面摊薄每股盈利＝97年盈利预测数/发行后总股本＝0.42元。

十二、咨询机构

发行人：峨眉山旅游股份有限公司（筹）
法定代表人：马元祝
住　所：四川省峨眉山市名山西路168号
联系人：周栋良　齐道友
电　话：（0833）5528888
传　真：（0833）5526666

上市推荐人：国泰证券有限公司
法定代表人：金建栋
住　所：上海市浦东新区浮山路61号
联系人：董海
电　话：（021）62580818
传　真：（021）62531028
成都营业部地址：四川省成都市人民东路48号物资宾馆十楼
联系人：赵波
电　话：（028）6615848
传　真：（018）6615808

上市推荐人：海南港澳国际信托投资有限公司
法定代表人：李耀祺
住　所：海南省海口市滨海新村588号
联系人：彭旭　王雪梅
电　话：（0898）8513372
传　真：（0898）8513437

十三、备查文件

(一) 本公司营业执照注册登记文件
(二) 深圳证券交易所上市通知书
(三) 招股说明书
(四) 审计报告
(五) 验资报告
(六) 营业执照
(七) 公司章程
(八) 法律意见书
(九) 本公司创立大会决议
(十) 其他文件

峨眉山旅游股份有限公司
1997年10月18日

1、资产负债表

单位：人民币元

资产	1997年4月30日		1996年12月31日		1995年12月31日		1994年12月31日	
	母公司	合并数	母公司	合并数	母公司	合并数	母公司	合并数
流动资产：								
货币资金	11024561.00	11757432.76	11730118.00	12173852.09	7048367.14	7470007.55	1524502.80	2309907.88
短期投资								
应收票据								
应收帐款	17222623.90	17204336.60	11158329.48	11140042.18	5361623.84	5361623.84	3695223.30	3695223.30
减：坏帐准备								
应收帐款净额	17222623.90	17204336.60	11158329.48	11140042.18	5361623.84	5361623.84	3695223.30	3695223.30
预付货款					9223.95	9223.95		
其他应收款	17153736.36	13638360.66	13176775.75	12112824.35	12552305.17	10458088.00	11354680.26	8610677.27
待摊费用	30910.30	53114.28	90229.38	104807.88	85111.53	117201.91	513176.42	556076.83
存货	3435841.29	3504611.16	2713029.86	2726345.28	2633176.18	2638929.78	2374599.65	2392826.96
待处理流动资产净损失			-32237.20	-32237.20	-8653.18	-8653.18	-13665.44	-13665.14
一年内到期的长期投资							4640.00	4640.00
其他流动资产								
流动资产合计	48867672.85	46157855.46	38836245.27	38225607.58	27681154.63	26046421.85	19453156.99	17555686.80
长期投资：								
长期投资	16618855.42		13756688.43		12283990.70	30000.00	10773498.54	27800.00
其中：合并价差								
固定资产：								
固定资产原价	115585604.88	155801595.88	68898719.93	103328609.62	61959133.08	96350952.77	52779032.23	85776848.58
减：累计折旧	27681548.09	33284077.55	20153700.71	24967264.55	16596528.28	19428525.27	13827020.13	14704234.18
固定资产净值	87904056.79	122517518.33	48745019.22	78361345.07	45362604.80	76922427.50	38952012.10	71072614.40
在建工程	2235237.68	2235237.68	7994680.67	7994680.67	1003038.38	1003038.38	6791543.77	7941473.83
固定资产清理					20845.70	20845.70		
待处理固定资产损失								
固定资产合计	90139294.47	124752756.01	56739699.89	86356025.74	46386488.88	77946311.58	45743555.87	79014088.23
无形及其它资产：								
无形资产								
递延资产		157317.73	169925.12	307936.88	1225.00	197625.02	3325.00	148557.40
无形及递延资产		157317.73	169925.12	307936.88	1225.00	197625.02	3325.00	148557640
其他资产：								
其他长期资产								
递延税款借项								
资产总计	155625822.74	171067929.20	109502558.71	124889570.20	86352859.21	104220358.45	75973536.40	96746132.43
负债及股东权益								
流动负债：								
短期借款	3000000.00	9850000.00	2300000.00	7150000.00	3300000.00	6300000.00	300000.00	689000.00
应付票据								
应付帐款	3670620.62	3670620.62	1022612.61	1022612.61	1148627.87	1148627.87	1091979.06	1091979.06
预收货款	346851.56	346851.56	535833.96	535833.96	707587.09	707587.09	817931.64	817931.64
应付福利费	1173145.45	1394962.85	1194843.91	1423812.59	981421.74	1143822.32	582538.81	611948.68
应付股利	1091298.98	773152.18	1091298.98	1975257.28	1091298.98	1567382.17	549684.32	616373.93
未交税金	1396996.65	1590672.35	3402730.22	3571235.43	766550.60	822649.34	1113930.18	1159761.47
其他未交款	1752858.66	1752858.66	1728677.48	1728677.48	1668589.29	1668589.29	1636981.50	1636981.50
其他应付款	2668286.89	4720023.43	1631559.49	5864672.57	1533393.48	10994428.65	8986370.87	23484976.26
预提费用	1881608.98	2318844.88	1425652.21	1668973.71	1829234.01	1890773.51	1707632.15	1707632.15
一年内到期的长期负债								
其他流动负债								
流动负债合计	16981667.79	26417986.53	14333208.86	24941075.63	13026703.06	26243860.24	16787048.53	36816584.69
长期负债：								
长期借款	15266266.09	15266266.09	15566266.09	15566266.09	8311312.69	8211312.69	7911312.69	9111312.69
应付债券								
其他长期负债	2418256.09	2418256.09	894050.93	894050.93	866689.57	866689.57	618038.87	640038.97
长期负债合计	17684522.18	17684522.18	16460317.02	16460317.02	9078002.26	9078002.26	8529351.56	9751351.56
递延税款贷项								
负债合计	34666189.97	44102508.71	30793525.88	41401392.65	22104705.32	35321862.50	25316400.09	41567936.25
少数股东权益		6005787.72		4779144.72		4650342.06		4521059.87
股东权益：								
股本	78660000.00	78660000.00	54684126.17	54684126.17	46322622.03	46322622.03	43706242.97	43706242.97
资本公积	42299632.77	42299632.77						
盈余公积			21431212.10	21431212.10	13422159.62	13422159.62	6698780.00	6698780.00
其中：公益金			5714742.13	5714742.13	3407554.22	3407554.22	1518517.76	1518517.76
未分配利润			2593694.56	2593694.56	4503372.24	4503372.24	252113.34	252113.34
外币报表折算差额								
股东权益合计	120959632.77	120959632.77	78709032.83	78709032.83	64248153.89	64248153.89	50657136.31	50657136.31
负债及股东权益合计	155625822.74	171067929.20	109502558.71	124889570.20	86352859.21	104220358.45	75973536.40	96746132.43

2、利润及利润分配表

单位：人民币元

项目	1997年1－4月		1996年度		1995年度		1994年度	
	母公司	合并数	母公司	合并数	母公司	合并数	母公司	合并数
一、主营业务收入	17098713.32	18271062.82	68528553.05	74608769.40	58107093.16	63649917.61	48732171.73	50259881.23
减：营业成本	4080680.50	4923708.21	16323365.71	18937920.37	15115078.93	17580800.47	11385358.23	12378383.96
销售费用								
管理费用	2594117.53	2767830.79	5121731.97	5588830.30	3474724.75	4033763.11	3249719.31	3376973.87
财务费用	37138.43	360421.82	206269.57	875715.39	163824.44	359701.18	62855.44	62855.44
营业税金及附加	751330.49	786500.98	2782389.07	2964795.56	2198912.64	2365197.37	1863982.62	1909813.91
二、主营业务利润	9635446.37	9432601.02	44094796.73	46246507.78	37154552.40	39310455.48	32170256.13	32531854.05
加：其他业务利润	1157194.13	1157194.13	4044481.98	4044481.98	3126298.74	3126298.74	1156637.84	1156637.84
三、营业利润	10792640.50	10589795.15	48139278.71	50285989.76	40280851.14	42436754.22	33326893.97	33688491.89
加：投资收益	－143251.75		1521737.91	19040.18	1511608.16	3316.00	245698.54	
营业外收入	8688.00	8688.00	35395.45	35395.45	75660.86	75660.86	9732.60	9882.60
减：营业外支出	1800.00	1800.00	224214.50	224214.50	692.80	1892.80	85396.64	96146.64
加：以前年度损益调整							32325.87	32325.87
四、利润总额	10658076.75	10596683.15	49472197.57	50116210.89	41867427.36	42513838.28	33529254.34	33634553.72
减：所得税	1598711.52	1598711.52	7192568.95	7192568.95	6053372.88	6053372.88	4992533.36	4992533.36
少数股东本期收益		－61393.60		644013.32		646410.92		105299.38
五、净利润	9059365.23	9059365.23	42279628.62	42279628.62	35814054.48	35814054.48	28536720.98	28536720.98
加：年初未分配利润	2593694.56	2593694.56	4503372.24	4503372.24	252113.34	252113.34	252113.34	－87064.46
盈余公积转入数								
六、可分配的利润	11653059.79	11653059.79	46783000.86	46783000.86	36066167.82	36066167.82	28449656.52	28449656.52
减：提取法定公积金			4131991.43	4131991.43	3560658.71	3560658.71	2717950.99	2717950.99
提取法定公益金			2307187.91	2307187.91	1889066.46	1889066.46	1518517.76	1518517.76
七、可供股东分配利润	11653059.79	11653059.79	40343821.52	40343821.52	30616472.65	30616472.65	24213187.77	24213187.77
减：提取任意公积金			1569873.14	1569873.14	1273684.45	1273684.45	1833551.49	1833551.49
已分配普通股股利			36180253.82	36180253.82	24839415.96	24839415.96	22127522.94	22127522.94
八、未分配利润	11653059.79	11653059.79	2593694.56	2593694.56	4503372.24	4503372.24	252113.34	252113.34

3、1996年度财务状况变动表

单位：人民币元

流动资金来源和运用	母公司	合并数	流动资金各项目的变动	母公司	子公司
一、流动资金来源			流动资金各项目的变动		
1. 本年利润	42279628.62	42279628.62	1. 货币资金	4681750.86	4703817.45
加：不减少流动资金的费用和损失			2. 短期投资		
(1) 固定资产折旧	3790592.99	5772159.84	3. 应收票据		
(2) 无形资产、递延资产及其他资产摊销	34121.57	121927.57	4. 应收帐款净额	5796705.64	5778418.34
(3) 固定资产盘亏（减盘盈）			5. 预付货款	－9223.95	－9223.95
(4) 清理固定资产损失（减收益）	140918.35	140918.35	6. 其他应收款	624470.58	1654736.35
(5) 递延税款			7. 待摊费用	5117.85	－12394.03
(6) 其他不减少流动资金的费用和损失			8. 存货净额	79853.68	87415.50
(7) 少数股东本期收益		644013.32	9. 待处理流动资金损失	－23584.02	－23584.02
小　计	46245261.53	48958647.70	10. 一年内到期的长期债券投资		
2. 其他来源			11. 其他流动资产		
(1) 固定资产清理收入（减清理费用）	108438.38	108438.38			
(2) 增加长期负债	7382314.76	7382314.76			
(3) 收回长期投资	30000.00	30000.00			
(4) 对外投资转出固定资产					
(5) 对外投资转出无形资产					
(6) 资本净增加额	16370556.62	16370556.62	流动资产增加净额	11155090.64	12179185.73
(7) 少数股东资本净增加额		128802.66	二、流动负债本年增加数		
小　计	23891309.76	24020112.42	1. 短期借款	－1000000.00	850000.00
流动资金来源合计	70136571.29	72978760.12	2. 应付票据		
二、流动资金运用			3. 应付帐款	－126015.26	－126015.26
1. 利润分配			4. 预收货款	－171753.13	－171753.13
(1) 提取法定盈余公积金	4131991.43	4131991.43	5. 应付福利费	213422.17	279990.27
(2) 提取法定公益金	2307187.91	2307187.91	6. 未付股利		407875.11
(3) 提取任意公积金	1569873.14	1569873.14	7. 未交税金	2636179.62	2748586.09
(4) 已分配股利	36180253.82	36180253.82	8. 其他未交款	60088.19	60088.19
小　计	44189306.30	44189306.30	9. 其他应付款	98166.01	－5129756.08
2. 少数股东已分配股利		644013.32	10. 预提费用	－403581.80	－221799.80
3. 其他运用			11. 一年内到期的长期负债		
(1) 固定资产和在建工程净增加额	14393160.73	14431230.73	12. 其他流动负债		
(2) 增加无形资产、递延资产及其他资产	202821.69	232239.43			
(3) 偿还长期负债					
(4) 增加长期投资	1502697.73				
小　计	16098680.15	14663470.16			
流动资金运用合计	60287986.45	59496789.78	流动负债增加净额	1306505.80	－1302784.61
流动资金增加净额	9848584.84	13481970.34	流动资金增加净额	9848584.84	13481970.34

秦皇岛华联商城股份有限公司

秦皇岛华联商城股份有限公司概况

一、公司概况

本公司是经河北省人民政府冀股办〔1997〕18号文批准，由原秦皇岛华联商厦股份有限公司和秦皇岛商城股份有限公司采取新设合并方式设立的“秦皇岛华联商城股份有限公司”，秦皇岛华联集团有限公司作为本公司国家股权持股单位是本公司的控股公司。公司总股本11005万股，发起人5550万股，其中国家股4247万股，法人股183万股，内部职工2272万股，社会公众股3000万股。本公司是经中国证监会批准的河北省第一家向社会发行股票并上市的商贸流通企业。

本公司主要从事商业零售、批发业务。设有秦皇岛商城、华联商厦、商城酒店、康保公司、保龄球俱乐部、秦客隆连锁公司、商品供配货经营中心等十八个经营分公司。公司所属商城、华联两个大型商场建筑面积4.5万平方米，经营商品60,000余种。1996年实现销售收入29332.89万元，实现净利润3064.26万元，其营业面积、商品种类、销售额、利润额等多项指标均居河北省前列，是河北省最大的商贸企业之一。

秦皇岛市作为国家首批14个进一步对外开放的沿海港口城市之一，拥有世界最大的能源输出港和国家级经济技术开发区，历史名城山海关，旅游圣地夏都北戴河每年接待约600多万中外游客。商贸流通业的繁荣与发展在经济建设中占有重要地位。本公司将充分发挥地域优势，以强强联合为契机，逐步把公司建设成为一业为主，多元化发展的大型综合性企业，创更好的经济效益，回报社会，回报股民。

二、董事长、总经理介绍

孙志浩同志生于1952年，天津市人，中共党员，大专文化，高级经济师。现任秦皇岛华联集团有限公司董事长、总经理，秦皇岛华联商城股份有限公司董事长、党委书记。

1984年至1988年，孙志浩同志任河北省秦皇岛市五金交电化工采购供应站总经理。在此期间，企业的综合效益在全省同行业中始终在前三名之列，是全省商业系统的盈利大户之一。

1988年孙志浩同志授命组建秦皇岛华联商厦，并担任该企业的总经理。几年来的经营使华联商厦的经济效益始终位列全市第一，并先后跨入河北省同行业十强，全国一百五十强。1996年孙志浩同志亲自组织策划了秦皇岛华联商厦股份有限公司与秦皇岛股份有限公司的合并工作，又使企业步入了由商品经营向资本经营过渡的良性循环的发展轨道。

几年来，孙志浩同志在《中国商论》、《当代改革英才》等刊物发表论文十余篇。先后被评为河北省商业企业先进经理、省劳动模范、全国商贸系统劳动模范、省杰出企业家、省优秀企业家等多项荣誉称号。

秦皇岛华联商城股份有限公司副董事长、总经理韩树仁先生，生于1948年，中共党员，大专文化，高级经济师。曾任河北省秦皇岛百货采购供应站总经理，任职期间该企业综合效益值连年名列河北省前矛。1990年调入秦皇岛市商业局任副局长，1991年授命组建秦皇岛商城股份有限公司并担任董事长兼总经理。几年来，韩树仁先生先后获秦皇岛市“十佳”企业家、河北省商业企业优秀经理、河北省劳动模范等荣誉称号。

秦皇岛华联商城股份有限公司招股说明书概要

一、释义

在本招股说明书概要中，除非文义另有所指外，下列名词之涵义应由以下释义规范：

公司或本公司　指秦皇岛华联商城股份有限公司

发行人　指秦皇岛华联商城股份有限公司

A股　指本公司每股面值为人民币1.00元的记名式普通股份，以人民币认购及购买

本次发行　指本次向社会公众发行的3000万股（A股）

主承销商　指河北证券有限责任公司

上市推荐人　指深圳国投证券有限公司、河北证券有限责任公司

上市　指本公司股票获准在深圳证券交易所挂牌交易

元　指人民币元，中国的法定货币

公司章程　指秦皇岛华联商城股份有限公司章程

华联集团　指秦皇岛华联集团有限公司，本公司主要发起人

商厦公司　指秦皇岛华联商厦股份有限公司

商城公司　指秦皇岛商城股份有限公司

华联商厦　指本公司所属商场之一——秦皇岛华联商厦（秦皇岛华联商厦股份有限公司的主要发起人）

秦皇岛商城　指本公司所属商场之一——秦皇岛商城（秦皇岛商城股份有限公司的主要发起人）

二、绪言

本招股说明书概要系依据《中华人民共和国公司法》、《股票发行与交易管理暂行条例》、《公开发行股票公司信息披露实施细则》等国家法律、法规、规章及发行人实际情况编写的，旨在为投资者提供秦皇岛华联商城股份有限公司的基本情况。本公司全体董事已批准招股说明书，确信其中不存在任何重大遗漏或者误导，并对其真实性、准确性、完整性负个别的和连带的责任。

经河北省人民政府冀政函〔1997〕26号文批准，同意秦皇岛华联商城股份有限公司占用1996年度计划内指标3000万股。本次发行已经中国证券监督管理委员会证监发字〔1997〕477号文和证监发字〔1997〕478号文审核通过。

本次发行是根据招股说明书所载明的资料申请发行的，除本发行人和主承销商外，没有委托或授权任何其他人提供未在招股说明书及其概要中列载的信息和对招股说明书及其概要作任何解释或者说明。

因买卖本公司股票而所需缴纳的税款由投资者自行负担，本公司、承销商和上市推荐人对此不承担任何责任。

三、发售新股的有关当事人

发行人　秦皇岛华联商城股份有限公司
法定代表人：孙志浩
住所：河北省秦皇岛市海港区河北大街152号
电话：0335-3023349
传真：0335-3048694
联系人：刘宏　殷刚

财务顾问　河北证券有限责任公司

主承销商　河北证券有限责任公司
法定代表人：武铁锁
住所：河北省石家庄市裕华东路270号
电话：0311-6054234
传真：0311-6054239
联系人：王勇　胡宪华　王志北　毛传武

副主承销商　深圳国投证券有限公司
法定代表人：叶连捷

住　　所：深圳市红岭中路7号国际信托大厦三楼
电　　话：0755－5585386
传　　真：0755－5894167
联 系 人：李殿坤　彭易明

分 销 商　湖北证券公司
法定代表人：陈浩武
住　　所：湖北省武汉市武昌区彭刘杨路232号
电　　话：027－7806778
联 系 人：陈彩萍　梅玲

中国东方信托投资公司
法定代表人：康棣华
住　　所：北京市西城区西直门外高梁桥斜街18号
电　　话：010－62186466
联 系 人：夏林

中国科技国际信托投资公司
法定代表人：张刚
住　　所：北京市朝阳区北辰东路8号
电　　话：0755－3229159
联 系 人：蔡平　张拥军

上市推荐人　深圳国投证券有限公司
河北证券有限责任公司

发 行 人
法律顾问　北京市大成律师事务所
法定代表人：彭雪峰
住　　所：北京市西城区复兴门内大街49号民族化宫八楼
电　　话：010－66065791
传　　真：010－66065793
联 系 人：江华　郭卫东　杨健

主承销商
法律顾问　北京市金诚律师事务所
住　　所：北京市东三环北路19号华鹏大厦6层
电　　话：010－65925106
传　　真：010－65925107
联 系 人：刘治梅　贺宝银

财务审计机构　北京京都会计师事务所
法定代表人：于连国
住　　所：北京市海淀区车公庄西路32号中咨大厦四层
电　　话：010－68475946
传　　真：010－68475945
联 系 人：童登书　唐洪斌

资产评估机构　北京中咨资产评估事务所
法定代表人：鲁静
住　　所：北京市海淀区车公庄西路32号中咨大厦
电　　话：010－68474522
传　　真：010－68410645
注册评估师：崔劲　李延新

秦皇岛会计师事务所
法定代表人：蔺永好
住　　所：河北省秦皇岛市人民路1号
电　　话：0335－3035564
传　　真：0335－3028284
联 系 人：张贵江　陆永新

土地评估机构　河北土地估价所
法定代表人：崔真凯
住　　所：河北省石家庄市中华南大街24号
电　　话：0311－7028510
传　　真：0311—7028511
联 系 人：崔真凯　李开宏

股票登记机构　深圳证券登记公司
法定代表人：黄铁军
住　　所：深圳市红岭中路25号
电　　话：0755－5567898
传　　真：0755－5564759

四、发行情况

1、承销方式：本次公开发行采取余额包销方式。

2、发行期：1997年10月30日。

3、发行地区：面向全国发行。

4、在深圳证券交易所开设股东帐户的境内公民、法人和其他组织（国家法律、法规禁止购买者除外）。

5、发行方式：上网定价。

6、本次发行的股票全部为记名式人民币普通股（A股），每股面值人民币1元，发行数量3000万股。

7、发行价格及确定价格的方法

发行价格：3.78元/股

发行价格确定方法：发行前三年每股税后利润平均数×市盈率。则：=〔(1994年每股税后利润＋1995年每股税后利润＋1996年每股税后利润)/3〕×14.5＝3.78元/股

8、发行总市值：11340万元

9、挂牌交易

本公司已得到深圳交易所的承诺，本次发行的3000万股社会公众股在发行结束后，将尽快在深圳证券交易所挂牌交易。公司内部职工股将在本次公司股票发行期满三年后上市交易。

五、风险因素及对策

投资者在评价本发行人此次发售的股票时，除本招股说明书提供的其他资料外，应特别认真地考虑下述各项风险因素。

1．经营风险

本公司作为以零售、批发为主的大型商贸企业，经营风险主要体现为：

目前消费品市场相对繁荣，商品品种和生产厂家众多的情况下，若本公司购进商品之品质或价格不能适应消费者之需求，将影响本公司的营业额和营业利润。同时商业行情不断变化，竞争优胜劣汰，顾客消费心理的变化、消费低潮、购买力分流和商品供货渠道等因素的变化都会给商业企业的经营带来一定的风险。

2．行业风险

近年来，秦皇岛市商业竞争日益激烈。一些国有商业企业进行扩建、装修，以提高经营档次、改善经营环境；国外强大的商业资本也陆续进入秦皇岛市。目前，秦皇岛市万米以上大型商业服务设施达10家，各类集贸市场也已发展到200家，国有商业企业面临着激烈的竞争。特别是本公司所属的华联商厦和秦皇岛商城地处秦皇岛市最繁华的商业地段，预计5年内还将有几家大型商厦落成，将在一定程度上分流本公司客源，本公司在秦皇岛市商业领域中的龙头地位将受到一定的挑战。

3．市场风险

由于本公司以商业零售、批发为主，市场的波动势必要对企业的经营及效益构成影响。河北省和秦皇岛市近几年的经济虽然有了很大的发展，但较发达地区而言，团体和居民的购买力仍然有限，一旦国民经济发展周期处于低谷，本公司的销售亦将减少，一定程度上会影响本公司的盈利水平。

4．政策风险

国家在近期仍坚持宏观经济调控"适当从紧"的方针政策，随着抑制通货膨胀、紧缩银根、压缩基建投资规模和控制消费基金增长等一系列政策的实施，在一定程度上将影响社会总体消费水平。此外，我国正处在经济体制改革的过程中，不排除国家政策的改变给本公司经营带来不利影响的可能性。

5．对外投资的风险

根据本公司"一业为主，多元化经营，协调发展"的战略方针，本公司将逐步加大商业以外其他行业的投资，此种投资不可避免地存在一定风险，一旦投资失误将影响本公司的收益。

6．股票市场风险

股票价格的波动可能会给投资者造成损失，而股价的波动除受本公司盈利水平的影响外，还要受到诸如国家宏观经济政策的调整、国家金融形势的变化、利率的升降、通货膨胀率的高低、投资者的心理预期等众多因素的影响。投资者在购买本公司的股票前，应对股市风险有充分的了解。

对上述的风险因素，本公司有着较好的防御能力。本公司拥有一支具有多年商业经营管理工作经验和高素质的员工队伍为本公司避免上述风险提供了人才条件，本公司在消费者中较高的知名度为本公司避免上述风险提供了广泛的顾客基础，本公司理想的购物环境及先进的设施为本公司避免上述风险提供了良好的经营条件，本公司严密的管理制度和

现代化的管理手段为本公司避免上述风险提供了可靠的制度保证,尤其是本公司所属华联商厦和秦皇岛商城的强强联合为公司的发展翻开了新的一页。为最大限度降低上述风险,本公司对于上述风险因素拟进一步采取以下对策:

(1)经营风险之对策

本公司将始终坚持全心全意为顾客服务的经营宗旨,选择适合企业实际和适应市场需要的定位目标:以中档商品为主,高档商品兼备,小商品齐全,最大限度地满足社会各界、各阶层的消费需求。同时利用商场经营品种齐全、货源渠道广的优势,开展小批量、快节奏和灵活多变的批发业务。

(2)行业风险之对策

本公司拟通过发展连锁超级市场、连锁分店等多种方式,积极扩大经营规模,以达到"连锁成网,规模经营"的目的。同时利用公司所属的华联商厦和秦皇岛商城为龙头,建立供配货中心,统一进货,统一定价,减少内耗,强化经营和管理,强化成本管理,保证销售毛利率稳定提高。

(3)市场风险之对策

本公司将以商业为依托,利用秦皇岛市港口、商埠和北戴河、南戴河、山海关等旅游资源的优势,投资酒店、餐饮、娱乐等,使本公司逐步发展成为"一业为主、多元化经营、协调发展"的综合商社,从而避免因消费者购买力的限制而制约公司的发展。

(4)政策风险之对策

本公司将加强宏观形势的研究和政策的分析,继续提高高级管理人员素质和科学决策能力,适时调整经营决策与策略,增强公司的应变能力,以适应经济发展和社会发展的需要。

(5)对外投资风险之对策

本公司之对外投资采取"谨慎投入、滚动发展"的原则,选择获利大风险小的项目进行投资,并在投资前进行充分的可行性论证,投资后选聘在该行业具有丰富经验的经营管理人才加强对投资项目的管理。

(6)股票市场风险之对策

股市风险不可预见,公司将确保投资项目按期竣工投入使用,并通过完善的管理,科学的策划使之尽早产生效益。同时,将在现有的基础上努力开拓进取,。采用多种策略适应市场变化,保证利润的稳步增长,以丰厚的收益确保股东利益,维护股东权益,保持企业良好的形象。

六、募集资金的运用

1.本次发行股票所筹资金的投向

本公司本次向社会公众发行股票3000万股,每股面值1.00元,溢价发行每股3.78元,本公司将募集资金10740万元(已扣除发行费用),这些资金主要投资于以下项目:

(1)追加投资2980万元用于建设秦皇岛商城酒店项目

秦皇岛是我国著名的旅游、避暑胜地,每年夏至秋去之间,游人如织,旅游业是当地的一个重要支柱产业。随着交通条件以及投资环境的进一步完善,来秦皇岛观光旅游、从事商务活动的国际、国内游客逐年增加,特别是海外游客明显增多。1996年全年接待国内游客647万人次,海外游客6.75万人次,分别比上年增长2.4%和124.9%。秦皇岛港是世界最大能源输出港口,是我国煤炭、石油运输的主要中转地,港口货物年吞吐量8500万吨。京沈、京秦、大秦铁路,京沈、京秦公路等贯穿市内,京秦高速公路即将开通。秦皇岛作为新兴的旅游港口城市,城市经济及居民生活提高较快,但商业及配套服务设施却相对落后,更缺乏具有现代化设施的、上档次的,容商、住、购物于一体的综合性商业设施,制约着秦皇岛旅游业的进一步发展。商城工程是一座集购物、酒店、娱乐、餐饮、办公于一体的大型现代商业综合大厦,项目总建筑面积51598平方米,由主楼和裙楼两部分组成,主楼地下2层,地上22层,裙楼(商场)地下1层,地上5层。,该工程自1993年2月以来,工程进展顺利,截止1997年6月底,已实际投入资金1.78亿元,裙楼商场于1996年5月正式投入营业,主楼酒店项目按四星级标准设计施工,设有标准客房140套,套房20套,拥有床位320张,餐厅分别设有中、西餐厅,目前主体结构和室外装修及设备安装已完工,项目需追回投资2980万元,主要用于酒店主楼内部装修和购置酒店的家具用品。预计1998年5月投入营业,年可接待游客11.7万人次,每年增加营业收入2300万元,实现利润660万元,投资净收益率18.83%,投资回收期4.52年。

(2)投资2950万元用于华联商厦配楼商场改造项目

公司所属华联商厦自1989年开业以来,随着业务的拓宽,商品由原来的2万多种增加到现在的5万多个品种,而营业面积却未增加。随着购买力的不断增加,原有设施不能满足的顾客的需求,制约着公司的进一步发展。华联商厦东西两个配楼是三层砖混建筑,低矮窄小,若拆除东西二个三层配楼并新建八层商场楼,与主楼连通,即可扩大营业面积8000平方米,又不用重新征地。项目总投资2950万元,项目预计于1997年10月开工,1998年12月投入营业。项目完成后,可增加营业面积8000平方米,每年增加销售收入10000万元,实现利润700万元,投资净收益率20.17%,投资回收期4.21年。

项目已经秦皇岛市计划委员会秦计财〔1997〕29号文批准立项。

(3)投资2990万元用于新建商品采购配送中心项目。

随着地区经济的快速发展,秦皇岛市大中型商厦相继建成开业,在一定程度上分散客源,购买力分流,行业内部竞争日趋激烈。公司实现强强联合,形成规模经济,发展规模效益,一跃成为秦皇岛市商贸系统龙头企业。为了减少内耗,统一进货和定价,统一配送,强化成本管理,建立商品采购配送中心是保持销售毛利率稳定提高必不可少的途径。同时利用商场经营品种齐全、货源渠道广的优势,开展小批量、快节奏和灵活多变的批发服务。项目总投资2990万元,预计1997年10月开工,1998年10月投入营运。项目完成后,可在交通便利的海滨路增加营业面积7400平方米的现代化商品采购配送中心,每年增加销售收入16700万元,实现利润940万元,投资净收益率26.72%,投资回收期3.18年。

项目已经秦皇岛市计划委员会秦计财〔1997年〕53号文批准立项。

(4)剩余1820万元用于归还到期贷款

本公司所属秦皇岛商城主要依靠贷款兴建,截止1997年6月底,公司资产负债率达61.8%,财务费用负担较重。本次将用募集资金中的1820万元归还公司已到期贷款,以改善公司财务结构,降低负债比率,可减少利息支出200万元,相应增加利润200万元。

投资项目使用资金的计划时间表

单位:万元

序号	项目名称	总投资	97年度投资额	98年度投资额	销售收入	新增税后利润	净资产收益率	投资回收期(年)
1	秦皇岛商城酒店项目	2980	1500	1480	2300	561	18.83%	4.52
2	华联商厦配楼商场改造项目	2950	1950	1000	10000	595	20.17%	4.21
3	新建商品采购配送中心项目	2990	2000	990	16700	799	26.72%	3.18
4	归还到期贷款	1820	1820			170		
	合计	10740	7270	3470	29000	2125		

2.前次定向募集资金使用情况

公司合并前的两家股份有限公司——商厦公司和商城公司均于1993年3月定向募集设立,并募集资金5853.16万元,资金的使用与定向募股时招股通函披露的相一致,主要用于以下项目:

(1)华联商厦改造工程,用于商场内部装修、购置自动扶梯、空调器等及其他设备及安装。

(2)秦皇岛商城一期工程建设,目前一期工程2.5万平方米建筑面积商场已全部竣工投入使用。

七、股利分配政策

1.股利分配的一般政策

本公司实行同股同利的分配政策。

2.本次发行后股利的派发

董事会预计首次股利分配将在1998年6月30日或之前进行。此次社会公众股股东参与1997年全年的利润分配。

3.利润分配的顺序

本公司的税后利润分配由董事会提出方案,经股东大会批准后,按股份比例分配,股利分配采取现金或股票形式。

本公司每一会计年度的税后利润按照以下顺序分配:

(1)弥补亏损;

(2)提取公司法定公积金10%;

(3)提取公司法定公益金5%—10%;

(4)提取任意公积金;

(5)支付普通股股利。

法定公积金按照税后利润的10%提取,但当法定公积金已达注册资本的50%时,可不再提取;法定公益金按税后利润的5%—10%提取。任意公积金的提取比例由股东大会决定。

董事会预计每一年度的股利将于次年6月或之前派付。

八、发行人及发行人主要成员的情况

1. 发行人名称：秦皇岛华联商城股份有限公司

英文名称：QINHUANGDAO HUALIAN BUSINESS BUILDING CO. LTD

2. 发行人成立日期：1997年5月16日

3. 住所：河北省秦皇岛市海港区河北大街152号

4. 发行人历史情况简介

公司是经河北省人民政府冀股办〔1997〕18号文批准，由商厦公司和商城公司采用合并方式设立的股份有限公司，于1997年5月16日在河北省工商行政管理局依法注册登记（注册号10436611－1）。

商厦公司是1993年3月经河北省体改委冀体改委股字〔1993〕22号文批准，以华联商厦为主体，与中国糖业酒类集团总公司、中国商业对外贸易总公司共同发起，以定向募集方式设立的股份有限公司。1995年9月19日经河北省体改委冀体改委〔1995〕36号文批准，以商厦公司为主体组建华联集团。商城公司是1993年经河北省体改委冀体改委股字〔1993〕23号文批准，以秦皇岛商城为主体，与秦皇岛市银河物资经销公司、中信（秦皇岛）有限责任公司、中国耀华玻璃集团公司共同发起，以定向募集方式设立的股份有限公司。

为了进一步优化资源配置，实现强强联合，减少内耗，实现规模效应，1997年1月23日和2月1日，商厦公司和商城公司临时股东大会分别决议通过，以合并方式设立本公司，河北省体改委于1997年2月26日以冀体改委股字〔1997〕4号文批准同意两公司的合并方案。华联商厦和秦皇岛商城全部资产并入华联集团，华联集团作为本公司国家股权持股单位，是本公司的控股公司，商厦公司和商城公司定向募集设立时的其他发起人仍为本公司的发起人。

1997年4月18日，河北省人民政府以冀股办〔1997〕18号文，同意本公司设立。1997年5月15日本公司召开创立大会暨首届股东大会。1997年5月16日本公司进行了注册登记。本公司以合并为契机，以强强联合为优势，在经营上勇于开拓创新，不断推出灵活有效的营销策略和手段，建立供配货中心，统一进货和定价，减少内耗，强化经营和管理，不仅大大提高了公司的信誉，而且促进了营业收入的高速增长。1996年实现销售收入29332.89万元，实现净利润3064.26万元，成为秦皇岛市及河北省目前规模最大的大型综合性商业企业之一。

5. 发行人组织结构

本公司目前的组织机构如下图：

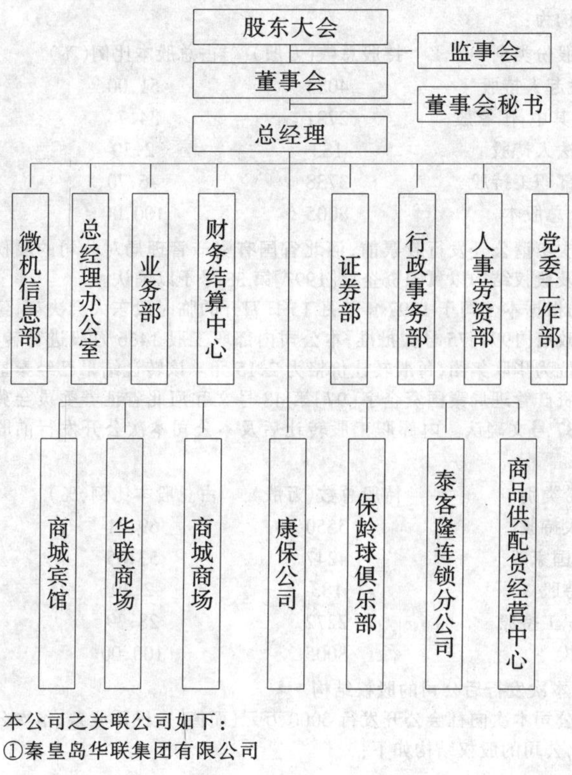

本公司之关联公司如下：

①秦皇岛华联集团有限公司

华联集团是经河北省体改委冀体改委股字〔1995〕36号文批准，以华联商厦为核心企业于1995年9月组建起来的，注册资本3000万元。1997年2月经河北省体改委冀体改委股字〔1997〕4号文同意，华联商厦和秦皇岛商城全部资产并入华联集团。本公司经合并设立后，华联集团拥有本公司53.05%的权益，成为本公司的控股股东。华联集团控股的其他公司和其全资子公司及联营单位与本公司在业务上不构成重大竞争。

②秦皇岛华联康保有限公司

本公司与匈牙利东方多瑙河贸易有限公司、香港启泰贸易有限公司共同投资，是以经营保龄球、健身娱乐及装饰装修为主的中外合资企业。秦皇岛华联康保有限公司成立于1995年8月10日，注册资金为133.33万美元。本公司拥有26.79%股权。

6. 经营范围

（1）经营范围：针纺织品、日用百货、土产日杂、服装鞋帽、糖酒、食品、五金交电、化工产品、家用电器、家具、金银饰品、汽车配件、机电产品（不含公共安全及设备）的批发和零售、烟（零售）、仓储、汽车货运、服装加工、酒店业、旅游业。

（2）经营方式：批发、零售、代购、代销。

7. 公司主要业务及经营管理情况

本公司主要从事商业零售、批发业务，下设超市、百货、化妆洗涤、文化、玩具、钟表首饰、男服、女服、童装、纺织品、针绵织品、鞋帽、电讯、家用电器、五金机电、装饰，计算机共十七个商品部，经营60000余种商品。公司所属两个商场建筑面积4.5万平方米，营业面积3万平方米。目前是河北省最大的商贸企业之一，营业面积、商品种类、销售额、利润额等各项指标均居河北省前列。

本公司所取得的这些成绩来源于广大消费者对本公司的信任、厚爱和公司员工的辛勤工作，也是本公司开拓经营、强化内部管理和重视人才队伍培养的结果。为提高管理水平，加强科学化管理，本公司从1989年开始推广和使用计算机，目前已研制出一项适应商业企业的计算机管理系统，广泛应用于财务、经营、人事、文秘和档案等领域，提高了工作效率和数据准确度。面对激烈的商业竞争，本公司为适应发展的需要，对公司的管理人员和职工的政治素质和业务技能等进行了长期的全面的培训。为加强内部控制与管理，本公司实行"五位一体"管理制度，使本公司的工作得到全面协调的发展，工作有标准，考核有制度，奖惩有依据，使管理工作科学化和规范化。

8. 本公司业务收入构成

公司主要从事商品零售、批发业务，主营业务突出，主营业务收入以商品销售收入为主。截止1996年12月31日，主营业务收入占总收入的98.5%以上；主营业务利润占利润总额的74.2%。

9. 市场及促销

本公司在维护市场和促进销售方面主要采取了如下措施：

（1）扩大经营规模和优化购物环境；

（2）调整商品结构，满足市场需求；

（3）加强广告宣传，开展灵活多样的营销活动；

（4）完善服务设施，提供优质服务；

（5）大力加强连锁经营、批发、代购和代销，开展多种方式经营。

10. 经营商品品质之保证

为给消费者提供放心满意的商品，本公司严格把经营商品质量关，加强了售前商品质量管理，制定了严格的商品质量管理工作标准。为维护消费者的合法权益，保护消费者的利益，本公司对确有质量问题的销售商品，本着质量先行负责的原则，严格执行退、换、修制度，以便加强对商品质量的检验和监督。

11. 发行人主要成员的情况

（一）孙志浩先生，45岁，大专文化，高级经济师。曾任河北省秦皇岛五金交电化工采购供应站经理、秦皇岛华联商厦股份有限公司董事长、总经理，现任本公司董事长、党委书记。先后荣获国内贸易部、河北省劳动模范，省优秀企业家等荣誉称号。

韩树仁先生，49岁，大专文化，高级经济师。曾任河北省秦皇岛百货采购供应站经理、秦皇岛市商业局副局长、秦皇岛商城股份有限公司董事长、总经理，现任本公司副董事长、总经理。先后获河北省商业企业优秀经理、河北省劳动模范等荣誉称号。

李永衡先生，48岁，大专文化，高级经济师。曾任河北省秦皇岛五金交电化工采购供应站科长、秦皇岛华联商厦股份有限公司副董事长、副总经理、秦皇岛商城股份有限公司副总经理,现任本公司副总经理。

刘宏先生,36岁,大专文化,会计师。曾任秦皇岛市商业局财务科长、秦皇岛商城股份有限公司副董事长、副总经理,现任本公司副总经理兼总会计师。

姜德起先生,40岁,大专文化,经济师。曾任河北省秦皇岛五金交电化工采购供应站科长、秦皇岛华联商厦股份有限公司董事、副总经理,现任本公司副总经理。

王蕴茹女士,43岁,大专文化,高级政工师。曾任秦皇岛市商业服务楼经理兼书记、秦皇岛商城股份有限公司党委副书记兼纪委书记,现任本公司董事。

王新宇先生,45岁,大专文化,政工师。曾任秦皇岛市总工会财贸工委副主任、秦皇岛华联商厦股份有限公司董事、副总经理兼党委副书记,现任本公司副总经理。

李宝贵先生,49岁,工程师。曾任秦皇岛市商业服务楼副经理、秦皇岛商城股份有限公司董事、副总经理,现任本公司副总经理。

王令义先生,37岁,大学本科,会计师。曾任商业部副食品局财价处科员、中国糖业酒类集团公司财务部副经理,现任中国糖业酒类集团公司财务部经理、本公司董事。

张绍平先生,40岁,大专文化。曾任中国工商银行卢龙县支行副行长,中国工商银行秦皇岛分行海港办事处主任,现任秦皇岛市银河物资经销公司董事长、本公司董事。

李爱森先生,42岁,大学本科。曾任秦皇岛渤海铝业有限公司总经理助理,现任中信(秦皇岛)有限责任公司常务副总经理、本公司董事。

刘世宏先生,56岁,大专文化,曾任秦皇岛市海港中学副校长,现任中国耀华玻璃集团公司副总经理、本公司董事。

陈颖女士,40岁,大专文化,会计师。曾任中国商业对外贸易总公司财务部副经理,现任中国商业对外贸易总公司财务部经理、本公司董事。

(二)监事会

张福纯先生,45岁,大学本科,高级政工师。曾任秦皇岛市委办公室科级秘书、秦皇岛华联商厦股份有限公司副董事长、党委书记,现任本公司监事会主席。

孙立军女士,32岁,大学本科。曾任秦皇岛商城股份有限公司业务部经理,现任本公司监事。

肖起彪先生,26岁,大专文化。曾任秦皇岛华联商厦股份有限公司党办室副主任,现任本公司监事。

曹瑞海先生,39岁,大专文化。曾任秦皇岛市商业局副科长、秦皇岛商城股份有限公司工会副主席,现任本公司监事。

耿学英女士,47岁,中专文化,经济师。曾任秦皇岛市商业综合批发公司工会副主席、秦皇岛华联商厦股份有限公司工会副主席,现任本公司监事。

(三)高级管理人员

孟祥智先生,32岁,大专文化。曾任秦皇岛市会计师事务所副所长、秦皇岛商城股份有限公司副总经理,现任本公司副总经理。

殷刚先生,37岁,大专文化,经济师。曾任秦皇岛市纺织品批发站、市商业局科员,秦皇岛商城股份有限公司证券部经理,现任本公司董事会秘书兼证券部经理。

九、经营业绩

1.生产经营的一般情况

本公司主要从事商业零售、批发业务,近八年来,在全体员工的辛勤工作和努力下,本公司各方面均发生了巨大的变化,经济效益大幅度的提高。1989年至1996年,本公司年销售额由4000万元上升到29333万元,年利润总额由120万元上升3064万元,分别增长了6.3倍和25倍,实现了规模与效益的同步高速增长,发展速度居全国大型零售商业企业前列。

2.近三年主营业务收入和利润总额的情况

本公司营业收入和利润呈不断上升趋势。目前,在全部收入构成中,主营业务收入占总收入的98.5%以上,主营业务利润占利润总额的74.2%以上。在主营业务中,零售业务占82%,批发业务收入占18%。下表为近三年的经营业绩情况: 单位:千元

项目	1997年1-6月	1996年	1995年	1994年
主营业务收入	188,290.31	293,328.95	204,869.32	142,455.08
营业利润	8,854.48	31,027.75	20,524.58	15,763.89
利润总额	8,720.93	30,642.57	20,462.90	15,730.75
税后利润	7,389.60	30,642.57	17,383.47	13,352.69

3.经营管理的改进和提高

本公司一方面通过扩展经营规模来扩大市场占有率,一方面深入挖掘消费者心理,从单纯重视商品的实用性转到实用功能和审美功能并重。公司在经营管理中力争实现:一个发展,即发展规模经营,抓好硬件建设;两个提高,①提高商品质量,以PCDA工作法和ABC管理法等科学管理手段进行全面质量管理,维护消费者权益,确保企业信誉;②提高商品档次,以"名品进名店,名店卖名品的营销策略,扩大品牌产品总经销、总代理,实现经营优势;三个强化:①强化优质服务,树立良好信誉;②强化库存管理,发挥最佳效益;③强化资金管理,提高资金使用效果。同时公司按照市场经济体制的要求,进行劳动用工、干部人事、工资分配等"三项制度"的改革,充分调动职工的积极性。

十、股本

1.已发行的股份

(1)河北省体改委冀体改委股字〔1993〕22号文批准,商厦公司于1993年3月进行定向募集,发起人华联商厦以其经营性净资产2379.42万元,按1.6:1的比例共形成国家股1487.1万股;中国糖业酒类集团总公司以货币资金600万元折股375万股;中国商业对外贸易总公司以货币资金128万股折股80万股。同时,按每股1.60元的价格募集法人股31万股,内部职工股1156.6万股。同年3月,经河北省体改委冀体改委股字〔1993〕23号文批准,商城公司于1993年3月进行定向募集,发起人秦皇岛商城以其经营性净资产1010万元,按1:1的比例共形成1010万股国家股;秦皇岛市银河物资经销公司以货币资金500万元折股500万股;中信(秦皇岛)有限责任公司以货币资金168万元折股168万股;中国耀华玻璃集团公司以货币资金150万元折股150万股。同时,按每股1.00元的价格募集法人股162万股,内部职工股2322万股。1994年4月22日经河北省体改委冀体改委股字〔1994〕16号文批准,商城公司增扩股份695.3万股,截止1996年12月31日商城公司股本总额为5007.3万股。

(2)1997年4月18日,经河北省人民政府冀股办〔1997〕18号文批准,商厦公司和商城公司采用合并方式设立本公司。考虑到两公司于1993年定向募集时各自折股比率的不同,合并时统一折股比率(定为1.547:1)。商厦公司股份每股折为1.268股,折合股本计3967万股,商城公司股份每股折为0.806股,折后股本计4038万股,合并后本公司的股本结构为:

股份类别	持股总数(万股)	占总股本比例(%)
发起人持股	4084	51.00
其中:国家股	2781	34.74
法人持股	183	2.30
内部职工持股	3738	46.70
总股本	8005	100.00

本次申请公开发行股票前,河北省国有资产管理局对公司的股权管理方案及股权结构以冀国资企字〔1997〕第38号予以确认。

(3)根据本公司于1997年7月15日召开的临时股东大会决议,经秦皇岛市政府〔1997〕75号文批准,本公司内部职工股1466万股进行转让,受让单位为华联集团,每股转让价格为2.15元。该转让结果已经秦皇岛市国有资产管理局秦国资企字〔97〕第48号文和河北省证券委员会冀证〔1997〕37号文确认。内部职工股转让后及本公司本次公开发行前股本结构为:

股份类别	持股总数(万股)	占总股本比例(%)
发起人持股	5550	69.31
其中:国家股	4247	53.05
法人持股	183	2.30
内部职工持股	2272	28.39
总股本	8005	100.00

2.本次发行后公司的股权结构

本公司本次向社会公开发行3000万元(面值)人民币股票,本次开发行后,公司的股权结构如下:

股份类别	股数(万股)	占总股本比例(%)
发起人持股	5550	50.43
其中:国家股	4247	38.59
法人持股	183	1.66
社会公众股	3000	27.26
内部职工持股	2272	20.65
总股本	11005	100.00

3. 本公司所有股份已在河北省证券登记公司办理集中登记和托管。河北省证券委以冀证〔1997〕33号文对其股份托管情况进行了确认。公司本次拟向社会公开发行社会公众股3000万股,本次发行额度不包括内部职工股,内部职工股将在本次股票发行期满三年后上市交易。

4. 本次发行前后本公司净资产总额、股本及每股净资产变动情况如下:

	净资产总额(万元)	股份(万股)	每股净资产(元)
发行前	12,384.61	8005	1.55
发行后	23,124.61	11005	2.10

5. 股票回购程序

本公司如发生需按规定收购本公司股票的情况,本公司在董事会批准后,将向有关部门提出申请,并提交股东大会通过。回购的股票,将在十日内注销该部分股份,并依照法律、行政法规办理变更登记和公告。

6. 本公司董事、监事、高级管理人员及重要职员持股情况:

姓名	职务	持股数量(股)
孙志浩	董事长	3852
韩树仁	副董事长兼总经理	
李永衡	董事兼副总经理	3852
刘　宏	董事兼副总经理	
姜德起	董事兼副总经理	3852
王蕴茹	董事	
王新宇	董事兼副总经理	3852
李宝贵	董事兼副总经理	15408
王令义	董事	
张绍平	董事	
李爱森	董事	
刘世宏	董事	
陈　颖	董事	3852
张福纯	监事会主席	3852
孙立军	监事	1274
肖起彪	监事	
曹瑞海	监事	1617
耿学英	监事	3852
孟祥智	副总经理	3185
殷　刚	董事会秘书	

本公司董事、监事、高级管理人员及重要职员共持有公司股份4.85万股,占公司总股本的0.06%。

十一、主要会计资料

经北京京都会计师事务所京都会审字〔1997〕第549号审计报告,对公司1994年至1996年三个会计年度及1997年1-6月的财务报表进行审计验证,其主要会计数据如下:

1、资产负债表(附后)

2、利润及利润分配表(附后)

3、财务状况变动表(附后)

4、主要会计政策

(1)会计制度:本公司1994-11/896年度、1997年1-6月会计报表及本附注所载财务数据根据《股份制试点企业会计制度》编制。

(2)会计年度:本公司会计年度自公历1月1日起至12月31日止。

(3)记帐原则和计价基础:本公司采用权责发生制原则,以实际成本为计价基础。

(4)坏帐准备:本公司不计提坏帐准备,发生坏帐时按坏帐损失的实际发生额列入当期损益。坏帐确认执行国家有关商业企业财务管理规定及履行相应审批手续。

(5)存货计价方法:本公司存货分为商品存货和非商品存货。商品存货采用进价金额核算;非商品存货以实际成本计价,采用加权平均法结转发出、领用成本;低值易耗品采用五五摊销法核算。

(6)长期投资核算方法:本公司对持有20%以下股权的公司采用成本法核算,对持有20%以上股权的公司采用权益法核算,其中持有50%以上股权的公司纳入合并报表范围。

(7)固定资产及折旧:本公司固定资产为使用年限在一年以上、单位价值在2000元以上的房屋及建筑物、机器设备、运输设备、工具器具等。固定资产按取得时的实际成本计价,并按直线法计提折旧。各类固定资产的折旧年限、年折旧率及残值率如下:

固定资产类别	折旧年限	年折旧率	残值率
房屋及建筑物	20-45年	4.75%-2.70%	5%
机器设备	7-15年	12.50-6.30%	5%
运输设备	8年	11.87%	5%
其他设备	8-12年	11.87-7.1/80%	5%

(8)无形资产及其摊销:

本公司无形资产系房屋使用权购置支出,摊销期限为20年。

(9)递延资产及其摊销:

本公司递延资产以实际成本计价,各类递延资产的摊销期限为:开办费,摊销期限为10年;商场改造工程,摊销期限为30年;其它装修工程,摊销期限为8年。

(10)税项

A、主要税种及税率:

①增值税:本公司增值税按商品销售收入17%税率(除图书适用13%、粮油适用10%)计算当期销项税额,扣除允许在当期抵扣的进项税额后缴纳。

②营业税:本公司营业税按租赁收入和其他业务收入的5%计算缴纳。

③消费税:本公司消费税按金、银、珠宝首饰及珠宝玉石销售收入的5%计算缴纳。

④所得税:根据秦政〔1995〕第215号通知和秦财商字〔1995〕第417号批复,秦皇岛华联商厦股份公司1994、1995年度所得税享受实际上缴所得税超过15%税率部分返还;秦皇岛商城股份有限公司1994、1995年度所得税按33%计缴。

根据中共河北省委冀发〔1996〕8号"关于学习推广上海先进经验的实施意见"的有关规定,秦皇岛华联商厦股份有限公司1996年度所得税享受所得税的全部返还,即1996年度实际所得税负为零;秦皇岛商城股份有限公司1996年5月开业,秦皇岛市地方税务局直属征收分局根据财税字〔94〕001号通知核发〔97〕秦地税直政复字第8号批复,同意免征秦皇岛股份有限公司1996年度所得税。

根据河北省人民政府冀政函〔1997〕26号批复,秦皇岛华联商厦股份有限公司、秦皇岛商城股份有限公司1997年1-6月所得税执行33%所得税税率,超过15%的部分由市财政返还,秦皇岛市财政局以秦财商字〔1997〕第215号批复同意财政年终清算时返还。

B、秦皇岛华联商厦股份有限公司、秦皇岛华联商城股份有限公司于本公司组建以前的各项税金已分别向其所在地税务机关缴纳。

C、优惠税率及批文

河北省人民政府冀政函〔1997〕26号批复同意本公司组建、上市后执行33%所得税税率,超过15%的部分由市财政返还,计入公司未分配利润。此政策从1997年度开始执行。

(11)收入实现的确认:本公司以商品已经售出、货款已经收到或者取得收取货款的凭证时,确认收入的实现。

(12)利润分配:本公司净利润提取10%法定盈余公积金和5%公益金后,各年度可供分配利润按原股份有限公司各股东的认购股份比例予以分配。

5、本公司长期投资秦皇岛华联康保有限公司300万元,占股权比例26.79%,长期投资全国华联商厦联合公司20万元,占股权比例3.3%。

6、本公司无形资产为房屋使用权,未摊销金额102.21万元,未摊期限17-20年。本公司购置的房屋使用权系根据秦政〔1987〕31号文及〔93〕秦华商总字第1号的有关规定,给予本公司职工购置住房的补贴。根据财政部有关住房基金会计核算的有关规定,购买住房使用权时,在会计上应作为无形资产处理。

7、关联交易

(1)主要关联公司名称及关联关系

关联公司名称	与本公司关系
秦皇岛华联集团有限公司	本公司国家股的持股单位
华联康保有限公司	本公司投资之中外合资企业
秦皇岛华联保龄球俱乐部	华联康保有限公司之分支机构
匈牙利东方多瑙河贸易有限公司	华联康保有限公司之合资外方

说明:本公司合并设立前,秦皇岛华联集团有限公司、秦皇岛商城分别持有秦皇岛华联商厦股份有限公司、秦皇岛商城股份有限公司股份,根据秦皇岛市财贸委员会秦财委(1997)第9号决定,秦皇岛商城股份有限公司股份的国有控股单位－－秦皇岛商城并入秦皇岛华联集团有限公司,合并后的秦皇岛华联集团有限公司是新设合并的秦皇岛华联商城股份有限公司的国有控股单位。

(2)本公司与关联公司历年度(期间)交易明细

关联公司名称	交易内容	1997年1-6月	1996年度	1995年度	1994年度
秦皇岛华联集团有限公司	仓库租赁	21万	42万	42万	42万
	借入款	300万	150万		
	借出款	100万			
华联保龄球俱乐部	借出款		248万		
秦皇岛华联康保有限公司	借出款			180万	
东方多瑙河贸易有限公司	房屋租赁	20万	40万	10万	

说明:a. 秦皇岛华联商厦股份有限公司于1993年12月30日与秦皇岛华联商厦签订租赁协议,秦皇岛华联商厦股份有限公司租赁秦皇岛华联商厦偏坡仓库场地6800平方米,年租金42万元。

b. 本公司与上述关联单位的借入、借出款项均签订相关协议。

c. 秦皇岛华联商厦股份有限公司于1995年8月28日与匈牙利东方多瑙河贸易有限公司签订租赁合同,秦皇岛华联商厦股份有限公司租赁匈牙利东方多瑙河贸易有限公司945平方米房屋,年租金为40万元。

(3)关联公司往来明细

关联公司名称	往来性质	97.6.30往来金额
秦皇岛华联集团有限公司	其他应收款	6,846,035.30
华联保龄球俱乐部	其他应收款	4,095,005.13
华联康保有限公司	其他应收款	2,959,021.56

(4)本公司合并后,将履行的合同、协议包括:

a. 本公司与秦皇岛华联集团有限公司签订的《国有土地使用权租赁合同》

本公司租赁秦皇岛华联集团有限公司位于海港区文化中路4439.30平方米土地,租期20年,年租金15万元。

b. 本公司与秦皇岛华联集团有限公司签订的《国有土地使用权租赁合同》

本公司租赁秦皇岛华联集团有限公司位于海港区河北大街中段7361.136平方米土地,租期20年,年租金20万元。

c. 秦皇岛华联商厦股份有限公司与秦皇岛华联商厦签订的《租赁协议》

秦皇岛华联商厦股份有限公司租赁华联商厦偏坡仓库6800平方米场地,租期1年,年租金42万元。

8. 主要财务指标

指标	1997.1-6月11/8	96年度	1995年度	1994年度
流动比率	0.69	0.89	1.15	1.37
速动比率	0.37	0.56	0.77	0.69
存货周转率(%)	313.94	496.90	450.27	334.16
应收帐款周转率	113.43	178.75	212.42	482.90
资产负债率(%)	61.80	65.18	60.67	41.70
净资产收益率(%)	5.63	24.74	16.80	13.59
每股净利(元)	0.092	0.383	0.226	0.174

根据上述财务指标分析,本公司自1994年以来的财务结构日趋合理,偿债能力,经营能力和获利能力不断增强。

如果投资人欲对本公司的财务状况、经营成果及其会计政策进行更详细的了解,应当认真阅读在本公司招股说明书附录中所载的本公司财务报告和注释。

十二、资产评估的主要情况

1. 资产评估情况

经北京中咨资产评估事务所和秦皇会计师事务所评估,并经河北省国有资产管理局冀国资评字(1997)第32号文确认。评估结果如下:

评估基准日:1996年12月31口　　单位:万元

资产类别	帐面原值	帐面净值	重置价值	评估值	增加额	增值率(%)
流动资产	12,251.04	12,251.04	12,697.97	12,697.97	446.93	3.65
长期投资	327.37	327.37	327.37	327.37	0.00	0.00
机器设备	1,435.75	1,203.30	2,052.25	1,306.63	103.34	8.59
建筑物	4,025.20	3,833.86	4,152.05	3,665.42	-178.45	-4.65
在建工程	14,281.33	14,281.33	14,281.33	14,281.33	0.00	0.00
土地使用权	0.00	0.00	0.00	0.00	0.00	0.00
无形资产	0.00	0.00	0.00	0.00	0.00	0.00
递延资产	1,223.43	1,223.43	1,242.05	1,242.05	18.62	1.52
资产总计	33,544.13	33.120.33	34,753.01	33,510.76	390.44	1.18
流动负债	14,148.19	14,148.19	14,626.15	14,626.15	477.96	3.38
长期负债	6,500.00	6,500.00	6,500.00	6,500.00	0.00	0.00
负债总值	20,648.19	20,648.19	21,126.15	21,126.15	477.96	2.31
净资产	17,106.66	12,472.14	13,626.86	12,384.61	-87.52	-0.70

2. 各类资产增(减)值的幅度及原因

(1)流动资产经评估增加446.93万元,增值率3.65%。系由于存货数量按实际盘点数作了调整,存货价格按本次评估的方法作了调整。

(2)机器设备经评估增加103.34万元,增值率8.59%。按重置成本法,机器设备考虑实际购置年限及现行市场价格,车辆按成新率,采用现行市场价格逐一评估。

(3)建筑物经评估减值178.45万元,主要由于商厦公司主楼经过多次翻修,重复建设,费用较高。

3. 主要评估方法

(1)流动资产

货币资金:经与银行对帐单及余额调节表核对,确认帐面值。

应收帐款、预付帐款及其他应收款:根据每笔款项可能收回的数额确认评估值。

待摊费用:对于在评估基准日后仍能发挥作用的费用,予以保留,其余作评估减值处理。

存货:在核对帐目的基础上进行存货盘点,并核对存货仓库帐,确认存货现行价格。对于库存商品,在盘点的基础上,确认存货数量。

(2)长期投资:以经核实的帐面值作为评估值。

(3)固定资产:

机器设备:主要采用重置成本法。

房屋建筑物:采用重置成本法。

在建工程:采用重置成本法。

(4)流动负债、长期负债

以帐帐核对、帐表核对后经审查核实的调整数作为评估值。

4. 土地评估

土地评估采用收益还原法和基准地价修正法两种方法。1997年5月20日,本公司与华联集签订了土地租赁协议。依照此协议,华联集团出租给本公司两块土地,分别占地4439.3平方米和7361.136平方米,本公司每年向华联集团支付租金35万元,该土地已经河北土地估价所评估,评估价值为2154.25万元。

十三、盈利预测

以下资料摘自京都会计师事务所京都会审字〔1997〕第550号审核报告。

(一)基准

本公司1997年度盈利预测是依据业经中国注册会计师审计的前三年的经营业绩为基础,根据现时的各项基础、生产能力、发展潜力及公司发展规划,遵循了我国现行的有关法律、法规以及《股份制试点企业会计制度》的规定,按照公认的会计准则,采取规定的计算方法,本着求实、稳健的原则而编制的。会计处理方法遵循一贯性原则。

(二)假设

1. 本公司遵循的国家和地方现行法律、法规、政策和经济环境无重大变化。

2．现行的信贷利率、汇率及市场行情无重大改变。

3．税负基准及税率无重大改变。

4．本公司生产经营发展计划能如期实现，无较大变化。

5．无其他人力不可抗拒及不可预见因素造成的重大不利影响。

(三)1997年度盈利预测表　　单位：万元(人民币)

项　目	1－6月已审数	年度预测数
一、主营业务收入	18,829.03	37,909.00
减：营业成本	15,806.58	31,356.00
销售费用	1,008.80	1,917.00
管理费用	898.26	1,870.00
财务费用	177.27	527.00
营业税金及附加	97.37	205.00
二、主营业务利润	840.75	2,034.00
加：其他业务利润	44.69	180.00
三、营业利润	885.44	2,214.00
加：投资收益	－15.46	17.00
加：营业外收入	2.99	8.00
减：营业外支出	0.88	3.00
四、利润总额	872.09	2,236.00
a．所得税15%	133.13	335.00
b．所得税33%	292.89	738.00
五、净利润		
a.15%所得税后	738.96	1,901.00
b.33%所得税后	579.20	1,498.00

(四)每股净利润及净资产预测

1997年度：每股净利润按征后返还18%计算为0.173元，按33%税率计算为0.136元，每股净资产和净资产收益率分别为2.10元/股和8.22%。

(五)上述预测结果已经北京京都会计师事务所京都会审字〔1997〕第550号文审核验证。

十四、公司发展规划

1．公司发展战略

以市场为先导，以资产为纽带，以商业零售为依托，加大资产重组力度，在加快发展主业的同时，通过并购、投资、控股、参股等方式，向外贸、仓储、金融、房地产和产品加工业渗透，逐步把公司建设成为以一业为主，多元化发展的大型综合性企业。1997年预计实现商品销售额3.8亿元，主营业务利润2100万元。1998－2000年，在1/87年基础上，销售额和利润按平均每年以20%的速度递增，到2000年实现营业收入8亿元，主营业务利润4000万元。

2．实施措施

(1)建立商品采购配送中心，改变过去由分散进货为统一进货，变粗放经营为集约经营，加强进货管理的计划性，逐步扩大统一采购配送商品的比例。

(2)发展连锁业务，提高规模经济效益。

(3)坚持一业为主，多元化发展方针，增强企业抗风险能力。

(4)建立以人为中心的管理体制，充分调动广大员工的积极性，建立目标管理责任制。

(5)建立企业内部财务结算中心，对企业资金的筹集运用，进行统一协调管理，节约资金，减少浪费，降低利息支出，加快资金周转。

(6)加强物业管理，制定引厂进店、联营联销经营、责任制，统一政策，规范管理，强化保底销售，让企业经营资产发挥更大效益。

(7)加快在建工程建设速度，利用秦皇岛港口、商埠及旅游资源的优势，完善商业、旅游及配套服务设施，增强秦皇岛作为对外开放城市的辐射功能。

十五、重要合同及重大诉讼事项

1．截止本招股说明书刊登之日，本公司已签订的重要合同如下：

(1)1997年5月20日，本公司与华联集团订立了《国有土地使用权租赁合同》(土租(办)字第1号)。华联集团将位于秦皇岛海港区文化中路，面积4439.3平方米的商业用地租赁给公司使用，租赁期限为贰拾年，年租金15万元。

(2)1997年5月20日，本公司与华联集团订立了《国有土地使用权租赁合同》(地租(办)字第1号)。华联集团将位于秦皇岛海港区河北大街中段，面积7361.136平方米的商业用地租赁给本公司使用，租赁期限为贰拾年，年租金20万元。

(3)1997年7月21日，本公司与华联集团订立了《承诺函》。华联集团作出承诺，不直接经营或参与经营任何与本公司有竞争或可能有竞争的业务。

(4)1997年7月16日，本公司与华联集团订立了《内部职工股转让协议》。本公司内部职工股转让份额为1466.2万股，每股转让价格为2.15元，由华联集团受让。

(5)1997年7月24日，本公司与河北证券有限责任公司订立了《股票承销协议》，据此，确定了双方的承销责任和义务。

(6)借款合同，主要有下述5份：

①1995年10月30日，本公司与中国工商银行秦皇岛市河北大街办事处订立了金额为1500万元人民币的固定资产借款合同，月利率为12.06‰，借款期限自1995年10月30日至1998年10月29日，由秦皇岛市糖酒公司、秦皇岛华联商厦股分有限公司提供担保。

②1995年11月2日，本公司与中国工商银行秦皇岛市河北大街办事处订立了金额为3200万元的固定资产借款合同，月利率为12.06‰，借款期限自1995年11月2日至1998年11月1日，由秦皇岛市糖酒公司、秦皇岛华联商厦股份有限公司提供担保。

③1995年12月25日，本公司与中国工商银行秦皇岛市河北大街办事处订立了金额为800万元人民币的固定资产借款合同，月利率为12.06‰，借款期限自1995年12月25日至1998年12月24日，由秦皇岛市糖酒公司和秦皇岛市对外供应公司提供担保。

④1997年1月16日，本公司与中国工商银行秦皇岛市河北在街办事处订立了金额为200万元的短期借款合同，月利率为9.24‰，借款期限自1997年1月26日至1997年8月21日，主要用于经营周转。

⑤1997年2月16日，本公司与中国工商银行总行营业部订立了金额为700万元的短期借款合同，月利率为12.06‰，借款期限自1997年2月16日至1997年9月16日，主要用于经营周转。

2．本公司目前尚无影响公司资产、负债、经营及对公司本次发行、上市构成障碍或者形成影响的诉讼、仲裁或者行政处罚。公司董事、监事、高级管理人员无任何重大诉讼事项。

十六、备查文件及查阅地点

投资者在阅读本招股说明书时，可在发行期间于下述地点查阅下述文件：

(一)备查文件目录

1．公司财务报表及审计报告；

2．公司的《企业法人营业执照》；

3．深圳证券交易所《上市承诺函》；

4．承销协议；

5．河北省国有资产管理局《关于对秦皇岛华联商厦股份有限公司与秦皇岛商城股份有限公司合并项目资产评估结果确认的通知》；

6．公司合并的相关法律文件；

7．重要合同；

8．证监会要求的其他文件。

(二)查阅地点

1．秦皇岛华联商城股份有限公司

查阅地址：河北省秦皇岛市海港区河北大街152号

电话：(0335)3023349

2．河北证券有限责任公司

查阅地址：河北省石家庄市裕华东路270号

电　　话：(0311)6054234

秦皇岛华联商城股份有限公司

1997年10月27日

资产负债表

单位:千元

资产	1997.6.30	1996.12.31	1995.12.31	1994.12.31
流动资产:				
货币资金	15,564.71	25,960.69	11,781.90	7,390.71
应收帐款	1,671.61	1,648.46	1,633.46	295.43
减:坏帐准备	0.00	0.00	0.00	0.00
应收帐款净值	1,671.61	1,648.46	1,633.46	295.43
预付货款	12,431.11	22,821.63	28,133.37	7,743.96
其他应收款	22,237.89	39,780.60	35,623.15	16,784.23
存货	45,091.12	55,606.08	39,510.13	34,119.94
待摊费用	1,753.15	1,632.21	1,709.91	2,143.08
待处理财产损益	273.09	0.00	127.78	110.49
其他流动资产	0.00	0.00	1.12	0.00
流动资产合计	99,022.69	147,449.67	118,520.82	68,587.83
长期投资:				
长期投资	2,411.37	2,639.69	2,773.68	450.00
固定资产:				
固定资产原值	63,468.67	62,171.35	38,677.98	29,275.51
减:累计折旧	13,271.16	12,550.88	2,998.33	1,284.71
固定资产净值	50,197.51	49,620.47	35,679.65	27,990.80
在建工程	178,066.34	142,813.25	100,999.15	70,114.30
固定资产合计	228,263.86	192,433.72	136,678.81	98,105.10
无形及递延资产:				
无形资产	1,311.25	719.17	383.50	94.28
递延资产	12,583.75	12,420.57	4,672.32	1,327.72
无形及递延资产合计	13,894.99	13,139.74	5,055.81	1,421.99
资产总计	343,592.91	355,662.82	263,029.12	168,564.92
负债及所有者权益				
流动负债:				
短期借款	108,440.00	105,840.00	78,400.00	27,500.00
应付帐款	4,932.50	8,344.07	6,368.67	7,213.64
应付票据	3,052.63	2,813.80	0.00	0.00
预收货款	1,962.06	2,199.59	20.00	14.04
其他应付款	21,721.77	20,567.29	4,872.29	2,868.88
应付福利费	1,824.27	1,628.45	1,125.92	485.68
未交税金	1,505.45	794.75	−25.1/86	718.39
未付股利	126.52	21,851.40	12,273.10	11,267.06
其他未交款	18.97	8.01	−15.12	14.28
预提费用	950.63	1,403.07	251.80	26.19
流动负债合计	144,534.80	165,450.43	103,270.71	50,108.15
长期负债:				
长期借款	65,000.00	65,000.00	55,000.00	19,000.00
长期应付款	1,318.93	0.00	1,000.00	1,000.00
其他长期负债	1,503.45	1,366.25	317.05	181.53
长期负债合计	67,822.38	66,366.25	56,317.05	20,181.53
负债合计	212,357.17	231,816.68	159,587.76	70,289.67
股东权益:				
股本	80,050.00	80,050.00	77,059.22	76,859.42
资本公积	43,796.14	43,796.14	19,119.02	19,330.20
盈余公积	0.00	0.00	4,610.42	2,002.90
其中:公益金	0.00	0.00	1,139.01	661.33
未分配利润	7,389.60	0.00	2,652.69	82.73
股东权益合计	131,235.73	123,846.14	103,441.35	98,275.24
负债及股东权益合计	343,592.91	355,662.82	263,029.12	168,564.92

利润及利润分配表

单位:千元

	1997.1－6月	11/896年度	1995年度	1994年度
一、主营业务收入	188,290.31	293,328.95	204,869.32	142,455.82
减:营业成本	158,065.79	236,316.18	165,878.41	114,013.26
销售费用	10,087.98	14,414.51	10,118.83	8,137.64
管理费用	8,982.61	14,297.78	9,723.03	6,911.99
财务费用	1,772.71	4,228.00	2,199.81	1,666.68
营业税金及附加	973.67	1,341.77	1,049.96	310.49
二、主营业务利润	8,407.55	22,730.71	15,899.28	11,415.02
加:其它业务利润	446.94	8,297.04	4,625.31	4,348.38
三、营业利润	8,854.48	31,027.75	20,524.58	15,763.89
加:投资收益	－154.64	－633.1/89	0.00	0.00
营业外收入	29.88	126.85	51.31	0.05
减:营业外支出	8.79	102.16	33.74	33.19
加:以前年度损益调整	0.00	224.12	－71/8.25	0.00
四、利润总额	8,720.93	30,642.57	20,462.90	15,730.75
减:所得税	1,331.34	0.00	3,079.43	2,378.06
五、净利润	7,389.60	30,642.57	17,383.47	13,352.69
加:年初未分配利润	0.00	2,652.69	82.73	0.00
六、可分配利润	7,389.60	33,295.26	17,466.20	13,352.69
减:提取法定公积金	0.00	3,064.26	1,738.35	1,335.27
提取法定公益金	0.00	1,532.13	869.17	667.63
七、可供股东分配利润	7,389.60	28,698.87	14,858.68	11,349.79
减:已分配利润	0.00	28,698.87	12,205.99	11,267.06
八、未分配利润	7,389.60	0.00	2,652.69	82.73

财务状况变动表

单位:千元

流动资金来源和运用	行次	1996年度	流动资金各项目的变动	行次	1996年度
一．流动资金来源	1		一．流动资产本年增加额	1	
1．本年净利润	2	30,643	1.货币资金	2	14,179
加:不影响滚动资金的费用和损失	3		2.短期投资	3	0.00
(1)固定资产折旧	4	1,614	3.应收票据	4	0.00
(2)无形资产递延资产及其他资产摊销	5	414	4.应收帐款净额	5	15
(3)固定资产盘亏(减盘盈)	6	0.00	5.预付帐款	6	－5,312
(4)清理固定资产损失(减收益)	7	89	6.其他应收款	7	4,157
(5)递延税项	8	0.00	7.存货	8	16,096
(6)其他不减少流动资金的费用和损失	9	0.00	8.待摊费用	9	－78
小计	10	32,760	9.一年内到期的长期债券投资	10	0.00
2．其他来源	11		10.待处理流动资产净损失	11	－128
(1)固定资产清理收入(减清理费用)	12	10	11.其他流动资产	12	－1
(2)增加长期负债	13	11,049		13	
(3)收回长期投资	14	0.00		14	
(4)对外投资转固定资产	15	0.00		15	
(5)对外投资转出无形资产	16	0.00		16	
(6)资本净增加额	17	23,057		17	
小计	18	34,116	流动资产增加净额	18	28,929
流动资金来源合计	19	66,877	二．流动负债本年增加数	19	
二．流动资金运用	20		1.短期借款	20	27,440
1．利润分配	21		2.应付帐款	21	1,975
(1)提取法定公积金	22	3,064	3.预收帐款	22	2,180
(2)提取法定公益金	23	1,532	4.其他应付款	23	15,695
(3)提取任意公积金	24	0.00	5.应付票据	24	2,814
(4)已分配股利	25	28,699	6.应付福利费	25	503
(5)未分配利润调整	26	0.00	7.未交税金	26	821
小计	27	33,295	8.未付股利	27	9,578
2．其他运用	28		9.其他未交款	28	23
(1)固定资产和在建工程净增加额	29	57,468	10.预提费用	29	1,151
(2)增加无形资产递延资产及其他资产	30	8,498	11.一年内到期的长期负债	30	0.00
(3)偿还长期负债	31	1,000	12.其他流动负债	31	0.00
(4)增 加长期投资	32	－134		32	
小计	33	66,832			
流动资金运用合计	34	100,127	流动负债增加净额	33	62,180
流动资金增加净额	35	－33,251	流动资金增加净额	34	－33,251

新疆宏源信托投资股份有限公司

新疆宏源信托投资股份有限公司1996年年度报告摘要

一、公司简况

1.公司名称:(中文)新疆宏源信托投资股份有限公司

(英文)XINJIANG HONG YUAN TRUST& INVESTMENT CO.,LTD

2.公司地址:新疆乌鲁木齐市文艺路2号宏源大厦8楼

邮政编码:830002

3.公司法定代表人:张全志

4.公司咨询服务机构:董事会秘书处

联 系 人:彭晓嘉

联系电话:0991-2301870

传 真:0991-2301775

二、会计数据和业务数据摘要

指 标 项 目	1996年 指 标	比上年度 增长率%	1995年 指 标	比上年度 增长率%	1994年 指 标
主营业务收入 万元	22,846	27.48	17,921	61.80	11,075
净利润 万元	3,394	795.51	379	-92.89	5,331
总资产 万元	159,247		159,241	24.05	128,367
股东权益 万元	39,741	4.63	37,980	2.69	36,986
每股收益 元	0.166	773.68	0.019	-93.87	0.31
每股净资产 元	1.95	4.83	1.86	-11.85	2.11
净资产收益率(%)	8.54	754.00	1.00	-93.06	14.41
股东权益比率(%)	24.96	4.65	23.85	-17.23	28.81

三、公司业务回顾

1.一年来经营情况

1996年,公司在自治区人民政府、人民银行新疆分行、建设银行新疆分行、自治区体改委以及有关部门的大力支持、帮助下,认真贯彻执行董事会《关于宏源公司1996年经营计划安排意见的决议》,坚持以金融信托业为基础,以证券业、房地产业为重点,以其它相关业务为辅的经营方针,在董事会的正确领导下,在经营班子及全体员工的共同拼搏努力下,全面完成了本年度预期经营目标。

⑴调整资产负债结构,努力降低资金成本。公司在1996年内通过大力组织信托存款,使资产负债结构得到有效调整。截止1996年底,公司资产总额159,247万元,与年初159,241万元基本持平,其中:负债总额11,951万元,比上年末余额12,126万元减少1,755万元;信托存款余额为14,766万元,比上年末余额12,997万元增长1,769万元;公司资产总额虽然没有达到预期增长目标,但资产质量和资产效益却得到相应提高。

⑵稳步发展证券业务,有效增强获利能力。1996年,公司实现股票交易量97.60亿元;承销国债2.13亿元;投资银行业务有较大发展,先后参与了新疆区内外6家企业的股票发行承销工作。

⑶房地产投资项目按预定计划进展顺利。"新宏信"大厦建设于1996年10月如期竣工、验收并提前交付使用,全年销售4393.26平方米,完成计划74.2%。

⑷努力盘活资产存量,积极清理投资项目。在1996年中,公司集中大量人力,通过多方努力,在盘活资产存量,特别是狠抓以前年度投资项目的清理方面下了很大功夫,全年共盘活回笼资金35,524.6万元,使公司资金运行基本处于良性循环之中。

⑸强化公司内部管理,完善公司规章制度。这是1996年公司经营管理中的一个显著特点,首先是增设了公司资金管理部、证券管理部、审计部;其次是对公司子公司和非独立法人单独核算单位,全面推行承包经营管理机制;第三是加强内部审计监督力度,发现问题及时解决;同时建立综合考核制度,以促进各项指标的完成。

2.主要指标分析与说明

公司1996年累计实现主营业务收入22,846万元,实现利润总额4,027万元,净利润3,394万元。同1996年预期经营目标相比较,主营业务收入虽没有达到预期目标,但比上年增长27.48%;利润总额、净利润额分别比预期经营目标增长62%和61%;全面完成本年度预期经营目标的原因,主要在于公司认真贯彻执行了1996年经营计划,把工作重点放在抓清理盘活资金,抓筹资调整结构,抓管理提高效益,抓制度理顺关系等方面,通过全体员工的不懈努力,使公司的资产质量和整体效益得到相应提高。

3.前次募集资金的使用情况说明

公司在报告年度内没有新募集资金,但报告年度之前募集的资金所投入的项目已延续到报告年度之内,现将资金的运用情况和结果说明如下:

⑴经新疆维吾尔自治区人民政府新政函〔1993〕88号文和国务院证券委员会证委发〔1993〕49号文批准,于1993年12月10日按每股2.20元发行价格,向社会公众发行5,000万股(含内部职工股500万股)普通股,扣除包销及各项费用450万元,共计募集资金10,550万元。按招股说明书中的规定,所募集资金按计划主要投入以下项目:

①原作为合资项目投入2,500万元兴建乌鲁木齐石油化工总厂第二炼油工程,因该项目投资建设不到位,致使公司的该项目投资没有收益,经公司董事会第一届七次会议决议将该项投资转为贷款,并经公司与乌石化总厂多次协商,于1996年底将原投资全部收回;

②原投资4,950万元合资兴建的宏源大厦,公司拥有50%产权,拥有建筑面积16000平米,除公司营业部、证券交易营业部、保管箱服务中心和办公使用外,其余部分租、售进展较为顺利;

③投入1,200万元,用于巩固和发展本公司主营信托投资类业务,包括信托存贷款、融资租赁等;

④投入1,650万元,用于加强本公司所属证券经营网点建设和证券经营业务,开办乌鲁木齐红山证券营业部;

⑤投资参股740万元,其中参股乌鲁木齐市集装箱公司240万元,新疆证券公司500万元。

⑵本公司1995年度配股方案经第二次股东大会确定,新疆证券管理委员会以新证委〔1995〕06号文批准及中国证券监督管理委员会以证监发审字〔1995〕67号文复审通过,以1994年年末总股本17,500万股为基数,每10股配1股每股配售价3.00元。公司1995年11月27日以每10股配1股的比例向全体股东配股,应配1,750万股,实配1,165万股,募集资金3,495万元(未扣除配股费用),按募股资金使用计划全部用于金融、证券经营业务。

四、股本变化及股本结构情况

1.股本变化及股本结构情况

⑴股本结构情况

单位:股 每股面值1元

股份类别	年初数	本年增减	年末数
①尚未流通股份			
A.发起人法人股	101,250,000		101,250,000
B.定向法人股	42,900,000		42,900,000
尚未流通股份合计	144,150,000		144,150,000
②已流通股份			
境内上市人民币普通股	60,000,000		60,000,000
已流通股份合计	60,000,000		60,000,000
③股份总数	204,150,000		204,150,000

(2)前十名大股东持股情况

单位:万股

股东名称	持股数	占总股数比例
中国建设银行新疆分行	6000	29.39%
中国建设银行新疆融资中心	1430	7%
新疆生产建设兵团	1200	5.88%
新疆维吾尔自治区电力公司	1100	5.39%
中国宝安集团股份有限公司	1100	5.39%
新疆建银房地产开发总公司	880	4.31%
广东中创科技设备租赁公司	550	2.69%
深圳宏成电脑有限公司	550	2.69%
新疆建银设备租赁总公司	440	2.16%
新疆资金融通中心	360	1.76%

(3)股东数量

截止 1996 年年底,本公司股东总数为 30653 户,其中法人股东 16 户,社会公众股东 30637 户。

2.公司董事、监事及高级管理人员持股情况本报告年度内无变化。

单位:股

姓　名	职务	持股数
张全志	董事长	4300
韩新林	董事、总经理	16000
王　中	董事	16000
张秉刚	董事	16000
庞小先	董事	16000
郭双喜	董事	0
杨玉定	董事	15000
邵华林	董事	15000
尔　肯	董事	15000
朱　琪	董事	15000
高天仓	董事	15000
玉素甫.哈斯木	监事会召集人	0
李天佑	监事	13000
王文学	监事	0
莎丽塔娜提	监事	11000
蔺文胜	监事	0
季兴邦	董事会秘书	13000
罗小平	副总经理	5000
高立合	副总经理	0
邵义政	总会计师	8000

五、重要事项

1.报告期内的股东大会、董事会情况说明

股东大会情况介绍:

1996 年 6 月 28 日,本公司于乌鲁木齐市召开 1995 年度股东(周年)大会,大会通过以下决议:

①《关于董事会 1995 年工作情况和 1996 年工作安排意见的决议》;

②《关于监事会 1995 年工作情况和 1996 年工作重点的决议》;

③《关于公司 1995 年财务决算和 1996 年经营计划的决议》;

④《关于公司 1995 年度利润分配方案的决议》;

⑤《关于批准公司章程(修正案)的决议》;

⑥《关于批准更换公司董事的决议》;

⑦《关于批准更换公司监事的决议》。

董事会情况介绍:

(1)1996 年 4 月 15 日在乌鲁木齐市文艺路 2 号宏源大厦七楼会议室,召开董事会第一届七次会议。

通过以下决议:

①《关于公司 1995 年工作报告的决议》;

②《关于公司 1995 年度财务报告的决议》;

③《关于公司 1995 年度利润分配预案的决议》;

④《关于公司 1996 年经营计划安排意见的决议》;

⑤《关于将乌鲁木齐石化二炼股权投资转为贷款的决议》;

⑥《关于更换董事人选的决议》;

⑦《关于确定召开 1995 年度股东大会的时间、地点及议程的决议》。

(2)1996 年 6 月 26 日,在乌鲁木齐市文艺路 2 号宏源大厦七楼会议室,召开董事会第一届八次会议。

通过以下决议:

①《关于公司 1996 年上半年经营情况的通报及 1996 年下半年经营思路的意见》;

②《关于增设公司内部机构的决议》;

③《关于公司章程(修正案)的决议》。

2.公司董事、监事变动情况说明

(1)公司董事会第一届七次会议接受陈政立先生辞去董事职务的请求,同意宝安集团委派郭双喜先生继任董事职务,并经 1995 年度股东大会审议通过。

(2)公司监事会第一届七次会议根据监事委派单位关于更换监事人选的要求,审议同意免去刘平的监事职务,推选玉素甫.哈斯木担任公司监事,并经 1995 年度股东大会审议通过。

3.公司注册地址:新疆乌鲁木齐文艺路 2 号宏源大厦八楼

公司所聘会计师事务所 1996 年为:深圳中诚会计师事务所

法律顾问、名称:新疆天阳律师事务所　金山律师

4.重大诉讼、仲裁事项报告

(1) 原中国建设银行新疆信托投资公司接受中国人民保险公司新疆维吾尔自治区分公司委托,将其委托贷款 651.5 万元贷出,逾期尚未收回,委托方于 1992 年 7 月 2 日向法院起诉,要求本公司承担经济责任。根据《金融信托投资机构资金管理暂行办法》和委托存贷款协议,贷款经济责任由委托人承担,该案目前仍在审理之中,因该案借款人都存在,该案涉及的全部债务最终将由借款人承担,因而该案的审理结果对本公司不会构成影响。

(2) 新疆五家渠绒毛厂拖欠本公司逾期贷款人民币 100 万元,系由新疆维吾尔自治区保险公司担保。对此,本公司提起诉讼并已胜诉。但债务人在法院判决生效后申请破产,执行判决程序被中止,此案法院仍在处理。

(3)其它应收款——上海办事处挂账 20,786,976.19 元,系指本公司在 1995 年通过内部审计,发现本公司上海股票经营业务尚有 20,786,976.19 元资金未能收回,因事件涉及经济案件,已提请司法部门依照法律程序处理,预计对以后年度的盈利将有一定影响。

六、子公司及关联企业

1.新疆宏源建信发展公司,分公司、注册资金 500 万元,主要从事房地产开发和物业管理。

2.北海新宏源物业发展公司,全资子公司,注册资金 200 万元,主要从事房地产开发、典当业务。

七、财务报告

1.审计意见

本公司财务报告经深圳中诚会计师事务所审计,已出具无保留意见的审计报告。

2.财务报表(见附表)

3.财务报表附注

㈠主要会计政策:

1.会计制度

本公司在执行财政部制定的《股份制试点企业会计制度》的基础上,参照财政部、中国人民银行总行颁布的《金融企业会计制度》,结合本公司具体情况补充了某些科目和某些会计报表项目。

2.会计期间

本公司采用公历年度制,即从1月1日起至12月31日止为一个会计年度。

3.记帐本位币及货币换算

本公司以人民币为记帐本位币,本年度未涉及外币业务。

4.长期投资的核算方法

⑴债券投资:以实际支付金额核算,并按权责发生制原则分期计提利息收入。

⑵股权投资及联营投资:对全资直属企业和投资拥有股权50%以上并实际拥有控股权的被投资企业公司采用并表法;对投资拥有股权在25%至50%的联营公司采用权益法核算;对拥有股权在25%以下的联营公司采用成本法核算。

5.固定资产及折旧

⑴固定资产:按实际成本计价

⑵固定资产折旧采用直线法平均计算,扣除3%预计残值后,按其类别,原价,预计使用年限确定的年折旧率如下:

类　别	年折旧率
房屋及建筑物	2.8%--3.2%
电子设备	19.4%--32.3%
运输设备	19.4%
其他设备	19.4%

6.无形及递延资产摊销

⑴无形资产:按10年分期均摊

⑵房屋装修费:按10年分期均摊

⑶开办费:按10年分期均摊

⑷其他递延资产:按项目受益期进行摊销

7.税项

税种	税目	税率
营业税	各项营业收入之和(不含 金融企业往来利息收入)	5%
城建税	应交营业税额	7%
教育附加	应交营业税额	3%
所得税	应纳税所得额	15%

注:根据新疆维吾尔自治区人民政府新政函(1993)40号文批准从1993年1月1日起,本公司按15%的税率计征所得税。

8.利润分配

1996年度公司按税后利润的10%计提法定公积金和按5% 计提法定公益金后,加上以前年度滚存的未分配利润,按公司总股本20,415万股计算,每股可分配0.18元。1996年度分配预案为:向全体股东按每10股送红股1股并派发现金红利0.80元(含税)。

9.合并报表的编制基础

对公司内部往来,投资与被投资,投资收益及其它重大内部交易等予以相互抵消,其它有关资产,负债,收入,成本的费用等逐项进行合并。

㈡主要报表项目说明

1.应收帐款:期末余额为105,508,889.84元,按帐龄分类如下:

帐龄	期末余额	所占比例
1年以内	95,154,535.33	90.19%
1-2年	6,814,526.26	6.46%
2-3年	3,539,828.25	3.35%

2.其他应收款:期末余额为73,231,410.01元,按帐龄分类如下:

帐龄	期末余额	所占比例
1年以内	25,497,514.97	34.74%
1-2年	47,710,206.24	65.23%
2-3年	23,688.80	0.03%

3.长期投资:期末余额为203,060,238.95元。其中:

⑴股权投资

单位名称	持股数	占有权益	金　额
新疆友好商场股份有限公司	300,000	0.375%	540,000.00
新疆证券公司	5,000,000	16.70%	5,000,000.00
陕西彩虹显示器件股份有限公司	2,000,000	0.67%	3,020,000.00
陕西西北五棉实业股份有限公司	9,500,000	2.43%	11,673,200.00
陕西精密合金股份有限公司	900,000	0.545%	1,719,000.00
新疆北方工贸联营有限公司	200,000	5.56%	100,000.00
合　计			22,052,200.00

⑵联营投资

单位名称	内 容	占有权益	金 额
新疆资金融通中心	会员基金	4.44%	2,000,000.00
新疆畅兴房地产开发公司	开发房地产		10,000,000.00
乌市集装箱公司	合资	12%	2,400,000.00
浙江富春湾开发公司	开发房地产		59,574,149.45
海南新亚房产公司	开发房地产		18,000,000.00
新疆建行融资中心	会员基金		2,000,000.00
海南鸿扬实业公司	开发房地产		17,000,000.00
山东信托投资公司烟台办事处	购房		10,000,000.00
新疆宏源大厦物业管理有限公司	合作		250,000.00
澳门新建丰公司	合作	50%	55,410,564.55
新疆天山路商住楼	开发房地产	50%	2,550,000.00
新疆乌鲁木齐县粮食局砖厂	扩建		223,324.95
广西北海企业外交协会	合作		100,000.00
北海宏富典当行	合资经营		1,500,000.00
合计			181,008,038.95

4.资本公积金

期初数	本年增加	期末数
143,166,304.68	4.00	143,166,308.68

本年增加数为根据本公司与承销商的配股协议,对配股的余股进行调增。

5.盈余公积金

项　目	期初数	本年增加	期末数
盈余公积金	24,481,620.94	5,091,147.98	29,572,768.92
其中:公益金	5,776,786.22	1,697,049.33	7,473,835.55

6.未分配利润

年初数	本年增加	本年减少	年末数
8,005,615.08	33,940,986.45	21,423,147.98	20,523,453.55

⑴年初数为以前年度结转待分配分红派息数

⑵本年增加数为96年度实现的净利润

⑶本年减少数为96年度提取的法定公积金和法定公益金及每10股派现金红利0.80元(含税)。

7.投资收益

项目	短期投资收益	长期投资收益

证券投资	13,531,617.77	53,958.40
其他投资	39,389,186.03	286,174.70
合 计	52,920,803.80	340,133.10

8.关联公司及其交易

〔1〕本公司的关联公司名称及关系列示如下：

关联公司名称	注册地	与本公司的关系
中国建设银行新疆分行	乌鲁木齐	持有本公司29.39%股份
中国建设银行新疆融资中心	乌鲁木齐	持有本公司7.00%股份
新疆维吾尔自治区电力公司	乌鲁木齐	持有本公司5.39%股份
新疆生产建设兵团	乌鲁木齐	持有本公司5.88%股份
中国宝安集团股份有限公司	深圳	持有本公司5.39%股份

〔2〕关联公司交易

关联单位	交易内容	交易金额	年利率	利息支付	期末拆出(拆入)余额
中国建设银行新疆分行	拆入资金	10,000,000.00	11.25-12.3%	11,551,100.00	(56,000,000.00)
中国建设银行新疆融资中心	拆入资金	218,000,000.00	11.88-13.02%	25,787,664.00	(162,000.000.00)

八、其他事项

1997年3月28日，公司在乌鲁木齐市文艺路2号宏源大厦14楼会议室，召开董事会第一届第九次会议。

通过决议如下：

(1)《关于公司1996年度财务决算和1997年经营计划的决议》；

(2)《关于公司1996年度利润分配预案的决议》；

经深圳中诚会计师事务所审计，1996年度实现税后利润3394万元，提取10%法定公积金339.4万元，提取5%法定公益金169.7万元后，加上以前年度滚存的未分配利润800.5万元，可供股东分配利润3685.5万元，按公司总股本20415万股计算，每股可分配0.18元；1996年度向全体股东按每10股送红股1股并派发现金红利0.80元(含税)；

本方案需经公司股东大会审议通过，并报证券管理部门批准后实施；

(3)《关于同意公司1996年年度报告及年报摘要的决议》；

(4)《关于确定召开1996年度股东大会时间、地点及议程的决议》；

1996年度股东大会召开的具体时间另行公告。

(5)《关于同意韩新林不再担任公司总经理职务的决议》；

(6)《关于聘任朱国兴为公司代总经理的决议》。

朱国兴，男，大专学历，高级经济师，曾任建设银行新疆独山子市支行副行长、行长、建设银行新疆石油专业分行总稽核、行长、党组书记、克拉玛依市第十届人大代表、市人大常委会委员。经公司董事会第一届第九次会议审议决议，聘任为公司代总经理。

新疆宏源信托投资股份有限公司董事会

一九九七年四月二十三日

附表一

新疆宏源信托投资股份有限公司合并资产负债表

金额单位：人民币元

项目	附注	1996年12月31日		1995年12月31日	
		合并数	母公司	合并数	母公司
流动资产：					
货币资金		83,189,356.02	81,453,340.30	44,633,882.12	42,520,131.55
存放中央银行款项		17,158,000.00	17,158,000.00	14,990,000.00	14,990,000.00
折放同业		49,000,000.00	49,000,000.00	38,710,210.95	38,710,310.95
折放金融性公司	3	105,300,000.00	105,300,000.00	55,175,000.00	55,175,000.00
短期贷款	4	8,500,000.00	10,000,000.00	37,100,000.00	62,480,000.00
应收帐款	5	105,508,889.84	95,309,527.13	88,838,759.06	87,421,184.94
减：坏帐准备		316,526.66	285,599.17	266,516.28	262,263.55
应收帐款净额		105,192,363.18	95,023,927.96	88,572,242.78	87,153,921.39
预付帐款	6	115,101,433.39	105,820,095.71	119,675,406.15	109,357,156.15
其他应收款	7	73,131,410.01	71,816,361.44	87,330,869.31	92,089,789.36
内部往来		–	52,954,702.41	–	–
短期投资	8	303,000,000.00	280,500,000.00	436,038,198.33	401,615,698.33
委托贷款及委托投资	9	100,699,792.30	115,699,792	119,043,492.80	129,043,492.80
自营证券		76,977,890.34	76,977,890.34	–	–
存货	11	66,879,371.33	–	–	–
代理证券		–	–	–	–
代理委托业务		–	–	–	–
买入返售证券	12	135,291,700.00	135,291,700.00	246,750,000.00	246,750,000.00
待摊费用		381,961.50	212,500,01	905,306.59	286,146.59
流动资产合计		1,239,903,278.57	1,197,208,310.97	1,288,924,609.03	1,280,176,547.12
长期资产：					
中长期贷款	13	5,989,996.50	5,989,996.50	3,969,627.50	3,969,627.50
减：贷款呆帐准备		410,693.28	410,693.28	443,006.51	443,006.51
租赁资产		29,195,597.76	29,195,597.76	31,368,891.76	31,368,891.76
长期投资	15	203,060,238.95	215,796,614.92	129,906,142.46	139,436,558.63
减：投资风险准备金		1,299,061.42	1,299,061.42	1,245,134.11	1,245,134.11
固定资产原价	16	30,919,259.33	30,028,477.13	22,603,701.90	21,800,403.30
减：累计折旧		4,177,489.54	3,062,068.45	2,117,543.96	1,877,047.59
固定资产净值		26,741,769.79	26,166,408.68	20,486,157.94	19,923,355.71
在建工程	17	60,059,150.45	60,019,150.45	84,851,903.56	55,986,999.44
长期资产合计		323,336,998.75	335,458,013.61	268,894,582.60	248,997,252.42
无形资产及递延资产：					
无形资产	18	7,547,518.45	7,547,518.45	3,755,807.67	3,755,807.67
递延资产	19	21,679,012.88	11,906,640.42	30,831,026.80	19,820,442.78
其他资产		–	–	–	–
无形资产及递延资产合计		29,226,531.33	19,454,158.87	34,586,834.47	23,576,250.45
资产总计		1,592,466,808.65	1,552,120,483.45	1,592,406,026.10	1,552,750,049.99
流动负债：					
短期借款	20	26,300,000.00	–	37,300,000.00	–

项目	附注	1996年12月31日		1995年12月31日	
短期存款	21	147,658,303.44	147,658,303.44	129,971,497.76	130,100,741.46
同业拆入	22	248,000,000.00	248,000,000.00	60,000,000.00	60,000,000.00
金融性公司拆入		–	–	272,000,000.00	272,000,000.00
委托存款	23	175,287,638.88	175,639,643.19	135,322,914.07	135,322,914.07
应付代理证券款	24	164,240,427.76	164,240,427.75	222,806,833.75	222,806,833.75
代理其他业务		–	–	–	–
卖出回购证券款	25	113,581,700.00	113,581,700.00	195,050,000.00	195,050,000.00
应付帐款	26	168,044,989.93	155,263,683.26	15,972,506.00	15,972,506.00
预收帐款		5,000.00	–	1,236,200.00	–
应付福利费		285,558.85	235,943.81	143,890.02	128,958.12
未付股利	27	17,294,560.00	17,294,560.00	4,174,240.00	4,174,240.00
成交税金	39	7,990,628.87	6,026,157.51	53,320.88	(322,038.81)
其他未交款		–	–	20,042.56	16,361.42
应付工资		–	–	1,000.00	–
其他应付款	28	2,818,153.28	2,384,398.06	9,872,237.24	9,708,045.72
预提费用		1,374,350.76	1,374,350.76	3,427,560.74	3,427,560.74
一年内到期的长期负债		–	–	–	–
流动负债合计		1,072,881,311.76	1,031,699,167.78	1,087,352,243;02	1,048,386,122.47
长期负债					
长期借款					
长期应付款	29	122,172,965.74	122,172,965.74	125,250,244.38	125,250,244.38
长期负债合计		122,172,965.74	122,172,965.74	125,250,244.38	125,250,244.38
负债合计		1,195,054,277.50	1,153,872,133.52	1,212,602,487.40	1,173,636,366.85
股东权益:					
股本	30	204,150,000.00	204,150,000.00	204,149,998.00	204,149,998.00
资本公积	31	143,166,308.68	143,166,308.68	143,166,304.68	143,166,304.68
盈余公积	32	29,572,768.92	29,572,768.92	24,481,620.94	24,481,620.94
其中:公益金		7,473,835.55	7,473,835.55	5,776,786.22	5,776,786.22
未分配利润	33	20,523,453.55	21,359,272.33	8,005,615.08	7,315,759.52
股东权益合计		397,412,531.15	398,248,349.93	379,803,538.70	379,113,683.14
负债及股东权益总计		1,592,466,808.65	1,552,120,483.45	1,592,406,026.10	1,552,750,049.99

附表二

新疆宏源信托投资股份有限公司合并利润及利润分配表

金额单位:人民币元

项目	附注	1996年12月31日		1995年12月31日	
		合并数	母公司	合并数	母公司
一、营业收入		228,458,103.26	204,550,042.77	179,210,691.62	169,383,189.60
其中:利润收入		19,224,187.21	21,151,847.40	11,703,134.80	14,646,975.20
金融企业往来收入		14,487,460.41	14,487,460.41	22,300,798.82	22,300,798.82
手续费收入		42,827,515.95	43,827,515.95	5,775,252.29	5,775,252.29
证券发行差价收入		2,231,680.00	2,231,680.00	–	–
证券销售差价收入		30,265,833.29	30,265,833.29	–	–
租赁收入		338,406.40	338,406.40	1,930,824.25	1,930,925.25
投资收益	34	53,260,936.90	52,738,868.23	62,522,178.27	51,410,506.44
其他业务收入	35	65,822,083.10	40,508,431.09	74,978,402.19	73,318,681.69
二、营业支出		181,087,880.17	158,019,063.16	173,473,292.53	164,636,006.30
其中:利息支出		63,516,143.49	60,892,784.08	63,666,465.31	61,291,329.65
金融企业往来支出		53,345,574.99	53,345,574.99	56,083,592.33	56,083,592.33
手续费支出		2,538,359.30	2,538,359.30	866,545.72	866,545.72
营业费支出		20,399,922.79	19,211,572.70	13,826,072.68	13,187,445.60
其他营业支出	36	37,101,147.59	22,030,772.09	36,544,912.67	33,207,093.00
财务费用		4,186,732.01	–	2,485,703.82	–
三、营业税金及附加		5,879,418.32	4,898,469.73	1,448,961.96	1,355,332.61
营业利润		41,490,804.77	41,632,509.88	4,288,437.13	3,391,800.78
加:营业外收入	37	335,055.24	307,019.79	844,104.89	844,104.89
减:营业外支出	38	1,551,974.07	1,551,974.07	89,957.87	87,034.87
减:调整以前年度损益		–	–	368,693.46	368,693.46
四、利润总额		40,273,885.94	40,387,555.60	4,673,890.69	3,780,177.34
减:所得税	39	6,332,899.49	4,920,894.81	887,543.06	683,685.27
五、净利润		33,940,986.45	35,466,660.79	3,786,347.63	3,096,492.07
加:上年未分配利润		8,005,614.08	7,315,759.52	50,287,219.59	50,287,219.59
六、可供分配的利润		41,946,601.53	42,782,420.31	54,073,567.22	53,383,711.66
减:提取法定公积金		3,394,098.65	3,394,098.65	378,634.76	378,634.76
提取法定公益金		1,697,049.33	1,697,049.33	189,317.38	189,317.38
七、可供股东分配的利润		36,855,453.55	37,691,272.33	53,505,615.08	52,815,759.52
减:提取任意公积金		–	–	–	0
已分配普通股股利		16,332,000.00	16,332,000.00	45,500,000.00	45,500,000.00
八、未分配利润		20,523,453.55	21,359,272.33	8,005,615.08	7,315,759.52

附表三

新疆宏源信托投资股份有限公司合并财务状况变动表

1996 年度　　　　金额单位:人民币元

流动资金来源及运用	行次	合并金额	母公司金额
一、流动资金来源	1		
1. 本年利润	2	33,940,986.45	35,466,660.79
加:不减少流动资金的费用和损失:	3	–	–
(1)固定资产折旧	4	2,449,022.84	2,374,098.12
(2)无形资产、递延资产及其他资产摊销	5	13,486,265.33	11,312,096.44
(3)贷款呆帐准备和投资风险准备	6	21,614.08	21,614.68
(4)固定资产清理损失	7	11,284.22	11,284.22
小　计	8	49,909,172.92	49,185,753.65
2. 其他来源:	9	–	–
(1)收回长期投资	10	48,630,617.51	43,874,657.71
(2)固定资产清理收入	11	3,858,825.00	3,858,825.00
(3)增加长期负债	12	–	–
(4)收回租赁资产款项	13	2,173,294.00	2,173,294.00
(5)资本净增加额	14	5,091,153.98	5,091,153.98
小　计	15	59,753,890.49	54,997,930.69
流动资金来源合计	16	109,663,063.41	104,183,684.34
二、流动资金运用:	17		
1. 利润分配	18		
(1)提取法定公积金	19	3,394,098.65	3,394,098.65
(2)提取法定公益金	20	1,697,049.33	1,697,049.33
(3)提取任意公积金	21	–	–
(4)已分配股利	22	16,332,000.00	16,332,000.00
小　计	23	21,423,147.98	21,423,147.98
2. 其他应用	24		
(1)固定资产和在建工程净增加额	25	(12,218,009.20)	16,519,451.32
(2)增加无形资产、递延资产及其他资产	26	8,125,962.19	7,190,004.86
(3)偿还长期负债	27	3,077,278.64	3,077,278.64
(4)增加长期投资	28	121,784,714.00	120,234,714.00
(5)增加中长期贷款逾期贷款	29	2,020,369.00	2,020,369.00
小　计	30	122,790,134.63	149,041,817.82
流动资金运用合计	31	144,213,462.61	170,464,965.80
流动资金增加净额	32	(34,550,399.20)	(66,281,281.46)
流动资金来源及运用			
一、流动资产本年增加数	32		
1. 货币资金	33	38,555,473.90	38,933,208.75
2. 存放中央银行款项	34	2,168,000.00	2,168,000.00
3. 拆放同业	35	10,289,789.05	10,289,789.05
4. 拆放金融性公司	36	50,125,000.00	50,125,000.00
5. 短期贷款	37	(28,600,000.00)	(52,480,000.00)
6. 应收帐款净额	38	16,620,120.40	7,865,006.57
7. 预付帐款	39	(4,573,972.76)	(3,537,060.44)
8. 其他应收款	40	(14,099,459.30)	32,681,274.49
9. 短期投资	41	(133,038,198.33)	(121,115,698.33)
10. 委托贷款及委托投资	42	(18,343,700.00)	(13,343,700.00)
11. 自营证券	43	76,977,890.34	76,977,890.34
12. 代理证券	44	–	–
13. 代理委托业务	45	–	–
14. 买入返售证券	46	(111,458,300.00)	(111,458,300.00)
15. 待摊费用	47	(523,345.09)	(73,646.58)
16. 存款	48	66,879,371.33	–
流动资产增加净额	49	(49,021,330.46)	(82,968,236.51)
二、流动负债本年增加净额	50		
1. 短期借款	51	(11,000,000.00)	–
2. 短期存款	52	17,686,805.68	17,557,561.98
3. 同业拆入	53	188,000,000.00	188,000,000.00
4. 金融性公司拆入	54	(272,000,000.00)	(272,000,000.00)
5. 委托存款	55	39,964,724.81	40,316,729.12
6. 应付代理证券款	56	(58,566,406.00)	(58,566,406.00)
7. 代理其他业务	57	–	–
8. 卖出回购证券款	58	(81,468,300.00)	(81,468,300.00)
9. 应付帐款	59	152,072,483.93	139,291,177.26
10. 预收帐款	60	(1,231,200.00)	–
11. 应付福利费	61	141,668.83	106,985.69
12. 未付股利	62	13,120,320.00	13,120,320.00
13. 应交税金	63	7,937,307.99	6,348,196.32
14. 其他未交款	64	(20,042.56)	(16,361.43)
15. 应付工资	65	(1,000.00)	–
16. 其他应付款	66	(7,054,083.96)	(7,323,647.66)
17. 预提费用	67	(2,053,209.98)	(2,053,209.98)
18. 一年内到期的长期负债	68	–	–
	69		
流动负债增加净额	70	(14,470,931.26)	(16,686,954.69)
流动资金增加净额	71	(34,550,399.20)	(66,281,281.46)

新疆宏源信托投资股份有限公司1997年中期报告

一、财务报告(未经审计)

(一)财务报表

1.简化的资产负债表

单位:元

项目	期初数(1997年1月1日)	期末数(1997年6月30日)
流动资产	1,239,903,278.57	1,246,358,097.36
长期投资	203,060,238.95	209,026,228.28
固定资产净值	26,741,769.79	31,329,106.80
在建工程	60,059,150.45	61,280,461.86
无形资产	7,547,518.45	11,083,768.05
递延资产	21,679,012.88	25,940,646.40
其他长期资产	33,475,839.56	32,922,250.36
资产总计	1,592,466,808.65	1,617,940,559.11
流动负债	1,072,881,311.76	1,067,132,333.99
长期负债	122,172,965.74	130,073,897.72
负债合计	1,195,054,277.50	1,197,206,231.71
股本	204,150,000.00	204,150,000.00
资本公积	143,166,308.68	143,166,308.68
盈余公积	29,572,768.92	29,572,768.92
未分配利润	20,523,453.55	43,845,249.80
股东权益合计	397,412,531.15	420,734,327.40
负债及股东权益总计	1,592,466,808.65	1,617,940,559.11

2.简化的损益表

单位:元

项目	1996年6月30日	1997年6月30日
主营业务收入	100,128,394.97	110,092,611.82
其中:投资收益	26,897,147.22	43,175,125.84
主营业务利润	5,568,877.47	37,848,683.80
加:营业外收支净额	288,708.41	-8,526,486.00
以前年度损益调整	-42,494.05	-787,245.12
利润总额	5,815,091.83	28,534,952.68
减:所得税	1,813,958.85	5,213,156.43
净利润	4,001,132.98	23,321,796.25

3.财务指标

项目	1996年6月30日	1997年6月30日
按报告期末总股本计算		
每股收益	0.02元	0.114元
净资产收益率	1.04%	5.54%
每股净资产	1.88元	2.06元
按送股后的总股本计算		
每股收益		0.104元
每股净资产		1.87元

(二)财务报表附注

1.主要会计政策

应收利息核算办法按财政商字〔1997〕51号文的规定执行。该文对《金融保险企业财务制度》第四十一条做了修改,内容为"借款合同约定到期(含展期后到期)但未归还的放款,作为逾期放款,其中逾期(含展期后)未满2年的,企业应按规定计算应收利息,并纳入当期损益。逾期满2年及超过2年仍未归还的放款,作为呆滞放款,其应收利息不再计入当期损益,由金融保险企业设置科目专项反映,实际收到的利息计入当期损益。"

1997年中期财务报告中,已对应收帐款中应计贷款利息做了调整,其他会计政策无变化。

2.财务报表项目附注

⑴应收帐款期末余额为113,538,360.10元,较年初增长了7.6%。持有5%以上股份的主要股东无欠款情况。帐龄如下:

帐龄	金额
1年	73,741,444.39
1-2年	32,745,950.17
2-3年	4,513,865.54
3年以上	2,537,100.00
合计	113,538,360.10

⑵自营库存证券期末余额为5,772万元,其中:自营股票期末余额为4,490万元,国债期末余额为1,282万元。

⑶长期投资期末数为209,026,228.28元,较年初增长2.9%,主要是海南国际租赁公司623.9万元和海南赛格国际信托240万元返售证券转为债券投资。

⑷投资收益到报告期末累计实现43,175,125.84元,较去年同期增长了61%。其中:股票投资收益2,638万元,契约式投资到期收益1,540万元,其他投资收益130万元。

⑸营业外净收入期末数为-8,526,486元,主要是人民银行乌鲁木齐市分行对公司结算户透支和代保管国债的罚款和罚息。

⑹调整以前年度损益-787,245.12元,主要是自治区财务检查办公室对公司96年度财税大检查及国税局96年度汇缴清算的补缴税款。

⑺未分配利润期末数为43,845,249.80元。

年初数	本年增加	期末数
20,523,453.55	23,321,796.25	43,845,249.80

⑻存在交易的关联方

中国建设银行新疆区分行为本公司的最大股东,截止6月底,本公司从中国建设银行新疆区分行拆入资金余额为21,600万元,1-6月份累计支付利息1,361.52万元,期末应付中国建设银行新疆区分行利息614,880元。

二、经营情况的回顾与展望

(一)上半年经营情况的回顾

1.1997年上半年,公司主营业务收入12,666.92万元。比去年同期增长25.51%;实现利润总额2,853.5万元,比去年同期增长390.71%;实现净利润2,332.18万元,比去年同期增长482.88%。

2.1997年上半年,公司在第一届董事会以及原经营领导班子的带领下,经全体员工的共同努力,顺利实现了平稳过渡、各项工作基本上保持了正常运行,并取得了一定的成绩。

(二)下半年工作展望

1997年6月26日,公司按法定程序经1996年度股东大会选举产生了第二届董事会,聘任了新一届经营领导班子。目前,公司新一届经营领导班子,按照董事会第二届一次会议精神,在对公司进行全面、彻底规范的同时,已及时对公司下半年工作做了部署。

1.对公司各部门领导班子提出了明确的要求和希望,宣布了严格的政治纪律和工作纪律。

2.对公司各部门当前如何开展工作做出了明确指示,并要求各部门形成书面材料逐部门向总经理办公会议作出汇报。

3.对公司当前要抓的几项工作进行了全面部署。

一是在全公司开展一次遵守法规,懂得规矩,摆正位置,服从管理,诚信敬业,忠于职守的教育;使全体员工认清当前公司面临的形势,为公司按现代企业制度和上市公司的要求进行深刻改革作好思想准备;

二是按照公司关于按月进行目标责任考核的通知要求,全面落实目标责任考核,推动各项工作开展;

三是全公司动员,大力吸收信托存款,各部门要狠抓落实;

四是采取经济、法律手段,借助各方面力量,大力回收贷款和资金;

五是按照公司关于证券管理体制若干规定,尽快理顺健全证券业务管理和经营体制,抓紧年底前五个月时间,为公司多创利润。

4.明确了公司新一届经营领导班子工作思路,即:理顺体制,健全规章,选贤用能,更新机制。

5.确定了公司发展战略的基本原则。

一是"立足新疆、走向全国、规范管理、加快发展、服务社会、回报股东"的业务发展战略;

二是"全新的机制、一流的人才、严密的管理、丰厚的效益"的内部改革原则;

总的目标是用两到三年时间把公司办成一流的上市公司,公司将根据这些原则制定三年发展规划。

三、重大事件的说明

1.原中国人民建设银行新疆信托投资公司接受中国人民保险公司新疆维吾尔自治区分公司委托,将其委托贷款550.5万元贷出,逾期尚未收回,委托方于1992年7月2日向法院起诉,要求本公司承担经济责任。根据《金融信托投资机构资金管理暂行办法》和委托存款协议,贷款经济责任应由委托人承担,但该案目前经新疆维吾尔自治区高级人民法院于1997年5月9日"(1992)新经初字第1号"民事判决书裁定本公司败诉。本公司对该判决表示不服,并于规定日期内向新疆维吾尔自治区高级人民法院递交上诉状,上诉于中华人民共和国最高人民法院。

2.新疆五家渠绒毛厂拖欠本公司逾期贷款人民币100万元,系由新疆维吾尔自治区保险公司担保。对此,本公司提起诉讼并已胜诉。但债务人在法院判决生效后申请破产,执行判决程序被中止,此案法院仍在处理。

3.其他应收款--上海办事处挂帐20,786,976.19元,系指本公司在1995年通过内部审计,发现本公司上海股票经营业务尚有20,786,976.19元资金未能收回,因事件涉及经济案件,已提请司法部门依照法律程序处理,预计对以后年度的收益将有一定影响。

4.对公司股票自营业务的说明。

根据国务院证券委、中国人民银行、国家经贸委等部门1997年5月21日《关于严禁国有企业和上市公司炒作股票的通知》精神,公司对该项业务进行了自查清理,并按规定时间向深交所及证券监管部门报告了自查清理结果。公司具有非银行金融机构、证券商、上市公司的特性,可以按规定进行股票自营业务,在以往的股票自营业务中没有违反国家政策法规和本公司章程的行为。公司现正在进一步规范证券经营业务,同时鉴于当前股市行情的实际情况,已暂停该项业务。本公司保证,今后从事该项业务,将严格遵循国家政策法规和本公司章程的规定。

5.本公司中期利润不分配。

四、发行在外股票的变动和股权结构的变化

(截止1997年6月30日)

1.股权结构情况

股份单位:股　面值:每股1元

	年初数	期末数
一、尚未流通股份		
①发起人股份	101,250,000	101,250,000
其中:境内法人股	101,250,000	101,250,000
②定向法人股	42,900,000	42,900,000
尚未流通股份合计	144,150,000	144,150,000
二、已流通股份	60,000,000	60,000,000
三、股份总数	204,150,000	204,150,000

2.前十名股东持股情况

中国建设银行新疆维吾尔自治区分行	6000万股	29.39%
中国建设银行新疆融资中心	1430万股	7%
新疆生产建设兵团	1200万股	5.88%
新疆维吾尔自治区电力公司	1100万股	5.39%
中国宝安集团股份有限公司	1100万股	5.39%
新疆建银房地产开发总公司	880万股	4.31%
广东中创科技设备租赁公司	550万股	2.69%
深圳宏成电脑有限公司	550万股	2.69%
新疆建银设备租赁总公司	440万股	2.16%
新疆资金融通中心	360万股	1.76%

五、股东大会简介

1997年6月26日,公司在新疆乌鲁木齐市公园北街2号,于本公司红山证券部三楼会议室召开了1996年度股东大会。出席会议股东20人,代表股份137,735,500股,占总股本的67.47%,符合《公司法》和公司章程的有关规定。

经1996年度股东大会审议、表决,做出如下决议:

1.通过《董事会1996年工作情况和1997年工作安排的报告》;

2.通过《监事会1996年工作情况和1997年工作安排的报告》;

3.通过《公司1996年度财务决算报告》;

4.通过《公司1996年度利润分配方案》;

公司1996年实现税后利润3394万元,提取10%法定公积金339.4万元,提取5%法定公益金169.7万元,加上以前年度未分配利润800.5万元,可供股东分配利润3685.4万元。向全体股东每10股送1股红股,并派现金红利人民币0.80元(含税)。此方案已报请有关证券管理部门批准,并于法定日期内完成分红派息工作。

5.通过《第一届董事会工作报告》;

6.通过《第一届监事会工作报告》;

7.通过《关于修改公司章程有关条款的方案》;

8.通过《关于选举第二届董事会董事的议案》:选举陈玉华、何加武、汤世生、张小勇、夏小军、张秉刚、庞小先、郭双喜、朱琪、高天仓、季方为公司第二届董事会董事。

9.通过《关于选举第二届监事会监事的议案》:选举顾建国、刘品(女)、李天佑、王文学为公司第二届监事会监事。迪丽拜尔.艾买提(女)为公司职工委派监事。

六、备查文件

载有董事长、总经理亲笔签名的《1997年中期报告》原本。

查阅地址:新疆乌鲁木齐市建设路2号宏源大厦八楼,本公司董事会秘书处

电话:(0991)2301870

传真:(0991)2301775

邮编:830002

新疆宏源信托投资股份有限公司董事会

一九九七年八月二十三日

深圳发展银行股份有限公司

1996年年度报告摘要　　（摘选）

一、公司简况

公司名称：深圳发展银行股份有限公司
法人代表：许季才　　　　　　　　　邮政编码：518001
公司地址：广东省深圳市深南中路178号
电话：0755—2088888-8622、8619　　　传真：0755—2081018

二、主要财务数据与财务指标

单位：万元

指　标　项　目	1996年	比上年增减%	1995年	1994年
1.营业收入	261026	23.98	210529	139028
其中：主营业务收入	258788	26.95	203849	136649
2.利润总额	91970	81.44	50688	41442
3.净利润	78748	80.98	43513	35633
4.总资产	3002203	47.80	2031248	1548841
5.股东权益	253479	29.63	195546	152629
6.每股收益(元)	0.76	-9.52	0.84	0.83
7.每股净资产(元)	2.45	-35.18	3.78	3.84
8.净资产收益率(%)	31.07	39.64	22.25	24.92
9.股东权益比率(%)	8.44	-12.36	9.63	10.69

注：1)本行1996年度净利润增长80.98%，主要是本行主营业务迅速发展带来效益的较大增长。具体情况详见附件会计师事务所《审计报告》利润分配表有关科目。

总资产增长47.80%主要是流动资产增长较快，详见《审计报告》的"资产负债表"流动资产有关科目。

2)每股净资产下降35.19%，主要是1996年度股本翻番摊薄每股净资产。

三、公司主要业务回顾

1.一年来公司经营情况

1)大幅超额完成全年利润计划

1996年本行实现税前利润人民币91970万元，较上年增加41282万元，完成全年利润计划数60168万元的152.85%，超额31352万元。

2)主营业务快速发展

到1996年12月底，本行存款余额(含外币)达到人民币228.36亿元，比上年末增加71.47亿元，增幅达45.57%。其中：短期存款117.43亿元，增加33.53亿元，增长39.96%；短期储蓄存款31.36亿元，增加8.92亿元，增长39.75%；长期存款24.68亿元，增加14.44亿元，增长141.02%；长期储蓄存款28.91亿元，增加9.66亿元，增长50.18%。

年末各项贷款余额(含外币)达到人民币150.67亿元，比上年末增加33.68亿元，增幅为28.79%。其中：短期贷款127.68亿元，增加27.88亿元，增长27.93%；中长期贷款5.10亿元，增加1.23亿元，增长31.78%。

3)进一步加强资产风险管理

本行在1996年将稳健经营、防范风险、提高质量作为一项中心工作，把风险控制纳入到日常资金计划管理和信贷资产管理中，对贷款实行总行"不良企业申请即时否决制"。针对历史遗留问题成立专门机构解决。同时加强本行稽核监察机制。冲销历史遗留呆帐贷款6826万元，降低经营风险和成本，盘活资金。到1996年12月底全行资本充足率为19.88%，较上年末增加8.91个百分点，大大超过巴塞尔协议规定的商业银行须达8%的要求；核心资本充足率17.17%，较上年末增长3.5个百分点；存贷比67.11%，较上年末下降7.48个百分点；逾期贷款率7.32%，较上年末下降0.31个百分点；各项资产负债比例指标均控制在人民银行规定的界限之内，并呈现良好发展趋势。本行经营较上年更为稳健高效，为进一步发展创造了更宽松的经营空间。

4)国际业务又是一个丰收年

开拓国际业务是事关本行发展前途的重要战略方向。随着我国对外开放和金融改革的深入，本行国际业务也出现新的发展局面。

截止1996年底，全行实现外汇利润5211万美元，外汇人民币收益4414万元，合计折人民币47613万元，较上年末增加18216万元，增长62%，占全行利润总额的52.3%。全行外汇存款7.49亿美元，比上年增加1.57亿美元，增幅26.5%；外汇贷款5.96亿美元，比上年增加1.05亿美元，增幅21.4%。全年外汇结算量比上年增长145.3%。

到1996年底，本行已与世界25个国家和地区的350家银行建立直接代理行关系，境外业务扩展到世界各主要币种；全行外汇营业网点达到91个，广州分行、海口分行和珠海支行均正式取得经营外汇业务许可证。本行离岸业务在1996年8月1日开始营业，实现了良好的开端，为本行国际业务开辟新的发展空间。

5)网点建设和异地机构设置有新进展

到1996年底，本行市内外网点总数达到102个，较上年增加13个。同时对部分地点较差的网点进行了改造搬迁，新设市内营业网点4家。

在新设异地机构方面，1996年6月18日在本行香港代表处正式成立，标志着本行外向型发展迈出重要一步。7月29日本行珠海支行开业，并实现当年开业当年盈利的初步目标。12月28日本行佛山支行宣告开业，本行又增加一个有较大增长潜力的骨干网点。

在已开业的异地机构中，广州分行已逐步进入投资回报高峰期，1996年主营业务及利润均大幅度增长，成为我行异地业务的重要支撑点和利润增长的重要来源。海口分行也在比较困难的环境下实现了业务发展。

6)物业建设方面，本行总行大厦已于1996年底竣工，香槟红玻璃幕墙的风帆形大厦展现出本行乘风破浪奋力开拓的形象，成为屹立于深圳市中心区的又一标志性建筑。这座现代化智能型大厦是本行稳健经营、日益兴旺的象征，随着本行总部迁入大厦，各项工作将上一个新的台阶，成为本行发展的一个新起点。

7)关于本行多元化业务方面，按照《商业银行法》和人民银行有关分业经营分业管理的要求，本行在1996年已将原信托部改制为福田支行，并于年底将本行所属四家证券营业部正式转让给其它证券公司。

8)本行电脑网络进一步完善，实现新的发展。

本行在1996年实现了全部营业网点的联网，并与深圳地区金融网络联网，实现了全市一卡通。推出了一系列新的服务业务品种：代理公交汽车IC卡销售、对公缴费一卡通、电话银行服务系统、储蓄和ATM卡实现深圳与广州等五个城市通存通兑。电子化发展有效促进了本行对社会的服务能力，提高了经济效益。

9)加快业务创新，促进金融改革与发展。

10)本行领导深知人才的重要性，在1996年又通过面向全社会的招聘，引进50多名高素质的人才。同时加强对员工的在岗培训教育和对干部的考核。

四、股本变化及股本结构情况

1.股本变化及股本结构情况

1)截止1996年12月31日，公司股本结构如下：

数量单位：股　面值：每股1元

股份类别	年初数	本年增加数		年末数	变动原因
		送红股	公积金转增		
一、尚未流通股份					
国家持股	41,512,474	20,756,237	20,756,237	83,024,948	分红及转增资本
境内法人持股	118,558,412	59,279,206	59,279,206	237,116,824	分红及转增资本
尚未流通股份合计	160,070,886	80,035,443	80,035,443	320,141,772	
二、已流通股份					
境内公众普通股	357,211,478	178,605,739	178,605,739	714,422,956	分红及转增资本
三、股份合计	517,282,364	258,641,182	258,641,182	1,034,564,728	

2)主要股东持股情况如下(截止1996年12月31日)：

股东名称	年初数(股)	年末数(股)	占总股本比例(%)
1)深圳市投资管理公司	54,080,849	108,161,698	10.45
2)深圳国际信托投资公司	35,536,147	71,072,294	6.87
3)深圳市社会保险管理局	24,343,844	48,582,088	4.70
4)深圳中电投资股份有限公司	20,748,872	41,517,744	4.01
5)深圳城建集团	8,585,740	17,171,480	1.66
6)农业银行深圳分行工会	5,189,176	10,378,352	1.00
7)南华证券	4,223,385	8,446,770	0.82
8)通思玉投资管理有限责任公司	——	5,872,792	0.57
9)北京建昊实业公司	——	4,981,076	0.48
10)巨福电脑	——	4,900,000	0.47
合　计		321,084,294	31.03

注：通思玉投资管理有限责任公司、北京建昊实业公司、巨福电脑三家公司均为年末新增股东，无年初数。

3)截止1996年12月31日本行股东总户数：33.05万户。

陕西省国际信托投资有限公司

陕西省国际信托投资有限公司一九九七年度中期报告

一、财务报表(已审计)

本财务报表经陕西省会计师事务所注册会计师潘敏、方文启审计,并出具无保留意见的审计报告(陕会审字〔1997〕212号)。

1、财务报表

(1)简化的资产负债表

1996年6月30日　金额单位:元

项目	年初数(母公司)	年初数(合并)	期末数(母公司)	期末数(合并)
资产				
流动资产	1,168,214,402.29	1,337,965,117.51	1,282,310,017.96	1,374,331,649.34
长期投资	95,552,497.78	66,386,297.78	86,298,225.31	45,164,246.06
固定资产净值	28,597,302.37	30,986,085.29	32,590,852.71	34,688,775.61
在建工程	140,594,167.32	388,797,841.43	164,055,335.52	441,365,266.25
无形及递延资产	9,181,498.25	9,434,504.83	6,010,680.92	6,039,138.72
其它长期资产	210,188,893.88	210,188,893.88	185,077,635.11	185,077,635.11
资产总计	1,652,328,761.89	2,043,758,740.72	1,756,342,747.53	2,086,666,711.09
内部往来	676,129,259.97		610,958,855.27	
累计	2,328,458,021.86		2,367,301,602.80	
负债及股东权益项目				
流动负债	1,412,440,006.14	1,481,639,763.97	1,444,069,285.46	1,509,508,739.62
长期负债	325,820,658.57	325,820,658.57	321,495,131.13	321,495,131.13
股东权益				
股本	137,530,115.78	137,530,115.78	137,530,115.78	137,530,115.78
资本公积	54,056,075.28	54,056,075.28	54,056,075.28	54,056,075.28
盈余公积	44,712,127.12	44,712,127.12	44,712,127.12	44,712,127.12
未分配利润	0.00	0.00	19,364,522.16	29,364,522.16
股东权益合计	236,298,318.18	236,298,318.18	255,662,840.34	255,662,840.34
负债及股东权益总计	1,974,558,982.89	2,043,758,740.72	2,021,227,256.93	2,086,666,711.09
内部往来	353,899,038.97		346,074,345.87	
累计	2,328,458,021.86		2,367,301,602.80	

(2)简化的损益表

项目	上年同期数(母公司)	上年同期数(合并)	1997年1-6月(母公司)	1997年1-6月(合并)
主营业务收入	93,969,327.75	105,483,784.06	97,362,466.96	192,528,290.18
主营业务利润	25,965,451.27	22,315,436.67	8,466,060.95	21,821,740.58
其它业务利润				
投资收益	-2,781,285.86	321,226.55	12,967,779.25	1,000,000.00
营业外收入净额	-179,319.36	-179,319.36	-143,635.58	586,274.42
利润总额	23,004,846.05	22,457,343.86	21,290,214.62	23,408,015.00
所得税	3,867,919.79	3,320,417.60	2,189,244.56	4,307,044.94
净利润	19,136,926.26	19,136,926.26	19,100,970.06	19,100,970.06

2、财务指标

	97年1-6月	上年同期数
(1)每股收益	0.139元	0.139元
(2)净资产收益率	7.47%	7.59%
(3)每股净资产	1.859	1.833

3、以下摘自陕西会计师事务所陕会审字〔1997〕212号审计报告:

审计报告

陕会审字〔1997〕212号

陕西省国际信托投资股份有限公司全体股东:

我们接受委托,审计了贵公司1997年6月30日的合并及母公司资产负债表及1997年1-6月合并及母公司利润表。这些会计报表由贵公司负责,我们的责任是对这些会计报表发表审计意见。我们的审计是依据《中国注册会计师独立审计准则》进行的。在审计过程中,我们结合贵公司实际情况,实施了包括抽查会计记录等我们认为必要的审计程序。

我们认为,上述合并及母公司会计报表符合《企业会计准则》、《股份制试点企业会计制度》和《金融企业会计制度》的有关规定,在所有重大方面公允地反映了贵公司1997年1-6月经营成果,会计处理方法的选用遵循了一贯性原则。

陕西会计师事务所　　中国注册会计师:潘　敏

西安北四府街48号　　中国注册会计师:方文启

一九九七年七月二十日

3、财务报表附注

(1)本期财务报告所采用的会计政策与会计方法和1996年度财务报告一致。

(2)本报告期内主体未发生合并、分立等变化。

(3)合并报表原则:对公司拥有50%以上权益的子公司和附属单位的会计报表进行合并,对于合并范围内的公司及附属单位、子公司之间的所有重大往来均已在合并报表时予以抵扣。

(4)子公司及关联企业

公司名称	所在地	主营范围	拥有权益
陕西省鸿业房地产开发公司	西安	房地产开发、经营	100%
上海佳信房地产开发公司	上海	房地产开发、经营	100%
陕西国信金融电子咨讯有限公司	西安	计算机技术应用开发	100%
陕西鸿信物业代理公司	西安	代理房地产买卖、租赁、物业代理	100%
陕西嘉华装饰工程公司	西安	建筑装修、设计、施工	100%
香港康达理发展有限公司	香港	投资、商贸	100%
陕西信通投资咨询公司	西安	证券投资、咨询、管理	100%
陕西智汇信息公司	西安	科技咨询服务	100%
西安秦陵蜡像有限公司	西安	蜡像制作、展示、销售	15%
陕西华圣股份有限公司	西安	商贸、报业	10.71%
西安神州明珠酒店	西安	客房出租、餐饮	10%
陕西证券有限公司	西安	证券发行、买卖、保管	10%
陕西长安信息产业股份有限公司	西安	计算机开发、生产、销售	5.79%

本公司关联企业之间不存在关联交易。

(5)应收帐款

期末余额217,611,960.46元,较年初增长34.66%,主要由于:一是公司新增两个证券营业部而使证券交易清算款较上年增加5,057万元;二是房地产公司售楼较上年末增加833万元。按帐龄分类为:

帐　龄	金额(元)	比例(%)
一年以内	165,428,298.14	76.02
一至二年	22,495,766.59	10.34
二至三年	17,569,682.19	8.07
三年以上	12,118,213.54	5.57

合　　计	217,611,960.46	100.00

(6)其它应收款

期末余额239,085,909.81,按帐龄分类为:

帐　　龄	金额(元)	比例(%)
一年以内	101,687,277.79	42.53
一至二年	84,077,017.35	35.17
二至三年	49,352,889.58	20.46
三年以上	3,968,725.09	1.66
合　　计	239,085,909.81	100.00

(7)短期投资

本期期末无余额,较年初减少321,441.45元,主要是公司所属全资子公司陕西国信金融电子咨讯有限公司将其所持股票全部售出。

(8)自营证券

本期末余额24,422,227.63元,较上年减少33,653,500.65元。按照国务院证券委、中国人民银行和国家经贸委有关文件规定,,经自查和检查,公司在自 营证券中没有使用国家专业银行贷款等违规行为,亦未自营本公司股票和炒作其他上市公司股票。在今后的自营证券业务中,公司净继续严格遵守国家有关法律、法规及本公司章程。本期自营证券亏损56,968.50元。现余额全部为历次认购的国债,其券种、数量如下:

债券种类及名称	面值(万)	金额(元)
92-5券	21.495	275,580.22
93-5券	100	1,719,965.00
95-3券	232.58	3,026,703.05
96-3券	1,315.62	13,548,991.00
97-3券	160	1,599,000.00
96券	200	2,372,971.30

(9)本期期末余额45,164,246.06元,同年初比减少31.97%,主要因为:一是根据我公司与深圳杰恩保安电子技术有限公司的协议,以其深圳杰恩大厦折抵收回对该单位的投资2,422万元;二是认购陕西华圣企业(集团)股份有限公司发起人法人股300万。期末余额中,股权投资30,836,749.06元,占68.28%;债券投资3,710,000.00元,占8.21%;实业及物业投资10,617,497.00元,占23.51%。

(10)股本、资本公积、盈余公积

本报告期内均未发生变化。

(11)未分配利润

本报告期期末余额19,364,522.16元,系公司前半年税后利润19,100,970.06元与上年利润分配结余数263,552.10元之和。

(12)营业收入

本期发生192,528.18元,较上年同期增加87,044,506.12元,主要因为:一是证券手续费较上年同期增加2,655万元;二是房地产业务收入较上年同期增加8,620万元;三是融资及贷款业务收入较上年同期减少2,748万元。

(13)营业支出

本期发生164,549,282.19元,较上年同期增加82,798,364.18元,原因:一是主要因房地产开发成本(即其它营业支出)因开发面积增加而较上年同期增加6,637万元;二是营业费用较上年同期增加1,900万元,其中固定资产折旧84万元,递延资产摊销134万元,审计费53万元,广告宣传149万元,低值易耗品摊销64万元,诉讼、律师费(主要为解决遗留涉外担保项目)564万元,房租153万元,咨询费145万元,设备运转、交通运输、邮电及修理费129万元,办公、差旅及公杂费142万元,工资、养老保险、职工福利及住房公积金95万元,其它费用188万元;三是利息、金融性企业往来、手续费及汇兑损失支出较上年同期减少258万元。

(14)投资收益

本期发生100万元,属收到陕西省证券公司96年度股利。

(15)营业外收支

本期营业外收支累积净额586,274.42元,系营业外收入本期发生812,206.12元,主要是公司所属佳信房地产公司所收施工单位误工罚款及证券营业部罚款收入;营业外支出本报告期发生225,931.70元,主要是证券营业部误操作赔款及罚款支出。

二、经营情况的回顾与展望

(一)上半年经营情况回顾

1、主要指标完成情况

公司上半年实现主营业务收入19,252.83万元,主营业务利润2,182.17万元,利润总额2,340.80万元,税后利润1,910.10万元。

2、业务开展情况

公司上半年继续贯彻强化管理、防范风险、巩固提高和积极开拓的总体方针。根据人民银行、中国证监会及有关监管部门文件精神,公司坚持将加强风险防范意识和法纪教育放在首位,在自查和检查的基础上,重点对财经、审计、稽核和财务核算等制度进行了严格规范,初步建立内部授权授信制度,从而保证了公司各项业务合规、合法和顺利开展,并取得显著成效:

(1)金融信托投资业务:截止1997年6月30日,公司吸收信托、委托等存款余额为81,242.34万元,发放各类贷款42,277.43万元。国库券再投资信托业务亦得到较大发展。公司金融资产的结构和质量有了明显地改善和提高。

(2)房地产业务:上半年,公司在上海、西安两地的房地产公司共实现销售收入10,172.25万元,较去年同期增加7,602.25万元。目前,公司已开发建设的项目有金桂苑工程16,614平方米、上海佳信都市花园50,844平方米和佳信徐汇公寓40,833平方米;联建项目有北京草桥小区工程60,000平方米;投资入股在建项目有西高新枫叶苑项目和北京望京小区项目,另外在西安待开发的项目有长乐花园和北二环住宅小区。

(3)证券业务:上半年,公司在强化管理、加强机构建设的基础上,积极参与市场竞争,证券交易量迅速扩大,股民开户数已达7万多户,证券成交额达110亿元,较上年同期增加75亿元,实现手续费收入3,551万元。

公司于今年2月20日取得A股发行主承销资格后,积极开拓投资银行业务,扩大一级市场份额,先后为数十家企业提供了改制、承销和上市推荐等服务业务,开拓了业务渠道,为今后投资银行业务的发展奠定了基础。

(4)国际金融业务:上半年,公司外汇资产达到4,900万美元,其质量和结构有了一定的改善,并新获得2,000万美元的中长期外汇贷款指标。另外,根据市场机会和市场需求,公司还积极探索外汇项下的担保、租赁等业务,为公司国际金融业务的全面发展奠定了基础。

本期内主营业务收入较上年增幅较大,但由于房地产业务成本、营业费用和所得税亦较上年同期有较大增加,故本期税后利润与上年同期基本持平。

(二)下半年公司经营展望

公司将按照"规范业务行为,改善资产结构,理顺经营关系,推进机制转换,强化内部管理"的目标,突出风险防范工作,巩固发展现有业务,拓展信托领域,增强资本营运功能,提高经营水平:

(1)信托业务:在现有金融信托业务经营的基础上,进一步拓展新的领域,尽快形成规模经营。

(2)房地产业务:加快房地产在建工程的建设及商品房的销售与预售步伐,加速售房款资金的回笼,减少资金的占用。

(3)证券业务:严格按照三部委的规定和有关法律、法规,规范公司证券业务;在现有基础上致力于改进软硬件设施,提高服务水准,努力增加交易量;继续将投资银行业务作为公司一项重要业务,积极参与省内外企业的股份制造与策划,大力开展一级市场的承销发行和上市推荐工作。

(4)国际金融业务:继续加强与国外金融机构间的合作,积极稳妥地引进境外资金,扩大外汇业务规模。

三、重大事件的说明

1、在本报告期内，6月20日公司召开1996年度股东大会，并选举产生公司二届董事会、监事会成员（详见6月21日《中国证券报》）

2、经股东大会决议，将1996年度配股方案的有效期延长至1997年年底。

3、经自查：本公司未从事任何违规事项。

4、公司已对西安秦陵蜡像馆有限公司1,247万元有抵押的逾期贷款提起诉讼保全；西都大厦和西安建国饭店的担保债务案件和解工作正在积极进行之中。除此之外，公司无其它重大诉讼、仲裁事项。

5、公司1997年度中期不分红。

四、发行在外股票的变动和股要结构的变化

1、股权结构情况（单位：股，每股面值1.00元人民币）

股份类别	1997年6月30日	比率（%）	1996年12月31日	比率（%）
一、尚未流通股份				
1、发起人股份	77,530,114	56.37	77,530,114	56.37
其中：国家股	68,530,114	49.83	77,530,114	59.83
法人股	9,000,000	6.54	9,000,000	6.54
2、募集法人股	6,000,000	4.36	6,000,000	4.36
3、内部职工股	121,600	0.09	121,600	0.09
二、已流通股份				
A股	53,878,400	39.18	53,878,400	39.18
已流通股份合计	53,878,400	39.18	53,878,400	39.18
三、股份总额	137,530,114	100.00	137,530,114	100.00

本报告期内公司股本结构没有变化。

2、主要股东持股情况

股东名称	持股数	所占比例（%）
陕西省财政厅	65,530,114	47.65
深圳市深华工贸公司	6,000,000	4.36
陕西省交通厅	3,000,000	2.18
中保财产保险公司陕西分公司	3,000,000	2.18
国营远东机械制造公司	600,000	0.44
国营庆安设备公司	600,000	0.44
西安咸阳国际机场	540,000	0.40
江波	472,300	0.35
袁敬民	400,000	0.29
陕西省邮电管理局	360,000	0.26

五、股东大会简介

本公司于1997年6月20日上午9时在西安神州明珠酒店召开1996年度股东大会，出席会议的股东29人，所持股份7,498.21万股，占公司总股本的54.52%。会议符合法定程序和规定。

本次大会审议、表决，通过了如下决议：

1、批准了《1996年度董事会工作报告》；

2、批准了《1996年度监事会工作报告》；

3、批准了《1996年度财务决算报告》；

4、批准了《1996年度利润分配方案》；

5、批准了《延长1996年度配股方案有效期的议案》；

6、批准了《关于授权董事会修改公司章程的议案》；

7、批准了公司《董事会、监事会关于换届组成人员的议案》。

（详见1997年6月21日《中国证券报》）

本公司报告期内没有召开临时股东大会。

六、备查文件

1、载有公司董事长、总经理亲笔签名的中期报告原本。

2、载有陕西会计师事务所盖章、注册会计师潘敏、方文启亲笔签字的审计报告正文及公司财务报告。

查阅地址：陕西省西安市环城东路南段8号神州明珠酒店二楼

邮政编码：710048

联系电话：(029)3239354

传真：(029)3239456

联系人：陈婷　王勇

陕西省国际信托投资股份有限公司

一九九七年八月九日

深圳市振业股份有限公司

1996年年度报告摘要　（摘选）

一、公司简况

公司名称：深圳市振业股份有限公司

法人代表：张宝　　邮政编码：518008

公司地址：深圳市宝安南路振业大厦29－31层

电话：0755－5892061　传真：0755－5892012

二、主要财务数据与财务指标

指标项目	本年数	上年数	比上年增减
1.主营业务收入(万元)	18,522.25	11,011.05	68.22%
2.净利润(万元)	7,031.93	4,533.99	55.09%
3.总资产(万元)	78,003.91	69,283.51	12.59%
4.股东权益(万元)	45,767.21	42,954.44	6.55%
5.每股收益(元)	0.519	0.334	55.39%
6.每股净资产(元)	3.38	3.17	6.62%
7.净资产收益率(%)	15.36	10.56	45.45%
8.股东权益比率(%)	58.67	61.99	-5.36%

注：表中的数据和指标均按合并财务报表数计算填列。

四、1996年度公司业务回顾

1996年，在深圳市委、市政府和建设集团公司的正确领导以及各位股东的大力支持下，公司董事会和经营班子带领全体员工埋头苦干，开拓进取，资金运用和成本控制为主线，紧紧围绕利润回报这个中心，加强工程调整经营策略，超额完成了各项经营计划指标，取得了可喜的成绩，开始走出低谷，向着多元化、集团化、规模化经营的企业集团阔步迈进。

经营业绩及财务概要

公司1996年实现经营收入18,522万元，实现利润总额8,178万元，净利润52万元，分别比去年增长了68.2%、52.63%和55.1%。截止1996年12月31日，公司总资产规模到78,004万元、净资产45,767万元，分别比去年增长了12%和6.5%，股本规模达到了13,562万元。

工程开发情况

1996年我公司不断加强工程技术管理，努力提高经济效益。面对资金紧缩条件不利，工期紧等种种困难，我们及时调整管理方案，加强资金控制，方案和施工工艺，保证了各工程项目的顺利竣工。1996年公司完成的振华5＃楼、红围二巷12、13＃改造工程，宝泉庄工程和景田监理项目，竣工到6万平方米，比上年增长了25%，工程和建设速度均达到了较高水平。

房地产销售情况

1996年是深圳市房地产市场楼盘沉淀最多的一年。面对低迷的市场，我们及时调整营销策略，采取市场调研、上门服务、自办展销会、公开等多种方式挖掘潜力，增强销售力度，使销售工作取得了可喜的成绩，全年共实现销售收入18,522万元，比上年增长68.2%，创造了公司年销售的最好水平，其中公司开发的高档物业小区宝泉庄的销售收入达到了1.52亿元，销售率高达81%，成为全市同行业住宅小区销售的最高水平者。

物业租赁和管理情况

1996年，公司进一步明确了"依法管理、热情服务、廉洁奉公、业主至上"的经营指导思想，健全管理制度和服务措施，下大力气促使物业管理上水平、振兴花园小区1996年被初评为"深圳市安全文明标兵小区"，赢得了良好社会声誉，振业大厦公司坚持"突出优势，诚恳热情"的方针，向客户提供优质服务，也收到了良好的效果。全年共完成物业经营收入945万元，实现利润　万元。

投资及业务拓展情况

1996年，公司投资200万元创办了振业商贸发展有限公司，主要从事专业小商品市场等项目的开发管理，该项目的投资是我公司实现多元化经营的又一尝试和体现，对改善公司投资结构将会起到积极的作用。1996年公司投资回报总额达到745万元，圆满完成了全年计划；并在积极参股金融等科技产业、努力实现投资多元化、寻求新的融资渠道和经济增长点等方面进行了积极的尝试，取得了较好的成效。

五、股本变化及股本结构情况

1.股本结构情况表(截止1996年12月31日)

股份类别	年初数(股)	比例	年末数(股)	比例
(一)尚未流通股份				
发起法人股	51,225,326	37.77%	51,225,326	37.77%
(二)已流通股份				
A股	84,394,748	62.23%	84,394,748	62.23%
(三)股份合计	135,620,074	100%	135,620,074	100%

2.主要股东持股情况(截止1996年12月31日)

股东名称	年初持股数(股)	年末持股数(股)	占总股本比例
建设集团	38,007,216	38,007,216	28.02%
长城地产	5,402,655	5,402,655	3.98%
动力公司	4,063,284	4,063,135	3.00%
深金飞洋	0	2,946,776	2.17%
深圳五建	1,950,000	1,950,000	1.44%
京中保信	0	1,894,412	1.40%
深圳一建	1,300,000	1,300,000	0.96%
刘中伟	0	1,230,417	0.91%
陆海龙	398,877	1,172,776	0.86%
国投成都	0	1,125,124	0.83%
合计	51,122,032	59,092,511	43.57%

注：表中所列示的前10名股东中，建设集团、长城地产、动力公司、深圳五建、深圳一建为本公司法人股东；其余为社会公众股东，所持股份的增减部分为市场交易所致。

3.股东数量

截止1996年12月31日，本公司股东总数为28,898人，其中：法人股东6人，社会公众股东28,892人。

深圳市物业发展(集团)股份有限公司

1996年年度报告摘要 (摘选)

一、公司简况

公司名称:深圳市物业发展(集团)股份有限公司
法人代表:田承刚　　　　邮编:518014
公司地址:深圳市人民南路国贸大厦39、42层
电话:0755—2253020　　　　传真:0755—2252043

二、主要财务数据与财务指标

单位:万元

指标项目	本年数	上年数	比上年增减(%)
1.主营业务收入	96,997.85	103,580.20	-6.35
2.净利润	136.82	21,498.70	-99.36
3.总资产	398,866.89	399,347.79	-0.12
4.股东权益	137,152.85	135,903.78	0.92
5.每股收益(元/股)	0.0025	0.3968	-99.37
6.每股净资产(元/股)	2.53	2.51	0.80
7.净资产收益率(%)	0.10	15.82	-99.37
8.股东权益比率(%)	34.39	34.03	1.06

三、公司主要业务回顾

1.一年来公司经营情况

1996年本集团经营上面临着很大困难,全国范围内房地产市场楼宇积压、资金紧缺的形势仍未有根本性的改变。新一任领导班子组成后,从实际出发,正视困难,针对房地产开发战线过长,资金沉淀严重,部分非地产项目效益不良等诸多问题,采取果断措施,及时调整经营策略,开拓发展新路,做了很多艰苦的工作,收到了一定的效果,同时为1996年的发展奠定了基础。第一,坚决收缩战线,压缩投资规模,盘活存量资产;第二,逐步处理遗留问题,开始对下属亏损企业进行清理整顿,扭亏增盈;第三,狠抓楼宇销售及在建项目的工程形象进度,加快资金回收,同时调整开发结构,加快开发速度;第四,加强企业管理,从基础管理入手,健全企业规章制度,实现公司程序化、规范化、标准化运作,不断提高管理水平和工作效率。

本集团全年实现营业收入9.70亿元,实现利润总额136.82万元;创汇350万美元。营业收入中,房地产5.67亿元,占58.45%;商业1.73亿元,占17.84%,运输和饮食服务0.90亿元,占9.28%;房屋租赁及管理0.63亿元,占6.49%;其他0.77亿元,占7.94%。房地产业全年实际完成投资2.2亿元,施工面积20.8万平方米,竣工面积10.7万平方米,销售面积3万平方米。1996年公司继续开发新项目,以1.23亿元中得市政府招标用地,以此规划的"物业时代新居"项目的开发工作已全面展开。

1996年经营成果与计划指标产生较大差额,主要原因为:

第一,由于房地产市场有效需求不足,导致部分楼宇销售情况不理想,部分重要利润来源项目销售未能实现计划,造成实际情况与计划指标出现较大偏差。

第二,部分二级公司亏损。受香港房地产市场的影响,我境外深业地产公司鸭俐洲项目经营严重亏损。另外,由于市场和经营的原因,其他部分二级公司也有不同程度亏损。

第三,历史遗留问题的影响。1985年的水泥公司钢材诉讼案赔款在1996年结算,给1996年利润计划的完成造成影响。

四、业务展望

1997年度,本集团经营中将要集中做好以下工作。

1.积极开拓经营,抓好重点项目。重点抓好皇城广场、国贸商业大厦两个项目的销售,回收资金,保证1997年的主要利润来源;抓紧皇和大厦、"物业时代新居"、福民大厦、福民新村高层住宅、龙珠开发区等项目的开发经营,精心策划,力创名牌;尽早落实皇岗口岸土地补偿,积极争取大梅沙成片开发经营权。

2.规划和组建大型企业集团,对公司产业结构、组织结构进行大范围的调整。要制定企业中长期发展规划,重点做好皇岗口岸、龙珠开发区、大梅沙的发展规划,培育新的利润增长点,为集团未来几年的发展打下良好基础;强化资产经营的力度,以专业化、规模化和社会化为原则,进行资产重组,迅速扩大企业的规模;同时实现集团总部经营方式的转变,建立和形成集团公司管理的新模式。

3.消灭企业亏损,千方百计扭亏增盈。1997年要尽最大力量和努力扭转部分二级公司亏损的局面,对亏损企业要采用关停并转的方式,进行清理整顿;尽量减少二级公司数量,降低集团公司管理幅度,缩短管理链条,控制三级企业的数量,消灭四级企业;重点扶持几家有发展前景的二级公司,有序调整二级公司的资产经营,提高集团公司运作效率,力促形成一个高效的紧密型企业集团。

4.完善经营机制,健全规章制度,苦练内功,提高企业管理水平。制定切实可行的措施,完善企业内部竞争机制、激励机制、监督和约束机制,建立现代企业制度;根据实际情况,进行企业内部组织机构的调整,健全各项规章制度,实现标准化、程序化、规范化运作,提高工作效率和工作质量,全面提高企业素质。

五、股本变化及股本结构情况

1.股本结构

1)股本结构情况(截止1996年12月31日)

单位:股　　面值:每股1元

股份类别		期初数	增减	期末数
一、尚未流通股份				
国有股股本	A股	294,316,103	29,431,610	323,747,713
定向法人股股本	A股	59,273,500	5,927,350	65,200,850
高级管理人员持股	A股	111,121	11,112	124,542
二、已流通股份				
社会公众股股本	A股	82,971,879	8,297,189	91,266,758
合计		436,672,603	43,667,260	480,339,863
社会公众股股本	B股	55,872,102	5,587,210	61,459,312
三、股份总数		492,544,705	49,254,470	541,799,175

变化原因:1995年度送红股"10送1"。

2)前十名主要股东持股情况

股东名称	持股数(股)	占总股本比例(%)
1)深圳市投资管理公司	323,747,113	59.75
2)中国平安保险公司	59,025,450	10.89
3)TEMPLETON CHINA WORLD FUND INC.	4,798,860	0.89
4)TEMPLETON DRAGON FUND, INC.	3,361,180	0.62
5)AU KIANG INTERNATIONAL CO LTD.	2,983,910	0.55
6)深圳市国利实业公司	2,910,050	0.54
7)TEMPLETON INSTITUTIONAL EMERGING MARKETS SERIES	1,874,616	0.35
8)上海香港万国证券	1,872,800	0.35
9)张子祥	1,698,000	0.31
10)特区免税商品企业公司	1,573,000	0.29
11)深圳万科财务顾问有限公司	1,573,000	0.29
合计	405,418,579	74.83

3)股东数量

截止1996年12月31日,本集团股东总户数为68543户,其中:A股股东户数为65501户,B股股东户数为3042户。

五、年度分配方案

96年度分红配股方案:本年度暂不分配。

深圳市天地实业股份有限公司

1996年年度报告摘要 （摘选）

一、公司简况

公司名称：深圳市天地实业股份有限公司

法人代表：陈德伦　　邮政编码：518008

公司地址：深圳市宝安南路天地大厦三楼

电话：0755—5566321 5566317　传真：0755—5573207

二、主要财务数据与财务指标

指标项目	本年数	上年数	比上年增减(%)
1.主营业务收入(万元)	6,233.51	9,495.01	-34.35
2.净利润(万元)	7.43	1,677.81	-99.56
3.总资产(万元)	49,404.41	51,118.73	-3.35
4.股东权益(万元)	24,595.94	24,041.31	+2.31
5.每股收益(元)	0.0006	0.1533	-99.61
6.每股净资产(元)	2.14	2.20	-2.73
7.净资产收益率(%)	0.03	6.98	-99.57
8.股东权益比率(%)	49.78	47.03	+5.85

三、公司业务回顾

1．一年来经营情况

1996年，天地公司受主客观因素的影响，上半年曾一度出现亏损，在公司董事会、经营班子的领导和全体员工的共同努力下，公司到年底实现净利润7.43万元，实现了扭亏为盈。

(1) 工业

天地公司在今年建材市场依旧低迷的形势下，从转变经营观念，加强制度建设入手，进一步完善了各项管理制度，强化竞争机制，狠抓内部管理，提高管理水平。公司今年在利建混凝土公司推行ISO9000标准，并获得ISO9002认证，同时开始着手对良材、远东两家混凝土公司进行设备改造。公司还组建工作组到南湾石场，使南湾石场生产面貌焕然一新，产量连创新高。石材公司根据市场变化，适时改变经营策略，积极开拓市场，减少中间环节，实行薄利多销，使石材公司产品产量、销售量都达到历史最高水平。美奇化工公司在工厂搬迁的同时抓好生产和销售，做到搬迁生产两不误，取得了较好的经济效益，深秦实业公司今年不但基本上完成了搬迁工作，还完成了新厂生产线的安装调试。他们压缩费用，降低消耗、研制新产品，开辟了新的供货渠道。

(2) 房地产

天地房地产开发公司今年收缩战线，集中人力、财力、物力，重点抓了东门旧城改造项目。3月份该公司与合作方共同成立了拆迁办公室，领导亲自挂帅，并派出多名同志进驻拆迁工地，为项目的进展争得了较快的拆迁速度，到年底，已与80%多的拆迁户签订了拆迁补偿协议。茂名嘉兴花园和广州竹料镇项目，公司也在积极联系出售或转让。

(3) 商贸及物业管理

天地建材公司今年面对国家税收政策改变等因素的影响，采取灵活多样的方式搞活经营；仓储公司在仓储业萧条的形势下，保证24小时全天候为客户服务，以优质的服务吸引顾客；天地第二工业区在深圳工业厂房大量闲置的情况下，抓紧新厂房的招租工作，年底已出租了85%的厂房，使其初见了效益。沙头角单身公寓努力营造一个较好的环境，使出租率达到80%；天地宾馆和天地大厦部分裙楼继续实行对外承包经营和物业出租。为规范天地公司的物业管理，使其上水平，在年底成立了天地物业管理有限公司。

2．公司财务状况说明

公司本年度实现主营业务收入6,233.51万元，较上年同期9,495.01万元减少3,261.50万元，降低34.35%，主要是由于公司房地产项目及天地良材混凝土公司收入大幅度下降所致。

公司本年度实现净利润7.43万元，较上年同期1,677.81万元减少1,670.38万元，降低99.56%，一是由于作为公司支柱产业的房地产收入大幅度下降；二是由于作为公司基础产业的建材工业，建材产品的价格疲软，造成公司工业企业收入下降。

每股收益及净资产收益率减少是因为公司主营业务收入大幅度下降，导致净利润大幅度下降所致。

四、股本变化及股本结构情况

1．股本变化及股本结构情况

(1) 股本结构情况

填报日期：1996年12月31日　数量单位：股　每股面值：1元

股份类别	期初数	所占比例	本年变动增减数	期末数	所占比例
(一)尚未流通股份					
(1)发起人股份	73,008,000	66.71%	3,650,400	76,658,400	66.71%
其中：					
国家拥有股份	73,008,000	66.71%	3,650,400	76,658,400	66.71%
(2)内部职工股	158,370	0.15%	-6.979	151,391	0.13%
尚未流通股份合计	73,166,370	66.86%	3,643,421	76,809,791	66.84%
(二)已流通股份					
境内上市人民币普通股	36,273,630	33.14%	1,828,579	38,102,209	33.16%
已流通股份合计	36,273,630	33.14%	1,828,579	38,102,209	33.16%
(三)股份总数	109,440,000	100%	5,472,000	114,912,000	100%

(2) 股本变动原因

本年度股本变动是因1995年度按每10股送0.5股红股及四位原董事、监事内部职工股解冻所致。

(3) 主要股东持股情况(前十名大股东)

序号	股东名称	年末持股量(股)	持股比例(%)
1	深圳市建设投资控股公司	76,658,400	66.71%
2	黄木顺	500,000	0.435%
3	广东发展银行基金部	245,000	0.213%
4	福建省华侨信托投资公司	200,000	0.174%
5	夏幼群	182,200	0.159%
6	张步宏	180,000	0.157%
7	张华	170,000	0.148%
8	陈富成	151,700	0.132%
9	高同兵	136,000	0.118%
10	冯庆学	103,417	0.090%

根据深圳市深发[1996]32号文，原深圳市建设(集团)公司持有本公司股份，现由深圳市建设投资控股公司代表国家持有本公司股份。

(4) 股东数量

截止1996年12月31日公司股东总数29544户，其中国家股股东1户。

深圳经济特区房地产(集团)股份有限公司

1996年年度报告摘要　(摘选)

一、公司简况

公司名称:深圳经济特区房地产(集团)股份有限公司

法人代表:邓惠强　　邮政编码:518001

公司地址:深圳市人民南路房地产大厦五楼

电话:0755-2339255-611传真:0755-2339200

二、主要财务数据与财务指标

	1996年	96比95年增长	1995年	1994年
1.营业收入(万元)	77503.6	-34.9%	119062.6	156,300
其中:主营业务收入	77503.6	-34.9%	119062.6	156,300
2.利润总额(万元)	1999.02	-95.8%	47649.5	52,866
3.税后利润(万元)	169.5	-99.56%	39240.5	44.897
4.资产总额(万元)	632962.6	-1.59%	643191.4	515,687
5.股东权益(万元)	240337.9	-0.18%	240791.9	204,032
6.每股净资产(元)	2.37	-0.18%	2.38	2.42
7.每股收益(元)	0.0017	-99.58%	0.39	0.53
8.股东权益比例	37.97%	1.4%	37.44%	39.57%
9.净资产收益率	0.07%	-99.63%	16.30%	22.00%

三、公司业务回顾

1996年,国家宏观经济形势开始逐步向好,但房地产市场的情况依然严峻,市场竞争进一步加剧。我公司根据形势,积极进行了产业结构和资产结构的调整,终止了一批外地项目。但从总体上看,由于深圳市的高档写字楼供过于求,给我公司经营带来较大的困难,直接影响了我集团1996年的主营业务收入。此外,依据财政部颁布的《施工、房地产开发企业财务制度》的规定,以房地产开发企业的结算方式发生了较大的改变,分期收款方式销售的开发产品,按合同约定并以本期已收到的价款确认营业收入的实现,这对我公司1996年的营业收入也有较大的影响。

我公司多年来投资交通、能源、酒店等行业,但由于这些投资均为长线投资,占用的资金较多,资金回笼较慢。

由于以上原因,本公司1996年的经营业绩出现较大滑坡。

本公司1996年主营业务收入分布如下:

项　　目	金　　额
房地产业	337,437,935.25
建筑安装业	57,042,218.51
工业	19,194,717.61
商业	233,175,567.67
服务业	111,715,220.23
出租物业	16,471,205.88
合计	775,036,865.15

主营业务收入比去年同期下降34.9%,主要是房地产业务收入大幅度降低所致。

四、股本变化及股本结构情况

(截止1996年12月31日)

1、1996年5月23日,本公司第三次股东大会通过A、B股股东每10股派发2元现金的95年度分红方案,总股本不改变。

2、股本结构(截止于1996年12月31日)

	股数(股)	股权比例(%)
国家股	743,820,000	73.53
境内公众股	147,840,000	14.61
B股	120,000,000	11.86
总股数	1,011,660,000	100.00

3、前十名大股东名单(截止于1996年12月31日)

股　东　名　称	持股数(万股)	比例(%)
1.深圳市投资管理公司	74382	73.52
2.BS/NEWTON INVESTMENT MANAGEMENT LTD.	505.09	0.0049
3.BS/NEWTON EXEMPT FUND	378.72	0.0037
4.依烈有限公司	376.75	0.0037
5.刘赛月	339.17	0.0035
6.CCBP/FINANCIERE ATLAS	338.51	0.0034
7.SHUM YIP KWAN WING DEVELOPMENT LTD.	315.26	0.0031
8.周志红	281.60	0.0027
9.TANDER CHINA INVESTMENT CO.LTD	228.00	0.0022
10.林伟中	177.77	0.0017

4、董事、监事及高级管理人员变更情况及持股情况

姓　名	职　　位	年初持股数(股)	年末持股数(股)
1)邓惠强	董事长	0	0
2)梁伟国	董事总经理	31316	31316
3)刘凤义	董事副总经理	0	0
4)丁小宁	董事副总经理	0	0
5)叶本统	董事副总经理	31724	31724
6)郑天伦	董事	0	0
7)麻建华	董事	0	0
8)叶漾	监事会主席	0	0
9)杨承军	监事	0	0
10)陈佛来	监事	35464	35464
11)彭乃店	副总经理	0	0
12)赵维国	副总经理	0	0
13)石纪璜	总工程师	0	0
14)任向东	董事会秘书	0	0

深圳宝恒(集团)股份有限公司

1996年年度报告摘要（摘选）

一、公司简况

公司名称：深圳宝恒(集团)股份有限公司

法人代表：潘秩庆　　　　邮政编码：518101

公司地址：深圳市宝安区湖滨路宝恒大厦

电话：7754517　2295604　　传真：2295604　7789701

二、主要财务数据与财务指标

指标项目	本年数	上年数	比上年增减(%)
1.主营业务收入(万元)	41,838.79	37,577.81	11.34
2.净利润(万元)	14,079.77	10,165.36	38.51
3.总资产(万元)	177,639.08	148,309.24	19.78
4.股东权益(万元)	106,724.31	86,185.24	23.83
5.每股收益(元)	0.43	0.39	10.30
6.每股净资产(元)	3.23	3.26	-0.92
7.净资产收益率(%)	13.19	11.79	11.87
8.股东权益比率(%)	60.08	58.11	3.40

注：1. 以上数据和指标均按合并报表数计算。

2. 详细请见本报告附后的蛇口信德会计师事务所审计报告。

三、公司主要业务回顾

1996年，经营班子按照董事会既定的"以房地产为龙头，以工业为依托，带动其他各业全面发展"的经营思想，通过加强管理，内部挖潜，利用优势，以质取胜，改善营销，从而圆满超额完成了1996年度的经营计划。公司年度利润总额为1.57亿元，除税及少数股东权益后利润为1.41亿元，股东权益为10.67亿元，每股收益为0.43元(若按实施96年配股后的总股本3.73亿计为0.38)。

1996年，房地产业、工业和投资业是本公司利润的主要来源。

本公司充分发挥优势和有利条件，采取灵活的促销措施，赢得了市场。1996年商品房施工面积12.6万平方米，竣工面积5.4万平方米，共售出38区宝海花园、46区海滨城广场626套，实现利润6100万元。年度内，本公司利润的另一大主要来源——工业投资业，我们通过加强内部挖潜，改进服务，狠抓管理，吸引了外商，使三资企业得到进一步提高，全年实现利润2800万元，为确保本公司全年利润的实现作出了贡献；另外本公司对招商银行等金融机构的投资初见成效，加之合资企业——日宝来福利润大幅增加，共实现年度利润6000万元，为公司全年利润的超额实现，作出了贡献。

四、股本变化及股本结构情况

1. 股本变化及股本结构情况

(1) 股本结构情况

面值：每股壹元

股份类别	年初数(万股)	占总股本比例(%)	年末数(万股)	占总股本比例(%)
(一)尚未流通股份				
(1)发起人股份	17556	66.5	21945	66.5
其中:国家股	17556	66.5	21945	66.5
(2)募集法人股	1584	6	1980	6
(3)内部职工股	32	0.15	50.6045	0.12
尚未流通股份合计	19172	72.65	23975.6045	72.62
(二)已流通股份				
A股	7228	27.35	9024.3955	27.38
已流通股份合计	7228	27.35	9024.3955	27.38
(三)股份总数	26400	100	33000	100

(2) 股本变动情况及原因

报告期内本公司股票面值无变化。由于1995年的分红派息10股送2.5股派1.2元现金，已经实施，本公司股份总数由26400万股增至报告期末的33000万股。

(3) 主要股东持股情况(截至1996年12月31日)

前10名最大股东持股情况

股东名称	年末持股数(万股)	占总股本比例(%)
深圳市宝安区投资管理公司	21945	66.50
深圳福永桥头经济发展总公司	1320	4.00
深圳国投三部	583	1.77
深圳鸿基股份有限公司	511	1.55
杨　明	180	0.545
纪　唯	165	0.50
翟明东	162	0.49
陈　红	159	0.48
杨　军	154	0.47
叶健英	145	0.44

(4) 报告期末本公司股东数量

股东总人数：　23815人

其中：法人股东：　4人

个人股东：　23811人

(内部职工股东：7人)

2. 公司董事及监事持股情况(截至1996年12月31日)

姓名	职务	年初持股数(股)	年末持股数(股)
潘秩庆	董事长	57600	72000
谢甲雄	副董事长、总经理	52800	66000
曾镇波	常务董事、秘书长	61400	76750
蔡火炎	董事、常务副总经理	0	0
段满生	董事、副总经理	48000	60000
彭庆文	董事、副总经理	48000	60000
林道藩	董事	48236	60295
翁保荣	董事	0	0
黄梅秀	董事	0	0
李如亮	监事会召集人	20000	20000
黎文英	监事	0	0
余燕平	监事	0	0
陈友如	监事	0	0

注：本公司董事、监事股份增加是由于年度分红股所致。

深圳市长城地产股份有限公司

1996年年度报告摘要 （摘选）

一、公司简况

公司名称：深圳市长城地产股份有限公司
法人代表： 邮编：518028
公司地址：深圳市福田区百花村百花五路长源楼
电话：0755—3354764 传真：0755—3368759

二、主要财务数据与财务指标

单位：万元

指　标　项　目	本年数	上年数	比上年增减（%）
1.主营业务收入	32,302	37,498	－13.86
2.净利润	14,496	13,266	9.27
3.总资产	104,178	98,026	6.28
4.股东权益	64,698	46,993	37.68
5.每股收益（元）	1.04	1.24	－16.13
6.每股净资产（元）	4.65	4.39	5.92
7.净资产收益率（%）	22.41	28.23	－20.62
8.股东权益比率（%）	62.10	47.94	29.54

三、公司主要业务回顾

1．一年来经营情况

1996年，本公司在公司董事会的正确领导下，依靠全体员工的共同努力，深化改革、强化管理、健全制度，及时调整工作重点和经营策略，努力提高工作效率和工作质量，增强了企业的竞争能力和发展能力，克服房地产市场低迷带来的重重困难，创造了良好的经济效益。全年共完成投资总额15,276万元，施工面积136,093平方米，竣工面积91,332平方米，全年营业收入32,302万元，实现利润16,688万元，比上年增长6%。

1）房地产业

全年共完成商品房投资9,746万元。施工面积为136,093平方米，竣工面积91,332平方米。主要建设项目有百花村中西区10＃、11＃楼等，目前10＃、11＃大楼工程正在进行外墙装修，预计97年底前竣工交付使用，主要竣工项目有长兴大厦、白沙岭肉菜市场等。在房产销售方面，公司针对深圳市商品房销售持续低迷的市场形势，果断推出商品房促销十项措施，引入竞争机制，改善服务，提高效率，使公司全年的房产销售保持了良好的势头，共销售商品房371套，销售收入达到2.71亿元。在工程监理方面，公司结合商品房开发实际，狠抓工程监理水平，修订工程监理的各项规章制度，提高工程监理人员的自身素质和工作责任心，工程质量得到有效保障，96年竣工的房产中，优良品率达100%。

2）物业经营与管理

本公司经过十多年的发展，自有物业已达到20多万平方米，经营好这些物业是本公司今后稳步发展的保证。下属"长盛实业公司"经过艰苦的努力，狠抓合同的完善和履约工作，促进了新世纪酒店的经营管理，确保了96年实现税后利润2,812万元。下属"长城储运公司"推行风险抵押承包，面对仓储业竞争十分激烈的现状，在深圳市整个仓储业滑坡的情况下，克服困难，效益显著，完成利润额1,188万元。1996年公司整体物业经营效益明显，税后利润达4,644万元，占公司利润的28%，比1995年增长114%。在物业管理方面，所属"长城物业管理公司"管辖的六个小区全部通过市级达标考核验收，其中长乐花园通过了国家建设部优秀住宅评比验收，创造了良好的社会效益。

3）股权投资

本公司1996年共完成股权投资2,560万元，完成计划的177%。公司在紧缩不良股权投资和加大对优良企业股权投资的同时，狠抓了投资项目的回报率。公司证券投资经营有了一个良好的开端，并取得了可喜的成绩，为今后拓展证券业务积累了丰富、宝贵的经验、培养了人才。

2．主要经营指标分析

1996年，本公司主营业务收入为32,302万元，比1995年减少13.86%；净利润为14,496万元，比1995年增长9.27%；每股收益为1.04元，比1995年减少16.13%；净资产收益率为22.41%，比1995年减少20.62%；股东权益为64,698万元，比1995年增长37.68%；股东权益比率为62.10%，比1995年增长29.54%。主营业务收入减少的原因是房地产市场低迷加之1996年公司没有新的商品房项目竣工，所销售的房产主要是1995年年底竣工的荔湖花苑和长安花园A、B、C三座。在主营业务收入减少的情况下，净利润却比1995年有增长，主要原因是1996年公司的投资收益有较大的增长所致。每股收益比1995年减少的原因是在净利润没有大的增长的情况下，公司总股本通过送红股却扩张了30%。净资产收益率减少、股东权益和股东权益比率有大的增长，主要原因是1995年度利润分配方案中，在税后利润13,266万元中，提取10%作公益金，提取25%作公积金，余下65%作分红基金，通过送红股使公司的总股本数扩张了30%，使所有者权益有大的增加，导致净资产收益率减少和股东权益有大的增长。

3.1997年发展展望

1997年，本公司将抓住"97香港回归"、党的十五大召开、国家宏观经济形势进一步好转以及深圳市组建一批大型企业集团的有利时机，促进公司有更大的发展。新的一年，公司工作的基本指导方针是：深化改革，强化管理，狠抓房产销售和物业经营，提高工程监理和物业管理水平，扩大资产运作规模，完善经营结构，降低经营成本，寻求新的经济增长点，同时抓好公司资产重组工作，逐步实现集团化、规模化、集约化经营，使公司的发展上新台阶。

四、股本变化及股本结构情况

1．股本结构情况（截止96年12月31日）

单位：股　面值：每股1元

股　份　类　别	期初数	本次变动增减（＋、－）送股	其他	小计	期末数	占总股本比例（%）
一、尚未流通股份						
1.发起法人持股	71,000,000	＋20,153,196	－3,822,680	＋16,330,516	873,330,516	62.80
2.社会法人持股	5,000,000	＋2,646,804	＋3,822,680	＋6,469,484	11,469,484	8.25
尚未流通股份合计	76,000,000				98,800,000	71.05
二、已流通股份						
1.社会公众股	30,970,000	＋8,916,000		＋8,916,000	39,886,837	28.68
2.董事及高级管理人员持股					374,163	0.27
已流通股份合计	30,970,000				40,261,000	28.95
三、股份总数	106,970,000	＋32,091,000	0	＋32,091,000	139,061,000	100.00

2．股本变动情况及原因

1）董事及高级管理人员股份含董事、监事、董事会秘书等持股，在1995年末数中合并于社会公众股中，故无1995年末数；而在1996年末数中，从社会公众股中分离出来列为已流通股份。

2）深圳市振业股份有限公司以协议的方式受让本公司发起人股东深圳市建设投资控股公司（原深圳市建设集团公司）持有的本公司发起人股部分红股8,822,680股。股份转让分两次进行，首次5,000,000股转让于1995年12月份完成，余下3,822,680股转让于1996年2月份完成。该股份转让事件已于1996年1月26日在《证券时报》上公告。

3）本公司1996年分红派息方案为每10股送3股红股，并派现金人民币5.06元（含税），该方案已于1996年7月实施，使本公司总股本数增加了3209.1万股。

3．前十名主要股东持股情况

股　东　名　称	年末持股数（股）	占总股本比例（%）
1）深圳市建设投资控股公司	87,330,516	62.80
2）深圳市振业股份有限公司	11,469,484	8.25
3）国投北京	728,100	0.52
4）贾洪明	690,820	0.50
5）谢　军	687,180	0.49
6）毛　玲	628,000	0.45
7）建设投资	624,000	0.45
8）张凤连	492,023	0.35
9）孙　军	484,629	0.35
10）尹志平	469,910	0.34

4．股东数量

1996年12月31日，本公司股东总户数为18974户。其中，法人股东2户，社会公众股东18,972户。

深圳南油物业发展股份有限公司

1996年年度报告摘要 （摘选）

一、公司简况

公司名称：深圳南油物业发展股份有限公司

法人代表：李承友　　　　　　　　邮编：518052

公司地址：深圳市南山区新能源大厦九楼

电话：0755—6649732、6404132　　传真：0755—6404132

二、主要财务数据与财务指标

单位：万元

指 标 项 目	本年数	上年数	增减(%)
1.主营业务收入	24,735.57	21,870.63	13.1
2.净利润	4,093.03	1,943.22	110.63
3.总资产	65,673.49	62,597.36	4.9
4.股东权益	33,301.18	28,173.36	18.2
5.每股收益(元)	0.36	0.187	92.5
6.每股净资产(元)	2.93	2.72	7.72
7.净资产收益率(%)	12.3	6.9	78.26
8.股东权益比率(%)	50.71	45.01	12.66

三、公司主要业务回顾

1996年度随着宏观调控的初见成效和香港九七回归的日益临近，毗邻香港的深圳房地产业有明显的复苏和回升。酝酿多时的西部通道业已开始执行实施方案，我公司地处西部通道腹地，是未来该通道的巨大直接受益者。公司经营班子在董事会的领导下，紧紧抓住这一历史性时机，在资金非常紧张，房地产业竞争极为激烈的条件下，充分发挥员工的工作积极性，深入调查研究，周密分析面临的问题，果断制定解决问题的办法，依据市场变化，相机采取应变举措，使公司超额完成董事会制定的年度利润计划。

1.一年来经营情况

A)1996年公司共投入开发建设资金约1亿元，开工项目(按单项工程计)13个，全面施工面积11.46万平方米，竣工面积6.7万平方米。竣工面积占施工面积的58.5%。

B)狠抓服务，广开渠道，全年促销商品房面积达4.9万平方米，商品房销售收入为2.25万元，全年完成税后利润4093万元。

C)本公司利润的绝大部分来自公司主业——房地产业的销售和租赁，而其他方面的利润收入在公司总利润中所占的比例却极为有限，为增加新的利润增长点，公司决心在新的一年里，下大力气进行多方位的开拓发展。

2.对实际经营结果与盈利预测的重大差异的说明

公司1996年度的主营业务收入为2.47亿元，实现税后利润4093.03万元，分别比去年增长13.1%和110.63%。实际经营结果比预测略有增加。利润增长的原因一是由于国家宏观环境逐步好转，国家有关政策向房地产业倾斜，给予扶持；二是本公司最大的控股股东南油集团公司在各方面给予本公司大力支持与合作；三是九七香港回归日益临近使深圳房地产业趋稳回升；西部通道的措施落实将会给本公司的商品房带来极大升值潜力这一观念逐步深入人心，使公司楼价较去年已有所回升；四是公司加大了经营管理力度，公司员工在董事会和经营班子领导下尽职尽责；五是银行贷款利率有所降低，公司独资开发的近6万平方米的太子山庄多层住宅小区，销售情况非常理想，利润率大大提高。

3.对前次募集资金的运用情况的说明

公司在本年度内没有募集资金的举措。1995年度募集的资金已全部按计划投入。所投入项目也已按期竣工和销售，其收益大都超过预测计划。

四、股本变化及股本结构情况

1.股本变化及股本结构情况

1)股本结构(截止1996年12月31日)　　　单位：万股

股 份 类 别	年初数	本期增减	年末数	占比例(%)
一、尚未流通股份				
1.法人股	5432.6317	543.263	5975.8947	52.5
2.内部职工股	26.3799	-3.9844	22.3955	0.2
尚未流通股份合计	5459.0116	539.2786	5998.2902	52.70
二、已流通股份	4888.8584	495.5084	5384.3668	47.30
三、股份总数	10347.87	1034.7870	11382.657	100

2)股本变动情况及原因

A.根据1995年度股东大会决议，本公司于1996年7月9日进行了1995年度的分红派息工作，每10股送1股红股，并同时派0.5元人民币现金息。本公司总股本由1995年末的10347.87万股增扩为11382.657万股。

B.因有关高级管理人员工作变动，其所持本公司股份，已按有关规定的要求如期解决，故内部职工股数量较上年度有所减少。

3)前十名主要最大的股东持股情况

股 东 名 称	持股数(股)	占总股本比例(%)
1)南油(集团)有限公司	59,758,947	52.5
2)潘景庆	514,387	0.45
3)唐康发	500,100	0.44
4)宋完平	499,389	0.44
5)吴新华	494,600	0.43
6)刘树明	483,361	0.42
7)石七叶	471,700	0.41
8)刘伦凤	455,600	0.40
9)叶华银	442,400	0.39
10)陶桓青	437,100	0.38

4.股东数量

截止1996年12月31日止，本公司股东人数共计5304名，其中法人股东1名，个人股5303名，内部职工股东8名。

深圳市中侨发展股份有限公司

1996年年度报告摘要 （摘选）

一、公司简况

公司名称：深圳市中侨发展股份有限公司
法人代表：滕德祥　　　　邮政编码：518008
公司地址：深圳市罗湖区宝安南路西湖花园三层
电话：0755—5894316、5566868 传真：0755—5566222

二、主要财务数据与财务指标

单位：元

指标项目	本年数	上年数	比上年增减(%)
1.主营业务收入	337,873,825.42	124,535,826.92	171.31
2.净利润	27,348,279.21	22,834,642.96	19.77
3.总资产	1,136,947,784.72	777,419,275.79	46.25
4.股东权益	270,038,901.98	215,257,423.03	25.45
5.每股收益	0.27	0.24	12.50
6.每股净资产	2.69	2.28	17.98
7.净资产收益率(%)	10.13	10.61	-4.52
8.股东权益比率(%)	23.75	27.69	-14.23

三、公司主要业务回顾

1．一年来公司经营情况

1996年，公司设定了"重组资产、优化资源、突出重点、强化管理、稳健经营"的原则，重点发展房地产业务，并针对特区房地产市场有所回升的宏观形势，制定了切实可行的经营方针。在公司董事会的领导下，在全体员工的努力下，实现营业收入33,787.38万元，利润总额5,995.35万元，税后利润2,734.83万元，平均每股收益0.27元。

房地产业为本公司的主营业务。1996年上半年，本公司之全资子公司深圳中侨物业发展有限公司积极寻找商机，于房地产市场尚处低迷之际收购了齐明地产(深圳)有限公司75%的股权。该公司从事深圳市金湖H402-21地块的开发经营业务，已开发了齐明别墅、齐明多层高级公寓等多项物业。该项收购使本公司以较小的代价获得了具有较高盈利潜力的优质资产。

96年度，公司加大了商品房促销力度。深港花园、西湖花园所余部分商品房已基本售罄。齐明别墅、齐明多层高级公寓销售情况良好，其销售收入是本年度的主要利润来源。物业管理公司、物业工程监理公司和物业工贸公司经营情况良好。另外，本公司在特区内拥有占地面积约13万平方米的土地储备。

2．主要指标分析

本公司1996年度实现主营业务收入33,787.38万元，比1995年度12,453.58万元增加171.31%，主要原因是商品楼宇销售收入增加。1996年完成净利润2,734.83万元，比1995年度2,283.46万元增长19.77%，净利润与主营业务收入增长幅度相差较大，主要原因有两个：一是本报告期内销售的物业是别墅及高级公寓，较去年销售的塔楼、裙楼单位成本高；二是本年已销楼宇之前期开发利息支出及费用支出有所增加。

3．对前次募集资金运用情况的说明

本公司经获准于1996年度以10股配2.22股的比例向所有普通股东配售股票(发起人股东有偿转让是次配股权)，配股价4.80元/股。本次配股共计配售5,837,153股，扣除发行费用后共募集资金27,433,199.74元。经公司董事会认真研究，决定将该配股资金全部用于公司之流动资金，原计划以4200万元参股常州无线电总厂和以1800万元收购中侨化纤22%股份的配股资金使用计划不再实施。其主要原因如下：

1)由于本次配股中法人股转配部分未能募足，扣除发行费用后的实募资金只有27,433,199.74元，不能实施以4200万元参股常州无线电总厂的项目；

2)经过认真的分析，董事会认为，化纤行业目前的形势和前景均不乐观，与原计划收购化纤公司股份时的设想相距甚远，在此情况下收购化纤公司股份对公司不利；

3)由于近几年国家一直实行宏观调控政策，今年仍实行适度从紧的财政和货币政策，公司资金短缺。董事会认为，把配股资金转为公司流动资金对保证公司的良性运转和整体利益更为有利。

以上决定将提请本公司第四届股东大会审议确认。

4．新年度的业务发展计划

1997年，随着香港的回归和深圳市激活房地产市场政策的出台，深圳市房地产市场将日趋活跃。本公司将抓住机遇，以房地产为支柱，并积极开辟新的业务领域。

本公司将加快齐明别墅装修和小区配套工程，加大促销力度，使齐明别墅及公寓的销售达到一个新的水平。同时，本公司将根据市场需求，适时启动已储备物业项目并不断拓展新的物业项目。目前，本公司准备开发的主要有美晨花园项目。该项目位于深圳市福田保税区配套生活区内，经济地理环境优越，总建筑面积约4.87万平方米，总投资约2.5亿元。该项目已于1997年4月8日奠基开工，将建成多层、中高层相结合，拥有商业配套的具有欧陆式风格的高尚住宅区。本公司将本着"快、精、短"的项目开发宗旨，以期在最短的时间内完成项目，创造良好的销售环境，取得最好的利润回报。

另一方面，本公司将积极拓展购并业务，利用上市公司的优势选择有前景的行业中有盈利潜力的企业实行产权购并、参股入股，拓展新的业务领域，开辟新的利润增长点。

在积极拓展业务的同时，本公司将继续加强规范化管理，降低成本和费用，并发挥全体员工的智慧和力量，勤奋创业，以期为股东带来满意的回报。

四、股本变化及股本结构情况

1．股本变化及股本结构情况

1)公司股本结构

数量单位：股　面值：每股1元

股份类别	年初数	本年增加(配股)	年末数
一、尚未流通股份			
1．发起人股份	72,900,000	0	72,900,000
其中：境内法人股	72,900,000	0	72,900,000
2．法人股转配	0	1,050,833	1,050,833
尚未流通股份合计	72,900,000	1,050,833	73,950,833
二、已流通股份			
1．*A股	21,600,000	4,786,320	26,386,320
已流通股份合计	21,600,000	4,786,320	26,386,320
三、股份总数	94,500,000	5,837,153	100,337,153

*注：A股中含本公司高级管理人员所持股份

2)股本及股本结构变动的原因：股本及股本结构发生变化是因为本公司实施了1996年的配股方案，按94,500,000总股本计，每10股配2.22股，发起人股东有偿转让是次配股权，共计配售5,837,153股。

3)报告期末股东数量：21,329户。

4)主要股东持股情况如下(前十名)：

股东名称	持股数(股)
1)深圳中侨实业有限公司	72,900,000
2)尤海旋	200,000
3)庄严	190,000
4)仙子娱乐	180,000
5)郭玉芳	140,000
6)南方番禺	134,535
7)黎亮	107,000
8)韩纬国	96,109
9)林丽萍	89,850
10)周兴文	74,236

深圳市万山实业股份有限公司

1996年年度报告摘要　（摘选）

一、公司简况

公司名称：深圳市万山实业股份有限公司

法人代表：肖锦彬　　邮编：518030

公司地址：深圳市红岭南路30号3号楼二层

电话：0755—5582741　　传真：0755—5582741

二、主要财务数据与财务指标

单位：万元

指标项目	本年数	上年数	比上年增减(%)
1.主营业务收入	2,564.37	3,318.39	-22.72
2.净利润	106.33	320.50	-66.82
3.总资产	47,255.16	44,498.81	6.19
4.股东权益	20,329.40	20,223.00	0.52
5.每股收益(元)	0.017	0.053	-67.92
6.每股净资产(元)	3.34	3.33	0.30
7.净资产收益率(%)	0.52	1.58	-67.09
8.股东权益比率(%)	43.02	45.45	-5.34

三、公司主要业务回顾

（一）一年来公司经营情况

1996年度，依据董事会作出的关于加大物业管理力度、稳定公司固定收入来源，积极适度的融资、主抓深圳桂花大厦和青岛汇泉商业广场项目的经营指导方针，全年实现销售收入2564万元，实现利润106万元。

1)房地产项目投资占公司长期投资总额的60%以上，直接关系着公司的经营状况。1996年度，公司集中资金保证了深圳桂花大厦项目开发建设的顺利进行，提前40多天封顶，预售142套，实现销售收入4000多万元，在一定程度上缓解了资金紧张的状况。公司投资开发的另一重点项目青岛汇泉商业广场在理顺合作关系的同时，克服重重困难，于1996年度完成了主体结构封顶。这些都为1997年度公司的房屋销售、货币回笼、实现利润创造了条件。

2)稳定物业租赁收入来源。1996年度万山物业管理公司开展创建安全文明小区的活动，继续改善投资环境、提高服务质量，房屋出租率和租金收缴率都达到95%以上，全年租赁收入1520万元。

3)继续拓展商贸业务，实现商品销售收入362万元，比1995年增长456.9%，实现利润59.7万元，比1995年增长345.5%。

4)进一步理顺公司各类投资参股企业的产权关系，着重对青岛汇泉商业广场项目进行了清产、核资的审计工作，保证了该工程开发建设的顺利进行。为公司1997年度利润的实现奠定了基础。其他相关企业的产权关系亦正在清理、完善之中。

（二）1997年度发展计划

1997年，公司将坚持以房地产业为支柱、以物业租赁为基础的经营指导思想，确保深圳桂花大厦和青岛汇泉商业广场于1997年8月底全面竣工，并创造条件保证完成深圳温莎广场正负零以下的工程。在抓好房地产开发建设的同时要在销售上狠下功夫，尤其是桂花大厦和汇泉广场以及龙华万家园的楼宇销售，保证公司1997年的利润来源。此外还将加强物业管理工作，争取使物业管理走上新台阶。

四、股本变化及股本结构情况

（一）股本变化及股本结构情况

1)股本结构情况(截止1996年12月31日)

单位：股　　面值：每股1元

股份类别	年初数	年末数
一、尚未流通股份		
1.国有股	40,455,578	40,455,578
2.法人股	480,240	480,240
二、已流通股份	19,754,104	19,754,104
其中：高级管理人员持股	123,038	123,038
三、股份总数	60,812,960	60,812,960

2)主要股东持股情况

股东名称	年末持股数(万股)	占总股本比例(%)
1)深圳市城建开发集团(公司)	40,455,577	66.52
2)谢长凡	532,800	0.876
3)深圳市丰汇城建发展有限公司	480,240	0.79
4)高建华	300,000	0.49
5)江汉忠	300,000	0.49
6)黄利辉	300,000	0.49
7)蔡文光	300,000	0.49
8)谢靖	279,900	0.46
9)陶汉芳	266,700	0.43
10)周传宏	120,000	0.19

3)股东数量

截止1996年末，公司股东总数12210，其中国家股股东1户，法人股股东1户，社会公众股12208户。

（二）董事、监事及高级管理人员持股情况

姓名	职务	年初持股数	年末持股数	变动原因
肖锦彬	董事长	14850	17226	送红股
任德宏	董事总经理	0		
尤福永	董事	3600	3676	送红股
宋孝刚	董事	9150	10614	送红股
李克忠	董事	10350	12006	送红股
王镇	董事	24150	24150	
陈庆	董事	1200	1292	送红股
邝晓谦	副总经理	17250	20010	送红股
钟少明	监事会主席	27600	32016	送红股
侯志营	监事	6900	8104	送红股
黄水清	监事	7988	9266	送红股

海南新能源股份有限公司

1996年年度报告摘要（摘选）

一、公司简况

公司名称：海南新能源股份有限公司

法人代表：陈宇光　　　　　　邮编：570203

公司地址：海南省海口市椰林路13号

电话：0898—6799249　　　　传真：0898—6799350

二、主要财务数据与财务指标

单位：万元

指标项目	本年数	上年数	比上年增减(%)
1.主营业务收入	9,366.57	34,333.40	-71.72
2.净利润	1,545.17	1,414.41	9.24
3.总资产	78,785.25	70,090.14	12.41
4.股东权益	41,421.17	32,592.02	27.09
5.每股收益(元)	0.099	0.095	4.21
6.每股净资产(元)	2.66	2.20	20.91
7.净资产收益率(%)	3.73	4.34	-14.06
8.股东权益比率(%)	52.57	46.50	13.05

三、公司主要业务回顾

1.一年来经营情况

1996年，本公司实现营业收入9,366.57万元，房地产业销售收入8,726.40万元，利润总额2,024.01万元，净利润1,545.17万元。

1996年，本公司根据股东大会制定的盘活资产、启动项目的经营方针，加大招商引资工作力度，全力以赴为招商和项目启动作好准备工作，现已与美国汉东股份有限公司就合作开发石梅湾旅游区"三区二项目一岛"事宜达成合作意向，一旦石梅湾相关区域权益得到落实，就可全面开发该区域。成都熊猫万国商城正处于合同谈判阶段。

2.1996年，房地产业销售收入8,726.40万元，占营业收入总额的93.16%；租赁业务收入640.17万元，占营业收入总额的6.84%。营业外收支净值1,798.62万元，占本公司利润总额的88.86%；营业利润156.22万元，占利润总额的7.72%；投资收益69.12万元，占本公司利润总额的3.42%。

3.1996年，本公司房地产业销售收入比1995年减少25,607.00万元，下降了74.58%；利润总额比1995年增加253.93万元，上升了14.35%；净利润比1995年增加130.76万元，上升了9.24%。造成本公司房地产业销售收入下降的主要原因有两点：第一，年度股东大会根据海南房地产市场的形势和本公司现状，制定了相对较低的经营目标，计划营业收入为16,790万元，比1995年实际数减少17,758万元，下降了51.40%；第二，海南的房地产市场并未随全国地产市场的复苏而步出低迷徘徊的低谷，房地产市场价格偏低，有行无市，使得本公司计划中的石梅湾滨海酒店的转让未能实现，从而影响了本年度经营目标的完成。

四、股本变化及股本结构情况

1.股本变化及股本结构情况

单位：股　　面值：每股1元

股份类别	期初数	本次变动增减(+、-) 送股	期末数
一、尚未流通股份			
1.发起人股份	85,429,778	4,271,486	89,701,264
境内法人持有股份	85,429,778	4,271,486	89,701,264
2.募集法人股	8,388,800	419,440	8,808,240
3.内部职工股	160,300	8,015	168,315
尚未流通股份合计	93,978,878	4,698,941	98,677,819
二、已流通股份			
境内上市人民币普通股	54,276,849	2,713,845	56,990,694
已流通股份合计	54,276,849	2,713,845	56,990,694
三、股份总数	148,255,727	7,412,786	155,668,513

2.股本变动情况及原因

根据年度股东大会通过的分红派息方案，本公司于1996年7月以1995年利润每10股送0.5股红股，故导致报告期内股份发生变动。

3.前十名主要股东持股情况

股东名称	期初持股数(股)	报告期增减(+、-)	期末持股数(股)	占总股本比例(%)
1)中国农业银行海南省分行直属支行(原中国农业银行海南省信托投资公司)	24,237,667	1,211,883	25,449,500	16.35
2)海南新安房地产有限公司	23,256,971	1,162,848	24,419,819	15.69
3)海口新宇环境艺术装饰有限公司	14,709,188	735,459	15,444,647	9.92
4)海南省证券公司	9,069,312	453,465	9,522,777	6.12
5)海南赛格国际信托投资公司	6,428,800	321,440	6,750,240	4.34
6)成都川宝新燃实业开发公司	5,629,456	281,472	5,910,928	3.80
7)兰州化学工业公司原料动力厂	3,222,584	161,129	3,383,713	2.17
8)海南机场股份有限公司	2,361,800	118,090	2,479,890	1.59
9)中国残疾人福利基金会	1,960,000	98,000	2,058,000	1.32
10)万科企业股份有限公司	1,400,000	70,000	1,470,000	0.94
海南凤凰机场总公司	1,400,000	70,000	1,470,000	0.94

4.股东数量

截止1996年12月31日，本公司股东总数为47,609名。

海南港澳实业股份有限公司

1996年年度报告摘要 （摘选）

一、公司简况

公司名称：海南港澳实业股份有限公司

法人代表：张澄光　　邮政编码：570105

公司地址：海南省海口市海景湾大厦29—30层

电话：0898—6751991　　传真：0898—6751891

二、主要财务数据与财务指标

指标项目	本年数	上年数	比上年增减(%)
1.主营业务收入(万元)	-9,839	4,835	-303.50
2.净利润(万元)	-9,696	-911	964.32
3.总资产(万元)	76,694	86,103	-10.93
4.股东权益(万元)	52,721	62,418	-15.54
5.每股收益(元)	-0.311	-0.029	-989.66
6.每股净资产(元)	1.69	2.00	-15.50
7.净资产收益率	-18.39%	-1.46%	1.159.59
8.股东权益比率	68.74%	72.49%	-5.17

三、公司主要业务回顾

1. 1996年5月公司董事会换届后，新的经营管理班子在董事会的领导下，经过全体员工的共同努力，面对困难的局面，做了大量的处理遗留问题和夯实基础的工作，并在省证管办的具体指导下，经过反复的规范化自查整改工作，通过了海南省股份公司规范化检查验收。现将具体工作情况报告如下：

① 调整机构、压缩开支、清理无效投资。根据宏观经济形势及公司业务发展的实际情况，对原有比较庞大的机构进行消肿，关闭或合并了电子娱乐公司、海成标准件公司、田园公司等。特别对严重亏损、欠拖未决的海成标准件公司进行清盘。

② 加强盘活存量资产的工作。

积极推销三亚海坡度假村及酒店股权，因多种因素影响，1996年度，此项工作取得一定进展，但未进入实质性阶段。

③ 加强海景湾大酒店的经营管理工作，在完善酒店服务功能，提高和改善服务质量，协调酒店经营的外部环境和内部协作等方面做了大量工作。

2. 1996年度，海南房地产市场的萧条状况依然没有改观，公司90%以上的投资集中在海南的房地产业和旅游酒店，因此公司困难依然严峻，并因以前年度客户违约，本着规范的原则，公司终止合同，销售退回，收回海景湾大厦附楼投资入股“海景湾大酒店有限公司”，致使公司1996年度亏损9,696万元。

四、股本变化及股本结构情况

1. 股本变化及股本结构情况

股份类别	年初数	年末数	增减
1)发起人股份	219,913,686	219,913,86	—
其中：境内法人股	208,388,788	208,388,788	—
境外法人股	11,524,898	11,524,898	—
2)募集法人股	4,904,284	4,904,284	—
3)法人股转配	575,711	575,711	—
二、已流通股份	86,180,221	86,180,211	—
三、股份总数	311,573,902	311,573,902	—

2. 主要股东持股情况

股东名称	期末持股数	股权比例(%)
1)海南港澳国际信托投资有限公司	124,683,664	40.02
2)海国投工业开发股份有限公司	46,427,737	14.9
3)太原兆和投资发展有限公司	14,962,632	4.8
4)深圳平安保险公司	10.088,694	3.24
5)香港晶裕发展有限公司	8,827,588	2.83
6)中国光大银行(深圳)证券营业部	3,923,458	1.26
7)海南兴海房地产开发公司	3,643,178	1.17
8)中国南玻集团股份有限公司	3,222,789	1.03
9)澳门雄昌发展有限公司	2,697,310	0.87
10)中国残疾人福利基金会	1,401,246	0.54

3. 公司董事、监事与高级管理人员持股情况

姓名	职务	期初持股数	期末持股数
张澄光	董事长	12,000	12,000
潘茂良	董事、总经理	0	0
陆　武	执行董事	0	0
饶浩雁	执行董事	0	0
许　峰	董事	0	0
刘亦工	董事	0	0
刘卫民	董事	0	0
王志刚	监事会召集人	0	0
王程彬	监事	0	0
范韬东	监事	0	0
姚柳尹	副总经理	0	0
廖　永	副总经理	0	0
黎锦华	总经理助理	0	0
李学峰	总经理助理	0	0
刘旭黎	董事会秘书	0	0

五、重要事项

1) 1996年5月28日在海口市海景湾大厦五楼会议厅召开第五次股东代表大会，会议由海南省公证处公证。会议审议通过了1995年董事会、监事会、总经理报告、弥补亏损、董(监)事会换届选举，修改公司章程、聘请法律顾问等议案。

2) 第五次股东大会选举产生了张澄光、潘茂良、陆武、饶浩雁、许峰、刘亦工、刘卫民7名董事组成的第三届董事会。选举产生了王志则、王程彬两名监事与职工代表大会选举产生的一名监事范韬东组成第三届监事会。

3) 第三届董事会第一次会议，聘请李耀祺先生为公司名誉董事长，选举张澄光先生为董事长，聘请潘茂良先生为公司总经理，选举陆武、饶浩雁为公司执行董事，聘请刘旭黎为公司董事会秘书。三届二次会议通过《董事会工作细则》，并研究公司经营运作等事宜。

第三届监事第一次会议选举王志刚为监事会召集人，三届二次会议通过《监事会工作细则》。

4) 公司成立规范化工作领导小组，在省证管办的指导下，完成公司股份运作规范化自查整改工作，通过了省证管办的规范化检查验收。

5) 本报告期内无重大诉讼、仲裁事项。

海南珠江实业股份有限公司

1996年年度报告摘要 （摘选）

一、公司简况

公司名称：海南珠江实业股份有限公司

法人代表：董明训　　　　　　　邮编：570125

公司地址：海口市龙昆北路2号龙珠大厦22层

电话：0898—6796307、6790842　传真：0898—6776026

二、主要财务数据与财务指标

金额单位：人民币万元

指 标 项 目	上年数	本年数	比上年增减(%)
1.主营业务收入	10013.6	19973.7	99.47
2.净利润	517.0	-18652.4	-3707.81
3.总资产	130676.3	12988.8	-0.90
4.股东权益	75951.8	57623.5	-24.13
5.每股净资产(元/股)	2.01	1.53	-23.88
6.每股收益(元/股)	0.0137	-0.49	-3676.64
7.股东权益比率	58.12%	44.37%	-23.66
8.净资产收益率	0.68%	-32.37%	-48.60

三、业务回顾

1.一年来经营情况

1996年初，由于宏观经济尚未彻底好转，房地产业仍在低谷徘徊，公司面临了较大的困难。两大项目：上海珠江玫瑰花园、三亚珠江花园酒店处于建设中期，由于后续资金不足，资金严重短缺，巨额的利息给公司带来了沉重的负担。在董事会领导下，公司调整了领导班子，充分发挥广州珠江实业总公司的整体优势，在广州控股公司的资金支持下，公司上下积极拼搏，全力以赴，按期完成施工任务并交付使用。

投资1.8亿元四星级的三亚珠江花园酒店于6月28日建成试营业，使公司实现了产业结构调整，向海南最具潜力的旅游酒店业迈出了坚实的一步。6月30日，总建筑面积10万平方米的上海珠江玫瑰花园五栋高层公寓楼中的三栋如期交付使用。在房屋销售方面也取得了一定的成绩，去年实现销售收入1.99亿元，比1995年增长99.47%，但由于房地产业的形势未能彻底好转，本公司前些年签订的一些合同未能兑现，本着求实、规范的精神，公司决定把这些合同解除，故出现亏损。1997年公司尚有近10万平方米的优质物业待售，潜力很大，公司将尽一切努力战胜困难，为股东争取好的利润回报。

2.募集资金的使用情况

本年度内未配股集资。

3.上年度审计报告保留意见所述"将业已出租之物业出售，1995年度获销售收入4100万元。"的事项说明，1996年度办理完毕有关手续，将该物业出租转销售，按照合同规定，以全部租金抵减部分销售房款。物业作销售9105万元，(其中1995年度4100万元，1996年度5005万元)，其租金3273万元作冲抵利润处理，在以前年度损益调整中反映。

4.本年度A股财务报告除税及以前年度损益调前亏损1030万元，与B股财务报告除税及特殊亏损前亏损9066万元差异8036万元的说明，主要是由于两个财务报告的会计处理方法不同所致。A股财务报告在以前年度损益调整反映的事项，如报表附注(10)中(2)-(8)项，B股财务报告则在当期经营中反映。

5.业务展望

1997年是我国新一轮经济高潮启动之年，本公司将充分利用这一大好经济形势和香港回归的历史机遇，进一步调整、优化产业结构，大力开拓新业务，寻求新的经济利润增长点。

主业方面：加快完成上海珠江玫瑰花园的收尾工程，加强营销力量，目前在上海和海南尚有近10万平方米的优质物业待售，潜力巨大。在广州的分公司加快完成海金广场项目的前期准备工作，争取年内开工，为今后的利润来源开辟新的途径。

其它方面：积极参股金融业，目前已投资5千万元人民币参股广州珠江集团财务有限公司，占25%的股份。盘活资产方面，将充分挖掘海口龙珠新城的潜力，拟将其中一栋写字楼改建公寓，另再建一大型饮食、娱乐城，多开辟利润来源渠道。加强管桩公司的营销，力争今年有所突破。加强对三亚珠江花园酒店的管理，争取创造好的效益。

四、股本变化及股本结构情况

1.股本变化及股本结构情况

股 份 类 别	96年末数(股)	比例(%)	95年末数(股)	比例(%)
一、尚未流通股份				
发起人持股				
其中：				
境内法人股	206,744,976	54.75	206,744,976	54.75
小计	206,744,976	54.75	206,744,976	54.75
二、已流通股				
1.　A股	113,405,824	30.02	113,405,824	30.02
2.　B股	57,500,000	15.23	57,500,000	15.23
小计	170,905,824	45.25	170,905,824	45.25
三、股份总数	377,650,800	100	377,650,800	100

2.前十名主要股东持股情况

股 东 名 称	年末持股数(股)	占总股本比例(%)
1)广州珠江实业总公司	112,628,876	29.82
2)海南省建行信托投资公司	23,460,000	6.21
3)广州珠江外资建筑设计院海南分院	21,896,000	5.80
4)深圳宝安企业集团股份有限公司	13,570,000	3.59
5)中国残疾人福利基金会	8,280,000	2.19
6)海南发展银行海口分行	7,820,000	2.07
7)天骥投资基金	5,750,000	1.52
8)中国平安保险公司	3,450,000	0.91
9)哈道国债	3,301,795	0.87
10)深圳万科企业股份有限公司	2,300,000	0.61

重庆市房地产开发股份有限公司

1996年年度报告摘要 （摘选）

一、公司简况

公司名称：重庆市房地产开发股份有限公司

法人代表：官忠富　　　　　　邮政编码：630015

公司地址：重庆市渝中区曾家岩1号附1号

电话：023—63850068　　　　　传真：023—63852638

二、主要财务数据与财务指标

单位：万元

指　标　项　目	1996年	1995年	比上年增减(%)
1.主营业务收入	4784.87	4202.02	13.87
2.净利润	1555.96	927.21	67.81
3.总资产	33197.99	31115.08	6.69
4.股东权益	15417.99	13862.03	11.22
5.每股收益(元)	0.172	0.103	66.99
6.每股净资产(元)	1.71	1.53	11.76
7.净资产收益率(%)	10.09	6.69	50.28
8.股东权益比率(%)	46.44	44.55	4.42

三、公司主要业务回顾

1．一年来公司经营情况

1996年是贯彻落实党的十四届五中全会、六中全会精神，实施“九五”计划的开局年，也是国民经济经过宏观调控，进入软着陆时期，房地产业仍处于间隙调整期，房地产开发经过前几年的高速增长，在建商品房陆续竣工，商品房的供应量增大，而商品房市场的有效需求相对不足，销售市场竞争激烈，价格下滑，单方利润有所减少。一年来，在各级领导的关怀下，在全体股东的大力支持下，公司员工发扬“团结、勤奋、务实、高效”的企业精神，严格管理，降低成本，强化销售，盘活资产，调整投资结构，发展多种实业，适时地进行资本经营。1996年，经过艰苦努力，克服和战胜重重困难，取得了可喜的成绩。

全年经营总额6870.51万元，其中：主营业务收入4784.86万元，占69.64%，副业和收入2085.65万元，占30.36%；

全年开发工作量2331万元；

全年商品房施工面积21.18万平方米，竣工9.66万平方米；

全年建筑产品合格率100%，其中：优良建筑产品达50%；

全年实现利润总额1791.35万元，净利润1555.96万元。

1996年，公司主要抓了以下工作：

1)强化商品房销售、盘活存量资产。首先，公司实行了以商品房销售为目标的经营责任制，按季考核，将销售计划的实现与员工的物质利益挂勾，激励员工的积极性；二是集中组织销售活动促销，1996年1至2月份开展了“’96新春平价房回赠社会大行动”，5月份组织了“红五月商品房保价销售优质服务活动”；三是把销售工作与物业管理相结合，做到了优质服务，不断提高公司商品房在市场的竞争力；四是把多年沉淀在尚无开发条件以及长期投资中一时难以见效的资金收回变活运转，提高资金的使用效益。

2)调整投资结构，发展多种实业。1996年，新组建了外贸工作部，重庆川东房屋销售有限公司。公司拟着手将现在多且小的多种经营结构逐步调整形成3至5个有一定规模的副业骨干企业，实现主业与副业互补，使公司在瞬息万变的市场中，始终保持良好的发展势头，并有步骤地推行企业组织集团化，实现集约型经营。

3)抓住机遇，适时地进行资本经营。1996年公司经营班子从经营观念上有了新的认识，公司要进一步取得好的经济效益，单靠房地产经营是不行的，房地产受客观经济环境和市场的影响太大，要更大地提高公司经营效益，必须从单纯的生产经营向资本经营转变。1996年公司适时地进行资本经营，收到好的效益。

4)加强领导班子建设，完善决策程序和劳动用工制度改革。1996年进行了公司董事会、监事会、经理团班子的换届选举，充实加强了班子的领导力量，增强了班子的制度建设，对二级班子也配齐加强，对重大问题的研究、决策及处理按科学管理的原则进行，按程序办事。深化了公司劳动用工制度改革，建立起稳定和谐的劳动关系，对促进公司的发展产生了重要意义。

5)建立公司财务结算中心，加强公司财务管理，使财务管理做到两集中、两统一。即：集中统一管理、调配，集中统一入库结算，提高了资金的使用效果，加强了财务监督。制定了固定资产购置、管理、核算办法和工程项目成本及预决算审查、审计等制度及办法，对降低工程成本，提高生产经营效益起到了促进作用。

6)集中力量，组织拆迁安置。1996年公司重点抓了中山二路片区拆迁户安置工作，集中组织力量，成立了拆迁安置工作班子，从各分公司、部门抽调人员进行了卓有成效的工作。1996年公司在中山二路片区一次性安置拆迁户600余户，创公司历史以来安置拆迁户最多的记录，受到上级部门和社会的赞誉。

四、股本变化及股本结构情况

1．股本变化及股本结构情况

1)截止1996年12月31日，公司股本结构如下：

数量单位：万股

股　份　类　别	期初数	期末数
一、尚未流通股份		
1．发起人股份	4728.24	4728.24
其中：国有股	4728.24	4728.24
2．募集法人股	987.12	987.12
尚未流通股份合计	5715.36	5715.36
二、已流通股份		
A股	3326.40	3326.40
已流通股合计	3326.40	3326.40
三、股份总数	9041.76	9041.76

2)主要股东持股情况如下(前十名)：

股　东　名　称	年末持股数(万股)	占总股本(%)
1)重庆市国有资产管理局	4728.24	52.29
2)深圳安信投资发展公司	549.696	6.08
3)南方证券有限公司	266.4836	2.95
4)深圳巨安投资有限公司	240.00	2.65
5)武汉中南证券深圳营业部	197.424	2.18
6)深圳南证投资总公司	180.00	1.99
7)周瑞金	70.6406	0.78
8)赵金保	50.00	0.55
9)龙芹妹	43.17	0.48
10)黄忠良	43.00	0.47

3)截止1996年12月31日公司股东总数7455户，其中国家股东1户；法人股东3户；社会公众股东7451户。

贵州中天(集团)股份有限公司

1996年年度报告摘要 (摘选)

一、公司简况

公司名称：贵州中天(集团)股份有限公司

法人代表：鲁石　　邮政编码：550003

公司地址：贵州省贵阳市花溪大道北段135号

电话：(0851)5826467　5826113　传真：(0851)5825702

二、主要财务数据与财务指标

单位：人民币元

	1996年	1995年	比上年增减%
(1)主营业务收入(万元)	57,409,476	97,895,334	-41.33
(2)净利润(万元)	260,158	16,657,595	-98.44
(3)总资产(万元)	389,766,468	373,902,398	4.24
(4)股东权益(万元)	186,854,126	165,832,247	12.68
(5)每股收益(元)	0.003	0.22	-98.64
(6)每股权益(元)	2.10	2.15	-2.33
(7)净资产收益率(%)	0.14%	10.04%	-98.61
(8)股东权益比率(%)	47.94%	44.35%	8.09

三、公司主要业务回顾

1996年，集团公司在房地产市场持续疲软、步入低谷的困难情况下，按照集团公司确定，并经股东大会批准的"深化管理，盘活存量，营运资本，创造市场"的经营指导思想，根据国家宏观改革环境和市场的变化，按照集团公司财富最大化和产业互补的原则，适时调整集团产业结构，坚持开放带动战略和项目带动战略，渡过了1996年较困难的一年，同时也为1997年的发展奠定了较好的基础。

1. 1996年生产经营业绩回顾

1996年，集团公司实际施工面积为268,600平方米，竣工面积37,592平方米，销售面积为20,372.03平方米，销售收入为57,409,476元，实现税前利润674,098.88元，净利润260,158.23元，为上年的1.56%。

在1996年的生产经营活动中，主要做了以下工作：

(1) 预定项目建设情况

——中华中路11-13街坊旧城改造工程：天泰、天富1—3#已建成并已销售完毕；天富4#主体封顶断水进入室内外装修阶段，并已预售50%；中天大酒店在主体结构施工至14层的基础上，为满足提高酒店档次的需要，1996年已完成主体结构的优化设计工作，设备的选型和订货及装修方案基本确定；泛洋大厦土建工程已完工，现正在进行设备安装和室内外装修，预售情况良好。

——都司路旧城改造工程Ⅱ组团第二期拆迁工作全部完成，但因贵阳市重点工程——都司大道实行封闭施工，故Ⅰ组团建设相应推延。

——中天花园住宅示范小区Ⅰ组团4.6万平方米的住宅和有关配套设施将于1997年7月份完工，Ⅱ期工程也已陆续开工。由于该小区具备较强的竞争优势以及不断加强营销策划力度，1996年中天花园销售在低迷的市场状态下仍呈现较好的销售态势，已开工项目预售率达40%以上。

(2) 其它项目建设

——新寨路3万平方米多层住宅区全部建设完毕，已累计销售80%；

——金顶山住宅小区实行以销定产，1996年建成并销售3000平方米，其余土地的开发建设继续实行以销定产原则；

——城区其他多层项目均已建成并交付使用，基本销售完毕；

——成都地区所开发的项目已基本建成，并已实现部分销售。

2. 关于实际经营结果与上年盈利有较大差异的说明

1996年，在国家继续压缩房地产投资的宏观调控背景下，全国房地产业总体来看，依然未能摆脱市场有效需求不足、大量楼宇积压、经营资金严重短缺的困境。特别是在贵州，由于其经济发展速度低于全国平均水平，经济运行周期也相对滞后，因此，当发达城市房地产市场出现复苏迹象时，贵阳的房地产市场反而显得更加疲软。即使1996年的下半年，由于消费者对商品房价格回落的心理预期和持币观望的态度，使得市场的有效需求仍没有明显改观。加上前两年动工兴建的大量安居工程住房投放市场，使本已十分脆弱的房地产市场又受到非市场因素的强烈冲击，大部分房地产开发商都面临极大的经营困难。面对严峻的市场形势，公司在董事会领导下，认真分析市场状况，调整开发结构和开发速度，极力使公司的房地产开发业务与市场供求状况相吻合。在营销上不断加大力度，努力盘活存量资产；投资上重点向地域位置好的多层住宅倾斜，提高商品房的科技含量和优化居住功能，力争克服当前困难，确保公司财产的保值增值。但由于贵阳市的房地产市场处于极度低迷状态，公司面临着较多的困难；销售难度较大，公司一部分多层住宅虽然预售情况较好，但根据会计制度的规定，要到1997年方能竣工结转；新拓展的产业，如保健制药业等，现处于创建阶段，尚未进入回报期。虽然全公司上下进行了艰苦的工作，全年实现的利润仍比上年有较大幅度的下降。从量上来看，主营业务利润比上年减少1,974万元，其中，仅商品房销售量比上年减少2.88万平方米，就给主营业务利润造成2,014万元的不利影响。再加上1996年贵州省遭受百年未遇洪灾，我公司在此次洪灾中亦受较大损失，这也在一定程度上影响了当年利润。

3. 对前次募集资金运用情况的说明

集团公司1993年改制并发行股票，募得资金9,684万元人民币，1996通过配股募得资金1,266万元，根据预定的项目资金使用计划投入资金，具体使用情况如下：

(1) 中华中路11—13街坊大部分工程已完工并销售及取得了预期的效果，现在建项目中天大酒店及天洋公寓截止1996年12月31日止，投入资金为2480.76万元；

(2) 天都花园预计投入资金1.8万亿元，至1996年12月31日已投入资金5538.9万元；

(3) 中天花园预计投入资金2.2亿元，至1996年12月31日已投入资金3797.75万元，所募资金均按预算项目的资金使用计划和股东大会通过的生产经营计划，分期投入了项目建设。

四、股本变化及股本结构情况

1. 股权结构情况

截止1996年12月31日，公司股本结构如下：

数量单位：股

	年初数	本年增减	年末数
一、尚未流通股份			
1.发起人股份	41,061,664	4,106,165	45,167,829
其中：(1)国家股	36,261,664	3,626,165	39,887,829
(2)境内法人股	4,800,000	480,000	5,280,000
2.募集法人股	12,000,000	1,200,000	13,200,000
尚未流通股份合计	53,066,664	5,306,165	58,523,674
二、已流通股份	24,000,000	6,798,241	30,798,241
境内上市普通股	24,000,000	6,798,241	30,798,241
已流通股份合计	24,000,000	6,798,241	30,798,241
三、股份总数	77,061,664	12,104,406	89,166,070

注：已流通股份中包含公司董事、监事、高级管理人员锁定持股数155,045股。

(2) 主要股东持股情况

前十名股东持股情况变动表

股东名称	年初数	年内变动数	年末持股数	占总股本%
1.贵阳市国有资产办公室	36,261,664	3,626,165	39,887,829	44.73
2.中国宝安集团股份有限公司	4,200,000	420,000	4,620,000	5.18
3.威海经济技术开发区国际合作公司	3,000,000	300,000	3,300,000	3.70
4.深圳五星企业公司	2,400,000	240,000	2,640,000	2.96
5.中国光大银行	1,680,000	168,000	1,848,000	2.07
6.蛇口安达实业股份有限公司	1,560,000	156,000	1,716,000	1.92
7.北海元亨物业股份有限公司	1,560,000	156,000	1,716,000	1.92
8.深圳巨安咨询有限公司	1,200,000	120,000	1,320,000	1.48
9.中房集团贵阳总公司建筑安装公司	376,800	37,680	414,480	0.46
10.李福鱼			266,462	0.3

(3) 股东数量

报告期末的股东总数为21,797户。

沈阳房天股份有限公司

1996年年度报告摘要（摘选）

一、公司简况

公司名称：沈阳房天股份有限公司
法人代表：杨大勇　　　　　　　　　邮政编码：110002
公司地址：辽宁省沈阳市和平区哈尔滨路60号
电话：024—2501918　　　　　　　　传真：024—2501418

二、主要财务数据与财务指标

单位：万元

指　标　项　目	本年度	上年度	比上年增减(%)
1.主营业务收入	14,947.1	19,154.0	－21.96
2.净利润	－1,772.1	1,282.2	－238.21
3.总资产	72,572.2	70,540.4	2.88
4.股东权益	24,456.2	25,767.2	－5.09
5.每股收益(元)	－0.15	0.12	－225.00
6.每股净资产(元)	2.09	2.42	－13.64
7.净资产收益率(%)	－7.25	4.98	－245.58
8.股东权益比率(%)	33.70	36.53	－7.75

三、公司主要业务回顾

1．一年来公司经营情况

1996年是公司改革发展13年来经济状况最为艰难的一年。由于所属产业、行业受国家宏观调控政策影响严重，以及其它诸多不利因素等主、客观原因，公司在受到制约与阻碍中力求保持稳定发展，努力提高资产运营效果，注重解决历史遗留问题。虽经经营班子艰苦努力，但仍出现亏损1,778万元。

1)房产经营管理

作为公司的经营主业，房屋存量已达到564万平方米，在全国名列前茅。公司以广泛推进住宅小区实行物业管理为契机，坚持"住户至上、服务第一"的宗旨，推行"两示制"，为住用户提供较优质、规范的物业管理服务，并逐步由服务单一型向全方位转变。继续巩固和发展了国家、省、市三级优秀物业管理住宅小区成果，树立起较良好的"房天物业"的社会形象。在沈阳市全面开展的出售直管公房和十年一度的房屋普查工作中，公司各方面工作的数量、质量和进度均居全市首位。

2)供暖、供水

公司继续坚持社会效益、经济效益并重的原则，从严格企业内部管理入手，一方面，努力提高供暖、供水服务质量，保证人民的正常生活；另一方面，公司内部加强监管力度，堵塞各种跑、冒、滴、漏现象，为优质服务奠定基础。强化收费管理，实行系统内全员收费，落实责任。公司共投入资金900万元用于设备维修、更新和改造等，解决了部分设备、管线老化问题。

3)房地产开发经营

在房地产业形势渐有转机之际，公司为保持平衡发展与实力，在未进行较大投资项目的基础上，集中力量搞好已有房屋及土地开发项目。全年共开发商品房近5万平方米。此外，公司尚有存量房地产是公司创效龙头再发展的坚实基础。

4)房屋建筑施工、设计

在建筑业市场依然紧迫的情况下，公司坚持以施工质量好、进度快、守信誉、重合同占领市场，广泛合作，1996年共完成新建工程施工任务1.44万平方米，其中裕宁科技公寓6＃楼被评为沈阳市样板工程，7＃楼被评为优良工程；完成建筑设计任务3万平方米。

5．其它经营

公司在吉林省临江市建立的镁厂已具备年产1,000吨生产能力，一经投产，外销创利前景可观。沈阳浑南热力项目新开发2.6万平方米，锅炉房主体项目及附属设备安装全部完毕并投入运行。此外，建筑砌块、锅炉除尘设备、建筑升降机等产品也取得了较好的经营效果。

2．公司经营亏损原因及说明

公司1996年度经营亏损1,778万元，其主要原因及有关情况说明如下：

1)沈阳市内有17个公司盈利1,165万元，有7个公司经营亏损1,100万元；摊销处理南方公司累计发生的财务费用和管理费用以及遗留问题费用挂帐1,712万元，中外合资企业经营亏损和投资损失131万元，共计亏损2,943万元，盈亏相抵后，经营亏损1,778万元。

2．南方各公司房地产项目先后共计投入1.2亿元，现有土地存量914亩，房产存量7万平方米。由于受宏观调控制约的影响，市场低迷，商品房滞销；由于资金紧缺，有的在建项目处于停建状态。然而上述项目所发生本期及部分以前年度发生的财务费用、管理费用和遗留的费用挂帐计1,712万元，全部由基本摊销作为损益处理，这是公司经营亏损的主要原因。

3)中外合资、合作企业，由于受主、客观原因的影响，有的外商和合作伙伴采取欺骗手段，违约不履行合同，有的外商放弃股权和弃约，致使造成经营状况不佳，产品无销路；有的处于停产整顿状态，没有盈利，其中加拿大投资公司、布迪、天利公司经营亏损131万元。

4)由于有的项目、投资存在盲目性，如房管二公司的陕西靖边油井投资净损失240.5万元。

5)本公司承担着8万户的供暖、二次加压供水和小区物业管理的社会服务职能。为确保社会稳定和住用户的生活保障功能，公司垫支投入1,100万元资金，挤占了生产经营资金，也影响了公司的经济效益。

6)供暖费、二次加压供水费和房租费等收费价格受国家制约，收费标准较低。但供暖、二次加压供水、房屋维修养护成本费用，因价格上涨幅度较大也在不断增大；加之三种收费由于住用单位和个人大量拖欠，尚欠8,715.5万元(其中供暖费8,000万元，房租费515.5万元，二次加压供水收费200万元)，严重影响公司的资金收入。为确保社会服务职能，只好向银行贷款补充生产运营资金，这样就加大了利息支出致使成本增大，也影响一定的经济效益。

3．新年度发展计划

展望1997年，党的十五大召开与香港的回归以及社会主义市场经济体制的逐步完善，特别是住宅建设、房地产业作为国民经济支柱产业和新的经济增长点的进一步明确，企业将面临更加广阔的市场，有竞争、有挑战、更有机遇。公司全体员工坚定信心、团结一致，以新的竞争姿态搞好经营工作，争取给各界股东以较好的回报。

为此，公司确立了"坚持调整、加大管理，持续节位、增强实力，加快试点、集团经营，两个文明、再上台阶"的基本方针，计划完成税前利润500万元以上，上缴利税170万元以上，完成总产值10,000万元以上。

1997年度预计完成500万元以上利润构成情况如下：

1)市内公司修建施工、建筑装饰、设计、房屋开发、锅炉水电安装、产权交易、多种经营等项目预计完成600万元以上。

2)南方公司房地产项目投资受益预计完成350万元以上。

3)股权投资收益预计完成50万元以上。

以上共计预计完成1000万元以上。

回顾过去，公司的经济效益经历了低——高——平——低的走势是符合规律的。平一两年，低一两年是今后发展再创新高的动力和新的起点。我们有决心、有信心在董事会领导下，积创条件，振作精神，尽最大努力争取在较短时间内实现扭亏为盈，再创新的业绩。

四、股本变化及股本结构情况

1．股本变化及股本结构情况

1)股权结构(截止96年12月31日)

股份单位：股　：每股1元

股　份　类　别	期初数	比例(%)	本年送股(10送1)	期末数	比例(%)
一、尚未流通A股					
其中：					
国家拥有股份	40,442,500.00	37.97	4,044,250.00	44,486,750.00	37.97
境内法人持有股份	20,157,500.00	18.92	2,015,750.00	22,173,250.00	18.92
受让转配	64,067,00	0.06	6,406,70	70,473,70	0.06
内部职工股	21,600.00	0.02	2,160.00	23,760.00	0.02
二、已流动股份					
境内上市的人民币					
普通股	45,827,400.00	43.03	4,582,74.00	50,410,140.00	43.03
三、股份总数	106,513,067.00	100	1,651,306.70	117,164,373.70	100

2)股本变动情况及原因

1996年8月，根据1995年度送股方案，公司向全体股东每10股送红股1股，通过本次送股，使公司的总股本由年初的106,513,067股增至117,164,373股。

3)主要股东持股情况

股　东　名　称	持股数(股)	占总股本(%)
1)沈阳资产经营有限公司(国家股)	44,486,750	39.97
2)深圳市金源实业股份有限公司	3,025,000	2.58
3)深圳市万科企业股份有限公司	2,420,000	2.07
4)沈阳樱花建设有限公司	2,178,000	1.86
5)北京仁达国际信息工程有限公司	1,815,000	1.55
6)北京市房地产开发经营总公司	1,210,000	1.03
7)中国人寿保险股份有限公司沈阳分分司	1,210,000	1.03
8)沈阳市复合纸厂	783,475	0.67
9)中国光大银行深圳证券业务部	722,975	0.62
10)海口常乐置业有限公司	605,000	0.52

4)股东数量

截止1996年12月31日，本公司股东总数为33,459户。

海南金盘实业股份有限公司

1996年年度报告摘要（摘选）

一、公司简况

公司名称：海南金盘实业股份有限公司

法人代表：唐苏宁　　邮政编码：570216

公司地址：海口市金盘开发区金盘大道105号

电话：0898—6822672　　传真：0898—6816370

二、主要财务数据与财务指标

指标项目	本年数	上年数	比上年增减(%)
1.主营业务收入(万元)	10,011.33	(－)3,095.02	423.5
2.净利润(万元)	1,661.50	(－)5,546.36	129.96
3.总资产(万元)	100,424.12	92,261.71	8.85
4.股东权益(万元)	38,146.34	36,484.84	4.55
5.每股收益(元)	0.10	(－)0.33	130.3
6.每股净资产(元)	2.29	2.19	4.56
7.净资产收益率(%)	4.35	(－)15.2	128.62
8.股东权益比率(%)	37.98	39.54	(－)3.94

三、公司主要业务回顾

1．一年来经营情况

1996年，是国家"九五"计划的第一年，也是本公司全体员工同心协力实现扭亏为盈的一年。在这一年中，虽然海南的房地产业并无起色，招商引资更为困难，但公司全年仍实现经营收入10,011万元，实现净利润1,661万元；公司资产总额突破10亿元，达到100,424万元，比上年度增长8.42%。特别值得指出的是，在公司的全年经营收入中，工业产品的销售收入达到5,048万元，占经营收入总额的50.42%，首次超过传统的主营业务房地产业，真正实现了产业结构从房地产经营为主向工业产品生产经营为主的战略转移，实现了公司以工业生产为主，房地产经营和第三产业并举的多元化发展方针。

(1) 本公司全年经营收入构成

公司全年经营收入10,011万元

其中：工业产品经营收入:5,048万元，占50.42%；

房地产类经营收入：4,963万元，占49.58%。

公司全年实现利润1,661万元，利润率为16.6%。

(2) 在工业产品生产经营方面

在过去的一年中，公司在工业产品的生产和经营方面表现出良好的发展态势，主要表现在：

a．墙地砖厂三条生产线，分别于1996年3月、8月、10月投入生产运营。虽然三条线还处于试产和投产初期，但全年仍实现产量73万平方米，生产总值3,769万元，完成销售50万平方米，实现销售收入2,312万元。其产品在"'96国际建筑装饰材料博览会"上荣获质量金奖。

b．矿泉水厂由于其内部狠抓管理，外部努力开拓市场，全年呈现出产销两旺的良好态势，产值和产量分别达到2,507万元和11,117吨，分别比上年度增长97%和71%，完成销售收入2,507万元，实现经营利润304万元。该厂被国家卫生部评为1996年全国执行卫生先进企业。金盘矿泉水成为海南省家喻户晓的名优产品，创出了名牌。

c．本公司占50%股权的PVC—石英砂彩色地板厂已于1996年进入试生产状态。按该项目的合作经营合同，其生产、经营管理由外方负责，其产品大部分应外销，由于外方在开拓国外市场方面无力，加之缺乏流动资金，双方在经营管理上又有一定的意见分歧，故该厂仍未正常生产。

(3) 在基础设施建设方面

由本公司负责开发建设的海口市金盘工业开发区和金盘永桂开发区基础设施在软、硬件方面日趋完善，已成为海口市乃至海南省投资兴办工业最理想的投资场所，得到省、市政府的高度重视，被视为海口市新的经济增长点。但由于特区优惠政策的逐步消失，加之海南省投资兴办工业的总体配套能力相对较弱，为加强开发区吸引投资的能力，公司正努力使开发区获得投资兴办工业的优惠政策。对此，市委、市政府也非常重视，正研究解决。若这些优惠政策得以实施，必将进一步改善开发区的投资环境，加大招商引资的力度。

(4) 在房地产业经营方面

1996年度内，公司坚决贯彻第一届第四次股东大会的精神，加强房地产业的领导和管理，进一步盘活土地、房产存量，提升增量，采取一系列灵活措施，使公司的房地产经营呈现了可喜的局面。全年共吸引工业项目十项，实现房地产业经营收入4,963万元，比上年度增长322%，实现利润1,454万元，终于使公司摆脱了1995年度亏损的局面。

四、股东及股东持股情况

1．股本结构情况(截止1996年12月31日)

股份单位：股　面值：每股壹元

股份类别	年初数	占总股本比例	年末数	占总股本比例
(1) 尚未流通股份				
国家股	64,030,466	38.56%	64,030,466	38.56%
法人股	35,227,697	21.21%	35,227,697	21.21%
尚未流通股份合计	99,258,163	59.77%	99,258,163	59.77%
(2) 已流通股份				
A股	66,602,861	40.10%	66,602,861	40.10%
内部职工股	211,680	0.13%	211,680	0.13%
流通股份合计	66,814,541	40.23%	66,814,541	40.23%
(3) 股份总额	166,072,704	100%	166,072,704	100%

2．前十名股东持股情况

股东名称	持股数(股)	占总股本的比例
海口市财政局	64,030,466	38.56%
工商银行海南信托投资公司	14,864,640	8.95%
中国银行海口信托咨询公司	7,432,320	4.48%
海口金盘物业有限公司	3,522,734	2.06%
海口房地产投资开发公司	1,411,200	0.85%
刘培勤	1,043,835	0.63%
张德英	760,600	0.46%
王明光	501,500	0.30%
广发基金二	400,000	0.24%
林怒海	347,917	0.21%

3．子公司及关联企业

企业名称	注册资金	本公司拥有权益	主营业务
海口市工业开发进出口贸易公司	300(人民币)	100%	进出口贸易
海口市工业建材发展公司	150(人民币)	100%	建筑材料
海口金盘饮料公司	1,100(人民币)	100%	饮料食品
海口金盘建筑材料公司	5,700(人民币)	100%	墙地砖
海南PVC——石英砂地板厂	3,450(法国法郎)	50%	PVC石英砂地板
海口丰阳油脂食品有限公司	140(人民币)	35%	油脂食品
中国改革实业股份有限公司	500(人民币)	6.25%	报业
交通银行海南分行	280(人民币)	1%	

东莞宏远工业区股份有限公司

1996年年度报告摘要（摘选）

一、公司简况

公司名称：东莞宏远工业区股份有限公司
法人代表：陈 林　　　　邮政编码：511715
公司地址：广东省东莞市篁村区宏远工业区
电话：0769—2412655　　　　传真：0769—2412529

二、主要财务数据与财务指标

单位：万元

指 标 项 目	1996年	1995年	比上年增减(%)
1.主营业务收入	43645.17	45180.96	-3.40
2.净利润	11682.09	8948.33	30.55
3.总资产	156026.34	153061.76	1.94
4.股东权益	109161.64	82258.10	32.70
5.每股收益(元)	0.409	0.63	-35.08
6.每股净资产(元)	3.82	5.76	-33.68
7.净资产收益率(%)	10.7	10.9	-1.83
8.股东权益比率(%)	69.96	53.79	30.06

三、公司主要业务回顾

1.一年来公司经营情况

一年来，公司全体干部和员工在董事会领导下，认真贯彻"讲求经济效益、提高工作质量、向管理要效益、消灭经营性亏损"的基本工作方针，充分发扬艰苦创业的宏远精神，加倍努力地工作，克服了发展资金极度紧张等严重困难，保证了公司各项经济建设的稳步发展，促进了公司整体管理水平的进一步提高。全年公司共实现主营业务收入4.36亿元，比去年减少3.4%；实现净利润1.17亿元，比去年增长30.55%，总资产增至15.6亿元，净资产增至10.9亿元，分别比去年增长了1.94%和32.70%。

在取得上述经济及管理成果的过程中，我们主要做了以下四个方面的工作：

1)加大对重点发展项目的管理力度，进一步促进了公司产业结构的优化调整。为了在宏观经济适度从紧的情况下，既保证增加公司的短期收益，又能切实增强公司的发展后劲，我们采取措施，加强了对新科磁电、宏强电子、宏远汽车、生化药厂等四个重点发展项目的建设和生产经营的管理工作。这四个重点项目的顺利发展，不但有效增加了公司的短期经济收入，对缓解公司资金紧张状况起到了促进作用，而且进一步扩大了公司工业经济，特别是自有工业经济在整个宏远经济中的份额，对促进公司经济结构向以高技术工业为主导的方向转移，起到了积极的促进作用。

2)努力提高工作质量，促进了房地产开发的稳步发展。

在努力保证新科磁电、宏远汽车、宏强电子等重点发展项目的同时，房地产公司针对国家将房地产业列入启动宏观经济和重点产业、房地产市场开始回升和逐步进入规范化轨道后，政府管理严格及新楼盘报批困难的实际情况，一是在推广销售方面，更下功夫，做到既节省了销售费用，又取得了较好的销售效果；二是在施工管理中继续实行监理人员责任制，把楼宇的施工进度和质量与监理人员的奖金挂起钩来；三是组成精干的调查小组，及时掌握房地产开发动向，了解房地产市场需求及心理变化情况，研讨国家的房地产政策走势，确定新楼盘的开发及设计定位。所有这些，不但使房地产在1996年取得了销售收入34400万元的好成绩，而且为今后房地产开发的稳步发展积累了经验，奠定了基础。

3)全面推行目标管理责任制，促进了各部门经营管理水平的提高和经营面貌的改善。

1996年，公司各部门和单位都认真贯彻董事会提出的"向管理要效益"和"消灭经营性亏损"的指导思想，从完善管理入手抓经济目标管理责任制的落实工作。使各部门和单位的经营管理水平得到了明显提高，也进一步推动了公司属下各经营单位向独立经营、自负盈亏的二级法人迈进的步伐，这种方法今后还要长期坚持下去。

4)加强综合部门的协调管理职能，促进了公司整体管理水平的提高。

配合全面推行经营目标管理责任制，1996年，公司通过强化办公室、总经理室、财务部三个综合部门的职能，进一步加强了对全公司行政人事、经营运作和财务运作的协调和监督管理，这样，既在一定程度上减轻了董事会的事务负担，又保证了公司经营管理中各方面存在问题的及时解决，也为公司进一步推行以职能部门为主的集团化管理模式，提高全公司的整体管理水平，积累了经验，收到了比较满意的效果。

2.新年度业务发展规划

在新一年里，我们各项建设的基本指导思想是：牢牢抓住新一轮经济增长周期的机遇，充分发挥宏远自身的优势，加大自有产品开发力度，壮大和提高自有工业企业；积极稳妥地发展房地产业；完善配套服务，巩固和扩大工业区开发；努力扩大农业、体育产业、服务业等产业经营；继续实行和完善承包责任制，提高全公司的综合管理水平，推动宏远各项建设的持续、稳定健康发展。从具体工作上讲，要切实抓好以下几个方面：

1)进一步加强骨干工业企业建设，加大自有工业产品开发力度，促进公司产业结构的优化调整，努力抓好骨干工业企业建设，建立雄厚的工业基础，形成核心产业、核心企业和拳头产品，促进宏远经济向以高科技工业为主的方向转移，这是我们既定的发展方革，也是我们今后几年的主要建设任务。1997年，要着力抓好生化、汽车、宏强电子三个骨干企业。

2)要长短结合，稳步发展房地产产业

在目前和今后相当长时期内，房地产仍然是公司的支柱产业之一。现在，国家已明确将房地产作为启动宏观经济的重点支柱产业给予政策倾斜，房地产市场也开始复苏。根据目前的实际情况，1997年房地产开发应本着"长短结合"的原则开展工作，在保证近期开发销售的同时，为以后房地产开发的稳步发展打好基础。对于房地产开发，董事会决定继续采取倾斜政策，并要求公司各部门给予大力支持，积极协助房地产公司做好策划、公关、宣传、管理等工作。

3)从提高经营管理水平入手，促进公司其他各产业的健康发展，使公司其他产业的发展对公司经济发展起到必要、有效的补充，促进公司的产业多样化，经济收入多渠道化。

3.对前次募集资金的运用情况说明：

经批准东莞宏远工业区股份有限公司于1996年4月实施了10:2.1的配股方案，配股价5.80元/股，共募集资金大约9300万元，均按《配股说明书》的计划用途使用，分别用于新科磁电制品厂的厂房建设和本公司的流动资金等项目，各建设项目所投入的资金额与原计划基本相符，并已经取得较好的经济效益。其使用情况如下：

1)投资9000万元于新科磁电制品厂的厂房建设。该项目是日本TDK集团香港新科公司与本公司的又一合作项目，本公司出资9000万元建设厂房，新科公司投资1亿美元，每年本公司将因此增加2000多万元港币的租金收入。该项目已全部完成，新科磁电制品厂也已于1996年11月份正式投产，该项目1996年已为本公司带来了1000多万元港币的经济效益，预计1997年能为本公司带来2000多万元的收益。

2)剩下300万元，用作本公司流动资金，促进了本公司财务状况的改善。

四、股本变化及股本结构情况

1.股本变化及股本结构情况

1)截止至1996年12月31日，本公司股本结构如下：

单位：万股　　每股面值：1元

股 份 种 类	年初数	所占比例%	年末数	所占比例%
(一)、尚未流通股份				
(1)发起人股份	4,312	30.19	7,718.48	27.03
(2)募集法人股	2,033	14.28	3,630.0697	12.75
(3)内部职工股	1,583.84	11.09	1,588.3171	5.56
小 计	7,928.84	55.51	12,945.8668	45.34
二)、已流通股份				
普通A股	6,354.16	44.49	15,604.5974	54.66
小 计	6,354.16	44.49	15,604.5974	54.66
三)、股份总数	14,283	100	28,550.4642	100

2)股本变动情况及原因

(1)本公司经批准于1996年4月向全体个人股实施10:2.1的配股方案，共配1666.98万股，总股本增至15949.98万股。

(2)依据1995年度利润分配方案和资本公积金转增股本的股东大会决议，每10股送7.9股派现金2元。本公司于1996年6月实施，共送红股12600.4841万股，本公司总股本增至28550.4642万股。

3)主要股东持股情况

截止至1996年12月31日，本公司主要股东持股情况如下：

股 东 名 称	持有股数(万股)	占总股本比例(%)
1)广东宏远集团公司	6,220.4648	21.79
2)东莞市城宝贸易公司	2,089.825	7.32
3)篁村区经济联合总社	848.2452	2.97
4)篁村南村	412.00	1.44
5)广东华信置业股份有限公司	407.225	1.43
6)广东华侨信托投资公司	244.335	0.86
7)虎门兴业电器部	187.3235	0.66
8)篁村经济联合社	89.5895	0.31
9)东莞市振兴工贸发展公司	81.445	0.29
10)先锋集团有限公司东莞分公司	81.445	0.29

4)截止1996年12月31日止，本公司股东总数为99809人。

福建省中福实业股份有限公司

1996年年度报告摘要　（摘选）

一、公司简况

公司名称：福建省中福实业股份有限公司

法人代表：朱金民　　邮政编码：350013

公司地址：福建省福州市华林路312号

电话：0591—7585788、7581333　　传真：0591—7582088

二、主要财务数据与财务指标

单位：元

指标项目	1996年	1995年	比上年增减(%)
1.主营业务收入	185,802,625.90	118,447,720.22	56.86
2.净利润	53,287,098.63	30,633,281.76	73.95
3.总资产	932,150,308.24	644,195,107.02	44.70
4.股东权益	430,346,927.91	229,358,269.48	87.63
5.每股收益	0.27	0.27	—
6.每股净资产	2.21	1.99	11.05
7.净资产收益率(%)	12.38	13.36	-7.33
8.股东权益比率(%)	46.17	35.60	29.69

三、公司主要业务回顾

1.一年来公司经营情况

公司主营境内外工程承包、公用事业投资和房地产开发业务，面对1996年度行业竞争激烈，房地产市场没有明显复苏的严峻形势，公司贯彻董事会确定的经营发展战略，紧紧抓住股票上市的有利契机，以创造经营利润为中心，充分发挥自身优势，不断开拓发展新路。全体员工团结奋进，扎实工作，取得了较好的经营业绩。

1)公用事业投资奠定了公司战略产业构架的基础

根据国家经济建设与企业自身长期稳定发展的需求，今年对公司的投资方向和产业构架进行了重大调整。进一步优化投资结构，将重点放到国民公用事业，尤其是国民经济的“瓶颈”部门交通基础设施上，使其成为公司主要业务，并取得了实质性进展。公司开发建设的“两路”工程项目中，连接福州市区至福厦高速公路和福州国际机场的福泉高速公路秀宅—峡南段项目投资开始收益，预计1997年开始每年有2000万元回报；河北省邯郸—武安一级公路是贯穿晋中、冀南、鲁西北地区的重要干线公路，为晋煤东运的主要通道之一，公司与香港达隆投资公司、邯郸光大公路公司一起投资建设，合作期16年，据测算第5年即可基本收回投资。公用事业投资进一步增强了公司的业务实力，并将为公司带来长期稳定、可观的经济效益。

2)主营业务工程承包取得重大突破

公司承建的境外项目基里巴斯机场工程圆满移交，境内“两路一酒店”工程施工和设计进展顺利。兰圃互通立交(即福泉高速公路福州市境内A5标段)及后续路段已于11月份全面开工，A6标段的施工也正在加紧进行；邯郸邯武公路复线改建工程定于1997年3月全面动工；苏州“东方龙酒店”已确定由公司总承包，前期工作正在积极进行。

3)房地产业务进展顺利

在房地产开发上，公司一方面做好在建设项目的工程管理和竣工销售；另一方面，对收益小、前景不明的物业进行清理变现，加快资金回笼，经营进入良性循环。目前，福州市“冶山花园”已基本销售完毕，厦门“莲花广场”进展顺利，上海“凯福大厦”销售过半，上海“和福花苑”已正式开盘，香港跑马地、筲箕湾项目于年内已出手。重点项目福州“西湖花园”综合楼已封顶，公寓塔楼施工已出地面，销售形势看好。

4)实业投资、多元经营业绩喜人

在实业投资上，公司在上海参股投资建设的制罐厂第一条生产线已正式投产，现有订货量已超过生产量。合资的苏州东方龙酒店项目，我方占股30%，目前项目按预定计划进展顺利。以主营业务带动的建筑设计、设备材料供应等业务稳中有进。工程监理、装修装璜、物业管理相继开拓，成效明显。证券投资业务取得一定的突破，为今后进一步开展业务打下坚实的基础。

2.关于经营成果与预测差异的说明。

公司在1996年初公告的招股说明书中，预测全年税后利润4675万元，每股收益0.31元。实际经营业绩是税后利润5328.7万元。由于1996年底公司按10∶3的比例，将部分公积金转增股本，则按转增后全面摊薄计算，1996年每股收益0.27元，按摊薄前股本计算，每股收益0.35元，比招股说明书的预测增长12.9%。利润增长的主要原因是公司房地产业务回升，同时公司的短期投资业务也增加了收益。

3.对募集资金使用情况的说明。

公司1996年股票发行共筹资金1.44亿元(已扣除发行费用)，根据招股说明书，全部投入福泉高速公路秀峡段及延伸段工程。1996年5月27日，公司与福州市路桥建设发展总公司正式签订合作合同，成立福州秀峡高速公路有限责任公司。我司占股20%，投资额1.3亿元，合同规定我司自福州市政府批准之日起至第11个月，分期投入上述款项。该合作合同于8月经福州市人民政府批准，我司严格按照合同要求投入该工程建设，至今已投入7000万元，余6000万元在1997年上半年陆续投入。募集资金剩余1400万元用于补充我司总承包的该项目延伸段兰圃立交桥工程周转金。

四、股本变化及股本结构情况

1.股本变化及股本结构情况

1)股本结构变化情况

数量单位：股　　面值：每股1元

股份类别	期初数	本次变动增减(+、-) 公积金转股	小计	期末数
一、尚未流通股份				
1.发起人股份	70400000	21120000	21120000	91520000
2.募集法人股	41000000	12300000	12300000	53300000
3.内部职工股	308000	92400	92400	400400
尚未流通股合计	111708000	33512400	33512400	145220400
二、已流通股份				
1.境内上市的人民币普通股	38292000	11487600	11487600	49779600
已流通股份合计	38292000	11487600	11487600	49779600
三、股份总数	150000000	45000000	45000000	195000000

2)本报告期末的股东总人数为32591。其中发起人股东1人；法人股东数836人；社会个人股东数31755。

2.前十名股东持股情况如下

股东名称	年末持股数(股)	占总股本(%)
1)中国福建国际经济技术合作公司	91520000	46.93
2)福建省三星建材联合贸易公司	1309100	0.67
3)中国人民建设银行福建省分行	1300000	0.67
4)福建省九盛经济开发公司	942500	0.48
5)福建省中行劳动服务公司	663000	0.34
6)福州华兴信托投资公司	650000	0.33
7)福建兴业银行	650000	0.33
8)苏州工业园区农工商总公司	646100	0.33
9)严则阳	643100	0.33
10)侨益福建房地产开发有限公司	611000	0.31

深圳南山热电股份有限公司

深圳南山热电股份有限公司1996年年度报告摘要

一、公司简况

1、公司名称：深圳南山热电股份有限公司（以下简称"本公司"）

英文名称：SHENZHEN NANSHAN POWER STATION CO,LTD

2、公司地址：广东省深圳市南山区月亮湾大道

邮政编码：518052

3、公司法定代表人：隋克先生

4、公司股证事务代表：郁伟先生，陶琳先生

咨询电话：(0755)6650052—229或6404572

传　　真：(0755)6650642

二、主要财务数据与财务指标

单位：人民币元

指标项目	本年数	上年数	比上年增减(%)
主营业务收入	428,068,880.02	410,542,453.32	4.27
净利润	71,108,106.50	48,428,341.96	46.83
总资产	1,014,608,930.30	957,802,300.13	5.93
股东权益	552,662,725.07	540,024,033.38	2.34
每股收益	0.359	0.245	46.53
每股净资产	2.79	2.73	2.20
净资产收益率	12.87%	8.97%	43.48
股东权益比率	54.47%	56.38%	-3.39

三、公司业务回顾

1、一年来的经营情况

1996年，随着深圳市经济的稳步增长，全市供电量比上年增长了9.8%，高于1995年比1994年增长4.06%的水平，但深圳市电力市场供大于求的局面仍未得到缓解。在这种形势下，本公司通过实施目标管理责任制，强化内部经营管理，狠抓机组设备出力率、完全率，保证机组设备随调随发、稳发满发，使全年完成发电量89,129.25万千瓦时（含本公司承包经营之"余热利用"项目23,704.68万千瓦时），比上年增长12.64%，相应业务收入67,244.84万元人民币（含"余热利用"项目17,160.78万元人民币），然而，这期间国际市场油价持续居高不下，轻、重油全年平均油价比上年上升21.43%和13.54%，使本公司发电燃料成本大幅增加约四千万元人民币，致使本公司主营业务实现利润仅为932.44万元（以上仅为会计核算口径，若加上相应的发电业务税收减半及返还等，则本公司发电利润为4,191.21万元），再加上"余热利用"项目分得利润2,491.69万元和协孚供油公司投资收益799.50万元等，则本公司利润总额为7,426.59万元，较上年增长44.41%。

为了进一步降低发电燃料成本，向技改要效益，本公司于1996年8月投资1,500万元人民币对＃7燃气轮机组实施重油技术改造工程（该工程于1997年3月20日试运行成功，至此，本公司全部燃气轮机均可燃用重油，将使有限的发电量创造出了更大的经济效益）。

为壮大经营实力，提高抗风险能力，本着以电力为主导产业，发展电力及相关产业的资投方针，本公司积极向内地拓展电力经营市场，于1996年11月4日与中联电力财务有限公司签定了"关于参股中联电力财务有限公司的合同书"，合同约定本公司投资人民币3,000万元参股7%股份。该公司系由中国哈尔滨电站设备集团公司、中国华中电力集团公司、河南省电力公司、中国建筑工程（澳门）有限公司、香港凯信企业有限公司、农银财务有限公司和讯华投资有限公司于1994年2月合资成立，主要业务为直接参与投资国内以电力为主的能源、高科技项目，为中国能源电力项目提供融资服务。本公司期望可通过此举与中联电力财务有限公司及其合作伙伴进一步合作共同赴内地投资收购和建设大型燃煤电厂。

2、税后利润差异说明

经羊城会计师事务所依据中国注册会计师独立审计准则进行审计，本公司1996年度的税后利润为7,110.81万元人民币，而经香港永道会计师事务所按照香港会计师公会颁布的标准核数准则进行的审计，1996年度的合并税后利润为9,602.4万元人民币，比中国会计师审计的结果多2,491.59万元人民币，其差异原因为对于深圳能达电力有限公司（联合循环）的会计处理方法不同，按中国会计准则以当年联合循环所分配利润入帐，而按香港公认会计原则联合循环所有的利润、资产及负债合并于本公司内，根据孰低原则，本公司1996年度的利润分配以境内审计报告的净利润人民币7,110.81万元为分配的基数。

四、利润预分配方案

本公司第一届董事会于1997年4月8日和4月23日分别召开临时董事会和第十四次董事会，通过1996年度利润预分配方案为：1996年度本公司实现税后利润71,108,106.50元人民币，提取10%法定公积金、8%公益金后，当年分红基金58,308,647.33元人民币，加上上年度结转利润人民币1,922,725.76元，可供股东分配利润为60,231,373.09元人民币。向本公司1996年年末之总股本198,000,000股每股派发现金人民币0.30元（含税），合计人民币59,400,000元，余下人民币831,373.09元，留待今后分红派息时派付。本分配案须经股东大会通过并报证券主管部门批准后实施。

五、股本变化及股本结构情况

1、股本变化及股本结构情况

(1)股本变化（截止1996年12月31日）

股份单位：股；面值：每股人民币1元

序号	股份类别	年初数	本次变动增减(±)	年末数	占总股本比例%
一	尚未流通股份				
1	发起人股份	113,300,000		113,300,000	57.22
其中:	国家股	11,386.650		11,386,650	5.75
	境内法人股	59,754,420		59,754,420	30.18
	境外法人股	42,158,930		42,158,930	21.29
2	定向法人股	25,300,000		25,300,000	12.78
3	内部职工股	445,000	-45,600	399,400	0.20
合计		139,045,000		138,999,400	70.20
二	已流通股份				
1	A股	18,255,000	+45,600	18,300,600	9.24
2	B股	40,700,000		40,700,000	20.56
合计		58,955,000		59,000,600	29.80
三	股份总数	198,000,000		198,000,000	100

注：

1、内部职工股系指董事、监事及高层管理人员持有的股份；

2、内部职工股在年末变动的原因：年内本公司两位董事因工作需要不再提任本公司董事职务，其所持股份于1996年12月1日获准转让。

(2)股本变动情况

本年度内本公司总股本未变动。

(3)主要股东持股情况(截止 1996 年 12 月 31 日)

序号	股东名称	年末数	占总股本比例(%)
1	深圳市南山电子工业发展公司	46,477,970	23.47
2	香港南海洋行(国际)有限公司	30,931,780	15.62
3	华能南方开发公司	20,206,450	10.21
4	香港腾达投资有限公司	17,827,150	9.00
5	深圳市投资管理公司	14,365,650	7.25
6	深圳市能源总公司	8,800,000	4.44
7	宏昌国际有限公司	1,232,000	0.62
8	HONGKONG NAM HOI TRADING CO.,LTD	958,200	0.48
9	孔宪云	759,000	0.38
10	武详	577,959	0.29

(4)股东数量

截止 1996 年 12 月 31 日,持有本公司 A、B 股股票的股东共 14,945 户。

2、公司董事、监事与高级管理人员持股情况

姓名	职务	年初持股数	本年度增减(±)	年末持股数
隋克	董事长	0	0	0
陈国椿	副董事长	40,000	+2,000	42,000
朱绍云	副董事长	40,000	+4,000	44,000
鲁景程	常务董事、总经理	45,000	+4,500	49,500
陈志忠	董事、副总经理	40,000	+4,000	44,000
郁伟	常务董事、总会计师	40,000	0	40,000
王建彬	董事	0	0	0
李翔华	董事	0	0	0
李立	董事	0	0	0
简基遥	董事	15,000	+1,500	16,500
路玉萍	监事长	15,000	+1,000	16,000
吴景舟	监事	0	0	0
朱怀真	监事	13,000	+700	13,700
刘建华	监事	0	0	0
李汉佳	监事	30,000	+3,000	33,000
李子亮	监事	12,000	+1,200	13,200
唐修阳	监事	10,000	+500	10,500
马家骅	副总经理	35,000	+3,500	38,500
徐世纯	副总经理	0	0	0
赖伟成	总工程师	35,000	+3,500	38,500
合计		370,000		399,400

注:股份变动原因:

1、1995 年实施了 1994 年度向全体股东每 10 股送 1 股的分配方案;

2、1996 年 4 月起,按照国家有关规定,上市公司董事、监事及高级管理人员持有的包括公司送配股而增加的股份不得上市流通,故深圳证券登记有限公司冻结了本公司董事、监事及高级管理人员证券帐户中所持有的本公司股份。

六、重要事项

1、本公司 1995 年股东大会于 1996 年 5 月 30 日在本公司举行,大会审议通过了关于变更董事的议案、1995 年度董事会工作报告和监事会工作报告、1995 年度会计决算的审计报告、1995 年度利润分配及分红派息的议案及于聘请公司法律顾问的议案。

2、本报告期内,董事会召开了五次董事会议,主要审议通过了 1995 年度工作报告、1995 年度利润分配预案、召开 1995 年度股东大会有关事宜、变更董事的议案、1996 年中期报告以及对外投资、参资企业管理等有关议案。

3、1995 年度分红派息方案已于 1996 年 7 月 31 日实施,具体方案为每股派发现金人民币 0.18 元(含税),A 股个人股东实际每股派 0.166 元。

4、1996 年 3 月 15 日,本公司第一届董事会召开十次会议,同意黄祥其先生因工作调动的原因辞去本公司董事、董事长职务,推选隋克先生提任公司董事,并出任本公司董事长、常务董事职务。

5、1996 年 4 月 26 日,本公司第一届董事会召开第十一次会议,同意王万寿先生因工作需要不再担任董事职务,并选王建彬先生担任本公司董事。

6、鉴于本公司与有关方面就余杭燃机电站项目的《购销电协议》最终未达成一致意见,故本公司第一届董事会第十二次会议决定中止该项目的有关工作。

7、1996 年 8 月 12 日,本公司第一届董事会召开第十二次会议,会议审议通过了“♯7 燃气轮机重油技术改造项目”,批准投资 1,500 万元人民币实施该项目。

8、1996 年 11 月 4 日,本公司与中联电力财务有限公司(简称“中联电力”)签定了“关于参股中联电力的合同书”,本公司投资 3,000 万元人民币参股中联电力 7%股份。

9、本报告期内本公司无重大诉讼、仲裁事项。

七、子公司及关联企业

序号	公司名称	注册资金(万元)	本公司持有权益比率	主营业务范围
1	深圳协孚供油有限公司	5,330	50%	组织柴油、重油、润滑油供应深圳市电厂,并在保证电厂用油基础上供应深圳加油站及外商投资企业
2	深圳成鹏工贸有限公司	200	30%	生产加工滤清器、热动力机构、修造电力、电子热控检修、经销电站成套设备及配件
3	深圳能达电力有限公司	6,600	50%	利用余热发电
4	中联电力财务有限公司	2,000 (HK$)	7%	国内电力及其相关工业

八、财务报告

本公司财务报告业经羊城会计师事务所的中国注册会计师陈雄溢先生、刘佩莲女士审计,并出具无保留意见的审计报告。下面列示财务报表和主要的财务报表附注。

A、财务报表

1、资产负债表(附后)

2、利润及利润分配表(附后)

3、财务状况变动表(附后)

B、财务报表注释

(一)主要的会计政策:

1、会计制度

公司执行《股份制试点企业会计制度》。

2、会计期间

公司的会计期间自公历年度 1 月 1 日起至 12 月 31 日止。

3、记帐原则和计价基础

公司的会计报表按权责发生制,采用实际成本计价的原则进行编制。

4、货币核算

公司于 1994 年 6 月 1 日起,其供电收入全额转为人民币结算。因此,从 1995 年 1 月 1 日起,公司记帐本位币从美元变更为人民币。

公司年度内涉及非本位币的经济业务按发生期间的市场汇价折合为

人民币记帐。半年及年末终了,货币性项目中非本位币余额按当日的市场汇价进行调整,其汇兑差额业已计入当期损益。

5、存货

存货以实际成本计价,成本包括买价和采购费用。发出油料、周转材料、备品备件成本按加权平均法计算确定。

低值易耗品于领用时一次摊销。

6、长期投资核算方法

投资额低于被投资企业资本总额20%时,采用成本法核算;拥有被投资企业资本总额20%—50%,按权益法核算。

7、固定资产及其折旧

固定资产使用期限超过一年,且单位价值在2000元以上的实物资产。固定资产以实际成本计价,成本包括买价及该项固定资产投入使用前发生的各项直接费用。固定资产折旧采用直线法平均计提,预留10%残值,按下列使用年限计提折旧:

资产类别	使用年限	年折旧率
房屋及建筑物	20	4.5%
机器设备	10	9%
电子设备	5	18%
运输工具及其他设备	5	18%

8、无形资产及其摊销

(1)公司内土地使用权,包括土地开发费、土地价款及市政建设配套费用,自1992年9月到2010年4月(经营期结束)平均摊销。

(2)7号发电机组线路增容费30,000,000.00元,自机组投入运作(1993年8月)分十年平均摊销。

(3)公司外(位于广东省惠州市大亚湾经济技术开发区妈庙村新桥水库东侧12,400平方米)土地使用权,自1994年10月至2010年4月(经营期结束)平均摊销。

9、递延资产及其摊销

筹建期间发生的费用,自1990年5月起分八年平均摊销。

10、收入实现的确认

公司的主营收入为电力销售,销售电量的收入以电传送到深圳供电局,并取得索取收款权利时确认。

11、税项

(1)增值税

税目	税率	
供电收入	17%	根据国税发[1995]481号文的通知,1995年1月至1996年底减半征收发电环节增值税。
供热收入	13%	

(2)企业所得税

根据有关规定,公司应纳所得税税率为15%,经深圳市税务局南头分局[1991]深税南发字第11号文批准,公司自获利的年度起,第一年和第二年免征企业所得税,第三年至第五年减半征收企业所得税。后深圳市地方税务局南山分局[1995]深地税南减字第12号文批准,同意公司第六年至第八年减半征收企业所得税(即1995年、1996年、1997年为第六年至第八年)。

12、利润分配

公司税后利润按下列顺序分配:

(1)弥补亏损;

(2)提取10%法定盈余公积金;

(3)提取公益金;

(4)提取任意盈余公积金;

(5)支付股利。

(二)会计报表项目的附注:

1、货币资金

项目		原币金额	折合人民币金额
现金	RMB	111,678.41	111,678.41
	HKD	12,077.55	12,945.93
	USD	4,923.41	40,855.44
小计			165,479.78
银行存款	RMB	159,048,935.92	159,048,935.92
	HKD	15,886,712.88	17,028,967.54
	USD	2,169,363.07	18,001,808.62
小计			194,079,712.08
外汇信用保证金	USD	63,307.10	525,334.98
合计			194,770,526.84

2、应收帐款

(1)帐龄分析

	百分比	金额
一年以内	100%	69,175,048.80

(2)以上帐款无持有公司5%以上股份的股东欠款。

(3)比年初数增加51,666,166.01元,增加295.09%。主要是12月份上网电量增加而增加当月应收深圳供电局电费收入(含税)所致。

3、预付帐款年末余额16,071,203.32元。

(1)数额较大的款项

金额	内容
14,311,626.70	开发广东省惠州市河南岸大石湖商住区发生的各项费用

(2)比年初数减少15,524,110.31元,减少49.13%,主要是把取得土地使用权的土地开发费用1,368.64万元和公司购置的职工单身宿舍345,12万元转出所致。

4、坏帐准备

坏帐准备年末余额14,311,626.70元,比年初数减少1,928,615.54元。主要是把取得土地使用权(广东省惠州市大亚湾经济技术开发区内)但以前年度提取的坏帐准备——5,515,242.24元冲销。另对至1996年末尚未取得土地使用权(广东省惠州市河南岸大石湖商住区),继续提取坏帐准备3,586,626.70元。以上数额已列入当年损益。

5、其他应收款

(1)帐龄分析

	百分比	金额
一年以内	83.5%	75,897,528.57
一至二年	0.6%	536,118.80
二至三年	7.9%	7,179,527.19
三年以上	8.0%	7,319,371.69
合计	100%	90,932,546.25

(2)持有公司5%以上股份的股东欠款

名称	金额	内容
香港南海洋行国际有限公司	USD 800,000 折RMB 6,638,560.00	无抵押借款,借款期限为九个月,利息按同期美元贷款平均年利率加1.5%计算。

(3)数额较大的款项

名称	金额	内容
深圳能达电力有限公司(联合循环)	73,339,581.30	代垫设备款及其他往来款项
南山区常兴路荔园小区宿舍	7,079,724.76	应收职工宿舍购房款

6、存货

(1)按项目分列

类别	金额
在途物资	762,651.14
燃料	10,817,620.24

周转材料	1,674,421.96
备品备件	34,137,126.32
低值易耗品	231,776.82
合计	47,623,596.48

(2)比年初数减 20,359,035.82 元,减少 29.95%,主要是燃料储存减少所致。

7、长期投资

(1)联营投资

被投资单位名称	投资期限	占投资比例	投资金额—按原值
深圳协孚供油有限公司	20 年	50%	26,650,000.00
深圳成鹏工贸公司	10 年	30%	600,000.00
中联电力财务有限公司		7%	13,000,000.00
深圳能达电力有限公司		50%	33,000,000.00

* 根据合同书规定,公司以人民币 3,000 万元参股中联电力财务有限公司,占 7%股份,至 1996 年 12 月 31 日,尚有 1,700 万元未支付。

(2)比年初数增加 69,467,495.70 元,增加 169.95%,主要是增加对中联电力财务公司,深圳能达电力有限公司的投资及本年度收益所致。

8、固定资产及累计折旧

	房屋及建筑物	机器设备	电子设备	运输工具	合 计
固定资产原值:					
上年结转数	33,185,367.76	719,422,081.02	8,293,875.46	5,961,654.85	766,862,979.09
本年增加数	4,300,080.00	404,798.35	222,058.29		4,926,936.64
本年减少数	7,382,591.98		31,720.00		7,414,311.98
本年期末余额	30,102,855.78	719,826,879.37	8,484,213.75	5,961,654.85	764,375,603.75
累计折旧:					
上年结转数	6,453,384.05	242,126,448.68	4,474,037.98	2,522,3415.32	255,576,183.03
本年增加数	1,637,152.78	64,524,064.31	1,081,107.24	984,905.17	68,277,229.50
本年减少数	1,657,773.96		10,943.40		1,668,717.36
本年期末余额	6,432,762.87	306,650,512.99	5,544,198.82	3,507,220.49	322,134,695.17

9、在建工程年末余额,1,373,975.42 元,是公司自有资金兴建的零星工程,未有发生利息资本化金额。

10、无形资产及递延资产

项目	来源	原值	已摊金额	期末金额	剩余摊销年限
无形资产:					
7 号发电机组增容费	自筹	30,000,000.00	10,250,000.00	19,750,000.00	6.58 年
公司内土地开发费	自筹	32,947,542.20	18,993,612.74	13,953,929.46	13.33 年
小计				45,414,211.79	
递延资产					
开办费		626,687.37	522,239.92	104,447.45	1.33 年

11、短期借款

截止于 1996 年 12 月 31 日,短期借款余额折合人民币 315,593,578.25 元(借款明细略)。

12、应付帐款年末余额 37,583,978.25 元,其中:

名称		金额	内容
(1)关联款项			
深圳协孚供油有限公司	USD 1,062,000	折 RMB 8,812,688.40	燃料款
深圳协孚供油有限公司		1,998,034.68	燃料储运费
小计		10,810,723.08	
(2)数额较大的款项			
永新石油化工有限公司	USD 1,172,715.02	折 RMB9,731,423.77	燃料款
百仕达有限公司	USD 1,861,462.60	折 RMB15,446,788.96	燃料款

(3)比年初数增加 8,948,160.86 元,增加 31.25%,主要是年末应付供应商燃料款增加所致。

13、未付股利年末余额 59,400,000.00 元,比年初数增加 23,760,000.00 元,增加 66.67%,主要是本年度现金股利派发增加所致。

14、未交税金

(1)按税种列示

	金额	备注
增值税税金	18,086,924.93	经深圳市国家税务局南山征收分局[96]延字第 324,325,326 号,[97]延字第 211,212,213 号延期纳税批复书同意延期缴交。
企业所得税税金	3,157,748.73	见附注 26
个人所得税税金	41,806.64	
合计	21,286,480.30	

(2)比年初数增加 9,016,434.99 元,增加 73.48%,主要是增加经批准延期缴交的增值税税金所致。

15、其他应付款年末余额 3,513,769.75 元。其中:

(1)关联款项

名称	金额	内容
深圳南山电子工业发展公司	99,578.40	借款担保费
深圳市投资管理公司	164,663.47	借款担保费及往来款
深圳市能源总公司	235,809.94	借款担保费及往来款
小计	500,051.81	

(2)比年初数减少 6,565,781.37 元,减少 65.14%,主要是转出职工宿舍购房款 603.26 万元所致。

16、长期借款

(1)借款项目

贷款单位	原币金额	折合人民币	年利率	期限	借款条件
中国银行深圳市分行	USD 1,500,000.00	12,447,300.00	9.125%	92.4—97.4	南山财政局担保

(2)比年初数减少 56,591,270.00 元,减少 81.97%,主要是本年度归还中国银行深圳市分行 680 万元美元贷款所致。

17、股本

(1)股本结构

	普通股 A 股	普通股 B 股	合计
国家股	11,386,650.00		11,386,650.00
法人股	127,213,350.00		127,213,350.00
社会公众股	18,255,000.00	40,700,000.00	58,955,000.00
内部职工股	445,000.00		445,000.00
小计	157,300,000.00	40,700,000.00	198,000,000.00

(2)本年度股本结构及股本总额均无变动。

18、股东权益(除股本外)

项目	上年结转数	本年增加数	本年减少数	本年期末余额
资本公积	303,422,083.03			303,422,083.03
盈余公积	36,679,224.59	17,181,215.36	3,451,171.00	50,409,268.95
其中:法定盈余公积	17,559,032.70	8,041,395.84		25,600,428.54
任意盈余公积	4,596,783.01	3,451,171.00		8,047,954.01
公益金	14,523,408.88	5,688,648.52	3,451,171.00	16,760,886.40
未分配利润	1,922,725.76	74,265,855.23	75,357,207.90	-831,373.90

盈余公积金增加数主要是按公司 1996 年度利润预分配方案分别按 10%和 8%提取法定盈余公积金和公益金。

19、主营业务收入

项目	金额
供电收入	428,068,880.02

20、营业成本

项目	金额
燃料	284,203,562.43
工资	7,612,945.00

制造费用	77,042,052.82
	368,858,560.25

21、财务费用

(1)按项目列示

项目	金额
利息支出(减利息收入)	11,885,072.18
汇兑损失(减汇兑收益)	-395,984.52
其他	904,442.25
合计	12,393,529.91

(2)比上年同期减少15,577,186.17元,减少55.69%,主要是国家调整银行贷款利率而减少利息支出所致。

22、主营利润

主营利润比上年同期减少11,346,117.82元,减少54.89%,主要一是燃料成本——轻柴油价格上升而增加营业成本;二是银行贷款利率调整而减少财务费用所致。

23、投资收益

(1)其他投资

被投资单位名称	金额
深圳协孚供油有限公司	7,995,000.00
深圳成鹏工贸公司	-143,714.14
深圳能达电力有限公司(联合循环)	24,916,859.96
合计	32,768,145.82

以上公司拥有被投资单位30—50%股权,均按权益法核算。

(2)比上年同期增加22,730,574.74元,增加226.45%,主要是增加深圳能达电力有限公司(联合循环)投资收益所致。

24、营业外收入

(1)按项目列示

项目	金额	说明
1996年度增值税减征收入	23,587,683.79	见深国税发〈1995〉481号文
1995年度进口环节超税负返还部分收入	9,000,000.00	见深国税发〈1995〉627号文
其他收入	200,328.27	
	32,788,012.06	

(2)比上年同期增加12,032,780.39元,增加57.97%,主要是本年度增加增值税减征收入和1995年度进口环节超税负返还部分收入所致。

25、营业外支出

(1)按项目列示

项目	金额
非社会公益性捐款	604,375.19
其他支出	10,376.60
	614,751.79

(2)比上年同期增加578,152.75元,增加1579.7%,主要是非社会公益性捐款增加所致

26、企业所得税

项目	金额	备注
利润总额	74,265,855.23	
减:投资收益	32,768,145.82	
加:非社会公益性支出等	605,606.99	
应纳税所得额	42,103,316.40	
所得税税率	7.5%	见〈1995〉深地税南减字第12号文
应纳所得税额	3,157,748.73	

(三)、或然负债:

至1996年12月31日,公司分别为关联企业提供银行贷款担保共计人民币30,840万元;为无关联公司提供贷款担保共计人民币7,000万元;为公司两名股东分别提供无抵押借款美元80万元和银行贷款担保人民币3,000万元。

(四)、财务承诺:

1、公司在承包经营深圳能达电力有限公司(公司与深圳建州投资实业有限公司合作经营)期间,在承担合作经营公司还本付息后,仍须承担分期缴付深圳建州投资实业有限公司人民币13,560万元的投资利润。

2、至1996年12月31日,公司须承担投资中联电力财务有限公司人民币1,700万元。

(五)关联交易:

在正常业务情况下,公司在1996年度向一联营公司购入燃油共约人民币13,500万元。

(六)、期后事项:

1、1997年4月3日,公司召开临时董事会会议,通过1996年度预分配及分红派息的决议,对公司1996年度税后利润作如下分配:

(1)提取10%法定盈余公积金;

(2)提取8%公益金;

(3)按1996年年末之总股本198,000,000股,每股派发现金人民币0.30元(含税),共计59,400,000.00元(可供股东分配的利润含1995年度未分配利润结余数)。

余下未分配利润数额,转下年度分配。

2、公司并无就有1996年12月31日之后会计期间编制任何经审核的会计报表。

深圳南山热电股份有限公司

董事会

1997年4月28日

资产负债表

1996年12月31日

表一

企业名称:深圳南山热电股份有限公司

单位:人民币元

资产	附注	年初数	期末数	负债及股东权益	附注	年初数	期末数
流动资产:				流动负债:			
货币资金	1	156,416,953.82	194,770,526.84	短期借款	11	248,485,556.30	315,593,578.25
短期投资				应付票据			
应收票据				应付帐款	12	28,635,817.39	37,583,978.25
应收帐款	2	17,508,882.79	69,175,048.80	预收货款			
预付帐款	3	31,595,313.63	16,071,203.32	应付福利费		13,628,726.63	12,121,098.68
减:备抵坏帐	4	16,240,242.24	14,311,626.70	未付股利	13	35,640,000.00	59,400,000.00
应收帐款净额		32,863,954.18	70,934,625.42	未交税金	14	12,270,045.31	21,286,480.30

资产	附注	年初数	期末数	负债及股东权益	附注	年初数	期末数
其他应收款	5	106,691,652.18	90,932,546.25	其他未交款			
待摊费用		1,984,304.51	10,872,020.30	其他应付款	15	10,079,551.12	3,513,769.75
存货	6	67,982,632.30	47,623,596.48	预提费用			
待处理流动资产净损失				一年内到期的长期负债			
一年内到期的长期债券投资				其他流动负债			
其他流动资产				流动负债合计		348,739,696.75	449,498,905.23
流动资产合计		365,939,496.99	415,133,315.29	长期负债：			
长期投资：				长期借款	16	69,038,570.00	12,447,300.00
长期投资	7	40,874,576.07	110,342,071.77	应付债券			
固定资产：				长期应付款			
固定资产原价	8	766,862,979.09	764,375,603.75	其他长期负债			
减：累计折旧	8	255,567,183.03	322,134,695.17	长期负债合计		69,038,570.00	12,447,300.00
固定资产净值		511,286,796.06	442,240,980.58	递延税项：			
在建工程	9	1,768,173.50	1,373,975.42	递延税款贷项			
固定资产清理				负债合计		417,778,266.75	461,946,205.23
待处理固定资产净损失				少数股东权益			
固定资产合计		513,054,969.56	443,614,884.00	股东权益：			
无形资产及递延资产：				股本	17	198,000,000.00	198,000,000.00
无形资产	10	37,750,474.06	45,414,211.79	资本公积	18	303,422,083.03	303,422,083.03
开办费	10	182,783.45	104,447.45	盈余公积	18	36,679,224.59	50,409,268.95
无形资产及递延资产合计		37,933,257.51	45,518,659.24	其中:公益金		14,523,408.88	16,760,886.40
其他长期资产				未分配利润		1,922,725.76	831,373.09
其他长期资产				股东权益合计		540,024,033.38	552,662,725.07
递延税项：				负债及股东权益总计		957,802,300.13	1,014,608,930.30
递延税款借项							
流动负债:资产总计		957,802,300.13	1,014,608,930.30				

利润及利润分配表

1996 年度　　　　表二

企业名称：深圳南山热电股份有限公司　　　　单位：人民币元

项目	附注	本年累计数	上年同期累计数
一、主营业务收入	19	428,068,880.02	410,542,453.32
减：营业成本	20	368,858,560.25	329,162,678.77
销售费用			
管理费用		37,492,340.72	32,738,491.61
财务费用	21	12,393,529.91	27,970,716.08
二、主营业务利润	22	9,324,449.14	20,670,566.86
加：其他业务利润			
三、营业利润		9,324,449.14	20,670,566.86
加：投资收益	23	32,768,145.82	10,037,571.08
营业外收入	24	32,788,012.06	20,755,231.67
减：营业外支出	25	614,751.79	36,599.04
加：以前年度损益调整			
四、利润总额		74,265,855.23	51,426,770.57
减：所得税	26	3,157,748.73	2,998,428.61
五、净利润		71,108,106.50	48,428,341.96
加：年初未分配利润		1,922,725.76	87,766,593.47
盈余公积转入数			
六、可分配的利润		73,030,832.26	136,194,935.43
减：提取法定公积金		7,110,810.65	4,689,808.76
提取公益金		5,688,648.52	14,523,408.88
联营投资公积金转出			3,035,623.82
以前年度调整数			13,544.29
七、可供股东分配的利润		60,231,373.09	13,932,549.68

项目	附注	本年累计数	上年同期累计数
减:提取任意公积金			22,342,823.92
已分配普通股股利		59,400,000.00	89,667,000.00
八、未分配利润		831,373.09	1,922,725.76

财务状况变动表

1996年度

表三

企业名称:深圳南山热电股份有限公司

单位:人民币元

流动资金来源和运用	金额	流动资金各项目的变动	金额
一、流动资金来源:		一、流动资产本年增加数:	
1、本年净利润	71,108,106.50	1、货币资金	38,353,573.02
加:不减少流动资金的费用和损失		2、短期投资	
(1)固定资产折旧	68,227,229.50	3、应收票据	
(2)无形资产、递延资产及其他资产摊销(或其他负债转销)	6,100,990.89	4、应收帐款净额	38,070,671.24
(3)固定资产盘亏(减盘盈)		5、预付货款	
(4)清理固定资产损失(减收益)	5,735,194.62	6、其他应收款	—15,759,105.93
(5)递延税款		7、待摊费用	8,887,715.79
(6)其他不减少流动资金的费用和损失		8、存货	—20,359,035.82
小　计	151,171,521.51	9、待处理流动资产损失(减收益)	
2、其他来源		10、一年内到期的长期债券投资	
(1)固定资产清理收入(减清理费用)	10,400.00	11、其他流动资产	
(2)增加长期负债			
(3)收回长期投资	10,231,235.31	流动资产增加净额	49,193,818.30
(4)对外投资转出固定资产			
(5)对外投资转出无形资产		二、流动负债本年增加数:	
(6)资本净增加额(盈余公积金)	13,730,044.36	1、短期借款	67,108,021.95
小　计	23,971,679.67	2、应付票据	
流动资金来源合计	175,143,201.18	3、应付帐款	8,948,160.86
二、流动资金运用:		4、预收货款	
1、利润分配		5、应付福利费	—1,507,627.95
(1)提取法定公积金	7,110,810.65	6、未付股利	23,760,000.00
(2)提取法定公益金	5,688,648.52	7、未交税金	9,016,434.99
(3)提取任意公积金		8、其他未交款	
(4)已分配股利	59,400,000.00	9、其他应付款	—6,565,781.37
小计	72,199,459.17	10、预提费用	
2、其他运用:		11、一年内到期的长期负债	
(1)固定资产和在建工程净增加额	4,532,738.56	12、其他流动负债	
(2)增加无形资产、递延资产以及其他资产	13,686,392.62		
(3)偿还长期负债	56,591,270.00		
(4)增加长期投资	79,698,731.01		
小计	154,509,132.19		
流动资金运用合计	226,708,591.36	流动负债增加净额	100,759,208.48
流动资金增加净额	—51,565,390.18	流动资金增加净额	—51,565,390.18

深圳南山热电股份有限公司1997年度中期报告

一、财务报告

深圳南山热电股份有限公司董事会谨向全体股东公布本公司1997年1月1日至1997年6月30日的有关财务状况:

(一)审计报告

[羊城会计师事务所(97)羊查字第4708号]

中国·深圳南山热电股份有限公司全体股东:

我们接受贵公司的委托,对贵公司提供的一九九七年六月三十日的资产负债表和截至该日止的本年度一至六月利润及利润分配表、财务状况变动表(详见后附报表一至三)进行了审计。贵公司管理阶层应对以上会计报表的真实性负责,我们的责任则是根据审计的结果,对这些会计报表发表审计意见。我们的审计是依据《中国注册会计师独立审计准则》进行的。在审计过程中我们结合贵公司的实际情况,实施了包括抽查会计记录等我们认为必要的审计程序。

我们认为,上述会计报表,符合《企业会计准则》和《股份制试点企业会计制度》的有关规定,在所有重大方面公允地反映了贵公司一九九七年六月三十日的财务状况及一九九七年一至六月的经营成果和资金变动情况,会计处理方法的选用,除固定资产——发电机组变更折旧方法外,其余均遵循了一贯性原则。

羊城会计师事务所　　中国注册会计师:陈雄溢
中国·广州　　中国注册会计师:刘佩莲
一九九七年八月十一日

(二)财务报表

简化资产负债表

单位:人民币元

	1997年6月30日	1996年12月31日
流动资产	463,473,510.18	415,133,315.29
长期投资	123,585,991.82	110,342,071.77
固定资产净值	416,324,868.10	442,240,908.58
在建工程	11,982,936.09	1,373,975.42
无形资产及递延资产	43,017,083.32	45,518,659.24
其他长期资产	0	0
资产合计	1,058,384,389.51	1,014,608,930.30
流动负债	441,108,148.95	449,498,905.23
长期负债	4,687,027.97	12,447,300.00
负债合计	445,795,176.92	461,946,205.23
少数股东权益	0	0
股东权益	612,589,212.59	552,662,725.07
其中:股本	198,000,000.00	198,000,000.00
资本公积金	303,422,083.03	303,422,083.03
盈余公积金	50,409,268.95	50,409,268.95
未分配利润	60,757,860.61	831,373.09
负债及股东权益合计:	1,058,384,389.51	1,014,608,930.30

简化损益表

单位:人民币元

	1997年1至6月	1996年1至6月
主营业务收入	252,928,213.35	179,094,420.01
主营业务利润	35,087,316.05	2,544,208.61
其他业务利润	0	0
投资利益	18,467,127.26	3,500,000.00
营业外收支净额	10,204,870.51	19,847,576.16
利润总额	63,759,313.82	25,891,784.77
所得税	3,832,826.30	1,679,383.86
净利润	59,926,487.52	24,212,400.91

(三)主要财务指标

	1997年1至6月	1996年1至6月
每股收益(元/股)	0.303	0.122
净资产收益率	9.78%	4.28%
每股净资产(元/股)	3.09	2.86

(四)财务报表附注

1、根据深圳市地方税务局深地税减免〈1996〉55号"关于南山热电股份有限公司变更固定资产折旧方法的批复"一文,同意本公司自1997年1月1日起,变更发电机组的折旧方法,将原来的年限平均法改为按机组实际发电时间计提折旧的工作量法。由于本公司发电机组折旧方法的变更,使该项固定资产在本报告期内影响计提折旧(—)4,508,031.45元。

本报告期内除以上变更外,其余所采用的会计政策和方法与1996年度的财务报告相一致。

2、货币资金比年初数减少58,255,404.17元,减少29.91%。主要是增加在建工程的支出和增加关联企业借款及代垫款项所致。

3、应收帐款

(1)帐龄分析

	百分比	金额
一年以内	100%	58,195,987.20

(2)以上帐款无持有本公司5%以上股份的股东欠款。

4、预付帐款期末余额15,911,725.17元。

数额较大的款项:

金额	内容
14,311,626.70	开发广东省惠州市河南岸大石湖商住区发生的各项费用

5、坏帐准备期末余额14,311,626.70元,为以前年度提取的广东省惠州市河南岸大石湖商住区开发项目的坏帐准备。

6、其他应收款

(1)帐龄分析

	百分比	金额
一年以内	96.23%	200,525,618.85
一至二年	1.50%	3,122,876.82
二至三年	0.23%	475,085.81
三年以上	2.04%	4,249,111.00
合计	100%	208,372,692.38

(2)持有本公司5%以上股份的股东欠款

名称	金额		内容	
香港南海洋行	USD 800,000.00	折RMB	6,632,640.00	借款本金
(国际)有限公司	54,997.75		455,975.35	借款利息
合计	854,997.75		7,088,615.35	

注:该款项为无抵押借款,借款期限为九个月,利息按同期美元贷款平均年利率加1.5%计算。已于1997年7月31日全额收回。

(3)数额较大的款项

名称	金额	内容
深圳市能达电力有限公司(联合循环)	137,758,248.52	代垫设备款及其他往来款项
南山区常兴路荔园小区宿舍	5,873,715.46	应收职工宿舍购房款
中联电力财务有限公司	41,732,490.00	借款及往来款项
深圳市国家税务局南山征收分局	5,920,233.81	增值税增加税负返还

(4)比年初数增加117,440,146.13元,增加129.15%。主要是增加关联企业临时性的借款和代垫款项所致。

7、存货

类别	金额
在途物资	1,973,265.10
燃料	14,916,204.02
周转材料	2,109,282.13
备品备件	30,206,362.76
低值易耗品	199,766.86
合计	49,404,880.87

8、长期投资

合营投资

被投资单位名称	投资期限	占投资比例	投资金额--按原值
深圳协孚供油有限公司	20年	50%	26,650,000.00
深圳成鹏工贸有限公司	10年	30%	600,000.00
中联电力财务有限公司		7%	*13,000,000.00
深圳市能达电力有限公司		50%	30,000,000.00

*根据合同书规定,本公司以人民币3,000万元参股中联电力财务有限公司,占7%股份。到1997年6月30日,尚有1,700万元未支付。

9、固定资产及累计折旧

项目	上年结转数	本期增加数	本期减少数	本期期末余额
固定资产原值				
合计	764,375,602.75	3,314,863.25		767,690,467.00
累计折旧				
合计	322,134,695.17	29,230,903.73		351,365,598.90

10.在建工程

(1)分项列示

工程名称	工程进度	现支用数	批准文号	资金来原
(1)#7发电机组重油改造工程	90%	7,736,918.33	董事会批准	自筹
(2)办公楼及附属设施装修改造工程	90%	3,206,754.94	董事会批准	自筹
(3)其他零星工程		1,039,262.82		
合计		11,982,936.09		

(2)比年初数增加10,608,960.67元,增加77%。主要是增加#7发电机组重油改造工程和办公楼及附属设施装修改造工程,以及部分工程完工结转所致。

11.无形资产及递延资产

项目	来源	原值	已推金额	期末金额	剩余摊销年限
无形资产:					
7号发电机组增容费	自筹	30,000,000.00	11,750,000.00	18,250,000.00	6.08年
公司内土地开发费	"	32,947,542.20	19,516,885.04	13,430,657.16	12.83年
公司外土地使用权	"	13,686,392.62	2,415,245.91	11,271,146.71	12.83年
小　计				42,951,803.87	
递延资产:					
开办费		626,687.37	561,407.92	65,279.45	0.83年

12.短期借款期末余额321,501,465.58元(明细略)。

13.应付帐款期末余额23,658,989.33元,其中:

名称		金额	内容
(1)关联款项			
深圳协孚供油有限公司		RMB1,998,034.68	燃料储运费
(2)数额较大的款项			
永新石油化工有限公司	USD 771,054.75	折RMB6,392,660.72	燃料款
华润石化集团公司	USD 1,004,979.90	折RMB8,332,087.35	燃料款

(3)比年初数减少13,924,988.92元,减少37.05%。主要是期末应付供应商燃料款减少所致。

14.其他应付款期末余额3,067,789.11元,其中:

(1)关联款项

名　称	金　额	内　容
深圳市南山电子工业发展公司	107,780.40	借款担保费
深圳市投资管理公司	164,629.73	借款担保费及往来款
深圳市能源总公司	118,914.83	借款担保费及往来款
小　计	391,324.96	

(2)数额较大的款项

项　目	金　额
工会经费	626,652.66
黎明公司质保金	160,000.00
一九九七年上半年水费	695,172.90

15.应付福利费期末余额7,862,500.06元,比年初数减少4,258,598.62元,减少35.13%。主要是转出职工住房周转金所致。

16.未付股利期末余额59,400,000元,为经批准应付的1996年度现金股利。

17.未交税金

(1)按税种列示

	金　额
增值税税金	21,591,058.14
城市建设维护费	126,151.79
企业所得税税金	3,511,478.55
个人所得税税金	42,497.25
合　计	25,271,185.73

18.其他长期负债期末4,687,027.97元,是本期转入和提取职工住房周转金所致。

19.股东权益(除股本外)

项目	上年结转数	本期增加数	本期减少数	本期期末余额
资本公积	303,422,083.03			303,422,083.03
盈余公积	50,409,268.95			50,409,268.95
其中:法定盈余公积	25,600,428.54			25,600,428.54
任意盈余公积	8,047,954.01			8,047,954.01
公益金	16,760,886.40			16,760,886.40
未分配利润	831,373.09	59,926,487.52		60,757,860.61

未分配利润增加59,926,487.52元,为本年度1—6月净利润转入所致。

20.主营业务收入

(1)按项目列示

项目	金　额
供电收入	252,928,213.35

(2)比上年同期增加73,833,793.34元,增加41.23%。主要是本期发电量增加所致。

21.营业成本

项目	金　额
燃　料	157,787,493.80
工　资	3,373,540.36
制造费用	33,463,224.69
合　计	194,624,258.85

22.管理费用比上年同期增加8,442,699.70元,剔除上年同期冲减坏帐损失准备551.50万元,实际增加28.70%。主要是增加经常性奖金支出所致。

23.财务费用

(1)按项目列示

项目	金额
利息支出(减利息收入)	4,253,563.70
汇兑损失(减汇兑收益)	218,141.47
其　他	102,467.34
合　计	4,574,172.51

(2)比上年同期减少2,267,720.29元,减少33.14%。主要是利息支出和其他财务费用减少所致。

24.主营利润比上年同期增加32,543,107.44元,增加12.79倍。主要原因:一是发电量增加而增加主营业务收入;二是主要的发电机组改烧重油而降低营业成本所致。

25.投资收益

(1)合营投资

被投资单位名称	金额
深圳市能达电力有限公司(联合循环)	13,243,920.05
(2)证券投资	5,223,207.21

(3)比上年同期增加14,967,127.26元,增加4.27倍。主要是合营投资收益的增加所致。

26.营业外收入

(1)按项目列示

项目	金额	说明
1995年度进口环节超税负返还收入	4,284,636.70	见深国税发(1995)627号文、深国税四发(1997)03号文
1996年度增值税增加税负返还收入	5,920,233.81	见深国税返退(1997)6号文
合　计	10,204,870.51	

(2)比上年同期减少9,753,082.25元,减少48.87%。主要是减少增值税减半征收收入所致。

27.企业所得税

项目	金额	备注

利润总额	63,759,313.82	
减:投资收益	13,243,920.05	
加:交际应酬费超支等	588,956.93	
应纳税所得额	51,104,350.70	
所得税税率	7.5%	见(1995)深地税南减字第12号文
应纳所得税额	2,832,826.30	

28. 或然负债

至1997年6月30日,本公司为无关联企业提供银行贷款担保共计人民币8,600万元和美元300万元。

29. 财务承诺

1. 公司承包经营的深圳市能达电力有限公司(本公司与深圳建州投资实业有限公司合作建设南山热电#5、#6、#7燃机余热利用工程〈简称"余热利用"〉的项目),至1997年6月30日,本公司已完成承担该项目的还本付息,但仍须承担分期缴付深圳建州投资实业有限公司人民币13,560万元的投资利润。

2. 至1997年6月30日,本公司须承担投资中联电力财务有限公司人民币1,700万元。

30. 关联方及关联方交易

(1)关联方

关联方	经济性质	法定代表人	注册地	注册资本	占比例	经营范围
深圳协孚供油有限公司	中外合资	隋 克	深圳市	RMB5,330万元	50%	组织销售柴油、重油、润滑油
深圳市能达电力有限公司	有限责任公司	何 宾	深圳市	RMB6,600万元	50%	利用余热发电
深圳市深南石油(集团)股份有限公司	股份制	隋 克	深圳市	RMB22,123万元		石油制品、化工产品、原油及其加工投资等

(2)关联交易

A、在正常业务情况下,本公司在1997年1至6月期间按市场价向深圳协孚供油有限公司购入燃油49,800吨,约人民币8,985.7万元。至本期末止,本公司为其提供贷款担保美元525万元、信用额度担保美元2,300万元;深圳协孚供油有限公司为本公司提供贷款担保人民币500万元。

B、本公司在1997年1至6月期间,按承包经营深圳市能达电力有限公司之余热利用项目的协议规定,已完成承担该项目的还本付息。至本期末止,公司为深圳市能达电力有限公司提供贷款担保人民币8,000万元。

C、深圳市深南石油(集团)股份有限公司是持有公司23.47%股权的深圳市南山电子工业发展公司的母公司。至本期末止,本公司为其提供贷款担保人民币3,000万元、美元250万元、港币1,000万元;深圳市深南石油(集团)股份有限公司为本公司提供贷款担保人民币1,000万元、美元400万元、港币1,000万元。

31. 期后事项

1997年7月30日,本公司实施1996年度分配方案,每股派发现金人民币0.30元(含税),共计59,400,000.00元。

(五)税后利润差异说明

经羊城会计师事务所依据中国注册会计师独立审计准则进行审计,本公司1997年1至6月的税后利润为5,992.6万元人民币,而经永道会计师事务所按照香港会计师公会颁布的标准核数准则进行的审计,1997年1至6月的合并税后利润7,346.7万元人民币,比中国会计师审计的结果多1,354.1万元人民币,其差异原因主要为对于深圳市能达电力有限公司之余热利用项目的会计处理方法不同,按中国会计准则以当年之余热利用项目所分配利润入帐,而按香港公认会计原则余热利用项目所有的利润、资产及负债合并于本公司内。

二、经营情况的回顾和展望

(一)上半年经营情况的回顾

1997年本公司开始实施未来三年发展纲要,并确定了未来三年"拥有总资产达三十亿、净资产达十亿、全面实现集团化经营并创国内一流上市公司"的奋斗目标。为了贯彻实施三年发展纲要,本公司确定今年经营管理的主导方针是稳固现有产业,强化经营管理,增创良好效益;实施二次创业,积极对外拓展,寻求新的利润增长点。今年上半年经过全体员工积极努力,开拓进取,取得了较好业绩,上半年实现利润总额6,375.93万元,较去年同期增长146.25%。

上半年,深圳市电力市场随着全市经济的稳步增长有了一定的改善,全市供电量比去年同期增长了13.44%,高于1996年上半年比1995年同期增长6.87%的水平,在此市场环境下,本公司一方面积极争取发电量,一方面通过公司内部全面实施安全生产目标管理责任制,狠抓以保设备出力率和完好率为中心的生产管理,确保了机组设备处于良好的可调和运行状态,使上半年完成发电量达50,452.47万千瓦时(含本公司承包经营之"余热利用"项目11,795.90万千瓦时),比去年同期增长了40.36%,完成了年计划的64.68%,相应业务收入32,545.95万元(含"余热利用"项目7,253.13万元)。

通过强化生产、经营和管理,挖潜降耗,尤其是3月20日成功完成了对#7燃气轮机组的重油技术改造工程,从而使本公司的全部燃机均可燃用重油,有效地降低了发电燃料成本,使本公司主营业务实现利润3,508.73万元,较去年同期增加3,254.31万元,加上投资收益1,846.71万元和营业外收入,上半年共实现税后利润5,992.65万元,每股收益0.303元,较去年同期增长148.36%。

(二)下半年展望

本公司在上半年取得良好业绩的基础上,下半年将着重做好如下工作,以力争全年取得更好的经营业绩。

1. 继续积极争取发电量,协助有关部门,努力拓展深圳市电力经营市场,力争超额完成全年发电量计划。

2. 深入实施安全生产目标管理责任制,制订各项考核指标,强化内部管理;确保机组安全可靠运行,不因人为故障损失可调电量;千方百计节能降耗,实行经济运行和成本控制,进一步改进燃机改烧重油技术,提高全部机组燃烧重油比例,加强燃油的经济采购,降低燃油采购价格,以降低发电成本,提高单位发电利润。

3. 进一步加强对参资企业的管理和服务,理顺与各参资企业的关系,建立跟踪监督管理制度,帮助各参资企业提高管理水平和经营效益。

4. 加强财务的资金调度和周转,提高资金利用率,进一步落实财务指标考核管理;加强经营成本的核算和控制管理,以降低经营成本,提高经营利润。

5. 在实现未来三年发展目标的"一个主导发展方向、两个工作重点;强强联合、双向发展"战略方针的指导下,本公司将以立足本行业,电力为主,非电力为辅,面向国内外,项目和融资并举,阶段性稳步发展为投资发展方针,充分利用自身优势,积极向外拓展投资。

本公司拟与中联电力财务有限公司及其合作伙伴合作收购内地某发电厂2×30万千瓦燃煤机组部份股份。同时拟参股15%投资建设某发电厂4×30万千瓦燃煤机组项目。

本公司计划与深圳市深南石油(集团)股份有限公司合资在新加坡注册成立"深南能源(新加坡)有限公司",注册资金90万美元。该公司将利用其股东在油品贸易、储运业等方面的相对优势,积极稳妥地拓展海外业务,开展油品贸易、仓储、运输以及燃机备件代理、咨询等业务。

三、重大事件说明

1. 按照国务院证券委、中国人民银行、国家经贸委1997年5月21日联合发布的《严禁国有企业和上市公司炒作股票的规定》的要求,本公司经自查没有任何违规行为。如本公司今后从事股票投资,将严格遵守国家的有关政策、法规和本公司章程的规定。

2. 经深圳市国有资产管理办公 室深国资办(1997)134 号文批准,本公司发起人股东深圳市投资管理公司将其持有的本公司国家股 11,386,650 股,法人股 2,970,000 股,共计 14,356,650(持股比例 7.25%)划转给深圳市能源总公司持有。上述股份划转后,深圳市能源总公司共持有本公司 23,156,650 股,持股比例由 4.44%增至 11.69%。本公司已于 1997 年 6 月 21 日在《证券时报》和《香港商报》刊登公告。上述股份划转尚未得到证券主管机关批准,有关报批手续正在办理。

3.1997 年 8 月 28 日,本公司董事会会议审议通过了 1997 年度中期报告和以资本公积金转增股本的预案(以 1997 年 6 月 30 日总股本 198,000,000 股为基数,在所得税仅 A 股公众股含税(待定)前提下,向全体股东每 10 股转增 8 股,计转出资本公积金 158,400,000 元,转增股本 158,400,000 股),并决定于 9 月 29 日召开临时股东大会。

4. 本公司在报告期内无重大诉讼、仲裁事项。

四、发行在外股票的变动和股权结构的变化

1. 股权结构情况

股份单位;股,面值;每股人民币 1 元

	股份类别	1996 年 12 月 31 日	占总股本比例%	1997 年 6 月 30 日	占总股本比例%
一	尚未流通股份				
1	发起人股份	113,300,000	57.22	113,300,000	57.22
其	国家股	11,386,650	5.75	11,386,650	5.75
	境内法人股	59,754,420	30.18	59,754,420	30.18
中	境外法人股	42,158,930	21.29	42,158,930	21.29
2	定向法人股	25,300,000	12.78	25,300,000	12.78
3	内部职工股(高管股)	399,400	0.20	399,400	0.20
	尚未流通股份合计	138,999,400	70.20	138,999,400	70.20
二	已流通股份				
1	A 股	18,300,600	9.24	18,300,600	9.24
2	B 股	40,700,000	20.56	40,700,000	20.56
	已流通股份合计	59,000,600	29.80	59,000,600	29.80
三	股份总额	198,000,000	100	198,000,000	100

本期告期内公司股本结构未发生变化。

2. 主要股东持股情况

主要股东持股情况(截止 1997 年 6 月 30 日)

序号	名称	持股数(股)	持股比例(%)
1	深圳市南山电子工业发展公司	46,477,970	23.47
2	香港南海洋行(国际)有限公司	30,931,780	15.62
3	华能南方开发公司	20,206,450	10.21
4	香港腾达投资有限公司	17,827,150	9.00
5	深圳市投资管理公司	14,356,650	7.25
6	深圳市能源总公司	8,800,000	4.44
7	宏昌国际有限公司	1,232,000	0.62
8	深圳投资基金管理公司	550,000	0.28
9	天骥基金	550,000	0.28
10	王敬红	413,600	0.21

五、股东大会简价

本公司于 1997 年 5 月 31 日在广东省深圳市南海酒店召开了第四届股东大会。出席会议的股东及授权代表人 25 人,代表股份 138,922,400 股,占总股本的 70.16%,符合公司法和本公司章程的规定。经深圳市南山区公证处公证,大会审议通过了如下议案:

1.1996 年度董事会工作报告;

2.1996 年度监事会工作报告;

3. 关于 1996 年度财务决算的议案;

4. 关于 1996 年度利润分配的预案;

公司 1996 年度实现净利润人民币 71,108,106.05 元,提取 10%法定公积、8%公益金后,当年分红基金为人民币 58,647.33 元,加上上年度结转利润 1,922,725.76 元,实际可供股东分配利润为 60,231,373.09 元。向全体股东(股份总额:19,800 万股)每股派发现金 0.30 元(含税),共计派发现金人民币 59,400,000 元,余下人民币 831,373.09 元结转今后分配。

5. 关于公司《未来三年发展纲要》的提案;

6. 关于第四届股东大会对《关于修改公司章程的议案》不予审议的提案;

7. 关于聘请公司法律顾问的议案;

8. 关于聘请会计师事务所的议案;

9. 关于选举第二届董事会、监事会的议案;

会议选举隋克、陈国椿、朱绍云、鲁景程、陈志忠、李立、简基遥、王建彬、马家骅、刘爱群为公司董事,并组成公司第二届董事会,任期三年;同意仲澄 溧、吴景舟、朱怀真、李汉佳、郭传明、傅博、肖兵为公司监事,组成公司第二届监事会,任期三年。

* 本报告期内本公司未召开过临时股东大会。

六、备查文件

1. 载有董事长、总经理亲笔签名的 1997 年度中期报告原本。

2. 有关财务报告及审计报告原件。

3. 查阅地点:本公司股证部

地址:广东省深圳市南山区月亮湾大道

邮编:518052

电话:0755—6650052—229

深圳南山热电股份有限公司

董 事 会

一九九七年八月二十八日

深圳市盐田港股份有限公司

深圳市盐田港股份有限公司简介

公司简介

深圳市盐田港股份有限公司是由深圳市最大的国有企业——深圳市盐田港集团有限公司独家发起,通过资产和业务重组并发行社会公众股而设立的。它组合了盐田港集团旗下经营业绩良好的盐田港务公司、东鹏运输公司、惠盐高速公路公司[66.7%股权]及其他部分优良资产和业务。她是盐田港集团的龙头企业,是盐田港开发建设与经营的主力军。

近年来,公司面向市场,大胆开拓,充分利用国家的优惠政策滚动发展,实力迅速壮大,截止1997年7月,公司净资产达到14亿元,总资产约19亿元。公司股票"盐田港A股"于1997年7月28日正式在深交所挂牌交易,发行1.25亿社会公众股之后,公司总股本达到5.85亿股,规模宏大,实力雄厚。

公司的经营范围涉及港口及配套设施建设与经营、陆路运输、保税仓储、集装箱修理、房地产开发等业务。

盐田港是国家重点建设项目,也是深圳市政府固定资产投资计划中"重中之重"的项目。它具有优越的地理区位、良好的自然条件、充沛的货源货流、通畅的集疏运条件,先进的港口建设和管理经验,拥有可供兴建深水泊位的码头岸线16.8公里,可供开发建设配套设施及卫星城的陆域面积26平方公里左右。为此盐田港建设的目标是"一港一城"。总体规划是:建设万吨级泊位50个以上,全部建成后盐田港将成为以集装箱中转为主体的多功能综合性港口,年处理集装箱能力达到800万至960万标箱,接近目前香港的总处理量,包括散杂货,年吞吐能力可达1亿至1.2亿吨;开发港区后方陆域。

兴建与港口相配套的各种设施,逐步形成集航运、创储、工业、商贸、金融、旅游、信息、商住一体的现代化、国际性的港口卫星城,它的全面建成是深圳市成为现代化国际性大都市的重要标志。

盐田港股份有限公司将凭借其得天独厚的条件。无与伦比的优势,以股票发行上市为契机,以改革开放为指针,以国际市场为导向,以科技进步为杠杆,以经济效益为中心,顽强拼搏,把盐田港建设成为世界一流的国际深水中转大港。

深圳市盐田港股份有限公司(筹)招股说明书概要

一、释义

盐田港集团	指深圳市盐田港集团有限公司,即深圳市盐田港股份有限公司之独家发起人
盐田港	指列入国家和深圳市港口建设规划以集装箱经营为主的深圳东部大型港口,东起正角嘴,西至沙头角保税区,自然海岸线6.7公里,分东、中、西三个港区。
本公司	指深圳市盐田港股份有限公司,即发行人
港务公司	指深圳盐田港务公司,即发起人拟投入本公司的全资子公司
运输公司	指深圳市东鹏运输公司,即发起人拟投入本公司的全资子公司
惠盐公路公司	指深圳惠盐高速公路有限公司,即发起人拟将其持有66.67%之股权投入本公司的控股子公司
惠盐高速公路	指经国家计委批准,由盐田港集团和广东省高速公路公司合资建设经营的盐田至龙岗坑塘径的高速公路,全长31.429公里。
盐田港一期	盐田港集装箱码头一期工程,包括两个五万吨级集装箱泊位
盐田港二期	盐田港集装箱码头二期工程,包括三个五万吨级集装箱泊位
筹委会	指深圳市盐田港股份有限公司筹备委员会
证监会	指中国证券监督管理委员会
国资局	指国家国有资产管理局
证管办	指深圳证券管理办公室
主承销商	指华夏证券有限公司
上市推荐人	中国经济开发信托投资公司、君安证券有限公司、华夏证券有限公司
承销商	指主承销商、副主承销商和分销商
新股	指本公司本次发行的12,500万股人民币普通股
元:	指人民币元
深圳证交所	指深圳证券交易所
章程草案	指本公司章程草案
盐田国际	指盐田国际集装箱码头有限公司

二、绪言

本招股说明书是根据《中华人民共和国公司法》、《股票发行与交易管理暂行条例》、《公开发行股票公司信息披露实施细则》和国家现行有关证券管理之法律、法规而编写,经中国证监会审核批准,且已获得本公司筹委会成员的批准。发起人及筹委会确信其中不存在任何重大遗漏或者误导性提示,并对其真实性、准确性、完整性负个别及连带责任。

新发行的股票是根据本招股说明书所载明的资料申请发行的。除本发行人和主承销商外,没有委托或授权任何其他人提供未在本招股说明书中列载的信息和对本招股说明书作任何解释或者说明。

本公司股票之买卖,应由投资者按规定负担相应的税款,发行人、推荐人和承销商对税款不承担责任。

本次发行的股票已委托由华夏证券有限公司为主承销商的承销团包销并已签定承销协议。

本次发行业经中国证监会[1997]369号、[1997]370号文(见备查文件3)批准。

三、发售新股的有关当事人

1. 发行人

深圳市盐田港股份有限公司(筹)

拟注册地址:深圳市沙头角办公大楼七层

联系电话:0755--5290783　传真:0755--5551530

联系人:曹世军、华翔、周圣诩

2. 主承销商

华夏证券有限公司

法定代表人:邵淳

地址:北京市复兴路乙63号

深圳联系电话:0755--3226161　　传真:0755--3200135

联系人:邓明、张东成、卢凯

3. 副主承销商

君安证券有限公司

法定代表人:张国庆

注册地址:深圳市春风路5号

联系电话:0755-2175560

传真:0755-2296188

4. 分销商

招银证券有限公司	法定代表人:李麦秋
南方证券有限公司	法定代表人:王景师
长城证券有限责任公司	法定代表人:李仁杰
厦门国际信托投资公司	法定代表人:游永华
中国旅游国际信托投资公司	法定代表人:刁玉良
中国新技术创业投资公司	法定代表人:徐振国
航空信托投资有限责任公司	法定代表人:池耀宗
中国人保信托投资公司	法定代表人:朱　斌

5. 上市推荐人

中国经济开发信托投资公司

法定代表人:韩国春

地址:北京市新大都酒店

联系人:潘同文

电话:0755-3253496　　传真:0755-3253499

君安证券有限公司

华夏证券有限公司

6. 发行人法律顾问

北京市海问律师事务所

法定代表人:何斐

地址:北京市亚运村北辰东路住总3号院

电话:010-64957040　　传真:010-64957037

经办律师:周卫平、佟忠

7. 主承销商法律顾问:

信达律师事务所

法定代表人:徐育康

地址:深圳市深南中路东风大厦二十一层

电话:0755--3243139　　传真:0755--3243108

经办律师:靳庆军、李东民

8. 财务审计机构

蛇口中华会计师事务所

法定代表人:刘昌汉

地址:深圳市蛇口招商大厦103--203号

电话:0755--6691597　　传真:0755--6692365

经办注册会计师:陈惠珠、马东军

9. 资产评估机构

中华财务会计咨询公司

法定代表人:盛焕德

地址:北京市阜城门外大街一号四川大厦东楼九层

电话:010--68364751,0755--3251672,3251673

传真:0755--3251674

经办评估人员:傅继军、周军、汪小平

10. 土地评估机构

北京北方房地产咨询评估中心

法定代表人:高向军

注册地址:北京友谊宾馆苏园公寓8门60841室

联系电话:010--68498925,0755--2298836

传真:0755--2288138

经办评估人员:陈伟强

11. 资产评估确认机构

国家国有资产管理局

地址:北京市海淀区万泉河路166号

负责人:张佑才

电话:010--62567744　　传真:010--62561817

12. 股票登记机构

深圳证券登记有限公司

法定代表人:黄铁军

地址:深圳市红岭中路25号

电话:0755--5567898　　传真:0755--5571127

四、发行情况

1. 本次发行股票种类:人民币普通股股票

2. 发行日期:1997年7月7日

3. 发行对象:中华人民共和国公民和境内机构法人投资者(法律法规禁止购买者除外)

4. 承销期起止日:1997年6月28日—7月28日

5. 预计上市日期:1997年7月

6. 上市交易所名称:深圳证券交易所

7. 发行方式:上网定价发行

8. 每股发行价格:5.31元

9. 每股面值:1.00元

10. 发行量:12,500万股,其中向社会公众公开发行11,647万股,向公司职工配售853万股

11. 发行总市值:663,750,000万元

五、风险因素与对策

投资者在评价本发行人此次发售的股票时,除本招股书提供的其他资料外,应特别认真地考虑下述各项风险因素:

1. 经营风险

1)对主要项目的依赖性

盐田港作为未来的国际中转大港具有远大的前景,但目前仍处于开发建设阶段,主要投资项目的回收期在五年左右,因此本公司以往及上市后近期的80%左右的收益来源于承建码头工程项目---"盐田港二期"填海工程。

2)现金流量风险

本公司负责的盐田港开发需要大约人民币18亿元的资金,而本公司将投资经营的散杂货码头资金占用量为66.7%,且回收期为五年左右,将会给本公司未来资产和业务的扩张带来一定的资金压力。

3)外汇风险

从1994年1月1日起,我国外汇体制的重大改革实现了汇率的统一并轨,现实行的汇率是由市场供应决定的浮动汇率。本公司业务收入中包括约15%的外汇收入,因此,汇率的变化将相应地对公司的经营效益产生一定影响。

4)融资风险

本公司1997年计划投入的项目共需65,770万元资金,但本次发行扣除发行费用总共可筹集64,680万元,尚有1,000万元的资金缺口,有一定融资风险。

2. 行业风险

本公司所属的港口运输业在华南地区、特别是珠江三角洲地区发展迅速,沿海及珠江沿江各地近年来规划并兴建了各类港口,行业竞争较为激烈。

与盐田港邻近的香港是世界最大的集装箱中转大港之一,1996年装卸箱量为1350万标准箱,服务功能完善、运作管理符合国际惯例。由于

其码头和公路等疏运设施长期处于饱和状态，香港已经计划修建新的泊位以适应市场的需求。而盐田港的设施和功能与之相比仍处于起步阶段，1996年装卸箱量为35万标准箱，要迅速形成稳定的市场份额仍存在一定挑战。

本公司因资金局限尚未形成大规模陆路运输能力，但已计划利用募股资金进行这方面投资。自1994年盐田国际投入营运以来，盐田港集装箱陆路拖运业务主要由各类外来运输车队承担，目前此类车辆已计有700辆以上。因此，本公司即将组建的集装箱陆路运输车队将与原有车队存在竞争。

3. 市场风险

宏观经济形势的周期性变化将对贸易、基建等行业产生影响，因此，须经盐田港运输的货物的吞吐量也将产生波动，从而影响本公司的码头装卸、仓储、陆路运输等业务。

本公司正在或计划从事集装箱配套服务业务，如陆路拖运、集装箱集运及疏港高速公路经营等，此类业务量将主要依赖盐田国际的集装箱码头吞吐量。盐田国际作为目前盐田港唯一从事集装箱码头装卸业务的公司，其处理箱量的波动将直接影响本公司的各类配套服务的业务量。

4. 政策性风险

根据现有法规及政策，港口码头经营并无期限限制，但并不排除将来会有法规或政策对其施加限制。我国改革开放以来，已在经济建设等方面积累了一定的经验。但国家的各项政策、法律、法规尚不够完善，因而，国家的国有资产管理体制、税收政策、外汇政策、进出口贸易政策等的任何变化，都可能对本公司的经营产生影响。

5. 募股资金投向风险

本公司本次发行所募集的资金，主要用于码头、仓库等大型港口基建项目这类项目投入基本在10,000万元以上，建设工期长，一般为1－2年，质量要求较高，因此如工程质量产生问题或工期有所拖延，都会影响新项目效益产生时间。

6. 股市风险

股票市场瞬息万变，经济、政治、政策环境的变化以及股市中的投机行为等都会使股票的价格产生波动，因此本发行人提醒投资者对股价波动应有充分了解，以避免和减少损失。

7. 其他风险

本公司的控股股东是盐田港集团，作为国有资产授权经营单位，盐田港集团负责盐田港的统一规划、统一建设、统一经营和统一管理，可对本公司的业务发展、经营及人事方面行使控制权。

本公司在充分分析了上述风险因素后，采取或准备采取以下对策：

1. 经营风险对策

本公司目前承担的主要工程项目是盐田港二期填海造地工程，该项目收益良好，进展顺利。同时，本公司业已通过合理规划的方式，将短、中、长期投资项目相结合，逐步减少对单一工程的依赖，建立良好的投资结构。筹委会确信上市后，除工程项目收益外，惠盐高速公路、陆路运输车队将给公司带来持续增长的收益，随着集装箱集运中心和商品混凝土供应搅拌站等临港工业的投产，公司的收益将逐步转向稳定的经营性收益，以此平衡码头项目回收期长的特点，从而减少资金风险，形成稳健的发展趋势。

针对外汇结算和汇率的风险，本公司将在及时掌握外汇市场第一手信息的基础上，加强汇率变动趋势的分析和预测，加强外汇管理避免外汇风险。

本公司此次发行成功后，资产负债率将降至40％以下，本公司筹委会相信，本公司有足够能力获得所需贷款。同时，因本公司投资形成的港口设施具有良好的资产安全性和稳定增长的盈利能力，为本公司获得信贷资金提供了保障。今后，本公司还将开辟企业债券、合资合作等多种融资渠道，以满足日益发展的业务需要。

2. 行业风险对策

盐田港所处的地理位置和优越的自然条件，给本公司抵御行业风险带来了优势。盐田港水深浪小，临近深水航道，泊稳条件好，可利用的自然岸线长，后方可开发利用陆域面积广阔，腹地外向型经济发达，港区内公路、铁路等疏港网络配套完善，拥有成为国际中转大港的各类必备资源，因此盐田港一期、二期集装箱码头已被交通部列入八五、九五重点建设项目。

香港作为国际集装箱转运中心之一，其功能主要是东南亚、特别是大陆货物的中转，但香港的港口及集疏运设施已多年处于超饱和运作的状态，而选择盐田港中转，将有利于缓解这一紧张状态，同时使得运输的综合成本有明显的下降，对货主和船公司有较强的吸引力。因此，盐田港将与香港的码头相辅相承，共同发展。此外，盐田港的开发建设成本远低于香港码头的扩建成本，有条件提供优惠的费率。加之国际资本和管理经验的进入，盐田港将逐步奠定其市场基础，本公司也将因此而受益。

关于集装箱陆路运输业务，预计1997年盐田港仍需增加集装箱拖车，方能满足市场需求，且原在盐田港承接业务的车队规模、车况、调度及服务差别较大，而本公司计划组建的车队将成为港区内规模最大、设备条件最佳的车队。本公司筹委会相信凭借盐田港集团在停车场地、车辆维修方面所提供的有利条件，本公司可以规模经营的优势获取足够的市场份额。

3. 市场风险对策

本公司将在散杂货码头经营货种的选择上，注重选取业务量稳定、符合经济发展需求及国家政策导向的货种。同时适度发展与港口相辅相成的临港工业，为港口创造稳定货源，缓解码头对外部市场的依赖。

盐田国际自1994年投入营运以来，业务发展迅速，吞吐量以平均每年1000％的速度增长。根据规划，到2000年，盐田国际的吞吐量将超过100万标准箱。本公司筹委会相信盐田港作为集装箱国际中转大港，其集装箱吞吐量将持续高速增长。

4. 政策性风险对策

目前，国家行业政策导向鼓励企业参与港口码头等基础设施行业的开发与经营，并制定了一系列优惠政策，本公司筹委会相信这一政策导向会在较长的时间内持续下去。同时，本公司还将充分利用国家及深圳市政府给予的对港口等基础行业各方面的优惠政策，在未来的发展上，注重开拓港口配套业务等其他相关产业，全方位增强本公司实力，以提高抵抗风险的能力。

5. 募股资金投向风险对策

因本公司拥有多年港口基建经验，因此有足够的专业人员承担项目管理、质量控制等工作，筹委会将采取各类必要措施控制有关风险，尽可能保证项目能按以高质量如期完工，投入运作。

6. 股市风险对策

提高上市公司素质是降低股市风险的有效途径。公司将妥善使用募集资金，促使公司盈利水平逐年提高，给股东以长期、稳定的回报。另一方面，公司将及时披露有关重大事项，及时向股东公布公司经营和效益状况，避免公司股票的不正常波动，维护股东权益。

7. 其他风险对策

本公司作为盐田港集团中唯一的上市公司，将获得盐田港集团在业务和资源等各方面的全力支持。为完成盐田港“一港一城”的宏伟规划，盐田港集团将充分利用本公司的优势，推进港口开发建设速度，带动港口综合业务的全面发展。除非法律、法规或已有的其他法律文件另有规定，本公司对盐田港内的码头及其配套设施的开发经营业务有优先选择权。

六、募股资金的运用

本次新股如发行成功，将募集股金64,770万元，在扣除有关发行费用后，资金将主要用于如下项目：

1、投资36,764万元，兴建盐田港西港区一号散装水泥专用泊位（包括与其配套的散装泥中转站和商品混凝土搅拌供应站）和二号泊位。

盐田港周边地区开发建设迅速，对装卸水泥、钢材和粮食等消耗量大,特别是散装水泥年消耗近400万吨,深圳东部尚未有散杂货泊位,具有强烈的市场需求。该项目已列入交通部九五规划,并经深圳计划局[1996]453号文立项批准。计划于1997年7月动工,其中一号泊位为1万吨级水泥专用泊位,将建成总库容量6万吨的散装水泥中转站和年生产能力为20万方的商品混凝土搅拌供应站,泊位主体和散装水泥搅拌站计划于1998年7月竣工,混凝土搅拌站计划于1997年12月竣工,一号泊位计划于1998年开始产生效益。二号泊位为2.5万吨级件杂货通用泊位,年吞吐量80万吨,二号泊位1998年底竣工,1999年开始产生效益。

2、投资15,375万元兴建集装箱集运中心(简称"集运中心")

该项目建设地址在盐田港港区中部,位于盐田港一期集装箱码头的后方。盐田港一期自1994年7月开始运作以来,集装箱吞吐量增长迅猛,故急需后方专业集装箱集运站提供拆装箱、拼箱及货物堆存等各类综合服务。该项目已经深圳市计划局深计投资[1996]453号文六项批准,计划投资15,375万元,兴建建筑面积为7.4万平方米的集装箱集运中心。预计1997年7月开始动工,1998年7月竣工,建成投产后,1998年内可实现利润2,143万元。随着盐田港码头的建设发展和盐田国际集装箱码头吞吐量的迅速增长,该项目的发展前景十分良好。

3、投资9,445万元用于集装箱公路运输项目(简称"运输车队")

该项目将为盐田国际装卸的集装箱提供陆路拖运服务。根据盐田港集装箱业务发展的需求,本公司至少须配置200辆集装箱拖车,计划于1997年、1998年分别投资9,445万元及8,000万元购置到位,已经深圳市计划局深计投资[1996]453号文立项批准。该项目预计1997年可实现利润973万元,静态投资回收期为2,79年,动态投资回收期为3.03年。随着盐田港的建设发展和盐田国际集装箱码头吞吐量的迅速增长,该项目的发展前景十分良好,200辆拖头购置到位、正常营运后,预计年利润可达5,428万元。

4、补充6,500万元流动资金用以继续完成盐田港二期填海工程(简称"二期工程")

该项目是盐田国际投资的工程,已经得到国家计划委员会计交能[1996]567号文(见备查文件5)立项批准。本公司作为该工程的承建商,经过1994年至1996年的建设,在盐田港中港区通过填海造地形成陆域6.92万平方米,取得了良好的效益。为保证二期填海造地工程在1997年全面竣工,本公司尚须补充6,500万元的流动资金。该工程是本公司近期在港口建设开发方面最主要的业务,回报良好。

以上投资项目资金缺口为1,000万元,将通过银行借款解决。

资金使用计划时间表

项目	投资额(单位:千元)			用款期	效益产生	资金来源
	总额	固定资产额	流动资金		时间	
一号泊位	24,037	22,950	1,087	97,6-12	1998年	固定资产投资使用募股资金,流动资金使用银行借款
二号泊位	12,727	12,500	227	97,8-12	1999年	同上
集运中心	15,375	15,375	-	97,7-11	1998年	募股资金
运输车队	9,445	8,445	1,000	97,5-6	1997年	固定资产投资使用募股资金,流动资金使用银行借款
二期工程	6,500	6,500	-	97,5-12	1997年	募股资金
合计	68,084	65,770	2,314	-	-	-

七、股利分配政策

1. 股利分配的一般政策

本公司新股发行后的股利分配将按本公司章程所载之利润分配政策进行。本公司的税后利润为利润总额扣除按规定缴纳的所得税后的利润。

根据公司章程,公司税后利润按下列顺序分配;

1)弥补亏损;

2)提取公司法定公积金;

3)提取公司法定公益金;

4)根据股东大会决议提取任意公积金;

5)支付普通股股利

本公司在每年年终决算后,税后利润分配由董事会提出方案,经股东大会决议后实施。当年的股利于次年召开的股东大会年会后的两个月内派付。公司分配股利时以公告或书面形式通知股东。

2. 首次股利派发

本公司计划派发上市后第一个盈利年度的股利,预计于1998年召开的股东大会年会后两个月内进行首次分配。截至1996年12月31日止,以前年度实现利润已分配完毕,新股东自1997年度起享受本公司之可分配税款。

3. 本公司采取现金和股票的形式分派股利,同股同权。现金股利以人民币派付。公司分派股利时,按有关法律和法规代扣股东股利收入的应纳税款。

八、发行人情况

1. 发行人名称:深圳市盐田港股份有限公司

2. 发行人成立日期:本公司已获得深圳市政府批准设立,如本次发行获得成功,公司创立大会召开后,即办理公司成立的工商注册手续。

3. 发行人住所:拟设于深圳市沙头角办公大楼七层

4. 发行人的历史情况简介

1)盐田港的基本情况

盐田港位于深圳市中心以东10公里的大鹏湾,与香港九龙半岛隔海相望,属深水良港,可供兴建码头的自然岸线为6.7公里,可供兴建港口配套设施和港口卫星城的陆域面积为17.96平方公里。盐田港港区前沿水深可达-14米,港区面积宽阔、水深浪小、泥沙淤积量小,并紧临水深为-12.5米的深水航道,各类大型远洋船舶可以自由进出及靠泊。

盐田港的开发始于1985年,早期主要从事散杂货的装卸,年吞吐量为75万吨。自1993年起,盐田港优越的自然条件和具有战略意义的地理位置逐渐引起各方面的重视。同年10月,盐田港集团与香港李嘉诚先生属下的和记黄埔盐田港口投资有限公司合资开发、经营盐田港一、二期,盐田港作为国际集装箱中转大港、华南地区主体枢纽港的发展地位开始确立。目前盐田港的吞吐量为35万标箱,已达到设计能力的70%,为满足进一步增长的市场需求,盐田港二期三个泊位的建设已于1996年12月正式动工,计划三年竣工。盐田港二期投人使用后,每年将增加120万标准箱的吞吐能力。1997年,盐田港的吞吐量预计可达60万标准箱。

2)发起人情况简介

本公司的独家发起人盐田港集团是深圳市属大型国有企业,前身为深圳东鹏实业有限公司,成立于1985年1月,1994年更名为深圳盐田港集团有限公司,注册资本为13,168万元。盐田港集团受深圳市政府委托,负责统一规划、统一建设、统一经营、统一管理盐田港港区及其后方开发区,承担建设盐田国际中转大港、港口配套服务和港口卫星城建设的任务。盐田港集团目前经营范围包括港口开发和经营、港区仓储等配套服务设施的开发与经营、疏港铁路经营管理、疏港隧道、公路等配套设施的建设与经营等。其中主要有:

港务公司:承担散杂货码头经营管理;

运输公司:承担陆路客货运输业务及码头建设土石方工程;

惠盐公路公司:经营管理惠盐高速公路;

盐田国际:主要从事集装箱码头的经营管理。盐田港集团持有其27%的股份。

深圳市梧桐隧道公司:港区与深圳市区间约2公里长疏港隧道的建设、经营与管理;

深圳平盐铁路公司:港区通往全国铁路网的疏港铁路的经营管理。

盐田港集团目前拥有全资企业12家,内联企业4家,中外合资企业6家。截止1996年12月31日,盐田港集团的总资产为577,000万元,净资产为318,000万元。

3)发行人重组简介

盐田港集团作为独家发起人,经深圳市政府批准,对其部分资产及业务进行改组,公开发行股票,以募集方式设立本公司。成立本公司是盐田港集团的整体发展策略之一,本公司的经营范围将包括港口开发、经营,及运输等有关业务。因此进入本公司的资产包括:发起人全资拥有的港务公司和运输公司的资产,发起人对惠盐公路公司66.67%的权益,以及发起人的部分港口在建工程和港区后方配套用地等。

·港务公司成立于1988年,注册资本1,000万元。前期主要从事港口建设及盐田港一期的经营,1993年转向散杂货和油品的码头装卸与运输。盐田港集团通过此次重组将港务公司全部资产注入本公司。

·运输公司成立于1988年,注册资本690万元,主要从事汽车运输、装卸搬运及土石方工程等业务。盐田港集团将通过此次重组将运输公司全部资产注入本公司,本公司依法设立后,将申请注销运输公司法人资格,转为本公司的运输部,继续经营码头及港区建设中的土石方工程开发,并承担出入港口的集装箱与客货陆路运输业务。

·惠盐公路公司成立于1990年,由盐田港集团和广东省高速公路公司合资组建,注册资本3,600万元,本集团持有66.67%的权益,该公司负责建设经营的惠盐高速公路是盐田港的主要陆路疏运通道,于1994年投入使用,该道路的交通流量随着港口业务的发展逐步提高。盐田港集团将其持有权益注入本公司。

·码头、仓储在建工程和港区后方配套用地:盐田港集团通过此次重组将其西港区22.54万平方米码头填海在建工程、6.92万平方米中港区填海在建工程和55.78万平方米港区后方配套用地注入本公司,上述在建工程资产和港区配套用地将成为本公司港口、码头建设经营业务的主要资产。

5. 发行人组织管理结构

本公司依法设立后,其组织管理结构将如下图所示:

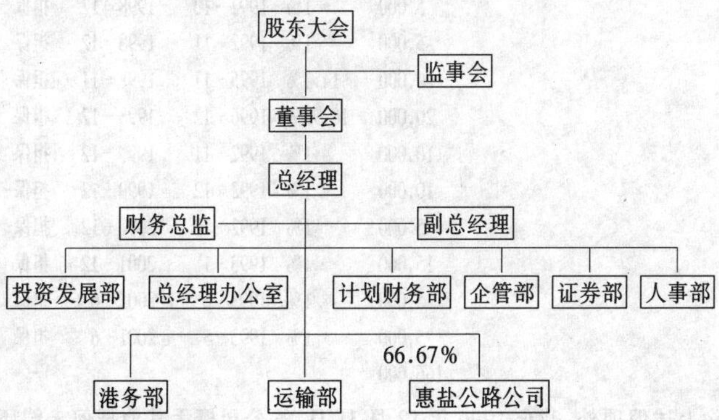

6. 关联企业情况

本公司现有的关联企业包括盐田港集团和惠盐公路公司。通过本次发行,本公司将成为盐田港集团中唯一的上市公司,其主要从事的散杂货码头的开发与经营业务及公路运输业务与母公司不存在任何竞争。其将从事的港口配套仓储业务也将按盐田港统一规划进行。作为本公司发起人,盐田港集团已以"承诺函"的方式承诺了具体措施以保障本公司的利益。本公司并就有关非经营性资产及辅助性生产设施的有偿使用与盐田港集团签署了《综合服务协议》。

7. 发行人的职工结构

截至1996年12月31日止,本公司现有员工1,706人,全体员工平均年龄36岁。全部员工曾接受初中或以上教育,而383名拥有大专以上学历,其中31名取得硕士、博士学位。

公司的员工构成如下:其中管理人员209人,工程技术人员224人,计划财务人员63人,技术工人463人,普通工人750人。本公司目前尚无退休人员。

8. 发行人的业务经营范围

主营:码头的开发与经营,货物装卸与运输;港口配套交通设施建设与经营;港口配套仓储及工业设施配套与经营:港口配套生活服务设施的建设与经营。

兼营:集装箱修理,转口贸易。

9. 发行人实际从事的主要业务

根据盐田港总体规划的实施步骤,本公司目前的业务以港口的开发建设为主,随着各类设施的建成投产,将逐步转向港口及各类配套设施的经营。

1)码头建设开发业务

本公司配备有完善的土石方工程专用设备,从1994年起,本公司共承担了盐田港区内如下三个区域的填海工程:

·盐田港二期填海工程

本公司受盐田港建设指挥部委托,于1994年承担了盐田港二期52万平方米的填海造地、码头陆域形成工程的项目,并在三年的时间内完成了该项工程的主要部分,总计土石方730万方,保证了盐田港二期三个新的集装箱泊位能于1996年底正式开工兴建。

·中港区仓储用地填海工程

根据盐田港建设开发的总体规划,中港区将建成19个万吨级集装箱码头,目前已建成2个码头,与之相配套,码头后方需要相应的堆场及仓储设施,本公司在中港区已经通过填海建成了6.92万平方米的仓储用陆域,总计土石方59万方。

·西港区填海工程

依据盐田港建设总体规划,盐田港西港区将建成七个散杂货泊位。本公司自1995年起开始进行码头建设的前期填海工程,目前填海工程已形成22.54万平方米的陆域,总计完成土石方391万方。

2)码头装卸业务

本公司下属之港务部从事码头装卸业务,现经营一个散杂货泊位,所处理的货物以建材和油品为主,年处理散杂货能力达到170万吨以上。

3)陆路运输业务

本公司从1988年开始经营盐田港的陆路疏港客货运输业务。公司现有运输车辆36辆,每年可疏运货物17万吨。同时,公司现经营两条公共客运线路,有中型客运汽车50辆正在营运,年运送旅客约270万人次。

4)疏港高速公路经营

本公司控股66.67%的惠盐公路公司经营惠盐高速公路。惠盐高速公路全长72公里,是盐田港的主要输港公路。惠盐高速公司经营该公路的深圳段,起自盐田港,终到龙岗区坑塘径,全长31.429公里,全部为双向四车道高速公路。1994年至1996年间年平均车流量229万辆。该公路目前执行的通行费收取标准于1994年经广东省物价局批准,根据车型不同,每辆车全程收费由5元到40元不等。

5)发行人业务收入的主要构成:

单位:人民币千元

营业收入明细	1996年度 金额	比重(%)	1995年度 金额	比重(%)	1994年度 金额	比重(%)
1. 港口工程建设收入	277,760	81.88	266,716	85.11	171,552	76.92
2. 港口装卸、运输收入	6,527	1.92	6,230	1.99	11,261	5.05
3. 疏港公路过路费收入	49,348	14.55	38,734	12.36	35,325	15.84
4. 其他	5,603	1.65	1,690	0.54	4,891	2.19
合计	339,138	100.00	313,370	100.00	223,029	100.00

10. 发起人承诺

为保证本公司的长期稳定发展,发起人向本公司作出如下承诺:

·同等条件下,本公司具有盐田港区内建设项目的优先选择权;

·本公司设立后,发起人将确保由其控制的子公司或关联公司不会从事与本公司构成实质性竞争的业务;

·本公司设立后,发起人将会同有关部门协助办理本公司开发、建设、经营有关项目所必须的所有手续。

·本公司设立后,发起人及受其控制的子公司或关联公司与本公司的任何交易,将依据公平原则进行。

九、发行人筹委会成员

刘定桐,59岁,高中学历,高级工程师,历任湖北沔阳县团委书记、湖北团省委书记、团中央委员、省政府办公厅副主任、副秘书长、武汉城市管理委员会副主任、清江隔河岩水电站董事长,自1992年起任盐田港集团党委书记、总经理;

杜兴宽,49岁,大专学历,高级政工师,历任湖北汉川县脉旺区团委书记、孝感地委书记秘书、武汉硅钢片厂党委副书记、省委组织部处长、武汉市一轻工业局副局长,自1992年起加入盐田港集团先后担任党办主任、总经理助理、平盐铁路有限公司经理、盐田港集团党委副书记、副总经理;

杨俊英,53岁,中专学历,政工师,历任深圳市第三建筑工程公司工会主席,市建筑设计院纪委书记,市第二建筑工程公司党委书记,东部开发集团公司党委副书记、副总经理;自1994年起任职于盐田港集团,现任副总经理;

陈钦硕,42岁,大专学历,政工师,历任深圳市委组织部副处级干部;自1993年起加入盐田港集团,历任人事部经理、总经理助理,现任盐田港集团副总经理;

罗小娟(女),47岁,大学学历,高级会计师,历任长江航务管理局安庆港务局、长江航道局财务处会计、副处长,自1989年起加入盐田港集团,担任计财部经理,现担任总会计师兼计财部经理;

魏靖,57岁,大学学历,高级工程师,历任湖北宜昌红光港机厂工程师、厂长,葛洲坝船闸局副局长,自1989年加入盐田港集团,现任港务公司经理、深圳市人大代表;

曹世军,33岁,经济学硕士,经济师,毕业于财政部科研所,曾供职于湖北省财政厅,自1994年加入盐田港集团,现任计财部副经理。

十、经营业绩

1. 生产经营的一般情况

本公司三年来主要从事码头建设开发业务、码头装卸业务、陆路运输业务和惠盐高速公路的经营。其中码头建设开发业务进展顺利,至1996年底,盐田港二期填海工程累计完成土石方730万方;西港区填海工程累计完成土石方391万方;中港区填海工程已形成6.92万平方米陆域。码头装卸业务、陆路运输业务和惠盐高速公路经营为盐田港区提供配套服务,经过三年来的经营,目前已形成一定规模。

3. 营业收入和利润总额情况

单位:人民币千元

项目	1996年度	1995年度	1994年度
主营业务收入	339,238	313,370	223,029
主营业务利润	165,599	152,596	114,636
利润总额	164,974	155,096	114,855
减:所得税	403	365	98
税后利润	167,769	158,518	117,568

十一、股本

1. 拟注册股份

本公司是经深圳市政府深府办函[1997]62号文批准以募集方式设立的股份有限公司,截止1996年12月31日,盐田港集团将评估后且经国有资产管理局确认的净资产705,717,921.40万投入本公司,折成国有法人股46,000万股,本次发行社会公众股12,500万股,如发行成功,则本公司实收股本为58,500万股,每股面值人民币1.00元,该实收股本58,500万元将作为本公司之注册资本。

2. 溢价金额及其用途

发起人认购股份超过面值的部分和向社会公开发行股份超过面值的部分都将列入本公司资本公积金。

3. 发行后股份结构

本次发行为首次发行,如发售成功,则本公司股权结构如下:

	股权性质	股数(万股)	股权比例
发起人股	国有法人股	46,000	78.63%
社会公众股	个人股	12,500	21.37%
其中:公司职工股	个人股	853	1.46%
合计	–	58,500	100%

4. 新股发行预计实收金额为64,770万元,发行前后净资产总额、总股数、每股净资产的变动如下:

	发行前	发行后
净资产总额(元)	705,717,921.40	1,353,417,921.40
总股数(元)	460,000,000	585,000,000
每股净资产(元/股)	1.534	2.314

十二、债项

根据蛇口中华会计师事务所蛇中股改审报字(1997)第1号审计报告,截止1996年12月31日,本公司负债总额780,876,456.51元,其中流动负债498,148,215.88元,长期负债282,728,240.63元。本公司银行借款共计166,000,000.00元,其中短期银行借款6,000,000.00万元,一年内到期的长期银行借款50,000,000.00万元,长期银行借款110,000,000.00元。自1996年12月31日到本招股说明书刊登之日止,本公司没有增加新的贷款规模,债务情况无重大变化。银行借款明细列示如下:

单位:人民币千元

贷款方	金额	年利率	借款日期	到期日期	条件
中国工商银行深圳市分行沙头角支行	3,000	11.85%	1996-8	1997-7	担保
深圳发展银行	3,000	11.85%	1996-7	1997-7	担保
中国建设银行深圳市分行沙头角支行	30,000	11.754%	1995-10	1997-9	抵押
国家开发银行	20,000	1%	1992-6	1997-12	担保
	10,000	1%	1992-9	1998-12	担保
	5,000	1%	1992-10	1998-12	担保
	5,000	1%	1992-11	1998-12	担保
	20,000	14.1%	1995-11	1998-11	担保
	20,000	10.98%	1996-12	1998-12	担保
	10,000	1%	1992-11	1999-12	担保
	10,000	1%	1992-12	1999-12	担保
	5,000	1%	1992-12	2000-12	担保
	15,000	1%	1993-1	2001-12	担保
	5,000	1%	1993-6	2001-6	担保
	5,000	1%	1993-8	2001-6	担保
合计	166,000	–	–	–	–

除上述债项外,截止1996年12月31日,本公司概无其他任何未偿还之按揭、公司债、银行透支、或有负债和合同承诺。

十三、资产评估

经中华财务会计咨询公司评估,并经国资局确认,截止1996年12月31日,本公司拥有固定资产评估前帐面原值602,772,039.57元,帐面净值548,808,730.77元,评估后固定资产净值574,899,480.61元,平均增值4.75%。

根据中华财务会计咨询公司《关于深圳市盐田港股份有限公司(拟组建)资产评估工作报告》,本公司以1996年12月31日为基准日的评估结果如下:

单位:人民币千元

项目	帐面原值	帐面净值	评估值	增减值	增减幅度(%)
流动资产	483,996	483,996	484,016	20	0.00
长期投资	4,407	4,407	23,658	19,251	436.80
固定资产及在建工程	135,221	111,068	234,039	122,972	110.72
无形及递延资产	11,043	11,043	155,110	144,067	1,304.59

其他长期资产	339,160	339,160	339,160	–	–
资产合计		949,674	1,235,984	286,310	30.15
流动负债	420,266	420,266	420,266	–	–
长期负债	110,554	110,554	110,000	(554)	(0.50)
负债合计		530,820	530,266	(554)	(0.10)
净资产		418,854	705,718	286,864	68.49
负债及净资产合计		949,674	1,235,984	286,310	30.15

十四、主要会计资料

根据蛇口中华会计师事务所蛇中股改审报字(1997)第1号审计报告,本公司主要会计数据见下表。

1.财务报表

(1)合并资产负债表

企业名称:深圳市盐田港股份有限公司(筹)　　单位:人民币元

资产	1996年12月31日	1995年12月31日	1994年12月31日
流动资产:			
货币资金	41,593,136.04	39,158,062.74	35,846,949.64
应收帐款	443,326,124.26	195,915,095.08	2,487,515.39
减:坏帐准备	–	–	–
应收帐款净额	443,326,124.26	195,915,095.08	2,487,515.39
预付货款	898,555.60	1,202,631.60	1,582,631.60
其他应收款	26,920,896.54	103,011,048.65	135,467,549.37
待摊费用	160,337.50	514,104.67	852,829.55
存货	1,939,053.07	4,241,312.64	4,323,747.14
待处理流动资产净损失	9,602,316.04	10,244,500.92	146,476.17
流动资产合计	524,440,419.05	354,286,756.30	180,707,698.86
长期投资			
长期投资	19,250,874.77	–	–
其中:合并价差	19,250,874.77	–	–
固定资产:			
固定资产原价	604,971,089.22	602,012,456.55	576,533,783.19
减:累计折旧	45,521,537.29	38,681,216.77	25,291,717.99
固定资产净值	559,449,551.93	563,331,239.78	551,242,065.20
在建工程	229,730,616.76	60,408,520.28	5,138,668.42
固定资产清理	2,715.20	2,715.20	–
待处理固定资产净损失	–	183,845.63	–
固定资产合计	789,182,883.89	623,926,320.89	556,380,733.62
无形资产及递延资产:			
无形资产	155,109,721.37	11,043,071.13	11,043,071.13
递延资产	814,140.44	1,078,186.04	–
无形资产及递延资产合计	155,923,861.81	12,121,257.17	11,043,071.13
资产总计	1,488,798,039.52	990,334,334.36	748,131,503.61

单位:人民币元

负债及股东权益	1996年12月31日	1995年12月31日	1994年12月31日
流动负债:			
短期借款	6,000,000.00	24,000,000.00	41,000,000.00
应付帐款	62,030,623.14	71,130,840.17	146,788,111.80
预收帐款	–	–	11,925,593.74
应付福利费	1,303,738.79	1,281,351.86	1,089,594.41
未付股利	340,161,319.68	207,914,604.39	86,590,252.12
未交税金	14,907,631.32	9,128,793.20	3,942,239.21
其他未交款	7,268.67	5,472.58	2,976.75
其他应付款	23,737,634.28	23,831,273.46	13,833,383.71
预提费用	–	175,727.66	241,166.86
一年内到期的长期负债	50,000,000.00	1,000,000.00	1,000,000.00
流动负债合计	498,148,215.88	338,468,063.32	306,413,318.60
长期负债:			
长期借款	281,854,498.12	327,801,716.46	242,212,050.72
长期应付款	873,742.51	–	–
其他长期负债	–	831,375.41	1,108,500.55
长期负债合计	282,728,240.63	328,633,091.87	243,320,551.27
负债合计	780,876,456.51	667,101,155.19	549,733,869.87
少数股东权益:			
少数股东权益	2,203,661.61	–	1,188,995.24
股东权益:			
股本	460,000,000.00	259,319,302.68	169,753,913.21
资本公积	245,717,921.40	–	–
盈余公积	–	63,913,876.49	27,454,725.29
其中:公益金	–	12,565,772.80	5,575,045.90
未分配利润	–	–	–
股东权益合计	705,717,921.40	323,233,179.17	197,208,638.50
负债及股东权益总计	1,488,798,039.52	990,334,334.36	748,131,503.61

(2)合并损益表

企业名称:深圳市盐田港股份有限公司(筹)　　单位:人民币元

项目	1996年度	1995年度	1994年度
一、主营业务收入	339,237,573.11	313,369,548.93	223,029,444.15
减:营业成本	130,297,689.56	123,828,120.91	83,289,864.21
管理费用	19,754,389.41	19,413,541.52	13,344,508.64
财务费用	16,957,424.53	9,842,994.46	7,564,027.18
营业税金及附加	6,629,052.81	7,689,333.75	4,194,797.51
二、主营业务利润	165,599,016.80	152,595,558.29	114,636,246.61
加:其他业务利润	(444,855.49)	971,545.61	493,412.43
三、营业利润	165,154,161.31	153,567,103.90	115,129,659.04
加:营业外收入	1,521,959.06	1,780,228.20	247,396.10
减:营业外支出	1,702,491.69	251,415.87	1,718,180.97
加:以前年度损益调整	–	–	1,196,308.19
四、利润总额	164,973,628.68	155,095,916.23	114,855,182.36
减:所得税	403,316.61	364,671.68	98,571.28
少数股东损益	(3,198,529.47)	(3,786,804.16)	(2,811,004.76)
五、净利润	167,768,841.54	158,518,048.71	117,567,615.84

(3)财务状况变动表(1996年度)

企业名称:深圳市盐田港股份有限公司(筹)　　单位:人民币元

流动资金来源和运用	金额	流动资金各项目的变动	金额
一、流动资金来源		一、流动资产本年度增加数	
1.本年净利润	167,768,841.54	货币资金	2,435,073.30
加:不减少流动资金的费用和损失:		应收帐款	247,411,029.18
少数股东本期损益	(3,198,529.47)		
固定资产折旧	16,157,966.87	预付货款	(304,076.00)
无形资产:递延资产及其他资产			
摊销(减其他负债转销)	(13,079.54)	其他应收款	(76,090,152.11)
清理固定资产损失(减收益)	821,471.10		
小计	181,536,670.50	待摊费用	(353,767.17)
2.其他来源		存货	2,302,259.57
固定资产清理收入(减清理费用)	2,141,671.16	待处理流动资产净损失	(642,184.88)
增加长期负债	4,926,524.17		
资本净增加额	382,484,742.23		
少数股东资本净增加额	5,402,191.08		
小计	394,955,128.64	流动资产增加净额	170,153,662.75
流动资金来源合计	576,491,799.14		
二、流动资金运用:		二、流动负债本年增加数	
1.利润分配:		短期借款	(18,000,000.00)
提取法定公积金	16,776,884.15	应付帐款	(9,100,217.03)

提取法定公益金	8,388,442.08	应付福利费	(22,386.93)
提取任意公积金	13,421,507.32	未付股利	132,246,715.29
已分配股利	129,182,007.99	未缴税金	5,778,838.12
小计	167,768,841.54	其他未交款	1,796.09
2.其他运用:		其他应付款	93,639.18
增加长期投资	19,250,874.77	预提费用	(175,727.66)
固定资产和在建工程净增加额	184,377,672.13		
偿还长期负债	50,554,250.27		
增加无形资产、递延资产及净增加额	144,066,650.24	一年内到期的长期负债	49,000,000.00
小计	398,249,447.41	流动负债增加净额	159,680,152.56
流动资金运用合计	566,018,288.95		
流动资金增加净额	10,473,510.19	流动资金增加净额	10,473,510.19

财务报表附注:

A. 会计期间:本公司以公历制1月1日至12月31日为会计年度;

B. 会计制度:本公司执行财政部《股份制试点企业会计制度》;

C. 合并会计报表的编制方法:本公司合并会计报表依据财政部《合并会计报表暂行规定》适当编制,纳入合并会计报表的控股子公司为:

公司名称	注册资本	企业性质	注册时间	注册地	拥有股权
深圳惠盐高速公路有限公司	人民币3600万元	全民(内联)	1991.11.21	深圳市	66.67%

D. 记帐原则:本公司以权责发生制为记帐原则;

E. 记价基础:本公司各项财产物资按取得时的实际成本记价;

F. 记帐本位币:本公司以人民币为记帐本位币;

G. 存货:均以实际成本核算,发出存货的实际成本按加权平均法计算。低值易耗品在领用时一次性摊销;

H. 长期投资:本公司对拥有20%以下(含20%)股权的长期投资,采用成本法核算,以拥有20%以上股权的长期投资采用权益法核算,并对50%以上股权的长期投资编制合并会计报表;

I. 固定资产及其折旧:本公司固定资产按实际成本计价。固定资产折旧计提方法分别为:公路及构筑物采用工作量法计算,并按公路及构筑物原价(预计净残值为零)、使用年限及预计车流量确定单位工作量折旧额;其余固定资产按直线法平均计算,并按固定资产的类别、原价、规定使用年限、预计残值率(原价的5%)确定其年分类折旧率;

J. 无形资产:土地使用权:系深圳盐田港区填海造地、后方配套用地,全部以出让方式取得土地使用权,用途为:"特殊用地",宗地号为J30207,面积16,837.98平方米,使用年限自1991年3月18日至2041年3月17日止,"工业仓储用地",宗地号为J312-03、J303-04、J245-01、J247-01、J249-01,面积835,396.30平方米,使用年限自1996年12月28日至2046年12月27日止。以上宗地均尚在开发之中。土地使用权按实际成本计价,本公司对该土地使用权尚未进行摊销。

K. 递延资产:为固定资产改良支出,系办公用房屋的装修费用,自1995年2月1日起分五年摊销;

L. 税项:本公司缴纳的主要税种及税率列示如下:

a. 流转税

税种	计税基础	税率
营业税	港口陆域形成施工收入(注1)	3%
	装卸收入	3%
	运输收入	3%
	过路费收入	3%
	其他收入	3%
增值税(小规模纳税人)	销售材料收入	6%
城市维护建设税	营业税(或已交增值税)	1%
教育费附加	营业税(或已交增值税)	3%

根据广东省财政厅广东省地方税务局"粤财基费[1995]72号文"规定,对集资贷款建路收费在还贷期间的营业税实行先征后退。

b. 企业所得税

经深圳市地方税务局以"深地税发[1997]64号"文批复,盐田港集团从1992年起享受五年免征、五年减半征收企业所得税的优惠。

经深圳市地方税务局沙头角分局以"[1992]深税沙减免字第40号"文(见备查文件11)批复,运输公司从1989年起享受五年免征、五年减半征收企业所得税的优惠。1994年、1995年、1996年度按7.5%计缴企业所得税。港务公司按15%计缴企业所得税。

2. 主要财务指标

指标名称	计算公式	1996年	1995年	1994年
1. 流动比率	流动资产×100%/流动负债	105.28%	104.67%	58.98%
2. 速动比率	(流动资产-存货)×100%/流动负债	104.89%	103.42%	57.56%
3. 资产负债率	负债总额×100%/资产总额	52.45%	67.36%	73.48%
4. 应收帐款周转率	主营业务收入×100%/应收帐款平均余额	106.14%	315.89%	-
5. 净资产收益率	税后利润×100%/期末净资产总额	23.77%	49.04%	59.62%
6. 每股净利	税后利润/期末股本总额	0.36	0.61	0.69

十五、重大合同及重大诉讼事项

1、重大合同主要为:

·与深圳市盐田港建设指挥部于1996年12月25日签置的《盐田港二期工程场地填海造陆总承包合同》;

·与广东省高速公路公司以及深圳市公路公司于1990年3月31日签署的《合资建设和经营管理惠州至盐田高速公路深圳段合同》;

·与华夏证券有限公司于1997年4月25日签署的《A股承销协议》。

2、重大诉讼事项

本公司以及本公司的筹委会成员并无涉及任何重大诉讼及仲裁,亦无任何尚未了结及可能发生的诉讼。

十六、公司发展规划

盐田港凭借其具有战略意义的地理位置和得天独厚的自然条件,已被国家规划成为我国国际中转大港之一,本公司作为盐田港集团唯一的上市公司,将在港口及配套设施的开发与经营中,发挥自身的优势。

1. 完成西港区散杂货码头的建设,建立以港口为核心的业务体系;

按照规划,盐田港西港区将建成7个散杂货泊位,形成500万吨吞吐能力。本公司将采取边投资、边建设、边经营的滚动式发展方式,完成西港区的建设,并按照市场需求采取合理的经营方式,使之能成为深圳市区、龙冈大工业区乃至粤东一带的开发建设提供散杂货装卸服务。

2. 兴建各类集装箱配套服务设施,为码头前沿装卸业务提供后方集疏运支持;

按照规划,到2010年,盐田港的集装箱设计吞吐能力将为400万标准箱。为使整个港区功能完善,运作效率提高,本公司将在疏港公路和集运中心的基础上,进一步投资开发港口必备的各类集装箱疏运配套设施,将盐田港建成符合国际运作惯例、各项配置齐备的现代化大港。

3. 投资兴建临港工业,形成与港口相辅相成的产业结构;

盐田港拥有大量的待开发陆域,本公司将根据市场需求采取适宜的方式投资开发临港工业,使之能为港口带来稳定货源,又能发挥港口运输优势,降低此类工业生产成本,形成相互依赖、相互扶持的产业结构。

4. 积极参与盐田港"一港一城"的开发建设工程项目;

盐田港的开发是跨世纪工程,各类国际国内资本将参与港口和配套卫星城的投资。本公司将在盐田港集团的支持下承接有关基础设施建设工程项目,为投资者提供良好的专业服务。

总之,筹委会确信,本公司将成为盐田港开发和经营中最主要、最具活力的机构之一,随着整个港口的发展而迅速成长,具有广阔的业务前景。

十七、备查文件

1. 深圳市工商行政管理局No. NF6338号深圳市盐田港股份有限公司名称预先核准通知书;

2. 深圳市人民政府深府办函[1997][62]号《关于设立深圳市盐田港股份有限公司的批复》;

3. 中国证券监督管理委员会复审批文;

4. 深圳市计划局深计投资[1996]453号立项批文;

5. 国家计划委员会计交能[1996]567号立项批文;

6. 深圳市地方税务局深地税发[1997]64号文;

7. 深圳市规划国土局[1997]118号文"关于盐田港集团有限公司土地评估结果及土地使用权处置方案的批复";

8.《土地使用权租赁合同》;

9. 二期场地平整及填海造陆工程施工合同;

10.《综合服务协议》;

11. 深圳市地方税务局沙头角分局[1992]深税沙减免字第40号文;

12. 国家国有资产管理局关于评估结果确认的批文;

13. 深圳市国有资产管理办公室深国资办[1997]87号文《关于确认深圳盐田港集团有限公司国有股权管理有关问题的批文》。

上述备查文件的查阅地点:

深圳市盐田港股份有限公司筹委会:深圳市沙头角办公大楼7层

华夏证券有限公司:深圳市振华路8号华夏证券大楼401室

深圳市盐田港股份有限公司(筹)

1997年6月28日

深圳市盐田港股份有限公司股票上市公告书

一、要览

总股本:58,500万股

可流通股本:12,500万股

本次上市流通股本:11,647万股

证券简称:盐田港A

证券代码:0088

上市地点:深圳证券交易所

上市时间:1997年7月28日

股份登记机构:深圳证券登记有限公司

二、绪言

本公司股票上市公告书根据《中华人民共和国公司法》、《股票发行与交易管理暂行条例》、《公开发行股票公司信息披露实施细则》、《深圳证券交易所业务规则》和国家现行有关证券管理法规编制,为深圳市盐田港股份有限公司股票公开上市之目的向社会公众提供各种资料。

本次股票发行及发行方案业经中国证券监督管理委员会证监发字[1997]369号文及证监发字[1997]370号文批准,本公司已成功地向社会公众公开发行每股面值1.00元之人民币普通股票11,647万股,另向公司职工配售每股面值1.00元之人民币普通股票853万股。经本公司创立大会通过决议,按深圳证券交易所深证发[1997]第283号《上市通知书》,本公司11,647万股社会公众股将于1997年7月28日(星期一)在深圳证券交易所挂牌交易。

本公司《招股说明书概要》刊登于1997年6月28日的《中国证券报》和《证券时报》上,距今不足6个月,故与其重复的内容在此不再重述,敬请投资者查阅本公司的《招股说明书概要》。

本公司董事会及各位董事确信本公告书未遗漏任何重大事项,亦不存在任何误导和虚假成份,并愿就本公告书及相关资料的准确性、完整性、真实性负共同及个别责任。

三、公司概况

1. 基本情况

法定名称:深圳市盐田港股份有限公司

法定地址:深圳市沙头角办公大楼7层

法定代表人:刘定桐

经营范围:码头开发与经营,货物装卸与运输;港口配套交通设施建设与经营;港口配套仓储及工业设施配套与经营;港口配套生活服务设施的建设与经营;集装箱修理;转口贸易;房地产开发。

注册时间:1997年7月21日

2. 历史沿革

深圳盐田港集团有限公司是深圳市属大型国有企业,为本公司的独家发起人。其前身为深圳东鹏实业有限公司,成立于1985年1月,1994年更名为深圳盐田港集团有限公司。盐田港集团受深圳市人民政府委托,负责统一规划、统一建设、统一经营、统一管理盐田港港区及其后方开发区,承担建设盐田港国际中转大港、港口配套服务和港口卫星城建设的任务。

盐田港具有良好的自然条件,其与世界大港香港葵涌码头邻近,拥有可供兴建深水泊位的自然海岸线6.7公里,可供开发建设港口配套设施及卫星城的陆域17.96平方公里。根据盐田港区总体规划,盐田港将建设成为拥有33个万吨级以上泊位,设计吞吐能力达960万标准箱、6240万吨的国际中转大港。

深圳市盐田港股份有限公司是盐田港集团中唯一的上市公司,本次资产重组进入本公司的资产包括:发起人全资拥有的深圳盐田港务公司和深圳市东鹏运输公司的资产、发起人对深圳惠盐高速公路有限公司66.67%的权益,以及发起人的部分港口在建工程和港区后方配套用地等。将从事港区内主要的码头及配套仓储、陆运设施及临港工业的开发与建设,并随着这类设施的逐步完善,承担盐田港散杂货码头的经营,以及为集装箱码头配套的综合设施,如集装箱集运中心,陆路客货运输车队和疏港高速公路的经营管理等。

四、股票发行与承销

1. 股票发行

发行方式:上网定价

社会公众股发行数量:12,500万股

公司职工股:853万股

发行价格:5.31元

实际募集资金总额:61,629万元

配售比例:0.554%

持有1000股以上(含1000股)的股东:115,583户

发行费用总额:1605万元

每股发行费用:0.128元

发行市盈率:16.5倍

2. 股票承销

本次公开发行的社会公众股已认购完毕,超额认购180.18倍,承销商包销股票的数量为零股。

3. 验资报告

深圳市盐田港股份有限公司筹委会:

我所接受委托,对深圳市盐田港股份有限公司(筹)截至1997年7月16日止的实收股本及相关的资产和负债的真实性和合法性进行了审验。在审验过程中,我们按照《独立审计实务公告第1号-验资》的要求,实施了必要的审验程序。深圳市盐田港股份有限公司(筹)的责任是提供真实、合法、完整的验资资料,保护资产的完全、完整,我们的责任是按照《独立审计实务公告第1号-验资》的要求,出具真实、合法的验资报告。

深圳市盐田港股份有限公司(筹)申请的注册资本为人民币585,000,000.00元。是次向社会公开募集股份125,000,000股,每股面值人民币

1元,按每股发行价格人民币5.31元发行。根据我们的审验,1997年7月16日,深圳市盐田港股份有限公司(筹)已收到社会公众及公司职工股东投入的资本人民币652,594,415.34元。截止该日,共收到各方股东投入的资本人民币1,358,312,336.74元,其中发起人投入的资本为人民币705,717,921.40元,社会公众及公司职工股东投入的资本为人民币652,594,415.34元。投入的资本包括股本585,000,000.00元,资本公积773,312,336.74元。与上述投入资本相关的资产总额为人民币1,888,577,941.74元,负债总额为人民币530,265,605.00元。

在审验过程中,我们注意到:(1)深圳市盐田港股份有限公司(筹)发起股东——深圳盐田港集团有限公司所投入的实物资产、无形资产、债权及投资尚未办理产权转移手续,但已获得发起股东的承诺。(2)深圳市盐田港股份有限公司(筹)尚未对投入的资产、负债进行会计处理。

附件:

(一)投入股本明细表(略)

(二)验资事项说明(略)

五、公司董事、监事和高级管理人员简历及持股情况

1.公司董事、监事和高级管理人员简历

刘定桐,男,59岁,中共党员,高中,高级工程师,董事长。曾任团省委书记、团中央委员;省政府办公厅副主任、省政府副秘书长;清江开发公司董事长、党委书记;深圳市盐田港建设指挥部总指挥。现任深圳盐田港集团有限公司党委书记、总经理。

杜兴宽,男,49岁,中共党员,大专,高级政工师,副董事长,总经理。曾任省委组织部处长;武钢硅钢片厂党委副书记;武汉市一轻工业局副局长。深圳盐田港集团有限公司党委副书记兼平盐铁路有限公司经理。现任深圳盐田港集团有限公司副总经理、党委副书记、纪委书记。

陈钦硕,男,42岁,中共党员,大专,政工师,董事。曾任深圳市委组织部副处级干部。现任深圳盐田港集团有限公司党委副总经理、纪委副书记、梧桐山隧道二期工程指挥部指挥长。

罗小娟,女,47岁,中共党员,大学,高级会计师,董事。曾任长江航道局财务处副处长。现任深圳盐田港集团有限公司总会计师兼计财部经理。

曾荣光,男,54岁,中共党员,大学,高级工程师,董事。曾任四川自贡高压容器厂工程师。现任深圳盐田港集团有限公司总经理助理。

魏靖,男,57岁,中共党员,大学,高级工程师,董事,副总经理。曾任红光港机厂厂长。现任深圳盐田港务公司经理,深圳市人大代表。

熊力,男,42岁,中共党员,大学,讲师,董事,副总经理。曾任西安市灞桥区政府副区长。现任深圳盐田港集团有限公司市政工程部经理。

王心平,男,39岁,中共党员,大学,高级经济师,董事,副总经理。曾任省经委企管处科长。现任深圳惠盐高速公路公司常务副经理。

肖波,男,36岁,博士,副教授,董事。曾任天津大学副教授。现任深圳盐田港集团有限公司规划管理部副经理。

吴家煜,男,55岁,中共党员,大学,研究员,监事会主召集人。曾任湖北省政府办公厅处长。现任深圳盐田港集团有限公司工会工作委员会主席。

张永进,男,40岁,中共党员,大专,高级会计师,监事。曾任中亿实业股份公司副经理。现任深圳盐田港集团有限公司审计部经理。

邓立平,女,48岁,中共党员,大专,助理经济师,监事。曾任沈阳空调器厂人教科科长。现任深圳惠盐高速公路公司办公室主任。

王惠康,男,47岁,中共党员,大专,统计师,副总经理。曾任吉林辽源钢管总厂企管办主任。现任深圳盐田港集团有限公司发展部副经理。

华翔,男,35岁,中共党员,硕士,高级经济师,董事会秘书。曾任地区计委综合计划科科长。现任深圳盐田港务公司副经理。

2.公司董事、监事和高级管理人员持股情况

姓名	职务	持股数量(股)	持股比例(%)
刘定桐	董事长	30,000	0.0051
杜兴宽	副董事长、总经理	28,000	0.0048
陈钦硕	董事	26,000	0.0044
罗小娟	董事	27,000	0.0046
曾荣光	董事	20,000	0.0034
魏　靖	董事、副总经理	20,000	0.0034
熊　力	董事、副总经理	20,000	0.0034
王心平	董事、副总经理	20,000	0.0034
肖　波	董事	19,000	0.0032
吴家煜	监事会主席	20,000	0.0034
张永进	监事	19,000	0.0032
邓立平	监事	9,000	0.0015
王惠康	副总经理	19,000	0.0032
华　翔	董事会秘书	17,000	0.0029

本公司董事、监事和高级管理人员共持有本公司股票294,000股,占公司总股本的0.050%,其持有股份按照《中华人民共和国公司法》规定在任职期间不得转让。

六、公司的设立

1.本公司于1997年7月16日召开了创立大会,审议并通过了本次向社会公开发行的12500万股(其中包括853万股公司职工股)A股股票在深圳证券交易所上市交易的决议,并责成董事会做好各项准备工作。

2.公司注册资金:58,500万元

3.公司临时开户银行:招商银行深圳沙头角支行

4.公司临时开户银行帐号:6580792810001

5.公司注册时间:1997年7月21日

6.公司注册地址:深圳市沙头角办公大楼7层

7.公司法定代表人:刘定桐

8.营业执照注册号码:27936301－9

七、关联企业及关联交易

1.关联企业

本公司现有的关联企业包括深圳盐田港集团有限公司和深圳惠盐高速公路公司。有关盐田港集团的情况,本文"公司概况之历史沿革"中已有介绍,请参见。深圳惠盐高速公路公司成立于1991年,由盐田港集团和广东省高速公路公司合资组建,其分别持有66.67%和33.33%权益。该公司负责建设经营盐田港主要陆路疏运通道——惠州－盐田高速公路的深圳段,即盐田至龙岗坑塘径的高速公路,全长31,429公里,已在1994年投入使用,该道路的交通流量随着港口业务的发展逐步提高。本次资产重组中,盐田港集团将其在该公司持有的权益全部注入本公司。

2.关联交易

本公司持有深圳惠盐高速公路有限公司66.67%的股权。根据深圳市规划国土局批准,惠盐高速公路之用地授权给盐田港集团经营。惠盐高速公路公司已与盐田港集团签定《土地使用权租赁合同》,在盐田港集团经营期限内,惠盐高速公路公司以租赁形式获得该公路用地的土地使用权。从本公司上市年度起,即该高速公路投入营运的初期,土地租金的交纳方式为:前五年免交租金,从第六年起年租金为321.86万元。上述《土地使用权租赁合同》已经深圳市规划国土局批准及登记。

深圳市东鹏运输公司与深圳市盐田港建港指挥部签订了《场地平整及填海造陆工程施工合同》,由该公司负责深圳盐田港陆域形成建设中部分开山填海工程,其土石方单价按一般市场价格收取。

本公司与发起人已草签《综合服务原则协议》,对于发起人与本公司之间的交易,将依照公平市场原则,并以合理费用结算。

八、股本结构及大股东持股情况

1.上市前的股本结构

股份名称:	股数(万股)	股权比例(%)
尚未流通股:		
发起人股	46,000	78.63
公司职工股	853	1.46
可流通股	12,500	21.37
合计	58,500	100

2. 前十名股东所持股数及比例

股东名称	持有股数(股)	占总股本比例(%)
深圳盐田港集团有限公司	460,000,000	78.63
刘定桐	30,000	0.0051
杜兴宽	28,000	0.0048
马陈术	27,000	0.0046
杨俊英	27,000	0.0046
罗小娟	27,000	0.0046
陈钦硕	26,000	0.0044
张明鸣	26,000	0.0044
余太春	26,000	0.0044
唐柏操	25,000	0.0043

九、公司财务会计资料

1. 审计报告

深圳市盐田港股份有限公司筹委会:

我所接受委托,对贵公司1994年12月31日、1995年12月31日、1996年12月31日及1997年1月31日的公司及合并资产负债表,1994年度、1995年度、1996年度及1997年1月1日-1月31日的公司及合并损益表和1996年度公司及合并财务状况变动表进行了审计。这些会计报表由贵公司负责,我们的责任是对这些会计报表发表审计意见。我们的审计是依据中国注册会计师独立审计准则进行的,在审计过程中,实施了包括抽查会计记录等我们认为必要的审计程序。

我们认为,上述会计报表符合《企业会计准则》及《股份制试点企业会计制度》的有关规定,在所有重大方面公允地反映了贵公司1994年12月31日、1995年12月31日、1996年12月31日、1997年1月31日的公司及合并财务状况和1994年度、1995年度、1996年度及1997年1月1日—1月31日的公司及合并经营成果和1996年度公司及合并资金变动情况,会计处理方法的选用符合一贯性原则。

蛇口中华会计师事务所　　　　中国注册会计师

中国　深圳　蛇口　　　　　　陈惠珠、马东军

1997年4月8日

2. 鉴于《深圳市盐田港股份有限公司(筹)招股说明书》及《深圳市盐田港股份有限公司(筹)股票发行公告书》已同时刊登于1997年6月28日之《中国证券报》和《证券时报》,其上已载明公司详细财务资料,故此处仅刊载财务资料摘要,请垂阅者注意查询。

3. 财务报表

3-1. 资产负债表(合并)

合并资产负债表

编制单位:深圳市盐田港股份有限公司(筹)　编制日期:1997年2月28日　单位:人民币元

资产	1997-1-31	1996-12-31
流动资产		
货币资金	RMB 40,404,818.82	RMB 41,593,136.04
应收帐款	465,491,638.11	443,326,124.26
减:坏帐准备	——	——
应收帐款净额	465,491,638.11	443,326,124.26
预付货款	1,277,751.60	898,555.60
其他应收款	20,197,987.44	26,920,896.54
待摊费用	274,518.20	160,337.50
存货	1,935,902.73	1,939,053.07
待处理流动资产净损失	9,602,316.04	9,602,316.04
流动资产合计	539,184,932.94	524,440,419.05
长期投资:		
长期投资	19,250,874.77	19,250,874.77
其中:合并价差	19,250,874.77	19,250,874.77
固定资产:		
固定资产原价	605,033,190.12	604,971,089.22
减:累计折旧	47,055,339.50	45,521,537.29
固定资产净值	557,977,850.62	559,449,551.93
在建工程	231,084,405.18	229,730,616.76
固定资产清理	2,715.20	2,715.20
固定资产合计	789,064,971.00	789,182,883.89
无形资产及递延资产:		
无形资产	155,109,721.37	155,109,721.37
递延资产	792,136.64	814,140.44
无形资产及递延资产合计	155,901,858.01	155,923,861.81
资产总计	RMB 1,503,402,636.72	RMB 1,488,798,039.52
负债与股东权益		
流动负债		
短期借款	RMB 6,000,000.00	RMB 6,000,000.00
应付帐款	60,926,279.62	62,030,623.14
应付福利费	1,313,358.96	1,303,738.79
未付股利	340,161,319.68	340,161,319.68
未交税金	16,294,328.82	14,907,631.32
其他未交款	7,726.45	7,268.67
其他应付款	22,071,432.92	23,737,634.28
一年内到期的长期负债	50,000,000.00	50,000,000.00
流动负债合计	496,774,446.45	498,148,215.88
长期负债:		
长期借款	282,713,770.61	281,854,498.12
长期应付款	901,792.94	873,742.51
长期负债合计	283,615,563.55	282,728,240.63
负债合计	780,390,010.00	780,876,456.51
少数股东权益:		
少数股东权益	2,483,787.50	2,203,661.61
股东权益:		
股本	460,000,000.00	460,000,000.00
资本公积	245,717,921.40	245,717,921.40
盈余公积	——	——
未分配利润	14,810,917.82	——
股东权益合计	720,528,839.22	705,717,921.40
负债与股东权益总计	RMB 1,503,402,636.72	RMB 1,488,798,039.52

3-2 损益表

合并损益表

编制单位:深圳市盐田港股份有限公司(筹)　编制日期:1997年2月28日　单位:人民币元

	1997.1.1-1.31	1996年度
一、主营业务收入	RMB 30,777,287.63	RMB339,237,573.11
减:营业成本	11,239,759.81	130,297,689.56
管理费用	1,260,791.53	19,754,389.41
财务费用	1,615,257.66	16,957,424.53
营业税金及附加	831,591.09	6,629,052.81
二、主营业务利润	15,829,887.54	165,599,016.80
加:其他业务利润	44,323.53	(444,855.49)
三、营业利润	15,874,211.07	165,154,161.31
加:营业外收入	437,677.35	1,521,959.06

减:营业外支出	21,000.00	1,702,491.69
四、利润总额	16,290,888.42	164,973,628.68
减:所得税	1,199,844.71	403,316.61
少数股东损益	280,125.89	(3,198,529.47)
五、净利润	RMB14,810,917.82	RMB167,768,841.54

3-3. 财务状况变动表

财务状况变动表(合并)

编制单位:深圳市盐田港股份有限公司(筹) 编制日期:1997年1月10日 单位:人民币元

	1996年度
流动资金来源与运用:	
一、流动资金来源:	
1. 本年净利润	RMB 167,768,841.54
加:不减少流动资金的费用和损失:	
少数股东本期损益	(3,198,529.47)
固定资产折旧	16,157,966.87
无形资产、递延资产及其他资产摊销	(13,079.54)
(减其他负债转销)	
清理固定资产损失(减收益)	821,471.10
小计	181,536,670.50
2. 其他来源	
固定资产清理收入(减清理费用)	2,141,671.16
增加长期负债	4,926,524.17
资本净增加额	382,484,742.23
少数股东净增加额	5,402,191.08
小计	394,955,128.64
流动资金来源合计	576,491,799.14
二、流动资金运用:	
1. 利润分配:	
提取法定公积金	16,776,884.15
提取法定公益金	8,388,442.08
提取任意公积金	13,421,507.32
已分配股利	129,182,007.99
小计	167,768,841.54
2. 其他运用:	
增加长期投资	19,250,874.77
固定资产和在建工程净增加额	184,377,672.13
偿还长期负债	50,554,250.27
无形资产和递延资产净增加额	144,066,650.24
小计	398,249,447.41
流动资金运用合计	566,018,288.95
流动资金增加净额	RMB 10,473,510.19
流动资金各项目的变动	
一、流动资产本年增加数:	
货币资金	RMB 2,435,073.30
应收帐款	247,411,029.18
预付货款	(304,076.00)
其他应收款	(76,090,152.11)
待摊费用	(353,767.17)
存货	(2,302,259.57)
待处理流动资产净损失	(642,184.88)
流动资产增加净额	170,153,662.75
二、流动负债本年增加数:	
短期借款	(18,000,000.00)
应付帐款	(9,100,217.03)
应付福利费	22,386.93
未付股利	132,246,715.29
未交税金	5,778,838.12
其他未交款	1,796.09
其他应付款	(93,639.18)
预提费用	(175,727.66)
一年内到期的长期负债	49,000,000.00
流动负债增加净额	159,680,152.56
流动资金增加净额	10,473,510.19

4. 财务报表附注

附注1. 编制模拟会计报表的说明

(1)1994年至1996年深圳盐田港集团有限公司执行《运输企业会计制度》,现本公司根据上述重组后的架构并按照《股份制试点企业会计制度》模拟编制有关期间会计报表。

(2)以评估确认的净资产,以国资评1997(272)号文《对深圳盐田港集团公司组建上市公司并发行A种上市股票项目资产评估结果的确认批复》为依据对会计报表进行调整。

附注2. 主要会计政策

(1)会计制度:本公司执行财政部《股份制试点企业会计制度》。

(2)会计期间:本公司以公历1月1日起至12月31日止为会计年度。

(3)合并会计报表的编制方法:本公司合并会计报表依据财政部《合并会计报表暂行规定》适当编制。

(4)记帐原则和计价基础:本公司以权责发生制为记帐原则,各项财产物资按取得时的实际成本计价。

(5)外币折算方法:本公司以人民币为记帐本位币,对发生的外币经济业务采用当月一日的市场汇价折合为人民币入帐;年末货币性项目中非本位币金额按年末市场汇价进行调整,由此产生的折算差额,计入"财务费用"项目。其中与购建固定资产等直接有关的汇况损益,在资产尚未交付使用或者虽已交付使用但尚未办理竣工决算之前,计入资产的价值。

(6)坏帐准备:本公司不计提坏帐准备,发生的坏帐损失经批准后计入当期管理费用。

(7)存货:本公司存货均以实际成本核算,发出存货的实际成本按加权平均法计算确定。低值易耗品在领用时一次性摊销。

(8)长期投资核算方法:本公司对拥有20%以下(含20%)股权的长期投资采用成本法核算,对拥有20%以上股权的长期投资采用权益法核算。并对拥有50%以上股权的长期投资编制合并会计报表。

(9)固定资产及其折旧:本公司固定资产按实际成本计价。固定资产折旧计提方法分别为:公路及构筑物采用工作量法计算,并按公路及构筑物原价(预计净残值为零)、使用年限及预计车流量确定单位工作量折旧额;其余固定资产按直线法平均计算,并按固定资产的类别、原价、规定使用年限、预计净残值率(原价的5%)确定其年分类折旧率。各类固定资产单位工作量折旧额及年折旧率如下:

类别	使用年限	单位工作量折旧额(人民币元/标准车次)	年折旧率
公路及构筑物	30	2.8077	–
房屋及建筑物	35	–	2.714%
其中:临时房屋	10	–	9.5%
通用设备	10	–	9.5%
专用设备	10	–	9.5%
运输设备	8	–	11.875%
其中:营运中巴	5	–	19%
其他	5	–	19%

(10)无形资产

土地使用权:系深圳盐田港区填海造地、后方配套用地,全部以出让方式取得土地使用权,用途为:"特殊用地",宗地号为J302-07,面积16,837.98平方米,使用年限自1991年3月18日至2041年3月17日止;"工业仓储用地",宗地号为J312-03、J303-04、J245-01、J247-01、J249-

01,面积835,396.30平方米,使用年限自1996年12月28日至2046年12月27日上。以上宗地均尚在开发之中。土地使用权按实际成本计价,本公司对该土地使用权尚未进行摊销。

(11)递延资产:固定资产改良支出:系办公用房屋的装修费用,自1995年2月1日起分五年摊销。

(12)税项:本公司缴纳的主要税种及税率列示如下:

①流转税

税种	计税基础	税率	备注
营业税	港口陆域形成施工收入	3%	
	装卸收入	3%	
	运输收入	3%	
	过路费收入	5%	*
	其他收入	3%	
增值税(小规模纳税人)	销售材料收入	6%	
城市维护建设税	营业税(或已交增值税)	1%	
教育费附加	营业税(或已交增值税)	3%	

*根据广东省财政厅、广东省地方税务局"粤财基费[1995]72号"文规定,对集资贷款建路收费在还贷期间的营业税实行先征后退。

②企业所得税

a. 经原深圳市税务局沙头角分局以[1990]深税沙分字第18号文批复,深圳盐田港集团有限公司1989年为获利年度,按深圳市政府(1988)第232号文件的规定,从1989年开始享受五年免征、五年减半征收企业所得税的优惠。后经深圳地方税务局重新审查,以深地税发[1997]64号文决定将深圳盐田港集团有限公司获利年度由1989年调整为1992年,并仍按市政府有关文件规定,从1992年开始享受五年免征、五年减半征收企业所得税的优惠。深圳盐田港集团有限公司1997年1月1日——1月31日按7.5%税率计缴企业所得税。

b. 经深圳市税务局沙头角分局以"[1992]深税沙减免字第40号"文批复,深圳市东鹏运输公司从1989年起享受五年免征、五年减半征收企业所得税的优惠。1997年1月1日—1月31日按7.5%计缴企业所得税。

c. 深圳盐田港务公司按15%计缴企业所得税。

d. 深圳惠盐高速公路公司1997年1月1日——1月31日会计期间利润尚未弥补以前年度经营亏损,未作企业所得税纳税准备。

(13)收入实现的确认

本公司在商品已经发出,劳务已经提供,同时收讫价款或者取得的收取价款的凭据时,确认收入实现;港口陆域形成施工按实际完成工程进度并经发包单位签认后,确认收入实现。

(14)利润分配:本公司在有盈利年度的税后利润按下列顺序及比例分配。

(1)弥补上一年度亏损

(2)提取法定盈余公积金10%

(3)提取法定公益金5%—10%

(4)提取任意盈余公积金

(5)分配普通股股利

5. 主要会计指标

项目	1996年	1995年	1994年
流动比率(%)	105.28%	104.67%	58.98%
速动比率(%)	104.94%	103.42%	57.56%
资产负债率(%)	64.97%	67.62%	73.48%
应收帐款周转率(%)	108.28%	325.85%	——
净资产收益率(%)	23.77%	49.04%	59.62%
*每股净利润(元/股)	0.365	0.345	0.256

(*:按存量股本46,000万股计算)

十、董事会上市承诺

本公司董事会将严格遵守《中华人民共和国公司法》、《股票发行与交易管理暂行条例》、《公开发行股票公司信息披露实施细则》、《深圳证券交易所业务规则》和国家有关法律、法规的规定,并自股票上市之日起作出如下承诺:

1. 按照法律、法规的规定程序和要求披露重大的信息,并接受证券主管机关、深圳证券交易所的监督管理;

2. 及时、认真、准确地公布中期报告和年度报告,并备置于规定场所以供投资者公众查询;

3. 本公司董事、监事及高级管理人员如发生人事变动或持本公司股票发生变化时,在报告证券主管机关、证券交易所的同时,向投资者公布;

4. 在任何公共传播媒介中出现的消息可能对本公司股票的市场价格产生误导性影响时,本公司知悉后将及时对该消息予以公开澄清;

5. 本公司董事、监事及高级管理人员将认真听取社会公众的意见和批评,不利用已获得的内幕消息和其他不正当手段直接或间接从事股票买卖活动;

6. 本公司没有无记录负债。

十一、重要事项揭示

●股利分配

本公司计划派发上市后第一个盈利年度的股利,预计于1998年召开的股东大会年会后两个月内进行首次分配。截至1996年12月31日止,以前年度实现利润已分配完毕,新股东自1997年度起享受本公司之可分配利润。

●公司职工股

本次发行配售的853万股公司职工股将在本公司股票上市后半年上市流通。

●产权转移

深圳盐田港集团有限公司作为发起人,已向深圳市盐田港股份有限公司作出承诺,在股份公司设立后的两个月内,完成办理发起人投入的实物资产、无形资产、债权及投资项目中尚未完成的产权转移手续。

十二、咨询机构

1. 发行人:深圳市盐田港股份有限公司

法定代表人:刘定桐

注册地址:深圳市沙头角办公大楼七层

联系人:曹世军、华翔、周圣诩

电话:0755--5290780　　传真:0755--5552054

2. 上市推荐人:中国经济开发信托投资公司

法定代表人:韩国春

联系人:潘同文

电话:0755--3253496　　传真:0755--3253499

君安证券有限公司

法定代表人:张国庆

联系人:周宏章

电话:0755--2175560

传真:0755--2296188

华夏证券有限公司

法定代表人:邵淳

联系人:邓明

电话:0755--3226161

传真:0755--3200135

十三、备查文件目录

1. 深圳证券交易所上市通知书;

2. 审计报告;

3. 资产评估报告;

4. 招股说明书;

5. 验资报告;

6. 发行人成立的注册登记文件;

7. 上市协议书;

8. 国家证券主管部门批准上市的文件;

9. 其他备查文件。

深圳市盐田港股份有限公司

1997 年 7 月 24 日

深圳市盐田港股份有限公司 1997 年度中期报告

一、财务报告(未经审计)

(一)财务报表

1. 简化的资产负债表

1997 年 6 月 30 日　　金额单位:人民币元

项目	合并数		母公司	
	年初	期末	年初	期末
流动资产	524,440,419.05	264,302,137.47	484,016,438.16	217,062,259.05
长期投资	19,250,874.77	19,250,874.77	23,658,197.99	24,796,600.45
固定资产净值	559,449,551.93	555,373,191.36	38,724,213.50	37,239,897.30
在建工程	229,730,616.76	237,527,748.90	195,314,935.16	195,314,935.16
无形资产	155,109,721.37	155,109,721.37	155,109,721.37	155,109,721.37
递延资产	814,140.44	682,117.64		
资产总计	1,488,798,039.52	1,232,248,506.71	1,235,983,526.40	967,545,031.09
负债及股东权益				
流动负债	498,148,215.88	183,861,664.10	420,265,605.00	95,928,265.62
长期负债	282,728,240.63	282,858,897.22	110,000,000.00	110,000,000.00
少数股东权益	2,203,661.61	2,772,777.46		
股本	460,000,000.00	460,000,000.00	460,000,000.00	460,000,000.00
资本公积	245,717,921.40	245,717,921.40	245,717,921.40	245,717,921.40
盈余公积				
未分配利润		57,037,246.53		57,037,246.53
股东权益合计	705,717,921.40	762,757,167.93	705,717,921.40	762,755,167.93
负债及股东权益	1,488,798,039.52	1,232,248,506.71	1,235,983,526.40	967,545,031.09

2. 简化的损益表

金额单位:人民币元

项目	合并		母公司	
	97 年 1～6 月	96 年 1～6 月	97 年 1～6 月	96 年 1～6 月
主营业务收入	121,011,939.82	130,609,376.76	88,195,415.79	112,329,725.49
主营业务利润	62,798,082.15	65,158,426.52	59,902,394.77	68,581,997.22
其他业务利润	443,122.92	182,749.98	383,120.00	182,749.98
投资收益			1,138,402.46	−2,294,943.72
营业外收支净额	−1,058,338.19	−2,501.22	189,833.80	16,171.55
利润总额	62,182,866.88	65,338,675.28	61,613,751.03	66,485,975.03
所得税	4,576,504.50	109,290.39	4,576,504.50	109,290.39
少数股东损益	569,115.85	−1,147,299.75		
净利润	57,037,246.53	66,376,684.64	57,037,246.53	66,376,684.64

(二)主要财务指标

指标项目	1997 年 1－6 月	上年同期
1、每股收益	0.124 元/股	0.149 元/股
2、净资产收益率	7.48%	9.40%
3、每股净资产	1.66 元/股	1.53 元/股

* 总股本为 46000 万股。此为发行前总股本。

(三)财务报表附注

1、本报告期与 1996 年度经审计的会计报告相比,会计政策、会计方法一致。

2、本报告期内会计主体未发生合并、分立等变化。

3、本报告期内报表合并范围未发生变化。

4、货币资金年初 41,593,136.04 元,至 6 月 30 日 57,841,404.89 元,增加的主要原因为本公司营业收入增加。

5、应收帐款年初 443,326,124.26 元,至 6 月 30 日为 173,085,901.95 元,减少的主要原因是本公司收到深圳市盐田港建设指挥部盐田港二期填海造陆工程款。

6、预付帐款年初 898,555.60 元,至 6 月 30 日 387,281.64 元,减少的主要原因是本公司冲减了预付施工单位的预付工程款。

7、应付帐款年初 62,030,623.14 元,至 6 月 30 日 80,470,992.08 元,增加的主要原因为本公司的控股公司深圳惠盐高速公路公司增加的应付工程款。

8、未交税金年初 14,907,631.32 元,至 6 月 30 日 20,125,892.59 元,增加的主要原因是本公司本年计提而未交的营业税和所得税。根据深府函[1997]35 号文"关于深圳盐田港二期填海工程形成的营业税问题的批复",本公司正在进行的盐田港二期填海造陆工程所形成的营业税,采取"先征后返"的政策。

9、未付股利年初 340,161,319.68 元,本公司上半年已全部支付。

10、未分配利润至 6 月 30 日为 57,037,246.53 元,是本公司净利润。

11、预提费用至 6 月 30 日为 549,806.55 元,是本公司预计车辆大修理费。

12、关联公司及关联交易

(1)关联公司

公司名称	法定代表	注册资本	注册地点	拥有本公司权益	主要经营范围
深圳盐田港集团有限公司	刘定桐	13,168 万元	深圳市沙头角	100%	开发、管理盐田港开发区

注:截至 7 月 16 日,根据蛇口中华会计师事务所蛇中验资报字[1997]第 49 号《验资报告》,本公司独家发起人深圳盐田港集团有限公司拥有本公司权益 78.63%。

(2)关联交易

根据深圳市东鹏运输公司、深圳盐田港务公司分别与深圳盐田港集团有限公司签订的《场地平整及填海造陆工程施工合同》,由该两公司负责深圳盐田港陆域形成建设中部分开山填海工程,1997 年 1～6 月实现开山填海工程收入 9,727,946.30 元。

根据深圳盐田港务公司与深圳盐田港集团有限公司签订的《公用通道维护协议》,由深圳盐田港务公司负责深圳盐田港港区平整通道维护,1997 年 1～6 月实现港区平整通道维护收入 780,000 元。

13、交纳企业所得税依据与 1997 年 7 月 24 日刊登在《中国证券报》、《证券时报》本公司上市公告书一致。

二、经营情况回顾与展望

(一)经营情况回顾

1997 年上半年,本公司实现主营业务收入 12,101 万元,实现利润总额 6,218 万元,整体经营形势呈稳定发展的态势。本公司上半年的主要经营措施:

1. 强化服务意识,主要经营项目均有不同程度的增长,其中,高速公路收费收入较上年同期增长 43.62%,码头装卸、陆路客货运输业务发展较快。

2. 加强港口填海造陆工程管理,加快工程进度,不断降低施工成本,提高效益。

3. 加强内部管理,节约管理费用。上半年公司管理费用较上年同期减少17.47%。

(二)投资项目的进展

1. 盐田港西港区1#、2#泊位已基本完成填海工程,正在制定西港区2#泊位施工设计方案及前期准备工作。

2. 集装箱公路运输项目已进行集装箱车辆购置的调整、比较工作和招标前的准备工作。

3. 集装箱集运中心的场地填海工程已经完成,该项目的设计及前期准备工作正在进行。

4. 散装水泥和商品混凝土搅拌站项目,正在进行设备的选择,并提出购置设备方案。

(三)下半年工作计划

1. 加快项目实施进度,尽早投产受益

(1)抓紧西港区的初步设计、施工图设计及招定标工作,力争11月份正式开工;

(2)集装箱公路运输项目完成车辆购置,配备必要的配套设施,力争年内产生效益;

(3)集装箱集运中心争取完成土建工程;

(4)散装水泥中转库及商品混凝土搅拌站完成基础施工,设备安装和配套设施,投入生产。

2. 继续完成盐田港二期填海造陆工程,全面完成各项收入计划任务。

3. 加强公司内部基础管理,建章建制,按《公司法》和相关法律规范运作。

4. 加强公司员工培训,提高员工素质,建立一支高素质的管理队伍。

三、重大事件说明

1. 本公司于97年7月16日上午在深圳市洲际酒店召开了创立大会,于97年7月21日在深圳市工商行政管理局注册分局登记注册。

2. 根据国家证券委、中国人民银行、国家经贸委5月21日联合发布的《严禁国有企业和上市公司炒作股票的规定》,本公司未在任何境内证券经营机构开设买卖已上市流通股票的帐户。公司今后如果从事股票投资将严格遵循国家政策法规和本公司章程的规定。

3. 本报告期内公司无重大诉讼、仲裁事项。

4. 公司无中期分红事项。

四、发行在外股票的变动和股权结构的变化

1. 本公司于7月7日在深交所网上成功发行12500万股新股(其中含853万股内部职工股)。11647万股社会公众股于7月28日在深交所正式挂牌交易。

2. 股权结构情况(截至7月28日上市日)

股份单位:万股　每股面值:人民币1.00元

股份类别	数量	占总股本比例
(一)尚未流通股份		
1. 发起人国有法人股	46000	78.63%
2. 公司职工股	853	1.46%
尚未流通股份合计	46853	80.09%
(二)已流通股份		
1. 社会公众股	11647	19.91%
已流通股份合计	11647	19.91%
(三)股份总数	58500	100%

3. 主要股东持股情况(截至1997年8月20日)

序号	股东名称	持股数量(股)	占总股本比例
1.	深圳盐田港集团有限公司	460,000,000	78.6325%
2.	广东南证金贸有限公司	954,200	0.1631%
3.	徐勤	850,000	0.1453%
4.	王家正	563,789	0.0964%
5.	胡翰忠	560,000	0.0957%
6.	陈贵初	554,970	0.0949%
7.	袁晓峰	543,800	0.0930%
8.	薛振雄	530,000	0.0906%
9.	罗志海	510,000	0.0872%
10.	张树斌	416,200	0.0711%
合计		465,482,959	79,5698%

五、股东大会简介

本公司于1997年7月16日在深圳市洲际酒店三楼会议厅召开创立大会。出席大会的认股人或授权代理人总数为75人,代表公司股份46106.24万股,占公司股份总额58500万股的79%。会议符合法定程序和规定。

本次大会审议、表决并通过了如下决议:

1. 批准了《关于公司筹办情况的报告》;

2. 批准了《深圳市盐田港股份有限公司章程》;

3. 批准了《关于公司境内公众股在深圳证券交易所上市的议案》;

4. 选举产生了公司首届董事会成员和首届监事会成员。

六、备查文件

1. 载有董事长、总经理亲笔签名的中期报告原本;

2.1997年上半年度财务报告原本;

3. 发行新股时的《招股说明书》和《上市公告书》;

4. 公司创立大会会议记录。

以上文件备置于深圳市沙头角盐田港口岸大楼五楼本公司证券部,股东可于办公时间内查阅。联系电话:(0755)5290923

深圳市盐田港股份有限公司董事会

一九九七年八月二十七日

广东电力发展股份有限公司

广东电力发展股份有限公司1996年年度报告摘要

一、公司简况

1、公司名称

广东电力发展股份有限公司

GUANGDONG ELECTRIC POWER DEVELOPMENT CO.LTD.(GED)

2.公司地址

注册地址:广东省广州市梅花路75号21楼

通讯地址:广东省广州市东风东路757号

邮政编码:510600

3、公司法定代表人

吴希荣先生

4、公司股证事务代表、咨询服务机构及联系电话、传真:

股证事务代表:张德伟先生、陈楚阳先生

联系电话:(020)87767888—22108、22113

传真: (020)87667321

二、主要财务数据与财务指标

(经广州会计师事务所审计)

单位:人民币元

指标项目	本年数	上年数	比上年增减(%)
1.主营业务收入	2,123,278,926	1,511,375,334	40.49
2.净利润	557,813,261	371,027,448	50.34
3.总资产	5,663,322,115	4,592,873,696	23.31
4.股东权益	3,273,435,523	2,881,672,262	13.59
5.每股收益	0.676	0.449	50.56
6.每股净资产	3.97	3.49	13.75
7.净资产收益率(%)	17.04	12.87	+4.17个百分点
8.股东权益比率(%)	57.80	62.74	-4.94个百分点

三、公司业务回顾

(一).一年来经营情况

1、主营业务业绩概况

1996年是公司“九五”发展规划实施的第一年,在公司董事会正确领导和全体员工的共同努力下,全年本集团共完成发电量58.10亿千瓦时,较去年44.66亿千瓦时增长了30.1%,其中本公司下属的沙角A电厂(一期,下同)完成发电量37.5亿千瓦时,比去年增长了1.4%,为年度计划36亿千瓦时的104.2%;本公司控股51%的湛江电力有限公司下属的湛江发电厂(一期,下同)完成发电量20.61亿千瓦时,为去年发电量的269.4%,为年度计划27亿千瓦时的76.3%。本集团实现主营业务收入为212,327.9万元,比上年增长了40.49%,实现利润为80,895.90万元,扣除少数股东权益后,本公司实现净利润为55,781.33万元,较上年净利润37,102.74万元增长了50.34%,每股净利润为0.676元,较上年0.449元/股增长了50.56%。

2、湛江发电厂未能完成原定电力生产计划的主要原因是:(1)受电网电量供求矛盾暂时缓和影响,机组未能按正常负荷发电;(2)受9月份15号台风影响,湛江发电厂对外输电线路全部中断,致使电厂停发电21天;(3)♯1机组受1995年故障遗留问题影响,上半年未能正常运行。

3、电力基建与电力设备更新改造情况

1996年本公司电力基建主要是按计划完成湛江发电厂结尾工程投资2,477万元,梅县B电厂完成投资12,140万元,茂名电力供水公司完成投资1,190万元;茂名先驱电厂因燃料油供应方案尚未确定,故原定投资2,276万元的计划未能实施。

4、其他业务经营情况

本公司在认真抓好主营业务的同时,亦积极开展多元化经营,务求更灵活地运用资金,取得更高的回报予投资者。于1996年度内,本公司经营之其他业务共获得投资效益2,919.9万元。

(二)境内外会计师审计说明

本公司已聘请广州会计师事务所和安达信公司(在香港注册的会计师事务所)分别按中国会计准则和国际会计准则对本集团财务报告分别进行了审计,审计结果本公司净利润分别为55,781.33万元和56,374.70万元,其差额为593.37万元。造成差异的原因是:按国际会计准则土地使用权的摊销年期需延长。

(三)前次募集资金的运用情况

1994年以来,公司通过发行1.05亿股B股共筹集到资金4.28亿港元(相当于人民币4.59亿元),已全部按B股招股说明书所述的用途投资于湛江发电厂和梅县B电厂。到1996年底,本公司在该两电厂项目的总投资达到16.82亿元,所募集的B股资金与投资资金的差额由公司前期发行A股所募集资金及公司自有资金补足。

四、股本变化及股本结构情况

1.股本变化及股本结构情况

(1)股本结构情况如下:

股份类别	年初数(股)	股份变动增减(股) (+、-)	年末数(股)
1.尚未流通股份			
国家股	427,500,000	0	427,500,000
发起人法人股	70,312,500	0	70,312,500
募集法人股	15,837,500	0	15,837,500
小　计	513,650,000	0	513,650,000
B、已流通股份			
A股	98,550,000	0	98,550,000
B股	213,250,000	0	213,250,000
小计	311,800,000	0	311,800,000
C.股份总数合计	825,450,000	0	825,450,000

(2)本年度内公司股本与上年度股本相比,没有变化:

(3)主要股东持股情况

持股单位	96年末数(股)	占总股本比例(%)
广东省电力集团公司	427,500,000	51.79
中国建设银行广东省信托投资公司	28,125,000	3.41
T.ROWE PRICE NEW ASIA FUND	24,003,105	2.91
CHASE LONDON A/C SCH PAC EMG MKTS FD	14,500,700	1.76
广东省电力开发公司	14,062,500	1.70

广东国际信托投资公司	14,062,500	1.70
广东发展银行	14,062,500	1.70
TEMPLETON FOREIGN FUND	10,341,200	1.25
NORMURA INTERNATIONAL (HK)LTD	8,058,800	0.98
CTTICORP TRUSTEE COMPANY LTD-GATMORE PACIFIC STRA	4,400,000	0.53

(4)股东数量

本公司年末股东数量为64,878户,其中国家股东1户,法人股东142户,A股流通股61,823户,B股2,912户。

2、公司董事、监事与高级管理人员持有本公司股票情况:

姓名	职务	年初持股数(股)	年末持股数(股)
吴希荣	董事长	6,250	6,250
苏德钜	副董事长、总经理	8,125	8,125
郑林福	董事	500	500
吴庭安	董事	0	0
袁素杰	董事、副总经理	0	0
唐汉良	董事	0	0
黄国强	董事	0	0
黄炎田	董事	6,250	6,250
陆锦裳	董事	15,625	15,625
姬凌川	监事会主席	3,843	3,843
谭建生	监事	6,250	6,250
杨选兴	监事	0	0
刘关石	监事	75	75
李长春	监事	92	92
何伟德	监事	0	0
张德伟	董事会秘书	4,000	4,000
合计		51,010	51,010

五、重要事项

(一)报告期内股东大会、董事会情况:

1、1996年5月28日,本公司1995年度股东大会在广州市政协礼堂召开,大会审议并通过了董事会、监事会向股东大会提交的公司《1995年度董事会工作报告》、《1995年度监事会工作报告》、《1995年度总经理业务报告》、《1995年度财务决算报告》、《1995年度利润分配及分红派息方案》和修改后的公司《章程》等的方案;选举产生了公司第二届董事会和第二届监事会。

2、在1996年度内,本公司董事会分别于4月8日、5月28日、8月19日召开了三次会议。会议主要审议并通过提交了1995年度股东大会的所有议案,完成了董事会、监事会的换届选举工作以及1996年公司中期报告等事项。

(二)公司董事、监事及高级管理人员变动情况

本公司1996年5月28日召开的1995年度股东大会对董事会和监事会进行了换届改选,批准罗绍基、沈伯涛、邹志权、董虎臣4位先生因年龄或工作岗位变动而不再出任公司董事,增补郑林福、吴庭安、袁素杰、唐汉良四位先生为公司董事,公司第二届董事会由吴希荣、苏德钜、郑林福、吴庭安、袁素杰、唐汉良、黄国强、黄炎田、陆锦裳等九位先生组成;经董事会推选和任命吴希荣为董事长,苏德钜为副董事长、总经理,袁素杰为董事、副总经理,张德伟为董事会秘书;批准黎秀景、梁官强(职工代表)因年龄原因不再出任公司监事职务,增补杨选兴和何伟德(职工代表)为公司监事,公司第二届监事会由姬凌川、杨选兴、谭建生、刘关石、李长春(职工代表)、何伟德(职工代表)六位先生组成,姬凌川为监事会主席。

(三)公司于1996年2月5日,经国家工商局批准,注册为外商投资股份有限公司。根据省财厅《关于同意免征企业所得税问题的批复》(粤财工〔1996〕50号),我公司1996年、1997年两年免征企业所得税。

(四)本公司控股51%的广东粤嘉电力有限公司(粤嘉公司)全资附属的梅县B电厂#1机组虽然未能于1996年第四季度投入商业运行,但已于1997年3月6日正式投入商业运行。

(五)本公司控股51%的粤嘉公司与广东省电力集团公司在本年度内签订了《关于梅县发电厂B厂之购电合同》,该合同的订立使梅县B电厂所发供的电量在销售市场方面与广东省电网紧密联系起来,解决了电量的销售问题,该合同确认了购售电双方对上网电量、上网电价和电费结算所拥有的权益和所承担的责任。

(六)本公司控股51%的粤嘉公司是中外合作企业,根据有关法规规定,粤嘉公司正在办理所得税"两免三减"的申请手续。

(七)重大诉讼、仲裁事项报告

本报告期内公司无重大诉讼、仲裁事项。

六、子公司及关联企业

单位名称	注册资金(万元)	本公司拥有权益(%)	主营业务
沙角发电厂(一期)	-	100	电力生产
湛江电力有限公司	237,208	51	电力生产
广东粤嘉电力有限公司	100,000	51	电力生产
茂名先驱电厂	-	70	电力生产(尚未投产)
滨沙发电厂	-	55	电力生产(尚未投产)
江坑水电站	500	25	电力生产
茂名电力供水有限公司	1,200	25	工业用水(尚未投产)
广州粤电房地产开发有限公司	1,500	90	房地产

七、财务报告

(一)审计意见:本公司财务报告经广州会计师事务所何威明、徐红兵注册会计师审计,并出具无保留意见的审计报告(粤会所查字〔97〕第075号)。

(二)财务报表

1、合并资产负债表(见附表)

2、合并利润及利润分配表(见附表)

3、合并财务状况变动表(见附表)

(三)、重要会计政策

1、财务会计制度

公司执行《股份制试点企业会计制度》。

2、会计期间

自公历每年1月1日起至12月31日止。

3、合并会计报表的编制方法

公司按照《合并会计报表暂行规定》对公司及子公司(拥有权益50%以上或拥有控制权的被投资企业)的会计报表进行合并,编制合并会计报表,以综合反映公司及子公司所形成的企业集团的经营成果、财务状况及其变动情况。

公司合并会计报表时,对公司与子公司、子公司相互之间的内部销售收入、债权债务等项目以及公司对子公司权益性投资金额与子公司所有者权益中公司所拥有的份额相互抵销,少数股东权益予以扣除。

列入本期合并会计报表的附属公司:

公司名称	注册资本	投资到期日	母公司拥有权益	主要业务
湛江电力有限公司	2,372,078,773.43	未定	51.1851%	电力
广东粤嘉电力有限公司	1,000,000,000.00	2016.1.24	51%	电力
广州粤电房地产开发有限公司	15,000,000.00	未定	90%	房地产

(1)母公司对湛江电力有限公司长期投资年末余额为1,297,650,745.81元,其中投入资本为1,214,150,000元。

(2)广东粤嘉电力有限公司尚未正式投产。母公司对其投入资本年末余额为467,727,300.00元。

(3)母公司对广州粤电房地产开发有限公司长期投资年末余额为13,990,778.50元,其中投入资本为13,500,000.00元。

4、记帐原则和计价基础

公司按照权责发生制的原则记帐。各项财产物资,除业经国家国有资产管理局确认的重估价值外,按取得或购建时发生的实际成本(历史成本)计价。

5、货币折算方法

公司记帐本位币为人民币。对发生的非本位币的经济业务采用经济业务发生当日的国家外汇市场价中间价折合为本位币入帐;月份终了,对非本位币的货币资金、债权债务等货币性项目余额按当日国家外汇市场价的中间价进行调整,其差额作为“财务费用—汇兑损益”计入当期损益。

6、坏帐准备

公司按年末应收帐款余额(不含合并会计报表的各企业之间的内部往来款项)的千分之三计提坏帐准备。

7、存货计价方法

存货按实际成本计价,发出存货的成本按加权平均法计算确定:低值易耗品采用一次性摊销法核算。

8、长期投资核算方法

(1)债券投资:公司按照实际支付的款项记帐;

(2)股权投资和联营投资;

公司采用下列会计处理方法:拥有被投资企业权益20%以下时,采用成本法核算;拥有被投资企业权益20%到50%且不拥有被投资企业实质控制权时,采用权益法核算;拥有被投资企业权益50%以上或拥有被投资企业控制权时,采用权益法以合并会计报表方法核算。

9、固定资产及其折旧

固定资产除公司改组设立和上市改组时按重估价值计价外按实际成本计价。固定资产折旧采用直线法平均计算,并按固定资产类别的原价、估计使用年限及估计残值(原价的3%)确定其折旧率如下:

类别	估计使用年限	年折旧率(%)
房屋	15-50	1.94-6.67
建筑物	30-60	1.62-4.55
通用设备	8-25	3.88-12.13
专用设备	8-25	3.88-12.13
运输工具	8-15	6.47-12.13
其他	8-22	4.41-16.67

10、在建工程

在建工程除公司改组设立和上市改组时按重估价值计价外按实际成本计价。

11、无形资产及其摊销

(1)土地使用权:

母公司:土地使用权是股东投入的无形资产,按重估价值计价。自一九九三年一月起按二十五年摊销。

子公司:广东粤嘉电力有限公司处于试运行的期间,其土地使用权尚未进行摊销。

(2)商誉:商誉是股东投入的无形资产,按重估价值计价。自一九九三年一月起按十五年摊销。

12、递延资产及其摊销

开办费:开办费按不少于五年的期限摊销。

13、主营业务收入及其实现的确认。

主营业务收是电力销售收入,于电力输出时确认。

14、税项

主要税种	税率
增值税	17%
营业税	5%
所得税:	
母公司*	-
子公司	33%

*:经广东省财政厅1996年5月2日粤财工〔1997〕50号文批准,广东电力发展股份有限公司享受免征1996年及1997年两年的所得税优惠待遇。

15、利润分配

公司税后利润在弥补亏损后按下列顺序和比例分配(具体比例由公司董事会拟定,报股东大会审议确定):

(1)公积金	10%-35%
(2)公益金	5%-10%
(3)分红基金	55%-85%

(四)财务报表附注说明

1、货币资金

	1996.12.31	1995.12.31
其中:现金	41,296,23	32,747.55
银行存款	776,523,867.60	332,628,454.16
合计	776,565,163.83	332,661,201.71

2、短期投资

项目	1996.12.31	1995.12.31
债券投资	1,150,000	-
短期合作经营投资	157,300,000	97,000,000
合计	158,450,000	97,000,000

3、应收帐款

帐龄	1996.12.31	1995.12.31
一年以内	295,932,315.95	127,144,819

应收帐款为应收持有公司51.79%股份之广东省电力集团公司电力销售款。根据电量购售协议,公司的上网电量由广东省电力集团公司收购,每月电力销售款由集团公司于月度结束后25天内支付。

4、坏帐准备

母公司按年末应收帐款余额的千分之三计提坏帐准备。子公司湛江电力有限公司未按照年末应收帐款余额计提坏帐准备。

5、预付帐款

公司于1996年12月31日之预付帐款余额为15,473,882.32元,主要包括湛江电力有限公司预付材料款7,684,902.55元及预付广东省电力工业局燃料公司燃料款2,754,346.87元等。

6、其他应收款

帐龄	1996.12.31	百分比(%)
一年以内*2*4	111,466,069.67	20.71
1至2年*2*3	265,794,852.68	49.37
2至3年	33,015,995.61	6.13
3年以上*1	128,055,180.00	23.79
合计	538,332,097.96	100

注:*1、其中包括根据公司于1994年11月28日与广东省电力集团签订的《关于沙角A电厂(一期)的经营管理协议》作为沙角A电厂(一期)购买、储存燃料及备件等之流动资金120,000,000元,此外包括帐列应收投资收益,其中翁源金元投资公司1,446,600.00元,南海迅达实业公司917,600.00元,佛山物资总公司5,728,700.00元。

*2、其中包括子公司淇江电力有限公司及广东粤嘉电力有限公司之预付输变电工程款231,927,350元及75,360,000元。配套输变电工程投资所形成的资产根据其组建合同将采用有偿方式全部移交给广东省电力集团公司,由其经营管理。

*3、其中包括公司支付给宝华房地产开发有限公司购买办公楼款16,822,966.44元,购房合同的公证费24,841.78元。

*4、其中包括母公司出售职工住房的收入扣减住房帐面净值后的待处理房改差价1,205,516.56元。

7、存货

1996.12.31

项目	湛江电力	粤嘉电力	合计	1995.12.31
燃料-在库	33,351,752.00	2,147,143.74	35,498,894.74	13,538,753
燃料-在港	11,986,024.61	-	11,986,024.61	10,861,916
材料	27,239,640.91	1,964,511.88	29,204,152.79	19,676,993
合计	72,577,417.52	4,111,654.62	76,689,072.14	44,077,662

8、长期投资

(1)股权投资

股票名称	股数	占被投资公司股权的比例	投资金额 1996.12.31	1995.12.31
深能源法人股	2,413,950	0.59%	7,164,050.00	7,049,100
小计			7,164,050.00	7,049,100

(2)债券投资

债券名称	面值	年利率	投资金额 1996.12.31	1995.12.31
95年国库券	100,000	14%	100,000.00	
94年国库券	1,100	分段计付	-	1,100
鸪山公路建设基金	7,000	18%	7,000	7,000
东莞电力	80,208	未标明	80,207.70	80,208
小计			187,207.70	88,308

(3)联营投资

被投资公司名称	占被投资公司注册资本比例	投资总额 1996.12.31	1995.12.31
阳山县江坑水电站*	25%	5,792,098.25	5,678,171
茂名电力供水有限公司	25%	15,000,000.00	3,100,000
博罗县电力开发公司	-	1,972,451.91	1,972,452
小计		22,764,550.16	10,750,623

(4)房地产项目

项目	投资金额 1996.12.31	1995.12.31
芙蓉村	-	14,878,692
金燕花园	3,531,353.07	3,515,853
小计	3,531,353.07	18,394,545

(5)未投产子公司投资

子公司名称	注册资本	投资到期日	占子公司注册资本比例	投资金额 1996.12.31	1995.12.31
茂名先驱电厂	约250,000,000	未定	70%	19,844,100.00	19,844,100
滨沙电厂	约273,480,000	未定	55%	550,000.00	550,000
广东粤嘉电力有限公司	1,000,000,000	2016.1.24	51%	-	346,327,300
广州粤电房地产有限公司	15,000,000	未定	90%	-1	3,500,000
小计				20,394,100.00	380,221,400
合计				54,041,260.93	416,503,976

注:阳山县江坑水电站年末之投资金额包括应计1996年投资收益664,883.25元。

9、累计折旧

类别	期初价值	本年增加	本年减少	期末价值
房屋及建筑物	80,804,900.49	21,558,589.35	51,894.46	102,311,595.38
通用设备	3.736,020.30	1,088,844.84	-	4,824,865.14
专用设备	470,542,504.40	235,104,358.31	-	705,646,862.71
运输工具	5,043,193.72	1,583,154.64	-	6,626,348.36
估价综合入帐固定资产	37,083,691.98	-	37,083,691.98	-
其他	186,958.64	161,414.51	-	348,373.15
合计	597,397,269.53	259,496,361.65	37,315,586.44	819,758,044.74

10、在建工程

工程名称	工程进度	实际支用数	原预算数*1	批准文号	资金来源
广东粤嘉电力有限公司				粤计资证94220037号	
建筑安装投资	88%	372,885,269.09	273,248,885.00		自筹及贷款
设备投资	80%	277,863,673.38	285,739,717.00		自筹
其他费用	70%	59,691,802.18	64,827,889.00		自筹及贷款
小计		710,440,744.65	623,816,491.00		
母公司:					
#1-5机数据来源监视系统		54,752.14	-	-	自筹
职工体育活动室	12%	456,082.72	3,795,000.00	粤电计〔1996〕53号	自筹
#9住宅楼	70%	737,958.13	1,048,000.00	市建委批96-003	自筹
BSF型机	80%	880,000.00	1,100,000.00	-	自筹
小计		2,128,796.99	5,943,000.00		
湛江电力有限公司					
湛江电力幼儿园工程	74%	2,213,436.73	3,000,000.00	湛计资字〔1996〕007号	自筹
管理信息系统		469,215.00	-		自筹
小计		2,682,651.73	3,000,000.00		
合计		715,252,193.27	632,759,491.00		

注:1、原预算数根据粤计能〔1994〕283号文批准的梅县发电厂B厂联营公司工程初步设计概算书填列。

11、递延资产

项目	原值	已摊金额	期末金额	剩余摊销年限
开办费				
其中:母公司	431,880.00	345,503.79	86,376.21	1年
湛江电力有限公司*	33,588,465..17	8,877,693.00	24,710,772.17	4年
广东粤嘉电力有限公司	4,274,876.73	-	4,274.876.73	未定
合计	38,295,221.90	9,223,196.79	29,072,025.11	

*:湛江电力有限公司的开办费原值调减471,534.83元。

12、短期借款

贷款单位	期限	月利率	借款条件	1996.12.31	1995.12.31
中国人民建设银行广东省分行营业部	96.2.12-97.2.12	10.05‰	担保	10,000,000.00	-
中国人民建设银行广东省分行营业部	96.7.31-97.7.20	9.15‰	担保	10,000,000.00	-
中国人民建设银行广东省分行营业部	96.6.27-97.6.27	9.15‰	担保	10,000,000.00	40,000,000
中国人民建设银行湛江分行调顺办事处	96.10.11-97.10.11	8.862‰	担保	30,000,000.00	30,000,000
中国人民建设银行广东省分行营业部	96.12.27-97.12.10	8.4‰	担保	30,000,000.00	-
中国人民建设银行梅州市支行	96.8.19-97.8.10	9.15‰	抵押	10,000,000.00	-
合计				100,000,000.00	70,000,000

13、未交税金

税项	1996.12.31	1995.12.31
增值税	50,240,311.53	18,497,363
城建税	1,745,338.93	1,476,944
房产税	1,169,469.76	909,470
土地使用税	84,931.20	6,166,831
印花税	-	122,920
所得税	126,771,196.75	60,361,673
营业税	942,705.26	-
小计	180,953,953.43	87,535,201

14、预提费用

公司于1996年12月31日之预提费用余额895,543.64元,将用于空气预热器检修防腐工程等。

15、其他应付款

公司于1996年12月31日之其他应付款余额为163,965,800.15元,主要包括广东省电力电价调节基金31,369,184.12元,应付工资10,

054,053.03元,应付沙角发电厂检修公司4,999,905.05元,应付省电力集团承包管理费3,873,803.00元,及湛江电力有限公司工程尚未办理竣工结算而造成的应付款87,600,418.53元。

16、资本公积

公司资本公积年初余额为1,801,604,141.40元,年内支付省证券会B股发行监管费960,000.00元,调增1993年3月31日资产评估尾数0.36元,年末余额为1,800,644,141.76元。

17、盈余公积

项目	1996.12.31	1995.12.31	本期增(+)减(-)数
法定盈余公积	166,249,988.08	110,468,662.01	55,781,326.07
任意盈余公积	245,631,541.33	107,408,380.47	138,223,160.86
公益金	58,659,279.58	29,538,462.22	29,120,817.36
合计	470,540,808.99	247,415,504.70	223,125,304.29

年内盈余公积增减变动原因:

(1)根据公司董事会决议通过的1996年度利润分配方案提取法定盈余公积金55,781,326.07元及任意盈余公积金139,453,315.18元及公益金27,890,663.04元。

(2)结转职工宿舍241,180.98元(公益金转到任意盈余公积金)。

(3)结转用公益金购买的职工宿舍进行房改的部分1,471,335.30元(任意盈余公积转列公益金)。

18、未分配利润

年初未分配利润	7,202,615.35
本年增加数	557,813,260.72
本年减少数	388,215,304.29
其中:提取法定公积金	55,781,326.07
提取法定公益金	27,890,663.04
提取任意盈余公积金	139,453,315.18
分配股利	165,090,000.00
年末数*	176,800,571.78

*包括1997年3月27日董事会决议提请股东大会批准的年度利润分配方案中的股票股利165,090,000.00元。

19、财务费用

项目	1996年度
利息支出(减利息收入)	(15,375,596.14)
汇兑损失(减汇兑收益)	219,769.41
其他	33,098.76
合计	(15,122,727.97)

20、投资收益

项目	1996年度	1995年度
股票投资收益	543,050.00	418,000
债券投资收益	203,286.00	5,730,740
其他投资收益*	30,004,372.98	25,763,598
合计	30,750,708.98	31,912,338

*:其他投资收益依据为联营投资协议,合同及被投资企业董事会利润分配决议。

21、营业外支出

公司于1996年度发生营业外支出共计2,535,472.57元;其中湛江电力有限公司捐赠与赞助支出1,015,684.00元及各种罚款支出894,787.55元等。

22、所得税

	金额
湛江电力有限公司	126,502,611.51
广州粤电房地产开发有限公司	268,585.24
合计	126,771,196.75

八、其它事项

经本公司董事会研究决定,1996年度利润分配与分红派息预案为:(1)净利润分配方案为:公积金按35%提取,金额为19,523.46万元,其中法定公积金10%,金额为5,578.13元,盈余公积金(含免税转入部分)25%,金额为13,945.33万元;公益金按5%提取,金额为2,789.07万元;分红基金按60%提取,金额为33,468.79万元。(2)分红派息方案为:A股每10股送2股派2元人民币(含税),B股每10股送2股派2元人民币。B股现金股息的外币折算价按深交所有关规定执行。

董事会的预分配方案仍须股东大会审议通过,并报有关部门批准后执行,具体实施时间、办法另行公告。

广东电力发展股份有限公司董事会

1997年4月11日

广东电力发展股份有限公司合并财务状况变动表

1996年度

单位:人民币元

流动资金来源和运用	合并数	母公司
一、流动资金来源:		
1、本年净利润	557,813,261	557,813,261
加:不减少流动资金的费用和损失:		
(1)少数股东损益	124,374,550	
(2)固定资产折旧	222,412,670	90,198,244
(3)无形资产、递延资产及其他资产摊销	18,954,318	12,776,625
(4)清理固定资产损失(减收益)	1,205,517	1,205,517
小计	924,760,315	661,993,647
2、其他来源:		
(1)增加长期负债	344,111	-20,794
(2)收回长期投资	15,430,748	98,485,232
(3)资本净增加额	222,165,305	222,165,305
(4)少数股东资本净增加额	518,121,683	
(5)固定资产清理收入	213,924	213,924
小计	756,275,771	320,843,667
流动资金来源合计	1,681,036,087	982,837,313

流动资金来源和运用	合并数	母公司
二、流动资金运用:		
1、利润分配		
(1)提取法定公积金	55,781,326	55,781,326
(2)提取法定公益金	27,890,663	27,890,663
(3)提取任意公积金	139,453,315	139,453,315
(4)已分配普通股股利	165,090,000	165,090,000
小计	388,215,304	388,215,304
2、少数股东利润分配	112,718,366	
3、其他运用		
(1)固定资产和在建工程净增加额	801,873,120	2,896,112
(2)增加无形资产、递延资产及其他资产	11,103,646	
(3)增加长期投资	-347,031,967	289,711,949
小计	465,944,799	292,608,061
流动资金运用合计	966,878,469	680,823,365
流动资金增加净额	714,157,617	302,013,948
流动资金各项目的变动		
一、流动资产本年增加额:		
1、货币资金	443,903,962	137,836,451
2、短期投资	61,450,000	60,950,000
3、应收帐款净额	168,865,649	-25,972,765
4、预付帐款	8,110,884	--
5、其他应收款	149,295,877	19,812,420
6、待摊费用	--	--
7、存货	32,611,410	--
8、一年内到期的长期债券投资	-1,500,000	-1,500,000
流动资产增加净额	862,737,783	191,126,106
二、流动负债本年增加额		
1、短期借款	30,000,000	-10,000,000
2、应付帐款	16,420,948	12,812,156
3、应付福利费	-137,077	-184,783
4、未付股利	-92,608,500	-92,608,500
5、未交税金	93,418,752	-14,906,328
6、其他未交款	1,224,556	-68,376
7、其他应付款	99,365,943	-5,932,011
8、一年内到期的长期负债	--	--
9、预提费用	895,544	
流动负债增加净额	148,580,166	-110,887,842
流动资金增加净额	714,157,617	302,013,948

广东电力发展股份有限公司合并利润及利润分配表

1996年度

单位:人民币元

项目	注释	1996.12.31		1995.12.31	
		合并数	母公司	合并数	母公司
一、主营业务收入		2,123,278,926	1,166,089,916	1,511,375,334	1,147,901,200
减:营业成本		1,245,829,765	706,052,376	934,696,887	735,829,341
管理费用		87,218,149	64,052,713	79,815,623	58,728,629
财务费用	19	-15,122,728	-14,743,645	-7,255,979	-9,200,624
营业税金及附加		21,550,305	10,357,134	15,332,436	11,889,389
二、主营业务利润		783,803,436	400,371,337	488,513,367	350,654,465
加:其他业务利润		306,756	306,756	-	-
三、营业利润		784,110,192	400,678,093	488,513,367	350,654,465
加:投资收益	20	30,750,709	161,123,879	31,912,338	79,611,731
营业外收入		-	-	543,318	543,318
减:营业外支出	21	2,535,473	622,291	442,228	211,128
加:以前年度损益调整		-3,366,420	-3,366,420	-2,582,565	-2,582,565
四、利润总额		808,959,008	557,813,261	517,944,230	428,015,821
减:所得税	22	126,771,197	-	102,685,032	56,988,373
减:少数股东损益		124,374,550	-	44,231,750	-
五、净利润		557,813,261	557,813,261	371,027,448	371,027,448
加:年初未分配利润		7,202,615	7,202,615	5,181,902	5,181,902
六、可分配利润		565,015,876	565,015,876	376,209,350	376,209,350
减:提取法定公积金		55,781,326	55,781,326	37,102,745	37,102,745
提取法定公益金		27,890,663	27,890,663	18,551,372	18,551,372
七、可供股东分配的利润		481,343,887	481,343,887	320,555,233	320,555,233
减:提取任意公积金		139,453,315	139,453,315	55,654,117	55,654,117
已分配普通股股利		165,090,000	165,090,000	257,698,500	257,698,500
八、未分配利润		176,800,572	176,800,572	7,202,616	7,202,616

广东电力发展股份有限公司合并资产负债表

1996年12月31日

单位:人民币元

资产	注释	1996.12.31		1995.12.31	
		合并数	母公司	合并数	母公司
流动资产:					
货币资金	1	776,565,164	328,230,818	332,661,202	190,394,367
短期投资	2	158,450,000	157,950,000	97,000,000	97,000,000
应收帐款	3	295,932,316	49,141,858	127,144,819	75,192,776
减坏帐准备	4	147,426	147,426	225,578	225,578
应收帐款净额		295,784,890	48,994,432	126,919,241	74,967,198
预付帐款	5	15,473,882		7,362,998	–
其他应收款	6	538,332,098	186,674,045	389,036,221	166,861,624
存货	7	76,689,072	–	44,077,662	
一年内到期的长期债券投资		–	–	1,500,000	1,500,000
流动资产合计		1,861,295,107	721,849,295	998,557,324	530,723,189
长期投资:					
长期投资	8	54,041,261	1,833,310,085	416,503,976	1,642,083,368
固定资产:					
固定资产原价		3,583,758,865	1,475,138,409	3,496,997,404	1,475,534,447
减累计折旧	9	819,758,045	650,388,158	597,397,269	560,241,808
固定资产净值		2,764,000,820	824,750,251	2,899,600,135	915,292,639
固定资产清理		–	–	71,368	71,368
在建工程	10	715,252,193	2,128,797	1,557,487	253,600
固定资产合计		3,479,253,014	826,879,048	2,901,228,990	915,617,607
无形资产及递延资产:					
无形资产		239,660,709	232,360,405	245,050,654	245,050,655
递延资产	11	29,072,025	86,376	31,532,752	172,752
无形资产及递延资产合计		268,732,734	232,446,781	276,583,406	245,223,407
资产总计		5,663,322,115	3,614,485,210	4,592,873,696	3,333,647,571
负债及股东权益					
流动负债:					
短期借款	12	100,000,000	30,000,000	70,000,000	40,000,000
应付帐款		110,669,590	99,355,811	94,248,642	86,543,655
其他应付款	15	163,965,800	55,956,581	64,599,858	61,888,593
应付福利费		1,895,910	497,688	2,032,986	682,470
未付股利		165,090,000	165,090,000	257,698,500	257,698,500
未交税金	13	180,953,953	-9,502,609	87,535,201	5,403,719
其他未交款		1,994,919	-330,927	770,363	-262,551
预提费用	14	895,544	–	–	
流动负债合计		725,465,716	341,066,544	576,885,550	451,954,386
长期负债					
其他长期负债		642,486	-16,857	315,361	20,923
长期负债合计		642,486	-16,857	315,361	20,923
负债合计		726,108,202	341,049,688	577,200,911	451,975,309
少数股东权益:		1,663,778,391	–	1,134,000,523	–
股东权益:					
股本		825,450,000	825,450,000	825,450,000	825,450,000
资本公积	16	1,800,644,142	1,800,644,142	1,801,604,141	1,801,604,141
盈余公积	17	470,540,809	470,540,809	247,415,505	247,415,505
其中:公益金		58,659,280	58,659,280	29,538,462	29,538,462
未分配利润	18	176,800,572	176,800,572	7,202,616	7,202,616
股东权益合计		3,273,435,523	3,273,435,523	2,881,672,262	2,881,672,262
负债及股东权益总计		5,663,322,115	3,614,485,210	4,592,873,696	3,333,647,571

广东电力发展股份有限公司 1997 年中期报告

一、财务报告

(一)财务报表

广东电力发展股份有限公司("本公司")董事会谨将截至 1997 年 6 月 30 日止本集团及本公司按中国会计准则编制的财务报告摘要如下:

1、简化的资产负债表(未经注册会计师审计)

单位:人民币元

项目	1997 年 6 月 30 日 本集团	1997 年 6 月 30 日 本公司	1996 年 12 月 31 日 本集团	1996 年 12 月 31 日 本公司
流动资产	2,262,008,774	867,249,066	1,861,295,107	721,849,295
长期投资	55,958,718	1,882,467,078	54,041,261	1,833,310,085
固定资产净值	3,159,445,365	779,682,849	2,764,000,820	824,750,251
在建工程	211,322,204	18,037,977	715,252,193	2,128,797
无形资产及递延资产	261,438,380	226,058,469	268,732,734	232,446,781
其他长期资产	–	–	–	–
资产总计	5,950,173,442	3,773,495,439	5,663,322,115	3,614,485,210
流动负债	718,175,975	235,310,602	725,465,716	341,066,544
长期负债	583,566	–81,192	642,486	–16,857
少数股东权益	1,693,147,872	–	1,663,778,391	–
股东权益:				
股本	990,540,000	990,540,000	825,450,000	825,450,000
资本公积金	1,800,644,142	1,800,644,142	1,800,644,142	1,800,644,142
盈余公积金	470,540,809	470,540,809	470,540,809	470,540,809
其中:公益金	58,659,280	58,659,280	58,659,280	58,659,280
未分配利润	276,541,078	276,541,078	176,800,572	176,800,572
股东权益合计	3,538,266,029	3,538,266,029	3,273,435,523	3,273,435,522

2、简化的损益表(未经注册会计师审计)

项目	1997 年 1—6 月 本集团	1997 年 1—6 月 本公司	1996 年 1—6 月 本集团	1996 年 1—6 月 本公司
主营业务收入	1,049,018,820	470,910,931	1,069,546,315	610,903,400
主营业务利润	419,191,977	169,360,944	404,577,073	220,947,713
其它业务利润				
投资收益	9,980,438	95,560,126	8,041,611	72,282,638
营业外收支净额	–343,563	–90,563	–361,745	–92,645
利润总额	428,828,851	264,830,506	412,256,939	293,137,706
所得税	82,374,784	–	60,504,978	–
少数股东权益	81,623,561	–	58,614,255	–
净利润	264,830,506	264,830,506	293,137,706	293,137,706

注:截至 1997 年 6 月 30 日止,为符合国际会计准则所作调整,对净利润的影响如下:

	1997 年 1–6 月	1996 年 1–6 月
按中国会计准则所报数额	264,830,506	293,137,706
按国际会计准则作出调整项目		
–土地使用权	2,968,608	2,968,608
–其它	– – –	–3,749
按国际会计准则重报	267,799,114	296,102,565

3、有关财务指标

	1997 年 1–6 月	1996 年 1–6 月
每股收益(元)	0.267	0.355
净资产收益率(%)	7.485	9.240
每股净资产(元)	3.572	3.845

注:每股收益下降 24.79%,主要是受 96 年度第 10 股送 2 股分红方案摊薄因素的影响。

(二)财务报表附注

1、本报告期财务报告所采用的会计政策与会计方法和 1996 年度财务报告所采用的会计政策与会计方法相互一致。

2、本报告期内财务报告主体未发生合并、分立等变化。

3、合并报表原则:对公司全资附属的企业和拥有 50% 以上权益的控股企业会计报表进行合并。在编制合并报表时,对内部投资、内部往来等按合并报表原则进行抵销。

4、根据省财政厅粤财工〔1996〕50 号文《关于同意免征企业所得税问题的批复》,本公司 1996 年、1997 年两年免征企业所得税,所免征税款转入盈余公积金。于本年度结束时,本公司将按此规定提取相应部分的净利润并经公司股东大会确认后转入盈余公积金。

本集团所得税比 96 年同期增加了 36.15%,主要是湛江电力有限公司(湛江电力,下同)利润额较 96 年同期有所增长,广东粤嘉电力有限公司(粤嘉电力,下同)今年 3 月份投产,增加了新的利润来源,两公司所得税增加额分别为 1733 万元和 450 万元。

5、在建工程 221,322,204 元,比 96 年年末减少了 503,929,989 元,是本公司控股 51% 的粤嘉电力所属梅县 B 电厂的第一台机组基建完工移交生产形成的资产额。

6、未分配利润 276,541,078 元,是本报告期净利润和上年结余数之和。

7、投资收益 9,980,438 元,是本公司与中山市电力开发公司、博罗电力开发公司、三水恒益投资有限公司等企业进行联营合作产生的收益。

8、关联交易

公司名称	地址	企业性质	法定代表人	注册资金	主营业务	持有本公司权益(%)
广东省电力集团公司	广州市东风东路 757 号	国有独资	吴希荣	671,480 万元	电力	51.79

根据本公司与广东省电力集团公司签订的购电合同,公司全资附属的沙角 A 电厂(一期,下同)的上网电量将按广东省物价局批准的上网电价全部销售给广东省电力集团公司;根据本公司的控股子公司湛江电力及粤嘉电力与广东省电力集团公司签订的购电合同,该两公司全资附属的湛江电厂(一期,下同)和梅县 B 电厂的上网电量将按广东省物价局批准的上网电价全部销售给广东省电力集团公司。

根据本公司及本公司控股子公司湛江电力和粤嘉电力与广东省电力集团公司签订的经营管理合同,沙角 A 电厂、湛江电厂和梅县 B 电厂的生产经营管理、燃料、原材料采购均已承包给广东电力集团公司管理,广东省电力集团公司则按每年度所完成的上网电量收取管理费。

二、经营情况的回顾和展望

(一)上半年经营情况回顾

上半年,本集团实现主营业务收入 104,902 万元,利润总额 42,883 万元,扣除少数投东权益后,本公司实现净利润 26,483 万元,与去年同期下降 9.66%。

上半年由于广东省电力供求状况进一步缓和,加上广东省今年雨水多,水电厂多发电,特别是小水电多发等因素影响,本集团完成发电量 26.8 亿千瓦时,较去年同期减少 2.7 亿千瓦时,下降 9.1%。其中,本公司全资附属的沙角 A 电厂完成发电量 14.4 亿千瓦时,较去年同期减少 5.2 亿千瓦时,下降了 26.5%;但本公司控股 51% 的湛江电力全资附属湛江电厂较支年同期增长 1.1 亿千瓦时,增长 11.1%,本公司控股 51% 的粤嘉电力全资附属的梅县 B 电厂第一台机组 3 月份投产以来,完成发电量 1.4 亿千瓦时。

在电力基建方面,本公司已按计划完成投资 1,841 万元,其中投向粤嘉电力 1,400 万元,投向湛江电力 441 万元。

(二)下半年展望

1、电力生产:切实加强发电厂的生产经营管理,控制电力生产成本和费用的增长;加强新电厂的人员培训,使新电厂的生产管理工作尽快走上正轨,使电厂早日达到设计的预期目标,以提高经济效益。同时努力争取各方面的支持,努力完成全年的发电计划。

2、电力基建:完成对粤嘉电力附属梅县B电厂第二台机组的投资,加强该机组的安装调试工作,争取该机组在第四季度并网发电;积极配合有关部门工作,争取茂名电力供水公司项目按期于今年10月份投产。

3、电力技改:确保沙角A电厂的安全生产,提高其生产效率,做好电厂发电设备的技术改造和♯3机大修工作。

4、继续做好增发B股的准备工作,争取B股在下半年适当时候发行上市。

5、积极做好投资湛江电厂(二期)项目的准备工作,目前该项目正在报国家有关部门审批中,努力争取获得国家批准。如该项目在下半年获得批准,落实好投资资金,该项目可按计划在1999年第一台300兆瓦机组投产,我公司占该项目的投资比例为51%。

三、重大事件的说明

(一)本公司控股51%的粤嘉电力附属的梅县B电厂第一台机组于1997年3月6日正式投入商业运行。

(二)本公司控股51%的粤嘉电力作为中外合作企业,现正申请享受企业所得税税率按15%确定的优惠政策,该申请经广州市、广东省国税局审核已按审批程序呈报至国家税务总局,在获得国家税务总局最后批复前,仍按33%税率计提企业所得税,一旦获得批复,即按批复所确定的税率执行。

(三)本公司控股51%的湛江电力与广东省电力集团公司已签订了97年度的经营管理合同和购电合同。

(四)经广东省物价局批准,1997年沙角A电厂上网电价为357.30元/兆瓦时;湛江发电厂上网电价为505.03元/兆瓦时;梅县B电厂上网电价为494.62元/兆瓦时。

(五)对照5月21日公布的《严禁国有企业和上市公司炒作股票的规定》,本公司进行了认真的自查,自1994年10月27日后,本公司及子公司就没有在证券市场进行过股票投资活动。在以往的股票投资活动中,未有违反国家有关政策法规的行为。

(六)本公司董事会决定中期不派息。

(七)本报告期内公司无重大诉讼、仲裁事项。

四、发行在外股票的变动和股权结构的变化

(一)本报告期内由于本公司实施了1996年度每10股送2股派2元人民币(含税)的分红派息方案,所以公司股本结构也相应地发生了变化。

(二)股权结构变化情况(截至1997年6月30日止)

单位:股　面值:每股1元

股份类别	年初数	送红股增加	期末数
未流通股份			
1、发起人股份			
其中:国家股	427,500,000	85,500,000	513,000,000
国家法人股	70,312,500	14,062,500	84,375,000
2、募集法人股	15,837,500	3,167,500	19,005,000
未流通股份合计	513,650,000	102,730,000	616,380,000
已流通股份			
1、A股	98,550,000	19,710,000	118,260,000
2、B股	213,250,000	42,650,000	255,900,000
已流通股份合计	311,800,000	62,360,000	374,160,000
股份总数	825,450,000	165,090,000	990,540,000

(三)主要股东持股情况(截至1997年6月30日止)

股东名称	持股数(股)	占总股本比例(%)
广东省电力集团公司	513,000,000	51.79
中国建设银行广东省信托投资公司	33,750,000	3.41
T. ROWE PRICE NEW ASIA FUND	18,615,600	1.88
广东省电力开发公司	16,875,000	1.70
广东国际信托投资公司	16,875,000	1.70
广东发展银行	16,875,000	1.70
NORMURA INTERNATIONAL(HK)LTD.	7,162,560	0.72
PACIFIC RIM ASSETS LIMITED	7,089,852	0.72
CITICORP TRUSTEE COMPANY LTD-GATMORE PACIFIC STRA	5,280,000	0.53
HONG KONG SAR GOVERNMENT LAND FUND(A/C-B)	4,467,684	0.45

五、股东大会简介

本公司于1997年5月16日上午在广东省电力工业局培训楼招待所二楼会议厅召开了1996年度股东大会。出席会议的股东(或股东代表)共31人,所持有及代表持有的股份502,783,835股,占总股本825,450,000股的60.91%。大会审议和表决通过了公司董事会向大会提交的议案如下:

(一)审议并通过了公司1996年度董事会工作报告;

(二)审议并通过了公司1996年度监事会工作报告;

(三)审议并通过了公司1996年度总经理业务报告;

(四)审议并通过了公司1996年度财务决算报告;

(五)审议并通过了公司1996年度净利润分配方案为:(1)公积金按35%提取,金额为19,523.46万元,其中法定公积金10%,金额为5,578.13万元,盈余公积金(含免税转入部分)25%,金额为13,945.33万元;公益金按5%提取,金额为2,789.07万元;(3)分红基金按60%提取,金额为33,468.79万元。分红派息方案为:A股每10股送2股派2元人民币(含税),B股每10股送2股派2元人民币。B股现金股息的外币折算价按深交所有关规定执行。

(六)同意股东广东省电力集团公司的提案,批准公司申请增发1亿股B股,所筹得资金主要用于投资湛江电厂(二期)2X300兆瓦燃煤机组项目,有关增发B股的发行方式、发行后公司《章程》修改等具体事宜授权公司按照有关法律、法规负责处理并组织实施,但上述增发B股的申请,必须报请证券主管机构批准后方可实施。

六、备查文件

(一)载有董事长、总经理亲笔签名的中期报告原本;

(二)本公司1997年上半年财务报表原件;

(三)备查文件存放在公司资金证券部。

咨询电话:(020)87767888转22108、22113

传真:(020)87667321

广东电力发展股份有限公司

一九九七年八月二十二日

海南南洋船务实业股份有限公司

海南南洋船务实业股份有限公司1996年年度报告摘要

一、公司简介

1.公司名称:海南南洋船务实业股份有限公司

英文名称:HAINAN NANYANG SHIPPING INDUSTRIAL CO,LTD

2.公司注册地址:海口市滨海大道288号东方洋大厦7、8楼

邮政编码:570105

3.公司法定代表人:厉建中

4.公司咨询服务机构联系电话:8666999转证券部

传　　真:8668444

5.公司股票名称:琼南洋A

6.公司股票代码:0556

二、主要财务数据与财务指标

指标项目	本年数	上年数	比上年增减(±%)
1.主营业务和收入(万元)	10,454.27	13,264.66	(-)21.19
2.净利润(万元)	(-)2,755.62	2,182.66	—
3.总资产(万元)	54,053.49	49,346.60	9.54
4.股东权益(万元)	29,457.74	29,209.69	0.85
5.每股收益(元)	(-)0.17	0.16	—
6.每股净资产(元)	1.78	2.13	(-)16.43
7.净资产收益率(%)	(-)9.35	7.47	—
8.股东权益比率(%)	54.50	59.19	(-)7.92

三、公司业务回顾

(一)一年来经营管理情况

1996年我国经济的大环境仍然是银根紧缩,社会需求增长缓慢,经济增幅回落,各行各业竞争日趋激烈的格局。尤其是国内外航运市场供过于求的现状没有发生根本性改变,单位运价一降再降,但营运成本却有增无减,造成经济效益严重下滑。1996年公司完成营业收入10,454万元,比1995年下降了21.19%,全年亏损2,756万元。

1996年经营管理上重点抓了以下几项工作:

1.对航运业进行机构改革,强化管理,借鉴国际上一些船务公司的成功经验,实行人、船、货分开管理,明确职责,分工合作,强化了船舶管理和揽货的力度,改变了过去眉毛胡子一把抓的混乱局面,有效地改善了经营状况,使船舶的营运率和载重率得到了大大提高,船舶营运收入从上半年每月平均379万元提高到下半年每月平均526万元,增长了37.28%。

2.清理不良资产,调整运力结构。为了优化船队结构,节约航运成本和船舶修理费用,根据航运市场的发展状况,及时地处理了"海鹰"、"福翔"、"南海103"、"南海104"等4艘老旧船,使资金结构和运力结构得到了进一步优化,增强了竞争能力。同时,针对我国成品油运输能力供过于求、化工品运输市场前景较好的市场变化情况,及时地将经营的重点从小油轮转向化工品船。经过1996年的调整和过渡,下半年收入大幅度增长取得显著成效。

3.加强成本管理,努力减亏增盈。根据公司的行业特点,认真核定总体目标,然后将目标责任分解到每一艘船、每一个人,严格实行单船、单航次成本核算,并推行工资与效益挂勾的分配制度,让人人心中都有一个明确的目标和一本成本帐,让人人都有一种责任感,让人人都能够竭力开源严格节流。实行目标管理后,有效地控制了成本支出,初步达到了减亏增盈的目的。同时,充分调动员工的积极性,使工作效率得到很大的提高。

4.清理债权债务,为今后发展创造一个宽松的经营环境。由于经济由热转冷,出现了许多难以预测的意外情况,造成企业三角债不断增多,严重影响了正常经营的开展。对此,公司一方面组织强有力的队伍,对外单位拖欠我公司的运费、货款等进行清理和追收,由于态度坚决,力度加强,在一年中已追回了1000多万元的往年欠款;另一方面也对有关债务进行了清理认定,并通过清理三角债相互抵扣等办法进行解决。经过多渠道、多途径地进行债权债务的清理和解决,理顺了各方面的关系,为公司的健康发展创造了一个良好的经营环境。

5.加快建立安全管理体系,为今后的发展奠定扎实的基础。《国际船舶安全营运和防止污染管理规则》(简称ISM规则)是船舶航行的"通行证",是船务公司的"生命线"。因此,公司必须根据ISM规则建立自己的安全管理体系(简称SMS),否则将被淘汰。为了加快建立SMS的步伐,使公司的管理规范化、程序化,公司成立了"SMS"办公室,组建了专门的工作班子,并组织航运体系全体员工认真学习ISM规则,有计划、有步骤地开展建立SMS的工作。同时,得到了上级主管机关的关心和支持,使建立SMS的工作效率得到大大提高,争取1997年下半年获得国家有关部门验收认证。

6.强化规范管理工作,促进公司走上健康发展轨道,根据国家关于股份制公司规范化管理的有关精神和《公司法》的有关规定,公司制定了"三会"工作条例、总裁工作条例、信息披露制度等一系列规范文件,并组织公司全体员工进行了认真的学习,在工作中严格执行规范化制度,使公司规范化运作得到了进一步提高,第一批通过了省证管办的验收。

(二)实际经营结果与盈利预测产生重大差异的说明

1996年公司亏损2756万元,与原预测实现2680万元利润出现较大偏差。主要原因是:

1.受国内宏观经济调控影响,航运市场出现了严重滑坡。但自1992年起,我国成品油轮运力增长极为迅速,在5年里运力增长近一倍,而货运量的增长远远比不上运力的增长幅度。因此,竞争极激烈,各船东竞相调低运价,争取货源,因而造成航运企业经济效益下降,亏损面和亏损额增加。公司经营的成品油轮也在所难免地受此影响,1996年运输总量虽然比1995年增长,但随着单位运价一降再降,千吨公里平均运价从1995年的77.27元下调到1996年的53.66元,造成全年减少收入2177万元,使经济效益大幅度下滑。

2.为了优化资产结构和船队结构,提高资产的良好率,及时处理了"海鹰"、"福翔"、"南海103"、"南海104"等4艘老旧船,造成固定资产清理及相关费用损失达865.35万元。同时,也减少了一部分运力,收入也相应减少。

3.由于受不平等竞争的影响,造成公司经营成品油难度加大,销售量急剧下降,收入锐减。同时,随着省内新建油库的大批投产,造成油库库容相对过剩,油库使用率下降,租库业务减少,收入降低。

4.房地产业长期低迷不振,使原计划在1996年实施的项目未能如期实施,从而也未能完成原计划利润的指标。相反,由于过去的投入未能及时收回,造成财务费用、管理费用的增支。

5.由于房地产热的降温,建材市场严重萎缩,使在1996年试产、投产的铝制品厂严重亏损。公司为了避免造成更大损失,及时关停了铝制品厂。工业项目这一新增亏损因素是当时没有预测到的。

6.由于市场需求发生变化,公司为了盘活资金减少更大的亏损,削价

处理了积压滞销的商品,造成269.7万元的亏损,使原预测利润指标得不到实现。

(三)1997年力争有新的突破

扭亏措施方案

A.以经济效益为中心,不断强化管理,坚决扭亏为盈。

1997年的首要任务就是要坚决扭转公司经济效益不断下滑的态势,推动公司走出困境,实现资产总值与效益同步增长。为此,我们确定了今年的奋斗目标为:实现总收入26,150万元,比上年增长15.14%;严格控制成本,实现利润2,097万元。其中,航运业营业收入10,236万元,力争达到8%的利润率,实现利润852万元;石化营业收入15,000万元,实现利润1,032万元;房地产营业收入750万元,实现利润346万元;其他项目实现利润(-)133万元。

为实现上述目标,我们必须不断加强管理,努力提高经营水平,竭力开源,严格节流。

1、坚决推行目标管理责任制。根据公司的资产情况和经济大环境的现状,实事求是地测算出每个部门的经营目标,然后层层分解到每一个人,使大家心中都有一个明确的奋斗目标和一本成本帐,使大家都有强烈的责任感和紧迫感,努力把工作做好。

2.实行工效挂勾制度,调动员工的工作积极性。在制订明确的目标责任制的基础上,把每个员工的工资与公司效益及自己完成任务的情况挂起勾来,从而真正打破"铁饭碗",使人人真正关心生产,真正关心效益,真正下功夫干工作。

3.航运业要继续加强船舶单船单航次的成本核算工作,强化管理力度,把成本与效益关系摆正摆好,保障船舶技术状况良好,保证船舶安全营运,提高营运率,降低生产成本,并在巩固现有揽货渠道的基础上,开拓新的市场,直接与大宗货主挂勾,减少中间环节,提高运价。今年要努力争取化工部的支持,扩大直接承运国内化工品运输的份额,确保航运业高产、低耗,以获得更高的收益。

4.进一步提高石化经营管理水平,建立新的油料购销渠道,减少中间环节,控制成本开支,不断扩大市场占有率,提高经济效益。

5.因势利导,启动部分房地产项目,我省将东方八所地区作为大型工业项目基地,并随海南大化肥项目的建成投产,八所地区掀起了一股新的经济热潮。我们要把握机遇,把八所地区的土地努力盘活,力争收回部分资金。

B.大力盘活资产,增强企业活力。

不良资产高筑是压在我公司头上的一座大山,是当前存在的主要矛盾,也是亟待解决的主要问题。因而,1997年的一项重要工作就是要大力盘活现有资产,增强企业活力,果断地处理掉一些不良资产,收回部分资金,减轻企业负担。

1.航运业由于船队结构不合理,许多船不适应市场需求,严重影响了创利能力。如南洋2号、南洋5号、南洋18号和定安轮从购进之日起就一直亏损,如今这些船舶船龄超高、残旧破损、损耗大、营运率低、各项成本急剧增加,必须及时处理,以免造成更大损失。

2.我省油库过剩,加上面临着严重的不平等竞争,油库的利用率过低,造成费用高、成本大、投资收益差。因此,应趁着八所现在投资较热的有利时机,果断地将八所油库转让出去,以减少成本费用。

3.铝厂是盘活资产的重中之重,但是通过合作和租赁方式继续生产铝制品,看来极不现实,也难以创造良好效益。因而,必须尽快推销现有设备,收回部分资金,然后转产其他有把握的产品。现拟议的方案有二种:其一是通过与中国烟草总公司合作,收购文昌铝箔纸厂,然后利用铝厂现有厂房扩大生产。其二是参股海南远洋渔业股份有限公司,并与该公司合作,利用该公司现已委托中国肿瘤协会研究的专利,生产防癌、抗癌的鲨鱼系列药品和保健品。

4.房地产业要把握好时机,趁热打铁,将八所的一些土地搞好三通一平,并划块作为宅基地出售,力争取得较好的回报。

C.继续坚定不移地实施"大海运"计划。

发展以化工品航运为主的"大海运"计划,在外部因素上具有市场广阔、潜力大的有利条件,在内部因素上,我司的化工品船队已初具规模,管理逐步规范,揽货网络逐渐形成,为我们走专业化、规模化经营打下坚实的基础。同时,通过近期的摸索,已经初步尝到了发展化工品船对增强公司实力、增加经济收益的种种好处。因此,我们应更加坚定决心,把发展"大海运"计划作为一项长期的、艰巨的任务,通过持久的奋斗,一年一个台阶地往前走,力争在较短的时期里,将我公司建设成为我国乃至亚洲均有影响的化工品运输公司。为此,我们要大力拓展融资渠道,把握机遇,每年购买或新造二至四艘6000吨级以上的散装化工品船,不断提高公司的营运能力和继续优化船队结构,降低船龄,扩大船队规模,增强市场竞争能力。

D.力争在资产经营方面有大的作为。

随着社会主义市场经济的不断发展,市场运作的形态也将从商品经营向更高层次的资产经营发展,我们要凭借法人股出让转让运作的成功经验,认真研究国家关于"抓大放小"等一系列国有资产改革方面的政策,把握机遇,积极参与国有资产改革,采取参股改造、委托运营等多种方式,以较低的价格对一些企业进行兼并、收购、控股,并通过改造提高,促进其健康发展。同时,在资产经营中尽快盘活我公司的现有资产,优化资产结构,以实现规模与效益同步增长,本着"发展第一、效益第一、股东第一"的精神,把我公司建设成为一个有影响力的跨国的集团公司。

(四)前次募集资金使用情况说明

1996年1月16日公司经中国证监会证监配审字(1996)6号文复审批准,以招银证券公司为主承销商向社会公众配售1995年度新股,每股配售价格为2.45元,共募集资产约3000万元人民币(已扣除发行费用)。主要用于对外投资合作购进化工品油轮。

四、股本变化及股本结构情况

(一)股本结构

1996年度公司股份变动情况表

股份单位:股　　截至1996年12月31日　　每股面值:1元

股本结构	期初数		本年变动增减(+、-)				期末数	
	股份数	占总股本比例(%)	配股	送股	其他	小计	股份数	占总股比例(%)
一、尚未流通股份								
1.发起人股份								
其中:								
国家持有股份	4,473,402	3.26		447,340		447,340	4,920,742	2,97
境内法人持有股份	45,052,881	32.84		544,500	39,607,881	39,063,381	5,989,500	3,61
2.募集法人股	30,046.500	21.91		6,965,438	39,607,881	46,573,319	76,619,819	46.21
3.内部职工股	71,625	0.05	14,633	8,627		23,260	94,885	0.06
4.法人转配股			1,009,656	100,965		1,110,621	1,110,621	0.67
尚未流通股份合计	79,644,408	58.06	1,024,289	8,066.870		9,091,159	88,735,567	53.52
二、已流通股份								
1.境内上市的人民币普通股	57,528,375	41.94	12,541,187	7,006.957		19,548,144	77,076,519	46.48
已流通股份合计	57,528,375	41.94	12,541,187	7,006,957		19,548,144	77,076,519	46.48
三、股份总数	137,172,783	100	13,565,476	15,073,827		28,639,303	165,812,086	100

(二)股本变动情况及原因

1.1996年1月16日经中国证监会证监配审字(1996)6号文复审批准配售1995年度新股,共配售新股13,565,476元,配售新股后总股本增至150,738,259元。

2.经有关部门批准,海南成功投资有限公司于1996年4月22日受让了海南省海运总公司所持有的39,607,881股法人股,成为第一大股东。

3.根据1996年5月28日第六次股东大会通过的1995年度利润分配及分红派息方案(每10股送1股红股、另派发现金0.20元),共送红股15,073,827股,送红股后总股本增至165,812,086元。

(三)主要股东持股情况(前14名股东情况)

本公司前14名股东持股情况情况如下:(截止时间1997年3月31日)

序号	股东名称	持股数(股)	占总股本的比例(%)
1	海南成功投资有限公司	44,276,519	26.70
2	海南省财政税务厅	4,920,742	2.97
3	中国银行海口信托咨询公司	2,178,000	1.31
4	海南宝岛企业公司	1,633,500	0.96
5	海南华荣文化实业有限公司	1,089,000	0.66
6	中国人民保险公司海南分公司	1,089,000	0.66
7	海南华信置业股份有限公司	1,089,000	0.66
8	海南财利装饰工程有限公司	1,089,000	0.66
9	关东集团海南东方船务有限公司	1,089,000	0.66
10	海口海上世界有限公司	1,089,000	0.66
11	中国建设银行海南省信托投资公司	1,089,000	0.66
12	海南泰山石油化工总公司	1,089,000	0.66
13	海南省富华房地产开发公司	1,089,000	0.66
14	中国银行海南信托咨询公司	1,089,000	0.66

(四)董事、监事及高级管理人员持股情况(截止1997年3月31日)

姓名	职务	持股数(单位:股)
何东海	副主席	511
唐开兴	董事	10,048
杨先文	董事	6,029
严正	监事会主席	8,038
丁善迅	监事	4,950

(五)1996年12月31日,公司股东总数为45,096户,总股本为165,812,086股。

五、重要事项

(一)1996年1月16日经中国证监会证监配审字(1996)6号文复审批准配售1995年度新股,共配售新股13,565,476元。

(二)经有关部门批准,海南成功投资有限公司于1996年4月22日受让了海南省海运总公司所持有的39,607,881股法人股,成为第一大股东。

(三)1996年5月28日召开了第六次股东大会,通过法定程序组建了第二届董事局和监事会,第二届董事局由厉建中、陈宜、游晓林、陈涛、陈师、叶方林、彭京、任军、黎政耀、唐开兴、肖玲、何东海、杨先文等13人组成。同时解除了齐放、陈清爱、李桂森、符国统、吴圣运、何南耀、黄锦芳、唐道珍、吴雄彪的董事职务。第二届监事会由严正、邢福豪、丁善迅、陈建萍、韩俊义等5人组成。同时解除了王月金、罗育才的监事职务。

并于同日召开了第二届董事局第一次会议,选举厉建中先生为主席、陈宜先生为常务副主席,何东海先生、游晓林先生为副主席,陈涛先生为执行董事;解除唐开兴先生的总裁职务、陈清爱先生的副总裁职务、王隆广先生的董事局秘书职务、吴圣运先生的财务总监职务;聘任陈涛先生为公司总裁;聘任孙宪国先生为董事局秘书;经总裁提名,聘任徐士华先生为财务总监。

(四)重大诉讼事项。海南省国际信托投资公司诉我公司借款合同纠纷案。我公司与海南省国际信托投资公司于1993年12月2日签订贷款125万美元的合同,海南省国际信托投资公司起诉要求提前还款,海南省海口市中级人民法院于1997年1月21日受理。此案正在审理中。

(五)我公司1996年8月10日,将公司办公地址从海口市滨海大道新港区口岸综合楼迁至海口市滨海大道288号东方洋大厦七、八层。

六、关联企业

关联企业主要情况

序号	名称	主营业务	注册资本	持股比例	注册地点
1	南洋航汕运输公司	海上运输	¥12,000,000	50%	海口市
2	香港南洋国际船务有限公司	国际海运	HKD 10,000	50%	香港
3	香港南洋石油化工有限公司	石油化工	HKD 100,000	50%	香港

七、财务报告

(一)审计意见

公司财务报告经海口会计师事务所吴齐渊、马国华注册会计师审计,并出具无保留意见的审计报告《海所字(1997)第085号》。

(二)财务报表

1.合并资产负债表(附后)

2.合并利润及利润分配表(附后)

3.合并财务状况变动表(附后)

(三)会计政策

1.会计制度:南洋船务本部执行《股份制试点企业会计制度》,下属全资公司执行行业会计制度。

2.会计年度:以公历元月1日起至12月31日止为一个会计年度。

3.记帐本位币:以人民币为记帐本位币。

4.货币兑换:涉及外币收支的经济业务,采用上月末市场外汇牌价的中间价作为记帐汇率折合人民币入帐。每年终了,按年末市场外汇牌价的中间价进行调整,由此产生的差额作为汇兑损益,列作当期财务费用处理。

5.综合基准:合并财务报表包括本部和下属八个全资子公司及独立核算在境外注册、经营运输的福翔轮。

编制合并财务报表时,对上下级拨付、拨入资金、内部往来、内部购销的营业收入与相应的营业成本等予以相互抵销外,其余帐项均逐一合并反映。

6.销售确认:以发出产品(商品)、提供劳务,同时收取价款或索取价款的凭据时,确认销售收入的实现。

7.存货:按取得当时发生的实际成本记帐。存货发出时,采用加权平均法计价记帐。

低值易耗品采取领用时一次摊销法核算。

8.固定资产及其累计折旧:固定资产原值按实际成本记帐。固定资产折旧采用平均年限法。并按固定资产类别的原值、国家规定的使用年限和净残值的比例,制定固定资产分类折旧率具体如下:

固定资产类别	使用年限	扣除净残值	年折旧率
房屋及建筑物	35年	5%	2.71%
运输船舶(旧船按实际耐用年限确定)	24年	5%	3.96%
机器设备	16年	5%	5.94%
电子及通讯设备	8年	5%	11.87%
运输工具	10年	5%	9.50%
其他设备	8年	5%	11.87%

9.坏帐准备:采用备抵法核算。坏帐准备金的提取比例规定:按年末应收帐款余额的5‰计提。提取的坏帐准备金列入当年的管理费用。

10.长期投资:投资于其他企业的资金、设备、有价证券或无形资产等,以实际支付的金额或合同约定的财产价值进行记帐。

投资于其他企业的投资额以占被投资企业资本总额的比例,分别按下列方法核算投资权益:

(1)占股20%(不含20%)以下时,采用成本法核算;

(2)占股20%—50%,采用权益法核算;

(3)占股50%以上,采用合并报表方式核算。

11.无形资产指:专利权、商标权、专有技术、土地使用权、商誉等。凡投资者投入的无形资产,按评估确认的价值或双方合同约定的价值计价;购进的无形资产按实际支付价款计价。

无形资产按直线法计算摊销。有规定使用年限的按照规定的使用年限分期摊销;没有规定使用年限的统一按10年分期摊销。

12.递延资产是指摊销期限在一年以上的下列费用,其摊销年限规定

如下:

递延资产类别	摊销年限
1.职工培训费	2年
2.电话初装费	3年
3.船舶修理费	
中修	4年
小修	2年
4.开办费	5年
5.城市增容费	5年
6.电力增容费	10年

13.税负:全资子公司是企业法人由各公司自行向国家办理有关的纳税事项,非企业法人的企业,由其上级企业人统一办理。

流转税:海上运输收入按3%计纳营业税,其中起运地在境外,免征营业税;房地产经营收入按5%计纳营业税;石化公司、贸易公司、铝业制品公司适用按增值税规定17%税率计纳。其中:铝业制品公司生产的产品在省内销售,免交增值税。

所得税:以企业法人为纳税单位。

印花税、房产税等由各应纳税企业法人按规定向其所管辖的税务机关申报交纳。

(四)1996年12月31日资产负债表科目余额注释:

1.货币资金

项目	金额
现金	247,944.78
银行存款	26,468,446.24
合计	26,716,391.02

2.年初短期投资为证券市场投资款,已于年初变现。

3.应收帐款年末数比上年减少272.30万元,主要是公司对外单位欠款追收力度加大,资金回笼速度加快。

应收帐款按帐龄分析:一年期内的有2,519.98万元,一年至二年期的有518.76万元,二年至三年期的有197.20万元。

无持有本公司5%以上股权单位的款项。

4.预付帐款年末数比上年增加1,688.80万元,主要原因是石化公司购油预付款增加、海运公司预付船舶修理费而未办理工程结算及预付港口费、燃油等费用所造成。

5.其他应收款年末数比上年减少250万元,主要是加强清理外单位欠款力度,盘活企业资金所致。

无持有本公司5%以上股权单位的款项。

6.存货年末数比上年减少703.90万元,主要是处理了原积压的角钢、铝材及石化成品油库存减少所致。

7.固定资产

类别	原值	累计折旧	净值
(1)房屋及建筑物	26,400,322.00	477,727.54	25,922,594.46
(2)船舶	172,817,586.86	39,305,794.00	133,511,792.86
(3)专用设备	26,742,417.41		26,742,417.41
(4)机器设备	13,015,344.14		13,015,344.14
(5)电子及通讯设备	1,615,909.27	423,730.51	1,192,178.76
(6)运输工具	8,519,711.21	1,442,498.97	7,077,212.24
(7)其他设备	1,362,324.10	167,534.28	1,194,789.82
合计	250,473,614.99	41,817,285.30	208,656,329.69

8.在建工程年末数比上年减少728万元,主要是铝材厂工程、海口油库工程基本上已转固定资产交付使用,减少当期在建工程支出;同时又新增购船项目、办公楼购置及装修工程,增加当期在建工程支出。

在建工程中属筹建期间贷款利息资本化金额为6,332,825.57元。

9.无形资产中土地使用权29,672,172.80元是老城南洋工业开发区237亩地及东方八所油库13亩地购地款及土地开发支出,专有技术15万元是铝材厂白金生产专有技术使用权支出。

10.递延资产年末数比上年减少542.50万元,主要是按规定年限摊销各项费用减少当期递延资产;同时由于处理四艘旧船,将未摊销修理费余额结转入固定资产清理,减少当期递延资产。

11.短期借款

借款银行名称	月利率	原币金额	折合人民币金额	抵押或担保
东方县农行	11.52%	RMB2000万	RMB2000万	担保
海南省中行	9.24%	RMB800万	RMB800万	担保
海口市工商行	9.24%	RMB400万	RMB400万	担保
中国光大银行海南支行	7.65%	RMB900万	RMB900万	担保
工商行洋浦分行	9.24%	RMB600万	RMB600万	抵押
合计		RMB4700万	RMB4700万	

12.应付帐款年末数比上年减少492.90万元,主要是偿付了原欠款项,减少当期应付帐款。

13.预收货款年末数为409.50万元,主要为预收运费及货款。

14.其他应付款年末数比上年减少753.10万元,主要是办理海口油库、八所油库、铝材厂工程结算所支付的工程欠款。

15.应付福利费年末数比上年减少58.50万元,主要用于职工福利开支。

16.预提费用年末数比上年增加305.20万元,主要是未达费用预提数增加。

17.长期借款

借款银行名称	年利率	原币金额	折合人民币金额	抵押或担保
(1)海南省中行	优惠利率	USD1,279万元	106,157,000.00元	抵押
(2)海南省中行	优惠利率	JP¥48,000万元	34,477,453.00元	抵押
(3)海南省建行	优惠利率	USD270万元	22,410,000.00元	担保
(4)海南省国际信托投资公司	7.625%	USD125万元	10,375,000.00元	抵押
合计		USD1,674万元 JP¥48,000万元	173,419,453.00元	

18.股本

截至1996年12月31日总股本为165,812,086元。其中:国家股4,920,742元;发起人法人股5,989,500元;定向法人股76,619,819元;内部职工94,885元;社会公众股77,076,519元;法人转配股1,110,612元。

19.资本公积141,811,810.95元,比上年末增加19,669,940.20元,为1996年配售1995年度新股溢价收入部分转入。

20.盈余公积14,509,693.54元。其中:法定盈余公积10,116,709.21元,任意盈余公积427,519.23元,公益金3,965,465.10元。

任意盈余公积比上年减少270.30万元,主要是1996年配售1995年度新股股东享受1995年分红,分红资金从任意盈余公积中列支所致。

公益金比上年减少185.50万元,主要用于职工集资建房补贴开支。

八、其他事项

经公司董事局研究,由于1996年度亏损2,755.60万元,预定不进行分红派息。

备查文件

(一)载有董事局主席、总裁亲笔签名的年度报告原本;

(二)审计报告原本;

(三)其它有关文件。

董事局主席:厉建中

总裁:陈涛

财务总监:徐士华

制表人:吴海燕

海南南洋船务实业股份有限公司董事局

1997年4月30日

合并利润及利润分配表

编制单位:海南南洋船务实业股份有限公司　　单位:元

项目	行次	1996年度		1995年度	
		合并数	母公司数	合并数	母公司数
一、主营业务收入	1	104,542,662.13		132,646,564.49	
减:营业成本	2	97,407,813.92		115,371,128.04	
销售费用	3	2,769,374.48		3,134,766.83	
管理费用	4	11,315,757.91	5,973,411.09	6,456,955.15	1,719,805.56
财务费用	5	11,370,738.28	1,370,808.85	3,056,469.04	(-)1,704,683.88
进货费用	6	1,781,671.38		1,675,194.97	
营业税金及附加	7	548,747.72		1,463,870.59	
二、主营业务利润	8	(-)20,651,441.56	(-)7,344,219.94	1,488,179.87	(-)15,121.68
加:其他业务利润	9	170,203.10		6,793,627.41	
三、营业利润	10	(-)20,481,238.46	(-)7,344.219.94	8,281,807.28	(-)15,121.68
加:投资收益	11	1,089,506.75	(-)20,228,695.15	4,744,288.73	4,744,288.73
补贴收入	12	281,268.37			
营业外收入	13	997,483.17	25,942.86	10,635,228.31	
减:营业外支出	14	9,431,666.37	23,082.72	1,348,068.48	326,106.27
加:以前年度损益	15	(-)1,809,137.93	(-)1,783,729.52	(-)353,045.72	
四、利润总额	16	(-)29,353,784.47	(-)29,353,784.47	21,960,210.12	4,403,060.78
减:所得税	17			133,560.83	30,132.97
减:少数股东损益	18				
五、净利润	19	(-)29,353,784.47	(-)29,353,784.47	21,826,649.29	4,372,927.81
加:年初未分配利润	20	1,797,571.55	1,797,571.55		
盈余公积转入数	21				
六、可分配的利润	22	(-)27,556,212.92	(-)27,556,212.92	21,826,649.29	4,372,927.81
减:提取法定公积金	23			2,182,664.93	2,182,664.93
提取法定公益金	24			2,182,664.93	2,182,664.93
七、可供股东分配的利润	25	(-)27,556,212.92	(-)27,556,212.92	17,461,319.43	7,597.95
减:已分配优先股股利	26				
提取任意公积金	27			1,000,585.77	1,000,585.77
分配普通股股利	28			16,460,733.66	16,460,733.66
八、未分配利润	29	(-)27,556,212.92	(-)27,556,212.92		(-)17,453,721.48

合并资产负债表

编制单位:海南南洋船务实业股份有限公司　　单位:元

资产	行次	合并数		母公司数	
		1996年12月31日	1995年12月31日	1996年12月31日	1995年12月31日
流动资产:					
货币资金	1	26,716,391.02	40,445,302.31	24,379,354.98	26,935,828.62
短期投资	2		530,739.42		530,739..42
应收票据	3				
应收帐款	4	32,359,423.51	35,082,257.62		
减:坏帐准备	5	152,475.27	211,252.28		
应收帐款净额	6	32,206,948.24	34,871,005.34		
预付帐款	7	23,230,304.95	6,342,714.07		
其它应收款	8	22,625,768.67	25,126,427.70	14,521,169.74	7,584,544.08
待摊费用	9	10,109,693.18	10,216,843.45	802,400.20	86,850.27
存货	10	15,088,397.53	22,127,560.95		
其中:在建开发产品	11				
待处理流动资产净损失	12		-100,582.81		
一年内到期的长期债券投资	13				
内部往来	14			358,004,810.41	347,000,378.56
流动资产合计	15	129,977,503.59	139,560,010.43	397,707,735.33	382,138,340.95
长期投资:					
长期投资	16	56,948,168.70	55,706,823.63	5,105,296.35	30,540,317.20
其中:合并价差(货差以"-"号表示)	17				
固定资产:					
固定资产原值	18	250,473,614.99	203,576,190.11	5,539,425.14	4,529,698.50

资产	行次	合并数		母公司数	
		1996年12月31日	1995年12月31日	1996年12月31日	1995年12月31日
减:累计折旧	19	41,817,285.30	33,353,267.17	1,395,314.48	708,472.36
固定资产净值	20	208,656,329.69	170,222,922.94	4,144,110.66	3,821,226.14
在建工程	21	105,089,106.83	112,369,430.78	79,946,513.02	6,876,023.97
固定资产清理	22				
待处理固定资产净损失	23				
固定资产合计	30	313,745,436.52	282,592,353.72	84,090,623.68	10,697,250.11
无形资产及递延资产:					
无形资产	31	29,822,172.80	140,000.00		
递延资产	32	10,041,635.82	15,466,816.23	1,700,241.80	2,287,416.08
无形资产及递延资产合计	33	39,863,808.62	15,606,816.23	1,700,241.80	2,287,416.08
其他长期资产:					
其他长期资产:	34				
递延税项:					
递延税款借项:	35				
资产总计	40	540,534,917.43	493,466,004.01	488,603,897.16	425,663,324.37
负债及股东权益					
流动负债:					
短期借款	41	47,000,000.00	28,817,000.00	14,000,000.00	
应付票据	42				
应付帐款	43	1,908,223.73	6,836,740.67		
预收帐款	44	4,094,892.27	2,615,428.73		
应付福利费	45	224,771.99	809,506.27	497,670.32	685,859.47
未付股利	46	3,392,997.82	4,843,272.66	3,392,997.82	4,843,272.66
未交税金	47	−39,303.60	−2,209,275.30	10,600.46	90,574.82
其他未交款	48		7,808.63		
其他应付款	49	10,398,174.50	17,929,463.69	2,422,254.99	5,002,110.25
预提费用	50	5,557,587.15	2,505,895.61	282,800.00	44,863.00
一年内到期的长期负债	51				
其他流动负债	52				
流动负债合计	55	72,537,343.86	62,155,840.96	20,606,323.59	10,666,680.20
长期借款:					
长期借款	56	173,419,453.00	139,209,840.00	173,419,453.00	139,209,840.00
应付债券	57				
长期应付款	58				
其他长期负债	59	743.00	743.00	743.00	743.00
长期负债合计	60	173,420,196.00	139,210,583.00	173,420,196.00	139,210,583.00
递延税项:					
递延税款贷项	61				
负债合计	62	245,957,539.86	201,366,423.96	194,026,519.59	149,877,263.20
少数股东权益	63				
股东权益:					
股本	64	165,812,086.00	137,172,783.00	165,812,086.00	137,172,783.00
资本公积	65	141,811,810.95	135,859,148.75	141,811,810.95	135,859,148.75
盈余公积	66	14,509,693.54	19,067,648.30	14,509,693.54	19,067,648.30
其中:公益金	67	3,965,465.10	5,820,233.81	3,965,465.10	5,820,233.81
未分配利润	68	−27,556,212.92		−27,556,212.92	−16,313,518.88
外币报表折算差额	69				
股东权益合计	70	294,577,377.57	292,099,580.05	294,577,377.57	275,786,061.17
负债及股东权益总计	80	540,534,917.43	493,466,004.01	488,603,897.16	425,663,324.37

合并财务状况变动表

编制单位:海南南洋船务实业股份有限公司　　会合03表　　1996年度　　单位:元

资产	行次	金额
一、流动资金来源:		
1.本年净利润	1	(-)29,353,784.47
加:不减少流动资金的费用和损失	2	
(1)少数股东本期损益(亏损以"-"号表示)	3	1,797,571.55
(2)固定资产折旧	4	8,464,018.13
(3)无形资产、递延资产及其他资产摊销	5	5,425,180.41
(4)固定资产盘亏(减收益)	6	
(5)清理固定资产损失(减收益)	7	8,472,479.82
(6)递延税款	8	
(7)其他不减少流动资金的费用和损失	9	
小计	10	(-)5,194,534.56
2.其他来源:		
(1)固定资产清理收入(减清理费用)	11	
(2)增加长期负债	12	34,209,613.00
(3)发行债券	13	
(4)对外投资转出固定资产	14	
(5)对外投资转出无形资产	15	
(6)资本净增加额	16	26,119,485.38
(7)少数股东资本净增加额	17	
小计	19	60,329,098.38
流动资金来源合计	20	55,134,563.82
二、流动资金运用		
1.利润分配:		
(1)提取法定公积金	21	2,703,186.05
(2)提取法定公益金	22	1,854,768.71
(3)提取任意公积金	23	
(4)已分配股利	24	
小计	25	4,557,954.76
2.少数股东利润分配	26	
3.其他运用	27	
(1)增加固定资产	28	39,617,100.93
(2)固定资产和在建工程净增加额	29	
(3)增加无形资产、递延资产及其他资产	30	29,682,172.80
(4)偿还长期负债	31	
(5)增加长期投资		1,241,345.07

资产	行次	金额
小计	32	70,540,618.80
流动资金运用合计	33	75,098,573.56
外币会计报表折算差额	34	
流动资金增加净额	40	(-)19,964,009.74
流动资金各项目的变动		
一、流动资产本年增加额		
1.货币资金	41	(-)13,728,911.29
2.短期投资	42	(-)530,739.42
3.应收票据	43	
4.应收帐款净额	44	(-)2,664,057.10
5.预付货款	45	16,887,590.88
6.其他应收款	46	(-)2,500,659.03
7.待摊费用	47	(-)107,150.27
8.存货	48	(-)7,039,163.42
9.待处理流动资产损失	49	100,582.81
10.一年内到期的长期债券投资	50	
11.其他流动资产	51	
流动资产增加净额	60	(-)9,582,506.84
二、流动负债本年增加数:		
1.短期借款	61	18,183,000.00
2.应付票据	62	
3.应付帐款	63	(-)4,928,516.94
4.预收货款	64	1,479,463.54
5.应付福利费	65	(-)584,734.28
6.未付股利	66	
7.未交税金	67	2,169,917.70
8.其他未交款	68	(-)7,808.63
9.其他应付款	69	(-)7,531,289.19
10.预提费用	70	3,051,691.54
11.一年内到期的长期负债	71	
12.其他流动负债	72	
13.未付股利	73	(-)1,450,274.84
流动负债增加净额	79	10,381,502.90
流动资金增加净额	80	(-)19,964,009.74

海南南洋船务实业股份有限公司1997年度中期报告

一、财务报告(已经审计)

本公司1997年度中期财务报告已经海口会计师事务所中国注册会计师吴齐渊、李展年审计,并出具了无保留意见的审计报告(海所字〔1997〕第216号文),报告内容如下:

海南南洋船务实业股份有限公司董事局:

我们接受委托,审计了贵公司1997年6月30日合并资产负债表及1996年1—6月合并利润及利润分配表。这些会计报表由贵公司负责,我们的责任是对这些会计报表发表审计意见。我们的审计是依据《中国注册会计师独立审计准则》进行的。在审计过程中,我们结合贵公司实际情况,实施了包括抽查会计记录等我们认为必要的审计程序。

我们认为,上述会计报表符合《企业会计准则》和《股份制试点企业会计制度》的有关规定,在所有重大方面公允地反映了贵公司1997年6月30日的财务状况及1997年1—6月经营成果和资金变动情况,会计处理方法的选用遵循了一贯性原则。

海口会计师事务所　　中国注册会计师:吴齐渊

中国注册会计师:李展年

中国、海南、海口　　1997年8月25日

(一)财务报表

1.简化的资产负债表

1997年6月30日　　单位:人民币元

项目	期初数		期末数	
	母公司	合并数	母公司	合并数
流动资产	397,707,735.33	129,977,503.59	369,971,225.14	182,116,583.87
长期投资	5,105,296.35	56,948,168.70	5,105,296.35	57,358,168.70
固定资产净值	4,144,110.66	208,656,329.69	5,638,735.64	364,556,119.02
在建工程	79,946,513.02	105,089,106.83	109,179,137.61	54,236,310.08
无形资产及递延资产	1,700,241.80	39,863,808.62	1,406,654.66	39,205,898.90
其他长期资产				
资产总计	488,603,897.16	540,534,917.43	491,301,049.40	697,473,080.57
流动负债	20,606,323.59	72,537,343.86	26,567,246.11	93,531,129.74
长期负债	173,420,196.00	173,420,196.00	173,420,196.00	258,915,336.00
负债合计	194,026,519.59	245,957,539.86	199,987,442.11	352,446,465.74
少数股东权益				
股本	165,812,086.00	165,812,086.00	165,812,086.00	165,812,086.00
资本公积	141,811,810.95	141,811,810.95	141,811,810.95	141,811,810.95
盈余公积	14,509,693.54	14,509,693.54	14,509,693.54	14,509,693.54
未分配利润	-27,556,212.92	-27,556,212.92	-30,819,983.20	22,893,024.34
股本权益合计	294,577,377.57	294,577,377.57	291,313,607.29	345,026,614.83
负债及股本权益总计	488,603,897.16	540,534,917.43	491,301,049.40	697,473,080.57

2.简化的损益表

1997年6月　　单位:人民币元

项目	1996年1—6月		1997年1—6月	
	合并数	母公司	合并数	母公司
主营业务收入		37,568,645.01		139,705,108.15
主营业务利润	-614,917.32	-13,383,758.77	-4,788,587.88	48,352,402.49
其他业务利润		1,448,016.01	1,417,000.00	1,640,379.27
投资收益	411,394.36	1,037,541.81		
营业外收支净额		-4,219,554.99	107,317.60	515,516.93
以前年度损益调整		12,644.00		
利润总额	-203,522.96	-15,105,111.94	-3,263,770.28	50,508,298.69
所得税				59,061.43
少数股东权益				
净利润	-203,522.96	-15,105,111.94	-3,263,770.28	50,449,237.26

(二)主要财务指标

	1996年6月	1997年6月
每股收益(元)	(-)0.09	0.304
净资产收益率(%)	(-)4.90	14.62
每股净资产(元)	1.86	2.08

(三)财务报表附注:

1.本期财务报告所采用的会计政策及会计方法与前期一致。

2.资产负债表中变动较大项目说明:

(1)货币资金比上年末减少1962.20万元,主要是用于支付新购船款项,造成货币资金减少。

(2)应收帐款比上年末增加5757万元,主要是由于业务范围扩大、业务量增加和经营方式的转变所致。至8月止,已回收应收帐款3730万元(占应收款的64.79%)。本报告期内无持股5%以上股东单位的欠款。

(3)待处理流动资产净损失1,039,431.51元,为海运公司船舶安全事故损失、而保险公司尚未赔偿的部分。至8月份已收到保险公司赔偿款223,800.00元。

(4)固定资产比上年末增加16,883.60万元,主要是由于新增"建中"轮、"顺宝"轮和"新南洋一号"轮投入营运所致。

(5)在建工程比去年末减少5085万元,主要原因是新购船舶投入营运,从在建工程转入固定资产帐户核算,减少了在建工程项目开支。

(6)应付帐款比上年增加708.80万元,主要原因是成品油购进时采用货到付款方式进行交易,增加了当期应付帐款。本报告期内无持股5%以上股东单位的应付帐款。

(7)预收帐款比去年末增加335.10万元,主要原因是八所开发区购地预收款及销售成品油预收款增加。本报告期内无持股5%以上股东单位的预收帐款。

(8)预提费用期末数比去年末增加688万元,主要原因是新投入营运船舶预提费用及贷款利息增加。

(9)长期借款比上年末增加8,549.50万元,主要是新增船舶贷款1,300万美元,并在报告期内已归还贷款本金265万美元后的余额。

3.损益表中有关项目的说明

(1)主营业务收入比去年同期有大幅提高,主要原因:一是运力增加70%。我公司去年底今年初购进的6500—10000吨级三艘化工品船—"建中"轮、"顺宝"轮、"新南洋一号"相继投入营运,增加公司主营业务收入。二是业务范围和航运区域不断扩大,海运业务范围从以前单一的海上运输到现在的海上运输及船舶买卖、船舶融资经纪业务并举;航行区域从以前的东南亚航区到现在的中东航区及欧美航区,取得可观的经济效益。

(2)财务费用比去年同期增加476.70万元,主要是增加对船舶固定资产贷款,增加利息支出。

(3)补贴收入27.70万元,为下属铝制品公司享受地产地销优惠政策而免交的增值税款。

(4)母公司报表反映亏损326.40万元,是由于母公司为公司的管理决策机构,不参与具体业务经营,没有业务收入,只反映费用支出和投资收益。

(四)本报告期内无关联交易。

二、经营状况回顾与展望

(一)上半年回顾

1997年上半年公司贯彻"大海运"的经营方针,以盘活资产为重点,推动了规模的快速扩张和实力的不断壮大,使公司成为全国最大的化工品船务公司(占全国总运力的40%),并在不断拓展新的主营业务的情况下,实现了营业收入和利润大幅度同步增长。1—6月份,公司营业收入达13,970.51万元,实现利润5,044.92万元,完成了全年利润计划240.60%,营业收入比去年同期增长了271.87%。

1、针对当前国内银根紧缩、航运市场低迷、专业人才匮乏、信息闭塞、区域环境限制的状况,公司重点开拓海外市场,经海南省政府及有关部门的批准,在新加坡、香港设立了海外子公司,利用新加坡和香港其亚洲金融、航运中心的优势,注册了单船公司。由于经营发展方向正确,管理规范,业务迅速走上了轨道,并获得了法国东方汇理银行的支持,购进了"建中"轮、"顺宝"轮、"新南洋一号"轮3艘散装液体化工品船,新增了化工品运力2万多载重吨。3艘船的购进,使公司一跃成为全国最大的化工品航运公司,大大优化了公司的资产结构,摆脱了过去只能经营小油轮的状况,结束了公司船舶只能在中国沿海和东南亚地区航行的历史,开辟了欧美航线和中东航线。并以期租的方式经营,增加了收入,减少了成本,降低了风险,取得了显著的经济效益。

随着战略的转移、规模的不断扩大,公司高薪聘请了国内外航运界的专业人才,人才资源的优势,带动了公司主营业务的充分拓展,从而有效地开展了船舶融资、船舶买卖、配件贸易及船代、货代等多种经营,不仅为公司融资建造了两艘化工品船,而且成功地完成了6艘大型船舶买卖、建造了经纪业务,获得了十分可观的佣金收入。

2、根据新的战略目标的要求以及公司日益提高的资信优势和人才优势,公司于今年8月6日成功地与日本川铁商事株式会社签订了建造两艘8500载重吨化工品船合同,总投资达38.6亿日元。与此同时,与日本三井株式会社和法国东方汇理银行关于建造两艘7500—8500载重吨Ⅱ类化工品船的谈判,也取得了实质性的进展。

3、公司大力发展化工品运输船队的举措,得到了海南省及各有关部门的重视和支持。为了解决我公司建造两艘化工品船的筹资问题,省计划厅以琼计外资(1997)399号文向国家计委提交了利用国外政府5000万美元软贷款的申报。现项目已进入了评估阶段,可望于1998年初获得批准实施。

4、公司在资产经营方面也有了新的突破。

(1)通过转让老旧小轮船,处理了一批无效资产,不仅提高了资产的良好率,而且为购置新船提供了配套资金。

(2)将亏损关停的南洋铝制品厂的资产,与四川绵阳工业(集团)公司属下的4家工厂合作组建新的工业集团公司,成功地介入了工业发达城市的发展行列,由单一的建材行业拓展到日用、制革等行业,以存量博增量,实现了资产总量的成倍增长。

(3)通过参股组建海南远洋渔业股份有限公司,参与南沙渔业项目开发。该项目是我省"九五"期间重点扶持的项目,具有重大的经济、政治意义。国家计委在《关于海南省远洋及南沙渔业综合开发项目建议书的批复》中,确定该项目开发资金3亿元。

(二)下半年经营工作的计划和展望

1、在巩固上半年已取得良好业绩的基础上,继续坚定不移地贯彻执行大海运的发展方针,抓好现有船舶的经营管理,并利用规模经营的效应,加强对海外市场的渗透,在船舶融资、船舶买卖、货代、船代、贸易等方面继续保持良好的发展势头,使新加坡、香港子公司的经济实力得到不断发展和壮大。

2、把握机遇,积极开展船舶资本经营。抓住日本经济周期正处于低潮,日元疲软,及船厂船台周期空隙的有利时机,继续推进与三井株式会社和法国东方汇理银行的融资谈判工作,力争在下半年再签订新造2艘7500—8500载重吨化工品船的合同。并在船舶行情上涨时,及时地将所订的新造船出让转让,力争获得较好的回报。同时,继续抓好利用外国政府5000万美元软贷款建造新船的项目。

3、为了促进境外公司资产低成本的迅速扩张,以及向世界一流管理水平迈进,公司要继续加快与世界的化工品航运公司—STN公司合作组建专业的化工品航运公司的工作,逐步形成化工品船队运输、码头仓储、陆路运输一体化的网络,进一步开拓市场,提高市场占有率,跻身于亚太地区化工品运输市场的强者之林。

三、重大事件的说明

(一)1997年5月31日召开第七次股东大会,同意何东海先生由于工作调动不再出任董事、同意杨先文先生辞去董事职务、解除唐开兴先生董事职务;同时,补选徐士华先生、陈范先生、王小松先生为新的董事成员。

(二)1997年8月6日,公司与日本川铁商事株式会社签订了建造2艘8500载重吨化工品船的合同。造船价(单船价)为19.33亿日元,其中融资80%,自筹20%;还本付息年限为10年,另加3年宽限期;交船时间为1999年8月和1999年10月。

(三)1997年8月2日,公司与四川绵阳工业(集团)公司签订了在海南省联合组建工业集团公司的协议。新公司拟定注册资本为1亿元。其中海南南洋船务实业股份有限公司占51%股份,绵阳工业(集团)公司占49%股份。

(四)1997年7月7日,公司其他3家公司在省国资局、省证券办、省水产局的组织和见证下,签订了《海南远洋渔业股份有限公司主要发起人协议书》。

(五)1997年8月28日,第二届董事局第四次会议,通过了弥补去年公司亏损的议案,拟以盈余公积金和税前利润弥补去年亏损。该议案将提交临时股东大会审议。

(六)1997年8月28日,第二届董事局第四次会议,通过了以中期利润送股和以资本公积金转增股本的议案。拟每10股送1股,每10股转增4股。该议案将提请临时股东大会审议,并报证券管理部门审核后实施。

(七)按照国务院证券委、中国人民银行、国家经贸委5月21日联合发布《严禁国有企业和上市公司炒作票的规定》的要求,经自查,公司以本公司名义开有A股帐户一个(帐户:97090352),没有从事任何违反规定事项。如本公司今后从事股票投资,将严格遵循国家有关政策法规和本公司章程的规定。

(八)上半年公司无重大诉讼、仲裁事项。

四、发行在外股票的变动和股权结构的变化

1.股权结构情况

在本报告期内,公司发行在外的股票及公司的股本结构未发生变化。公司现股本结构如下:

股份单位:股　　截至1997年6月30日止　　每股面值:元

股本结构	1996年末		1997年6月30日	
	股份数	占总股本比例(%)	股份数	占总股本比例(%)
一、尚未流通股份				
1.发起人股份				
其中:				
国家持有股份	4,920,742	2.97	4,920,742	2.97
境内法人持有股份	5,989,500	3.61	5,989,500	3.61
2.定向募集法人股	76,619,819	46.21	76,619,819	46.21
3.内部职工股	94,885	0.06	30,580	0.02
4.法人转配股	1,110,621	0.67	1,110,621	0.67
尚未流通股份合计	88,735,567	53.52	88,671,262	53.48
二、已流通股份				
1.境内上市的人民币普通股	77,076,519	46.48	77,140,824	46.52
已流通股份合计	77,076,519	46.48	77,140,824	46.52
三、股份总数	165,812.086	100.00	165,812.086	100.00

内部职工股及已流通股份的变动主要是由于公司高级管理人员变动所致。

2.主要股东持股情况

本公司前10名股东持股情况如下(截止时间1997年5月30日)

序号 股东名称	持股数(股)	占总股本比例
(1)海南成功投资有限公司	44276519	26.70%
(2)海南省财政税务厅	4920742	2.97%
(3)中国银行海口信托咨询公司	2178000	1.31%
(4)海南宝岛企业(联合)公司	1633500	0.96%
(5)海南华荣文化实业有限公司	108900	0.66%
(6)中国人民保险公司海南分公司	108900	0.66%
(7)海南华信置业股份有限公司	108900	0.66%
(8)海南财利装饰工程有限公司	108900	0.66%
(9)关东集团海南东方船务有限公司	108900	0.66%
(10)中国人民建设银行海南信托投资公司	108900	0.66%

五、股东大会简介

(一)1997年5月31日上午9时,在公司多功能厅召开了1996年股东大会。出席本次股东大会的公司董事、监事等高级管理人员和股东共71人,代表股份89781101股,占公司总股份的54.15%。会议符合法定程序和规定。经本次会议审议,表决通过了如下决议(详见《证券时报》1997年6月30日公告)。

1.《公司董事局工作报告》;

2.《公司监事会工作报告》;

3.《公司1996年度财务决算和1997年财务预算报告》;

4.《公司1996年度分红派息及亏损弥补方案》;

由于1996年度亏损2755.60万元,根据《公司法》和我公司章程的有关规定,决定:

(1)不向股东分红派息。

(2)1996年度亏损由以后年度税前利润进行弥补。

5.《公司董事任免提案》。

(1)何东海、杨先文、唐开兴不再任董事职务。

(2)补选徐士华、陈范、王小松为新的董事。

(二)本报告期内没有召开临时股东大会。

六、备查文件

1.载有董事局主席、总裁亲笔签名的中期报告原本;

2.审计报告原本;

3.其他有关文件。

地址:海南省海口市滨海大道288号东方洋大厦8楼

电话:(0898)8666999转

传真:(0898)8668444

邮编:570105

海南南洋船务实业股份有限公司董事局

1997年8月29日

湖北天发股份有限公司

湖北天发股份有限公司简介

一、公司概况

湖北天发股份有限公司创建于1989年，是湖北省最早进行股份制试点的企业之一，自成立以来，逐步规范公司行为，转换经营机制，完善制度建设，强化内部管理，不断进取，获得了高速成长。

公司是以经营公用事业和高科技农业为主体的大型综合性股份制企业。公司凭借灵活的经营机制，先进的管理手段，敏锐的市场洞察力和非凡的远见卓识，取得了优异成绩，逐步形成了经营领域内较强的行业优势及规模优势。产品辐射区域从原来的湖北，湖南两省扩展到四川、河南、云南、广西、贵州等省区。

公司经国家计委批复的“宜昌三峡管道液化气工程”前期项目于1996年5月24日在宜昌市辖区内拉开序幕。目前该项目进展顺利，有望于1996年10月底竣工。本库设计年周转能力液化气20万吨，汽油40万吨，柴油60万吨。与之相配套的天恩船运3000吨级宽体液化运输船正在武昌船厂建造。为了充分利用万吨气库的周转能力，公司正在实施建设油站网络的发展计划，预计2—3年建100座现代化加油站。这些将构成公司新的经济增长点和未来利润支撑点之一。另外，为培植企业发展后劲，本公司还在积极参与母公司拟建的服务三峡后勤保障系统工程的建设，为实现企业的可持续发展奠定了良好的基础。

经中国证监会批准，公司股票于1996年12月17日在深圳证券交易所上市。由于公司抓住历史机遇，再接再励，扩大企业经营规模，加强成本控制，强化服务管理，更宽、更深地拓宽产品经营市场，这不仅维护了良好的上市公司形象，也给天发投资者带来了丰硕的回报。因此被社会广泛评价为一支业绩优良的上市公司，倍受投资者的青睐。截止1997年6月30日，公司注册资金1.3亿元，人民币总资产达3.98亿元，股东权益2.63亿元，公司总股本为1.3亿股。96年年终公司每股收益0.68元。97年中期在股本摊薄一倍后，中期业绩仍保持在0.34元/股的较高水平。1997年6月31日，全国697家上市公司综合业绩排名，公司居第七位。

公司作为湖北省支援三峡工程建设的重点企业，将立足主业，力争三峡配套工程早日建成发挥效益，利用江汉平原全国商品粮基地的农业资源优势，以内涵扩大式集约经营的发展方式扩大自身；在此基础上，以资本经营为杠杆，进行资本营运，通过资本市场进行资产重组和资本扩张，更高层次上实现资源的优化配置，逐步实现由资产使用型向资本营运型转变。走外延高速扩张的道路，超常规模的扩充自身。最终形成在外具备资本国际化，资本证券化，证券国际化的经营环境；在内具备完善的现代企业制度的大型企业。

公司将继续发扬拼搏精神，以再创佳绩来回报各位股东。

地址：湖北省荆沙市沙市区江汉北路12号

邮编：434000

电话：0716—8240320

传真：0716—8213640

二、记董事长、总经理龚家龙

蛟龙须待春雷吼　雕鸦腾风万里游。

龚氏家龙先生是一条龙，一条土生土长的荆楚龙，在古老神州改革开放的阵阵春雷声中腾空而起，在社会主义市场经济的得意春风中遨游万里。

引子●地之灵

地灵人杰的江汉平原大荆州，悠悠的历史，灿烂的文化，曾经作为九州一柱鼎立起古老的华夏。大荆州乃历代兵家豪强必争的战略要地，屈子怀楚都，诸葛举荆州，刘备借荆州，关羽失荆州，悲乎壮哉！叱咤风云的春秋与三国故事几乎都与荆州紧密关联。荆州作为中华腹地，肥沃的土地，丰富的物产，中心的地理位置，曾引起无数英雄青睐，演唱出几番动人的壮歌。

荆州历史虽然古久辉煌，创造现代文明的新荆州则更需要一批雄才大略的今人。世事造英雄，英雄造世事，一方水土养一方人，出一方人，具有雄浑楚风又具有灵秀之气的大荆州同样也会培育出自己的优秀人才。龚家龙——担任湖北天发股份有限公司董事长兼总经理的龚家龙先生算是一个，算是一个社会主义市场经济的弄潮汉，算是大荆州用她悠久的文化底蕴，用她丰美的水土培养的一代新人，一代英才。

人之杰●有绩

公元一九五四年，天干地支轮转属相马年。此年百岁一遇的特大洪水弥漫荆江两岸，威逼荆楚大地。据老人们说，据老黄历说：洪水之年生蛟龙，马年降生大商人。

龚家龙这只属马龙就在这洪水之年诞生于古老的荆州城内。父母亲都是普普通通的且热衷于事业的农业科技工作者，上溯到龚氏祖辈多代均无一人经商的历史。

中国的老黄历含有许多唯心的成分，当然也不排除一些历史经验现象的根据。至于一个人的成长应该含有诸多客观因素以及主观因素。这里，让我们先看看龚家龙的经商业绩，然后再寻找一下他成功的几个主要因素。

龚家龙自26岁开始习商，至今已有17年的历史。他大致经历了这样三个历程，即：经商才华显露期；开拓探索期；稳健发展期。

80年代初期，改革开放与经济建设的波涛开始拍打古老神州彼岸，此时初出茅庐的龚家龙在荆州地区一个汽车队当调度，尽管他很年轻，才26岁，但那股涛声却在他的心中引起了强烈的共鸣。由此，他向车队提出做生意，将过去单纯货物运输转为进货——销货——加工——商品承销一条龙服务，在一个多月的时间里，竟然为车队挣了60多万元。由此，龚家龙的经理商才华与智商得到了初步表现。同时也得了上级领导的认可，并安排他组建了一个轻工物质产品经销公司，同样在白手起家的情况下，在一年半的时间里，将一些厂家的滞销产品全部盘活，公司盈利高达一千多万元，在沙市黄金地段盖起一座高达12层的轻工大厦。

经过了80年代初期与中期的商业风雨洗礼，龚家龙得到了锻炼，使之向着更加高远的方向开拓与探索。

80年代末期，龚家龙被原荆州地区行署任命为海南龙海实业公司副总经理。总经理是位正县级管员，当他们跨入天涯海角时，立即出现了两种对立的观点，老总要求大办工业，龚则认为应先从贸易入手，其理由有三：一是办工厂投入大；二是项目要经过充分论证，不可盲目；三是当时的海南工业基础差，人才严重匮乏。应该说龚家龙的主见是正确的。后来，许多从内地搬迁过去的厂家由于盲目上马，纷纷落马败北，而龚家龙选择的石油液化气经营行业，却站稳了脚根，求得了生存，并为后期的发展奠定了基础，探寻出了一条主营业务的方向。

在龚家龙经商的探索期内，虽然受到了许多非议与委屈，但他毕竟成熟了，而且经受了各种考验，正如伟大的思想家孟子所言：苍天要把重大使命落到某人身上，必定先要苦恼他的心志，劳累他的筋骨，饥饿他的肠胃，困乏他的身体，并使他的一次次行动都不能如意，以此来锤炼他的心志，坚韧他的毅力，提高他的能耐。最后升华到一种超人的境界。

龚家龙必竟经过了许许多多的风风雨雨，浪急礁险，所以才有今日的稳健发展时期。

进入九十年代，龚家龙开始走出低谷，在重组资产，盘大家业，直接融资方面取得了突破性的进展。特别是1996年12月17日，龚家龙所领导的湖北天发股份有限公司作为历史遗留问题，经中国证监会批准在深圳证券交易所隆重挂牌上市，从而翻开了天发公司的崭新篇章。

天发公司主营石油液化气业务，拥有自备的大型液化气储气库，专用铁路线站和槽车。目前在荆州和常德两个大中城市的市场占有率处于绝对领先地位。

天发公司在宜昌兴建的“三峡万吨油气库”于97年秋建成并投入使用。这座大型油气库年储运油、气120万吨，在绝对保证三峡工业和民用油、气供应的同时，又可辐射周边省市，使1亿人口受益。预计年销售收入可达20亿元，实现年利润2亿元。

天发公司充分利用其紧临三峡所特有的地利区位优势，承建由国家计委立项、总投资达3.8亿元的“三峡城市管道液化气工程”。去年5月24日开始动工兴建的“宜昌姚家港万吨油气库”便是该项工程的首期工程。这项工程的兴建为天发股份加快主业发展奠定了雄厚的基础。

作为上述油气库的配套项目，天发股份推出了兴建“百座大型加油站方案”，推行网络连锁经营，实现最佳经济效益。到目前为止，天发股份已在荆州、武汉、襄樊、宜昌、孝感及周边省市兴建了30座现代化管理模式的大型加油站，2000年以前将达到100座。从已投入营运的加油站看，其经营状况十分理想，每座加油站年销售额可达到3000多万元。天发股份计划很快能成为全国大型的石油连锁零售商。

投资1.2亿元由武昌造船厂建造的4条内河最大的液化气运输船，明年初可启航投入营运。

龚家龙领导的天发公司正以奔腾万里的气势在社会主义市场经济的轨道上迅猛奔跑，创造更加辉煌的明天。可以肯定，天发公司不仅拥有壮大的资产，更有比较优秀的能够创造比较丰厚利润的项目，天发公司将会在短期内成为——

●全国大型的石油和液化气连锁零售商；

●全国大型的内河液化气船运商；

●全国大型的石油及液化气储运周转商；

龚家龙在短短的数年内，白手起家，在国家未拨一分钱的情况下，盘大了一个如此壮观的企业，建造了一个如此优良业绩的企业，能不令人惊喜与钦佩吗?!

人之杰●有识

一个企业的成功，很大程度取决于企业主要领导的胆识，有胆无识，往往把事情办得无法收拾；只有在有识有胆的情况下，才能使一个企业健康发展。龚家龙所领导的天发公司始终遵循的“开拓、求是、创新、争先、高效、奉献”的企业精神，就是一种比较优秀的文化理念的体现。龚家龙尤其推崇的求是精神又是一个成熟的企业家的聪明见识。

当今我们所奉行的市场经济，在社会主义建设史上开了先河。市场经济是一门学问，具有鲜明的价值规律、供求规律以及竞争规律。在我国实行市场经济才起步不久的情况下，在一些习惯了计划经济的企业领导人面前往往如临深渊，不是退缩，便是淹没，或者大加抱怨。龚家龙是位识时务的俊杰，他能在激烈的市场经济环境生存下来，发展起来，应该说得益于他比较周密的见识。

龚家龙的见识一是来自于党和国家的方针、政策，注重开发与国家产业政策和行业规划相吻合的项目，注重借鉴西方市场经济的理论与管理方法，善于向国家有关专家学者请教；把自己的行动方案框定在国家宏观指导的范围内进行运作。

前几年，国内兴起了一阵房地产热，龚家龙看热不热，他冷静地分析全国金融存量，认真地计算房地产供求比例，在任何诱导或重压下，他决不冒险，决不做没有把握没有足够本金的投机生意，而是坚定不移地做好自己的本业，因此也避免了重大失误和灾难性毁灭，保持了企业持续稳定的发展。

龚家龙发展企业又一高远过人的见识，就是建立牢固的根据地。龚家龙始终没有离开荆州这块大本营。因为这里具备了他特有的天时、地利与人和的内外在条件。

有些冒失的企业领导人，在没有多少本金的情况下，喜欢丢掉自己最熟悉的土地，盲目的向外发展，结果大多难以形成气侯，最后落得处境十分艰难的境地。我们知道天津的大邱庄，江苏的华西村，湖北的幸福村，这一个个的小村庄，都是在本土上发展起来的，他们都是充分利用了本地各种优势。

龚家龙牢牢守住了当年刘备安命立身的荆州，许多事情得到了当地政府的大力支持和协调，才能把事情越做越大，越做越好。如果龚家龙当年离开荆州这块根据地，“天发股份”的股票是不可能推向市场公开发行的。时至今日天发公司有了本钱，可以跨地区、跨行业、跨所有制发展了，龚家龙心中的宏谋大略也升腾起来了。

扎根荆州　根基且已粗壮。在荆州有天发的铁路专用线路，有天发大型储气库，有天发的大型加油站，有天发的船运码头，有天发的大型房地产项目，天发公司成了荆州经济一根十分重要的台柱子。

纵横湖北，据点星罗棋布。在宜昌兴建的“三峡万吨油库”97年将投入使用；在武汉阳逻开发区筹建的“三峡万吨油气库周转库”也将动工；在汉阳，在武昌，在孝感，在宜昌，在咸宁等地兴建的一批大型加油站拔地而起，具有天发形象的公司标徽在荆楚大地上一展雄风。

面向全国，网络已经形成。从东北油城到天涯海南，从黄河之滨到三湘四水，都有天发的液化气经营网点，98年将投放营运的4条液化气运输船又将把长河中下游和沿海地区紧紧连在一起，由此形成了天发的网络化经营格局，从而加大了站稳市场的力度。

走向世界，定局指日可待。现代经济应该说是具有世界性，龚家龙特别注重引进世界先进技术与管理方法。现在美国的美孚公司、稳牌公司、法国的道达尔公司、挪威的NGC公司均与天发公司建有紧密的合作关系，为天发公司走向世界，拓展外向经济奠定了坚实的基础。

从天发业绩的优良表现中，我们看见了天发这架列车在提速了的铁轨上奔驰，看见了龚家龙这架列车的车头发出的“隆隆”向前的豪迈声响。

人之杰●有勤

著名报人邹韬奋先生说：“必须先付足了代价的人，才能‘如愿以偿’”。

李瑞环同志说：“吃苦，是办成实事的要旨，要意，要招，要害。”

古今贤人都崇尚勤奋吃苦，而且把它当作取得成功的重要途径。在中南海，就有个“勤政殿”，连古代君王也知道勤政的重要。龚家龙的办公室算是一个“勤政室”。每天上班最早的是他，每天下班最迟的是他。有成语说“日理万机”，龚家龙至少是“日理百机”。他每天要接上百个电话。他有时忙得顾不上吃饭，办公室里储存整箱方便面就是他随时充饥之物。

龚家龙患有比较严重的胃病，就连住几天医院的时间也排不出来，跟着他一块的办公室人员实在看不过去，于是写了个总经理接待时间安排表，结果工作人员下班，他还在工作。

人类按生物钟安排作息，一天之内大致分为三分之一睡觉，三分之一休闲，三分之一工作。而龚家龙连三分之一的睡觉时间也没有保证，与他熟悉的人都知道他是一位“工作狂”，工作的狂劲近乎苛刻虐待自己。论勤奋，龚家龙算是一个十分典型的人物人。当然，也正是他的这种勤奋，才换来了天发公司辉煌的今天。

人之杰●有德

人们一般认为大企业老板都很风光，吃的、喝的、穿的、用的、说的都非同一般，而龚家龙的事业标准是高高的，生活标准却是低低的，他决不是那种口袋有钱而无秀的飘飘然的“款爷”。

龚家龙创造了必要的陪餐外，一般都在家里吃饭，生活极其简单，遇上工作忙，一碗方便面充饥；喝的只是白开水；穿的公司统一制作的工作服；住是还是70年代建造的老式公寓房子；用的也是十多年前的老式家具，工资标准也只有800多元；说的话既不狂燥也不轻浮，总是那么平淡真切。德以养廉，德以生勤，德以出识，龚家龙无论在创业之初艰苦备尝的时候,还是在今日事业宏发荣誉满身的时候,在他的心中都是那样平稳,一如往常,正是这种荣辱不惊的襟怀与奉公德性使天发公司放射出耀眼的光华。

龚家龙当过知青,干过多种活,但他样样活都干得认真、干得卖劲、干得出色。而且在繁重的体力劳动之时也不放松学习。当改革开放的春风吹拂神州大地之时,越过"文革"文化荒漠年代的青年更觉得知识的重要与宝贵。80年代初,龚家龙通过自修大学函授取得了大专毕业文凭,为了强化基础,他又参加了脱产的电视大学学习,因此成了一位取得双文凭的大专毕业生。多年的实践经验与勤奋好学,使如今的龚家龙看个文稿、指评修改一下文章内容都十分切题,甚至入木三分。广博的知识也为他确立了平易、深沉、朴素、快捷的工作风格。

这里,还要特别提及龚家龙父母的谆谆教诲,以及他们言传身教培养后代的恩德。

父亲龚宗俊,母亲陈仲达都是解放前夕农业大学的毕业生。1950年,他们在荆州农科所扎下根来。父亲忠厚寡言,母亲贤淑达理,他们兼容了中国农民吃苦耐劳、勤俭质朴和中国知识分子热衷事业任劳任怨的优秀品德。他们对待自己的子女没有别的苛求,干什么事都行,但要求他们干一行专一行干出个样子来。这大概是龚氏家训的一个质朴无华但又深含哲理的精髓。龚家龙原叫龚家农,乃其祖父取名,寓意是指父母都是农业技术员,子承父业、学有专长、术有专攻。至于"农"改"龙",那是后来误传误写而成。同样也表达了熟识他的人们对龚家龙能耐的赞许与珍爱。饱经人间沧桑的父母对子女的希望值并不得很高,也并未预想他轰轰烈烈的干成一番大事业。他们以其特有的慈爱之心和平常之心要求自己的孩子。龚家龙是父母唯一的儿子也从未享受过娇生惯养的待遇。农科所的太阳、泥土、风雨伴随着龚家龙长大,而且使他长出了一副高大而结实的身材。

龚家龙的父母都是年过古稀的农业老专家,论经济、论环境应该是贻养天年的时光了,但老龚伯还在为天发义务养植花木,上街挤公共汽车,一点也不显耀,隆冬时节,两老还是用火炉取暖。他们对待已成大业,已有不惑之年的龚家龙仍然倾注着一片教诲的深情。龚家龙也正是在这种独特而又极其普通的家训中磨炼了意志,培养了优良的敬业与为人处世的品德。

综观龚家龙的德、识、勤、绩,他成熟了,他具有了龙的精神与龙的力量。这条盘踞荆楚的大龙必定会促动荆楚的腾飞,古老而博大的荆楚同样也涌现阵阵惠风促成巨龙腾飞。

(吴心成)

湖北天发股份有限公司1996年年度报告摘要

一、公司简况

公司法定中文名称:湖北天发企业(集团)股份有限公司

公司法定英文名称:HUBEI TIANFA ENTERPRISES (GROUP) CO.,LTD

公司注册地址及办公地址:湖北省荆州市沙市区江汉北路12号

邮政编码:434000

公司法定代表人:龚家龙

公司咨询机构:证券部

电话:(0716)8240320—118

传真:(0716)8213640

二、主要财务数据与财务指标

指标项目	1996年数(合并)	比上年增减	1995年数(合并)
1.主营业务收入(元)	257,764,111	+20%	214,154,434
2.净利润(元)	44,250,668	+46%	30,376,029
3.总资产(元)	312,524,507	+24%	252,810,900
4.股东权益(元)	218,979,135	+25%	174,728,467
5.每股收益(元)	0.68	+44.68%	0.47
6.每股净资产(元)	3.37	+25.28%	2.69
7.净资产收益率(%)	20.21%	+2.83%	17.38%
8.股东权益比率(%)	70.04%	+9.3%	69.11%

三、公司业务回顾

一年来经营情况

本公司主营业务是石油液化气,油品经营及汽车销售等。在石油液化气经营方面,改变以往只注重零售的作法,在继续搞好零售的同时狠抓批发销售,自备火车槽车和铁路专用线的优势得到了充分发挥,产品辐射区域从原来的湖北、湖南两省扩展到四川、湖南、云南、广西、贵州等省区,石油液化气的批量销售比去年提高67%。

在石油液化气的零售,主要从方便顾客灌气,提高气源质量和售后服务着手。96年全公司新增零售网点19处,同时把好气源质量关,建立健全质量保证体系;售后服务上改服务到位为服务上门,达到向质量要效益,从质量求发展的目的。广大客户反映,天发液化气我们买的方便,用起来舒心。目前在荆州市和常德市,天发液化气的市场占有率分别达到70%和60%。96年石油液化气业务收入109,593,646元,灶具电器销售收入18,196,876元。

96年5月24日,枝江万吨油气库隆重开工,揭开了国家计委批复项目"宜昌三峡城市管道液化气工程",开工建设的序幕,目前该项目进展顺利,预计在年内建成投入使用,本库设计年周转能力液化气20万吨,汽油柴油100万吨,与之相配套3000吨级宽体液化气运输船正在武昌船厂抓紧建造。为了充分利用万吨气库的周转储运能力,公司正在实施建立油站网络的发展计划,96年4月和11月建成的武德路加油站和东区加油站已成为公司新的经济增长点,山、郑店两大加油站已在加紧建设,宜昌、襄樊等加油站已提前完成了前期筹备。97年公司计划再建成30个大型加油站,使油品经营成为公司经济效益的主要来源之一。

96年2月,汽贸中心起用自己的经营场地,节约了大量租赁费用,提高了企业经济效益。在经营上汽贸中心采取了与生产厂家和部分销售公司的广泛合作,扩大进货渠道。同近30家经销单位建立了密切的合作关系,并成为3个生产厂家的代理商,经营品种常年保持在40种以上,全年实现销售收入25,439,541元。

1996年公司实现主营业务收入25774.6万元,利润总额5205.9万元,净利润4425万元,分别比上年增加20.3%、66.98%、45.67%,公司股票《上市公告书》披露,1996年盈利预测为营业收入24800万元,利润总额5050万元,分别完成预测值的103.9%、103%、103%。

四、股本变化及股本结构情况

(填报日期:1996年12月31日)

1.股本结构

股份类别	股本额	股本比例
(1)国家股	631	9.71%
(2)法人股	3009	46.29%
(3)个人股	2860	44.00%

2. 主要股东持股情况(前十名)

股东名称	年末持股数	占总股本(%)
1)荆沙市农场	1409万	16.14%
2)荆沙市第一木材公司	800万	12.31%
3)荆州市国有资产管理局	631万	9.71%
4)荆州市化工建材总公司	400万	6.15%
5)荆州市金属材料总公司	400万	6.15%
6)吴文刚	37.22万	0.57%
7)南方番禺	19.91万	0.31%
8)梁云海	15万	0.23%
9)张德麟	14万	0.22%
10)毛长山	12.88万	0.20%

3. 股东数量

到本年度末,公司股东总数4855户,其中国家股股东1户;法人股股东4户,内部职工股股东9户,社会公众股股东4841户。

4. 公司董事、监事及高级管理人员持股情况

职务	姓名	年初持股数	年末持股数
董事长、总经理	龚家龙	10000	10000
董事、副总经理	别道平	5000	5000
董事、副总经理	陈蜀葵	5000	5000
董事、副总经理	朱良华	5000	5000
董事、副总经理	陈元初	5000	5000
董事	曾天喜	2000	2000
董事	肖思泽	2000	2000
董事	韩礼斌	2000	2000
董事	张象文	2000	2000
监事长	樊兴虎	0	0
监事	徐振亮	0	0
监事	杨颖	0	0
监事	龚泽芳	0	0
监事	魏运祥	0	0

五、重要事项

(一)本报告期内的股东大会、董事会情况

1、公司第8次股东大会于七月八日在湖北荆州市天发大厦总部会议室举行,会议审计通过了《1995年度董事会工作报告》、审计通过《1995年度监事会工作报告》、审议通过公司《1995年度财务决算报告》及《1996年度财务预算方案》、审议通过董事会1995年度股利分配议案,同意1995年度股利暂不分配。

2、公司董事会会议年内共举行4次,主要就公司经营重大问题公司股票上市,第八次股东大会等有关事宜作出决议。

(二)公司股票上市公告书刊登在12月13日的《中国证券报》和《武汉证券报》上,2860万股社会公众股于12月17日在深圳证券交易所挂牌交易,股票简称“天发股份”,证券代码“0670”。

(三)本报告期内公司无发生实施配股和企业购并事项。

(四)本报告期内公司的注册地址会计事务所、法律顾问均未发生过变动。

(五)本报告期内无重大诉讼、仲裁事项。

六、子公司及关联企业

企业名称	注册资金	本公司拥有权益
1. 湖北天发石油液化气公司	1400万元	100%
2. 天发石油化工公司	600万元	100%
3. 荆沙市汽车贸易中心	400万元	100%
4. 常德天发石油液化气公司	500万元	100%
5. 海南天发石油液化气公司	880万元	100%
6. 海口天发实业公司	800万元	100%
7. 锦州天发石化公司	200万元	100%
8. 湖北天发建材物资供销公司	80万元	100%

七、财务报告

(一)公司财务报告经北京中庆会计师事务所冯德志、孔昭海注册会计师审计,于1997年2月25日出具了无保留意见的审计报告。

(二)财务报表(见附一、二、三)

(三)财务报表附注

1. 公司基本情况

湖北天发股份有限公司(以下简称公司)建立于1989年1月。公司是以经营公用事业(石油液化气)和高科技农业为主体的大型综合性股份制企业。于1996年12月经中国证监会批准为A股股票上市公司,当月17日在深圳证券交易所挂牌交易。

2. 重要会计政策

(1)公司执行的《股份制试点会计制度》

(2)公司采用公历为会计年度,即自每年公历一月一日起至十二月三十一日止。

(3)公司以权责发生制为会计核算基础,遵循历史成本原则。

(4)公司以人民币为记帐单位,涉及外币的业务,按业务发生日的市场汇率折算为人民币记帐单位。

(5)公司根据《企业财务通则》的规定,按应收帐款年末余额的3%计提坏帐准备金。

(6)公司对存货实行永续盘存制,对商品、原材料的日常核算按实际成本计价。发出商品、原材料按加权平均法计算。低值易耗品采用“五五”摊销法。

(7)长期投资核算方法

①公司的债券投资以取得成本入帐,按权责发生制的原则核算;

②对占被投资企业股权20%以下的采用成本法,对股权比例占50%以上的采用权益法,且参与合并会计报表。

(8)公司对固定资产价格按实际成本计算,对固定资产折旧采用保留一定比例残值后按平均年限法计提。其分类折旧年限如下:

种类	折旧年限(年)	年折旧率(%)	预计残值(%)
房屋及建筑物	20-30	3	10
通用设备	10-15	5	5
专用设备	10-15	7	5
运输设备	5-10	10	5

(9)无形资产及其摊销

公司无形资产目前仅有土地一类,按50年使用权采用年限平均法摊销使用费。

(10)公司对摊销期限在一年以上的费用均列为递延资产核算,并在受益限期内分期摊销。

(11)税项

①增值税

A. 液化气　13%

B. 灶具等商品　17%

②营业税　3%

③城建税和教育费附加按增值税额及营业税额的7%和3%计缴。

④所得税

根据湖北省人民政府财政鄂财工字(97)101号文批准,同意我公司按33%缴纳,返还18%用于扶持企业发展,作为企业税后利润。

(12)公司按年度净利润的下列比例分配:

①按10%计提法定盈余公积金;

②按5%计提公益金。

(四)会计报表有关数据说明

(1)短期投资:

期末余额为15,407,863元,其中:债券407,605元,股票投资15,000,258元。

(2)应收帐款　　22,816,584元

帐龄	户数	金额(元)	比例(%)
一年以内	75	18,409,725	80.69
一至二年	34	4,269,159	18.71
二至三年	12	100,452	0.44
三年以上	6	37,248	0.16
合计	127	22,816,584	100

应收帐款1996年度比1995年度下降58.17%,是公司为了加速资金周转,对往来欠款组织了大量的清收工作,并同时压缩新客户的欠款。

(3)其他应收款　　87,975,907元

帐龄	户数	金额(元)	比例(%)
一年以内	77	63,481,225	72.16
一至二年	125	24,157,090	27.46
二至三年	47	307,418	0.35
三年以上	22	30,174	0.03
合计	271	87,975,907	100

其他应收款1996年度比1995年度上升383.70%,因公司新增了几项建设工程的投入:

①新建宜昌三峡万吨油气库预付工程费9,707,318元;

②新建加油站5座预付工程费2,400,566元;

③集团总公司暂借资金54,877,414元,合同签定97年2月20日还清;

(4)存货　　30,353,949元

类别	金额(元)
1. 商品(石油．液化气．灶具及各类汽车等)	29,080,276
2. 原材料	510,472
3. 低值易耗品	763,201
合计	30,353,949

(5)长期投资　　830,876元

项目	投资额(元)
湖北天恩船务公司	829,876
国库券	1,000
合计	830,876

(6)固定资产及累计折旧

①固定资产原值

类别	期初价值	本年增加	本年减少	期末价值
房屋及建筑物	33,966,788.98	2,215.45	10,247.45	33,956,756.98
运输设备	8,170,698.00	3,228,058.36	201,438.80	11,197,317.56
机器设备	3,711,200.88	1,209,386.57	18,646.00	4,901,941.45
办公设备	954,539.00	478,318.00	37,329.00	1,395,528.00
合计	46,803,226.86	4,917,978.38	267,661.25	51,453,543.99

②累计折旧

类别	期初累计余额	本年增加	本年减少	期末累计折旧
房屋及建筑物	1,716,413.18	404,733.00		2,121,146.18
运输设备	1,802,334.39	574,913.70	32,319.72	2,344,928.37
机器设备	362,983.91	243,961.00	4,116.00	602,828.91
办公设备	135,183.07	93,569.00		228,752.07
合计	4,016,914.55	1,317,176.70	36,435.72	5,297,655.53

(7)在建工程

工程名称	工程进度	实际支用(元)	原预算(元)	批准文号	资金来源
综合楼	完成80%	11,231,648.74	18,000,000	(88)537	自筹
住宅楼	竣工待结算	3,260,667.38	3,000,000	(93)109	自筹
武德加油站	竣工待结算	2,122,474.84	2,400,00	(95)101	自筹
蛇入山办公楼	竣工待结算	569,581.95	800,000	(92)65	自筹
海南气站	竣工待结算	48,115.09	100,000	(95)14	自筹
东区加油站	竣工待结算	1,113,843.20	2,200,000	(95)162	自筹
春风小区宿舍	竣工待结决算	10,038.69	120,000	(95)44	自筹
武德市场工程	完成80%	2,313,571.92	4,000.000	(96)124	自筹
宜昌加油站	完成20%	224,286.80	1,500,000	(96)176	自筹
郑店加油站	完成20%	185,676.60	1,000,000	(96)177	自筹
山加油站	完成20%	39,112.80	3,000,000	(96)179	自筹
武德加油站设备	竣工待结算	419,909.60	600,000	(95)102	自筹
常德气站综合楼	竣工待结算	242,843.61	400,000	(94)27	自筹
北门加油站	完成10%	89,538.71	1,500,000	(96)181	自筹
合计	21,871,309.93				

(8)无形资产期末余额　　54,975,209元

①土地使用权费

类别	原值(元)	已摊销额(元)	期末余额(元)	剩余摊销年限(年)
已使用土地	10,515,754	1,391,397	9,124,357	37
待开发土地	45,849,452		45,849,452	50
合计	56,365,206	1,391,397	54,973,809	

②商标权

公司"天"字标徽注册费1,400元

(9)短期借款

贷款银行或机构全称	借款日	还款日	本金(元)	月利率(%)	条件
荆州市工行营业部	96.03.10	97.03.10	250.000.00	10.98	信用
荆州市工行国际营业部	96.12.31	97.06.30	130.000.00	10.98	信用
荆州市建造北湖支行	96.10.09	97.04.10	534.501.92	11.52	信用
荆州市建造中心社	96.10.21	97.04.20	1,000,000.00	13.00	信用
荆州市财政局农财科	96.08.11	97.08.10	3,150,000.00	10.00	信用
荆州市工行解放路办	96.11.06	97.05.05	1,520,000.00	12.60	信用
荆州市工行红门路办	96.12.14	97.12.15	13,370,000.00		信用
荆州市建造营业部	96.11.12	97.11.11	2,500,000.00	8.10	抵押
荆州市建行房地产信贷部	96.01.20	97.01.20	500,000.00	10.98	信用
荆州市建造国际营业部	96.04.08	97.04.08	2,143,458.00	6.90	抵押
荆州市建行凤凰支行	96.11.11	97.05.11	3,000,000.00	10.98	抵押
中国工商总行营业部	96.03.21	97.03.21	10,000,000.00	12.00	信用
常德市建行武陵支行	96.05.09	97.05.09	420,000.00	15.60	信用
常德市农行东江信用社	96.12.03	97.06.02	475,000.00	16.50	抵押
常德市武陵城市信用社	96.06.05	97.06.05	200,000.00	抵押	

合　　计　　39,192,959.92

(10)未付股利

期末余额为8,599,850元,是1994年以前(含1994年)未付完的累计结余额。

(11)资本公积金

期末余额为53,398,028元,是历年滚存结余数。

(12)盈余公积金

项目	年初数(元)	本年增加(元)	年末余额(元)
法定盈余公积金	8,690,041	4,425,067	13,115,108
任意盈余公积金	8,478,657		8,478,657
公益金	4,794,885	2,212,533	7,007,418
合计	21,963,583	6,637,600	28,601,183

注:本年增加数系按1996年度利润预分配方案分配所得。

(13)未分配利润

项目	金额(元)
本年净利润	44,250,668
加:年初未分配利润	34,366,856
可供分配利润	78,617,523
减:提取法定盈余公积金	4,425,067
提取公益金	2,212,533
期末未分配利润	71,979,924

(14)主营业务收入

项目	金额(元)
石油液化气	109,593,646
灶具	15,516,316
汽车	25,439,541
家用电器类	2,680,560
石化产品类	104,516,048
合计	257,746,111

(15)投资收益

项目	金额(元)
股票投资收益	11,347,246
合计	11,347,246

八、其他事项说明

公司截至1996年12月31日止有六起财产抵押贷款,贷款额9,318,458元,均系当年贷款,贷款期6至12个月。

湖北天发企业(集团)股份有限公司董事会

一九九七年三月一日

利润及利润分配表

单位:湖北天发企业(集团)股份有限公司　　单位:元

项目	行次	附注号	本年数
一、主营业务收入	1		257,746,111
减:营业成本	2		213,785,396
销售费用	3		1,251,450
管理费用	4		5,975,220
财务费用	5		316,833
进货费用	6		623,410
营业税金及附加	7		52,322
二、主营业务利润	8		35,741,480
加:其他业务利润	9		643,350
三、营业利润	10		36,384,830
加:投资收益	11		11,347,246
营业外收入	12		4,789,105
减:营业外支出	13		355,966
加:以前年度损益调整	14		-105,606
四、利润总额	15		52,059,609
减:所得税	16		7,808,941
五、净利润	17		44,250,668
加:年初未分配利润	18		34,366,856
盈余公积转入数	19		
六、可分配的利润	20		78,617,523
减:提取法定公积金	21		4,425,067
提取法定公益金	22		2,212,533
七、可供股东分配的利润	23		
减:已分配优先股股利	24		
提取任意公积金	25		
已分配普通股股利	26		
八、未分配利润	27		71,979,924

资　产　负　债　表

单位:湖北天发企业(集团)股份有限公司　　　　单位:元

项目	行次	附注号	年初数	年末数	项目	行次	附注号	年初数	年末数
流动资产:					短期借款	29		27,106,960	39,192,960
货币资金	1		14,874,368	21,135,940	应付票据	30			269,585
短期投资	2		235,605	15,407,863	应付帐款	31		14,389,088	16,863,418
应收票据	3		2,000		预收帐款	32		3,108,882	4,469,307
应收帐款	4		54,541,360	22,816,584	其他应付款	33		20,071,136	12,207,997
减:坏帐准备	5		173,886	67,890	应付福利费	34		193,286	182,746
应收帐款净额	6		54,367,474	22,748,694	未付股利	35		8,599,850	8,599,850
预付货款	7		20,637,054	7,420,740	未交税金	36		90,622	7,712,370
其他应收款	8		22,928,445	87,975,907	其他未交款	37			
存货	9		25,159,308	30,353,948	预提费用	38		4,522,609	4,047,139
待摊费用	10		864,459	842,181	一年内到期的长期负债	39			
待处理流动资产净损失	11		664,007	855,191	其他流动负债	40			
一年内到期的长期债券投资	12								
其他流动资产	13								
流动资产合计	14		139,732,720	186,740,464	流动负债合计	41		78,082,433	93,545,372
长期投资:					长期负债:				
长期投资	15		39,000	830,876	长期借款	42			
固定资产:					应付债券	43			
固定资产原价	16		46,803,227	51,453,544	长期应付款	44			
减:累计折旧	17		4,016,915	5,297,656	其他长期负债	45			
固定资产净值	18		42,786,312	46,155,888	长期负债合计	46			
在建工程	19		12,499,819	21,871,310	负债合计	48		78,082,433	93,545,372
固定资产清理	20		255,360	102,530	股东权益:				
待处理固定资产净损失	21		-36,353		股本	49		65,000,000	65,000,000
固定资产合计	22		55,505,138	68,129,728	资本公积	50		53,398,028	53,398,028
无形及递延资产					盈余公积	51		21,963,583	28,601,183
无形资产	23		55,866,398	54,975,209	其中:公益金	52		4,794,885	7,007,418
递延资产	24		1,667,644	1,848,230	未分配利润	53		34,366,856	71,979,924
无形及递延资产合计	25		57,534,042	56,823,439	股东权益合计	54		174,728,467	218,979,135
资产总计	28		252,810,900	312,524,507	负债及股东权益总计	55		252,810,900	312,524,507

财　务　状　况　变　动　表

单位:湖北天发企业(集团)股份有限公司　　　　单位:元

流动资金来源和运用	行次	金额	流动资金各项目的变动	行次	金额
一、流动资金来源:			一、流动资金本年增加数:		
1. 本年净利润	1	44,250,667	1. 货币资金	30	6,261,572
加:不减少流动资金的费用和损失	2		2. 短期投资	31	15,172,257
(1)固定资产折旧	3		3. 应收票据	32	-2,000
(2)无形资产、递延资产及其他资产摊销(减其他负债转销)	4	1,317,177	4. 应收帐款净额	33	-31,618,780
(3)固定资产盘亏(减盘亏)	5	2,004,368	5. 预付货款	34	-13,216,314
(4)清理固定资产损失(减收益)	6	304,349	6. 其他应收款	35	65,047,462
(5)其他不减少流动资金的费用和损失	8		7. 待摊费用	36	-22,278
小计	9	47,876,561	8. 存货	37	5,194,640
2. 其他来源			9. 待处理流动资产净损失(减收益)	38	191,184
(1)固定资产清理收入(减清理费用)	10	43,353	10. 一年内到期的长期债券投资	39	
(2)增加长期负债	11		11. 其他流动资产	40	
(3)收回长期投资	12	30,000			
(4)对外投资转出固定资产	13				
(5)对外投资转出无形资产	14				
(6)资本净增加额	15	6,637,600			
小计	16	6,710,953			
流动资金来源合计	17	54,587,514	流动资产增加净额	45	47,007,743
二、流动资金运用:			二、流动负债本年增加数:		
1. 利润分配:			1. 短期借款	46	12,086,000
(1)提取法定公积金	18	4,425,067	2. 应付票据	47	269,585
(2)提取法定公益金	19	2,212,533	3. 应付帐款	48	2,474,330
(3)提取任意公积金	20		4. 预收货款	49	1,360,425
(4)已分配股利	21		5. 应付福利费	50	-10,540
小计	22	6,637,600	6. 未付股利	51	
2. 其他运用			7. 未交税金	52	7,621,748
(1)固定资产和在建工程净增加额	23	14,289,469	8. 其他未交款	53	
(2)增加无形资产、递延资产及其他资产	24	1,293,765	9. 其他应付款	54	-7,863,139
(3)偿还长期负债	25		10. 预提费用	55	-475,470
(4)增加长期投资	26	821,876	11. 一年内到期的长期负债	56	
小计	27	16,405,110	12. 其他流动负债	57	
流动资金运用合计	28	23,042,710	流动负债增加净额	58	15,462,939
流动资金增加净额	29	31,544,804	流动资金增加净额	59	31,544,804

湖北天发股份有限公司1997年度中期报告

一、财务报告(未经审计)

1. 财务报表

(1)简化的资产负债表　　　　单位:元

项　目	1997年6月30日	1996年12月
流动资产	201,201,226.75	186,743,464.00
长期投资	14,906,875.50	830,876.00
固定资产净值	123,537,592.72	68,129,728.00
无形资产及递延资产	58,664,278.15	45,823,439.00
资产总计	398,309,973.12	312,524,507.00
负债及股东权益		
流动负债	135,010,021.27	93,545,372.00
股东权益	263,299,951.85	218,979,135.00
股本	130,000,000.00	65,000,000.00
资本公积金	53,398,027.68	53,398,028.00
盈余公积金	28,601,183.00	28,601,183.00
其中:公益金	7,007,418.00	7,007,418.00
未分配利润	51,300,741.17	71,979,924.00
负债及股东权益合计	398,309,973.12	312,524,507.00

(2)简化的损益表

项　目	1997年1-6月	上年同期数
主营业务收入	343,431,489.75	135,258,548.00
主营业务利润	37,884,178.44	14,437,392.00
其他业务利润	6,243,364.34	121,747.00
投资收益	7,458,450.39	2,819,977.00
营业外收支净额	577,062.20	2,488,841.00
利润总额	52,163,055.37	20,867,957.00
所得税	7,824,458.31	3,130,194.00
净利润	44,338,597.06	17,737,763.00

2. 财务报表附注

(1)本期财务报表所采用的会计政策及会计方法与1996年财务报表所采用的会计政策与会计方法相互一致。

(2)短期投资期末比期初减少15,204,258.06元,主要是原投资的股票已全部卖出,获利700多万元,已在投资收益中反映,期末余额203,604.94元是债券投资。

(3)货币资金期末比期初增加64,692,762.06元,主要是集团公司借款50,000,000多元已还。再加上公司采取清收往来帐并加强了存货管理,减少了部分应收帐款和商品库存而回笼了部分资金。

(4)应帐帐款期末比期初减少3,997,902.07元,主要是因为公司上半年采取了一些清收措施。

(5)其他应收款期末比期初减少,主要是集团公司借款已还。

(6)存货期末比期初减少主要是公司进一步强化了存货管理减少了不必要的库存。

(7)长期投资期末比期初增加14,075,990.50元,是因为公司上半年与挪威NGC公司签订了合资成立天恩船公司的合同,并按合同出资,一条2000立方米气运输船正在建造之中。

(8)固定资产期末比期初增加55,407,864.72元,主要是公司投资兴建了十几座型加油站和投资兴建三峡万吨油气库而增加的。

(9)应付帐款期末比期初增加9,934,502.32元,主要是上半年新增了加油站等业务网点,业务量比期初大幅提高,为节约资金,有些贸易采取赊购或先付50%款项而形成。

(10)未交税金期末比期初增加13,256,895.88元,主要是提取上半年应交所得税7,824,458.31元及部分欠交增值税款。

(11)本期末比期初增加一倍,是因为上半年实施股东大会决议九六年度"十送十"。

3. 主要财务指标

截止1997年6月20日的主要财务指标为:

(1)净资产收益率　　16.86%

(2)每股净资产　　2.03元

(3)每股净收益　　0.3411元

二、经营情况的回顾与展望

1. 上半年经营情况的回顾

(1)1997年上半年公司主营业务收入34343.15万元,比去年同期增长253.91%,实现净利润4433.36万元,比去年同期增长249.97%。

(2)公司投资兴建的大型现代化加油站进展顺利,已有多座投产,成为公司新的经济增长点。

(3)国家计委批复项目"宜昌三峡城市管道液化气工程"前期项目一万吨油气库建设进展顺利,预计今年10月份投入使用。

2. 下半年展望

(1)公司在建的三峡工程重点配套项目—三峡万吨油气库工程,将在9月28日完工,10月份可投入使用。三峡万吨油气库的设计规模为:年周转石油液化气20万吨、汽油40万吨、柴油60万吨。大江截流油气库建设投产后正是油品及液化气的销售旺季,可以预计,这座长江中上游最大的油气库将成为公司97、98年度大的利润增长点。

(2)下半年公司将有近20座新建的现代化加油站投入使用,使公司经营的加油站数量在97年底超过30座。随着这些加油站的陆续开业,公司在湖北省成品油市场的竞争力将进一步得到加强。

(3)公司将继续加强管理,降低消耗,控制成本,确保经营效益在97年度有大的提高。

三、重大事件说明

1. 本公司中期不分红。

2. 按照国务院证券委、中国人民银行、国家经贸委5月21日联合发布的《严禁国有企业和上市公司炒作股票的规定》的要求,公司经自查,曾参与股票投资,97年6月17日以前已全部平仓,无违规行为,今后,在股票操作过程中,将严格按国家规定的政策办理。

3. 本公司在报告期内无重大诉讼和仲裁事项。

4. 经97年4月7日股东大会决议的授权,经董事会批准,公司于97年4月15日与挪威NGC公司签定了合资成立天恩船运公司的合同,总投资为1600万美元,天发股份公司占51%。

5. 报告期内本公司无关联交易。

四、发行在外股票的变动和股本结构变化

(一)股本变化的原因

本公司1996年度股东大会通过的"1996年度利润分配方案",决定向全体股东每10股送红股10股,国家股、法人股、个人股所持股份同比例增长。

(二)股本变动及股东结构情况

单位:万股

项目	1996年	本次变动增减(+.-) 送股	1997年6月30日
股本总额	6500	6500	13000
1. 尚未流通股份合计	3640	3640	7280

其中:国家股	631	631	1262
社会法人股	3009	3008	6018
2.已流通股份合计	2860	2860	5720
境内上市人民币普通股	2860	2860	5720

(三)主要股东持股情况(截止97年6月30日)

股东名称	持股数	占总股本
荆州市农场	2818	16.14%
荆州市第一木材公司	1600	12.31
荆州市国有资产管理局	1262	9.71
荆州市化工建材总公司	800	6.15
荆州市金属材料总公司	800	6.15
长春市付佳运实业有限公司	347	2.67
中经开北京证券交易部	108.53	0.83
梁云梅	66.65	0.51
北京(资料不详)	57.79	0.44
张瑞洪	56.31	0.43

五、股东大会简介

1997年4月7日下午公司在荆州天发大厦三楼会议室召开了1996年度股东大会,出席本次大会的股东共53人,代表股份4784万股,占股份73.6%,符合《公司法》和公司章程的有关规定,会议合法有效,大会审议通过了以下决议:

1.审议通过《1996年度公司董事会工作报告》

2.审议通过《1996年度公司监事会工作报告》

3.审议通过《1996年度财务决算、1997年财务预算报告》

4.审议通过公司更名和修改章程方案

5.审议通过1996年度利润分配方案

6.授权公司董事会根据公司发展的需要,在1997年适当的时候采取其他融资方式募集发展资金。

7.审议批准了聘用会计师事务所的建议,决定继续聘用北京中庆会计师事务所进行相关财务审计工作,聘用期一年。

8.审议通过授权公司董事会办理中外合资合作事宜的议案。

六、备查文件

1.载有董事长、总经理亲笔签名的中期报告原本;

2.公司股东大会材料;

3.公司章程

湖北天发股份有限公司

一九九七年二十五日

延边公路建设股份有限公司

延边公路建设股份有限公司简介

一、公司概况

延边公路建设股份有限公司是吉林省第一家交通系统股份制企业，也是全国交通系统未封闭公路A股第一家上市公司。1993年4月，由延边州国有资产管理局、吉林省交通投资开发公司、吉林省公路机械厂、吉林省公路勘测设计院等单位通过定向募集方式发起设立的。

公司主营公路、桥梁、隧道的投资开发与经营期内的管理，公路、桥梁等交通基础设施是公司的主要生产结果。公司目前经营管理三条隧道及一条公路，正在修建龙延、延朝两条公路，设有小盘岭隧道收费站、密江岭隧道收费站、长岭子公路收费站、五虎岭隧道收费站。经营期限综合确定为22年8个月。

公司成立三年多来，以公路建设为重点，以招商引资、融资为保证，积累增值，滚动发展，使公司经营实现滚动快速发展的好形势，利润总额1994年、1995年、1996年分别实现1120万元；1190万元；1508万元，年递增达16.5%。

由于突出的经营业绩，1997年5月，延边公路建设股份有限公司的股票得以公开发行上市，公开发行社会公众股3000万，为公司一举募集进1.02亿元的巨额资金，公司总股本由创立时的5000万股激增到8000万股，实力大增。公司股票在深交所挂牌上市，股票代码是0776，以小盘绩优股的形象备受世人的关注。

公司新募集进的资金主要投入到松老公路龙井－延吉段20.2公里一级汽车专用线的修建上，该项目总投资2亿元。该公路向南延伸将成为连接朝鲜清津港的捷径，地理位置十分重要。

与此同时启动建设的还有烟朝公路延吉－朝阳川段9.2公里二级汽车专用线。该项目总投资4000余万元，工期一年。

两条公路的建设是延边州、吉林省乃至整个东北亚的一件大事，它不仅为公司创造可观的经济效益，更重要的是将为吉林省开边通海、东北亚的开发开放发挥重要作用。

公路建设属于国民经济的基础产业，享受着国家产业政策的优惠扶持，同时，公司地处少数民族地区，又享受着民族优惠政策，公司的公路建设得以迅猛发展，并拥有广阔的市场和稳定的发展前景。在过去的三年里，公司已为延边公路事业的发展，累计投资5255万元，其中较为重要的项目有珲春长岭子公路续建工程；五虎岭隧道工程等大型项目。

延边公路建设股份有限公司正以它强劲的实力在祖国东北边陲、在东北亚金三角的几何中心迅速崛起，正象一颗冉冉升起的新星，熠熠生辉。

二、公司主要领导简介

朴东洙，一个朴实而精明的朝鲜族汉子，以其特有的坚韧性格和顽强实干作风，担当着延边公路建设股份有限公司董事长一职。他就象一个旗手，导引着延边公路公司驶向经济快速发展的高速公路。

初识朴东洙，给人的强烈印象就是他的睿智、沉稳、刚毅和果敢。方方正正的脸庞上，严肃总是多于笑容，思考总是多于言谈。今年1月，由于工作需要，朴东洙从延边朝鲜族自治州交通局副局长的位置上脱离出来，履行法定程序后，走马担任了这家正在加紧运作、准备上市的延边公路公司的董事长，他是2100万国家股的代表，也是这家公司的法定代表人，肩上的担子并不比州局副局长的轻巧。

对此，朴东洙自嘲说："下海了。"

"下海"，就要有"下海"的风度。

那边，副局长的工作还没有交接完毕，这边，他就必须走马上任了。没有一天的时间可以让他休息、犹豫、适应一下，而他也已坚毅地踏上征程，义无反顾。

各项工作就象山一样压过来。

在此之前，这家公司尽管在各方面都取得了较好的成绩，但在股份制改造方面应有许多工作要做，特别是争取上市工作面临着巨大的挑战。

1997年1月上旬，国务院有关部委连续发布三个文件，对上市工作做出一些新规定，这使得公司将要发行的股票价格几乎落下来1倍。在这种情况下，朴东洙全面分析形势，探讨公路建设行业的特殊性和对地方经济发展所起的巨大积极作用，分析公司存在的优势与不足，之后，他三番五次进京，向有关部门和领导说明情况，请求支持。有一次，他在北京一住就是一个月，各部委不知跑了多少趟，因为吃不好，睡不好，心理压力大，返京时，他的腰带已整整往里缩了两个扣眼。在他和其他同志的艰苦工作下，股票发行工作终于取得较满意的效果，发行额度增加500万，达到3000万，发行市价达到3.60元。该股票终于成为全国交通系统未封闭公路A股第一股，对全国交通系统股份制改造提供了可行的经验，实现初步的胜利。

1997年是延边公路公司公路建设的开局年和起步年，大规模的公路建设首次被提到公司的日程上来。作为公路建设的理论者和实践者，朴东洙气魄很大，他一开始就提出松老线龙井至延吉20.2公里一级汽车专用线和图乌线烟集至朝阳川二期工程9.2公里二级水泥混凝土路面同时上马，并得到当地政府的认可，这样，两项工程总投资一下子达到2.6亿元，而公司发行股票仅仅募集进1.02亿元，巨大缺口资金怎么办？压力确实很大。对此，朴东洙显得十分镇定沉稳，他说有大的压力才能大干，有小的压力只能小干，没有压力也就不用干了。

目前，龙延、烟朝两条公路均如期开工，工程进展迅速，势如破竹。解决98年资金缺口的可行性办法也已见眉目。公司的经营活力大增，潜在效益十分可观。

朴东洙1952年出生，1977年毕业于吉林省交通学校道桥专业，后来又陆续就读于国家交通部力学师资班、吉林工学院管理工程系，使自己的知识水平、理论水平日臻完善。同时在工作中，他积累了大量的丰富的实践经验，从离开校门那天，他就始终与公路联在一起，先后就职于延边公路管理段、延边公路处、吉林省公路工程局六处、延边公路工程处、延边州交通局，历任技术员、科长、处长、副局长等职。丰富的阅历使他大长才干，他的足迹遍及延边八县市的各个角落，参与设计、修建的公路、桥梁达二十余条(座)，撰写了《图们－乌兰浩特公路青年路－哈隆段沥青混凝土面层施工小结》、《论公路股份公司的特殊性及其发展》等多篇论文，充分显示了自己的专业特长和才华。

来到公司以后，朴东洙依靠他踏实的作风和深谋远虑赢得广大员工的敬重，他常说，搞公路建设需要眼光，需要魄力，更需要实干。在主持两条公路建设中，充分展现出了他的意志和勇气，大刀阔斧的魄力，披棘斩荆的闯劲，使他扫清了公路建设中的一切障碍。而当两条公路建设步入正常轨道之后，他又把眼光投向更远的将来，把眼光投向国内外的大市场，思量着如何把公路投资建设这块蛋糕做大，为社会、为股民带来更丰厚的利益。

李振远，温雅和善，柔中带刚，不善言谈。他是延边公路建设股份有限公司的主要创始人之一。进入90年代，随着延边经济的迅猛发展，延边交通滞后的矛盾日益突出，特别是珲春市被国务院确定为边境开放城市以后,延边的开边通海任务显得更加紧迫和重要。一些有识之士纷纷站出来出谋划策,在这种情况下,省交通厅、州交通局不断提出新的改革构想,通过组建公路股份公司来广泛吸纳社会各类闲散资金,加速延边公路建设步伐的构想日趋成熟。当时尚在州交通局任职的李振远等几位同志立即行动起来,日夜奔波,克服种种困难,与省、州有关部门衔接、洽谈、以取得上级的支持和帮助并在全省交通系统内找到6家志同道合的企业共同作为定向募集发起设立单位。在他们不懈的努力下,延边公路建设股份有限公司终于在1993年3月成立了。公司总股本5000万,其中国家股2100万,法人股1900万,职工内部股1000万,公司以道路桥梁的投资经营为主业。李振远任公司总经理,董事长由州交通局局长金成秀临时兼任。

在此之前,李振远还担任了延边交通贸易总公司总经理职务。在改革开放,经济搞活大潮的影响下,李振远同志率领5名员工以及仅30万元的资金创办了延边交通贸易总公司。作买卖,听起来既简单又潇洒。殊不知其中的艰难与苦涩。他大胆尝试,边摸索,边学习,多方接触联系,苦干实干,仅一年,就为公司创下160万元的利润,积累了许多经验。

在公路建设方面搞股份制,对我们来讲是件新鲜事,国内没有现成的经验可参照,作为我省交通系统唯一一家股份制试点企业,李振远审时度势,纵横捭阖,提出"拓宽思路、拓宽公路、拓宽财路"的战略思想,在公路建设上实行有偿投入、滚动发展、积累增值、实现实力的不断壮大。

延边的地形地貌素有"八山一水半草半分田"之称,多山的地形和偏居一隅的地理位置,使得延边交通状况长期落后,据统计,全州公路密度为9.1km/百平方公里,远远低于吉林省16.9km/百平方公里的平均水平。1993年初,省、州交通部门筹措上马五虎岭隧道工程,原本就对全州交通状况极为熟悉的李振远,深知该工程对全州经济发展的重要作用,毅然提出投资,并最终将该隧道的收费经营权收归公司所有。目前,该隧道是全省最长的公路隧道,已经成为公司重要的经济增长点。

在此基础上,李振远带领全体员工修建了长岭子公路续建工程、五虎岭、密江岭、长岭子收费站建设工程等几项重要工程的建设,为公司的不断壮大,为我省的开边通海,为振兴延边经济付出了很大心血。

公路建设是投资大、回收期长、见效慢的项目,短期内不能实现可观的经济效益。因此,李振远同志高瞻远瞩,经过多方市场调查以及与经营班子的反复研究,果敢地投资创办了图们储运公司、延边兴亚食品批发商行等分支机构。这些分支机构经过三年多的经营运作,正稳步发展,给公司带来了较为可观的经济效益。

由于李振远经营有方,公司经营业绩、经营实力都有了很大飞跃。但是,他并没有满足于眼前的成绩,而是对全体员工提出了更高的要求,对公司提出了更高的要求,即准备争取上市。为提高全体员工的整体素质,公司先后举办了电脑学习班及证券知识学习班,给员工的进步创造了各种学习条件。在董事会做出要发行股票的重大决策后,李振远领导全体职工展开了大规模、全方位的股票上市前期准备工作。尽管这项工作对他们来说既神秘,又陌生,更充满诱惑,但是他带领员工克服重重困难,认真准备上市材料,数次赴京,赴省城汇报情况,积极争取政府的支持和帮助,废寝忘食地工作,终于争取到3000万股的发行额度,实现公司三年来梦寐以求的奋斗目标。

股票发行上市了,更繁重、更具挑战性的工作才刚刚开始。为了提高公司的经济效益,为了更好地维护广大股民的利益,李振远深感肩上的担子更重了,想的也更多了。他白天集中精力研究指挥经营工作,晚上则潜心研究经营之道,他要尽他的所能,使公司的经营再上一层楼。

延边公路建设股份有限公司招股说明书概要

一、释义

在本招股说明书中,除另有说明外,下列名词之含义具有以下释义范围:

发起人	指延边州交通局(其股份由延边州国有资产经营总公司持有)、吉林省交通投资开发公司、吉林省公路机械厂、吉林省公路勘测设计院、延边公路工程处、吉林省交通水泥厂
发起人股份	指本公司发起人认购的股份
发行人	指延边公路建设股份有限公司
本公司	指延边公路建设股份有限公司
证监会	指中国证券监督管理委员会
承销协议	指本公司与主承销商达成的承销协议
主承销商	指中国民族国际信托投资公司
上市推荐人	指中国民族国际信托投资公司
元	指人民币元
A股	指每股面值为1元的不记名人民币普通股

二、绪言

本招股说明书是根据《中华人民共和国公司法》、《公开发行股票公司信息披露实施细则》及《股票发行与交易管理暂行条例》、《关于发布公开发行股票公司信息披露的内容与格式准则第一号〈招股说明书的内容与格式〉的通知》和国家现行有关证券管理法规而编写并公布,旨在向公众人士提供有关本公司的资料。延边公路建设股份有限公司董事会全体董事已经通过本招股说明书,确信本招股说明书不存在任何重大遗漏或者误导性提示,对其真实性、准确性、完整性负个别及连带责任。

本公司本次新发行的股票是根据本招股说明书所载明的资料申请发行的。除本公司发行人和主承销商外,没有委托或授权任何其他人提供未在本说明书中列载的信息和对本说明书作任何解释或者说明。

本公司股票之买卖,应由投资人按规定负担相应的税款,发行人、承销商和推荐人对税款不承担责任,并确信所摘内容与招股说明书正文一致且无重大误导、虚假及遗漏。

本公司此次发行业经中国证监会证监发字[1997]189号,证监发字[1997]190号文批准。

三、发行新股的有关当事人

1. 发行人:

名　　称:延边公路建设股份有限公司
法定代表人:朴东洙
地　　址:吉林省延吉市河南街1号
电　　话:(0433)2853913
联系人:吴署良　金美兰

2. 主承销商:

名　　称:中国民族国际信托投资公司
法定代表人:马茂宗
地　　址:北京市西城区展览路北露园1号10层
电　　话:(010)66064195
(010)66064205
联系人:毛妍　张学春　王孜弘

3. 副主承销商:

名　　称:南方证券有限公司
法定代表人:王景师
地　　址:深圳市深南东路1号南方国际酒店1号楼
电　　话:(010)67642077
(010)67642246-621
联系人:赵莉红　张业丰

4. 分销商:

名　　称:光大证券有限公司

法定代表人:刘纪元

地　　址:北京市复兴门外大街6号光大大厦

电　　话:(010)68561513

联系人:王为

名　　称:中国旅游信托投资公司

法定代表人:刁玉良

地　　址:北京站东街11号金安皇都大酒店四层

电　　话:(010)65158640

联系人:汪刚义　姜玉梅

名　　称:中国教育信托投资公司

法定代表人:王显明

地　　址:北京西城区展览路3号

电　　话:(010)68364388

联系人:杨忠

名　　称:吉林省信托投资公司

法定代表人:方中义

地　　址:吉林省长春市北安路80号

电　　话:(0431)8967204

(0431)8925757

联系人:高岩

名　　称:吉林省证券有限责任公司

法定代表人:祁崇焕

地　　址:吉林省长春市斯大林大街63号

电　　话:(0433)2557579

联系人:王少林　吴龙洙

5. 上市推荐人

名　　称:中国民族国际信托投资公司

地　　址:北京市西城区展览路北露园1号10层

电　　话:(010)66064195

(010)66064205

6. 法律咨询机构:

名　　称:北京中伦律师事务所

地　　址:北京东三环北路甲2号京信大厦14层

电　　话:(010)64661648

(010)64661649

联系人:崔丽

经办律师:张学兵、崔丽

7. 财务审计机构:

名　　称:中洲会计师事务所

法定代表人:陶省隅

地　　址:北京海淀区阜成路33号

电　　话:(010)68437056

(010)68434941

联系人:晏辉清

经办注册会计师:晏辉清

8. 资产评估机构:

名　　称:吉林省资产评估事务所

法定代表人:马兆骏

地　　址:吉林省长春市西三条街11号

电　　话:(0431)2714913

(0431)2794581

联系人:张立山

经办评估人员:张立山、赵伟功、邓振林、闫进清、弓　佳、蔡令典、孙家忠、王晓刚

9. 土地评估机构:

名　　称:吉林省土地估价所

法定代表人:刘胜峰

地　　址:吉林省长春市建设街甲1号

电　　话:(0431)2744564

项目负责人:刘胜峰

经办评估人员:刘胜峰　孙文彪　赵铭明　罗洪波

10. 资产评估确认机构:

名　　称:中国国家国有资产管理局

地　　址:北京市海淀区万泉河路66号

电　　话:(010)63463910

11. 股票登记机构:

名　　称:吉林省证券登记有限公司

地　　址:吉林省长春市同志街64号火炬大厦4楼

电　　话:(0431)5652448

(0431)5671481

名　　称:深圳证券登记结算有限公司

地　　址:深圳市红岭中路25号

电　　话:(0775)5595572

12. 主承销商律师:

名　　称:观韬律师事务所

地　　址:北京车道沟一号玫瑰花园12层

电　　话:(010)68410567

(010)68410568

经办律师:崔利国

四、股票发行

股票类型:人民币普通股(A股)

发行时间:1997年5月14日至5月16日。

发行地区:吉林省延吉市

发行对象:除法律禁止以外的中华人民共和国境内合法投资人。

承销起止日期:1997年5月14日至1997年5月24日。

预计上市日期:于1997年第二季度于深圳证券交易所上市。

发行方式:网下发行,全额预缴款,比例配售,余额转存。

发行价格=(94年每股税后利润+95年每股税后利润+96年每股税后利润)÷3×市场盈率即:

发行价格=(0.2141+0.2226+0.2817)÷3×15=3.60元。

发行总量:3000万股。

每股面值:人民币1元。

发行价格:每股3.60元。

发行总市值:10800万元。

承销方式:余额包销方式。

收款银行:中国工商银行延边中心支行

承销机构:

名　　称	承销量(万股)	承销比例(%)
中国民族国际信托投资公司(主承销商)	1800	60
南方证券有限公司	450	15
光大证券有限公司	150	5
中国旅游信托投资公司	150	5
中国教育信托投资公司	150	5
吉林省信托投资公司	150	5
吉林省证券有限责任公司	150	5

五、风险因素及对策

投资人在评价本发行人此次发售的股票时,应当特别认真地考虑下

述各项风险因素。

A. 主要风险

1. 经营风险

(1)对主要客户的依赖

目前公司所建设与经营的公路处于吉林省境内,公路使用者主要为东北地区的客户。东北地区的经济活动及中、俄、朝贸易的变化将对公司的经营状况产生影响。

(2)产品价格方面的限制

目前公路收费标准不可能完全由市场调节。目前公司按吉林省交通厅、吉林省物价局、吉林省财政厅有关规定执行收费标准,按各种不同型号车辆的不同收费标准加权平均计算,平均每车次收费12元。如果收费政策变动,公司效益会受影响。

(3)经营时间限制的风险

根据《吉林省公路管理条例》和交通部(1996年9号令)颁布的《公路经营权有偿转让管理办法》的有关规定,本公司与延边州公路管理处达成的协议,公司对小盘岭隧道收费站、密江岭隧道收费站、长岭子公路收费站、五虎岭隧道收费站的收费经营权期限综合确定为自1993年10月1日起至2016年5月30日止。公司对上述三条隧道和一条公路的收费经营权受时间限制。

(4)建设中补贴的不确定性

根据吉林省交通厅吉交计字(1996)162号《吉林省交通厅关于提高水泥路补贴标准的通知》所定标准,公司公路建设中,享受地方配套资金与省交通部门的投入。政策补贴受宏观经济的影响,存在着不确定性。

(5)产业结构过度集中或分散的风险

公司业务集中于公路、桥梁、隧道及构造物的建设与经营。业务较为集中,在某种程度上构成产业结构集中的风险。

(6)其他交通行业竞争风险

从更广的领域看,航空与铁路运输可能间接影响本公司公路的建设与经营。

(7)融资能力的局限性

公路建设资金需求量大,一般资金回收期长,这将影响公司融资能力。

(8)自然条件限制等

自然条件对于公路、桥梁、隧道及其它构造物的工程造价会产生一定的影响。自然灾害也对公路的运行产生一定的影响,从而影响公路的经营。

2. 行业风险

(1)行业发展的限制因素

本公司业务以建设和经营公路及相关基础设施为主。公路收费站的数量受限制,不能每建一条路即设立一个收费站。

(2)依赖其他行业的发展

公司业务对于其它地区的交通建设及运输行业企业有一定的依赖性。汽车行业的发展对公司业务有一定的影响。

(3)依赖有限的资源

公司建筑施工所需要原材料在一般情况下市场均可满足,但燃料对于汽车运输的影响会间接影响公司业务。

3. 政策风险

公路行业受税收政策影响较大。从1997年起所得税按33%计征后返还25.5%,返还部分作为税后利润。如果税收政策变化,将影响公司的盈利。

4. 其他风险

本次发行募集资金将投放于吉林省松老公路龙井至延吉段汽车专用一级公路的建设。建设过程中可能受建筑材料价格变化的影响。公司建设与经营地段中,有相当一部分处于中、俄、朝边境附近,三国关系与政策将对本公司业务产生影响。

5. 股市风险

股市受国家政治环境、宏观经济状况、国家政策、行业状况、企业经营状况及前景等多种因素的影响。市场行情变幻莫测。二级市场的价格对于政治、经济、政策、自然条件变化、投资者心理素质等方面反应敏感。股票投资风险与收益并存,投资收益有较大的不确定性。

B. 风险对策

1. 经营风险之对策

(1)对主要客户的依赖之对策

公司将不断修建与开辟新的公路运输线路,从而扩大运输辐射范围。此外,其它地区交通运输基础设施的发展也将提高本公司经营的公路的车流量。

(2)产品价格方面的限制之对策

公司将通过改善内部管理,降低建设与经营成本来克服价格政策对公司经营效益的制约。

(3)经营期限风险之对策

目前公司收费经营的三条隧道及一条公路的收费经营期限综合确定为至2016年5月30日止。在此期间,公司将建设新的公路、桥梁、隧道等交通设施,开辟新的经营地段,建立收费站。本次募集资金投入的龙井至延吉段公路即为主要项目之一。此外,公司还可根据情况决定是否与州公路管理处协商续签经营协议。

(4)建设与经营中补贴不确定性之对策

公司公路建设中,享受地方配套资金与省交通部门投入的支持。股票发行后,这种配套资金和投入将继续保留。公司将积极争取配套资金和投入的不断扩大。同时设法降低成本,弥补政策补贴可能减少而造成的损失。

(5)产业结构过度集中或分散的风险之对策

扩展公路建设的业务本身就意味着向多种行业和领域提供服务,起到风险分散的作用。此外,公司还将通过扩大其兼营业务来分散风险。

(6)其他交通行业竞争风险之对策

由于航空与铁路可能间接影响本公司公路的建设与经营。对此,公司通过引进先进技术,提高建设与施工质量,加强配套服务,从而吸引和增强机动车通行量。

(7)融资能力的局限性之对策

公路收费一般采取即过即付的形式,因此收费及时。由于公路建设与经营行业的前景较为稳定,因此公司收入与支付能力也较为稳定,运营资金通常较为充足。本次募集资金成功后,按照吉林省交通厅吉交计字(1996)162号《吉林省交通厅关于提高水泥路补贴标准的通知》等有关规定,公司仍能够得到地方配套资金和吉林省对于交通基础设施建设的资金投入。根据吉林省交通厅6年公路网规划规定,公司还可继续享受建设补贴。公司近期发展资金基本得到满足。此外,公路建设属于国家倾斜行业,政策等方面的优惠有利于公司通过银行贷款等途径筹资。但公司仍将认真研究最佳资本结构,积极利用多方面的渠道采取多种方式加强融资能力。

(8)自然条件限制之对策

自然条件对于公路、桥梁、隧道及其它构造物的建设施工及公路运输会产生一定的影响。对此,公司将通过技术改造等措施提高公路及构造物的质量,增强或提高其对自然条件变化的适应能力。

2. 行业风险之对策

(1)行业发展的限制因素之对策

本公司的主业公路建设与经营属于国家鼓励的项目,仅在设立收费站方面受到限制。但本公司收费站的设立一直符合国家政策与规定。本公司将在建设预算与经营管理上加大科技含量,以最低的消耗获取最佳的利润,以弥补不足。

(2)依赖其他行业之对策

各个行业的发展都难以离开公路交通,通过建设新的公路,拓宽本公司在地域上的经营范围,增加新的服务,从而使公司业务不受或少受因其它地区交通条件相对不足的影响。

(3)依赖有限资源之对策

加强科技研究,节约资源,开辟新的资源与替代资源,加强资源储备,从而减少或避免因资源有限对公司业务的影响。

3.政策风险之对策

公司业务属于交通基础设施建设,主要业务处于少数民族地区,因此可享有政策上的双重优惠。能够根据吉林省人民政府实施的2000年公路网项目既定目标和地方政府的政策倾斜得到补偿配套资金及其它方面的优惠条件。

在税收政策方面,吉林省人民政府吉政文[1997]4号"吉林省人民政府关于同意减征延边公路建设股份有限公司所得税的函"已经确认,省政府原则同意对延边公路建设股份有限公司1994-1996的所得税执行原定额上交的办法,并从1997年起所得税按33%计征后返还25.5%。返还部分作为税后利润。此外,公司还将利用国家对基础设施与少数民族地区的倾斜政策争取更多的优惠。

4.其他风险之对策

通过开发技术,提高公路建设水平与公路质量,提供更为全面的服务,同时开展其它业务,优化公司经营结构,提高公司综合实力与抗风险的能力。

5.股市风险之对策

针对股市风险,本公司将按照国家有关法律、法规及有关信息披露的规定,及时准确地向投资者提供公司信息。

六、募集资金的运用

本次发行前于1993年募集的5000万股中,2100万股为实物投入,实际所募资金为2900万元。其中2150万元投入五虎岭隧道工程及配套设施建设,560万元投入长岭公路续建工程,146万元投入长岭及密江收费站等管理设施的建设,37万元用于密江隧道的维修,7万元用于其它方面的日常维修与经营。

本公司本次股票如果发行成功,预计将实募集资金10200万元左右。根据吉林省计划委员会吉计交字[1996]797号《关于新建松老公路龙井至延吉段工程可行性研究报告调整意见的批复》,本次发行所募集的资金将重点投入吉林省松老公路龙井至延吉段汽车专用一级公路建设。

公路全长20公里,部分立交封闭(包括自然封闭和简易铁丝网封闭)该项目经吉林省计划委员会以吉计交字[1996]797号文件批准,预计需要投入资金2亿元,其中1997年度投入12800万元,1998年度投入7200万元。

上述路段是0707省级干线松(江)——老(松岭)线中连接龙井市、延吉市,并通往黑龙江省、长白山天池及四个边境口岸的交通运输最繁忙的路段。公路将于1998年下半年通车,延边公路建设股份有限公司将行使对过往车辆收取通行费的特许权。

该路段1996年平均交通量为4437辆/日。根据地方经济、交通状况的发展速度及公司多年经营的实际情况预测,按年平均递增率为7%计算,1998年交通量为5080辆/日。如依据吉林省交通厅、吉林省财政厅、吉林省物价局文件吉交公联字(1994)92号《关于统一全省过路、桥、隧收费标准的通知》规定按照加权平均法计算,平均每辆车收费为12元,1998年日收费为5080×12=60960元,年收费额为2225万元。年利润为2000万元。扣除省交通厅提供的补贴近4000万元,公司实际投入约16000万元,按年投资回报率约12.5%计算,投资回报期为8年。

按照吉林省交通厅六年公路网规划及吉林省交通厅吉交计字(1996)162号《吉林省交通厅关于提高水泥路补贴标准的通知》,省交通厅将对松老公路延吉至龙井段的建设提供补助。此外,还可根据吉林省计划委员会《吉计交字[1996]797》的批复通过招商引资方式筹集资金,也可利用国家对基础产业的扶持政策通过银行贷款等方式筹集资金。

七、股利分配政策

本公司在股票发行后第一个盈利年度派发股利,时间为年终决算后。根据1996年12月临时股东会的决议,对老股东照常派发1996年的股利,本次发行后产生的新股东不享受1996年派发的股利。

股东按持股比例参加分配,公司当年亏损或没有盈利时,不分配股利。

本公司股票全部为普通股,同股同利,股利同时派付。

公司按规定上交税金后的利润,弥补上年度亏损和偿还到期债务后的剩余部分按以下顺序及比例分配:

提取法定盈余公积金(提取比例为10%)

提取公益金　　　　(提取比例最低为5%)

提取任意盈余公积金

分配普通股股利

除法定盈余公积金和公益金的每项不超过10%外,每一年度的具体分配比例,由董事会视公司经营状况和发展需要提出分配方案,并报股东大会审定。本公司股利每年派付一次。当年的股利于次年的前六个月内派付。公司分派股利时,以公告形式通知股东。本次发行产生的新股东不享受本次股票发行完成前的滚存利润。

本公司采取现金股利和股票股利的形式分派股利。现金股利以人民币派付。本公司分派股利时,按有关法律和法规代扣股东股利收入的应纳税金。

八、发行人情况

1.公司名称:延边公路建设股份有限公司

英文名称:YAN BIAN ROAD CONSTRUCTION CO. LTD.

2.成立时间:1993年4月3日

注册登记号:12633543--9

3.注册地址:吉林省延吉市河南街1号

公司总部所在地:吉林省延吉市河南街1号

注册资金:人民币5000万元

4.发行人历史沿革

延边公路建设股份有限公司(以下简称"延边公路")是由延边州交通局、吉林省交通投资开发公司、吉林省公路机械厂、吉林省公路勘测设计院等单位共同发起,经吉改股募[1993]52号文件批复,于1993年4月通过定向募集方式成立的吉林省第一家交通系统股份制企业。

根据《公司法》的规定,依据延边州交通局与延边州国有资产经营总公司签署的《国家股股权委托经营协议》,延边州交通局的2100万股国家股由延边州国有资产经营总公司持有并负责经营管理。

公司自成立开始,即依据《公司法》、《企业财务通则》等国家法规进行了规范。股东大会、董事会、监事会等机构健全,各个业务部门的责任与权力也十分明确,并建立了新的财务核算制度。

5.组织与管理机构见附图

6.职工状况

本公司有职工320人,其中管理人员85人,财务人员16人,生产人员219人。其中大学本科及本科以上学历者31人,有大专文凭的45人,受过中专教育的16人,技校毕业的32人。

公司在劳动保险等福利方面采取了社会化管理与企业管理相结合的原则,按国家有关方针、政策、法规为职工投办了医疗与养老保险。失业保险则按国家有关规定结合地方状况参照养老保险同等对待。

7.发行人经营业务范围

公司主营:公路、桥梁、隧道的建设,经营期内的公路、桥梁、隧道的管理。

公司兼营:金属材料、建筑材料、机械设备、纺织品、食品等。

经营方式:开发、建设、收费。

8.发行人主要业务:各种公路、桥梁、隧道及构造物的建设与管理。

9. 公司生产经营状况

公司生产以建设公路及相关基础交通设施为主。公路、桥梁、隧道、构造物及基础交通设施是公司的主要生产成果。公司目前经营管理三条隧道及一条公路,并设有小盘岭隧道收费站、密江岭隧道收费站、长岭子公路收费站、五虎岭隧道收费站。经营期限综合确定为22年8个月。即自1993年10月1日起至2016年5月30日止。

公司组建以来,已为延边公路事业的发展,累计投资5255万元。其中较为重要的投资项目有:

(1)1994年度完成珲春长岭子公路续建工程投资560万元,此工程为吉林省交通建设"八五"重点项目,全长14公里。

(2)1994年完成三个收费站建设,投资180万元。

(3)1994年完成五虎岭隧道工程项目。该项目投资4150万元,是吉林省"八五"重点项目,也是全省公路史上第一次面向全国公开招标的试点工程。隧道全长958米,是全省最长的公路隧道。

(4)1994年投资365万元,在吉林省图们市建立物资储运有限公司,占地面积25000平方米,并建成设施完备的铁路专用线,目前已成为吉林省及中、俄、朝三国边境经贸业务的物资储运基地。

(5)在进行公路建设与经营的同时,公司还进行了与主营业务相配套的建设。公司共完成2745万元的道桥建设项目。公司的技术力量、人员力量和设备都有较大的提高。

(6)除主营业务外,公司还充分利用边疆地区特有的条件,积极开展边境贸易业务,与朝鲜、韩国、俄罗斯的贸易额累积达3000多万元,获纯利润280多万元。

10. 市场情况:

本公司经营范围以公路、桥梁、隧道的建设与经营为主。难以用一般的产品市场占有情况、销售额及销售方式等表述。此外,由于地域上的原因,不存在从产量、市场占有率等方面与其它地区的同行业企业进行竞争与排名的问题。但本公司业务在地区同行业中名列前茅。

(1)公司列全省公路经营收入第一名,日收费额为5.055万元,高出其它各收费站17%。

(2)年收费额递增率高于其它地区的5%,为7%,列全省第一名。

(3)单项投入列全省第一名。公司向五虎岭隧道工程投入4150万元,到目前为止是全省单独向单项交通基础设施投入资金量最大的企业。

11. 公司建路所用建筑材料主要来自境内市场提供,省内市场基本能够满足公司目前建筑材料的需要。无需进口,没有外汇支出问题。

12. 关于土地使用权转让与租赁

吉林省土地管理局吉土建字[1996]11号"关于对延边公路建设股份有限公司土地资产处置方案的批复"确认,根据国家及省土地管理部门有关文件,对于公司所属十三宗地总面积253246.49平方米国有土地使用权,决定以出让和租赁相结合的方式进行处置,使用期限为15年;在租赁期间,不得转让,其租金标准依据地价上涨指数每两年调整一次。同时还对各个不同宗地的价格等进行了规定。

其余用地已通过签订使用权出让合同或使用权租赁合同等方式解决。

13. 关于公司公路经营权

(1)吉林省交通厅吉交函字[1996]181号"吉林省交通厅关于核定延边公路建设股份有限公司所属收费站收费经营权转让年限的函"确认,根据吉林省有关部门和交通部的有关规定,经省交通厅研究同意,将小盘岭隧道收费站、密江岭隧道收费站、长岭子公路收费站、五虎岭隧道收费站的收费经营权转让给延边公路建设股份有限公司经营管理。经营期限综合确定为22年8个月。即自1993年10月1日起至2016年5月30日止。

(2)延边公路建设股份有限公司与延边朝鲜族自治州公路管理处签订了《转让公路收费经营权合同》,确认了上述经营期限,并对具体的权力与义务进行了规定。

(3)吉林省延边公路建设股份有限公司与吉林省交通投资开发公司签订了《委托经营协议书》,协议规定,吉林省交通投资开发公司代表省交通厅对延边公路建设股份有限公司所经营的一条公路三条隧道产施全面的监督管理;延边公路建设股份有限公司在经营期限内保证国有资产完整无损,并做到定期维护保证畅通等。

14. 关联企业与关联交易

(1)延边州国有资产经营总公司,主营政府授权范围内的国有资产有偿调剂和转让,出售、拍卖、兼并、改组、股份制企业(国股)股利收交。持本公司股票21,000,000股,占发行前股本的42%。

(2)吉林省交通投资开发公司,主营交通基础设施委托投资业务,汽车(轿车除外)船舶及其配件、汽车零部件、房地产经营、建筑材料、交通机械、钢材、木材、五金交电、旅游开发经营、专业咨询、石油沥青、石油制品、原油。持本公司股票10,000,000股,占发行前股本的20%。其总经理邱壮兼任延边公路建设股份有限公司副董事长,总会计师李加友,兼任本公司监事长。

(3)吉林省公路机械厂,主营筑养路机械,兼营汽车修理。持本公司股票2,000,000股,占发行前股本的4%。其厂长刘桂兰兼任本公司董事。

(4)吉林省公路勘测设计院,主营公路工程勘测乙级、设计乙级、测量甲级。持本公司股票1,000,000股,占发行前股本的2%。其院长王树森兼任本公司董事。

(5)延边州公路工程处,主营公路工程,持本公司股票900,000股,占发行前股本的1.8%。其处长金在洙兼任本公司董事。

(6)吉林省交通水泥厂,主营水泥、预应力小孔板制造。持本公司股票500,000股,占发行前股本的1%。其厂长孙国臣兼任本公司董事。

(7)图们储运公司,本公司控股公司,本公司对其投资365万,占注册总资本62%。图们储运公司主要经营仓储业务,资产为588万元。

上述企业与本公司间的业务往来均按一般市场经营规则进行,与一般性业务往来企业同等对待,与本公司间无特殊的政策。

九、董事、监事、高级管理人员及重要职员

董事长朴东洙先生,1952年生,朝鲜族,大学学历,高级工程师。曾任延边公路工程处处长、延边州交通局副局长。现任延边公路建设股份有限公司董事长。持公司股份3000股。

副董事长邱壮先生,汉族,1956年生,大学学历,经济师。曾任吉林省交通厅计划统计处副处长。现任吉林省交通投资开发公司总经理,兼任延边公路建设股份有限公司副董事长。

副董事长兼总经理李振远先生,朝鲜族,1950年生,大学学历,经济师。曾任延边交通贸易总公司总经理。现任延边公路建设股份有限公司总经理。

董事李宗瑛先生,汉族,1956年生,大专学历,工程师。曾任珲春市公路管理段副段长,现任珲春市公路管理段段长,兼任延边公路建设股份有限公司董事。

董事刘桂兰女士,汉族,1953年生,大专学历,高级工程师。曾任吉林省公路机械厂厂办副主任,现任吉林省公路机械厂厂长,兼任延边公路建设股份有限公司董事。

董事王树森先生,汉族,1955年生,大专学历,高级工程师。曾任吉林省公路勘测设计院副院长,现任吉林省公路勘测设计院院长,兼任延边公路建设股份有限公司董事。

董事金在洙先生,朝鲜族,1947年生,工程师。曾任延边公路工程处副处长,现任延边公路工程处处长,兼任延边公路建设股份有限公司董事。

董事孙国臣先生,汉族,1943年生,中专学历,工程师,现任吉林省交通水泥厂厂长,兼任延边公路建设股份有限公司董事。

监事长李加友先生,满族,1956年生,大学学历,会计师。曾任吉林省交通水泥厂财务科科长,现任吉林省交通投资开发公司总会计师,兼任

延边公路建设股份有限公司监事长。

监事朴万兴先生,朝鲜族,1947年生,大专学历,助理会计师。现任珲春市公路管理段财务科科长,兼任延边公路建设股份有限公司监事。

监事崔龙云先生,朝鲜族,1957年生,大学学历,统计师。曾任延边州交通局计划员,现任公司贸易部经理。

副总经理孙永贵先生,汉族,1952年生,大学学历,经济师。曾任公司办主任,现任公司党委副书记兼副总经理。

副总经理许青石先生,朝鲜族,1947年生,大学学历,工程师。曾任延边公路工程处副处长,现任公司总工程师兼副总经理。

副总经理张极成先生,1962年生,研究生学历,会计师。曾任延边交通局财务处处长,现任公司副总经理。

总会计师朴明鹤先生,朝鲜族,1955年生,大学学历,高级会计师,曾任延吉东北亚集团公司副总经理,现任延边公路建设股份有限公司总会计师。

十、经营业绩

公司近三年经营业绩

编制单位:延边公路建设股份有限公司　　金额单位:人民币元

项目	1996年度	1995年度	1994年度
一、主营业务收入	17,708,045.00	17,489,270.00	10,521,973.96
二、主营业务利润	12,547,735.00	10,551,730.94	6,211,784.61
三、营业利润	12,574,975.75	9,412,369.97	7,441,078.13
四、利润总额	15,084,684.84	11,902,027.77	11,202,785.63
五、净利润	14,084,684.84	11,129,961.61	10,702,785.63

发行人收入构成如下:

编制单位:延边公路建设股份有限公司　　金额单位:人民币元

项目	1996年度	1995年度	1994年度
车辆通行管理收入	17,708,045.00	17,489,270.00	10,521,973.96
主营业务利润	12,547,735.00	10,551,730.94	6,211,784.61
(占利润总额百分比)	(83.18)	(88.65)	(55.45)
加:其他业务利润	27,240.75	(1,139,360.97)	1,229,293.52
(占利润总额百分比)	(0.18)	(-9.57)	(10.97)
加:投资收益	116,441.82	2,681.30	3,748.50
(占利润总额百分比)	(0.77)	(0.02)	(0.03)
补贴收入	2,700,000.00	2,700,000.00	2,700,000.00
(占利润总额百分比)	(17.90)	(22.69)	(24.10)
营业外收入			1,119,620.00
(占利润总额百分比)			(9.99)
利润总额	15,084,684.84	11,902,027.77	11,202,785.63

十一、股本

1. 本公司由延边州交通局、吉林省交通投资开发公司、吉林省公路机械厂、吉林省公路勘测设计院等单位共同发起,经吉改股票[1993]52号文件批复,于1993年4月通过定向募集方式成立的吉林省第一家交通系统股份制企业。1993年定向募集5000万股,其中延边州交通局2100万股为实物投入,实际募资金为2900万元。

根据《公司法》的规定,依据延边州交通局与延边州国有资产经营总公司签署的《国家股股权委托经营协议》,延边州交通局的2100万股国家股由延边州国有资产经营总公司持有并负责经营管理。

2. 本次发行前持股结构如下:

股票类型	股份数量	占总股本比例(%)
国家股	21,000,000	42.00
法人股	19,000,000	38.00
职工股	10,000,000	20.00
总股本	50,000,000	100.00

3. 本公司本次发行前所发行的内部职工股1000万股全部限于内部职工范围之内。已经按规定于1994年4月28日至6月30日在吉林省证券登记有限公司进行集中托管。根据有关规定,本公司的内部职工股在本次发行的社会公众股上市后三年内不上市交易。

4. 本次发行后股本结构:

本次将发行人民币普通股3000万股,全部以社会公众股的形式公开发行。发行后股本结构如下:

股票种类	股份数量(万股)	所占比例
总股本:	8000	100%
国家股:	2100	26.25%
法人股:	1900	23.75%
内部职工股:	1000	12.5%
公开发行社会公众股	3000	37.5%

5. 据中洲会计师事务所中洲(97)发字第002号审计报告,截止到1996年12月31日延边公路建设股份有限公司本次发行前公司负债总额为30,910,012.24元,净资产66,859,555.08元,资产总计为97,769,567.32元。本次发行前每股净资产为1.34元。

本次发行后净资产总额16885.95万元。本次发行后每股净资产2.11元。

6. 本次发行前,公司前十名大股东情况如下:

股东名称	持股数量(万股)	占总股本比例(%)
延边州国有资产经营总公司	2100	42
吉林省交通投资开发公司	1000	20
吉林省禄裕信息投资咨询公司	330	6.0
吉林省公路机械厂	200	4.0
吉林省延边证券有限公司	100	2.0
吉林省公路勘测设计院	100	2.0
延边公路工程处	90	1.8
吉林省交通水泥厂	50	1.0
延边州建设信托投资公司	30	0.6
李永仁	10	0.2

7. 本公司董事、监事、高级管理人员及重要职员持股情况

姓名	职务	持股量(股)
朴东洙	董事长	3000
邱壮	副董事长	0
李振远	副董事长兼总经理	6000
李宗瑛	董事	0
刘桂兰	董事	0
王树森	董事	0
金在洙	董事	0
孙国臣	董事	0
李加友	监事长	0
朴万兴	监事	0
崔龙云	监事	3000
孙永贵	副总经理	3000
许青石	副总经理	3000
张极成	副总经理	0
朴明鹤	总会计师	0

12. 股票回购程序

根据《公司法》、《暂行条例》及本公司章程的规定,本公司一般不收购发行在外的本公司股票,但发生以下三种情况之一时,公司将按有关规定收购流通在外的股票。

(1)为减少公司资本而注销股份;(2)与持有本公司股票的其它公司合并;(3)个人持有本公司股票超过千分之五时。

具体程序按《公司法》及《股票发行与交易暂行条例》等规定进行。

十二、主要会计资料

以下内容为中洲会计师事务所中洲(97)发字第002号审计报告中延

边公路建设股份有限公司1994年至1996年12月31日的主要财务资料。如果投资人欲对发行人的财务状况、经营成果及会计政策进行更详细的了解,应当认真阅读附录中所载的发行人财务报表和注释。

1.利润表主要数据

编制单位:延边公路建设股份有限公司　　金额单位:人民币元

项目	1996年度	1995年度	1994年度
一、主营业务收入	17,708,045.00	17,489,270.00	10,521,973.96
减:营业成本	5,923,243.09	5,710,957.27	3,485,981.27
销售费用			
管理费用	1,625,782.14	994,883.78	796,849.70
财务费用	(2,812,114.45)	231,698.01	27,358.38
营业税金及附加	423,399.22		
二、主营业务利润	12,547,735.00	10,551,730.94	6,211,784.61
加:其他业务利润	27,240.75	(1,139,360.97)	1,229,293.52
三、营业利润	12,574,975.75	9,412,369.97	7,441,078.13
加:投资收益	116,441.82	2,681.30	3,748.50
补贴收入	2,700,000.00	2,700,000.00	2,700,000.00
营业外收入			1,119,620.00
减:营业外支出	306,732.73	213,023.50	61,661.00
四、利润总额	15,084,684.84	11,902,027.77	11,202,785.63
减:所得税	1,000,000.00	772,066.16	500,000.00
五、净利润	14,084,684.84	11,129,961.61	10,702,785.63
六、可分配利润	14,084,684.84	11,129,961.61	10,702,785.63
减:提取法定盈余公积金	1,408,468.48	1,112,996.16	1,070,278.56
提取法定公益金	704,234.24	556,498.08	535,139.28
七、可供股东分配的利润	11,971,982.11	9,460,467.37	9,097,367.79
减:提取任意公积金		556,498.08	535,139.28
已分配普通股股利	11,971,982.11	8,903,969.29	8,562,228.50
八、未分配利润	--	--	--

2.资产负债表主要数据

编制单位:延边公路建设股份有限公司　　金额单位:人民币元

项目	1996.12.31	1995.12.31	1994.12.31
流动资产合计	44,289,174.69	40,038,214.44	32,793,421.09
长期投资	4,023,441.82	3,749,286.00	3,737,486.00
固定资产合计	49,068,992.69	49,146,487.88	43,636,867.57
无形资产	317,600.00	357,300.00	
递延资产	70,358.12	105,537.18	140,716.24
资产总计	97,769,567.32	93,396,825.50	80,308,490.90
流动负债合计	30,910,012.24	38,649,973.14	22,106,310.87
长期负债合计			5,681,320.00
总负债	30,910,012.24	38,649,973.14	27,787,630.87
股东权益合计	66,859,555.08	54,746,852.36	52,520,860.03
利润总额	15,084,684.84	11,902,027.77	11,202,785.63
税后利润	14,084,684.84	11,129,961.61	10,702,785.63

主要财务指标

编制单位:延边公路建设股份有限公司

年度 项目	1996年	1995年	1994年
流动比率	1.43	1.04	1.48
速动比率	1.39	0.98	1.45
资产负债率%	31.62%	41.38%	34.60%
净资产收益率%	21.06%	20.32%	20.38%
每股税后利润(元)	0.2817	0.2226	0.2141
应收收款周转率	5.34	4.58	1.10
存货周转率	3.38	3.91	1.39

4.主要会计政策

(1)会计制度:公司执行《股份制试点企业会计制度》。

(2)会计年度:自每年公历1月1日起至12月31日止为一个会计年度。

(3)报表编制方法:子公司图们市物资储运有限公司(占62%股权,1994年9月成立)的资产总额、销售收入及净利润分别占母公司资产总额、销售收入及净利润的比例在10%以下,符合财政部财会工字[1996]2号《关于合并会计报表合并范围请示的复函》所规定的子公司可以不纳人合并报表范围的标准要求。因此这次编制报表是只编制公司本部(母公司)的会计报表,对所拥有的子公司的会计报表未进行合并。

(4)记帐原则和计价基础:采用借贷记帐法、按照权责发生制核算,以历史成本作为计价基础。

(5)货币核算:以人民币为记帐本位币。

(6)坏帐准备:公司未实行备抵法提取坏帐准备金,采用直接冲销法,对发生的坏帐损失直接计人管理费用处理。

(7)存货计价:存货按实际成本计价,领用或发出的存货,采用加权平均法计算确定其实际成本。低值易耗品采用一次摊销法。

(8)长期投资:债券投资按实际支付的价值入帐,应付的当期利息计入当年投资收益。

股权投资、联营投资中投资额占被投资企业20%以下子公司采用成本法核算,20%以上的子公司采用权益法核算,其中投资比例超过50%的子公司编制合并报表。

(9)固定资产计价及折旧方法:单位价值在2000元以上,使用年限在一年以上的劳动资料作为固定资产。固定资产按购建的实际成本计价。固定资产折旧采用直线法分类按月计提。主要固定资产分类折旧率如下:

类别	使用年限	年折旧率	残值率
房屋建筑物	10-30年	3.20-9.60%	4%
运输设备	6年	16.17%	3%
通用设备	5年	20.00%	---

(10)无形资产及摊销:土地使用权自1995年1月起分10年摊销。

(11)递延资产及摊销:开办费自1994年起分5年摊销。

(12)主要税项:(1)、营业税:根据吉林省地方税务局吉地税流字(1996)169号文及吉林省人民政府吉政函(1997)13号文,自1996年9月起按车辆通行费收入的5%计征。1994、1995免交营业税。(2)、所得税:根据吉林省人民政府吉政文[1997]4号文件批准公司1993年免税,1994年、1995年、1996年分别按定额50万元、77万元、100万元交税。从1997年起按33%税率计征后返还25.5%,返还部分作为税后利润。(3)、增值税:按税法规定,贸易收入缴纳增值税,按17%税率计征。(4)、城建税及教育费附加:分别按应交增值税、营业税税额的7%和3%计征。

(13)营业收入:以商品已经发出或劳务已经提供,价款已经收讫或者取得索取价款的凭证时,作为营业收入的实现。

(14)利润分配:净利润的分配比例,按公司章程作如下分配:(1)、弥补以前年度亏损。(2)、法定盈余公积金:按净利润的10%提取;(3)、公益金:按净利润最低5%提取;(4)、任意盈余公积金:由股东大会确定。(5)、向投资者分配股利。

十三、资产评估

吉林省资产评估事务所对延边公路建设股份有限公司资产进行了评估,并出具了吉资所评字(1997)第2号《资产评估报告书》。本评估已获得国家国有资产管理局国资评(1997)111号文确认。评估结果如下:

延边公路建设股份有限公司截止到1996年11月30日,帐面资产总值为9500.24万元,负债为2923.23万元,净资产为6577.01万元。经过评估,资产总值为10103.93万元,负债为2923.23万元,净资产为7180.70万元,增值额为603.69万元,增值率为9.18%。

评估基准日:1996年11月30日　　单位:万元

	帐面价值	重置价值	评估值	增值额	增值率%
流动资产	3,583.50	3,526.18	3,526.18	-57.32	-1.60
长期投资	395.00	415.78	415.78	+20.78	+5.26
固定资产	5,482.32	7,063.28	6,121.41	+639.09	+11.66
无形资产	32.09	33.23	33.23	+1.14	+3.55
递延资产	7.33	7.33	7.33		
资产总计	9,500.24	11,045.80	10,103.93	+603.69	+6.35
负债总计	2,923.23	2,923.23	2,923.23		
资产净值	6,577.01	8,122.57	7,180.70	+603.69	+9.18

十四、盈利预测

1. 基准

依据公司已有的经营业绩、能力与潜力以及现实各项条件和发展规划,遵循我国现行法律、法规的有关规定和股份制试点企业财务会计制度,按照公认的会计准则,采用规定的计算方法,本着求实、稳健的原则编制的。本预测得到中洲会计师事务所中洲发字(97)第003号盈利预测审核报告确认。

2. 假设

(1)、公司所遵循的国家现行法律、法规、制度及公司所在地的社会政治和经济政策无重大变动;

(2)、公司各项经营业务所涉及地区的有关现行政策、法律、及其它经济环境无重大改变;

(3)、公司在盈利预测期间内,利率、税率、汇率及市场行情在正常范围内变化;

(4)、各项投资项目所形成的盈利能力如期实现;

(5)、无其他人力不可抗拒和不可预见的因素造成重大不利影响。

3. 盈利预测表

金额单位:人民币万元

项目	1996年度	97年度预测数		
	实际数	收费	经贸	合计
一、主营业务收入	1883.49	1,950	4,850.75	6,800.75
减:营业成本	678.47	400	4,224.74	4,624.74
销售费用	16.69		121.26	121.26
管理费用	169.70	125		125
财务费用	281.21	(-)22		(-)22
营业税金及附加		107.25	30.34	137.59
二、主营业务利润	1257.50	1,339.75	474.41	1814.16
加:其他业务利润				
三、营业利润	1257.50	1,339.75	474.41	1814.16
加:投资收益	11.64	360		360
补贴收入	270			
营业外收入				
减:营业外支出	30.67	10		10
四、利润总额	1508.47	1,689.75	474.41	2,164.16
五、所得税(7.5%)	100			162.31
六、税后利润	1408.47			2001.8
七、每股税的利润*	0.28元			0.25元

(97年按股本8000万计算)

吉林省人民政府吉政文[1997]4号“吉林省人民政府关于同意减征延边公路建设股份有限公司所得税的函”已经确认,省政府原则同意对延边公路建设股份有限公司从1997年起所得税按33%计征后返还25.5%,返还部分作为税后利润。上述预测实现后,每股净资产为2.36元。上述预测未包括根据延边朝鲜族自治州交通局文件延州交发[1997]1号规定继续享有270万元的补贴。

本预测与会计报表口径一致,预测假设募集新股3000万股,每股发行价格3.60元,扣除发行费用600万元,实际募集资金10200万元,资金全部到位。鉴于盈利预测所依据的种种假设的不确定性,进行投资判断时还需要考虑多种因素,不应过于依赖上述资料。

十五、公司发展规划

1. 发行人的生产经营战略

公路交通基础设施是基础产业。随着经济建设步伐的加快,对交通运输业的需求将加大。从近年情况看,全州车辆拥有量以每年5%的速度递增。根据地方经济、交通发展状况及公司经营的实际情况预测,按交通量以每年7%的速度递增计算。公路基础设施远不能满足经济发展的需要。因此,公司将坚持以公路、桥梁的建设与经营为主业,不断扩展业务。

2. 发行人发展目标与规模

公司将根据国家规划及吉林省的规划制定自己的目标与规划。根据吉林省、延边州公路工作会议和省交通厅《吉林省1995-2000年公路网建设实施方案》,结合延边州建设规划和本公司的实际情况,公司拟定了2000年前的规划与目标。1997-1998年重点投入松老公路龙井至延吉段一级汽车专用公路建设,并建设公路铁路立交桥一座。1998年投入建设朝阳川至延吉汽车二级专用公路的建设。两项投入建成后,预计年收入4376万元,年利润3800万元。

3. 发行人的市场发展规划

公司将根据省人民政府办公厅转发省交通厅关于加快公路建设若干意见的通知中提出的政策上扶持公路的要求,开发公路两侧土地,将创造的效益投入公路建设。

4. 发行人的生产经营计划

公司在建设开发龙井至延吉公路中,将严格按照国际IS09000标准进行管理与施工,将公司业务推向国际。同时根据朝、俄边界的有利条件,打入两国公路建设与开发市场。

5. 发行人固定资产投资计划

龙井到延吉公路的建设,朝阳川至延吉公路的建设,以及公路两侧的房地产开发是公路主要固定资产投资项目。除本次募集的资金外,省交通厅提供的资金及地方配套资金等预计近2至3年共进行3亿元的固定资产投资。

十六、重要合同与重大诉讼

1. 重要合同

(1)本公司与延吉市土地管理局签订国有土地使用权出让合同(宗地出让合同),就特定土地使用权出让的期间、期限、用途等作了具体规定。

(2)本公司下属长岭子公路收费站与吉林省珲春市土地环境保护局签订国有土地使用权租赁合同(珲)国土[1996]号,就特定土地使用权租赁的期间、期限、用途等作了具体规定。

(3)本公司下属长岭子公路收费站与吉林省珲春市土地环境保护局签订国有土地使用权租赁合同(珲)国土[1996]006号,就特定土地使用权租赁的期间、期限、用途等作了具体规定。

(4)本公司与吉林省珲春市土地环境保护局签订国有土地使用权租赁合同(珲)国土[1996]008号,就特定土地使用权租赁的期间、期限、用途等作了具体规定。

(5)本公司与吉林省珲春市土地环境保护局签订国有土地使用权租赁合同(珲)国土[1996]007号,就特定土地使用权租赁的期间、期限、用途等作了具体规定。

(6)本公司与吉林省延吉市土地管理局签订国有土地使用权租赁合同,就特定土地使用权租赁的期间、期限、用途等作了具体规定。

(7)本公司与吉林省图们市土地管理局签订国有土地使用权租赁合同,就特定土地使用权租赁的期间、期限、用途等作了具体规定。

(8)本公司与吉林省安图县土地管理局签订国有土地使用权租赁合同,就特定土地使用权租赁的期间、期限、用途等作了具体规定。

(9)本公司与延边朝鲜族自治州公路管理处签订了《转让公路收费经营权合同》,明确转让公路收费经营权的期限为22年8个月,即自1993

年10月1日起至2016年5月30日止,同时就所转让公路经营权的内容、范围、期限、双方权力与义务等进行了规定。

(10)本公司与吉林省交通投资开发公司签订了《委托经营协议书》,就吉林省交通投资开发公司所经营的一条公路三条隧道实施监督管理,本公司保证国有资产完整无损,委托经营期限等进行了规定。

2.重大诉讼

截止本招股说明书刊登之日,本公司无重大诉讼事项。

十七、其他重要事项

本公司认为没有对投资者作出投资判断有重大影响的其他事项。

十八、备查文件查阅地点

1.审计报告、财务报表及附注

2.发行人成立的登记注册文件

3、主管部门批准发行上市的文件

4.深圳证券交易所上市承诺函

5.承销协议

6.国家国有资产管理局关于资产评估的确认报告

7.发行人签订的重要合同与协议

招股说明书及以上备查文件的查阅地点为本公司住址

延边公路建设股份有限公司股票上市公告书

一、绪言

本上市公告书是根据《中华人民共和国公司法》、《公开发行股票公司信息披露实施细则》、《股票发行与交易管理暂行条例》及《深圳证券交易所业务规则》和国家现行有关证券管理法规而编写并公布,为本公司股票公开上市而向公众人士提供有关本公司的资料。

经中国证券监督管理委员会证监发字(1997)189号和证监发字(1997)190号文批准,本公司已经成功地向社会公众发行每股面值1元之人民币普通股3000万股。经本公司股东大会决议通过和深圳证券交易所深证发(1997)220号文,本公司股票将于1997年6月11日在深交所挂牌流通。本公司总股份为8000万股,本次上市流通股份为3000万股,1000万股内部职工股按有关规定三年内不上市。股票简称:延边公路。证券代码:0776

本公司招股说明书概要已于1997年5月刊登于《中国证券报》、《吉林日报》。刊登距今不足六个月,故于其相重复的内容在此不再赘述。敬请社会公众查阅招股说明书。

延边公路建设股份有限公司董事会全体董事确认所登招股说明书及本公告书不存在任何重大遗漏、虚假性内容或者误导性提示,并愿就本公告书及相关资料的真实性、准确性和完整性负个别及连带责任。

二、发行公司概况

1.发行人主要发起人简介

(1)延边州交通局

根据《公司法》的规定,依据延边州交通局与延边州国有资产经营总公司签署的《国家股股权委托经营协议》,延边州交通局的2100万国家股由延边州国有资产经营总公司持有并负责经营管理。

(2)延边州国有资产经营总公司

注册资金:1000万元

法定代表人:张彤彪

成立日期:1994年4月15日

注册地址:吉林省延吉市光明街

(3)吉林省交通投资开发公司

注册资金:5000万元

法定代表人:朱吉原

成立日期:1992年4月22日

注册地址:吉林省长春市合隆镇

(4)吉林公路机械厂

注册资金:986.1万元

法定代表人:金阿城

成立日期:1991年6月14日

注册地址:吉林省吉林市船营区太平街4号

(5)吉林省公路勘测设计院

注册资金:700万元

法定代表人:徐福君

成立日期:1991年12月26日

注册地址:吉林省长春市工农大街7号

(6)延边州公路工程处

注册资金:910万元

法定代表人:金在洙

成立日期:1992年4月10日

注册地址:吉林省延吉市光华路282号

(7)吉林省交通水泥厂

注册资金:3841万元

法定代表人:孙国臣

成立日期:1995年4月19日

注册地址:吉林省梨树县郭家店镇

2.发行人历史沿革

本公司由延边州交通局、吉林省交通投资开发公司、吉林省公路机械厂、吉林省公路勘测设计院等单位共同发起,经吉改股募[1993]52号文件批复,于1993年4月通过定向募集方式成立的吉林省第一家交通系统股份制企业。

1993年定向募集5000万股,其中延边州交通局2100万股为实物投入,实际所募资金为2900万元。募集后股本结构如下:

股本	50,000,000.00	
其中:		
(1)发起人股	数量	持股比例(%)
延边州交通局	21,000,000	42.00
(其股权由延边州国有资产经营总公司持有)		
吉林省交通投资开发公司	10,000,000	20.00
吉林省公路机械厂	2,000,000	4.00
吉林省公路勘测设计院	1,000,000	2.00
延边州公路工程处	900,000	1.80
吉林省交通水泥厂	500,000	1.00
小计	35,400,000	70.80
	数量	持股比例(%)
(2)募集法人股		
吉林省禄裕信息咨询有限责任公司	3,300,000	6.60
延边证券有限责任公司	1,000,000	2.00
延边建设信托投资公司	300,000	0.60
小计	4,600,000	9.20
(3)职工股	10,000,000	20.00

3.发行人简介

公司名称:延边公路建设股份有限公司

英文名称:YAN BIAN ROAD CONSTRUCTION CO. LTD.

成立时间:1993年4月3日

注册登记号:12633543——9

注册地址:吉林省延吉市河南街1号

公司总部所在地：吉林省延吉市河南街1号

注册资金：人民币5000万元

经营范围：

公司主营：公路、桥梁、隧道的建设，经营期内的公路、桥梁、隧道的管理。

公司兼营：金属材料、建筑材料、机械设备、纺织品、食品等。

三、股票发行与承销情况

(一)本次上市前公司发行社会公众股状况：

发行方式：网下发行，全额预缴款，比例配售，余额转存。

发行价格：每股3.60元。

募集资金总额：10800万元。

实募资金：10200万元。

发行费用：每股0.20元，发行费用总额为600万元。

发行市盈率：15倍

配售比例：0.01201

申购户数：5949

配售股数：29975351

持1000股以上的户数：3971户

承销机构名称及承销量

承销机构名称	承销量(万股)	比例%
中国民族国际信托投资公司(主承销商)	1800	60
南方证券有限公司	450	15
光大证券有限公司	150	5
中国旅游信托投资公司	150	5
中国教育信托投资公司	150	5
吉林省信托投资公司	150	5
吉林省证券有限责任公司	150	5

(二)股票承销

本次向社会公众公开发行3000万股，全部符合法律、法规规定的投资者所认购。

(三)验资报告

经中洲会计师事务所验证，认购股款于1997年5月19日划入延边公路建设股份有限公司指定帐号。

中洲会计师事务所中洲(97)发字第097号验资报告：

延边公路建设股份有限公司全体股东：

我们接受委托，对延边公路建设股份有限公司截至1997年5月19日止的注册资本、投入股本变更情况的真实性和合法性进行了审验。在审验过程中，我们按照《独立审计实务公告第一号——验资》的要求，实施了必要的审验程序。延边公路建设股份有限公司的责任是提供真实、合法、完整的验资资料，保护资产的安全、完整，我们的责任是按照《独立审计实务公告第一号——验资》的要求，出具真实、合法的验资报告。

延边公路建设股份有限公司变更前的注册资本和投入股本均为50,000,000.00元，变更后的注册资本为80,000,000.00元。根据我们的审验，截至1997年5月19日止，延边公路建设股份有限公司增加投入股本30,000,000.00元，变更后的投入股本总额为80,000,000.00元。

中洲会计师事务所　　中国注册会计师　梁晓燕

中国·北京　　中国注册会计师　晏辉清

海淀区阜成路33号　　报告日期：1997年5月20日

四、董事、监事及高级管理人员简介

1. 截止1997年5月5日招股说明书披露之本公司董事、监事及高级管理人员没有变动。

2. 董事、监事及高级管理人员情况简介

董事长朴东洙先生，1952年生，朝鲜族，大学学历，高级工程师。曾任延边公路工程处处长、延边州交通局副局长。现任本公司董事长。

副董事长邱壮先生，汉族，1956年生，大学学历，经济师。曾任吉林省交通厅计划统计处副处长。现任吉林省交通投资开发公司总经理，兼任本公司副董事长。

副董事长兼总经理李振远先生，朝鲜族，1950年生，大学学历，经济师。曾任延边交通贸易总公司总经理。现任本公司总经理。

董事李宗瑛先生，汉族，1956年生，大专学历，工程师。曾任珲春市公路管理段副段长，现任珲春市公路管理段段长，兼任本公司董事。

董事刘桂兰女士，汉族，1953年生，大专学历，高级工程师。曾任吉林省公路机械厂厂办副主任，现任吉林省公路机械厂厂长，兼任本公司董事。

董事王树森先生，汉族，1955年生，大专学历，高级工程师。曾任吉林省公路勘测设计院副院长，现任吉林省公路勘测设计院院长，兼任本公司董事。

董事金在洙先生，朝鲜族，1947年生，工程师。曾任延边公路工程处副处长，现任延边公路工程处处长，兼任本公司董事。

董事孙国臣先生，汉族，1943年生，中专学历，工程师，现任吉林省交通水泥厂厂长，兼任本公司董事。

监事长李加友先生，满族，1956年生，大学学历，会计师。曾任吉林省交通水泥厂财务科科长，现任吉林省交通投资开发公司总会计师，兼任本公司监事长。

监事朴万兴先生，朝鲜族，1947年生，大专学历，助理会计师。现任珲春市公路管理段财务科科长，兼任本公司监事。

监事崔龙云先生，朝鲜族，1957年生，大学学历，统计师。曾任延边州交通局计划员，现任公司贸易部经理。

副总经理孙永贵先生，汉族，1952年生，大学学历，工程师。曾任公司办公室主任，现任公司党委副书记兼副总经理。

副总经理许青石先生，朝鲜族，1947年生，大学学历，工程师。曾任延边公路工程处副处长，现任公司总工程师兼副总经理。

副总经理张极成先生，1962年生，研究生学历，会计师。曾任延边州交通局财务处处长，现任公司副总经理。

总会计师朴明鹤先生，1955年生，大学学历，高级会计师，曾任延吉东北亚集团公司副总经理，现任本有限公司总会计师。

3. 本公司董事、监事、高级管理人员及重要职员持股情况

姓　名	职务	持股量(股)	所占比例(%)
朴东洙	董事长	3000	0.00375
邱壮	副董事长	0	0
李振远	副董事长兼总经理	6000	0.0075
李宗瑛	董事	0	0
刘桂兰	董事	0	0
王树森	董事	0	0
金在洙	董事	0	0
孙国臣	董事	0	0
李加友	监事长	0	0
朴万兴	监事	0	0
崔龙云	监事	3000	0.00375
孙永贵	副总经理	3000	0.00375
许青石	副总经理	3000	0.00375
张极成	副总经理	0	0
朴明鹤	总会计师	0	0

五、公司设立

社会公众股发行后，本公司于1997年5月22日召开股东大会通过公司股票在深圳证券交易所上市的决议。

发行后公司进行了变更登记，变更后注册资金为8000万元，注册时间为1997年5月21日，注册地点为吉林省延吉市。营业执照注册号为：

12633543－9

六、关联企业与关联交易

(1)延边州国有资产经营总公司,主营政府授权范围内的国有资产有偿调剂和转让,出售、拍卖、兼并、改组、股份制企业(国股)股利收交。

(2)吉林省交通投资开发公司,主营交通基础设施委托投资业务,汽车(轿车除外)船舶及其配件、汽车零部件、房地产经营、建筑材料、交通机械、钢材、木料、五金交电、旅游开发经营、专业咨询、石油沥青、石油制品、原油。

(3)吉林省公路机械厂,主营筑养路机械,兼营汽车修理。

(4)吉林省公路勘测设计院,主营公路工程勘测乙级、设计乙级、测量甲级。

(5)延边州公路工程处,主营公路工程。

(6)吉林省交通水泥厂,主营水泥、预应力小孔板制造。

(7)图们储运公司,本公司控股公司,本公司对其投资365万,占注册总资本的62%。图们储运公司主要经营仓储业务。

上述企业与本公司间的业务往来均按一般市场经营规则进行,与一般性业务往来企业同等对待,与本公司间无特殊的政策。

七、股本结构与大股东持股状况

(一)社会公众股发行后上市前股本结构如下:

1.总股本:8000万股

2.未流通股份:5000万股,其中:

(1)发起人股份:3,540万股,包括国家持有股份2100万股,境内法人持股1440万股。

(2)募集法人股460万股。

(3)职工股1,000万股。按有关规定,内部职工股在三年内不上市。

3.可流通部分

本次上市前公开发行的3000万股社会公众股为本次上市的可流通股。

(二)主要股东持股情况

目前按持股比例排列前10名股东情况如下:

股东名称	持股数量(万股)	占总股本比例(%)
1.延边国有资产经营总公司	2100	26
2.吉林省交通投资开发公司	1000	12.5
3.吉林省禄裕信息投资咨询公司	330	4.1
4.吉林省公路机械厂	200	2.5
5.延边证券有限责任公司	100	1.2
6.吉林省公路勘测设计院	100	1.2
7.延边公路工程处	90	1.2
8.吉林省交通水泥厂	50	0.6
9.延边州建行信托投资公司	30	0.38
10.李永仁	10	0.13

八、主要财务资料

(一)审计报告

中洲(97)发字第002号

延边公路建设股份有限公司全体股东:

我们接受委托,审计了贵公司1994年12月31日、1995年12月31日、1996年12月31日资产负债表和1994年度、1995年度、1996年度的利润表以及1996年度财务状况变动表。这些会计报表由贵公司负责,我们的责任是对这些会计报表发表审计意见。我们的审计是依据中国注册会计师独立审计准则进行的。在审计过程中,我们结合贵公司的实际情况,实施了包括抽查会计记录等我们认为必要的审计程序。

我们认为,上述会计报表符合《企业会计准则》、《股份制试点企业会计制度》及其他有关规定,在所有重大方面公允地反映了贵公司1994年12月31日、1995年12月31日、1996年12月31日的财务状况和1994年度、1995年度、1996年度的经营成果以及1996年度资金变动情况,会计处理方法的选用符合一贯性原则。

中洲会计师事务所　　中国注册会计师:梁晓燕

中国注册会计师:晏辉清

报告日期:1997年1月26日

(二)报表附注

(1)会计制度;公司执行《股份制试点企业会计制度》。

(2)会计年度:自每年公历1月1日起至12月31日止为一个会计年度。

(3)报表编制方法

子公司图们市物资储运有限公司(占62%股权,1994年9月成立)的资产总额、销售收入及净利润分别占母公司资产总额、销售收入及净利润的比例在10%以下,符合财政部财会工字[1996]2号《关于合并会计报表合并范围请示的复函》所规定的子公司可以不纳入合并报表范围的标准要求。因此这次编制报表是只编制公司本部(母公司)的会计报表,对所拥有的子公司的会计报表未进行合并。

(4)记帐原则和计价基础

采用借贷记帐法、按照权责发生制核算,以历史成本作为计价基础。

(5)货币核算

以人民币为记帐本位币。

(6)坏帐准备

公司未实行备抵法提取坏帐准备金,采用直接冲销法,对发生的坏帐损失直接计人管理费用处理。

(7)存货计价

存货按实际成本计价,领用或发出的存货,采用加权平均法计算确定其实际成本。低值易耗品采用一次摊销法。

(8)长期投资

债券投资按实际支付的价值入帐,应付的当期利息计入当年投资收益。

股权投资、联营投资中投资额占被投资企业20%以下的子公司采用成本法核算,20%以上的子公司采用权益法核算,其中投资比例超过50%的子公司编制合并报表。

(9)固定资产计价及折旧方法

单位价值在2000元以上,使用年限在一年以上的劳动资料作为固定资产。固定资产按购建的实际成本计价。固定资产折旧采用直线分类按月计提。主要固定资产分类折旧率如下:

类　别	使用年限	年折旧率	残值率
房屋建筑物	10－30年	3.20－9.60%	4%
运输设备	6年	16.17%	3%
通用设备	5年	20.00%	——

(10)无形资产及摊销

土地使用权自1995年1月起分10年摊销。

(11)递延资产及摊销

开办费自1994年起分5年摊销。

(12)主要税项

(1)、营业税:根据吉林省地方税务局吉地税流字(1996)169号文及吉林省人民政府吉政函(1997)13号文,自1996年9月起按车辆通行费收入的5%计征。1994、1995免交营业税。

(2)、所得税:根据吉林省人民政府吉政文[1997]4号文件批准公司1993年免税,1994年、1995年、1996年分别按定额50万元、77万元、100万元交税。从1997年起将按33%税率计征后返还25.5%,返还部分作为税后利润。

(3)、增值税:按税法规定,贸易收入缴纳增值税,按17%税率计征。

(4)、城建税及教育费附加:分别按应交增值税、营业税税额的7%和3%计征。

(13)营业收入

以商品已经发出或劳务已经提供,价款已经收讫或者取得索取价款的凭证时,作为营业收入的实现。

(14)利润分配

净利润的分配比例,按公司章程作如下分配:

(1)、弥补以前年度亏损。

(2)、法定盈余公积金:按净利润的10%提取;

(3)、公益金:按净利润的5%提取;

(4)、任意盈余公积金:由股东大会确定。

(5)、向投资者分配股利。

(三)资产负债表、利润表、主要财务指标及财务状况变动表分别见附表一、附表二、附表三及附表四。

九、董事会承诺

本公司董事会严格遵守《公司法》、《股票发行与交易管理暂行条例》、《公开发行股票公司信息披露实施细则(试行)》、《深圳证券交易所业务规则》及国家与深圳市有关法律、法规,并自股票上市之日起,作出如下承诺:

1. 按照法律、法规的规定程序和要求披露重大信息、并接受证券主管机关,深圳证券交易所的监督与管理。

2. 准确、真实和及时地公告本公司中期报告、年度报告,并备置于规定场所供投资者公众查阅。

3. 本公司董事、监事及高级管理人员如发生人事变动,或持有本公司股票发生变化时,在报告证券主管机关,证券交易所的同时,向投资者公布。

4. 在任何公众传播媒介中出现的消息可能对公司股票的市场价格产生误导性影响时,本公司知悉后,将及时对该消息予以公开澄清。

5. 本公司董事、监事及高级管理人员将认真听取社会公众的意见和批评,不利用已获得的内幕消息和不正当手段直接或间接从事股票买卖活动。

6. 本公司没有无记录负债。

十、重要事项说明

截止本公告刊登之日,本公司及公司董事、监事及高级管理人员并无涉及重大诉讼及仲裁,且据本公司董事所知,亦无任何尚未了解或面临的重大影响之诉讼。

截至1996年12月31日止,公司对外单位未提供借款担保和财产抵押。无或有事项,无关联交易,无重要期后事项。

十一、咨询机构

上市推荐人:

名称:中国民族国际信托投资公司

地址:北京市西城区展览路北露园1号10层

电话:(010)66064195　(010)66064205

联系人:毛妍　张学春　王孜弘

发行人:

名称:延边公路建设股份有限公司

地址:吉林省延吉市河南街1号

电话:(0433)2853931　联系人:吴署良　金美兰

十二、备查文件

1. 审计报告、财务报表及附注
2. 招股说明书
3. 深圳证券交易所上市通知书
4. 营业执照
5. 公司章程
6. 法律意见书

延边公路建设股份有限公司

1997年6月9日

附表一:资产负债表主要数据

编制单位:延边公路建设股份有限公司　　金额单位:人民币元

项目	1996.12.31	1995.12.31	1994.12.31
流动资产合计	44,289,174.69	40,038,214.44	32,793,421.09
长期投资	4,023,441.82	3,749,286.00	3,737,486.00
固定资产合计	49,068,992.69	49,146,487.88	43,636,867.57
无形资产	317,600.00	357,300.00	
递延资产	70,358.12	105,537.18	140,716.24
资产总计	97,769,567.32	93,396,825.50	80,308,490.90
流动负债合计	30,910,012.24	38,649,973.14	22,106,310.87
长期负债合计			5,681,320.00
总负债	30,910,012.24	38,649,973.14	27,787,630.87
股东权益合计	66,859,555.08	54,746,852.36	52,520,860.03
利润总额	15,084,684.84	11,902,027.77	11,202,785.63
税后利润	14,084,684.84	11,129,961.61	10,702,785.63

附表二:利润表主要数据

编制单位:延边公路建设股份有限公司　　金额单位:人民币元

项目	1996年度	1995年度	1994年度
一、主营业务收入	17,708,045.00	17,489,270.00	10,521,973.96
减:营业成本	5,923,243.09	5,710,957.27	3,485,981.27
销售费用			
管理费用	1,625,782.14	994,883.78	796,849.70
财务费用	(2,812,114.45)	231,698.01	27,358.38
营业税金及附加	423,399.22		
二、主营业务利润	12,547,735.00	10,551,730.94	6,211,784.61
加:其他业务利润	27,240.75	(1,139,360.97)	1,229,293.52
三、营业利润	12,574,975.75	(1,139,360.97)	7,441,078.13
加:投资收益	116,441.82	2,681.30	3,748.50
补贴收入	2,700,000.00	2,700,000.00	2,700,000.00
营业外收入			1,119,620.00
减:营业外支出	306,732.73	213,023.50	61,661.00
四、利润总额	15,084,684.84	11,902,027.77	11,202,785.63
减:所得税	1,000,000.00	772,066.16	500,000.00
五、净利润	14,084,684.84	11,129,961.61	10,702,785.63
六、可分配利润	14,084,684.84	11,129,961.61	10,702,785.63
减:提取法定盈余公积金	1,408,468.48	1,112,996.16	1,070,278.56
提取法定公益金	704,234.24	556,498.08	535,139.28
七、可供股东分配的利润	11,971,982.11	9,460,467.37	9,097,367.79
减:提取任意公积金		556,498.08	535,139.28
已分配普通股股利	11,971,982.11	8,903,969.29	8,562,228.50
八、未分配利润	－－		－－

附表三:主要财务指标

编制单位:延边公路建设股份有限公司

年度 项目	1996年	1995年	1994年
流动比率	1.43	1.04	1.48
速动比率	1.39	0.98	1.45
资产负债率%	31.62%	41.38%	34.60%
净资产收益率%	21.06%	20.32%	20.38%
每股税后利润(元)	0.2817	0.2226	0.2141
应收帐款周转率	5.34	4.58	1.10
存货周转率	3.38	3.91	1.39

附表四:财务状况变动表数据

财务状况变动表　单位:元

项目	金额
一、流动资金来源	
1. 本年利润	14,084,684.84
加:不减少流动资金的费用和损失	
(1)固定资产折旧	2,890,694.54
(2)无形资产,递延资产及其他资产摊销	74,879.06
(3)其他不减少流动资金的费用和损失	
小计	17,050,258.44
2. 其他来源	
(1)收回长期投资	
(2)资本净增加额	12,053,914.21
小计	12,053,914.21
流动资金来源合计	29,104,172.65
二、流动资金运用	
1. 利润分配	
(1)提取法定公积金	1,408,468.48
(2)提取法定公益金	704,234.24
(3)提取任意公积金	
(4)已分配股利	11,971,982.12
小计	14,084,684.84
2. 其他运用	
(1)固定资产和在建工程净增加额	2,754,410.84
(2)增加无形资产,递延资产及其他资产	
(3)偿还长期负债	
(4)增加长期投资	274,155.82
小计	3,028,655.66
流动资金运用合计	17,113,251.50
流动资金增加净额	11,990,921.15
一、流动资产本年增加数	
1. 货币资金	3,120,650.40
2. 短期投资	
3. 应收票据	
4. 应收帐款净额	611,656.91
5. 预付帐款	(3,360,000.00)
6. 其他应收款	4,786,261.70
7. 待摊费用	(25,267.40)
8. 存货	(882,341.36)
9. 待处理流动资产净损失	
10. 一年内到期的长期债券投资	
11. 其他流动资产	
流动资产增加净额	4,250,960.25
二、流动负债本年增加数	
1. 短期借款	(6,118,680.00)
2. 应付票据	
3. 应付帐款	(1,158,184.00)
4. 预收货款	
5. 应付福利费	
6. 未付股利	5,917,629.46
7. 应交税金	(78,231.03)
8. 其他未交款	15,211.60
9. 其他应付款	(636,386.93)
10. 预提费用	
11. 一年内到期的长期负债	(5,681,320.00)
12. 其他流动负债	
流动负债增加净额	(7,739,960.90)
流动资金增加净额	11,990,921.15

以上内容为中洲会计师事务所中洲(97)发字第002号审计报告中延边公路建设股份有限公司1994年至1996年12月31日的主要财务资料。如果投资人欲对发行人的财务状况、经营成果及会计政策进行更详细的了解,应当认真阅读附录中所载的发行人财务报表和注释。

延边公路建设股份有限公司一九九七年度中期报告

一、财务报告(未经审计)

(一)简化的财务报表

1. 资产负债表　单位:元

项　目	1997年6月30日	1996年12月31日
流动资产	91,616,780.26	44,289,174.69
长期投资	4,023,441.82	3,950,000.00
固定资产净值	48,834,483.69	48,110,758.71
在建工程	53,630,109.25	958,233.98
无形资产及递延资产	330,233.77	387,958.12
其他长期资产		
资产总计	198,361,606.97	97,769,567.32
流动负债	17,087,009.54	27,910,012.24
长期负债		
少数股东权益		
股东权益	181,274,597.43	69,859,555.08
其中:股本	80,000,000.00	50,000,000.00
资本公积	81,776,060.17	10,000,000.00
盈余公积	6,859,555.08	6,859,555.08
未分配利润	12,638,982.18	3,000,000.00
负债及股东权益合计	198,361,606.97	97,769,567.32

2. 利润表　单位:元

项目	1997年1月至6月	1996年1月至6月
主营业务收入	7,344,785.00	8,234,167.22
主营业务利润	5,636,662.48	4,513,523.67
其他业务利润		
投资收益	3,854,000.00	−258,500.00
营业外收支净额	955,166.89	−82,073.05
利润总额	10,420,425.60	4,172,950.62
所得税	781,443.42	426,559.80
净利润	9,638,982.18	3,746,390.82

3. 其他重要财务指标

每股收益	0.1204元
净资产收益率	5.32%
每股净资产	2.27元

注:每股收益、每股净资产系按总股本8000万股全面摊薄计算。

(二)财务报表附注

1. 以上简化的财务报表未经会计师事务所审计。本公司的财务报表是按照《中华人民共和国企业准则》、《股份制试点企业会计制度》及财政部、中国证监会颁布的有关准则、制度和规定编制的。与一九九六年会计报告相比,会计政策或方法基本没有发生变化。不同之处仅为依据吉林省人民政府吉政文[1997]4号文件规定,对本公司所得税从1997年起按33%税率计征后返还25.5%。返还部分作为税后利润处理。

2. 资产负债表中资产类及负债类项目与上一年会计年度末相比以下几项发生变化:

①流动资产比年初增加47,327,605.57元,主要是货币资金存量增加2782万元,(今年5月20日新发行股票募集资金存款);委托延边资产托管公司短期投资2800万元(按委托协议此款于97年8月6日已收回)和收回应收往来款750万元。

②在建工程较年初增加52,671,875.27万元,主要是按募集资金用

途，龙井至延吉公路工程建设投资3200万元，龙井至延吉公路工程项目的配套工程即延吉至朝阳川公路工程建设投资2000万元。

③股本总额比年初增加3000万股，是新发行社会流通股。

④资本公积金较年初增加7178万元，主要是新发行社会流通股溢价收入部分。

⑤投资收益上半年实现385.4万元，其中380万元是资产托管公司短期投资收益。5.4万元是长期投资收益。

⑥本公司无关联企业和关联交易。

二、经营情况的回顾与展望

1．上半年经营情况回顾

公司按董事会通过的1997年工作计划积极努力开展各项生产经营活动，使公司上半年的各项经济指标较去年同期有较大幅度增长，工作业绩突出。

①上半年，公司成功发行了3000万股A股，募集资金1.02亿元人民币(已扣除发行费用)，从而为公司扩展经营业务提供了资金保障。

②按计划要求公路建设工程完成投资5200万元。其中龙井至延吉高等级公路建设项目投资3200万元，完成17%；龙井至延吉公路工程项目的配套工程即延吉至朝阳川公路建设投资2000万元，完成计划总投资的58%，该工程预计今年11月中旬竣工通车收费，是公司培育的新的主要经济增长点。

③上半年实现车辆通行费收入734万元，比去年同期减少4.43%，完成上半年盈利预测的90.5%，利润总额完成1042万元，比去年同期增长了130.88%，完成年盈利预测的50.19%。

④经批准公司今年5月20日发行社会流通股3000万股，募集资金1.02亿元，(已扣除发行费用)按招股说明书募集资金用途公路工程建设投资5200万元。委托延边资产托管公司短期投资2800万元。(此款已收回)剩余部分暂存在本公司银行帐户。

2．下半年业务展望

①为了保证公司97年度各项经营目标和经济指标的全面完成，公司将继续加强经营管理，控制成本费用，进一步规范公司的经营运作，提高股票上市后创效益能力。

②加速龙井至延吉、延吉至朝阳川公路工程建设，提高施工管理力度，抓好质量关，做到工期、投资服从质量，争取延吉至朝阳川公路今年11月初建成通车收费。争取龙井至延吉公路投资完成8000万元以上，为早日建成通车收费而努力工作。

③做好延吉至朝阳川公路收费站建站工作和收费人员招聘、培训工作，建设一支政治思想素质高、业务能力强、有战斗力的收费队伍。

④做好资金引进工作，保证工程项目顺利实施。

⑤继续做好收费管理工作，加强稽查力度，强化财务管理和经济核算，切实堵住收费工作中可能出现的任何漏洞，保障企业正常的经济效益。

三、重大事件的说明

1.1997年4月23日公司召开第二届第一次股东大会，详情请见股东会简介。

2．本公司1997年中期不分红。

3.1997年5月14日～16日公司股票在吉林省延吉市网下发行，发行十分成功，标志着公司的发展进入一个新的阶段。

4．公司股票于6月11日在深圳证券交易所正式挂牌上市流通。

5．按照国务院证券委、中国人民银行、国家经贸委5月21日联合发布的《严禁国有企业和上市公司炒作股票的规定》的要求，公司认真地进行了自查。本公司未以公司及个人名义开立过股票帐户，也未在任何证券营业部门开立过资金帐户；公司未动用银行信贷资金买卖股票。作为上市公司，我们将一如既往地严格遵守国家有关证券法规规定，规范自身行为。

6．本报告期内公司无重大诉讼、仲裁事项。

四、发行在外股票的变动和股权结构的变化

1．延边公路建设股份有限公司股权结构

(单位：万股)

	1996年12月31日	占总股本(%)	1997年6月30日	占总股本(%)
①尚未流通股				
国家持股	2100	42	2100	26.25
法人持股	1900	38	1900	23.75
内部职工股	1000	20	1000	12.5
②已流通股				
境内上市的人民币普通股			3000	37.5
③股本总计	5000	100	8000	100

2．主要股东持股情况 单位：万股

	持股本数	占股本比例(%)
①延边国有资产经营总公司	2100	26.25
②吉林省交通投资开发公司	1000	12.5
③吉林省禄裕咨询公司	330	4.125
④吉林公路机械厂	200	2.5
⑤延边证券公司	100	1.25
⑥吉林省公路勘测设计院	100	1.25
⑦延边州公路工程处	90	1.125
⑧吉林省交通水泥厂	50	0.625
⑨建行延边州中心支行城区办事处	30	0.375
⑩雷波	24	0.300

五、股东大会简介

一九九七年四月二十三日，本公司第二届第一次股东大会在延边州交通局六楼会议室召开。出席会议的股东29人，代表股份4009.2万股，占总股本的80.2%，符合国家有关法规及公司章程的规定，会议合法有效。大会经审议作出如下决议：

1．审议通过董事长朴东洙同志代表董事会所做《第一届董事会工作报告》；

2．审议通过监事长李加友同志所做的《第一届监事会工作报告》；

3．审议通过了《一九九六年财务决算和一九九七年财务预算的报告》；

4．审议通过了董事会成员、监事会成员的工资标准；

5．大会通过差额记名式投票方式选举出朴东洙、邱壮、李振远、王有森、孙永贵、李向前、李宗瑛、刘桂兰等9人为董事，选举出李加友、吴署良、金成洙等3人为监事。

六、备查文件

1．备查文件目录

(1)载有公司董事长、总经理亲笔签名的中期报告原本。

(2)公司公开发行股票的《招股说明书》。

(3)公司公开发行股票的《上市公告书》。

(4)公司章程。

(5)公司第二届第一次股东大会文件。

2．备查文件查阅地点：

延边公路建设股份有限公司

地　址：吉林省延吉市河南街1号

电　话：0433－2855985

传　真：0433－2853913

联系人：吴署良　金美兰

延边公路建设股份有限公司

一九九七年七月二十八日

海口管道燃气股份有限公司

海口管道燃气股份有限公司简介

一、公司简介

海口管道燃气股份有限公司是1992年经海南省股份制试点领导小组办公室批准，以募集方式设立的规范化股份制企业。发起人为海口市煤气管理总公司、海南赛格国际信托投资公司、海南赛格燃气有限公司、海南省石油化工工业总公司、海南华银国际信托投资公司、海口海甸岛房地产开发总公司、海南新远实业公司、海南立森实业有限公司等八家企业。1997年7月，经中国证监会批准，公司获准发行并上市5000万A股。现公司总股本12700万股。

本公司是从事城市能源供应和城市基础设施建设的企业。城市管道燃气供应系统是城市能源供应的重要组成部分，是城市重要的基础设施之一，城市燃气事业是现代化城市建设中必不可少的前导产业，属于国家产业政策重点支持的行业。

本公司是海南省唯一一家从事城市燃气供应和燃气工程开发的股份制企业，是海口市政府实施的《海口市煤气规划》的唯一承担者，是海口市也是海南省重点的基础设施建设单位，主业突出，经济效益显著。

经过几年的开发建设，本公司在城市燃气经营和燃气工程开发方面已取得了较为可喜的成绩。截止97年上半年，公司在海口管道燃气工程方面的投资已达到2亿多元，海口市煤气工程主体部分已基本完成，已建成两座气源厂，敷设燃气管网130多公里，覆盖海口市区面积达70%以上。此外，配套的长流油气基地亦已进入全面施工阶段，液化气储存站首期工程已基本建成，油气专用码头首期工程已全面开工，预计97年均可建成并投入使用。以上工程建成后将极大的改善海口市能源结构。

作为中国燃气行业第一家上市公司，本公司将以股票上市为契机，紧紧围绕管道燃气这一主导产业，利用海南岛富含优质兼价天然气资源，发挥本公司作为海口管道燃气工程的唯一开发、建设单位这一优势，积极开发天然气利用的相关行业，适时上马燃气汽车、燃气空调、玻璃制品厂等项目。依托政府的大力支持和政策优势，在立足城市燃气事业的基础上，以雄厚之资金实力、灵活之经营机制，积极谋求其他经营领域的突破，逐步涉足相关新兴行业，培植新的经济增长点，实现经济效益与社会环境效益的统一，努力将公司发展成为一个企业集团化、产业多元化现代企业集团。

公司将充分把撑住股票上市所带来的良好机遇，继续坚持"发展燃气事业，造福海南人民"的宗旨，为海南省基础设施的开发建设和经营管理作出更大的贡献，以更优异的成绩回报广大股东。

董事长：刘广林
总经理：祁　农
公司地址：海南省海口市海甸四东路颐和花园B座三楼
电　　话：86－898－6269434
传　　真：86－898－6255636
邮　　编：570208

二、公司董事长、总经理简介

刘广林　公司董事长，男，55岁，大学学历，高级工程师。1974年至1992年曾任乌鲁木齐市煤气公司科长、副经理；乌鲁木齐天然气工程指挥部常务副总指挥兼主任，1992年起任海口市煤气管理总公司党委书记、总经理，现任海口市煤气管理总公司党委书记，中国城市煤气学会常务理事、中国城市煤气协会常务理事。

祁　农　公司总经理，男，35岁，大学学历，工程师，本公司董事。曾任新疆印铁制品厂技术科科长，本公司规划发展部经理、总经理助理。

海口管道燃气股份有限公司招股说明书概要

一、释义

在本招股说明书概要中除非另有所指，下列词语有如下意义：

证监会：指中国证券监督管理委员会

证管办：指海南省证券管理办公室

本公司(发行人)：指海口管道燃气股份有限公司

董事会：指海口管道燃气股份有限公司董事会

主承销商：指海南省国际信托投资公司

财务顾问：指海南省国际信托投资公司

新股：指本次向社会公众公开发行的5,000万股人民币普通股

元：指人民币元

上市：指本公司股票获准在深圳证券交易所挂牌交易

二、绪言

本招股说明书概要依据《中华人民共和国公司法》、《股票发行与交易管理暂行条例》和《公开发行股票公司信息披露的内容与格式准则》等有关证券管理法规，根据发行人招股说明书编写，旨在向投资者提供本公司各方面的有关资料。发行人董事会已批准本招股说明书，并确信该招股说明书概要所摘内容和招股说明书正文一致且无重大误导、虚假及遗漏。

本次发行的股票是根据招股说明书中所载明的资料申请发行的，除本发行人和主承销商外，没有委托或授权其他任何人提供未在说明书中列载的信息和对本说明书作任何解释或者说明。

本公司提醒投资人自行负担买卖发行人股票所应支付的税款，发行人、承销商和上市推荐人对此不承担责任。

本次新股发行已经中国证券监督管理委员会证监发字[1997]373号文和证监发字[1997]373号文批准。

三、发售新股的有关当事人

1. 发　行　人：海口管道燃气股份有限公司
法定代表人：刘广林
地　　　址：海南省海口市海甸四东路颐和花园B座三楼
电　　　话：(0898)6254222
传　　　真：(0898)6255636
联　系　人：马艳、胡晓辉

2. 财务顾问：海南省国际信托投资公司

3. 主承销商：海南省国际信托投资公司
法定代表人：彭振明
地　　　址：海南省海口市滨海大道15号国信大厦
电　　　话：(0898)6777281、6793918
传　　　真：(0898)6777333
联　系　人：陈汉宁、陈绵飞
副主承销商：中国经济开发信托投资公司
法定代表人：韩国春

地　　址:北京市车公庄大街21号新大都酒店
电　　话:(010)68319988-12435
传　　真:(010)68319988-12435
联 系 人:黄传贞
分 销 商:申银万国证券股份有限公司
法定代表人:朱恒
地　　址:上海市南京东路99号
电　　话:(021)64318499
传　　真:(021)64310779
联 系 人:吕曙光
分 销 商:光大证券有限责任公司
法定代表人:刘纪元
地　　址:北京复兴门外大街6号光大大厦18层
电　　话:(010)63182379
传　　真:(010)63182382
联 系 人:朱彤
分 销 商:江苏省国际信托投资公司
法定代表人:赵国桢
地　　址:南京市上海路5号
电　　话:(025)6507794
传　　真:(025)6528981
联 系 人:李起年
分 销 商:大鹏证券有限责任公司
法定代表人:徐卫国
地　　址:深圳深南东路333号信兴广场地王商业中心商业大楼8层
电　　话:(0755)2463388-8626
传　　真:(0755)2462021
联 系 人:黄映红
分 销 商:中国对外经济贸易信托投资公司
法定代表人:郑敦训
地　　址:北京市西城区复兴门外大街A2号中化大厦8层
电　　话:(010)68569026
传　　真:(010)68569006
联 系 人:王宗道
分 销 商:广东证券公司
法定代表人:钟伟华
地　　址:广州东风路703号
电　　话:(020)87761319/87666000转
传　　真:(020)87784506
联 系 人:黄平、钟慧玲
分 销 商:湘财证券有限责任公司
法定代表人:陈学荣
地　　址:湖南省长沙市潇湘路18号
电　　话:((0731)8855416/8855410
传　　真:(0731)8855413
联 系 人:范翔辉、肖贤辉
分 销 商:招银证券公司
法定代表人:李麦秋
地　　址:广东省深圳市福田区华强北深纺大厦C座
电　　话:(0755)3216000转221
传　　真:(0755)3321052
联 系 人:杨露
分 销 商:海南省信托投资公司
法定代表人:陈岗
地　　址:海南省海口市龙华路7号财盛大厦
电　　话:(0898)6228128
传　　真:(0898)6220303
联 系 人:方维玲

4.上市推荐人:申银万国证券股份有限公司
海南省国际信托投资公司

5.发行人律师:金杜律师事务所
法定代表人:王俊峰
地　　址:北京市东城区朝阳门北大街富华大厦C幢十七层
电　　话:(010)65541627/65541628
传　　真:(010)65541625/65541560
经 办 人:王俊峰、白彦春
联 第 人:张曦、陈运

6.主承销商律师:信达律师事务所
法定代表人:靳庆军
地　　址:广东省深圳市深南中路东风大厦二十一层
电　　话:(0755)3243139-8157
传　　真:(0755)3243108
经 办 人:靳庆军、郑伟鹤

7.财务审计机构:海口会计师事务所
法定代表人:吴齐渊
地　　址:海口市海甸岛海甸一西路2号
电　　话:(0898)6257195
传　　真:(0898)6265094
经 办 人:潘承均、李展年

8.资产评估机构:中咨资产评估事务所
法定代表人:鲁静
地　　址:北京市海淀区车公庄西路32号中咨大厦
电　　话:(010)68415511-5217
传　　真:(010)68410645
经 办 人:张宏新、乔河湖

9.资产评估确认机构:国家国有资产管理局
地　　址:北京市海淀区万泉河路66号
电　　话:(010)62567744
传　　真:(010)62521817

10.股票登记机构:深圳证券登记有限公司
地　　址:深圳市红岭路5号
电　　话:(0755)5567899

四、发行情况

1.承销方式:余额包销

2.发行方式:上网定价

3.发行地区:全国所有与深圳证券交易所联网的证券交易网点

发行对象:符合法律、法规规定可以买卖A股的自然人和法人

4.发行股票的种类、面值和数量:每股面值为1元的人民币普通5,000万股

5.发行日期:1997年7月14日

6.承销期:1997年7月14日至1997年7月20日

7.发行价格及确定发行价格的方法:

(1)发行价格:每股5.74元

(2)确定发行价格的方法:

本次发行采用溢价发行,发行价格主要依据是按1:0.5缩股后的总股本计算最近三个会计年度每股税后利润的算术平均数,发行市盈率16.4倍。即:

发行价格=1996、1995、1994三年平均每股税后利润×市盈率
=0.35×16.4=5.74(元)

8. 发行总市值:2.87 亿元

9. 拟上市地:深圳证券交易所

五、风险因素与对策

(一)风险因素

投资人在评价本发行人此次发售的股票时,除本招股说明书提供的其它资料外,应特别认真地考虑下述各项风险因素

1. 经营风险

A:主要工程材料的供应和价格

本公司所从事的城市燃气管道敷设所用的管材、阀门材料均须从市场购进,因此其市场供应量或价格波动均直接影响公司的经营效益,从而存在一定的风险。

B. 气源供应风险

本公司的另一重要业务——管道仿天然气和液化石油气的销售经营,其气源液化石油气是从国际市场和国内市场购进,其市场的供应量和价格波动也将直接影响本公司的经营效益。

C. 外汇风险

由于工程建设中一些关键设备、仪器的质量、技术水平要求较高,需从国外进口,同时部分液化石油气需从国外进口,公司经营涉及外汇结算领域,故外汇市场的汇率变化在一定程度上会造成公司的经营风险。

D. 不可抗力所造成的风险

由于不可抗力如台风、地震等因素造成的进口液化气价格提高、管网破损会造成公司的经营风险。

E. 工程结算风险

本公司承担的是城市基础设施建设,工程建设费由本公司直接与项目业主海口市煤气管理总公司结算,该公司受政府主管部门委托,负责海口市管道燃气业的开发、建设和经营管理。

如遇特殊情况,公司不能及时支付全部工程款,将延长工程投入资金的实际回收时间,降低资金周转率,对公司效益产生一定影响。

F. 项目投资风险

本公司募集资金主要用于工程项目的建设,其施工成本、气候等因素将对项目建成所需资金和时间产生较大影响,也直接影响到项目的投产时间和效益的产生。

2. 行业风险

燃气管道的敷设工程复杂,工期长,施工技术、质量标准和设备质量标准要求高,对项目施工和经营管理水平的要求也相应很高。燃气行业所经营产品为易燃易爆产品,行业风险较大,任何失误都可能造成较大的经济及其它方面的损失。

3. 市场风险

公司虽然是海口管道燃气工程的独家承建单位,具有一定的行业垄断性。但管道燃气工程是城市建设的配套设施,其市场需求直接受城市建设容量扩展情况的制约,此项业务的拓展受到一定的限制。

4. 政策性风险

由于城市住宅业的发展与国家对房地产业的政策密切相关,本公司的管道燃气工程收益亦在一定程度上受此影响。同时,燃气供应涉及居民的日常生活,社会影响较大,燃气价格受海南省物价管理部门控制,故本公司的经营具有一定的政策风险。

5. 股市风险

中国股市属新兴市场,其特点是市场不成熟,股价波动大,不可预见性强。国内外政治经济形势变化以及国内金融政策的调整,发行公司的业绩及其发展前景,投资者的心态变化等诸多因素均会给股票投资者带来风险。

(二)对策

针对以上风险,本公司将采取下述对策和措施:

1. 经营风险的对策

(1)对于管材、仪器设备市场中供应量及价格变动的风险,本公司一方面加强同国际国内市场上供应商的联系,建立起长期、稳定、良好的合作关系,保证有关材料和原料的供应;另一方面,将改进施工工艺,提高技术水平,加强管理,通过降低施工材料的消耗,以降低成本,消化部分涨价因素。

(2)对于燃气的气源问题,公司将通过与多方建立良好的商业联系,寻找液化石油气的最优供货商组合,以降低进货成本,提高经济效益。同时加快天然气气源的开发、使用步代,尽快实现以天然气取代液化石油气的转换过程,建立起长期稳定、质优价廉的气源渠道。

(3)对于进口结算中所涉及的外汇汇率变动给公司所带来的风险,必要时进行外汇套期交易加以防范。

(4)对于台风等不可抗力因素的影响,目前正进行的项目工程将扩大公司的液化石油气储存能力。从而加强在恶劣天气下持续正常经营的能力,同时,因海口地区属于八度地震裂度区,本公司的工程设计、施工均按八度以上抗震标准来实施。利用国际先进技术,加强各项工程的防护系统功能,以保证在遇到地震等不可抗力因素时能尽量减少损失。

(5)对于工程结算方面的风险,本公司经与海口市煤气管理总公司签订施工协议。在工程款未全额支付之前,本公司对可投人使用的管网进行调试性生产。在此阶段,管网供气系统同由本公司经营管理,收益归本公司所有,可保障本公司的收益不受损失。公司还将实行多元化经营,分散经营风险。

(6)对于项目投资风险,本公司将通过广泛建立与有关材料及设备供应商的联系,寻找质优价廉的供应渠道,同时完善工程设计和施工的科学管理,加强内部成本核算,尽可能降低项目投资成本。必要时还可委托一些施工技术力量雄厚、信誉较发的施工单位配合进行项目的具体施工,以确保项目能按时保质完成。

2. 行业风险的对策

对于所面临的行业风险,公司将通过不断完善有关操作规程、强化工作人员技术培训工作、提高全体职工安全意识、严格对气源和设备质量进行把关、加强施工项目管理、提高施工质量等方面的工作,保证燃气管网、气站及其他设施长期的安全运营。同时就全部燃气设施与保险公司签订财产保险合同和第三者(用户)保险合同。

3. 市场风险 的对策

对于燃气工程开发市场和管道燃气销售市场上限制性的问题,海口市煤气管理总分司作为本公司最大股东,已承诺在作为本公司股东期间不在海口地区从事经营管道燃气的开发、建设及其他有同业竞争性的业务,燃气工程开发市场和管道燃气销售市场由本公司独立承担。

对于因受城市建设进程限制而产生的经营被动性问题,公司将着眼于能源领域相关的、上下游业务的多方拓展,实现公司的多元化经营,以创造公司发展的更大空间。

4. 政策风险的对策

对政策性风险的防范,主要是通过提高公司的科学管理水平,增强员工的素质,提高公司对政策变化的应变能力。加强项目中的科学管理,降低生产和经营的成本,提高公司盈利水平。

5. 股市风险的对策

由于股市价格波动不可避免,为此本公司提醒投资者须正视股票市场价格波动所带来的风险,以便作出正确的投资决策,同时,本公司将采取积极而稳健的经营方针,使公司盈利能力保持在一个较好水平上,并及时公告公司的重大经营活动信息,自觉接受政府管理部门及广大股东的监督,以从公司的角度最大限度地减小本公司股票投资者的风险。

六、募集资金的运用

本次发行 5,000 万般,扣除发行费用,可募集资金 27,750 万元,拟投资以下项目:

(一)本次募集资金运用计划

1. 海口市煤气工程

该项目是《海口市煤气规划》的主体工程,主要包括供气站的建设和

供气管网的敷设。该项目的建成将使安全、高效、洁净的管道燃气逐步取代其他燃料。该项目已由海南省计划厅(1993)06号文批准,计划投资额为19,768万元,目前已完成投资13,489万元,其中海甸气源厂已全部建成并投入调试性生产供气;秀英混气站投入4,191万元,近期内可全部建成并试车供气;燃气管网部分已投入资金5,034万元,现已敷设燃气主干管69公里,覆盖海口市区面积的70%以上。本次募集资金中计划投资6,279万元完成该项目建设。预计项目建成达产后年销售收入可达18,480万元,年实现税后利润2,941万元。项目投资回收期为6.7年。

2.海口市长流油气工程

该项目是新建的大型液化气和成品油的接收、储存及中转基地,是海口市煤气工程的配套工程。项目已由海南省计划厅琼计投资(1994)625号文批准立项,计划投资额为19,339万元,目前已完成投资4,864万元。4台1000立方米液化气球罐已建成,近期可投入使用;油气专用码头的建设已全面展开施工。本次募集资金中计划投资12,500万元,用于5000/1000吨级码头、油库工程及液化气储存站二期工程的建设。该项目建成达产后预计新增年销售收入131,880万元,实现年税后利润9,282万元。项目投资回收期为5.25年。

3.利用崖13-1气田天然气供应海口民用管道燃气项目

该项目是为了充分利用海南省丰富优质而廉价的天然气资源,促使天然气尽快引进海口地区,推进海南省燃气事业的发展而实施。该项目经海南省计划厅琼计建设(1997)241号文批准,年分配给本公司3600万立方米天然气,计划投资额为5,670万元。本次募集资金中计划投资5,100万元用于该项目的建设。该项目建成达产后预计年销售收入6,660万元,年税后利润972万元。项目投资回收期4.5年。

4.海口市液化石油气汽车工程

该项目是充分利用本公司自身经营优势,发展多元化经营,减少海口市空气污染的重要项目,项目主要包括改装传统汽车和建设加气站等建设内容。该项目已由海口市计划局市计(1996)192号文批准立项,计划投资额为5,400万元。该项目97年6月至98年6月计划投资4,500万元,本次募集资金中计划投资3,871万元用于该项目的建设。该项目建成达产后年新增销售收入16,873万元,年实现税后利润1,095万元。项目投资回收期为4.25年。

(二)投资项目资金使用计划表

项目名称	97年6月至98年6月投入(万元)	98年6月之后投入(万元)	启动时间	收效时间
海口市煤气工程	6,279		1993.2	1994年部分收效
海口市长流油气工程	12,500	1,975	1994.2	1998年部分收效
利用崖13-1气田天然气供应海口民用管道燃气项目	5,100	570	1997.6	1998年
海口市液化石油气汽车工程	4,500	900	1997.6	1998年
合计	28,379	3,445		

本次募集资金将首先用于海口市煤气工程的收尾部分及其配套的海口市长流油气工程的建设,同时抓紧建设利用崖13-1气田天然气供应海口民用管道燃气项目;视资金情况建设海口市液化石油气汽车工程。计划中资金缺口部分主要通过银行贷款和公司自筹解决。

(三)历次募股所筹资金的运用

1.1992年本公司改组成立时募集资金1,000万元,用于海甸东部开发区管道工程建设及其他项目前期开发费用。

2.1993年本公司增资扩股,共募集资金11,733.6万元,主要运用情况如下:

(1)投资海口市煤气工程10,500万元,用于海甸气源厂、秀英气化混气站、市区管网等工程的建设。

(2)投资海口市长流油气工程1,233.6万元,主要用于油气码头、液化气储存站的建设。

七、股利分配政策

(一)股利分配的一般政策

本公司的股利政策按照《公司法》的规定实行同股同利原则,税后利润按以下程序分配。

1.弥补以前年度亏损。

2.提取10%的法定公积金

3.提取5%至10%的法定公益金。

4.提取任意公积金。

5.分配股利。

(二)公司提取法定公益金、任意公积金的比例由本公司董事会制定,由公司股东大会决议批准后方可实施。

(三)本公司1993年和1994年度合并在1995年向全体股东分派现金每股0.20元。根据本公司第五次股东年会决议,1995和1996年度利润合并分配,向本次发行前的股东分派现金每股0.20元(尚未实施),派发股利时间预计在1997年下半年。新股东不享有此次分配。

(四)公司预计本次股票公开发行后第一个盈利年度的首次派发股利时间在1998年上半年,新股东享有此次的利润分配。

八、发行人及发行人主要成员的情况

1.发行人名称:海口管道燃气股份有限公司

2.发行人成立日期:1992年12月17日

3.注册地址:海南省海口市海甸四东路颐和花园B座三楼

4.历史沿革:

本公司前身为海南石化煤气公司,成立于1991年9月13日,主要从事液化石油气的专业化经营,为结束海南无气化燃料的历史做出过特殊贡献。1992年为筹集社会资金开发海南管道燃气事业,真正体现人民煤气人民办的方针,在对原石化煤气公司进行整体改组的基础上,经海南省股份制试点领导小组办公室琼股办字[1992]27号文批准,以定向募集方式设立了海南石化煤气股份有限公司。发起人是海南省石油化工工业总公司、海南华银国际信托投资公司、海口海甸岛房地产开发总公司、海南新远实业公司、海南立森实业有限公司等五家单位,另有部分募集法人股东和内部职工股东加入。公司于1997年12月17日进行工商登记注册,注册资本为36,674.257元,注册号为20125021-7。

1993年,海南省计划厅琼计投资[1993]06号文,批准了总投资为19,768万元的海口市煤气工程项目。为迅速募集社会资金建设该项基础设施工程,经海南省股份制试点领导小组办公室琼股办字[1993]35号文批准,本分司进行增资扩股。海口市煤气有限公司、海南赛格国际信托投资公司、海南赛格燃气有限公司(原名为海南先锋管道石油燃气管理总公司)认购本公司股份共86,200,000股,部分社会法人和内部职工也认购了本公司股份。公司在海南省工商局办理变更登记,注册资本增至154,010,257元,公司更名为"海口管道燃气股份有限公司",注册号为〈琼企A〉20125021。

鉴于此次增资扩股主要是为海口市煤气工程筹资,而海口市煤气管理总公司作为该项目的业主直接代表政府组织实施该项目,是本公司最大股东和相对控股者。加之海口市煤气管理总公司、海南赛格国际信托投资公司、海南赛格燃气有限公司三家新股东此次共认购本公司股本55.97%,是该项目的主要投资者,并且自本公司增资扩股之始,这三家股东单位就一直以公司发起人的地位参与公司的一切活动。故在这三家请求和本公司申请下,海南省证券管理办公室根据本公司运作的实际情况,下达琼证办[1994]49号文,对这三家股东作为本公司的发起人资格予以确认。

1997年4月,经公司第五次股东年会决议同意公司股本按同比例缩股,并特别授权董事会制订具体的缩股方案。1997年4月18日董事会通过决议,并经海南省证券管理办公室琼证办[1997]86号文批复同意,批准公司股本按1:0.5同比例缩股,公司股本变为77.005,129股。

5. 公司内部管理结构及组织结构

股东大会为本公司最高权力机构,董事会向股东大会负责,公司组织结构和内部管理机构如下图:

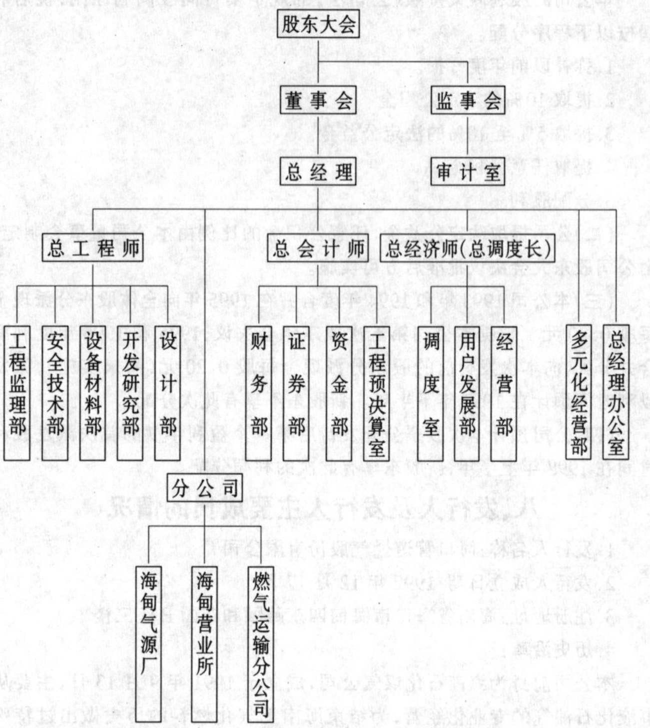

6. 经营范围

经营范围:城市管道燃气的设计、开发、施工,储气站、气化站、检测站,石油及制品,石油天然气化工及与其相配套的仪器、仪表、燃气用具、设备,液化石油气、天然气,房地产的综合开发、销售、物业管理。

经营方式:承包、设计、施工、开发、安装、销售。

7. 主要业务

公司主要业务是承包城市管道燃气工程的开发、设计、施工、液化石油气储气站、气化站的设计、施工及经营管理,管道仿天然气的生产及销售,液化石油气、天然气的储运及销售,燃气用具、灶具、仪器、仪表及相关设备的经营等。

8. 主要市场及市场占有情况

本公司在液化石油气气化混气站建设及经营、城市燃气管道设计及施工等方面占有较大优势,在承建气化混气站、城市燃气管道方面占据了海南省市场的100%。本公司凭借燃气工程开发方面的优势,积极从事管道仿天然气供应、瓶装液化石油气批发及零售业务。目前已形成管道仿天然气日生产能力120万标米^3,瓶装液化石油气年灌瓶能力12,000吨。1996年本公司燃气工程开发收入6,600万元,管道仿天然气及瓶装液化石油气销售收入3,064万元,管道仿天然气销售占海南省市场份额的100%。

9. 业务收入构成主要原材料的供应

A. 本公司的业务收入主要包括工程结算收入和燃气经营收入,这两项收入约占公司总收入的98%以上。

B. 本公司主要业务所从事的燃气工程开发所需的主要原材料为管材、阀门、防腐胶带、气化混气设备及其配件,其来源全部为国内外大型专业厂家。管道仿天然气和瓶装液化石油气经营所需原料为液化石油气,其来源均为国外进口。目前本公司已和货源单位建立了长期、稳定的供销关系,形成可靠、稳定的供应系统。

10. 关联交易的情况

本公司最大股东海口市煤气管理总公司,是本公司承建的海口市煤气工程的项目业主,该公司与本公司签订有《建设工程勘察设计施工协议》,该协议是公开的,协议的条件是公开的,承建工程价款由海口市政府颁发的《海口市煤气开发费征收和使用方法》确定。

发行人主要成员情况

(一)董事会

刘广林。男。55岁,大学学历,高级工程师,现为本公司董事长。1974年至1992年曾任乌鲁木齐市煤气公司科长,副经理;乌鲁木齐天然气工程指挥部常务副总指挥兼主任,1992年起任海口市煤气管理总公司党委书记、总经理,现任海口市煤气管理总公司党委书记,中国城市煤气学会常务理事、中国城市煤气协会常务理事。

张朴,男,42岁,大学学历,现为本公司副董事长。历任海南中原信托投资公司信贷部经理、广东东莞茶山豫港先锋制革厂厂长、海南赛格国际信托投资公司总经理助理,现任海南赛格国际信托投资公司第一副总裁。

李兆丰:男,45岁,大学学历,高级工程师,现为本公司副董事长。历任中国国际经济咨询公司业务开发部副经理、外资企业服务部经理,海南经济建设咨询公司总经理,现任海南省石油化工工业总公司副总经理。

祁农,男,35岁,大学学历,工程师,本公司董事。历任新疆印铁制品厂技术科科长、海口管道燃气股份有限公司规划发展部经理、总经理助理,现任本公司总经理。

刘平:男,45岁,大专学历,现为本公司董事。1978年至1988年在湖南省建筑设计院工作,1988年至今在中国寰岛(集团)公司工作,现任该公司下属企业海口海甸岛房地产开发总公司总经理。

朱熹豪,男,50岁,理学硕士,中国科学院研究生毕业,经济师,现为本公司董事。历任中国科学院研究生院讲师、北京华远总公司总经济师,现任海南华银国际信托投资公司总经理。

万善颐,男,56岁,大专学历,高级经济师,现为本公司董事。曾在银行系统历任会计员、信贷员、会计主管、信贷科科长,计划科科长,1990年起历任海南赛格国际信托投资公司管理部负责人、经理。现为海南赛格国际信托投资公司财务总监(副总裁)。

周立民,男,45岁,大学学历,高级工程师,现为本公司董事。历任电子工程建设开发公司办公室副主任、海南希克开发总公司副总经理。现任海南赛格燃气有限公司总经理、海南赛格国际信托投资公司总工程师(副总裁)。

万明,男,34岁,在职研究生,工程师,现为本公司董事,历任南昌铁路液化石油气公司工程师、海南赛格燃气有限公司气站管理部经理、生产经营部经理、总经理助理,现任海南赛格燃气有限公司党务副总经理兼南宁管道燃气有限公司总经理。

袁德生,男43岁,大学学历,高级政工师,本公司董事,历任海军快艇某支队班长、艇长、机电长、副舰长、舰长、参谋长等职。1993年至今任海口市煤气管理总公司副总经理。

倖华息,男,43岁,大专学历,政工师,本公司董事。历任某军区干事,指导员,教导员、科长,现任海口市煤气管理总公司常委办公室主任及公司办公室主任。

李宽正。男,50岁,大专学历,会计师,本公司董事。曾在国营工业、商业、饮食服务业中大型企业任主管会计、财务科长。1993年起历任本公司财务部副经理、经理。现任本公司副总会计师兼财务部经理。

陈侃默,男,36岁,大学学历,高级工程师,本公司董事。历任石油部新疆油田规划设计研究院工艺负责人、乌鲁木齐天然气工程指挥部技术处副处长、乌鲁木齐压缩天然气有限公司总经理兼总工程师,现任本公司总工程师。

(二)监事会

陈弋超,男,35岁,大学学历,高级工程师,本公司监事会召集人。历任化工部湘东化工机械厂助理工程师,乌鲁木齐天然气工程建设指挥部工程师、施工管理处副处长,海口市煤气管理总公司副总工程师。

周凤霞,女,34岁,在职研究生,本公司监事。历任黑龙江省鹤岗市人民银行会计科科长,海南洋浦工商银行财务部经理,现任海南赛格国际信托投资公司财务管理部经理。

张为众,男,46岁,大专学历,高级会计师,现为本公司监事。历任重庆新华化工厂会计员、财务科副科长、科长、总会计师,现任中国寰岛(集团)公司总会计师,兼任海南寰岛大酒店有限公司董事、总会计师。

谭志春,男,45岁,大专学历,本公司监事。历任中学校长,海南省石油化工工业总公司经销部经理,海南石化煤气股份公司经销部经理、办公室主任。现任本公司海甸营业所所长。

孙建萍,女,32岁,大专学历,经济师,本公司监事。历任新疆华新牧工商公司主任、场长,曾被评为乌鲁木齐"三八"红旗手,1993年当选乌鲁木齐人大代表,现任海口市煤气管理总公司纪检监察室副主任。

(三)高级管理人员

祁农(见董事简历)

陈侃默(见董事简历)

李宽正(见董事简历)

李建新,男,44岁,大学学历,高级工程师。历任新疆化肥厂技术员、车间副主任、主任、生产技术科副科长,乌鲁木齐市煤气公司灌瓶厂副厂长、气源厂厂长、副总工程师,广西北海建城燃气公司经理。现任本公司安全总监。

纪烈堂,男,34岁,大专学历,经济师。历任乌鲁木齐人事局干部科、计划录用科科员、副主任科员,曾任本公司人事主管、经济师。现任本公司董事会秘书。

九、经营业绩

(一)生产经营一般情况

本公司主要从事的是城市基础设施建设和城市洁净能源的供应,是《海口市煤气规划》的独家开发承建单位,本公司在设计、技术施工及经济实力方面占有较大优势,在承建城市燃气管网、气化混气站方面占据了海南省市场的100%,且经济效益在全国同行内也位居前茅。

(二)业务收入和利润情况

公司近三年及1997年第一季度经营业绩(已经海口会计师事务所审计)

单位:元

项目	1997年1-3月	1996年	1995年	1994年
主营业务收入	40,642,513.11	98,187,377.21	65,771,183.85	91,294,349.62
主营业务利润	10,651,577.65	24,436,531.09	17,735,170.16	27,725,270.89
营业利润	10,684,211.40	24,420,342.42	19,314,479.66	27,977,481.34
利润总额	10,678,206.40	29,170,664.51	22,257,115.06	32,480,890.14
税后利润	9,877,055.61	27,044,703.95	22,257,115.06	32,480,890.14

(三)业务收入构成

本公司业务收入主要包括管网开发、液化石油气、仿天然气等。

项目	1997年1-3月		1996年		1995年		1994年	
	收入(元)	占主营业务收入的比例(%)	收入(元)	占主营业务收入的比例(%)	收入(元)	占主营业务收入的比例(%)	收入(元)	占主营业务收入的比例(%)
工程结算收入	30,360,000.00	74.70	66,000,000.00	67.20	39,802,400.00	60.50	68,640,000.00	75.20
燃气经营收入	10,188,816.36	25.07	30,636,582.24	31.20	25,296,914.49	38.50	22,085,541.12	24.20
其他收入	93,696.75	0.23	1,550,794.97	1.60	671,869.36	1.00	568,808.50	0.60
合计	40,642,513.11	100.00	98,187,377.21	100.00	65,771,183.85	100.00	91,294,349.62	100.00

(四)完成的主要工作

本公司是海口市政府实施的《海口市煤气规划》的直接承担者,经过几年的开发建设,已完成海口市煤气工程项目的主体部分,部分完成海口市长流油气工程,形成了10万标准户及部分公福、工业用户的供气能力,供气管网覆盖海口市区面积的70%以上。

(五)筹资与投资

本公司筹资渠道主要为股东参股投资和银行贷款。公司前次募集资金11,733.6万元,全部用于海口管道燃气工程的开发建设。截止1996年年底,本公司的基建贷款有5,000万元人民币和350万美元,全部用于海口管道燃气工程的开发建设,其中外汇贷款全部用于进口国外设备。另外,本公司在1996年还向银行借贷流动资金2,600万元人民币。

(六)主要设备、固定资产情况

本公司目前进行海口管道燃气工程的调试性生产,生产经营设备包括海甸气源厂气化混气设备、液化气灌瓶设备及储气设备、市区燃气管网、液化石油气槽车等。海甸气源厂属于改扩建项目,全套气化混气设备均由美国ALGAS公司引进,技术水平较高。同时,本公司还拥有较为齐全的施工、检测设备。

(七)职工队伍的培养

本公司十分重视职工的知识、技能的培训,公司专门制订员工教育培训规程,并使其制度化,规定新聘员工均需经过公司的上岗培训;对安全技术要求高的岗位必须请专家定期培训;对所有岗位要定期进行文化业务知识、实际操作的考试、考核。目前在公司全体职工中,学历在大专以上的占职工总数的48%;职工的文化素质和业务能力已有很大提高。

十、股本

1.本公司的前身为海南省石油化工工业总公司下属子公司海南石化煤气公司,经海南省股份制试点领导小组办公室琼股办字(1992)27号文批准,在海南石化煤气公司整体改组的基础上,由海南省石油化工工业总公司、海南华银国际信托投资公司、海口海甸岛房地产开发总公司、海南新远实业公司、海南立森实业有限公司以定向募集方式共同发起设立海南石化煤气股份有限公司,总股本为36,674,257股,其中:发起人持股26,674,257股,募集法人持股2,665,149股,内部职工股7,334,851股。

2.1993年经海南省股份制试点领导小组办公室琼股办字(1993)35号文批准,本公司以每股1元的发行价增资扩股,吸收三家法人股东入股,其中海口市煤气管理总公司认购6,000万股,海南赛格国际信托投资公司认购2,000万股、海南赛格燃气有限公司认购2,000万股,内部职工股认购1,733.6万股。

3.1993年8月,本公司进行法人股流通试点,为使公司符合法人股在STAQ系统流通上市的要求,经董事会讨论同意,海口市煤气管理总公司、海南赛格国际信托投资公司、海南赛格燃气有限公司各将680万股、285万股、415万股转让给其它33家社会法人,海南省石油化工工业总公司受让185万股。

4.1994年根据海南省证管办琼证办(1994)49号文批准,对增资扩股时入股的海口市煤气管理总公司、海南赛格国际信托投资公司、海南赛格燃气有限公司作为本公司的发起人资格予以确认,海口市煤气管理总公司居于相对控股地位,同时确认公司总股本为154,010,257股,其中:发起人股为114,724,257股,募集法人股为14,615,149股,内部职工股为24,670,851股。本公司内部职工股已全部在海南证券交易中心托管,并已经海南省证券管理办公室确认。

5.1997年4月经公司第五次股东年会决议同意,并经省证管办琼证办(1997)86号文确认,公司以1:0.5的比例进行缩股,缩股后注册资本为77,005,129元,形成股权结构如下:

股东类别	股本	占总股本比例(%)
发起人持股	57,362,130股	74.49
募集法人持股	7,307,574股	9.49
内部职工持股	12,335,425股	16.02
总股本	77,005,129股	100.00

6.公司本次发行额度为5,000万股,向社会公开发行,发行后的股本结构为:

股东类别	股本	占总股本比例(%)
发起人持股	57,362,130股	45.17
募集法人持股	7,307,574股	5.75
社会公众持股	50,000,000股	39.37

内部职工持股　　12,335,425 股　　9.71
总股本　　127,005,129 股　　100.00

7. 本次发行前后本公司净资产总额、股本及每股净资产情况如下：

	净资产总额(元)	股本(股)	每股净资产(元)
发行前	212,213,385.91	77,005,129	2.76
发行后	489,713,385.91	127,005,129	3.86

8. 截止 1997 年 4 月 14 日，目前公司董事、监事及高级管理人员的持股情况

姓名	职务	持股数	备注
刘广林	董事长	0	
张　朴	副董事长	0	
李兆丰	副董事长	0	
祁　农	董事、总经理	0	
刘　平	董事	2,000	
朱熹豪	董事	10,000	
万善颐	董事	0	
周立民	董事	0	
万　明	董事	0	
袁德生	董事	0	
俸华息	董事	0	
李宽正	董事、副总会计师	0	
陈侃默	董事、总工程师	0	
陈弋超	监事会召集人	25,000	
周凤霞	监事	0	
张为众	监事	4,000	
谭志春	监事	3,000	
孙建萍	监事	0	
李建新	安全总监	0	
纪烈堂	董事会秘书	0	

以上董事、监事及高级管理人员共持有公司股份 44,000 股(缩股之前)，占总股本的 0.29‰。

9. 公司可以依法回购公司发行在外的股份。公司在下列情况下，可以按照法律规定及公司章程规定的程序，报政府授权部门批准，回购其发行在外的股份。

(1)为减少公司资本而注销股份；

(2)与持有本公司股份的其他公司合并；

(3)有关法律许可的其他情况。

公司依法回购股份后，应当在有关法律规定的期限内，注销该部分股份，并向原公司登记机关申请办理注册资本变更登记。被注销股份的票面总值应当从公司的注册资本核减。

十一、债项

根据海口会计师事务所海所字[1997]第 092 号《审计报告》，截止 1997 年 3 月 31 日，本公司负债总额为 146,335,935.46 元，其中流动负债 67,298,535.46 元，长期负债 79,037,400.00 元，美元汇率以 1∶8.2964 计。主要负债见下表：

单位：元

债项	金额 长期	金额 短期	利率%	债务期间	抵押或担保情况	其它限制性条件
建设银行海口市分行	30,000,000.00		11.55	94 年 11 月 11 日至 99 年 11 月 11 日	抵押	无
建设银行海口市分行	20,000,000.00		12.60	95 年 10 月 1 日至 99 年 10 月 1 日	抵押	无
建设银行海口市支行		10,000,000.00	9.24	96 年 11 月 23 日至 97 年 5 月 23 日	担保	无
建设银行海口市支行		10,000,000.00	9.21	96 年 12 月 31 日至 97 年 12 月 31 日	担保	无
中国银行海南省分行		4,000,000.00	8.44	96 年 12 月 17 日至 97 年 6 月 17 日	担保	无
交通银行海南省分行		2,000,000.00	8.40	96 年 12 月 19 日至 97 年 9 月 18 日	抵押	无
中国银行海南分行(美元)	1,100,000.00 折人民币: 9,126,040.00		6 月浮动利率	95 年 12 月 29 日至 2001 年 12 月 29 日	抵押	无
中国银行海南分行(美元)	2,400,000.00 折人民币: 19,911,360.00			96 年 12 月 31 日至 20002 年 12 月 31 日	抵押	无
合计	79,037,400.00	26,000,000.00				

本公司除上述债项外，截止 1997 年 3 月 31 日，无其它未说明债项及对外提供担保、抵押和或有负债。

十二、主要会计资料

以下资料摘自海口会计师事务所海所字(1997)第 092 号《审计报告》，如果投资人欲对发行人的财务状况、经营成果及会计政策进行更详细的了解，应当认真阅读附录中所载的发行人的财务报表和注释。

1. 资产负债表主要数据(附后)

2. 利润及分配表主要数据(附后)

3. 财务状况变动表中主要数据(附后)

(四)主要会计政策

1. 会计制度

本公司执行财政部、国家体改委联合颁发的《股份制试点企业会计制度》以及国家有关财务会计法规，所属子公司同时参照执行行业会计制度。

2. 会计期间

自公历 1 月 1 日起至 12 月 31 日止为一个会计年度。

3. 记帐本位币

以人民币为记帐本位币。

4. 记帐原则及计价基础

采用权责发生制原则，以实际成本为计价基础。

5. 合并报表的编制

(1)合并报表的范围：公司本部及长期投资额占被投资企业股权比例 50%以上的子公司和控股公司。

(2)合并报表编制：根据合并报表有关规定，对投资企业与被投资企业及被投资企业之间的相互投资，往来款项，以及内部销售收入与销售成本等予以相互抵销后，其余项目逐项合并反映。

(3)子公司与母公司会计政策统一执行海口管道燃气股份有限公司制定的财务管理制度，会计政策保持一致。

6. 外币折算方法

凡涉及外币经济业务的收支，采用当日外汇牌价，折合人民币记帐。期末按最后一个交易日的外汇中间价进行调整，由此产生的差额作为汇兑损益，列入财务费用。

7. 坏帐准备

坏帐准备按应收帐款年末余额的 3‰计提列入当期损益。

8. 存货的计价方法

存货入库时按实际成本计价。工程结算成本按已完工程实际成本结转,商品(产品)发出时按加权平均法计价,低值易耗品采用领用时一次摊销法。

9. 长期投资

长期投资中投资额占被投资企业股权比例20%以下的采用成本法核算;投资股权比例20%-50%的采用权益法核算;投资股权比例50%以上的采用权益法核算,合并会计报表。

10. 固定资产及其折旧

凡使用期限在一年以上的房屋、建筑物、机器、机械、运输工具及其他与生产经营有关的设备、器具、工具等,属于固定资产。不属于生产经营主要设备的物品,单位价值在2,000元以上,并且使用年限超过两年的,也列为固定资产。

固定资产折旧,采用年限法,分类计算,预计净残值按固定资产原值的3%扣除后,确定其分类折旧率如下:

类别	使用年限(年)	预计残值(%)	年折旧率(%)
1. 房屋及建筑物	10-40	3	9.7-2.43
2. 机器设备	10-18	3	9.7-5.39
3. 运输工具	6-12	3	16.17-18.08
4. 其　　他	5-10	3	19.4-9.70

11. 无形资产及摊销

土地使用权价值,按规定使用年限70年计算,分月摊销。

12. 递延资产及摊销

(1)公司开办费,按五年期限分月摊销。

(2)土地租金按租用期16年半(从开始使用时间计算)分月摊销。

13. 税项

(1)所得税:

公司本部从开始获利年度起,第一年至第五年,免征所得税;第六年至第十年减半征收。公司获利年度和享受减免税期限应从1991年度起开始计算,1996年度起所得税率为7.5%;海南银龙液化气营销有限公司执行从获利年度起,第一、第二年免征所得税。即1995年度、1996年度免征所得税;海南蓝光装饰工程有限公司执行从获利年度起,第一、第二年免征所得税。即1996年度、1997年度免征所得税;广西防城港新大陆有限公司按广西壮族自治区防城港市防地税发(1997)94号文件,免征1996年度、1997年度、1998年度三年的企业所得税。

(2)增值税:按国家有关税法规定:燃气销售增值税税率为13%;钢瓶、炉具销售增值税率为17%。

(3)营业税:

管道燃气工程开发业务,燃气灶具维修及汽车运输业务的税率为营业收入的3%;其他服务业务的税率为营业收入的5%。

(4)城建税、教育费附加,价格调节基金,分别按营业税额和增值税额的7%、3%和1%计征缴纳。

(5)其他各税,按照国家税法有关规定照章计征缴纳。

14. 营业收入实现的确认

(1)管道燃气工程开发,以海口市人民政府燃气管理办公室用户发展联合工作小组报出的当期已具备通气条件的用户数量为依据,工程价款按2,200元/户计算,作为本公司当期的销售收入。

(2)商品及产品销售收入,以商品(或产品)已经发出,商品或产品所有权已自卖方转给买方,收到货款或取得收取货款的证据时,确认营业收入的实现。

15. 利润分配

公司章程规定的税后利润分配顺序:

(1)弥补以前年度亏损;

(2)按税后利润的10%提取法定盈余公积金;

(3)按税后利润的5%-10%提取公益金;

(4)根据股东大会的决议提取任意盈余公积金;

(5)分配普通股股利。

(五)财务指标

序号	指标名称	1996年度	1995年度	1994年度
1	流动比率	3.95	5.36	2.65
2	速动比率	2.24	2.45	2.26
3	应收帐款,周转次数	4.73	4.22	5.67
4	股东权益比率	0.59	0.70	0.65
5	净资产收益率%	13.37	11.67	19.28
6	每股税后利润元/股	0.35	0.29	0.42
7	每股净资产	2.63	2.48	2.19

(六)关联交易

海口管道燃气股份有限公司将开发建设的管道燃气工程卖给海口市煤气管理总公司,其结算办法为:每完成一个地域内主管网的敷设,使一个区域具备通气能力,即按该区域具备通气能力用户数量结算工程价款,每标准户结算价为人民币2,200元(根据海口市人民政府燃气管理办公室批准价格执行),具体数据如下:

	户数	销售收入	占销售比例(%)
1994年度	3.12万户	6,864万元	75.19
1995年度	1.81万户	3,980万元	60.52
1996年度	3万户	6,600万元	67.22

十三、资产评估的主要情况

根据《国有资产评估管理办法》和《国有资产评估管理办法施行细则》等国家有关规定,本公司聘请中咨资产评估事务所对本公司1996年12月31日的资产进行评估,并出具资产评估报告。本次评估不作为调帐的依据,仅作为发行定价的参考。评估结果如下:

单位:万元

资产项目	帐面原值	帐面净值	调整后净值	重置价值	评估值	增加值	增值率(%)
流动资产	23937.60	23937.60	23937.60	25568.06	25568.06	1630.46	6.81
长期投资	577.55	577.55	577.55	666.85	666.85	89.29	15.46
在建工程							
建筑物	1186.74	1082.98	1082.98	1163.60	1030.45	-52.54	-4.85
机器设备	2671.92	2183.26	2183.26	2709.77	2362.69	179.43	8.22
土地使用权	5934.25	5934.25	5934.25	5304.44	5304.44	-629.81	-10.61
无形资产							
递延资产	269.36	269.36	269.36	269.36	269.36	0.00	0.00
其他资产							
资产总计	34577.42	33985.01	33985.01	35682.08	35201.85	176.13	0.52
流动负债	--	6005.72	6005.72	--	6005.72	0.00	0.00
长期负债	--	7904.37	7904.37	--	7904.37	0.00	0.00
负债总计	--	13910.09	13910.09	--	13910.09	0.00	0.00
净资产	--	20074.91	20074.91	--	21291.76	1216.85	6.06

以上评估结果已获国家国有资产管理局国资评(1997)449号文确认。

评估说明:经评估,海口管道燃气股份有限公司委托评估资产于评估基准日1996年12月31日的企业总资产评估价值为人民币35,201.85万元;扣除企业全部负债人民币13,910.09万元,所有者权益为人民币21,291.76万元。与评估前企业帐面净资产人民币20,074.91万元相比,本次评估增值为人民币1,216.32万元,增值率为6.06%。

建筑物及土地使用权分别减少52.54万元和629.81万元,分别降低4.85%和10.61%,主要是因为1992年和1993年股东入股资产评估值因海南房地产热比本次评估值偏高所致。

评估方法:

1. 流动资产评估采用重置成本法和现行市价法

(1)货币资金

货币资金包括现金、银行存款及其他货币资金。资金按照经核实的帐面值进行评估。对于银行存款中的外币户按评估基准日的美元汇率

(829.82元/100美元)进行调整。

(2)短期投资

海口管道燃气股份有限公司短期投资为股票帐户保证金,按照经核实后的帐面价值作为评估值。

(3)应收帐款

对于应收帐款的评估,在分析款项收回可能性的基础上,采用帐龄分析法估算可能发生的坏帐损失、款项收回费用及应收帐款核实后的帐面值,从而确定其评估值。

由于应收帐款都是1995年至1996年近期发生的款项,经查询发生坏帐的可能性很小,按核实的帐面值作为评估值。

(4)其它应收款

其他应收款是公司对外单位的临时借款、内部借款、业务往来款、备用金性质占用款和个人的往来款项。评估中我们将其它应收款进行了逐一核对,对余额较大的项目抽查了原始凭证,并将其它应收款的总帐、明细帐、会计报表进行了核对,按经核实的帐面值作为评估值。

(5)预付货款

预付货款是公司的业务往来款,主要是预付订金性质,评估中对预付帐款进行了逐一核对,对余额较大的项目抽查了原始凭证,并将其总帐、明细帐、会计报表进行了核对,按核实后的帐面数作为评估值。

(6)存货

存货包括库存材料、库存商品,采取抽样法对其存货数量进行检查。

库存商品采用重置成本法进行评估。以现行市价调整为重置价格,并根据各仓库的自然条件、保管情况、物品新旧程度等因素,确定成新率,计算评估值。

重置成本包括:

A.材料的买价(采购价格);

B.运杂费:包括运输费、装卸费、保险费、仓储费、包装费用等;

C.运输中的合理损耗;

D.入库前的挑选整理费用,包括挑选整理过程中发生的工、费支出和必要的损耗扣除回收的下脚废料价值。

(7)待摊费用

流动资产评估中的待摊费用,基本上为具有负债性质的待摊进项税金和待摊证券上市费用。待摊费用根据费用项目的性质及相关资产的状况,按核实后的帐面数作为评估值。

2.房屋建筑物及其附属设施

(1)市场比较法

从海口市收集所得的商品住宅在评估基准日的公开市场交易实例中选取不少于三宗与被评估对象可比性强的实例作为参照物,进行差异对比调整,如第一:所在区域地点因素;第二:影响房屋本体造价、装修、设施等因素;第三:市场供求、交易方式等社会环境,逐个确定被评估对象的资产价值。

(2)重置成本法

依据工程竣工结算资料、图纸、结合勘查实际,按海口市现行建筑工程单位价格定额、1996年四季度各项调差系数、取费标准以及建设单位整个建设期间的其它税费规定,测算出几种典型建筑的工程单位造价,并以此为基础用类比法对类似房屋分析,调整修正后测算重置单位造价。

3.机器设备的评估采用重置成本法

设备评估值=重置成本×成新率

(1)重置成本的确定

A.对于在市场上无法询到现价的进口设备,根据设备购置的原价,考虑设备出口国通货膨胀系数、设备价格变动系数,并按照评估基准日中国人民银行公布的外汇汇率调为人民币。

进口设备重置全价的范围包括:设备到岸价、关税、增值税、外贸及银行手续费、商检费、国内运杂费、安装费、调试费等。

B.国内设备的重置成本一般由评估基准日1996年12月31日的市场购置价格,并考虑运杂费、安装费、调试费及合理的其他费用等构成。

C.对少数价值量小且非关键性设备,按同类设备价格上涨系数进行调整。

D.对于运输车辆,根据海口市汽车交易市场挂牌价和海口市有关规定,按照运输车辆市场购置价格,加上车辆购置附加费、海口市地方政府有关汽车附加收费的数额、以及为办理车牌照所有费用等项目来确定重置全价。

(2)成新率的确定

确定成新率主要依据国家规定的各类机器设备资产折旧年限、经济年限和已使用年限确定设备的成新率。然后再考虑机器设备的使用频率、完好率、利用率、维护保养状况、功能性损耗等多种因素,对于个别闲置的设备除考虑其有形损耗外还要扣减其经济性贬值,最后综合确定设备的成新率。

4.长期投资

长期投资主要是海口管道燃气股份有限公司的股权投资,包括对防城港新大陆有限公司、海南银龙液化气营销有限公司和海南蓝光装饰工程有限公司的投资。对于上述几项对外投资,在核实投资单位帐面净资产的基础上,对其全部资产采用加和法评估,以被投资单位的评估后的净资产和投资比例确定长期投资的评估值。

5.流动负债及长期负债

(1)流动负债

流动负债包括短期借款、应付帐款、预收帐款、其它应付款、应付福利费、未交税金、未付股利、其它未交款、预提费用等。

流动负债按核定的帐面值作为评估值。

(2)长期负债

长期负债包括长期借款和长期应付款。长期负债按核定的帐面值作为评估值。

(二)1992年本公司在海南石化煤气公司整体改组的基础上成立,海南中华会计师事务所对海南石化煤气公司截止日为1992年2月29日的资产进行评估,出具了资产评估报告,并获海南省财政税务厅琼财税函[1992]国资字第260号文确认。本次评估前资产总计为15,530,406.36元,评估后资产总计26,674,256.79元,评估溢价11,143,850.43元。主要是土地资产增值所致。本公司1992年成立时相应资产根据此次评估入帐。

(三)1993年本公司进行增资扩股,吸收了三家大股东,其中海口市煤气管理总公司和海南赛格燃气有限公司拟投资入股的实物资产经中咨资产评估事务所进行评估并出具了资产评估报告书。海口市煤气管理总公司此次评估可参股资产的评估值为17,118万元,实际投入本公司的资产为6,000万元。海南赛格燃气有限公司评估资产评估值为13,820,089元。以上结果已分别获海南省财政税务厅琼财税[1993]国资字第212和第214号文确认。

十四、盈利预测

以下资料摘自海南海口会计师事务所海所字(1997)第109号文《1997年盈利预测审核报告》。

本公司根据目前生产经营及发展规划进展情况,并依据《企业会计准则》和《股份制试点企业会计制度》,对本公司1997年度盈利预测如下:

(一)盈利预测基准:

本盈利预测是根据公司1997年-1996年度实际经营业绩及各项基础、能力、潜力对1997年业绩预测计算编制,董事会并不预见截至1997年12月31日止年度内有任何可能出现的非经营项目,上述预测编制时依据之《企业财务通则》、《企业会计准则》,与中华人民共和国法律、法规的有关规定相一致,并在各方面与本公司所常采用的会计政策相一致。

(二)盈利预测假设:

1.本公司所遵循的国家有关政策、法律、法规、制度和公司所在地的社会政治、经济环境无重大变化;

2. 本公司预测期内,经营业务所适用的税赋基准和税率在正常范围无重大变化;

3. 本公司预测期内的有关金融信贷利率,外汇汇率及市场行情无重大变化;

4. 本公司所规划的项目,不会因国家政策变化产生的重大影响而不能如期实施;

5. 本公司无其它控制能力以外的,不可抗拒及不可预见的客观因素所造成的重大不利影响。

(三)海口管道燃气股份有限公司一九九七年盈利预测(合并表)明细表:

编制单位:海口管道燃气股份有限公司　　　　一九九七年度

单位:万元

项目	行次	1997年度			1997年度与1996年度比较	
		合计	1-3月实际	4-12月预测	1996年度实际	增减%
一、主营业务收入	1	14725	4064	10661	9819	49.96
减:营业成本	2	11116	2838	8278	6748	64.73
销售费用	3	95	25	70	66	43.94
管理费用	4	145	37	108	199	-27.14
财务费用	5	-200	-4	-196	94	
进货费用	6	35		3	37	-5.41
营业税金及附加	7	301	103	198	231	30.30
二、主营业务利润	8	3233	1065	2168	2444	32.28
加:其他业务利润	9	625	3	622	-2	
三、营业利润	10	3858	1068	2790	2442	57.99
加:投资收益	11	400		400	535	-25.23
营业外收入	12	230		230	49	369.39
减:营业外支出	13	12		12	109	-89.00
加:以前年度损溢调整	14					
四、利润总额	15	4476	1068	3408	2917	53.45
减:所得税	16	336	80	256	212	58.49
减:少数股东损益	17					
五、净利润	18	4140	988	3152	2705	53.05
六、每股税后利润(元)	19	0.33			0.35	

注:(1)1996年度每股税后利润是按缩股后的股本为7,701万元计算。

(2)1997年度每股收益(摊薄)0.33元。

1. 利润总额

1997年预计利润总额4,476万元,其中:1-3月实际1,068万元,占预计23.86%,4-12月预测3,408万元占预计76.14%。

(1)主营业务利润3,233万元,其中:燃气经营利润360万元;燃气工程开发利润2,873万元;

(2)其他业务利润625万元,其中:燃气施工(用户安装)420万元(安装用户35,000户);燃气营运(汽槽运输)150万元(14辆汽槽车,600万吨公里);燃具销售利润35万元;其他20万元。

(3)投资收益400万元。从事油品贸易联合经营。本公司与中化海南有限公司联合经营油品,投资2,000万元,计划销售石脑油40,000吨,每吨售价2,300元,可获利600万元;销售柴油40,000吨,每吨售价2,200元,可获利400万元,两项共获利1,000万元,按投资比例的40%计算,可分利润400万元。

(4)营业外净收入218万元。主要是本次股票发行利息收入。

2. 净利润

1997年预计利润总额4,476万元,按应纳所得税率7.5%计算,应纳所得税336万元;税后利润4,140万元,按缩减后股本7,701万元加新增发行公众股5,000万元计算,每股税后利润0.33元。股票发行募集资金后,扣除发行费用950万元,若盈利预测实现,净资产可达52,124万元,净资产收益率为7.94%,每股净资产4.10元。

(四)鉴于盈利预测所依据的种种假设的不确定性,进行投资判断时不应过于依赖该项资料。

十五、公司发展规划

1. 公司经营发展战略

本公司将以股票上市为契机,紧紧围绕管道燃气这一主导产业,利用海南岛富含优质天然气资源,发挥本公司作为海口管道燃气工程的唯一开发、建设单位这一优势,积极开发天然气利用的相关行业,适时上马燃气汽车、燃气空调、玻璃制品厂等项目。同时逐步涉足附加值高、市场风险相对较小的新兴行业,培植新的利润增长点,努力将公司发展成为一个企业集团化、产业多元化现代企业集团。

2. 公司发展目标

本公司是目前全国唯一一家独立承建、开发并经营省会城市管道燃气工程的股份制企业。公司将借助技术、资金、体制等方面的优势,积极优化气源,加快管网布点,争取到2000年,实现海口市区90%以上的居民、公福用户及部分工业用户用上管道燃气,城市燃气全部天然气化的发展目标。同时通过环岛燃气管网的开发建设,占领岛内市场,并逐步向岛外拓展,力争在本世纪内,本公司所承建或管理的燃气管网工程能达到80万标准户和部分公福、工业用户的供气规模。

3. 开发投资计划

为实现上述战略目标,本公司的开发投资拟从如下方面入手:

(1)近期将借助本次募集资金和部分自筹资金尽快完成海口市煤气工程的收尾工程和配套的长流油气工程,通过城市燃气管网和液化气储存、中转系统确保整个海口地区的供气能力。同时加快利用崖13-1气田天然气工程的开发建设,尽早实现海口地区燃气天然气化的目标。

(2)制定开发天然气相关行业的计划,在充分调研和科学论证的基础上,加紧开发、实施一些具有良好经济效益和社会环境效益的项目。开发作为环保项目的燃气汽车和燃气空调,把公司建成一个管网建设和实业开发并举的多元化企业集团。

(3)努力向国际一流企业看齐,注意调整优化公司产业结构,按照国际通行方式,寻找契机,适当对一些经过可研论证的新兴行业项目进行投资,使公司成为一个技术含量高、产业结构优、综合实力强的现代企业。

4. 市场发展计划

(1)本公司计划积极参与环岛天然气管网的开发建设,在海南省其他市县开发建设管道燃气工程。在完成海口管道燃气工程建设的同时,进行琼山市、儋州市、洋浦等地区管道燃气工程的开发建设,参与其他城市管道燃气工程的投标。本公司还将积极开拓国内西南地区的燃气市场,扩大公司在全国燃气业的影响力。目前本公司正在全国14个沿海开放港口之一的广西防城港市开发建设该市管道燃气工程项目,现前期工作已基本完成。该项目的开发建设是本公司打开西南地区燃气市场的开端,将为本公司在西南地区的发展提供坚强的后盾。

(2)加快城市燃气气源的改造进程。以海南岛周围海域丰富的优质天然气作为永久气源,代替目前成本较高的仿天然气和液化石油气。同时加强管理,大幅度降低燃气成本,提高管道燃气的市场竞争能力,扩大其使用范围,使管道燃气能够迅速走入海口市的千家万户。本公司计划1997年7月将崖13-1气田天然气引入海口供应民用管道燃气。

(3)着力抓好城市管道燃气的供应工作,制定有效的营销策略,建立完善的售后服务系统,积极开发新的用户领域。在大力发展管道燃气的居民用户的同时,还要加强公福用户、工业用户的发展和燃气空调等用气项目的市场开发,努力增加管道燃气的销量,不断提高公司的经营效益,使公司在燃气经营方面的年利润增长率达到10%以上。

(4)对燃气管网尚未达到的地区,要抓好液化石油气的批发及零售,使其辐射区域从海口市扩展到本省其他各市县及国内其他尚待发展燃气的地区,不断提高本公司在燃气市场的占有率。

(5)目前海口市长流油气工程进展顺利,预计1998年可全部建成并投入使用。为充分利用油、气库的周转储运能力和码头的吞吐能力,本公司正在加紧实施相关的项目,制定发展计划。液化石油气汽车工程和玻璃制品厂项目的实施正是本公司现阶段的发展计划的之一,并将成为公司新的利润增长点。

(6)本公司在立足燃气事业发展的基础上,积极开展多元化经营,谋求新的发展领域,涉足能源、化工、经贸、汽车修配、交通运输、房地产、高科技产品开发及推广应用等各种行业的经营。

5.资金筹措和运用计划

本公司通过本次发行股票募集资金到位后,计划用于海口市煤气工程的收尾工程、海口市长流油气工程、利用崖13－1气田天然气供应海口民用管道燃气项目、海口市液化石油气汽车工程的建设,投资项目计划中的资金缺口部分通过银行贷款和企业自筹等方式解决。

6.人员培养和扩充方面

随着本公司各项工程的建设和投入使用,公司经营规模将迅速扩大,本公司遵循"以人为本"的原则,在充分发挥现有的人力资源优势的基础上,通过完善内部管理,建立良性的用人机制,引进和培养公司发展急需的技术管理人才,并制定实施系统的培训、考核和奖励措施,提高公司员工素质,改善人才结构,造就一支富于创新的、开拓进取的人才队伍。

十六、重要合同及重大诉讼事项

(一)重要合同

本公司尚未履行完毕的重大合同主要有:

1.1993年7月18日,本公司与海口市煤气管理总公司签订了《建设工程勘察设计施工协议》,由本公司负责海口市煤气工程的地质地理勘察、工程设计以及工程施工。该项目首期工程预计1998年7月竣工。

2.1994年11月24日,本公司与中国人民建设银行海口市分行签订《借款合同》,取得建行基建贷款3000万元,月息11.55‰,从1997年11月开始还款,三年还清。

3.1995年6月19日,本公司与海南交通四航工程公司签订了《施工承包合同》,由海南交通四航工程公司负责海口市长流油气码头工程一期工程的具体施工。该工程造价为45,778,000.00元。

4.1995年10月1日,本公司与中国人民建设银行海口市分行签订《借款合同》,取得建行基建贷款2000万元,月息12.60‰,从1998年10月开始还款,两年还清。

5.1995年11月2日,本公司与汕头市龙华建筑海南公司签订了《工程承包合同》,由汕头市龙华建筑海南公司负责长流液化气储存站土建工程(二)的具体施工。工程造价为6,264,740.13元。

6.1995年12月28日,本公司与中国银行海南省分行签订了《借款合同》,取得贷款110万美元,利息按中国银行6个月浮动的美元贷款利率计收。该项贷款自1999年12月31日开始偿还,分三次还清。

7.1996年12月31日,本公司与中国银行海南省分行签订了《贷款协议》,取得贷款240万美元,按中国银行6个月浮动美元利率计息,外加年率为0.5%承担费。该项贷款自1999年12月30日开始偿还,分四年还清。

8.以上两笔外汇都以本公司的海口市长流油气工程土地使用权及附属设施作为抵押,本公司与中国银行海南省分行就此签订了《抵押协议》,抵押物总值6300万元。

(二)重大诉讼事项

截止本招股说明书报审之日,本公司未存在未了结的或者可预见的重大诉讼、仲裁或行政处罚案件。

十七、备查文件

1.财务审计报告;
2.盈利预测报告;
3.资产评估报告;
4.法律意见书;
5.公司营业执照及批准设立的文件;
6.证监会批准发行的文件;
7.其它文件。

十八、查阅时间、地点

1.查阅时间

投资者可于1997年7月10日至1997年7月30日查阅招股说明书及备查文件。

2.查阅地点

海口管道燃气股份有限公司
地　　址:海南省海口市海甸四东路颐和花园B座3楼
联系电话:(0898)6254222
联 系 人:马艳、胡晓辉
海南省国际信托投资公司
地　　址:海南省海口市滨海大道15号国信大厦
联系电话:(0898)6777281
联 系 人:陈汉宁、陈绵飞、林帆

海口管道燃气股份有限公司
1997年7月10日

合并财务状况变动表

编制单位:海口管道燃气股份有限公司　　单位:元

流动资金来源和运用	行次	96年度合并数	96年度母公司数	流动资金各项的变动	行次	96年度合并数	96年度母公司数
一、流动资金来源				一、流动资产本年增加数			
1.本年净利润	1	27,044,703.95	27,044,703.95	1.货币资金	41	37,848,090.61	38,854,403.00
加:不减少流动资金的费用和损失				2.短期投资	42	－12,570,000.00	－12,570,000.00
(1)少数股东本期损益(亏损以"－"表示)	2	1,792.69		3.应收票据	43		
(2)固定资产折旧	3	2,187,234.02	2,165,888.98	4.应收帐款净额	44	22,119,377.56	30,116,082.02
无形资产,递延资产及其他资产摊销(减其他负债转销)	4	2,175,497.76	2,175,497.76	5.预付帐款	45	－297,736.89	－3,712,238.54
(4)固定资产盘亏(减盘盈)	5	－312,116.00	－312,116.00	6.其他应收款	46	20,538,766.46	18,871,708.29
(5)清理固定资产损失(减收益)	6	－24,586.54	－24,586.54	7.待摊费用	47	19,240.78	16,734.14
(6)递延税款	7			8.存货	48	19,404,924.14	11,345,915.86
(7)其他不减少流动资金的费用和损失	8			9.待处理流动资产净损失(减收益)	49		
小计	10	31,072,525.88	31,049,388.15	10.一年内到期的长期债券投资	50		
2.其他来源				11.其他流动资产	51		
(1)固定资产清理收入(减清理费用)	11	2,787,430.96	2,787,430.96	流动资产增加净额	60	87,062,662.66	82,922,604.77
(2)增加长期负债	12	29,043,700.00	29,043,700.00	二、流动负债本年增加数			
(3)收回长期投资	13	7,920,000.00	11,723,119.55	1.短期借款	61	14,000,000.00	14,000,000.00

流动资金来源和运用	行次	96年度合并数	96年度母公司数	流动资金各项的变动	行次	96年度合并数	96年度母公司数
(4)对外投资转出固定资产	14			2.应付票据	62		
(5)对外投资转出无形资产	15			3.应付帐款	63	2,370,224.12	318,767.05
(6)资本净增加额	16	37,240,599.20	37,240,599.20	4.预收帐款	64	2,107,671.25	310,648.40
(7)少数股东资本净增加额	17	1,100,268.90		5.应付福利费	65	324,696.19	335,905.47
小计	19	78,091,999.06	80,794,849.71	6.未付股利	66	14,931,025.70	14,931,025.70
流动资金来源合计	20	109,164,524.94	111,844,237.86	7.未交税金	67	2,555,838.65	3,703,672.28
二、流动资金运用				8.其他未交款	68	76,587.82	76,153.98
1.利润分配				9.其他应付款	69	-3,294,475.12	-712,179.49
(1)提取法定公积金	21	2,704,470.39	2,704,470.39	10.预提费用	70	-93,108.19	-93,108.19
(2)提取法定公益金	22	1,352,235.20	1,352,235.20	11.一年内到期的长期负债	71		
(3)提取任意公积金	23	33,183,893.61	33,183,893.61	12.其他流动负债	72		
(4)已分配股利	24	15,401,025.70	15,401,025.70	流动负债增加净额	79	32,978,460.42	32,870,885.20
小计	25	52,641,624.90	52,641,624.90	流动资金增加净额	80	54,084,202.24	50,051,719.57
2.少数股东利润分配	26	268.90					
3.其他运用							
(1)固定资产和在建工程净增加额	27	2,438,428.90	2,755,049.06				
(2)增加无形资产,递延资产及其他资产	28						
(3)偿还长期负债	29						
(4)增加长期投资	30		6,395,844.33				
小计	31	2,438,428.90	9,150,893.39				
流动资金运用合计	32	55,080,322.70	61,792.518.29				
外币会计报表折算差额	33						
流动资金增加净额	40	54,084,202.24	50,051,719.57				

合并资产负债表

编制单位:海口管道燃气股份有限公司　　　　单位:元

资产	行次	97.3.31合并数	96.12.31合并数	95.12.31合并数	94.12.31合并数
流动资产:					
货币资金	1	71,694,441.11	71,747,723.70	33,899,633.09	67,862,307.18
短期投资	2	100,000.00	100,000.00	12,670,000.00	14,470,000.00
应收票据	3				
应收帐款	4	51,719,089.18	31,852,342.01	9,666,406.64	21,521,302.72
减:坏帐准备	5	155,157.27	95,557.03	28,999.22	64,563.91
应收帐款净额	6	51,563,931.91	31,756,784.98	9,637,407.42	21,456,738.81
预付货款	7	2,458,976.50	5,457,952.80	5,755,689.69	537,485.00
其他应收款	8	35,060,321.38	33,426,703.43	12,887,936.97	29,544,678.96
待摊费用	9	64,145.22	90,636.23	71,395.45	21,436.00
存货	10	104,333,535.64	108,493,513.92	89,088,589.78	23,007,334.27
待处理流动资产净损失	11				
一年内到期的长期债券投资	12				
其他流动资产	13				
流动资产合计	15	265,275,351.76	251,073,315.06	164,010,652.40	156,899,980.22
长期投资:					
长期投资	16			7,920,000.00	7,500,000.00
其中:合并价差(贷差以"-"表示)	17				
固定资产:					
固定资产原价	18	39,363,745.57	38,878,403.84	41,569,452.79	31,814,869.46
减:累计折旧	19	6,479,760.92	5,945,518.04	6,437,033.45	4,851,530.27
固定资产净值	20	32,883,984.65	32,932,885.80	35,132,419.34	26,963,339.19
在建工程	21				
固定资产清理	22				
待处理固定资产净损失	23				
固定资产合计	30	32,883,984.65	32,932,885.80	35,132,419.34	26,963,339.19
无形资产及递延资产:					
无形资产	31	59,119,060.09	59,342,487.55	60,236,197.39	61,129,907.23

资产	行次	97.3.31合并数	96.12.31合并数	95.12.31合并数	94.12.31合并数
递延资产	32	2,373,174.05	2,693,621.03	3,975,408.95	5,257,196.87
无形资产及递延资产合计	33	61,492,234.14	62,036,108.58	64,211,606.34	66,387,104.10
其他长期资产:					
其他长期资产	34				
递延税项:					
递延税款借项	35				
资产总计	40	359,651,570.55	346,042,309.44	271,274,678.08	257,750,423.51
负债与股东权益					
流动负债:					
短期借款	41	26,000,000.00	26,000,000.00	12,000,000.00	6,000,000.00
应付票据	42				
应付帐款	43	4,388,284.70	3,761,086.50	1,390,862.38	1,968,565.26
预收货款	44	1,962,313.85	2,239,003.45	131,332.20	503,354.98
应付福利费	45	683,162.73	588,601.78	263,905.59	93,102.86
未付股利	46	24,308,906.90	24,308,906.90	9,377,881.20	30,802,051.40
未交税金	47	5,819,207.60	2,692,106.15	136,267.50	1,661,311.35
其他未交款	48	117,177.48	80,483.72	3,895.90	46,578.81
其他应付款	49	4,019,482.20	3,890,297.95	7,184,773.07	18,200,853.66
预提费用	50			93,108.19	39,068.20
一年内到期的长期负债	51				
其他流动负债	52				
流动负债合计	55	67,298,535.46	63,560,486.45	30,582,026.03	59,314,886.52
长期负债:					
长期借款	56	79,037,400.00	79,043,700.00	50,000,000.00	30,000,000.00
应付债券	57				
长期应付款	58				
其他长期负债	59				
长期负债合计	60	79,037,400.00	79,043,700.00	50,000,000.00	30,000,000.00
递延税项:					
递延税款贷项	61				
负债合计	62	146,335,935.46	142,604,186.45	80,582,026.03	89,314,886.52
少数股东权益	63	1,102,249.18	1,101,792,69		
股东权益:					
股本	64	154,010,257.00	154,010,257.00	154,010,257.00	154,010,257.00
资本公积	65				
盈余公积	66	49,807,631.64	48,326,073.30	11,085,474.10	7,746,906.84
其中:公益金	67	6,207,032.75	5,713,179.97	4,360,944.77	3,248,089.02
未分配利润	68	8,395,497.27		25,596,920.95	6,678,373.15
外币报表折算差额	69				
股东权益合计	70	212,213,385.91	202,336,330.30	190,692,652.05	168,435,536.99
负债与股东权益总计	80	359,651,570.55	346,042,309.44	271,274,678.08	257,750,423.51

合并利润及利润分配表

编制单位:海口管道燃气股份有限公司　　单位:元

项目	行次	97年1-3月合并数	96年度合并数	95年度合并数	94年度合并数
一、主营业务收入	1	40,642,513.11	98,187,377.21	65,771,183.85	91,294,349.62
减:营业成本	2	28,381,251.92	67,479,624.35	43,923,977.45	60,947,313.07
销售费用	3	250,920.49	656,409.42	689,626.14	1,503,419.93
管理费用	4	365,252.25	1,990,065.10	1,657,525.01	2,491,366.14
财务费用	5	-39,689.67	941,066.46	256,869.34	-3,784,692.56
进货费用	6		373,311.87	159,149.25	
营业税金及附加	7	1,033,200.47	2,310,368.92	1,348,866.50	2,411,672.15
二、主营业务利润	8	10,651,577.65	24,436,531.09	17,735,170.16	27,725,270.89
加:其他业务利润	9	32,633.75	-16,188.67	1,579,309.50	252,210.45
三、营业利润	10	10,684,211.40	24,420,342.42	19,314,479.66	27,977,481.34

项目	行次	97年1-3月合并数	96年度合并数	95年度合并数	94年度合并数
加:投资收益	11		5,348,369.53	3,078,755.27	4,291,816.49
营业外收入	12	240.00	495,762.13	44,040.47	251,622.63
减:营业外支出	13	6,245.00	1,093,809.57	180,160.34	40,030.32
加:以前年度损益调整	14				
四、利润总额	15	10,678,206.40	29,170,664.51	22,257,115.06	32,480,890.14
减:所得税	16	800,694.30	2,124,167.87		
减:少数股东损益	17	456.49	1,792.69		
五、净利润	20	9,877,055.61	27,044,703.95	22,257,115.06	32,480,890.14
加:年初未分配利润	22		25,596,920.95	6,678,373.15	11,495,712.45
盈余公积转入数	23				
六、可分配利润	30	9,877,055.61	52,641,624.90	28,935,488.21	43,976,602.59
减:提取法定公积金	31	987,705.56	2,704,470.39	2,225,711.51	3,248,089.02
提取法定公益金	32	493,852.78	1,352,235.20	1,112,855.75	3,248,089.02
七、可供股东分配的利润	35	8,395,497.27	48,584,919.31	25,596,920.95	37,480,424.55
减:已分配优先股股利	36				
提取任意公积金	37		33,183,893.61		
已分配普通股股利	38		15,401,025.70		30,802,051.40
八、未分配利润	40	8,395,497.27		25,596,920.95	6,678,373.15

资产负债表

编制单位:海口管道燃气股份有限公司　　　　单位:元

资产	行次	97.3.31母公司数	96.12.31母公司数	95.12.31母公司数	94.12.31母公司数
流动资产:					
货币资金	1	67,631,574.34	68,059,285.77	29,204,882.77	60,284,638.42
短期投资	2	100,000.00	100,000.00	12,670,000.00	14,470,000.00
应收票据	3				
应收帐款	4	56,934,884.05	39,873,108.77	9,666,406.64	21,521,302.72
减:坏帐准备	5	170,804,65	119,619.33	28,999.22	64,563.91
应收帐款净额	6	56,764,079.40	39,753,489.44	9,637,407.42	21,456,738.81
预付货款	7	2,458,976.50	5,457,952.80	9,170,191.34	9,382,885.00
其他应收款	8	35,790,526.87	33,541,836.20	14,670,127.91	28,996,856.29
待摊费用	9	63,518,59	88,129.59	71,395,45	21,436.00
存货	10	92,398,337.38	93,926,440.54	82,580,524.68	12,793,690.64
待处理流动资产净损失	11				
一年内到期的长期债券投资	12				
其他流动资产	13				
流动资产合计	15	255,207,013.08	240,927,134.34	158,004,529.57	147,406,245.16
长期投资:					
长期投资	16	6,311,748.15	5,775,512.76	11,102,787.98	9,356,956.02
其中:合并价差(贷差以"-"表示)	17				
固定资产:					
固定资产原价	18	39,071,915.57	38,586,573.84	40,898,482.32	31,370,475.79
减:累计折旧	19	6,451,475.87	5,924,173.00	6,374,513.14	4,834,831.96
固定资产净值	20	32,620,439.70	32,662,400.84	34,523.969.18	26,535,643.83
在建工程	21				
固定资产清理	22				
待处理固定资产净损失	23				
固定资产合计	30	32,620,439.70	32,662,400.84	34,523,969.18	26,535,643.83
无形资产及递延资产:					
无形资产	31	59,119,060.09	59,342,487.55	60,236,197.39	61,129,907.23
递延资产	32	2,373,174.05	2,693,621.03	3,975,408.95	5,257,196.87
无形资产及递延资产合计	33	61,492,234.14	62,036,108.58	64,211,606.34	66,387,104.10
其他长期资产:					
其他长期资产	34				
递延税项:					

资产	行次	97.3.31 母公司数	96.12.31 母公司数	95.12.31 母公司数	94.12.31 母公司数
递延税款借项	35				
资产总计	40	355,631,435.07	341,401,156.52	267,842,893.07	249,685,949.11
负债与股东权益					
流动负债:					
短期借款	41	26,000,000.00	26,000,000.00	12,000,000.00	6,000,000.00
应付票据	42				
应付帐款	43	2,725,112.70	848,242.02	529,474.97	569,934.35
预收货款	44	220,791.00	441,980.60	131,332.20	503,354.98
应付福利费	45	650,084.62	560,159.41	224,253.94	93,102.86
未付股利	46	24,308,906.90	24,308,906.90	9,377,881.20	30,802,051.40
未交税金	47	6,402,749.64	3,835,419.50	131,747.22	1,661,311.35
其他未交款	48	116,778.92	80,049.88	3,895.90	46,578.81
其他应付款	49	3,956,225.38	3,946,367.91	4,658,547.40	11,535,010.17
预提费用	50			93,108.19	39,068.20
一年内到期的长期负债	51				
其他流动负债	52				
流动负债合计	55	64,380,649.16	60,021,126.22	27,150,241.02	51,250,412.12
长期负债:					
长期借款	56	79,037,400.00	79,043,700.00	50,000,000.00	30,000,000.00
应付债券	57				
长期应付款	58				
其他长期负债	59				
长期负债合计	60	79,037,400.00	79,043,700.00	50,000,000.00	30,000,000.00
递延税项:					
递延税款贷项	61				
负债合计	62	143,418,049.16	139,064,826.22	77,150,241.02	81,250,412.12
少数股东权益	63				
股东权益:					
股本	64	154,010,257.00	154,010,257.00	154,010,257.00	154,010,257.00
资本公积	65				
盈余公积	66	49,807,631.64	48,326,073.30	11,085,474.10	7,746,906.84
其中:公益金	67	6,207,032.75	5,713,179.97	4,360,944.77	3,248,089.02
未分配利润	68	8,395,497.27		25,596,920.95	6,678,373.15
外币报表折算差额	69				
股东权益合计	70	212,213,385.91	202,336,330.30	190,692,652.05	168,435,536.99
负债与股东权益总计	80	355,631,435.07	341,401,156.52	267,842,893.07	249,685,949.11

利润及利润分配表

编制单位:海口管道燃气股份有限公司　　单位:元

项目	行次	97年1-3母公司数	96年度母公司数	95年度母公司数	94年度母公司数
一、主营业务收入	1	36,566,515.48	84,824,054.55	64,511,621.56	91,168,400.23
减:营业成本	2	24,916,059.56	55,999,449.32	43,427,714.52	61,649,281.66
销售费用	3	250,920.49	656,409.42	689,626.14	1,503,419.93
管理费用	4	319,994.30	1,180,034.72	1,194,686.96	1,745,511.58
财务费用	5	-16,832.75	1,007,882.64	317,626.38	-3,671,154.87
进货费用	6				
营业税金及附加	7	1,024,818.60	2,267,527.60	1,345,527.17	2,402,111.23
二、主营业务利润	8	10,071,555.28	23,712,750.85	17,536,440.39	27,539,230.70
加:其他业务利润	9	32,633.75	-142,671.05	1,597,499.23	112,210.45
三、营业利润	10	10,104,189.03	23,570,079.80	19,133,939.62	27,651,441.15
加:投资收益	11	536,235.39	6,195,003.06	3,283,090.43	4,617,856.68
营业外收入	12	240.00	495,762.13	20,245.35	251,622.63
减:营业外支出	13	6,245.00	1,091,973.17	180,160.34	40,030.32
加:以前年度损益调整	14				
四、利润总额	15	10,634,419.42	29,168,871.82	22,257,115.06	32,480,890.14

项目	行次	97年1-3母公司数	96年度母公司数	95年度母公司数	94年度母公司数
减:所得税	16	757,363.81	2,124,167.87		
减:少数股东损益	17				
五、净利润	20	9,877,055.61	27,044,703.95	22,257,115.06	32,480,890.14
加:年初未分配利润	22		25,596,920.95	6,678,373.15	11,495,712.45
盈余公积转入数	23				
六、可分配利润	30	9,877,055.61	52,641,624.90	28,935,488.21	43,976,602.59
减:提取法定公积金	31	987,705.56	2,704,470.39	2,225,711.51	3,248,089.02
提取法定公益金	32	493,852,78	1,352,235.20	1,112,855.75	3,248,089.02
七、可供股东分配的利润	35	8,395,497.27	48,584,919.31	25,596,920.95	37,480,424.55
减:已分配优先股股利	36				
提取任意公积金	37		33,183,893.61		
已分配普通股股利	38		15,401,025.70		30,802,051.40
八、未分配利润	40	8,395,497.27		25,596,920.95	6,678,373.15

海口管道燃气股份有限公司股票上市公告书

一、要览

总股本:127,005,129 股

可流通股本:62,335,425 股

社会公众股:50,000,000 股

内部职工股:12,335,425 股

本次上市流通股本:50,000,000 股

股票简称:燃气股份

股票代码:0793

上市地点:深圳证券交易所

上市时间:1997 年 7 月 29 日

登记机构:深圳证券登记有限公司

二、绪言

本公告书依据《中华人民共和国公司法》、《股票发行与交易管理暂行条例》、公开发行股票公司信息披露的内容与格式准则第七号《上市公告书的内容与格式(试行)》、《深圳证券交易所业务规则》及其它有关证券管理的现行法规、规定编制。本次股票发行经中国证券监督管理委员会证监发字(1997)372 号文和证监发字(1997)373 号文批准,股票上市申请经深圳证券交易所深证发[1997]282 号《上市通知书》审核批准,本次发行股票将于 1997 年 7 月 29 日在深圳证券交易所挂牌交易。

本公司总股本 127,005,129 股,流通股 62,335,425 股。本次上市流通 5000 万股,均为 1997 年 7 月 14 日向社会公开发行的人民币普通股,公司原职工股 12,335,425 股将于本次股票发行之日起三年后上市流通。本公司于 1997 年 7 月 10 日在《证券时报》、《中国证券报》和《海南日报》上刊登了《招股说明书概要》,距今不足六个月,故相同内容不再重复,敬请社会公众查阅《招股说明书概要》。

本公司董事会及各位董事已批准该上市公告书,确信其中不存在任何重大遗漏或误导,并对真实性、准确性、完整性负个别及连带责任。

三、公司概况

(一)概况

1. 公司名称:海口管道燃气股份有限公司

2. 注册地址:海口市海甸四东路颐和花园 B 座三楼

联系电话:0898-6269434

3. 注册资本:人民币 127,005,129 元

4. 法人代表:刘广林

5. 成立日期:1992 年 12 月 17 日

6. 经营范围:城市管道燃气设计、开发、施工,储气站、气化站、检测站,石油及制品,石油天然气化工及与相关配套的仪器、仪表、燃气用具、设备,液化石油气、天然气、房地产的综合开发、销售、物业管理。

(二)公司历史沿革

本公司原名为海南石化煤气股份有限公司,是经海南省股份制试点领导小组办公室琼股办字[1992]27 号文批准,在对原海南石化煤气公司进行整体改组的基础上,由海南省石油化工工业总公司、海南华银国际信托投资公司、海口海甸岛房地产开发总公司、海南新远实业公司、海南立森实业有限公司五家作为发起人,另有部分法人股东和内部职工股东加入,以募集方式设立的股份制公司。股东总额为 36,674,257 元。其中发起人持股:海南省石油化工工业总公司 5,334,851 元、海南华银国际信托投资公司 7,468,792 元、海口海甸房地产开发总公司 8,002,277 元。海南新远实业公司 3,200,911 元、海南立森实业有限公司 2,667,426 元;募集法人持股其中:海口云曦实业发展联合公司 1,000,000 元、海南银建房地产有限公司 1,000,000 元、《新世纪》杂志社 665,149 元;内部职工持股 7,334,851 元。

1993 年根据海南省股份制试点领导小组办公室琼股办字[1995]35 号文批准,本公司进行增资扩股,同意新增股份 12,500 万股。其中海口市煤气管理总公司以土地使用权折 6,000 万元入股,海南赛格燃气有限公司以实物折 13,820,089 元及现金 6,179,911 元合计 2,000 万元入股;海南赛格国际信托投资公司以现金 2,000 万元入股;公司内部职工股本次计划募集 2,500 万股,实际募集到 1,733.6 万股,内部职工均以现金入股,以上入股比价均为 1:1。公司注册资金增至 154,010,257 元,公司更名为海口管道燃气股份有限公司。1993 年 8 月,经公司董事会决议同意,分别把海口市煤气管理总公司、海南赛格国际信托投资公司、海南赛格燃气有限公司所持股份的 680 万股、285 万股、415 万股转让给其它 33 家社会法人股东,原公司发起人之一的海南省石油化工工业总公司也受让其中 185 万股。本公司现有发起人为海口市煤气管理总公司、海南省石油化工工业总公司、海南赛格国际信托投资公司、海南赛格燃气有限公司(原海南先锋管道石油燃气有限公司)、海口海甸岛房地产开发总公司、海南华银国际信托投资公司、海南立森实业有限公司、海南新远实业公司等八家公司。1997 年 4 月 7 日,经公司第五次股东会决议同意公司股本按同比例缩股,并特别授权董事会制定具体的缩股方案。1997 年 4 月 18 日董事会通过决议,并经海南省证券管理办公室琼证办[1997]86 号文批复同意,批准公司股本按 1:0.5 同比例缩股,缩股后总股本变为 77,005,129 股。经海南省证券管理办公室琼证办[1997]113 号文同意,并经中国证券监督管理委员会证监发字[1997]372 号文批准,本公司通过向社会公开发行股票转为社会公众公司。截止 1997 年 3 月 31 日公司总资产为 359,651,570.55 元,净资产 212,213,385.91 元。职工人数为 256 人,大专以上学历占 48%。

四、股票发行及承销

1. 社会公众股发行数量:5000 万股

发行价格:5.74 元

募集资金总额:277,534,000 元

发行方式:上网定价发行

配售比例:0.63238%

配售户数:349,868 户

持 1000 股以上的户数:50,000 户

发行费用总额:946.6 万元

每股发行费用:0.19 元

发行市盈率:16.4 倍

2. 股票承销

本次发行为超额认购,无余额由承销团包销。

3. 验货报告

海口管道燃气股份有限公司董事会:

我们接受委托,对海口管道燃气股份有限公司截止 1997 年 7 月 21 日注册资本、投入资本变更情况的真实性和合法性进行了检验。在审验过程中,我们按照《独立审计实务公告第 1 号-验资》的要求,实施了必要的审计程序。贵公司的责任是提供真实、合法、完整的验资资料,保护资产的安全、完整,我们的责任是按照《独立审计实务公告第 1 号-验资》的要求、出具真实、合法的验资报告。

海口管道燃气股份有限公司注册资本 77,005,129 元,本次向社会公开发行 50,000,000 股,按每股面值 1 元折股本金人民币 50,000,000 元,按每股价格 5.74 元发行,计 287,000,000 元,本次募集资金为 285,995,500 元(已扣除上网发行手续费用 1,004,500 元,未扣除中介机构发行费用 8,461,500 元),公司根据海南省国际信托投资公司收帐通知,已将募集股资 285,995,500 元,于 1997 年 7 月 21 日转入海口管道燃气股份有限公司,帐号:2120207382。

本次股票发行后,海口管道燃气股份有限公司股本总额为人民币 127,005,129 元。其中:发起人法人股 57,362,130 元,社会法人股 7,307,574 元,内部职工股 12,335,425 元,社会公众股 50,000,000 元。

资本公积 304,539,128 元,其中:本次发行股本溢价 237,000,000 元,扣除发行费用 9,466,000 元,加原帐面资本公积 77,005,128 元。

海口会计师事务所　　中国注册会计师　李展年

　　　　　　　　　　中国注册会计师　潘承均

中国、海南、海口　　一九九七年七月二十一日

五、董事、监事及高级管理人员持股情况

姓名	职务	持股数	持股比例%
刘广林	董事长	0	
张朴	副董事长	0	
李兆丰	副董事长	0	
祁农	董事、总经理	0	
刘平	董事	1,000	0.00079
朱熏豪	董事	5,000	0.0039
万善颐	董事	0	
周立民	董事	0	
万明	董事	0	
袁德生	董事	0	
倖华息	董事	0	
李宽正	董事、副总会计师	0	
陈侃默	董事、总工程师	0	
陈弋超	监事会召集人	12500	0.0098
周凤霞	监事	0	
张为众	监事	2,000	0.0016
谭志春	监事	1,500	0.0012
孙建萍	监事	0	
李建新	安全总监	0	
纪烈堂	董事会秘书	0	

以上董事、监事及高级管理人员共持有公司股 22,000 股,占总股本的 0.017%。

六、公司设立

1. 本公司 1997 年 4 月 7 日公司第五次股东年会,审议并通过了向社会公开发行股票并上市的决定。

2. 注册资本:人民币 127,005,129 元

3. 注册时间:1997 年 7 月 21 日

4. 注册地点:海口市海甸四东路颐和花园 B 栋三楼

5. 营业执照注册号码:(琼企 A)20125021

七、关联企业及关联交易

1. 本公司的最大股东海口市煤气管理总公司,是本公司开发承建的海口市煤气工程的项目业主,代表市政府对本公司控股,该公司与本公司签订有《建设工程勘察设计施工协议》,该协议是公开的,协议的条件是公平的,承建工程价款由海口市政府颁发的《海口市煤气开发费征收和使用办法》确定。根据协议,在工程款全额支付完之前,本公司可对可投入使用的设施进行调试性生产,其收益作为对本公司工程垫支的补偿。1997 年 4 月,双方签订租赁原则协议,在首期工程全部建成,并移交甲方之后,由本公司对该项目进行统一生产经营和设施的维护保养,同时向该公司支付租赁费,利润按规定比例由双方共同分享。

2. 本公司的最大股东海口市煤气管理总公司是受政府主管部门的委托专门从事海口市管道燃气业的开发、建设和经营管理,该公司在作为发起人设立本公司后,不再从事具体的管道燃气工程的开发、建设,并已出具书面承诺不在海口地区从事管道燃气工程的开发、建设及其他有同业竞争的业务。

3. 本公司股东中还有海南省石油化工工业总公司、海南赛格燃气有限公司的法定经营范围与本公司有相同部分,但这两家股东的相同业务部分主要在岛外拓展,在省内与本公司不存在重要竞争。这两家股东已作出书面承诺,保证在作为本公司股东期间,不在海口地区从事经营管道燃气开发、建设及其他有同业竞争性的业务。

八、股本结构及十大股东持股情况

1. 本次发行股票上市前的股本结构

股本类别	股数(股)	占总股本比例(%)
尚未流通股份		
发起人持股	57,362,130	45.17
募集法人持股	7,307,574	5.75
可流通股份		
社会公众持股	50,000,000	39.71
公司职工股	12,335,425	9.71
合计:	127,005,129	100

2. 本公司前十名股东所持股数及比例

股东名称	股本数额(股)	占总股本比例(%)
1. 海口市煤气管理总公司	26,600,000	20.9
2. 海南赛格国际信托投资公司	8,575,000	6.75
3. 海南赛格燃气有限公司	7,925,000	6.24
4. 海南省石油化工工业总公司	3,592,426	2.83
5. 海南华银国际信托投资公司	3,734,396	2.94
6. 海口海甸岛房地产开发总公司	4,001,139	3.15
7. 海南新远实业公司	1,600,456	1.26
8. 海口市煤气综合开发公司	1,550,000	1.22

9. 海南立森实业有限公司	1,333,713	1.05
10. 海南大华地产基础工程有限公司	500,000	0.39

九、公司财务会计资料

(一)审计报告(海口会计师事务所[海所字(1997第092号])

海口管道燃气股份有限公司董事会:

我们接受委托,审计了贵公司编制的1994年12月31日、1995年12月31日、1996年12月31日、1997年3月31日公司资产负债表及合并资产负债表,1994年度、1995年度、1996年度、1997年1月1日-3月31日公司利润及利润分配表和合并利润及利润分配表,1996年度公司财务状况变动表及合并财务状况变动表。这些会计报表由贵公司负责,我们的责任是对这些会计报表发表审计意见。我们的审计是依据中国注册会计师独立审计准则进行的。在审计过程中,我们结合贵公司的实际情况,实施了包括抽查会计记录等我们认为必要的审计程序。

我们认为,上述会计报表符合《企业会计准则》、《股份制试点企业会计制度》和国家其他有关财务会计法规的规定,在所有重大方面公允地反映了贵公司1994年12月31日、1995年12月31日、1996年12月31日、1997年3月31日的财务状况及1994年度、1995年度、1996年度、1997年1月1日-3月31日经营成果和1996年度资金变动情况,会计处理方法的选用符合一贯性原则。

海口会计师事务所　　中国注册会计师:李展年

中国注册会计师:潘承均

中国、海南、海口　　一九九七年四月十二日

(二)财务报表(附后)

1. 资产负债表

2. 利润及利润分配表

3. 财务状况变动表

(三)合并报表编制方法

1. 合并报表的范围:公司本部及长期投资额占被投资企业股权比例50%以上的子公司和控股公司。

子公司名称	注册地	注册资本(元)	持股比例(%)	主要业务
海南蓝光装饰工程有限公司	海南海口	500,000	80	施工企业、室内外装饰
海南银龙液化气营销有限公司	海南海口	600,000	100	经营液化石油气及运输
广西防城港新大陆有限公司	广西防城港	5,000,000	80	燃气工程开发及燃气经营

2. 合并报表编制:根据合并报表有关规定,对投资企业与被投资企业及被投资企业之间的相互投资,往来款项,以及内部销售收入与销售成本等予以相互抵销后,其余项目逐项合并反映。

3. 子公司与母公司会计政策统一执行海口管道燃气股份有限公司制定的财务管理制度,会计政策保持一致。

4. 纳入合并范围的子公司增减变动情况

(1)1994年度纳入合并报表范围的子公司有:海南燃气设备检测中心和海南燃气设备供应公司。

(2)1995年度比1994年度纳入合并报表范围的子公司增加1个,即海南银龙液化气营销有限公司。

(3)1996年度比1995年度纳入合并报表范围的子公司增加2个,即广西防城港新大陆有限公司、海南蓝光装饰工程有限公司,减少2个,即海南燃气设备检测中心和海南燃气设备供应公司,这两个公司已并入公司本部作为职能部门。

(4)1997年第1季度合并报表范围的子公司与1996年度一致。

(四)公司主要会计政策

1. 公司执行会计制度

本公司执行财政部、国家体改委联合颁发的《股份制试点企业会计制度》以及国家有关财务会计法规。

2. 会计期间

自公历1月1日起至12月31日止为一个会计年度。

3. 记帐原则及计价基础

采用权责发生制原则,以实际成本为计价基础。

4. 外币折算方法

凡涉及外币经济业务的收支,采用当日外汇牌价,折合人民币记帐。期末按最后一个交易日的外汇中间价进行调整,由此产生的差额作为汇兑损益,列入财务费用。

5. 坏帐准备

坏帐准备按应收帐款年末余额的3‰计提列入当期损益。

6. 存货的计价方法

存货入库时按实际成本计价。工程结算成本按已完工程实际成本结转,商品(产品)发出时按加权平均法计价,低值易耗品采用领用时一次摊销法。

7. 长期投资

长期投资中投资额占被投资企业股权比例20%以下的采用成本法核算;投资股权比例20%-50%的采用权益法核算;投资股权比例50%以上的采用权益法核算,合并会计报表。

8. 固定资产及其折旧

凡使用期限在一年以上的房屋、建筑物、机器、机械、运输工具及其他与生产经营有关的设备、器具、工具等,属于固定资产。不属于生产经营主要设备的物品,单位价值在2,000元以上,并且使用年限超过两年的,也列为固定资产。

固定资产折旧,采用年限法,分类计算,预计净残值按固定资产原值的3%扣除后,确定其分类折旧率如下:

类别	使用年限(年)	预计残值(%)	年折旧率(%)
1. 房屋及建筑物	10-40	3	9.7-2.43
2. 机器设备	10-18	3	9.7-5.39
3. 运输工具	6-12	3	16.17-8.08
4. 其他	5-10	3	19.4-9.70

9. 税项

(1)所得税:

根据海南省人民政府《关于鼓励投资的税收优惠办法》在海南省举办的外商投资、内地投资企业(国家银行和保险公司除外)、从事生产、经营所得和其他所得,从1988年7月1日起,均按15%的税率征收企业所得税,免征地方所得税。

根据海南省人民政府《关于鼓励投资的税收优惠办法》和海南省财政税务厅财税(1996)字第116号《关于海口管道燃气股份有限公司享受减免优惠政策问题的批复》:公司本部从开始获利年度起,第一年至第五年,免征所得税;第六至第十年减半征收。公司获利年度和享受减免税期限应从1991年度起开始计算,1996年度起所得税率为7.5%;海南银龙液化气营销有限公司执行从获利年度起,第一、第二年免征所得税。即1995年度、1996年度免征所得税;海南蓝光装饰工程有限公司执行从获利年度起,第一、第二年免征所得税。即1996年度、1997年度免征所得税;广西防城港新大陆有限公司按广西壮族自治区防城港市防地税发(1997)94号文件,免征1996年度、1997年度、1998年度三年的企业所得税。

(2)增值税:按国家有关税法规定:燃气销售增值税税率为13%;钢瓶、炉具销售增值税率为17%。

(3)营业税:

管道燃气工程开发业务,燃气灶具维修及汽车运输业务的税率为营业收入的3%;其他服务业务的税率为营业收入的5%。

(4)城建税、教育费附加,价格调节基金,分别按营业税额和增值税额的7%、3%和1%计征缴纳。

(5)其他各税,按照国家税法有关规定照章计征缴纳。

10.营业收入实现的确认

(1)管道燃气工程开发,以海口市人民政府燃气管理办公室用户发展联合工作小组报出的当期已具备通气条件的用户数量为依据,工程价款按2,200元/户计算,作为本公司当期的销售收入。

(2)商品及产品销售收入,以商品(或产品)已经发出,商品或产品所有权已自卖方转给买方,收到货款或取得收取货款的证据时,确认营业收入的实现。

11.利润分配

公司章程规定的税后利润分配顺序:

(1)弥补以前年度亏损;

(2)按税后利润的10%提取法定盈余公积金;

(3)按税后利润的5%—10%提取公益金;

(4)根据股东大会的决议提取任意盈余公积金;

(5)分配普通股股利。

12.盈余公积

序号	项目	1997年3月31日	1996年12月31日	1995年12月31日	1994年12月31日
1	法定公积金	10,416,705.28	9,428,999.72	6,724,529.33	4,498,817.82
2	公益金	6,207,032.75	5,773,179.97	4,360,944.77	3,248,089.02
3	任意公积金	33,183,893.61	33,183,893.61		
	年末余额	49,807,631.64	48,326,073.30	11,085,474.10	7,746,906.84

本科目1994年初法定盈余公积1,250,728.80元,94年度净利润32,480,890.14元,根据章程和海燃董字(1995)005号第一届董事会第三号决议计提法定盈余公积和公益金各10%计提金额6,496,178.04元;1995年度根据公司修改后章程,95年度净利润22,257,115.06元,计提法定盈余公积10%,金额为2,225,711.51元;计提公益金5%,金额为1,112,855.75元。1996年度净利润27,044,703.95元,根据董事会决议分配预案计提法定盈余公积10%,金额为2,704,470,39元;计提公益金5%,金额为1,352,235.20元;计提任意公积金33,183,893.61元。1997年3月31日净利润9,877,055.61元,根据公司章程计提法定盈余公积金10%,金额为987,705.56元;计提公益金5%,金额为493,852.78元。以上共计提法定公积金9,165,976.48元、公益金6,207,032.75元、任意盈余公积金33,183,893.61元、共48,556,902.84元。

(五)财务指标分析

本公司历年的财务指标如下表

序号	指标名称	1996年度	1995年度	1994年度
1	流动比率	3.95	5.36	2.65
2	速动比率	2.24	2.45	2.26
3	应收帐款,周转次数	4.73	4.22	5.67
4	股东权益比率	0.59	0.70	0.65
5	净资产收益率%	13.37	11.67	19.28
6	每股税后利润元/股	0.35	0.29	0.42
7	每股净资产	2.63	2.48	2.19

十、董事会上市承诺

本董事会将严格遵守《公司法》、《股票发行与交易管理暂行条例》、《公开发行股票公司信息披露实施细则》和国家有关法律、法规的规定,并自股票上市之日起作出如下承诺:

1.按照法律、法规的规定程序和要求披露重大的信息,并接受证券主管机关、深圳证券交易所的监督管理。

2.及时、真实、准确地公布中期报告和年度报告,并备置于规定场所供投资者公众查问。

3.本公司董事、监事及高级管理人员如发生人事变动或持本公司股票发生变化时,在报告证券主管机关、证券交易所的同时向投资者公布。

4.在任何公共传播媒介中出现的消息可能对本公司股票的市场价格产生误导性影响时,本公司知悉后将及时对该消息予以公开澄清。

5.本公司董事、监事及高级管理人员将认真听取社会公众的意见和批评,不利用已获得的内幕消息和其他不正当手段直接或间接从事股票买卖活动。

6.本公司没有无记录负债。

十一、重要事项提示

1.本公司1993年和1994年度合并在1995年向全体股东分派现金每股0.20元。根据本公司第五次股东年会决议,1995年和1996年度利润合并分配,向本次发行前的股东分派现金每股0.20元(尚未实施),派发股利时间预计在1997年下半年。新股东不享有此次分配。

2.本公司预计本次股票公开发行后第一个盈利年度的首次派发股利时间在1998年上半年,新股东享有此次的利润分配。

3.根据海口会计师事务所出具的"海所字[1997]第109号《盈利预测审核报告》",本公司1997年税后利润预测为4140万元,每股税后利润0.33元。

4.根据国家有关规定,本公司内部职工股从新股发行之日起满三年后方可上市流通。

5.截止本公告刊登之日,本公司不存在任何导致本公司本次发行的股票不能上市的尚未了结的重大诉讼、仲裁或行政处罚,亦不存在可能针对本公司的重大诉讼、仲裁或行政处罚的威胁。

十二、备查文件

1.深圳证券所上市通知书

2.中国证券监督管理委员会核准本公司发行A股的批复

3.公司登记注册文件

4.招股说明书

5.审计报告

6.验资报告

7.资产评估报告

8.法律意见书

9.营业执照

10.公司章程

十三、咨询机构

1.本公司:海口管道燃气股份有限公司

法定代表人:刘广林

地　　址:海南省海口市海甸四东路颐和花园B座三楼

电　　话:(0898)6254222

传　　真:(0898)6255636

联 系 人:马艳、胡晓辉

2.上市推荐人:申银万国证券股份有限公司

公司负责人:朱恒

地　　址:上海市南京东路99号

电　　话:(021)64312800

传　　真:(021)64310856

联 系 人:吕曙光

海南省国际信托投资公司

法定人代表人:彭振明

地　　址:海南省海口市滨海大道15号国信大厦

电　　话:(0898)6777281、6793918

传　　真:(0898)6777333

联 系 人:陈汉宁、陈绵飞

海口管道燃气股份有限公司

1997年7月25日

合并财务状况变动表

编制单位:海口管道燃气股份有限公司　　　　单位:元

流动资金来源和运用	行次	96年度合并数	96年度母公司数	流动资金各项的变动	行次	96年度合并数	96年度母公司数
一、流动资金来源				一、流动资产本年增加数			
1.本年净利润	1	27,044,703.95	27,044,703.95	1.货币资金	41	37,848,090.61	38,854,403.00
加:不减少流动资金的费用和损失				2.短期投资	42	-12,570,000.00	-12,570,000.00
(1)少数股东本期损益(亏损以"-"号表示)	2	1,792.69		3.应收票据	43		
(2)固定资产折旧	3	2,187,234.02	2,165,888.98	4.应收帐款净额	44	22,119,377.56	30,116,082.02
无形资产,递延资产及其他资产摊销(减其他负债转销)	4	2,175,497.76	2,175,497.76	5.预付帐款	45	-297,736.89	-3,712,238.02
(4)固定资产盘亏(减盘盈)	5	-312,116.00	-312,116.00	6.其他应收款	46	20,538,766.46	18,871,708.54
(5)清理固定资产损失(减收益)	6	-24,586.54	-24,586.54	7.待摊费用	47	19,240.78	16,734.14
(6)递延税款	7			8.存货	48	19,404,924.14	11,345,915.86
(7)其他不减少流动资金的费用和损失	8			9.待处理流动资产净损失(减收益)	49		
小计	10	31,072,525.88	31.049,388.15	10.一年内到期的长期债券投资	50		
2.其他来源				11.其他流动资产	51		
(1)固定资产清理收入(减清理费用)	11	2,787,430.96	2,787,430.96	流动资产增加净额	60	87,062,662.66	82,922,604.77
(2)增加长期负债	12	29,043,700.00	29,043,700.00,	二、流动负债本年增加数			
(3)收回长期投资	13	7,920,000.00	11,723,119.55	1.短期借款	61	14,000,000.00	14,000,000.00
(4)对外投资转出固定资产	14			2.应付票据	62		
(5)对外投资转出无形资产	15			3.应付帐款	63	2,370,224.12	318,767.05
(6)资本净增加额	16	37,240,599.20	37,240,599.20	4.预收帐款	64	2,107,671.25	310,648.40
(7)少数股东资本净增加额	17	1,100,268.90		5.应付福利费	65	324,696.19	335,905.47
小计	19	78,091,999.06	80,794,849.71	6.未付股利	66	14,931,025.70	14,931,025.70
流动资金来源合计	20	109,164,524.94	111,844,237.86	7.未交税金	67	2,555,838.65	3,703,672.28
二、流动资金运用				8.其他未交款	68	76,587.82	76,153.98
1.利润分配				9.其他应付款	69	-3,294,475.12	-712,179.49
(1)提取法定公积金	21	2,704,470.39	2,704,470.39	10.预提费用	70	-93,108.19	-93,108.19
(2)提取法定公益金	22	1,352,235.20	1,352,235.20	11.一年内到期的长期负债	71		
(3)提取任意公积金	23	33,183,893.61	33,183,893.61	12.其他流动负债	72		
(4)已分配股利	24	15,401,025.70	15,401,025.70	流动负债增加净额	79	32,978,460.42	32,870,885.20
小计	25	52,641,624.90	52,641,624.90	流动资金增加净额	80	54,084,202.24	50,051,719.57
2.少数股东利润分配	26	268.90					
3.其他运用							
(1)固定资产和在建工程净增加额	27	2,438,428.90	2,755,049.06				
(2)增加无形资产,递延资产及其他资产	28						
(3)偿还长期负债	29						
(4)增加长期投资	30		6,395,844.33				
小计	31	2,438,428.90	9,150,893.39				
流动资金运用合计	32	55,080,322.70	61,792,518.29				
外币会计报表折算差额	33						
流动资金增加净额	40	54,084,202.24	50,051,719.57				

合并利润及利润分配表

编制单位:海口管道燃气股份有限公司　　　　单位:元

项目	行次	97年1—3月合并数	96年度合并数	95年度合并数	94年度合并数
一、主要业务收入	1	40,642,513.11	98,187,377.21	65,771,183.85	91,294,349.62
减:营业成本	2	28,381,251.92	67,479,624.35	43,923,977.45	60,947,313.07
销售费用	3	250,920.49	656,409.42	689,626.14	1,503,419.93
管理费用	4	365,252.25	1,990,065.10	1,657,525.01	2,491,366.14
财务费用	5	-39,689.67	941,066.46	256,869.34	-3,784,692.56
进货费用	6		373,311.87	159,149.25	
营业税金及附加	7	1,033,200.47	2,310,368.92	1,348,866.50	2,411,672.15
二、主营业务利润	8	10,651,577.65	24,436,531.09	17,735,170.16	27,725,270.89
加:其他业务利润	9	32,633.75	-16,188.67	1,579,309.50	252,210.45
三、营业利润	10	10,684,211.40	24,420,342,42	19,314,479.66	27,977,481.34
加:投资收益	11		5,348,369.53	3,078,755.27	4,291,816.49

项目	行次	97年1—3月合并数	96年度合并数	95年度合并数	94年度合并数
营业外收入	12	240,00	495,762.13	44,040.47	251,622.63
减:营业外支出	13	6,245.00	1,093,809.57	180,160.34	40,030.32
加:以前年度损益调整	14				
四、利润总额	15	10,678,206.40	29,170,664.51	22,257,115.06	32,480,890.14
减:所得税	16	800,694.30	2,124,167.87		
减:少数股东损益	17	456.49	1,792.69		
五、净利润	20	9,877,055.61	27,044,703.95	22,257,115.06	32,480,890.14
加:年初未分配利润	22		25,596,920.95	6,678,373.15	11,495,712.45
盈余公积转入数	23				
六、可分配利润	30	9,877,055.61	52,641,624.90	28,935,488.21	43,976,602.59
减:提取法定公积金	31	987,705.56	2,704,470.39	2,225,711.51	3,248,089.02
提取法公益金	32	493,852.78	1,352,235.20	1,112,855.75	3,248,089.02
七、可供股东分配的利润	35	8,395,497.27	48,584,919.31	25,596,920.95	37,480,424.55
减:已分配优先股股利	36				
提取任意公积金	37		33,183,893.61		
已分配普通股股利	38		15,401,025.70		30,802,051.40
八、未分配利润	40	8,395,497.27		25,596.920.95	6,678,373.15

合并资产负债表

编制单位:海口管道燃气股份有限公司　　　　单位:元

资产	行次	97.3.31合并数	96.12.31合并数	95.12.31合并数	94.12.31合并数
流动资产					
货币资金	1	71,694,441.11	71,747,723.70	33,899,633.09	67,862,307.18
短期投资	2	100,000.00	100,000.00	12,670,000.00	14,470,000.00
应收票据	3				
应收帐款	4	51,719,089.18	31,852,342.01	9,666,406.64	21,521,302.72
减:坏帐准备	5	155,157.27	95,557.03	28,999.22	64,563.91
应收帐款净额	6	51,563,931.91	31,756,784.98	9,637,407.42	21,456,738.81
预付货款	7	2,458,976.50	5,457,952.80	5,755,689.69	537,485.00
其他应收款	8	35,060,321.38	33,426,703.43	12,887,936.97	29,544,678.96
待摊费用	9	64,145.22	90,636.23	71,395.45	21,436,00
存货	10	104,333,535.64	108,493,513.92	89,088,589.78	23,007,334.27
待处理流动资产净损失	11				
一年内到期的长期债券投资	12				
其他流动资产	13				
流动资产合计	15	265,275,351.76	251,073,315.06	164,010,652.40	156,899,980.22
长期投资:					
长期投资	16			7,920,000.00	7,500,000.00
其中:合并价差(贷差以"-"表示)	17				
固定资产					
固定资产原价	18	39,363,745.57	38,878,403.84	41,569,452.79	31,814,869.46
减:累计折旧	19	6,479,760.92	5,945,518.04	6,437,033.45	4,851,530.27
固定资产净值	20	32,883,984.65	32,932,885.80	35,132,419.34	26,963,339.19
在建工程	21				
固定资产清理	22				
待处理固定资产净损失	23				
固定资产合计	30	32,883,984.65	32,932,885.80	35,132,419.34	26,963,339.19
无形资产及递延资产:					
无形资产	31	59,119,060.09	59,342,487.55	60,236,197.39	61,129,907.23
递延资产	32	2,373,174.05	2,693,621.03	3,975,408.95	5,257,196.87
无形资产及递延资产合计	33	61,492,234.14	62,036,108.58	64,211,606.34	66,387,104.10
其他长期资产:					
其他长期资产	34				
递延税项:					
递延税款借项	35				
资产总计	40	359,651,570.55	346,024,309.44	271,274,678.08	257,750,423.51

资产	行次	97.3.31 合并数	96.12.31 合并数	95.12.31 合并数	94.12.31 合并数
负债与股东权益					
流动负债:					
短期借款	41	26,000,000.00	26,000,000.00	12,000,000.00	6,000,000.00
应付票据	42				
应付帐款	43	4,388,284.70	3,761,086.50	1,390,862.38	1,968,565.26
预收货款	44	1,962,313.85	2,239,003.45	131,332.20	503,354.98
应付福利费	45	683,162.73	588,601.78	263,905.59	93,102.86
未付股利	46	24,308,906.90	24,308,906.90	9,377,881.20	30,802,051.40
未交税金	47	5,819,207.60	2,692,106.15	136,267.50	1,661,311.35
其他未交款	48	117,177.48	80,483.72	3,895.90	46,578.81
其他应付款	49	4,019,482.20	3,890,297.95	7,184,773.07	18,200,853.66
预提费用	50			93,108.19	39,068.20
一年内到期的长期负债	51				
其他流动负债	52				
流动负债合计	55	67,298,535.46	63,560,486.45	30,582,026.03	59,314,886.52
长期负债:					
长期借款	56	79,037,400.00	79,043,700.00	50,000,000.00	30,000,000.00
应付债券	57				
长期应付款	58				
其他长期负债	59				
长期负债合计	60	79,037,400.00	79,043,700.00	50,000,000.00	30,000,000.00
递延税项:					
递延税款贷项	61				
负债合计	62	146,335,935.46	142,604,186.45	80,582,026.03	89,314,886.52
少数股东权益	63	1,102,249.18	1,101,792.69		
股东权益					
股本	64	154,010,257.00	154,010,257.00	154,010,257.00	154,010.257.00
资本公积	65				
盈余公积	66	49,807,631.64	48,326,073.30	11,085,474.10	7,746,906.84
其中:公益金	67	6,207,032.75	5,713,179.97	4,360,944.77	3,248,089.02
未分配利润	68	8,395,497.27		25,596,920.95	6,678,373.15
外币报表折算差额	69				
股东权益合计	70	212,213,385.91	202,336,330.30	190,692,652.05	168,435,536.99
负债与股东权益总计	80	359,651,570.55	346,042,309.44	271,274,678.08	257,750,423.51

海口管道燃气股份有限公司1997年度中期报告

一、财务报告(未经审计)

(一)财务报表

1.简化的合并资产负债表

单位:元

项目	年初数(1996.12.31)		期末数(1997.6.30)	
	合并数	母公司	合并数	母公司
资产				
流动资产	251,073,315.06	240,927,134.34	200,200,500.03	195,691,713.85
长期投资		5,775,512.76		5,810,880.14
固定资产净值	32,932,885.80	32,662,400.84	33,571,296.74	33,155,854.96
在建工程				
无形资产及递延资产	62,036,108.58	62,036,108.58	70,669,923.24	70,669,923.24
其他长期资产				
资产合计	346,042,309.44	341,401,156.52	304,441,720.01	305,328,372.19
负债及股东权益				
流动负债	63,560,486.45	60,021,126.22	64,065,751.81	66,054,958.49
长期负债	79,043,700.00	79,043,700.00	29,032,150.00	29,032,150.00
负债合计	142,604,186.45	139,064,826.22	93,097,901.81	95,087,108.49
少数股东权益	1,101,792.69		1,102,554.50	
股本	154,010,257.00	154,010,257.00	77,005,129.00	77,005,129.00
资本公积			77,005,128.00	77,005,128.00
盈余公积	48,326,073.30	48,326,073.30	49,807,631.64	49,807,631.64
未分配利润			6,423,375.06	6,423,375.06
股东权益合计	202,336,330.30	202,336,330.30	210,241,263.70	210,241,263.70
负债及股东权益合计	346,042,309.44	341,401,156.52	304,441,720.01	305,328,372.19

2.简化的合并损益表

单位:元

项目	1997年1-6月		1996年1-6月	
	合并数	母公司	合并数	母公司
主营业务收入	50,326,443.71	40,608,198.58	47,954,123.52	41,340,898.12
主营业务利润	8,825,012.12	8,776,198.01	11,912,903.89	10,907,691.51
其他业务利润	-441,570.37	-441,570.37	-406,013.83	-38,318.71
投资收益	34,604.80	69,972.18	950,503.13	1,524,805.59
营业外收入	240.00	240.00	792.80	792.80

利润总额	8,556,453.05	8,543,006.32	12,066,359.30	12,066,359.30
所得税	650,757.84	638,072.92	904,976.95	904,976.95
净利润	7,904,933.40	7,904,933.40	11,161,382.35	11,161,382.35

(二)财务指标

项目	1997年1-6月	1996年1-6月
每股收益	0.10元	0.07元
净资产收益率	3.76%	5.52%
每股净资产	2.73元	1.31元

本报告期每股收益和每股净资产是按发行50,000,000股A股之前公司总股本77,005,129股为基数计算所得,上年同期是按总股本154,010,257股计算所得。因募股资金于1997年7月21日才到位,如按新股发行后的总股本全面摊薄则公司主要财务指标为:

每股收益	0.06元
净资产收益率	1.62%
每股净资产	3.84元

(三)财务报表注释

1.本期财务报告所采用的会计政策及会计方法和公司招股说明书中所采用的会计政策及会计方法一致。

2.本报告期内报告主体与招股说明书中披露的相比未发生变化。

3.合并报表原则:对本公司拥有50%以上权益的控股企业会计报表进行合并,在编制合并会计报表时,对内部往来按合并报表原则进行抵销。

4.会计报表项目

(1)货币资金较年初减少48,900,975.92元,主要是归还长期贷款。

(2)短期投资较年初减少100,000.00元,主要是收回股票投资。

(3)应收帐款较年初减少7,108,567.98元,主要是上半年收回工程价款。

(4)无形资产较年初增加2,684,014.77元,主要是购入土地使用权。

(5)递延资产较年初增加5,949,799.89元,主要是购入土地使用权待摊的开发设计费。

(6)短期借款较年初增加5,000,000.00元,主要是新增交行贷款。

(7)未付股利较年初减少7,960,000.00元,主要是支付股利。

(8)长期借款较年初减少50,011,550.00元,主要是归还贷款及美元贷款的汇率变化。

(9)股本较年初减少77,005,128.00元,主要是根据董事会决议及海南证管办琼证办[1997]86号批文,按1:0.5缩股。

(10)资本公积较年初增加77,005,128.00元,主要是按1:0.5缩股后转增的资本公积。

(11)盈余公积较年初增加1,481,558.34元,主要是公司1997年1季度提取数。

(12)未分配利润较年初增加6,423,375.06元,主要是本公司上半年实现净利。

5.关联企业及关联交易

海口市煤气管理总公司,本公司最大股东,持有本公司34.54%股份(发行前),是本公司所承建的海口市煤气工程的项目业主。本公司与该公司遵循公平,公正的市场原则签订了《建设工程勘察设计施工协议》,对工程勘察、设计、施工、验收以及工程核算等有关事项均作了 定。据此协议,本报告期内实现工程结算收入30,360,000.00元。

本公司与其他投资公司无关联交易。

二、经营情况的回顾与展望

(一)上半年经营情况的回顾

1997年上半年本公司在广大股东和政府主管部门的大力支持下,坚持以人为本、以市场为导向,实施社会服务承诺制,已取得一定的成绩。上半年完成主营业务收入5,033万元,实现主营业务利润883万元,实现税后利润709.5万元(完成全年盈利预测19.09%)。

根据公司发展计划,上半年着重抓住以下几方面的工作:

1.完善经营管理机构,改善经营策略。

按照中国证监会和深圳证券交易所等有关部门及单位对上市公司的要求,加强公司的规范化、制度化管理,选聘强有力的董事会和公司经理层,为公司今后的发展打下了坚实的基础。

为避免经营的单一性风险,公司坚持以燃气工程开发和燃气经营为主,积极开展多元化经营,涉足其他相关项目的开发建设和经营,寻求公司新的经济增长点。

2.狠抓工程建设,积极开发新产品、新项目。

上半年公司充分利用有限的建设资金,抓紧各项重点工程的建设,主要进行长流油气工程、市区管网等工程的建设。同时加快开发开燃气供应项目、燃气汽车工程、燃气空调等新产品、新项目。

3.广开融资渠道,力争公司股票上市。

为了加快工程项目的建设速度,确保生产经营活动的正常运行,本公司积极寻求各种融资渠道,除争取银行贷款、引进外资外,还力争公司股票发行并上市,筹措更多的社会资金用于建设管道燃气工程。1997年7月3日中国证监会下文同意本公司发行5,000万A股。

4.募股资金于1997年7月21日才到位,在本报告期内无募股资金的运用。

(二)下半年展望

1.认真抓好下半年的工作,力争全年各项工作的顺利完成,保证全年计划指标的实现。

2.下半年的工作重点是抓好募股资金运用项目的建设,为项目的早日顺利投产并产生效益创造条件。"利用崖131气田天然气供应海口民用管道燃气项目"因募股资金的及时到位,在年内投入营运得到了保证,届时海口管道燃气的主气源将转换成廉价且稳定的天然气,经营成本将大幅下降,公司主营业务将进入持续、稳定、高效的发展阶段。

3.为适应公司上市后扩大发展的需要,结合现代企业制度建设,进一步加强和完善企业内部管理机制,加强企业管理,降低成本费用,提高经济效益。

三、重大事件的说明

1.1997年4月,经海南省证券管理办公室琼证办[1997]86号文和海南省国有资产管理局琼国资产字[1997]81号文批准,公司股本按1:0.5同比例缩股,公司股本变为77,005,129股。缩股后余下的77,005,128股(元)转为公司资本公积金。

2.按照国务院证券委、中国人民银行、国家经贸委于1997年5月21日联合发布的《严禁国有企业和上市公司炒作股票的规定》要求,经自查,本公司曾以本公司名义 开设A股帐户,目前持有股票余额为零,本公司及所属子公司未从事违反规定事项。本公司今后如果从事股票投资,将严格遵循国家政策法规和本公司章程的规定。

3.经中国证监会证监发字[1997]372号文和证监发字[1997]373号文批准,公司于1997年7月14日在深圳证券交易所以上网定价方式公开发行5,000万股A股。经深圳证券交易所深证发[1997]282号文上市通知书批准,于7月29日在该所挂牌上市。

4.本报告期内公司无重大诉讼、仲裁事项。

5.本公司1997年度中期不分红派息。

四、发行在外股票的变动和股权结构的变化

(一)股票发行

公司于1997年7月14日发行5,000万A股,总股本由77,005,129股增至127,005,129股。

(二)股权结构情况(每股面值:人民币1元 单位:股)

股本类别	1996年12月31日	1997年6月30日	发行新股后
1.尚未流通股份			

1)发起人股份	114,724,257	57,362,130	57,362,130
其中:			
境内法人持有股份	114,724,257	57,362,130	57,362,130
2)募集法人股	14,615,149	7,307,574	7,307,574
3)内部职工股	24,670,851	12,335,425	12,335,425
尚未流通股份合计	154,010,257	77,005,129	77,005,129
2.已流通股份			
社会公众持股	0	0	50,000,000
已流通股份合计	0	0	50,000,000
3.股份总额	154,010,257	77,005,129	127,005,129

(三)主要股东持股情况(截止 1997 年 6 月 30 日)

股东名称	持股数(股)	持股比例(%)
1.海口市煤气管理总公司	26,600,000	34.54
2.海南赛格国际信托投资公司	8,575,000	11.14
3.南海赛格燃气有限公司	7,925,000	10.29
4.海南省石油化工工业总公司	3,592,426	4.67
5.海南华银国际信托投资公司	3,734,396	4.85
6.海口海甸岛房地产开发总公司	4,001,139	5.19
7.海南新远实业公司	1,600,456	2.08
8.海口市煤气综合开发公司	1,550,000	2.01
9.海南立森实业有限公司	1,333,713	1.73
10.海南大华地产基础工程有限公司	500,000	0.65

五、股东大会简介

海口管道燃气股份有限公司于 1997 年 4 月 7 日上午在公司会议室召开第五次股东年会,出席会议股东及股东代表共 28 人,代表股份 115,901,831 股,占公司总股本的 75.26%,符合《公司法》和公司章程的有关规定,会议审议通过了以下决议:

1.通过“海口管道燃气股份有限公司董事会 1996 年工作报告”;

2.通过“海口管道燃气股份有限公司监事会 1996 年工作报告”;

3.通过“海口管道燃气股份有限公司 1997 年度工作计划”;

4.通过“海口管道燃气股份有限公司 1996 年度财务决算和 1997 年度财务预算报告”;

5.批准“海口管道燃气股份有限公司 1996 年度利润分配及分红派息方案”,决定提取法定公积金和法定公益金后,1995 年和 1996 年度利润合并分配,向 A 股发行前的股东分派现金每股 0.20 元,派发时间在 1997 年下半年。其余未分配利润转为任意盈余公积金。

6.同意杨新生先生辞去董事职务,选举李兆丰先生为公司第二届董事会董事。经第二届董事会特别会议一致通过,选举李兆丰先生为公司第二届董事会副董事长。

7.同意肖枚先生辞去监事职务,选举周凤霞女士为公司第二届监事会监事;

8.通过“海口管道燃气股份有限公司章程(草案)”;

9.批准“公司由定向募集公司转为社会公众公司、向社会公开发行股票并上市:”

10.批准“就公司股票上市工作对董事会的特别授权及调整公司股本”。

六、备查文件

下列文件置于本公司,随时供股东和有关部门查询:

1.载有董事长、总经理亲笔签名的中期报告原本;

2.公司第五次股东年会资料;

3.公司章程。

查阅地址:海南省海口市海甸四东路颐和花园 B 座三楼

查询电话:(0898)6254650 6254222

传　　真:(0898)6255636

海口管道燃气股份有限公司董事会

1997 年 8 月 29 日

珠海华电股份有限公司

1996年年度报告摘要 （精选）

一、公司简况

公司名称：珠海华电股份有限公司

法人代表：李治强　　　　　　邮政编码：519015

公司地址：珠海市九州大道官村综合楼

电话：0756—3338838－321　　传真：0756—3353529

二、主要财务数据与财务指标

单位：万元

指标项目	本年数	上年数	比上年增减(%)
1.主营业务收入	9,096.85	9,180.79	(0.91)
2.净利润	665.10	(1,137.87)	
3.总资产	86,012.07	82,243.09	4.58
4.股东权益	75,093.08	68,624.71	9.43
5.每股收益(元)	0.03	(0.05)	
6.每股净资产(元)	3.44	3.14	9.55
7.净资产收益率(%)	0.89	(1.66)	
8.股东权益比率(%)	87.31	83.44	4.64

注：本年度，由于珠海华电洪湾柴油机发电有限公司、珠海华电洪屏柴油机发电有限公司的股份转让了15.5%，故1996年年度合并报表的范围未包括该公司的会计报表，同时调整了年初数。

三、公司主要业务回顾

1.1996年公司经营情况

一年来，公司全体员工在董事会的领导下，认真贯彻股东会第四次年会确定的1996年工作目标，即：主营电力要争取多发电，同时要确保安全生产，降低能耗，增加收入；大幅度提高非售电收入占公司经营总收入的比重；盘活现有资产，调整资本与产业结构，以多种灵活方式与内地缺电地区共同开发当地电力事业，共享收益。公司围绕上述工作重点，努力工作，克服种种困难，初步扭转了亏损局面。公司全年共实现主营业务收入9,096.85万元，实现净利润665.10万元。

1996年，公司主要做了以下几个方面的工作：

1)狠抓电力生产，争抢每一度电，降低发电成本。

1996年公司所获发电指标仅1.5亿千瓦时，而实际落实仅仅发电1.18亿千瓦时，售电1.10亿千瓦时，前山电厂的设备利用率仅为20.56%。但公司全体员工努力排除客观条件的制约，狠抓安全生产，降低能耗、加强管理、压缩开支，前山电厂仅在配件国产化方面就为公司节约资金达几百万元。

2)盘活闲置设备，组织异地发电

我们按照“寻找市场，异地发电”的精神和第四次股东会的决议，决定电力设备的盘活工作以二期电厂(指洪湾、洪屏柴油机发电厂，下同)为目标来展开。公司先后与内地缺电地区展开了多方联系，就合资办电或转让机组与当地企业、政府进行了深入磋商，公司还正就转让或租赁设备事宜与海外机构保持接洽。

3)调整多种经营方式，提高二级企业效益

1996年公司多种经营实现较好的增长势头，实现了提高二级公司效益的愿望。其中，华电船务公司根据本公司电厂运量下降的形势，主动调整重点，寻找市场，从以内部运输为主转为以外部运输为主，在目前航运业运力过剩的情况下，仍实现税后利润136万元，净资产利润率达13.2%。经过几年的努力，该公司在珠江三角洲已有了一定的声誉和客户基础。华电印务有限公司自1996年下半年实施承包经营以来，业务量直线上升，下半年营业额合计372万元，是上半年的1.8倍。

2.1997年度发展规划

1996年扭转局面迈出了第一步，公司的经营状况初步好转。1997年我们将在此基础上充分发挥公司内部潜力和外部有利时机，争取使公司经营再上台阶。1997年度公司将实行严格的目标责任管理，将责任层层落实：

1)继续狠抓电力安全生产，前山电厂实现售电1.5亿千瓦时；

2)进一步增加多种经营收入；

3)继续狠抓盘活资产的工作，重点实现二期电厂的异地发电或设备转让，同时加大力度盘活其他资产，增创效益；

4)争取开发优质项目，吸纳优质资产，进一步调整产业结构，扩大公司的收入来源；

5)创造条件，开展资产重组工作。

四、股本变化及股本结构情况

1.股本变化及股本结构情况

1)股本结构情况

数量单位：万股　面值：每股1元

股份类别	期初数	所占比例%	本次变动增减	期末数	所占比例%
一、尚未流通股份					
1.发起人股份					
其中：国有法人股	7,245.4000	33.176	0	7,245.4000	33.176
2.募集法人股	5,240.2075	23.994	0	5,240.2075	23.994
3.内部职工股					
其中：高级管理人员持股	3.1750	0.015	－1.4275	1.7475	0.008
合计	12,488.7825	57.185	－1.4275	12,487.3550	57.178
二、已流通股份					
社会公众股	9,350.4375	42.815	1.4275	9,351.8650	42.821
合计	9,350.4375	42.815	1.4275	9,351.8650	42.821
三、股份总计	21,839.22	100	0	21,839.22	100

2)股本变动情况

高级管理人员持股一项因我司1996年5月董事会、监事会进行换届选举及深交所冻结部分高级管理人员未流通红股而发生变动，社会公众股相应也发生了变动，但本报告期内公司总股本并无增减变化。

3)主要股东持股情况如下：

截止1996年12月31日本公司前十名股东持股情况：

股东名称	持股数(股)	占总股本(%)
1)珠海经济特区电力开发(集团)公司	72,496,500	33.20
2)珠海经济特区珠光公司	10,200,000	4.67
3)国际银行家(珠海)俱乐部	5,525,000	2.53
4)南方证券有限公司	3,551,316	1.63
5)深圳蔚深投资财务管理公司	3,535,355	1.62
6)中国建设银行珠海市信托投资公司	3,315,000	1.52
7)珠海经济特区富华财务公司	2,762,500	1.26
8)珠海裕发实业投资公司	2,550,000	1.17
9)珠海经济特区银星科技开发公司	2,550,000	1.17
10)珠海珠明(集团)公司	1,912,500	0.88

4)股东数量

截止1996年12月31日，公司股东总数55,743户。

汕头电力发展股份有限公司

1996年年度报告摘要 （摘选）

一、公司简况

公司名称：汕头电力发展股份有限公司

法人代表：林奕炯　　邮政编码：515041

公司地址：广东省汕头市金砂中路金凤城龙座六楼

电话：0754—8611172　　传真：0754—8628249

二、主要财务数据与财务指标

单位：万元

指标项目	本年数	上年数	比上年增减(%)
1.主营业务收入	7813	5534	41.18
2.净利润	4616	2952	56.37
3.总资产	59209	55590	6.51
4.股东权益	54002	52415	3.03
5.每股收益(元)	0.24	0.17	41.18
6.每股净资产(元)	2.85	3.05	-6.56
7.净资产收益率(%)	8.55	5.63	51.87
8.股东权益比率(%)	91.21	94.29	-3.37

三、公司主要业务回顾

1．一年来的经营情况

1996年是公司实实图强并取得明显效果的一年。公司领导班子针对目前电力市场供求关系缓和及本企业历年主营效益不理想的局面，加大对属下电厂的管理力度，公司主要领导亲自带领一批管理骨干驻扎电厂，通过全面整改，强化科学管理，突出发电成本改革，主要有三个措施：(1)从原来烧两种煤种改为烧单一煤种。(2)从原来烧大同煤改为烧湖南煤。(3)从原来向中间商购煤改为自行向湖南煤矿采煤。使在发电成本中约占70%的燃料成本取得明显改观，燃料成本中各项经济指标均创本公司历史最好水平。同时，公司加强对原投资的各个电力建设项目和合作联营项目的跟踪管理，保证公司投资收益的回收，公司的证券投资也取得一定的成效。该年度本企业总体利润得到稳步上升。

全年完成主营业务收入7813万元，比1995年增长41.18%，实现利润4797万元，比1995年增长40.51%，其中主营业务利润162万元，扭转了原来亏损的局面，净利润完成4616万元，比1995年增长56.17%。

2．主要指标分析

公司1996年度总体利润水平比1995年提高40.51%，主要原因是热电一厂的利润和公司投资收益的增加，分别增加500万元和817万元。净利润增加除以上原因外，另外一个原因是1995年所得税减免调整数。

公司原投资沙角C厂3#机组也已在1996年下半年开始发电运行，但由于地方输电线路容量的限制，从而影响正常的电量兑现，1996年度未计算投资收益。

3．募集资金使用情况的说明

本公司自1993年度公开发行股票至1996年度尚未进行增资配股，股票发行时所募集资金根据原招股说明书的资金运用计划使用，并都通过会计师事务所进行的3个年度的财务审计。

四、股本变化及股本结构情况

1．股本变化及股本结构情况

单位：股

股份类别	年初数	本年增减(+、-)	年末数
一、尚未流通股份			
1．发起人股份	98000000	98000000	107800000
其中：国家股	66000000	66000000	72600000
境内法人股	32000000	32000000	35200000
2．募集法人股	1200000	120000	1320000
3．董、监事成员持股	44059	3525	47584
尚未流通股份合计	99244059	9923525	109167584
二、已流通股份			
A股	72872741	7287274	80160015
已流通股合计	72872741	7287274	80160015
三、股份总数	172116800	17211680	189328480

2)股本变动情况及原因

本年度公司总股本增加17211680股，占总股本的10%，变动原因是因为在1996年7月份实施1995年度分红方案所致，1995年度的分红方案为：每10股送红股1股，派现金1元。

另外，公司董、监事成员持股数增加比例不是10%，原因是1996年度董、监事成员有所变动，变动情况及其持股情况已作公告。

3)前十名股东持股情况如下(截止1996年12月31日)：

股东名称	年末持股数(股)	占总股本(%)
1)汕头市电力开发公司	72600000	38.34
2)建行汕头信托投资公司	13200000	6.97
3)工行汕头信托投资公司	11000000	5.81
4)汕头城市建设开发总公司	7600000	3.49
5)交通银行汕头分行	4400000	2.32
6)缺少资料	459275	0.24
7)汕头电力经济发展公司	440000	0.23
8)深圳南山国债管理公司	440000	0.23
9)东方证券	440000	0.23
10)张宏宇	300000	0.16

4)股东数量

截止1996年12月31日，本公司股东人数63043位。

皖 能 股 份 有 限 公 司

1996年年度报告摘要（摘选）

一、公司简况

公司名称：皖能股份有限公司
法人代表：张绍仓　　　邮政编码：230001
公司地址：安徽省合肥市芜湖路81号
电话：0551—2626906　　　传真：0551—2648061

二、主要财务数据与财务指标

单位：万元

指 标 项 目	1996年	1995年	比上年增减(%)
1.主营业务收入	88,985.26	87,276.32	1.96
2.税后利润	25,880.41	24,455.22	5.83
3.资产总额	199,007.73	148,186.51	34.30
4.股东权益	168,572.57	117,794.13	43.11
5.每股收益(元)	0.3523	0.44	-19.93
6.每股净资产(元)	2.29	2.18	5.05
7.净资产收益率(%)	15.35	20.76	-26.06
8.股东权益比率(%)	84.71	79.49	6.57

注:1).由于1996年度主营业务收入计算口径发生变化,1995年度主营业务收入按1996年度上网口径进行调整;

2).1995年度股东权益及相关指标,均按该年度实际分红派息后的数字做了调整。

三、公司主要业务回顾

1.一年来公司经营情况

1996年是公司主业克服困难,稳健发展,多元化战略扎实起步的一年。一年来,公司董事会率领全体员工,在省委、省政府及有关部门关怀、全体股东大力支持下,继续发扬"改革、高效、团结、拼搏"企业精神,努力克服了客观环境造成的诸多困难:煤价、运价频频上涨,随社会用电量减少发电量下降,单位生产成本大幅上升,而电价受国家严格控制等。公司一方面进一步强化、完善内部模拟市场考核和各项经济技术指标的目标责任制,加强设备更新改造,提高机组的经济性能;公司机组全年节约燃煤、油总价值约2500万元,有力地遏制了主营业务效益滑坡。另一方面,充分盘活运营资金,培植新的利润增长点,提高资金综合使用效益,使公司完成和超额完成预测的主要效益指标。公司全年发电量36.94亿千瓦时,上网售电量34.03亿千瓦时,分别比上年减少6.67%和3.24%,发电量占全省年发电总量的11.83%。公司装机容量和发电量在省内仅次于省电力公司和省能源投资总公司,居第三位。

本年度利润总额构成中主营业务利润占72.52%,其余基本为投资收益。

公司投资参股的马鞍山第二发电厂调概后投资约34亿元,工程按计划拨款和使用,该电厂#1机组于1996年5月正式移交生产,#2机组于1996年12月建成投入试运行。东方大厦项目按计划投入近6000万元,已使用近4800万元,尚有1200余万元设备款未支付,工程已进入内装饰阶段。控股、参股的一批多种经营项目(公司)即将开工。这些都使公司经营规模进一步扩大,为今后公司业绩的增长创造了条件。

本年度公司因管理先进,业绩较好,获得了诸多荣誉。继上年被深圳证券交易所评为首届"绩优公司"、被省政府评选为"省优秀企业"后,报告期内又被省政府列入56家"省级扶优扶强重点支持大中型企业"和40个"省资本运营先进单位"之一;被授予省直"文明单位"和省财税物价大检查"遵纪守法户"称号。机组所在电厂也屡获殊荣;合肥电厂荣获电力部"双文明单位"、"安徽省设备管理先进单位"、"合肥市花园工厂",铜陵电厂两台机组分别荣获省内机组竞赛一等奖和特等奖。马鞍山电厂被授予电力部"双文明单位"、"安全生产先进单位"、"环保先进单位"、"华东一流火电厂"、安徽省"文明单位",连续三年评为"省百家最佳经济效益单位"。

2.主要经济指标分析

1)1996年度公司主营业务收入为88,985.26万元,较上年实际增长1.96%,比预测值降低7.66%。这是由于社会用电量减少导致实际发电量比预测值降低6.93%,加之电价由1996年4月份起上调,比预测晚一个季度。

2)净利润25,880.41万元,较上年增长5.83%,比预测值提高5.51%,主要是由于公司优化资金结构,加大短期投资力度,提高资金综合使用效益,使投资收益较上年增长162.14%,弥补了主营业务利润下降的影响,且又有所增长。

3)每股收益0.3523元,较上年降低19.93%,主要是由于年度内公司配股、并在配股的基础上送股后总股本扩大了32.38%,而募集资金投资项目尚未正常运行,年内未能获得经营收益,故稀释了每股收益。

3.前次募集资金使用情况说明

公司1996年5月份实施了1995年度配股,募集资金约3.6亿元。所募资金按照第三次股东大会决议,投资参股马鞍山第二发电厂2台30万千瓦机组10%股份,计拨款约3.4亿元;投资东方大厦项目4300万元。上述两项资金投入皆按计划进度进行,项目建设进展符合计划进度,马二电厂建设期利息收益由银行代收,与预测相符。东方大厦项目尚在建设中,暂无收益。以上可见配股资金使用规范、安全。

四、股本变化及股本结构情况

1.股本变化及股本结构情况

1)截止1996年12月31日,公司股本结构如下:

数量单位:股　　　面值:每股1元

股份类别	期初数	本次增减(+、-) 配股	送股	公积金转增	其他	小计	期末数
一、尚未流通股份							
1.发起人股份	325,000,000	97,500,000	42,250,000	—	—	139,750,000	464,750,000
其中:国家拥有股份	325,000,000	97,5000,000	42,250,000	—	—	139,750,000	464,750,000
2.募集法人股	160,000,000	—	4,365,000	—	—	4,365,000	164,365,000
3.内部职工股	64,000	19,200	8,320	—	-8,580	18,940	82,940
4.受让转配股	0	4,989,501	498,950	—	—	5,488,451	5,488,451
尚未流通股合计	485,064,000	102,508,701	46,122,270			149,622,391	634,686,391
二、已流通股份							
境内上市的人民币普通股	69,936,000	20,980,800	9,091,680	—	8.580	30,081,060	100,017,060
已流通股份合计	69,936,000	20,980,800	9,091,680	—	—	30,081,060	100,017,060
三、股份总数	555,000,000	123,489,501	56,213,950	—		179,703,451	734,703,151

2)股本变动情况及原因

(1)根据第四次股东大会决议,经安徽省证管办批准,中国证监会复审同意,公司于1996年5月份实施配股,使总股本增加12,348.95万股。

(2)根据公司第四次股东大会决议,经安徽省证管办批复同意,公司1995年度送红股5621.40万股。使公司1996年度末总股本由年初555,000,000股增至734,703,451股。

(3)内部职工股一栏中减少8580股是由于原董事董炯明先生因工作调动,经第四次股东大会批准辞去董事职务,按有关规定半年后经批准其所持内部职工股转为流通股份。相应境内上市的人民币普通股一栏中增加8580股。

3.股东数量

报告期末的股东数共计69824户,其中国有法人股东1户,社会法人股东73户,内部职工股东8户,社会公众股东69742户。

4)前十名股东持股情况如下(截止1996年12月31日):

股 东 名 称	年末持股数(万股)	占总股本(%)
1)安徽省能源投资总公司	46475	63.26
2)安徽省农业投资公司	2770	3.77
3)安徽省能源物资供销公司	2770	3.77
4)安徽省建设投资公司	1989	2.71
5)安徽省电力公司	1100	1.50
6)中国宝安集团股份有限公司	1100	1.50
7)深圳宝安企业集团股份有限公司	1100	1.50
8)中国银行安徽省信托咨询公司	671	0.91
9)深圳鸿基(集团)股份有限公司	500	0.68
10)深圳万安投资有限公司	440	0.56

以上股东持股年内变动情况是:

(1)安徽省能源投资总公司增加13975万股,是由于参与配股和公司分配中送股所致。

(2)中国宝安集团股份有限公司、中国银行安徽省信托咨询公司、深圳万安投资有限公司持股皆增加10%,是由于公司分配中送股所致。

(3)深圳宝安企业集团股份有限公司持股是由于深圳宝安电子工业公司和深圳宝安生物工程有限公司所持股合作,持股增加10%是公司分配中送股所致。

(4)其余5家股东持股未发生变化。

北海新力实业股份有限公司

1996年年度报告摘要 （摘选）

一、公司简况

公司名称：北海新力实业股份有限公司

法人代表：岳之巍　　邮政编码：536000

公司地址：北海市海角路75号

电话：(0779)3034011转254　3036393　传真：(0779)3036387

二、主要财务数据与财务指标

指标项目	本年数	上年数	比上年增减(%)
1.主营业务收入(万元)	45,549,154.11	49,341,164.08	-7.69
2.净利润(元)	23,918,771.32	21,410,076.96	11.72
3.总资产(元)	514,091,487.33	468,514,642.88	9.73
4.股东权益(元)	222,569,961.26	192,021,189.94	15.81
5.每股收益(元)	0.33	0.32	3.13
6.每股净资产(元)	3.06	2.90	16.00
7.净资产收益率(%)	10.75	11.15	4.00
8.股东权益比率(%)	43.29	40.99	5.61

三、公司主要业务回顾

1.一年来的经营情况

1996年，公司在广大股东的关心和大力支持下，在公司领导带领下，按照"建设北海港，服务大西南"的指导方针，坚持以发展港口业为主，积极降耗挖潜，拓宽货源渠道，努力克服经济环境差、港口业不景气且竞争激烈等诸多不利因素造成的生产困难，充分利用北海港优良的地理优势，加强内引外联及项目开发与合作，积极争取每一桩货源，并努力以最快最好的速度和质量去完成到港货物的装卸任务。由于1996年国家对化肥的进口有一定的限制，1996年7月1日投入使用的散装化肥灌包线未能发挥作用，产生大的效益。在这种形势下，公司全体员工经过共同努力，全年共完成吞吐量170万吨，比上年减少9%，主营业务收入4554.9万元，比上年下降7.69%，实现净利润2391.9万元，比上年增长11.72%。近年来，随着争创华南港口"五个一流"活动的深入展开，我公司的港口作业能力得到了不断提高且经济效益和装卸质量指标仍排在华南港口之前列。

2.主要财务指标分析

主营业务收入为4554.9万元，比上年下降7.69%，其主要原因为受宏观面的影响，使进出港的货物减少，吞吐量比上年下降9%。而净利润比上年增长11.72%，其主要原因为：一是加强内部经济指标和成本管理，使成本开支得到了进一步控制；二是根据国家体改委、国家工商行政管理局、国家国有资产管理局体改生[1996]122号文件，对公司非经营性资产从1994年开始进行剥离而产生的以前年度损益调整。

四、股本变化及股本结构情况

(一)股本变化及股本结构

1.股本结构情况

	1996年末数(股)	比例(%)	1995年末数(股)	比例(%)
(1)尚未流通股份				
国家股	49643000	68.24	45130000	68.24
法人股	1100000	1.51	1000000	1.51
(2)已流通股份				
A股	22000000	30.25	20000000	30.25
(3)股份总额	72743000	100	66130000	100

注：根据1995年度分红派息方案向全体股东每10股送红股1股并派1.80元(含税)，共派红股6613000股，其中流通股2000000股已于6月13日上市流通。

2.主要股东持股情况(前10名)

股东名称	年末持股数(股)	占总股本(%)
北海市国有资产管理局	49643000	68.24
北海市风机厂	220000	0.30
北海市印刷厂	220000	0.30
北海市技术交流站	220000	0.30
北海市烟花炮竹总厂	220000	0.30
北海市造纸厂	220000	0.30
梁勤玉	200000	0.27
南方番禺	187100	0.26
刘少鹏	179100	0.25
刘兆桦	161010	0.22

3.股东数量

至本年末，公司股东总户数为14718户。

(二)公司董事、监事与高级管理人员持股情况

姓名	职务	年初持股(股)	年末持股(股)	增减变动(股)
岳之巍	董事长、总经理	0	0	0
许炳忠	副董事长、副总经理	15000	16500	1500
何大虎	副董事长、董事	15000	16500	1500
刘兴家	董事、副总经理、总工程师	19000	20900	1900
甘宏亮	董事、总经济师	0	0	0
覃新光	董事	13000	14300	1300
李爱雄	董事	13000	14300	1300
吴文元	董事	0	0	0
陈家春	董事	0	0	0
苏侃辉	监事会主席	3000	3300	300
倪凤鸣	监事	13000	14300	1300
彭定荣	监事	14500	15950	1450
刘熹炎	监事	0	0	0
吴伟玲	监事	0	0	0
舒　心	董事会秘书	0	0	0

注：以上人员年末持股数比年初持股数增加10550股，是由于实施了1995年度分红派息每10股送红股1股，另外，曾志先生的14300股已于1996年11月24日解冻，上市流通(根据1996年5月24日召开董事会的决定：曾志先生不再担任公司总工程师职务)。

(三)子公司及关联企业

企业名称	注册资金(元)	拥有权益(%)	主营业务
中国北海外轮代理公司	281000	100	各类外籍国际客货运输，科技考察，水上工程及其它船舶在中国港口、口岸和水域的一切代理和服务；国际货物运输代理。

山西漳泽电力股份有限公司

山西漳泽电力股份有限公司简介

一、公司简介

山西漳泽电力股份有限公司，是由原山西省漳泽发电厂改组而成的股份制企业。位于山西省长治市漳电路19号，厂区地势平坦，地质稳定，气候宜人。地处潞安煤田之中和山西省第二大水库漳泽水库旁，煤水资源丰富，交通运输便利，是一座自然条件十分优越的大型火力发电企业。现总装机容量1040MW，分两期工程建设，一期工程为2台100MW国产机组，二期工程为4台210MW前苏联进口机组，两期工程分别于1984年3月和1987年12月开工建设，六台机组相继于1985年11月至1991年7月投产发电。在较短的时间内实现了稳定运行。1993年初被原国家能源部授予"安全文明生产达标企业"。

二期工程竣工后，即开始三期扩建的前期工作，目前，扩建二台300MW机组的可行性研究报告已全部完成，并正式上报国家计委待批。

漳电首台机组投产以来，发电量逐年上升，各项消耗指标逐年下降，在山西电网充分发挥了主力电厂的作用，为山西经济建设做出了突出贡献，先后被山西省委、省政府授予"先进企业"、"模范企业"、"最佳企业"、"精神文明建设先进企业"，被国家环保局授予"环境保护先进企业"；被中华全国总工会授予"五一劳动奖状"。

1993年漳电率先进行了股份制改组，成为山西省首批股份制度试点企业。几年来，通过全方位加强管理，按照股份制企业规范化要求进行运作，使安全文明生产水平不断提高，取得了较好的经济效益。1997年5月12日经国家证监会批准，向社会公开发行A股股票，1997年6月9日在深圳证券交易所挂牌上市，成为全国首家拥有百万千瓦发电容量的境内上市公司，开创了大型骨干电厂在国内上市的先河，受到了广大股民的青睐。新的经营机制，给企业带来了生机和活力，广大职工正满怀信心，奋力拼搏，努力向一流电力企业的目标迈进。

二、董事长、总经理简介

李振生，男，生于1944年10月，天津市人，天津工学院毕业，本科学历，高级工程师，1969年8月参加工作，1979年11月加入中国共产党，历任河北衡水发电厂电气技术员，河北衡水地区电力局变电站站长，变电工区副主任，地区电力局副局长、局长，河北保定供电局局长，河北省电力工业局总经济师、副局长，山西省电力工业局副局长。1997年3月起任山西省电力工业局局长。1997年10月任山西漳泽电力股份有限公司董事长（兼）。

白玉龙，男，生于1946年10月，满族，辽宁义县人，太原工学院毕业，本科学历，高级工程师，1969年7月参加工作，1987年10月加入中国共产党，历任山西永济热电厂热工车间技术员，车间主任，总工办主任，副总工程师、副厂长，山西漳泽发电厂副厂长兼总工程师。1994年1月起任山西漳泽电力股份有限公司总经理。

山西漳泽电力股份有限公司招股说明书概要

一、绪言

本招股说明书是依据《中华人民共和国公司法》、《股票发行与交易管理暂行条例》、《公开发行股票公司信息披露实施细则》(试行)等国家法律、法规及发行人的实际情况编写，为投资者提供山西漳泽电力股份有限公司基本情况。本公司全体董事已确认本招股说明书，确信其中不存在任何重大遗漏或者误导，并愿意对其真实性、准确性、完整性负个别的和连带的责任。

本次发行是根据本招股说明书所载明的资料申请发行的，除本发行人和主承销商外，没有委托或授权任何其他人提供未在本招股说明书中列载的信息和对本招股说明书作任何解释或者说明。

本次发行业经中国证券监督管理委员会证监发字[1997]216号文和证监发字[1997]217号文批准。

因买卖本公司股票而所需缴纳的税款由投资者自行负担，本公司及本公司上市推荐人和发行的承销商对此不承担任何责任。

投资者如对本招股说明书有疑问，请致电本公司0355－2021078，或主承销商电话021－62587719

二、释义

在本招股说明书中，除非另有说明，下列简称具有如下意义：

公司、本公司　指山西漳泽电力股份有限公司

发行人　指山西漳泽电力股份有限公司

A股　指本公司每股面值为人民币1.00元的记名式普通股股份

本次发行　指本次向社会公众发行的1500万股(A股)

主承销商　指国泰证券有限公司

上市推荐人　指国泰证券有限公司

中国电力信托投资公司

上市　指本公司股票获准在深圳证券交易所挂牌交易

元　指人民币元

公司章程　指山西漳泽电力股份有限公司上网电力的销售价格

MW　指兆瓦、电力计量单位

三、与A股发行有关的当事人

发行人　山西漳泽电力股份有限公司
法定代表人：卞学海
住所：中国山西省长治市北郊漳电路19号
电话：0355－5052061－2219、2270
传真：0355－2021078－2215
联系人：王正华、王一峰

主承销商　国泰证券有限公司
法定代表人：金建栋
住所：中国上海市浦东新区乳山路61号
办公地址：中国上海市延平路135号
电话：021－62587719
传真：021－62581911
联系人：李　彤　徐葆华

副主承销商　山西省信托投资公司
法定代表人：吴晋安
住所：中国山西太原市迎泽大街388号
电话：0351－4038413
传真：0351－4035424

分销商　大同证券公司
法定代表人:董祥
住所:中国山西大同市四牌楼
电话:0352-2067766
传真:0352-2051178
发行人法律顾问　山西科贝证券商务律师事务所
法定代表人:孙智
住所:山西省太原市迎泽东大街305号
电话:0351-4051064
传真:0351-4050440
经办律师:孙智　陈爱珍　李月吉
承销商法律顾问　律师事务所:君合律师事务所
法定代表人:肖薇
地址:中国北京市王府井大街金鱼胡同3号和平宾馆19层
电话:010-65128833×1909
传真:010-65134570
经办律师:肖薇　赵燕上
会计师事务所　山西会计师事务所
法定代表人:陈广清
住所:中国山西省太原迎泽大街345号
电话:0351-4077434
传真:0351-4077434
注册会计师:赵秀琴　宋晓伟　张艳彦
资产评估机构　中评资产评估事务所
法定代表人:袁东英
住所:中国北京西城区三里河贵阳饭店四楼
电话:010-68513377-409
传真:010-68518030
经办人员:殷同立　邓春芳
山西省资产评估中心
法定代表人:王树堂
住所:中国太原市文源巷18号
电话:0351-4036273
经办人员:王树堂　刘锋
资产评估确认机构　中华人民共和国国家国有资产管理局
法定代表人:张佑才
地址:中国北京市海淀区万泉河路66号
电话:010-62567744
传真:010-62561817
土地评估机构　北京北方房地产咨询评估中心
法定代表人:高向军
地址:中国北京海淀区白石桥3号友谊宾馆苏园公寓60841室
电话:010-68498888-1238
传真:010-68498925
联系人:孔维东　金昀
收款银行　中国工商银行太原市分行
股票登记机构:深圳证券登记公司
法定代表人:黄铁军
地址:深圳市红岭中路25号
电话:0755-5567898
传真:0755-5564759

四、发行情况

1. 承销方式:

本次公开发行的1500万股社会公众股由承销团采用余额包销的方式承销。

2. 承销期的起止日期:

1997年5月16日至1997年6月15日。

3. 发行方式、地区:

本次发行采用"金额预缴、比例配售、余款转存"方式,发行地区为山西省太原市。

4. 发行对象:

持有深圳证券交易所股东帐户的中华人民共和国境内的自然人、法人(国家法律、法规禁止购买者除外)。

5. 发行股票的种类、面值和总量:

本公司共获得4000万元的股票发行额度,本次向社会公开发行总量为每股面值1.00元人民币普通股1500万元,另外2500万元由本公司内部职工股占用,待本次发行后与新股一起上市流通。

6. 发行价格:

本次发行新股1500万元,采用溢价发行,根据发行前每股净资产和原有股东权益,以及1994、1995年、1996年每股税后利润的算术平均值和本公司的计划筹资额,确定本次发行价定为每股6.00元(发行价格6.00元-每股税后利润0.40(缩股后)×预计发行市盈率15倍。本次公开发行,预计可募集资金8400万元(已扣除有关发行费用)。

7. 承销机构:

承销团成员	名称	承销比例
主承销商:	国泰证券有限公司	70%
副主承销商:	山西省信托投资公司	20%
分销商	大同证券公司	10%

8. 预计实收金额

本次股票发行预计实收金额8400万元。(扣除有关发行费用)

9. 挂牌交易

本次股票发行结束后,本公司将尽快申请在深圳证券交易所上市交易。

10. 发行费用:

本次公开发行的费用总额预计为600万元,包括承销费、审计费、评估费、律师费、广告费、印刷费及其它费用。

五、风险因素及对策

投资者在评价发行人此次发售的股票时,除本招股说明书提供的其他资料外,应特别认真地考虑下述各项风险因素。

1. 经营风险

(1)原材料的价格

公司生产的主要原料为燃煤,占公司总成本的60%。公司煤的采购遵循市场价格。煤炭价格的变动将对公司的经营成本和利润产生较大的影响。

(2)供应水源的限制

火力发电需要一定量的水源作保证。公司位于温带大陆性气候的山西省东南部,在特殊年份水资源供应的不足将制约公司的生产和发展。

(3)上网电价的政策性限制

上网电价是政府管理的价格。电价在税收及其他成本因素发生变化时,经批准后方可进行调整。电价的调整一般会稍滞后于原料和燃料的价格上涨。

2. 行业风险

电力属国民经济的基础产业,电力的需求量将受到经济循环周期、国民经济总需求规模以及国家宏观调控的影响。就本公司而言,将特别受到华北地区经济发展速度和工业企业对电力的需求量的制约。

3. 环保风险

公司在电力生产过程中,产生粉尘和含硫气体的排放、废水和噪音,在日常生产和投资新项目中必须遵守国家和地方环境保护的法律法规所订立的标准,否则将承担相应的罚款和经济责任。

4.股市风险

公司股票将在深圳证券交易所挂牌上市。由于股票市场的股票价格不仅仅取决于企业的经营状况,同时也受到利率、汇率、通货膨胀以及国家有关政策等因素的影响,因此,存在股市风险。

公司对上述风险采取的对策

1.1公司的发电用煤来自全国最大的煤田之一潞安矿区。公司与潞安矿区的主要煤矿建立了长期稳定供货关系,确保稳定的煤炭供应渠道和合理的采购价格。公司煤炭运输通过公司铁路专用线直接从煤矿运送至公司煤场,保证生产需求。公司还采取保证合理的存量的方法降低煤炭价格波动给发电带来的风险。本公司投产以来尚未发生燃煤供应中断的记录。

1.2公司附近水资源相当丰富,距厂区不足一公里的漳泽水库是山西省第二大水库,库容量3.2亿立方米,是公司发电的主要水源和循环水的自然冷却池。公司计划增建工业水塔等措施保障水的正常供应。

1.3核定的上网电价也并非一成不变,若出现价格、税率变动等影响电力成本及价格的重大经济因素,公司可以申请重新核定上网电价。迄今为止,公司要求重新核定电价的申请均获得有关部门的批准。目前,公司上网的电价为148.29元/千千瓦时。

2.电力工业是我国国民经济发展的基础产业。"八五"期间,电力对国民生产总值的弹性系数为0.84,电力发展仍然不能满足国民经济增长的要求。据山西省有关部门的预测,山西省在"九五"初期和中期,将再度出现较为严重的缺电局面。电力工业在未来可预见的期间内仍是我国重点扶持的产业。

3.公司在生产过程中产业的粉尘和含成气体的排放、废水和噪音,符合国家和地方环境保护的法律法规所订立的标准。公司投产以来,在技改资金使用中,每年保证足够的资金用于环境污染治理,不仅大大降低了污染的排放数量,而且有效地防止了新污染源的产生。1993年公司被国家环保局评为"全国百家环保先进企业"。

4.虽然股市具有不可预见的风险,但本公司将本着对股东负责的原则,规范信息披露,以良好的业绩和规范的管理,树立本公司在二级市场上的形象。

六、募集资金的运用

1.本次募集资金的运用

本公司本次向社会公众发行股票1500万股,每股面值1.00元,溢价发行每股6.00元,本公司将募集资金8400万元(已扣除发行费用600万元),这些资金主要投向公司原苏制210MW机组的现代化改造项目,该项目已经电力部电安生[1996]174号文批准。

(1)改造概算费用及计划进度:

A.概算费用(一台机):

单位:元

项目	金额
汽轮机低压缸	28000000.00
汽封	1500000.00
高压调汽门	1000000.00
吹灰器	2800000.00
改进配套数	7700000.00
合计	41000000.00

注:改进配套费包括关税、安装调试及鉴定试验等费用

公司一台机改造概算费用为4100万元,4台机改造的总费用为14320万元,此次发行股票募集资金量为8400万元,主要用于其中的两台机组及5号机和6号机的增容改造,其余200万元资金本公司将作为流动资金。

B.计划进度

由于改造工程结合机组大修进行,计划从1997年至1998年年底完成这两台机的改造工作。计划进度如下:

5#机组技改项目	1997年6月-1998年5月
6#机组技改项目	1998年2月-1998年12月

(2)技术改造的预期效益:

A.低压缸改造可使低压缸效率由现在的70%左右提高到87.5%,机组热耗可降到8150KJ/KWh,合理提高出力5-10MW,低压转子热应力较改造前降低5倍,还可延长机组寿命,提高机组运行灵活性,减少机组维修费用。

低压缸改造后出力提高按7MW-9MW(按新增装7MW发电机组计算)。年运行小时按7000小时,负荷率按80%,增发电量为:7MW×0.8×7000h-3920万KWh电价按平均上网电价0.18元/KWh计算,效益为0.18元/KWh×3920万KWh=705.6万元。

改造后机组热耗从8310KJKWh(设计)降为8150KJKh,相当于发电煤耗降低5g/KWh,节煤为:217MW×0.8×7000h×4g\KWh=6076T(标煤)。节约费用为153元/T×6076T=92.96万元。

两项相加为705.6+92.96=798.56万元/每年/台。

B.采用可调式、汽封及高压调汽门。隔板及轴封改为可调式后,可降低单机煤耗3--4KJ/KWh,合理增加出力4--5MW。

改造后出力增加5MW(按新增装5MW发电机组计算),年运行小时按7000小时,负荷率按80%,增发电量为:5MW×0.8×7000h=2800万KWh,电价按平均上网电价0.18元/KMh计算,效益为:0.18元/KWh×2800万KWh=504万元。

改造后机组热耗降低4g/KWH。节煤为:215MW×0.8×7000h×4g/KWh=4816T(标煤)。节约费用153元/T×4815.7=73.68万元。

两项相加为504+73.68=577.68万元/每年/台。

每台机采取上述增容改造后,每年可增加收入:577.68+798.56=1376.24万元,该改造投资费用投资回收期为三年。

2.上次募集资金的运用

公司1992年定向募集内部职工股15000万股,每股发行价1元,共募集资金15000万元,主要用于补充电厂由于设备、材料价格上涨等原因造成的资金缺口,结束二期工程的配套扫尾工程,归还设备欠款。

七、股利分配政策

1.股利分配的一般政策

本公司实行同股同利的分配政策。

2.本次发行后股利的派发

本次股票发行后,本公司将于1997年底或之前派发1996年度股利,本公司1996年税后利润根据本公司章程所规定的股利分配政策和公司第五次股东大会决议,在本次股票上市后由公司新老股东共同享有。

3.利润分配的顺序

本公司每一会计年度的税后利润按照以下顺序分配:

(1)弥补亏损;

(2)提取法定公积金10%;

(3)提取法定公益金5%-10%;

(4)提取任意公积金;

(5)支付普通股股利。

5.本公司向个人股东分配股利是由本公司按国家有关政策代扣代缴个人所得税。

八、验资证明

本公司上次定向募集股份的验资证明

经山西会计师事务所[1993]晋师内验字第220号验证;

截至1993年6月30日,贵公司资产总额1,461,547,162.72元,负债总额969,258,515.88元,净资产492,288,646.84元。

本公司1995年回购内部职工股后验资报告

经山西会计师事务所[1996]晋师股内验字第3号验证;

截至1995年12月31日止,山西漳泽电力股份有限公司减少投入资

本75,000,000元,变更后的投入资本总额为414,145.027元,其中:股本为390,000,000元,资本公积5,604,442元,盈余公积17,428,587元(其中公益金5,809,529元),未分配的利润1,111,998元,与上述变更后投入资本总额相关的资产总额为1,284,179,271元,负债总额为870,034,244元。

九、发行人情况

1. 发行人名称:山西漳泽电力股份有限公司

英文名称:SHANXI ZHANGZE ELECTRIC POWER CO.,LTD

2. 发行人成立日期:1993年2月8日

3. 发行人住所:山西省长治市漳电路19号

4. 发行人简况

公司是经山西省经济体制改革委员会晋经改字[1992]44号文批准,在原山西漳泽发电厂股份制改造的基础上经定向募集内部职工股而成立的股份有限公司。公司于1993年2月8日在山西省工商行政管理局登记注册。公司的前身——山西省电力公司漳泽发电厂筹建于1976年7月,建厂于1985年3月,是一座大型现代化坑口火力发电厂,现总装机容量1040MW,分别为2台100MW的国产机组和4台210MW的原苏联进口机组。公司地处山西省上党盆地中部、长治市北郊20公里处,附近煤水资源相当丰富。沁水煤田东缘的潞安矿务局所属各大型矿区距公司7——23公里,并有铁路专用线与公司煤场相联;山西省第二座大型水库漳泽水库距公司不足1公里,水库容量达3.2亿立方米,这些资源优势为公司的生产和发展提供了可靠保证。目前,公司的总股本为13000万股,其中国有法人股10500万股,内部职工股2500万股。截止1996年12月31日,公司的总资产为1,304,143,185元,净资产为487,267,119元。

公司自建厂以来,在安全生产、提高经济效益方面不断探索、总结,形成了一整套具有自身特色的生产管理和经营管理体系。从投产到1995年底。连续10年超额完成国家下达的生产任务,累计发电357.4亿千瓦时,实现总产值25.63亿元。先后荣获中华全国总工会"五一劳动奖状"、电力部"安全文明达标企业"、国家环保局"环境保护先进企业"、山西省"先进企业称号"、"模范企业"、"最佳企业"等称号。

公司以完善的管理,较高的社会效益和经济效益为山西省经济建设和发展作出了贡献。1992年,作为山西省首批国有企业股份制试点单位,率先进行了股份制改造。

5. 本公司历史情况简介

1976年7月,漳泽电厂筹建处正式成立,隶属于山西省电力工业局,漳泽电厂一期工程的2台100MW国产机组投产前的各项基建工作由筹建处具体负责。

1985年11月,一期工程的1号机组正式投产,漳泽电厂筹建处改名为山西省电力公司漳泽发电厂。

1986年10月,一期工程的2号机组正式投产,电厂2台100MW的国产机组全部投产发电,一期工程竣工结束。

1987年12月,漳泽发电厂二期扩建工程正式开工,二期工程中先后从前苏联引进的4台210MW机组分别于1989年12月、1990年10月、1990年12月、1991年7月正式投产发电,至此,公司的总装机容量达到1040MW,成为我国为数不多的装机容量超过1000MW的发电厂之一。

1993年2月,公司经定向募集,改制为山西漳泽电力股份有限公司。

1993年6月,为修正原股本设计时将基建贷款作为净资产登记为公司股本的失误,公司经股东大会决议并经省体改委晋经改字[1993]320号文批准,公司重新设置股本,股本总额46500万元,其中,国有法人股31500万元,内部职工股15000万元,并将内部职工股由优先股转为普通股,同时对股份面值进行拆细。

1995年9月,公司为解决因股本额减少造成的内部职工股超比例的问题,95年临时股东大会通过决议并经山西省证券管理办公室晋证办发[1995]29号文批准,公司回购7500万股内部职工股,回购价格每股1元,同时办理了工商登记变更手续。

1996年9月,经公司临时股东大会决议并经山西省人民政府批准,公司按3:1的比例进行同比例缩股,缩股后的股本总额为人民币13000万元,其中国有法人股10500万股,内部职工股2500万股。

6. 组织结构

本公司目前的组织机构如下图:

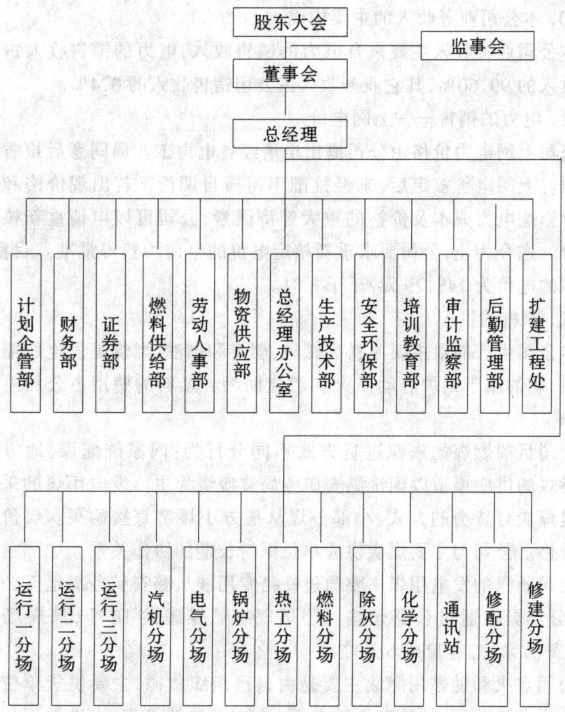

7. 公司的职工情况

截止1996年12月31日,本公司共有职工3231人,其中:

管理人员:	243人
工程技术人员:	345人
财务证券人员:	46人
一线生产人员:	2328人
其它人员:	269人

本公司职工中现有高级职称25人、中级职称153人,拥有高中级职称的职工占职工总数的5.3%;公司职工中现有大学本科以上学历429人,占职工总数的13.3%,中专以上学历839人,占职工总数的26%。

本公司职工享有住房、教育等方面的福利、同时根据国家及地方政府的有关规定,享受养老、工伤、医疗等保险。

8. 经营范围

公司登记注册的经营范围为:电力商品生产销售;燃料、材料、电力高新技术、电力物资的开发销售。

9. 公司主要业务、生产能力及市场情况

本公司是一家火力发电厂,主要业务是火力发电,本公司拥有2台100MW和4台210MW凝汽式汽轮发电机组,总装机容量为1040MW,占山西电网的10.88%。1996年公司供电量为5766603千千瓦时,占山西电网的15.56%,公司生产的电力并入山西电网。公司全部机组可实现的最高供电量为每年5915000千千瓦时,目前的实际售电量可达最高供电量值为97.5%。

公司生产的产品为电力。随着我国国民经济的发展,能源短缺已成为制约我国经济发展的"瓶颈",特别是电力供应紧张已成为我国经济发展中的一个突出问题。目前,我国电力弹性系数仅为0.84,电力远不能满足国民经济增长的需要,全国缺电现象较为普遍。根据国家有关部门的规划,"九五"期间,我国需增加80000MW以上的装机容量,其中主要为火力发电,火力发电又重点开发山西、内蒙、陕西、贵州、河南等能源基地。公司地处山西省,山西省是世界著名的"煤海"。在我国现在铁路运输非常紧张的情况下,变输煤为输电,减轻铁路压力,缓解我国电力紧张局面,成为山西省经济发展的一项重要战略,公司在这种有利的市场条件下,有着广阔的发展空间。

10. 本公司业务收入的主要构成

本公司业务收入主要来自电力的销售收入,电力的销售收入占公司业务收入的99.60%,其它业务收入占公司销售收入的0.4%。

11. 电力的销售——上网电价

公司上网电力价格由公司提出申请经省电力工业局同意后报省物价局批准。上网电价核定后,未经批准不得擅自调价。若出现价格和税率变动等影响电力成本及价格的重大经济因素,公司可以申请重新核定上网电价。迄今为止,公司要求重新核定电价的申请均获得批准。目前,公司上网的电价为148.29元/千千瓦时。

12. 原料的供应

本公司生产的最主要原料为燃料、燃煤和燃油,燃煤是发电所需的主要燃料,燃油用于锅炉启动点火和燃烧助燃。燃料的费用占公司总成本的60%。

公司目前燃煤的来源进货方式不同分行为:国家统配煤、地方小窑煤。燃煤的供应渠道以国统潞安矿务局贫瘦煤为主。发电用煤的采购主要通过煤炭订货会的方式,小部分煤从地方小煤窑直接购买。煤价遵循市场价格。公司与主要煤炭供应单位保持长期的协作关系。

公司所需的发电用煤主要通过铁路专用线从潞安矿务局运至公司煤场,部分煤炭也通过公路运输。公司现有贮煤罐共16个,储煤场面积14800平方米,贮存量达6万吨。

公司点火和助燃用燃油主要是由自己组织货源,主要供货单位有山西省电力燃料公司、长治市石油公司、榆次石油储备库、大港油田。东方红炼油厂等。

火力发电离不开水。公司生产所需的水由山西省第二座大型水库——库容量达3.2亿万立方米的漳泽水库供应。漳泽水库是公司的主要水源和自然冷却池。

13. 环境保护

公司的电力生产过程中产生的粉尘和含硫气体的排放、废水和噪音,都符合国家和地方环境保护的法律法规所订立的标准。公司投产以来,在技改资金使用中,每年保证足够的资金用于环境污染治理,不仅大大降低了污染的排放量,而且有效地防止了新污染源的产生。1993年公司被国家环保局评为"全国百家环保先进企业"。

14. 运营保障措施

设备是安全生产的物资技术基础,是决定公司生产效能的重要因素之一。公司依据电力部及行业的规定,贯彻电力部颁布的设备检修规程,严格设备检修和维护管理,保证检修质量和工艺要求,实行计划检修。

大修——主设备大修每3年一次,大修工期:100WM机组32天,210WM机组45天,对全部设备进行检查、修理、测试、保养。

小修——主设备小修6-8月一次,小修工期:100WM机组9天,210WM机组14天。消除运行中发生的缺陷,重点清扫、检查和处理易损、易磨部件,必要时进行实测和试验,锅炉受热面的防磨、防爆检查。

每年进行春、冬两季的安全、迎峰大检查。对设备过夏、防汛、防寒防冻进行是提早制定措施整改、治理;对目前设备存在的隐患、"七漏"和设备缺陷进行彻底的消除,以提高设备的健康水平,保证机组可靠性指标和运行参数的达标。

15. 无形资产

根据山西会计师事务所出具的(1997)晋师股审字第1号设计报告,本公司截至1996年12月31日拥有的土地使用权计39,461,458元计入本公司无形资产。

16. 计划投资项目

本公司本次募集资金8400万元,将主要投向公司原苏制210MW机组的现代化改造项目,该项目已经电力部电安生[1996]174号文批准,采取上述增容改造后,每年可增加收入1376.24万元,2台机全部完成增容改造后,每年可增加收入2752.48万元。

17. 国家政策因素的影响

电力工业是国民经济的基础产业,按照"国民的经济和社会发展""九五"计划和2010年远景目标"、《九十年代国家产业政策纲要》的精神,我国能源发展将贯彻以电力为中心的方针,这一方针为公司的经营和发展提供了有利的环境。

十、董事、监事、高级管理人员

董事

卞学海:59岁,高级工程师,本公司董事长,太原工学院毕业,有40年的电力行业工作经验,现任华北电力集团公司副总经理,持有本公司股票333股。

李振生:52岁,高级工程师,本公司常务副董事长,毕业于天津大学电机系,有30年的电力行业工作经验,现任山西省电力公司总经理,持有本公司股票0股。

叶秀峰:70岁,高级经济师,本公司副董事长,有8年的电力行业工作经验,现任山西省地方电力公司董事长,持有本公司股票333股。

孔志俊:51岁,高级经济师,本公司董事,解放军电讯工程学院毕业,大学本科学历,有20年的电力行业工作经验,现任山西省电力公司副总经理,持有本公司股票333股。

刘润来:50岁,高级工程师,本公司董事,太原工学院毕业,大学本科学历,有26年的电力行业工作经验,现任山西省电力公司副总经理,持有本公司股票333股。

郭明:39岁,本公司董事,大学学历,有4年的电力行业工作经验,现任山西省地方电力公司副总经理,持有本公司股票333股。

白玉龙:50岁,高级工程师,本公司董事总经理,太原工学院毕业,大学本科学历,历任山西永济热电厂车间主任、副总工程师、总工程师、副厂长,1990年5月任漳泽发电厂副厂长、总工程师,1994年任公司总经理持有本公司股票666股。

楼文超:56岁,高级工程师,本公司董事。北京电力学院毕业,大学本科学历,有31年的电力行业工作经验,现任山西省电力公司副总工程师,持有本公司股票333股。

朱晋平:42岁,高级会计师,本公司董事,大学专科学历,有25年的电力行业工作经验,现任山西省电力公司副总会计师。持有本公司股票0股。

冯宗禄:55岁,高级工程师,本公司董事,南京工学院毕业,大学本科学历,有8年的电力行业工作经验,现任山西省地方电力公司副总经理,持有本公司股票500股。

张华龙:31岁,经济师,本公司董事,毕业于合肥工业大学,大学本科学历,现任山西省地方电力公司副总经理。持有本公司股票333股。

边铭:53岁,高级会计师,本公司董事,中央财经学院毕业,大学本科学历,有34年的电力行业工作经验,现任山西省电力公司财务处处长,持有本公司股票333股。

张荣华:53岁,高级会计师,本公司董事、总会计师、大专学历,历任长治发电厂财务科长、副总会计师、总会计师。持有本公司股票666股。

刘培和:39岁,高级会计师,本公司董事,山西省财经学院毕业。大学本科学历,有14年的电力行业工作经验,现任山西省地方电力公司财务部主任。持有本公司股票333股。

张怀林:54岁,高级工程师,本公司董事,太原工学院毕业,大学本科学历,有30年的电力行业工作经验,现任山西省电力公司办公室主任。持有本公司股票333股。

王解新:53岁,高级工程师,本公司董事,太原工学院毕业,大学本科学历,有30年的电力行业工作经验,现任山西省电力中心调度局局长。

持有本公司股票0股。

冯善:56岁,高级经济师,本公司董事,太原工学院毕业,大学本科学历,有32年的电力行业工作经验,现任山西省电力公司计划处副处长。持有本公司股票333股。

监事

郭晋明:56岁,高级政工师,本公司监事,中专学历,有33年的电力行业工作经验,现任山西省电力公司纪委书记。持有本公司股票500股。

韩振江:49岁,高级经济师,本公司监事,大学本科学历,现任山西省电力公司工会主席,持有本公司票股0股。

马世珍:50岁,高级政工师,本公司监事,哈尔滨工业大学毕业。大学本科学历,有26年的电力行业工作经验,历任长治发电厂党委组织部长,漳泽发电厂党委组织部部长、党委副书记,现任山西漳泽电力股份有限公司党委书记。持有本公司股票333股。

郑承平:59岁,高级工程师,本公司监事,北京农机大学毕业,大学本科学历,有34年的电力行业工作经验,现任山西省地方电力公司副总经理。持有本公司股票333股。

任荣禄:51岁,高级经济师,本公司监事,北京大学毕业,大学本科学历,有27年的电力行业工作经验,现任山西省电力局审计处处长。持有本公司股票333股。

宁文玉:55岁,高级工程师,本公司监事,太原工学院毕业,大学本科学历,有30年的电力行业工作经验,现任本公司工会主席。持有本公司股票1000股。

左翠震:女,52岁,本公司监事,现任本公司纪委副书记。持有本公司股票333股。

高级管理人员

刘毓斌:57岁,高级工程师,本公司副总经理,沈阳电力学校毕业,历任太原第二热电厂检修副主任,霍县发电厂车间主任,检修科长、副总工程师。1991年起任漳泽发电厂副厂长、公司副总经理。持有本公司股票666股。

文生元:35岁,高级工程师。本公司总工程师,天津大学毕业,大学本科学历,历任漳泽发电厂车间副主任、检修科副科长、科长、副总工程师,1994年任公司总工程师。持有本公司股票333股。

魏孝云:48岁,本公司副总经理,历任霍县发电厂组织部干事、副部长、漳泽发电厂车间支部书记、厂长助理,1989年起任漳泽发电厂副厂长、公司副总经理。持有本公司股票1666股。

王正华:38岁,经济师,本公司副总经理兼董事会秘书,大学本科学历,历任漳泽发电厂供应科副科长兼经营党支部副书记,副总经济师,1994年任公司副总经理。持有本公司股票333股。

王一峰:38岁,会计师。本公司财务部负责人,大学本科学历,有17年的电业行业财务工作经验。持有本公司股票666股。

十一、经营业绩

1.生产经营概况

公司自建厂以来,在安全生产、提高经济效益方面,不断探索、总结,形成了一整套具有自身特色的生产管理和经营管理体系。从投产到1995年底,连续10年超额完成国家下达的生产任务,累计发电357.4亿千瓦时,实现总产值25.63亿元。

2.业务收入和利润

以下为本公司截至1996年12月31日止经山西会计师事务所注册会计师审验,调整后的经营业绩:

单位:元

项目/年份	1996年	1995年	1994年度
主营业务收入	855,129,559	779,045,749	727,137,451
主营业务利润	117,713,680	83,890,286	62,377,622
加:其它业务利润	77,572	692,093	309,958
营业利润	117,791,252	84,582,379	62,687,580
利润总额	93,888,434	78,742,137	59,624,281
减:所得税(33%)	30,983,183	25,984,904	19,676,013
税后利润	62,905,251	52,757,233	38,948,268

公司的主营业务收入逐年上升,1995年比1994年增长7.14%,1996年比1995年增长9.77%。公司的税后利润1995年比1994年增长32.07%,1996年比1995年增长19.24%。

上述指标的环比增长率如下表所示:

	(1996—1995)/1995	(1995—1994)/1994
主营业务收入	9.77	7.14
主营业利润	40.31	34.45
税后利润	19.24	32.07

3.生产技术指标

年度	发电量 千千瓦时	供电量 千千瓦时	供电煤耗 克/千瓦时	等效可用 系数(%)	安全周期 百日无事故
1994年	5905163	5356361	389	85.07	现个(111天;118天)
1995年	6150385	5574966	386	87.70	一个(265天)
1996年	6340386	5766603	383	89.85	一个(189天)

公司发电量、供电量、等效可用系数及安全生产等各项生产技术指标近三年来均呈逐年增长的趋势,涉及到生产成本的生产指标如供电煤耗呈逐年下降的趋势。

十二、股本

1.股本形成过程

公司是1992年经山西省经济体制改革委员会晋经改字[1994]44号文批准,由省电力公司和省地方电力公司作为发起人,在原山西漳泽发电厂股份制改造的基础上经定向募集内部职工股而成立的股份有限公司。1993年2月8日,公司在山西省工商行政管理局登记注册,注册资本为人民币135465.9万元,其中国有法人股12046.59万股(以评估后的净资产按1:1比例折股形成,国家法人股6524.71万股,地方法人股4943.23万股,企业法人股578.65万股),占总股本的88.92%;内部职工股1500万股(优先股),占总股本的11.06%,每股面值10元。

由于这次设立将公司基建贷款作为企业净资产登记为股本,两家发起人将公司对银行的债务承担起来,同时以相同金额作为对公司的股权投资,实质上该贷款本息仍由公司偿还,而发起人无法筹集资金弥补股本金的不到位,这就造成公司运作上的困难,加之将企业投产后形成的一块净资产设置为企业法人股,针对这种不规范的股本设置,公司本着规范运作、投贷分清、实事求是的原则,召开股东大会并通过决议,决定对本公司的股本,予以调整并增加第三家发起人。

1993年6月25日,经山西省经济体制改革委员会晋经改[1993]320号文批准,公司对原股本结构进行修正、规范,同时,将内部职工股转为普通股并进行股份拆细,对原设置中的企业法人股按审批时两家发起人所占比例进行了重新分配,随后在山西省工商行政管理局变更登记注册,修正后的股本总额为人民币46500万元,其中国有法人股31500万股(省电力公司17925万股,省地方电力公司13545万股,省电力建设总公司30万股),占总股本的67.74%;内部职工股15000万股,占总股本的32.26%;每股面值1元,均为人民币普通股。

1995年9月,公司为解决因股本额减少造成的内部职工股超比例的问题,95年临时股东大会通过决议并经山西省证券管理办公室晋证办发[1995]29号文批准,公司回购7500万股内部职工股,回购价格每股1元。同时办理了工商登记变更手续。回购后的股本总额为39000万元,其中,国有法人股31500万元,占总股本的80.77%;内部职工股7500万元,占总股本的19.23%。公司为切实保护中小股东利益,于1997年4月召开类别股东大会(内部职工股股东)并通过决议,对回购事项进行了重新确认,山西省政府和山西省证管办分别以晋政函[1997]53号、晋证办函

[1997]18号文对回购事项出具了确认文件。

1996年9月,经公司临时股东大会决议并经山西省人民政府晋证函[1996]145号和电力部电政法[1996]708号文批准,公司按3:1的比例进行同比例缩股,缩股后的股本总额为人民币13000万元,其中国有法人股10500万股、内部职工股2500万股。缩股事项在取得主要债权人同意和公告后办理了工商登记变更手续。缩股后的股本,总额为13000万元,其中,国有法人股10500万元,内部职工股2500万元。

本次在国内向社会公开增资发行A股1500万股,每股面值人民币1.00元,采用溢价发行,每股发行价6.00元。此外,公司2500万股内部职工股将占用此次公开发行股票额度随新发的股份一同上市。

2. 本次公开发行前,本公司股本结构为:

股份类别	股数(万股)	占总股本的比例(%)
国有法人股	10500	80.77
内部职工股	2500	19.23
总股本	13000	100.00

3. 公司2500万股(缩股后)的内部职工股是按照国家当时的有关规定发行的。

1993年7月根据国家体改委《定向募集股份有限公司内部职工持股管理规定》的要求,公司将发出的股权证全部收回且委托山西省信托投资公司集中托管,并向股民换发了持股证。

1995年10月,公司回购内部职工股后,与山西省信托投资公司签订了托管协议,对公司的国有法人股进行了托管,对内部职工股进行重新确认并注销了回购的股份,山西省证管办以晋证办函[1996]33号文出具了国有法人股和内部职工股股权证托管确认的函。

本公司的内部职工股已按有关规定进行了清理,山西省证管办以晋证办函[1996]32号文出具了关于内部职工股清理情况说明的函。

4. 本次发行后的股本结构

股份类别	股数(万股)	占总股本的比例(%)
国有法人股	10500	72.41
社会公众股	4000	27.59
总股本	14500	100.00

5. 超过面值缴入的资本及其用途:

本次股票发行超过面值并扣除发行费用后缴入的资金为6900万元,将进入本公司的资本公积金。

6. 本次发行前后本公司净资产总额、股本及每股净资产变动情况如下:

	净资产总额(万元)	股份(万股)	每股净资产(元)
发行前	487,267,119	13000	3.75
发行后	571,267,119	14500	3.94

7. 股票回购程序:

根据国务院1993年5月4日颁布的《股票发行和交易管理暂行条例》第四十一条规定:未按国家有关规定进行申请和批准,股份有限公司不得购回本公司发行在外的股票。

经国家有关机构批准可购回股份,按照公司章程规定,本公司可以按以下方式的一种购回股份:

(1)向全体股东按照相同比例发出购回要约;

(2)在证券交易所通过公开交易方式购回;

(3)在证券交易所外以协议方式购回。

8. 前十名股东情况:

股东名称	持股数量(万股)	持股比例(%)
山西省电力公司	5975	45.96
山西省地方电力公司	4515	34.73
程文水	33.3	0.256
陈 望	14.3	0.105
山西省电力建设总公司	10	0.076
付海平	8.7	0.067
刘 欢	6.6	0.051
赵梦杰	3.3	0.026
庄 魏	3	0.023
郭郡明	2.3	0.018

十三、债项

根据山西会计师事务所出具的(1997)晋师股审字第1号审计报告,截止1996年12月31日,本公司主要债项情况如下:

债项类别	金额 短期	金额 长期	年利率(%)	债务期限	借款条件
银行贷款	150		10.08	96.7.10-97.7.10	担保
	480		10.08	96.7.20-97.7.20	担保
合计	630				
		300	12.42	83.3.9-97.4.9	担保
		600	12.42	83.10.12-97.10.12	担保
		100	12.42	83.12.30-97.10.30	担保
		300	12.42	83.12.30-97.12.30	担保
		87	12.42	92.12.28-97.7	担保
		2000	12.42	92.12.28-97.9	担保
		1416	12.42	91.3.1-97.9	担保
		4000	11.16	91.12.30-97.4	担保
小计		9003			
银行贷款		300	14.4	84.7.26-99.4.26	担保
		500	14.4	84.1.22-98.1.22	担保
		200	14.4	84.7.8-99.7.8	担保
		1250	14.4	82.12.30-99.12.18	担保
		300	14.4	84.12.18-99.12.18	担保
		400	14.4	84.12.2-99.12.2	担保
		150	14.4	84.11.26-98.11.26	担保
		1200	14.4	83.12.30-99.12.30	担保
		400	14.4	83.8.9-98.8.9	担保
		200	14.4	83.7.11-98.7.11	担保
		300	14.4	83.8.26-98.8.26	担保
		1200	14.4	83.12.30-9.12.30	担保
		100	14.4	84.6.18-99.10.16	担保
		200	14.4	84.6.25-99.6.25	担保
		600	14.4	84.6.9-99.6.9	担保
		100	14.4	84.12.30-99.12.30	担保
		700	14.4	84.12.30-99.12.30	担保
		200	14.4	84.12.30-99.12.30	担保
		47.9268	14.4	84.12.30-99.12.30	担保
		1503	14.4	89.5.30-98.11	担保
		2084	12.42	89.9.6-98.9	
		1419	12.42	90.3.9-98.9	担保
		1581	12.42	90.5.14-99.9	担保
		1922	12.42	90.7.24-99.9	担保
		1078	12.42	90.5.29-2000.9	担保
		2425	12.42	90.9.28-2000.9	担保
		575	12.42	89.5.23-2001.9	担保
		2000	12.42	90.11.24-2001.9	担保
		928	12.42	90.4.28-2001.9	担保
		2072	12.42	91.10.8-2002.9	担保
		1431	12.42	91.9.20-2002.9	担保
		3503	12.42	91.3.1-2003.9	担保
		1966	12.42	91.7.18-2004.9	担保

	1537	12.42	91.9.21－2004.9	担保
	3017	12.42	91.11.12－2005.9	担保
	447.3542	12.42	91.12.28－2005.9	担保
	202	14.4	85.7.9－1999.7.9	担保
	135	14.4	85.7.9－1999.7.9	担保
	500	14.4	85.12.26－1999.12	担保
	1000	14.4	85.9.17－1999.9	担保
	135	14.4	85.7.9－1999.7.9	担保
	128	14.4	85.7.9－1999.7.9	担保
	200	14.4	85.7.9－1999.7.9	担保
	500	12.42	91.12.30－1998.12	担保
	1624.683	12.42	90.12.25－1998.11	担保
	1000	14.4	88.12.23－1998.12	担保
	1000	14.4	88.12.30－1999.12	担保
小计	45248.6684			
	672	11.16	88.6.14－协议贷款未定还款期	担保
	800	11.16	91.12.21－协议贷款未定还款期	担保
	1330.8981	11.16	88.12.30－协议贷款未定还款期	担保
	589.2547	11.16	89.12.13－协议贷款未定还款期	担保
	500	3.6	89.5.8－协议贷款未定还款期	担保
	4500	3.6	89.8.24－协议贷款未定还款期	担保
	1000	3.6	89.10.16－协议贷款未定还款期	担保
	706.8634	3.6	89.11.20－协议贷款未定还款期	担保
小计	10099.0162			
357.8044	应付建行统贷利息			
合计	64717.7846			

截至招股说明书签署之日，本公司到期债项已全部偿还。本公司目前并无公司债，关联负债，或有负债和主要合同承诺等情况。

十四、财务会计资料

经山西会计师事务所审计报告晋师股审字第1号，对公司1994年至1996年三个会计年度的财务报表进行审计验证，其主要会计数据如下：

1．资产负债表主要数据（1996年12月31日）　　单位：元

资产	1996年	1995年	1994
流动资金			
货币资金	17,494,726	21,940,562	1,431,011
货币资金	128,698,439	25,901,131	171,116,375
减：坏帐准备	——	——	——
应收帐款净值	128,698,439	25,901,131	171,116,375
预付帐款	5,126,403	28,294,466	10,309,375
其他应收款	8,549,667	19,834,948	37,054,456
存货	68,922,808	75,534,980	50,234,004
待摊费用	750,210	658,962	1,294,717
流动资产合计	299,542,253	172,165,049	271,439,938
固定资产			
固定资产原值	1,690,259,658	1,658,079,458	1,622,911,467
减：累计折旧	676,638,868	554,488,993	440,806,755
固定资产净值	1,013,620,790	1,103,590,465	1,182,104,712
在建工程	21,038,967	1,150,502	3,430,447
固定资产合计	1,034,659,757	1,104,740,967	1,185,535,159
无形及递延资产			
无形资产	36,304,542	——	——
递延资产	3,636,633	7,273,255	10,909,878
无形及递延资产合计	39,941,175	7,273,255	10,909,878
资产总计	1,304,143,185	1,284,179,271	1,467,884,975
负债及股东权益	1996年	1995年	1994
年流动负债			
短期借款	6,300,000	6,630,000	5,800,000
应付帐款	52,948,973	44,586,933	75,106,666
应付福利费	7,722,339	5,354,080	4,186,926
未付股利		47,921,000	35,052,000
未交税金	50,158,062	27,944,570	29,951,274
其他未交款	5,806,040	1,865,767	706,311
其他应付款	19,649,806	31,685,466	37,680,325
预提费用		3,618,624	3,850,832
一年内到期的长期负债	90,030,000	53,773,492	80,841,749
流动负债合计	232,615,220	223,379,932	273,176,083
长期负债			
长期借款	547,177,846	639,954,312	708,418,804
长期应付款	37,083,000		
长期负债合计	584,260,846	639,954,312	708,418,804
负债合计	816,876,066	863,334,244	981,594,887
股东权益			
股本	130,000,000	390,000,000	465,000,000
资本公积	273,771,283	10,254,442	6,956,736
盈余公积	27,869,375	18,433,587	10,520,002
其中：公益金	9,289,792	6,144,529	3,506,667
未分配利润	55,626,461	2,156,998	3,813,350
股东权益合计	487,267,119	420,840,027	486,290,088
负债及股东权益总计	1,304,143,185	1,284,179,271	1,467,884,975

2．利润表主要数据（截止1996年12月31日）　　单位：元

	1996年	1995年	1994
主营业务收入	855,129,559	779,045,749	727,137,451
减：营业成本	622,412,417	517,828,781	547,075,654
管理费用	18,649,330	18,569,979	16,155,540
财务费用	86,612,849	95,383,776	94,785,422
营业税金及附加	9,741,283	9,372,927	6,742,213
主营业务利润	117,713,680	83,890,286	62,377,622
加：其它业务利润	77,572	692,093	309,958
营业利润	117,791,252	84,582,379	62,687,580
加：营业外收益	——	68,440	——
减：营业外支出	10,386,607	5,908,682	3,063,299
减：以前年度损益调整	13,516,211	——	——
利润总额	93,888,434	78,742,137	59,624,281
减：所得税（33%）	30,983,183	25,984,904	19,676,013
净利润	62,905,251	52,757,233	39,948,268

3．主要会计数据

项目	1996年	1995年	1994
流动比率	0.99	0.77	0.99
速动比率	0.69	0.43	0.81
应收帐款周转率	6.64	3.00	4.25
存货周转率	12.40	10.31	14.48
资产负债率（%）	62.64	67.23	66.87
净资产利润率（%）	12.9	12.54	8.12
每股税后利润	0.47	0.41	0.31
股利发放情况	暂不分配	0.10元/股	0.07元/股

注：每股盈利是以本公司缩股后的13000万股本为基础计算的；股利派发情况95年是以缩股前39000万元股本计算，94年是以原46500万股的股本计算的。

4．说明

1．上述资产负债表和利润表的数据已经山西会计师事务所中国注册会计师赵秀琴、宋晓伟、张艳彦审核验证，并出具审计报告。

2．重要会计政策

(1)会计制度:公司执行《股份制试点企业会计制度》;

(2)会计年度公司采用公历年度,自每年1月1日起至12月31日止为一个会计年度;

(3)记帐本位币:公司以人民币为记帐本位币;

(4)记帐原则和计价基础:公司按权责发生制原则记帐,各项财产物资按取得时的实际成本计价;

(5)坏帐准备;采用直接核销法;

(6)存货计价方法:公司存货采用永续盘存,制燃料按实际成本核算,按加权平均计价,其它均按计划成本计价。低值易耗品采用领用时一次摊销。

(7)无形资产:按实际成本计价,按实际使用年限摊销;

(8)递延资产:按实际成本计价,按五年平均摊销;

(9)固定资产及折旧:固定资产按实际成本计价;

(10)销售收入的确认:商品已经发出,取得索取价款的凭据时,确认营业收入,电力销售收入是按售电量和国家规定的电价计算的。

(11)税项:所得税:33%;增值税:17%;营业税5%;城建税7%;房产税:租金收入的12%,房产余值的1.2%;

(12)利润分配:按本公司章程规定缴纳所得税后利润按下列顺序分配:弥补亏损;提取法定盈余公积金;提取公益金;提取任意盈余公积金;支付股利。

提示:如果投资人欲对公司财务状况、经营成果及其会计政策进行更为详细的了解,应当认真阅读在附录中所载的公司财务表和注释。

十五、资产评估

1.资产评估情况

本公司在1992年通过对山西漳泽发电厂进行股份制改制以定向募集方式设立,并聘请山西省资产评估中心对本公司的资产进行评估,经山西省评估中心晋资评(1992)第13号出具的评估报告书及山西省国有资产管理局晋国资函评管字(1993)第249号文确认,截止1992年6月30日,本公司的总资产为126231.8万元,总负债为94731.86万元,净资产为31500万元。

资产评估汇总表

评估基准日:1992年6月30日　　单位:万元

资产类别	帐面原值	帐面净值	重置价值	评估值	增加额	增长率
固定资产	131307.95	116244.68	139431.56	120652.09	4407.41	3.8%
流动资产		5023.00		5055.00	32	6.4%
专项资产	524.77	524.77	524.77	524.77	00	
资产合计	131832.72	121792.45	139956.33	126231.86	4439.41	3.6%
短期负债		4278.59		4278.59	0.00	
长期负债		90453.27		90453.27	0.00	
负债合计		94731.86		94731.86	0.00	
净资产		27060.56	31500.00	4439.41	16.41%	

2.资产评估的主要方法及说明

对房屋建筑物和机器设备部分,第一期工程竣工后形成的资产,采用现行市价法中物价指数法和现行基本价格法相结合的方法进行评估。

对一些特殊的大型设备和非标准设备采用重置成本法进行评估。

对于房屋建筑物基本上采用重置成本法。

第二期形成的资产,采用国家规定的历史成本法评估。

专项物资、专项工程支出等项目的评估采用历史成本法。

流动资产的评估采用历史成本法,对部分涨幅较大的材料则按现行市价法进行评估。

3.1996年资产评估

根据中评资产评估事务所和山西省资产评估中心出具的中评报字(1996)第(068)号评估报告书,截止1996年6月30日,本公司的总资产为177,843,85万元,总负债为92025.55万元,净资产为85818.30万元。本次评估已经国家国有资产管理局国资评(1996)1069号文批准立项,评估结果业已取得该局国资评(1997)109号文确认。根据国家国有资产管理局《国有资产评估管理办法施行细则》(国资办发[1992]36号)第四十八条和中国证监会《关于对股票发行工作若干规定的通知》的规定,本次资产评估的目的,系给界定产权和股票发行、上市提供资产价值依据之用,未作帐务调整。

4.评估增值的主要原因

由于漳泽发电厂在1992年进行资产评估时,其全部生产性固定资产基本是全新的,是一个新企业,故评估增值率较低 。

漳泽发电厂1992年评估时,是在清产核资试点的基础上进行的,由于在固定资产重估时已升值了一块,故评估增值率更显低小。全厂资产评估增值率为4%。

5.土地评估

本公司聘请具有A级资质级别的北京北方房地产咨询评估中心,以1996年6月30日为基准日,对本公司拥有的1813239.78平方米土地(工业用地1623893.11平方米50年土地使用权,生活用地189346.67平方米和50年土地使用权)进行评估,根据北京北方房地产咨询评估中心北评字960012号土地估价报告书和山西省土地管理局1996晋土管(籍)字第214号为确认的评估结果,本公司土地使用权价值总额为98653646元。

十六、盈利预测

本预测是根据本公司的资产结构及生产能力,并参照本公司1996年经山西会计师事务所注册会计师审定的会计报表及本公司1997年度生产经营计划,编制1997年度的盈利预测,编制该预测所依据的会计政策在各主要方面与本公司采用的会计原则相一致。

本公司提醒各位投资者注意,鉴于盈利预测所依据的种种假设的不确定性,投资者在进行投资判断时请详细阅读山西会计师事务所出具的盈利预测报告。

1.盈利预测的假设

(1)本公司所遵循的我国法律、法规、政策以及财政经济状况如现时无重大变化;

(2)本公司所在地区的政治、法律和经济状况等社会环境无重大变化;

(3)本公司生产所需煤、水资源状况如现时无重大变化;

(4)现行银行信贷利率无重大变化;

(5)本公司适用的课税基准和税率无重大变化;

(6)本公司投资于机组的技术改造项目如期完成,无重大损失;

(7)无其它人力不可抗拒及不可预见因素对经营成果造成不利影响。

2.利润预测:(1997年年度)

单位人民币元

项目	1997年度全年预测数
一、主营业务收入	908,339,292
减:营业成本	695,041,455
销售费用	—
管理费用	20,826,806
财务费用	77,987,200
营业税金及附加	11,335,037
二、主营业务利润	103,148,794
加:其他业务利润	417,634
三、营业利润	103,566,428
加:投资收益	—
减:营业外支出	7,932,439
四、利润总额	95,633,989
减:所得税(33%)	31,559,216
五、净利润	64,074,773
六、每股税后利润	

全面摊薄(33%)　　0.44元/股

加权平均(预计股本金1997年5月到位)　　0.46元/股

上述结果均经山西会计师事务所审阅确认。

十七、公司发展规划

一、公司远景规划:

1. 本公司总的发展目标是:以一流的队伍、一流的管理、一流的设备、一流的效益、创建全国一流的电力企业。

2. 公司的发展规模:经济效益明显提高。发电量达到65亿千瓦时以上;供电煤耗达到378克/千瓦时;发电成本大幅度降低。在跨入21世纪初期,公司的总装机容量要达到1640MW,其中包括一期工程2×100MW国产机组,二期工程4×210MW前苏联机组和将要扩建的三期工程2×300MW国产机组。

3. 公司的管理:全面推行目标化管理、全面质量管理、采用计算机网络技术等现代化管理手段,使公司各项管理达到一流电力企业管理水平。

4. 公司环境:建成无泄漏企业和花园式工厂,各项环境保护指标符合国家标准,职工安居乐业。业余文化生活丰富多彩。

5. 公司发展战略:一业为主、多种经营、全面发展。

二、公司近期发展规划

1. 安全生产达到全国先进水平,不发生重、特大事故,减少本单位责任的一般事故。每年实现两个以上百日无事故安全记录。

2. 设备可靠性大幅度提高,等效可用系数达到电力行业一流企业标准。

3. 经济效益明显提高。发电量达到65亿千瓦时以上;供电煤耗达到一流企业标准;发电成本大幅度降低。

4. 达到"无渗漏企业考核标准",97年创建"二星级企业",主要指标达到一流水平。

5. 广泛应用计算机技术,全公司实现计算机联网,重点开发生产、经营、行政管理等系统软件,做到资源共享,促进现代化管理。

6. 大力开展人员培训,提高全员素质。公司高级管理人员要达到大学本科以上水平,具有高级专业技术职称;中级管理人员要达到大专以上水平,具有中级及以上技术职称;一般管理人员和职工要达到中等专业技术水平。

7. 做好三期两台300MW国产凝汽式燃煤发电机组扩建工程的前期准备工作。力争在1998年开工建设。

十八、重大合同及重大诉讼事项

1. 重大合同

截止本招股说明书刊登之日,本公司目前尚未履行完的短期合同2份,合同金额6,300,000元;长期借款合同64份,合同金额547,177,846元;煤炭购销合同2份;供水用水合同1份;上网协议一份;工程合同3份;土地出让合同1份;承销协议1份,现将已订立的重要合同摘录如下:

(1)1996年12月20日发行人与长治煤炭运输公司公路公司签订公司煤炭购销合同一份;合同编号09-002。合同约定,1997年度长煤公司供应发行人混煤90万吨,吨煤基准价格89.7元。

(2)1996年12月20日发行人与潞安矿务局煤炭购销合同一份(含补充协议),合同编号:97-4-23。合同约定,1997年度潞安矿物局供应发行人混煤124万吨,吨煤基准价格122元,并约定了发行人承付的铁路运杂费等附加费用基准价。

(3)1997年4月7日发行人与中国建设银行长治支行长北办事处签订借款合同一份,合同编号:(94)第1号。借款总金额38,481万元,从1994年到2000年分期借款、分期还付息,利息按当年实际发生额和中国建设银行规定的同期利率分段计息。

(4)发行人与山西省电力公司1997年1月10日签订购合同一份,合同规定了上网运行、关口表计计量等事宜,并规定上网电价为双方共同测算报省物价局批准的电价。

2. 重大诉讼

截止本招股说明书签署之日,本公司未涉及任何重大诉讼和仲裁。董事会成员亦无任何尚未了结或可能面临的重大诉讼或索赔要求。

备查文件及查阅地点

1. 电力工业部关于下达国内股票发行计划(中央部分)指标的通知电放[1996]108号

2. 电力工业部关于增加山西漳泽电力股份有限公司国内股票发行计划的通知

电计[1996]846号

3. 山西省经济体制改革委员会关于同意设立山西漳泽电力股份有限公司的批复晋经改字[1992]44号

4. 山西漳泽电力股份有限公司第五次股东大会关于向社会公开发行股票并在深圳证券交易所上市的决议

5. 山西漳泽电力股份有限公司章程(修改草案)

6. 山西漳泽电力股份有限公司第五次股东大会关于授权董事会修改公司章程的决议

7. 审计报告

8. 营业执照

9. 国家国有资产管理局关于山西漳泽电力股份有限公司公开发行上市股票项目资产评估立项的批复

国资评[1996]1069号

10. 国家国有资产管理局对山西漳泽电力股份有限公司发行上市股票项目资产评估结果的确认批复

国资评[1997]109号

11. 山西漳泽电力股份有限公司土地估价报告

北评字960012号

12. 山西省土地管理局关于山西漳泽电力股份有限公司地价评估报告书的批复

1996年晋土管(籍)字第214号

13. 山西省土地管理局关于对"山西漳泽电力股份有限公司土地使用权置方案报告的批复"

晋土管[1996]第220号

14. 承销协议

15. 深圳交易所上市承诺书

16. 电力工业部关于对山西漳泽电力股份有限公司股本金调整过程说明的函

电经函[1997]4号

以上备查文件置于本公司及主承销处,发行期间的办公室时间随时接受投资者查阅。

山西漳泽电力股份有限公司

一九九七年五月十九日

山西漳泽电力股份有限公司股票上市公告书

一、要览

总股本:14500万股

可流通股本:4000万股

本次上市流通股本:4000万股

股票简称:漳泽电力

股票代码:0767

上市地点:深圳证券交易所

上市时间:1997年6月9日

登记机构:深圳证券登记公司

上市推荐人:国泰证券有限公司

中国电力信托投资公司

二、绪言

本公司依照《中华人民共和国公司法》、《股票发行与交易管理暂行条例》《公开发行股票公司信息披露的内容与格式准则第七号〈上市公告书的内容与格式(试行)〉》及国家证券管理部门颁布的有关证券管理的现行法规、规定而编制。本公司本次新股发行业经中国证券监督管理委员会证监发字[1997]216号、证监发字[1997]217号文批准,股票上市申请经深圳证券交易所深证发字[1997]216号文同意,于1997年6月9日在深圳证券交易所挂牌交易。本公司总股本为14500万股,本次上市流通的4000万股为1997年5月22日至5月29日发行的新股和本公司前次定向募集时发行的2500万股内部职工股。

本公司招股书概要已刊登在1997年5月19日的《证券时报》、《中国证券报》上,距本公告公布的时间不足六个月,依规定对在招股说明书已公布的内容在此不再重复,本公司董事会提醒广大投资者注意,凡本公告书未涉及的有关内容,敬请查阅本公司的招股说明书概要。

本公司董事会成员已批准本上市公告书,确认其中不存在重大遗漏和误导,并对其真实性、准确性、完整性负个别的和连带的责任。

三、公司概况

1.发行人名称:山西漳泽电力股份有限公司

2.发行人住所:山西省长治市漳电路19号

3.注册资本金:14500万元

4.法定代表人:卞学海

5.发行人成立日期:1993年2月8日

6.经营范围:公司注册登记的经营范围为:电力商品生产和销售;燃料、材料、电力高新技术、电力物资的开发销售。

7.所属行业:电力工业

8.本公司联系电话:0355-5052061转61

9.发行人简况

公司是经山西省经济体制改革委员会晋经改字[1992]44号文批准,在原山西漳泽发电厂股份制改造的基础上由山西省电力公司、山西省地方电力公司和山西省电力建设总公司发起,经定向募集内部职工股而成立的股份有限公司。公司于1993年2月8日在山西省工商行政管理局登记注册,注册登记号11002440-9-2。

公司的前身——山西省电力公司漳泽发电厂筹建于1976年7月,建厂于1985年3月,是一座大型现代化坑口火力发电厂,现总装机容量1040MW,目前,公司的总股本为13000万股,其中国有法人股10500万股、内部职工股2500万股。截至1996年12月31日,公司总资产为1,304,143,185元,净资产为487,267,119元。

本公司的发起人山西省电力公司,成立于1989年5月,是直属国家电力部的全民所有制企业,目前持有本公司股份5975万股。

本公司发起人山西省地方电力公司,成立于1990年7月,是山西省人民政府领导的全民所有制企业,目前持有本公司股份4515万股。

本公司发起人山西省电力建设总公司,成立于1989年7月,是山西省电力公司下属的全民所有制企业,目前持有本公司股份10万股。

10.本公司历史情况简介

1976年7月,漳泽电厂筹建处正式成立,一期工程的2台100MW国产机组投产前的各项基建工作由筹建处具体负责。

1985年11月,一期工程的1号机组正式投产,漳泽电厂筹建处改名为山西省电力公司漳泽发电厂。

1986年10月,一期工程的2号机组正式投产,拟建的2台100MW的国产机组全部投产发电,一期工程竣工结束。

1987年12月,漳泽发电厂二期扩建工程正式开工。4台210MW机组分别于1991年7月全部正式投产发电。至此,公司的总装机容量达到1040MW,成为我国为数不多的装机容量超过1000MW的发电厂之一。

1993年2月,公司经定向募集,改制为山西漳泽电力股份有限公司。

1993年6月,公司经股东大会决议并经省体改委晋经改字[1993]320号文批准,公司重新设置股本,股本总额46500万元,其中,国有法人股31500万元,内部职工股15000万元。并将内部职工股的优先股转为普通股,同时对股份面值进行拆细。

1995年9月,公司为解决因股本额减少造成的内部职工股超比例的问题,1995年临时股东大会通过决议并经山西省证券管理办公室晋证办发[1995]29号文批准,公司回购7500万股内部职工股,回购价格每股1元,同时办理了工商登记变更手续。

1996年9月,经公司临时股东大会决议并经山西省人民政府批准,公司按3:1的比例进行同比例缩股,缩股后的股本总额为人民币13000万元,其中国有法人股10500万股,内部职工股2500万股。

四、股票发行及承销

1.本次公开发行

发行数量:1500万股

发行价格:6.00元

发行市盈率:15倍

股票面值:每股一元人民币

发行日期:1997年5月22日至1997年5月29日

发行方式:全额预缴、比例配售、余额转存

配售户数:10829户

配售比例:0.04557

1000股以上户数:3877户

发行费用总额:600万元

每股发行费用:0.40元

实际募集资金总额:8400万元

2.股票承销

本次发行的1500万A股股票全部被符合国家法律、法规规定的投资者认购。

3.验资报告((97)并师股验字第19号)

山西漳泽电力股份有限公司:

我们接受委托,对山西漳泽电力股份有限公司截至1997年5月28日止的实收股本及相关的资产和负债的真实性和合法性进行了审验。在审验过程中,我们按照独立审计实务公告第1号——验资的要求,实施了必要的审验程序。山西漳泽电力股份有限公司的责任是提供真实、合法、完整的验资资料,保护资产的安全、完整;我们的责任是按照独立审计实务公告第1号——验资的要求,出具真实、合法的验资报告。

山西漳泽电力股份有限公司变更前注册资本为130000000元,变更后的注册资本为145000000元,根据我们的审验,本次社会公众股(A股)发行前,贵公司股本总额为130000000元,业经山西会计师事务所出具(1996)晋师股验字9号验资报告。经中国证券监督管理委员会证监发字[1997]第216号和[1997]217号文批准山西漳泽电力股份有限公司向社会公开发行人民币普通股1500万股,截止1997年5月28日止,山西漳泽电力股份有限公司已收到向社会公开募集资金84000000元,(每股发行价6.00元,共计1500万股,共计募集资金90000000元,扣除预计发行费用6000000元)。变更后山西漳泽电力股份有限公司所有者权益为571267119元,其中:股本145000000元,资本公积342771283元,盈余公积27869375元(其中公益金9289792元),未分配利润55626461元。与上述变更后投入资本总额相关的资产总额为1388143185元,负债总额为816876066元。

附件[一]投入股本明细表

附件[二]变更前后资产、负债和所有者权益对照表

附件[三]验资事项说明

太原会计师事务所　　中国注册会计师　　赵利新

中国·太原　　中国注册会计师　　李建勋

1997 年 5 月 28 日

五、董、监事及高级管理人员持股情况

	姓名	持股数(股)	持股比例(%)
董事	卞学海	333	0.0023
	叶秀峰	333	0.0023
	李振生	0	0
	孔志俊	333	0.0023
	刘润来	333	0.0023
	郭　明	333	0.0023
	白玉龙	666	0.0046
	楼文超	333	0.0023
	朱晋平	0	0
	冯宗禄	500	0.0034
	张华龙	333	0.0023
	边　铭	333	0.0023
	刘培和	333	0.0023
	张怀林	333	0.0023
	冯　善	333	0.0023
	王解新	0	0
	张荣华	666	0.0046
监事	郭晋明	500	0.0034
	韩振江	0	0
	马世珍	333	0.0023
	郑承平	666	0.0046
	任荣禄	333	0.0023
	宁文玉	1000	0.0069
	左翠霞	333	0.0023
高级管理人员	刘毓斌	666	0.0046
	文生元	333	0.0023
	魏效云	1666	0.0115
	王正华	333	0.0023
	王一峰	666	0.0046

六、公司设立

1. 本公司 1996 年 12 月 20 日召开的第五次股东大会通过了关于向社会公开发行股票并在深圳证券交易所上市的决议。

2. 公司注册资本:14500 万元

3. 本次发行后重新登记注册时间:1997 年 5 月 29 日

4. 公司注册地点:山西省长治市漳电路 19 号

5. 营业执照注册号码:11002440－9

七、关联企业及关联交易

1. 山西省电力公司是本公司的发起人,目前持有本公司股份 5975 万股,占总股本的 45.96%,其总经理李振生先生现任本公司总经理,本公司与省电的关联交易为每年以国家电力主管部门核定的上网电价履行供、购电协议。

2. 山西省地方电力公司是本公司发起人,目前持有本公司股份 4515 万股,占总股本的 35.73%。

本公司与以上两家发起人互相承诺,将根据平等、等价、有偿、公开的原则处理关联交易。

3. 山西省电力建设总公司是本公司发起人,目前持有本公司股份 10 万股,占总股本的 0.076%。本公司与其无关联交易。

本公司目前未设子公司,无对外投资,无资产关系的下属企业。

八、股本结构及大股东持股情况

1. 本次上市后公司总股本为 14500 万股,股本结构如下:

股份类别	股数(万股)	占总股本的比例(%)
国有法人持股	10500	72.41
社会公众持股	4000	27.59
总股本	14500	100.00

注:社会公众持股中包括公司原定向募集的 2500 万内部职工股占用本次社会公众股发行额度,同本次发行的新股一同上市。

2. 本公司前十名股东持股数及比例

股东名称	持股数量(万股)	持股比例(%)
山西省电力公司	5975	41.21
山西省地方电力公司	4515	31.14
程文水	33.3	0.23
天信解北	33.0382	0.228
建行山西信托	33.0382	0.228
石投交易	33.0382	0.228
东信实业	30.9876	0.213
忻州信托	30.8053	0.213
恒英模具	27.3420	0.186
金威贸易	27.3420	0.186
生辉工贸	27.3420	0.186

九、公司财务会计资料

山西会计师事务所审计报告(1997)晋师股审字第 1 号内容:

山西漳泽电力股份有限公司各位股东:

我们接受委托,审计了贵公司 1994 年、1995 年和 1996 年截止 12 月 31 日的资产负债表,1994 年、1995 年、1996 年三个年度的利润表,和 1996 年的财务状况变动表,这些会计报表由贵公司负责。我们的责任是对这些会计报表发表审计意见。我们的审计是依据《中国注册会计师独立审计准则》进行的。在审计过程中,我们结合贵公司实际情况,实施了包括抽查会计记录等我们认为必要的审计程序。

我们认为,上述会计报表符合《企业会计准则》和《股份制试点企业会计制度》的规定,在所有重大方面公允的反映了贵公司 1994 年、1995 年、1996 年截止 12 月 31 日的财务状况和 1994 年、1995 年、1996 年三个年度的经营成果以及 1996 年的资金的变动情况,会计处理方法的选用遵循了一贯性原则。

中国·太原　　中国注册会计师　　赵秀琴

宋晓伟

张艳彦

一九九六年三月四日

1. 资产负债表主要数据(1996 年 12 月 31 日)(附后)

2. 利润表数据(截止 1996 年 12 月 31 日)

单位:元

	1996 年	1995 年	1994 年
主营业务收入	855,129,559	779,045,749	727,137,451
减:营业成本	622,412,417	571,828,781	547,075,654
管理费用	18,649,330	18,569,979	16,155,540
财务费用	86,612,849	95,383,776	94,785,422
营业税金及附加	9,741,283	9,372,927	6,743,213
主营业务利润	117,713,680	83,890,286	62,377,622
加:其它业务利润	77,572	692,093	309,958
营业利润	117,791,252	84,582,379	62,687,580
加:营业外收益	-	68,440	-
减:营业外支出	10,386,607	5,908,682	3,063,299
减:以前年度损益调整	13,516,211		
利润总额	93,888,434	78,742,137	59,624,281
减:所得税(33%)	30,983,183	25,984,904	19,676,013
净利润	62,905,251	52,757,233	39,948,268

3. 利润分配表

编制单位:山西漳泽电力股份有限公司　附注一、二　单位:人民币元

项目	1996 年度	1995 年度	1994 年度
一、净利润	62,905,251	52,757,233	39,948,268
加:年初未分配利润	2,156,998	3,813,350	2,407,322
二、可供分配利润	65,062,249	56,570,583	42,355,590
减:提取法定盈余公积	6,290,525	5,275,723	3,994,827
提取法定公益金	3,145,263	2,637,862	1,997,413
三、可供股东分配的利润	55,626,461	48,656,998	36,363,350
减:已分配股利		46,500.000	32,550,000
四、未分配利润	55,626,461	2,156,998	3,813,350

4. 财务状况变动表

编制单位:山西漳泽电力股份有限公司　1996 年度　单位:人民币元

流动资金来源和运用	金额	流动资金各项目的变动	金额
一、流动资金来源		一、流动资产本年增加数:	
1. 本年净利润	62,905,251	1. 货币资金	(4,445,836)
加:不减少流动资金的费用和损失:		2. 应收帐款净额	102,797,308
固定资产折旧	126,821,684	3. 预付货款	(23,168,063)
无形资产、递延资产摊销	6,793,538	4. 其他应收款	(11,285,281)
清理固定资产损失(减收益)	20,124	5. 待摊费用	91,248
小计	196,540,597	6. 存货	(6,612,172)
二、其他来源			
固定资产清理收入(减清理费用)	239,017		
增加长期负债	39,461,458		
资本净增加额	12,952,629		
小计	52,653,104		
流动资金来源合计	249,193,701	流动资产增加额	57,377,204
三、流动资金运用:		二、流动负债本年增加数:	
1. 利润分配:		1. 短期借款	(330,000)
(1)提取法定公积金	6,290,525	2. 应付帐款	8,362,040
(2)提取法定公益金	3,145,263	3. 应付福利费	2,368,259
(3)已分配股利		4. 未付股利	(47,921,000)
小计	9,436,788	5. 未交税金	22,213,492
2. 其他运用:		6. 其他未交款	3,940,273
固定资产和在建工程净增加额	56,999,615	7. 其他应付款	(12,035,660)
增加无形资产	39,461,458	8. 预提费用	(3,618,624)
偿还长期负债	95,154,924	9. 一年内到期的长期负债	(36,256,508)
小计	191,615,997		
流动资金运用合计	201,051,785	流动负债增加净额	9,235,288
流动资金增加净额	48,141,916	流动资金增加净额	48,141,916

会计报表附注:

1. 公司一般情况:

山西漳泽电力股份有限公司(简称本公司)于 1992 年 8 月 4 日经山西省体改委以晋经改字(1992)44 号文批准以定向募集方式设立。本公司的前身是山西漳泽发电厂,于 1991 年 7 月建成投产。

山西漳泽电力股份有限公司为百万千瓦大型火力电生产企业,装机 6 机 6 炉,总装机容量 104 万千瓦时,年发电量 1996 年达到 63.4 亿千瓦时,股份公司主管电力生产。

2. 重要会计政策

(1)会计制度

公司执行《股份制试点企业会计制度》。

(2)会计期间

公司采用公历年度,逢每年 1 月 1 日到 12 月 31 日止为一个会计年度。

(3)记帐本位币

公司以人民币为记帐本位币。

(4)记帐原则和计价基础

按权责发生制原则记帐,各项财产物资按取得时的实际成本计价。

(5)坏帐准备

采用直接核销法。

(6)存货计价方法

公司存货实行永续盘存制,燃料按实际成本核算,发出时按加权平均计价,其他各类存货日常核算均按计划成本计价,按月份摊结转成本差异,将计划成本调整为实际成本。低值易耗品采用领用时一次摊销。

(7)无形资产

无形资产按实际成本计价,按资产受益年限摊销。

(8)递延资产

递延资产按实际成本计价,按五年平均摊销。

(9)固定资产及其折旧

固定资产按实际成本计价,其分类、估计使用年限、残值率和折旧率均执行《电力工业企业固定资产目录》的规定:

固定资产分类	估计使用年限	残值率%	年折旧率%
电力专用设备	12.93	3	7.5
通用设备	7.67	3	12.64
房屋建筑物	23.15	3	4.19

(10)销售收入的确认

商品已经发出,收到货款或取得索取价款的凭据时,确认营业收入。电力销售收入是按售电量和国家规定的电价计算确定。

(11)税项

税种	计税依据	税率% 1996 年	1995 年	1994 年
所得税	应纳税所得额	33	33	33
增值税税率	产品销售收入	17	17	17
增值税	其他业务收入	17	17	17
营业税	租金收入	5	5	5
城建税	流转税额	7	7	7
房产税	房产余值	1.2	1.2	1.2
房产税	租金收入	12	12	12
车船使用税	辆(吨位)	按规定的单位年税额		
印花税	经济合同及帐簿	购销及建筑安装合同按签约额的 0.3‰,帐簿每本 5 元,资本金帐簿按资本总帐 0.5‰贴花。		
教育费附加	流转税额	3	3	3
*价格调控基金	流转税额	1.5	1.5	1.5

*山西省人民政府晋政发(1995)71 号"关于进一步完善价格调控基金征收管理工作的通知"规定"凡在本省境内从事生产、经营、服务等项活动,有销售营业收入的单位和个人,均应缴纳价格调控基金。价格调控基金以消费税、增值税、营业税为计征依据。征集比例,按税前"三税"额的 1.5%计征。

(12)利润分配

按本公司章程规定缴纳所得税后利润按下列顺序分配:

(1)弥补亏损;

(2)提取法定盈余公积金;

(3)提取公益金;

(4)提取任意盈余公积金;

(5)支付股利。

公司根据经营状况,提取任意盈余公积金,具体比例由董事会确定。

会计报表项目附注(1996 年 12 月 31 日)

1. 货币资金:

项目	开户行	帐号	金额

银行存款	工行漳电分理处	221802	17,490,207
现金			4,519
合计			17,494,726

2. 应收帐款

项目	金额	帐龄
山西省电力局	128,698,439	一年以内

1996年12月31日应收帐款余额128,698,439元,1994年12月31日余额171,116,375元,均系年末调高电价,分别为每千千瓦时调高8.55元和13.06元,年终结转应收帐款数额较大,加之当年供电环节资金回收不好,造成拖欠较多。1995年12月31日应收帐款余额25,901,131元,系当年调整电价文件下达较早,资金回收较好,年末应收款余额偏低。

山西省电力局(山西省电力公司)持有本公司46%的股份。

3. 预付帐款

项目	性质	人民币元
潞安矿务局集运公司	预付未结算燃料煤款	4,349,293
红旗机械配件厂	预付大修备件款	777,110
合计		5,126,403

预付帐款1996年12月31日余额比1995年同期余额减少23,168,063元,主要原因是1995年多预付燃料煤款13,969,743元,多预付大修备件款9,198,320元。

4. 其他应收款

帐龄	人民币元	占总金额百分比
1年以内	4,049,894	54.71
1年以上2年以内	459,966	6.21
2年以上3年以内	76,200	1.03
3年以上	2,817,077	38.05
备用金	1,146,530	
	8,549,667	100

其他应收款期末余额1995年比1994年减少17,219,508元,1996年比1995年减少11,285,281元。均系公司采取措施结算清理拖欠取得的成果。

5. 存货

分类	1996年12月31日
燃料(煤)	27,246,993
燃料(油)	3,239,182
材料	11,317,027
汽车材料	190,825
事故备品	26,928,781
	68,922,808

1995年12月31日存货余额75,534,980元比1994年的50,234,004元增加25,300,976元,系12月份多储燃料煤18.25万吨,价值23,085,250元,吨煤涨价5.50元,增加2,310,000元。

6. 待摊费用

项目	性质	人民币元
财产保险费	每年6月12日至次年6月12日	410,549
存货期初进项税	1997年抵扣完	179,135
劳保费		160,526
		750,210

7. 固定资产及累计折旧

A、固定资产原价

类别	期初价值	本期增加	本期减少	期末价值
房屋及建筑物	469,843,915	3,799,204	2,050,440	470,592,679
通用设备	116,590,519	15,276,398	2,546,793	129,321,224
电力专用设备	1,071,643,924	18,035,548	333,717	1,089,345,755
	1,658,079,458	37,111,150	4,930,950	1,690,259,658

B、累计折旧

类别	期初价值	本期增加	本期减少	期末价值
房屋及建筑物	96,922,014	26,554,574	1,871,700	121,604,887
通用设备	69,449,882	12,162,608	2,387,063	79,225,428
电力专用设备	388,117,097	88,104,502	413,046	475,808,553
	554,488,993	126,821,684	4,671,809	676,638,868

8. 在建工程

工程名称	工程进度%	实际支用数	原预算数	资金来源
一、建筑工程				
1#2#家属楼	89.32	5,317,186	5,953,268	企业自筹
36#39#40#家属楼	82.29	5,360,280	6,513,802	企业自筹
学校教学楼	92.75	1,353,535	1,459,260	企业自筹
老年活动中心	66.44	461,333	694.333	企业自筹
幼儿园扩建工程	1.61	8,500	528,000	企业自筹
		12,500,834	15,148,663	
二、技改工程				
2#发电机铁芯改造	56.89	984,143	1,730,000	企业自筹
2#炉成温水调门更换	79.77	639,975	870,000	企业自筹
单控装修	97.27	962,956	990,000	企业自筹
5#炉三通改造	85.95	335,214	390,000	企业自筹
火电公司生活用电安装	86.17	1,068,533	1,240,000	企业自筹
计算机生产系统	94.69	331,437	350,000	企业自筹
2#捞渣机改造	96.15	673,057	700,000	企业自筹
1#粗粉分离器改造	67.38	215,631	320,000	企业自筹
2期给水泵一台	50	519,000	1,038,000	企业自筹
煤场综合治理	19.92	229,122	1,150,000	企业自筹
安装水汽流量表	83.33	250,000	300,000	企业自筹
俱乐部门庭改造	59.72	430,000	720,000	企业自筹
来煤采样器安装	90.00	1,025,512	1,100,000	企业自筹
其他零星技改工程12项	62.34	873,553	1,368,780	企业自筹
		8,538,133	11,366,780	
		21,038,967	26,515,443	

1996年12月31日在建工程余额21,038,967元比1995年的1,150,502元增加19,888,465元,系在建工程新增项目:开工兴建五栋家属楼12,467,070元,机组自控系统改造等4,573,129元,供水系统改造1,378,000元,供煤系统改造1,470,266元。

9. 无形资产

人民币元

名称	原值	已摊销金额	期末余额	剩余使用年限
土地使用权	39,461,458	3,156,916	36,304,542	46

10. 递延资产

人民币元

项目	原值	已摊销金额	期末余额	剩余使用年限
基建应核销支出	18,183,102	14,546,469	3,636,633	1年

12. 应付帐款

项目	附注	人民币元
燃料煤存货暂估应付款		43,290,266
漳电检修公司材料款		8,610,132
应付其他单位供料往来		1,048,575
		52,948,973

13. 其他应付款

项目	性质	人民币元
应付未领工资	改制前历年的工资基金结余	5,123,250
应付职工奖金	12%小窑煤返还奖金提成等结余	3,670,118
工会经费		167,059

职工养老统筹金	应付长治市养老统筹金	1,010,567
设备质保金	生产设备修理检测质量保证金	9,678,812
		19,649,806

14. 应付福利费

项目	人民币元
福利费结余	7,722,339

15. 未交税金

项目	人民币元
未交增值税	16,293,968
未交城建税	818,122
未交所得税	32,944,337
营业税	59,348
固定资产投资方向调节税	42,288
	50,158,062

未交税金1996年期末数比1995年增加22,213,492元,主要原因:1997年初下达文件调高1996年厂供电价每千千瓦时8.55元(不含税),调增销售收入,同时调增应交增值税、城建税和所得税。

16. 其他未交款

项目	人民币元
教育费附加	1,692,339
价格调控基金	4,113,701
	5,806,040

1996年和1995年12月31日其他未交额为5,806,040元和1,865,767元比1994年的706,311元增加5,099,729元和1,159,456元,主要原因是1995年重新开征价格调控基金,增加了其他未交款。

17. 长期应付款

项目	性质	人民币元
长治市郊区土地局	25年分期支付土地出让金	37,083,000

18. 股本

人民币元

	1996年	1995年	1994年
股本	130,000,000	390,000,000	465,000,000

本公司1992年设立股本总额为46,500万元,其中:国有法人股31,500万元,内部职工股15,000万元。1995年经山西省评判管理办公室以晋政办发(1995)29号文"关于同意山西省电力股份有限公司以回购方式调减内部职工股请示的批复"批准回购减资内部职工股7,500万元。1996年经山西省人民政府以晋证函(1996)145号文"关于同意山西漳泽电力股份有限公司采用比例缩股方法发行上市股票的批复"和电力工业部电政发(1996)708号文批准缩股,国有法人股和内部职工股按3:1同比例缩股,缩股后的总股本为13,000万元×1/3=13,000万元,每股面值人民币1元折13,000万股,其中:国有法人股10,500万股,占总股本80.77%,内部职工股2,500万股,占总股19.23%。国有法人股中,发起人山西省电力公司持有5,980万股,占总股本的46%,山西省地方电公司持有4,510万股,占总股本34.69%,山西省电力建设总公司持有10万股,占总股本0.08%。

股本变动情况:

人民币元

项目	期初数	本期增加数	本期减少数	期末数
国有法人股	315,000,000		210,000,000	105,000,000
内部职工股	75,000,000		50,000,000	25,000,000
	390,000,000		260,000,000	130,000,000

19. 资本公积

人民币元

项目	1996年	1995年	1994年
资本公积	273,771,283	10,254,442	6,956,736

(1)山西省环保局晋环计字(93)13号文"关于豁免环保治理补助金贷款的通知",豁免本公司环保贷款536,787.85元,列入资本公积;(2)山西省电力局1993年12月无偿调给本公司固定资产价值40,440.38元,列入资本公积;(3)山西省人民政府规定,对"发电厂烧用地方小窑煤价的12%,返还给电厂和电力企业主管部门,作为电力企业掺烧小窑煤的经济补偿",山西省电力局规定12%返还款的30%上交省局,70%留给股份公司,其中50%转作生产发展基金,列作资本公积,其中1993年3,095,382.32,1994年3,284,124.97元,1995年3,297,706元,1996年3,516,840.93元;(4)经山西省人民政府和电力工业部批准,并请示中国证监会同意股份公司的股本按3:1缩股,由390,000,000元缩减为130,000,000元,缩减260,000,000元,列入资本公积。

资本公积变动情况:

人民币元

期初数	本期增加数	本期减少数	期末数
10,254,442	273,516,841		273,771,283

20. 盈余公积:

人民币元

项目	1996年	1995年	1994年
盈余公积	27,869,375	18,433,587	10,520,002
其中:公益金	9,289,792	6,144,529	3,506,667

股份公司根据有关法规及公司章程规定,每个年度期末按净利润的10%计提法定盈余公积5%计提公益金。

盈余公积变动情况:

人民币元

项目	期初数	本期增加数	本期减少数	期末数
盈余公积	18,433,587	8,435,788		27,869,375
其中:公益金	6,144,529	3,145,263		9,289,792

21. 股利分配:

按照公司章程的规定和股东大会决议,股份公司从成立日至本次审计截止日,先后共三次分配股利,1993年分配现金股利2,325万元,每股红利0.05元,1994年分配现金股利3,255万元,每股红利0.07元,1995年分配现金股利4,650万股,每股红利0.10元。

至本次审计截止日,除已分配的股利,尚留有未分配利润55,626,461元。按照第五次股东大会决议"1996年度的股利暂不分配,待股票发行上市后,由新老股东共同享有"。

22. 主营业务收入

人民币元

期间	供电量(千千瓦时)	电价	销售收入
1996年	5,766,603	148.29	855,129,559
1995年	5,574,966	139.74	779,045,749
1994年	5,356,361	135.752	727,137,451

23. 主营业务成本

人民币元

项目	1996年	1995年	1994年
燃料消耗	336,496,150	306,343,912	281,876,106
水费	23,112,524	24,406,168	20,498,178
直接工资	29,354,846	18,506,372	13,874,970
制造费用	233,448,897	222,572,329	230,825,400
合计	622,412,417	571,828,781	547,075,654
发电量(万千瓦时)	6,340,386	615,039	590,516
单位成本	982	930	926

24. 财务费用

人民币元

项目	1996年	1995年	1994年

长期借款利息	86,836,735	96,004,523	95,461,422
短期借款利息	431,564	844,981	628,935
汇兑损失	(93,306)	2,898	70
银行手续费	6,742	324	6,486
存款利息收入	(568,886)	(1,468,950)	(1,311,491)
	86,612,849	95,383,776	94,785,422

25. 其他业务收支

A. 其他业务收入　　人民币元

项目	1996年	1995年	1994年
材料销售收入	2,489,357	2,035,864	85,465
固定资产出租收入	956,547	1,224,071	961,997
	3,445,904	3,259,935	2,047,462

B. 其他业务支出　　人民币元

项目	1996年	1995年	1994年
材料销售成本	2,611,712	1,830,115	53,575
固定资产出租税金	53,640	86,380	33,060
租出固定资产折旧	702,980	651,347	650,869
	3,368,332	2,567,842	737,504

C. 其他业务利润　　人民币元

项目	1996年	1995年	1994年
材料销售利润	(122,355)	205,749	31,890
固定资产出租收益	199,927	486,344	278,068
	77,572	692,093	309,958

26. 营业外收入　　人民币元

项目	1996年	1995年	1994年
清理固定资产收益		68,440	

27. 营业外支出　　人民币元

项目	1996年	1995年	1994年
清理固定资产损失	20.124		10.129
子弟学校经费	1,613,363	881,752	714,857
劳动保险费	4,643,669	3,527,355	2,330,709
服兵役优待金	10,939	9,896	7,604
赔偿金、违约金、罚款支出		82,523	
价格调控基金	4,098,512	1,407,156	
合同工养老金	10,386,607	5,908,682	3,063,299

* 山西省财政厅(1990)晋财工字195号文规定;国营业缴纳的价格调控基金在"营业外支出其他项下列支"。该项基金在1994年停征一年,1995年按省政府(1995)71号文规定重新开征。

28. 调整以前年度损益

调整以前年度损益减少利润13,516,211元,系公司本次转制按照《股份制试点企业会计制度》和《电力工业企业固定资产目录》,重新缠定了固定资产年折旧率,补提1994年和1995年少提累计折旧11,148,525元。根据山西省土地局晋土管(1996)第220号文对本公司土地使用权处置方案的批复"土地使用权出让年限为50年"从1993年算起。补摊销1993-1995年三年的土地使用费2,367,686元。

29. 或有负债

股份公司目前尚无任何重大担保,重大财务承诺及其他或有负债。

30. 期后事项

山西省电力局1997年3月1日以晋电财便字(1997)4号文下达"关于调整山西漳泽电力股份有限公司上网电价的通知","拟将你公司上网电价调高10/10元千千瓦时,调整后的上网价含税价为173.50元/千万瓦时,不含税价为148.29元/千千瓦时。上述价格从1996年1月1日起执行"。本公司已按上述调整后的上网电价调整了1996年度的销售收入。

关于价格调控基金的说明

山西省人民政府晋政发(1995)71号"关于进一步完善价格调控基金征收管理工作的通知"规定"凡在本省境内从事生产、经营、服务等项活动,有销售营业收入的单位和个人,均应缴纳价格调控基金。价格调控基金以消费税、增值税、营业税为计征依据。征集比例,按税前"三税"额的1.5%计征"。山西省财政厅(1990)晋财工字195号"关于价格调控基金财务处理的通知"规定"国营企业缴纳的价格调控基金在'营业外支出'其他项下列支"。该项基金在1994年停征一年,1995年按上述文件重新开征。

关于煤炭加价有关政策的说明

1. 关于加收能源基地建设基金的政策规定,山西省人民政府晋政发(1993)123号文"关于印发山西省煤炭销售统一取煤炭基地建设补偿费的暂行管理办法的通知"规定:"我省境内所有煤炭生产企业销售的煤炭,都要执行现行地方铁路外销的有关政策,实行统一标准,每吨原煤除继续在价外向用户征收水资源补偿费和声调建设附加费外,还要加收能源基地建设基金20元"。山西省电力公司晋电财便字(1993)4号文件规定"省公司决定原由省公司集中撮的小窑煤比照出煤吨20元加价款,从1993年元月1日起改由各电厂按照每月小窑煤来量自行计算,列入燃料价格,但不作为计提小窑格煤12%返还款的基数。计提数逐月上交省公司。本公司自1993年1月1日至1996年12月31日累计计提95.128,920元,上交省局95,128,920元。

2. 关于煤电加价15元的政策规定,山西省物价局、山西省财政厅晋价重字(1993)第147号"关于收取水资源补偿费为万家寨引黄入晋工程筹资的通知","结合我省煤电加价情况,现对列入用电加价范围的公路运小窑工吨煤加价15元的计提办法明确如下:各电厂依公路运小窑煤购入量按吨煤15元计人燃料价格,同时转帐交省电力局,耗用时记入电、热燃料费用。撮数不做为计提12%返还款的基数,从1993年1月1日起执行"。本公司自1993年1月1日至1996年12月31日累计计提76,206,865元,上交省局76,206,865元。

3. 关于吨煤加价4.89元的政策规定,山西省电力工业局晋电财字(1993)74号文,转发山西省物价局、山西省财政厅晋价重字第147号文件中"省内大电厂烧用地方小窑煤政策"规定:省内大电厂烧用汽车运输进厂的地方小窑煤,继续执行按同质上火车煤到厂价结算,吨煤上交省财政4.89元,按扣除4.89元后煤价的12%返还给电厂和电力主管企业。本公司自1993年1月1日至1996年12月31日累计计提22,319,533.78元,上交省局22,319,533.78元。

4. 关于电厂烧用小窑煤12%返还款的政策规定,山西省物价局等六个厅委晋经能(1986)336号文"关于省内电厂烧用地方小窑煤的暂行管理办法",以及"山西省人民政府关于征收煤炭专项基金的暂行办法"规定:"省内电厂烧用汽车运输进厂的地方小窑煤","根据国家计委国家经委计燃(1986)1663号文和省政府晋政发(1986)25号文规定,汽车运输进厂的地方小窑煤,可按同质上火车煤,按统配煤每吨扣除加价4.89元后煤价的12%返还给电厂和电力企业主管部门作为电力企业掺烧小窑煤的经济,检不冲销成本,检补偿款的办法由省电力局具体制定,山西省物价局晋价重字(1995)第148号文规定:"省内大电厂烧用汽车运输进厂的地方小窑煤继续执行按同质上火车煤到厂价结算,吨煤上交省财政4.89元,按扣除4.89元后煤价的12%返还给电厂及电力主管部门。山西省电力工业局(86)晋电财字第156号印发《关于省内电厂烧用地方煤、小窑煤有关取费和加价的实施办法》规定:小窑煤12%返还款,电厂留用70%,上交省局30%,电厂留用部分,按五、二、三的比例列入生产发展基金、职工福利基金、职工奖励基金。本公司自1993年1月1日至1996年12月31日累计计提12%返还款27,649,183元已上交省局30%,8,294,754.90元。

主要会计数据

项目	1996年	1995年	1994年
流动比率	0.99	0.77	0.99
速动比率	0.69	0.43	0.81

应收帐款周转率	6.64	3.00	4.25
存货周转率	12.40	10.31	14.48
资产负债率(%)	62.64	67.23	66.87
净资产利润率(%)	12.9	12.54	8.21
每股税后利润	0.47	0.41	0.31
股利发放情况	暂不分配	0.10元/股	0.07元/股

注:每股盈利是以本公司缩股后的13000万股本为基础计算的;股利派发情况1995年是以39000万元计算,1994、1993年是以原46500万股的股本计算的。

十、董事会上市承诺

本公司董事会将严格遵守《中华人民共和国公司法》、《股票发行与管理暂行条例》、《公开发行股票公司信息披露实施细则》、《深圳证券交易所业务规则》和有关法律、法规的规定,并自股票上市之日起向公司全体股东承诺如下:

1. 按照法律、法规的规定程序和要求披露的重大信息、并接受证券主管机关和深圳证券交易所的监督管理;

2. 及时、真实、准确地公布中期报告和年度报告、并备置于规定场所供投资者查阅;

3. 本公司董事、监事及高级管理人员如发生人事变动或持有本公司股票发生变化时,在报告证券主管机关、证券交易所的同时向投资者公布;

4. 在任何公共传媒中出现的消息可能对本公司股票市场价格产生误导性影响时,本公司知悉后将及时对该消息予以公开澄清;

5. 本公司董事、监事及高级管理人员将认真听取社会公众的意见和批评,不利用已获得的内幕消息和其它不正当的手段直接或间接从事股票买卖活动;

6. 本公司没有无记录负债。

十一、其它重大事项

本公司1996年税后利润根据公司1996年12月20日第五次股东大会决议,在本次股票上市后由公司新老股东共同享有。

十二、咨询机构

发行人　山西漳泽电力股份有限公司
法定代表人:卞学海
住所:中国山西省长治市北郊漳电路19号
电话:0355-5052061-2219、2270
传真:0355-2021078-2215
联系人:王正华　王一峰

主承销商　国泰证券有限公司
法定代表人:金建栋
住所:中国上海市浦东新区乳山路61号
办公地址:中国上海市延平路135号
电话:021-62587719
传真:021-62531028
联系人:李彤　徐葆华

上市推荐人　国泰证券有限公司
中国电力信托投资公司
法定代表人:邹泽锦
住所:中国北京市复兴门外大街51号
电话:010-63544728
传真:010-63538963

十三、备查文件

1. 深圳证券交易所上市通知书
2. 招股说明书
3. 审计报告
4. 营业执照
5. 公司章程
6. 法律意见书
7. 上市推荐书

山西漳泽电力股份有限公司
1997年6月5日

资产负债表主要数据

(1996年12月31日)　单位:元

资产	1996年	1995年	1994年
流动资产			
货币资金	17,494,726	21,940,562	1,431,011
应收帐款	128,698,439	25,901,131	171,116,375
减:坏帐准备	—	—	—
应收帐款净值	128,698,439	25,901,131	171,116,375
预付帐款	5,126,403	28,294,466	10,309,375
其他应收款	8,549,667	19,834,948	37,054,456
存货	68,922,808	75,534,980	50,234,004
待摊费用	750,210	658,962	1,294,717
流动资产合计	229,542,253	172,165,049	271,439,938
固定资产			
固定资产原值	1,690,259,658	1,658,079,458	1,622,911,467
减:累计折旧	676,638,868	554,488,993	440,806,755
固定资产净值	1,013,620,790	1,103,590,465	1,182,104,712
在建工程	21,038,967	1,150,502	3,430,447
固定资产合计	1,034,659,757	1,104,740,967	1,185,535,159
无形及递延资产			
无形资产	36,304,542	–	–
递延资产	3,636,633	7,273,255	10,909,878
无形及递延资产合计	39,941,175	7,273,255	10,909,878

资产总计	1,304,143,185	1,284,179,271	1,467,884,975
负债及股东权益	1996年	1995年	1994年
流动负债			
短期借款	6,300,000	6,630,000	5,800,000
应付帐款	52,948,973	44,586,933	75,106,666
应付福利费	7,722,339	5,354,080	4,186,926
未付股利		47,921,000	35,052,000
未交税金	50,158,062	27,944,570	29,951,274
其他未交款	5,806,040	1,865,767	706,311
其他应付款	19,649,806	31,685,466	37,680,325
预提费用		3,618,624	3,850,832
一年内到期的长期负债	90,030,000	53,773,492	80,841,749
流动负债合计	232,615,220	223,379,932	273,176,083
长期负债			
长期借款	547,177,846	639,954,312	708,418,804
长期应付款	37,083,000		
长期负债合计	584,260,846	639,954,312	708,418,804
负债合计	816,876,066	863,334,244	981,594,887
股东权益			
股本	130,000,000	390,000,000	465,000,000
资本公积	273,771,283	10,254,442	6,956,736
盈余公积	27,869,375	18,433,587	10,520,002
其中:公益金	9,289,792	6,144,529	3,506,667
未分配利润	55,626,461	2,156,998	3,813,350
股东权益合计	487,267,119	420,840,027	486,290,088
负债及股东权益总计	1,304,143,185	1,284,179,271	1,467,884,975

山西漳泽电力股份有限公司1997年度中期报告

一、财务报告(已经审计)

(一)财务报表:本公司财务报表经山西太原会计师事务所赵利新、李建勋注册会计师审计,并出具无保留[97]并师股审字第8号审计报告。

我们接受委托,审计了贵公司1997年6月30日的资产负债表及1997年1至6月会计期间的利润及利润分配表。这些会计报表由贵公司负责,我们的责任是对这些会计报表发表审计意见。我们的审计是依据《中国注册会计师独立审计准则》进行的。在审计过程中,我们结合贵公司实际情况,实施了包括抽查会计记录等我们认为必要的审计程序。

我们认为,上述会计报表符合《企业会计准则》和《股份制试点企业会计制度》的规定,在所有重大方面公允地反映了贵公司1997年6月30日的财务状况及1997年1至6月会计期间的经营成果,会计处理方法的选用遵循了一贯性原则。

1. 简化的资产负债表　　单位:元

项目	1997年6月30日	1996年12月31日
流动资产	414398029.82	229542253.07
固定资产净值	951965532.92	1013620790.11
在建工程	29148494.80	21038967.26
无形资产	35504542.00	36304542.00
递延资产	1818316.27	3636632.53
资产总计	1432834915.81	1304143184.97
流动负债	213629048.86	232615219.85
长期负债	604301519.36	584260846.65
负债合计	817930568.22	816876066.50
股　本	145000000.00	130000000.00
资本公积	342795893.54	273771283.21
盈余公积	27869376.37	27869376.37
未分配利润	99239077.68	55626548.89
股东权益合计	614904347.59	487267118.47
负债及股东权益总计	1432834915.81	1304143184.97

2. 简化的损益表　　单位:元

项目	1997年1月至6月	1996年1月至6月
主营业务收入	441319047.66	376711650.96
主营业务利润	68897362.97	44579046.60
其他业务利润	-302138.47	-69960.15
营业外收入	1088065.01	95649.69
营业外支出	5618253.92	3448325.77
利润总额	65093460.87	41156410.37
所得税	21480842.08	13581615.42
净利润	43612618.79	27574794.95

(二)主要财务指标

指标名称:	1997年1-6月
1. 每股净收益	0.301元
2. 净资产收益率	7.09%
3. 每股净资产	4.24元

(三)财务报表附注

1. 本中期财务报告与1996年度财务报告所采用的会计政策和方法一致。

2. 本报告期内会计主体未发生合并、分立等变化。

3. 货币资金本期比1996年末增加是由于1997年5月新发社会公众股1500万股募集资金取得8400万所致。

4. 应收帐款较年初增加120882628.01元,原因是山西省电力公司所欠电费增加所致。

5. 股本145000000元与年初130000000元相比增加15000000元,原因是1997年5月发行社会公众股1500万股,每股面值1.00元,计

15000000元。

6. 资本公积金 342795893.54 元与年初 273771283.21 元增加 69024610.33元,原因是1997年5月发行社会公众股1500万股,每股溢价5.00元,计75000000元,扣除6000000元发行费,应进入资本公积金69000000元。以及新股认购存款利息中应转入资本公积金的部分计24610.33元。

7. 未分配利润较年初增加43612618.79元,为1997年上半年实现净利润。

二、公司经营情况回顾与展望

(一)上半年经营情况回顾

上半年,公司抓住发行股票这一契机,狠抓安全生产,强化经营管理,全面树立漳泽电力的社会形象,公司内部发生了深刻变化,生产经营取得了良好成绩,主要经济技术指标创历史最好水平。发电量完成326019万千瓦时,较计划增发11019万千瓦时,比上年同期增发29784万千瓦时;利润总额完成6509.34万元,较计划增加1727.64万元,比上年同期增加2393.78万元。净利润完成4361.26万元,完成1997年盈利预测的68.07%。

回顾上半年公司生产经营情况,我们着重抓了以下几项工作:

1. 以安全文明生产为基础,以年内实现二星级、主要指标达一流为目标,狠抓安全生产,深入开展设备无渗漏工作。上半年设备等效可用系数完成90.63%,较计划提高0.63个百分点,比上年同期提高6.54个百分点;设备利用小时完成3135小时,较计划提高107小时,比上年同期提高287小时。至6月底,安全记录达152天,设备考核事故降低7次,一类障碍下降20%,二类障碍下降56.7%。

2. 以提高经济效益为中心,努力挖掘内部潜力,全面开展各种节能降耗活动。供电煤耗完成381克/千瓦时,较计划降低1克/千瓦时,比上年同期降低3克/千瓦时,节约标煤8928吨,节油1122吨,节约原材料148.3万元。

3. 以发行股票为契机,规范公司运作,强化内部经营管理,全面提高企业整体素质,加大了内部经济责任制考核力度,修订完善了有关规章管理制度,制定了各部门的发展规划和经营目标,广大职工的积极性和创造性进一步加强。

(二)下半年经营展望

1. 抓安全,促效益。安全生产是电力生产永恒的主题,也是经济效益的第一要素。我们要紧紧抓住创建一流电力企业这一目标,夯实安全生产基础,保证设备满发稳发,力争发电64亿千瓦时。

2. 降成本,保效益。深挖内部潜力,积极开展各项节能降耗活动,确保经济效益稳步提高。

3. 抓管理、争效益,以班组建设为核心,狠抓基础管理工作,积极营造良好的企业内外环境,逐步建立科学合理的电价机制和现代企业制度。

4. 加强三期扩建前期工作,力争1998年上半年开工。

三、重大事件的说明

1. 公司1997年5月22日以"全额预缴、比例配售、余额转存"方式,向社会公开发行1500万A股股票,扣除发行费用600万元,实募资金8400万元。进行21万千瓦机组的增容改造事项,结合1998年上半年机组大修进行改造。募集资金现存在银行。

2.1997年6月9日,本公司4000万社会公众股(含2500万内部职工股)在深圳证券交易所正式挂牌交易。

3. 根据国家证券委、中国人民银行、国家经贸委联合发布的《严禁国有企业和上市公司炒作股票的规定》要求,进行自查,本公司在本报告期内没有进行股票投资,没有任何违犯国家法律、法规的行为。截止6月30日本公司没有持有任何已上市公司的流通股票,也没有在任何证券交易机构开设股票帐户。今后如从事证券投资活动,将严格按照国家有关法律、法规办理。

4. 公司1997年8月26日二届四次董事会通过了1996年度利润分配按每10股派送2股股票股利的预案;资本公积金按每10股转增8股转增股本的预案。

上述预案尚待公司股东大会表决通过并报有关部门批准后实施。

5. 本公司电力产品由山西省电力公司(我公司大股东,持股比例为41.24%)包销。电力销售价格目前仍按物价部门1996年批准的148.29元/千千瓦时(不含税)电价执行。本期由山西省电力公司为我公司销售电力29.76亿千瓦时。

四、发行在外股票的变动和股权结构变化

1997年5月22日,经中国证监会证监发字(1997)216号和217号文批准,公司以全额预缴,比例配售,余款转存方式公开发行A股股票1500万股。1997年6月9日4000万股社会公众股(含2500万内部职工股)在深交所挂牌交易,公司股本总额为14500万元。

2. 股权结构情况

单位:万股

类别	1996年12月31日	比率%	本次变动增减	1997年6月30日	比率%
(一)尚未流通股份					
1. 发起人股份	10500	80.77		10500	80.77
2. 内部职工股	2500	19.23	-2500		
合计	13000	100	-2500	10500	72.41%
(二)已流通股份			4000	4000	27.59%
(三)股份总额	13000	100	1500	14500	100

3. 主要股东持股情况(1997年6月30日)

股东名称	持股数(股)	占总股本比例(%)
(1)山西省电力公司	5970000	41.21%
(2)山西省地方电力公司	45150000	31.14%
(3)王秋群	694708	0.48%
(4)李　嘉	433000	0.30%
(5)黄长友	400000	0.28%
(6)江文林	346000	0.24%
(7)建行山西信托证券部	330382	0.23%
(8)王熙俭	326891	0.23%
(9)刘世俭	299487	0.21%
(10)金钱豹	298300	0.20%

五、备查文件

1. 载有公司董事长、总经理亲笔签名的1997年中期报告原本及完整的财务报表。

2. 太原市会计师事务所(97)并师股审字8号审计报告。

3. 中国证监会证监发字(1997)216、217号文批准发行股票文件。

4. 查阅地址:公司证券办公室

咨询电话:0355-5052063-2270

山西漳泽电力股份有限公司

1997年8月29日

深圳赤湾石油基地股份有限公司

1996年年度报告摘要 （摘选）

一、公司简况

公司名称：深圳赤湾石油基地股份有限公司
法人代表：陈铜台　　邮政编码：518068
公司地址：中国广东省深圳市赤湾
电话：86－755—6694211　　传真：86－755—6694227

二、主要财务数据与财务指标

（根据中华人民共和国企业会计准则）
截止：12月31日

指 标 项 目	本年数		上年数		比上年增减
	千美元	折合人民币千元	千美元	折合人民币千元	（%）
1.主营业务收入	12,194	101,380	12,259	102,364	-0.5
2.净利润	6,578	54,689	8,172	68,235	-19.5
3.总资产	78,153	648,525	70,658	587,871	10.6
4.股东权益	56,813	471,443	54,839	456,263	3.6
5.每股收益					-19.5
（美分/股，人民币元/股）	2.85	0.24	3.54	0.29	
6.每股净资产（美分/股，					3.6
人民币元/股，年末数）	24.64	2.04	23.78	1.98	
7.净资产收益率（%）		11.58	14.90	-22.3	
8.股东权益比率（%）		72.69	77.61	-6.3	
9.股本总额（千股）		230.600	230.600	0	

三、公司主要业务回顾

1．一年来公司经营情况

1996年，由于在南中国海作业的部分石油公司从勘探、开发转入生产时期，使得这一海域的石油钻探活动形成了一个较为明显的调整期。全年钻探井数量仅为1995年的40%，造成基地来自石油钻探活动的业务收入大幅度减少。公司董事会及公司管理层适时调整经营思想和经营策略，通过提高服务效率，扩大仓库、堆场及办公设施的出租业务以及开拓非石油作业市场等一系列增收节支的措施。使得公司报告期内的营业收入与1995年基本持平。本公司1996年营业收入为1219万美元。比1995年下降了半个百分点，完成税后利润658万美元，比1995年下降19%。其中导致利润下降幅度大于收入下降幅度的因素有两个：一是1995年7月公司改组上市后，全年折旧、摊销费用从130万美元上升到260万美元。其中约100万美元源于资产评估增值；二是1996年企业所得税"五免、五减"优惠政策到期，税率由7.5%增至15%。与此同时，公司通过严格的成本控制使行政、操作费用比1995年下降了11%。

码头操作收入直接受到海上石油钻探和生产形势的影响，从1996年南海东部海域石油作业形势分析来看，一方面由于石油公司的全年钻井数仅为18口，比1995年减少了29口，造成来自钻井活动的码头操作收入大幅度减少，另一方面，由于油气生产平台数量持续增长，所需的后勤服务亦相应增加，尽管为生产平台提供的业务量相对于钻探井来说较少，但这种业务量具有长期性和稳定性，1996年公司为9个油/气平台提供后勤服务，比1995年增加了一倍以上。这不仅大大缓解了钻井量不足所带来的负面影响，而且从长期看为公司码头操作收入来源提供了持续、稳定的市场基础。此外，公司在保证为石油行业提供优质服务的同时，努力开拓非石油业务，1996年基地实现操作收入591万美元。仅比1995年下降10%。

从主要石油公司钻探活动来看，1996年AMOCO东方石油公司继续开发流花11－1油田，钻了5口生产井，1997年计划再钻5口生产井。PHILLIPS中国有限公司在西江30－2及西江24－3油田钻了10口生产井，1997年计划再钻1口生产井，深度约10000米，1996年TRITON和ACT各钻了1口勘探井。此外，新加盟南海石油勘探活动的公司如SANTATE、CAIRN、TRITON、KERR－MEGEE和东方石油公司（南海）也将开始钻探计划。预计1997年该海域的钻探井数量为22口。

在仓库、堆场和办公室出租方面，公司通过优质高效的服务，与客户保持了良好的长期合作关系，仓库和堆场出租率达到85%以上，办公室出租率在65%以上。全年租金收入由1995年的573万美元上升到627万美元，增长9%。

2．实际经营效果与盈利预测差异之说明

1996年，由于石油公司钻探井计划的调整，使得海上钻探井数量减少，并超出了正常的预测水平，使得基地业务收入未能实现新的增长。再加上因资产评估增值后折旧费增加以及企业所得税率增长等因素，致使公司净利润比1995年下降近二成。

3．按不同会计准则核算的差异

本公司在按中国会计准则出具财务报告的同时，也按国际会计准则出具了财务报告，以供境外投资人参考。按国际会计准则核算的净利润为664.8万美元，比按中国会计准则核算的净利润多7万美元，其主要原因是由于对长期投资核算所遵循的会计原则不同，致使投资收益产生差异。

4．募集资金使用情况说明

1）本报告期内完成收购赤湾胜宝旺工程有限公司32%的股权。

2）总面积为11,000m^2的毗邻仓库和19,000m^2的堆场于本年度如期建成。

3）1996年按计划购进了9台叉车和2台吊机。

四、股本变化及股本结构情况

1．股本变化及股本结构情况

1）公司股本结构

数量单位：万股　面值：每股1元

股 份 类 别	股份数目	股权百分比
1．尚未流通股份		
1）发起人A股	11942	51.79
2）发起人B股	5118	22.19
尚未流通股合计	17060	73.98
2．已流通股份		
境外公众股（B股）	6000	26.02
3．股份总数	23060	100

＊年度内本公司股权结构无任何变化

截止1996年12月31日，登记在册股东总人数2515人，其中A股股东只有发起人中国南山开发（集团）股份有限公司一家。B股股东2514人，本公司董事、监事及高级管理人员均未持有本公司股票。

2．前十大股东持股情况如下（截止1996年12月31日）：

股 东 名 称	持股数（股）	占总股本（%）
1）中国南山开发（集团）股份有限公司	119,420,000	51.79
2）OFFSHORE JOINT SERVICES（BASES）CO.OF SGP.PTE LTD	51,180,000	22.19
3）SEMBAWANG MARITIME LTD	13,000,000	5.64
4）JARDINE FLEMING CHINA REGION FUND，INC	4,236,300	1.84
5）JURONG ENGINEERING LTD	3,500,000	1.52
6）PACIFIC RIM ASSETS LIMITED	2,831,500	1.23
7）CREATE INVESTMENTS LIMITED 康创投资有限公司	2,091,900	0.91
8）CREATE INVESTMENTS LIMITED 康创投资有限公司	2,008,000	0.87
9）DEUTSCHE BANK CAPITAL MKT（ASIA）LTD－THE CHINA FUND	2,000,000	0.86
10）FLEDGELING SECS LTD 怡富证券	1,400,000	0.60
合 计	201,667,700	87.45

深圳大洋海运股份有限公司

1996年年度报告摘要 （摘选）

一、公司简况

公司名称：深圳大洋海运股份有限公司

公司法定地址：深圳市南山区南油大道新能源大厦A座11楼

邮政编码：518052

公司法定代表人：朱文斌

电话：0755－6649282

传真：0755－6649953

二、主要财务数据与财务指标

指标项目	1996年（人民币元）	1995年（人民币元）	比上年（增减%）
1.主营业务收入	161,964,461.16	172,520,003.41	－5.12
2.净利润	33,567,778.83	50,389,377.75	－33.38
3.总资产	673,627,224.46	429,776,291.23	＋55.74
4.股东权益	295,634,453.65	265,747,216.39	＋11.24
5.每股收益（注）	0.186	0.34	－45.00
6.每股净资产	1.64	1.77	－7.34
7.净资产收益率（%）	11.35	18.96	－40.14
8.股东权益比率（%）	43.09	61.83	－29.02

注：每股收益计0.186元人民币，为全面摊薄计算所得，即系根据税后利润33,567,778.83元人民币和本公司于1996年12月31日发行在外的股份总额180,000,000股计算的。

三、公司主要业务回顾

1、一年来公司经营情况

1996年是海运企业经营十分困难和面临调整的一年，一方面，国家继续实行调低进出口退税率政策，企业出口积极性受到较大影响；另一方面，国内通货膨胀和人民币对美元汇率仍居高不下，增加了企业的出口成本，导致外贸出口严重滑坡，货量大幅减少。为了在此困境下，寻求各自出路，国内船公司竞争越演越烈，争相降低运价，以抢占货运市场份额，特别是一些二程船公司直挂新港，本来就僧多粥少的航运市场，更显得十分紧张，与此同时，外国船东直接进入中国市场，使中国的航运业面临更严峻的挑战。以上综合因素导致了1996年中国航运市场货源不足、运力过剩、争相降价、互争货源的局面。

面临困境，本公司适时调整经营思想和经营战略，表现在：扩大货源市场，使口岸向腹地延伸，重点开发三资企业、工贸企业和乡镇企业的货源，扩大货源的覆盖面；降低生产成本，调整租船结构，优化箱流管理，紧缩费用开支；积极开发东南亚市场，延伸航线，转变以前专门经营中转欧洲货物的经营观念；加强与新崛起二程船公司，特别是南韩和台湾二程船公司的合作，同时加强对货代的开发，以吸引货代的货源。

2、主要财务指标分析

1996年度主营业务收入比上年减少1,056万元人民币，下降6.12%，主要是国内集装箱运输收入减少4,132万元人民币，其原因一是运价比上年平均下降25.6%，使收入减少3,143万元人民币，二是箱量下降7.45%，使收入减少989万元人民币。1996年净利润比上年减少1,682万元人民币，下降33.38%，净利润减少的主要原因是上述运价的下降和箱量的减少。1996年末总资产67,363万元人民币，比上年末增加24,385万元人民币，上升56.74%，主要原因是购买了两条集装箱船舶使总资产增加。

3、重大事项简介

1996年，本公司用1995年发行6,000万股B股所募集资金先后购置了两艘700个标准箱的集装箱船舶，每单船价格为17,000,000美元，两船共计34,000,000美元，本公司以资本储备自付30%船款，余款70%以银行贷款方式支付，该两船分别于1996年6月及9月交付使用，并同时以期租方式租出；每艘船日租金为10,000美元，这两艘船已成为1996年下半年本公司新的利润增长点。

四、股本变化及股本结构情况

1、股本结构情况

1996年12月31日，本公司股本结构如下（单位：股，面值：1元）

股本类别	期初数	本次变动增减（+、-） 送股	公积金转增	小计	期末数
（一）尚未流通股份					
发起法人股	90,000,000	8,910,000	9,090,000	18,000,000	108,000,000
（二）已流通股份					
B股	60,000,000	5,940,000	6,060,000	12,000,000	72,000,000
（三）股份合计	150,000,000	14,350,000	15,150,000	30,000,000	180,000,000

2、股本变动情况及原因

根据1995年度分红派息方案，利用当年利润和资本公积金实行每10股送红股2股。送红股和公积金转增股本后本公司总股本由15,000万股增至18,000万股。

3、公司前十名股东持股情况（截止1996年12月31日）

股东名称	年末持股数	占总股本（%）
1、深圳蛇口大洋海运有限公司	108,000,000	60.00
2、中国有色金属深圳财务有限公司	600,000	0.33
3、顾群	590,000	0.33
4、LEUNG PUI KWONG 梁沛光	570,960	0.32
5、TEAMDORE COMPANY LIMITED 德多有限公司	500,000	0.28
6、黄奕生	396,000	0.22
7、NG CHUN WAH 吴俊华	391,000	0.22
8、林美兰	388,400	0.22
9、君安财务（香港）有限公司	321,600	0.18
10、GRAND PREMIUM DEVLOPMENT LIMITED 鑫利发展有限公司	310,095	0.17

1996年度，本公司分别在8月、12月出售两艘船舶（“金田”、“金鹏”），其中一艘租回（“金鹏”）。目前本公司拥有集装箱船五艘，期租船一艘。

广东省高速公路发展股份有限公司

1996 年年度报告摘要　（摘选）

一、公司简况

公司名称：广东省高速公路发展股份有限公司

法人代表：李少峰　　　　邮政编码：510075

公司地址：广东省广州市东风中路 503 号东建大厦四楼

电话：020—87619093－2808　　　　传真：020—87618013

二、主要财务数据与财务指标

单位：万元

指 标 项 目	1996 年	1995 年	比上年增减（%）
1. 主营业务收入	22,060.58	18,930.43	16.54
2. 净利润	13,745.96	13,839.98	－0.68
3. 总资产	178,405.58	121,700.23	46.59
4. 股东权益	161,063.59	101,358.94	58.90
5. 每股收益（元）	0.31	0.45	－31.11
6. 每股净资产（元）	3.64	3.29	10.64
7. 净资产收益率（%）	8.53	13.65	－37.51
8. 股东权益比率（%）	90.25	83.29	8.36

三、公司主要业务回顾

1. 一年来公司经营情况

1996 年，公司全体员工在董事会的领导下，充分发挥主人翁的创业精神，通过强化企业内部管理，加强对广佛高速公路和九江大桥的营运管理工作，在国家宏观调控的大环境中，车流量及路费收入仍有较大增长，96 年广佛车流量为 1,820 万车次，路费收入为 14,762 万元，日均车流量为 49,754 车次，较 95 年增长 8.84%。九江大桥车流量为 842 万车次，路费收入为 7,299 万元，日均车流量为 23,028 车次，较 95 年增长 6.41%。

佛开高速公路全线已于 1996 年 12 月 8 日提前试通车并投入商业营运。

2. 根据国际会计准则和国内会计准则计算税后利润形成差额的说明

根据安永会计师事务所按国际会计准则对本集团 1996 年度财务报告的审计，本集团 96 年度税后利润为 14,013.3 万元，与按中国会计准则核定税后利润13,746 万元的差额为 267.3 万元，造成差异的主要原因是：按照国际会计准则主要是对固定资产折旧及其他的进行调整。

3. 主要财务指标分析

根据羊城会计师事务所按中国会计准则对本集团 1996 年度财务报告的审计，1996 年度本集团主营业务收入 22,061 万元，实现税前利润总额 20,485 万元，较上年度税前利润总额增长了 28%，扣除少数股东权益及所得税后，本公司实现税后利润为 13,746 万元，较 1995 年度税后利润 13,840 万元减少 94 万元。

1996 年度发行 B 股时，董事会曾根据国际惯例和当时的假设条件，预测本公司截止 1996 年 12 月 31 日止除税及少数股东权益，但未计非经常性项目的盈利预测为人民币 20,800 万元，但 96 年度实际完成 14,013 万元，未能达到盈利预测的主要原因如下：

1）车流量未达预计的因素。由于客观经济环境的影响、相邻道路改善，未能按预期吸引车流量行驶佛开高速公路，广佛高速公路及九江大桥车流量也未能达到预期的增长幅度，因此减少了利润 2541 万元人民币。

2）改变享受税收优惠年度的因素。原预测公司将在 1996 年 8 月 1 日发行 B 股后免交所得税，实际上国家经贸部于 1996 年 11 月批准公司成为外商投资股份有限公司后，从长远利益出发，公司决定选择 1997 年作为第一个获利年度以享受整一年的免税优惠。所以，公司于 1996 年仍按 33% 的所得税率交纳所得税，此因素减少利润 2034 万元人民币。

3）存款利率降低、B 股资金到位时间推迟因素。原预测一年期银行存款利率为 9.18%，且 B 股发行募集资金将于 1996 年 8 月 1 日到位。但实际上从 1996 年 8 月 23 日起一年期银行存款利率降至 7.47%，并且公司 B 股发行募集资金推迟至 1996 年 8 月 15 日到位，9 月中旬获准结汇，从而影响了股本资金之运用，相应的资金利息（含对广东省佛开高速公路有限公司委托贷款之利息）减少。此因素减少了公司利润 1440 万元人民币。

4）其他因素减少本公司利润 772 万元人民币。

4. 对前次募集资金的运用情况的说明

本公司在 1996 年度发行了 1.35 亿股 B 股，募集资金净额为人民币 4.84 亿元。所募资金已按 B 股招股说明书所述用途使用。其中 3.34 亿元人民币已按计划在 1996 年度投入佛开高速公路建设；1.5 亿元人民币用于广佛高速公路扩建，计划在 1997 年度投入。

四、股本变化及股本结构情况

1. 股本变化及股本结构情况

1）股权结构（截止 1996 年末）　　　　股份单位：股　：每股 1 元

股 份 类 别	期初数	配股	送股	公积金转股	其他	小计	期末数
一、尚未流通股份							
1. 发起人股份	206,749,375						206,749,375
其中：							
国家拥有股份	190,962,500						190,962,500
境内法人拥有股份	15,786,875						15,786,875
2. 境内募集法人股	73,898,125					－20,000,000	53,898,125
3. 境外法人持有股						＋20,000,000	20,000,000
4. 内部职工股	27,190,000						27,190,000
尚未流通股份合计	307,837,500						307,837,500
二、已流通股份							
境内上市外资股						135,000,000	135,000,000
已流通股份合计							135,000,000
三、股份合计	307,837,500					135,000,000	442,837,500

2）股本变动原因：

（1）本年度新增发行 13500 万股境内上市外资股，使公司股本总额由年初的 30783.75 万股增至 44283.75 万股。

（2）公司经省政府有关部门批准，1996 年 6 月向马来西亚怡保（IJM）有限公司转让了 2000 万非国有法人股。

3）前十名股东持股情况

股 东 名 称	96 年末持有数（股）	占总股本 %
1）广东省高速公路公司 *	198,756,250	44.88
2）IJM OVERSEAS VENTURES SDN BHD	88,570,000	20
3）DBS NOMINEES（PRIVATE）LIMITED	17,720,000	4
4）KEPPEL SECURITIES NOMINEES PTE LTD	15,948,000	3.6
5）KEPPEL BANK NOMINEES PTE LTD	10,632,000	2.4
6）广东省粤财信托投资公司	6,250,000	1.41
7）新会市司前镇经济联合总社	2,500,000	0.56
8）顺德市龙江镇陈涌农工商联合公司	1,875,000	0.42
9）FLEDGING SECS LTD 怡富证券	1,738,000	0.39
10）SSBT/THE CHINA FUND－UHI UHOI	1,705,800	0.39

* 由 190,962,500 国家股及 7,793,750 法人股组成。

4）股东数量

截止 1996 年末，公司股东总人数为 10,918 户，其中国家股股东 1 人，法人股股东 250 户，内部职工股股东 9830 户，境内上市外资股（B 股）股东 837 户。

深圳康达尔(集团)股份有限公司

深圳康达尔(集团)股份有限公司1996年年度报告(摘要)

一、公司简况:

1、公司中文名称:深圳康达尔(集团)股份有限公司

公司英文名称:SHENZHEN KONDARL(CROUP)CO.,LTD

2、公司注册地址:深圳市罗湖区深南东路8号

邮政编码:518003

3、公司法定代表人:曾汉山

4、公司咨询服务机构:深圳康达尔(集团)股份有限公司董事会秘书处

联系人:朱文学、王晓梅

电　话:(0755)5425020转377 传　真:(0755)5420155

二、主要财务数据与财务指标

指　标(单位)	1996年	1995年	1996年比1995年增长(或减少)%
1. 主营业务收入(万元)	66,143.93	67,813.69	-2.46
2. 净利润(万元)	3,666.40	3,067.61	19.52
3. 总资产(万元)	102,244.56	96,407.66	6.05
4. 股东权益(万元)	32,875.40	28,191.56	16.61
5. 每股收益(元/股)			
按年初股数计	0.443	0.370	19.73
按年末股数计	0.277	0.370	-25.14
6. 每股净资产(元)	2.48	3.40	-23.82
7. 净资产收益率(%)	11.15	11.00	1.36
8. 股东权益比率(%)	32.15	29.24	9.95

三、公司业务回顾:

1、一年来经营情况:

(1)公司经营情况回顾

我公司在完成股份制改造后,经过几年时间的逐步调整和规范,更加适应了外部环境,同时也由于公司全体干部员工的共同努力,96年取得了较好的经济效益,是公司成立以来经营效益最好的一年,全集团实现利润总额4,363.12万元,净利润3,666.40万元,分别较95年度增长了22.13%和19.52%。主营业务收入虽然由于饲料售价96年比95年有较大的回落而降低,但是主要产品的生产量和销售额仍较95年有一定程度的增长。以活鸡为主的鲜活商品的出口,创汇额较95年有较大增长,96年共创汇1,544万美元,在深圳市63家出口创汇超千万美元的公司中排第32位,比95年排名第51位靠前了19名。同时也由于公司多年来始终坚持菜篮子生产和经营,并且规模和效益均有提高,而连续第三年被评为深圳市"十大菜篮子工程公司"。但是由于受资金紧张因素制约,原计划的一些新项目未能如期展开。

(2)公司主营业务业绩概述

公司目前主要的业务收入包括肉鸡和鸡苗、饲料和饲料原料贸易、肉食制品、运输等四大类,分别占96年主营业务收入的30.38%、59.92%、3.96%和3.08%,其他各项业务收入仅占2.66%。其中运输业务中,因营运车辆采用承包形式,此处统计的主要是承包费收入,并不是指营运收入。房地产业务合作收益收入及自有物业的租赁收入按现有的核算分类未列示在主营业务收入中。从各项业务收入在总收入的份额来看,传统的养鸡业及饲料业的两项收入占到了总收入的90%以上,比95年度的比重还要高,这表明基础产业继续得到稳固发展;而其他行业增长缓慢,目前尚未构成集团的产业基础及重要的利润来源。虽然集团董事会早在95年初就提出要培育新的产业,寻找新的利润增长点,但结果不尽如人意,同时也由于基础行业的业务收入份额很大,受行业平均利润率较低的影响,96年主营业务利润依然增长较慢。

2、公司财务状况说明

根据本集团业经审计的96年度财务决算报告,本报告年度末集团总资产为102,244.56万元,总负债为69,369.16万元,股东权益为32,875.40万元,分别较95年末增长6.05%、1.69%和16.61%,总负债中流动负债为67,608.73万元,增长6.30%,长期负债为479.24万元,减少86.77%。

造成总资产增长的主要原因有:

(1)集团96年新增投资了8000万元收购了深圳市前湾电力发展有限公司90%的股权;

(2)95年末完工的一些在建工程项目,96年度又增加了部分投入。

造成总负债增长,且债务结构有较大变化的主要原因是:

(1)96年新增项目的部分投资款系通过向银行融资的方式筹集;

(2)95年末的长期负债总额中大部分是采用融资租赁方式筹集,部分债务在96年到期时已归还。

造成股东权益有较大增长的主要原因是:

(1)96年度集团实现的净利润较95年度增长了近20%;

(2)董事会建议的96年度利润分配预案中,提留的公积金比例较高。

就集团目前的财务状况来看,虽然资产负债率已从95年末的70.76%降低到96年末的67.85%,并且净资产收益率也有了一定程度的提高,但是由于96年度新增了不少投资,流动比率及速动比率进一步降低,表明短期的偿债风险提高。资金运作和管理的难度加大。集团如果要进一步发展新项目,其资金来源主要依靠两条,第一现有土地资源及现有资产的套现;第二通过配股增加资本金。依靠举新债或者挤占现有项目的经营资金的方式来发展新项目则会增加财务风险,降低新项目的收益率。

3、对前次募集资金的运用情况说明:

本公司在1994年6-7月间向社会公众公开发行股票2,180万股,扣除发行成本后,共募集资金9592万元,具体使用情况如下:

投资项目	投资总额(万元)	实际投入(万元)	项目进度及备注
(1)扩建养鸡生产基地	2,000	2,000	已按计划完成
(2)新建膨化饲料生产线	500	500	已按计划完成
(3)肉鸡联合企业	500	500	已按计划完成
(4)美式炸鸡皇分店4间	1,000	147	减少投资总额后已完成
(5)龙岗区中心城一号地	2,000	1,300	减少投资总额后已完成
(6)康达尔大厦首期工程	3,000	1,700	减少投资总额后已完成
(7)凤凰工业区首期配套工程	1,160	1,200	新增项目,已完成
(8)收购龙岗区运输公司	850	850	新增项目,已完成

实际募集资金的使用情况与计划的用途有一定的差异,其主要原因是:

(1)原计划投资1,000万元新建四间美式炸鸡皇快餐连锁店,董事会只投资147万元新开设一间连锁店,是因为考虑到目前快餐业的竞争状况,决定逐步进行投资布点。

(2)原计划投资2,000万元合作开发龙岗区中心城一号地块的八通

一平工程,但董事会认为该项目的投资期较长,决定减少投资。

(3)原计划投资3,000万元用于康达尔大厦首期工程,实际投资为1700万元。董事会考虑到整个大厦投资额较大,决定合作开发此项目。

(4)董事会考虑外部环境及本公司实际情况,决定用850万元收购了龙岗区运输总公司的全部产权;投资1,200万元完善了凤凰工业区首期工程的全部配套工程。

本公司董事会对上述几个项目投资金额及投资项目的变更等事项召开了董事会专门进行研究,作出了专项决议;并在1994年度和1995年度股东大会上提交给股东进行审议通过。

在上述的所有投资项目中除了康达尔大厦 项目及龙岗中心城一号地块八通一平工程项目因投资回收期较长而效益未达预期计划外,其余均实现了董事会预期的目标。各个项目建成投产之后共新增主营业务收入13,000多万元,增加利税1600多万元。但是由于这几年国内饲料用粮的价格上涨幅度较大,致使新增效益被部分抵销。

四、股本变化及股本结构情况

1. 股本变化及股本结构情况

(1)股本情况:

1996年12月31日,本公司股本结构如下(单位:股)

股本类别	年初数	本次变动增减(+.-)		年末数
		公积金转增	送股	
尚未流通股份				
国家拥有股份	61,000,000	18,300,000	18,300,000	97,600,000
尚未流通股份合计	61,000,000	18,300,000	18,300,000	97,600,000
已流动股份				
境内上市人民币普通股	21,650,000	6,495,000	6,495,000	34,640,000
董事、监事持股	150,000	45,000	45,000	240,000
已流通股份合计	21,800,000	6,540,000	6,540,000	34,880,000
股份总数	82,800,000	24,840,000	24,840,000	132,480,000

(2)股本变动情况及原因:

1996年6月18日公司用资本公积金按每10股转增3股,当年利润每10股送3股红股实施1995年度利润分配及分红派息和资本公积金转增股本方案。

(3)主要股东持股情况:

股东名称	持股数量	持股比例
深圳龙岗区投资管理有限公司	97,600,000	73.67%
陈庚如	615,000	0.46%
周志红	584,530	0.44%
肖开志	560,000	0.42%
王春玉	546,012	0.41%
刘赛月	422,100	0.32%
薛小平	370,000	0.28%
盛敬纯	334,070	0.25%
张群美	257,400	0.19%
张　健	240,000	0.18%

(4)至1996年末,公司股东总人数为21759户。

2、公司董事、监事与高级管理人员持股情况

姓名	职务	年初持股数(股)	年末持股数
曾汉山	董事长	40,000	64,000
郎丰生	董事	0	0
欧锡钊	董事总经理	30,000	48,000
张伟光	董事副总经理	30,000	48,000
邓志平	董事副总经理	0	0
朱文学	董事财务总监	0	0
李登涛	董事总工程师	15,000	24,000
魏代明	监事会主席	20,000	32,000
张少华	监事	0	0
江　锋	监事	15,000	24,000

(注:以上人员年末持股数比年初增加90,000股,是由于1996年6月实施1995年度分红派息方案每10股送3股及资本公积金转增股本方案每10股转增3股形成。)

五、重要事项

(一)报告期内股东大会、董事会情况

1、1996年5月31日,本公司1995年度股东大会在深圳市福田区滨河路康达尔办公大楼会议室召开,会议审议通过了《1995年度董事会工作报告》、《1995年度总经理工作报告》、《1995年度财务决算和1996年度财务预算的报告》、《1995年度监事会工作报告》、《关于1995年度利润分配、分红派息及公积金转增股本的议案》、《关于实施1996年配股及配股事宜对董事会授权的议案》、《关于聘请1996年度法律顾问的议案》、《关于聘请1996年度审计会计事务所及财务顾问的议案》、《关于董事会更换董事的特别议案》。

2、本公司董事会共召开了七次会议,审议并通过了提交股东大会的报告和议案。完成了收购深圳蛇口前湾电力发展公司90%的股权,签订了与河南省孟州市兴建年产10万吨的饲料厂。

(二)公司董事、监事变动情况

本公司1996年5月31日召开的1995年度股东大会上通过了关于同意冯维杞先生、彭伟院先生由于工作变动而辞去公司董事职务的请求,并审议通过了增选邓志平先生、朱文学先生为公司董事的议案。

(三)公司注册地址、会计师事务所、法律顾问变动情况

1996年10月10日公司注册地址由深圳市福田区滨河路康达尔办公大楼更改为深圳市罗湖区深南东路8号。

公司聘请的会计师事务所、法律顾问在报告期内未发生变动。

(四)重大事件简介

本公司于1996年8月收购了深圳蛇口前湾电力发展公司90%的股权,并将收购以后的公司更名为"深圳前湾电力发展有限公司"。计划该公司将作为中方股东与外方合资兴建设计发电能力为105万千瓦的深圳前湾燃汽电厂。此项决议于1996年8月28日刊登在《证券时报》公告。

(五)重大诉讼、仲裁事项报告

本报告期内公司无重大诉讼、仲裁事项。

六、子公司及关联企业

1、全资子公司

名称	所在地	主营业务范围	持股比例
深圳康达尔(集团)养鸡公司	深圳市龙岗区	肉鸡、鸡苗、禽蛋等	100%
深圳康达尔(集团)饲料公司	深圳市宝安区	饲料、饲料添加剂等	100%
深圳康达尔(集团)食品公司	深圳市龙岗区	食品、副食品等	100%
深圳康达尔(集团)运输公司	深圳市龙岗区	客运等	100%
深圳康达尔(集团)房地产公司	深圳市龙岗区	开发、销售、租赁等	100%
深圳康达尔(集团)贸易公司	深圳市福田区	粮油食品、副食品等	100%
深圳康达尔(集团)计时公司	深圳市福田区	钟表及配件	100%
深圳康达泰运输有限公司	深圳市	客运	100%

2. 投资联营公司

名称	所在地	主营业务	持股比例
深圳康达尔(高陵)饲料有限公司	陕西省高陵县	饲料、饲料添加剂等	60%
广东康达尔遂溪家禽公司	广东省遂溪县	种苗、饲料、兽药等	60%
深圳康达尔(舞阳)饲料有限公司	河南省舞阳县	饲料、饲料添加剂等	60%
深圳康达尔炸鸡皇快餐有限公司	深圳市龙岗区	西式快餐零售	51%
深圳百好食品有限公司	深圳市龙岗区	肉肠、烟鱼、烟肉等	51%
深圳信兴实业公司	深圳市区	活鸡	49%
深圳康达溢投资有限公司	深圳市区	投资兴办各类实体等	35%
绥化康达尔食品有限公司	黑龙江省绥化市	鸡、饲料、肉鸡加工	33%

深圳前湾电力发展有限公司	深圳市南山区	设计、开发电力	90%
深圳康达尔(孟州)饲料有限公司	河南省孟州市	饲料、饲料添加剂	55%

七、财务报告

(一)审计意见:公司财务报告经深圳市会计师事务所注册会计师于冰和倪建霞审计,并出据了无保留意见的审计报告(97)财审字第172号。

(二)财务报表(附后)

(1)审计报告

(2)资产负债表

(3)利润及利润分配表

(4)财务状况表

(三)财务报表附注编制说明

1、会计制度

执行《股份制试点企业会计制度》及其有关补充规定。

2、会计年度

采用公历年度,从1月1日起至12月31日止为一个会计年度。

3、以人民币为记帐本位币,年度内涉及的经济业务,人民币与外币的汇率按业务发生时的市场汇价核算,年度终了,按年末汇率调整有关外币帐户,因汇率不同而产生的折合人民币差额作为汇兑损益,计入当期财务费用。

4、存货按实际成本计价,存货发出按加权平均法计算,年终进行盘点,年末存货按历史成本计价。低值易耗品按其金额大小,分别采用一次或分次摊销法。

5、固定资产计价及折旧方法

固定资产按实际成本计价。固定资产折旧采用平均年限法,扣除5%残值后,按各类资产使用年限确定折旧率如下:

资产类别	使用年限	年折旧率
房屋及建筑物	20-35年	4.75-2.71%
机器设备	10-15年	9.50-6.33%
电子设备	5-7年	19.0-13.57%
运输工具	6-12年	15.83-7.92%
其他设备	5-7年	19.0-13.57%

6、坏帐准备的计提

坏帐准备系按各项债权年末余额的5‰逐年计提。提取的坏帐准备总额不超过当年年末债权余额的3%

7、无形资产摊销

土地使用权自使用之日起,按50年分期摊销;车牌费自营运之日起,按10年分期摊销;商誉按30年分期摊销。

8、递延资产摊销

开办费按5年分期摊销,其他递延资产按受益期分期摊销。

9、长期投资核算

投资额占被投资企业资本总额不足25%时,采用成本法核算;投资额占被投资企业资本总额25%-50%时,采用权益法核算;投资额占被投资企业资本总额50%以上时,采用权益法核算,并对会计报表予以合并。

10、税项

税目	计税依据	税率
增值税	销售额-产品销售	13%、17%
	-汽车修理(小规模纳税)	6%
	-产品出口	0
	-农产品销售	免征
营业税	营业额-运输收入	3%
	-餐饮收入、房租收入	5%
	-娱乐业收入	10%
城建税	实际缴纳的增值税、营业税	1%
企业所得税	应纳税所得额	15%、33%

11、利润分配

经董事会决定,公司本年度净利润的分配预案为:

提取法定盈余公积金10%,提取法定公益金10%,提取任意盈余公积金40%,分配股东股利40%。

(三)会计报表项目的揭示

1、短期投资

短期投资年末余额9,385,614.32元。明细项目列示如下:

项目	金额
(1)股票投资	
各种股票	8,093,675.95
各种基金	1,289,758.37
小计	9,383,434.32

以上各证券系以历史成本计价。按1996年12月31日市价计,证券市值13,279,770.25元。

(2)债券投资

国库券	180.00
国家重点企业债券	2,000.00
小计	1,180.00
合计	9,385,614.32

2、应收帐款

应收帐款年末余额82,589,589.22元,系指销售产品,商品及提供劳务的往来款项。帐龄列示如下:

帐龄	金额	比例
一年以内	44,507,685.58	53.89%
一至二年	32,193,473.95	38.98%
二至三年	3,999,494.97	4.84%
三年以上	1,888,934.72	2.29%

3、预付帐款

预付帐款年末余额15,884,605.88元,系指预付购货款。

4、其他应收款

其他应收款年末余额60,261,475.20元,系指暂付征地款、各交易所结算款、保证金、各种代垫款以及其他往来款项。帐龄列示如下:

帐龄	金额	比例
一年以内	16,305,921.51	27.06%
一至二年	8,442,990.63	14.01%
二至三年	14,424,122.63	23.94%
三年以上	21,088,440.43	34.99%

5、待摊费用

项目	年初余额	本年增减	本年摊销	年末余额
租金	844,552.60	1,089,418.50	1,522,030.15	411,940.95
养路费	41,640.00	198,241.69	221,895.69	17,986.00
广告费	85,917.00	191,922.55	109,346.19	168,493.36
保险费	122,592.07	138,350.60	221,963.17	38,979.50
修理费	210,763.15	565,725.20	569,983.28	206,505.07
低值易耗品	733,411.60	182,165.65	586,975.67	328,601.58
产禽摊销	8,625,351.62	8,304,854.73	13,252,578.43	3,677,627.92
期初进项税额	166,069.96	—	133,722.35	32,347.61
其他	424,260.19	43,374.50	733,762.01	113,872.68
合计	11,254,558.19	11,134,053.42	17,392,256.94	4,996,354.67

6、存货

存货年末余额为194,048,247.77元,业经公司盘点,并由深圳市会计师事务所抽盘。明细项目列示如下:

项目	金额
在途商品、材料	7,113,831.99
库存商品、材料	58,331,108.90

在产品　　16,340,508.27

产成品　　7,787,298.36

开发成本　　104,475,500.25

7、长期投资

长期投资年末余额 118,142,287.16 元,其明细列示如下:

(1)股票(法人股)投资:

企业名称	股数	金额
深圳大信实业股份有限公司	430,000	2,150,000.00
广州东华实业股份有限公司	500,000	3,600,000.00
广发证券有限责任公司	3,000,000	4,080,000.00
小计	3,930,000	9,830,000.00

(2)债券投资:

债券名称	金额
国库券	4,090.00
国家重点企业建设债券	160,000.00
小计	164,090.00

(3)联营企业投资

被投资单位名称	性质	权益比例	原投资额	权益调整	期末余额	备注
深圳信兴实业公司	联营	49%	3,141,579.42	4,716,160.12	7,857,739.54	
深圳市康达溢投资有限公司	联营	35%	3,500,000.00	-3,106,308.68	393,691.32	
绥化康达尔食品有限公司	联营	33.3%	4,500,000.00	—	4,500,000.00	筹办期
深圳宝安布吉镇沙湾自来水厂	联营	5.64%	1,000,000.00	—	1,000,000.00	
君苑酒楼	联营	23.62%	896,766.30		896,766.30	
深圳康达尔(孟州)饲料公司	联营	55%	500,000.00	—	500,000.00	筹办期
深圳市前湾电力发展有限公司	联营	90%	80,000,000.00	—	80,000,000.00	筹办期
小计			93,538,345.72	1,609,851.44	95,148,197.16	

长期投资比年初余额增长 195.34%,主要系增加深圳市前湾电力发展有限公司投资 80,000,000.00 元。因处于筹办期暂未予并表。

8、固定资产及累计折旧

项目	年初余额	本年增加	本年减少	年末余额
固定资产原值				
房屋及建筑物	187,679,459.49	32,301,345.34	857,988.19	219,122,816.64
机器设备	55,634,161.63	8,692,635.91	114,877.25	64,211,910.29
运输设备	47,559,098.98	10,548,872.38	3,018,065.71	55,089,905.65
电子设备	1,343,071.71	28,782.50	1,089,215.71	282,638.50
其他设备	19,005,081.58	10,193,883.06	1,239,189.62	27,959,775.02
合计	311,220,873.39	61,765,519.19	6,319,336.48	366,667,056.10
累计折旧				
房屋及建筑物	32,370,490.42	7,553,363.95	71,506.44	39,852,347.93
机器设备	11,272,263.16	4,457,076.55	101,789.37	15,627,550.34
运输设备	14,542,530.25	11,572,727.77	562,067.25	25,553,190.77
电子设备	564,850.88	32,786.05	494,092.07	103,544.86
其他设备	4,198,937.42	2,972,902.82	188,622.23	6,983,178.01
合计	62,949,072.13	26,588,857.14	1,418,117.36	88,119,811.91
净值	248,271,801.26			278,547,244.19

9、在建工程

工程名称	工程进度	实际支用数	原预算数	批准文号	资金来源
葵涌科技大楼	100%	583,288.68	640,000.00	深康集(95)1号	自筹、贷款
红围住宅	100%	3,867,839.99	3,229,600.00	深计投资(94)208号	自筹、贷款
新洲职工宿舍楼	100%	8,008,347.38	5,142,000.00	深计投资(94)260号	自筹
宝安凤凰工业区厂房、宿舍	90%	46,054,484.44	32,158,000.00	深府计字(88)359号	自筹、贷款
坪山住宅	前期	224,800.00	1,200,000.00	深计投资(96)44号	自筹、贷款
布吉加油站	前期	13,000.00	3,000,000.00	深龙计投资(96)78号	自筹、贷款
猪舍环保工程	60%	632,318.20	1,050,000.00	深龙计投资(95)44号	自筹
食品公司车间装修工程		439,586.30	—	深康集(95)2号	自筹
合计		60,044,651.98			

10、短期借款

贷款单位	金额	月利率(%)	期限	条件	笔数
工商银行深圳分行	52,529,160.00(含 HKD18,00,000.00USD2,800,000.00 折)	8.9925-11.75	96.3.1-97.10.24	但保	4
农业银行深圳分行	157,335,150.00(含 HKD31,500,000.00USD2,500,000.00 折)	7.438-11.055	96.5.22-97.10.29	担保	17
建设银行深圳分行	12,447,300.00(含 USD1,500,000.00 折)	7.313	96.7.31-97.7.31	担保	1
中国银行深圳分行	39,153,700.00(含 HKD23,000,000.00 折)	8,9925-11.055	96.4.11-97.10.22	担保	3
中国银行深圳分行	7,000,000.00	8.9925-9.7875	96.5.31-97.9,31	抵押	2
深圳发展银行	32,157,000.00(含 HKD30,000,000.00 折)	8.8542-11.8542	96.6.27-97.12.30	担保	4
广东发展银行	14,359,500.00(含 HKD5,000,000.00 折)	8,9925-10.95	96.11.4-97.10.12	担保	2
招商银行深圳分行	48,469,800.00(含 HKD8,000,000.00USD3,000,000.00 折)	8,025-10.50	96.7.2-97.8.29	担保	3
光大银行深圳分行	15,447,300.00(含 USD1,500,000.00 折)	10-12	96.7.3-97.9.3	担保	2
深圳龙岗信用社	20,000,000.00	11.241-15.48	96.11.20-97.10.18	担保	2
深圳福永信用社	5,000,000.00	13.4892	96.9.26-97.8.25	担保	
深圳市大鹏信用社	5,000,000.00	12.237	96.8.2-97.7.2	担保	
深圳市坑梓信用社	1,600,000.00	12.237	96.8.5-97.7.5	担保	
深圳市坑梓信用社	8,000,000.00	11.241	96.10.18-97.9.18	抵压	
建设银行西安东效支行	6,000,000.00	8.415-9.24	96.9.25-97.11.12	担保	2
建设银行高陵县支行	4,300,000.00	8.415-12.06	96.10.25-97.10.28	担保	2
建设银行高陵县支行	3,500,000.00	9.24	96.3.11-97.10.28	抵押	
陕西高陵县城关信用社	2,500,000.00	12.81-15	96.5.23-97.5.23	担保	2
龙岗区财政局	22,260,000.00	8	96.5-96.12	信用	
深圳市财政局	2,600,000.00	3-5	96.5.31-97.11.1	信用	2
龙岗区工业发展基金	2,000,000.00	6	94.10-95.12	信用	
合计	461,658,910.00				

11、应付票据

收款单位	性质	期限	金额
世界传产贸易公司	远期信用证	96.3.31-97.3.31	32,777,890.00
河南少舞阳富平春酒厂	银行承兑汇票	96.11.11-97.1.25	800,000.00
黑山县北方粮岳实业公司	银行承兑汇票	96.12.17-97.2.17	2,000,000.00
沈阳市粮油锦州港转运购销公司	银行承兑汇票	96.11.21-97.4.5	1,500,000.00
沈阳市粮油锦州港转运购销公司	银行承兑汇票	96.11.19-97.3.18	3,000,000.00
合计			40,077,890.00

12、一年内到期的长期负债

贷款单位	金额	月利率(‰)	借款期限	借款条件

深圳市财政局	2,750,000.00	3	91.7.15-97.8.11	信用
龙岗区财政局	250,000.00	2.5	94.9.23-97.9.23	信用
龙岗区国土局	2,000,000.00		90.1.12-95.2.27	信用
龙岗区农业局	700,000.00		92.8.30-94.12.30	信用
建设银行罗湖支行	1,740,000.00	12.705	93.12.22-97.12.22	信用
坑梓信用社	3,000,000.00	8.75	92.8.25-97.8.25	信用
合计	10,440,000.00			

13、长期借款

贷款单位	金额	月利率(‰)	借款期限	借款条件
深圳市财政局	1,200,000.00		95.6.27-98.6.27	信用
龙岗区财政局	200,000.00		95.5.2-98.5.2	信用
建设银行罗湖支行	1,060,000.00	12.705	94.6.30-98.6.30	信用
合计	2,460,000.00			

14、长期应付款

长期应付款年末余额2,332,350.40元,系住房周转金。

长期应付款比年初余额减少超过90.35%,系融资租入固定资产租赁费22,286,166.00元已在本年度全部偿还。

15、资本公积

资本公积年初余额175,681,250.25元,本期转增股本减少24,840,000.00元,期末余额150,841,250.25元。

16、盈余公积

项目	金额
年初余额	23,434,370.75
加:提取法定盈余公积金	3,666,396.62
提取法定公益金	3,666,396.62
提取任意盈余公积金	14,665,586.47
年末余额	45,432,750.46

17、应付股利

年初数	37,939,281.57
加:本年利润分配转入	14,665,586.47
减:本年支付股利	37,643,000.00
年末余额	14,961,868.04

18、主营业务收入

项目	金额
活鸡出口	200,894,566.70
饲料销售	396,329,204.72
食品销售	26,206,998.81
汽车运输	20,395,647.36
餐饮收入	6,451,845,84
兽药销售	5,102,511.10
钟表销售	2,988,483,51
其他销售	3,070,135.06
合计	661,439,393.10

19、其他业务利润

项目	金额
康达尔大厦转让净收益	21,821,041.35
香梅土地转让净收益	1,418,909.81
房屋出租净收入	6,827,281.51
合计	30,067,232.67

康达尔大厦转让收益系本公司原在建工程康达尔大厦整体转让给集浩房地产(深圳)有限公司所取得的净收益。

20、投资收益

项目	金额
股票投资收益	11,419,508.74
期货投资收益	-1,655.24
债券投资收益	4,619.60
联营投资收益	-3,031,332.71
合计	8,391,140.39

八、其他事项

1、本公司前次注册登记的日期和地点:

本公司于1994年9月17日在深圳市工商行政管理局登记注册。

2、报告期内变更注册的日期和地点

本公司于1996年10月10日在深圳市工商行政管理局变更注册资本及变更办公地点。

3、工商登记注册号码:注册号19218095-7,执照号:深内法字00592号。

4、税务登记证号码:440301192180957号

5、股票上市交易所名称:深圳证券交易所。

6、本公司在上市交易的编号:康达尔A(0048)。

7、会计师事务所名称、办公地点:

深圳市会计师事务所

地址:深圳市深南中路统建大楼11楼。

8、法律顾问名称、办公地址:

深圳市星辰律师事务所

地址:深圳市深南中路燕南路2号东风大厦22楼

深圳康达尔(集团)股份有限公司董事会

1997年4月8日

附件:

审　计　报　告

(97)财审字第172号

深圳康达尔(集团)股份有限公司董事会:

我所接受委托,审计了贵公司1996年12月31日合并后及母公司的资产负债表和1996年度合并后及母公司的利润及利润分配表、财务状况变动表。这些会计报表由贵公司管理当局负责,我们的责任是在审计的基础上对这些会计报表发表审计意见。我们的审计是依据中国注册会计师独立审计准则进行的,在审计过程中,结合贵公司的实际情况,实施了包括抽查会计记录、审核有关证据等我们认为必要的审计程序。

我们认为,上述会计报表符合《企业会计准则》和《股份制试点企业会计制度》的规定,在所有重大方面公允地反映了贵公司合并后及母公司1996年12月31日的财务状况和1996年度的经营成果及资金变动情况。会计处理方法的选用遵循了一贯性原则。

深圳会计师事务所　　中国注册会计师　于　冰

中国注册会计师　倪建霞

中国.深圳　　1997年3月20日

资产负债表

1996 年 12 月 31 日

编制单位:深圳康达尔(集团)股份有限公司　　　　单位:人民币元

资产	附注	合并		母公司		负债与股东权益	附注	合并		母公司	
		1996-12-31	1995-12-31	1996-12-31	1995-12-31			1996-12-31	1995-12-31	1996-12-31	1995-12-31
流动资产:						流动负债:					
货币资金		63,349,646.83	61,073,960.85	35,856,614.91	39,360,784.11	短期借款	12	461,658,910.00	435,493,650.00	270,002,950.00	316,892,600.00
短期投资	1	9,385,614.32	7,451,382.24	9,383,434.32	7,449,202.24	应付票据	13	40,077,890.00	—	32,777,890.00	—
应收帐款	2	82,589,589.22	108,708,281.66	44,549,252.21	68,306,303.36	应付帐款		57,886,680.31	84,173,946.74	2,564,149.93	39,916,867,69
减:坏帐准备		1,363,969.02	1,963,269.71	474,625.66	1,368,825.79	预收货款		12,638,413.58	992,535.23	—	—
应收帐款净额		81,225,620.20	106,745,011.95	44,074,626.55	66,937,477.57	应付福利费	14	1,400,318.68	1,307,384.08	272,779.65	-71,916.87
预付货款	3	15,884,605.88	20,249,553.59	2,307,586.00	7,507,487.11	未付股利	15	14,961,868.04	37,939,281.57	14,961,868.04	37,939,281.57
其他应收款	4	60,261,475.20	55,875,923.05	24,581,223.72	21,934,908.83	未交税金	16	7,812,455.09	-964,265.74	4,763,000.45	-338,873.46
待摊费用	5	4,996,354.67	11,254,558.19	31,694.00	353,760.00	其他未交款		356,361.78	229,906.77	302,754.03	235,254.03
存货	6	194,048,247.77	200,196,540.23	95,467,096.31	107,276,590.44	其他应付款		63,577,133.27	65,721,724.75	104,196,559.32	34,634,673.53
待处理流动资产损失		9,850.00	68,527.54	—	—	预提费用	17	5,227,300.00	5,976,431.30	2,327,516.76	2,770,716.33
流动资产合计		429,161,414.87	426,915,457.64	211,702,275.81	250,820,210.30	一年内到期的长期负债	18	10,440,000.00	5,170,000.00	6,290,000.00	4,670,000.00
长期投资:						流动负债合计		676,087,330.75	636,040,594.70	438,459,468.18	436,648,602.82
长期投资	7	118,142,287.16	40,002,318.32	489,921,186.88	420,494,291.46	长期负债:					
固定资产:						长期借款	19	2,460,000.00	12,050,000.00	2,460,000.00	8,400,000.00
固定资产原价	8	366,667,056.10	311,220,873.39	44,185,787.70	15,933,176.04	长期应付款	20	2,332,350.40	24,178,932,18	2,332,350.40	1,892,766.18
减:累计折旧	8	88,119,811.91	62,949,072.13	5,267,794.72	2,423,154.81	长期负债合计		4,792,350.40	36,228,932.18	4,792,350.40	10,292,766.18
固定资产净值		278,547,244.19	248,271,801.26	38,917,992.98	13,510,021.23	负债合计		680,879,681.15	672,269,526.88	443,251,818.58	446,941,369.00
在建工程	9	60,044,651.98	71,938,276.18	8,591,636.06	24,219,445.70	少数股东权益	21	12,811,910.57	9,891,492.64	—	—
固定资产清理		—	212,982.35	—		股东权益:					
固定资产合计		338,591,896.17	320,423,059.79	47,509,629.04	37,729,466.93	股本	22	132,480,000.00	82,800,000.00	132,480,000.00	82,800,000.00
无形资产及递延资产:						资本公积	23	150,841,250.25	175,681,250.25	150,841,250.25	175,681,250.25
无形资产	10	115,969,916.34	119,201,199.02	22,496,272.96	19,081,583.31	盈余公积	24	45,432,750.25	23,434,370.75	45,432,750.46	23,434,370.75
递延资产	11	20,580,077.89	21,534,605.75	1,117,754.60	1,625,738.00	其中:公益金		9,730,073.20	6,063,676.58	9,730,073.20	6,063,676.58
无形资产及递延资产合计		136,549,994.23	140,735,804.77	23,614,027.56	20,707,321.31	未分配利润		—	—	741,300.00	894,300.00
资产总计		1,022,445,592.43	964,076,640.52	772,747,119.29	729,751,290.00	股东权益合计		328,754,000.71	281,915,621.00	329,495,300.71	282,809,921.00
						负债与股东权益总计		1,022,445,592.43	964,076,640.52	772,747,119.29	729,751,290.00

利润及利润分配表

1996 年度

编制单位:深圳康达尔(集团)股份有限公司　　　　单位:人民币元

项目	附注	合并		母公司	
		1996 年	1995 年	1996 年	1995 年
一、主营业务收入	25	661,439,393.10	678,138,946.67	208,420,326.39	229,999,408.80
减:营业成本		515,644,071.23	552,915,214.09	168,870,241.87	202,486,284.92
销售费用		7,609,968,14	9,381,263.74	—	—
管理费用		67,114,531.41	54,243,635.75	21,742,051.13	14,454,335.07
财务费用		58,622,503.30	51,617,103.34	31,657,781.23	23,946,600.44
进货费用		—	95,016.19	—	—
营业税金及附加		2,129,768,30	1,665,035.35	—	10,044.72
二、主营业务利润		10,318,614.72	8,221,678.21	-13,849,747.84	-10,897,856.35
加:其他业务利润	26	30,067,232,67	1,893,605.77	23,239,951.16	—
三、营业利润		40,385,847.39	10,115,283.98	9,390,203.32	-10,897,856,35
加:投资收益	27	8,391,140.39	24,249,714.36	31,098,996.18	42,025,580.30
营业外收入	28	455,726.90	1,748,388.04	7,188.61	166,314.17
减:营业外支出	29	4,835,485.96	848,334.52	1,480,578.81	464,007.67
加:以前年度损益调整		-766,006.31	459,762.81	465,125.73	—
四、利润总额		43,631,249.41	35,724,814.67	39,480,935.03	30,830,030.45
减:所得税		6,998,374.31	3,739,189.73	2,969,968.85	—
少数股东损益		-31,091.08	1,309,514.49	—	—
五、净利润		36,663,966.18	30,676,110.45	36,510,966.18	30,830,030.45
加:年初未分配利润		—	—	894,300.00	740,380.00

项目	附注	合并		母公司	
		1996 年	1995 年	1996 年	1995 年
六、可分配利润		36,663,966.18	30,676,110.45	37,405,266.18	31,570,410.45
减:提取法定盈余公积金		3,666,396.62	3,067,611.05	3,666,396.62	3,067,611.05
提取法定公益金		3,666,396.62	3,067,611.05	3,666,396.62	3,067,611.05
提取任意盈余公积金		14,665,586.47	—	14,665,586.47	—
七、可供股东分配的利润		14,665,586.47	24,540,888.35	15,406,886.47	25,435,188.35
减:已分配普通股利		14,665,586.47	24,540,888.35	14,665,586.47	24,540,888.35
八、未分配利润		—	—	741,300.00	894,300.00

财务状况变动表

1996 年度

编制单位:深圳康达尔(集团)股份有限公司　　　　单位:人民币元

流动资金来源和运用	合并	母公司	流动资金各项目的变动	合并	母公司
一、流动资金来源:			一、流动资产本年增加数		
1、本年净利润	36,663,966.18	36,510,966.18	1. 货币资金	2,275,685.98	-3,504,169.20
加:不减少流动资金的费用和损失:			2. 短期投资	1,934,232.08	1,934,232.08
(1)少数股东本期损益(亏损以"-"号表示)	-31,091.08	—	3. 应收帐款净额	-25,519,391.75	-22,862,851.01
			4. 预付货款	-4,364,947.71	-5,199,901.11
(2)固定资产折旧	24,379,125.23	1,733,085.01	5. 其他应收款	4,385,552.15	2,646,314.89
(3)无形资产、递延资产及其他资产摊销(减其他负债转销)	9,591,046.61	1,063,039.35	6. 待摊费用	-6,258,203.52	-322,066.00
			7. 存货	-6,148,292.46	-11,809,484.13
(4)固定资产盘亏(减盘盈)	-150,467.63	—	8. 待处理流动资产净损失(减收益)	-58,677.54	—
(5)清理固定资产损失(减收益)	3,892,333,29	996,223,84	9. 流动资产增加净额	-33,754,042.77	-39,117,934.49
小计	74,344,912.60	40,303,314.38			
2. 其他来源:					
(1)固定资产清理收入(减清理费用)	1,221,868.18	235,144,27			
(2)增加长期负债	-3,735,493.68	-1,243,285.68			
(3)收回长期投资	2,007,000.00	2,003,000.00			
(4)资本净增加额	46,838,379.71	46,838,379.71			
(5)少数股东资本净增加额	3,680,000.00	—			
小计	50,011,754.21	47,833,238.30			
流动资金来源合计	124,356,666.81	88,136,552.68			
流动资金源和运用					
二、流动资金运用:			二、流动负债本年增加数:		
1、利润分配			1. 短期借款	26,165,260.00	-46,889,650.00
(1)提取法定公积金	3,666,396.62	3,666,396.62	2. 应付票据	40,077,890.00	32,777,890.00
(2)提取法定公益金	3,666,396.62	3,666,396.62	3. 应付帐款	-26,287,266.43	-37,352,717.76
(3)提取任意公积金	14,665,586.47	14,665,586.47	4. 预付货款	11,645,878.35	—
(4)已分配股利	14,665,686.47	14,665,686.47	5. 应付福利费	92,934.60	344,696.52
小计	36,663,966.18	36,663,966.18	6. 未付股利	-22,977,413.53	-22,977,413.53
2、少数股东利润分配	728,490.99	—	7. 未交税金	8,776,720.83	5,101,873.91
3、其他运用:			8. 其他未交款	126,455.01	67,500.00
(1)固定资产和在建工程净增加额	47,511,695.45	12,744,615.23	9. 其他应付款	-2,144,591.48	69,561,885.79
(2)增加无形资产、递延资产及其他资产	5,405,236.07	3,969,745.60	10. 预提费用	-699,131.30	-443,199.57
(3)偿还长期负债	27,701,088.10	4,257,130.10	11. 一年内到期的长期负债	5,270,000.00	1,620,000.00
(4)增加长期投资	80,146,968.84	71,429,895.42			
小计	160,764,988.46	92,401,386.35			
流动资金运用合计	198,157,445.63	129,065,352.53	流动负债增加净额	40,046,736.05	1,810,865.36
流动资金增加净额	-73,800,778.82	-40,928,799.85	流动资金增加净额	-73,800,778.82	-40,928,799.85

深圳市康达尔(集团)股份有限公司 1997 年度中期报告

一、财务报告(未经审计)

1、简化的资产负债表　　　　金额单位:人民币(元)

项目	合并数		母公司	
	1997 年 6 月 30 日	1996 年 12 月 31 日	1997 年 6 月 30 日	1996 年 12 月 31 日
流动资产	564,981,115.34	429,161,414.87	327,868,679.01	211,702,275.81
长期投资	122,329,272.21	118,142,287.16	478,629,416.51	489,921,186.88
固定资产净值	269,621,629.40	278,547,244.19	38,655,027.98	38,917,992.98
在建工程	65,502,631,74	60,044,651.98	10,031,236.44	8,591,626.06

无形资产及递延资产	132,810,872.84	136,549,994.23	22,795,730.76	23,614,027.56
资产总计	1,155,245,521.53	1,022,445,592.43	877,980,090.70	772,747,119.29
流动负债	789,725,405.81	676,087,330.75	525,656,419.14	438,459,468.18
长期负债	4,800,746.64	4,792,350.40	3,520,746.64	4,792,350.40
少数股东权益	12,597,644.16	12,811,910.57		
股东权益	348,121,724.92	328,754,000.71	348,802,924.92	329,495,300.71
股本	132,480,000.00	132,480,000.00	132,480,000.00	132,480,000.00
资本公积金	150,841,250.25	150,841,250.46	150,841,250.25	150,841,250.25
盈余公积金	45,432,750.46	45,432,750.46	45,432,750.46	45,432,750.46
未分配利润	19,367,724.21		20,048,924.21	741,300.00
负债与股东权益合计	1,155,245,521.53	1,022,445,592.43	877,980,090.70	772,747,119.29

2、简化的损益表　　　　　　　　　　金额单位:人民币(元)

项目	合并数		母公司	
	1997年1-6月	1996年1-6月	1997年1-6月	1996年1-6月
主营业务收入	388,756,806.63	298,121,987.78	91,988,040.04	101,077,031.37
主营业务利润	18,021,277.60	10,179,393.34	9,316,290.43	-17,423,301.38
其他业务利润	932,145.67	14,013,762.49		11,122,390.25
投资收益	3,763,846.20	6,818,836.54	12,014,732.49	34,957,938.18
营业外收支净额	-55,584.75	-393,787.59	-65,715.74	-503,280.03
利润总额	22,877,603.45	30,846,586.77	21,265,307.18	28,618,872.75
所得税	3,724,145.65	2,333,701.08	1,957,682.97	
净利润	19,367,724.21	28,668,206.94	19,307,624.21	28,618,872.75

3、其他财务指标

项目	1997年1-6月	1996年1-6月
每股收益(元)	0.146	0.216
净资产收益率(%)	5.56	8.55
每股净资产(元)	2.63	2.53

4、财务报表注释

(1)本报告期内所采用的会计政策及会计方法同以前年度所采用的会计政策和会计方法一致。

(2)本报告主体在报告期内未发生合并、分立等变化。

(3)货币资金期末余额116,137,495.31元,比年初增加83.33%,主要是及时收回货款和其他债权及银行借款有所增加,另外,上半年尚未派发1996年度股息。

(4)短期投资期末余额11,460,697.47元,比年初增加32.20%,主要是增加了股票投资,但上述增加的股票全部是在1997年5月21日前买入的,如按1997年6月末的市价计为9,757,000.00元。

(5)应收帐款期末余额103,403,041.41元,比年初增加25.20%,主要是因本期销售收入增加而引起的结算往来款增加。

(6)其他应收款期末余额94,671,103.95元,比年初增加57.10%,主要是预交了地价款。

(7)长期投资期末余额122,329,272.21元,比年初增加3.40%,主要是本期增加的对深圳康达尔(孟州)饲料有限公司的投资款。

(8)固定资产原值期末余额369,284,580.21元,比年初增加0.71%,主要是本期完工的鳜鱼配合饲料生产线所引起的;固定资产净值期末余额269,621,629.40元,比年初减少8,925,614.79元,主要是本期累计提折旧的减少额。

(9)在建工程期末余额65,502,631.74元,比年初增加9.10%,主要是鸡粪再生饲料生产线及稀土添加剂和浓缩料生产线配套工程的投资增加引起。

(10)递延资产及无形资产期末余额132,810,872.84元,比年初减少2.82%,主要是本期增加的摊销所致。

(11)短期借款期末余额580.910,876.00元,比年初增加25.83%,主要是本期增加的各类借款。

(12)未分配利润期末余额19,367,724.21元系本期经营产生的利润。

(13)主营业务收入388,756,806.67元,比1996年同期增加30.40%,其构成如下:

项目或类别	销售额(元)	比重(%)
肉鸡　鸡苗	82,343,241.20	21.10
饲料	188,679,505.83	48.53
贸易业务	62,714,474.37	16.13
运输	9,605,064.47	2.47
其他	45,414,517.67	11.69

(14)投资收益3,763,846.20元,比1996年同期减少52.20%,主要是本期减少的股票投资收益。

(15)关联方关系及其交易的披露

①关联方关系

被投资单位名称	注册资本	所占股权比例
深圳信兴实业公司	640万元	49%
深圳市康达溢投资有限公司	1000万元	35%
绥化康达尔食品有限公司	1350万元	33.3%

②关联方交易

本报告期内,本公司与上述关联企业之间共发生741,593.40元交易额,主要是出售肉鸡给深圳信兴实业公司,同时本公司为康达溢的200万元人民币借款提供了担保。

二、经营情况回顾与展望

(一)上半年经营情况回顾

1997年上半年,本公司经营的主要业务——供港活鸡生产由于供大于求、价格下降,整体经营形势严峻。我司及时调了产业结构和产品结构,并加强内部管理和控制,努力降低生产成本,减少市场风险带来的损失,较好地完成了预定计划,并为下半年的发展打下了基础。上半年,本公司实现主营业务收入388,756,806.67元,比1996年同期增加30.4%;实现净利润19,367,724.21元,完成年度计划的37.21%。公司主要行业的经营情况如下:

1、养鸡业:通过适当调减产量,控制生产成本,开发高技术、高附加值的祖、父代鸡种,积极开拓外省市场等措施,减少了经营损失,保持了发展后劲。今年5月,我司培育的优质康达尔黄羽肉鸡在全国首家通过了国家畜禽品种资源委员会的鉴定,给我司实施把黄羽肉鸡推向全国的战略带来了美好的前景。

2.饲料业:由于去年全国粮食大丰收,刺激了畜牧业的发展,饲料业面临持续的市场景气。本司抓住这一时机,一方面对三个已投产的饲料厂增产挖潜,并进行部分生产线的扩建和改建;一方面加快了另外三个新厂的建设速度。该产业上半年的盈利比去年同期翻了一番。

3、运输业:顺应深圳市政府整顿中小巴的要求,继续把大部分中小巴调整为大巴,在营运线路和车辆没有增加的情况下,增加了载客量和营业额,经营利润比去年同期增加50%以上。

4、房地产业:抓住房地产复苏的有利时机,利用本司丰富的土地储备,加大了对房地产业的投入。在深圳特区内,我司与龙岗区政府合建的香梅花园(建筑面积3.6万平方米)上半年已完成±0.00工程,下半年即可预售;在龙岗区布吉镇,总建筑面积14万平方米的康吉花园也已通过了整体规划设计,首期工程将于今年内动工。

5、电力工业:经国家计委批准,今年4月10日,深圳市前湾电力发展有限公司(我司占90%的股权)与广东省电力集团公司、香港中华电力投资有限公司、埃克森能源有限公司、日本兼松电力(华南)有限公司签订了合作兴建及经营深圳市前湾燃机电厂协议书暨转供和运输崖城天然气协议。该项目总投资72亿元。目前,该项目已进入设备招标准备阶段。

(二)下半年经营计划

抓好配股资金的运用,继续进行产业调整,抓住饲料业、运输业和房

地产业发展的有利时机,增加投入,加快套现,确保完成今年的盈利计划。主要的工作重点是:

1、增资3000万元,保证上半年已进行的三条生产线的改建、扩建项目能建成投产,同时保证新建的东莞市东铭饲料厂、河南省孟州市饲料厂、黑龙江省绥化市饲料厂在年内投产,使本司今年的饲料总产量首次突破20万吨大关,为明年超30万吨打好基础。

2、投资5000万元,力争香梅花园在今年底内封顶,并于第四季度预售,套回部分资金,实现部分利润。投资3000万元,完成康吉花园首期的基础工程。

3、抓紧龙岗区中心城公共汽车站等一批汽车客运站(点)的建设,使跨省市的中长途客运能够依托发展,另外,积极争取开拓新的线路,更新和增加车辆,迅速扩大规模。

4、积极拓展华南地区、京津地区及沿海地区的黄羽鸡的市场实现养鸡业的战略转移

5、争取在今年内完成前湾电厂的国际融资、工程设备招标的谈判工作。

三、重大事件说明

1、根据国家证监会、中国人民银行、国家经贸委5月21日联合发布的《严禁国有企业和上市公司炒作股票的规定》、公司对有关情况作了认真检查,已按规定清除了下属子公司的股票帐户。目前,本公司持有已上市流通股票的帐户为2个(其中上海证券登记公司及深圳证券登记公司各1个)。迄今为止,本公司从未炒作过本公司股票,从未动用银行信贷资金或其他资金炒作股票,也从未以个人名义开户或为个人买卖股票提供资金。对于本公司目前仍持有的已上市流通的股票今后亦将严格遵循国家政策、法规进行处理。

2、经本公司1997年5月16日召开的股东大会审议通过,并经深圳市证券管理办公室深证办复[1997]73号文批复,本公司于1997年7月5日在《中国证券报》及《证券时报》上刊登了《分级派息公告》,并于1997年7月14日实施了分红派息工作。经该次分红派息后,本公司总股本不变。

3、本公司1997年第一次临时股东大会通过了《关于修改1996年度配股方案的议案》已经深圳市证券管理办公室深证办字[1997]18号文、国家国有资产管理局国资企发[1997]13号文批准,中国证券监督管理委员会上字[1997]24号文复审通过。公司此次配售新股2483.428万股,每股配股价格为6.80元。本次募集资金扣除发行费后实际募集资金16583.1681万元。股份变动公告已于1997年8月19日刊登于《中国证券报》及《证券时报》上。

4、1997年5月5日,公司董事会在公司本部三楼会议室召开会议,会议审议通过了将集团所属的食品公司位于龙岗区布吉镇大芬村的75000平方米土地转变为房地产开发用途,由集团自行开发建设。该项目总投资约为人民币2亿元,总建筑面积为14万平方米,分四年实施,项目名称暂定为"康吉花园"。

5、广东省东源县公路发展总公司由于拖欠本公司下属全资企业深圳市康达尔(集团)房地产开发公司的集资应还利息总计人民币444万元,深圳市康达尔(集团)房地产开发公司已于1996年7月17日提出了诉讼,并请示法院判令担保单位东源县人民政府承担连带清偿责任,现案件尚未做出终审判决。

6、本公司1997年中期不分红。

四、发行在外股票的变动和股权结构变化

1、本报告期内,公司股本总数和股权结构没有变化。

2、股权结构情况:

截止1997年6月30日,本公司股本总额为13248万股,其股本结构如下:

股份单位:万股　　面值:1元

股份类别	1996年末	比例(%)	1997年6月30日	比例(%)
(1)尚未流通股份				
国家股	9,760	73.67	9,760	73.67
尚未流通股份合计	9,760	73.67	9,760	73.67
(2)已流通股份				
社会公众股	3,464	26.15	3,464	26.15
董事、监事持股	24	0.18	24	0.18
已流通股份合计	3,488	26.33	3,488	25.33
(3)股份合计	13,248	100	13,248	100

3、截止1997年6月27日,前十名股东的持股情况:

股东名称	持股数量(股)	持股比例(%)
(1)深圳市龙岗区投资管理有限公司	97,600,000	73.67
(2)王春玉	440,000	0.33
(3)深圳市中财投资发展公司	404,000	0.31
(4)深圳市玛西普医学科技发展有限公司	390,100	0.30
(5)王忠英	380,000	0.29
(6)肖开志	320,000	0.24
(7)吴老小	279,700	0.21
(8)胡晓梅	248,700	0.19
(9)陈志宇	229,800	0.17
(10)陈运华	228,526	0.17

五、股东大会简介

1、深圳市康达尔(集团)股份有限公司1997年第一次临时股东大会于1997年3月10日下午3时在集团本部三楼会议厅召开,到会股东19名,代表股份9792.1万股,占总股份的73.91%,会议审议并通过了以下决议:《关于修改1996年度配股方案的议案》、《关于聘请深圳市会计师事务所为本公司1997年度审计会计师事务所及财务顾问的议案》、《关于聘请深圳市星晨律师事务所为本公司1997年度法律顾问的议案》。

2、深圳市康达尔(集团)股份有限公司1996年度股东大会于1997年5月16日下午3时在深圳市罗湖区深南东路8号公司本部三楼会议厅召开,与会股东18名,代表股权9787.3万股,占总股本13248万股的73.88%,会议审议并通过了:《1996年度董事会工作报告》、《1996年度总经理工作报告》、《1996年度公司财务工作报告及1997年度财务预算报告》、《1996年度监事会工作报告》、《1996年度利润分配和分红派息的预案》、《关于修改公司章程的预案》。本次会议章程修改部分为公司名称、地址,并按有关法规规范了原章程中的条文及用语。

六、备查文件

(一)载有董事长、总经理亲笔签名的1997年度中期报告原本;

(二)本公司1996年度报告及摘要;

(三)本公司1996年度股东大会文件及大会决议;

(四)公司章程。

以上备查文件,存放于本公司董事会秘书处。

公司地址:深圳市罗湖区深南东路8号

电话:8425020-377

传真:5420155

深圳市康达尔(集团)股份有限公司

1997年8月22日

株洲庆云发展股份有限公司

株洲庆云发展股份有限公司概况

一、公司简介

株洲庆云发展股份有限公司是一家集旅游酒店业、商业、装饰业、房地产业、高科技工业、广告业于一体的大型综合企业。1984年由43家具有雄厚经济实力的企业以及社会个人共同出资筹建,1987年正式投入营运。公司地处市中心黄金地段,面对株洲火车站,环境优雅、装饰一流,被首推为株洲市精神文明和物质文明的窗口。

公司所属庆云宾馆,是株洲市第一家三星级旅游饭店,拥有高级豪华套间、双人间、普通客房共300间,大型豪华宴会厅、西餐厅五个、可同时容纳800人就餐。各种格调的大小会议、歌舞厅、美容、美发、桑拿按摩、商务中心等配套功能齐全。1994年获全国最佳星级饭店称号,1995年获湖南省十佳星级饭店,1996年被国家旅游局评为全国百优星级饭店。

公司所属庆云商厦,是湖南省大型商厦之一,拥有近万平方米营业面积,经营各种名优商品和大众化产品3万余种,经济效益列居全省商业零售企业十强。连续四年评为湖南省物价、计量信得过先进单位,获省、市消费者信得过奖牌,1996年列为湖南省13家全国"百城万店无假货"商场。

公司所属庆云装饰有限责任公司,是一个以装饰为龙头,兼营广告业,物资贸易的综合实体,其装饰技术力量雄厚,所完工的装饰工程分别评为省、市级优良工程。1996年获得湖南省建设委员会颁发的唯一的装饰工程创省样板工程先进单位;同时通过建设部的资质审核,晋升为株洲地区唯一的国家二级建筑装饰施工企业。

庆云公司曾以开股份制之先河的气派,创立了全国劳动系统第一家股份制企业。目前,庆云人正以上市为动力,加大企业改革力度,增强企业市场竞争力,一方按照《公司法》的要求,进一步规范和完善股份制,按现代化企业气度规范了企业运作,另一方面,在转变企业内部经营机制上狠下功夫,全面提高企业素质,增强企业活力,同时公司将不断拓展经营,向多元化、高科技发展,凭借天时、地利、人和,发挥优势,再创辉煌。

公司地址:湖南省株洲市车站路1号

电话:(0733)8224851(总机)

传真:(0733)8225356

邮编:412008

信息披露事务人员姓名:陈小萍

电话:(0733)8224851—518

二、董事长、总经理介绍

李东先生,60岁,大学文化,曾任株洲市商业局秘书,市委办公室正科级秘书,株洲市劳动局副局长、正局级干部,株洲市政协委员、湖南省经济体制改革研究会理事。李先生长期从事商业管理、行政管理、劳动就业、工资福利、社会保险研究管理工作,具有十分丰富的理论知识和实践经验。

彭伟先生,42岁,大专文化,经济师,曾任株洲工业橡胶厂厂长助理,庆云宾馆总经理,本公司副总经理,现任本公司董事兼总经理。彭先生从事工业、饮食、旅游、商业管理工作多年,曾参加国家旅游局湖南团赴香港接受培训,具有丰富的旅游饭店业、商业企业管理经验和敏锐的市场洞察力、开拓能力,被国家旅游局授予94年全国星级宾馆最佳总经理称号,1996年获得株洲市优秀企业经营者称号。

株洲庆云发展股份有限公司股票上市公告书

一、释义

在本公告书中,除非文义另有所指,下列词语具有如下意义:

本公司或公司:指株洲庆云发展股份有限公司

江南联营贸易中心:指由本公司之发起人发起,株洲市人民政府株政办发(1984)35号文批准,并通过集资的形式组建、以安置劳动就业为目的的集体所有制企业,曾改称为"劳动大厦"、"庆云大厦"等名,系本公司前身。

发起人:指1984年4月发起筹建"江南联营贸易中心"的五家单位:株洲市劳动服务公司(后改名为株洲市劳动就业管理处)、株洲电力机车工厂劳动服务公司、株洲市摩托车制造厂、株洲冶炼厂劳动服务公司、南方动力机械公司劳动服务公司。

董事会:指本公司董事会

股票:指本公司发行的人民币普通股股票

元:指人民币元

上市:指本公司股票获准在深圳证券交易所挂牌交易

二、绪言

本公司股票上市申请经中国证券监督管理委员会证监发字〔1996〕第324号文批准和深圳证券交易所深证发〔1996〕429号文审核同意,本公司发行的人民币普通股56049950股中的社会公众股25214100股,于1996年11月26日在深圳证券交易所挂牌交易。

本公司股票上市公告书依据《中华人民共和国公司法》、《股票发行与交易管理暂行条例》、《公开发行股票公司信息披露实施细则》和《深圳证券交易所交易业务规则》的规定编制,旨在说明本公司股票上市目的,并向社会公众披露公司基本情况及有关资料。本公司董事会及其成员愿就上市公告书中所载资料的真实性、准确性和完整性负个别及连带责任。上市公告书的内容由本公司董事会负责解释。

三、公司概况

1. 公司法定名称

中文:株洲庆云发展股份有限公司

英文:ZHUZHOU QINGYUN DEVELOPMENT CO., LTD.

2. 公司注册地址

中文:湖南省株洲市车站路1号

英文:NO.1 CHE ZHAN STREET, ZHUZHOU, HUNAN

邮政编码:412008

3. 公司法定代表人:李东

4. 公司董事、监事及其他高级管理人员

(1)李东先生,董事长,60岁,大学文化,曾任株洲市商业局秘书,市委办公室正科级秘书,株洲市劳动局副局长、正局级干部、株洲市政协委员、湖南省经济体制改革研究会理事,现任本公司董事长。李先生长期从事商业管理、行政管理、劳动就业、工资福利、社会保险研究管理工作,具有十分丰富的理论知识和实践经验。持有本公司股票2000股。

(2)颜波平先生,副董事长,43岁,大学文化,曾任株洲市东区常委、宣传部长、常务副区长。现任本公司党委书记兼副董事长。颜先生长期从事政治宣传、理论研究、企业管理工作,多篇论文发表并获省科研课题二等奖和入选《中国“八五”科学技术成果选》,具有较高的理论水平、思想政治工作实践经验和行政管理经验,持有本公司股票2000股。

(3)谢一希先生,副董事长,55岁,中技文化,经济师,曾任株洲市劳动局社劳科科长、市劳动服务公司代经理、本公司总经理、中国劳动服务企业协会副会长等职,现任本公司副董事长。

谢先生从事劳动就业、劳动保险研究以及劳动服务企业管理多年,具有丰富的理论知识和实践经验。持有本公司股票2000股。

(4)彭伟先生,董事兼总经理,42岁,大专文化,经济师,曾任株洲工业橡胶厂厂长助理、庆云宾馆总经理、本公司副总经理,现任本公司董事兼总经理。

彭先生从事工业、饮食业、旅游、商业管理工作多年,曾参加国家旅游局湖南团赴香港接受培训,具有丰富的旅游饭店业、商业企业管理经验和敏锐的市场洞察力、开拓能力,被国家旅游局授予94年全国星级宾馆最佳 总经理称号。持有本公司股票2000股。

(5)陈家友先生,董事,46岁,中专文化,经济师,现任株洲战备材料总厂厂长。

陈先生从事生产经营、仓储管理工作多年,具有丰富的经营组织、管理经验。持有本公司股票0股。

(6)厉鸣先生,董事,39岁,大专文化,曾任株洲市劳动局办公室主任,现任株洲市劳动就业管理处处长。厉先生从事文秘行政管理、劳动就业管理工作多年,具有较高的理论水平和丰富的经验。持有本公司股票0股。

(7)曾维伦先生,董事,57岁,大专文化,高级工程师,现行株洲冶炼厂厂长。

曾先生多年从事生产管理、经营组织、市场开发和质量管理工作,拥有丰富的经营管理、生产组织、市场营销经验。持有本公司股票1000股。

(8)李德星先生,董事,49岁,大专文化,曾任株洲电力机车厂生产处长,现任株洲电力机车机械厂配件工业总公司总经理。

李先生从事生产开发经营管理工作多年,具有丰富的生产经营管理经验。持有本公司股票2000股。

(9)杨云波先生,董事,59岁,大专文化,经济师,现任二十三冶二公司经理。杨先生熟悉建筑业经营管理和行政管理,具有丰富的建筑管理、经营开发经验。持有本公司股票2000股。

(10)王伯行先生,董事,50岁,大专文化,现任长沙铁路总公司总会计师。王先生多年从事财务工作,在会计、财务、投资方面拥有丰富的经验。持有本公司股票0股。

(11)徐松林先生,董事,52岁,大学文化,现任株洲硬质合金厂副厂长。徐先生从事多年企业生产管理,经营组织、经营开发、财务管理工作,具有丰富的经营管理经验和生产组织能力。持有本公司股票1000股。

(12)向平先生,董事,41岁,大专文化,曾任株洲玻璃厂纤维分厂厂长,现任株洲玻璃厂劳动服务公司经理。向先生从事经营、管理工作多年,具有较丰富的生产经营管理、营销经验。持本公司股票0股。

(13)李群林先生,董事,55岁,中专文化,曾任株化集团公司劳动服务公司副经理、财务处长,现任株洲化工厂总会计师。

李先生多年从事经营管理工作和财务管理工作,在财务管理和生产经营等方面有丰富的经验。持有本公司股票0股。

(14)陈小萍女士,董事会秘书,40岁,大专文化,政工师,曾任庆云宾馆办公室主任、本公司党办主任、总经理办公室主任等职。陈女士从事党务、经营管理工作多年,在党务、行政管理方面有较深的理论素养和丰富的实践经验。持有本公司股票2000股。

(15)裘启贤先生,监事会召集人,55岁,中技文化,经济师,曾任株洲市劳动服务公司供销公司经理,现任本公司党委副书记兼商厦总支书记等职。裘先生多年从事企业管理,在党务和企业管理方面拥有丰富的经验。持有本公司股票2000股。

(16)贺学儒先生,监事,51岁,大专文化,现任株洲摩托车制造厂厂长。贺先生多年从事企业管理工作,在生产组织、管理、营销方面有丰富的经验。持有本公司股票0股。

(17)武忠先生,监事,41岁,大学文化,现任株洲市公共交通总公司总经理。武先生多年从事企业党务和经营管理工作,在经营管理、思想政治工作方面有较丰富的经验。持有本公司股票2000股。

(18)李忠敏先生,监事,46岁,大学文化,现任株洲冶炼厂劳动服务公司经理。李先生多年从事企业管理,党务工作,在生产经营、管理等方面有较丰富的经验,持有本公司股票0股。

(19)戴迪华先生,监事,49岁,会计师,曾任庆云宾馆副总经理,现任本公司审计科科长。戴先生从事经营管理工作多年,在财务管理、审计等方面有较丰富的经验。持有本公司股票1000股。

(20)王宪慧女士,副总经理,39岁,大专文化,政工师,曾任本公司党委副书记、工会主席、副总经理兼庆云宾馆总经理等职。王女士从事商业及党务工作多年,在党务工会工作以及经营管理方面有较丰富的经验,持有本公司股票0股。

(21)胡建军先生,副总经理,36岁,大专文化,助理工程师,曾任本公司庆云装饰工程公司经理、本公司副总经理兼实业公司总经理等职。胡先生从事技术管理、业务开发工作十余年,有较强的经营管理、开发能力。持有本公司股票2000股。

(22)胡自泉先生,副总经理,36岁,大专文化,助理经济师,曾任株洲庆云商厦部门经理、本公司总经理助理、副总经理兼商厦总经理等职。胡先生从事经营开发、管理工作十余年,有较强的组织管理、经营开拓能力。持有本公司股票2000股。

(23)龙腾云先生,总工程师,54岁,大学文化,高级工程师,曾任贵州省轻工机械厂设备科副科长、株洲市劳动局培训科副科长、本公司总工程师等职。龙先生多年从事技术管理、培训工作,在技术组织及管理等方面有较丰富的经验。持有本公司股票0股。

(24)谭务善先生,总经济师,54岁,大学文化,高级经济师,曾任湖南省界牌陶瓷总厂供应科长、本公司企管办主任、总经济师兼财务科长、总经济师兼证券管理部主任等职。谭先生多年从事企业管理和财务管理工作,在经济研究、证券管理等方面有较丰富的经验。持有本公司股票1100股。

以上人员共持有公司股票26,100股,占本公司股本总额 的0.05%,根据《中华人民共和国公司法》的有关规定,公司董事、监事、经理在任职期内不得转让。

5. 公司其他情况

(1)所属行业:旅游服务业

(2)批准设立股份有限公司的文件

株洲市经济体制改革办公室株经改(1987)22号文批准成立株洲庆云股份有限公司。

(3)公司成立日期及营业执照编号:

1987年1月22日,株洲庆云股份有限公司被批准成立,3月18日,由株洲市工商行政管理局核发株工商登字:870028号“营业执照”,资金总额:3000万元;

1989年1月26日,公司在株洲市工商行政管理局换发“企业法人营业执照”,注册号:18428087-8;注册资金:4300万元;法人代表:胡万封。

1993年8月14日,公司在株洲市工商局换领“企业法人营业执照”,并将“株洲庆云股份有限公司”更名为:“株洲庆云发展股份有限公司”。注册号:18428087-8;注册资金:5605万元,法人代表:陈岳。

1996年6月17日,公司在株洲市工商局换领“企业法人营业执照”,注册号:18428087-8(3-1),注册资金5605万元,法人代表:李东。

(4)公司在册职工

截止1996年5月31日,公司在册职工总数1145人。

其中:各类专业技术人员154人,占总人数的13.45%。

高级技术职称3人,中级技术职称38人。

管理人员163人,占总数的14.2%。

大专以上文化程度为67人,占总数5.9%。

公司已为全部在册职工在市社会劳动保险局办理了个人养老保险。公司现有退休职工 18 人,全部由市社会劳动保险局计发退休工资。

(5)公司占地面积

本公司总计占地面积 15166.04 平方米,总建筑面积 40729 平方米。

(6)公司分公司、子公司与参股公司

A. 庆云宾馆本公司分公司

资金数额:500 万元

负责人:王宪慧

经营范围:主营:饮食、住宿、文化娱乐、旅游、理发、美容服务

兼营:百货、工艺美术品、其它食品、副食品

批零兼营、车辆出租

B. 庆云商厦本公司分公司

资金数额:488 万元

负责人:胡自泉

经营范围:主营:五金、交电、化工、百货美术品、针纺织品、劳保用品、日用杂品、副食品、其它食品、电器机械及器材、普通机械、金属材料、建筑材料

兼营:黄金首饰零售;家用电器、钟表修理;汽车货运;室内设计、制作、发布电子屏广告、霓虹灯、条幅、立牌、灯箱、气球广告、汽车零部件批零兼营

C. 株洲庆云发展实业公司本公司全资子公司

注册资本:405 万元

法人代表:胡建军

经营范围:主营:电子屏、霓虹灯、灯箱、条幅、招牌广告的设计、制作、发布、房地产经营兼营:房屋装修、设备安装、装饰材料、建筑材料、建筑五金、金属材料、电器机械、普通机械、化工产品、矿产品、百货、纺织品

D. 株洲庆云房地产开发有限责任公司本公司控股子公司

注册资本:500 万元

法人代表:胡建军

各方投资比率:株洲庆云发展股份有限公司占 90%

株洲县群丰镇经济贸易总公司占 10%

经营范围:叁级房地产开发,房屋租赁;建筑材料,金属材料,五金,化工产品,普通机械,电器机械及器材,矿产品批零兼营。

E:株洲银雁通信设备有限公司本公司参股子公司

注册资本:250 万元

法人代表:彭范柱

各方投资比率:邮电部株洲通信元件厂占 39%

株洲庆云发展股份有限公司占 36%

国防科技大学长沙银河高新技术开发总公司占 25%

经营范围:全数字双向录音电话机生产、销售;电子元器件、电器机构及器材,金属材料、五金、化工陶瓷产品批发零售。

(7)公司咨询服务项目

本公司已授权陈小萍女士、谭务善先生负责本公司证券事务管理及股东咨询事宜,投资者如对本公司有任何疑问,可咨询本公司授权代表。本公司的文件陈放在本公司办公地点,可供股东查询。

咨询电话:(0733)8224851-506　　传真号码:(0733)8225356

股东接待日期:每周的星期五

公司文件资料查询索阅地点:本公司证券部

邮编:412008

(8)上市推荐人:湘财证券有限责任公司

法定代表人:陈学荣

地址:湖南省长沙市韶山路附 20 号

联系人:钟建春、范翔辉

联系电话:(0731)8855416、8855410

(9)会计师事务所:湖南省会计师事务所

法定代表人:李双桂

联系人:李弟扩

地址:湖南省长沙市黄兴路 182 号

电话:(0731)5552405

(10)律师事务所:湖南省启元律师事务所

法定代表人:袁爱平

经办律师:袁爱平、朱旗

地址:湖南省长沙市芙蓉中路国信证券大厦五楼

电话:(0731)4414882

(11)财务顾问:中国诚信证券评估有限公司

法定代表人:毛振华

联系人:曹敏、马晓平

地址:北京市东城区和平街民旺乙 19 号

电话:(010)64275969

6. 股本结构

(1)公司注册资本:5605 万元人民币

(2)股份总额:56049950 股

其中:国家股:882950 股,占总股本的 1.58%

发起法人股:13371000 股,占总股本的 23.87%。

定向募集法人股:16555800 股,占总股本的 29.53%

高级管理人员持股:26100 股,占总股本的 0.05%

个人股:25214100 股,占总股本的 44.98%

7. 股票发行情况

(1)股票种类:人民币普通股

(2)股票面值:人民币壹元

(3)股票发行价格:

国家股:1.00 元/股

法人股:1.00 元/股

个人股:1.00 元/股

(4)股票发行过程

1984 年 6 月 28 日,株洲市人民政府以株政办发〔1984〕35 号文批复同意市劳动服务公司牵头组建"江南联营贸易中心"。1984 年 5 月 9 日,市劳动服务公司率先向"中心"投入股金,截止 1987 年 2 月底,株洲市劳动服务公司等 43 家单位向公司入股 2,300 万元,社会个人自愿入股 700 万元。当时系自办发行,未编制、刊登招股说明书,只由庆云大厦筹建处制订了《关于面向社会筹集资金的公告》。

1987 年元月,株洲市体改办以株经改〔1987〕22 号文批准设立本公司的文件中,对本次发行的 3000 万股金预以确认。

1988 年 10 月,公司经公司股东大会决议并经株洲市体改办株经改〔1988〕27 号文和中国人民银行湖南省株洲分行株银发〔1988〕第 175 号文批准,向社会个人募集股金 1,300 万元。亦自办发行,未编制、刊登招股说明书,由公司制订了《募集股金的公告》。截止 1989 年 1 月 20 日,1300 万元股金全部募集完毕。

1992 年 11 月 12 日,公司第五次股东大会通过决议并经株洲市财政局株财国资发〔1992〕第 048 号文同意及湖南省证券委湘证券〔1993〕第 15 号文件确认:以资本公积金按入股时间先后给原有股东送股,计 1216.7 万股;并同意公司计入无形资产的土地使用权价值按 1:1 比例折成 882,950 股国家股。

1993 年国家体改委以体改生〔1993〕257 号《关于株洲庆云发展股份有限公司继续股份制试点的批复》,确认了公司为向社会公开发行股票的股份制企业。

(5)募集资金的运用

①首次募股资金的运用:

1984 年 4 月,由株洲市劳动服务公司牵头,五家发起人共同发起,筹建"江南联营贸易中心"。1985 年 2 月 10 日,株洲市计委株计字〔85〕17 号文件《关于市劳动服务公司申报株洲江南联营贸易中心计划任务书的批复》,批准修建"联营贸易中心"(庆云大厦前身)。项目拟总投资 1500 万元,全部由募股资金解决。后项目方案又几经变更,最后确定修建当时株洲市最高的建筑物——庆云大厦,项目投资扩大到 3000 万元,至 1987 年 2 月底,共有 43 家单位累计投入股金 2300 万元,近 1500 名个人投入股金 700 万元,这笔资金陆续投入庆云大厦的建设中,大厦高 21 层,为当

时株洲市最高的建筑,建筑面积3万平方米,其中商厦4层8000平方米,宾馆客房300多套。1987年12月25日,庆云大厦正式投入运营,并取得良好的经济效益和社会效益。

②增资扩股资金的运用

1988年10月,庆云股份公司经株洲市体改办和人民银行株洲分行分别以株经改〔1988〕27号文件和株银发〔1988〕175号文件批复同意,向社会个人增募股金,到1989年1月20日,公司新募人社会个人股1300万元,这笔股金主要投资于以下项目:解决流动资金不足,偿还银行贷款;修建麻园商品周转仓库;庆云宾馆上二星级的内部设施完善和配套。这笔募股资金到位并运用后,充分发挥了大厦的整体功能,庆云宾馆于1989年12月被湖南省旅游局评审为二星级饭店。

(6)股东数:3375人

其中个人股东:3331人,持1000股以上的股东数为2590人。

(7)股票托管结算机构:深圳证券登记有限公司

(8)股票上市时间:1996年11月26日

(9)股票代码:0639

(10)股票简称:株洲庆云

(11)股票上市地点:深圳证券交易所

8. 经营方式:服务、批零兼营、加工、运输

9. 经营范围:

主营:住宿、饮食、旅游、文化娱乐、建筑装饰、汽车运输、理发、美容服务;五金、交电、化工、百货、针纺织品、其它食品、副食品、日用杂货批零兼营。

兼营:一般劳保用品、铸锻件及通用零部件、化工原料、金属材料、普通机械、电器机械及器材批零兼营。

四、公司组织状况

1. 公司沿革

1984年4月,本公司五家发起人共同协商,采取"集资入股、联合经营"的形式筹集本公司前身"江南联营贸易中心"(下称"中心")。6月28日,株洲市人民政府以株政办发〔1984〕35号文批复同意组建。

1985年2月,株洲市计委以株计字〔85〕17号文批复同意"中心"基建项目。

1986年5月,株洲市劳动服务公司向株洲市计委申请,将原"中心"更名为"庆云大厦",同年6月获得批准。

1987年1月13日,株洲市劳动服务公司向市体改办提交《关于成立"株洲庆云股份有限公司"的报告》;1月22日,株洲市经济体制改革办以株经改字〔1987〕22号文批复同意;3月18日,公司取得营业执照,公司注册资金3000万元,为集体性质的合资联办股份公司。

为解决兴建麻园周转仓库和宾馆设施设备完善配套所需资金,1988年10月15日,公司股东大会通过了增募股金1300万元的决议。公司分别向株洲市体改办和中国人民银行湖南省株洲分行报告申请面向社会筹集资金1300万元。株洲市体改办以株经改字〔1988〕27号文,中国人民银行湖南省株洲分行以株银发〔1988〕175号文分别批准了公司的申请。

1989年1月20日,公司增募股金筹集到位。1989年1月26日,公司更换营业执照,注册资本4300万元,公司性质为股份制(集体所有制)。

为进一步完善经营机制并规范运作,1992年11月5日,公司向株洲市股份制企业试点联审领导小组提交株庆字〔1992〕015《关于株洲庆云股份有限公司进一步完善规范的报告》,并申请将"株洲庆云股份有限公司"更名为"株洲庆云发展股份有限公司"。1992年12月28日,株洲市股份制企业联审领导小组向湖南省经济体制改革委员会提交株联审发〔1992〕028号《关于完善和规范株洲庆云股份有限公司的请示》报告,并以株联审发〔1993〕061号文件批准公司更名。

1993年5月28日,湖南省体改委以湘体改字〔1993〕92号《关于确认株洲庆云股份有限公司性质和继续进行规范化试点的批复》,同意将公司作为继续进行股份制改革试点企业,批准了公司的规范化股份制试点方案。

1993年9月8日,公司向株洲市体改办提交株庆字〔1993〕045号《关于我公司重新申报向社会公开发行股票的股份制试点企业有关问题的报告》。9月18日,株洲市体改办向湖南省体改委提交株经改〔1993〕013号《关于株洲庆云发展股份有限公司重新申报向社会公开发行股票的股份制试点企业的请示》。10月8日,湖南省体改委向国家体改委呈报湘体改字〔1993〕175号《关于重新确认株洲庆云发展股份有限公司向社会公开发行股票的股份制试点企业的请示》。12月29日,国家体改委以体改生〔1993〕257号《关于株洲庆云发展股份有限公司继续进行股份制试点的批复》,批准同意本公司继续进行规范化的股份制试点。

1994年3月10日,公司第七次股东大会通过了《关于申请社会个人股上市流通的特别决议》。

1996年5月24日,公司第九次股东大会再次通过《关于同意社会个人股上市流通的特别决议》。

1996年10月,深圳证券交易所出具了本公司股票在得到中国证监会批准之后在该所挂牌交易的函。

1996年10月17日,湖南省人民政府以湘政函〔1996〕168号文致函中国证监会,同意本公司的上市申请,并报中国证监会审查批准。

2. 历届股东大会简况

1985年6月20日,"江南联营贸易中心"召开了筹委会成员大会,会议的中心议题是:汇报江南联营贸易中心筹建工作进展,拟定下阶段的工作任务。

1987年2月16日,公司召开第一次股东大会暨董事会,会议通过了公司章程,选举产生了董事长、副董事长,同时,聘任了总经理、副总经理,并对公司的管理体制和人事任免作出了决定。

1988年6月28日,公司召开第二次股东大会,主要内容包括:通过1988年的工作计划;通过收购麻园铸管厂、筹建物资储备仓库实施方案;同意1988年暂不进行股金分红;资金主要用于配套项目的投资等。

1988年10月15日,公司召开第三次股东大会,会议主要议题是审议通过关于筹集个人股金方案。由于公司组建期间筹集的股金有限,内部装修和商品仓库配套设施兴建等项目资金缺口较大。为弥补资金缺口,公司股东大会决定向社会个人募集股金1300万元,报上级有关部门批准后实施。

1991年3月23日,公司召开第四次股东大会,会议主要内容:审议上年度计划执行情况和财务决算;报告本年经营计划和财务预算;报告公司5年至10年的发展设想。

1992年11月12日,公司召开第五次股东大会,会议的主要议程:

①批准公司章程修改;

②报告1-10月份的经营工作进度;

③报告公司资产评估情况;

④通过关于给股东送股及土地使用权折股的决议。

1993年2月16日,公司召开第六次股东大会,会议的主要议程是:

①讨论通过了经修改后的公司章程;

②讨论如何进一步完善股份制的具体措施;

③报告1992年度经营计划执行情况;

④审议1992年度财务决算和1993年度财务预算;

⑤报告公司资产评估情况;

⑥选举产生董事会;

⑦选举产生监事会。

1994年3月10日,公司召开第七次股东大会,会议议程:

①审议并批准董事会、监事会工作报告;

②通过1993年度利润分配方案;

③审议1993年度财务决算和1994年财务预算的决议;

④通过社会个人股上市流通的特别决议。

1995年3月29日,公司召开第八次股东大会,会议主要议程:

①审议并批准董事会、监事会工作报告;

②审议并通过1994年度利润分配方案;

③审议1994年财务决算和1995年财务预算;

④通过公司董事会董事、监事会监事报酬的方案;

⑤通过1994年度股利分红方案。

1996 年 5 月 24 日,公司召开了第九次股东大会。会议的主要议程:

①审议通过董事会、监事会工作报告;

②通过 1995 年度利润分配方案的决议;

③审议 1995 年财务决算和 1996 年财务预算方案;

④通过 1996 年更新改造方案;

⑤通过公司章程修改方案;

⑥选举公司第五届董事会、监事会成员;

⑦审议通过《关于同意社会个人股上市流通的特别决议》。

3. 公司组织机构和职能

(1)公司组织机构图

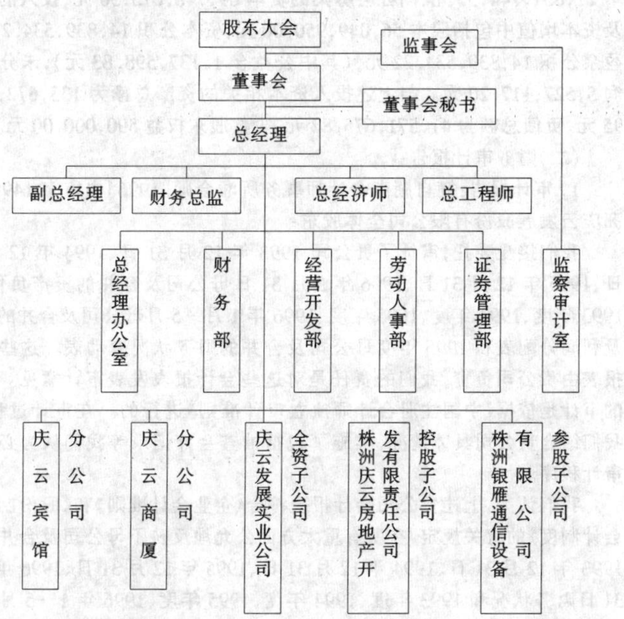

(2)各组织机构的职能

本公司设股东大会、董事会、监事会,实行董事会领导下的总经理负责制。公司本部设四部二室作为职能管理部门,分别为:总经理办公室、财务部、证券管理部、劳动人事部、经营开发部、监察审计室。上述机构的职能如下:

①总经理办公室:

负责公司内外联络,协调公司日常行政事务,提供公司信息资料。

②财务部:

负责本公司资金调度、财务管理、财务结算、财务报告编制及财务计划的制度。

③证券管理部:

负责本公司证券投资与管理,以及本公司股票事务。

④劳动人事部:

负责公司劳动人事管理、劳动工资、福利、保险以及对外招聘工作。

⑤经营开发部:

负责本公司发展战略、发展规划的制定,搜集有关信息进行调查研究,并对公司重大投资项目以及重大经营活动提出参考意见。

⑥)监察审计室:

负责本公司内部审计工作。

五、股本结构及股东持股情况

1. 股本结构

截止 1996 年 5 月 31 日止,公司总股本 56049950 股,股本结构如下:

(1)国家股:88.295 万股,占总股本的 1.58%

(2)法人股:2992.68 万股,占总股本的 53.39%

(3)社会公众股:2524.02 万股,占总股本的 45.03%

2. 股本形成过程

1984 年 4 月,本公司发起人拟采取“自愿联合、集资入股”的方式,向各企业劳动服务公司及社会个人筹集 3000 万元资金,组建“江南联营贸易中心”。1984 年 6 月 28 日株洲市人民政府以株政发〔1984〕35 号文批复同意集资筹建该“中心”。

截止于 1987 年 2 月底,已募集资金 3000 万元,每股 1 元,计 3000 万股,其中法人股 2300 万元,占股本总额的 76.67%,社会公众股 700 万股,占股本总额 23.33%。

1987 年 1 月 22 日,株洲市体改办以株经改(87)22 号文件正式批准设立株洲庆云股份有限公司。

1988 年 10 月,经公司股东大会决议,株洲市体改办和中国人民银行湖南省株洲分行分别以株经改〔1988〕27 号文和株银发〔1988〕第 175 号文批复同意,公司向社会个人增募股金 1300 万股,发行价每股 1 元,计 1300 万元。1989 年 1 月 20 日,增募股金全部募足。截止 1989 年 1 月底,公司股本增至 4300 万股,其中法人股 2300 万股,占总股本的 53.49%,社会公众股 2000 万股,占总股本的 46.51%。

为了规范公司运作,1992 年 9 月经株洲市国有资产管理处株国资审字(92)09 号文批准立项,公司委托株洲会计师事务所进行资产评估(评估基准日 1992 年 8 月 31 日),1992 年 10 月 31 日,株洲会计师事务所出具了株会(92)业二评字第 080 号《资产评估报告》。株洲市国有资产管理处株评资审(92)27 号和湖南省国有资产管理局湘国资便字〔1992〕19 号文对评估结果予以了确认。根据经省市国有资产管理部门确认的评估结果,公司于 1992 年 11 月 12 日召开股东大会,通过了关于给股东送股以及部分土地使用权折股的决议。其具体内容为:

(1)以资本公积金按入股先后给原有股东送股 1216.7 万股。送股方案为:87 年 12 月 31 日以前入股者送股比例为 10 送 3,88 年底和 89 年初入股者送股比例为 10 送 2.4。考虑到入股先后,送股时对个别作了适当调整。因此,给各法人股东共送股 692.68 万股,给个人股东送股 524.02 万股,共计送股 1,216.7 万股。

(2)评估后计入无形资产的土地使用权价值按 1:1 比例折股 882950 股投入公司。11 月 20 日,株洲市财政局下发株财国资发〔1992〕第 48 号《关于株洲庆云股份有限公司产权界定及股权设置的意见》,同意该送股及土地使用权折股方案,并将投入公司的土地使用权折价入股之股份界定为国家股,由株洲市财政局(国有资产管理处)代表株洲市人民政府行使股权。

1993 年 5 月 30 日,湖南省证券委以湘证券字〔1993〕15 号文确认了公司 1992 年度的送股及土地使用权折股方案。湖南省国有资产管理局以湘国资字〔1996〕67 号和国家国有资产管理局以国资企发〔1996〕170 号文对公司国有股权管理方案予以批复与确认。

根据湖南省会计师事务所 1996 年 5 月 31 日出具的湘会师内验字〔1996〕081 号《验资报告》审验,公司总股本为 56049950 股,实收资本为 56049950 元,股本结构为国家股 88.2950 万股,占总股本的 1.58%,法人股 2992.68 万股,占总股本的 53.39%,社会个人股 2524.02 万股,占总股本的 45.03%。

3. 股本形成过程及股权结构变动表:

表一:股本形成过程一览表

单位:万股

股权	法人股		个人股		国家股		合计
时期	增加数	累计数	增加数	累计数	增加数	累计数	
1984-87	2300	2,300.00	700.00	700.00	—	—	3,000.00
1989 年	—	2,300.00	1,300.00	2,000.00	—	—	4,300.00
1992 年	692.68	2,992.68	524.02	2,524.02	88.295	88.295	5,604.9950

表二:股权结构变动一览表

股权	1987 年		1989 年		1992	
	股数(万股)	占总股本(%)	股数(万股)	占总股本(%)	股数(万股)	占总股本(%)
国家股	—	—	—	—	88.295	1.58
法人股	2,300	76.67	2,300	53.49	2,992.68	53.39

个人股	700	23.33	2,000	46.51	2,524.02	45.03
合计	3,000	100.00	4,300	100.00	5,604.995	100.00

4. 公司主要股东持股情况及法人股东持股情况

持有本公司5%以上股份及前十位股东名单如下：

股东名称	持有股份	占总股份(%)
1)株洲市劳动就业管理处	11021600	19.66
2 株洲战备材料总厂	3943800	7.04
3 株洲冶炼厂	1282100	2.29
4 株洲电力机车工厂劳动服务公司	916100	1.63
5 株洲市国有资产管理局	882950	1.58
6 中国有色三建二公司	831700	1.48
7 长沙铁路总公司	769100	1.37
8 株洲硬质合金厂	727100	1.28
9 株洲玻璃厂劳动服务公司	653900	1.17
10 株洲化工厂	645800	1.15

5. 本公司个人股东持股额均未到法定披露的份额 。

六、公司近三年经营业绩

1. 公司经营状况概述

本公司自创建至今，特别是1992年规范运作以后，经济效益逐年提高，现已发展成为拥有1145名职工，9546万元固定资产，13367万元总资产，9,160万元净资产，以庆云大厦建筑群体为基础，以酒店业为龙头，集宾馆、商场、餐饮、文化娱乐、建筑装饰业于一体，并逐步向高科技实业渗透、发展的综合性企业。

庆云大厦座落在株洲黄金地段，正对着中南地区交通枢纽株洲火车站，大厦总建筑面积3万平方米，楼高21层，为株洲市最早的高层建筑。

公司所属庆云宾馆是湖南省最早的星级宾馆之一，它以优雅的环境、优质的服务吸引了无数的中外游客，目前已配备了先进的中央空调、进口垂直电梯、程控电话、闭路电视等现代化设施；拥有豪华套间、标准间和普通客房300套，各种不同风格的中西餐厅5个，餐位800个；夜总会、会议中心，美容美发厅、商务中心等服务配套项目齐全。93年来共接待顾客近100万人次，每年接待人数递增10%以上，市场占有率为全市旅游行业总数的15%以上。经省旅游局评定、国家旅游局审定，目前已荣膺涉外旅游三星级饭店。公司所属商厦为湖南省大型商厦之一，营业面积8000平方米，零售商品3万余种，是株洲市最早按股份制运作方式进行管理的商品零售商店。1996年，庆云商厦上半年与去年同期销售收入和利润分别增长了22%和45%。公司所属庆云发展实业公司是一个以装饰业为主，兼营广告业、房地产业、旅游产品加工业的综合实体，技术力量雄厚，所完工的装饰工程分别评为省优、市优工程。

全公司员工以"团结勤奋、求实创新、竭诚服务、尽职效忠"的庆云精神为宗旨，以"顾客第一，信誉第一"为工作原则。历年来，公司被评为：特级(AAA)信用企业；93年度株洲市"十佳企业"；全省商业企业"效益杯"竞赛优胜企业。1995年度市双文明先进单位、全省商业效益杯竞赛"十佳企业"、"优胜单位"，市"十佳企业"。宾馆1993年的经营效益在湖南省二十多家星级宾馆、七十家涉外宾馆中名列第二，1994年获全国最佳星级饭店称号。1995年宾馆被评为全省十佳星级饭店，商厦获湖南省物价、计量信得过先进单位和消费信得过红牌。公司经济效益名列株洲市商贸零售企业第一名。

2. 公司近三年经营业绩

以下是经湖南省会计师事务所审核验证的本公司1993、1994、1995年以及1996年1-5月份的经营业绩：

单位：元

项　目	年　度			
	96年1-5月	1995年	1994年	1993年
一、主营业务收入	52631608.61	107769594.44	116823510.98	155457185.59
二、主营业务利润	3549899.82	10503002.02	11733072.33	8771471.69
三、营业利润	3777912.01	10829447.38	12122132.50	8999258.06
四、利润总额	4554136.42	10649956.63	12745920.80	9038162.34
减：所得税	1502865.02	3346915.31	3300000.00	1075078.31
加：财政返回	1502865.02	3446915.31	3300000.00	1075078.31
五、净利润	4554136.42	10649956.63	12745920.80	9038162.34

七、公司财务状况

(一)验资报告：摘自湖南会计师事务所湘会师内验字〔1996〕081号

株洲庆云发展股份有限公司注册资本为56,049,950.00元。根据我们的审验，截止1996年5月31日止，株洲庆云发展股份有限公司已收到各股东投入的资本及资本增值91,600,418.13元，其中发起人投入的资本21,851,744.57元，向社会募集的资本69,748,673.56元，投入的资本及资本增值中包括股本56,049,950.00元，资本公积14,839,534.21元，盈余公积14,839,534.22元，(其中公益金1,137,598.83元)，未分配利润5,527,117.20元。与上述投入资本相关的资产总额为133,672,093.95元，负债总额为41,571,675.82元，少数股东权益500,000.00元。

(二)财务审计报告：

1. 审计报告：摘自湖南会计师事务所湘会师〔1996〕内审字149号株洲庆云发展股份有限公司全体股东：

我们接受委托，审计了贵公司1993年12月31日、1994年12月31日、1995年12月31日、1996年5月31日母公司及合并的资产负债表，1993年度、1994年度、1995年度、1996年1月-5月母公司及合并的利润及利润分配表和1995年度母公司及合并的财务状况变动表。这些会计报表由贵公司负责，我们的责任是对这些会计报表发表审计意见。我们的审计是依据《中国注册会计师独立审计准则》进行的。在审计过程中，我们结合贵公司具体情况，实施了包括抽查会计记录等我们认为必要的审计程序。

我们认为，上述贵公司会计报表符合《企业会计准则》和《股份制试点会计制度》的有关规定，在所有重大方面公允地反映了母公司及合并后的1993年12月31日、1994年12月31日、1995年12月31日、1996年5月31日财务状况和1993年度、1994年度、1995年度、1996年1-5月的经营成果以及1995年度资金变动情况，会计处理方法的选用遵循了一惯性原则。

湖南省会计师事务所　　中国注册会计师：李双桂

湖南·长沙　　中国注册会计师：李弟扩

1996年8月10日

2. 资产负责表、利润分配表、财务状况变动表：(见附表1、2、3)

3. 重要会计政策

1)执行会计制度：

本公司截止1993年6月30日前执行《劳动服务企业会计制度》，1993年7月1日执行《股份制试点企业会计制度》。

2)会计期间：

会计年度自公历每年1月1日起至12月31日止。

3)合并报表的编制方法：

本公司根据经湖南省会计师事务所审核并作出适当调整后的个别会计报表编制合并报表；合并范围：对持股权比例51%(含51%)以上的子公司纳入合并报表；合并方法：以公司本部和分公司为母公司，并将母公司与子公司权益金额，内部往来等抵销后合并。纳入合并报表的子公司有：

(1)株洲庆云发展实业公司，主营建筑装饰、注册资本405万元，实际投资额405万元，母公司直接持股比例100%。

(2)株洲庆云房地产开发有限责任公司主营房地产开发，注册资本500万元，实际投资额280万元，母公司直接持股比例90%。

4)记帐原则和计价基础：

所附会计报表，按权责发生制采用实际成本计价的原则进行编制。

(5)记帐本位币：本公司以人民币作为记帐本位币。

(6)坏帐损失的核算：坏帐损失的核算，93年、94年采用直接转销法，公司决定从95年起采用备抵法，按年末应收帐款余额3‰计提坏帐准备金。

(7)存货的核算：

A. 存货包括库存商品、库存材料、低值易耗品等。

B. 存货实行永续盘存制。库存商品按零售价核算，售价与进价差额设商品进销差价科目核算，购入其他类存货按实际成本入帐，耗用时按加权平均法计算结转成本。

C. 领用低值易耗品的摊销，1993 年底以前五五摊销法和一次摊销法并用，1994 年元月份起一次摊销和分期摊销法并用。

(8)长期投资：

A. 债券投资：

债券投资采用权益法核算，因数额较小本年债券投资未计“应计利息”。

B. 股权投资：

对投资股权占被投资单位资本总额 20%以下的按成本法核算，对 20%以上的采用权益法，对超过半数和实际拥有控制权的公司编制合并合计报表。

C. 联营投资的核算：联营投资占被投资单位资本总额 20%以下的按成本法核算，对 20%以上的采用权益法，对超过半数和实际拥有控制权的公司编制合并合计报表。

(9)固定资产及累计折旧：

固定资产标准：使用年限在一年以上，单位价值在 2000 元以上且在使用过程中保持原实物形态的资产。

固定资产按历史成本计算，折旧采用直线法，1993 年底以前采用综合折旧率、年折旧率为 7.2%，1994 年元月起采用分类折旧率，各类固定资产折旧率如下：

固定资产类别	折旧年限	残值率%	年折旧率%
一、房屋、建筑物分类：			
1. 经营用房、仓库	30－40	4	3.2－2.4
2. 简易房	5 年	4	19.2
3. 其他建筑物	20 年	4	4.8
二、机器设备分类：			
1. 动力、给排水设备	12－17 年	4	8－5.6
2. 其他设备	5－10 年	4	19.2－9.6
三、交通运输工具	8－12 年	4	12－8
四、专用设备分类：			
1. 营业用家具、柜台、货架、地毯	4－7 年	4	24－13.7
2. 加工设备、制冷设备	10－15 年	4	9.6－6.4
五、电器及影视设备分类	5－10 年	4	19.2－9.6
六、文体娱乐设备分类	6－10 年	4	16－9.6

(10)无形资产及摊销：

无形资产系土地使用权，1992 年 9 月经株洲会计师事务所评估，并经有关部门确认后，按折股价格入帐，按 30 年分期摊销。商业用地 40 年，公司考虑 1992 年以前未进行摊销因而从 1993 年起分 30 年摊销。

(11)递延资产及摊销：

开办费自经营之日起，分期摊入管理费用，摊销期为 5 年，固定资产的装修、装璜净支出按装修、装璜后固定资产的耐用年限分期摊销。

(12)税项：

A. 增值税：商品销售 1994 年以前公司交纳营业税，1994 年起按《增值税暂行条例》计征，即：按销售收入 17%计算当期销项税额，抵扣当期进项税额后的余额交纳。

B. 营业税：零售商品 1993 年 5 月以前按销售收入 3%交纳营业税，1993 年 5 月至 12 月按销售收入的 5%交纳营业税，批发商品 1993 年以前按批零差额的 10%交纳营业税，1994 年元月起，零售、批发商品均交纳增值税。

服务收入按营业收入的 5%交纳营业税，娱乐业收入按营业收入的 10%交纳营业税。

C. 所得税：1993 年按应纳税所得额 15%交纳所得税，1994 年起按应纳税所得额 33%交纳所得税。

D. 其他税费按规定交纳。

特别说明：1992 年 5 月 15 日作为改革试点企业，本公司根据株洲市人民政府〔1993〕10 号文件精神与株洲市财政局、税务局等部门签订“经营目标责任书”，实行投入产出总承包。按上述文件规定，承包期自 1992 年元月 1 日起至 2000 年 12 月 31 日上交税利(含营业税、所得税)基数 97 万元，以后每年以 10%的比例递增，其实现的税利超目标部分，由财税部门视企业情况按有关规定报批作减免税或技改支出返还企业。1993 年、1994 年、1995 年三个年度，除国家税率变动增加税金外(因税率变动增加税金如数计交)超目标部分，财税部门已按经营目标责任书中有关条款兑现，以财政返还形式退回企业。

上述政策执行到 1995 年 12 月 31 日止，1996 年起不再实行投入产出总承包，但所得税经湖南省人民政府办公厅湘政办函〔1996〕303 号文件批准，全额返还到企业，该政策执行到 2000 年 12 月 31 日止。

(13)利润分配：

本公司当年税后利润，按下列顺序分配：

①弥补以前年度亏损。

②提取弥补亏损后剩余利润的百分之十列入公司法定公积金。

③提取弥补亏损后剩余利润的百分之五至百分之十列入公法定公益金。

④经股东会决议，可提取任意公积金。

⑤经股东会决议，分配股利。

前款第②项，公司法定公积金累计为公司注册资本的百分之五十以上时，可不再提取。

(14)收入确认：

商品的销售，于商品已经发出，商品的所有权已经转移给买方后，收到货款或取得的收取货款的证据时，作为收入的实现；公司承包工程结算工程款，实行合同完成后一次结算办法的，于合同完成后与发包单位进行工程合同价款结算时作为收入的实现，实行月终结算、竣工后清算办法的工程合同、按工程进度分期确认合同价款作为收入的实现；公司对外转让商品房，在商品房已经移交，已将发票结算帐单提交买方时作为收入的实现。

八、主要财务指标分析

年 份 指 标	96 年 1－5	1995 年	1994 年	1993 年
流动比率	0.86	0.77	1.20	1.40
速动比率	0.38	0.52	0.87	0.89
应收帐款周转率(次)	12.56	8.45	9.57	13.54
股东权益比率(%)	69	65	67	68
每股收益(元)	0.08	0.19	0.23	0.16
每股净资产(元)	1.62	1.54	1.45	1.35
净资产收益率(%)	5	12	16	12

九、上市之承诺及内部审计制度

本公司董事会将严格遵守《公司法》、《股票发行与交易管理暂行条例》、《公开发行股票公司信息披露实施细则》、《深圳证券交易所交易市场业务试行规则》和有关法律、法规的规定，并自股票上市之日起向全体股东作如下承诺：

(1)按照法律、法规的规定程序和要求披露重大信息，并接受证券主管机关、证券交易所的监督管理。

(2)及时、真实、准确地公布中期报告和年度报告，并备置于规定场所供投资者公众查阅。

(3)本公司董事、监事及高级管理人员发生人事变动或持本公司股票发生变化时,在报告证券主管机关、深圳证券交易所的同时向投资者公布。

(4)在任何公共传播媒介中出现的消息可能对本公司股票的市场价格产生误导影响时,本公司知悉后及时对该消息予以公开澄清。

(5)本公司董事、监事及高级管理人员将认真听取社会公众的建议和批评,不利用已获得的内幕消息和其他不正当手段直接或间接从事股票买卖活动。

(6)本公司没有无记录负债。

2.内部审计制度

1)审计组织机构

根据《公司法》和《股份制试点企业审计暂行规定》和《公司章程》,为加强公司内部管理和监督,提高公司经济效益,维护广大股东有合法权益,公司设立监察审计室。

2)审计制度

公司监察审计室负责公司的内部审计工作。其主要职责是:

(1)对公司内部的财务收支计划、经费预算、基本建设计划、重大经济合同的签订等进行事前的审计监督。

(2)对公司的经营管理活动、资金运用情况、经济责任制的实施及经济效益进行审计监督。

(3)对公司的财务合法性、完整性、真实性进行审计监督。

(4)对公司的内部控制制度的建立、健全和执行情况进行审计。

(5)对公司财经纪律及经济法规的执行情况进行审计。

(6)完成董事会、监事会交办的其他内部审计事项。

十、重要事项揭示

1.本公司在1993年7月1日正式开始执行《股份制企业会计制度》,在此之前公司执行劳动服务公司会计制度。

2.本公司用地总计15166.04平方米,当初由国家无偿划拨给本公司使用。为规范完善股份制,公司于1992年9月委托株洲会计师事务所对公司全部资产进行了评估,其中全部土地使用权评估值为4414750元。根据株洲市人民政府株政发〔1992〕39号文件及省、市有关部门意见,结合公司当初取得土地的实际情况,评估时将车站路1号商业用地中的商厦用地2008.99平方米(其土地使用权价值882950元),计入公司的无形资产。该评估结果已经湖南省国有资产管理局以湘国资便字〔1992〕19号和株洲市国有资产管理局以株评资审(92)27号文批复确认。本公司1992年11月12日股东大会通过决议,将计入无形资产的土地使用权价值882950元按1:1比例投入公司,折为882950股,每股面值1元。12月20日株洲市财政局下发株财国资发〔1992〕048号《关于株洲庆云股份有限公司产权界定及股权设置的意见》,将投入公司的土地使用权界定为国有资产,所折股份作为国家股,由株洲市财政局(国有资产管理处)代表株洲市政府地使所有权。公司除此用地外,其余用地使用权评估价值353.18万元,当时未计入公司无形资产,也未折为国家股,其土地仍由公司使用。在此次规范中,为了维护国家所有者权益,公司根据国土管理部门的意见,作了如下处置:

(1)车站路1号商厦商业用地2,008.99平方米,土地使用权价值882,950元,按1:1比例折为国家股,股权由株洲市国资局持有。

(2)其余四宗地:车站路1号宾馆商业用地6,477.72平方米,土地使用权价值2,846,960元;麻园仓储综合用地6,326平方米,土地使用权价值632,600元;月塘单身职工宿舍用地300平方米,土地使用权价值42,000元;人民路90号倒班宿舍用地53.33平方米,土地使用权价值10,240元;以上四宗用地面积共13,157.05平方米,土地使用权价值3,531,800元,本公司已与株洲市国土管理局于1996年9月1日分别签订了株国土划合字〔1996〕18、19、20、21号《国有土地使用权出让合同书》,依法进行了土地登记,更换了国有土地使用证,以出让方式取得了上述四宗国有土地使用权,土地使用年限均为40年,自1996年9月1日至2036年8月31日。

上述土地使用权处置方案,1996年10月18日已经湖南省国土测绘管理局湘国土函〔1996〕第11号文批准。

3.国有资产管理部门对公司的国有股权管理方案进行了审查,国家国有资产管理局于1996年10月下发了国资企发〔1996〕170号《关于株洲庆云发展股份有限公司国有股权管理问题的批复》,确认了公司的国有股权管理方案。

4.上年度税后利润分配情况

庆云发展股份有限公司第四届董事会第八次会议,认真审核了公司1995年度的经营业绩,提出了1995年度的利润分配方案:

(1)1995年公司实现利润总额1065万元,其中包括财政返还的税收超目标基数部分387.30万元。财政返还部分按财政部门要求,直接计入盈余公积金。加上上年未分配利润12.67万元,可供分配利润为690.38万元。根据公司章程规定,提取10%法定公积金,计67.77万元,法定的公益金按5%提取,计33.88万元。所剩可供股东分配利润总额为588.72万元。

(2)公司股本总额为56049950股,其中国家股882950股,法人股29926800股,个人股25240200股。依照《公司法》和公司章程"同股同权,同股同利"的原则,按95年度本公司可供分配利润588.72万元折算,每股股利率为10.5%,拟按每股0.10元分配股利,计支付股利560.50万元,剩余28.22万元结转至下年度分配。

1996年5月24日,公司第九次股东大会对公司董事会提出的上述方案进行了审议,同意了该利润分配方案。

5.1996年8月5日,公司第五届董事会第二次会议通过决议,同意公司与邮电部株洲通信元件厂、国防科技大学合作生产HL998(Ⅲ)P/TSD型全数字双向录音电话机,现已签订《联合兴办株洲银雁通信设备有限责任公司协议书》,1996年9月25日领取了法人营业执照,注册资本250万元,注册号:18430546-5(1-1)。本公司以货币出资90万元,占注册资金的36%。该项目已列入邮电部96年新产品开发、湖南省96年重点新产品开发计划、株洲市96年十大科技项目。该项目拟于1996年10月份小批量投产,逐步形成全产5万台、10万台、直至50万台的生产能力。

6.1989年4月,本公司主发起人、控股股东株洲市劳动服务公司根据劳动部(1989)37号、38号文件和株洲市政府株政发(1989)112号文件精神,改名为株洲市劳动就业管理处,1990年2月15日,株洲市编制委员会株编字(1990)03号下达了公司改名通知,改名后的原隶属关系、职能与机构级别以及原定事业编制均不变。1996年9月26日,株洲市机构编制委员会以株编字〔1996〕134号文同意株洲市劳动就业管理处办理《事业单位法人证书》。

7.本公司1993年4月15日经株洲市政府株政发〔1993〕10号文确定为株洲市第二批投入产出总承包试点企业,承包期限从1992年元月至2000年12月。因国家财政税制改革,投入产出总承包本公司执行到1995年底后停止。为了支持试点企业继续发展,株洲市人民政府根据湖南省人民政府湘政发(1995)19号文精神,明确本公司在2000年之前所得税金额上交,由市财政全额返还。湖南省人民政府以湘政函〔1996〕303号批准本公司继续享受以上税收返还优惠政策。

8.湖南启元律师事务所出具的法律意见书认为:

(1)本公司依照法律程序设立,并依法有效存续。

(2)本公司章程通过程序及内容合法有效。

(3)本次上市经本公司股东大会授权,股东大会所作的上市决议的内容及形式符合《公司法》和《股票发行与交易管理暂行条例》,其上市申请已获湖南省人民政府批准和深圳证券交易所上市承诺。

(4)本公司具备《公司法》和《股票发行与交易管理暂行条例》规定的股票上市之实质条件。

(5)本公司股票经国家体委认可为历史遗留问题,当时系自办发行,未编制、刊登招股说明书。本公司与关联企业的关系均为合法。

(6)本公司的房产证、土地使用证、商标证书及其它产权证书取得的法律手续完备、合法。

(7)重大债权债务方面

①本公司与湖南省百货(海外)联合有限公司("百联")签订的《加盟连锁合同》中第六条规定本公司借给百联五十万元资金,违反了有关金融

法规,属无效条款。现本公司已与百联协商,收回借款36万元,余款由百联尽速归还。

②庆云发展实业公司与株洲市食品公司("食品公司")签署的《福达城装饰工程合同》由于食品公司未能按合同规定支付工程款项,食品公司至今仍欠付实业公司136万元工程款。实业公司的债权是依法受到保护的。

③庆云发展实业公司与湖南环洲置业发展有限公司("环洲公司")签署的《环洲城装饰工程承包合同》由于环洲公司未如约支付工程款项导致合同不能完全履行,环洲公司至今仍欠付实业公司工程款项526万元,但该项工程款是受法律保护的。

其他合同均符合经济合同法及其他法律法规的规定,是合法有效的,经核查,未发现本公司在上述合同项下的任何义务与其依据其他合同或者法律文件承担的义务存在冲突。

(8)目前,本公司涉及的诉讼纠纷3起:

其一为本公司诉中国建设银行湖南省信托投资公司株洲办事处股票赔偿纠纷一案,该案本公司一审胜诉,法院判决被告赔偿本公司447145万元。二审判决则不利于庆云,只判决被告赔偿法人股一半股票39000股。本公司提出申诉,湖南省高级人民法院受理判决,由株洲办事处赔偿本公司法人股全部股票的实际损失237400元。

其二,庆云发展实业公司与株洲市食品公司合同纠纷一案,已为株洲市中级人民法院受理,即将判决。该案事实清楚,违约责任依法应由食品公司承担,执行判决就目前来看并无障碍。因此,实业公司应能依法收回工程款项136万元,故本案对本次上市影响较小。

其三,庆云发展实业公司与环洲置业发展有限公司合同纠纷一案,已为株洲市中级人民法院受理,正在审理之中。该案事实清楚,违约责任依法应由环洲公司承担,且环洲公司在株洲有约一亿元人民币的不动产。因此,实业公司应能依法收回工程款项526万元,故此案对本次上市影响不大。

除此,未发现本公司存在其他尚未了结的诉讼、仲裁案件或被行政处罚的案件。

(9)本公司前三年依法纳税;本公司现执行的税率符合国家法律、法规的规定;除本公司已办理税收展期部分外,未发现任何可资证实本公司存在被国家或地方税务部门追究以前欠税可能之事实。

(10)本公司募股资金的募股目的与股金实际运用相符。

9. 参与本公司本次股票上市的中介机构湖南省会计师事务所、湖南启元律师事务所,湘财证券有限责任公司均具备证券从业资格。株洲会计师事务所对庆云公司的资产评估是1992年进行的,当时国家尚未对从事证券业务的会计师事务所作出专门资格上的要求,而且当时的评估结果得到了株洲市国有资产管理处、湖南省国有资产管理局的确认,故期评估结果应属合法有效。

10. 同意公司股票上市的股东大会决议

株洲庆云发展股份有限公司第九次股东大会于1996年5月24日在庆云大厦三楼会议室召开,参加会议代表人数81人,代表股权数3369.065万股,其中:国家股88.2950万股,法人股2350.25万股,社会个人股930.52万股,占总股本的60.1%。大会全票一致通过:同意本公司社会个人股股份25240200股,在上海或深圳证券交易所上市流通。

十一、投资风险、风险对策及公司发展规划

1. 投资环境

株洲地处湖南省东部,湘江中游,属于湖南经济"金三角"地区,京广、浙赣、湘黔三条铁路干线交汇于此,是中南地区最大的交通枢纽,也是中国历史上人才辈出的地方。

今日株洲,凭其发达的金融、雄厚的工业和专业人才基础,依"江南粮仓"、"鱼米之乡"的生产条件和"神农蔷薇"、"古镇朱亭"的自然风光,树立"农业安市、工业富市、科教兴市、商贸活市"的思想,走"农工商为一体、科工贸相结合、产供销一条龙"的道路,已发展成为全国有名的出口商品基地和湖南工业门类齐全的工业基地。硬质合金、电力机车、航空发动机、铅锌冶炼处于国内外领先地位,陶瓷、刺绣、烟花、苎麻在国际市场享有较高声誉。

1993年,国家确定株洲市作为全国"优化资本结构、增强企业实力"综合配套改革的试点城市之一。今日株洲广纳天下贤才,广招海内外商贾,成为众多投资者的选择。株洲稳步走向世界,已具备了坚实的基础和充足的条件。

2. 投资风险

投资者在投资本公司股票时,应考虑下述各项风险因素。

1)区域内行业竞争的风险。

本公司曾是株洲市最早上星级的酒店,在株洲市独领风骚,但随着经济的发展,市内已陆续建起了几家按星级标准兴建、装修的宾馆酒店。虽然目前本公司仍是株洲市唯一的三星级酒店,但客源的分流仍然不可避免,可能直接影响到公司的主营业务收入和利润。随着竞争的加剧,行业竞争的风险明显突出。

2)产业相对集中风险。

本公司虽然在经营酒店的同时经营商场、建筑装饰、房地产等其他行业,但除酒店业外,其他行业无论是从规模上还是收入及利润方面来看,仍处在基础阶段,因而产业结构仍表现出相对单一。

3)经济发展周期性影响风险

在经济高涨时期,社会大众的旅游、休闲消费增多,购买力增强,而经济发展低潮时期则相反,本公司的发展速度与经济发展的周期有较强的联系。社会公众的消费水平、消费习惯也将直接影响本公司的经营。

4)相关行业制约性风险。

本公司已在建筑装饰业经营中取得较大的成果,全资子公司株洲庆云实业发展公司是经湖南省建委批准的株洲市唯一的一家国家二级建筑装饰施工企业,近年来起步发展较快,呈现极好的发展势头。但建筑装饰与房地产业相依相存,其更大的发展仍依赖于整个房地产业的复苏,受到房地产业的制约。

5)投资风险

本公司投资生产录音电话机,参与高科技产品的开发,作为本公司产业多元化调整的一个重要方向。虽然该项目有广阔的市场前景,但该项目形成规模效益,需大量流动资金;通信产品更新换代快,存在技术风险,投资回报的实现有赖于社会经济的发展,民众收入的提高以及投资各方的团结协作等诸多因素。

6)政策风险。

本公司在政策上得到了当地政府的大力支持,特别是在税收上,当地政府为了支持本公司发展,给予所得税全额上交,市财政全额返还的优惠政策,但这种支持时间是相对有限的。若国家政策发生变化,将直接影响本公司的净利润。

7)股市风险

投资应当注意股市风险,公司股票价格的变化的因素众多,除与公司本身的经营状况有关外,来自与公司经营无直接联系的各种不可控因素,如市场供需、国家宏观经济政策、利率、通货膨胀等多方面。

3. 风险之对策

针对以上风险,本公司拟采取以下对策:

1)充分利用本公司酒店已有的硬件、软件的经营优势,随时了解社会需求,掌握消费动态,及时地调整经营品种,推出不同风格的消费形式,适应更多消费层次,稳定老顾客,吸引新顾客,以达到稳定客源,提高客房率和餐饮上座率的目的,始终以服务质量、服务环境取胜,在同行业竞争中持续保持领先地位。

2)增强商场的经营力度,尤其是商业批发经营的力度,凭借本公司地处株洲市商业中心的地理位置以及多年来形成的卓著声誉与影响,在商场经营方面上规模、上档次、上台阶;适时加大公司在建筑装饰和房地产经营方面力度。力争在三年时间左右使酒店、商业和建筑装饰三业的盈利能力方面形成三足鼎立的局面。

3)及时认识经济发展的阶段性特点,适时地调整各种经营品种和不同行业的比例结构,在经济高涨阶段抓住时机,在经济低潮时期稳住局势,特别充分发挥商业经营与经济周期性联系较弱的特点,灵活经营,同时调整酒店经营的格局和风格,适合不同时期人们消费特点,进一步引导

消费,避免经营上的不稳定性。

4)在建筑装饰经营方面采取"小而灵"的策略,在房地产不景气时,从小项目着手,灵活机动找市场。在房地产升温时,与房地产业直接结合,参与房地产经营。避免房地产对建筑的制约性影响,加快建筑装饰的发展。

5)采用世界上最新技术,及时对产品更新换代,不断开发新产品,争取时间,尽快打开国内和国际市场。在生产管理上,严格把住质量关。重视产品的宣传策划,做好产品的全方位售后服务工作,采取灵活的分配政策,从重奖优罚劣。

6)充分利用优惠政策,但不倚持优惠政策。公司从经营方面着手,多盈利、快发展,使得无优惠政策时也能给股东以优厚的回报。

7)遵纪守法,及时公开披露公司信息,提高公司经营管理的透明度,使股东能及时了解公司情况,避免各种不必要的股价波动,维护股东利益。

4. 公司发展战略

本公司以"团结勤奋,求实创新,竭诚服务,尽职效忠"为企业精神,以创一流旅游服务中心、商业贸易中心,逐渐向高科技领域渗透发展为近期奋斗目标,立足国内,面向国际的发展道路。其战略要点为:

1)本公司将充分发挥庆云大厦集旅游服务、商业贸易、物资供销、装饰于一体的综合功能优势,进一步完善、拓宽服务功能和经营范围,完善购物、住宿、餐饮、娱乐一条龙服务,把本大厦建成为省内乃至全国一流的购物、住宿、餐饮、会议、娱乐和文化中心。

2)公司将利用股份制的优势,以市场为依托,以效益为目的,继续选择具有高成长机会和能够获得较高收益的项目,进一步实施一业为主、多元化经营的战略思想,不断加速资本的积聚过程。

3)充分发挥现有的规模优势,走以规模求生存求发展的道路,在当前国际资本涌向中国的热潮中,逆向渗透,乘低切入西方经济发达国际市场,使公司发展壮大为以酒店业为龙头,集酒店、商业、内外贸易、装修工程、培训中心、会议中心、房地产、广告、新产品开发等为一体的综合性企业集团。

公司在近3-5年内的发展目标:巩固和扩大目前的市场影响和占有率,拓宽经营范围与经营领域,完成建设新型产业集团公司的雏形。"95"期间主要经济指标前两年平均每年增长15%,后三年平均每年增长20%以上,其中营业收入由1995年1.08亿元增加到2000年2.46亿元,平均每年递增17.97%;利润总额由1995年1064万元增加到2000年2433万元,平均每年递增17.97%。

公司近期主要投资项目有:

(1)利用本公司庆云大厦所处地理位置的优势,将原大厦停车场改造为国际俱乐部,设地下停车场、娱乐中心、旅游服务中心、培训中心、国际会议中心,全面完善酒店配套设施,并争取在两年内申报四星级,以全面提高宾馆的综合竞争能力。

(2)投资生产全数字双向录音电话机,立足市场需求,参与高科技产品开发,逐步实现多元化产业经营的战略性转移,HL998(Ⅲ)P/TSD型全数字双向录音电话机是列入邮电部96年新产品开发、湖南省96年重点新产品开发计划、株洲市96年十大科技项目,有相当好的市场前景。本公司与邮电部株洲通信元件厂、国防科技大学合作投资生产该产品,现已签订《联合兴办株洲银雁通信设备有限责任公司合同书》,领取了法人营业执照。株洲银雁通信设备有限责任公司注册资本250万元人民币,其中本公司以货币出资90万元,占公司注册资金的36%。96年10月份,银雁公司将小批量投产,若能形成年产10万台、20万台、直至50万台的生产能力,预计利润分别可达463万元、1278万元、4075万元。

十二、盈利预测

(一)盈利预测基准和假设

1. 盈利预测基准

本公司盈利预测是依据1993年到1995年期间的经营业绩,并根据公司目前的经营能力和潜力,本着求实、稳健的原则,在各重要方面与本公司目前所采用的会计政策相一致。

2. 盈利预测假设

(1)本公司所遵循的我国有关政策、法律、法规无重大变化。

(2)本公司所在地区的社会经济环境无重大变化。

(3)本公司所经营的各项业务涉及国家和地区的有关法律、政策无重大变化。

(4)本公司在盈利预测期间内,有关税率、信贷利率及市场行情无重大改变。

(5)本公司在盈利预测期内能正常营运,重大投资项目能按预期目标进行运作。

(6)无其他人力不可抗拒因素及不可预见因素所造成的不利影响。

(二)、1996年盈利预测表

单位:万元

项目	1996年	1-5月实现数	6-9月预测数	10-12月未审数
(一)主营业务收入	12000.00	5263.16	3667.37	3069.47
减:主营业务成本	7461.50	3475.41	2196.19	1789.90
经营费用	1853.98	752.92	560.40	540.66
管理费用	1069.15	458.95	347.41	362.79
财务费用	206.45	87.44	66.67	52.34
营业税金及附加	283.40	133.45	78.38	71.57
(二)主营业务利润	1125.52	354.99	418.32	352.21
加:其他业务利润	24.00	22.80	0	1.20
(三)营业利润	1149.52	377.99	418.32	353.41
加:投资收益	40.00	35.34	4.66	0
营业外收入	47.28	47.28	0	0
减:营业外支出	21.00	5.00	8.91	7.09
加:以前年度损益调整				
(四)利润总额	1215.80	455.41	414.07	346.32
减:所得税(按33%税率计算)	401.21	150.29	136.64	114.28
加:财政返还(按税收优惠政策所得税金额返还)	401.21	150.29	136.64	114.28
(五)净利润(所得税按33%税率计缴财政不返还时净利润为814.6万元)	1215.80	455.41	414.07	346.32
(六)每股净利润(元)	0.217	0.081	0.074	0.062

(三)新增效益分析

1. 主营业务收入:

(1)客房:由于消除95年装修工程的影响,住房率已由上年的47.05%增加65%左右,同时随着宾馆等级的提高,平均房价由185元/间·天左右,增加到200元/间·天左右,预计全年收入:

300间×200元×65%×365天=1423.5万元

较上年增长:470.4万元

(2)餐饮:由消除了装修工程的影响,餐厅的营业时间比上年要多出两个月,餐厅的营业面积拓宽200米^2,可供就餐的台位增加15桌,同时餐饮的毛利比上年有5%左右的提高,估计总出租台位全年为150,000桌,就餐总人数估计为:900,000人次,按每人每次30元计算全年收入为:

900,000人×30元/人=2,700万元

较上年增长:572.6万元

(3)装饰业已有合同较上年可增加收入180万元。

(4)商场估计可与上年持平。

以上共增收入1223万元

全年营业收入预计为12,000万元。

2. 主营业务成本:

(1)客房的营业收入成本率(营业成本占营业收入的比率)95 年约为 5%左右。今年可控制在上年水平。

(2)餐饮业由于毛利率的提高,营业收入成本率下降 5%。

(3)随着装饰业务的开拓,成本控能增强,营业收入成本率可降低 5% 左右。因此平均营业收入成本率较上年 66.4%约可下降 4.2 个百分点,达到 62.2%。

全年预计营业成本总额为 7461.50 万元。

3. 财务费用由于借款增加,特别是上年因宾馆装修工程而增加的部分借款,今年估计暂时无法偿清,故财务费用要较上年增加利息支出 102 万元。

4. 预计公司股票上市、人员工资的增长,固定资产增加,管理费用、经营费用有较大增加,增加 690 万元。

5. 由于税收的优惠政策终止,估计营业税金增加 30 万元。

6. 主营业务利润增加 75.22 万元,为 1125.52 万元。

7. 根据湖南省人民政府办公厅湘政办函〔1996〕303 号文件批准,公司所得税全部返还。

8. 全年利润为 1215.80 万元,每股 0.217 元。

十三、备查文件

1. 中国证监会证监发字〔1996〕324 号《关于株洲庆云发展股份有限公司申请股票上市的批复》

2. 国家体改委体改生〔1993〕257 号《关于株洲庆云发展有限公司继续进行股份制试点的批复》

3. 深圳证券交易所〔1996〕429 号《关于株洲庆云发展股份有限公司人民币股票上市交易的通知》

4. 中国人民银行湖南省株洲分行株银发〔1988〕175 号《关于同意庆云股份有限公司增加股金总额的批复》

5. 湖南省证券委湘证券字〔1993〕15 号《关于确认株洲庆云股份有限公司公积金转增股本及国有土地使用权评估折股方案的批复》

6. 株洲庆云发展股份有限公司章程

7. 湖南省会计师事务所湘会师〔1996〕内审字 149 号《审计报告》

8. 湖南省会计师事务所湘会师内验字〔1996〕081 号《验资报告》

9. 株洲会计师事务所株会〔92〕业二评字第 080 号《资产评估报告》

10. 湖南省会计师事务所湘会师〔1996〕核字 011 号《审核报告》

11. 湖南省启元律师事务所法律意见书及律师工作报告

12. 庆云发展股份有限公司营业执照

13. 株洲庆云发展股份有限公司、市财政局《株洲市企业税收目标管理协议书》

14.《联合兴办株洲银雁通信设备有限责任公司协议书》

15. 株洲市编制委员会株编字〔1990〕03 号《关于市劳动服务公司改名的通知》

16. 株洲庆云发展股份有限公司上市申请报告

17. 上市推荐协议

18. 上市推荐书

株洲庆云发展股份有限公司

1996 年 11 月 22 日

合并资产负债表

编制单位:株洲庆云发展股份有限公司　　已审　　金额单位:元

资　产	附注	96 年 5 月 31 日	5 年 12 月 31 日	94 年 12 月 31 日	93 年 12 月 31 日	负债及所有者权益	附注	96 年 5 月 31 日	95 年 12 月 31 日	94 年 12 月 31 日	93 年 12 月 31 日
流动资产:						流动负债					
货币资金	注 1	5,067,723.73	3,589,972.56	8,226,947.26	4,984,832.18	短期借款	注 13	21,200,000.00	20,500,000.00	15,200,000.00	16,500,000.00
短期投资	注 2	584,499.52	584,499.52	584,499.52		应付票据					
应收票据						应付帐款	注 14	10,327,189.20	11,345,251.60	9,407,301.37	5,247,381.63
应收帐款	注 3	10,224,345.67	12,608,877.78	12,931,709.23	11,483,659.33	预收货款					
减:坏帐准备	注 3	170,195.73	37,826.63			应付福利费		97,841.54	88,516.45	66,371.58	-1,828.04
应收帐款净额		10,054,149.94	12,571,051.15	12,931,709.23	11,483,659.33	未付股利		6,208,988.08	6,676,247.48	7,980,800.38	6,067,864.38
预付货款	注 4	271,153.32	183,374.98	2,191,674.98	3,970,397.76	未交税金	注 15	-1,484,892.90	448,224.56	-542,979.89	452,666.33
其他应收款	注 5	3,096,588.04	4,351,316.21	7,610,160.04	7,572,649.33	其他未交款		90,142.99	79,713.88	11,643.26	98,429.78
待摊费用	注 6	2,149,098.38	2,124,145.36	2,021,904.21	1,032,526.71	其他应付款	注 16	3,817,818.30	6,119,000.64	6,403,898.20	4,304,572.02
存　货	注 7	13,880,587.22	11,290,450.48	12,469,550.79	17,089,207.93	预提费用	注 17	657,295.84			240,787.65
待处理流动资产净损失					196,020.96	一年内到期的长期负债					
一年内到期的长期债券投资						其他流动负债					
其他流动资产						流动负债合计		40,914,383.05	45,256,954.61	38,527,034.90	32,909,873.75
流动资产合计		35,103,800.15	34,694,810.26	46,036,446.03	40,329,294.20	长期负债					
长期投资:						长期借款			1,772,500.00	1,802,500.00	3,378,800.00
长期投资		98,000.00	98,000.00	174,032.00	159,839.33	应付债券			-966,731.43		
固定资产:	注 8					长期应付款	注 18	333,268.57		400,000.00	
固定资产原价		112,675,533.61	112,620,442.61	80,210,200.70	69,920,924.61	其他长期负债			805,768.57		
减:累计折旧	注 9	20,878,200.53	18,953,781.59	15,342,212.94	10,675,309.43	长期负债合计		333,268.57		2,202,500.00	3,378,800.00
固定资产净值		91,797,333.08	93,666,661,02	64,867,987.76	59,245,615.18	递延税项					
固定资产清理						递延税款贷项			46,062,723.18		
在建工程		3,661,174.07	1,845,631.13	10,108,655.11	4,962,045.95	负债合计	注 19	41,247,651.62		40,729,534.90	36,288,673.75
待处理固定资产损失	注 10					少数股东权益		5000,000.00			
固定资产合计		95,458,507.15	95,512,292.15	74,976,642.87	64,207,701.03	股东权益	注 20		56,049,950.00		
无形资产及递延资产:						股本	注 21	56,049,950.00	15,183,816.21	56,049,950.00	56,049,950.00
无形资产		810,450.00	822,950.00	852,950.00	882,950.00	资本公积	注 22	15,183,816.21	14,839,534.22	15,183,816.21	15,183,816.21
递延资产	注 11	1,186,528.37	1,290,168.40		559,997.89	盈余公积		14,839,534.22	1,158,583.74	9,950,003.65	4,014,215.56
无形资产及递延资产合计	注 12	1,996,978.37	2,113,118.40	852,950.00	4,412,917.89	其中:公益金	注 23	1,158,583.74	282,197.20	819,735.15	419,139.11
其他长期资产:						未分配利润		4,836,333.62	86,355,497.63	126,766.14	603,126.93
其他长期资产						股东权益合计		90,909,634.05		81,310,536.00	75,851,108.70
递延税项:											
递延税款借项											
资产总计		132,657,285.67	132,418,220.81	122,040,070.90	11,212,982.45	负债及股东权益合计		132,657,285.67	132,418,220.81	122,040,070.90	112,139,782.45

合并利润及利润分配表

编制单位:株洲庆云发展股份有限公司　（已审）　金额单位:元

项　目	附注	96年1-5月	1995年度	1994年度	1993年度
一、主营业务收入	注24	52,631,608.61	107,769,594.44	116,823,510.98	155,457,185.59
减:营业成本	注25	34,754,095.71	71,560,865,48	80,326,064.25	122,719,563.04
销售费用		7,529,171.15	14,606,632.59	13,330,636.20	12,080,500.00
管理费用		4,589,459.90	7,639,327.51	9,714,844.76	7,488,100.00
财务费用	注26	874,436.69	949,367.14	815,954.00	1,261,802.32
进货费用					
营业税金及附加	注27	1,334,545.34	2,510,399.70	902,939.44	3,135,748.54
二、主营业务利润		3,549,899.82	10,503,002.02	11,733,072.33	8,771,471.69
加:其他业务利润	注28	228,012.19	326,445.36	389,060.17	227,786.37
三、营业利润		3,777,912.01	10,829,447.38	12,122,132.50	8,999,258.06
加:投资收益	注29	353,426.50	12,730.01	333,360.19	314,879.67
营业外收入	注30	472,800.00	4,815.00	59,667.16	6,573.43
补贴收入	注31		24,627.17	528,321.94	
减:营业外支出	注32	50,002.09	221,662.93	297,560.99	282,548.82
加:以前年度损益调整					
四、利润总额		4,554,136.42	10,649,956.63	12,745,920.80	9,038,162.34
减:所得税		1,502,865.02	3,346,915.31	3,300,000.00	1,075,078.31
加:财政返还	注33	1,502,865.02	3,346,915.31	3,300,000.00	1,075,078.31
五、净利润		4,554,136.42	10,649,956.63	12,745,920.80	9,038,162.34
加:年初未分配利润		282,197.20	126,766.14	603,126.93	
盈余公积转入					
六、可分配的利润		4,836,333.62	10,776,722.77	13,349,047.73	9,038,162.34
减:提取法定盈作公积	注34		677,697.18	801,192.08	796,308.40
提取公益金	注34		338,848.59	400,596.04	398,154.20
七、可供股东分配利润		4,836,333.62	9,760,177.00	12,147,259.61	7,843,699.74
减:已分配优先股股利					
提取任意盈余公积	注35		3,872,984.80	4,733,999.97	1,075,078.31
已分配普通股股利			5,604,995.00	7,286,493.50	6,165,494.50
八、未分配利润		4,836,333.62	282,197.20	126,766.14	603,126.93

合并财务状况变动表

编制单位:株洲庆云发展股份有限公司　已审　金额单位:元

流动资金来源和运用	金　额	流动资金各项目的变动	金　额
一、流动资金来源:		一、流动资产本年增加数	
1.本年净利润	10,549,956.63	1.货币资金	-4,636,974.70
加:不减少流动资金的费用和损失		2.短期投资	
(1)固定资产折旧	4,096,115.45	3.应收票据	
(2)无形资产、递延资产及其他资产摊销	30,000.00	4.应收帐款净额	-360,658.08
(3)固定资产盘亏(减盘盈)		5.预付帐款	-2,008,300.00
(4)剔除固定资产损失(减收益)	72,513.93	6.其他应收款	-3,258,843.83
(5)其他不减少流动资金的费用和损失		7.待摊费用	102,241.15
小　计	14,550,588.01	8.存货	-1,179,100.31
2.其他来源		9.待处理流动资产净损失	
(1)固定资产清理收入(减清理费用)	582,873.64	10.一年内到期的长期债券投资	
(2)增加长期负债		11.其他流动资产	
(3)收回长期投资	76,032.00	流动资产增加净额	-11,341,835.77
(4)对外投资转出固定资产			
(5)对外投资转出无形资产			
(6)资本净增加额	4,889,530.57		
小　计	5,528,436.01		
流动资金来源合计	20,379,022.22		
二、流动资金运用:		二、流动负债本年增加数:	
1.利润分配:		1.短期借款	5,300,000.00
(1)提取盈余公积	677,697.18	2.应付票据	
(2)提取公益金	338,848.59	3.应付货款	1,937,950.25
(3)提取任意公积金	3,872,984.80	4.预收货款	
(4)已分配股利	5,864,995.00	5.其它应收款	-284,597.56
小　计	10,494,525.57	6.应付福利费	22,144.87
2.其他运用	26,585,883.73	7.未交税金	991,264.45
(1)固定资产和在建工程净增加额	26,585,883.73	8.未付股利	-1,504,552.90
(2)增加无形资产、递延资产及其他资产	1,290,168.40	9.其他未交款	68,970.62
(3)偿还长期负债	38,990.98	10.预提费用	
(4)增加长期投资		11.其他流动资产	
小　计	27,956,052.13	12.一年内到期的长期负债	
流动资金运用合计	38,450,577.76	流动负债增加净额	6,729,919.71
流动资金增加净额	-18,071,555.48	流动资金增加净额	-18,071,555.48

株洲庆云发展股份有限公司1996年年度报告摘要

一、公司简况

1. 公司名称：株洲庆云发展股份有限公司

英文名称：ZHUZHOU QINGYUN DEVELOPMENT CO., LTD.

2. 公司注册地址：湖南省株洲市车站路1路

邮政编码：412008

3. 公司法定代表人：李　东

4. 公司咨询服务机构：董事会秘书处

电话：(0733)8224851—518　　传真：(0733)8225356

5. 股票简称：株洲庆云

6. 证券代码：0639

二、主要财务数据与财务指标

指标项目	本年数	上年数	比上年增减(%)
1. 主营业务收入(万元)	10991.51	10776.96	1.99
2. 净利润(万元)	1235.87	1065.00	16.04
3. 总资产(万元)	14357.81	13241.82	8.43
4. 股东权益(万元)	9871.42	8635.55	14.31
5. 每股收益(元)	0.22	0.19	15.79
6. 每股净资产(元)	1.76	1.54	15.29
7. 净资产收益率(%)	12.52	12.33	1.54
8. 股东权益比率(%)	68.75	65.21	5.43

三、公司主要业务回顾

(一) 一年来的经营情况

1996年，在本地区酒店、饮食业、商业市场竞争激烈的环境下，公司充分发挥多元化经营的优势，锐意开拓业务，优化内部管理，克服重重困难，使公司各项业务继续保持良好发展，并取得了较为显著的成绩。

1996年，公司完成主营业务收入10991.51万元，比上年增长1.99%，实现净利润1235.87万元，比上年增长16.04%。

1996年，本公司根据市场的变化和公司的特点，积极推进产业结构和商品结构的调整，1995年、1996年本公司投资960万元对宾馆客房及其配套设施进行改造装修，以优雅、舒适的环境、优质的服务吸引了无数中外游客。1996年实现服务收入1515.78万元，比上年增长21%，在餐饮业方面，本公司以96庆云欢乐美食年为主基调，采取灵活的经营策略，成功地引导了本地区饮食消费的潮流，1996年的餐饮收入2377.51万元，比上年增长11.65%，创历史最好水平。

面对本地区商品批发市场兴起，顾客不断分流，同行业竞争加剧的局面，本公司全面开展信誉工程活动，采取打假保真，加大名优商品比重等措施，有效地吸引了广大消费者，商品销售收入稳步增长，1996年商品销售收入5134.00万元，比上年增长7.61%。

在房地产开发及建筑装饰业方面，1996年成功地开发了庆云河西住宅楼小区，首期工程建筑面积7680m^2，年内已通过竣工验收，进入销售阶段，1996年已完成销售收入611.28万元，同时，积极拓展省内外装饰业务，除本省之外，业务辐射到了广东、广西、山西、湖北、天津等省市，本年度完成较大的装饰工程项目四个，收入1352.94万元。

为扩大多元化经营，降低行业相对集中的风险，积极开发市场前景好、投资回报高的高科技项目，本公司参股的株洲银雁通信设备有限责任公司1996年研制开发了HL998(Ⅲ)P/TSD型全数字双向录音电话机。目前，该产品已开始试生产，可望在今后几年获得较好的投资收益。

1996年公司抓住证券市场快速发展的有利时机，积极稳妥地参与金融证券领域投资，并取得了一定的回报。

(二) 实际经营结果与溢利预测情况差异的说明

单位：人民币万元

	预测数	实际数	完成比例
营业收入	12000.00	10991.51	91.60%
净利润	1215.80	1235.87	101.65%

本公司1996年实际完成营业收入比1995年增长1.99%，完成1996年预测收入的91.60%，税后利润比1995年增长16.04%，完成预测利润的101.65%。导致营业收入较预测有一定程度下降的主要原因是1996年国家继续坚持适度从紧的货币金融政策，经营形势仍不容乐观，企业之间相互拖欠货款现象严重。为防止潜在亏损，公司采取稳健经营的原则。全资子公司庆云发展实业公司主动放弃了一些资金回收风险较大的工程项目，影响了一定的营销收入。净利润较预测略有增加的主要原因一是公司主营业务中服务收入和餐饮收入较上年有较大的增长；二是公司进一步加强内部管理，一定程度上降低了营销成本。

(三) 募集资金使用情况说明：

本公司报告年度内没有新募集资金，此前募集的资金所投入的项目建设未延续到本年度。

四、股本变化及股本结构情况

(1) 股本结构情况

1996年12月31日，公司总股本全部为人民币普通股，其股本结构如下：(单位：股，每股面值：1元)

股本类别	期初数	本次变动数	期末数
(一)尚未流通股份			
1. 国家股	882950		882950
2. 发起人股份	13371000		13371000
其中：境内法人持有股份	13371000		13371000
3. 募集法人股	16555800		16555800
尚未流通股份合计	30809750		30809750
(二)已流通股份	25240200		25240200
(三)股份总额	56049950		56049950

注：已流通股份25240200股中含公司董事、监事和高级管理人员持股26100股，按有关规定其任职期间内不得转让，故目前实际流通股份为25214100股。

(2) 公司本年度股本结构未作变动。

(3) 主要股东持股情况

截止1996年12月31日，本公司前10名股东的持股情况：

股东名称	持有股份	占总股份(%)
1. 株洲市劳动就业管理处	11021600	19.66
2. 株洲战备材料总厂	3943800	7.04
3. 株洲冶炼厂	1282100	2.29
4. 株洲电力机车工厂劳动服务公司	916100	1.63
5. 株洲市国有资产管理局	882950	1.58
6. 中国有色三建二公司	831700	1.48
7. 长沙铁路总公司	769100	1.37
8. 株洲硬质合金厂	727100	1.28
9. 深圳中经信证券业务部	675100	1.20
10. 株洲玻璃厂劳动服务公司	653900	1.17

(4) 年末股东户数

截止1996年12月31日，公司股东总数13362户，其中：国家股股东1户，法人股股东43户，社会公众股股东13318户。

(5)公司董事、监事及高级管理人员持股情况

姓　名	职　务	年初持股数	年末持股数	变动原因
李　东	董事长	2000	2000	无

颜波平	副董事长	2000	2000	无
谢一希	副董事长	2000	2000	无
彭　伟	董事兼总经理	2000	2000	无
陈家友	董事	0	0	无
厉　鸣	董事	0	0	无
曾维伦	董事	1000	1000	无
李德星	董事	2000	2000	无
杨云波	董事	2000	2000	无
王伯行	董事	0	0	无
徐松林	董事	1000	1000	无
向　平	董事	0	0	无
李群林	董事	0	0	无
陈小萍	董事会秘书	2000	2000	无
裘启贤	监事会召集人	2000	2000	无
贺学儒	监事	0	0	无
武　忠	监事	2000	2000	无
李忠敏	监事	0	0	无
戴迪华	监事	1000	1000	无
王宪慧	副总经理	0	0	无
胡建军	副总经理	2000	2000	无
胡自泉	副总经理	2000	2000	无
龙腾云	总工程师	0	0	无
谭务善	总经济师	1100	1100	无

五、重要事项

(一)报告期内股东大会、董事会情况

1.公司第九次股东大会于1996年5月24日在株洲庆云大厦三楼会议厅召开,到会股东及股东授权代理人81人,代表股权数3369.065万股,占总股本的60.1%。主要审议通过了:

(1)1995年度董事会报告;

(2)1995年度监事会报告;

(3)1995年度财务决算和1996年度财务预算方案;

(4)1995年度利润分配方案;

(5)1996年度更新改造方案;

(6)公司章程修改方案;

(7)关于同意社会个人股上市流通的特别决议。选举产生了公司第五届董事会和第五届监事会。

1995年度利润分配方案为:1995年可供分配利润为690.38万元,提取法定公积金10%,法定公益金5%,按每股派发现金红利0.10元,以年末总股本5605万股计算共计支付股利560.50万元,剩余28.22万元结转至下年度分配。

2.公司董事会会议年内共召开3次,主要就公司经营重大问题、公司股票上市、董事会换届选举、公司高级管理人员聘任、第九次股东大会等有关事宜作出了决议。

3.1996年5月24日,公司董事会聘任彭伟为公司总经理。同年9月20日,董事会聘任陈小萍为公司董事会秘书;并由彭伟总经理提名、董事会同意,聘任王宪慧、胡建军和胡自泉为公司副总经理;聘任龙腾云为总工程师;谭务善为总经济师。

(二)公司法定代表、董事、监事变动情况

1996年5月24日第九次股东大会对董事会、监事会进行了换届改选,当选董事会成员为李东、颜波平、谢一希、彭伟、陈家友、厉鸣、曾维伦、李德星、杨云波、王伯行、徐松林、向平、李群林;董事会选举李东为董事长、公司法定代表,颜波平、谢一希为副董事长。当选监事会成员为裘启贤、贺学儒、武忠、李忠 敏、戴迪华;监事会选举裘启贤为监事会召集人。

(三)重大事件简介

1.1996年8月5日,公司董事会同意公司与邮电部株洲通信元件厂、国防科技大学组建株洲银雁通信设备有限责任公司,合作生产HL998(Ⅲ)P/TSD型全数字双向录音电话机。本公司以货币出资90万元,占其注册资金的36%。

2.本公司股票上市申请经中国证监会和深圳证券交易所审核同意,本公司发行的人民币普通股56049950股中的社会公众股25214100股,于1996年11月26日在深圳证券交易所挂牌交易。股票简称:株洲庆云;证券代码:0639。公司上市公告书于1996年11月22日在《中国证券报》、《证券时报》同时刊登。

(四)重大诉讼、仲裁事项报告

1.本公司诉中国建设银行湖南省信托投资公司株洲办事处股票赔偿纠纷一案,该案本公司一审胜诉,法院判决被告赔偿本公司447145元。二审判决则不利于庆云,只判决被告赔偿法人股一半股票39000股。本公司提出申诉,湖南省高级人民法院于1996年9月11日作出终审判决,由株洲办事处赔偿本公司法人股全部股票的实际损失237400元。

2.株洲庆云发展实业公司与株洲市食品公司合同纠纷一案,已为株洲市中级人民法院受理,即将判决。该案为食品公司属下福达商城拖欠装饰施工工程款,事实清楚,违约责任依法应由食品公司承担,执行判决就目前来看并无障碍。因此,实业公司应能依法收回工程款136万元。

3.株洲庆云发展实业公司与湖南环洲置业发展有限公司合同纠纷一案,已于1996年9月3日为株洲市中级人民法院受理。该案为环洲公司拖欠环洲城装饰施工项目工程款,事实清楚,违约责任应由环洲公司承担,且环洲公司在株洲有约1亿元人民币的不动产。因此,实业公司应能收回工程款项526万元。(注:1997年1月30日,株洲市中级人民法院已作出判决,本公司为胜诉方。判决书判定环洲公司偿付实业公司工程款593.12万元,其中包含万分之五滞纳金56.58万元)

六、子公司及关联企业

名　称	注册资本	本公司拥有权益	主要业务
1.株洲庆云发展实业公司	405万元	100%	电子屏、灯箱、条幅、广告、房屋装修、设备安装等
2.株洲庆云房地产开发有限责任公司	500万元	90%	房地产开发、建筑材料等
3.株洲银雁通信设备有限责任公司	250万元	36%	全数字双向录音电话机生产、销售

七、财务报告

湘会师[1997]内审字第036号

1.审计意见:

审计报告

株洲庆云发展股份有限公司全体股东:

我们接受委托,审计了贵公司1996年12月31日母公司及合并的资产负债表及1996年度母公司及合并的利润及利润分配表和1996年度母公司及合并的财务状况变动表。这些会计报表由贵公司负责,我们的责任是对这些会计报表发表审计意见。我们的审计是依据《中国注册会计师独立审计准则》进行的。在审计过程中,我们结合贵公司实际情况,实施了包括抽查会计记录等我们认为必要的审计程序。

我们认为,贵公司上述会计报表符合《企业会计准则》和《股份制试点企业会计制度》的有关规定;在所有重大方面公允地反映了贵公司1996年12月31日的财务状况和1996年度的经营成果及资金变动情况;会计方法的选用符合一贯性原则。

湖南省会计师事务所　　中国注册会计师:李弟扩

湖南·长沙　　中国注册会计师:杨迪航

1997年2月25日

2.财务报表(见附表)

3.财务报表附注及编制说明

会计报表附注

附注1:公司概况

株洲庆云发展股份有限公司(以下简称本公司)系1984年开始由株洲市劳动服务公司与其他企事业单位的劳动服务公司采取集资入股,联合经营形式筹建的经济实体,最初吸收单位集资,后来扩展到吸收部分个人集资。筹建初期曾先后使用过"江南联营贸易中心"、"庆云大厦"等名称。1987年1月经株洲市经济体制改革办公室批准,规范为"株洲庆云股份有限公司"1993年7月更名为"株洲庆云发展股份有限公司"。并于同年8月办理变更登记,1996年6月17日再次因法定代表人变换,变更登记,注册号18428087-8(3-1),住所:株洲市车站路1号,注册资金5605万元。

本公司经营范围:

主营:住宿、饮食、旅游、文化娱乐、建筑装饰、汽车运输、理发、美容服务、五金、交电、化工、百货、针纺织品、其他食品、副食品、日用杂货批零兼营。

兼营:一般劳保用品、铸锻件及通用零部件、化工原料、金属材料、普通机械、电器机构及器材批零兼营。

本公司目前的分公司和子公司如下:

A. 本公司的分公司:

(1)株洲庆云发展股份有限公司庆云商厦

注册地:株洲市

主营:五金、百货商品、副食品等。

(2)株洲庆云发展股份有限公司庆云宾馆

注册地:株洲市

主营:饮食、住宿、文化娱乐、旅游等。

B. 本公司的子公司:

(1)株洲庆云发展实业公司

注册地:株洲市

注册资本:405万元

持股比例:100%

主营业务:建筑装饰

(2)株洲庆云房地产开发有限责任公司

注册地:株洲市

注册资本:500万元

持股比例:90%

主营业务:房地产

附注2:重要会计政策

1. 执行会计制度;

本公司执行《股份制试点企业会计制度》。

2. 会计期间:

会计年度为公历年度

3. 合并报表的编制方法:

本公司根据经湖南省会计师事务所审核并作出适当调整后的个别会计报表编制合并报表;合并范围:对持股权比例51%(含51%)以上的子公司纳入合并报表;合并方法:以公司本部和分公司为母公司,并将母公司与子公司权益金额,内部往来等抵销后合并。纳入合并报表的子公司有:

(1)株洲庆云发展实业公司,主营建筑装饰、注册资本405万元,实际投资额405万元,母公司直接持股比例100%。

(2)株洲庆云房地产开发有限责任公司主营房地产开发,注册资本500万元,实际投资额280万元,母公司直接持股比例90%。

4. 记帐原则和计价基础:

所附会计报表,按权责发生制采用实际成本计价的原则进行编制。

5. 记帐本位币:

本公司以人民币作为记帐本位币。

6. 坏帐损失的核算:

本公司采用备抵法核算坏帐损失,按年末应收帐款余额3‰计提坏帐准备金。

7. 存货的核算:

A. 存货包括库存商品、库存材料、低值易耗品等。

B. 存货实行永续盘存制。库存商品按零售价核算,售价与进价差额设商品进销差价科目核算,购入其他类存按实际成本入帐,耗用时按加权平均法计算结转成本。

C. 领用低值易耗品的摊销,按金额大小分别采用一次摊销和分期摊销法。

8. 长期投资:

A. 债券投资:

债券投资采用权益法核算,因数额较小本年债券投资未计"应计利息"。

B. 股权投资:

对投资股权占被投资单位资本总额20%以下的按成本法核算,对20%以上的采用权益法,对超过半数和实际拥有控股权的公司编制合并会计报表。

C. 联营投资的核算:

对联营投资占被投资单位资本总额20%以下的按成本法进行核算,对20%以上的采用权益法,对超过半数和实际拥有控制权的公司,编制合并会计报表 。

9. 固定资产及累计折旧:

固定资产标准:使用年限在一年以上,单位价值在2000元以上且在使用过程中保持原实物形态的资产。

固定资产按历史成本计算,折旧采用直线法,按固定资产分类折旧率计提折旧,各类固定资产折旧率如下:

固定资产类别	折旧年限	残值率	年折旧率
一、房屋、建筑物类:			
1. 经营用房、仓库	30-40年	4%	3.2%-2.4%
2. 简易房	5年	4%	19.2%
3. 其他建筑物	20年	4%	4.8%
二、机器设备类:			
1. 动力、给排水设备	12-17年	4%	8%-5.6%
2. 其他设备	5-10年	4%	19.2%-9.6%
三、交通运输工具类:	8-12年	4%	12%-8%
四、专用设备类:			
1. 营业用家具、柜台、货架、地毯	4-7年	4%	24%-13.7%
2. 加工设备、制冷设备	10-15年	4%	9.6%-6.4%
五、电器及影视设备类	5-10年	4%	19.2%-9.6%
六、文体娱乐设备类	6-10年	4%	16%-9.6%

10. 无形资产及摊销:

土地使用权,1992年9月经株洲会计师事务所评估,并经有关部门确认后,按折股价格入帐,按30年分期摊销。商业用地40年,公司考虑1992年以前未进行摊销因而从1993年起分30年摊销。

11. 递延资产及摊销:

开办费自经营之日起,分期摊入管理费用,摊销期为5年,固定资产的装修、装璜净支出按装修、装璜后固定资产的耐用年限分期摊销。

12. 税项:

A. 增值税:按《增值税暂行条例》计缴。

B. 营业税:服务业收入按营业收入的5%缴纳营业税、娱乐业收入按营业收入的10%缴纳营业税,装饰收入按营业收入的3%缴纳营业税 。

C. 所得税:按应纳税所得额33%交纳所得税,但经湖南省人民政府办公厅湘政办函[1996]303号文件批准,从1996年起,全额返还企业,实际税负为零,该政策执行到2000年12月31日止。

D. 其他税费按规定交纳。

13. 利润分配:

公司分配当年税后利润时,按净利润的10%提取法定公积金,按净利润的5%至10%提取法定公益金。

公司的法定公积金不足以弥补上一年度公司亏损的,在依照前款规定提取法定公积金和法定公益金之前,应当先用当年利润弥补亏损。

公司在净利润中,提取法定公积金后,经股东会决议,可以提取任意公积金。

公司弥补亏损和提取公积金、法定公益金后所余利润按照股东持有的股份比例分配。

14. 收入确认:

商品的销售,于商品已经发出,商品的所有权已经转移给买方后,收到货款或取得收取货款的证据时,作为收入的实现;公司承包工程结算工程价款,实行合同完成后一次结算办法的,于合同完成后与发包单位进行工程合同价款结算时作为收入的实现,实行月终结算、竣工后清算办法的工程合同,按工程进度分期确认合同价款作为收入的实现,公司对外转让商品房,在商品房已经移交,已将发票结算帐单提交买方时作为收入的实现。

附注3:会计报表注释(单位:人民币元)

(一)、以下为资产负债表项目注释(未作说明的系1996年12月31日余额)

1. 货币资金	4753561.63
其中:现金	49257.96
银行存款	4494407.62
其他货币资金	209896.05

货币资金比上年末增加1163589.07元主要系公司收回短期投资和增加银行短期借款所致。

2. 应收帐款 16483077.00

帐龄分析	金额	结构
帐龄在一年以内的	13514350.25	81.99%
帐龄在一年至二年的	1508397.82	9.15%
帐龄在二年至三年的	545989.77	3.31%
帐龄在三年以的上	914339.16	5.55%

本帐户没有持有本公司5%以上股份的股东欠款。

三年以上应收帐款

单位	金额	说明
(1)物贸部、劳保部	459930.38	到该部已撤消,款项难以收回
(2)大庸东齐分公司	155939.20	客户资金周转困难,短期难以收回
(3)湘天桥商店	24600.00	客户资金周转困难,短期难以收回
(4)贺家土百货商场	14510.00	客户资金周转困难,短期难以收回
(5)市供销大厦	23369.50	客户资金周转困难,短期难以收回
(6)浏阳五交化长征商店	13488.06	客户资金周转困难,短期难以收回
(7)长江贸易公司	244.00	客户资金周转困难,短期难以收回
(8)市灯具总店	700.00	客户资金周转困难,短期难以收回
(9)市新城交电商店	322.63	客户资金周转困难,短期难以收回
(10)东区五交化经营部	488.24	客户资金周转困难,短期难以收回
(11)湘潭五交化家电批发部	14416.07	客户资金周转困难,短期难以收回
(12)浏阳五交化前进商店	80582.00	客户资金周转困难,短期难以收回
(13)奔龙工矿贸易部	558.00	客户资金周转困难,短期难以收回
(14)浏阳光明商店	73749.60	客户资金周转困难,短期难以收回
(15)株洲县淦田造纸厂	7080.00	客户资金周转困难,短期难以收回
(16)萍乡五交化商场	1979.60	客户资金周转困难,短期难以收回
(17)湘潭九天商厦	42381.88	客户资金周转困难,短期难以收回

应收帐款比上年末增加3874199.22元,主要系第四季度销售商品的货款未及时回笼。

3. 预付货款 183374.98

帐龄分析	金额	结构
帐龄在二年至三年的	180857.80	98.63%
帐龄在三年以的上	2517.18	1.37%

预付货款系物贸部预付的货款,现该部已撤销,款项正在清理中

4. 其他应收款 4776212.45

帐龄分析	金额	结构
帐龄在一年以内的	3959901.76	82.92%
帐龄在一年至二年的	315361.36	6.60%
帐龄在二年至三年的	474766.06	8.68%
帐龄在三年以上的	86183.27	1.80%

本帐户余额中无持有本公司5%以上股份的股东单位欠款

主要明细	金额	内容
1. 株洲市财政局	3138783.00	应收财政返还所得税款
2. 职工欠款	1053773.98	借款*
3. 边贸部	304439.73	往来款**

*此系职工欠公司款项

**此系边贸部(现已撤消)未收回的株洲绿园大酒店的往来款

三年以上的其他应收款

单位	金额	内容	说明
(1)南区人民法院	4530	诉讼费用	不能收回
(2)市中兴律师事务所	3300	律师费用	不能收回
(3)押金	45920	押金	可以收回
(4)市供销大厦	2375		可以收回
(5)职工借款	30058.27		系个人欠款,可以收回1459.21元,剩余因人员已离开难以收回

5. 待摊费用 1715406.13

项目	金额
(1)期初进项税额	1593203.77
(2)财产保险费、车辆保险费	2146.00
(3)报刊杂志费	81739.08
(4)服装费	38317.28

6. 存货 16069611.94

明细:	金额	可能存在损失	原因
库存材料	2856951.90		
库存商品	8048423.53		
低值易耗品	2027362.75		
开发成本	3136873.76		

存货比上年末增加4779161.46元主要系增加开发成本3136873.76元。

7. 待处理财产损失 900657.64

系商品削价损失

8. 长期投资 968000.00

(1)债券投资

种类	到期日	面值	年利率	投资金额
国库券	1998.4	10000.00	6%	10000.00

(2)联营投资

投资项目名称	投资期限	投资比例	投资金额
株洲市证券广播公司		5.37%	58000.00
株洲银雁通信设备有限责任公司		36%	*900000.00

*该项目尚处于筹建期间,暂无投资损益。

长期投资比上年末增加870000元系公司投资株洲银雁通信设备有限责任公司900000元和收回债券投资30000元所致。

9. 固定资产 116334225.89

类别	期初余额	本期增加	本期减少	期末余额
房屋建筑物	78275375.20	2785737.13	0	81061112.33
交通运输工具	2165994.00	802183.50	328000.00	2640177.50
家具专用设备	2348847.92	6880.00	0	2355727.92

电器及影视设备	2887372.90	268800.00	0	3156172.90
文体娱乐设备	174040.00	0	0	174040.00
机器设备	26768812.59	236116.65	57934.00	26946995.24
小计	112620442.61	4099717.28	385934.00	116334225.89

累计折旧　23263745.45

类别	期初余额	本期增加	本期减少	期末余额
房屋建筑物	9083784.77	1723360.74	0	10807145.51
机器设备	8270744.42	1971408.31	14840.76	10227311.97
交通运输工具	575121.61	201072.28	162197.00	613996.89
电器及影视设备	701364.05	227366.45	0	928730.50
文体娱乐设备	83378.16	16798.15	0	100176.31
家具专用设备	239388.58	346995.69	0	586384.27
小计	18953781.59	4487001.62	177037.76	23263745.45

10. 在建工程　2586621.55

工程名称	工程进度	实际支用数	原预算数	批准文号	资金来源
空调机房	50%	170594.64	300000		自筹
消防设备	90%	97444.25	100000		自筹
商厦改造	70%	327460.50	550000		自筹
停车坪工程	60%	288885.00			自筹
洗衣房改造	70%	28200.76			自筹
锅炉改造	80%	75006.59			自筹
电脑工程	90%	734812.33			自筹
程控交换机电路板	80%	15000.00			自筹
垃圾箱改造	100%	8838.45	9000		自筹
客房改造	90%	565583.12	620000		自筹
自备发电	70%	3248.70			自筹
小计		2586621.55			

借款利息资本化金额 328815.18 元

11. 无形资产　1085272.33

种类	原值	已摊金额	期末金额	剩余摊销年限	来源
土地使用权	1192204.00	106931.67	1085272.33	27年	(1)国有土地使用权折股 882950 (2)*补交土地出让金 309254 元

*:公司上市后,补交土地出让金 309254 元增加无形资产。

12. 递延资产　1035233.92

种类	原值	已摊金额	期末金额	剩余摊销年限
开办费	1294042.40	258808.48	1035233.92	4年

13. 短期借款　26700000.00

贷款单位	币种	金额	年利率	到期日	借款条件
株洲市城市信用联社	人民币	500000.00	18.09%	1997.2.17	抵押借款
长沙雨花信用社	人民币	1000000.00	13.176%	1997.3.19	抵押借款
株洲县农业银行	人民币	500000.00	21.6%	1997.1.2	抵押借款
株洲市建设银行营业部	人民币	1000000.00	8.415%	1997.6.30	抵押借款
株洲市五一城市信用社	人民币	3500000.00	12.25%	1997.2.28	抵押借款
中国银行南区支行	人民币	11000000.00	11.088%	1997.8.26	抵押借款
中国银行南区支行	人民币	3000000.00	11.088%	1997.10.29	抵押借款
中国银行南区支行	人民币	6200000.00	11.088%	1997.12.26	抵押借款
小计		26700000.00			

短期借款本年末余额比上年末增加 6200000 元,主要由于经营、周转所需增加。

14. 应付帐款　10724372.88

本帐户余额 中无与公司有关的公司的款项

15. 未交税金　-2267832.87

明细	金 额
应交增值税	-3111418.56*
应交所得税	12909.34
应交城建税	-86138.28
应交消费税	12257.93
应交营业税	418583.74
应交房产税	443600.64
应交土地使用税	42372.32

*含货到发票单据未到的暂估增值税进项税额 1568616.53 元。系公司购进商品,对货到但发票帐单未到且未付款的商品,验收后,月底会计核算时先暂估商品成本,应交税金进项税额,应付帐款入帐,下月初用红字冲回,该部分暂估的增值税进项税额在纳税申报时不作为进项税额予以申请抵扣。

16. 其他应付款　6393517.90

主要明细	金额	内容
应付工资	2517349.01	应付职工工资
柜台押金	990978.63	押金
湖南中天电脑科贸有限公司	1500000.00	借款
株洲市西京律师事务所	197789.00	律师费用
群丰建筑工程公司	141636.38	
城市增容费	78777.40*	
价格调节基金	56735.00**	

*系根据株洲市人民政府文件株政发(1994)19 号提取城市基础设施增容费。

**系根据湖南省人民政府文件湘政发(1995)17 号提取价格调节基金。

17. 长期应付款　679659.24

(1)香港金门酒店 350000.00 元系分期付款购入固定资产应付款;

(2)住房周转金 -1149077.43 元

(3)劳动就业管理处 1478736.67 元

本帐户中有持有本公司 5%以上股份的股东——劳动就业管理处借给本公司的款项人民币 1300000.00 元,借款期限 1995 年 12 月 20 日至 1998 年 12 月 20 日,借款年利率 7.2%,应计利息 178736.67 元。

18. 少数股东权益 500000.00

系株洲县群丰经贸总公司投入株洲庆云房地产开发有限责任公司的资本。

19. 股本 56049950.00

1996 年度公司股份变动情况表

填报日期:1996 年 12 月 31 日　数量单位:股　每股面值 1 元

	期初数	本次变动增减(+、-) 配股	送股	公积金持股	其他	小计	期末数
一、尚未流通股份							
1. 发起人股份							
其中:							
国家拥有股份	0						0
境内法人持有股份	13371000						13371000
外资法人持有股份							
其他							
2. 国家股	882950						882950
3. 募集法人股	16555800						16555800
尚未流通股份合计	30809750						30809750
二、已流通股份							
1. 境内上市的人民币普通股	25240200						25240200
2. 境内上市的外资股							
3. 境外上市的外资股							
4. 其他							

已流通股份合计	25240200	25240200
三、股份总额	56049950	56049950

股本已于1993年2月14日经株洲会计师事务所验证,1996年5月31日经湖南省会计师事务所再次验证。

20.资本公积 15183816.21

期初余额	15183816.21
本期增加	0
本期减少	0
期末余额	15183816.21

其中10267195.00元系1992年8月31日经株洲会计师事务所资产评估增值22434195元,扣除1992年11月12日第5次股东大会通过的《关于给法人股东个人股东派送股的决议》给股东送股12167000元后转入。其余系公司在1993年6月30日由执行《劳动服务企业会计制度》,转为执行《股份制试点企业会计制度》时转轨并入。

21.盈余公积 20159942.24

项目	年初数	本期增加数	本期减少数	期末余额
1.法定盈余公积	3948887.40	828031.06	0	4776918.46
2.法定公益金	1158583.74	414015.53	0	1572599.27
3.任意盈余公积	9732063.08	4078361.93	0	13810425.01
小计	14839534.22	5320408.52	0	20159942.74

本期法定盈余公积金增加828031.06元,公益金增加414015.53元系本年税后利润提取的盈余公积金,任意盈余公积增加4078361.93元系财政返还所得税按湘财商函字〔1997〕20号文件,不作股利发放,直接计入盈余公积部分。

22.未分配利润 7320461.21

期初余额	282197.20
本期增加	12358672.53
本期减少	5320408.52
期末余额	7320461.21

未分配利润比上年末增加7038264.01元系公司1996年度实现利润12358672.53元,转入盈余公积5320408.52元,剩余利润留存1997年度分配。

二、以下为合并利润及利润分配表注释(单位:人民币元)

23.主营业务收入 109915090.02

其中:商业收入	51339991.19
饮食业收入	23775082.24
服务业收入	15157759.63
建筑装饰业收入	13529404.60
房地产业收入	6112852.36
小计	109915090.02

24.主营业务成本 66888836.69

其中:商业成本	41276978.48
饮食业成本	12547288.28
服务业成本	204142.70
建筑装饰业成本	8711029.63
房地产业成本	4149397.60
小计	66888836.69

25.财务费用 3281719.90

其中:利息净支出	3263000.00
汇兑净损失	
其他	18719.90
小计	3281719.82

26.财政返还营业税对当期损益的影响

	1996年
应缴数	3239595.66
财政返还	921638.07
实缴数	2317957.59

系实现营业税超承包目标部分,财政部门按"经营目标责任书"有关条款实现返还,冲减营业税金及附加增加本期利润。

27.其他业务利润 535392.45

其中:房屋场地出租收入	535392.45

28.投资收益 3069441.61

其中:股票投资收益	3062691.61
债券投资收益	6750.00

29.营业外收入 571012.47

其中:无须支付应付款	536512.47
罚款收入	16500.00
其中	18000.00

* 无须支付应付款主要系1993年8月株洲市高新技术开发区征用地安排劳动力就业,庆云公司接纳35人,根据株洲市人民政府文件株政发〔1993〕48号文件,市高新技术开发区支付庆云公司的安置就业人员费用472500元转为营业外收入。

30.营业外支出 195305.72

其中:处理固定资产净损失	120396.24
罚款支出	3600.00
捐赠支出	26323.00
其他	44986.48

31.财政返还所得税对当期损益的影响

	1996年
财政返还	4078361.93

系企业缴纳所得税后,实现税收超目标财政返企业,因此当期税后利润增加。

32.任意盈余公积的提取

	1996年
任意盈余公积	4078361.93

系税收超目标部分,财政返还公司的好处,按湘财商函字〔1997〕20号文件意见,不作为股利发放,直按计计盈余公积金。

附注4:其他事项

1.或有损失

(1)其他应收款中应收304439.73元,此系已撤消的边贸部尚未收回的往来款,该款项已投入株洲绿园大酒店,该店有一楼层1995年失火暂停营业,现该酒店已恢复正常营业,但资金仍然困难,目前尚无力偿还。

(2)本公司子公司株洲庆云发展实业公司应收帐款中应收湖南省环洲置业发展有限公司(外商独资)5119614.77元系一审已胜诉讼款项,现正在执行中,但该帐款能否如期如数收回,目前来看比较困难。

2.期后事项:

本公司向株洲市城市信用联社的短期借款50万元,向株洲县农业银行的短期借款50万元本公司已于1997年1月2日偿还50万元,2月17日偿还50万元。

3.其他事项:

本公司目前在所得税上享有先全额上交,后由市财政全额返还的优惠政策,若政府政策发生变化,将直接影响净利润。

株洲庆云发展股份有限公司董事会

1997年4月9日

资 产 负 债 表

编制单位:株洲庆云发展股份有限公司(母公司)　　1996年12月31日　　已审　会股01表

单位:元

资　　产	行　次	年初数	期末数
流动资产:			
货币资金		1334345.10	4575575.57
短期投资		584499.52	
应收票据			
应收帐款		5608877.78	2237493.08
减:坏帐准备		37826.63	6712.48
应收帐款净额		5571051.15	2230780.60
预付货款		183374.98	183374.98
其他应收款		5906791.71	6803960.59
待摊费用		1686755.54	1699017.40
存　货		11290450.48	11960334.86
待处理流动资产净损失			858327.64
一年内到期的长期债券投资			
其他流动资产			
流动资产合计		26557268.48	28311361.64
长期投资:			
长期投资		4148000.00	7318210.26
固定资产:			
固定资产原价		112620442.61	116334225.89
减:累计折旧		18953781.59	23263745.45
固定资产净值		93666661.02	93070480.44
固定资产清理			
在建工程		1845631.13	2586621.55
待处理固定资产净损失			
固定资产合计		95512292.15	95657101.99
无形资产及递延资产:			
无形资产		822950.00	1085272.33
递延资产		1290168.40	1035233.92
无形资产及递延资产合计		2113118.40	2120506.25
其他长期资产:			
其他长期资产			
递延税项:			
递延税款借项			
资产合计		128330679.03	133407180.14
负债及股东权益			
流动负债:			
短期借款		20000000.00	20400000.00
应付票据			
应付帐款		9345251.60	8360259.39
预收货款			
应付福利费		59432.07	161146.26
未付股利		667647.48	1787906.48
未交税金		398454.16	－2437963.71
其他未交款		79713.88	100864.34
其他应付款		4610313.64	5641137.98
预提费用			
一年内到期的长期负债			
其他流动负债			
流动负债合计		41169412.83	34013350.74
长期负债:			
长期借款		1772500.00	
应付债券			
长期应付款		－966731.43	679659.24
其他长期负债			
长期负债合计		805768.57	679659.24
递延税项:			
递延税款贷项			
负债合计		41975181.40	34693009.98
股东权益:			
股本		56049950.00	56049950.00
资本公积		15183816.21	15183816.21
盈余公积		14839534.22	20159942.74
其中:公益金		1158583.74	1572599.67
未分配利润		232197.20	7320461.21
股东权益合计		86355497.63	98714170.16
负债及股东权益合计		128330679.03	133407180.14

合并资产负债表

编制单位:株洲庆云发展股份有限公司　　1996年12月31日　　已审　会股01表

单位:元

资　产	附　注	年初数	期末数
流动资产:			
货币资金	3-1	3589972.56	4753561.63
短期投资		584499.52	
应收票据			
应收帐款	3-2	12608377.78	16483077.00
减:坏帐准备		37826.68	49449.23
应收帐款净额		12571051.15	16433627.77
预付货款	3-3	183374.98	183374.98
其他应收款	3-4	4351316.21	4776212.45
待摊费用	3-5	2124145.36	1715406.13
存　货	3-6	11290450.48	16069611.94
待处理流动资产净损失	3-7		900657.64
一年内到期的长期债券投资			
其他流动资产			
流动资产合计		34694810.26	44832452.54
长期投资:			
长期投资	3-8	98000.00	968000.00
固定资产:			
固定资产原价	3-9	112620442.61	116334225.89
减:累计折旧	3-9	18953781.59	23263745.45
固定资产净值		93666661.02	96070480.44
固定资产清理			
在建工程	3-10	1845631.13	2586621.55
待处理固定资产净损失			
固定资产合计		95512292.15	95657101.99
无形资产及递延资产:			
无形资产	3-11	822950.00	1085272.33
递延资产	3-12	1290168.40	1035233.92
无形资产及递延资产合计		2113118.40	2120506.25
其他长期资产:			
其他长期资产			
递延税项:			
递延税款借项			
资产总计		132418220.81	143578060.78
负债及股东权益			
流动负债:			
短期借款	3-13	20500000.00	26700000.00
应付票据			
应付帐款	3-14	11345251.60	10724372.88
预收货款			
应付福利费		88516.45	240631.05
未付股利		6676247.48	1787906.48
未交税金	3-15	448224.56	-2267832.87
其他未交款		79713.88	105635.94
其他应付款	3-16	6119000.64	6393517.90
预提费用			
一年内到期的长期负债			
其他流动负债			
流动负债合计		45256954.61	43684231.38
长期负债:			
长期借款		1772500.00	
应付债券			
长期应付款	3-17	-966731.43	679659.24
其他长期负债			
长期负债合计		805768.57	679659.24
递延税款贷项:			
负债合计		46062723.18	44363890.62
少数股东权益	3-18		500000.00
股东权益:			
股本	3-19	56049950.00	56049950.00
资本公积	3-20	15183816.21	15183816.21
盈余公积	3-21	14839534.22	20159942.74
其中:公益金		1158583.74	1572599.27
未分配利润	3-22	282197.20	7320461.21
股东权益合计		86355497.63	98714170.16
负债及股东权益合计		132418220.81	143578060.78

利 润 及 利 润 分 配 表

编制单位:株洲庆云发展股份有限公司(母公司)　　1996 年度　　会股 02 表　(已审)

单位:元

项　目	附注	上年累计数	本年累计数
一、主营业务收入		81528307.13	90272833.06
减:营业成本		51096685.92	54028409.46
销售费用		13597265.39	16945756.52
管理费用		7376164.11	10182579.31
财务费用		581731.53	1879906.33
进货费用			
营业税金及附加		1695643.90	1719061.94
二、主营业务利润		7180816.28	5517119.50
加:其他业务利润		326445.36	482151.99
三、营业利润		7507261.64	5999271.49
加:投资收益		3336315.75	6047706.76
营业外收入		3015.00	507000.00
补贴收入		24627.17	
减:营业外支出		221262.93	195305.72
加:以前年度损益调整			
四、利润总额		10649956.63	12358672.53
减:所得税		3346915.31	4078361.93
加:财政返还		3346915.31	4078361.93
五、净利润		10649956.63	12358672.53
加:年初未分配利润		126766.14	282197.20
盈余公积转入数			
六、可分配的利润		10776722.77	12640869.73
减:提取法定公积金		677697.18	828031.06
提取法定公益金		338848.59	414015.53
七、可供股东分配的利润		9760177.00	11398823.14
减:已分配优先股股利			
提取任意盈余公积		3872984.80	4078361.93
已分配普通股股利		5604995.00	
八、未分配利润		282197.20	7320461.21

合并利润及利润分配表

编制单位:株洲庆云发展股份有限公司　　1996 年度　　会股 02 表　(已审)

单位:元

项　目	附注	上年累计数	本年累计数
一、主营业务收入	3－23	107769564.44	109915090.02
减:营业成本	3－24	71560865.48	66888836.69
销售费用		14606632.59	17946769.37
管理费用		7639327.51	11011980.68
财务费用	3－25	949367.14	3281719.90
进货费用			
营业税金及附加	3－26	2510399.70	2317957.59
二、主营业务利润		10503002.02	8467825.79
加:其他业务利润	3－27	326445.36	535392.45
三、营业利润		10829447.38	9003218.24
加:投资收益	3－28	12730.01	3069441.61
营业外收入	3－29	4815.00	571012.47
补贴收入		24627.17	
减:营业外支出	3－30	221662.93	195305.72
加:以前年度损益调整			
四、利润总额		10649956.63	12448366.60
减:所得税		3346915.31	4078361.93
加:财政返还	3－31	3346915.31	4078361.93
减:少数股东本期收益			89694.07
五、净利润		10649956.63	12358672.53
加:年初未分配利润		126766.14	282197.20
盈余公积转入数			
六、可分配的利润		10776722.77	12640869.73
减:提取法定公积金		677697.18	828031.06
提取法定公益金		338848.59	414015.53
七、可供股东分配的利润		9760177.00	11398823.14
减:已分配优先股股利			
提取任意盈余公积	3－32	3872984.80	4078361.93
已分配普通股股利		5604995.00	
八、未分配利润		282197.20	7320461.21

财务状况变动表

编制单位:株洲庆云发展股份有限公司(母公司)　　1996年度　　会股03表　已审

单位:元

流动资金来源和运用	行次	金　额	流动资金各项目的变动	行次	金　额
一、流动资金来源:			一、流动资产本年增加数		
1.本年净利润		12358672.53	1.货币资金		3241230.47
加:不减少流动资金的费用和损失			2.短期投资		-584499.52
(1)少数股东本期收益			3.应收票据		
(2)固定资产折旧		4487001.62	4.应收帐款净额		-3340270.55
(3)无形资产、递延资产及其他资产摊销(减其他负债转销)		305740.15	5.预付货款		
(4)固定资产盘亏(减盘盈)			6.其他应收款		897158.88
(5)清理固定资产损失(减清理费用)		120396.24	7.待摊费用		12261.86
(6)递延税款			8.存货		669884.38
(7)其他不减少流动资金的费用和损失			9.待处理流动资产净损失(减收益)		858327.64
小　计		17271810.54	10.一年内到期的长期债券投资		
2.其他来源			11.其他流动资产		
(1)固定资产清理收入(减清理费用)		88500.00	流动资产增加净额		1754093.16
(2)增加长期负债		1646390.67			
(3)收回长期投资					
(4)对外投资转出固定资产					
(5)资本净增加额		5320408.52			
(6)少数股东资本净增加额					
小　计		7055299.19			
流动资金来源合计		24327109.73			
二、流动资金运用:			二、流动负债本年增加数:		
1.利润分配:			1.短期借款		400000.00
(1)提取盈余公积		828031.06	2.应付票据		
(2)提取法定公益金		414015.53	3.应付帐款		-984992.21
(3)提取任意公积金		4078361.93	4.预收货款		
(4)已分配股利			5.应付福利费		101714.19
小　计		5320406.52	6.未付股利		-4888341.00
2.少数股东利润分配			7.未交税金		-2836417.87
3.其他运用			8.其他未交款		21150.46
(1)固定资产和在建工程净增加额		4840707.70	9.其他应付款		1030824.34
(2)增加无形资产、递延资产及其他资产		313128.00	10.预提费用		
(3)偿还长期负债		1772500.00	11.一年内到期的长期负债		
(4)增加长期投资		3170210.26	12.其他流动负债		
小　计		10096545.96			
流动资金运用合计		15416954.48	流动负债增加净额		-7156062.09
流动资金增加净额		8910155.25	流动资金增加净额		8910155.25

合并财务状况变动表

编制单位:株洲庆云发展股份有限公司　　1996年度　　会股03表　已审

单位:元

流动资金来源和运用	行次	金　额	流动资金各项目的变动	行次	金　额
一、流动资金来源:			一、流动资产本年增加数		
1.本年净利润		12358672.53	1.货币资金		1163589.07
加:不减少流动资金的费用和损失			2.短期投资		-584499.52
(1)少数股东本期收益		89694.07	3.应收票据		
(2)固定资产折旧		4487001.62	4.应收帐款净额		3862576.62
(3)无形资产、递延资产及其他资产摊销(减期他负债转销)		305740.15	5.预付货款		
(4)固定资产盘亏(减盘盈)			6.其他应收款		424896.24
(5)清理固定资产损失(减清理费用)		120396.24	7.待摊费用		-408739.23
(6)递延税款			8.存货		4779161.46
(7)其他不减少流动资金的费用和损失			9.待处理流动资产净损失(减收益)		900657.64
小　计		17361504.61	10.一年内到期的长期债券投资		
2.其他来源			11.其他流动资产		
(1)固定资产清理收入(减清理费用)		88500.00	流动资产增加净额		10137642.28
(2)增加长期负债		1646390.67			
(3)收回长期投资					
(4)对外投资转出固定资产					
(5)资本净增加额		5320408.52			
(6)少数股东资本净增加额		500000.00			
小　计		7555299.19			
流动资金来源合计		24916803.80			
二、流动资金运用:			二、流动负债本年增加数:		
1.利润分配:			1.短期借款		6200000.00
(1)提取盈余公积		828031.06	2.应付票据		
(2)提取法定公益金		414015.53	3.应付帐款		-620878.72
(3)提取任意公积金		4078361.93	4.预收货款		
(4)已分配股利			5.应付福利费		152114.60
小　计		5320405.52	6.未付股利		-4888341.00
2.少数股东利润分配		89694.07	7.未交税金		-2716057.43
3.其他运用			8.其他未交款		25922.06
(1)固定资产和在建工程净增加额		4840707.70	9.其他应付款		274517.26
(2)增加无形资产、递延资产及其他资产		313128.00	10.预提费用		
(3)偿还长期负债		1772500.00	11.一年内到期的长期负债		
(4)增加长期投资		870000.00	12.其他流动负债		
小　计		7769335.70			
流动资金运用合计		13206438.29	流动负债增加净额		-1572723.23
流动资金增加净额		11710365.51	流动资金增加净额		11710365.51

株洲庆云发展股份有限公司1997年中期报告

一、财务报告(已经审计)

审计意见:株洲庆云发展股份有限公司全体股东:

我们接受委托,审计了贵公司1997年6月30日合并资产负债表和公司资产负债表,1997年1至6月合并利润及利润分配表和公司利润及利润分配表。这些会计报表由贵公司负责,我们的责任是对这些会计报表发表审计意见。我们的审计是依据《中国注册会计师独立审计准则》进行的。在审计过程中,我们结合贵公司实际情况,实施了包括抽查会计记录等我们认为必要的审计程序。

我们认为:贵公司上述会计报表符合《企业会计准则》和《股份制试点企业会计制度》的有关规定。在所有重大方面公允地反映了贵公司1997年6月30日的财务状况和1997年1至6月的经营成果,会计方法的选用遵循了一贯性原则。

湖南省会计师事务所　　中国注册会计师:李双桂

湖南·长沙　　中国注册会计师:李弟扩

一九九七年七月十四日

(一)财务报表

1. 简化的资产负债表

1997年6月30日　　金额单位:元

项　目	年初数(母公司)	年初数(合并)	期末数(母公司)	期末数合并
资产:				
流动资产	28311361.64	44832452.54	32818934.59	47348482.58
长期投资	7318210.26	968000.00	7102275.09	968000.00
固定资产净值	93070480.44	93070480.44	91015707.57	91015707.57
在建工程	2586621.55	2586621.55	4488481.08	4488481.08
无形及递延资产	2120506.25	2120506.25	6136955.90	6136955.90
资产合计	133407180.14	143578060.78	141562354.23	149957627.13
负债及股东权益				
流动负债	34013350.74	43684231.38	35388908.51	43319403.84
长期负债	679659.24	679659.24	393344.52	393344.52
负债合计	34693009.98	44363890.62	35782253.03	43712748.36
少数股东权益:		500000.00		464777.57
股本	56049950.00	56049950.00	56049950.00	56049950.00
资本公积	15183816.21	15183816.21	15183816.21	15183816.21
盈余公积	20159942.74	20159942.74	21219832.39	21219832.39
其中:公益金	1572599.27	1572599.27	1925895.82	1925895.82
未分配利润	7320461.21	7320461.21	13326502.60	13326502.60
股东权益合计	98714170.16	98714170.16	105780101.20	105780101.20
负债及股东权益合计	133407180.14	143578060.78	141562354.23	149957627.13

2. 简化的损益表

金额单位:元

项　目	上年同期数(母公司)	上年同期数(合并)	97年1-6月(母公司)	97年1-6月合并
主营业务收入	49916857.86	59375861.33	42227546.79	45234584.54
主营业务利润	2463258.87	3556186.66	6627639.66	6335301.14
其他业务利润	177152.76	177152.76	542367.17	583548.09
投资收益	1496354.29	403426.50	-167706.58	48228.59
补贴收入	290784.08	290784.08		
营业外收支净额	391021.54	391021.54	63630.79	63630.79
利润总额	4818571.54	4818571.54	7065931.04	7030708.61
所得税	0	0	0	0
少数股东本期收益				-35222.43
净利润	4818571.54	4818571.54	7065931.04	7065931.04

(二)财务指标

项　目	1997年1-6月主要财务指标	1996年1-6月主要财务指标
每股收益(元)	0.126	0.086
净资产收益率(%)	6.68	5.30
每股净资产(元)	1.89	1.62

(三)财务报表注释:

1. 本期财务报表所采用的会计政策及会计方法与1996年财务报告所采用的会计政策和会计方法一致。

2. 货币资金2,780,917.97元比上年末减少1,972,643.66元,主要系清偿债务所致。

3. 预付帐款1,251,774.98元上年末余额增加1,068,400.00元,主要系株洲庆云发展实业公司为满足经营需要,变更采购方式所致。

4. 土地使用权比上年末余额增加1,138,783.00元系公司补交土地出让金所致。

5. 递延资产比上年末增加3,027,481.17元系公司筹备上市而发生的费用。

项目	金额
6. 主营业务收入	45,234,584.54
其中:	
商业收入	19,298,938.48
饮食业收入	14,569,135.99
服务业收入	8,819,279.27
建筑装饰业收入	2,359,600.80
广告业收入	187,630.00
小　计	45,234,584.54
7. 财务费用	1,584,408.42
其中:	
利息净支出	1,570,615.61
手续费	13,792.81
小　计	1,584,408.42
8. 其他业务利润	583,548.09
其中:	
承包利润	46,916.59
房屋场地出租利润	449,635.74
汽车运输业务利润	84,495.76
首饰加工业务利润	2,5000.00
小　计	583,548.09
9. 投资收益	48,228.59
其中:股票投资收益	48,228.59
10. 营业外收入	79,175.71
其中:	
处理固定资产净收益	874.01
罚款收入	34,360.18
其他	43,939.52
小　计	79,175.71
11. 营业外支出	15,544.92
其中:	
捐赠支出	6,000.00
其他	9,544.92
小计	15,544.92

12. 关联交易

1)关联方基本情况

(1)关联方名称:株洲市劳动就业管理处

注　册　地:株洲市

经 济 性 质:全民事业单位

法定代表人:厉鸣

关 联 方 式:持有本公司股份11021600股,占总股本19.66%

(2)关联企业名称:株洲市庆云发展实业公司

注　　册　　地:株洲市

法 定 代 表 人:胡建国

注　册　资　本:405万元

主　营　业　务:建筑装修

关　联　方　式:本公司持有该公司100%的股权

(3)关联企业名称:株洲庆云房地产开发有限责任公司

注　　册　　地:株洲市

企　业　类　型:有限责任公司

法 定 代 表 人:王玉初

注　册　资　本:500万元

主　营　业　务:房地产开发

关　联　方　式:本公司持有该公司90%的股权

(4)关联企业名称:株洲庆云广告有限责任公司

注　　册　　地:株洲市

企　业　类　型:有限责任公司

法 定 代 表 人:戴国庆

注　册　资　本:120万元

主　营　业　务:设计、制作、发布、代理国内各类广告

关　联　方　式:本公司持有该公司90%的股权

(5)关联企业名称:株洲银雁通信设备有限公司

注　　册　　地:株洲市

企　业　类　型:有限责任公司

法 定 代 表 人:彭范柱

注　册　资　本:250万元

主　营　业　务:全数字双向录音电话机生产、销售、电子元器件、电器机械及器材销售

关　联　方　式:本公司持有该公司36%的股权

2.关联交易情况

应收应付款项

长期应付款——应付劳动就业管理处1,300,000.00

3.其他事项

(1)本公司目前在所得税上享有先全额上交,后由市财政全额返还的优惠政策,故本公司所得税率实际为零。

(2)主营业务下降而利润上升的主要原因是主营业务收入发生结构性变化。

①商场的零售商品营业收入较去年同期减少11,301,945元,下降37.5%。

②宾馆营业收入较去年同期增加3,719,716元,上升19%。

③零售商品营业成本中营业收入的79.72%,而宾馆营业成本只占营业收入的25%。

二、经营情况的回顾与展望

(一)上半年经营工作的回顾:

1997年上半年,公司利用股票上市后公司声誉和知名度提高的有利条件,坚持以经济效益为中心,以股民利益为重,尽管在株洲地区市场竞争激烈且消费分流加剧的情况,公司依然取得了较好的经济效益和社会效益。

1.1997年上半年公司实现销售收入4523.46万元,比去年同期下降23%;实现利润706.59万元,比去年同期增长46.6%。

2.加强了主业经营。公司针对今年商业零售普遍下降的客观实际,抓住"97中国旅游年"这个发展旅游宾馆业的有利时机,把突出宾馆业作为经营工作的重头戏,推出了株洲餐饮、客房服务项目的数个第一,引进"口味蛇"、"澳洲三宝",举办"家庭春节团圆饭"、"情人节欢聚套餐"、"四代同堂生日合家欢宴"、新开西餐厅、"钟点房"、"婚宴免费住宿豪华套间"、"常包优惠房价"等促销措施。使宾馆今年销售收入比去年同期增长19%,利润增长198.3%。

3.拓展了装饰业务。1997年出去对外承接业务,高效率、高水准地拿下了株洲国旺信用社大楼的装饰业务。

4.调整了商厦商品结构,整顿了内部管理,理顺了进销渠道各个环节的关系,树立了商厦在株洲消费者信得过的地位,庆云商厦再次被评为湖南省消费者信得过单位。

5.强化管理。建立了严格的《商品进、销、存管理制度》、《成本核算制度》、《应酬管理规定》、《水、电、气、风管理规定》、《内部财务管理规定》等,提高了广大管理人员和员工的增收节支意识,有效地降低了营业成本,减少了费用。

6.优化了服务。公司上半年对各个层次的员工进行了普遍培训,员工素质得到了提高,服务质量受到广大消费者和上级有关部门的肯定。宾馆被评为"全国百优星级宾馆"、商厦被评为"全国百城万店无假货优胜单位"。

(二)下半年工作展望:

为全面完成年度经营计划,公司领导班子将带领全体员工努力开拓经营,强化内部管理,进一步降低经营成本,努力给广大股民带来最佳的回报。下半年重点抓好如下几项工作:

1.扩大宾馆经营规模。加速宾馆了望厅的更新改造,将了望厅改造成自助餐厅和增设自助火锅项目,确保在10月1日之前开业。在宾馆夜总会旁边增加5个风格不同的KTV包厢,满足不同层次的客源需求。

2.巩固宾馆客源。以市政府主办的炎帝节为契机,推出一系列的餐饮、客房促销措施。

3.压缩商场经营规模,缩减仓储库存,组织人员积极推销库存积压,使商场商品逐步向精品化、品牌化、实用化转向,以利争取更多的消费群。

4.出台公司送配股方案,做好配股申报工作。为公司建设庆云宾馆的配套项目国际俱乐部,做好筹集资金的准备。

5.进一步拓展装饰、房地产业务,且在措施上保证装饰工程款的及时回笼。

6.做好投资参股株洲市城市合作银行工作,为公司业务进军金融业迈出第一步。

三、重大事件揭示

1.根据国务院证券委、中国人民银行、国家经贸委5月21日联合发布的《严禁国有企业和上市公司炒作股票的规定》,公司认真进行了自查。公司以"株洲庆云"名称分别开设沪、深帐户各一个,在以往的证券投资活动中,没有违反国家政策法规的行为。目前公司持有已上市流通股票情况如下:

股票代码	股票简称	持股数量(股)	成本金额(元)	期末金额(元)
600743	幸福实业	120000	1712313.15	1338000
0700	兴澄股份	20000	281282.65	223400

本公司今后对证券的投资,将严格按照国家有关政策法规执行。

2.公司于1997年4月30日在湖南省工商行政管理局进行年检登记。

3.本公司控股股东株洲市劳动就业管理处经株洲市机构编制委员会批准,于1997年2月13日更名为株洲市劳动就业管理局。

4.本公司中期连同1996年滚存利润拟采用送红股形式,每10股送1.6股,另用资本公积金每10股转增1.4股,合并每10股送转3股,此预案需提交1997年度临时股东大会表决通过。

四、发行在外股票的变动和股权结构的变化

1.股权结构情况(单位:股　每股面值1元)

	97.6.30	96年末	占股本%
(一)尚未流通股份			
1.国家股	882950	882950	1.57
2.发起人股份	13371000	13371000	23.86
3.募集法人股	16555800	16555800	29.54
尚未流通股份合计	30809750	30809750	54.97
(二)已流通股份			
境内上市的人民币普通股	25240200	25240200	45.03
(三)股份总额	56049950	56049950	100.00

注:已流通股份25240200股中含公司董事、监事和高级管理人员持股26100股,按有关规定其任职内不得转让,故目前实际流通股份为25214100股。

2.主要股东持股情况

股东名称	持有股份	占总股份(%)
1.株洲市劳动就业管理处	11021600	19.66
2.株洲战备材料总厂	3943800	7.04
3.株洲冶炼厂	1282100	2.29
4.株洲电力机车工厂劳动服务公司	916100	1.63
5.中达汽修	910000	1.62
6.株洲市国有资产管理局	882950	1.58
7.中国有色三建二公司	831700	1.48
8.长沙铁路总公司	769100	1.37
9.株洲硬质合金厂	727100	1.28
10.株洲玻璃厂劳动服务公司	653900	1.17

五、股东大会简介

1.公司1996年度股东大会于1997年5月13日在株洲庆云宾馆三楼会议室举行,出席会议股东代表共46人,代表股份32,723,050股,占公司总股本的58.38%,符合《公司法》和公司《章程》的有关规定。经大会审议讨论,表决并通过如下决议:

(1)审议通过了1996年度董事会工作报告;

(2)审议通过了1996年度监事会工作报告;

(3)审议通过了1996年度财务决算报告和1997年度财务预算报告;

(4)审议通过了1996年度利润分配方案:公司1996年度实现净利润12358672.53元(其中所得税全额返还4078361.93元转为任意盈余公积金,按湖南省财政厅湘财商字〔1997〕20号复函规定,不作股金现金分红),分别提取10%的法定盈余公积金828031.06元及提取5%的公益金414015.53元后,加上年度未分配利润282197.20元,合计7320461.21元作普通股红利分配。考虑到公司上市后将实施送配股,做到既有利于公司长远发展,又能给予广大股东更丰厚的回报,决定1996年度利润暂不分配,转至1997年度中期进行。

(5)审议通过了1997年度更新改造计划方案。

2.本报告期内未召开临时股东大会。

六、备查文件

1.载有董事长、总经理亲笔签名的中期报告原本。

2.公司中期审计报告原本。

3.公司1996年年度报告。

4.公司1996年度股东大会材料。

查阅地址:株洲市车站路1号本公司董事会秘书处

株洲庆云发展股份有限公司

1997年8月26日

长春高新技术产业(集团)股份有限公司

长春高新技术产业(集团)股份有限公司1996年年度报告摘要

一、公司简况

股票代码:0661

股票简称:长春高新

公司法定中文名称:长春高新技术产业(集团)股份有限公司

公司英文名称:Chang Chun High & New Technology Industries (Group) Inc.

公司注册地址:吉林省长春市同志街64号

公司办公地址:吉林省长春市同志街64号火炬大厦

邮政编码:130021

公司法定代表人:刘成福

公司咨询服务机构:证券部

电话:0431—5669409

传真:0431—5675390

联系人:焦敏、尚志慧

会计师事务所:长春会计师事务所

律师事务所:吉林省律师事务所

二、主要财务数据与财务指标

指标项目	1996年	扣除新股申购冻结资金利息后的指标	1995年	比上年增减(%)
1.主营业务收入(万元)	14,138	14,138	13,573	4.10
2.净利润(万元)	5,612	5,373	2,700	107.8
3.总资产(万元)	73,735	73,496	51,437	43.3
4.股东权益(万元)	35,100	34,861	16,983	106.68
5.每股收益(元)	0.818	0.783	0.491	66.50
6.每股净资产(元)	5.11	5.15	3.09	65.37
7.净资产收益率(%)	16	15.41	15.8	1.27
8.股东权益比率(%)	47.6	47.43	33	44.24

三、公司主要业务回顾

1.一年来经营情况

1996年是公司加快发展的一年,在本年度中,公司全体员工团结一致、奋力开拓,抓管理、练内功、增效益、使效益全面超过计划目标。年内公司于12月3日公开发行1364万人民币普通股(A股),12月18日公司1900万社会公众股(含536万内部职工股)在深圳证券交易所上市,为公司未来发展注入了活力。公司属高新技术股份制企业,目前主要经营高新技术产品开发、长春高新技术产业开发区新建区基础设施建设、物业管理、国内外贸易、金融业务。1996年共实现主营业务收入14,138万元,比上年增长4.1%,实现税后净利润5,612万元,比上年增长107.8%,是年初预测数的124.5%。

本公司处于国家重点扶持的高科技产业,它既承担长春高新技术产业开发区内的基础设施开发建设任务,又同时担负着开发区内高新技术项目的转化和发展高科技产业的重任。1996年公司按照发展主业,调整结构,扩大多种经营的方针,加大科技产品投资力度,着力提高公司产品的科技含量和经济效益,取得了优异的经营业绩。

一是加大开发区集中新建区的开发力度,强化物业管理与服务。1996年公司在集中新建区开发基础设施面积达125万平方米,取得开发收入8,907万元,在物业管理方面,由于强化了服务,压缩了费用,1996年公司物业管理收入达2,084万元,占主营业务收入的14.74%,比上年增长5.36%。

二是加大高新技术产品的开发和产业化力度。1996年公司通过参股加快了开发区有发展前景的科技产品的转化力度,取得了良好的投资回报。公司参股的长春热缩材料股份有限公司和长生实业股份有限公司均取得良好的经济效益。1996年公司取得投资收益711.4万元,比上年增长149.17%。

三是在多种经营上取得较好业绩。1996年贸易、金融业务快速增长,公司控股的长春高新开发区城市信用社,在激烈的竞争中,盈利水平居长春市前茅,1996年公司金融业务收入1,086万元,比上年增长44%。

2.募集资金使用情况说明。经中国证监会批准,公司于1996年12月3日通过发行人民币普通股(A股)共募集资金11,493.2万元(扣除发行费用510万元)。按照招股说明书募集资金用途主要用于基因工程药物等6个项目。但是由于资金到位已接近年底,因此截止1996年12月31日绝大部分资金暂未投入,仅投入583万元于长春金赛药业有限责任公司和长春科鹰防腐防水材料有限责任公司用于基因工程药物项目和保温防腐材料项目。预计公司对所募资金使用主要在1997年进行,主要投资项目将加大投资力度,力争提前达产。

四、股本变化及股本结构情况

1.股本变化及股本结构情况

(1)股本结构情况

1996年度公司股份变动情况表

数量:万股,每股面值1元

	期初数	本次变动增减	期末数
一、尚未流通股份	13750	−8786	4946
发起人股	10470	−6282	4188
社会法人股	600	−360	240
内部职工股	2680	−2144	536
尚未流通股份合计	13750	−8786	4964
二、已流通股份		+1900	1900
境内人民币普通股		+1900	1900
已流通股份合计		+1900	1900
股本总额	13750	−6886	6864

(2)股本变动情况原因

1996年末与1995年末减少股本6886万元是由于本年度公司股票按2.5:1进行同比例缩股和公司发行社会公众股所至,公司股票上市后截止1996年12月31日股本未变动。

2.主要股东持股情况

日期:1996年12月31日

序号	股东名称	持股数量(万股)	持股比例%
1	长春高新技术产业发展总公司	4188	61.01
2	长春南湖实业总公司	100	1.5
3	冷三	61.82	0.9
4	宋帮超	48	0.7
5	余菊香	44.01	0.6

6	长春市第二建筑工程公司	40	0.6
7	长春市信托投资股份有限公司	40	0.6
8	长春天燃气化学工业公司	40	0.6
9	李福华	39.73	0.6
10	元怀英	35.85	0.5

3. 公司董事、监事与高级管理人员持股情况:

姓名	职务	年初持股数	年末持股数
刘成福	董事长、总经理	2500	1000
李奉杰	董事、副总经理	2500	1000
孙克林	董事、副总经理	1500	600
周伟群	董事、副总经理	2500	1000
孙成德	董事、总工程师	0	0
倪志欣	董事、科贸大厦经理	2000	800
李日超	董事、火炬实业分公司经理	2500	1000
王凤毓	董事、证券部部长	2500	1000
徐振超	董事、建设开发分公司经理	2500	1000
刘 欣	董事、新区管理办主任	0	0
安吉祥	董事、财务部部长	0	0
王化传	监事会主席、管理部副部长	0	0
于景范	监事、总经理办公室副主任	0	0
郝立明	监事	0	0

公司董事、监事与高级管理人员持股变化是由于本年度公司股票按2.5:1进行同比例缩股。

五、重要事项

1.公司二届四次董事会审议通过1995年分配预案,公司1995年税后利润提取10%法定公积金、5%法定公益金后,余额暂不分配,待公司社会公众股发行后由新老股东共享。

2.1996年6月12日公司第四次股东大会在长春市火炬大厦召开,审议通过了1995年度公司董事会工作报告、1995年度公司监事会工作报告、1995年度公司利润分配方案和发行1997年企业建设债券的决议。

3.经公司二届六次董事会审议决定,通过公司股本缩股方案。鉴于公司只取得公开发行社会公众股额度1900万元,发行后原股本结构不能满足《公司法》要求,决定公司股本按2.5:1进行同比例缩股,同时通过关于公司名称变更的决议,修改公司章程的方案和公司社会公众股发行方案。

4.1996年10月3日公司在长春市火炬大厦召开1996年临时股东大会,审议通过了公司缩股方案、公司章程修改方案、公司名称变更决定和公司社会公众股发行方案。

5.依据公司临时股东大会决议,公司于1996年11月1日在长春市工商局高新技术开发区工商分局重新注册登记,更改公司名称由原长春高新技术产业股份有限(集团)公司改为长春高新技术产业(集团)股份有限公司。

6.公司经中国证券监督管理委员会批准,获准公开发行社会公众股1900万股(含内部职工股536万股),1996年12月3日,公司以"上网发行"方式向社会公开发行人民币普通股1364万股,招股说明书及发行公告刊登于1996年11月28日的《中国证券报》、《证券时报》、《吉林日报》、《长春日报》上。1996年12月18日,公司1900万社会公众股(A股)在深圳证券交易所上市交易,至此公司由定向募集公司转为上市公司(公司上市公告书刊登于1996年12月14日的《中国证券报》和《证券时报》上。

7.经公司二届四次董事会审议决定,公司以厂房折价投入长春长生实业股份有限公司1,150万元,取得合资公司19.38%的股权。

8.经公司二届五次董事会审议决定,投资兴办长春金赛生化药业有限责任公司,公司先期投入483万元。

9.经公司二届五次董事会审议决定,公司与中国科学院长春应用化学研究所合资兴办长春科鹰保温防腐材料有限责任公司,公司投入968万元,占该合资公司55%的股权。

10.本报告期内公司无重大诉讼仲裁事项。

六、子公司及关联企业

企业名称	注册资本(万元)	所占权益%	主要业务
长春高新技术产业(集团)股份有限公司火炬实业分公司	81	100	物业管理
长春高新技术产业(集团)股份有限公司科贸大厦	4400	100	物业管理
长春高新技术产业(集团)股份有限公司科建分公司	2100	100	物业管理
长春高新技术产业(集团)股份有限公司建设开发分公司	5770	100	基础设施开发、房地产开发
长春高新技术产业开发区进出口贸易公司	600	100	国内外贸易、商品供销
长春高新开发区城市信用社	300	66.67	金融业务
长春热缩材料股份有限公司	5896	42.4	生产销售热收缩材料
长春长生实业股份有限公司	4000	19.38	生产销售生化药品

七、财务报告

(一)审计意见:本公司1996年度财务报告经长春会计师事务所赵擎麾、陈思滨注册会计师审计并出具无保留意见的审计报告"长会师审字〔1997〕第28号"。

(二)财务报表(附后)

(三)财务报表附注(附后)

八、其他事项

本公司董事会于1997年3月21日在公司会议室召开了第二届八次董事会,通过1996年度利润分配方案为:1996年度本公司实现税后利润56,115,249.18元,提取10%法定公积金、10%任意盈余公积金和5%公益金,加上上年度结转利润2,371,182.96元,可供股东分配利润为43,684,223.55元。按照现在公司总股本12355.2万股计算,向全体股东每10股送2股红股(相当于按1996年12月31日总股本6864万股每10股送3.6股),剩余未分配利润转入下一年分配。另拟用资本公积金按现有股本每10股转增2股。本分配方案须经股东大会表决通过并报证券主管部门批准后实施。

九、备查文件

1.本公司1996年年度报告原本;

2.长春会计师事务所对本公司1996年年度财务报表及审计报告原本;

3.公司章程及其他有关文件。

长春高新技术产业(集团)股份有限公司董事会

1997年4月1日

审计报告

长会师审字〔1997〕第28号

长春高新技术产业(集团)股份有限公司全体股东:

我们接受委托,审计了贵公司1996年12月31日的资产负债表以及1996年度利润及利润分配表、1996年度财务状况变动表。这些会计报表由贵公司负责,我们的责任是对这些会计报表发表审计意见。我们的审计是依据《中国注册会计师独立审计准则》进行的。在审计过程中,我们结合贵公司的实际情况,实施了包括抽查会计记录等我们认为必要的审计程序。

我们认为,贵公司上述会计报表符合《企业会计准则》、《股份制试点企业会计制度》及其补充规定,在所有重大方面公允地反映了贵公司1996年12月31日的财务状况、1996年度经营成果以及资金变动情况,会计处理方法的选用符合一贯性原则。

长春会计师事务所　　　　中国注册会计师:赵擎鏖
长春.大马路139号　　　　中国注册会计师:陈思滨
1997年3月24日

会计报表附注

一、公司基本情况:

长春高新技术产业(集团)股份有限公司于1993年6月18日成立,在长春市工商行政管理局注册登记,注册资本6864万元,企业法人营业执照注册号24389930－5。公司主要经营范围是:高新技术产品的开发、生产销售及服务,基础设施的开发和建设、物业管理,高新技术成果转让及中介服务,商业供销业,餐饮、娱乐、旅馆、培训及广告业务。

二、公司的主要会计政策:

1.公司执行的会计制度:

公司执行《股份制试点企业会计制度》

2.会计报表的编制方法:

公司的会计报表按财政部会字〔1995〕11号文《合并会计报表暂行规定》对母公司及所有应纳入合并范围的子公司个别会计报表经充分抵销内部投资,内部交易和内部债权、债务等内部会计事项后合并编制的。

已纳入合并会计报表的子公司列示如下:

企业名称	注册资金	实际投资额	母公司持股比例
长春高新技术产业开发区进出口贸易公司	6,000,000.00	6,000,000.00	100%
长春高新开发区城市信用社	3,000,000.00	3,000,000.00	66.67%

3.会计年度

会计年度自每年公历1月1日起至12月31日止。

4.记帐本位币:

公司以人民币为记帐本位币。

5.记帐原则和计价基础

公司会计核算以权责发生制为原则,除资产评估增值外,均按历史成本计价。

6.存货:

库存商品,库存材料按实际成本核算,采用加权平均法结转成本;开发产品按实际成本核算,按个别计价法结转成本;低值易耗品按实际成本核算,领用时采用"五——五摊销法"摊销。

7.长期投资:

(1)债券投资按实际成本入帐。

(2)股权投资占被投资企业权益性资本20%以下的按成本法核算;占被投资企业权益性资20%以上(含20%)的按权益法核算,其中占被投资企业权益性资本50%以上的编制合并会计报表。

8.固定资产:

固定资产按实际成本计价,计价标准人民币2,000元以上(含2000元),其折旧采用平均年限法,不计残值,实行分类折旧,分类折旧率如下:

固定资产类别	折旧年限(年)	年折旧率
房屋及建筑物	40	2.5%
机器设备	12	8.33%
运输设备	10	10%
办公设备	10	10%

9.无形资产及递延资产:

无形资产及递延资产按相应年限平均摊销。

10.坏帐准备:

应收帐款不计提坏帐准备,发生坏帐损失直接记入管理费用。

11.收入的实现:

在发出商品、提供劳务,同时收讫价款或取得索取价款的凭据时,确认营业收入的实现。

12.税项:

(1)增值税:国内销售进项税税率为17%,销项税税率为17%,按销项税扣除进项税后的余额缴纳;出口销售销项税税率为零。

(2)营业税:除娱乐业务收入按应税收入的10%计算缴纳以外,其他按应税业务收入的5%计算缴纳。

(3)城建税:按应纳增值税和营业税额的7%计算缴纳。

(4)企业所得税:经长春市财政局批准,长春高新技术产业(集团)股份有限公司作为高新技术产业1996年按15%税率计算的所得税应予全部退还,计入补贴收入。

全资子公司—长春高新技术开发区进出口贸易公司按7.5%缴纳所得税。

控股公司—长春高新开发区城市信用社被长春高新技术产业开发区管委会认定为长春高新技术产业开发区支撑服务体系,依据开发区字〔1995〕169号文享受高新技术开发区税收优惠政策,1996年免交所得税。

13.利润分配:

根据董事会预分方案公司税后利润按如下比例分配:

提取法定盈余公积金	10%
提取公益金	5%
提取任意盈余公积金	10%
可供股东分配利润	75%

已纳入合并会计报表的控股公司－－长春高新开发区城市信用社,根据其董事会确定的1996年利润分配方案为:

提取法定盈余公积金	10%
提取公益金	10%
提取任意盈余公积金	15%
按股东出资比例可分配利润	65%

三、合并会计报表主要项目注释:

1.货币资金:

期末余额84,433,879.15元,其中:

现金	734,182.32元
银行存款	42,353,465.71元
存放中央银行款项	23,972,316.92元
存放同业款项	17,373,914.20元

注:存放中央银行款项、存放同业款项系信用社存放在中央银行和其他专业银行的款项,属于现金资产。

2.短期投资:

短期投资期末余额3,995,721.90元,均系股票投资,期末市价为3,589,810.00元。

3.应收帐款:

应收帐款期末余额133,026,851.94元,1996年末较1995年末增长幅度较大,主要原因系应收各单位购房及配套设施款,应收房屋租赁费增加。

帐龄	金额	占应收帐款总额的比例
1年以内	25,140,228.31	18.9%
1－2年	104,944,142.41	78.9%
2－3年	2,435,675.55	1.8%
3年以上	506,805.67	0.4%
合计	133,026,851.94	100%

4.预付货款:

预付货款期末余额36,543,727.40元,主要是预付工程款,预付货款较年初减少主要是与施工单位结算后转入相关工程成本。

5.其他应收款:

其他应收款期末余额93,865,060.13元

帐龄	金额	占其他应收款总额的比例
1年以内	62,233,693.53	66%
1－2年	23,307,006.87	25%

2-3年	3,318,014.60	4%
3年以上	5,006,345.13	5%
合计	93,865,060.13	100%

6.存货:

存货期末余额8,337,526.96元,其中:

库存材料	392,018.76元
库存商品	1,831,641.43元
低值易耗品	151,563.57元
开发成本	5,962,303.20元

7.其他流动资产:

其他流动资产期末余额37,248,499.43元,其中:

长春高新开发区城市信用拆放同业款	4,000,000.00元
长春高新开发区城市信用社短期贷款	33,538,900.00元
长春高新开发区城市信用社贷款呆帐准备	-290,400.57元

8.长期投资

长期投资期末余额60,171,974.86元

其中:国库券投资46,025.00元

股权投资60,125,949.86元,构成如下:

被投资单位名称	投资金额	占投资单位股权比例
长春热缩材料股份有限公司	48,625,949.86	42.4%
长春长生实业股份有限公司	11,500,000.00	19.38%

9.固定资产及累计折旧

(1)固定资产原值

固定资产类别	期初价值	本年增加	本年减少	期末价值
房屋及建筑物	163,915,701.78	72,910,064.57	38,647,498.59	198,178,267.76
机器设备	509,113.44	8,138,154.35	10,440.00	8,636,827.79
运输设备	3,445,462.25	2,616,502.40	226,254.00	5,835,710.65
办公设备	1,437,661.96	351,680.00		1,789,341.96
合计	169,307,939.43	84,016,401.32	38,884,192.59	214,440,148.16

(2)累计折旧

固定资产类别	期初价值	本期增加	本期减少	期末价值
房屋建筑物	6,017,290.43	3,913,100.50	1,387,265.11	8,543,125.82
机器设备	70,714.08	217,669.80	797.50	287,586.38
运输设备	663,700.75	644,886.00	68,635.61	1,239,951.14
办公设备	125,902.52	175,269.42	628.69	300,543.25
合计	6,877,607.78	4,950,925.72	1,457,326.91	10,371,206.59

10.在建工程

在建工程期末余额64,420,607.47元,其中:

工程名称	实际支用数	预算数	利息资本化金额	批准文号	资金来源	工程进度
(1)新星大厦主楼	37937702.30	30000000.00	5991564.82	长开发区字〔1996〕第224号	自筹	95%
(2)科技综合服务楼	23534240.14	24000000.00	2553491.42	长开发区字〔1996〕第50号	自筹	95%
(3)科技公寓	207164.03	12000000.00	16573.96	长开发区字〔1996〕第300号	自筹	15%
(4)丙1路工程	400000.00	400000.00	0	长开发区字〔1996〕第346号	自筹	98%
(5)开闭所工程	1268614.00	1100000.00	0	长开发区字〔1996〕第346号	自筹	98%
(6)电外线工程	104728.00	150000.00	0	长开发区字〔1996〕第346号	自筹	85%
(7)自来水工程	250000.00	500000.00	0	长开发区字〔1996〕第346号	自筹	50%
(8)5#、6#开井工程	282959.00	270000.00	0	长开发区字〔1996〕第346号	自筹	95%
(9)平整土地工程	435200.00	1400000.00	0	长开发区字〔1996〕第346号	自筹	30%

11.无形资产

无形资产期末余额10,915,007.00元,其中:

种类	原值	已摊金额	期末余额	剩余摊销年限
土地使用权	3,600,000.00	315,000.00	3,285,000.00	37年
土地使用权	8,361,649.00	731,642.00	7,630,007.00	37年
合计	11,961,649.00	1,046,642.00	10,915,007.00	

12.递延资产

递延资产期末余额231,266.54元,其中:

项目	原值	已摊金额	期末余额	剩余摊销年限
开办费	385,443.23	154,176.69	231,266.54	3年

13.短期借款

短期借款期末余额62,953,419.88元,其中:

贷款单位	到期日	年利率	币种	金额(元)
长春市建行开发区支行	97.1.9	12.08%	人民币	10,000,000.00
长春市建行开发区支行	97.9.25	11.09%	人民币	3,000,000.00
长春市建行开发区支行	97.12.25	8.4%	人民币	7,500,000.00
中国建设银行吉林省分行	97.3.20	12.08%	人民币	6,000,000.00
中国建设银行长春市分行	97.6.30	10.98%	人民币	3,000,000.00
中国农业银行长春市分行春城大街办事处	97.3.15	12.08%	人民币	2,000,000.00
中国银行长春市分行	97.4.11	14.47%	人民币	2,000,000.00
中国工商银行长春开发区支行	97.3.9	13.18%	人民币	3,000,000.00
中国工商银行长春开发区支行	97.8.8	13.18%	人民币	2,000,000.00
中国工商银行长春开发区支行	97.5.8	14.47%	人民币	1,500,000.00
中国工商银行长春开发区支行	97.5.8	13.18%	人民币	3,000,000.00
中国工商银行长春开发区支行	97.2.28	8.45%	人民币	1,000,000.00
中国工商银行长春开发区支行	97.1.15	14.47%	人民币	1,000,000.00
中国建行长春开发区支行	97.9.4	10.05%	人民币	3,000,000.00
吉林省工商银行国际部	97.6.25	7.2%	人民币	2,883,126.64
中国光大银行长春分行	打包贷款	9.85%	人民币	12,070,293.24

14.应付帐款

应付帐款期末余额81,365,323.16元,主要是工程款。

15.未交税金

未交税金期末余额6,276,895.54元,其中:

未交增值税	-424,794.15元
未交所得税	57,055.79元
未交营业税	5,625,122.86元
未交城建税	196,354.56元
未交土增值税	824,156.48元

16.其他应付款

其他应付款期末余额14,460,416.46元,主要是征地补偿费。

17.预提费用

预提费用期末余额771,941.36元,其中:

预提取暖费	203,369.70元
预提贷款利息	568,571.66元

18.一年内到期长期负债

一年内到期长期负债期末余额25,000,000.00元,均系一年内到期长期借款,其中:

贷款单位	年利率	币种	金额(万元)	到期日
中国建设银行长春高新开发区支行	12.24%	人民币	700	97.9.19
中国人民保险公司长春分公司	8.64%	人民币	250	97.5.31

中国工商银行长春开发区支行	13.5%	人民币	350	97.6.30
中国工商银行长春信托投资公司	8.64	人民币	500	97.6.30
中国建设银行吉林省分行	10.98%	人民币	400	97.9.7
中国农业银行长春开发区实验支行	13.86%	人民币	200	97.8.25
中国工商银行长春开发区支行	13.18%	人民币	100	97.7.20

19.其他流动负债

其他流动负债期末余额 70,488,351.60 元,系长春高新开发区城市信用社吸纳的短期存款及短期储蓄存款。

20.长期借款

长期借款期末余额 53,500,000.00 元,均系人民币贷款。

贷款单位	借款日	到期日	年利率	金额(万元)
中国建行长春开发区支行	95.12.20	2000.12.19	15.12%	1600
中国建行长春开发区支行	96.11.29	2001.11.28	11.7%	2000
中国建行长春开发区支行	94.12.19	98.9.19	13.86%	300
中国农业银行长春开发区实验支行	96.6.10	99.8.9	14.94%	500
中国农业银行长春开发区支行	95.12.21	98.5.20	13.5%	750
中国工商银行长春开发区支行	95.12.28	98.4.5	13.5%	200

21.应付债券

应付债券期末余额 39,076,493.33 元

债券面值	债券期限	到期日	应计利息	期末余额
35,000,000.00	一年	97.2.2	4,076,493.33	39,076,493.33

22.其他长期负债:

其他长期负债期末余额 27,737,814.10 元,系长春高新开发区城市信用社长期存款和长期储蓄存款。

23.股本

股本结构如下:

股权种类	金额(万元)	持股比例(%)
国家股	4,188	61.01
法人股	240	3.50
社会公众股	1,900	27.68
职工内部股	536	7.81
总股本	6,864	100.00

股本年初数为 13,750 万元,经公司 1996 年 10 月 3 日临时股东大会决议通过,并经长春市人民政府批准,公司股本按 2.5:1 的比例进行同比例缩股,缩减后股本为 5500 万元。经中国证监会批准,公司获得公开发行股票额度 1900 万股后,向社会公开发行 1364 万股(内部职工股占额度上市 536 万股)。股本增至 6864 万元。

24.资本公积

资本公积期初余额 1,340,115.90 元,期末余额 195,251,395.49 元,本期增加 193,911,279.59 元,其中:

(1)评估增值 6,896,000.00 元,其中 3,692,000.00 元,系对长春热缩材料股份有限公司投资时资产评估增值额,另 3,204,000.00 元系对长春长生实业股份有限公司投资时资产评估增值额,以上评估增值业经长春市国有资产管理局确认计入资本公积。

(2)退所得税 4,718,965.32 元,其中:411,025.59 元系公司的控股公司－－长春高新开发区城市信用社享受高科技企业的优惠政策,1996 年免所得税增加的资本公积中母公司所拥有的数额;另 4,307,939.73 系根据长春市人民政府函〔1996〕30 号文件退还给公司的 1995 年已上缴的退税款。

(3)缩股增加资本公积 82,500,000.00 元,系经 1996 年 10 月 3 日临时股东大会决议通过,并经长春市人民政府批准,公司股本按 2.5:1 同比例缩股后增加资本公积的数额。

(4)资本溢价收入 99,796,314.27 元,系公司向社会公开发行股票的溢价收入扣除各项发行费用后的金额,其中,申购资金存款利息收入 19,794.72 元。

25.盈余公积

	年初数	本年增加	本年减少	期末余额
法定公积金	5,013,513.58	6,122,525.78		11,136,039.36
法定公益金	2,633,791.98	3,032,163.14	254,070.38	5,411,884.74
任意公积金	381,105.56	5,901,590.05		6,282,695.61
合计	8,028,411.12	15,056,278.97	254,070.38	22,830,619.71

26.未分配利润

未分配利润期初余额 22,963,182.96 元,本期实现净利润 56,115,249.18 元,提取盈余公积金 14,802,208.59 元,期末余额 64,276,223.55 元。

27.主营业务收入

主营业务收入本期累计 141,376,822.18 元,其中:

房屋租赁业务收入	20,840,966.02 元
商品销售收入	14,873,537.23 元
商品房销售收入	35,471,700.00 元
配套设施销售收入	53,600,000.00 元
金融业务收入	10,864,024.43 元
餐饮等服务业收入	5,726,594.50 元

28.财务费用

财务费用本期累计 18,059,895.81 元,其中:

利息净支出　18,051,153.31 元

其他　8,742.50 元

29.其他业务利润

其他业务利润本期累计 27,080,415.55 元,其中:

(1)客运利润	10,395.00 元
(2)大楼综合服务收入	287,688.39 元
(3)代理出口手续费用收入	141,205.37 元
(4)转出在建工程收入	26,641,126.79 元

30.投资收益

投资收益本期累计 9,651,027.30 元,其中:

国库券利息	21,639.81 元
股票投资收益	2,515,237.63 元
非控股公司分配利润	7,114,149.86 元

31.补贴收入

补贴收入 6,953,545.54 元系应退 1996 年度所得税款,经长春市财政局批准计入本科目。

32.营业外收入

营业外收入本期累计 6,191,537.03 元,其中:

申购资金存款利息	2,394,195.94 元
处理固定资产净收益	3,785,915.98 元
罚款收入	11,308.08 元
其他	117.03 元

33.营业外支出

营业外支出本期累计 392,245.96 元,其中:

处理固定资产净损失	40,329.36 元
劳动保险费	214,002.42 元
捐款	27,994.18 元
罚款及滞纳金	103,000.00 元
其他	6,920.00 元

利 润 及 利 润 分 配 表

(1996 年度)

单位名称:长春高新技术产业(集团)股份有限公司　　　　金额单位:人民币元

项目	行次	母公司上年实际数	母公司本年实际数	合并上年实际数	合并本年实际数
一、主营业务收入	1	119,802,917.67	115,639,260.52	135,729,412.02	141,376,822.18
减:营业成本	2	67,507,546.46	69,229,961.99	78,408,203.40	86,591,198.43
销售费用	3	1,105,612.76		1,204,909.94	298,873.93
管理费用	4	6,903,889.01	9,278,574.95	9,311,057.89	13, 619,117.65
财务费用	5	8,224,875.49	19,024,579.30	7,458,341.66	18, 059,895.81
进货费用	6				
营业税金及附加	7	6,607,100.25	7,196,936.75	6,801,160.93	7,551,566.39
二、主营业务利润(亏损以"-"号表示)	8	29,453,893.70	10,909,207.53	32,545,738.20	15,256,169.97
加:其他业务利润	9	351,622.93	26,939,210.18	683,961.90	27,080,415.55
三、营业利润(亏损以"-"号表示)	10	29,805,516.63	37,848,417.71	33,229,700.10	42,336,585.52
加:投资收益	11	1,793,111.98	12,295,156.33	393,256.09	9,651,027.30
补贴收入	12		6,953,545.54		6,953,545.54
营业外收入	13	468.00	6,181,461.92	5,022.57	6,191,537.03
减:营业外支出	14	288,230.30	209,786.78	306,459.41	392, 245.96
加:以前年度损益调整	15				
四、利润总额(亏损以"-"号表示)	16	31,310,866.31	63,068,794.72	33,321,519.35	64,740,449.43
减:所得税	17	4,307,939.73	6,953,545.54	5,029,534.82	7, 627,139.72
减:少数股东损益(合并报表填列)	18			1,289,057.95	998,060.53
五、净利润(亏损以"-"号表示)	19	27,002,926.58	56,115,249.18	27,002,926.58	56,115,249.18
加:年初未分配利润	20	894,329.87	23,852,429.28	894,329.87	22,963,182.96
盈余公积金转入数	21				
六、可分配的利润(亏损以"-"号表示)	22	27,897,256.45	79,967,678.46	27,897,256.45	79,078,432.14
减:提取法定公积金	23	2,696,551.45	5,607,783.71	2,950,621.83	5,868,455.40
提取法定公益金	24	1,348,275.72	2,803,891.56	1,602,346.10	3,032,163.14
职工奖励福利	25				
七、可供股东分配的利润	27	23,852,429.28	71,556,002.89	23,344,288.52	70,177,813.60
减:已分配优先股股利	28				
提取任意公积金	29		5,607,783.71	381,105.56	5,901,590.05
已分配普通股股利	30				
八、未分配利润(未弥初亏损以"-"号表示)	31	23,852,429.28	65,948,219.18	22,963,182.96	64,276,223.55

财 务 状 况 变 动 表

(1996 年度)

单位名称:长春高新技术产业(集团)股份有限公司　　　　金额单位:人民币元

流动资金来源和运用	行次	金额(母公司)	金额(合并)
一、流动资金来源:			
1.本年净利润(合并报表为合并净利润)	1	56,115,249.18	56,115,249.18
加:少数股东本期损益(合并报表填列)	2		998,060.53
加:不减少流动资金的费用和损失:			
(1)固定资产折旧	3	4,582,363.93	4,858,703.44
(2)无形资产、递延资产及其他资产摊销	4	299,040.00	376,128.84
(3)固定资产盘亏(减盘盈)	5		
(4)清理固定资产损失(减收益)	6	-3,745,586.62	-3,745,586.62
(5)递延税款	7		
(6)其他不减少流动资金的费用和损失	8		
小计	10	57,251,066.49	58,602,555.37
2.其他来源			
(1)固定资产清理收入(减清理费用)	11	21,393,233.46	21,393, 233.46
(2)增加长期负债	12	12,702,529.99	17,268,729.93
(3)收回长期投资	13		
(4)对外投资转出固定资产	14		
(5)对外投资转出无形资产	15		
(6)资本净增加额	16	139,070,738.87	139,853,488.18
(7)少数股东资本增加额(合并报表填列)	16-1		548,286.83
小计	17	173,166,502.32	179,063,738.40
流动资金来源合计	18	230,417,568.81	237,666,293.77
二、流动资金运用:			
1.利润分配			
(1)提取法定公积金	19	5,607,783.71	5,868,455.40
(2)提取法定公益金	20	2,803,891.86	3,032,163.14
(3)提取任意公积金(减盈余公积转入)	21	5,607,783.71	5,901, 590.05
(4)已分配股利	22		

流动资金来源和运用	行次	金额(母公司)	金额(合并)
(5)职工奖福基金	22-1		
小计	23	14,019,459.28	14,802,208.59
2.少数股东利润分配(合并报表填列)	23-1		342,774.04
3.其他运用	23-2		
(1)固定资产和在建工程净增加额	24	73,353,416.97	79,367,749.72
(2)增加无形资产、递延资产及其他资产	25		
(3)偿还长期负债	26		
(4)增加长期投资	27	58,026,002.66	51,638,954.86
小计	28	131,379,419.63	131,006,704.58
流动资金运用合计	29	145,398,878.91	146,151,687.21
外币会计报表折算差额(合并报表填列)	29-1		
流动资金增加净额	30	85,018,689.90	91,514,606.56
流动资金			
一、流动资产本年增加数:			
1.货币资金	31	26,407,506.93	-15,059,132.38
2.短期投资	32	3,995,721.90	3,995,721.90
3.应收票据	33		
4.应收帐款净额	34	64,810,468.96	65,856,108.27
5.预付货款	35	-43,481,475.48	-33,078,663.08
6.其他应收款	36	55,388,297.84	62,582,521.15
7.待摊费用	37	50,534.00	-339,830.60
8.存货净额	38	5,700,340.72	7,554,841.80
9.待处理流动资产损失	39		
10.一年内到期的长期债券投资	40	-36,082.60	-36,082.60
12.其他流动资产	41		23,381,769.43
	42		
流动资产增加净额	45	112,835,312.27	114,857,253.89
二、流动负债本年增加(减少)数			
1.短期借款	46	-7,600,000.00	21,853,419.88
2.应付票据	47		
3.应付帐款	48	67,407,677.34	72,198,728.22
4.预收货款	49	-18,050,817.12	-18,050,817.12
5.应付福利费	50	328,678.24	411,060.43
6.未付股利	51		-820,000.00
7.未交税金	52	-9,423,255.74	-9,467,599.63
8.其他未交款	53	-160,684.65	-162,684.29
9.其他应付款	54	-3,588,345.40	-3,336,717.44
10.预提费用	55	-96,630.30	471,941.36
11.一年内到期的长期负债	56	-1,000,000.00	-20,500,000.00
12.其他流动负债	57		-19,254,684.08
流动负债增加净额	58	27,816,622.37	23,342,647.33
流动资金增加净额	59	85,018,689.90	91,514,606.56

资产负债表

(1996年12月31日)

单位名称:长春高新技术产业(集团)股份有限公司　　金额单位:人民币元

资产	行次	年初数(母公司)	年初数(合并)	年末数(母公司)	年末数(合并)
流动资产:					
货币资金	1	16,583,049.34	99,493,011.53	42,990,556.27	84,433,879.15
短期投资	2			3,995,721.90	3,995,721.90
应收票据	3				
应收帐款	4	63,612,674.70	67,170,743.67	128,423,143.66	133,026,851.94
减:坏帐准备	5				
应收帐款净额	6	63,612,674.70	67,170,743.67	128,423,143.66	133,026,851.94
预付货款	7	64,900,897.48	69,622,390.48	21,419,422.00	36,543,727.40
其他应收款	8	34,132,365.80	31,282,538.98	89,520,663.64	93,865,060.13
待摊费用	9		390,364.60	50,534.00	50,534.00
存货	10	771,914.71	782,685.16	6,472,225.43	8,337,526.96
减:存货变现损失准备	10-1				
存货净额	10-2	771,914.71	782,685.16	6,472,225.43	8,337,526.96
待处理流动资产净损失	11				
一年内到期长期债券投资	12	80,800.00	80,800.00	44,717.40	44,717.40
其他流动资产	13		13,866,730.00		37,248,499.43
流动资产合计	15	180,081,702.03	282,689,264.42	292,917,014.30	397,546,518.31
长期投资:					
长期投资	16	14,041,700.96	8,533,020.00	72,067,703.62	60,171,974.86
合并价差(合并报表填列)(贷差以"-"号表示)	16-1				
长期投资合计		14,041,700.96	8,533,020.00	72,067,703.62	60,171,974.86
固定资产:					

资产	行次	年初数(母公司)	年初数(合并)	年末数(母公司)	年末数(合并)
固定资产原价	17	168,067,955.43	169,307,939.43	210,228,810.66	214,440,148.16
减:累计折旧	18	6,744,356.59	6,877,607.78	10,004,595.14	10,371,206.59
固定资产净值	19	161,323,598.84	162,430,331.65	200,224,215.52	204,068,941.57
在建工程	20	49,197,817.95	49,197,817.95	61,420,607.47	64,420,607.47
固定资产清理	21				
待处理固定资产净损失	22				
固定资产合计	23	210,521,416.79	211,628,149.60	261,644,822.99	268,489,549.04
无形资产及递延资产:					
无形资产	24	11,214,047.00	11,214,047.00	10,915,007.00	10,915.007.00
递延资产	25		308,355.38		213,266.54
无形资产及递延资产合计	30	11,214,047.00	11,522,402.38	10,915.007.00	11,146,273.54
其他长期资产:					
其他长期资产	31				
递延税项:					
递延税款借项	32				
资产总计	40	415,858,866.78	514,372,836.40	637,544,547.91	737,354,315.75
负债及股东权益					
流动负债:					
短期借款	41	60,600,000.00	41,100,000.00	53,000,000.00	62,953,419.88
应付票据	42				
应付帐款	43	6,518,298.79	9,166,594.94	73,925,976.13	81,365,323.16
预收货款	44	18,315,205.13	18,315,205.13	264,388.01	264,388.01
应付福利费	45	799,518.92	823,584.29	1,128,197.16	1,234,644.72
未付股利	46		820,000.00		
未交税金	47	15,900,081.90	15,744,495.17	6,476,826.16	6,276,895.54
其他未交款	48	323,377.40	325,476.01	162,692,75	162,791,72
其他应付款	49	17,743,988.82	17,797,133.90	14,155,643.42	14,460,416.46
预提费用	50	300,000.00	300,000.00	203,269.70	771,941.36
一年内到期的长期负债	51	45,500,000.00	44,500,000.00	45,500,000.00	25,000,000.00
其他流动负债	52		89,743,035.68		70,488,351.60
长期负债合计	55	166,000,470.96	239,635,525.12	193,817,093.33	262,978,172.45
长期负债					
长期借款	56	46,500,000.00	46,500,000.00	53,500,000.00	53,500,000.00
应付债券	57	33,509,120.00	33,509,120.00	39,076,493.33	39,076,493.33
长期应付款	58	17,565.84	19,233.84	152,722.50	164,333.31
其他长期负债	60		23,181,556.97		27,737,814.10
长期负债合计	65	80,026,685.84	103,209,910,81	92,729,215.83	120,478,640.74
递延税项:					
递延税款货项	66				
负债合计	67	246,027,156.80	342,845,435.93	286,546,309.16	383,345,813.19
少数股东权益	67-1		1,695,690.49		2,899,263.81
股东权益					
股本	68	137,500,000.00	137,500,000.00	68,640,000.00	68,640,000.00
资本公积	69	1,340,115.90	1,340,115.90	195,251,395.49	195,251,395.49
盈余公积	70	7,139,164.80	8,028,411.12	21,158,624.08	22,830,619.71
其中:公益金:	71	2,379,721.60	2,633,791.98	5,183,613.46	5,411,884.74
未分配利润	72	23,852,429.28	22,963,182.96	65,948,219.18	64,276,223.55
外币报表折算差额(合并报表填列)	72-1				
股东权益合计	79	169,831,709.98	169,831,709.98	350,998,238.75	350,998,238.75
负债及股东权益总计	80	415,858,866.78	514,372,836.40	637,544,547.91	737,354,315.75

长春高新技术产业(集团)股份有限公司 1997 年度中期报告

一、财务报表(未经审计)

(一)财务报告

1、简化资产负债表

单位:元

项目	1997 年 6 月 30 日	1996 年 12 月 31 日
流动资产	508,014,469.45	397,546,518.31
长期投资	63,282,106.77	60,171,974.86
固定资产净值	200,640,469.24	204,068,941.57
在建工程	30,358,961.84	64,420,607.47
无形资产及递延资产	10,976,099.32	11,146,273.54
其他长期资产	14,817,499.43	
资产合计	828,089,606.05	737,354,315.75
流动负债	341,875,680.25	262,978,172.45

长期负债	97,505,219.54	120,478,640.74
少数股东权益	2,297,286.68	2,899,263.81
股东权益合计	386,411,419.58	350,998,238.75
其中:股本	172,972,800.00	68,640,000.00
资本公积	136,220,995.49	195,251,395.49
盈余公积	22,830,619.71	22,830,619.71
未分配利润	54,387,004.38	64,276,223.55
负债及股东权益合计	828,089,606.05	737,354,315.75

2. 简化损益表

项目	1997 年 1 至 6 月	1996 年 1 至 6 月
主营业务收入	48,687,429.63	90,176,892.96
主营业务利润	11,320,732.05	18,480,297.49
其他业务利润	17,099,941.35	325,249.83
投资收益	9,970,328.43	2,866,923.35
补贴收入	2,716,160.06	
营业外收支净额	-209,738.64	3,609,492.47
利润总额	40,897,423.25	25,281,963.14
所得税	5,445,915.47	3,356,037.68
少数股东权益	38,326.95	609,820.70
净利润	35,413,180.83	21,316,104.76

3、财务指标

	1997 年 1 至 6 月	1996 年 1 至 6 月
每股净收益	0.205	0.39
净资产收益率	9.16%	10.54%
每股净资产	2.23	3.68

注:1997 年度上半年各项财务指标是以期末总股本 17297.28 万股为基础,1996 年度上半年各项财务指标是以公司上市发行前总股本 5500 万股为基础。

(二)财务报表附注

1、本期财务报告所采用的会计政策及会计方法除所得税返还有所变化外(1996 年所得税率为 15%全部返还。1997 年所得税率为 15%按 7.5%返还)期余和 1996 年度财务报告所采用的会计政策和会计方法一致。

2、货币资金比年初减少 35,705,042.69 元,主要是付工程款、设备款增加所致。

3、短期投资增加 16,004,278.10 元,是对外联营投资增加所致。

4、其他应收款比年初增加 133,095,533.81 元,主要是转让给政府的工程和订购的设备款。

5、在建工程较 1996 年底减少 34,061,645.63 元,主要是为集中新建区配套的综合楼被高新开发区管委会征用。

6、短期借款比年初增加 26,157,923.22 元,主要系子公司一长春高新技术产业开发区进出口贸易公司出口业务量增加,使短期融通所需的资金量增大。

7、股本增加 104332800 股,是因为实施了 1995 年度、1996 年度分配方案,即 1995 年度利润分配每 10 股送 3 股,资本公积金每 10 股转增 5 股。1996 年度利润分配每 10 股送 2 股,资本公积金每 10 股转增 2 股。

8、资本公积较年初减少 59,030,400.00 元。系实施 1996 年两次股东大会决议,转增股本。

9、未分配利润期初余额 64,276,223.55 元,本期实现净利 35,413,180.83 元,上半年已分配普通股股利 45,302,400.00 元,期末余额 54,387,004.38 元。

10、主营业务收入减少 41,489,463.33 元,主要是本期开发的基础设施和房地产项目完工较少和公司着力调整产业结构所致。

11、主营业务利润减少 7,159,565.44 元,系主营业务收入减少所致。

12、其他业务利润增加 16,774,691.52 元。主要是长春高新技术产业开发区管委会征用公司在建工程项目所得收入。

13、投资收益增加 7,103,405.08 元,主要是联营投资收益及参股企业分回的投资收益增加。

14、补贴收入 2,716,160.06 元,系应退 1997 年所得税,经长春市财政局批准列入本科目。

15、关联企业及关联交易

(1)关联企业:

名　称	注册资本(万元)	所占权益 %	主要业务
长春高新技术产业开发区进出口贸易公司	600	100	国内外贸易、商品供销
长春高新开发区城市信用社	300	66.67	金融业务
长春热缩材料股份有限公司	5896	42.4	生产销售热收缩材料
长春长生实业股份有限公司	4000	19.38	生产销售生化药品

(2)关联交易:母公司在其控股公司长春高新开发区城市信用社贷款 27,500,000.00 元,支付利息 856,905.00 元,存款利息 18,484.68 万元

二、经营情况的回顾与展望

(一)上半年经营情况的回顾

1997 年上半年,公司全体员工认真贯彻股东大会、董事会的各项决议,进一步建立和健全现代企业制度,积极调整和优化产业结构,努力实现向高新技术产业发展方向转变,生产经营等各项工作都取得了新的进展:

1、实施多元化经营战略。1997 年上半年由于公司基础设施开发和房地产项目受北方季节性影响,上半年完工较少,再加上公司年初调整产业结构,资金投向高科技产业项目,因此,主营业务收入较上年同期有所下降,但公司积极开展多元化经营,努力提高企业经济效益,上半年共实现利润总额 4089.7 万元,比上年同期增长 61.8%;实现净利润 3541 万元,比上年同期增长 66.1%。

2、坚持开发高新技术产业基础设施。在公司新上项目投入见效前,继续坚持以基础设施开发、建设为主,按照公司股东大会调整的募集资金使用计划,公司在长春高新技术产业开发区集中新建区投入 3700 万元,用于厂房、道路及供热工程建设,目前项目进展顺利。

3、物业经营继续保持较高水平。公司科贸大厦、火炬实业分公司、科建分公司在不断提高服务档次,拓宽服务领域,压缩自身费用的前提下,在激烈的市场竞争中继续保持较高的房屋出租水平,上半年共实现物业经营收入 2378.6 万元,比上年同期增长 237%。

4、高新技术产业化取得新的进展。为了增强企业发展后劲,实现公司由高新技术基础设施开发为主向高新技术产业化方向发展,公司利用募集资金投入到生物药业、新型材料等高科技领域。目前,公司投资创办的长春金赛药业有限责任公司已完成投资 3300 万元,新建厂房主体已全部竣工,设备已陆续到位进行安装调试,首期开发的两个国家新药已进入临床阶段。公司与中科院长春应用化学研究所联办的长春科鹰防腐保温有限责任公司已投入资金 730 万元,扩建项目上半年已完成项目的选址、总体规划、基建项目审批、土地平整和施工前的准备工作,预计年底可以完成扩建任务。新型短甜味剂阿力甜项目已完成投入 50 万元,产品小试工作已经结束。

5、在管理方面,不断健全和完善公司管理体制,结合公司实际,开展了"效益攻坚战",强化基础管理,在公司内部全面推行目标管理,建立岗位目标责任制,充分调动员工生产积极性,整体管理水平有所提高。

(二)下半年工作计划

公司在下半年工作中要以经济效益为中心,在坚持基础设施开发的基础上,继续加大产业结构调整力度,努力实现公司产业升级。

下半年要重点做好以下工作:

1、加速长春高新技术产业开发区集中新建区基础设施开发建设。今年公司在集中新建区生物园区投资建设开发的生物 3、4、5 号厂房要边建

设、边招商、边销售,年内厂房全面竣工。公司承建的集中新建区二期开发的道路及高科技广场工程要在年内全部竣工,在政策区开发的高科技宿舍小区也要在年内完成。

2、加快公司高新技术产业化步伐。长春金赛药业有限责任公司年底以前完成附属设施建设,通过国家GMP标准验收,获得国家医药生产许可证,两个新药力争年底通过国家卫生部的评审,取得新药证书,为明年正式生产做好准备。下半年长春科鹰防腐保温材料有限责任公司扩建项目,新建厂房3000平方米全面竣工,生产设备全部到位安装调试完毕,年内投入生产。阿力甜项目在年内完成项目中试工作,做好工业化前期准备工作。

3、抓住机遇充分利用国家有关政策,提高资金运行效率,着力在企业资本运作上有所突破,实现低成本扩张。

4、以长春高新技术产业(集团)股份有限公司为核心,实行集团化改造,组建长春高新技术产业集团,充分利用规模优势、资金优势,政策优势,实现高新技术产业集团化发展。

5、强化企业内部管理,结合公司现代企业制度试点工作,在公司运行机制和管理体制上,形成具有高新技术企业的管理特色,不断加强公司制度化、规范化建设,保证公司快速、持续、健康发展。

三、重大事件的说明

(一)募集资金使用情况。公司于1996年12月3日公开发行股票实际募集资金11493.2万元。经过公司详细的调研论证,原计划投入6个项目,后鉴于公司投入的基因工程药物项目争取列入国家计划,项目总规模将扩大到1.5亿元,经公司1996年度股东大会审议通过,决定对公司募集资金投向进行必要调整。基因工程药物项目追加投资;新增长春高新技术产业开发区集中新建区基础设施建设项目;保温防腐项目、阿力甜项目继续按原计划投入,其他三个项目暂时列入公司储备项目。截止1997年6月30日公司募集资金实际完成投入7780万元,占募集资金的67.7%。其余部分公司作为货币资金,将在下半年陆续投入公司新建项目上。

(二)公司根据1997年3月3日临时股东大会决议,于1997年3月10日实施了1995年度利润分配和公积金转增股本方案,即每10股送3股红股和以资本公积金每10股转增5股。实施后公司总股本由6864万股增至12355.2万股,股份变动公告刊载于1997年4月25日的《证券时报》。

(三)公司根据1997年5月9日召开的1996年度股东大会决议,于1997年5月19日实施了1996年度利润分配和公积金转增股本方案,即每10股送2股红股和以资本公积金每10股转增2股。实施后公司总股本由12355.2万股增至17297.28万股。股份变动公告刊载于1997年6月13日的《证券时报》。

(四)根据国务院证券委、中国人民银行、国家经贸委5月21日联合发布的《关于严禁国有企业和上市公司炒作股票的规定》要求,公司进行了认真检查。至今为止,公司及子公司未持有任何上市公司股票。今后公司若进行股票投资,将严格按照国家有关规定执行。

(五)本公司1997年中期不分红。

(六)本报告期内公司无重大诉讼、仲裁事项。

四、发行在外股票的变动和股权结构的变化

(一)公司于1997年3月3日召开临时股东大会通过决议,向全体股东以1995年可分配利润每10股送3股,以资本公积金每10股转增5股,该方案于1997年3月10日实施,公司总股本由6864万股增至12355.2万股。公司于1997年5月9日召开1996年度股东大会通过决议,向全体股东以1996年度可分配利润每10股送2股,以资本公积金每10股转增2股,该方案于1997年5月19日实施,公司总股本由12355.2万股增至17297.28万股。

(二)截止1997年6月27日止,公司股权结构情况

股份单位:万股　　面值:每股人民币1.00元

股份类别	期初数	期内变动增减(+-)		期末数
		送股	公积金转增	
1、尚未流通股份				
(1)发起人股	4188	2764.08	3601.68	10553.76
(2)法人股	240	158.4	206.4	604.8
(3)内部职工股	536	353.76	460.96	1350.72
尚未流通股份合计	4964	3276.24	4269.04	12509.28
2、已流通股份				
境内上市的公众股	1900	1254	1634	4788
已流通股份合计	1900	1254	1634	4788
3、股份总数	6864	4530.24	5903.04	17297.28

(三)截止1997年6月27日公司前十名股东持股情况

股东名称	持股数(万股)	占总股本的比例(%)
长春高新技术产业发展总公司	10553.76	61.01
长春市南湖实业总公司	252	1.46
长春市第二建筑工程公司	100.8	0.58
长春市信托投资股份有限公司	100.8	0.58
长春天燃气化学工业公司	100.8	0.58
杨健	86.2	0.49
陈子英	78.82	0.44
刘立风	76.86	0.44
赵融	70.56	0.41
周铭	70.56	0.41

五、股东大会简介

(一)公司于1997年3月3日在长春市火炬大厦召开了临时股东大会。出席大会的股东代表46人,代表股份4768.81万股,占公司总股份的69.5%,符合《公司法》和本公司章程的有关规定。大会审议并表决通过了以下决议:

1、审议通过了公司1995年度利润分配方案;

2、审议通过了公司资本公积金转增股本方案;

3、审议通过了授权公司董事会修改公司章程的方案。

(二)公司于1997年5月9日在长春市火炬大厦召开了1996年度股东大会。出席大会的股东代表30人,代表股份8326.79万股,占公司总股份的67.39%,符合《公司法》和本公司章程的有关规定。大会审议并表决通过了以下决议:

1、审议通过了公司董事会、监事会及总经理1996年度工作报告;

2、审议通过了公司1996年度财务决算和1997年度财务预算报告;

3、审议通过了公司1996年度利润分配方案及资本公积金转增方案;

4、审议通过了部分调整募集资金投向的方案;

5、审议通过了公司章程的修改方案。

六、备查文件

(一)载有公司董事长、总经理亲笔签名的中期报告原本;

(二)公司临时股东大会决议;

(三)公司1996年度股东大会决议;

(四)中国证监会、深圳证交所要求的其他文件和资料。

公司在总部备置了齐全、完整的有关文件供股东查阅。

长春高新技术产业(集团)股份有限公司

1997年8月16日

福建省石狮新发股份有限公司

福建省石狮新发股份有限公司简介

一、简介

公司中文名称:福建省石狮新发股份有限公司

英文名称:FUJIAN SHISHI XINFA CO LTD

公司法定地址:福建省石狮市民生路208号

邮政编码:362700

公司法定代表人:吴彦赞

公司咨询服务机构:公司证券部

电话:(0595)8875202　8786826—3588

传真:(0595)8876677

联系人:陈利柳、潘少华

福建省石狮新发股份有限公司是于1991年8月经福建省体改委与中国人民银行福建省分行批准以募集设立方式设立的福建省首批股份制企业之一,是福建省第一家完全按股份制动作的乡镇企业,是省体改委及各有关职能部门在石狮这个综合改革试验区的一个具体试验项目。公司社会公众股股票于1996年12月18日在深交所挂牌上市,为在民营经济条件下建立现代企业制度作了有益的探索,为闽东南地区众多乡镇企业提供了较好的借鉴经验。

公司首期发行800万股普通股股票,每股面值人民币1元,发行价1元,每手500股。当时发行的是股票实物券,每手一张。发起人三家,分别是福建省新湖集团公司、石狮新湖工贸公司和石狮市开发企业服装有限公司。现总股本6382.2924万股,其中法人持股4719.15万股,社会公众持股1663.1424万股。截止1996年,公司总资产10327万元,净资产8621万元。

公司现有分公司三家(石狮新乐园大酒店、石狮福沪无纺布分公司和泉州元鸿鞋业分公司),控股企业一家(石狮鸿发轻工企业有限公司),参股企业二家(石狮火炬高新技术公司和泉州港宝盛石港区发展有限公司)。新乐园大酒店集客房、餐厅、商场、夜总会、的士高舞厅、咖啡厅、写字楼为一体,是旅游探亲,贸易商洽的理想居所。石狮福沪无纺布分公司生产中孔弹力片、松棉、羽绒衬布、中弹力绒、无纺粘全衬布等无纺布系列产品。泉州元鸿鞋业分公司主要生产各种中、高档真皮时装鞋、旅游鞋。石狮鸿发轻发工有限公司生产压旋式瓶盖,石狮火炬高新技术公司以研究和生产高新技术产品为主。

泉州港宝盛石湖港区发展有限公司是由公司与澳门宝盛集团公司和福建省石狮市投资开发公司等三家企业共同投资组建的,投资总额人民币1.675亿元,开发建设泉州石湖港区及配套的1800亩土地。石湖港区位于泉州湾南岸,属于石狮市辖区的东北部蚶江镇石湖半岛。该港区自然条件优越,是泉州湾泊城最广,发展前途最好的港口。首期工程年吞吐量40万吨(包括2万个标准箱)的万吨级多用途泊位,计划于年底建成投产,目前从市区到港口的专用公路已投入使用。同时,由于该港口项目由公司首倡,且一直积极开展前期筹建工作,为港口项目的顺利建设奠定了基础,因而在港区码头建设和配套土地开发、利用中公司拥有优先投资权。

公司规划以石狮市新兴的港口经济为依托,通过资产重组,优化资产结构,培育新的经济增长点,以产权为纽带向跨地区、跨行业、多元化经营的企业集团发展。

福建省石狮新发股份有限公司股票上市公告书

一、要览

1. 股票上市概要

上市推荐人:广东广发证券公司

上市地:深圳证券交易所

总股本:53185770股

可流通股本:13815680股

本次上市流通股本:13815680股

股份登记机构:

深圳证券登记公司

福建证券交易中心

证券简称:石狮新发

证券编码:0671

公告日期:1996年12月16日

上市日期:1996年12月18日

2. 本公告书释义

本公告书中,除非文意另有所指,下列简称具有如下意义:

本公司:指福建省石狮新发股份有限公司

董事会:指本公司董事会

省:指福建省

省体改委:指福建省经济体制改革委员会

公司股票:指本公司发行面值为1元的人民币普通股

上市:指本公司股票获准在深圳证券交易所挂牌交易

元:指人民币元

二、绪言

经中国证券监督管理委员会"证监发字(1996)375号"文批准通过,并根据深圳证券交易所"深证发(1996)第482号《上市通知书》",本公司股票将于1996年12月18日(星期三)在深圳证券交易所上市。本公司总股份为53185770股,可流通股份为13815680股,全部为人民币普通股,本公司股票简称:"石狮新发",股票编码为"0671",交易单位"股"。

本上市公告书依据《中华人民共和国公司法》,《股票发行与交易管理暂行条例》和《深圳证券交易所业务规则》以及国家其他有关证券管理的规定而编制,旨在说明公司股票上市的目的,并向社会公众披露公司基本情况及有关资料。

本公司董事会及各位董事深信本公告书未遗漏本公司任何重大事项,亦不存在任何误导和虚构成份。董事会及其成员愿就本公告书所载资料的真实性、准确性和完整性负共同及个别责任。上市公告书的内容由本公司董事会负责解释。

三、本公司概况

(一)本公司法定名称:福建省石狮新发股份有限公司

英文名称:FUJIAN SHISHI XINFA CO., LTD

(二)本公司成立的日期:一九九一年八月二日

(三)本公司注册地址及总部地址:中国福建省石狮市民生路208号

新湖集团大厦

邮政编码:362700

本公司法定代表人:吴彦赞

本公司注册资本:53185000元

营业执照编号:15824251—X—1

(四)本公司历史情况简介

1.本公司沿革

本公司是由福建省三家乡镇企业——石狮新湖工贸公司、石狮市开发企业服装有限公司和福建省新湖集团公司共同发起,并在1991年3月经省体改委"闽体改[1991]010号"文批准成立,并经福建省人民银行闽银函(1991)118号文批准发行股票,采用定向募集设立方式设立的股份制企业。公司注册登记时间1991年8月2日,注册资本为800万元,本公司是福建省首家乡镇企业联合发起进行股份制试点并发行股票的公司。

本公司成立后,经过增资配股、吸收合并等方式不断扩大生产经营规模。并逐步按国家及地方政府的有关法律法规进行规范,企业整体素质有了长足的进步。本公司于1995年被泉州市列为综合改革试点企业之一。1995年1月,本公司成功吸收合并了福建泉州元鸿鞋业有限公司和福建省石狮福沪无纺布有限公司,使公司成为一家集宾馆旅游、轻工产品生产与加工出口、基础设施开发等业务于一体、技工贸相结合的综合性企业。

1994年,本公司与澳门宝盛集团公司合作成立了泉州港宝盛石湖港区发展有限公司(后增加福建省石狮投资开发公司为第三家合作方),开始参与泉州石湖港建设。

截止于1996年6月底,公司总资产为9560.20万元,净资产8076.04万元,比成立初期增长了10多倍。

1996年10月,福建省证券委员会以"闽证委第18号"文分配给公司13859520股A股上市额度。

2.历次股东大会简况

1991年8月1日,福建省石狮新发股份有限公司创立大会暨第一届股东大会在石狮市新乐园大酒店会议室召开。会议审议了本公司筹备工作报告,通过了《福建省石狮新发股份有限公司章程》,并经选举产生了第一届董事会。

1992年11月20日,公司第二届股东大会在石狮新乐园大酒店会议室召开。大会经讨论一致同意,新湖集团公司以新乐园大酒店在建工程折800万股,每股1元,增加投入股本800万元;因其实际出资时间在1991年,故同时享有该年度分红权;大会一致通过了该年度每10股送3元现金配5股的分红配股方案。

1993年8月5日,福建省石狮新发股份有限公司第三届股东大会在石狮市新乐园大酒店四楼会议室召开。大会经过讨论一致同意,新湖集团公司以投资石狮华新经济发展公司的股权作价400万元,另增现金120万元作为对本公司的追加投入,按2.6元/股作价,增加其在本公司的股本200万股;会议同时通过公司《章程》修订案及股票异地上市案。会议对公司1992年分红超过实际可分股利进行了讨论,同意1992年度分红0.30元/股,从以后年度应付股利中抵扣,并报经上级批准后实施。

1993年10月25日,福建省石狮新发股份有限公司93年度临时股东大会在石狮市新乐园大酒店四楼会议室召开。会议讨论并通过了参与投资石湖码头的决议。

1994年3月2日,福建省石狮新发股份有限公司第四届股东大会在石狮市新乐园大酒店四楼会议室召开。会议听取了吴彦赞董事长所作的1993年度工作报告,并审议通过了1993年度财务情况报告以及关于用公司本年度税后利润在提取10%的法定公积金和5%的法定公益金后暂不分配,留至下年度用于抵扣92年度所分股利的分配方案;同意将公司公积金按10送6的比例转增股本和以吸收合并方式吸收泉州元鸿鞋业有限公司、石狮福沪无纺布有限公司全部资产合并的决议。

1994年12月24日,福建省石狮新发股份有限公司94年度临时股东大会在石狮市新乐园大酒店召开。会议通过了关于选举第二届董事会与第一届监事会的决议,并通过选举产生了第二届董事会和第一届监事会,会议还听取并审议通过了吸收合并泉州元鸿鞋业有限公司和石狮福沪无纺布有限公司的报告,一致通过了公司《章程》修订案。

1995年3月10日,福建省石狮新发股份有限公司第五届股东大会在石狮新乐园大酒店四楼会议室召开。会议听取了吴彦赞董事长所作的1994年度工作报告和监事会主席所作的监事会报告,审议通过了公司1994年度财务工作报告,一致通过1994年度10配2的配股方案以及合并元鸿、福沪两公司的情况报告,同意根据"闽体改[1995]06号"文所进行的合并,同意董事会据此所作的章程修改案。同意94年度税后利润在提取10%的法定公积金和5%的法定公益金后用于抵扣92年度所分股利。

1995年11月9日,福建省石狮新发股份有限公司95年度临时股东大会在石狮新乐园大酒店四楼会议室召开。会议同意公司股本根据1994年度分红配股方案实施后所作的调整;同意对公司《章程》所作的修改;会议通过了关于加快公司股票异地上市的决议,并授权董事会负责股票上市、托管的有关事宜。

1996年6月10日,福建省石狮新发股份有限公司第六届股东大会在石狮新乐园大酒店四楼会议室召开。会议听取了吴彦赞董事长所作的1995年度工作报告和监事会主席所作的监事会报告,审议通过了公司1995年财务工作报告,会议同意95年度税后利润提取10%的法定公积金和5%的法定公益金,基余部分用于抵扣完92年度所分股利,抵扣完所剩余部分留至96年度一同分配。

(五)公司现行组织结构及内部管理机构

本公司现有新乐园大酒店、福沪无纺布分公司、元鸿鞋业分公司等分公司三家,公司本部设有办公室、财务部、投资开发部、公关部、证券部、人事部等6个部门;同时参股泉州港宝盛石湖港区发展有限公司和石狮火炬高新技术公司。

组织机构简图如下: 附:公司组织结构及内部管理机构图(见附表)

(六)本公司在册职工情况:

截止1996年6月30日,本公司在册职工195人,其中管理人员21人,生产技术人员174人,员工中大学本科8人,大中专程度26人,其中,中、高级技术人员7人,初级技术人员12人。

(七)本公司所属行业及经营范围

(1)所属行业:综合

(2)经营范围:主营基础设施开发、电子产品及轻工工业产品制造。兼营旅游服务、房地产开发。

(八)主要业务简介

本公司目前的主要业务分为三大部分:①生产销售无纺布(即喷胶棉)及时装鞋,无纺布主要用作羽绒服等产品的辅料,其原料为涤纶丝和浆料,本公司福沪无纺布分公司现有年产600吨无纺布的生产能力,产品主要内销;本公司泉州元鸿鞋业分公司主要生产中高档男女真皮皮时装鞋、旅游鞋、年产能力60万双,产品主要用于出口。②提供旅游服务。本公司新乐园大酒店分公司利用石狮新乐园大酒店十二层楼进行装修后提供饮食、住宿、购物、会议厅、娱乐等旅游服务以及写字楼服务。③从事基础设施建设。在基础实施建设方面主要是通过参股公司泉州港宝盛石湖港区发展有限公司和直接为其提供配套服务进行。该港口项目地处本公司所在地,并由本公司首倡兴建,且本公司一直积极开展前期筹建工作,为石湖港的顺利建设奠定了坚实基础,后又邀请两家合作方共同组成合作公司(详见参股企业介绍)。当前,本公司正利用地处港口所在地和对项目前期工作熟悉等优势积极参与港口建设的各项工作。经合作各方协商并由本公司与泉州港宝盛石湖港区发展有限公司签订协议书,今后,在港区码头建设和配套土地的开发、利用中本公司可优先获取投资权。为此,本公司正从各方面筹集资金加强投资力度,扩大投资规模,提高公司在港口及配套实施等基础实施建设方面的投资份额,在经营管理好现有业务的同时,尽早把近期投资方向集中到港口建设及其配套实施的开发上来，进一步强化主业，为公司后期发展开辟广阔的空间。使其成为公司今后稳定的利润增长点。

(九)公司主要产品或服务及市场：

1. 主要产品

(1)无纺布。无纺布即喷胶棉，主要用于制作羽绒服、西装、卫生巾等产品的辅料。福建省特别是闽南三角洲服装加工业非常发达，对喷胶棉需求极大，其中大部分靠进口。福沪无纺布分公司现有年产 600 吨喷胶棉的生产能力，可生产中孔弹力片、松棉、软棉、羽绒衬布、中弹力线、无纺粘合布等无纺布产品，产品主要内销。其原材料为涤纶丝和浆料，直接从市场上购买，主要购自福建、江西等地。

(2)中高档男女真皮时装鞋、旅游鞋。元鸿鞋业分公司具有年产 60 万双中高档男女真皮时装鞋、旅游鞋的能力，产品主要用于出口。其主要原料为真皮和塑胶，多购于上海、江苏等地。

上述两种产品的原料供应较充足，可直接从市场上订购。

2. 酒店服务

本公司位于福建省东南沿海素有“小香港”之称的著名侨乡石狮市。该地区是我国民营经济的发源地之一，经济较为发达。公司所属新乐园大酒店位于石狮市中区繁华地段，是市区较高档的酒店之一，营业面积 9600 平方米，拥有 150 个床位，设有餐厅、商场、歌舞厅、会议厅等服务设施，能为中外旅客提供全方位的旅店业服务。

3. 港口码头及配套设施建设经营

本公司正参与开发建设泉州港区石湖港，并与外商合作成立了泉州港宝盛石湖港区发展有限公司，该公司经营范围是：建设经营泉州港区万吨级多用途码头及配套设施。该港口已正式动工兴建，首期工程万吨级多用途码头预计 1997 年 8 月可正式建成投入使用。港口建成后可提供客、货装卸及转运服务，设计年吞吐量 40 万吨；根据与石狮市人民政府签订的合作协议，该合作企业可以 2 万元/亩的价格获取 1800 亩补偿配套土地的开发权，用于提供港区的配套设施建设。

(十)本公司业务收入的主要构成：

近几年来，本公司业务收入主要来源于无纺布生产，制鞋及旅游服务，1995 年，其所占份额分别为 25%、15% 和 60% 左右。

(十一)本公司参股企业

名称	注册资本	公司权益	经营范围
1、泉州港宝盛石湖港区发展有限公司	7200 万元	30%	开发建设经营泉州石湖港区万吨级多用途码头及码头配套设施
2、石狮市高新火炬技术公司	100 万元	10%	高新技术产品等开发生产、咨询、销售

泉州港宝盛石湖港区发展有限公司系中外合作企业，法定代表人林幼芳；该公司经营范围是：建设经营泉州港区万吨级多用途码头及配套设施；根据合作合同规定，该公司注册资本 7200 万元，合作三方分别是：福建省石狮市投资开发公司，应出资 2160 万元，占注册资本的 30%，澳门宝盛集团应出资 2880 万元，占注册资本的 40%，本公司应出资 2160 万元，占注册资本 30%；至今已累计出资 1044 万元，其余资金将在以后年度分期投入；该公司合作期限 30 年，至 2024 年 12 月 6 日止。根据合作合同规定，经一方提议，董事会会议一致通过，可以在合作期满六个月前向中国有关审批机构申请延长合作期限。该港口已正式动工兴建，首期工程万吨级多用途码头预计 1997 年 8 月可正式建成投入使用。

(十二)本公司关联企业

福建省新湖集团公司注册资本 1000 万元，法定代表人吴彦赞，持有本公司股票 1569.6 万股，占本公司总股本的 29.51%，是本公司发起人之一、第一大股东和唯一持有本公司 20% 以上股权的股东。该公司是福建省新湖集团的核心企业，于 1990 年 4 月经福建省经委批准成立，它是由若干个有内在经济技术联系的企业、科研、设计单位、金融机构等联合组成的跨地区、跨行业、跨所有制的经济联合体。目前有紧密层、半紧密层及协作成员单位 45 家。本公司为其紧密层企业。

该公司经营范围是主营纺织品、玩具、首饰(不含金银)、电子元器件制造，五金交电、纺织品批发零售；石油制品(代购代销)；电子计算机技术服务及福建省新湖集团成员企业自产产品及相关技术出口业务。该公司于 1994 年经国家经贸委审批获得自营商品进出口经营权。

本公司与该公司的主要营业场所均位于福建省石狮市，产品品种及相应销售市场和原材料供应上相互独立，自主经营。除该公司管委会主任兼总经理吴彦赞先生兼本公司董事长、总经理外，两公司之间尚无其他高级管理人员相互任职情况。

四、股本情况介绍

(一)本公司股本形成过程简述如下：

(1)1991 年 3 月，本公司经省体改委“闽体改[1991]010 号”文批准成立，并首次发行记名式人民币普通股股票 800 万股，每股面值 1 元，发行价为每股 1 元。公司委托中国银行石狮支行和石狮金成城市信用社代销，由其代理本公司收缴股款，发给认股人股票。此次发起人福建省新湖集团公司以现金 80 万元认购 80 万股，福建省石狮市开发企业服装有限公司以现金 100 万元认购 100 万股，福建省石狮新湖工贸公司以土地使用权受让金 120 万元认购 120 万股，三家发起人共认购 300 万股，占 37.5%；其他法人以现金 18 万元认购 18 万股，占 2.25%；内部职工以现金 482 万元认购 482 万股，占 60.25%。共募足 800 万股，认股资金共 800 万元，全部到位。此次发行后本公司股本结构如下表(万股)：

股份类别	股份数(万股)	占总股份比率
发起人持股	300	37.5%
法人持股	18	2.25%
内部职工持股	482	60.25%
合　计	800	100%

(2)1992 年 11 月，经本公司第二届股东大会决议通过，发起人福建省新湖集团公司以新乐园大酒店在建工程 800 万元按每股 1 元折为 800 万股，投入本公司，本公司总股本由此增为 1600 万元；此次大会还通过决议，以公司原有 800 万股本为基数，按 10∶5 的比例配股，配股价为每股 2.6 元。该配股方案获省体改委“闽体改[1992]129 号”文批准，此次配股实际配售 308.9 万股。配股完成后，总股本达到 1908.9 万股，其中，发起人持股 1169.05 万股，占 61.24%；其他法人股 18 万股，占 0.94%；内部职工持股 721.85 万股，占 37.82%。本公司此次股份变动后股本结构如下表(万股)：

股份类别	原股份数	此次股份变动数	配股后股份数	占总股份比率
发起人持股	300	869.05	1169.05	61.24%
法人持股	18	——	18	0.94%
内部职工持股	482	239.85	721.85	37.82%
合　计	800	1,108.90	1908.90	100%

(3)1993 年 8 月，经公司董事会和第三届股东大会同意，发起人福建省新湖集团公司以其投资于华新经济发展公司的部分股权作价 400 万元，另外增加 120 万元现金，按每股 2.6 元折股 200 万股投入本公司，公司总股本达到 2108.9 万股，其中发起人持股 1369.05 万股，占 64.92%；其他法人持股 18 万股，占 0.85%；内部职工持股 721.85 万股，占 34.23%；本公司此次股份变动后股本结构如下表(万股)：

股份类别	原股份数	此次股份变动数	变动后股份数	占总股份比率
发起人持股	1169.05	200	1369.05	64.92%
法人持股	18	——	18	0.85%
内部职工持股	721.85	——	721.85	34.23%
合　计	1,908.9	200	2,108.90	100%

后经发起人同意，新湖集团公司向其他社会法人转让 168.05 万股，股本结构相应变为发起人持股 1201 万股，占 56.95%；其他法人持股 186.05 万股，占 8.82%；内部职工持股 721.85 万股，占 34.23%。此次股

权变动于1993年10月获福建省体改委"闽体改[1993]146号"文确认。本公司此次股份变动后股本结构如下表(万股):

股份类别	原股份数	此次股份变动数	变动后股份数	占总股份比率
发起人持股	1369.05	-168.05	1201.00	56.95%
法人持股	18	168.05	186.05	8.82%
内部职工持股	721.85	——	721.85	34.23%
合　计	2108.9	——	2108.90	100%

(4)经本公司94年度临时股东大会决议通过,并经省政府"闽政办[1994]264号"文和省体改委"闽体改[1995]06文"批准,本公司进行送股及企业合并。本公司先以资本公积按10:6的比例向全体股东送股,公司总股本达到3374.24万股。其后,本公司吸收合并了福建泉州元鸿鞋业有限公司和福建石狮福沪无纺布有限公司。福建泉州元鸿鞋业有限公司、福建石狮福沪无纺布有限公司分别以经福建省资产评估中心进行评估(评估基准日1993年12月31日)、由福建省国有资产管理局分别以"闽国资[1994]074号、075号"文确认的净资产按1.31元/股折成874.14万股和835.205万股投入本公司(本公司截止于1993年12月31日的净资产经福建省资产评估中心评估、福建省国有资产管理局"闽国资[1994]026号"确认为42298990.25元)。合并完成后,公司总股本达到5087.585万股,其中发起人持股1921.6万股,占37.77%;其他法人持股2011.025万股,占39.53%;内部职工持股1154.96万股,占22.7%。此次股权变动1995年1月获省体改委以"闽体改[1995]06号"文确认。此次合并后公司股本结构如下表(万股):

股份类别	原股份数	此次股份变动数	变动后股份数	占总股份比率
发起人持股	1201	720.6	1921.60	37.77%
法人持股	186.05	1824.975	2011.025	39.53%
内部职工持股	721.85	433.11	1154.96	22.7%
合　计	2108.9	2978.685	5087.585	100%

(5)1995年3月,经本公司第五届股东大会决议通过,并于1995年8月经省体改委"闽体改[1995]59号"文批准,本公司以10:2的比例实施配股,每股配股价1.6元。发起人和其他法人股东放弃了配股权,内部职工股东共配股230.992万股。至此,公司总股本增至5318.577万股,其中发起人持股1921.6万股,占36.13%,其他法人持股2011.025万股,占37.8%;内部职工持股1385.952万股占26.6%。此股本结构于1995年10月经省体改委"闽体改[1995]82号"文确认。1996年11月,福建省体改委以函(1996)13号文将其股本结构确认如下表(万股):

股份类别	原股份数	此次股份变动数	变动后股份数	占总股份比率
发起人持股	1921.60	——	1921.60	36.13%
法人持股	2011.025	——	2011.025	37.81%
内部职工持股	1154.96	230.992	1385.952	26.06%
合　计	5087.585	230.992	5318.577	100%

(6)综上所述,公司股本变动情况如下表(万股):(见附表)

(二)最近一次发行股票情况说明

1995年3月,经本公司第五届股东大会决议通过,并报经福建省体改委于1995年8月以"闽体改[1995]59号"文批准,本公司在原有5087.585万股的基础上以10:2的比例实施配股,此次应配股数1017.517万股,但因发起人和其他法人股东放弃了配股权,内部职工股东共配股230,992万股。此次配股前本公司每股净资产为1.42元,1994年每股税后利润0.16元,配股价为1.6元,配股发行总市值为1628.0272万元,实际募集资金369.5872万元。配股前市盈率为9.58,配股后为10,配股后每股净资产为1.40元。上述情况列表如下(股本结构简表如下):

	配股前	配股后
配股发行总市值		1628.0272
市盈率	9.58	10
每股净资产	1.39元/股	1.40元/股

(三)根据福建省体改委函(1996)13号和福建省证券委闽证委[1996]18号文,本次公司内部职工持股1385.952万股占用福建省1995年股票发行额度上市,使内部职工股转为社会公众股。至此,本公司的股本结构如下:

总股份	5318.577万股	占总股本100%
发起人持股	1921.6万股	占总股本36.13%
法人持股	2011.025万股	占总股本37.81%
社会公众持股	1385.952万股	占总股本26.06%

(其中高管人员持股4.3840万股,本次上市流通股本1381.568万股)

(四)前十名股东持股情况

股东名称	持股情况(万股)	占总股本比例(%)
1.福建省新湖集团公司	1569.6	29.51
2.福建省华恒鞋帽进出口公司	810.544	15.24
3.泉州元鸿手袋鞋帽厂	351.256	6.60
4.石狮市仕林服装工艺厂	274.782	5.17
5.石狮市闽南羽绒服装厂	274.782	5.17
6.深圳松明机械工业有限公司	193.68	4.24
7.福建省石狮新湖工贸公司	192	3.61
8.石狮市开发企业服装有限公司	160	3.01
9.泉州市华龙制鞋厂	54.948	1.03
10.王伟俦	24.768	0.47

(五)本公司前十大个人股东持股情况

股东名称	持股数
1.王伟俦	247680股
2.林　烽	240000股
3.黄章耀	240000股
4.熊碧波	240000股
5.王晓辉	200000股
6.霍艳梅	200000股
7.吴桂治	200000股
8.王瑞玲	200000股
9.林婉瑜	200000股
10.江双凤	200000股

本公司现有股东1036名,持有1000股(含1000股)以上的股东1005名。

五、董事、监事和高级管理人员简历及持股情况

1.董事长、总经理:吴彦赞先生,现年61岁,高中学历,高级经济师,全国劳动模范,福建省优秀农民企业家,现任中华全国工商联合会执行委员,福建省乡镇企业协会副会长、福建省营销协会副会长、中共福建省党代会代表、泉州市党代会代表、泉州市人大常务委员会委员、泉州市商会副会长、石狮商会名誉会长、石狮市新湖工贸公司总经理、福建省新湖集团公司管委会主任兼总经理、持有本公司股份0股。

2.副董事长:陈庆元先生,现年47岁,大专学历,高级经济师,全国优秀民营企业家,现任全国乡镇企业协会常务理事、福建省乡镇企业协会副会长、泉州市政协常委、泉州市鲤城区政协副主席、泉州市名流实业股份有限公司董事长兼总经理,泉州元鸿手袋鞋帽厂总经理。持有本公司股份0股。

3.副董事长:吴为棋先生,现年41岁,高中学历,现任石狮东亚烛业有限公司董事长兼总经理、阿根廷东方国际(南美)有限公司董事长。持有本公司股份0股。

4.董事:陈传春先生,现年32岁,大专学历,会计师。现任中国(福建)对外贸易中心集团福建华恒鞋业进出口公司董事副总经理、莆田恒兴鞋业有限公司副董事长、惠安恒惠鞋业有限公司副董事长、香港浩恒发展公司董事兼总经理。持有本公司股份0股。

5.董事:齐榕生先生,现年33岁,大专学历,经济师。现任福建省轻

工业品进出口集团公司进出口二部经理，福宁轻工有限公司副董事长兼总经理。持有本公司股份0股。

6．董事：王超群先生，现年35岁，高中学历，经济师，现任石狮新湖工贸公司副总经理。持有本公司股份20000股。

7．董事：吴清廉先生，现年32岁，高中学历，现任石狮新亚服装有限公司董事长、石狮市闽南羽绒服装厂总经理。持有本公司股份0股。

8．董事：叶城禄先生，现年58岁，大专学历，现任马来西亚益力饲料有限公司董事长兼总经理。持有本公司股份0股。

9．董事：何恭盾先生，现年56岁，高中学历，现任毅凯工艺有限公司董事长兼总经理，持有本公司股份10000股。

10．监事会主席：温海江先生，现年53岁，大学本科学历，经济师。现任中国(福建)对外贸易中心集团公司副总裁、福建华恒鞋帽进出口公司董事长、莆田恒兴鞋业有限公司董事长、惠安恒惠鞋业有限公司董事长、香港浩恒发展公司董事长、泉州元鸿集团公司副董事长。持有本公司股份0股。

11．监事：王志海先生，现年27岁，高中学历，现任香港洋贸易公司驻福建(晋江)总代理，晋江金信化工经营部经理助理。持有本公司股份10000股。

12．监事：陈利柳先生，现年31岁，大专学历，助理会计师；现任本公司总经理助理兼投资开发部经理，本公司职代会代表；持有本公司股份0股。

13．监事：卢义达先生，现年41岁，大学学历，曾任《福建日报》社记者，现任香港《文汇报》特约记者。持有本公司股份0股。

14．监事：李慕旺先生，现年44岁，中专学历，工程师，现任福建省中南建筑工程公司总经理，本公司监事，持股数3840股。

15．常务副总经理：蔡忠义先生，现年31岁，经济学硕士。87年7月毕业于福州大学，同年起至90年7月在葛洲坝水电工程学院从事教学工作。90年7月至93年7月在厦门大学工商管理(MBA)教育中心攻读硕士，93年7月毕业并获经济学硕士学位；后一直从事企业股份制改制及外经贸工作，现任本公司常务副总经理，持有本公司股份0股。

以上公司董事、监事及高级管理人员共持有本公司股票43840股，占公司总股本的0.08243%。按《公司法》规定，其持有的股份在任期内不得转让。

六、本公司历次募集资金的使用情况及历次股利分配情况

(一)历次募集资金的使用情况

1991年8月，本公司首次募集资金中新湖工贸公司以购买土地款120万元入股，其余认股资金为现金共680万元，全部用于偿还福建省新湖集团公司代垫的新乐园大酒店的基建款和水电配套设施款。

1992年11月，本公司以800万股为基数，按10:5的比例，以每股2.6元价格配股，实际配售308.9万元，共募集资金803.14万元，其中588.625万元用于支付新乐园大酒店大楼内部装修及购买和安装空调设备款，其余214.515万元用于补充公司流动资金。

本公司此前募集资金主要用于新乐园大酒店共12层楼的建设与装修，目前，该酒店已成为石狮市中心区繁华地段较高档的酒店之一，营业面积9600平方米，拥有150个床位，设有餐厅、商场、歌舞厅、会议厅等服务设施，能为中外旅客提供全方位的旅店业服务，1995年创收入1000多万元，年实现利润370万元。

1995年3月，本公司原有5087.585万股为基数，按10:2的比例，以每股1.6元价格配股，实际配售230.992万股，共募集资金369.5872万元，已全部投入泉州港宝盛石湖港有限公司，用于石湖港的开发建设。

(二)历次股利分配情况

1991年公司刚成立，未分配股利；

1992年以当年利润20余万元和部分评估增值分红，每股分红0.30元，但当时实际利润不足以分配，且评估增值部分不得入帐，为超额分配，后经上级主管部门同意，应从以后年度应付股利中抵扣；并按10:5配股，配股价为2.6元/股。

1993年股利未分配；

1994年可分股利4203714.26元用于抵扣92年所分红；以部分公积金按10:6转增股本。

1995年股利用于抵扣92年所分红尚未抵扣完的596285.74元，至此，92年所分红已全部抵扣完毕，其余股利留存至下年度一同分配。

七、本公司章程摘录(以下各条均摘自本公司章程)

1．股东的权利和义务

第二十三条　公司的股份持有人为公司的股东，股东按其所持有股份的份额享有权利、承担义务。

第二十四条　股东享有以下权利：

(一)出席或委托代理人出席股东大会并行使表决权；

(二)依国家有关规定及本章程规定转让股份；

(三)查阅本章程、股东大会会议纪要、会议记录、会计报告、监督公司的经营，提出建议或质询；

(四)按其股份取得股利和其他形式的利益分配；

(五)公司终止后有权按所持股份比例取得公司的剩余财产；

(六)有关法律、法规规定的其他权利。

第二十五条　股东应履行下列义务：

(一)遵守本章程；

(二)依其所认购股份和入股方式缴纳股金；

(三)依其所持股份为限，本公司的债务承担责任；

(四)在公司办理工商登记手续后，不得退股；

(五)服从股东大会的决议；

(六)维护公司利益，反对和抵制有损公司利益的行为；

(七)有关法律、法规规定的其他义务。

2．股东的职权和议事规则

第二十六条　公司股东大会是公司的权力机构，按照有关法律、法规和公司章程行使职权。

第二十七条　公司股东大会分为股东年会和临时股东大会。

(一)股东大会每年举行一次年会，两次年会之间最长不得超过十八个月。

(二)有下列情形之一的，董事会应当在二个月内召开临时股东大会：

1．董事缺额达三分之一时；

2．公司累计未弥补亏损达实收股本总额三分之一时；

3．代表公司股份百分之十以上(含百分之十)的股东请求时；

4．董事会认为必要时；

5．监事会提议召开时。

第二十八条　股东大会由董事会负责召集，由董事长主持。董事长因特殊原因不能履行职务时，由董事长指定的副董事长或者其他董事主持。召开股东大会，应当将会议日期、地点和应审议的事项于会议召开三十日以前通知各股东，或登报发表公告，临时股东大会不得对通知中未列明的事项作出决议。

第二十九条　股东大会行使下列职权：

(一)决定公司的经营方针和投资计划；

(二)选举和更换董事，决定有关董事的报酬事项；

(三)选举和更换由股东代表出任的监事，决定有关监事的报酬事项；

(四)审议批准董事会的报告；

(五)审议批准监事会的报告；

(六)审议批准公司的年度财务预算方案、决算方案；

(七)审议批准公司的利润分配方案和弥补亏损方案；

(八)对公司增加或者减少注册资本作出决议；

(九)对发行公司债券作出决议；

(十)对公司合并、分立、解散和清算事项作出决议;

(十一)修改本章程。

第三十条　股东出席股东大会,应持公司当届股东大会的出席证书。出席证书应有股东姓名、拥有股数、大会时间、公司印鉴、签发人的签字和签发日期。

第三十一条　股东可书面委托自己的代表出席股东大会并代行权利。受委托的股东代表出席股东大会,须持有股东的出席证书、委托书和本人身份证明,并在授权范围内行使表决权。

第三十二条　股东大会作出决议,必须经出席会议的股东所持表决权的半数以上通过。

第三十三条　股东大会对公司合并、分立或者解散公司作出决议,必须经出席会议的股东所持表决权的三分之二以上通过。

第三十四条　修改本章程,必须经出席股东大会的股东所持表决权的三分之二以上通过。

第三十五条　股东大会决议时,每一股拥有一票表决权。

第三十六条　股东大会会议应作记录,会议的决议事项应形成会议纪要,会议记录及纪要应与出席股东的签名簿及代理出席的委托书一并保存,十年内不得销毁。

第三十七条　股东大会的决议内容不得违反国家的关法规。

3. 公司法定代表人

第五条　公司法定代表人为公司董事长。

4. 董事会的组成、职权和议事规则

第三十八条　公司设董事会作为公司股东大会的常设执行机构,董事会向股东大会负责。

第三十九条　董事会构成采用奇数制,其成员为九人。董事会设董事长一名,副董事长两名。

董事由股东大会选举产生。董事可由股东或非股东担任。董事每届任期三年,董事任期满连选可以连任。董事在任期届满前,股东大会不得无故解除其职务。

第四十条　董事会行使下列职权:

(一)负责召集股东大会并向股东大会报告工作;

(二)执行股东大会决议;

(三)决定公司的年度计划和投资方案;

(四)制定公司的年度财务预算方案、决算方案;

(五)制定公司的利润分配和弥补亏损方案;

(六)制订公司增加或减少注册资本的方案以及发行公司债券的方案;

(七)拟定公司合并、分立、解散的方案;

(八)决定公司内部管理机构的设置;

(九)聘任或者解聘公司总经理,根据总经理的提名,聘任或者解聘公司副总经理、财务负责人,决定其报酬事项;

(十)制订公司的基本管理制度;

(十一)制订公司章程修改方案;

(十二)提出公司破产申请;

(十三)监督、检查、协调、指导公司的经营管理工作。

董事会作出前款决议,必须经全体董事的过半数通过。

除本章程规定由股东大会决议事项外,董事会对公司重大业务和行政事项有权作出决定。

第四十一条　董事会会议每半年至少召开一次。董事会会议由董事长(董事长不在时,由副董事长或指定的董事)召集主持。董事会会议应由二分之一以上的董事出席方可举行,召集董事会会议,通知各董事时应书面载明事由。每次会议应当于会议召开十日前通知全体董事。

第四十二条　董事会会议实行一人一票和少数服从多数的表决制度,当赞成和反对的票数相等时,董事长有权多投一票。

董事会会议认为某表决事项与某董事有利害关系时,该董事必须回避,且无表决权。

5. 经营管理机构的组成、职权和议事规则

第五十条　公司的高级职员包括总经理、副总经理和总会计师、总经济师、总工程师。

第五十一条　公司实行董事会领导下的总经理负责制。总经理的主要职责如下:

(一)主持公司的生产经营管理工作,组织实施董事会决议;

(二)组织实施公司年度经营计划和投资方案;

(三)拟订公司内部管理机构设置方案;

(四)拟订公司基本管理制度;

(五)制定公司的具体规章;

(六)提请聘任或者解聘公司副总经理、财务负责人;

(七)聘任或者解聘除应由董事会聘任或者解聘以外的负责管理人员;

(八)董事会授予的其他职权。

公司总经理行使职权时,不得变更股东大会和董事会的决议或越授权范围。

第五十二条　副总经理的主要职责如下:

(一)协助总经理工作;

(二)负责分管部门的工作;

(三)总经理不在时,经总经理授权代总经理行使职权;

6. 监事会的组成、职权和议事规则

第四十五条　监事会是公司的监察机构,对董事会及其成员和总经理等高级职员行使监督职能。监事会向股东大会负责并报告工作。

第四十六条　监事会构成采用奇数制,其成员为五人。监事任期三年,连选可以连任。监事会成员的三分之一以上(含三分之一),但不超过二分之一由职工代表担任,由公司职工选举和罢免。

监事会成员的三分之二以下(含三分之二),但不低于二分之一由股东大会选举和罢免。

监事会主席由监事会以全体监事的过半数选举和罢免。

监事不得兼任公司董事、总经理或其他高级管理职务。

第四十七条　监事会行使下列职权;

(一)检查公司的财务;

(二)对董事、公司高级职员执行公司职务时违反法律、法规或者本章程的行为进行监督;

(三)当董事和公司高级职员的行为损害公司利益时,要求其予以纠正;

(四)提议召开临时股东大会。

监事列席董事会会议。

第四十八条　监事会决议应由二分之一以上监事表决同意。

八、资产评估报告及主要固定资产

(一)资产评估报告摘要(摘自福建省资产评估中心闽资[94]评字第27号,已据此进行了帐务调整)

1. 评估目的:为了公司进一步规范化,以便股票上市,同时维护广大股东利益。

2. 评估基准日:一九九三年十二月三十一日。

3. 评估对象:福建省石狮新发股份有限公司的全部资产、负债及股东权益。

4. 评估方法:在福建省华兴会计师事务所查帐验证的基础上,运用国家规定的合适方法评估单项资产、负债及股东利益,确定可供折股的股东权益(净资产)现值。

5. 评估结果:经评估,福建省石狮新发股份有限公司基准日所有者权益现值为人民币42,298,990.25元,其中:评估净增值为人民币11,152,624.91元,列表如下(单位:元)

项　目	评估前价值	评估后价值	评估增减值
流动资产	8,117,047.33	8,117,047.33	——
固定资产	22,536,245.14	31,468,210.05	8,931,964.91
无形及其他资产合计	270,650.18	2,491,310.18	2,220,660.00
资产总计	35,043,942.65	46,196,567.56	11,152,624.91
流动负债合计	3,897,577.31	3,897,577.31	——
长期负债合计	——	——	——
所者者权益合计	31,146,365.34	42,298,990.25	11,152,624.91
负债及股东权益总计	35,043,942.65	46,196,567.56	11,152,624.91

6.资产评估确认机构:福建省国有资产管理局

(二)公司主要固定资产如下表(摘自厦会股审[1996]17号审计报告):

1.公司固定资产情况

类　别	原　价	折旧年限	累计折旧	净　值
房屋建筑物	32,121,343.35	40年	2,180,313.67	29,941,029.68
机器设备	12,897,805.52	12年	2,082,795.29	10,815,010.23
电子设备及其他设备	1,319,674.45	5年	806,112.14	513,562.31
合　计	46,338,823.32		5,069,221.10	41,269,602.22

2.公司土地使用权情况

公司设立时只有福建省石狮新湖工贸公司以其购买土地款120万元入股,其余股东均以现金投入,故不存在非经营性资产的剥离。

本公司新乐园大酒店用地876平方米为商业用地,系原福建省石狮新湖工贸公司以出让方式取得,本公司设立时投入折为本公司股份,股份为福建省石狮新湖工贸公司持有,使用期限40年;元鸿鞋业分公司用地3306平方米为工业用地,系泉州元鸿鞋业有限公司以出让方式取得,被合并时按评估确认值折为本公司股份,股份由原泉州元鸿鞋业有限公司股东持有,使用期限至2046年6月止;福沪无纺布分公司用地3334.11平方米,为商住综合用地,原系划拨用地,在原石狮福沪无纺布有限公司被合并时由本公司以出让方式取得,使用期限至2044年2月13日止。经福建省土地管理局确认,上述三宗土地现已办理有关土地使用权出让手续,领取了国有土地使用证,同意作为出让用地处理,本公司合法拥有上述三宗土地使用权,但元鸿鞋业分公司用地的土地使用者变更为本公司之登记工作尚未完成。

截止1996年6月30日,上述三宗土地使用权计入无形资产的余额分别为2192904.00元、1186125.00元、7940625.00元,合计11,319,654.00元。

九、经营业绩和财务状况

(一)经营概述

本公司自1991年8月2日成立以来,已经历了五年的运作历史。在五年的经营过程中公司不断挖潜改造,建立健全内部经营管理机制,通过增资配股、合并等方式不断扩大生产经营规模,公司的各项管理和生产经营均取得了良好成绩。公司目前拥有1家大酒店,2家附属分公司,2家参股企业,形成了以时装、鞋等轻工产品加工制造以及旅游服务、电子产品销售为主、技工贸相结合的综合产业结构。目前,公司正通过参股泉州港宝盛石湖港区发展有限公司、直接为其提供配套服务、加快资金投入等渠道积极开展基础实施建设,投资开发自然条件良好的石狮石湖港,该港口的建设将极大地推动石狮及整个泉州地区的经济发展,并将使本公司的收益更加稳定。

(二)经营业绩

根据厦门会计师事务所"厦会股审字(1996)17"号审计报告,公司三年的经营业绩如下:

(单位:万元)

	1996年1-6月	1995年度	1994年度	1993年度
主营业务收入	918.95	1642.66	620.75	761.68
主营业务利润	220.52	591.67	120.60	108.52
其他业务利润	25.53	94.23	46.54	26.66
利润总额	652.55	1005.35	385.31	153.52
净利润	554.66	854.36	327.40	130.32

(三)每股净资产

截止1996年6月30日,本公司经审核验证的资产净值为8076.04万元,按总股本5318.527万股计,每股净资产为1.52元。

(四)本公司主要财务指标(单位:万元,数据均引自上述审计报告)

	1996.6.30	1995.12.31	1994.12.31	1993.12.31
流动资产	2838.61	2056.27	880.55	811.70
固定资产	4516.38	4335.64	2231.31	2253.62
无形资产	1131.97	1146.63	0	0
资产总计	9560.20	8767.45	3505.85	3511.29
流动负债	1484.16	1246.07	503.44	420.99
长期负债	0	0	0	0
股东权益	8076.04	7521.38	3002.41	3090.30
主营业务收入	918.95	1642.67	620.75	761.68
税前利润	652.55	1005.35	385.31	153.52
净利润	554.66	854.36	327.40	130.32
每股净资产(元)	1.52	1.41	1.42	1.47
每股税后利润	0.10	0.16	0.16	0.06

(五)主要财务状况分析

财务指标	1996年上半年	1995年度	1994年度	1993年度
1.流动比率	1.91	1.65	1.75	1.93
2.速动比率	1.88	1.62	1.68	1.82
3.资产负债比率	15.53%	14.21%	14.36%	11.99%
4.应收帐款周转率	2.87	3.85	2.90	——
5.存货周转率	5.41	13.85	2.64	3.71
6.资产报酬率	5.80%	9.74%	9.34%	3.71%
7.净资产利润率	6.86%	11.36%	10.90%	4.22%
8.股东权益比率	84.47%	85.79%	85.64%	88.01%
9.固定资产周转率	0.20	0.47	0.27	0.39

(六)债项

根据厦门会计师事务所"厦会股审(1996)17号"审计报告,本公司截止1996年6月30日,负债总额1484.16万元,其中流动负债为1484.16万元,长期负债为0元。

其主要借款情况如下表:

贷款单位	借款条件	借款期限	借款月利率	借款到期日	借款金额
中国银行石狮支行	信用贷款	8个月	12.06‰	96.8.12	900,000.00
中国银行石狮支行	信用贷款	7个月	8.91‰	96.10.13	500,000.00
中国银行石狮支行	信用贷款	7个月	12.06‰	96.7.18	200,000.00

除此之外,本公司并无其他任何财务承诺、抵押、担保及或有负债。

(七)盈利预测(本公司盈利预测基准、基本假设、盈利预测表及盈利预测的审阅报告附后)

本公司预测1996、1997年全年实现利润总额分别为1309.48万元、1363.87万元,按15%所得税率计算,每股税后盈利各为0.21元、0.22元。至1996年6月底,本公司已经审计的实现利润总额为652.55万元,每股盈利0.10元;至今年10月底,本公司已实现利润总额为1096.41万元(未经审计),每股盈利0.17元。

十、董事会承诺

公司董事会将严格遵守《中华人民共和国公司法》、《股票发行与交易管理暂行条例》、《公开发行股票公司信息披露实施细则》和《深圳证券交易所业务规则》及国家与深圳市有关法规,并向证券主管机关、深圳证券交易所、广大投资者作出如下承诺:

1. 准确和及时地公告本公司中期、年度财务及经营业绩报告资料。

2. 董事会成员、监事会成员及高层管理人员如发生人事变动、或前述人持有本公司股份数量发生变化时,及时通报证券管理机关,并适时通过传播媒介通告社会公众。

3. 及时、真实地披露本公司重大经营活动信息。

4. 自觉接受证券管理部门的监督和管理,认真听取政府、股东、证券管理及经营部门和社会公众的意见、建议和批评。

5. 不利用内幕消息和不正当手段从事股票投机交易。

6. 董事会及各位董事保证不就任何未经交易所审阅的可能影响股价变动之重大信息私自公告或发表意见。

十一、重要事项提示

(一)本公司现执行《股份制试点企业会计制度》。

(二)经石狮市人民政府狮政[1991]综 251 号文批准,本公司自成立之日起所得税减按 15%的税率征收,福建省人民政府以闽改[1996]278 号文批准,对本公司所得税自公司股票上市之日起暂按 15%的税率征收。

(三)吸收合并情况

经本公司 1994 年度第二次股东大会决议通过,省政府"闽政办[1994]264 号"文同意,省体改委"闽体改[1995]06 号"文批准,本公司吸收合并了福建石狮福沪无纺布有限公司和泉州元鸿鞋业有限公司。合并协议于 1994 年 3 月 28 日订立。资产合并的依据是福建省资产评估中心对合并各方资产进行评估后分别出具的"闽资(94)评字第 27 号"、"闽资(94)评字第 32 号"、"闽资(94)评字第 34 号"资产评估报告,上述评估结果分别经各方董事会及福建省国有资产管理局"闽国资[1994]026 号"文和"闽国资[1994]074 号"、"闽国资[1994]075 号"文确认,合并于 1995 年 1 月完成。

经过上述合并,本公司经营规模迅速扩大,业务范围拓宽,降低了以往公司经营业务单一的风险,既扩大了股东层面,有利于公司加强管理;同时又增加了新的收益来源,为公司在一般加工业生产和进出口贸易方面的继续发展提供了广阔的空间。

(四)为壮大公司实力,增强公司发展后劲,1993 年 8 月,经本公司 96 年度临时股东大会决议通过,本公司与石狮市投资开发公司、澳门宝盛集团公司共同组建中外合作经营企业泉州港宝盛石湖港区发展有限公司,共同开发建设经营泉州港石湖港区万吨级多用途码头及配套设施项目。该公司注册资本 7200 万元,合作年限为 30 年。按合作协议,本公司出资 2160 万元,占 30%股权。该项目总投资 1.8 亿元人民币,首期建设年吞吐量 40 万吨的万吨级多用途码头和装卸、仓库、堆场、道路、生活服务等配套设施。根据与石狮市政府签订的合作协议,该合作企业可以每亩 2 万元的优惠价获得石湖港区 1800 亩土地开发权,进行运输、仓储、加工、房地产、旅游项目的开发经营,以作为基础设施项目建设的综合补偿。石湖港建成后将成为泉州港区吞吐量最大、现代化程度最高的港口,其补偿配套土地的开发利用将大大促进本公司业务的发展。

(五)福州世通律师事务所已为本公司本次股票上市出具了法律意见书,确认:

1. 本公司是经福建省政府有关部门批准而成立的股份有限公司。

2. 本公司目前没有尚未了结的诉讼、仲裁或行证处罚;

3. 本公司没有任何需要终止的情况出现,是依法有效存续的股份有限公司;

4. 本公司本次股票上市的各项实质条件均已满足《公司法》、《股票发行与交易管理暂行条例》和其他法律、法规和规定的要求;

(六)本公司已于 1994 年聘请了具有从事证券业务资产评估资格的福建省资产评估中心对本公司进行以上市为目的的整体评估,评估结果得到了公司董事会及福建国有资产管理局"闽国资(1994)026 号"文确认,并已据此进行了帐务调整。

十二、上市推荐意见

作为具有深圳证券交易所上市推荐资格的独立证券商,广东广发证券公司已对该公司及其 A 股历次募集过程作了深入调查和全面了解;同时,我公司和福建省石狮新发股份有限公司无任何利益关系,愿意推荐该公司 A 股到深圳证券交易所上市。推荐时间是 1996 年 11 月,以下是我们的推荐意见:

1. 该公司作为福建省首批股份制试点企业之一和首家发行股票的公司,在福建省股份制企业改革中起到了较好的推动和示范作用,且其经过努力,不仅发展了轻工产品生产,积极争取出口创汇,而且投资建设万吨级港口这样的大型交通基础设施,对推动当地乃至闽台经济发展具有重要意义,符合国家支持上市公司的有关产业政策。

2. 该公司从成立之日起,就实行严格的管理制度,并得到不断规范,尤其是 1994 年《中华人民共和国公司法》颁布实施以来,该公司按照《公司法》的要求进行了规范。其 A 股上市已获福建省证券委员会闽证委第 18 号文所下达的 1995 年度 A 股发行上市额度 1385.952 万股,符合国家《股票发行与交易管理暂行规定》、《公司法》及《深圳证券交易所业务规则》等相关法规。

3. 从我们的调查了解以及其他中介机构为该公司所出具的上市法律意见书、A 股托管证明、资产评估报告和财务审计报告来看,该公司经营合法、稳健,企业收入有可靠的保证,有实力给股东带来收益;并且,其所发行 A 股已办理申请上市的所需手续,符合上市公司的条件和要求。

4. 该公司注册及营业地址在福建省石狮市,该市是我国最早的沿海改革开放综合试验区之一和全国著名的侨乡,市场前景广阔。该公司 A 股到深圳证券交易所上市将扩大股份制企业在当地乃至整个福建省和广大沿海地区的影响。

综上所述,福建省石狮新发股份有限公司具备有关上市条件,广东广发证券公司愿意作为该公司 A 股的上市推荐人,推荐其于深圳证券交易所挂牌上市,同时愿意承担相应的推荐人责任。

广东广发证券公司

一九九六年十一月

十三、投资风险及对策

1. 经营风险

本公司经营的酒店业及相关服务业受到全国特别是当地经济繁荣程度的影响,虽然石狮市是全国著名侨乡和小商品特别是服装品的批发市场之一,往来客商众多,但是如果宏观经济持续不景气,将降低本公司酒店的开房率和其他配套服务设施的收入;本公司生产无纺布的原料切片部分依靠进口,如果因我国外贸政策发生变化,或者国际贸易形势动荡,汇率变化等因素都可能造成原料进价上涨,影响公司的效益;本公司元鸿鞋业分公司、新乐园大酒店的部分楼层均已实现承包经营,如承包人经营不良或因其他原因不能履行合同,公司可能面临损失。另外,本公司产业结构相对单一,规模偏小,抵抗风险的能力也相对较弱。

2. 行业风险

本公司的业务目前主要有四大部分,在生产无纺布系列服装原料方面,虽然服装加工业原料选择上日益趋向本产品,但服装业本身受消费者习惯的影响很大,存在消费者习惯转移从而影响本产品市场销售的风险。

在制鞋方面,公司虽然目前已实现承包经营,但我国制鞋业生产厂家愈益增多,竞争日益激烈。

在酒店业及相关服务业方面,受到全国特别是本地经济繁荣程度的影响较大。

在基础设施的开发建设方面,本公司在未来几年将把投资方向转至港口建设及其配套设施的开发,为此,本公司已根据合作合同规定的注册资本出资比例出资 1000 多万元投入泉州港宝盛石湖港区发展有限公司,并将继续增加投入。但基础设施的开发具有周期长、见效慢的特点。在建设期间,如果发生不可抗力或其它不可预见的影响工程进度的事件,将延缓工程的建设进度,影响公司的预期收益。

3. 市场风险

本公司提供的产品和服务都会受到商业周期的影响,所生产的无纺布主要供应本地服装生产厂家,如果其服装销售受到影响,则本公司的无纺布销售就会受到影响。

本公司兴建和经营的新乐园大酒店位于石狮市中心,随着石狮中高档酒店的增加,酒店业务必然受到影响。

4. 政策性风险

本公司目前执行15%所得税税率,如果国家调整税率,将使公司盈利水平受到较大的影响;国家宏观经济政策的变化也将影响公司效益。

5. 股市风险:素有国民经济晴雨表之称的股票市场因受制于社会政治经济生活的方方面面变幻莫测,股票在二级市场上价格变化更与政治、经济、政策以及投资者的心理等诸多理性和非理性因素密切相关。股票投资的收益与风险并存,投资者对股票投资收益的不确定性应有充分的了解。

针对以上风险,公司将采取对策如下:

1. 针对经营风险,公司充分利用股票上市交易这一契机优化经营机制加大宣传力度提高公司知名度,"爱中华、爱石狮"让"石狮新发—石狮新乐园大酒店"家喻户晓。公司在酒店服务方面将从人员培训、服务质量等方面入手,通地提高服务质量、增加服务内容来吸引客户;在生产方面,公司将努力利用本地区服装加工业发达的优势,加强客户联络,以保证订单,针对公司承包经营的风险,公司将慎重选择承包人,监督其严格履行承包合同。针对公司经营规模偏小,产品为单一的风险,公司已拟定今后发展方向,即以维持并适当发展现有服务和产品的前提下,将公司主要的投资转为以基础设施开发为主,扩大在石湖港及配套项目上的投资,使之成为公司未来稳定的利润来源。

2. 针对行业风险,本公司正在加强巩固现有的酒店业、无纺布生产和制鞋业,同时逐步扩大港口等基础设施投资,实行主业倾斜的同时保持业务多元化拓展。

针对石湖港建设的风险,公司与其他合作伙伴协商后达成共识,对石湖港的建设采取了项目招标方式,由经验丰富、实力雄厚的中标建设者建设,以求减少投资成本,分散投资风险,加快工程进度。港区1800亩配套土地的规划及招商引资工作也在同步进行中。

3. 针对市场风险,公司已经对元鸿鞋业分公司及酒店部分楼层实行承包经营,以保证公司具有较稳定的收入来源;并且在加强酒店常规服务业的同时,增加服务内容,拓展新的服务市场;针对石湖港经营面临的市场风险,本公司除了加快促进港口建设及服务以外,还将促进其配套用地的开发经营,一方面争取港口早日建成发挥效益,一方面争取配套用地产生效益。

4. 针对政策性风险,公司将密切注意各种政策变化,在争取国家政策扶持的同时,加强自身经营管理能力,并在适当时机增加新的投资业务,尽量减少由此可能带来的损失。

5. 针对股市风险,本公司加强内部经营管理,努力提高本公司的盈利水平,严格信息披露,以最大限度地保护投资者的利益。同时,本公司提醒投资者在买卖本公司股票时应对股市风险有充分的了解。

十四、公司发展规划

石狮市是福建省确定的综合改革试验区,地处台湾海峡两岸的沿海经济开发区,商贾云集,是港台及外商和国内企业的投资热土。公司在未来的发展中,将充分利用其政策优势和地缘优势,借公司上市之机,进一步转换机制、调整经营策略和产业结构,主要建设和经营石湖港及其配套项目,争取2000年,各项经济指标都有明显增长。

1. 挖掘潜力,稳定和扩大已有的市场

在酒店服务方面,公司将通过人员培训、增加服务项目、提高服务质量来稳定和扩大客源,提高开房率和营业收入;在生产上,充分利用泉州及石狮华侨众多、信息灵通和作为全国服装鞋帽产品集散地的优势,适应市场,开发与生产适销对路的鞋帽产品、服装产品及辅料,稳定和扩大已有的市场。

2. 加强公司投资力度,加快公司产业转型。

本公司目前的资产负债比率偏低,显示出较大的发展潜力。今后,将在科学决策基础上,既重视现有业务的发展,又要充分利用多种途径筹集资金,加强公司投资力度,增大投资规模,尤其应加快本公司在石湖港及配套项目上的投资,提高公司在石湖港区发展公司的投资比例。一方面,加快石湖港的建设,该港口设计年吞吐量为40万吨,已于今年6月正式动工兴建,首期工程万吨级多用途码头预计1997年8月可部分建成并产生效益。首期工程竣工后,一个长200米,宽40米的万吨级泊位即可正式投入使用,从而成为泉州港区吞吐量最大、现代化程度最高的港口;另一方面,加快石湖港配套1800亩土地的开发,使之成为集运输、仓储、加工、旅游于一体的黄金海岸。

本公司拟将对元鸿鞋业分公司与福沪无纺布分公司追加投资,各新辟一条生产线,扩大生产规模,扩大产品在市场上的占有率,以加强市场竞争力度。

3. 改进管理体制,促进公司良性运作

本公司将按照《公司法》的要求,建立健全组织机构及各项规章管理制度,致力于建立具有本公司特点的现代企业制度。在决策机制上,实行决策程序化、规范化,加强决策的科学性。在劳动人事管理上,一方面积极引进人才,提高员工素质;另一方面继续实行全员劳动合同制和管理员工聘任制。在分配上,继续推行岗位工薪挂钩、效益工薪挂钩制。

十五、公司股票上市有关当事人及咨询、联络机构

1. 本公司咨询项目

本色司董事会委托陈利柳为本公司联系人,负责本公司股份事务。

咨询电话:0595—8875202　8786826—3588

传真号码:0595—8783805

股东接待日:星期五

本公司文件资料索取地点:福建石狮市民生路208号新乐园大酒店

2. 股票上市推荐机构

广东广发证券公司

地址:广州先烈南路23号华泰宾馆16楼

法定代表人:陈云贤

电话:(020)87789888—81609

联系人:林传辉　欧阳西　方红

3. 资产评估机构

福建省资产评估中心

地址:福州市华林路137号华兴大厦

电话:0591—7841246

传真:0591—7822168

经办人:林雄　林琪铭

4. 资产评估确认机构

福建省国有资产管理局

地址:福州市华林路137号华兴大厦九层

电话:0591—7831218

传真:0591—7833264

局长:林永经

5. 会计师事务所

厦门会计师事务所

地址:厦门市美湖路43号4楼

电话:0592—229313

传真:0595—231684

经办人:陈泉裳　汤金木　金仲渔

6. 律师事务所

福州世通律师事务所

地址:福州市八一七北路190号闽星楼四层

电话:0591—7539960

传真:0591—7533608

经办人:洪波　陈建敏

十六、附件(附后)

1. 厦门会计师事务所关于福建省石狮新发股份有限公司审计报告厦会股审(1996)17号。

2. 本公司1996年度、1997年度盈利预测报告及厦门会计师事务所的审核报告。

3. 厦门会计师事务所验资报告厦会股验(1996)01号

4. 福建省资产评估中心关于福建省石狮新发股份有限公司的资产评估报告

5. 福州世通律师事务所关于福建省石狮新发股份有限公司股票上市的法律意见书

6. 福州世通律师事务所关于福建省石狮新发股份有限公司股票上市的律师工作报告

十七、备查文件目录

1. 深圳证券交易所同意本公司股票上市的《上市通知书》

2. 福建省体改委"闽体改[1995]82号"《关于同意福建省石狮新发股份有限公司调整股本总额和股权结构的批复》

3. 现行的公司章程

4. 公司的营业执照和税务登记证

5. 福建省国有资产管理局《关于批准资产评估立项的通知》

6. 福建省国有资产管理局关于资产评估确认的"闽国资[1994]026、074、075"号文

7. 福建证券交易中心关于对福建省石狮新发股份有限公司股票进行集中托管情况的证明

8. 公司历次董事会、股东大会的简况及决议

9. 重要合同

上述文件置于本公司、本公司上市推荐人的办公地点及深圳证券交易所,供股东查阅。

福建省石狮新发股份有限公司

一九九六年十一月二十八日

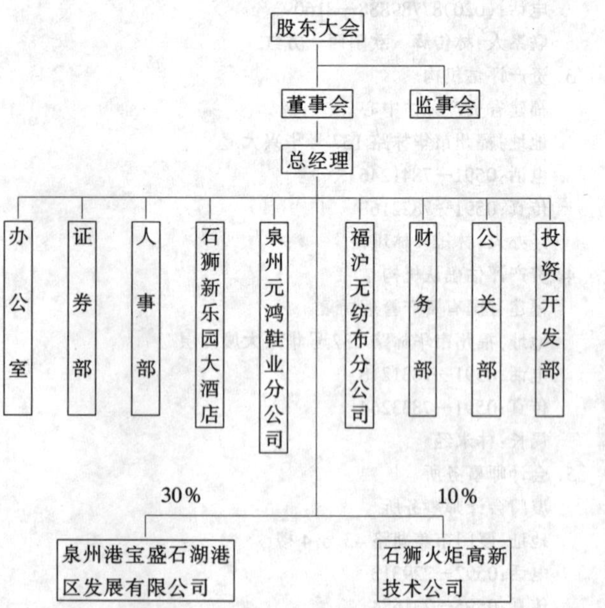

关于福建省石狮新发股份有限公司 1996年度、1997年度盈利预测的审核报告

福建省石狮新发股份有限公司全体股东:

我们接受委托,对福建省石狮新发股份有限公司1996年度、1997年度盈利预测报告进行审核。该盈利预测报告的真实性、合法性及可靠性由贵公司负责。我们的责任是对盈利预测所依据的会计原则和使用方法之恰当性和准确性发表审核意见。

经审核,该项盈利预测所采用的基准与基本假设合理,所运用的基础数据真实,计算方法正确,所依据的会计原则符合《股份制试点企业会计制度》有关规定;会计处理的方法与前期一致。

厦门会计师事务所　　注册会计师:陈泉棠

注册会计师:陈泉棠

地址:中国·厦门市美湖路43号4楼　　一九九六年八月十日

福建省石狮新发股份有限司 1996、1997年度盈利预测报告

一、基准:

本年度盈利预测是依据前三年之经营业绩及今后的发展趋势和政府给予的优惠政策,通过对公司目前所拥有的各项基础、能力和潜力的分析研究,遵循我国现行的法律、法规和制度,按照公认的会计准则和方法,本着求实稳健的原则而编制。

本预测所依据的会计原则和会计方法与《股份制试点企业会计制度》和《股份制试点企业财务管理若干问题的暂行规定》相一致。

二、基本假设:

(1)本公司遵循的我国有关法律、法规、政策仍如现状并无重大改变。

(2)本公司主要经营所在地及业务涉及地区的社会经济环境无重大改变。

(3)盈利预测内有关贷款利率、汇率、税率在正常和既定的范围内变动。

(4)无其他不可抗力因素的重大不利影响。

三、本公司1996、1997年度盈利预测和1996年上半年经营业绩如下表:

单位:人民币万元

项　目	1—6月实绩	完成预测%	96年度	97年度
主营业务收入	918.95	46.88	1960.08	2458.14
成本费用及税金	698.43	61.83	1129.60	1174.77
主营业务利润	220.52	26.55	830.48	1283.37
其他业务利润	25.53	42.55	60.00	80.00
投资效益	419.90	100.21	419.00	0
利润总额	652.55	49.83	1309.48	1363.37
所得税	97.88	49.83	196.42	204.50
税后利润	554.66	49.83	1113.06	1158.87
每股收益(元)	0.10	47.62	0.21	0.22

预测说明:

1)公司股票上市后其所得税负担根据福建省人民政府批复暂减按15%征收。

2)税后利润按15%提取公积金和公益金。

3)所得税税率按15%计算。

4)1996年度盈利预测增量因素分析:

A. 主营业务收入比上年度增加317.42万元,是由于酒店改装后开始营业增加收入180万元,无纺布产品在市场上很畅销,加工量、自营收入明显提高,预计可增加收入137.42万元。

B. 成本、费用及税金比上年度增加78.61万元,是由于可变成本、费用及税金随收入的增加而相应增加。

C. 其他业务利润减少34.23万元,是由于部分写字楼出租合同到期,转为自用。

D. 投资收益增加162.75万元,是由于收回长期投资华新经济发展公司的投资收益。

5)1997年度盈利预测是依据96年度各项预测指标实现的基础上,对97年度预测增量因素分析:

A. 主营业务收入比上年度增加498万元,是由于宏观经济形势已大

为好转，地处沿海地区的黄金地带的石狮可能实行对台“三通”，经济将更繁荣，石狮历有“小香港”的美誉，海内外购物旅游量将更大，对酒店服务业，营业收入可大幅度提高，预计可增加150万元收入；无房布产品在96年的产品订销合同中的需求上看，将规格型号、品种进一步改进，对产品销售收入可增加120万元；同时，石湖港码头到97年下半年可竣工，并配套土地成片开发，预计可创造228万元的收益。

B. 成本、费用及税金增加45.17万元，是公司力求节约支出、降低成本、挖掘潜力、增量部分主要是营业税金及附加。

C. 其他业务利润增加20万元，是由于写字楼重新装修，提高档次，提高租赁费所致。

福建省石狮新发股份有限公司

一九九六年八月十日

资产负债表

编报单位：福建省石狮新发股份有限公司　　人民币元

资产	注释	1996年6月30日	1995年12月31日	1994年12月31日	1993年12月31日
流动资产：					
货币资金	13 14	13,908,041.37	6,418,703.90	54,829.39	211,019.33
应收帐款	15	2,161,734.27	4,237,446.81	4,285,103.00	
减：坏帐准备	16	6,480.61	12,712.53	5,355.31	
应收帐款净额		2,155,253.66	4,224,734.28	4,279,747.69	
预付帐款	17	666,351.60	666,351.60	51,351.60	
其他应收帐	18	9,928,530.42	8,133,502.84	3,658,297.94	7,310,431.66
待摊费用	19	1,203,996.01	761,414.56	424,164.13	126,862.32
存货	20	523,885.86	357,980.36	337,131.28	468,734.02
流动资产合计		28,386,058.92	20,562,687.54	8,805,522.03	8,117,047.33
长期投资：					
长期投资	21	10,540,802.93	11,334,164.93	1,700,000.00	2,120,000.00
固定资产：					
固定资产原价	22	46,338,823.32	46,338,823.32	23,249,118.75	23,027,932.63
减：累计折旧	23	5,069,221.10	4,087,809.70	1,918,000.18	1,035,260.99
固定资产净值		41,269,602.22	42,251,013.62	21,331,118.57	21,992,671.64
在建工程	24	3,894,165.98	1,105,361.98	982,014.00	541,550.00
固定资产清理					
待处理固定资产净损失					
固定资产合计		45,163,768.20	43,356,375.60	22,313,132.57	22,536,245.14
无形及其他资产：					
无形资产	25	11,319,654.00	11,456,285.00		
递延资产	26	191,762.39	305,008.25	239,835.10	339,574.55
无形及其他资产合计		11,511,416.39	11,771,293.25	239,835.10	339,574.55
其他长期资产：					
其他长期资产（递延投资损失）			650,000.00	2,000,000.00	2,000,000.00
递延税项：					
资产合计		95,602,046.44	87,674,521.32	35,058,489.70	35,112,867.02

资产	注释	1996年6月30日	1995年12月31日	1994年12月31日	1993年12月31日
流动负债：					
短期借款	27	1,600,000.00	1,600,000.00	960,000.00	900,000.00
应付帐款	28	235,328.18	138,574.56	104,379.69	154,306.56
预收帐款	29	2,291,750.00	2,291,750.00		800.00
应付福利费	30	300,163.93	248,099.82		
未交税金	31	6,152,164.84	4,287,570.83	1,308,661.61	383,008.17
其他未交款	32	327,429.20	187,016.30	4,597.37	281.96
其他应付款	33	3,911,774.29	3,684,710.71	2,557,623.31	2,580,934.91
预提费用	34	23,000.00	23,000.00	99,118.71	190,540.76
流动负债合计		14,841,610.44	12,460,722.22	5,034,380.69	4,209,872.36
递延税项：					
负债合计		14,841,610.44	12,460,722.22	5,034,380.69	4,209,872.36
股东权益					
股本	35	53,185,770.00	53,185,770.00	21,089,000.00	21,089,000.00
资本公积	36	13,338,926.91	13,338,926.91	8,193,277.08	8,142,400.00
盈余公积	37	2,023,365.33	2,023,365.33	741,831.93	250,739.20
其中：公益金		674,455.11	674,455.11	247,277.31	83,579.73
未分配利润	38	12,212,373.76	6,665,736.86		1,420,855.46
股东权益合计		80,760,436.00	75,213,799.10	30,024,109.01	30,902,994.66
负债及股东权益合计		95,602,046.44	87,674,521.32	35,058,489.70	35,112,867.02

利润表

编报单位：福建省石狮新发股份有限公司　　人民币元

资产	注释	1996年1－6月	1995年度	1994年度	1993年度
一、主营业务收入	39	9,189,464.28	16,426,629.04	6,207,513.01	7,616,794.11
减：营业成本		2,385,307.52	4,814,672.21	1,063,554.50	1,769,905.78
销售费用		1,385,104.21	2,506,658.51	2,524,881.30	599,169.22
管理费用		2,685,006.69	2,572,845.31	1,027,649.20	3,712,222.66
财务费用		96,047.18	－111,201.14	16,829.88	107,564.00
营业税金		432,785.19	726,999.97	368,639.49	342,779.47
二、主营业务利润		2,205,213.49	5,916,654.18	1,205,958.64	1,085,152.98
加：其他业务利润	40	255,314.27	942,283.49	465,384.42	266,589.02

资产	注释	1996年1－6月	1995年度	1994年度	1993年度
三、营业利润		2,460,527.76	6,858,937.67	1,671,343.06	1,351,742.00
加：投资收益	41	4,199,000.00	2,702,500.00	1,951,050.00	
营业外收入	42		510,926.40	269,263.76	201,371.84
减：营业外支出	43	60.00	18,836.98	12,877.73	17,942.79
加：以前年度损益调整	44	－134,002.00		－25,649.58	
四、利润总额		6,525,465.76	10,053,527.09	3,853,129.51	1,535,171.05
减：所得税		978,828.86	1,509,971.09	579,177.98	231,925.66
五、净利润		5,546,636.90	8,543,556.00	3,273,951.53	1,303,245.39

附表

本公司历次股份变动表(万股)

时间	股份变动事项	政府批准文号	总股份数			发起人持股数				其他法人持股数				内部职工股持股数			
			原有股份数	增加股份数	最近数	原有股份数	增减股份数	最近数	最近数所占总股份数比例	原有股份数	增减股份数	最近数	最近数所占比率	原有股份数	增减变动数	最近数	最近数所占比率
91年7月	首次发行800万股发行价1元/股	闽体改[1991]010号文	0	800	800	0	300	300	37.5%	0	18	18	2.25%	0	482	482	60.25%
92年11月	发起人增加投入600万股,1元/股	闽体改[1992]129号文	800	600	1600	300	300	1100	68.75%	18	0	18	1.125%	482	0	482	30.125%
	按10:5配股,配股价2.6元/股,注1		1600	308.90	1908.90	1100	69.05	1169.05	61.24%	18	0	18	0.94%	482	239.85	721.85	37.82%
93年11月	发起人增加投入200万股,折股价2.6元/股	闽体改[1993]146号文	1908.90	200	2108.90	1169.05	200	1369.05	64.92%	18	0	18	0.85%	721.85	0	721.85	34.23%
	发起人转让股		2100.90	0	2108.90	1368.05	168.05	1201	56.95%	18	168.05	186.05	8.82%	721.65	0	721.85	34.23%
95年1月	资本公积金转增股本,比率为10:6	闽体改[1995]06号文	2108.90	1265.34	3374.24	1201	720.00	1921.60	56.95%	186.05	111.63	297.68	8.82%	721.85	433.11	1154.96	34.23%
	吸收合并两公司折股价1.31元/股	闽政办[1994]264号文	3374.24	1713.34	5087.585	1921.60	0	1921.60	37.77%	297.68	1713.345	2011.025	39.53%	1154.96	0	1154.96	22.7%
96年10月	按10:2配股,1.6元/股	闽体改[1995]82号文	5037.585	230.992	5318.577	1921.60	0	1931.60	36.13%	2011.025	0	2011.025	37.81%	1154.96	230.992	1385.952	26.06%

注:1:发起人所投入为新乐园大酒店在建工程,实际投入时间在91年(建新乐园大酒店),故按原始发行价1元/股入股。

2:配股均以现金方式认购。

3:其中以投资华新经济发展公司的部分股权作价400万元,另增现金120万元。

4:配股均以现金方式认购。

5:上述内部职工股已获福建省1995年的股票发行上市额度。

福建省石狮新发股份有限公司1996年年度报告(摘要)

一、公司简况

1. 公司中文名称:福建省石狮新发股份有限公司

   英文名称:FUJIAN SHISHI XINFA CO.,LTD

2. 公司法定地址:福建省石狮市民生路208号

   邮政编码:362700

   公司办公地址:福建省石狮市民生路208号

3. 公司法定代表人:吴彦赞

4. 公司咨询服务机构:公司证券部

   电话:(0595)8875202 8786826—3588

   传真:(0595)8876677

   联系人:陈利柳 潘少华

5. 股票简称:石狮新发

6. 股票代码:0671

二、主要财务数据和财务指标

指标项目	1996年	比上年增长(%)	1995年	1994年
1. 主营业务收入(万元)	1794.10	9.22	1642.66	620.75
2. 税后利润(万元)	1099.50	28.69	854.36	327.40
3. 总资产(万元)	10327.53	17.79	8767.45	3505.85
4. 股东权益(万元)	8620.88	14.62	7521.38	3002.41
5. 每股收益(万元)	0.207	29.38	0.16	0.06
6. 每股净资产(元)	1.62	14.89	1.41	1.42
7. 净资产收益率(%)	12.75	12.24	11.36	10.90
8. 股东权益比率(%)	83.47	−2.70	85.79	85.64

三、公司业务回顾

1996年公司全体员工坚持"艰苦创业、勤俭持家"的优良传统,认真贯彻公司董事决议,团结协作,努力拼搏,大力挖掘内部潜力,稳定和扩大已有的市场;在激烈的竞争中,赢得了应有的市场份额,使公司经济效益保持稳步增长。公司主营业务收入与税后利润均再创历史最好水平,全年实现主营业务收入17,941,021.89元;比1995年的16,426,629.04元增长9.2%,税后利润10,994,999.41元比1995年的8,543,556.00元增长28.7%。其中石狮新乐园大酒店完成业务收入11,031,061.85元,占公司1996年主营业务收入的61%,实现利润总额5,716,123.97元,占公司1996年利润总额的44%;石狮市福沪无纺布分公司实现业务收入4909,960.04元,实现利润总额2,039,349.54元,分别占公司1996年度主营业务收入及利润总额27%与16%;泉州元鸿鞋业分公司现由中国(福建)外贸中心集团华通部承包经营,年上交承包金200万元。

与盈利预测数相比,税后利润与主营业务收入基本完成年度计划。

其中,税后利润完成预测额的98.8%,比预测额减少13.56万元;主营业务收入完成预测额的91.54%,比预测额减少165.98万元,主要原因是酒店部分客房的租赁收入预测列入主营业务收入,但1996年的年度决算把这部分收入列入其他业务利润。

报告期内,公司对泉州港宝盛石湖港区发展有限公司追加投入7,999,362元,用于石湖港区一期工程,即石湖港万吨多用途码头的开发建设。该工程于1996年6月动工兴建以来,整个工程进展顺利,至1996年12月31日,所有沉箱已安装完毕,主体工程已过半。主体工程计划于1997年6月完工,码头装卸设备安装与堆场、仓库建设于年度前完工,整个工程计划于年底前投入运营。该工程的投产,将形成我公司新的利润增长点。

四、股本变化及股本结构情况

1. 股本变化及股本结构情况

截至1996年12月31日公司股本结构如下:(单位:万股)

	期初数	占总股本比例	期末数	占总股本比例	增减(+-)
(1)尚未流通股份					
发起人股份	1921.6	36.13%	1921.6	36.13%	0
募集法人股	2011.025	37.81%	2011.025	37.81%	0
内部职工股	1385.952	26.06%	0	0.00%	-1385.952
尚未流通股合计	5318.577	100.00%	3932.625	73.94%	-1385.952
(2)已流通股份					
境内上市人民币普通股	0	0.00%	1385.952	26.06%	+1385.952
已流通股份合计	0	0.00%	1385.952	26.06%	+1385.952
(3)股份总数	5318.577	100.00%	5318.577	100.00%	0

2. 主要股东持股情况(前十名股东)

名次	单位名称	持股数(万股)	占总股本比例(%)
1	福建省新湖集团公司	1569.6	29.51
2	福建华恒鞋帽进出口公司	810.544	15.24
3	泉州市元鸿手袋、鞋帽厂	351.256	6.60%
4	福建省石狮市仕林服装工艺厂	274.782	5.17
5	福建省石狮市石狮闽南羽绒服装厂	274.782	5.17
6	深圳松明机械工业有限公司	225.680	4.24
7	福建省石狮新湖工贸公司	192	3.61%
8	石狮市开发企业服装有限公司	160	3.01
9	泉州市华龙制鞋厂	54.948	1.03
10	林烽	24	0.45

3. 本公司董事、监事及高级管理人员持本公司股票情况

姓名	职务	年初持股(股)	年末持股(股)	变动原因
吴彦赞	董事长兼总经理	0	0	无
陈庆元	副董事长	0	0	无
吴为棋	副董事长	0	0	无
陈传春	董事	0	0	无
齐榕生	董事	0	0	无
王超群	董事	20,000	20,000	无
吴清廉	董事	0	0	无
叶城禄	董事	0	0	无
何恭盾	董事	10,000	10,000	无
温海江	监事会主席	0	0	无
王志海	监事	10,000	10,000	无
陈利柳	监事	0	0	无
卢义达	监事	0	0	无
李慕旺	监事	3,840	3,840	无
蔡忠义	常务副总经理	0	0	无
合计		43,840	43,840	无

五、关联企业(本公司拥有20%以上权益)

企业名称	注册资本(元)	本公司拥有权益	主营业务
泉州港宝盛石湖港区发展有限公司	72,000,000	30%	建设经营泉州港区万吨多用途码头及其配套设施。

六、重要事项

1. 公司1995年度股东大会年会于1996年6月10日在石狮市新乐园大酒店召开,到会股东76人,代表股份数5005.18万股,占总股份数5318.577万股的93.6%。会议审议并表决通过了1995年度公司董事会工作报告、监事会工作报告;通过了公司1995年度财务决算和1996年度财务预算报告;通过了1995年度利润分配议案,同意1995年度税后利润提取10%的法定公积金和5%的法定公益金,其余部分用于抵扣完1992年度超分红利,抵扣完所剩余部分留至1996年度一同分配;决定公司1385.952万股社会公众股申请在深圳证券交易所挂牌交易。

2. 公司董事会年内共举行二次会议,主要对1995年度股东大会有关事宜作出决议、公司股票上市有关事宜及聘请蔡忠义先生为公司常务副总经理等作出决议。

3. 经中国证券监督管理委员会"证监发字〔1996〕375号"文批准,并根据深圳证券交易所"深证发<1996>第482号《上市通知书》",公司股票可流通股13815680股,于1996年12月18日在深圳证券交易所挂牌交易,《上市公告书》刊登在1996年12月16日《中国证券报》。

4. 报告期内公司将所持石狮市华新经济发展公司13.33%股权协议转让给福建省中南建筑工程公司。

5. 公司在报告期内无重大诉讼、仲裁事项。

七、财务报告

(一)审计意见:

公司财务报告经厦门会计师事务所注册会计师陈泉棠、汤金木审计,并出具了无保留意见的审计报告。

(二)财务报表(见附表)

(三)财务报表附注

1. 主要会计政策:

①会计制度

公司执行《股份制试点企业会计制度》

②会计期间:

公司会计年度为公历年度,即自公历每年1月1日起至12月31日止。

③记帐原则和计价基础:

公司的会计核算以权责发生制为基础进行记帐,对取得的各项财产物资采用历史成本法计价。

④存货计价方法:

各类存货的购入与入库,采用实际成本计价,发出时按先进先出法计价;低值易耗品领用时采用一次性摊销法。

⑤坏帐准备:按应收帐款年末数3‰计提。

⑥长期投资核算方法:

股权投资,投资额占被投资企业股权比例在20%以下的按成本法核算;股权比例在20%-50%的按权益法核算。

⑦固定资产及其折旧:

A:公司固定资产以使用年限一年以上单位价值在2000元以上为标准。

B:固定资产折旧采用直线法平均计算,并按固定资产的原值,使用年限和估计残值(按原价的5%计算)确定其分类折旧率。

类别	使用年限	年折旧率
房屋及建筑物	40	2.375%
机器设备	12	7.917%
电子及其他设备	5	19%

⑧无形资产、递延资产摊销

"开办费"按5年摊销;其余的按受益期限分期摊销。

⑨税项

(1)营业税按5%-10%税率

(2)增值税按17%税率

(3)企业所得税率:根据福建省人民政府闽政(1996)278号文批准,自公司股票上市之日起执行15%所得税率计税。

2.会计报表附注:

①货币资金期末余额19,399,324.97元。其中:

现金	326,928.64元
银行存款	19,072,396.33元

注:货币资金比上年增加12,980,621.07元,增幅200.02%,主要原因是:

其他应收款应当作为销售款大量回款

②应收帐款期末余额1,852,247.31元。

一年以内	517,909.59元,	占27.96%
一至二年	1,206,783.52元,	占65.15%
二至三年	101,292.00元,	占5.47%
三年以上	26,262.20元,	占1.42%

注:应收帐款减少2,378,043.71元,减幅56.29%,主要原因是货款的回笼。

在帐户期末余额中无持有5%以上股份的股东单位欠款。

③预付帐款期末余额106,351.60元,比上年减少560.00元,减幅84.04%,主要原因是建立了稳定供货渠道及具有较好信誉,减少定金。

④其他应收款期末余额3,303,881.00元,其中:

一年以内	351,542.00元,	占10.64%
一至二年	1,815,967.00元,	占54.96%
二至三年	890,110.00元,	占26.94%
三年以上	246,262.00元,	占7.46%

注:其他应收款比上年减少4,829,621.84元,减幅59.38%,主要原因是大量收回欠款。本帐户期末余额中有持有5%以上股份股东单位欠款。

福建省新湖集团公司	616,511.30
石狮闽南羽绒厂	514,000.00
泉州元鸿手袋厂	132,969.88
福建华恒鞋帽进出口公司	387,096.76
合计:	1,650,577.94

⑤待摊费用期末余额2,276,020.78元,其中申请上市费用2,271,680.01元。

注:待摊费用比上年增加1,514,606.22元,增幅198.92%,主要原因是申请上市增加的费用。

⑥长期投资期末余额18,540,164.93元,其中:

名称	投资金额	投资期限	占比例	备注
泉州港宝盛石湖港区发展有限公司	18,440,164.93元	30年	30%	在建
石狮高新火炬技术公司	00,000.00元	10年	10%	

⑦固定资产及累计折旧

类别	原价	累计折旧	净值
房屋建筑物	35,377,156.35	2,558,266.78	32,818,889.59
机器设备	12,897,805.52	2,566,463.00	10,331,342.52
电子及其他设备	1,769,228.45	923,983.17	845,245.28
合计	50,044,190.32	6,048,712.93	43,995,477.39

注:固定资产比上年增加3,705,367.00元,增幅8%主要原因是对分公司新乐园大酒店的翻新改建完工投入营业。

⑧无形资产期末余额11,274,423.00元,系土地使用权明细如下:

项目	期初数	本年增加	本年摊销	期末余额	摊余年限
新发展	8,043,750.00		123,750.00	7,920,000.00	46年
元鸿场地	1,201,875.00	12,600.00	25,200.00	1,189,275.00	49年
新乐园大酒店	2,220,660.00		55,512.00	2,165,148.00	31年
合计	11,466,285.00	12,600.00	204,462.00	11,274,423.00	

⑨递延资产期末余额1,981,848.84元,比上年增加1,676,840.59元,增幅549.77%,主要原因是申请上市和庆祝上市做大量的宣传广告工作而发生的费用。

项目	年初余额	本年增加	摊销期限	本年摊销	年末余额
开办费	215,726.33	0	5年	134,870.55	80,855.78
递延投资损失	650,000.00	0	受益期	650,000.00	0
其他递延支出	89,281.92	2,014,641.58	2-10年	202,930.44	1,900,993.06
合计	955,008.25	2,014,641.58		987,800.99	1,981,848.84

⑩短期借款1,600,000.00元

贷款单位	借款本金	还款期限	借款利率	贷款条件
中行石狮支行	900,000.00	97.6.14	10.05‰	担保
中行石狮支行	700,000.00	97.5.15	10.05‰	担保
合计	1,600,000.00			

⑪未交税金7,743,337.12元,其中:

增值税	1,352,460.09
营业税	2,046,024.71
城建税	108,792.39
所得税	4,236,039.93

本项目比上年增加3,455,766.29元,增幅80.60%。主要原因是公司申请缓交和地方财政将返还所得税以支援基础设施项目石湖港码头的开发建设。

⑫其他应付款期末余额4,347,047.56元,其中:

与股东往来款项计3,033,356.53元,与有关个人及单位往来款项计1,313,691.03元。

⑬股本

股本结构	股本金	股本比例
社会公众持股	13,859,520.00	26.06%
发起人持股	19,216,000.00	36.13%
其他法人持股	20,110,250.00	37.81%
合计	53,185,770.00	100%

⑭盈余公积期末余额3,672,615.24元,系截止1996年12月31日按规定提取数,其中公益金1,224,205.08元。

⑮未分配利润期末余额为16,011,486.36元,其中本年未分配利润9,345,799.50元,1995年未分配利润6,665,736.86元。

⑯主营业务收入

项目	金额(元)
酒店收入	10,231,061.85
产品销售收入	4,909,960.04
出包收入	2,800,000.00
合计	17,941,021.89

⑰其他业务利润

项目	金额(元)
租金	1,504,701.84
管理费等收入	364,798.59
合计	1,869,500.43

⑱投资收益4,199,000.00元,系收回投资收益。

福建省石狮新发股份有限公司董事会

1997年3月29日

资产负债表

编报单位:福建省石狮新发股份有限公司　　1996 年 12 月 31 日　　单位:人民币元

资产	注释	年初数	期末数	负债及股东权益	注释	年初数	期末数
流动资产:				流动负债:			
货币资金	13	6,418,703.90	19,399,324.97	短期借款	22	1,600,000.00	1,600,000.00
应收票据				应付帐款		138,574.56	298,478.06
应收帐款	14	4,237,446.81	1,852,247.31	预收帐款	23	2,291,750.00	2,291,750.00
减:坏帐准备		12,712.53	5,556.74				
应收帐款净额		4,224,734.28	1,846,690.57	未交税金	24	4,287,570.83	7,743,337.12
预付帐款		666,351.60	106,351.60	应付福利费		248,099.82	372,713.50
其他应收款	15	8,133,502.84	3,303,881.00	其他未交款			
待摊费用	16	761,414.56	2,276,020.78	其他应付款	25	3,684,710.71	4,347,047.65
存货		357,980.36	433,469.51	预提费用		23,000.00	
				其他未交款	26	187,016.30	413,200.84
其他流动资产							
流动资产合计		20,562,687.54	27,365,738.43	流动负债合计		2,460,722.22	17,066,527.08
长期投资:				长期负债:			
长期投资	17	11,334,164.93	18,540,164.93	长期借款			
固定资产:				长期应付款			
固定资产原价	18	46,338,823.32	50,044,190.32				
减:累计折旧		4,087,809.70	6,048,712.93	其他长期负债			
固定资产净值		42,251,013.62	43,995,477.39	长期负债合计			
在建工程	19	1,105,361.98	117,673.60	递延税项:			
固定资产清理				递延税款贷项			
待处理固定资产净损失				负债合计			
固定资产合计		43,356,375.60	44,113,150.39	股东权益:			
无形及其他资产:				股本	27	53,185,770.00	53,185,770.00
无形资产	20	11,466,285.00	11,274,423.00	资本公积	28	13,338,926.91	13,338,926.91
递延资产	21	305,008.25	1,981,848.84	盈余公积	29	2,023,365.33	3,672,615.24
无形及其他资产合计		11,771,293.25	13,256,271.84	未分配利润	30	6,665,736.86	16,011,486.36
其他长期资产		650,000.00		股东权益合计		75,213,799.10	86,208,798.51
资产总计		87,674,521.32	103,275,325.59	负债及股东权益总计		87,674,521.32	103,275,325.59

财务状况变动表

编报单位:福建省石狮新发股份有限公司　　1996 年度　　单位:人民币元

流动资金来源和运用	行次	金额	流动资金各项目的变动	行次	金额
一、流动资金来源			一、流动资产本年增加数:		
1. 本年净利润	1	10,994,999.41	1 货币资金	25	12,980,621.07
加:不减少流动资金的费用和损失:			2 短期投资	26	
(1)固定资产折旧	2	1,960,903.23	3 应收票据	27	
(2)无形资产、递延资产及其他资产摊销(减其他负债转销)	3	1,179,662.99	4 应收帐款净额	28	-2,378,043.71
(3)固定资产盘亏(减盘盈)	4		5 预付帐款	29	-560,000.00
(4)清理固定资产损失(减收益)	5		6 其他应收款	30	-4,829,621.84
(5)递延税项	6		7 待摊费用	31	1,514,606.22
(6)其他不减少流动资金的费用和损失	7	973,863.59	8 存货	32	75,489.15
小计	8	15,109,429.22	10 一年内到期的长期债券投资	33	
2. 其他来源:				34	
(1)固定资产清理收入(减清理费用)	9				
(2)增加长期负债	10			35	
(3)收回长期投资	11	800,000.00			
小计	12	800,000.00			
流动资金来源合计	13	15,909,429.22	流动资产增加净额	36	6,803,050.89
二、流动资金运用			二、流动负债本年增加数:		
1. 利润分配			1 短期借款	37	
(1)提取盈余公积(用其补亏为"-")	14	1,099,499.94	2 应付票据	38	
(2)提取法定公积金	15	549,749.97	3 应付帐款	39	159,903.50

流动资金来源和运用	行次	金额	流动资金各项目的变动	行次	金额
(3)提取法定公益金	16		4 预收货款	40	
(4)已分配股利	17		5 应付福利费	41	
小　计	18	1,649,249.91	7 未交税金	42	3,455,766.29
2. 其他运用:			8 其他未交款	43	226,184.54
(1)固定资产和在建工程净增加额	19	2,717,678.02	9 其他应付款	44	662,336.85
(2)增加无形、递延及其他资产	20	2,014,641.58	10 预提费用	45	−23,000.00
(3)增加长期投资	21	7,206,000.00	12 其他流动负债	46	
小计	22	11,938,319.60			
流动资金运用合计	23	13,587,569.51	流动负债增加净额	47	4,481,191.18
流动资金增加净额	24	2,321,859.71	流动资金增加净额	48	2,321,859.71

利润表

编报单位:福建省石狮新发股份有限公司　　1996 年度　　单位:人民币元

项目	注释	本年累计数	上年累计数
一、主营业务收入	31	17,941,021.89	16,426,629.04
减:营业成本		5,204,434.84	4,814,672.21
销售费用		2,711,315.39	2,506,658.51
管理费用		2,263,450.72	2,572,845.31
财务费用	32	17,991.80	−111,201.14
营业税金		779,514.87	726,999.97
二、主营业务利润		6,964,314.27	5,916,654.18
加:其他业务利润	33	1,893,607.39	942,283.49
三、营业利润		8,857,921.66	6,858,937.67
加:投资收益	34	4,199,000.00	2,702,500.00
营业外收入	35	799.12	510,926.40
减:营业外支出	36	6,197.48	18,836.98
加:以前年度损益调整	37	−115,568.19	
四、利润总额		12,935,955.11	10,053,527.09
减:所得税	38	1,940,955.70	1,509,971.09
五、净利润		10,994,999.41	8,543,556.00

利润分配表

编报单位:福建省石狮新发股份有限公司　　1996 年度　　单位:人民币元

项目	本年累计	上年累计
一、净利润	10,994,999.41	8,543,556.00
加:年初未分配利润	6,665,736.86	
二、可分配利润	17,660,736.27	8,543,556.00
减:提取法定公积金	1,099,499.94	854,355.60
提取法定公益金	549,749.97	427,177.80
三、可供股东分配的利润	16,011,486.36	7,262,022.60
减:已分配优先股股利	0	
提取任意公积金	0	
已分配普通股股利	0	596,285.74
四、未分配利润	16,011,486.36	6,665,736.86

福建省石狮新发股份有限公司 1997 年度中期报告

一、财务报告(已经审计)

1. 审计报告(厦会股审〔1997〕18 号)

福建省石狮新发股份有限公司全体股东:

我们接受委托,对贵公司 1997 年 6 月 30 日的资产负债表和 1997 年 1 月 1 日起至 6 月 30 日止会计期间的利润表进行了审计。这些会计报表由贵公司负责,我们的责任是对这些会计报表发表审计意见。我们的审计是依据中国注册会计师独立审计准则进行的。在审计过程中,我们实施了包括抽查会计记录等我们认为必要的审计程序。

我们认为,经审定后的会计报表符合《企业会计准则》、《股份制试点企业会计制度》和国家其他有关会计法规的规定,在所有重大方面公允地反映了贵公司 1997 年 6 月 30 日的财务状况和 1997 年 1 月 1 日起至 6 月 30 日止会计期间的经营成果,会计处理方法的选用符合一贯性原则。

厦门会计师事务所　　中国注册会计师:陈泉棠

中国·厦门　　　　　中国注册会计师:杨金木

1997年8月8日

2.财务报表

(1)简化的资产负债表　　　　单位:元

项目	1997年6月30日	1996年12月31日
流动资产	29,785,441.44	27,365,738.43
长期投资	23,340,164.93	18,540,164.93
固定资产净值	44,804,899.74	44,113,150.39
无形资产及递延资产	15,050,875.04	13,256,271.84
资产总计	112,981,381.15	103,275,325.59
负债及股东权益		
流动负债	21,434,674.92	17,066,527.08
股东权益	91,546,706.23	86,208,798.51
股本	53,185,770.00	53,185,770.00
资本公积	13,338,926.91	13,338,926.91
盈余公积	3,672,615.24	3,672,615.24
其中:公益金	1,224,205.08	1,224,205.08
未分配利润	21,349,394.08	16,011,486.36
负债及股东权益合计	112,981,381.15	103,275,325.59

(2)简化的损益表　　　　单位:元

项目	1997年1-6月	上年同期数
主营业务收入	12,588,677.80	9,189,464.28
主营业务利润	6,090,205.02	2,205,213.49
其它业务利润	237,865.98	255,314.27
投资收益		4,199,000.00
营业外收支净额	-28,988.31	-60.00
以前年度损益调整		-134,002.00
利润总额	6,299,082.69	6,525,465.76
所得税	961,174.97	978,828.86
净利润	5,337,907.72	5,546,636.90

3.财务报表附注

(1)本期财务报表所采用会计政策与会计方法与1996年财务报表所采用的会计政策与会计方法相互一致。

(2)货币资金期末比期初减少9,361,133.39元,主要是追加投资石湖港码头建设480万元和即将投资控股石狮市鸿发轻工企业有限公司的预付投资款。

(3)其他应收款期末比期初增加13,114,175.70元,主要是投资控股52%股权的石狮市鸿发轻工企业有限公司预付投资款,暂无挂帐。(注:于1997年7月1日合同正式生效,总投资1300万元人民币,占52%股权)

(4)长期投资期末比期初增加4,800,000元,为追加投资石湖港码头基础设施建设。

(5)在建工程期末比期初增加1,054,057元,主要是对新乐园大酒店的更新改造工程的预付工程款。

(6)递延资产期末比期初增加1,917,459.20元,主要是对新乐园大酒店的有关设备进行更新大修理维修。

(7)未交税金期末比期初增加1,809,028.45元,主要是提取上半年应交所得税及部分欠交营业税款和增值税款。

(8)其他应付款期末比期初增加2,319,696.57元,主要是与新湖集团公司的往来款。

(9)本期主营业务收入12,588,677.80元比去年同期增长36.99%,主要是酒店营业额增加和无纺布受托加工费的提高。

(10)本期主营业务成本6,498,472.78元,比去年同期减少6.96%,主要是节约酒店的变动成本。

(11)投资收益为零,比去年同期减少100%,主要是去年转让股权收入,目前长期投资大部分尚在筹建中。

(12)或有负债、关联交易

截止本报告期无或有负债和关联交易。

(13)期后事项

①公司于1997年7月底已完成了对石狮市鸿发轻工企业有限公司的投资。

②公司1997年7月25日实施了送股方案,1997年7月28日除权。

4.主要财务指标

	1997年1-6月	1996年1-6月
(1)每股净收益(元)	0.10	0.104
(2)每股净资产(元)	1.72	1.52
(3)净资产收益率	5.83%	6.86%

注:以上三指标是以1996年底的总股本5318.577万股为基数计算的。若以1997年7月28日除权后总股本6382.2924万股计算,每股净收益为0.083元,每股净资产为1.433元。

二、经营情况的回顾与展望

1.上半年经营情况的回顾

1997年1-6月,公司实现主营业务收入12,588,677.80元,比上年同期增长36.99%,完成年度计划的51.21%;实现主营业务利润6,090,205.02元,比上年同期增长176.17%;实现利润总额6,299,082.69元,比上年同期下降3.47%,完成年度计划的46.20%。上半年利润总额比去年同期小幅下降的主要原因是公司盈利结构的变化,今年上半年利润总额主要来源是主营业务利润,而去年同期投资收益占了大头。上半年主要作如下几项工作:

①根据市场情况适时调整公司业务结构及新乐园大酒店大厦的功能配套,使公司上半年主营业务收入和主营业务利润大幅提高。

②继续支持石湖港区一期工程的建设,报告期内对泉州宝盛石湖港区发展有限公司追加投入480万元,保证了该工程进度。

③改革工资制度,实行工效挂钩,使员工工资与本人对公司贡献直接挂钩,进一步调动员工的积极性与能动性。

2.下半年工作计划

(1)开辟经济新增长点,为形成生产经营新格局打好基础,着重抓好对石狮市鸿发轻工企业有限公司投资控股工作的落实,并搞好其生产经营活动。该公司现有从西班牙VV公司引进的PT盖生产线三条,年生产能力为2亿只;PT盖是目前世界上最先进的罐头瓶盖,在国内国际市场上都具有一定潜力。

(2)努力促进并支持参股企业泉州港宝盛石湖港区发展有限公司开发利用石湖港区1800亩补偿土地。该补偿地的用途经初步规划,工业用地与商住综合用地的配套比例为70:30。

(3)多渠道筹集企业营运资金,确保生产经营活动的顺利开展。

(4)完善公司法人治理机构,促进公司健康发展。

三、重大事项说明

1.根据三部委5月21日联合颁布的《严禁国有企业和上市公司炒作股票的规定》,公司进行了认真的自查。迄今为止,公司总部及各分机构没有在任何证券营业机构开设证券资金帐户用于炒作股票。本公司今后如果从事股票投资,将严格遵循国家政策法规和本公司章程的规定。

2.报告期内公司无重大诉讼、仲裁事项。

3.本公司无中期分红事项

4.重大期后事项说明

(1)1997年7月18日本公司刊登1996年度分红公告,实施1996年度利润分配方案,即按10:2比例派送红股。本次分红股权登记日为1997年7月25日,除权日7月28日,可流通红股起始交易日为7月30日。

(2)公司于1997年7月底完成对石狮鸿发轻工企业有限公司的投资。

公司第二届董事会第七次会议及公司第七届股东大会作出决议,同意公司的重大投资议案。审计基准日以1997年4月30日止石狮市鸿发轻工企业有限公司净资产752万元,福建省石狮新发股份有限公司出资815万元人民币控股,占注册资本52%。再次审计5月至6月因延长审计基准日以1997年6月30日止,石狮市鸿发轻工企业有限公司净资产1200万元,福建省石狮新发股份有限公司出资1300万元人民币控股,占注册资本52%,其出资差额485万元,待下次召开临时股东大会决议通过。

四、发行在外股权结构变动情况

截止1997年6月30日,公司股东总户数12988户。

1. 股权结构情况:单位:股　每股面值:1元

	期初数	期末数
一、尚未流通股份		
1. 发起人股份	19,216,000	19,216,000
其中:		
境内法人持股	19,216,000	19,216,000
2. 募集法人股	20,110,250	20,110,250
尚未流通股份合计	39,326,250	39,326,250
二、已流通股份		
1. 境内上市股份	13,859,520	13,859,520
已流通股份合计	13,859,520	13,859,520
三、股份总数	53,185,770	53,185,770

2. 主要股东持股情况:

	期末持股(股)	占总股本比例(%)
1. 福建省新湖集团公司	15,696,000	29.51
2. 福建省华恒鞋帽进出口公司	8,105,440	15.24
3. 泉州市元鸿手袋鞋帽厂	3,512,560	6.60
4. 福建省石狮市仕林服装工艺厂	2,747,820	5.17
5. 福建省石狮闽南羽绒服装厂	2,747,820	5.17
6. 深圳松明机械工业有限公司	2,256,800	4.24
7. 福建省石狮新湖工贸公司	1,920,000	3.61
8. 石狮市开发企业服装有限公司	1,600,000	3.01
9. 泉州市华龙制鞋厂	549,480	1.03
10. 梁小云	230,000	0.43

五、股东大会简介

1996年年度股东大会于1997年6月28日在石狮市新乐园大酒店召开,到会股东18人,代表股权数3723.741万股,占总股份5318.577万股的70.01%,会议审议并通过了如下报告和事项:

1. 董事会工作报告
2. 监事会工作报告
3.1996年财务决算和1997年财务预算报告
4.1996年度利润分配方案
5. 公司《章程》修订案
6. 对石狮市鸿发轻工企业有限公司的投资控股案
7. 同意王志海先生辞弃本公司监事一职

六、备查文件

1. 载有董事长兼总经理亲笔签字的中期报告原本
2.1997年度中期审计报告原件

查阅地点:福建省石狮市民生路208号新乐园大酒店四楼公司证券部

查阅电话:0595—8875202、8786826转3588

福建省石狮新发股份有限公司董事会

1997年8月16日

白银铜城商厦(集团)股份有限公司

白银铜城商厦(集团)股份有限公司简介

一、公司概况

白银铜城商厦(集团)股份有限公司地处全国最大的有色金属基地——甘肃省白银市,这里景色宜人,经济繁荣。煤炭、化工、电力、稀土等都有相当的规模,是一座新型的快速发展的工业城市。

铜城集团是1992年在原白银五金公司的基础上进行股份制改造成立的。经过几年努力,现已发展成一个大型的综合性企业集团。

铜城集团经营范围主要涉及商贸、三星级酒店(内设25层旋转餐厅、保龄球、总统套房、室内四季游泳馆等)服务、房地产开发、矿产品的开发及加工、旅游服务、金融投资、无线寻呼、信息、法律咨询服务等领域。

铜城集团总占地面积48803平方米,总建筑面积56321平方米,有1320名员工及14家子(分)公司,在白银黄金地段有三座营业大厦,其中新营业楼铜城商厦集自动化和现代化于一身成为白银市的标志性建筑。

铜城集团股票于1996年12月18日在深交所挂牌上市,今年5月,在由《中国证券报》和中国城信证券评估公司共同进行的上市公司综合排名中,铜城集团列全国530家上市公司的第268位,被甘肃省评为"最佳经济效益企业50强",综合排名22位。

"九七"时期,是我公司改革和发展的重要历史时期,公司在完善机制和全方位起动的同时,充分利用白银市被国务院确定为"优化资本结构试点城市"的优惠政策,通过资本运营,盘活资产等方式,不断调整产业结构,寻求和培育新的经济增长点,使铜城集团逐步向大型的集团化、现代化企业迈进!

董事长、总经理介绍

刘顺成　男,43岁,大学学历,高级经济师,中共党员,本公司主要创始人之一,曾荣获甘肃省优秀企业家称号,曾任本公司副董事长,有多年的企业管理经历和丰富的经济管理经验。现任本公司董事长。

李菁虎　男,43岁,大学学历,会计师,中共党员,本公司主要创始人之一,曾荣获甘肃省优秀企业家称号,曾任本公司副董事长,党总支书记,在企业经营管理方面有着十分丰富的经验。现任本公司总经理。

白银铜城商厦(集团)股份有限公司股票上市公告书

要览

总股本:5,000万股

本次上市流通股份:1,354万股

股票代码:0672

股票简称:铜城集团

上市地:深圳证券交易所

上市日期:1996年12月18日

上市推荐人:广东广发证券公司

股票登记机构:深圳证券登记有限公司

一、绪言

本公司股票上市申请经中国证券监督管理委员会证监发字〔1996〕360号文审核批准和深圳证券交易所深证发〔1996〕481号文审核同意,本公司1,354万股内部职工股占用额度于1996年12月18日在深圳证券交易所挂牌交易。

本公司上市公告书依据《中华人民共和国公司法》、《股票发行与交易管理暂行条例》和《深圳证券交易所市场业务试行规则》的规定编制本公司上市公告书旨在向社会公众披露公司基本情况及有关资料。

本公司董事会及其成员愿就上市公告书所载资料的真实性,准确性和完整性负个别及连带责任。上市公告书的内容由本公司董事会负责解释。

二、公司概况

1.公司法定名称:白银铜城商厦(集团)股份有限公司

英文名称:BAIYIN COPPER CITY COMERCIAL BUILDING (GROUP) CO.LTD.

英文缩写:BCCCB

2.公司注册地址:白银市白银区五一街8号

英文地址:NO8 WUYI STREET BAIYIN CITY GANSU PROVINCE

联系电话:(09430)238888-2191

邮政编码:730900

POSTCODE:730900

3.公司法定代表人:刘顺成

4.公司董事、监事和高级管理人员简历:

董事长:刘顺成先生,41岁,大学学历,高级经济师。曾荣获甘肃省优秀企业家称号,曾任本公司副董事长。有多年的企业管理经历和丰富的经营管理经验。持有本公司股票7000股。

副董事长:谢林先生,38岁,金融专业研究生毕业。曾任中国人民银行深圳分行证券管理处副处长。现任深圳蔚深投资财务管理有限公司总经理。持有本公司股票零股。

副董事长:梁兴元先生,49岁,大学学历,高级经济师。曾任国营二七九厂人事科科长、经营副厂长、党委书记。现兼任本公司党委书记、副总经理。持有本公司股票零股。

董事:李菁虎先生,41岁,大学学历,会计师。曾荣获甘肃省优秀企业家称号,曾任本公司副董事长、党总支书记。现任本公司总经理。有多年的企业管理经历和丰富的经营管理经验。持有本公司股票3000股。

董事:魏立平先生,31岁,大学学历,经济师。曾任白银市税务局稽查科科长、本公司总经理助理,现任本公司副总经理兼公司铜城大酒店经理。持有本公司股票零股。

董事:俞丽华女士,32岁,大学学历,会计师。曾任兰州残联福利企业财务科长、工会主席。现任本公司财务经理兼计划财务部经理。持有本公司股票零股。

董事:张贵勤先生,36岁,大学学历,注册会计师。曾任白银区审计局局长、白银区财政局局长。现任白银市白银区国有资产管理中心主任。持有本公司股票零股。

董事:肖世优先生,29岁,金融专业硕士。有多年从事银行、证券业务经验。现任深圳蔚深投资财务管理有限公司副总经理。持有本公司股票零股。

董事:左建秋先生,32岁,大学学历。曾任万科企业股份有限公司财务部经理、监事。现任深圳蔚深投资财务管理有限公司财务总监。持有本公司股票零股。

董事:邓文全先生,56岁,大学学历,高级经济师。曾当选为第七、第八届全国人大代表。一九九二年获国家级有突出贡献的中青年专家称号。一九九四年获全国劳动模范和全国优秀企业家称号。现任长沙中意电器股份有限公司董事局主席、总裁、党委书记。持有本公司股票零股。

董事:李学宇先生,45岁,大学学历,曾任长沙市人民政府经济研究中心副主任、长沙市经济体制改革委员会主任、深圳市原野(现名世纪星源)实业股份有限公司副总裁、深圳市政府经济体制改革委员会处长。现任深圳宇华实业股份有限公司董事长兼总裁。持有本公司股票零股。

董事:谢森先生,41岁,大学学历,现任广东国际信托投资公司深圳公司副总经理兼证券业务部经理。持有本公司股票零股。

董事:李卫先生,59岁,大学学历,高级工程师。全国劳动模范。历任中国水利水电第三工程局科长、副处长、处长。现任中国水利水电第三工程局副局长兼黄河大峡水电工程指挥部总指挥、党委书记。持有本公司股票零股。

董事:李文弟先生,59岁,大学学历,经济师。曾任白银公司动力厂党委副书记、白银公司氟化盐厂代书记、厂长。现任甘肃银城实业总公司总经理兼党委书记。持有本公司股票零股。

董事:党启业先生,56岁,高中学历,经济师。曾任白银市汽车运输公司副经理、市交通局副局长、白银市物资总公司总经理、白银市物资局局长。现任白银市物资总公司党委书记。持有本公司股票零股。

董事:杨延禄先生,58岁,高中学历。现任白银钢窗厂(股份合作制)董事长兼总经理。持有本公司股票零股。

董事:马兴宏先生,28岁,硕士,现任职于深圳蔚深投资财务管理有限公司。持有本公司股票零股。

监事会主席:杨五魁先生,55岁,中专学历,政工师。曾任白银区五金交电化工公司党支部书记。现兼任本公司纪委书记、党委副书记、工会主席。持有本公司股票零股。

监事:王之俭先生,42岁,中专学历,工程师。现任白银建银房地产开发公司经理。持有本公司股票零股。

监事:吴淑兰女士,44岁,中专学历。曾任白银区审计局副局长。现任白银区国有资产管理中心副主任。持有本公司股票零股。

监事:马俊德先生,26岁,中专学历,助理会计师。现任白银铜城商厦(集团)轻贸商场财务科科长。持有本公司股票零股。

监事:苗宏科先生,28岁,大专学历,曾荣获甘肃省劳动模范称号。现在本公司大酒店工作,持有本公司股票零股。

上述人员共持有本公司股票10000股,占公司股本总额的0.2‰,按照《公司法》有关规定,其持有股份在任职期间不得转让。

5.公司其他情况:

(1)所属行业:综合类。

(2)成立日期:1992年9月30日

现营业执照编号:22434434-7-3/3。

(3)在册职工人数1320人(截止1996年8月31日),其中各类专业技术人员146人,其中:高级职称5人,中级职称24人,初级职称117人。

公司职工实行劳动合同制,根据国家及当地政府有关法规和文件规定,为保障职工利益,参加退休养老保险,失业保险基金和工伤保险。

(4)公司占地面积29367.8平方米,建筑面积56321平方米。

(5)公司咨询服务。

联系人:魏立平　　张世田

电话:(09430)238888-2191　　传真:224960

股东接待日:每周二、四上午(节假日顺延)

公司文件存阅地点:白银铜城商厦(集团)股份有限公司证券办公室(白银市白银区五一街8号)

(6)经营方式:批发零售、生产加工、服务。

(7)经营范围:

主营:农副产品、建筑材料、金属材料、化工产品、汽车配件、机电产品(不含汽车)、普通机械、五金交电(不含进口摄录像机)。

兼营:摄影、浴洗、理发、美容、百货、餐饮、娱乐、服务、无线电寻呼。

(8)股票上市推荐机构:广东广发证券公司

法定代表人:陈云贤

地址:广东省广州市先烈南路23号华泰宾馆

联系人:刘文通　　陈宇杰

电话:020-87667652 87789888-81609

(9)资产评估机构:甘肃省第三会计师事务所

法定代表人:从有余

地址:甘肃省兰州市东岗西路340号

经办评估师:王东海　　刘永忠

电话:0931-8826415

(10)资产评估确认机构:国家国有资产管理局

地址:北京市万泉河路66号

电话:010-62567744

(11)会计师事务所:甘肃第二会计师事务所

法定代表人:蔺培曼

地址:甘肃省兰州市东岗西路340号

经办注册会计师:刘志文　　住新怀

电话:0931-8826425

(12)律师事务所:甘肃天合律师事务所

法定代表人:赵荣春

地址:甘肃省兰州市宁卧庄开发区科技街58号

经办律师:赵克宏　　杨军

电话:0931-8889708

(13)股票登记机构:深圳证券登记有限公司

法定代表人:黄铁军

地址:广东省深圳市红岭中路25号

电话:0755-5585536

(14)股票简称:铜城集团

(15)股票代码:0672

(16)上市地点:深圳证券交易所

三、公司组织状况

1.公司沿革:

本公司的前身是白银市白银区五金交电化工公司,成立于1979年6月1日,为白银区的利税大户。1992年5月14日,经白银市政府市政发〔1992〕50号文批准,在白银区五金交电化工公司整体股份制改制的基础上,由白银区五金交电化工公司、白银区国有资产管理局等22家单位共同发起,以定向募集方式设立了"白银铜城商厦股份有限公司"。1992年8月27日,公司召开了创立大会,1992年9月30日在白银市工商行政管理局注册登记。1993年3月甘肃省体改委以体改委发〔1993〕64号文确认为定向募集公司。1993年11月1日本公司在甘肃省工商行政管理局登记注册。1996年1月,公司经股东大会决议通过并经甘肃省体改委〔1996〕14号批准并经甘肃省工商行政管理局变更注册登记,将公司更名为白银铜城商厦(集团)股份有限公司。

2.公司历次股东大会重要决议简介

(1).1992年8月27日,公司创立大会同意设立白银铜城商厦股份有限公司;原则同意公司章程(草案);选举产生了第一届董事会、监事会成员。

(2)1993年3月27日,公司股东大会第二次会议作出了批准公司章程的决议;通过了1992年度暂不分红派息的决议。

(3)1994年3月24日,公司股东大会第三次会议决议授权公司董事会做好上市工作,通过了1993年度暂不分红派息的决议。

(4)1995年3月1日,公司股东大会第四次会议通过了1994年度暂不分红的决议。

(5)1996年1月16日,公司股东大会二届一次会议通过了公司上市的决议、1995年度暂不分红的决议;选举产生了第二届董事会、监事会成员;通过了修改后的公司章程;通过了公司名称变更的议案;通过了公司发起人股份变动情况的报告;授权公司董事会负责做好公司上市事宜。

3.主要发起人简况:

(1)白银市白银区国有资产管理局。隶属白银区政府主管。法定住所:白银市白银区人民路3号。法定代表人:张贵勤。

(2)白银市白银区五金交电化工公司。隶属白银区商业局,为全民所有制企业。法定住所:白银区公园路红星街85号。法人代表:曾波。注册资金222.90万元。主要经营五金、交电、化工、机电轻化。其股份由白银市白银区国有资产管理局持有。

(3)白银市白银区第二建筑工程公司。集体所有制企业,法定住所:白银市白银区红星街8号,法定代表人:魏立新。注册资金:271万元。主要从事房屋建筑施工。

(4)深圳市住宅开发租赁公司。全民所有制企业,住所:深圳市福田区红荔西路莲花二村莲花楼三楼。法人代表:黄瑞,注册资金:1000万元,主要从事出租住宅区的开发、经营和管理。

(5)长沙中意电器股份有限公司。股份制企业,住所:长沙南郊暮云市。法人代表:邓文全,注册资金12,187万元,主要从事家用电器与配件的生产和销售。

(6)中国水利水电第三工程局。全民所有制企业,法定住所:陕西安康市江北张岭。法定代表人:李友仁。注册资金:13,719万元,主要从事水利水电工程建筑及设备安装、基础处理、金属结构制作安装。

(7)甘肃银城实业总公司。集体所有制企业,法定住所:白银市白银区大什字。法定代表人:李文弟。注册资金:14,000万元。主要从事有色金属采选、冶炼、加工。

(8)白银建银房地产开发公司。全民所有制企业,法定住所:白银市白银区公园路66号。法定代表人:王之俭。注册资金:299万元。主要从事房地产开发。

除上述发起人外,本公司发起人还包括深圳宇华实业股份有限公司、深圳蛇口企业(集团)公司、深圳南油物业发展股份有限公司、深圳宝安区沙井万丰经济发展公司、深圳莱英达集团公司、白银市物资总公司等14家发起人单位,现其所持股份已分别转让给白银市白银区国有资产管理局、深圳蔚深财务管理有限公司、广东国际信托投资公司深圳公司证券业务部。

4、公司现在的组织结构图

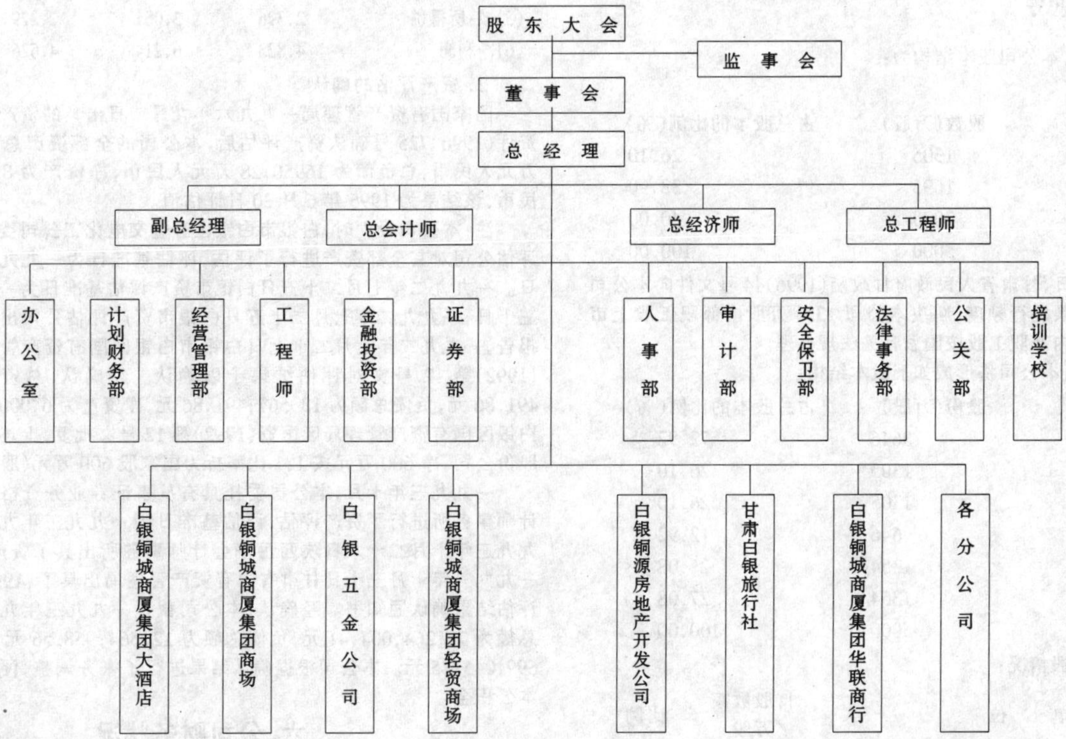

5、公司全资附属企业及下属分公司

a. 白银铜城商厦集团大酒店
法册资本:3000万元
注册地址:白银市白银区五一街8号
法定代表人:魏立平
本公司投资额3000万元,占该公司注册资本的100%。

b. 白银铜城商厦集团商场
电话:222130
注册资本:2400万元
注册地址:白银市白银区五一街8号
法定代表人:王金林
本公司投资额2400万元,占该公司注册资的100%。

c. 白银铜城商厦集团五金公司
电话:222661
注册资本:220万元
注册地址:白银市公园路红星街85号
法定代表人:丁成栋
本公司投资额220万元,占该公司注册资本的100%。

d. 白银铜城商厦集团轻贸商场
电话:222293
注册资本:108万元
注册地址:白银市公园路43号
法定代表人:李吉堂
本公司投资额108万元,占该公司注册资本100%。

e. 白银铜城商厦集团华联商行
电话:226387
注册资本:30万元
注册地址:白银市白银区五一街8号
法定代表人:魏万荣
本公司投资额30万元,占该公司注册资本100%。

f. 甘肃白银旅行社
注册资本:50万元
注册地址:白银市白银区五一街8号
法定代表人:周昆
本公司投资额50万元,占该公司注册资本100%。

G. 白银铜源房地产开发公司
注册资本:300万元
注册地址:白银市白银区五一街8号
法定代表人:王桐国
本公司投资额300万元,占该公司注册资本的100%。

本公司下设有北方贸易分公司、批发分公司、白银贸易分公司三个分公司,分公司不具有企业法人资格。

四、股本结构及股东持股情况

1. 股本的形成过程:

1992年5月经白银市人民政府市政发〔1992〕50号文批准,同意在原白银区五金交电化工公司整体股份制改制的基础上,设立白银铜城商厦股份有限公司。白银区五金交电化工公司经白银区国有资产管理局区国资发〔1992〕12号文批准,以其截止1992年6月30日评估后的净资产600万元投入,白银区国有资产管理局以现金投入600万元,并经白银区国有资产管理局区国资发〔1992〕12号文批准,折为国家股1200万元。其他发起人投入资金1800万元,折为发起人法人股1800万元。1992年5

月21日到1992年7月28日,公司向内部职工按面值配售股份2000万股,每股面值1元。到此公司募集资金5000万元全部到位。公司设立时股本总额5000万元,其中国家股1200万元,发起人法人股1800万元,内部职工股2000万元。1993年3月,经甘肃省体改委以体改委发〔1993〕64号文确认为定向募集公司,审定本公司股本总额为5000万元。1996年1月,经公司股东大会同意,白银区国有资产管理局通过协议方式受让发起人法人股105万股,使得国家股增加到1305万股。同时,也有部分其他发起人发生了股权转让行为,本公司目前主要持股的法人单位为9家,详见"3.主要股东持股情况"。

2.股本结构:

(1)本次上市前,本公司股本结构为:

类别	股数(万股)	占总股本的比例(%)
国家股	1305	26.10
法人股	1695	33.90
内部职工股	2000	40.00
总股本	5000	100.00

1996年8月2日,甘肃省人民政府甘政函(1996)44号文件向本公司下达1354万元的股票发行额度,解决本公司1354万股内部职工股上市流通,其余646万股内部职工股按国家有关法规办理。

(2)本次上市后,本公司将形成如下股本结构:

股本结构	股份(万股)	占总股本的比例(%)
尚未流通股份	3646	72.92
其中:国家股	1305	26.10
法人股	1305	26.10
内部职工股	646	12.92
本次流通股份	1354	27.08
社会公众股	1354	27.08
总计	5000	100.00

3.主要股东持股情况:

单　位	持股数额(万股)	比例
白银市白银区国有资产管理局	1305	26.10%
深圳蔚深财务管理有限公司	1200	24.00%
白银市白银区第二建筑工程公司	190	3.80%
长沙中意电器股份有限公司	100	2.00%
广东国际信托投资公司深圳公司证券业务部	100	2.00%
中国水利水电第三工程局大峡工程指挥部	40	0.80%
甘肃银城实业总公司	25	0.50%
白银建银房地产开发公司	20	0.40%
深圳市住宅开发租赁公司	20	0.40%
刘爱民	17	0.34%

本公司委托甘肃证券登记有限公司对全部股份进行托管。截止1996年6月30日,本公司托管的在册法人股东9人(含国有股持股单位),内部职工股东4951人,其中持有1000股以上的股东为2879人。

五、公司经营业绩

1.经营情况概述:公司自1992年改制以来,充分发挥股份制试点企业的经营机制优势,取得了显著的经济效益和社会效益。经过三年多的建设和发展,从无到有,从小到大,从较单一的五金批发、零售逐步拓展到商业贸易、餐饮住宿、旅游服务、文化娱乐、房地产开发、金融投资等多项服务领域,并制订了各项管理制度和配套改革措施,市场适应能力和竞争能力进一步增强,各项经济指标呈现跨越式增长。随着铜城商厦全面投入运营,公司的经营实力进一步得到提高。是甘肃省综合类企业利税大户之一,先后获得"最佳效益企业","最佳商业企业"等十多个由省市政府和有关部门授予的荣誉称号,并被甘肃省经贸委,统计局评为"甘肃省最佳经济效益企业50强",被白银市消费者协会评为"消费者信得过单位"。公司在实践中走出了一条大市场、大流通、多元化、综合特色、规模效益的新路子。

2.经营业绩

经甘肃第二会计师事务所审计的本公司1993、1994、1995年和1996年1-8月的经营业绩列示如下:

单位:人民币千元

项目	1996年1-8月	1995年	1994年	1993年
(1)主营业务收入	70,217	103,342	73,779	43,436
(2)主营业务利润	5,941	8,186	6,321	1,327
(3)营业利润	7,464	8,769	6,753	1,482
(4)利润总额	7,199	9,275	6,905	1,397
(5)减:所得税	2,376	3,061	2,279	461
(6)净利润	4,823	6,214	4,626	936

2.资产评估的确认

国家国有资产管理局一九九六年九月二日出具的资产评估确认书国资评(1996)725号确认资产评估后,本公司的全部资产总额为25067.14万元人民币,总负债为16950.28万元人民币,净资产为8116.86万元人民币,该结果为1996年6月30日评估值。

注:本公司设立时,白银市白银区五金交电化工公司委托白银市资产评估公司对其全部资产进行了评估,评估基准日为一九九二年六月三十日。一九九二年七月二十五日白银市资产评估基准日为一九九二年六月三十日,一九九二年七月二十五日白银市资产评估公司出具了资产评估报告,一九九二年七月二十七日白银市白银区国有资产管理局以区国资(1992)第12号文对评估结果予以确认。经确认,总资产为19,567,491.86元,负债总额为13,567,491.86元,净资产为6,000,000元。并经白银区国有资产管理局区国资(1992)第12号文批复,上述资产全部投入股份公司,净600万元按1:1比率折为国家股600万元(股)。

一九九三年十月,本公司委托具有从事证券业务资格的陕西岳华会计师事务所进行了资产评估,评估基准日为一九九三年九月三十日。一九九三年十月二十八日陕西岳华会计师事务所出具了资产评估报告书,一九九三年十月三十日甘肃省国有资产管理局出具了(1993)086号资产评估结果确认通知书。经确认,本公司截止一九九三年九月三十日资产总额为70,264,004.41元,负债总额为12,564,958.56元,净资产为57,699,045.85元。本公司根据确认结果进行了帐务调整,评估增值列入资本公积金。

六、公司财务状况

1.资产评估报告

以下摘自甘肃第三会计事务所一九九六年八月二十日出具的资产评估报告甘三会评字(1996)028号:

(1)评估基准日

评估基准日为1996年6月30日,一切价格标准均为评估基准日有效的价格标准。

(2)评估范围

评估范围为公司整体资产,包括全部流动资产、长期投资、固定资产、无形资产和其他资产及相关负债。

(3)评估方法

企业整体评估采用重置成本法。其中固定资产的重置价格根据现行市价和购置费标准确定,成新率通过技术鉴定得出。流动资产的评估亦采用重置成本法确定评估值。负债根据核算后的帐面余额调整确定评估值。

(4)评估结果见下表:

	评估前金额	评估后金额	评估增值	增值率%
(1)资产总额	209033761.48	250671448.37	41637686.89	19.92
流动资产	84762807.52	88396617.68	3633810.67	4.29
长期投资	1000000.00	1000000.00	0.00	0.00
固定资产	106648453.73	140259807.40	33611353.67	31.52
无形资产	5444122.20	12643809.24	7199687.04	182.25
递延资产	11178378.03	8371214.05	-2807163.98	-25.11
(2)负债总额	138435307.51	169502843.58	31067536.07	22.44
流动负债	136253102.77	167320638.84	31067536.07	22.80
长期负债	2182204.74	2182204.74	0.00	0.00
(3)净资产	70598453.97	81168604.79	10570150.82	14.97

3.审计报告书

以下摘自甘肃第二会计师事务所一九九六年九月十七日出具的审计报告书甘二会审字(1996)第0102号：

财务报表(见附表)

附注1：主要会计政策

(1)会计制度：执行中华人民共和国财政部颁布的《企业会计准则》、《股份制试点企业会计制度》及其有关的补充规定。

(2)会计年度：采用公历制，自每年公历1月1日到12月31日止为一个会计年度。

(3)会计核算方法：采用权责发生制。

(4)会计记帐方法：采用借贷记帐法。

(5)货币核算：以人民币为记帐本位币。

(6)存货：采用永续盘存制，按实际成本核算，低值易耗品领用时采用“五五摊销法”核算。

(7)商品削价准备：年终按库存商品余额的5‰清算。

(8)坏帐准备：年末按应收帐余额的5‰进行调整。

(9)无形资产：土地使用权40年分期平均摊销。

(10)税费项：

A. 增值税：按销售额的17%计征。

B. 营业税：按房地产销售收入及其他销售作入的5%计征。

C. 消费税：按黄金饰品销售收入的5%计征。

D. 城市维护建设税：按应交纳增值税额、营业税额、消费税额的7%计算交纳。

E. 教育费附加：按应交纳增值税额、营业税额、消费税额的3%计算交纳。

F. 所得税：按应纳税所得额的33%计征，公司股票上市后不再享受所得税18%的返还。

G. 房产税：按房产原值的70%乘以12%的税率计算税额。

(11)固定资产及其折旧：固定资产以实际成本计价，折旧采用直线法计算，殖值率按5%计算。

(12)利润分配：

税后利润在弥补以前年度亏损后按以下顺序和比例分配：

A. 提取10%的法定盈余公积金；

B. 提取5-10%的法定盈余公益金；

C. 提取任意盈余公积金；

D. 分配股利。

附注2：货币资金

项目	金额(元)
现金	238,486.07
银行存款	7,689,007.33
合计	7,927,493.40

附注3：应收帐款

(1)帐龄分析

帐龄	金额(元)	比例(%)
1年以下	35,407,889.15	75.38
1-2年	8,593,186.66	18.29
2-3年	2,199,357.95	4.68
3年以上	770,790.51	1.65
合　计	46,971,224.27	100.00

(2)核算内容：

应收帐款46,971,224.27元，均为应收未收的销货款项。应收帐款中没有持本公司5%以上股份的主要股东单位的欠款。

附注4：预付帐款

一九九六年八月三十一日余额9,693,717.37元，系预付商品采购款项。

附注5：其他应收款

(1)帐龄分析

帐龄	金额(元)	比例(%)
1年以下	4,096,711.25	71.40
1-2年	1,131,497.37	19.72
2-3年	393,371.68	6.86
3年以上	116,130.45	2.02
合　计	5,737,710.75	100.00

(2)核算内容

其他应收款5,737,710.75元，主要为备用金及应收取的各种垫付款项等。

附注6：待摊费用

项目	金额(元)
待摊期初进项税	2,052,457.24
待摊保险、修理等管理费用	1,003,442.76
合计	3,055,900.00

附注7：存货

项目	金额(元)
库存商品	23,578,695.32
减：商品进销差价	3,993,324.65
商品削价准备金	125,100.01
低值易耗品	980,733.39
材料物资	623,509.61
商品采购	462,838.01
合　计	21,527,351.67

附注8：长期投资

被投资单位名称	投资金额	投资类别	期限(或比例%)
上海铜城贸易公司	100,000.00	联营投资	93.8.16-96.12.31
天津铜城贸易公司	100,000.00	联营投资	93.8.16-96.12.31
兰州信托投资公司			
上海证券部	1,000,000.00	股权投资	10%
合　计	1,200,000.00		

附注9：固定资产累计折旧

(1)固定资产

固定资产类别	期初原值	本期增加	本期减少	期末原值
房屋建筑物	6,670,272.94	12,167.80	104,102.00	6,578,338.74
机器设备	2,646,576.33	1,412,409.10	17,900.00	4,041,085.43
运输工具	2,333,503.78	180,996.00	216,000.00	2,298,499.78
合　计	11,650,353.05	1,605,572.90	338,002.00	12,917,923.95

(2)累计折旧

固定资产类别	期初价值	本期增加	本期减少	期末价值
房屋建筑物	715,941.38	166,215.02	1,292.80	880,863.60
机器设备	377,662.42	238,031.01	1,124.16	614,569.27
运输工具	527,967.01	303,964.00	9,830.60	822,100.41
合　计	1,621,570.81	708,210.03	12,247.56	2,317,533.28

附注10：在建工程

工程名称	工程进度	实际支用数	原预算数	批准文号	资金来源
铜城商厦主楼工程	98%	82.698,072.63	9600万元	白西管发	自筹
铜城商厦仓库工程	95%	474,396.20		(1992)59号	自筹
铜城商厦其他工程	95%	3,209,958.35			自筹
合　计		86,382,427.18			

附注11：无形资产

项目	原值	已摊金额	期末余额	剩余摊销年限
土地使用权	5,556,347.20	401,460.31	5,154,886.89	37

附注12：短期借款

本公司短期借款共有39笔，合计金额1,848.50万元，其中借款金额在100万元以上的有：

借款单位	借款类别	月利率(‰)	金额(万元)	借款条件
建设银行白银办事处	流动资金	8.91	300.00	信用贷款
工商银行白银市支行	流动资金	11.055	100.00	信用贷款
工商银行白银市支行	流动资金	11.055	300.00	信用贷款

工商银行白银市支行	流动资金	11.558	150.00	担保贷款
农业银行白银市支行	流动资金	10.98	178.00	信用贷款
建设银行信用卡部	流动资金	14.40	100.00	信用贷款

附注 13:应付帐款

一九九六年八月三十一日余额 22,835,273.85 元。其中大额(10 万元)项目的有:

白银市白银区二建二队	3,322,814.92
靖远县三建四队	2,605,008.95
白银公司供应部	1,382,779.89
白银市白银区二建四队	1,391,057.06
白银市白银区三建二队	879,865.20
德阳天成公司	504,020.44
白银市白银区二建七队	436,981.87
内蒙古千里山钢铁厂	215,162.64
兰州低压阀门厂城关经营部	180,495.13
兰州长风机器厂	165,154.00
兰州小百货批发部	114,950.64

附注 14:预收贷款

一九九六年八月三十一日余额 696,134.69 元。

附注 15:应付福利费

一九九六年八月三十一日余额 190,565.55 元,系应付公司职工的福利费用。

附注 16:未交税金

项目	金额(元)
应交所得税	290,464.56
应交增值税	342,902.73
应交营业税	5,892,824.71
应交消费税	9,375.85
应交城建税	266,715.27
应交房产税	-2,136.67
合　计	6,800,146.45

附注 17:其他未交款

项目	金额(元)
应交教育费附加	180,206.27
应交特种基金	140,928.97
合　计	321,135.24

附注 18:其他应付款

一九九六年八月三十一日余额 15,448,755.66 元,其中大额(10 万元)项目的有:

	金额(元)
白银市白银区二建四队	100,000.00
兰州锅炉厂	104,746.50
公司员工风险抵押金	2,096,003.00
白银市白银区二建二队	100,000.00
建设银行白银办事处房地产信贷部	225,004.28
兰州澳基轻工科技开发有限公司	950,000.00
白银区财政局	4,478,941.42
兰州恒业装饰设计工程有限公司	1,090,000.00
甘肃省华粤装饰工程公司	560,000.00
农业银行白银市营业部	200,000.00
甘肃省有色金属材料总公司	100,000.00

附注 19:预提费用

一九九六年八月三十一日余额 2,249,986.45,主要是预提的银行货款利息。

附注 20:一年内到期的长期负债

一年内到期的长期负债共 27 笔,合计金额 4,879.82 万元,其中金额在 100 万元以上的有:

借款单位	月利率(‰)	金额(万元)	借款条件
建设银行白银办事处	12.06	600.00	信用贷款
建设银行白银办事处	12.06	400.00	信用贷款
建设银行白银办事处	12.06	200.00	信用贷款
建设银行白银办事处	10.065	500.00	信用贷款
建设银行白银办事处	10.08	100.00	信用贷款
建设银行白银办事处	10.065	600.00	信用贷款
工商银行白银市支行	11.055	610.50	信用贷款
建设银行白银办事处	12.06	100.00	信用贷款
工商银行白银市支行	9.064	575.00	抵押贷款
建设银行白银办事处	10.08	100.00	信用贷款
农业银行白银市支行	10.065	400.00	信用贷款
农业银行白银市支行	12.06	250.00	信用贷款
分社	10.065	100.00	信用贷款
合计:		4535.50	

附注 21:长期借款

借款单位	借款类别	到期日	月利率(‰)	金额(万元)	借款条件
甘肃省租赁公司白银代办处	融资租赁	1998.05	10.80	242.31	担保借款

附注 22:资本公积

一九九六年八月三十一日余额 11,398,696.58 元,系白银铜城商厦(集团)股份有限公司资产评估增值额及历年免交 18%所得税的累计数。

附注 23:盈余公积

一九九六年八月三十一日余额 5,679,533.90 元,系按规定提取的法定盈余公积金、公益金及任意盈余公积金。

附注 24:未分配利润

一九九六年八月三十一日余额 11,248,397.07,系公司历年实现的净利润款予分配。

附注 25:主营业务收入

主营项目	金额(元)
商品销售收入	41,243,834.00
房地产收入	25,040,061.67
客房、餐饮、服务收入	2,707,069.97
文化、放影收入	226,078.15
合计	70,217,043.79

附注 26:财务费用

项目	金额(元)
利息支出	1,998,689.60
减:利息收入	12,745.87
金融部门手续费	12,532.16
合计	1,998,475.89

附注 27:其他业务利润

项目	金额(元)
其他业务收入	1,912,872.82
其他业务支出	389,620.40
其他业务利润	1,523,252.42

附注 28:投资收益

项目	金额(元)
债券投资收益	215.00
其　他	59,898.56
合　计	60,113.56

附注 29:营业外收入

项目	金额(元)
处理固定资产收益	51,804.76
罚款净收入	19,132.24

确实无法支付的应付款项	5,341.00
其他收入	30,871.06
合　计	107,149.06

附注30:营业外支出

项　目	金额(元)
罚款支出	1,716.62
其他支出	8,401.47
合　计	10,118.09

附注31:以前年度利润调整

一九九六年八月三十一日金额为-422,569.45,系经审计应调整以前年度损益。

七、财务指标分析

指标名称	1996年1-8月	1995年	1994年	1993年
流动比率	0.81	0.70	0.88	1.30
速动比率	0.60	0.41	0.56	0.67
应收帐款周转率	2.08	5.14	6.95	28.48
股东权益比率(%)	39.37	44.11	47.27	70.26
股本净利率(%)	9.65	12.43	9.25	1.87
净资产收益率(%)	6.17	8.62	7.21	1.61

注:以上指标依据甘肃第二会计师事务所审计的本公司1993年12月31日、1994年12月31月、1995年12月31日,1996年8月31日的资产负债表和1993、1994、1995、年,1996年1-8月的利润表及利润分配表中有关数据计算得出。

八、董事会上市承诺

本公司董事会将严格遵守《公司法》、《股票发行与交易管理暂行条例》、《深圳证券交易所交易规则》和有关法律,法规的规定,并自股票上市之日起作出如下承诺:

1、按照法律、法规的规定程序和要求披露重大的信息,并接受证券主管机关、深圳证券交易所的监督管理。

2、及时、真实、准确地公布中期报告和年度报告,并备置于规定场所供投资者公众查阅。

3、本公司董事、监事会高级管理人员持本公司股票发生变时,在报证券主管机关,证券交易所的同时向投资者公布。

4、在任何公共传播媒介中出现的消息可能对本公司股票的市场价格产生误导性影响时,本公司知悉后将及时对该消息予以公开澄清。

5、本公司董事、监事及高级管理人员将认真听取社会公众的意见和批评,不利用已获得的内幕消息和其他不正当手段直接或间接从事股票买卖活动。

6、本公司没有无记录负债。

九、重要事项揭示

1、本公司自1993年1月1日起执行《股份制试点企业会计制度》。

2、本公司股本总额为5000万股。其中国家股1305万股,法人股1695万股,原内部职工股为2000万股,经中国证监会批准,内部职工股中1354万股本次占额度上市流通,其余646万股按国家有关法规办理。

3、本公司税后利润分配按照下列顺序进行。

(1)弥补亏损;(本公司近三年来无亏损记录)

(2)提取法定盈余公积金;

(3)提取公益金;

(4)提取任意盈余公积金;

(5)分配股利。

4、本公司截止1995年12月31日,共有未分配利润787.2万元,公司1992年、1993年、1994年、1995年度股东大会均通过决议,将未分配利润和1996年应分配利润一并分配。

5、甘肃天合律师事务所1996年9月出具的《法律意见书》认为,截止本公告书公布之日,本公司无重大诉讼,仲裁或行政处罚案件等事项。

6、1996年8月,甘肃第三会计师事务所对公司所属全部资产进行了评估。国家国有资产管理局以国资评(1996)第725号文对评估结果进行了确认。确认评估后的净资产为8116.86万元人民币。评估增值部份未进行帐务调整,仅作为上市参考。

十、风险与对策

(一)风险因素:

1、经营风险:

公司是以经营商业零售批发、酒后服务为主的企业,经营受居民购买力水平、商品货源及价格、城市流动人口、企业经营管理方式等诸多因素的限制和影响。

2、行业风险:

本市零售网点和娱乐服务场所的快速增加,客观上造成了同行业内部竞争的日益激烈,进一步提高公司的市场占有率有一定的难度,从而可能影响公司经济效益的进一步提高。

3、市场风险:

公司地处铜城白银市重工业密集型地区,主要受地区经济发展增长速度、城市居民收入增长幅度的制约。

4、其他风险:

目前我国正处于社会主义市场经济初级阶段,国家产业政策调整、银行贷款利率、税率的变化都将间接或直接影响公司的经济效益。

(二)对策:

面对上述风险,本公司将积极主动采取以下对策 ,力争使风险降到最低点,以谋求更大发展。

1、公司确立了"一业为主,多业并举"的发展战略,以减少行业风险。公司已进入了房地产开发、贸易、无线通讯等领域,并取得了一定的经营成绩,铜城大酒店的建成营业,将成为公司新的经济增长点,此外,公司还将致力于拓展旅游及矿产资源开发利用等新的业务领域。

2、公司地处白银市中心繁华区,白银紧傍全国商贸中心兰州,扼109国道咽喉,青海、宁夏、新疆、陕西等地客商来往频繁,经营条件比较有利。公司将充分利用优越的地理条件,加大宣传力度,吸引大量的流动人口来购物、住宿,以及投资者来合作投资。

3、公司将发挥现有的规模优势,走以规模促发展的道路,加强市场调研及时调整商品品种结构,减少购销环节,巩固发展名优特商品,建立辐射面广,功能齐全的销售网络。

4、公司在总结原有管理经验的基础上,将借鉴和吸收国内外企业的先进管理人才,精简机构,培养人才,进一步转换经营机制,完善内部管理,提高服务质量,不断改善经营环境,力争在同行业竞争中保持优势。

十一、前次募集资金动用情况的说明:

公司前次募集资金全部用于铜城商厦工程建设,该项目经白银市西区办公室1992年5月22日市西办发(1992)59号文件批准列为经济开发试验小区项目,该项目总投资约为9600万元,募股所筹资金尚不能满足工程所需资金,资金缺口公司通过滚存利润及银行贷款等多渠道加以解决。"铜城商厦"由四层商场和二十五层主楼(不含地下二层)组成,总占地面积9698m^2,建筑面积30353m^2,该工程于1992年8月开工,目前大部分经营项目已投人运营。铜城商厦已成为白银市的标志建筑,它的建设改变了白银市产业结构不平衡,第三产业发展相对滞后的现状,为白银市调整产业结构,大力发展第三产业,搞活经贸流通起到了积极的推动作用,对该项目的资金运用符合当时《招股通函》规定的资金用途。该项目投人运营后,产生了良好的经济效益和社会效益。为公司今后的发展奠定了良好的基础。

十二、公司的发展规划

本公司将继续完善经营机制,提高经营管理水平,改善公司的产业结构,继续坚持"一业为主,多种经营,面向市场,协调发展"的方针,将公司发展成为集农、工、商、贸、信息于一身,融第一、二、三产业为一体的大型集团企业。

1. 以铜城商厦商场、批发公司为基础,采用连锁经营,不断扩大经营规模,形成了国内外名牌总代理、总经销的经营特色。预计在2000年公司商贸销售额将实现4亿元。

2. 以铜城商厦大酒店为基础,依托白银众多的旅游胜地和文物古迹,促进餐饮娱乐的繁荣,带动公司旅游、广告、信息业的发展。

3. 白银市是国家重要的有色金属工业基地和甘肃重要的能源基地,本公司将依托本地丰富的矿产资源,致力于矿产资源的开发与加工。

4. 充分发挥白银市由黄河流经而带来的丰富的水资源和农副产品优势,大力开发绿色食品工业。

5. 投资及资金来源规划

根据本公司的发展规划到2000年,公司投资项目的金额达2亿元。主要靠增资扩股、银行贷款、发行企业债券等多种筹资方式解决。

6.人员发展计划:

为了适应市场经济和集约化增长方式的要求,顺利实施公司的发展规划,本公司将对生产性员工普遍进行本职工作的培训,同时积极从外引进人才,提高职工的整体文化水平。

十三、盈利预测

以上摘自甘肃第二会计师事务所一九九六年九月十七日出具的盈利预测鉴证报告甘二会审字(1996)第103号:

(金额:万元)

项目	96年1-8月已审实现数	96年9-12月预测数	96年预测数	97年预测数
主营业务收入	7,022	5,494	12,516	16,620
营业成本	5.437	4.399	9,836	12,971
销售费用	339	270	609	819
管理费用	233	200	433	668
财务费用	200	159	359	497
进货费用	46	37	83	110
营业税金及附加	173	67	240	336
主营业务利润	594	362	956	1,219
其他业务利润	152	72	224	239
营业利润	746	434	1,180	1,458
投资收益	6	8	14	20
利润总额	720	448	1,168	1,493
所得税(33%)	238	148	386	493
税后利润	482	300	782	1,000
每股收益(元)	0.10	0.06	0.16	0.20

(一)基准

本盈利预测是以经甘肃第二会计师事务所审计的1993年、1994年、1995年度会计报表为基础,以及本公司对1996年度会计期间作出的盈利预测编制的,所依据的会计原则在其重要方面与本公司通常所采用的会计政策相一致。

(二)假设

1.假设:公司遵循的国家和地方现行政策、法律、法规和经济环境无重大变化。

2.现行的信贷利率、汇率在正常范围内波动。

3.公司遵循的税收政策和税率无重大变化。

4.公司计划的投资项目如期实现。

5.公司的主营业务市场无重大变化。

6.无其他不可抗拒及不可预见的因素,对经营成果造成不利影响。

十四、备查文件

1.甘肃省人民政府甘政函〔1996〕44号《关于同意白银铜城商厦(集团)股份有限公司股票上市的批复》;

2.白银铜城商厦(集团)股份有限公司营业执照;

3.白银铜城商厦(集团)股份有限公司公司章程;

4.白银铜城商厦(集团)股份有限公司历次股东大会决议;

5.甘肃第三会计师事务所"甘三会评字〔1996〕第028号"《资产评估报告书》;

6.国家国有资产管理局"国资评〔1996〕725号"《对白银铜城商厦(集团)股份有限公司发行上市股票项目资产评估结果的确认通知》;

7.甘肃第二会计师事务所"甘二会审字(1996)第0102号"《审计报告书》;

8.甘肃第二会计师事务所"甘二会验字(1996)第083号"《验资报告》;

9.甘肃第二会计师事务所"甘二会审字(1996)第103号"《白银铜城商厦(集团)股份有限公司1996年度盈利预测鉴证报告》;

10.甘肃证券登记有限公司"甘证登(1996)11号"《关于集中托管白银铜城商厦(集团)股份有限公司全部股份的证明》;

11.甘肃省证券委"甘证券委发(1996)22号"《关于确认白银铜城商厦(集团)股份有限公司全部股份集中托管的函》;

12.与广东广发证券公司签署的《上市推荐协议》;

13.甘肃天合律师事务所《关于白银铜城商厦(集团)股份有限公司上市法律意见书》;

14.深圳证券交易所出具的上市承诺书。

白银铜城商厦(集团)股份有限公司董事会

一九九六年九月二十日

白银铜城商厦(集团)股份有限公司1996年年度报告摘要

一、公司简况

1、公司法定中文名称:白银铜城商厦(集团)股份有限公司

英文名称:BAIYIN COPPER COMERCIAL BUILDING (GROUP) CO.LTD. 英文缩写:BCCCB

2、公司注册地址:白银市白银区五一街8号

办公地址:白银市白银区五一街8号铜城商厦七楼

邮政编码:730900

3、公司法定代表人:刘顺成

4、公司咨询服务机构:公司证券部

联系人:张世田

电话:(0943)8238888—2191

传真:(0943)8224960

5、股票简称:铜城集团

6、股票代码:0672

二、主要财务数据与财务指标

项目	1996年	比上年增减(%)	1995年
1.主营业务收入(万元)	10138	-1.90	10334
2.净利润(万元)	856	37.84	621
3.总资产(万元)	21285	30.27	16339
4.股东权益(万元)	8306	15.03	7221
5.每股收益(元)	0.17	37.10	0.124
6.每股净资产(元)	1.66	15.28	1.44
7.净资产收益率(%)	10.31	19.61	8.62
9.股东权益比率(%)	39.02	-11.54	44.11

三、公司业务回顾

1.一年来公司经营情况

1996年是公司实施"九五"计划和2010年远景目标规划的第一年,规范、发展依然是公司的两大主题。公司经营班子严格按照股东大会、董事会会议决议精神,领导全体员工克服困难、励精图治,取得了令人鼓舞的成绩。经济效益实现了稳步增长;股票上市工作圆满成功,顺利实现了公司由定向募集到上市公司的重大转变;工程建设全面完成,企业规模进一步增大,市场占有率快速增长,商业经营、餐饮、住宿、文化娱乐服务,已成为本地区同行业中的生力军;企业社会形象日趋完善。对此公司董事会对经营班子1996年工作成绩给予了充分肯定。1996年完成主营业收入10138万元,实现利润总额1277万元,税后利润856万元,分别比上年增长-1.90%、37.76%、37.84%,完成了预测数的81.00%、109.33%、109.46%。在激烈的市场竞争中公司确保了经营业绩的稳步增长,较好地完成了年初预定目标,主要因素是:

1)紧紧围绕股票上市工作,严格按照《公司法》等有关证券法规精神,彻底完善公司法人治理结构,建立健全各项规章制度,从根本上实现了经营管理机制的转变。

2)坚持走多元化、集团化、外向化经营路子,积极拓展新的经营领域,实现规模效益。1996年公司投资设立了寻呼台和甘肃白银旅行社,投资效果明显,已发展成为公司新的经济增长点。

3)强化管理,从管理要效益。面对商业、餐饮业异军突起所带来的激烈竞争,公司一是尽可能减少进货环节,最大限度降低进货费用,谋求合理的销售利润率;二是实行员工上岗考核与岗位等级制,通过激励与约束相结合的办法,不断提高职工道德素质与业务素质,树立良好的企业形象,三是采取目标管理办法。单位负责人实行年薪制,提高风险意识,强化激励机制。

4)1996年将使公司在建工程铜城商厦建设进入最后冲刺阶段,资金短缺仍然成为阻碍企业发展的主要因素。为稳步推进企业发展,公司结合自身实际,坚持走"边建设、边营业"的路子,并制定了"抓大放小"的经营思路,对一些经营场所实行对外承包,租赁经营。1996年公司实现其他业务利润488万元,占利润总额的38.21%,确保了公司利润总额的增长。在房地产业仍然处于低谷的1996年,公司的房地产开发走合作开发之路,确保售房率,在报告期内,为公司提供了丰厚的投资回报,1996年公司房地产开发实现利润394万元,占公司利润总额的30.85%。

2. 前次募集资金的使用情况说明

公司前次募集资金为公司设立时募集的资金。经白银市西办发(1992)59号文批准,募集资金全部用于筹建建筑面积30353平方米,占地面积9698平方米,高25层,主要从事商业经营及三星级宾馆服务的"铜城商厦"工程。该项目预算为9600万元,预计于1996年底全面交付使用。截止报告期,公司前次募集资金使用完全符合《招股通函》中披露之用途。资金缺口部分通过银行贷款和滚存利润补充。建设项目在公司上下一致的努力下,已于1996年8月份较原计划提前全面交付使用。该项目已成为白银市的标志建筑,适应市场发展的需要,投资回报显著,超额完成了预测数。

四、股本变化及股本结构情况

1. 股本变化及股本结构情况

1). 股本结构:截止1996年12月31日,公司总股本为5000万股,均为人民币普通股,其股权结构如下:

股份单位:股　　　面值:每股1元

股份类别	年初数		年末数	
	股份数	比例(%)	股份数	比例(%)
1. 尚未流通股份				
1)国家股	1305	26.10	1305	26.10
2)境内法人股	1695	33.90	1695	33.90
3)内部职工股	2000	40.00	646	12.90
尚未流通股份合计	5000	100.00	3646	72.90
2. 已流通股份				
1)社会公众股	0		1354	27.10
已流通股份合计	0		1354	27.10
3. 股份总额合计	5000	100.00	5000	100.00

注:(1)公司自成立至报告期未进行增资扩股,分红派息。

(2)公司股票于1996年12月18日在深圳上市,原2000万股内部职工股中的1354万股占用股票上市额度转为社会公众股上市交易,其余646万股内部职工股自上市期满3年后上市交易。

2). 主要股东持股情况

股东名称	持股数年末(万股)	占总股本比例(%)	持股数年初(万股)
1)白银市白银区国有资产管理局	1305	26.10	1305
2)深圳蔚深财务投资管理有限公司	1200	24.00	1200
3)白银市白银区第二建筑工程公司	190	3.80	190
4)长沙中意电器股份有限公司	100	2.00	100
5)广东国际信托投资股份公司深圳公司	100	2.00	100
6)中国水利水电第三工程局	40	0.80	40
7)南方番禺	38.243	0.705	0
8)蔡传芳	27	0.54	
9)甘肃银城实业公司	25	0.50	25
10)邓光楚	20.4179	0.41	0

3). 截止1996年12月31日,公司股本总额为5000万股,股东总人数6463人,其中国家股东1人,法人股东7人。

2、公司董事、监事与高级管理人员持股情况

姓名	职务	年末持股数(股)	年初持股数(股)
刘顺成	董事长	7000	7000
谢　林	副董事长	0	0
梁兴元	副董事长、副总经理 党委书记	0	0
李菁虎	董事、总经理	3000	3000
魏立平	董事、副总经理	0	0
俞丽华	董事、财务经理	0	0
肖世优	董事	0	0
邓文全	董事	0	0
谢　森	董事	0	0
左建秋	董事	0	0
张贵勤	董事	0	0
李文弟	董事	0	0
李　卫	董事	0	0
党启业	董事	0	0
杨延禄	董事	0	0
李学宇	董事	0	0
马兴宏	董事	0	0
杨五魁	监事会席、工会主席 纪委书记	0	0
王之俭	监事	0	0
吴淑兰	监事	0	0
苗宏科	监事	0	0
马俊德	监事	0	0

五、重要事项

1. 本公司于1996年1月16日在公司总部会议室召开了二届一次股东大会。到会股东46人,代表股份36322157股,占公司总股份的72.64%,符合《公司法》及公司章程规定的限额,会议经审议主要形成如下决议:

(1)审议通过了公司董事会工作报告;

(2)审议通过了公司监事会工作报告;

(3)审议通过了公司1995年度财务决算方案和1996年度财务预算方案;

(4)审议通过公司利润分配和暂不分红派息方案;

(5)选举产生了公司第二届董事会、监事会;

第二届董事会由17名董事组成(以姓氏笔画为序):马兴宏、邓文全、左建秋、刘顺成、李卫、李文弟、肖世优、李学宇、张贵勤、李菁虎、杨延禄、俞丽华、党启业、梁兴元、谢林、谢森、魏立平。

第二届监事会由五名监事组成:杨五魁、王之俭、吴淑兰、苗宏科、马俊德。

(6)以特别决议审议通过了公司章程的修改方案;

(7)同意授权公司董事会全权负责股票上市工作。

2. 本公司于1996年1月16日下午在铜城商厦十九楼会议室召开了二届一次董事会会议。

17名董事除3名董事委托其他董事代为出席外,其余董事均亲自出席了会议。会议经审议形成如下决议:

(1)选举刘顺成同志为公司董事长,谢林、梁兴元同志为副董事长;

(2)聘任李菁虎同志为公司总经理,梁兴元,魏立平同志为副总经理,俞丽华同志为财务经理;

(3)审议通过公司总经理工作报告;

(4)审议通过了公司人事制度及工资、奖金、医药费管理制度;

(5)审议通过了公司董事会授权董事长及董事长授权总经理签署权限的议案;

(6)审议通过了公司董事会授权总经理聘请公司经济顾问的议案。

3.本公司于1996年1月16日下午在铜城商厦七楼会议室召开了二届一次监事会会议,会议经审议形成如下决议:

(1)会议选举杨五魁同志为公司监事会主席;

(2)审议通过了公司监事会1996年度工作安排;

4.1996年3月11日,经甘肃省工商行政管理局审核批准,公司名称变更为"白银铜城商厦(集团)股份有限公司"。该事项已于1996年4月19日在《中国证券报》上刊登。

5.1996年12月18日,公司股票在深圳证券交易所上市交易,实现了公司由定向募集公司到上市公司重大转变。公司原2000万股内部职工股中的1354万股占用额度转为社会公众股上市交易,其余646万股内部职工股待公司股票上市期满三年后上市交易。

《上市公告书》刊登在1996年12月14日的《中国证券报》。

6.本报告期内无重大诉讼,仲裁事项。

六、子公司与关联企业

1.公司下属子公司

名称	注册资金(万元)	所占权益(%)	注册地	主要业务
白银铜城商厦集团大酒店	5000	100	白银市	三星级宾馆服务及餐饮娱乐
白银铜城商厦集团商场	2400	100	白银市	商业零售、批发
白银铜城商厦集团五金公司	220	100	白银市	主营五金交电零售、批发
白银铜城商厦集团轻贸商场	108	100	白银市	商业零售、批发
白银铜城商厦集团华联商行	30	100	白银市	商业贸易
甘肃白银旅行社	50	100	白银市	文化旅游
白银铜源房地产开发公司	300	100	白银市	房地产开发

2.关联企业

名称	投资金额(万元)	投资类别	期限(或比例%)	注册地	主要业务
上海铜城贸易公司	10	联营投资	93.8.16-96.12.31	上海	商业贸易
天津铜城贸易公司	10	联营投资	93.8.16-96.12.31	天津	商业贸易
兰州信托投资公司上海证券部	100	股权投资	10	上海	证券交易

七、财务报告

1.审计意见:甘肃第二会计师事务所注册会计刘志文、任新怀同志为本公司出具了无保留意见审计报告"甘二会审字(1997)第046号"。

2.财务报表:(见附表)

3.会计报表附注

附注1:主要会计政策

1.会计制度:执行中华人民共和国财政部颁布的《企业会计准则》、《股份制试点企业会计制度》及有关的补充规定。

2.会计年度:采用公历制,自每年公历1月1日到12月31日止为一个会计年度。

3.会计核算方法:采用权责发生制。

4.会计记帐方法:采用借贷记帐法。

5.记帐本位币:以人民币为记帐本位币。

6.存货:包括商品采购、库存商品、加工商品、发出商品、材料物资、包装物、低值易耗品等。存货采用永续盘存制、按实际成本核算,低值易耗品领用时采用"五五摊销法"核算。

7.商品削价准备:年终按库存商品余额的5‰清算。

8.坏帐准备:年末按应收帐款余额的5‰计提。

9.无形资产:土地使用权按40年分期平均摊销。

10.销售:以商品已经发出或劳务已经提供,货款已经收到或者取得了收取货款的凭据作为收入实现的标志。

11.税费项

A.增值税:按销售额的17%计征。

B.营业税:按房地产销售收入及其他销售收入的5%计征。

C.消费税:按黄金饰品销售收入的5%计征。

D.城市维护建设税:按应交纳增值税额、营业税额、消费税额的7%计算交纳。

E.教育费附加:按应交纳增值税额、营业税额、消费税额的3%计算交纳。

F.所得税:按应交纳税所得额的33%计征。

G.房产税:按房产原值的70%乘以12%的税率计算税额。

12.固定资产及其折旧:固定资产以实际成本计价。折旧采用直线法计算,按《商品流通企业固定资产分类折旧年限表》分别计提折旧。

固定资产类别	折旧年限	折旧率(%)	殖值率(%)
房屋建筑物	45	2.11	5
机器设备	10	9.50	5
运输设备	8	11.88	5

13.利润分配

税后利润在弥补以前年度亏损后按以下顺序和比例分配:

A、提取10%的法定盈余公积金;

B、提取5%的法定盈余公益金;

C、提取任意盈余公积金;

D、分配股利。

附注2:货币资金

项目	金额(元)
现金	403,382.53
银行存款	11,785,714.01
合计	12,189,096.54

附注3:应收帐款

(1)帐龄分析

帐龄	金额(元)	比例(%)
一年以下	26,435,862.29	79.02
一至二年	2,654,501.10	7.94
二至三年	4,362,350.36	13.04
合　计	33,452,713.75	100.00

(2)核算内容

应收帐款33,452,713.75元,均为应收未收的销货款项。

应收帐款中无应收股权占5%以上股东的货款。

附注4:预付帐款

(1)帐龄分析

帐龄	金额(元)	比例(%)
一年以下	2,420,424.16	25.08
一至二年	6,387,215.96	66.17
二至三年	844,694.74	8.75
合计	9,652,334.86	100.00

(2)核算内容

预付帐款9,652,334.86元,系预付商品采购款项。

预付帐款中无预付股权占5%以上股东的款项。

附注5:其他应收款

帐龄分析

帐龄	金额(元)	比例(%)
一年以下	16,947,691.89	70.74
一至二年	4,420,130.65	18.45
二至三年	2,590,956.79	10.81
合计	23,958,779.33	100.00

其他应收款中无应收股权占5%以上股东的款项。

附注6:待摊费用

项目	金额(元)
待摊期初进项税	1,624,445.00
待摊保险、修理等费用	1,024,867.15
合计	2,649,312.15

附注7:长期投资

被投资单位名称	投资金额	投资类别	核算方法	期限(或比例%)
上海铜城贸易公司	100,000.00	联营投资	成本法	96.12.31-98.12.31
天津铜城贸易公司	100,000.00	联营投资	成本法	96.12.31-98.12.31
兰州信托投资公司上海公司	1,100,000.00	股权投资	成本法	10%
合计	1,200,000.00			

附注8:固定资产及累计折旧

(1)固定资产

固定资产类别	期初原值	本期增加	本期减少	期末原值
房屋建筑物	6,670,272.94	18,752.61	108,605.77	6,580,419.78
通用设备	687,486.80	278,945.68	5,327.98	961,104.50
专用设备	1,959,089.53	1,653,154.23		3,612,243.76
运输设备	2,333,503.78	173,196.47	216,000.00	2,290,700.25
合　计	11,650,353.05	2,124,048.99	329,933.75	13,444,468.29

(2)累计折旧

固定资产类别	期初余额	本期增加	本期减少	期末余额
房屋建筑物	716,318.89	194,089.56	1,174.86	909,233.59
通用设备	106,600.22	66,915.67	1,434.16	172,081.73
专用设备	242,377.76	457,623.05		700,000.41
运输设备	556,274.34	250,564.08	9,830.60	797,007.82
合计	1,621,570.81	969,192.36	12,439.62	2,578,323.55

附注9:在建工程

工程名称	工程进度	实际支用数	原预算数	批准文号	资金来源
铜城商厦主楼工程	99%	88,198,072.63	9600万元	白西管发	自筹
铜城商厦仓库工程	95%	574,396.20		(1992)59号	自筹
铜城商厦其他工程	95%	3,464,815.05			自筹
合计		92,237,283.88			

附注10:无形资产

项目	原值	已摊金额	期末余额	剩余摊销年限
土地使用权	5,556,347.20	416,726.04	5,139,621.16	37年

附注11:短期借款

短期借款共72笔,总金额7654.32万元。

附注12:应付帐款

1996年12月31日余额22,272,496.26元。

应付帐款中无应付股权占5%以上股东的货款。

附注13:预收货款

预收货款中无预收股权占5%以上股东的货款。

附注14:应付福利费

一九九六年十二月三十一日余额355,535.32元,系应付公司职工的福利费用。

附注15:未交税金

项目	金额(元)
应交所得税	3,013,460.85
应交增值税	158,925.57
应交营业税	4,117,781.18
应交消费税	6,945.55
应交城建税	306,775.51
应交房产税	-3,811.91
固定资产投资方向调节税	-49,977.15
合计	7,550,099.60

附注16:其他未交款

项目	金额(元)
应交教育费附加	155,610.58
应交特种基金	131,596.39
合计	287,206.97

附注17:其他应付款

1996年12月31日余额13,440,671.28元。

其他应付款中无应付股权占5%以上股东的款项。

附注18:预提费用

1996年12月31日余额1,449,573.68元,主要是预提的银行贷款利息,

附注19:长期借款

借款单位	借款类别	借款期限	月利率(‰)	金额(元)	借款条件
甘肃省租赁公司白银代办处	融资租赁	1995.12-1998.12	10.80	2,423,057.01	担保贷款

附注20:资本公积

1996年12月31日余额12,401,942.05元比上年增加2,299,068.96元,系1996年18%的所得税返还数。

附注21:盈余公积

1996年12月31日余额5,516,177.84元,比上年增加1,283,646.84元。系按税后利润10%提取的法定盈余公积金855,764.56元及按5%提取的公益金427,882.28元。

附注22:未分配利润

1996年12月31日余额15,146,055.74元,系公司历年实现的净利润未予分配,待分红派息时一并分配。

附注23:主营业务收入

主营项目	1996年	1995年
商品销售收入	69,837,031.61	98,667,637.43
房地产收入	25,040,061.67	
客房、餐饮、服务收入	6,184,953.85	4,381,040.18
文化、放影收入	323,768.11	292,978.25
合计	101,385,815.24	103,341,655.86

附注24:其他业务利润

主营项目	1996年	1995年
其他业务收入	5,491,278.08	733,944.58
其他业务支出	607,177.02	150,026.16
其他业务利润	4,884,101.06	583,918.42

附注25:投资收益

主营项目	1996年	1995年
股票投资收益		
债券投资收益	215.00	
其他	59,898.56	20,782.06
合计	60,113.56	20,782.06

附注26:营业外收入

项目	1996年	1995年

罚款净收入	17,169.74	20,391.26
确实无法支付的应付款项	2,168.42	4,395.21
清理固定资产收益	12,000.00	160,784.51
其他收入	131,132.92	267,325.08
合计	162,471.08	452,896.06

附注 27:营业外支出

项目	1996 年	1995 年
罚款支出	6,100.00	2,520.38
捐赠支出		
其他收入	19,267.60	25,666.38
合计	25,367.60	28,186.76

附注 28:重要事项

公司下属的子公司(均为全资子公司)在管理体制、财务核算上视同分公司运行,所以未编制合并报表。

附注 29:期后事项、或有负债

公司无关联交易、期后事项及或有负债。

八、其他事项

本公司于 1997 年 3 月 10 日在铜城商厦四楼会议室召开了董事会会议。16 名董事(缺席 1 名)出席了会议,会议审议通过了利润分配预案;1996 年,公司完成销售 10138.58 万元,实现净利润 855.76 万元,提取 10%法定公积金 855,764.56 元,提取 5%公益金 427,882.28 元,可供分配利润 7,273,998.75 元,加上以前年度未分配利润 7,872,056.99 元。共计 15,146,055.74 元,决议实施一次性分配,分配预案为:按 1996 年底股本总额 5000 万股计,每 10 股送 3 股红股。该方案须经股东大会审议通过后实施。

白银铜城商厦(集团)股份有限公司董事会

1997 年 3 月 12 日

财务状况变动表

编制单位:白银铜城商厦(集团)股份有限公司　　1996 年度　　单位:人民币元

项目	行次	金额	项目	行次	金额
一、流动资金来源:			一、流动资产本年增加数		
1. 净利润	1	8,557,645.59	1. 货币资金	27	3,899,346.66
加:不减少流动资金的费用和损失			2. 短期投资	28	-109,280.00
(1)固定资产折旧	2	924,315.37	3. 应收票据	29	
(2)无形资产、递延资产摊销	3	175,976.83	4. 应收帐款净额	30	12,798,304.60
(3)固定资产盘亏(减盘盈)	4		5. 预付货款	31	5,326,347.84
(4)清理固定资产损失(减收益)	5	-12,000.00	6. 其他应收款	32	20,071,648.07
			7. 存货净额	33	-2,588,081.27
小计	6	9,645,937.79	8. 待转其他业务支出	34	
			9. 待摊费用	35	-186,322.76
2. 其他来源			10. 待处理流动资产净损失	36	154,270.51
(1)固定资产清理收入(减清理费用)	7	246.388.89	11. 一年内到期的长期债券投资	37	
(2)增加长期负债	8	2,450,000.00			
(3)收回长期投资	9		12. 其他流动资产	38	
(4)对外投资转出固定资产	10				
(5)对外投资转出无形资产	11				
(6)资本净增加额	12	3,582,715.80	流动资产增加净额	39	39,366,233.65
小计	13	6,279,104.69			
流动资金来源合计	14	15,925,042.48			
二、流动资金运用			二、流动负债本年增加数		
1、利润分配			1. 短期借款	40	57,673,200.00
(1)提取公积金	15	855,764.56	2. 应付票据	41	1,522,255.95
(2)提取公益金	16	427,882.28	3. 应付帐款	42	13,350,609.48
(3)已分配股利	17		4. 预收货款	43	-1,921,376.35
(4)	18		5. 其他应付款	44	-11,530,221.46
			6.	45	
小计	19	1,283,646.84	7. 应付福利费	46	285,129.81
			8. 未交税金	47	3,850,173.07
2、其他运用:			9. 未付股利	48	
(1)固定资产和在建工程净增加额	20	11,434,000.26	10. 其他未交款	49	71,463.04
(2)增加无形资产、递延资产	21		11. 预提费用	50	503,307.41
(3)偿还长期负债	22	532,502.68	12. 其他流动负债	51	
(4)增加长期投资	23		13. 一年内到期的长期负债	52	-27,113,200.00
小计	24	11,966,502.94			
流动资金运用合计	25	13,250,149.78	流动负债增加净额	53	36,691,340.95
流动资金增加净额	26	2,674,892.70	流动资金增加净额	54	2,674,892.70

资产负债表

编制单位:白银铜城商厦(集团)股份有限公司　1996 年 12 月 01 日

单位:人民币元

项目	附注	1996 年 12 月 31 日	1995 年 12 月 31 日
流动资产:			
货币资金	3	12,189,096.54	8,289,749.88
短期投资		16,120.00	125,400.00
应收票据			
应收帐款	4	33,452,713.75	20,590,096.06
减:备抵坏帐		167,263.57	102,950.48
应收帐款净额		33,285,450.18	20,487,145.58
预付货款	5	9,652,334.86	4,325,987.02
其他应收款	6	23,958,779.33	3,887,131.26
待摊费用	7	2,649,312.15	2,835,634.91
存货	8	21,420,735.70	24,008,816.97
待处理流动资产净损失		154,270.51	
流动资产合计		103,326,099.27	63,959,865.62
长期投资			
长期投资	9	1,200,000.00	1,200,000.00
固定资产			
固定资产原价	10	13,444,468.29	11,650,353.05
减:累计折旧		2,578,323.55	1,621,570.81
固定资产净值		10,866,144.74	10,028,782.24
固定资产清理		83,105.24	83,105.24
在建工程	11	92,237,283.88	82,799,350.38
待处理固定资产净损失			
固定资产合计		103,186,533.86	92,911,237.86
无形及其他资产:			
无形资产	12	5,139,621.16	5,315,597.99
递延资产:			
无形及其他资产合计		5,139,621.16	5,315,597.99
递延税款借项			
资产总计		212,852,254.29	163,386,701.47
流动负债:			
短期借款	13	76,543,200.00	18,870,000.00
应付票据		1,522,255.95	
应付帐款	14	22,272,496.26	8,921,886.78
预收货款	15	3,944,108.59	5,865,484.94
应付福利费	16	355,535.32	70,405.51
未付股利			
未交税金	17	7,550,009.60	3,699,836.53
其他未交款	18	287,206.97	215,743.93
其他应付款	19	13,440,671.28	24,970,892.74
预提费用	20	1,449,537.68	946,230.27
其他流动负债			
一年内到期的长期负债			27,113,200.00
流动负债合计		127,365,021.65	90,673,680.70
长期负债:			
长期借款	21	2,423,057.01	505,559.69
应付债券			
长期应付款			
其他长期负债			
长期负债合计		2,423,057.01	505,559.69
递延税款贷项			
负债合计		129,788,078.66	91,179,240.39
股东权益:			
股本	22	50,000,000.00	50,000,000.00
资本公积	23	12,401,942.05	10,102,873.09
盈余公积	24	5,516,177.84	4,232,531.00
其中:公益金		1,262,852.07	834,969.79
未分配利润	25	15,146,055.74	7,872,056.99
股东权益合计		83,064,175.63	72,207,461.08
负债及股东权益总计		212,852,254.29	163,386,701.47

利润及利润分配表

编制单位:白银铜城商厦(集团)股份有限公司　1996 年度　单位:人民币元

项目	附注	1996 年度	1995 年度
一、主营业务收入	26	101,385,815.24	103,341,655.86
减:营业成本	27	78,639,463.57	81,377,389.00
销售费用	28	5,290,477.54	4,363,175.84
管理费用	29	3,613,582.24	4,024,247.42
财务费用	30	2,914,812.76	2,443,197.28
进货费用	31	604,437.41	848,750.62
营业税金及附加	32	2,478,031.04	2,099,025.86
二、主营业务利润		7,845,010.68	8,185,869.84
加:其他业务利润	33	4,884,101.06	583,918.42
三、营业利润		12,729,111.74	8,769,788.26
加:投资收益	34	60,113.56	20,782.06
营业外收入	35	162,471.08	452,896.06
减:营业外支出	36	25,367.60	28,186.76
加:以前年度损益调整	37	-153,723.42	59,272.65
四、利润总额		12,772,605.36	9,274,552.27
减:所得税		4,214,959.77	3,060,602.25
五、净利润		8,557,645.59	6,213,950.02
加:年初未分配利润		7,872,056.99	3,522,291.97
盈余公积转入数			
六、可分配利润		16,429,702.58	9,736,241.99
减:提取法定公积金		855,764.56	621,395.00
提取法定公益金		427,882.28	310,697.50
七、可供股东分配的利润		15,146,055.74	8,804,149.49
减:提取任意公积金			932,092.50
已分配普通股股利			
八、未分配利润		15,146,055.74	7,872,056.99

白银铜城商厦(集团)股份有限公司 1997 年度中期报告

一、财务报告(未经审计)

1. 财务报表

(1)简化的资产负债表　单位:人民币元

项　目	1997 年 6 月 30 日	1996 年 12 月 31 日
流动资产	108,460,950.48	103,326,099.27
长期投资	1,200,000.00	1,200,000.00
固定资产净值	11,279,029.20	10,866,144.74
在建工程	102,580,936.57	92,237,283.88
无形资产及递延资产	5,115,376.18	5,139,621.16
资产总计	228,719,397.67	212,852,254.29
流动负债	138,211,129.67	127,365,021.65
长期负债	2,423,057.01	2,423,057.01
负债合计	140,634,186.68	129,788,078.66
股本	65,000,000.00	50,000,000.00
资本公积	12,401,942.05	12,401,942.05
盈余公积	5,516,177.84	5,516,177.84
其中:公益金	1,262,852.07	1,262,852.07
未分配利润	5,167,091.10	15,146,055.74
股东权益合计	88,085,210.99	83,064,175.63
负债及股东权益合计	228,719,397.67	212,852,254.29

(2)简化的利润及利润分配表　单位:人民币元

项　目	1997 年 1-6 月	1996 年 1-6 月
主营业务收入	85,434,841.41	62,662,782.84
主营业务利润	6,306,924.40	4,455,893.90
其他业务利润	1,032,733.95	1,142,439.32
投资收益	104,000.00	45,085.17
营业外收支净额	50,424.28	72,772.23
利润总额	7,494,082.63	5,716,191.62
所得税	2,473,047.27	1,886,343.24
净利润	5,021,035.36	3,829,848.38

2. 主要财务指标

项　目	1997 年 1-6 月	1996 年 1-6 月
净利润(元)	5,021,035.36	3,829,848.38
股本总额(万股)	6500	5000
股东权益(元)	88,085,210.99	83,064,175.63
每股收益(元)	0.077	0.076
净资产收益率(%)	5.7	4.6
每股净资产(元)	1.36	1.66

注:每股收益、每股净资产均按本报告期内实施"10 送 3"分红方案之后的 6500 万股总股本计算。

3. 财务报表附注

(1)本报告期财务报告所采用的会计政策及会计方法和1996年度财务报告所采用会计政策和会计方法一致。

(2)本期流动资产较年初增加5,134,851.21元,主要是由于应收而未收的销货款项增加所致。

(3)本期在建工程较年初增加10,343,652.69元,主要是本公司投资建设保龄球馆及其他工程款支出所致。

(4)本期流动负债较年初增加10,846,108.02元,主要增加应付帐款2,763,073.36元和其他应付款6,119,828.94元。

(5)本期股本较年初增加1500万股,系本公司根据1996年度股东大会决议,在本报告期内实施了按1996年底股本总额5000万股为基数,对累计未分配利润每10股送3股的分红方案,增加股本1500万股。

(6)本期未分配利润较年初减少9,978,964.64元,一方面是根据1996年度股东大会决议,按1996年底总股本5000万股为基数,在本报告期内实施了对未分配利润每10股送3股的分红方案,减少未分配利润1500万元。另一方面是截止本报告期,本公司实现净利润5,021,035.36元,故增加未分配利润5,021,035.36元。

(7)截止本报告期,本公司投资收益104,000.00元,均为本公司根据联营协议从联营企业取得的长期投资收益。

(8)关联企业及关联交易:截止本报告期,本公司长期投资1,200,000.00元。其中联营投资200,000.00元。

股权投资

1,200,000.00元,具体情况列示如下:

关联企业名称	投资金额(万元)	投资类别	期限(成比例%)	注册地	主要业务
上海铜城贸易公司	10	联营投资	96.8.16-98.12.31	上海	证券交易
天津铜城贸易公司	10	联营投资	96.8.16-98.12.31	天津	商业贸易
兰州信托投资公司上海业务部	100	股权投资	10	上海	证券交易

本公司同上述关联企业无关联交易。

(9)本期主营业务收入和净利润都有一定幅度的增长,主要是铜城商厦大酒店全面开业后,以其一流的设施、一流的服务赢得了顾客的信赖成为本公司新的利润增长点。

(10)本公司下属子公司(均为全资子公司)在管理体制、财务核算上按分公司运行,所以未编制合并报表。

二、经营情况的回顾与展望

1. 上半年经营情况的回顾

上半年,在社会各界和广大股东热情关心、支持与帮助下,在公司上下的不懈努力下,公司坚持"抓住机遇、多业并举、综合发展"的经营方针,较好地完成了预期经营目标。完成销售8543.48万元,实现净利润502.10万元,分别占年度计划的51.40%和50.21%,较上年同期相比分别增长36.34%、31.07%,利润增长幅度高于公司股本扩张幅度。

上半年,公司主要抓了以下几个方面的工作:

(1)按照年初股东大会确定的1997年为"管理效益年"的决议精神,建立健全了各项规章制度严格监督把关、严格管理、严格考核,上半年各项费用率较去年同期有了一定幅度的下降,抓管理促效益工作取得了明显成效。

(2)结合市场实际,积极采取灵活多样的经营方式,对部分经营场地和经营项目实行对外租赁、内部承包、股份制试点,有效地降低了企业经营风险,激发和调动了广大职工的工作热情和工作主动性、积极性,保证了企业经营业绩的稳步增长。

(3)建立了以批发公司为龙头的商品统购配售制和以内部银行为中心的资金统筹调控制,最大限度地降低了费用,有效地促进了商业的规模化经营,扩大了市场占有份额,提高了企业的经济效益。

2. 下半年计划

下半年,公司将采取以下措施确保完成1997年经营目标

(1)以市场为导向,不断强化管理,以灵活多样的经营方式确保公司经营与发展的良好态势,并力争使经营工作迈上一个新的台阶。

(2)积极探索产权运作模式,通过产权交易、股权运作,最大限度发挥资产资源丰富的优势,加大存量资产的流动与重组力度,不断提高企业适应市场竞争的能力。

(3)抓住白银市被国务院确定为"优化资本结构试点城市"这一机遇,通过托管、兼并、收购等资本运作方式,加快资本积累和实力扩张。

三、重大事件的说明

(1)本公司根据国务院证券委、中国人民银行、国家经贸委5月21日联合发布的《严禁国有企业和上市公司炒作股票的规定》的通知精神,于5月29日向深交所上报了《自查报告》。经自查,本公司及其下属子公司未有开立证券帐户,今后如果参与证券投资将严格遵守国家有关法规。

(2)本公司中期不进行或制定中期分红或资本公积金转增股本事项及其方案。

(3)募集资金使用情况。本公司设立时募集的资金按照《招股通函》中的承诺,全部用于筹建"铜城商厦"工程。该工程总预算9600万元,预计1996年底交付使用。截止报告期,在建工程除"屋面儿童乐园"项目由于资金短缺未能完成,其他建设项目均已按承诺进度于1996年底前交付费用。投入使用的项目适应市场发展,社会效益、经济效益良好。

(4)本报告期内公司无重大诉讼,仲裁事项。

四、发行在外股票的变动和股权结构的变化

(一)白银铜城商厦(集团)股份有限公司股权结构

单位:万股

	1996年12月31日	本次变动增减(+/-) 送股	配股	其他	小计	1997年6月30日
1. 尚未流通股份						
(1)国家股	1305	391.5			391.5	1696.5
(2)法人股	1695	508.5			508.5	2203.5
(3)内部职工股	646.677		194		194	840.677
其中高级管理人员持股	1	0.3			0.3	1.3
尚未流通股份合计	3646.677	1094			1094	4740.677
2. 已流通股份						
(1)境内上市的人民币普通股	1353.323	406	406	1759.323		
已流通股份合计	1353.323	406	406	1759.323		
3. 股份总数	5000	1500	1500	6500		

(二)主要股东持股情况截止1997年6月30日)

股东名称	股数(万股)	占总股本比例(%)
1. 白银市白银区国有资产管理局	1696.5	26.1
2. 深圳蔚深财务投资管理有限公司	1560	24
3. 白银市白银区第二建筑工程公司	247	3.8
4. 长沙中意电器股份有限公司	130	2
5. 广东国际信托投资公司深圳公司	130	2
6. 中国水利水电第三工程局	52	0.8
7. 甘肃银城实业公司	32.5	0.5
8. 白银建银房地产开发公司	26	0.4
9. 深圳市住宅租赁公司	26	0.4
10. 晁岁社	20	0.31

五、股东大会简介

白银铜城商厦(集团)股份有限公司于1997年4月28日上午在铜城商厦三楼会议室召开1996年度股东大会,到会股东23人,代表股份33621982股,占公司股份总额5000万股的67.24%。符合《公司法》及公司章程所规定的限额,会议由公司董事长刘顺成先生主持。会议经审议形成如下决议:

1. 审议通过了公司董事会工作报告;
2. 审议通过了公司监事会工作报告;
3. 审议通过了1996年度财务决算和1997年度财务预算方案;
4. 审议通过利润分配及分红派息方案;
5. 审议通过董事变更议案。

六、备查文件

下列备查文件存放于本公司证券部,可随时供股东查阅:

(1)载有董事长、总经理亲笔签名的中期报告原本;

(2)公司章程。

白银铜城商厦(集团)股份有限公司董事会

1997年8月11日

合肥丰乐种业股份有限公司

合肥丰乐种业股份有限公司招股说明书概要

一、绪言

本招股说明书系根据《中华人民共和国公司法》、《股票发行与交易管理暂行条例》、《公开发行股票公司披露实施细则》等现行有关股票发行的法律、法规及政策而编制，并经筹委会审议通过，旨在向各投资者提供发行人本次招股的有关资料和介绍发行人的基本情况。本公司筹委会全体成员确信本招股说明书并无遗漏任何重大事实，亦无对投资者存有任何误导和虚假说明。在筹委会对本招股说明书内容的真实性、准确性和完整性负有个别和连带责任。

二、释义

在本招股说明书中，除非另有说明，下列简称具有如下意义：

省政府：指安徽省人民政府

市政府：指安徽省合肥市人民政府

发起人：指合肥市种子公司

种子公司：指合肥市种子公司

发行人：指合肥丰乐种业股份有限公司

本公司：指合肥丰乐种业股份有限公司

筹委会：指合肥丰乐种业股份有限公司筹备委员会

主承销商：指安徽省证券公司

元：指人民币元

三、发售新股的有关当事人

发行人：合肥丰乐种业股份有限公司

筹委会主任：张海银

地址：安徽省合肥市西七里塘樊洼路8号

联系人：徐继萍　顾万昌

电话：(0551)5562640

传真：(0551)5562852

主承销商：安徽省证券公司

法定代表人：汪永平

地址：合肥市长江路357号

联系人：吴旺顺　贾梅　杨奇

电话：(0551)2819727、2819543

传真：(0551)2810539

副主承销商：南方证券有限公司

地址：深圳市深南东路56号南方国际大酒店

电话：(0755)2256728－1204

分销商：安徽省信托投资公司

地址：合肥市阜阳路48号

电话：(0551)2634609

分销商：厦门国际信托投资公司

地址：厦门市湖滨北路振业大厦

电话：(0592)5072466

分销商：蔚深证券有限公司

地址：深圳市福田区振华路飞亚达大厦

电话：(0755)3236140

分销商：浙江证券有限责任公司

地址：杭州市延安路400号

电话：(0571)7062121

分销商：君安证券有限公司

地址：深圳市红桂路长城酒店

电话：(0755)2296188

上市推荐人：安徽省证券公司

地址：合肥市长江路357号

电话：(0551)2819727、2819543

上市推荐人：中信证券有限责任公司

地址：北京市朝阳区新源南路6号京城大厦

电话：(010)64661492

发行人的法律顾问：联合律师事务所

地址：合肥市安庆路125号

电话：(0551)2650391

经办律师：葛长金　李荣　于雷　陈江华

主承销商法律咨询机构：安徽天合律师事务所

地址：安徽省合肥市淮河路368号

电话：(0551)2642792

经办律师：蒋敏　徐建东

会计师事务所：合肥会计师事务所

地址：合肥市寿春路117号

电话：(0551)2677113

经办注册会计师：周光仁 谭汝建

资产评估机构：安徽会计师事务所

地址：安徽省合肥市徽州路66号京皖大厦

电话：(0551)2546135

评估经办人员：江成年　门峻青　张雪滢

资产评估确认机构：国家国有资产管理局

地址：北京市万泉河路66号

电话：(010)2567744

土地估价机构：合肥市地价评估事务所

地址：合肥市阜阳南路花园街2号楼

电话：(0551)2656644

经办估价师：李滨

土地评估确认机构：安徽省土地管理局

地址：合肥市曙光新村办公楼

电话：(0551)3655768

股票登记机构：深圳证券登记有限公司

地址：深圳红岭中路25号

电话：(0755)5585536

四、本次发行情况

1. 本次发行的一般情况

本次发行每股面值为人民币一元的记名式普通股(A股)共4500万股(含公司职工股100万股，将按国家有关规定安排上市)，采取溢价发行。股票发行完成后，本公司的总股本为10800万股。

2. 承销方式：本次新股发行采用承销团余额包销方式

3. 发行方式：上网定价

4. 发行起止日期：1997年4月4日至1997年4月9日

5. 发行对象:中华人民共和国公民(法律、法规禁止购买者除外)

6. 股票类型:记名式人民币普通股股票

7. 面值:每股 1.00 元

8. 发行数量:向社会公开发行 4500 万股(含公司职工股 100 万股,按国家有关规定安排上市)

9. 发行价格:6.75 元/股

本次股票发行价格由以下方法确定:模拟计算本次发行前三年每股税后利润平均数 0.54 元,乘以 12.5 倍的市盈率,即为本公司此次股票发行价格 6.75 元。其中股本以发行前三年净资产按 65% 折股,并根据 6:3:1 加权计算,同时根据评估增值率进行调整。

每股发行价 =(1994、1995、1996 年三年平均利润/模拟股本)× 市盈率 =(1422.75 + 3312.60 + 3146.97 × 12.10)÷ 3 × 12.51/[9689.9 × 0.6 + 6093.6 × 0.3 ×(1 − 8.73%)+ 2014.4 × 0.1 ×(1 − 8.73%)] × 65% × 12.5 = 0.54 × 12.5 = 6.75 元

10. 发行总市值:30375 万元

11. 发行市盈率:12.5 倍

12. 发行后公司净资产总额:389398624 元

13. 发行后每股净资产:3.61 元

14. 本次发行的股票已获深圳证券交易所上市承诺

五、风险因素与对策

投资者在评价本公司此次发售的股票时,除招股说明书提供的其它资料外,应特别认真考虑下述各项风险因素。

1. 经营风险

(1)原材料供应风险

本公司主要从事西瓜、蔬菜、杂交水稻、杂交油菜等各种农作物种子的生产与销售。限于目前国内的生产条件和生产力水平,种子的生产和供应受旱、涝等自然灾害及病虫灾害的影响较大,将会直接影响本公司制种产量和质量及生产经营活动。

(2)原材料贮藏风险

种子贮藏是公司从事良种经营、确保供应的必要手段,而种子寿命的长短既取决于种子本身的特性,又取决于种子贮藏过程中含水量、温度、湿度和管理水平。种子贮藏条件的适宜与否及管理水平的高低直接影响种子寿命,对本公司经营活动将会造成一定的风险。

2. 行业风险

种子行业属于国家重点扶持行业,而且我国劳动力资源丰富,生产成本相对较低,市场潜力巨大。目前,我国的种子公司是按行政区域的框架设立的,省、市、地区和县都设有各自的种子公司,而市场容量在一定的时期内是有限的,种子行业面临竞争和挑战,增加了公司的经营难度。

3. 市场风险

种子行业的市场具有明显的季节性,主要产品销售时间集中在下半年,公司的生产经营活动受季节影响较为明显。另外,"丰乐"品牌在全国具有较高知名度,市场上可能存在冒用该品牌的假冒伪劣产品,对本公司的生产经营活动会造成不利影响。

4. 政策风险

本公司所从事的种子行业属于国民经济基础产业,是国家重点扶持行业,受到国家及地方产业政策的重点扶持,并享受国家税收等优惠政策(如 1996 年免税政策),这一方面对本公司的发展起到较大的推动作用,另一方面也可能产生由于国家优惠政策取消而带来的对公司效益的影响。

5. 项目投资风险

本次募集的资金主要投资于杂交玉米种子生产、加工、开发项目、100 吨/年精喹禾灵原药合成工程、脱水蔬菜生产、加工、营销等项目。对于项目投资;一方面存在较大的收益,另一方面也存在一定的风险。

(1)杂交玉米种子生产、加工、开发项目

杂交玉米制种面积大,易受旱、涝、风等自然灾害的影响,将会导致玉米生产大幅减产,不能完成生产计划;玉米市场供求 3 - 4 年为一个周期,价格变化较大,因此,投资该项目会有一定的风险。

(2)100 吨/年精喹禾灵原药合成工程

精喹禾灵原药合成工程技术要求复杂,工艺管理严格,且市场竞争激烈。本项目立项已得到环保部门批准,并列入市政府统一规划,由于项目实施对环保要求较高,可能会导致追加投资。因此投资该项目可能会有一定风险。

(3)脱水蔬菜生产、加工、营销项目

自然灾害会导致脱水蔬菜原料数量的减少,国内农业市场及国际市场的波动都会对脱水蔬菜价格产生较大影响。投资该项目有一定风险。

6. 汇率风险

本公司积极发展相关产业,拓展业务领域,近年来与日本、韩国、美国、以色列、马来西亚、香港、台湾等十多个国家和地区 100 多个种苗公司建立业务关系,汇率的波动对公司的经营效益会产生一定的影响。

针对上述风险,公司将采取以下对策:

1. 经营风险对策

(1)原材料供应风险对策

我国土地肥沃、地域宽广、气候资源、农业资源丰富。本公司将加大投资力度,在不同的生态区域大力发展各类良种生产基地,以地域差来平衡季节差,规避自然灾害带来的风险,保证原料的生产和供应。

(2)原材料贮藏风险对策

本公司拥有专业管理人员和良好的仓贮条件,包括恒温库和低温低湿库,针对不同种子提供与之相适宜的贮藏条件和管理,并定期抽检,确保种子贮藏处于最佳状态,保证良种供应。

2. 行业风险对策

本公司将继续实施名牌战略,加大产品宣传力度,加强种子生产销售与售后服务,严把质量关,确保种子质量,进一步完善良种繁育推广体系、质量标准化体系、销售和信息网络化体系,强化"丰乐"品牌,扩大市场占有率。

大力发展外向型农业经济,通过引进试种、接受委托采种、互为业务代理以及种子和农副产品的深加工出口,使"丰乐"品牌在国际市场的知名度不断提高,业务不断扩展,提高公司抵御风险的能力。

增加科研投资,兴建科研中心,加强与国内外科研育种单位的协作,推动种子产业化、集团化发展,以技术优势在市场竞争中立于不败之地。

3. 市场风险对策

大力拓展多种经营,发展农副产品深加工和外向型农业经济,加大对丰乐农化厂的投资,建设全国西瓜种子实验中心等,以分散风险,降低农业生产季节性的影响。

以加工包装为突破口,投资建设大型粮食瓜菜种子加工包装中心,提高种子商品化水平;不断增强产品防伪能力,"创牌"与"保牌"两翼并进,保持本公司在同行业中的领先地位。

4. 政策风险

农业是我国政府优先扶持和发展的产业,种子行业则是实现农业生产持续、稳定、高效发展的基础,是国家重点扶持的行业。本公司将充分利用国家对农业的优惠政策,加速资本积累,扩大经营规模,有效组合国内外农业科技资源,实现种业产业化、集团化、现代化、国际化,提高种苗的科技含量和附加值,壮大公司综合实力,降低政策风险可能对公司带来的影响。

5. 项目投资风险对策

对于投资项目,本公司将严格控制资金的运用,努力降低成本;选拔优秀人才,加强对投资项目管理,使各项投资尽早投入运行产生效益。

(1)本公司将在淮北及甘肃不同生态地区建立杂交玉米生产基地,以分散自然灾害对杂交玉米种子生产的影响。同时,本公司将进口成套加工设备,降低玉米水份,延长贮藏时间,在规避风险的同时调控市场。

(2)本公司目前对精喹禾灵原药的需求缺口达 100 吨,产品销售有保

障,可规避市场竞争风险。本公司将聘请研制该原药的专家及权威机构作技术顾问和环保顾问,并招聘熟练的技术人员,以保证项目的顺利实施。

(3)本公司将加强生产基地建设,改善水利条件,采用保护地(地膜)等栽培新技术,同时不断引进抗逆性强等的新品种,开避多元化市场,适应国际需求,以降低项目投资风险。

6.汇率风险对策

公司将密切关注国际金融市场动态和外汇市场走势,适时调整出口对象比例,选择对公司有利的计价和结算币种,把握外汇收付时效;同时公司将不断扩大出口量,增加外汇收入,增强公司抵御外汇风险的能力。

六、募集资金的运用

本次发行股票成功,将募集资金29250万元(扣除各项发行费用1125万元),主要计划投资以下项目:

1.杂交玉米种子生产、加工、开发项目

玉米生产在我省乃至全国的粮食生产中一直占有重要位置,近几年,随着饲料工业的迅速发展,玉米市场的需求迅速增长,市场潜力巨大。经安徽省计划委员会计农字〔1995〕950号文批准,本公司将在安徽省淮北地区建立玉米种子制种一线基地3万亩和年加工杂交玉米种子1万吨的加工厂及研究所,同时在甘肃酒泉地区建立杂交玉米制种二线和亲本繁殖基地1万亩。项目总投资4980万元,其中固定资产投资2730万元,基地建设费1250万元,流动资金1000万元。建设期为二年,建设投产后,可以年生产、加工、销售玉米种子750万公斤,年创利税2500万元,新增利润1400万元,并可创社会效益1.66亿元。

2.大型粮食瓜菜种子加工包装中心

种子加工、包衣、包装是种子产业化的关键环节,也是提高种子科技含量和商品化水平的重要手段。为了提高本公司良种商品化程度与市场竞争力,经安徽省计划委员会计农经字〔1996〕1044号文批准,本公司将在合肥市蜀山经济开发区投资兴建大型粮食瓜菜种子加工包装中心。项目总投资为4961万元,其中固定资产投资3961万元,流动资金1000万元。建设周期为2年,本公司在1996年已投入700万元,剩余部分将在1997年投资完成。建成投产后,可实现年加工能力1200万公斤,年销售量1030万公斤,年均利税1103万元,新增利润739.5万元。

3.100吨/年精噻禾灵原药合成工程项目

精噻禾灵是具旋光性的芳氧基苯氧基丙酸乙酯类的高选择性芽后旱地除草剂,高效低毒,适用于大豆、棉花、甜菜、油菜、蔬菜等阔叶作物田的杂草防除。合肥丰乐农化厂100吨/年精噻禾灵原药合成工程是经安徽省计划委员会计农字〔1995〕040号文批准实施,工艺技术可靠,市场前景广阔。项目总投资5000万元,其中固定资产投资3500万元,流动资金为1500万元。项目建设期为3年,建成投产后,可年生产加工精噻禾灵原药100吨,其商品化产品精噻禾灵原药(90%)年产55吨,精噻禾灵乳油(5%)年产1000吨,实现年销售收入10950万元,年利税总额4200万元,新增利润2800万元。

4.脱水蔬菜生产、加工、营销项目

脱水蔬菜是采用特殊工艺加工的干燥蔬菜,可较长时间保持蔬菜原有的特性和营养价值,是西方食品加工业的重要原料之一。近年世界干/脱水蔬菜贸易额不断增加。为了充分发挥自身优势,开拓国际市场,经安徽省计划委员会计农经字〔1996〕1045号文批准,本公司将在合肥高新技术产业开发区兴建脱水蔬菜工程。项目总投资4650万元,其中固定资产投资3550万元,蔬菜生产基地(1万亩)建设投资100万元,流动资金1000万元。工程建设周期为一年,建成投产后,可年产干/脱水蔬菜1000吨,年处理新鲜蔬菜12600吨,实现年利润712.5万元。

5.全国西瓜种子实验中心

为了实现本公司"立足合肥、面向全省、走向全国、跻身世界"的战略目标,1992年由合肥市政府申请,报请农业部批准,决定以合肥市种子公司为依托,兴建全国西瓜种子实验中心,该项目经安徽省计划委员会计农经字〔1996〕1047号文批准实施。项目总投资5000万元,其中固定资产投资4350万元,其它费用650万元。预计建设周期为2年,项目建成后,将以种子一条街为依托,带动相关产业的发展,年均实现利润800万元。

6.种子一条街项目

种子一条街项目是经合肥市计划委员会计农〔1996〕602号文批准,在合肥市长江路西段全国西瓜种子实验中心东侧兴建整齐统一的两路两层单元铺面,与全国西瓜种子实验中心成犄角之势,相辅相成,成为上规模、上档次、种类齐全、规范化的种子经营中心。项目投资1014万元,建设周期为1年,建成投入使用后,可以使合肥地区种子产业市场逐步规模化、规范化,有着很大社会效益。

7.全国种子销售网络建设

为了加速良种推广,提高产品市场覆盖率,经安徽省计划委员会计农〔1996〕590号文批准,本公司将在原有销售网络的基础上建立30家销售分公司,充分发挥销售网络的作用,使公司效益稳步增长。项目总投资为3000万元;其中固定资产投资2100万元,流动资金900万元。建设期为1年,1997年筹建,1998年投入运营,整个项目完成后本公司年销售收入可增加20%,新增利润1000万元。

募集资金多余部分,将作为本公司的流动资金。

七、股利分配政策

根据《公司法》以及公司章程,本公司将本着同股同利的原则,按股东持有股份的比例分配股利。

本公司的税后利润将按下列顺序进行分配:

1.弥补亏损

2.提取法定公积金10%

3.提取法定公益金5%-10%

4.提取任意公积金

5.支付普通股股利

本次发行如能按计划完成,预计首次派发股利的时间为1998年上半年。

本公司自1997年1月起至股票发行前所产生的利润将由新老股东共享。

本次股票公开发行后,由首届股东大会选出的董事会根据当年的经营业绩和未来的生产经营计划提出股利分配方案,经股东大会批准后实施。

八、验资证明

根据合肥会计师事务所合会验字(1997)第2005号验资报告,中国注册会计师确认:截至1996年10月31日止,合肥丰乐种业股份有限公司(筹)已收到发起人合肥市种子公司投入的资本96,898,623.54元,其中股本63,000,000元,资本公积33,898,623.54元,与上述投入资本相关的资产总额为146,168,594.15元。

九、发行人情况

1.发行人名称:合肥丰乐种业股份有限公司

英文名称:Hefei Fengle Seed Co.,Ltd.

2.成立日期:本公司营业执照签发日期即为公司成立日期

3.发行人地址:安徽省合肥市西七里塘樊洼路8号

4.发行人所处行业背景

本公司属于农业中的种子行业,主要培育、生产和经营粮、油、棉、麻、瓜、菜等各类种子。"国以民为生,民以食为天",农业是国民经济的基础,是国家经济振兴的希望和根本。种子作为农业产业的基础和先导,必须重点抓好"种子工程",走高产、优质、高效的发展道路。

5.发行人历史沿革

合肥丰乐种业股份有限公司是以合肥市种子公司为独家发起人,以其主要生产经营性资产为发起股本,向社会公开募集设立的股份有限公司。1996年12月9日,经安徽省人民政府皖政秘(1996)263号文推荐,本公司为安徽省1996年计划内首家发行股票企业。1996年12月13日安徽省工商行政管理局核发了合肥丰乐种业股份有限公司名称预先核准通知书。1996年12月16日,合肥市种子公司成立合肥丰乐种业股份有限公司筹备委员会。1997年1月27日,安徽省人民政府皖政秘(1997)16号文同意设立合肥丰乐种业股份有限公司。

6.发起人简史

本公司独家发起人合肥市种子公司前身是合肥市种子管理站,成立于1971年,1984年更名为合肥市种子公司,隶属于合肥市农林局。1985年,种子公司首次试制杂交西瓜种子成功,质量达到国际标准。1987年种子公司使用"丰乐"牌注册商标,并以领先的技术、质量和精美的包装为突破口,一举打开国内市场,形成拳头产品。1987年,种子公司自筹资金200万元在国内同行业中率先成立良种试验站,后由合肥市科委批准更名为种苗研究所。同年,又牵头组建沪浙皖西瓜种子产销联合体,形成国内最大的西瓜种子销售网络。1990年,种子公司投资兴建合肥丰乐农化厂。该厂是经省政府报请国务院开发办批准建立的安徽省科技扶贫农化新产品定点厂,化学工业部农药定点生产企业。1992年,种子公司与香港长海有限公司合资成立"合肥丰乐种子有限公司",生产多种规格彩罐、纸箱等包装材料,建立了种子工程配套服务体系。1994年,种子公司参加了在泰国召开的"亚太地区种子协会"首次会议,成为"协会"首届会员。1996年,种子公司先后合资组建酒泉丰乐种子有限公司、三亚丰乐农业开发有限公司和萧县丰乐辣椒种子有限公司,同年又牵头组建长江杂交水稻种子产销联合体,成为跨地区、跨行业、集科工贸于一体,综合实力较强的现代种子企业。

7.发行人的组织机构

本公司拟设立的组织机构如下:

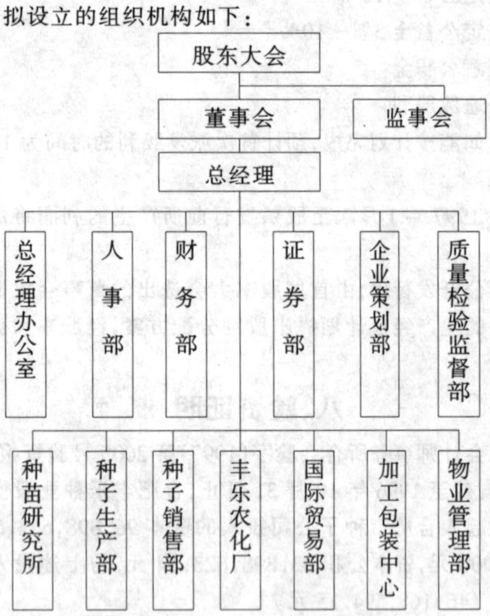

8.发行人的职工人数

截止1996年10月31日,本公司共有职工247人,其中大专以上学历120人,中专(高中)89人,初中(中技)以下38人。生产技术人员103人,销售人员97人,财务人员16人,行政人员31人。拥有高级职称12人,中级职称18人,初级职称52人。

本公司员工实行劳动合同制,并根据安徽省有关文件规定,参加市退休基金、待业保险基金和合同制工人保险基金统筹。

9.发行人的经营宗旨、经营范围、经营方式

经营宗旨:以服务为宗旨,科技为先导,繁育为基础,经营为中心,效益为目标,走种子产业化道路。

主营:粮、油、棉、麻、瓜、菜等各类种苗,杀虫剂、杀菌剂、除草剂、微肥、植物生长调节剂等农化产品,农副产品及其深加工产品生产、销售和进出口贸易。

兼营:绿色食品、花卉、包装材料等生产和销售

经营方式:生产、销售、进出口贸易

10.主要业务

(1)本公司科研情况

为了解决我国传统的种子生产、科研、经营相脱节状况,种子公司于1987年在国内同行业中率先成立种苗研究所,从事新品种的选育、引进、试种、示范和推广工作。研究所自成立以来,先后征集国内外品种资源300多个,引进和培育粮油瓜菜等新品种100余种,创造了显著的经济效益和社会效益,并获省、市科技进步奖20余项。

(2)主要产品生产情况

杂交西瓜种子是本公司的拳头产品,现生产30多个品种,早中晚熟性基本配套,年生产量为40万公斤;杂交水稻种子是本公司的大宗产品,目前生产8个品种,1996年生产量300万公斤;杂交油菜现生产4个品种,年生产量15万公斤;蔬菜种子目前生产100多个品种,年生产量50万公斤;农化产品现生产杀虫剂、杀菌剂、除草剂、微肥、植物生长调节剂等五大系列26个品种,年生产量达500吨。

(3)主要产品销售情况

杂交西瓜种子年销量40万公斤以上,覆盖国内28个省、市、自治区,并批量出口东南亚等国家和地区,占据国内市场三分之一;蔬菜种子年销量80万公斤,在本省市场的占有率为四分之一;杂交水稻、杂交油菜等农作物种子,年销量300多万公斤,在本省同行业中处于领先地位;农化产品经营近百个品种,供应全国12个省、市、自治区,1996年1-10月,销售量已达800吨。

1995年,本公司年销售收入8991万元,实现利润3313万元;1996年1-10月份,本公司实现销售收入8725万元,实现利润3147万元。

本公司产品销售采用信誉证方式,通过全国28个省、市、自治区的130多个种子经销处进行销售,有效地提高良种市场占有率和覆盖率。

(4)其它业务经营情况

本公司积极拓展业务领域,发展外向型经贸业务,充分利用自身的技术、资源和价格优势,接受韩国、日本等国委托采制杂交辣椒、杂交西瓜、南瓜种子等共8大类15个品种,并组织杂交西瓜、蔬菜、紫云英等良种及大蒜、特种豆类等农副产品出口日本、韩国、美国、新加坡、中东以及我国台湾、香港等十多个国家和地区,1996年创汇100多万美元,同时,本公司还与十多个国家和地区100多个种苗公司建立业务关系。

11.发行人主要业务构成

本公司的主要业务是生产、销售杂交西瓜种子、其它种子和农化产品等。1993-1996年10月31日,各产品销售收入比例如下:

项目	1996年10月31日	1995年	1994年
杂交西瓜种子	44.08%	49.95%	46.08%
其它种子	41.50%	38.38%	42.65%
农化产品	14.42%	11.67%	11.27%

12.主要原材料供应

本公司根据市场实际需要和生态资源分布状况,实行"公司加农户"一体化经营方式,选择生态条件适宜的地区大力发展良种生产基地,同时通过供应种苗、签订收购合同等方式将生产与市场结合起来,为基地农户提供产前、产中、产后系列服务,保证良种供应。目前专业化生产基地已发展到10万多亩,有全国最大的杂交西瓜制种基地5万亩,"三杂"(杂交水稻、杂交油菜、杂交玉米)制种基地3万亩,蔬菜及农副产品生产基地2万多亩,实现良种自给率80%以上。

13.无形资产

本公司使用的无形资产主要是土地使用权和"丰乐"商标使用权,种子公司本部(樊洼路8号)土地使用权折价入股进入本公司,种苗研究所、农化厂、新仓库等三宗土地使用权评估值为1963.7万元,由本公司向种子公司租赁使用;商标使用权评估值为2600万元,本公司将通过有偿使用方式获得许可使用权。

14.新产品、新项目研究开发情况

(1)无籽西瓜选育是省科委"九五"攻关项目,现已选育"丰乐无籽一号"、"乐牙无籽二号"等两个新组合,进入示范阶段。

(2)甜瓜新品种的选育是省科委重点研究课题,目前已选育5个新组合,2个通过省品种委员会审定,其中"丰甜一号"获第二届全国农业博览会铜奖,另外3个正在示范阶段。

(3)杂交辣椒雄性不育三系配套研究成功,选育的新品种进入示范阶段,在国内处于领先地位,是公司下一步开发的重点。

(4)杂交水稻抗病优质新组合的推广项目,"特优559"已进入大面积推广,另外几个组合正处于示范阶段。

(5)旱地除草剂双草克的研制生产,解决了我国油菜、花生、大豆等作物防治禾本科杂草、兼治阔叶杂草的难题,1996年推广200万亩。

(6)高效、低毒、广谱杀虫剂丰保、丰威系列产品开发已获成功,1996年推广100万亩。

15.国家和地方政府的政策改制前后的变化

国家和地方政府的政策变化主要是所得税。根据财政部、国家税务总局财税(1994)068号文及安徽省地方税务局皖地税政字(1994)163号文,本公司在1995年底以前免征所得税。根据安徽省人民政府皖政秘(1997)12号文,本公司1996年免征所得税。经安徽省人民政府皖政秘(1997)9号文同意,本公司所得税实行先征收33%,后由地方财政返还18%的办法,实际负担率为15%,从1997年起执行,暂定三年。

16.发行人与发起人关系

种子公司于1996年进行股份制改制,作为独家发起人,以募集方式设立本公司。改制时,种子公司有三个部分未进入本公司,一是部分生产经营性资产,包括合肥丰乐种子有限公司、酒泉丰乐种子有限公司、三亚丰乐农业开发有限公司和萧县丰乐辣椒种子有限公司等控股公司,上述四个公司为种子生产基地和配套服务体系,因而与本公司之间不存在同业竞争,种子公司已承诺,本公司有优先收购上述四个控股公司的权利;二是部分无形资产,包括商标使用权和部分土地使用权,本公司已就该部分资产的有偿使用同种子公司签定了《土地使用权租赁合同》和《商标使用许可合同》;三是非经营性资产,主要是职工宿舍和职工食堂,本公司已与种子公司签订《综合服务协议》,种子公司将为本公司提供有偿服务。本公司成立后,种子公司将成为本公司的控股公司。

十、本公司筹委会成员简历

张海银,男,59岁,大专文化,高级农经师,历任某部队班长、副排长、合肥市种子管理站站长、合肥市种子公司、合肥市农经委副主任经理等职,具有丰富的企业管理经验和强烈的开拓精神,荣获合肥市优秀企业家称号,享受省政府特殊津贴。现为合肥市种子公司总经理,本公司筹委会主任,候选董事长。

陈在炤,男,60岁,大专文化,高级经济师。历任合肥市财政局副科长、主任、副局长、市财贸办副主任等职,具有丰富的金融企业管理经验,曾荣获省政府全省财政系统先进工作者称号。现任合肥市财政局局长,本公司筹委会副主任。

孙兰芳,女,55岁,大专学历,高级农艺师。历任合肥市种子公司科长、副经理等职,具有丰富的生产、营销及管理工作经验,多次荣获省、市科技奖,曾荣获合肥市"三八"红旗手、农业部先进工作者等殊荣,享受国务院特殊津贴。现为合肥市种子公司副总经理,本公司筹委会成员,候选董事。

张国良,男,47岁,大学学历,高级农艺师。历任肥东县农业局副局长、合肥市种子公司副经理等职,长期从事种子科研、生产和管理工作,在科研领域具有较高的理论素养和实践经验,曾荣获农业部、省、市科技奖多项,享受国务院特殊津贴。现任合肥市种子公司副总经理,本公司筹委会成员,候选董事。

庞莉萍,女,43岁,大学学历,高级农艺师。历任宣城地区种子公司副经理、合肥市种子公司副经理等职,具有较强的协调、公关和外事工作能力,现任合肥市种子公司副总经理兼国际贸易部经理,本公司筹委会成员,候选董事。

王春生,男,44岁,大学学历,高级农艺师。历任合肥市种子公司试验站站长等职,具有丰富的企业管理经验,曾荣获国家科委先进个人称号。现任合肥市种子公司副总经理兼丰乐农化厂厂长,本公司筹委会成员,候选董事。

陈晓剑,男,36岁,硕士学历,教授。现任中国科技大学管理科学系主任、国际经济研究所副所长、企业名望设计工作室主任、安徽省生产力促进中心CI设计总监,主要从事企业管理、科技管理等方向的研究,曾主持多家国有大中型企业的企业管理系统开发项目,本公司筹委会成员,候选董事。

徐继萍,女,33岁,硕士学历,农艺师。曾任合肥市种子公司西瓜种子生产办主任,具有较丰富的企业管理经验。现任合肥市种子公司总经理办公室主任,本公司筹委会成员,候选董事会秘书。

王继榜,男,38岁,大专学历,会计师。曾任省星火科技研究所财务科科长,具有丰富的财务管理经验。现任合肥市种子公司财务部主任,本公司筹委会成员。

十一、经营业绩

(一)生产经营的一般情况

本公司坚持推进种子产业化工程,取得良好的经济效益和社会效益。1987年以来本公司产品和技术获得国家、省、市级科技进步奖、星火科技奖和产品质量奖二十余项。1993年丰乐商标被评为安徽省著名商标,1995年丰乐牌西瓜种子被授予"安徽省质量免检产品",并作为全国唯一的农业代表出席了"95全国名牌大会",1996年被安徽省政府定为"安徽名牌产品"。1996年经永诚国际咨询评估,本公司为AAA级信用企业。

(二)过去三年及1996年1-10月的经营业绩

下表为本公司1993-1995年三年及1996年1-10月的经营业绩概要:

金额单位:元

项目	1996年1-10月	1995年度	1994年度	1993年度
一、主营业务收入	87250890	89908095	43401607	62962108
二、主营业务利润	31500515	32526437	14123559	5357219
三、营业利润	31545494	33339982	14429603	6830816
四、利润总额	31469693	33125967	14227546	6959303
减:所得税	/	/	/	/
五、净利润	31469693	33125967	14227546	6959303

(三)产品质量情况

本公司对种子质量实行规范化管理,建立健全基地生产管理体系。本公司编写的《杂交西瓜技术标准》及其实施细则,经安徽省技术监督局批准已成为地方标准,并在全省颁布实施。1992-1994年,安徽省种子质量监督检验站会同合肥市技术监督局连续三年对杂交西瓜种子进行质量监督抽检,本公司抽检样品全部合格,并且是被抽查单位中连续三年达到外包装标识质量的唯一单位,1995年被授予"安徽省质量免检产品"证书。

(四)经营管理情况

种子是一种区域性、时效性、科学性很强的特殊商品。本公司为了适应社会主义市场经营体制,不断更新观念,转换机制、优化企业组织结构,建立科学的管理体系:①深化内部改革,完善并执行"全员风险承包"制;②加强财务管理和内部审计工作;③完善制度建设和民主建设;④加强仓贮物业管理。

十二、股本

1.发行人注册资本为:10800万元人民币

2.1997年1月27日,经安徽省人民政府皖政秘〔1997〕16号文批准,拟由合肥市种子公司作为独家发起人,以经国家国有资产管理局国资证

〔1997〕1 号文确认的评估后净资产 96,898,624 元作为发起人股本,并向社会公开发行 4500 万元人民币普通股,通过募集方式设立合肥丰乐种业股份有限公司。根据安徽省国有资产管理局皖国资商字(1997)第 013 号文,种子公司以其评估后净资产按 65%比例折成 6300 万股,其余部分列入资本公积金,股权性质为国家股,由合肥市种子公司持有。本次发行前每股净资产为 1.54 元。

3. 本次发行 4500 万股 A 股,超过面值并扣取发行费用后缴入的资本为 247500000 元人民币,将进入资本公积金,股票发行后,净资产总额为 389398624 元,每股净资产为 3.61 元。

4. 本次股票发行后公司股权结构为:

股本类别	股本(万股)	占总股本百分比
(1)尚未流通股份	10800	100.00%
发起人股		
其中:国家股	6300	58.33%
(2)可流通股份		
社会公众股	4500	41.67%
其中:公司职工股	100	0.93%

十三、债项

截至 1996 年 10 月 31 日,本公司没有短期借款和长期借款等债务。

十四、主要固定资产及其他重要资产

本公司主要固定资产包括机器设备和房屋建筑物。截止 1996 年 10 月 31 日,本公司拥有固定资产原值 2252.75 万元,帐面净值为 1908.53 万元。

经安徽会计师事务所评估,本公司截止 1996 年 10 月 31 日评估基准日的主要固定资产情况如下:

金额单位:元

类 别	帐面原值	帐面净值	评估价值	评估价值大于帐面净值
房屋、建筑物	18823306	16657195	22071313	5414118
机器设备	3704156	2428153	2915128	486975

十五、资产评估

(一)根据安徽会计师事务所出具的资产评估报告,本公司截止 1996 年 10 月 31 日的资产评估结果主要情况如下:

单位:元

科 目	帐面净值	评估价值	增减值
流动资产:			
货币资金	25,048,592	25,048,592	
应收帐款	21,631,671	20,515,448	-1,116,223
预付帐款	20,946,001	20,946,001	
其他应收款	8,446,196	8,446,196	
存货	38,123,407	38,939,678	316,271
流动资产合计	114,195,867	113,895,915	-299,952
长期投资:			
长期投资	26,200	26,200	
固定资产:			
机器设备	2,428,153	2,915,128	486,975
房屋建筑物	16,657,195	22,071,313	5,414,118
固定资产合计	19,085,348	24,986,441	5,901,093
无形资产:			
土地使用权	5,078,665	7,260,038	2,181,373
无形资产合计	5,078,665	7,260,038	2,181,373
资产总计	138,386,080	146,168,594	7,782,514
负债:			
应付帐款	35,521,615	32,521,615	
其他应付款	994,073	994,073	
预收帐款	11,073,149	11,073,149	
应付工资	1,299,918	1,299,918	
应付福利费	366,215	366,215	
流动负债合计	49,254,970	49,254,970	
长期应付款	15,000	15,000	
长期负债合计	15,000	15,000	
负债总计	49,269,970	49,269,970	
净资产	89,116,110	96,898,624	7,782,514

(二)评估增值的说明

公司资产帐面净值总额 138386080 元,评估价值总额为 146168594 元,比帐面净值增值 7782514 元;净资产帐面数为 89116110 元,评估后的净资产总额 96898624 元,比帐面净资产增值 7782514 元。

(三)主要评估方法

1. 关于机电设备价值评估,主要采用重置成本法和现行市价法。

2. 关于房屋建筑物价值评估,主要采用重置成本法。

3. 关于流动资产价值评估

(1)货币资金、应收帐款、应付货款:经核实无误之后帐面价值为评估值。

(2)库存商品:根据其出厂销售价格减去销售费用、全部税金和适当数额的税后利润确定评估值。

4. 无形资产:主要采用现行市价法、重置成本法、收益现值法。

十六、财务会计资料

(一)资产负债表主要数据

根据注册会计师出具的审计报告,本公司 1993、1994、1995 及 1996 年 1-10 月的资产负债表主要数据如下:

金额单位:元

资产	1996.10.31	1995.12.31	1994.12.31	1993.12.31
流动资产:				
货币资金	25048592	7011383	3518257	1874119
短期投资				100000
应收票据				
应收帐款	20618541	15121346	29143930	59404890
减:备抵坏帐	103093	75607	145720	297024
应收帐款净额	20515448	15045739	28998210	59107866
预付货款	20946001	2845169	3312054	363416
其他应收款	8446196	29702387	5279674	1416348
待摊费用		264260	593933	96949
存货	38939678	27526309	20673388	10931986
待处理流动资产净损失			264	
流动资产合计	113895915	82395248	62375780	73891684
长期投资:				
长期投资	26200	22000	22000	22000
固定资产:				
固定资产原值	28534110	24446647	7571486	6925498
减:累计折旧	3547669	3348172	3035536	2549061
固定资产净值	24986441	21098475	4535950	4376437
在建工程		7822438	5463073	2269583
固定资产合计	24986441	28920913	9999022	6646021
无形及递延资产				
无形资产	7260038			
无形及递延资产合计	7260038			
资产总计	146168594	111338160	72396803	80559705
负债及股东权益				
流动负债:				

项目				
短期借款		40000	9500000	2000000
应付票据				
应付帐款	35521615	44459036	27688997	50061736
预收货款	11073149	30144	217144	50000
应付福利费	366215	330054	429191	517849
未付利润				
未交税金			162033	1036916
其他应交款			1599435	2011285
其他应付款	994073	2796463	11099423	15539776
应付工资	1299918	1299918	1299918	1327443
预提费用				
流动负债合计	49254971	48955616	51996141	72545006
长期负债:				
长期借款		39366		
长期应付款	15000	15000	15000	305500
其他长期负债		1392175	241866	
长期负债合计	15000	1446541	256866	305500
负债合计	49269970	50402156	52253007	72850506
股东权益:				
股本	63000000	19962509	11955432	5955432
资本公积	33898624	11722418	325317	
盈余公积		29251077	7863046	1753767
其中:公益金		1700598	892605	287141
未分配利润				
股东权益合计	96898624	60936004	20143795	7709199
负债及股东权益合计	146168594	111338160	72396803	80559705

(二)利润表主要数据

根据注册会计师出具的审计报告,本公司1993、1994、1995及1996年1-10月的利润表主要数据如下:

金额单位:元

项 目	1996年1-10月	1995年度	1994年度	1993年度
一、主营业务收入	87250890	89908095	43401607	62962108
减:营业成本	44618274	43247309	21176265	50125234
销售费用	5579748	7024508	4868318	3568125
管理费用	5736516	6277978	3189591	2766495
财务费用	-184163	831863	43874	-341541
进货费用				
营业税金及附加				1486577
二、主营业务利润	31500515	32526437	14123559	5357219
加:其他业务利润	44979	813545	306044	1473597
三、营业利润	31545494	33339982	14429603	6830816
加:投资收益	4200			
营业外收入	19106	153156	75887	200727
减:营业外支出	99107	367172	277943	72239
加:以前年度损益调整				
四、利润总额	31469693	33125967	14227546	6959303
减:所得税				
五、净利润	31469693	33125967	14227546	6959303

(三)财务指标分析

本公司1993-1996年主要财务指标如下:

指标名称	1996年度	1995年度	1994年度	1993年度
1.销售利润率(%)	33.70	36.84	32.78	10.77
2.总资产报酬率(%)	29.39	36.06	18.60	12.46
3.每股税后利润(元)	0.60	0.53	0.23	0.11
4.净资产收益率(%)	38.05	54.36	70.63	90.27
5.资产负债率(%)	33.71	45.27	72.18	90.43
6.流动比率	2.31	1.68	1.20	1.01
7.速动比率	1.52	1.12	0.80	0.86
8.应收帐款周转率(次/年)	6.15	4.06	0.98	1.73
9.存货周转率(次/年)	1.78	1.83	1.34	5.72

附注1:"每股税后利润"均按A股发行前股本6300万元摊簿计算

附注2:"净资产收益率"逐年下降的原因一是资产重估、资产评估升值净资产增加;二是公司历年免征所得税公积金逐年增加

(四)主要会计政策

1.会计年度:公历制1月1日至12月31日为一个会计年度。

2.会计制度:

原执行《商品流通企业会计制度》,本报表按《股份制试点企业会计制度》转换编制,改制后执行《股份制试点企业会计制度》

3.外币换算:

以人民币为记帐本位币。涉及外币的经济业务,人民币与外币的汇率按市场汇价中间价折算为人民币记帐。

4.会计记帐原则和计价基础:按权责发生制,采用实际成本计价。

5.坏帐准备:按期末应收帐款余额的5‰提取坏帐准备金。

6.存货计价:

(1)库存商品 采用实际成本计价,商品发出采用加权平均法。

(2)低值易耗品 采用实际成本计价,领用时一次摊销。

7.长期投资:

(1)债券投资 按购入成本记帐,债券存续期内的应计利息列入当年损益

(2)股权投资 会计报表截止日,公司无股权投资

8.固定资产计价及折旧:

(1)固定资产按实际成本作价。

(2)固定资产折旧采用直线法。

9.无形资产摊销:土地使用权按50年期限平均摊销;商标权按合同支付使用费。

10.营业收入实现的确认:

营业收入确认的原则是:销售商品的所有权已经转移给买方,收到货款或取得收取货款的证据时,确认收入实现。

11.税项:

(1)增值税:根据财政部、国家税务局总局财税(1994)004号、(1995)1号及财税字(1996)18号文件规定至1997年12月31日免征增值税。

(2)所得税:

根据财政部、国家税务总局财税(1994)068号及安徽省地方税务局皖地税政二字(1994)163号文,本公司在1995年底以前免征所得税。根据安徽省人民政府皖政秘(1997)12号文,本公司1996年免征所得税。经安徽省人民政府皖政秘(1997)9号文同意,本公司所得税先按33%税率计征,后由地方财政返还18%,本公司实际负担率为15%,时间暂定三年。

十七、盈利预测

本公司根据以下基准和假设,并经注册会计师审阅,预计1997年度税后利润为4532.20万元,每股盈利0.42元(根据安徽省政府的批复,本公司所得税实际负担率为15%)。

金额:万元

项 目	1996年度 1-10月实绩	1996年度 11-12月未审实际数	1996年度 合计	1997年度
一、主营业务收入	8,725.09	2,504.91	11,230.00	14,000.00
减:营业成本	4,461.83	1,464.17	5,926.00	7,038.00
销售费用	557.97	246.03	804.00	850.00
管理费用	573.65	96.35	670.00	800.00
财务费用	-18.41	11.41	-7.00	-30.00
二、主营业务利润	3,150.05	686.95	3,387.00	5,342.00

加:其他业务利润	4.50	0.50	5.00	6.00
三、营业利润	3,154.55	687.45	3,842.00	5,348.00
加:投资收益	0.42		0.42	
营业外收入	1.91		1.91	
减:营业外支出	9.91	50.42	60.33	16.00
加:以前年度损益调整				
四、利润总额	3,146.97	637.03	3,784.00	5,332.00
减:所得税(率)			33%	15%
减:所得税(额)			1,759.56	799.80
五、净利润		3,784.00	3,572.44	4,532.20
六、每股税后利润(元)全面摊薄	0.60	0.33	0.42	

注1:每股税后利润的母项1996年按6300万股,1997年按10800万股摊薄计算。

注2:1996年度盈利预测是以1996年1－10月实绩为基础,参考后两月未审实现数进行预测

(一)预测基准

本公司盈利预测是依据1994年1月1日至1996年10月31日止两年零十个月的经营业绩,公司现时各项基础、能力、潜力及市场需求情况,遵循我国现行法律、法规和制度的有关规定,本着求实、稳健原则编制的,在各重要方面与本公司目前所采用的会计原则、会计政策和计算方法相一致。

(二)假设

1.公司所在遵循的国家有关法律、法规和制度保持连续性、稳定性,没有产生对公司有明显影响的重大变化。

2.公司所在地和涉及的有关地区的经济环境仍如现状无重大变化。

3.公司之经营运作,不会受诸如交通、水电、电讯等严重短缺或成本重大变化之不利影响。

4.公司在盈利预测期间内,有关信贷利率、汇率、税负及市场行情将在正常范围内波动。

5.无其他人力不可抗拒因素及不可预见因素所造成的重大不利影响。

十八、重要合同及重大诉讼事项

本公司将要履行和正在履行的重大合同,主要是本公司与种子公司签定的《综合服务协议》、《土地使用权租赁合同》、《商标使用许可合同》等。

经联合律师事务所审查确认,本公司目前无尚未了结或者可预见的重大诉讼、仲裁或被行政处罚的事件。

十九、公司发展规划

发展目标

公司确立“立足合肥,面向安徽,走向全国,跻身世界”的发展目标,积极参与种子产业化建设,促进企业向规模化、集约化、集团化方向迈进。“九五”期间,各类良种的自给率力争达到90%以上,主要产品的市场占有率有较大幅度的提高。

市场发展计划

本公司将健全和拓展营销网络,建立全国范围的连锁经营体系,至2000年,拳头产品杂交西瓜种子市场占有率由全国的1/3上升到1/2,蔬菜种子由省内1/4上升到1/2,辣椒种子培育成第二个拳头产品,占全国市场1/5。

生产经营计划

1.本公司将进一步完善科研、生产、加工、包装、销售体系,强化主导产业,使产品科技含量和商品化程度达到国际水平。

2.本公司将积极拓展业务领域,开展农副产品深加工和绿色食品的研究开发,重点发展脱毒种苗等高科技密集型产业的开发,实现经济增长方式由粗放型向集约型的转变。

3.本公司将利用行业优势和进出口自营权,加速发展外向型经贸业务,充分吸收、利用国外先进技术和管理经验,提高创汇能力。

4.本公司将继续发展相关产业,多元化经营,形成公司新的经济增长点。

备查文件目录

1.安徽省人民政府同意设立合肥丰乐种业股份有限公司的批复
2.中国证券监督管理委员会同意股票发行的批文
3.国家国有资产管理局资产评估结果确认通知
4.深交所上市承诺函
5.承销协议
6.募集资金运用的可行性报告
7.重大合同

合肥丰乐种业股份有限公司筹备委员会
1997年3月31日

合肥丰乐种业股份有限公司股票上市公告书

一、绪言

本公告书系依据《中华人民共和国公司法》、《股票发行与交易管理暂行条例》、《公开发行股票公司信息披露实施细则》和《深圳证券交易所业务规则》等现行有关股票发行的法规而编制,旨在说明公司股票上市的目的,并向社会公众披露公司基本情况及有关资料。

经中国证券监督管理委员会证监发字(1997)106号文和证监发字(1997)107号文复审通过,本公司已成功地向社会公众公开发行每股面值为1元的人民币普通股4500万股,其中100万股向公司职工配售。经深圳证券交易所深证发(1997)141号《上市通知书》批准,本公司股票将于1997年4月22日(星期二)在深圳证券交易所挂牌交易。本公司总股份为10800万股,可流通股份为4500万股,本次可流通股份为4400万股(公司职工股100万股将于本次股票上市6个月后上市流通)。

本公司于1997年3月31日在《证券时报》和《上海证券报》刊登招股说明书概要,距今不足6个月,故与其重复的内容在此不再赘述。敬请社会公众查阅本公司招股说明书概要。

本公司董事会及各位董事确信本公告书并无遗漏任何重大事实,亦不存有任何误导和虚假说明,并愿就本公告书内容的真实性、准确性和完整性负个别和连带责任。本公告书的内容由本公司董事会负责解释。

二、释义

在本上市公告书中,除非另有说明,下列简称具有如下意义:

省政府:指安徽省人民政府
市政府:指安徽省合肥市人民政府
种子公司:指合肥市种子公司,本公司之控股公司
本公司:指合肥丰乐种业股份有限公司
董事会:指合肥丰乐种业股份有限公司董事会
证监会:指中国证券监督管理委员会
深交所:指深圳证券交易所
元:指人民币元

三、公司概况

1.发起人简介

(1)法定名称:合肥市种子公司
(2)注册资金:6931.3万元

(3)法定代表人:张海银

(4)成立日期:1984 年 6 月 16 日

(5)经营范围:农作物种子,花卉、农药、微肥、植物生长素销售。

(6)所属行业:属于农业中的种子行业。

(7)注册地址:安徽省合肥市西七里塘樊洼路 8 号

(8)联系电话:(0551)5562640

2. 发行人历史沿革

合肥丰乐种业股份有限公司是以合肥市种子公司为独家发起人,以其主要生产经营性净资产 96,898,624 元折股,为 6300 万股国家股,作为发起股本,并向社会公开募集设立的股份有限公司。1996 年 12 月 9 日,经安徽省人民政府皖政秘(1996)263 号文推荐,本公司为安徽省 1996 年计划内首家发行股票企业。1996 年 12 月 13 日安徽省工商行政管理局核发了合肥丰乐种业股份有限公司名称预先核准通知书。1996 年 12 月 16 日,合肥市种子公司成立合肥丰乐种业股份有限公司筹备委员会。1997 年 1 月 27 日,安徽省人民政府皖政秘(1997)16 号文同意设立合肥丰乐种业股份有限公司。经中国证券监督管理委员会证监发字(1997)106 号文和证监发字(1997)107 号文复审通过,1997 年 4 月 4 日,本公司通过深圳证券交易所系统成功地向社会公众公开发行每股面值为 1 元的人民币普通股 4400 万股,并向公司职工配售 100 万股。1997 年 4 月 16 日,本公司在安徽省工商行政管理局注册登记。

四、股票发行及承销

1. 本次股票发行情况:

本次社会公众股发行数量	4500 万股
其中:公司职工股	100 万股
发行方式	上网定价
发行价格	6.75 元
配售比例	1.106877%
配售户数	232214 户
持 1000 股以上的户数	232214 户
募集资金总额	30375 万元
发行费用总额	29250 万元
每股发行费用	0.25 元
发行市盈率	12.5 倍

2. 股票承销情况

本次股票发行由安徽省证券公司担任主承销商,公开发行 4400 万股社会公众股已全部由社会公众认购,承销团成员无余股认购。

3. 验资报告

根据合肥会计师事务所验资报告(合会验(1997)第 2166 号),合肥丰乐种业股份有限公司申请的注册资本为人民币 108,000,000.00 元。截至 1997 年 4 月 14 日止,合肥丰乐种业股份有限公司已收到发起人合肥市种子公司以净资产投入的资本 96,898,623.54 元,其中:股本 63,000,000.00 元,资本公积 33,898,623.54 元;向社会公众募集总收入 303,750,000.00 元,扣除发行费用 11,250,000.00 元,实际收到募集资本 292,500,000.00 元,其中:股本 45,000,000.00 元,溢价 247,500,000.00 元,列入资本公积。至此,合肥丰乐种业股份有限公司已收到各股东投入的资本总额为 389,398,623.54 元。其中:

1. 股本为 108,000,000.00 元,为注册资本的 100%。其中:发起人股(国家股)63,000,000.00 元,占总股本的 58.33%;社会公众股 45,000,000.00 元,占总股本的 41.67%。

2. 资本公积为 281,398,623.54 元。

五、董事、监事及高级管理人员持股情况

(一)董事、监事及高级管理人员简介

1. 董事会成员简介

张海银,男,59 岁,大专文化,高级农经师。本公司董事长兼总经理。

崔建望,男,50 岁,大学学历,工程师。现任合肥市国有资产经营公司董事、总经理,本公司副董事长。

孙兰芳,女,55 岁,大专学历,高级农艺师。本公司副董事长。

张国良,男,47 岁,大学学历,高级农艺师。本公司董事兼副总经理。

庞莉萍,女,43 岁,大学学历,高级农艺师。本公司董事兼常务副总经理。

王春生,男,44 岁,大学学历,高级农艺师。本公司董事兼副总经理。

陈晓剑,男,36 岁,硕士学历,教授。现任中国科技大学管理科学系主任、国际经济研究所副所长、企业名望设计工作室主任、安徽省生产力促进中心 CI 设计总监,本公司董事。

2. 监事会成员简介

李莹,男,43 岁,大专学历,经济师。现任职于合肥市国有资产经营公司,本公司监事。

刘德水,男,56 岁,大专学历,高级农艺师。现任合肥市种子管理站副站长,本公司监事。

陈金节,男,33 岁,本科学历,农艺师。现任合肥市种子公司粮油种子生产部经理,本公司监事。

3. 高级管理人员简介

徐继萍,女,33 岁,硕士学历,农艺师。现任本公司总经理助理兼董事会秘书。

王继榜,男,38 岁,大专学历,会计师。曾任省星火科技研究所财务科科长。现任本公司财务副总监。

张胜民,男,34 岁,本科学历,农艺师,现任本公司总经理助理。

(二)董事、监事及高级管理人员持股数和比例

姓名	持股数量(股)	持股比例(%)
张海银	5000	0.005
崔建望	0	0
孙兰芳	3000	0.003
张国良	3000	0.003
庞丽萍	3000	0.003
王春生	3000	0.003
陈晓剑	0	0
李 莹	0	0
刘德水	2000	0.002
陈金节	2000	0.002
张胜民	2000	0.002
徐继萍	2000	0.002
王继榜	2000	0.002

本公司董事、监事和高级管理人员共持有本公司股票 27000 股,占本公司总股本的 0.025%,其持有股份按照《中华人民共和国公司法》规定在任职期间不得转让。

六、公司设立

1997 年 4 月 16 日,本公司在合肥市召开了创立大会,并一致通过本公司在深圳证券交易所挂牌上市的决议。本公司已于 1997 年 4 月 16 日办理工商注册登记,本公司正式成立。

1. 法定名称:合肥丰乐种业股份有限公司

英文名称:Hefei Fengle Seed Co. Ltd.

2. 注册资本:10800 万元

3. 注册地址:安徽省合肥市西七里塘樊洼路 8 号

4. 营业执照注册号码:14897471-7

七、关联企业及关联交易

本公司发起人合肥市种子公司,于 1996 年进行股份制改制,作为独家发起人,以募集方式设立本公司,现持有本公司 6300 万国家股,为本公司控股公司。本公司与种子公司之间的关联交易包括:种子公司向本公司提供原材料、外包装等配套服务,为本公司职工提供生活福利方面的服

务,另外本公司有偿使用种子公司"丰乐"商标,并向种子公司租用土地。针对以上关联交易本公司与种子公司签订了《综合服务协议》、《土地使用权租赁合同》和《商标使用许可合同》等法律文件,本公司与其进行的交易将在正常业务范围内按正常的商业条款进行。

八、股本结构及大股东持股情况

1.上市前的股本结构

经安徽会计师事务所评估,本公司截止1996年10月31日,评估前净资产为89,116,110元,评估后净资产为96,898,624元,并已得到国家国有资产管理局国资评(1997)1号文确认。根据安徽省国有资产管理局皖国资商字(1997)第013号文,评估后净资产按65%比例折股折成6300万股,其余部分列入资本公积金,股权性质为国家股,由合肥市种子公司持有。本次上市前本公司股本结构为:

股本类别	股本(万股)	比例
总股本	10800	100.00%
尚未流通股份:		
发起人股份		
国家股	6300	55.75%
可流通股份:		
境内上市人民币普通股		
本次公开发行股份	4500	44.25%
其中:公司职工股	100	0.89%

2.前十名股东所持股数及比例

股东名称	持股数量(股)	持股比例
①合肥市种子公司	63000000	58.33%
②沈运河	15000	0.014%
③许国慰	12000	0.011%
④王克信	11000	0.011%
⑤陈龙英	11000	0.011%
⑥李太晋	11000	0.010%
⑦戴祖云	11000	0.010%
⑧张　彤	11000	0.010%
⑨李　孝	10000	0.009%
⑩张　彤	10000	0.009%

九、公司财务会计资料

(一)审计报告

1.合肥会计师事务所审计报告(合会审〔1997〕第2003号)

合肥丰乐种业股份有限公司(筹):

我们接受委托,审计了贵公司1993年12月31日、1994年12月31日、1995年12月31日及1996年12月31日的资产负债表,1993年度、1994年度、1995年度及1996年1-10月会计期间的利润表,1995年度、1996年1-10月期间的财务状况变动表。这些会计报表由贵公司负责,我们的责任是对这些会计报表审计意见。我们的审计是依据《中国注册会计师独立审计准则》进行的,在审计过程中,我们结合贵公司实际情况,实施了包括抽查会计记录等我们认为必要的审计程序。

我们认为,上述会计报表符合《企业会计准则》和《股份制度试点企业会计制度》的有关规定,在所有重大方面公允地反映了贵公司1993年12月31日、1994年12月31日、1995年12月31日及1996年10月31日的财务状况,1993年度、1994年度、1995年度及1996年1-10月会计期间经营成果和1995年度及1996年1-10月期间的资金变动情况,会计处理方法的选用遵循了一贯性原则。

合肥会计师事务所

中国注册会计师:周光仁　谭汝建

报告日期:1997年1月7日

2.合股会计师事务所审计报告(合会审〔1997〕第2143号)

合肥丰乐种业股份有限公司(筹):

我们接受委托,对贵公司1996年12月31日的资产负债表、1996年11月至12月会计期间的利润表和1996年度财务状况变动表进行了追加审计。这些会计报表由贵公司负责,我们的责任是对这些会计报表发表审计意见。我们的审计是根据《中国注册会计师独立审计准则》进行的,在审计过程中,我们结合贵公司实际情况,实施了包括抽查会计记录等我们认为必要的审计程序。

我们认为,上述会计报表符合《企业会计准则》和《股份制试点企业会计制度》的有关规定,在所有重大方面公允地反映了贵公司1996年12月31日财务状况、1996年11月至12月会计期间的经营成果,及1996年度资金变动情况,会计处理方法的选用遵循了一贯性原则。

合肥会计师事务所

中国注册会计师:周光仁　谭汝建

报告日期:1997年3月31日

(二)资产负债表、利润表、财务状况变动表

(1)资产负债表

(三)主要会计政策及财务报表附注

公历制1月1日至12月31日为一个会计年度。

(2)会计制度:

原执行《商品流通企业会计制度》,本报表按《股份制试点企业会计制度》转换编制,改制后执行《股份制试点企业会计制度》。

(3)外币换算:

以人民币为记帐本位币。涉及外币的经济业务,人民币与外币的汇率按市场汇价的中间价折算为人民币记帐,由于汇价不同而产生的折算差额,作为汇兑损益计入当年损益。

(4)会计计价基础:

权责发生制。

(5)坏帐准备:

按期末应收帐款余额的5%提取坏帐准备金。

(6)存货计价:

①库存商品采用实际成本计价,商品发出采用加权平均法。

②低值易耗品采用实际成本计价,领用时一次摊销。

(7)固定资产计价及折旧:

①固定资产按购建实际成本计价。

②固定资产折旧采用直线法,分类折旧率为:

分类	使用年限	殖值	年折旧率
房屋及建筑物	40年	4%	2.4%
机器设备	12年	4%	8.00%
运输及其他设备	10年	4%	9.60%

(8)无形资产摊销:

土地使用权按50年期限平均摊销;商标权按合同支付使用费。

(9)税项:

①增值税:根据财政部、国家税务总局财税(1994)004号、(1995)1号及财税字(1996)18号文件规定至1997年12月31日免征增值税。

②所得税:

A、根据财政部、国家税务总局财税(1994)068号及安徽省地方税务局皖地税政二字(1994)163号文,本公司在1995年底以前免征所得税。

B、根据安徽省人民政府皖政秘(1997)12号文,本公司1996年免征所得税。

C、经安徽省人民政府皖政秘(1997)9号同意,本公司所得税先按33%税率计征,后由地方财政返还18%,本公司实际负担率15%,时间暂定3年。

(10)主要经济效益指标分析

指标名称	1996 年度	1995 年度	1994 年度	1993 年度
1. 销售利润率(%)	33.70	36.84	32.78	10.77
2. 总资产报酬率(%)	29.39	36.06	18.60	12.46
3. 每股税后利润(元)	0.60	0.53	0.23	0.11
4. 净资产收益率(%)	39.05	54.36	70.63	90.27
5. 资产负债率(%)	16.78	45.27	72.18	90.43
6. 流动比率(%)	430.57	168.30	119.96	101.43
7. 速动比率(%)	301.26	112.08	80.20	86.42
8. 应收帐款周转率(次/年)	6.15	4.06	0.98	1.73
9. 存货周转率(次/年)	1.78	1.83	1.34	5.72

附注:1."每股税后利润"均按 A 股发行前股本 6300 万元摊薄计算

2."净资产收益率"逐年下降的原因一是资产重估、资产评估升值净资产增加;二是公司历年免征所得税公积金逐年增加。

十、董事会上市承诺

本公司董事会承诺将严格遵守《中华人民共和国公司法》、《股票发行与交易管理条例》、《公开发行股票公司信息披露实施细则》、《深圳证券交易所交易规则》和有关法律、法规的规定,并自股票上市之日起作出如下承诺:

1. 按照法律、法规的规定程序和要求披露重大的信息、并接受证券主管机关、深圳证券交易所的监督管理。

2. 及时、真实、准确地公布中期报告和年度报告、并备置于规定场所供投资者公众查阅。

3. 本公司董事、监事及高级管理人员如发生人事变动或持本公司股票发生变动时,在报告证券主管机关、证券交易所的同时向投资者公布。

4. 在任何公共传播媒介中出现的消息可能对本公司股票的市场价格产生误导性影响时,本公司知悉后将及时对该消息予以公开澄清。

5. 本公司董事、监事及高级管理人员将认真听取社会公众的意见和批评,不利用已获得的内幕消息和其他不正当手段直接或间接从事股票买卖活动。

6. 本公司没有无记录负债。

十一、重要事项揭示

1. 本公司原执行《商品流通企业会计制度》,现执行《股份制试点企业会计制度》。

2. 经安徽省人民政府皖政秘(1997)9 号文同意,本公司所得税先按 33%税率计征,后由地方财政返还 18%,本公司实际负担率为 15%,从 1997 年 1 月 1 日起执行,时间暂定三年。

3. 截止本公告书刊登之日,本公司及本公司董事、监事和高级管理人员未涉及任何对本公司发展有重大影响的诉讼、仲裁或行政诉讼,未曾受到有关部门的行政处罚,就本公司所知,没有未结或可预见的重大诉讼。

4. 根据国家有关规定,本公司 100 万股公司职工股将于新股上市半年后经批准方可上市。

十二、备查文件目录

1. 中国证监会复审意见书
2. 本公司注册登记文件
3. 深圳证券交易所上市通知书
4. 招股说明书
5. 审计报告
6. 验资报告
7. 公司章程
8. 创立大会决议

合肥丰乐种业股份有限公司

1997 年 4 月 18 日

利　润　表

会股 02 表

单位:合肥丰乐种业股份有限公司(筹)　　1996 年度　　金额:元

项目	行次	1-10 月	11-12 月	全年合计	注释	1995 年度	1994 年度	1993 年度
		金额	金额					
主营业务收入	1	87,250,889.74	25,049,816.37	112,300,706.11	B15	89,908,095.15	43,401,606.98	62,962,108.23
减:营业成本	2	44,618,274.06	14,637,165.98	59,255, 440. 04	B16	43,247,308.51	21,176,264.70	50,125,233.67
销售费用	3	5,579,747.75	2,458,928.09	8,038,675.84	B17	7,024,508.09	4,868,317.87	3,568,124.55
管理费用	4	5,736,516.37	966,551.19	6,703,067.56	B18	6,277,978.30	3,189,591.41	3,766,494.95
财务费用	5	-184,163.42	112,944.96	-71,218.46	B19	831, 862.84	43,874.34	-341,541.21
进货费用	6							
营业税金及附加	7							1,486,577.16
主营业务利润	8	31,500,514.98	6,874,226.15	38,374,741.13		32,526,437.36	14,123,558.66	5,357,219.11
加:其他业务利润	9	44,979.37	690.00	45,669.37	B20	813, 545.13	306,043.85	1,473,596.61
营业利润	10	31,545,494.35	6,874,916.15	38,420,410.50		33,339,982.49	14,429,602.51	6,830,815.72
加:投资收益	11	4,200.00		4,200.00	B21			
营业外收入	12	19,105.67	60.00	19,165.67	B22	153,156.42	75,886.50	200,726.62
减:营业外支出	13	99,106.72	508,300.00	607,406.72	B23	367,172.25	277,943.41	72,239.31
加:以前年度损益调整	14							
利润总额	15	31,469,693.30	6,366,676.15	37,836,369.45		33,125,966.66	14,227,545.60	6,959,303.03
减:所得税	16							
净利润	17	31,469,693.30	6,366,676.15	37,836,369.45		33,125,966.66	14,227,545.60	6,959,303.03

资 产 负 债 表

分股 01 表

编制单位:合肥丰乐种业股份有限公司　　　　金额单位:人民币元

资产	行次	1996 年 12 月 31 日	注释	1995 年 12 月 31 日	1994 年 12 月 31 日	1993 年 12 月 31 日
流动资产:						
货币资金	1	21,423,216.93	C1	7,011,383.02	3,518,256.82	1,874,119.14
短期投资	2					100,000.00
应收票据	3					
应收帐款	4	18,480,395.53	C2	15,121,346.04	29,143,929.62	59,404,889.82
减:备抵坏帐	5	92,401.98		75,607.00	145,720.00	297,024.00
应收帐款净额	6	18,387,993.55		15,045,739.04	28,998,209.62	59,107,865.82
预付货款	7	11,458,558.13	C3	2,845,168.92	3,312,054.46	363,416.00
其他应收款	8	7,526,105.42	C4	29,702,387.17	5,279,674.02	1,416,348.26
待摊费用	9			264,260.45	593,932.95	96,949.30
存货	10	25,237,527.40	C5	27,526,309.17	20,673,388.46	10,931,985.87
待处理流动资产净损失	11				264.00	
流动资产合计	15	84,033,401.43		82,395,247.77	62,375,780.33	73,891,684.39
长期投资:						
长期投资	16	26,200.00	C6	22,000.00	22,000.00	22,000.00
固定资产:						
固定资产原值	18	28,834,526.57	C7	24,446,647.46	7, 571, 485.88	6,925,497.96
减:累计折旧	19	3,724,002.31	C8	3,348,172.44	3,035,536.18	2,549,060.62
固定资产净值	20	25,110,524.26		21,098,475.02	4,535,949.70	4,376,437.34
在建工程	21		C9	7,822,437.67	5,463,072.68	2,269,583.16
固定资产清理	22					
待处理固定资产净损失	23					
固定资产合计	25	25,110,524.26		28,920,912.69	9,999,022.38	6,646,020.50
无形及递延资产:						
无形资产	26	7,260,038.00	C10			
递延资产	30					
无形及递延资产合计	35	7,260,038.00				
资产总计	40	116,430,163.39		111,338,160.46	72,396,802.71	80,559,704.89
负债及股东权益	行次	1996 年 12 月 31 日	注释	1995 年 12 月 31 日	1994 年 12 月 31 日	1993 年 12 月 31 日
流动负债:						
短期借款	41			40,000.00	9,500,000.00	2,000,000.00
应付票据	42					
应付帐款	43	13,288,681.32	C11	44,459,036.39	27,688,996.52	50,061,735.99
预收货款	44	4,011,000.00	C12	30,144.20	217,144.20	50, 000.00
应付福利费	45	334,530.33	C13	330,054.16	429,191.40	517,849.36
未付利润	46					
未交税金	47				162,032.82	1,036,916.44
其他应交款	48				1,599,435.31	2,011,284.97
其他应付款	49	582,410.03	C14	2,796,462.56	11,099,422.76	,15,539,775.87
应付工资		1,299,918.47	C15	1,299,918.47	1,299,918.47	1,327,443.172
预提费用	50					
流动负债合计	55	19,516,540.15		48,955,615.78	51,996,141.48	72,545,005.80
长期负债:						
长期借款	56			39,366.00		
应付债券	57					
长期应付款	58	15,000.00	C16	15,000.00	15,000.00	305,500.00
其他长期负债	60		C17	1,392,174.58	241,866.00	
长期负债合计	61	15,000.00		1,446,540.58	256,866.00	305,500.00
负债合计	65	19,531,540.15		50,402,156.36	52,253,007.48	72,850,505.80
股东权益:						
股本	66	63,000,000.00	C18	19,962,508.79	11,955,432.42	5,955,432.42
资本公积	67	33,898,623.54	C19	11,722,417.88	325,317.00	
盈余公积	68		C20	29,251,077.43	7,863,045.81	1,753,766.67
其中:公益金	69			1,700,597.99	892,605.33	287,141.37
未分配利润	70		C21			
股东权益合计	75	96,898,623.54		60,936,004.10	20,143,795.23	7,709,199.09
负债及股东权益合计	80	116,430,163.69		111,338,160.46	72,396,802.71	80,559,704.89

财务状况变动表

会股03表

编制单位:合肥丰乐种业股份有限公司　　1996年度　　金额:人民币元

流动资金来源和运用	行次	金额	流动资金各项目的变动	行次	金额
一、流动资金来源:			一、流动资产本年增加数		
1.本年净利润	1	37,836,369.45	1.货币金	41	14,411,833.91
加:不减少流动资金的费用和损失:			2.短期投资	42	
(1)固定资产折旧	2	723,904.70	3.应收票据	43	
(2)无形、递延、其他资产摊销(减其他负债转销)	3		4.应收帐款净额	44	3,342,254.51
(3)固定资产盘亏(减盘盈)	4		5.预付货款	45	8,613,389.21
(4)清理固定资产损失(减收益)	5		6.其他应收款	46	-22,176,281.75
(5)递延税款	6		7.待摊费用	47	-264,260.45
(6)其他不减少流动资金的费用和损失	7		8.存货	48	-2,288,781.77
(7)	8		9.待处理流动资产净损失	49	
			10.一年内到期的长期债券投资	50	
小计	12	38,560,274.15	11.其他流动资产	51	
2.其他来源:					
(1)固定资产清理收入(减清理费用)	13				
(2)增加长期负债	14				
(3)收回长期投资	15				
(4)对外投资转出固定资产	16				
(5)对外投资转出无形资产	17				
(6)资本净增加额	18	35,962,619.44			
(7)	19				
(8)	20				
(9)	21				
小计	22	35,962,619.44			
流动资金来源合计	23	74,522,893.59	流动资产增加净额	60	1,638,153.66
二、流动资金运用			二、流动负债本年增加数		
1.利润分配			1.短期借款	61	
(1)提取盈余公积	24		2.应付票据	62	-40,000.00
(2)提取法定公积金	25		3.应付帐款	63	-31,170,355.07
(3)提取法定公益金	26		4.预收货款	64	3,980,855.80
(4)已分配股利	27	6,366,676.15	5.应付福利费	65	4,476.17
(5)折股	28	31,469,693.30	6.未付利润	66	
(6)	29		7.未交税金	67	
			8.其他未交款	68	
			9.其他应付款	69	-2,214,052.53
小计	32	37,836.369.45	10.应付工资		
2.其他运用:			11.预提费用	70	
(1)固定资产和在建工程净增加额	33	-3,086,483.73	12.一年内到期的长期负债	71	
(2)增加的无形、递延及其他资产	34	7,260,038.00	13.其他流动负债	72	
(3)增加的长期投资	35	4,200.00			
(4)偿还长期负债	36	1,431,540.58			
(5)	37				
小计	38	5,609,294.85			
流动资金运用合计	39	43,445,664.30	流动负债增加净额	79	-29,439,075.63
流动资金增加净额	40	31,077,229.29	流动资金增加净额	80	31,077,229.29

1997年度中期报告

一、财务报告(已经审计)

公司财务报告经合肥会计师事务所周光仁、潭汝建注册会计师审计,并出具无保留意见的审计报告(合会审字〔1997〕第2304号)。审计意见是:

我们接受委托,审计了贵公司1997年6月30日的资产负债表、1997年1-6月会计期间的利润及利润分配表和财务状况变动表。这些会计报表由贵公司负责,我们的责任是对这些会计报告发表审计意见。我们的审计是依据《中国注册会计师独立审计准则》进行的。在审计过程中,我们结合贵公司实际情况,实施了包括抽查会计记录等我们认为必要的审计程序。

我们认为,上述会计报表符合《企业会计准则》和《股份制试点企业会计制度》的有关规定,在所有重大方面公允地反映了贵公司的经营成果和资金变动情况,会计处理方法的选用遵循了一贯性原则。

(一)财务报表

1.简化的资产负债表

	1997年6月30日	单位:人民币元
项目	年初数	期末数
流动资产	84,033,401.43	372,445,111.21
长期投资	26,200.00	10,026,200.00
固定资产净值	25,110,524.26	27,862,825.86
在建工程		42,329,218.75
无形及递延资产	7,260,038.00	9,157,973.06
资产总计	116,430,163.69	462,821,328.88
流动负债	19,516,540.15	48,563,204.12
长期负债	15,000.00	
负债合计	19,531,540.15	48,563,204.12
股本	63,000,000.00	108,000,000.00
资本公积	33,898,623.54	280,827,344.76
盈余公积		
未分配利润		25,430,780.00
股东权益合计	96,898,623.54	414,258,124.76
欠债及股东权益合计	116,430,163.69	462,821,328.88.

2.简化的损益表　单位:人民币元

项目	上年同期数	1997年1-6月
主营业务收入	44,406,596.99	74,941,039.27
主营业务利润	11,289,515.18	25,121,383.92
其它业务利润	43,561.00	151,460.50
投资收益	10,294.57	2,183,689.00
营业外收支净额	-14,620.60	2,462,031.29
利润总额	11,328,750.15	29,918,564.71
所得税		4,487,780.00
净利润	11,328,750.15	25,430,780.00

3.其他财务指标

	1996年1-6月	1997年1-6月
(1)每股收益	0.18元	0.235元
(2)净资产收益率	11.69%	6.14%
(3)每股净资产	1.54元	3.84元

注:1.公司发行股票所得税无效申购资金利息共计4,378,314.79元,本期摊入2,378,314.79元,如扣除此项,1997年1-6月每股收益为0.213元;

(二)财务报表附注

1.本报告期所采用的会计政策和方法与上年度一致。

2.货币资金较期初增加201,823,646.36元,主要为募集资金尚未全部投入使用。

3.应收帐款20,273,642.70元,比期初增加1,793,247.17元。按帐龄分析如下:

帐龄	金额	比例(%)
1年以内	15,013,485.71	75.93%
1-2年	2,665,343.31	13.48
2-3年	1,625,649.32	8.22
3年以上	468,974.36	2.37

应收帐款中无持本公司5%以上股份的股东。

4.预付帐款65,682,702.94元,比期初增加54,224,144. 81元,主要为预付种子和农药款。按帐龄分析如下:

帐龄	金额	比例(%)
1年以内	61,844,032.05	94.16
1-2年	3,145,927.36	4.79
2-3年	692,743.53	1.05

其中与承德长城种子公司联储联销杂交玉米种子1500万公斤,预付种子款3500万元,1996-1997年全国杂交玉米种子滞销,双方联储的种子质量好、价格低,预计销售市场前景看好。

预付帐款中无持本公司5%以上股份的股东。

5.其他应收款20,571,791.61元,比期初增加13,045,686.19元。按帐龄分析如下:

帐龄	金额	比例(%)
1年以内	15,054,196.80	73.18
1-2年	4,891,310.33	23.78
2-3年	397,690.64	1.93
3年以上	228,593.84	1.11

其他应收款中无持本公司5%以上股份的股东。

6.存货43,762,512.65元,比期初增加18,524,985.25元,主要是库存农药类和杂交水稻种子增加。

7.长期投资比期初增加1000万元,系对合肥城市合作银行的股权投资。

8.在建工程42,329,218.75元,主要系投入募集资金项目。

9.短期借款22,000,000.00元,主要为生产经营性流动资金临时借款。

10.应付帐款19,403,615.94元,比期初增加6,114,934.62元,主要为增加应付货款。

11.预付帐款比期初减少4,000,000.00元,主要是偿还销货款。

12.股本108,000,000.00元,比期初增加45,000,000.00元,是发行社会公众股4500万股形成的。

13.资本公积280,827,344.76元,比期初增加246,928,721.22元,其中股票溢价发行扣除发行费用形成246,879,716.22元,有效申购资金冻结期利息49,005.00元。

14.未分配利润25,430,780.00元,为本期实现净利润。其中包括1997年1月1日到4月16日公司成立前利润648万元,由新老股东共享。

15.主营业务收入比去年同期增长68.8%,主要是产品出口、粮油种子和农化产品销量增加。

16.投资收益2,183,689.00元,为证券投资收益。证券投资成本2,246,503.00元。

17.营业外收入中2,378,314.97元,为本期摊入的发行股票无效申购资金冻结期利息。

18.利润总额29,918,564.71元,较去年同期增长164.1%。

19.本报告期公司无关联交易。

二、经营情况的回顾与展望

(一)上半年经营情况的回顾

1.今年是公司改制上市的第一年,董事会确立了"强化主导产业,发展相关产业,探索资本经营,加强内部管理"的战略思路。经过全体员工的共同努力,上半年实现销售收入7494万元,比去年同期增长68.8%;实现利润总额2992万元,实现净利润2543万元,分别比去年同期增长164.1%和141%;杂交西甜瓜、辣椒、水稻及外繁外贸等种子生产计划全面落实,为下半年经营奠定了良好的基础,呈现出产销两旺的发展态势。

2.调整组织机构,深化内部改革。公司抓住上市的契机,根据市场特点和业务拓展的需要,对内部组织机构、人事管理进行了较大的调整和改革,充实了科研、生产经营力量,对经营性部门实行利润指标承包考核,非经营性部门采取岗位目标管理,全体员工实行竞争上岗、岗位聘用,更好地调动了部门和个人的积极性。公司对全员进行了微机和营销、管理培训,以全面提高企业员工队伍整体素质。

3.走联合促发展,规模创效益之路。公司充分发挥沪浙皖西瓜种子产销联合体的销售主渠道作用,全面带动蔬菜、粮油种子和农化产品的销售。长江杂交水稻种子产销联合体启动运营、与国内杂交玉米种子主产区进行联储联销合作,为进一步开发杂交水稻和杂交玉米种子市场奠定了基础。

4.募集资金的运用情况:按招股说明书的要求,大型粮食瓜菜种子加工包装中心项目已投入1200万元,包括征地、购置设备等;100吨/年精喹禾灵原药合成工程在进行项目的前期准备工作,已投入300万元用于厂房租凭、维修等;全国西瓜种子实验中心投入3700万元,已完成土建工程,进入内部装饰阶段;种子一条街已投入700万元,完成征地拆迁工作;全国种子销售网络建设和杂交玉米开发项目正在启动;脱水蔬菜开发项目,正在对国内外市场进行进一步调查论证。尚未投入使用的资金存入银行,将按招股说明书计划继续投入上述项目。

5.上半年已完成全年预测利润的56.11%。

(二)下半年计划

1.积极开拓种子市场。下半年是种子销售的旺季,公司将集中力量,采取灵活和有效的促销举措,使市场向广度和深度拓展。公司将加强营销队伍的建设,加快营销网络项目的进展,发展全国种子连锁经营体系,组建区域性种子、农化产品分销公司,建立杂交水稻、杂交玉米等专业性种子公司,强化主导产品,扩大市场占有率。

2.利用合肥市农林科学研究所整体并入母公司的良机,用本公司的资产与其并入的生产经营性资产进行置换,以进一步增强本公司的科研、营销力量。同时继续加大科研投入,多方引进专业人才,高起点、高目标,加速西甜瓜、蔬菜新品种的选育。

3.建立健全管理规章制度,建立内部信息管理网络,使管理更规范、更科学。进一步推行三项制度的改革,形成良好的竞争、激励和约束机制。

三、重大事件的说明

1.1997年4月4日,公司通过深圳证券交易所主机系统采取"上网定价"发行人民币普通股4400万股,同时向公司职工配售100万股,每股发行价6.75元;4月16日,公司在安徽省工商管理局登记注册;4月22日,公司4400万社会公众股在深交所挂牌交易。

2.丰乐农化厂厂址搬迁

公司在肥西三河镇租赁安徽东裕实业集团公司闲置厂房约3万平方米,租期50年,用于改扩建丰乐农化厂,搬迁工作现已完毕,为农化厂下一步上规模、上水平提供了条件。

3.公司与新疆自治区种子公司合资组建了基地生产型公司－－新疆丰乐西甜瓜种子有限公司,以利用新疆优越的自然生态条件,稳定西甜瓜种子生产,规避风险。本公司投资25.5万元,占总股本的51%。今年,公司在新疆安排西甜瓜制种7000亩,较去年2000亩有显著增加。

4.公司投资300万元,建立了合肥国际种苗服务中心,开展国外新品种、新技术、新项目的引进及种苗信息的交流工作,今年已承接8个国家十几个种苗公司的新品种试种示范工作,成为公司对外业务的又一个窗口。

5.根据第一次股东大会审议通过,公司投资1000万元,参与组建合肥城市合作银行,占其总股本的3.73%。

6.沪浙皖西瓜种子产销联合体成立十周年庆祝大会成功召开。

6月19－21日公司召开了联合体成立十周年庆祝大会,来自国内28个省、市、自治区及美国、荷兰、韩国等国的育种专家、种子界同仁800多人参加了会议。会议总结了"联合促发展"的成功经验,表彰了50多位对科研、市场开发、新品种推广有突出贡献的单位和个人,对种子行业的改革思路和联合体未来的发展进行了专题讨论,出台了组建营销网络方案,引起积极反响。会议结合签订购种合同,参观了公司的新品种试验示范基地和国际种苗服务中心,再次展示了公司的整体实力和在种子行业的强大凝聚力。

7.对照国务院证券委、中国人民银行、国家经贸委5月21日联合发布的《严禁国有企业和上市公司炒作股票的决定》的通知要求,经自查,本公司仅开设"丰乐种业"一个股东帐户,在以往的证券投资活动中无任何违规事项。本公司今后如何从事证券投资,将严格执行国家有关规定。

8.本公司中期利润不分配。

9.本公司在报告期内无重大诉讼、仲裁事项。

四、发行在外股票的变动和股权结构的变化

1.本报告期内,公司发行在外的股票和公司的股权结构未发生变动。

2.现有股权结构(单位:万股,每股面值:1.00元人民币):

	1997年6月30日	占总股本(%)
(一)尚未流通股		
1.国家股	6300	58.33
2.公司职工股	100	0.93
尚未流通股份合计	6400	59.26
(二)已流通股份		
1.境内上市的人民币普通股	4400	40.74
已流通股份合计	4400	40.74
(三)股份总数	10800	100.00

3.主要股东持股情况(1997年6月30日)

股东名称	持有股数(股)	持股比例(%)
(1)合肥市种子公司	63000000	58.33
(2)颜景乐	410999	0.38
(3)重庆西南经济建设投资公司	312400	0.29
(4)北京汉泽有限责任公司	308895	0.29
(5)汪甫	270000	0.25
(6)崔可心	270000	0.25
(7)李玉兰	210000	0.19
(8)马翠芬	200000	0.19
(9)王旭沛	191700	0.18
(10)重庆南岸乡镇企业投资有限公司	191600	0.18

五、股东大会简介

合肥丰乐种业股份有限公司创立大会暨第一次股东大会于1997年4月16日在合肥市召开,出席大会的股东代表184人,代表股份6388.9万股,占总股本的59.16%,符合《公司法》的规定。会议在合肥市公证处公证下,审议并通过了以下议案:

1.审议通过了关于公司筹建工作的报告;

2.审议通过了公司筹建费用的审计报告;

3.审计通过了关于设立公司的议案;

4.审议通过了公司股票在深交所上市的议案;

5.审议通过了公司章程。

6.选举产生了公司首届董事会和首届监事会;

7.审议通过了1997年董事会工作计划的报告。

六、备查文件

1.载有董事长、总经理张海银亲笔签名的中期报告原本;

2.公司《招股说明书》和《上市公告书》;

3.公司章程。

查阅地址:合肥市西七里塘樊洼路8号本公司办公大楼

电话:(0551)5571324

合肥丰乐种业股份有限公司董事会

1997年8月26日

海口农工贸(罗牛山)股份有限公司

海口农工贸(罗牛山)股份有限公司招股说明书概要

一、释义

在本招股说明书概要中,除非上下文另有所指,下列词语具有如下含义:

公司、本公司:指本次发行股票的海口农工贸(罗牛山)股份有限公司

发起人:指海口市农工贸企业总公司、海南兴华农业财务公司、海南省国营桂林洋农场、海口天星实业公司

农工贸:指海口市农工贸企业总公司

兴华财务:海南兴华农业财务公司

桂林洋:海南省国营桂林洋农场

天星公司:海口天星实业公司

证监会:指中国证券监督管理委员会

公司法:指《中华人民共和国公司法》

承销机构:指以中国经济开发信托投资公司为主承销商的承销团

主承销商:指本公司本次社会公众股发行之主承销商,即中国经济开发信托投资公司

上市推荐人:指中国信达信托投资公司、海南省国际信托投资公司、长城证券有限责任公司

股　　票:指海口农工贸(罗牛山)股份有限公司本次发行的每股面值1元的人民币记名式普通股股票

发　　行:指公司本次向境内公开发行人民币记名式普通股股票

元:指人民币元

二、绪言

本招股说明书概要是根据《中华人民共和国公司法》、《股票发行与交易管理暂行条例》、《公开发行股票公司信息披露实施细则》及国家有关公司和股票发行的法律、法规、规章及政策规定而编写。

本招股说明书概要已经本公司董事会审议通过,董事会全体成员确信其中不存在任何重大遗漏和误导,并对其准确性、真实性、完整性负个别及连带责任。

公司本次发行的股票是根据本招股说明书概要所载明的资料申请发行的。除本公司和主承销商外,没有委托或授权任何其他人提供未在本招股说明书概要中列载的信息和对本招股说明书概要作任何解释或说明。

投资者如对本招股说明书概要有任何疑问,可咨询本次股票的发行人或主承销商。投资者须自行负担买卖本公司股票所应支付的税款,发行人、承销商和上市推荐人对此不承担责任。

三、发售新股的有关当事人

1. 发行人:海口农工贸(罗牛山)股份有限公司

法定代表人:吴伟雄

地　　址:海口市人民大道30号二楼

电　　话:(0898)6255101

传　　真:(0898)6259968

联 系 人:胡电铃　　付永进

2. 主承销商:中国经济开发信托投资公司

法定代表人:韩国春

地　　址:北京车公庄大街21号新大都饭店二号楼

电　　话:(021)65489713　　(010)68319988×12121

传　　真:(021)65332786

联 系 人:施斌　　王相东　　陈龙晖

副主承销商:海南省国际信托投资公司

法定代表人:彭振明

地　　址:海口市滨海大道国信大厦

电　　话:(0898)6779568

传　　真:(0898)6777333

联 系 人:王鸿武　阎强

分 销 商:广发证券有限责任公司

法定代表人:陈云贤

地　　址:广州市农林下路83号

电　　话:(020)87676350　(0898)6788538

传　　真:(0898)6751574

联 系 人:徐江　　高文洁

分 销 商:长城证券有限责任公司

法定代表人;李仁杰

地　　址:深圳市福田区八卦岭八卦三路平安大厦4楼

电　　话:(0755)2414856

传　　真:(0755)2414862

联 系 人:康米和

分 销 商:海通证券有限公司

法定代表人:李惠珍

地　　址:上海市北海宁路30号

电　　话:(021)65841458

传　　真:(021)65841935

联 系 人:余兆建

分 销 商:海南港澳国际信托投资有限公司

法定代表人:李耀祺

地　　址:海口市滨海新村588号

电　　话:(0898)8513437

传　　真:(0898)8513397

联 系 人:候小兵

分 销 商:中国新技术创业投资公司

法定代表人:徐振国

地　　址:北京市建国门外大街22号赛特广场10楼

电　　话:(0755)2288167

传　　真:(0755)2175947

联 系 人:胡野

分 销 商:北京证券有限公司

法定代表人:张克俭

地　　址:北京市西城区德外东滨河路B11号

电　　话:(010)62058031

传　　真:(010)62058027

联 系 人:徐凯盈　　刘鹏

3. 上市推荐人:中国信达信托投资公司

法定代表人:陈玉华

地　　址:北京市西城区西长安街28号

电　　话:(010)62372152

传　　真:(010)62372136
联 系 人:翟峰
上市推荐人:海南省国际信托投资公司
　　　　　长城证券有限责任公司
4．发行人的律师事务所:方圆律师事务所
法定代表人:刘峰
地　　址:海口市滨海大道花园大厦3楼A座
电　　话:(0898)6763331
传　　真:(0898)6763331
经办律师:刘峰　涂显亚
5．主承销商的律师事务所:北京市大成律师事务所
法定代表人:彭雪峰
地　　址:北京市复兴门内大街48号民族文化宫8楼
电　　话:(010)66065791
传　　真:(010)66065793
经办律师:江华　　郭文氢
联 系 人:李传华
6．会计师事务所:河北会计师事务所
法定代表人:程风朝
地　　址:河北省石家庄市康乐街副9号
电　　话:(0311)7827813
传　　真:(0311)7061582
经办注册会计师:刘国忠　　李云水
联 系 人:李云水
7．财务顾问:上海经联实业有限公司
法定代表人:许洪标
地　　址:上海市中山北路2918号
电　　话:(021)62544055
传　　真:(021)62544055
联 系 人:杨华安
8．资产评估机构:中咨资产评估事务所
法定代表人:鲁静
地　　址:北京车公庄西路32号中咨大厦
电　　话:(010)68415511—5214
传　　真:(010)68418502
经办评估人员:王怡
9．资产评估确认机构:中华人民共和国国家国有资产管理局
法定代表人:张佑才
地　　址:中国北京市海淀区万泉河路66号
电　　话:(010)62567744
传　　真:(010)62561817
10．股金存放银行:交通银行海南分行海甸办事处
帐　　号:03—0210013089
地　　址:海南省海口市人民大道海甸四东路
电　　话:(0898)8538195
联 系 人:霍彬
股金冻结银行:中国人民银行海口市分行
法定代表人:杨玉明
地　　址:海南省海口市大同路16号
电　　话:(0898)6753831
传　　真:(0898)6773443
11．股票登记机构:深圳证券登记有限公司
法定代表人:黄铁军
地　　址:广东深圳市红岭中路25号
电　　话:(0755)5585536
股票登记机构:海南省证券交易中心登记处
法定代表人:燕翔
地　　址:海南省海口市滨海大道富南大厦9楼
电　　话:(0898)6220595

四、发行情况

1．股票种类:人民币记名式普通股(A股)
2．发行日期:1997年5月25日至1997年5月31日
3．发行地点:海南省海口市
4．发行对象:境内持有深圳证券交易所股票帐户卡的自然人、法人(国家法律、法规禁止购买者除外)
5．承销起止日期:1997年5月19日至1997年6月15日
6．上市时间及地点:
公司本次发行的股票将于发行结束后尽早申请在深圳证券交易所挂牌交易。
7．发行方式:全额预缴、比例配售,余款转存
8．每股面值:人民币1.00元
9．每股发行价格:4.35元
10．预计市盈率14.5倍
11．发行数量:4,500万股
12．发行总市值:19,575万元
13．发行费用:900万元
14．本次发行后每股净资产:2.53元
15．本次发行前后公司股权结构的变化

本次发行前股本结构如下:

股权种类	股份数量(万股)	所占比例(%)
发起人股(境内法人持股)	6256.56	62.57
其中:海口市农工贸企业总公司	4956.56	49.57
海南兴华农业财务公司	750	7.5
海南省国营桂林洋农场	250	2.5
海口天星实业公司	300	3
募集法人股	2243.44	22.43
内部职工股	1500	15
总股本	10000	100

本次A股发行完成后,本公司将形成如下股本结构:

股权种类	股份数量(万股)	所占比例(%)
尚未流通股:		
发起人股	6256.56	43.15
其中:境内法人持股	6258.56	43.15
募集法人股	2243.44	15.47
内部职工股	1500	10.35
流通股:		
社会公众股	4500	31.03
总股本	14500	100

五、风险因素与对策

提示:投资者在评价公司本次发售的股票时,除本招股说明书提供的其它资料外,应特别认真地考虑下述各项风险因素。

一、风险因素

1．经营风险

(1)原材料供应风险

饲养业是本公司的主营业务之一,其中引进培育饲养的美国迪卡猪、海兰鸡等属于高产优质品种,对饲料有较高的品质要求,目前本公司所使用的高蛋白全价饲料等主要依靠岛内企业生产供应。由于岛内饲料加工企业的现有生产能力还不能完全适应当地饲养业发展的需求,饲料市场供不应求,大量高品质的饲料尚需从外省调入,价格、质量波动性较大,这

会对公司的产品质量及经营、盈利情况产生一定的影响。

(2)受自然条件限制的风险

海南岛位于亚热带,属于海洋型气候,夏季较多发生灾害性天气现象,暴雨、台风常对野外农作物和生产设施产生较大的破坏,因而会影响公司的正常生产经营。

(3)受病虫害影响的风险

病虫害一直以来是农业生产的最大威胁之一。一旦发生病虫害,生猪的出栏率、种鸡的存活率以及其他农作物的健康状况都会在不同程度上受到影响,进而会影响公司畜禽产品、无公害蔬菜等农副畜产品的产量和质量。

(4)受交通运输限制的风险

公司农副产品的市场主要在海口市及邻近地区,但每年也有一定量的反季节蔬菜和鲜活畜禽产品销往省外及港澳地区。由于受海岛特殊的地理条件限制,产品外销主要依靠空运和海运。受恶劣天气的影响,公司产品的外运会受到延误,从而影响公司部分销售合约的执行。

2. 行业风险

(1)行业竞争的风险

本公司自成立以来一直致力于农副产品的生产加工,畜禽产品及无公害蔬菜深受省内人民的欢迎,在省内同行业中处于领先的地位。由于目前本省的农副产品供不应求,存在较大的市场缺口,加上海南省又具有开发农业的良好的自然环境和社会环境,近年来在政府有关部门的支持下,大批岛内外企业开始投资开发现代农业,投资的力度日益加大,同行业竞争日趋激烈,这将直接影响到本公司产品的市场占有率。

(2)科技限制的风险

本公司是海南畜牧、养殖业的龙头企业,所饲养的猪、鸡,所种植的蔬菜大都采用了国外当代的优质品种,但由于公司在科研、管理、销售等综合实力与国际上的先进水平尚有差距,这将在一定程度上限制公司优势的充分发展。

3. 市场风险

本公司的畜牧、养殖产品销售主要面向海南省内,销售市场存在一定的局限性。本公司的产品技术含量高,安全系数大,但由于生产规模的限制,产品价格优势不明显。另外,受到大量外来传统农副产品的冲击,给本公司产品的销售造成一定的压力。

4. 政策性风险

本公司以开发菜蓝子工程和热带高效农业为主,属于国民经济基础产业,与人民日常生活密切相关,受到国家及地方产业政策的重点扶持,并享受国家税收等优惠政策。目前,我国处于税制改革时期,国家相关税收政策的调整,将会直接影响本公司的经营和盈利能力。另外,随着国家经济政策的调整,特区的政策优势日益淡化,企业所承担的竞争压力会加大。

5. 股市风险

股票投资的风险主要体现在其价格的波动大,不可预见的因素较多,且由于我国证券市场相关的政策法规尚不完备,股票市场投机性较强。这些因素将导致本公司股票价格偏离公司实际经营业绩,务请投资者予以重视。

(二)风险之对策

针对上述风险,本公司拟采取以下对策:

1. 经营风险之对策

(1)饲料供应

针对饲料供应的风险,公司通过广泛的市场调查,一方面努力寻求质量好、价格适中的饲料,进一步建立稳定的饲料供应基地,降低饲料采购成本;另一方面,加强内部管理,加强员工的技术培训,把饲料的消耗控制在最低水平。

(2)自然条件的限制

针对前述之受自然条件影响的风险,公司一方面加强基础生产设施的建设和维护,提高抵抗自然灾害的能力;另一方面,发展棚栽蔬菜的种植,保证在淡季农副产品的市场供应。

(3)病虫害的影响

针对病虫害的风险,本公司已建立了完善的防疫系统,借助科技的力量,防止病虫害的发生;同时加强内部管理,制定防范措施,规范生产操作,加强对员工的教育,增强防病除害意识,使病虫害发生的可能性降至最小。

(4)运输条件的限制

一方面,公司将加强与外销产品承运部门的联系,及时沟通货运信息;另一方面,公司将适时择地建设省外的生产基地,变产品输出为技术和管理的输出,扩大公司产品的服务范围。

2. 行业风险之对策

针对行业风险,本公司将进一步扩大生产规模,引进先进技术和人才,开发高附加值的农副产品,不断提高公司产品的档次;同时加强本公司的科研工作,积极与国内外著名的科研机构开展各种形式的合作,提高本公司的综合实力,使本公司继续在同行中处于领先地位。

3. 市场风险之对策

针对市场风险,本公司将进一步开拓省内外及国际市场,完善现有销售体系,努力提高省内外市场的占有率,同时加强对外联系,努力掌握新的行业经营之道,积累经验,引进人才,努力使企业在激烈的竞争中立于不败之地。

4. 政策性风险之对策

公司将继续以发展海南的菜蓝子工程为宗旨,扩大公司的农副产品的生产规模,加强菜蓝子配套工程的建设,充分利用国家对农业的优惠政策,加速资本积累,扩大经营规模,壮大综合实力,降低政策风险可能对公司带来的影响。

5. 股市风险之对策

股市风险难于预测,本公司提醒投资者在购买本公司股票时应对上述风险因素充分了解,进行综合分析。公司也将依据有关法规的要求,及时、充分地披露公司的有关信息,协助投资者做出合理的投资判断。

六、募集资金的运用

此次公司向社会公开发行4500万股社会公众股,如发售成功,扣除发行费用后,实募集资金18,675万元。

(一)本次发行股票所募集资金的运用计划

本公司此次实募集资金18,675万元,将主要用于投资完善"罗牛山菜蓝子"配套工程体系,包括"八十万只蛋鸡场"项目、"六万头瘦肉型良种猪苗场"项目、"时宰200头大猪、450头乳猪、1,000只肉鸡屠宰加工冷冻生产线"项目、"海口市无公害蔬菜生产基地"项目。上述项目共需资金20,248万元,不足部分由公司自筹解决。

1. 项目情况

(1)八十万只蛋鸡场

据初步统计,至1995年海口市人均鲜蛋的消费量仅为国内人均消费量的一半,而且很大一部分鸡蛋是从广州和广西调入的。由于增加了储运成本,海口市的鸡蛋价格一直居高不下。从蛋鸡种苗市场看,整个海南省尚无种鸡场,蛋鸡种苗完全依赖于从外地购进。因此,从我省畜禽养殖业的实际出发,建设自己的种苗繁殖育种基地,必将对全省养鸡业的发展起到巨大的推动作用,为公司创造良好的经济效益。

该项目已经海南省计划厅琼计农经(1996)1104号文"关于80万只蛋鸡项目的批复"批准。项目总投资6,962万元人民币,兴建一家蛋鸡场和配套种鸡场,其中固定资产投资5,926万元,流动资金1,000万元。项目建设期为2年。项目建成达产后年销售收入为9,918万元,利润1,160万元。项目投资回收期为4年。

(2)六万头瘦肉型良种猪苗场项目:

长期以来,海南省养猪业相对滞后,每年大约有40万头大猪从外埠调进。一旦遇上灾害性天气,猪肉根本无法进岛,造成市场供应紧张,肉价居高不下,全年市场供应极不均衡。造成全岛牲猪生产停滞不前的重要原因,就是牲猪种源问题。全省约有1/3的猪苗(约70万头)都是从广东、广西、湖南等地引进的。猪苗的缺乏,以及引进的猪苗品种品质低劣,造成育成率低、饲料报酬率低、生产速度缓慢,使全岛牲猪生产整体水平不高。因此,建立年供应六万猪苗的繁殖基地是必要而且急需的。

该项目已经海南省计划厅琼计农经(1996)1101号文"关于'6万头瘦肉型良种猪苗场'项目的批复"批准。项目总投资为2,800万元人民币,其中固定资产投资2,300万元,流动资金500万元。项目建设期为2年。项目建成达产后可年增产值6,000万元,获利润900万元。预计投资回收期为2.8年。

(3)时宰200头大猪、450头乳猪、1,000只肉鸡屠宰加工冷冻生产线项目

该项目系海南省唯一的现代化的大型屠宰加工冷冻生产线项目。该项目符合中央关于"定点屠宰、集中检疫、统一纳税、分散经营"的屠宰政策,而且由于海口尚无肉类冻库,故该项目建成以后不仅能彻底解决上市肉产品因为现宰现卖而出现的调剂能力差的问题,还可以为海口市的蔬菜提供储存保鲜场所。

该项目已经海南省计划厅琼计投资(1995)380号"关于海口农工贸(罗牛山)股份有限公司时宰200头大猪、450头乳猪、1,000只肉鸡屠宰加工冷冻生产线可行性研究报告的批复"批准。项目总投资7,831万元人民币,其中由丹麦政府提供政府贷款266万美元(折合人民币2261万元),本公司将投入5,570万元,其中:生产设备引进约2261万元,基建等配套工程建设约2,570万元,流动资金约3,000万元。项目建设期为1年。项目达产后年可获利润1,100万元,预计投资回收期约5.3年。

该项目已于去年着手进行,主要是利用丹麦政府的贷款从该国全套引进了先进的冷冻生产设备和加工技术。

(4)海口市无公害蔬菜生产基地项目。

随着工农业的高速发展,环境污染日趋严重,人们越来越注重生活质量,追求健康生活,因此高效无公害蔬菜越来越受到人们的青睐,需求量也越来越大。鉴于海南省蔬菜生产比较落后的现状,公司拟开发无公害蔬菜,满足岛内高档蔬菜的需求,以及向东南亚经济发达地区输送,拓展海外市场,同时充分利用海南的气候优势,种植反季节瓜菜,获取良好经济效益。

该项目已经海南省计划厅琼计农经(1996)1107号"关于海口市无公害蔬菜生产基地项目可行性研究报告的批复"批准,兴建700公顷无公害蔬菜及反季节瓜菜基地,年产6.24万吨蔬菜。该项目总投资4,952万元人民币,其中固定资产投资4,065万元,流动资金预算为887万元。全部建成后,每年可获利润980万元,投资回收期为4.05年。

该项目已投资107万元,引进以色列的滴灌技术,试种了100亩无公害蔬菜,现已取得成功。

2. 资金投入计划时间表

目前,上述四个项目的前期工作已基本就绪。预计向社会公开发行股票的募集资金1997年7月到位,公司资金投入计划如下表:

项目名称	总投资(万元)	建设期(年)	资金投入(万元)	
			1997年	1998年
80万只蛋鸡场及配套种鸡场项目	6,926	2	2,300	4,626
6万头瘦肉型良种猪苗场项目	2,800	2	2,000	800
时宰200头大猪、450头乳猪、1000只肉鸡屠宰加工冷冻生产线	7,831 其中本公司投入5,570万元	1	5,570	
海口市无公害蔬菜生产基地	4,952 (已投资107万元)	2	2,600	2,245
合计	22,509		12,470	7,671

(二)前次募集资金的运用情况

本公司1993年5月定向募集设立时实募资金3,712万元,已按定向募集招股说明书所披露的资金投向投入海口市"菜蓝子"工程项目建设,且使用效益良好。具体情况如下:

项目	投资总额	已完成投资额	形成生产能力
10万只蛋鸡场	1,200万元	1,200万元	年产鲜蛋120万公斤,鸡肉20万公斤,有机肥300万公斤,年创产值1,500万元。
万头瘦肉型良种猪场	850万元	850万元	年出栏种猪4,000头,创产值1,300万元。
20万只蛋鸡场	1,900万元	1,900万元	年产鲜蛋240万公斤,实现销售收入3,000万元。
3头万猪场	1,500万元	1,500万元	年出栏商品猪30,000头,实现销售收入2,700万元。
农贸批发市场	800万元	800万元	年创利700万元
总计	6,250万元	6,250万元	

七、股利分配政策

1. 股利分配的一般政策

按本公司章程第十章所载利润分配规定,本公司税后利润按下列顺序和比例分配:

(1)弥补亏损;

(2)提取法定公积金10%

(3)提取法定公益金(5%—10%)

(4)提取任意公积金;

(5)支付普通股的股利。

每年度具体分红派息方案由董事会提出,并经股东大会决议批准后执行。

2. 公司股利分配将严格遵循同股同利之分配原则,按各股东持有的份额进行分配,股利分配采用现金或送股两种方式。本公司分配股利时,按有关法律和法规代扣个人股东股利收入的应纳税金。

3. 根据历年股东大会的决议,公司在1994年向全体股东派发股利,每股0.18元(共计1800万元);1995年度、1996年度的未分配利润将继续滚存至1997年,并由本次发行后公司的新老股东共享。

4. 上述股利分配政策,尚需公司本次A股发行完成后的股东大会予以确认。

5. 预计本次发行后的首次利润分配将在1998年6月以前执行。

八、发行人情况

1. 本公司名称:海口农工贸(罗牛山)股份有限公司

英文名称:HAIKOU AGRICULTURE & INDUSTRY & TRADE (LUONIUSHAN) CO., LTD.

2. 本公司成立时间:1993年10月15日

3. 本公司住所:海口市人民大道30号二楼

4. 发行人简况:

(1)本公司的历史沿革

海口市农工贸(罗牛山)股份有限公司是于1993年3月经海南省证券委员会琼证字[1993]2号文批准,由海口市农工贸企业总公司牵头,与海南兴华农业财务公司,海南省国营桂林洋农场,海口天星实业公司共同发起,在对原海口市农工贸企业总公司进行股份制规范化改组的基础上采取定向募集方式设立的股份有限公司。

1997年2月,经海南省证券管理办公室琼证办[1997]17号文批准,公司向社会公开发行4,500万股社会公众股。

本次发行以后,公司注册资本将增至14,500万元,并将由定向募集公司转变为社会募集的股份有限公司。

(2)发起人基本情况

A. 海口市农工贸企业总公司

公司注册资金2000万元,注册地址为海口市人民路23号,法定代表人:吴伟雄。农工贸是海口市国营罗牛山农场的全资下属企业,主营农牧产品、饲料、化工产品、胶杂制件、建筑材料等业务。在国家农业部、海南省委省政府、海口市市委市政府的鼎力支持和帮助下,农工贸已发展成为

海南省“菜蓝子工程”的示范基地、骨干企业。公司实施改制后,其股权由海口市国营罗牛山农场持有。

B.海南兴华农业财务公司

公司注册资金1000万元,注册地址为海口市国贸大道华昌大厦九层,法定代表人:王治福。兴华财务是财政部和海南省财政厅合资兴办的专门进行农业融资、投资、开发的全民所有制企业,重点支持海南省示范性、关键性农业开发项目,主要从事农业开发、农业科技推广应用业务、咨询业务、贷款等业务。

C.海南省国营桂林洋农场

桂林洋成立于1991年3月30日,注册资金:1000万元,注册地址为海南省琼山市桂林洋农场,法定代表人:林诗銮。桂林洋主要经营水稻、水产品、水果、瓜菜等农副产品的种植。

D.海口天星实业公司

天星公司注册资金:1000万元,注册地址为海口市宁和园别墅六栋,法定代表人:王建敏。天星公司主要经营房地产开发投资、股份投资、商业贸易等,天星公司分别在南京、常州、兰州注册有子公司,主要业务为酒店经营、商业贸易等。

5.本公司组织结构和内部管理机构:

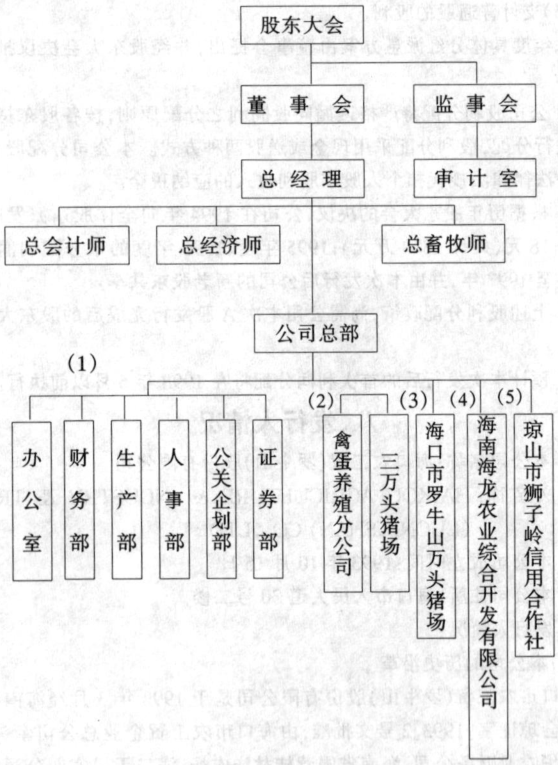

注:(1)组织管理机构;

(2)分公司;

(3)全资子公司;

(4)控股公司;

(5)参股公司。

(公司组织、管理结构图)

6.本公司职工人数构成和有关福利

截止1996年12月31日,本公司共有职工430人,其中管理人员73人,占17%;生产人员357人,占83%。技术人员35人:占8.2%;具有大学、大专、中专以上学历的155人,占职工总数的36%。本公司尚无离退休人员。

本公司职工享有较为完善的福利待遇。截止1996年12月31日,本公司职工已全部参加社会劳动保险统筹,保险费标准按上年职工年均工资总额的21%提取上缴。

7.本公司的业务经营范围

种养业、兴办工业、旅游业、房地产开发经营、建筑装璜工程、化肥、农药、兽药的生产销售、农副畜水产品及饲料加工销售、普通机械、汽车摩托车零配件、医药器械、电子产品、金属材料、化工产品、家用电器、现代办公用品、日用百货、食品、建筑材料、农副土特产品的销售、餐饮业。

8.本公司实际从事的主要业务

畜牧养殖、农副水产品加工、饲料加工、种植

9.本公司主要产品生产能力及市场占有率:

目前,公司主要的产品有迪卡猪、海兰鸡、全价高蛋白复合饲料。每年出栏种猪4000头,肉猪41000头,占海口市猪肉市场供应量的30%;年产鲜蛋320万公斤,肉鸡30万只,占海口市鲜蛋市场的70%、肉鸡供应量的5%;年产全价高蛋白复合饲料10000吨,畅销省内各地,占海南省饲料供应量的2%。

10.本公司享有的优惠政策

经海南省财务税务厅琼财税函所字(1997)31号文批准,为了支持“菜篮子”建设,扶持企业发展,同意公司自海口市农工贸企业总公司开始获利年度起享受第一年至第五年免征企业所得税,第六年至第十年减半征收企业所得税。

11.本公司关联交易情况

(1)海口市国营罗牛山农场是本公司的控股单位,现持有公司49.57%的股份。本公司与罗牛山农场在非经营性资产的使用上存在关联交易,因此双方签定了《综合服务协议》。双方约定,罗牛山农场不再从事与本公司相同的业务,并且为本公司提供诸如水、电供应,医疗、教育等方面的有偿服务。

(2)海南兴华农业财务公司、海口省国营桂林洋农场、海口天星实业公司是公司的发起人,现在分别持有公司7.5%、2.5%、3%的股份。除了投资人股本公司外,上述三家企业与公司不存在其他关联交易。

(3)琼山市狮子岭信用合作社由本公司参股的企业,公司持有其11%的股权。目前公司与其签有金额为人民币壹佰壹拾万元、期限7个月的短期贷款协议,月利率为16.8‰。协议的订立是合法的、公平的,不会给公司的生产经营带来不利影响。

12.董事、监事及高级管理人员简历

董事会成员:

吴伟雄:男,40岁,研究生毕业,高级畜牧师

历任湖北省龙感湖农场种猪场、牧蜂场、填鸭场、禽畜产总公司副场长、场长、总经理、书记、农场副场长等职。现任中国家禽业协会、养猪业协会常务理事,海口市国营罗牛山农场场长兼党委书记、海口农工贸(罗牛山)股份有限公司董事长兼总经理。曾荣获国家有突出贡献中青年专家、全国劳动模范、海南省优秀党员标兵、海南省功勋企业家等称号。

王治福:男,48岁,大专学历

历任山东维坊市财政局科长、山东省财政厅副科长、科长、海南省财税厅农财处处长。现任海南兴华农业财务公司总经理,海口农贸(罗牛山)股份有限公司副董事长。

林诗銮:男,45岁,大专学历

现任海南省国营桂林洋农场场长,海南新大洲摩托车股份有限公司副董事长、海口农工贸(罗牛山)股份有限公司副董事长,曾先后被评为海南省优秀企业家。

王建新:男,37岁,大专学历,畜牧师

历任湖北省龙感湖农场禽畜产总公司办公室主任、饲料厂厂长。现任海口市海龙禽畜开发公司经理。

姚庆雨:男,57岁,大学学历,高级畜牧师

先后在北京市平谷县农林局,北京市机械化养猪、养鸡指挥部工作。

现任北京市牧工商总公司总畜牧师兼峪口养鸡总场场长。

王建敏:男,43岁

先后担任安徽省军区南办主任、军区生产办副主任等职。现任海口天星实业公司总经理。

王晓林:男,39岁,研究生

曾在中央财政金融学院经济管理系担任统计学教师、副教授。现任中经资产管理公司副总经理。

徐自力:男,31岁,大学学历

曾担任湖北黄石矿务局机械厂副厂长等职。现任海口永盛畜牧机械工程有限公司经理。

徐翔:男,27岁,大学学历

现任海口三达农业开发有限公司总经理。

监事会成员

邱凤创:男,57岁,大学学历,农艺师

先后在屯昌垦殖所、中坤农场、南坤林场、海口市国营罗牛山农场从事管理工作。曾任技术员、党支部书记、副科长、科长等职。现任海口市国营罗牛山农场副场长。

查中千:男,34岁,大学学历

先后在国家审计署国际审计司、中国经济开发信托投资公司农业信贷部工作。历任科员、副主任科员、主任科员、部门副经理等职务。现任海南兴华农业财务公司副经理。

王国强:男,41岁,大学学历,会计师

曾任湖北襄阳县财政局股长、副局长。现任海口市国营罗牛山农场财务科长。

高级管理人员

孔金龙:男,42岁,大专学历,经济师

曾担任海口罗牛山橡胶制品厂车间主任、副厂长,海口东方印刷厂厂长兼党委书记,海口胶杂件厂厂长兼党委书记,海口市农工贸企业总公司工业科科长。现任海口农工贸(罗牛山)股份有限公司副总经理。

胡电铃:男,35岁,大学学历

医学院毕业后又取得法学文凭,先后在湖北、海南等地从事医疗及法律服务。历任办公室主任、法律服务所副主任等职务。现任海口农工贸(罗牛山)股份有限公司董事会秘书兼办公室主任。

付永进:男,25岁,硕士

毕业于天津大学管理学院,曾任海口农工贸(罗牛山)股份有限公司总经理秘书。现任海口农工贸(罗牛山)股份有限公司财务部经理。

九、经营业绩

1. 生产经营的一般情况

公司有力地抓住1993年公司实行股份制改组的契机,大力发展海口市的"菜蓝子工程"项目,现已成为海口市菜篮子工程中的支柱企业。目前,公司下属多个生产实体,包括万头种猪场三万头猪场、二十万只蛋鸡场、十万只蛋鸡场、两个小型饲料加工厂、生猪批发市场、农贸批发市场等,形成了罗牛山农副畜产品生产体系的雏形,成为海口市农副产品市场最大的本地供应商。为繁荣海口市的菜篮子、稳定市场物价,做出了巨大的贡献。

2. 主营业务收入和利润情况

本公司1994年—1996年三个会计年度的经注册会计师审计的经营业绩如下表:

单位:千元

项目	1996年度	1995年度	1994年度
主营业务收入	102,493	83,645	45,921
利润总额	33,011	33,677	24,692
税后利润	32,610	33,353	23,939

10. 本公司业务收入及构成

	1996年		1995年		1994年	
.	金额(千元)	所占比重(%)	金额(千元)	所占比重(%)	金额(千元)	所占比重(%)
主营业务收入	102.493	100	83.645	100	45,921	100
其中:猪	40,012	32	18,980	22.7	4,085	8.9
鲜蛋	12,888	12.6	10,264	12.3	—	—
饲料	25.860	25.2	21.031	25.1	9.904	21.6

3. 生产技术及重大科研成果

(1)公司二十万只蛋鸡场所采用在国内居领先地位的"高层全重叠笼养"新工艺。通过六层六列全重叠笼养方式,大大提高了单位建筑面积的蛋鸡饲养量,超过全国平均水平的三倍。另外,在鸡舍采用的湿帘风机降温系统,成功地解决了在高温条件下高密度养鸡的技术难点,引起了国内同行的关注,通过运用最新的科研成果,公司下属养鸡场的育雏期成活率、产蛋期料蛋比、产蛋率等几个重要指标都处于全国先进水平,其中育雏期成活率比美国还高出1个百分点,居世界前列。

(2)公司下属的万头种猪引进了美国迪卡配套系原种猪,是我国仅有的两迪卡猪育种基地之一。在不断地开发、摸索中,公司成功地开发出"现代化种猪养殖场育种控制及优化运营决策支持系统"软件,将现代化的电子计算机技术应用于牲猪的选配、繁殖种猪培育的全过程。目前公司已在猪场的在窝均产仔数、料肉比、日增重等多个指标方面取得了国内的领先水平。

(3)由本公司承担的国家级科技推广计划项目—商品瘦肉猪项目,已通过省科技和农业部门的评审。项目在各猪场及养猪专业户中推广后大大提高了猪场的饲料报酬率、瘦肉率及窝均产仔数,取得了显著的经济效益和社会效益。

(4)畜牧建筑及机械技术

公司已成功地开发出高速度、低成本地建设猪场和鸡场的技术,每平方米的造价降至200元,大大降低了畜牧生产的固定资产的投资额,促进了畜牧生产经济效益的提高。

在过去的几年中,公司先后荣获海南省"八五"期间十大科技成就奖、海南省星火科技奖、海南省科技进步奖、海口市科技进步奖、海南省及海口市农业先进企业、科技进步先进企业等荣誉称号。

5. 改进经营管理,加强职工队伍建设

本公司成立后,为了充分发挥企业转换经营机制的优势,公司从抓基础管理入手,建立健全各项规章制度,按照责、权、利相结合的原则,对管理岗位和生产岗位,制定了详细的工作标准和岗位手册,企业管理向科学化、现代化转变,推动企业向更高、更新的目标发展。

为提高职工整体素质,公司一直非常重视对员工的业务培训,通过岗位技能培训、基础管理、现场管理、全面质量管理等综合培训,公司已逐步拥有一只技术精、会管理、素质好的职工队伍。

十、股本

1. 注册资本

本公司1993年10月15日定向募集设立时注册资本为10,000万元人民币。本次A股发行结束后,注册资本将增至14,500万元人民币。

2. 已发行的股份

本公司是经海南省证券委员会琼字[1993]2号文批准,由海口市农工贸企业总公司、海南兴华农业财务公司、海南省国营桂林洋农场、海口天星实业公司共同发起,在对原海口市农工贸企业总公司进行股份制整体改组的基础上,采取定向募集方式设立的股份有限公司。经海口市财政局确认,海口市农工贸企业总公司以其经评估后净资产值4,956.56万元折成4,956.56万股;海南兴华农业财务公司以其拥有的项目及土地使用权作价750万元折成750万股,海口天星实业公司以其拥有的土地使用权作价300万元折成300万股,海南省国营桂林洋农场以现金250万元认购250万股,向内部职工定向募集1,500万股,向社会法人募集2,243.44万股。该次定向募集股票以面值发行,每股面值1.00元。

3. 超过面值缴入的资本及用途:

本次发行数量为4,500万股,发行价为4.35元/股,因此,募集资金总量为4,500万股×4.50元/股=19,575万元。扣除面值4,500万元和发行费用900万元,超过面值部分14,175万元将充入公司资本公积金。

4.本次发行前股份的结构

股权种类	股份数量(万股)	所占比例(%)
发起人股(境内法人持股)	6256.56	62.57
其中:海口市国营罗牛山农场	4956.56	49.57
海南兴华农业财务公司	750	7.5
海南省国营桂林洋农场	250	2.5
海口天星实业公司	300	3
募集法人股	2243.44	22.43
内部职工股	1500	15
总股本	10000	100

5.本次发行后股份的结构

本次A股发行完成后,本公司将形成如下股本结构:

股权种类	股份数量(万股)	所占比例(%)
尚未流通股:		
发起人股	6,256.56	43.15
其中:境内法人持股	6,256.56	43.15
募集法人股	2,243.44	15.47
内部职工股	1,500	10.35
流通股:		
社会公众股	4,500	31.03
总股本	14,500	100

6.公司职工股托管情况

公司1,500万股内部职工股已于1996年12月31日在海南证券交易中心完成集中托管工作,并经海南省证券管理办公室确认。

依据国家现有有关法规规定,公司1,500万股内部职工股将在此次发行的社会公众股发行之日起三年后,方可上市流通。

7.本次发行后净资产总额:36,640万元

8.本次发行前每股净资产:1.80元

9.本次发行后每股净资产:2.53元

10.本次发行前,公司前十名股东:

序号	股东名称	持股数(万股)	持股比例(%)
1.	海口市国营罗牛山农场	4,956.56	49.57
2.	海南兴华农业财务公司	750	7.5
3.	海口永盛畜牧机械工程有限公司	500	5
4.	中经资产管理有限公司	450	4.5
5.	海口天星实业公司	300	3
6.	海南建信实业开发公司	300	3
7.	琼海牧工商发展总公司	281.44	2.81
8.	海南琼山京美畜牧公司	252	2.52
9.	海南省国营桂林洋农场	250	2.5
10.	海南鸿大实业公司	200	2
	海口三达农业开发有限公司	200	2

11.董事、监事、高级管理人员的持股情况:

姓名	职务	持有股份(股)
吴伟雄	董事长、总经理	3000
王治福	副董事长	3000
林诗銮	副董事长	3000
王建新	董事	3000
姚庆雨	董事	10000
王建敏	董事	3000
王晓玲	董事	3000
徐　翔	董事	3000
徐自力	董事	3000
邱凤创	监事	2000
王国强	监事	2000
查中千	监事	2000
孔金龙	副总经理	4000
胡电铃	董事会秘书	2000
付永进	财务部经理	0

十一、债项

根据河北会计师事务所的审计结果,截止1996年12月31日,本公司负债总额为人民币7,079万元,其中短期银行贷款为1,910万元,其它长期负债为2,726万元(本息合计)。其主要债项如下:(单位:千元)

债项	金额 短期	金额 长期	利率(%)	债务到期日	抵押或担保情况
海口市狮子岭信用合作社	1,100		16.8	1996.12	信用
交通银行海南分行	15,000		12.06	1997.3	抵押
中国银行海南省分行	3,000		10.07	1997.6	抵押
国家开发银行		15,000	11.7	2001.12	担保
中国建设银行海口市分行		1,200	2.4	1999.10	—
中国投资银行海南省分行(丹麦政府援助贷款)		10,989(约132万美元)	注	2001.3	担保
合计	19,100	27,189	—	—	—

注:丹麦政府援助贷款的利率以国外贷款银行通知为准。

或有负债:本公司目前尚无任何重大担保、重大财务承诺及其他或有债项。

十二、主要固定资产

1.主要固定资产

截止1996年12月31日,本公司经河北会计师事务所审计的主要固定资产情况如下:

(单位:千元)

类别	原值	累计折旧	帐面净值
房屋及建筑物	42,162	3,486	38,676
通用设备	403	135	268
专用设备	11,717	1,209	10,508
办公设备	280	44	236
运输工具	961	321	640
产畜(种猪)	7,930	980	6,950
其它	2,913	564	2,349
合计	66,366	6,739	59,627

2.土地使用权

(1)琼山市府城镇南村23,124平方米土地。该土地已获国有土地使用权证(琼山国用[府城]字第07483号),土地用途为商住楼,使用期限为70年(从1993年9月30日至2063年9月30日)。

(2)海口市白水塘44,633.05平方米土地。该土地已获国有土地使用权证(海口市国用[籍]字第G0071号),土地用途为住宅、办公用地,使用期限为70年(从1994年11月4日至2064年11月3日)。

(3)琼山市三江镇茄南村牛岭坡530,610.8平方米土地。该土地已获国有土地使用权证(琼山市国用[三江]字第0312号),土地用途为农业开发,使用期限至2063年6月28日。

(4)海口市业里村11,116.10平方米土地。该土地已获国有土地使用权证(海口市国用[籍]字第G0047号),土地用途为饲料厂建设用地,使用期限70年(从1994年10月11日至2064年10月10日)。

(5)海口市业里村9,632.97平方米。该土地已获国有土地使用权证(海口市国用[籍]字第G0048号),土地用途为饲料厂建设用地,使用期限

为70年(从1994年10月11日至2064年10月10日)。

(6)海口市海秀乡业里村工业水库南侧16,650平方米。该土地已获国有土地使用权证(海口市国用[籍]字第G0049号),土地用途为兴建饲料厂建设用地,使用期限为70年(从1993年3月1日至2063年3月1日)。

(7)桂林洋旅游区17,452.0144平方米。该土地已获国有土地使用权证(琼山国有[桂林洋]字第0230号),土地用途为兴建宾馆,使用期限为70年(从1994年7月25日至2064年7月24日)。

十三、财务会计资料

以下全文引自河北会计师事务所审计报告。

海口农工贸(罗牛山)股份有限公司全体股东:

我们接受委托,对贵公司1994年12月31日、1995年12月31日、1996年12月31日的资产负债表、合并资产负债表和1994年度、1995年度、1996年度利润及利润分配表、合并利润及利润分配表以及1996年度的财务状况变动表、合并财务状况表进行了审计。这些会计报表由贵公司负责,我们的责任是对这些会计报表发表审计意见。我们的审计是依据中国注册会计师独立审计准则进行的,在审计过程中,我们结合贵公司的实际情况,实施了包括抽查会计记录等我们认为必要的审计程序。

我们认为,上述会计报表符合《企业会计准则》、《股份制试点企业会计制度》的有关规定及其补充规定,在所有重大方面公允地反映了贵公司1994年12月31日、1995年12月31日、1996年12月31日的财务状况及1994年度、1995年度、1996年度的经营成果和1996年度的资金变动情况,会计处理方法的选用遵循了一贯性原则。

(一)、资产负债表(附后)

(二)、损益表(附后)

(三)、会计报表附注

一、公司概况

海口农工贸(罗牛山)股份有限公司(以下简称"本公司")是由海口市农工贸企业总公司作为主发起人,与海南兴华农业财务公司、海南省国营桂林洋农场、海口天星实业公司共同发起,并以定向募集方式设立的股份公司,公司于1993年10月15日在海南省工商行政管理局注册成立。本公司股本总额为人民币100,000,000.00元,其中:国有法人股49,565,600.00元,占股本总额的49.57%,社会法人股34,434,400.00元,占股本总额的35.43%,内部职工股15,000,000.00元,占股本总额的15%。

本公司地处海南省最大的城市—海口市,是一个以"菜篮子"项目为主导,集农、工、贸为一体的综合经营的科技型、外向型、集团型的新型企业,是海南省最大的"菜篮子"工程基地。主营:禽牧养殖、农副水产品加工、饲料加工、种植、化肥、农药、兽药生产、兴办其他工业、房地产开发与经营、工程承包、建筑装璜、商业、进出口贸易。兼营:畜牧机械、金属材料、建材、电子产品等。1996年12月31日本公司净资产为人民币17,964万元。

(二)会计报表编制基准

报告期内本公司主要会计政策和公司架构未发生变化,所以会计报表未采用模拟编制,只以本公司及控股公司个别会计报表为基准,经审计调整后合并编制。此次资产评估的结果本公司还未进行帐目调整,故未包括于本公司会计报表数字之内。

(三)主要会计政策:

1. 会计制度:公司本部执行《股份制试点企业会计制度》及有关补充规定,附属分公司及子公司执行行业会计制度。

2. 会计期间:以公历1月1日至12月31日为一个会计年度。

3. 合并报表的编制方法:根据财政部《合并报表暂行规定》及补充规定要求编制,对投资额超过50%的股权投资均纳入合并会计报表范围。

(1)合并范围

子公司名称	与母公司关系	注册资本	实际投资额	母公司拥有股权
海口市罗牛山万头猪场	全资子公司	300万元	300万元	100%
海南海龙农业综合开发有限公司	控股子公司	2000万元	1900万元	95%

本公司的子公司已全部纳入合并会计报表范围,报告期内无增减变动。

(2)合并方法

合并会计报表的抵消项目包括:母公司对子公司权益性资本投资与子公司所有者权益项目,母公司与子公司及子公司之间的债权债务项目,其余项目均按个别会计报表的数据逐笔合并处理。

4. 记帐原则和计价基础:以权责发生制为记帐原则,采用历史成本为计价基础。

5. 外币折算方法:以人民币为记帐本位币;发生外币业务时,按外币业务发生时的市场汇价折合为本位币记帐,期末按市场汇价进行调整。

6. 存货计价方法:产成品、原材料、饲料按实际成本核算,领用、发出按先进先出法进行核算,领用的低值易耗品采用"一次摊销法"核算。

7. 长期投资核算方法:

(1)债券投资:采用成本法核算。

(2)股权投资:投资额占被投资企业股权比例20%以下的采用成本法核算,超过20%的采用权益法核算,超过50%的采用权益法核算并编制合并报表。

8. 坏帐准备:公司本部及海南海龙农业综合开发有限公司按年末应收帐款余额的3‰计提,从事畜牧业生产的分公司按年末应收帐款余额的1%计提。

9. 固定资产及其折旧:

(1)固定资产的标准及计价

固定资产的确认标准为:使用期限一年以上的房屋、建筑物、机械设备、运输工具、产畜(种猪)以及单价在2000元以上且使用期限超过二年的非生产用主要设备。

(2)固定资产的折旧方法、年限及折旧率

固定资产折旧方法采用平均年限法,按固定资产原价,规定的使用年限(注:种猪按生产周期)及预计残值率确定年折旧率。各类固定资产折旧年限、年折旧率及残值率如下:

类别	使用年限	残值率	年折旧率
房屋、建筑物	20—30年	5%	4.75%—3.17%
通用设备	5年	5%	19%
专用设备	8—15年	5%	11.9%—9.5%
办公设备	5年	5%	19%
运输工具	5-10年	5%	19%-9.5%
产畜(种猪)	4.5年	5%	21.1%

10. 无形资产及其摊销:无形资产仅为土地使用权,按土地使用证确定的年限平均摊销。

11. 递延资产及其摊销:开办费按5年平均摊销,租入固定资产改良支出按10年平均摊销。

12. 收入实现的确认:

(1)自产自销农产品已经发出、并收讫价款或者取得索取价款的凭据后作为营业收入的实现;

(2)土地使用权转让按土地已经移交,已将发票提交买主时作为销售实现;

(3)租赁业务按租赁合同约定的付款日期作为收入的实现。

13. 税项

(1)增值税:畜牧业产品(生猪、禽、蛋等)根据《增值税暂行条例》第16条规定,为免税项目;饲料产品根据财政部、国家税务总局财税字(94)004号、财税字(1997)18号文规定,1994年至1996年为免税项目;生猪批发业务按财政部,国家税务总局(94)财预明电字(第3号)、(94)财税字第071号文规定,属"菜篮子"商品"先征后返"政策适用的业务范围。

(2)营业税:租赁业务按租赁收入5%计缴,土地使用权转让按转让收入5%计缴。

(3)企业所得税：本公司属海南省高效农业开发及“菜篮子”工程企业，根据海南省财政税务厅琼财税函所字(1997)31号文，本公司享受“五免五减半”优惠政策（从开始获利年度起第一年至第五年免征企业所得税），至本报告截止日，企业尚处在免税期间。

(4)城市维护建设税及教育费附加按流转税额的7%和3%计缴。

(5)房产税、车船使用税、印花税等按当地税务机关的规定计缴。

14．利润分配：

按照《公司法》、本公司章程和董事会决议进行利润分配，顺序如下：

(1)弥补以前年度亏损；

(2)提取10%的法定盈余公积金；

(3)提取10%的公益金；

(4)提取5%的任意盈余公积金；

(5)支付股利。

四、会计报表注释(单位：人民币元)

1．短期投资

1996年12月31日余额为773,049.00元，均为股票投资，持股情况如下：

股票名称	股数	帐面价值	期末市价
中国高科	10,000	124,000.00	74,800.00
东方宾馆	6,000	61,800.00	42,540.00
琼金盘A	15,000	138,000.00	87,300.00
万家乐A	22,000	151,800.00	108,680.00
松辽汽车	5,000	44,000.00	30,900.00
石油济柴	4,600	65,745.00	48,480.00
琼民源A	8,050	187,200.00	144,080.00
南京新百	35	301.00	217.00
昆百大	19	203.00	150.00
合计		773,049.00	537,147.00

按期末市价计算，短期投资将损失235,902.00元。

2．应收帐款

1996年12月31日余额为24,611,416.59元。

帐龄分析	金额	占总额比例
1年以内	16,637,061.80	67.60%
1—2年	7,866,133.96	31.96%
2—3年	108,221.23	0.44%
合计	24,611,416.99	100.00%

本帐户无持本公司5%以上股份的股东欠款。

3．其他应收款

1996年12月31日余额为35,270,885.00元。

(1)帐龄分析

帐龄	金额	占总额比例
1年以内	22,516,684.39	63.84%
1—2年	4,950,219.83	14.03%
2—3年	2,407,191.12	6.83%
3年以上	5,396,789.66	15.30%
合计	35,270,885.00	100%

(2)持本公司5%以上股份的股东欠款

股东(债务人)	金额	内容
海口市国营罗牛山农场	3,589,370.66	代付款项

(3)大额款项的性质与内容

债务人	金额	内容	性质
海南省南方饲料厂	9,150,000.00	代付原料款	代垫
北京景山学校海口分校	5,063,290.02	代付工程款	代垫
海口市罗牛山结算中心	2,919,920.00	往来结算款	代垫
海口市罗牛山房地产开发总公司	2,338,402.70	往来结算款	代垫
海口市海龙禽畜开发公司	2,210,130.76	往来结算款	代垫
海口市工业建设开发公司	1,900,000.00	购房款	预付
海口农贸批发市场有限公司	1,402,967.20	代付工程款	代垫

4．存货

1996年12月31日余额为12,659,913.90元，内容如下：

类别	金额
原材料	3,831,668.78
产成品	14,677.21
农用材料	716,464.74
低值易耗品	946.55
幼畜及育肥畜	3,173,304.73
畜牧业期末在产	4,814,561.16
包装物	108,290.73
合计	12,659,913.90

5．长期投资

(1)股权投资：

被投资单位名称	股数	投资额	占被投资公司股权的比例
琼山市狮子岭信用合作社	1,000,000	1,000,000.00	11.1%

(2)债券投资：

债券种类	到期日	面值
国库券	(85年期)	300.00
合计		1,000,300.00

6．固定资产及累计折旧

1996年12月31日固定资产及累计折旧的余额分别为66,366,281.09元和6,739,220.00元。内容如下：

(1)固定资产原值

类别	期初原值	本期增加	本期减少	期末原值
房屋及建筑物	33,481,358.80	8,680,754.99		42,162,113.79
通用设备	365,395.29	51,165.00	13,475.00	403,085.29
专用设备	4,488,698.04	7,228,082.40		11,716,780.44
办公设备	150,627.00	129,650.00		280,277.00
运输工具	558,712.40	402,093.52		960,805.92
产畜(种猪)	4,448,511.40	4,646,720.23	1,165,333.70	7,929,897.93
其他	2,884,970.72	28,350.00		2,913 320.72
合计	46,378,273.65	21,166,816.14	1,178,808.70	66,366,281.09

(2)累计折旧

类别	期初余额	本期增加	本期减少	期末余额
房屋及建筑物	1,628,970.02	1,857,523.90		3,486,493.92
通用设备	77,718.64	58,303.27		136,021.91
专用设备	508,257.62	700,727.76		1,208,985.38
办公设备	24,786.15	18,352.42		43,138.57
运输工具	205,486.86	115,373.50		320,860.36
产畜(种猪)	456,044.98	1,085,421.74	561,600.00	979,866.72
其他	279,823.57	284,029.57		563,853.14
合计	3,181,087.84	4,119,732.16	561,600.00	6,739,220.00

7．在建工程

1996年12月31日余额为33,671,441.35元。

工程名称	工程进度(%)	实际使用数	原预算数	批准文号	资金来源
罗牛山屠宰厂	36	28,622,005.89	7831万元	琼计投资(95)380号	借款和自筹
六万头猪场	5	181,902.30	3800万元		借款和自筹
三万头猪场		742,987.35	2418万元		自筹
罗幸猪场		271,498.80	460万元		自筹
蔬菜基地	2	1,070,107.29	4952万元	琼计农经(1996)1107号	自筹

农贸市场	2,782,939.72	自筹
合　计	33,671,441.35	

8. 无形资产

1996 年 12 月 31 日余额为 40,418,074.51 元,均为土地使用权。

类别	原值	已摊金额	期末余额	剩余摊销年限
土地使用权	42,184,044.85	1,765,970.34	40,418,074.51	67 年

其中:用于抵押借款的土地使用证号为:海口市国用(籍)字第 G0049 号,面积为 16650 平方米,单价为 14 万元/亩

9. 递延资产

1996 年 12 月 31 日余额为 1,241,927.76,内容如下

项目	原值	已摊金额	期末余额	剩余摊销年限
开办费	1,834,573.54	953,703.60	880,869.94	2 年
开办费	271,541.03	51,708.71	219,832.22	4 年
租入房屋改良支出	126,195.94		126,195.94	10 年
其他递延支出	18,437.08	3,407.42	15,029.66	4 年
合计	2,250,747.59	1,008,819.73	1,241,927.76	

10. 短期借款

1996 年 12 月 31 日余额为 19,000,000.00,内容如下:

贷款单位	贷款金额(元)	月利率	借款期限	借款条件
琼山市狮子岭信用社	1,100,000.00	16.8‰	1996.10—1997.5	信用
交通银行海南分行	15,000,000.00	12.06‰	1996.3—1997.3	土地抵押
中行海南省分行	3,000,000.00	10.07‰	1996.7—1997.6	土地抵押
合计	19,100,000.00			

11. 应付帐款

1996 年 12 月 31 日余额为 3,442,003.45 元,本帐户无关联款项。

12. 其他应付款

1996 年 12 月 31 日余额为 12,077,599.83 元,其中:

主要债权人	金额(元)	款项内容
丹麦英冻食品技术有限公司 (INTERCOOL FOOD TECHNOLOGY LTD)	5,352,818.70	应付设备安装费
海南省饲料厂	1,844,925.70	应付代垫饲料款
河南省建筑总公司海口分公司	1,164,120.00	应付工程款

13. 未交税金

税目	金额(元)
营业税	4,912,593.05
城建税	344,699.36
房产税	146,722.43
土地使用税	118,682.99
耕地占用税	1,338,606.69
印花税	71,038.02
合计	6,932,342.54

14. 长期借款

借款单位	借款日	到期日	年利率	币种	本金金额	利息	本息合计	借款条件
国家开发银行	1996.12	2001.12	11.7%	人民币	15,000,000.00	67,316.05	15,067,315.05	担保
建行海口市分行	1996.10	1999.10	2.4%	人民币	1,200,000.00	5,917.81	1,205,917.81	拨改贷
中国投资银行	1995.11	2001.3(注)		美元	1,324,256.92			
海南省分行 (丹麦政府结合援助贷款)				折合人民币	10,988,948.77		10,988,948.77	担保
合计					27,188,948.77	73,232.86	27,262,181.63	

(注:项目建设期以国外贷款银行通知为准,项目建成后不计利息)

15. 股本

1996 年 12 月 31 日、1995 年 12 月 31 日、1994 年 12 月 31 日股本余额均为 100,000,000.00 元,由 1993 年 10 月 15 日本公司成立时定向募集而来。

16. 资本公积

1996 年 12 月 31 日余额为 7,686,905.96 元,均为 1996 年增加数。1996 年增加的资本公积为丹麦政府的赠款,原币为 926,334.14 美元,按期末市场汇价折合成 7,686,905.96 元人民币。

17. 盈余公积

	1996 年	1995 年	1994 年
期初余额	14,337,298.08	5,999,116.75	
本年增加	8,152,434.90	8,338,181.33	5,999,116.75
本年减少			
期末余额	22,489,732.98	14,337,298.08	5,999,116.75

1994 年年末盈余公积系当年提取数,1995 年年末盈余公积系上年结转数和当年提取数,1996 年年末盈余公积系上年结转数和当年提取数。

18. 未分配利润

	1996 年度	1995 年度	1994 年度
期初余额	25,011,894.26	17,997,350.25	57,303.71
本年增加	24,457,304.66	25,014,544.01	17,940,046.54
本年减少	—	18,000,000.00	—
期末余额	49,469,198.92	25,011,894.26	17,997,350.25

19. 营业收入

	1996 年度	1995 年度	1994 年度
	102,492,990.01	83,644,950.04	45,921,471.83
其中:猪	40,012,113.54	18,979,868.15	4,085,482.77
鲜蛋	12,888,470.53	10,263,660.07	—
饲料	25,859,709.66	21,031,362.02	9,904,329.06

20. 营业成本

	1996 年度	1995 年度	1994 年度
其中:猪	27,988,467.82	15,330,892.53	2,307,967.12
鲜蛋	8,241,267.68	6,185,983.89	—
饲料	20,722,158.75	16,414,048.90	6,944,437.13

21. 财务费用

	1996 年度	1995 年度	1994 年度
	633,660.79	152,288.57	-69,158.60
其中:利息净支出	633,128.59	150,299.17	-70,860.30
其他	532.70	1,989.40	1,701.70

1994 年利息收入大于利息支出 70,860.30 元,故财务费用为负数

22. 其他业务利润

	1996 年度	1995 年度	1994 年度
	6,581,322.35	6,823,241.66	5,182,198.56
其中:租赁	6,546,353.29	6,771,333.39	5,172,662.81
包装物销售	-129,114.39	1,057.07	-2,619.95
鱼塘	120,000.00	23,248.20	12,155.70
其他	2,100.00	27,603.00	

租赁、鱼塘系公司对外出租农贸批发市场、钢材市场和鱼塘取得的净收益

23. 投资收益

	1996 年度	1995 年度	1994 年度
	2,676,356.45		2,339,522.34
其中:股票投资收益	2,476,356.45		2,339,522.34

非控股公司分入利润　　200,000.00(琼山狮子岭信用社分入红利)

24. 营业外收入

	1996 年度	1995 年度	1994 年度
	13,695.65	37,498.16	361,854.09
其中:罚款收入	2,250.00	16,438.00	200.00

	1996年	1995年	1994年
其他	11,445.65	21,060.16	361,654.09

25. 营业外支出

	1996 年	1995 年	1994 年
	302,427.20	114,417.61	133,229.69
其中:清理固定资产损失	301,008.90	71,980.36	133,229.69
非常损失		40,531.25	
其他		1,906.00	

(五)承诺事项及或有事项

截止到审计报告日,本公司无任何重大经济担保、重大财务承诺及其他或有事项。

(六)关联交易

(1)海口市国营罗牛山农场是本公司控股单位,现持有公司49.57%的股份。本公司与罗牛山农场在非经营性资产,如医院、学校的使用上存在关联交易,因此双方签定了《综合服务协议》。双方约定,罗牛山农场不再从事与本公司相同的业务,并且为本公司提供诸如水、电供应,运输,医疗,教育等方面的有偿服务。

(3)海南兴华农业财务公司、海南省国营桂林洋农场、海口天星实业公司是公司的发起人,现在分别持有本公司7.5%、2.5%、3%的股份。除了投资人股本公司外,上述三家企业与本公司不存在其他关联交易。

(3)琼山市狮子岭信用合作社是由本公司参股的企业,公司持有其11%的股权。目前公司与其签有金额为人民币壹佰壹拾万元、期限7个月的短期贷款协议,月利率为16.8‰。协议的订立是合法的、公平的,不会给公司的生产经营带来不利影响。

(七)期后事项

截止到审计报告日,本公司未发生影响会计报表阅读和理解的重大期后事项。

十四、资产评估

1. 以下为中咨资产评估事务所对本公司截止1996年12月31日的资产进行资产评估结果:

(单位:人民币元)

项目	帐面原值	帐面净值	重置价值	评估值	增减值	增减率(%)
流动资产	8,999.34	8,999.34	8,979.70	8,979.70	-19.64	-0.22
长期投资	9,903.77	9,903.77	11,355.02	11,355.02	1,451.25	14.65
机器设备	252.39	187.72	314.02	230.26	42.54	22.66
建筑物	2,172.95	2,005.36	2,247.65	2,068.80	63.44	3.16
在建工程	3,030.84	3,030.84	3,030.84	3,030.84	0	0
土地使用权	3,429.90	3,429.90	4,066.02	4,066.02	636.12	18.55
无形资产	0	0	0	0	0	0
递延资产	73.52	73.52	73.52	73.52	0	0
资产总计	27,862.69	27,630.44	30,066.76	29,804.16	2,173.72	7.87
流动负债	6,939.64	6,939.64	6,939.64	6,939.64	0	0
长期负债	2,726.22	2,726.22	2,726.22	2,726.22	0	0
负债总值	9,665.86	9,665.86	9,665.86	9,665.86	0	0
净资本	18,196.84	17,964.58	20,400.90	20,138.30	2,173.72	12.10

2. 本次评估的主要方法

(1)流动资产评估采用重置成本法和现行市价法。

(2)对下属公司的长期投资,根据下属四个公司的资产评估值,确认长期投资评估值;债券投资按债券面值加利率,加上截止1996年12月31日的应计利息计算评估值。

(3)房屋建筑物及附属设施评估采用重置成本法。

(4)机器设备及车辆资产评估采用重置成本法和市价法。

(5)在建工程评估采用重置成本法。

(6)递延资产核实开办费的内容,确认其资产价值。

(7)短期负债、长期负债按核定的帐面值为评估值。

十五、盈利预测

提示:本发行人提醒投资者,鉴于盈利预测所依据的种种假设的不确定性,进行投资时不应过于依赖此项资料。

依照本公司1995年度及1996年经中国注册会计师审计的会计报表及本公司1997年度的生产经营计划、投资计划等,编制了本公司1997年度的盈利预测;编制该盈利预测所依据的会计原则在各重要方面均与本公司一般采用的会计原则一致。该盈利预测业经河北会计师事务所审核。

1. 本公司1997年度的盈利预测

(单位:千元)

项目	1997年1—3月(未审计数)	1997年度
一、主营业务收入	32,027	192,157
减:营业成本	23,269	139,613
销售费用	105	629
管理费用	1,228	7,368
财务费用	352	2,113
进货费用	39	231
营业税金及附加	62	370
二、主营业务利润	6,973	41,839
加:其他业务利润	1,376	8,257
三、营业利润	8,349	50,096
加:投资收益	1,688	8,700
营业外收入	28	100
减:营业外支出	46	276
四、利润总额	10,019	58,620
减:所得税	—	—
减:少数股东损益	84	502
五、净利润(按15%计)	8,433	4,933
净利润(按零税率计)	9,936	58,118

2. 盈利预测假设:

(1)国家现行的方针政策无重大改变;

(2)国家现行的利率、汇率无重大改变;

(3)本公司所在地区的社会经济环境无重大变化;

(4)公司执行的税赋、税率政策不变;

(5)本公司计划的投资项目能如期进行;

(6)无其他人力不可抗拒因素造成的重大不利影响。

十六、公司发展规划

公司将通过此次向社会公开发行股票,进一步规范完善公司的运营体制,加大公司的发展后劲,使公司在未来的三年和即将来临的二十一世纪创造更辉煌的伟业。

一、经营理念:艰苦奋斗,坚韧不拔,勇于开拓;培育一流人才,创造一流产品,成就一流企业;以天下民生为已任。

二、经营发展目标

1. 近期目标:公司将继续完善以畜禽生产为主的菜篮子工程配套体系,扩大生产规模,使生猪出栏数达到20万头/年,蛋鸡饲养量达到100万只,饲料生产加工达到12万吨/年,无公害蔬菜达到3000亩,屠宰加工能力为24万头猪/年,200万只鸡/年,建立起海南最大的农贸批发市场和生猪拍卖行,公司年营业收入达3亿元人民币,成为全国知名的集饲料生产、畜禽养殖、屠宰加工为一体的菜篮子综合配套示范区。

2. 中长期目标:拓展菜篮子工程的内涵,加大农副畜水产品的加工深度,提高产品的附加值,发展农副畜产品的进出口贸易;利用热带资源优势,挖掘和开发具有海南特色的产品,使公司发展成为集农工贸为一体的,跨行业、跨地域的集团型、外向型的企业。

三、公司发展战略措施

1. 规模经济战略:通过扩大生产规模和完善生产配套体系,从而建立起具有广泛影响力的菜篮子生产集团,并获取全产品线和规模经济效益。

2. 农工贸一体化战略:坚持"一业为主,多业并举",走农工贸一体化,供、产、加、销一条龙的路子,通过多角化经营,增强公司抗风险能力,培育新的利润增长点,实现可持续发展目标。

3. 国际化战略:凭借海南岛特殊地理位置和大特区优势,大力发展公司与台湾、新加坡、马来西亚、澳州大陆以及美国、东欧的合作关系和对外经贸,并在适当时候进行跨国投资,使公司发展成为跨国企业。

十七、重要合同及重大诉讼事项

(一)本公司正在履行或将要履行之重大合约如下:

除了前述的与海口市国营罗牛山农场签定的《综合服务协议》,与海口市狮子岭信用合作社、交通银行海南分行、中国银行海南省分行、国家开发银行、中国建设银行海口市分行、中国投资银行海南省分行签定的《贷款协议》外,正在履行或将要履行之重大合约还有:

公司与海南省汽车运输公司签署的《土地转让协议书》。公司向海南省汽车运输公司转让白水塘规划小区中的09、10号地块,总面积为85亩。

(二)本公司现无正在进行的重大诉讼和仲裁事项及法律纠纷。

备查文件

1. 主管部门批准发行、上市的文件
2. 海口农工贸(罗牛山)股份有限公司营业执照
3. 海口农工贸(罗牛山)股份有限公司章程(修正案)
4. 河北会计师事务所出具的审计报告、财务报表及附注
5. 国家国有资产管理部门关于资产评估的确认报告
6. 深圳证券交易所出具的上市承诺书
7. 股票承销协议
8. 本公司历次股东大会决议
9. 重要合同
10. 国有土地使用权证
11. 证监会要求的其它文件

招股说明书概要备查文件查阅地址:海南省海口市人民大道50号

海口农工贸(罗牛山)股份有限公司

1997年5月19日

公司资产负债表

(单位:千元)

项目	1996年12月31日	1995年12月31日	1994年12月31日	项目	1996年12月31日	1995年12月31日	1994年12月31日
流动资产:				流动负债:			
货币资金	27,223	551	3,828	短期借款	19,100	6,000	5,000
短期投资	773	1,872	—	应付票据	—	—	—
应收帐款	16,745	11,988	—	应付帐款	3,400	1,288	—
减:坏帐准备	75	37	—	预收货款	42	50	—
应收帐款净额	16,670	11,950	—	应付福利费	226	164	92
预付帐款	6,895	5,200	—	未付股利	212	500	—
其他应收款	43,024	21,855	24,409	未交税金	5,138	3,925	1,879
待摊费用	13	—	—	其他未交款	110	63	8
存货	6,005	3,534	—	其他应付款	37,927	28,358	22,763
流动资产合计	100,233	44,962	28,237	预提费用	816	—	—
长期投资:				其他流动负债	152	30	—
长期投资	65,411	53,046	43,071	流动负债合计	67,123	40,379	29,742
固定资产				长期负债:			
固定资产原价	45,645	29,042	14,549	长期借款	27,262	—	—
减:累计折旧	3,785	1,461	626	长期负债合计	27,262	—	—
固定资产净值	41,860	27,581	13,923	负债合计	94,385	40,379	29,742
在建工程	30,889	6,163	15,959	股东权益:			
固定资产合计	72,748	33,744	29,882	股本	100,000	100,000	100,000
无形及递延资产:				资本公积	7,687	—	—
无形资产	34,299	46,610	51,226	盈余公积	22,490	14,337	5,999
递延资产	970	1,367	1,323	其中:公益金	8,996	5,735	2,400
无形及递延资产合计	35,269	47,976	52,550	未分配利润	49,469	25,012	17,997
资产总计	274,031	179,728	153,738	股东权益合计	179,646	139,349	123,996
				负债与股东权益总计	274,031	179,728	153,739

合并资产负债表

(单位:千元)

项目	1996年12月31日	1995年12月31日	1994年12月31日	项目	1996年12月31日	1995年12月31日	1994年12月31日
流动资产:				流动负债:			
货币资金	31,828	4,214	14,257	短期借款	19,100	6,000	5,000
短期投资	773	1,872	—	应付票据	—	106	—
应收帐款	24,611	34,650	18,430	应付帐款	3,442	1,288	—
减:坏帐准备	99	105	55	预收货款	41	50	—
应收帐款净额	24,513	34,545	18,374	应付福利费	370	227	123

预付帐款	11,895	5,200	—	未付股利	212	500	—
其他应收款	35,271	23,244	18,343	未交税金	6,932	5,556	3,346
待摊费用	13	—	—	其他未交款	163	109	49
存货	12,660	7,042	2,008	其他应付款	12,078	26,823	24,513
流动资产合计	116,952	76,117	52,983	预提费用	816	—	—
长期投资:				其他流动负债	370	—	—
长期投资	1,000	1,001	—	流动负债合计	43,524	40,659	33,030
固定资产:				长期负债:			
固定资产原价	66,366	46,378	31,271	长期借款	27,262	—	—
减:累计折旧	6,739	3,181	1,053	长期负债合计	27,262	—	—
固定资产净值	59,627	43,197	30,218	负债合计	70,786	40,659	33,030
在建工程	33,671	7,365	16,436	少数股东权益	2,478	2,077	1,753
固定资产合计	93,299	50,563	46,654	股东权益:			
无形及递延资产:				股本	100.000	100.000	100.000
无形资产	40,418	52,820	57,528	资本公积	7,687	—	—
递延资产	1,242	1,585	1,615	盈余公积	22,490	14,337	5,999
无形及递延资产合计	41,660	54,405	59,143	其中:公益金	8,996	5,735	2,400
资产总计	252,911	182,086	158,780	未分配利润	49,469	25,012	17,997
				股东权益合计	179,646	139,349	123,996
				负债与股东权益总计	252,911	182,086	158,780

公司的损益表

(单位:千元)

项目	1996 年度	1995 年度	1994 年度
一、主营业务收入	48,517	40,525	5,000
减:营业成本	31,364	18,301	1,788
销售费用	394	125	—
管理费用	3,979	2,689	2,571
财务费用	655	186	(32)
营业税金及附加	944	1,612	273
二、主营业务利润	11,181	17,612	401
加:其他业务利润	6,417	6,772	5,173
三、营业利润	17,598	24,384	5,574
加:投资收益	15,042	8,974	17,994
补贴收入	225	—	—
营业外收入	14	37	362
减:营业外支出	269	42	—
加:以前年度损益调整	—	—	10
四、利润总额	32,610	33,353	23,939
五、净利润	32,610	33,353	23,939
加:年初未分配利润	25,012	17,997	57
六、可分配利润	57,622	51,350	23,996
减:提取法定公积金	3,261	3,335	2,400
提取法定公益金	3,261	3,335	2,400
七、可供股东分配利润	51,100	44,680	19,197
减:提取任意公积金	1,630	1,668	1,200
已分配普通股股利	—	18,000	—
八、未分配利润	49,469	25,012	17,997

合并利润表及利润分配表

(单位:千元)

项目	1996 年度	1995 年度	1994 年度
一、主营业务收入	102,493	83,645	45,921
减:营业成本	70,762	50,046	24,040
销售费用	402	239	2

管理费用	5,035	3,775	3,313
财务费用	634	152	(69)
进货费用	734	723	—
营业税金及附加	1,110	1,778	1,754
二、主营业务利润	23,817	26,931	16,882
加:其他业务利润	6,581	6,823	5,182
三、营业利润	30,398	33,754	22,064
加:投资收益	2,676	—	2,340
补贴收入	225	—	50
营业外收入	14	37	362
减:营业外支出	302	114	133
加:以前损益调整	—	—	10
四、利润总额	33,011	33,677	24,692
减:少数股东损益	401	325	753
五、净利润	32,610	33,353	23,939
加:年初未分配利润	25,012	17,997	57
六、可分配利润	57,622	51,350	23,996
减:提取法定公积金	3,261	3,335	2,400
提取法定公益金	3,261	3,335	2,400
七、可供股东分配利润	51,100	44,680	19,197
减:提取任意公积金	1,631	1,668	1,200
已分配普通股股利	—	18,000	—
八、未分配利润	49,469	25,012	17,997

海口农工贸(罗牛山)股份有限公司股票上市公告书

一、要览

上市推荐人:中国信达信托投资公司

(原中国人民建设银行信托投资公司)

海南省国际信托投资公司

长城证券有限责任公司

股本总额:14500万股

本次可流通股本:4500万股

股票简称:罗牛山

股票交易代码:0735

上市场所:深圳证券交易所

上市时间:1997年6月11日

登记机构:深圳证券中央登记结算公司

二、绪言

本公司股票上市公告书依据《中华人民共和国公司法》、《股票发行与交易管理暂行条例》、《公开发行股票公司信息披露的内容与格式(第七号)》和《深圳证券交易所业务规则》以及国家其它有关证券管理的规定编制。

海口农工贸(罗牛山)股份有限公司(以下简称本公司)股票发行经中国证券监督管理委员会[证监发字(1997)236号文和证监发字(1997)237号文]批准,股票上市申请经深圳证券交易所[深证发字(1997)第223号文]审核批准,将于1997年6月11日在深圳证券交易所挂牌交易。本公司总股本14500万股,本次上市流通的股票4500万股,按国家有关规定,公司内部职工股1500万股三年后上市。

本公司招股说明书概要刊登于1997年5月19日《证券时报》、1997年5月20日的《中国证券报》,距本公告书的公告时间不足六个月,依规定对在招股说明书已公布的内容在此不再重复,本公司董事会提醒广大投资者注意,凡本公告书中未涉及的有关内容请投资者查阅招股说明书概要。

本公司董事会及其成员愿就本公司公告书所载资料的真实性、准确性和完整性负个别及连带责任,上市公告书内容由本公司董事会负责解释。

三、公司概况

(一)发行公司简介

1. 公司法定名称:海口农工贸(罗牛山)股份有限公司

英文名称:HAIKOU AGRICULTURE & INDUSTRY& TRADE (LOUNIUSHAN)CO.LDT

2. 公司注册地址:海口市人民大道30号

邮编:570208

3. 公司法定代表:吴伟雄

4. 经营范围:种养业、兴办工业、旅游业、房地产开发经营、建筑装璜工程、化肥、农药、兽药的生产销售、农副畜水产品及饲料加工销售、普通机械、汽车摩托车零配件、医药器械、电子产品、金属材料、化工产品、家用电器、现代办公用品、日用百货、食品、建筑材料、农副土特产品的销售、餐饮业。

本公司实际从事的主要业务:

畜牧养殖、农副水产品加工、饲料加工、种植

5. 公司所属行业:农业

6. 公司成立日期:1993年10月15日

7. 公司在册职工人数:430人,其中管理人员73人,占17%;生产人员357人,占83%;技术人员35人,占8.2%;具有大学、大专、中专以上学历的155人,占职工总数的36%。本公司尚无离退休人员。

8. 公司联系电话:(0898)6255101

传真:(0898)6259968

(二)发行公司历史沿革

1. 发行公司筹建情况

海口市农工贸(罗牛山)股份有限公司是于1993年3月经海南省证券委员会琼证字[1993]2号文批准,由海口市农工贸企业总公司牵头,与

海南兴华农业财务公司,海南省国营桂林洋农场,海口天星实业公司共同发起,在对原海口市农工贸企业总公司进行股份制规范化改组的基础上采取定向募集方式设立的股份有限公司。

1997年2月,经海南省证券管理办公室琼证办[1997]17号文批准,公司获得向社会公开发行股票额度4,500万股

本次发行以后,公司注册资本将增至14,500万元,并将由定向募集公司转变为社会募集的股份有限公司。

2. 发起人基本情况

A. 海口市农工贸企业总公司

公司注册资金2000万元,注册地址为海口市人民路23号,法定代表人:吴伟雄。农工贸是海口市国营罗牛山农场的全资下属企业,主营农牧产品、饲料、化工产品、胶杂制件、建筑材料等业务。在国家农业部、海南省委省政府、海口市市委市政府的鼎力支持和帮助下,农工贸已发展成为海南省"菜篮子工程"的示范基地、骨干企业。公司实施改制后,其股权由海口市国营罗牛山农场持有。

B. 海南兴华农业财务公司

公司注册资金1000万元,注册地址为海口市国贸大道华昌大厦九层,法定代表人:王治福。兴华财务是财政部和海南省财政厅合资兴办的专门进行农业融资、投资、开发的全民所有制企业,重点支持海南省示范性、关键性农业开发项目,主要从事农业开发、农业科技推广应用、咨询等业务。

C. 海南省国营桂林洋农场

桂林洋成立于1991年3月30日,注册资金:1000万元,注册地址为海南省琼山市桂林洋农场,法定代表人:林诗銮。桂林洋主要经营水稻、水产品、水果、瓜菜等农副产品的种植。

D. 海口天星实业公司

天星公司注册资金:1000万,注册地址为海口市宁和园别墅六栋,法定代表人:王建敏。天星公司主要经营房地产开发投资、股份投资、商业贸易等,天星公司分别在南京、常州、兰州注册有子公司,主要业务为酒店经营、商业贸易等。

四、股票发行及承销

(一)股票发行情况

1. 股票种类:人民币记名式普通股(A股)
2. 发行日期:1997年5月25日至1997年5月31日
3. 发行地点:海南省海口市
4. 每股发行价格:4.35元
5. 发行市盈率:14.5倍
6. 发行数量:4,500万股
7. 发行总市值:19,575万元
8. 发行方式:全额预缴,比例配售,余款转存
9. 配售比例:0.01521
10. 配售户数:5066
11. 持有社会公众股1000股以上(含1000股)的股东户:2781
12. 发行费用:900万元
13. 每股发行费用:0.20元
14. 本次发行后每股净资产:2,53元

(二)股票承销

本次公开发行的4500万股社会公众股中,社会公众认购44994415股,所剩零股5585股由主承销商包销。

(三)、验资报告

(97)冀会验字第1003号

海口农工贸(罗牛山)股份有限公司全体股东:

我们接受委托,对贵公司股本变动及与股本变动相关的资产的真实性和合法性进行审验。我们按照《中国注册会计师独立审计实务公告第1号--验资》的要求,根据贵公司具体情况,实施了我们认为必要的审验程序。贵公司的责任是提供真实、合法、完整的验资资料。保护资产的安全、完整。我们的责任是对上述资料进行审验的基础上出具真实、合法的验资报告。

贵公司此次申请的注册资本为14,500万元,原注册资本10,000万元,业经海南大正会计师事务所验证并出具了"DZ内验字[1993]第169号"验资报告书。现经审验,截止1997年5月30日,承销商中国经济开发信托投资公司已缴入的股款为人民币19,575万元,扣除发行费用900万元,公司实收18,675万元,其中包括社会公众股股本人民币4500万元,资本公积人民币14,175万元。与投入的股款相对应的资产总额为人民币元。

附件:

1. 投入股本明细表
2. 验资事项说明

河北会计师事务所　　　　中国注册会计师:李云水

地址:中国.河北.石家庄康乐街副九号

一九九七年五月三十日

五、董事、监事、高级管理人员的持股情况

姓　名	职务	持有股份(股)
吴伟雄	董事长、总经理	3000
王治福	副董事长	3000
林诗銮	副董事长	3000
王建新	董事	3000
姚庆雨	董事	10000
王建敏	董事	3000
王晓铃	董事	3000
徐　翔	董事	3000
徐自力	董事	3000
邱凤创	监事	2000
王国强	监事	2000
查中千	监事	2000
孔金龙	副总经理	4000
胡电玲	董事会秘书	2000
付永进	财务部经理	0

六、关联交易

1. 海口市国营罗牛山农场是本公司的控股单位,现持有公司34.18%的股份。本公司与罗牛山农场在非经营性资产,如医院、学校的使用上存在关联交易,因此双方签定了《综合服务协议》。双方约定,罗牛山农场不再从事与本公司相同的业务,并且为本公司提供诸如水电供应,运输、医疗、教育等方面的有偿服务。

2. 海南兴华农业财务公司、海南省国营桂林洋农场、海口天星实业公司是公司的发起人,现在分别持有本公司5.17%、1.72%、2.07%的股份。除了投资入股本公司外,上述三家企业与本公司不存在其他关联交易。

3. 琼山市狮子岭信用合作社是由本公司参股的企业,公司持有其11%的股权,目前公司与其签有金额为人民币壹佰壹拾万元、期限7个月的短期贷款协议,月利率为16.8‰。协议的订立是合法的、公平的,不会给公司的生产经营带来不利的影响。

七、股本结构及股东持股情况

(一)本次A股上市前,公司股本结构:

股权种类	股份数量(万股)	所占比例(%)
尚未流通股:		
发起人股	6256.56	43.15
其中:境内法人持股	6258.56	43.15
募集法人股	2243.44	15.47

内部职工股	1500	10.35
流通股:		
社会公众股	4500	31.03
总股本	14500	100

(二)股东持股情况

公司前十名股东所持股数及比例:

序号	股东名称	持股数(万股)	持股比例(%)
1.	海口市国营罗牛山农场	4,956.56	34.18
2.	海南兴华农业财务公司	750	5.17
3.	海口永盛畜牧机械工程有限公司	500	3.45
4.	中经资产管理有限公司	450	3.10
5.	海口天星实业公司	300	2.07
6.	海南建信实业开发公司	300	2.07
7.	琼海牧工商发展总公司	281.44	1.94
8.	海南琼山京美畜牧公司	252	1.74
9.	海南省国营桂林洋农场	250	1.72
10.	海南鸿大实业公司	200	1.38
	海口三达农业开发有限公司	200	1.38

八、公司财务会计资料

(一)审计报告

海口农工贸(罗牛山)股份有限公司全体股东:

我们接受委托,对贵公司1994年12月31日、1995年12月31日、1996年12月31日的资产负债表、合并资产负债表和1994年度、1995年度、1996年度利润及利润分配表、合并利润及利润分配表以及1996年度的财务状况变动表、合并财务状况表进行了审计。这些会计报表由贵公司负责,我们的责任是对这些会计报表发表审计意见。我们的审计是依据中国注册会计师独立审计准则进行的,在审计过程中,我们结合贵公司的实际情况,实施了包括抽查会计记录等我们认为必要的审计程序。

我们认为,上述会计报表符合《企业会计准则》、《股份制试点企业会计制度》的有关规定及其补充规定,在所有重大方面公允地反映了贵公司1994年12月31日、1995年12月31日、1996年12月31日的财务状况及1994年度、1995年度、1996年度的经营成果和1996年度的资金变动情况,会计处理方法的选用遵循了一贯性原则。

河北会计师事务所

(二)财务报表

1. 资产负债表(附后)

2. 利润表及利润分配表(附后)

3. 财务状况变动表(附后)

(三)会计报表附注(概要)

1. 会计报表编制基准

报告期内本公司主要会计政策和公司结构未发生变化,所以会计报表未采用模拟编制,只以本公司及控股公司个别会计报表为基准,经审计调整后合并编制。此次资产评估的结果本公司还未进行帐目调整,故未包括于本公司会计报表数字之内。

2. 主要会计政策:

(1)会计制度:公司本部执行《股份制试点企业会计制度》及有关补充规定,附属分公司及子公司执行行业会计制度。

(2)会计期间:以公历1月1日至12月31日为一个会计年度。

(3)合并报表的编制方法:根据财政部《合并报表暂行规定》及补充规定要求编制,对投资额超过50%的股权投资均纳入合并会计报表范围。

(4)记帐原则和计价基础:以权责发生制为记帐原则,采用历史成本为计价基础。

(5)外币折算方法:以人民币为记帐本位币;发生外币业务时,按外币业务发生时的市场汇价折合为本位币记帐,期末按市场汇价进行调整。

(6)存货计价方法:产成品、原材料、饲料按实际成本核算,领用、发出按先进先出法进行核算,领用的低值易耗品采用"一次摊销法"核算。

(7)长期投资核算方法:

a. 债券投资:采用成本法核算。

b. 股权投资:投资额占被投资企业股权比例20%以下的采用成本法核算,超过20%的采用权益法核算,超过50%的采用权益法核算并编制合并报表。

(8)坏帐准备:公司本部及海南海龙农业综合开发有限公司按年末应收帐款余额的3‰计提,从事畜牧业生产的分公司按年末应收帐款余额的1%计提。

(9)固定资产及其折旧:

a. 固定资产的标准及计价

固定资产的确认标准为:使用期限一年以上的房层、建筑物、机械设备、运输工具、产畜(种猪)以及单价在2000元以上且使用期限超过二年的非生产用主要设备。

b. 固定资产的折旧方法、年限及折旧率

固定资产折旧方法采用平均年限法,按固定资产原价,规定的使用年限(注:种猪按生产周期)及预计残值率确定年折旧率。各类固定资产折旧年限、年折旧率及残值率如下:

类别	使用年限	残值率	年折旧率
房屋、建筑物	20-30年	5%	4.75%-3.17%
通用设备	5年	5%	19%
专用设备	8-15年	5%	11.9%-9.5%
办公设备	5年	5%	19%
运输工具	5-10年	5%	19-9.5%
产畜(种猪)	4.5年	5%	21.1%

(10)无形资产及其摊销:无形资产仅为土地使用权,按土地使用证确定的年限平均摊销。

(11)递延资产及其推销:开办费按5年平均摊销,租入固定资产改良支出按10年平均摊销。

(12)收入实现的确认:

a. 自产自销农产品已经发出、并收讫价款或者取得索取价款的凭据后作为营业收入的实现;

b. 土地使用权转让按土地已经移交,已将发票提交买主时作为销售实现;

c. 租赁业务按租赁合同约定的付款日期作为收入的实现。

(13)税项

a. 增值税:畜牧业产品(生猪、禽、蛋等)根据《增值税暂行条例》第16条规定,为免税项目;饲料产品根据财政部、国家税务总局财税字(94)004号、财税字(1997)18号文规定,1994年至1996年为免税项目;生猪批发业务按财政部,国家税务总局(94)财预明电字(第3号)、(94)财税字第071号文规定,属"菜篮子"商品"先征后返"政策适用的业务范围。

b. 营业税:租赁业务按租赁收入5%计缴,土地使用权转让按转让收入5%计缴。

c. 企业所得税:本公司属海南省高效农业开发及"菜篮子"工程企业,根据海南省财政税务厅琼财税函所字(1997)31号文,本公司享受"五免五减半"优惠政策(从开始获利年度起第一年至第五年免征企业所得税),至本报告截止日,企业尚处在免税期间。

d. 城市维护建设税及教育费附加按流转税额的7%和3%计缴。

e. 房产税、车船使用税,印花税等按当地税务机关的规定计缴。

(14)利润分配:

按照《公司法》、本公司章程和董事会决议进行利润分配,顺序如下:

a. 弥补以前年度亏损;

b. 提取10%的法定盈余公积金;

c. 提取10%的公益金;

d. 提取5%的任意盈余公积金;

e. 支付股利

3. 会计报表注释(单位:人民币元)

(1)短期投资

1996年12月31日余额为773,049.00元,均为股票投资,持股情况如下:

股票名称	股数	帐面价值	期末市价
中国高科	10,000	124,000.00	74,800.00
东方宾馆	6,000	61,800.00	42,540.00
琼金盘A	15,000	138,000.00	87,300.00
万家乐A	22,000	151,800.00	108,680.00
松辽汽车	5,000	44,000.00	30,900.00
石油济柴	4,600	65,745.00	48,480.00
琼民源A	8,050	187,200.00	144,080.00
南京新百	35	301.00	217.00
昆百大	19	203.00	150.00
合 计		773,049.00	537.147.00

按期末市价计算,短期投资将损失235,902.00元。

(2)应收帐款

1996年12月31日余额为24,611,416.59元。

帐龄分析	金额	占总额比例
1年以内	16,637,061.80	67.60%
1-2年	7,866,133.96	31.96%
2-3年	108,221.23	0.44%
合 计	24,611,416.99	100,00%

本帐户无持本公司5%以上股份的股东欠款。

(3)其他应收款

1996年12月31日余额为35,270,885.00元

a. 帐龄分析

帐龄	金额	占总额比例
1年以内	22,516,684.39	63.84%
1-2年	4,950,219.83	14.03%
2-3年	2,407,191.12	6.83%
3年以上	5,396,789.66	15.30%
合 计	35,270,885.00	100%

b. 持本公司5%以上股份的股东欠款

股东(债务人)	金额	内容
海口市国营罗牛山农场	3,589,370.66	代付款项

c. 大额款项的性质与内容

债务人	金额	内容	性质
海南省南方饲料厂	9,150,000.00	代付原料款	代垫
北京景山学校海口分校	5,063,290.02	代付工程款	代垫
海口市罗牛山结算中心	2,919,920.00	往来结算款	代垫
海口市罗牛山房地产开发总公司	2,338,402.70	往来结算款	代垫
海口市海龙禽畜开发公司	2,210,130.76	往来结算款	代垫
海口市工业建设开发公司	1,900,000.00	购房款	预付
海口农贸批发市场有限公司	1,402,967.20	代付工程款	代垫

(4)存货

1996年12月31日余额为12,659,913.90元,内容如下:

类别	金额
原材料	3,831,668.78
产成品	14,677.21
农用材料	716,464.74
低值易耗品	946.55
幼畜及育肥畜	3,173,304.73
畜牧业期末在产	4,814,561.16
包装物	108,290.73
合 计	12,659,913.90

(5)长期投资

a. 股权投资:

被投资单位名称	股数	投资额	占被投资公司股权的比例
琼山市狮子岭信用合作社	1,000,000	1,000,000.00	11.1%

b. 债券投资:

债券种类	到期日	面值
国库券	(85年期)	300.00
合 计		1,000,300.00

(6)短期借款

1996年12月31日余额为19,000,000.00,内容如下:

贷款单位	贷款金额(元)	月利率	借款期限	借款条件
琼山市狮子岭信用社	1,100,000.00	16.8‰	1996.10-1997.5	信用
交通银行海南分行	15,000,000.00	12.06‰	1996.3-1997.3	土地抵押
中行海南省分行	3,000,000.00	10.7‰	1996.7-1997.6	土地抵押
合 计	19,100,000.00			

(7)应付帐款

1996年12月31日余额为3,442,003.45元,本帐户无关联款项。

(8)其它应付款

1996年12月31日余额为12,077,599.83元,其中:

主要债权人	金额(元)	款项内容
丹麦英冻食品技术有限公司 (INTERCOOL FOOD TECHNOLOGY LTD)	5,352,818.70	应付设备安装费
海南省饲料厂	1,844,925.70	应付代垫饲料款
河南省建筑总公司海口分公司	1,164,120.00	应付工程款

(9)未交税金

税目	金额(元)
营业税	4,912,593.05
城建税	344,699.36
房产税	146,722.43
土地使用税	118,682.99
耕地占用税	1,338,606.69
印花税	71,038.02
合 计	6,932,342.54

(10)长期借款

借款单位	借款日	到期日	年利率	币种	本金金额	利息	本息合计	借款条件
国家开发银行	1996.12	2001.12	11.7%	人民币	15,000,000.00	67,315.05	15,067,315.05	担保
建行海口市分行	1996.10	1999.10	2.4%	人民币	1,200,000.00	5,917.81	1,205,917.81	拨改贷
中国投资银行海南省分行	1995.11	2001.3	(注)	美元 折合人民币	1,324,256.92 10,983,948,77		10,988,948.77	担保
(丹麦政府结合援助贷款)								
合 计					27,188,948.77	73,232,86	27,262,181.63	

(注:项目建设期以国外贷款银行通知为准,项目建成后不计利息)

(11)资本公积

1996年12月31日余额为7,686,905.96元,均为1996年增加数。1996年增加的资本公积为丹麦政府的赠款,原币为926,334.14美元,按期末市场汇价折合成7,686,905.96元人民币。

(12)盈余公积

	1996年	1995年	1994年
期初余额	14,337,298.08	5,999,116.75	
本年增加	8,152,434.90	8,338,181.33	5,999,116.75

本年减少			
期末余额	22,489,732.98	14,337,298.08	5,999,116.75

1994年年末盈余公积系当年提取数,1995年年末盈余公积系上年结转数和当年提取数,1996年年末盈余公积系上年结转数和当年提取数。

4.财务指标分析:

指标名称	计算公式	1994年	1995年	1996年
(1)资产负债比率	负债总额/资产总额	0.21	0.22	0.28
(2)流动比率	流动资产/流动负债	1.60	1.87	2.69
(3)速动比率	速动资产/流动负债	1.54	1.70	2.40
(4)应收帐款周转率	主营业务收入/应收帐款平均余额(次)	2.49	3.15	3.46
(5)存货周转率	主营业务成本/存货平均余额(次)	11.97	11.06	7.18
(6)净资产收益率	净利润/净资产×100%	19.31	23.93	18.15
(7)每股净利润(元)	净利润/股本总额	0.24	0.33	0.33
(8)每股净资产(元)	净资产/股本总额	1.24	1.39	1.80

注:(1)以上指标根据本招股说明书公布经审计的1994年12月31日、1995年12月31日及1996年12月31日合并财务报表计算

(2)速动资产为流动资产减存货

九、董事会上市之承诺

本公司董事会将严格遵守《公司法》、《股票发行与交易管理暂行条例》、《深圳证券交易所业务规则》和有关法律、法规的规定,并自上市之日起向全体股东作如下承诺:

(1)按照法律、法规的规定程序和要求披露重大的信息,并接受证券主管机关、深圳证券交易所的监督管理。

(2)及时、真实、准确地公布中期报告和年度报告,并备置于规定场所供投资者公众查阅。

(3)本公司董事、监事及高级管理人员持本公司股票发生变化时,在报告证券主管机关、深圳证券交易所的同时向投资者公布。

(4)在任何公共传播媒介中出现的消息可能对本公司股票的市场价格产生误导性影响时,本公司知悉后将及时对该消息予以公开澄清。

(5)本公司董事、监事及高级管理人员将认真听取社会公众的建议和批评,自觉抵制不正之风,不利用已获得的内幕消息直接或间接从事股票买卖活动。

(6)本公司没有无记录负债。

(7)本公司董事会及各位董事保证不就任何未经主管机关审阅的可能影响股份变动之重大信息私自发表公告或发表意见。

十、重要事项揭示

截止本公告书刊登之日,本公司及本公司董事、监事和高级管理人员并无涉及任何重大诉讼与仲裁,亦无任何尚未了结或有可能提起的重大诉讼。

十一、备查文件

1.主管部门批准发行、上市的文件
2.海口农工贸(罗牛山)股份有限公司营业执照
3.海口农工贸(罗牛山)股份有限公司章程(修正案)
4.河北会计师事务所出具的审计报告、财务报表及附注
5.《上市推荐书》
6.上市推荐协议书
7.本公司招股说明书
8.验资报告
9.国家国有资产管理部门关于资产评估的确认报告
10.深圳证券交易所出具的上市承诺书
11.本公司历次股东大会决议
12.重要合同
13.国有土地使用权证
14.其它文件

海口农工贸(罗牛山)股份有限公司董事会

1997年6月9日

合并资产负债表

(河北会计师事务所编制) (单位:千元)

项目	1996年12月31日	1995年12月31日	1994年12月31日
流动资产:			
货币资金	31,828	4,214	14,257
短期投资	773	1,872	–
应收帐款	24,611	34,650	18,430
减:坏帐准备	99	105	55
应收帐款净额	24,513	34,545	18,374
预付帐款	11,895	5,200	–
其他应收款	35,271	23,244	18,343
待摊费用	13	–	–
存货	12,660	7,042	2,008
流动资产合计	116,952	76,117	52,983
长期投资:			
长期投资	1,000	1,001	
固定资产:			
固定资产原价	66,366	46,378	31,271
减:累计折旧	6,739	3,181	1,053
固定资产净值	59,627	43,197	30,218
在建工程	33,671	7,365	16,436
固定资产估计	93,299	50,563	46,654
无形及递延资产:			
无形资产	40,418	52,820	57,528
递延资产	1,242	1,585	1,615
无形及递延资产合计	41,660	54,405	59,143
资产总计	252,911	182,086	158,780

流动负债:			
短期借款	19,100	6,000	5,000
应付票据	–	106	–
应付帐款	3,442	1,288	–
预收货款	41	50	–
应付福利费	370	227	123
未付股利	212	500	–
未交税金	6,932	5,556	3,346
其他未交款	163	109	49
其他应付款	12,078	26,823	24,513
预提费用	816	–	–
其他流动负债	370	–	–
流动负债合计	43,524	40,659	33,030
长期负债:			
长期借款	27,262	–	–
长期负债合计	27,262		
负债合计	70,786	40,659	33,030
少数股东权益	2,478	2,077	1,753
股东权益:			
股本	100,000	100,000	100,000
资本公积	7,687	–	–
盈余公积	22,490	14,337	5,999
其中:公益金	8,996	5,735	2,400
未分配利润	49,469	25,012	17,997
股东权益合计	179,646	139,349	123,996
负债与股东权益总计	252,911	182,086	158,780

合并财务状况变动表

编制单位:海口农工贸(罗牛山)股份有限公司

流动资金来源和运用	金额		流动资金来源和运用	金额	
	合并数	母公司		合并数	母公司
一、流动资金来源			一、流动资产本年增加数		
1. 本年净利润	32,609,739.56	32,609,739.56	1. 货币资金	27,614,446.13	26,672,879.81
加:不减少流动资金的费用和损失			2. 短期投资	-1,098,951.00	-1,098,951.00
(1)少数股东净利润	400,958.85		3. 应收票据		
(2)固定资产折旧	3,558,132.16	2,324,518.62	4. 应收帐款净额	-4,719,732.29	10,032,073.35
(3)无形资产、递延资产、及其他资产摊销(减其他负债转销)	12,905,000.84	12,740,841.06	5. 预付货款	6,694,800.00	1,694,800.00
(4)固定资产盘亏(减盘盈)			6. 其他应收款	12,026,812.79	21,169,181.22
(5)清理固定资产损失(减收益)	301,008.90		7. 待摊费用	12,612.60	12,612.60
(6)递延税款			8. 存货	5,617,569.40	2,470,837.02
(7)其他不减少流动资金的费用的损失			9. 待处理流动资产净损失(减收益)		
小计	49,774,840.31	47,675,099.24	10. 一年内到期的长期债券投资		
2. 其他来源			11. 其他流动资产		
(1)固定资产清理收入(减清理费用)					
(2)增加长期负债	27,262,181.63	27,262,181.63			
(3)收回长期投资	850.00				
(4)对外投资转出固定资产					
(5)对外投资转出无形资产					
(6)资本净增加额	15,839,340.86	15,839,340.86			
(7)少数股东资本净增加数					
小　计	43,102,372.49	43,101,522.49			
流动资金来源合计	92,877,212.80	90,776,621.73	流动资产增加净额	40,835,216.57	55,641,091.94
二、流动资金运用			二、流动负债本年增加数		
1. 利润分配			1. 短期借款	13,100,000.00	13,100,000.00

(1)提取法定公积金	3,260,973.96	3,260,973.96	2. 应付票据		
(2)提取法定公益金	3,260,973.96	3,260,973.96	3. 应付帐款	2,154,011.50	2,111,524.72
(3)提取任意公积金	1,630,486.98	1,630,486.98	4. 预收货款	-8,420.00	-8,420.00
(4)已分配股利			5. 应付福利费	142,441.94	62,018.27
(5)职工奖福基金			6. 未付股利	-287,729.20	-287,729.20
小　计	8,152,434.90	8,152,434.90	7. 未交税金	1,376,350.14	1,212,850.14
2. 少数股东利润分配			8. 其他未交款	53,704.37	47,704.37
3. 其他运用			9. 其他应付款	-	9,569,201.79
				14,745,473.83	
(1)固定资产和在建工程净增加额	46,294,105.99	41,328,934.68	10. 预提费用	816,021.98	816,021.98
(2)增加无形资产、递延资产及其他资产	460,812.34	33,607.50	11. 一年内到期的长期负债		
(3)偿还长期负债			12. 其他流动负债	264,450.10	121,383.00
(4)增加长期投资		12,365,107.78			
小　计	46,754,918.33	53,727,649.96			
流动资金运用合计	54,907,353.23	61,880,084.86	流动负债增加净额	2,865,357.00	26,744,555.07
流动资金增加净额	37,969,859.57	28,896,536.87	流动资金增加净额	37,969,859.57	28,896,536.87

合并利润表及利润分配表

(河北会计师事务所编制)　　　　(单位:千元)

项目	1996 年度	1995 年度	1994 年度
一、主营业务收入	102,493	83,645	45,921
减:营业成本	70,762	50,046	24,040
销售费用	402	239	2
管理费用	5,035	3,775	3,313
财务费用	634	152	(69)
进货费用	734	723	-
营业税金及附加	1,110	1,778	1,754
二、主营业务利润	23,817	26,931	16,882
加:其他业务利润	6,581	6,823	5,182
三、营业利润	30,398	33,754	22,064
加:投资收益	2,676	-	2,340
补贴收入	225	-	50
营业外收入	14	37	362
减:营业外支出	302	114	133
加:以前损益调整		-	10
四、利润总额	33,011	33,677	24,692
减:少数股东损益	401	325	753
五、净利润	32,610	33,353	23,939
加:年初未分配利润	25,012	17,997	57
六、可分配利润	57,622	51,350	23,996
减:提取法定公积金	3,261	3,335	2,400
提取法定公益金	3,261	3,335	2,400
七、可供股东分配利润	51,100	44,680	19,197
减:提取任意公积金	1,631	1,668	1,200
已分配普通股股利	-	18,000	-
八、未分配利润	49,469	25,012	17,997

海口农工贸(罗牛山)股份有限公司 1997 年度中期报告

一、财务报告(未经审计)

1. 简化资产负债表

单位:人民币元

项目	1997 年 6 月 30 日	1996 年 12 月 31 日
流动资产	327,797,738.05	116,951,863.00
长期投资	1,000,300.00	1,000,300.00
固定资产净值	58,972,412.38	59,627,061.09
在建工程	54,520,333.50	33,671,441.35
无形资产及递延资产	46,839,352.99	41,660,002.27
资产总计	489,130,136.92	252,910,667.71
流动负债	56,797,808.87	43,524,203.17
长期负债	37,154,081.63	27,262,181.63

少数股东权益	2,681,412.36	2,478,445.05
负债合计	96,633,302.86	73,264,829.85
股本	145,000,000.00	100,000,000.00
资本公积	140,436,905.96	7,686,905.96
盈余公积	22,489,732.98	22,489,732.98
未分配利润	75,570,195.12	49,469,198.92
权益合计	392,496,834.06	179,645,837.86
负债及股东权益合计	489,130,136.92	252,910,667.71

2. 简化利润表　　　　单位:人民币元

项目	1997年1—6月	1996年1—6月
主营业务收入	91,377,776.94	48,052,479.30
主营业务利润	23,095,170.76	10,951,223.82
其他业务利润	1,053,656.60	55,547.88
投资收益	265,784.00	981,014.40
营业外收支净额	1,889,352.15	70,660.84
利润总额	26,303,963.51	12,058,446.94
少数股东权益	202,967.31	220,527.36
净利润	26,100,996.20	11,837,919.58

3. 其他财务指标

(1)每股收益(元)　0.18元(按发行后的总股本14500万股摊薄)

(2)净资产收益率　6.65%

(3)每股净资产　2.71元

若按公开发行股票前总股本10000万股计算,则每股收益为0.26元。

4. 财务报表附注

(1)本公司遵从《股份制试点企业会计制度》及有关规定,本报告所列示的资产负债表、利润表均按《股份制试点企业会计制度》及有关规定编制,所采用的会计政策和方法与1996年年度财务报告中所采用的政策和方法一致。

(2)本报告期内财务报告主体未发生合并、分立等变化。

(3)流动资产比上期增加了210,845,875.05元,这主要是因为报告期内公司公开发行了4500万A股,共募集资金186,750,000.00元。

(4)在建工程比上期增加了20,848,892.15元,主要是屠宰冷冻厂和六万头猪场项目进展所致。

(5)流动负债比上期增加了13,273,605.70元,主要是应付饲料款增加。

(6)长期负债比上期增加了9,891,900.00元,主要是开发银行贷款。

(7)股本比上期增加了45,000,000.00元,是因为公开发行了4500万A股。

(8)资本公积比上期增加了141,750,000.00元,是发行股票所得溢价款。

(9)营业外收支净额为1,889,352.15元,主要是发行股票冻结申购资金利息所致。

(10)未分配利润比上期增加了26,100,996.20元,是1997年1—6月净收入转入所致。

(11)1997年1—6月份实现主营业务收入91,377,776.94元,净利润26,100,996.20元,分别比去年同期增长90.2%和120.5%,主营业务利润比去年同期增长110.9%,这主要是上半年公司扩大了主营业务,增加了饲料等贸易收入所致。

(12)据海南省财税厅琼财税函所字[1997]31号文,公司所得税从获利年度起享受五年免征,五年减半的优惠,现仍在免征期,故无所得税。

(13)关联交易:海口市国营罗牛山农场是本公司的最大股东,现持有本公司34.18%的股份,公司与其在非经营性资产的使用方面存在关联交易,为此双方签订有《综合服务协议》。琼山市狮子岭信用社是本公司的参股企业,公司持有其11%的股权,目前公司在该社有100万元人民币借款,借款协议的订立是公平的、合法的。

二、经营回顾及展望

(一)上半年经营情况回顾

1997年上半年,海口农工贸(罗牛山)股份有限公司迎来了公司发展史上的第二个里程碑,罗牛山4500万A股公开发行并在深交所隆重上市,从而为公司开辟新的融资渠道、走上资本经营的道路拓展了空间,公司管理层与广大职工决心再创辉煌,争取给广大投资者带来满意的回报。

1. 上半年公司抓着股票上市的契机,按照《公司法》等有关法规进行规范化改组,不断探索建立现代企业制度的新路子,建立健全各种管理制度和方案,加强企业管理,通过练内功来提高企业经济效益。

2. 上半年公司大力发展公司主营业务,扩大生产规模,推行科学生产、科学管理,积极开拓市场,使公司各项事业稳步发展。上半年主营产品较去年同期有较大幅度的增长,主营业务收入与利润分别比去年同期增长90.2%和120.5%,取得了较好的经济效益,利润完成了1997年度盈利预测的45%,没有达到全年盈利目标二分之一的原因主要有两点,一是公司募股资金6月初才到位,在上半年尚未产生明显效益;二是因为今年上半年全国蛋鸡行业供过于求,蛋价大幅下滑,公司所属的禽蛋养殖分公司(二十万只蛋鸡场)虽然在全场职工的努力下取得了前所未有的良好技术指标,但仍出现亏损,未能达到该场预期的盈利水平。

3. 上半年公司加大了固定资产投资力度,时宰200头大猪、1000只鸡的屠宰冷冻加工生产线项目于5月底正式开工并且进展顺利,基础工程和车间主体工程已完工,从丹麦进口的设备已全部到位,累计完成固定资产投资4000多万元。

4. 上半年公司充分利用海口市作为优化资本结构试点城市的有利条件,大力加强并购重组步伐。已完成了琼海猪场的购并工作,海口市家俱厂也已经海口市政府海府函(1997)63号文件批准,由公司以承担债务的方式兼并,现正在办理有关产权过户手续。

5. 募股资金的使用。1997年5月30日公司18,750万元的募股资金到位,除了少部分投资于屠宰厂的建设外,其余都暂时存放在国有商业银行中。

(二)下半年经营情况的展望

1. 公司将以建立健全畜禽养殖生产配套体系为近期目标,加强对募股资金的使用,对现有生产场(厂)进行技术改造,降低成本消耗,提高现有项目的经济效益。

2. 屠宰冷冻厂是海口市定点屠宰场,也是公司今后稳定的利润增长点,公司将加快建设速度,争取下半年完成土建工程和设备安装,以及人员招聘和培训工作,并着手建立销售网络,使其尽快产生效益,让海口市民吃上放心肉,也让广大投资者获得优厚的回报。

3. 重点抓好资产重组、资本经营工作,加大并购重组的步伐,扩大企业规模,优化资本结构和产业结构,实现多角化经营战略,培育新的利润增长点,增强公司抗风险能力。

4. 加强蛋鸡场的经营管理,加大市场销售力度,降低生产成本,争取实现全年的盈利目标。

5. 对兼并的家俱厂进行重组,一部分成立市场公司,从事轻工产品和农产品的批发。另一部分进行技术改造,开发新产品,以市场为导向创造名牌产品。

三、重大事件的说明

1.1997年5月25日经中国证券监督管理委员会证监发字(1997)236号文批准,公司成功地向社会公开发行了4500万A股,并于1997年6月11日在深圳证券交易所挂牌上市。上市公告书刊登于1997年6月9日的《证券时报》。

2.1997年5月30日,屠宰冷冻厂项目正式开工。

3.1997年6月28日,经海口市政府海府函(1997)63号文批准,公司兼并了海口市家俱厂。

4.1997年5月,公司与广州九佛农工商公司达成协议,收回了公司所属的海口市罗牛山蛋鸡场(十万只蛋鸡场)的承包经营权。

5.根据国务院证券委、中国人民银行、国家经贸委1997年5月21日发布的《关于严禁国有企业和上市公司炒作股票》的通知精神,公司进行了认真的自查和清理,除本公司在上海和深圳各开设了一个股票交易帐户外,下属子公司均未开户,没有从事任何违反规定的行为,至今为止,公司没有持有任何上市公司的股票,如果公司今后进行股票交易事宜,也将保证严格遵守国家有关法规和本公司章程。

6.本公司中期暂不作利润分配。

四、股权结构情况

1.股权结构

项目	1997年6月30日	1996年12月31日总股本
总股本	14500万股	10000万股、
尚未流通股:		
发起人股	6256.56万股	6256.56万股
募集法人股	2243.44万股	2243.44万股
内部职工股	1500.00万股	1500.00万股
流通股:		
社会公众股	4500.00万股	

2.公司主要股东持股情况

序号	股东姓名	持股数(万股)
1	海口市国营罗牛山农场	4956.56
2	海南兴华农业财务公司	750
3	海口永盛畜牧机械工程有限公司	500
4	中经资产管理有限公司	450
5	海口天星实业公司	300
6	海南建信实业开发公司	300
7	琼海牧工商发展总公司	281.44
8	海南琼山京美畜牧公司	252
9	海南省国营桂林洋农场	250
10	海南鸿大实业公司	200
	海口三达农业开发有限公司	200

五、股东大会简介

海口农工贸(罗牛山)股份有限公司1997年临时股东大会于1997年3月20日在公司会议室举行,会议由公司董事长吴伟雄先生主持。出席会议的股东所代表的股份为8,106万股,占股本总额的81.06%,大会主要通过了以下决议:

1.关于同意向社会公开发行4,500万股A股股票并上市流通的决议;

2.关于通过公开发行股票所募集资金投向方案的决议;

3.关于通过公司发行股票后新老股东共享滚存利润的决议;

4.关于授权董事会全权处理公司股票公开发行并上市有关事宜的决议;

5.关于授权董事会修订公司章程的决议。

六、备查文件

1.载有公司董事长亲笔签名的中期报告原件。

2.1997年度临时股东大会资料。

3.本公司1997年度上半年财务报告原件。

查阅地址:海南省海口市龙昆北路2号帝豪大厦909室海口农工贸(罗牛山)股份有限公司证券部。

联系电话:0898—6717823

传真:0898—6717830

海口农工贸(罗牛山)股份有限公司董事会

1997年8月30日

中国有色金属建设股份有限公司

中国有色金属建设股份有限公司概况

1983年7月29日,经国务院批准,成立中国有色金属工业对外工程公司。1995年10月23日,经国家经济贸易委员会批准,以中国有色金属工业对外工程为核心企业组建中国有色金属建设集团,同时中国有色金属工业对外工程公司更名为中国有色金属建设集团公司。

1997年3月5日,经国家体改委批准,中国有色金属建设集团公司作为唯一发起人,采取募集设立方式设立中国有色金属建设股份有限公司,其经营范围是承包本行业国外工程、境内外资;对外派遣本行业工程、生产劳务人员;承包工程所需的设备、材料的出口;国外有色金属工程的咨询、勘测和设计;与国外工程承包和劳务合作有关的国家或地区的三类商品进出口(以国家批准的商品目录为准);承包工程、劳务合作和本公司所办海外企业项下的技术进出口。承担有色工业及其它工业、能源、交通、公用建设项目的施工总承包;承办展览(销)会、仓储运输、汽车修理、室内装修、代理报关、商检,批发零售汽车(不含小轿车)及零配件;经批准的无线电通信产品的销售;自行进口商品的销售(以上国家有专项专营规定的除外)。

发起人中国有色金属建设集团公司将主要经营性资本投入中国有色金属建设股份有限公司后,未进入中国有色金属建设股份有限公司的部分经营性资产和非经营性资产将新组建中色建设集团有限公司,并作为国有法人股的股权代表,行使股东权利,承担相应的义务,其经营范围是:公路、铁路、桥梁、水电工程项目的承包;房地产开发与经营;供配电设备和自动化设备的研制、开发和销售;与上述业务相关的技术咨询和技术服务。拥有国家一级施工总承包资质,国家公路工程一级施工总承包资质。

十四年来本公司共完成涉及铜、铝、铅、锌铁合金冶炼厂、铜选矿厂、水泥厂、乳化炸药厂、高压地下电缆、污水处理、地下供水管线、军营、学校、民用建筑、市政工程、公路、桥梁等约二十个行业近80余项工程,截止1996年11月底累计完成合同额5.6亿美元,累计完成营业额3.4亿美元,获得业主好评。

本公司现有职工142人,其中具有高级技术职称的工程技术人员66人,一级、二级施工项目经理33人。

目前,中国有色金属建设股份有限公司设有十个业务部室(总经理办公室、人事部、计财部、审计室、企业管理办公室、海外工程部、实业开发部、劳务合作部、贸易部、证券部)。十八个直属机构(美国代表处、马来西亚代表处、香港浩京公司、伊朗代表处、新加坡代表处、菲律宾办事处、泰国代表处、蒙古代表处、科威特办事处、开罗经理部、智利代表处、和硕贸易中心、上海办事处、发展策划研究所、伊拉克代表处、约旦分公司、日本办事处、印尼办事处)。四个项目经理部(伊朗8万吨铜冶炼厂项目经理部、伊朗2.8万吨锌冶炼厂项目经理办、伊朗松贡铜选厂项目经理部、菲律宾水泥磨粉厂、双塔楼项目经理部)。

中国有色金属建设股份有限公司招股说明书概要

一、释义

在本招股说明书中,除非另有说明,下列简称具有如下意义:

发行人或本公司:指中国有色金属建设股份有限公司(筹)

发起人或集团公司:指中国有色金属建设集团公司

总公司:指中国有色金属工业总公司

筹委会:指中国有色金属建设股份有限公司筹委会。

主承销商:指广发证券有限责任公司。

上市推荐人:指广发证券有限责任公司、君安证券有限公司

本次发行:指本公司向社会公开发行面值1元的6,000万股人民币普通股。

元:指人民币元。

二、绪言

本招股说明书是根据《中华人民共和国公司法》、《股票发行与交易管理暂行条例》、《公开发行股票公司信息披露实施细则》等有关法律、法规及本公司的实际情况编制,旨在为投资者提供本公司的基本情况。本公司筹委会成员已审阅并批准本招股说明书,确信其中不存在任何重大遗漏或者误导,并对其真实性、准确性、完整性负个别的和连带的责任。

本次发行业经中国证监会证监发字(1997)85号文和证监发字(1997)86号文批准。

新发行的股票是根据本招股说明书所载明的资料申请发行的。除本发行人和主承销商外,没有委托或授权任何其他人提供未在本招股说明书中列载的信息和对本招股说明书作任何解释或者说明。

投资者应自行承担买卖本公司股票的税款,本公司、上市推荐人及承销机构对此不承担任何责任。

三、发行情况

1. 承销方式:本次发行采用余额包销方式。

2. 发行方式:全额预缴,比例配售,余额转存。

3. 发行地区:中国广东省境内(包括惠州市、东莞市和梅州市)。

4. 发行对象:中国法律规定可以买卖本次发行股票的境内自然人和法人。

5. 发行股票的种类、面值和数量:每股票面值为1元的人民币普通股6,000万股。

6. 发行日期:1997年3月25日

7. 发行价格及确定发行价格的方法:

(1)发行价格:每股7.96元。

(2)确定发行价格的方法:

发行价格=每股税后利润x市盈率

其中:每股税后利润等于本公司1994年、1995年、1996年三个会计年度每股税后利润的简单算术平均数,即:

每股税后利润=(0.751+0.60+0.242)/3=0.531(元)

市盈率根据本公司最近三年的经营业绩,发行前每股净资产,净资产收益率,发展前景,当前证券市场的状况,同类企业的市盈率等确定为15倍。

发行价格=0.531x15=7.96元

8. 发行总市值:47,760万元

9. 上市地点:深圳证券交易所

四、发售新股的有关当事人

1. 发行人:中国有色金属建设股份有限公司(筹)

地址:北京市复兴路乙12号

筹委会负责人:张健

电话:(010)68516385　传真:(010)68515364

联系人:王宏

2. 主承销商:广发证券有限责任公司

地址:广州市农林下路83号广发金融大厦4楼
法定代表人:陈云贤
电话:(020)87370888-2431　传真:(020)87676350
联系人:秦力　卢华
3.主承销商法律顾问:君合律师事务所。
地址:北京市和平宾馆19号楼
电话:(010)65134500　传真:(010)65134570
经办律师:赵燕士、肖微
4.副主承销商:中兴信托投资有限责任公司
地址:北京广安门外南滨河路7号
法定代表人:梁冶萍
电话:(010)62371936　传真:(010)62371944
联系人:李峻　吴书骏
5.分销商:沈阳北方证券公司
地址:沈阳市沈河区市府大路261号
法定代表人:王兴明
电话:024-2710160 传真:024-2712044
联系人:陈莹　于清武
分销商:海南港澳国际信托投资有限公司
地址:海口市滨海新村588号
法定代表人:王志刚
电话:0898-6791915　传真:0898-6774502
分销商:中煤信托投资有限责任公司
地址:北京安外大街168号
法定代表人:王忠民
电话:(010)64279933-6526　传真:(010)64204470
联系人:叶晓
分销商:黑龙江省国际信托投资公司
地址:哈尔滨市南岗区红军街20号
法定代表人:王显周
电话:(0451)3632953　传真:(0451)3636909
联系人:李宏芳　王友顺
分销商:中国教育科技信托投资有限公司
地址:北京市西城区复兴门内大街160号
法定代表人:王显明
电话:(010)68364403　传真:(010)68364386
联系人:刘润红
分销商:广州证券公司
地址:广州市北较场路19号金鹰酒店6楼
法定代表人:劳建光
分销商:陕西省国际信托投资股份有限公司
地址:西安环城东路南段8号神州明珠酒店2楼
法定代表人:孙武学
电话:(029)3239457
6.上市推荐人:
广发证券有限责任公司
君安证券有限公司
地址:深圳市春风路5号
法定代表人:张国庆
7.发行人财务顾问:中国诚信证券评估有限公司
法定代表人:毛振华
地址:北京和平里东街民旺乙19号写字楼7楼
电话:(010)64275969　传真:(010)64275625
联系人:李伟　梁辰
8.发行人之律师事务所:中继律师事务所
地址:四川省成都市人民东路48号物资大厦8楼
法定代表人:顾培东
电话:(028)6744456-20829　传真:(028)6611178
经办律师:刘西荣　王建平
9.会计师事务所:中华会计师事务所
地址:北京西城阜外大街1号四川大厦东楼八层
法定代表人:陆兵
电话:(010)68364737　传真:(010)68364743
经办会计师:傅屏南　杨力强
10.资产评估机构:中庆会计师事务所
地址:北京市安德里北街23号
法定代表人:陆野
电话:(010)62031660　传真:(010)62031660
经办评估人员:胡亚明　丁英杰　谢德章
11.资产评估确认机构:国家国有资产管理局
地址:北京万泉河路66号
电话:(010)62567744　传真:(010)62561817
12.收款银行:中国建设银行总行
地址:北京市复兴路甲3号
13.股份登记机构:深圳证券登记有限公司
地址:深圳市红岭中路25号
法定代表人:黄铁军
电话:(0755)5585536

五、风险因素与对策

投资者在评价发行人此次发售的股票时,除本招股说明书提供的其它资料外,应特别认真地考虑下述各项风险因素。

(一)风险因素

1.经营风险

(1)项目风险:本公司承揽的项目大多为包括设计、勘探、施工、设备安装、试运转,直到人员培训等内容的有色金属工业开采、冶炼、加工总承包项目,项目金额大、周期长、技术含量高、质量要求严。若项目选择不慎或未能达到合同规定的技术水平,则直接影响本公司的经营利润。

(2)技术风险:施工项目所需的成套设备一般由本公司按合同约定的技术参数在国内国际市场上采购。若供货方的关键设备的性能未达到合同规定的要求,则会影响整个项目的技术水平,增加项目的费用支出。

(3)信用风险:项目实施中业主一般按工程进度支付货款,本公司需垫付一定数量的资金,存在一定的信用风险。

(4)建设工期风险:项目执行中涉及设计、勘探、土建、安装、设备供应等单位及项目所在地的交通、供水、供电等部门,亦受天气状况等自然条件制约,若工程进度不能按合同约定的时间进行,则会影响项目的经济效益。

2.行业风险

(1)经营结构的风险:本公司主要承揽有色金属的开采、冶炼、加工等新建项目。若有色金属工业行业不景气,新建项目减少,则影响本公司的业务量。

(2)行业竞争的风险:目前国际工程承包市场竞争相当激烈,发达国家的工程承包公司占有明显的竞争优势,发展中国家承包公司的崛起和壮大,加剧了国际工程承包市场的竞争程度。中国企业在企业规模、资金实力、管理水平等方面同国际著名的大型承包公司比较,存在明显的差距。

3.市场风险

(1)商业周期的风险:经济周期的变化与本公司的经营活动呈高度相关。经济的周期性波动,会影响新开工项目的数量,进而影响本公司的新签合同数量,有时甚至会造成一些已签约合同的延期履行或中止履行。

(2)政治经济风险:本公司国外业务主要分布在中东及东南亚。东道国政治经济形势的变化如国内动乱或国际局势紧张时,会影响到合同的继续履行。

4.政策风险

(1)国内政策风险:本公司目前享受国家出口退税的优惠政策,若国家调整出口退税政策,如降低或取消退税税率,调整退税时间等,会对本公司的经营带来不利影响。

(2)东道国的政策风险:东道国改变其外资政策,如限制外国工程承包公司进入当地市场,调整进口关税税率,给予本国公司补贴或投标优惠等保护主义措施,会影响本公司在当地市场的竞争力,增加营业成本。

5.汇率风险

本公司的主要结算货币为美元,收支中有一定数量的东道国货币,国内设备采购则用人民币结算。人民币、东道国货币及美元汇率的波动,会影响本公司的项目收益。

6.股市风险

证券市场是风险性市场。股票价格的波动受政治、经济、投资者心理预期、上市公司的业绩等诸多因素的影响。处于发展中的中国证券市场的波动远较其它成熟市场大。因此,投资者在买卖本公司股票时,应对股市风险有充分的了解,以最大限度地维护自身的利益。

(二)对策分析

1.经营风险的对策

对策一:本公司将根据国际工程承包市场的发展趋势,发挥本公司在有色金属行业的技术优势、人才优势、信息网络优势,在项目的选择上以经济效益为中心,以能带动设备、原材料等的出口及包含项目的设计、安装、调试、人员培训等技术含量高、前伸后延的有色金属行业内大项目为主,一般不从事劳动密集型的土建项目,提高项目的技术含量;

对策二:与国内有色金属工业的设计研究院、技术开发单位、设备生产厂商建立长期稳定的合作关系,采用国内国际先进、成熟、适合业主技术发展水平的生产工艺,防范技术风险。

对策三:加强对项目的预研究,通过官方途径掌握东道国上层经济信息,参与项目的论证,免费提供技术咨询和项目建议书,使项目的技术方案能适合本公司的技术水平,从而通过议标方式取得承包合同,避免公开招标中所出现的压价招标,提高项目的经济效益。

对策四:选择优秀的合作伙伴。一方面,在议标、招标前,对业主的资信、项目的可行性等进行审查;另一方面,按项目的技术条件选择合适的设计单位、设备供货单位、施工承包单位、其它技术协助单位等,发挥各自的优势,从而提高项目抗风险的能力。

对策五:审慎研究合同条款,按菲迪克条款及项目的特点签定合同。在项目实施中,加强内部管理,推行项目经理负责制,不断降低成本费用,提高项目的利润。

2.行业风险的对策

实施集约化经营和规模经营,通过股份制改制、合资经营等多种形式,壮大本公司的资金实力及综合盈利水平,提高抵御风险的能力,增强本公司的竞争力。

3.市场风险的对策

对策一:根据国内有色金属供需状况及发展趋势,选择国内需求量大、供应短缺、探明储量及可采储量小的急缺矿种如铜,积极实施实业化战略和资源开发战略,利用本公司的技术优势和人才优势,到国外创办资源开发型的合资企业,以满足国内的市场需求,形成新的稳定的利润增长点。

对策二:加强研究,提高对所在国政治经济形势变动的预见性,以施行及时适度的风险控制措施。

对策三:对所有成套设备出口项目投保出口信用保险,要求对方选择资信良好的银行开立信用证和担保函,以及要求提供政府担保等。

4.政策风险的对策

运用现代营销理论,发挥本公司驻外分支机构多的优势,分析不同国家的营销环境,选择政策风险低的国家作为主要目标市场,对政策风险高的国家一般不进入,遇有特别优秀的项目必须进入时,在合同中增加政策变动损失的补偿条款,以防范政策风险。

5.汇率风险的对策

坚持以美元等作为主要结算货币,在合同中订立保值条款及价差补偿条款;采用合适的结算方式及合理运用现有的金融工具等,防止汇率风险。

6.股市风险的对策

本公司将按本招股说明书的所提示的资金运用计划,按期完成投资项目,提高本公司的盈利水平,增加本公司股票的投资价值;同时,按照《公司法》等有关法律法规,规范运作,科学管理,履行法定信息披露义务,及时公告有关信息,增加公司运作的公开性、透明度。

六、募集资金的运用

本次发行6,000万股,发行成功后,扣除相关费用,实际可运用资金46,500万元,拟投资于以下项目:

1.投资20,000万元组建中条山铜冶炼有限责任公司

中条山有色金属公司所属中条山铜冶炼厂筹建于1966年,完工于1970年,设计生产能力为年产粗铜3万吨,硫酸11万吨,原料铜精矿由中条山有色金属公司铜矿厂供应,但由于生产工艺落后,设备陈旧,铜精矿成分发生变化,冶炼能力与采选能力不配套等原因,一直未能达到设计能力。经国家经贸委国经贸改〔1994〕202号、国经贸改〔1994〕575号、中国有色金属工业总公司中色计字〔1994〕0623号、〔1994〕0707号文批准,决定对中条山铜冶炼厂进行易地改造,项目总投资35,814万元(不含所需流动资金13,707万元),其中工商银行安排专项贷款1亿元,其余部分由企业自筹解决。改造后粗铜年生产能力为3.5万吨,金1,500公斤,银6,000公斤,硫酸12.9万吨。项目于1995年元月动工,但由于企业自筹资金未落实,工程进展缓慢。

1996年3月,本公司与中条山有色金属公司签订合同,决定组建中条山铜冶炼有限责任公司,公司注册资本45,000万元,其中,本公司出资22,950万元,占51%,拟投入募股资金2亿元,其余部分自筹;中条山有色金属公司出资22,050万元,占49%,资金在1997年底到位。此项目安排将加快工程进度,预计1997年9月份完成设备安装工作,1998年元月正式投产。项目投产后,每年可新增销售收入88,291万元,利润总额8,453万元,税后利润5,663万元,扣除少数股东权益,本公司可新增净利润2,888万元,投资利润率12.6%,静态回收期7.95年。

2.伊朗松贡700万吨/年铜选厂投入资金14,700万元。

1996年10月,本公司与伊朗国家铜业公司阿哈铜矿联合企业签订设计供货合同。合同约定,由中方总承包松贡铜选厂的建设,提供设计、工艺设备、技术诀窍、安装调试、技术协助、人员培训及其它技术服务,提供部分建设资金,合同总金额9,968万美元。伊方将预付15%的合同款,其余85%为延期付款,利率7%,由伊方以铜选厂的产品铜精矿支付延付款及延付利息,中方可获得5%的价格折让,并可签订长期供货合同。本项目建设期4年,支付期4年。此项安排具有补偿贸易的性质,即中方通过工程设计及承包,出口成套设备,换回国内急需的铜精矿。

本公司投入资金主要用于购买国内设备,支付设计费等。本次募集资金计划投入14,700万元,其余部分由中国进出口银行提供出口信贷,已获得国务院国办二局文办号858号同意。项目完成后,预计可实现利润2,950万美元,折合人民币24,485万元。

3.投资3,600万元新建有色金属耐火材料公司

本项目计划总投资4,950万元,其中募股资金投入3,600万元。计划1997年7月动工,1998年7月投产。投产后可年产中高档耐火材料5万吨,其中烧成定型中高档耐火材料2万吨,不定型中高档耐火材料3万吨。可年新增销售收入9,650万元,新增利润总额2,455万元,税后利润1,645万元,投资利润率37.26%,税前税后的投资回收期分别为3.62年和4.6年。本项目已经中国有色金属工业总公司中色计字(1996)0344号文、中色计字(1996)0750号文批准。

4.投资4,200万元新建有色冶金机械设备加工厂

本项目总投资4,794万元,其中募股资金投入4,200万元。计划1997年9月动工,预计1998年9月底建成投产。建成后年产有色金属选冶非标准设备360台/套,选冶厂工程建设用钢结构件6,000吨,可年新增销售收入9,600万元,利润总额2,562万元,税后利润1,716万元,投资利益率40.16%,所得税前税后的投资回收期分别为3.6年和4.53年。本项目已经中国有色金属工业总公司中色计字(1996)0779号批准。

5.伊朗哈通阿巴德粗铜冶炼厂投入资金4,000万元

伊朗是一个铜资源比较丰富的国家。本公司凭借在有色冶金行业的专业技术优势和在伊朗市场多年的开拓经验,与伊朗官方和企业建立了良好的合作关系。1993年11月24日,本公司与伊朗国家铜业公司签订了伊朗哈通阿巴德8万吨/年铜冶炼厂设计供货合同,合同总金额为6,095万美元。本公司提供工程设计、成套设备供应、技术诀窍转让、设备安装调试、技术协助和培训等。合同规定,伊方先支付10%的预付款609.5万美元,余款按工程进度主要在1997年到1998年期间支付,其中3,364.9万美元在设备分批发运时即期支付,1,943.8万美元待工厂试车投产后的第一个月起分六批按月支付。本项目已得到中国有色金属工业总公司、外经贸部科技立项9611号文批准。

目前，该项目基本设计已全部完成并已提交给伊方，详细设计已全面展开，主要关键设备如闪速炉和转炉已订货并正在加工生产，配套及辅助设备亦已选定。

为保证该项目的建设进度，本公司尚需投入19,000万元人民币配套资金，其中投入募股资金4,000万元，其余15,000万元通过出口信贷解决。本项目预计投产日期为1999年5月，达产后年产粗铜8.06万吨。本公司通过承包该项目可获得利润1,229.9万美元。项目利润率为20%。

以上项目本公司经过充分论证，技术可行，收益稳定。募股资金到位后，本公司将按以下计划表投入使用，资金不足部分通过贷款和自筹等方式解决。全部项目投产后，可使本公司的实业化战略、资源战略初见成效，年新增利润6,000万元以上，大大提高本公司的盈利水平和抗风险能力。

募股资金使用年度计划表

（单位：万元）

序号	项目	1997年	1998年	合计
1	中条山铜冶炼有限责任公司	20,000	0	20,000
2	松贡铜选厂项目	10,000	4,700	14,700
3	耐火材料公司	2,000	1,600	3,600
4	有色冶炼机械设备加工厂	1,800	2,400	4,200
5	伊方哈通阿巴德铜冶炼厂项目	4,000	0	4,000
	合计	37,800	8,700	46,500

七、股利分配政策

1.根据《公司法》和本公司《章程》草案的有关规定，本公司的税后利润在弥补亏损后，按如下顺序和比例进行分配：

提取法定公积金10%；

提取法定公益金5－10%

提取任意公积金：比例由股东大会决定；

支付股利。

2.本公司在弥补亏损和提取法定公积金、法定公益金之前，不得向股东分配利润。

3.公司当年有盈利时，股利分配一年一次，在会计年度终了后六个月内进行，经董事会提议，股东大会批准，公司可进行中期分红。

4.公司派发股利的形式：

(1)现金；

(2)股票。

5.本次发行后，社会公众股东和发起人股东同股同权，共享1997年度的分红派息。预计本公司首次分配股利的时间为1998年6月前。

6.本公司向个人股东分配现金红利时，根据现行税法之规定，按可分配的金额代扣代缴个人收入所得税。

本股利分配政策系本公司筹委会根据《公司法》及本公司《章程》(草案)而制定，尚需提交本公司创立大会审议通过。

八、发行人情况

1.发行人名称：中国有色金属建设股份有限公司

英文名称：China Nonferrous Metal Industry's Foreign Engineering And Construction (Group) Corp.

2.发行人住所：北京复兴路乙12号

3.筹委会负责人：张健

4.发行人历史情况简介

本公司的历史最早可追溯到中国有色金属工业总公司，1983年4月1日经国务院国发〔1995〕603号文批准，由冶金部中划出有色金属工业管理局，成立中国有色金属工业总公司。1983年7月29日，经国务院批准，中国有色金属工业总公司设立中国有色金属工业对外工程公司，隶属于中国有色金属工业总公司。

1995年10月23日，国家经济贸易委员会批准由中国有色金属工业对外工程公司为核心企业组建中国有色金属建设集团；中国有色金属工业对外工程公司更名为中国有色金属建设集团公司。

1997年3月5日，经国家体改委体改生〔1997〕20号文批准，中国有色金属建设集团公司作为唯一发起人，采用募集设立方式设立本公司。本公司作为中国有色金属建设集团公司的存续公司，按重组方案对其权利义务依法承继。

5.发行人的组织结构和内部管理结构：(见附图)

6.发行人的员工

本公司共有员工1,421人。员工的专业分工、技术构成如下：

(1)专业分工

分工	人数	占员工总数的比例
管理人员	163	11.5%
财务人员	165	11.6%
技术人员	837	58.9%
其它	256	18.0%
合计	1421	100%

(2)技术职称

职称	人数	占员工总数的比例
高级职称	454	31.9%
中级职称	374	26.3%
初级职称	330	23.2%

本公司员工全部实行聘任制，分别情况采用全面聘任制和逐级聘任制，聘期二年，可连续聘任。员工劳动分配实行岗位技能工资制，并享有医疗、休假等福利待遇。驻外人员除享受境内员工的福利待遇外，根据外经贸部的有关文件和东道国的实际情况，可享受一定的出国补贴，并给予期限不等的回国休假期。

根据《国务院关于深化企业养老保险制度改革的通知》，本公司建有职工基本保险个人帐户，员工按个人缴费工资基数的3%缴纳养老保险费。

7.发行人的业务经营范围

主营：承包本行业国外工程、境内外资工程；对外派遣本行业工程、生产劳务人员；承包工程所需的设备、材料的出口；国外有色金属的咨询、勘测和设计；与国外工程承包和劳务合作有关的国家或地区的三类商品进出口(以国家批准的商品目录为准)；承包工程、劳务合作和本公司所办海外企业项下的技术进出口。承担有色工业及其它工业、能源、交通、公用建设项目的施工总承包。

兼营：承办展览(销)会、仓储运输、汽车修理、室内装修，代理报关、商检；批发零售汽车(不含小轿车)及零配件；经批准的无线电通信产品的销售；自选进口的商品的国内销售。(以上国家另有专项专营规定的除外)。

8.发行人的主要业务

本公司主要从事国内外有色金属行业的工程承包，承包项目所需的设备、材料的出口、技术进出口；对外派遣有色金属行业的生产、技术人员；实业投资；进出口贸易等。其中通过工程承包带动国内技术、设计、成套设备出口是本公司的主要业务，约占本公司全部经营业务收入的80%以上，亦是本公司主要的利润来源。

本公司属国际工程承包公司，主要承担国内外工程项目的开发、设计、企划、调度、项目的施工组织管理，控制项目成本、施工进度和质量，国内成套设备的采购、发运，办理工程项目的结算等业务。由此可以看出，本公司对承包项目的管理是全过程的，自始至终的。

9.发行人的产品或服务及市场情况

本公司主要的目标市场为伊朗、埃及、科威特、伊拉克、约旦等中东市场；新加坡、泰国、菲律宾、马来西亚等东南亚市场；以及蒙古、美国、智利等地；其中中东市场以伊朗为主，在伊朗的有色金属工业承包项目中占有80%以上的市场份额，1994年在伊朗实现营业额567.6万美元，占当年营业收入的40.3%；1995年实现营业额1,036.89万美元，占当年营业收入的58.8%；1996年实现营业额1,292.6万美元，占当年营业收入的47.4%.东南亚市场以新加坡、菲律宾为主。1994年、1995年、1996年在新加坡分别实现营业额320万美元、242.9万美元、335万美元，占当年营业收入的比例分别为22.7%、13.8%、12.3%。

本公司承包合同的取得一般通过公开招标、邀请招标、议标等三种方式，其中议标方式的约占75%；邀请招标约占17%；公开招标约占8%。

究其原因，本公司通过发挥分布在不同国家和地区的办事处的作用，及时掌握有关信息，在项目开始筹划阶段即同业主建立联系，免费提供设计方案及项目建议书，从而在争取项目中处于有利地位，避免了公开招标中经常出现的压价投标等，取得了良好的经济效益。

10. 自然资源的耗用

本公司的承包项目主要分布在一种或几种有色金属资源的国家和地区，多为有色金属的开采、冶炼、加工项目，项目建成投入使用后，主要耗用不可再生性的有色金属.但本公司只负责项目的承建，在项目建成投产后即交付业主，一般并不直接参与项目的生产、管理。本次募股资金到位后，本公司计划投资 22,950 万元，组建中条山铜冶炼厂有限责任公司，达产后每年耗用铜精矿 17.7 万吨，所需铜矿的一部分由伊朗松贡铜选厂供应，用于抵偿本公司承包伊朗松贡铜选厂项目的工程款，这一安排具有补偿贸易的性质，不存在外汇平衡的问题。

11. 正在进行或计划进行的资本性支出项目

(1)投资 22950 万元组建中条山铜冶炼有限责任公司。公司注册资本 45,000 万元，本公司出资 22,950 万元，占 51%，拟投入募股资金 2 亿元，其余部分自筹；中条山有色公司出资 22050 万元，占 49%，资金在 1997 年底到位。项目计划 1998 年元月正式投产。项目投产后，每年可新增销售收入 88,291 万元，利润总额 8,453 万元，税后利润 5,663 万元，扣除少数股东权益，本公司可新增净利润 2,888 万元，投资利润率 12.6%，静态回收期 7.95 年。

(2)新建有色金属耐火材料公司

本项目计划总投资 4,950 万元，其中投入募股资金 3,600 万元。计划 1997 年 7 月动工，1998 年 7 月投产，投产后可年新增销售收入 9,650 万元，新增利润总额 2,455 万元，税后利润 1,645 万元，投资利润率 37.26%，税前税后的投资回收期分别为 3.62 年和 4.6 年，本项目已经中国有色金属工业总公司中色计字(1996)0344 号文、中色计字(1996)0750 号文批准。

(3)新建有色冶金机械设备加工厂

本项目总投资 4,794 万元，其中募股资金投入 4,200 万元，计划 1997 年 9 月动工，预计 1998 年 9 月投产。建成后年产有色金属选冶非标准设备 360 台/套，选冶厂工程建设用钢结构件 6,000 吨，可年新增销售收入 9,600 万元，利润总额 2,562 万元，税后利润 1,716 万元，投资利润率 40.16%，所得税前税后的投资回收期分别为 3.6 年和 4.53 年。

12. 优惠政策

(1)根据财政部、对外经济贸易部的规定，本公司目前享受 9% 的出口退税；

(2)根据财政部、国家税务总局财税字〔1995〕96 号文《关于印发＜境外所得计征所得税暂行办法＞的通知》，本公司境外所得按 16.5% 的税率计缴所得税。

(13)关联交易

与中国有色金属工业总公司的关联交易：交易方主要为中国有色金属工业总公司所属的设计单位、施工单位、设备生产厂商等；交易内容为提供设计服务、技术协助、设备供应等；交易方式采用分包合同方式，定价方式采用市场价格，以其对第三者的交易价格作为定价基础。

此外，中国有色金属工业总公司所属中国有色金属财务公司为本公司的长期借款提供担保，借款金额 1 亿元，期限 4 年，自 1994 年 12 月 28 日至 1998 年 12 月 28 日，利率为国家规定的同期贷款利率。

与中色建设集团有限公司的关联交易

租赁协议：本公司承租中色建设集团有限公司位于北京市复兴路乙 12 号办公楼第 9 层，总面积 1,000 平方米，租赁期限自 1997 年 1 月 1 日到 2006 年 12 月 31 日，年租金 120 万元。

服务协议：根据中色建设集团有限公司与本公司签订的住房服务协议，中色建设集团有限公司继续向本公司员工提供已分配给员工使用的住房，取费标准与中色建设集团有限公司的员工取费标准相同。

九、筹委会成员简介

张健，男，现年 55 岁，大学本科学历，高级工程师，历任冶金部第四建设公司二公司技术员、副队长，中国有色金属工业总公司第四冶金建设公司副经理、经理，中国有色金属工业总公司基建部主任。张健先生长期在中国有色金属工业总公司担任技术职务和领导管理职务，积累了丰富的企业生产经营和管理经验，具有较强的领导能力和指挥才能。现任中国有色金属工业总公司党组成员、副总经理，本公司筹委会主任，兼任中国有色金属建设集团公司董事长，中国国际矿业有限公司董事长等职。

王宝林，男，现年 51 岁，大学本科学历，高级工程师，曾任冶金工业部四冶机动处工程师，中国有色金属工业总公司第四冶金建设公司机动处副处长、处长，中国有色金属工业对外工程公司约旦分公司经理，伊拉克代表处副经理。中国有色金属工业对外工程公司海外一部处长，中国有色金属工业对外工程公司副总经理，长期从事有色金属工程的开发与管理，谙熟国内外工程承包市场特点，具有丰富的企业管理经验和工程管理的实践经验，现任中国有色金属建设集团公司总经理，本公司筹委会常务副主任。

刘才明，男，现年 35 岁，硕士研究生学历，高级会计师，中国注册会计师协会会员。曾任中国有色金属工业总公司第三冶金建设公司会计，北京经济学院助教，中国有色金属工业对外工程公司财务处副处长、处长，长期从事有色金属工业国内外工程承包的财务管理，谙熟国内外财务管理和企业经营管理的特点，具有丰富的财务管理、金融、期货和证券管理、贸易、实业开发管理以及资产重组与经营方面的实践经验，先后荣获本公司先进工作者等荣誉称号，现任中国有色金属建设集团公司副总经理，本公司筹委会常务副主任。

张清富，男，现年 46 岁，大学本科学历，高级政工师，曾任北京钢铁学院机械系助教、学生辅导员，中国有色金属工业总公司人事部干部，中国有色金属工业对外工程公司人事处副处长、处长。长期从事思想政治工作、人事管理工作，积累了较为丰富的人事、劳资、党务工作经验。熟悉冶金机械设计及劳务合作，工程管理等业务，曾荣获中国有色金属工业总公司优秀党务工作者称号，现任中国有色金属建设集团公司副总经理，本公司筹委会副主任。

张秀丽，女，现年 44 岁，大专学历，高级工程师，曾任中国有色金属工业总公司第十冶金建设公司安装公司经理办副主任、主任，安装公司经理助理，中国有色金属工业总公司第十冶金建设公司经理办副主任，中国有色金属工业总公司基建局工程处副处长，中国有色金属工业总公司投资经营部投资管理处处长。长期从事有色基建管理工作，积累了较为丰富的实践工作经验，熟悉机械加工专业技术，熟悉有色施工、设计勘察行业管理业务，熟悉有色基本建设投资借款还贷管理业务，兼任有色金属建设协会副理事长，现任中国有色金属建设集团公司副总经理，本公司筹委会副主任。

施仁，男，现年 60 岁，大学本科学历，高级工程师，曾任湖南冶金七公司工程师，中国有色金属工业总公司第十五冶金建设公司施工处主任工程师、副总工程师，中国有色金属工业总公司第十五冶金建设公司副经理，中国有色金属工业对外工程公司驻伊朗代表处总代表。长期从事有色金属工业国内外工程开发及管理。熟悉国内外建筑、承包行业的特点，具有丰富的对外商务谈判和工程管理经验，现任中国有色金属建设集团公司总经济师，本公司筹委会副主任。

黄建国，男，现年 49 岁，大学本科学历，高级工程师，曾任北京有色冶金设计研究总院热风室工程师，中国有色金属工业对外工程公司海外一处副处长、处长。长期从事设计施工现场技术服务工作和基础上开发管理工作，在专业技术及海外项目开发和管理上有较丰富的经验。现任中国有色金属建设集团公司总经理助理，本公司筹委会副主任。

王宏，男，现年 38 岁，大学本科学历，高级会计师。中国注册会计师协会会员，曾任中国建设银行北京前门支行干部，中国有色金属工业对外工程公司泰国泰中有色金属国际有限公司财务经理，中国有色金属工业对外工程公司财务处副处长。长期从事国际工程承包的财务管理、成本核算、资金筹措与资金管理等业务，具有较丰富的国内外财务管理、资金管理的实践经验及开展金融业务的经验，先后三次获得本公司先进工作者荣誉称号，兼任中国会计学会外经分会常务理事等职，现任中国有色金属建设集团公司计划财务部经理，本公司筹委会副主任。

十、经营业绩

1. 生产经营的一般情况

本公司坚持“一业为主，多种经营”的经营方针，发挥本公司的专业优势,技术优势,人才优势,认真研究国际工程承包市场的竞争状况和发展趋势,灵活运用现代营销理论合理选择目标市场和进行市场定位,确立了以有色金属资源丰富的国家和地区为目标市场,以承包技术密集型的有色金属工业项目为服务对象的营销策略,取得了良好的经济效益。

2.最近三年的经营业绩

(单位:人民币元)

项目	1996年	1995年	1994年
主营业务收入	226,167,279	146,252,539	116,780,050
主营业务利润	73,714,747	58,114,702	22,595,494
营业利润	73,714,747	58,114,702	22,595,494
利润总额	73,241,150	60,060,677	24,169,417
净利润	60,060,237	48,048,542	19,335,533

3.业务收入构成

本公司的主要业务收入包括承包工程、劳务合作、技术服务等。

单位:人民币万元

项目	1996年		1995年		1994年	
	收入	占主营业务收入的比例	收入	占主营业务收入的比例	收入	占主营业务收入的比例
承包工程	17,315.8	76.6%	9,897.3	67.7%	7,097.9	60.8%
劳务合作	2,796.7	12.4%	2,094.9	14.3%	2,732.2	23.3%
技术服务	298.4	1.3%	709.9	4.9%	339.7	2.9%
其它	2,205.8	9.8%	1,923.2	13.1%	1,517.3	13.0%
合计	22,616.7	100%	14,625.2	100%	11,678	100%

4.完成的主要工作

本公司最近三年累计新签合同额18768万美元,完成的主要项目包括:(1)伊朗2.8万吨锌冶炼厂,合同额2900万美元,1993年9月完成详细设计,1993年11月开始设备发运,至1996年5月共发运10批设备,完成设计供货合同,实际收汇2874.3万美元,实现毛利约1.07亿元人民币;(2)伊朗8万吨铜冶炼厂,合同金额6095万美元。1994年5月合同正式生效,1996年1月完成基本设计,同年8月开始设备订货,现已完成关键设备订货。本次募股资金计划投入4000万元,项目完成后预计可实现毛利约1229万美元;(3)伊朗钼铁项目,合同额365万美元,1994年8月完成详细设计,1995年1月开始设备发运,目前正进行设备安装指导,预计可实现毛利120万美元;(4)越南火药加工厂,合同额79万美元,1994年6月合同生效,同年12月开始发运设备,1995年12月试生产结束,实现毛利26万美元。

5.筹资与投资

通过工程设计及工程承包带动国内成套设备出口是我国出口政策的重要内容,国家制订了专门的优惠政策,由国家进出口银行、中国银行提供成套设备出口卖方信贷即是其中之一。本公司现有的筹资渠道主要是申请出口信贷。

6.职工的教育与培训

本公司十分重视人才培训,专门制定了职工教育培训办法。根据员工的业务特长,岗位分工,个人兴趣等情况,区别对待。培训的内容包括专业培训、管理工作能力培训、从事本岗位工作的知识和技能培训,一般采取到对口的大专院校脱产进修,参加专业培训班,到国外办事处挂职锻炼等形式,鼓励岗位进修和业余自学。

十一、股本

1.股本形成

1997年3月5日,经国家体改委体改生〔1997〕20号文批准,由中国有色金属建设集团公司作为唯一发起人,采用募集方式设立本公司。发起人委托中庆会计师事务所进行以股份制改组为目的的评估。根据中庆会计师事务所(97)中庆三字第5号资产评估报告并经国家国有资产管理局国资评〔1997〕128号文确认,发起人将评估后的主要经营性净资产12,073.66万元,按1,509:1的比例折成8,000万国有法人股,由中色建设集团有限公司持有,行使股东权利。根据中华会计师事务所中华股验字(97)第003号验资报告,发行人认缴的股份全部达帐。本公司已发行股份8,000万股;溢价部分4,073.67万元转入资本公积金。

2.本次发行前的股权结构

股份类别	股份数量(万股)	占股份总额的比例(%)
尚未流通股份	8,000	100
其中:国有法人持股	8,000	100
合 计	8,000	100

3.本次发行后的股权结构

股份类别	股份数量(万股)	占股份总额的比例(%)
尚未流通股份	8,000	57.14
国有法人持股	8,000	57.14
可流通股份	6,000	42.86
社会公众持股	6,000	42.86
其中:公司职工持股	600	4.23
合计:	14,000	100.00

注:本公司本次向社会公开发行6,000万股普通股,其中600万股向本公司职工配售,其余部分向社会公开发行。根据中国证监会的规定,本次配售的公司职工股在本次发行的股票上市半年后方可申请上市流通。

4.净资产

根据中华会计师事务所中华股审字(97)第004号审计报告,截止1996年12月31日,本公司的净资产总额12,073.66万元,按发行前股份总额8,000万股计算,每股净资产1.51元;本次发行后,扣除相关费用,实际可运用资金46,500万元,不考虑同期的经营利润,发行后每股净资产4.18元。

5.发行前本公司的股东名单

股东名称	持股数量(万股)	占发行前股份总额的比例(%)
中色建设集团有限公司	8,000	100%

6.本次发行前,本公司筹委会成员未持有本公司的股份,亦未持有本公司关联企业的股份。

十二、债项

1.银行借款:

(1)短期借款

截止1996年12月31日,本公司短期银行借款余额为零。

(2)长期借款

贷款银行	金额	币别	利率(%)	期限	贷款条件
中国银行	100,000,000	人民币	8.73	1994.12.28-1998.12.28	担保

2.公司债与内部员工贷款

截止1996年12月31日,本公司无未偿付的公司债,亦未向公司内部人员提供贷款。

3.或有负债

截止1996年12月31日,本公司未向任何单位提供担保,不存在或有负债。

十三、主要固定资产

1.固定资产及累计折旧

单位:元

类 别	期初价值	本年增加	本年减少	期末价值
固定资产原值:				
运输设备:	7,922,166	490,547	264,803	8,147,910
办公设备及其他	1,545,771	684,030	550,114	1,679,687
小计	9,467,937	1,174,577	814,917	9,827,597
累计折旧:				
运输设备	3,452,434	1,175,508	2,306,088	2,321,854
办公设备及其他	710,065	302,838	748,157	264,746
小计	4,162,499	1,478,346	3,054,245	2,586,600
固定资产净值	5,305,438			7,240,997

2. 在建工程

在建工程期末余额6,702.6万元,系本公司与北京兴丰房地产开发公司联建的北京西客站南广场驻京办大厦1号楼B座,建筑面积13,000平方米,本公司需投入资金15,275万元,现已投入6,702.6万元,完成工程量的80%。

十四、主要会计资料

重要提示:如要更详细地了解本公司财务会计资料,请查阅中华会计师事务所为本公司出具的审计报告(中华股审字(97)第004号)的完整内容。

1. 资产负债表

单位:元

资 产	1996.12.31	1995.12.31	1994.12.31
流动资产:			
货币资金	148,339,203	114,703,403	185,859,282
短期投资	–	2,000,000	–
应收帐款	49,697,153	247,306,894	128,133,914
减:坏帐准备	(993,943)	(4,946,138)	(2,562,678)
应收帐款净额	48,703,210	242,360,756	125,571,236
预付帐款	11,855,421	3,346,645	8,576,563
其他应收款	42,963,157	31,238,934	42,949,640
待摊费用	27,293,847	208,208	150,241
存货	14,856,202	14,251,892	15,569,898
一年内到期的长期投资	–	–	100,100,000
流动资产合计	294,011,040	408,109,838	388,676,860
固定资产			
固定资产原值	9,827,597	9,467,937	6,226,596
减:累计折旧	(2,586,600)	(4,162,499)	(2,808,185)
固定资产净值	7,240,997	5,305,438	3,418,411
在建工程	67,026,000	–	–
固定资产合计	74,266,997	5,305,438	3,418,411
无形资产及递延资产			
递延资产	4,866,888	2,495,834	2,797,448
无形资产及递延资产合计	4,866,888	2,495,834	2,797,448
资产总计	373,144,925	415,911,110	394,892,719
项 目	1996.12.31	1995.12.31	1994.12.31
流动负债:			
短期借款	–	6,000,000	21,000,000
应付票据	–	–	–
应付帐款	52,680,112	25,888,243	6,159,448
预收货款	80,934,852	79,416,293	58,318,436
未交税金	8,114,091	(5,861,060)	1,095,822
其他应付款	10,145,680	17,250,126	8,431,209
预提费用	533,571	11,374,736	5,187,918
一年内到期的长期负债	–	15,000,000	69,490,000
递延收益	–	52,126,080	–
流动负债合计	152,408,306	201,194,418	169,682,833
长期负债			
长期借款	100,000,000	100,000,000	110,000,000
其他负债			
待转销汇兑损益	–	–	14,248,959
负债合计	252,408,306	301,194,418	293,931,792
股东权益			
股本	80,000,000	80,000,000	80,000,000
资本公积	39,084,168	33,060,259	19,278,612
货币换算差异	1,652,451	1,656,433	1,682,315
股东权益合计	120,736,619	114,716,692	100,960,927
负债及股东权益总计	374,684,925	415,911,110	394,892,719

2. 利润表

项 目	1996年度	1995年度	1994年度
一、主营业收入	226,167,279	146,252,539	116,780,050
减:营业成本	128,687,870	75,333,821	92,077,716
管理费用	21,423,695	21,571,337	16,332,772
财务费用	2,303,029	(8,767,321)	(14,225,932)
营业税金及附加	37,938	–	–
二、主营业务利润	73,714,747	58,114,702	22,595,494
加:其他业务利润	–	–	–
三、营业利润	73,714,747	58,114,702	22,595,494
加:投资收益	669,800	1,405,050	1,867,335
营业外收入	233,721	701,549	119,601
减:营业外支出	1,377,118	160,624	413,013
四、利润总额	73,241,150	60,060,677	24,169,417
减:所得税	13,180,913	12,012,135	4,833,884
五、净利润	60,060,237	48,048,542	19,335,533

3. 财务状况变动表

流动来源和运用	金额	项目	金额
一、流动资金来源		一、流动资产本年增加数	
1. 本年利润	73,241,150	货币资金	33,635,800
加不减少流动的费用和损失		短期投资	(2,000.000)
(1)固定资产折旧	1,478,346	应收帐款	(197,609,741)
(2)无形资产和递延资产摊销	1,989,402	减:坏帐准备	3,952,195
		应收帐款净额	(193,657,546)
(3)处理固定资产损失(减收益)	60,485	预付帐款	8,508,776
小计	76,769,383		
		其他应付款	11,724,223
2. 其他来源		待摊费用	27,085,639
(1)固定资产清理收入(减清理费用)	222,271	存货	604,310
(2)增加长期负债		一年内到期的长期投资	
(3)收回长期投资		流动资产增加净额	(114,098,798)
(4)资本净增加额	6,023,909		
小计	6,246,180	二、流动负债本年增加数	
		短期借款	(6,000,000)
流动资金来源合计	83,015,563	应付票据	
		应付帐款	26,791,869
二、流动资金运用		预付货款	1,518,559
1. 利润分配		未交税金	13,975,151
(1)应交所得税	13,180,913	其他应付款	(7,104,446)
(2)提取公积金	6,006,024	预提费用	(10,841,165)
(3)提取公益金	3,003,012	一年内到期的长期负债	(15,000,000)
(4)已分配股利	51,051,201	递延收益	(52,126,080)
小计	73,241,150	流动负债增加净额	(48,786,112)
2. 其他运用:			
(1)增加固定资产和在建工程	70,726,643		
(2)增加无形资产和递延资产	4,360,456		
(3)增加长期负债			
(4)增加长期投资			
小计	75,087,099		
流动资金运用合计	148,328,249		
流动资金增加净额	(65,312,686)	流动资金增加净额	(65,312,686)

4. 重要会计政策

(1)会计制度

本公司1994年至1996年会计报表已按《股份制试点企业会计制度》

及有关补充规定的要求进行了调整。

(2)会计期间

自公历1月1日起至12月31日止为一个会计年度。

(3)记帐原则和计价基础

以权责发生制为计帐原则,采用历史成本为计价基础。

(4)记帐本位币和外币折算方法

采用分帐制核算外币业务,境内业务以人民币为记帐本位币;境外业务以美元为计帐本位币。年末编制财务报表时,将美元报表按年末市场汇率折合为人民币反映,其中拨付所属分支机构的资本仍按历史汇率折算,由此产生的差异列示于"货币折算差额"项下。

(5)营业收入实现的确认原则

本公司营业收入是指企业在经营活动中,由于承包工程、提供技术服务、劳务、房地产开发及开展其他业务取得的收入。本公司一般在交付工程、提供劳务和技术服务,同时收讫价款或取得收取价款凭证时,确认营业收入的实现;采用实物支付方式结算的,以实际销售并取得收取价款凭证时,确认营业收入的实现;承包工程当年开工、当年不能竣工的,按照工程进度划分不同阶段进行结算确认营业收入;对合同规定以递延付款方式结算的工程,其工程价款收入作为递延营业收入,相应的成本作为递营业成本,期末作为递延权益反映;对合同规定以即期方式结算的工程项目,工程价款虽已结算但期末尚未收到,报经主管财政机关批准,作为递延营业收入,相应的成本作为递延成本,期末作为递延收益反映。

(6)存货

本公司的存货主要包括:设备、在产品、房地产、产成品、低值易耗品等。各类存货按历史成本计价,发出存货的成本采用个别认定法计算;低值易耗品采用一次摊销法计入成本。

(7)长期投资核算方法

债券投资

以实际取得成本计价,其应计利息按权责发生制计入当年投资收益。

股权投资

本公司对被投资企业的长期投资按下列方法处理:投资额占被投资企业资本总额20%以下的,以成本法核算;投资额占被投资企业资本总额20%以上至50%,以权益法核算;投资额占被投资企业资本总额50%以上的,以权益法核算并编制合并会计报表。

(8)固定资产及其折旧

本公司固定资产按实际成本计价,折旧根据固定资产原值、扣除3%的残值及估计使用年限,采用直线法分类计提。各类固定资产的年折旧率列示如下:

类 别	折旧年限	年折旧率(%)
运输设备	3-10	32.33%-9.70%
办公设备及其他	3-8	32.33%-12.13%

(9)递延资产及摊销

本公司递延资产主要为项目前期开发费,按各项目归集实际发生的前期费用,如该项目开发成功,则将转入项目成本中;反之则计入损益。

(10)税项

流转税及附加

本公司流转税及附加包括营业税、增值税、城市维护建设税及教育费附加。营业税税率5%。本公司1996年3月被认定为增值税一般纳税人,增值税税率为17%。城市维护建设税,按应缴营业税和增值税税额的7%计缴;教育费附加,按应缴营业税和增值税税额的3%计缴。

企业所得税

本公司所得税率为33%。根据财政部《对外经济合作企业财务管理若干问题的通知》规定:对企业境外经营所得由于按新的企业所得税制缴纳所得税后增加税负的,在"八五"期间可对企业实际缴纳的所得税实行"财政返还"办法(返还比例不得超过境外所得13%),即由企业提出申请,经主管财政机关核准后,向企业退还部分所得税额。1994年本公司按33%缴纳所得税,财政部按13%的比例返还625,843元,1995年本公司按33%缴纳所得税,财政部按13%的比例返还1,418,740元;1994年、1995年实际税负20%。1996年根据([95]财税字第96号)财政部、国家税务总局印发《境外所得计征所得税暂行办法》的规定,本公司实际上缴所得税按境内、境外所得分别计征,其中境内所得按33%计征,境外所得按16.5%计征。

其他税项

其他税项包括房产税、车船使用税、印花税、固定资产投资方向调节税等,这些税项依据税务有关规定计缴。

(11)坏帐准备

根据对外经济合作企业财务制度的规定,本公司的坏帐准备按年末应收帐款余额的2%提取。

(12)利润分配

本公司根据税后利润的10%计提法定盈余公积金;5%计提法定公益金;

(13)评估调整情况

本公司在编制会计报表时,已将以1996年12月31日为基准日经评估确认后的资产评估增减值按有关规定进行了调整。

5.主要财务指标

	1996年12月31日	1995年12月31日	1994年12月31日
流动比率	1.93	2.03	2.29
速动比率	1.83	1.96	2.20
资产负债率(%)	67.6%	72.4%	74.4%
应收帐款周转率	1.52	0.87	–
存货周转率	8.84	5.5	–
净资产收益率(%)	49.7%	41.9%	19.2%
每股净利(元)	0.751	0.60	0.242

十五、资产评估

1996年11月,经中国有色金属工业总公司批准,发起人采用募集方式设立本公司。发起人委托中庆会计师事务所进行股份制改制为目的的资产评估。以下数据节录自中庆会计师事务所(97)中庆三字第5号资产评估报告。

1.资产评估结算

(万元)

资产项目	帐面原值	帐面净值	调整后帐面净值	重置全值	评估现值	增值额	增值率(%)
流动资产	29,579.76	29,579.76	29,579.76	29,401.10	29,401.10	-178.66	-0.60
在建工程	6,702.60	6,702.60	6,702.60	6,702.60	6,702.60	0.00	0.00
机器设备	1,003.05	458.09	458.09	982,76	724.10	266.01	58.07
无形资产	–	–	–	154.00	154.00	154.00	
其他资产	486.70	486.70	486.70	486.70	486.70	0.00	0.00
资产总计	37,772.11	37,227.15	37,227.15	37,727.16	37,468.50	241.35	0.65
流动负债	15,240.83	15,240.83	15,240.83	15,240.83	15,240.83	0.00	0.00
长期负债	10,000.00	10,000.00	10,000.00	10,000.00	10,000.00	0.00	0.00
负债总额	25,240.83	25,240.83	25,240.83	25,240.83	25,240.83	0.00	0.00
净资产	12,531.28	11,986.32	11,986.32	12,486.33	12,227.67	241.35	2.00

评估结果说明如下:中国有色金属建设集团公司纳入评估的总资产经委托其他中介机构审计确认后,帐面原值为37,772.11万元,帐面净值为37,227.15万元;经评估后,各单项资产的完全重置价值为37,573.16万元,评估现值为37,332.50万元;经对资产进行整体评估后,确定商誉为154.00万元(但不调整入帐)。评估后总资产价值为37,468.50万元,

与帐面净值37,227.15万元相比,增值额为241.35万元,增值率为0.65%.扣除负债,净资产评估值为12,227.67万元,增值额为241.35万元,增值率2%。

以上评估结果业经国家国有资产管理局国资评〔1997〕128号文确认,并已作相应的调帐处理。

2.评估方法

主要采用现行市价法和重置成本法,并用收益现值法对纳入评估的资产进行整体测算评估,以验证单项资产估加总的结果。

十六、重要合同及重大诉讼事项

(一)重要合同

1.工程承包合同

(1)1996年10月本公司与伊朗AHAR公司签订伊朗松贡700万吨/年铜选厂项目设计供货承包合同。合同约定,本公司向伊朗AHAR公司提供与日处理能力为2.1212万吨矿石的松贡铜选矿厂有关的技术设计、成套工艺设备、安装调试、技术决窍、技术培训及技术服务等,合同总金额9,968万美元。

(2)1996年10月28日,本公司与菲律宾永久电气制造公司(EVER)签订年产20万吨水泥粉磨厂的工程总承包合同。合同约定,本公司提供与水泥粉磨厂的设计、材料和设备的采购运输、安装、调试及人员培训等有关的交钥匙工程服务,合同总金额734.5万美元。

(3)1996年10月28日,本公司与菲律宾永久电气制造公司(EVER)签订菲律宾古堡双塔的设备、材料供货及技术协助合同。合同约定,本公司负责提供建设建筑面积为70,888平方米的建筑物所需的建筑材料、设备及辅材料等及技术协助,合同总额2,475万美元。

(4)1993年11月24日,本公司与伊朗国家铜业公司签订建设年产8万吨粗铜冶炼厂的设计供货合同。合同约定,本公司负责项目的设计、生产设备的出口、安装调试及技术服务等。合同总金额6,094.97万美元。目前合同正在执行之中。

2.借款合同

1994年12月27日,本公司与中国银行总行信贷一部签订1亿元人民币的中长期贷款合同,借款金额1亿元人民币,年利率9.54%,在合同有效期内遇到国家调整利率,货款利率相应调整,现为8.73%。利息按季支付。期限为1994年12月至1998年12月。由中国有色金属工业财务公司提供担保。

3.联建合同

1996年11月7日,本公司与北京兴丰房地产开发公司签订了联建合同。双方联合建设位于北京西客站南广场的驻京办大厦1号楼B座即5－12轴线,建筑面积约13,000平方米,本公司需投入15,275万元(暂定价),现已投入6,702.6万元,已完成工程量的80%。

4.保险合同

1996年1月24日,本公司与中国人民保险公司签订出口卖方信贷保险合同,保险金额6,094.97万美元,保险费353.51万美元,保险期限自保险人收到保险费之日起至1999年5月。

(二)重大诉讼事项

据本公司筹委会所知,本公司目前无任何尚未了结的重大诉讼和仲裁,亦不存在面临任何重大诉讼和仲裁之可能。本公司筹委会成员目前未涉及任何重大诉讼与仲裁。

十七、公司发展规划

随着世界经济一体化和区域经济合作步伐的加快,国际工程承包市场的竞争日趋激烈,亚太市场以其引人注目的增长速度和巨大的市场潜力吸引着世界各国的承包公司。本公司将充分利用地处亚太的地缘优势和人文优势,抓住这一巨大的市场机会,大胆参与,积极进取,争取到本世纪末发展成为跨地区、跨行业、跨国界的、在国际市场上有一定影响力的国内一流的大型专业企业集团。

1.发展目标

本公司将依托中国有色金属工业总公司的技术优势和人才优势,发挥本公司在有色金属行业中的专业优势和管理经验,以大型工程项目的总承包为重点,以设计带动技术出口,项目带动成套设备的出口为目标,以经济效益为中心,以对外抓项目,对内抓管理为手段,力争实现年合同额达1亿美元,贸易额达1亿美元,利润额超1,000万美元的国内外经企业十强,国际工程承包公司百强的大型国际管理公司。

2.发展战略

(1)规模经营和集约经营战略,即适应国际市场的竞争需要,通过联合、兼并实现生产要素的优化组合;拓宽融资渠道,满足大项目对资金的需求,不断壮大本公司的规模,提高公司抗风险的能力。

(2)实业化战略,兴办若干个在国内国际市场需求量大、市场稳定、本公司拥有竞争力和比较优势的实业开发项目,如中条山铜冶炼项目、耐火材料项目、冶金机械设备加工厂项目等,拓宽本公司的经营范围,培育新的、稳定的利润增长点,提高本公司的综合盈利能力。

(3)资源开发战略,充分利用国内国际两种资源,瞄准国内需求量大,供应短缺的重要有色金属品种,利用本公司的技术和人才,到有色资源丰富的国家兴办资源开发型企业,产品返销国内,满足国民经济发展对短缺有色金属的需求,计划进行的项目包括智利、赞比亚的铜开发、蒙古的锌矿开发,莫桑比克的钽铌矿开发。

3.市场拓展计划

本公司仍将以亚太市场作为主要目标市场,在巩固、稳定中东、东南亚市场的同时,积极实施周边发展战略,抓住我国同周边国家业已形成的经济互补及经济一体化的优势,开发包括缅甸、柬埔寨、老挝、土库曼斯坦、哈萨克斯坦、朝鲜等周边市场,实现市场多元化和资源开发品种的多元化。

4.投资计划

本公司的投资计划将围绕实业化战略和资源战略,通过合资、独资等形式到一种或几种资源丰富的国家和地区进行资源开发、兴办有色金属的采掘、冶炼、加工类企业。投资国家和地区将以非洲、南美、亚洲等资源丰富经济尚处于发展中技术水平与我国相近的国家和地区为主。

5.人才培训计划

人才是企业之本,企业的竞争体现为人的竞争,本公司将坚持"以人为本"的管理思想,重视人的潜能的发挥,创造良好的外部环境,同时,坚持人才培训制度,适时引进高素质、高水平,具有敬业精神的员工,以适应本公司不断发展的需要。

十八、备查文件

1.国家体改委批准设立本公司的文件

2.重要合同

3.承销协议

4.深圳证券交易所上市承诺函

5.国家国资局国资评〔1997〕128号文

6.其他文件

以上文件备置于发行人和主承销商处,发行期间的办公时间接受投资者查阅。

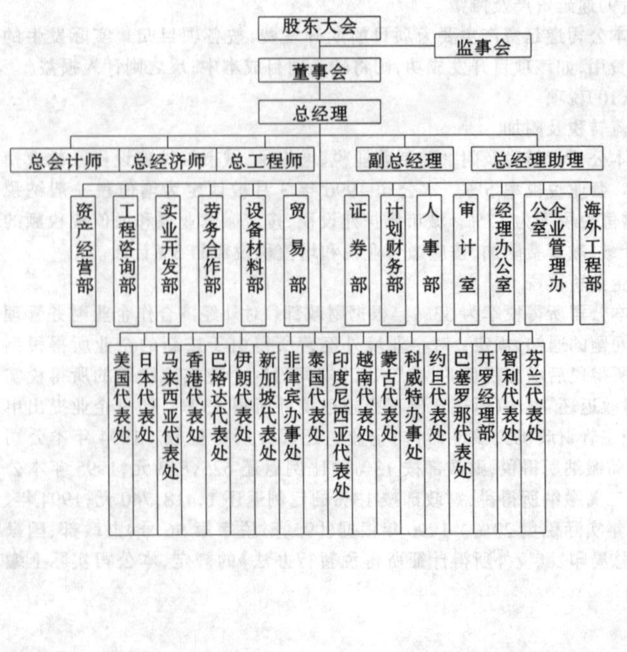

中国有色金属建设股份有限公司股票上市公告书

一、要览

总股本:14000 万股

可流通股份:6000 万股

本次上市流通股份:5400 万股

证券简称:中色建设

证券代码:0758

上市地点:深圳证券交易所

上市日期:1997 年 4 月 16 日

股份登记机构:深圳证券登记结算公司

上市推荐人:广发证券有限责任公司　　君安证券有限公司

二、绪言

本上市公告依据《中华人民共和国公司法》、《股票发行与交易管理暂行条例》、《公开发行股票公司信息披露实施细则》、《深圳证券交易所业务规则》以及国家有关证券管理的规定而编制,为股票公开上市之目的向社会公众披露公司基本情况及相关资料。

本公司是 1997 年 3 月经国家体改委体改生〔1997〕20 号文批准,采用募集方式设立的公司,并经中国证券监督管理委员会证监发字〔1997〕85 号文和证监发字〔1997〕86 号文批准发行社会公众股。经深圳证券交易所深证发〔1997〕133 号《上市通知书》批准,本公司 5400 万社会公众股,将于 1997 年 4 月 16 日在深圳证券交易所挂牌交易,股票简称"中色建设",证券代码:0758,交易单位"股"。

本公司董事会已批准本上市公告书,确信其中未遗漏任何重大事项,亦不存在任何误导和虚假成份,并就上市公告书及相关资料的真实性、准确性、完整性负个别和连带的责任。

三、发行公司概况

1、发起人简介

(1)概况

名称:中国有色金属建设集团公司

注册地址:北京复兴路乙 12 号

注册资本:2 亿元

法定代表人:张健

成立日期:1983 年 7 月 29 日

经营方式:承包、服务、进出口、咨询、勘测、设计、批发、零售。

(2)经营范围

主营:承包本行业国外工程、境内外资工程;对外派遣本行业工程、生产劳务人员;承包工程所需的设备、材料的出口;国外有色金属的咨询、勘测和设计;与国外工程承包和劳务合作有关的国家或地区的三类商品进出口(以国家批准的商品目录为准);承包工程、劳务合作和本公司所办海外企业项下的技术进出口。承担有色工业及其它工业、能源、交通、公用建设项目的施工总承包。

兼营:承包展览(销)会、仓储运输、汽车修理、室内装修,代理报关、商检;批发零售汽车(不含小轿车)及零配件;经批准的无线电通信产品的销售;自选进口的商品的国内销售。(以上国家另有专项专营规定的除外)。

2、发行公司历史沿革

本公司是 1997 年 3 月 5 日,经国家体改委体改生〔1997〕20 号批准由中国有色金属建设集团公司独家发起,采用募集方式设立的股份公司。发起人将主要经营性净资产 12073.66 万元,折成 8000 万股国有法人股,同时向社会公开发行 6000 万股人民币普通股。

1997 年 4 月 8 日,在北京召开创立大会暨首届股东大会决定成立本公司。1997 年 4 月 10 日在国家工商行政管理局完成工商登记,工商登记号 10000126—2 本公司正式成立。

四、股票发行与承销

1、股票发行

发行数量:6000 万股,其中 5400 万股向社会公众发行,600 万股向公司职工配售。

发行价格:7.96 元

募集资金总额:47760 万元

发行方式:全额预缴,比例配售,余额转存。

配售比例:8.53806%

配售户数:16939

持 1000 股以上的股东人数:4435 人。

发行费用总额:1260 万元

每股发行费用:0.21 元

发行市盈率:15 倍

2、股票承销

本次股票发行采用余额包销方式。承销商分销比例及数量如下:

分　工	承销机构	承销金额(万元)	承销比例
主承销商	广发证券有限责任公司	10,000	20%
副主承销商	北京中兴信托投资有限公司	5,000	11%
分销商	中煤信托投资有限责任公司	4,000	8%
	沈阳北方证券公司	5,000	11%
	海南港澳国际信托投资有限公司	5,000	11%
	黑龙江省国际信托投资公司	5,000	11%
	中国教育科技信托投资公司	5,000	11%
	广州证券公司	4,000	8%
	陕西省国际信托投资股份有限公司	4,000	8%

本次发行超额认购,承销商未包销股票。

3、验资报告

本次发行扣除发行费用共计 46500 万元,已进入本公司帐户,并经中华会计师事务所中华股验字(97)008 号验资报告确认。

开户行:中国民生银行总行营业部

帐号:2200—1010—04384

户名:中国有色金属建设股份有限公司

达帐日期:1997 年 4 月 4 日

五、董事、监事及高级管理人员持股情况及持股比例

姓名	职务	持股数(股)	占总股本的比例
张　键	董事长	0	
王宝林	总经理	21000	0.015%
龚永才	董事	0	
施　仁	董事、副总经理	19000	0.014%
刘才明	董事、副总经理	19000	0.014%
张清富	副总经理	19000	0.014%
张秀丽	副总经理	19000	0.014%
王　宏	财务总监	19000	0.014%
张海峰	董事会秘书	19000	0.014%
赵家生	监事	0	
孔和平	监事	5000	0.004%
赵　刚	监事	13000	0.009%

以上股份合计 136000 股,占本公司股份总额的 0.097%,根据有关规定,在其任职期内不得转让。

六、公司设立

1997 年 4 月 8 日,在北京召开本公司创立大会。会议通过了《关于设立中国有色金属建设股份有限公司的决议》及《关于中国有色金属建设股份有限公司股票在深圳证券交易所挂牌交易的决议》等有关事项。1997 年 4 月 10 日在国家工商行政管理局办理了工商登记,本公司注册资本 14000 万元,注册地址:北京复兴路乙 12 号;营业执照注册号码:

10000126—2。

七、关联企业与关联交易

(1)关联企业

中国有色金属工业总公司:中国有色金属工业总公司是经国务院国发〔1993〕53号文批准成立的行业总公司,注册资本15亿元,主要业务为组织有色金属工业的地质勘探、工程勘察、设计、施工、科研及本系统所属企业的生产经营管理等,现有全资公司218个,控股公司15个,参股公司16个。本公司董事长张健担任中国有色金属工业总公司副总经理。

中色建设集团有限公司:发起人将主要经营性资产投入本公司后未进入本公司的部分经营性资产和非经营性资产由新组建的中色建设集团有限公司经营管理。中色建设集团有限公司主营公路、铁路、桥梁、水电工程项目的承包;房地产开发与经营;供配电设备和自动化设备的研制、开发和销售;与上述业务相关的技术咨询和技术服务。作为国家法人股的股权代表,行使股东权东权利,承担相应的业务。本公司董事长张键担任其法定代表人。

(2)关联交易

与中国有色金属工业总公司的关联交易:交易方主要为中国有色金属工业总公司所属的设计单位、施工单位、设备生产厂商等;交易内容为提供设计服务、技术协助、设备供应等;交易方式采用分包合同方式,定价方式采用市场价格,以其对第三者的交易价格作为定价基础。

此外,中国有色金属工业总公司所属中国有色金属财务公司为本公司的长期借款提供担保,借款金额1亿元,期限4年,自1994年的12月28日至1998年12月28日,利率为国家规定的同期贷款利率。

与中色建设集团有限公司的关联交易

租赁协议:本公司承租中色建设集团有限公司位于北京市复兴路乙12号办公楼第九层,总面积1,000平方米,租赁期自1997年1月1日至2006年12月31日,年租金120万元。

服务协议:根据中色建设集团有限公司与本公司签订的住房服务协议,中色建设集团有限公司继续向本公司员工提供已分配给员工作用的住房,取费标准与中色建设集团有限公司的员工取费标准相同。

本公司与关联企业的关联交易,主要以关联企业对第三者的交易价格作为定价基础。此种安排不会损害本公司的利益,亦不会损害本公司其它股东的利益。

八、股本结构及大股东持股情况

1、上市前的股本结构

	股份数量	占股份总额的比例%
总股本	14000万股	100%
尚未流通股份	8000万股	57.14%
发起人股份	8000万股	57.14%
可流通股份	6000万股	42.86%
本次公开发行股份	6000万股	42.86%
其中:公司职工股	600万股	4.29%

2、前10名股东持股及持股比例

序号 股东名称	持股数	持股比例
1、中色建设集团有限公司	80,000,000	57.14%
2、山西省信托投资公司上海证券业务部	597664	0.43%
3、上海东银地产开发有限公司	597664	0.43%
4、重庆市证券公司	597664	0.43%
5、上海君合国际贸易有限公司	530384	0.38%
6、江苏华诚国际商场有限公司	530298	0.38%
7、长江经济联合发展(集团)股份有限公司南京公司	520821	0.37%
8、上海美升实业有限公司	512283	0.37%
9、崇明县源源物资公司	512283	0.37%
10、上海浦东发展银行社会保险基金部	445430	0.32%
合计	84844491	60.6%

九、财务会计资料

1、审计报告摘录

中国有色金属建设股份有限公司(筹):

我们接受委托,对贵公司1994年12月31日、1995年12月31日及1996年12月31日的资产负债表;1994年度、1995年度及1996年度的利润表和利润分配表;1996年度的财务状况变动表进行了审计。这些会计报表由贵公司负责,我们的责任是对这些会计报表发表审计意见。我们的审计是依据《中国注册会计师独立审计准则》进行的。在审计过程中,我们实施了包括抽查会计记录等我们认为必要的审计程序。

我们认为,上述会计报表符合《企业会计准则》和《股份制试点企业会计制度》及其补充规定,在所有重大方面公允地反映了贵公司上述资产负债表日的财务状况和该期间的经营成果以及资金变动情况。会计处理方法的选用符合一贯性原则。

2、财务报表

(1)资产负债表　　单位:元

资产	1996.12.31	1995.12.31	1994.12.31
流动资产:			
货币资金	148,339,203	114,703,403	185,859,282
短期投资	—	2,000,000	—
应收帐款	46,697,153	247,306,894	128,133,914
减:坏帐准备	(993,943)	(4,946,138)	(2,562,678)
应收帐款净额	48,703,210	242,360,756	125,571,236
预付帐款	11,855,421	3,346,645	8,576,563
其他应收款	42,963,157	31,238,934	42,949,640
待摊费用	27,293,847	208,208	150,241
存　货	14,856,202	14,251,892	15,569,898
一年内到期的长期投资	—	—	10,000,000
流动资产合计	294,011,040	408,109,838	388,676,860
固定资产			
固定资产原值	9,827,597	9,467,937	6,226,596
减:累计折旧	(2,586,600)	(4,162,499)	(2,808,185)
固定资产净值	7,240,997	5,305,438	3,418,411
在建工程	67,026,000	—	—
固定资产合计	74,266,997	5,305,438	3,418,411
无形资产及递延资产			
递延资产	4,866,888	2,495,834	2,797,448
无形资产及递延资产合计	4,866,888	2,495,834	2,797,448
资产总计	373,144,925	415,911,110	194,892,719
流动负债:			
短期借款	—	6,000,000	21,000,000
应付票据	—	—	—
应付帐款	52,680,112	25,888,243	6,159,448
预收货款	80,934,852	79,416,293	58,318,436
未交税金	8,114,091	(5,861,060)	1,095,822
其他应付款	10,145,680	17,250,126	8,431,209
预提费用	533,571	11,374,736	5,187,918
一年内到期的长期负债	—	15,000,000	69,490,000
递延收益	—	52,126,080	—
流动负债合计	152,408,306	201,194,418	169,682,833
长期负债			
长期负债	100,000,000	100,000,000	10,000,000
其他负债			
待转销汇兑损益	—	—	14,248,959
负债合计	252,408,306	301,194,418	293,931,792
股东权益			
股　本	80,000,000	80,000,000	80,000,000
资本公积	39,084,168	33,060,259	19,278,612
货币换算差异	1,652,451	1,656,433	1,682,315
股东权益合计	120,736,619	114,716,692	100,960,927
负债及股东权益总计	373,144,925	415,911,110	394,892,719

(2)利润表

项目	1996年度	1995年度	1994年度
一、主营业务收入	226,167,279	146,252,539	116,780,050
减:营业成本	128,687,870	75,333,821	92,077,716
管理费用	21,423,695	21,571,337	16,332,772
财务费用	2,303,029	(8,767,321)	(14,225,932)
营业税金及附加	37,938	—	—
二、主营业务利润	73,714,747	58,114,702	22,595,494
加:其他业务利润	—	—	—
三、营业利润	73,714,747	58,114,702	22,595,494
加:投资收益	669,800	1,405,050	1,867,335
营业外收入	233,721	701,549	119,601
减:营业外支出	1,377,118	160,624	413,013
四、利润总额	73,241,150	60,060,677	24,169,417
减:所得税	13,180,913	12,012,135	4,833,884
五、净利润	60,060,237	48,048,542	19,355,533

(3)财务状况变动表

流动来源和运用	金额	项目	金额
一、流动资金来源		一、流动资产本年增加数	
1、本年利润	73,241,150	货币资金	33,635,800
加:不减少流动资产			
的费用和损失		短期投资	(2,000,000)
(1)固定资产折旧	1,478,346	应收帐款	(197,609,741)
(2)无形资产和递延			
资产摊销	1,989,402	减:坏帐准备	3,952,195
(3)处理固定资产损失			
(减收益)	60,485	应收帐款净额	(193,657,546)
小计	76,769,383	预付帐款	8,508,776
		其他应收款	11,724,223
2、其他来源		待摊费用	27,085,639
(1)固定资产清理收入			
(减清理费用)	222,271	存货	604,310
(2)增加长期负债		一年内到期的长期投资	—
(3)收回长期投资		流动资产增加净额	(114,098,798)
(4)资本净增加额	6,023,909		
小计	6,246,180	二、流动负债本年增加数	
		短期借款	(6,000,000)
流动资金来源合计	83,015,563	应付票据	—
		应付帐款	26,791,869
二、流动资金运用		预付货款	1,518,559
1、利润分配		未交税金	13,975,151
(1)应交所得税	13,180,913	其他应付款	(7,104,446)
(2)提取公积金	6,006,024	预提费用	(10,841,165)
(3)提取公益金	3,003,012	一年内到期的长期负债	(15,000,000)
(4)已分配股利	51,051,201	递延收益	(52,126,080)
小计	73,241,150	流动负债增加净额	(48,786,112)
2、其他运用			
(1)增加固定资产和			
在建工程	70,726,643		
(2)增加无形资产和			
递延资产	4,360,456		
(3)增加长期负债			
(4)增加长期投资			
小计	75,087,099		
流动资金运用合计	148,328,249		
流动资金增加净额	(65,312,686)	流动资金增加净额	(65,312,686)

3、财务报表附注

(1)会计制度

原集团公司自1993年7月1日起执行财务部颁发的《企业会计准则》和《对外经济合作企业会计制度》。本公司1994年至1996年会计报表已按《股份制试点企业会计制度》及有关补充规定的要求进行了调整。

(2)会计期间

自公历1月1日起至12月31日止为一个会计年度。

(3)记帐原则和计价基础

以权责发生制为计帐原则,采用历史成本为计价基础。

(4)记帐本位币和外币折算方法

采用分帐制核算外币业务,境内业务以人民币为计帐本位币;境外业务以美元为计帐本位币。年末编制财务报表时,将美元报表按年末市场汇率折合为人民币反映,其中拨付所属分支机构仍按历史汇率折算,由经产生的差异列于"货币折算差额"项下。

(5)营业收入实现的确认原则

本公司营业收入是指企业在经营活动中,由于承包工程、提供技术服务、劳务、房地产开发及开展其他业务取得的收入。本公司一般在交付工程、提供劳务和技术服务,同时收讫价款或取得收取价款凭证时,确认营业收入的实现;承包工程当年开工、当年不能竣工的,按照工程进度划分不同阶段进行结算确认营业收入;对合同规定以递延付款方式结算的工程,其工程价款收入作为递延营业收入,相应的成本作为递延营业成本,期末作为递延收益反映;对合同规定以即期方式结算的工程项目,工程价款虽已结算但期末尚未收到,报经主管财政机关批准,作为递延营业收入,相应的成本作为递延成本,期末作为递延收益反映。

(6)存货

本公司的存货主要包括:设备、在产品、产成品、房地产、低值易耗品等。各类存货按历史成本计价,发出存货的成本采用个别认定法计算;低值易耗品采用一次摊销法计入成本。

(7)长期投资核算方法

债券投资

以实际取得成本计价,其应计利息按权责发生制计入当年投资收益。

股权投资

本公司对被投资企业的长期投资按下列方法处理:投资额占被投资企业资本总额的20%以下的,以成本法核算;投资额占被投资企业资本总额20%以上至50%,以权益法核算;投资额占被投资企业资本总额50%以上的,以权益法核算并编制合并会计报表。

(8)固定资产及其折旧

本公司固定资产按实际成本计价,折旧根据固定资产原值、扣除3%的残值及估计使用年限,采用直线法分类计提。各类固定资产的年折旧率列示如下:

类别	折旧年限	年折旧率(%)
运输设备	3—10	32.33%—9.70%
办公设备及其他	3—8	32.33%—12.13%

(9)递延资产及摊销

本公司递延资产主要为项目前期开发费,按各项目归集实际发生的前期费用,如该项目开发成功,则将转入项目成本中;反之,则计入损益。

(10)税项

流转税及附加

本公司流转税及附加包括营业税、增值税、城市维护税及教育费附加。营业税税率5%。本公司1996年3月被认定为增值税一般纳税人,增值税税率为17%。城市维护建设税,按应缴营业税和增值税税额的7%计缴;教育费附加,按应缴营业税和增值税税额的3%计缴。

企业所得税

本公司所得税率为33%。根据财政部《对外经济合作企业财务管理若干问题的通知》规定:对企业境外经营所得由于按新的企业所得税制缴纳所得税后增加税负的,在"八五"期间可对企业实际缴纳的所得税实行"财政返还"办法(返还比例不得超过境外所得13%),即由企业提申请,经主管财政所得税,向企业退还部分所得税额。1994年本公司按33%缴纳所得税,财政部按13%的比例返还625,843元,1995年本公司按33%缴纳所得税,财政部按13%的比例返还1,418,740元;1994年、1995年实际税负20%。从1996年起根据国家财政部、国家税务总局印发《境外所得计征所得税暂行办法》(1995年9月22日(95)财税字第96号)的规定,本公司实际上缴所得税按境内、境外所得分别计征,其中境内所得按33%计征,境外所得按16.5%计征。

其他税项

其他税项包括房产税、车船使用税、印花税、固定资产投资方向调节税等,这些税项依据税务有关规定计缴。

(11)坏帐准备

根据对外经济合作企业财务制度的规定,本公司的坏帐准备按年末应收帐款余额的2%提取。

(12)利润分配

本公司根据税后利润的10%计提法定盈余公积金;5%计提法定公益金;

4、主要财务指标

	1996年12月31日	1995年12月31日	1994年12月31日
流动比率	1.93	2.03	2.29
速动比率	1.83	1.96	2.20
资产负债率(%)	67.6	72.4	74.4
应收帐款周转率	1.52	0.87	—
存货周转率	8.84	5.5	—
净资产收益率(%)	49.7	41.9	19.2
每股收益(元)	0.751	0.60	0.242

十、董事会上市承诺

本公司董事会将严格遵守《公司法》、《股票发行与交易管理暂行条例》、《公开发行股票公司信息披露实施细则》、《深圳证券交易所业务规则》和有关法律、法规的规定,并自股票上市之日起作出如下承诺:

1、按照法律、法规的规定程序和要求披露重大信息、并接受证券主管机关,深圳证券交易所的监督管理。

2、及时、真实、准确地公布中期报告和年度报告,并备置于规定场所供投资者公众查阅。

3、本公司董事、监事及高级管理人员如发生人事变动或持本公司股票发生变化时,在报告证券主管机关、证券交易所的同时向投资者公布。

4、在任何公共传播媒介中出现的消息可能对本公司股票的市场价格产生误导性影响时,本公司知悉后将及时对该消息予以公开澄清。

5、本公司董事、监事及高级管理人员将认真听取社会公众的意见和批评,不利用已获得的内幕消息和其他不正当手段直接或间接从事股票买卖活动。

6、本司没有无记录负债。

十一、重要事项揭示

1、本公司本次向社会公开发行人民币普通股6000万股,其中600万股向公司职工配售,本次上市流通股份5400万股,公司职工股600万股按规定在本公司股票上市之日起期满半年后方可申请上市。

2、根据财政部、国家税务总局(95)财税字第96号《境外所得计征所得税暂行办法》,本公司所得税按境内、境外所得分别计征,其中境内所得按33%计征,境外所得按16.5计征。

十二、咨询机构

1、上市公司:中国有色金属建设股份有限公司

法定代表人:张健

住所:北京复兴路乙12号

电话:(010)68514477—9251

联系人:王宏　张海峰

2、上市推荐人:广发证券有限责任公司

法定代表人:陈云贤

住所:广州市农林下路83号广发金融大厦4楼

电话:(020)87310888—2420

上市推荐人:君安证券有限公司

法定代表人:张国庆

十三、备查文件

1、深圳证券交易所上市通知书;

2、中国证监会证监发字〔1997〕85号、证监发字〔1997〕86号文;

3、国家体改委体改生〔1997〕20号文

4、本公司营业执照;

5、本公司创立大会决议

6、中华会计师事务所中华股审字(97)第004号审计报告;

7、上市推荐协议;

8、其它文件。

中国有色金属建设股份有限公司

一九九七年四月十四日

中国有色金属建设股份有限公司一九九七年中期报告

一.财务报告(已审计)

本财务报告经中华会计师事务所中国注册会计师傅屏南、杨力强 审计,并出具了无保留意见的审计报告〔中华股审字(97)第026号〕。审计意见如下:

中国有色金属建设股份有限公司全体股东:

我们接受委托,对贵公司1997年6月30日的资产负债表和1997年上半年度的利润表进行了审计。这些会计报表由贵公司负责,我们的 责任是对这些会计报表发表审计意见。我们的审计是依据《中国注册 会计师独立审计准则》进行的。在审计过程中,我们实施了包括抽查 会计记录等我们认为必要的审计程序。

我们认为,上述会计报表符合《企业会计准则》和《股份制试点 企业会计》制度及其补充规定,在所有重大方面公允地反映了贵公司 上述资产负债表日的财务状况和该期间的经营成果以及资金变 动情况。会计处理方法的选用符合一贯性原则。

中华会计师事务所

一九九七年八月十九日

(一)财务报表(已审计)

1. 简化资产负债表　　单位:人民币元

项 目	1997年6月30日	1996年12月31日
流动资产	769,115,686	294,011,040
长期投资	—	—
固定资产净值	8,696,544	7,240,997
在建工程	94,846,000	67,026,000
无形资产	—	—
递延资产	11,713,367	4,866,888
资产总计	884,371,597	373,144,925
流动负债	156,245,329	152,408,306
长期负债	99,929,110	100,000,000
负债合计	256,174,439	252,408,306
股本	140,000,000	80,000,000
资本公积	445,054,176	39,084,168
盈余公积	—	—
未分配利润	41,971,489	—
货币换算差异	1,171,493	1,652,451
股东权益合计	628,197,158	120,736,619
负债及股东权益合计	884,371,597	373,144,925

2. 简化损益表　　单位:人民币元

项 目	本期数	上年同期数
主营业务收入	202,299,455	159,398,693
主营业务利润	40,670,596	37,727,443

其他业务利润	2,224,822	—
投资收益	6,509,290	934,524
营业外收支净额	2,731,488	40,355
利润总额	52,136,196	38,702,322
所得税	10,164,707	8,605,833
净利润	41,971,489	30,096,489

(二) 主要财务指标

指标名称	1997年6月30日
每股收益(元)	0.30
	0.40(加权平均)
净资产收益率	6.68%
每股净资产(元)	4.49

注:转增股本后本期各项财务指标:

(1) 每股收益:0.19元

(2) 净资产收益率:6.68%

(3) 每股净资产:2.80元

(三) 财务报表附注

1. 本报告期内所采用的会计政策和会计方法与上年一致。

2. 会计制度

执行《企业会计准则》、《股份企业会计制度》及有关补充规定。

3. 记帐本位币和外币折算方法

采用分帐制核算外币业务,境内业务以人民币为记帐本位币;境外业务以美元为记帐本位币。年末编制财务报表时,将美元按年末市场汇率折合为人民币反映,其中拨付所属分支机构资金仍按历史汇率折算,由此产生的差异列示于"货币折算差异"项下。

4. 货币资金本期余额为378,232,186元。比年初数增加254.98%。增幅较大的原因是本公司募集资金到位所致。《招股说明书》所披露的募集资金用途,主要项目均在下半年实施,故本期资金投入较少。

5. 短期投资系本公司在本期内为盘活沉淀资金,进行投资国债业务,期限为三个月。此项投资本金及收益已于8月19日收回。

6. 应收帐款本期余额91,162,560元,较上年末余额增长83%,是营业额增加同时本期内资金回笼速度较上年同期减慢所致。坏帐准备随之增加。帐龄在一年以内的占86.35%,帐龄在一至二年的占0.67%,二至三年的占0.06%,三年以上的占12.92%。

7. 预付帐款本期余额16,047,755元,比上年末余额增长35%,是伊朗铜厂项目设备订货工作全面展开,支付合同预付款所致。

8. 其他应收款余额比上年末余额增长206%,是委托和硕贸易中心开立资信证明所暂付款项增加所致,该款项于1997年7月19日全部收回。

9. 存货本期余额26,125,940元,比上年末余额增长76%,是进出口贸易业务扩大所致。

10. 在建工程本期余额比上年末余额增长42%,是西客站南广场1号楼工程支付工程进度款所致。

11. 递延资产余额比上年末余额增长141%,是开发项目增多所致。

12. 预提费用本期余额比上年余额减少36%,系因新加坡部分项目的维修期已结束,相应预提的后期维修费用也冲销所致。

13. 本期收入比上年同期增长是进出口贸易和劳务合作项目有较大幅度增加所致。同时,也相应地增大了营业成本。

14. 财务费用比去年同期下降是由于企业货币资金流入量增加所致。

15. 投资收益为股票投资收益5,420,515元和投资国债收益1,088,775元。

16. 营业外收入较上年同期增长是本企业发行股票申购股款利息收入增加所致。

17. 关联方与关联交易:

中国有色金属工业总公司所属的中国有色金属财务公司为本公司的长期借款提供担保,借款金额为1亿元,期限4年,自1994年12月28日至1998年12月28日,年利率为8.73%。中国有色金属财务公司法人代表是党五喜,主营业务金融类,注册地址在北京市复兴路乙12号。

二、经营情况回顾与展望

1. 上半年经营情况回顾

1997年上半年,公司在"深化改革、扩大规模、狠抓培训、提高素质、强化管理、争创效益"的经营思想指导下,积极开拓进取,经营管理工作取得了较好的成绩,完成主营业务收入20,229.95万元,实现利润总额5,213.62万元。

(1) 在经营业务方面,公司进出口业务和劳务合作业务取得了长足的进步,营业额、利润额比上年同期均有较大幅度的增长,增强了公司的多元化经营品种。进一步加大国外市场的开发力度,在开发项目上选择以设计为龙头带动成套设备出口的项目为重点。继续实施资源战略,利用行业优势,结合我国经济正处于高速发展阶段,对资源需求较大状况,在海外开发资源,这样不但能为国家解决部分资源短缺的问题也能为公司带来良好的经济效益。

(2) 在管理方面,公司今年重点加强企业管理,进一步提高公司管理水平,实施了ISO-9001质量认证工作,强化质量意识,进一步提高公司国际承包工程的信誉,加快向国际高水准看齐的步伐。继续推行项目经理制,建立目标效益,以效益为中心,重点支持创利单位。

(3) 公司在创造高收益、加快资金流动速度、谋求新的利润增长点的同时,严格控制成本费用的支出,实施目标成本责任制,加强对工程成本、经营以及管理费用等诸多方面及各个环节的控制,进一步保证公司效益的稳步增长。

(4) 在西客站南广场大厦项目上,加紧与施工单位的联系,层层具体落实项目进度,同时加快招租业务的进程,经过上半年的努力,该项目已取得较大进展,预计下半年底可试营业,为公司下半年创造新的利润增长点。

(5) 在伊朗铜厂项目上,积极同业主商洽加快施工进度问题,从技术上帮助业主进一步加快项目基建设施的进度,经过努力该项目的基建设施已经具备了安装设备条件。经过严密的商务谈判,业主已向我公司开具了相应的信用证。同时全面展开了设备订货工作,现各供货厂家设备制造工作如期进行。预计下半年可按计划发运设备。

2. 募集资金使用情况:

(1) 投资20,000万元组建中条山铜冶炼有限责任公司:

目前正在就法律文件和组建方案的细则积极商谈,预计在下半年可完成所必需的法定程序,一旦法定程序履行完毕,即可投入资金组建成立。

(2) 伊朗松贡铜选厂项目:

正在按计划进行该项目的初步设计工作,预计今年年底该项目可启动。

(3) 新建耐火材料公司:

正在按计划组织该项目详细设计工作,由于厂址确定时间推延,原计划97年7月动工时间将推迟,预计在97年年底可动工,为该项目募集资金暂存在公司帐户内。

(4) 新建有色冶金机械设备加工厂项目:

该项目正按计划实施,本报告期内按计划投资较少,募集资金暂存在公司帐户内。

(5) 伊朗铜厂项目:

该项目正按计划实施,本报告期内已经投入资金近1,400万元,下半年将加快该项目进度,同时对其投入资金将增大,预计该项目下半年将取得较大的收益。

3. 下半年的工作安排:

公司在下半年将以股东大会通过的年度经营计划为目标,落实各项责任目标,发挥上市公司的机制优势,抓住一切机遇,力争创造更好的经济效益。

(1) 牢固树立质量是企业生命的观念,进一步强化质量管理意识,年内争取实现ISO-9001标准质量认证,进一步提高公司在国外市场的信誉度,在体制上建立一整套市场经济模式,运行机制上符合国际标准和规范,目标上达到集约化管理。

(2) 巩固和发展现有的工程承包市场、实业市场和贸易市场等,同时积极开拓新市场,利用公司现有的工程总承包一级资质、公路桥梁一级施工资质,充分开发国内市场及周边国家市场。

(3) 结合实施ISO-9001标准工作,加强对伊朗铜厂项目的管理工作,使原计划的设备发运工作更加顺利实现,争取年内创造出较好的经济效益。

(4) 进一步落实各投资项目实施进度,加快各项目的实施进度,进一步落实公司的实业化战略,为公司的长远发展建立扎实的基础。

(5) 认真作好西客站南广场大厦的收尾和招租工作,力争在今年11月交付使用,使公司增加一个新的利润来源。

(6) 认真作好菲律宾双塔楼的设计和材料设备采购工作,力争使该项目在下半年开始启动,为明年公司效益的增长打下扎实的基础。

三、重大事件说明

1.公司(中色建设、股票代码0758)股票于1997年4月16日在深圳证券交易所挂牌上市,从而使公司成为对外承包行业首家上市的中央企业,标志着公司的发展进入了一个新的阶段。

2.公司于1997年4月8日下午,在北京中苑宾馆会议室召开了第一届股东大会,会议选举产生张健、王宝林、龚永才、施仁、刘才明为董事,赵家生、孔和平、赵刚为公司监事,并审议通过了公司章程、公司九七年度工作计划等。

3.本公司董事会于一九九七年八月二十六日在本公司会议室召开第一届第五次会议,会议审议通过如下决议:

(1) 审计通过《一九九七年度中期报告》

(2) 本公司拟收购中色建设集团有限公司所持有的菲律宾建金发展有限公司的40%的股权。收购价格参考菲律宾有关评估机构的报告。但总金额不得超过中色建设集团有限公司的原实际投资额的一倍(即300万美元)。本公司委派刘才明、李焕平、王振久为建金发展有限公司董事。上述股权收购的有关手续,由总经理王宝林负责安排有关部门根据国家有关部门规定办理。

(3) 以1997年6月30日总股本140,000,000股为基数,每10股转增6股,共转增84,000,000股,共需资本公积金84,00 0,000元。预案提交公司1997年临时股东大会审议通过,并报有关部门批准后实施。

(4) 公司1997年临时股东大会将于1997年10月4日,在北京市复兴路乙12号928会议室召开。

4.公司根据国务院证券委、中国人民银行、国家经贸委5月21日联合发布的《严禁国有企业和上市公司炒作股票的规定》以及深交所下发的"关于严格执行《严禁国有企业和上市公司炒作股票的规定》的通知"及时进行了认真自查,无违规行为。若今后要进行股票投资业务,将严格按照国家规定执行。

5.本报告期内无重大诉讼、仲裁事件。

四、发行在外股票的变动和股权的变化

(一) 截止1997年6月30日,公司股权结构如下:

单位:股　　每股面值:人民币1元

	期初数	期末数
1. 尚未流通股份		
(1) 发起人股份	80,000,000.00	80,000,000.00
其中:国有法人股	80,000,000.00	80,000,000.00
(2) 内部职工股	–	6,000,000.00
合计	80,000,000.00	86,000,000.00
2. 已流通股份		
A股	–	54,000,000.00
合计	–	54,000,000.00
3. 股份总计	80,000,000.00	140,000,000.00

(二) 前十名股东持股情况,截止日期一九九七年六月二十七日。

股东名称	期末持股数	占总股本比例(%)
1. 中色建设集团有限公司	80,000,000.00	57.14%
2. 刘桂英	368,086.00	0.26%
3. 湖南淮关经贸有限公司	147,366.00	0.11%
4. 长沙富力达制冷设备有限公司	124,556.00	0.09%
5. 北京市海淀区远大综合经营部	110,994.00	0.08%
6. 恒利信实业	102,456.00	0.07%
7. 缺少资料	100,000.00	0.07%
8. 贺慧珍	100,000.00	0.07%
9. 陈经建	83,897.00	0.06%
10. 蒋鸣月	80,000.00	0.06%

五、股东大会简介

1.本公司于1997年4月8日下午在北京中苑宾馆二楼会议厅召开创立大会暨首届股东大会。到会股东代表共97人,代表股份8,133.48万股,占总股本的58.10%,符合《公司法》及公司章程的有关规定。大会审议并通过了以下事项和决议:

(1) 审议通过了《中国有色金属建设股份有限公司筹建报告》;

(2) 审议通过了《关于中国有色金属建设股份有限公司社会公众股在深圳交易所上市的议案》;

(3) 审议通过了《关于设立中国有色金属建设股份有限公司的议案》;

(4) 审议通过了《关于中国有色金属建设股份有限公司章程(草案)的议案》;

(5) 审议通过了《中国有色金属建设股份有限公司一九九七年工作计划》;

(6) 经到会股东投标选举张健、王宝林、龚永才、施仁、刘才明为本公司董事,经选举,赵家生、孔和平为本公司监事,另外赵刚作为职工代表指派监事。

2.本报告期内未召开临时股东大会。

六.备查文件

1.载有董事长、总经理亲笔签名的中期报告原本。

2.完整的中期财务报告及审计报告原本。

3.本公司中期报告全文正式文本在中国证监会上市部、深圳证券交易所均有备查。

4.本公司《招股说明书》和《上市公告书》。

5.其他备查文件。

中国有色金属建设股份有限公司

一九九七年八月二十八日

万 科 企 业 股 份 有 限 公 司

1996年年度报告摘要 （摘选）

一、公司简况

公司名称：万科企业股份有限公司
法人代表：王 石　　　邮政编码：518020
公司地址：深圳市罗湖区翠竹北水贝二路14栋万科大厦
电话：(0755)5516666　　　传真：(0755)5531696

二、主要财务数据与财务指标

（单位：人民币元）

指标项目	1996年	1995年	比上年增减比例
营业收入	1,177,714,050.96	1,503,755,416.14	-21.68%
利润总额	199,150,238.06	208,146,813.64	-4.32%
税后利润	149,663,316.45	147,452,376.33	1.50%
资产总额	3,466,124,320.30	3,234,377,489.99	7.17%
股东权益	1,333,235,597.93	1,179,492,645.80	13.03%
每股净资产	4.21	4.10	2.68%
每股税后利润			
——加权平均	0.47	0.51	-7.84%
——全面摊薄	0.47	0.51	-7.84%
股东权益比率	38.46%	36.55%	5.23%
净资产收益率	11.23%	12.47%	-9.94%

三、公司主要业务回顾

于报告期内，本集团完成利润总额19915万元，税后利润14966万元，较上年增长1.5%，继续保持稳健发展。

本集团之核心业务房地产业务期内保持良好的经营业绩，全年结算竣工面积17.69万平方米，其营业收入与盈利分别占集团的62.16%和52.35%。

本年度集团在各地的居民住宅项目均有理想市场表现。上海万科城市花园继续为集团带来良好溢利回报，该项目一期工程累计265,000平方米于年内全面峻工，售出率达85%，二期新开工及部分竣工面积33,000平方米，销售业绩理想；规划面积125,857平方米，分三期开发的天津万科城市花园第二、第三期于年内全面开工，首先推出销售的第三期售出率达70%，亦为本集团利润作出贡献；北京万科城市花园项目累计竣工124,000平方米，年内增开30,000平方米，销售稳定，为集团带来盈利。此外，荔景大厦项目与万景大厦项目的售磬和青岛银都花园的良好销售亦为集团带来溢利回报。本集团在沈阳、鞍山的住宅项目，在大连的写字楼项目于报告期内进入利润回报期。年内集团在各地的居民住宅项目增开面积达160,000平方米，而物业管理亦有可喜表现，继深圳天景花园、青岛银都花园之后，上海万科城市花园、天津万科城市花园、北海万科城市花园和深圳荔景大厦又获得“全国物业管理优秀住宅小区（大厦）”荣誉。

本集团零售业务保持稳定增长趋势。全年营业收入29,246万元，盈利1,654万元，分别较上年增长27.54%和15.88%。深圳万佳百货股份有限公司二分店于11月顺利开业，初步形成集团连锁零售经营架构。进出口贸易继续以外贸代理为基础，积极拓展品牌代理业务，实现利润1,313万元，较上年增长18.22%。为配合核心业务的发展，本集团继续盘活股权存量，年内转让深圳怡宝食品饮料有限公司、北京比特实业股份有限公司及汕头宏业房地产股份有限公司等公司的股权。本年度集团投资业务创造4539万元盈利。本集团工业项目为集团贡献盈利1709万元，继续保持平稳增长。广告业务形成跨地域经营格局。作为树立公司社会形象的影视业务已开始向商业娱乐片发展，娱乐片《减肥旅行团》发行顺利。

四、股本变化及股本结构情况

1．股本变化

根据公司1995年度分红派息方案，每10股现行股份派送1股红股，全年派送红股28,822,513股。1996年8月7日万科股票以除权除息价交易。截止1996年12月31日，本公司总股本为317,047,649股。

2．股本结构情况

截止1996年12月31日，本公司股本结构如下所示：(单位：股)

股份类别	年初持股数	占总股本百分比(%)	增加股数	年末持股数	占总股本百分比(%)
(一)尚未流通股份	67187764	23.31	7822183	75009947	23.66
1．国有股	27773609	9.64	2777360	30550969	9.64
2．法人股	30587655	10.61	3058755	33646410	10.61
3．内部职工股	8826500	3.06	1986068	10812568	3.41
(二)已流通股份	221037372	76.69	21000330	242037702	76.34
A股	156732822	54.38	14569875	171302697	54.03
B股	64304550	22.31	6430455	70735005	22.31
(三)股份总额	288225136	100	28822513	317047649	100

注：以上股数变动原因为1995年度分红派息及原董事、监事所持本公司流通股份根据现行规定放入内部职工股一栏所致。

3．股东

于1996年12月31日，本公司共有128,726名股东，其中A股股东126,592名，B股股东2,134名。于1996年12月31日，公司前十名股东如下：(单位：股)

股东	年初持股数	年末持股数
深圳经济特区发展(集团)公司	18508923	20359815
添发庆丰(常州)发展有限公司	14217785	15639563
深圳平安保险公司	11975020	13172522
深圳市投资管理公司	9264686	10191154
刘元生	7675402	8464941
TEMPLETON DEVELOPING MRTS TRUST	6533926	7252878
TEMPLETON DRAGON FUND, INC.	4184900	4603390
CHARM YIELD INVESTMENT LIMTED	4107166	4478200
君安代理有限公司	3255083	3580591
海南省证券公司	3028168	3330983

4．董事、监事持股情况　　　(单位：股)

姓名	职位	年初持股数	年末持股数
王石	董事长兼总经理	57916	63707
蔡顺成	常务董事兼常务副总经理	44898	49387
陈楚杰	常务董事	15000	16500
朱焕良	董事	105000	115000
文　哲	董事	15000	16500
黄胜全	董事副总经理	15000	16500
陈祖望	董事副总经理	15000	16500
马　申	董事	15000	16500
郁亮	董事副总经理	16150	17765
姚瑞生	董事	10000	11000
孙建一	董事	10000	11000
龚　华	董事	10000	11000
陈　康	董事	10000	11000
张恭泰	董事	10000	11000
姚牧民	董事常务副总经理	10000	11000
徐　刚	董事副总经理	10000	11000
李　风	董事	0	0
郭　钧	董事	0	0
丁福源	监事	16485	18377
谭壬辰	监事	0	0
蒋　骏	监事	5000	5500

注：董事、监事持股情况变动原因为1995年度分红派息所致。

金田实业(集团)股份有限公司

1996年年度报告摘要　（摘选）

一、公司简况

公司名称：金田实业(集团)股份有限公司

法人代表：黄汉清　　邮编:518010

公司地址：深圳市和平路42号金田大厦23楼

电话：0755—5573548－32407　　传真：0755—5592045、5591994

二、主要财务数据与财务指标

单位:万元

指　标　项　目	96年度	95年度	比上年增减(%)
1.营业收入	67,023	90,119	-25.63
其中:主营业务收入	67,023	90,119	-25.63
2.利润总额	-2544	5068	-150.19
3.净利润	-2736	4350	-162.89
4.总资产	345,461	285,692	20.92
5.股东权益	109,247	98,514	10.89
6.每股收益(元)	-0.08	0.18	-144
7.每股净资产(元)	3.28	4.00	-18
8.净资产收益率(%)	-2.5	4.42	-156.56
9.股东权益比率(%)	31.62	34.48	-8.29

三、公司主要业务回顾与展望

1．业务回顾

1996年是实施“九五”计划的开局年，为了更好地适应市场经济，迎接新一轮经济大发展，在九六年度本集团通过实施资产经营和产业结构调整战略，在重点发展本集团支柱产业的同时，调整了银田、广发等一部份不符合集团发展方向的小型加工企业，及时处理了库存物资和闲置设备。

根据集团的长远发展目标，积极开展了战略性投资业务，成功收购了深圳灰狗巴士有限公司50%的股权，使本集团切入新的产业领域。

继续注重房地产业，本集团属下房地产公司开发建设的金祥都市花园，金田广场，金丽花园二期等项目都如期、保质完成了工作量；上海地产公司加强物业管理，楼盘销售情况良好。鉴于地产行业前段市场需求不足和即将悄然启动的现实情况，本集团调整了房地产销售策略，报告期内深圳、天津共计有8万平方米楼盘尚未结算，致使地产营业收入比上年同期减少人民币两亿多元。

集团下属的天门金田纺织工业公司1996年生产销售情况良好，但由于报告期内棉花每吨提价5000元人民币，生产成本大幅度提高，因此，该公司所实现利润未达预期目标。其它工业企业虽然营业收入有大幅度提高，但是毛利率未能同步增长。

集团属下商业网络公司的超市网点开设已达31家，营业收入快速增长，但是由于此项目仍处于投资期内，发挥规模效益尚待时日。

2．业务展望

1997年度，本集团将在进一步建立健全现代企业制度的基础上，坚持规模经营，多元化发展，跨地区扩张，专业化协调的经营方针，加强集团总部的宏观控制和协调，重点扶持区域公司、专业公司的发展。为此：房地产业务将继续增加经济热点地区的土地储备，重点开发深圳、上海、天津等大城市的居民住宅项目，完善工程配套与强化物业管理。1997年深圳金田广场、金祥都市花园，天津金伦公寓将完成财务结算，届时会对集团的利润增长做出重大贡献。

本集团将充分运用国家在全国进行棉花资源合理配置的优惠政策，在天门金田纺织工业公司进行全国第一家“贸、工、农”一体化试点。这将完善企业资金结构，建立原料供应基地，从而该企业生产将大大减少所受棉花供应波动的影响，可以保证新上马三万锭精梳纱项目的原料供应。由于天门公司率先获得棉花产销优惠政策，将有效地降低原料成本，可望提高经济效益。

1997年度，本集团将运用资本经营和资产重组方式，继续加大战略性投资力度。在以房地产业为支柱产业，调整稳定工业和商业的基础上，迅速扩展交通、能源、农业等新的产业领域。

通过组建金田运输集团公司，迅速建立和开辟全国高速公路网线客运业务，扩大规模效益。依靠国家政策的扶持及相关资金的投入，积极拓展高科技产业，加速中西部地区的资源性项目开发。

通过调整产业结构，着重发展能源基础工业项目，形成集团新的利润增长点。经过我们的努力，相信1997年一定能给广大股东一个满意的回报。

3．境内外会计师审计报告中利润差异说明：

境内外会计师审计利润差异为3474万元人民币，原因在于(1)计提坏帐准备金之政策差异；(2)境内外会计师对投资收益确认的时间差。

四、股本变化及股本结构情况

1．股本结构情况(截止1996年12月31日)

单位:股　　面值:每股1元

股　份　类　别	年初数	本次变动				年末数
一、尚未流通股份		股配	送股	公积转股	小计	
发起人法人股	20,850,258	0	458,705	3,711,346	4,170,051	25,020,309
定向法人股	35,138,060	0	773,037	6,254,572	7,027,609	42,165,669
法人股转配股	0	138,588	3,048	24,669	27,717	166,305
尚未流通股份合计	55,988,318	138,588	1,234,790	9,990,587	11,363,965	67,352,283
二、已流通股份						
境内公众股	127,896,331	31,974,082	3,517,149	28,456,937	63,948,168	191,844,499
境外公众股(B股)	61,864,002	0	1,361,008	11,011,792	12,372,800	74,236,802
已流通股份合计	189,760,333	31,974,082	4,878,157	67,925,666	76,320,968	266,081,301
三、股份总数	245,748,651	32,112,660	6,112,947	77,916,253	87,684,933	333,433,584

2．股份变动原因

1)本集团1995年度配股于1996年3月完成；

2)本集团1995年度分红及公积金转增股本合计每十股送二股。

3．主要股东持股情况(截止96年12月31日)

股　东　名　称	年初期(股)	年末数(股)	占总股本比例(%)
1)中国农业银行深圳信托投资公司	20,790,000	24,948,000	7.48
2)深圳市纺织(集团)股份有限公司	10,228,746	12,274,495	3.68
3)金田集体	9,156,102	10,987,322	3.29
4)深圳发展银行	3,171,094	3,805,312	1.14
5)南华证券公司	2,471,631	2,965,957	0.88
6)金田工会	7,963,239	2,646,064	0.79
7)市城建开发集团公司	2,195,424	2,634,508	0.79
8)HORSE INTL.INV.CO.LTD.	1,628,000	1,953,600	0.58
9)SILIVER PACIFIC LTD.	1,482,099	1,778,709	0.53
10)GENERAL WAY(H.K)LTD	1,479,999	1,775,998	0.53

3)股东数量

截止1996年12月31日，本集团股东总户数:151802户。

深圳世纪星源股份有限公司

1996年年度报告摘要　（摘选）

一、公司简况

公司名称：深圳世纪星源股份有限公司

法人代表：丁　凡　　　　　　邮编：518001

公司地址：深圳市人民南路发展中心大厦13楼

电话：0755—2208888　　　　传真：0755—2207055

二、主要财务数据与财务指标

单位：万元

指标项目	本年数	上年数	比上年增减(%)
1.主营业务收入	10719.74	22634.60	－52.64
2.净利润	5606.35	5922.18	－5.33
3.总资产	147879.98	144279.94	2.50
4.股东权益	61101.99	52030.64	17.43
5.每股收益(元)	0.211	0.26	18.85
6.每股净资产(元)	2.30	2.25	2.22
7.净资产收益率(%)	9.18	11.38	－19.33
8.股东权益比率(%)	41.32	36.06	14.59

三、公司主要业务回顾与展望

公司经过1994年的债务重整以及1995年集中于交通运输、酒店服务业方面的开拓，在1996年内继续将发展的重心侧重于交通运输项目及酒店服务业项目。

公司总部与全资下属企业合共持有90%权益的重点工程——龙岗第二通道，双向六车道全封闭的全长20公里一级汽车专用公路项目，其项目公司深圳市龙城星源股份有限公司在1996年度对内加强施工管理，对外规范基建程序，在对全长20公里设计路线进行全面优化设计的同时将工程施工的总投资预算压缩至6.5亿元左右。此项工作为该公司未来投资节省了近二亿元投资成本。在这一前提下，于1996年年底，该项目取得了上级主管部门的正式收费立项批文。

深圳世纪星源物业发展有限公司承建公司的另一交通项目"深圳车港"工程依照皇岗/落马洲旅客通道总体规划步骤在1995年完成了全部施工准备，各建设单位在政府管理部门的统一协调下，目前已顺利进入了全面施工阶段。其中，1#车库楼桩基础工程已接近完工。预计地面通道及上部一、二层主体工程可按政府要求在1997年7月1日前建成。

本年度内公司全资下属企业——深圳市世纪星源运输实业有限公司对剩余的旧出租车全部更新。在新的年度内将结合运输业配套增值服务多元化特点稳步发展。

公司于1996年年中分期推出的"华乐星苑"——酒店服务式会员制寓所，在市场上受到热烈欢迎，其收入逐月递增，并在短期内达到了现金平衡。由于"华乐星苑"作为一种新型租赁消费概念，较早进入深圳市场，因此华乐星苑物业管理有限公司仅支出了很低的广告销售成本，就迅速地得到了工商企业界及外企高级行政人员的认同。目前"华乐星苑"已成为公司具有长期稳定收入主营项目，为公司股东提供长期的回报。

公司的另一酒店项目——上海大名星苑酒店，其装修改建的工程由于原有的建筑主体工程施工技术上的原因，在1996年度施工进展未达到预期计划。1997年将加快改建进度，预计年内可完工投入营业。

根据深圳市房地产情况，公司1996年度的房地产业务仍着重于清理、调整系统所属的房产及土地资源。在整顿全系统物业管理的同时，出售租金回报率偏低的东园大厦以及其它分散不易管理的零星物业。在对全部出租物业加强管理的努力下，本系统整体出租物业收入稳步提高。

公司全资下属企业深圳国际商务有限公司在1996年开发了结合银行聪明卡、电子货币技术新型的酒店管理Intranet系统，该系统目前已在华乐星苑进行试用测试。该公司在1996年还与银行合作，开发了网上银行服务等的Intranet系统。预计1997年该公司Intranet应用系统的产品将正式推向市场。

五、股本变化及股本结构情况

1. 股本结构

截止96年12月31日　　　　单位：股　　面值：每股1元

股份类别	年初数	本期增减	年末数	所占比例%
一、尚未流通股份				
1. 发起人股份				
其中：境内法人股	30704300	4605645	35309945	13.3
境外法人股	88322850	13248427	101571277	38.2
2. 定向法人股	2439066	365859	2804925	1.1
尚未流通股份合计	121466216	18219931	139686147	52.6
二、已流通股份				
A股	109533784	16430069	125963853	47.4
已流通股份合计	109533784	16430069	125963853	47.4
三、股份总数	231000000	34650000	265650000	100

2. 截止1996年12月31日，本公司股东总人数为88752户。

3. 截止1996年12月31日，本公司前十名股东情况：

股东名称	持股数(股)	所占比例(%)	股份增减(%)
1)(香港)中国投资有限公司	101571277	38.235	15
2)深圳市城建开发集团公司	18975000	7.143	15
3)深圳市有色金属财务有限公司	16334945	6.149	15
4)满丰布厂有限公司	2378200	0.895	15
5)金歉	1700400	0.640	—
6)猴王咨询	918500	0.346	—
7)雷丽	821200	0.309	—
8)张力	700000	0.264	—
9)张步宏	522900	0.197	—
10)王世清	500000	0.188	—

注："股份增减"栏中的"—"表示无年初数对比。

4. 报告期内本公司董事、监事及高级管理人员持股情况并无变化(即未持有本公司股份)。

5. 股本变动情况

本公司1996年6月14日股东大会通过的每10股送1.5股的分红方案，经证券主管机关批准，公司已于1996年8月13日完成此项工作，公司总股本亦由23100万股增至26565万股。

深圳锦兴实业股份有限公司

1996年年度报告摘要 （摘选）

一、公司简况

公司名称：深圳锦兴实业股份有限公司

法人代表：吕锐军　　邮政编码：518002

公司地址：深圳市东门南路外贸食出大厦十一楼

电话：(0755)2257432　　传真：(0755)2257421

二、主要财务数据与财务指标

指标项目	本年数	上年数	比上年增减(%)
主营业务收入	6,513,623.48	18,189,784.66	-64.19
净利润	-17,178,385.04	168,826.45	-10,075
总资产	241,015,765.63	247,472,698.64	-2.61
股东权益	144,580,511.89	161,758,896.93	-10.61
每股净资产(元)	1.963	2.855	-31.24
每股收益(元)	-0.233	0.0029	-81.34
股东权益比率(%)	60.000	65.36	-8.20
净资产收益率(%)	-11.90	0.1	-12000

说明：每股收益和每股净资产按1996年12月31日公司总股本7365.3208万股全面摊薄计算。

财务指标比上年差异较大的原因：

1. 由于1996年度公司没有开展进出口业务，主营业务收入比上年减少64.19%。

2. 本年度公司净收益-1718万元，引致净利润和净资产收益率比上年大幅下降。

公司经营亏损原因将在下文中详细说明。

3. 每股收益和每股净资产比上年大幅减少，除因为本年度经营亏损外，也因为本年度公司实施了公积金转增股本方案，该方案为每10股转增3股。

三、公司主要业务回顾

1996年度锦兴公司面临着极其困难和严峻的局面。尽管国际宏观经济调控政策已取得了相当的成果，宏观经济在成功软着陆后，开始好转。但公司上几任经营班子不良经营所产生的恶果，已在公司经营中逐步显现出来，致使投资长期无法产生回报，银行贷款利息负担沉重，公司运转资金短缺，影响公司业务正常进行。

面对这种情况，本公司于1996年5月调整了经营班子。公司经营班子结合公司的实际情况，以“卧薪尝胆，励精图志，二次创业，重振锦兴”的精神为指导，采取一系列措施，强化管理，压缩费用开支，清理整顿公司的历史遗留问题，按法律法规规范公司的机构和运作。经全体员工的共同努力，取得了一定成效。但是，由于历史遗留问题严重，在当年公司的内外部环境下，未能扭转公司经济效益滑坡的局面。

然而，公司正视所存在的问题，努力纠正前任经营班子种种失误对公司带来的严重后果，从以下方面着手以使公司步入正常的运行轨道：

1. 依照《公司法》及有关法律法规对公司进行规范化整顿，依法完善公司的组织架构，合理配置公司员工结构，最大程度地调动了广大员工的积极性。

2. 针对过去不善经营，盲目扩张，投资失控以及债权债务关系混乱的情况，公司经营班子对已有的投资项目和机构以及债权债务进行全面的清理整顿，尽量将不利因素降低到最小程度。

为保护公司资产的安全，针对不同情况，经营班子分别采取了相应措施。对于惠州大亚湾胜景实业公司、深圳捷丰食品有限公司的债务，采用以土地折价抵偿的方式，目前正在办理具体的土地使用权转让手续；对于深圳市天俊实业股份有限公司的应收款，通过双方协议，落实了天俊公司在将来出让锦兴股权时，首先还锦兴的应收款。

对于一些应收货款，组织专人进行逐项清收，已回收了部分的款项。

3. 努力进行公司股权重组的探索，为公司谋求新的发展方向：

公司在经营管理中，一方面进行自身的整顿，另一方面努力寻求新的合作伙伴和合作项目。1996年度，我们曾经与多家企业单位就股权重组方面的事宜进行反复磋商，并取得了实质性的进展。

公司还努力争取政府主管机关、银行金融界银行对公司的支持与帮助，取得了一定的成效。

展望1997年，公司将正视目前的经营困难，树立信心坚持正确的经营方向，把握有利时机，在政府、企业和广大股东们的支持下，精诚团结，同心同德，努力不懈地创造锦兴明日的辉煌。

四、股本变化及股本结构情况

（一）股本结构　股份单位：股　每股面值：人民币元

股份类别	年初数	本年度变化数（公积金转增）	年末数	占总股本比例
1. 尚未流通股份				
(1) 发起人股份				
国有法人股	22,662,525	+6,798,757	29,461,282	40.00%
(2) 集体股	6,847,195	+2,054,158	8,901,353	12.09%
尚未流通股份合计	25,509,720	+8,852,915	38,362,635	52.09%
2. 已流通股份				
A股	27,146,594	+8,143,979	35,290,573	47.91%
已流通股份合计	27,146,594	+8,143,979	35,290,573	47.91%
3. 股份总数合计	56,656,314	+16,996,894	73,653,208	

（二）前十名股东持股情况（单位：股）

序号	股东名称	持有股数	持股比例
1.	深圳天俊实业股份有限公司	25,343,662	34.41%
2.	深圳天俊实业股份有限公司职工集体	6,224,723	12.09%
3.	深圳国际信托投资总公司	4,117,620	5.59%
4.	王　萍	530,000	0.72%
5.	工行湖南省信托投资公司证券部	409,000	0.55%
6.	吴家骐	350,000	0.47%
7.	戴桂龙	310,000	0.42%
8.	沈美菊	300,000	0.41%
9.	白数培	270,000	0.37%
10.	吴小杰	229,000	0.31%

（三）股份变化原因：

1996年9月，本公司实施1996年度公积金转增股本方案，每10股转增3股。

与年初数相比，本公司年末股份总数增加1699.6894万股。

期末本公司股东总数为20711户。

中国宝安集团股份有限公司

1996年年度报告摘要 （摘选）

一、公司简况

公司名称：中国宝安集团股份有限公司

法人代表：陈政立　　　　邮编：518031

公司地址：深圳市深南中路73号宝安大厦二楼

电话：0755—3323754,3323743　　传真：

二、主要财务数据与财务指标

单位：元

指标项目	本年数	上年数	比上年增减(%)
1.主营业务收入	572,168,508.91	488,641,879.63	+17.09
2.利润总额	67,897,384.01	178,985,174.08	−62.07
3.税后利润	40,847,481.93	152,527,477.52	−73.22
4.总资产	5,494,766,397.41	5,201,457,234.66	+5.64
5.股东权益	2,301,175,569.08	2,007,125,410.06	+14.65
6.每股收益	0.04	0.19	−78.95
7.每股净资产	2.40	2.50	−4.00
8.净资产收益率(%)	1.78	7.60	−76.58
9.股东权益比率(%)	41.88	38.59	+8.53

注：由于武汉国际租赁公司改制为有限责任公司和浙江宝安实业公司被列为关停并转企业，有关工作正在进行之中。本公司未合并上述两公司的会计报表，但采用权益法进行核算，为便于对比，对公司合并及母公司会计报表年初数进行了适当调整。

三、公司主要业务回顾

1.一年来经营情况

1996年，是集团第二次创业的第一个"质量年"。本集团坚持"调整、巩固、挖潜、提高"的八字方针，确立了"树企业质量化观念，走内涵集约化道路"的基调，制定实施了"全面质量经营与质量管理"的一系列方案，初步将集团发展战略的立足点，从以数量增长、追求速度、粗放经营为主导的数量型经济，调整转向以质量控制增加效益、集约经营为主导的质量型经济的轨道上来。房地产、生物医药工业和金融证券在发展过程中呈现良好的发展趋势。

现将本集团各项业务进展分述如下：

1)房地产业：位于深圳较好地段的宝安广场按期于10月份封顶，进入全面安装、装修阶段；洪湖花园完成各项收尾工程，且销售形势良好，商品房已基本售罄。北京西客站项目已完成封顶。上海宝安大厦的建设进度已加快，土建工程，管线安装工程已基本完成，幕墙、电梯订购等设备已批量到货，安装施工工作已铺开，同时各项销售工作也逐步展开。武汉安居工程产销两旺，安居一、二区共37栋住宅，96年陆续竣工并交付使用34栋，另3栋也于97年初交付使用。安居三区已完成一、二期桩基工程。安居四区已完成22栋的结构主体工程。由本集团建设的武汉市一个国家级住宅试点小区的方案也已经建设部批准。北京恒丰花园在北京房地产市场竞争激烈的情况下，采取"租售并举，以租促销"的经营策略，实现租售率43%。另外咸阳、贵阳等地的物业也按计划开发出售。1996年本集团房地产及其投资实现利润2226万元。

2)工业：本集团主要抓住生物制药和建材两大主要行业，培养和发展自己的名牌企业和"拳头"产品。生物医药方面的重点投资项目人血白蛋白已进入正式生产阶段，当年投产、当年赢利。本集团控股企业武汉马应龙公司被湖南省评为"重商标讲信誉"先进集体，在原有名牌产品基础上，采用高科技手段对老产品进行开发，现新品试制工作已完成。森林王复合木地板已形成较强生产能力，产成品等级品率达88.9%，同时建立了促销网络。集团控股企业实业的拳头产品"延中"纯水和合资生产的"碧纯"蒸馏水占上海市57%的份额，成为上海饮用水市场的龙头。本集团下属企业宝安电子公司开发的新一代冷暖型空调遥控机已开发完毕并接受订单，同时研制的智能电采集管理系统项目先行安装调试工作也已完成。吉林敦白公路自收费以来，挖潜节流，堵塞漏洞，增加经济效益，目前完成全年营业收入任务。1996年，本集团实现工业及其投资利润总额1798万元。

3)金融证券投资业：

本集团控股的延中实业成功进入"爱使"经营管理层；控股的武汉马应龙药业公司已在武汉进行上柜交易；集团5家下属公司共持有的37.77%的厦门龙舟已上市，上述举措使公司在资本经营方面取得重大进展，资源配置更加优化。对投资参股企业本着"优化投资组合，寻求经济效益较大增长"的原则，进行股权转让或重组。1996年，本集团金融证券业及投资收益实现利润4386万元。

4)商贸：本集团下属大型零售商场中百惠商场由于零售商业竞争日趋激烈，地理位置较偏僻，加上进出的主道工维修的影响，经营出现亏损。海南宝安烟酒公司以经营货真价实商品为本，树立了良好的市场形象和公众形象，被海南省消费者协会授予"消费者信得过单位"。1996年本集团商贸业及其投资出现亏损1778万元。

5)农业及其他

本集团重点农产品项目"翁源农副产品交易中心"已完成了立项、办照、方案设计与审定工作。铺面房工程预计于1997年5月竣工。1996年，本集团农业等利润总额158万元。

3.前次募集资金的使用情况说明

1996年4月底至5月初，本集团实施1995年度配股，以1995年底的总股本为基数按10配2.4股的比例，每股　元的价格向全体股东配股，实际配股数为10938.26万股，实际募集资金为27305.88万元（扣除发行费用）。

本集团此次募集资金的实际投资方面与投入进度与原配股说明书中披露的情况基本一致，现列表说明：

募集资金时拟投资项目	实际投资项目	项目建设进度
投资13106万元开发复合木地板项目。	按计划进行	于1996年7月正式开典营运，目前原材料供应基本走上正轨，已经形成了较强的生产能力，年底产成品率已达到88.9%。
投资1672万元开人血白蛋白及相关血制品项目	按计划进行	1996年6月实现规模生产，当年生产，当年盈利，创产值1688万元，盈利147万元。
投资6400万元为新开商场中百惠商场的流动资金	按计划进行	该商场已于96年正式开业，其商场规模、商品品种在深圳都属大型商场之列，但由于地理位置及商场营运的惯例，目前该商场未产生利润。
投资5661万元在原武汉南湖机场建设11.65万平方米的经济实用住房（安居小区）	按计划进行	安居小区四区现已完成共22栋面积5.35万平方米的结构主体工程，部分房屋进入内外粉灰，预计97年顺利完工，安区小区三区已完成一、二期桩基工程，先开工的3#楼和中学已完成基础工程。
补充部分已有项目的流动资金	约有460万元的配股资金投入本集团的其他项目中去，作为其流动资金使用。	项目进展顺利

四、股本变化及股本结构情况

1.股本变化及股本结构情况

单位：万股　　面值：每股1元

股权设置	期初数	比例	本次变动增减(+,-) 配股	送股	公积金转股	其他	小计	期末数	比例%
一、尚未流通股份									
国家股	20596.46	25.62	220	1040.82	—	—	1260.82	21857.29	22.80
法人股	15256.26	18.98	30.45	764.33	—	—	794.78	16051.04	16.74
法人股转配部分	—	—	2.00	0.10	—	—	2.10	2.10	0.002
高级管理人员持股	37.94	0.05	9.00	2.35	—	—	11.35	49.29	0.05
尚未流通股份合计	35890.66	44.65	261.45	1807.60	—	—	2069.05	37959.72	39.59
二、已流通股份									
社会公众股	44486.31	55.35	10676.81	2758.16	—	—	13434.97	57921.28	60.41
已流通股份合计	44486.31	55.35	10676.81	2758.16	—	—	13434.97	57921.28	60.41
三、股份总数	80376.97	100	10938.26	4565.76	—	—	15504.02	95881.00	100

2.股本变化情况及原因：

1996年共新增股本15504.02万股，系本集团4月底5月初配股增加10938.26万股，8月初按10送0.5分红增加4565.76万股。

3.截止96年12月31日，前十名大股东持股情况

单位：股

股东名称	股份性质	持有股份	比例%	本年度变动
1)龙岗区投资管理有限公司	国有	111,622,689	11.64	+6,515,366
2)宝安区投资管理公司	国有	106,950,189	11.15	+6,092,866
3)龙岗区大鹏镇大坑上村	法人	15,339,865	1.60	+355,457
4)龙岗区大鹏镇大坑下村	法人	13,087,494	1.36	+570,924
5)深圳市房地产建设开发公司	法人	12,762,750	1.33	+607,750
6)宝安区新安发展公司	法人	11,901,263	1.24	+566,726
7)龙岗区横岗投资公司	法人	10,465,455	1.09	+498,355
8)宝安区沙井镇经济发展公司	法人	7,640,246	0.80	+363,821
9)龙岗区布吉镇经济发展公司	法人	7,019,512	0.73	+334,262
10)甘肃证券公司	社会公众	7,007,585	0.73	

4.股东数量

截止1996年12月31日，股东总数（家）

其中：国家股东数：2家

法人股东数：105家

公众股东数：423815户

内部职工股东数：0

深圳石化集团股份有限公司

1996 年年度报告摘要 （摘选）

一、公司简况

公司名称：深圳石化集团股份有限公司

法人代表：陈涌庆　　　　邮编：518028

公司地址：深圳市福田区红荔西路石化大厦

电话：(86)0755—3344355　　　　传真：(86)0755—3324057

二、主要财务数据与财务指标

单位：万元

指 标 项 目	1996 年	1995 年	比上年增减(%)
1. 主营业务收入	175,124	137,198	27.6
2. 净利润	3,048	4,867	-37.4
3. 总资产	352,279	267,710	31.6
4. 股东权益	71,116	68,068	4.5
5. 每股收益	0.10	0.160	-37.5
6. 每股净资产	2.34	2.24	4.5
7. 净资产收益率(%)	4.3	7.2	-40.3
8. 股东权益比率(%)	20.2	25.4	-20.5

各项主要业务营业收入占总营业收入的比例

业务种类	营业收入(万元)	占集团总营业收入比例
贸易、仓储和运输	127,675	72.9%
工业	38,846	22.2%
地产	7,931	4.5%
其他	672	0.4%
合计	175,124	100%

按国际会计标准调整对溢利及资产净值的影响(人民币千元)

	净利润 96 年度	资产净值 96 年 12 月 31 日
按中国会计准则申报于经审计综合法定财务报表	30,481	711,165
为符合国际会计准则之要求而作出调整		
销货及支出之会计基准	—	—
固定资产及折旧之会计基准	(1,665)	(1,665)
呆帐及其他负债之准备	274	274
待摊及递延之会计基准	(6,747)	(6,747)
存货之会计基准	3,277	3,277
其他	(60)	(37,930)
调整后数值	25,560	668,374

三、公司主要业务回顾

1. 一年来公司经营情况

本报告期内，集团实现营业额为 17.5 亿元，利润总额 8,219 万元，税后利润 3,048 万元。集团主要经营业务保持稳步发展。

现将集团主要经营业务分述如下：

贸易、仓储和运输。石油贸易一向是本集团的主要业务之一。为加快发展石油贸易以及相关的仓储运输业务，扩大本集团在深圳及其周边地区石油市场的占有率，年内，本公司透过资产重组方式，成立深南石油集团，使本集团在深圳及其周边地区的石油市场中的地位得到进一步提高。1996 年，本公司附属公司和联营公司的石油销售量（包括自营和代理）约 180 万吨，比 1995 年增长了近 80%。化工贸易有新的进展，塑料原料及塑料加工助剂、农药和染料的进出口贸易以及国内贸易量近 4 万吨；新成立的液体化工公司与天津大沽化工厂合作，进口丙烯进行贸易或加工，拓展华北丙烯市场；专门从事海上石油运输的三鼎公司当年共运输石油 135 万吨；年底，集团内部几家企业已重组为以石油储运业务为主的储运集团，重点发展深圳地区以外的石油仓储及运输业务，云南油库与潮阳油库的建设进展顺利，其中云南油库已于 1997 年上半年投入营业。

工业。年内，为改善资源配置，进一步提高塑料加工能力，以塑胶公司为主体，加上七家关联企业通过产权重组，成立本公司持有 65%股份的深塑集团，该集团全年的塑料加工量可达 3 万吨，主要产品 PVC 硬片生产量占中国塑料加工工业协会 PVC 硬片十大厂家生产总量的三分之一，并被列为广东省优秀产品；丽星丰达公司生产的 PE 容器在工艺和品质方面继续保持国内领先地位，产品为一些国际性著名化妆品生产商所采用，多层塑料复合软管出口日本，产品供不应求；化纤公司连续四年实行技术改造和滚动发展，丙纶丝年生产能力已达 10,000 吨，年内共生产 8,300 吨，产品全部外销，该公司在国内化纤行业普遍不景气的情况下，当年实现利润 1053 万元，殊为不易；精细化工公司收购了原蛇口新能源公司的生产设备，形成年产 1500 吨高温有机硅橡胶的生产能力，产品用于电脑及通讯设备的配件，销路极好，另该公司的传统产品 HW－903 抗燃液压液被评为国家级新产品；专业生产铁路机车用电连接器的电器实业公司，其 TL13 型铁路空调客车用三相动力连接器被评为国家级新产品，年内共生产电连接器 3 万套，产品深得用户的好评。

地产。房地产公司将深圳水贝地区两栋单身公寓改造为商住楼出售，并继续采用合作方式发展水贝松泉花园及松泉山庄二期取得收益，青岛双龙园别墅首期工程亦已开始销售。

金融。在国家继续保持银根适度紧缩的情况下，集团内部财务结算中心通过艰巨努力，多方融资，解决集团流动资金需求，同时按期还本付息，维护本公司在银行界的良好信用，本公司连续第五年被深圳资信评估公司评为 AAA 资信等级。年内，本公司收购了东莞粤港期货经纪有限公司，目前该公司运作良好。

推行 ISO9000，强化企业管理。1996 年，集团开展以"质量效益年"为主题的第三个管理年活动，进一步提高现有企业的经营管理水平，年内，集团总部通过了 ISO9001 质量标准的认证，获得英国 BSI 公司颁发的认证证书，在国内尚属首家。

四、股本变化及股本结构情况

1. 股本变化及股本结构情况

1）股本结构情况（截止 1996 年 12 月 31 日）

单位：股　　面值：每股 1 元

股 份 类 别	年初数	比例(%)	年末数	比例(%)
一、尚未流通股份				
1. 国有股	164,546,553	54.24	164,546,553	54.24
2. 境内法人股	54,724,424	18.04	54,724,424	18.04
3. 内部员工股(注)	88,500	0.03	88,500	0.03
尚未流通股份合计	219,359,477	72.31	219,359,477	72.31
二、已流通股份				
4. 境内公众股	51,235,502	16.89	51,235,502	16.89
5. 人民币特种股(B股)	32,760,000	10.80	32,760,000	10.80
已流通股份合计	83,995,502	27.69	83,995,502	27.69
三、股份总数	303,354,979	100	303,354,979	100

注：表列内部员工股系本公司高层管理人员所持股份。

2）主要股东持股情况

截止 1996 年末，本公司前 10 名股东及其持股情况列示如下：

股 东 名 称	持股数(股)	占总股本(%)
1)深圳市投资管理公司(国有股)	164,546,553	54.24
2)中国平安保险公司	23,512,400	7.75
3)招商银行证券公司	19,401,532	6.40
4)TEMPLETON China WORLD FUND INC(B股)	4,770,720	1.57
5)TEMPLETONDRAGON FUND INC.(B股)	3,555,532	1.17
6)深圳晶业塑胶有限公司	2,363,772	0.78
7)中国光大银行(深圳)证券部	2,184,936	0.72
8)宝安企业集团股份有限公司	1,560,000	0.51
9)深圳银地投资股份有限公司	1,560,000	0.51
10)深圳中大投资管理有限公司	936,000	0.31
合 计	224,391,445	73.97

3）股东数量

截止 1996 年 12 月 31 日，本公司在册股东（包括法人和自然人）30,754 人，其中 A 股股东 29,068 人，B 股股东 1,686 人。

深圳市华宝(集团)股份有限公司

1996年年度报告摘要 （摘选）

一、公司简况

公司名称：深圳市华宝(集团)股份有限公司

法人代表：麦汉波　　邮编：518031

公司地址：深圳市深南中路宝安大厦三楼

电话：0755—3364056　　传真：0755—3364076

二、主要财务数据与财务指标

单位：万元

指标项目	本年数	上年数	比上年增减(%)
1.主营业务收入	55,914	60,045	-6.88
2.净利润	5,776	1,092	429
3.总资产	171,705	164,199	4.57
4.股东权益	68,012	61,474	10.64
5.每股收益(元)	0.19	0.05	280
6.每股净资产(元)	2.19	2.83	-22.62
7.净资产收益率(%)	8.50	1.78	377.53
8.股东权益比率(%)	39.31	37.44	5

三、公司主要业务回顾

(一)一年来经营情况

一年来，公司紧紧围绕“盘活资产、强化管理、提高效益、稳步发展”的工作方针，上下一心，正视困难，奋力拼搏，取得了较好的成效。

1)农业经过连续二年的调整，其结构更为合理，规模得以扩大，经营水平不断提高，两大农业基地有了长足的发展。三黄种鸡全面实行人工授精取得成功，雏鸡成本下降10%；三黄肉鸡饲养期比上年缩短17%、成活率达95%、肉料下降20%、上市量增加27%；乳鸽上市量增加5%，成为深圳第二大乳鸽生产基地。

养殖业跃居深圳同行业的最好水平。荔枝、芒果等名优水果产量有较大的提高。

2)大力推进饲料工业产业化、系列化的发展，1995年公司以租赁的方式接管了深圳一家大型的现代化饲料厂，使饲料生产能力提高近一倍。租赁厂经过重组后，目前生产已走向正轨，并开始获利。一年来，公司凭籍雄厚的技术力量，在巩固老产品的同时，大力开发新产品、新市场，其中超级乳猪饲料及鱼饲料系列已呈现出良好的销售势头，成为新的拳头产品。全年饲料销售量达13.2吨，比上年增长23%。1996年华宝牌饲料获首届中国饲料工业博览会“认定产品”、省饲料工业“信得过产品”、深圳市“96年产品监检质量好企业”等称号。

除饲料工业外，兽药、食品工业及来料加工企业也得到了较大的发展。

3)房地产业进入滚动开发、良性循环阶段。随着深圳房地产市场的复苏，公司凭籍自身雄厚的土地储量，充分运用政府启动房地产市场的有关政策和措施，采取自营、合作以及土地转让等方式，消化存量，促进资源变现。全年新开工楼宇面积5.5万平方米，销售面积4.4万平方米。此外，公司尚存土地380万平方米，为以后房地产的发展提供了资源保证。

4)在商贸业务方面，由于国家出口退税率下调和退税缓慢等因素影响，除活鸡、乳鸽及饲料出口有较大增长外，其他进出口业务均有不同程度的下降。此外，公司运用资产经营的手段，以参股、合作等方式的经营业务获得了一定的收益；同时抓住证券市场快速发展的有利时机，积极稳妥地参与证券投资取得了较好的回报。

5)盘活资产取得较好的进展。前几年，公司正处于发展扩张阶段，由于受宏观经济调控的影响，一些投资项目、尤其是房地产被套，资金沉淀严重。鉴此情况，公司采取一系列措施，加大资产盘活的力度，使一部分沉淀、闲置资产从消耗中解脱出来。全年共盘活资产1.33亿元，其中变现9800万元。

此外，公司按照现代企业管理的要求，进一步加强企业管理工作。现在，一个新的、管理规范已经在企业内部运转。

(二)主要经济指标分析

公司1996年度实现主营收入5.59亿元，比1995年度减少6.88%，主要原因是进出口贸易受退税政策调整的影响，其他主营业务均有较大幅度的增长。

虽然1996年度主营业务收入有所下降，但净利润完成情况较好，全年共实现净利润5,776万元，比1995年度1,092万元增长了429%。主要原因：一是主营业务盈利有较大的提高；二是联营投资收益、股权投资收益增加；三是公司采取各种强化管理措施，使期间费用大幅度降低。

四、股本变化及股本结构情况

1.股本变化及股本结构情况(截止96年12月31日)

单位：股　面值：每股1元

股份类别	期初数	本期送股增加	本期资本公积金转增	期末数	占总股本比例(%)
1)尚未流通股份					
国家股	93,395,506	18,212,123	21,947,944	133,555,573	42.93
法人股	64,982,493	12,671,585	15,270,885	92,924,963	29.87
合计	158,377,999	30,883,708	37,218,829	226,480,536	72.80
2)已流通股份					
社会公众股	59,202,001	11,544,392	13,912,471	84,658,864	27.20
3)股份总额	217,580,000	42,428,100	51,131,300	311,139,400	100

2.股份变动情况及原因

1)1996年7月，实施1995年度每10股送红股0.3股、资本公积金每10股转增0.7股的分红方案，使股本增加至23,933.8万股。

2)1996年10月实施的1996年中期每10股送红股1.5股和资本公积金每股转增1.5股的方案，使总股本由239,338,000股增加至311,139,400股。

3.公司前10名主要股东持股情况(截止96年12月31日)

股东名称	持股数(股)	占总股本比例(%)
1)深圳市宝安区投资管理公司	133,555,573	42.93
2)中国牧工商总公司	77,886,656	25.04
3)深圳经济特区汇华集团有限公司	12,538,306	4.03
4)深圳市物资集团公司	2,500,000	0.81
5)深圳达文投资咨询公司	1,120,000	0.36
6)冯洛	800,000	0.26
7)刘学成	665,670	0.22
8)洋浦天网企业发展有限公司	417,000	0.14
9)浙江省信鸿实业有限责任公司	321,700	0.11
10)夏良政	297,800	0.10

4.股东数量

1996年末，本公司有股东65,052户，其中国家股东1户，法人股东3户，社会公众股股东65,048户。

深圳南光(集团)股份有限公司

1996年年度报告摘要 (摘选)

一、公司简况

公司名称：深圳南光(集团)股份有限公司
法人代表：李志正　　　　邮政编码：518041
公司地址：深圳市深南中路68号航空大厦32层
电话：0755—3363698—20809传真：0755—3365303

二、主要财务数据与财务指标

指标项目	本年数	上年数	比上年增减(%)
1.主营业务收入	450,986,412.69	286,187,046.72	57.58
2.净利润	43,092,411.77	40,308,641.71	6.91
3.总资产	955,246,965.39	779,304,281.72	22.58
4.股东权益	393,232,089.41	362,489,644.03*	8.48
5.每股收益	0.364	0.34	7.06
6.每股净资产	3.32	3.06*	8.49
7.净资产收益率(%)	10.96	11.12*	-1.44
8.股东权益比率(%)	41.17	46.51*	-11.48

*项系按1995年利润已分配后的数据调整。

三、公司主要业务回顾

(一)一年来经营情况

根据深圳大华会计师事务所对公司年度审计结果，1996年，公司共实现经营收入4.51亿元人民币，比上年增长57.58%；实现利润总额5509.58万元人民币，比上年增长7.10%。扣除少数股东权益后，公司税后利润为4309.24万元人民币，比上年增长6.91%。出口创汇达2500万美元，比上年增长56.2%。

旅游服务业，随着国家经济形势不断好转及临近1997年香港回归的有利形势，深圳格兰云天大酒店努力提高服务质量，扩大经营项目和实行单项成本费用核算降低成本，全年实现经营收入6022.8万元，比上年增长32.71%，税后利润实现1916.61万元，比上年增长5.51%，正章干洗中心、老大昌酒楼等企业经济指标也都有一定幅度的增长。

物业管理及出租继续保持较好水平，1996年度实现收益为2553万元。

南光工贸发展公司全年实现经营收入2.3亿元人民币，比上年增长79.59%，经济效益显著提高。保安自行车厂一方面加强生产、成本、财务管理，一方面进行技术改造，扩大生产能力，全年实现外销自行车48.2万辆，出口创汇2435.03万美元，分别比上年增长37.3%和60%多。

装饰工程方面，粤航公司狠抓项目开发和工程质量，实现税后利润257.03万元，比上年增长27.13%。

本公司1996年度税后利润为4309万元，其中旅游服务业占49.55%，产品销售占20.86%，装饰工程占5.06%，物业出租及其他占24.53%。

(二)对前次募集资金的运用情况说明

本公司在报告年度内没有募集过资金。前次募集资金因深圳赛世特电子有限公司二期工程暂缓实施，已经在1994年度股东大会审议通过，有关内容登载于1995年4月29日《证券时报》上。其结余资金主要用于以下两个项目：

1.1995年11月与沈阳飞机研究所、北海市华侨开发总公司合资兴建北海南光超细粉体工程有限公司已于1996年试生产，产品销售状况良好。

2.本公司与中华老龄福利开发总公司合资设立"北京格兰云天大酒店有限责任公司"，该公司于1996年6月28日试营业，经营状况渐入佳境。

四、股本变化及股本结构情况

1.股本结构

股份单位：万股　　面值：每股1元

股份类别	年初数	年末数	占总股本比例%
(一)尚未流通股份			
①发起人股份	9193.60	9193.60	77.71%
其中：境内法人股	9193.60	9193.60	77.71%
②内部职工股	26.70	22.88	0.19%
尚未流通股份合计	9220.30	9216.48	77.90%
(二)已流通股份			
A股	2609.70	2613.52	22.10%
已流通股份合计	2609.70	2613.52	22.10%
(三)股份总数	11830	11830	100%

2.股东数量：本公司1996年末的股东数共计16119户，其中发起人法人股股东24家，内部职工股股东13人，社会公众股股东16082人。

3.股本变动情况原因

因1996年内两位董事离任，其所持40000股深南光A股允许上市交易，内部职工股1996年底余额为22.88万股。

4.本公司前10名最大股东持股情况：

名称	持股数(万股)	持股比例
中国航空技术进出口深圳公司	3019.9	25.53%
上海新亚(集团)股份有限公司	1348.1	11.39%
中国新时代科技发展公司	1300	10.99%
建设银行深圳市信托投资公司	910	7.69%
中国石油天然气管道局	390	3.29%
西安飞机工业公司	260	2.20%
深圳乌鲁木齐红山工贸公司	260	2.20%
浙江省建筑工程总公司	260	2.20%
深圳正龙实业发展公司	184.6	1.56%
四川什邡汇恒企业集团	130	1.10%

5.公司董事、监事与高级管理人员持股情况

序号	姓名	年初持股数(股)	年末持股数(股)	备注
1	李志正	28000	28000	
2	王春棠	25000	25000	
3	张宝华	0	0	新任董事
4	何国强	0	0	
5	孙绍昆	28000	28000	
6	陈孝厚	0	0	
7	陈永柏	20000	20000	
8	雷钧	20000	20000	
9	金文照	0	0	新任董事
10	王志云	25000	25000	
11	陈汉典	0	0	
12	石教龙	0	0	
13	周华民	3000	3900	
14	杨传深	3000	3900	
15	卢培霖	15000	15000	
16	张宝才	15000	15000	
17	韩余宝	15000	15000	
18	王景元	15000	15000	
19	丁靖国	15000	15000	
20	任恒芳	0	0	新任总会计师

深圳市农产品股份有限公司

1996年年度报告摘要 （摘选）

一、公司简况

公司名称：深圳市农产品股份有限公司

法人代表：林家宏　　　　　　　邮政编码：518003

公司地址：深圳市爱国路一号外贸轻工大厦15楼

电话：0755—5418842、5521404－1503　传真：0755—5418842

二、主要财务数据与财务指标

单位：万元

指标项目	本年数	上年数	比上年增减(%)
1.主营业务收入	9566.26	9920.20	－3.57
2.净利润	2896.62	1790.50	61.8
3.总资产	33461.64	24246.34	38.0
4.股东权益	12,163.15	9498.73	28.05
5.每股收益(元)*	0.914	0.678	34.81
6.每股净资产(元)*	3.84	3.60	6.67
7.净资产收益率(%)	36.35	39.18	－7.22
8.股东权益比率(%)	23.81	18.85	26.31

*表中1996年每股收益、每股净资产均以新股发行之前本公司股本3168万股为基数计算；按本公司第一届董事会第八次会议决定，新老股东共享1996年度利润，实际利润分配时，按5068万股股本计，每股收益为0.57元。

三、公司主要业务回顾

1．一年来公司经营情况

1996年，本公司实现主营业务收入9566.26万元，利润总额3384.18万元，利润总额较上年增长56.16%，略超1996年12月23日刊登于《中国证券报》之《招股说明书》所披露的盈利预测数。

1996年国家宏观经济形势有所好转，经济"软着陆"成功，新的一轮经济周期有开始启动的迹象。本公司开创的"企业办市场、企业管市场"的农产品流通模式，在全国得到推广，各地争相仿效，深圳及周边地区的农产品批发市场如"雨后春笋"般兴起，形成较为激烈的竞争局面。但本公司本着"服务、创新、求实、奉献"的企业精神，不断完善市场体系和配套设施。公司下属的布吉农产品批发市场成交量、成交额仍然稳步增长，分别达到130万吨和68.6亿元。继续雄居全国农产品批发市场榜首。1996年，布吉农产品批发市场还分别被国内贸易部和农业部设为定点"中心批发市场"。

本公司的主要业务是农产品批发市场及其配套设施的建设、经营和管理，在批发市场体系建设方面，力求"大而专"的发展思路。现在公司下辖的批发市场除蔬菜、水果、粮油批发市场外，还有生猪及海鲜批发市场。

作为深圳及周边地区农产品供应的主要集散地及输港农产品的转口基地，本公司控制着深圳布吉及福田两大农产品批发市场，供应着深圳市蔬菜、水果、粮油消费量的85%、90%和40%。同时还辐射到周边地区。

2．募集资金使用情况说明

1996年12月26日本公司经中国证监会证监发审字[96]398号文批准发行1900万股A股，募股资金于1997年1月6日到达本公司帐户，因而募集资金的运用情况将在1997年年度报告中披露。

四、股本变化及股本结构情况

1．股权结构情况

1996年度公司股份变动情况

填报日期：1996年12月31日　　数量单位：股　面值：每股1元

股份类别	期初数	本次变动增减(+、-) 配股	送股	公积金转股	其他	小计	期末数
一、尚未流通股份							
1.发起人股份	20,460,000		4,089,300			4,089,300	24,549,300
其中：国家拥有股	4,936,800		987,360			987,360	5,924,160
境内法人持有股份	15,523,200		3,104,640			3,104,640	18,627,840
2.内部职工股	5,940,000		1,188,000			1,188,000	7,128,000
尚未流通股合计	26,400,000		5,280,000			5,280,000	31,680,000
二、股份总数	26,400,000		5,280,000			5,280,000	31,680,000

2．股本变动原因：

1996年4月24日，本公司第四次股东大会审议通过1995年度利润分配及分红派息方案：以1995年末总股本2640万股为基数，每10股送红股2股，派红利1.5元；分红送股之后，本公司总股本增至3168万股，股本结构未有变化。

3．主要股东持股情况如下(前十名)：

股东名称	年末持股数(股)	股份增减(股)	持股比例(%)
1)深圳市投资管理公司	5,924,160	987,360	18.7
2)深圳市果菜贸易公司	2,661,120	443,520	8.4
3)深圳市食品总公司	2,661,120	443,520	8.4
4)深圳市水产公司	2,661,120	443,520	8.4
5)深圳社会保险管理局	2,661,120	443,520	8.4
6)深圳农副产品贸易中心	2,661,120	443,520	8.4
7)深圳广深铁路对外服务公司	2,661,120	443,520	8.4
8)深圳财茂实业开发股份有限公司	2,661,120	443,520	8.4
9)廖宗华	87120	21,120	0.275
10)唐学逵	79200	13,200	0.25

4．公司董事、监事及高级管理人员持股情况

(单位：股)

姓名	职务	年初数	年末数
李黑虎	董事	0	0
林家宏	董事长兼总公理	66,000	79,200
吴泽卫	董事、副总经理	46,200	55,440
赵国蓉	董事、财务总监	33,000	39,600
潘广谦	董事	0	0
魏　序	董事	39,600	47,520
陈任潮	董事	39,600	47,520
詹华木	董事	39,600	47,520
杨柏青	董事	0	0
刘焕棠	董事	0	0
田亚东	董事	0	0
陈捷凤	监事	66,000	79,200
庄明杰	监事	33,000	39,600
刘敬之	监事	33,000	39,600
林锡彬	副总经理	33,000	39,600
马　坚	副总经理	19,800	23,760
合　计		448,800	538,560

股份变动原因是1996年4月实施了按每10股送2股的1995年度分红送股方案。

珠海经济特区富华集团股份有限公司

1996年年度报告摘要 （摘选）

一、公司简况

公司名称：珠海经济特区富华集团股份有限公司

法人代表：闫前　　　邮政编码：519070

公司地址：广东省珠海市北岭工业区

电话：(0756)8886218—203 传真：(0756)8888148

二、主要财务数据与财务指标

单位：人民币万元

指标项目	本年数	上年数	比上年增减(%)
1.主营业务收入	9630.87	12858.77	-25.10
2.净利润	465.52	2894.10	-83.92
3.总资产	131486.96	131361.69	0.10
4.股东权益	117157.26	116358.19	0.69
5.每股净资产(元)	3.40	3.37	0.89
6.每股收益(元)	0.014	0.084	-83.33
7.股东权益比率(%)	89.10	88.59	0.58
8.净资产收益率(%)	0.40	2.49	-83.93

三、公司主要业务回顾

1．经营情况

一九九六年是国家"九五"规划的第一年，也是本公司发展关键的一年，在这一年里，珠海市政府制定了"以资产为纽带、优化组合、组建大型企业集团"的工业综合发展战略，同时要求富华参与组建纺织工业大型集团。为配合珠海市政府这一战略构想，本公司提出了"以抓大型项目PTA工程为主导，强化公司内部管理，提高综合经济效益"的发展方针，积极开拓。96年3月，PTA项目经国务院正式批准并进行合同后期谈判；本公司财务结算中心于3月28日正式运作；房地产公司开发的"富华广场"首期26栋商品房主体完工，销售情况较好。

一九九六年，总体形势对本公司主营业务影响仍然较大，针对这一特点，公司仍采用灵活适度的经营政策，以短线见效快的项目为主，同时开展"向管理要效益"活动，并取得一定成效：96年全集团共完成商品房建筑面积87562平方米，生产涤沦长丝2073.06吨，聚脂切片3397.79吨，实现利润总额741.83万元，税后利润465.52万元。

2．主要指标分析

1996年公司主营业务收入9630.87万元，实现净利润465.52万元，较上年减少83.92%，仅完成计划的18.26%，造成差异的主要原因是：

① 下属全资企业富华化纤公司原计划完成2000吨涤纶长丝，3500吨聚脂切片，实现税前利润150万元，但受行业状况影响，任务虽然基本完成，却亏损1332万元，这是九六年计划未能实现的主要原因；

② 下属全资子公司富华进出口贸易公司原计划完成250万元利润，但实际未能实现计划；③重庆富华物业发展有限公司开发的重庆太平门高层住宅计划销售利润200万元，但由于重庆即将成为直辖市，公司将该项目的销售工作搁在97年中旬推出，计划亦未能实现。

3．前次募集资金的使用情况

前次募集资金的时间是一九九三年七月，使用情况在本公司1993年，1994年年度报告中均有详尽阐述。1996年度没有任何形式募集资金行为。

四、股本变化及股本结构情况

1．股本情况

① 股本结构　　　　　股份单位：股

面值：每股壹元

股份类别	年初数	本年增减	期末数	占总股份(%)
(一)尚未流通股份				
(1)发起人股份				
其中：境内法人股	112,723,600	/	112,723,600	32.67
其他：				
(2)募集法人股	36,715,800	/	36,715,800	10.64
	管理人员持股		管理人员持股	
尚未流通股份合计	149,439,400	/	149,439,400	43.31
(二)已流通股份				
A股	195,558,020	/	195,558,020	56.69
已流通股份合计	195,558,020	/	195,558,020	56.69
(三)股份总数	344,997,420	/	344,997,420	100

② 前10名股东情况

序号	股东名称	持股数	占总股本(%)
1	珠海市纺织工业集团公司	78469600	22.75
2	珠海经济特区房地产开发总公司	32054000	9.29
3	珠海市科技奖励基金会	7920000	2.30
4	珠海冠华纺织公司	6468000	1.88
5	中国化纤总公司	4356000	1.26
6	广东省纺织工业总公司	3300000	0.96
7	珠海珠光公司	3300000	0.96
8	珠海经济特区发展公司	3300000	0.96
9	北京华诚财务公司	3300000	0.96
10	广东发展银行珠海分行	2200000	0.64
	前十名最大股东持股合计	144667600	41.94

前10名股东持股数没有变化。

③ 股东数量

截止1996年12月31日登记注册股东总人数为144748，其中法人股东16家，个人股东144732人。

2．公司董事、监事持股情况

姓名	职务	持股数	本年增减
闫前	董事局主席、总裁	28220	15120
颜邦喜	董事局副主席	13100	/
焦兰生	董事局副主席	0	/
吴乾新	董事、常务副总裁	13100	/
郑伟森	董事、副总裁	13100	/
孙伟民	董事、副总裁	21500	8400
邱质彬	董事、副总裁	0	
李际滨	董事、副总裁	8500	/
黄志华	董事	141000	1000
苏海兰	董事	0	/
邵善珏	董事	13100	/
李学文	监事会主席	13180	80
潘甘	监事	13000	/
庄爱娜	监事	13000	/
林建娣	监事	22800	9800
阙光安	监事	13100	/

以上增加部分系二级市场购入。

海南民源现代农业发展股份有限公司

1996年年度报告摘要 （精选）

一、公司简况

公司名称：海南民源现代农业发展股份有限公司

法人代表：马玉和　　邮政编码：570203

公司地址：海南省海口市机场东路龙舌坡办公住宅区

电话：(0898)5358171　　传真：(0898)5353860

二、主要财务数据与财务指标

指标项目	本年数	上年数	比上年增减(%)
1.主营业务收入(元)	16,779,885.78	3,637,800.26	+361.26
2.利润总额(元)	570,931,352.94	672,148.22	+84,841.29
3.净利润(元)	485,291,650.00	375,704.85	+129,068.32
4.总资产(元)	3,090,017,752.06	1,385,797,608.90	+122.98
5.少数股东权益(元)	376,121,000.00		
6.股东权益(万元)	2,256,220,812.56	1,113,599,162.56	+102.61
7.每股收益(元/股)	0.867	0.0009	+962.33
8.每股净资产(元/股)	4.03	2.59	+55.60
9.净资产收益率(%)	21.51	0.034	+631.65
10.股东权益比率(%)	73.02	80.36	-9.13

三、公司主要业务回顾

（一）一年来经营情况

1996年，在国家宏观经济调控取得初步成效的大好形势下，在各级政府的大力支持下，本公司经营取得了良好的经济效益和社会效益，实现利润5.7亿余元，超额9.5倍完成了股东大会确定的全年6,030万元的利润计划。公司通过接管北京凯奇通信总公司，迈入了高科技通信领域并跨进国际化的行列。房地产开发取得丰硕成果，开辟了新的经济增长点，并为今后持续获取利润奠定了基础。现代农业、工业及其他各项事业也有新的发展。

1996年，公司全体员工进一步发扬民源人"视困难为成就"的企业精神，科学决策、科学管理水平有很大提高。广大股东参与本公司发展的意识大大增强，社会各界和公众对公司的发展极为关注和重视。本公司"集思广益、众志成城"，呈现出高速成长的发展势头。

（二）主要经济指标分析

公司1996年主营业务收入为1,677.99万元，比上年同期的363.78万元增加1,314.21万元，增长361.26%；利润总额实现57,093.14万元，比上年末的67.21万元增加57,025.92万元，增长84,841.29%；实现了净利润为48,529.17万元，比上年同期37.57万元增加48,491.59万元，增长129,068.32%。

公司利润总额和净利润分别为上年同期的849倍和1291倍，实现超常突破性增长的原因，主要是公司投资北京的战略决策获得巨大成功，开辟和培育了公司稳定获取高收益的新利润增长点，使公司今后稳健、持续获取高利润有了可靠保证。

四、股本变化及股本结构情况

（一）股本变化及股本结构情况

1．股本结构(截止1996年12月31日)　　数字单位：股

股份类别	期初数	本期送股增加	本期资本公积金转增	期末数	占总股本(%)
(1)尚未流通股份：					
发起人股份	196,020,000	19,602,000	39,204,000	254,826,000	45.54
募集法人股	90,242,100	9,024,210	18,048,420	117,314,730	20.96
尚未流通股	286,262,100	28,626,210	57,252,420	372,140,730	66.51
(2)已流通部分：					
境内上市普通股	144,171,900	14,453,190	28,834,380	187,423,470	33.49
已流通股合计	144,171,900	14,453,190	28,834,380	187,423,470	33.49
(3)股份总数	430,434,000	43,043,400	86,086,800	559,564,200	100.00

2．股本变动情况及原因

1996年6月18日，本公司股东大会批准公司董事会提出的每10股送红股1股和资本公积金每10股转增2股的方案实施，总股本由43,043.4万股增加为55,956.42万股。

3．前10名大股东持股情况

股东名称	年末持股数量(股)	占总股本比例(%)
(1)民源海南公司	217,780,160	38.92
(2)北京市富群新技术开发公司	26,331,939	4.71
(3)美亭管委会	21,649,680	3.87
(4)深圳有色金属财务公司	19,735,040	3.53
(5)中国残疾人福利基金会	8,112,000	1.45
(6)中国科学院	4,164,160	0.74
(7)海南华汇经济发展公司	2,676,960	0.48
(8)国际战略研究基金会	2,224,040	0.39
(9)南方建昊	2,050,000	0.37
(10)海南港澳租赁公司	1,560,000	0.28

4．股东数量

1996年末，本公司有股东49,968户，其中法人股东552户，个人股东49,446户。

（二）公司董事、监事与高级管理人员持股情况

序号	姓名	职务	年初持股数(股)	年末持股数(股)
1	马玉和	董事长兼总经理	0	0
2	田桂昌	董事	0	0
3	张喜群	董事	0	0
4	杨宝华	董事	0	0
5	朱若常	董事	0	0
6	林继军	董事	0	0
7	吴明瑜	董事	0	0
8	迟福林	董事	0	0
9	方成义	董事	0	0
10	鞠　枫	董事	0	0
11	李腾杰	董事	0	0
12	戴品光	监事会召集人	0	0
13	焦树森	监事	0	0
14	张亮辉	监事	0	0
15	陆春仙	监事	0	0
16	张和祥	监事	0	0
17	夏鹏飞	监事	0	0
18	塞　鹏	监事	0	0
合计			0	0

厦门海发投资实业股份有限公司

1996年年度报告摘要 （摘选）

一、公司简况

公司名称：厦门海发投资实业股份有限公司

法人代表：张金龙　　　　邮政编码：361012

公司地址：福建省厦门市东渡路85号

电话：0592－6014284　　　　传真：0592－6014278

二、主要财务数据与财务指标

指标项目	本年数(元)	上年数(元)	比上年增减(%)
1.主营业务收入	8,899,527.03	13,860,113.95	-35.79
2.净利润	287,326.77	6,813,535.91	95.78
3.总资产	170,605,750.54	158,311,240.75	+7.77
4.股东权益	161,870,835.01	126,019,971.49	+28.45
5.每股收益	0.004	0.11	-96.36
6.每股净资产	2.04	2.00	+2.00
7.净资产收益率(%)	0.18%	5.41%	-96.67
8.股东权益比率(%)	94.88%	79.60%	+19.20

三、公司业务回顾

1.一年来经营情况

本报告期是公司第二次创业暨第二个十年奋斗目标极为关键的一年，也是公司在转轨过程中逐步调整、稳步发展的一年。公司董事会能遵循年初所制定的各项业务计划，积极稳妥地开展工作。作为公司主管业务的水产品进出口贸易，由于受公司分管贸易领导的工作失职及国内外水产品市场剧烈变化的影响，致使我公司外贸工作举步维艰；加之，近几年来我国近海水产品资源的严重衰退，使得公司主营业务出现了严重滑坡，出现了一定程度的亏损。公司董事会能针对公司主营业务不景气的现状，适时地进行公司产业结构的调整。针对原来外贸工作存在的遗留问题，大刀阔斧地处理了公司水产品库存，并对历年来的往来帐进行彻底清理，为公司今后进一步发展创造了良好的条件。

本报告期内，公司能加强经营管理，强化公司的规范化建设，投资参股厦门城市合作银行及厦门海发大厦的顺利封顶，标志着公司以金融与房地产为主、多种行业并举结合经营发展方针的初步确立。公司能注重盘活存量资产与优化公司产权结构，进行了有关公司资产重组可行性研究，努力促进公司资产的保值增值，审慎地进行各项投资活动，能充分把握96年中国证券市场大力发展的有利形势，进行了部分证券投资，取得了较为理想的投资效益。

2.前次募集资金的使用情况说明

1996年7月1日－15日，公司94年度法人股转配部分缴款，公司共募得资金约贰仟捌佰万元人民币，公司能严格按配股说明书和股东会的有关决议进行投资使用：

(1)投资贰仟万元人民币参股厦门城市合作银行，成为该行的第二大股东；

(2)其他补充公司流动资金及海发大厦建设资金。

四、股本变化及股本结构情况

1.股本变化及股本结构情况

(1)截止1996年12月31日，公司股本结构如下：

股份单位：股　　　面值：每股壹元

股份类别	期初数	本次变动增减(+、-)	期末数	占总股本(%)
A.尚未流通A股				
a.发起人股份	20,140,000	2,014,000	22,154,000	27.95
b.募集法人股	22,110,000	2,211,000	24,321,000	30.69
c.法人股转配	0	9,949,625	9,949,625	12.55
尚未流通股份合计	42,323,000	14,163,225	56,486,225	71.28
B.已流通股份	20,750,600	2,075,060	22,825,660	28.80
C.股份总数	63,000,600	16,249,685	79,250,285	100

(2)股本变动情况及原因

A.法人股转配股份的增加是由于法人股配股缴款认购所致；

B.公司股份总额的增加系因公司于1996年8月向社会公众股东按10:1的比例送股。

(3)主要股东持股情况

截止1996年12月31日，本公司前十名股东持股情况(单位：股)：

股东名称	年末持股数	年内股份增加数	年末持股数占总股本(%)
1)厦门市鑫旺经济开发公司	22,154,000	2,014,000	27.95%
2)太原兆和投资发展有限公司	6,050,000	550,000	7.63%
3)哈尔滨竞有经济贸易发展公司	5,808,000	528,000	7.33%
4)吉林省九州开发公司	4,840,000	440,000	6.11%
5)晋江市闽南水产开发有限公司	1,410,255	128,205	1.78%
6)深圳市康佳电子(集团)股份有限公司	1,210,000	110,000	1.53%
7)四川金路(集团)股份有限公司	1,210,000	110,000	1.53%
8)深圳市上步实业股份有限公司	1,210,000	110,000	1.53%
9)厦门市思明区海盛贸易公司	930,490	84,590	1.17%
10)厦门证券登记有限公司	605,000	55,000	0.76%
合计	45,427,745	4,129,795	57.32%

(4)截止1996年12月31日，本公司股东人数为15716位。

2.公司董事、监事及高级管理人员持股情况

姓名	职务	年初持股数	年末持股数
张金龙	董事长兼总经理	14,000	15,400
康晓扬	副董事长	0	0
林玫宇	常务执行董事、副总经理 财务总监	10,000	11,000
阮文金	董事、副总经理	10,000	11,000
陈耀钦	董事	10,000	11,000
周政康	董事	0	0
陈上泰	董事	0	0
陈志忠	监事会主席、工会主席	12,000	13,200
刘非	监事	0	0
孙丹华	监事	0	0
欧伟雄	原董事	12,000	0
杨志鑫	原监事	5,000	0
合计		73,000	61,600

注：欧伟雄与杨志鑫因任期已满，股份获准上市流通，而其余持股董事、监事股份的增加系因公司1995年度按10:1送股所致。

成都蜀都大厦股份有限公司

1996 年年度报告摘要 (摘选)

一、公司简况

公司名称:成都蜀都大厦股份有限公司

法人代表:谢道学　　　　邮政编码:610016

公司地址:四川省成都市蜀都大道暑袜北三街 20 号

电话:028—6753888-50301、6757539 传真:028—6741677

二、主要财务数据与财务指标

单位:万元

指标项目	本年数	上年数	比上年增减(%)
1.主营业务收入	14,990.31	18,712.68	-20
2.净利润	713.52	2,628.77	-72.86
3.总资产	105,954.47	96,953.59	+9.28
4.股东权益	51,637.88	56,667.63	+8.77
5.每股收益(元/股)	0.0388	0.186	-79.14
6.每股净资产(元/股)	3.35	4.00	-16.25
7.净资产收益率(%)	1.16	4.64	-75
8.股东权益比率(%)	58.17	58.45	-0.48

三、公司主要业务回顾

1996 年是公司股票上市后的第一年,也是公司面临经营困难的一年。由于公司连续四年没有募集新的股金,原来的募集股金已全部用于蜀都大厦建设,公司的经营、发展几乎全靠负债进行。因国家前几年宏观调控、利息上浮。使公司在生产资料贸易、房地产开发经营、与外资合作经营的娱乐项目等方面的利润均逐步下滑,至一九九六年初已成无利可盈的局面,高负债经营也使公司支付利息的包袱越背越重。在如此经营条件下,公司新一届董事会、经理班子带领全公司员工努力拼搏、刻苦工作,一年中在建立现代企业制度试点、学邯钢降成本、强化内部管理、堵塞费用漏洞、盘活存量搞活资金、发展进出口业务、加大高新技术项目、搞好精神文明建设等方面作了大量的卓有成效的工作,取得了一些成绩。虽然九六年在利润上没有达到预想目标,但为今后公司的发展打下了较好的基础。

2. 主要指标分析

与一九九五年相比,一九九六年公司经济效益下降较多。本年度公司实现净利润 713.52 万元,比一九九五年下降 72.86%。按公司总股本 18385 万股计算,每股税后净利润为 0.0388 元。一九九六年末公司资产总值为 105,954.47 万元,比一九九五年增多 9.28%;主营业收入 14,990.31 万元,比一九九五年下降 3,721.77 万元,而且毛利率低、费用高,实际利润体现较少,每股净资产 3.35 元,比一九九五年末下降 16.25%。

3. 实际经营结果与盈利预测的比较

一九九六年实现税后利润 713.52 万元,比一九九五年(2628.77 万元)下降 1,915.25 万元,降低了 72.86%,其主要下降项目及原因是:

1)公司总部利润下降 1,200.97 万元

主要原因是财务费用和管理费用有较大增加。由于公司已连续四年没有募集新的股金注入,长期靠负债经营,财务成本逐年上升,银行利息挤占利润的比例越来越大,九六年财务费用比九五年上升 1000 多万元,二是由于水电气费涨价,员工工资增加,差旅费涨价、折旧和递延资产摊销增大等因素,公司管理费用九六年比九五年增加 1000 多万元。

2)宾馆利润下降 180.64 万元

主要原因:宾馆全面装修改造,边改造边经营,可供出租客房数减少,影响营业收入。

3)房产公司利润下降 246.76 万元

主要原因:房地产市场仍不景气,存量商品房销售困难,加上公司流动资金不足,新项目未能如期开发。

4)广西南宁公司利润下降 159.07 万元

主要原因:琨旖大厦因土地出让手续推迟办完,未实现预期销售营业房的计划,商品房建设的周期延长、费用增加所致。

5)海口公司利润下降 374.34 万元

主要原因:九六年办理的进出口项目,由于国际行情急剧变化,业务风险加大,故未能成功,使资金呆滞了一段时间,发生费用较大。

6)餐饮娱乐业(蜀都康乐中心、蜀都餐饮有限公司和蜀都六本木夜总会、皇都阁芬兰浴等中外合作企业),受外部环境冲击影响,竞争激烈、客源减少、外方或经营亏损或中止经营责任目标合同,使公司投资收益比九五年有较大幅度下降。

7)由于加大对大厦的改造投入,一方面带来运行成本费增大,另一方面商场经营面积减少,商品销售收入和场租费收入均有减少。

8)主观原因是董事会及经营班子对经济形势研究不够,对解决配股问题的困难认识不足,致使许多项目因资金问题不能实施。在管理上还存在着计划不够周密,降成本不够得力等。

四、股本变化及股本结构情况

1)股本结构情况(截止 1996 年末)

股份单位:万股

股份类别	年初数	占总股本%	本年增减	年末数	占总股本%
一、尚未流通股份					
国家股	3,474.44	24.57	1,042.33	4,516.77	24.57
社会法人持股	7,131.88	50.43	2,139.56	9,271.44	50.43
二、已流通股份					
境内上市人民币普通股	3,536	25	1,068.8	4,596.8	25
三、股份总数	141,422.32	100	4,250.69	18,393.01	100

2)主要股东持股情况

股东名称	96 年末持股数(股)	占总股本(%)
1)成都市国有资产投资经营公司	34,205,086	18.60
2)中国东方电气集团公司	10,151,287	5.52
3)四川省长江集团股份有限公司	7,727,455	4.20
4)西藏自治区人民政府驻蓉办	6,500,000	3.54
5)成都市煤气总公司	4,930,576	2.68
6)成都市信托投资公司	4,275,487	2.33
7)成都市食品公司	3,980,553	2.16
8)成都市汇通城市合作银行	3,873,250	2.11
9)四川天成金银制品金店	2,128,768	1.16
10)阿坝州经济技术协作办公室	2,100,077	1.14

3)股东数量

本报告期末的股东总数为 30858 户,其中国家股东 4 户,社会法人股东 1,375 户,社会公众股东 29479 户。

山东泰山石化股份有限公司

1996年年度报告摘要 （摘选）

一、公司简况

公司名称：山东泰山石化股份有限公司

法人代表：谷焕章　　　　邮政编码：271000

公司地址：山东省泰安市东岳大街104号

电话：0538－8228456－2308　　传真：0538－8225450

二、主要财务数据与财务指标

指标项目	1996年	1995年	比上年增减(%)
1.主营业务收入(万元)	74,230	63,798	16.35
2.净利润(万元)	4,820	4,281	12.59
3.总资产(万元)	103,065	95,037	8.45
4.股东权益(万元)	70,554	64,462	9.45
5.每股收益(元)	0.18	0.17	5.88
6.每股净资产(元)	2.64	2.53	4.35
7.净资产收益率(%)	6.83	6.64	2.86
8.股东权益比率(%)	68.46	67.83	0.93

三、公司业务回顾

1.一年来的经营情况

1996年是我国实施"九五"计划的第一年，国家宏观经济环境进一步好转，公司按照年初制定的"注重三个提高，实现两个转变，确保一个中心"的工作思路，以市场为导向，以经济效益为中心，以思想政治工作为保证，严格上市公司规范化运作，适时调整产业结构，积极开拓市场，把握机遇，科学决策，努力提高经营管理水平，本年度公司完成利润总额6374万元，比上年增长32%，保持了公司稳定健康的发展。

本年度，公司石化产品经营业务共完成购销总量65万吨，销售收入65630万元，实现利润2623万元，业务利润连续四年列山东省石油系统第一名。房地产业务是公司的支柱产业之一，青岛地产项目"滨海花园"E区的两幢32层公寓和F区的三座商住楼已全面竣工，其余各区的地下共用设施部分也已施工完毕，二期工程已全面展开。本年度，青岛"滨海花园"项目呈现出良好的销售势头，该地块作为青岛市行政中心、商贸中心、金融中心的优势已得到各方面的认同，尤其二期工程商用面积部分预售情况十分看好。本年度，青岛泰山房地产开发有限公司共售出及预售楼房总面积5万平方米，实现销售收入8600万元，利润1874万元，使该项目基本实现了自主开发销售滚动进行的良性循环；与中国华能集团浙江公司联合开发的杭州"阳光城"地产项目，已完成包括地下基层，地上6层在内的裙楼建筑面积3.5万平方米，楼房预售工作进展顺利，已预售楼房6000平方米.保证公司各项业务的资金供应，均衡调配资金使用，盘活存量资产，合理有序的配置内部资源是公司资产管理中心的主要工作，本年度资产管理中心共实现资金、房产占用费收入1554万元。

2.主要经济指标分析

截止1996年12月31日，公司年度内共实现主营业务收入74230万元，比去年增长35%，实现净利润4820万元，比去年增长12.59%。利润增加的原因是：青岛地产一期工程竣工后销售情况良好，年内销售收入和利润实现较大幅度的增长；石化产品经营业务因下半年油品供应趋紧，使吨油毛利率提高，同时公司进一步加强了网点建设，在市场竞争日趋激烈的情况下保持了主渠道的作用和地位，强化了公司辖区内的专营权，发挥了公司仓储、资金优势，使油品经营业务利润保持了稳步增长的势头。公司1996年国资收益也较去年有所增加。

四、股本变化及股本结构情况

1.股东情况介绍

①股权结构情况

股份单位：万股　面值：每股1元

	年初数	本年增减	原因	年末数
一.尚未流通股份				
1.国家股	9838.8	491.94	送红股	10330.74
2.高职人员股份	8.422	－3.009	送红股及人员变动	5.413
尚未流通股份	9847.222	488.931	送红股及人员变动	10336153
二.已流通股份				
公众股	15591.578	783.009	送红股及人员变动	16374.587
三.股份总额	25438.8	1271.94	送红股	26710.74

②股本变动的原因

1996年5月29日，经本公司1995年度股东大会批准，对全体股东每10股送0.5股现金0.60元(含税)实施1995年度分红，共计送红股1271.94万股，公司总股份由年初25438.8万股增至年末的26710.74万股。

③前10名最大股东持股情况

股东名称	持股数(万股)	占总股本(%)
山东省国有资产管理局	10330.74	38.68
周炳辉	280.00	1.05
深圳市达江贸易公司	83,5056	0.31
南方证券有限公司番禺公司	56,5703	0.21
吴建滨	56,1061	0.21
陈昭弟	50.40	0.19
岳性香	39.3859	0.15
深圳市雍贺商场有限公司	38.00	0.14
郃三芝	34.98	0.13
夏祖林	32.30	0.12

④截止到1996年12月31日股东总户数：19473户

2.公司董事、监事、高级管理人员持股情况

姓名	职务	年初持股数	年末持股数	变动原因
谷焕章	董事长及总经理	8000	8400	送红股
赵成岩	副董事长	0	0	
	常务副总经理			
朱保胜	董事	7800	8190	送红股
	副总经理			
吴彦明	董事	5100	5355	送红股
	副总经理			
张钦业	董事	6900	7245	送红股
	副总经理			
张新军	董事	0	2100	购后冻结
郭忠文	董事	2000	2100	送红股
李建文	董事	2000	2100	送红股
	董事会秘书			
张志福	董事	0	0	
刘宪宝	监事会主席	13750	14437	送红股
张成林	监事	0	2100	购后冻结
魏百道	监事	0	2100	购后冻结

四川省长江企业(集团)股份有限公司

1996年年度报告摘要 (摘选)

一、公司简况

公司名称:四川省长江企业(集团)股份有限公司

法人代表:郭新荣　　　　邮编:610082

公司地址:四川省成都市府青路一段34号

电话:028—3339888、3333926　　　传真:028—3333896

二、主要财务数据与财务指标

单位:元

指标项目	本年数	上年数	比上年增减(%)
1.主营业务收入	825,839,539.47	1,089,485,717.70	-24.2
2.净利润	39,500,253.65	47,899,199.53	-17.54
3.总资产	864,210,069.90	850,141,223.58	1.65
4.股东权益	381,299,942.11	272,799,688.46	39.77
5.每股收益	0.286	0.69	-58.56
6.每股净资产	2.76	3.95	-30.12
7.净资产收益率(%)	10.36	17.55	-40.96
8.股东权益比率(%)	44.12	32.08	37.53

说明:1996年度每股收益、每股净资产数据系按照送股后的总股本摊薄计算。

三、公司主要业务回顾

1. 一年来公司经营情况

公司是以进出口贸易为主要经营业务的综合性集团公司,业务涉及进口、出口、对外广告、边境贸易、国内贸易、合资合作、租赁、房地产开发、运输旅游等行业。在1996年度工作中,公司坚持以经济效益为中心,以强化管理为手段,振奋精神,开拓进取,在国内同行业出口经营形势异常严峻的情况下,完成主营业务收入82584万元,其中:进口业务收入48729万元,出口业务收入24467万元,其它业务收入9388万元;出口创汇6264万美元,进口到货12061万美元,实现利润总额4610.9万元。公司进出口总额和人均创利仍列全省同行业前列。

2. 主要经营指标分析

1996年公司完成主营业务收入82584万元,比去年同期有所下降,主要原因是去年外贸出口退税政策调整,退税率平均下降8个百分点,致使换汇成本上升,出口工作出现较大幅度滑坡;同时,国内商品价格上调,国际市场回升较缓,贸易保护主义加剧,直接增大了出口经营的难度。出口经营额的下降,直接影响了公司经济效益的增长,加之全年对外投资收益566.3万元,比去年同期减少21.9%,致使公司利润比1995年有所减少。但是,由于公司抓住机遇,加大进口工作力度,做到进口规模和效益一起上,超额完成进口利润计划指标;同时严格内部管理,控制成本费用,从而保证了最大限度地获取经济效益。

四、股本变化及股本结构情况

1. 股本变动情况

截止1996年12月31日,公司股份变动如下表:

单位:万股　　面值:每股1元

股份类别	期初数	本次变动增减(+、-) 配股	送股	公积金转股	其他	小计	期末数
一、尚未流通股份	5100		+5100			+5100	10200
1. 发起人股	2630		+2630			+2630	5260
其中:							
国家拥有股份	2630		+2630			+2630	5260
2. 募集法人股	2470		+2470			+2470	4940
尚未流通股份合计	5100		+5100			+5100	10200
二、已流通股份	1800	+1800	+1800	3600			
1. 境内上市的人民币普通股	1800		+1800			+1800	3600
已流通股份合计	1800		+1800			+1800	3600
三、股份总数	6900		+6900			+6900	13800

上述已流通股份中,含冻结未流通的公司董事、监事及高级管理人员持有股份56000股。

2. 股本变动情况说明

与1995年末公司股本情况比较,1996年末股本总额增加一倍,原因是执行公司1995年度股东大会决议,对1995年度利润进行了每10股送10股红股的分配。

3. 股本结构情况

截止1996年末,公司股本结构情况如下表:

单位:万股　　每股面值:1元

股份类别	96年末数	比例(%)	95年末数	比例(%)
一、尚未流通股份	10200	73.91	5100	73.91
其中:国家持股	5260	38.12	2630	38.12
社会法人持股	4940	35.79	2470	35.79
二、已流通股份	3600	26.09	1800	26.09
A股	3600	26.09	1800	26.09
三、股份合计	13800	100.00	6900	100.00

4. 主要股东持股情况

公司前十大股东持有公司股票8620万股,占总股份的62.46%。具体持股情况如下:

股东名称	持股数(万股)	占总股本比率(%)
1)四川省国有资产管理局	5260	38.12
2)四川富泰房地产开发公司	500	3.62
3)四川省工商银行信托投资公司	500	3.62
4)四川省农村信托投资公司	500	3.62
5)四川省中行信托投资公司	500	3.62
6)海南蜀兴信托投资公司	300	2.17
7)四川省农村信托投资公司阿坝办事处	300	2.17
8)四川省金融市场	300	2.17
9)四川省信托投资公司	260	1.88
10)四川省保险公司	200	1.45

上述股东中,四川省国有资产管理局为代表国家持有股份的股东。

5. 股东数量

至1996年末,公司股东总户数为26062户,其中国家股东1户,社会法人股东40户,社会公众股东26021户。

连云港如意集团股份有限公司

1996年年度报告摘要 （摘选）

一、公司简况

公司名称：连云港如意集团股份有限公司

法人代表：侍守江　　　　邮政编码：222002

公司地址：江苏连云港市新浦丁字路东

电话：0518－5454668－3020　　传真：0518－5456524

二、主要财务数据与财务指标

指 标 项 目	1996年	1995年	比上年增长%	1996年(扣除冻结无效申购资金利息收入)
1.主营业务收入(万元)	14,023	9,724	44.21	14,023
2.净利润(万元)	1,153	699	65.07	1,000
3.总资产(万元)	25,878	17,549	47.46	25,725
4.股东权益(万元)	11,416	6,076	87.89	11,263
5.每股收益(元)	0.23	0.18	27.78	0.20
6.每股净资产(元)	2.28	1.58	44.30	2.25
7.净资产收益率(%)	10.10	11.49	-12.09	8.88
8.股东权益比率(%)	44.12	34.62	27.44	43.78

三、公司业务回顾

1．一年来经营情况

1996年是公司业务量增长、利润增长幅度较大的一年。一年来，公司全体职工在董事会带领下，克服国内蔬菜加工行业无序竞争的困难，公司一方面调整营销策略，建立新的营销体制，改变以往全部依靠出口的销售方式，加大开发国内市场力度，96年度公司实现内销收入3205万元，占销售额的23%，另一方面根据市场需求和产品盈利能力适当调整产品结构由原来的以冷冻产品为主逐渐向保鲜、保质、缺头、脱水调理食品等多元化过渡，实现了主营业务利润增长超出主营业务收入增长的良好态势。

公司将1996年确定为质量管理年，公司始终以客户的要求作依据，并充分满足客户对安全、卫生方面的潜在要求，公司在选择了ISO9002质量保证模式后，组织专门人员编制质量手册，1996年7月公司的控股子公司来福如意食品有限公司通过苏皖评审中心专家评审组正式评审，CCIB－QC于1996年正式颁发"质量体系注册证书"。

2、经营业绩与盈利预测比较　　　　单位：万元

指标项目	96年预测数	96年实际数	增减(%)
主营业务收入	12,253.15	14,023.48	14.45
每股收益	0.19	0.23	21.05

3、募集资金使用情况说明

公司11月份向社会公众发行国内A股1154万股，每股发行价3.88元，扣除发行费用后共募集资金42,121,000.00元。所募集资金已按招股说明书述拟投资味之素如意食品有限公司1053万元，5000吨冷库及其生产线项目仍处于前期准备工作，尚未正式投建，项目资金暂时用于补充流动资金。

四、股本变化及股本结构情况

1．股本变化及股本结构情况

(1)填报日期：1996年12月31日　数量单位：股　每股面值：1元

股 份 结 构	年初数	本年增加	本年减少	年末数
一、尚未流通股份				
1.发起人股份	28,030,000.00			28,030,000.00
2.募集法人持有股份	9,470,000.00			9,470,000.00
3.内部职工股	960,000.00		921,500＊	38,500.00
其中：高管股	38,500.00			38,500.00
尚未流通股份合计	38,460,000.00		921,500	37,538,500.00
二、已流通股份				
1.境内上市人				
民币普通股		12,461,500＊		12,461,500.00
已流通股份合计		12,461,500		12,461,500.00
总计	38,460,000.00	12,461,500	921,500.00	50,000,000.00

＊1996年10月经中国证监会证监发字(1996)282、283号文批准公司向社会公开发行股票1250万股，实际向社会公众公开发行1154万股，公司原有的96万股内部职工股转为社会公众股(其中扣除高管股38,500股，其余921,500股已上市流通)

2．前10名股东持股情况　　　单位：股

股 东 名 称	年末持股数量	占总股本比例%
1)连云港市蔬菜冷藏加工厂	21,660,000.00	43.32
2)连云港市农业开发公司	2,810,000.00	5.62
3)连云港市供电局	2,500,000.00	5.00
4)连云港市兴农农业有限公司	2,842,500.00	4.69
5)连云港市东辛农场	1,500,000.00	3.00
6)东海玻璃厂	1,000,000.00	2.00
7)连云港市自来水公司	1,000,000.00	2.00
8)交通部三航五公司	800,000.00	1.60
9)连云港连发包装工业有限公司	500,000.00	1.00
10)连云港开发区工业发展总公司	500,000.00	1.00

(3)股东数量

报告期末的股东总数：9333户

2．公司董事、监事与高级管理人员持股情况

姓 名	职 务	年初持股数	年末持股数	变动原因
侍守江	董事长兼总经理	5000	5000	
徐亮麟	副董事长	0	0	
张道立	副董事长兼副总经理	4500	4500	
李成甫	董事兼副总经理	3000	3000	
侍学德	董事兼副总经理	4000	4000	
王和平	董事	3500	8500	
王海宁	董事	3000	3000	
陈丽云	董事	5000	5000	
李开涛	董事	0	0	
马德贵	董事	1000	1000	
侍维军	董事	2000	2000	
李 勇	监事长	0	0	
丁行超	监事	4000	4000	
牛运泰	监事	3500	3500	
于振强	监事	0	0	

福建三木集团股份有限公司

1996年年度报告摘要（摘选）

一、公司简况

公司名称：福建三木集团股份有限公司
法人代表：陈隆基　　　　邮政编码：350015
公司地址：福建省福州市马尾区君竹路162号
电话：0591—3341509　　　　传真：0591—3341504

二、主要财务数据与财务指标

单位：元

指标项目	本年数	上年数	比上年增减(%)
1.主营业务收入	211,845,682.67	103,944,273.04	+103.81
2.净利润	24,850,893.21	13,637,850.07	+82.22
3.总资产	401,745,912.64	266,369,592.60	+50.82
4.股东权益	192,863,551.39	94,603,755.94	+103.86
5.每股收益(元/股)	0.38	0.27	+40.74
6.每股净资产(元/股)	2.98	1.89	+57.67
7.净资产收益率(%)	13	14.40	-9.72
8.股东权益比率(%)	48	35.52	+35.14

附注：扣除公司股票冻结无效申购资金利息820,607.99元后，本年度净利润为24,030,285.22元，每股收益为0.37元。

以现有股本11662.2万股摊薄，每股税后利润为0.21元。

三、公司主要业务回顾

1.一年来的经营情况

1996年，是公司由定向募集公司转为公众公司并进一步走向规范、成熟的一年。在这一年里，公司以"服务社会、回报股东"为宗旨，以经济效益为中心，以股票发行、上市为动力，各项业务工作都取得良好的进展，全面完成了1996年度预期的各项经济指标。

1)基础设施建设。完成福州保税区集友银行大厦、生资市场综合楼、福州航空大厦等基础设施项目及配套设施的主体工程建设，完成代建工程量30000多万元，实现业务收入6663.4万元，实现利润1500多万元。此外，公司与利嘉实业(福建)集团有限公司一起承接了福州五四北路延伸段工程及周边1500亩土地开发项目，完成该项目规划方案并积极进行招商引资，寻找合作伙伴工作。

2)房地产开发。1996年公司在福州地区完成房地产开发23000多平方米，实现销售收入1328.3万元；在上海投资的梅陇罗阳一村项目实现销售收入5240万元；全年实现房地产业务权益900多万元。公司商品房租赁收入600万元，实现利润347万元。本年度公司在房地产开发项目中还完成福州红日花园的桩基工程、完成福州宏基大厦与禾辉花园的前期工程以及快安单身公寓的部分工程。

3)对外劳务合作。1996年公司获得对外劳务合作经营权并已开始向境外输出部分劳务人员，此举为公司进一步向多元化、国际化发展奠定了良好的基础。

4)贸易。公司属下控股的贸易公司1996年度进出口贸易总额4000万美元，其中出口创汇3000万美元，实现利润100万元人民币。

1996年公司主营业务收入21,184.57万元，比去年增长103.8%，实现净利润2,485.09万元，比去年增长82.2%，公司总资产40,174.59万元，比去年增长50.82%，股东权益19,286.36万元，比去年增长103.86%。

2.对前次募集资金运用情况的说明

公司于1996年11月成功发行人民币普通股1479万股，每股发行价5.00元，扣除发行费用后实际募集到位资金7010万元。这部分资金使用情况如下：

1)用于福州市五四北路延伸段道路工程及相关市政配套工程项目，前期工程款已投入360万元。

2)期末银行存款3200万元。

3)充实公司营运资金。

至本报告年末，因募集资金使用项目尚未全面动工，项目资金尚未全面发生。因此，募集资金大部分用于充实公司的营运资金。

上述资金使用符合招股说明书概要披露的投资计划。

四、股本变化及股本结构情况

1.股本变化及股本结构情况

1)股本结构情况

股份单位：万股　面值：每股1元

股份类别	期初数	期末数
一、尚未流通股份		
1.发起人股份	1800	1800
其中：国家拥有股份	1800	1800
2.募集法人股	3059	3059
尚未流通股份合计	4859	4859
二、已流通股份		
境内上市的人民币普通股	1620	1620
已流通股份合计	1620	1620
三、股份总数	6479	6479

2)股本结构情况说明

经福建省证券委同意，中国证监会批准，公司向社会公众发行1620万股社会公众股(含141万股占额度上市的内部职工股)。1996年10月30日，公司分别在《中国证券报》、《证券时报》、《上海证券报》、《福建日报》上刊登了《招股说明书概要》和《发行公告》。1996年10月31日至1996年11月13日，公司在政府有关部门指导监督下，采用"全额预缴、比例配售、余款即退"的方式，成功地向社会公众发行了人民币普通股1479万股。

公司发行社会公众股后，向深交所提出了社会公众股在深交所上市交易的申请，经深交所深证发[1996]418号《上市通知书》审查批准，公司于1996年11月19日在《证券时报》上刊登了《股票上市公告书》。1996年11月21日，公司社会公众股在深交所挂牌交易。

自1996年末到本报告公布之日，公司在履行法定程序后，于1997年1月30日利用公司资本公积金转增股本，转增的比例为每10股转增8股，转增后公司的股本为11662.2万股。

3)前十名股东持股情况如下(截止1996年12月31日)：

股东名称	持股数(股)	持股比例(%)
1)福州市经济技术开发区国资局	18,000,000	27.78
2)利嘉实业(福建)集团有限公司	6,648,000	10.26
3)福清市环球百货有限公司	5,841,800	9.02
4)福州大展实业有限公司	5,791,000	8.94
5)福州森森实业有限公司	4,000,000	6.17
6)福州豪福纺织有限公司	1,668,700	2.58
7)福州华升投资开发有限公司	1,500,000	2.32
8)万雄(福州保税区)贸易有限公司	1,330,000	2.05
9)江苏东方证券经济服务公司	1,318,008	2.03
10)武夷山兆祥房地产有限公司	1,000,000	1.54

4)股东数量

截止1996年12月31日，公司股东总数6249名，其中国家股股东1名，法人股股东37名，社会公众股股东6211名。

中国辽宁国际合作(集团)股份有限公司

1996年年度报告摘要（摘选）

一、公司简况

公司名称：中国辽宁国际合作(集团)股份有限公司
法人代表：李　瑞　　　　　　　　邮政编码：110001
公司地址：辽宁省沈阳市和平区南四马路28号
电话：024—3854740、3850976　　传真：024—3862853

二、主要财务数据与财务指标

单位:万元

指　标　项　目	1996年	1995年	上年增减(%)
1.主营业务收入	22,641.20	34,523.73	-34.42
2.主营业务利润	3,469.94	3,579.72	-3.07
3.净利润	3,877.33	2,421.82	60.10
4.总资产	56,527.36	37,437.57	50.99
5.股东权益	30,670.66	11,945.05	156.76
6.每股收益(元)	0.55	0.44	25.00
7.每股净资产(元)	4.38	2.17	101.84
8.净资产收益率(%)	12.64	20.27	-37.64
9.股东权益比率(%)	54.26	31.91	70.04

三、公司主要业务回顾

1. 一年来公司经营情况

1996年公司由定向募集公司转为上市公司，这是公司改革发展史上具有重大意义的一件大事。按照中国证监会对上市公司规范运行的要求，本着对全体股东的高度负责的责任感和使命感，一年来，公司紧紧依靠全体员工的积极努力，牢固树立以经济效益为中心的思想，坚持“深化改革、效益第一、内外结合、多种经营、突出实业、协调发展”的战略方针，大力发展国内高科技工业项目、商业和外汇商品供应，继续抓好工程承包、劳务外派、经济援助、进出口贸易等对外经贸项目，积极开拓国际市场，取得了可喜的成绩。公司在国内外的知名度和综合实力有了明显提高。1996年主营业务收入22641.2万元；实现利税总额4549.5万元，比上年增长26%；实现净利润3877.3万元，比上年增长60.1%；每股净资产4.38元，比上年增长101.8%，实现经营成果与盈利预测无重大差异。

1)转换机制，注入活力。

1996年，公司以股票上市为契机，按照《公司法》的要求，下大力量，完善了股东大会、董事会、监事会和经营班子的职责、议事规则和管理程序。在制度上理顺权力层、决策层、管理层和监督层相互之间的关系，按照国家法律法规和公司章程等有关规定，各司其职、各尽其责，建立起相互制约、高效运畅的公司组织领导体制。本着职责明确、结构合理、人员精干、权责对等的原则，进一步调整和完善了公司内部机构设置。对部门职责不清、关系不顺的进行了适当调整。综合部门进一步压缩了服务人员，调整加强了经营、投标智囊咨询和信息力量。参照国内外大公司的模式，结合自身的特点，向投资中心、利润中心、成本中心、信息中心的管理格局过渡。按照企业自主用工、自主分配、自由择岗的原则，加大了企业内部“三项制度”的改革，在认真总结过去三年经营承包责任制经验和存在不足的基础上，实行了经营目标管理考核制，为企业发展注入了生机和活力。

2)加强管理，提高素质。

坚持从严治企的方针，向国内外一流管理水平公司看齐，在干部、人员、工资、财务、计划、统计、行政后勤等16个方面制定了60多项管理制度，从管理制度上减少和堵死各种跑冒滴漏，去年，仅清欠资金一项收回资金883万元。同时，加强了各类管理人员的业务培训工作，使公司人员整体素质有了明显的提高。

3)加大实业开发力度，培养新的经济增长点。

高科技工业项目是公司实业化的重要标志，是公司发展和效益增长的可靠来源。通过战略大讨论，公司上下取得了共识，在资金、人员、措施上加大了力度，并得到了良好效果。预应力钢棒项目引进的二条生产线已于去年下半年达到了1.8万吨的生产能力。去年已生产3200吨，实现销售收入1478万元。同时与韩国合资了电器套管项目，从合同签订到设备安装调试仅用了四个月，创造出了中辽国际的高速度。另外，通过开展招商引资，全年接触各类项目近百个，与外商洽谈项目70多个。

4)拓宽国外业务，坚持稳步发展。

国外业务按照去年制定的“重点突破，稳步发展”的方针，积极发展国外业务，承包工程在突尼斯、巴基斯坦、马来西亚传统市场进一步巩固，集约化程度有所提高，在科特迪瓦拿到7个项目，合同额2000万美元。孟加拉国项目通过了资审。公司连续两年被美国《工程新闻记录》杂志评选为世界225家最大承包商，去年列137位，获得美方颁发的奖牌。去年，公司劳务外派人数保持了一定规模，自营比重和劳务人员的素质有所提高。突出标志是以投标方式取得向韩国派往渔工的劳务合作项目，仅第一批就派出渔工100人。经援方面援建秘鲁水泥厂项目正在收尾，不久可建成移交。援蒙古的瓦楞纸板厂和杏仁露厂项目进展顺利。同时，又争取到了援佛得角陶器技术培训项目。

5)规范运作，加强自律。

按照《公司法》的规定和国家证监会“法制、监管、自律、规范”八字方针的要求，在机构、制度、人员管理等方面制定了公司信息披露的有关规定。在募集资金的投向方面，建立了严格的约束机制；在股东会、董事会议事规则和股票交易方面，明确了严格的规范要求。

6)募集资金使用情况

经中国证监会批准，公司于1996年度内发行了1500万A股，募集资金1.23亿元，按照招股说明书所述：1. 用于预应力钢棒一、二、三期工程6140万元；2. 用于补充辽宁外汇商品大楼流动资金4000万元，该项目已于去年11月末建成投入运营；3. 用于增加对外经贸项目营运资金2055万元。

四、股本变化及股本结构情况

1. 截止1996年12月31日，公司股本结构如下：

（单位：万股　面值：每股1元）

股份类别	股数	占总股本(%)
发起人股		
(国家股)	3000	42.86
流通股	2000	28.57
内部职工股	2000	28.57
总股份	7000	100

2. 截止1996年12月31日，本公司股东总数为19028名，前十名股东持股情况如下：

股东名称	年末持有股数(万股)	占总股本(%)
1)辽宁省国资局	3000	42.86
2)吕艺环	30.59	0.44
3)吕红飞	28.00	0.40
4)王明金	20.00	0.29
5)王长君	18.25	0.26
6)谭文兵	16.00	0.23
7)徐正良	13.23	0.19
8)杨立中	12.16	0.17
9)于万源	12.00	0.17
10)高　兴	10.80	0.15

广西梧州市康达(集团)股份有限公司

1996年年度报告摘要　(摘选)

一、公司简况

公司名称:梧州市康达(集团)股份有限公司
法人代表:金路达　　　　　　　邮政编码:543000
公司地址:广西梧州市北环路12号
电话:0774—2831582　　　　　传真:0774—2826202

二、主要财务数据与财务指标

单位:万元

指　标　项　目	1996年	1995年	比上年增减(%)
1.主营业务收入	23114.99	21206.83	9.00
2.利润总额	2083.78	1283.14	62.4
3.净利润	1364.30	1093.59	24.75
(扣除新股申购利息后净利润)	1245.08		
4.总资产	28301.56	14112.40	100.54
5.股东权益	15330.13	7915.86	93.66
6.每股收益(元)	0.19	0.19	0
7.每股净资产(元)	2.15	1.39	54.68
8.净资产收益率(%)	8.90	13.82	-35.6
9.股东权益比率(%)	54.17	56	-3.57

三、公司主要业务回顾

1.一年来公司经营情况

1996年康达(集团)股份有限公司全体员工在公司董事会的领导下,坚持以提高经济效益为中心,抓紧了企业的内部管理和产业结构的调整,在克服各种困难,努力开展进出口贸易的同时,加快了向"以高科技工业为龙头、贸易与实业相结合"的经营方向转移,并在人、财、物等方面增大了高科技实业项目的投入,有效地促进了三条钢带制品有限公司等主要投资项目按时进入回报期,使集团公司的各项主要的业务都取得了比较好的成绩。集团公司全年销售总收入23115万元,较上年增长了9%;全年利润总额2084万元,较上年增长了62.4%,全年税后净利润1364.3万元,较上年增长了24.75%。另外集团公司在12月16日,在深圳证交所公布上市,发行社会公众股2000万股,增加股本14,285,000元、资本公积金46,214,736.05元。

2.公司财务状况说明

1996年末集团公司总资产为28302万元,比上年末14112万元增加14190万元,长期负债年末数为300万元,比上年末0.30万元增加299.7万元,股东权益15330.73万元,比上年末7915.86万元增加7414.27万元。

年度内总资产增加的原因是:1)公开发行新股1428.5万股,实际募集资金6049.97万元;相应增加总资产6049.97万元;2)本年经营运作获税后净利润增加资产1364.3万元;3)合并梧州三条钢带公司报表,增加资产6775.73万元。

本年长期负债增加299.7万元,是梧州三条钢带制品有限公司向梧州银星工贸公司借入长期借款300万元,另外北山饭店减少长期应付款0.30万元所致。

股东权益本年度增加7414.27万元,包括:1)公开发行新股增加股本1428.5万元,增加资本公积金4621.47万元;2)本年度利润增加1364.3万元。

3.对实际经营结果与盈利预测的差异的说明

本公司1996年实现利润总额2084万元,低于预测利润总额2448万元的14.87%,原因主要是:

1)历年的应收出口退税款未能及时全部收回,因此多支付银行利息80万元。

2)梧州市地方财政困难,按政策规定由地方财政负责20%的出口退税款,市政府已下文由企业自行消化,因此少收出口退税款230万元。

3)电池出口销售因非洲战乱而影响销售,战乱平息后因多头倾销导致售价下跌,减少销售收入80万元。

4)松香出口销售1996年7月份玉林、南宁等地区松树发生虫灾,松香减产价扬,公司为保信誉,对7月份的以前签订的合同仍按原定价格对外成交,减少销售毛利120万元。

5)康达房地产公司由于梧州市房地产市场景气度回升较慢,而减少了对"好运花园"宅地开发的投入,在征地款尚未交清之前,未能取得土地使用证,按规定未能反映实际销售收入,而反映亏损33万元。

6)珠海绿世纪保健品公司因同行竞争激烈,本身营销策略不当,亏损了68万元。

4.公司长期投资情况说明

本年末长期投资总额为2710.64万元,比年初4609.08万元减少了1898.44万元,主要原因是:1)梧州三条钢带公司报表1996年度合并进入集团公司报表,在并表过程中集团公司对梧州三条钢带公司的投资与梧州三条钢带公司报表中的股本对冲,从而在合并后的报表中减少长期投资2822.62万元;2)本年度开始对广西田东润滑油品有限责任公司进行投资,1996年度实际投资额为894万元,占集团公司应出资额1000万元的89.4%,集团公司出资占该公司注册资本的19%,该公司主要生产石油化工系列产品。目前该项目已完成工程投资54,162,500元,现已陆续进入试车阶段。3)本年度对深圳海龙玩具塑料公司制衣车间投资101,775元,占该项目出资额的50%,该制衣车间主要生产玩具衣服,本年度营业收入1,003,200元,营业利润200,685元,我方占50%的比例。4)筹建康达集团公司期货部投资20万元。

5.对募集资金的运用情况的说明

本公司经国家证监会证监发字[1996]352号文批准,于1996年12月3日在深交所发行新股1428.5万A股,每股发行价4.68元(另外内部职工股571.5万股经批准占用公发股票额度一起挂牌上市),发行总市值6685.38万元,扣除发行费用636.51万元后,实际募集资金6048.87万元。此项募股资金于1996年12月16日到位,截至1996年12月31日止,其中3340.87万元用于增加对梧州三条钢带公司的投资,1000万元用于归还原对梧州三条钢带公司的投资借款,894万元用于归还先期投入田东润滑油品有限责任公司的银行贷款,投入北山饭店200万元更新改造客户,614万元用于补充流动资金。

四、股本变化及股本结构情况

1.股本结构情况

1996年12月31日,本公司股本结构如下:

数量单位:股　　　每股面值:1元

项　　目	期初数	本次变动增减(+、-) 配股	送股	公积金转股	其他	小计	期末数	占总股本%
一、尚未流通股份								
1.发起人股份								
其中:国家拥有股份	15,000,000						15,000,000	21
境内法人持有股份								
外资法人持有股份								
其他								
2.募集法人股	30,710,000						30,710,000	43
3.内部职工股	11,430,000				-5,715,000	-5,715,000	5,715,00	8
4.优先股或其他								
尚未流通股合计	57,140,000				-5,715,000	-5,715,000	51,425,000	72
二、已流通股份								
1.境内上市的人民币普通股					20,000,000	20,000,000	20,000,000	28
2.境内上市的外资股								
3.境外上市的外资股								
已流通股份合计					20,000,000	20,000,000	20,000,000	28
三、股份总数	57,140,000				14,285,000	14,285,000	71,425,000	100

2.股本变动情况及原因

1992年12月至1993年1月,本公司在定向募集发行期梧州市对外经贸公司以经评估的净资产15,068,614.59元折成发起人股份15,000,000股;中国银行南宁信托咨询公司以人民币500万元认购本公司发起人股份500万股;梧州电池厂以人民币518,000元认购发起人股份518,000股,本公司同时按每股壹元面值发行了社会法人股2519.2万股和内部职工股1143万股。

1996年12月3日在深交所上网公发1428.5万股,此次公发后使公司股本增加了1428.5万股,总股本达7142.5万股。

3.主要前十名股东持股情况如下(截止1996年12月31日):

股　东　名　称	持股数(股)	占总股本(%)
1)梧州市对外经济贸易公司	15,000,000	21.01
2)杭州天安置业有限公司	10,023,700	14.04
3)宁波天翔实业有限公司	8,623,000	12.08
4)海口八达进出口公司	5,194,300	7.28
5)中国银行南宁信托咨询公司	5,000,000	7
6)中国人寿保险公司梧州分公司	660,000	0.93
7)梧州电池厂	518,000	0.73
8)梧州市土地技术咨询服务部	300,000	0.42
9)深圳桂兴发展贸易公司	231,000	0.33
10)钟加华	220,000	0.31

＊截止1996年12月31日本公司股东总户数11750户。

昆明五华实业(集团)股份有限公司

1996年年度报告摘要　(摘选)

一、公司简况

公司名称:昆明五华实业(集团)股份有限公司
法人代表:江维新　　　　　邮政编码:650031
公司地址:中国云南昆明市东风西路11号
电话:0871—3610134　　　　传真:0871—3135615

二、主要财务数据与财务指标

单位:万元

指　标　项　目	本年数	上年数	比上年增减(%)
1.主营业务收入	27,821.67	21,088.65	31.93
2.净利润	5,841.95	3,908.74	49.46
3.总资产	48,891.38	52,264.70	-6.45
4.股东权益	39,726.28	34,354.42	15.64
5.每股收益(元)	0.67	0.45	48.89
6.每股净资产(元)	4.54	3.93	15.52
7.净资产收益率(%)	14.71	11.38	29.26
8.股东权益比率(%)	81.25	65.73	23.61

三、公司主要业务回顾

1.一年来公司经营情况

1996年,是公司发展史上具有重大转折意义的一年。围绕中央提出的建立和完善社会主义市场经济体制,实现两个根本性转变的总体要求,公司遵循"巩固、发展、提高"的方针,继续构建和完善现代企业制度,调整投资结构,盘活存量资产,壮大经营规模,经营方针和经营策略进一步明确。涵盖商贸、娱乐、房地产开发、市场创办和管理等四个行业的主营业务得以确立,综合类公司的内聚力有效增强。从而,在激烈的市场竞争中继续保持着快速高效、可持续的发展,取得了优秀的业绩。全年实现主营业务收入2.78亿元,实现净利润0.58亿元,分别比上年增长32%和49%。与公司股票上市公告书盈利预测比较,分别完成预测数的82.53%和124.27%。以量的增长为基础,随着公司公众股票的成功上市和主营业务的重新定位,企业在质的方面也有重大突破,为今后的发展开辟了更为广阔的空间,提供了更强劲的发展后劲和内在动力。一年来的主要工作是:

1)以股票上市为契机,继续构建和完善现代企业制度。根据《公司法》的有关要求修改了公司章程,完善了规范化运作机制和产权约束机制,正确认识和处理好董事会、监事会和经理班子之间的关系,按照国家规范完成了股份制改造,成为国内上市公司。使公司以崭新的面貌,在更高的起点上迈入了新的发展时期。

2)在建立现代企业制度的过程中,进行合理的资产组合,集中精力加强主营业务管理。对比较熟悉,又具备了一定基础的行业实行倾斜,以壮大主营业务经营规模。

(1)商贸业。公司的全资子公司五华商业大厦继续保持良好发展势头,1996年底在全国重点百货商店经营状况排行中利润总额列第47位,销售收入净额列75位,综合经营指标名列本地区同行业前列。同时,完成了建筑面积3.8万平方米的五华商厦二期工程的前期准备工作,该项目1997年内可以全面启动。

(2)娱乐业。新建的成都乐天实业有限公司和云南东方康乐有限公司已顺利完工,并于12月中下旬分别投入试营业,1997年初将进入正式营业。

(3)房地产业。建筑面积3万多平方米的昆明华一广场及合作开发的5.2万平方米的深圳华佳广场均已封顶,将于1997年内竣工。现正组织销售。

(4)市场创办和管理。新创办的成都大发电器有限公司已收回全部投资,并可继续保持稳定、高额回报。1997年将以该公司利润在南宁再创办一个同类型市场,现正进行项目论证和选点工作,预计当年创办当年投入营业。建筑面积5.6万平方米,位于石家庄市大型商贸区内的石家庄新华商业广场已完成工程进度的50%,商场部分预计1997年6月投入使用,已开始招商招租工作。

通过上述工作,进一步理顺了主营业务,强化了集约经营,公司涵盖商贸、娱乐、房地产开发、市场创办和管理等四个行业的主营业务得以确立,并具备了相应的规模。其效益将从1997年开始逐步显现。

3)以"企业发展至上,股东利益至上"为核心,加强员工的教育培训,开展形象工程,大力发展企业文化,提高企业整体素质,塑造和保持了上市公司的良好形象。

四、股本变化及股本结构情况

1.股本变化及股本结构情况

1)公司股本总额8751万股,其中国家股6480万股,社会公众股2271万股。1996年12月5日社会公众股股票2271万股在深圳证券交易所上市交易。

股本结构情况如下:(股份单位:万股　每股面值:1元)

项　目	期初数	本年增减	期末数	占总股本%
1)、尚未流通股份				
国家拥有股份	6480	0	6480	74.05
尚未流通股份合计	6480	0	6480	74.05
2)、已流通股份				
境内上市的人民币普通股	2271	0	2271	25.95
已流通股份合计	2271	0	2271	25.95
3)、股份总数	8751	0	8751	100

注:已流通股份中包含被锁定的董事、监事和高级管理人员的73300股。

2)据深圳证券登记有限公司提供的最新资料表明,股东总户数3401户。主要股东持股情况如下:

股　东　名　称	持有股数(股)	占总股本(%)	备注
1)昆明市五华区国有资产管理局	64,800,000	74.05	国有股
2)金北圣投资公司	1,132,861	1.29	
3)马耀洲	678,000	0.77	
4)深圳华宝香精工业有限公司	615,541	0.70	
5)胡文燕	577,500	0.66	
6)刘社成	529,426	0.60	
7)吴少玲	494,900	0.57	
8)黄　华	450,000	0.51	
9)胡忠学	450,000	0.51	
10)邹连花	450,000	0.51	

武汉石油(集团)股份有限公司

1996年年度报告摘要（摘选）

一、公司简况

公司名称：武汉石油(集团)股份有限公司

法人代表：戢治成　　邮政编码：430022

公司地址：湖北省武汉市万松小区18号楼

电话：027—5796197　　传真：027—5792060

二、主要财务数据与财务指标

指标项目	1996年	比上年增减%	1995年	1994年
主营业务收入(万元)	71413.89	+11.82	63863.60	97001.95
净利润(万元)	2341.97	+129.54	1020.31	2041.06
总资产(万元)	29226.33	+9.15	26773.86	23642.79
股东权益(万元)	12196.87	+23.76	9854.90	8834.59
每股收益(元)	0.41	+127.78	0.18	0.36
每股净资产(元)	2.14	+23.70	1.73	1.55
净资产收益率(%)	19.2	+85.51	10.35	23.10
股东权益比率(%)	41.73	+12.78	37	37.37

三、公司主要业务回顾

(一)一年来经营情况

1996年是公司实施"九五"战略发展计划的第一年，国家宏观经济环境继续得以改善，成品油市场价格由低向高呈现较大幅度回升。对公司来说，也是经历市场调整冲击，同时又孕育着市场发展机遇的一年。全年实现主营业务收入71413.89万元，比上年增加11.82%；净利润2341.97万元，比上年增加129.54%，取得了令人鼓舞的经济效益。

公司致力于规范股份制运作，拓展经营规模和多元化经营，不断提高管理水平和销售服务水平，全年工作取得了一定成绩。

1．拓展经营规模，扩大市场占有率，经济效益大幅回升。

1) 合理调整库存，降低经营成本，稳住了主业经营。公司坚持一手抓市场，一手抓资源，发挥储运优势，合理安排库存，实行运销一体化，优化运转方式，有效降低了经营成本，提高了市场竞争力。

2) 调整经营策略，加大油站建设投入，带动了主业发展。为迅速拓展经营规模，提高市场占有率，全年实际投入油站建设资金600万元，购建加油站2座改造旧站3座，实现当年投资，当年创效，通过完善服务措施，美化购物环境，让利促销，使全年成品油销售量比去年增加23.78%。

3) 实施多元经营战略，优化投资组合，提高了资本营运水平。武汉石油大厦服务有限公司经营步入成熟发展时期，成为公司稳步发展的效益增长点，公司房地产业坚持自有土地开发为主，投资开发与盘活存量资产相结合的方针，投资收益比上年增加551万元。

2．深化内部改革，完善内控措施，提高了管理水平。通过年薪制和"抓大放小"改革试点，进一步完善了经营责任制，促进了资产增值和效益增长目标的实现，通过实行"费用双向控制""分配双挂钩"，进一步健全了内控制度，降低了费用水平；通过强化"谁主管，谁负责"的安全生产责任制，实现了安全生产目标。

3．重点项目建设速度加快。阳逻油库建设工程已完成总进度的95%；完成购建和改造加油站5座，新开工旧站改造工程5个，达成新建站意向6个；公司业务信息网络工程经6个月试行全部通过验收；IC卡加油已投入试营运。

(二)关于经营成果与预测差异的说明

1996年，公司实现主营业务收入71413.89万元，净利润2341.97万元，每股税后利润0.41元，分别比目标计划增长1.73%、28.86%、28.13%。影响实际经营成果较预测有较大差异的原因主要有：

1．主营业务利润增加。公司通过改善经营方式和拓展经营规模，市场占有率提高成品油销售量大幅度上升，加之市场较预期有较大回升，主营业务利润增加603万元。

2．销售成本下降。公司通过合理组织资源配置，发挥水运优势，实行运销一体化，销售成本明显下降，在销售增加23.78%的同时，费用下降了4.6%。

四、股本变化及股本结构情况

(一)公司股本变化与结构情况

1．公司股本结构：

数量单位:股　每股面值:1元

	期初数	本次变动数	期末数
(1)尚未流通股份			
其中:国家拥有股份	3900万	—	3900万
境内法人拥有股份	373万	—	373万
尚未流通股份合计	4273万	—	4273万
(2)已流通股份			
境内上市人民币普通股	1427万		1427万
(3)股份总数	5700万		5700万

2．公司本年度股本结构未作变动。

3．持有本公司股份前十名股东情况：

股东名称	持股数(万股)	占总股本比例(%)
(1)武汉国有资产经营公司	3900	68.42
(2)江汉石油管理局	80	1.40
(3)武汉石油化工厂	80	1.40
(4)武汉市信托投资公司	80	1.40
(5)交通银行武汉市分行	50	0.88
(6)管传华	42.96	0.75
(7)王素英	28.2	0.494
(8)李　丽	28	0.49
(9)张贤芳	27.9	0.48
(10)贺诗芳	26.42	0.46

4．截止1996年底，公司股东总数为11479户，其中国家股股东1户，法人股股东11户，社会公众股股东11467户。

5．子公司及关联企业

企业名称	主营业务	注册资金	本公司拥有权益%
销售公司	石油制品及副产品	1200	100
汉口公司	石油制品及副产品	121.1	100
武昌公司	石油制品及副产品	157.5	100
运输公司	成品油水陆运输	241.8	100
开发总公司	成品油、原油	1800	100
深圳江城公司	综合贸易	100	100
武汉石油大厦服务有限公司	餐饮、娱乐、酒店管理、出租车服务	3500	70

汕头宏业(集团)股份有限公司

1996年年度报告摘要 (摘选)

一、公司简况

公司名称:汕头宏业(集团)股份有限公司

法人代表:蔡承通　　邮政编码:515041

公司地址:汕头市天山路宏业大厦

电话:0754—8896924、8885313 传真:0754—8897377

二、主要财务数据与财务指标

单位:万元

指标项目	本年数	上年数	比上年增减(%)
1.主营业务收入	7206	6076	18.60
2.净利润	1678	1622	3.45
3.总资产	29127	16991	71.4
4.股东权益	22416	11982	87.08
5.每股收益(元/股)	0.31	0.41	-24.39
6.每股净资产(元/股)	4.19	3.00	39.67
7.净资产收益率(%)	7.49	13.54	-44.68
8.股东权益比率(%)	76.96	70.52	9.13

三、公司主要业务回顾

1.一年来公司经营情况

1996年是公司实施二次创业计划的第一年。规范、发展是公司的两大主题。公司经营领导班子严格按照股东大会、董事会决议精神,继续坚持"一业为主,多元经营,综合发展"的方针,始终坚定"发展才是硬道理"这一信念,领导全体员工克服困难,励精图治,取得了令人鼓舞的成绩。在这一年中,公司通过企业兼并和资本重组,优化了集团产业结构和股权结构;通过深层次的管理机制和运行机制的改革,规范了股份制企业行为,提高了企业素质和管理水平;通过对市场的大力拓展,壮大了企业实力和产业种类。从而促使了经济效益的稳步增长,股票上市圆满成功,顺利实现了公司由定向募集到上市公司的重大转变;新的高科技工业生产项目不断增加,企业规模进一步扩大,市场占有率逐步增长,工贸进出口、电脑软件、商业饮食服务以及房地产开发等已在粤东地区同行业中占据一席之地;企业的社会知名度越来越高,对此董事会对经营班子96年的工作成绩给予了充分肯定。1996年全集团完成主营业务收入7206万元,实现利润总额2096万元,税后利润1678万元,分别比上一年增长18.6%、5.7%和3.45%。在严峻的经济环境面前做到了经营业绩的稳步增长及企业综合实力的迅速增强,在转变经营机制及强化资本管理方面也取得了很大成效,基本上实现了年初的预定目标,这其中的主要因素是:

1).紧紧围绕股票上市工作,严格按照《公司法》、《公司章程》的基本要求,彻底完善公司法人治理机构,抓好资本运营工作,建立健全各项规章制度,规范企业行为,从根本上实现了企业经营机制的转变。

2).坚持走"一业为主、多元经营、综合发展"的路子,适时调整了产业结构和发展战略,不断形成了企业新的发展优势和经济增长点;继续走内涵发展,优化产业结构的路子,不断地推动了企业上规模、上等级、创效益。96年,我们投资完善了金刚石生产配套项目,完善了建材项目的生产以及建材产品的开发和技术服务工作,同时还开始筹备上马金刚石膜及其制品项目、混凝土搅拌站项目以及粤东超硬材料综合市场项目,为企业提供了新的发展空间。

3).强化投资管理,规范资本运营,加强对各投资项目的监管,成立了相应的决策论证小组,形成了定期的监控制度,确保了项目的投资效益。同时强化了财务监督功能,在财务上实行了统一管理,分级核算。对下属子公司、各部门的有关资金投向,具体运作情况等进行定期检查,有效地调控了资金流向,减少了一些不必要的浪费。

4).在劳动人事方面实行全员合同聘任制,引入了竞争机制、激励机制和自我约束机制,引进了大批经营管理技术人才。另外,做到了责、权、利相结合,以岗定职,择优上岗,形成了优胜劣汰的用人机制,使企业的人才能量得到了充分的发挥。

2.前次募集资金的使用情况说明

公司前次募集资金为公司设立时募集的资金,共计1亿元人民币。

1)投资1000万元在汕头高新技术产业开发区内设立金刚石生产企业,生产人造金刚石系列产品,目前已具备年产260万克拉的生产能力,年创利556万元。

2)投资800万元收购汕头市工程技术开发服务公司。

3)投资2400万元购入位于汕头市天山路的中贸大楼北座1-7层做为公司办公场地和进行物业出租。该项目投入使用至今,已为公司创造了约500万元的纯租金收入。

4)投资3000万元参与汕头市危房改造配套项目——"龙泉小区"的开发,共开发土地380亩,建筑面积19万平方米,目前已收回全部投资,并实现利润1200万元。

5)投资250万元开展综合贸易,扩大其它行业的发展。

四、股本变化及股本结构情况

1.股本结构

截止1996年12月31日,公司总股本为5350万股,均为人民币普通股,其股权结构如下:

股份单位:万股　面值:每股1元

股份类别	股份期初数	所占比例%	股份期末数	所占比例%
一、尚未流通股份				
1.募集法人股	3000	75	3000	56.08
2.内部职工股	1000	25	1000	18.69
尚未流通股份合计	4000	100	4000	74.77
二、已流通股份				
1.社会公众股	0	0	1350	25.23
已流通股合计	0	0	1350	25.23
三、股份总数合计:	4000	100	5350	100

2.股本情况说明

1)公司于1996年12月25日、26日发行社会公众股1350万股。

2)公司股票于1996年12月31日在深圳证券交易所挂牌上市,本公司内部职工股不占本次新股上市额度,根据国家有关规定,本公司内部职工股在本次新股发行之日起,期满三年后方可上市交易。

3.主要股东持股情况如下:

股东名称	年初持股数(万股)	占总股本(%)	年末持股数(万股)
1)汕头市建安(集团)公司	1310	24.49	1310
2)中国银行汕头信托咨询公司	500	9.35	500
3)中国建设银行汕头市信托投资公司	500	9.35	500
4)中国农业银行汕头市信托投资公司	250	4.67	250
5)深圳市城市建设开发(集团)公司	240	4.49	240
6)汕头市中国旅行社	200	3.74	200
7)顾振光	18.268	0.34	18.268
8)陈丽华	12.616	0.24	12.616
9)黄宏	12	0.22	12
10)黄钦亮	12	0.22	12

4.股东数量

截止1996年12月31日,公司股本总额为5350万股,其中法人股3000万股,内部职工股1000万股,社会公众股1350万股。

广东宝丽华实业股份有限公司

1996年年度报告摘要 （摘选）

一、公司简况

公司名称：广东宝丽华实业股份有限公司
法人代表：叶华能　　　　邮政编码：514087
公司地址：广东省梅州市梅县华侨城香港花园宝丽华综合大楼
电话：0753—2511298　　　　传真：0753—2511398

二、主要财务数据与财务指标

单位：万元

指标项目	1996年	1995年	比上年增减(%)
1.主营业务收入	9,008.60	4,912,74	83.37
2.净利润	2,635.31	1,015.46	159.52
3.总资产	21,307.10	10,271.05	107.45
4.股东权益	10,651.95	3,375.39	215.57
5.每股收益(元)	0.703	—	—
6.每股净资产(元)	2.84	—	—
7.净资产收益率(%)	24.74	—	—
8.股东权益比率(%)	49.99	—	—

注：1996年股本按上市前总股本3750万股计算，按公司1997年初发行上市后5,000万股全面摊薄计算，每股收益为0.527元。

三、公司主要业务回顾

1．一年来公司经营情况

1996年是公司重组改制、筹备成立股份公司的第一年，公司充分发挥决策、管理层的整体优势，紧紧依靠党的政策，广大员工以开拓经营、转换机制、强化管理为业务工作的重点，扎扎实实地开展各项工作。

1)聘请香港有经验企业家进行有效的生产管理，并根据市场的需求变化，聘请香港、上海的名师不断设计新颖服装款式；

2)加强营销管理，一直采取品牌营销战略；

3)在全国主要大中城市的大中商场或商店设立销售专柜来销售服装，使销售市场迅速扩大，市场占有份额稳步提高；

4)梅县宝丽华公路工程公司施工技术力量雄厚、施工设备多，施工能力强，承建的工程质量良好。

公司在筹备期间1996年的主营业务收入9,008.59万元，比上年增长83.37%；净利润2,635.31万元，比上年增长159.5%；每股盈利0.703元，1996年实际经营成果与公司1997年1月2日在《中国证券报》刊登的《招股说明书概要》披露的盈利预测无重大差异。

本公司以1997年1月7日至9日成功地向社会公开发行人民币普通股1250万股(含公司职工股125万股)，按每股7.08元发行。募集资金8850万元，扣除发行费用，可运用资金为8287.5万元，本公司筹委会经过认真论证，向如下四个方面投入：

(1)梅州大堤(西堤)梅州大桥至嘉应大桥段改造开发项目一期工程，投入2494万元；

(2)梅州大堤(西堤)梅州大桥至嘉应大桥段改造开发项目二期工程，投入2294万元；

(3)年产衬衫由43万件(双班)扩至93万件(双班)生产线技术改造项目，投入1900万元；

(4)剩余1599.5万元，用于补充流动资金。

募集资金具体运用的项目介绍：

1．一期工程计划1996年底动工，1997年底完成。一期工程完工后可新增土地(旧堤与新提之间的沙滩地)43亩(28668.1平方米)，根据政府的规定和国家产业政策的要求，本公司完成三通一平等基础设施工程后，可按每平方米1200元的价格将新增土地有偿让与有经营权的市政工程公司。由其结合新县城城市建设总体规划和布局进行市政建设(根据新县城的整体规划，作为整体规划的组成部分，旧堤与新堤间的新增土地将用于道路建设、绿化、社区服务和小区建设，下同)。本公司所得收入作为当地政府对本公司承建河堤改造工程的补偿。预计1997年可增加销售收入3440.17万元，可实现税后利润804.24万元。

2．二期工程计划1997年7月动工，1998年6月底完成。二期工程可新增土地(旧堤与新堤之间的沙滩地)37亩(24667.9平方米)，根据政府的规定和国家产业政策的要求，本公司在完成三通一平等基础设施工程后，可按每平方米1320元的价格将新增土地有偿让与有经营权的市政工程公司，由其结合新县城城市建设总体规划和布局进行市政建设，本公司所得收入作为政府对本公司承建河堤改造工程的补偿，预计1998年可增加销售收入3256.16万元，实现税后利润817.84万元。

3．年产衬衫由43万件(双班)扩至1993万件(双班)生产线技术改造项目。本项目计划1996年底动工兴建，预计1997年底建成投产，届时本公司的衬衫生产能力将由目前的43万件(双班)扩大至93万件(双班)，年增销售收入5750万元，年销售成本4114.7万元，每年可增加税后利润896.54万元。

4．剩余1599.5万元，补充本公司流动资金。

四、股本变化及股本结构情况

1.1996年度公司筹备期间股份情况

单位：万股

股份类别	期初数	年末数
发起人股份		
其中：广东宝丽华集团公司	0	3590
梅县金穗实业发展有限公司	0	40
梅县东风企业集团公司	0	40
梅州市对外加工装配服务公司	0	40
梅州市广基机械土石方工程公司	0	40
合　计	0	3750

注：本表为北京兴华会计师事务所(96)京会兴字第356号验资报告股本数3750万股。

2．公司1997年1月份发行1250万股新股前后的股本情况

单位：万股

项　目	发行前	发行后
一、尚未流通股份		
1．发起人股份	3750	3750
其中：境内法人持有股份	3750	3750
2．公司职工股	0	125
尚未流通股份合计	3750	3875
二、境内上市的人民币普通股	0	1125
已流通股份合计	0	1125
三、股份总数	3750	5000

注：125万股为公司职工股，按规定要在社会公众股上市半年后方可上市流通。

3．主要股东持股情况如下：

股东名称	年末持股数(万股)	占总股本(%)
1)广东宝丽华集团公司	3590	71.8
2)梅县金穗实业发展有限公司	40	0.8
3)梅县东风企业集团公司	40	0.8
4)梅州市对外加工装配服务公司	40	0.8
5)梅州市广基机械土石方工程公司	40	0.8
合　股	3750	75

注：1996年度的股本按假设股本5000万股计算，发起人持有股份数为3750万股占75%。

4．本公司是在1997年1月20日以募集设立方式正式成立的，因此，在1996年度不存在公司董事、监事及高级管理人员持股数。

海南寰岛实业股份有限公司

1996年年度报告摘要 （摘选）

一、公司简况

公司名称：海南寰岛实业股份有限公司

法人代表：王福生　　邮政编码：570208

公司地址：海南省海口市人民大道25号

电话：(0898)6255909、6250771　传真：(0898)6254684

二、主要财务数据与财务指标

项　目	本年数	上年数	比上年增减(%)
1.主营业务收入(万元)	17,516.52	13,101.21	33.70
2.净利润(万元)	4,763.31	3,802.38	25.27
3.总资产(万元)	81,695.17	79,911.84	2.23
4.股东权益(万元)	23,061.81	21,834.74	5.62
5.每股收益(元)	0.53	0.24	120.83
6.每股净资产(元)	2.57	1.36	88.97
7.净资产收益率(%)	20.65	17.41	18.61
8.股东权益比率(%)	39.24	36.94	6.23

三、公司主要业务回顾

1．一年来经营情况

1996年是公司取得重大进展的一年，公司被中国证监会列为1996年度上市家数，并于1997年初成功发行股票并上市交易。1996年度，公司完成主营业务收入17,516.52万元，实现利润总额6,832.75万元，净利润4,763.31万元，每股净资产增加至2.57元，分别比去年同期增长33.70%、33.04%、25.27%。

1996年公司主要抓了如下几项工作：

1．按上市公司标准，转换经营机制，规范公司运作。

1996年初，公司董事会确定将"公开发行股票，转为公众公司"作为1996年度的首要工作。为实现这个目标，公司努力规范法人治理结构，转换企业经营机制，提高经营管理水平，达到了上市公司标准。公开发行股票的申请获得了中国证监会批准。

2．继续加强对旅游业的投资，形成以酒店旅游业为主业的经营格局。

公司继1995年控股海南寰岛大酒店之后，本年度又加大了对旅游业的投资力度。先后收购了三亚亚龙湾海底世界旅游项目共51%的股份。该项目为世界第三个以海底世界观光为主，集海底潜水、垂钓、跳伞、游泳、娱乐购物为一体的大型项目，于1997年春节开业。寰岛大酒店本年度克服海南酒店业激烈竞争的局面，取得了营业总收入比去年同期提高24.59%，利润提高45.39%，经营利润率提高3.79个百分点，客房平均出租率达67.47%，比去年同期提高2.76个百分点的良好业绩，并获得"国家优质工程"、"海南省旅游样板单位"、"海南省贵宾接待先进单位"等荣誉称号，被指定为海南省唯一一家"接待国宾定点酒店"。

3．抓住有利时机，加强房产促销。

随着国家宏观经济形势趋好加上本公司房产地段、环境优越的有利条件，公司本年度加强了房产的促销，获得了较好的业绩。

4．投资基础产业，分散投资风险。

公司本年度参股投资四川马边波罗水电站项目25%的股份。该项投资对公司形成酒店旅游业、基础产业、房地产业有机结合、稳定发展的经营格局具有重要意义。

本年度，公司经营成果与预测无重大差异，实现净利润是预测的116%。

四、股本变化及股本结构情况

（一）股本变化及股本结构情况

1．股本结构情况

截止1996年年末，本公司股本情况如下：

	年初(万股)	年末(万股)	增减(万股)
(1)尚未流通股份	16000	8960	－7040
a.发起人股份	11360	5248	－6112
其中：国有法人股	11360	5248	－6112
b.法人股	1440	1152	－288
c.内部职工股	3200	2560	－640
(2)已流通股份	0	0	0
(3)股份合计	16000	8960	7040

2．本年度公司股份发生变化的原因是1996年10月本公司向部分发起人股东回购股份4800万股，并将其注销，股份总额减少至11200万股；1996年12月，本公司在总股本11200万股基础上全体股东按1∶0.8比例缩股，总股本调整至8960万股。

3．截止1996年末，本公司前十名股东为：

名　　称	股数(万股)	所占比例(%)
1．中国寰岛(集团)公司	3947.36	44.055
2．中国银行海口信托咨询公司	517.60	5.777
3．交通银行海南分行	517.60	5.777
4．海南富南房地产开发公司	265.44	2.963
5．海南新鑫发展有限公司	256.00	2.857
6．(中国)海南改革发展研究基金会	160.00	1.786
7．海威水产养殖(海南)公司	128.00	1.429
8．南方(海南)物产集团有限公司	128.00	1.429
9．北京轻工产品联合公司	96.00	1.071
10．海南鼎盛实业发展总公司	96.00	1.071
小　　计	6,112.00	68.214

4．1996年末本公司共有股东4639户，其中法人股东18户，个人股东4621户。

（二）公司董事、监事与高级管理人员持股情况

		年初数		年末数	
	持股人	持股数(股)	持股比例(%)	持股数(股)	持股比例(%)
董事长兼总经理	王福生	20,000	0.0125	16,000	0.018
董事	钱　伟	22,500	0.0141	18,000	0.020
董事	何东海	3,500	0.0022	2,800	0.003
董事	王史华	0		0	
董事	陈秉联	0		0	
监事	曹毅民	0		0	
监事	王　俊	0		0	
监事	陈振恺	5,000	0.0031	4,000	0.004
副总经理兼董事会秘书	高振先	13,500	0.0084	10,800	0.012
副总经理兼总会计师	王天德	0		0	

注：本年度公司董事、监事、高级管理人员持股数和持股比例变化原因是公司股本经回购、缩股后发生变化所致。

厦门信达股份有限公司

1996年年度报告摘要　（摘选）

一、公司简况

公司名称：厦门信达股份有限公司

法人代表：高晓　　　　　　邮政编码：361006

公司地址：福建省厦门市湖里兴隆路信息大厦

电话：0592—6021666-1718　传真：0592—6021391

二、主要财务数据与财务指标

单位：万元

指标项目	1996年数	1995年数	比上年增减(%)
1.主营业务收入	61866	53897	+14.79
2.净利润	3864	2795	+38.25
3.总资产	48208	48360	-0.31
4.股东权益	24667	21087	+16.98
5.每股收益*(元)	0.286	0.207	+38.16
6.每股净资产(元)	1.83	1.56	+17.31
7.净资产收益率(%)	15.66	13.25	+18.19
8.股东权益比率(%)	51.17	43.60	+17.36

*1996年盈利如按1997年元月新募集后股本20000万元计算，则每股收益0.193元。

三、公司主要业务回顾

1.一年来公司经营情况

1996年是厦门信达股份有限公司深化改革、抓住机遇、持续快速发展的一年。公司在全体股东和各方面的关心支持下，充分发挥在信息产业的传统优势、技术优势和政策优势，使主产业得到迅速发展。同时公司还积极开展多种经营，在商业、贸易、仓储和房地产等方面也取得了良好的经济效益，迎来了公司发展的新飞跃。公司主营业务收入达到61866万元，比上年增长14.79%，净利润达到3864万元，比上年同期增长38.25%，创造了公司的历史最好水平。

1)网络建设和开发

公司大力发展软件技术和以公共网络数据库为基础的信息服务业，是福建省第一家与国际互联网络联网的信息服务公司，公司在Internet网上开辟的超大型站点《中国指南》，构思独特，内容丰富齐全，多次被美国、德国、新西兰、澳洲等权威机构评为最佳站点，信息业巨子微软Microsoft、网景(Netscape)、Oracle等公司都表示极大兴趣并多次商谈合作事宜。公司通过国际互联网为企业制作网上数据库，开发销售网络应用软件，开展国际互联网技术支持与培训，同时承办全国各地城市指南和企业指南。以其前瞻的策划、先进的技术和优质的服务赢得了广大客户的信赖。

2)参与银行金卡和邮政绿卡工程建设

公司坚持走技术增值的道路，参与银行金卡工程建设，以系统集成为金融系统建设集中式网络，为中国建设银行、中国农业银行、中国银行、交通银行、福建兴业银行等金融机构开发中小型机、ATM、POS、数据库和系统集成等；参与邮政绿卡工程及综合业务网开发，并为政府部门开发医药、房改、交通等数据库和系统集成；开发激光照排等排版软件等。

3)开展系统增值商和行业代理业务

公司是德国西门子、美国HP、IBM、SCOM、CISCO、HAYES、INFORMIX、SCO、日本FUJITSI、意大利OLIVETSI等著名计算机公司网络产品、自动柜员机、服务器、操作系统及系统软件、中小型机等产品的代理和系统增值商。

4)创办《海峡商情》，开展信息咨询服务

公司通过香港信达诺公司为国内外公司提供商业信息咨询服务。公司创办的经济信息半月刊《海峡商情》是全国第一家由信息企业创办的，向国内外公开发行的经济信息刊物，已取得了良好的社会效益和经济效益。计划在三年之内办成第一流刊物、国际名牌信息产品。

5)转机建制，适应上市公司要求

1996年10月，为推进公司股票上市，公司专门成立工作小组，在中国证监会、厦门市委市政府、厦门市证监会等部门的大力支持下，公司上下共同努力，经过紧张工作，获得1996年度新股发行额度。为适应上市公司及现代 企业制度的要求，以"标准化、规范化、制度化、程序化"为标准，改革人事制度、财务制度、经营管理制度、办公制度、总务制度、监控制度等，建立适应现代企业制度的工作秩序，为企业发展注入了活力。

6)积极开展多种经营

公司充分利用厦门所处海峡两岸特殊地理位置给企业带来的挑战和机遇，除大力发展信息外，还积极开展多种经营。公司在厦门湖里经济开发区中心地段投资兴建多、高层建筑群"信达大厦"小区，于1996年10月破土动工，计划在1997年完成一期工程，公司还兼营商业零售、货物仓储及机电产品、电子技术、信息科技产品等与信息产业相关的进出口业务。公司在进出口贸易上坚持"国际化、专业化、代理制"的经营方向，被评为1996年厦门口岸进出口总额最大100家企业，1996年实现利润总额名列厦门市属外经贸企业第三位，是福建省和厦门市出口创汇大户并取得较好的经济效益。

7)加强员工培训

随着公司业务量的不断增大，公司还加强对员工培训，形成了一整套员工培训计划，采用培训班、专业进修、行业交流等多种形式，通过派出请进的培训办法，已培养了80余人具备专业知识和现代信息服务观念的人才队伍，组成了近百名专家顾问网络。

四、股本变化及股本结构情况

1)股本结构(截止1996年12月31日)：

股份单位：万元

总股本	13500	
国有法人股	8500	占总股本63%
内部职工股	5000	占总股本37%

2)股东数量：

截止1996年12月31日，本公司股东总人数为5551，其中国家股股东1人，内部职工股股东5550人。

3)前十名股东持股情况如下

股东名称	持股数(万股)
1)信息一信达总公司	8500
2)陈亮	44.0
3)刘海英	40.4
4)吴秀华	25.0
5)郑德娟	22.7
6)陈明绥	21.5
7)黄建安	20.0
8)李江东	17.2
9)李惠鹏	16.8
10)李永源	13.5

北海国际招商股份有限公司

1996年年度报告摘要(摘选)

一、公司简况

公司名称:北海国际招商股份有限公司

法人代表:王 进　　　　邮编:536000

公司地址:北海市中山西路二号楼

电话:0779—3036944　　　　传真:0779—3031498

二、主要财务数据与财务指标

单位:万元

指 标 项 目	本年数	上年数	比上年增减(%)
1.主营业务收入	15,263.93	7,715.24	97.84
2.净利润	3,441.27	2,167.17	58.79
3.总资产	21,555.87	18,471.76	16.70
4.股东权益	15,647.93	12,206.65	28.19
5.每股收益(元)	0.42	0.26	61.54
6.每股净资产(元)	1.91	1.49	28.19
7.净资产收益率(%)	21.99	17.75	23.89
8.股东权益比率(%)	72.59	66.08	9.85

注:表中的数据和报表均按合并财务报表数计算填列。

三、公司主要业务回顾

1. 一年来经营情况

1996年,在公司全体股东的大力支持下,公司致力于规范化股份制运作,继续采取有力措施,加大产业结构调整,形成了三峡库区、成都、北海三个发展基地,跨省区、多元化发展的经营格局,取得了良好的经营业绩:全年完成主营业务收入15,263.93万元,比上年增长97.84%;利润总额4,338.92万元,比上年增长68.05%;净利润3,441.27万元,比上年增长58.79%。

在过去的一年里,公司各项业务呈现良好的发展势头:

1)三峡库区移民开发项目

公司全资所属的四川三峡经济发展有限公司是经国务院三峡移民局批准成立的、专门从事三峡库区移民开发建设的专业公司。自1995年初进入三峡库区,已先后承接了万县市天城东路北段和南段两条公路、天城区枇杷坪自来水厂(日产5万吨)、天城新城区25万平方米移民安置示范小区和龙宝区5万平方米工业搬迁标准厂房示范区等多项移民工程。公司在三峡库区的开发建设,受到国家在政策、税收、资金等方面的支持,取得了良好的社会效益和稳定可观的经营收益。

2)高新技术项目及产品

本公司控股的西南新日钢制品有限公司和西南宇视通电子有限公司都是以开发生产高新技术产品为核心的高科技企业,为本公司开拓了新的市场领域,带来了新的利润增长点,提高了公司的抗风险能力。

西南新日钢制品有限公司全套引进日本90年代先进技术和专用设备,1996年2月建成投产,生产不锈钢/碳素钢复合管材,年产量为3100吨,技术居世界领先水平。产品规格有Φ22.2—80MM八种口径,0.8—3.0MM多种壁厚,其中Φ50.8MM以上产品属国内独家生产。目前已在北京、上海、兰州、郑州、西安、南宁、重庆等地设立了销售网点,市场前景广阔。

西南宇视通电子有限公司于1995年10月在国家级的成都高新技术产业开发区注册成立,所生产的C&C168智能型电话机具有录音、报警、遥控、监听等功能,居国内领先水平,该产品1996年取得了邮电部颁发的入网证,并通过公安部检验认证,现已批量生产,投放市场。

3)科技开发成果

公司始终把新产品、新项目的研究开发作为公司发展的战略重点。目前以公司控股的两家高科技企业生产的高新技术产品为重点的科技开发已取得了实质性的进展。

西南宇视通电子有限公司于1996年12月被成都高新技术产业开发区科学技术委员会正式认定为高新技术企业。该公司开发的C&C168智能型电话机项目属于国家电子工业部列入信贷计划支持的重点项目,并且该公司从智能型电话机切入市场,逐渐向中央监控系统的综合性方向发展,近期已研制开发出以C&C168报警电话+计算机网络组合的城市联网智能监控报警系统,并取得了四川省公安厅颁发的安全技术防范工程设计、施工一级资格证书。

西南新日钢制品有限公司开发的不锈钢碳素钢复合管材项目属于国家农业发展银行重点支持项目,2180万元5年期长期贷款已于1996年初全部到位并投入运营。该产品1996年通过了四川省经济委员会新产品技术开发成果鉴定,并于同年10月在北京全国新型建筑材料展览会上获得金奖。

4)北海的地产业和酒店业

经过6年多时间的开发,公司在北海的"国际商业城"项目已经成熟,具备了继续全面开发的良好条件,并取得了良好的效益。北海四川大酒店是北海市涉外星级酒店之一,包括全套餐饮、娱乐、客房、商场等功能,既为公司树立了良好的形象,又保持了连续三年盈利。

2. 关于主营业务收入、利润总额及净利润实际完成情况分析

1996年公司的实际经营结果达到了盈利预测的目标,没有出现重大差异的情况。

项 目	预测数(万元)	实际数(万元)	完成预测(%)
1)主营业务收入	15,290.07	15,263.93	99.83
2)主营业务利润	3,654.28	3,653.60	99.98
3)营业利润	3,901,07	3,949.24	101.23
4)利润总额	4,290.37	4,338.92	101.13
5)净利润	3,393.83	3,441.27	101.40

3. 前次募集资金的使用情况说明

公司属历史遗留问题,本年度内没有募集资金。以前募集的资金已按原计划使用,其建设和投资项目未延续到本年度内。

四、股本变化及股本结构情况

1. 股本变化及股本结构情况

单位:万元　　面值:每股1元

股 份 类 别	年初数	比例(%)	年末数	比例(%)
一、尚未流通股份	18000.00	100	8200.00	100
其中:				
1. 发起人股份	9584.90	53.25	3061.81	37.34
2. 募集法人股	4815.10	26.75	1538.19	18.76
3. 社会公众股	3600.00	20.00	3600.00	43.90
二、股份总数	18000.00	100	8200.00	100

2. 股本变动情况及原因

1996年5月5日,公司临时股东大会决议,依照《公司法》实施公司分立,以派生分立方式从原公司分立出一个新公司,北海国际招商股份有限公司续存,总股本变更为8200万股,其中,法人股4600万股(包括发起人法人股3061.81万股,募集法人股1538.19万股),社会公众股3600万股。

上述分立方案,经广西壮族自治区人民政府桂政函[1996]181号文批准,于1996年8月13日在广西壮族自治区工商行政管理局依法完成了工商注册变更登记。

3. 前十名主要股东持股情况

股 东 名 称	持股数(万股)	占总股本比例(%)
1)海南成都企业(集团)股份有限公司	546.75	6.67
2)成都三利商贸有限责任公司	291.60	3.56
3)成都市银建房地产开发公司	236.93	2.89
4)成都中银经济发展中心	236.93	2.89
5)四川省石油总公司	218.70	2.67
6)中国烟草总公司四川公司	218.70	2.67
7)四川省成都全兴酒厂	218.70	2.67
8)四川省建设信托投资公司南充办事处	218.70	2.67
9)四川省长江企业(集团)股份有限公司	182.25	2.22
10)中国工商银行成都市信托投资公司	182.25	2.22

注:中国工商银行成都市信托投资公司与工商银行脱钩和更名的工作正在办理过程中。

4. 年末股东数

本公司截止1996年12月31日的股东总数为18881户,其中,法人股股东38户,社会公众股股东18843户。

黑龙江龙发股份有限公司

黑龙江龙发股份有限公司A股股票上市公告书

一、要览

总股本	5,064万股
可流通股本	2,184万股
本次上市流通股本	2,184万股
证券编码	0711
上市地	深圳证券交易所
上市时间	1997年4月11日
登记机构	深圳证券结算有限公司
上市推荐人	国泰证券有限公司

二、绪言

本公司依据《中华人民共和国公司法》、《股票发行与交易管理暂行条例》《公开发行股票公司信息披露实施细则》、《深圳证券交易所业务规则》等国家有关法律、法规文件的规定,为本公司股票公开上市之目的向社会公众提供有关资料。

黑龙江龙发股份有限公司(以下简称"本公司")的股票发行经中国证券监督管理委员会证监发字[1997]95号和证监发字[1997]96号文件批准,已向社会公众公开发行人民币普通股1,464万股,每股面值1.00元,每股发行价4.09元;另有定向募集内部职工股720万股占用本次发行额度一并上市,本次上市流通的总股本为2,184万股。本公司股票上市申请经深圳证券交易所[深证发(1997)126号文]审核同意,将于1997年4月11日(星期五)在深圳证券交易所上市挂牌交易。

本公司于1997年3月24日分别在《证券时报》、《中国证券报》,3月25日在《黑龙江日报》、《哈尔滨日报》刊登招股说明书概要,距今不足6个月,故与其相重复内容在此不再赘述,敬请社会公众查阅招股说明书。

本公司董事会及各位董事确信本公告书未遗漏任何重大事项,亦不存在任何误导和虚假成分,并愿就本公告书及相关资料的真实性、准确性、完整性负个别及连带责任。

三、公司概况

1. 发行人主要发起人简介

(1)法定名称:黑龙江省建设开发实业总公司
注册资金:2000万元人民币
法定代表人:张振荣
成立日期:1988年7月13日
经营范围:房地产开发、销售本企业生产的商品房
注册地址:哈尔滨市动力区和平路2号

(2)法定名称:黑龙江惠扬房地产开发有限公司
注册资金:427万美元
法定代表人:曾文能
成立日期:1991年10月7日
经营范围:房地产开发、工程承包及配套服务
注册地址:哈尔滨市动力区和平路2号

(3)法定名称:哈尔滨龙江非标工具公司
注册资金:742万元人民币
法定代表人:曲成祥
成立日期:1980年6月25日
经营范围:非标工具、双金属制品、环保设备、轻工机械、乳品设备、电子产品、家用电器、铸造机械、塑料制品、纸制品制造
注册地址:哈尔滨市南岗区文道街48号

(4)法定名称:黑河市经济合作区房产开发公司
注册资金:100万元人民币
法定代表人:赵申超
成立日期:1992年5月23日
经营范围:房地产开发、建筑材料、汽车货运、仓储
注册地址:黑河市中房大厦

(5)法定名称:黑龙江省城乡建设开发公司
注册资金:500万元人民币
法定代表人:郭仁杰
成立日期:1991年7月1日
经营范围:房地产开发、销售本公司开发建设的商品房
注册地址:哈尔滨市南岗区花园街15号

2. 发行人历史沿革:

(1)股份制改制过程

1993年3月,经黑龙江省经济体制改革委员会[黑体改复(1993)303号]文批准,由黑龙江省建设开发实业总公司(原黑龙江省房屋建设综合开发公司)、黑龙江惠扬房地产开发有限公司、哈尔滨龙江非标工具公司、黑河市经济合作区房地产开发公司、黑龙江省城乡建设开发公司五家共同发起以定向募集方式设立了本公司。

在五家发起人中,黑龙江省建设开发实业总公司以其截至1993年1月31日经评估后的部分经营性净资产1,068万元及现金444万元投人,折成国有法人股1,260万股;黑河经济合作区房地产开发公司投入现金120.96万元,折成国有法人股100.8万股;黑龙江省城乡建设开发公司投人现金51.84万元,折成国有法人股43.2万股。哈尔滨龙江非标工具公司将其全资子公司——哈尔滨市龙江非标工具厂以截至1993年2月28日经评估确认的全部净资产691.20万元投人,折成法人股576万股;黑龙江惠扬房地产开发有限公司以现金投入1,080万元,折为法人股900万股。发起人投入的净资产和现金折股比例均为1.2:1。

本公司定向募集内部职工股720万股,每股按1.20元发行(每股面值为1.00元)。

目前,本公司无职工宿舍、食堂等非经营性资产。

(2)历次股票发行情况

1993年3月,本公司经定向募集后形成如下股本结构:

股权分类	股数(股)	占总股本的比例(%)
发起人股	28,800,000	80%
其中:国有法人股	14,040,000	39%
其他法人股	14,760,000	41%
内部职工股	7,200,000	20%
总股本	36,000,000	100%

四、股票发行及承销

1. 本次股票公开发行情况:

社会公众股发行数量	1,464万股
发行价	4,09元
募集资金总额	5,987.76万元
发行方式	上网定价发行

配售比例	0.807918%
配售户数	14,640户
持1000股以上的户数	14,640户
发行费用总额	432.43万元
每股发行费用	0.30元
发行市盈率	15倍

2.股票承销:

本次公开发行之1,464万股社会公众股已全部由社会公众认购。承销团成员无分销比例及数量。

3.验资报告:([97]中庆字第079号)

黑龙江龙发股份有限公司:

我们接受委托,对贵公司截至1997年4月7日止的实收股本及相关的资产和负债的真实性和合法性进行了审验,在审验进程中,我们按照《独立审计实务公告第1号-验资》的要求,实施了必要的审验程序。黑龙江龙发股份有限公司的责任是提供真实、合法、完整的验资资料,保护资产的安全、完整,我们的责任是按照《独立审计实务公告第1号-验资》的要求,出具真实、合法的验资报告。

黑龙江龙发股份有限公司的申请注册资本为50,640,000元,根据我们的审验,截至1997年4月7日止黑龙江龙发股份有限公司已收到各股东投入的资本50,640,000元,其中:发起人原股东投入的资本为36,000,000元,公众股1997年4月7日由国泰证券有限公司承销发行1,464万股,发行收入59,877,600元,扣除发行费用后,募集资金为55,553,300元。募集资金已于1997年4月7日汇入中国建设银行总行营业部贵公司帐户,帐号261002。投入的资本中包括股本50,640,000元,资本公积48,113,300元,盈余公积4,612,827.32元(其中公益金1,537,609.11元),未分配利润26,139,354.89元,与上述投入资本相关的资产总额为139,968,043.58元,负债总额10,462,561.37元。

中庆会计师事务所
注册会计师:李乾一　冯德志
1997年4月7日

五、董事、监事及高级管理人员持股情况

1.截止1997年3月24日,招股说明书披露之本公司董事、监事及高级管理人员没有变动。

2.公司董事、监事和高级管理人员持股情况如下:

姓名	职务	持股数量(股)	持股比例(%)
朱廷财	董事长	10,000	0.020
张振荣	副董事长、总经理	5,000	0.010
曲成祥	副董事长、副总经理、总经济师	3,000	0.006
郭仁杰	董事	3,000	0.006
赵申超	董事	0	—
任守彬	董事、副总经理、总会计师	1,000	0.002
谢桂芝	董事	2,000	0.004
隋吉平	董事、副总经理	2,000	0.004
李堂贵	监事会主席	3,000	0.006
吴志高	监事、总工程师	1,000	0.002
林登贵	监事	0	—
曹会金	监事	0	—
曹　萍	监事	0	—
合计		30,000	0.0059

本公司董事、监事和高级管理人员共持有本公司股票3.0万股,占本公司总股本的0.059%,其持有股份按照《中华人民共和国公司法》规定在任职期间不得转让。

六、公司设立

本公司1996年10月16日第四次股东大会作出决议:本公司股票发行后,申请在深圳证券交易所挂牌交易。

本次股票发行后,本公司股权变更登记工作已经结束,详细资料如下:

注册资金:5,064万元

注册时间:1997年4月7日

注册地点:黑龙江省哈尔滨经济技术开发区

营业执照注册号码:12697697-3

七、无关联企业及关联交易

八、股本结构及大股东持股情况

1.本公司上市前股本结构为:

总股本:5,064万股

尚未流通股份:2,880万股

发起法人股份:2,880万股

其中:国有法人股:1,404万股

　　境内法人股:1,476万股

可流通股份:2,184万股

境内上市人民币普通股:

(1)本次公开发行股份:1,464万股

(2)内部职工股(占额度部分):720万股

2.前十名股东所持股数及比例:

股东名称	持股数量(万股)	比例(%)
1 黑龙江省建设开发实业总公司	1,260.0	24.88
2 黑龙江惠扬房地产开发有限公司	900.0	17.77
3 哈尔滨龙江非标工具公司	576.0	11.37
4 黑河经济合作区房地产开发公司	100.8	1.99
5 黑龙江省城乡建设开发公司	43.2	0.85
6 王峰	4.0	0.08
7 孙惠敏	3.0	0.06
8 林森	2.6	0.05
9 陈雪	2.5	0.05
10 刘滨奇	2.5	0.05

九、公司财务会计资料

1.审计报告[(97)中庆字第032号]

黑龙江龙发股份有限公司全体股东:

我们接受委托,审计了贵公司1994年12月31日、1995年12月31日、1996年12月31日资产负债表及合并资产负债表,1994年度、1995年度、1996年度利润及利润分配表、合并利润及利润分配表,1996年度财务关况变动表及合并财务状况变动表。这些会计报表由贵公司负责,我们的责任是对这些会计报表发表审计意见。我们的审计是依据中国注册会计师独立审计准则进行的。在审计过程中,我们结合了贵公司的实际情况,实施了包括抽查会计记录等我们认为必要的审计程序。

我们认为,上述会计报表符合《企业会计准则》、《股份制试点企业会计制度》的有关规定,在所有重大方面公允地反映了贵公司1994年12月31日、1995年12月31日、1996年12月31日的财务状况及1994年度、1995年度、1996年度经营成果和资金变动情况,会计处理方法的选用遵循了一贯性原则。

中庆会计师事务所
注册会计师　李乾一　冯德志
1997年2月18日

2.资产负债表、利润及利润分配表、财务状况变动表

(1)资产负债表:

截止日:1996年12月31日
单位:人民币元

	1996年12月31日	1995年12月31日	1994年12月31日
流动资产:			
货币资金	13,917,361.71	4,181,177.76	5,392,291.62

短期投资	1,920,000.00		
应收帐款	9,935,935.95	9,656,971.99	2,123,592.32
减:坏帐准备	29,807.80	28,970.92	6,370.78
应收帐款净额	9,906,128.15	9,628,001.07	2,117,221.54
预付货款	530,000.00	260,000.00	
其他应收款	5,425,881.35	7,790,384.59	8,317,195.79
待摊费用	911,837.67	213,532.79	266,777.68
存货	8,236,654.35	4,024,742.87	6,340,559.02
待处理流动资产净损失	–	–	–
一年内到期长期债券投资	–	1,640.00	–
流动资产合计	40,847,863.33	26,099,479.08	22,434,045.65
长期投资	20,500,000.00	20,500,000.00	14,500,000.00
固定资产			
固定资产原价	25,018,882.47	22,548,769.12	21,539,850.12
减:累计折旧	2,932,201.83	2,271,005.49	1,688,982.48
固定资产净值	22,086,680.64	20,277,763.63	19,850,867.64
固定资产清理			
在建工程	980,199.71	28,100.69	
待处理固定资产净损失			
固定资产合计	23,066,880.35	20,305,864.32	19,850,867.64
无形及递延资产合计			
资产总计	84,414,743.58	66,905,343.40	56,784,913.29
流动负债:			
短期借款	713,000.00	2,090,000.00	750,000.00
应付帐款	333,041.96	333,041.96	316,269.73
预收货款	106,537.96	114,382.81	1,304,422.86
应付福利费	96,923.05	127,822.63	109,472.40
未付股利			
未交税金	2,802,379.60	1,599,689.09	597,425.11
其他未交款	93,899.41	154,830.76	59,918.35
其他应付款	1,926,894.52	2,306,153.64	1,863,046.94
预提费用	143,231.67	103,794.94	20,732.95
一年内到期的长期负债			
流动负债合计	6,215,926.17	6,829,715.83	5,021,288.34
长期负债			
长期借款	4,243,917.00	1,909,000.00	1,579,000.00
长期应付款	2,718.20		
长期负债合计	4,246,635.20	1,909,000.00	1,579,000.00
负债合计	10,462,561.37	8,738,715.83	6,600,288.34
股东权益:			
股本	36,000,000.00	36,000,000.00	36,000,000.00
资本公积	7,200,000.00	7,200,000.00	7,200,000.00
盈余公积	4,612,827.32	2,244,994.13	1,047,693.74
其中:公益金	1,537,609.11	748,331.38	349,231.25
未分配利润	26,139,354.89	12,721,633.44	5,936,931.21
股东权益合计	73,952,182.21	58,166,627.57	50,184,624.95
负债及权益合计	84,414,743.58	66,905,343.40	56,784,913.29

(2)利润及利润分配表:

单位:人民币元

	1996 年度	1995 年度	1994 年度
一、主营业务收入	20,854,217.64	10,487,173.08	4,349,257.60
减:营业成本	7,073,933.93	3,458,459.55	2,088,309.40
销售费用	146,266.78	149,054.03	62,221.58
管理费用	943,499.37	1,266,106.15	295,973.59
财务费用	476,358.19	202,171.26	114,628.95
营业税金及附加	664,356.29	416,193.33	118,715.49
二、主营业务利润	11,549,803.08	4,995,188.76	1,669,408.59
加:其他业务利润	—	494.02	1,226.94
三、营业利润	11,549,803.08	4,995,188.78	1,670,635.53
加:投资收益	3,273,800.00	3,001,200.00	4,000,000.00
营业外收入	1,577,260.18	3,666.28	5,632.68
减:营业外支出	1,000.00	7,734.36	1,962.88
加:以前年度损益调整	—	—	—
四、利润总额	16,399,863.26	7,992,814.70	5,674,305.33
减:所得税	614,308.62	10,812.08	10,297.21
五、净利润	15,785,554.64	7,982,002.62	5,664,008.12
加:年初未分配利润	12,721,633.44	5,936,931.21	1,122,524.31
盈余公积转入数	—	—	—
六、可分配利润	28,507,188.08	13,918,933.83	6,786,532.43
减:提取法定公积金	1,578,555.46	798,200.26	566,400.81
提取法定公益金	789,277.73	399,100.13	283,200.41
七、可供股东分配利润	26,139,354.89	12,721,633.44	5,936,931.21
减:已分配优先股股利	—	—	—
提取任意公积金	—	—	—
已分配普通股股利	—	—	—
八、未分配利润	26,139,354.89	12,721,633.44	5,936,931.21

(3)财务状况变动表

单位:人民币元

流动资金来源和运用	金额	流动资金各项目的变动	金额
一、流动资金来源		一、流动资产本年增加数	
1. 本年净利润	15,785,554.64		
加:不减少流动资金的费用和损失		1. 货币资金	9,736,183.95
(1)少数股东本期损益		2. 短期投资	1,920,000.00
(2)固定资产折旧	661,196,34	3. 应收票据	
(3)无形资产、递延资产及其他资产摊销		4. 应收帐款净额	278,127.08
(4)固定资产盘亏(减盘盈)		5. 预付货款	270,000.00
(5)清理固定资产损失(减收益)		6. 其他应收款	-2,364,503.24
(6)递延税项		7. 待摊费用	698,304.88
(7)其他不减少流动资金的损失		8. 存货	4,211,911.48
小计	16,446,750.98	9. 待处理流动资产净损失	
二、其他来源		10. 一年内到期的长期债券投资	-1,640.00
(1)固定资产清理收入(减清理费用)		11. 其他流动资产	
(2)增加长期负债	2,337,635.20		
(3)收回长期投资			
(4)对外投资转出固定资产		流动资产增加净额	14,748,384.15
(5)对外投资转出无形资产			
(6)资本净增加额	2,367,833.19		
(7)少数股东资本净增加额			
小计	4,705,468.39		
流动资金来源合计	21,152,219.37		
二、流动资金运用		二、流动负债本年增加数	
1. 利润分配		1. 短期借款	-1,377,000.00
(1)提取法定公积金	1,578,555.46	2. 应付票据	
(2)提取法定公益金	789,277.73	3. 应付帐款	
(3)提取任意公积金		4. 预收货款	-7,844.85
(4)已分配股利		5. 应付福利费	-30,899.58
小计	2,367,833.19	6. 未付股利	
2. 少数股东利润分配		7. 未交税金	1,202,708.51
3. 其他运用		8. 其他未交款	-60,931.35
(1)固定资产和在建工程净增加额	3,422,212.37	9. 其他应付款	-379,259.12
(2)增加无形资产、递延资产及其他资产		10. 预提费用	39,436.73
(3)偿还长期负债		11. 一年内到期的长期负债	
(4)增加长期投资		12. 其他流动负债	
小计	3,422,212.37	流动负债增加净额	-613,789.66
流动资金运用合计	5,790,045.56		
流动资金增加净额	15,362,173.81	流动资金增加净额	15,362,173.81

3. 主要会计政策及会计报表附注

(1)本公司执行的会计制度:公司执行《企业会计准则》、《企业财务通则》、《股份制试点企业会计制度》及财政部等部门颁布的有关法规和制度。

(2)会计期间:会计年度自公历 1 月 1 日起至公历 12 月 31 日止。

(3)会计基础:以权责发生制为会计核算基础,遵循实际成本原则。

(4)记帐本位币:以人民币为记帐本位币。涉及外币的经济业务,按业务发生日的市场汇率折算为记帐本位币。

(5)坏帐准备:按应收帐款年末余额的3‰计提。

(6)存货计价方法:库存商品、原材料、低值易耗品等按实际成本计价。

(7)低值易耗品:母公司采用一次摊入当期费用的方法;子公司对生产用周转使用工具、模具按期初摊余价值10%(年)计入当期成本,其他一次计入成本。

(8)长期投资核算方法:股权投资和联营投资占被投资单位注册资金比例20%以下,按成本法核算;占20%以上并对被投资公司的经营管理有重大影响力的按权益法核算;占50%以上拥有对被投资公司经营管理控制权的按权益法核算。

(9)固定资产:凡是使用年限在一年以上的房屋及建筑物、机器、运输设备以及其他与生产经营有关的设备、工器具等,均作固定资产管理。不属于生产经营的主要设备和物品,凡单价在2,000元以上,且使用年限超过2年,也作为固定资产。

固定资产价格按实际成本计算。

(10)固定资产折旧:固定资产折旧采用使用年限平均法计提。

分类折旧年限、折旧率、预计残值率如下:

种类	折旧年限(年)	年折旧率(%)	预计残值率(%)
办公用房屋	44	2.159	5
生产用房屋	20-30	3	10
生产设备	10-15	5	5
运输设备	10-15	5	5
办公设备	5-10	10	5

(11)税项

母公司:

营业税:营业收入的5%;

城建税:营业税的7%;

教育附加费:营业税的3%;

房产税:房产租金收入的12%;

所得税:经哈尔滨市地方税务局开发区分局根据国家税务局财税(1994)001号文规定,于1996年12月17日批准,执行哈尔滨市经济开发区税收优惠政策,从盈利年开始,前两年免税,后三年减半征收,即1994年10月至1996年9月享受免税,1996年10月至1999年9月减半征收;1999年10月以后照章纳税。

全资子公司哈尔滨市龙江非标工具厂;

增值税:执行17%税率。1994年和1995年内的增值税,执行国家级新产品增值税先征后退的规定(国税发[1993]106号);

城建税:增值税的7%;

教育附加费:增值税的3%;

所得税:1995年以前执行定额交税,即"以1990年实现利润5.6万元为应缴所得额基数,逐年按5%环比递增,税率15%"。1996年起执行母公司的税收政策。

(12)利润分配:按以下规定分配,即"净利润的10%计提法定盈余公积金,净利润的5%计提公益金。剩余利润由公司董事会提出分配方案,经股东大会通过后执行"。

(13)销售收入实现的确认

凡是产品已经发出,货款已经收到或已经获得索取货款的依据时即认为销售收入,产品销售收入按销售发票金额(不含增值税)入帐,发生的销售折扣和折让作为销售收入的减项单独列示。

(14)合并会计报表编制的基准与范围

依据财政部"财会[1995]11号"文《关于印发〈合并会计报表暂行规定〉的通知》的规定,编制合并会计报表。纳入合并会计报表子公司是:哈尔滨市龙江非标工具厂,是母公司的全资子公司。

4. 主要财务状况分析

财务指标	1996年	1995年	1994年
流动比率	6.57	3.82	4.47
速动比率	5.01	3.17	3.15
应收帐款周转率	2.13	1.78	2.81
存货周转率	1.52	1.06	0.42
资产负债率	12.39%	13.06%	11.62%
净资产收益率	21.32%	13.72%	11.29%
销售利润率	78.55%	76.36%	130.51%
每股税后利润	0.439	0.222	0.157

注:以上指标按照截止于1996年12月31日的前三个会计年度的财务报表计算;速动资产为流动资产减去存货、待摊费用、预付帐款;应收帐款平均余额为(期初数+期末数)/2

十、董事会上市承诺

本公司董事会承诺严格遵守《中华人民共和国公司法》、《股票发行与交易管理暂行条例》《公开发行股票公司信息披露实施细则》、《深圳证券交易所业务规则》和有关法律、法规的规定,并自股票上市之日起作出如下承诺:

1. 按照法律、法规的规定程序和要求披露重大的信息,并接受证券主管机关、深圳证券交易所的监督管理。

2. 及时、真实、准确地公布中期报告和年度报告,并备置于规定场所供投资者公众查阅。

3. 本公司董事、监事及高级管理人员如发生人事变动或持本公司股票发生变化时,在报告证券主管机关、证券交易所的同时向投资者公布。

4. 在任何公共传播媒介中出现的消息可能对本公司股票的市场价格产生误导性影响时,本公司知悉后将及时对该消息予以公开澄清。

5. 本公司董事、监事及高级管理人员将认真听取社会公众的意见和批评,不利用已获得的内幕消息和其他不正当手段直接或间接从事股票买卖活动。

6. 本公司没有无记录负债。

十一、无重要事项提示

十二、备查文件

1. 发行人成立的注册登记文件
2. 深圳证券交易所上市通知书
3. 招股说明书
4. 审计报告
5. 验资报告
6. 资产评估报告
7. 本公司营业执照
8. 本公司公司章程
9. 法律意见书
10. 中国证监会关于本公司公开发行股票的批准文件
11. 本公司第四次股东大会决议

十三、咨询机构

公司名称:黑龙江龙发股份有限公司

法定代表人:朱廷财

地址:黑龙江省哈尔滨高科技开发区天顺街68号

电话:0451-2335442 2335443

传真:0451-2334782

联系人:谢桂芝 隋吉平

黑龙江龙发股份有限公司

1997年4月9日

广 西 斯 壮 股 份 有 限 公 司

广西斯壮股份有限公司股票上市公告书

一、绪言

本公告书依据《中华人民共和国公司法》、《股票发行与交易管理暂行条例》、《公开发行股票公司信息披露实施细则》、《深圳证券交易所业务规则》以及国家有关证券管理法规编写，旨在向投资者提供本公司各方面的有关资料。

经中国证券监督管理委员会证监发字〔1997〕66 号文和 67 号文批准，本公司已成功地向社会公众发行每股面值为 1.00 元的人民币普通股股票 3000 万股。根据公司 1997 年 1 月 5 日临时股东大会决议，按深圳证券交易所深证发〔1997〕137 号《上市通知书》，公司可流通股份 3000 万股将于 1997 年 4 月 18 日(星期五)在深圳证券交易所挂牌交易。股票简称“广西斯壮”，证券代码“0716”，交易单位为股。

本公司招股说明书概要于 1997 年 3 月 22 日在《中国证券报》、《证券时报》、《上海证券报》、《广西日报》上刊登，本公告书公布的时间距今不足六个月，依规定对在招股说明书已公布的内容在此不再赘述，敬请投资者查阅《招股说明书概要》。

二、发行公司概况

1、公司主要发起人简介

法定名称：广西八桂实业有限责任公司

公司注册资金：1300 万元人民币

法定代表人：杜宝成

成立日期：1996 年 10 月 16 日

经营范围：航空服务项目、旅游、城市综合开发、通讯及日用百货、五金交电等

所属行业：综合行业

注册地址：广西南宁市民生路 45 号

联系电话：(0771)5867589

2、公司历史沿革

(1)股份制改制过程

1993 年，经广西壮族自治区体改委桂体改股字〔1993〕17 号文和广西壮族自治区体改委桂体改股字〔1993〕53 号文批准，由广西桂宁经济开发公司、广西旅游总公司、广西国际经济技术合作公司南宁分公司、广西信托投资公司、柳州机场建设开发总公司、桂林旅游车船总公司等六家公司共同发起，以定向募集方式设立广西斯壮股份有限公司，公司于 1993 年 5 月 31 日经工商登记成立，注册资本为 6535.52 万元。

(2)历次股票发行情况

1996 年 5 月，股东大会通过 10 股送红股 0.6 股分红方案，送股后，公司总股本达到 6927.6512 万股。

经湖北大信会计师事务所鄂信业字〔1993〕第 120 号审验确认，截至 1993 年 5 月 20 日止，广西斯壮股份有限公司已收到各股东投入资本 65,355,200 元，即 65355200 股，每股面值人民币 1 元，全部以现金投入。其中：发起人投入资本 38,014,600 元，即 38014600 股，占股本总额的 58.17%；社会法人投入资本 8,496,500 元，即 8496500 股，占股本总额的 13%；内部职工投入资本 18,844,100 元，即 18844100 股，占股本总额的 28.83%。

三、股票发行及承销

1、本次上市前的社会公众股发行情况：

发行数量：3000 万股

发行价格：3.75 元/股

筹资总额：11250 万元

发行方式：上网定价

配售户数：348286 户

持 1000 股以上的户数：2748 户

发行费用总额：597.375 万元

每股发行费用：0.199 元

发行市盈率：15

2、股票承销

主承销商：海南港澳国际信托投资有限公司

承销量：1500 万股　　承销比例为 50%

副主承销商：平安证券有限责任公司

承销量：900 万股　　承销比例为 30%

分销商：广西证券公司

承销量：300 万股　　承销比例为 10%

分销商：广西信托投资公司

承销量：300 万股　　承销比例为 10%

3、验资报告

四、董事、监事、高级管理人员持股情况

1)董事会成员：

董事长：杜宝成先生，现任公司总经理。持有本公司股票零股。

副董事长：牛同星先生，现任柳州机场建设开发总公司总经理。持有本公司股票 2000 股，占总股本的 0.002%。

董事：赵致权先生，现任公司副总经理。持有本公司股票 10700 股，占总股本的 0.011%。

董事：黄克先生，现任公司董事会秘书兼证券部经理，持有本公司股票 10600 股，占总股本的 0.011%。

董事：潘坚强先生，现任公司财务部经理。持有本公司股票 2000 股，占总股本的 0.002%。

董事：侯家维先生，现任广西信托投资公司投资部副经理。持有本公司股票零股。

董事：向元龙先生，现任中国南宁国际经济技术开发合作公司副总经理。持有本公司股票零股。

董事：陈旭先生，现任北海市工业经济贸易公司经理。持有本公司股票零股。

董事：李克强先生，现任桂林市漓江涉外游览管理处主任兼桂林五洲旅游股份有限公司董事长、党委书记。持有本公司股票零股。

2)监事会成员

监事召集人：管自力先生，现任公司项目投资管理部经理。持有本公司股票 2120 股，占总股本的 0.002%。

监事：陆大良先生，现任公司人事部负责人。持有本公司股票 10600 股，占总股本的 0.011%。

监事：陈健民先生，现任桂林五洲旅游股份有限公司副总经理。持有本公司股票 2120 股，占总股本的 0.002%。

监事：陈家劲先生，现任柳州机场建设指挥总计划财务科长。持有本公司股票零股。

临事：彭开灿先生，现任广西信托投资公司审计监察室副主任。持有本公司股票零股。

3)高级管理人员:

林士凤女士,现任公司副总经理,持有本公司股票零股。

五、公司设立

本公司1997年1月5日临时股东大会作出决议:公司股票公开发行后,申请在深圳证券交易所挂牌交易。

公司股权变更登记工作已经结束,详细资料如下:

注册资金:9927.6512万元

注册时间:1991年1月1日

注册地点:广西壮族自治区南宁市

营业执照注册号码:19822551-1-2

六、关联企业及关联交易

(一)本公司大股东情况

股东名称	持有本公司股份(万股)	持股比例	主要业务
广西信托投资公司	532.34	5.36%	金融
南宁国际经济合作公司	532.19	5.36%	劳务输出 国际贸易

(二)本公司全资附属和投资企业情况

名称	性质	投资比例	主要业务
广西斯壮通讯公司	全资	100%	通讯
广西斯壮贸易公司	全资	100%	贸易
南航集团广西航空有限公司	参股	40%	

七、股本结构及大股东持股情况

1、上市前的股本结构

总股本9927.65万股

尚未流通股份:

(1)发起人股份

其中:国有法人股3091.78万股

境内法人股937.77万股

(2)募集法人股900.63万股

(3)内部职工股1997.47万股

可流通股份:

境内上市人民币普通股:

本次公开发行股份:3000万股

2、前十名股东所持股数及比例

股东名称	持有股数(股)	持股比例(%)
(1)广西八桂实业有限责任公司	12966344	18.72
(2)广西信托投资公司	5323426	7.68
(3)南宁国际经济合作公司	5321942	7.68
(4)桂林五洲旅游股份有限公司	5320776	7.68
(5)柳州机场建设开放总公司	4680960	6.67
(6)北京华康泰工贸公司	3710000	5.36
(7)广西防城银豪大酒店	2862000	4.13
(8)北海市工业经济贸易公司	2625090	3.79
(9)广西区二轻工业供销公司	808780	1.17
(10)桂林市荣艺广告策划有限责任公司	530000	7.7

八、公司财务会计资料

1、审计报告　　鄂信业字〔1997〕第13号

广西斯壮股份有限公司全体股东:

我所接受委托,对贵公司1994年12月31日、1995年12月31日、1996年12月31日的资产负债表,1994年度、1995年度、1996年度的利润及利润分配表,1996年度的财务状况变动表进行了审计,这些会计报表由贵公司负责,我们的责任是对这些会计报表发表审计意见。我们的审计是依据《中国注册会计师独立审计准则》进行的。在审计过程中,我们结合贵公司的实际情况,实施了包括抽查会计记录等我们认为必要的审计程序。

我们认为,上述会计报表符合《企业会计准则》和《股份制试点企业会计制度》的有关规定,在所有重大方面公允地反映了贵公司1994年12月31日、1995年12月31日、1996年12月31日的财务状况和1994年度、1995年度、1996年度的经营成果及1996年度资金变动情况,会计处理方法的选用遵循了一贯性原则。

湖北大信会计师事务所　　中国注册会计师:吴益格

中国·武汉　　中国注册会计师:邵九林

湖北大信会计师事务所　　一九九七年元月二十日

2、资产负债表、利润表及利润分配表、财务状况变动表见附表

3、财务报表附注:

(1)、执行的会计制度:公司执行《股份制试点企业会计制度》。

(2)、会计期间:公司按年度、季度和月份划分会计期间,分期结算帐目和编制会计报表。年度、季度和月份的起讫日期采用公历日期。会计年度采用公历年度,即从1月1日到12月31日为一个会计年度。

(3)、报表编制方法:

本次编制的会计报表系按照财政部、国家体改委〔92〕财会字第27号文颁发《股份制试点企业会计制度》、财政部〔93〕财会字第28号文及财政部财会字〔1995〕11号文的有关规定编制。

公司直属的广西斯壮贸易公司、广西斯壮通讯公司由公司统一核算并编制会计报表。

(4)、记帐原则、计价基础、记帐方法、本位币;

公司依据权责发生制原则,按照实际成本计价,采用借贷复式记帐方法,以人民币为记帐本位币。

(5)、坏帐准备:公司按照应收帐款年末余额的5%。计提坏帐准备金。

(6)存货计价方法:公司存货是经营过程中为销售而储存的各种资产,包括:库存商品、低值易耗品。其计从方法为:

库存商品取得时按实际成本记帐,销售时采用加权平均法核算。

低值易耗品取得时按照实际成本记帐,领用时采用一次摊销法核算。

(7)、外汇核算:

公司外币按1996年12月31日外汇牌价中间价调整为记帐本位币,汇兑损益计人当期财务费用。

(8)、长期投资:

公司长期投资系对南航集团广西航空有限公司投资,采用权益法核算。

(9)、固定资产及折旧:

固定资产是指使用年限在一年以上,单位价值在2000元以上的房屋、建筑物、运输工具和其他设备、器具、工具等。

固定资产类别,估计经济使用年限,预计残值率、年折旧率如下:

类别	估计经济使用年限(年)	预计残值率(%)	年折旧率(%)
房屋及建筑物	30	5	3.17
运输工具	8	5	11.88
通讯设备	5	5	19
其他	5	5	19

(10)、递延资产:

递延资产系开办费,公司拟按不短于五年的期限采用直线法平均摊销。

(11)、收入的实现:

公司以收到货款或取得收款凭据时确认销售收入的实现。

(12)、主要税项(含税金附加):

增值税:公司增值税销项税率17%,应交纳增值税额为按当期销售收入和销项税率计算销项税额后扣除当期进项税额的余额。

营业税:公司按营业收入的3%计算交纳营业税。

所得税:根据广西壮族自治区人民政府桂政办函〔1993〕647号文的批复,公司1994年、1995年至1996年免征所得税。

城市维护建设税:按应纳增值税、营业税税额的7%计提上缴。

教育费附加:按应纳增值税、营业税税额的3%计提上缴。

(3)、利润分配:

公司税后利润按以下顺序及比例进行分配:

提取法定盈余公积金　10%

提取公益金　5%

提取任意公积金:提取比例由董事会提议,股东会决议。

分配股利

4、主要财务指标:

	1996年	1995年	1994年
流动比率	2.01	1.80	2.21
速动比率	1.83	1.65	1.96
存货周转率	4.38	4.58	2.04
应收帐款周转率	1.25	0.99	0.85
资产负债率	0.48	0.56	0.58
每股收益	0.326	0.216	0.188
每股净资产	1.52	1.21	1.05
净资产收益率	21.45%	17.95%	17.92%

九、董事会上市承诺

根据《中华人民共和国公司法》、《股票发行与交易管理暂行条例》、《公开发行股票公司信息披露实施细则》和《深圳证券交易所业务规则》和国家有关证券管理法规的要求,本公司董事会自股票上市之日起向证券主管机关、深圳证券交易所、广大投资者作出如下承诺:

1、按照法律、法规的规定程序和要求披露本公司重大的信息,并接受证券主管机关、深圳证券交易所的监督管理。

2、及时、真实、准确地公布中期报告和年度报告、并备置于规定场所供投资者公众查阅。

3、本公司董事、监事及高级管理人员如发生人事变动,或持有本公司股票发生变化时,在报告证券主管机关、证券交易所的同时向投资者公布。

4、在任何公共传播媒介中出现的消息可能对本公司股票的市场价格产生误导性影响时,本公司知悉后将及时对该消息予以公开澄清。

5、本公司董事、监事及高级管理人员将认真听取社会公众的意见和批评,不利用已获得的内幕消息和其他不正当手段直接或间接从事股票买卖活动。

6、本公司没有无记录负债。

十、重要事项揭示

根据广西人民政府桂政函〔1997〕24号文批准公司股票上市后,所得税按33%征收,由区财政返还18%,公司实际负担所得税率为15%,用于扶持该公司发展。

十一、咨询机构

1、公司咨询机构:广西斯壮股份有限公司证券部

咨询电话:(0771)2821736

传真:(0771)2817655

公司文件资料索阅地址:广西壮族自治区南宁市民生路45号

2、主承销商:海南港澳国际信托投资有限公司

法定代表人:李耀祺

地址:海南省海口市滨海新村588号

电话:(0898)8513372

3、上市推荐人:海南港澳国际信托投资有限公司

法定代表人:李耀祺

地址:海南省海口市滨海新村588号

电话:(0898)8513372

传真:(0898)8513379

联系人:巴永军、谈建强、王丹、许景松、侯小兵

十二、备查文件

1、本公司的注册登记文件

2、中国证监会关于本公司公开发行股票的批准文件

3、招股说明书

4、深圳证券交易所上市通知书

5、验资报告

6、《上市协议》

广西斯壮股份有限公司

1997年4月16日

附录一:资产负债表

单位:人民币元

资产	1996年12月31日	1995年12月31日	1994年12月31日
流动资产:			
货币资金	14,607,591.07	4,945,745.80	18,823,516.42
短期投资			
应收票据			
应收帐款	60,411,616.07	68,811,410.89	52,409,802.83
减:坏帐准备	302,058.08	344,057.05	262,049.01
应收帐款净额	60,109,557.99	68,467,353.84	52,147,753.82
预付货款	5,789,950.72		
其他应收款	53,908,856.89	49,508,550.52	34,400,663.57
待摊费用	1,185,620.90	1,897,242.09	106,113.49
存货	12,037,928.81	11,132,811.82	13,541,898.01
待处理流动资产净损失			
一年内到期的长期债券投资			
其他流动资产			
流动资产合计	147,639,506.38	135,951,704.07	119,019,945.31
长期投资:			
长期投资	48,329,126.84	35,331,809.91	27,000,000.00
固定资产			
固定资产原价	10,034,797.31	8,802,910.53	7,513,793.53
减:累计折旧	3,575,346.46	2,227,461.09	999,896.93
固定资产净值	6,459,450.85	6,575,449.44	6,513,896.60

资产	1996 年 12 月 31 日	1995 年 12 月 31 日	1994 年 12 月 31 日
在建工程			
固定资产清理			
待处理固定资产净损失			
固定资产合计	6,459,450.85	6,575,449.44	6,513,896.60
无形资产及递延资产:			
无形资产			
递延资产	1,179,372.42	1,457,067.50	1,734,762.58
无形资产及递延资产合计	1,179,372.42	1,457,067.50	1,734,762.58
其他长期资产:			
其他长期资产			
递延税项			
递延税项借项			
资产总计	203,607,456.49	179,316,030.92	154,268,604.49
负债与股东权益			
流动负债:			
短期借款	49,698,200.00	15,730,700.00	22,673,100.00
应付票据			
应付帐款	20,084,810.43	16,797,351.61	5,753,143.89
预收货款	610,447.72		
应付福利费	544,540.51	242,984.03	90,494.13
未付股利		3,921,312.00	10,456,832.00
未交税金	593,426.85	169,813.54	−167,606.13
其他未交款	11,125.40	3,256.60	2,811.79
其他应付款	1,278,389.96	1,748,638.91	4,607,090.60
预提费用	520,500.00	2,494,400.00	500,000.00
一年内到期的长期负债		34,407,357.23	9,860,987.43
其他流动负债			
流动负债合计	73,341,440.87	75,515,813.92	53,776,853.71
长期负债:			
长期借款	24,894,600.00	24,936,000.00	31,858,664.10
应付债券			
长期应付款			
其他长期负债			
长期负债合计	24,894,600.00	24,936,000.00	31,858,664.10
递延税项			
递延税项贷项			
负债合计	98,236,040.87	100,451,813.92	88,964,573.81
股东权益:			
股本	69,276,512.00	65,355,200.00	65,355,200.00
资本公积	360,000.00	360,000.00	360,000.00
盈余公积	8,428,636.02	5,040,753.03	2,917,886.68
其中:公益金	2,701,717.97	1,572,423.64	864,801.52
未分配利润	27,306,267.60	8,108,263.97	
外币报表折算差额			
股东权益合计	105,371,415.62	78,864,217.00	68,633,086.68
负债与股东权益合计	203,607,456.49	179,316,030.92	154,268,604.49

附表二:利润表主要数据

单位:人民币元

项目	1996 年 12 月 31 日	1995 年 12 月 31 日	1994 年 12 月 31 日
主营业务收入	74,839,155.89	67,769,127.71	44,376,390.02
减:营业成本	52,777,488.10	51,032,604.63	27,620,626.65
销售费用	1,271,243.66	934,762.06	227,792.93
管理费用	5,566,646.73	4,625,392.80	3,350,541.90
财务费用	4,314,862.32	2,133,682.53	1,250,579.50
进货费用			
营业税金及附加	1,176,837.90	989,508.21	677,539.38
二、主营业务利润	9,510,677.18	8,053,177.48	11,249,309.66
加:其他业务利润	1,056,906.13	801,454.93	1,361,196.33
三、营业利润	10,567,583.31	8,854,632.41	12,610,505.99
加:投资收益	12,161,126.84	5,331,809.91	
营业外收入	712.81		
减:营业外支出	143,536.34	34,000.00	308,620.70
加:以前年度损益调整			
四、利润总额	22,585,886.62	14,152,442.32	12,302,155.29
减:所得税			
五、净利润	22,585,886.62	14,152,442.32	12,302,155.29

附表三:财务状况变动表

单位:人民币元

流动资金来源和运用	1996 年 12 月 31 日
一、流动资金来源	
1、本年净利润	22,585,886.62
加:不减少流动资金的费用和损失	
(1)固定资产折旧	1,347,885.37
(2)无形资产、递延资产摊销	277,695.08
(3)固定资产盘亏(减盘盈)	
(4)清理固定资产损失(减收益)	
(5)递延税款	
(6)其他不减少流动资金的费用损失	
小计	24,211,467.07
2、其他来源	
(1)固定资产清理收入	
(2)增加长期负债	
(3)收回长期投资	
(4)对外投资转出固定资产	
(5)对外投资转出无形资产	
(6)资本净增加额	7,309,194.99
小计	7,309,194.99
流动资金来源合计	31,520,662.06
二、流动资金运用	
1、利润分配	
(1)提取法定公积金	3,387,882.99
(2)提取法定公益金	
(3)提取任意公积金	
(4)已分配股利	
小计	3,387,882.99
2、其他运用	
(1)固定资产和在建工程净增加额	1,231,886.78
(2)增加无形资产、递延资产及其他资产	
(3)偿还长期负债	41,400.00
(4)增加长期投资	12,997,316.93
小计	14,270,603.71
流动资金运用合计	17,658,486.70
外币会计报表折算差额	
流动资金增加净额	13,862,175.36

流动资金各项目的变动	1996 年 12 月 31 日
一、流动资产本年增加数	
1、货币资金	9,661,845.27
2、短期投资	
3、短期票据	
4、应收帐款净额	-8,357,795.85
5、预付货款	5,789,950.72
6、其他应收款	4,400,306.37
7、待摊费用	-711,621.19
8、存货(减收益)	905,116.37
9、待处理流动资产损失(减收益)	
10、一年内到期的长期债券投资	
11、其他流动资产	
流动资产增加净额	11,687,802.31
二、流动负债本年增加数	
1、短期借款	33,967,500.00
2、应付票据	
3、应付帐款	3,287,458.82
4、预收货款	610,447.72
5、其他应付款	-470,248.95
6、应付福利费	301,556.48
7、未交税金	423,613.31
8、未付股利	-3,921,312.00
9、其他未交款	7,868.80
10、预提费用	-1,973,900.00
11、一年内到期的长期负债	-34,407,357.23
12、其他流动负债	
流动负债增加净额	-2,174,373.05
流动资金增加净额	13,862,175.36

衡阳市金果农工商实业股份有限公司

衡阳市金果农工商实业股份有限公司股票上市公告书

一、释义

在本公告书中,除非另有所指,下列简称具有如下意义:

1. 本公司或发行人:指衡阳市金果农工商实业股份有限公司

2. 上市推荐人:湘财证券有限责任公司

湖南省国际信托投资公司

3. 董事会:指本公司董事会

4. 元:指人民币元

二、绪言

经中国证券监督管理委员会证监发字(1997)182号和证监发字(1997)183号批准,本公司已成功地向社会公众发行每股面值为1元的人民币普通股股票2500万股。经本公司第五次股东大会决议,按深圳证券交易所深证发(1997)182号《上市通知书》,本公司此次发行的股票将于1997年5月22日在深圳证券交易所挂牌交易。本公司总股份5200万股,可流通股份:2500万股,证券简称:"金果实业",证券代码:0722

本公告书是依据《中华人民共和国公司法》、《股票发行与交易管理暂行条例》、《公开发行股票公司信息披露实施细则》、《深圳证券交易所业务规则》以及国家其他有关证券管理的规定,为金果实业人民币 普通股公开上市之目的而向社会公众提供有关资料。

本公司于1997年5月1日在《中国证券报》刊登招股说明书距今不足6个月,故与其重复的内容在此不再赘述,敬请社会公众查阅招股说明书。

本公司董事会及各位董事确信公告书未遗漏任何重大事项,不存在任何误导和虚假成份,并愿就本公告书及有关资料的真实性、准确性、完整性负共同及个别责任。

三、公司概况

1. 公司法定名称:衡阳市金果农工商实业股份有限公司

2. 成立日期:1993年8月12日

3. 注册地址:衡阳市金果路15号(原衡阳市大码头横街15号)

4. 法定代表人:胡振斌

5. 其他情况:

(1)经营范围

主营:农产品(除棉花)、干鲜果品、水产品、副食品

兼营:餐饮娱乐、建筑材料、房地产开发、化工材料、橡胶制品、针纺织品等。

(2)注册资本:5200万元

工商登记号:18380306-7

(3)公司员工情况

公司在岗正式员工总数1062人,其中管理人员254人,财会人员68人,技术人员72人,其他专业人员76人。具有大专以上学历员工341人,占32.18%,中专(技校)人员179人,占16.92%。

6. 历史沿革

本公司前身为衡阳市食杂果品总公司,1984年由衡阳市食杂果品公司、衡阳地区食杂果品公司合并而成。1993年6月,经湖南省股份制改革试点领导小组批准,在全资改组衡阳市食杂果品总公司基础上,以定向募集方式设立衡阳市金果农工商实业股份有限公司。衡阳市食杂果品总公司以经营性资产折2011万股,(其中国家股608万股,国有法人股1403万股),向社会法人募集2866万股,向公司内部职工募集523万股,经湖南省会计师事务所验证,注册资本为5400万元。

1997年2月24日,经公司临时股东大会决议,对公司股本按2:1的比例缩股,1997年3月办理工商变更,注册资本由5400万元变更为2700万元。

四、股票发行及承销

1. 本次股票发行

本公司经中国证券监督管理委员会证监发字(1997)182号和证监发字(1997)183号文批准,于1997年5月6日至5月13日采取全额预缴款、比例配售、余款转存方式在衡阳市、长沙市发行社会公众股2500万股,每股发行面值1.00元,每股发行价5.09元,发行市盈率12.12倍。本次发行2500万股社会公众股股款12725万元,在扣除发行费用500万元后,实募资金12225万元已进本公司银行帐户,并经湖南省会计师事务所验资。本次发行配售比例为2.893%,配售户数23730户,持1000股以上股东户数3961户(含内部职工股股东),每股发行手续费0.1元,共计发行手续费250万元。

2. 本次股票发行由主承销湘财证券有限责任公司、副主承销湖南省国际信托投资公司及3家分销商组成的承销团承销。总承销金额12725万元,其中主承销商承销6362.5万元,占50%,副主承销商承销2545万元,占20%,分销商各承销1272.5万元,各占10%。

3. 验资

(1)验资报告(湘会师[1997]内验字第042号)

衡阳市金果农工商实业股份有限公司全体股东:

我们接受委托,对衡阳市金果农工商实业股份有限公司截至1997年5月13日止的注册资本、投入资本变更情况的真实性和合法性进行了审验。在审验过程中,我们按照《独立审计事务公告第1号——验资》的要求,实施了必要的审验程序。衡阳市金果农工商实业股份有限公司的责任是提供真实、合法、完整的验资资料,保护资产的安全、完整,我们的责任是按照《独立审计实务报告第1号——验资》的要求,出具真实、合法的验资报告。

衡阳市金果农工商实业股份有限公司变更前的注册资本和投入资本分别为27000000.00和74337760.66元,衡阳市金果农工商实业股份有限公司变更后的注册资本为52000000.00元。根据我们的审验,截至1997年5月13日止,衡阳市金果农工商实业股份有限公司增加投入资本122250000.00元,变更后的投入资本总额为196587760.66元,其中实收资本52000000.00元,资本公积124396807.40元,盈余公积5534871.83元(其中:公益金1844957.28元),未分配利润14656081.43元,与上述变更后投入资本总额相关的资产总额为344028073.19,负债总额为145898887.83元,少数股东权益总额1541424.70元。

湖南省会计师事务所　　中国注册会计师:杨迪航

湖南·长沙　　中国注册会计师:李第扩

1997年5月13日

(2)募集资金入帐时间:1997年5月12日

(3)入帐金额:12,225.00万元

(4)入帐帐号:801006913

(5)开户银行:中国农业银行衡阳市分行营业部

五、董事、监事、高级管理人员持股情况

(一)董事:

胡振斌先生　51岁,大学文化,经济师,现任本公司董事长兼总经理。

邓瑞华先生　54岁,大学文化,高级经济师,现任衡阳市供销社副主任、本公司副董事长。

李庆林女士　42岁,硕士研究生,高级经济师,现任湖南金通投资咨询有限公司执行董事、本公司副董事长。

郑远东先生　40岁,大专文化,经济师,现任衡阳市产权交易市场总经济师、本公司董事。

彭俊清先生　47岁,大专文化,高级工程师,现任耒阳电厂厂长、湖南耒阳耒能实业公司总经理、本公司董事。

陈文华先生　47岁,大专文化,政工师,现任衡阳市供销社工会主席、本公司董事。

李清华先生　50岁,大专文化,经济师,现任本公司董事。

周代清先生　44岁,大专文化,经济师,现任本公司董事兼副总经理。

贺振礼先生　41岁,大专文化,经济师,现任中国农业银行衡阳市信托投资公司总经理、本公司董事。

谭炳桃先生　56岁,大专文化,经济师,现任衡阳市液化汽公司经理、本公司董事。

解富根先生　45岁,大专文化,工程师,现任上海化学纤维厂厂长、本公司董事。

(二)监事

陈业盛先生　60岁,大专文化,高级政工师,现任本公司监事会主席。

欧阳芳云先生　43岁,大专文化,会计师,现任衡阳市供销社主任助理、本公司监事。

许启金先生　61岁,大专文化,高级政工师,现任本公司监事。

钟一先生　61岁,大专文化,本公司监事。

江树邦先生　47岁,大学文化,现任衡阳市供销社人事科科长、本公司监事。

(三)其他高级管理人员

万贤达先生　50岁,大专文化,经济师,现任本公司副总经理。

刘华玲女士　56岁,大专文化,经济师,现任本公司副总经理。

邓英杰女士　32岁,硕士研究生,本公司副总经理。

张顺元先生　60岁,大专文化,高级会计师、本公司财务总监。

邓朝晖先生　27岁,大学文化,助理会计师,本公司董事会秘书。

(四)董事、监事及高级管理人员持股情况

序号	姓名	持股数量(股)
1	胡振斌	1000
2	陈文华	2500
3	李清华	5000
4	周代清	2000
5	贺振礼	2500
6	谭炳桃	2500
7	解富根	5000
8	陈业盛	5000
9	欧阳芳云	5000
10	许启金	5000
11	钟　一	10000
12	刘华玲	1500
13	张顺元	500

表中未列入的董事、监事及高级管理人员持股数均为零。

六、关联企业

本公司控股子公司情况

名称	注册资金	所占比例(%)	主营业务
湖南恒昌实业有限公司	360万	60%	食品加工
金果对外贸易有限公司	800万	70	进出口业务
满洲里中南经贸公司	50万	100	边境贸易

七、股本结构及大股东情况

1. 上市前股本结构

本公司本次发行2500万股,发行后公司股本结构如下:

	股数(万股)	占总股本比例
总股本	5200	100
尚未流通股份		
(1)发起人股		
国家股	304	5.84
法人股	901.5	17.34
(2)募集法人股	1233	23.71
(3)内部职工股	261.5	5.03
可流通股份		
社会公众股	2500	48.08

内部职工股261.5万股在本次新股上市满3年后方可上市流通。

2. 公司前十名股东持股情况

股东名称	持股数量	占总股本比例(%)
1 衡阳市供销社	701.5	14.26
2 湖南金通投资咨询有限公司	375	7.22
3 衡阳市国有资产管理局	304	5.85
4 中国农业银行衡阳市信托投资公司	100	1.43
5 湖南耒阳耒能实业公司	100	1.43
6 江东橡股公司	70.3	1.35
7 湖南省国际信托投资公司	50	0.96
8 湖南三木房地产有限责任公司	50	0.96
9 海南神龙股份有限公司	50	0.96
10 衡阳市生资公司耐火材料经营部	32.995	0.63

八、财务会计资料

以下资料摘自湖南省会计师事务所湘会师(1997)内审019号审计报告。

(一)合并资产负债表(见后表)

(二)合并利润及利润分配表、合并财务状况变动表(见后表)

(三)重要会计政策

1. 本公司执行《股份制试点企业会计制度》。

2. 会计年度自公历每年1月1日起至12月31日止。

3. 合并报表的编制办法

本公司根据经湖南省会计师事务所审核并作出适当调整后的个别会计报表编制合并报表;

合并范围:对持有股权比例在51%(含51%)以上的子公司纳入合并报表;

合并方法:以公司本部和分公司为母公司,并将母公司和子公司权益金额、内部往来予以抵消后合并。

纳入合并报表的子公司有:湖南恒昌实业有限公司、湖南金果对外贸易有限公司、满洲里中南经贸公司。

4. 记帐原则和计价基础

所附会计报表按权责发生制采用实际成本计价的原则进行编制。

5. 记帐本位币及外币折算

本公司以人民币为记帐本位币。对发生的所有外币业务均以当月1日人民银行公布的外汇牌价(中间价)调整折算为人民币金额。

6. 坏帐损失的核算

坏帐损失核算采用备抵法,按年末应收帐款余额3‰计提坏帐准备金。

7. 存货的核算

(1)存货包括库存商品、产成品、低值易耗品等。

(2)存货实行永续盘存制。库存商品按零售价核算,购入其它类存货按实际成本入帐,耗用时按加权平均法计算结转成本。

8. 长期投资

(1)债券投资采用权益法核算

(2)对股权投资占被投资单位资本总额20%以下的按成本法核算,对20%以上的采用权益法核算,对超过半数和实际拥有控股权的公司编制合并会计报表。

(3)联营投资占被投资单位资本总额20%以下的按成本法进行核算,对20%以上的采用权益法,对超过半数和实际拥有控制权的公司编制合并会计报表。

9. 固定资产及累计折旧

固定资产按历史成本计价,折旧采用直线法,按固定资产的分类折旧率计提折旧。各类固定资产年折旧率如下:

固定资产类别	折旧年限	残值率	年折旧率
房屋建筑物分类:			
经营用房仓库	25-35年	5%	3.80-2.71%
简易房	8年	5%	11.89%
机器设备分类			
机械动力设备	11-18年	5%	8.64-5.28%
传导设备	15年	5%	6.33%
其他设备	5-10年	5%	19-9.5%
交通运输工具类	10-14年	5%	9.5-6.79%

10. 无形资产及摊销:

土地使用权,按50年分期摊销。

11. 递延资产及摊销

开办费自经营之日起,分期摊入管理费用,摊销期为5年;以经营租赁方式租入固定资产改良支出,按照有效租赁期限和耐用年限孰短的原则分期摊销;固定资产的装修、装璜净支出按装修、装璜后固定资产的耐用年限分期摊销。

12. 税项:

A:增值税:国内商品销售1993年以前公司交纳营业税。1994年起按《增值税暂行条例》计征,即按销售收入17%(农副产品按销售收入13%)计算当期销项税额,抵扣当期进项税额后的余额交纳。出口产品销售税率0%。

B:营业税:房屋租赁按应税收入的5%计算缴纳。餐饮娱乐业务收入分别按应税收入的5%和10%计算,交通运输业务收入按应税收入3%计算缴纳。

C:所得税:1992年5月18日原企业与衡阳市财政局、税务局等部门签订"经营目标责任书"实行投入产出总承包。承包期自1992年元月1日起至2000年12月31日。上交税利(含营业税、所得税)基数99.8万元,以后每年以10%的比例递增,其实现的税利超标部分,由财政部门视企业情况按有关规定报批作减免税或技改支出返还企业。公司进行改组后继续执行上述政策,1993年、1994年、1995年三个年度,除国家税率变动增加税金外(因税率变动增加税金如数计交)超目标部分,以财政返还形式退回企业。

1995年根据国家有关税收政策,本公司"投入产出总承包"停止实施。经湖南省人民政府湘政办函(1996)330号文件批准,本公司自1996年起按应纳税所得额15%交纳所得税。

(四)主要财务指标

项目	1996年	1995年	1994年
1. 资产负债率(%)	62.00	61.05	58.28
2. 每股净收益(元)	0.48	0.42	0.36
3. 每股净资产(元)	2.63	2.16	2.08
4. 流动比率	0.89	1.14	1.08
5. 速动比率	0.68	0.83	0.84
6. 应收帐款周转率	4.16	3.25	3.10
7. 存货周转率	4.98	3.84	5.03
8. 净资产收益率(%)	18.26	19.61	13.33

九、董事会上市承诺

本公司董事会将严格遵守公司法、股票发行与交易管理暂行条例、公开发行股票公司信息批露实施细则、深圳证券交易所交易规则和有关法律、法规的规定,并自股票上市之日起作出如下承诺:

1. 按照法律、法规的规定程序和要求批露重大的信息,并接受证券主管机关、深圳证券交易所的监督管理。

2. 及时、真实、准确地公布中期报告和年度报告,并备置于规定场所供投资者公众查阅。

3. 本公司董事、监事及高级管理如发生人事变动或持本公司股票发生变化时,在报告证券主管机关、证券交易所的同时向投资者公布。

4. 在任何公共传播媒介中出现的消息可能对本公司股票市场价格产生误导性影响时,本公司知悉后将及时对该消息予以公开澄清。

5. 本公司董事、监事及高级管理人员将认真听取社会公众的意见和批评,不利用已获得的内幕消息和其他不正常手段直接或间接从事股票买卖活动。

6. 本公司没有无记录负债。

十、重要事项提示

1. 本公司本次发行2500万社会公众股不包括内部职工股,公司内部职工股将在本次新股上市三年以后上市流通。

2. 截至上市公告书刊登之日,本公司未涉及任何重大事项和仲裁,亦无任何尚未了结或可能的重大诉讼和索赔要求。

3. 本公司上市后所得税税率为15%。

4. 本公司1996年未分配利润是否由新老股东共享,尚须提交股东大会讨论。

5.1997年2月24日,公司临时股东大会通过缩股决议,即按2:1比例对公司股本进行缩减,公司原股本5400万股缩减为2700万股。

十一、咨询机构

1. 发行人:衡阳市金果农工商实业股份有限公司

地址:湖南省衡阳市金果路15号

电话:(0734)8223091

联系人:邓朝晖 陈爱民

2. 上市推荐人:湘财证券有限责任公司

地址:湖南省长沙市韶山路附20号

电话:(0731)8855416

联系人:刘欣、王锡谷

湖南省国际信托投资公司

地址:湖南省长沙市赤岗北路100号

电话:(0731)4416216

联系人:彭术乔、黄勇

十二、备查文件目录

1. 注册登记文件
2. 深圳证券交易所上市通知书
3. 验资报告
4. 上市推荐书
5. 本公司股东大会批准上市决议
6. 招股说明书

衡阳市金果农工商实业股份有限公司

1997年5月20日

合并利润及利润分配表

编制单位:衡阳市金果农工商实业股份有限公司　　　　(已审)　　　　金额单位:元

项目	附注	1996年度	1995年度	1994年度
一、主营业务收入	3-26	159,285,396.16	121,642,032.98	112,979,300.03
减:营业成本	3-27	127,635,890.26	91,631,746.23	89,481,025.09
销售费用	3-28	5,048,450.06	4,384,986.70	3,787,670.18
管理费用	3-29	8,659,509.14	7,470,112.63	5,981,648.53
财务费用	3-30	5,511,402.74	7,662,525.62	2,733,161.66
进货费用				
营业税金及附加		983,553.94	734,954.43	1,165,570.00
二、主营业务利润		11,446,590.02	9,757,707.37	9,830,224.57
加:其他业务利润	3-31	897,571.02	448,457.11	368,835.15
三、营业利润		12,344,161.04	10,206,164.48	10,199,059.72
加:投资收益	3-32	3,027,896.93	1,995,408.31	315,215.00
营业外收入	3-33	50,330.23	68,582.45	52,462.67
减:营业外支出	3-34	57,676.00	42,455.52	15,595.28
加:以前年度损益调整				
四、利润总额		15,364,712.20	12,227,699.72	10,551,142.11
减:所得税	3-35	2,359,751.49	3,795,000.00	3,234,000.00
加:财政返还所得税	3-36		3,152,700.00	2,874,200.00
减:少数股东本期损益		23,687.33	192.714.61	215,555.14
五、净利润	3-37	12,981,273.38	11,392,685.11	9,975,786.97
加:年初未分配利润		350,717.72	386,935.38	7,516.46
盈利公积转入				
六、可分配利润		13,331,991.10	11,779,620.49	9,983,303.43
减:提取法定盈余公积		1,298,127.34	1,139,268.51	997,578.70
提取公益金		649,063.67	569,634.26	498,789.35
七、可供股东分配利润		11,384,800.09	10,070,717.72	8,486.935.38
减:已分配优先股股利				
提取任意盈余公积				
已分配普通股股利			9,720,000.00	8,100,000.00
八、未分配利润		11,384,800.09	350,717.72	386,935.38

合并财务状况变动表

编制单位:衡阳市金果农工商实业股份有限公司　　　　(已审)　　　　金额单位:元

流动资金来源和运用	1996年度	流动资金各项目的变动	1996年度
一、流动资金来源		一、流动资产本年增加数	
1. 本年净利润	12,981,273.38		
加不减少流动资金费用和损失			
(1)少数股东本期损益(-号表示亏损)	23,687.33	1. 货币资金	13,372,329.05
(2)固定资产折旧	2,862,612.22	2. 短期投资	-3,190,775.23
(3)无形资产、递延资产及其他资产摊销	1,757,242.69	3. 应收票据	
(4)固定资产盘亏(减盘盈)		4. 应收帐款净额	687,231.83
(5)清理固定资产损失(减收益)		5. 预付货款	3,834,664.34
(6)其他不减少流动资金的费用和损失		6. 其他应收款	2,656,290.45
小计	17,624,815.62	7. 待摊费用	-461,307.24
2. 其他来源		8. 存货	1,744,746.63
(1)固定资产清理收入(减清理费用)		9. 待处理流动资产净损失	-20,903.06
(2)增加长期负债	1,500,000.00	10. 一年内到期的长期债券投资	
(3)收回长期投资		11. 其他流动资产	
(4)对外投资转出固定资产		流动资产增加净额	18,622,276.77
(5)对外投资转出无形资产			
(6)资本净增加额	1,947,191.01		
(7)少数股东资本净增加额	3,553.10	二、流动负债本年增加数	
小计	3,450,744.11	1. 短期借款	21,751,359.63

流动资金来源和运用	1996年度	流动资金各项目的变动	1996年度
流动资金来源合计	21,075,559.73	2.应付票据	
二、流动资金运用		3.应付帐款	7,495,159.12
1.利润分配		4.预收货款	-624
(1)提取盈余公积	1,298,127.34	5.其他应付款	-1,417,497.57
(2)提取公益金	649,063.67	6.应付福利费	41,198.94
(3)提取任意公积金		7.未交税金	839,664.53
(4)已分配股利		8.未付股利	-7,897,556.61
小计	1,947,191.01	9.其他未交款	26,145.57
2.少数股东利润分配	431,957.08	10.预提费用	2,895,586.80
3.其他运用		11.其他流动负债	
(1)固定资产和在建工程净增加额	19,612,381.38	12.一年内到期的长期负债	18,000,000.00
(2)增加无形资产、递延资产及其他资产	1,095,189.90		
(3)偿还长期负债	18,000,000.00		
(4)增加长期投资	3,100,000.00		
小计	41,807,571.28		
流动资金运用合计	44,186,719.37	流动负债增加净额	41,733,436.41
流动资金增加净额	-23,111,159.64	流动资金增加净额	-23,111,159.64

合并资产负债表

编制单位:衡阳市金果农工商实业股份有限公司　　(已审)　　金额单位:元

资产	附注	1996年12月31日	1995年12月31日	1994年12月31日	资产	附注	1996年12月31日	1995年12月31日	1994年12月31日
流动资金					负债及所有者权益				
货币资金	3-1	18,951,306.54	5,578,977.49	11,558,193.90	流动负债				
短期投资	3-2	5,108,135.66	8,298,910.89	4,606,507.70	短期借款	3-13	68,385,100.00	46,633,740.37	39,055,000.00
应收票据					应付票据				
应收帐款	3-3	38,265,466.83	37,576,167.11	36,565,806.02	应付帐款	3-14	20,369,344.70	12,874,185.58	15,299,626.68
减:坏帐准备	3-3	114,796.40	112,728.51	109,697.42	预收货款			624.00	
应收帐款净额		38,150,670.43	37,463,438.60	36,456,108.60	应付福利费		175,164.53	133,965.59	91,623.59
预付货款	3-4	8,834,664.34	5,000,000.00	54,000.00	未付股利	3-15	2,001,526.71	9,899,083.32	8,988,283.32
其他应收款	3-5	7,962,201.38	5,305,910.93	7,377,121.55	未交税金	3-16	-462,792.42	-1,302,456.95	-2,089,941.81
待摊费用	3-6	793,322.12	1,254,629.36	1,837,915.95	其他未交款		86,083.52	59,937.95	
存货	3-7	25,603,607.50	23,858,860.87	17,844,695.45	其他应付款	3-17	6,011,876.40	7,429,373.97	7,901,960.02
待处理流动资产损失			20,903.06	23,160.20	预提费用	3-18	3,274,467.00	378,800.20	4,405,698.81
一年内到期的长期债券投资					一年内到期的长期负债	3-19	18,000,000.00		
其他流动资产					其他流动负债				
流动资产合计		105,403,907.97	86,781,631.20	79,757,703.35	流动负债合计		117,840,770.44	76,107,334.03	73,652,250.61
长期投资					长期负债				
长期投资	3-8	4,120,307.52	1,020,307.52	1,000,000.00	长期借款	3-20	1,500,000.00		
固定资产					应付债券			18,000,000.00	7,606,100.00
固定资产原价	3-9	65,829,257.01	54,773,078.15	42,489,488.06	长期应付款				
减:累计折旧	3-9	3,966,336.73	6,176,874.51	4,611,342,51	其他长期负债				
固定资产净值		56,862,920.28	48,596,203.64	37,878,145.55	长期负债合计		1,500,000.00	18,000,000.00	7,606,100.00
固定资产清理					递延税项				
在建工程	3-10	11,035,541.99	2,552,489.47	11,974,386.68	递延税款贷款				
待处理固定资产损失					负债合计		119,340,770.44	94,107,334.03	81,258,350.61
固定资产合计		67,898,462.27	51,148,693.11	49,852,532.23	少数股东权益	3-21	1,541,424.70	1,946,141.35	1,753,426.74
无形资产及递延资产					股东权益				
无形资产	3-11	5,684,671.17	5,806,268.41	5,927,865.65	股本	3-22	54,000,000.00	54,000,000.00	54,000,000.00
递延资产	3-12	8,841,418.44	9,381,873.99	2,886,289.86	资本公积	3-23	146,807.40	146,807.40	146,807.40
无形及递延资产合计		14,526,089.61	15,188,142.40	8,814,155.51	盈余公积	3-24	5,534,964.74	3,587,773.73	1,878,870.96
其他长期资产					其中:公益金		1,844,988.25	1,195,924.58	626,290.32
其他长期资产					未分配利润	3-25	11,384,800.09	350,717.72	386,935.38
递延税项					股东权益合计		71,066,572.23	58,085,298.85	56,412,613.74
递延税款借项					负债及股东权益合计		191,948,767.37	154,138,774.23	139,424,391.09
资产总计		191,948,767.37	154,138,774.23	139,424,391.09					

重庆国际实业投资股份有限公司

重庆国际实业投资股份有限公司上市公告书

一、要览

总股本:6000 万股

可流通股份:2000 万股

本次上市流通股:2000 万股

证券简称:重庆实业

证券代码:0736

上市日期:1997 年 4 月 25 日

上市地点:深圳证券交易所

股份登记机构:深圳证券登记有限公司

二、绪言

本公告书依据《中华人民共和国公司法》、《股票发行与交易管理暂行条例》、《公开发行股票公司信息披露实施细则》、《深圳证券交易所业务规则》以及国家其它有关证券管理的规定编制,为本公司股票公开上市之目的,并向社会公众披露公司基本情况及有关资料。

经中国证券监督管理委员会证监发字(1997)119 号文和证监发字(1997)120 号文批准,本公司已成功地向社会公众公开发行每股面值为 1.00 元人民币普通股股票 1000 万股,股票上市申请经深圳证券交易所深证发(1997)145 号文审核批准,将于 1997 年 4 月 25 日在深圳证券交易所挂牌交易。本公司总股本 6000 万股,可流通股份 2000 万股(含 1000 万股内部职工股),股票简称"重庆实业",证券编码"0736",交易单位为"股"。

本公司《招股说明书概要》于 1997 年 4 月 4 日在《中国证券报》上刊登,距本公告公布的时间不足六个月,依规定对在招股说明书已公布的内容在此不再重述,敬请投资者查阅《招股说明书概要》。

本公司董事会已批准本公告书并确信其中不存在任何重大遗漏,亦不存在任何误导及虚假成分,并对其真实性、准确性、完整性负个别和连带的责任。

三、公司概况

(一)概况

1. 公司法定名称:重庆国际实业投资股份有限公司

2. 公司注册地址:重庆市江北区观音桥建新北路 86 号

3. 公司法定代表人:赵健

4. 公司成立日期:1993 年 2 月 3 日

5. 公司注册资本:6000 万元

6. 公司经营范围:

实业投资,利用外资投资,高科技开发,设备租赁,代理三类商品进出口业务,国际经济技术合作的往来函调查及咨询服务。销售矿产品(不含国家规定产品),化工产品,建筑材料,装饰材料,汽车(不含轿车),摩托车及零部件,五金,交电,木材,钢材,日用百货,纺织品,工艺美术品(不含金银饰品)。

7. 所属行业:综合行业

8. 公司营业执照注册号:20281338-4

9. 联系电话:(023)67868187

(二)公司历史沿革

(1)股份制改制过程

1992 年 10 月 29 日经重庆市经济体制改革委员会渝改委[1992]148 号文批准,由中国重庆国际经济技术合作公司,重庆市建设投资公司、重庆华泰实业总公司共同发起,以定向募集方式组建重庆国际实业投资股份有限公司,公司注册资本 5,000 万元人民币,于 1993 年 2 月 3 日正式注册成立。

(2)历次股票发行情况

公司定向募股资金到位后,经验证确认公司注册资金总额为 5000 万元人民币,由以下三个部分组成:

1. 发起人以现金方式认购 2300 万元,股本总额的 46%。

其中:中国重庆国际经济技术合作公司认购 1100 万元,占股本总额的 22%;重庆市建设投资公司认购 600 万元,占股本 12%;重庆华泰实业总公司认购 600 万元,占股本总额的 12%。

2. 国内法人团体以现金方式认购 1700 万元,占股本总额的 34%。

3. 内部职工以现金方式认购 1000 万元,占股本总额的 20%。

总股金 5000 万元已于 1992 年 12 月 10 日全部投入到位,上述事项已经重庆市审计事务所重所事验(1992)第 292 号验资报告验证属实。

(3)发起人简介

1. 公司法定名称:中国重庆国际经济技术合作公司

2. 公司注册地址:重庆市江北区建新东路一村十二号

3. 公司法定代表人:赵健

4. 公司成立日期:1983 年 7 月 29 日

5. 公司注册资本:壹亿元

6. 公司经营范围:承包各类国外工程、境内外资工程、承担我国对外经济援助项目;承包工程所需的设备、材料出口等

7. 所属行业:综合行业

8. 公司营业执照注册号:20280843-8

四、股票发行及承销

1. 本次上市前的社会公众股发行情况:

发行数量:1000 万股

发行价格:3.30 元

筹资总额:3300 万元

发行方式:上网定价

配售比例:0.157168%

配售户数:884532 户

持有 1000 股以上的户数:12071 户

发行费用总额:289 万元

每股发行费用:0.289 元

发行市盈率:14 倍

2. 股票承销:

本次公开发行的 1000 万股社会公众股已全部由社会公众认购。承销团成员无包销比例及数量。

3. 验资报告(摘自重庆会计师事务所重会所验字(97)第 056 号)

重庆国际实业投资股份有限公司全体股东:

我们接受委托,对贵公司截至一九九七年四月十八日止的实收股本及相关的资产和负债的真实性和合法性进行审验。在审验过程中,我们按照《独立审计实务公告第 1 号——验资》的要求,实施了必要的审验程序。贵公司的责任是提供真实、合法、完全的验资资料,保护资产的安全、完整。我们的责任是按照《独立审计实务公告第 1 号——验资》的要求,

出具真实、合法的验资报告。

贵公司申请的注册资本为60,000,000.00元。本次社会公众股发行前,贵公司的股本总额为50,000,000.00元,业经重庆审计事务所重审事验(1993)第292号验证属实。本次向社会公众发行人民币普通股1,000万股,每股面值1元,发行价为3.3元/股,应募集资金33,000,000.00元。根据我们的审验,截至一九九七年四月十八日止,贵公司已收到向社会公开募集资金30,110,000.00元(已扣除发行费用2,890,000.00元),其中股本10,000.00元。资本公积20,110,000.00元。本次发行后贵公司所有者权益总额为111,658,627.52元,其中股本60,000,000.00元,资本公积20,440,934.36元,盈余公积15,249,884.50元,未分配利润15,967,808.66元,与上述发行后投入资本总额相关的资产总额为152,528,341.92元,负债总额为38,343,086.05元。

附件(一)变更前后注册资本、投入资本对照表

附件(二)变更前后资产、负债和所有者权益对照表

附件(三)验资事项说明

重庆会计师事务所　　中国注册会计师:石义杰

中国注册会计师:刘志平

中国·重庆　　一九九七年四月十八日

五、董事、监事、高级管理人员持股情况:

姓名	职务	持股数(股)	占总股本(%)
赵　健	董事长	5,000	0.0083
张泽培	副董事长	3,000	0.005
王　荡	副董事长	3,000	0.005
唐学锋	常务董事、总经理	2,000	0.003
陈一华	董事、副总经理	0	0
王忆洲	董事、副总经理	2,000	0.003
刘晓峰	董事	2,000	0.003
杨渝玲	财务总监	2,000	0.003
阎铁梁	监事会主席	1,000	0.0017
徐　斌	监事	500	0.0008
刘美芳	监事	1,000	0.0017
张　杲	董事会秘书	1,000	0.0017

以上公司董事、监事、高级管理人员共持有公司股份22,500股,占总股本的0.038%。

六、公司设立

1. 本公司1996年6月28日第四次股东大会作出决议:公司股票公开发行后,申请在深圳证券交易所交易。

2. 公司注册资金:6000万元

3. 本次发行后变更注册登记时间:1997年4月18日

4. 公司注册地点:重庆市江北区观音桥建新北路86号

5. 营业执照注册号码:20281338－4

七、关联企业及关联交易

(一)本公司大股东情况

股东名称	持股数(万股)	持股比例(%)	主要业务
中国重庆国际经济技术合作公司	1,100	18.33	对外经济技术合作和内外贸易
重庆市开发投资有限公司	600	10.0	综合性投资
重庆天乐制药有限公司	600	10.0	制药

(二)本公司全资附属和投资企业情况

公司名称	性质	投资比例	主要业务
重庆中亚医用保健品厂	全资	100%	医疗保健制品生产与销售
重庆国际客运公司	全资	100%	出租车客运
重庆西源凸轮轴有限公司	控股	51%	凸轮轴制造与销售

本公司与上述关联企业无关联交易。

八、股本结构及大股东持股情况

1. 上市前的股本结构

股份类别	股本数额(万股)	占总股本比例(%)
一、尚未流通的股份	4,000	66.67
发起人股	1,100	18.34
定向法人股	2,900	48.33
二、可流通的股份	2,000	33.33
社会公众股	2,000	33.33
其中:内部职工股占额度上市	1,000	16.665
总股本	6,000	100

2. 前十名股东所持股数及比例

股东名称	持股数	占总股本(%)
(1)中国重庆国际经济技术合作公司	11,000,000	18.33
(2)重庆市开发投资有限公司	6,000,000	10.00
(3)重庆天乐制药有限公司	6,000,000	10.00
(4)中国轻工物资供销西南公司	1,000,000	1.67
(5)华夏证券有限公司重庆分公司	1,000,000	1.67
(6)中国工商银行重庆信托投资有限公司	1,000,000	1.67
(7)重庆市证券公司	800,000	1.33
(8)重庆渝丰公司	650,000	1.08
(9)重庆电视二台	500,000	0.83
(10)重庆医药工业公司	500,000	0.83

九、公司财务会计资料

(一)审计报告

重庆国际实业投资股份有限公司全体股东:

我们接受委托,审计了贵公司1994年12月31日、1995年12月31日、1996年12月31日资产负债表及合并的资产负债表,1994年度、1995年度、1996年度利润及利润分配表和合并的利润及利润分配表,1996年度财务状况变动及合并的财务状况变动表。这些会计报表由贵公司负责,我们的责任是对这些会计报表发表审计意见。我们的审计是依据中国注册会计师独立审计准则进行的。在审计过程中,我们结合贵公司实际情况,实施了包括抽查会计记录等我们认为必要的审计程序。

我们认为,上述会计报表符合《企业会计准则》和《股份制试点企业会计制度》的有关规定,在所有重大方面公允地反映了贵公司1994年12月31日、1995年12月31日、1996年12月31日财务状况及合并的财务状况和1994年度、1995年度、1996年度经营成果及合并的经营成果以及1996年度资金变动情况及合并资金变动情况,会计处理方法的选用遵循了一贯性原则。

重会计师事务所　　中国注册会计师:石义杰

中国注册会计师:刘志平

中国·重庆　　一九九七年一月二十五日

(二)资产负债表、利润表及利润分配表、财务状况变动表分别见附表1、附表2、附表3

(三)财务报表附注

1. 会计制度

公司执行《股份制试点企业会计制度》。

2. 会计年度

公司会计年度为公历年度即一月一日至十二月三十一日。

3. 合并报表编制方法

根据《合并会计报表暂行规定》,以母公司及其纳入合并报表范围的子公司之个别会计报表为基础,抵销母子公司间重要内部交易及资金往来编制而成。纳入合并报表范围的子公司的有关情况如下:

名称	成立日期	注册资本	股权比例	实际投资额	业务范围
重庆中亚医用保健品厂	1995.1	600万元	100%	600万元	生产、销售医用保健品等
重庆国际客运公司	1993.3	850万元	100%	850万元	汽车客运等
重庆西源凸轮轴有限公司	1994.12	400万元	51%	204万元	生产、销售汽车凸轮轴等

母公司及纳入合并报表范围的子公司所采用的会计政策均保持一致。

4. 记帐本位币

公司记帐本位币为人民币。

5. 记帐原则和计价基础

按照权责发生制原则，以实际成本为计价基础。

6. 外币折算

发生的外币业务，按照外币业务发生日中国人民银行公布的市场汇价折合为人民币记帐；期末将外币帐户余额按照期末中国人民银行公布的市场汇价折算人民币余额，其折算差额计入当期财务费用。

7. 坏帐准备

按应收帐款年末余额的3‰计提。

8. 存货计价

存货按实际成本计价。领用发出的存货，采用加权平均法结转成本；低值易耗品领用时采用五·五摊销法摊销。

9. 长期投资

公司对拥有被投资企业20%以下股权的投资采用成本法核算，对拥有被投资企业20%以上股权的投资采用权益法核算，其中对拥有被投资企业50%以上股权的子公司并编制合并会计报表。

10. 固定资产及其折旧

公司的固定资产是指公司拥有的使用年限在一年以上的房屋、建筑物、机器、设备、器具、工具等生产经营主要设备，以及单位价值在2000元以上，并且使用期限超过两年的不属于生产经营主要设备的物品。

公司的固定资产均按实际成本计价。固定资产折旧按原值扣除5%残值后采用直线法分类计提。分类折旧年限及折旧率为（不含下属子公司重庆国际客运公司的出租车）：

类别	折旧年限（年）	年折旧率（%）
房屋及建筑物	45	2.11
通用设备	12	7.92
运输工具	12	7.92
办公设备	8	11.88

重庆国际客运公司的出租车辆折旧，根据重庆市财政局重财会企一（1992）第216号文件规定，采用直线法折旧，不预留残值。折旧年限及折旧率为：

类别	折旧年限（年）	年折旧率（%）
车辆价值在10万元以内	3	33.33
车辆价值在10-20万元	5	20
车辆价值在20万元以上	7	14.29

11. 无形资产

土地使用权从取得之日起分66年平均摊销（土地使用证使用期限为70年，公司受让时已过4年）。

外购专利权从取得之日起分10年平均摊销。

外购非专利技术及出租车牌照经营权从取得之日起分12年平均摊销。

12. 递延资产

开办费系公司筹建期间发生的费用，自1993年6月起，分五年平均摊销；待转销汇兑损失，自1994年1月起，分五年平均摊销。

13. 收入确认

营业收入以产品已经发出或劳务已提供，并收到货款或取得索取价款的凭据时确认。

14. 税项及附加费

（1）流转税及附加费

母公司的租赁业务收入及下属子公司重庆国际客运公司的客运业务收入适用营业税。

母公司的贸易业务收入及下属子公司重庆中亚医用保健品厂、重庆西源凸轮轴有限公司的产品销售收入适用增值税。

城市维护建设税及各项附加费计税依据为应纳流转税额。

母公司及下属子公司适用税（费）率为：

	营业税	增值税	城市维护建设税	教育费附加	交通重点建设附加费
母公司	5%	17%	7%	3%	5%
重庆国际客运公司	5%		7%	3%	5%
重庆中亚医用保健品厂		17%	7%	3%	5%
重庆西源凸轮轴有限公司		17%	5%	3%	5%

*. 重庆国际客运公司的客运业务计税营业额根据重庆市地方税务局重地税发（1996）21号文件规定每月每台车按5000元确定。

**. 交通重点建设附加费根据重庆市人民政府办公厅重办发（1993）11号文件规定计证。

（2）企业所得税

公司适用所得税税率为33%，其中

母公司及下属子公司重庆国际客运公司的企业所得税依据重庆市地方税务局重地税发（1995）479号文件在1994年、1995年、1996年三年内实行减九征一的税收优惠政策，即实际负担的税率为3.3%。

下属子公司重庆中亚医用保健品厂的企业所得税依据重庆市高新地方税务局渝高地税免（减）字（95）第12号文件及重庆市地方税务局1997年1月23日对重庆国际实业投资股份有限公司渝国投办字（96）022号文件"关于申请减免所得税的请示报告"的批复，1995年、1996年均执行15%所得税率。

15. 利润分配

公司税后利润按下列顺序分配：

（1）弥补亏损；

（2）提取法定公积金10%；

（3）提取公益金5%-10%；

（4）提取任意公积金；

（5）支付普通股股利。

（四）主要财务指标：

指标名称	1996年度	1995年度	1994年度
流动比率	2.27	1.87	2.73
速动比率	1.77	1.53	2.72
存货周转率（次）	2.64	5.55	74.68
应收帐款周转率（次）	6.34	7.72	3.36
资产负债率（%）	26.38	31.51	20.75
净资产收益率（%）	17.23	18.38	16.51
每股净资产（元）	1.63	1.34	1.09
每股收益（元）	0.28	0.25	0.18

注：速动资产=流动资产-存货

十、董事会承诺

根据《中华人民共和国公司法》、《股票发行与交易管理暂行条例》、《公开发行股票公司信息披露实施细则》和《深圳证券交易所业务规则》及国家有关法律、法规，本公司董事会自上市之日起向证券主管机关、深圳证券交易所、广大投资者作出如下承诺：

1. 按照法律、法规的规定程序和要求披露本公司重大的信息，并接受证券主管机关、深圳证券交易所的监督管理。

2. 及时、真实、准确地公布本公司中期报告和年度报告，并备置于规定场所供投资者查阅。

3. 本公司董事、监事及高级管理人员如发生人事变动或持有本公司股票发生变化时，在报告证券主管机关和证券交易所的同时向投资者公布。

4. 在任何公共传播媒介中出现的消息可能对本公司股票的市场价格产生误导性影响时，本公司知悉后将及时对该消息予以公开澄清。

5. 本公司董事、监事及高级管理人员将认真听取社会公众的意见和批评。不利用已获得的内幕消息和其它不正当手段直接或间接从事股票买卖活动。

6. 本公司没有无记录负债。

十一、重要事项说明

1. 本公司原发行的1000万内部职工股，与新发行的1000万股社会公众股一并上市，本次上市流通的总股份为2000万股。

2. 截止上市公告书刊登之日,本公司未涉及任何重大诉讼事项和仲裁,亦无任何尚未了结或可能面临的重大诉讼或索赔要求。

3. 本公司上市后根据重庆市人民政府重府函[1997]47号文,企业所得税率为15%。

4. 本次发行中购买公司股票的新股东与老股东同享1995年度、1996年度的股利分配权。

十二、咨询机构

1. 发行人:重庆国际实业投资股份有限公司
法定代表人:赵健
地　　址:重庆市江北区观音桥建新北路86号
电　　话:(023)67868187
传　　真:(023)37868390
联系人:张杲、高山

2. 主承销商:海南港澳国际信托投资有限公司
法定代表人:李耀祺
地　　址:海南省海口市滨海新村588号
电　　话:(0898)8513372
传　　真:(0898)8513379
联系人:洪伟杰、阎安
分销商:君安证券有限公司
法定代表人:张国庆
地　　址:深圳市罗湖区春风路5号618层
电　　话:(0755)2175560
传　　真:(0755)2296188
联系人:杨建

3. 上市推荐人:海南港澳国际信托投资有限公司
法定代表人:李耀祺
地　　址:海南省海口市滨海新村588号
电　　话:(0898)8513372
传　　真:(0898)8513379
联系人:洪传杰、阎安

4. 发行人律师事务所:中维律师事务所
法定代表人:顾培东
地　　址:成都市人民南路48号物资大厦820室
电　　话:(028)6611178、6744456-20820
传　　真:(028)6611178
经办律师:刘西荣、王建平、刘榕

5. 会计师事务所:重庆会计师事务所
法定代表人:付思福
地　　址:重庆市渝中区张家花园192号
电　　话:(023)63611403
传　　真:(023)63861961
经办注册会计师:石义杰、刘志平

6. 资产评估机构:重庆审计事务所
法定代表人:黄兰茹
地　　址:重庆市渝中区学田湾正街55号
电　　话:(023)63870921
传　　真:(023)63870920
经办评估人员:马仲渝、龙明

7. 土地评估机构:重庆审计事务所
法定代表人:黄兰茹
地　　址:重庆市渝中区学田湾正街55号
电　　话:(023)63870921
传　　真:(023)63870920
经办评估人员:马仲渝、龙明

8. 资产评估确认机构:国家国有资产管理局
法定代表人:张佑才
地　　址:北京市海淀区万泉河路66号
电　　话:(010)62567744
传　　真:(010)62541817

9. 主承销商律师:深圳信达律师事务所
法定代表人:徐玉康
地　　址:深圳市人民南路国际贸易中心大厦四十三层
电　　话:(0755)2200301
传　　真:(0755)2250442
经办律师:郑伟鹤、靳庆军

10. 财务顾问:深圳市赛诚投资有限公司
法定代表人:许为民
地　　址:深圳市振华路8号华夏证券大厦5楼
电　　话:(0755)3201386

十三、备查文件

1. 深圳证券交易所上市通知书
2. 验资报告
3. 本公司招股说明书
4. 上市推荐报告
5. 其它备查文件

重庆国际实业投资股份有限公司

一九九七年四月二十三日

合并资产负债表

编制单位:重庆国际实业投资股份有限公司　　　　单位:元

资产	注标	1996年12月31日	1995年12月31日	1994年12月31日	负债及股东权益	注标	1996年12月31日	1995年12月31日	1994年12月31日
货币资金	注1	6,546,114.67	11,919,704.80	4,678,752.69	流动负债:				
短期投资	注2	8,064,217.81	2,040,629.29	2,690,343.19	短期借款	注13	5,700,000.000	3,100,000.00	
应收票据					应付票据	注14	530,578.35		
应收帐款	注3	10,334,661.12	5,685,345.02	6,592,991.82	应付帐款	注15	2,066,188.06	1,829,768.95	137,120.33
减;坏帐准备		30,994.97	17,056.03	19,778.98	预收货款	注16	727,831.61	1,696,006.64	
应收帐款净额		10,300,666.15	5,668,288.99	6,573,212.84	应付福利费		852,727.54	779,979.85	35,137.99
预付货款	注4	2,041,316.18	230,351.84	2,705;174.32	未付股利	注17	191,000.00	5,000,000.00	5,000,000.00
其他应收款	注5	9,196,252.21	13,361,645.06	21,060,076.89	未交税金	注18	1,100,458.10	226,623.34	1,425,412.06
待摊费用	注6	516,818.42	180,456.10		其他未交款	注19	24,955.37	80,762.96	3,177.50
存货	注7	10,514,888.59	7,404,703.73	77,163.22	其他应付款	注20	8,032,902.92	8,196,614.28	7,217,036.26
减:存货变现损失准备					预提费用	注21	154,090.39	244,422.47	
存货净额					一年内到期的长期负债				
待处理流动资产净损失					其他流动负债	注22	1,364,107.69	647,228.12	
一年内到期的长期债券投资					流动负债合计		20,744,840.03	21,801,406.61	13,817,884.14
其他流动资产					长期负债:				

资产	注标	1996年12月31日	1995年12月31日	1994年12月31日	负债及股东权益	注标	1996年12月31日	1995年12月31日	1994年12月31日
流动资产合计		47,180,274.03	40,805,779.81	37,784,723.15	长期借款	注23	10,500,000.00	10,000,000.00	500,000.00
长期投资:					应付债券				
长期投资	注8	8,220,800.00	10,540,400.00	5,912,500.00	长期应付款				
合并价差(合并报表填列)					其他长期负债	注24	-1,138,090.97		
固定资产					长期负债合计		9,361,909.03	10,000,000.00	500,000.00
固定资产原价	注9	56,508,089.09	50,671,928.34	29,589,067.32	递延税项				
减:累计折旧	注9	18,843,619.25	17,779,097.56	13,559,242.90	递延税款贷项				
固定资产净值		37,664,469.84	32,892,830.78	16,029,824.42	负债合计		30,106,749.06	31,801,406.61	14,317,884.14
在建工程	注10	8,950,227.57	7,053,462.24	6,471,024.62	少数股东权益(合并报表填列)	注25	2,668,884.52	2,008,190.61	
固定资产清理					股东权益				
待处理固定资产净损失					股本	注26	50,000,000.00	50,000,000.00	50,000,000.00
固定资产合计		46,614,697.41	39,946,293.02	22,500,849.04	资本公积	注27	330,934.36	177,934.36	
无形资产及递延资产					盈余公积	注28	15,249,884.50	9,640,594.82	4,697,505.29
无形资产	注11	11,183,123.95	9,402,864.42	2,468,984.19	其中:公益金		3,724,459.02	2,322,136.60	1,086,364.22
递延资产	注12	986,125.88	347,423.42	348,333.05	未分配利润	注29	15,828,568.83	7,414,634.30	
无形资产及递延资产合计		12,169,249.83	9,750,287,87	2,817,317.24	外币报表折算差额(合并报表填列)				
其他长期资产					股东权益合计		81,409,387.69	67,233,163.48	54,697,505.29
其他长期资产					负债及股东权益总计		114,185,021.27	101,042,760.70	69,015,389.43
递延税项:									
递延税款借项									
资产总计		114,185,021.27	101,042,760.70	69,015,389.43					

合并利润及利润分配表

编制单位:重庆国际实业投资股份有限公司　　　　单位:元

项目	注标	1996年度	1995年度	1994年度
主营业务收入	注30	50,614,466.41	47,274,560.23	16,809,864.87
减:主营业务成本	注31	23,644,749.62	20,752,882.95	6,615,599.28
销售费用	注32	5,166,065.96	5,318,683.45	120,675.85
管理费用	注33	8,012,214.71	7,038,211.61	2,503,881.02
财务费用	注34	581,900.46	-237,096.87	-724,372.35
进货费用	注35	1,032.50		1,429.14
营业税金及附加	注36	1,152,772.07	1,107,540.50	752,721.56
主营业务利润		12,022,731.09	13,294,338.59	7,539,930.37
加:其他业务利润	注37	-6,117.83	-4,394.55	1,515,225.82
营业利润		12,016,613.26	13,289,944.04	9,055,156.19
加:投资收益	注38	3,623,978.31	990,652.13	354,537.43
补贴收入				
营业外收入		111,533.28	103,907.43	
减:营业外支出		38,602.04	24,446.74	71,762.96
加:以前年度损益调整				
利润总额		15,713,522.81	14,360,056.86	9,337,930.66
减:所得税	注39	1,326,935.20	1,712,765.32	308,151.70
减:少数股东损益	注40	363,363.40	289,567.71	
净利润		14,023,224.21	12,357,723.83	9,029,778.96
加:年初未分配利润		7,414,634.30		
盈余公积转入数				
可供分配的利润		21,437,858.51	12,357,723.83	9,029,778.96
减:提取法定公积金		1,402,322.42	1,235,772.38	902,977.90
提取法定公益金		1,402,322.42	1,235,772.38	902,977.90
可供股东分配的利润		18,633,213.67	9,886,179.07	7,223,823.16
减:已分配优先股股利				
提取任意公积金		2,804,644.84	2,471,544.77	2,223,823.16
已分配普通股股利				5,000,000.00
未分配利润		15,828,568.83	7,414,634.30	

合并财务状况变动表

编制单位:重庆国际实业投资股份有限公司　　　　1996年度　　　　单位:元

流动资金来源和运用	行次	金额
一、流动资金来源		
1.本年净利润	1	14,023,224.21
加:不减少流动资金的费用和损失		
(1)少数股东本期损益	2	363,363.40
(2)固定资产折旧	3	4,049,642.00

流动资金来源和运用	行次	金额
(3)无形资产、递延资产及其他资产摊销	4	724,680.67
(4)固定资产盘亏(减盘盈)	5	
(5)清理固定资产损失(减收益)	6	-8,162.94
(6)递延税款	7	
(7)其他不减少流动资金的费用和损失	8	
小计	10	19,152,747.34
2. 其他来源		
(1)固定资产清理收入(减清理费用)	11	544,365.45
(2)增加长期负债	12	500,000.00
(3)收回长期投资	13	2,319,600.00
(4)对外投资转出固定资产	14	
(5)对外投资转出无形资产	15	
(6)资本净增加额	16	5,762,289.68
(7)少数股东资本净增加额	17	297,330.51
小计	19	9,423,585.64
流动资金来源合计	20	28,576,332.98
二、流动资金运用		
1. 利润分配		
(1)提取法定盈余公积	21	1,402,322.42
(2)提取法定公益金	22	1,402,322.42
(3)提取任意盈余公积	23	2,804,644.84
(4)已分配股利	24	
小计	25	5,609,289.68
2. 少数股东利润分配	26	
3. 其他运用		
(1)固定资产和在建工程净增加额	27	11,254,248.90
(2)增加无形资产、递延资产及其他资产	28	3,143,642.63
(3)偿还长期负债	29	1,138,090.97
(4)增加长期投资	30	
小计	31	15,535,982.50
流动资金运用合计	32	21,145,272.18
外币会计报表折算差额	33	
流动资金增加净额	40	7,431,060.80
流动资金各项目的变动		
流动资金各项目的变动		
1. 货币资金	41	-5,373,590.13
2. 短期投资	42	6,023,588.52
3. 应收票据	43	
4. 应收帐款净额	44	4,632,377.16
5. 预付货款	45	1,810,964.34
6. 其他应收款	46	-4,165,392.85
7. 待摊费用	47	336,362.32
8. 存货	48	3,110,184.86
9. 待处理流动资产净损失(减收益)	49	
10. 一年内到期的长期投资	50	
11. 其他流动资金	51	
流动资产增加净额	60	6,374,494.22
二、流动负债本年增加数		
1. 短期借款	61	2,600,000.00
2. 应付票据	62	530,578.35
3. 应付帐款	63	239,419.11
4. 预收货款	64	-968,175.03
5. 应付福利费	65	72,747.69
6. 未付股利	66	-4,809,000.00
7. 未交税金	67	873,834.76
8. 其他未交款	68	-55,807.59
9. 其他应付款	69	-163,711.36
10. 预提费用	70	-90,332.08
11. 一年内到期的长期负债	71	
12. 其他流动负债	72	716,879.57
流动负债增加净额	79	-1,056,566.58
流动奖金增加净额	80	7,431,060.80

中国武夷实业股份有限公司

中国武夷实业股份有限公司股票上市公告书

一、要览

股本总额:27647.88 万元

可流通股:7700 万股

本次上市可流通股:6973.50 万股

股票简称:中国武夷

股票代码:0797

上市地点:深圳证券交易所

上市时间:1997 年 7 月 15 日

股票登记机构:深圳证券登记有限公司

二、绪言

本公告书依据《中华人民共和国公司法》、《股票发行与交易管理暂行条例》、《公开发行股票公司信息披露实施细则》、《深圳证券交易所业务规则》以及国家其它有关证券管理的规定编写,旨在向投资者提供本公司基本情况及有关资料。经中国证券监督管理委员会[证监发字(1997)343 号文]和[证监发字(1997)344 号文]批准,本公司已成功地向社会公众公开发行每股面值 1.00 元人民币普通股股票 7700 万股。股票上市申请经深圳证券交易所深证发[1997]276 号《上市通知书》审核批准,本公司股票将于 1997 年 7 月 15 日在深圳证券交易所挂牌交易,此次上市可流通股份 6973.50 股,另有 726.50 万股公司职工股,将按国家有关规定自本次公司 6973.50 万社会公众股上市之日起半年后上市流通。

本公司于 1997 年 6 月 20 日在《证券时报》、《中国证券报》上刊登了《招股说明书(概要)》,距今不足六个月,故与其相重复的内容在此不再重述,敬请投资者查阅本公司的《招股说明书(概要)》。

三、发行公司概要

1. 概况:

公司名称:中国武夷实业股份有限公司

注册资本:27647.88 万元

法定代表人:沈继武

注册地址:福建省福州市北大路 240 号

发行人成立日期:1988 上 6 月 15 日

公司经营范围:承包国外(欧洲、非洲和西亚地区除外)工业、民用建筑工程和境内外资工程;对外派遣本行业工程、生产及服务的劳务人员;经营与国外工程承包和劳务合作有关的国家或地区的商品(国家组织统一联合经营的十六种商品除外)的出口业务和三类商品的进出口业务;代理本系统上述范围的进出口业务(台、港、澳地区除外);在海外举办非贸易性企业房地产综合开发;室内外装饰;物业管理;工程咨询。(以上范围凡涉及国家专项专营规定的从其规定)

所属行业:综合

联系电话:0591—7834364

联系人:罗铮　陈鸿亮　黄晖

2. 公司历史沿革:

我司成立于 1988 年 6 月 15 日,是福建建工集团总公司(简称"建工集团")的核心企业,注册资本 2 亿元,是福建省支柱产业一建筑业的骨干企业,是具有对外经营权的国际经济技术合作公司。1996 年 12 月 31 日经福建省人民政府以闽政体股(1996)35 号文"关于同意筹建中国武夷实业股份有限公司的批复"批准,由建工集团作为发起人,对其核心企业中国武夷实业总公司进行改制,以募集方式设立公司。

1997 年 3 月 6 日,福建省国有资产管理局以闽国资综(1997)004 号文的批复,确认了武夷公司资产重组方案,即将武夷公司下属的 14 家子公司:上海武夷建设开发有限公司、香港武夷开发有限公司、福建省武夷工程建设公司、加拿大武夷有限公司、中国武夷实业总公司厦门公司、福建省建筑材料设备公司、福建工程建设监理公司、福建中建工程公司、福建省工程建设承包公司、福建省高能爆破公司、香港武夷建筑有限公司、香港武夷企业有限公司、福建建兴开发有限公司、漳州武夷房地产开发有限公司的资产进行重组,组建了本公司。

长期以来,武夷公司坚持"保重点、保质量、创信誉"的经营宗旨,"以质取胜、创名牌效应"为主导思想,所承担的施工、科研项目许多获得国家、建设部和福建省的各类奖,其中:公司下属的福建省高能爆破公司独创的水下岩塞洞外负压抛渣爆破项目获 1994 年福建省科技进步唯一的一等奖;北京人民大会堂"福建厅"、"台湾厅"改建装修工程获 1995 年福建省政府工程优质奖;总承包施工的厦门大华银行大厦和假日皇冠海景大酒店最近入选"厦门市十佳建筑",分列第二位和第六位。在贝宁承建的三个项目还获得贝宁共和国政府授予的优质工程证书。

我司在国家对外贸易经济合作部根据营业额公布的"全国最大五十家外经公司"中武夷公司 1995 年和 1996 年都位居第十四位。由于在国外经济合作领域表现突出,1996 年 12 月召开的"1996 年全国对外经济合作会议"上受到国家对外贸易经济合作部表扬。具有权威性的美国《工程新闻记录》杂志评选的全球最大的 225 家承包商中,我司 1994 年居排行榜第 132 位;1995 年位居排行榜第 131 位。该杂志根据近年的业绩,从中选出 12 家中国公司授予"国际知名承包商"的荣誉奖牌,并于 1996 年 12 月 10 日在国家对外贸易经济合作部举行颁奖仪式,武夷公司是获此殊荣的三家地方性企业之一。

本次经中国证监会证监发字[1997]343 号、[1997]344 号文批准,本公司于 1997 年 6 月 25 日至 7 月 2 日采取"全额预缴款、比例配售、余款转存"的发行方式向社会成功地公开发行了 7700 万股社会公众股,每股发行价格为 6.72 元,占发行后总股本的 27.85%,本次发行后总股本为 27647.88 万股。

股票发行及承销

1. 本次股票公开发行情况

发行数量:社会公众股 7700 万股

发行价格:6.72 元/股

发行市盈率:17 倍

发行时间:1997 年 6 月 25 日至 7 月 2 日

发行对象:中华人民共和国公民和法人(法律、法规禁止购买者除外)

股票种类:记名式人民币普通股

面值:1.00 元/股

发行方式:全额预缴款、比例配售、余款转存

配售比例:6.769%

配售户数:58588 户

持 1000 股以上的户数:10798 户

发行费用总额:1463 万元

每股发行费用:0.19 元

2. 股票承销

本次公开发行之7700万社会公众股,已全部由社会公众认购,承销团成员无包销比例及数量。

3.验资报告

闽华兴所(97)股验字第29号

中国武夷实业股份有限公司(筹):

本所接受委托,对贵公司截止1997年7月4日实收股本的真实性、合法性进行验证。在审验过程中,本所按照"独立审计实务公告第1号-验资"的要求,实施了必要的审验程序。贵公司的责任是提供真实、合法、完整的验资资料,保护资产的安全、完整,我们的责任是按照《独立审计实务公告第1号-验资》的要求,出具真实、合法的验资报告。

公司注册资本276,478,800元,本次向社会公开发行770,000,000股,按每股面值1元折股本金77,000,000元,按每股价格6.72元/股发行,计517,440,000元。本次验资金额为508,840,000元(已扣除承销商费用8,600,000元),公司委托承销商福建兴业证券公司将募集款508,840,000元(总额517,440,000元,扣除承销商费用8,600,000元)汇入公司的开户银行中国银行福建省分行营业部,帐号454810181001-6876。

单位:人民币元

股份类别	股本	每股面值	折股本金	资本公积	股权比例
国家股	199,478,800	1	199,478,800		72.15%
社会公众股	77,000,000	1	77,000,000		27.85%
其中:公司					
职工股	7,265,000	1	7,265,000		2.63%
资本公积				558,795,843.57	
合计	276,478,800		276,478,800	558,795,843.57	100%

注:资本公积558,795,843.57元,其中本次发行的股本溢价440,440,000元,扣除发行费用14,630,000元,加以前年度资本公积132,985,843.57元。

附件:1.银行出具的企业入资凭证(复印件)

2.验资机构法人营业执照(复印件)

福建华兴会计师事务所　　中国注册会计师:徐强　卢淑燕

中国·福州　　1997年7月4日

五、董事、监事及高级管理人员持股情况

姓名	职务	持股数	占总股本比例%
沈继武	董事长	20000	0.007
徐仲华	副董事长总经理	20000	0.007
张章补	董事副总经理	18000	0.007
周治安	董事副总经理	18000	0.007
郑建国	董事副总经理	17000	0.006
张仲平	董事副总经理	17000	0.006
张天任	董事财务总监	15000	0.005
黄仁初	监事会主席	18000	0.007
吕逸法	监事	16000	0.006
吴试明	监事	12800	0.005
曾英云	监事	12900	0.005
陈　江	监事	13000	0.005
林金铸	董事会秘书	10000	0.004

公司董事、监事和高级管理人员共持有本公司股票207700股,占公司总股本的0.077%。

六、公司设立

本公司1997年7月8日股东大会作出决议,在本次股票发行后申请在深圳证券交易所挂牌交易。

公司注册资金:27647.50万元

公司注册时间:1997年7月10日

公司注册地址:福建省福州市北大路296号

营业执照注册号:15814309-5

七、关联企业及关联交易

1.关联企业名称及概况

本公司是由福建建工集团总公司作为独家发起人以募集方式设立的公司,集团总公司持有本公司19947.88万股,占公司股本总额的72.15%。

2.关联交易

中国武夷实业股份有限(筹)与福建建工集团总公司等关联企业之间进行的交易均在正常业务范围内,按正常商业惯例进行。公司与关联企业之间的交易如下:

(1)1996年3月6日与马来西亚高升岭顶有限公司签订《100单元双层平房建筑工程总承包合同》,合同造价总额1035.48万美元,该合同正在履行中。

(2)1996年3月19日与马来西亚高升岭顶有限公司签订《97单元双层平房建筑工程总承包合同》,合同造价总额958.15万美元,该合同正在履行中。

(3)1995年10月5日公司与香港峻峰投资有限公司签订《峻峰花园第三期工程建筑总承包合同》,合同造价总额HKD18,640,050,该合同正在履行之中。

(4)1997年4月30日公司与福建建工集团总公司签订《职工宿舍租赁协议》,协议约定中国武夷实业总公司(乙方)现有的职工宿舍作为非生产性资产予以剥离,归(甲方)福建建工集团总公司所有,甲方同意将上述宿舍出租给乙方使用,租期暂定10年,其租金按照公平合理的市场价格,由双方协商确定,并按年度结算。

八、股本结构及大股东持股情况

1.本次A股上市前公司股本结构如下:

股本类别	股数(万股)	占总股本比例(%)
总股本	27647.88	100
尚未流通股份		
国家股	19947.88	72.15
可流通股份		
社会公众股	7700	27.85
(其中 公司职工股	726.50	2.60)

2.本公司前十名股东名单及其持股比例如下:

股东名称	持股数(万股)	比例(%)
福建建工集团总公司	19947.88	72.15
黑财证券	93.5475	0.34
漳州新漳	74.7636	0.27
富华投资	33.8450	0.12
福建大隆	33.1951	0.12
江苏鑫苏	29.2962	0.11
思宇咨询	23.8336	0.09
锦策顾问	23.6915	0.09
南靖无线	20.3070	0.07
广东财信	20.3070	0.07

九、公司财务会计资料

(一)审计报告

闽华兴所[97]股审字第54号

中国武夷实业股份有限公司筹委会:

我们接受委托,审计了贵公司1994年12月31日、1995年12月31日、1996年12月31日、1997年1月31日资产负债表及合并资产负债表,1994年度、1995年度、1996年度、1997年1月份利润表及合并利润表,1996年度财务状况变动表及合并财务状况变动表。这些会计报表由贵

公司负责,我们的责任是对这些会计报表发表意见。我们的审计是依据中国注册会计师独立审计准则进行的。在审计过程中,我们结合贵公司的具体情况,实施了包括抽查会计记录等我们认为必要的审计程序。

我们认为,上述会计报表符合《企业会计准则》、《股份制试点企业会计制度》的有关规定,在所有重大方面公允地反映了贵公司 1994 年 12 月 31 日、1995 年 12 月 31 日、1996 年 12 月 31 日、1997 年 1 月 31 日的财务状况和 1994 年度、1995 年度、1996 年度、1997 年 1 月份的经营成果及 1996 年度资金变动情况。有关会计处理方法的选用符合一贯性原则。

福建华兴会计师事务所　　　　中国注册会计师:

徐强　卢淑燕

中国·福州　　　　1997 年 5 月 8 日

(二)资产负债表、利润及利润分配表、财务状况变动表主要数据(附后)

(三)主要会计政策

1. 会计制度:《股份制试点企业会计制度》、《企业会计准则》

2. 会计年度:公历 1 月 1 日至 12 月 31 日

3. 记帐原则和计价基础:以人民币为记帐本位币,按权责发生制原则,采用借贷复式记帐法记帐,以历史成本为计价基础。

4. 合并报表:按财政部《合并会计报表暂行规定》及财政部财会字(1996)2 号补充规定进行。

(1)各子公司报表按母公司会计政策进行调整后合并。

(2)香港、加拿大公司合并报表时按期末外币市场汇价进行折算,差额列入"外币报表折算差额"。

(3)合并报表范围:(单位:万元)

并表子公司	注册资本	占股权比例%	实际投资额
中国武夷实业总公司厦门公司	286	100	940
福建省武夷工程建设公司	500	100	1883
福建省工程建设承包公司	57	100	840
福建省工程监理公司	100	100	113
福建省高能爆破公司	13	100	50
福建中建工程公司	100	100	107
福建省建筑材料设备公司	158	100	554
上海武夷建设开发有限公司	1500	100	1537
加拿大武夷有限公司	USD50	100	499
香港武夷开发有限公司	HKD1000	100	3191
香港武夷建筑有限公司	HKD2000	80	7095
香港武夷企业有限公司	HKD100	60	114

5. 外币折算:按业务发生当日的市场汇价入帐,期末外币帐户按期末是市场汇价进行调整,差额计入当期汇兑损益。

6. 存货计价:购入时按实际成本计价,发出时大宗材料(商品)采用个别计价法,其他库存商品、材料采用加权平均法;承包工程成本按分包单位工程形象进度(实际完成量)结算;低值易耗品采用一次摊销法。

7. 长期投资:

(1)债券投资:采用实际成本计价,按权责发生制确认其收益。

(2)股权投资和联营投资:投资比例占 25%以下的按成本法核算,占 25%以上的采用权益法核算,其中 50%以上的进行报表合并。

8. 固定资产计价及折旧:公司拥有的使用年限在一年以上,单位价值在规定的限额以上的劳动资料,作为固定资产进行核算,并按实际成本计价,采用平均年限法计提折旧,残值率为 4%,固定资产折旧年限及折旧率如下:

类别	折旧年限(年)	年折旧率(%)
房屋及建筑物	25-35	3.84-2.74
运输设备	6-10	16-9.60
生产、施工设备	10-14	9.60-6.86
生活及管理设施	5-8	19.20-12

9. 递延资产计价及摊销:按实际成本计价,分五年摊销

10. 销售实现:产品(或商品)已经发出或所有权已经转移,收讫价款或取得收款凭据时;承包工程按工程形象进度(实际完成量)确认销售实现。

11. 主要税项:

(1)增值税:按应纳增值税收入的 17%计算销项税款,抵扣进项税款后的余款交纳。

(2)营业税:按营业额的 3%缴纳。

(3)企业所得税:厦门公司享受厦门经济特区 15%优惠税率,其他公司按 33%税率缴纳。

12. 坏帐准备采用和直接转销法。

13. 利润分配:

按公司章程第七章第 74 条规定,公司缴纳所得税后的利润按下列顺序分配:

(1)弥补亏损;

(2)提取法定公积金 10%;

(3)提取法定公益金 5-10%;

(4)根据股东大会决议提取任意盈余公积;

(5)分配股利。

(四)主要财务指标

	1996 年	1995 年	1994 年
流动比率(%)	132.70	123.50	118.5
速动比率(%)	66.7	71.8	58.6
资产负债率(%)	65.1	72.0	76.4
应收帐款周转率(次)	7.8	8.2	8.8
存货周转率(次)	2.5	2.3	2.8
净资产收益率(%)	21.8	23.5	56.1
每股税后利润(元/股)	0.36	0.29	0.53

十、董事会上市承诺

根据《中华人民共和国公司法》《股票发行与交易管理暂行条例》、《公开发行股票公司信息披露实施细则》和《深圳证券交易所业务规则》及国家有关法律、法规,本公司董事会自股票上市之日起作出如下承诺:

1. 按照法律、法规的规定程序和要求披露重大的信息、并接受证券主管机关、深圳证券交易所的监督管理。

2. 及时、真实、准确地公布中期报告和年度报告,并备置于规定场所供投资者查阅。

3. 本公司董事、监事及高级管理人员如发生人事变动或持本公司股票发行变动时,在报告证券主管机关、证券交易所的同时向投资者公布。

4. 在任何公共传播媒介中出现的消息可能对本公司股票的市场价格产生误导性影响时,本公司知悉后将及时对该消息予以公开澄清。

5. 本公司董事、监事及高级管理人员将认真吸取社会公众的意见和批评,不利用已获得的内幕消息和其它不正当手段直接或间接从事股票买卖活动。

6. 本公司没有无记录负债 。

十一、重要事项揭示

1. 本公司本次发行 7700 万社会公众股,其中 726.50 万元公司职工股,将按国家有关规定自公司本次 6973.50 万元社会公众股上市之日起半年后上市。

2. 截止上市公告书刊登之日,本公司未涉及任何重大诉讼事项和仲裁,亦无任何尚未了结或可能面临的重大诉讼或索赔要求。

3. 本公司获福建省人民政府以闽政[1997]文 103 号和福建省人民政府办公厅闽政办(1997)函 72 号的批复,公司自上市年度起所得税按 33%上缴,后由财政部门返还 18%,实际税负为 15%。

4. 经发起人会议决议,福建省国有资产管理局国资综(1997)011 号

文同意,公司于1997年1月1日起至成立前形成的利润,由认购公司本次发行的社会公众股股票的股东和公司发起人共享,并按同股同利的原则分配。

十二、咨询机构

1. 发行人:中国武夷实业股份有限公司
法定代表人:沈继武
地　　址:福建省福州市北大路296号
电　　话:(0591)7834364
传　　真:(0591)7854205
联 系 人:罗铮　陈鸿亮　黄晖
2. 主承销商:福建兴业证券公司
第一上市推荐人:福建兴业证券公司
法定代表人:兰荣
地　　址:福建省福州市湖东路169号
电　　话:(0591)7542524
传　　真:(0591)7542534
联 系 人:金昌文、董凯、陈广昕
3. 第二上市推荐人:长城证券有限责任公司
法定代表人:李仁杰
地　　址:深圳市八卦三路平安大厦四楼
电　　话:(0755)2414858
传　　真:(0755)2414862
4. 发行人财务顾问:福州市天力投资顾问有限公司
法定代表人:熊碧波
地　　址:福建省福州市营迹路井观外巷3号中华大厦4层
电　　话:7851049

十三、备查文件目录

1. 审计报告
2. 发行人的名称预先核准通知书
3. 中国证监会复审意见书
4. 本公司招股说明书
5. 验资报告
6. 上市推荐报告
7. 公司章程
8. 其它备查文件

中国武夷实业股份有限公司
1997年7月12日

合并资产负债表

单位:中国武夷实业股份有限公司(筹)　　　　单位:人民币元

资产	注释	1997年1月31日	1996年12月31日	1995年12月31日	1994年12月31日
流动资产:					
货币资产		49,588,825.89	52,635,285.18	59,200,830.60	58,445,813.93
短期投资	1	1,032,561.32	1,032,561.32	1,352,932.27	1,342,448.96
应收帐款	2	146,236,733.91	141,215,416.23	124,014,673.29	99,388,240.89
减:坏帐准备					
应收帐款净额					
预付货款	3	123,845,279.78	124,049,279.28	169,908,688.32	92,149,931.58
其他应收款	4	81,077,196.88	79,037,196.88	89,295,380.18	107,254,298.15
存货	5	395,336,279.76	395,167,357.62	319,304,775.68	367,222,150.25
待摊费用		789,778.20	894,843.52	476,228.29	358,061.97
待处理流动资产净损失					
流动资产合计		797,906,655.74	794,031,940.03	763,553,508.63	726,160,945.73
长期投资:	6				
长期投资		136,962,301.11	136,962,301.11	99,848,841.24	70,731,849.80
固定资产:					
固定资产原价	7	61,300,118.20	61,300,118.20	31,943,552.37	26,068,731.31
减:累计折旧		7,692,044.68	7,288,656.17	8,799,129.44	7,034,457.01
固定资产净值		53,608,073.52	54,011,462.03	23,144,422.93	19,034,274.30
固定资产清理					
在建工程	8	1,078,026.60	1,003,026.60	657,834.02	3,473,343.33
待处理固定资产净损失					
固定资产合计		54,686,100.12	55,014,488.63	23,802,256.95	22,507,617.63
无形及递延资产:					
无形资产					
递延资产	9	1,003,808.17	1,024,464.99	844,652.23	758,244.14
无形及递延资产合计		1,003,808.17	1,024,464.99	844,652.23	758,244.14
资产总计		990,558,865.14	987,033,194.76	888,049,259.05	820,158,657.30
负债及股东权益					
流动负债:					
短期借款	10	360,068,288.35	370,787,288.35	359,830,695.51	309,412,114.02
应付帐款	11	41,090,026.81	35,310,290.28	79,480,478.87	85,117,376.52
预收货款	12	89,341,630.69	84,181,630.59	47,691,225.83	25,007,100.00
应付福利费		4,434,462.38	4,626,844.70	11,122,215.76	25,251,025.02

资产	注释	1997年1月31日	1996年12月31日	1995年12月31日	1994年12月31日
应付工资		4,831,305.53	4,831,305.53	11,079,884.11	25,251,025.02
未交税金	13	3,062,558.00	7,046,459.29	543,505.57	1,453,627.37
其他未交款		56,068.46	276,805.09	4,778,413.92	2,626,281.82
应付股利		30,917,152.70	30,917,152.70	23,026,441.10	38,230,758.21
其他应付款	14	61,118,832.27	59,995,566.36	80,645,551.31	69,586,541.89
预提费用		1,258,188.27	258,188.27	277,256.35	1,879,234.10
应付债券					28,000,000.00
流动负债合计		596,178,513.46	598,231,531.16	618,475,668.33	612,608,845.19
长期负债:					
长期借款	15	38,500,667.15	38,500,667.15	13,938,622.69	1,416,338.34
长期应付款	16	6,156,001.00	6,156,001.00	7,202,640.65	12,701,625.13
其他长期负债					
长期负债合计		44,656,668.15	44,656,668.15	21,141,263.34	14,117,963.47
负债合计		640,835,181.61	642,888,199.31	639,616,931.67	626,726,808.66
少数股东权益		12,194,522.28	11,680,351.88	4,126,127.37	3,923,382.87
股东权益:					
股本	17	199,478,800.00	199,478,800.00	200,000,000.00	157,427,266.61
资本公积	17	132,985,843.57	132,985,843.57		
盈余公积					
其中:公益金					
未分配利润		5,064,517.68		14,869,989.96	
外币报表折算差额				29,436,210.05	32,081,199.16
股东权益合计		337,529,161.25	332,464,643.57	244,306,200.01	189,508,465.77
负债及所有者权益总计		990,558,865.14	987,033,194.76	888,049,259.05	820,158,657.30

合并财务状况变动表

单位:中国武夷实业股份有限公司(筹)　　1996年度　　单位:元

流动资金来源和运用	金额	流动资金各项目的变化	金额
一、流动资金来源		一、流动资产本年增加数	
1.本年净利润	72,534,572.84	1.货币资金	−6,565,545.42
加:不减少流动资金的费用和损失	10,835,142.76	2.短期投资	−293,370.95
(1)少数股东本期损益(亏损以"−"表示)	7,867,447.00	3.应收票据	
(2)固定资产折旧	2,841,110.89	4.应收帐款净额	17,173,742.94
(3)无形资产、递延资产及其他资产摊销	126,584.87	5.预付货款	−45,859,409.04
(4)固定资产盘亏(减盘盈)		6.其他应收款	−10,258,183.30
(5)清理固定资产损失(减收益)		7.待摊费用	418,61.23
(6)递延税款		8.存货	75,862,581.94
(7)其他不减流动资金的费用和损失		9.待处理流动资产净损失(减收益)	
小计	83,369,715.60	10.一年内到期的长期债券投资	
2.其他来源:		11.其他流动资产	
(1)固定资产清理收入(减清理费用)			
(2)增加长期负债	23,515,404.81		
(3)收回长期投资			
(4)对外投资转出固定资产			
(5)对外投资转出无形资产		流动资产增加净额	30,478,431.40
(6)资本净增加额	88,158,443.56	二、流动负债本年增加数	
(7)少数股东资本净增加额	7,554,224.51	1.短期借款	10,965,592.84
小计	119,228,072.88	2.应付票据	
流动资金来源合计	202,597,788.48	3.应付帐款	−44,170,188.59
二、流动资金运用:		4.预收货款	36,490,404.76
1.利润分配:		5.应付福利费	−6,495,371.06
(1)提取法定公积金		6.未付股利	
(2)提取盈余公积		7.未交税金	6,502,953.72
(3)转增资本	72,534,572.84	8.其他未交款	−4,501,608.83
(4)支付少数股东利润		9.其他应付款	−12,759,273.35

流动资金来源和运用	金额	流动资金各项目的变化	金额
小计	72,534,572.84	10. 预提费用	-19,068.08
2. 少数股东利润分配	7,867,447.00	11. 应付工资	-6,248,578.58
3. 其他运用:		12. 一年内到期长期负债	
(1)固定资产和在建工程净增加额	34,053,342.57		
(2)增加无形资产、递延资产及其他资产	306,397.63		
(3)偿还长期负债			
(4)增加长期投资	37,113,459.87		
小计	71,473,200.07		
流动资金运用合计	151,875,219.91		
外币会计报表折算差额		流动负债增加净额	-20,244,137.17
流动资金增加净额	50,722,568.57	流动资金增加净额	50,722,568.57

合并利润表

单位:中国武夷实业股份有限公司(筹)　　　　单位:人民币元

项目	注释	1997年1月份	1996年度	1995年度	1994年度
一、主营业务收入	18	86,259,166.67	1,036,669,350.58	921,601,857.57	971,547,084.09
减:营业成本	19	73,022,337.17	892,665,224.84	788,365,484.81	782,895,025.78
销售费用		16,631.67	199,580.00	121,696.27	30,500.00
管理费用	20	3,128,081.69	37,536,980.28	32,520,072.86	28,156,583.77
财务费用	21	1,549,903.51	43,976,823.77	38,425,465.49	29,977,881.57
进货费用					
营业税金及附加		314,845.96	4,611,064.77	4,061,764.59	3,715,974.05
二、主营业务利润		8,227,366.67	57,679,676.92	58,107,373.55	126,771,118.92
加:其他业务利润					
三、营业利润		8,227,366.67	57,679,676.92	58,107,373.55	126,771,118.92
加:投资收益	22		37,400,413.63	23,381,817.55	18,594,931.19
营业外收入	23	106,460.64	2,764,022.66	2,621,196.97	328,976.56
减:营业外支出	24	7,427.19	364,757.03	337,720.59	177,554.64
加:以前年度损益调整					
四、利润总额		8,326,400.12	97,479,356.18	83,772,667.48	145,517,472.03
减:所得税		2,747,712.04	17,077,336.34	18,102,193.85	19,837,709.18
减:少数股权收益		514,170.40	7,867,447.00	8,227,750.28	19,432,276.20
五、净利润总额		5,064,517.68	72,534,572.84	57,442,723.35	106,247,495.65

深上市公司1997年度中期利润构成一览表

序号	代码	简称	97中期利润总额（万元）	主营业务利润（万元）	%	其他业务利润（万元）	%	投资收益（万元）	%	营业外收支净额（万元）	%	损益调整（万元）	%	每股利润（元）	所得税（万元）	少数股东权益（万元）	净利润（万元）	每股净利润（元）	97中期股份总额（万股）
1	0001	深发展	52402.41	36949.50	70.51	38.89	0.07	17174.74	32.77	−512.94	−0.98	−339.51	−0.64	0.5065	8037.77	−9.17	44373.81	0.4300	103456.4728
2	0002	深万科	9307.70	4756.60	51.10	665.75	7.15	3273.46	35.16	488.64	5.25	–	–	0.2553	2067.08	652.00	6567.69	0.1800	36460.4796
3	0003	深金田	1683.26	619.23	36.78	181.66	10.79	735.75	43.71	146.62	8.71	–	–	0.0505	108.06	190.36	1384.84	0.0415	33343.3584
4	0004	深安达	541.26	−345.64	−63.85	−5.49	−1.01	1210.10	223.57	−86.71	−16.02	−204.01	−37.69	0.0645	75.75	64.26	401.25	0.0480	8397.6684
5	0005	世纪星源	−7254.62	−723.91	−9.97	78.23	1.07	−247.10	−3.40	−3.11	−0.04	−6358.75	−87.65	−0.2731	0.00	0.00	−7254.62	−0.2700	26565.0000
6	0006	深振业	10862.74	10386.57	95.61	284.14	2.61	70.00	0.64	39.16	0.36	82.88	0.76	0.6161	1694.45	297.84	8870.45	0.5030	17630.6096
7	0007	深达声	1864.01	950.51	50.99	236.89	12.70	333.91	17.91	5.02	0.27	–	–	0.2531	228.88	99.39	1535.75	0.2100	7363.7778
8	0008	深锦兴	163.56	−832.85	−509.18	881.81	539.11	122.51	74.89	−8.87	−5.42	0.98	0.59	0.0222	72.74	0.00	90.82	0.0123	7365.3208
9	0009	深宝安	4452.35	−3109.23	−69.83	186.60	4.19	7331.12	164.65	43.86	0.99	–	–	0.0464	826.33	1594.97	2031.06	0.0200	95881.0042
10	0010	深华新	378.23	318.63	84.24	22.35	5.90	38.76	10.24	−1.51	−0.40	–	–	0.0645	37.69	0.00	297.13	0.0500	5865.0600
11	0011	深物业	745.09	−690.93	−92.73	81.88	10.98	1147.31	153.98	314.42	42.20	–	–	0.0138	268.18	−20.46	497.37	0.0090	54179.9175
12	0012	深南玻	7277.17	6220.76	85.48	84.91	1.16	0.00	0.00	971.49	13.35	–	–	0.1435	817.42	1250.69	5209.05	0.1030	50709.9100
13	0013	深石化	2817.45	−313.88	−11.14	329.58	11.69	2059.35	73.09	742.84	26.37	−0.44	−0.01	0.0929	325.41	436.88	2055.15	0.0680	30335.4979
14	0014	深华源	112.46	2646.71	2353.39	−10.56	−9.38	124.92	111.07	454.99	404.57	–	–	0.0125	70.80	−47.67	89.34	0.0100	8964.6750
15	0015	深中浩	−3679.19	−4771.11	−129.67	48.85	1.32	632.99	17.20	0.00	0.00	–	–	−0.2340	76.79	−185.18	−3570.80	−0.2270	15721.3420
16	0016	深康佳	19172.03	16334.36	85.19	2404.64	12.54	422.00	2.20	309.83	1.62	–	–	0.5244	2711.92	0.00	16460.11	0.4500	36557.2641
17	0017	深中华	1,023.51	1,029.07	100.54	0.00	0.00	0.00	0.00	−5.56	−0.54	–	–	0.0213	153.53	68.40	938.39	0.0200	47943.3003
18	0018	深中冠	466.25	370.83	79.53	41.53	8.90	0.00	0.00	53.89	11.56	–	–	0.0276	70.15	18.55	377.54	0.0220	16914.2356
19	0019	深深宝	300.93	−543.06	−180.46	30.68	10.19	410.51	136.41	288.14	95.75	–	–	0.0217	15.96	0.00	284.97	0.0210	13892.3072
20	0020	深华发	1301.92	−130.43	−10.01	1386.43	106.49	0.00	0.00	45.92	3.53	–	–	0.0613	195.29	0.00	1106.64	0.0520	21233.2989
21	0021	深科技	18108.72	17844.27	98.53	554.64	3.06	−186.13	−1.02	−104.07	−0.57	–	–	0.3410	1810.87	0.00	16297.85	0.3070	53105.4696
22	0022	深赤湾	5351.27	4369.02	81.64	1061.48	19.83	0.00	0.00	−79.24	−1.48	–	–	0.1403	331.45	317.92	4701.90	0.1230	38151.7000
23	0023	深天地	3366.52	−1162.54	−34.53	37.72	1.12	4338.51	128.87	335.16	9.96	–	–	0.2930	509.30	0.00	2756.26	0.2400	11491.2000
24	0024	深招港	4270.67	3309.60	77.49	533.12	12.48	376.16	8.80	−1.08	−0.03	–	–	0.1331	304.32	−40.38	4006.73	0.1200	32080.9500
25	0025	深特力	−2765.00	−3154.00	−114.06	228.00	8.24	120.00	4.34	41.00	1.48	–	–	−0.1255	5.00	18.00	−2770.00	−0.1300	22028.1600
26	0026	飞亚达	5783.47	4534.20	78.39	811.26	14.02	193.58	3.34	239.83	4.15	–	–	0.4175	567.83	0.00	4854.98	0.3510	13851.0000
27	0027	深能源	26425.54	9592.53	36.30	465.89	1.76	596.59	2.25	2964.23	11.22	–	–	0.5829	1920.84	9752.90	14751.80	0.3250	45330.8103
28	0028	深益力	74.65	1338.89	1793.58	91.15	122.10	81.90	109.71	190.70	255.46	–	–	0.0047	0.94	−7.03	80.74	0.0050	16008.3000
29	0029	深深房	6428.97	4877.06	75.86	453.45	7.05	1103.81	17.16	−5.35	−0.08	–	–	0.0635	1117.28	0.00	5309.72	0.0520	101166.0000
30	0030	莱英达	2162.12	−2223.88	−102.85	462.74	21.40	3691.94	170.75	231.31	10.70	–	–	0.0750	299.53	485.83	1376.75	0.0500	28842.0000
31	0031	深宝恒	3381.25	528.66	15.63	173.53	5.13	2691.51	79.60	−12.48	−0.37	49.82	1.47	0.0906	730.99	572.25	2881.86	0.0770	37304.1903
32	0032	深桑达	831.02	369.22	44.43	101.25	12.18	247.16	29.74	113.38	13.64	–	–	0.0635	65.01	−11.45	777.46	0.0600	13081.2000
33	0033	新都酒店	−222.56	−287.56	−129.20	0.00	0.00	65.00	29.20	0.00	0.00	–	–	−0.0077	0.00	0.00	−222.56	−0.0080	28772.3488
34	0034	深华宝	127.71	−1187.92	−930.17	370.69	290.26	883.08	691.47	61.86	48.44	–	–	0.0041	56.50	0.00	71.21	0.0023	31113.9400
35	0035	中科建	150.71	−679.95	−451.17	357.71	237.35	19.54	12.96	442.53	293.64	–	–	0.0130	0.00	0.00	85.28	0.0070	11588.7200
36	0036	深惠中	89.77	−156.50	−174.33	148.78	165.73	95.74	106.65	1.75	1.95	–	–	0.0065	4.07	0.00	85.70	0.0062	13784.9250
37	0037	深南电	6375.93	3508.73	55.03	0.00	0.00	1846.71	28.96	1020.49	16.01	–	–	0.3220	383.28	0.00	5992.65	0.3030	19800.0000
38	0038	深大通	478.36	209.59	43.81	143.29	29.95	53.61	11.20	71.87	15.02	–	–	0.0582	54.56	103.90	326.48	0.0400	8226.0000
39	0039	中集集团	11791.00	10592.01	89.83	0.00	0.00	454.43	3.85	744.56	6.31	–	–	0.4513	168.59	1646.83	9975.58	0.3820	26127.4000
40	0040	深鸿基	3592.33	2433.92	67.75	0.00	0.00	686.65	19.11	471.51	13.13	–	–	0.2038	442.03	0.00	3078.45	0.1750	17624.8666
41	0042	深长城	9088.80	6042.83	66.48	340.04	3.74	2266.52	24.93	270.89	2.98	168.53	1.85	0.5314	1068.66	635.36	7384.78	0.4320	17104.5030
42	0043	深南光	2913.42	2442.22	83.82	14.83	0.50	473.00	16.23	−19.72	−0.68	3.08	0.10	0.2463	387.54	251.91	2273.96	0.1920	11830.0000
43	0045	深纺织	1023.76	−443.55	−43.32	171.55	16.75	1198.45	117.06	130.34	12.73	–	–	0.0752	15.52	0.00	1012.81	0.0740	13618.0000

序号	代码	简称	97中期利润总额（万元）	主营业务利润		其他业务利润		投资收益		营业外收支净额		损益调整		每股利润（元）	所得税（万元）	少数股东权益（万元）	净利润（万元）	每股净利润（元）	97中期股份总额（万股）
				（万元）	%	（万元）	%	（万元）	%	（万元）	%	（万元）	%						
44	0046	南油物业	410.10	769.54	187.64	140.13	34.16	−37.50	−9.14	−5.79	−1.41	−46.15	−11.25	0.0240	64.76	0.00	345.34	0.0200	17073.9855
45	0047	深中侨	2357.75	2359.06	100.05	52.87	2.24	−6.93	−0.29	−47.25	−2.00	－	－	0.2350	477.32	676.21	1204.22	0.1200	10033.7153
46	0048	康达尔	2287.76	1802.13	78.77	93.21	4.07	376.38	16.45	−5.56	−0.24	－	－	0.1727	372.41	0.00	1936.77	0.1460	13248.0000
47	0049	深万山	205.69	−342.39	−166.45	0.00	0.00	557.01	270.79	−8.92	−4.34	－	－	0.0225	7.06	0.00	198.63	0.0220	9121.9000
48	0050	深天马	2050.91	1753.64	85.50	109.12	5.32	42.36	2.06	145.80	7.11	－	－	0.2469	199.13	0.00	1851.78	0.2200	8305.0000
49	0055	深圳方大	8286.23	7326.05	88.41	0.00	0.00	0.00	0.00	960.18	11.59	－	－	0.3453	603.40	0.00	7564.78	0.3150	24000.0000
50	0056	深国商	2078.52	856.85	41.22	73.65	3.54	1144.32	55.05	3.70	0.18	－	－	0.1355	148.64	0.00	1937.96	0.1260	15340.3600
51	0058	深赛格	14292.67	17876.91	125.07	269.87	1.88	1301.00	9.10	2118.19	14.82	－	－	0.4616	959.79	5226.00	8106.88	0.2620	30960.0000
52	0059	辽通化工	19838.57	19930.51	100.46	−71.84	−0.36	0.00	0.00	−20.10	−0.10	－	－	0.3226	4059.79	389.04	15389.75	0.2500	61500.0000
53	0060	有色中金	1539.16	305.15	19.82	0.00	0.00	791.56	51.42	442.45	28.75	－	－	0.1924	115.13	0.00	1128.41	0.1410	8000.0000
54	0061	农产品	2347.96	2098.48	89.37	15.56	0.66	78.05	3.32	155.88	6.64	－	－	0.3432	341.10	0.00	2006.86	0.2930	6841.8000
55	0062	深圳华强	4296.45	3486.41	81.14	139.08	3.23	27.55	0.64	650.72	15.15	－	－	0.5371	648.58	146.18	3501.70	0.4400	8000.0000
56	0066	长城电脑	4396.82	634.97	14.44	161.60	3.67	3643.04	82.85	−42.79	−0.97	－	－	0.2773	120.95	0.00	4275.87	0.2700	15855.0000
57	0068	赛格中康	7752.15	5252.34	67.75	0.00	0.00	0.00	0.00	2499.80	32.25	－	－	0.1479	0.00	0.00	7752.15	0.1500	52398.0345
58	0088	盐田港	6218.29	6279.81	100.98	44.31	0.71	0.00	0.00	−105.83	−1.70	－	－	0.1352	457.65	56.91	5703.72	0.1240	46000.0000
59	0400	许继电气	6294.49	3225.22	51.23	85.04	1.35	1840.80	29.24	1143.44	18.17	－	－	0.4561	1760.32	0.00	4534.17	0.3290	13800.0000
60	0401	冀东水泥	8387.60	6716.00	80.07	−2.94	−0.03	0.73	0.00	1673.81	19.96	－	－	0.0210	1258.03	0.00	7129.57	0.1780	400000.0000
61	0402	重庆华亚	530.78	405.00	76.30	0.00	0.00	46.50	8.76	79.28	14.94	－	－	0.0675	175.16	0.00	355.62	0.0450	7869.1500
62	0403	宜春工程	1089.65	624.44	57.30	30.01	2.75	316.26	29.02	−19.94	−1.83	－	－	0.1061	163.82	0.00	925.83	0.0900	10268.8000
63	0404	华意压缩	2163.29	2166.01	100.12	9.83	0.45	0.00	0.00	−12.55	−0.58	－	－	0.1545	324.49	0.00	1838.80	0.1313	14000.0000
64	0405	有色鑫光	5606.50	4585.40	81.78	1032.86	18.42	23.17	0.41	−34.93	−0.62	－	－	0.2176	823.22	898.91	3884.37	0.1510	25766.3847
65	0406	石油大明	2138.03	2051.71	95.96	53.36	2.49	13.14	0.61	95.91	4.49	－	－	0.2284	222.93	126.16	1788.94	0.1900	9362.8500
66	0407	胜利股份	2086.34	1808.13	86.66	104.46	5.00	108.75	5.21	69.14	3.31	－	－	0.2653	288.17	294.12	1504.04	0.2500	7865.0000
67	0408	河北华玉	1573.60	1287.05	81.79	283.43	18.01	0.45	0.02	2.66	0.17	－	－	0.2838	236.04	0.00	1337.56	0.2400	5544.0000
68	0409	华立高科	1718.63	1177.96	68.54	239.75	13.95	249.42	14.51	51.50	3.00	－	－	0.1481	257.79	0.00	1460.84	0.1260	11606.0000
69	0410	沈阳机床	795.64	453.95	57.05	−79.61	−10.00	513.19	64.49	−91.88	−11.55	－	－	0.0369	119.35	0.00	676.29	0.0310	21582.3518
70	0411	凯地丝绸	785.84	91.12	11.59	176.09	22.40	501.34	63.79	17.29	2.20	－	－	0.0682	119.06	−7.92	674.69	0.0590	11524.9970
71	0412	北方五环	3308.33	2532.05	76.53	−0.02	−0.00	466.99	14.11	310.20	9.38	－	－	0.2175	1001.38	−9.82	2316.77	0.1500	15208.5093
72	0413	宝石电子	−318.01	5499.08	1729.22	71.92	22.61	0.00	0.00	125.20	39.37	71.67	22.53	−0.0083	414.87	427.81	−1160.69	−0.0300	38300.0000
73	0415	汇通水利	1490.16	1492.88	100.18	4.84	0.32	0.00	0.00	−7.56	−0.51	－	－	0.2980	222.67	0.00	1267.49	0.2500	5000.0000
74	0416	青岛国货	1129.67	879.80	77.88	207.64	18.38	5.20	0.46	−9.76	−0.86	－	－	0.1747	372.78	0.00	756.89	0.1170	6467.2000
75	0417	合肥百货	1763.39	1683.72	95.48	33.04	1.87	0.00	0.00	46.63	2.64	－	－	0.2907	264.57	0.11	1498.72	0.2470	6065.2490
76	0418	小天鹅	13456.49	13948.20	103.65	132.88	0.98	−344.24	−2.55	−280.35	−2.08	－	－	0.4423	1986.40	189.63	11280.45	0.3708	30425.3200
77	0419	通程东百	3331.36	3194.27	95.88	8.36	0.25	0.00	0.00	128.72	3.86	－	－	0.3263	479.11	0.00	2852.25	0.2800	10210.0000
78	0420	吉林化纤	762.80	856.02	112.22	12.86	1.68	0.00	0.00	−106.07	−13.91	－	－	0.0307	251.73	0.00	511.08	0.0210	24819.3200
79	0421	南京中北	2059.84	1290.76	62.66	104.81	5.08	574.13	27.87	90.14	4.38	－	－	0.3162	326.53	29.16	1704.15	0.2600	6513.6000
80	0422	湖北宜化	4413.91	4326.55	98.02	19.71	0.44	0.00	0.00	67.65	1.53	－	－	0.4500	1456.59	0.00	2957.32	0.3020	9807.8100
81	0423	东阿阿胶	1991.98	1684.89	84.58	0.00	0.00	66.09	3.31	241.00	12.10	－	－	0.2456	298.36	0.00	1693.62	0.2100	8109.4000
82	0425	徐工股份	2790.51	2464.67	88.32	273.28	9.79	−250.06	−8.96	302.63	10.84	－	－	0.1790	418.58	0.00	2371.93	0.1520	15593.0580
83	0426	富龙热力	1896.94	1825.33	96.22	13.14	0.69	7.58	0.39	51.26	2.70	－	－	0.3118	286.00	30.21	1580.73	0.2600	6083.0000
84	0428	华天酒店	3940.41	3689.46	93.63	0.00	0.00	0.00	0.00	250.95	6.37	－	－	0.2736	390.10	233.71	3316.60	0.2300	14400.0000
85	0430	张家界	1913.18	1359.61	71.06	0.00	0.00	533.07	27.86	27.48	1.44	－	－	0.1771	405.51	374.70	1132.97	0.1050	10800.0000
86	0498	丹东化纤	3025.59	2872.74	94.94	41.11	1.35	0.00	0.00	111.74	3.69	－	－	0.1552	453.84	0.00	2571.75	0.1300	19500.0000
87	0501	鄂武商	7005.04	4208.25	60.07	1744.56	24.90	75.46	1.07	982.53	14.03	－	－	0.2417	574.53	1575.69	4854.82	0.1700	28988.3419
88	0502	琼能源	2847.47	1504.80	52.84	0.00	0.00	−77.24	−2.71	1419.91	49.87	－	－	0.1829	427.12	0.00	2420.35	0.1550	15566.8513

序号	代码	简称	97中期利润总额（万元）	主营业务利润（万元）	主营业务利润 %	其他业务利润（万元）	其他业务利润 %	投资收益（万元）	投资收益 %	营业外收支净额（万元）	营业外收支净额 %	损益调整（万元）	损益调整 %	每股利润（元）	所得税（万元）	少数股东权益（万元）	净利润（万元）	每股净利润（元）	97中期股份总额（万股）
89	0503	海虹控股	−4988.47	−2243.32	−44.97	−28.39	−0.56	357.00	7.15	−42.56	−0.85	−3067.05	−61.48	−0.2478	0.00	0.00	−4950.56	−0.2460	20134.5409
90	0504	港澳实业	1683.03	799.66	47.51	34.27	2.03	846.78	50.31	2.33	0.14	—	—	0.0540	209.63	−11.57	1484.97	0.0480	31157.3902
91	0505	琼珠江	−47.72	−3043.75	6378.10	98.85	207.12	2911.30	6100.55	−29.65	−62.13	15.53	32.54	−0.0013	182.98	−992.28	761.58	0.0200	37765.0800
92	0506	川盐化	−743.87	−976.83	−131.31	36.38	4.89	228.60	30.73	−32.02	−4.30	—	—	−0.0299	3.04	−3.73	−743.17	−0.0298	24910.1743
93	0507	粤富华	370.76	116.66	31.46	58.40	15.75	1362.12	367.38	43.95	11.85	—	—	0.0107	1.22	0.00	369.54	0.0107	34499.7420
94	0509	天歌集团	193.63	10.38	5.36	22.13	11.42	153.98	79.52	7.14	3.69	—	—	0.0148	17.86	0.00	175.77	0.0135	13041.5300
95	0510	金路集团	5053.71	4602.92	91.08	32.42	0.64	394.46	7.80	23.91	0.47	—	—	0.1726	638.94	14.44	4400.33	0.1500	29287.6084
96	0511	辽物资	−1471.82	−1787.06	−121.41	127.71	8.67	151.87	10.31	35.66	2.42	—	—	−0.1133	2.58	−37.28	−1437.12	−0.1100	12988.0950
97	0513	丽珠集团	3809.25	1668.65	43.80	30.38	0.79	215.50	5.65	1894.72	49.74	—	—	0.1678	739.12	513.03	2557.11	0.1100	22700.9729
98	0514	渝开发	1286.50	350.59	27.25	41.83	3.25	838.60	65.18	0.00	0.00	55.49	4.31	0.1423	189.19	0.29	1097.03	0.1200	9041.7600
99	0515	渝钛白	−1084.40	−1105.74	−101.96	0.04	0.00	18.82	1.73	2.47	0.23	—	—	−0.0834	0.00	0.00	−1075.69	−0.0830	13000.5200
100	0516	陕解放	1877.77	1594.66	84.92	52.19	2.77	249.02	13.26	18.10	0.96	—	—	0.2808	286.78	0.00	1590.99	0.2380	6686.1300
101	0517	甬中元	335.26	113.84	33.95	22.88	6.82	293.30	87.48	−99.87	−29.79	—	—	0.0373	20.88	0.00	317.25	0.0350	8989.7841
102	0518	苏三山	2764.32	1423.08	51.48	3.55	0.12	1360.65	49.22	−22.96	−0.83	—	—	0.2067	0.00	0.00	2772.98	0.2100	13374.2400
103	0519	蓉动力	45.51	26.61	58.48	17.47	38.39	8.00	17.58	−6.58	−14.46	—	—	0.0064	5.63	0.00	39.88	0.0056	7097.1109
104	0520	武凤凰	7225.52	4979.28	68.91	2245.95	31.08	0.29	0.00	0.00	0.00	—	—	0.2814	1136.90	0.00	6088.62	0.2370	25678.5112
105	0521	美菱电器	7650.43	6487.18	84.79	507.37	6.63	98.70	1.29	4.54	0.06	—	—	0.2012	932.35	−80.79	6798.88	0.1800	38022.6254
106	0522	白云山	611.67	207.77	33.96	−12.04	−1.96	163.49	26.72	258.09	42.19	−5.64	−0.92	0.0163	90.98	4.00	516.69	0.0150	37434.4355
107	0523	广州浪奇	1206.01	11.01	0.91	469.83	38.95	536.73	44.50	189.73	15.73	−1.29	−0.10	0.0578	102.30	0.00	1103.71	0.0500	20850.0567
108	0524	东方宾馆	3757.56	3427.30	91.21	0.00	0.00	226.22	6.02	104.04	2.77	—	—	0.1393	563.62	0.00	3193.94	0.1200	26967.3744
109	0525	宁天龙	−81.12	45.33	55.87	42.85	52.82	−106.19	−130.90	−63.11	−77.80	—	—	−0.0099	0.28	−0.10	−81.31	−0.0099	8209.8258
110	0526	厦海发	51.91	−648.61	−1249.49	−45.47	−87.59	738.67	1422.98	7.32	14.11	—	—	0.0066	6.33	−36.11	81.69	0.0103	7925.0285
111	0527	粤美的	9715.83	8920.96	91.81	639.17	6.57	0.00	0.00	149.47	1.54	—	—	0.3532	800.00	838.94	8076.89	0.2900	27511.1495
112	0528	桂柳工	2428.41	2847.76	117.26	60.15	2.47	−278.77	−11.47	−200.73	−8.27	—	—	0.0778	372.16	64.47	1991.78	0.0640	31193.9804
113	0529	粤美雅	8404.30	7714.57	91.79	−18.44	−0.21	0.96	0.01	707.22	8.41	—	—	0.2451	1194.75	0.00	7209.55	0.2100	34293.9513
114	0530	大冷股份	6233.03	3409.33	54.69	38.97	0.62	2631.56	42.21	40.39	0.65	112.77	1.80	0.3315	551.47	0.00	5681.56	0.3020	18801.1980
115	0531	穗恒运	3219.02	2254.89	70.04	0.00	0.00	5.51	0.17	958.62	29.78	—	—	0.1521	301.03	1217.27	1700.72	0.0804	21166.4057
116	0532	粤华电	117.67	−751.90	−638.99	54.85	46.61	87.78	74.60	680.65	578.44	—	—	0.0054	0.00	−2.21	119.88	0.0055	21839.2200
117	0533	万家乐	918.60	2882.13	313.75	192.11	20.91	−2110.97	−229.80	−44.67	−4.86	—	—	0.0160	222.38	0.00	468.01	0.0081	57568.0000
118	0534	汕电力	2652.27	627.32	23.65	2.71	0.10	2026.11	76.39	−6.12	−0.23	2.25	0.08	0.1401	398.36	−3.22	2257.13	0.1190	18932.8478
119	0535	猴王	3460.65	2643.75	76.39	902.10	26.06	−66.16	−1.91	32.56	0.94	−51.61	−1.49	0.1143	511.99	0.00	2948.66	0.1000	30272.3222
120	0536	闽闽东	−558.15	−970.14	−173.81	105.96	18.98	306.72	54.95	−0.69	−0.12	—	—	−0.0458	5.44	0.00	−563.59	−0.0460	12192.7193
121	0537	津国商	150.96	6.55	4.34	86.14	57.06	165.21	109.43	−106.94	−70.84	—	—	0.0109	22.49	0.00	128.47	0.0090	13797.0980
122	0538	云南白药	1783.86	1589.20	89.08	52.19	2.92	196.74	11.02	12.31	0.69	—	—	0.1591	298.92	0.00	1448.30	0.1290	11212.3280
123	0539	粤电力	42882.89	41919.20	97.75	0.00	0.00	998.04	2.32	−34.36	−0.08	—	—	0.4329	8237.48	8162.36	26483.05	0.2670	99054.0000
124	0540	黔中天	1056.70	788.50	74.61	88.93	8.41	187.63	17.75	−8.36	−0.79	—	—	0.1185	161.76	0.00	895.01	0.1000	8916.6070
125	0541	佛山照明	10536.94	6930.07	65.76	927.18	8.79	2619.54	24.86	60.16	0.57	—	—	0.3820	1575.96	116.90	8844.07	0.3200	27586.2054
126	0542	粤TCL	3531.50	3143.59	89.01	74.30	2.10	343.10	9.71	−29.50	−0.84	—	—	0.2255	772.29	0.00	2759.20	0.1760	15664.0000
127	0543	皖能电力	15427.60	8851.85	57.37	11.37	0.07	6583.01	42.67	18.63	0.12	—	—	0.2100	2287.89	0.00	13139.71	0.1788	73470.3451
128	0544	豫白鸽	517.77	362.19	69.95	−38.39	−7.41	179.84	34.73	−37.55	−7.25	−17.83	−3.44	0.0192	128.11	75.71	313.96	0.0120	26945.9799
129	0545	吉制药	79.36	22.54	28.40	−14.67	−18.48	75.50	95.14	−4.02	−5.06	—	—	0.0059	50.98	0.00	64.81	0.0050	13563.5820
130	0546	吉轻工	521.15	−1535.41	−294.62	−22.35	−4.28	2079.15	398.95	−0.87	−0.17	0.62	0.11	0.0307	27.39	0.00	493.76	0.0290	16950.6479
131	0547	闽福发	1230.23	143.35	11.65	45.37	3.68	1009.82	82.08	77.07	6.26	—	—	0.1341	108.03	0.00	1122.20	0.1220	9172.9769
132	0548	湘中意	1518.24	−416.47	−27.43	−41.93	−2.76	1464.82	96.48	511.01	33.66	0.82	0.05	0.0522	13.97	−240.31	1744.59	0.0600	29060.8048
133	0549	湘火炬	1031.22	795.85	77.17	15.99	1.55	199.41	19.33	9.36	0.91	10.61	1.02	0.1060	154.68	154.68	876.53	0.0900	9724.0000

序号	代码	简称	97中期利润总额(万元)	主营业务利润(万元)	主营业务利润%	其他业务利润(万元)	其他业务利润%	投资收益(万元)	投资收益%	营业外收支净额(万元)	营业外收支净额%	损益调整(万元)	损益调整%	每股利润(元)	所得税(万元)	少数股东权益(万元)	净利润(万元)	每股净利润(元)	97中期股份总额(万股)
134	0550	江铃汽车	3226.36	3361.28	104.18	172.49	5.34	315.76	9.78	268.80	8.33	–	–	0.0465	449.94	567.36	2209.05	0.0320	69321.4000
135	0551	苏物贸	3130.40	1069.81	34.17	1478.61	47.23	610.40	19.49	−28.42	−0.91	–	–	0.1295	599.70	5790.19	2440.23	0.1010	24172.6394
136	0552	甘长风	150.23	176.96	117.79	40.80	27.16	63.00	41.93	−130.53	−86.89	–	–	0.0101	22.53	0.00	127.70	0.0090	14822.5000
137	0553	沙隆达	7199.53	5848.02	81.22	484.32	6.72	881.45	12.24	−14.27	−0.20	–	–	0.2424	1079.93	0.00	6119.60	0.2060	29696.1610
138	0554	鲁石化	3564.88	2077.51	58.27	1474.20	41.35	11.72	0.32	1.45	0.04	–	–	0.1335	467.35	0.00	2648.32	0.0990	26710.7400
139	0555	黔凯涤	−316.25	−304.69	−96.34	14.51	4.58	−23.86	−7.54	−2.20	−0.70	–	–	−0.0386	0.00	−54.48	−261.77	−0.0320	8182.7678
140	0556	琼南洋	5050.83	4835.24	95.73	164.04	3.24	0.00	0.00	51.55	1.02	–	–	0.3046	5.91	0.00	5044.92	0.3040	16581.2086
141	0557	银广夏	3734.37	3572.21	95.65	8.50	0.22	0.00	0.00	150.76	4.04	2.91	0.07	0.1822	274.31	48.40	3411.67	0.1665	20491.0159
142	0558	辽房天	−880.68	−874.96	−99.35	0.00	0.00	−2.35	−0.26	−3.38	−0.38	–	–	−0.0752	0.00	−43.40	−837.29	−0.0700	11716.4374
143	0559	万向钱潮	6553.87	4841.27	73.86	271.35	4.14	1243.30	18.97	197.95	3.02	–	–	0.4177	1182.27	512.74	4858.85	0.3100	15689.7634
144	0560	昆百大	578.09	297.40	51.44	29.18	5.04	10.63	1.83	240.87	41.67	–	–	0.0430	86.71	0.00	504.02	0.0380	13440.0000
145	0561	陕长岭	2820.74	2051.68	72.73	593.93	21.05	135.86	4.81	39.28	1.39	–	–	0.1035	401.83	0.00	2418.91	0.0900	27260.6236
146	0562	新宏信	2853.50	3784.87	132.63	0.00	0.00	4317.51	151.30	−852.65	−29.88	−78.72	−2.75	0.1398	521.32	0.00	2332.18	0.1140	20415.0000
147	0563	陕国投	2340.80	2182.17	93.22	0.00	0.00	100.00	4.27	58.63	2.50	–	–	0.1702	430.70	0.00	1910.10	0.1390	13753.0114
148	0564	西安民生	1182.99	1559.26	131.80	49.51	4.18	20.90	1.76	−446.68	−37.76	–	–	0.0586	199.37	12.65	970.96	0.0480	20200.7024
149	0565	渝三峡	1518.01	1458.65	96.08	20.42	1.34	53.87	3.54	−14.93	−0.98	–	–	0.1594	220.58	0.00	1297.43	0.1360	9526.1347
150	0566	琼海药	−2882.23	−2671.15	−92.67	53.50	1.85	−352.08	−12.21	87.49	3.04	–	–	−0.1709	0.00	0.00	−2882.23	−0.1700	16862.4160
151	0567	琼海德	728.98	340.61	46.72	46.54	6.38	353.34	48.47	−11.51	−1.58	–	–	0.0723	142.15	0.00	586.84	0.0582	10080.0000
152	0568	泸州老窖	14566.43	14640.21	100.50	76.06	0.52	−13.24	−0.09	−22.58	−0.15	–	–	0.4478	4810.22	0.00	9756.21	0.3000	32527.8720
153	0569	长城特钢	−25864.72	−22776.29	−88.05	145.18	0.56	59.60	0.23	−3293.21	−12.73	–	–	−0.3907	46.24	0.00	−25910.96	−0.3900	66204.0179
154	0570	苏常柴	17376.84	13039.64	75.04	568.84	3.27	4597.60	26.45	−829.24	−4.77	–	–	0.4937	2981.71	0.00	13945.14	0.4000	35200.0000
155	0571	新大洲	12764.83	5111.10	40.04	3205.19	25.10	−366.40	−2.87	4882.54	38.25	–	–	0.2688	1817.70	0.00	10986.28	0.2300	47488.0000
156	0572	琼金盘	57.84	−294.06	−508.43	−1.40	−2.42	38.27	66.16	−6.34	−10.96	–	–	0.0027	0.00	0.00	57.84	0.0026	21589.4510
157	0573	粤宏远	7638.82	7283.09	95.34	276.22	3.61	117.68	1.54	1.65	0.02	–	–	0.1911	1163.14	0.00	6475.68	0.1620	39970.6497
158	0576	广东甘化	4498.92	1325.43	29.46	0.00	0.00	3111.90	69.17	0.00	0.00	–	–	0.2269	674.84	0.00	3824.08	0.1930	19825.7389
159	0578	青白	2252.27	1330.05	59.05	47.42	2.10	877.86	38.97	−4.48	−0.20	–	–	0.2224	133.77	−25.93	2144.43	0.2100	10126.5424
160	0582	北海新力	1444.70	1467.16	101.55	37.38	2.58	36.00	2.49	95.84	6.63	–	–	0.0993	211.31	0.00	1233.39	0.0850	14548.6000
161	0583	川长征	105.77	−289.45	−273.66	7.47	7.06	383.49	362.57	4.27	4.03	–	–	0.0120	34.90	0.00	70.86	0.0080	8812.4313
162	0584	蜀都	374.47	36.21	9.66	82.73	22.09	314.40	83.95	−46.38	−12.39	−12.48	−3.33	0.0204	22.71	0.00	351.77	0.0190	18385.0073
163	0585	东北电	4273.20	3864.40	90.43	509.40	11.92	90.20	2.11	−190.80	−4.47	–	–	0.0489	−640.90	0.00	3632.30	0.0416	87337.0000
164	0586	川长江	1057.01	461.18	43.63	190.74	18.04	345.87	32.72	56.54	5.35	–	–	0.0766	109.87	0.00	940.70	0.0680	13800.0000
165	0587	光明家具	2058.00	1960.00	95.23	83.00	4.03	0.00	0.00	15.00	0.73	–	–	0.1413	185.00	389.00	1484.00	0.1020	14560.0000
166	0588	粤金曼	2488.27	1527.47	61.38	13.16	0.52	735.84	29.57	−13.90	−0.56	–	–	0.1852	254.79	201.64	2031.84	0.1510	13432.0000
167	0589	黔轮胎	5471.34	5316.74	97.17	52.45	0.95	86.75	1.58	15.38	0.28	–	–	0.2715	829.22	0.00	4642.12	0.2300	20153.5000
168	0590	湘中药	380.57	734.69	193.04	0.00	0.00	31.69	8.32	8.80	2.31	–	–	0.0423	57.09	0.00	323.49	0.0360	9000.0000
169	0591	重庆中药	700.69	357.54	51.02	67.74	9.66	88.54	12.63	16.13	2.30	–	–	0.1106	78.46	0.00	622.23	0.0980	6338.0000
170	0592	中福实业	2817.85	1955.09	69.38	15.12	0.53	849.37	30.14	−1.73	−0.06	–	–	0.1314	471.76	0.00	2265.91	0.1160	21450.0000
171	0593	成都华联	1504.58	805.15	53.51	172.42	11.45	382.49	25.42	144.52	9.61	–	–	0.2149	230.99	−7.60	1281.19	0.1800	7000.0028
172	0594	内蒙宏峰	991.51	994.10	100.26	−0.92	−0.09	0.00	0.00	−1.67	−0.17	–	–	0.1050	148.73	0.00	842.78	0.0890	9446.4000
173	0595	西北轴承	1041.70	995.67	95.58	156.33	15.00	0.00	0.00	−110.31	−10.59	–	–	0.0886	343.82	0.00	697.88	0.0590	11760.0000
174	0596	古井贡	20791.13	20592.68	99.04	−15.02	−0.07	203.30	0.97	10.18	0.05	–	–	0.8847	6774.33	2.39	14014.42	0.6000	23500.0000
175	0597	东北药	−3989.48	−4881.55	−122.36	518.54	12.99	340.51	8.53	33.01	0.83	–	–	−0.2049	0.00	0.00	−3989.48	−0.2049	19475.0000
176	0598	蓝星清洗	1865.15	1684.01	90.28	0.00	0.00	180.00	9.65	1.13	0.06	–	–	0.2869	0.00	0.00	1865.15	0.2900	6500.0000
177	0599	青岛双星	2418.38	2126.35	87.92	288.94	11.94	1.88	0.07	1.21	0.05	–	–	0.2418	335.70	0.00	2082.68	0.2080	10000.0000
178	0600	国际大厦	1661.17	1302.65	78.41	0.41	0.02	363.10	21.85	−4.99	−0.30	–	–	0.1219	236.38	−4.25	1429.04	0.1050	13629.5424

序号	代码	简称	97中期利润总额（万元）	主营业务利润		其他业务利润		投资收益		营业外收支净额		损益调整		每股利润（元）	所得税（万元）	少数股东权益（万元）	净利润（万元）	每股净利润（元）	97中期股份总额（万股）
				（万元）	%	（万元）	%	（万元）	%	（万元）	%	（万元）	%						
179	0601	韶能股份	9186.79	6363.85	69.27	53.77	0.58	2164.56	23.56	527.33	5.74	–	–	0.5742	1563.52	0.00	6860.47	0.4300	16000.0000
180	0602	金马集团	1728.35	1020.23	59.02	398.49	23.05	319.77	18.50	–10.13	–0.59	–	–	0.1862	260.49	–1.85	1469.71	0.1580	9282.0000
181	0603	威达医械	1540.66	1495.64	97.07	0.00	0.00	0.00	0.00	43.18	2.80	–	–	0.1377	198.43	75.11	1267.13	0.1130	11186.2500
182	0605	中联建设	1397.44	1185.28	84.81	0.00	0.00	220.00	15.74	–7.84	–0.56	–	–	0.2795	388.55	0.00	1008.88	0.2020	5000.0000
183	0606	青海明胶	679.40	348.07	51.23	0.00	0.00	307.94	45.32	0.00	0.00	–	–	0.1319	88.32	0.00	591.07	0.1100	5150.0000
184	0607	重庆川仪	349.26	10.28	2.94	68.20	19.52	236.71	67.77	34.06	9.75	–	–	0.0229	17.84	0.00	331.42	0.0210	15278.0000
185	0608	广西虎威	834.65	702.30	84.14	0.00	0.00	141.00	16.89	–8.65	–1.04	–	–	0.1378	125.20	0.00	709.45	0.1172	6055.0000
186	0609	燕化高新	4113.50	3024.64	73.52	1.06	0.02	1090.32	26.50	–1.65	–0.04	–0.87	–0.02	0.5551	587.53	12.83	3513.14	0.4740	7410.0000
187	0610	西安旅游	2113.72	1567.70	74.16	0.00	0.00	524.05	24.79	21.98	1.04	–	–	0.2394	317.06	0.00	1796.67	0.2000	8830.0000
188	0611	民族集团	1162.41	449.39	38.66	305.15	26.25	400.00	34.41	7.87	0.68	–	–	0.0905	115.90	0.00	1042.03	0.0810	12846.9981
189	0612	焦作万方	2768.92	2552.20	92.17	311.32	11.24	13.60	0.49	–108.19	–3.91	–	–	0.1232	415.34	0.00	2353.59	0.1050	22470.6310
190	0613	大 东 海	2589.60	1416.79	54.71	33.58	1.29	801.82	30.96	337.41	13.03	–	–	0.0782	387.99	0.00	2201.61	0.0660	33100.0000
191	0615	湖北金环	930.04	671.46	72.19	4.97	0.53	5.10	0.54	248.51	26.72	–	–	0.1491	138.74	0.00	791.30	0.1270	6238.5600
192	0616	大连渤海	954.02	874.88	91.70	0.00	0.00	80.08	8.39	–0.94	–0.10	–	–	0.1908	159.07	20.38	774.57	0.1550	5000.0000
193	0617	石油济柴	1.67	–538.93	–32271	39.66	2379.22	337.45	20206	163.49	9808.66	–	–	0.0002	0.00	0.00	1.67	0.0002	10400.0000
194	0618	吉林化工	17192.30	22792.40	132.57	0.00	0.00	0.00	0.00	–635.20	–3.69	–	–	0.0504	0.00	–106.10	10320.10	0.0300	341107.8000
195	0619	红星宣纸	462.93	487.90	105.39	0.00	0.00	0.00	0.00	–24.97	–5.39	–	–	0.0926	65.62	0.00	397.31	0.0800	5000.0000
196	0620	牡 石 化	3142.49	2115.55	67.32	57.48	1.82	0.00	0.00	30.54	0.97	–	–	0.1333	471.37	0.00	2671.11	0.1130	23565.9200
197	0621	北京比特	942.71	946.76	100.42	0.00	0.00	23.95	2.54	2.85	0.30	–30.85	–3.27	0.0819	136.67	0.00	806.04	0.0700	11514.0922
198	0622	岳阳恒立	1802.71	1807.72	100.27	5.28	0.29	0.00	0.00	0.00	0.00	–	–	0.2889	568.70	143.25	1317.56	0.2110	6240.0000
199	0623	吉林敖东	5620.12	5571.77	99.13	30.48	0.54	9.61	0.17	8.26	0.15	–	–	0.6541	843.02	0.00	4777.11	0.5600	8592.0000
200	0625	长安汽车	14440.60	11050.10	76.52	2181.40	15.10	1500.00	10.38	–290.90	–2.01	–	–	0.1648	1850.00	0.00	12590.60	0.1440	87619.0000
201	0626	如意集团	598.12	212.53	35.53	0.00	0.00	378.05	63.20	7.35	1.23	–	–	0.0997	71.25	108.57	418.29	0.0697	6000.0000
202	0627	湖北中天	2592.76	1772.54	68.36	187.19	7.21	581.00	22.40	52.04	2.01	–	–	0.2511	301.76	0.00	2291.00	0.2200	10324.4000
203	0628	倍特高新	2206.66	1620.86	73.45	0.27	0.01	588.52	26.67	–2.99	–0.14	–	–	0.1368	331.00	0.00	1875.66	0.1160	16130.0000
204	0629	攀钢板材	6196.61	6169.49	99.56	0.00	0.00	0.00	0.00	27.12	0.44	–	–	0.1541	2044.88	0.00	4151.73	0.1030	40220.0000
205	0630	铜都铅业	4240.84	4056.43	95.65	150.20	3.54	–10.91	–0.25	45.11	1.06	–	–	0.3029	732.82	0.00	3508.02	0.2510	14000.0000
206	0631	长春兰宝	2074.68	1458.58	70.30	302.81	14.59	0.00	0.00	313.28	15.10	–	–	0.3325	312.79	326.12	1435.77	0.2300	6240.0000
207	0632	三木集团	3037.51	2072.57	68.23	278.24	9.16	693.00	22.81	–14.20	–0.47	7.90	0.26	0.2368	327.98	93.95	2615.58	0.2039	12828.4199
208	0633	合金股份	630.34	533.89	84.69	27.31	4.33	72.00	11.42	–2.86	–0.45	–	–	0.1220	90.30	0.00	540.04	0.1045	5168.5000
209	0635	民族化工	807.24	783.12	97.01	30.45	3.77	0.00	0.00	–6.33	–0.78	–	–	0.1558	0.00	0.00	807.24	0.1560	5180.0000
210	0636	风华高科	5251.82	5026.83	95.71	0.00	0.00	0.00	0.00	2.23	0.04	–	–	0.4908	787.77	110.14	4353.91	0.4069	10700.0000
211	0637	茂化实华	3639.47	3150.57	86.56	156.83	4.30	334.09	9.17	–2.02	–0.06	–	–	0.3617	594.28	–5.82	3039.37	0.3000	10062.0000
212	0638	中辽国际	2976.66	2061.13	69.24	83.88	2.81	834.32	28.02	–2.65	–0.09	–	–	0.3271	292.73	396.48	2287.45	0.2500	9100.0000
213	0639	株洲庆云	703.07	633.53	90.10	58.35	8.30	4.82	0.68	6.36	0.91	–	–	0.1254	0.00	–3.52	706.59	0.1260	5604.9950
214	0650	九江化纤	1213.95	1193.33	98.30	28.68	2.36	0.00	0.00	8.06	0.66	–	–	0.1556	400.60	0.00	813.35	0.1040	7800.0000
215	0651	格力电器	17066.46	16118.37	94.44	940.19	5.50	0.00	0.00	7.90	0.05	–	–	1.1378	2072.99	700.30	14293.18	0.9500	15000.0000
216	0652	美纶股份	1262.07	18.22	1.44	4.20	0.33	1310.55	103.84	–71.90	–5.70	–	–	0.1011	189.19	0.78	1072.09	0.0900	12488.0580
217	0653	九州股份	3181.77	2384.44	74.94	96.52	3.03	709.61	22.30	–8.79	–0.28	–	–	0.1225	491.46	0.00	2690.31	0.1035	25983.6000
218	0655	华光陶瓷	2673.05	2613.82	97.78	53.77	2.01	13.08	0.48	–7.62	–0.29	–	–	0.2870	466.78	85.95	2120.32	0.2300	9313.2000
219	0656	重庆东源	1837.18	1885.16	102.61	–37.52	–2.04	0.00	0.00	–10.46	–0.57	–	–	0.0893	275.58	0.00	1561.60	0.0760	20582.1847
220	0657	金海股份	1008.90	110.68	10.97	3.98	0.39	528.00	52.33	366.23	36.30	–	–	0.0864	17.20	0.00	994.68	0.0850	11677.5000
221	0658	海洋集团	1502.33	1337.82	89.04	43.72	2.90	18.08	1.20	32.14	2.14	–	–	0.1230	249.68	107.60	1145.05	0.0940	12210.0000
222	0659	珠海中富	4077.76	4072.88	99.88	20.60	0.50	0.00	0.00	–15.72	–0.39	–	–	0.2399	612.28	0.00	3465.49	0.2040	17000.0000
223	0660	南 华 西	1567.25	3023.14	192.89	0.00	0.00	385.46	24.59	32.35	2.06	–	–	0.2239	233.40	0.00	1333.84	0.1900	7000.0000

序号	代码	简称	97中期利润总额（万元）	主营业务利润		其他业务利润		投资收益		营业外收支净额		损益调整		每股利润（元）	所得税（万元）	少数股东权益（万元）	净利润（万元）	每股净利润（元）	97中期股份总额（万股）
				（万元）	%	（万元）	%	（万元）	%	（万元）	%	（万元）	%						
224	0661	长春高新	4089.74	1132.07	27.68	1709.99	41.81	997.03	24.37	−20.97	−0.51	—	—	0.2364	544.59	3.83	3541.32	0.2050	17297.2800
225	0662	广西康达	1015.12	913.10	89.94	57.99	5.71	23.62	2.32	20.41	2.01	—	—	0.1421	127.27	134.49	753.37	0.1050	7142.5000
226	0663	永安林业	1755.28	1612.91	91.88	10.87	0.61	122.80	6.99	0.61	0.03	—	—	0.1547	263.29	0.00	1491.99	0.1300	11345.4000
227	0665	武汉塑料	1293.58	984.34	76.09	250.14	19.33	0.00	0.00	59.10	4.57	—	—	0.2582	231.01	0.00	1012.97	0.2000	5009.3300
228	0666	经纬纺机	4620.90	3566.90	77.19	59.50	1.28	1021.90	22.11	−27.40	−0.59	—	—	0.1090	−704.60	0.50	3915.80	0.0920	42380.0000
229	0667	昆明五华	4503.09	2187.35	48.57	213.23	4.73	663.49	14.73	1438.69	31.95	—	—	0.2573	686.80	2.22	3814.07	0.2180	17502.0000
230	0668	武汉石油	1402.18	1316.91	93.91	91.07	6.49	33.01	2.35	−38.81	−2.77	—	—	0.1640	210.35	0.03	1191.80	0.1400	8550.0000
231	0669	吉诺尔	−1971.47	−2088.38	−105.93	13.05	0.66	100.00	5.07	3.86	0.20	—	—	−0.3197	0.00	0.00	−1971.47	−0.3200	6167.0000
232	0670	天发股份	5216.31	3788.42	72.62	624.34	11.96	745.85	14.29	57.71	1.11	—	—	0.4013	782.45	0.00	4433.86	0.3411	13000.0000
233	0671	石狮新发	629.91	609.02	96.68	23.79	3.77	0.00	0.00	−2.90	−0.46	—	—	0.1184	96.12	0.00	533.79	0.1000	5318.5770
234	0672	铜城集团	749.41	630.69	84.15	103.27	13.78	10.40	1.38	5.04	0.67	—	—	0.1153	247.30	0.00	502.10	0.0770	6500.0000
235	0673	大同水泥	2751.83	2432.16	88.38	105.21	3.82	0.00	0.00	214.46	7.79	—	—	0.5396	908.09	0.00	1843.74	0.3600	5100.0000
236	0675	银山化工	1827.28	1184.59	64.82	107.55	5.88	550.00	30.09	−14.87	−0.81	—	—	0.3532	274.09	0.00	1553.19	0.3000	5174.2200
237	0676	河南思达	1363.72	1011.91	74.20	6.48	0.47	324.87	23.82	20.45	1.50	—	—	0.2727	0.00	0.00	1363.72	0.2700	5000.0000
238	0677	山东海龙	1099.09	1099.48	100.03	1099.48	100.03	0.00	0.00	0.00	0.00	—	—	0.2150	164.86	0.00	934.23	0.1827	5112.9000
239	0678	襄阳轴承	3001.81	5371.66	178.94	66.53	2.21	193.49	6.44	52.44	1.75	—	—	0.2484	444.66	0.00	2557.15	0.2120	12086.5500
240	0679	大连友谊	4594.08	4334.49	94.34	166.05	3.61	62.70	1.36	30.84	0.67	—	—	0.3480	693.22	869.67	3031.19	0.2300	13200.0000
241	0680	山推股份	4126.13	2937.89	71.20	1063.87	25.78	0.00	0.00	124.38	3.01	—	—	0.1751	618.92	0.00	3507.21	0.1500	23560.0000
242	0681	苏常远东	1453.48	1076.58	74.06	1.00	0.06	210.00	14.44	165.90	11.41	—	—	0.2907	195.55	−2.31	1260.25	0.2520	5000.0000
243	0682	东方电子	4194.90	4150.20	98.93	3.56	0.08	6.85	0.16	34.28	0.82	—	—	0.3071	626.64	39.74	3528.52	0.2600	13660.0000
244	0683	天然碱	10169.61	9714.92	95.52	164.95	1.62	0.00	0.00	289.73	2.85	—	—	0.2365	1525.44	0.00	8644.17	0.2010	43000.0000
245	0685	佛山兴华	1607.72	1384.21	86.09	185.22	11.52	34.80	2.16	3.48	0.22	—	—	0.2680	241.16	0.00	1366.56	0.2300	6000.0000
246	0686	锦州六陆	1006.50	812.64	80.73	10.71	1.06	153.76	15.27	29.40	2.92	—	—	0.1388	165.62	−97.62	938.50	0.1300	7254.0000
247	0687	保定天鹅	7329.55	6979.70	95.22	0.00	0.00	0.00	0.00	349.84	4.77	—	—	0.2485	1099.43	0.00	6230.12	0.2100	29500.0000
248	0688	涪陵建陶	2562.64	1381.08	53.89	4.44	0.17	1140.52	44.50	36.61	1.43	—	—	0.3583	317.16	123.05	2122.44	0.3000	7153.0645
249	0689	宏业集团	763.44	200.55	26.26	5.47	0.71	357.61	46.84	199.81	26.17	—	—	0.1098	58.89	0.00	587.14	0.0840	6955.0000
250	0690	宝丽华	2240.84	2159.53	96.37	−1.40	−0.06	0.00	0.00	82.71	3.69	—	—	0.4482	336.13	0.00	1904.71	0.3810	5000.0000
251	0691	寰岛实业	3826.36	3276.84	85.63	0.00	0.00	206.05	5.38	343.47	8.08	—	—	0.3173	503.07	349.68	2973.60	0.2470	12060.0000
252	0692	惠天热电	2707.27	2717.94	100.39	−4.38	−0.16	54.10	1.99	0.00	0.00	—	—	0.4922	406.09	0.00	2301.18	0.4200	5500.0000
253	0693	泰康股份	596.41	112.73	18.90	3.77	0.63	479.92	80.46	−0.01	0.00	—	—	0.0500	89.46	0.00	506.95	0.0420	11916.4857
254	0695	灯塔油漆	908.88	848.33	93.33	49.46	5.44	7.97	0.87	3.12	0.34	—	—	0.0588	142.02	6.93	759.92	0.0500	15461.0411
255	0696	成都联益	380.31	146.32	38.47	91.49	24.05	316.93	83.33	118.21	31.08	—	—	0.0445	9.51	0.00	370.81	0.0400	8554.0000
256	0697	咸阳偏转	2645.66	3554.53	134.35	0.00	0.00	0.04	0.00	128.52	4.86	—	—	0.3561	396.85	0.00	2248.81	0.3030	7429.2500
257	0698	沈阳化工	4833.29	4497.95	93.06	33.34	0.68	0.00	0.00	301.99	6.25	—	—	0.2107	724.99	665.30	3452.99	0.1500	22940.0000
258	0699	佳纸股份	2784.86	838.64	30.11	0.00	0.00	929.14	33.36	1017.08	36.52	—	—	0.1592	417.73	0.00	2367.13	0.1350	17496.0000
259	0700	兴澄股份	1067.07	758.87	71.11	57.00	5.34	260.18	24.38	−8.97	−0.84	—	—	0.0953	133.43	0.00	933.64	0.0834	11192.7500
260	0701	厦门信达	2523.16	1928.67	76.43	15.57	0.61	506.80	20.08	79.33	3.14	—	—	0.1262	344.72	0.00	2178.44	0.1100	20000.0000
261	0702	正虹饲料	2959.49	2352.01	79.47	1.55	0.05	667.74	22.56	61.81	2.09	—	—	0.2273	0.00	15.83	2943.66	0.2260	13018.0000
262	0703	招商股份	3404.05	3193.98	93.82	141.99	4.17	5.30	0.15	62.77	1.84	—	—	0.4151	211.29	0.00	2671.71	0.3260	8200.0000
263	0705	浙江震元	1969.90	1494.83	75.88	13.16	0.66	345.53	17.54	116.38	5.91	—	—	0.3565	280.25	0.00	1689.65	0.3060	5524.9996
264	0707	湖北双环	6980.05	6128.80	87.80	−104.90	−1.50	0.00	0.00	956.15	13.70	—	—	0.4133	1047.01	0.00	5933.04	0.3510	16888.0000
265	0708	大冶特钢	9915.26	6988.88	70.48	161.54	1.62	1487.20	14.99	1277.64	12.89	—	—	0.3551	1487.29	0.00	8427.97	0.3018	27922.8000
266	0709	康钢股份	29031.65	27890.85	96.07	923.56	3.18	0.00	0.00	217.24	0.75	—	—	0.3657	9580.44	0.00	24676.90	0.3100	79388.1929
267	0710	天兴仪表	1621.33	1187.48	73.24	174.35	10.75	0.00	0.00	259.50	16.01	—	—	0.2702	243.91	0.00	1382.14	0.2300	6000.0000
268	0711	龙发股份	698.98	579.67	82.93	0.00	0.00	0.00	0.00	119.31	17.07	—	—	0.1380	55.14	0.00	643.83	0.1270	5064.0000

序号	代码	简称	97中期利润总额（万元）	主营业务利润		其他业务利润		投资收益		营业外收支净额		损益调整		每股利润（元）	所得税（万元）	少数股东权益（万元）	净利润（万元）	每股净利润（元）	97中期股份总额（万股）
				（万元）	%	（万元）	%	（万元）	%	（万元）	%	（万元）	%						
269	0712	金泰发展	2217.74	658.48	29.69	444.72	20.05	1011.32	45.60	103.22	4.65	—	—	0.3320	340.65	0.00	1898.39	0.2840	6680.3300
270	0713	丰乐种业	2991.86	2512.14	83.96	15.15	0.50	218.37	7.29	246.20	8.23	—	—	0.2770	448.78	0.00	2543.08	0.2350	10800.0000
271	0715	中兴商业	2592.10	2669.54	102.98	47.57	1.83	52.62	2.03	−177.64	−6.85	—	—	0.2160	388.81	0.00	2203.28	0.1800	12000.0000
272	0716	广西斯壮	955.56	374.51	39.19	0.00	0.00	611.29	63.97	0.00	0.00	—	—	0.0963	143.33	0.00	812.22	0.0820	9927.6512
273	0717	韶钢松山	10529.03	10137.55	96.28	22.88	0.21	0.00	0.00	368.60	3.50	—	—	0.3290	1579.35	0.00	8949.67	0.2800	32000.0000
274	0718	吉林纸业	76.46	−364.35	−476.48	51.73	67.65	30.00	39.23	359.08	469.60	—	—	0.0034	11.47	0.00	65.00	0.0029	22600.0000
275	0719	焦作碱业	805.69	1686.99	209.38	10.75	1.33	0.00	0.00	−8.39	−1.04	—	—	0.1556	120.85	0.00	684.84	0.1323	5176.5000
276	0720	山东电缆	6730.57	6042.23	89.77	19.20	0.28	8.38	0.12	660.76	9.82	—	—	0.4808	953.54	164.39	5612.63	0.4000	14000.0000
277	0721	西安饮食	1159.71	522.59	45.06	311.51	26.86	35.33	3.04	290.28	25.03	—	—	0.1014	173.72	0.00	985.99	0.0860	11441.5100
278	0722	金果实业	1908.78	1105.88	57.93	75.67	3.96	676.62	35.44	50.60	2.65	—	—	0.3671	286.32	0.00	1584.41	0.3050	5200.0000
279	0723	天宇电气	1410.95	506.90	35.92	0.00	0.00	359.81	25.50	581.18	41.19	—	—	0.1702	207.71	42.02	1161.22	0.1400	8290.0000
280	0727	华东电子	4880.33	3471.31	71.12	6.82	0.13	871.21	17.85	530.99	10.88	—	—	0.3466	622.41	0.00	4257.92	0.3020	14078.6200
281	0728	北京化二	4300.59	3397.23	78.99	−12.03	−0.27	914.48	21.26	0.91	0.02	—	—	0.1344	610.85	0.00	3689.74	0.1150	32000.0000
282	0729	燕京啤酒	9134.56	8730.97	95.58	161.85	1.77	0.00	0.00	241.73	2.65	—	—	0.2951	1370.18	0.00	7764.37	0.3380	30953.0000
283	0730	环保股份	3007.45	2416.08	80.33	0.54	0.01	0.00	0.00	590.83	19.65	—	—	0.2445	279.91	227.96	2499.58	0.2030	12299.9495
284	0731	四川美丰	2665.38	2668.41	100.11	0.00	0.00	0.00	0.00	−3.03	−0.11	—	—	0.3543	399.81	0.00	2265.57	0.3010	7523.4000
285	0732	福建三农	1599.71	1536.68	96.05	71.92	4.49	−8.17	−0.51	−0.72	−0.04	—	—	0.1333	261.98	0.00	1366.22	0.1139	12000.0000
286	0733	振华科技	3568.22	2470.85	69.24	147.87	4.14	0.00	0.00	949.50	26.61	—	—	0.2093	407.58	282.59	2878.05	0.1640	17500.0000
287	0735	罗牛山	2630.40	2309.52	87.80	105.37	4.00	26.58	1.01	188.94	7.18	—	—	0.1814	0.00	0.30	2610.10	0.1800	14500.0000
288	0736	重庆实业	819.56	118.93	14.51	1.92	0.23	351.90	42.93	346.82	42.32	—	—	0.1366	51.78	−0.57	768.35	0.1280	6000.0000
289	0737	南风化工	5175.94	4503.93	87.01	202.27	3.90	0.00	0.00	469.37	9.07	—	—	0.2817	812.05	−15.85	4379.74	0.2380	18377.0000
290	0738	南方摩托	4542.83	1071.35	23.58	134.30	2.95	940.60	20.70	3337.19	73.46	—	—	0.1594	167.31	7.50	4368.02	0.1533	28500.0000
291	0739	青岛东方	1441.69	853.10	59.17	299.74	20.79	55.50	3.84	233.35	16.19	—	—	0.2288	475.76	0.00	965.93	0.1530	6300.0000
292	0748	湘计算机	1743.30	1447.27	83.01	41.31	2.36	38.86	2.22	10.89	0.62	104.99	6.02	0.1393	260.97	3.48	1478.85	0.1180	12513.0000
293	0750	桂林集琦	2501.20	2500.02	99.95	0.77	0.03	0.00	0.00	0.41	0.02	—	—	0.2943	375.18	0.00	2126.02	0.2501	8500.0000
294	0751	锌业股份	15169.99	23134.77	152.50	34.97	0.23	0.00	0.00	99.20	0.65	—	—	0.3700	5006.10	0.00	10163.90	0.2479	41000.0000
295	0752	拉萨啤酒	1294.61	1147.51	88.63	147.85	11.42	0.00	0.00	−0.74	−0.06	—	—	0.1962	194.19	0.00	1100.42	0.1670	6600.0000
296	0753	福建双菱	2736.81	2368.16	86.53	49.05	1.79	226.11	8.26	93.49	3.42	—	—	0.2736	410.52	0.00	2320.30	0.2320	10002.5800
297	0755	山西三维	1904.21	2370.16	124.46	170.09	8.93	0.00	0.00	26.59	1.40	—	—	0.1058	0.00	0.00	1904.21	0.1060	18000.0000
298	0756	新华制药	4597.22	4585.96	99.75	119.62	2.60	0.00	0.00	−108.36	−2.36	—	—	0.1076	689.58	0.00	3907.64	0.0940	42731.2830
299	0757	内江峨柴	1618.45	1582.82	97.79	86.47	5.34	0.00	0.00	−7.99	−0.49	—	—	0.1655	242.77	0.00	1375.68	0.1410	9777.5900
300	0758	中色建设	5213.62	4067.06	78.00	222.48	4.26	650.93	12.48	273.15	5.24	—	—	0.3724	1016.47	0.00	4197.15	0.3000	14000.0000
301	0759	武汉中百	1743.46	944.58	54.17	246.06	14.11	3.15	0.18	545.43	31.28	4.25	0.24	0.1920	261.52	0.00	1481.94	0.1650	9080.0000
302	0760	湖北车桥	2103.95	1676.41	79.67	418.75	19.90	−1.36	−0.06	10.15	0.48	—	—	0.3911	314.36	2.65	1786.93	0.3320	5380.0000
303	0762	西藏矿业	1291.94	1257.75	97.35	32.61	2.52	0.00	0.00	1.58	0.12	—	—	0.1304	387.58	0.00	904.36	0.0900	9905.0000
304	0766	通化金马	6696.87	5823.27	86.95	−1.96	−0.02	0.00	0.00	875.57	13.07	—	—	0.5303	1004.53	0.00	5692.34	0.4500	12628.0000
305	0767	漳泽电力	6509.35	6889.74	105.84	−30.21	−0.46	0.00	0.00	−453.02	−6.96	—	—	0.4489	2148.08	0.00	4361.26	0.3010	14500.0000
306	0768	西飞国际	4050.38	3156.27	77.92	79.55	1.96	29.72	0.73	784.84	19.38	—	—	0.2383	910.29	674.45	2465.64	0.1450	17000.0000
307	0769	盛道包装	3697.58	2966.85	80.23	151.89	4.10	0.00	0.00	578.84	15.65	—	—	0.3590	539.70	309.70	2498.01	0.2430	10300.0000
308	0776	延边公路	1042.04	563.67	54.09	0.00	0.00	385.40	36.98	95.51	9.17	—	—	0.1303	78.14	0.00	963.90	0.1240	8000.0000
309	0777	中核苏阀	1914.85	1663.22	86.85	239.03	12.48	0.00	0.00	0.00	0.00	—	—	0.2553	631.90	0.00	1282.59	0.1710	7500.0000
310	0778	新兴铸管	11225.77	10078.30	89.77	1163.91	10.36	0.00	0.00	−16.44	−0.15	—	—	0.3508	3022.90	0.00	8202.87	0.2560	32000.0000
311	0779	三毛派神	2131.30	2101.02	98.57	0.00	0.00	0.00	0.00	30.28	1.42	—	—	0.2114	319.70	0.00	1811.61	0.1800	10082.0000
312	0780	内蒙兴发	3683.93	3702.56	100.50	−13.31	−0.36	0.16	0.00	−5.48	−0.15	—	—	0.2631	552.59	0.00	3131.34	0.2200	14000.0000
313	0782	美达股份	5079.35	4977.74	97.99	73.96	1.45	5.44	0.10	22.20	0.44	—	—	0.2970	414.49	579.02	4085.84	0.2400	17100.0000

序号	代码	简称	97中期利润总额（万元）	主营业务利润		其他业务利润		投资收益		营业外收支净额		损益调整		每股利润（元）	所得税（万元）	少数股东权益（万元）	净利润（万元）	每股净利润（元）	97中期股份总额（万股）
				（万元）	%	（万元）	%	（万元）	%	（万元）	%	（万元）	%						
314	0783	石炼化	18301.25	18356.35	100.30	−90.28	−0.49	0.00	0.00	35.18	0.19	—	—	0.2542	6039.41	885.84	11376.00	0.1500	72000.0000
315	0785	武汉中商	3883.61	3805.88	97.99	24.95	0.64	76.95	1.98	−24.17	−0.62	—	—	0.7069	1256.20	−15.90	2643.31	0.4800	5493.6000
316	0786	北新建材	4555.41	4113.03	90.28	226.97	4.98	0.00	0.00	215.41	4.73	—	—	0.2939	683.31	0.00	3872.10	0.2500	15500.0000
317	0787	五一文	1395.08	1135.29	81.37	107.42	7.70	10.01	0.71	142.36	10.20	—	—	0.1561	209.26	0.00	1185.82	0.1327	8935.0100
318	0788	合成制药	3206.48	3179.82	99.16	23.93	0.74	0.00	0.00	2.74	0.09	—	—	0.1832	480.97	0.00	2725.51	0.1560	17500.0000
319	0793	燃气股份	855.65	882.50	103.13	−44.16	−5.16	3.46	0.40	0.02	0.00	—	—	0.1111	65.08	0.00	790.49	0.1000	7700.5129
320	0795	太原刚玉	2562.09	2569.60	100.29	0.00	0.00	0.00	0.00	−7.51	−0.29	—	—	0.2562	845.49	0.00	1761.60	0.1720	10000.0000
321	0796	宝商集团	1608.51	708.92	44.07	0.00	0.00	598.26	37.19	301.33	18.73	—	—	0.2582	241.28	0.00	1367.24	0.2200	6228.7360
322	0797	中国武夷	7938.15	5931.25	74.71	898.53	11.31	840.23	10.58	268.13	3.38	—	—	0.2871	986.96	368.26	6582.39	0.3300	27647.8800
323	0799	湘酒鬼	8977.08	8961.51	99.82	31.40	0.34	0.00	0.00	15.82	0.18	—	—	0.4852	1346.56	0.00	7630.52	0.5870	18500.0000
324	0800	一汽轿车	25840.17	25923.46	100.32	74.01	0.28	0.00	0.00	−157.31	−0.61	—	—	0.2461	3876.03	0.00	21964.14	0.2100	105000.0000
325	0816	江淮动力	3933.05	4110.52	104.51	23.95	0.60	34.31	0.87	−235.73	−5.99	—	—	0.3333	605.46	0.00	3154.48	0.2700	11800.0000
326	0819	岳阳兴长	3051.15	2984.33	97.81	25.59	0.83	0.00	0.00	0.56	0.02	—	—	0.5868	477.98	0.00	2593.47	0.5000	5200.0000
327	0828	广东福地	9847.23	9819.83	99.72	34.36	0.34	0.00	0.00	−6.96	−0.07	—	—	0.1539	1477.08	0.00	8370.15	0.1310	64000.0000
328	0838	西南化机	770.11	761.73	98.91	15.70	2.03	0.00	0.00	−7.32	−0.95	—	—	0.1537	115.52	0.00	654.59	0.1310	5009.2200
329	0868	安凯客车	2215.22	2123.07	95.84	89.58	4.04	0.00	0.00	2.57	0.12	—	—	0.1582	332.28	0.00	1882.94	0.2400	14000.0000
330	2041	深本实B	417.92	424.36	101.54	0.00	0.00	0.00	0.00	−6.45	−1.54	—	—	0.0760	31.34	0.00	386.57	0.0703	5500.0000
331	2053	深基地	2852.04	2939.51	103.06	0.00	0.00	−84.66	−2.96	−2.81	−0.10	—	—	0.1237	440.55	0.00	2411.49	0.1000	23060.0000
332	2054	深建摩	2765.17	1710.08	61.84	0.00	0.00	0.00	0.00	1055.09	38.16	—	—	0.0579	417.70	0.00	2347.47	0.0500	47750.0000
333	2057	深大洋	1476.20	1415.16	95.86	65.00	4.40	0.00	0.00	−3.97	−0.27	—	—	0.0820	7.97	0.00	1468.23	0.0800	18000.0000
334	2429	粤高速B	11096.79	10931.82	98.51	67.77	0.61	−1338.14	−12.05	265.65	2.39	1169.68	10.54	0.1671	536.25	1521.93	9038.61	0.1400	66425.6249
335	2468	宁通信B	3344.24	3141.64	93.94	107.70	3.22	29.10	0.87	21.52	0.64	—	—	0.1555	530.55	108.18	2705.51	0.1260	21500.0000
336	2488	晨鸣B	11538.10	8989.44	77.91	631.11	5.46	−90.27	−0.78	2007.83	17.40	—	—	0.4213	1914.74	0.00	9623.36	0.3510	27385.5670
337	2512	闽灿坤B	3318.30	3145.50	94.79	29.20	0.88	0.00	0.00	143.60	4.33	—	—	0.1437	317.40	0.00	3000.90	0.1300	23088.0000
338	2581	苏威孚B	3658.80	4022.90	109.95	5.80	0.15	−332.70	−9.09	−37.20	−1.02	—	—	0.1995	365.90	0.00	3293.00	0.1800	18343.5500
339	2706	瓦轴B	6551.06	5285.95	80.68	1207.58	18.43	0.00	0.00	57.54	0.88	—	—	0.1985	982.66	0.00	5568.40	0.1690	33000.0000
340	2725	京东方B	8033.60	3764.10	46.85	0.00	0.00	3106.60	38.67	1162.90	14.48	—	—	0.2133	784.50	377.00	6872.10	0.1800	37658.0000
341	2726	鲁泰B	2201.66	2020.92	91.79	190.03	8.63	0.00	0.00	−9.28	−0.42	—	—	0.1391	257.05	15.14	1929.47	0.1220	15830.0000
342	2761	本钢板B	22420.60	24999.40	111.50	627.00	2.79	0.00	0.00	13.30	0.06	—	—	0.2207	3363.10	0.00	19057.50	0.1900	101600.0000

中国证券大全

（1997）

A complete collection of securities in China

第十二卷

证券商

第一章　证　券　商

一、概述

在证券市场上，证券的发行和交易一般是通过证券商进行的，证券商作为中介人对沟通供需双方的资金流通，促进证券交易的形成和证券市场的发展起着重要作用。

从狭义上看，证券商包括证券公司及其分支机构，证券交易营业部以及证券交易代办点。从广义上看，证券商是指所有经营证券买卖业务，经营代客买卖证券业务，以及经营代理证券发行承销业务的机构与个人，比如承销业务，证券承销由投资银行、证券公司和信托投资公司等机构承担。实际上，保险公司、综合性银行、商业银行也都兼营证券业务。

根据业务性质的不同，证券商可分为三种，证券承销商、经纪商、自营商，但我国并未从法律上严格区分三种券商，而实际上实行的是综合券商制度，券商可以同时从事承销，经纪或自营业务，仅仅是在操作上把三种业务区分开。但实际上，具体的操作规范并没有从法律上限定，这种综合券商制度也符合新兴市场的特点。

证券市场由发行市场和流通市场两部分，证券商的主要功能也体现为两个方面，发行中介和流通中介。在发行市场上，券商作为中介机构为发行人提供咨询服务，协助发行人确定发行的证券种类、数量及发行方式等，能够有效降低证券发行的成本，提高发行效率。在流通市场上，券商为投资者提供咨询、代理委托买卖和办理证券的登记、过户等项服务，有效地沟通投资双方的资金流动，促进流通市场的成熟发展。

二、证券商入市流程

证券商进入证券市场自营买卖或代客经纪业务要经过一套严格的程序。其程序和方式各国大致都相同。下面以深圳证券市场为例，说明券商入市的程序。

第一步：申请会籍（三天）：证券商申请开通深市交易业务，首先须成为深交所会员。

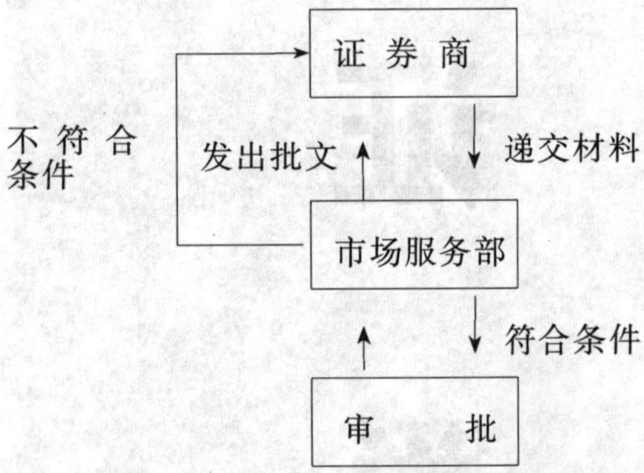

证券商申请会籍须向本所市场服务部提供以下文件：

1. 会员申请报告（原件）；
2. 申请人所在地人民银行批文；
3. 法人营业执照（复印件加盖公章）；
4. 金融许可证（复印件加盖公章）；
5. 公司法人代表和证券部负责人姓名、电话、传真、地址及邮编。

第二步：申购席位（二天）：证券商成为本所会员后，应申购交易席位。

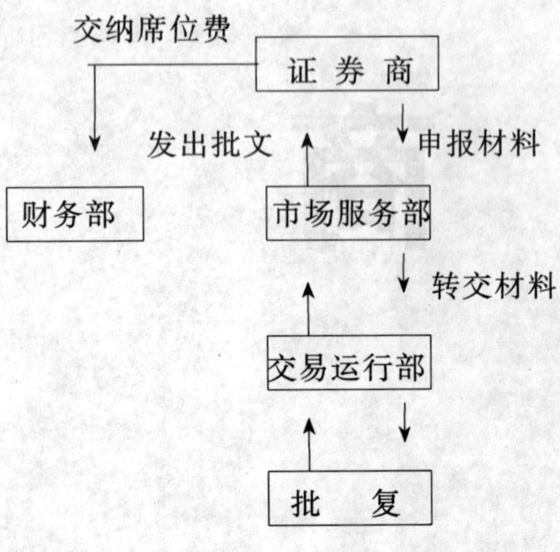

申购席位须向本所市场服务部提交席位申请报告（会员盖章），同时向财务部交纳席位费（60万元）和管理年费（每年3万元）。

收款单位：深圳证券交易所

开 户 行：深圳建行深南中路办事处

帐　　号：33－26121365

交纳费用：63万元正

第三步：　开通准备（八天）：证券商成为交易所会员并获得交易席位后，应及时做好以下开通交易前的准备工作（可同步进行）。

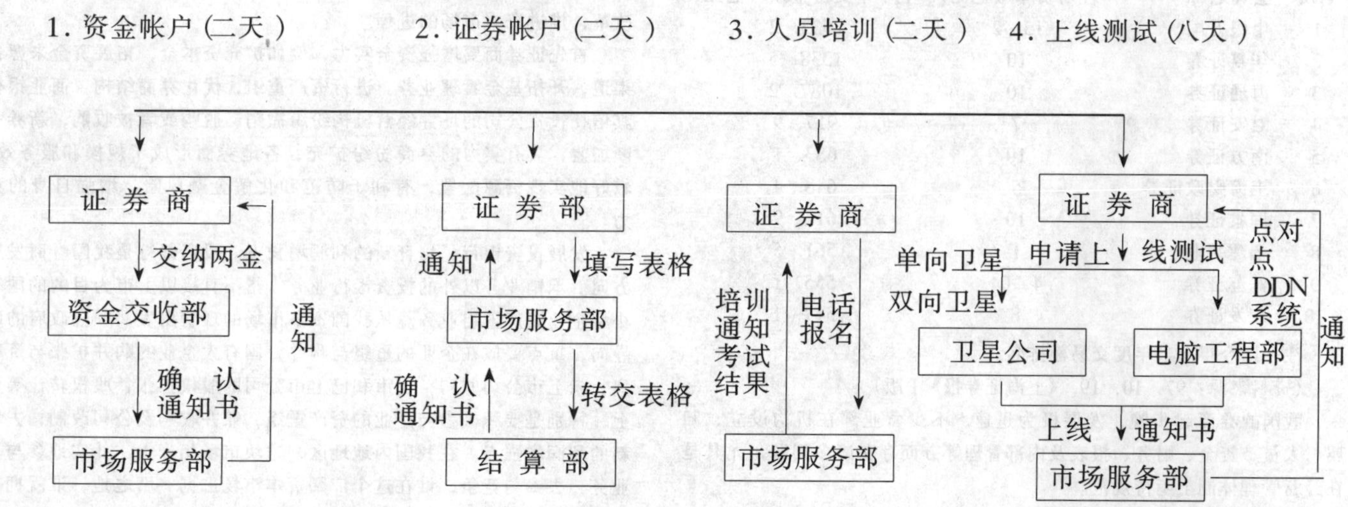

向本所划拨“两金”，即25万元保证金和25万元清算头寸（实行资金就地清算的券商只需划拨25万元保证金。）

向本所市场服务部领取、填写并递交《结算系统会员资料维护》表

培训人员须具有中专以上学历并有一定证券从业经验。

证券商根据自身及地区特点，选择不同的通讯系统并在完成相应的技术准备工作后（券商柜台系统、通讯系统等），根据各自的通讯方式向本所卫星公司（单、双向卫星）或电脑工程（点对点、DDN）申请开通深市交易的上线测试。

收单位：深圳证券交易所
开 户 行：深圳市人行
帐　　号：02460102474

第四步：　开通交易（当天）：证券商在完成以上各项准备工作后，可申请开通深市交易业务。

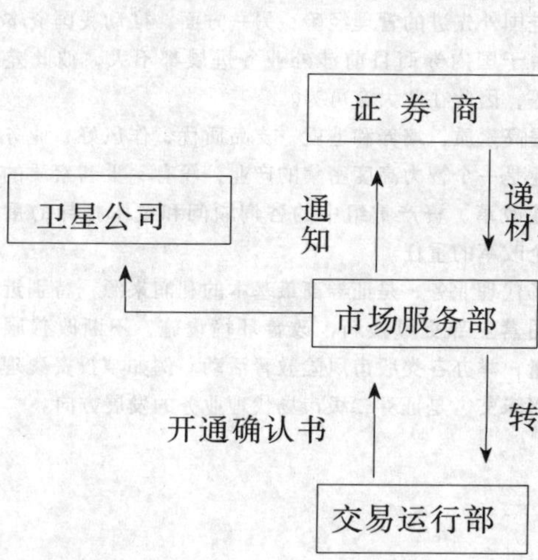

开通交易须向本所市场服务部提供如下材料：
1、开通交易申请书；
2、出市代表和清算员的派出委托书、培训证明；
3、填写进场表

三、证券商发展及其方向

我国的证券商是随着八十年代经济改革而逐步发展起来的。全国第一家专业证券公司深圳经济特区证券公司于1985年9月经中国人民银行批准试办。第二年，上海申银证券公司在上海设立有价证券交易柜台。此后，全国各省市证券公司、证券部、证券交易所、信托公司以及各地的证券代销处、代销点相继成立，全国从上到下建立了系统的组织领导机构，形成了覆盖全国的证券网点。据有关方面不完整统计，截至97年上半年，全国共有证券公司94家，信托投资公司245家，融资租赁公司16家，另有兼营证券业务的机构230家，以及2600家证券营业部。

1996年，申银、万国实现联合，1997年10月，联合证券有限责任公司的成立，表明我国的证券商发展到了一个新的高度，建立大型的证券商，实现证券业的规模经营，已经成为证券市场规范发展的重要内

容，也是券商加强竞争的发展方向。

附：1997 年上半年中国十大证券商一览

名次	公司名称	注册资本（亿元）	上半年交易金额（亿元）
1	申银万国	13．2	2533．2
2	华夏证券	10	1338．5
3	海通证券	10	1087．2
4	君安证券	7	917．9
5	南方证券	10	683．1
6	上海财政证券	5	648．4
7	国泰证券	10	612．9
8	福建兴业	1	561．5
9	江苏证券	4．04	555．1
10	广发证券	8	547．1

注：以今年上半年度交易额排名。

（资料来源：97．10．19．《上海证券报》1 版）

我国的券商起步晚，发展极为迅速，不少营业部在机构设立、归属、人员、资金、财务、报表及内部管理等方面存在诸多问题，尤其是在经营管理体制上亟待规范。

在一级市场上，证券商通过其证券承销业务，不断为证券市场输送新鲜血液，调节市场上的供求关系，客观上成为促进证券市场稳定和发展的推动力量；同时在国有企业股份制改造和股票发行上市的过程中，证券商担任财务顾问，在股份公司建立现代企业制度、转换经营管理观念等方面提供咨询服务，使得上市公司的素质不断提高，为证券市场的长期持续发展奠定下良好的基础。

在二级市场上，证券商通过证券交易的代理业务和自营买卖，对证券市场的稳定发展有着不容忽视的重要影响和促进作用。通过证券交易的代理业务，券商成为市场交易顺畅进行的关键环节，同时可以在投资者中倡导理性投资观念，推动证券市场不断走向成熟。券商从事证券自营买卖业务，又成为证券市场上的机构投资者。我国证券市场发展至今，已显示出对大机构投资者的迫切需求，券商作为机构投资者虽然要受到有关法律的特别规范和投资组合的限制，但这反而能促使其投资行为更为理性，可以较大程度上分散和化解市场风险，从而在一定程度上起到稳定证券市场和促进其规范发展的作用。

党的十五大报告有关国企改革的论述已经明确提出，今后国有企业改革要着眼于搞好整个国有经济，抓好大的，放活小的，对国有企业实施战略性改组。我国即将展开的全面性的国有经济的战略性重组，将对券商业务发展产生极为深远的影响。通过市场来实现国有企业和国有资产的重担，其运作必须应用公司化改组和借助于市场化兼并收购、套现转移等方式。由于我国券商在证券发行、企业改组和结构重整等方面积累了丰富经验和相当专业化的技巧，并且拥有十分灵敏的信息渠道，因此由券商承担和履行国有资产和国有企业的战术运作职能，具有多方面的专业优势。

券商的全面充分介入，可以大幅度降低重组成本，提高重组效率。券商应当以此为契机，伴随国有企业及整个国有资产的战略性重组，实现自己业务架构的优化调整，加强自身建设，完善各项功能，推进国企改革，推进资本市场的进程。

首先证券商要增强资金实力，例如扩充资本金，拓展资金来源各种渠道，开拓基金管理业务。进行资产重组，优化券商结构。商业银行及其信托投资公司的证券经营机构纷纷撤销，脱购或者被收购，新券商不断加盟，具有实力的券商纷纷扩充，各地券商形成了规模和服务效应。较好地实现资源配置，有利于防范和化解金融风险，增强自身的竞争力。

发展投资银行，培育新的利润增长点。投资银行是我国券商发展的方向。承销业务以外的投资银行业务，指不直接以上市为目的的国有中小型企业资产重组业务。从我国资本市场的现状出发，顺应政府的政策导向，重点要放在企业的重组与购并，国有大企业的购并扩张与资产剥离，未上市公司并购，上市和已上市公司的股权扩张、股权转让等业务上，特别是要积极参与企业的资产重组，兼并收购及公司改制，去培育新的利润增强点。在我国内地地区，这块市场相当大，扎实地参与具体业务，去参与竞争，谁在这个广阔资本市场占据一席之地，谁就拥有辉煌的投资银行业务。

开发新金融工具，增加上市公司股票、基金，可转换债券的额度，探索国家股、法人股的转让。

加强内部管理、建立科学决策、执行和监督体系以及激励和制约机制，完善各项制度，抓管理、促效益、加强自律、规范自身经营管理。一级市场的证券发行与申购，二级市场代理，委托交易，券商不断发挥着中介作用，不规范的行为表现在向客户透支，超出经营范围，要从根本堵住漏洞。

加强国际交往，强化外向功能。到目前为止，境外上市公司已达 20 多家，共筹集资金近 50 亿美元。随着世界经济发展重点的转移及东太平洋经济增长中心的崛起，愈来愈多的投资者相继落户中国。香港顺利回归，经济联系更加密切。就要加强同国际金融机构的联系与交往。一方面，学习和引进国外先进的管理经验；另一方面，推动我国资本市场国际化的进程。由于国内券商目前涉外业务进展都不大，彼此差距较小，市场机会均等，因此在此大有可为。

充实人员、提高素质，培养和造就一支品质优、作风好、业务精的专业队伍。证券业是一个智力高度密集的产业，没有一批高素质的人才就不能胜任在企业改革、资产重组中的咨询顾问和技术指导的重要角色，完成推动国企改革的重任。

加强二级市场代理业务，是证券商最基本的利润来源，特别近两年来，各大证券公司营业部更颜换新，改善环境设施，不断改善服务措施，提高服务质量，举办各类股市风险教育活动。例如“投资襄理”业务，在西方正方兴未艾，是证券二级市场代理业务的发展方向。

第二章　部分证券商介绍

内蒙古信托投资公司

内蒙古信托投资公司成立于一九八八年四月，是内蒙古自治区唯一一家区级信托投资公司，属地方性非银行金融机构。公司开办的业务有：信托存贷款、投资业务，委托存贷款、投资业务，金融租赁业务，有价证券业务，经济担保业务，信用见证和经济咨询等业务。公司注册资本 1.35 亿元人民币。

公司成立后，按照国家和自治区的产业政策要求，以市场为导向，以促进资源开发和转换、繁荣和发展民族地区经济为己任，充分发挥“受人之托，代人理财”的信托职能，先后筹集资金 12 亿元，向区内 12 个盟市 14 个行业的 298 家企业累计放款 22.1 亿元，为自治区的经济建设做出了突出的贡献。

一九九四年以来，公司新的领导班子审时度势，根据信托业的发展要求和市场竞争的需要，提出必须要解放思想，深化改革，盘活存量，优化结构，抓住机遇，加快发展，调整了经营战略。

在管理体制上，大力阔斧地在公司内部推行了一系列劳动、人事、分配制度的重大改革：公司新增人员以招聘为主，调入为辅，并分步过渡到全员合同制；加强劳动纪律管理；大胆启用年轻干部；实行全员目标管理和工效挂钩，等等。这些措施的实施，极大地调动了全体员工积极性，激发了活力，在转换企业经营机制，建立现代企业制度方面迈出了坚实的步伐。

在业务发展上，加大了清理旧债权和盘活存量资金的力度，调整了公司的资本结构，降低了信贷资产的比重，积极培育新的效益增长点，特别是重点发展了证券业务和投资银行业务。

公司自 1990 年开办证券业务以来，已累计代理发行国债 1 亿元，发行各类企业债券 1 亿元。为抓住机遇，加快发展步伐，公司积极开办了股票交易业务，安装了深、沪两市的双向通信卫星接收系统，确保股民及时了解股市动态，并能及时准确进行交易。现已成立了包括深圳、上海等地在内的营业部七个。先进、充裕的设备，宽敞明亮的交易环境，文明优质的服务，吸引了广大投资者。开户股民达 2.7 万人，累计交易量为 93 亿元。证券业收入已成为目前公司的主要营业收入之一。

投资银行业务也很快开展起来。在股票一级市场业务中，作为承销商，公司参与了八家企业股票的发行上市工作。现在，公司已获得主承销商资格证书，成为内蒙古自治区唯一的主承销商，为进一步扩大服务奠定了良好的基础。

经过几年的艰苦努力，在服务于地方经济建设的同时，公司自身也得到发展、壮大。公司资产由成立时的 1.35 亿元发展到现在的 10 亿元，特别是一九九四年以来，随着盘活存量和调整资产结构，公司的资产质量进一步提高，经济效益也以年均 20% 以上的速度递增，公司步入健康、快速发展阶段。

随着“十五大”之后我国经济体制改革的深入，国有大中型企业改革步伐的加快，将会产生越来越多的金融信托服务需求，给我们加快发展提供了新的机遇。我公司愿与各界朋友加强合作，共同发展。

地址：呼和浩特市迎宾北路 12 号　**邮编**：010050　**电话**：0471－6962665　**传真**：0471－6962419

中信证券有限责任公司
CITIC SECURITIES Co., LTD

中信证券有限责任公司是按照中国人民银行等金融主管部门分业管理、规范经营的要求，根据中信公司实现战略调整、加强风险管理的“九五”计划安排，整合集团的证券业务而建立的全国性证券公司，正式成立于1995年10月25日，注册地中国北京，注册资本为3亿元人民币，主要股东为中国国际信托投资公司。

1996年，中信证券公司共完成8笔A股发行、配股的主承销、上市推荐项目；承销国债与企业债25.5亿元，累计代理交易金额（包括A股、B股、基金）343.2亿元；实现利润2.16亿元。1997年上半年，完成11笔A股发行的主承销商，募集资金33.71亿元；承销国债与企业债10.44亿元，累计代理交易300多亿元。

中信证券公司成立两年来，积极活跃在股票发行市场上，1996年新发行股票份额约占全国的2.55%，位居第8位；1997年上半年达到8%，位居前5位；在1996年底中国证监会重新批准股票承销资格的首批十家证券机构中，中信证券公司名列榜首。

中信证券公司下设投资银行、交易、基金、资金、研究开发、风险控制、机构管理、计划财务、清算、稽核、人力资源、综合等部门，在上海、深圳、天津、青岛、南京等地设有管理总部，在北京、上海、深圳、天津、大连、青岛、南京、重庆、武汉等地设有25家证券营业部，现有职工800多人。

中信证券公司与境外的投资银行、证券公司、基金公司和投资机构保持良好的合作关系。中信证券公司是美国AIG基础设施基金（一期）的中国投资顾问，该基金是目前世界上最大的以中国为主要投资对象的亚洲基础设施基金。中信证券公司已协助完成了唐山热电厂境外融资1.28亿美元的项目，这是中国第一个无政府担保的有限追索的境外融资电力项目。

中信证券公司将继续秉承邓小平同志对中信公司“勇于创新、多做贡献”的指示精神，开拓创新，以高度的敬业精神和致诚的服务，为中国证券市场的发展多做贡献。

董事长、法人代表：常振明
副董事长：蒲明书
总经理：王东明
地址：北京市朝阳区新源南路6号京城大厦三层
邮编：100004
电话：(010) 64661492
传真：(010) 64661493

中国电力信托投资有限公司

中国电力信托投资有限公司（简称“中电信”）成立于1993年12月，由国家电力公司和东北、华北、华中、华东、西北五大电力集团公司，22个省、市、自治区电力公司以及国泰证券公司、华夏证券公司等40家股东共同出资设立，注册资本5亿元人民币。

三年来，中电信艰苦创业，奋力开拓，稳健经营，规范运作，各项业务迅速发展。1996年末，公司资产总额达到50亿元人民币，比开业之初增长了9倍；3年共实现利润3.41亿元，净资产达6.86亿元人民币。中电信已初步发展成具有鲜明行业特点和一定实力的全国性非银行金融机构。

立足电力，面向全国，多业并举

中电信坚持立足电力、面向全国的经营方针，大力筹措资金，重点支持电力项目建设。三年来，公司累计吸收存款44.2亿元，发放电力项目贷款48.9亿元。迄今为止，中电信贷款支持的电力项目已达87个，遍布全国20多个省、市、自治区，涉及项目总装机容量1803万千瓦，输变电线路3048公里。

中电信公司在稳步发展、控股经营的原则下，投资主要集中在电源和节能产品开发等基础产业及新产品的开发上。根据专业分工，公司在北京、上海、深圳组建了4家全资或控股子公司。这些公司的投资项目均取得了良好的经济效益。

审时度势，实现向投资银行业务的战略转移

中电信已明确将投资银行业务作为今后的主营业务，实现向投资银行业务的战略转移。这一方针的确定将会使各项证券业务更上一层楼。

◇经纪业务　中电信是上海、深圳证券交易所、天津证券交易中心等多家单位的会员，在北京、天津设有证券营业部。三年来，证券代理交易总额累计超过300亿元人民币。目前，正积极申请设立新的证券营业部。

◇债券承销　三年来，累计承销债券近6亿元人民币。1996年作为电力债券的副主承销商，包销电力债券3.5亿元人民币。通过这些业务，中电信建立了广泛的销售网络。

◇股票发行　发行工作迅速拓展，作为承销商或上市推荐人已先后为31家上市企业承销A股，承销总金额近6亿元人民币。其中包括：仪征化纤、冀东水泥、葛洲坝、漳泽电力、华银电力、小天鹅、深振业等大型国有企业。在发行工作中，中电信讲究信誉，得到企业和承销团各方的好评。目前，我公司已取得主承销商资格，正积极帮助企业进行改制上市工作。

◇基金业务　协助国家电力公司筹组中国电力产业基金，已取得积极进展。同时，拟申请设立证券投资基金。

完善内部制度，防范金融风险

中电信本着稳健经营、规范运作的方针，对各项业务积极采取风险防范措施，制订了严格的管理办法。公司设立了贷款、投资审查机构，建立了一套既讲究运行效率，又能有效防范风险的管理制度，有效地保证了公司的资产安全和支付能力。同时，由于证券业务的高风险性，公司对证券业务实施了严格的监管制度，防范风险于未然，从而使证券业务取得了较好的经济效益和社会效益。由于经营方针正确、监管措施得力，1996年中电信首批通过了中国人民银行对全国信托投资公司年检和重新登记。

地址：北京右安门外东滨河路甲1号　　邮编：100054
电话：010—63414215　　传真：010—63414140

中国人保信托投资公司

中国人保信托投资公司（简称中保信托）是经中国人民银行批准成立、国家工商行政管理局登记注册的全国性非银行金融机构，是中国人民保险（集团）公司的全资附属机构，注册资本为陆亿元人民币。经营范围主要涵盖：信托存贷款、投资；房地产投资；金融租赁；自营证券投资与代理证券发行；代理财产保管；外汇信托存放款、投资；外汇自营；经济担保和见证；证信调查、经济咨询服务等。

经过近五年的发展，中保信托现已形成以资金信贷、实业投资和投资银行三大类业务为核心，包含十多种具体业务的多元化业务格局。至1997年9月底，公司资产总额达57．32亿元人民币，其中所有者权益为11．05亿元人民币。

证券业务是中保信托的核心业务之一。自1994年在北京、上海设立两家证券营业部以来，公司证券业务得到迅速发展，两家证券营业部1996年证券代理交易量达到207亿元。1997年经中国人民银行批准，中保信托收购了中保系统的24家证券营业部，使中保信托在北京、上海、武汉、深圳等17个大中城市拥有26家证券营业部，从而形成了全国性的证券投资服务网络。为管理、协调和经营所属的26家证券营业部，公司成立了证券总部，并设东方、南方、北方、西北四个分部，管理和协调本地区的证券营业部。公司现拥有证券从业人员600多人。

目前，中保信托在深圳证券交易所拥有21个席位，上海证券交易所拥有52个席位，是深圳证券交易所、上海证券交易所、中国证券业协会的会员。中保信托拥有全面的从事金融证券业务的资格和能力。曾担任重庆万里蓄电池股份有限公司、重庆三峡油漆股份有限公司、西藏圣地股份有限公司、银川新华百货股份有限公司主承销商和上市推荐人，参加石家庄国际大厦（集团）股份有限公司、唐山冀东水泥股份有限公司、松辽汽车股份有限公司及张家界旅游开发股份有限公司等的承销团。

中保信托十分重视风险管理。1997年1月1日开始试运行的中国人保信托投资公司风险预警系统受到业内人士的普遍关注和好评，国家有关部门对中保信托风险控制方面取得的突出成绩给予了充分肯定。

中保信托的证券业务现已初步形成集发行、自营、代理、咨询为一体的具有一定规模的综合性证券经营体系，中保信托的证券业务将本着“规范经营、严格管理、稳步发展”的原则健康地向前发展。同时，中保信托愿以丰富的专业经验、高素质的员工队伍、良好的公司形象和优质的金融服务，为中国的证券事业和资本市场的发展作出更大的贡献。

地址：北京市海淀区知春路128号泛亚大厦　　邮编：100086
电话：010－62628927　62628958　　传真：010－62634825

证券营业部网点一览表

单位名称	地址	邮编	电话
北京证券营业部	北京市天坛东路70号	100061	010－67119457
上海中山北路证券交易营业部	上海市中山北路2438号新建业大楼6楼B座	200063	021－62601378
大连延安路证券交易营业部	大连中山区延安路17号	116001	0411－2822790
大连大公街证券交易营业部	大连西岗区大公街24号	116011	0411－3637732
沈阳第一证券交易营业部	沈阳市沈河区11纬路102号	110014	024－2702667
沈阳第二证券交易营业部	沈阳市和平区西滨河路8号	110003	024－3879709
辽宁证券交易营业部	沈阳市和平北大街77号	110031	024－2820225
长春证券交易营业部	长春市解放大街38号	130022	0431－8633104
哈尔滨证券交易营业部	哈尔滨市道里区尚志大街23号	150010	0451－4619287
南昌证券交易营业部	南昌市井岗山大道1116号	330003	0791－6285339
杭州证券交易营业部	杭州市中山中路400号	310006	0571－7915227
南京汉中路证券交易营业部	南京市汉中路88号	210029	025－4712696
上海中山南路证券交易营业部	上海市中山南路700号	200010	021－63763999
南京解放路证券交易营业部	南京市解放路36号	210016	025－4486306
海口证券交易营业部	海口市滨海大道22号	570105	0898－6214664
广州证券交易营业部	广州市八旗二马路40号	510110	020－83359578
深圳碧波证券营业部	深圳市黄贝路碧波花园	518003	0755－5421291
深圳振华路证券营业部	深圳市振华路桑达大厦北二楼	518031	0755－3218829
乌鲁木齐证券交易营业部	乌鲁木齐市解放北路124号	830002	0991－2840867
兰州证券交易营业部	兰州市城关区庆阳路226号	730030	0931－8812306
湖北证券交易营业部	武汉市江汉西路45号	430014	027－2849124
武汉汉阳路证券交易营业部	武汉汉阳钟家村西桥路4号	430050	027－4833248
武汉三阳路证券交易营业部	武汉市汉口三阳北路新9号楼1层	430016	027－2423070
重庆阳光证券交易营业部	重庆市渝中区沧白路40号	400011	023－63833108
重庆江北证券交易营业部	重庆市江北区建新北路86号	400020	023－67707691
西安证券交易营业部	西安市东木头市11号	710001	029－7234259

北京国际信托投资公司

北京国际信托投资公司开展证券业务起步于1990年，是北京地区最早开展证券业务的金融机构。几年来，曾多次参加中央和地方组织的国债承销团包销国库券；在京首家代理发行了中外合资企业、民营高科技企业的企业债券；为蜀都大厦、北京旅行车、王府井百货大楼、北京外文书店、北京万通、红光实业、北京京西风光旅游开发等几十家企业代理发行股票1亿多股，为若干家国营企业股份制改造提供了咨询服务，在企业筹措发展资金和完成重组工作的过程中发挥了积极的作用。做出了一定的贡献。

北京国际信托投资公司是上海、深圳证券交易所较早的异地会员，是STAQ系统的首批甲类会员。1992年8月成为北京第一家提供股票代理买卖服务的证券商，在京、沪等地拥有营业部5个，拥有交易所和交易中心各种交易席位16个，使用自动委托和电话委托交易程序，1996年代理交易额191亿元。公司从事证券业务的人员有100多名，其中具备交易员资格的占85%。在近年开展的北京市窗口服务行业优质服务、达标竞赛等项活动中，多次以优异成绩捧杯，受到上级有关主管部门的表彰。

公司在开展证券业务中，始终坚持规范经营、守法经营原则，在为投资者提供服务过程中，坚持以服务质量吸引客户为原则，进一步更新设备、改善服务环境，还开展了针对股民的信息服务活动，编辑了《信息桥》、《投资手册》、《北信上证快讯》等刊物，经常聘请专业人士为投资者举办技术讲座，提高投资者的操作技巧。同时严格按照证券管理有关法规和操作规程运行。通过完善管理制度，自觉监督，加强自律，使证券业务始终保持了稳定发展的态势，在股票市场错宗复杂、变幻无常的形势面前，没有发生业务和管理上的失误，锻炼了队伍，提高了管理水平，有效地避免了风险。

在今后的发展中，为了迎接市场的挑战，按照党的十五大规划的我国经济发展宏伟蓝图，北京国际信托投资公司将把握好新的发展时机，抓好公司股份制改造工作，在继续扩大和发展证券业务的同时，大力发展股票自营、发行、经纪等业务，基金的设立与管理，企业并购（以中介为主），财务顾问等投资银行业务。继续增强原有业务的张力，推进新业务的拓展，为北京市的经济发展做出新的贡献。

地址：北京朝阳区团结湖北路6号
邮编：100026
电话：010—65011825
传真：010—65011829

吉林省信托投资公司

吉林省信托投资公司隶属于吉林省财政厅，是经中国人民银行和国家外汇管理局批准成立的国有非银行金融机构。在吉林省工商行政管理局登记注册，实行自主经营，独立核算，自负盈亏，具有独立的法人资格。是世界银行“星火”项目贷款的转贷机构。同时负有对全省财政投资管理的行政职能。

公司下设办公室、计划财务处、技术改造处、开发处、星火项目处、对外经济联络处、证券交易处、信息咨询处、企业经营管理处等九个处室。有10家直属企业和24家合资、参股、控股企业，并在香港、美国等地设有分支机构。为进一步扩大证券业务，还在长春、上海设立了证券营业部，1996年公司受让了吉林省证券有限责任公司股权，成为该公司的控股公司。

公司自1985年成立以来，广泛筹措国内外资金，积极开展境内外信托与委托存、贷款和投资业务。经中国人民银行批准，公司经营的人民币信托业务主要有：委托存款、贷款与投资业务；信托存款、贷款与投资业务；国内融资租赁业务；资金担保业务；代理资产保管、代理证券与股票发行与转让业务；房地产投资业务；资信调查与经济咨询业务。经国家外汇管理局批准经营的外汇信托业务主要有：境内、外汇信托存款；境内、外外汇信托放款；境内、外汇信托投资；外汇借款；外汇担保；代理发行外币有价证券；买卖或代理买卖外币有价证券；资信调查、咨询、见证业务；世界银行“星火”项目转贷业务；其他外汇业务。并具有主承销资格和B股经营资格。

截止96年末，公司共安排了2500多个固定资产投资项目，累计总投资186亿元人民币，为发挥吉林省区位、资源和产业优势，加强重点项目建设，推动科技成果产业化，加快不发达地区的经济建设，支持引进与消化国际先进技术，扩大外向型经济，发展第三产业，起到了积极的促进作用。并创造了良好的经济和社会效益，赢得了国内外同行业人士的广泛赞誉；公司资产总量从1985年的1.5亿元增长到51.72亿元人民币，1994年4月，被吉林省政府确立为省管11家大公司之一。在1994年中国500家最大服务企业评比中，列金融保险行业第39位、信托投资业第22位。

公司将不断开拓进取，求实创新，加强秩序化、规范化、法制化管理，进一步拓宽国内外金融信托投资业务，全面提高公司资产质量和效益，为振兴吉林、建设吉林、发展吉林作出更大的贡献！

地址：长春市北安路80号
邮编：130061
电话：0431—8967204
传真：0431—8967204

海通证券有限公司

海通证券有限公司前身为上海海通证券公司，创立于1988年9月，是中华人民共和国证券史上最早成立的证券公司之一，1994年9月27日，上海海通证券公司改制为由交通银行总行直接控股、全国30多家企事业出资的全国性证券公司—海通证券有限公司，注册资本10亿人民币（含1500万美元）。

目前，公司在交通银行全国各证券网点的基础上建立起庞大的服务网络，在全国40多个城市建立了80多家分支机构，拥有一大批博士、硕士以及有着丰富实践经验的高级管理人才。为了更好地拓展国际业务，与国际证券业接轨，海通已与22个世界著名的证券公司建立了业务代理业务关系，B股的业务范围已伸延至新加坡、日本、韩国等国家。

海通将以雄厚的资金实力，凭借遍布全国的证券网络，充分发挥人才云集的优势，努力为中国证券业的稳步发展作出贡献。

海通证券有限公司为全国各地企业股份制改造和融资做了大量富有成效的工作，公司严格遵循国家有关政策、中国证监会的有关规定，依法经营、规范操作，形成了一套完整的上市服务体系。在公司主承销的A、B股中，有相当一部分为绩优股或市场表现良好的“明星股”，如：远洋渔业、一汽红旗、浦东金桥、新锦江、中华企业、豫园商城、浦东大众、第一铅笔、申华、万象股份、华源B股、济南轻骑B股等，其中，一汽红旗是目前国内筹资量最大的A股，济南轻骑B股是目前国内筹资量最大的B股。公司还担任了一些企业的包装宣传和市场策划，从而使这些新股上市后具有良好的表现。在辽宁远洋渔业上市后，良好的经营业绩和市场走势，使广大投资者一再看好，并成为96年新股中唯一进入上证30指数的领头股。由于一汽四环、张家界、山东黑豹、大显股份和天海B股等认购倍率、上市表现等方面的优异表现，使公司形象有了一个崭新的面貌。

作为一个全国性的证券公司，国债承销更是上了一个台阶。公司担任了97（1）国债承销团主干事，承销本期国债7.22亿元，97年共承销国债11.49亿元。

作为公司主要业务之一的代理业务，目前设有沪深证交所挂牌上市的A、B股、基金、国债、金融债券、企业债券的代理、及债券柜面买卖业务。在代理方式上，公司采用了当面委托、电话委托、传真委托、自助委托等形式。公司各营业网点都设有无形席位，能够快速便捷地完成交易。

公司注重给投资者提供便捷、热情、周到的服务，并进一步加强对市场的研究，编写高质量的投资价值分析报告，为投资理财提供咨询。

公司历来非常重视国际业务，其下设的国际业务部是外汇业务拓展的重要窗口，是中国的证券公司中最早设立的国际业务部门之一。公司从事外汇业务和境外业务的资本金1500万美元。公司自成立以来所承销的B股在市场上均有上乘表现。在长期的国际业务开拓中，公司与美、日、韩、英、香港等地的券商保持了密切的联系，并拥有国际著名的大宇证券、山一证券、柏毅证券、摩根建富证券、怡富证券等22家境外代理商。

公司总部地址：中国上海市唐山路218号
邮编：200080
电话：021－65849618
传真：021－65847698

上海业务总部地址：上海市欧阳路571号
邮编：200081
电话：021－65079540
传真：021－65216200

深圳分公司地址：深圳市福田区上步南路锦峰大厦26楼
邮编：518030
电话：0755－2077078
传真：0755－2077057

北京营业部地址：北京市西城区百万庄北街6号
邮编：100037
电话：010－68363238
传真：010－68362848

天津营业部地址：天津市河西区大沽南路873号
邮编：300211
电话：022－28322394
传真：022－28322323

重庆营业部地址：重庆市渝中区中山三路152号
邮编：630015
电话：023－63612743
传真：023－63612743

武汉分公司地址：武汉市汉口解放大道586号
邮编：430030
电话：027－3808479
传真：027－3808490

大连分公司地址：大连市中山区白玉街7号
邮编：116001
电话：0411－2801919
传真：0411－2807672

沈阳分公司地址：沈阳市沈河区大西路364号
邮编：110014
电话：024－2727000
传真：024－2731770

青岛业务总部地址：青岛市市北区台东三路66号
邮编：266021
电话：0532－3814305
传真：0532－3814305

长春业务总部地址：长春市大经路78号
邮编：130042
电话：0431－8738449
传真：0431－8738450

杭州营业部地址：杭州市环城西路48号
邮编：310006
电话：0571－5109018
传真：0571－5105150

海口营业部地址：海口市龙昆北路15号
邮编：570105
电话：0898－6712590
传真：0898－6712558

西安营业部地址：西安市案板街3号
邮编：710004
电话：029－7231974
传真：029－7231970

贵阳营业部地址：贵阳市山林路94号
邮编：550003
电话：0851－6819497
传真：0851－6820590

大庆营业部地址：大庆市让胡路区西景路
邮编：163453
电话：0459－6356731
传真：0459－6356731

江苏省国际信托投资公司

江苏省国际信托投资公司成立于1984年，省计划经济委员会、省财政厅、省经贸委投资合组的省非银行金融机构。主要经营外汇和人民币借贷、投资、证券、租赁、结算以及贸易和房地产等业务。近年来，公司在严格执行国家金融政策的同时，大力拓展各项业务。特别是通过金融功能、资产实力和海外窗口的综合运用，资产结构和资产质量显著提高。96年底止，公司注册资本24.8亿元。经营总资产达93亿元，其中公司投资基金、实收资金达53亿元。成为江苏省经济建设的重要力量和对外开放的重要窗口。公司董事会由省计经委、财政厅、经贸委主要领导组成。公司下设办公室、综合计划部、财务部、人事部、金融部、租赁投资部、证券部、基金部、结算部、审计部和能源、农业、房地产、机电轻纺、招商、投资贸易和香港博腾等下属公司。总经理赵国桢，副总经理徐祖坚、周建强。

公司充分发挥金融职能和资产优势，广泛筹措资金，重点参与投资省内外的能源、交通、原材料、农业等产业领域的项目建设。先后参与了中国、新加坡两国政府合作开发的苏州工业园区开发建设；与国家投资公司、荷兰飞利浦公司、香港华润集团、中信泰富等公司合作，参与省内外电子、能源、原材料、农业、旅游等重点项目的投资和建设。

公司至今已与境外100多家金融机构建立了友好合作关系，同其中60家金融机构订立了业务合作协议，通过国际银团、商业银行贷款、项下担保、融资租赁等形式，累计利用中长期外汇资金3亿多美元，引进了一批先进的生产设备和技术。

证券是公司业务重点开拓的领域。公司于一九九〇年开展证券业务，是国内较早开展证券业务的机构之一。长期从事有价证券代理发行、买卖、代理买卖、兑付、代保管和咨询服务等业务，是上海、深圳证券交易所、江苏省证券交易中心、中国STAQ系统等全国及省证券交易市场机构的会员。几年来证券业务迅速展开。现有证券经营机构7家，自有证券营运资本超过2亿元。至1997年10月，发行、代理发行、交易有价证券超过300亿元。公司具有中国证监会颁发的A、B股主承销资格，作为承销商或上市推荐人参与了我省无锡威孚B股、无锡小天鹅B股、常柴B股、安徽红星宣纸、厦门海洋渔业、江淮动力、燃气管道、太仓马北、江苏工艺等10多家公司的A股上市发行。作为主承销，发行和代理发行宁沪高速公路公司、省投资公司、华润电力公司等债券，一次承销发行数额最多达2亿元人民币。同时签订了多家公司主承销、副主承销协议。是江苏省唯一同时获得A、B股主承销资格的机构。证券经营业绩、资产质量、行为规范、机构形象在同行业中受到好评。

公司已具有一支素质较高的职工队伍。随着业务领域的拓展，职工队伍素质不断提高。目前公司员工近500人，其中从事证券业务的200多人。具有大专以上学历的占70%，具有博士学位、硕士学位占到10%。

展望中国的信托、证券业务发展，充满机遇，任重而道远。公司将继续发挥职能优势，加快发展。证券业务按照“重点开拓、完善机制、严格管理、稳健经营”的指导思想，以推进国有企业改革和发展为中心，促进建立和完善社会主义市场经济体制为目标，朝着国际化、集团化、实业化的方向迈进。

地址：江苏省南京市上海路5号
邮编：210029
电话：(025) 6528981
传真：(025) 6528981

安徽省国际信托投资公司

安徽省国际信托投资公司是经中国人民银行总行批准的地方性非银行金融机构，注册资本2.5亿元人民币。“八五”以来，公司在立足服务于地方经济建设的同时，实现了自身持续快速健康发展，现已形成金融、证券、投资三足鼎立，租赁、贸易、房地产、新闻传媒、信息广告等业务综合经营、协调发展的多功能综合性大型金融企业。根据中国证券业协会公布的排行榜，1995年在经营证券业的信托投资公司中，安徽省国际信托投资公司实现利润居全国第3位，营业收入和净资产居第7位，股票交易额居第16位。1996年，公司总收入4.22亿元，实现利税1.59亿元，年末总资产40.7亿元，分别比1995年增长63%、61%和20%；与“七五”末的1990年相比，分别增长24.7倍、44.5倍和14.3倍。

“八五”期间，公司在金融领域成就卓著，先后与境外50多家世界著名银行和国内众多金融机构建立了友好协作关系，资金渠道不断拓宽并日益巩固，从而在市场经济的大潮中稳住了阵脚。近年来，公司通过多种融资手段，累计引进外资2亿多美元，为企业筹借人民币资金近50亿元，有力地支持了安徽的经济建设。在投资领域，公司在美国、澳大利亚、香港等国家和地区设有合资企业，近看来又先后在合肥、芜湖两个国家级开发区兴建了一批具有国际先进水平的高新科技企业，同时还投资兴办了一批新闻媒体和商贸服务企业，投资领域多元化、投资形式多样化、投资区域国际化的格局日渐形成。截止1996年底，公司项目投资余额本外币合计3.6亿元人民币。

八十年代末，公司涉足证券业，开创安徽证券业之先河。1990年，公司成为上海证券交易所发起人会员，率先把上海股票引入安徽，开通了上海股票异地代理业务，在省城合肥掀起“股票热”；1992年，公司成为深圳证券交易所正式会员，开通了深圳－－合肥股票行情专线；1996年，公司又开通了B股交易席位。几年来，公司在证券二级市场上迅速扩张，特别是1996年以来，公司瞄准证券市场潜在发民兵大势，抓住机遇，陆续在广州、上海和省内收购7个证券部，使公司的证券营业部达到11个，分别是：合肥寿春路证券业务部、合肥金寨路证券业务部、深圳证券业务部、上海裕安证券营业部、广州证券营业部、上海玉田路证券营业部、上海中山北路证券营业部和安徽芜湖、淮南、蚌埠、马鞍山证券营业部，同时还设立了投资顾问公司、国债业务部，初步形成了以合肥为中心，辐射上海、深圳、广州和省内的证券代理网络体系。近年来，公司证券代理交易量大幅度上升，仅原有的四个证券部，1996年证券代理交易量205亿元，占全国份额近1%；1997年上半年代理交易量216.9亿元，比1996年上半年增长5.4倍，增幅超过深沪市场174个百分点，上海裕安证券部创下日代理交易额过2.5亿元的纪录，合肥金寨路证券部在安徽券商证券营业部交易排行榜上始终独占鳌头。

在证券发行市场上，公司虽然1993年才开始起步，但发展迅猛，当年即承担了安徽数十家大中型企业的改制工作，并实现了股票发行业务零的突破。作为主承销商，成功地发行了皖能A股，由此成为安徽当时唯一一家主承销资格获国家证监会审查批准的证券商，同时还担任了马钢A股副证承销商、美菱A股分销商。1994年，经深圳证管办批准，公司又获得B股主承销商资格，这是当时除深圳、上海之外，全国仅有少数几家外地券商所具备的资格，在安徽也是首家。1996年，公司证券发行业务更是业绩斐然，在发行数量、发行品种、发行地域等方面取得重大突破。全年主承销或参与承销了十只股票，累计募集资金总量17.3亿元，主承销了古井A股、古井B股、红星宣纸A股、铜都铜业A股，并相应担任了这四只股票的上市推荐人，同时还担任了上海华源发展A股、华源股份B股和合肥百货A股的副主承销商，以及皖通H股中国财务顾问、重庆东源钢铁A股上市推荐人和武汉祥龙电业A股分销商，业务范围由安徽拓展到上海、四川、湖北等省市，承销品种有A股、B股、H股，特别是跻身证券发行业务竞争激烈的上海，担任了两只股票的副主承销商，显示了公司在发行市场上的强劲实力；傻H股的中国财务顾问，在省对券商中填补了空白。在1996年全国各家券商排行榜上，公司新股主承销、上市推荐人和资金募集量均列第12位，在非专业券商中位居榜首，在深交所“双十大”券商中排名第7位，被誉为中国证券界的“后起之秀”。1997年上半年，公司参与九家上市公司的股票发行工用，其中担任皖维A股的主承销商和上市推荐人，两家副主承销商及六家分销商，并为数十家省内外知名企业完成了股份制改造笄及咨询工作。

在证券业务的经营管理上，公司始终把风险防范放在首位，坚持合法合理经营，从制度建设入手，规范业务运作，逐步建立完善了证券发行、证券交易、财务管理、资金调度、内部审计、柜台操作、库房管理、安全防范等一系列规章制度和管理办法，并设立专门管理机构，强化监管职能，加大监控力度，有效地控制和防范了风险，实现了稳健经营、快速发展。

1995年底，公司制定了《“九五”计划和2010年远景目标》，主要奋斗目标是：“九五”期间，总资产和实现利税分别年均增长21%和31%，到2000年分别达到“八五”末的2.5倍和4倍；到2010年，力争总资产和实现利税在“九五”的基础上分别再翻一番半和两番半。

公司地址：中国合肥寿春路111号国际大厦
法人代表、总经理：卢继延
传　　真：0551－2654274
电　　话：0551－2676670
　　　　　0551－2634400 **转** 1305
邮　　编：230001

天津信托投资公司

天津信托投资公司创立于1980年，1988年改组为中央与地方合资的股份制有限责任公司。十五年来，天津信托投资公司以其金融信托“受人之托，代人理财”的特殊方式，立足本业，稳健发展，在积极开拓人民币信托业务的同时，大力发展了证券、外汇、基金、地产、投资、咨询等业务。到1996年末，公司资产总额达55.28亿元，年度创利税5288万元，各项指标连续创历史最好水平，已成为拥有8个大类、50多个金融信托品种，向社会提供多层次、全方位服务的大型金融企业之一，并在全国信托投资业务中名列前茅，成为中国北方最具实力和活力的金融信托机构。

公司证券业务始于1985年，现下设投资银行部和证券业务部，拥有三个证券交易营业部，即天津南京路证券交易营业部、天津解放路证券交易营业部、上海彰武路证券交易营业部。为了与中国证券市场系统化和整体化的初步形成相适应，公司证券业务已逐步扩大到全国范围，先后取得了以下资格：STAQ系统会员、中国证券业协会会员、天津市证券业协会会员、天津市证券学会会员、上海证券交易所会员、深圳证券交易所会员、天津市证券交易中心会员。

十余年来，公司证券业务稳步发展，业绩良好，业务网络逐步延伸，分布更趋合理，再加上快捷高效的电脑服务以及未雨绸缪的防险措施，综合实力不断提高，并有充裕的能力应付激增的证券投资者及迅速增长的交易数量。公司证券业务在证券市场不断演变的过程中，积极开展投资银行业务，加大自营力度，开展国债业务，综合效益明显。

公司证券委托业务始于1992年，“南京路证券交易营业部”是天津市最早成立的证券交易营业部之一，现开户人数已近20000户。随后陆续成立了天津解放路证券交易营业部、上海彰武路证券交易营业部，开办了股票、国债、基金、回购、期货、债券的委托代理业务。1994年各证券交易营业部又配备了IBM/AS400型计算机，这不仅在天津市尚数首家，而且在全国同业中也属于高水平硬件设施。一流的设备、一流的软件、一流的管理、一流服务的证券交易场所，在同业及广大股民中赢得了很高的声誉。

公司证券咨询业务起步也较早，1993年正式成立了证券研究开发部。研究开发部全部由金融、经济、法律、会计、信息等专业的博士、硕士组成，研究范围涵盖了国家宏观经济运行、大中型国有企业改革、税制改革、金融体制改革、股票、国债一级和二级市场、金融衍生工具、基金、定向募集股票、国外证券业务、证券会计等各个领域，具有较高水准。研究部自行编制每日一期的《天信证券信息》，以及在广播电台开辟的“天信每日股评”节目，均受到投资者的喜爱，在社会上享有很高的声誉。

公司投资银行业务始于1986年，继1986年2月在国内首次面向社会公众发行了天津自行车《飞鸽牌自行车增产债券》之后，相继为40多家企业发行了企业债券，累计发行总额达5.1亿元。公司历年承销的国债居天津市非银行金融机构之首，1994年以创造性的方式成功地包销国债近1亿元；1992年公司成功地发行了“天津信托投资公司创业基金”1亿元，并于1993年1月28日在天津证券交易中心挂牌上市；公司还积极参与天津市企业的股份制改造，仅1992年就为天津市万华股份有限公司等14家企业发行了定向募集股票，在其中6家企业股票发行中担任主承销商；1993年在天津市首家公开发行的“天津立达国际商场股份有限公司”股票发行中担任承销商；1996年以副主承销商的身份参与了“中储天津公司”的股票公开发行工作。1997年又参与承销了“天津百货大楼股份有限公司”、“天津天大天财股份有限公司”等多家企业的股票，并积极开展了企业收购兼并、财务顾问等多项投资银行业务。公司将在以后的发行工作中着重做好以下几方面的工作：

1. 利用本公司研究发展部在证券舆论界的影响，利用电台、电视台、报刊、杂志等宣传媒介使全国的金融界以至世界金融界都注目发行公司，使发行公司树立良好的企业形象。

2. 在发行公司股票上市后，利用天信的资金实力，配合操作，使发行公司的股价运作与其优良的经营业绩相匹配。

3. 利用公司信托业务的特点与发行公司保持长期合作关系，实现产业资本与金融资本相互融合的目标。

4. 利用信托投资公司固有的业务网络，以发行公司股票的公开募集为契机，通过企业并购、资产重组、股权转让等形式，使发行公司向国际化大集团方向发展迈进一步。

5. 在发行工作正式开始后，本公司将迅速组织一支精干的发行队伍，在公司股份制改组、转制辅导、资产重组、中介机构的协调、股票承销与上市等方面，为发行公司提供优质高效的服务。

天津信托投资公司的证券业务已经形成集发行、自营、代理、咨询、顾问为一体的具有相当规模的综合性证券经营体系。十几年来，公司证券业务正本着“积极稳妥、开拓进取”的原则健康地向前发展。如今正以从业十余年积累的丰富的专业经验，高素质的职工队伍，业已树立的良好形象，在公司二次创业的征程上再创辉煌。

地址：天津市和平区南京东路305号　邮编：300052
电话：022—27235614
传真：022—27313756

天津北方国际信托投资公司

天津北方国际信托投资公司是经中国人民银行和国家外汇管理局批准，于一九八七年十月正式成立，一九九四年经中国人民银行批准由原天津开发区信托投资公司更名为现在名称。

公司是由天津市信托投资公司、中国银行天津国际信托咨询公司、建设银行天津开发区分行、工商银行天津塘沽分行、天津开发区总公司、渤海石油公司、中信天津工业发展公司等16家专业银行和大型工商企业集团联合出资组建的股份制金融企业。经过十年的发展，公司的资本金由最初的2000万元人民币、200万美元增加到现在的11873万元人民币（含750万美元）。

1997年3月，公司经天津市委、市政府批准，由原隶属天津开发区的区属单位变为市管的局级单位。

公司经营范围如下：

1、人民币业务：信托存贷款、投资业务，委托存贷款、投资业务，房地产投资业务、有价证券业务，金融租赁业务，代理财产保管与处理业务，代理收付业务，经济担保和信用见证业务，经济咨询业务，中国人民银行和国家外汇管理局批准经营的其它经营业务。

2、外汇业务：外汇信托存款，外汇委托放款，外汇信托投资，外汇借款，外汇投资，发行或代理发行外币有价证券，代理买卖外币有价证券，代客办理外汇买卖业务，贷款、投资、租赁担保项下的出口结算业务，进口贸易结算，外汇租赁，外汇放款，外汇担保，资信调查、咨询见证业务。

3、证券业务：代理证券发行业务、代理证券买卖业务，代理证券还本付息和支付红利，证券的代保管和证券的见证，接受委托代收或代付证券的本息和红利，接受委托办理证券的登记和过户，证券的贴现和证券抵押贷款，证券投资咨询，人民银行批准的其它业务。

到1996年底，公司外币资产总额达到16．96亿元人民币，1996年全年利润总额为人民币3492万元。

十年来，公司的各项业务保持了正常和迅速的发展。本公司坚持服务至上的原则，为客户提供全面优质的金融服务。截止1996年底人民币存款达8．9亿元，贷款达8．2亿元，截至1996年底外汇存款达1812万美元，积极拓展外汇中介服务，外汇调剂金额在1996年达3亿美元，在中国外汇交易中心排行榜上、在外汇总成交量、外汇自营成交量、外汇代理成交量中分别列全国非银行金融机构第一、第七和第一位，B股业务交易量达1870万美元，在北方名列第一。证券业务也有很大发展，所属证券营业机构达6家，1996年中国证券业协会公布的全国信托投资公司证券业务经营业绩、证券利润、交易量、营业收入分别排名第12名、第17名、第18名；证券股票的发行业务也在积极扩大发展。

一支年轻化、高素质、具有敬业精神的员工队伍是公司十年来形成的最宝贵的财富，也是未来发展的最重要的资源。到1996年12月底，全公司职工人数为229人，其中拥有大专以上学历者占63%。

为了适应国内市场日益激烈的竞争需要，增加和扩大公司经营实力和业务范围，增强自身的内部管理机制，进一步符合中央银行的监管要求，公司在十年经营业绩的基础上增加资本金，从而实现依据国家各项法律法规规范经营，在当前金融改革深化和经济发展的有利形势下，把本公司经营纳入健康、快速发展的轨道。

展望未来，公司继续坚持“开拓、创新、高效、优质”的经营宗旨，在业务发展、内部管理和人员素质方面更上一层楼。

公司地址：天津市河西区友谊路5号　北方金融大厦9－10层
电　　话：（022）28370987　　28370988
传　　真：（022）28370088
邮　　编：300201

浙江证券有限责任公司

浙江证券有限责任公司的前身为浙江省证券公司，成立于1988年，由于受政策限制停业，后于90年重新开业。94年公司改制为浙江证券有限责任公司，成为中国第一家按《公司法》规范成立的由40家跨省市、跨行业的股东组成的大型专业证券公司。公司以“立足浙江、面向全国、依托沪深、走向世界”的宗旨和“敢为天下先”的创业精神，经过六年多时间的发展，取得了显著的业绩。股本金由5100万发展为4.5个亿；资产总额由1.9亿发展到20多个亿；业务量从3亿扩大到400多个亿；实现利润从432万元增长到1997年9个月的2亿多元。同时各项业务也获得了长足的发展。

几年来，我公司在一级市场的积极开拓取得了丰硕成果。早在1990年12月就推荐全国第一只异地股票浙江凤凰化工在上海证交所上市，使“金凤凰”飞进大上海。90年12月19日上交所开业，第一笔成交的便是这只股票。1996年公司作为主承销商和上市推荐人操作了3000万股申达股票的发行工作，由于策划的“全额预缴、比例配售”的发行方案有所创新，因而被称为“浙证模式”受到中国证监会的肯定。同时，这次发行一举吸纳了全国97亿元资金，成为当时新股发行集中资金量最重大的一次，在全国引起很大反响。今年，公司发行并推荐上市的具有6亿股本金的浙江东南B股，是我国B股中股本最大的一个，又是首家在伦敦交易所以GDR的形式与在上海交易所以B股形式同时上市的一只股票，通过创造性的成功的运作为我国企业向海外筹集资金提供了新的路子。六年来，我们做为主承销商还陆续承销和推荐了浙江尖峰集团股份有限公司、杭州解放路百货商店股份有限公司、百大集团股份有限公司、万向钱潮股份有限公司、杭州钢铁厂股份有限公司等企业股票在上海和深圳交易所上市；推荐杭州大自然实业股份有限公司在STAQ系统挂牌交易。公司还参与了上海石化股份有限公司（A股）、仪征化纤股份有限公司（A股）、浙江中大股份有限公司、浙江凯地丝绸股份有限公司、东方通讯股份有限公司、徐州工程机械股份有限公司、深圳宝安股份有限公司、宁波城隍庙股份有限公司等股票的分销及配股工作；作为财务顾问，公司正积极筹划浙江高速公路H股发行上市工作。公司还在帮助企业股份制改造、企业资产重组、企业购并和强强联合等方面积累了丰富的经验，为杭州、温州、绍兴、武汉等地的企业股份制改造出谋划策，为企业的联合牵线搭桥。今年公司被中国证监会再次确认为具有A股和B股承销资格的券商。

公司还在全国范围内率先进行国库券由行政分配发行改为市场自由销售发行的改革实践。1991年公司作为全国19家券商之一参加了全国国债承销团，与财政部签订了1亿元承销合同，承销量在全国名列第二。这之后，我公司连续5年荣获一级国债自营商资格，国债发行量在全国始终名列前茅。六年多来，累计承销发行国债120亿元。

公司在二级市场的发展历史悠久。1990年我公司的柜台上就开始交易浙江凤凰的股票。这一破天荒的举动使杭州成为上海、深圳之外最早出现股票交易的第三个城市，1990年和1991年我公司成为上交所、深交所第一批会员之后又在上海、深圳分别开设了第一家异地营业部。接着，1991年我公司在全国率先开通股市行情远程终端专线，使杭州成为连接上海、深圳、杭州金三角的神奇的一角。几年来公司的业务规模和能力迅速发展，先后与全国一百多个城市的证券机构建立了往来关系，在上海、深圳、北京、天津、武汉以及省内经济发达地区设立了近20个证券交易营业部，并相继成为上海、深圳证交所、STAQ系统和NET法人股流通系统及天津、海南、浙江、武汉证券交易中心的会员单位，共拥有各种交易席位55个，拥有先进的卫星电脑通讯网络，并已全部开通了无形席位。公司证券交易品种齐全，可以代理买卖股票（A、B股）、债券、基金、权证等。公司创立六年多来，在代理业务上积累了巨大的财富，首先培养和造就了一大批具有丰富业务经验的近四百人的职工队伍；其次，代理业务积累了丰富的管理经验，形成了对营业部的经营、人事、风险、设备的一整套的管理体系，建立健全了一系列的管理办法和各项规章制度；再次，代理业务形成了优质的服务体系，不但语言文明，挂牌上岗，着装整齐，讲究形象，而且公司注重咨询服务，推出了一系列的服务措施，迅速扩展了公司的股民群和相关业务。

公司积极推进实施“立足浙江、面向全国、依托沪深、走向世界”的发展战略，不断加强与海外同行、各届人士的联系和合作。几年间公司接待了三十多个国家的200多位证交所和证券公司总裁等来宾。与美国耶鲁大学、台湾台证证券有限公司、香港浩诚证券有限公司、美国布朗伍德律师事务所、日本的日兴、大和、野村、山一证券株式会社、英国巴克莱德胜公司等大批国际著名证券同行及有关机构就有关国际证券业务的合作进行了探讨和实践，为公司证券业务国际化奠定了基础。

公司还积极开拓和发展国际业务，B股业务量在50名境内外券商中名列第十，其它国际业务经过二年的铺底和打实基础，现也已进入了全面发展阶段。

我们的公司曾有过辉煌的过去，经过几年的积累，公司拥有了更加坚实的基础，因而更有理由对未来充满信心。我们拥有4.5亿元股本金和相应的综合实力，同时我们战略发展蓝图已定。我们将在今后几年着重建立重庆、杭州、上海、深圳、北京、武汉几大交易管理中心，发挥网络优势和辐射功能，并向金融资本与产业资本相结合的证券集团化规模的方向发展，进一步提高竞争水平，到2000年跻身于全国大券商的行列。

地址：浙江省杭州市延安路400号省二轻大厦十一层
邮编：310006
电话：(0571) 7024904
传真：(0571) 7078586

浙南证券商

温州国际信托投资公司

地址：温州市人民东路谢池商城 C、D 座
邮编：325000
电话：0577—8258397
传真：0577—8258397

温州国际信托投资公司（下称“温信公司”）于 1988 年 5 月起开办证券业务。1990 年设立证券业务部。1992 年经中国人民银行浙江省分行批准，设立证券交易营业部，办理代理证券发行、买卖、兑付、分红、代保管有价证券及证券咨询等业务。

温信公司系中国证券业协会会员、全国证券交易自动报价系统（STAQ）和浙江省证券交易中心理事单位。1992 年 9 月和 1993 年 4 月分别被批准成为上海证券交易所和深圳证券交易所会员。现在上海证交所拥有 11 个席位，深圳证券交易所 4 个席位，省证券交易中心 1 个席位。

温信证券部坚持“信誉第一、服务第一、效益第一”的宗旨，不断拓展业务，努力参与证券市场建设。几年来，代理发行各类证券 3 亿余元，证券交易额超 100 亿元，国债期货交易量逾 200 亿元。1996 年底，公司为加强对证券业务的管理，进一步提高证券业务水平，成立了温信证券管理总部，现总部下辖谢池证券交易营业部、黎明证券交易营业部、上海证券交易营业部、乐清证券交易营业部。

温信公司证券交易自 93 年 1 月 18 日在温州率先开办股票交易业务以来，不断提高员工素质，改善软硬件，提高管理水平，竭诚为股民提供优良服务。目前拥有交易大厅、大户室、业务室，面积达 2200 多平方米；所有交易从资金存取、交易申报、成交回报、清算交割全部实现电脑化；在全市还率先实现与深圳证交所点对点联网；为方便股民，还增加电话委托和远程自助委托系统。现已成为浙南地区交易品种最多、交易手段最先进、交易量最大的券商。

温信基金简介

温州国际信托投资公司于 1992 年设立温信基金，现有规模 6000 万元，存续期十年。它是浙江省二家投资基金之一，也是省内唯一在浙江省证券交易中心上市的基金，运作四年多以来，每年收益率均在 20% 以上，尤其 97 年中期收益即高达 21.7%，深受投资者的好评。同时，我公司正积极开展工作，力争使温信基金能在沪、深证交所并网上市。

一、基金审批

温信基金是中国人民银行浙江省分行于 92 年 6 月 8 日浙银发〔92〕284 号文件批准设立的。

二、基金各当事人及相关人概况

1、基金发起人为温州国际信托投资公司，实收资本 1.06 亿元，总资产 20 亿元。

2、管理人由温州国际信托投资公司设立基金部担任。

3、托管人为中国建设银行温州市分行，总资产为 40 亿元。

4、基金会计师事务所为温州会计师事务所。

5、基金律师事务所为温州第三律师事务所。

三、基金投资组合状况

根据温信基金章程及有关批文规定，温信基金的资金运用除一定比例投向有价证券外，亦可投向交通、能源等符合国家产业政策且经济效益好、有发展潜力的基础项目。

四年多来，温信基金的投资组合渐趋合理，逐步由一般实业转向交通、能源项目和证券投资。交通、能源项目的投资从 94 年底的 300 万元，迅速增加到 97 年中期的 2550 万元，证券投资从 250 万元增加到 4211 万元（其中国库券 1000 万元）。这些能源、交通项目的投资，不仅符合国家产业政策，而且取得了较为显著的效益。

四、基金收益及分配状况

温信基金一贯以“低风险、高效益”为选择项目的原则，由于详尽的调查和正确的决策，投资至今没有发生任何亏损或逾期现象，资金回收率达 100%。1992 年基金年净收益率为 20%，93 年净收益率为 24%，94 年净收益率为 23.37%，95 年净收益率达 27.4%，96 年净收益率 28.4%，97 年中期收益即高达 21.7%，创出历史最好水平。

五、基金上市（柜）情况

93 年 7 月 16 日，经省人行批准，温信基金在温州国际信托投资公司证券交易营业部上柜，并于 94 年 1 月 18 日在浙江证券交易中心上市，成为我省唯一在省证券中心上市的基金。上市（柜）以来，交易较为活跃，交易价格基本符合市场规律。每基金单位价格最低 0. 98 元，最高 2. 32 元。目前，价格在 1. 80 元左右。由于其稳健的作风，丰厚的回报，一旦在沪、深两地上市成功，前途必将更不可限量。

一九九七年，随着党的十五大的胜利召开，股份制改革将进一步深入，力度将进一步加强，我国证券市场面临着前所未有的发展机遇，而一个成熟的证券市场必然要求有大批实力雄厚的基金参与。对于温信基金来说，这一难得的机遇同时也意味着对自身更高的要求，温信基金管理人必将把握契机，积极进取，为温信基金创出一个更加美好的明天！

厦门建发信托投资公司

厦门建发信托投资公司是1988年5月经中国人民银行福建省分行批准成立的全民所有制非银行金融机构。系厦门建发集团全资子公司。主要从事信（委）托存款；信（委）托贷款；发行和代理发行有价证券；证券交易；投资业务；金融租赁；资财保管；代收代付；经济担保，投资咨询等业务及经中国人民银行批准的其他金融业务。公司下设营业部、信托部、证券交易营业部、咨询部、投资银行部，办公室等经营管理机构。

公司创立以来，立足厦门特区，依托建发集团优势，严格按人民银行批准的经营范围进行经营，本着“客户至上，服务第一”的经营原则，不断开拓市场，各项业务发展迅速并逐步形成了一定的规模。近几年来，公司积极做好信托、委托存款、贷款工作，为厦门特区工农业生产筹集了大量资金。与此同时，投资业务也取得一定成效。如公司投资厦门第一医院建发放疗中心的直线加速器与X光刀项目已正式对外营业，接受患者治疗。公司还开展了企业短期融资券的承销、代销工作，拓展了资财保管箱业务，取得较好的经济效益和社会效益。

公司的证券业务近几年取得较大的拓展。公司现有两个证券交易营业部，地点均位于厦门市黄金地段，总营业面积达3，000多平方米。两个营业部均设有功能齐备的营业大厅和大户室，配备先进的交易系统，跑道畅通，能为客户提供快捷的证券买卖服务。交易大厅安装了大面积的LED点阵行情显示大屏幕，配备了60余台自助委托终端和多台行情显示辅助设备，开通了80线电话委托，极大地方便了广大客户的投资。公司与国内多家信息咨询机构建立了联系，能多渠道、全方位地为客户提供快捷、及时的信息咨询服务。公司注意引导投资者树立正确的投资理念，定期邀请专家进行股市点评与市场分析，使广大投资者能更好地把握市场。

建发信托投资公司拥有一批高素质的专业人才，能迅速适应市场的变化。1997年年初，公司取得了一级市场股票发行承销资格，为公司更好地开拓投资银行业务奠定了良好的基础。

地　址：福建省厦门市鹭江道海滨大厦一楼夹层
邮　编：361001
电　话：(0592) 2104549
传　真：(0592) 2076982

洛阳市信托投资公司

——证券交易营业部

洛阳市信托投资公司是经人民银行总行批准设立的非银行金融机构，注册资金壹亿伍仟万元，法人代表许运通。

洛阳市信托投资公司证券交易营业部是一九九五年经河南省人行批准成立的证券交易机构，现有职工三十余人，营业面积壹仟伍佰平方米，是豫西地区规模最大的证券兼营机构。

公司证券部主要业务有代理发行各种有价证券；自营和代理证券买卖；代理兑付证券的本息红利；证券的代保管和证券的鉴证以及证券投资咨询等业务。目前是上海证券交易所、深圳证券交易所、河南证券交易中心会员单位，已在三个交易所、中心拥有无形席位三个，有形席位两个。

证券部开业以来，营业面积不断扩大，股民队伍不断增加，服务软件不断升级，硬件不断更新。目前拥有惠普最新网络服务器、钱龙股票投资技术分析软件、新利证券自动委托交易系统、四块超大全点阵显示屏、16台29寸彩色显示器和30台自动刷卡机。迅速、准确地保证信息及交易跑道的畅通。已成为中原地区环境优美、交易快捷、服务优质的营业部之一。

公司证券部本着“团结进取、创新求实、廉洁高效、诚实待人”的精神，勇于探索、敢于实践，在探索改革、支持企业、服务经济和培育中原地区证券市场中作出贡献。

证券交易营业部经理：张瑞民(先生)
地　址：洛阳市西关百业大市场南二楼
邮　编：471002
电　话：(0379)3966108　3966110
传　真：(0379)3966104

惠州证券有限责任公司

惠州证券有限责任公司前身是惠州证券公司，成立于1988年6月，是惠州地区第一家专门从事证券交易的金融机构，也是惠州地区唯一一家具有独立法人资格的专业证券公司。经过几年的积累与发展，于1996年底增资扩股，由16家股东注入资金，改组为有限责任公司。公司实行自主经营，自负盈亏，各股东以出资额为限对公司负有限责任。

公司主要经营以下业务：

1、代理证券（债券、股票）发行业务；

2、自营、代理证券买卖业务；

3、代理证券的还本付息和支付红利；

4、证券的代保管和证券的鉴证；

5、接受委托办理证券的登记和过户；

6、证券抵押融资；

7、基金和资产的管理；

8、资产重组、企业收购兼并；

9、证券投资咨询、财务顾问、外币证券及人民银行批准的其他业务。

公司开业以来，历经了股市的潮涨潮落，风风雨雨，但公司员工发挥开拓精神，勇于创新，以“追求卓越，以人为本，服务社会”为宗旨，经过几年的艰苦创业，各方面都得到了长足的发展。目前公司设有七部二处一室：投资发展部、业务部、电脑部、登记部、财务部、下埔营业部、麦地营业部、办公室，驻深办事处、驻广州办事处；研究生、大、中专以上证券、财会、金融、电子、法律等各种专业人员占公司总人数的90%，同时公司在工作之余经常组织员工学习证券业务、法律知识，加强内部监督管理工作，定期考核，提高员工队伍素质，为公司业务的进一步发展打下了良好的基础。公司各营业部均安装了先进的电脑通讯设备，并配备了捷意、汇金、乾龙等先进软件，形成快捷高效的证券交易系统，为了向广大的客户提供更好的交易环境，公司现已将营业处装修一新，有宽敞明亮的散户交易厅、舒适优雅的专户交易厅及豪华气派的大户室，特大屏幕行情揭示器以及多功能人口服务窗口一应俱全，为客户提供了方便、快捷、周到的服务，经验丰富的技术分析人员及每日的传真信息为客户提供最新的股市信息、技术分析及提供咨询服务，以便帮客户随时有目的、有方向地调整或改变投资策略。

证券业务是门新兴的行业，属金融服务业，经营中应以忠诚稳健为要诣，公司所有成员深知对顾客的忠诚是公司发展的前提。我们在经营活动中，时刻树立高度的风险意识，建立完善的管理体制，有效地查错防弊，堵塞漏洞，消除隐患，确保国家法律、法规和中央银行监管规章的贯彻执行，确保将各种风险控制在规定的范围之内，确保顾客利益不受丝毫侵害，从而确保自身发展战略和经营目标的全面实施。

经过几年的艰苦创业，公司发展到今天初具规模，积累了丰富的经验，培养了许多优秀的人才，其间经历了市场的高潮与低潮，公司以作风的忠诚，经营的稳健，资产的优良，均可泰然处之，始终处于本地区首屈一指的位置。

可以相信，随着宏观经济形势的进一步好转，乘着党的十五大提出的进一步加强国有企业股份制改造的春风，惠州证券有限责任公司将在新的领导班子的带领下，继续弘扬艰苦创业、团结拼搏、敬业奉献精神，服务企业、服务社会，不断完善公司管理体系，在公司二次创业的征程上再创辉煌。

地址：广东省惠州市麦地南路华侨新村F栋　　邮编：516001

电话：（0752）2277962　　2276101

传真：（0752）2277263

广东省惠州市信托投资公司

——证券交易营业部

惠州市信托投资公司证券交易营业部是一家地方性的证券经营机构，于1997年4月28日正式营业，目前已开通深、沪两地A股及国债交易。惠州信托证券部成立以来，全体员工在公司领导带领下，艰苦创业，积极探索，遵照“法制、监管、自律、规范”的精神，不断完善各项管理办法和服务措施，证券交易业务稳步增长。

一、资讯及服务情况

(一) 一流的设备、快捷的信息、顺畅的跑道和舒适的交易环境。

惠州信托证券目前已建立先进的电子交易系统，提供康柏高档服务器，全交换式快速计算机网络系统，客户终端全部采用奔腾微机，可进行柜台、电话及汇金热自助委托，场内无形席位成交回报迅速，同时与多家财经信息系统联网，随时提供全方位的最新资料。证券交易营业大厅宽敞明亮，提供中央空调，豪华舒适的大户、中户及专户室，基本可满足一人一机操作。

(二) 一流的员工队伍，优质高效的服务和丰富多样的投资咨询活动。

公司领导注重培养高素质的员工队伍，坚持“以人为本”的经营策略，经常选派员工进行各类业务培训，鼓励员工参加更高层次的文化学习，提高员工的业务水平和文化素质，同时注重加强员工职业道德教育，树立敬业爱岗精神，从而为客户提供优质高效的服务起到保证作用。

目前，证券部为客户提供多种形式的服务项目：

1、开通投资咨询热线电话，由专门业务人员提供耐心细致的股票投资答疑解惑工作。

2、每天由投资顾问提供市场分析报告及投资建议，帮助广大客户树立正确的投资理念和规避市场风险。

3、派出业务人员下到客户中间，现场接受咨询和提供建议，让广大股民了解更多的金融证券知识，宣传国家有关证券法规政策。

4、经常举办股市沙龙活动，请资深股评人士给广大客户作大市研判和个股分析，促进客户之间交流，提高操作水平。

5、与有关传播媒介合作，提供即时股市动态分析。

二、规范及风险控制情况

公司证券部认真遵循国家有关证券管理法规和交易制度，严格遵照“法制、监管、自律、规范”的八字方针，严格内部管理，注重控制和防范各种金融风险。

主要措施有：

(一) 结合“证券期货风险防范年”活动，加强员工内部法制教育，组织学习有关证券法律、法规，增强守法意识，自觉防范和规避风险。

(二) 落实岗位责任制，坚持安全、正确的业务工作流程，严格审核，查找隐患。

(三) 建立内部监督管理机制，加强内部人员相互监督，培育良好的职业道德。

(四) 自觉接受人民银行及证券主管部门的监督，定期或不定期接受检查，不断完善内部风险防范管理制度。

(五) 加强同业之间的学习与合作，广泛采纳各方合理的建议和制订切实有效的管理措施，提高风险控制能力。

三、经营业绩及展望

我部自1997年4月正式开业以来，坚持“公开、公平、公正”的交易原则和“服务第一，顾客至上”的宗旨，努力为客户提供优质服务，取得了良好的成绩。开户数、保证金存款余额、托管市值都在快速增长。在短短的半年时间里，业务量快速增大，现已成为当地较有影响的证券交易网点之一。

展望未来，我部将在证券交易代理和自营业务中，严格按照国家政策法规和证券业的有关业务规定，通过优质、高效的服务争取更多的市场份额。同时加强市场分析和上市公司调研工作，努力提高业务竞争能力。

地址：广东省惠州市下埔大道24号
电话：(0752) 2105771
传真：(0752) 2105719
邮编：516001

四川省国际信托投资公司

四川省国际信托投资公司（1994年4月之前称“四川省长江国际信托投资公司”）建立于1985年9月，是经中国人民银行总行、国家外汇管理局和四川省人民政府批准成立的国有非银行金融机构，接受四川省人民政府的直接领导，是四川唯一的省属海外融资窗口。公司经营境外外汇借款业务，发行和代理发行人民币有价证券，经营外汇及人民币委托、信托存贷款业务和投资、租赁业务，从事房地产开发经营，代理资财收付管理及提供经济担保、见证与咨询。

公司成立12年来，积极开拓，稳步发展，资产规模增长了16倍多，年利润增长了18倍多，累计向四川省提供了10多亿美元和150亿元人民币的建设资金，有力地支持了四川省工农业发展、科技进步、基础设施建设和投资环境的改善，为四川省经济的全面腾飞作出了积极贡献。

公司以促进四川经济发展为已任，围绕为出口创汇服务，为发展基础产业服务和为调整产业结构、加强企业技术改造服务的“三服务”方针，先后为四川省能源、交通、通讯、原材料和高科技产业的数十个重大建设项目融资25亿元人民币以上，为项目的顺利实施和建成发挥了重要的保证作用。

与此同时，公司不断开拓海外业务，目前已与日本住友银行、东京三菱银行、西德意志州银行、瑞士信贷银行、法国巴黎国民银行、美国美林证券、荷兰商业银行及美国美洲银行等遍及全球13个国家和地区的50多家外国银行及金融机构建立了密切的合作关系，形成了海外融资的广泛国际网络，使公司的对外融资能力迅速提高，现已发展到可一次融进数千万美元的国际银团贷款。

1987年，经省人民银行批准，公司在四川省首创金融机构开办证券业务之先河。10年来，公司证券部致力发展国内证券二级市场，积极支持地方企业筹集资金，热忱服务于大众的金融商品流通。证券业务网点从1个发展到6个，从业人员从10多人增加到100多人，业务地域从省内扩展到省外。目前，除在成都有多处交易场所外，公司还在上海、深圳设有交易机构。

公司证券业务目前已由过去的债券发行和国库券柜台交易为主发展为以代理上海和深圳股票买卖、国债现货与期货交易以及国库券回购为主要内容；同时还为客户提供证券抵押、代保管等多种金融服务。10年来，川国投共计发行企业债券10余亿元，国库券交易5亿元，股票交易数百亿元。

公司于1992年发行“长信受益券”基金，计4500万元，由公司基金部专司运作、管理。自1993年以来，该基金一直作为地方基金在四川证券交易中心挂牌交易。

鉴于10年来公司在证券业务上保持了较好的业绩，积累了较丰富的专业经验，并在国内证券市场上树立了良好的企业形象，国家证券监督管理委员会于1997年年初已授予公司股票主承销资格证书，使公司证券业务从此享有了更大的发展空间。

公司奉行“诚信待客，优质高效，服务社会，支持企业”的服务宗旨，通过证券及多种特色信托服务，充分发挥融资、投资和理财功能，将为四川经济的全面振兴与发展做出越来越大的贡献。

公司地址：四川省成都市西御街77号

公司法定代表人：陈远义

联系电话：（028）6691206

传真：（028）6692007

邮编：610015

陕西信托投资有限公司

陕西信托投资有限公司是根据国务院、中国人民银行关于银行与信托投资公司分业管理的通知精神，对原中国工商银行陕西省信托投资有限公司改制重组后设立的。公司前身成立于一九八一年，自一九九二年起改组为股份制公司，共有三十三家股东单位，实收资本18800万元。改制后的前三年，公司平均资本利润率为12．96%，是原工商银行系统二十多家信托公司平均利润率6．9%的近一倍。一九九五年，《金融时报》对全国四百多家信托公司经营成果进行了统计比较，在公布的前二十名中，陕西工行信托公司资产排第十二位，效益排第八位。为了深化金融体制改革，实行银行、信托分业经营，经中国人民银行批准，陕西省工商银行将原持有的13500万元股份由彩虹显示器件股份有限公司等省内十四家经济实力雄厚，经营效益一流的企业出资2．48亿元收购，加原有股份0．53亿元，实收资本金3．01亿元。改组重制后的陕西信托投资有限公司于一九九七年三月正式营运。半年来，公司理顺了经营管理机制，经营状况良好，经济效益显著。一九九七年上半年经营效益在全省名列前茅。现公司总资产十二亿元。公司经营信托、委托、租赁、代理、证券、咨询等业务，在深圳设有一家实业投资公司，在西安设有独资和中外合资的房地产公司各一家，同时参与了数个企业集团及一些高科技项目的投资。公司董事长刘春茂、副董事长兼总经理张筱梅偕全体员工以“笃实至诚、恪守信誉”的企业宗旨为所有客户提供优质服务。

公司自1991年开始设立第一个证券营业部，以国库券、企业债券、金融债券的代理发行、交易、代保管为主，并兼搞了股权证托管业务。1992年成为中国证券业协会会员，同年陕西省人民银行陕银复（1992）29号文批准发起设立了“陕工信受益券基金”，现随公司更名为“陕信投资基金”，基金总额5000万，该项基金的经营管理由公司证券经营管理部负责、几年来基金资产质量完好，年收益均在17%以上，除陕西外大连、沈阳、新疆等地也有部分投资者。

1993年实行股份制改造后，证券业务进一步发展，取得了上海、深圳两地交易所会员资格，相继在西安、上海设立了两个营业部。第二年证券业务实现利润达到1400万。为满足日益发展的证券市场的需求，扩大证券业务的规模和实力，半年内通过变更、新设、收购等方式，营业部增至6个。1997年上半年实现利润2600万。其中成立较早的莲湖路营业部在西安地区22家营业部中交易量排名始终保持在前4名。

几年来由于坚持加强经营管理，风险防范，规范经营，在扩大证券业务规模的同时，培育和造就了一批优秀的证券管理人才，为公司创造了丰厚的利润。

1997年国民经济将进入新一轮增长周期，同时也为证券经营机构提供了新的发展机遇。证券经营业务的重点将逐步向现代化基础投资银行业务转化。公司将依托基本优势充分发挥主观能动性，从协助企业改组上市、充当企业财务顾问、重组和购并顾问入手，全方位开拓高层次证券业务，迅速发展成为陕西省实力超群的主要证券经营机构。

地址：陕西省西安市尚德路57号金融宾馆
邮编：710004
电话：029—7420708　　7446541
传真：029—7420708

宝鸡证券公司

宝鸡，位于中国陕西西部，山环水绕，景色秀丽，物华天宝，人杰地灵。就是这个西北工贸大都市，在改革开放和建设社会主义市场经济体制的大潮中孕育出一颗璀灿的新星——宝鸡证券公司。

宝鸡古称陈仓，地处关中平原西部，依秦岭而傍渭水，历史悠久，是中华民族古文化的重在发源地之一，陇海铁路、宝成铁路、宝（鸡）中（卫）铁路等三条贯穿我国中原与大西北、大西南的重要交通枢纽和物资集散地，是欧亚大陆桥和陇海兰新经济带的东西结合部。作为中国西部重要的工贸城市，其综合经济实力在西北仅次于西安、兰州、乌鲁木齐等省会城市。改革开放以来，宝鸡先后被国务院列为全国综合经济体制改革、机构改革、金融体制改革、优化资本结构等项试点城市和内地开放城市。“九五”期间中央确定的进一步加快中西部地区经济发展战略为宝鸡经济的快速发展和腾飞注入了新的活力。宝鸡证券公司正是孕育在建立社会主义市场经济体制的大潮中，沐浴着这个西部重要都市改革开放的春风，伴随中国证券市场风雨兼程、成长壮大，迅速成为中国西部举足轻重的大券商之一，年证券交易量已挤身于西北地区几个主要券商前列。为促进宝鸡国有大中型企业股份制改造、推动宝鸡证券市场的发展作出了积极贡献。

宝鸡证券公司是1991年2月经中国人民银行银复（1991）101号文件批准成立的专门经营证券业务的股份制金融企业。1991年5月经宝鸡市工商行政管理局登记注册并正式成立，实行董事会领导下的总经理负责制。

公司成立以来，始终坚持“诚信、严谨、务实、求新”的宗旨，认真贯彻“法制、监管、自律、规范”的八字方针，紧紧围绕经济效益这个中心，大胆开拓、锐意进取、稳步发展，仅五年时间，由过去的一个证券交易营业部（红旗路营业部）发展到目前有办公室、综合业务部、财务部等职能部门，以及红旗路营业部、清姜营业部、经二路营业部、西安证券交易中心代表处和二十四个县区代理处，成为宝鸡地区规模最大、实力最雄厚、知名度最高的证券专营公司。

——努力提高经济效益，增强经济实力

几年来，公司大胆开拓，锐意过取，稳步发展，经济实力显著增强，经济效益稳步提高。公司曾作为承销商主承销商一起成功发行了长岭（集团）股份有限公司社会公众股5000万股、宝鸡商场（集团）股份有限公司社会公众股3000万股，并参与长安信息、长岭（集团）97年配股发行工作，筹措资金45720万元人民币；发行企业债券23期，筹措资金10770万元人民币；发行国库券和金融债券共3046万元人民币；到1997年6月底公司沪、深两市股票交易量累计达到128.95亿元，实现总收入6565万元，实现利税1630.8万元。截止1996年底公司实收资本金1800万元，总资产由1995年的8705万元增至19700万元，实现了公司各项经济指标连年翻番的设想。

——加强股票交易基础设施建设，改善投资环境

公司在积极挖掘潜力、拓展业务的同时，不断扩大经营规模，改善投资环境。目前公司在市区已拥有3个营业部，7个交易大厅，营业面积已达6000多平方米。交易大厅环境幽雅，设施齐备，装修一流，大户厅人手一机，操作方便；中户厅安装了目前最先进的背投式大屏，散户厅宽敞明亮，可容纳近万人进行操作。股票交易基础设施也不断得到完善，电脑配置选用具有世界领先水平的美国惠普计算机，采用先进的三级容错技术，并不断对网络进行升级换代，有效保证了区域网络运行的可靠性和数据的安全性。增设了DDN信息高速公路；申请增加了沪、深交易席位，使席位由原来的6个增至目前的8个；积极开通了各营业部上海、深圳无行交易席位，并采用卫星双向进行交易，确保了交易跑道畅通快捷，行情传输安全准确；同时开办了人工委托、自助委托、电话委托业务，大大改善了投资环境，缓解了投资者买卖股票难的矛盾，公司也取得了可观的经济效益和社会效益。

——加强监管自律，切实防范金融风险

证券业是个高风险的行业，因此公司自开业之始就把监管和防范风险工作当作一件长期的系统工程坚持常抓不懈，不断强化内部监管奖罚的内部管理制度，形成了一套比较严密而系统制约机制，健全和完善各项管理制度和业务经营办法，做到坚快按照国务院及省证券委、人民银行颁布的各项规定，依法经营、合法经营，杜绝了各种违纪、违法问题的发生。经过几年来的不断完善、修订，逐渐建立了一整套从电脑、财务、交易清算到监督制约机制。尤其九七年是证券市场的“风险防范年”，公司更是把防范风险工作做为全年的一项重点来抓，为此，公司专门成立了“证券市场防范风险年”办公室，各营业部设定风险教育专职宣传员，认真组织开展“证券市场防范风险宣传日”活动，广泛开展风险教育，利用广播、板报等各种宣传设施开展宣传工作。并组织公司员工多次上街宣传咨询，散发风险教育宣传材料，解答群众提问，教育全体员工及广大投资者增强风险防范意识，使防范风险意识深入人心。同时，引导股民正确认识当前股票市场，股市有涨就有落，股票投资有收益就有风险，合理分配投资资金等内容，强化了股民的风险意识。各营业部还将中国证监会、省证监会及各部的监督电话公布于众，使广大投资者共同参与我胶的监管。从而树立了公司的良好形象，提高了公司的知名度，巩固了公司在宝鸡证券业的地位。

——加强职工队伍建设，提高服务质量

几年来，公司在努力实践，总结经验的基础上，制定并完善了各岗位人员的工作职责，不断加强对员工的业务理论、法制观念及职业道德教育，并有计划地对全公司128名证券从业人员进行了专业技能和岗位培训。目前，公司全体员工均已通过省证券业协会举办的证券从业人员资格考试，全部持证上岗。员工的整体素质有了很大提高；同时公司还积极开展文明服务用语和“四讲一服务”活动，努力提高服务质量和服务水平，树立起良好的公众形象，达到了内增素质，外塑形象的目的。

——进一步拓展各项业务，全方位服务经济建设

开业几年来，公司各项业务蓬勃发展，经济效益和社会效益显著，在宝鸡证券业地位日益提高和巩固，为促进宝鸡证券业发展和宝鸡经济腾飞作出了积极贡献。

回顾过去，宝鸡证券公司成就辉煌；展望未来，宝鸡证券公司发展无限。宝鸡证券公司全体员工愿借党的十五大召开的东风，借宝鸡市建设陕甘宁川商贸金融中心的良好机遇，进一步完善和发展宝鸡证券市场，积极创造条件，努力开拓一级市场，加强网点建设，完善各项交易设施，提高服务质量，为振兴宝鸡和陕西经济作出更大贡献，在宝鸡建立社会主义市场经济体制的历史上写下浓墨重彩的一笔。

地　址：陕西省宝鸡市红旗路27号
邮　编：721000
电　话：0917－3245663
传　真：0917－3227304

奋进中崛起的汉中市证券公司

时序演进到二十世纪末，市场经济的狂潮在龙的故乡浪卷云涌，势不可挡，在与计划经济的抗争中，吸收共溶、图新，一展现代企业制度的雄威。

十一届三中全会的春风，吹绿了汉中的山，吹暖了汉中的地，也复苏了汉中人的心。汉中人冲破盆地的樊篱，誓把“六山一水三分田”装扮得带更加美丽。特别是江泽民主席亲临汉中，给汉中人民重新勾画了一幅“兴汉中奔小康”的宏伟兰图。从此，汉中变了，一个社会主义市场经济的框架已在潜移默化中渗透到各行各业，每个角落。汉中市证券公司顺应改革开放的浪潮，乘势而上，大胆地闯，大胆地试，在短短的六年中，月月制订新举措，季季都有新突破，年年迈上新台阶，相继跻身全国同行二十强，名列第17位，评为A级信用证券商，被财政部、中国人民银行总行授予1995年“国债兑付先进单位”，1996年10月被陕西省证监会授予证券、期货业文明优质服务十佳“明星单位”，1997年初被中共汉台区委、区政府命名为“文明单位”。

(一)

“忆拄昔峥嵘岁月稠”。1991年12月20日，汉中市证券公司的萌芽机构－－汉中地区国债服务中心应运而生，她立足汉中，摒弃“盆地意识”的束缚，放眼全国，蹒跚涉足市场，次年便以其显赫的经营业绩受到汉中人民和各对领导的青睐。汉中证券人几经周折，几度春秋，甜酸苦辣咸，一切尽在不言中，终于立地生根了。为适应全国证券市场飞速发展的新形势、新要求，两度更名，注册资本金人民币1，500万元，隶属市财政局归口领导，具有法人资格，实行独立核算，自主经营，自我约束，自我发展，自负盈亏。六年来，累计发行国债和其他债券3.19亿元，累计证券交易额30.28亿元，实现总收入2，947.7万元，实现利税731.9万元。可以直言不讳地讲，汉中市证券公司已蜚声国内，誉满汉中。在汉中证券市场的发展史上，树起了一座又一座的丰碑。

(二)

五个人，五十万元起家的“国债服务中心”，要跻身于市场经济的前沿阵地－－证券市场，几乎是不可同日而语的事，汉中证券人硬是凭着一腔热血，执著追求，卧薪尝胆，呕心沥血，殚尽竭虑，励精图治，从而使全市证券业一开始就能朝着规范化的宏伟目标，起好步，走正道，图发展。六年来，在王新总经理的带领下，一贯奉行“为国债发行、兑付服务，为社会经济稳定发展服务，为‘兴汉中奔小康’服务”的宗旨；发扬“团结务实，开拓奋进，节俭高效，诚信服务”的企业精神，先后同全国22个省（市）的近百家证券公司建立了广泛密切的业务往来，并在“公平、公正、公开”的原则下进行多时段、多品种的组合交易，竭尽全力为广大投资者提供“守信、及时、方便、如愿”的优质服务。

随着国家对证券市场立法力度的加大，为在全国的大市场中占有一席之地，开辟自身的生存与活动空间，王新总经理在深谙国内证券市场现状的基础上，两度跨出国门，先后考察了美、法、德等六国的证券市场，开阔视野，广交朋友，拓展市场，力图在新的领域里，新的历史阶段中，建功立业，再铸辉煌。目标有了，雄心有了，缺的就是人才与娴熟的专业功底群体。欲达“娴熟专业功底群体”之目标，必须冲破家务琐事的羁绊，发扬“钉子精神”，着眼一个“挤”字，立足一个“钻”字，采取集中培训与经常性的自学练内功为主，刻苦研读《中国证券业理论与实务》和相关的证券市场专著。

为把岗位练兵活动持续不断地引向深入，经公司领导与西安证券期货培训学院反复磋商、筹划，并报经陕西省证监会批准，在公司本部成功的举办了全省第三期证券从业人员资格培训班。学员以公司员工为主体，吸收各县（区）国债服务部的从业人员参加，共103人善始善终地完成了既定学业，考试合格，获得了证券从业人员资格证书。

随着公司的发展壮大，激活了汉中证券市场，加速了硬件现代化建设的步伐。“工欲善其事，必先利其器”，设备现代化的实现又为管理现代化奠定了基础。今日之公司，固定资产逾千万，员工百余人，硬件上档次，管理上水平，工作创一流。营业网点遍布全市十一个县（区），同时以公司证券营业部、东大街营业部、广场营业部和南大街国债服务部为依托，建成单、双向地面卫星接收小站各一个，通过亚洲一号卫星与上海、深圳证券交易所电脑交易主机联网，实现了证券交易的同步化及清算交割、信息传递的一体化，从而满足了汉中乃至周边地区数万名投资者涉足股市交易的夙愿。

(三)

是什么力量推动汉中证券人能在短短的六年中，孕育和发展了汉中的证券市场，创造了一个又一个的奇迹？那就是汉中证券人勤奋务实，乐于奉献的精神和敢试、敢拼、敢闯、敢为天下先的品格，“犯其至难，图其至远，知其不可为而为之”，好象有若干只无形的手，不断鞭策和推动着汉中证券人不甘落伍，勇往直前！

譬如1993年上半年国债市场低迷，债券交易乏力，西北市场更为沉寂。王新总经理审时度势，积极倡导举办首届中国西部国债业务洽谈会，其建议最终被上级领导所采纳，同年9月16日，中国西部国债业务洽谈会在宝鸡市如期召开，全国15个省、市、区的48家财政证券中介机构的120多名代表云集宝鸡，共商发展，共图大业。会议期间，共成交国库券1.5亿元，其中汉中成交1，600万元。这次会议更大的收获是结识了新朋友，学到了新经验。特别是运用新闻宣传载体，采取多层面、多角度的宣传渗透，向社会介绍自已，展示实力，使汉中民众在潜移默化中接受现代市场经济理论，并在亲身的实战中经受锻炼，丰富自己，增强自身的参与意识、金融意识和风险意识，使汉中证券人在互促互补中汲取营养，相得益彰，提高分析能力和实践能力，学会能动地去创造契机，聚集资金，双向培育市场，发展自已，这才是汉中证券人自强不息的秘诀与真谛。

(四)

六年沧桑，弹指一挥间。公司一班人，按照“狠抓证券，注重实效，强化管理，全面发展”的工作思路，乘全国上下加大社会主义精神文明建设力度，广泛开展“四讲一服务”和社会服务承诺制活动的东风，相继制订了文明服务“用语”、“禁语”、“文明办公公约”；坚持周一早晨升国旗和每天早晨做广播体操；开展了以“客户至上，服务为本，信誉第一”为主题的文明优质服务活动。公司所属各部门，积极配合，从部门做起，从自已做起，一个“想股民之所想，急股民之所急，为股民排忧解难”的文明优质服务已蔚然成风。与此同时。公司在中共汉中市汉台区委精神文明办的指导下，办起了“文明市民学校”，通过“三德”教育，掀起了一个争做文明市民、争当文明市民标兵的竞赛活动。一个“九牛爬坡，个个出力”的政治局面已初步形成。

证券业是一个信息量高速传输的新兴行业，离开了大量的信息传递，便没有规范有序的证券市场。为整体推进汉中证券市场朝着规范有序的目标健康发展，给广大股民提供一个准确、及时、舒适、便捷的炒作环境，公司租用有线电视“证券专用频道”，使广投资者可通过有线电视荧屏，足不出户地观看上海、深圳两个证券交易所的股市即时行情、公告信息，以及每日股评等节目。该频道的适时开播极大地方便了不同层次投资者的交易炒作需求，极大地缓解了证券交易厅长期以来人多拥挤的矛盾；同时也为丰富和充实汉中市民的业余文化生活，提高品德修养奠定了物质基础。

证券公司六年来的艰苦创业历程，再一次雄辩地证明了没有知识就掌握不了高科技，没有高科技向生产力的转化就没有经济实力，没有经济实力就很难在激烈的市场竞争中站稳脚根，就会被动挨打。“百年大计教育为本”，基于这一战略眼光，市证券公司在发展壮大到今天这样规模的同时，自然而然地想到了许许多多为山区教育事业默默奉献的人民教师，他们的工作、生活环境急待改善，贫困所到的辍学儿童急待得到应有的救助。在市委、市政府“扶贫帮困”号召的激励下，自愿挤出购小车的贰拾伍万元援助略阳县两河口镇，共建希望小学；同时发动全公司的干部、员工自愿捐资1.212万元，建立校园图书室。此举深受中共略阳县委、县政府和两河口镇党领导及县级有关部局领导的赞颂，回赠“兴百年大计，铸千秋伟业”锦旗一面，以资褒扬这一“扶贫帮困”的奉献精神。

(五)

六年来的风风雨雨，使王新总经理深深懂得领导者的辛酸，领导者的艰难。多年来，他一贯坚持“内强管理，外树形象”的方略，对国内外证券公司的管理模式，兼收并蓄，提出“强化管理促效益，规范职责增效益，优质服务创效益”的新举措，先后制订实施的各项管理规章制度20余种，并在实践中不断修订，以臻完善。特别在用人机制上，主管局信得过放的开，王总把握得好，敢抓也敢管。公司副总经理和中层领导一律实行聘任制，聘期不超过两年；公司和部门对员工实行聘用制，双向选择，优化组合，同时推行全员劳动风险保证金制度。采取“按事设岗位，以岗定职数，按人定目标，以责定奖罚”的管理办法。坚持“公开、公正、公平”原则，用制度管人，严管重教，重奖重罚，努力做到“责、权、利”的相对统一。如固定工和招聘工既相同又不相同。固定工劳保福利政策性补贴仍与国家现行政策同步进行，待聘期间由人教部协调消化，不推向社会；而招聘工除工资和岗位补贴、效益奖外，固定工的其他待遇一律不享受，一旦解聘，自谋出路。这种机制有利于人才竞争，有利于“物竞天择，适者生存”的最终实现。领导可以“炒”员工，员工反过来可以“炒”领导，真正体现了“主人翁”的主体地位。所以说“非平衡是有序之源”这一哲理，必将为世人所接受，并付诸于各自的实践中。1997年总收入突破千万元大关，创历史最好业绩。

(六)

公司业绩的取得，得益于社会主义市场经济的确立，得益于汉中市党政领导的正确决策；得益于银行、工商、税务等方方面面的大力支持；也包含着以王新总经理为首的公司领导集体和与之默默奉献的全体员工六年来的团结务实，奋力拼搏精神。

回首往史，汉中证券人无愧于过去，昨日的辉煌已彪炳史册，心血与汗水已与秦巴、汉水相共溶；展望未来，无限风光还在更高更远的巅峰……。“桃李无言，下自成蹊”。

听！汉中证券人的歌声在天汉在神洲回荡：

“我们的道路多么宽广，

我们的前程无比辉煌；

我们献身这壮美的事业，

无限幸福无尚荣光。

向前进……

向前进！

革命气势不可阻挡；

向前进……

向前进！

朝着胜利的方向……”

公司地址：陕西省汉中市汉台区兴汉东路证券大厦
邮政编码：723000
电　　话：0916－2235888
传　　真：0916－2216403

宁夏伊斯兰国际信托投资公司

一、公司简介：

宁夏伊斯兰国际信托投资公司是经中国人民银行和宁夏回族自治区人民政府批准设立的非银行金融机构，具有独立的法人地位，是宁夏实行对外开放、引进外资、进行国际经济技术合作的重要窗口。

公司成立于一九八五年，是国内唯一的一家具有伊斯兰特色的金融机构。

公司的宗旨和任务是：本着“平等互利、讲求实效、形式多样、共同发展”的原则，发展同世界各国，特别是伊斯兰国家银行、财团、金融机构和工商贸易企业的经济合作关系，积极吸收国外资金、引进先进的技术设备，为宁夏这个穆斯林聚居区的经济发展和建设服务。

公司自一九九三年起开展了证券交易代理业务，在上海及深圳证券交易所有独立的交易席位。目前在银川市、深圳市各设有一个证券营业部，有营业厅三处，营业面积共3800多平方米，营业厅环境宽敞、舒适、优雅，工作人员服务热情、耐心、周到，先进的软件及硬件设施及严格的管理措施为广大投资者能够快捷、准确、安全、方便地进行证券交易提供了保证。

公司的投资银行业务正在逐渐形成规模，为企业的兼并改造、重组上市、股权转让等提供咨询及中介服务。参予承销发行或配股的A股股票包括宁夏境内所有的上市公司以及外省、区多家上市公司的股票。

公司成立至今，在国际金融界广交朋友，不断探索筹集外资的有效途径和方法。先后和中东伊斯兰国家、日本、美国、西欧和东南亚国家和地区的金融机构、工商贸易企业建立了业务联系和合作关系。国内的横向联系已从西北各省、自治区扩展至北京、上海以及沿海经济特区的金融机构的企业。公司已引起国内外金融界、经济界的重视和关注。

二、经营服务范围：

信托存款、信托贷款、信托投资；

委托存款、委托贷款、委托投资；

有价证券发行、经纪代理业务；

代理收付业务；代理财产保管及处理；

经济咨询业务；经济担保及信用见证；

金融租赁业务；中国人民银行和国家外汇管理局批准经营的其它金融业务。

三、业务部门：

证券交易营业部（银川）

Tel：0951－6017028

深圳证券营业部（深圳）

Tel：0755－3333168－2111

投资银行部

Tel：0951－6016938

国际金融部

Tel：0951－6041936

投资管理部

Tel：0951－6041952

地　址：宁夏银川市文化东街36号

邮　编：750004

电　话：（0951）6017028

传　真：（0951）6041873

中国证券大全

（1997）

A complete collection of securities in China

第十三卷

投资基金汇集

第一章 投资基金

第一节 投资基金概述

一、投资基金的定义

投资基金是一种汇集不特定多数且具有共同投资目标的投资者的资金,委托专门的投资机构进行投资,借以分散风险并享受收益的基金制度。也称共同基金、单位信托基金或互助基金。

投资基金最基本的功能就是吸纳长期储蓄并通过投资来调节证券市场上资金的供求,由于投资基金从事投资活动的最终目的是获取投资利润,且属于长期投资,故最能适应那些有大额储蓄且以追求利润为目的的投资者的需要,至于那些小额储蓄者也可以获得一个进入证券市场的机会。

二、投资基金的性质

投资基金的性质,总括起来有以下几点:

1. 集少成多,实现规模经营,有条件地降低风险提高受益

投资基金的基本性质就是将投资者不同数额的资金汇集成一笔大额的资金进行投资,不论是大额资金的投资者或者是只有小额资金的投资者都可以参与。由于参与投资者众多,范围也相当广泛,其聚集起来的资金额相当庞大,可达几亿乃至几十亿的规模。资金充足可以分散投资于不同时期不同种类的证券。因为,在证券市场上,单靠投资于一种或几种股票,假设该种股票行情不好,持有的股票价格下跌,就给投资者带来损失。而投资基金正好解决了这种缺陷,其以巨额的资金投资于几十种乃至更多种的股票,虽然有的股票价格会跌,有的会涨,但从整体来看,某几种股票下跌造成的损失可以由别的股票价格的上涨来弥补,这样取长补短,以丰补欠,仍可获取可观的投资收益。而且,投资基金有足够的实力和机会,选择最佳时期、最佳企业、最佳证券品种作长期投资,同时也不放过有利可图的短期资金运用。即使是在股市行情不稳定的情况下,以其自有的资金,在一定程度上影响证券市场价格走势,控制行情的波动幅度,取得较为稳定的收益。

2. 专家经营管理,科学地使用投资基金

投资基金所筹集的资金都是交由专业管理人员操作,这些专业管理人员一般都受过专门训练并积累了相当投资经验,而且由于信息资料齐全,分析手段先进因而一般都能做出正确的投资判断,犯错误的概念相对变小。另外,个人投资者进行投资时一般都要寻求投资顾问机构代为管理或寻求投资咨询,这需要支付一定数额的管理费。投资于共同基金,这笔管理费就由所有基金投资人分摊,投资人等于花很小的代价,请到投资专家,从而解决了时间或专业知识不足问题。

3. 流动性大

任何投资都要考虑获利性,安全性和流动性三个因素,如果一项投资获利性和安全性比较大,但流动性不够,那么该次投资也许并不会受到投资者的青睐。一般而言,共同基金在发行上市后,可在任何一个营业日自由买卖。因而是一种流动性很高的投资工具,自然会受到投资者的欢迎。

三、投资基金的分类

投资基金是一种大众化的投资工具,它作为金融发展与创新的产物,一经产生便显示出强大的生命,基金品种不断创新,基金家族因此而繁衍壮大。按照不同的划分标准,可将投资基金划分为各种不同的类型:

1. 按基金受益凭证能否随时赎回认购,投资基金可划分为封闭型基金和开放型基金。封闭型基金(Closed－end Fund)在设立时,规定基金的发行期限和封闭期限,在封闭期限内,投资者不能向公司提出赎回基金单位,基金受益凭证只能在证券市场上转让交易。目前我国投资基金绝大部分属于这一类。开放型基金(Open－end Fune)则相反,基金资本总额和持有单位都不是固定不变的,根据市场供求状况,公司可以发行新份额或赎回基金单位。基金单位的买卖通过基金管理公司的营业柜台实现,买卖价格由基金的资产净值决定。

2. 依据设立的组织形态不同,基金可分为契约型基金和公司型基金。契约型基金(Contractual Fund)是由受益人、经理人、信托人三方订立的信托契约,发行受益凭证而成立的基金。因此,契约型基金必须接受信托法的约束。公司型基金(Corporate Fund)依据公司发起设立,投资者认购基金单位也就是购买公司股份,同时成为基金公司的股东。公司型基金组织结构类似于股份公司,设有董事会,持有人大会,总经理选聘基金经理向投资人负责,基金的管理则由一个独立的管理公司负责。

3、依据基金设定的投资目标,基金分为成长型基金、收入型基金、平衡性基金。成长型基金(Growth Fund)追求资产的长期增值,基金资产通常投资于信誉度较高,有长期成长潜力的公司股票,通过股票价格节节攀升而获得资本利润。收入型基金(Income Fund)主要投资于各种可带来当期收入的有价证券。其风险较小,利润较低。平衡型基金(Balanced Fund)对利润的追求和风险的避免采取较折衷的办法。既要追求资本的长期增值,又要追求当期利润的收入,通常将资金分散投资于债券和股票。

4、根据投资对象的不同,投资基金可划分股票基金、货币基金、债券基金、黄金基金、期货基金、期权基金、认股权证基金、指数基金等;根据投资来源不同,投资基金可划分为国内基金、国际基金,海外基金;根据货币不同,投资基金可划分为英镑基金、马克基金、日元基金、美元基金等;根据运用地域不同,投资资金可划分为地域基金,国家基金;根据基金是否收费,投资基金可划分为收费基金和不收费基金等等。

四、投资基金的新品种

投资基金的生存和发展依赖于金融市场的需求,金融市场不断变化,需求花样不断翻新,新的基金品种也就随之不断创新发展,下面介绍几种新的基金品种。

1、基金中基金和保本基金

基金中基金投资于各式各样基金包括本身基金,使之具有双重风险分散,双重专业管理职能,适合比较稳健的投资者。保本基金是将基金财产一分为二,一部分用作银行定期存款,用以取得利息收入而确保基金财产不亏损,另一部分财产则用作投资。

2、雨伞基金

这是基金管理公司为了拉住顾客,将自己名下的基金作为"母基金",在"母基金"之下,再组成若干个"成份基金"或"子基金",以方便和吸引投资者在其中自由选择和转换。严格说来,雨伞基金还不算是一个基金。

3、衍生金融证券基金

衍生金融证券是指认股权证、期货、期权、指数、大额可转让存单、可兑换债券等。投资于这一类证券的基金就叫作衍生金融证券基金。衍生金融证券基金风险和收益都较大,比较适合积极进取型投资者。

4、创业基金

创业基金是一种股权投资方式,在高风险中追求高回报。它投资于暂未上市的中小企业或新兴企业,这些企业缺乏发展资金,但发展潜力很大。基金公司要求投资对象提供生产设备、技术力量、产品、经营计划、财务状况等相关资料,经评估后决策投入资金,取得部分股份。但创业基金投资,目的不是控股和直接参与经营,而是要帮助公司发展,公司发展起来股票上市后,创业基金公司将股票转让交易以获取高额收益。

5、中国概念基金

中国概念基金是海外机构投资者以中国为投资对象而设立的基金。从八十年代后半期起,西方经济陷入衰退,亚太地区的经济却蓬勃发展,成为世界经济增长的中心。尤其是中国经济更是一枝独秀,经济增长率居全球之首。在这种背景下,香港、台湾地区纷纷设立中国概念基金(注:台湾叫大陆概念股),投资中国大陆证券市场和港台地区证券市场,搭乘中国列车分享我国经济高速增长的成果。1989年5月,香港新鸿基信托管理基金有限公司设立"新鸿基中华基金",投资于在新加坡、台湾、香港等地上市的、在中国大陆有直接或间接投资的公司发行的股票,开中国概念基金之先河。随后,台湾、新加坡及欧美地区纷纷设立中国概念基金或中国B股基金。根据1992年年底资料,港台地区有中国概念基金20多家。根据美国《财富》杂志1994年第五期资料,西方发达国家设立的中国基金超过50家,资产额达30亿美元。在项目选择上多瞄准证券市场、基础建设项目、准上市公司和经营潜力比较大的企业。

第二节 投资基金的起源

一、英国投资基金的产生

投资基金作为一种大众化的信托投资工具,它的产生是与世界经济的发展联系在一起的。从公元1640年开始,英国经过持续的资产阶级革命运动,确立了市场经济制度。到了十九世纪,瓦特发明了蒸汽机,英国掀起了工业革命浪潮,机器生产代替了手工作坊,生产力空前发展,社会财富和个人财富迅速增加,奠定了十九世纪英国作为世界经济中心的地位。英帝国政府凭借其强大的经济实力和军事实力,开始竭力在北美、非洲、亚洲、澳洲扩张,发动军事侵略,建立殖民地,扩大自己的势力范围,号称"日不落"帝国。由于英国政府大力推行对内开展工业革命,促进生产力发展;对外实行殖民扩张,掠夺殖民地国家资源的策略,使得大批商人、资本家、乃至政府官员、军事将领在短时期内便积累了大量资本。

鉴于英国国内市场有限,生产成本不断上升,投资者便把注意力投向资源丰富、劳动力低廉、可随意掠夺的海外殖民市场。由于海外市场地域遥远,交通不发达,通讯落后,语言不通,人文社会环境不熟悉,虽然可能获得暴利,但同样蕴含着极高的风险。海外投资绝不是每个投资者的能力都能把握也不是每个人都能承受,为了满足广大投资需求,规避国际投资风险,英国政府决定:采取集中公众资金统一交由投资专家管理和经营的办法,以克服投资障碍,淡化风险。这是基金产生的最初理念。1868年,The Foreign And Colonial Goverment Trust(海外及殖民地政府信托)经英国政府批准,在《泰晤士报》上刊登招股说明书,公开向社会个人发售认股凭证。该基金不兑现,不能退股,投资认购者仅能按期获取分红派息收益。该基金委托律师签订文字契约,聘请熟悉海外经济的理财专家经营资产,投资于欧洲和美洲大陆。这是世界经济史上出现的第一个具有现代意义的投资基金。

投资基金这种信托投资金融工具,满足了当时的社会经济需求,很快得到了英国本土政府和社会公众的认可和支持。基金产生初期,它主要投资于各种有利可图的有价证券。随着投资基金的普及、信托投资业务的发展,投资基金这一金融发展与创新的产物,其体制更加完善。投资领域突破了有价证券的限制,将各种投资方式巧妙组合、灵活运用,既降低了投资风险,又提高了投资收益。此后投资基金迅速普及和推广,到二十世纪三十年代,在英国正式注册运作的基金公司已达200多家。

投资基金由封闭型向开放型转变,标志着投资基金发展到了新的阶段。1934年,The Foreign Goverment Bond Trust(海外政府契约信托)在英国组建。该基金规定,公司可以以净资产值赎回基金单位,可以自由组合灵活的投资方式。显示出投资基金已进入成熟期。

二、美国投资基金的发展

第一次世界大战后,欧美经济在战后重建中恢复发展,金融业尤其是证券业发展繁荣起来,基金业广泛兴起。1924年,美国波士顿设立了第一个投资基金——"马萨诸塞投资信托基金"。在随后的几年里,美国投资基金发展迅速。然而好景不长,1929年的世界经济危机,股市几乎崩溃,很多基金公司因此破产。为了保护投资者权益,美国政府于1933年制定颁布了《证券法》,其后又制定了《1940年投资公司法》和《1941年投资顾问法》。美国的投资基金从此进入蓬勃发展时期。到1990年,美国互惠基金已有3100多个,资产总值突破10000亿美元。目前,互惠基金已达3400多个。

三、亚太地区投资基金的发展

日本是最早引进投资基金的亚洲国家。1937年,日本滕本票据经纪人创立证券投资组合。从此,日本金融界参照英美等国设立基金的经验,结合本国实际,开始了投资基金业的发展历程。

第二次世界大战后,亚洲一些经济迅速发展的新兴工业化国家和地区,如台湾、香港、南韩、新加坡、马来西亚、印度尼西亚等,从七十年代起,纷纷设立各种各样的投资基金。亚太各国(地区)政府十分重视投资基金的发展,在政策上给予积极扶持,通过谨慎立法规范基金业。进入九十年代,亚太各国(地区)基金业迅速繁荣发展,基金设计品种不断推陈出新,经营运作体制不断改进,并且出现了基金国际化的潮流。这一时期,亚太地区成了世界经济增长中心,各国(地区)政府改善服务,制定优惠政策,吸引国际资本流入,同时,鼓励本国资金投资于外国有利的市场,促进经济增长繁荣。"海外基金"、"国际基金"如雨后春笋,纷纷设立。东盟基金、中国概念基金、南韩基金、远东基金等国际投资基金,业绩都有不俗表现。

"基金"从产生至今只有100多年的历史。它诞生于英国,发展于美国,扎根于亚太各国和地区。从最初单纯的个人理财工具发展演变成了今天的大众化投资方式,并且成为国际资本流动的一条通道。随着世界经济一体化进程的发展,金融竞争局势加剧。基金设计产品不断创新,基金业因此而繁衍壮大。据不完全统计,目前全球投资基金有1万多只,规模达5万亿美元。在发达的金融市场上,基金成了仅次于银行和保险的第三大力量。因此,有人把投资基金的迅速崛起称作是金融业的一场产业革命。

第三节 我国投资基金的发展

一、我国投资基金的产生

中国投资基金业是社会主义市场经济向更高层次发展的产物。它首先出现在80年代初的农村。由于在农村实行承包经营责任制,乡镇企业蓬勃发展,农民收入增加。同时乡镇企业的建设,农业资本积累需要大量的资金,因此,在我国广大的农村地区开始设立了各种形形色色的农村合作基金,这是我国基金在农村的最初形态。这些农村合作基金对于促进农村经济发展,加速农村工业化,城市化进程,起到了极为重要的作用,但也存在着很多问题,主要是:运作管理不规范,立法监管机制不健全,风险大、利率高、专业人才缺乏,投资者的利益得不到有效保障。经过十几年的发展,农村合作基金这一投资融资方式在我国广大农村地区得到了迅速普及。

随着改革向纵深方向发展,转换大、中型企业经营机制,建立现代企业制度成为我国经济改革的重点。以这一宏观经济环境为背境,80年代中期国家财政终止了对生产企业的长期投资,从此出现了城市企事业单位内部集资的高潮。内部集资是一种合作基金的形式,这是我国基金业在城市的最初形态。但是内部集资同样面临着很多混乱的问题,由于内部集资不是股份化改造的规范过程,缺乏约束和健全的监管机制,投资者的权益寄托在领导者的经营水平和个人信誉上。同时由于内部集资不是公开发行，缺乏流动性，投资者的利益容易受到损害。

较为规范化的、具有现代意义的投资基金在我国产生是九十年代初的事情。进入九十年代，我国社会主义市场经济进入新的阶段。国家经济运作向国际标准和惯例看齐，国家采取措施，加强宏观调控，争取重返关贸总协定和加入世界贸易组织，在股份制试点的基础上建立了初具规模的证券市场，这为投资基金的产生构建了微观的经济基础。较早的投资基金是在海外的中资机构率先创建的。1991年，中国新技术创业投资公司与渣打银行集团、汇丰银行集团在香港联合发起设立了中国置业基金，集资3900万美元，直接投资于珠江三角洲地区的乡镇高科技企业。同时，该基金在香港联合证券交易所挂牌上市。这可以说是中资参与设立的第一个规范化投资基金。就在这一年，与香港只有一河之隔的深圳，成立了深圳市南山风险投资基金公司，集资7000万元人民币，投资高新技术项目、房地产、有价证券，从事投资基金业务。1992年6月，深圳市颁布了我国第一个关于投资基金的地方性法规文件《深圳市投资信托基金管理暂行规定》。10月8日设立了中国第一家投资基金管理公司——深圳市投资基金管理公司，稍后推出了天骥基金和蓝天基金，其中天骥基金规模为5.8亿元人民币，是中国目前规模最大的投资基金。1992年9月，北京设立了中国投资发展基金，该基金由中国国际信托投资公司与英国K.B.银行联合发起，募集资金6000万美元，成立之日即在英国伦敦股票交易所上市。10月，香港中银集团发起成立了中银中国基金，募集1.5亿美元。11月11日，经中国人民银行总行批准，在北京成立了淄博乡镇企业投资基金，由中国农村发展信托投资公司等五家金融机构共同发起设立，这是一家较具权威性、规范性的公司型契约式投资基金，募集资金3亿元，存续期8年，1993年8月20日，作为我国首家在国内上市的投资基金在上海证交所上市。此外，在大连、济南、武汉、天津、上海、厦门、海南、西安、鞍山、长沙、重庆等地，也陆续在1992年酝酿并推出了若干投资基金。

1992年和1993年是我国基金业取得突破性进展的两年，1994年开始，由于宏观经济紧缩和金融监管的限制，投资基金业进入调整期，国家着重对现有投资基金进行规范化管理。截止1997年上半年，我国投资基金在全国各地证交所(中心)挂牌上市交易的已达六十来家。

二、我国投资基金业存在的问题与不足

投资基金在我国运作已有四年，由于它适应了我国社会主义市场经济的发展要求，一出现便显示出了强大的生命力。但是由于投资基金业在我国还处于起步阶段，整个行业还存在着一些问题和不足。

第一、立法监管滞后

证券界期待已久的《中华人民共和国证券法》由于各种客观原因，暂时还没有出台。目前，有关投资基金的比较正规的地方性法规只有《深圳市投资信托基金管理暂行规定》。国务院颁发的《股票发行和交易管理暂行条例》中没有专门的章节对投资基金作出规定。投资基金原则上由中国人民银行审批设立。

但人民银行监管职能部门基本上还处于无法可依的状态。这势必造成投资基金设立、运作出现不按经济规律办事，不按法律条文办事的混乱局面。因此，加强对投资基金的运作监管，保护投资者利益，维护市场公平竞争，促进基金业健康发展的任务还十分艰巨。

第二、专业人才缺乏，理论研究滞后

我国投资基金业刚刚起步，发展前景远大，需要一大批的投资基金专门人才走上工作岗位。但我国目前真正了解投资基金知识，熟悉投资基金运作的人才还很少。我国完备的大专院校体系中没有投资基金专业，有关投资基金专业的职业培训几乎没有，理论研究严重滞后，基本上还处于国外学习的阶段。贯彻教育“面向现代化”的方针，迫切需要建立有关投资基金专业的教育培训体系及理论研究体系。

第三、投资基金组织机构、运作经营、操作手段落后

绝大部分的企事业单位集资都没有进行股份制改造，也没有开展投资基金的规范运作。在农村，有些合作基金甚至连财务制度也不健全，更谈不上规范运作。现有已批准设立的投资基金，多数把投资集中于股市，科学、合理地组合投资还很不够，更谈不上国际化，向海外有利可图的市场发展。

第四、缺乏必要的行业协调和管理

从国外发展投资基金的经验看，基金业的健康成长都伴随着行业协调和约束。我国各地成立的基金还处于分割市场、各自为政的状态，统一的全国基金大市场还没有建立，同业之间缺乏沟通和交流。基金行业协会在组织培训专业人才、制订基金运作规则、加强联系协调、促进交流沟通、联系海外基金公会、掌握国内国际基金市场动态信息等方面，具有积极意义。因此，市场亟待建立全国统一的中国基金同业协会或其他相关组织。

三、我国投资基金的发展前景

1. 投资基金在我国经济发展中的角色

经过四年的发展，我国基金从无到有，从小到大，目前已有80多家基金，资产近百亿元的规模。是继银行、保险、证券业之后崛起的金融领域的又一支生力军。

我国经济属于快速发展的新兴市场经济，在这一阶段的各个时期，基础设施建设，传统产业的技术改造和升级换代，新技术新产品新市场的开发，都需要巨额的资金投入。换言之，目前我国经济要实现的资本密集型增长需要强大的资金支持，而我国目前的状况是政府、企业资金短缺，个人资金相对过剩(银行个人储蓄已突破3万亿元)。个人参加投资基金，间接投资债券和股市，可以确保国内不断扩大发行的债券和股票有持续的资金支撑，实现私人储蓄和资本市场的结合。

我国社会处于改革开放变革的时期，正处于一种除旧布新的特殊阶段。在革除了传统的社会保障体系之后，新的社会保障体系一时还没有建立起来，很容易导致社会的不稳定。个人通过参加共同基金而受益，确保个人的社会保险、医疗保险、退休、教育等长期负债的资金来源，可以实现个人长期负债与个人投资资产(如股票、债券)配置起来。

投资基金还在客观上扮演了抑制通货膨胀，调节股市的角色。个人储蓄通过投资基金将资金从消费市场转移到资本市场上去，客观上将抑制通货膨胀，支持我国年轻的证券市场的成长和发展。

培育要素市场。要素市场包括劳动力市场、土地市场、技术市场、资金市场(资本市场和短期市场)，是一个建立在商品市场基础上的较高层次的市场体系。形成了一定规模的资本，就可以购买到适当的劳动力、土地、技术和原料，为客户提供满意的产品和服务。目前，我国的要素市场才刚刚开始发育，还远不够成熟和完善。投资基金在资本市场中发挥着独特的作用，发展投资基金，在扩展我国要素市场的规模、范围中扮演着重要的角色。

2. 我国投资基金发展的前景

我国基金业已走过了风风雨雨的四年历程，基金业不断发展壮大。目前，全国共有投资基金80多家，其中，在全国各证券交易所(中心)挂牌上市交易的有50多家。这些基金主要集中于海南、广东、江苏、辽宁、上海、天津等我国沿海地区。

展望未来，“九五”期间，我国经济仍将保持高速增长，金融领域的改革不断深化，健全和完善资本市场是金融改革的既定目标，投资基金业必将获得相应的发展。从外延上看，我国将会设立数量更多的投资基金，以投资于债券、股票、企业产权，确保个人储蓄与资本市场结合，为我国经济的可持续发展提供长期的资金支撑。从地域分布上看，投资基金的发展将会呈现由沿海地区向内陆地区辐射、扩展的趋势。由于中央对中西部地区经济发展提供坚定的政策支持，“九五”期间中西部地区经济肯定会有一个大的飞跃。适应这种形势，中西部地区内陆省市将会设立更多的投资基金管理法、信托法等法律法规，使投资基金的设立、运作、变更、终

止有法可依,保护投资者的合法权益,维护基金市场公平竞争,促进基金业健康有序的发展。基金国际化包括三个方面内容:一是投资基金运作管理向国际惯例看齐,加强国际交流合作。邀请国际著名的基金管理公司或信托银行的专家来讲学,挑选有培养前途的从业人员前往海外基金公会培训。确保我国基金行业迅速赶超国际水平;二是有条件地、分阶段地引进海外基金或设立合资合作基金,投资国内股票、债券,间接引进外资;三是设立国际基金,走出国门,投资于有利可图的海外市场。

四、香港地区投资基金

香港于60年代引进投资基金,70年代,随着香港股市的高涨,投资基金开始繁荣。但好景不长,1973年股市风潮,由于缺乏完善的法律保障,很多投资基金公司因此倒闭,投资者遭受严重损失。汲取七十年代的教训,香港于1986年成立单位信托基金公会,后改为香港投资基金公会。该公会旨在推广及保障香港的单位信托及互惠基金,作为一个咨询机构,投资基金公会就影响香港投资基金业的立法事宜进行检讨及推广工作,并作出适当的支持与反对。目前已有会员60多家,其中包括19家联席会员。1987年颁布《单位信托及互惠基金守则》、《保障投资人士条例》,加强管理,完善监管法规。健全监管机制,建立了包括证券及期货事务监察委员会下设的投资基金委员会,香港投资基金公会,基金内部监管,投资者监管的四级监管体系。

目前,香港已有投资基金1180多家,基金资产规模达400亿美元,基金管理机构近百家。香港作为一个国际自由贸易港,港府对经济奉行"积极不干预政策"。香港的基金基本上实现了国际化,既投资于本港,也投资于亚太地区或欧美地区;海外基金也投资于香港,或在香港设立基金公司投资于世界各地。许多国际基金管理机构在香港设立了亚太区总部或办事处。香港是亚太地区的基金管理中心,也是世界上最主要的基金管理中心之一。在香港联合交易所上市的股票,约三分之二被投资基金购买。香港投资基金的一个非常明显的特点是投资对象广泛,包括股票、外汇、债券、期货、期权、货币、黄金、其他贵重金属,房地产企业产权等等,并且投资对象遍布全球各地。在香港,投资基金相当方便有利,香港居民不需为投资所得的盈利缴溢利税或所得税。香港基金多为收费基金、投资者在初次认购时缴了3—5%的手续费,在卖出时按基金净值计价,不再收取费用。

随着香港"九七"回归,香港依托祖国大陆,联结世界各地,经济地位必将进一步加强。以这一宏观经济为背景,投资基金在香港必将有更大的发展。

五、台湾地区的投资基金

台湾的投资基金起步较晚,发展较慢。1983年,台湾推出了第一只投资基金,开始了信托投资基金业的发展历程,到了1992年12月,台湾基金发展到25只。其中:开放型基金共有4只,它们是:中华证券投资信托公司筹组的中华基金、建弘证券投资信托公司筹组的建弘基金、光华证券投资信托公司筹组的光华基金、国际证券投资信托公司筹组的第一基金。封闭型基金共有10只,它们是:建弘福元基金、中华成长基金、成功基金、国际国民基金、光华鸿运基金和鸿福基金,外加4个债券基金:(光华)鸿扬基金、(建弘)广福基金、(国际)万全基金、(中华)成龙基金。平衡型基金有四只,它们是:(国际)万全基金、(建弘)双福基金、(中华)安富基金、(光华)鸿利基金。海外基金也有4只,它们是:中华万邦基金、建弘泛太基金、光华环球基金、国际全球基金。它们是在台湾本土筹集信托投资而投资于国际证券市场的基金。国外基金有3只,它们是:国际台湾基金、(光华)福尔摩萨基金、建弘台北基金。它们是台湾投资信托基金公司在海外筹集资金而投资在岛内证券市场上的基金。

同国际基金市场相比较,台湾基金市场有自己明显的特色,这主要表现在如下方面:

第一,岛内基金品种单调、稀少。台湾金融当局对这一行业管理很严,筹组管理基金的公司只有4家,而筹集额度、持续时间、基金性质、以及管理费用、保管费用、首次购买费用都按统一规定进行。基金业的活动空间小,难于自由发展。从1986年初到1991年底,台湾在证券管理委员会指导下共发行三批基金,基金种类、收费情况都一个样,发行规模也差不多。

第二,在台湾买卖基金既不是通过投资顾问公司进行,也不是直接向基金管理公司认购或赎回,而是通过银行代理进行。台湾的基金80%左右靠银行推销。银行依照投资者的指定用途以银行的名义购买基金。银行在代理基金买卖时,向基金管理公司收取2%—3.5%的佣金,每年还向投资者收取3‰—5‰的信托管理费。投资者通过银行购买的基金,只能向原银行赎回。

第三,在台湾推广的海外基金发展迅速。1992年底,,在台湾推广的海外基金有230多只,它们主要是在英美投资管理公司名下开设的。如景泰、巴林、柏克、亿顺、富达等。进入80年代后,台湾的贸易盈余越来越大,外汇储备越积越多,岛内无法消化。1985年,台湾"中央银行"为了消化过多的外汇,便让外汇银行开办指定用途的信托基金业务,其中包括可以投资海外基金。在这一指导下,海外基金管理公司便争先恐后与台湾银行联系代理销售自己的基金。在台湾推广的海外基金因此而迅速发展。

第四节 投资基金的组织机构

一个规范、完善的投资基金,它的组织结构涉及五个方面的当事人,它们是:投资者——基金受益人,基金管理公司——基金经理人,基金保管公司——基金托管人,承销公司——基金代理人以及投资顾问公司。它们通称为"基金五要素"。它们在基金运作中扮演各自不同的角色,共同构成系统的投资基金组织结构。

一、投资者

投资者又称基金受益人,或基金单位持有人(Unit holders)。他们是投资基金的所有人,享受基金资产的一切权益。投资者通过认购基金单位而持有基金受益凭证,就成了基金受益人。投资者的基金权益交由基金信托人代表,以基金信托人的名义拥有或控制基金资产。在一个投资基金组织里,基金信托人保管投资者的资产,基金经理人经营投资者的资产,而投资收益和风险则一概由投资者享受或承担。

基金投资者的权利通过单位持有人大会的表决权来体现。单位持有人大会类似于股份公司的股东大会,是投资基金的最高权力机构。一般每一年举行一次,特殊情况下,必须有三分之一以上单位持有人要求下方可召开。持有人大会一般由经理人主持,提前两周向受益人发出通知。出席持有人大会的基金受益人或授权代表根据持有基金的数量来行使表决权,这和股东大会的"一股一票一表决"相似。持有人大会决议需要有实际出席该次会议的受益人所持有的基金单位总数的三分之二以上投赞成票才能通过。需要持有人大会讨论或作出决议的有如下事项:

1、基金投资计划,收益分配计划,基金章程修改,延长或缩短基金经营期限。

2、撤换经理人或保管人,终止本基金,以上事项还须经过主管机关批准。

持有人大会决议对所有基金单位持有人有效,而不论其是否出席持有人大会。

二、基金经理人

基金经理人也就是基金经理公司,是操作经营基金的法人机构。设立基金经理公司需要具备一定的条件与资格,一般是以国家证券信托法规为准绳,由国家主管机关负责审核。审核内容是:

1、是否具有一定的资本实力及良好的经营信誉。

2、是否具备经营条件,如固定的场所、必要的设备、专业人才等等。

经理人负责经营基金的职责是:

(1)负责设立基金的报批、筹建、实施等一切业务事项。

(2)设计基金品种,与信托人签订"信托契约",严格按照信托契约的条款进行基金的操作、管理。

(3)与投资者签订"委托管理协议书"。

(4)发行基金受益凭证,在开放型的投资基金中从事转让或赎回基金单位、业务,并定期公布信托财产的净资产和交易价格。

(5)制订信托基金的营运方针和投资策略,组织具有金融管理、投资经营经验的专业人才或投资顾问,有效安排投资对象,确保基金资产的安全和增值。

(6)经理人虽不保证通过投资活动、经营管理令资产增值,但有义务以认真负责的态度进行经营,并将获取的收益合理地分配给投资者。

(7)定期编制财务计划,并向投资者公布。

(8)接受信托人、基金主管机构的监督和核查。

(9)主持基金持有人大会。

三、基金托管人

基金托管人即基金保管公司,是保管基金资产,监督基金资产经营运作的机构,依据投资基金经营和保管分开的原则设立。根据《深圳市投资信托基金管理暂行规定》,基金托管人资格必须具备如下条件:

1、经主管机关批准设立的法人机构;

2、属全国性的国营金融机构或净资产在1亿元以上;

3、不得持有某家上市公司10%以上的股份,不得担任某家上市公司的董事或经理;

4、信托人与经理人之间的相互持股比例不得超过对方股本总数的10%,其任何一方不得担任对方董事或经理。

基金托管人负责保管基金财产的职责是:

1、妥善安全地保管基金资产及其有关凭证;

2、按照经理人指示,代理基金申购、认购、出售或处理基金资产;按照经理人指示,执行经基金保管人同意的由基金经理人签订的基金合同;按照经理人指示,代理支付基金投资款项、有关费用和税款,代理基金借贷及还本付息;

3、催收、收取基金投资所应得的股息、红利、利息以及其他收入,办理基金各项投资的结算与交割、保管。保存基金投资所有交易的详尽记录,并确保该记录准确无误及安全有效;

4、对基金资产进行投资,保管基金受益单位的认购数额,建立并保存受益人名册,并负责基金的转让,过户登记等;

5、确认、赎回开放型基金受益凭证;

6、当认为基金经理人的指示违反信托契约或有关规定时,可不依经理人的指示办理,并向主管机关呈报。

四、承销公司

承销公司是指从事基金受益凭证的发行、募集、交易、赎回、过户转让登记、分红派息等经营活动的机构。

承销公司是被委托存在的服务机构,人们选择承销公司的标准一般是看其服务质量的高低,实力的强弱,信誉的好坏等。在我国,投资基金获准上市交易后,将委托证券公司和指定的证券部负责办理基金开户、买卖、交割、收益分配等工作,其程序和买卖股票基本一样。

在台湾、新加坡等地,基金受益凭证的募集与销售一般由经理公司或其附属机构或其指定的机构代理。在日本,基金的承销公司则指定为四家证券公司,它们是:野村、大和、山一、日兴。在美国,基金的发行一般都以代销或包销的方式发给当地的经纪商行和交易商代理,投资者直接到这些商行的发售网点申请购买。基金上市或赎回基金时,则委托证券公司办理买卖、交割手续。

五、投资顾问

投资顾问是指基金经理人在经营运作基金时,由于对某一地区的投资环境缺乏了解,或经营经验不足,而聘请一些经验丰富的经理人或声誉卓著的投资机构,或业绩骄人的金融财团担任顾问,以获取投资策略、信息来源、技术指导、投资技巧等服务,以便在经营操作中降低风险,减少不必要的损失。

投资顾问必须有丰富的投资、经营操作经验,具备提供及时快捷信息的能力,能对基金投资地区的政策、金融形势、产业形势、市场动态等进行准确的分析,迅速为基金投资提供顾问意见。具体职责是:

(1)评估国内、外财经形势。包括货币政策、汇率变化、利率变动、资本流动、贸易收支、税收政策等等的可能变化以及带来的经济后果。

(2)评估政策法规的变化以及带来的影响。

(3)评估产业政策,人口流向,社会发展趋向给经济带来的影响。

(4)分析评估证券市场。

(5)提供技术分析工具,协助基金经理培训员工。

(6)在契约存续期间对基金经理的重要决策、计划、信息、资料等一切情报承担保密义务。

投资顾问虽然不是每只基金必不可少的组成要素,但它在为基金管理公司提供市场分析决策和咨询、协助、推广发行等方面发挥了日益重要的作用。

第五节　投资基金的运作及投资策略

一、投资基金的发起设立

投资基金的发起设立,大致可分为四个步骤:第一,确定基金性质;第二,准备申报文件,选定共同发起人;第三,向政府主管机关报请审批;第四,发布招股说明书,发行受益凭证。

1、确定基金性质。是契约型还是公司型,是开放型还是封闭型,以及需要的时候如何转型,根据市场需求确定基金品种。

2、准备申报文件,选定共同发起人、信托人。需要准备的文件有:

(1)申请报告

(2)基金设计方案

(3)基金章程、信托契约、基金管理公司章程、委托管理协议、委托保管协议

(4)基金招募说明书草案

(5)信托人、基金管理公司介绍

(6)其他文件

3、向国家主管机关报请审批。

4、按法定形式发布招募说明书,发售基金受益凭证。

二、基金受益凭证的发行

基金的发行类似于股票的发行。基金的发行涉及到两个专业术语;基金单位和基金单位持有证。基金单位是投资者投资基金份额的单位,是将基金总额按等额的整数份划分而成。设定某个基金发行总额为100万元,将100万元划分为100万份,那么,这个基金就有100万份基金单位,每一份面值1元,投资者必须按份额的整数认购。基金单位持有证是表明投资者持有基金单位的证明性文件。投资者依据基金单位持有证享受基金权利,包括基金受偿权、收益分配权、基金单位持有人大会表决权等。基金单位持有证是一种有价证券,可作赠与、继承、转让、买卖等。

基金在初次发行时,投资者认购基金受益凭证,就是通过申请购买一定数量基金单位投资基金。申请人携带有关合法证件和价款,填写认购申请表,向经理公司或承销公司缴足认购款和手续费,再凭收款收据领取基金单位持有证。就成为基金投资者——基金受益人。

基金公司初次发行基金,一般采取两种方式:定向发行或公开发行。

定向发行适用于设计规模较小、投资范围较窄的基金,它只由特定的投资者认购便可完成发行计划。公开发行适用于设计规模较大的基金,它体现公开、公平、公正的原则,向社会公众发行。

不论是定向发行还是公开发行,基金公司都必须向投资者派发或在当地新闻媒体上发布招募说明书,真实、详细地说明基金的设立及其依据,发行对象,发行时间,发行价格,认购办法,最低认购额,手续费等。此外,还必须标明基金总量和发行期限。发行总额一旦认满,不管是否到期,基金初次发行即告终止。假如在设定的期限内基金发行总额未能达到有关部门规定的百分比,还可以相对延长发行期限一次,此后如仍无法完成发行计划,则该基金不能成立认购款退还给认购者。

三、基金的交易和赎回

封闭型基金在正式设立三个月后,基金经理公司将会申请在交易所上市。获准后,投资者可随时在二级证券市场进行买入或卖出。基金单位如同股票交易一样,随行就市,竞价买卖,一切随市场行情决定。牛市时,价格上涨;熊市时,价格下跌。

开放型基金在基金正式成立三个月后,基金经理公司会自行或委托证券公司开设内部柜台进行基金单位转让,叫"赎回"。开放型基金的赎回每天只报一次价,而且只有一个买入价和卖出价。如果投资者想买入某只开放型基金,只需到基金经理公司填好一份买进申请表格,申请表格上详细列明买入数量、交易价格、首次购买费等。基金公司在收到申请表及付款后,交信托人核实,信托人核实后便在持有人花名册上添加投资者记录,并发给基金单位持有证,投资者便成了基金单位受益人。当投资者想退出开放型基金的投资时,将持有的基金单位按当日报价全部或部分卖回给基金经理公司,相当于基金公司赎回基金,投资者赎回现金,叫作"赎回"。

四、基金单位的交易价格

基金的交易价格包括基金计价和报价两个内容。基金单位的买入和赎回的损益,取决于基金单位价格。基金单位价格是以基金单位净产值为计算标准的,基金单位净产值是基金总资产扣除借款及应付费用后除以基金单位总数的数值。基金单位在交易的赎回的操作中有两种计价方法:

1、已知价 $= \dfrac{\text{上一个交易日收市价计算的基金总资产}}{\text{基金单位总数}}$

2、未知价 $= \dfrac{\text{当日收市价计算的基金总资产}}{\text{基金单位总数}}$

已知价的计算方法能使投资者掌握当天的买入价和赎回价,未知价的计算方法投资者要到第二天才了解基金单位的价格,所以,已知价的计算方法能使投资者早一天办理交割手续。

基金单位的报价也有两种方式;它们是卖出价和买入价。计算公式是:

1、卖出价=基金单位资产净值+首次认购费+交易费

2、买入价的计算公式有三个:

1)买入价=基金单位净产值,或

2)买入价=基金单位净产值-交易费,或

3)买入价=基金单位净产值-赎回费

基金的计价方法和报价方法在基金说明书或基金合约中有详细说明,投资者应先阅读有关资料,计算投资是否合算,再决定是否入市和选择哪一只基金入市。

五、投资基金的变更、终止和清算

投资基金在经营运作过程中可能发生意外事件进而影响基金的运作,这就需要改变信托契约、招募说明书或基金章程中的内容,这就是投资基金的变更。有些变更,只须经基金单位持有人大会通过就可以决定,但下列内容变更,还须报主管机关核准:

1、停业与复业。

2、解散或合并。

3、更换信托人或经理人。

4、信托人或经理人持份结构发生变化。

5、改变受益凭证的认购办法、交易方式、及净产值的计算方法。

在下列情况下,基金可以终止,但终止基金必须报主管机关核准:

1、基金期限届满。

2、75%以上的基金单位在持有人大会上通过撤销基金决议。

3、经理人丧失民事行为能力,无法履行其职责。

4、经理人退出信托契约,而信托人在6—8个月内没有委托继任经理人。

5、基金资产净值降到发行时的40—50%以下。

6、法律或政策变化使基金存在成为非法或不适宜。

基金终止后,信托人必须聘请公证机关、会计师事务所,对基金进行清算。并将剩余净资产按出资比例合理、公正地分配给投资者。

六、基金的投资限制

投资基金作为一种特殊的投资工具,它的投资对象受到严格的限制,各国或各地区的信托投资法律对此各有不同的规定。我国的证券法、信托投资法、投资基金管理办法等法律法规由于一些客观原因至今没有制定颁发出来,明确规定基金投资对象的准许事项和禁止事项,投资基金的投资范围由中国人民银行或政府在批准设立时界定。依据国际惯例,进行下列投资对象是禁止基金投资的:

1、合伙公司或无限责任公司。

2、信用交易。

3、贷款担保或贷款业务。

4、与信托人或经理人有利害关系的公司证券。

5、投资某一上市股份公司总股本的10%以上。

6、证券承销业务。

7、用超过本基金净产值的10%以上投资于某一上市股票。

8、在同一经理人下的基金间作证券交易。

9、其他法律法规规定的禁止事项。

对基金的投资对象加以限制是由于分散风险是基金的基本经营策略,其出发点是保障投资者的利益。同时把投资风险控制在最小的范围内,避免一有不测,造成连锁反应,引发金融危机。

七、基金的投资范围

任何一只投资基金,都有它特定的投资范围,以表现其有别于其他基金的特色,显示经理人对某一投资领域的利好评估,满足投资者特定的投资需求。依据国际上的信托投资法规,基金的主要投资对象是有价证券,如各种股票、政府债券、地方政府债券、建设债券、企业债券、金融债券、受益凭证、黄金外汇、期货、认股权证等。同时也投资于一些短期商业票券或金融机构,以保持基金资产的流动性和投资者赎现的需要。

基金也可以作一些直接的投资,比如高新技术项目,房地产项目等,但直接投资在我国尚属少见,这主要是由于基金业务开创未久,国内证券市场规模尚小,创立海外基金的条件仍不具备等原因所致。每只基金在设立时,都对自己设立后的投资方向、投资目标、投资策略、投资对象、投资政策、投资范围、投资规模等在基金章程中有一个详细的规定,在招募说明书上有一个详细的说明。投资基金在操作经营时,必须按照基金章程规定的投资目标,严守投资限制开展投资经营。

八、基金投资的策略

尽管投资范围受到了严格限制,但是在有限的投资范围内,基金经理人可以运用灵活的策略,选择最佳的投资组合及经营方式,减少风险,增加收益,提高基金的利润水平。

1、投资组合。一个基金的投资对象是众多的。比如香港规定,基金可将其全部资产投资于最少6种不同发行类别的政府及公共证券。在投

资对象有众多选择的情况下，如何组合投资，就反映经理人的投资策略。一般地说，将信托投资财产投资于有较高成长潜力的高新技术项目、中小型创业公司或高收益的金融商品的基金，注重追求高收益，但同时这类基金也隐含了较高的风险。将信托财产投资于大额可转让存款单、银行承兑汇票、国库券、地方政府债券等金融商品上的基金，注重追求稳定的收益，通常风险比较低。但是最常见的做法是；将各种投资按一定的比例进行调配，分散投资于各种对象上，既获取经常性收入，又获取资产的长期增值，规避投资风险。

2、投资比例。信托资产的投资比例结构也反映着基金的投资策略，投资资产侧重于高风险的金融商品或项目，则该基金注重于获取高收益；投资资产侧重于短期票据、债券、房地产等低风险的投资工具上，则该基金注重追求稳定的长期收益。

3、资产分散程度。每个基金都有分散投资的方针，资产分散程度反映基金投资策略。投资地域广泛，投资对象众多，只保持少量现金，有时甚至通过借贷扩大投资的分散资产方针，注重追求信托资产的增值。投资地域相对狭小，投资组合比较稳定、集中的分散资产方针，注重追求信托资产的安全与稳定的经常性收益。

4、分红派息方法。将股息滚入本金，是为了加速基金单位价格的上升以期获取高收益。定期将股息派发给投资者，这是注重稳定收益的策略。

基金的几种投资策略介绍：

基金的投资策略与其他类型股票的投资策略有极相近之处，由于基金的所处运作方式不同，基金的投资应较注重策略和方法，下面介绍几种操作方法。

1、平均成本投资法。所谓平均成本是指每次认购基金单位的平均价格。平均成本投资的做法是每隔一段固定的时期，比如每隔一月、一季或半年，以固定的金额购买某种基金的持分(即份额)。平均成本投资法受到市场价格波动的影响较轻。当股价低落时，用同样的金额可买进较多的基金持份，当股价升高时，同样固定的金额只买到较小的基金持份。平均下来，每个基金单位的价格比一次性大笔购买到的基金的单位价为低。由此便在一定时期内分散了高成本认购基金风险。

2、风险平衡滚动投资法。这种办法强调资本增值和稳定收入的投资策略，当你投资部分基金获得收益时，将此收益全部或部分转化为购买其他基金，在你本金未减少的情况下，又购买新的品种，增加了投资获利的机会。

3、固定比例投资法。这种投资策略的方法是投资者根据一定比例将自己资金量分成若干份，投资于各种基金，如股票基金，债券基金或其他基金。当某种基金的净资产值变动而使投资比例发生变化时，可以通过卖出或买进这种基金的持份，使投资比例恢复到原来的状况。使用这一投资策略其优点在于能经常保持低成本状态，使投资者保住自己赚得的钱，而有效地抵御风险。但固定比例投资法不适于在股价持续上涨或长期下跌时运用。比如当基金股价持续下跌，若投资者不断售出债券而补进股票，就要承担股价继续下降的风险。

4、更换操作投资法。这种投资策略也叫做换股操作策略。其具体做法是，假定每种基金的价格都会随市场景气状况而有涨落变化。这样，投资基金应随时追随强势基金，随时割舍那些弱势基金。一般来讲，这种投资方法较多运作于多头市场，在空头市场则不适用。因为空头市场各类基金都是行市惨淡，无论如何转换，都是绩效平平。

5、适时进出投资法。这种投资策略也叫做短线或抢跑道。主要是完全以市场行情为依据做出投资决策。如果市场行情看跌，就减少投资额；如果行情看涨，就增加投资额。其基本前提是投资者对市场行情的准确判断。

以上介绍的几种方法，投资者应根据具体情况和当时社会政策走向，保持冷静的头脑、正确估计自己承受风险的能力来合理进行操作。

第六节　投资基金的收益和分配

一、投资基金的开支项目和收费标准

投资基金的开支项目，列入投资基金的经营成本，是计算投资基金收益的前提。投资基金的开支项目主要有如下几项。

1、开办费用。包括市场调查费用，注册登记费用，向主管部门申请审批费用和其他费用。

2、购置固定资产费用。基金在投入运作时，必须购置必要的办公设备，如电脑、通讯设备，办公家具等，这些开支列入固定资产投资。

3、基本操作费。聘请会计师、法律顾问、核算师，投资顾问，做广告等需要支付的会计师费，律师费，广告费；基金经理在投资金融商品时支付的税项，手续费；举行持有人大会时需要支付的资料印制费，年报、季报、月报印制费等等。

4、行政开支。包括办公费、劳保、福利、工资等。

5、基金上市交易的各种费用。

6、其他与基金业务相关的合理费用。

基金的一部分开支项目有固定的费率，其收费标准有惯例可循，或在法律中明确规定。

1、经理人管理年费。基金管理公司为基金或基金公司提供专业化管理基金服务而每年从基金资产中提取一定比例的管理费叫做经理人管理年费。经理人收取管理年费后，基金公司的各项开支不能另外向基金摊销，或向投资者收取。经理人的管理年费率因地区、基金品种不同而有差异。其中，衍生证券基金的管理年费率最高，约1.5—2.5%，货币市场基金的管理年费率最低，约0.5—1%。管理年费一般在每月月末提取。由信托人从基金资产帐户中划拨支付给经理人。经理人管理费的计算公式为：

$$D=E\times R_1\times\frac{S_1}{360}$$

D为每个估值日的管理费；

E为每个估值日的基金资产净值；

R_1 为基金经理人管理年费率；

S_1 为每个估值日距上个估值日实际经过的天数。

2、信托人年费。这是指信托人提供保管基金而收取的费用。按国际惯例，费率一般为2.5‰或稍高。

3、基金发行费。投资者在首次购买基金时需要支付认购手续费，一般将这笔费用附加在基金认购价上。这笔费用主要用于宣传基金，支付中间人佣金或其他费用支出。基金发行费的费率一般为3%。

4、赎回费。这是开放型基金的特殊情况，开放型基金在赎回基金单位的同时，投资者需支付一定的交易费，一般为基金单位资产净值的0.5—1%，但也有一些开放型基金不收赎回交易费，甚至不收首次认购费。

5、业绩报酬费。基金在年终分配收益时，经理人提取年度业绩报酬，一般为年终利润的3%—4%。

二、投资基金的税赋

投资基金的税赋是对基金信托资产的投资所得课征的税收。包括课税项目、税率、纳税主体三个内容。

基金的课税项目包括交易税、所得税、印花税等。与股票或其他项目投资相比较，基金投资的税率比较低，这是各国的共同特征。从纳税主体上讲，基金公司并不完全等同于一般的现代化规范公司。基金管理公司(经理人)本质上只是一个委托代理机构，负责对信托资产的专业化日常管理和操作，而信托资产名义上由信托人持有，最终由投资人拥有。基金信托资产所创造的收益，扣除一定的管理费、保管费后，应按投资者的出资比例分配给基金受益人。在这种情况下，如果分别对经理人、信托人、投资者、中间人课税,就必然会出现重复征税的情形。这是与税收征管的原则相违背的。鉴于基金投资的这种特殊性,基金税收一般只对投资者征税,而对经理人免税。

对投资者从基金信托资本利得中分配的收入征收所得税,各国和地区对税率的规定有所不同。在英国,信托基金不须缴纳资本增值税,但对于基金单位持有人因转让、赎回所获得的收益,须征收个人资本所得税。在日本,基金公司不被视为法人机构,其收益不缴纳营业税和所得税。基金单位受益人为法人时,从基金投资中获得的分配利润,偿还金须缴纳20%的所得税,买卖转让受益凭证的利润,也要缴纳20%的所得税,同时还要缴纳0.45%—0.55%的证券交易税。基金单位受益人是个人时,投资股票基金和债券基金分配的利润须缴纳35%的所得税,受益人转让受益凭证的利润不必交税。在美国,基金收益人的所有利息、股利收入和资本利得,视同普通收入,报税时需要并入综合所得税项。而非美国股东的基金投资收入,需缴纳30%所得税。在我国香港地区,投资者无须为投资基金缴纳税收。在我国台湾地区,基金受益人须缴纳所得税,受益人转让受益凭证和申请买回时,须缴纳交易税,但受益凭证的申购、买回、转让有关单据免交印花税。在我国大陆地区,目前的证券投资尚未征收资本利得税,仅对股息超过银行利息部分征收10%的股息税,对基金的征税目前还没有具体规定。

三、投资基金的收益

投资基金的收益是专业管理人员即经理人运营信托资产进行各种投资而获取的资产增值部分。包括已实现收益和未实现收益两部分。已实现收益是指在某一会计期已经赚取的基金资产增加值。用公式表示是:

已实现的投资基金收益 = 各种投资获利 - (税收 + 各种投资基金费用)

投资基金收益一般包括如下部分:

1、股息和红利收入

股息和红利是上市股份公司根据股东拥有的股份,每年度按比例向投资者支付公司盈余,也就是投资者定期从公司利润中获得的收益。基金投资股票后每年可获得股息和红利收入。

2、利息收入。

基金购买可转让大额定期存单、商业本票、短期票券、债券等一定时期后,就可取得利息收入。另外,经理人把一定比例的信托资金存在银行里,以应付投资者的随时赎回行为,这笔资金也带来一定的利息收入。

3、资本利得

资本利得就是卖出某种证券的实际交易价值扣除买入该种证券的平均价值再减去有关税费后的余额。这是基金收益的最大部分。基金经理人在证券市场上,利用各种投资技巧,低买高卖,赚取中间差价,在证券市场上实现巨大的投资收益。一般投资基金都热衷于投资股市,证券市场作为投资对象获利快,变现能力强。

4、资本增值收益。

投资基金的净资产价值由于经营业绩优良,各种基金收益增加而上升,直接导致基金单位受益凭证价值增加。投资者通过卖出自己的受益凭证,就获取了资本增值收入。

5、未实现收益

基金投资于证券,房地产或其他长远项目时,每个估值日市价计算的基金资产市值与资产的成本价值有个差额,差额部分就是未实现收益。比如在证券投资中,持有证券的市价与证券平均成本价之间的差额,实际上就是基金收益,但是持有证券没有卖出去,收益没有实现,就叫做未实现收益。

四、投资基金的收益分配

投资基金在获取各项投资收益后,扣除其间发生的基金费用和支出,必须将剩余部分分配给受益人。不同的国家,不同的基金,其分配方式有所不同。一般都在信托投资法中作出明确的规定。

美国法律规定,投资基金必须将95%的可分配收益分配给受益人,股票基金一般每年分配一次,债券基金一般每季或每月分配一次,货币基金一般每月分配一次。

我国台湾地区的投资基金收益分配,每年分配一次,已实现的收益全部以现金方式支付,未实现的收益则不予发放。

在支付方式上,有的派送基金单位,有的发现金,有的将投资收益按基金单位净资产值折换成相应的基金单位份额滚入本金再投资。这些支付方式反映一个基金的投资策略。一般都在招募说明书上有详细说明。投资者在投资前事先详细了解基金支付收益的方法,以作出适合自己的选择。

第七节　投资基金的立法和监管

一、投资基金的立法

市场经济体制必须以法律作为基础和保障,投资基金在金融市场中的活动同样离不开法律的规范和约束。投资基金的立法是为了理顺基金各要素之间的关系,保障投资者的合法权益,制止不正当竞争,引导投资基金业健康有序地发展,更好地服务于社会主义市场经济。

由于各国国情不同,对于投资基金的立法也有差异。在美国,由于基金发达而又重要,所以它的立法就格外细致,涉及的各个方面分别立法,如《证券法》、《证券交易清算法》、《基金投资法》、《投资顾问法》等等,分别调整、规范基金的设立、发行、交易、管理等方方面面。

投资基金的立法通常体现“公平、公正、公开”、“诚实信用”的原则,确保投资基金中的当事人公平、公开 公正地开展信托投资活动,诚实不欺诈、信守诺言、促进基金业朝积极方向发展。

投资基金立法从整个法律体系的内容上讲,包括对基金的各个环节加以规范。一般说来,基金立法调节内容包括:法律概念,发行与认购制度、交易制度、基金经理人资格审查制度、投资限制、财务制度、信息披露制度、法律责任等。但在具体的司法操作过程中,还需要制定实施细则及地方法规与之配套,形成一个法律体系。

由于一些客观上的原因,我国投资基金法律现在还没能出台。投资基金界正地热切期望投资基金的基本法颁布。

二、投资基金的基本文件

投资基金的基本文件包括基金章程、信托契约、招募说明书。它规定了基金当事人的角色、地位、职责权限;基金的性质、功能;投资范围与限制;投资策略与目标等。它与证券信托法规一起,规范约束着基金当事人的行为。

(1)基金章程

基金章程是基金公司在设立时,根据国家法律、法规和政策制定的用以明确基金当事人职责权利义务、规范公司行为准则,保障投资者权益的文件。它实际上是一个公司章程。但是作为处理基金公司内外事务的准则,它必须全面阐述基金运作的各个方面,而且必须是公开的。为投资者了解基金、进行投资决策提供依据。基金章程包括如下内容:

①总则,说明基金概况。

②基金证券的有关规定。

③基金证券的发行、转让等有关规定。

④投资目标、投资政策、投资范围及投资限制。

⑤持有人的权利和义务。

⑥管理人和保管人的职责,其他有关当事人如会计师、律师等的职责及他们相应的权利。

⑦资产估值和经营情况公布。

⑧有关各种费用的规定。

⑨收益分配的有关规定如计算方法、支付方式及支付时间等。

⑩基金持有人大会的有关规定。

⑾基金公司董事会的有关规定。

⑿会计及税收原则。

⒀终止与清算的有关规定。

⒁附则。

⒂附件。包括服务协议、代理协议、投资管理协议、分销商协议、保管人协议、清盘协议等,供投资者查阅。

基金公司章程是基金运作的基础。它明确了基金当事人的权利义务,为基金运作的各个方面确立基本准则,充分、有效地保障基金的正常运转。同时,基金章程也是保护投资者利益的纲领性文件。

(2)信托契约

信托契约是经理人和信托人在创设基金时订立的明确双方责任权利的核心文件,它不但规定了经理人和信托人的行为准则,还规定了投资顾问、核算师、律师、受益单位持有人的权利与义务,是制定其他基金文件的依据。其他基金文件如受益凭证、基金募集发行计划、上市申请书、基金说明书、基金报告等,其内容不得和信托契约相抵触,如发生抵触,则应以信托契约为准。信托契约一般包括如下内容:

①基金发起人、经理人、信托人名称、地址、法定代表人。

②基金名称、规模、类型、存续期限、资产构成及对资产运用的规定。

③基金单位发行与交易规定。

④基金投资目标、投资范围及投资限制。

⑤基金经理人的职责、权利和义务。

⑥信托人的职责、权利和义务。

⑦受益人的权利和义务。

⑧基金所使用的费用种类及其计算标准和计算方法。

⑨基金估值的有关规定。

⑩持有人大会的有关规定。

⑾经理人、信托人任免撤换的有关规定。

⑿基金的结业及清盘处理的有关规定。

⒀争论的解决、契约的修改和增补、契约终止有关规定。

⒁其他有关方面的内容。

依据信托契约,经理人经营信托财产,信托人保管基金财产,基金财产的一切权益属投资者。

(3)招募说明书

基金招募说明书又称公开说明书,是信托契约和基金章程的延伸,它是一份系统全面介绍基金的文件,是基金经营的行动纲领。基金招募说明书必须依据国家有关法律、法规、政策以及基金章程、信托契约来制定,并通过法定形式向广大投资者公开发布,以便让投资者详细了解基金,为投资者投资决策提供依据。

招募说明书包括如下内容:

①绪言:主要说明招募说明书确立依据。基金设立背景及对投资者进行必要的提示如风险问题等。

②行政与管理:主要包括董事会、基金经理人、托管人、投资顾问、法律顾问、会计师等相关机构及人员名称、地址、法定代表人情况。

③基金性质说明:是公司型还是契约型、是开放式还是封闭式以及转型变式的情况。

④基金发行规模、发行价格、发行原则和发行对象。

⑤认购交易、购买手续及暂停赎回的规定。

⑥基金投资目的、投资政策、投资范围、投资限制。

⑦基金估值及暂停估值的规定。

⑧基金费用:包括首次购买费用、经理人费用、信托人费用以及行政费用、管理费用、交易费用、注册费用、书面材料编制费用、召开单位持有人大会费用等。

⑨派息和税项说明。

⑩基金财会制度,报告及帐目说明。

⑾停业和清算。主要指停业的原因以及清算方法等。

⑿信托契约的有关内容。

⒀基金当事人权利义务的有关规定。

⒁其他。

为了保障投资者的利益,基金招募说明书中不准载入下列事项内容:

①对投资者的本金或增值作保证性许诺。

②实行手续费的折扣销售、或在买回时增加折让。

③劝诱投资者放弃对其他基金券的持有而买进本基金。

④对基金未来运作实绩做肯定的判断。

三、投资基金的监管

投资基金是一种高风险的金融作业,它涉及到金融市场的方方面面,并且涉及到成千上万人的利益,因此必须对投资基金进行规范和管理。

完善的投资基金监管体系包括司法监管、政府行政监管、行业自律监管、基金内部监管四个层次。它们分别从各个不同的层面管理监督基金,保障基金健康顺利地发展。

司法监管。即通过对基金业开展立法活动、执法活动、普法活动,同基金行业中的违法犯罪现象作斗争。调整基金当事人各方的权利义务关系,引导信托投资活动服务于社会主义市场经济。

行政监管。行政监管是政府职能部门对投资基金的设立和上市、运作和管理进行的监督和管理。在我国,对投资基金履行行政监管的是中国人民银行。中国人民银行依法对投资基金行使的职能主要是审查、批准投资基金的设立和上市,包括审查:①招募说明书、基金章程信托契约是否合法、全面。②审查基金向投资者提供的各种说明资料是否真实反映实际情况。③审查基金注册登记的其他条件是否真实。④监管基金信托公司和基金管理公司的操作行为是否符合有关规定。

行业自律监管。在基金业发达的各国和地区,一般都组织基金的行业协会,开展基金业之间的学习、交流,协调各基金之间的运作行为,监督基金的日常操作。如香港有投资基金公会,美国有投资公司学会等,我国已成立了中国证券业协会,将可能成立基金协会,实行更合理科学的自律监管组织网络。

基金内部监管。基金管理结构由投资者、基金经理公司、基金信托人组成。三方各司其职、互相制约、又互相促进。投资者有权查阅最新帐目,有权要求基金经理人提供基金经营状况及详细报告,有权提议召开持有人大会,就基金的一些重大事项作出决议。基金信托人负责审核基金投资的各类公开性文件,严格财务监督,督促基金管理公司按契约履行职责,督促基金管理公司公正、合法地进行投资活动。基金经理公司建立信托记录系统和投资档案,定期与信托人核对帐目。投资基金内部通过三方互相监督,杜绝舞弊行为,确保投资基金正常运作。

在投资基金四个监管层次中,我国的基金业司法监管和行业监管尚比较缺乏。投资基金管理办法还没有出台,司法监管缺乏法律依据。我国还没有投资基金行业协会等自律组织。基金市场分裂割据,各自为战。容易导致恶性竞争,不利于基金业健康发展。以后在完善我国投资基金监管体系过程中,应加强司法监管和行业自律监管。

证券投资基金管理暂行办法

(1997年11月5日国务院批准　1997年11月14日国务院证券委员会发布)

第一章　总则

第一条　为了加强对证券投资基金的管理,保护基金当事人的合法权益,促进证券市场的健康、稳定发展,制定本办法。

第二条　本办法所称证券投资基金(以下简称基金)是指一种利益共享、风险共担的集合证券投资方式,即通过发行基金单位,集中投资者的资金,由基金托管人托管,由基金管理人管理和运用资金,从事股票、债券等金融工具投资。

第三条　基金资产独立于基金托管人和基金管理人的资产。

第四条　在中国境内从事基金活动及与该活动相关的自然人、法人和其他组织,应当遵守本办法。

第二章　基金的设立、募集与交易

第五条　基金的设立,必须经中国证券监督管理委员会(以下简称中国证监会)审查批准。

第六条　基金发起人可以申请设立开放式基金,也可以申请设立封闭式基金。

第七条　申请设立基金,应当具备下列条件:

(一)主要发起人为按照国家有关规定设立的证券公司、信托投资公司、基金管理公司;

(二)每个发起人的实收资本不少于3亿元,主要发起人有3年以上从事证券投资经验、连续盈利的记录,但是基金管理公司除外;

(三)发起人、基金托管人、基金管理人有健全的组织机构和管理制度,财务状况良好、经营行为规范;

(四)基金托管人、基金管理人有符合要求的营业场所、安全防范设施和与业务有关的其他设施;

(五)中国证监会规定的其他条件。

申请设立开放式基金,还必须在人才和技术设施上能够保证每周至少一次向投资者公布基金资产净值和申购、赎回价格。

第八条　基金发起人申请设立基金,应当向中国证监会提交下列文件:

(一)申请报告;

(二)发起人名单及协议;

(三)基金契约和托管协议;

(四)招募说明书;

(五)证券公司、信托投资公司作为发起人的,经会计师事务所审计的发起人最近3年的财务报告;

(六)律师事务所出具的法律意见书;

(七)募集方案;

(八)中国证监会要求提交的其他文件。

前款基金契约、托管协议和招募说明书的内容和格式,由中国证监会规定。

第九条　基金发起人认购基金单位占基金总额的比例和在基金存续期间持有基金单位占基金总额的比例,由中国证监会规定。

第十条　封闭式基金的存续时间不得少于5年,最低募集数额不得少于2亿元。

第十一条　封闭式基金扩募或者续期,应当具备下列条件,并经中国证监会审查批准:

(一)年收益率高于全国基金平均收益率;

(二)基金托管人、基金管理人最近3年内无重大违法、违规行为;

(三)基金持有人大会和基金托管人同意扩募或者续期;

(四)中国证监会规定的其他条件。

申请基金扩募或者续期,应当按照中国证监会的要求提交有关文件。

第十二条　基金发起人应当于基金募集前3天在中国证监会指定的报刊上刊载招募说明书。

第十三条　封闭式基金的募集期限为3个月,自该基金批准之日起计算。封闭式基金自批准之日起3个月内募集的资金超过该基金批准规模的80%的,该基金方可成立。开放式基金自批准之日起3个月内净销售额超过2亿元的,该基金方可成立。

封闭式基金募集期满时,其所募集的资金少于该基金批准规模的80%的,该基金不得成立。开放式基金自批准之日起3个月内净销售额少于2亿元的,该基金不得成立。基金发起人必须承担基金募集费用,已募集的资金并加计银行活期存款利息必须在30天内退还基金认购人。

第十四条　开放式基金只能在符合国家规定的场所申购、赎回。

封闭式基金成立后,基金管理人、基金托管人可以向中国证监会及证券交易所提出基金上市申请。基金上市规则由证券交易所制定,报中国证监会批准。

第三章　基金托管人和基金管理人

第十五条　经批准设立的基金,应当委托商业银行作为基金托管人托管基金资产,委托基金管理公司作为基金管理人管理和运用基金资产。

第十六条　基金托管人必须经中国证监会和中国人民银行审查批准。

第十七条　基金托管人、基金管理人应当在行政上、财务上相互独立,其高级管理人员不得在对方兼任任何职务。

第十八条　基金托管人应当具备下列条件:

(一)设有专门的基金托管部;

(二)实收资本不少于80亿元;

(三)有足够的熟悉托管业务的专职人员;

(四)具备安全保管基金全部资产的条件;

(五)具备安全、高效的清算、交割能力;

第十九条　基金托管人应当履行下列职责:

(一)安全保管基金的全部资产;

(二)执行基金管理人的投资指令,并负责办理基金名下的资金往来;

(三)监督基金管理人的投资运作,发现基金管理人的投资指令违法、违规的,不予执行,并向中国证监会报告;

(四)复核、审查基金管理人计算的基金资产净值及基金价格;

(五)保存基金的会计帐册、记录15年以上;

(六)出具基金业绩报告,提供基金托管情况,并向中国证监会和中国人民银行报告;

(七)基金契约、托管协议规定的其他职责。

第二十条 基金托管人必须将其托管的基金资产与托管人的自有资产严格分开，对不同基金分别设置帐户，实行分帐管理。

第二十一条 有下列情形之一的，经中国证监会和中国人民银行批准，基金托管人必须退任：

(一)基金托管人解散、依法被撤销、破产或者由接管人接管其资产的；

(二)基金管理人有充分理由认为更换基金托管人符合基金持有人利益的；

(三)代表50%以上基金单位的基金持有人要求基金托管人退任的；

(四)中国人民银行有充分理由认为基金托管人不能继续履行基金托管职责的。

第二十二条 新任基金托管人应当经中国证监会和中国人民银行审查批准；经批准后，原任基金托管人方可退任。原任基金托管人托管的基金无新任基金托管人承接的，该基金应当终止。

第二十三条 申请设立基金管理公司，必须经中国证监会审查批准。

第二十四条 设立基金管理公司，应当具备下列条件：

(一)主要发起人为按照国家有关规定设立的证券公司、信托投资公司；

(二)主要发起人经营状况良好，最近3年连续盈利；

(三)每个发起人实收资本不少于3亿元；

(四)拟设立的基金管理公司的最低实收资本为1000万元；

(五)有明确可行的基金管理计划；

(六)有合格的基金管理人才；

(七)中国证监会规定的其他条件。

申请设立基金管理公司，应当按照中国证监会的要求提交有关文件。

第二十五条 基金管理公司经批准，可以从事下列业务：

(一)基金管理业务；

(二)发起设立基金。

第二十六条 基金管理人应当履行下列职责：

(一)按照基金契约的规定运用基金资产投资并管理基金资产；

(二)及时、足额向基金持有人支付基金收益；

(三)保存基金的会计帐册、记录15年以上；

(四)编制基金财务报告，及时公告，并向中国证监会报告；

(五)计算并公告基金资产净值及每一基金单位资产净值；

(六)基金契约规定的其他职责。

开放式基金的管理人还应当按照国家有关规定和基金契约的规定，及时、准确地办理基金的申购和赎回。

第二十七条 有下列情形之一的，经中国证监会批准，基金管理人必须退任：

(一)基金管理人解散、依法被撤销、破产或者由接管人接管其资产的；

(二)基金托管人有充分理由认为更换基金管理人符合基金持有人利益的；

(三)代表50%以上基金单位的基金持有人要求基金管理人退任的；

(四)中国证监会有充分理由认为基金管理人不能继续履行基金管理职责的。

第二十八条 新任基金管理人应当经中国证监会审查批准；经批准后，原任基金管理人方可退任。原任基金管理人管理的基金无新任基金管理人承接的，该基金应当终止。

第四章 基金持有人的权利和义务

第二十九条 基金持有人享有下列权利：

(一)出席或者委派代表出席基金持有人大会；

(二)取得基金收益；

(三)监督基金经营情况，获取基金业务及财务状况的资料；

(四)申购、赎回或者转让基金单位；

(五)取得基金清算后的剩余资产；

(六)基金契约规定的其他权利。

第三十条 有下列情形之一的，应当召开基金持有人大会：

(一)修改基金契约；

(二)提前终止基金；

(三)更换基金托管人；

(四)更换基金管理人；

(五)中国证监会规定的其他情形。

前款事项，经基金持有人大会作出决议后，应当经中国证监会批准。

第三十一条 基金持有人应当履行下列义务：

(一)遵守基金契约；

(二)交纳基金认购款项及规定的费用；

(三)承担基金亏损或者终止的有限责任；

(四)不从事任何有损基金及其他基金持有人利益的活动。

第五章 投资运作与监督管理

第三十二条 基金成立前，投资者的认购款项只能存入商业银行，不得动用。

第三十三条 基金的投资组合应当符合下列规定：

(一)1个基金投资于股票、债券的比例，不得低于该基金资产总值的80%；

(二)1个基金持有1家上市公司的股票，不得超过该基金资产净值的10%；

(三)同一基金管理人管理的全部基金持有1家公司发行的证券，不得超过该证券的10%；

(四)1个基金投资于国家债券的比例，不得低于该基金资产净值的20%；

(五)中国证监会规定的其他比例限制。

第三十四条 禁止从事下列行为：

(一)基金之间相互投资；

(二)基金托管人、商业银行从事基金投资；

(三)基金管理人以基金的名义使用不属于基金名下的资金买卖证券；

(四)基金管理人从事任何形式的证券承销或者从事除国家债券以外的其他证券自营业务；

(五)基金管理人从事资金拆借业务；

(六)动用银行信贷资金从事基金投资；

(七)国有企业违反国家有关规定炒作基金；

(八)将基金资产用于抵押、担保、资金拆借或者贷款；

(九)从事证券信用交易；

(十)以基金资产进行房地产投资；

(十一)从事可能使基金资产承担无限责任的投资；

(十二)将基金资产投资于与基金托管人或者基金管理人有利害关系的公司发行的证券；

(十三)中国证监会规定禁止从事的其他行为。

第三十五条 开放式基金必须保持足够的现金或者国家债券，以备支付赎金。

第三十六条 基金托管人的托管费、基金管理人的报酬以及可以在基金资产中扣除的其他费用,应当按照国家有关规定执行并在基金契约和托管协议中订明。

第三十七条 基金托管人、基金管理人应当执行国家财务会计制度,依法纳税。

第三十八条 基金收益分配应当采用现金形式,每年至少1次。基金收益分配比例不得低于基金净收益的90%。

第三十九条 中国证监会、中国人民银行按照各自的职权随时对基金募集、交易、投资运作以及相关的业务活动和财务会计资料进行检查、稽核。基金托管人、基金管理人以及有关的机构和人员应当及时提供有关情况和资料,不得拒绝、阻挠。

第四十条 有下列情形之一的,基金应当终止:

(一)基金封闭期满,未被批准续期的;

(二)基金经批准提前终止的;

(三)因重大违法、违规行为,基金被中国证监会责令终止的。

第四十一条 基金终止时,必须组成清算小组对基金资产进行清算,清算结果应当报中国证监会批准并予以公告。

中国证监会监督基金清算过程。

第四十二条 基金清算后的全部剩余资产,按基金持有人持有的基金单位占基金资产的比例,分配给基金持有人。

第六章 罚则

第四十三条 未经批准,擅自设立、募集或者变相募集基金的,由中国证监会予以取缔,责令退还所募集的资金及其利息,有违法所得的,没收违法所得,并处违法所得1倍以上10倍以下的罚款;没有违法所得的,处100万元以下的罚款。

第四十四条 未经批准,擅自将基金上市交易的,由中国证监会责令停止交易,处100万元以下的罚款。

第四十五条 未经批准,擅自设立基金管理公司或者擅自从事基金管理业务的,由中国证监会予以取缔,有违法所得的,没收违法所得,并处违法所得1倍以上10倍以下的罚款;没有违法所得的,处100万以下的罚款。

第四十六条 未经批准,擅自从事基金托管业务的,责令停止基金托管业务,没收违法所得,并处50万元以下的罚款。

基金托管人未按照规定将其托管的基金资产与托管人的自有资产分开,或者对基金资产未实行分帐管理的,责令改正,没收违法所得,并处违法所得1倍以上5倍以下的罚款。

第四十七条 基金管理人违反本办法第三十二条规定的,责令改正,有违法所得的,没收违法所得,并处违法所得1倍以上5倍以下的罚款;没有违法所得的,处50万元以下的罚款。

第四十八条 基金管理人违反本办法第三十三条规定的,由中国证监会责令改正,有违法所得的,没收违法所得,并处违法所得1倍以上3倍以下的罚款;没有违法所得的,处30万元以下的罚款。

第四十九条 有本办法第三十四条所列行为之一的,责令改正,有违法所得的,没收违法所得,并处违法所得1倍以上5倍以下的罚款;没有违法所得的,处50万元以下的罚款。

第五十条 基金管理人或者基金托管人营私舞弊,违规操作,不履行其基金管理或者基金托管职责的,或者严重失职,造成基金经营不善或者重大损失的,除依法给予处罚外,暂停、撤销其基金管理业务资格或者基金托管业务资格。

第五十一条 基金管理人或者基金托管人违反本办法第三十九条规定,不提供或者拖延提供有关情况和资料,或者拒绝、阻挠依法进行的检查、稽核的,责令改正,给予警告,并处5万元以下的罚款。

第五十二条 本办法第四十六条、第四十七条、第四十九条、第五十条、第五十一条规定的处罚,由中国证监会、中国人民银行按照各自的职权作出决定;但是,对同一违法行为,不得给予两次以上的处罚。

第五十三条 有操纵市场价格、内幕交易、虚假陈述等证券欺诈行为的,由中国证监会依法给予处罚。

第五十四条 违反本办法规定,除依法给予行政处罚外,对直接负责的主管人员和其他直接责任人员暂停、撤销其从业资格。

违反本办法规定,给他人造成损失的,依法承担民事赔偿责任。

违反本办法规定,构成犯罪的,依法追究刑事责任。

第七章 附则

第五十五条 本办法下列用语的含义:

(一)"基金单位",是指基金发起人向不特定的投资者发行的,表示持有人对基金享有资产所有权、收益分配权和其他相关权利,并承担相应义务的凭证。

(二)"开放式基金",是指基金发行总额不固定,基金单位总数随时增减,投资者可以按基金的报价在国家规定的营业场所申购或者赎回基金单位的一种基金。

(三)"封闭式基金",是指事先确定发行总额,在封闭期内基金单位总数不变,基金上市后投资者可以通过证券市场转让、买卖基金单位的一种基金。

(四)"基金资产总值",包括基金购买的各类证券价值、银行存款本息以及其他投资所形成的价值总和。

(五)"基金资产净值",是指基金资产总值减去按照国家有关规定可以在基金资产中扣除的费用后的价值。

(六)"每一个单位基金资产净值",是指计算日基金资产净值除以计算日基金单位总数后的价值。

(七)"基金收益",包括基金投资所得红利、股息、债券利息,买卖证券价差,存款利息以及其他收入。

(八)"基金净收益",是指基金收益减去按照国家有关规定可以在基金收益中扣除的费用后的余额。

第五十六条 本办法由中国证监会组织实施。

第五十七条 本办法自发布之日起施行。

第二章 部份上市投资基金信息汇集

大 信 受 益 基 金

大连信托投资公司投资受益基金

一、发起人简介

大信受益基金发起人大连信托投资公司系大连市政府直属的非银行金融机构,1990 年 12 月经中国人民银行批准成立,1996 年增资后注册资金达到 1.5 亿元人民币,总资产　　亿元人民币。

公司现系深圳证券交易所和上海证券交易所以及国内各主要证券交易中心的会员单位,并具有 A 股主承销、B 股承销和 B 股经纪资格。公司证券总部为大连市最早从事国债、基金、股票交易的券商之一,已开通上海、深圳 A 股交易、国债交易及即将开通的上海证券交易所的 B 股交易,同时开展了一级市场承销、企业购并重组、财务顾问、资产管理等投资银行业务,并取得了长足发展。

公司在香港、上海、天津等地设有办事机构,并已在上海、天津开设了证券营业部,业务辐射全国,与国内外同业建立了广泛的业务联系。

二、基金概况

1、发起设立

大信受益基金是由大连信托投资公司发起,向社会公开募集,并由专职管理机构负责投资管理的封闭契约型投资基金。1992 年 5 月 28 日经中国人民银行大连分行大银金字〔92〕214 号文件批准在大连设立。

大信受益基金发行规模人民币 3,000 万个基金单位,每单位基金面值 1.00 元人民币(无发行费用),于 1992 年 6 月 9 日募集额满,实收人民币 30,000,000 元,正式成立。

大信受益基金为封闭式(无限期)、契约型、综合性投资基金,投资范围为证券、金融票据、实业、房地产、以及主管机关批准的其它项目。1992 年 10 月经中国人民银行大连分行批准在大连证券交易中心上市交易,简称“大信受益”,代码 G205。

1993 年 3 月经人民银行大连分行批准,以每 10 个单位送 1 个单位的分红方案将总规模扩为 3,300 万基金单位。其中发起人持有 2,490,000 单位,公众持有 30,510,000 单位,分别占基金单位总额的 7.55% 和 92.45%。

2、运作管理

大信受益基金在设立之初,按照《大连信托投资公司投资受益基金章程》和规范运作的要求组成了大信受益基金管理委员会,成员由大连市人民银行、会计师事务所、律师事务所、公司和投资人代表组成,职能为监督基金的发行、核算、收益分配;审议基金的投资方案与计划;检查基金的运营情况和财务状况。

自 1995 年公司为了完善基金管理的专业化、效益化,在内部成立了投资基金管理部,配备了较高专业水平管理人员进行经营管理,聘请投资专家协助策划,提高了基金资产的使用效率,通过对资产的逐步调整,扩大了对证券投资的比例,使基金的资产收益性、流动性得到了显著提高。基金历年收益状况、证券投资比例如下:

年　度	1992	1993	1994	1995	1996
收益率(%)	25	25	25	21	21.8
证券投资比例(%)	—	—	—	9.37	16.05

大信受益基金 1997 年度中期报告(摘要)

一、摘　要

	1997 年 1～6 月
1、基金规模	33,000,000 基金单位
2、基金收入	4,311,900.00 人民币元
3、净收益	3,960,026.43 人民币元
4、基金净资产	38,736,079.29 人民币元
5、单位基金净资产	1.174 人民币元
6、单位基金净收益	0.12 人民币元

二、经理人报告

1、本期投资环境与市场回顾

九七年上半年,我国国民经济实现了高增长低通胀的良好运行态势。工业生产继续平稳运行,总体效益有所回升;固定资产投资增长较快,结构有所改善;财政收支良好,金融运行平稳。本年四月份,证券市场出现过度投机,管理层推出系列旨在规范股市、防范金融风险的举措,深沪两市相应进行了较大幅度的调整,股市风险得到了有效控制。

2、经理人投资策略

在本经营期内,继续坚持一贯的稳健经营、规范运作、控制风险的投资原则。逐步增加证券投资的比例,同时通过市场分析与上市公司调研,以达到保证收益、控制风险的目的;项目投资中,通过对项目的综合考察、评估,来保证资产变现能力、收益能力,经营业绩较为理想。

3、投资组合及明细

单位:人民币元

投资对象	金　额	占总资产比率
货币资金	3,505,615.18	9.05%
有价证券	14,986,989.08	38.69%
投资合作		
房地产投资	8,541,305.48	22.05%
项目投资	11,702,169.55	30.21%
合　　计	38,736,079.29	100%

4、投资展望

可以预见,下半年在国家继续实行适度从紧的财政货币政策,稳步改进调控手段的背景下,经济环境、金融形势将进一步好转,稳中求进的发展目标将充分实现。本管理人将充分发挥自身资产管理、投资顾问、证券投资的优势,把握市场机遇,努力为投资者谋求较好的、长久的投资回报。

三、托管人报告

大连信托投资公司作为大信受益基金的托管人,依据《大信受益基金章程》的有关条款,对大信受益基金经理人 1997 年上半年的基金投资活动进行了监督。

至此,我们认为:基金经理人以严谨负责的态度进行基金的运作与管理,符合基金章程规定,特此报告。

本经营期内未发生重大资产损失事故。

托管人:大连信托投资公司

1997 年 7 月 18 日

四、中期财务报告

财务报表(简化且未经审计)

(一)资产负债表　　单位:人民币元

	附注	1997年6月30日 金　额
资产:		
货币资产	3	3,505,615.18
证券投资		14,986,989.08
长期投资	4	11,859,832.89
其他资产		8,383,642.14
资产总计		38,736,079.29
负债及所有者权益:		
流动负债		
其他应付款		
受益人权益		
股　本	5	33,000,000.00
未分配利润	6	5,736,079.29
负债及所有者权益合计		38,736,079.29

(二)损益表

经营收入	4,311,900.00
减:经营支出	351,873.68
收益总额	3,960,026.32

(三)会计报表附注

附注1:本基金财务报表的形成与最近一期年度报告相比,会计政策和核算方法无重大变化。

附注2:本基金会计年度自公历年1月1日起至12月31日止。

附注3:本基金货币资产3,505,615.18元人民币系截止1997年6月30日银行存款余额。

附注4:长期投资系指房地产投资及投资期限在一年以上的项目投资。

附注5:股本

本基金受益人股本计人民币3,300万元,系本基金首次发行募集及1993年经大连市人民银行批准以10送1基金单位分配的总额,业经中国注册会计师验证。

附注6:未分配利润5,736,079.29元人民币中含1996年留存利润1,776,052.97元人民币。

附注7:本基金代缴纳了1996年度投资者所得税。

附注8:基金份额结构

	持有份额	比例
发起人持有	2,490,000	7.55%
社会公众持有	30,510,000	92.45%
合　计	33,000,000	100%

五、基金基本资料

基金名称:大连信托投资公司投资受益基金

简　　称:大信证券

基金经理人:大连信托投资公司投资基金部

地　　址:大连市人民路4号

咨询电话:0411~2638080

基金托管人:大连信托投资公司

大连信托投资公司投资基金部

1997年7月25日

金 信 投 资 基 金

金信投资基金简介

金信投资基金是汕头国际信托投资公司经中国人民银行汕头分行批准于1992年9月发起设立的契约式封闭型投资基金，并由管理人专门设立基金券经营部进行独立核算运营。目前，基金总额为人民币10,080万元。

一、基金发起、设立、变更

金信投资基金系于1992年5月9日经中国人民银行汕头分行(92)汕银发字216号文批准，由汕头国际信托投资公司发起设立的契约式封闭型基金，基金总额4,000万元，每一基金单位面值为1.00元。1993年10月9日经中国人民银行汕头分行汕银发字(93)第434号文批复同意，92——93年度分红，红利单位转增股本800万元，截止1994年9月30日止基金总额为4,800万元。1996年2月12日经中国人民银行汕头分行汕银发字〔1996〕第54号文批复同意，金信投资基金基金94-95年度分红方案为每10基金单位送1基金单位并派1.30元现金红利，共送480万基金单位，同时批准基金按一配一的比例扩募4,800万，配售价为每基金单位1.08元，至1996年5月9日已完成全部配股任务，实际募集资金5,088万元，全部配售款已划入本基金在托管人处开立专门帐户，并由汕头会计师事务所验资无误，截至1996年5月31日止基金总额为10,080万元。

二、基金的上市情况及市场表现

金信基金于93年6月22经批准在武汉证券交易中心挂牌上市，目前在武汉证交中心上市的规模为5280万基金单位，金信基金自上市以来市场表现较好，最高价3.20元，最低价0.98元，目前价值稳定在1.55元附近，是武汉证交中心上市基金中经营业绩较好，交投较活跃的龙头基金。另外，本基金96年配售扩募的4800万基金单位经批准于1997年8月8日在广东南方证券交易中心挂牌上市。

三、金信投资基金的运作情况

1、投资概况

本基金自设立以来，一直以“专业管理、多元配置、分散风险”为经营原则，以“风险最小化、收益最大化”为目标。运用资产组合原理，引进风险管理技术，在保证基金投资安全性的同时，追求基金投资的最大增值，运用灵活的投资技巧。中、长、短期结合的投资策略，较好地实现了基金的长期增值及短期收益的经营目标，基金主要投资于汕头市及邻近各市县的房地产项目、实业投资及证券市场。主要投资组合情况见下表：

时间 / 项目	1993.9.30	1994.9.30	1995.12.31	1996.12.31
	投资比例	投资比例	投资比例	投资比例
货币资金	21.5%	7.15%	3.86%	0.25%
证券投资	5.16%	5.21%	6.75%	44.10%
房地产投资	39.42%	69.53%	67.16%	7.37%
项目投资	33.92%	18.11%	22.23%	48.28%
合　计	100%	100%	100%	100%

2、经营业绩及分红情况

年度 / 业绩	93年	94年	95年	96年
每单位基金收益	0.204	0.204	0.23	0.159
净资产收益率	16.8%	16.9%	19.1%	15.88%
分红方案	10送2	10派2.05元	10送1派1.30元	10派1.60元

四、金信基金今后的投资计划及前景展望

本基金管理人将根据市场的变化，发挥本身优势，积极开拓进取，不断优化投资组合，努力做好本基金今后的主要投资计划：

1、加快开发建设现有房地产项目的步伐，尽快实现房地产增值的投资目标。

2、发展扶持一些具有良好发展潜力及抗风险能力较高的实业投资项目，建立较稳定的投资关系，以保证资产的稳定增值。

3、加大对证券的投资比例及加强对证券市场的研究。

随着我国宏观经济形势的好转，新一轮经济周期的展开，本基金所处的投资环境得到了较好的改善。展望未来，本基金管理人将根据政策面和宏观经济面的变化，及时调整投资策略，改善资产结构，使基金朝着规范化方面发展，在保持稳健经营态势的基础上，积极拓展投资领域。以“风险最小化，收益最大化”为目标，谋求基金的长期稳定增值，努力为广大投资者谋取满意的投资回报。

汕头国际信托投资公司
金信投资基金一九九七年度中期报告

重要提示

本基金管理人承诺本报告所载资料的真实性、准确性及完整性并承担相关责任及解释义务。

一、基金简况

基金全称：汕头国际信托投资公司金信投资基金
基金类型：不设定期限契约式封闭型投资信托基金
基金规模：10080万元
会计年度：每年一月一日至十二月三十一日
基金管理人：汕头国际信托投资公司基金部
地 址：广东省汕头市海滨路
基金托管人：汕头国际信托投资公司(地址同上)
咨询电话：(0754)8569551、(0754)8567627转118

二、管理人报告

1、业务回顾

1997年上半年，在国家继续实行适度从紧的宏观经济政策和不断优化经济结构下，国民经济继续保持了适度快速、健康的发展，经济总体运行态势良好，宏观经济环境得到进一步改善。同时，微观经济也步入景气回升的轨道。上半年，针对证券市场出现的过度投机，管理层推出了一系列调控措施，一方面加快扩容步伐，另一方面通过严禁国有企业和上市公司炒作股票，禁止银行资金违规流入股票市场的措施，促进了证券市场步入稳步、健康的良性发展轨道。

本期，本基金管理人根据经济形势和市场发展趋势的变化，本着“稳健经营，多元配置，分散风险”的经营原则，适时调整投资策略，充分利用市场机会谋利，努力降低市场风险，基金取得了良好的投资收益。基金资产结构得到进一步改善。本期基金资本收益率为9.28%。

2、展望

下半年，我国国民经济将会继续保持良好的发展势头，随着经济、金融形势的不断向好，各行业总体效益将会有所提高，投资环境亦将得到进一步改善。本基金管理人将根据新的经济形势和市场的变化，继续遵循

"稳健经营、多元配置、分散风险"的经营原则,在保证基金资产的安全性、流动性的前提下,充分发挥自身优势,努力寻求和利用各种有利的投资机会,为本基金的投资者谋求较好的回报。

三、基金投资组合

1997 年 6 月 30 日

投资项目	投资金额(元)	金额比例(%)
货币资金	924,147.16	0.83
证券投资	49,752,884.95	44.70
合作项目投资	52,184,924.00	46.88
房地产投资	8,452,388.00	7.59
合 计:	111,314,304.11	100

四、财务报告

(一)主要财务指标: 单位:人民币元

项目	金额
1、基金总额	100,800,000.00
2、期初净资产余额	101,035,134.22
3、期末净资产余额	110,159,049.71
4、本期基金收入	9,421,732.49
5、本期基金费用	297,817.00
6、本期基金净收益	9,123,915.49
7、期初每基金单位净资产	1.0023
8、期末每基金单位净资产	1.0928
9、期末每基金单位净收益	0.0928

(二)资产负债表

金信投资基金资产负债表

1997 年 6 月 30 日

单位:人民币元

项 目	金 额	项 目	金 额
流动资产:		流动负债:	
现 金	154.82	其他应付款	129,986.51
银行存款	923,992.34	短期借款	2,000,000.00
应收帐款	1,346,800.00	流动负债合计:	2,129,986.51
减:坏帐准备	9,075.33		
应收帐款净额	1,337,724.67		
其他应收款	35,959.51		
短期投资	54,836,168.95	所有者权益:	
流动资产合计:	57,134,000.29	基 金	100,800,000.00
长期资产:		未分配利润	9,359,049.71
长期投资	55,553,988.00	所有者权益合计:	110,159,049.71
减:投资风险准备	508,032.07		
固定资产原值	144,000.00		
减:累计折旧	34,920.00		
固定资产净额	109,080.00		
长期资产合计	55,155,035.93		
资产总计:	112,289,036.22	负债及所有者权益合计	112,289,036.22

(三)损益表

金信投资基金损益表

1997 年 6 月 30 日 金额单位:人民币元

项 目	金 额
业务收入	9,421,732.49
其中:证券投资收入	8,100,000.00
合作项目收入	1,311,741.00
利息收入	9,991.49
减:营业费用	114,072.09
财务费用	183,744.91
经营税金及附加	—
利润总额:	9,123,915.49
减:所得税	—
管理人管理费	—
利润净额:	9,134,915.49
加:以前年度未分配利润	235,134.22
未分配利润:	9,359,049.71

金信投资基金九七年度中期财务报表附注

附注一、重要会计政策

1、会计期间:本中期报告的会计期间自一九九七年一月一日起至六月三十日止。

2、记帐本位币:本基金以人民币为记帐本位币。

3、基金的核算:依据金融保险企业财务制度,采用成本法进行独立核算。

附注二、基金的规模

本基金的总规模为:10,080 万基金单位。

五、托管人报告

本期,基金管理人实现净收益 9,123,915.49 元,截止 1997 年 6 月 30 日,金信投资基金净资产为 110,159,049.71 元,每基金单位净资产为 1.0928 元。本托管人依据《汕头国际信托投资公司金信投资基金章程》的规定,对基金管理人的投资活动进行了监督,本托管人认为管理人的投资管理行为符合《汕头国际信托投资公司金信投资基金章程》和有关规定。

汕头国际信托投资公司

一九九七年七月二十八日

六、重大事项揭示

1、本期,本基金经中国人民银行汕头分行汕银发字〔1997〕第 169 号文批复同意本基金 1996 年度每 10 基金单位派 1.60 元现金红利的分红方案,并于本期实施了分红方案。

2、本期,本基金章程修改方案经金信投资基金监委会第四次会议通过并经中国人民银行汕头分行批复同意,基金章程作出了相应修改,其一将基金规模变更为 10,080 万元人民币;其二是管理人管理年费提取费率修改为按年末基金资产净值 1——1.5%提取。

汕头国际信托投资公司基金部

一九九七年七月二十八日

半 岛 投 资 基 金

半岛基金基本资料

一、摘　要

名称:半岛基金　　基金规模:一亿份基金单位
类型:契约型封闭式　　单位基金面值:1.00元人民币
封闭期:十年(1994-2004)　　成立日期:1994.3.2
上市地点:深圳证券交易所　　上市日期:1995年4月10日
流通份额:9000万基金单位　　非流通份额:1000万基金单位

基金发起人：招商局蛇口工业区有限公司
中国平安保险公司
深圳安达实业股份有限公司
蛇口工业区理财服务公司
蛇口社会保险公司

发起人持有比例：50.5%　　社会公众持有比例：49.5%

经理人：深圳市半岛投资基金管理有限公司
注册地址:深圳市蛇口工业大道招商局发展中心11层
电话:6699662　传真:6673978　邮编:518067

信托人：招商银行
注册地址:深圳市深南中路2号5楼
电话:2290000　传真:2190010　邮编:518001

核数师：蛇口中华会计师事务所

法律顾问:深圳信达律师事务所

二、经理人简介

深圳市半岛投资基金管理有限公司是经中国人民银行批准设立的一家从事专业投资基金管理及理财服务的非银行金融机构,也是中国第一批严格规范化的投资基金管理公司之一。公司成立于1994年3月,注册资本2000万元人民币。公司经营范围为:发行和管理各类投资受益券;代理投资受益券的认购、转让、赎回;证券投资(含股投资);接受机构的资产委托管理,提供理财服务;短期资金同业拆借;为企业证券发行、筹资、购并、重组提供咨询服务;经中国人民银行批准的其它业务。

公司吸收国际投资基金业的先进管理经验,组建起完善科学的运行组织架构。在内部管理中形成集体决策的机制,并建立起"研究、操作、监管"三大体系,实现了决策与交易、交易与清算、财务与稽核"三个分开",保障了管理资产的安全。

公司以"安全、诚信、高效"为经营理念,以"稳健"为投资理念,坚持"以投资价值为主"的投资原则。一支高学历、具备中国证券市场丰富经验的专家,以公司现代化的国际、国内信息系统和全面详实的上市公司资料为基础,开展研究、投资工作,使所有的投资都建立在全面深入的研究和科学的论证基础之上。

半岛基金管理公司重视人才的培养和内部企业文化的建设。全体员工树立起做行业专家的共同职业理想,兢兢业业,团结协作,不断在各自的工作岗位上积累经验,提高能力、锻炼成才。

截止1996年底,公司管理的资产规模达三亿元人民币,其中管理的半岛基金总规模1亿元人民币。半岛基金在94、95、96年分别实现2773万元、2850万元、4956万元的净收益,并连续三年向受益人派发了每基金单位(1.00元)0.30元的现金红利,在全国同行中名列前茅。

三、信托人简介

招商银行是经中国人民银行批准设立的我国第一家纯粹由企业法人持股的股份制商业银行。该行成立于1987年。实收资本达人民币25.4亿元,截止96年底,招商银行核心资本总额达到人民币40.6亿元。

招商银行成立十年来,已发展成为全国性的大型商业银行,在全国十四大城市建立了分支行,并在香港和北京等地设立了代表处。招商银行本着"信誉、服务、灵活、创新"的经营方针,推广全面优质的银行服务,其离岸金融业务和商人银行业务在全国独树一帜。

从1994年底,招商银行率先进行以资本充足率和存贷比例为核心的全面资产负债比例管理。制订了《招商银行人民币资金资产负债比例管理暂行办法》,经过几年的积极探索,十项监控和管理比例均符合中国人民银行的要求,从而实现了全行资产结构和负债结构的不断优化,保证了全行资金的良性循环。

招商银行的经营范围为:吸收公众存款;发放短期、中期和长期贷款;办理国内外结算;办理票据贴现;发行金融债券;代理发行、代理兑付、承销政府债券;买卖政策债券;从事同业拆借;买卖、代理买卖外汇;提供信用证服务及担保;代理收付款项及代理保险业务;提供保险箱业务;离岸金融业务;办理信用卡业务。

四、半岛基金各年度投资情况及业绩概览

(一)半岛基金各年度财务指标对比情况表

单位:人民币万元

项　目	1994年	1995年	1996年
年末总资产	16,212	19,917	16,831
年末净资产值	12,160	14,874	16,254
收益总额	3,063	3,311	5,504
净收益总额	2,773	2,850	4,956
费用	290	462	548
单位基金净资产值	1.22元	1.49元	1.63元
单位基金收益	0.28元	0.29元	0.50元
分红情况	每基金单位分红0.30元	每基金单位分红0.30元	每基金单位分红0.30元

半岛基金累积业绩增长图

单位:人民币元

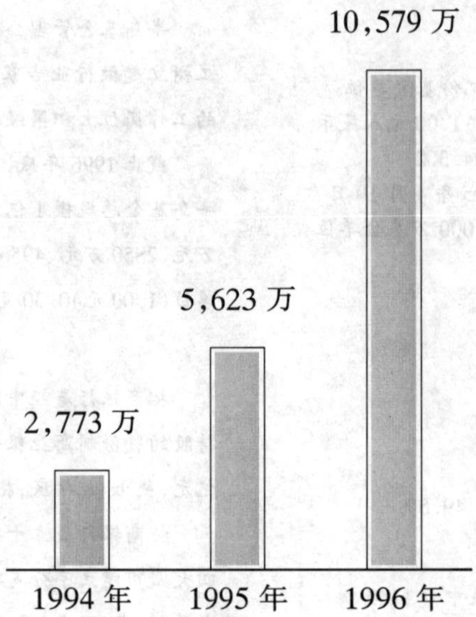

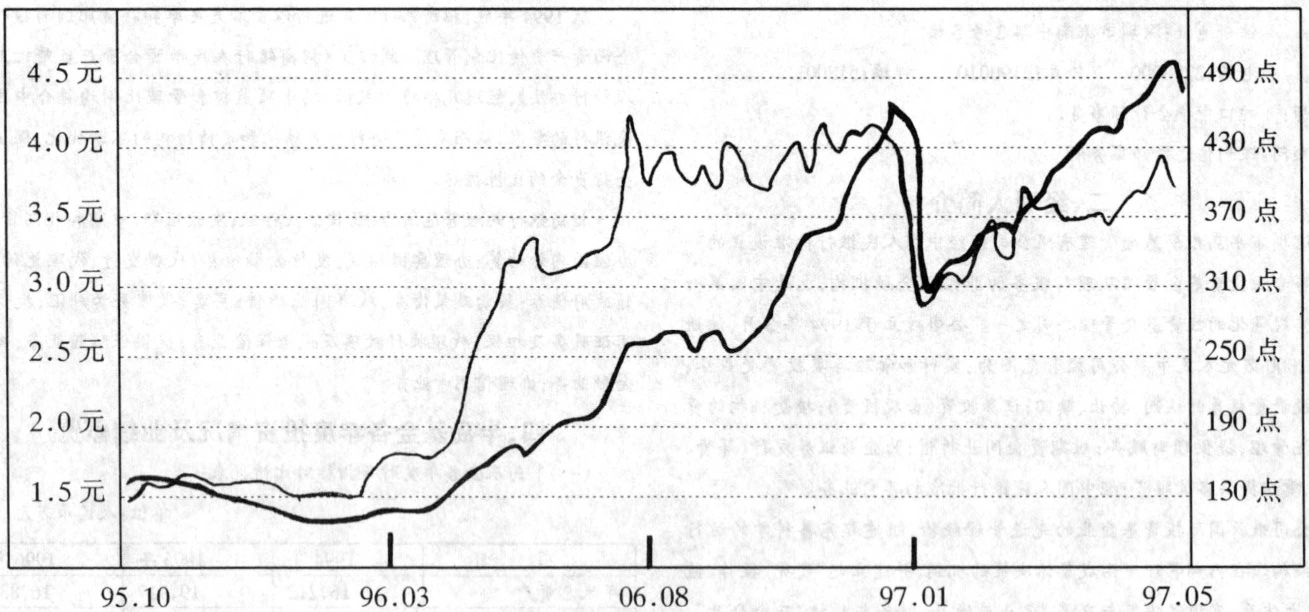

①深圳 A 股综合指数走势图
②半岛基金市场表现图

半岛基金 1996 年年度报告

一、摘　要

1. 基金单位总额:　100,000,000 份
2. 基金净收益:　49,562,134.05 元
3. 基金费用:　5,478,106.67 元
4. 基金净资产期末余额:　162,544,655.51 元
5. 每基金单位收益:　0.50 元
6. 年末未分配收益:　50,537,855.51 元
7. 期末每基金单位净资产值:　1.63 元
8. 年度分红派息预案:本基金 1996 年度每基金单位拟分配 0.30 元

现金红利，待受益人大会审议通过，主管部门批准后实施。

二、经理人报告

1．本期宏观经济形势及投资市场回顾

1996年是“九五”计划开局的第一年，为了实现国民经济长期稳定、持续健康地增长，实现经济的“软着陆”，国家在经济政策方面继续实行“适度从紧”的财政和货币政策。在结构调整方面，加强对农业的投入和加大国有企业改革的步伐，并取消保值贴补，两次降息以图刺激有效需求，带动就业的增长。同时，政府首次肯定证券市场的积极作用，将扩大直接融资纳入政府的工作议程，有力地促进了证券市场的繁荣和发展。

在证券发行市场，深、沪两地证券市场新上市股票达200多家，市场急遽扩容。

在证券二级市场，深沪两地股市也出现少有的飚升行情，深圳股市由年初的965.68点升到年末的3215.82点，累计涨幅达230%。上海股市由年初的537.87点升到年末的917.01点，累计涨幅达70%。

同样，债券市场品种增加，表现也相当活跃；期货市场则表现淡静。

2．本基金本期经营回顾

半岛基金从1995年初开始加大证券投资力度，并逐步确定以证券投资为主要投资方向，将半岛基金发展成为规范的证券投资基金。1996年初，在深沪股市价位较低的情况下，本基金经理人根据一贯的以投资价值为主的投资理念，认真开展研究工作，抓住机会在股票市场进行大量投入，下半年，由于深圳股市指数一涨再涨，多数投票价位已偏离投资价值。本基金经理人采取审慎态度，加强投资的风险控制，逐步降低持仓量，除继续持有具有投资价值的公司的股票外，在投资组合中适当加大国债的投资比例，从而成功地规避了市场的高风险，取得了较为稳定的收益。同时，下半年本基金经理人把主要精力放在1997年的准备工作上，建立完善了研究、操作和监管三大系统，加强对上市公司的研究力度，深入上市公司调研，为1997年的投资作好了充分的准备。

本基金截止1996年12月31日投资组合情况如下：

半岛基金投资明细表

项　目	金　额	占总资产比率（%）
货币资金	39,768,660.40	23.63
有价证券	95,668,882.20	56.84
股权投资	6,467,750.00	3.84
房地产投资	18,314,430.06	10.88
其它	8,094,164.82	4.81
合计	168,313,887.48	100.00

3．投资展望与策略

1997年，政府在“稳中求进，紧中搞活”的总体思想指导下，将继续采取适度从紧的宏观经济政策。经济结构会缓慢地趋于合理，国民经济有望进入增长期，物价涨幅将保持在理想水平。预计1997年证券市场面临的宏观面相对宽松，企业效益会适度增长。同时，随着100亿新股的发行，1997年股票市场将进一步扩容，国债市场也将有较大规模的发行。随着证券市场的发展，1997年金融监管力度将进一步加强，证券市场将得到进一步规范。

1997年，本基金经理人面临深市3215.82（A股）、沪市917.01点（A股）这样的起点，相对于1996年，今年证券投资的难度有所加大。面临1997年的经济形势，本基金经理人将审时度势，坚持一贯的以投资价值为主的投资理念和稳健经营的原则，在保证基金资产安全的情况下，为受益人谋取最大利益。1997年，经理人将一如既往地加强宏观经济政策、行业发展和上市公司的研究，选择有投资价值的上市公司的股票进行投资，并加强金融风险防范工作，适时调整股票二级市场和国债之间的投资组合，把握各种投资机会，发挥资金的最大效益。

三、信托人报告

招商银行作为半岛基金的信托人，依据《深圳半岛投资基金信托契约》，对半岛基金经理人1996年1月1日—1996年12月31日的基金投资活动进行了监督。

我们认为：经理人遵照《深圳市投资信托基金管理暂行规定》，履行了信托契约中其项下的职责，并在信托契约规定的投资范围及投资比例内进行各类投资。

特此报告。

招商银行

1997年2月26日

四、注册会计师报告

审计报告

半岛基金全体受益人：

我所接受委托，对半岛基金1996年12月31日的资产负债表及1996年度的损益表进行了审计。这些会计报表由半岛基金经理人和信托人负责，我们的责任是对这些会计报表发表审计意见。我们的审计是依据中国注册会计师独立审计准则进行的，在审计过程中，实施了包括抽查会计记录等我们认为必要的审计程序。

我们认为，上述会计报表，符合《企业会计准则》及《深圳市投资信托基金管理暂行规定》的有关规定，在所有重大方面公允地反映了半岛基金1996年12月31日的财务状况和1996年度经营成果，会计方法的选用符合一贯性原则。

蛇口中华会计师事务所　　中国注册会计师

中国深圳蛇口　　许丽周

中国注册会计师

李　莉

1997年1月20日

半岛基金资产负债表

1996年12月31日

单位：人民币元

	附注		1996—12—31
资产			
流动资产：			
货币资金		RMB	39,768,560.40
短期投资	3		95,668,882.20
其他应收款	4		4,442,134.82
流动资产合计			139,879,677.42
长期投资：			
长期投资	5		28,434,210.06
资产总计		RMB	168,313,887.48
负债及受益人权益			
流动负债：			
其他应付款	6	RMB	5,769,231.97
流动负债合计			5,769,231.97
受益人权益：			
基金（每基金单位面值RMB1.00）	7		100,000,000.00
风险准备金			12,006,800.00
年末可分配收益			50,537,855.51
受益人权益合计			162,544,655.51
负债及受益人权益总计		RMB	168,313,887.48

（所附注释系会计报表的组成部分）

半岛基金损益表

1996年度

单位：人民币元

	附注		1996.1.1—1996.12.31
一、收入：			
股权及证券投资损益	8	RMB	52,332,700.75
其他投资损益			142,820.81
利息收入			2,564,719.16
收入合计			55,040,240.72
二、支出：			
投资管理及行政支出	9		5,478,106.67
三、净收益			49,562,134.05
加：调整以前年度损益	10		2,041,400.00
四、可供分配收益			51,603,534.05
加：年初可分配收益			34,690,880.44
减：提取业绩报酬			5,756,558.98

五、可供受益人分配之收益			80,537,855.51
减:已分配收益	11		30,000,000.00
六、年末可分配收益		RMB	50,537,855.51

(所附注释系会计报表的组成部分)

半岛基金会计报表附注

1996 年度

附注 1:基金设立说明

本基金原系根据中华人民共和国法律、法规的有关规定,经中国人民银行深圳经济特区分行深人银复字〔1994〕第 035 号文批准,由招商局蛇口工业区有限公司、招商局蛇口工业区理财服务公司、中国平安保险公司、深圳安达实业股份有限公司、招商局蛇口工业区社会保险公司等五家公司发起设立的公司型封闭式基金。注册资金为 100,000,000.00 人民币元,企业法人营业执照为深内法字 06162,经营范围:基金的发行、基金的投资与管理、证券与股权投资、办理受益凭证的认购、转让、购回,金融主管机关批准的其他业务。

1995 年 3 月 10 日,经中国人民银行深圳经济特区分行以深人银复字〔1995〕第 046 号文批复,同意本基金于 1995 年 4 月 1 日始在深圳市部分交易网点上柜流通。

1996 年 5 月 31 日,经中国人民银行深圳经济特区分行以深人银复字〔1996〕第 124 号文批复,,同意本基金由公司型改制为契约型基金,基金经理人为深圳市半岛投资基金管理有限公司,基金信托人为招商银行。

附注 2:重要会计政策

(1)会计年度

本基金会计年度自公历每年 1 月 1 日起至 12 月 31 日止。

(2)记帐本位币

本基金以人民币为记帐本位币。

(3)证券投资

证券投资日常核算以实际成本计价,卖出证券的成本按移动加权平均法计算确定。

(4)信托人年费

本基金按当年资产净值的 0.2%计算支付。

(5)经理人年费

本基金按当年资产净值的 2.4%计算支付。

(6)经理人业绩报酬

本基金按当年资产净值的增长率按比例累进计算支付。

附注 3:短期投资

短期投资系本基金在证券市场购入的转配法人股、公众股、国债及保证金等,共计 95,668,882.20 人民币元。

附注 4:其他应收款

其他应收款系本基金对外应收投资款、投资收益、席位押金等,明细项目列示如下:

单 位		1996-12-31
深圳安达实业股份有限公司	RMB	2,134,170.00
蛇口新欣软件产业有限公司		2,100,000.00
深圳证券交易所		200,000.00
其他		7,964.82
	RMB	4,442,134.82

附注 5:长期投资

长期投资系本基金对房地产及合作项目投资,对国内未上市的股份有限公司之法人股投资和股权投资。

项 目		1996-12-31
未上市之法人股	RMB	5,917,750.00
房地产投资		18,314,430.06
项目投资		4,202,030.00
	RMB	28,434,210.06

附注 6:其他应付款

其他应付款系本基金应付给经理人、信托人年费,业绩报酬等。

		1996-12-31
深圳市半岛投资基金管理有限公司	RMB	5,261,804.26
招商银行		345,587.71
其他		161,840.00
	RMB	5,769,231.97

附注 7:基金

本基金首次募集的基金总额 100,000,000.00 人民币元,每一基金单位面值为 1.00 人民币元,业经中国注册会计师验证。

附注 8:股权及证券投资收益

本投资收益系本基金于证券投资和其他短期投资所取得的收益。

附注 9:投资管理及行政支出

投资管理及行政支出明细项目列示如下:

项 目		1996
经理人管理费	RMB	4,147,052.51
信托人年费*		495,587.71
专业服务费		768,678.40
其他		66,788.05
	RMB	5,478,106.67

*含 1995 年信托人年费 150,000.00 人民币元。

附注 10:调整以前年度损益

按照原管理委会决议,将原在公司型基金状态下计提公益金冲回。

附注 11:已分配收益

根据首届管委会第五次会议决定,1995 年度收益分配方案为:每基金单位分配红利为 0.30 人民币元,以现金形式分配。

附注 12:对比数据

因本基金于 1996 年 7 月 31 日由公司型基金改制为契约型基金,两年数据不具有可比性,故未列示对比数据。

五、重大事项

①1996 年 7 月 31 日,深圳市半岛投资基金管理有限公司正式注册登记成立。半岛基金正式改组为封闭式契约型基金。其资产分割过程业经蛇口中华会计师事务所审阅。深圳市半岛投资基金管理有限公司作为半岛基金经理人,招商银行作为半岛基金的信托人,依据经主管机关和受益人大会通过的《深圳半岛投资基金信托契约》行使各方的权责。

②本基金与蛇口新欣软件产业有限公司于 1994 年 7 月签订协议投资蛇口新欣软件产业有限公司 2,000 平方米写字楼五年使用权,,蛇口新欣软件中途违约,又将其中 1,000 平方米写字楼转租他人从而引起纠纷,本基金遂向南山区人民法院提出诉讼。1996 年 5 月 10 日深圳市南山区人民法院调解原协议予以解除,同时蛇口新欣软件有限公司须于 1996 年 5 月 23 日前返还本基金所付租金及赔偿金共计 4,337,200.00 人民币元,此调解正在执行过程中。

六、基金的基本资料

基金名称:半岛基金

基金代码:4005

基金经理人:深圳市半岛投资基金管理有限公司

注册地址:深圳蛇口招商局发展中心 11 层

电　　话:(0755)6699662

传　　真:(0755)6673978

基金信托人:招商银行

注册地址:深圳市振华路深纺大厦四层

受益凭证上柜场所:深圳证券交易所

会计师事务所:蛇口中华会计师事务所

法律顾问:深圳市信达律师事务所

咨询电话:6699662

半岛基金信托人:招商银行

半岛基金经理人:深圳市半岛投资基金管理有限公司

1997 年 2 月 28 日

半岛基金1997年度中期报告

一、摘　要

	1997年1-6月	1996年1-6月
1. 基金规模	100,000,000基金单位	100,000,000基金单位
2. 经营收入	30,288,062.46元人民币	30,143,053.96元人民币
3. 净收益	29,030,652.64元人民币	38,853,355.48元人民币
4. 期末净资产	161,575,308.15元人民币	147,375,883.73元人民币
5. 每份基金单位期末净资产	1.62元人民币	1.47元人民币
6. 每份基金单位净收益	0.29元人民币	0.29元人民币

二、经理人报告

1. 本期投资环境回顾

1997年是中国历史上极为重要的一年,7月1日香港顺利回归祖国。中国共产党第十五次全国代表大会即将召开。国家政治、国民经济在平稳中向前发展。

今年上半年,我国国民经济在去年成功实现软着陆的基础上,继续保持了高增长低通胀的良好运行态势。适度从紧的财政货币政策得到有效落实,工业经济景气度渐进回升,工业经济效益逐步好转,农业保持了第三个丰收年,通货膨胀的压力在一定程度上得到了缓解。

另一方面,随着国民经济总量矛盾的逐步改善,结构性矛盾日益突出。国有企业改革进展缓慢,银行的不良贷款比例较高,数量上升。这些因素表明,我国的宏观经济形势中也有其不容乐观的一面。

由于对宏观经济的良好预期,上半年股票二级市场呈现出交投活跃,一路攀升的行情。但随之而来股票市场的风险也进一步加大。深市A股市盈率由年初的38倍最高上涨到50倍,这样高的市盈率在国际上也是少见的,其预示的风险也是相当高的。1997年被定为金融风险防范年,在股市的波动中,投资者的风险意识逐步有所增强。上半年股票一级市场表现更为活跃,在新股发行接二连三的情况下,仍保持了极低的中签率。国债一、二级市场也有平稳良好的发展。

2. 经理人投资策略

本经营期间,经理人坚持一贯的稳健的投资理念,在对市场风险进行充分预测后,制定了"通过降低上市公司风险来降低市场波动风险"的投资策略。根据这一策略,公司多次分批深入上市公司调研,在宏观经济形势的研究和行业研究的配合下,集中精力掌握一部分上市公司的全面情况,做到对上市公司的投资价值心中有数,根据市场情况,在公司价值被低估时买入,高估时卖出。这一策略降低了投资风险,保证了半岛基金上半年稳定良好的收益。

3. 基金投资组合及投资明细表

投资对象	金　额	占总资产比率(%)
货币资金	72,992,650.08	37.89
有价证券	84,162,133.53	43.69
股权投资	6,467,750.00	3.36
房地产投资	18,314,430.06	9.51
合作经营	683,280.00	0.35
其　他	10,028,100.73	5.21
合　计	192,648,344.40	100.00

4. 下半的投资展望

下半年,本基金经理人认为,国民经济将继续保持上半年的运行态势适度增长。证券市场也将在逐步调整的过程中稳定向前发展。本基金经理人将继续坚持稳健的投资理念,继续做好上市公司的调研工作,选择有潜力的成长型上市公司进行投资,充分利用市场机会谋利,同时考虑国债等低风险的投资品种,降低投资风险。

三、信托人报告

招商银行作为深圳半岛投资基金的信托人,依据《深圳半岛投资基金信托契约》有关条款,对深圳投资基金经理人1997年上半年半岛基金投资行为进行了监督。

我们认为:经理人遵照《深圳市投资信托基金管理暂行规定》,履行了《深圳半岛投资基金信托契约》中其项下的职责。

四、中期财务报告

财务报表(简化且未经审计)

(1)资产负债表　　单位:人民币元

	附注	1997.6.30	1996.12.31
流动资产			
货币资金	2	72,992,650.08	39,768,660.40
证券投资	3	84,162,133.53	95,668,882.20
其他资产		5,698,550.73	4,442,134.82
流动资产合计		162,853,334.34	139,879,677.42
长期投资	4	29,795,010.06	28,434,210.06
资产总计		192,648,344.40	168,313,887.48
流动负债			
其他负债		1,073,036.25	5,769,231.97
应付股利		30,000,000.00	—
流动负债合计		31,073,036.25	5,769,231.97
受益人权益			
股本	5	100,000,000.00	100,000,000.00
风险准备金		12,006,800.00	12,006,800.00
未分配利润		49,568,508.15	50,537,855.51
受益人权益合计		161,575,308.15	162,544,655.51
负债及受益人权益总计		192,648,344.40	162,313,887.48

(2)利润表　　单位:人民币元

	附注	1997.1—6月份	1996.1—6月份
经营收入	6	30,288,062.46	30,143,053.96
经营支出		1,257,409.82	1,289,698.48
收益总额		29,030,652.64	28,853,355.48

公司负责人:余维佳　　会计主管:李宏伟　　编制人:陈丽云

注:

1. 本基金财务报表之形成与最近一期年度报告相比,其会计政策和核算方法无重大变化。

2. 本基金货币资金人民币72,992,650.08元系截止1997年6月30日银行存款余额。

3. 证券投资系本基金在证券市场购入的转配法人股、公众股、国债及保证金等,共计84,162,133.53元人民币。

4. 长期投资计人民币29,795,010.06元,系本公司对国内各已上市及未上市之股份有限公司的股权、房地产等项目的投资。

5. 本公司经批准发行100,000,000份基金单位,每基金单位为人民币1.00元;1993年共实收人民币100,000,000.00元,业经中国注册会计师验证。

6. 本基金经营收入人民币30,288,062.46元系1997年上半年证券投资收益所得。

五、重大事项

1. 半岛基金1996年度受益人大会以通信方式于1997年5月31日至6月15日期间召开,会议审议通过了半岛基金1996年度报告,通过了1996年度收益分配方案,即每单位分配现金红利0.30元人民币元(含税)

2. 由于半岛基金1996年度收益分配方案刚刚实施,半岛基金经理人和信托人决定,半岛基金1997年度中期收益暂不作分配。

3. 本经营期间无重大诉讼及仲裁事项发生。

六、基金的基本资料

基金名称:半岛基金
基金经理人:深圳市半岛投资基金管理有限公司
注册地址:深圳蛇口招商局发展中心11层
基金信托人:招商银行
咨询电话:6699662　　联系人:李小姐

经理人:深圳市半岛投资基金管理有限公司　**信托人:招商银行**
1997年7月22日　**1997年7月22日**

广　发　投　资　基　金

广发证券有限责任公司基金部概况

一、简介

1. 业务范围

广发证券有限责任公司基金部拥有独立的法人地位。经营范围包括:发起和设立境内外各类基金、基金资产管理、投资咨询、物业投资、项目评估、及主管部门批准的其它业务。

2. 背景介绍

广发证券有限责任公司基金部是广发证券有限责任公司的一个下属机构。广发证券有限责任公司是一家由中国人民银行领导管理监督的非银行金融机构。其注册资本有8亿元人民币。广发证券有限责任公司的交易所遍布全国各主要城市。自1994年以来,广发证券有限责任公司业绩已经在中国证券业进入前十名。

3. 基金品种

广发证券有限责任公司基金部是中国最早同时管理两家上市基金的机构。基金品种包括广发一期基金和广发二期基金。广发基金是封闭的契约型基金,它的总规模是11300万基金单位。

广发一期基金:于1992年12月设立。基金规模6000万基金单位,属封闭式契约型基金(因1993年度分红方案为10送2,所以广发一期基金由5000万基金单位增至6000万基金单位)。该基金于1993年8月18日通过南方证券交易中心联网在上海证券交易所挂牌上市。

广发二期基金:于1993年12月设立。基金规模5300万基金单位,属封闭式契约型基金。并于1994年3月3日通过南方证券交易中心联网在深圳证券交易所挂牌上市。

4. 组织架构

广发证券基金部根据基金管理各项职能的要求,设有办公室、财务管理部、电脑工程部、资金计划部、资产管理部、投资策划部、研究发展部、法律稽核部。

5. 人员构成

基金部根据基金管理对专业人才业务素质、职业操守,管理水平的要求,吸收高水平的专业人才,充实员工队伍,基金部目前拥有一批高学历、懂管理、善理财的基金管理及证券投资人才,具有丰富的资产管理经验以及对中国经济和各行业有较系统和深入的理论研究。从维护投资利益的原则出发,以一流的人才、稳健灵活的投资策略、多元化的投资组合,谋求基金的最大收益和资产的稳健增值。基金部现有员工60人,其中博士占20%,硕士占30%,学士占30%。

6. 投资原则

广发证券有限责任公司基金部自基金设立起,就本着维护投资者利益的原则,依照国家有关法律、法规、方针和金融政策开展业务活动,实行多元化的投资组合,形成以证券为主,物业和实业投资为辅,中长期相结合的稳健的投资组合结构,为投资者谋取稳定的投资回报。基金部在促进基金资产增值的同时,致力于分散投资风险,建立了一套以风险控制为核心,以投资分析、投资操作、投资决策互相分离、互相制约监督的机制,使基金管理的安全性、流动性、盈利性三者统一,达到防范风险,稳健经营的目的。

7. 基金业绩

广发一期基金和广发二期基金在基金部的经营管理下,取得了良好的收益,自设立起到1995年,都以超过20%的年收益率回报投资者。从1995年起,受我国经济发展放缓,资金紧缩的影响,收益开始下降,直至1997年中期,广发一期基金和广发二期基金投资回报率分别达到13%、24%,表现出广发基金在其发展历程上正迎来一个高速成长的黄金时代。

广发证券有限责任公司基金部正是以研究机构的雄厚实力,专业分析人才和专业投资人才的卓越业绩而受到广大投资者的信任。

广发证券有限责任公司基金部在过去五年的运作中,在实践中摸索,在实践中学习,积累起大量基金管理的经验,建立起一整套规范管理、稳健操作、风险防范、稳定收益的运作制度和机制,培养了一支有知识、有专业特长、有管理能力、有事业开拓精神的基金管理队伍,通过五年的发展壮大,已登上了规范的基金管理轨道。

8. 发展前景

中国经济的持续稳定发展和投资市场的发展为投资基金的发展提供了有利的市场环境。据中国国家统计局预测,今后几年内,中国经济将以每年8%的增长率增长,同时通胀将得到有效的控制,中国经济将出现稳定发展的局面。

1996年中国个人储蓄存款已达4万亿元人民币,且有不断增长的趋势。因此,拓展新的直接融资渠道－－投资基金,将社会个人资产转化为资本金成为必然。

世界上一些发达国家中,基金业在经济发展中占有重要地位。如美国,基金业已成为除银行业之外的第二大金融中介机构。目前中国国务院原则通过了《证券投资基金暂行办法》,预计很快就要颁布。这将为投资基金在中国的发展提供了政策上的支持和法律上的保护。

中国的经济结构调整,新兴产业发展、及香港的回归均为投资基金发展提供了契机。

广发证券有限责任公司基金部在过去五年的运作中,不断摸索,不断实践,积累了大量的基金管理经验。目前基金部正在借鉴国外基金管理的先进经验,筹备组建公司机构和规范的公司运作,积极开拓海内外市场,争取尽快成为大型的环球基金管理公司。

广发一期、广发二期投资基金一九九六年年度报告

一、基金简介

1、基金经理人名称:广发证券有限责任公司基金部

地址:广州市建设六马路38号宜安广场1701

邮编:510096

电话:83800334

传真:83803157

2、基金信托人名称:中国工商银行广州市分行

地址:广州市东风东路754号

电话:87779888－227

邮编:510080

传真:87779540

3、基金总份额:广发一期6000万基金单位;广发二期5300万基金单位

4、基金类型:封闭式

5、基金年限:八年

6、基金年度:1996 年 1 月 1 日 - 1996 年 12 月 31 日

7、上市地点:南方证券交易中心　　联网地点:广发一期在上海证券交易所、广发二期在深圳证券交易所

8、上市时间:广发一期:1993 年 8 月 18 日,广发二期:1994 年 3 月 3 日

二、基金年度财务报表

广发基金(1)

1. 简化的资产负债表　　单位:元

项目	期初数	期末数	附注
流动资产			
货币资金	5,196,670.03	527,801.48	
短期投资	38,131,888.81	42,517,794.67	
应收帐款净额	2,690,000.00	2,053,660.25	
一年内到期的长期债券投资			
其它流动资产	46,018,558.84	45,099,256.40	
流动资产合计			
长期投资	33,480,000.00	24,660,000.00	
资产总计	79,498,558.84	69,759,256.40	
流动负债			
短期借款			
应付帐款	9,631,680.00		
其它应付款	1,369,509.25	1,430,952.60	
所有者权益			
实收资本	60,000,000.00	60,000,000.00	
未实现投资收益			
未分配利润	8,497,369.59	8,328,303.80	
所有者权益合计	68,497,369.59	68,328,303.80	
负债及所有者权益总计	79,498,558.84	69,759,256.40	

2. 损益表

	本年度实际数	上年度实际数	附注
经营收入			
实业投资收入	4,436,678.05	11,924,535.86	
证券投资收入	4,579,509.86	-2,328,821.21	
利息收入			
其它投资收入	365,861,.80	132,310.29	
经营支出			
营业费用	705,362.90	494,003.70	
财务费用			
其它费用			
收益总额	8,676,686.81	9,234,021.24	
减:管理人费用	1,232,952.60	1,279,509.25	
净收益	7,443,734.21	7,954,511.99	

审计报告

粤会所审字(97)第 111 号

广东广发基金管理公司:

我们接受委托,审计了贵公司广发投资基金(第一期)1996 年 12 月 31 日的资产负债表及 1996 年度损益表。这些会计报表由贵公司负责,我们的责任是对这些会计报表发表审计意见。我们的审计是依据中国注册会计师独立审计准则进行的。在审计过程中,我们结合贵公司实际情况,实施了包括抽查会计记录等我们认为必要的审计程序。

我们认为,上述会计报表符合《企业会计准则》和国家其他有关财务会计法规规定,在所有重大方面公允地反映了广发投资基金(第一期)1996 年 12 月 31 日的财务状况及 1996 年度经营成果,会计处理方法的选用遵循了一贯性原则。

广州会计师事务所　　中国注册会计师:何威明

中国注册会计师:黄晓霞

中国　广州　　一九九七年三月二十一日

会计报表说明

一、本基金基本情况

本基金系根据中华人民共和国法律、法规的有关规定,经中国人民银行广东省分行粤银复字(1992)733 号文批准,由广东发展银行发起成立的封闭式单位信托基金。

二、本基金重要会计政策

1、会计年度

本基金会计年度从公历一月一日起至十二月三十一日止。

2、证券计价

本基金日常核算证券按购入时实际成本计算,卖出证券成本采用加权平均法计算。

3、经营收入按权责制核算,利息收益根据未收回的本金和运用的利率,按时间比例计算。

4、记帐本位币

本基金以人民币为记帐本位币。

三、会计报表附注

1、短期投资

证券投资	28,517,794.67
项目合作投资	14,000,000.00
合　计	42,517,794.67

注:本年度证券投资系股票投资,于 1996 年 12 月 27 日市值为 28,060,530.69

2、长期投资

广东省第三建筑工程公司	20,000,000.00
广东中创债券	5,000,000.00
合计	25,000,000.00

3、风险准备金是参照《金融保险企业财务制度》规定,投资风险准备金年末余额达到上年末投资余额的 1% 时,实行差额提取。

4、实收资本

实收资本 60,000,000.00 元,其中本年度增加 10,000,000.00 元业经广州会计师事务所"粤会所验字(93)第 270 号"验证,另外 10,000,000 元是由于 93 年基金按 10 送 2 派送基金单位而增加。

5、营业费用信托人年费、顾问咨询费、广告宣传费、审计费等。

6、经理人年费根据中国人民银行广东省分行(金融管理处)"粤银管字(1994)12 号"的,按年初基金资产净值的 1.8% 提取。

四、或有事项

在本报告期内,公司就广东省第三建筑工程公司及其担保方广东省建筑工程总公司拖延偿还合作投资款一事提出起诉。按照双方九三年签定的合约,被告应于 96 年度归还投资本金 2000 万元及收益 498,899.27 元。广州市中级人民法院已受理该诉讼事项,诉讼尚在进行中。

广发基金(2)

简化的资产负债表　　单位:元

项目	期初数	期末数	附注
流动资产			
货币资金	3,134,297.57	4,773,908.25	
短期投资	31,354,154.81	34,917,860.11	
应收帐款净额	9,120,375.63	7,513,106.83	
一年内到期的债券投资			
其它流动资产			

项目		
流动资产合计	43,608,825.01	47,204,875.19
长期投资	22,886,000.00	14,817,000.00
资产总计	66,494,825.01	62,021,875.19
流动负债		
短期借款		
应付帐款	4,810,000.00	
其它应付款	1,340,211.63	1,305,271.59
所有者权益		
实收资本	53,000,000.00	53,000,000.00
未实现投资收益		
未分配利润	7,344,613.38	7,716,603.60
所有者权益合计	60,344,613.38	60,716,603.60
负债及所有者权益总计	66,494,825.01	62,021,875.19

2、损益表

	本年度实际数	上年度实际数	附注
经营收入			
实业投资收入	1,133,749.99	8,533,175.76	
证券投资收入	7,663,743.77	-293,517.19	
利息收入			
其它投资收入	287,384.99	143,830.04	
经营支出			
营业费用	964,797.49	799,643.66	
财务费用			
其他费用			
收益总额	8,120,081.26	7,583,844.95	
减:管理人费用	1,086,203.04	1,133,324.25	
净收益	7,443,734.21	6,450,520.70	

审计报告

粤会所审字(97)第112号

广东广发基金管理公司:

我们接受委托,审计了贵公司广发投资基金(第二期)1996年12月31日的资产负债表及1996年度损益表。这些会计报表由贵公司负责,我们的责任是对这些会计报表发表审计意见。我们的审计是依据中国注册会计师独立审计准则进行的。在审计过程中,我们结合贵公司实际情况,实施了包括抽查会计记录等我们认为必要的审计程序。

我们认为,上述会计报表符合《企业会计准则》和国家其他有关财务会计法规规定。在所有重大方面公允地反映了广发投资基金(第二期)1996年12月31日的财务状况及1996年度经营成果,会计处理方法的选用遵循了一贯性原则。

广州会计师事务所　　中国注册会计师:何威明

中国注册会计师:黄晓霞

中国　广州　　一九九七年三月二十一日

会计报表说明

一、本基金基本情况

本基金系根据中华人民共和国法律、法规的有关规定,经中国人民银行广东省分行"粤银发字(1993)158号"文批准,由广东发展银行发起成立的封闭式单位信托基金。

二、本基金重要会计政策

1、会计年度

本基金会计年度从公历一月一日起至十二月三十一日止。

2、证券计价

本基金日常核算证券按购入时实际成本计算,卖出证券成本采用加权平均法计算。

3、经营收入按权责制核算,利息收益根据未收回的本金和运用的利率,按时间比例计算。

4、计帐本位币

本基金以人民币为记帐本位币。

三、会计报表附注

1、短期投资

证券投资	8,290,977.52
保证金存款	4,616,882.59
项目合作投资	22,010,000.00
合　计	34,917,860.11

注:本年度证券投资系股票投资,于1996年12月27日市值为6,744,623.83元。

2、长期投资

广东中创债券	15,000,000.00
合　计	15,000,000.00

3、风险准备金是参照《金融保险企业财务制度》规定,按上年末投资余额的3‰提取。

4、实收资本

本基金股本53,000,000.00元,每个基金单位为壹元人民币,股本业经广州会计师事务所"粤会所验字(93)第(404)号"文验证。

5、营业费用包括律师费、会计师费、会议费、投资顾问费、信托人年费、宣传广告费。

6、经理人年费根据中国人民银行广东省分行(金融管理处)"粤银管字(1994)12号"的规定,按年初基金资产净值的1.8%提取。

三、主要财务指标

广发(1)期	单位:人民币元
1、投资收入	9,382,049.71
2、净收益	7,033,878.22
3、资产总计	69,759,256.40
4、所有者权益	68,328,303.80
5、单位基金收益	0.12
6、单位基金净资产	1.12
7、净资产收益率	10.89%

广发(2)期	单位:人民币元
1、投资收入	9,084,878.75
2、净收益	7,033,878.22
3、资产总产	62,021,875.19
4、所有者权益	60,716,603.60
5、单位基金收益	0.13
6、单位基金净资产	1.12
7、净资产收益率	11.58%

四、基金份额结构

广发(1)期

	持有份额	比例(%)
发起人持有	/	/
社会公众持有:	6000万	100
总计:	6000万	100

广发(2)期

	持有份额	比例(%)
发起人持有股:	530万	10
社会公众持有股:	4770万	90
总计:	5300万	100

五、基金投资组合

广发(1)期

投资项目	投资比例(%)
证券	47.5
实业	41.6
货币	/
其他	10.9
合计	100

广发(2)期

投资项目	投资比例(%)
证券	40
实业	60
货币	/
其他	/
合计	100

六、经理人报告摘要

(一)经营情况

1996年初,针对宏观经济即将出现根本性好转的形势,预期到深沪股市将会先于宏观经济见底反弹,经分析论证,正确地选择了当时市盈率偏低的深圳股市,大胆地在深市的历史性底部大量建仓,为全年取得了较好业绩奠定了基础。

在二级市场的操作中除了取得了丰厚的回报,并一举解决了二级市场的全部历史套牢盘及绝大部分的NET法人股,盘活了大量资金。同时,鉴于证券市场将在较长一段时间内提供较好的回报,随着二级市场的持续火爆,本经理人及时对投资组合作了调整,通过逐步收回较为分散的投资及项目资金盘活沉淀资产。逐步增加证券市场的投入,减少其他投资及项目的比重。在10月份以后深沪股市疯狂飚升阶段,由于本经理人正确地采取了选择绩优股和高成长股长线持有的投资策略,及时调整持股结构,较成功地减少了在12月份因股市大幅下挫所造成的市值损失。并为97乃至今后数年的业绩打下了基础,同时,我们还积极参与一级市场及一级半市场,并都取得了满意的回报。

(二)、发展展望

展望97年及今后数年,我国经济将进入 持续稳定的发展阶段,微观上更多的上市公司将走出低谷,转 入高速发展,证券市场将提供更多的盈利机会,本着为股东谋取长期稳定的利益更大化原则,我们将进一步调整投资组合,加强对宏观经济政策以及对市场和公司的调研工作,使专业化管理发挥出更好的效果。

随着证券市场的发展,今后我国将会进一步加强金融领域的监管力度,规范证券市场的发展,本经理人将尽力提高自身素质,建立和完善研究分析、操作和监控三大系统,以适应市场环境的变化,为今后的投资作好充分准备。

七、信托人报告摘要

广发第二期投资基金经中国人民银行广东省分行"粤银发〔1993〕158号"批准,于1993年11月27日起至12月8日向社会募集,于1993年12月8日全部到位,经确认,本基金于1993年12月16日正式成立。截止1996年12月31日,本基金资产为6202万元人民币,每单位净资产为人民币1.12元,收益率为13%依据《广发第二期投资基金信托契约》的规定,本信托人认为经理人的投资管理行为严格遵循了国家有关法规和《广发第二期投资基金信托契约》的各项规定,特此报告。

信托人:中国工商银行广州市分行

一九九七年三月二十七日

八、基金收益分配预案

根据本基金管理委员会的提议,广发一期96年度分红预案为每10个基金单位派现金1.10元人民币,广发二期96年度分红预案为每10个基金单位派现金1.20元人民币。

九、重要事项揭示

本基金管理人广东发展银行基金部因执行分业管理已改为广发证券有限责任公司基金部,除此之外,本报告期内无重大诉讼、仲裁及其它重大事项发生。

广发证券有限责任公司基金部

一九九七年三月三十一日

广发一期投资基金1997年中期报告

一、基金简介

1、基金经理人名称:广发证券有限责任公司基金部

地址:广州市建设六马路38号宜安广场1701号　　邮编:510096

电话:83800334　　传真:83803157

2、基金总份额:6000万基金单位

3、基金类型:封闭式

4、基金年限:八年

5、基金年度:1997年1月1日-1997年6月30日

6、上市地点:南方证券交易中心　　联网地点:在上海证券交易所

7、上市时间:1993年8月18日

二、基金年度财务报表(未经审计)

1、简化的资产负债表　　单位:元

项目	期初数	期末数
流动资产		
货币资金	527,801.48	1,470,317.56
短期投资	44,365,883.31	49,317,493.20
应收帐款净额	253,660.25	415,500.00
一年内到期的长期债券投资		
其他流动资产		
流动资产合计	45,147,345.04	51,203,310.76
长期投资	24,431,911.36	31,792,732.57
资产总计	69,579,256.40	82,996,043.33
流动负债		
短期借款		
应付帐款		
其他应付款	1,250,952.00	6,281,605.64
所有者权益		
实收资本	60,000,000.00	60,000,000.00
未实现投资收益		
未分配利润		8,081,333.89
利润分配	8,328,303.80	8,633,103.80
所有者权益合计	68,328,303.80	76,714,437.69
负债及所有者权益总计	69,579,256.40	82,996,043.33

2、损益表

	本期实际数	上年同期数
经营收入		
实业投资收入		4,436,678.05

证券投资收入	7,904,891.94	4,579,509.86
利息收入	50,708.68	
其他投资收入	891,877.00	365,861.80
经营支出		
营业费用	151,189.00	705,362.90
财务费用		
其他费用		
收益总额	8,696,288.62	8,676,686.81
减:管理人费用	614,954.73	1,232,952.60
净收益		

三、主要财务指标

单位:人民币元

1、净收益	8,081,333.89
2、资产总计	82,996,043.33
3、所有者权益	76,714,437.69
4、单位基金收益	0.13
5、单位基金净资产	1.28
6、净资产收益率	11%

四、基金份额结构

	持有股份	比例(%)
发起人持有:	/	/
社会公众持有:	6000万	100
总计:	6000万	100

五、基金投资组合

投资项目	投资比例(%)
证券	59
实业	39
货币	2
其他	/
合计	100

六、经理人报告摘要

(一)市场回顾

自去年我国国民经济成功实现软着陆,1997年,经营开始呈现出低通胀下的平稳增长,宏观经济环境得到进一步改善,不少企业经济效益开始好转。同时,香港在97年7月1日实现回归,为深圳、广东乃至全国的经济发展提供了新的机遇;另一方面,管理层继续加强对金融市场和证券市场的监管整顿,并把97年定为防范金融风险年,并推出了一系列规范市场的措施,有效地抑制了证券市场的过度投机热潮。97年上半年也是我国证券市场发展最快的时期,上半年深沪共发行、上市新股约150家,市场规模扩大近1/4,成交额超3万亿元,较去年同期猛增2.8倍,同时深成指和上证综指在5月份曾分别创下了6103点和1510点的高位。

(二)经营情况

回顾上半年的运作,1996年底,深沪股市都出现了大幅的下挫,但本经理人经过冷静理智分析,确定这是牛市的短暂回调,因此积极吸纳,并把组合重点放在绩优股高成长股以及97概念股,如深大通、深天地等个股上,为实现今年上半年的高收益奠定了坚实的基础。自进入五月份之后,随着香港回归的临近深沪两市再度大幅攀升,市场风险凸现,本经理人根据政策分析及技术分析的结果,及时果断地了结离场,保住了上半年的胜利果实,避开了自5月下调的一轮中级调整。截止1997年6月30日,本基金已实现净收益808万,实现每基金单位收益0.13元,较去年同期增长188%。

(三)、展望

展望1997年下半年及今后数年,宏观经济的各类经济指标将逐步趋好,然而,股市运行有其内在的必然规律,鉴于目前大部分绩优股高成长股的市盈率偏高,不少新股的实际价值也被过份包装严重扭曲,无论是技术分析抑或个股分析上都需要进一步耐心观察、细致分析。本经理人将禀承一贯以来的稳健风格,运用良好的专业知识和技能,在兼顾安全性、流动性、收益性要求的情况下,挖掘出发展前景良好,高成长性的质优股及安全性高,收益大的投资项目,在保证基金资产安全的前提下为投资者谋求较高的回报。

广发证券有限责任公司基金部

一九九七年七月三十一日

广发二期投资基金1997年中期报告

一、基金简介

1、基金经理人名称:广发证券有限责任公司基金部

地址:广州市建设六马路38号宜安广场1701　　邮编:510096

电话:83800334　　传真:83803157

2、基金总份额:5300万基金单位

3、基金类型:封闭式

4、基金年限:八年

5、基金年度:1997年1月1日-1997年6月30日

6、上市地点:南方证券交易中心　　联网地点:深圳证券交易所

7、上市时间:1994年3月10日

二、基金年度财务报表(未经审计)

1、简化的资产负债表　　单位:元

项目	期初数	期末数	附注
流动资产			
货币资金	4,773,908.52	230,549.36	
短期投资	36,300,977.52	48,156,585.09	
应收帐款净额	251,531.88	251,531.88	
一年内到期的长期债券投资			
其它流动资产			
流动资产合计			
长期投资	26,494,388.99	25,440,984.38	
资产总计	67,820,806.64	74,079,650.71	
流动负债			
短期借款	6,000,000.00	564,451.24	
应付帐款	1,104,203.40		
其他应付款			
所有者权益			
实收资本	53,000,000.00	53,000,000.00	
未实现投资收益			
未分配利润		12,798,595.87	
利润分配	7,716,603.60	7,716,603.60	
所有者权益合计	60,716,603.60	73,515,199.47	
负债及所有者权益总计	67,820,806.64	74,079,650.71	

2、损益表

	本期数	上年同期数	附注
经营收入			
实业投资收入		1,133,749.99	

证券投资收入	11,871,201.15	7,563,743.77
利息收入	154,445.35	
其他投资收入	1,484,375.00	287,384.99
经营支出		
营业费用	164,976.20	964,797.49
财务费用		
其他费用		
收益总额	13,345,045.30	8,120,081.26
减:管理人费用	546,449.43	1,086,203.04
净收益	12,798,595.87	7,023,878.22

三、主要财务指标

单位:人民币元

1、净收益	12,798,595.87
2、资产总计	74,079,650.71
3、所有者权益	73,515,199.47
4、单位基金收益	0.24
5、单位基金净资产	1.38
6、净资产收益率	17.4%

四、基金份额结构

	持有份额	比例(%)
发起人持有:	530万	10
社会公众持有:	4770万	90
总计:	5300万	100

五、基金投资组合

投资项目	投资比例(%)
证券	65
实业	25
货币	/
其他	10
合计	100

六、经理人报告摘要

(一)市场回顾

自去年我国国民经济成功实现软着陆,1997年,经济开始呈现出低通胀下的平稳增长,宏观经济环境得到进一步改善,不少企业经济效益开始好转。同时,香港在97年7月1日实现回归,为深圳、广东乃至全国的经济发展提供了新的机遇;另一方面,管理层继续加强对金融市场和证券市场的监管整顿,并把97年定为防范金融风险年,并提出了一系列规范市场的措施,有效地抑制了证券市场的过度投机热潮。97年上半年也是我国证券市场发展最快的时期,上半年深沪共发行、上市新股约150家,市场规模扩大近1/4,成交金额超3万亿元,较去年同期猛增2.8倍,同时深成指和上证综指在5月份曾分别创下了6103点和1510点的高位。

(二)经营情况

回顾上半年的运作,1996年底,深沪股市都出现了大幅的下挫,但本经理人经过冷静理智分析,确定这是牛市的短暂回调,因此积极吸纳,并把组合重点放在绩优股高成长股以及97概念股,如深大通、深天地等个股上,为实现今年上半年的高收益奠定了坚实的基础。自进入5月份之后,随着香港回归的临近深沪两市再度大幅攀升,市场风险凸现,本经理人根据政策分析及技术分析的结果,及时果断地了结离场,保住了上半年的胜利果实,避开了自5月下调的一轮中级调整。截止1997年6月30日,本基金已实现净收益1279.8万,实现每基金单位收益0.24元,较去年同期增长500%。

展望

展望1997年下半年及今后数年,宏观经济仍将逐步趋好,然而,股市运行有其内在的必然规律,鉴于目前大部分绩优股、高成长股的市盈率偏高,不少新股的实际价值也被过份包装严重扭曲,无论是技术分析抑或个股分析上都需要时间进一步耐心观察、细致分析。本经理人将秉承一贯以来的稳健风格,运用良好的专业知识和技能,在兼顾安全性、流动性、收益性要求的情况下,挖掘出发展前景良好,高成长性的质优股及安全性高、收益大的投资项目,在保证基金资产安全的前提下为投资者谋求较高的回报。

广发证券有限责任公司基金部

一九九七年七月三十一日

信托人报告

广发二期投资基金共发行53,000,000个基金单位,截止1997年6月30日止,广发二期投资基金的净资产为74,079,650.71元,每单位净资产为1.38元,每单位净收益为0.24元。本信托人确认管理人在本期基金运作过程中的投资范围符合《广发二期投资基金信托契约》的有关规定。

信托人:中国工商银行广州市分行

一九九七年七月二十八日

华　信　投　资　基　金

广东华侨信托投资公司投资基金部简介

一、华信投资基金部简介

在最近几年中，中国证券市场从无到有，规模与影响与日俱增，波澜壮阔地向前发展。在迅猛发展过程中，中国证券市场面临着供求失衡和秩序失控的两大结构性难题。政府有鉴于此，在加速推动投资运作体制向专业化管理转化的同时，大力引进西方的投资基金业务，并逐步健全相应法规，引导其朝规范化、国际化的方向发展。

广东华侨信托投资公司有鉴于中国资本市场发展潜力和投资基金业的广阔前景，经过周密策划，聚集了一批高素质、深谙中国新市场经济体制的富有创造力的高级证券、金融、投资专业人才，于 93 年 12 月创立了专门从事投资基金业务的全资附属企业：广东华侨信托投资公司投资基金部，本部为获中国人民银行颁发许可证的专业投资基金管理机构，具备独立法人资格，注册资本人民币 3 千万元整，许可证号码：银金管字 011883 号，工商管理执照：注册号 19037127—4，营业范围：发起和设立境内外各种基金；基金资产经理业务；证券投资及咨询业务；基金转让业务；物业投资业务；主管机关批准的其它业务。

本企业(部)自创立之初至今，即已成功募集"华信投资基金"，该基金为首次在深圳证券交易所上市的基金之一。凭借这一上市基金的良好业绩，本部作为中国投资基金事业的先锋之一，已在投资基金业乃至全社会投资人中，有广泛的影响和良好的声誉。

最近，根据人总行有关文件精神，广东省南方金融服务总公司将并入广东华侨信托投资公司，已在深交所和南证交联网上市的南方基金亦将交由本部管理，这将进一步扩大本部的基金资产管理规模和综合实力。

广东华侨信托投资公司投资基金部由二十多名深谙金融、投资的专业人员组成。50％以上具有硕士学位。设经理室以及证券投资部、房地产投资部、发展研究部、计划财务部、海外业务部五个专门职能部门，均由高级专业人士组成。证券投资部主营从事一级市场、二级市场及其它有价证券投资；房地产投资部从事房地产项目的开发、经营；发展研究部负责研究国家的宏观政策动态，策划各基金的发展战略与目标，同时负责参股、代理、咨询等方式拓展其他业务；计划财务部负责对各基金的独立核算、财务管理与资金融通，海外业务部负责海外基金资产管理联系业务。

华信基金以"适度规模、优化结构、发展内涵、深化改革、强化管理、提高素质、增强效益"为工作指导思想，以"分散风险、组合投资"为原则，连续几年为投资者取得了不低于 20％的回报率，取得了良好的经济和社会效益。

二、法人简介

尹文建，男，1961 年 12 月出生，湖南长沙籍。1988 年 7 月毕业于中国人民大学法律系，获硕士学位。从 1988 年 9 月开始供职于广东华侨信托投资公司，先后任该公司法律部和证券部的科员、主任、副总经理等职；1994 年底起，任该公司投资基金部法人代表、副总经理、总经理；1997 年 4 月经广东省委、省政府考察决定，任广东华侨信托投资公司副总经理、党组成员，兼任该公司投资基金部总经理、法人代表。

华信基金 1996 年年度报告

一、基金简介

1. 基金经理人：广东华侨信托投资公司投资基金部
   地址：广州市环市东路 450—452 号广东华信中心 20 楼
   电话：(020)87627545
   邮编：510075
   传真：(020)87627545
2. 基金信托人：中国银行广东省分行
   地址：广州市东风西路 197 号
3. 基金总份额：137,017,216 个基金单位
4. 基金类型：契约型封闭式基金
5. 基金年限：8 年
6. 基金年度：1996 年度
7. 上市地点：南方证券交易中心
8. 上市时间：1994 年 3 月 3 日
9. 与深圳证券交易所联网时间：1994 年 3 月 14 日

二、基金年度财务报表

审计报告

粤会所审字〔97〕第 078 号

广东华侨信托投资公司投资基金部：

我们接受委托，审计了贵部华信基金 1996 年 12 月 31 日的资产负债表及 1996 年度损益表。这些会计报表由贵部负责，我们的责任是对这些会计报表发表审计意见。我们的审计是依据中国注册会计师独立审计准则进行的。在审计过程中，我们结合贵部实际情况，实施了包括抽查会计记录等我们认为必要的审计程序。

我们认为，上述会计报表符合《企业会计准则》和国家其他有关财务会计法规规定，在所有重大方面公允地反映了华信基金 1996 年 12 月 31 日的财务状况及 1996 年度的经营成果，会计处理方法的选用遵循了一贯性原则。

广州会计师事务所　　中国注册会计师：何威明

中国广州　　1997 年 2 月 28 日

1. 华信投资基金资产负债表(附后)
2. 华信投资基金利润及利润分配表(附后)
3. 财务报表说明及主要附注

(1)本基金基本情况

本基金系根据中华人民共和国法律、法规的有关规定，经中国人民银行广东省分行粤银复字〔1993〕315 号文批准，由广东华侨信托投资公司发起成立的封闭单位信托基金(本基金信托人为中国银行广东省分行)

(2)本基金重要会计政策

①会计年度与报告期

本基金会计年度从公历 1 月 1 日起至 12 月 31 日止。本报告期自 1996 年 1 月 1 日至 1996 年 12 月 31 日止。

②证券计价

本基金日常核算证券按实际成本计算，卖出证券成本以移动加权平均计价。

③经营收入

本年度按收付实现制确认经营收入的实现。

④记帐本位币。

本基金以人民币为计帐本位币。

(3)主要附注

①短期投资　　金额

	金额
证券投资	67,513,126.59
房地产项目投资	9,700,000.00
其他投资	—
合　　计	77,213,126.59

②长期投资　　金额

	金额
上市公司法人股投资	2,315,400.00
房地产投资	103,056,784.82
其他投资	6,300,000.00
合　　计	111,672,184.82

③应交税金:根据广州地方税务局第二分局二税稽一字〔1996〕第532号文,对1994、1995年基金派发现金红利应补缴的个人所得税。

④基金单位:实收资本137,017,216个基金单位,本年未发生增减变动。

⑤风险准备金是按本基金章程规定在本年度净收益项下按净收益的5%分配提取。

⑥营业费用包括律师费、会计师费、投资顾问费、宣传广告费、分红手续费等。

⑦经理人年费根据《华信基金章程》及《华信基金资产信托契约》的规定,为期初资产净值的1.8%,本年度提取经理人年费3,060,175.84元。

⑧信托人年费根据《华信基金章程》及《华信基金资产信托契约》的规定,为期初资产净值的0.3%,本年度提取信托人年费510,029.30元。

⑨年初未分配利润:1995年度可供分配利润32,296,602.91元抵减补缴1994年度、1995年度个人所得税1,788,556.50元及1995年度每基金单位分派0.13元红利共17,812,238.08元后所得。

三、主要财务指标

1. 基金收入:人民币43,768,217.99元
2. 净收益:人民币38,703,316.40元
3. 资产总计:人民币194,963,446.44元
4. 所有者权益:人民币182,534,577.25元
5. 每基金单位净收益:人民币0.282元
6. 每基金单位净资产值:人民币1.33元
7. 每基金单位可分配利润:人民币0.345元
8. 净资产年收益率:

(年度净收益÷本年度营运净资产值)=25%

四、基金份额结构

	持有份额	比例(%)
发起人持有:	12,000,000基金单位	8.75
社会公众持有:	125,017,216基金单位	91.25

五、基金投资组合

投资项目	投资比例(%)
房地产	57.83
证券	34.63
货币	3.12
实业、股权及其他	4.42
实计	100.00

六、经理人报告

(一)市场回顾与投资组合状况

1. 证券市场方面,1996年国内宏观经济形势发生根本性好转,中央银行两次下调银行存款利率并着手准备进行存款准备金制度,本基金经理人根据对宏观经济政策、金融资本市场政策的研究,于4月中旬系统部署,加大了对证券市场特别是深圳证券市场的投入,进入下半年,在保持证券市场投资规模基本不变的情况下,经理人着重加强风险控制与管理。这一系列运作,不仅使证券投资成为基金本年度最主要的收益来源,也为本基金在1997年内继续从证券市场获取稳定可观的收益打下了基础。

2. 房地产与物业投资方面,1996年国家将房地产业作为国民经济的支柱产业和新一轮经济周期的新的增长点,市场回暖迹象出现,本基金经理人抓住这一战略性投资机遇,着重加强广州市民用住宅的投资,在投资策略上,继续坚持房地产一级开发市场与二级销售市场相结合,除利用下属平立房地产代理行的研究、策划能力外,还采取直接控制房地产项目公司财务、决策权的方式,以图未雨绸缪,确保今后二、三年内房地产投资成为本基金收益的重要来源。

3. 实业与股权投资方面,本基金经理人着力改善提高原主要项目广州平立房地产代理行的管理营运水平,使该行综合实力与信誉名列广州市600多家房地产代理行中6家一级代理行的第二位。除此之外,本基金经理人还在坚持控制风险、谨慎运作的原则下,少量介入上市公司南华西街股份公司的法人股投资。本经理意图以少量实业与股权投资谋求本经理人综合投资能力的较大提高。

(二)本基金经营业绩

至1996年12月31日止,本基金总收入4376.8万元,其中证券投资收入3720.6万元,房地产与物业投资收入532.3万元,股权、实业及其他投资收入123.9万元。经理、信托人年费及营业费用总计506.5万元(其中经理人年费306.01万元、信托人年费51万元,基金各项报告、公告、会议费,会计师、律师、投资顾问费及分红派息手续费总计149.5万元)。实现利润3870.3万元,平均每基金单位0.28元。

(三)1997年经营计划与展望

经理人认为,在1993—1996年的宏观调控基本告一段落之后,新一轮经济周期时间跨度将较长,经济发展将以快速、稳健、持续为特征。在此背景下,证券及房地产市场均以稳健发展为主旋律,随着证券市场的规范化发展,其投资收益水平将更加依赖对上市公司经营情况的深入研究。房地产市场获利的根本因素也在于高效的策划与运作。本经理人将在把握宏观市场规律的前提下,切实提高自身素质,加强竞争实力,迎接投资基金业即将到来的重大历史机遇,为本基金受益人提供稳健而高效的回报。

七、信托人报告

根据《华信基金资产信托契约》,本信托人中国银行广东省分行对基金经理人广东华侨信托投资公司投资基金部1996年的基金运作过程实施了监督,本信托人认为经理人在本报告期内基金运作过程中,投资范围和投资规模均符合《华信基金资产信托契约》以及国家有关法律、政策。至1996年12月31日止,华信基金净资产总值为人民币182,534,577.25元,平均每基金单位净资产1.33元,全年每基金单位收益0.282元。

华信基金信托人:中国银行广东省分行

1997年3月28日

八、分配预案

根据国家有关法规政策以及目前基金市场的现实情况,本经理人提议1996年度每基金单位分配红利0.23元。具体实施办法待受益人大会表决通过并与有关方面协商后公布。

九、重要事项

本基金经理人业已迁往广州市环市东路450—452号广东华信中心20楼,敬请垂注。

1. 华信投资基金资产负债表

1996年12月31日

单位:人民币元

资产	1996.12.31	1995.12.31
流动资产		
货币资金	6,078,135.03	21,323,372.10
短期投资	77,213,126.59①	62,912,422.22
流动资产合计	83,291,261.62	84,235,794.32
长期投资		
长期投资	111,672,184.82②	88,817,551.11

长期投资合计	111,672,184.82	88,817,511.11
资产总计	194,963,446.44	173,053,345.43
负债及所有者权益		
流动负债:		
应付帐款	10,640,312.69	695,950.39
应交税金	1,788,556.50③	
流动负债合计	12,428,869.19	695,650.39
所有者权益:		
基金单位	137,017,216.00④	137,017,216.00
风险准备金	4,978,741.95⑤	3,043,576.13
未分配利润	47,203,984.27	32,296,602.91
加:未实现投资收益	(6,665,364.97)	—
所有者权益合计	182,534,577.25	172,357,395.04
负债及所有者权益总计	194,963,446.44	173,053,345.43
每基金单位资产净值	1.33	1.26

2. 华信投资基金利润及利润分配表

1996年度　　单位:人民币元

项目	1996年度	1995年度
经营收入		
房地产投资收入	5,323,210.00	16,085,600.00
证券投资收入	37,205,960.60	12,300,168.49
股权与实业投资收入	464,000.00	2,657,083.47
其他投资收入	775,047.39	3,787,345.70
经营支出		
营业费用	1,494,696.45⑥	1,043,863.12
收益总额	42,273,521.54	33,786,334.54
减:经理人年费	3,060,175.84⑦	2,615,809.03
信托人年费	510,029.30⑧	435,968.16
净收益	38,703,316.40	30,734,557.35
减:风险准备金	1,935,165.82	1,536,727.87
经理人奖金	2,259,974.64	623,950.39
期末未分配利润	34,508,175.94	28,573,879.09
加:年初未分配利润	12,695,808.33⑨	3,722,723.82
本期可分配利润	47,203,984.27	32,296,602.91

华信基金1997年中期报告

一、基金简介

1. 基金经理人:广东华侨信托投资公司投资基金部

地址:广州市环市东路450—452号广东华信中心20楼

电话:(020)87627545　　邮编:510075

2. 基金信托人:中国银行广东省分行

地址:广州市东风西路197号

3. 基金总份额:137,017,216个基金单位

4. 基金类型:契约型封闭式基金

5. 基金年限:8年

6. 上市地点:南方证券交易中心

7. 上市时间:1994年3月3日

8. 与深圳证券交易所联网时间:1994年3月14日

二、经理人报告

(一)1997年上半年市场回顾

1997年是新一轮经济增长的起点。得益于前几年宏观经济调整的成果,国民经济保持适度快速增长。围绕优化投资结构这一中心,各投资市场均表现出逐步恢复、缓慢回升的迹象。上半年,中国人民银行和中国证监会等国家主要机关,对我国的金融市场和证券市场进行了全面整顿,推出了一系列规范市场的重大举措,有效地控制了证券市场的过度投机,保护了广大投资者的长远利益;国债市场和期货市场也得到进一步规范,这都为未来证券大市场的建立消除了隐患。房地产市场方面,总体上仍能承接调整与消化的格局。但伴随着住房改革的深入、福利房的逐步取消,居民住宅市场正孕育着广阔的前景,如广州的房地产市场上,已呈现优秀的住宅小区购销趋旺、价格趋升的景象。

(二)1997年上半年本基金投资业务回顾

本基金经理人根据本基金的特点,奉守着积极、稳妥的精神,把握时机、立足长远,进一步对原有的短中长相结合的投资结构进行优化,促使短中长线收益都有了一个较安全的保障。1997年上半年,在基金信托人和广大投资者的支持和监督下,本基金管理人在正确估计相关投资环境的基础上,准确决策、积极运作,使华信基金的收益取得了稳定的增长,也为华信基金连续四年净资产收益率基本达到25%提供了可靠的保证。具体在证券投资方面,本基金管理人在宏观经济形势和上市公司情况等方面都加大了研究力度。因此,尽管股市起伏不定而且先升后跌,但是本基金的证券投资既把握了机会又回避了风险,保证了预期目标利润的实现。房地产投资方面,本基金管理人在投资总量大体持平的情况下,对投资结构作了成功的调整。一方面加强项目回收的力度,使项目回收工作取得可喜的进展;另一方面加大居民住宅开发的投入,并随即改变经营方式,控制项目、直接管理,保证了投资的安全,为本基金的中长期收益提供了保障。

(三)1997年下半年的投资策略与展望

本基金管理人将继续遵循安全性、流动性、效益性的投资原则,贯彻稳健、高效的经营作风,利用新一轮经济增长周期,把本基金的利润增长建立在国民经济增长点上,使本基金投资者能充分分享经济增长的成果,取得比经济增长速度更高的投资回报。

1. 证券投资　本基金经理人认为,股市长期看来是稳定向上的,但目前有一段调整规范时期,当然,这不影响成长性好的个股有突出表现。因此,本基金经理人对证券市场谨慎看好,将继续加大对宏观形势和上市公司的研究力度,重点选择一些国家扶持、鼓励发展行业的个股进行短中线投资,在规范、自律的要求,把握机遇,实现更好的收益。

2. 房地产投资　继续完善已有投资的结构调整,着重加强广州市居民住宅的投资,并充分利用下属广州平立房地产代理行在广州同行业中的独特地位,保持房地产一级开发和二级经销相结合的优势,形成规模效益,同时,进一步加强对项目投资的管理,争取直接控制项目,以确保房地产投资成为本基金中长线收益的重要来源。

3. 其他投资　考虑到新一轮经济增长的特点,本基金管理人除继续把投资重点放在证券和房地产方面外,还将在已有的实业投资基础上,对实业、股权等方面的投资作更积极的尝试和探索,重点放在技术密集型项目方面,积累经验,争取在这方面开发出新的利润增长点。

三、信托人报告

根据《华信基金资产信托契约》,本信托人中国银行广东省分行对基金经理人广东华侨信托投资公司投资基金部1997年上半年的基金运作过程实施了监督,本信托人认为经理人在本报告期内基金运作过程中,投资范围和投资规模均符合《华信基金资产信托契约》以及国家有关法律、政策。至1997年6月30日止,华信基金净资产总值为人民币215,884,656.74元,平均每基金单位净资产1.539元,上半年每基金单位净收益0.195元,此项获利均为已实现利润,未实现利润不计在内。

华信基金信托人:中国银行广东省分行

1997年7月31日

四、财务报告(未经审计)

1. 资产负债表　　金额单位:人民币元

项目	期末数	期初数

流动资产:		
现金及银行存款	30,379,482.48	6,078,135.03
短期投资	73,298,523.08	77,213,126.59
流动资产合计	103,778,005.56	83,291,261.62
长期资产:		
长期投资	115,212,184.82	111,672,184.82
长期资产合计	115,212,184.82	111,672,184.82
资产总计:	218,990,190.38	194,963,446.44
流动负债:		
应付帐款	3,105,533.64	10,640,312.69
应交税金		1,788,556.50
流动负债合计	3,105,533.64	12,428,869.19
股东权益:		
基金单位	137,017,216.00	137,017,216.00
投资风险准备	4,978,741.95	4,978,741.95
未分配利润	73,888,698.79	47,203,984.27
加:未实现投资收益		(6,665,364.97)
股东权益合计	215,884,656.74	182,534,577.25
负债及资本总计:	218,990,190.38	194,963,446.44

2. 损益表　　　　金额单位:人民币元

项目	本期数	上年同期数
营业收入		
利息收入	19,801.44	143,861.03
营业支出		
营业费用	2,587,020.95	2,395,117.81
投资收益	29,251,934.03	19,775,050.89
净收益	26,684,714.52	17,523,794.11

3. 主要财务指标

(1)平均每基金单位净收益	0.195元
(2)期内净资产收益率	17.73%
(3)每基金单位净资产	1.539元
(4)每基金单位可分配利润	0.539元

五、基金结构情况

	持有份额	比例(%)
发起人持有	12,000,000	8.76
社会公众持有	125,017,216	91.24

六、本基金经营业绩及投资组合

至1997年6月30日止,本基金总收入2,927.17万元,其中证券投资收入2,483.43万元,房地产与物业投资收入441.76万元,其他收入1.98万元;营业费用258.7万元,其中经理人年费176.98万元,信托人年费29.5万元,其他费用52.22万元。实现利润2668.47万元,平均每基金单位:0.195元。

至1997年6月30日止,各类投资及其组合比例如下:

项目	金额	比例
证券投资	7339.85万	33.51%
房地产与物业投资	10,189.7万	46.53%
实业与股权投资	1331.5万	6.1%
货币资金及其他	3037.95万	13.86%

七、财务报表注释及其他

1. 本基金自成立之日(1993年12月16日)起,按中华人民共和国《会计准则》和金融企业会计制度进行核算。

2. 以上财务报表未经会计师事务所审计,但经理人本着诚实、信用的原则向投资者披露,并愿就报告内容进行解释,承担一切责任。

3. 本基金会计年度,自公历1月1日起,至12月31日止,本报告期自1997年1月1日起,至1997年6月30日止。

4. 本基金以人民币为记帐本位币。

5. 本基金在本报告期内无诉讼事项。

6. 本报告期内,经理人就1996年度分红派息预案发布公告,提请受益人进行表决,经广州市公证处公证(公证书编号:〔97〕穗证内经字第23570号),表决现已完成,预案获得通过,具体实施时间与方案待与有关交易所、交易中心商定后另行公告。

7. 期内净资产收益率=期内净收益/期内营运净资产值

8. 资产负债表中流动负债为本期应付未付之经理人年费、信托人年费。

八、重大事项揭示

(一)为配合业务发展的需要,广东华侨信托投资公司对投资基金部的高级管理人员进行了充实加强。经广东省委省政府考察决定,尹文健先生升任广东华侨信托投资公司副总经理,兼任投资基金部总经理、法人代表。增聘吴为民先生、周恩先生为广东华侨投资公司投资基金部副总经理。新高级管理人员简历如下:

尹文健,男,1961年12月出生,湖南长沙籍。1988年7月毕业于中国人民大学法律系,获硕士学位。从1988年9月开始供职于广东华侨信托投资公司,先后任该公司法律室和证券部的科员、主任、副总经理等职;1994年底起,任该公司投资基金部法人代表、副总经理、总经理;1997年4月经广东省委、省政府考察决定,任广东华侨信托投资公司副总经理、党组成员,兼任该公司投资基金部总经理、法人代表。

吴为民,1964年12月出生,海南万宁籍。毕业于广东民族学院数学系,获理学士学位。1987年7月份至1988年9月在广东省政府第一办公室工作;1988年9月调入广东华侨信托投资公司、曾在总经理办公室、贸易部、储运部、国内金融部、华信投资基金部等7个部门工作,历任业务员、副经理、经理,现任华信投资基金部副总经理。

周恩,1966年10月出生,陕西安康籍。1990年毕业于中山大学历史学系,获硕士位。1990年至1994年在中山大学法政学院政治学与行政学系任教,担任讲师;1994年起先后在广东华侨信托投资公司证券部、基金部负责研究发展和证券投资方面的工作,历任业务员、主办经理、副经理;现任华信基金部副总经理。

(二)在中国人民银行总行和中国人民银行广东省分行的统一协调安排下,广东省南方金融服务总公司将并入广东华侨信托投资公司。同时南方基金经理人作相应变更,即在合并工作完成后,南方基金经理人由广东华侨信托投资公司投资基金部接任。届时,本基金管理人将同时管理"华信基金"、"南方基金"两个上市基金。有关公告见1997年6月2日《金融时报》和《中国证券报》。现合并工作正在进行中。

(三)本基金经理人业已迁入广州市环市东路450—452号广东华侨中心20楼,敬请垂注。

广东华侨信托投资公司投资基金部
1997年7月31日

广 信 投 资 基 金

广东广信投资基金及经理人 广东国际信托投资公司基金部介绍

1. 广东广信投资基金

广东广信投资基金(以下简称广信基金)是由广东国际信托投资公司发起,经中国人民银行广东省分行粤银复〔1993〕388号文件批准,于1993年12月14日在广州设立。

广信基金以定向及公开募集方式按每单位基金面值1.00元(不计发行手续费)共发行基金单位128,754,000份,实收人民币128,754,000元。其中发起人广东国际信托投资公司持有10,000,000份基金单位,社会公众持有118,754,000份基金单位,分别占基金单位总份额的7.8%和92.2%。

广信基金为契约型、封闭式(封闭期为8年)、综合性投资基金,投资范围为证券、金融票据、期货、期权、房地产、实业以及主管机关批准的其他项目。

经中国人民银行广东省分行批准,广信基金于1994年3月3日在广州南方证券交易中心上市,同年3月14日在上海证券交易中心联网上市,简称"广东广信",代码550553。

广信基金发起人名称:广东国际信托投资公司

地址:广州市环市东路339号广东国际大厦19—22楼

邮编:510098

电话:83311888

法定代表人:麦智南

广信基金经理人名称:广东国际信托投资公司基金部

地址:广州市环市东路339号广东国际大厦17楼

邮编:510098

电话:83311888转1701,1702

传真:83311013

法定代表人:林金腾

广信基金信托人名称:中国建设银行广东省分行直属支行(原中国人民建设银行广东省分行信托投资公司)

地址:广州市天河东路232号

邮编:510620

电话:87532578

传真:87532884

法定代表人:卢瑞金

广信基金经理人顾问:厉以宁教授、董辅礽教授、张元元教授

2. 广信基金经理人

广东国际信托投资公司基金部

广东国际信托投资公司基金部(以下简称广信基金部)是经中国人民银行广东省分行和广东省工商行政管理局批准的有金融业务经营权的具有法人资格的全民所有制的金融企业,注册资本为人民币1000万元,经营范围为发起和设立境内外各类基金、基金资产经理业务、证券投资及咨询、基金转让、物业投资和主管机关批准的其他业务。

广信基金部是广东国际信托投资公司全资拥有的子公司,广东国际信托投资公司是广东省人民政府唯一直接全资拥有的国有金融企业,资信卓著,曾被国际著名评级机构如美国穆迪公司、标准普尔公司和日本公社债研究所评定为较优的国际信用级别,是全国第一家在欧美资金市场发债的省级金融机构。

广信基金部下设证券投资部、项目投资部、研究发展部、财务部和综合部。

广信基金拥有一大批在基金运作过程中培养起来的高素质的较年轻的专业人才,其中有博士学历的占员工总数的16.7%,硕士学位的占41.7%,本科学历的占90%左右。另外,拥有高级职称的占8.3%,中级职称的占员工总数的一半以上。

主要高级管理人员:

林金腾:男,37岁,大学本科,会计师,现任广东国际信托投资公司副总会计师兼基金部法人代表、总经理。英国会计师公会学生会员,曾在香港安永会计师事务所工作。

林红:女,47岁,经济学硕士,高级经济师,现任广东国际信托投资公司基金部总经理助理兼综合部经理。

苏祖耀:男,32岁,国际私法博士,高级经济师、律师,曾在香港的SINCLAIR ROCHE律师行工作,现任广东国际信托投资公司基金部法律顾问,广州经纶律师行首席律师。

广东广信投资基金一九九六年度报告摘要

一、基金简介

1、基金经理人名称:广东国际信托投资公司基金部

地址:广州市环市东路339号广东国际大厦十七楼

邮政编码:510098　　法定代表人:凌伟增

电话:(020)83311888—1701　　传真:(020)83311013

2、基金信托人名称:中国建设银行广东省分行直属支行

地址:广州市天河东路232号

邮政编码:510620　　法人代表人:卢瑞金

电话:(020)87532578　　传真:(020)87532884

3、基金单位总额:128,754,000

4、基金类型:封闭式契约型

5、基金年限:八年

6、基金年度:1996年1月1日至12月31日

7、上市地点:南方证券交易中心

8、上市时间:1994年3月3日

9、与上海证券交易所联网时间:1994年3月14日

10、简称与代码:广东广信 550553

二、基金年度财务报表

1. 资产负债表

1996年12月31日　　人民币元

	附注	1996	1995
流动资产:			
货币资金		30,554,243	7,331,297

拆出资金	3	20,000,000	5,000,000
应收帐款	4	6,576,322	10,332,474
其他应收款		278,352	31,997
短期投资	2,3,5	134,192,183	136,604,844
流动资产合计		191,601,100	159,300,612
资产合计		191,601,100	159,300,612
流动负债			
短期借款		2,800,000	
预计红利	9	19,313,100	
其他应付款		8,030,741	1,083,828
流动负债合计		30,143,841	1,083,828
所有者权益			
实收资本	6	128,754,000	128,754,000
未实现投资收益	24	19,230,373	1,172,000
未分配利润		13,472,886	28,290,784
所有者权益合计		161,457,259	158,216,784
负债及所有者权益总计		191,601,100	159,300,612

2. 损 益 表

1996 年 1 月 1 日至 12 月 31 日　金额单位:人民币元

	附注	1996	1995
营业收入			
实业投资收益		16,963,092	24,551,049
证券投资收益(亏损)		22,574,833	4,651,916
利息收入		547,430	578,038
其他收入		158,220	768,448
营业收入合计		40,243,575	30,549,451
营业支出			
营业费用		645,221	225,721
手续费支出		974,279	164,805
其他营业支出		35,560	110,000
营业支出合计		1,655,060	530,526
营业利润		38,588,515	30,018,925
减:管理人费用	7	3,322,552	3,135,115
经理人业绩奖	8	5,927,735	1,003,828
利润总额		29,338,228	25,879,982
减:所得税	2.6		
净利润		29,338,228	25,879,982
加:年初未分配利润		28,290,784	12,711,122
减:1994 年度已分配利润			10,300,320
1995 年度已分配利润		24,843,026	
1996 年度预计分配利润	9	19,313,100	
未分配利润		13,472,886	28,290,784

3. 报表编制说明:

(1)以上财务报表的相关数据取自经安永华明会计师事务所葛明注册会计师审计的本基金年度报告。

(2)主要报表附注说明:

附注 1　广信基金的一般情况

广信投资基金(简称"广信基金")经中国人民银行广东省分行粤银复〔1993〕388 号文件批准,于 1993 年 2 月 14 日在广州市设立。广信基金为综合型、契约型、封闭式基金,投资范围为有价证券、金融票据、期权、期货、房地产和经中国人民银行批准的其他项目。广信基金 1994 年 3 月 3 日于南方证券交易中心上市,并于 3 月 14 日南方证券交易中心与上海证券交易所联网。广信基金的经理人为广东国际信托投资公司基金部,信托人为中国建设银行广东省分行直属支行。

附注 2　广信基金采用的主要会计政策

(1)执行的会计制度

因目前尚未颁布适用于基金的会计制度,广信基金目前执行的会计制度系参考《股份制试点企业会计制度》和《金融企业会计制度》的有关规定。

(2)会计期间的基金存续期

广信基金的会计期间为公历 1 月 1 日至 12 月 31 日止。

广信基金的存续期为 8 年,存续期将满时,经受益人大会及主管部门批准,可延长存续期(但累计期限不超过 15 年),或转为开放式基金,或转为经理人发起设立的另一名称的基金,或终止基金。

(3)资产估值

广信基金资产估值按《南方证券交易中心投资基金估值暂行办法》执行。其中上市证券以估值日的收市价列示;上市公司未能流通部分的证券以估值日的收市介的 85%计算列示,未上市公司之证券按成本列示。

(4)未实现投资收益

本基金资产估值与其成本之差净额列为未实现投资收益。

(5)证券计价方法

买入证券按实际成本计帐,卖出证券按移动加权平均成本核算,年终库存证券按上述资产估值方法给予调整。

(6)税项

税务局目前尚未就投资基金的税项作出规定,本基金未作各项纳税准备。

(7)利润分配

广信基金每年分红一次,如果当年收益总额低于年初资产净值的 5%或无收益,则该年不进行收益分配。没有被要求提取公益金或公积金。

附注 3　拆出资金

为短期拆借给非银行金融企业的款项。

附注 4　应收帐款

	1996	1995
应收一年内到期的信托投资收益款	6,576,322	10,322,474

附注 5　短期投资

	1996	1995
一年内到期的信托投资(按成本)	72,900,000	97,300,000
上市证券(按市价)	29,539,508	22,658,794
上市公司法人股(按市价的 85%估值)	22,042,625	6,936,000
非上市公司法人股(按成本)	9,710,050	9,710,050
	134,192,183	136,604,844

附注 6　实收资本

	单位基金(份)	金额(元)
中国人民银行广东省分行 1993 年 12 月 14 日粤银复〔1993〕388 号文件批复的广信投资基金资本金:	128,754,000	128,754,000
实收资本:		
广东国际信托投资公司(发起人):	10,000,000	10,000,000
定向和公开募集:	118,754,000	118,754,000
	128,754,000	128,754,000

附注 7　管理人年费

根据广信基金章程,经理人和信托人年费分别按广信基金期初净资产的 1.8%和 0.3%计算。

附注 8　经理人业绩奖

根据广信基金章程,年末资产净值(经调整后)超过年初资产净值(经调整后)20%以上时,经理人可从超过部分中提取 20%作为经营业绩奖。

附注 9　预计红利

经理人建议 1996 年度预计红利为每单位基金人民币 0.15 元(含红利所得税),尚待广信投资基金董事会和受益人表决通过。

附注 10　比较数字

若干比较数字已重新分类,以符合本年度报表格式。

三、主要财务指标

金额单位:人民币元

1、投资收入	40,243,575
2、净收益	29,338,228
3、资产总计	191,601,100
4、所有者权益	161,457,259
5、单位基金收益	0.23
6、单位基金净资产	1.25
7、净资产收益率 *	18.17%

* 注:净资产收益率按本期基金净收益除以期末基金净资产计算得出。

四、基金份额结构

	持有份额(基金单位)	比例(%)
发起人持有	10,000,000	7.8
社会公众持有	118,754,000	92.2
总　　计	128,754,000	100.00

五、基金投资组合

投资项目	投资比例(%)	金额(元)
证券	19.16	29,539,508
实业	47.28	72,900,000
货币	12.97	20,000,000
其他	20.59	31,752,675
合计	100.00	154,192.183

* 注:在实业投资方面,本经理人充分发挥本基金发起人——广信公司的优势,大部分投资采用与广信公司合作的形式,投资重点以交通能源和制造业为主,其中交通能源方面的投资占20.6%,原材料和轻工业方面的投资占20.6%,房地产投资占39.8%,金融投资占16.4%。上述投资均能获得较好的回报。

六、经理人报告摘要

一、一九九六年度经营情况回顾

一九九六是"九五"计划的第一年,经过三年的宏观调控,宏观经济形势明显趋好,主要表现为国民经济保持适度的快速增长,通胀得到有效抑制,国民经济"软着陆"基本成功。国家在继续执行适度从紧的货币、财政政策的同时,为减轻国企负担和刺激有效需求,取消了保值贴补储蓄和两次降低存货款利率,引发了证券市场特别是股票二级市场的持续上升行情,上证综指和深成指数的全年升幅分别为165%和326%。

基于对我国宏观经济形势和证券市场走势的正确预期,本基金经理人本着科学的投资理念,在一九九六年四月初加大了证券投资比重,选择了一批成长性好的绩优股建仓。在一九九六年十一月底,考虑到股市投机成分过多,潜在风险较大,管理层即将加大对证券市场的管力度以规范证券市场和促进证券市场长远健康发展,本基金经理人及时调整了持仓比重,后来事实证明,有效地避免了由此带来的市场风险。在项目投资方面,本基金经理人除继续发挥本基金发起人广信总公司的优势外,还积极发掘各种潜在的投资机会,加强项目投资的可行情研究和实施监督,同时注重提高和改善项目投资的资产质量,在项目投资的回收工作上进展顺利,保证了项目投资取得良好的回报。

由于本基金经理人严格遵循广信基金"稳定增值"的宗旨,在基金投资上,树立科学的投资理念。加强风险管理并将其制度化,广信基金一九九六年度取得了良好的经营业绩,全年实现投资净收益2,933.82万元,比去年同期增加13.36%,每单位基金净收益和净资产收益率达0.23元和18.17%,比去年同期分别增加了15%和提高11.06%。截止96年12月31日,每单位基金净资产为1.25元(已扣减96年度预分红款),比95年底(扣减95年度已分红款后,)增加21.05%。

二、一九九七年展望

一九九七年处于经济周期的上升初期,将是我国国民经济持续稳定增长的一年,此外,我国将对香港恢复行使主权和召开党的"十五"大这两件大事从客观上要求经济上的稳定发展。

一九九七年政府在继续实施适度从紧的货币、财政政策的同时,将加大经济的结构调整力度和国企的改革进程,这将给证券市场带来新的机遇。由于九七年国债规模的扩大和股票市场的进一步扩容,管理层对金融市场的监管力度将进一步加大,这将有利于证券市场的长远发展,但同时使得九七年股票市场将是一轮总趋势向上的慢牛行情。此外,《投资基金管理办法》和《证券法》等法规的即将出台,将给基金运作带来新的机遇和挑战。

本基金经理人认为九七年将是基金运作机遇和挑战并存的一年,本基金经理人将诚守务实进取的经营作风,严循广信基金稳定增值的经营宗旨,积极把握市场机遇,努力开拓基金投资的新领域,踏踏实实地为广信基金受益人谋取更好的投资回报。

基金经理人:广东国际信托投资公司基金部

一九九七年三月三十一日

七、信托人报告摘要

经中国人民银行广东省分行批准,广信基金定向及公开募集发行128,754,000基金单位,实收人民币128,754,000元,上述资金于1993年12月14日已全部到位。经安永华明会计师事务所验资确认并经中国人民银行广东省分行核准:由本信托人实施托管,由经理人实施运作。截止96年12月31日止,广信基金资产总值为191,601,100元,每单位基金净资产1.25元。本信托人依据《广信基金资产信托契约》和《广信基金章程》之规定,对于广信基金经理人的投资管理运作实施了监督。本信托人确认在本期基金运作过程中经理人的投资均符合《广东省投资信托基金管理暂行条例》、《广信基金章程》和《广信基金资产信托契约》的有关规定。

中国建设银行

广东省分行直属支行

一九九七年三月二十一日

八、重要事项揭示

1、本基金1995年度分红为每份基金派0.20元现金(作纳税准备后每单位基金实际派发0.18元)。1995年度广信基金现金红利已委托上海证券中央登记结算公司和广州南方证券登记公司于1996年5月6日起代理发放,并于1996年5月31日全部发放完毕。

2、根据有关规定,本基金信托人中国人民建设银行广东省信托投资公司已更名为中国建设银行广东省分行直属支行。新的通讯地址及联系电话等详见本报告的基金简介部分。

3、根据税务局规定,基金分红超过银行同期存款利息部分,应代缴纳20%的非经常性收益所得税,本基金已对95年度及96年度基金分红作出纳税准备。

4、本报告期内无诉讼、仲裁事项。

5、本年度报告是按上海证券交易所和南方证券交易中心统一规定的格式编制。

基金信托人:中国建设银行广东省分行直属支行

基金经理人:广东国际信托投资公司基金部

一九九七年三月三十一日

广东广信投资基金一九九七年中期报告

一、财务报表(未经审计)

1、简化的资产负债表(1997 年 6 月 30 日)　　单位:元

项　目	1997 年 6 月 30 日	1996 年 12 月 31 日
流动资产		
货币资金	18,020,258	30,554,243
拆出资金	35,500,000	20,000,000
应收帐款净额	5,055,216	6,576,322
其他应收款	32,256	278,352
短期投资	159,481,066	134,192,183
流动资产合计	218,088,795	191,601,100
资产总计	218,088,795	191,601,100
流动负债		
短期借款	11,000,000	2,800,000
应付红利	19,313,100	19,313,100
其他应付款	484,100	8,030,741
流动负债合计	30,797,200	30,143,841
所有者权益		
实收资本	128,754,000	-128,754,000
未实现投资收益	27,150,854	19,230,373
未分配利润	31,386,741	13,472,886
所有者权益合计	187,291,595	161,457,259
负债及所有者权益总计	218,088,795	191,601,100

2、损益表(1997 年 1 月 1 日至 1997 年 6 月 30 日)　　单位:元

项　目	1997 上半年	1996 上半年
营业收入		
实业投资收入	3,846,393	10,878,100
证券投资收入	16,499,989	8,571,614
利息收入	690,051	320,380
其它投资收入		158,220
营业收入合计	21,036,433	19,928,313
营业支出		
营业费用	366,234	470,516
手续费支出	461,745	466,578
其他营业支出	80,000	5,560
营业支出合计	907,979	942,654
营业利润	20,128,454	18,985,659
减:管理人费用	2,214,599	1,661,276
利润总额	17,913,855	17,324,383
减:所得税	—	—
净利润	17,913,855	17,324,383
加:年初未分配利润	13,472,886	
未分配利润	31,386,741	

3、财务指标分析

(1)每单位基金净收益 0.139 元

(2)净资产收益率 10.27%

(注:净资产收益率 = 净利润/(期初净资产 + 期末净资产)/2)

(3)每单位基金净资产 1.45 元。

二、经营情况的回顾和展望

1、上半年经营情况回顾

今年上半年我国国民经济持续稳步增长,通胀得到进一步有效抑制,国企改革已开始有一定进展,加上对香港回归和十五大两大利好因素的预期,国内证券市场特别是股票市场从年初的低位开始了一轮力度较大的上升,但随之投机成份逐步加大。为规范证券市场,促进证券市场的健康发展,管理层采取了一系列抑制股市过分投机的措施,如提高股票交易印花税,增加新股发行规模,禁止国企和上市公司炒股,禁止银行违规资金流入股市,加大对违规机构的处罚力度等等,使得深沪两地股市从今年 5 月初开始大幅下挫,目前仍处于调整之中。

面对证券市场的起伏,本基金经理人本着保障基金资产"安全性、收益性、流动性"的原则,及时调整投资组合,在年初选取了一批绩优成长性好的个股建仓,并在今年 5 月初股市出现过分投机之际及时平仓,确保了投资收益的实现和避免了巨大的市场风险。同时,本基金经理人还加大了风险相对较小的股票一级市场的投入,取得了较好的投资回报。此外,在实业投资方面,本基金经理人注重加强风险管理,控制投资资产的质量,也取得了良好的投资收益。截止 1997 年 6 月 30 日,广信基金实现投资收入 2103 万元,实现投资净收益 1791 万元,分别比去年同期增加了 5.6% 和 3.4%;净资产比年初增加 2,469 万元,增幅达 16.4%。

2、下半年展望

下半年我国经济形势将进一步好转,通胀情况将继续得到有效抑制,随着国企改革的进一步深入,上市公司的业绩将有所改善。在金融政策方面,央行将继续实施"适度从紧"的政策,但具体方法上可能会有所松动。较大的新股规模和管理规范股市的决心使得下半年股市将不会有大起大落,但市场机遇依然存在。然而必须看到,我国证券市场尚属新兴市场,因此市场风险将会是投资基金经理人必须高度重视的问题。

本基金经理人将严格遵循广信基金长期稳定增值的宗旨,发挥自身优势,进一步加强内部控制,努力把握市场机遇,积极开拓基金投资新领域,切实地为广大投资者谋求满意的投资回报。

三、基金投资组合

投资项目	投资比例(%)
证券	39.84
实业	24.06
货币	18.21
其他	17.89
合计	100.00

四、基金份额结构

	持有份额	比例(%)
发起人持有	10,000,000	7.8
社会公众持有	118,754,000	92.2
总计	128,754,000	100.00

五、重大事项揭示

1、原广东国际信托投资公司副总经理凌伟增先生因工作调动辞去广信基金部法人代表,由广信基金部总经理林金腾先生接任。

2、本基金一九九六年度分红为每基金单位派 0.15 元现金(作纳税准备后每基金单位实际派发 0.13 元),一九九六年度广信基金现金红利已委托上海证券中央登记结算公司和南方证券登记公司于一九九七年七月十四日起代理发放。

3、本报告期内无诉讼、仲裁事项。

4、本中期报告是按上海证券交易所和南方证券交易所中心规定和要求的格式编制。

广信基金经理人:广东国际信托投资公司基金部

广信基金信托人:中国建设银行广东省分行直属支行

一九九七年八月一日

兴龙投资基金

兴龙投资基金简介

一、基金简介

兴龙投资基金是经中国人民银行黑龙江省分行银黑金管字〔1992〕第832号文件批准设立的封闭式契约型投资基金。基金期限为8年,基金总规模为8000万个基金单位。本基金于一九九五年三月在黑龙江省证券交易系统柜台交易。

兴龙投资基金的发起人为黑龙江省国际信托投资公司。公司具有法人地位,实行独立核算,自主经营,自负盈亏。公司以提高经济效益为中心,运用灵活多样的经营方式,积极筹集融通资金,不断扩大经营范围,增加自身实力。

兴龙投资基金的管理人为黑龙江省国际信托投资公司基金管理部。本基金管理人具有良好的业务素质和较高的分析、决策能力,不断根据市场变化,调整投资比重,规范基金的管理,以实现基金的稳定增值为目标。

二、基金经营业绩与发展前景

兴龙基金投入运作以来,一直保持着良好的经营业绩。本基金根据自身发展情况投资于证券业和实业的比重较大。这两部分投资占总投资的80%以上,投资回报较高。本基金历年分红派息均采取派送现金的方式,年分红率平均在20%以上。

伴随着我国经济体制改革的进一步深化,投资基金日益成为一条开避投资新渠道的重要途径。投资基金有利于规范民间投资行为。保障中小投资者的利益,有利于证券市场的稳定,有利于促进现代企业制度的建立和完善。《证券投资基金管理暂行办法》有望在九七年内出台,使得基金业迎来了良好的发展机遇。在今后的运营中,本基金管理人将根据国家对投资基金管理的要求,争取扩大基金资产规模,加大基金宣传力度,积极做工作,使本基金早日在全国上市交易,为广大投资者谋求更好的回报。

黑龙江省国际信托投资公司

公司地址:哈尔滨市红军街20号金融大厦

兴龙投资基金一九九六年年度报告

本基金管理人根据有关规定公布兴龙投资基金一九九六年年度报告,本基金管理人对本报告的真实性,准确性和完整性负责,并愿对本报告内容进行解释。

一、主要财务指标

1. 基金总额	80,000,000.00元
2. 基金总资产	99,253,319.05元
3. 基金净资产	97,031,602.59元
4. 基金费用	1,466,487.76元
5. 净收益	15,269,643.11元
6. 每基金单位净资产	1.21元
7. 每基金单位净收益	0.19元

二、基金运营管理及投资组合情况

1996年,本基金管理人贯彻“多元配置,分散风险,灵活调度”的原则,根据投资基金规范化运作的要求,对基金进行了部分投资比例的调整,适量增加了证券投资份额,最大限度地规避投资风险,使基金运作比较平稳,管理得到进一步完善。

兴龙投资基金组合表

投资项目	投资金额(万元)	投资比例(%)
证券业	3142	34.7
房地产业	1008	11.1
实业	3500	30.7
其他	1312	14.5
合计	9061	100

三、投资收益及分配情况

截止1996年12月31日,本基金已实现总收入17,765,850.59元,扣除各项费用2,496,207.48元,可供分配红利15,269,643.11元,每单位可分配红利0.19元。出于对投资人长远利益的考虑,同时也为了增强兴龙基金的发展后劲,本基金管理人将每基金单位派发0.18元现金红利,余额做为未分配利润结转下年。

四、基金财务报表(附后)

五、会计师事务所审计情况

本基金资产及财务报告已经黑龙江会计师事务所验证并确认。

六、基金运营展望

本基金管理人认为,1997年是我国投资基金发展的重要的一年,为了保证广大投资者的利益,我们将继续发挥自身优势,建立风险防范机制,密切注视市场变化,适时调整投资结构。同时,将在有关部门的配合下,使本基金早日在全国上市交易,为广大投资者谋求最佳的回报。

黑龙江省国际信托投资公司
兴龙投资基金管理部
一九九七年三月二十日

资 产 负 债 表

编制单位:兴龙基金管理部　　制表时间: 1996 年 12 月 31 日　　单位:元

资　　产	期　初　额	期　末　额	负债及所有者权益	期　初　额	期　末　额
一、流动资产			1、流动负债		
现　　金	324.68	14,054.20	其他应付款	2,045,928.27	2,221,716.46
银行存款	444,897.93	210,230.85			
应收收益	8,577,559.00	8,420,900.00			
短期投资	80,329,594.00	80,519,590.00			
流动资产合计	89,352,375.61	89,164,775.05	流动负债合计	2,045,928.27	2,221,716.46
二、长期资产			二、所有者权益		
长期投资	10,120,544.00	10,088,544.00	实收资本	80,000,000.00	80,000,000.00
			风险准备金	886,450.98	1,701,419.07
			未分配利润	16,540,540.41	15,330,183.52
长期资产合计	10,120,544.00	10,088,544.00	所有者权益合计	97,428,991.34	97,031,602.59
资产合计	99,472,919.61	99,253,319.05	负债及所有者权益总计	99,472,919.61	99,253,319.05

损　益　表

编制单位:兴龙基金管理部　　编制日期:1996 年 12 月 31 日　　单位:元

项　　目	上 年 累 计 额	本 年 累 计 额
一、经营收入	19,217,277.60	17,765,850.59
证券投资收入	2,365,993.00	3,957,772.00
房地产投资收入	2,332,241.00	2,291,731.00
实业投资收入	11,608,788.00	8,787,146.00
其他投资收入	2,640,403.50	2,693,482.70
利息收入	269,852.10	35,718.89
二、经营支出	1,488,259.00	1,466,487.76
管理费	1,488,259.00	1,466,487.76
三、收益总额	17,729,018.60	16,299,362.83
减:风险准备金	886,450.93	814,968.14
业绩红利	323,405.00	214,751.58
四、净收益	16,519,162.67	15,269,643.11
加:年初未分配利润	19,381,377.74	16,540,540.41
减:已分配利润	19,360,000.00	16,480,000.00
五、未分配利润	16,540,540.41	15,330,183.52

兴龙投资基金一九九七年中期报告

本基金管理人根据有关规定公布兴龙投资基金一九九七年中期报告。本基金管理人愿就对本报告所载资料负责解释。本报告所披露的财务报表未经注册会计师事务所审计。

一、财务指标摘要

1. 基金总额	80,000,000.00 元
2. 基金总资产	94,901,696.77 元
3. 基金净资产	90,181,883.48 元
4. 每基金单位净资产	1.13 元
5. 每基金单位净收益	0.09 元

二、投资组合情况

投资项目	投资金额(万元)	投资比例(%)
证券业	3900	41.5
房地产业	900	9.6
实业	3300	35.1
其他	1300	13.8
合计	9400	100

三、基金财务报表(附后)

四、基金上半年运营回顾

九七年上半年,我国国民经济继续保持良好的发展势头,金融运行比较平稳,在经济金融形势日趋好转的形势下,本基金管理人不断加强市场调研,加大了对股票一级市场的投资力度,以灵活进取而又不失稳健的投资策略,保证了兴龙基金上半年的平稳运行。

六、基金下半年运营展望

今年下半年,在国家继续实行适度从紧的财政货币政策,加快国企改革步伐的背景下,经济环境、金融形势将会进一步好转,这为证券市场的稳步发展创造了良好的条件,我们将进一步加大证券投资力度,规避证券市场风险、规范基金管理,提高资产质量,为广大投资者谋求最佳的投资回报。

黑龙江省国际信托投资公司

兴龙投资基金管理部

一九九七年八月十三日

资 产 负 债 表

制表日期:1997 年 6 月 30 日

单位:元

资产	期末余额	负债及所有者权益	期末余额
一、流动资产		一、流动负债	
1. 现金	13,168.35	其他应付款	4,719,813.29
2. 银行存款	23,361.89		
3. 其他应收款	20,000.00		
4. 短期投资	85,048,191.53		
		流动负债合计	4,719,813.29
流动资产合计	85,104,721.77	二、所有者权益	
二、长期资产		1. 实收资本	80,000,000.00
长期投资	9,796,975.00	2. 风险准备金	1,701,419.07
		3. 本年利润	7,550,280.89
		4. 利润分配	930,183.52
长期资产合计	9,796,975.00	所有者权益合计	90,181,883.48
资产总计	94,901,696.77	负债及所有者权益总计	94,901,696.77

兴龙基金管理部

兴龙投资基金损益表(1997.1—6月)

制表日期:1997.6.30

单位:元

项目	金额
一、经营收入	7,550,280.89
1. 投资收益	7,549,254.54
2. 利息收入	1,026.35
二、经营支出	
基金管理费	
三、经营利润	7,550,280.89

黑 龙 江 北 疆 投 资 基 金

黑龙江北疆投资基金

一、概　况

黑龙江北疆投资基金是经中国人民银行黑龙江省分行批准，由中国工商银行黑龙江省分行直属支行(原省工行信托投资公司)和北亚实业(集团)股份有限公司于一九九四年共同发起设立的封闭式契约形基金。基金成立时总规模7180万个基金单位，总值7180万元。由发起双方共同组建北疆基金管理部进行管理。并由中国工商银行黑龙江省分行为基金的信托人。本基金于九五年三月在黑龙江省证券交易系统联网交易。经一九九六年转增基金单位后，现总规模为8000万个基金单位。

二、投资原则及基本方针

1. 原则：

依照稳健、高效的原则进行投资运作，在确保基金安全的基础上，为投资者谋求资产的高收益和高增值。

2. 基本方针：

为充分保障投资者权益，投资目标将选择收益高、周转快、安全可靠、风险较小的项目。投资组合以二级市场高收益和高成长股为主，适量增加一级市场的投资，以流通性好的国库券为辅，在科学设置风险保障系统的前提下进行部分股权参资及项目投资。

三、基金特点

1. 经营阵容精锐：

北疆基金管理部由一批年富力强、学历经历完备，富有经验的人士组成，管委会成员都是拥有高级职称或硕士以上学位，具有多年金融投资方面经验的资深人士，在金融证券、实业投资方面有丰富的知识和实践能力，具有专业投资管理水平和敬业精神。

2. 股东实力雄厚

北疆基金由中国工商银行黑龙江省分行直属支行和北亚实业(集团)股份有限公司共同发起设立，发起人投资1400万元。北亚集团为上市公司，股东单位知名度高，信用卓著，资金雄厚。

3. 设备手段先进

现已实现投资管理、财务行政管理电算化，证券投资分析技术化。

4. 投资决策严谨

北疆基金结合投资的实际情况，建立一套科学化的自上而下的投资决策程序，以分散投资风险，为投资者获取长期、稳定、高水平的收益。

四、组织结构

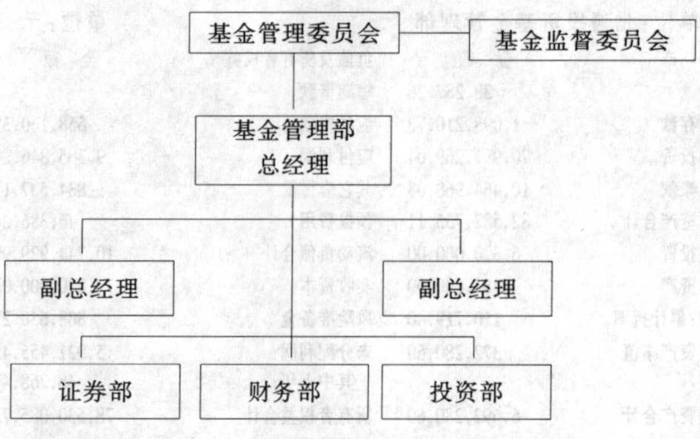

五、各部门职能

1. 证券部：对股市动态及市场讯息进行追踪分析，对有关上市公司经营业绩等作常规或专门调查，提供调查分析报告，提出投资方案，经基金管理委员会批准，从事一、二级股票市场的投资工作。

2. 投资部：进行市场调查，特色投资基金，进行项目评估，制定投资方案，根据基金管委会决策实施项目投资。

3. 财务部：进行基金资产的财务管理和财务核算，合理运用及调配资金，编制对外发布的财务报告。

六、财务状况：

北疆基金三年投资组合表

	1994年(%)	1995年(%)	1996年(%)
证券投资	24.22	23	37.57
短期投资	54.28	45.2	38.25
长期投资	9.59	18.6	5.89
其它投资	11.91	13.20	18.29

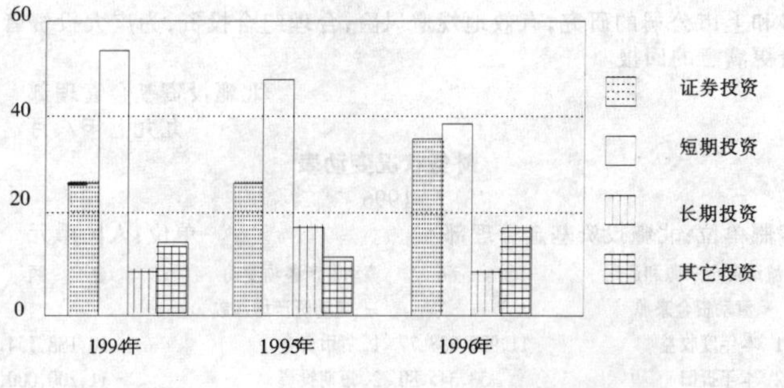

主要财务指标

	1994年	1995年	1996年
单位基金净资产	1.154	1.196	1.18
分红率	15%	18%	17%

附：九六年末及九七年中期财务报表。

北疆投资基金管理部

一九九七年十月

北疆投资基金一九九七年度中期报告

本基金管理人根据有关规定公布一九九七年度中期报告,并愿就报告内容进行解释,确信本报告无任何重大遗漏。本报告所披露的财务报表未经注册会计师事务所审计。

一、主要财务指标:

1. 资产总额:89,275,015.71元;
2. 所有者权益总额:78,530,085.72元;
3. 营业收入:6,098,325.90元;
4. 营业支出:225,638.92元;
5. 净收益:5,872,686.98元;
6. 单位基金净资产:1.094
7. 单位基金净收益:0.082

二、投资组合

1. 证券投资:39,527,902.63元,占总资产44.28%;
2. 短期项目投资:31,463,366.41元,占总资产35.24%;
3. 长期投资:6,320,000.00元,占总资产7.08%;
4. 其它投资:11,963,746.67元,占总资产13.4%。

三、回顾与展望

一九九七年上半年,我国国民经济继续保持稳定增长的良好趋势,国有企业改革不断深入,经济效益逐步好转,宏观经济进一步得到改善。中国证监会和中国人民银行等国家主管机关进一步加大了对证券市场和金融市场的监管力度,相继推出一系列规范市场的重大举措,有效地抑制了证券市场的过度投机行为。经济形势的好转,证券市场的规范,为基金的发展壮大提供了良好的发展机遇,北疆基金从稳健、规范运作角度出发,在继续盘活资金的基础上,提高投资质量,适当增加证券投资力度,扩大了新股认购比例,取得了较好的收益。

下半年,随着九七香港回归,党的"十五"大的胜利召开,我国经济形势将走上新台阶。本基金经理人将更好的把握机遇,加强对宏观经济形势和上市公司的研究,有效地规避风险,合理组合投资,为广大投资者创造更满意的回报。

北疆投资基金管理部

一九九七年八月

财务状况变动表

1996

编制单位:北疆投资基金管理部　　单位:人民币元

流动资金来源和运用	金额	流动资产各项变动	金额
一、流动资金来源		一、流动资产增加数	
1. 本年度收益	11,989,038.77	1. 货币资金	10,188,154.30
2. 本年折旧	53,345.80	2. 短期投资	-11,200,000.00
3. 资本增加数	114,880.00	3. 应收帐款	-2,210,671.48
4. 其它来源			
流动资金来源合计	12,157,264.57	流动资产增加净额	-3,222,517.18
二、流动资金运用		二、流动负债增加数	
1. 分配利润	12,924,000.00	1. 短期借款	-6,500,000.00
2. 提取风险准备金	114,880.00	2. 应付帐款	1,440,000.00
3. 提取业绩红利	40,083.10	3. 其它应付款	68,122.35
4. 固定资产净增加额	-7,691,059.00		
5. 增加长期投资	5,000,000.00		
流动资金运用合计	10,387,904.10	流动负债增加净额	-4,991,877.65
三、流动资金增加净额	1,769,360.47	流动资金增加净额	1,769,360.47

北疆投资基金损益表

1996年度

编制单位:北疆投资基金管理部　　单位:元

项目	期初数	期末数
一、营业收入	15,028,656.28	13,546,593.38
其中:1、投资收入	13,211,701.46	8,446,318.05
2、证券收入	1,816,874.82	4,835,317.05
3、其它收入		264,958.28
二、营业支出	1,153,650.85	1,557,554.61
管理人管理费用	1,077,000.00	1,077,600.00
财务费用	76,650.85	480,554.61
三、收益总额	13,875,005.43	11,989,038.77
减:风险准备金	693,750.27	114,880.00
业绩红利	135,460.41	40,083.10
四、净收益	13,045,794.75	11,834,075.67
加:年初未分配利润	11,068,744.25	13,344,539.00
减:已分配利润	10,770,000.00	12,924,000.00
五、本年可供分配利润	13,344,539.00	12,254,614.67

北疆投资基金损益表

1997年1-6月　　单位:元

项目	金额
一、营业收入	6,098,325.90
其中:1、投资收入	3,198,325.90
2、证券收入	2,900,000.00
3、其它收入	
二、营业支出	225,638.92
管理人管理费用	330,000.00
财务费用	-104,361.08
三、本年利润	5,872,686.98
减:风险准备金	
业绩红利	
四、可供分配利润	5,872,686.98
加:年初未分配利润	48,768.47
五、未分配利润	5,921,455.45

北疆投资基金资产负债表

96年12月31日

编制单位:北疆投资基金管理部　　单位:人民币元

资产	金额	负债及所有者权益	金额
货币资金	10,768,665.84	短期借款	3,500,000.00
短期投资	54,363,366.41	其它应付款	954,557.72
应收帐款	10,302,469.81	应付利润	1,440,000.00
流动资产合计	75,434,502.06	流动负债合计	5,894,557.72
长期投资	14,980,000.00	实收资本	71,800,000.00
固定资产	454,020.00	风险准备金	808,630.27
减:累计折旧	110,719.40	未分配利润	12,254,614.67
固定资产净值	343,300.60		
长期资产合计	15,323,300.60	所有者权益合计	84,863,244.94
资产总计	90,757,802.66	负债及所有者权益合计	90,757,802.66

北疆投资基金资产负债表

1997.06.30

编制单位:北疆投资基金管理部　　单位:元

资产	金额	负债及所有者权益	金额
现金	28,287.26	短期借款	
银行存款	1,098,210.73	应付帐款	558,160.38
短期投资	70,991,269.04	应付利润	9,305,846.20
应收帐款	10,464,968.08	其它应付款	834,537.17
流动资产合计	82,582,735.11	预提费用	46,386.24
长期投资	6,320,000.00	流动负债合计	10,744,929.99
固定资产	483,000.00	实收资本	71,800,000.00
减:累计折旧	110,719.40	风险准备金	808,630.27
固定资产净值	372,280.60	未分配利润	5,921,455.45
		其中上年:	48,768.47
长期资产合计	6,692,280.60	所有者权益合计	78,530,085.72
资产总计	89,275,015.71	负债及所有者权益合计	89,275,015.71

淄博乡镇企业投资基金

淄博乡镇企业投资基金公司一九九六年年度报告摘要

一、基金简介

1. 基金经理人名称:淄博投资基金管理公司
2. 基金托管人名称:中国农业银行淄博分行
3. 基金总份额:10,000万份
4. 基金类型:公司型封闭式基金
5. 基金年限:8年
6. 基金年度:第4年
7. 上市地点:上海证券交易所
8. 上市时间:1993年8月20日

二、基金年度财务报表

1. 简化的资产负债表(摘要)　　单位:万元

项　目	期初数	期末数
流动资产	9092	11127
长期资产	5235	4688
资产总计	14327	15815
负债合计	1960	1990
所有者权益合计	12367	13825
负债及所有者权益合计	14327	15815

2. 损益表(摘要)

项　目	本年度实际数	上年度实际数
经营收入	3753	2476
经营支出	695	560
净收益	3058	1816

三、主要财务指标

单位:人民币元

1. 投资收入:	37,534,595.42
2. 净收益:	30,582,896.20
3. 资产总计:	158,148,247.04
4. 所有者权益:	138,250,957.23
5. 单位基金收益:	0.31
6. 单位基金净资产:	1.38
7. 净资产收益率:	22.12%

四、基金份额结构及前十名持有人

(一)基金份额结构:

	持有份额	比例(%)
发起人持有:	15120000	15.12
社会公众持有:	84880000	84.88
总　计	100000000	100

(二)基金前十名持有人情况(略)

五、基金投资组合

投资项目	投资比例(%)
证券	42
实业	50
货币及其它	8
合计	100

六、经理人报告摘要

(一)一九九六年经营情况回顾:

1996年,是淄博乡镇企业投资基金(以下简称淄博基金)在经营上取得突破性进展的一年。我们认真贯彻基金公司董事会的各项决议精神,以基金经营为中心,取得了良好的效果。截止九六年末,淄博基金共实现收入3,753万元,实现利润3,058万元,每份基金净收益率为30.58%。基金净资产为13,825万元,每份基金净资产为1.38元,净资产收益率为22.12%。

1996年,淄博基金在经营上主要抓了以下几项工作:一是进一步加强基金运作方式的研究和探索;二是继续调整投资结构,引导基金资产向效益高、风险低、流动性强的方向流动;三是强化投资管理,提高资产质量,主要是加强对存量资产的管理,对投资项目逐个进行检查清理,取得了较好的效果;四是灵活调度资金,努力提高资金的利用率;五是狠抓基金的实务工作,保证淄博基金的正常运行。

(二)一九九七年经营计划:

1997年是淄博基金加快发展的关键一年,经营指导思想为:继续以优化资产质量为中心,通过调整结构,盘活存量,优化增量,使投资组合更趋合理化与科学化;通过规范化管理,确保基金资产安全;通过扩大经营,寻找基金增值的新增长点,使基金的收益稳步提高。

基金的组合安排为:实业投资占总投资的52%,证券投资占总投资的40%,其它投资占总投资的8%。

根据上述经营指导思想,在今年的基金经营中,主要采取以下措施:一是调整投资结构,优化资产组合。实业投资按照盘活存量、优化增量的原则,一方面,采取多管齐下的措施加大力度“收一块”,通过资产重组“活一块”,利用企业股份制改造“转 一块”,盘活存量资产。另一方面,集中资金投放到信誉好、管理水平高、增值潜力大的项目,以确保增量资产的质量。证券投资按照基金操作原则进一步优化证券投资组合,实现流动性和效益性的统一。二是按照基金章程的规定,规范基金的运作,强化风险投资管理,确保基金资产安全性。三是进一步扩大经营领域,寻找基金新的增长点,引导基金资产向安全性、效益性好的区域和行业流动。四是做好基金的实务宣传工作,为基金的顺利运作打下良好的基础。

七、托管人报告

根据《淄博乡镇企业投资基金公司与中国农业银行淄博分行关于淄博乡镇企业投资基金的委托保管协议书》的规定,我行受托保管淄博乡镇企业投资基金公司的以下资产:基金募集所得净价金、基金负债、基金资产购入的各项资产(股票、债券以及非上市公司股权投资等)以及由此等资产所产生的资本利润、利息、股息收入等各项收益。

我行以诚实善良之操守,依据委托保管协议,以基金及持有人的利益为最高利益,行使基金资产保管权,全权负责基金保管资产的安全与完整。在履行义务的过程中,未发现、执行过管理人违反委托管理协议以及有关文件法令的指令,并定期与管理人对照、核实基金保管资产帐目,确保基金资产完整无误,全面履行了妥善保管和控制基金保管资产的义务。我们证实管理人提供的一九九六年基金资产帐目与我行的记录完全一致,真实有效。

中国农业银行淄博分行

一九九七年四月

八、重大事项揭示(略)

淄博乡镇企业投资基金公司一九九七年中期报告摘要

一、财务报告(未经审计)

1. 简化的资产负债表(摘要)　　单位:万元

项　　目	期初数	期末数
流动资产	11127	12192
长期投资	4688	5143
资产总计	15815	17335
负债合计	1990	1758
所有者权益合计	13825	15577
负债及所有者权益合计	15815	17335

2. 损益表(摘要)

项　　目	本年度实际数	上年度实际数(同期)
经营收入	2172	986
经营支出	284	327
净收益	1888	659

3. 财务指标分析

①每份基金证券收益	0.189元
②净资产收益率	12.12%
③每份基金证券资产净值	1.558元

运营情况的回顾和展望

1. 上半年运营情况回顾

九七年上半年,公司认真贯彻董事会制订的经营方针,把工作重心放在调整投资结构、提高基金资产质量上。通过调整,加大了证券投资规模,优化了实业投资质量,使基金收益有较大的增长。截止六月底,基金共实现收入2172万元,比去年同期增长120%,实现利润1888万元,比去年同期增长186%。在上半年的经营收入中,尚有4568万元的长期投资因年底一次性计算收益,故本报告期未计算该部分投资的收益。这部份资产占基金总资产的26.4%。

2. 下半年发展展望

九六年下半年,公司将继续大力调整投资结构,优化资产质量,在总结实业投资经验的基础上积极探索创业基金式的经营新思路。同时依据经济形势的发展,不断调整证券投资比例,以良好的投资组合规避风验,稳步提高收益,为基金的长期增值打下坚实的基础。

三、基金结构和主要持有者情况

(一)基金份额结构

	持有份额(份)	比例(%)
发起人持有:	15,120,000	15.12
社会公众持有:	84,880,000	84.88
总　　计:	100,000,000	100

(二)基金发起人持有情况(略)

四、基金投资组合

投资项目	投资比例(%)
证券	44.04
实业	48.96
货币	7.00
合计	100.00

五、重大事项揭示(略)

基金的组织结构

淄博乡镇企业投资基金(以下简称基金)是首家经中国人民银行总行(92)银复字424号文批准设立的公司型、封闭式基金。淄博基金的发起人为:中国农村发展信托投资公司、淄博市信托投资公司、交通银行淄博支行、山东证券公司、中国工商银行山东信托投资股份公司,基金总规模为3亿元,首期发行1亿元,于1992年12月15日－－1993年2月14日募集成功。其中发起人认购27%,社会法人认购0.017%,社会公从认购72.83%。本基金的宗旨为:以新的融资方式支持淄博市乡镇企业的发展,配合国务院批准的淄博市乡镇企业股份合作制试验,并为本基金的投资者谋取最大的投资收益。淄博基金的投资政策是不少于基金投资总额60%的资金以股权、股票的方式投资于淄博的乡镇企业及为乡镇企业提供服务的有关产业,不高于40%的资金投资于其他金融资产。

为了运作和管理淄博基金,中国人民银行总行批准设立了首家投资基金管理公司－－淄博投资基金管理公司(下称管理公司)。管理公司的宗旨为:根据国家政策、法令,通过专家运作管理投资基金,为投资者谋取最大利益,同时使公司自身迅速、稳步地发展,获取良好的经济效益和社会形象。管理公司的经营范围是:发起和设立投资基金;管理投资基金;证券咨询业务;人民银行批准的其它业务。

为了保障淄博基金证券持有人的利益,防止基金资产挪作他用,淄博基金委托中国农业银行淄博分行作为基金资产的保管人。保管人以诚实善良之操守,以基金持有人的利益为最高利益,行使基金资产的保管权,全权负责基金资产的安全与完整。

中国证券大全

（1997）

A complete collection of securities in China

第十四卷

证券服务机构

第一章　证券服务机构

第一节　证券登记结算公司

一、证券登记结算公司的概况

随着中国股份制改革的进一步推进，证券交易市场的不断发展，为顺应国际证券市场的发展趋势，进入90年代，我国证券交易服务不断完善，职能得以不断划分及专门化，证券登记结算公司得到全方位的建设与发展。

1990年8月18日和1991年1月24日，深圳证券登记公司分别经深圳市人民政府和中国人民银行批准成立，成为中国第一家证券登记专业机构。其宗旨是为证券市场的健康发展提供准确、公平、高效的服务，为政府和主管机关提供管理服务，保障国家和投资者的合法权益，致力于推进深圳股市的区域化发展和规范化运作。

目前，已实现了从"一户一票"到"一手一票"；从实物股票到集中托管；从局部市场到区域性市场的转轨。建立了中央结算公司，实现了无纸化运作，并实施了B股市场的登记与清算。

在此期间，深圳证券登记公司为更好地使深圳证券市场向区域性市场拓展，提出了中央结算与分布式登记相结合的模式，即深圳证券登记有限公司作为区域性市场的一级清算中心，股份的登记过户与投资者的直接登记则由各地证券登记机构负责。根据这一模式，从1992年7月起，开始协助地方建立了当地证券登记机构并进行业务培训，简化了清算登记层次，促进了地方证券市场的发展。

经过充分论证，1994年4月深圳登记公司被批准组建中央结算公司，成立以后引进了IBMAS/400为中央结算系统，实现了股份集中中央托管清算、分级服务管理体系。1996年4月又实现了结算通讯系统与交易通讯系统的一体化，并推出一系列服务新措施，进一步改进服务，增强了各方参与和投资深圳股市的信心，从而彻底解决了深圳结算公司与各地证券商之间的通讯联网问题，使证券登记、托管、结算数据直接在结算公司与证券商之间传送，确保了数据的传送效率及其准确性。同时，新的证券结算体系又将运作模式中最为显著的特征即指定托管券商制度保留下来。特别是实施股份转托管T+1日到帐，既有"通买通卖"制度中投资者操作灵活的优点，在效率和灵活性方面两者之间已无多少区别，同时又通过保留托管券商制度，确保了股份的安全，从最大程度上避免了"通买通卖"制度下股份易盗卖等风险以及权益分派不方便的弊端。新的运作模式应该称得上既兼顾了效率与安全，降低了成本，又结合了国际证券存管结算业务最新发展标准，是与中国证券市场实际国情结合较为理想化的登记结算模式，对国内外各种运作模式与深圳过去的运作模式的优点进行了较佳的组合，"高效率、低风险、低成本"的优势得到了最充分的体现。

沪、深登记结算公司随着"中央结算与分布式登记体系"、"会员制中央登记结算体系"的巩固完善与发展，服务于全国，通过不断地总结经验，加强与海外登记结算机构的交流与往来，逐步向综合性的跨国登记结算机构方向发展。

二、上海证券中央登记结算公司

（1）结算公司

为了建立一个集中、规范的中央登记、结算体系，上海证券交易所于1993年3月投资组建了具有独立法人地位的上海证券中央登记结算公司。由中央登记结算公司独立组织和实施证券的登记、结算与存管，进而形成了比较完整的上海证券市场的交易体系和登记结算体系。

上海证券中央登记结算公司按照承前启后和符合国际惯例的原则，建立了股票、基金、债券、国债现、期货回购和其它交易品种的登记结算体系和业务运作系统，现行的登记、结算体系按结算会员的组织形式建立登记、结算制度。凡合格的上交所会员、异地登记结算公司、交易中心、B股境外代理商及其相关的托管银行均可以通过申请成为结算会员而加入中央登记结算体系。通过电脑运行的登记、结算、存管业务运作系统主要由A股股票、基金、B股股票和国债（现、期货）等3个部分组成。每一结算会员均通过该系统计算机通讯网络（目前，截至1996年10月全国证券登记机构逾63家），履行结算交收业务和获取该系统提供的各种服务。

上海证券中央登记结算公司为唯一不以盈利为目的的金融法人企业。拥有资本金一亿元人民币。结算公司作为证券公共服务机构，为上市证券提供专职的登记、结算、交收和存管服务。公司的业务职能包括：股权登记；证券存管和过户；证券交易成交后的资金清算；投资者名册登记和投资帐户的设立；市场代理人服务。

结算公司的董事会是公司最高决策机构，董事会成员由上交所提名产生。公司实行董事会领导下的总经理负责制，总经理为公司的法定代表人。

结算公司运用结算会员缴存的清算保证金、交收风险共同基金和公司的金融资产为中央清算提供全额保证。

结算公司发生的所有业务行为均严格依照国家法律、法规和结算会员共同确认的业务规则进行。

（2）A股股票、基金的中央登记、存管与结算

结算公司通过它的结算会员或代理机构向所有合资的投资者办理名册登记和股票交易帐户，并向投资者提供由结算公司制做的印有帐户代码的股票帐户卡。

结算公司将名册登记划分为三类：自然人登记、法人登记和证券商登记。

股票帐户卡既是验证投资者身份的法定依据，也是记载股票数量变更、存入股票的户口。结算公司对在上交所交易市场上市交易的股票、基金实行非实物券的中央存管。对股票发行、认购、交易和非交易行为引起的股权变更、登记和股票过户转移均通过投资者的股票存管帐户以电脑记帐进行借、贷划转。

结算公司通过由它管理的A种股票和基金的中央结算系统，为市场直接参与者（买卖双方）提供以结算公司为结算中介人的股票和资金的结算与交收服务。

A种股票、基金成交后的结算、交收均在T+1实施完成。中央结算系统采用连续净额交收的方式为交收各方办理证券与资金的帐面划转，并通过覆盖全国的资金结算网络实行指定结算代理银行的集中转帐结算与异地交收资金集中结算相结合的方式实现证券与资金同步结算。

中央结算系统所有的交收文件和交收指示均通过卫星通讯网络和计算机通讯网络在结算公司与结算会员、证券商之间传递。

结算公司利用和通过结算银行的计算机网络和结算会员的营业网点，建立A种股票、基金的中央存管服务系统，向投资者提供帐户查询、挂失、派发股息红利等市场代理服务。

（3）国债结算

国债现货和国债回购，任一项交易发生的结算交收均包括资金交收和债券交收两部分。

在交易完成后，结算公司将当日国债交易的资金清算数据传送到各清算点，对相关帐户进行资金划拨，完成对涉及交易商的资金交收。同

时，由结算公司集中进行相应的债券交收。

国债现货交易中的非实物券交收直接通过划拨投资者帐户中的余额完成。

实物券交收则通过结算公司直接划拨托管在证券商名下的实物券帐户余额来完成，随后由证券商再与投资者进行债券二级清算。

国债回购交易的债券交收由结算公司根据当日回购发生数额，抵押或解押涉及交易发生者的标准券帐面余额来完成。

结算公司在全国各大、中城市设立债券异地集中代保管库，用于证券商寄存、提领国债实物券。

（4）上海B种股票中央登记与结算

上海B股的中央结算体系在业务管理上实行结算会员制，即以结算会员作为投资者帐户登记和投资者的结算代理人参加B股的中央登记、结算交收、存管。所有的投资者均通过各自选择的结算会员来获取结算公司提供的服务。

上交所的B股经纪商、境内经纪商的境外代理商和相关的托管银行均可通过申请而成为结算公司的B股结算成员。其中上交所B股经纪商可申请基本结算会员资格，境外代理商和相关的托管银行可申请获取一般结算会员资格。B股经纪商、境外代理商和托管银行须向结算公司提交完备的申请文件并按规定缴纳市场发展基金、交收风险共同基金以及必需的电脑、通讯设施方可成为B股结算会员。

结算公司是上海B股的法定名册登记机构，B股结算会员作为名册登记代理人代理结算公司为符合资格的B股投资者办理名册登记和开户手续。结算公司通过结算会员以“开户确认书”的形式向每一投资者提供一个股票帐户（帐户代码）用于股票交易。

结算公司对投资者因上市公司发行新股，配股和派发红股而认购和获取的B股，将根据承销商编制、提交的认购清单和经核准的上市公司分配决议办理股权登记。对交易市场B股买卖而引起的股权变更，由结算公司根据结算会员的交收指令办理股权登记。

B种股票实行“非流动性”制度。结算公司为每一投资者设立B股股票存管帐户。凡投资者认购、买入或无偿获取的股票均由结算公司在完成股权登记后通过计算机存放于该存管帐户，实行非实物券中央存管。结算公司在完成股权登记和股票存管后，将向持股人和买卖成交双方发送股权登记、股票存管确认书或股票过户交割凭证，作为持股的法定依据。

结算会员须为其客户在股票买卖成交后向结算公司办理股票和交易款项的结算交收。所有结算会员均以结算公司为交收对手。买卖双方中的一方不履行交收责任，不影响另一方完成交收。对存有异议的交易，相关的基本结算会员须履行最终交收责任。

结算公司对基本结算会员实行净额交收。对一般结算会员实行逐项交收。结算公司按照“银货两讫”、“如期交收”和“实行T+3交收”的原则组织B股的中央结算、交收。

结算公司选择花旗银行为B股结算交收的收付款代理银行。结算会员在加入B股中央结算与交收系统时，均须向结算公司提供指定的交收款银行户口。结算公司在其美元结算帐户下为每一结算会员设立待交收帐户，其余额反映某一结算会员未交收的美元款项。

结算交收程序：

1、T+0下午交易市场闭市后，结算公司向结算会员发出交收通知书。

2、T+1下午3：00以前，B股经纪商和境外代理商向结算公司发送交收指令。托管银行最迟须于T+2下午3：00以前，向结算公司发送逐项交收指令。

交收指令按交收方式不同分为净额交收和逐项交收指令。逐项交收有AGAINST PAYMENT和FREE OF PAYMENT两种形式。

3、结算公司在收到结算会员的交收指令后，对各项交收指令进行对盘。对任一方持有异议的交收事项以及需要更改的交收责任通知有关的结算会员，请其加以确认。

4、结算公司于T+3下午1：00起核对买方的到款情况

5、结算公司于T+3下午4：00实施股权登记和股票过户，并向卖方的结算会员指定银行户口汇款。在完成结算交收后，向结算会员发送交收确认书。

非正常交收处理和交收风险管理：

结算公司为各结算会员在结算交收系统中设立股票待交收帐户，专门用于接受未按时交收的股票暂时的登记过户，待以后由客户确认后，再执行股票和款项的交收。

对不能实现的交收，结算公司运用强制性买卖和使用风险基金的方法来了结交收或实施交收。对一项非正常的交收和失败的交收，交收责任方将承担由此引起的经济责任。

交收后服务

结算公司利用中央结算体系为市场参与者提供交收后服务和市场代理人服务。结算会员有义务为其客户办理由结算公司向投资者提供各类服务事项：查询股票帐户的余额和交易记录；股票的冻结、抵押、收受由结算公司代理发放的股息、红利；传递结算公司发送的市场重大行为消息。

结算费用一

类别	项目	收费标准	收取
A股			
	委托手续费	1元，异地5元	客户交证券商
	佣　金	成交金额0.35%以下浮动起点10.00元	客户交证券商
	印　花　税	成交金额0.5%	客户交税务机关
	过　户　费	成交面额0.1%，起点1.00元 成交面额0.05%	客户交证券商 证券商交结算公司
	交易手续费	成交金额0.012%	证券商交上证所
	市场监督管理（股票）	成交金额0.0035% 其中证管费0.001% 证监费0.0025%	结算公司代扣 其中证券商交证管办 证券商交证监会
B股业务收费			
B股业务（按美元计价）	佣金	成交金额6‰，起点20.00元	客户交券商
	印花税	成交金额5‰	客户交税务机关
	过户费	成交面额1‰，起点1.00元	券商交登记公司
	交易经手费	成交金额0.3‰	券商交上证所
债券			
国债	委托手续费	上海1元，异地3元	客户交证券商
企业债券	债券佣金	成交金额0.3%，起点5.00元	客户交证券商
金融债券	交易经手费	成交金额0.01%	证券商交上证所
回购			
	委托手续费	上海1元，异地3元	客户交证券商
	佣金	3天，7天，14天，28天，28天以上 回购分别按成交金额0.015%，0.025%，0.05%，0.1%，0.15%，以下浮动	客户交证券商
	交易经手费	佣金的5%	证券商交上证所
基金			
	委托手续费	上海1元，异地3元	客户交证券商
	佣　金	成交金额0.35%	客户交证券商

A股		
过户费	成交面额0. 1%，起点1元 成交面额0. 05%	客户交证券商 证券商交上证所
交易经手费	成交金额0. 012%	证券商交上证所

结算费用二

其它业务			
1	A股的权证，转权交易收费与基金相同		
2	B股的权证交易收费与B股交易相同		
3	通过上证所交易系统配股（转配）缴款		
	委托手续费	上海1. 00，异地5. 00	客户交券商
	缴款手续费	配股（转配）缴款金额4‰	上市公司给券商
	缴款经手费	配股（转配）缴款金额0. 15‰	券商交上证所
4	通过上证所交易系统领取红利		
	领取手续费	领取金额1. 5%	上市公司给券商
	领取经手费	领取金额0. 15‰	券商交上证所
5	通过上证所交易系统定价、竞价发行新股		
	委托手续费	上海1. 00，异地5. 00	客户交券商
	发行手续费	认购金额4‰（认购股数*每股认购价格）	上市公司给券商
	认购经手费	认购金额0. 15‰（认购股数*每股认购价格）	券商交上证所
6	办理“指定交易”	上海1. 00，异地5. 00	客户交券商
交易查询、挂失			
A 股	挂失	本地：10. 00（每个帐号）	客户交结算公司
		异地：20. 00（每个帐号）另加10. 00电讯费	客户交结算公司
	补开新户	按新开户标准办（本地，异地）	客户交结算公司
	查询	本地：1. 00/每种股票	客户交结算公司
		异地：2. 00/每种股票，另加10. 00电讯费	客户交结算公司
	打印查询记录	本地：5. 00/每页，异地10. 00/每页	客户交结算公司
非交易过户			
A 股	本地	印花税：当日开盘价×过户股数×0. 6%	客户交税务单位
		手续费：公证过户10. 00/户	客户交结算公司
		过户费：1. 00/每笔	客户交结算公司
	异地	印花税：当日开盘价×过户股数×0. 6%	客户交税务单位
		手续费：公证过户20. 00/户	客户交结算公司
		过户费2. 00元/户	客户交结算公司
开户费用			
A 股	个人	上海：42. 00/户	客户交结算公司
		异地：40. 00/户（纸卡）	客户交结算公司
	机构	上海：400. 00/户，异地：400. 00/户	客户交结算公司

结算费用三

B股业务收费			
B股名册登记费（开户费）	1、个人投资者 2、机构投资者 3、更换结算会员	15美元 75美元 2美元	投资者交付主券商 结算会员汇总交结算公司
B股股权登记费	1、发行认购	0. 50美元/每一帐户	发行公司交结算公司
	2、供股认购		
	3、更换结算会员		
	4、交易股权变更	成交面值的0. 1% 起点1美元	投资者交结算公司
	5、非交易股权变更	15美元/每笔	受股方交结算公司
	6、修正错误交收指令的非交易过户	30美元/每笔	让股方交结算公司
B股股票存管费	20美元/每个股票帐户/每年		投资者证券商结算会员汇总交结算公司
B股结算交收费	1、使用托管银行的	每项交易8美元 最高每个买卖指令24美元	结算会员交结算公司
	2、使用境外代理商的	每项交易4美元 最高每个买卖指令24美元	
	3、使用境内证券商的	每项交易1美元 最高每个买卖指令24美元	

B股业务收费			
B股汇入汇出手续费	1、汇人汇款	每笔8美元	结算会员交结算公司
	2、汇出汇款	每笔10美元	
清算保证金，交收风险基金			
A股基金国债			
清算保证金	20万元人民币（合并清算5万元）		证券商交结算公司
B股交收风险基金			
基本结算会员	20万美元		结算会员交结算公司
一般结算会员	5万美元		结算会员交结算公司

三、深圳证券结算有限公司

深圳证券结算公司是在原深圳证券登记有限公司的基础上改组而成的有限责任公司，由深圳证券交易所、中国工商银行深圳分行、中国农业银行深圳分行、中国银行深圳分行、中国建设银行深圳分行、深圳交通银行深圳分行、深圳国际信托投资公司等12家金融机构于1994年初共同出资组建，注册资本总额12，000万元，新成立的中央结算公司集中央存管和中央结算两大功能于一体，是深圳证券市场证券存管和结算的中央机构。

公司成立以来，经历了手工处理实物股票、股份集中托管、实现股份无纸化到目前的集中托管清算、分级服务管理体系。电脑系统也随着业务的发展经历了微机网络、UNIX平台发展为如今以IBMAS/400为平台的中央结算系统。结算系统包括主机系统、前端微机网和柜台终端、券商及登记处通讯系统等。主机系统以IBMAS/400为平台，采用双机热备份，完成股份集中登记存管。证券及资金结算、转托管、权益分派系统功能。前端微机网和柜台终端是公司本地业务的数据进出口，券商及登记处通讯系统是系统的远程前端系统，主机直接联通，并以微机网的拔号Modem系统作备份。

先进的电脑系统是确保中央登记、存管和结算系统正常运行的先决条件。结算公司在1994年引进IBMAS/400为中央主机，建立安全、高效的电脑处理系统，同时实现双机热备份的容错功能，完善了数据备份制度。1996年4月实现了结算通讯系统与交易通讯系统一体化，从而彻底解决了深圳结算公司与各地证券商之间的通讯联网问题，使证券登记、托管、结算数据直接在结算公司与券商之间传送，确保了数据的传送效率及其准确性，使证券登记结算运作效率得到根本改观。

目前，深圳证券结算公司又推出一系列新措施，以进一步改进服务，增强各方面参与深市的信心。

改进服务的新措施共有6项，即：

1、严格规范股息派发工作，确保投资者按时领取股息。结算公司于R+3日（R为股权登记日）将股息款划拨到券商清算帐户上，投资者应于R+5日在券商处领到股息。如上市公司延迟划付，结算公司责成其向社会公告，同时督促其尽快划款并承担相应责任。

2、全天提供资金交收服务。结算公司资金交收部在每个工作日上午8点30分至17点30分受理券商提交的各资金交收、划付票据。

3、为券商提供分、并席位股份转托管服务。结算公司开始办理符合规范要求的券商席位的部分或全部股份转托管业务，以便利券商分立或合并席位的需要。

4、向券商传送每日资金明细清算数据及资金清算月对帐单。结算公司于每个交易日上午9点整之前向券商传送上一个交易日的资金明细清算数据，以便券商及时核对清算头寸。每月初的第一交易日9点整之前向券商传送上月的资金对帐数据，同时向券商提供打印盖章后的月对帐单。

5、统一资金记帐日期。现行资金清算是交易当日记帐、交易次日交收划款。为避免因记帐与交收日期的差异而导致帐务的不平衡和资金利息计算上的差异，结算公司资金交收部将改为在交收日记帐。

6、B股股东代理服务业务。为方便B股股东行使权利，结算公司将根据股东授权开展代理服务业务。其内容包括通知股东大会审议内容及股东大会决议，代理股东出席股东大会，代理股东行使投票权等。

四、证券登记机构的业务范围

证券登记机构的业务范围较广，概括起来主要包括以下几个方面的内容：

(1) 开户

所谓开户是指登记机构为了便于准确记载、清算、交割有关货币或有价证券的投资行为而给投资者设立的帐面户头，亦称帐户；投资者欲进入证券市场，必须将其基本资料提交证券登记清算机构，建立证券帐户，可以说，证券帐户卡是通向股市的必经之路。

开户分为自然人开户和法人开户。

①自然人开户，须按要求填写证券帐户登记卡，内容包括：股东姓名、身份证号码、联系地址及电话等，登记员将有关资料录入电脑后，打印证券帐户卡，并发给投资者。

②法人开户须提供营业执照副本复印件、法人授权委托书，代办人身份证复印件，登记员将登记的资料录入电脑后，打印证券帐户卡，并发给投资者。

(2) 托管登记

所谓托管是指投资者将其持有的有价证券经过办理一定的确认手续后委托给证券托管机构进行保管，包括实物股票托管、股权托管、证券转托管；

①实物股票托管

指证券托管机构根据证券市场“无纸化”要求，将已上市和准备上市的以实物为表现形态的股票实行收回存管，在实物股票托管之前，投资者首先必须开设证券帐户卡，然后凭证券帐户卡、身份证、实物股票办理托管手续，证券登记机构收回股票即在电脑中进行股权登记，同时为投资者打印股票托管确认书。

②股权托管

指证券登记清算机构根据证券市场电子化运作要求，将投资者拥有的股权，用电脑帐的形式进行登录。已经发行了实物股票的股权托管，投资者必须交出实物股票，获得股权证持有卡。新发行股票的股权托管，在发行时就已实行“无券发行”，勿需再实物托管。

③转托管

是指投资者将其拥有的股份从一个会员证券商帐户转移到另一个会员证券商帐户，投资者在转出证券商处填写转托管申请书，在证券登记机构办理转托管手续，由证券登记机构每周四上午将转托管净值表通过MODEM传给深圳证券登记公司，深圳登记公司根据转托管净值表，核加及核减各证券商清算帐户。投资者则可于次周一到转入证券商处委托交易，投资者在转托管手续办理期间，其股份由转出证券商冻结，不能参加交易。

(3) 非交易过户

指没有通过场内或场外交易的形式，而使股票的所有权在出让人和受让人之间的过户，包括赠与、继承、协助执行司法判决。

(4) 股东资料查询业务

是证券登记机构为方便投资者而设立的一项业务，投资者若是入深圳股市，则同投资人填写查询申请书，登记机构可通过电脑对投资人的证券帐卡、股东帐户等进行查询。投资人若是入市上海股市，可通过各地证券登记机构进行上海股东帐户查询，由各证券登记机构将投资者的姓名、帐号等传真至上海证券中央登记结算公司代办处，由上海证券中央登记结算公司将有关资料反馈给各证券登记机构，再由证券登记机构为投资者提供查询服务。

(5) 股份管理

此业务的设置，主要是对上市公司的股权结构及股份帐目、以及已托管登记的定向募集股份公司的股份进行管理，同时按公司要求提供有关服务。

①就上市公司的除权登记日的确定与上市公司及深圳登记公司联系。

②除权登记日确定之前，由中央登记公司、上市公司、证券登记机构三方对帐保持三方股本结构一致。

③上市公司在公布中期报告之前，为上市公司提供前十大股东名册及高层管理人员持股名册。

④其它股份公司要求提供的其它服务。

综上所述，登记机构的业务内容主要包括以上几点。当前，各登记机构的业务不完全相同，证券登记机构也可根据证券市场的需要，扩大或调整业务面，开拓出新的路子使证券机构在促进我国股份制稳健发展中起到积极的作用。

第二节　我国会计师事务所概况

一、会计师事务所的类型

会计师事务所是国家批准成立的依法独立承办注册会计师业务的事业单位。实行自收自支、独立核算、依法纳税。它是注册会计师的工作机构，注册会计师只有加入会计师事务所才能履行职责。现阶段，我国会计师事务所大致有三种类型：

(1) 部批会计师事务所。指直接由财政部批准、不属于省（市）财政厅（局）管理的会计师事务所。

(2) 地方会计师事务所。指由省（市）财政厅（局）批准成立的会计师事务所。

(3) 中外合作会计师事务所。指我国注册的会计师事务所与国际会计公司合作成立的会计师事务所。

无论哪种类型的会计师事务所，其人员构成情况大体一致，即由主任会计师、副主任会计师、部门经理、注册会计师、业务助理人员和其他工作人员组成。其中，主任会计师、副主任会计师和部门经理，均由本所注册会计师选举产生。

随着商品经济的日益发展，公司企业的规模不断扩大，会计师事务所之间的相互合作、合并已成为必然趋势。

二、会计师事务所及分支机构的审批程序

成立会计师事务所，应按规定报经所在省（市）财政厅（局）批准，并报财政部备案，成立不属于省（市）管理的会计师事务所，直接报经财政部批准。会计师事务所的具体审批程序如下：

(1) 申请成立会计师事务所，应当由筹组单位向主管财政机关提出报告，声明成立理由，以及机构名称、组织形式、办事地点、业务范围、注册资金等，并附送组织章程草案和担任注册会计师人员的申请注册材料；

(2) 主管财政机关收到成立会计师事务所的报告后，应于两个月内决定批准或不批准。对于批准成立的，应当发给批准证书，并同时对符合担任注册会计师条件的人员批准注册；

(3) 会计师事务所经批准成立后，应当从批准之日起一个月内，向所在地工商行政管理机关办理登记，领取营业执照后，才能开业。

三、会计师事务所业务承接

经批准成立的会计师事务所，不论其筹组单位是何部门、单位或组织，会计师事务所承办的业务可以是跨行政区域界限的，但必须依法承办注册会计师业务。

在我国，注册会计师是不能以个人名义承办业务的，而必须由会计师事务所统一接受委托。接受委托时，应在委托书中明确承办业务的种类、范围、以及双方的责任，以避免客户对注册会计师所履行的职责产生误解。然后，再根据业务的性质选派适当的注册会计师担任该项工作，并制订审计计划。注册会计师在实施审计工作时，依照具体情况，不断修订审计计划，达到委托书所要求的目的，完成审计工作时，应出

具报告书。报告书除应由注册会计师本人签署外，还必须加盖会计师事务所的公章。注册会计师承办业务的报酬，由会计师事务所按照收费标准统一收费。

注册会计师在查帐中，对于委托人发生在国外的财务收支，必须由会计师事务所转托在中国设有常驻代表机构的外国会计师事务所就地审查并出具证明。

会计师事务所承办业务时，由于委托人不同，其被授予的权限也不同。在接受国家机关委托办理业务时，根据业务需要，注册会计师有权查阅有关财务会计资料和文件，查看业务现场和设施，向有关单位和个人进行调查与核实；接受其他委托人的委托时，需要查阅资料、文件和进行调查的，则应按照依法签订的委托书的约定办理。

四、股份制企业对会计师事务所的要求

按股份制企业组织形式的不同，对执行股份制企业业务的会计师事务所有不同的要求。

根据规定，所有依法成立的会计师事务所都可以接受委托，办理下列股份制企业的业务：

(1) 有限责任公司；

(2) 采取发起方式设立的股份有限公司；

(3) 采取定向募集方式设立的股份有限公司。

而社会募集公司，由于其交织着多方面的经济利益关系，上市公司还涉及我国社会和国际社会的有关利益，所以，对执行这些公司业务的会计师事务所则有更高的要求：

①会计师事务所依法批准成立，经登记取得法人资格，内部机构和管理制度比较健全；

②至少有8名具有3年以上会计查帐验证工作经验的专职注册会计师，并有相应的专业水平较高的业务助理人员；

③具有从事股份制试点企业有关业务所必需的金融、法律专家和其他技术人员；

④有良好的职业道德记录和社会声誉，在以往三年内，没有发生过较大的工作失误和违反职业道德的行为；

⑤建立风险准备基金，能承担应负的经济责任。

具备上述五点要求的会计师事务所，可以向主管的财政机关提出申请，经主管的财政机关审查属实并签章后，连同会计师事务所呈报的资料，一并报财政部核发执行股份制企业业务的许可证。

五、从事证券业务的会计师事务所资格的确定

根据国务院《关于进一步加强证券市场宏观管理的通知》的规定，财政部和中国证券监督管理委员会（以下简称“证监会”）对从事证券业务的会计师事务所的执业资格进行审核确认，并对取得资格的会计师事务所在执行上述业务时进行监督。

这里所指证券业务，是指对公开发行和交易股票的企业、机构和场所进行财务审计、咨询及其他相关的专业服务。

(1) 从事证券业务的会计师事务所应具备的条件

①从事财务审计、咨询及其他相关的专业服务的会计师事务所，应依法批准成立已达三年，经登记取得法人资格，内部机构及管理制度比较健全。

对由于合资、合作、合并、改组、重建、另建等原因成立不足三年的会计师事务所经财政部和证监会确认，可作为例外情况处理。

②专职从业人员不少于30人，至少有8名具有3年以上财务审计工作经验的专职注册会计师，其中专职注册会计师职龄人员（男60岁以下，女55岁以下）应至少在50%以上。同时还应具有相应的专业水平的业务助理人员。

③从事证券业务的注册会计师必须具备必要的证券、金融、法律等有关知识。其中，执行国内发行B股和境外股票上市业务的注册会计师和助理人员，必须具有一定的外语水平。

④具有良好的职业道德记录和声誉。在以往3年内没有发生过严重的工作失误和违反职业道德的行为。

⑤必须根据规定向有关机构购买职业责任保险或事业发展基金不少于50万元，风险准备基金不少于10万元，并自取得从事证券业务资格之年起，每年从业务收入中计提4%以上的风险准备金。

(2) 申请许可证的会计师事务所应提交的材料

凡申请许可证的会计师事务所，要向财政部和证监会提交以下资料：

①《会计师事务所从事证券业务许可证申请表》；

②《会计师事务所从事证券业务助理人员情况呈报表》

③《会计师事务所从事证券业务其他专家和技术人员情况呈报表》；

④《执行证券业务专业人员持有股票情况呈报表》

⑤职业责任保险或事业发展基金及风险准备基金情况；

⑥会计师事务所的审计工作程序样本、工作底稿及编制说明材料；

⑦会计师事务所从事证券业务职业道德和工作纪律的保证书；

⑧会计师事务所认为应当申报或财政部与证监会认为需要了解的其他情况。

(3) 资格审定程序

所有会计师事务所均可根据规定，向所在的省、自治区、直辖市的财政主管机关提出从事证券业务的书面申请，并提交有关资料，经主管机关审查属实并签章后，连同会计事务所呈报的资料分别报财政部和证监会，由财政部会同证监会共同审定其执业资格。

财政部和证监会收到申请材料后，应对会计师事务所的工作程序、工作底稿、客户资料、专业人员从业资格、财务状况、职业责任保险或事业发展基金及风险准备基金等进行审核。符合条件者，财政部会同证监会联合颁发从事证券业务许可证，并予以公布，审核工作按照公正、公开的原则进行。

经审核不符合标准，不予批准者，财政部或证监会应当向申请人说明原因。

财政部和证监会在收到申请材料60天内未提出意见者，视为不予批准。申请人可向国务院证券委员会提出申诉。

申请从事证券业务的会计师事务所，未经批准，没有取得许可证的会计师事务所和注册会计师以及其他机构和人员不得从事证券业务。公开发行与交易股票的企业、机构和场所聘请没有取得许可证的会计师事务所进行的财务审计和编报的财会资料一律无效。获准从事证券业务的会计师事务所应于每个会计年度结束后90天之内，向财政部和证监会报送上一年度从事证券业务情况、专业人员培训情况等资料以及自上一次报送资料后发生变化的有关会计师事务所和注册会计师的最新资料，供财政部和证监会对其资格重新进行确认。

来我国协助境内企业到境外发行股票和股票上市交易的境外注册会计师，必须属于在中国境内设有常驻代表机构的国际会计公司在境外的会计师事务所。

已获得认可的外国会计师事务所每年需向财政部和证监会重新申报一次。

六、注册会计师的产生及其在证券市场的作用

注册会计师在许多国家形成一种专门职业，已经有一百多年的历史。但是，会计师以第三者身份审查企业财务报表并出具查帐报告书，其历史可以上溯到1721年英国的斯奈尔受议会委托审查南海公司帐目。1701年成立的南海公司，以虚构的经营业绩骗取投资人和债权人的信任，使其面值100英磅的股票上涨到1020英磅。可是由于这家公司一事无成和高层管理人员营私舞弊，最终导致倒闭，使股票持有人和债权人遭受巨大损失。由这一案便可以说明，会计师以独立者形象从事审计工作，从一开始就与证券市场有关。英国有关当局鉴于类似南海公司倒闭事件的影响，很快公布了《泡沫公司取缔法》，之后又陆续颁布了《注册法》和《公司法》。在这些法律中，规定将聘请注册会计师担任独

立审计人员的范围，逐渐扩大到所有股份有限公司。在美国是由于1929年发生的股票价格暴跌导致的经济危机，使大批工厂企业倒闭，工人失业，金融市场一片萧条混乱，国会迫于严重形势决定立即成立证券交易管理委员会，并且以最快的速度颁布了《证券法》和《证券交易条例》，规定凡是股票公开上市的公司，必须将年度财务报表、中期财务报表和其他有关资料报送证券交易管理委员会以更新注册登记中的数据，其财务报表必须已经注册会计师审查并出具审计报告。在近代各国的《公司法》和证券交易法规中，均强制性规定凡证券上市的公司、企业，公布的财务报表必须经注册会计师审查认证并出具可信性的审计报告。

从我国近年来的国有股份制试点开始，在陆续颁发的《股份制企业试点办法》、《股份有限公司规范意见》、《股票发行与交易管理条例》、《企业债券管理条例》等各项有关法律法规中，均规定凡股票上市公司，向社会发行债券的企业，其上市与发行的申报资料和发行后公布的财务报表，均须委托注册会计师进行审查并出具相应的报告。当前在企业股票上市的实际操作中，包括对招股说明书和上市公告公布前各项重要数据资料归集、审查、调整和预测的形成、资产评估价值的认定过程中，具体来说包括审查经营业绩和资产净值、参与上市改组、审查盈利预测、验证股本、提供相关专业咨询等；以及对上市后逐期公布的年度财务报表、中期财务报表和其他财务资料；有关管理机构、保荐人和承销商；以及上市公司本身和股票持有人，均须依赖注册会计师进行审查并出具可信性的报告，对于发行企业债券的企业，其委托注册会计师审计的范围也相类似。

注册会计师审查股票上市公司的财务报表和有关资料，对企业一方来说，是起到确证经营业绩，保护投资人利益的监察人作用。股份有限公司的一个共同特点，是向公众发行大量股票。上市的股票数量很多，票面持有人分散，大多数股东无法直接管理企业，企业管理权实际操于管理人之手，即所谓“资本所有权与经营管理权分离”。为了监督管理人的活动和防止他们营私舞弊，同时也为了依据企业真实的经营情况和财务状况作出正确的决策，必须依赖注册会计师审查确证反映企业经营情况和财务状况的财务报表的可信性。对于证券交易市场来说，价格的涨跌会受到各种因素的影响，例如供求关系、人为操纵等，存在许多风险，而基本的因素是由发行人企业持续的经营情况、财务状况所左右。如果上市公司公布的财务报表不实，夸大经营交易和盈利，从而刺激价格上扬而误导证券购买人，最终会导致发生暴跌，造成证券市场灾难性的严重后果。因此，为保持证券市场的正常运作，离不开注册会计师发挥对上市公司监察人的作用。在世界各国对证券市场的监控中，十分重视注册会计师的职能和作用，并对其执业中高标准的品行和行为置于极大的信赖。美国前总统罗斯福就曾高度赞扬注册会计师的崇高职能，说它“在世界上是责任最大，最受信赖的职业”。另一位美国前总统里根在致美国执业会计师协会成立100周年的贺词中说：“你的协会和会计师职业在建立和维护资本市场的完整性方面发挥了至关重要的作用。执业会计师为企业经营和财务报表提供可信性，没有这种可信性，没有执业会计师的独立审计，债权人和投资者几乎无法作出给我们的经济带来稳定和活力的负责任的决策，没有执业会计师，我们的金融市场就会完全萎缩。”我国在对股票上市和证券交易监管中，也十分重视注册会计师的鉴证作用，在关于证券市场管理体系的四层次中，第一个层次是主要由注册会计师和律师构成的社会监管。

我国自1980年恢复重建注册会计师制度以来，这一职业已有了很大发展。截止目前，注册会计师人数已达数万人，会计师事务所遍布各地。但这一职业尚处于成长初期，多数事务所的规模较小，人员专业水平也有待提高，许多事务所难以胜任上市公司的审计业务。因此，财政部和中国证监会规定，只有对那些具备一定条件的会计师事务所，方可从事证券业务。这些条件是：事务所依法成立已有3年以上时间；专职从业人员不少于30人，至少有8名具有3年以上财务审计工作经验的专职注册会计师，其中职龄人员50%以上；从事证券业务的注册会计师必须具备必要的证券，金融、法律等有关知识；具有良好的道德记录和声誉，以往3年内没有发生严重失误和违反职业道德行为；事务所有规定数额的发展基金和风险准备金。现在经财政部和中国证监会审查批准可从事证券业务的会计师事务所，全国共有105家。

第三节　我国律师事务所概况

律师是指依照法定条件和程序取得资格，依法可以接受当事人或由人民法院指定，向当事人提供法律帮助，从事有关事务活动，并以此为职业的人员。1993年国务院颁布实施《股票发行与交易管理条例》，第一次将律师事务所作为专业机构、律师作为专业人员参与证券业务。这是我国证券业向规范化、法制化发展的标志，也是与国际证券业接轨的一个重要举措。

从1993年开始，司法部和证监会分别在北京、广州共同举办证券律师培训班，全国共有1千多名律师和一百多个律师事务所取得了资格证书，这些律师事务所主要集中在北京、广州、深圳、上海、天津等地。

由于股份制改造是我国经济体制改革中的一个新课题，证券法律业务也自然成为我国律师事务所面临的新业务。股票的发行和交易，涉及众多关系，尤其涉及众多股东的利益，而以目前实际情况来看，股东的利益和权利往往被发行人所忽视，当公司对自己的股票发行和交易作说明时，由于公司在利益上的利害关系，难以保证其公布材料的真实、完整和正确，而律师事务所作为公正和独立的服务机构，可以保证客观地对发行人主体的合法、资产的合法性、股票发行和交易的合法性，公司重大诉讼事项，重大合同进行审查。在这样情况下，律师必须是以一个中立的公正机构、独立地对股份公司的材料进行法律审查。

1993年1月12日，司法部和中国证监会联合发布《关于从事证券法律业务律师及律师事务所资格确认的暂行规定》，规定了我国律师和律师事务所从事证券业务的资格。

律师如果想从事证券法律业务，应由本人提出申请，省、自治区、直辖市、司法部厅（局）审核，经司法部会同中国证券监督管理委员会批准并发给从事证券法律业务的资格证书。根据《暂行规定》，申请从事证券业务的律师应符合以下条件：

1、有三年以上从事经济、民事法律业务的经验，熟悉证券法律业务；或有两年以上从事证券法律业务、研究、教学工作经验。

2、有良好的职业道德，在以往三年内没有受过纪律处分。

3、经司法部、证监会或司法部、证监会指定或委托的培训机构举办的专门业务培训并考核合格。

从事证券业务的律师事务所，必须有三名以上取得从事证券法律业务资格证书的专职律师。由律师事务所申请，省、自治区、直辖市司法厅（局）审核批准并发给从事证券法律业务许可证。

律师事务所提交的申请报告，应包括以下内容：

1、申请单位的名称、地址、主管部门；

2、法定代表人姓名、职务；

3、登记注册文件复印件；

4、专业人员人数及结构；

5、主要业务范围；

6、专业人员持有股票的详细情况；

7、三名以上取得从事证券法律业务资格证书律师的简历及资格证书复印件；

当律师事务所在具有从事证券法律业务资格证书的专职律师因调离、吊销资格证书或停止从事律师资格等原因不满三名时，应及时向司法部和证监会报告，司法部和证监会有权要求律师事务所在具有从事证券法律业务资格证书的专职律师增至三名以上之前停止其从事证券法律业务。

第二章　部分获准从事证券业务的服务机构介绍

河北省证券登记公司

河北省证券登记公司于1993年经中国人民银行批准成立。其宗旨:为证券市场的健康发展提供准确、高效的服务,为政府和主管机关提供监督和管理服务,保障国家和投资者的合法权益,促进河北经济的发展。

公司现为河北地区的法定证券登记托管和结算机构,上海证券中央登记结算公司和深圳证券登记有限公司的正式会员,中央国债登记结算有限责任公司河北地区国债托管代理机构。

公司现有员工25人,其中大专以上15人。设登记部、清算部、业务部、电脑部、综合部和人事部等六个部门。为适应业务发展的需要,先后在我省唐山、秦皇岛、保定、邯郸等十个地市设立了代办处,代理开户、查询、挂失和红利补领等业务,方便了广大投资者。

公司自成立以来坚持高起点、高标准。严格依照国家法律、法规和金融政策,在人民银行批准的业务范围内从事业务活动。依据上海证券中央登记结算公司和深圳证券登记有限公司的业务要求以及内部管理的需要制定了各项业务操作规程和规章制度,坚持规范和发展,经过四年来的努力,已成功地建立了高效、安全、准确集开户、托管登记、结算及国债代保管为一体的证券登记结算体系,取得了较好的社会效益和经济效益。

截止1997年9月,共办理深圳、上海股票帐户53万余户;资金清算业务迅速准确,1994年正式开展了本省证券商与上海资金的三级清算业务,现拥有20余家证券商,35个交易席位参加三级清算,年资金清算发生额达60亿元;国债代保管业务稳步发展,认真执行有关业务规定,坚持查库制度,经上海证券中央登记结算公司联合查库,准确无误。准确高效的完成了92年三年期、92年五年期、93年三年期、94年二年期国债的兑付工作及94年金融债的托管登记和兑付工作;与上海证券中央登记公司配合,开通了股票即时查询和红利补领。

公司在做好开户、查询、挂失、红利补领和国债代保管的同时,积极主动做好省内上市公司的股份登记托管工作。高标准、高质量的完成了华北制药、河北威远、石劝业、沧州化工、石炼、耀华玻璃、河北华玉、宝石A、冀东水泥、唐钢股份、石油龙昌、保定天鹅、新兴铸管、国际大厦等股份有限公司的非流通及流通股份的托管登记工作,得到了上市公司的好评。

河北省证券登记公司将本着规范和发展的原则,不断开拓各项业务,为证券商、广大投资者和上市公司提供高水平的服务,为河北地区证券市场的发展做出更大的贡献。

地址:石家庄市维明街21号副1号
邮编:050051
电话:(0311)7033420
传真:(0311)7033421
法人代表:王栓银

大连证券交易中心

大连证券交易中心(以下简称中心)是由中国人民银行大连市分行批准,于1992年5月26日成立,同年10月28日正式运行。

中心为非盈利性事业法人,实行会员制,注册资金1000万元人民币,实行独立核算自负盈亏。

中心经大连市机构编制委员会批准,于1996年12月由原隶属于人民银行大连市分行转隶大连市政府直接管理,机构规格为正局级建制,下设规划发展部、市场管理部、财务清算部、电脑工程部、证券登记公司、办公室等6个处级部门。中心现有人员40名,其中具备高中级技术职称及大专以上文化程度的占职工总数的80%;职工年均年龄31岁,具备适应证券市场运作所需要的基本业务技能和素质。

中心的业务范围是对在本中心上市的证券按有关法规进行管理,又为广大投资者提供证券交易的各种服务,即提供证券集中交易的场所,管理上市证券的买卖,办理上市证券交易的清算交割,提供上市证券的过户和集中登记、托管,提供证券市场的信息服务,办理各种上市、上柜交易的证券的开户、过户和清算交割,办理各种证券分红派息,办理证券主管机关许可和批准的其它业务。

中心组建以来,市场业务稳步、健康发展,现已具备了相当的规模和水平。拥有现代化的交易大厅,设有200多个交易席位,已开通的席位近百个。现已发展会员单位70家,覆盖全国十多个省市。在中心上市挂牌交易的有国债、金融债、企业债、投资基金等九个品种,其中投资基金7只,上市总量为3.5亿元人民币。截至97年9月末,证券累计交易额300亿元人民币。中心先后与深交所实现了卫星双向联网和上交所无形席位联网,使中心的交易功能日臻完善,一个区域性证券市场已初具规模。

为适应证券市场发展需要,经中国人民银行大连市分行批准,中心于1993年成立了证券登记公司,同年7月18日对外营业。该证券登记公司经深圳证券登记有限公司和上海证券中央登记结算公司批准为大连市唯一代理证券的开户、登记、存管等业务的证券登记机构。主要业务是:对社会办理证券集中登记、托管、过户、查询、代保管、支付证券股息红利等;办理上交所、深交所证券登记、托管、过户、查询、挂失、支付红利等。几年来,共为投资人开立帐户30万户,为16万投资者支付现金红利金额近亿元,并成功地为6家上市公司办理登记托管业务,共登记托管股份34243万股,从而保证了股份公司及时的上市交易。

中心自组建以来,始终坚持高起点、现代化的标准,在我国北方各大证券交易市场中,较早(92年10月)的采用现代化电脑交易系统,并先后投资近2000万元对系统进行升级换代。目前,拥有二套完善的证券交易和与之配套的行情发布系统。中心采用二套双向卫星系统和二套光纤DDN通讯系统分别实现了与上海和深圳证券交易所的联网。与上交所联网的交易系统采用惠普公司HP/9000系列的H20小型机,实现交易系统的双机备份;与深交所联网的交易系统为NOVELL网络系统,HP586专用服务器双工双机备份。中心自身的交易系统则采用日本富士通L系统的L372小型机网络系统双机备份。与此同时,中心还设计开发了一套证券登记托管系统,该系统采用目前的客户机/服务器的体系结构,网格操作系统采用WINDOWS NT,数据库则为MS-SQL,以HP586服务器为网络核心。通过这套设计合理、安全可靠的系统,可实现上海、深圳、大连的证券登记托管等业务的实时处理。

中心电脑交易系统,具备了主机容量大,撮合速度快,安全可靠的特点。既能满足基金证券、金融债券、企业债券、国债的交易,又具备股票的定价发行与公开上市交易的需要,充分体现了证券市场公开、公平、公正的原则。

中心组建以来,严格抓规范化管理,对证券市场的上市、交易、清算等业务进行严格的监督和管理,根据国家有关政策、法规及市场运作情况并借鉴深、沪两个交易所的做法,先后制定了《大连证券交易中心章程》、《大连证券交易中心投资基金交易规则》、《大连证券交易中心国债交易规则》、《大连证券交易中心会员管理办法》、《大连证券交易中心交易员守则》、《大连证券交易中心股权证集中登记托管细则》、《大连证券交易中心股权证柜台交易规则》等一系列法规性文件。既保证了市场运行不断完善、规范,又保护了广大投资者的利益,使大连证券市场在规范中健康发展。

展望未来,我们充满信心,中心全体干部员工,决心在党的十五大精神指引下,抓住新的发展机遇,充分发挥中心的现有功能,加快开发新的交易品种,扩大交易规模,壮大会员队伍,加大证券市场宣传力度,塑造新形象,把中心办成功能完善、设施先进、人员精干、安全高效、辐射东北乃至全国的区域性证券市场。

地址:大连市中山区延安路31号
电话:0411—2822123
邮编:116001
传真:0411—2645593
法定代表人:丁文奇

重庆证券登记有限责任公司

重庆证券登记有限责任公司于1992年9月分别经重庆市人民政府和中国人民银行重庆市分行批准成立,1992年9月28日正式营业,从此,揭开了重庆证券市场运作无纸化的帷幕,为规范和完善重庆证券市场发挥了重要作用。公司下设办公室、业务部、电脑工程部和财务部,注册资本金1000万元人民币。公司拥有1700平方米的营业用房,先进的NOVELL服务器网络系统,以最新的电脑运作方式为公众提供高效、优质服务,业务覆盖重庆地区,正向周边地区辐射。公司宗旨是为证券市场的健康发展提供准确、高效的服务,为政府及主管机关提供管理服务,保障国家和投资者的合法权益。

公司主要业务

一、股东开户

截止1997年9月底公司对重庆地区进入证券市场的40余万投资者开立了深圳股票帐户、上海股票帐户等各类帐户。

二、股份登记与托管

1992年,公司开业之初,顺利完成了西南药业、渝钛白、渝开发等重庆首次上市的三家股票登记托管工作,并于1993年7月准确、及时地与上海证券交易所和深圳证券交易所完成股份交接工作,使我市首次发行的三只股票同一天分别在深、沪市场挂牌上市。随后,根据市场发展需要,公司在借鉴国内外市场先进经验的基础上,不断探索和发展新业务,陆续推出了内部股、法人股、投资基金等登记托管业务,到1997年9月为止,公司已顺利完成16家上市公司(其中深圳11家、上海5家)的股份登记和12家定向募集法人股、6家内部职工股份、1家投资基金的登记和托管工作,发放了股权证书,为规范和完善对股份公司的管理起到了积极作用。

三、分红派息

公司根据股份公司的分红派息方案代理股份公司向投资者分红派息,同时还代理深交所、上交所红利补发业务。

四、国债

公司建立深圳证券交易所和上海证券交易所国债代保管库,并建立了健全的实物国债出入库制度。目前,上海证交所国债累计托管量近14亿元。

五、资金清算

代理上海证券交易所与重庆地区券商集中进行资金清算。

六、投资基金及股权流通

为活跃重庆证券市场,减轻国有股、法人股的上市流动压力,与重庆市产权交易中心合作,以产权交中心审批企业,公司提供交易系统的方式组织我市企业股权流通。

根据市场发展需要,组织了重庆三峡投资基金挂牌流通。

与中国证券交易系统有限公司合作,完成了5000万国家开发银行债券登记和托管工作并开办了此债券的抵押业务。

七、股份公司档案管理

公司建立了完整的股份公司档案,随时为政府和主管机关规范管理股份公司及证券市场提供完整的数据资料。

目前,重庆证券登记有限责任公司在探索中不断发展,根据市场发展和强化登记、结算管理的需要,围绕深圳、上海、中证交和重庆本地四大市场业务发展,相继制订出台一系列交易、清算、会员管理、股份公司登记服务办法,调整了登记公司业务柜台,强化了登记公司的开户、登记、托管、清算服务,使登记公司的工作进一步规范化、制度化,保证了证券市场的健康发展。

地址:重庆市渝中区九尺坎8号
邮编:400011
电话:(023)63832573
传真:(023)63840957

河南证券交易中心
河南证券登记股份有限公司

河南证券交易中心、河南证券登记股份有限公司是为适应河南省股份制改革和证券市场发展的需要，1993年6月报请河南省政府同意，省人民银行批准设立的河南省唯一一家有价证券的集中交易场所和专业证券登记机构。为适应河南省证券市场发展和业务工作的实际需要，实行"两块牌子、一套人马"的运作机制，二位一体、统一管理，同时具有证券交易、登记、清算等多项功能，下设七部一室，八个职能部门。经过四年多的运作，中心、公司发展迅速，现已发展成为一个设施先进、功能齐全，位居全国同行业前列的证券中介服务机构。

河南证券交易中心于1993年6月成立，设备投资1600多万元，交易撮合主机全部采用高档HP小型机，并采用了先进的双机热备份技术，冗余磁阵列技术保证交易主机及数据的安全。通讯手段采用双向卫星系统和光纤DDN系统双重备份，现有微机服务器5套和120多台HP586微机，供电系统采用大型UPS加双回路电的三保险形式，确保了交易系统的安全运转和联网跑道的畅通和高效运作。中心先后于94年10月和95年5月与上交所、深交所电脑系统实现联网开通，在交易中充分贯彻公平、公正、公开的原则，凭借先进的技术设备和证券交易模式，通过加强对会员单位的服务，改进对会员单位入场交易员的管理，增加对交易大厅的各种设备投入，提高工作效率，降低有关费用等一系列便利条件，积极扩充中心会员。截止97年7月底，中心已发展交易席位166个，其中深圳席位31个，上海席位80个，本地席位55个。沪市交易金额955亿元，深市交易金额451亿元，累计成交金额达1406亿元，已跻身全国十大证券交易中心行列。且在97年上半年证券交易中心深市交易金额排行中，河南证券交易中心深市交易额已位居全国第四。

河南证券登记公司于1993年6月8日正式开业。开业至今的四年多时间里，公司认真贯彻"为河南省证券市场提供优质、高效的服务，维护投资者和国家利益不受侵害，并为政府和主管机关宏观管理提供详实可靠的决策依据"的经营宗旨，紧紧围绕各个时期的工作指导思想，根据证券市场发展需要，及时调整服务设施，强化服务手段，在精神文明建设取得丰硕成果的基础上，各项业务工作均获得了长足发展，经济效益逐年提高。先后开展了开立证券帐户、办理分红派息、转托管、股票挂失、查询、深沪交易所上市证券的股份登记、托管、资金清算和债券代保管等多项业务，是深圳证券登记公司和上海证券中央登记结算公司的正式会员，中央国债结算公司的河南代理机构，并先后在洛阳、开封等地市设立了二十二个代办处，方便了全省证券投资者，扩大了股民队伍。截止97年7月底，共为河南省内投资者开立深、沪证券帐户78.8万户(其中深圳38.9万户，上海39.9万户)。办理资金清算总额达835亿元，圆满完成了河南省向社会公开发行上市11只股票的登记托管工作，已发展成为河南省内证券登记和清算的中心和全国证券登记结算网络中的一个连结点。

中心、公司在今后的发展中，将继续灵活运用市场杠杆，实施全新经营管理战略，以"荣辱与共、开拓创新、服务为本、效益至上"的企业精神为指导，以证券市场为导向，在证券市场"法制、监管、自律、规范"的八字方针指导下，认清形势、抓住机遇、振奋精神、真抓实干，为繁荣我国证券市场，搞活河南经济做出应有的贡献。

董(理)事长兼总经理：裴向东

地址：河南省郑州市丰产路39号

电话：(0371)5511485

传真：(0371)5721542

邮编：450002

广东南方证券登记公司

广东南方证券登记公司于一九九二年十一月十七日经中国人民银行广东省分行批准成立,并在广东省工商行政管理局注册登记,是广东省法定的专业证券登记机构。

公司是广州地区办理证券帐户开户、证券登记托管、清算过户、分红派息、国债代保管等业务的唯一登记结算机构。公司具有独立核算、自主经营、自负盈亏。公司实行总经理负责制,设有业务部、登记部、清算部、电脑部、财务部、综合部等职能部门。并拥有一批证券、金融、计算机等方面的专业人才,装备先进的电脑网络系统,目前已发展成为全国同行业中规模较大、实力较强、信誉高的证券登记结算专业机构之一。

公司的经营宗旨是为广东地区证券市场的培育和发展提供优质、高效的服务,为政府和主管机关提供管理服务,保障国家和投资者的合法权益。

公司开展的业务主要有:

1. 办理经批准公开发行及非公开发行的证券登记;

2. 办理上市及未上市记名证券的转让登记;

3. 为投资者办理证券帐户卡;

4. 办理有价证券的托管和转托管;

5. 办理股票买卖的清算过户;

6. 代理有价证券的分红派息或还本付息;

7. 办理证券帐户资料的查询、更改、挂失;

8. 证券咨询服务;

9. 代理有价证券的保管。

至目前为止,公司已开立证券帐户卡120余万户,其中深圳卡75余万户、上海卡47余万户,已办理60余家股份公司登记托管工作。公司已是广东省唯一中央国债集中托管代理机构,并于今年起成为广东地区所有上海证券交易所证券帐户登记的集中代理机构。

地址:广州市中山一路七号

电话:(020)87376193　87373151

传真:(020)87371224

邮编:510600

副总经理:李　光

总经理助理:廖丰平　何慧影

广西证券交易中心

机构概况

广西证券交易中心与广西证券登记公司分别于1992年3月和1992年10月经广西壮族自治区人民银行批准成立。作为证券市场的中介服务机构,中心与公司同属广西自治区人民银行管理,即是上海证券中央登记结算公司和深圳证券有限公司的结算存管会员,又是中央国债登记结算有限公司的异地托管机构。是广西区内唯一合法的证券托管登记机构。

根据广西证券交易中心与登记公司的业务特点及机构设置情况,交易中心与登记公司实行"两块牌子、一套人马、分别核算"的管理方式。设有交易管理部、电脑工程部、登记业务部、资金清算部、综合财务部、办公室等部门,各部门间相互协调、配合,竭诚为广大会员和投资者提供高效服务。

中心及公司的宗旨

通过建立一个高效、活跃的区域性证券集中交易市场和登记托管体系,为广大投资者及证券商提供一整套优质、快捷、完善的服务,维护投资者利益、促进广西证券市场的进一步发展。

中心与公司的业务范畴

交易中心主要是组织证券商进行集中的证券交易,提供证券集中交易的设施、场所和网络系统,并为证券交易系统提供中介、信息服务。

登记公司业务包括:办理经批准公开发行及非公开发行的证券登记托管、确认;办理沪、深两地证券帐户的开户登记、挂失、查询、权益补领及其他的帐户相关业务;有价证券的集中代保管;代理有价证券的分红派息或还本付息;代理国债的发行、兑付;证券咨询服务;办理证券买卖资金清算业务;其他相关业务。

中心与公司业务发展情况

市场交易业务:交易中心于1994年9月和95年元月先后与上海证券交易所、深圳证券交易所实现了电脑联网交易,并开始试运行。经过三年的发展,现交易中心场内交易品种包括在沪、深两所联网系统上挂牌的A股、基金、国债现货、国债回购、企业债券等五个品种。截止至97年上半年,中心已拥有32家会员单位的36个席位,累计联网系统股票、基金交易量达到349.6亿元;国债回购业务自96年6月开通后,到97年6月,累计成交金额12.2亿元。中心96年开始在场内铺开上海交易无形席位报盘工作,到97年9月,中心席位已全部转为无形席位报盘。准确、高效的委托方式使券商得益非浅。

登记开户业务:公司自92年成立后,先后在区内的柳州市、桂林市、北海市、梧州市和玉林市等五个主要城市设立了证券登记代理机构,大大方便了广大异地投资者,市场登记开户业务也逐年增多。1996年业务发展尤为突出,仅开户数就达14.3万户,是1995年开户数的5倍之多。到97年6月,公司累计开立沪、深证券帐户共37.2万户,其中深圳20.7万户,上海16.5万户;97年1—6月,累计开户数共12.8万户,其中上海6.3万户,深圳6.5万户,区内证券市场发展迅速。

资金清算业务:为保证交易资金的正常交收,在遵循沪、深两所各项清算业务规章制度的基础上,公司认真办理每一笔清算资金划付业务,并为清算会员提供查询、对帐服务。从未出现过重大问题。经过几年的发展,公司的清算会员从94年的几家发展到现在24家。截止至97年6月底,沪市资金在我公司清算户的日均头寸余额约2亿元,深市资金日均余额约2000万元。充足的清算资金为公司顺利完成与沪、深两地交易所进行清算交收提供了有力保证。

国债的发行、代保管及兑付业务:作为上海、深圳两地登记结算公司及中央国债结算公司的债券异地代保管机构,严格履行国债托管义务,保证出具真实的托管单据,坚持在规范中发展国债托管业务。96年1月—97年6月,共办理国债出入库21笔,日均库存国债1.1亿元;代理5650万元96(2)国债的出库发行工作;顺利完成了94年政策性金融债券的提前兑付工作,共向108个信用社补兑付本息1.38亿元。

登记托管业务:96年—97年间,曾先后为南宁百货、广西虎威、广西康达、斯壮股份、招商股份等五家上市公司的2.7万股民、31,706万股份办理了确认工作,保证了这些公司的按时上市。同时,为这些上市公司及本地区未上市公司代理分红派息业务,完成了95、96年红利的发放工作。

基础设施的建设与完善:为保证交易系统的完全性,中心在电脑交易网络及通讯系统的建设上,坚持"高起点、高要求"。建立了先进的计算机网络系统;配备了高容量的UPS不间断电源;实现了"天地对接、互为备份"的双向卫星与DDN光缆的双信道通讯方式;完成了上海联网交易系统的双机备份,使交易过程中的电源、通讯、主机实现双备份。整个交易系统达到了高效、安全的运作,保证了交易活动的不间断性。在登记业务工作中,为适应业务不断扩大的需求,相继开发了红利发放系统、内部职工股托管系统、自动查询系统,建立了挂失数据库,开发了新的上海开户系统,大大提高了工作效率。

建章建制,实施规范管理。中心(公司)自成立以来,严格按照国家法律、法规、金融政策及自治区人民银行批准的业务范围开展业务活动,并根据业务和内部管理的需要制定了各种业务管理制度,实施岗位责任制,做到有规可依,职责分明,业务工作在有效的管理制度下规范发展。

经过几年的发展,交易中心与登记公司已经形成了一整套包括证券交易、登记托管、资金清算、分红派息、证券查询在内的交易服务体系,全区所有的证券商的上海证券交易活动全部通过中心的联网系统进行,,中心与公司已发展成为一个证券业务辐射全广西的证券服务机构,成为了全区证券市场的中心。

发展目标

在我国证券市场快速发展的环境下,在"法制、监管、自律、规范"八字方针指导下,抓住机遇,积极拓展业务范畴,完善服务手段,为促进广西的股份制改革、加快广西证券市场在深度及广度上发展,作出自己的贡献。

中心(公司)地址:广西南宁市桃源路39号
邮编:530021
总经理:吴显玲
电话:0771—5873006 2828684
传真:0771—5872247 2834553

广西证券登记公司

四川证券交易中心

一九九七年，四川证券交易中心认真贯彻"法制、监管、自律、规范"的八字方针和证监会"关于九于证券期货市场防范风险年的要求，按照年初制定的"深化改革，调整职能，扩大规模，强化风险管理，促进四川证券市场稳步、健康发展"的思路，扩大规模，完善区域性证券市场体系；规范管理，防范和化解市场风险。1-10月，共实现交易额2641亿元，比去年同期增长4.19倍；开立沪、深证券帐户82万户，超额完成了全年新户的目标任务；为22家上市公司办理了股份集中登记托管，保证了其顺利在沪、深交易所挂牌；会员单位发展到102家，新增加6家；交易席位发展到253个，新增加37个；办理资金清算47385笔，1887.4亿元，较去年全年增长102.5%和271.3%。

一、适应市场发展 扩大业务规模

一九九七年开年伊始，四川证券交易中心在充分研究证券市场未来发展状况以及广泛收集会员单位的需求的基础上，制定了切实可行的工作要点，从高技术、高起点、优质服务等方面入手，目标瞄准：发展四川证券市场，使四川证券市场在全国证券市场中占有足够份额，使四川证券交易中心成为西部地区证券市场的"中心"。通过近一年实践，从现已取得的工作成绩，可以证明：今年我们从主观上准确的把握了市场发展的脉搏，动手早，措施积极，准备充分，适应了市场发展的需要，使四川证券市场的规模，得以迅速扩张。

1、延伸登记开户功能，切实为投资者和上市公司服务。

早在年初，四川中心就将开通异地登记系统联网，延伸登记开户功能，实现多地区同步开户、托管作为技术手段完善的一个重要课题，要求年内予以攻克。中心电脑技术人员组织技术攻关，在上半内，成功的实现了异地登记系统的远程联网。首先登记系统远程联网方便了异地投资者开户入市，1-10月，四川中心的异地代理开户机构共办理投资者开户43.55万户，首次超过了成都地区开户数量。其余，登记系统远程联网适应了今年证券市场快速扩容的要求。四川地区历史遗留问题股多，上市公司地区分散，股票持有者地区分散，时常需要在多个地区同时开展一支股票的集中托管工作。远程联网使得四川中心可在多个地区同时开展多种股票的同步开户、托管，提高了托管工作效率，保证了上市公司能够在较短的时间内，完成集中股份托管，并顺利上市挂牌。今年四川中心的开户量和托管量均在沪、深证券登记公司所属的全国代理机构中名列第一位。

2、大力推广无形席位交易方式，确保交易额稳步增加。

今年年初，四川中心就根据上交所的安排，结合会员单位的需要，制定了全面推广上海无形席位交易方式的工作安排，成立了无形席位工作小组，争取了电讯部门的大力支持，从春节过后到4月底，中心技术人员在保证日常交易正常进行的前提下，利用节假日、休息时间，发扬连续作战的精神，对上海联网交易席位实施了全面的改造工作，使四川中心的会员单位除个别特殊情况外，全部开通了上海无形席位交易方式。通过改造后的上海无形席位，杜绝了人为差错，提高了交易速度，降低了交易成本，便利了投资者，受到了券商的普遍欢迎。同时，证交中心今年还投资30多元，对深圳联网交易系统进行了完善，建立了双向卫星站，解决了深圳联网交易原有通讯方式容量不够的问题。由于四川中心今年早打算、早采取措施，完善了技术设备，适应了今年行情火爆，交易额巨大的需要，实现了交易额的大幅增涨。1-10月，四川中心实现交易额2641亿元，超过四川中心成立至1996年底5年交易额的总和。同时，上海联网交易额在上海证交所公布的全国证交中心交易排行榜上一直居于三、四位。深圳联网交易额在深圳证交所公布的全国证交中心交易排行榜上名次逐月提升，10月份已达第五位。

3、完善资金清算手段，提高资金周转效率。

今年，在交易量大幅增加，资金清算额大幅增涨的情况下，四川中心在保证资金清算工作准确、及时的同时，将沪、深清算资金分行管理，防范清算风险。努力提高资金周转效率；减少会员单位在途资金利息损失。四川中心在已完成上海资金"三级清算"四方协议，消除了沪市资金在途利息损失的情况下，于今年初，调整并完善了深圳资金清算方式，将深圳清算资金在途时间缩短为零。今年，四川中心着力于技术设施的全面完善，提高中心业务工作的自动化、电脑化处理手段，在资金清算工作中实现了电子联网，会员单位可通过电子信箱收取沪、深清算数据，核对清算头寸备付金帐户资料等，提高了资金清算数据及帐户的安全。

二、加强内部管理、提高服务质量，以十五大精神为动力，开辟四川中心工作新局面

1997年，四川中心坚决贯彻人总行、证监会的有关精神，把加强市场一线监管，防范和化解市场风险，保持市场的稳定放在工作的首位。牢固树立"股市越热、越注重规范；股市越火爆，暴露的问题和需改进的地方越多"的指导思想。规范管理，稳步发展，全年没有发生一件违规、违纪事件，也没有受到过一交次违规、违纪的查处。

1、规范内部管理 完善规章制度。

今年是"证券期货市场防范风险年"，年初，证交中心就按照这一要求，首先从内部管理入手，完善各项规章制度，堵塞管理漏洞，5月，四川中心成立了以总经理为组长的"执章大检查领导小组"，对中心各部门、各个工作环节、各个岗位、进行了全面、深入、细致的执章大检查，本次大检查分为自查、检查、整改三个环节，完善了制度，发现了漏洞，对一些有隐患的部位进行了整改。确保了各项规章制度的贯彻执行，内部管理规范有序。

2、提高服务质量，改进服务工作。

四川中心坚持把"为投资者服务，为证券商服务，为上市公司服务"作为工作的立足点。为保护广大投资者的利益，满足投资者的需要。今年以来，证交中心采取了一系列措施；增加一线临柜人员；增设开户窗口；延长对外营业时间；投资更新柜台软、硬件设备；整顿开户大厅秩序；提倡优质文明服务，树立了证交中心良好的社会形象。四川中心对四川地区证券商和广大会员单位实施全方位的市场服务，提供技术咨询、技术服务、业务培训等服务工作，赢得了证券商的欢迎。四川中心积极为上市公司打算，尽量减轻上市公司负担，为其顺利上市提供优质服务。

1997年，四川中心业务发展又上新台阶，各项业务指标均超额完成了年初制定的目标任务。10月召开的中国共产党第十五次代表大会，为证券市场的发展指明了方向。11月，四川中心分两批组织全体员工集中脱产学习一十五大报告、证券市场有关法律、法规以及业务规章制度，通过学习提高了全体员工的思想业务水平，并推动了四川中心总结工作，完善制度，规范管理，建设队伍，按照十五大确定的发展目标，为企业转换经营机制，搞活国有大中型企业，发展四川经济做出积极贡献。

徐州会计师事务所

徐州会计师事务所创建于1987年,系经江苏省财政厅批准,徐州市工商行政管理局登记注册,具有独立法人资格的专门从事会计查帐验证、财务管理咨询、资产评估、工程造价咨询、财会软件开发等业务的社会中介机构。1996年6月经财政部、中国证券监督管理委员会批准具有从事证券业务审计资格,1997年4月经江苏省国有资产管理局批准具有A级资产评估资格,1996年2月经江苏省建委批准具有乙级工程造价咨询资格。

徐州会计师事务所现有资产总额620多万元,注册资本202.3万元,拥有从业人员100多人,其中注册会计师38人,注册资产评估师8人,高中级职称以上人员占65%,大专以上学历人员占80%,从业人员平均年龄31岁,已经形成了一支以中青年注册会计师、注册资产评估师为主体,高中级会计师、经济师、工程师等组成的较高层次的专业队伍。是江苏省及淮海经济区范围内具有一定规模和声誉的会计师事务所。

本所服务功能完备,内部设有九个部室:即国内业务部、涉外业务部、资产评估部、基建审计部、工程咨询业务部、建国业务部、金箭电脑服务部、办公室等,除依法承接国家机关、团体、各类经济团体和个人委托的各类注册会计师业务外,还承接各类资产评估、基本建设预决算审计及工程造价咨询、财务软件开发等业务。其主要业务范围:

证券业务:为上市公司前期作策划服务,股本验证,并进行年度会计报表审计、中期会计报表审阅。

查帐验证:内资企业、外资企业及其他经济组织的年度会计报表审计,投入资本及变更资本的验证,年检验资及企业实有资本(净资产)的验证等。

专项审计:企业厂长(经理)的承包、离任审计、企业清算、破产审计、经济案件的鉴定审计、财税检查审计等。

资产评估:对国有资产管理部门要求必须进行资产评估的经济行为及可以进行评估的行为所涉及的有形资产和土地使用权、专有技术、商标等无形资产进行评估,

基建审计及工程造价咨询:受托对工程预算、工程结算、项目竣工决算等进行审计验证,代编项目可行性研究报告、工程标底、标书以及提供工程造价咨询等服务。

咨询服务:担任企业财务会计顾问,提供财务分析、财务管理、会计审计、税务业务咨询,代办工商登记,代理记帐、理帐、税务服务,设计财会制度等。

财会软件:提供本所经财政部评审允许在全国推广应用之商品化软件－－金箭财会电算软件,并接受客户委托设计开发软件,营销办公自动化设备等。

培训财会人员:为客户培训财会人员。

本所多年来坚持"以质量求信誉,以信誉求发展",以"客户第一、质量第一、效率第一"为宗旨。恪守独立、客观、公正的原则,按照《中国注册会计师法》及中国注册会计师独立审计准则及执业规范指南从事注册会计师业务。规范化地建立健全了审计、验资、评估、质量控制等六个执业规程和三级管理、四级检查复核办法,执业质量不断提高,各项管理逐步走向制度化、法制化轨道。为大力宣传注册会计师的社会中介作用,本所坚持按月编印所刊《财会经济信息》,及时宣传财会法规、提供经营信息。同时,还十分重视增强执业人员的素质,除派员参加中注协等各类培训班外,在所内部还定期组织各种形式的讲座、研讨等活动,全面提高全所人员的业务能力。随着本所规模的不断扩大和事业的发展,逐步改善了办公条件,配备了现代化的办公设备,大大提高了工作效率。

本所良好的执业质量,讲求效率的工作作风,严格遵守职业道德的工作行为,赢得了社会各界及广大客户的好评,1996年荣获了"徐州市先进财会工作集体"的光荣称号。业务规模也不断扩大,1996年共完成各类企业会计报表审计461户,验资348项,基建审计56项,资产评估35项。

本所主要大型客户如下:

1、徐州飞虹网架集团有限公司
2、徐州工程机械集团有限公司
3、徐州医药股份有限公司
4、徐州百货大楼股份有限公司
5、徐州压力机械股份有限公司
6、江苏北方氯碱集团公司
7、江苏力大建材机械集团
8、江苏银宇纺织集团
9、徐州钢铁集团
10、徐州海鸥洗涤剂集团公司

本所地址及主要部门联系电话:
地　　址:江苏省徐州市建国东路84号
邮　　编:221003
传　　真:(0516)3754981
所 长 室:所　长　姚滨礼　34岁
　　　　会计师　电话:3730634
国内业务部:主　任　高爱好　35岁
　　　　具有从事证券业务资格的注册会计师　电话:3733883
涉外业务部:主　任　张洪旗　38岁
　　　　具有从事证券业务资格的注册会计师　电话:3730635
资产评估部:主　任　李道立　34岁
　　　　具有从事证券业务资格的注册会计师
注册资产评估师
电话:3757946
基建审计部:主　任　刘晓娟　37岁　工程师　电话:3730616
金箭电脑部:经　理　黄春雷　35岁　会计师　电话:3730632

连云港会计师事务所

连云港会计师事务所成立于一九八六年七月,是连云港市第一家依法成立从事注册会计师业务的中介机构。一九九六年四月经财政部和中国证监会审查批准,取得证券相关业务审计资格。一九九七年二月,经江苏省国有资产管理局批准,取得A级资产评估资格。

该所现拥有一支以70名注册会计师为主体的执业队伍,其中有执行上市公司财务审计资格的注册会计师13名,高级会计师16名,高级工程师8名,从业人员达101名。既有经验丰富的高级专业技术人才,又有年富力强,朝气蓬勃的中青年会计师、工程师。执业范围包括审计、验资、资产评估、会计咨询与顾问、工程预决算审计、项目可行性研究等多项业务内容,拥有固定客户280余户。

在执业中,该所始终奉行"以质量求信誉,以信誉求发展"的方针,严把质量关,不断完善审计程序,建立质量控制机制。并注重培养和使用人才,曾先后派人赴德国、法国、澳大利亚、香港等国家和地区考察,选拔中青年业务骨干参加国际六大会计公司和中国注册会计师协会在各地举办的培养班学习,努力提高人员素质。

为了适应社会主义市场经济发展和新亚欧大陆桥东桥头堡建设的需要,连云港会计师事务所愿为社会各界提供优质、高效、多层次、全方位的服务,争创国内一流会计师事务所。

所　长:骆祖延(高级会计师、注册会计师)
副所长:马春邦、李明生(注册会计师、注册评估师)
地　址:江苏省连云港市新浦海昌南路
邮　编:222004
电　话:所长室:(0518)5419349
副所长室:(0518)5488529
总审室:(0518)5419249
国内业务部:(0518)5483619
涉外业务部:(0518)5488979
资产评估部:(0518)5414819
综合业务部:(0518)5484089
传　真:(0518)—5419349

山　东
会计师事务所

山东会计师事务所是国内服务功能最完善的会计师事务所之一。自1987年12月经山东省财政厅批准成立以来,在业务范围、执业质量、机构设置、人员配置等方面都得到长足的发展。全所共有执业人员100多人,其中注册会计师37人,注册评估师8人。并有高级会计师、高级工程师和财政、金融、税务、外语等专家组成的服务群体。总所共设置五部一室:综合室、审计一部、审计二部、资产评估部、工程咨询部、培训部。下辖五个分所:齐鲁分所、诚信分所、东信分所、泰山分所、烟台分所。

山东会计师事务所经中华人民共和国财政部、国家国有资产管理局和中国证券监督管理委员会批准,是山东省最早取得从事证券业务资产评估和财务审计两项资格的会计师事务所。

山东会计师事务所接受委托承办下列业务

1. 独立审查企业会计报表,出具审计报告;
2. 验证企业资本,出具验资报告;
3. 办理企业合并、分立、审计业务,出具有关的报告;
4. 调解经济纠纷、协助鉴别经济案件证据;
5. 法律、行政法规规定的其他审计业务;
6. 承办会计咨询、会计服务业务;
7. 资产评估;
8. 工程预决算审计;
9. 设立会计制度,担任常年会计顾问;
10. 代理纳税申报与注册登记;
11. 协助拟定合同,章程及其他经济文件;
12. 办理经济项目评估与可行性研究;
13. 承办会计、财务、税务咨询;
14. 培训各类财务会计人员;
15. 其他会计咨询和服务业务。

山东会计师事务所在承办客户的各项委托中,一贯依法独立、客观、科学、公正执业,坚持"服务第一、质量第一",以优质、高效和维护社会公共利润及投资者的合法权益为宗旨服务社会、报效社会。

所长、法人代表崔恒余先生率全体员工竭诚为广大客户提供优质、高效、满意的服务,欢迎国内外客人光临。

地址:山东济南市大纬二路59号海联大厦
邮编:250001
所长:崔恒余(法人代表)
电话:0531—6050224　传真:0531—6051045

蜀都会计事务所

蜀都会计师事务所全体员工将竭诚为社会各界提供优质服务,为改革开放和社会主义市场经济建设做出应有的贡献。

蜀都会计师事务所创建于1987年3月,依法从事《中华人民共和国注册会计师法》规定的查帐验证、会计咨询和资产评估等业务。

1993年2月,经财政部、证监会批准,取得证券业务审计资格。

现有中国注册会计师40名,其中有执行上市公司财务审计资格的注册会计师12名。具有大专以上学历的占85%,高、中级会计师占38%,并拥有一定数量的高、中级工程技术人员,从业人员达200余人。

蜀都会计师事务所遵循"以质量求生存、以信誉求发展"的宗旨和"立足成都、跨出盆地"的战略方针,自1993年以来涉足沿海诸省市执业,赢得了客户的信任和支持。目前有固定的三资企业150余户,股份制企业30余户,其中已上市的有成都商场、蜀都、中川国际、工益股份、成量股份、成都华联、四川电器、前锋股份、红光实业、成百集团、四川制药、倍特高新、泰康股份、成都联益、西藏明珠、北海新力、南宁百货、浙江广厦等18户。

蜀都会计师事务所全体员工将竭诚为社会各界提供优质服务,为改革开放和社会主义市场经济建设做出应有的贡献。

地址:四川省成都市少城路25号少城大厦13楼

邮编:610015

电话:

办公室:(028)6244373

所长:(028)6248089

主任会计师:(028)6247832

涉外业务部:(028)6244119

审计一部:(028)6247317

审计二部:(028)6243607

审计三部:(028)6251670

资产评估部:(028)6249620

传真:(028)6648135

宁夏会计师事务所

宁夏会计师事务所,1984年1月24日经宁夏回族自治区财政厅批准成立,是全国最早建立的20家会计师事务所之一。

1994年元月,经财政部和中国证券监督管理委员会联合审批,获得从事证券相关业务资格;1994年8月,经国家国有资产管理局和中国证券监督管理委员会联合审批,以宁夏资产评估公司名称,取得从事证券业务资产评估资格。(为适应证券业务审计与评估必须两个中介机构执业的规定,1995年2月分设法人代表,分立为两机构。)

1993年1月,本所获得宁夏回族自治区国有资产管理局颁发的第03101号正式《资产评估资格证书》。

1997年元月本所获得宁夏回族自治区建设厅颁发的第018号暂乙级《工程造价咨询资质证书》。

本所现有坐班从业人员143人,注册会计师57人。从业人员中,有高级会计师17名,会计师63名;高级经济师1名、经济师2名;高级工程师1名、工程师2名。本所设工业会计部、商贸会计部、涉外会计部、资产评估部、会计电算部、会计培训部、税务事务部及办公室,已具有较健全的组织和一批符合执业需要的人才,形成了一定规模。

本所对宁夏注册会计师事业,起到了率先开拓、探索求真、辐射发展的作用。在扩大机构方面,本所资产评估部发展为宁夏资产评估公司,并在分立前为其取得从事证券业务资产评估资格;税务部发展为宁夏第二会计师事务所;第一分所发展为宁夏正大会计师事务所。在扩展业务方面,本所是宁夏的开拓者,个别业务项目,是全国开展最早的会计师事务所之一。1985年,本所将当时已经在外商投资企业实行的"验证投入资本金"办法,在取得宁夏回族自治区财政厅和宁夏回族自治区工商行政管理局的同意后,引入对宁夏其他所有制工商企业进行年检验资,是全国第一家。(《中国法制报》曾以"皮包公司的克星"为题进行过详细报导)。1988年,经宁夏回族自治区财政厅同意,开始在一个省的范围,对国有工交商企业推行会计报表由会计师事务所进行审计的业务,是继江苏省后的全国第二家。会计电算是本所一大特色,有自己的财务会计和管理会计软件,(注册商标为昊友〔HOW ARE YOU〕财务会计软件和昊友〔HOW ARE YOU〕管理会计软件)。昊友财务会计软件,在宁夏有80多家用户,在青海省有经贸厅属全部企业和民航在使用;昊友管理会计软件,向财政部会计事务管理司、工交司、教育司、财政科学研究所、中央财经学院等有关领导和专家,进行过多次演示汇报,评价较高,认为"设计新颖、技术先进",是全国第一家。

昊友管理会计软件有两大部分:第一部分为学习系统,达到两个目的,一是通过教与学,普及和提高财会人员的管理会计和计算机知识;二是为推广本管理会计软件的实用系统奠定基础。系统从教与学两个方面考虑软件的设计,对问题的处理我们本着化难为易、化繁为简的原则,同时又考虑到不同层次使用者的要求,采取了例题引路同一般化模式相结合的设计思想,使软件既适用于初学者,又适用于中、高级层次的使用者。第二部分为实用系统,分为四大模块:初始化与数据采集模块,预测分析模块,决策分析模块,预算控制模块。软件在WINDOWS平台运行。

14年来,本所以独立、客观、公正原则为本,以实现"质量第一、效率第一、服务第一"为目标,遵守职业道德,信守委托约定。现在,本所拥有长期客户300余户,为宁夏第一家。已承办上市公司财务审计,以及企业年度会计报表审计、资金验证、改制股份公司、破产清算、经济案件鉴证、查帐清帐、资产评估、财税检查、会计顾问、会计咨询、专题调查、会计电算等5000余项业务,为宁夏注册会计师事业做出较大贡献。

本所将继续严格遵守《中华人民共和国注册会计师法》、《中国注册会计师独立审计准则》及其他有关法律和法规,以质量求生存、以服务求发展,发挥在社会经济活动中的鉴证和服务作用,为宁夏注册会计师事业的发展和树立注册会计师的社会形象做不懈的努力。

法人代表简介:张志俊同志为注册会计师、注册资产评估师、高级会计师。现任宁夏会计师事务所所长,宁夏会计学会副秘书长,宁夏注册会计师协会常务理事、中国资产评估协会理事。祖籍浙江省余姚市低塘乡逊马桥村,现年六十岁。该同志从事会计审计工作四十六年,其间在宁夏汽车运输公司做会计练习生、办事员、科员、副科长、副总会计师计三十年;在宁夏交通厅计财处做财务会计管理工作四年;在宁夏财政厅会计事务管理处做会计管理工作三年;在宁夏会计师事务所工作九年,有一定会计和审计工作经验,自学掌握了一定会计和审计知识,曾发表会计和注册会计师业务文章十六篇,以及参加《宁夏会计师考试大纲》、《宁夏会计证考试问答》、《新编会计学基础》的编写。

主要执业人员简介:

罗振邦,男性,31岁,大专学历,祖籍四川省苍溪县鸳溪乡胜利村。现为注册会计师、注册资产评估师、会计师,现任宁夏会计师事务所商贸会计部主任。曾在宁夏灵武市综合公司、商业局从事会计、主管会计、业务主管工作,1994年从事注册会计师工作。该同志是1990年宁夏首届会计知识大赛的第一名,为全国首届会计知识大赛宁夏代表队的选手;1993年注册会计师资格考试一次全科及格,同年又以宁夏第一名的成绩考取会计师职务资格;1996年以宁夏第一名的成绩考取注册资产评估师资格;1997年在全国首次注册会计师证券相关业务资格考试中,获全国第一名。

李耀忠,男性,30岁,大学本科,祖籍宁夏回族自治区西吉县城效乡王坝村。现为注册会计师、会计师,现任宁夏会计师事务所工业会计部主任。曾在银川第二毛纺厂从事会计、主管会计,在宁夏财政科研所任《宁夏财会》、《宁夏财政研究资料》编辑、常务编辑,参与《宁夏财政赤字的现状及对策》等七个宁夏回族自治区重大科研课题的研究工作,先后发表财会、经济论文二十余篇,并多次获奖。1993年注册会计师资格考试一次全科及格,同年又考取会计师职务资格;1997年通过注册会计师证券相关业务资格考试。

地址:宁夏回族自治区银川市解放西街193号三楼　邮编:750001

电话:(0951)5049452　5044652　5043049　5049444　5044273　5049457　5048184　5047374　5044174　5047574　5049427　5044950　5048284　5030547　5047290　5044681

传真:(0951)5049494

中辰

律师事务所

中辰律师事务所系四川省投资与证券律师事务所(后更名为中维律师事务所)证券部分立并经四川省司法厅司函(1997)06号文件批准新设的合伙制律师事务所。1997年4月本所经司法部、中国证监会批准确认,获得从事证券法律业务资格。

本所目前成员15人,律师10人,其中获得法学、经济学硕士、博士的6人;具有正副高级职称的4人,国务院批准享受政府特殊津贴的国家级专家1人。执业律师专业基础深厚,具有丰富的实践经验,从事过多项大型项目的法律事务。

本所以办理证券、投资、企业重组、购并等方面的法律咨询、法律审查业务为主。截止1997年9月,已为50余家企业公开发行股票和上市进行了法律审查,其中,在上海证券交易所和深圳证券交易所已发行或上市的有34家;近期内即将发行上市的8家,正在进行股票发行和上市法律审查的7家,同时为20余家定向募集公司出具了法律意见书和律师工作报告,承担并完成了数家上市公司股权转让和配股的法律事务工作。本所以高质量、高效率的服务赢得了国内外客户的信赖。

地址:四川省成都市人民东路48号物资大厦8楼

电话:(028)6744456-20829、20820

传真:(028)6611178

邮编:610015

中国证券大全

（1997）

A complete collection of securities in China

第十五卷

证券投资分析

第一章　证券投资分析概论

第一节　证券投资分析

所谓证券投资是指企业或个人用积累起来的货币购买股票、公司债或公债等有价证券，借以获取收益的行为。随着融资证券化趋势不断加强，证券投资已经成为公司、银行以及个人的一项重要的资金运用业务，成为一种主要的投资方式。证券投资的实质是获取未来的收益，实现资本的增值。投资者将一定量的当前消费投资于证券业，就是为了在未来获得更大数量的消费。换而言之，就是实现资本的增值。其资本的增值来源于证券的利息收入和买卖证券而获取的资本得益。

按照证券工具选择的不同，证券投资大体上可以划分为股票投资和债券投资两类。(1) 股票是一种股权证券，反映的是股东对公司的所有权关系。一般而言，投资者（股东）对公司有经营管理权，有盈余和资产的分配权。但股东不能向公司退股，其利息收入不确定，取决于公司的盈利状况和分配政策。所以股票投资的风险大。(2) 债券是一种债权证券，反映的是一种债权债务关系。投资者因认购债券而成为发行者的债权人，可以按规定条件取得固定的利息收入和到期收回本金。另外债券投资者在利息支付和破产后剩余资产分配上优于股票投资者，所以债券投资的风险比股票小，其收益率也较低。

一、证券投资的过程

证券投资过程是指投资者从事证券投资买卖活动，获得足以补偿其所承受风险的收益所经历的若干阶段。其过程大致可分为四个阶段，即准备阶段、了解阶段、分析阶段和决策实施阶段。每一阶段中还包含若干步骤。应当指出的是，这四个阶段和其步骤，只是为了说明问题方便起见，并无定型。在做出投资决策之前，有必要知道证券投资全过程。

（一）准备阶段　　投资的先决问题，就是需要预先筹集一笔资金。投资，顾名思义就是投入资金。其数额多寡，与把钱投在何处，投在何物，如何投法，这些跟投资收益都有很大关系。因此，在投资之前，必须确定能否筹集到一定数量的资金，而且数量要切合自己的经济实力，切不可搞投机活动，甚至于在证券投资中以借债投入证券市场使自己担太大的风险。筹集好资金之后，才能考虑如何投资，投在何处等问题。

（二）了解阶段　　一旦投资者把投资所必需的款项筹措好以后，接下来就须了解投资的各个方面。首先，了解投资中的收益和风险。投资的主要目的是获得收益，当然希望收益越高越好，但是在取得盈利的同时，必须承担一定的风险，并且风险与收益是成正比的，即风险越大收益就越高，风险越小收益就越少。

树立起对收益和风险，特别是对后者的正确态度，乃是投资者决策中的首要任务，也是证券投资分析的前提态度。

有了这种认识后，下一步就是广泛了解投资对象的收益和风险的情况。如以有价证券而论，各种证券因其性质，时间长短，有无提保等条件的不同，其收益与风险的高低大小也有差别，而且收益的支付方法、风险所包含的内容也有不同。必须熟悉种种情况，才能进行投资对象的选择。另外，投资者还需了解证券的运行机制，经纪商的职能和作用，各种程序及法律法规等。

（三）分析阶段　　证券投资分析分为基本分析和技术分析。上面讲的了解阶段事实上即为基本情况分析，可以帮助投资者选择投资对象。在预定选购何种具体的证券以前，还须对证券的真实价值、上市价格和价格涨落的趋势进行认真的分析。因为证券的质量决定于其起初价值，价值表现在市场上的价格，而市场价格受很多原因影响而经常变动。这里面涉及到种类繁多的因素和错综复杂的相互关系，如不进行细致具体的分析，会造成投资者盲目选购，导致买进收益低，风险大的证券，或在买卖时没有选择好时机，高买低卖，造成巨大的经济损失。对于证券投资的研究分析，很多方法是要专业人员才能进行的，作为个人投资者，大可不必自己去动手研究。只需借助多种刊物、报纸、证券公司，经纪商行等的研究作投资参考就可以了。

（四）决策实施阶段　　了解和分析都是为了正确的决策，因此，决策阶段是证券投资的最后阶段。通过了解阶段和分析阶段，投资者有条件按照自己所拟定的投资目标，针对个人对收益和风险的衡量，考虑到今后对现金的需要和用途，预计未来经济环境及本身财务状况的变化等，作出妥当合适的判断，决定把本金投到何种具体的证券上去。

买进证券并不意味着证券投资的结束，完整的投资过程更注重证券投资的管理工作。

投资者买进证券后，应随时根据证券市场的变动情况，对自己所购买的证券进行分析和检验，判明这些购买的证券是否合适，是否明智，投资者应根据证券行情，上市公司经营状况和国民经济发展形势等情况进行及时的证券调整，以保证整个证券投资过程的完善。

二、证券投资分析的意义

证券投资分析是指以测定投资的证券价值为目的而对所有影响该证券价格的因素作出评估、检查及审核的一系列活动。证券投资分析在整个经济投资过程中占有重要的地位，这主要表现在以下两个方面。

(1) 证券投资分析是规避风险和进行投资决策的依据和前提。无论是什么样的投资，在投入资金之前，做适当详细的投资分析过程都是必不可少的，证券投资也不例外。证券投资分析主要目的是确定其投资对象的投资价值。由于证券投资者投资证券的目的是为了赚取投资收益，而投资收益和投资风险是相随相伴的，因此，在进行投资决策之前，不仅要对投资对象的存在价值进行分析，而且还要对其风险的大小进行分析。并对投资该证券的收益和风险相比较，最后做出投资决策。选择证券投资的基本原则是：在投资风险程度相同的情况下，选择收益较大的证券；在投资收益水平相同的情况下，选择风险较小的证券。有人戏称，证券投资有如赌博。其实这种说法是错误的。毕竟，赌博可以说是完全靠侥幸性取胜的，没有可供参考和分析的资料。而证券投资不仅有大量证券资料可供投资者进行分析，投资者还可以运用自己的智慧，运用掌握的投资理论、知识、方法和技巧进行详尽的分析判断，进行相对科学的投资决策，以获得相对具有保障的投资收益。从这一点来看，从事证券投资分析是非常必要的。

(2) 证券投资分析是投资成功、降低风险的关键。证券投资是一种高收益伴有高风险的投资。进行证券投资有可能获取较高收益，也可能使资本遭受损失。成功的证券投资都离不开证券分析，诸如对证券发行公司的财务分析、经营管理分析；对宏观经济中的货币政策分析、财政政策分析；对投资所在国的对外政策分析、汇率变动分析等等。一个成功的证券投资者，必须有明确的投资目标，而确定一个投资目标之前，又必须经过一系列的分析活动。可以说，选择一个好的证券品种，和选择一个好的买卖时机，是决定投资成败的重要因素。而做出这些选择之前，对证券的分析是必不可少的。

三、证券投资分析的信息来源

证券投资分析的信息来源渠道是很多的，而且不同渠道的资料来源，其用途又各不相同，对投资者有利用价值的资料主要来自于以下几个方面：

(1) 已公布的信息资料。即是已经向社会公众公开发布的资料，它可包括：①上市公司的公开资料，如招股说明书，业务报表、财务报表、各年报、中报等，这类资料都是经过会计师事务所之类的机构审核，比较准确和客观，有利于投资者作基础分析，对长期投资者非常有用。②各种报刊杂志。主要是一般性的报纸、经济性报纸和财经类杂志，目前我国证券业主要的报纸有《证券时报》、《中国证券报》、《上海证券报》、《证券周刊》、《证券导报》等。

③专家学者的论著，主要是指导投资者了解证券市场结构，弄清交易过程，掌握投资经验，对投资者充实专业知识，熟悉投资策略，增强操作能力极有帮助。

(2) 计算机储存资料。随着计算机运用的高速发展和广泛普及，可以说计算机是证券投资分析的主要工具和重要的信息来源渠道，它几乎包含了上述资料。它主要来源于证券交易所和证券研究机构；现在由于计算机网络的发展，这些信息可以通过互联网的方式进入千家万户，及时地传送到投资者的手中。计算机储存资料除了可以反映出整个证券市场交易动态和必要的资料外，还有利于对证券市场未来走势的分析和判断提供技术方面的操作，对短期投资者非常有用。

(3) 实地访查。这一般是实力雄厚的大投资者所采用。费用较高，但可以获取第一手的资料和感观方面的信息。通过实地访查可以从上市公司的生产技术设备水平，生产规模，工作环境，工人精神面貌等方面获得感性的认识，从而有利于下一步进行可行性分析。

四、证券投资分析的主要步骤

1. 资料的搜集与整理。证券投资是因时而论的，因此，各种最新资料的搜集是证券投资分析的第一步，也是前提条件。2. 案头研究：因搜集来的资料关系到方方面面，重要性也不一样，因此就要对其进行研究、整理，筛选出最有价值的资料。3. 实地考察：这是对资料的来源和内容的真实程度进行证实的一个重要步骤。4. 形成分析报告：在实地考察确定了资料的准确性后，就可进行分析了，最后形成分析报告。

第二节　证券投资分析的主要方法

一、基本分析法

证券投资基本分析是对发行该证券的企业的财务状况与经营情况以及影响上市经营的客观政治经济环境等要素进行的分析。它通过分析企业的资产内容、经营状况、产业动向及一般经济形势等，以便计算此种证券的投资价值，再与该证券的市价比较，以决定投资的方式。它确认的是发行公司未来的经营是否乐观，它的目标是股息、增资配股及股价上涨产生的差价等，因此有人称基础分析侧重于选股。

证券投资基础分析可分为：对企业财务的分析和质因分析。对企业财务的分析，即对企业财务报表的分析，它又可分为：①财务趋势分析，根据一个企业连续数期的财务报表，比较各期的有关项目金额，以揭示当期财务状况与营业情况增减变化的性质及其趋向。它包括比较损益表的趋势分析、比较资产负债表的趋势分析及比较留存收益表的趋势分析。②财务比率分析，是在同一张财务报表的不同项目与项目之间，不同类别之间或在两张不同财务报表如资产负债表和损益表的有关项目之间，用比率来反映它们的相互关系，从中发现和据以评价企业的财务状况和经营中存在的问题。用来进行财务比率分析的比率指标相当多，有反映流动财务状况的比率，如流动比率、速动比率、速动资产动用天数、现金流入量对负债的比率、运转资金对总资产的比率、应收帐款周转率及应收帐款平均收款期、存货周转率等；有反映长期财务状况的比率，如负债比率、股东权益比率、股东权益与负债比率、固定资产与固定负债比率、固定资产与股东权益比率、固定资产与权益总额比率等；有反映获利能力的指标，如销售报酬率、资产周转率、投资报酬率、股东权益报酬率、股东权益周转率等。

质因分析是指对企业所属产业状况、企业在产业内的地位、产业内竞争情况等进行的分析。其包括的内容很广泛，大致可分为两类：一是对企业的外部环境进行的分析，即对产业状况、产业内竞争情况、产业环境以及资源供给、产品需求等的分析；二是企业内部环境分析，即对企业的经营管理情况，企业工艺装备及技术水平等进行的分析。

证券投资的基本分析还应注重以下分析

①经济周期分析。股票价格的波动在经济周期的各阶段呈明显的规律性。经济上涨阶段，企业为了满足市场需求，会不断地扩大生产规模，利润也随之增加，股价也能呈稳定的升势。而在经济发展停滞甚至下降的时候，市场需求会急剧萎缩，产品不能销出，引起企业利润下滑，股价也随之呈下降趋势。一些有远见的投资者会根据经济周期的上升和停滞的不同来投资股票，以达到谋利的目的。

②市场利率的分析

市场利率是最重要的宏观经济指标之一，它与股价的关系特别密切。

主要体现在：一是，利率变动引起预期股息收入的变动，从而引起股价变化。利率低，企业融资成本下降，企业利润提高，从而使股价上升，而在信用紧缩时，利率上升使企业筹资困难，成本上升，导致企业利润下降，股价也随之下跌。再者，利率水平低，往往源于政府刺激经济的政策，因而可预期未来的股息收入将因整体经济的繁荣而增加。相反，高利率很可能是政府为抑制通货膨胀而采取得紧缩政策的反映，从而将导致经济增长速度减慢，从而使预期未来股息收入减少。

利率还会透过股市供求变动影响股价。高的市场利率使得风险较小的其他金融资产如债券、银行存款的收益率上升，减少了市场对股票的需求，使市场股票供过于求，造成股价下挫。相反，利率低则会使股价上扬。

③经济因素分析

经济因素分析是国家在一定时期内，实行经济的有关政策从而影响股市的情况分析。当政府的产业政策向某一行业倾斜时，该行业往往会获得税收，信贷，进出口等方面的优惠，这些措施会使该行业公司利润提高，从而刺激了该行业股票价格上升。所以投资者应该选择受政府鼓励发展的行业，选择具有较高成长性的公司才能达到预期目的。

④非经济因素的分析

这里所讲非经济因素一般是指由于国际政治形势，外交关系的变化和战争爆发，以及社会政治事件的发生，国家领导人的更换和政权的更迭等直接影响经济形势变动的因素，通过这些国家政局的变动会造成股市的动荡，进而影响股票价格。

二、基本分析法及其优缺点和其适用范围

基本分析法是相对技术分析法而言的，其优缺点也是相对技术分析的优缺点而言的。从作用上讲，基本分析解决的是购买什么证券的问题，而技术分析则是解决何时购买的问题。基本分析是对上市公司的经营业绩、财务状况、以及影响上市公司经营的客观政治经济环境等要素进行分析，以判定证券的内在投资价值，衡量其价格是否合理。技术分析则是利用统计学的方法，运用各种公式和计算手段，分析证券价格的运动规律，以及市场自身的规律为理论依据，根据过去证券的变动情况来推测证券价格的未来走势。

基本分析法的优点为：(1) 根据宏观经济指标，和客观政治经济政策的分析，可以预测股市的中长期走势。(2) 根据对公司的经营项目，市场潜力，公司的市场竞争能力和产品生命周期等方面的分析，可以判定一家上市公司是否具有高成长性，是不是值得投资的公司。(3) 根据对公司的业绩和财务状况的分析，可以作出绩优股和绩差股的区别。

总之，基本分析法能研判大势走势，个股和内在投资价值及其股价是否和内在价值背离，是证券投资者投资分析的最基础分析。但它也有缺点：一是难以把握股市的短期内波动。二是无法掌握买卖时机。三不适用于短线投资。基本分析法提倡注重公司研究，从客观实际情况入手，而对市场运作规律却很少考虑。因此，基本分析法被称为选股分析。

三、技术分析方法

技术分析和基本分析同为证券投资分析的方法。基本分析主要是针对宏观的政治经济环境、个别券种的现状前景等所作出的关于市场基本条件的分析。技术分析则是直接从证券市场的市场行为入手，透过图表和技术指标和记录，探求证券价格变化的规律性，由此来预测未来证券价格的变动趋势的分析方法。技术分析着眼于市场本身的资料，而非盈余、管理能力或新产品开发等基本因素。在技术分析的内涵中，深信从过去股价变化的轨迹中可以整理出某种标准形态，在这些标准形态的引导下，将能掌握未来的股价，选择最佳的投资时机，因而有人称技术分析侧重于投资时机的掌握。

每一种分析的方法都有其理论依据，技术分析对于投资者投资决策的有效可行性是建立在以下理论基础之上的。

(1) 市场行为体现一切信息。市场行为指证券的交易价格、成交量、证券的涨跌状况等是市场一切因素（包括基本的因素、证券发行主体状况、市场心理等）的综合体现，投资者只要研究这些市场行为就能了解目前的市场状况，而无需关心背后的影响因素。

(2) 价格变动具有趋势性。证券价格的变动如物体运动一样在未受外力作用之前将保持原有的惯性。

(3) 证券交易行为遵循着周而复始、循环向上的变化规律，特别是某些典型的变化趋势更会重复再现，投资者可运用统计分析的研究方法，整理出一套行之有效的操作原则。

技术分析与基本分析有所不同，技术分析讲求从技术方面入手，着重于技术方法的应用和对市场自身规律的研究，技术分析方法主要有以下几种：

(1) 图表解析法：即通过市场行为所构成的图表形态，来推测未来的股价变动趋势，可分为线性分析及图形分析。①线性分析：主要是通过K线组合的特点，以日线图中三至五天的行情变化为对象，对短期股价走势所作的分析，许多时候必须把它放在长期行情中去分析理解。一般有三种K线组合形态，分别代表上升线势行情，反弹线势行情和下跌线势行情，如下图所示：

a. 二颗星上升线势行情

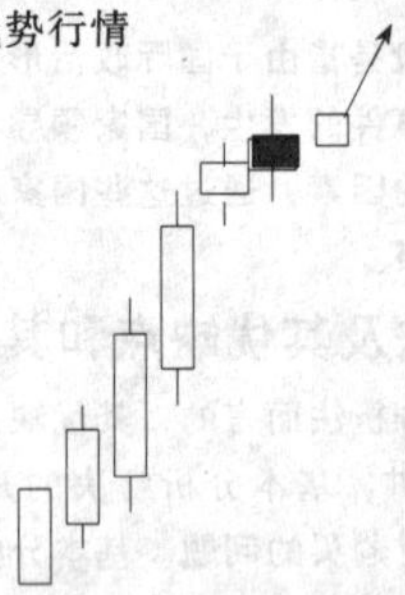

上升行情中出现极线的情形即称为二颗星、三颗星，此时股价上涨若再配合成交量放大，即为可信度极高的买进时机，股价必再出现另一波涨升行情

b. 底价圈内反弹线势行情

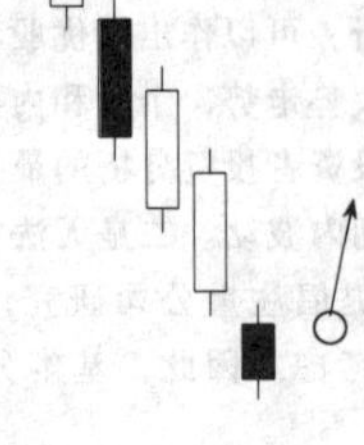

在底价圈内，行情出现长长的下影线时，往往即为买进时机，出现买进信号之后，投资人即可买进，或为了安全起见，等候行情反弹回升之后再买进，若无重大利空出现，行情必定反弹。

c. 下跌＋字线

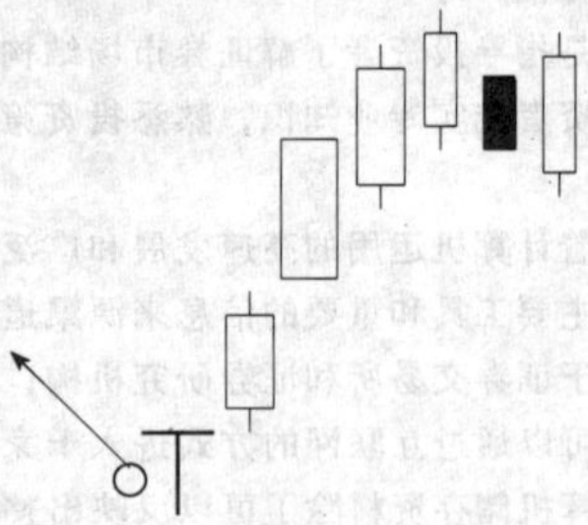

在高价圈出现＋字线（开盘收盘等价线），并留下上下影线，其中上影线较长。此情形表示股价经过一段时日后，已涨得相当高，欲振乏力，开始要走下坡，这是明显的卖出讯号。

②图形分析：证券价格经过一定时间的盘档整理后，图形上形成有一定规律的几何形态，它们分别反映着证券价格变动的不同特点，据此可对股价的未来变动趋势是反转抑或盘整作出判断，此即图形分析。形态分类大致可分为反转形态、整理形态及缺口和趋向线等。

反转形态　指股价趋势逆转所形成的图形，是股价由涨转跌，或由跌转涨的信号，包括头肩顶、头肩底、V型反转、多重顶（底）、潜伏底等等。

整理形态　是指股价经过一定时间的快速变动后，即不再前进而在一定区域内上下窄幅变动，直到有效突破才又继续原来的趋势。这类形态包括对称三角形、上升三角形、下降三角形、矩型、旗型、岛型、盘型、头肩整理形态等。

缺口　是指股价在快速大幅度变动中有一段价格没有任何交易，显示在股价趋势图上是一个真空区域，这个区域称之为缺口。缺口分普通缺口、突破缺口、持续性缺口与消耗性缺口等四种。普通缺口多在盘整时期形成；突破缺口形成于反转或整理形态后，表示真正突破已实现；持续性缺口在上升或下降途中出现，可用来量度未来后市继续波动的幅度；消耗性缺口一般伴随快的、大幅的股价波动，出现于恐慌性抛售下跌或消耗性上升的末段。

趋向线　连接股价波动高点的直线为下降趋势线，连接股价波动低点的直线为上升趋势线。下降趋势线是每次回升的阻力位；上升趋势线是每一次回落的支持位，向上突破阻力位，向下跌穿支持位分别为入货和出货信号，趋势线愈平这种技术分析的可信程度越大。

(2) 技术指标分析法

技术指标是由价格、成交量、涨跌股票数及涨跌时间等运用数学上的计算程式计算而得，运用技术指标分析比图形分析更加准确。各种技术指标归纳起来可分为以下三类。

①“价格平滑”指标。是采用移动平均的方法计算而得的价格平均数，最典型的是移动平均线。派生指标有乖离率（BIAS)，平滑异同移动平均线（MACD）等。

②“买卖双方能量对比”指标。买卖双方的力量对比是价格变动的直接推动力，买方力量强，则价涨；卖方力量强，则价跌。通过比较一段时期内价格涨跌的规律性可用来分析买卖盘的实力和意向，进而判断股价的变动趋势。常见的这类指标有威廉指标（%R)、相对强弱指数(RSI)、随机指数（KD）和涨落指数（ADL)，动量指标（DML）及心理线（PSY）等。

③市场动力指标。一切外部力量对证券价格的作用最终均集中体现在资金的增减变化之上，而资金的流向又通过成交量表现出来，所以成交量是价格的先行和推动力。市场价格变动必须有量的配合，价格升降

而成交量不相应升降，则市场价格变化趋势难以维持。据此，用成交量的增减变动计算得出的“市场动力”指标可用来判定价格变动方向，这类指标有成交量（V）、能量潮（OBV）等。

第二章　有价证券的价格决定

第一节　债券的价格决定

通常发行债券时，债券发行人要先确定债券的期限和利率，然后根据当时的市场利率水平做一些必要的调整，最后再决定发行价格。债券的实际收益不仅取决于利息率的期限，还与发行价格有极大的关系。因此，发行价格，利息率与期限通常被称为债券的三大发行条件。债券的定价也基本受这三个因素的影响。

债券价格有三类，一是理论价格。二是发行价格。三是转让价格。

①理论价格　债券的理论价格就是债券的收益与市场利率的比值。由于债券的利息是定期支付的，而且其本金是债券期满后归还。所以计算债券的理论价格必然考虑复利因素，通过现值理论进行计算。其计算公式如下：

$$P=\frac{c/m}{(1+r/m)}+\frac{c/m}{(1+r/m)^2}+\frac{c/m}{(1+r/m)^3}+\cdots+\frac{c/m}{(1+r/m)^{m\cdot n}}+\frac{F}{(1+r/m)^{m\cdot n}}$$

其中：P＝债券的理论价格

C＝债券的年利息收入

r＝市场利率

m＝每年支付利息的次数

（一般债券每年支付两次利息）

n＝债券的生存年数

F＝期满时归还的本金

从债券理论价格的计算公式中可以看出，债券的理论价格是由市场利率所决定的。因为债券一经发行，则其本金、利率、每年支付利息的次数，以及债券的生存年数都随之确定。在债券的生存期内，只有利率的变化可以影响债券的理论价格。债券的理论价格与市场利率呈反方向运动。即市场利率越低，债券的理论价格越高，反之，则债券的理论价格越低。这是因为市场利率上升时，它与债券利率的差距减小，甚至超过债券利率，从而使得风险小于债券投资的银行储蓄及其它投资工具的收益上升，于是债券投资者愿以较低价格出售债券，转而投资于大额储蓄、货币市场储蓄等金融工具，以获取更大收益。反之，当市场利率下降时，债券收益相对上升，而债券又被投资者看好。不过，在实际交易中，债券的实际价格往往背离其理论价格，因为债券的市场受多种因素制约，而债券理论价格仅仅是债券市场价格的基础。市场价格往往不反映市场利率的变动，比如时常受到投资者心理因素的影响。如果投资者预期利率即将下降就会抢先买进债券，导致债券价格上升。相反，如果预期利率将会上升，投资者就会迅速抛售债券，导致债券价格下降。

②债券的发行价格。债券发行价格是指债券发行时的售卖价格。它不一定反映债券的真正价值，也不一定等于债券的面值。例如一企业可以95元的发行价格，发行票面价值为100元的债券。在实际发行债券时，通常先决定利率和期限，然后根据当时市场对发行债券的预期容量确定发行价格。在债券发行过程中，市场状况（主要是市场平均利率水平）时刻变动，为了保护投资者的利益和使债券能顺利发行，包销集团有必要不断调整债券利率和调整发行价格。一般说来，在市场利率水平有较大幅度变动时，采取变更利率的方法；而市场利率水平相对稳定时，采取调整发行价格的方法。

债券的发行价格与其票面价值不完全相同。若投资者认购新发行债券时价格低于其票面价值，则称之为低价发行（或折价发行）；若投资者的认购价格等于债券票面价值，则称之为等价发行（或平价发行）；若投资者的认购价格高于债券的票面价值，则称之为高价发行（或溢价发行）。采用哪种发行方法，主要取决于当时的市场利率。市场利率高于或低于债券的票面利率时，通常可以降低或提高债券的发行价格，以保持债券的收益与当时的市场收益相一致。采用不同的发行价格，会影响投资者的实际投资收益。这种影响来自偿还差益差损。即债券发行价格与偿还金额之间的差额。显然，若采用折价发行方法，则偿还金额大于认购金额，称为偿还差益。若采用溢价发行，则偿还金额小于认购金额，称为偿还差损。如果新发行的债券是不可转换型的，并采用无息票券形式，投资者在其持有期间，债券价格按比例增大。同时，投资者由于没有获得定期的利息收入，因此无需负担纳税义务，减少了投资者在持有期间的现金流动问题。并且由于期满时获得的资本利得只须将其中的20％缴纳所得税，因此折价发行方式对筹资者和投资者双方都具有吸引力。

③债券的转让价格。债券的转让价格就是债券在市场上进行买卖交易的价格，即投资者为了购得债券以期未来获得固定收益而必须付出的代价。债券转让价格通常有两种形式：现货价格和期货价格。

债券转让价格计算的依据是现值模型，计算得到的结果是债券的理论转让价格。根据债券的种类不同，转让价格的计算可分为两种情况。

1.无息票债券的转让价格计算。

其计算公式为：$P=F/(1+rt)$ 其中：

P：债券的转让价格；F：债券的面额；

r：市场利率（年）；t：剩余的时间（年）。

2.息票债券的转让价格的计算：

$$P=\sum_{t=1}^{mn}\frac{D}{(1+\frac{r}{m})^t}+\frac{F}{(1+\frac{r}{m})^{mn}}$$

其中P：债券的转让价格；F：债券面额；

r：市场利率（年）；D：每次付息额；

m：年付息次数；n：剩余的时间（年）。

债券的发行价格与转让价格（即市场价格）有密切的联系。在二级市场上，债券市场价格随市场状况的变动而波动。债券市场价格的长期变动趋势取决于国内、国际金融市场状况，利率水平和发行公司的营业情况和财务状况等；短期变动趋势，取决于市场的供需状况。但债券市场价格波动的基础是发行价格。通常情况下，债券转让价格只是围绕着发行价格进行小幅度的波动。

第二节　股票的价格决定

市盈率是从公司收益和股价关系角度衡量评估股票价格水平的一项重要指标，这项指标近年来成为国内外广大投资者用来评估股价水平的最基本尺度。市盈率作为股票的市价与该股当期税后纯收益的比率，其重要作用在于投资者可以通过比较市盈率的高低，了解和判断发行公司的股票价格和收益相背离的程度，以便直观地判断该种股票的风险程度。市盈率高，说明这家公司的股票风险程度大，市盈率低即说明该种股票的风险程度小，因此，投资者应选择低市盈率的股票进行投资。

通常，多数投资者以与同期银行存款利率比较的方式来决定合理的市盈率。原则上是：股价与每股纯利之比，等于银行存款与利息额之比。例如，若银行一年期定期存款利率为5%，则存款100元，一年利息5元，本金与利息之比值为20倍。则股价市盈率在20倍以内也属风险较低的合理区。如依据比种计算方式，当银行利率调高至6%，股票合理市盈率也应降为16.67倍；利率上升到10%时，市盈率应在10倍以下方为合理。或者说，当每100元银行存款当年获利息5元，那么每股纯利为5元时，该股票每股市场价也以100元为宜。当然，这个标准只是理论上的标准，在实际生活中，投资者一般应将本期“市盈率”与公司股票历史情况相比较，与其它同行业情况相比较，从中择优。

我们在进行市盈率的分析时，还应考虑该公司的盈利水平，该公司的发展潜力等因素，这样才能正确判断市盈率的高低。事实上，有些股票市盈率低，是由于公司利润增长快于股价上涨幅度，有些公司市盈率降低，是由于股价降低速度快于利润降低速度。这两种情况，市盈率相同，但实际情况却截然有别。因而，前一种情况值得投资，后一种情况则要待进一步分析后才能下结论。

有些投资者对市盈率的估算比较保守，通常会自我制定市盈率在多少倍以下，好买进股票，或计算税后纯收益时也不仅考虑今年纯收益，还会连公司过去三年来的实际纯收益加以平均，取四年来税后纯收益的平均数，市盈率更为稳定，实际投资风险也更为降低。

总之，从投资者的立场看，市盈率无疑是一种比较可靠的衡量股票价位是否恰当的尺度。对市盈率的分析，可以帮助长期投资者决定什么是可以买进的“低价”，什么是可卖出的“高价”。市盈率分析对短期投资者也有用处，市盈率高时，股价多半已进入高价圈，不宜再买进；市盈率低时，股价多半已进入低价圈，不宜卖出。而且，许多投资者还愿意购买市盈率较高的股票，因为这类股票的价格增值会比较快；而一些希望取得稳定收入的投资者，则愿意购买市盈率较低、股价记录较稳定的股票。

第三节　其它投资工具的价格决定

一、封闭式基金的价格决定

封闭式共同基金发行在外的股份是固定的，基金发行期满就封闭起来，不再追加发行，也不允许持有人赎回，但可公开在证券市场上市，供投资人买卖，跟普通股票几无差别。因而，这种基金又叫公开交易共同基金，其交易价格随着该共同基金投资证券的价格变化而变化。基金股份买卖价格在一定程度上也由市场供需状况所决定，并不一定反映基金的净资产价格。当供过于求时，基金股份可能以低于净值的价格交易，出现低价情形。当供不应求时，则有可能以高于净值的价格交易，出现溢价情形。

二、开放式基金价格决定

开放式共同基金可以无限地向投资的人销售共同基金股份，并且随时准备赎回销售在外的基金股份，因而开放式基金的股份总数随着投资人的购买和赎回而变动。倘若有新股份出售，那么基金就会有额外的现金用于投资；反之，如果赎回发行在外的股份，基金用于投资的现金就会减少。所以基金投资组合的价格会随着基金股份的卖出和赎回数额的变动以及投资组合中各种证券价格的变动而变动。

三、可转换证券的价格决定

可转换证券是证券持有人在一定条件下可根据需要将证券转换成其它类型证券的证券。一般情况下，证券可换成发行公司的普通股票，但有时则只能转换成发行公司的优先股或其它公司的股票。

（1）理论价格，转换公司债券的持平价格是由股票的市价推算出来的转换公司债券的理论价格。其公式为：

$$持平价格=\frac{股票市价}{转换价格}\times 100$$

（2）转换价值　即按现行证券价格计算证券的价值大小，它等于转换率与证券市价的乘积。

（3）可转换证券的市场价格

转换平价　即债券面额与转换率之比。转换升水，升水就是指证券的市场价格高于其面额的情形。反过来，贴水就是指证券的市场价格低于其面额情形，可用转换价值的百分比来表示，即等于证券市场价格的转换价值的差与转换价格之比。

（4）债券的转换方式与价格

转换公司债有两种兑换方式。一种是债券以同等面额股票兑换的面额兑换方式。另一种是债券以股票的市场价格为依据来确定兑换价格的市价兑换方式。可转换债券在流通市场上的价格，敏感地反映发行公司股票时价的波动情况，一般来说，当股价低于转换价格时，债券的价格不变，当股价高于转换价格时，债券的价格随同股价同方向变动。

（5）转换期限，即转换的起始时间和结束时间，但有的规定在发行的一段时间以后才能转换，这一段时间称为转换的搁置期。

四、优先认股权的价格决定

认股权，是普通股股东拥有的购买股票的权利。优先认股权是指发行新股时公司给予特定对象优先于他人购买新发行股票的权利。如果企业增发普通股票，现在的股东有权优先购买新发行的股票，以保持其在企业的权益比例。优先购买新股的数额是根据现有持股数额按比例分配的，持有优先认股权的股东一般有三种处理方法：一是行使优先认股权自行认购新股；二是自动放弃；三是转让给别人。优先认股权的转让一般都是在证券市场上进行的，其转让的价格是根据当时该股票的市场价格决定的。严格来说，只有当新股发行价格低于当时市场价格或该种股票看涨时，新股的优先认购权才具有经济价值。也就是说当股东无利可图时，他宁愿放弃认股权。

五、备兑认股证的价格决定

备兑认股证是由上市公司以外的有关机构通常是投资银行、证券公司这类金融机构发行的，允许持有人于指定日期以规定价格（换股价），向发行机构换取已指定数量之股票的，可于股票市场上交易的有价证书。

香港近期更流行发一篮子备兑认股证，该备兑证的持有者有权认购几只不同的股票，而不是一只。比如里昂证券在去年末发的B股一篮子备兑认股证。法国里昂证券公司去年底在海外发行了5000万股深圳和上海B股一篮子备兑认股证。该一篮子B股备兑认股证由苏常柴、深方大、长安、小天鹅4只深圳B股和陆家、冰压、龙电、鄂绒4只上海B股组成。每个备兑认股证价值0.1008美元，发行溢价为15%，到期日为1997年11月20日。该备兑认股证将在卢森堡证券交易所上市。里昂这次发行B股组合备兑认股证是自今年初发行里昂97H股组合备兑认股证、上海石化97备兑认股证及广深铁路97备兑认股证之后再次发行与中国股票有关的备兑认股证，也是世界上首次推出的中国B股备兑认股证。

相对于投资股票来说，投资备兑认股证的风险较大，所以要慎重选择。为此，专家建议，选择备兑认股证遵循五个法则，即：

一、选择成交量大的备兑认股证，尽量避开冷门品种。不然日后想套利或止蚀都不容易，因为根本无人承接。

二、选择期限在半年以上的一些只剩几星期的备兑认股证少碰为妙，因为“末日备兑证”风险最高。

三、溢价宜在10%以内，10%以上溢价稍贵。但有太多折让者反而要小心，不宜随便跟人，可能有未为散户知道的陷阱。

四、杠杆比率宜在3至6倍之间，太小则失去认股证的意义，太大则风险过高。

五、挑选盈利前景佳的公司，因为认股的价值完全来自其所系的公司。

第三章　证券投资的宏观经济分析

第一节　宏观经济分析

一、宏观经济分析的意义

证券投资的宏观经济分析是指从发行公司以外的角度分析影响证券的外部环境因素，是证券基本分析的一个重要组成部分。了解和掌握宏观经济动态情况，以便正确指导投资导向，减少投资决策的失误，其意义十分重大。

（1）有利于投资者预测证券市场的趋势，以便作出投资决策。宏观经济分析是以影响证券价格的经济因素为研究对象，并对其所在的国家或地区的经济发展状况和发展趋势进行研判，便于决定预测的结果。它的主要依据是国民经济的发展决定着证券市场的发展，一个国家的经济发展状况和对国民经济发展有重要影响的一些因素都将对证券市场及市场上存在的每一种证券发生作用。证券投资者只要从这些能影响证券市场波动的因素入手，准确客观地进行分析，就可以从大方向把握证券市场变化动态，相应地作出投资决策。

（2）有利于对上市企业的经营状况进行预测。每种证券的市场走势，都与其发行公司的经营状况有密切联系的，公司的经营状况良好，其发行的证券就会看好，反之亦然。而影响公司经营的好坏又受到整个宏观经济的影响。一般来说，整个宏观经济环境要好，上市企业所生产的产品订单会增加，销售总额和利润都将增加。因而，研究宏观经济的动向，也可以对证券市场走势作明确的判断。

二、证券市场宏观经济因素分析

宏观经济分析包括的内容很多，主要有基础经济状况、国家的经济政策、经济中易变因素的状况等几个方面。

1. 基础经济状况

基础经济状况可分为两在类：一类是相对确定的基础情况，如资源状况、经济发展阶段情况、地理条件等；另一类是不断变化的基础情况，这主要从以下二方面进行分析：

（1）政府投资

政府投资也称之为政府购买与开支。政府购买与开支反映了政府在经济中的作用。政府开支的主要用途有以下几个方面：军事采购和国际开支；社会基础设施，公用事业以及文教科学、社会福利与社会救济等支出；国营企业的建设，尖端行业的扶植和落后企业的国有化支出；通过国家预算、国家信贷以及各种形式的补贴、减税等形式扩大国内外市场对本国产品的需求，刺激经济的发展等。政府开支的增减及其各种用途之间比例的变化对国内投资市场及有关企业的发展会产生重要的影响。如政府进行大规模的基础设施投资可使相关行业的需求猛增，相反则使相关行业萎缩。我国的政府投资与西方国家政府投资有很大的不同，我国不仅有公共服务性投资，而且还有生产性投资，政府投资是有计划、按比例发展的投资，而且适时进行调控，政府投资的比重也较大。对国内投资市场影响方面，我国政府投资影响要比西方国家大得多，稳得多，而且影响的方式也不同。

（2）私人总投资

国内私人总投资由固定资本投资和企业库存两部分组成。在西方国家、特别是发达的工业国家，固定资产投资和经济周期有着密切的联系。固定资本投资的大量增加是经济由复苏转向高涨的最重要的标志。对单个行业来说，固定资产投资增加会带动其他基础行业的发展。如汽车行业投资和生产的大幅度增加会推动石油、钢铁、电子、化工和橡胶等行业进一步繁荣和发展。企业存货包括原材料、各种半成品和成品。企业的存货变动与经济周期也是有着密切的联系。企业存货超过正常量，往往预示着经济危机的到来。在我国，企业存货的大量增加，尤其是制成品的增加，也是经济运转出现问题的反映。1989 年至 1990 年我国持续出现的市场疲软就是因为库存超量，产品积压，流动资金周转不灵。

2、国家的经济政策

各国的经济政策体系因国而异，所采取的措施也各不相同，但是，经济政策对一国经济的发展将会产生至关重要的作用无疑是肯定的。对于证券投资者来说，研究国家经济政策中的产业政策、货币政策、外汇和外资政策等十分重要。

产业政策是有关产业发展的一切政策和法令的总和。产业政策的实施对投资活动产生直接的影响，其主要作用是：①促进和维护该国幼稚产业的发展。②加快资源配置的优化过程。③促进市场机制和市场结构的完善。④给企业提供一个透明度较高的发展环境。⑤使产业结构能不断地适应世界科学技术的新发展等。产业政策的突出特征是有区别地对待各个产业，因此，了解产业政策对于证券投资的决策有重要作用。比如，对于国家积极支持发展的产业，由于受到政府各种优待，因此，一定会有前途，证券投资者从长远收益考虑，应向这些产业投资。对于国家限制发展的产业，其前景将是暗淡的。在向这些产业投资时应十分慎重。

货币政策及其变动对经济活动会产生重大的影响。一般说来，膨胀的货币政策将会扩大社会的货币供应量，提高银行的信贷能力和压低金融市场的利率，从而推动生产投资与消费的增长，刺激经济的发展。而紧缩性货币政策的效果则与此相反。因此，分析和掌握货币政策和社会货币供应量的情况，对正确认识当前的经济形势和预测经济未来的发展方向具有重要的意义。

外汇和外资也对投资活动产生影响。汇率的变动对外资产生推动或抑制的作用，进而影响国内的投资市场。外资政策将影响外资的流入与流出，使国内金融市场资金供应发生变化，同时，也使各产业的投资资金分布改变，这些都将间接地影响证券投资活动。

3、经济中易变因素

经济中易变因素较多，经常出现，有些因素变动性强，对经济的影响大，证券投资者在进行宏观分析时应特别加以注意，观察分析这些因素的变化动态。

（1）**能源因素**　能源被称为是现代经济发展的血液，它与经济的发展是息息相关的。1973 年和 1979 年石油两次大幅度提价和随之而来的全球性石油短缺对世界和各国经济的发展都产生了难以估量的影响，并引起了全球性经济、贸易和金融结构的大调整。因此，能源结构的变化对整个经济和各种行业的发展都会产生重大的影响，对证券的投资也具有重要的意义。

（2）**新技术革命因素**　我们现在正处于一场技术革命之中，这场新的技术革命的特点是新技术出现频率加快，理论科学向实用技术的转换过程大大缩短，速度大大加快。对生产能力提高的作用也在加大。一些新技术刚出现时，还不成熟，人们也估计不准，因此，风险对发展新技术越来越重要，也越来越引起投资者的注意。但是，这是一项变化快、收益高、风险大的投资，证券投资者要涉及其中，获得更多的收益，必须密切注意技术革命的发展状况，才能在证券投资中正确决策。

三、影响股票价格的主要经济因素

1. 国民生产总值与经济增长率　国民生产总值是指在一定的时间

内（通常为一年）一个国家的国民经济所生产的全部商品与劳务的价值总和。国民生产总值是衡量宏观经济的重要指标，它具有很强的综合性。所以在经济预测中，常用国民生产总值及其各个组成指标的变化来分析经济发展的趋势及各行业的前景。经济增长率是指国民生产总值每年递增的速度。它是衡量国家经济增长快慢的标志。国民生产总值和经济增长率是证券市场价格升跌的大前提，一般来说，证券市场的波动是与国民生产总值和经济增长率的变化相一致的。如果国民生产总值与经济增长率提高，表明整个国家的经济较有景气，发展速度加快，大多数公司的经营状况向好，证券市场价格自然会上升。相反，如果国民生产总值和经济增长率下降，则整个国家的经济较为萧条，发展滞步不前，公司的经营状况普遍较差，证券市场价格就会逐步下跌。

2. **通货膨胀率**　通货膨胀率是个影响比较复杂的指标，通货膨胀率反映国民经济的景气不景气，是需要分析的。通货膨胀主要是由于过多地增加货币供应量造成的，货币供应量增加，开始时能刺激生产，扶持物价。在人们可以容忍的范围内维持通胀，还能使经济繁荣，就业增加，而且有利于政府收入的增加。这时的通胀对股价的影响是良性的。它在刺激生产，抬高物价时，就增加了公司的利润，从而增加可分派的股息，吸引投资者，于是股价上涨。而且股份公司的资产按贬值的货币重新估价，使股票比存款具有保值作用。这样投资者会把存款从银行提出转换股票，刺激了股价的上升。

反之，通胀率超出正常范围，为人们所不能承受时，它就会抑制生产。因为通货膨胀后期，高昂的物价使企业周转金减少，原材料价格的高涨以及工人工资的提高，使企业产品成本提高，利润减少甚至出现亏损，而由于人民购买力水平的降低，许多产品积压，销路不畅，也影响到企业利润的实现，此外，人民对货币贬值、物价上涨的趋势越来越担心，致使大量货币用于购买实物商品以保值，而不去投资预期股息减少的股票，使股票价格不断下降，当人们普遍对经济丧失信心不愿投资于证券市场，纷纷抛售手中股票的情况出现时股票价格随之大跌。

3. **失业率**　是指失业人数占全部劳动力人数的比率。失业率的高低可以从侧面上衡量宏观经济的好坏。显而易见地，失业率高说明国家经济发展速度缓慢甚至处于停滞期，企业也不景气。失业率高，国民人均收入降低，股市投资者就会减少，从而使股价降低，反过来，失业率低的话，则表明经济增长迅速，企业处在扩充和发展阶段，大量需要劳动力，人们收入增加，股市的资金流入也因此增加，股价也随之回升。

4. **利率**　利率指标是国家根据经济状况制定的。它是可调整的，是国家宏观经济调控的重要手段。利率变动对证券市场的影响，主要从以下几方面来进行分析：

(1) 从股票投资者角度来分析

从股票投资者角度来分析，银行利率是影响股价变化的一个十分敏感的因素。股票价格与利率的关系可以根据下列股息估价模型来解释。具体的公式：

$$P_0=\frac{D_1}{K-g}$$

式中：P_0—初始期股票市价；

D_1—时期1的股息；

K—贴现率；股票投资者应得的报酬率；

g—股息增长率。

股息估价模型中所运用的贴现率就是投资者期望在其股票上赚到的报酬率。投资者可选择的投资项目，如银行储蓄、长短期债券上得到的报酬率会影响这种比率。股票价格与利率成反比关系，就是说，当市场利率上升时，股价就趋向下跌；当市场利率下降时，股价就趋向上涨。

我们假定公司支付的现金股息在短期内是固定的。这是一种现实的假设，因为公司并没有天天改变它们的股息，而投资者可以经常改变他们的预期，如果他们认为利率就要上升，他们便会想在股票上得到更高的收益，就象利息要增加一样，结果是股票价格将要下跌。例如，如果现金股息是1美元，应得报酬为10%，那么市场股价就为每股10美元。

$$P_0=\frac{D_1}{K-g}=\frac{1}{0.1}=10\ (g=0，因为股息不变)$$

如果投资者预期利率要增加，同时要求得到假设是15%的报酬，那么每股股票的价格会跌到6.67美元。

$$P_0=\frac{\$1}{0.15}=\$6.67$$

反之亦然，市场利率的下降一般是与较高的股价联系在一起的。在与包括范围广泛的股价指数相应证时，这种模式并非一直伴随出现的。主要原因一是有的公司在利率上升的同时可能也增加了股息，从而抵消较高的贴现率和较低的股价，同样，在利率下降时，公司也可能同时削减股息；二是股价并不仅仅取决于利率。

(2) 从上市公司角度分析

从上市公司角度来分析，银行利率的高低与股票市场股票价格的涨跌有着密切的关系，一般规律是银行利率高则股价跌，银行利率低则股价涨，银行利率与股票价格互为影响，形成反比。银行利率对股票市场究竟有些什么影响？我们可从两个方面进行剖析：利率对公司经营成果的影响来分析利率是影响公司经营成果的重要因素。因为银行利率提高，公司借款利息上升，导致成本上升，直接造成公司利润的抵减，因而股价趋低。相反，银行利率降低，公司资本运用成本下降，有利于公司增资扩大生产。公司利润亦随之上升，股价上涨。这个结论是成立的，但不是绝对的。因为：①利率调整具有全面关联性和前后连续性。利率的调整通常是为了适应金融市场的需要作小幅度调整，除非经济发生重大变化，为应付紧急措施才作大幅度的升降。如原定存款利息为10‰，后降为9.5‰，这点轻微的变动，不会影响对生产成本的增减和公司获利能力。②利率的高低直接影响公司的获利能力，这是假定其他影响生产成本因素不变情况之下所得出的结论，但在现实经济中，这一假定不一定准确。各种经济情况变化非常复杂，在利率调整前后，可能其他因素早已变动，特别是在商品市场竞争激烈、价格机制过于敏感的时候，利率调整的预期效果势必减弱，甚至被抵消。由此可见，利率高低与公司盈利能力强弱并无必然的联系，只能股价涨跌产生一定的影响。

对于股价变动与利率调整的关系，历来是争议之点。一种观点认为是重视所谓“廉价货币”与“高价货币”对股价的影响，持这种观点的人着重公司筹资的交易、成本。另一种则认为利率只是影响股价的众多因素之一，却不是控制股价涨跌的唯一因素。低利率不一定是高股价的原因，高利率也可能不是低股价的原因，但是投资者不能不重视利率的变动对股价的影响，因为股票市场随着利率的变动而涨跌。

5. **汇率**　指一个国家货币兑换成另一国货币的比率，或是指用一种货币表示另一种货币的价格。汇率变动是影响国际贸易状况变动的条件。多数人认为，实行货币贬值降低本国货币的汇率一定可以改善国际贸易状况，即能刺激出口限制进口。事实上，这种作用也确实存在。具体说来，有两种情形：①外汇看涨，本国货币贬值，会从整体上改善国际贸易状况，使得资金流入国内，一部分追加会流向股票市场，股价也会因而上涨。反之，外汇看跌，国际贸易中进口增加，出口减少，需要一部分资金用于对外支出。政府、企业和个人会抛出手中的股票和债券，股价会因而下跌。

②外汇看涨，本国货币贬值，假定企业的成本不变，则以外汇计算的成本下降了。而成本下降意味着企业在国际市场上具有更强的竞争力，市场扩大、销售收入提高，而这一切都体现出企业经营业绩的提高，其股价必然会上升；反之，外汇看跌，以外汇计算的产品成本上升，产品外销无利可图，市场变得狭小，销售收入减少。其股价必然会下跌。

我们还可以从资本流动角度分析外汇行情对股市的影响。

汇率变动会影响国际资本流动，从而影响股票价格的变动。其具体过程如下：

假定一个“两国模型”。在开放经济条件下，有甲乙两国，每个国家的政府、企业、居民都拥有另一个国家所发行的金融资产（股票、债券）。如果乙国货币贬值了，于是甲国持有乙国发行的、以乙国货币标价的金融资产的人感觉自己手头储备的价值变少了，依靠这些金融资产所能取得收入的价值减少了。为了保持原来的价值或取得相当于原来价值的收入，他们将增加对乙国金融资产的需求。另一方面，乙国货币贬值意味着甲国货币升值，于是乙国持有甲国发行的，以甲国货币标价的金融资产的人感觉自己手头储备的价值增加了，依靠这些金融资产所能取得的收入的价值增加了。为了保持原来的储备价值或取得相当于原来价值的收入，他们将转让一部分甲国的金融资产，换取现金。这样，货币贬值国家债券和股票的供给增加，货币升值国家债券和股票的需求增加，资本从货币升值国流向货币贬值国。资本的流出与流入，直接造成两国股价的上下波动。

6. **财政收支** 财政收支制度本身具有内在的自动稳定功能，当经济出现波动时，财政制度的内在稳定器就会自动发生作用，减轻以至消除经济的波动。股市行情是经济的“睛雨表”，经济高涨必然伴随着股市的繁荣，而经济的衰退则体现为股市的萧条，因此从长期看，股市的涨落与商业周期是保持一致的。政府的财政收支制度对股市的调节如下：

①政府收入的自动调节对股市的影响。

假定经济繁荣，股价在无任何约束的情况下会被旺盛的需求“炒”得很高，这时整个社会的就业人数增加，总收入水平较高，因而政府的税收会自动上升。由于实行的是收入累进税，政府税收的幅度大于收入上升的幅度，有利于抑制通货膨胀，同时减少了人们的实际可支配收入水平，投资需求在一定程度上受到遏制，使股价上升的势头减缓了。相反，在经济衰退时，股价在无任何约束的情况下会因需求不足而进入低谷，但政府实行的是收入累进税，此时便具有了累退的效应，政府税收下降幅度会超过收入下降幅度，有利于抑制衰退，同时使人们的实际可支配收入不致下降过快，投资需求在一定程度上得到了保证，避免了股价在短时间内一落千丈。

总之，税收在股市繁荣时累进，在股市萧条时累退，这种自动伸缩性有助于缓和股市的波动。

②政府支出的自动变化对股市的影响

经济繁荣时，收入水平上升，失业率下降，政府的失业救济金和其他福利转移支付减少，降低了社会总需求水平，减少了人们的实际收入，因而减少了投资总量，这对于抑制股价上涨是有利的。经济衰退时，收入水平下降，失业率上升，政府的失业救济金和其他福利支出增加，尽管这部分主要用来购买生活必需品而非用于投资，但这些支出被带来“乘数效应”，有利于收入水平的提高，从而间接地增加了投资总量，这对于遏制股价下跌是有利的。

可见，财政支出的自动伸缩性也对于稳定股价是有利的。

③政府基金对于股价的稳定作用。

西方政府往往设立农产品基金，在农产品产量上升，价格下降时，政府收购农产品，以稳定其价格，这就使以农产品为原料的加工工业，和其他所有产业（农产品是维持劳动生存的要素，是工资的一部分）不会因成本下降而股价上升过快。反之，在农产品歉收，价格上升时，政府减少对产品的购买或给农场主以价格补贴以维持农产品的价格，这样，其他产业不会因成本上升而亏损，因此也就不会出现股价惨跌的局面了。

一般认为，政府收入的自动稳定作用比后两种自动稳定作用更有效。

财政制度的自动稳定器是减缓股价波动的第一道防线，它只对股价波动起减震器的作用，但不足以消除股价波动，能使股价更为平稳地运行的是政府斟酌使用的财政政策。

7. **国际收支** 在开放的经济条件下，随着国际产品市场、资本市场，劳务市场和技术市场的形成和完善，促进了商品、资本、劳务和技术的跨国界流动，使得任何一个置身于世界经济大舞台的国家都不可避免地与国外发生多种经济关系。从而形成一定的收入流量，并最终构成一个国家的国际收支。在经济开放度日益提高的情况下，国际收支状况对国民经济的影响也日趋明显。因此，在考察股市行情的变动时，也必须把国际收支作为一个极其重要的变量加以分析。

总量分析—国际收支与股市的波动成正相关关系，开放经济条件下的社会总需求表现为对国内外物质产品和劳务的需求，即：社会总需求＝消费＋投资＋财政支出＋信贷支出＋出口＋资金流入（国外对本国的投资＋本国从国外取得收益）

同样，开放经济条件下的社会总供给表现为国内外物质产品和劳务的供给，即：

社会总供给＝消费＋储蓄＋财政收入＋信贷收入＋进口＋资金流出（国外取得收益＋本国对外投资）

要使社会总供求平衡，则必须使得：

消费＋投资＋财政支出＋信贷支出＋出口＋资金流入＝消费＋储蓄＋财政收入＋信贷收入＋进口＋资金流出

经调整，得到：

消费＋投资＋财政支出＋信贷支出＋（出口－进口）＋（资金流入－资金流出）＝消费＋储蓄＋财政收入＋信贷收入

可见，在公式中：

国际收支余额＝（出口－进口）＋（资金流入－资金流出）

国际收支余额大于零，即国际收支顺差，体现为总需求的增加。国际收支余额等于零，即国际收支平衡，对总需求没有影响。国际收支余额小于零，即国际收支逆差，体现为总需求的减少。而总需求的增加或减少最终体现为对国内物质产品和劳务的需求的增加或减少，必然影响到产品市场，劳务市场的资本市场的均衡。如：国际收支顺差，造成国外资金流入，成为国内政府、企业、居民的可支配收入，其中一定比例用于消费，或用于购买投资品，进行投资，形成对消费品市场和投资品市场的旺盛需求，并且相关企业形势好转，销售收入增加，利润率提高，这部分企业的股票价格也必然趋于上升。反之，则股价下降。

在分析国际收支状况对股市行情的影响时，固然要从总量角度把握国际收支对股市的作用，更进一步，便需要对国际收支中的每一个组成部分进行分析。因为前者体现了股市行情的整体发展趋势，而后者则对选择所应持存的股票种类有极大的帮助。国际收支包含有经常项目、资本项目、分配到的特别提款权、错误与遗漏官方储备项目等。而对股价波动产生影响的主要是经常项目和资本项目。

(1) 经常项目对股价的影响

经常项目是国际收支最重要的部分，包括贸易收支、劳务收支、转移收支等，这三项收支都会直接影响股市行情。

首先，从贸易收支看，在贸易出现顺差的情况下，并不是所有的企业发行的股票都会立即同步上升。但至少有一点可以肯定——出口产值与总产值比重大的企业，其股价是一定会因贸易顺差的出现而上升的。这是因为，顺差体现了出口形势较好，从事出口产品生产的企业便会取得较高的收益。同时，这类企业拥有比国内其他同行更大的市场份额，竞争力更强，那么，持有该企业的股票便有较高的收益率，因而股价自然会上升。而出口企业股价的上升，经营的成功，必然会带动相关产业的发展，使这些产业的股价也随之上升。只是这里有一个时滞，前者与后者的股价不可能同时上升。反之，贸易逆差，会使前者股价下跌也会早于后者。

其次，从劳务收支和转移收支来看，两者的顺差和逆差都直接增加或减少了政府、企业、居民的可支配收入，从而影响这三个行为主体对股市投资的额度，因而影响股市的供求关系，影响股价的波动。

(2) 资本项目对股价的影响

资本项目反映以货币表示的债权、债务在国际间的变动，包括所有对外资产与对外负债增减的交易。它可以分为私人资本项目（私人之间、企业之间的资本往来）和政府资本项目（政府间的资本往来）两类，就股市而言，前一类的影响是主要的、直接的，后一类的影响是次要的、间接的。

私人资本项目可以直接从股市上进行了解。如果是资本流入，也并不是所有企业发行股票都会立即同步上升。因为任何投资都是有一定方向的。但可以肯定，外国资本所投向的股票，其价格是一定会在短期内上升的。这有两个原因：

①外国资本的投入，直接增加了对该种企业股票的需求，其价格必然上升。

②外资的流入，会促进企业的技术改造、设备更新、产品升级换代和结构调整等，从而增加企业的竞争力，股票价格必然上升。

需要指出的是，外资流入对于流向企业的股票价格上升的影响是毫无疑问的，但是否会造成相关企业或产业股票价格上升是仍需考察的。原因是：如果外资的流入扩大该企业对原有相关产业产品的需求，如钢铁公司对铁矿的需求，则这些产业的股价会上升；如果外资流入只是引进了国外的设备，对原有相关产业的需求没有扩大，则这些产业的股价不变；如果外资流入造成了结构调整，使得该企业不再与相关产业发生经济联系，则这些产业的股价会下跌。这就是资本流动相对于贸易收支对股价的影响更为复杂之处。

外汇和外资也对投资活动产生影响。汇率的变动对外资产生推动或抑制的作用，进而影响国内的投资市场。外资政策将影响外资的流入与流出，使国内金融市场资金供求发生变化，同时，也使各产业的投资资金分布状况改变。这些都将间接地影响证券投资活动。

第二节　再贴现政策

再贴现政策是指中央银行通过对商业银行票据再贴现的制度，调高或调低再贴现率，提高或降低贴现额度，以达到直接影响商业银行的放贷规模并进而控制整个市场信用的行为准则。再贴现政策是政府（即中央银行）调整货币供应量的重要手段之一，再贴现政策是通过以下的几点作用来影响证券市场的：

一、再贴现是重要的货币政策工具

中央银行为了实现其货币政策目标，在执行货币政策时，要采用一定的货币政策工具。一般性货币政策工具为：再贴现政策、存款准备金政策和公开市场政策。其中再贴现政策是西方国家中央银行最早拥有的货币政策工具。在三大政策工具中，再贴现政策具有独特而重要的地位。存款准备金政策和公开市场政策等间接调控手段的运用只能解决货币供应总量问题，而再贴现政策不仅可以控制货币总量，而且能对社会信用结构、利率水平、商业银行资产存量等方面发挥调节作用。近几年来，我国中央银行为了调节和解决经济生活中资金结构矛盾，每年都不得不追加或调整信贷计划目标，无法有效解决总量控制和结构调整之间的矛盾。因而，再贴现政策的地位是相当重要的，更有人提出和预计再贴现将成为主导性的货币政策工具。广大投资者如果对再贴现“熟视无睹”，那就可能无法准确洞悉中央货币政策意图及实施状况，不能对投资入市作出理性的决策。

二、再贴现政策影响货币供应量

中央银行对商业银行持有的贴现票据进行再贴现时，要收取一定的利息，这些利息计算成一定百分比时，称为再贴现率。中央银行通过调高或调低再贴现率影响货币供应量。再贴现率可以高于或低于市场利率。如果再贴现率高于市场利率，商业银行就得以较高的成本获得中央银行的贷款，达到紧缩银行银根，缩小信用规模，减少货币供应量的目的；反之则起到放松银根、扩大信用规模的作用。而货币供应量对证券市场影响之巨大，相信已为一些投资者所熟知。

三、再贴现率影响市场利率

再贴现率的高低决定了商业银行向中央银行请求再贴现（获得贷款）的成本。再贴现率提高，商业银行借款的成本增加，商业银行就可能提高对个人与企业的放款利息率；反之则可能降低放款利息率，相应地影响市场利率。利率水平影响储蓄和投资，利率上升，储蓄必然增加，减少消费，可能影响企业产品的市场销售；反之，则减少储蓄，刺激消费，有利于企业产品销售。另一方面，利率上升，意味着投资者投资成本的增加，必然使投资需求减少，相反，利率下跌则意味着投资成本下降，从而刺激投资，直接影响证券市场的资金量，之所以近来利率问题为广大投资者所关注，缘由大抵如此。

四、再贴现政策可调整信贷结构

再贴现政策在关注总量调控的同时，通过对再贴现率和贴现额度的规定，有选择地对不同行业、不同产业、不同产品进行支持与限制，而且只有产品有市场、有效益、恪守信用的企业才能得到银行承兑汇票，进而间接得到中央银行的再贴现支持。所以，对广大投资者来说可以用国家的再贴现政策来了解国家的产业政策、国家信贷支持重点、结构调整方向，从而了解所投资产业、行业、企业的发展潜力。

总之，央行的再贴现政策从货币供应量、信贷结构调整、市场利率水平等多方面与证券市场发生千丝万缕的联系，了解央行的再贴现政策及其运作原理，对我们投资人市是有益的。

第四章　证券投资中的行业分析与区域分析

第一节　行业分析

相对宏观分析来讲，行业分析属于证券市场的中观分析。在分析行业的过程中，没有统一的标准，因为每一行业都有其必须考虑到的特点。投资者要考虑的一些因素有：行业的性质、行业的市场类型、行业的生命周期、行业的产品价格决定的构造以及影响行业发展的若干因素。

一、行业的一般特征分析

行业的性质分析　企业所属行业的性质可从不同的分类中进行分析。①依照商品形态分类有：企业的产品是消费资料还是生产资料；企业的产品是必需品还是奢侈品。②依照需求形态分类有：企业产品是以国内销售为主还是以出口为主。③依照生产形态的分类有：接受订货生产或计划生产；劳动集约型或资本集约型；采取一贯生产或部分生产。④依照产业标准分类有：朝阳产业与夕阳产业。

行业的市场类型分析　根据行业中企业的数量，产品的性质、价格的制定和其它一些因素，各种行业基本上可以分为以下四种市场类型：①完全竞争。完全竞争指许多生产者生产同质产品的市场情形。其主要特点是：生产者众多，各种生产资料可以完全流动；生产的产品是同质的，无差别的；生产者和消费者对市场情况都非常了解，并可自由进入或退出这个市场。由于以上三点，决定了没有一个生产者能够影响产品的价格，生产者永远是价格的接受者，而不是价格的制定者，生产者的盈利基本上由市场对产品的需求来决定。初级产品的市场类型如几种农产品多与此相近似。②不完全竞争，是指许多生产者生产同种但不同质产品的市场情形。其特点是：许多生产者生产的产品具有许多真正的或想象上的差别，这是不完全竞争与完全竞争的主要区别；由于产品差异的存在，生产者可籍以树立自己产品的信誉，从而对其产品的价格有一定的控制能力。制成品的市场类型如牙膏、零售商、混合联合企业的产品等一般都属于这种类型。③寡头垄断。寡头垄断是指少量的生产者在差别很少或没有差别的某些产品的生产中以及具有某些差别的产品生产中占据大市场份额的情形。在这些市场上，由于这些少数生产者的产量非常大，因而他对市场的价格和交易具有一定的垄断能力。这些行业有钢铁、铝、汽车、机械、石油等，由于这些行业的技术复杂、投资额巨大，因此进入门坎很高，新企业很难进入。另外，由于只有少量的生产者生产同一种产品，因而每个生产者的价格政策和经营方式及其变化都会对其它的生产者产生重大的影响。因此，市场上通常有一个凭其实力而起领导作用的企业，在定价与经营方式上影响着其他企业。④完全垄断。完全垄断指独家企业生产某种特殊产品（指没有或缺少相近的替代品）的情形。完全垄断可分为政府完全垄断（如国营铁路、邮电等部门）和私人完全垄断（如根据政府授予的特许专营权或根据专利权产生的独家经营，以及由于资本雄厚、技术先进而建立的排他性私人垄断经营）两种。在这种市场中，垄断企业能够根据市场的供需情况制定理想的价格和产量，以获取最大的利润。但事实上，这种自由性是有限度的，它要受到反垄断法和政府管制的约束。为了公众的利益及正常的经济秩序，政府通过法令只允许其获得正常的利润（平均利润左右），而限制其获得额外的经济性利润。几种公共事业（如发电厂，煤气公司，自来水公司，邮电通讯等）和某些资本，技术高度密集型或稀有资源的开采等业务属于这种完全垄断的市场类型。

行业的生命周期分析　按照产业结构发展演变的一般规律，每个行业都要经历一个由成长到衰退的过程。一般说来，行业的生命周期可分为以下四个阶段：初创期；成长期；稳定期；衰退期。①初创期。在新行业的初创期，投资于这个新兴行业的创业公司为数不多，而且由于产品研制、开发费用较高，市场需求小，因此，一般普遍处于亏损状态，使投资者面临很大的投资风险。②成长期。新行业的产品经过一定时期的宣传和顾客的试用，逐渐为用户所认识，市场需求呈上升趋势。这时投资于新行业的厂商也大量增加，从而竞争加剧。竞争导致两个结果，一是促进了产品品种、性能和用途的多样化，促进产品质量的提高和生产成本及销售的降低；二是导致生产厂商的两级分化。这一阶段将有很高的破产率与合并率，只有那些资本和技术极其雄厚、经营管理有方的企业才能通过追加生产投资、提高生产技术、降低成本，以及研制和开发新产品的方法在竞争中取胜，占领一定的市场份额，保留下来。③稳定期。行业的稳定期是一个相对较长的时期。在这一时期里，在竞争中生存下来的少数大厂商垄断了整个行业的市场，各自彼此势均力敌，都占有一定的市场份额，竞争手段逐渐由初期的以价格手段为主转向以非价格手段为主，如提高产品质量，改善产品性能和加强售后维修服务等。由于一定程度的垄断，行业的利润达到了很高的水平，而风险却因市场份额的稳定、新企业难以进入而下降。④衰退期。行业的稳定期之后，就逐渐进入了衰退期，这主要是由于新产品和大量替代品的出现，使原行业的市场需求开始逐渐减少，销售量下降。一些厂商开始把目光转向更有利可图的行业。原行业出现了厂商数目减少，利润下降的萧条景象。至此，整个行业便进入了生命周期的最后阶段。在衰退期里，厂商的数目逐渐减少，市场逐渐萎缩，利润额停滞或不断下降。当正常利润无法维持或现有投资折旧完毕后，整个行业便逐渐解体了。

但也并非所有的行业发展过程都与以上四个阶段吻合。有的行业在开创期并没有很多公司竞争；有的行业面临衰退期时，也有可能因为技术再创新或其他原因而恢复成长。影响证券价格波动的另一行业因素是行业的景气变动，各行业的景气变动不完全相同，所以各行业的股价变动也有差异。

价格决定的模式　在自由竞争的市场，每个产品的价格都是由该产品的需求与供给来决定。但在现实的经济社会中，多数行业的产品价格并不是单纯由市场的供需决定的，其主要原因是由于市场类型的不同所造成的。①政府控制的价格。②竞价。买方一人、卖方多人或卖方一人、买方多人欲进行买卖，根据实物而相互竞价来决定其价格。③契约价格。④产品目录价格。⑤期货价格与现货价格。前者为在未来某一时间交货的价格，后者是现在交货的价格。

二、影响行业兴衰的主要因素

各种行业的生产活动都是在法律、社会、技术条件和其它因素所限定的范围内进行的。因此，必须了解这些限制性因素对行业生产活动的影响。①政府的影响作用。政府的管理措施对行业的经营范围、价格政策、利润率和其他许多方面产生程度不同的影响。政府实施管理的主要行业是公共事业、运输部门、金融部门。上述这些行业都是直接服务于公共利益，或与公共利益密切联系的。因此，政府有必要从公共利益出发，按照节约社会劳动，维持社会经济正常秩序的原则来进行管理。②社会倾向对行业的影响。现代社会的消费者和政府已经越来越强调经济行业所应负的社会责任，越来越注意工业化给社会所带来的种种影响。这种日益增强的社会意识或社会倾向对许多行业已经产生了明显的作用。③技术变化对行业的影响。技术的变化不仅会使新兴产业不断涌现，而且也在不断地淘汰旧行业。如在较短的时间里，喷气机就代替了螺旋桨飞机，大规模集成电路计算机代替了一般的计算机，通讯卫星代替了海底电缆等。这些说明，技术上的变化对行业的影响是很大的，因此，充分了解各种行业技术发展的状况和趋势，对证券投资者来说是至关重要的。

除了以上三种因素外，影响各行业证券市场价格的因素还有几种，如消费者消费嗜好的改变、所用原材料暴涨及气候的变化等等。另一方面，证券市场的变动也会影响到某些行业的生产。如股票价格的起伏，可以创造工商业者乐观和悲观的态度，这种心理状态，又会促使工商业者对生产的扩张和收缩及新设备的增加，从而导致生产的起伏。

对一个行业的分析可以是肤浅的，也可以是深入的，这取决于投资者的需求，大多数情况下，投资者都使用证券经纪公司或是投资咨询服务机构提供的行业分析，而不是自己去对原始资料作研究解释。

第二节　经济区域分析与股票板块分析

在证券投资分析中，区域因素作为客观因素之一，对经济的发展起着一定的影响作用。这种影响反映到股市上，就是使上市公司的股价呈现出板块效应。

区域经济发展是天时、地利、人和的综合体现。经济区域的分析可以帮助投资者更好地了解上市公司与其所在区域的关系。上市公司的业绩好坏与当地总体经济水平基本上是成正比的。一个地区的企业能否蓬勃发展，主要从两方面看，一是其硬环境如何。如交通，通讯等是否发达。二是其软环境，如地方经济政策人员素质等。如果这两方面都好的话，我们就说这地方的公司企业的发展具有地区优势。拿广东的上市公司来说，就具有这种优势。这些上市公司在市场中表现良好业绩稳定，股价也普遍较高。象深康佳、赛格电子、风华高科、格力电器等都是同行业中的佼佼者，并且形成了具有雄厚实力的广东股票板块，为投资者所看好。其原因之一就是得利于广东的地理优势和地区开放政策这两种软、硬经济环境的有机结合。再如近年来崛起的山东板块，在市场上走势强健。象海尔集团、青岛啤酒、青岛双星、鲁北化工等大型上市公司的盈利能力均很强，股价也普遍处于高价位。这些不同行业的上市公司有着相同的业绩，不能不说是地区优势促成的。区域因素的影响在这里显得比较重要。

证券投资分析的内容是多方面的。投资者要考虑的因素也很多。区域因素只是其中之一，不能把它的影响夸大化，而且这种影响也不是绝对的。主要还是看企业自身的经营状况及其所在行业的总体状况，是朝阳行业，还是夕阳行业等。在同一区域内的上市公司，其表现会是截然相反的，象四川长虹业绩优秀，同行业中首屈一指。而川盐化却一亏再亏。再如咸阳偏转地理位置并不优越，交通，电讯等远不及沿海城市，但咸阳偏转却同样创出了一流的成绩，市场上也令投资者刮目相看。由此可知，一个真正自强不息的企业是会弱化一切的不利因素，充分挖掘企业内部潜力，以图发展的。反过来说，一个理智的投资者在进行投资分析时，应把经济区域分析和其它因素结合起来，不能孤立地看待问题，要对上市公司进行全面分析，而不要失之偏颇，以确保对上市公司的选择正确，投资取得成功。

第五章　公司分析

第一节　公司基本素质分析

证券市场的分析秩序是，先从宏观经济入手，分析经济运行的大势，是经济增长期还是经济调整期；接下来是中观分析，也就是上市公司所在行业的整体状况。看该行业处在发展周期的哪个阶段，是初创期、扩张期还是衰退期，行业是否具有前途等；最后则从微观方面分析，即对上市公司本身的各方面情况进行研究分析。公司分析是证券市场分析秩序最主要的一步。这是因为，在短期内，股票价格的波动可能是随机的，但从长期看，股价的变动导源于股票发行公司的盈利水平，取决于公司的经营状况。

公司分析包括公司基本素质分析和公司财务分析。公司的基本素质分析主要包括以下内容：

一、公司竞争地位分析

（一）企业规模分析

企业规模的大小与其产品的平均成本有关。

当企业的规模过小时，其产品的平均成本较高；随着企业的规模增大，一方面由于生产的专业分工加强而使生产效率提高，另一方面由于能更充分地发挥大型设备的生产能力，所以产品的平均成本降低；当达到适度规模时，产品的平均成本降到最低；若超过适度规模继续增大，造成管理层次繁多，信息沟通困难，管理效率降低，以及市场或原料产地远离企业等问题，反而会使产品的平均成本上升。

由此可见，在企业的规模需要很大才能达到适度规模的行业中，新企业要崛起并加入竞争行列是相当不易的，所以该类企业的股价应是较低的。

需要说明的是：

1. 企业的适度规模的大小是随行业的不同而不同的。

2. 对特定的行业来说，企业的适度规模的标准是随技术进步及生产要素价格等原因的变动而变动的。

（二）技术装备及人员配置分析

对一个企业，尤其是产业公司，企业职工队伍素质是很关键的。因为人是生产的主体，主导着客体——产品质量的好坏。要想成为先进的企业，还需有精良的生产设备，现时先进的技术水平。因为在现代社会，科学技术已成为第一生产力，它是提高生产效率的重要手段。如果公司以上两点做得好，投资者可判定它在生产要素上是占优势的。

（三）分析生产过程

1. 通过分析营业额变化和设备利用情况分析生产能力的运用情况。

2. 分析生产管理。

通过上述两项分析，可调查原材料价格、工资水平的变动及它们对产品成本的影响，调查原材料采购的难易及其对企业管理的影响，调查企业所处微观环境变化的可能性及对企业管理的影响。

（四）分析产品结构

凡是产品都有一定的时代性。产品都是应时而生的，因此具有生命周期，其周期分为投入期、成长期、成熟期和衰退期四个阶段。而在预测企业的未来收益状况时，分析企业所生产的产品处在其生命周期的哪个阶段，进而考察在不同阶段，企业是否采取了相应的策略。比如一家公司的产品已处在衰退期，正逐渐失去市场竞争力。公司根据这种情况及时调整产品结构，应市场需要适时开发新产品，继续保持企业的盈利能力。这是公司保持经济增长的关键环节。也是投资者分析、预测上市公司股价趋势的关键要素。

（五）分析销售环节

分析销售环节时，着重考察接受订货的情况，及销售过程和销售业绩。如果一个企业生产能力很高，销售方面却大相径庭，那对其前景投资者肯定是不敢恭维的。一个健康的，有发展前途的企业，尤其是作为现代企业公司，必定在销售环节上做得出色。一个公司具有竞争地位必须有很可观的销售额，并且要有稳定增长的形势。因为增长的销售额带来增长的利润额，使公司的股值不断提高，股息不断增加，有利于公司吸收更多的投资资金用于公司的建设。因为在生产上，大家都能够拥有先进的生产设备和技术水平，只是在销售策略上各不相同，产品市场占有率也随之不同，利润也肯定就会不同。对于这点，投资者是不会，也不应忽视的。

（六）分析管理水平

企业的经营状况，从直观上看，工业企业主要看其产品在市场上的地位，表现在技术先进、质量优劣，产品畅销以及是否属名牌优质产品、产品市场占有率等方面；商业企业主要看其销售服务在市场上的影响，表现在商店所处地段、商品的品种、售后服务等方面。同时，企业的经营状况和同行业中其它企业相比较，比较的内容主要就是公司的管理水平。管理水平的主要考察指标有：

1. 企业家素质分析　看一个企业家的素质如何，主要是看企业家的战略决策能力，战术决策能力与其管理企业的大小、性质是否相适应。作为一家企业公司的带头人，其素质在一定程度上决定着公司的前程和命运。因为企业家的战略决策能力决定企业的发展方向，而战术决策能力又决定的企业的经营方向，有一方面决策不当，都会严重阻碍企业的发展。

2. 企业管理组织机构的分析　企业管理组织机构的基本形势主要有直线制的组织机构、直线职能制的组织机构、事业部的组织机构、矩阵制的组织机构。不同规模与性质的企业一般说应采取相应的组织形式，否则会出现机构重叠、人浮于事，以致带来管理效率的损失。反过来说，企业采用了合适的组织机构形式，整个企业机制运转就能搞活、人尽其责，效率会大大提高。

3. 企业的经营方针　合理的经营方针能使一个企业尤其是对上市公司的成功经营起到事半功倍的效果。经营方针正确与否它要看是否从单纯的生产型向生产经营型转变。在市场经济中，一个仍然只顾埋头生产而不问市场供求状况的企业，势必要栽跟头的。

4. 管理规章制度的制定及执行情况　以上几点都是讲公司应该怎样正确管理。接下来就是将它们制定成文，成为明确的管理规章制度。最后就是落实执行。很多企业管理办法听起来都很不错，可就是执行起来障碍重重，力度不够。投资者对这点应认真考察。规章制度不执行，等于一纸空文，一切都是空中楼阁。这样的上市公司从管理角度来说，投资风险是很大的。

二、公司盈利能力及增长性分析

投资者为获得较满意的投资收益，他必须关心一个公司的盈利情况，其盈利的数额、稳定性和增长率。因为公司普通股票的价值和发放股息的多寡，是由盈利来决定的。所以，投资者对公司有关盈利情况的分析，应从如何决定公司盈利，如何衡量公司的盈利能力和如何预测公司将来的盈利三个方面来进行。

（一）公司盈利的决定

总的来说，公司的盈利额，是由收入总额减去支出总额（包括交税）而得出的。

一般情况是盈利额的多寡随着销售额的大小而定。然而，并不是总是如此，常有销售额增加而盈利额不变或反而减少，或销售额减少而盈利额反而增多的情况发生。这是因为在收入和成本费用上都可能产生临时性或一次性的变动，下一年度就不再出现了。

就收入上来说，例如某公司因临时出卖一部分多余的财产而使当年的收入增加，因而其当年的盈利也随之增加，然而其销售额并未增加。又如公司因工人罢工而使产量下降销售额减少，当然盈利也会受到影响。但罢工事件是偶发的，不会以后年年都可能发生，所以因罢工而使盈利减少是由于销售额不正常引起的，以后这种偶发性事件一消除，销售额仍将恢复正常情况，不致使盈利减少。有时公司的销售额减少了，但因精简机构、紧缩人员、提高行政效率，而使工薪及各种行政费用大大减少，也可以提高盈利额。

就支出上来说，除了上述行政费用的改变外，其他如工资制度和福利费用的改变，会计上折旧率、折耗率计算方法的改变，存货核价方法的改变等，都可影响到公司的盈利额，而与销售额不发生直接关系。

总而言之，在核算公司的盈利时，都要把那些一次性影响盈利增减的因素除去，对于使盈利额临时增加或减少的部分进行调整，以较正确地估计公司的正常盈利，便能显示出公司在正常情况下所能赚到盈利的能力，以及历年盈利的稳定性的程度。

（二）公司盈利能力的度量

公司盈利能力是一个总体概念，它通过公司各个生产要素和各种工作运营、执行的效果表现出来。资金是否运用得当，固定资产是否充分利用，推销是否得力，生产和工作效率是否提高，各种成本、费用是否节约，等等，都是构成这个总体的各个有机组成部分。为了综合表示这种能力的大小，必须分别从各方面有关指标进行分析，并指出其间的相互关系，从而适当估量一个公司的盈利能力的强弱程度。这种分析还要分别从分析各种比例着手，然后从各个比例的实绩和彼此相互产生的作用中，总括出一个比较接近于实际情况的概念。

首先，需要观察的一个比例是营业利润率。计算的方法是以销售额（或营业收入）减去售出商品成本和营业费用（不包括所得税款、利息、其他非营业费用和其他收入）的余额，得出营业利润，再以销售额去除这个利润额所得之数，以百分比表示，即营业利润率。这个百分数的大小，可以概括看出公司在业务经营上能获得盈利的能力如何。

其次，需要看看公司的全部资产是否充分利用，是否发挥了其应有的作用。这可从资产周转比例中看出。比例的计算方法是销售额或营业收入被资产总值所除，所得之数以百分比表示。这个指标表明投入公司全部资产的资金，每元能提供多少销售收入。百分数越高，表示资金利用的情况越好，因而收入随之增加。这也反映每元资产产生收入的能力。以此比例乘上销售率等于资产收益率，由此可以看出，如其他条件不变，资产周转越快，公司的盈利能力越强。

再次，计算投资收益率是估量公司获利能力的另一方法。这个比例的计算，是以资产总值去除纳税后的净收入，以百分数表示，它表明公司投入的资本所产生的净盈利率。这个指标也可以由利润率乘上资产周转率求得。需要说明的是，这里的净收入是指在所有收入中减去税款和债息的余数，如果没有减去这两项，则称为投资总额的盈利能力。

又次，另一个可以估量公司获利能力的指标是销售收益率，也即净利润率，用净销售额或营业收入去除收入，以百分比表示，表明每元销售额能赚到多少净收入。净收入越高，表示公司获利的能力越大。

最后，注意一下股权收益率，它是由税后净收入除以普通股东的股权求得。如其他条件不变，股权收益越高，表示公司可获得的利润越大。

以上所讲的各种比例的大小，表明从各个不同角度，如在销售上、资产的使用上、投入的资本上反映公司的盈利能力。但它们本身没有一个绝对的标准，还须与同行业中的其他公司，尤其是一些领先的公司进行比较，才能评比出公司盈利能力的强弱。

（三）未来盈利的预测

盈利的多寡，是表现一个公司经营好坏的主要标志。但是，过去历年的盈利额只能表示公司过去的经营成果，而不能说明公司将来盈利的情况。因此，除了研究分析公司过去及当前的盈利大小和盈利能力的高低外，还须进一步对公司以后盈利的变动趋势进行预测。因为真正决定公司普通股票的现值，并不仅凭当前盈利的现状，而更重要的还在于它今后的增长趋势。投资者对股票投资最关心的问题，是他们希望股价在今后不断提高，股息在今后不断增加。然而这些都决定于未来盈利的不断增长。他们对未来盈利增长的程度，各人心里都怀有一个期望值，以适应他们对股票投资的目的要求。他们通过对公司过去、当前和预计的盈利及其获利能力的全面分析后，然后决定购买哪家的股票。

预计未来盈利的方法很多，一般都是根据过去的资料来推算未来的增长，或根据过去销售额和盈利之间的关联进行推测，或根据利润率和预测的销售额进行预计等。

三、公司经营管理能力分析

一个公司经营管理能力的大小，直接体现到能否最充分地利用各个生产要素，直接关系到公司的生存和发展。对公司经营管理能力的分析，主要从以下几个方面着手：公司行政管理人员的素质和能力，公司管理风格及经营理念、经营效率，各种经营和新产品开发能力。

1、公司行政管理人员分析，一个规模较大的公司，其行政管理人员人数众多，粗略的分类，有决策层，如以董事长为首的董事会成员，上层管理人员，如总经理及其主要助手，中下层管理人员如各职能部或处、室经理及所属科室的负责人员。投资者较为注意的应是决策层和上层人员的工作及其成效。

决策层制订的各项重要政策，如经营方向、集资方式、组织制度、管理原则等，对公司的前途起决定作用。投资者必须判断的是这些政策的指导思想是属于保守还是开放，稳健还是冒进，改革的还是守旧的，有进取精神的还是维持现状的。

上层管理人员的工作，主要看其对政策的贯彻情况、目标和计划的完成情况，工作之间的协调情况，各种工作的效率高低，解决内外纠纷的情况，总的来说，察看公司的各个部门，各项工作是否能按时按质完成计划，是否合作协调。

对公司行政管理人员的分析有以下几个指标：①保持高效率生产的能力。②安排财务的能力；③解决劳务纠纷的能力；④业务发展的能力；⑤应用现代科技管理方法的能力；⑥对外宣传、推销、联系的能力及谈判、处理有关法律事务的能力；⑦吸收、培养、训练新员工的能力。

2、经营效率分析

公司经营业务效率的高低，直接影响到公司的盈利和获利能力。它可从各种方面来估量，利润率、盈利能力和每股盈利比例就是反映效率高低的一个方面。此外，还可以从投入产出的比例、每个工作人员的产值、每元设备的产值、设备能力的利用率，以及收入与成本两平点等指标表示出来。

A、生产能力利用率

公司经营效率的高低，主要看其生产能力或经营能力的利用程度而定，亦即用其利用率的大小作为衡量的标准。如果生产的实际成果达到额定能力的标准，其利用率或开工率即表示为100%，说明效率很高。对于利用率或开工率的评价，也得看具体情况，不能一概而论。有些公司的设备利用率如在95%以下，就不能赚到钱。有些公司的设备利用率如接近100%，其效率反要降低，因为必须使用效率较低的设备补充，例如发电厂就是这样，当电力需求超过正常需要时，就使用旧发电机参加生产。有许多这样的公司，利润增加只限于产量达到某一点，过了就不一定能带来利润。大部分公司在增加产量而使生产能力发挥到一个高水平时，获利最多，但并不必要把额定能力充分发挥到100%或竟超过。由于生产或经营的性质不同，公司的获利能力水平与其生产能力的利用程度也有所有同。有的公司在70%的利用率上获利较多，有的公司在90%的利用率上才能获利，各有特点。

生产能力或经营能力的利用程度与公司生产或出售商品的需求很有关系。在需求很大时，公司可以提高原有机器设备的开工率，也可能添置新机器设备以增加生产能力。可是一旦商品的需求萎缩时，设备就会闲置，生产能力就会过剩，盈利也必减少。

所以，投资者在决定投资时，应选择那些生产或经营能力高，并能充分发挥其能力的公司，因为这是与公司的获利能力连在一起的。

B、经营的杠杆作用

公司生产能力的利用率达到一定水平，使产量提高到相应的数量时，可使收入与成本拉平。由这一点往上移，就能使公司获得利润，表示因固定成本不变而产生正的杠杆作用；由这一点往下移，就能使公司蒙受亏损，同理，因而产生了负的杠杆作用。这就是经营杠杆作用。从中可以看出，经营杠杆作用的大小，与设备利用率和收入与成本两平点有密切关系。利用率高和两平点低，都有较大的获利能力。因此，投资者不仅需要估计公司生产能力利用率的高低，也须估计公司的收入与成本两平点的高低。投资者应选择的是一个具有低两平点和持续维持高利用率，从而获利能力很强的公司。

收入与成本两平点的高低，与公司的资本有机构成有关。有的公司的生产方式是资本密集型的，即其不变资本比重较大；有的公司的生产方式是劳动密集型的，即其可变资本比重较大。生产方式不同，两平点的高低也有所不同。资本密集型的生产，其机器设备的比重较高，因而其固定成本也较高；劳动密集型的生产，需要机器设备较少，其固定成本也较小。这就形成前者的两平点较高，而后者的两平点较低。

一个公司的经营杠杆作用和程度大小，受产品价格及需求的变动影响甚大。如果价格上涨或产品的需求增加，产量必然随之增加，这时，正的经营杠杆作用产生了，生产在两平点以上进行，成本逐步减少，还可能因涨价而增加收入，可以产生大量盈利。倘若相反，价格下跌或产品需求萎缩，则产量必定减少，倘若只退至两平点为止，则公司还勉可保本。如果退至两平点以下，就要亏本。而且，这种杠杆作用的影响，对不同生产方式的公司是不同的。当价格或需求发生变动时，对资本密集型企业地影响要比对劳动密集型企业的影响大；当杠杆发生的是正作用时，前者获利较多，如果是负作用时，后者损失较少，因为劳动密集型企业的固定成本不大，有较低的销售额就可以维持。因此，在销售收入受种种影响变动较大的情况下，资本密集型公司盈利的稳定性比劳动密集型公司的稳定性要小。

C、其他度量经营效率的指标

除了生产能力的利用率和收入与成本两平点外，还有其他一些估量公司相对经营效率的指标。较常用的有以下三种。

①经营比例　经营比例是由经营费用被经营收入相除求得。它与营业利润率有直接关系，用100－营业利润率即得经营比例，说明每元营业收入花多少经营成本。这个比例越小表示公司的经营效率越高，从而获利亦越大；如果比例显得很高，说明情况恰恰相反。

②每一职工的销售和盈利　计算每一职工的销售，可以按货币也可以按产品单位数计算。每一职工的销售额越大，表示公司的相对效率越高。计算每一职工的盈利的意义也是如此。每一职工的盈利较多和较稳定，说明公司的总效率越高。这个指标实际上是一个财务比例，但可以用作一个估量效率的比例。

③每元设备投资的销售和盈利　与上一指标的意义一样，按全部设备投资计算的每元销售和盈利，其大小也是衡量公司经营效率高低的一个相对标准，它反映从花在新设备的费用上所获得的收益。有些行业如化工行业，在设备投资和销售额之间具有直接关系，一般花每元设备投资应生产1元的销售额。每元设备投资的销售额或利润的减少，将被视为公司的效率和获利能力的脆弱。

第二节　公司财务分析

一、公司主要财务报表

公司主要的财务报表，一般有三种：资产负债表、收益表及财务状况变动表。

1、资产负债表

A、资产负债表的结构和内容

资产负债表分为基本部分和附注部分。其中基本部分又分为左右两方，左方列示资产项目，右方列示负债及所有者权益项目。由于全部资产从所有权来看，不是属于债权人，便是属于投资人，所以资产负债表左方的总计和右方的总计永远相等。始终保持平衡。

a. 资产负债表左方项目

①流动资产。包括货币资金、短期投资、应收票据、应收帐款、坏帐准备、应收帐款净额、预付货款、其他应收款、存货、待摊费用、待处理流动资产净损失和一年内到期的长期债券投资等项目。

②长期投资。

③固定资产。包括固定资产原价、累计折旧、固定资产净值、固定资产清理、在建工程和待处理固定资产净损失等项目。

④无形及递延资产。包括无形资产和递延资产。

⑤其他长期资产。

上述项目是根据资产变现可能性顺序排列的。货币资金本身就是可用于支付的现金或银行存款，排在首位。以后是变现能力较强，在一年内或一个营业周期内可以变现的各种流动资产。长期投资、固定资产、无形资产及其他资产等长期资产不容易变为现金，排在后面。按变现先后排列资产项目，可以反映企业的支付能力状况，与该表右方联系起来观察，可以看出企业的偿债能力。

b. 资产负债表右方项目

资产负债表的右方项目分为三大类：

①流动负债。包括短期借款、应付票据、应付帐款、预收帐款、其他应付款、应付工资、应付福利费、未交税金、未付利润、其他未交款、预提费用、待扣税金、一年内到期的长期负债、其他流动负债等项目。

②长期负债。包括长期借款、应付债券、长期应付款和其他长期负债等项目。

③所有者权益。包括实收资本、资本公积、盈余公积和未分配利润等项目。

右方项目是按照需要偿还的先后顺序排列的。短期借款等需要在一年内或一个营业周期内偿还的流动负债排在上面。在一年以上或一个营业周期以上需偿还的长期负债排在中间。在企业解散之前不需要偿还的所有者权益排在下面。按需要偿还的先后顺序排列，可以反映企业各种债务需要偿还的时间性，联系该表左方可以看出企业的偿债能力。

B、资产负债表的基本格式

资产负债表

编制单位：××公司　　19××年12月31日　　单位：元

资产	年初数	期末数	负债及所有者权益	年初期	期末数
流动资产：			流动负债：		
货币资金			短期借款		
短期投资			应付票据		
应收票据			应付帐款		
应收帐款			预收帐款		
减：坏帐准备			其他应付款		
应收帐款净额			应付工资		
预付货款			应付福利费		
其他应收款未交税金					
存货			未付利润		
待摊费用			其他未交款		
待处理流动资产损失			预提费用		
一年内到期的长期债券投资			待扣税金		
流动资产合计			一年内到期的长期负债		
长期投资：			其他流动负债		
固定资产：			流动负债合计		
固定资产原价			长期负债：		
减：累计折旧			长期借款		
固定资产清理			应付债券		
固定资产净值			长期应付款		
在建工程			长期负债合计		
待处理固定资产损失			所有者权益		
固定资产合计			实收资本：		
无形及递延资产：			资本公积		
无形资产			盈余公积		
递延资产			未分配利润		
无形及递延资产合计			所有者权益合计		
其他资产：			负债与所有者权益总计		
其他长期资产					
资产总计					

2、损益表

A损益表的结构和内容

企业的损益表，通常采用多步式损益表，即通过三步计算出当期净损益。

第一步，从产品销售收入出发，减去产品销售成本、产品销售费用、产品销售税金及附加，得出产品销售利润。

第二步，从产品销售利润出发，加上其他业务利润，减去管理费用和财务费用，得出营业利润。

第三步，从营业利润出发，加上投资收益和营业外收入，减去营业外支出，得出利润总额（或亏损总额）。

每个项目都包括两栏数字，“本月数”栏反映本月发生额，“本年累计数”栏反映年初至本月末累计的发生额。

B损益表及利润分配表的基本格式

损益表

编制单位：××公司　　19××年12月　　单位：元

项目	本月数	本年累计数
一、产品销售收入		
减：产品销售成本		
产品销售费用		
产品销售税金及附加		
二、产品销售利润		
加：其他业务利润		
减：管理费用		
财务费用		
三、营业利润		
加：投资收益		
营业外收入		
减：营业收支出		
四、利润总额		

利润分配表

编制单位：××公司　19××年　单位：元

项目	本年实际	上年实际
一、利润总额		
减：应交所得税		
二、税后利润		
减：应交特种基金		
加：年初未分配利润		
上年利润调整		
三、可供分配的利润		
加：盈余公积补亏		
减：提取盈余公积		
应付利润		
四、未分配利润		

3、财务状况变动表

财务状况变动表又称资金流动表或资金来源与运用表。它反映公司在某个指定会计期间所发生的重大财务变动情况，也提供了对公司的各种资金来源及其运用状况的描述。财务状况变动表的建立，只要把一张损益表和编制损益表年初和年末（即连续两年）的两张资产负债表联系在一起就行了。

资金来源主要包括下述方面：(1) 资产帐户的减少；(2) 负债或股东权益帐户的增加；(3) 税后净利的增加；(4) 折旧和其它非现金支出等。上述几个方面有个统一的特征，即它们都表示一笔潜在的流入企业的资金。例如，当公司收到应收帐款或某些固定资产被清算时，那么在这些资产变成现金后就成为公司的一笔现金流入了。类似地，当公司向银行借款或出售股票时，资金也会流入公司。公司经营所得税后净利显然是一种资金流入。由于折旧等非现金支出是作为帐面报告利润的额外调整，因而也作为资金来源。

各种资金来源为公司管理人员安排股息支付、进行投资等提供了资源库。资金运用主要包括下述方面：(1) 资产帐户的增加；(2) 负债或股东权益帐户的减少；(3) 经营中出现的净亏损；(4) 股息支付。上述方面与资金来源的各方面显然是相反的关系。总的来说，各种资金来源或者用于投资目的（以获得资产），或者服务于公司的财务结构（清偿债务和/或支付股息）。

财务状况变动表的作用主要是：(1) 评价公司的融资情况。例如，通过分析资金的主要来源，可以知道公司的成长有多大部分用的是内部资金，多大部分用的是外部资金。通过分析资金的运用，则可了解短期资金需求和长期资金需求间的构成。如果资金之需求主要是固定资产购置的增加，而资金的来源大部分来自短期融资，则公司管理就会出现问题。(2) 发现问题，评价公司管理业绩。例如，公司财务经理经过分析过去几年的资料，发现存货水平的增长与其他资产及销货的增长不成比例。于是他就要仔细研究这种比例的不协调的症结所在，是存货管理缺乏效率或是其它原因。因此，财务状况变动表可引起财务经理对某些问题的注意，以深入分析并采取适当的措施予以改正。如果一个公司具有较多的独立的分支部门，则以个别部门为单位编制的财务状况变动表也很有用。因为它使公司最高管理阶层根据各部门的资金使用、来源和获利情况来评价它们的相对业绩。

财务状况变动表格式：

财务状况变动表

编制单位：×× ××年度 单位：元

流动资金来源和运用	行次	金额	流动资金各项目的变动	行次	金额
一、流动资金来源：			一、流动资产本年增加数：		
1.本年净利润	1		1.货币资金	41	
加：不减少流动资金的费用和损失：			2.短期投资	42	
（1）少数股东本期损益（亏损以"－"号表示）	2		3.应收票据	43	
（2）固定资产折旧	3		4.应收帐款净值	44	
（3）无形资产、递延资产及其他资产摊销（减其他负债转销）	4		5.预付货款	45	
（4）固定资产盘亏（减盘盈）	5		6.其他应收款	46	
（5）清理固定资产损失（减收益）	6		7.待摊费用	47	
（6）递延税款	7		8.存货	48	
（7）其他不减少流动资金的费用和损失	8		9.待处理流动资产净损失（减收益）	49	
小计	10		10.一年内到期的长期债券投资	50	
2.其他来源			11.其他流动资产	51	
（1）固定资产清理收入（减清理费用）	11				
（2）增加长期负债	12				
（3）收回长期投资	13				
（4）对外投资转出固定资产	14				
（5）对外投资转出无形资产	15				
（6）资本净增加额	16				
（7）少数股东资本增加额	17				
小计	19		流动资产增加净额	60	
流动资金来源合计	20		二、流动负债本年增加数：		
二、流动资金运用：			1.短期借款	61	
1.利润分配：			2.应付票据	62	
（1）提取法定公积金	21		3.应付帐款	63	
（2）提取法定公益金	22		4.预收货款	64	
（3）提取任意公积金	23		5.应付福利费	65	
（4）已分配股利	24		6.未付股利	66	
小计	25		7.未交税金	67	
2.少数股东利润分配	26		8.其他未交款	68	
3.其他运用：			9.其他应付款	69	
（1）固定资产和在建工程净增加额			10.预提费用	70	
（2）增加无形资产、递延资产及其他资产	28		11.一年内到期的长期负债	71	
（3）偿还长期负债	29		12.其他流动负债	72	
（4）增加长期投资	30				
小计	31				
流动资金运用合计	32				
外币会计报表折算差额	33		流动负债增加净额	79	
流动资金增加净额	40		流动资金增加净额	80	

财务状况变动表左方反映流动资金的来源和运用情况；右方反映各项流动资产和流动负债的增减情况。左方流动资金来源合计数与流动资金运用合计数的差额，与右方流动资金增减净额与流动负债增减净额的差额，都反映流动资金增减净额，两者应该相等。

二、财务报表分析的意义和方法

各国的证券管理机构都严格规定，在证券交易所上市股票的公司必须每年把公司的经营成果和财务状况向股东和社会公众报道，以使投资者能够判断公司状况并作出投资决策，防止公司滥发证券进行欺诈或其管理人员为所欲为。

财务报表是评价各种公司证券前景的基本信息资源。投资者购买证券时，首先要对这些证券的发行公司的经营状况，获利能力及未来前景有所了解，通过财务报表，投资者可以对这些信息一目了然。专业证券分析人员经常从公司的财务报表中分析出有利的信息。

财务报表分析是指对资产负债表、损益表、财产状况变动表等公司财务报表进行检查审核，以评价企业经营和财务状况优劣的活动。财务报表分析有信用分析、投资分析和经营分析之分。信用分析，是为了债权者用以测定债务者的偿债能力而做的财务报表分析，如银行等金融机构以此决定其贷款决定；经营分析是经营者本身为测定经营效率而做的财务报表分析。投资分析，是以投资者测定投资价值为目的而做的财务报表分析。

投资者进行财务分析主要有以下三个目的：

（一）评价企业过去的业绩

为了正确作出投资决策，投资者必须了解企业过去的经营情况，如纯利的多少，投资报酬率的高低，销货量大小，现金及营运资金情况等，财务报表分析有助于投资者正确评价企业过去的经营业绩，并与同行业企业相比较，检验其成败得失。

（二）衡量企业目前的财务状况

由于财务报表只能概括地反映出企业财务的现状，如果不将报表上所列数据加以剖析，就不能充分理解数字的含义，无法对企业财务状况是否良好作出有事实有根据的结论。所以，必须动用财务报表分析来揭示各数据的经济含义，观测企业的营运绩效、获利能力、为投资者正确衡量企业现状提供依据

（三）预测企业未来发展趋势

通过财务报表，可以把企业财务方面可能出现的各个因素及其作用弄清楚，并针对目前的情况，权衡将来发展的可能趋势，从而使投资者以动态的观点来考察企业，并在此基础上作出正确的投资决策。

对于普通的投资者来说，他们是公司的所有者而非债权人，因而他们对财务报表的分析就着重于公司目前与未来的预期盈余以及盈余趋势稳定性，着重于公司获利能力的分析。

财务报表分析的方法很多。一般有如下几种。

1. 会计科目内容的检查和分析

财务报表分析的一个最重要内容就是分析各种报表所列的各项数字是否属实和正确。某些经营不良的企业，常常对其财务状况或经营成果粉饰美化，以骗取银行贷款或投资者资金。因此，一个有经验的财务分析者，在未证实财务报表上的各项数字的正确性之前，是不会贸然从事比较分析或比率分析的。通常，财务分析者首先要对财务报表中的各会计科目内容进行检查分析，尤其是对那些容易粉饰的科目，如存贷、应收帐款、应收票据、借入款、预付款、预收款、暂收款、暂付款等加以特别注意，细心剖析，以检查是否存在不属实的情况。

但是，上述检查分析方法，除企业内部稽查人员、受托签证的会计师及经企业同意的贷款金融机构的调查人员外，一般投资者很难办到。对于上市证券发行公司的财务报表来说，一般是值得信赖的。因为，许多国家规定，这些企业的财务报表必须经由注册会计师审查鉴证，并经过多道审查关。

2. 比较分析法（ComparativeAnalysis）

财务报表中的各个数字，一般是以金额的绝对数来表示的。而仅凭绝对数是很难看出各项数字间的相互关系的。因而有必要设置一个基准，把其他数字同它进行比较以得到为人们所熟悉的描述变量变化程度的相对数。根据比较基准的不同，财务报表比较分析法分垂直分析（VerticalAnalysis）和水平分析（HorizontalAnalysis）。前者是将财务报表上各项目与某一基数（例如资产总额或销售总额等）进行比较，以反映同一财务报表各数据项目间的关系。这是一种纵向的分析，又称作项目组成百分比分析。后者是将财务报表上的各项数据与某基年的数据进行比较。这种分析方法又称同积分析（CommonSizeAnalysis）。它可使分析者了解企业资金变动的情况和趋势。

资产负债表和损益表均可以进行垂直分析。前者通常以资产总额作为分析基数。而后者则以销货总额作为基数。分析者一般会同时列出若干年度的垂直分析表，以比较各年度间各项目百分率的变动情况，使垂直分析带有动态分析之性质。这种方法可提供个别年度垂直分析表所无法提供的信息。

通过水平分析，我们对公司的资金运用及融资方式可以有较透彻的了解，可以看出公司的发展趋势、偿付短期债务的能力、资金运用、现金比例，可以了解公司获利能力是增加还是降低，以及成本和费用方面的问题。

3. 比率分析

比率分析是借助于财务报表中两个相关数值间的比率（即财务比率）以判断公司财务状况及经营成果的分析方式。证券分析者或投资者通过对各种不同的财务比率进行对比分析与解释，要比只分析财务资料的绝对数，更能洞察一个公司的财务、经营状况。不过，应该指出，依据任何一个单个的比率都不足以判断一个公司的价值，只有合乎目的地同时选择和采用一组比率进行分析，才能作出合理判断。虽然，目前可计算的财务比率种类随着财务资料的数量增多而显著增加，但常用的财务比率只不过十几个。

三、财务比率分析

财务比率分析总是以公司财务报表提供的数据人手，通过对各种财务比率的计算与对比分析，借以评价和判断企业现时经营与管理状况及水平。它是财务分析最基本的工具，也是证券投资者借以了解投资对象的财务情况并据此筛选投资目标的最为重要的手段之一。财务比率分析法应用的主要指标有：

1. 偿债能力分析

亦称“变现力比率分析”。常用的指标有流动比率、速动比率、应收帐款周转率和周转天数，利息支付倍数等几种。主要用来分析企业资金的流动性，以判断企业的偿债能力。通常认为流动比率应保持在 2:1，速动比率应保持在 1:1 左右较为合适。

①流动比率

$$流动比率=\frac{公司流动资产（现金+短期投资+有价证券等）}{公司流动负债（短期借款+应付票据+应付帐款等）}$$

流动比率是衡量企业短期偿债能力的最常用的指标。这一指标表明在相应的偿债期限内，可转换为现金的资产足以抵补短期债权人的索赔要求的程度。如果公司陷入困境时，它就会拖延偿还应付帐款、或寻求新的贷款等，流动负债增加速度就会快于流动资产的增长，它的流动比率就会下降。将一家公司的流动比率与行业的平均流动比率相比较，常常能说明好多问题。这并不是要求公司的流动比率等于行业平均流动比率。但如是一个公司的投资者就必须研究产生差异的原因。因此，若这一比率偏离行业平均比率，是投资者需作进一步检查的信号。

②速动比率

$$速动比率=\frac{公司速动资产（流动资产-存货）}{公司流动负债}$$

速动比率表明公司在不依靠变卖存货的情况下，偿付短期债务的能力。由于存货是流动资产中最不易流动的部分，在清算变卖时，它往往会出现亏损。所以，如果在流动资产中存货比重很大，那么，即使流动比率很高，也不能说明公司有较强的偿债能力。投资者通过对此比率的分析，可以了解企业偿付短期债务的能力。

③应收帐款周转率和周转天数

$$应收帐款周转率（次）=\frac{赊销净额（或销货净额）}{应收帐款平均余额}$$

$$应收帐款回收期（天）=\frac{365（或360）天}{应收帐款周转率}$$

$$应收帐款周转天数=\frac{应收帐款平均余额}{年销货净额/360}$$

④利息支付倍数

该倍数是指企业每期获得的纯利与所支付的固定利息费用的倍数关系，用以测验企业由所获得的纯利承担支付利息费用的能力。

其计算公式为：

$$利息支付倍数=\frac{税后利润+利息费用}{利息费用}$$

一般来说，这是评价债权人投资风险的重要指标之一，倍数越高，说明债权人每期可收到的利息越有保障。

2. 资本结构分析

1）股东权益比率，是指股东权益总额对总资产的比例关系，又称为净值比率，其计算公式如下：

$$股东权益比率=\frac{股东权益总额}{资产总额}$$

2）负债比率，它是负债总额被资产总额所除之商，用以衡量债权人资金在公司总资产中所占百分比，公式如下。

$$负债比率=\frac{负债总额}{公司资产总额（股东权益）}$$

负债比率说明对债权人债权的保障程度。负债比率越低，则债权保障程度越高；否则，负债比率过高，则债权人就可能要遭受损失。把一个公司的负债比率与同业平均数相比，就可知道该公司负债所占资产的比例是否合适。

3）长期负债与资本化比率

$$长期负债与资本化比率=\frac{长期负债}{(长期负债+股东权益)}$$

该比率越高，表明企业未来支付固定利息及长期债务本金的能力越差，该比率过高时，通常表明发行债券集资较为合算。

4）股东权益与固定资产比率

该比率表明公司固定资产中有多大的份额是用自有资本购置的。比率越高，说明公司不存在固定资产过份膨胀的现象，公司财务结构也就越健全。反之，比率越低，说明公司资本不足，或是固定资产过度膨胀，而固定资产的过度膨胀，会导致公司资产的流动性减少，从而降低了公司的生产经营弹性，降低了未来的偿债能力。一般认为，股东权益与固定资产比率应高于100%。

其计算公式为：

$$股东权益与固定资产比率=\frac{股东权益}{固定资产}$$

3. 经营效率分析

分析公司的经营效率称为周转性分析，目的在于检测发行公司各项资金的利用效果和经营效率。

经营效率分析指标一般有：

①存货周转率和存货周转天数

存货周转率为销售成本与期初期末平均存货之比，用来衡量公司销货能力的强弱和存货是否适量。比率越高，表明存货周转快，积压的存货减少，存货费用等支出也越少，但如果比率过高，则说明企业不能应付顾客需要，没有充分发挥企业的潜力。

平均存货周转天数也是用来表示存货的周转速度。平均存货周转天数越多，表明存货数额越大，存货周转越慢。

其计算公式为：

$$存货周转率=\frac{销售成本}{(期初存货+期末存货)/2}$$

$$存货周转天数=\frac{365}{存货周转率}$$

②固定资产周转率

固定资产周转率是销售收入与固定资产的比率，表示固定资产全年的周转次数，用来衡量公司固定资产的利用程度。比率越高，表明固定资产周转的速度越快，闲置的固定资产越少。反之，比率越低，则表示固定资产存在闲置现象，或者固定资产的投资过分扩张。

其计算公式为：

$$固定资产周转率=\frac{销售收入}{(期初固定资产+期末固定资产)/2}$$

③总资产周转率

总资产周转率是销售收入与资产总额之间的比率，它反映公司使用其资源生产商品或收入的相对比率，用来衡量公司总资产是否得到充分利用，比率越高，表明资产周转速度越高，总资产利用的效率也越高。

其计算公式为：

$$总资产周转率=\frac{销售收入}{资产总额}$$

④股东权益周转率

股东权益周转率是衡量资本的营业活动能力的指标。该比率越高，表明自有资本运用的效率越高，但过高的比率则表示公司对外借款过多，过分举债经营，若比率过低，则表明公司资本没有得到充分利用。

其计算公式为：

$$股东权益周转率=\frac{销售收入}{股东权益（净值）}=\frac{销售收入}{(期初股东权益+期末股东权益)/2}$$

⑤主营业务收入增长率

主营业务收入，是指企业主要经营业务的收入，主营业务收入比率高，说明公司的经营比较稳定。主营业务收入增长率是用来衡量公司的内在价值的一个重要指标。

4、盈利能力分析

分析公司的获利能力，也称收益性分析，它是衡量公司财务成果的重要尺度，投资者借以反映、判断公司的投资价值，投资者常用的反映公司获利能力的指标有：

1）毛利率

毛利率是销售毛利与销售收入的比率，这个比率反映了公司的定价策略。毛利率的高低与产品的性质有密切关系，高档名牌商品往往有较高的毛利率，而大众化商品的毛利率则相对较低。毛利率的高低与公司的盈利能力并无直接对应关系，对毛利率的分析要结合其他因素综合考虑。

其计算公式为：

$$毛利率=\frac{销售毛利}{销售收入}=\frac{(销售收入-销售成本)}{销售收入}$$

2）净利率

净利率比较准确地反映了公司通过销售赚取利润的能力。在实际分析中，将它与毛利率结合起来考虑，能对企业的获利能力有更全面的了解。

其计算公式为：

$$净利率=\frac{税后利润}{销售收入}$$

3）资产收益率

资产收益率是用以衡量公司运用所有投资资源所获得经营成效的指标。该比率越高，表明公司越善于运用资产；反之，则资产利用效果越差。

其计算公式为

$$资产收益率=\frac{税后利润}{平均资产总额}$$

4）股东权益收益率

该指标反映普通股资本的净盈利能力，用以说明投资者委托某公司管理人员应用其资金所能获得的投资报酬率，这个指标还可以检测公司产品利润的大小及销售收入的高低。该比率越高，说明产品所获取的利润越大，销售收入越多；反之，则表示产品的利润越小，销售收入越少。

其计算公式为：

$$股东权益率=\frac{(税后利润-优先股股息)}{股东权益}$$

5）主营业务利润率

主营业务利润率表明公司获利的稳定程度，主营业务利润率高，表明公司的赢利比较稳定，如果低，则表明其赢利并不稳定，投资风险较大

5、投资收益分析

投资收益分析是用以衡量投资者的收益、报酬的指标，这是投资者的最终目的，也是测试公司的获利能力的指标。投资收益分析有以下指标：

1）普通股每股净收益

每股净收益也称每股盈利，是税后利润减去优先股股利后与已发行普通股股数之间的比率。通过这个指标，投资者不但可以了解公司的获利能力，还可以通过每股盈利的大小来预测每股股息和股息增长率，并据以决定每一普通股的内在价值。

公式如下：

$$每股净收益=\frac{(税后利润-优先股股息)}{普通股股数}$$

2）股息发放率

股息发放率是指分派的现金股利与普通股应得利益之比，反映公司的股利政策。

其计算公式为：

$$股息发放率=\frac{普通股每股股利}{普通股每股净收益}$$

股息发放率与企业的类型有很大关系，发展中企业常将部分利润留备扩充业务之用，则股利发放率较低，而已进入成熟期的企业，往往有较高的股利发放率。一般来说，企业利润的再投资有利于提高企业的未来获利能力，但也有不少投资者对现金股利更感兴趣。股息发放率的高低并不是一个绝对的标准，股息发放率较高，投资者的眼前利益较大，但如果企业有很好的投资项目，能够在将来为投资者提供更高的回报，则股息发放率较低就并不是一件坏事，这实际上是近期利益与长远利益的权衡。当然，如果企业没有合适的投资项目，就更应该尽量把股利分给投资者，由投资者去做投资决策。

3）股利报酬率

股利报酬率是普通股每股股利与每股市价的比率。其计算公式为：

$$股利报酬率=\frac{普通股每股股利}{普通股每股市价}$$

一般说来，股票投资的股利报酬率，受利率水平变动的影响较大，利率高，股利报酬率亦高；利率低，股利报酬率亦低。因此，股利报酬率对于以谋取最高股利为目的的投资者是非常重要的。

4）本利比、获利率

本利比是获利率的倒数，计算公式如下：

$$本利比=\frac{每股市价}{本期每股股利}$$

$$获利率=\frac{本期每股股利}{每股市价}$$

获利率表明单位股票投资额所能带来的投资获利水平，预期股利不变时，获利率与股价成反方向变动，因此可以判断股价涨落趋势。

5）市盈率

又称本益比或价格盈利比，市盈率有时也简称 PE 值。市盈率是投资分析中极为重要的指标，它可以反映出投资者预期公司未来盈利成长的状况与股票价格的对应关系。其计算公式为：

$$市盈率=\frac{股票市场价格}{每股盈利额}$$

由于股票的市价每天都在波动，因此股票市盈率的数字也是经常处于变动之中。股价越高，其股票的市盈率也就越高；相反，当股价回落时，其市盈率也随之变小。

由于市盈率是用盈利除市价所得的倍数，它告知人们该公司需要累积多少年的盈利才能达到目前的市价，这多少年通常叫做“翻本期”。因此，市盈率越高，翻本期越长，反之翻本期缩短。从投资者的角度来看，当然会选择翻本期短的。一般地，应该买入市盈率低的股票，而卖出市盈率偏高的股票，因为市盈率高的股票，投资风险较大。不过，从另一个角度去看，越是被众多投资者看好的股票，才可以享受较高的市盈率，而越是投资者看跌的股票，其市盈率也会越低。所以只简单地以市盈率高低来作投资决策的依据是不完备的。由于地区的经济、政治环境的不同，会引起不同地区同一类股票的市盈率高低有差异；同一地区的股市中，不同的行业由于发展前景不同，利润不同，其市盈率的高低差别也很大；同一地区同一行业的股票中，因发行公司的经济效益优劣不同，其市盈率的高低也会不同。目前，国际公认的安全市盈率标准为 15 倍。

6）投资收益比率

该指标反映投入资本所能赚到净盈利的能力，计算公式为：

$$投资收益率=\frac{净收入}{资产总值}$$

7）每股净资产

又称普通股帐面价值，它反映了普通股股东所拥有的资产价值，是股票市场价格中有实物资产作为支持的部分。其计算公式为：

$$每股净资产额=\frac{股东权益-优先股股本}{已发行普通股股数}$$

将每股帐面价值与每股票面价值相比较，可以看出公司经营状况的好坏。通常经营状况良好、财务健全的公司，其每股净资产必高于每股票面价值；如果每股净资产逐年提高，就表明该公司的资本结构越来越健全。当然，必须明确的是，每股帐面价值仅是表明股东所持有的公司每股股票的价值，并不真正表示股东所能取得的价值。

现在有的投资者认为帐面价值对于具有成长性的工业来讲没有太大的意义，因为资产必须有盈利能力才能引起投资者的兴趣，一般具有成长性股票的价格常可以高于帐面价值若干倍。

8）净资产倍率

净资产倍率：是指上市股票每股市场价格与其发行公司每股自有资本额的比率，其计算公式为：

$$某种股票的净资产倍率=\frac{该股票每股当日市场平均价格}{该股票发行公司上年每股纯资产量}$$

该指标可用来衡量股票价格水平的合理性及股票实际价值的高低。股价净资产倍率的合理水平并无特定标准。一般认为，股价为每股净资产量的两倍左右较为适宜。

四、财务分析中应注意的问题

财务报表可概括地反映企业的财务状况及经营成果，为各有关方面提供财务信息。财务报表分析的基本特征，在于运用各种工具及技术，以分析各种财务报表及有关资料，从这些报表及各种资料中找出相互间所隐含的各种关系，作为各层管理者进行决策时必不可少的资料。因此，财务报表分析的基本功能，就在于将企业存在的各种令人迷惑的大量资料，转换成为各层管理者急需的，具有较大使用价值的经济情报。

财务分析主要就是指财务报表的分析，因此在财务分析中应注意的问题，首先是财务报表数据的准确性、真实性与可靠性。这一点是至关重要的，对上市公司来说更是如此，财务数据计算的准确和统计时的客观、真实，对企业自身决策和投资者决策都起着关键的作用。我们看一家公司业绩好坏，全凭它出的财务报表上的数据。投资者不可能对上市公司一一具体考察。因此，上市公司的财务报表，尤其中报、年报，一定要准确、真实，可靠。否则，既损害了自己公司的形象和利益，也损害了投资者利益，对自身发展起到阻碍作用。

其次，公司财务分析还应根据不断变化的经济环境和经营条件进行调整，进行具体现实的分析。财务分析牵扯到方方面面，是很复杂的，国家的经济政策，如利率、汇率、税收制度等对企业财务有很大的影响。企业是否具有成长性，有时单单从帐面上是看不出来的，必须结合公司的经营状况，如一家公司因扩大经营规模，扩大再生产，而一时不能产生效益，帐面上营利很少，但这家公司却属于成长型企业，是大有前途的。投资者切不可一叶障目，不见森林。相反的一个问题是，有的上市公司明明业绩很差，却在财务报表中作出漂亮的数字，以蒙蔽投资者，具体情况如，公司内部经营状况很差，甚至亏损，可帐面却营利，孰不知这所谓的营利，只是筹集的股本金，这种公司的财务风险是很大的。投资者在看财务报表时，一定要结合公司经营状况，看数据的来源是否明确，是否含有显而易见的水分等。

投资者在分析企业财务状况时，应先对企业过去的经营绩效进行评估，诸如净利润多少、投资报酬率高低，销售收入的大小等，并于同行业中其它企业作比较，从而得出该企业的发展水平到底如何。再就是查看企业目前的财务状况，如企业的固定资产，流动资金，对外债务的多少，存货数额等，这些信息又提供投资者目前公司的真实财务状况，用以评核企业未来发展的潜在能力。最后就是预测企业未来的发展趋势。企业的投资者针对目前的经营状况，权衡企业的未来发展趋势，以此作出最佳的投资决策，而对于企业的管理者来说，他必须根据目前的经营状况，拟定数项可选择的未来发展方案。某一方案被确定后，对企业未来的发展方向必定产生重大影响，特别是对财务方面的影响更强烈。因此，不论是投资者还是管理者在决定一项决策之前，必须审慎地对企业的财务状况进行深入、细致、全面的分析后才能选择某一方案。

以上都是财务分析中应注意的问题，如果掌握不好，会导致分析出现偏差或失误而造成投资决策的错误，以致蒙受经济损失。

第六章　证券投资技术分析

第一节　技术分析的理论基础

一、技术分析概述

技术分析的主要特点是直接从证券市场入手侧重于分析证券市场价格的运动规律，由此来决定证券的投资价值。投资者据此选择最佳的投资机会和投资方式，获取证券的短期收益。技术分析的着眼点是股票在短期内价格波动情况，很少涉及单个证券及证券市场以外因素状况的分析。技术分析理论之父，J·葛兰维尔认为，通过对过去大量资料和价格的研究，能够预测未来市场的走势。而一切外在的股价因素已经基本上反映在价格走势上了，所以，只需研究有关的股价图表及其成交量。

技术分析家认为，证券的市场价格是由证券的供求状况决定的，其分析基本点就是评价证券的供给与需求，预测证券价格走势。技术分析理论建立在以下几个假设的基础上。

1. 股票供给和需求的相互作用是唯一决定股票市场价格的因素。

2. 供给和需求是由大量的合理的及非合理的因素所支配的。

3. 如果股价微小波动被忽略，则股票市场价格的变动在一段时期内呈现出一定的变化趋势。

4. 这种股价变化的趋势是随着市场供求关系的变化而变化的。

5. 无论何种原因引起的市场供求关系的变化，均可以立即或在短期内在市场交易中反映出来。

6. 某些典型的变化趋势是会重复再现的。

在这几个假设基础上，美国的道·查尔斯和尼尔森在20世纪初发展出道氏理论。后来由汉密尔顿加以阐述、扩展，道氏理论遂成为技术分析的基础。

道氏理论认为，股票市场的波动存在着一定的模式，市场波动有二种形式：主要运动，即投资者熟悉的多头市场和空头市场，持续时间达一年或一年以上；次要运动，即持续几星期的波动，它与主要运动的方向相反；还有一种就是小波动，它们形成次要运动。道氏理论认为，主要运动发生在可以预测的阶段之中，股票交易也被认为是预测模式的一部分。

1953年，哥罗丁斯基出版了《投资学》。在此书中，哥罗丁斯基阐述了技术分析的特点，他从研究供需因素来预测股价，并具体指出了两种途径。第一种途径就是重视股价与其他经济现象的关系，从这些关系的变化来预测股价的波动，这种方法也就是现在通行的基本分析；另一种方法则不重视股价与其它经济现象的关系，而仅就股票市场内部的技术性因素的各种现象来预测股价，这就是现时所谓“技术分析”。在《投资学》中，哥罗丁斯基还描述了技术分析的几个重要方面，如证券市场内部投机因素的分析，观察过去股价趋势推测未来股价动向，观察社会大众的投资动向，检讨股票交易量和股价的关系等。

现在的技术分析不论在理论上，还是在技术手段上都大大发展了，分析家们不但可以预测股市延续数周或数月的趋势，而且在整体预测的基础上，还可以预测每日的价格运动及个别股票的价格波动。

技术分析者在预测价格趋势方面着重在短期市场价格的趋势。因为在短期价格波动中，逢高抛售逢低吸纳，灵活地运用资金赚取更大利润。基础分析者只在主要趋势确认后才开始入市，着重长期价格趋势。在时间方面，技术分析者认为基础分析者须耐心等候公司销售量资料、定货单、盈利情况，股息及其他类似的资料，另外对消费者购买力的变化、货币汇率与银行利率的变动等的研究，都在耗费基础分析者的决定时间，错过低价吸纳与高价抛售的良机。而技术投资分析者则凭市场已知的股价变动探求股市短期的走势，凭着一支笔，一张图就可以决定入市和出市时机，及时盈利。否则错过卖出时机，帐上的利并没有到手，就不是真正的盈利。

技术分析方法强调时机的重要性，它不对市场以外的因素作过多分析。因此，技术分析方法应和基本分析结合起来，方能是完美的分析。

二、技术分析的要素

1. 价、量。

证券作为一种虚拟资本，本身并没有价值，但它可以自由买卖，所以它有价格。证券价格是技术分析最重要的因素。证券价格实质上是证券发行、交换时的价格，它是表明投资者的一种所有权或收益权的货币形式。债券在规定期限后要按照一定的利率还本付息。债券持有人具有一定的投资收益。股票不存在偿还本金和期限的问题，但股票本身表明了对发行公司资产的所有权，股票持有者可以获得股份公司的所有权，还可以凭股票获得企业红利。因此，证券价格是货币所有权和收益权的体现。

证券价格的构成不象一般商品价格那样可以明确分成几部分，它实质上是一个价格整体。一般来说，证券价格尽管有面值和收益两部分，但它并不全部包含这两部分因素。债券由于期限和利率的确定性，其价格也就确定了，但当市场利率发生变化，高于或低于债券利率时，债券的转让价格的构成因素就不是债券利率加上债券面值，而是市场利率加上债券面值。当市场利率大于债券利率，债券价格就会上涨，反之，则会下跌。另外，债券价格构成因素中，期限越长，价格越高。因之，债券价格的构成因素有三个：面值、期限、利率。股票价格构成因素主要是股票的票面价值。股票最初发行时，其价格由三部分构成：票面价值，预期每股股息，股票市场收益率。其中，决定因素是预期每股股息的大小。预期每股股息大小实质上体现了股份有限公司经营业绩的好坏。如果公司历年经营状况较好，而且股息政策较稳定，那么预期每股股息与股票价格成正比例关系，预期股息越多，股价越高。由于股票能够带来收益，因而股息价格还决定于市场收益率，其它条件不变的情况下，股票价格和市场收益率成反比例。股票价格的理论值可以用下列公式表示：

$$股票每股价格=\frac{预期每股股息}{市场收益率}$$

一般商品价格在一定时间内是相对稳定的，而证券的价格却是随时在变动，股票交易的每一个时点上，股票的价格都几乎不相同，也正是由于证券价格变动性强的特点，证券市场具有很高的投机性，而同时，证券市场上的投机活动反过来，又容易导致证券价格剧烈波动，时常暴涨暴跌。

引起证券价格变动的基本因素由证券市场以外的政治和经济因素的变动和证券市场本身的一些因素引起，但是技术分析专家们认为，证券价格是由证券的供需而引起的，这些技术性因素主要是证券市场上的投机程度，如买空、卖空、操纵等影响了市场上的供求关系，从而常常引起股价的短期波动，基本因素只是较长时期内影响股价波动。技术分析专家多纳认为，股票价格是由买卖双方供求关系决定的，而密特朗认为股价变动的原因是市场心理。

交易量是除价格外比较重要的因素。从交易量与股票价格的变化中，可以判断市场的强弱。对交易量进行分析的中心问题即是它与价格的关系。买空市场上，股票的交易量会随着股价的止跌回升而增加或止升回跌而减少。因为交易量随股价上升而增加，说明市场需求大于供给，因而市场是强势的，而在交易量随股价降低而减少时，也是一个好信号，这表示在低价下股票的供给减少。在卖空市场上，股票的交易量则会随着股票的价格止升回跌而增加或止跌回升而减少。这是因为，如果由于股东急于销售积存的股票或股票供给的增加，交易量会随着股价的下跌而增加，这表示市场的需求小于供给，因而市场是弱势的。若交易量在股价出现临时性止跌回升的情况下也发生下降，这表示市场的购买能力较小，因而该市场也是弱势的。

一般来说，技术分析专家对数量的分析包括这两方面，即若交易量随股价的止跌回升而增加，或随股价的止升回跌而减少，则市场是强势，若交易量随股价上升回跌而增加，或随股价止跌回升而减少，则市场是弱势的，技术分析家们据此进行短期的市场分析。

根据交易量理论，证券市场有几种典型的价量关系。

①股价不断创新，成交量却逐渐减少，股价大概已经上涨到顶点，价量背离是不会长久的，这种情况可视为股价即将下跌的信号，投资者应立即抛出股票。

②股价迅速上升，成交量也随之上升。这种情况表明股价还会上涨一段时期，价有量支持，就还有一定的上升基础和后劲。这时，投资者可以大胆入市。

③量激增，价格却不变，这种情况说明股价已经上升到其顶点，股市上已经有人对前景失去信心，开始买出手中的股票。

④涨幅逐渐减小，成交易也逐渐缩小，在上涨的股市中，如果股票价格上涨的幅度逐渐减小，成交量也相应萎缩，表明股票价格已上涨到顶。因为没有量的支持，股价将很难继续上涨。

⑤跌幅渐减，量却日增，这表明人们对股市的信心正逐渐灰复，购买股票的意愿增强。出现这种情况，股价在成交量的支持下往往会很快地到达谷底，然后止跌回升，这是入市的黄金时期。

⑥每天跌幅不断扩大，成交量却增加，这种情况表明人们已经对股市前景失去了信心，极可能引起一次股市抛售风潮，此时，投资者应果断抛出股票，否则就要惨遭套牢。

技术分析家用来分析“量”的方法主要是腾落指数分析及涨跌比率两种分析方法。

2.时、空。

技术分析理论中的“时”并非“时点”概念，而是“阶段”概念。一般情况下，股价的涨落是一个连续不断的渐变的过程，不是短时内所能完成的。因此，技术分析专家所说的买卖的时机是一个“阶段”的概念。在一段时间内，投资者都可以选择买或卖。时机也不是偶然出现的，而是时时存在的，因为股价的涨跌不是直线的，而是波浪式的。对于不同的股票，买或卖的时机可能同时存在，也可能错过了买或卖A股的时机，但买或卖B股的时机又出现了。从技术分析理论来看，“时”无时无刻不在市场上存在。投资者频繁地买进卖出，往往事倍功半，甚至事与愿违。最好的办法是抓住几次大的涨跌机会，赚一段大行情。

从股市经验来看，选时甚至好过选股。时机选对了，即便是垃圾股也能取得收益。但是选时并不是一种容易的事。技术分析主要是通过对股价波动规律性的分析研究，帮助投资者判断股价何时高、何时低，以此来决定买卖股票的时机，但技术分析并不是容易掌握的，况且，技术分析并非完全可信，市场的骤起骤落常常出乎分析专家的预料。投资者还需借助于基础分析来帮助决策。

技术分析理论所谓“空”，亦即证券市场的容量、市场心理及投机等因素。重视短期利益的投机者，为从股价变动中获取利益，常常人为地操纵股价，如利用买空、卖空、轧空、串谋及散布谣言等投机方式造成股价变动。

市场容量对股价的影响也非常大。市场容量一是指市场上参加交易的股票数量。二是指市场上参加交易的投资者数量，其最终是影响到交易的数量。对技术分析者来说，一定时期内的市场容量和价格上升下降的股票数量比股价指数显得更为重要，因为它们反映了市场上所有股票的供给和需求情况，而不是仅限于反映少数热门股票的情况。在股市上升的市场，市场容量的增加是有利的信号，在股价下跌的市场，市场容量增加则是不利的信号。

从很多股市表现出来的情况看，股价往往由投资者心理因素左右，甚至在一时一地会超过其他因素的作用，如投资者的悲观或乐观情绪，反映在股市上往往与社会的衰落与繁荣相关。当社会经济进入繁荣时期，股市以一种乐观购进的情绪为主流，股价因此而往往上升；当社会出现萧条与不景气时，股市上就会笼罩着悲观情绪，人们担心因此而导致手中股票跌价，任何一点小信息，甚至纯属谣传，都会给股市强烈的冲击。这种背景下，股市上自然出现竟相抛售股票，造成股价暴跌的现象。

另外一种重要的心理就是称为“羊群心理”的跟风心理。这种心理也是造成股价波动的一个重要心理因素，盲目跟风心理往往出现在散户身上。他们往往对股市知识所知无几，又贪利怕吃亏，别人买时也跟着买，别人卖时也跟着卖。股价下跌越严重，抛售者越多，莫名其妙地造成股市恐慌，这种心态在股市上很常见，直接影响着股价及交易量，当这种心态被大投机者所利用时，更能掀起股市上涨和下跌的风波。

对股票价格起作用的心理还有嫌贵贪平，赌博心理等。嫌贵贪平心理，对不同股票的价格比例变化有着重大影响；而赌博心理往往使股票的市场价格与它的理论价格相背离，并出现剧烈波动。

投资者在进行技术分析时，应对证券市场的时，空要素结合起来考虑。

三、技术分析方法的分类和应用时应注意的问题

技术分析方法从理论上分为两大类，一是趋势分析方法，即通过价格过去的变化，价格类型探寻股价的未来走势；另一是结构分析法，即通过分析市场参与者的情感，权衡有关牛市和熊市的看法，预测股价未来的走势。技术分析并非灵丹妙药。不可过分崇拜技术分析这一方法，特别不能走火入魔。从理论上看，技术方法和基本方法分析股市趋势的基点是相反的，但实际上，大多数分析家同时运用这两种方法来进行预测活动。基本方法是预测的基础，技术分析不能取代它，只能作为它的补充。

第二节　证券投资技术分析理论

一、道氏理论

道氏理论是技术分析的理论基础，道氏理论是以美国人查尔斯·道的名字命名的。查尔斯·道在1900—1902年间担任《华尔街日报》执行主编时，发表了大量有关经济与金融市场方面的分析文章与评论，开创了证券市场技术性分析的先河。查尔斯·道对股票市场进行精心的研究分析，试图从每日个股股票价格波动中探究出市场变动的基本趋势，经过日积月累，逐步形成一套有关股票市场的理论，世称“道”理论。但是查尔期·道自己从未出版过有关这个理论的正式论文。1902年，道去世后其市场分析的重要观点经《华尔街日报》继任编辑威廉·汉密尔顿继承和发展，逐渐形成了现在的道氏理论。汉密尔顿于1903—1929年间担任《华尔街日报》编辑，他先在报纸上阐述道的各种理论，后来汇集成书，叫《股票市场的睛雨表》，于1929年出版。此后，又有一些股票市场研究者写过有关道氏理论的书，如罗伯特·吕欧在1932年出版的《道理论》和小乔治·W·别雪勃在1960年出版的《道与道理论》等。

道氏理论的主要内容有三点，即股票价格的运动趋势，股票的买空与卖空市场，基本趋势的形成标准。

股票价格的运动趋势　道氏理论认为股票价格的运动有三种趋势：(1) 基本趋势，即股价广泛或全面性上升或下降的变动情形。这种变动持续的时间通常为一年或一年以上，股价总升（降）的幅度超过20%。对投资者来说，基本趋势持续上升就形成了买空或空头市场，持续下降

就形成了卖空或空头市场。(2) 次级趋势，因为次级趋势经常与基本趋势的运动方向相反，并对其产生一定的牵制作用，因而也称为股价的修正趋势。这种趋势持续的时间从3周至数月不等，它可使股价波动的幅度一般为股价基本趋势的1/3或2/3。(3) 短期趋势或日常波动。短期趋势反映了股价在6天以内的变化情况。

在三种趋势中，长期投资者最关心的是股价的基本趋势，其目的是想尽可能早地在多头市场上买入股票，而在空头市场形成时及时地卖出股票；非长期投资者则对股价的次级趋势比较感兴趣，他们的目的是想从中获取短期的利润。短期趋势的重要性较小，且易受人为操纵，因而不便作为趋势分析的对象。人们一般无法操纵股价的基本趋势和修正趋势，只有国家的财政部门才有可能进行有限的调节。

股票的买空与卖空市场　当股票的基本趋势继续上升时，买空（或多头）市场便形成了，买空市场通常可分为三个阶段：①累积阶段，股票的价格水平一般比较低。由于以前股价的下降，投资大众对证券投资尚缺少兴趣，只有少数预测股价不久即将上升的投资者才购进并累积股票。②持续增长阶段。在此阶段里，股票的价格和股票的交易量开始持续、稳定地增长。与此同时，公司的收益进一步提高，经济前景相当乐观。③狂热阶段。在此阶段，所有的经济与金融消息对投资者来说都非常有利，股价显著上涨，投资交易进入狂热阶段。股票市场上投机活动开始泛滥。

当股价的基本趋势转为持续下降时，卖空（或空头）市场开始形成。卖空市场也分三个阶段：(1) 分配阶段。在此阶段里有远见的投资者由于意识到股票的价格已快接近峰顶，因而开始卖出他们在股票低价时购进的大量股票库存。(2) 恐慌阶段。这一阶段股票前景开始转趋不利，投资者们开始加速抛出股票，股价因而急剧下降。投资者和投机者为避免以后更大的损失而竞相售出更加剧了股价的跌势。(3) 第三阶段股票的价格仍继续下降，但速度逐渐减慢。在此阶段由于股价过低，股票持有者不愿出售，因而市场的交易量不大。当股价下降至足够低的水平时，某些投资者又开始重新累积股票。这样，上述的整个市场过程又重新开始。

基本趋势的形成标准　为了计量股票市场平均价格的趋势，查尔斯·道在1897年提出了道·琼斯工业平均指数的雏形。他使用了两个平均指数：一是运输业平均指数，一是工业平均指数。道理论的一个基本前提是，股市的一个主要或次要的运动，只有两种平均数互证时才能肯定地表示出来。即两种平均数必须配合，如果一个上升，一个下降便无重要性可言，只有两种平均数向相同方向运动，才有互证的可能。互证的表现方式有两种，第一种是两种平均数经过一段牛皮状态的波动，然后产生突破。第二种方式是两个平均数同时表现新的高点或新的低点。

道氏理论为证券市场的图示分析及其他的技术分析提供了理论基础，对经济和金融行情的预测，证券的投资活动等具有一定的指导意义。

到目前为止，道氏理论是最有权威的理论，还没有哪一个更新的理论来代替它在股票市场中的运用。这个理论具有合理核心和严密逻辑，对决定股票市场的相对力量方面是一个有效的工具，当用来作为工商业的睛雨表看待时也很成功。有证据表明，道·琼斯平均数向上变动领先于经济好转6个月，向下变动比工商业活动的衰退早3个月到6个月。但是道氏理论也有其缺点：(1) 道氏理论太重视基本趋势，对那些要想加速投资次数的人来说得到的帮助不大。因为根据基本趋势投资次数太少，期限过长。(2) 在新的基本趋势初期阶段，利用道琼斯股价指数预测容易发生偏差。(3) 道氏理论对次要趋势不能及时预测提示。(4) 道氏理论虽然可以对股市的基本趋势的变动指明方向，却不能明确指出投资哪一种股票最有利可图。(5) 道氏理论过于信任它所应用的平均数。普通股票价格，总的说来，并没有舍弃所有的经济因素。道·琼斯平均数不能真正代表股票市场。所有普通股票并不共同上涨和下跌。投资者只热切关心购买具体的个别股票，很少有人去买“平均数”。

二、K线理论

K线分析法是指将股市每日、每周或每月的股价变动情形用图形来表示，依照形状研判股价未来动态的一种方法。投资人为确保个人利益，需要预测买卖双方在次日，在下周或是在下个月孰占优势，以便决定站在买方阵线还是加入卖方行列。K线就是买卖双方实战的结果，用图形表示出买方与卖方力量的增减与转变过程。K线是买卖双方斗争的结果，是对立的。故称作阴阳线与红黑线。K线理论是股票技术分析中最为容易被投资人所接受的方法之一。K线包括4个部分，即开盘价、最高价、最低价与收盘价。

K线的画法，通常将开盘价与收盘价间的价位用长方形表示，称为实体部分，阴线实体部分涂黑，阳线实线部分则空白。阴线若最高价与开盘不同时，用黑细线将最高价与收盘价连接，称为上影线，最低价与收盘价不同时，用黑细线将收盘价与最低价连接，称为下影线。阳线与阴线相反，收盘价与最高价间的红细线部分称为上影线，开盘价与最低价间的红细部分称为下影线。

K线的种类有以下十九种：(见下表)

(1) 小阳线。表示买方力量略大于卖方力量。

(2) 大阳线。这是买方力量尽力发挥的表现。出现在大跌之后，表示行情强劲反弹；出现在盘局之后，表示买方力量已明显占上风，后市必有一段较大升幅；如果出现在大涨之后，表明市场过于乐观，买方力量将耗竭，股市将进入整理或反转。

(3) 光头小阳线，意义与 (1) 同。

(4) 光头大阳线，意义与 (2) 同。

(5) 上影阳线，又称上升抵抗线。表示买方受到卖方的压力，股价上升受到阻力。上影越长，说明上档阻力越大。如在上涨途中出现，表示市场需要盘整一段时间才能继续挺升。如出现在大涨之后，则预示着后市可能走低。

(6) 下影阳线、(7) 上吊阳线。此二种K线又称先跌后涨线。表示股价在较低的价位上获得了买方的支撑，卖方力量受挫。此图型若出现在大跌行情之后，表示市场将有一段反弹行情。如果出现大涨之后，表示卖压已大，股价已高，随后应准备逢高出货。

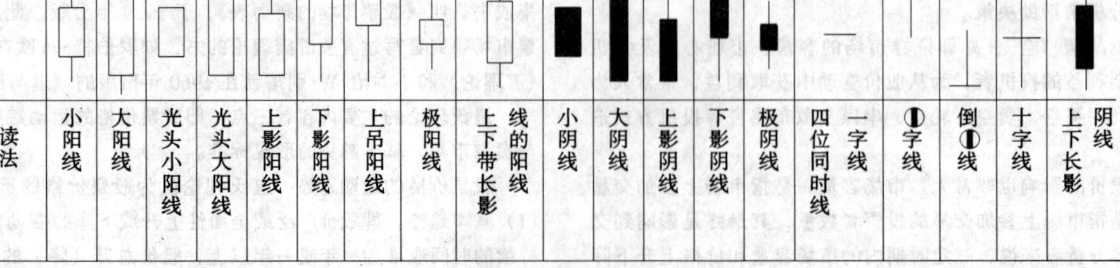

图形	(1)	(2)	(3)	(4)	(5)	(6)	(7)	(8)	(9)	(10)	(11)	(12)	(13)	(14)	(15)	(16)	(17)	(18)	(19)
读法	小阳线	大阳线	光头小阳线	光头大阳线	上影阳线	下影阳线	上吊阳线	极阳线	上下带长影线的阳线	小阴线	大阴线	上影阴线	下影阴线	极阴线	四位同时线 一字线	T字线	倒T线	十字线	上下长影阴线

（8）极阳线。实体很小，且带上下影线，表明行情混乱，从当天涨跌中无法判断后市。

（9）上下带长影线的阳线。此图型最为复杂，表明当日股价大幅波动，买卖双方争斗激烈，双方均未能控制局面，只是收盘前买方力量处于上风。此图型若在大涨之后出现，往往表示天价临近，要特别小心。

（10）小阴线。多见于盘局中，单个图形无法判断后市。

（11）大阴线。表示卖方力量强劲。出现在盘局后期，表明买方力量崩溃，后市将大跌；出现在大涨之后，是市场反转的明显信号；出现在较长一段下跌行情后，且配合成交量放大，说明已临近底部，后市将有反弹。

（12）上影阴线。又称先涨后跌线，表示卖方力量较强，且充分发挥，使买方陷入套牢境地。此型若在大涨后出现，意味着市场将进入盘整或反转。

（13）下影阴线。又称下跌抵抗线。表明卖方力量强大，却遭到买方力量的抵抗。在下跌途中出现，表示跌势方兴未艾；在大跌后出现，且下影线长于实体数倍，则表明后市将反弹。

（14）极阴线。意义同（10）。

（15）一字型。此型罕见，一般只出现在交易特别冷清的行情中。目前证券交易所的B股交易中，有时出现此型。

（16）T字型。表示卖方力量较足。买方力量强弱可从下影线的长短看出。

（17）倒T型。表示买方力量有限，上升暂时乏力。

（18）十字型。表明买卖双方势均力敌。在上升行情中出现，说明抛压已大，近期升高无望。在下跌行情中出现，表明股价已获得买盘支撑，欲跌不能。在大涨或大跌之后出现，则是市场反转的征兆，若跳空开盘后形成，则可靠性更大。

（19）上下长影阴线。此型十分复杂，表明买卖双方争夺激烈，行情一天内上冲下突。在上涨行情后期出现，意味着天价的形成；在大跌后出现，意味着跌势将终止，底价已到来。

K线与股票买卖时机。可分为以下8种情形。

第一，昨日K线是不带上下影线之阳线实体，今日开盘后不久，买方力量强大，屡次出现新的高价，表示多头主力介入，高价收盘可能性很大。若开盘后，股价回跌阳线实体内，表示买卖双方短兵相接，虽然多头暂时遭受卖方压力，但卖方不占绝对优势。最糟的情况则是在开盘后买卖双方在阳线实体下端进行争战；卖方利空消息出现，快速压低行情，买方驻足不前，再创新低价；当日卖方已完全控制行情，极可能出现一根强力的长阴线实体。

第二，昨日K线是带上影线的阳线实体，今日开盘后买方与卖方可能发生战斗的区域是：（1）影线上端，买气雄厚，有创新高价之能力；（2）影线部分，表示买方昨日虽有小挫折，不能以最高收盘，今日重整旗鼓，与卖方正面遭遇；（3）实体部分，表示卖方继昨日将买方从高价逐退后，今日乘胜追击，买方起而抵抗，处于被动地位，较为下利；（4）实体下端，强大的卖方乘买方低落时，全力进攻，在新低价区成交，收盘时阴线居多。

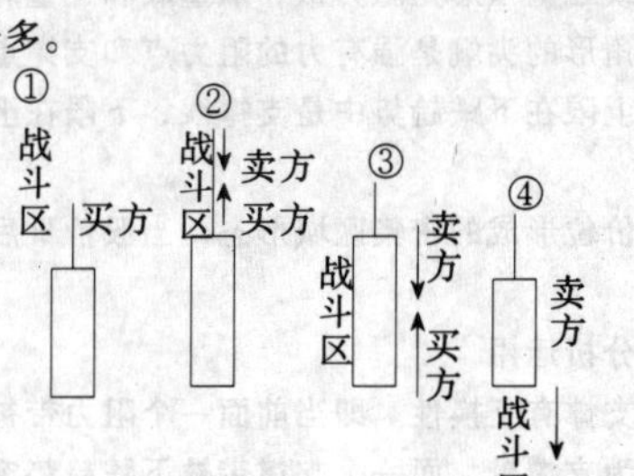

图A

第三，昨日K线是带下影线的阳线实体，今日开盘后买方与卖方可能发生战斗的区域有4（见图B）：（1）实体上端，买方创新高价，卖方退却；（2）实体部分，卖方施压力，与买方短兵相接；（3）影线部分，卖方开盘后就突破买方防线—昨日开盘价，使战斗在影线区域发生，买方无力反攻，任凭卖方全力压低行情，当日造成长阴线可能性很大；（4）影线之下端，这是买方最弱势的表现，任凭卖方破坏行情，当日可能出现跳空下跌的阴线或是不带下影线的阴线实体。

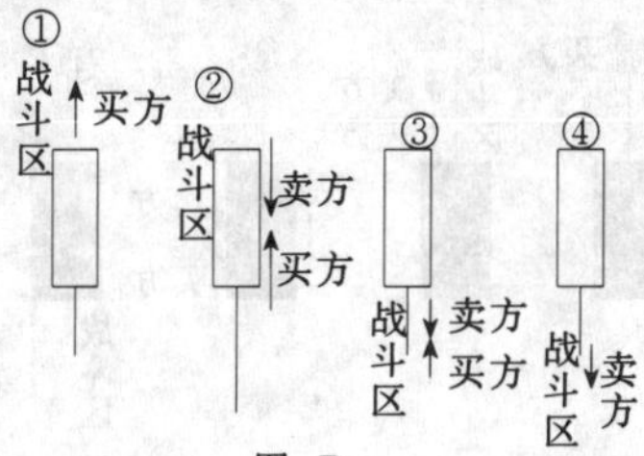

图 B

第四，昨日是上下午带影线的阳线实体，买方与卖方战斗的区域有5（见图C）：（1）影线上端，卖方在高价所施压力不强，买方在开盘后全力进攻，在新高价区域与卖方战斗，极可能出现长阳线；（2）影线部分，卖方虽处劣势，仍与买方拼斗，以阳线收盘机会为大；（3）实体部分，卖方反击，买方亦不退却，双方相持；（4）下影线部分，卖方力量强大，突破买方阵地，使买方处于不利地位，有创新低价之可能，收盘的阴线居多。（5）下影线的下端卖方藉利空消息出现，开盘后便以新低价成交，买方全部套牢，极可能出现长阴线收盘。

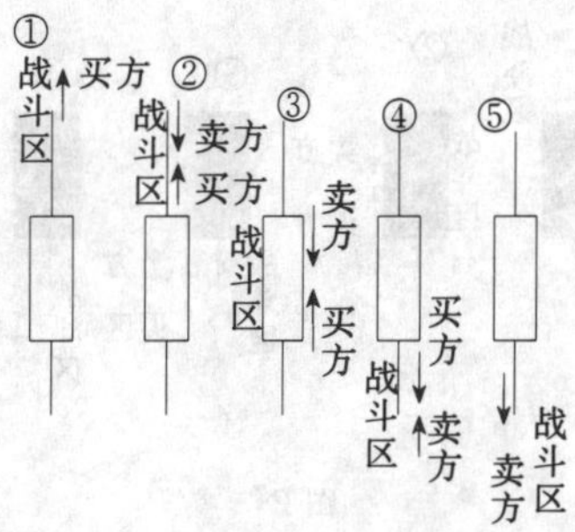

图C

第五，昨日K线是不带有上下影线的阴线实体，买方与卖方可能发生争斗的区域有3（见图D）：（1）实体下端，今日开盘后，屡次出现新低价，表示卖方占优势，以低价收盘可能性大；（2）实体部分，开盘后买方立即反攻，与卖方相持不下；（3）实体上端，买方乘利多消息出现时，快速拉高行情，卖方不敢抵抗，放弃阵地一开盘价。今日买方已掌握大局，可能出现一根长阳线（见图D）。

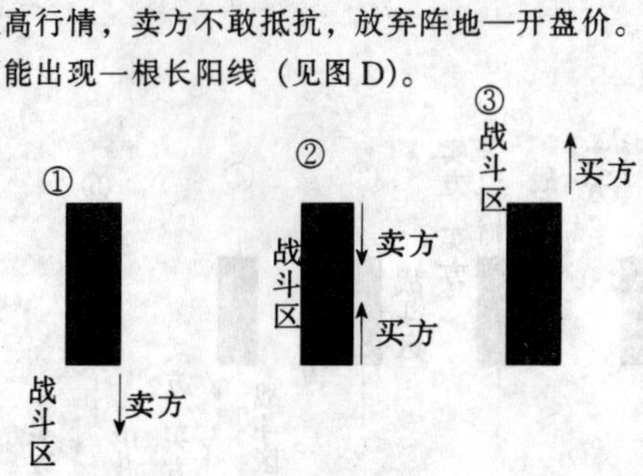

图D

第六，昨日K线是带上影线的阴线实体，买方与卖方可能发生战斗区域有4（见图E）：（1）影线上端，买方完全扫除昨日卖方所占的优势，大量买进，卖方退守，可能出现一根长阳线；（2）影线部分，买方一开盘后便占上风，将区域拉至高价位进行，卖方处于不利地位；（3）实体部分，买方主动与卖方争斗，但卖方力量并不弱；（4）实体下端，卖方持续追击，再创新低价。

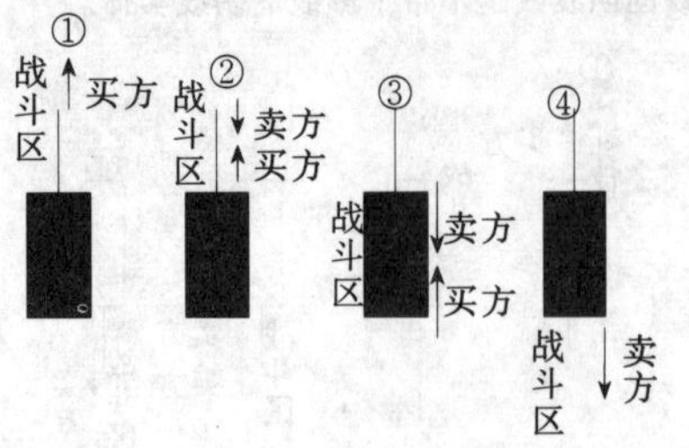

图E

第七，昨日K线是带下影线的阴线实体，买方与卖方战斗区域有4（见图F）：（1）实体上端，强大的买方在开盘后占优势；（2）实体部分，买方与卖方相持不下；（3）影线部分，卖方渐居优势，买方渐趋不利；（4）影线下端，卖方全力进攻，在新低价区成交，极可能出现长阴线。

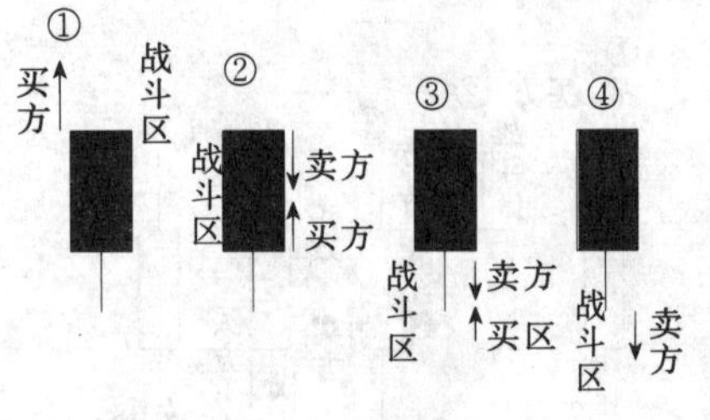

图F

第八，昨日K线是上下带影线的阴线实体，战斗区有5（见图G）：（1）上影线上端，买方藉利多消息，奋力抢进，卖方完全处于劣势，出现长红线，（2）上影线部分，卖方已失势，买方有力量以高价收盘；（3）实体部分，买方反攻，与卖方正面接触，双方对峙；（4）下影线部分，卖方再度施加压力，买方以守为攻，处于不利地位；（5）下影线下端，卖方在开盘后全力进攻，创新低价，买方处于守势，收盘时以长阴线居多。

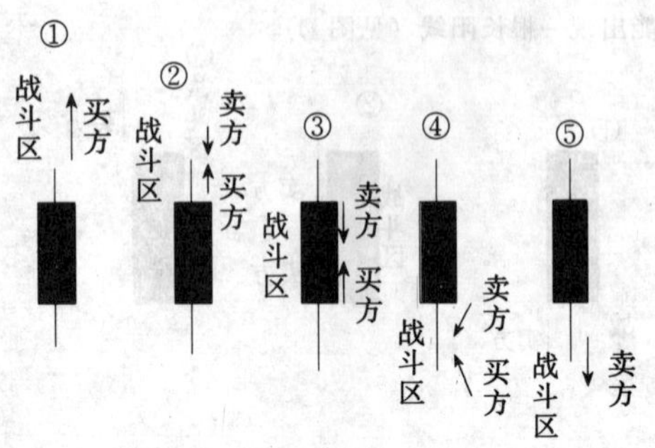

图G

三、切线理论

1. 趋势分析法：趋势分析者认为，股价的运动趋势一旦形成就很可能要持续一段时间。因此，股价技术分析的任务就在于确认股价趋势的形成和识别股价趋势的尾声。在实际证券投资中，趋势分析者们主张随行就市，在趋势上升时买进，在趋势下降时卖出。趋势分析者采用的最通常的分析方法是移动平均法。就是将过去一定期间的股价（或股价指数）每日往后移动一个所计算出的股价平均值。将这些移动平均值联结成线就形成了移动平均线。移动平均线一般用5天，10天，15天或30天的移动平均值组成。

根据平均数的计算方法，平均线又可分为三种：算术移动平均线、加权移动平均线、指数平滑移动平均线。

在这三种平均线中，用的最多的是指数平滑移动平均线。其计算公式为：

EMAT = ct×2/（n+1）+EMA（t-1）×（n-1）/（n+1）

在上式中，EMAT为t日指数平滑移动数，ct为t日收盘价，N为移动平均线周期

2. 支撑线和阻力线

趋势线在性质上又可分为"支撑线"和"阻力线"。所谓支撑是在一段时期中某价位区域内实际或预期出现买方力量大于卖方力量以阻止下跌趋势，股价因此向上弹升。所谓阻力是支撑的反面，在一段时期中，某价位区域内实际或预期出现卖方力量大于买方力量阻止上升趋势，股价因此反转下跌。在图形上，支撑线是每一谷低最低点间的直切线，阻力线则是每一波浪顶的最高点间的直切线。股价在支撑线附近时，投资者具有相当高的买进意愿，股价在阻力线附近时，投资者具有相当高的卖出意愿。股价在这一范围上下波动，而且在该区域的累积成交量大，如果超过或跌破此区域，自然形成抵抗线区域。股价若在某价格范围内大量成交，会变成股价趋势的反转点。阻力线被突破后，买方占优势，就成为股价将下跌时的支撑线，而股价跌破支撑线后，卖方势力强劲，该线也成为今后的阻力线了。

趋势线的作用如下：趋势线本身，对行情大多是有支撑及阻力的作用，因此当股价上涨或下跌，并接近趋势线附近时，大多有技术分析的价值，可供买进或卖出参考；当趋势线被决定的涨升或下跌有所突破时，此意味着行情已发生变化，投资人应顺势予以买进或予以卖出；当趋势线常比股价线路形态更早出现突破的买卖信号，此时不等股价形态的买卖信号出现与否，而及早买进或卖出，以获得更高的利润；在一般较小的反转形态中，部分投资人常追逐于此种小形态的短线操作，以致常失掉更好的买卖时机，此趋势线会告诉我们只要中期趋势线的支撑与阻力，距离该小形态不远，投资者亦可不予考虑根据小形态的预测能力买卖操作，以免因小失大，坐失良机，失去利润。

阻力与支撑的图形识别。

（1）头肩型和复合头肩型在上升趋势中是阻力带，在下跌趋势中是支撑带。

（2）双重顶或三重顶形是阻力带，双重底和三重底形是支撑带。

（3）对称三角形的尖端是强有力的阻力点和支撑点。

（4）矩形的上限在下跌趋势中是支撑线，下限在上升趋势中是阻力线。

（5）在任何价位形成的密集区域形态，当股价日后返回时都有可能是支撑或阻力。

阻力与支撑分析运用

（1）阻力与支撑有互换性。即当前面一个阻力带被突破后，将来股价回跌时它将成为支撑带。而一个支撑带被下跌趋势突破后，将来股价回升时，便成为阻力带。

（2）一个稳健上升趋势中的回落，当下跌至支撑带的顶点时，将被支撑住。而大幅度下跌趋势中的反弹回升，会在阻力带的下方被阻止住，甚至未到阻力带就恢复下跌。

（3）当股价下跌遇到支撑带而未能反弹回来，反而在那个区域盘了几天，接着穿过支撑带，且成交量大增，这便是决定性的突破，表明股价将继续下跌。同样，当股价上升遇到阻力带而未能反转，可视为向上突破。

3. 趋势线的轨道线

在趋势线的图形中，两条平行的阻力线与支撑线之间所形成的范围，可称之为“趋势轨道”，也可分为“上升轨道”和“下跌轨道”两种。

在上升行情里，其轨道除了将各低点相连，同时也将股价波动的高点相连，股价便在上下两条直线内波动，形成上升轨道；在下跌行情里，除了将各高点相连，同时也将股价波动低点相连，此为下跌轨道。由于趋势线是一条预测未来股价走势的曲线，轨道则将行情局限于两条线内，然而股价变动并非如此规则，剧涨与剧跌均会轻易出轨。因此，在正常行情发展时，轨道便成为上升时的阻力与下跌时的支撑，短期交易者常利用此种情况抢帽子。股价上升，在轨道上限附近抛出股票，回跌时，在下限附近接回股票。股价波动涨跌有快有慢，因此上升轨道与下跌轨道除了大轨道不随意变更外，小轨道经常改变。因此需具体情况具体分析。

趋势线和趋势轨道的技术性分析意义在于，当股价向其固定方向移动时，它非常有可能沿着这条线继续移动。当上升轨道跌破时，为出货信号；当下降轨道突破时，为入货信号，当股价升破轨道上限阻力时，显示该股正进入“消耗性上升”阶段，股价将会持续上升；当股价跌破下降轨道下限支持时，显示该股已进入“恐慌性下跌”阶段，股价将会持续下跌，但这两种情况都不会持久。

4. 黄金分割线：黄金分割律又名黄金率，其最基本的公式是将1分割成0.618与0.382，然后再依据实际状况的变化，演变成其他的计算公式。股票技术分析的专业者将该项定律引用在股票市场与期货市场。探讨个别股与期货价位变动的高低点时发现准确性较高，于是延续至今，成为投资者预测未来股价变动完成点的主要凭证之一。依照此定律的特性，它能提供大势或个别股从空头转入多头市场或由多头市场入空头市场的时机与价位，投资者得以根据当时经济环境的改变，或者个别股实质的改变，再作为进出股票的依据。当股价上涨，脱离低档，从上升的速度与持久性依照黄金分割律，它的涨势会在上涨幅度接近或达到0.382与0.618时发生变化。也就是说，当上升接近或超越38.2%或61.8%时，就会出现反压，有反转下跌而结束上升行情的可能；反过来，当股价下跌，脱离高档，从下跌的速度与持久性，依照黄金分割律，它的跌势也会在下跌幅度接近或达到0.382与0.618时发生变化，即与上升行情相同，当下跌幅度接近或超越38.2%或61.8%时，就容易出现支撑，有反转上升而结束下跌行情的可能。

黄金分割线就是把股价在上涨或下跌的幅度达到38.2%或61.8%的时点联结起来，所形成的线。

5、甘氏线

甘氏是利用一个波段，将其划分为八等，称为“百分比值法”。

即平均划分为1/8、2/8、3/8、4/8、5/8、6/8、7/8、8/8，再将1/3、2/3分别安插到相关位置，就可以得到下列数字：

1/8＝12.5%　　2/8＝25%　　1/3＝33%

3/8＝37.5%　　4/8＝50%　　5/8＝62.5%

2/3＝67%　　6/8＝75%　　7/8＝87.5%

8/8＝100%

其意义与黄金分割率极为相近，百分比值法中的37.5%、62.5%与黄金分割率38.2%及61.8%极为相似。33%与67%则为道氏理论中反弹或回档的上下最大界值，50%则是甘氏认为的最重要的数字，而上列数字（0.618，0.382，0.5）目前均为市场人士用来作常用计算的数字。

利用上述观点，甘氏发展出几何角度法。

在使用甘氏角度测量股价时，必须先找出明显的峰或底来做角度切线，可同时切出上涨或下跌角度线。当从高价画出一条下跌的角度线和另一条上涨角度线相交呈90^0，而又正好在一条水平百分线上，那个点就更为重要。

四、形态理论

股价移动的规律和两种形态类型

股票的价格是由股票的供求关系决定的，而股票的供给与需求又是由各种合理与非合理因素决定的。如果忽略股价微小波动的情况，则股票市场的变化会呈现出一定的变化趋势，而且这种趋势会重复出现，或者说历史经常重演，这种重复就是股价变动的规律性。股价在经过一段时间的上涨或下跌后，往往要经过一段时间的盘整，再继续原来的趋势，或使原来的趋势发生逆转，就会形成各种不同的图形，如三角形，旗形等，一般称为各种股价型态。型态可分为两大类：一种是股价经过盘整后继续向原方向上升或下跌，称为连续型态；另一种是股价经过盘整后改变原来的方向，如由上升转为下跌，或由下跌转为上升，称为反转型态。有些图形为某种型态所仅有，如旗形仅出现在连续型态中；但大多数图形，如矩形、双重底、双重顶、三角形等，为两种型态所共有，只是出现的频率各不相同而已。现将常见的一些图形出现的型态情况列表如下：

名　称	图　形	特　征	连续型态	反转型态
双重顶	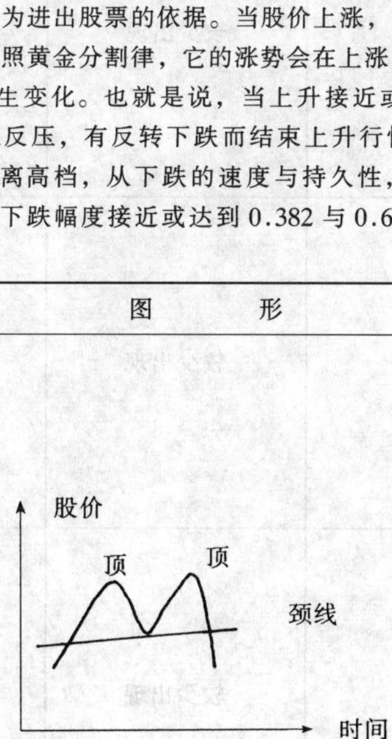	①颈线是通过双顶之间的低点与双顶作一平行线。 ②股价突破颈线达3%以上时为有效突破。	出　现	出　现

名　　称	图　　　形	特　　　征	连续型态	反转型态
双重底	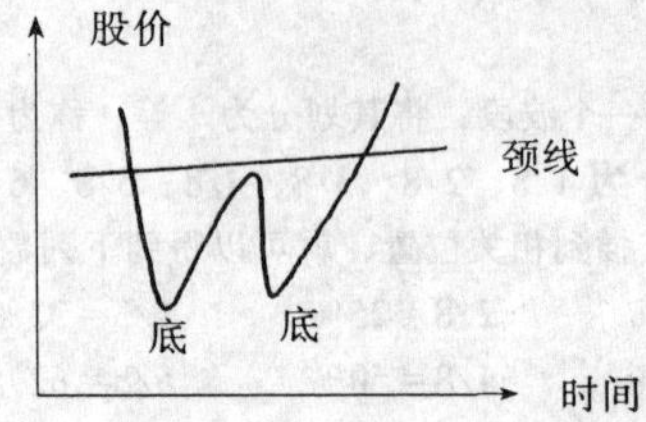	①股价突破颈线达3%以上时为有效突破。 ②从第二底上升时成交量要大于从第一底上升时的成交量，否则可信度要降低。	出　现	出　现
三重顶	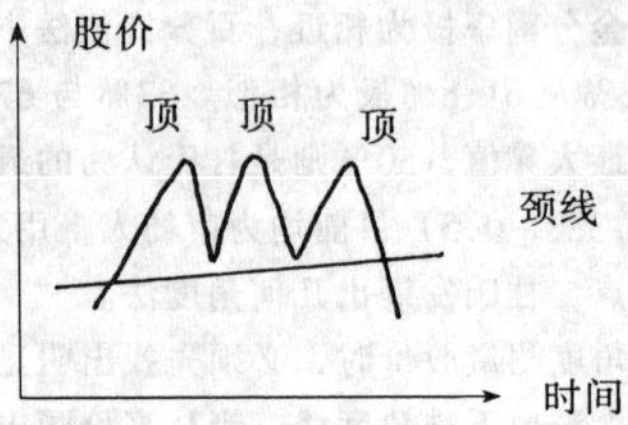	①顶与顶之间的时间间隔不必相等。 ②三顶点的股价不必相等，高低不超过3%即可。	较少出现	较多出现
头肩顶	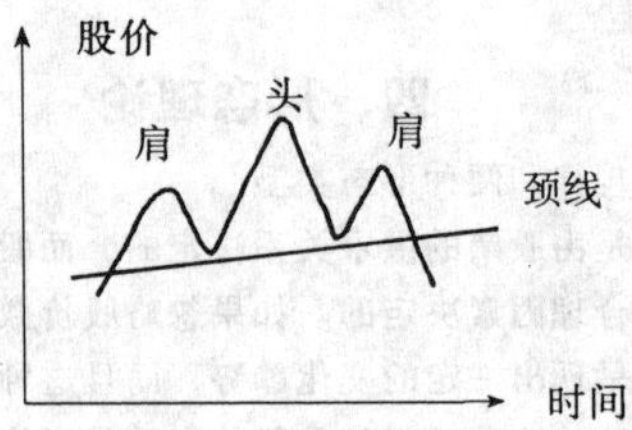	①股价突破颈线价位达3%时为有效突破。 ②股价突破颈线时，成交量不一定扩大。	较少出现	较常出现
头肩底	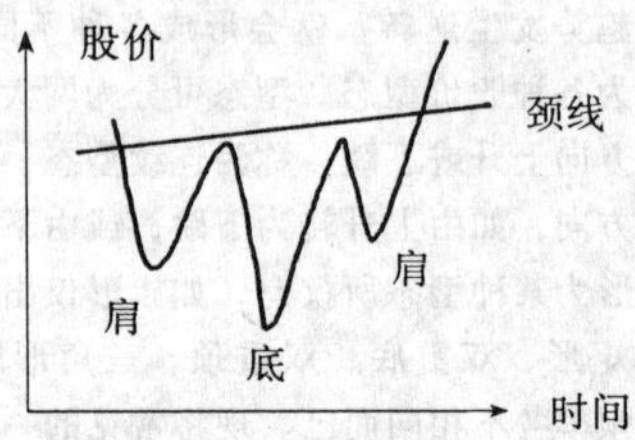	①股价突破颈线价位达3%时为有效突破。 ②突破颈线时需要成交量的配合。	较少出现	较常出现
复合头肩　顶	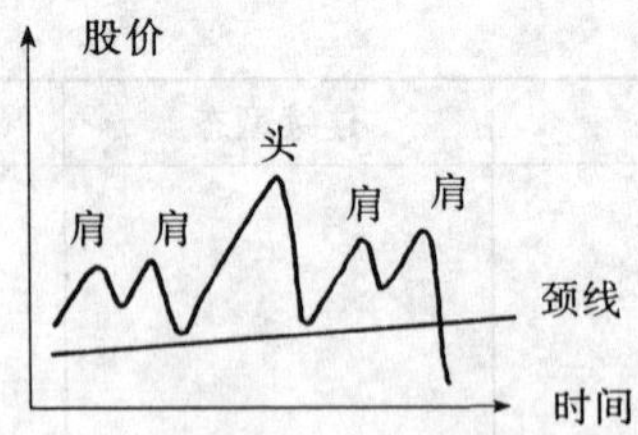	向下突破颈线时，成交量不一定会扩大；但此后若继续下跌，成交量就会上升。	较少出现	较常出现
复合头肩　底	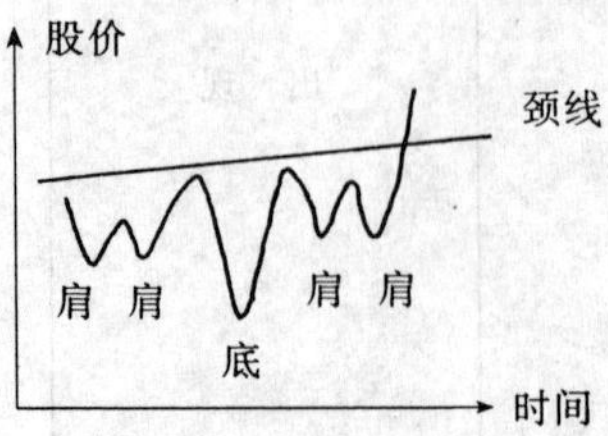	向上突破颈线需要成交量的配合，否则突破的有效性就会减低。	较少出现	较常出现

名　　称	图　　　　形	特　　征	连续型态	反转型态
三重底	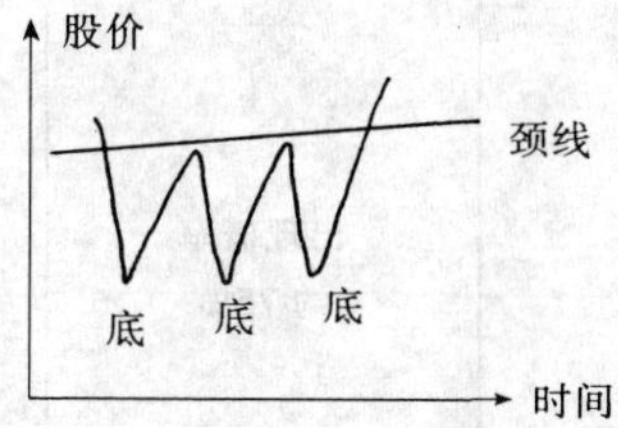	①底与底之间的时间间隔不必相等。②三底点的股价不必相同，高低不超过3%即可。	较少出现	较多出现
上升直角三角形	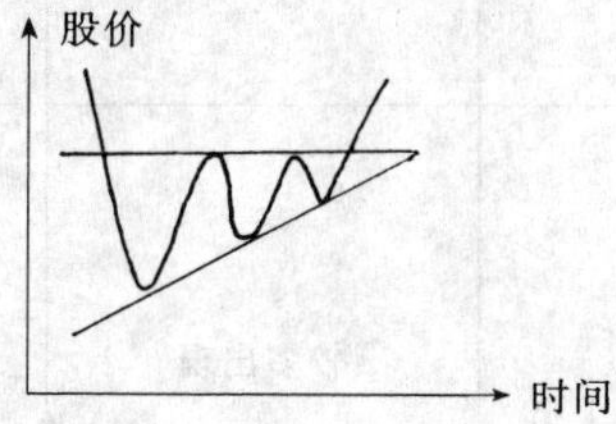	股价突破上升直角三角形开始上升时，成交量若没有增加，这一突破可能是假突破。	出现概率约20%	出现概率约80%
下降直角三角形	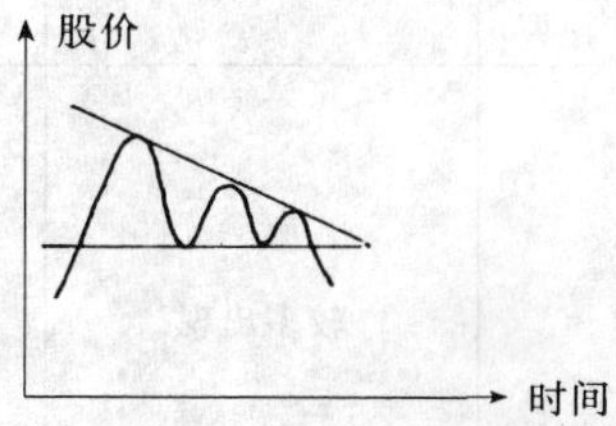	股价向下突破时，成交量不一定随之增加，这不影响突破的有效性。	出现概率约20%	出现概率约80%
增大型	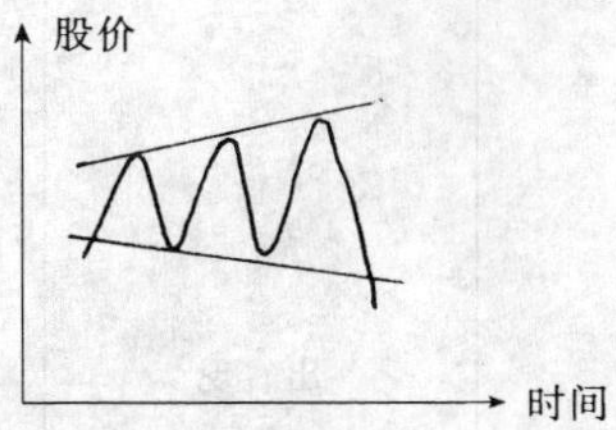	①增大型的成交量变化不规则，并不随型态的发展而减少或增加。②增大型一般表示多头市场的终结。	较少出现	较多出现
上升楔形	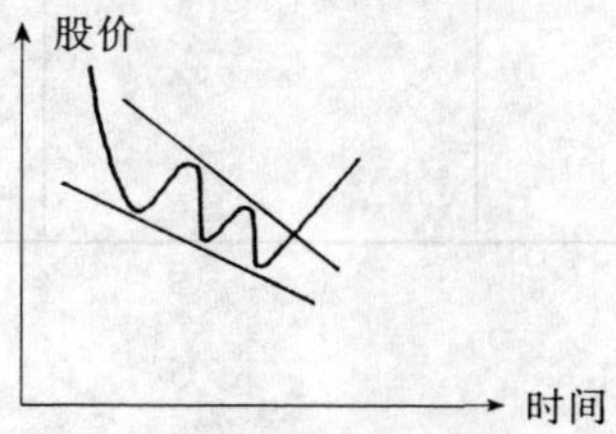	成交量随型态的发展越来越小。	较少出现	较多出现
下降楔形	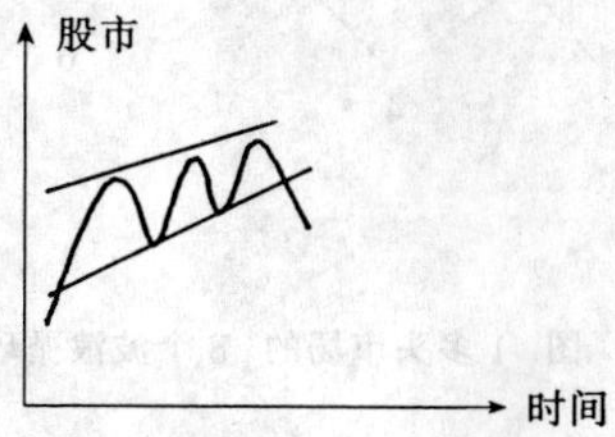	成交量随着型态的发展而越来越小。	较少出现	较多出现

名　称	图　形	特　征	连续型态	反转型态
对　称 三角形	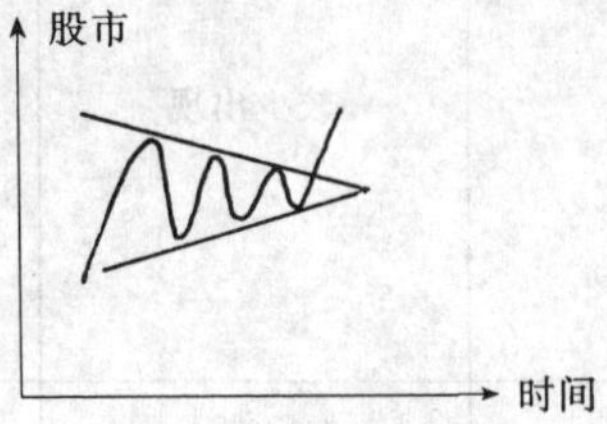	①当股价盘整到三角形的尖端时才向上突破，其上升的程度非常有限。 ②股价盘整至中途突然快速上升，成交量大增，则会出现大的上升行情。	出现概率 约75%	出现概率 约25%
上升矩形	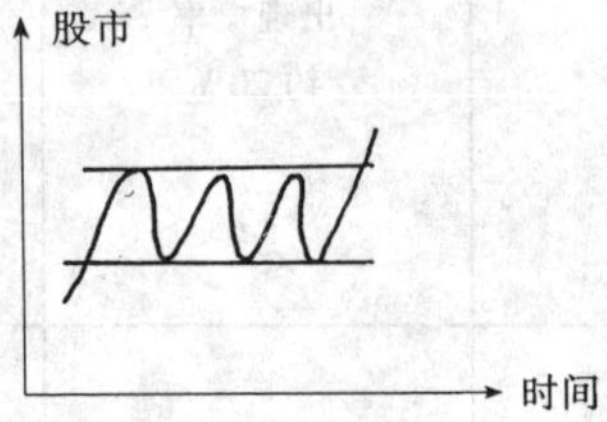	股价突破上界线时，需要伴以成交量的大量增加。	较多出现	较少出现
下降矩形	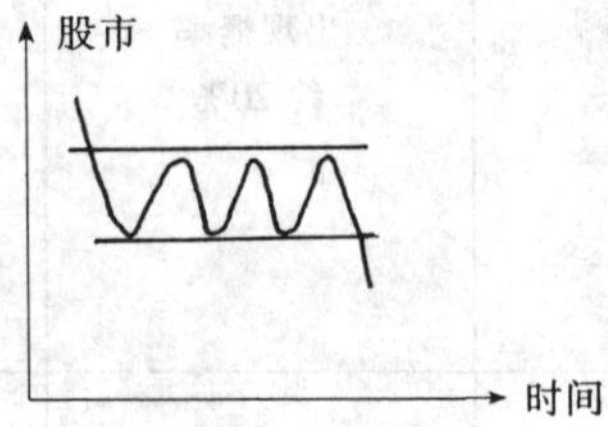	股价突破下界线时，不必伴以成交量的相应增加。	较多出现	较少出现
旗　形	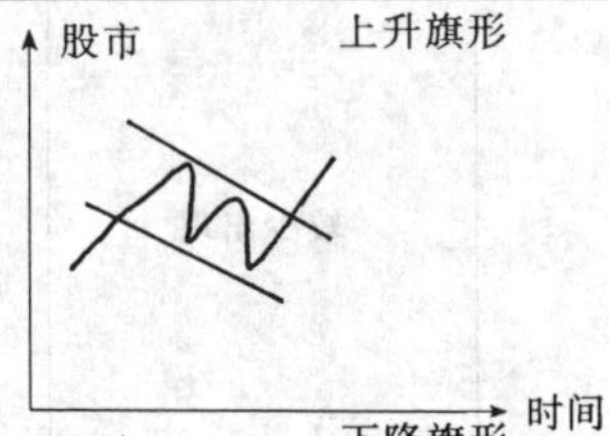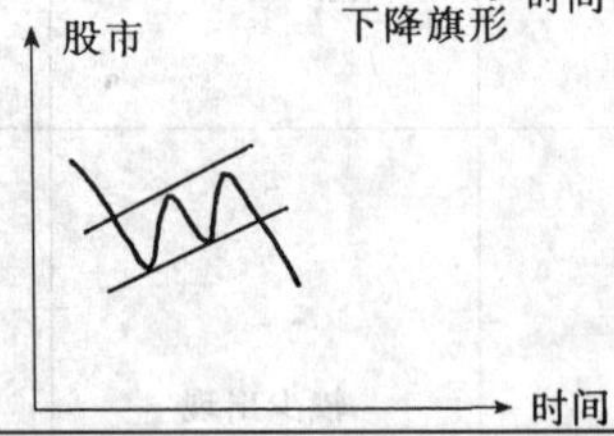	①股价向上突破时，需要伴以成交量相应增加。 ②股价向下突破时，成交量则不一定相应增加。 ③旗形只是一种连续型态，不可能成为反转型态。	出　现	不出现

五、波浪理论：

艾略特波浪理论是波浪理论的精典。艾略特波浪理论是美国的艾略特（R·N·Elliott）于1927年创立的，艾略特在对华尔街股票市场的长期调查研究后，探索出股市涨跌的规律，创立了一套较完整的理论，并成为证券市场中的经典波浪理论。

艾略特波浪理论认为，不论是多头市场还是空头市场，股价变动的每一个完整的循环都会呈现出几个固定的波浪走势，如在多头市场中，一个循环分8个波浪（见下图1），前5个看涨，后三个看跌。在前5个波浪中，奇数序号（1、3、5）波浪是上升的，称方向波或推动浪；偶数号（6、8）波浪是明显看跌，奇数序号（7）波浪是反弹整理。整个循环过程基本上是不同程度的奇数序波浪看涨或反弹，偶数序的波浪看跌或回跌。

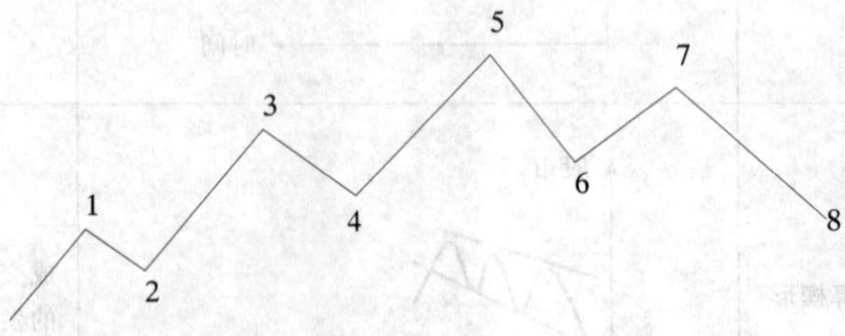

图　1多头市场的　8个波浪循环

在空头市场中，其波动趋势刚好与多头市场相反（见下图2)。即前5个波浪行情看跌，其中奇数序号波浪看跌，偶数序号波浪看涨。后3个波浪是行情看涨，其中偶数序号（6、8）波浪看涨，奇数序号（7）波浪是回跌整理。由此可以看出，整个循环基本上是不同程度的奇数序波浪看跌或回跌，偶数序波浪则看涨或反弹。

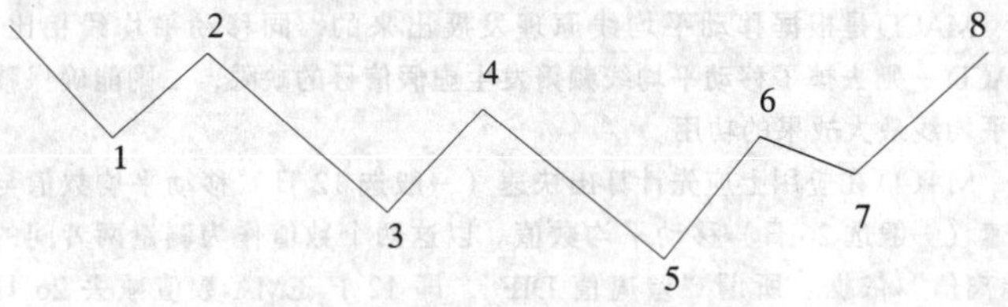

图 2空头市场的 8个波浪循环

波浪理论推测股市的升幅和跌幅采取黄金分割率和神秘的数字去计算。一个上升浪可以是一次高点的1.618，另一高点又再乘以1.618，余此类推。下跌浪也是这样。

在艾略特波浪理论中，任一序列中，任一级次的波，都可被细分以及再细分为较小级次的波。向主要方向进行的三个推动波（方向波），可以分成更小的五个小波浪，而向相反方向进行的两个调整浪也可分成更小的三个小波浪。（如下图3)，两个在某一相同级次上的波浪，可以被分成小一级次的8个波，然后8个波又可用相同的方式，继续细分为再小一级次的34波。

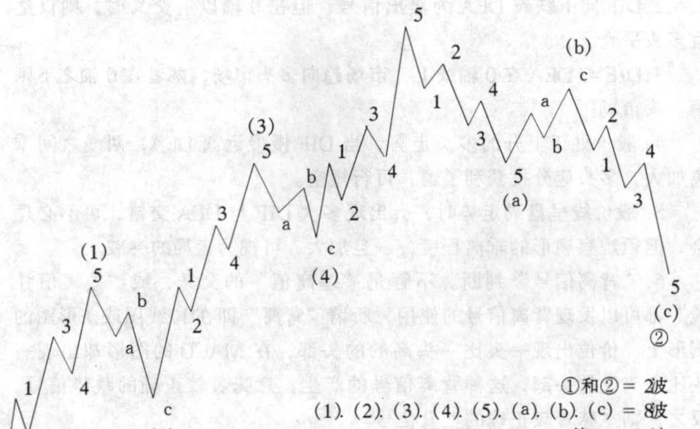

图3

艾略特波浪各浪的特性如下：

（一）第1浪

据统计，大约半数的第1浪属于营造底部形态的一部分，第1浪是8浪循环的开始，由于这段行情的上升出现在空头市场跌势后的反弹或反转，买方力量并不强大，加上空头继续存在卖压，因此，在此类1浪上升之后出现第2浪调整回跌时，其回档的幅度往往较深。

另外半数的第1浪，出现在长期盘整完成之后。在这类第1浪中，其行情上升幅度较大。根据实际经验，第1浪的涨幅通常是5浪中最短的行情。

（二）第2浪

这一浪是下跌浪。由于市场人士误以为熊市尚未结束，其下跌调整的幅度相当大，几乎吃掉第1浪的升幅。当行情在此浪中跌至第1浪起点时，市场出现惜售心理，抛售压力逐渐衰竭，成交量也逐渐萎缩时，第2浪调整才会宣告结束。此浪中经常出现图表中的反转形态，如头肩底、双重底等。

（三）第3浪

第3浪的涨势往往是最大的、最有爆发力的上升浪，其持续的时间与幅度经常是最长的，投资者信心恢复，成交量大幅度上升，常出现图表中的突破信号（如裂口跳升等)。在突破第1浪的高点时，是最强烈的买进信号。由于第3浪涨势激烈，经常出现“延长波”现象。

（四）第4浪

以三角形调整形态运行的机会较多，浪底一般不会低于第1浪的顶点。

（五）第5浪

在股市中第5浪的涨势通常小于第3浪，且经常出现失败的情况。在第5浪中，二、三线股通常是市场上的主导力量，其涨幅常常大于一线股，此时市场情绪相当乐观。

（六）第6浪（即a浪）

在第6浪中，市场人士大多数认为上升行情并未逆转，此时仅为一个暂时的回档现象。实际上，第6浪的下跌，在第5浪中通常已有警告讯号，如成交量与股价走势背离或技术指标上的背离等。但由于此时市场心态仍较为乐观，第6浪有时出现平势调整或者“之”字型态运行。

（七）第7浪（即b浪）

第7浪经常表现为成交量不大，是多头的逃命线。然而，由于是一段上升行情，容易让投资者误以为是另一波段的涨势，形成“多头陷阱”，许多人士在此惨遭套牢。

（八）第8浪（即c浪）

是一段破坏力较强的下跌浪，跌幅大，持续的时间也较长，而且出现全面性下跌。

艾略特波浪理论看起来颇为简单和容易运用。实际上，由于其每一个上升（下跌）的完整过程都包含有一个八浪循环，大循环中有小循环，小循环中还有更小的循环，即大浪中有小浪，小浪中有细浪，使数浪变得相当繁杂和难以把握。另外，推动浪和调整浪经常出现变化型态和复杂型态，使得对浪的准确划分更加难以界定。这两点是艾略特波浪理论的主要缺陷，构成了波浪理论运用的最大难点。

第三节　主要技术指标

一、移动平均线

（一）移动平均线在预测股价走势并帮助投资者进一步选择买卖时机方面很有益，是投资者比较信赖的工具之一。移动平均线主要是用于预测分析股价趋向的动态过程，它是根据统计理论的移动平均原理，剔除股市的偶然变动，如市场心理影响，突发事件等非常规因素，运用移动平均的技术，构成股价变动的动态趋势线。构成股价变化的动态趋势线。它是投资者进行行情分析，决定买卖股票的重要依据。

画移动平均线，首先要知道什么是移动平均数。而要计算移动平均数，首先是确定样本的大小，即要画多少日的移动平均线。如果样本为10，那么平均数就是将前连续10日的股价加总再除以10，而后顺次后移一日再加总平均，就得出一系列的移动平均数。我们将移动平均数一个个在坐标图上描出并连成一线，就可以得出移动平均线。对于同一组股价，我们可以选定不同的样本作为依据，画出多条移动平均线。

移动平均线根据样本的差别分为短期、中期、长期三种。(1）短期移动平均数，有5日线、10日线、15日线等，其中以10日线使用最为广泛，能较准确地反映短期股价平均成本的变动趋势。(2）中期移动平均数，有30日线，8周、10周线等。(3）长期移动平均数，有150日线，200日线和300日线等。一般来说，短期移动平均线比较敏感，但不能很好地反映大势；中长期移动平均线对大势的把握相对好一些，比较起来又显得迟钝一些。它们各有所长，宜结合起来使用。

每月的股价变动除受长期趋势影响外，还要受到各种短期或暂时性因素的影响比较大，不容易把握。移动平均线的建立则在一定程度上中和了各种短期或暂时性影响，能较准确地反映整个股价的走势。下面介绍的葛南维移动平均线八法则，就是利用每日股价与移动平均线的变动关系来判断股票买卖的时机。

在下图4中，①—④为买进时机，⑤—⑧为卖出时机。

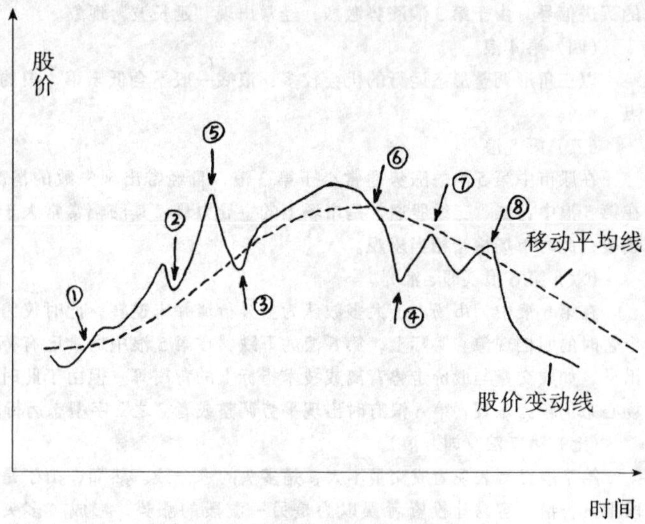

图4 葛南维移动平均线八法则

①是当移动平均线由下降转为走平或上升时，若股价从其下向上突破时，此为买进信号。

②是移动平均线仍在上升，而股价在连续上升且在平均线之上，但突然下跌，在接近移动平均线时又转头向上，也是买进信号。

③移动平均线处于上升状态，但股价却跌到移动平均线之下，当股价重新回升并突破移动平均线，说明股价将和移动平均线保持一致的上升趋势，因此是买进信号。

④是股价大幅滑落而远离移动平均线，则股价短期内极可能反弹回升而靠近移动平均线。因此也是买进信号。但只能做短线。

至于⑤—⑧为卖出信号，其道理是和上面相同的，就不重述了。

黄金交叉与死亡交叉，如下（图5）所示，

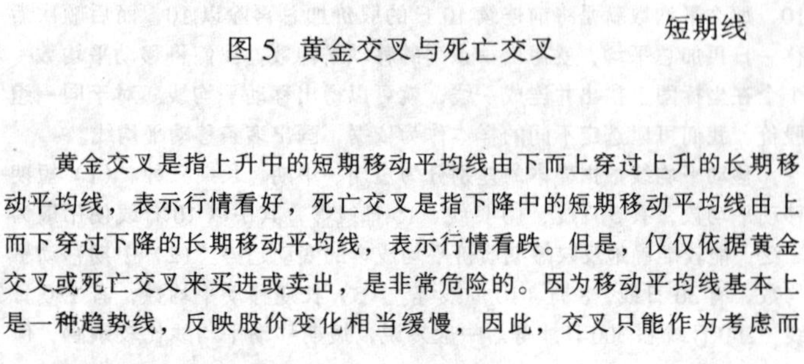

图5 黄金交叉与死亡交叉

黄金交叉是指上升中的短期移动平均线由下而上穿过上升的长期移动平均线，表示行情看好，死亡交叉是指下降中的短期移动平均线由上而下穿过下降的长期移动平均线，表示行情看跌。但是，仅仅依据黄金交叉或死亡交叉来买进或卖出，是非常危险的。因为移动平均线基本上是一种趋势线，反映股价变化相当缓慢，因此，交叉只能作为考虑而已。

指数平滑异同移动平均线（MACD）

（二）指数平滑异同移动平均线，是运用快速与慢速（即长期、短期）移动平均线聚会与分离的征兆功能，加以双重平滑运算，用以研判股票的买进与卖出时机和信号，欧美分析家广泛使用MACD线作为分析工具，在国内股市，MACD也是一项最有利用价值的分析工具。

MACD是根据移动平均线原理发展出来的，同移动平均线相比，MACD一则去掉了移动平均线频繁发生虚假信号的缺限，二则能确保移动平均线最大战果的功用。

MACD在应用上应先计算出快速（一般选12日）移动平均数值与慢速（一般选26日）移动平均数值。以这两个数值作为测量两者间的“差离值”依据。所谓“差离值DIF”，即12日EMA数值减去26日EMA数值，MACD的反转信号界定为“差离值”的9日移动平均值（9日EMA）。

在MACD的指数平滑移动平均线计算公式中，都分别加重最近一日的份量权值，其公式如下：

EMAn＝前一日EMAn×｛1－2／（n＋1)｝＋今日收盘价×2／（n＋1）

第一日的EMA值取第一日的收盘价。差离值DIF计算公式如下：

$DIF = EMA_{12} - EMA_{26}$

然后再根据差离值计算9日EMA，即“差离平均值”DEA。

DEA＝前一日DEA×8/10＋今日DIF×2/10

为了方便判断，用DIF减去DEA，用以绘制柱状图。

MACD在买卖交易的判断上，有下面几个判断准则：

1.DIF向上突破DEA为买进信号，但在0轴以下交叉时，仅适宜空头平仓。

2.DIF向下跌破DEA为卖出信号，但在0轴以上交叉时，则仅适宜多头平仓。

3.DIF与DEA在0轴线上，市场趋向多头市场，两者在0轴之下则为空头市场。

4.股价处于上升的多头走势，当DIF慢慢远离DEA，两线之间乖离加大，多头应分批获利了解，可行短空。

5.股价线呈盘局走势时，会出现多次DIF与DEA交错，可不必理会，但须观察扇形的乖离程度，一旦加大，可视为盘局的突破。

6.“背离信号”判断。不管是“差离值”的交叉，或“差离值柱线”都可以发现背离信号的使用。所谓“背离”即在K线图或条形图的图形上，价位出现一头比一头高的的头部，在MACD的图形却出现一头比一头低的头部，这种背离信号的产生，意味着较正确的跌势信号，反之，则意味着较正确的上升信号。

利用MACD，能够帮助投资者判断目前的市道是牛市还是熊市。这对于投资者采取何种投资策略是至关重要的。

二、相对强弱指标

相对强弱指标基于供需平衡的原理而产生，用以测量市场买卖力量的强弱程度。股价每天的起伏差异，这是基于买卖双方气势不同的结果；买方需求殷切，气势强，股价必涨无疑，相反的卖方比买方气势为强，股价在所难免要下跌。由此，相对强弱指标的计算可以利用双方争斗的结果—价格涨跌为基础，来评估市场买卖双方力量的强弱。事实上，在市场上并不是每个人都随时参与买卖，买卖时也无法统计真正供应者和需求者的数量，利用价格涨跌是一种较切合实际的变通方法。

由于使用基准的不同，而从各种角度观察构成一天股价变动的买卖气势，其观察的结果也将产生各种不同的变化。一般情况下，可根据开盘价、收盘价及平均价等三种与股价变动最为密切的现有资料，计算相对强弱指标。因此，可将相对强弱指标分为三种：

（一）AR指标　指以当天的开盘价为基准，分别计算当天开盘价与最高价及最低价之间的差额，并通过与累积相比较来判断目前股市上的买卖气势，由此决定股票买卖的一种测定方法。其计算方法是以最高价减去开盘价的余额为正数，最低价减去开盘价的余额为负数，每天将该正负数余额分别累积（一般累积26天，因为26天的累积移动平均是以月线循环为观点，时间长短适宜，对股市买卖气势来说，一方面不显过缓，另一方面也不致波动过于剧烈）。然后以正数的总和为分子，负数的总和为分母，负方的总和为分子，两者相除就是“AR”指标。其应用如下：

1. AR指标<1，此时多为低档的盘档整理阶段，股票价格很低，而且当股票价格降到一定程度时，其价格会出现反弹，逐渐上升，所以此时可趁低价购进持有，用中国的古语来说就是“物贱极反贵”。

2. AR指标>2，此时根据边际效用递减规律，股价愈高，买方气势越弱，当股价高得超出股民对股票能带来收益的预期时，买者减少，卖者增多，买方气势被卖方气势凌驾，这时股价就会反涨为跌。一般来说，当AR指标达到2以上时，抓住有利机会抛出股票是较明智的。

当然，上述AR指标在1以下买进较宜，达到2以上时卖出较佳的原则，并非对全部股票都是适用的，这是在运用指标是应该注意的。

（二）BR指标　要想提高前面介绍的AR指标的实用性，必须与BR指标相配合。与AR指标不同的是，BR指标是以前一天的收盘价为基准，通过用数字表示当天行情的波动情况来预测股价未来动向的一种方法。其计算公式是将昨天的收盘价减去今天的最低价，其余额列于负方，再将今天的最高价减去昨天的收盘价，其余额列于正方，分别逐日统计（一般累积26天），然后以正方的总和为分母，负方的总和为分子，两者相除即得到“BR指标”。在应用上，BR指标是反映股票买卖者意愿的指标。以BR=1（此时股票买卖意愿的强弱呈现平衡状态）为中心，随着股价的高低，BR有时会升到2—5之间，有时会下降到0.5—0.3。

一般来说，BR指标是随股票行情的涨跌幅度而变动的。当股价从最低价往上升时，BR指标也会随之上升；反之，当股价从高点下跌回落时，BR指标随之下降。但是，股价与BR指标的这种关系是有一家的适用范围限制的。当BR指标超过3时，股价步入高价圈，抛者增多，购者减少，行情没有多大可能再长期持续上涨；同理，当BR指标低于0.5时，由于股价步入底价圈，行情也不会再长期滑落下跌。

为了对行情做出更精确的判断，我们把AR指标与BR指标相结合，具体情况如下：

1. 计算个别股票的AR指标和BR指标，并制定坐标，每日分别画于日线图的图纸上。

2. 如果AR指标和BR指标同时急速下降，并且股价行情也随之大幅度下跌，此时应在低价时买进持有，等待股价回升。

3. 在行情上升和下跌的过程中，AR指标和BR指标大多呈现某种距离性的分开，所以当这两个小指标由分开转向接近时，多半预示着行情将出现反弹回升或将持续涨升，此时应抓住时机多购股票。

4. 一般来说，AR指标小于BR指标，所以BR指标低于AR指标时，这将意味着出现较长时间的涨局，即牛市。这种情况下出现的涨局涨升行情的幅度将较大，涨升的时间也将较长。再加上做底需要储备未来涨升的潜能，所以我们可以从容不迫地对股票进行比较，选择满意的低价买进。总之，这种情形对股民来说是发财的良机。

5. 由于一般股价达到BR指标底点的倍数后，大多会呈现回跌现象，所以当BR指标随行情的涨升而增加时，我们可先算出BR指标底点的数字，并在其加倍时赶紧脱手。

6. 当BR指标由底点上升到最高点后，随着行情的下跌呈下降趋势。但当BR指标的跌幅达到1/2时；也是买进的机会。如BR指标由0.6上升到2.4，当它回跌到1.5时也可考虑买进。

7. 在行情连续滑落，投资者投资意愿速降时，BR指标很容易下降到1以下，如果这时AR指标也降到0.5附近时，也可以考虑购入股票。

8. 如果AR指标在0.8和1之间，而BR指标也降到0.5附近时，这多半意味着股票行情已接近底部。这时应及时购入。

在相对强弱指标中，还有一项以前一天平均价为基础的OR指标。这项指标因不常用，因此这里就不详细介绍了。相对强弱指标运用得当，顺势而为，获利当然容易。但该指标不宜单独使用。而应与K线图或其他技术分析方法配合使用。料事机先，始终是盈利的关键，在股价尚未变动（或变动之初）之际，洞悉双方气势的强弱，并非易事。因此，借由技术性分析方法，以科学的观点，将股价的动态，做彻底的分析，以寻求其未来的可能趋势，便成为一般投资者的必修之课。

三、威廉指标

威廉指标原名称为“威廉超买超卖指标”简称WNS%R或%R，%R指标是由拉瑞·威廉（larry·william）于1973年首先发表的，在计算之前，首先要决定周期日数，此日数取一个买卖循环的半数。技术分析专家们认为一个买卖的循环期为28日，但扣除周六与周日，实际交易日为20日，而一个较长的买卖循环期为56日，交易日为40日。因为%R的周期日数取前面20日与40日的一半，故一般使用10日或20日来计算%R，也有人取更小的周期日数，如5日来计算%R。

以10日%R为例。其计算公式为：

WR=100×（H10－C10）/（H10－L10）

H10：10日内最高价

L10：10日内最低价

C10：第10日收盘价

计算出的%R的数值与相对强弱指标（RSI）一样介于0与100间。其测市功能表现为：

1. 当%R高于80，即处于超卖状态，行情即将见底，80线称为买入线。

2. 当%R低于20，便处于超买状态，行情即将见顶，20线称为卖出线。

3. 当%R由超卖区向上爬升，只是表示行情趋势转向，若突破50中轴线，便是涨势转强，可以追买。

4. 当%R由超买区向下滑落，当跌破50中轴线，可以确认跌势转强，可以追卖。

5. 当%R进入超买区，并非表示行情会立刻下跌，在超买区内的波动，只是表示行情价格仍属于强势中，直至%R回头跌破卖出线时，才是卖出信号。反过来说，当%R进入超卖区后，直至%R涨破买入线时，才是买入信号。

四、其他技术指标

除以上主要指标外，在证券投资技术指标中还有其他一些也很重要的技术指标。在前面，我们就已讲述，如乖离率，心理曲线，KDJ指标，市场动力指标等。

1. 股市人气指标，是判断股市大趋势的指标，它是将价格上涨的股票家数减去下跌的家数后的所得累积余额。看起来，这一指标与人似乎没关系。具体的计算方法是将第一天上涨股票种数减去第一天下跌的股票种数，这就是第一天的股市人气指标值。第二天也是将上涨的股票种数减去下跌的股票种数，然后与第一天的指标值累计起来，即得第二天的指标值，以后依此类推。

股市人气指标的主要作用是反映股市行情上涨力度的强弱，在应用中要与股价指数线相配合，将其不同点挑出来加以分析，以对股市未来动向进行推断。按常理而言，当股价指数上涨时，所有股票应是涨多跌少。反之，股价指数下跌，应是跌多涨少。但有时也会出现相反情况，当股价经过长期的上升，逐渐接近最高价的时候，冷门股也随市上涨，这时股市的气势非常强劲，但大户却在一片看好声中，暗地里积极出货，首先下跌的股票也就是那些刚升上来的冷门股，而且此时回落的股票是多数。相反，股价经过长时期的下跌，逐渐接近最低价的时候，下跌的股票种数不断增加，而指数下跌会减缓或反而上升。出现这种背离现象的根源在于股价指数中给各个股票加的权重不同。当广大投资者对占权重小的多数小股票失去信心，而只看好少数占权重大的股票时，多数股票回落，导致人气指标开始下降，但股价指数仍在少数股票的上升推动下进一步上涨，一般说此时上涨趋势已接近尾声，整个大势也面临重大改变的压力。相反，广大投资者看好的股票也有跌价的时候，股市人气指标仍下降，而股价指数会因多数股票价格的盘局而下跌放慢或略有回升，此时跌势也就接近尾声了。

人气指标有几个运用原则如下：

（一）指数下降达到新的低点，人气指标也达到新的低点，则短期内大势下跌的可能性很大。

（二）指数上涨至新的高点，人气指标也升至新的高点，则短期内大势持续上涨的可能性很大。

（三）人气指标连续几天下跌，股价指数却连续上涨，这种背离现象是卖出信号，表示大势会随时回落。

（四）人气指标连续几天上涨，股价指数同时却在下跌，这种现象是买进信号，表示大势会随时反弹回升。

（五）人气指标比较适用于判断“牛市”，而不太适用于判断熊市的结束。

此时，人气指标只能用于大势未来趋势变动的预测，而且仅能指出短线买卖的时机，对于单个股票的分析，中长期投资的分析参考则无能为力。人气指标又称为腾落指标，这种叫法很形象，令人想起股市的动荡，也有人称之为涨跌指数。

2.（一）腾落指数（ADL）

ADL腾落指数先行指标分析：

ADL＝每日股票上涨家数—每日股票下跌家数＋前－日ADL

ADL（Advance－DeclineLine）的主要功能在于反映行情涨升力道的强弱。在各种技术分析的领域里，ADL是属于趋势分析的一种。它是利用简单的加减法来计算每天个别股价涨跌累积情形，它必须与大势相互对照（即与加权指数相互对照比较），将其特性加以分析藉以研判目前股价变动情形与未来变动趋向。

一般ADL腾落指标研判要点如下：

1）加权股价指数持续下降，并创新低点，腾落指数下降，也创新低点，短期内大势继续下跌可能性大，反之，加权股价指数持续上升，并创新高点，腾落指数上升，也创新高值，短期内大势继续上扬可能性大。

2）通常腾落指数下降三天，反映大势涨少跌多的情况持续，而股价指数却连续上涨三天，这种不正常现象常难以持久，并且最后向下回跌一段的可能性大（此种背离现象是卖出信号，表示大势随时回档）。另一种相反的现象是，腾落指数上升三天，一般反应大势涨多跌少的事实，而股价指数却相反地连续下跌三天，这种不正常现象同样难以持久，并且最后向上涨一段的可能性大（此种背离现象是买进信号，表示大势随时会反弹或扬升）。

3）ADL走势与指数走势多数有类似效果，一般可以用趋势线研判方式，予以了解其支撑之所在。

4）高档时M头形成与低档W底的形成，仍为卖出与买进的参考信息。

5）ADL因以家数为计算基准，不受权值大小影响，故在指数持平或小幅上扬而ADL下跌时，有表现对大势反转之先行。空头市场转多头市场时亦然。

6）股市处于多头市场时，ADL呈现上升趋势，其间如果突然出现急速下跌现象，接着又立即扭转向上，创下新高点，则表示行情可能再创下新高峰。

7）股市处于空头市场时，ADL呈现下降趋势，其间如果突然出现上升现象，接着又回头，下跌突破原先所创低点，则表示另一段新的下跌趋势产生。

（二）涨跌比率（ADR）

涨跌比率分析：

ADR＝N日内股票上涨家数的移动合计/N日内股票下跌家数的移动合计

涨跌比率（Advance—DeclineRatio）分析又称回归式的腾落指数。基于国内股价上下幅度大且频繁的特性，加上涨跌比率的震荡特点，国内技术专家多采用10个交易日个别股涨跌情形加以统计，代入涨跌比率的公式，求出每日的涨跌比率，就是10日涨跌比率。

涨跌比率构成的理论基础是“钟摆原理”，由于股市的供需就象钟摆的两个极端位置，当减少供给量时，会产生物极必反的现象，往需求方向摆动的拉力愈强，也愈急速，反过来当股市减少需求量时，则往供给量方向摆动的的拉力愈强。

一般涨跌比率的研判要点如下：

1）10日涨跌比率的常态分配通常在0.5－1.5之间，而0.5以下或1.5以上则为非常态现象。在大多头，大空头市场里，常态分配上限与下限将扩增至1.9以上与0.4以下。

2）涨跌比率超过1.5时，表示股价长期上涨，已脱离常态，超买现象产生，股价容易回跌，是卖出信号。反之，涨跌比率低于0.5时，股价容易反弹，是买进信号。

3）除了股价进入大多头市场或展开第二段上升行情之初期，涨跌比率有机会出现2.0以上绝对超买数字外，其余的次级上升行情在超过1.5时就是卖点。

4）多头市场的涨跌比率值，大多数时间都维持在0.6－1.3之间(若是上升速度不快，只是盘升走势时)，超过1.3时应准备卖出，而低于0.6时，又可逢低买进。多头市场低于0.5的现象极少，是极佳之买点。

5）对大势而言，涨跌比率具有先行的警示作用，尤其是在短期反弹或回档方面，更能比图形领先出现征兆。10日涨跌比率的功能在于显示股市买盘力量的强弱，进而推测短期行情可能出现反转。若图形与涨跌比率成背离现象，则大势即将反转。

6）涨跌比率如果不断下降，低于0.75，通常显示短线机会已经来临，大多头市场中几乎无例外。在空头市场初期，如果降至0.75以下，通常暗示中级反弹即将出现。而在空头市场末期，10日涨跌比率降至0.5下时，则为买进时机。

7）涨跌比率下降至0.65之后，再回升至1.40，但无法突破1.40时，则显示上涨的气势不足，若是向上冲过1.10时，暗示市场行情的上涨至少具有两波以上的力量。

3、超买超卖指标（OBOS）

超买超卖指标（OBOS，OrerBuy/OverSell）是运用在一段时期内股市跌涨家数的累积差关系，来测量大盘买卖气势的强弱及未来走向，以作为研判股市呈现超买或超卖区的参考指标。一般使用10日OBOS，其计算方式如下：

10日OBOS值＝10日内股票上涨累计家数— 10日内股票下跌累计家数。

超买超卖指标OBOS的基本应用原则如下：

1）10日OBOS值通常在－600—700之间呈常态分布；当10日O-BOS值超过700时，股市呈现超买现象，是卖出时机；当10日OBOS值低于－600时，股市呈超卖现象，此时为买入时机。

2）当加权指数持续上升，而OBOS线却往下走，此种背离现象显示出大多数的小型股已开始走下坡，因此，市场可能会转向弱势，尤其在高价圈形成的M头，是卖出的时机。

3）如果OBOS线持续向上，代表上升的股票远超过下跌的股票，而加权指数线却往下滑落。这种背离现象显示市场可能即将反转上升，尤其低价圈形成的W底，为买进时机。

4）OBOS指标所计算出来的分析资料，代表某一期间内投资人的决定。大多数投资人决定买进后，大多数的股票才会往上涨，此种情况显示 OBOS 一直向上，此时可大胆买进。

4．成交量净额（OBV）

OBV 的理论即希望能够从价格变动与成交量增减之间的关系，推测市场内情况是在“收集阶段”或“派发阶段”。

而所谓“收集”意指大户做手暗地里在市场内逢低进货，逢高出货，出少进多以不让行情上涨。等到大户手中有了相当筹码后，即“收集”完成，大户此后才开始大力买进促使行情大幅上涨。相反，“派发”指大户暗中逢高卖出，逢低买进，此时出多进少，大户在手上筹码脱出得差不多时，再一股大力杀出以求获利了结。“收集”与“派发”几乎全在暗地里进行。

计算 OBV 非常简单。当日收盘价高于前一日收盘价时，当日的成交量为“正值”。而当当日收盘价低于前日收盘价时，则当日的成交量为负值。一连串时间正负值成交量累积相加，即为 OBV 值。

OBV 计算法

①21.20		
②21.80	+2000	+2000
③21.85	+1500	+3500
④21.30	-500	+3000
⑤21.00	-600	+2400
⑥21.50	+2000	+4400

根据上表，第一日无从比较，而第二日比第一日收盘价高，因此，当日 OBV 即为第二日的成交量，也就是+2000。第三日收盘价又比第二日高，因此，OBV 再加上第三日的成交量，成为 3500，第四日收盘收盘价下跌，此时 OBV 累计第四日的“负值”成交量为+3000，以后日期的 OBV 计算，依此类推。

技术分析专家认为，光是观察 OBV 的升降，OBV 须配合图表的走势，才有实际的效用。另外，还有一种以当日股价的最高价，最低价及收盘价三个价位加以平均的需求值替代收盘价来计算 OBV 值，以制作 OBV 线，称为成交量多空比率净额法。计算公式如下：

$$VA=V\times\{(C-L)-(H-C)/(H-C)\}$$

这里，VA 为成交量多空比率净额值，H 为最高价，C 为收盘价，L 为最低价，V 为成交量。

以收盘价减去最低价（C-L），表示多头买进的力量强度。而最高价减去收盘价（H-C），表示空头卖出的力量强度。

在修正的 OBV 公式中，以多头力量幅度（C-L）减去空头力量幅度（H-C），即为当日一日中多头的净额力量幅度。以此净额力量幅度乘以当日成交量，即可得较正确的 OBV 值。

OBV 值的应用原则如下：

1）OBV 上升，股价下降，为买进信号，表示逢低接手转强；OBV 下降，股价上升时，为卖出信号，表示买盘无力。

2）OBV 缓慢上升，为买进信号，表示买盘转强，OBV 急速上升，为卖出信号，表示买盘全力介入，多头将力竭。

3）当 OBV 值从正的累积数转为负累积数时，股市呈下跌趋势，持股应出脱。反之，当 OBV 从负的累积数转为正数时，则投资者应在此时买进股票。

4）若在 OBV 线的累计值高点，股价无法再突破，此为上涨压力带，行情经常会在此高点遇阻而反转，需特别注意。

5）在运用 OBV 线间，需与 K 线配合观察，尤其是股价趋势在盘档能否一举突破压力带，OBV 线的变动动向是重要指标。当出现 OBV 线与价格线之间的背离现象时，应特别注意。这种情形一出现，暗示行情短时间内会有变动。

6）若 OBV 线自上而下跌破其 12 日移动动平均线，就是卖出信号。如果 OBV 线自下而上突破其 12 日移动平均线，为买入信号。

7）OBV 线对双重顶（M 头）第二个高峰的确定有较标准的显示，当股价自双重顶的第一个高峰下跌又再将回升时，若 OBV 线能随股价趋势同步上升，价量配合则可能持续多头市场，并出现更高峰。相反，若股价再次回升时，OBV 线却未能同步上升，反而下降，则可能即将形成第二个峰顶，完成双重顶的形态，并进一步导致股价反转回跌。

OBV 是比较早的技术分析工具，在交易市场中资金的流向，在大部分的情况下，均是不动声色的进行。OBV 虽然无法很明显的提出资金流向的理由，但是当不寻常的大成交量于高价圈或低价圈产生时，可以警示投资者抢先研判市场内多空倾向。

但是，OBV 的原理过于简单，其出现的信号通常无法区别是否随时产生的突发性的谣传消息，会使得成交量有不平常的波动。OBV 值在有些时候，不能真实反映股市行情。如当天最高价曾涨 80 点，但收盘价反而下跌 10 点。OBV 只反映收盘价，因而失真，因此，有人尝试以“需求指数”即将最高价、最低价与收盘价三个价位加以平均。这种补救方式亦可用于移动平均线、MACD 等指标计算。

因此，在 OBV 应用时，不要太孤立，而要和其它指标，尤其是 K 线图配合起来，才能真正把握市场走向趋势。

5、乖离率（BIAS）

乖离率是依据葛兰威尔法则推演而成，其特性为当股价离平均线太远时便会向平均线靠近，但它并没有明示距离多远时股价才会向平均线靠近，这与股市强弱有关。也即强势多头和强势空头其股价距平均线的距离往往出人意料，因此，为了测量此一距离，于是发展出乖离率指标。乖离率是表现当日指数或个别股当日股价与移动平均线之间的差距。

其计算公式为：

BIAS=（当日指数或股价-N 日平均指数或股价）/N 日平均指数或股价

一般乖离率研判要点如下：

①乖离率可分为正乖离率与负乖离率，若股价在平均线之上，则为正乖离率。股价在平均线之下，则为负乖离率。当股价与平均线相交时，则乖离率为零。正的乖离率越大，表示短期获利愈大，则获利回吐的可能性愈高。负的乖离率愈大，则空头回补的可能性也愈高。

②股价与十日平均线乖离率达+8%以上为超买现象，是卖出时机，当其达-8%以下时为超卖现象，为买入时机。股价与 30 日平均线乖离率达+16%以上为超买现象，是卖出时机；当其达-16%以下为超卖现象，为买入时机。

③大势上升时，会出现多次高价，可于先前高价的正乖离点出货。同理，在大势下跌时，乖离率也会加大，可于前次低价的负乖离率时进场买进。大势狂跌，使得乖离率加大，达到先前低点，空头可获利了结。若遇到趋近于 0 的负乖离率，突然反弹，可以进行抛空。

④股价扶摇直上，其正乖离率接近过去最高记录时，就应获利了结，若股价暴跌，其负乖离率接近过去的最高记录时，就可买进。

⑤在大势上升市场，如遇负乖离率，可以回跌价买进，在大势下跌市场，如遇正乖离率，可以回升高价出售。

⑥每当行情股价与平均线之间的乖离率达到最大百分比时，就会向零值靠近，甚至会低于零或高于零，这是正常现象。

6、心理线（PSY）

人气指标心理线，是研究一段时间内投资者趋向于买方或卖方的心理与事实，作为进出股票的指标。目前一般技术投资专家多以 12 日、24 日为短、中期投资指标。

其计算公式为：

PSY=100×（12 日内上涨天数/12）

一般心理线指标在 25%—75%之间是其合理变动范围，超过 75%或低于 25%，股市出现超买或超卖现象，投资者可于此时考虑卖出或买进。当一段上升行情展开前，通常超卖现象的最低点会出现两次。同样，当一段下跌行情展开前，超买现象的最高点也会出现两次，在人气指标心理线图表上，高点密集如果出现两次，可以卖出，低点密集出现两次为买进时机。当心理线低于10%或高于90%时，这是真正的超买超卖现象，行情即将反转，此为卖出或买进时机。

第七章　企业投资证券决策与操作

第一节　证券投资的目标

证券投资者无论是个人或企业，基本目标都是期望在特定的限制因素内取得最大可能的利润。但是由于任何证券投资都具有一定程度的风险性，因此，进行证券投资时必须设法将风险置于控制之下，采取一系列措施，使风险降低到最低限度，只有这样，才可实现投资利润最大化的目的。

在投资实务中，为数众多的是非专业投资者，他们主要是在工余空闲时间涉足证券市场，不可能有充裕的时间来监督证券市场的动向，及时抓住转瞬即逝的获利机会。同时，不完善的投资管理技术，再加上大多数人用于证券投资的资金有限，也构成了这些投资者的谋利障碍。因此，对于非专业投资者来说，只能在时间、管理技术和资金能力等因素的制约下，使有限投资的风险尽可能化小，利润尽可能增大。证券投资的具体目标，可以概括如下：

①目标明确。如果将预期收益作为投资者的具体目标，则必须确定收益的具体水平。同时，也应明确提出投资者可以接受的风险及其程度。如果将证券的当前收入作为投资者的具体目标，则必须在数量上将收入水平按可测度的条件表示出来。如果是某一单位作为投资者进行投资，不便于对外公布证券投资的预期利润水平，但就其内部而言，应有一个基本的并且是确定的数量估计。

②目标可行。制订的目标必须具有现实性。这一点要求投资者不能毫无根据地确定不可能实现的目标。谨慎而合理地进行证券投资是任何一个投资者都应该做到的，一味追求过高的收入是盲目的，不现实的，而冒的风险也是大的。

③在时间、利润目标确定之后，投资者还应对时间界限作出确定。这是因为不但投资的评价是按照一定的时间单位来测定的，而且投资的计划及其控制也需以一定的时间为前提，再者，由于投资本身是一个动态的过程，随着投资环境的改变和经济气候的变动，投资者应经常改变其投资决策，对证券投资活动进行详细的检查和必要的调整。

第二节　股票投资的原则

在证券投资的过程中，投资者要考虑一系列因素，其中主要的是收益、风险和时间因素。任何单位要想成为一个成功的证券投资者，在投资实务中，必须制定一项较为完善的投资计划，决不能盲目地进行投资。必须每隔一定时期，都要检查并调整自己所持有的证券的数量、种类及其期限的比例；必须保证有足够的时间和精力随时研究投资及有关事务。如果自己没有时间或能力，可以委托有关专门机构或有关人员来管理自己的投资，决不能坐以待息；必须经常分析影响投资的各种因素，而且注意在分析时尽量地作到客观公正。这样才能得出正确的结论。

在对证券投资过程中，投资者在进行有价证券投资时，还应考虑以下几项原则：

一是要考虑收益性。证券的收益也即投资的利息收入和红利收入。就债券而言，其利息率是预先确定的，如无其他特殊情况的发生，则一般情况下，均可根据票面利率的高低来确定其收益的多少。对于股票而言，其收益性要从几个方面来进行分析和研究，才能判断出股票的优劣。第一要考虑企业经营状况的好坏。这可以以每年董事会向股东通报的企业经营状况、资产负债表等有关资料中进行了解，也可以通过增资招股说明书进行分析研究。第二要考虑股息和红利的优厚程度。这可以通过股息和红利两项相加按当时水平占股金的百分比而比较出来，还可以通过公司是否每年都能按期将股息，红利派发给股东而分析出来。第三要考虑股票的交易量是否不断增加，股票交易是否活跃，股票价格是否呈上升趋势，股票市盈率是否保持适当水平而进行分析研究。

二是要考虑证券的安全性。安全性的高低可以通过保持投资本金不受损失的系数而反映出来。这一点要求在对投资证券进行选择时，应对证券发行者信用、财力、获利能力、发行条件，有无担保以及市场情况等进行了解、观察和分析。同时，在对发行证券的质量作出一定的判断之前，还应向有价证券信用等级评价机构进行咨询，以便作到全面了解发行证券的信誉程度及其他方面的有关情况。尽管就股票和债券相比较来说，其信誉度、报酬和风险等方面情况分析的具体内容不完全相同，但就安全性分析的具体工作步骤和内容是大体相同的。

三是要考虑证券的流动性。流动性的强弱表现为收回本金的速度的快慢。流动性强意味着能以较快的速度将证券兑现为货币，做到以货币计算的价值不受损失。流动性弱意味着某种证券转化为货币需要较长的时间，这样所需支付的费用就比较多，由于证券市场价格的下跌而遭至损失的可能性也就比较大。在证券市场上，流动性强的证券风险较小，而收益相对较低；流动性弱的证券风险较大，而收益相对较高，这就需要投资者在选择证券时权衡各方面情况，作出正确的研判和选择。

第三节　证券投资决策

公司投资决策亦称投资预算决策，那些涉及预期产生报酬的时间超过一年，且大量资金投入和固定资产增减方案的决策。在实际操作中，公司为满足经营上的长远需要，而进行固定资产投资决策。如厂房的扩建、改建和新建，机器设备的改造和更新，资源的开发和利用，新产品的研究、试制和批量生产等投资方案的选择。进行投资决策要求认真搞好调查研究，进行科学论证和可行性研究，选出最优方案，以保证投资少，见效快，效益高，而且有长远的经济效益。

投资决策，按投资的用途分为：固定资金投资决策和流动资金投资决策。例如，新建一个公司，就要作出基建厂房、购买机器设备等固定资产的投资决策；同时作出建成后需要的原材料、在制品、产成品和现金等流动资金投资的决策。按经营的范围分为全局性的投资决策和局部性的投资决策两种。前者是对整个公司的经营方向发生重大影响的投资决策，一般为战略性决策；后者为提高产品质量、改进产品性能或降低产品成本而进行的投资决策，并不影响整个公司的经营方向，称之为技术性决策。

按需要解决的问题不同分为：可否决策，即通过计算看提出的方案是否能达到可预期的目的，才能作出可否决策；择优决策，通过各个投资方案进行计算、相互比较最后选出最能符合期望目的的方案；资本定量决策，在许多投资项目中选择一个最好的项目搭配方案，以便取得最好的、总的投资效果。

第四节　证券投资的步骤

投资证券在实际操作中，从入市准备、开户、委托、成交、清算交割到过户，中间一系列的环节环环相扣，需要对这些证券投资的程序作熟练的掌握，驾轻就熟，方能在证券市场上把握时机，出奇制胜，成为证券投资的大赢家。

一、入市准备

入市准备是一项基础性的工作。“工欲善其事，必先利其器”，这要求证券投资者在入市操作之前，必需掌握必要的证券投资知识和技能。首先，必须了解股市术语。比如，什么是绩优股；什么是蓝筹股；什么是多头；什么是空头；什么是牛市；什么是熊市；等等。其次，熟知股市箴言。股市箴言警句是无数次股市涨跌锤炼出来的金玉良言，是投资者投身股海总结的经验教训，一般情况下，会起到真理式的指导作用。如“买进靠耐心，卖出靠决心，观望靠信心”，“分次买，不赔钱；一次买，多赔钱”等等。第三，识读交易行情表。交易行情表是股市变化的晴雨表。是一切投资者和投机者关顾的信息，他们把交易行情表上的数据作为作出投资决策的依据：买进或卖出，买入多少或卖出多少。交易行情表上的术语：A股，B股，H股，成交股数，成交金额，成份指数，综合指数，开盘价，收盘价，最高价，最低价，市盈率，涨跌百分比等等，必须透彻了解这些数据所反映的股市变化，因势利导。

二、开户

投资者在掌握必要的知识和技能后，必须先办理开立帐户手续，方能从事证券交易。

投资者在证券登记公司申请办理股东代码卡时，必须提交证券交易所规定办卡需要的资料：

1、居民身份证或法人登记证明文件影印本；

2、在工行、农行、建行、中行设立的专门帐户；

3、投资者的姓名、年龄、职业、住址、联系地址或电话。

下列投资者，证券商不接受其开户：

(1) 未成年人、未经法定代理人授权代理。

(2) 受破产宣告未经复权者。

(3) 法人委托开户未能出具法人授权开户证明的。

(4) 曾因证券交易违约，记录在案未满三年者。

(5) 曾因违反法令规章，经主管机关通知停止买卖证券未满五年者。

三、委托

委托是指证券投资者在选定的证券商开户之后，和证券商建立权利义务关系，由证券商代客撮合买卖证券，在成交中收取佣金和手续费的服务过程。代理委托证券买卖是证券商的特有功能，委托一般有两种方式：一种是当面委托，一种是电话委托。由投资者填写委托单，载明买入或卖出证券的种类、数量、价格、交割结算方法、委托期限，当面交给证券经纪商。在电话委托中，由投资者在声信电话中输入以上内容的指令。证券商以最快的速度送达证券交易部的驻场人员，由驻场人员负责执行委托单的内容。

四、成交

成交是指证券交易双方按一致的交易条件达成协议，成交意味着卖方卖出证券、买方买进证券，由此产生了一个最新交易价格。在证券投资场内进行的情况下，成交是按照“公平、公正、公开”的竞争原则进行的。成交的竞争原则主要体现在：

1、价格优先。即较高价格的买进申报要优先满足于较低价格的买进申报。

2、时间优先。即同一申报价格，先申报者优先满足。

3、数量优先。在交易申报价格和申报时间相同的情况下，申报交易数量较大者优先于申报交易数量较小者。

五、清算交割

证券交易成交以后，参与交易的各方互相交换价款和证券，这在证券交易中称为交割。交割一般是在证券交易所的清算公司进行，类似于银行的转帐结算，这样可以节省大量的人力、物力、财力和时间，加快证券的流通。在交割过程中，将买卖证券的数量和价款金额的交割数量，分别对冲抵销，然后通过证交所交割净差额证券与价款，这在证券交易中称为证券清算制度。

六、过户

过户是指证券的卖方向买方转移有关证券全部权利的记录活动。具体程序是：

1. 原所有人送达过户通知书和证券。

2. 新所有人送达印章卡。

3. 过户机构注销原证券并换发新证券。

4. 过户机构应将新证券送达新股东。

第五节　企业投资证券的风险与防范

证券投资风险的防范是指用一些方法降低非系统风险。系统性风险是与市场波动有关的，不可分散的风险；而非系统性风险则可以通过证券组合技术来降低和分散风险。

降低风险的方法主要是基于以下两个基本原理：

1、证券组合风险与证券组合规模非线性反比关系。

在一般情况下，证券组合的规模越大，则证券组合的风险越小。反之，证券组合的规模越小，则证券组合的风险越大。

普通股票几乎半数的固有风险都可通过拥有合理的完全多元化的证券组合来消除掉。但是，某些风险依然存在，所以要想消除几乎所有股票都遭受到的股票市场价格普遍下降的影响，实质上是不可能的。可以消除掉的那部分股票风险称为可通过多元化消除的风险，或公司特有风险，即我们前面分析的非系统性风险。不能消除掉的那部分风险称作市场风险，即系统性风险。但任何单一股票的一部分风险可以被消除这一事实倒是极为重要的。

公司特有风险由下列事件造成：诉讼、罢工、不成功的推销计划、赢得或失去主要的合同，以及其它某一企业特有的事件。因为这些事件本质上是随机的，它们对证券组合的影响可以用投资多元化来消除——一个公司的不利事件会被另一公司的有利事件抵消掉。与此不同，市场风险源于那些同时影响所有公司的因素，如战争、通货膨胀、萧条、以及高利率等。因为所有公司都同时受到这些因素的影响，故这种风险是不能通过投资多元化来消除的。

2、在证券组合规模一定的条件下，证券组合的方式不同，防范风险的效果不同。在证券组合规模一定的前提下，证券组合方式是多种多样的，不同的组合方式会产生不同效果。因此，证券组合方式既对同一风险收益组合有优劣之分，也有对不同的风险收益组合的适应问题。也就是在无数的证券组合中，肯定存在一些有可能把组合证券资产的风险减少到最小程度，或者在承受的风险相同，而能使预期收益达到最高的组合。我们把这样的组合称为“最理想的证券组合”。

根据以上两个基本原理，设计出了很多种不同的降低风险的方法，其思路是从以上两个原理出发，一是尽可能多的证券数量组合；二是根据需要设计好的证券组合方式。证券数量的规模受投资者的资金约束有一定的限度，而证券组合方式的设计则有十分广阔的天地，供投资者选择，从中比较优劣。

第八章　证券投资策略与技巧

第一节　证券投资策略

一、种类分散投资策略

证券投资者最关心的莫过于投资的安全性，因此把全部投资押在一种证券上，不是一个稳健的投资者应有的行为。各种投资对象皆有利弊，流动性强安全性高的证券往往收益比较低，而收益高的证券风险也较高。所以投资者应避免集中投资于只有某一方面具有优势的证券，而应实行种类分散的投资策略。这种策略和具体方法有：

（1）三分法。即把投资于证券的资金分为三部分，一部分购买安全性较高的债券或优先股票；一部分购买具有潜在增殖能力的普通股票；另一部分作为投资的预备机动金。第一部分称作“防御性资产”；第二部分称作“进攻性资产”；第三部分保留的资金目的在于投资组合上的灵活调整。运用三分法兼顾了证券投资收益性、安全性、流动性三原则。

（2）定率法。是把投资资金中用于购买股票的资金和用于购买债券的资金按一定比例固定下来，并不断加以调整、维持。例如持有股票和债券的比例各为70%、30%，以后由于股票涨跌，使该比率变为80%、20%或50%、50%，通过买卖使这一比例进行不断调整，这一方法实际上是定额法的变形，遵循的是同一原则，其共同特征是将证券投资划分为攻势和守势两部分，并设置一定的基准，证券价格上涨，则减少其中的攻势部分，增加守势部分；证券价格下跌则减少其中的守势部分，增加攻势部分。

（3）定额法。投资者把一定的资金分别投资于绩优股和潜力股，其中投资于绩优股的资金为一固定的金额，当股价上升使所购买的股票价格总额超过这一金额时，就出售增殖部分，用于增加其他品种投资；反之则动用备用金或出售部分债券，用于补充因股价下跌出现的持有股票价格总额低于固定金额的部分，使投入股票的资金始终维持固定的金额。这一方法实际上遵循了“逢低进、逢高出”的原则。

（4）变率法。是以定率法为基础并适时变动证券组合中的比例。例如开始投资于股票和债券的比例是各占50%，当股价上升超过某种水平时，就减少股票的比例，增加债券的比例，反之则增加股票的比例，减少债券的比例。这里股价升降指的是全盘股价的升降，而非所购股票价格的升降。

二、资金额度投资策略

它主要包括以下几个方面内容：

1、资金额度平均法。是指在一定时期内分期购买一定金额的某一类或其他某一类股票的方法。投资者应注意选定某种具有长期投资价值，且价格波动性较大的股票，确定一段或长或短的投资期间，在此期间内，不论股价上涨还是下跌，都必须以相同金额定期地购入该股票。因为各期的股价不同，所以购入的股数不一，投资者在低价时购入股数多，市价高时购入股数少，这样低价股数占的比例大，高价股数占的比例小，其平均购价，低于其平均市价。这种方法适用于价格呈上升趋势的股票，需提醒投资者注意的是必须有足够的经验和知识对股市作出准确预测。

2、阶段金额法。这是一种固定的证券投资份数的持续投资法。即选定一种股票作为投资对象，但投资金不一定，而是根据股市股价涨跌幅度不定期地购买一定股数，并酌情适时卖出。其具体操作方法是：先选定所选股票市价变动幅度的某一阶段，以后股价升降每达一个阶段时就卖出或买进预先确定的股数。

3、资金额度品种选择法。任何一个国家的证券市场都有不同的品种和证券种类，投资者在这个时候就应把握多品种的市场机遇，选择有发展潜力，股价升幅大的品种进行分割，分割资金额度投资，但此方法应注重重点。

三、期限分散投资策略

这种策略主要用于债券投资，其方法有：

1、梯形投资法。是把全部投资资金平均投资放在各种期限不同的证券上的一种证券投资组合方式。具体做法是：先用资金等量购进市场上各种期限的证券，此后，当期限最短的证券到期后，将收回的资金再购入长期证券。如此循环连续投资，投资者便能基本上每年或每月都持有某种到期的债券，而且每种期限的证券持有量相同。这种持有证券的期限结构和数量组合，用图形表示，形似等距离排列的阶梯，这种方法具有计算简单、收益稳定、管理容易的特点，但缺乏灵活性。

2、坡形投资法。有两种组合方式：一种是证券持有量随期限而递增，用图表示类似右上倾的坡形。另一种是证券持有量随期限而递减，类似左上倾的坡形，故名坡形投资法。前一种是以长期债券投资为主的投资策略，适合市场利率预测下降的情况下使用，后一种是以短期债券投资为主的投资策略，适合于在市场利率预测上升的情况下使用。

3、杠铃投资法。投资者把资金集中投放于长短债券的两头，形成两头大中间小的杠铃形组合结构。即为了保证债券的流动性而购买短期债券，为了确保债券的收益性而持有长期债券，不买中期债券。其持有比例可视市场利率、价格变化的情况灵活掌握并经常进行调整。

第二节　证券投资方法

证券投资的目的是为了获取收益。证券投资者为了使自己达到目的，获得预期的收益，在投资时应注意投资的方法，选择好投资品种和入市时机，以尽可能小的风险获得尽可能大的收益。而选择适当的投资方法和操作技巧对投资获益大小是至关重要的。证券投资的方法是多种多样的，要涉及的内容也较为广泛，现今证券投资者普遍采用的方法有：稳定型投资法、分散投资法、投机型投资法、保险投资法、阶段式投资法、均损法等。而无论何种投资方法，其基本目的在于最大限度地避免风险和获取收益。本节仅就以下两个方法加以介绍。

1、稳定型投资法：它是证券投资的一种类型。投资者可根据自身的潜力优势进行选择，若要能稳定地获得证券收益分配，重视收入所得，稳定型投资是一种首选的证券投资方式。从事这种特征的证券投资，通常要选择政府债券、公司债券、收益分配稳定骨干企业的股票、防守性股票等。中国证券市场较为稳定的品种有国家债券、银行债券以及管理严格、效益稳定的企业债券等。较稳健、保守的投资者都常采用这种类型的投资。

2、分散投资法：它是一种稳妥的、分散风险的投资方法，它与稳定型投资有相同之处，也有不同的地方，它主要是扩大范围、捕捉些效益好的企业进行分散多点投资。为了避免风险，证券投资者要进行证券组合，将其资金分别投向不同的证券。任何一种形式的投资都有风险，证券投资也不例外。只是投资者承担风险的能力和证券品种的风险度各不相同，应尽量避免风险损失，这就要求投资者认真分析上市公司业绩经营情况，在证券投资中善于比较风险的大小，采取一定的方法来对风险进行估量，这个过程叫做分散投资。分散的方法有企业单位分散、类别分散、地区分散、时间分散几种：

(1) 企业单位的分散。投资者如集中全部资金投放于某一单位，全部购买某一个企业的股票或公司债，则弊多利少，万一该企业经济上发生事故，就可能全部亏损，危险很大。所以投资者应将资金分散于几个企业较为安全。

(2) 企业类别的分散。在商业周转过程中，兴衰不同，一旦某行业萧条，就会遭受损失，因此，投资者应将其资金分散于各类企业。

(3) 地区的分散。其中又可在国内国外分散。各国的政治经济，繁荣和衰退都不同，各国证券价格也常有波动，即使在国内，各地差异也很大。投资者将资金投放于不同地区和国家，可以避免同趋跌落的危险。在农业地区、工商业地区分散投资，可调节损益。

(4) 时间的分散。债券与股票应用时间分散的原则，有所不同。

债券的时间分散。债券的经常价值，大都于到期日等于其票面价值。距离其到期日越远，市价比票面价越低。再有如偿付的延期，市场利率的变动（市场利率高，则债券价值下降，反之则上升）均影响债券价格的涨落。所以，对于投资的到期日，应予分散，以避免某一期间一切投资均处于低落状况。

股票的时间分散。股票的分红付息日期基本固定。投资者如能注意每种股票分派股息的日期，以分散其资金，则于一年中将随时有可靠的股息，红利可得。

第三节　如何制订证券投资策略

一、证券投资操作策略

证券投资，也称有价证券投资。是指个人或法人用其货币购置股票、债券等有价证券，借以获取金融资产收益的经济行为。证券投资者是多种多样的，个人、企业、金融机构甚至政府部门，都可以成为证券投资主体。证券投资的工具或对象就是股票和债券。证券投资的收益，一是作为股权所有者或债权人，接受证券发行者支付的股息、红利或债息；二是利用证券价格 的波动性，通过贱买高卖获得差价利润。因此，在制订证券投资策略时，应围绕投资对象进行可行性分析。通过证券投资分析，可以确定出证券投资的对象、数量、操作策略等。证券投资分析主要抓两点：一是所谓基础分析。主要分析证券发行公司的内在因素，为投资者选择可靠的投资对象提供依据。由此又可进一步分为质因分析和量因分析两种。二是所谓技术分析，指采用各种技术方法对证券价格的变化趋势所做的分析，为投资者观察、判断股市走向，做出证券买卖决策提供依据。由此又可进一步分为价格趋势分析与价格类型分析两种。

在制订证券投资策略时，无论是个人投资或是企业投资将情况分析得愈透愈好，可以兴利除弊，把可能出现的弊端防患于未然。

二、投资多元化策略

投资多元化，就是将资金有选择地分散投资于多种证券，以努力减少未来收益的不确定性，争取以较少的投资风险来获取较多的投资效益，这是证券投资者制订多元化策略的基本出发点，也是要达到的目的。投资多元化策略的理论依据是，如在各种股票短期内的变化趋势难以捉摸时，买进多种股票则可减少风险，因为在一般情况下，一种或几种股票市价上升，收益增加，从而以升补降，弥补投资者的部分或全部损失。

投资多元化的具体策略较多，一般是在当股票市价轮番上涨时，股票持有者相继以高价抛出手中的股票，以获取收益，但这样做的弊端是往往会把手中的好股票在价格较低时就卖出了，而把一些劣势股票握在手中。为此，也可以采用“追涨卖跌法”，而哪种股票市价上涨就多买一些；哪种股票股价不上涨或下跌时，就卖出哪种股票，这样就可获得较多的强势股票，使获利能力大大增强。因此，在具体运用投资多元化策略时，关键要分析利弊，把握时机。当然，在投资安全性较高时，对投资多元化的要求也就较低；而当投资风险较高时，对投资的多元化要求也就相对较高。

三、个人投资策略

1、合理安排。也就是说要正确处理好证券投资与日常生活的关系。因为从事个人证券投资的大多数人都是依靠工资收入来维持日常家计开支的，结余资金并不充裕。这就要求个人投资者从事证券投资时，应首先安排和保证家庭生活所必需的开支，再将结余资金投资于证券，切不能为了投资而影响家庭的生活。

2、量财投入。合理筹措资金来源，用于证券投资的资金，在一般情况下主要利用家庭的结余资金；如果动用暂时闲置留待未来有特定用途的资金时，则考虑投资于风险相对较小的证券，如国库券、公司债券等。切莫负债投资，除非所投资的证券限期较短、可靠性强、且收益较好。

3、掌握期限。也就是说要合理确定投资证券的期限。一般说，投资期限越长，收益也越高，但风险也愈大。此时，则应以投资者本人可支配资金期限为投资依据，以防止资金周转困难。注意变现能力。证券投资要尽量投于变现能力强的证券，以便投资者需要现金时，或者需要调整投资证券的种类时，能够及时“脱手”变现。故投资者在选择投资证券时，应优先考虑和选择投资于上市证券，因为上市证券的流动性与变现性最强，但其收益率可能较非上市证券相对低些。要准确投资就需要根据投资者的客观情况进行分析选定。

4、比较风险。也就是说投资前对证券投资收益与可能出现的风险进行预测，权衡利弊，特别要分析自身对风险的承受能力，做好承担风险的心理准备和物质准备，然后再付诸投资。这样，投资后真正出现了风险也不致茫然失措，临时自有对策措施。

四、企业投资策略

1、比较分析。企业在进行投资决策时，首先必须分析和选择是从事证券投资合算、还是进行商品生产或经营投资合算？在进行这种选择时，一般通过四个比较分析来确定，一是对证券投资与其他投资形式的投资收益率进行比较，选择投资收益率较高的投资形式；二是进行投资净收益比较，即在投资收益率比较基础上，还要比较扣除各项成本、税金后的净收益，选择净收益较高的投资形式；三是进行投资可行性比较，如选择证券投资，就应考虑企业可支配资金的期限与拟投资证券的期限是否相符，能否顺利购入证券等；四是进行综合分析和比较，即对上述各种分析比较的结果，结合企业内外各方面的条件，进行综合分析，权衡利弊，然后从中选择最佳、最合算的投资形式。

2、摸清底情。如果选择证券投资，就必须先对证券发行单位的资信等级、经营状况、发展前景、财务状况及其变动趋势等情况进行分析评价，从中选择信誉高、营运能力强且具发展前景的政府债券或企业证券作为投资对象。

3、要合理选择投资证券的期限，既要考虑证券的收益率，又要考虑证券的风险性。

总之，制订证券投资策略，进行证券投资决策时，应该把握那些收益高、风险小、期限短、变现性好的证券作为投资对象，但尽善尽美的证券是不存在的，尚需投资者根据自身的条件、经验制订相应的目标，权衡利弊作出恰当决策。

第四节　证券投资对象的选择

一、企业如何选择证券投资品种

企业可在证券市场进行投资的证券种类很多，不同的证券有其各自的特点、优势和局限性。要想投资一种同时具有各种有价证券优势的证券是不可能的。企业只能根据自己的需要和市场条件，对证券的分析估量做出有效的选择。投资的选择一般要权衡两方面内容。

1、权衡股票和债券之间的利弊。

投资于股票可获得较高收益。但它是非固定收益证券，股息收入随发行公司盈利情况而定：盈利高时，股息亦高；盈利低时，股息亦低。遇有发行公司破产倒闭，股金也会遭受损失。因此股票投资风险较大，但也可能因发行公司盈利很高，获得较高的收益。债券属固定收益证券，获益率在债券发行时即已经确定，发行公司或政府不管其盈利水平或财政状况如何，都负有偿本付息的义务，否则将负法律责任。与股票相比较，债券有风险小收益稳定的特点。股票的收益水平往往高于债券。对企业投资来讲，收益水平的不同，则意味着投资效益的不同。总之，股票是一种收益高、风险大的证券，债券是一种收益固定、风险较小的证券。企业在对这两种证券作选择时，既要考虑收益。又要考虑风险，同时也要考虑所处的经济政治环境。环境不同，投资决策亦可能不同。在政治稳定、经济发展时期，股票收益增长较快。相对来说风险较小。相反，在政治不稳、经济下降时期，由于股票价格的暴涨暴跌，股票收益风险增大，此时，债券收益虽低，但由于其风险较小，在这种形势下则有利。

2、权衡股票种类和债券种类的利弊。

企业在对投资股票还是债券的问题做出决策后，还要做出投资于何种股票或何种债券的选择。股票的具体形式多种多样，投资何种类型需要根据不同的目的来决定。如果企业在经济剧烈波动时期投资，又决定投资于股票，可考虑购买优先股股票。因为这一时期，普通股收益不稳，而优先股股息固定，优先派息，可使风险降低。

债券的种类也是多种多样，投资债券需考虑期限、利率和物价水平等因素。如果在发生严重通货膨胀、物价飞涨时期，债券的利率水平较低，一般则不选择固定收益债券，而多选择浮动利率债券，以避免损失；另一方面也可选择可转换成股票的债券，这种债券对企业投资来讲，风险较小，因为债券可在一定时期内转换成股票，比较灵活机动，倘若公司前景良好，把债券及时转成股票可获得比债券更高的收益。

投资于何种证券的选择是一个综合决策的过程。倘若做出较优的选择，可使企业证券投资取得最大收益，但如果选择不当也会造成投资效益低下，甚至亏本。因此投资何种证券必须审时度势，全面分析利弊，高瞻远瞩，把握好流动性、安全性和获利性三个要素。

二、证券投资对象的选择要点

投资计划的确立，主要是依据投资者不同的情况与需要而定。假如投资计划确定了，就需要进入实际投资行动。在这个阶段，应该进行投资对象的选择。证券投资者在作各种投资选择时，一般需要在股票与债券、股票中各上市公司及债券中各种类别债券及其衍生工具间进行选择。如目前我国上海、深圳两地有 700 多家上市公司，700 余种股票，且各有不同特性。在这么多种股票中如何去选择呢？应该注意掌握的要点是：

1、公司的盈利情况和展望。公司利润是影响股价的重要因素，股价的波动随着公司的盈利能力而波动。

2、购买第一流公司的股票，也称绩优股票。故应从公司税后利润多少、基础和前景诸多方面去加以综合考虑。

3、购买低估价值的著名公司股票。许多专家认为，一般投资者要在股票市场获胜，最好是购买低估价值或不受欢迎的名牌公司的股票。经济不景气时期，这类公司很多，投资者应该研究，抓住机会。

4、应注意公司的管理与科研情况。一家公司常由其主要的政策而影响其将来的成长性。如果一家公司有优秀的管理人员，对公司将来的成长即具有莫大的影响力。公司的成败主要取决于管理的好坏。在企业自由竞争的经济社会中，公司对科研与发展工作都非常重视，近几十年来最成功的公司都是靠开发新产品和产品改进而飞速发展。只有新产品才能拓展市场，增加客户，提高企业威望和信誉。

5、要重视商标、商誉和专利权等无形资产的价值。许多公司因专利和商标而享有无法估价的资产。有些公司就是靠产品的专利使公司飞速发展起来的。

6、注意观察股东构成情况。如果公司股票被许多金融机构所拥有，这对公司财政有很多好处。因为当公司需要筹集资金时，股票很容易出售给这些金融机构。特别是股票当被许多有名气的金融机构所拥有时，自然会增加公司的声望。同时，这些金融机构也将给予公司在管理上以及财政上有力的支援。

以上是选择投资对象时应掌握的几个基本原则。当然，在购买股票之前事先要观察整个市场的趋势，其次要分析个别工业的目前情况及将来的展望，然后再根据上面的原则来选择股票，除了这些原则之外，投资者还要观察公司股价涨跌与其盈利的关系，进而研究公司股价与整个证券市场涨跌的关系，以及分析、比较公司利润与同行业企业之间利润的高低。

三、投资对象选择的基本步骤

1、利用证券商。证券商是专业投资者，他们对上市公司一般有专门的研究，因此，经常能比较准确地找到绩优公司。所以，许多普通投资人都依赖证券商的推荐。但利用证券商时应当注意：第一，证券代理商推荐的上市公司通常针对普通大众投资人的，未必适合你的要求。也许你想作长线投资，而证券商推荐的却是只能作短线交易的股票；或者你想比较稳妥地投资，而证券商推荐给你的则是高风险的股票。另外你应当随时想到，证券商把推荐单不仅只介绍给你，而且还推荐给其他客户，这虽是简单的常识，却经常会对股市产生戏剧性的效果。第二，证券商未必一定能够一直选准绩优公司。相反，根据国外研究，许多证券商的正确率低得难以置信。这样就需要投资者选择良好业绩的证券商进行委托交易。

2、利用上市公司内部的有关人员。如果你能结识上市公司中的有关人员，他们至少可以给你提供一些你所需要的事实。当然，当你向这些人员作咨询时，应当在法律允许的限度内进行。如内幕交易之类的活动，在世界任何股市上都是禁止的。

3、向上市公司有关部门咨询。上市公司通常都设有专门机构或人员（通常称其为股证事务代表）负责本公司股票的市场流通，其中包括向股东提供必要的情况。

4、阅读上市公司的财务报告。上市公司必须按规定定期向股东和公众提供真实的财务状况财务报告，主要有资产负债表、损益表和盈利分析表等。通过公司财务报告，我们可以了解该公司的历史演变及发展前景。

5、参观公司总部。参观公司总部可以对上市公司取得直观和感性的材料。通过公司的勃勃生机，你会看到公司灿烂的前景；反之，如果公司总部人浮于事，机构臃肿，办事拖沓，该公司怎能不在竞争中败北呢？

6、观察产品市场。实绩优良的公司总是要表现在产品的畅销上。没有畅销产品的公司不会是兴旺的公司。如果你在一些知名的大商场中发现该公司的产品很抢手，而且不断有热门的新产品推出，则这种公司的股票准能赚钱。不过，某种畅销产品必须是公司的主导产品，一个大公司经常生产几种，乃至几百种产品，如果畅销产品仅是公司中无足轻重的项目，则它再畅销也不一定左右公司的局面。

7、留心各种广告。现代社会中广告是产品销售的重要手段。没有成功的广告，甚至再好的产品也可能夭折。广告代表着公司的形象和力量！因此，投资人平时留心一下各种广告，对你的投资选择也将大有帮助。

8、考察上市公司的售后服务。良好的售后服务是现代企业保证产品持续稳定销售，维持企业良好形象的重要基础。没有良好的售后服务水平，等于自断生路。因此，深入考察上市公司的售后服务质量也有助于鉴别其优劣。

四、购买股票种类的选择

投资者股票选择恰当，不仅能凭借股东的权利获取较高的股息、红利收入，而且卖出该种股票时还能赚取低进高出的差价利润。在同等情况下，股票种类的选择也显得非常重要，因此投资者务需慎重选择。通常投资者选择股票种类时应遵循下列原则：一是要了解股票价格指数的变动趋势。或以整个股市的股价平均指数为依据，按日分析整个股市的变化趋势；或以个别股票的交易价格为依据，按日分析该种股票的变化趋势；二是对股份公司进行考察、评价。一般可以采用比率分析法评估股份公司提供的报表资料，即把帐表中的有关数据组合起来，形成一个特定的比率，用比率的大小来反映它们之间的相互关系，从而评价股份公司的财务状况和经营业绩。

第五节　证券买卖时机的选择

一、买进时机的选择

良好的买进时机就是股价全部下跌时，若在股价便宜时买进，即使以后再下跌，也跌不了多少，可以放心购买，因为亏损程度较小。当整个股市的价格暴跌之后，就是最佳的买进时机，有些人认为又不是做全部股票的买卖，何必在意整个行情呢？可是只要全体股价下跌，个别股价也会遭受波及的。

买入时机比买何种股票更重要。低价买进，高价卖出，才是股票投资的基本方针，在股市熊市时买进，牛市时卖出，便是最适当的时机。买进同类型的股票，有人赚钱，有人亏损。亏损者即时机掌握不对，获利者即握准了适当的时机。只要多看报纸及经济性杂志，便能了解何种是属于有发展希望的股票。此外，还必须学会掌握股价涨跌的时机。时机在事后是很容易掌握的，可是在当时却很难把握。比方说，股价正上涨时，便认为一定会持续上扬，于是想起买进；相反，等到股价下跌了，便认为可能还会继续滑落，所以想卖出。由于动了与原则相反的念头，结果导致高价买进，低价卖出的损失，这便是人类独特的心理行为，明明知道应该低价买进，高价卖出，或者明明知道不应该盲目地跟着他人走，做出来的却往往与心里想的背道而驰。为此，要切实制订如下战略。

1、谷底买进战略。等到股价跌落谷底，而不容易回升时买进，这是股票投资的一个良机，然后静静等待一阵子，就可能获得很好的报酬。股价一方面有过于悲观的趋势，另一方面也有相当乐观的趋势。可是这也并不是绝对没有弹性的。比方说，到了股市不景气复生的情势，投资人就可持更乐观的态度。这种由悲观转乐观的情绪，受到当时环境的支配，而且往往能发展出令人无法想象的暴涨行情。比如货币升值而导致市场不景气，可见因游资过多，而造成相当火爆的行情，且股价以很快的速度上涨，股价一上扬，买的人多，涨得也多，所以必能成为人们相互争购的对象。也许这种现象较不寻常，但股票在“股市萧条时买进”的原则，是不会变的。另外在社会不景气时买进，也是一个办法，因为我们无法预测股价何时会上涨，但只要股市不崩溃，它总有一天会上升的。

2、高价买进战略。高价买进的战略，是短期投资者的一项投机行为。投资人期待已上涨的股票，能更进一步暴涨而买进，如果真的被你料准了，当然是一件值得高兴的事，但假如和预期的结果相反时，那可真叫天天不应，叫地地不灵了。以高价买进的战略若要成功，必须具备几个条件：①必须具备有良好的展望股类。这类股富有良好的展望及获利率高等特点，股价将会随着这些因素变动，一旦下跌，还是可能再度成为人们争购的对象。②必须是行情看涨时，只要在行情的看涨期，即使目前不受投资人欢迎，但却可能提早恢复股票的知名度。③选择公司业绩良好的股类。在市场不景气时这些股可能被沦落，一旦景气复生时，这些公司的业绩也会迅速恢复，其股价通常会大大上扬的。此时采取高价买进的策略一定会成功。

3、利用股票的名气周期。各类型股票的知名度周期并不相同，有的会持续一二年，有的二三个月，也有的更短，但成长形象良好的企业，它的知名度能持久。究竟可以维持多久时间，除了可以参考过去的行情曲线图或有关股价图表外，也可以调查过去股价涨跌的幅度，只要是未曾达到高价水准的股类，就能放心购买。

二、卖出时机的选择

当股市呈现过热状态，或股价已达到自己的目标价格时即可卖出。通常刚进股票市场的投资人在向老手请教时，老资格的投资人常说：“投资股票最简单不过，逢低买进、逢高卖出”。到底何时卖出股票最好呢？如果你想以最高价卖出是很不容易的，但想要使自己有利可图，就要尽量以高价卖出。

1、持有股的卖出顺序。欲将持有股卖出时，就按照当时自己最不愿持有的股票顺序处理。

股票投资的卖出有三种形态：(1) 赚取套利；(2) 抛售；(3) 卖出股票以周转所需。当投资人在需要钱用而想卖出股票时，一般的方法是把正在上涨的股票先卖出，而将下跌的股票留下。虽然，股价上涨后还会上涨，但这样做是正确的。另外一种方式，即处理所有股的次序，应先处理亏损股。这两种方法是完全相反的，但二者都是对的。所以说，暂忘掉所有股的买价。

假如你现在想要购买股票的话，就把你最希望买下的，依序购入，而把不愿持有的股票也依喜好程序，加以处理掉。用这种方法来决定自己持有股的卖出与买进，才不致会导致不良的后果。

2、股价较高时最好卖出。依股类的不同，买进时最好先制定一个令自己满意的卖价目标。

当然这价格是以不使自己利益受损为原则，当股市行情到了自己预期目标时，就不能再等了，赶紧卖出，千万别太贪心。自己预期目标已达到了，而还要继续等下去，期待股价会涨得更高，这种心态是要不得的。虽然股价有可能会上涨并超过你预期的目标，但你要告诉自己，这一定与你无关，还是赶紧卖出，免得失去赚钱的机会。其次要注意的是，和其它股类比较看看，假如你持有的股价比别的股高，则必须考虑到这可能只是反弹的现象，当然其中有些股可能会一枝独秀地暴涨着，但你可别过份妄想自己所持有股也会如此。每一种股票都有它的习性，大多数都是涨多少跌多少，反复着过去的股价，很少会脱离这轨道。与其他股价相差太大是很少见的，从事股票投资千万不要期待有任何奇迹出现，尽量避免机率低的情形，只要自己持有股的股价涨高了，也便是该卖出的时候了。

第六节　股市操作基本技巧

一、警语箴言

1、投资类：

△证券投资其实是一种智力游戏，对政策性的理解和掌握，对信息的搜集和使用，便是投资股市发财的全部秘密。

△成功的股票投资者，不仅要有广博的知识，丰富的经验，开阔的视野，高超的智慧；更重要的是能有坚强的信心和果敢的行动。

△做股票要自己研究，自己判断行情，不可因未证实的谣言而改变决心。

△不妄想在最低价买进，于最高价卖出。

△勿存任何侥幸心理，应判明行情后再下手，凭运气做股票，是赌赙，不是投资。

△胆量大，心要细，下决心快，是成功的三项条件。

△不因小利益耽误了大行情，不因小变动迷惑了大方向。

△买进靠耐心，卖出靠决心，观望靠信心。

△唯有观望才能保障既得之利益，唯有观望才能养足精神，争取下一回合的胜利。

△可买时买，应卖时卖，须止时止，安全第一，稳当至上，莽撞则失，贪心则贫。

△风险投资是一种贪婪的事业，敢于跳下去，就不怕被淹死。

△判断行情容易，下定决心困难。

△做股票不可没有自信心，却也不能执迷不悟，一错到底。

△不要轻易地出意见劝朋友买卖，以免出错招怨。

△不急功近利，不三心二意，不沉溺玩股。

△做股票要心平气和，不可慌张、着急、强迫行情买卖。

△犹豫不决时，即应停止行动，这正表示行情尚未明朗。

△本业第一，股票投资为辅，做股票能帮助致富，却不可视为事业。

△以投资的眼光计算股价，以投机的技巧保障利益。

△股票市场只有相对性、原则性，而无绝对性。

△没有只涨不跌的行情，也没有只跌不涨的行情，股票市场因为永远遵循着涨涨跌跌、跌跌涨涨的法则。所以才能生生不息。

△初入市场的新手，最好从事长期投资，并选择股息高，流通性大的热门股。

△没有相当的市场经验，千万不要做买空卖空的交易。

△不必计较持有股票时间的长短，而须重视行情是否到达顶峰。补高价套牢的人，常会因后悔造成精神上负担，以致失去判断行情的信心，进而拘束了行动，因此如何防止被高价套牢，是学习买卖股票的最重要一课。

△确定长期的原始方向，为投资的第一要素。

△不预备做委托买卖股票的时候，最好远离市场；天天到证券公司观望行情的人，容易受行情变化及市场谣言的影响而造成错误的决定。

2、**买卖类**：

做股票生意的第一规则是：在买和卖的问题上，你绝不要去征询任何人的意见。

△赚钱，可以是人生的一种手段，但决不能看作人生的最高目标。

△市场心理倾向于买的时候要卖，市场心理偏向于卖的时候要买。

△好消息出尽是卖的时候，坏消息出尽是买的时候。

△对买感到安心的时候该卖，对卖感到安心的时候要买，精明的投资者常能透视到常理的反面。

△突破上限时要买，突破下限时要卖。

△从原始顶点跌下来才卖出股票的人，赔的机会多，赚的机会少，所以最好休息。

△新手最容易在股价快速上升和出现高成交量时买进，然而此时相反的变动正要开始。

△在长期趋势中，最能获利的是变动过程的中段，而非这个变动的初期或尽头。

△在多头初期应做投机性浓的热门股，而在多头后期须做业绩好的投资股。

△在空头市场最好避免做多。如果一定要做，须选择业绩好的成长股。

△在空头市场放空，应选择业绩差的热门投机股。

△长时期的盘档以后，行情突然跳空而上，不需考虑任何理由，可以闭着眼睛买进，如若跳空而下，就应该立即杀出手中所有的股票。

△股价连续涨三个停板以上，出现一天反转，应立即卖出，连续跌三个停板以后，出现一天反转，应立即买进。

3、**行情类**

△行情要涨时没有先兆，而要狂跌时却有，那就是证券营业厅门前看自行车的老大娘向你征询应该买入哪种股票的时候。

△行情跌宕起伏的轨迹，让老资格的股评家说来都是诸多因素综合作用使其发展的必然结果。然而在行情起动前，却无人察觉出其端倪的显露，哪怕是一丝一毫的迹象。其实，偶然才是股市的真正伟大的导演。

△大成交量的出现，表示大量的换手，换手正是股价趋势反转的开始。

△股价变动过程中，常有一种习性，即出货常在以前的高价边。进货常在以前的底价边，所以过去所造成的最高价或最低价，易成为今后的顶价或底价。

△资本额少的股票，容易产生黑马。

△股息弹性大的公司，股票价格愈不稳定。凡领先股市上涨的股票，必会领先大幅的下跌。

△股价在长期的原始方向形成三个短期反转变动时，则可能出现中期改正变动，或是一段较长时间的整理。

△当中期改正变动，接近支撑或阻力线时，出现大成交量，而这一天可能是变动的终点。

△股票的价位能影响其习性，低价位比高价位的变动率大。

△多头市场通常由一连串不规则上升或下跌所组成，最初是一个平缓的上升趋势，当达到顶点时，逐渐加速上升。

△空头市场开始时，下跌速度比较快，在底部将会逐渐缓慢下来。

△空头市场的趋势线，较多头市场为陡。

△股票的市价与面额之间，无直接关系，公司业绩，才是改变行情的根本因素。

△行情经过长期的上升，当出现创纪录的成交量时，不论其背景与材料如何，持有股票都可谓已进入危险时刻。

△在低档盘旋愈久，上档的幅度愈大。

4、**其他类**

△从股市诞生的那天起，谣言就成了它脸上抹不掉的灰。

△股市中没有比视力好、记忆差更幸运的事了。因为股市不需要烦恼的过去，只是热切关注着现在和未来。

△同样适合于股市的经济定律：如果市场不规范，知情者会赚很多钱；如果市场很规范，知情者会设法使其不规范。

△徜徉于股市，总爱习惯地说："在玩股票"。孰不知是股票在玩你，玩得你心力交瘁，玩得你衣带渐宽，而你又被玩得心甘情愿。

△狼烟已起，智者必将大显身手。

△焉如股票伊始不该遭人冷遇却偏被冷淡一样，股票也不应该人见人爱却偏被人爱不释手。

△是预言家成全了股民？还是股民成全了预言家？这事儿只有上帝最清楚。

△股票市场服从地球引力定律。正如上纽约市的帝国大厦一样，从底层拾级而上，要用两个半钟头才能到达顶层，但如果从顶层跳下来，八秒钟就可到达地面了。

二、股市术语

△**牛市**：熊市的对称。股票市场上买入者多于卖出者，预料将来股票的价格要上涨，股市前景乐观的状况。它是股票市场上对股票行情看涨的专门术语。引起"牛市"的因素是多方面的，但就其根本来说，与企业经营好坏及利润升降有着直接关系。如果企业利润上升，红利增加，股票就抢手，行情也看涨，反之则下跌。还有通货膨胀、政治形势的变化、心理因素及经济周期等因素的影响。

△**熊市**：牛市的对称。股票市场上卖出者多于买入者，预料未来的股票价格将要下跌，股市前景悲观的状况。它是股票市场上对股票行情看跌的专门术语。引起"熊市"的原因很多，可分为两大类：其一是基本因素，它是指来自股票市场以外的政治和经济因素。其二是心理因素，它对股票市场的影响也相当重要。

△**鹿市**："鹿"是指那些只是打算在短期内买进或卖出股票赚了钱就走的投机者，"鹿"要是多了，就会造成股票市场的混乱。有大量投机者在从事投机活动的股票市场，就叫鹿市。

△**买空**：亦称多头交易，交易者利用借人资金，在市场上买入期货，以期价格上涨时，再高价卖出，从中获利的投机活动。做"买空"的人，通常称为"多头"。若预期证券价格上涨，即先与他人以当时差额进行支付。做对了，能赚到"差利"，做错了，赔偿"差亏"。由于买空者手中并不一定要有现款，而且他也不是真正想买进证券，故这种预期买进，以赚差利的期货交易称为"买空"。

△**卖空**：亦称："空头交易"，交易者利用借人的股票，在证券市场上以较高的价格抛出期货，以期将来行市跌落时，再低价买进，从中获利的投机活动。买空的对称。在现代证券市场上，卖空交易者是利用保

证金帐户来进行的，具体做法是：当交易者认为某种股票的价格有下跌的趋势时，就通过保证金帐户交纳保证金，从证券公司借入股票市场抛售期货。以后，当该股票价格下跌到一定程度时，他又趁低价从市场购进股票，归还证券公司，以结束其在交易中所处的卖空地位。交易者自己则通过卖出和买进股票的两次交易的价差，取得利润。由于在这个交易过程中，交易者本身并不拥有股票，却在市场上进行出售股票的交易，所以称为“卖空交易”。

△**敲进**：股票期权交易的一种，也叫作“看涨期权”。所谓“敲进”，指买者在期权交易有效期内，有权按预先协定的价格向卖者买进一定数量的指定股票。

△**敲出**：与“敲进”对称。也叫做“看跌期权”。即买者在期权交易合约内，有权按预先协定的价格向卖者出售一定数量的指定股票。

△**对做对敲**：股票投机者的一种交易手段。投机者在数家经纪商行同时开户，以拉锯方式在各家报价交易，甚至与经纪商相互勾结，以造成一种对自己有利的股市行情。这种做法称为对做对敲。

△**平仓**：股票持有者先买后卖或先卖后买股票的一种行为。

△**补仓**：股票持有者买卖亏损且押金不足时，如还不平仓，则应将亏的数目及时补入的一种行为。

△**斩仓**：当客户应缴股票的押金不足时，股市经纪人将其期货股票随行就市进行处理的一种行为。

△**盘坚、盘软**：股价缓慢上升的现象，被称之为盘坚；而股价缓慢下跌的现象，则叫盘软。

△**盘盈**：“盘亏”的对称。现金的长款亦可称作盘盈。是指清查财产时，实物数额大于帐面数额。财产盘盈的主要原因有：（1）购进财产时未按时入帐；（2）调拨财产时未按时转移；（3）变卖财产时少付。

△**盘亏**：“盘盈”的对称。现金的短款亦可称作盘亏。财产盘亏的主要原因有：（1）财产调出时未销帐；（2）财产变卖时多付；（3）管理不善丢失。

△**散户**：资金实力微弱，买卖股票的数量甚少，且只是偶尔做做股票生意的无组织性的投资个人。

△**实户**：指买卖股票的实力和方法不亚于别人，凭经济情况进出的客户。

△**大户**：包括大的股票投机商在内，进出股票的数量与金额均很庞大的投资者，如信托公司（俗称超级大户）、上市公司董事、监事，以及拥有庞大资金的集团和个人等。

△**作手**：在股票市场上操作哄抬，用不正当的方法把股票抬高后卖掉，然后再设法压低行情，低价补回，从中赚取差价的人。

△**空手**：手中无股票，即不是空头，也不是多头，只是观望股势，等待股价低时买进，高时借股放空的人。

△**过手**：是一种支付方式。即以抵押支付发行人的债券，其本金及利息的支付，系经由代理人交付证券持有人。过手分直接过手与完全过手。直接过手是代理人将实际收到本、息转交持券人；完全过手是不论代理人是否已收到，均应交付持券人。

△**利多**：指能刺激股价上涨的信息，如股票上市公司经营业绩好转、经济复苏、生产订单增加、银行降低利率、银根松动、政局稳定、市场繁荣以及其他政治、财经、经济、军事、外交等方面对股价上涨有利的各种信息。

△**利空**：指能够促使股价更加下跌的信息。如股票上市公司经营业绩恶化、银根紧缩、银行提高利率、经济衰退、通货膨胀、天灾人祸及其他政治、财经、军事、外交等方面对，股价下跌有影响的不利因素。

△**实多**：指持有股票且具相当资金实力的多头，一旦看好股市前景，遇股价上涨时在自己资金能力范围内购进股票从中获取厚利，即使被套牢也不必急于将股票脱手。此种多头交易即为实多。

△**实空**：指持有股票且具有相当实力的空头，看好股市行情，遇股价下跌时在自有资金范围内抛出股票从中获取丰利，即使股价出现波动，也不急于将股票出手，此种空头交易被称为实空。

△**浮多**：浮多指看好股市前景，预计股价会上涨，想大捞一笔，却苦于有限，于是向别人借来资金，购进股票。持股票做多头的其放款若要收回，即需要卖出，偿还资金，同时，即使股价上涨，亦不可长期持有，一旦获得相当利润即卖出，万一股价下跌，便心慌意乱，赶紧赔钱了结，以防套牢。因其资金不稳定，所以称为浮多。

△**浮空**：其情形与浮多相同，只是预计股价下跌，借股放空，因所放空的股票随时有被收回的顾虑，所以被称为浮空。

△**翻多翻空**：原本看好行情的多头，看法改变，不但卖出手中的股票还借股放空，此种行为叫“翻空”。相反，看坏行情的空头，看法改变，不但把放空的股票补回，还购进股票，此种行为叫“翻多”。

△**长空**：指进行长线空头交易。投资者对股市未来行情看坏，预计股价会持续下跌很长一段时间，于是在借股卖出后，直到股价跌到一定时期才买入，从中获取厚利。

△**短空**：相对于长空而言。投资者在利空时预计股市前途只是在短期内看跌，于是立即借股卖出，并在短期内买进，以便获取少量的差额收益。

△**吊空**：持有股票的空头，卖出股票的当天股价非但没有下跌，反而见涨，于是空头只得忍痛用高价赔本将股票买进。此种情形即为吊空。

△**阴线和阳线**：反映股票行市下跌的曲线为阴线。反映股票行市上涨的曲线为阳线。

△**轧空**：指在交易所开盘后，投资者根据股市前景预测，普遍认为当天的股价将会下跌。于是多数人去做空头交易。然而股市行情却事与愿违，股价并没有大幅度下跌，无法低价购回股票，如至收盘前仍无明显下跌趋势，做空头者只好竞相补进，从而出现收盘价大幅上升的局面。

△**轧多**：指在证券交易所开盘后，投资者根据股势前景预测当天的股价将要上涨，于是多数人去做多头交易。然而股市行情却事与愿违，股价并没有大幅度上涨，买进的股票无法高价卖出，如至收盘前股价仍无明显上涨，做多头的只好竞相削价出售所持股票，造成收盘价大幅度下降的局面。

△**跳空**：股价受利多或利空影响后开始出现较大幅度的上下跳动。股价受利多影响上涨时，证券交易所当天的开盘价或最低价高于前一天的收盘价在两个申报单位以上时，或在下跌时当天的开盘价或最高价低于前一天的收盘价在两个申报单位以上时，而于一天的交易中，上涨或下跌超过一个申报单位的跳动现象，称之为跳空。

△**补空**：指在出现股价跳空时，过一段时间将没有交易的空价位补回。

△**多翻空**：当投资者做多头时，预计股价已收涨到峰顶，于是全部卖出所买进股票的交易现象，称为多翻空。

△**除息**：指股票市场价格中减去该发行公司应发放的股息红利金额称为除息。发行公司一般每年向股东发放一次股息红利。但在一年中，股东是不断变更的，为便于发放，于是规定以某月某日在册股东名单为准，并在此的前一段日期停止过户。停止过户以后买进股票的，便不得享受参加股东大会及领取股息红利的权利。因而股票买卖的价格应扣除所发放的股息红利，即所谓的除息交易。

△**除权**：指在股票市场的价格中减去该发行公司发行股票的增资配股的权利。所谓配股权，指公司为增加资本金，发行新股票时，原有股东有优先认购或认配的权利。权利价格计算公式分为无偿增资配股与有偿增资配股2种，无偿增资配股的权利价值为：

停止过户前一日收盘价 - 停止过户前一日收盘价 ÷（1 + 配股率）

有偿增资配股的权利值位为：

停止过户前一日收盘价—（停止过户前一日收盘价＋新股缴款额×配股率）÷（1＋配股率）

其中，配股率代表每股老股票配发多少股新股票的比率。

将停止过户前一日的收盘价减去相应的权利价值就是除权价格。除权以后的股票买卖即称为除权交易。

△**长多、短多、死多**：长多是指投资者对股市前景看好，购进股票长期保留，以获取长期上涨的利益。短多是指投资者认为股势短期为看好，买进股票获取少额利益，等下次再出现利多消息时再买进。死多是指投资者看好股市前景，买入股票，即使股价出现下跌，也宁愿放上几年，只抱定一个原则：不赚钱不卖，直到认为所持股票价格上涨到可以出手的理想价格为止。

△**多杀多**：一种股票投机现象。投机者普遍预计当天股价将上涨，于是都抢多头帽子，但是股价却没有大幅上涨，无法高价卖出，获取暴利。等到交易快结束时，由于投机者竞相卖出。反而造成收盘时股价大幅下跌。

△**空头位置**：进行卖空投机者，从实施卖空后直至某一特定日期未能补进的状况。在补进前，他始终处于空头位置，而一旦补进，空头位置即告终结。

△**多头位置**：证券市场中，做多头者发现其按合约购买的股票较其在结算日所能支付的股票有更多收益的一种交易情景。

△**多头与空头**：证券交易中两个最基本的概念和方法。多头又称买空，指在预期证券行市上涨时，以现价买进一定数量证券，进一段时间行市上涨后以此获取差价利润。空头，又称卖空，指在预期证券行情下跌时，预先卖出一定数量某种证券（多是用自己的存货），待行市下跌后补进，即先卖后买的交易行为，与多头刚好相反，以此也可获得差价利润。做多头与空头时不一定要支付证券全部价款，只需付一部分保证金即可进行。这样，获得的收益将会更多，同时承担的风险也会更高。以保证金方式进行交易需要在证券商行开立保证金帐户。如买进证券，只需付部分保证金，其数额的剩余部分由证券商行予以垫付，代垫部分按市场利息率计利息，买进的证券则存在证券商行作为垫款的抵押品。如卖出证券，即做空头，由证券行代垫出证券进行交割，卖出证券所得价款作为证券商行代垫的证券的金额及利息。

△**支撑线**：股价下跌到某一价位附近，如有大量买进的情形，使股价停止下跌甚至回升的价位，即是遇到支撑线，支撑线通常在重要的上升顶点上方或是多空互斗激烈价位的底线。

△**阻力线**：股价上涨到某一价位附近，如有大量的卖出情形，使股价停止上升，甚至回跌的价位，即是遇到阻力线，阻力线通常在重要的回升的下方，或是多空互头最激烈，有大量交易价位的顶线。

△**上一档、下一档、盘档**：所谓“档”是指股票的升降单位。一档可能是一分、五分、一角、五角、一元、五元等。股票上档或下档的股价就依各股的价位而定了。一日之内。某种股票最高与最低差不超过6档，这种状况称为盘档。

△**回档与反弹**回档是指上升趋势中，因股价上涨过速而回跌，这种调整价位的现象，称回档。回档幅度远较上涨的距离小，通常回跌到前次涨幅的1/3左右即恢复上升趋势。反弹指下跌趋势中，因股价下跌过速而回升这种调整价位的现象，称为反弹，反弹幅度远较下跌的幅度小，通常反弹到前一次下跌幅度的1/3左右时即恢复下跌趋势。

△**白手拿鱼**：客户给经纪人下达买进指令后，在必须付款前，如所购股票上升，就将所购股票通过另一经纪人售出，并以某种借口要求立即收款，利用这一程序支付先前购买的款额。这种未花钱而赚到利润的做法叫白手拿鱼。

△**关卡**：股价上升或下跌时，所遭遇到阻碍的价位，上升时的关卡称为阻力线，下跌时的关卡称为支撑线。

△**上档与下档**：指当时股价之上的价位，就叫上档；而在当时股价之下的价位，则叫下档。

△**拔档**：是为减少股价下跌期间所受损失的一种交易行为。即持有股票的多头遇股价下跌，并预期股价还会继续下跌时，马上将其持有的股票卖出，等股票跌落一段差距后再补回，以期减少差距。

△**整理**：股票的市场价格在经过一段迅速的上涨或下跌后，碰到某种阻力或支撑，股价原来的上涨或下跌出现明显放慢趋势，开始出现小幅度的上下跳动，其跳动幅度大约为10－15％左右，并将持续一段时间。这种现象被称为整理。

△**套牢**：指投资人进行股票交易时可能遇到的一种风险。如投资人原来预计股价会上涨，买进股票后，股价却一直呈下跌趋势，这就称为“多头套牢”。使投资人遭受损失。

△**沉滞**：反映证券市场交易态势的一个术语，指证券市场上成交量甚抵、交易不活跃的状况。

△**坐轿**：预期利多或利空消息即将公布，股价必将随之大幅度变动，于是先期买进或卖出股票，等待消息一出现，大家抢进或抢出，使股价大涨或大跌后再卖出或买回股票，牟取厚利。前者称坐多头轿子，后者称坐空头轿子。

△**抬轿**：利多或利空消息公布后，认为股价会大幅度变动，立刻抢买股票或抢卖股票的人，抢利多消息买进的人称为抬多头轿子，抢利空消息卖出股票的人，称为抬空头轿子。

△**变现**：证券持有人将其所持有的证券在证券交易市场上售出从而换取到现金的行为。

△**价位**：指证券价格变动中所达到的一定位置。即证券交易中作为买卖对象的证券的特定价格水准。

△**停板**：指证券交易所内当天证券市场价格上涨或下跌到法定的限度时，不能再涨跌的行市。它分为涨停板和跌停板。涨停板和跌停板都是指当天市场价格上涨或下跌到最低限度的行市。

三、股市招术

△**知足常胜法**：投资人想获取投资收益是当然的，他们加入到证券投资的队伍中来，本身就是受收益动机支配的。可实际问题在于盈利最大的敌人就是贪婪。知足是股市上获得成功的要诀。股票市场上贪心的投资人并不少见，每当股票价格上涨时，总不肯果断地抛出自己手中的股票而一直在心里勉励自己：一定要坚持到最后胜利的一刻，不肯放弃有更多盈利的机会！每当股票价格下跌时，又都迟迟不肯买进，总是盼望股价跌了再跌。这些投资人虽然与追跌的投资人相比，表现形式不同，但有一个共同之处，就是自己不能把握自己。这种无止境的欲望，反倒会使本来已经到手的获利事实一下子落空了。他们只想富贵险中求，不想收益中深藏高风险。但较多的投资人还是保守型的，他们的获利原则是，能争取收益决不轻易放弃，有可能获得的收益也要设法保全它，不再让其失去。比如投资人在上海行情中估计股指上升到500点没问题，这时抛出股票可以获利20％，这样，他就不愿意在450点时就把股票抛出来。如果行情果真到了500，他也不想冒更大的风险，他要确保这已到手的20％的收益。

“差不多就行了”是许多短期投资人的观念，常见的做法是，只要有10％的收益就决定买进或卖出。与前面的投资者不同，这两种投资者即使看到有厚利可图，也不作等待。在证券界已广为人知的“赚10％方法”，就是投资人买进股票后，等价格涨到有10％收益时就立即把它出售。他们没有多大的贪心，更无任何的遗憾，10％的收益可以是一周的收益，也可以是一个月的收益，甚至是更长时间的收益。其实这些投资人是很聪明的，因为一周赚10％，不考虑其他支出的话，就等于获得521．43％的年收益率；一月赚10％，也仍然达到120％的年收益率。真可谓“见好就收，来日方长”。

△**知进知退法**：在熊市阶段，股友之间热门话题无非是如何抄到熊市的大底，若能抄到熊市的大底才算是炒股高手？

当然，能抄到大底自然是高手，但抄到真正的大底未必一定赚到多少钱，而赚不到钱即使抄到大底也没用。许多炒短线的股民看到有可能形成底部就大军杀入，等到底部被破坏则立即斩仓，这样屡抄屡斩，等到最后抄到真正的底时本钱已经亏去不少，实际成本比不抄底而等待底部确认后再买入还要高，而且也未必能在最高点卖出。可见，要在股市中赚到钱必须做到两点：首先是在合适的时间（通常在底位）买到合适的股票；其次是要在合适的时间（通常是顶部）卖出合适的股票，但问题是如何确认什么时间是合适的卖出时机？

针对买卖股票的最佳时机问题，是永远没有完美的解决办法，但可以从策略上将此“大事化小，小事化了。”股市老手一般喜欢运用“止损点技术”来确定卖出股票的时机，以减少可能的损失。该法必须在买入前设定某个价位为止损点，若股价跌破止损点时立即卖出止损。

同样，“止损点技术”也适合于获利的情况下。有时候顶部比底部更难识别，所以若股价上扬而逐步提高止损点，任何时候只要跌破止损点就坚决卖出，这样就不会过早卖出股票，从而保证赚到行情的大部分。“止损点技术”的本质在于持有股票时必须考虑何时退出，准备买入股票时必须考虑买入后能否全身而退，知进知退，方能百战不殆。

△**非明不战法**：股市老手的一个习惯是非明不战。即对股市周期如果不甚了解，决不轻易炒做。为了把握股市周期，投资人必须了解各种事件对股市的冲击。一般而言，某些专业报刊会刊登最近发生的各种政治大事，经常翻阅这些资料极为有用。若有可能，还应查找以往各年股市走势的的资料，以便了解各种政治经济事件对股市产生何种影响。例如，1994 年 8 月初，国家证券主管部门的好消息刺激股市疲软状况，股市人气重聚涨高，一星期内攀升 50 多点，所以说投资者若能正确及时敏锐发现消息，就能独立地从事股票买卖了。重视消息面最主要还是要密切关注国家金融调控政策。

△**长线大鱼法**：为什么要选择业绩优良的股票作长期投资呢？长期投资可以不必为每天的股价起伏操心；可以避免短线进出的风险；可以节省进进出出的佣金和交易税负担等等。就投资所得的利润来说，短线进出者即使技巧很好，表面上获利再丰，也还是比不上长期投资所获的利润优厚。长期投资业绩优良、能够维持稳定股利及稳定股价的公司，所获得的利润是按等比级数累积的。

当然，这种利上滚利的长期投资，其投资对象必须是以业绩优良，并且是增长性的公司。业绩欠佳，没有盈余的股票，当然谈不上长期投资之利；即使是营运良好、获利可观的公司，如果没有很好的发展前景，产品市场受限制，没有扩大再生产的机会，也难以逐年增资及维持获利能力不变。投资这类股票也难以利上滚利。

△**乘胜追击法**：也称金字塔操作法。按照一般理解，当投资者预计股价将上升时，以低价买进股票，当股价真的上升时即以较高价格抛出，这种想法当然不错，但往往会产生“获利不多，后悔不小”的后果，因为当股票抛出后，如果股价继续上涨，且涨幅还很大，那么投资者就失去了更多的利润。而乘胜追击法则主张在预计股价会长升、且事实也是如此时，应一买再买，乘胜追击，只是买进数量要随着价格的上升而逐次减少，并在预期的价位停止买进，在停止买进后，如果股价真象预料一样不再上涨，则开始卖出，但不能一次出手，而是随着价格的上涨逐次增加卖出的股票数量。这样做的结果，则是收入最大、后悔最小，其高明之处在于步步为营，以攻为守，寸土必争，万无一失。在运用“乘胜追击”法时，还应牢记以下几点：①必须在股市价格长时期上涨的大趋势下采用此法，否则会令你一败涂地。②在买入阶段，应随股价的上升逐次减少买入数量；在卖出阶段，要随着股价的上升逐次增加卖出数量。只有这样，才能降低买入成本，提高卖出收益，并把风险降低到最低的程度。③停止买进点和开始抛售点要选择适当。虽然该点较难把握，但只要做到：“在价格上升趋势还十分明朗的阶段就停止买进”，就可做到大体准确地把握买卖的价位。④在买入阶段，如果价格上升很快，则每次买入金额要少，买入次数要多；反之，则买入金额要多，买入次数要少。在卖出阶段，如果价格上升很快，则每次卖出金额要多，次数要少；反之则每次卖出金额要少，卖出次数要多。⑤本方法适宜资金实力雄厚的投资者操作。

△**摊平操作法**：无论任何人，在进行股票交易时，都难免有马失前蹄时。如果买进时机不对，或买进价格过高，就会被“套牢”。所以，有经验的股票投资者必定讲究逐步操作，那就是摊平操作法。其要点是任何买进卖出都不能一次了结。一次买一点或卖一点，以便下档摊平，或上档加码。所以，摊平操作法分为下档摊平和上档加码两种方式。所谓下档摊平，指投资者买进股票之后，由于股价下跌，因而手中持股发生亏损。当股价再跌落一段时间之后，他就在低价时再买进一些股票，以便匀低原持有股票的成本。所谓上档加码，就是指股票投资者在买进股票后，股价上升了，再加码买进一些，以便持股数量增多，扩大获利比率。无论下档摊平或上档加码，其前提是“不能把全部资金一次投入”。资深股票投资者买卖股票的方式，有一种叫做“三分之一法”。即第一次买进股票时，只买进所有资金的 1/3，另外 2/3 的资金，留待以后分一次或两次摊平或者加码使用。

△**追涨卖跌法**：“追涨卖跌法”诀窍在于：在行情开始启动的时候，或者在涨势起步前期及中期，开始买进，就可获利；同样，能够在一轮股票涨势已经结束，跌势开始形成的时候，或者在跌势的前期及中期，抛出手中持股，就可确保利润，避免亏损。在千变万化的股票市场中，的确只有“追涨卖跌法”才能赚钱。

△**跌买涨卖分析法**：所谓跌买涨卖，是对涨跌或跌涨这两种股价转变情况即涨与跌之间的相对情况而言的。因股价上涨有两种变动趋势：一种是上涨后继续上涨（即涨涨）。一种是上涨后转为下跌（即涨听跌）股价同样有另外两种变动趋势：一种是下跌后继续下跌（即跌跌）；一种是下跌后转为上涨（即跌涨）。如果股价从最低点开始上涨到中间价位，或者股价从最高点下跌到中间价位，这时投资人总认为出现涨涨或跌跌两种无转变的情况的可能性较大，而不认为存在涨与跌的相对性，因此，就会追涨或追跌。他们追涨、追跌期望的是股价走势不变，这是一个很重要的不同点。上涨时该不该卖出，或者下跌时该不该买进，关键在于，股价变化到某一价位时会不会产生转折。如果发生转折，就有涨与跌的相对性，而构成了矛盾统一体，这样我们就应遵循跌买涨卖的做法；如果估计不会发生股价转折，不存在矛盾统一性，就不强求套用跌买涨卖的做法。例如：深圳股票指数跌至 100 点，这时你就不要等待它再往下跌多少，而要视情况准备买进。

△**拨档子操作法**：“拨档子”是指投资者卖出自己所持股票，等价位回落之后，再予补回的作法，此实属一种多头降低成本，保持实力的投资策略。采用此种操作法是反败为胜的前奏。常适用于资金有限的投资者，在遭到“套牢”时，因不再有后备资金投入平摊成本，只有在股价变动过程，先卖后买，即一旦发觉股价有跌落趋势，及时抛出所持股票，以减少损失，否则等到股价跌到低谷，则损失更大了。当该股价被确认已降到最低点时，重新买回，等待行情回升。若过一段时期有回升，但前景仍不明确，即补前一波不得已卖出的损失，甚至会小赚几分。在股价涨势过程中，有一种回档是主力大户拨档子造成的，他们趁机赚点自己股票的差价，顺便清理浮动筹码，使行情稍作回档。如此看来，既可维持跟进者的兴致，又可减轻操作成本。但是，采用该法时必须见好就收，以免人为压低行情，白白让利于他人。

△**量少好炒法**：任何新品的价格都是由供求规律来决定的，股市也同样受供求规律的影响，某种股票流通在外的股数，或称流通的筹码，即股票的发行总数减掉公司管理阶层所持股数后的数目，是影响这种股票供求情况的重要因素。如果某种股票的发行数量太大，那么要拉动它的股价就要耗费一番功夫。要使这些股票的价格上扬，必须有强劲的市场需求。反之发行数量较少的股票只要市场需求稍为转旺，股价就会迅速上扬。倘若有两种股票，其中一种发行量为 1000 万股，另一种发行量为 6000 万股，那么当其他因素相同时，发行量较少的股票其表现就好得多，如果两种股票的发行量一样而两公司大股东所持有的股票百分比不等则大股东持股愈多，流通在外的股数就愈少，这种股票也就愈值

得投资。

△**守株待兔法**：对于那种老是觉得自己运气不好的人来说，是一种很值得参考的方法。股票投资者一般喜欢追逐有意上涨的股票，或跟从大户进出。这样，当市况处于轮做情形时，则往往是亏。在股票轮做、行情上升且跳时，采用追涨的做法可能买到上涨的股票，但可能这种股票就要停顿或回落了；而此时手头没有的股票却又开始上涨。因此，在股票轮流跳动阶段，既然没有把握追逐到刚好开始上涨的股票，那就不妨采用以静制动的做法，即选择涨幅小、且价位尚未调整的股票买进，等到其它同类股票涨了，自然会有主力发现这种未动股的潜力的。所谓守株待兔策略，就是投资者买进市场上挂牌且每天有交易的多种股票，具体可根据能力决定每种股票只买一个单位，或每个行业选择一种股票或每种股票各买进数个单位。这样，任何一种股票上涨都可以获益，真所谓“东方不亮西方亮”，省却了选择股票的许多操心。当然，在采用本策略时，仍应制订一个原则，如涨幅超过20%时即可卖出，跌幅超过20%时则买回来。应该说明的是，守株待兔策略并非是高招，只是当你选择股票没有绝对把握时可以采用。

△**顺势操作法**：所谓顺势操作法，也就是当整个股市大势挺升时“做多”或买进股票，当整个股市大势趋跌时卖出所持股票，持有现金待机而动。看准市势，才能顺势操作。所谓“看准市势”，一则指其必须判明股市究竟在趋升还是趋跌，二则指必须及早发现市势的转变。如果在某种市势的末尾，实际上应该采取“逆向操作”了。表面上看来，“顺势操作”与“逆向操作”是矛盾的。实际上二者是一致的。对大多数投资人而言，“逆向操作”只不过是赶在众人未发现市势转变之前实行“顺势操作”而已，只有极少数实力极为雄厚而能左右股市的投资人的“逆向操作”，才具有“兴风作浪”，从中取利的意义。

△**以静制动法**：以静制动法，即指选择涨幅较小或尚未调整价位的股票买进持有，等待主力大户来发现或抬升这种股票或者轮做行情过后再调整投资方向和对象。至于轮做时期尚未调整价位的股票大致有两类，一是平日交易极少，市场大户难以掌握筹码的股票；二是价位长期偏低，使人误认为其值本来就低于市值的股票（实际情形却相反）。

△**广撒罗网法**：就是把证券交易市场上挂牌且每天有交易的大多数或所有股票都买一些（至少一手），如果财力不支则可每个行业的主要股票各进一手，这样，当行情上升时，你便可以跟着获利，而不必费心去选择股票，弄得惶惶不安，这实质也就是投资组合化方法。

采用广撒罗网法，应当注意几个问题：第一，要注意股市长期趋势或股市气势。如果股市行情处于或正走向跌势行程，则广撒罗网就会变成全面溃败，只有行市处于上升行情中，这种方法才能赚钱。第二，不要买冷门股。过冷的股票虽然可以爆发一时，但更多的却是买进不易，卖出更难，将普通投资人本来极有限的资金长期冻结起来，令投资小户忍受不起。第三，要订一种卖出原则。比如说股价涨幅超过二成或三成则可卖出，不到这个标准决不卖出。这样，甲股票涨达标准，卖掉它，再买价位下跌了的股票，整个投资组合便灵活起来，赚钱的可能性也更大。

△**补亏操作法**：就是在股价急剧跌落时，投资人采取补救亏损的方法，以求减少亏损或扭亏为盈。补亏的方法有两种，一是在股价剧跌之初发现这一情况，可迅速抛出有关持股，另投于其他股票或待此价位跌至谷底附近时重新买进，这样不必增加投资，且股价只要略有上升即可弥补亏损，甚至赚取利润；另一方法是扩大投资，如果待发现价位剧跌时已被套牢，则只要预测到股市前景看好，即可在谷底附近增资新购，购得越多，捞回本钱的机会越大，赚的钱越多。

△**逆我操作法**：所谓逆我操作法，就是当你忍不住想卖的时候，反而要买进；当忍不住要买进的时候反而要卖。逆我操作，虽是违反自已的意愿行事，实质却有一定道理，有时也获得成功，因为普通投资人，尤其是每天光临交易厅的普通投资人，极容易受“群众情绪”影响，产生“从众行为”，做出不明智的决策。例如，本来你经过冷静分析和直觉判断应该买进，但到交易所一看却是一片叫卖，便忍不住要卖出。这时实际上股价也许已接近谷底，你不买反卖，自然失策。

△**最大风险法**：甘冒最大风险以获取最大收益的一种方法。也叫大中取大法。它是从若干种自然状态的各个方案中，选取最大收益中的最大值所对应的方案，作为最优方案，然后予以采纳。

△**最小风险法**：把风险降低到最小程度来获取最小收益为目的的一种方法。它是先从诸方案中找出不同自然状态下的最小收益值，再从这些最小收益值中选择一个收益最大的方案作为最优方案，然后予以采纳，该法也叫小中取大法。

△**分散投资组合法**：分散投资组合法主要包括：①企业种类的分散，不要集中买同一行业企业的股票和债券，以免碰上行业性不景气，投资人会遭受重大损失。②企业单位的分散，不要把全部资金集中购买某一个企业的证券，即使该企业业绩好也要适当分散。投资股票前先了解一下派息时间，可按派息时间叉开选择投资，因为按照惯例，派息前股价都会升高，即使你买的这只股票因利率、物价等变动而在这一时间遭受公共风险，你还可期待到另一时间派息的股票身上获利。③投资区域的分散，分开投资可收到东方不亮西方亮之效。因为在一个地区内的企业投资环境不一样，开发区内和开发区外的企业的投资环境也不一样。

附　卷

中国证券市场大事记

（1996年11月1日—1997年12月1日）

编者按：鉴于1996年12月1日出版的《中国证券大全》在“证券市场大事记”中对我国证券市场从发展到1996年11月期间已作详细记录出版。因此本书大事记只收录从1996年11月1日到1997年12月1日止。

1996年

11月

1日　中国证监会发出《关于严禁操纵市场行为的通知》，对操纵市场的行为和制造传播虚假信息的媒体从严惩处。

5日　国际证券交易所联会第36届年会在港结束，联会会长本特·吕登博士表示，将在适当的时候，发展中国为联会的会员。

6日　经国家计委批准，1996年中国铁路建设债券35亿元将于近期公开发行。到目前，此次发行的债券额度将创一次发行企业债券的最高记录。

8日　第36届国际证券交易所联会年会国际研讨会在京召开，国务院证券委主任周正庆指出“法制、监管、自律、规范”八字方针是贯彻“九五”期间的指导思想，证监会将始终把规范化建设和市场监管作为工作重点。

8日　首届中国证券市场投资锦标赛结束，本次大赛从8月12日到今日经历了62个交易日，经过12轮的角逐，总冠军是陶永根，亚军是赵笑云，季军为王豪，他们的成绩分别为512.71%，229.76%、65.38%。

9日　首届中国证券市场投资锦标赛颁奖仪式暨“培养成熟，理性投资”专题研讨会在北京举行。

11日　深圳、武汉开通沪市无形席位国债回购业务。

12日　中国证监会发布《境内及境外证券经营机构从事外资股业务资格管理暂行规定》。该规定从1996年12月1日起实施。

13日　中国证监会在厦门召开全国证券期货监管授权工作会议。

15日　中国工商银行合肥市分行和中信实业银行济南分行因违规为证券经营机构申购股票拆借巨额资金而被查处。

16日　中国证监会对12家因透支认购新股作出处罚。

20日　中国证监会对海南证券北京营业部和深发展北京营业部对客户进行融资案件进行处罚。

22日　第21届东南亚新澳中央银行组织行长研讨会在京举行。中国人民银行行长戴相龙在会上表示：我国将在引进外资同时保持汇率稳定。

26日　中华全国律师协会金融证券业务委员会在北京成立。这是全国律协为进一步加强律师队伍建设，提高律师专业水平，适应我国金融体制的改革和证券业的迅速发展的一项重要措施。

27日　为期9天的首届上海国内名优出口商品竞选展销会日前结束。上菱电器等一批上市公司夺得三分之一的金、银奖项。

27日　里昂证券公司上周在全球首次推出了B股一揽子备兑认股证。

30日　苏州商品交易所会员制改造工作完成。

12月

3日　中国证监会主席周道炯在首期上市公司董事、监事培训班上指出，上市公司当前面临的首要任务是规范化。

3日　深沪两地证交所决定自1996年12月16日起，对在两交易所上市和交易的股票（含A股和B股）基金类证券的交易实行价格涨跌幅限制。上交所在12月2日就此向各会员单位发出了《关于对股票、基金交易实行价格涨跌幅限制的通知》。

4日　香港联交所理事会选举徐耀华为新的行政总裁，郑维键任联交所主席一职。

5日　中国证监会对君安证券有限公司，山东省国际信托投资公司，广东证券公司等三家机构的透支违规行为分别处以警告和罚款。

5日　中国证监会对华银国际信托投资公司等28家机构违规认购新股的行为进行了处罚。

6日　中国证监会颁布关于印发《申请公开发行股票公司报送材料标准格式的通知》和《关于股票发行和认购方式的暂行规定》。

9日　中国证监会发出《关于加强证券市场风险管理和教育的通知》，认为要提高市场防御风险能力。

9日　香港特区第一届政府推选委员会第三次全体会议，选举董建华为香港特别行政区第一任行政长官人选。

9日　中国证监会向深交所、上交所和各指定报刊发出通知，要求加强对上市公司临时报告的通知。

11日　北京有关部门开始清查券商透支行为。

12日　《中国证券监督管理委员会公告》1996年第五版正式出版发行。

12日　第三届中港股市研究学术会议在深召开。

13日　央行制定会员证管理办法。禁止设立会员证交易所，会员证转让必须在持股人与申请人两者之间进行。

13日　中国证监会确认中信证券公司等10家证券商从事股票承销业务的资格。

14日　据国家海关统计，今年1—11月，我国外贸进出口总值已达2515.19亿美元，实现顺差140亿美元。

14日　深沪交易所发出通知,对股票、基金交易实行涨跌幅限制,涨跌幅不得超过10%,并对股票基金交易实行公开信息制度。

14日　新华社发表《环球股市震荡告诉了我们什么》的述评文章。

15日　国家计委、国务院证券委宣布:今年股票发行规模为100亿元。

16日　《人民日报》发表特约评论员文章《正确认识当前股票市场》

17日　中国证监会发言人发表谈话《规范市场行为,保护投资者利益》。

24日　国家信息中心预测1997年证券市场的规模进一步扩大,规范化水平进一步提高。

27日　各大证券传媒头条刊登署名文章《透过现象看变化——对近两周股市的思考》

31日　在社会各界人士的积极支持与参与下,《中国证券大全》经过紧张而细致的编务工作由新华社隆重发行,受到了证券界人士的高度评价。

1997年

1月

1日　在广东省东莞市召开的1996年新上市公司规范运作座谈会上,周道炯强调:实现规范化是上市公司最主要的任务。

3日　港澳证券成都营业部出资30万元在蓉设立教育基金。

8日　国务院证监委公布发行境内上市外资股预选企业名单。

8日　中国证监会决定,正式受理境内及境外证券经营机构从事外资股业务资格申请。

9日　国家税务总局统计,1996年全国工商税收收入累计完成6446亿元,比上年增长19.7%。增收1062亿元,完成年计划的107%,超收419亿元。

11日　中外证券法制历史与现状学术研究会在琼召开。

13日　人民银行行长戴相龙要求金融系统支持企业兼并破产,依法维护金融债权。

13日　中国证监会对期货经纪公司及其营业部、期货兼营机构进行年度检验。

17日　中国证监会发布《关于股票发行工作若干规定的通知》

17日　中国人民银行副行长陈耀先表示央行货币政策将从主要依赖贷款规模管理转为运用存款准备金率、央行存款利率和公开市场操作业务等来控制基础货币。

17日　中国证监会颁布《招股说明书的内容与格式》和《上市公告书的内容与格式(试行)》。并于今年4月1日起开始执行。

18日　中国证监会对张家界旅游开发股份公司和湘证交的违规行为分别处以罚款,没收盈利。

19日　《上市公司检查制度实施办法》出台。

22日　中国证监会发出关于1996年上市公司年报编制工作中若干问题的通知。

27日　为方便和鼓励个人买卖国债,财政部出台10项政策措施。

2月

1日　国家开发银行首次在美国发行3.3亿美元扬基债券。

17日　上海证券业协会成立。

27日　《贸易进口付汇核销监管暂行办法》发布,定于今年3月1日起施行。

28日　96三峡债券发行,总额为10亿元;面额分为:100元,1000元和10000元;期限为3年,年利率为11%,单利不保值。

3月

1日　中国证监会作出决定,严厉查处天津红小豆期货操纵案。

1日　深圳证券交易所颁布《关于对A股和基金交易实行公开信息制度的通知》。

3日　中国证监会发布了《证券市场禁入暂行规定》

7日　中国造币总公司以4250万港元买得香港印钞公司15%股权。

7日　深圳市首家在香港上市的红筹股"深业控股"在香港联交所正式挂牌。

8日　中国证监会对金马期货公司欺诈客户的行为处以警告和停业整顿半年的处罚。

8日　《深圳市外资金融机构上级管理费审批办法出台》。

11日　深圳高速H股在港招股超额认购三十七倍,专业配售认购逾十倍,创今年首季香港上市企业中筹资额的最高记录。

12日　国务院证券委主任周正庆表示:证券工作要进一步落实"法制、监管、规范、自律"八字方针。

13日　深圳高速在港成功上市

13日　国家经贸委和外经部联合发出《关于进一步推动生产企业自营出口工作有关问题的通知》。

14日　修订后的《中华人民共和国刑法》出台,决定自1997年10月1日起施行。新刑法首次将证券犯罪列入其中。

18日　中日签署证券监管谅解备忘录,标志着中日两国证券市场合作与交流进入了新阶段。

24日　北京大唐发电股份有限公司成功地在伦敦证券交易所挂牌上市,成为首家在伦敦上市的中国公司。

25日　国务院证券委员会正式发布《可转换公司债券管理暂行办法》,同时宣布阶段发行可转换债券的企业范围为国家确定的500家重点国有企业未上市的公司,发行额度为40亿元,上市公司暂不列入试点范围。

27日　中国证监会发出通知要求,进一步做好上市公司年度报告工作,并将对年报不规范公司进行处罚。

29日　国务院确定今年价格调控目标,全国商品零售价格涨幅平均控制在百分之六以内,居民消费价格涨幅平均控制在百分之八以内。

4月

2日　澳大利亚证券交易所上市规划研究会在京举行。

4日　中国建设银行在港成功发行2亿美元浮息债券。该债券将在香港联交所挂牌上市。这是1997年中国的商业银行第一次在国际金融市场发行债券,也是中国银行业在沉寂了一年多时间后首次进入国际资本市场。

11日　中国人民银行发布《公开市场业务暨一级交易商管理暂行规定》

11日　中国银行发行3亿美元亚欧浮息债券签字仪式在港举行,这是我国第一次在国际市场发行此种债券。

18日　财政部发布《中华人民共和国国债托管管理暂行办法》。

19日　中国证监会与马来西亚证券委员会在北京签署中马证券期货监管合作备忘录。

23日　中国人民银行公布《中国人民银行货币政策委员会条例》。

5月

5日　中国证监会下达已定但未公布的1996年计划内50亿元新股发行额度。

9日　国务院发布通知:将股票交易印花税从3‰调整到5‰。

10日　据上海外贸管理部门统计,到1996年底,世界大的跨国公司中已有50家进入上海投资,投资项目100多个,投资额逾31.6亿美元。

10日　中国人民银行发出《关于进一步加强银行结算管理的通知》

10日　世界银行下属的国际金融公司日前披露在去年世界最佳成果的股票市场中,中国股市以增长89%位居第五。

15日　国家计委,国务院证券委确定今年股票发行规模为300亿元。

17日　国务院批转关于深化大型企业集团试点工作意见的通知,对深化大型企业集团试点工作提出了新的要求,试点企业集团由57家扩大到120家。

21日　国务院证券委、中国人民银行、国家经贸委联合发布关于严格执行《严禁国有企业和上市公司炒作股票的通知》。

22日　央行颁发了《加强金融机构内部控制的指导原则》的通知。

24日　北京市证监会主席表示,北京市证监会将在今后的工作中,积极支持国家重点企业和基础行业,推选一批经营业绩良好,生产能力强的优秀企业上市。

24日　香港证监会主席梁定邦表示B股在港上市已具备条件。

24日　中国人民银行颁布《加强金融机构内部控制的指导原则》,要求全国各金融机构必须建立健全内部控制制度。

24日　上海粮油商品交易所、广东联合期货交易所、郑州商品交易所、大连商品交易所、北京商品交易所与国家粮油信息中心实现计算机联网。

24日　美国标准普尔公司近日宣布,国家开发银行的长期债信用等级由BBB提高到BBB⁺。

27日　国家统计局总经济师印晓华表示,我国国民经济已进入了一个新的稳定发展阶段。

6月

5日　财政部发布《企业会计准则——关联方关系及其交易的披露》,这是继1992年《企业会计准则》发布后,财政部发布的第一项具体会计准则。

5日　中国人民银行发布《关于禁止银行资金违规流入股票市场的通知》

5日　财政部,中国人民银行在北京联合召开全国电视工作会议,要求各地统一认识,加强组织领导,确保完成今年国债发行任务。

10日　国际评级机构标准·普尔公司将我国主权信用等级由BBB提高到BBB$^+$,评级前景定为稳定。同时,该公司还确认我国的短期信用等级为A^2。

11日　中国证监会对嘉信期货公司提供虚假会计资料等问题进行了调查并作出处理,取消其业务资格。

11日　中国人民银行戴相龙行长近日就"九七"后中国内地与香港金融关系撰文指出,加强两地金融合作,促进经济繁荣稳定。

13日　今年国家为年初确定的129个重点建设项目共安排资金1547亿元,仅占基本建设大中型项目投资的58.9%,比去年增加134亿元,占全国基本建设投资的17.4%。

13日　国务院证券委会同中国人民银行,国家审计署,中国证监会等有关部门对深圳发展银行、中国工商银行上海分行、广深铁路股份有限公司、海通证券公司、申银万国证券公司、广发证券公司等机构及其负责人违规行为作出了严肃处理。国家金融、证券监管部门决定,凡国有银行向其他机构和个人提供资金炒股,上市公司、证券公司和机构大户利用银行信贷资金炒股以及操纵市场者,对其主要负责人一律撤职并认定为证券市场禁入者,决不姑息,对情节严重构成犯罪者,将依法违究其刑事责任。

13日　兰州查封十家非法从事期货交易公司,净化、规范了期货市场。

16日　全国银行间债券交易正式运行。

20日　国务院发出关于进一步加强在境外发行股票和上市管理的通知。

20日　我国成功发行五亿欧洲马克债,此笔债券期限为5年,发行利率为在德国5年期国债票面利率的基础上加55个基点。

23日　中国银行成功发行两亿美元亚洲债券,这笔债券期限为5年,利率为伦敦同业拆借利息LiBor加0.3%,将在新加坡上市。

24日　国家试点企业集团工作会议召开,在会上李鹏强调:以市场为导向搞好企业集团。国家体改委副主任洪虎说要侧重建立现代企业制度,国家计委副主任指出要切实推进两个根本转变。

24日　中国人民银行重申严禁有关单位对外提供担保。

27日　天津中新药业集团在新加坡挂牌,这是中国第一家在新加坡发售S股的公司。

28日　中国证监会发出通知要求'97中期报告规范从严。

7月

3日　中国证监会取消了鑫远期货经纪有限公司等11家未通过1996年度年检的期货经纪公司。

3日　中国代表团团长吴建民在联合国经社理事会上强调,有利外部环境对实现发展不可缺少;证券资本对发展中国家金融市场的稳定形成威胁。

4日　《企业所得税减免税管理办法》出台。

6日　国有资产管理局副局长潘乐指出资产评估业管理体系亟待规范统一。

10日　深圳市地税局查封宝日高尔夫球场,限该公司十五日内缴清所偷税款及滞纳金,逾期将以拍卖财产所得抵缴。

10日　国务院任命周正庆兼中国证券监督管理委员会主席,陈耀先为国务院证券委员会副主任、中国证券监督管理委员会副主席,陈东征为中国证券监督管理委员会副主席。

免去周道炯的国务院证券委员会副主任,中国证券监督管理委员会主席职务。

12日　中国证监会重申严禁非法境外期货外汇按金交易。

14日　广东省证监会对散布虚假信息,误导投资者的深圳自由撰稿人谭春霖作出公开批评的处罚

22日　周林出任深圳发展银行行长。

22日　上交所根据1996年度报告审核的具体情况并结合上市公司历年来在信息披露上的规范运作表现,对"津港储运"等9家公司给予了表扬。

24日　中国人民银行行长在贵州调研时,要求金融系统认真学习江泽民总书记重要讲话,把金融事业顺利推向二十一世纪。

24日　中国南方航空公司股票在纽约证券交易所挂牌上市,这是继今年二月份初中国东方航空公司在纽约成功上市后中国又一家大型国有航空公司在美国融资。

25日　最高人民法院就宁波华通股权纠纷案向有关部门复函,明确了股权转让过程中取得股权的依据是依法办理过户手续,过户后即可转让。这是最高法院首次以司法解释的形式为股权转让提供法律依据。

27日　全国注册会计师协会秘书长工作会议宣布,中国注册会计师协会将从1997年8月到1998年12月,在全国范围内开展注册会计师行业的清理整顿工作。

28日　全国注册会计师协会秘书长工作会议上传出信息说:有关部门将做出决定,所有从事证券业务的会计师事务所一律与挂靠单位脱钩;凡有挂靠单位的会计师事务所,取消从事证券业务的资格。

28日　首届证券注册会计师资格考试结果近日揭晓,1177名报考注册会计师人员中,有431人取得合格成绩,合格率为36.62%。

28日　中国五金矿进出口总公司继去年8月中旬在纽约成功发行一亿美元的商业票据后,再次在纽约发行了一亿美元的商业票据。

8月

1日　至今年6月,香港股市市值已达5511.47亿美元,居全球第六。

1日　我国货币政策委员会组成。

2日　最新一期英国《银行家杂志》统计,全球千家大银行排定座次,中国内地和香港台湾地区共有63席银行入选,中国银行以137.37亿美元的一级资本跃居第15位;中国工商银行以一级资本117.72亿美元列25位,以下是中国建设银行(列66位),中国农业银行(78位),中国交通银行(135位),中国招商银行(537位)。

5日　上海人均国内生产总值(GDP)将突破3000美元,进入后工业化的中等发达状态。

7日　国家体改委发布《关于发展城市股份合作制企业的指导意见》。

8日　印尼巴厘银行在上海正式开设代表处,成为印尼银行界第一家来沪设点的银行,这也是该行在华设立的首家代表处。

8日　广东"福地杯"证券法规知识竞赛圆满结束,潮州市信托投资公司获得一等奖。

9日　财政部将持有的华夏、国泰两家全国性证券公司各5%的发起人股份转让给华侨城经济发展总公司,将其持有的南方证券公司的5%发起人股份转让给中国中旅集团公司。

10日　深圳证券卫星通信双向网小站突破900家,该网已跨入亚洲数据通信量最大的卫星通信双向网行列。

11日　中国证监会发布《证券业从业人员资格培训与考试大纲(试行)》。

12日　香港特区首次动用外汇基金,提供十亿美元,参与援助泰国的贷款计划。

13日　国务院决定将上海证券交易所和深圳证券交易所划归中国证监会直接管理,证券交易所的总经理和副总经理由中国证监会任命,理事长、副理事长由中国证监会提名,理事会选举产生。

13日　中国证监会任命屠光绍同志为上海证券交易所总经理,免去杨祥海同志总经理职务。

13日　中国决定向泰国提供10亿美元贷款。

14日　中国人民银行行长戴相龙强调要继续坚持适度从紧的货币政策,同时要适当调节宏观调控的力度。

18日　财政部和国家税务总局就企业资产评估增值有关所得税的处理问题发出通知。

20日　国家国资局和国家体改委联合制定发布了《股份有限公司国有股股东行使股权行为规范意见》,自发布之日起施行。

21日　财政部增发四百亿元凭证式国债。该国债为三年期,年利率为9.18%。

21日　国家国资局重申要充分发挥产权登记证的法律凭证作用。

23日　国家税务局下发《关于加强证券交易印花税征收管理工作的通知》。

25日　中国人民银行副行长陈元指出:金融对外开放逐步走向成熟,今后将对外资银行采取以国民待遇为主,辅以对等互惠的政策。

9月

2日　由中国金融学会、中国证券业协会、怡富证券集团和广发证券有限责任公司联合主办的"证券投资基金务实研讨会"在北京召开。

4日　中国证监会任命桂敏杰为深圳证券交易所总经理,免去庄心一总经理职务。

4日　香港联合交易所宣布多项发行衍生认股权证的新增措施,并即时生效,包括认股证之最低发行价将限定为2角5分,买卖单位设定为每手最多10000份。

8日　由香港联交所、香港证监会、香港贸发局联合主办,四川省证管办、四川省体改委协办的"香港证券市场介绍会"在成都总府皇冠假日酒店举行。

12日　中国共产党第十五次全国代表大会在北京隆重开幕,江泽民同志代表第十四届中央委员会向大会作报告。报告的题目是《高举邓小平理论伟大旗帜,把建设有中国特色社会主义事业全面推向二十一世纪》。

22日　世界银行和国际货币基金组织联合发展委员会在香港举行了第56次会议。

23日　世界银行和国际货币基金组织理事会1997年度年会在香港会议展览中心隆重开幕。国务院总理李鹏出席年会开幕式并发表讲话。

27日　中国证券市场暨中国行业经济发展研究报告在成都举行。

27日　为贯彻党的十五大精神,培育和促进重庆资本市场的健康发展,重庆市政府、重庆有价证券公司、美国美林证券公司在重庆联合举办了股票现代场外交易市场研讨会。

30日　深圳市将率先推行内部员工持股制度,在全市范围内推广员工持股在我国尚属首次。

10月

1日　全国人大于今年初修订的新《刑法》正式实施。新《刑法》增加了关于证券犯罪的条款,它的实施受到证券市场各个层面人士的广泛关注。

1日　根据国务院决定,我国再次较大幅度自主降低进口关税税率。这次降税涉及4874个税号(现行税则共6633个税号)的商品,降幅达26%,关税算术平均税率从23%降至17%。

7日　李鹏总理主持召开国务院第62次常务会议。会议原则通过《证券投资基金管理暂行办法》,确定作进一步修改后进行试点。

11日　国内42家大型国有企业集团联合组建、注册资金10亿元的我国又一家"航母级"证券经营机构——联合证券有限责任公司在深圳隆重开业。

13日　世界经济论坛第6届东亚经济高峰会议在香港会展中心开幕,中国经贸委主任王忠禹向来自50多个国家和地区的千余名代表介绍了中国的经济发展和国有企业改革情况。

14日　印度尼西亚中央银行再次干预汇市,阻止印尼盾对美元汇率的继续下跌。

16日　在中国人民银行江苏省分行牵头下,31家券商共同签订了《在宁证券经营机构自律公约》。

16日　经香港与内地协商,并经国务院批准,香港与内地跨界大型基建协调会成立,并在深圳举行了第一次全体会议。

20日　香港期货交易所取消现货月以外的所有恒生指数,包括金融、公用事业、地产及工商业分类指数合约的停板安排。

22日　为适应证券业新的发展,重庆证管办独立挂牌。

23日　经国务院批准,中国人民银行宣告决定,再次降低金融机构存、贷款利率。

23日　香港股市经历了极为动荡的一天,恒生指数在强大的抛盘压力下连续第四个交易日暴跌,并在早市跌破10000点重要关口,尾市收在10426.30点,较前日跌1211.47点,跌幅10.4%。

26日　应美利坚合众国总统威廉·克林顿的邀请,国家主席江泽民下午乘飞机离开北京,开始对美国进行国事访问。

27日　香港银行公会宣布,调高存款利率0.75厘,活期存款及24小时存款均由4厘增至4.75厘。

28日　黄河小浪底水利枢纽工程截流顺利实现围堰合拢。李鹏总理在工程截流仪式上发表讲话,这标志着小浪底工作取得了重要的阶段性成果,也表明了我国在治理黄河的道路上又迈出了可喜的一步。

29日　中美两国在华盛顿发表的一项联合声明中决定,两国共同致力于建立中美建设性战略伙伴关系。

31日　我国发行规模最大的企业债券——35亿元'96中国铁路建设债券在深圳证券交易所隆重上市。

31日　中华人民共和国主席江泽民参观了已有200多年历史的纽约交易所。

11月

3日　香港联交所第一届理事会举行首次会议,选举主席,两名副主席及新一届常务委员会。利汉钊当选香港联交会主席。

8日　举世瞩目的三峡工程胜利实现大江截流。李鹏总理宣布截流成功后,在如潮的欢呼声中,中共中央总书记、国家主席江泽民发表了重要讲话。

10日　中国石化总公司齐鲁石化公司兼并淄博化纤总厂和淄博石油化工厂的签字仪式在淄博市举行。这起兼并涉及债务总额30多亿元,是建国以来最大的一起国有企业兼并行为。中共中央政治局委员、国务院副总理吴邦国出席签字仪式并作了重要讲话。

12日　经国务院批准,中国人民银行发布了《国有独资商业银行监事会暂行规定》。将向国有独资商业银行派出监事会。

13日　中国证券监督管理委员会与巴西证券委员会在北京签署了《中巴证券监管合作谅解备忘录》。周正庆代表中方签字。

17日　沪市第四所卫星远程委托系统在拉萨开通。

17日—19日　中共中央和国务院在北京召开全国金融工作会议。江泽民、李鹏、朱镕基在会上作了重要讲话,会议提出了进一步做好金融工作的总体要求,指导原则,主要任务和主要措施。

23日　中华人民共和国主席江泽民在"九七温哥华晚宴"上发表讲话时指出,各国之间只有承认差别,求同存异,相互尊重,互利合作,才能维护世界和地区的和平与稳定,谋求共同的发展与繁荣。

25日　中华人民共和国主席江泽民在温哥华发表讲话时表示,中国对加强亚洲区域金融合作持积极态度,中国政府决定到2005年将工业品的平均关税降低至10%。

25日　APEC第五次领导人非正式会议在加拿大举行,江泽民主席发表重要讲话。

29日　中国证监会举办为期六天的上市公司董事、监事培训班(第二期)日前在北京结业;出席本期培训班的共有102家上市公司百余名董事、监事;证监会副主席陈耀先、国家经贸委副主席陈清泰分别在培训班上授课。

29日　在第二届中国与世界证券期货市场回顾与展望专家会议上,来自8个国家和香港特别行政区、中国台湾地区的专家表示,对中国证券市场发展前景充满信心,中国新经济政策有利于证券市场发展。

29日　据新华社消息,三年多来发行的5000多万张信用卡,成为我国金卡工程光彩夺目的告捷牌;上海、广州、北京、青岛等12个地区经济中心城市金卡工程试点的成功,将对全国的金融电子化起到重要的推动作用。

12月

1日　江泽民主席在接受加拿大《环球邮报》记者专访时指出:中国防止泡沫经济是成功的;东南亚金融危机对中国内地和香港没有什么影响;香港回归后,经济繁荣,社会稳定,前景良好。

1日　有关权威部门日前调查统计分析表明,我国当前金融运行基本正常;货币供应量基本适度,储蓄存款增势减缓,金融机构贷款增帐有所下降,银行间同业拆借市场交易继续收缩。

1日　中国人民银行副行长陈元日前在京强调,要进一步加强和完善金融机构内部控制;我国金融机构内部控制要争取与国际接轨;并对完善和加强我国金融机构内部控制提出八项要求。

1日　首届中国货币市场和资本市场高级研讨会日前在深圳举行,会议认为应促进货币市场和资本市场的协调发展,强化金融市场风险防范体系建设。

1日　国务院副总理朱镕基在会见新西兰总理时说,中国目前经济是健康的,通货膨胀率已降到很低水平,在今后若干年,直至21世纪初,中国经济仍将保持8%到9%的增长速度;中国还将继续改善投资环境,鼓励外资进入中国;中国人民币币值是稳定的,实际上是稳中有升,面对东南亚国家的货币贬值,中国将采取许多措施来提高商品出口和吸引外资的竞争力,而不会也无须采取使人民币贬值的方法。

1日　深交所昨举行开业七周年招待会,深交所总经理桂敏杰在致辞中说,深圳证券市场正在进入一个新的发展阶段,必将向世界展现新的辉煌。

证券投资基金管理暂行办法实施准则

（中国证监会　1997 年 12 月 12 日发布）

证券投资基金基金契约的内容与格式（试行）摘要

一、前言

（一）订立基金契约的目的、依据和原则。

（二）基金设立依据的法规。

（三）基金契约的当事人按照《暂行办法》、基金契约及其他有关规定享有权利、承担义务。

（四）基金投资人自取得依基金契约所发行的基金单位，即成为基金持有人，其持有基金单位的行为本身即表明其对基金契约的承认和接受，并按照《暂行办法》、基金契约及其他有关规定享有权利、承担义务。

二、基金契约当事人

（一）基金发起人

（二）基金管理人

（三）基金托管人

三、基金的基本情况

（一）基金名称

（二）基金类型

（三）基金单位拟发行总份额

（四）基金单位每份面值为人民币 1 元

（五）基金存续期限

四、基金单位的发行

（一）基金单位的发行日期、发行期限、发行方式、发行对象

（二）基金单位每份发行价格

（三）基金发起人认购的份额

（四）基金单位的认购限额

五、基金的成立和交易安排

（一）基金成立的条件

（二）基金不能成立时已募集资金的处理方式

（三）基金成立后的交易安排

六、基金的托管

七、基金的投资目标、投资范围、投资决策、投资组合和投资限制

八、基金发起人的权利与义务

九、基金管理人的权利与义务

十、基金托管人的权利与义务

十一、基金持有人的权利与义务

十二、基金持有人大会

（一）召开事由

（二）召集方式

（三）通知

（四）出席方式

（五）议事内容与程序

（六）表决

（七）公告

十三、基金管理人、基金托管人的更换条件和程序

十四、基金资产

（一）基金资产总值

（二）基金资产净值

（三）基金资产的帐户

（四）基金资产的处分

十五、基金资产估值

（一）基金资产估值目的

（二）基金资产估值事项

十六、基金费用与税收

（一）基金费用种类

（二）基金费用的计提方法、支付方式

（三）不得列入基金费用的项目

（四）基金的税收

十七、基金收益与分配

（一）基金收益的构成

（二）基金净收益

（三）基金收益分配原则

（四）基金收益分配方案

（五）基金收益分配方案的公告

十八、基金的会计与审计

十九、基金的信息披露

（一）基金的定期报告与公告

（二）基金的临时报告与公告

（三）基金资产净值公告

（四）基金投资组合公告

（五）公开说明书

（六）信息披露文件的存放与查阅

二十、基金的终止和清算

二十一、违约责任

二十二、争议的处理

二十三、基金契约的效力

二十四、基金契约的修改和终止

二十五、其他事项

二十六、基金契约当事人盖章及法定代表人签字、签订地、签订日

证券投资基金托管协议的内容与格式（试行）摘要

一、托管协议当事人

订立托管协议当事人的名称、住所、法定代表人、注册资本、经营范围、组织形式、存续期限等。

二、托管协议的依据、目的和原则

三、基金托管人与管理人之间的业务监督、核查

（一）基金托管人对基金管理人的投资运作进行监督，以及发现基金管理人违反《暂行办法》、基金契约及其他有关规定时的处理方式和程序；

（二）基金管理人对基金托管人托管基金资产进行核查，以及发现基

金托管人违反《暂行办法》、基金契约及其他有关规定时的处理方式和程序。

四、基金资产保管

(一)基金资产保管的原则

(二)基金成立时的验资事宜

(三)基金银行帐户的开设和管理

(四)基金证券帐户的开设和管理

(五)基金资产投资的有关实物证券的保管

(六)基金资产有关重大合同的保管

五、投资指令的发送、确认及执行

(一)基金管理人对发送投资指令的授权

(二)投资指令的内容

(三)投资指令的发送、确认及执行程序

(四)授权人员更换的程序

六、交易安排

(一)代理证券买卖的证券经营机构的选择标准、程序等;

(二)基金投资于证券后,有关清算交割安排,以及基金托管人与基金管理人进行资金和证券帐目对帐的时间、方式等;

(三)封闭式基金成立后,申请上市及拟上市的证券交易所、上市时间;开放式基金成立后,基金托管人与基金管理人之间就开放式基金申购与赎回有关事项的业务安排;

(四)基金持有人买卖基金单位的清算、过户与登记方式。

七、资产净值计算和会计核算

(一)基金资产净值及基金单位每份资产净值计算和复核的完成时间及程序;

(二)基金托管人和基金管理人按各自职责建立基金帐册并定期对帐的事宜,以及基金财务报表编制和复核的时间、程序。

八、基金收益分配

九、基金持有人名册的登记

十、信息披露

(一)基金托管人和基金管理人除按《暂行办法》、基金契约及其他有关规定进行信息披露外,不得将基金未公开的有关信息提供给第三人;

(二)基金托管人和基金管理人在信息披露中的职责及信息披露程序。

十一、基金有关文件档案的保存

十二、基金托管人报告

十三、基金托管人和基金管理人的更换

十四、基金管理人的报酬和基金托管人的托管费

基金管理人的报酬和基金托管人的托管费的计提比例、计提方法、复核程序、支付方式和支付时间等。

十五、禁止行为

(一)除《暂行办法》、基金契约及其他有关规定另有规定外,基金托管人、基金管理人不得为自己或他人谋取任何利益;

(二)基金托管人对基金管理人的正常指令不得拖延或拒绝执行;

(三)除根据基金管理人的指令或基金契约另有规定外,基金托管人不得动用或处分基金资产;

(四)基金托管人、基金管理人应当在行政上、财务上相互独立,其高级管理人员不得相互兼职。

十六、违约责任

十七、争议的处理

十八、托管协议的效力

十九、托管协议的修改和终止

二十、其他事项

二十一、托管协议当事人盖章及法定代表人签字、签订地、签订日

证券投资基金招募说明书的内容与格式(试行)摘要

招募说明书封面

招募说明书封面应载明下列重要揭示:

"发起人保证招募说明书的内容真实、准确、完整。本招募说明书经中国证监会审核同意,但中国证监会对本基金作出的任何决定,均不表明其对本基金的价值和收益作出实质性判断或保证,也不表明本基金没有风险。

基金管理人承诺诚实信用、勤勉尽责地管理和运作基金资产,但不保证基金一定盈利,也不保证最低收益。"

招募说明书正文

一、绪言

二、释义

三、基金设立

(一)基金设立的依据

(二)基金存续期间及基金类型

(三)基金发起人认购及持有情况

(四)基金契约

四、本次发行有关当事人

(一)基金发起人

(二)销售机构

(三)律师事务所和经办律师

(四)会计师事务所和经办注册会计师

(五)其它与本次发行有关的机构

五、发行安排

(一)发行方式

(二)发行时间

(三)发行地区

(四)发行对象

(五)基金单位发行总份额、发起人认购份额及向社会公开发行的份额

(六)基金单位每份发行价格、面值、发行费用

(七)基金单位认购与持有限额

六、基金成立

七、基金投资

(一)投资目标

(二)投资范围

(三)投资决策

(四)投资组合原则

(五)投资限制

(六)基金管理人代表基金行使股东权利的处理原则及方法

八、风险揭示

(一)市场风险

(二)管理风险

(三)其他风险

九、基金资产

(一)基金资产的组成

(二)基金资产的帐户

(三)基金资产的处分

十、基金资产估值
(一)估值目的
(二)估值日
(三)估值方法
(四)估值对象
(五)估值程序
(六)暂停估值的情形
十一、基金费用
十二、基金税收
十三、基金收益与分配
(一)收益的构成
(二)收益分配原则
(三)收益分配方案
(四)收益分配方案的确定与分告
十四、基金的会计与审计
(一)基金会计政策
(二)基金审计
十五、交易安排

如为封闭式基金,说明成立后拟申请到××证券交易所上市交易,拟上市时间;如为开放式基金,说明基金成立后的申购、赎回事项。

十六、基金的信息披露
(一)信息披露的形式
(二)信息披露的内容及时间
(三)公开说明书
(四)基金信息披露文件的存放与查阅
十七、基金持有人
(一)基金持有人的权利与义务
(二)基金持有人大会
十八、基金发起人
(一)基金发起人情况
(二)基金发起人的权利与义务
十九、基金管理人
(一)基金管理人情况
(二)基金管理公司章程摘要
(三)基金管理人的更换
(四)基金管理人禁止行为
(五)基金管理人受处罚情况
(六)基金管理人的权利与义务
二十、基金托管人
(一)基金托管人情况
(二)基金托管人的更换
(三)基金托管人禁止行为
(四)基金托管人受处罚情况
(五)基金托管人的权利与义务
二十一、基金终止
二十二、基金清算
二十三、其他应披露事项
二十四、招募说明书存放及查阅方式

备查文件

备查文件至少应当包括下列文件:
1. 中国证监会批准基金设立的文件
2. 基金契约
3. 法律意见书
4. 基金发起人的营业执照
5. 基金管理人业务资格批件、营业执照和公司章程
6. 基金托管人业务资格批件和营业执照
7. 中国证监会要求的其他文件

基金管理公司章程必备条款指引(试行)摘要

一、总则
(一)公司章程的约束力
(二)公司的组织形式
(三)公司的名称
(四)公司的住所及办公条件
二、经营宗旨、经营范围和注册资本
(一)公司的经营宗旨
(二)公司的经营范围
(三)公司的注册资本
三、股东、出资比例和股份转让
(一)公司股东及主要发起人的情况
(二)公司股东的出资方式和出资比例
(三)公司股东的股份转让
四、股东权利和义务
五、股东会

股东会的职权,尤其应对公司经营方针、经营目标、经营范围等事项发生变化的批准程序作出具体规定。

六、董事会
(一)董事的任职资格和限制
(二)董事的义务
(三)董事的禁止行为
(四)董事的报酬
七、监事或监事会
八、经理
(一)经理及其他高级管理人员的任职资格
(二)经理的义务
(三)公司解聘经理及其他高级管理人员的条件和程序
九、经营管理
(一)公司的内部管理制度和风险控制制度

(二)公司不得与任何人订立将公司所管理基金资产的业务交于该人负责的合同或协议

(三)对公司组织机构和主要从业人员的要求
(四)公司自有资金的运用限制
(五)公司的禁止行为
十、财务会计和利润分配
(一)公司财务信息的披露
(二)会计师事务所聘任和解聘的程序
十一、合并和分立
十二、解散和清算
十三、章程修改
十四、附则

(注:"证券投资基金管理暂行办法"见第4012页)

秦皇岛华联商城股份有限公司

秦皇岛华联商城股份有限公司股票上市公告书

一、要览

总股本:11005 万股
可流通股本:3000 万股
本次上市可流通股本:3000 万股
股票简称:华联商城
股票代码:0889
上市地:深圳证券交易所
上市时间:1997 年 12 月 18 日
登记机构:深圳证券登记有限公司
上市推荐人:深圳国投证券有限公司
　　　　　　河北证券有限责任公司

二、绪言

本上市公告书是根据《中华人民共和国公司法》、《股票发行与交易管理暂行条例》、《公开发行股票公司信息披露实施细则(试行)》、《深圳证券交易所业务规则》等有关法律、法规的规定,为本公司股票公开上市之目的,向社会公众提供有关资料而编制的。

本公司新股发行经中国证券监督管理委员会证监发字〔1997〕477 号文和证监发字〔1997〕478 号文批准。股票上市申请经深圳证券交易所深证发字〔1997〕369 号《上市通知书》同意,本公司股票将于 1997 年 12 月 18 日(星期四)在深圳证券交易所挂牌交易。本公司总股本 11005 万股,本次上市流通的 3000 万股均为 1997 年 10 月 30 日向社会公开发行的新股,公司内部职工股 2272 万股,待公司本次股票上市三年后上市交易。

本公司于 1997 年 10 月 27 日在《中国证券报》、《证券时报》上刊登了《招股说明书概要》,距今不足六个月,故与其重复的内容在此不再重述,敬请投资者查阅本公司的《招股说明书概要》。

本公司董事会成员已批准本上市公告书,确信其中不存在任何重大遗漏或者误导,并对其真实性、准确性、完整性负个别及连带责任。

三、公司概况

(一)概况

1、公司名称:秦皇岛华联商城股份有限公司
　英文名称:QINHUANGDAO HUALIAN BUSINESS BUIDING CO.,LTD.
2、注册地址:河北省秦皇岛市海港区河北大街 152 号
　邮政编码:066000
3、成立日期:1997 年 5 月 16 日
4、注册资本:11005 万元
5、法定代表人:孙志浩
6、经营范围:

针纺织品、日用百货、土产日杂、服装鞋帽、糖酒、食品、五金交电、化工产品、家用电器、家具、金银饰品、汽车配件、机电产品(不含公共安全及设备)的批发和零售、烟(零售)、仓储、汽车货运、服装加工、酒店业、旅游业。

7、公司职工人数:2655 人
8、公司咨询电话:(0335)3023349
9、联系人:刘宏　殷刚

(二)公司历史沿革

秦皇岛华联商城股份有限公司是由秦皇岛华联商厦股份有限公司和秦皇岛商城股份有限公司经批准采用合并方式设立的股份有限公司。秦皇岛华联商厦股份有限公司是 1993 年 3 月经河北省体改委冀体改委股字〔1993〕22 号文批准,以秦皇岛华联商厦为主体,与中国糖业酒类集团总公司、中国商业对外贸易总公司共同发起,以定向募集方式设立的从事商业零售、批发业务的股份有限公司。秦皇岛商城股份有限公司是 1993 年 3 月经河北省体改委冀体改委股字〔1993〕23 号文批准,以秦皇岛商城为主体,与秦皇岛市银河物资经销公司、中信(秦皇岛)有限责任公司、中国耀华玻璃集团公司共同发起,以定向募集方式设立的从事商业零售、批发业务的股份有限公司。

两公司分别于 1997 年 1 月 23 日和 2 月 1 日召开临时股东大会决议通过以合并方式设立本公司,河北省体改委于 1997 年 2 月 26 日以冀体改委股字〔1997〕4 号文批准同意两公司的合并方案。秦皇岛华联商厦和秦皇岛商城全部资产并入秦皇岛华联集团有限公司,秦皇岛华联集团有限公司是本公司的控股公司,两公司定向募集设立时的其他发起人仍作为本公司的发起人。1997 年 4 月 18 日河北省人民政府以冀股办〔1997〕18 号文同意本公司设立。1997 年 5 月 15 日本公司召开创立大会暨首届股东大会,本公司于 1997 年 5 月 16 日在河北省工商行政管理局依法注册登记。

(三)公司历次股票发行情况

1、1993 年 3 月,经河北省体改委冀体改委股字〔1993〕22 号文批准,秦皇岛华联商厦股份有限公司向社会法人定向募集股份 31 万股,同时向内部职工定向配售 1156.6 万股;同年 3 月经河北省体改委冀体改股字〔1993〕23 号文批准,秦皇岛商城股份有限公司向社会法人定向募集股份 162 万股,同时向内部职工定向配售 2322 万股。1997 年 4 月 18 日,经河北省人民政府冀股办〔1997〕18 号文批准,由秦皇岛华联商厦股份有限公司和秦皇岛商城股份有限公司以新设合并方式设立本公司,原两公司股份相应合并至本公司,合并后本公司股本总额为 8005 万股。

2、本次上市新股是经中国证券监督管理委员会证监发字〔1997〕477 号文和〔1997〕478 号文批准,向社会公开发行的 3000 万股。

四、股票发行与承销

(一)本次公开发行

发行数量:3000 万股
发行价格:每股 3.78 元
发行市盈率:14.5 倍
股票面值:每股 1.00 元人民币
发行期:1997 年 10 月 30 日
发行方式:上网定价
配售比例:0.454486%
有效申购户数:447,719 户
持 1000 股以上户数:29,999 户(不含内部职工股户数)
发行费用总额:600 万元
每股发行费用:0.20 元
募集资金总额:11340 万元

(二)股票承销

本次股票发行获得超额认购,承销商无余额包销。

(三)验资报告(京都会验字〔1997〕第 0118 号)

秦皇岛华联商城股份有限公司全体股东:

我们接受委托,对秦皇岛华联商城股份有限公司截至 1997 年 11 月 12 日止的实收股本及相关的资产和负债的真实性和合法性进行了审验。在审验过程中,我们按照《独立审计实务公告第 1 号—验资》的要求,实施了必要的审验程序。秦皇岛华联商城股份有限公司的责任是提供真实、合法、完整的验资资料,保护资产的安全、完善,我们的责任是按照《独立审计实务公告第 1 号—验资》的要求,出具真实、合法的验资报告。

秦皇岛华联商城股份有限公司申请的注册资本为 110,050,000.00 元。根据我们的审验,秦皇岛华联商城股份有限公司在本次公开发行股票前已收到各股东投入资本 123,846,135.24 元,其中股本 80,050,000.00元,资本公积 43,796,135.24 元,本事务所已出具京都会验字〔1997〕第 073 号验资报告予以验证。本次公开发行 A 股股票 3,000 万股,截止 1997 年 11 月 12 日,秦皇岛华联商城股份有限公司已收到公开募集的股本金 107,400,000.00 元,其中股本 30,000,000.00 元,资本公积 77,400,000.00 元(已扣除发行费用 600 万元),与上述募集资金相关的资产为货币资金,已全部存入秦皇岛华联商城股份有限公司在中国工商银行秦皇岛市分行河北大街办事处开立的 10202250316382 帐户内。

附件:1、投入股本明细表
　　　2、验资事项说明

京都会计师事务所　　中国注册会计师:童登书
　　　　　　　　　　中国注册会计师:魏　刚
中国·北京　　　　　1997 年 11 月 13 日

五、董事、监事、高级管理人员持股情况

姓　名	职务	持有股数(股)	占总股本的比例(%)
孙志浩	董事长	3852	0.0035
韩树仁	副董事长、总经理	0	0
李永衡	董事、副总经理	3852	0.0035
刘　宏	董事、副总经理	0	0
姜德起	董事、副总经理	3852	0.0035
王蕴茹	董事	0	0
王新宇	董事、副总经理	3852	0.0035
李宝贵	董事、副总经理	0	0

王令义	董事	15408	0.014
张绍平	董事	0	0
李爱森	董事	0	0
刘世宏	董事	0	0
陈　颖	董事	3852	0.0035
张福纯	监事会主席	3852	0.0035
孙立军	监事	1275	0.0035
肖起彪	监事	0	0
曹瑞海	监事	1617	0.0015
耿学英	监事	3852	0.0035
孟祥智	副总经理	3186	0.0029
殷　刚	董事会秘书	0	0

公司董事、监事和高级管理人员共持有本公司股票48450股,占公司股本总额的0.044%,按照《中华人民共和国公司法》规定,上述人员持有的股份在任职期间不得转让。

六、公司设立

1、本公司1997年5月15日召开的公司创立大会暨首届股东大会通过了公司申请向社会公开发行股票并在深圳证券交易所上市的决议。

2、公司注册资本:11005万元

3、本次发行后重新注册登记时间:1997年11月28日

4、公司注册地址:河北省秦皇岛市海港区河北大街152号

5、营业执照注册号码:10436611—1—1

七、关联企业及关联交易

(一)关联企业

1. 本公司的大股东情况

名称	持本公司股数(万股)	持股比例(%)	主要业务
秦皇岛华联集团有限公司	4247	38.59	国内商业、物资供销业
中国糖业酒类集团公司	475	4.32	商业批发、零售
秦皇岛市银河物资经销公司	444	4.03	批发、零售、代购、代销
中信(秦皇岛)有限责任公司	149	1.35	铝、铝合金板加工、销售
中国耀华玻璃集团公司	133	1.21	玻璃及玻璃制品
中国商业对外贸易公司	101	0.92	进出品、代理

2. 控股及参股公司

名称	注册资金	持股比例	主营业务
秦皇岛华联康保有限公司	133.33万美元	26.79%	保龄球、健身娱乐及装饰装修

(二)关联交易

本公司已与秦皇岛华联集团有限公司于1997年7月21日订立了《承诺函》,就双方之间的行业竞争和优先选择达成了若干原则。根据该协议,秦皇岛华联集团有限公司作出承诺,不直接经营或参与经营任何与本公司业务有竞争或可能有竞争的业务。

本公司的参股公司已在工商管理机关登记注册,领取了营业执照,不存在由于本公司与其关联企业的关系而影响公司的重大合同条款之有效性的可能性。

八、股本结构及大股东持股情况

(一)本次上市前本公司总股本11005万元。其中:

种类	股数(万股)	比例(%)
1. 尚未流通股份		
(1)发起人股	5550	50.43
其中:国家股	4247	38.59
其他法人股	1303	11.84
(2)募集法人股	183	1.66
(3)内部职工股	2272	20.65
2. 可流通股份		
社会公众股(A股)	3000	27.26
合计	11005	100.00

(二)本公司前十名股东所持股数及持股比例

股东名称	持股数(万股)	占总股本的比例(%)
1. 秦皇岛华联集团有限公司	4247	38.59
2. 中国糖业酒类集团公司	475	4.32
3. 秦皇岛市银河物资经销公司	444	4.03
4. 中信(秦皇岛)有限责任公司	149	1.35
5. 中国耀华玻璃集团公司	133	1.21
6. 中国商业对外贸易公司	101	0.92
7. 连建忠	50	0.45
8. 四川乐山节能器厂	37	0.34
9. 北戴河暑期供应站	27	0.25
10. 秦皇岛进出口商品检验公司	27	0.25

九、公司财务会计资料

(一)审计报告(京都会审字〔1997〕第549号)

秦皇岛华联商城股份有限公司全体股东:

我们接受委托,审计了秦皇岛华联商城股份有限公司1994年12月31日、1995年12月31日、1996年12月31日、1997年6月30日资产负债表,1994年度、1995年度、1996年度、1997年1至6月利润及利润分配表和1996年度财务状况变动表。这些会计报表由贵公司负责,我们的责任是对这些会计报表发表审计意见。我们的审计是根据《中国注册会计师独立审计准则》进行的,在审计过程中,我们结合贵公司实际情况,实施了包括抽查会计记录等我们认为必要的审计程序。

我们认为,上述会计报表的编制符合《企业会计准则》及《股份制试点企业会计制度》的有关规定,在所有重大方面公允地反映了贵公司1994年12月31日、1995年12月31日、1996年12月31日、1997年6月30日的财务状况及1994年度、1995年度、1996年度、1997年1至6月的经营成果和1996年度的资金变动情况,会计处理方法的选用遵循了一贯性原则。

京都会计师事务所　　中国注册会计师:童登书
中国　北京　　中国注册会计师:魏　刚
1997年9月29日

(二)财务报表附注

(1)会计制度:本公司1994—1996年度、1997年1—6月会计报表及本附注所载财务数据根据《股份制试点企业会计制度》编制。

(2)会计年度:本公司会计年度自公历1月1日起至12月31日止。

(3)记帐原则和计价基础:本公司采用权责发生制原则,以实际成本为计价基础。

(4)坏帐准备:本公司不计提坏帐准备,发生坏帐时按坏帐损失的实际发生额列入当期损益。坏帐确认执行国家有关商业企业财务管理规定及履行相应审批手续。

(5)存货计价方法:本公司存货分为商品存货和非商品存货。商品存货采用进价金额核算;非商品存货以实际成本计价,采用加权平均法结转发出、领用成本;低值易耗品采用五五摊销法核算。

(6)长期投资核算方法:本公司对持有20%以下股权的公司采用成本法核算,对持有20%以上股权的公司采用权益法核算,其中持有50%以上股权的公司纳入合并报表范围。

(7)固定资产及折旧:本公司固定资产为使用年限在一年以上、单位价值在2000元以上的房屋及建筑物、机器设备、运输设备、工具器具等。固定资产按取得时的实际成本计价,并按直线法计提折旧。各类固定资产的折旧年限、年折旧率及残值率如下:

固定资产类别	折旧年限	年折旧率	残值率
房屋及建筑物	20-45年	4.75-2.70%	5%
机器设备	7-15年	12.50-6.30%	5%
运输设备	8年	11.87%	5%
其他设备	8-12年	11.87-7.90%	5%

(8)无形资产及其摊销:本公司无形资产系房屋使用权购置支出,摊销期限为20年。

(9)递延资产及其摊销:本公司递延资产以实际成本计价,各类递延资产的摊销期限为:开办费,摊销期限为10年;商场改造工程,摊销期限为30年;其他装修工程,摊销期限为8年。

(10)税项

A. 主要税种及税率

①增值税:本公司增值税按商品销售收入17%税率(除图书适用13%、粮油适用10%)计算当期销项税额,扣除允许在当期抵扣的进项税额后缴纳。

②营业税:本公司营业税按租赁收入和其他业务收入的5%计算缴纳。

③消费税:本公司消费税按金、银、珠宝首饰及珠宝玉石销售收入的5%计算缴纳。

④所得税:根据秦政〔1995〕第215号通知和秦财商字〔1995〕第417号批复,秦皇岛华联商厦股份有限公司1994、1995年度所得税享受实际上缴所得税超过15%税率部分返还;秦皇岛商城股份有限公司1994、1995年度所得税按33%计缴。

根据中共河北省委冀发〔1996〕8号"关于学习推广上海先进经验的实施意见"的有关规定,秦皇岛华联商厦股份有限公司1996年度所得税享受所得税的全部返还,即1996年度实际所得税负为零;秦皇岛商城股

份有限公司1996年5月开业,秦皇岛市地方税务局直属征收分局根据财税字〔94〕001号通知核发〔97〕秦地税直政复字第8号批复,同意免征秦皇岛商城股份有限公司1996年度所得税。

根据河北省人民政府冀政函〔1997〕26号批复,秦皇岛华联商厦股份有限公司、秦皇岛商城股份有限公司1997年1－6月所得税执行33%所得税税率,超过15%的部分由市财政返还,秦皇岛市财政局以秦财商字〔1997〕第215号批复同意财政年终清算时返还。

B.秦皇岛华联商厦股份有限公司、秦皇岛商城股份有限公司于本公司组建以前的各项税金已分别向其所在地税务机关缴纳。

C.优惠税率及批文

河北省人民政府冀政函〔1997〕26号批复同意本公司组建、上市后执行33%所得税税率,超过15%的部分由市财政返还,计入公司未分配利润。此政策从1997年度开始执行。

(11)收入实现的确认:本公司以商品已经售出、货款已经收到或者取得收取货款的凭证时,确认收入的实现。

(12)利润分配:本公司净利润提取10%法定盈余公积金和5%公益金后,各年度可供分配利润按原股份有限公司各股东的认购股份比例予以分配。

(三)资产负债表、利润及利润分配表(见附表1、附表2、附表3)

经北京京都会计师事务所京都会审字〔1997〕第549号审计报告,对公司1994年至1996年三个会计年度及1997年1－6月的财务报表进行审计验证,其主要会计数据如下:

(四)主要财务指标如下:

指标	1997.1－6月	1996年度	1995年度	1994年度
流动比率	0.69	0.89	1.15	1.37
速动比率	0.37	0.56	0.77	0.69
存货周转率(%)	313.94	496.90	450.57	334.16
应收帐款周转率	113.43	178.75	212.42	482.90
资产负债率(%)	61.80	65.18	60.67	41.70
净资产收益率(%)	5.63	24.74	16.80	13.59
每股净利(元)	0.092	0.383	0.226	0.174

本次发行实际募集资金10740万元到帐后,每股净资产约为2.16元。

十、董事会上市承诺

本公司董事会将严格遵守《中华人民共和国公司法》、《股票发行与交易管理暂行条例》、《公开发行股票公司信息披露实施细则》和《深圳证券交易所业务规则》和国家有关法律、法规的规定,并自股票上市之日起作出如下承诺:

1、按照法律、法规的规定程序和要求披露重大的信息,并接受证券主管机关、深圳证券交易所的监督管理。

2、及时、真实、准确地公布中期报告、年度报告和经营业绩等资料,并备置于规定场所供投资者公众查阅。

3、本公司董事、监事及高级管理人员如发生人事变动持有本公司股份数额发生变化时,及时报告证券主管机关、深圳证券交易所,并及时通过证券主管机关指定的报刊通告社会公众。

4、在任何公共传播媒介中出现的消息可能对本公司股票的市场价格产生误导性影响时,本公司知悉后将及时对该消息予以公开澄清。

5、本公司董事、监事及高级管理人员将认真听取社会公众的意见和批评,不利用已获得的内幕消息和其他不正当手段直接或间接从事股票买卖活动。

6、本公司没有无记录负债。

十一、重要事项提示

1、本公司2272万股内部职工股自本次发行之日起期满三年后方可上市流通。

2、依据河北省人民政府冀政函〔1997〕26号文和秦皇岛市财政局秦财商字〔1997〕第215号文,本公司从1997年度股票上市起,执行33%所得税率,超过15%的部分由市财政返还,计入本公司未分配利润。

3、本公司本次股票发行后,新老股东共同享有1997年利润分配。

十二、咨询机构

发行人:秦皇岛华联商城股份有限公司
法定代表人:孙志浩
地址:河北省秦皇岛市海港区河北大街152号
联系人:刘宏　殷刚
电话:(0335)3023349
主承销商:河北证券有限责任公司
法定代表人:武铁锁
地址:河北省石家庄市裕华东路270号
联系人:王勇　胡宪华　王志北　毛传武
电话:(0311)6054234
上市推荐人:
(1)深圳国投证券有限公司
法定代表人:叶连捷
地址:深圳市红岭中路7号国际信托大厦三楼
联系人:李殿坤　彭易明
电话:(0755)5585386
(2)河北证券有限责任公司

十三、备查文件

1. 深圳证券交易所上市通知书
2. 招股说明书
3. 审计报告
4. 营业执照
5. 公司章程
6. 法律意见书

秦皇岛华联商城股份有限公司
一九九七年十二月十七日

资 产 负 债 表

编制单位:秦皇岛华联商城股份有限公司　　　　单位:千元

资　　产	1997.6.30	1996.12.31	1995.12.31	1994.12.31
流动资产:				
货币资金	15,564.71	25,960.69	11,781.90	7,390.71
应收帐款	1,671.61	1,648.46	1,633.46	295.43
减:坏帐准备	0.00	0.00	0.00	0.00
应收帐款净值	1,671.61	1,648.46	1,633.46	295.43
预付货款	12,431.11	22,821.63	28,133.37	7,743.96
其他应收款	22,237.89	39,780.60	35,623.15	16,784.23
存货	45,091.12	55,606.08	39,510.13	34,119.94
待摊费用	1,753.15	1,632.21	1,709.91	2,143.08
待处理财产损益	273.09	0.00	127.78	110.49
其他流动资产	0.00	0.00	1.12	0.00
流动资产合计	99,022.69	147,449.67	118,520.82	68,587.83
长期投资:				
长期投资	2,411.37	2,639.69	2,773.68	450.00
固定资产:				
固定资产原值	63,468.67	62,171.35	38,677.98	29,275.51
减:累计折旧	13,271.16	12,550.88	2,998.33	1,284.71
固定资产净值	50,197.51	49,620.47	35,679.65	27,990.80
在建工程	178,066.34	142,813.25	100,999.15	70,114.30
固定资产合计	228,263.86	192,433.72	136,678.81	98,105.10
无形及递延资产:				
无形资产	1,311.25	719.17	383.50	94.28
递延资产	12,583.75	12,420.57	4,672.32	1,327.72
无形及递延资产合计	13,894.99	13,139.74	5,055.81	1,421.99
资产总计	343,592.91	355,662.82	263,029.12	168,564.92
负债及所有者权益				
流动负债:				
短期借款	108,440.00	105,840.00	78,400.00	27,500.00
应付帐款	4,932.50	8,344.07	6,368.67	7,213.64
应付票据	3,052.63	2,813.80	0.00	0.00

资　　产	1997.6.30	1996.12.31	1995.12.31	1994.12.31
预收货款	1,962.06	2,199.59	20.00	14.04
其他应付款	21,721.77	20,567.29	4,872.29	2,868.88
应付福利费	1,824.27	1,628.45	1,125.92	485.68
未交税金	1,505.45	794.75	−25.96	718.39
未付股利	126.52	21,851.40	12,273.10	11,267.06
其他未交款	18.97	8.01	−15.12	14.28
预提费用	950.63	1,403.07	251.80	26.19
流动负债合计	144,534.80	165,450.43	103,270.71	50,108.15
长期负债：				
长期借款	65,000.00	65,000.00	55,000.00	19,000.00
长期应付款	1,318.93	0.00	1,000.00	1,000.00
其他长期负债	1,503.45	1,366.25	317.05	181.53
长期负债合计	67,822.38	66,366.25	56,317.05	20,181.53
负债合计	212,357.17	231,816.68	159,587.76	70,289.67
股东权益：				
股本	80,050.00	80,050.00	77,059.22	76,859.42
资本公积	43,796.14	43,796.14	19,119.02	19,330.20
盈余公积	0.00	0.00	4,610.42	2,002.90
其中：公益金	0.00	0.00	1,139.01	661.33
未分配利润	7,389.60	0.00	2,652.69	82.73
股东权益合计	131,235.73	123,846.14	103,441.35	98,275.24
负债及股东权益合计	343,592.91	355,662.82	263,029.12	168,564.92

利润及利润分配表

编制单位：秦皇岛华联商城股份有限公司　　　　单位：千元

	1997.1－6月	1996年度	1995年度	1994年度
一、主营业务收入	188,290.31	293,328.95	204,869.32	142,455.82
减：营业成本	158,065.79	236,316.18	165,878.41	114,013.26
销售费用	10,087.98	14,414.51	10,118.83	8,137.64
管理费用	8,982.61	14,297.78	9,723.03	6,911.99
财务费用	1,772.71	4,228.00	2,199.81	1,666.68
营业税金及附加	973.67	1,341.77	1,049.96	310.49
二、主营业务利润	8,407.55	22,730.71	15,899.28	11,415.02
加：其它业务利润	446.94	8,297.04	4,625.31	4,348.88
三、营业利润	8,854.48	31,027.75	20,524.58	15,763.89
加：投资收益	−154.64	−633.99	0.00	0.00
营业外收入	29.88	126.85	51.31	0.05
减：营业外支出	8.79	102.16	33.74	33.19
加：以前年度损益调整	0.00	224.12	−79.25	0.00
四、利润总额	8,720.93	30,642.57	20,462.90	15,730.75
减：所得税	1,331.34	0.00	3,079.43	2,378.06
五、净利润	7,389.60	30,642.57	17,383.47	13,352.69
加：年初未分配利润	0.00	2,652.69	82.73	0.00
六、可分配利润	7,389.60	33,295.26	17,466.20	13,352.69
减：提取法定公积金	0.00	3,064.26	1,738.35	1,335.27
提取法定公益金	0.00	1,532.13	869.17	667.63
七、可供股东分配利润	7,389.60	28,698.87	14,858.68	11,349.79
减：已分配利润	0.00	28,698.87	12,205.99	11,267.06
八、未分配利润	7,389.60	0.00	2,652.69	82.73

财务状况变动表

编制单位：秦皇岛华联商城股份有限公司　　　　单位：千元

流动资金来源和运用	行次	1996年度	流动资金各项目的变动	行次	1996年度
一、流动资金来源	1		一、流动资产本年增加额	1	
1．本年净利润	2	30,643	1．货币资金	2	14,179
加：不影响流动资金的费用和损失	3		2．短期投资	3	0.00
(1)固定资产折旧	4	1,614	3．应收票据	4	0.00
(2)无形资产递延资产及其他资产	5	414	4．应收帐款净额	5	15
(3)固定资产盘亏(减盘盈)	6	0.00	5．预付帐款	6	−5,312
(4)清理固定资产损失(减收益)	7	89	6．其他应收款	7	4,157
(5)递延税项	8	0.00	7．存货	8	16,096
(6)其他不减少流动资金的费用和损失	9	0.00	8．待摊费用	9	−78
小　　计	10	32,760	9．一年内到期的长期债券	10	0.00
2、其他来源	11		10．待处理流动资产净损失	11	−128
(1)固定资产清理收入(减清理费)	12	10	11．其他流动资产	12	−1
(2)增加长期负债	13	11,049		13	
(3)收回长期投资	14	0.00		14	
(4)对外投资转出固定资产	15	0.00		15	
(5)对外投资转出无形资产	16	0.00		16	
(6)资本净增加额	17	23,057		17	
小　　计	18	34,116		18	
流动资金来源合计	19	66,877	流动资产增加净额	19	28,929
二、流动资金运用	20		二、流动负债本年增加数	20	
1．利润分配	21		1．短期借款	21	27,440
(1)提取法定公积金	22	3,064	2．应付帐款	22	1,975
(2)提取法定公益金	23	1,532	3．预收帐款	23	2,180
(3)提取任意公积金	24	0.00	4．其他应付款	24	15,695
(4)已分配股利	25	28,699	5．应付票据	25	2,814
(5)未分配利润调整	26	0.00	6．应付福利费	26	503
小　　计	27	33,295	7．未交税金	27	821
2．其他运用	28		8．未付股利	28	9,578
(1)固定资产和在建工程净增加额	29	57,468	9．其他未交款	29	23
(2)增加无形资产递延资产及其他	30	8,498	10．预提费用	30	1,151
(3)偿还长期负债	31	1,000	11．一年内到期的长期负债	31	0.00
(4)增加长期投资	32	−134	12．其他流动负债	32	0.00
小　　计	33	66,832		33	
流动资金运用合计	34	100,127	流动负债增加净额	34	62,180
流动资金增加净额	35	−33,251	流动资金增加净额	35	−33,251

中国证券监督管理委员会关于发布《上市公司章程指引》的通知

为维护证券市场的健康发展，适应上市公司规范运作的实际需要，根据《中华人民共和国公司法》、《国务院关于原有有限责任公司和股份有限公司依照＜公司法＞进行规范的通知》（国发〔1995〕17号）以及国家经济贸易委员会《关于贯彻＜国务院关于原有有限责任公司和股份有限公司依照＜公司法＞进行规范的通知》（国经贸企〔1995〕895号）等文件精神，中国证监会制定了《上市公司章程指引》（以下简称《章程指引》），现发给你们，请督促辖区内上市公司按照本通知的要求，做好公司章程的起草或修订工作。

《章程指引》的内容由正文和注释两部分组成。正文部分中，以"[ ]"标示的内容，由公司按照实际情况填入。

发行内资股（A股）或者境内上市外资股（B股），以及既发行内资股又发行境内上市外资股的上市公司（以下简称"上市公司"），应当按照《章程指引》注释部分的解释和说明，参考《章程指引》正文部分的规定和要求，在其公司章程中载明《章程指引》正文部分所包含的内容。上市公司可以根据具体情况，在其章程中规定《章程指引》包含内容以外的、适合本公司实际需要的其他内容，也可以在不改变《章程指引》正文部分内容含义的前提下，对《章程指引》的内容做文字和顺序的调整或变动。上市公司根据需要，对《章程指引》规定的内容进行删除或者修改的，应当在其向中国证监会申报的股票发行和上市及其他有关报批事项的申请材料中进行说明。无正当理由擅自修改或删除《章程指引》所规定的必备内容的，中国证监会将不受理该上市公司有关报批事项的申请。

首次公开发行股票的公司，在其向中国证监会报送申请材料时，其公司章程（或公司章程草案）的内容，应当按照《章程指引》及本通知的要求起草或修订。

发行境外上市外资股，或者既发行内资股又发行境外上市外资股的上市公司，应当继续执行《到境外上市公司章程必备条款》的规定，免于执行本通知的要求。

《章程指引》自本通知发布之日起执行。在此以前已经获得批准在证券交易所上市的上市公司的公司章程，没有载明《章程指引》内容的，有关公司应当在本通知发出后的第一次股东年会上，对其公司章程作出相应修改。

中国证券监督管理委员会

1997年12月16日

上市公司章程指引

目录

第一章　总则

第一条　为维护公司、股东和债权人的合法权益，规范公司的组织和行为，根据《中华人民共和国公司法》（以下简称《公司法》）和其他有关规定，制订本章程。

第二条　公司系依据[法规名称]和其他有关规定成立的股份有限公司（以下简称"公司"）。

公司经[批准机关和准批文件名称]批准，以[设立方式]设立；在[公司登记机关所在地名]工商行政管理局注册登记，取得营业执照。

注释：《公司法》实施以前成立的公司，除具体表述公司成立所依据的法律或者行政法规外，还应当在章程中说明公司是否已按照有关规定，对照《公司法》进行了规范，并依法履行了重新登记手续。

第三条　公司于[批准日期]经[批准机关全称]批准，首次向社会公众发行人民币普通股[股份数额]股。其中，公司向境内投资人发行的以人民币认购的内资股为[股份数额]，于[上市日期]在[证券交易所全称]上市；公司向境外投资人发行的以外币认购并且在境内上市的境内上市外资股为[股份数额]，于[上市日期]在[证券交易所全称]上市。

注释：没有发行（或拟发行）境内上市外资股的公司，无需就本条有关境内上市外资股的内容作出说明。以下同。

第四条　公司注册名称：[中文全称]
[英文全称]

第五条　公司住所：[公司住所地址全称，邮政编码]。

第六条　公司注册资本为人民币[注册资本数额]元。

注释：公司因增加或者减少注册资本而导致注册资本总额变更的，可以在股东大会通过同意增加或减少注册资本决议后，再就因此而需要修改公司章程的事项通过一项决议，并说明授权董事会具体办理注册资本的变更登记手续。

第七条　公司营业期限为[年数]或者[公司为永久存续的股份有限公司]。

第八条　董事长为公司的法定代表人。

第九条　公司全部资产分为等额股份，股东以其所持股份为限对公司承担责任，公司以其全部资产对公司的债务承担责任。

第十条　本公司章程自生效之日起，即成为规范公司的组织与行为、公司与股东、股东与股东之间权利义务关系的，具有法律约束力的文件。股东可以依据公司章程起诉公司;公司可以依据公司章程起诉股东、董事、监事、经理和其他高级管理人员;股东可以依据公司章程起诉股东;股东可以依据公司章程起诉公司的董事、监事、经理和其他高级管理人员。

第十一条　本章程所称其他高级管理人员是指公司的董事会秘书、财务负责人。

注释:公司可以根据实际情况,在章程中确定属于公司高级管理人员的人员。

第二章　经营宗旨和范围

第十二条　公司的经营宗旨:[宗旨内容]

第十三条　经公司登记机关核准,公司经营范围是:[经营范围内容]

第三章　股份

第一节　股份发行

第十四条　公司的股份采取股票的形式。

第十五条　公司发行的所有股份均为普通股。

第十六条　公司股份的发行,实行公开、公平、公正的原则,同股同权,同股同利。

第十七条　公司发行的股票,以人民币标明面值。

第十八条　公司的内资股,在[证券登记机构名称]集中托管;公司的境内上市外资股,在[证券登记机构名称]集中托管。

第十九条　公司经批准发行的普通股总数为[股份数额],成立时向发起人[各发起人姓名或者名称]发行[股份数额],占公司可发行普通股总数的百分之[百分比数]。

第二十条　公司的股本结构为:普通股[数额]股,其中发起人持有[股份数额],其他内资股股东持有[股份数额],境内上市外资股股东持有[股份数额]。

注释:已成立3年或3年以上的公司,发起人已将所持股份转让的,无需填入发起人的持股数额。

第二十一条　公司或公司的子公司(包括公司的附属企业)不以赠与、垫资、担保、补偿或贷款等形式,对购买或者拟购买公司股份的人提供任何资助。

第二节　股份增减和回购

第二十二条　公司根据经营和发展的需要,依照法律、法规的规定,经股东大会分别作出决议,可以采用下列方式增加资本:

(一)向社会公众发行股份;

(二)向现有股东配售股份;

(三)向现有股东派送红股;

(四)以公积金转增股本;

(五)法律、行政法规规定以及国务院证券主管部门批准的其他方式。

注释:发行可转换公司债的公司,还应当在章程中对可转换公司债的发行、转股程序和安排以及转股所导致的公司股本变更等事项作出具体规定。

第二十三条　根据公司章程的规定,公司可以减少注册资本。公司减少注册资本,按照《公司法》以及其他有关规定和公司章程规定的程序办理。

第二十四条　公司在下列情况下,经公司章程规定的程序通过,并报国家有关主管机构批准后,可以购回本公司的股票:

(一)为减少公司资本而注销股份;

(二)与持有本公司股票的其他公司合并。

除上述情形外,公司不进行买卖本公司股票的活动。

第二十五条　公司购回股份,可以下列方式之一进行:

(一)向全体股东按照相同比例发出购回要约;

(二)通过公开交易方式购回;

(三)法律、行政法规规定和国务院证券主管部门批准的其它情形。

第二十六条　公司购回本公司股票后,自完成回购之日起十日内注销该部分股份,并向工商行政管理部门申请办理注册资本的变更登记。

第三节　股份转让

第二十七条　公司的股份可以依法转让。

第二十八条　公司不接受本公司的股票作为质押权的标的。

第二十九条　发起人持有的公司股票,自公司成立之日起三年以内不得转让。

董事、监事、经理以及其他高级管理人员应当在其任职期间内,定期向公司申报其所持有的本公司股份;在其任职期间以及离职后六个月内不得转让其所持有的本公司的股份。

第三十条　持有公司5%以上有表决权的股份的股东,将其所持有的公司股票在买入之日起六个月以内卖出,或者在卖出之日起六个月以内又买入的,由此获得的利润归公司所有。

前款规定适用于持有公司5%以上有表决权股份的法人股东的董事、监事、经理和其他高级管理人员。

第四章　股东和股东大会

第一节　股东

第三十一条　公司股东为依法持有公司股份的人。

股东按其所持有股份的种类享有权利,承担义务;持有同一种类股份的股东,享有同等权利,承担同种义务。

第三十二条　股东名册是证明股东持有公司股份的充分证据。

第三十三条　公司依据证券登记机构提供的凭证建立股东名册。

注释:公司应当与证券登记机构签订股份保管协议,定期查询主要股东资料以及主要股东的持股变更(包括股权的出质)情况,及时掌握公司的股权结构。

第三十四条　公司召开股东大会、分配股利、清算及从事其他需要确认股权的行为时,由董事会决定某一日为股权登记日,股权登记日结束时的在册股东为公司股东。

第三十五条　公司股东享有下列权利:

(一)依照其所持有的股份份额获得股利和其他形式的利益分配;

(二)参加或者委派股东代理人参加股东会议;

(三)依照其所持有的股份份额行使表决权;

(四)对公司的经营行为进行监督,提出建议或者质询;

(五)依照法律、行政法规及公司章程的规定转让、赠与或质押其所持有的股份;

(六)依照法律、公司章程的规定获得有关信息,包括:

1. 缴付成本费用后得到公司章程;

2. 缴付合理费用后有权查阅和复印:

(1)本人持股资料;

(2)股东大会会议记录;

(3)中期报告和年度报告;

(4)公司股本总额、股本结构。

(七)公司终止或者清算时,按其所持有的股份份额参加公司剩余财产的分配;

(八)法律、行政法规及公司章程所赋予的其他权利。

第三十六条　股东提出查阅前条所述有关信息或者索取资料的,应当向公司提供证明其持有公司股份的种类以及持股数量的书面文件,公司经核实股东身份后按照股东的要求予以提供。

第三十七条　股东大会、董事会的决议违反法律、行政法规、侵犯股东合法权益的,股东有权向人民法院提起要求停止该违法行为和侵害行为的诉讼。

第三十八条　公司股东承担下列义务:

(一)遵守公司章程;

(二)依其所认购的股份和入股方式缴纳股金;

(三)除法律、法规规定的情形外,不得退股;

(四)法律、行政法规及公司章程规定应当承担的其他义务。

第三十九条　持有公司5%以上有表决权股份的股东,将其持有的股份进行质押的,应当自该事实发生之日起三个工作日内,向公司作出书面报告。

第四十条　公司的控股股东在行使表决权时,不得作出有损于公司和其他股东合法权益的决定。

第四十一条　本章程所称"控股股东"是指具备下列条件之一的股东:

(一)此人单独或者与他人一致行动时,可以选出半数以上的董事;

(二)此人单独或者与他人一致行动时,可以行使公司30%以上的表决权或者可以控制公司30%以上表决权的行使;

(三)此人单独或者与他人一致行动时,持有公司30%以上的股份;

(四)此人单独或者与他人一致行动时,可以以其它方式在事实上控制公司。

本条所称"一致行动"是指两个或者两个以上的人以协议的方式(不论口头或者书面)达成一致,通过其中任何一人取得对公司的投票权,以达到或者巩固控制公司的目的的行为。

第二节 股东大会

第四十二条 股东大会是公司的权力机构,依法行使下列职权:

(一)决定公司经营方针和投资计划;

(二)选举和更换董事,决定有关董事的报酬事项;

(三)选举和更换由股东代表出任的监事,决定有关监事的报酬事项;

(四)审议批准董事会的报告;

(五)审议批准监事会的报告;

(六)审议批准公司的年度财务预算方案、决算方案;

(七)审议批准公司的利润分配方案和弥补亏损方案;

(八)对公司增加或者减少注册资本作出决议;

(九)对发行公司债券作出决议;

(十)对公司合并、分立、解散和清算等事项作出决议;

(十一)修改公司章程;

(十二)对公司聘用、解聘会计师事务所作出决议;

(十三)审议代表公司发行在外有表决权股份总数的5%以上的股东的提案;

(十四)审议法律、法规和公司章程规定应当由股东大会决定的其他事项。

第四十三条 股东大会分为股东年会和临时股东大会。股东年会每年召开一次,并应于上一个会计年度完结之后的六个月之内举行。

第四十四条 有下列情形之一的,公司在事实发生之日起两个月以内召开临时股东大会:

(一)董事人数不足《公司法》规定的法定最低人数,或者少于章程所定人数的2/3时;

(二)公司未弥补的亏损达股本总额的1/3时;

(三)单独或者合并持有公司有表决权股份总数10%(不含投票代理权)以上的股东书面请求时;

(四)董事会认为必要时;

(五)监事会提议召开时;

(六)公司章程规定的其他情形。

前述第(三)项持股股数按股东提出书面要求日计算。

注释:公司应当在章程中确定本条第(一)项的具体人数。

第四十五条 临时股东大会只对通知中列明的事项作出决议。

第四十六条 股东大会会议由董事会依法召集,由董事长主持。董事长因故不能履行职务时,由董事长指定的副董事长或其它董事主持;董事长和副董事长均不能出席会议,董事长也未指定人选的,由董事会指定一名董事主持会议;董事会未指定会议主持人的,由出席会议的股东共同推举一名股东主持会议;如果因任何理由,股东无法主持会议,应当由出席会议的持有最多表决权股份的股东(或股东代理人)主持。

第四十七条 公司召开股东大会,董事会应当在会议召开30日以前通知登记公司股东。

注释:公司在计算30日的起始期限时,不应当包括会议召开当日。

注释:为了保证公司召开股东大会所作出决议的有效性和公平性,在《到境外上市公司章程必备条款》中规定了公司召开股东大会的催告程序,具体表述如下:"拟出席股东大会的股东,应当于会议召开20日前,将出席会议的书面回复送达公司。公司根据股东大会召开前20日时收到的书面回复,计算拟出席会议的股东所代表的有表决权的股份数。拟出席会议的股东所代表的有表决权的股份数达到公司有表决权的股份总数1/2以上的,公司可以召开股东大会;达不到的,公司在5日内将会议拟审议的事项,开会日期和地点以公告形式再次通知股东,经公告通知,公司可以召开股东大会。"

公司可以根据实际情况,决定是否在章程中规定这一程序。

第四十八条 股东会议的通知包括以下内容:

(一)会议的日期、地点和会议期限;

(二)提交会议审议的事项;

(三)以明显的文字说明:全体股东均有权出席股东大会,并可以委托代理人出席会议和参加表决,该股东代理人不必是公司的股东;

(四)有权出席股东大会股东的股权登记日;

(五)投票代理委托书的送达时间和地点;

(六)会务常设联系人姓名,电话号码。

第四十九条 股东可以亲自出席股东大会,也可以委托代理人代为出席和表决。

股东应当以书面形式委托代理人,由委托人签署或者由其以书面形式委托的代理人签署;委托人为法人的,应当加盖法人印章或者由其正式委任的代理人签署。

第五十条 个人股东亲自出席会议的,应出示本人身份证和持股凭证;委托代理他人出席会议的,应出示本人身份证、代理委托书和持股凭证。

法人股东应由法定代表人或者法定代表人委托的代理人出席会议。法定代表人出席会议的,应出示本人身份证、能证明其具有法定代表人资格的有效证明和持股凭证;委托代理人出席会议的,代理人应出示本人身份证、法人股东单位的法定代表人依法出具的书面委托书和持股凭证。

第五十一条 股东出具的委托他人出席股东大会的授权委托书应当载明下列内容:

(一)代理人的姓名;

(二)是否具有表决权;

(三)分别对列入股东大会议程的每一审议事项投赞成、反对或弃权票的指示;

(四)对可能纳入股东大会议程的临时提案是否有表决权,如果有表决权应行使何种表决权的具体指示;

(五)委托书签发日期和有效期限;

(六)委托人签名(或签章)。委托人为法人股东的,应加盖法人单位印章。

委托书应当注明如果股东不作具体指示,股东代理人是否可以按自己的意思表决。

第五十二条 投票代理委托书至少应当在有关会议召开前24小时备置于公司住所,或者召集会议的通知中指定的其他地方。委托书由委托人授权他人签署的,授权签署的授权书或者其他授权文件应当经过公证。经公证的授权书或者其他授权文件,和投票代理委托书均需备置于公司住所或者召集会议的通知中指定的其他地方。

委托人为法人的,由其法定代表人或者董事会、其他决策机构决议授权的人作为代表出席公司的股东会议。

第五十三条 出席会议人员的签名册由公司负责制作。签名册载明参加会议人员姓名(或单位名称)、身份证号码、住所地址、持有或者代表有表决权的股份数额、被代理人姓名(或单位名称)等事项。

第五十四条 监事会或者股东要求召集临时股东大会的,应当按照下列程序办理:

(一)签署一份或者数份同样格式内容的书面要求,提请董事会召集临时股东大会,并阐明会议议题。董事会在收到前述书面要求后,应当尽快发出召集临时股东大会的通知。

(二)如果董事会在收到前述书面要求后三十日内没有发出召集会议的通告,提出召集会议的监事会或者股东在报经上市公司所在地的地方证券主管机关同意后,可以在董事会收到该要求后三个月内自行召集临时股东大会。召集的程序应当尽可能与董事会召集股东会议的程序相同。

监事会或者股东因董事会未应前述要求举行会议而自行召集并举行会议的,由公司给予监事会或者股东必要协助,并承担会议费用。

第五十五条 股东大会召开的会议通知发出后,除有不可抗力或者其它意外事件等原因,董事会不得变更股东大会召开的时间;因不可抗力确需变更股东大会召开时间的,不应因此而变更股权登记日。

第五十六条 董事会人数不足《公司法》规定的法定最低人数,或者少于章程规定人数的三分之二,或者公司未弥补亏损额达到股本总额的三分之一,董事会未在规定期限内召集临时股东大会的,监事会或者股东可以按照本章第五十四条规定的程序自行召集临时股东大会。

第三节 股东大会提案

第五十七条　公司召开股东大会,持有或者合并持有公司发行在外有表决权股份总数的百分之五以上的股东,有权向公司提出新的提案。

第五十八条　股东大会提案应当符合下列条件:

(一)内容与法律、法规和章程的规定不相抵触,并且属于公司经营范围和股东大会职责范围;

(二)有明确议题和具体决议事项;

(三)以书面形式提交或送达董事会。

第五十九条　公司董事会应当以公司和股东的最大利益为行为准则,按照本节第五十八条的规定对股东大会提案进行审查。

第六十条　董事会决定不将股东大会提案列入会议议程的,应当在该次股东大会上进行解释和说明,并将提案内容和董事会的说明在股东大会结束后与股东大会决议一并公告。

第六十一条　提出提案的股东对董事会不将其提案列入股东大会会议议程的决定持有异议的,可以按照本章程第五十四条的规定程序要求召集临时股东大会。

第四节　股东大会决议

第六十二条　股东(包括股东代理人)以其所代表的有表决权的股份数额行使表决权,每一股份享有一票表决权。

第六十三条　股东大会决议分为普通决议和特别决议。

股东大会作出普通决议,应当由出席股东大会的股东(包括股东代理人)所持表决权的二分之一以上通过。

股东大会作出特别决议,应当由出席股东大会的股东(包括股东代理人)所持表决权的三分之二以上通过。

第六十四条　下列事项由股东大会以普通决议通过:

(一)董事会和监事会的工作报告;

(二)董事会拟定的利润分配方案和弥补亏损方案;

(三)董事会和监事会成员的任免及其报酬和支付方法;

(四)公司年度预算方案、决算方案;

(五)公司年度报告;

(六)除法律、行政法规规定或者公司章程规定应当以特别决议通过以外的其他事项。

第六十五条　下列事项由股东大会以特别决议通过:

(一)公司增加或者减少注册资本;

(二)发行公司债券;

(三)公司的分立、合并、解散和清算;

(四)公司章程的修改;

(五)回购本公司股票;

(六)公司章程规定和股东大会以普通决议认定会对公司产生重大影响的、需要以特别决议通过的其他事项。

第六十六条　非经股东大会以特别决议批准,公司不得与董事、经理和其它高级管理人员以外的人订立将公司全部或者重要业务的管理交予该人负责的合同。

第六十七条　董事、监事侯选人名单以提案的方式提请股东大会决议。

董事会应当向股东提供侯选董事、监事的简历和基本情况。

注释:公司应当在章程中规定董事、监事提名的方式和程序。

第六十八条　股东大会采取记名方式投票表决。

第六十九条　每一审议事项的表决投票,应当至少有两名股东代表和一名监事参加清点,并由清点人代表当场公布表决结果。

第七十条　会议主持人根据表决结果决定股东大会的决议是否通过,并应当在会上宣布表决结果。决议的表决结果载入会议记录。

第七十一条　会议主持人如果对提交表决的决议结果有任何怀疑,可以对所投票数进行点算;如果会议主持人未进行点票,出席会议的股东或者股东代理人对会议主持人宣布结果有异议的,有权在宣布表决结果后立即要求点票,会议主持人应当即时点票。

第七十二条　股东大会审议有关关联交易事项时,关联股东不应当参与投票表决,其所代表的有表决权的股份数不计入有效表决总数;股东大会决议的公告应当充分披露非关联股东的表决情况。如有特殊情况关联股东无法回避时,公司在征得有权部门的同意后,可以按照正常程序进行表决,并在股东大会决议公告中作出详细说明。

注释:公司应当根据具体情况,在章程中制订有关联关系股东的回避和表决程序。

第七十三条　除涉及公司商业秘密不能在股东大会上公开外,董事会和监事会应当对股东的质询和建议作出答复或说明。

第七十四条　股东大会应有会议记录。会议记录记载以下内容:

(一)出席股东大会的有表决权的股份数,占公司总股份的比例;

(二)召开会议的日期、地点;

(三)会议主持人姓名、会议议程;

(四)各发言人对每个审议事项的发言要点;

(五)每一表决事项的表决结果;

(六)股东的质询意见、建议及董事会、监事会的答复或说明等内容;

(七)股东大会认为和公司章程规定应当载入会议记录的其他内容。

注释:既发行内资股又发行境内上市外资股的公司,会议记录的内容还应当包括:(1)出席股东大会的内资股股东(包括股东代理人)和境内上市外资股股东(包括股东代理人)所持有表决权的股份数,各占公司总股份的比例;(2)在记载表决结果时,还应当记载内资股股东和境内上市外资股股东对每一决议事项的表决情况。公司应当根据实际情况,在章程中规定股东大会会议记录需要记载的其他内容。

第七十五条　股东大会记录由出席会议的董事和记录员签名,并作为公司档案由董事会秘书保存。

注释:公司应当根据具体情况,在章程中规定股东大会会议记录的保管期限。

第七十六条　对股东大会到会人数、参会股东持有的股份数额、授权委托书、每一表决事项的表决结果、会议记录、会议程序的合法性等事项,可以进行公证。

第五章　董事会

第一节　董事

第七十七条　公司董事为自然人。董事无需持有公司股份。

第七十八条　《公司法》第57条、第58条规定的情形以及被中国证监会确定为市场禁入者,并且禁入尚未解除的人员,不得担任公司的董事。

第七十九条　董事由股东大会选举或更换,任期[年数]。董事任期届满,可连选连任。董事在任期届满以前,股东大会不得无故解除其职务。

董事任期从股东大会决议通过之日起计算,至本届董事会任期届满时为止。

第八十条　董事应当遵守法律、法规和公司章程的规定,忠实履行职责,维护公司利益。当其自身的利益与公司和股东的利益相冲突时,应当以公司和股东的最大利益为行为准则,并保证:

(一)在其职责范围内行使权利,不得越权;

(二)除经公司章程规定或者股东大会在知情的情况下批准,不得同本公司订立合同或者进行交易;

(三)不得利用内幕信息为自己或他人谋取利益;

(四)不得自营或者为他人经营与公司同类的营业或者从事损害本公司利益的活动;

(五)不得利用职权收受贿赂或者其他非法收入,不得侵占公司的财产;

(六)不得挪用资金或者将公司资金借贷给他人;

(七)不得利用职务便利为自己或他人侵占或者接受本应属于公司的商业机会;

(八)未经股东大会在知情的情况下批准,不得接受与公司交易有关的佣金;

(九)不得将公司资产以某个人名义或者以其他个人名义开立帐户储存;

(十)不得以公司资产为本公司的股东或者其他个人债务提供担保;

(十一)未经股东大会在知情的情况下同意,不得泄漏在任职期间所获得的涉及本公司的机密信息;但在下列情形下,可以向法院或者其他政府主管机关披露该信息:

1. 法律有规定;

2. 公众利益有要求;

3. 该董事本身的合法利益有要求。

注释:除以上各项义务要求外,公司可以根据具体情况,在章程中增加对本公司董事其他义务的要求。

第八十一条　董事应当谨慎、认真、勤勉地行使公司所赋予的权利,以保证：

（一）公司的商业行为符合国家的法律、行政法规以及国家各项经济政策的要求，商业活动不超越营业执照规定的业务范围；

（二）公平对待所有股东；

（三）认真阅读上市公司的各项商务、财务报告，及时了解公司业务经营管理状况；

（四）亲自行使被合法赋予的公司管理处置权，不得受他人操纵；非经法律、行政法规允许或者得到股东大会在知情的情况下批准，不得将其处置权转授他人行使；

（五）接受监事会对其履行职责的合法监督和合理建议。

第八十二条　未经公司章程规定或者董事会的合法授权，任何董事不得以个人名义代表公司或者董事会行事。董事以其个人名义行事时，在第三方会合理地认为该董事在代表公司或者董事会行事的情况下，该董事应当事先声明其立场和身份。

第八十三条　董事个人或者其所任职的其他企业直接或者间接与公司已有的或者计划中的合同、交易、安排有关联关系时（聘任合同除外），不论有关事项在一般情况下是否需要董事会批准同意，均应当尽快向董事会披露其关联关系的性质和程度。

除非有关联关系的董事按照本条前款的要求向董事会作了披露，并且董事会在不将其计入法定人数，该董事亦未参加表决的会议上批准了该事项，公司有权撤销该合同、交易或者安排，但在对方是善意第三人的情况下除外。

注释：公司应当根据自身情况，在章程中制订有关联关系的董事回避和表决的具体程序。

第八十四条　如果公司董事在公司首次考虑订立有关合同、交易、安排前以书面形式通知董事会，声明由于通知所列的内容，公司日后达成的合同、交易、安排与其有利益关系，则在通知阐明的范围内，有关董事视为做了本章前条所规定的披露。

第八十五条　董事连续二次未能亲自出席，也不委托其他董事出席董事会会议，视为不能履行职责，董事会应当建议股东大会予以撤换。

第八十六条　董事可以在任期届满以前提出辞职。董事辞职应当向董事会提交书面辞职报告。

第八十七条　如因董事的辞职导致公司董事会低于法定最低人数时，该董事的辞职报告应当在下任董事填补因其辞职产生的缺额后方能生效。

余任董事会应当尽快召集临时股东大会，选举董事填补因董事辞职产生的空缺。在股东大会未就董事选举作出决议以前，该提出辞职的董事以及余任董事会的职权应当受到合理的限制。

第八十八条　董事提出辞职或者任期届满，其对公司和股东负有的义务在其辞职报告尚未生效或者生效后的合理期间内，以及任期结束后的合理期间内并不当然解除，其对公司商业秘密保密的义务在其任职结束后仍然有效，直至该秘密成为公开信息。其他义务的持续期间应当根据公平的原则决定，视事件发生与离任之间时间的长短，以及与公司的关系在何种情况和条件下结束而定。

第八十九条　任职尚未结束的董事，对因其擅自离职使公司造成的损失，应当承担赔偿责任。

第九十条　公司不以任何形式为董事纳税。

第九十一条　本节有关董事义务的规定，适用于公司监事、经理和其他高级管理人员。

第二节　董事会

第九十二条　公司设董事会，对股东大会负责。

第九十三条　董事会由〔人数〕名董事组成，设董事长一人，副董事长〔人数〕人。

注释：公司应当在章程中确定董事会人数。

第九十四条　董事会行使下列职权：

（一）负责召集股东大会，并向大会报告工作；

（二）执行股东大会的决议；

（三）决定公司的经营计划和投资方案；

（四）制订公司的年度财务预算方案、决算方案；

（五）制订公司的利润分配方案和弥补亏损方案；

（六）制订公司增加或者减少注册资本、发行债券或其他证券及上市方案；

（七）拟订公司重大收购、回购本公司股票或者合并、分立和解散方案；

（八）在股东大会授权范围内，决定公司的风险投资、资产抵押及其他担保事项；

（九）决定公司内部管理机构的设置；

（十）聘任或者解聘公司经理、董事会秘书；根据经理的提名，聘任或者解聘公司副经理、财务负责人等高级管理人员，并决定其报酬事项和奖惩事项；

（十一）制订公司的基本管理制度；

（十二）制订公司章程的修改方案；

（十三）管理公司信息披露事项；

（十四）向股东大会提请聘请或更换为公司审计的会计师事务所；

（十五）听取公司经理的工作汇报并检查经理的工作；

（十六）法律、法规或公司章程规定，以及股东大会授予的其他职权。

第九十五条　公司董事会应当就注册会计师对公司财务报告出具的有保留意见的审计报告向股东大会作出说明。

第九十六条　董事会制定董事会议事规则，以确保董事会的工作效率和科学决策。

第九十七条　董事会应当确定其运用公司资产所作出的风险投资权限，建立严格的审查和决策程序；重大投资项目应当组织有关专家、专业人员进行评审，并报股东大会批准。

注释：公司董事会应当根据实际情况，在章程中确定符合公司具体要求的风险投资范围，以及投资运用资金占公司资产的具体比例。

第九十八条　董事长和副董事长由公司董事担任，以全体董事中的过半数选举产生和罢免。

第九十九条　董事长行使下列职权：

（一）主持股东大会和召集、主持董事会会议；

（二）督促、检查董事会决议的执行；

（三）签署公司股票、公司债券及其他有价证券；

（四）签署董事会重要文件和其他应由公司法定代表人签署的其他文件；

（五）行使法定代表人的职权；

（六）在发生特大自然灾害等不可抗力的紧急情况下，对公司事务行使符合法律规定和公司利益的特别处置权，并在事后向公司董事会和股东大会报告；

（七）董事会授予的其他职权。

第一百条　董事长不能履行职权时，董事长应当指定副董事长代行其职权。

第一百零一条　董事会每年至少召开两次会议，由董事长召集，于会议召开十日以前书面通知全体董事。

第一百零二条　有下列情形之一的，董事长应在〔〕个工作日内召集临时董事会会议：

（一）董事长认为必要时；

（二）1/3 以上董事联名提议时；

（三）监事会提议时；

（四）经理提议时。

第一百零三条　董事会召开临时董事会会议的通知方式为：〔具体通知方式〕；通知时限为：〔具体通知时限〕

如有本章第一百零二条第（二）、（三）、（四）规定的情形，董事长不能履行职责时，应当指定一名副董事长或者一名董事代其召集临时董事会会议；董事长无故不履行职责，亦未指定具体人员代其行使职责的，可由副董事长或者 1/2 以上的董事共同推举一名董事负责召集会议。

第一百零四条　董事会会议通知包括以下内容：

（一）会议日期和地点；

（二）会议期限；

（三）事由及议题；

（四）发出通知的日期。

第一百零五条　董事会会议应当由 1/2 以上的董事出席方可举行。每一董事享有一票表决权。董事会作出决议，必须经全体董事的过半数通过。

第一百零六条　董事会临时会议在保障董事充分表达意见的前提下，可以用传真方式进行并作出决议，并由参会董事签字。

注释：此项为选择性条款，公司可自行决定是否在其章程中予以采纳。

第一百零七条　董事会会议应当由董事本人出席,董事因故不能出席的,可以书面委托其他董事代为出席。

委托书应当载明代理人的姓名,代理事项、权限和有效期限,并由委托人签名或盖章。

代为出席会议的董事应当在授权范围内行使董事的权利。董事未出席董事会会议,亦未委托代表出席的,视为放弃在该次会议上的投票权。

第一百零八条　董事会决议表决方式为:〔具体表决方式〕,每名董事有一票表决权。

第一百零九条　董事会会议应当有记录,出席会议的董事和记录人,应当在会议记录上签名。出席会议的董事有权要求在记录上对其在会议上的发言作出说明性记载。董事会会议记录作为公司档案由董事会秘书保存。

注释:公司应当根据具体情况,在章程中规定会议记录的保管期限。

第一百一十条　董事会会议记录包括以下内容:

(一)会议召开的日期、地点和召集人姓名;

(二)出席董事的姓名以及受他人委托出席董事会的董事(代理人)姓名;

(三)会议议程;

(四)董事发言要点;

(五)每一决议事项的表决方式和结果(表决结果应载明赞成、反对或弃权的票数)。

第一百一十一条　董事应当在董事会决议上签字并对董事会的决议承担责任。董事会决议违反法律、法规或者章程,致使公司遭受损失的,参与决议的董事对公司负赔偿责任。但经证明在表决时曾表明异议并记载于会议记录的,该董事可以免除责任。

第一百一十二条　公司根据需要,可以设独立董事。独立董事不得由下列人员担任:

(一)公司股东或股东单位的任职人员;

(二)公司的内部人员(如公司的经理或公司雇员);

(三)与公司关联人或公司管理层有利益关系的人员。

注释:此条款为选择性条款,公司可以根据实际需要,在章程中制订独立董事的职责。

第三节　董事会秘书

第一百一十三条　董事会设董事会秘书。董事会秘书是公司高级管理人员,对董事会负责。

第一百一十四条　董事会秘书应当具有必备的专业知识和经验,由董事会委任。

本章程第七十八条　规定不得担任公司董事的情形适用于董事会秘书。

第一百一十五条　董事会秘书的主要职责是:

(一)准备和递交国家有关部门要求的董事会和股东大会出具的报告和文件;

(二)筹备董事会会议和股东大会,并负责会议的记录和会议文件、记录的保管;

(三)负责公司信息披露事务,保证公司信息披露的及时、准确、合法、真实和完整;

(四)保证有权得到公司有关记录和文件的人及时得到有关文件和记录。

(五)公司章程和公司股票上市的证券交易所上市规则所规定的其他职责。

第一百一十六条　公司董事或者其他高级管理人员可以兼任公司董事会秘书。公司聘请的会计师事务所的注册会计师和律师事务所的律师不得兼任公司董事会秘书。

第一百一十七条　董事会秘书由董事长提名,经董事会聘任或者解聘。董事兼任董事会秘书的,如某一行为需由董事、董事会秘书分别作出时,则该兼任董事及公司董事会秘书的人不得以双重身份作出。

注释:除本指引规定外,公司还应当按照股票上市的证券交易所上市规则中关于董事会秘书的规定,在章程中对董事会秘书的任职资格、职责等事项作出具体规定。

第六章　经理

第一百一十八条　公司设经理一名,由董事会聘任或解聘。董事可受聘兼任经理、副经理或者其他高级管理人员,但兼任经理、副经理或者其他高级管理人员职务的董事不得超过公司董事总数的1/2。

第一百一十九条　《公司法》第57条、第58条规定的情形以及被中国证监会确定为市场禁入者,并且禁入尚未解除的人员,不得担任公司的经理。

第一百二十条　经理每届任期〔年数〕年,经理连聘可以连任。

第一百二十一条　经理对董事会负责,行使下列职权:

(一)主持公司的生产经营管理工作,并向董事会报告工作;

(二)组织实施董事会决议、公司年度计划和投资方案;

(三)拟订公司内部管理机构设置方案;

(四)拟订公司的基本管理制度;

(五)制订公司的具体规章;

(六)提请董事会聘任或者解聘公司副经理、财务负责人;

(七)聘任或者解聘除应由董事会聘任或者解聘以外的管理人员;

(八)拟定公司职工的工资、福利、奖惩,决定公司职工的聘用和解聘;

(九)提议召开董事会临时会议;

(十)公司章程或董事会授予的其他职权。

第一百二十二条　经理列席董事会会议,非董事经理在董事会上没有表决权。

第一百二十三条　经理应当根据董事会或者监事会的要求,向董事会或者监事会报告公司重大合同的签订、执行情况,资金运用情况和盈亏情况。经理必须保证该报告的真实性。

注释:公司应当根据自身情况,在章程中制订符合公司实际要求的经理的职权和具体实施办法。

第一百二十四条　经理拟定有关职工工资、福利、安全生产以及劳动保护、劳动保险、解聘(或开除)公司职工等涉及职工切身利益的问题时,应当事先听取工会和职代会的意见。

第一百二十五条　经理应制订经理工作细则,报董事会批准后实施。

第一百二十六条　经理工作细则包括下列内容:

(一)经理会议召开的条件、程序和参加的人员;

(二)经理、副经理及其他高级管理人员各自具体的职责及其分工;

(三)公司资金、资产运用,签订重大合同的权限,以及向董事会、监事会的报告制度;

(四)董事会认为必要的其他事项。

第一百二十七条　公司经理应当遵守法律、行政法规和公司章程的规定,履行诚信和勤勉的义务。

第一百二十八条　经理可以在任期届满以前提出辞职。有关经理辞职的具体程序和办法由经理与公司之间的劳务合同规定。

第七章　监事会

第一节　监事

第一百二十九条　监事由股东代表和公司职工代表担任。公司职工代表担任的监事不得少于监事人数的1/3。

第一百三十条　《公司法》第57条、第58条规定的情形以及被中国证监会确定为市场禁入者,并且禁入尚未解除的,不得担任公司的监事。

董事、经理和其他高级管理人员不得兼任监事。

第一百三十一条　监事每届任期〔具体年数〕。股东担任的监事由股东大会选举或更换,职工担任的监事由公司职工民主选举产生或更换,监事连选可以连任。

第一百三十二条　监事连续二次不能亲自出席监事会会议的,视为不能履行职责,股东大会或职工代表大会应当予以撤换。

第一百三十三条　监事可以在任期届满以前提出辞职,章程第五章有关董事辞职的规定,适用于监事。

第一百三十四条　监事应当遵守法律、行政法规和公司章程的规定,履行诚信和勤勉的义务。

第二节　监事会

第一百三十五条　公司设监事会。监事会由〔人数〕名监事组成,设监事会召集人一名。监事会召集人不能履行职权时,由该召集人指定一名监事代行其职权。

第一百三十六条　监事会行使下列职权:

(一)检查公司的财务;

(二)对董事、经理和其他高级管理人员执行公司职务时违反法律、法规或者章程的行为进行监督;

(三)当董事、经理和其他高级管理人员的行为损害公司的利益时,要求其予以纠正,必要时向股东大会或国家有关主管机关报告;

(四)提议召开临时股东大会;

(五)列席董事会会议;

(六)公司章程规定或股东大会授予的其他职权。

第一百三十七条　监事会行使职权时,必要时可以聘请律师事务所、会计师事务所等专业性机构给予帮助,由此发生的费用由公司承担。

第一百三十八条　监事会每年至少召开〔次数〕会议。会议通知应当在会议召开十日以前书面送达全体监事。

第一百三十九条　监事会会议通知包括以下内容:举行会议的日期、地点和会议期限,事由及议题,发出通知的日期。

第三节　监事会决议

第一百四十条　监事会的议事方式为:〔具体议事方式〕。

第一百四十一条　监事会的表决程序为:〔具体表决程序〕。

第一百四十二条　监事会会议应有记录,出席会议的监事和记录人,应当在会议记录上签名。监事有权要求在记录上对其在会议上的发言作出某种说明性记载。监事会会议记录作为公司档案由董事会秘书保存。

注释:公司应当根据具体情况,在章程中规定会议记录的保管期限。

第八章　财务会计制度、利润分配和审计

第一节　财务会计制度

第一百四十三条　公司依照法律、行政法规和国家有关部门的规定,制订公司的财务会计制度。

第一百四十四条　公司在每一会计年度前六个月结束后六十日以内编制公司的中期财务报告;在每一会计年度结束后一百二十日以内编制公司年度财务报告。

第一百四十五条　公司年度财务报告以及进行中期利润分配的中期财务报告,包括下列内容:

(1)资产负债表;

(2)利润表;

(3)利润分配表;

(4)财务状况变动表(或现金流量表);

(5)会计报表附注;

公司不进行中期利润分配的,中期财务报告包括上款除第(3)项以外的会计报表及附注。

第一百四十六条　中期财务报告和年度财务报告按照有关法律、法规的规定进行编制。

第一百四十七条　公司除法定的会计帐册外,不另立会计帐册。公司的资产,不以任何个人名义开立帐户存储。

第一百四十八条　公司交纳所得税后的利润,按下列顺序分配:

(1)弥补上一年度的亏损;

(2)提取法定公积金10%;

(3)提取法定公益金〔比例数〕;

(4)提取任意公积金;

(5)支付股东股利。

公司法定公积金累计额为公司注册资本的50%以上的,可以不再提取。提取法定公积金、公益金后,是否提取任意公积金由股东大会决定。公司不在弥补公司亏损和提取法定公积金、公益金之前向股东分配利润。

第一百四十九条　股东大会决议将公积金转为股本时,按股东原有股份比例派送新股。但法定公积金转为股本时,所留存的该项公积金不得少于注册资本的25%。

第一百五十条　公司股东大会对利润分配方案作出决议后,公司董事会须在股东大会召开后两个月内完成股利(或股份)的派发事项。

第一百五十一条　公司可以采取现金或者股票方式分配股利。

注释:发行境内上市外资股的公司应当按照《境内上市外资股规定实施细则》中的有关规定补充本节的内容。

第二节　内部审计

第一百五十二条　公司实行内部审计制度,配备专职审计人员,对公司财务收支和经济活动进行内部审计监督。

第一百五十三条　公司内部审计制度和审计人员的职责,应当经董事会批准后实施。审计负责人向董事会负责并报告工作。

第三节　会计师事务所的聘任

第一百五十四条　公司聘用取得"从事证券相关业务资格"的会计师事务所进行会计报表审计、净资产验证及其他相关的咨询服务等业务,聘期一年,可以续聘。

第一百五十五条　公司聘用会计师事务所由股东大会决定。

第一百五十六条　经公司聘用的会计师事务所享有下列权利:

(一)查阅公司财务报表、记录和凭证,并有权要求公司的董事、经理或者其他高级管理人员提供有关的资料和说明;

(二)要求公司提供为会计师事务所履行职务所必需的其子公司的资料和说明;

(三)列席股东大会,获得股东大会的通知或者与股东大会有关的其他信息,在股东大会上就涉及其作为公司聘用的会计师事务所的事宜发言。

第一百五十七条　如果会计师事务所职位出现空缺,董事会在股东大会召开前,可以委任会计师事务所填补该空缺。

第一百五十八条　会计师事务所的报酬由股东大会决定。董事会委任填补空缺的会计师事务所的报酬,由董事会确定,报股东大会批准。

第一百五十九条　公司解聘或者续聘会计师事务所由股东大会作出决定,并在有关的报刊上予以披露,必要时说明更换原因,并报中国证监会和中国注册会计师协会备案。

第一百六十条　公司解聘或者不再续聘会计师事务所时,提前〔〕天事先通知会计师事务所,会计师事务所有权向股东大会陈述意见。会计师事务所认为公司对其解聘或者不再续聘理由不当的,可以向中国证监会和中国注册会计师协会提出申诉。会计师事务所提出辞聘的,应当向股东大会说明公司有无不当情事。

第九章　通知和公告

第一节　通知

第一百六十一条　公司的通知以下列形式发出:

(一)以专人送出;

(二)以邮件方式送出;

(三)以公告方式进行;

(四)公司章程规定的其他形式。

第一百六十二条　公司发出的通知,以公告方式进行的,一经公告,视为所有相关人员收到通知。

第一百六十三条　公司召开股东大会的会议通知,以〔具体通知方式〕进行。

第一百六十四条　公司召开董事会的会议通知,以〔具体通知方式〕进行。

第一百六十五条　公司召开监事会的会议通知,以〔具体通知方式〕进行。

注释:公司应当根据实际情况,在章程中确定公司各种会议的具体通知方式。

第一百六十六条　公司通知以专人送出的,由被送达人在送达回执上签名(或盖章),被送达人签收日期为送达日期;公司通知以邮件送出的,自交付邮局之日起第〔〕个工作日为送达日期;公司通知以公告方式送出的,第一次公告刊登日为送达日期。

第一百六十七条　因意外遗漏未向某有权得到通知的人送出会议通知或者该等人没有收到会议通知,会议及会议作出的决议并不因此无效。

第二节　公告

第一百六十八条　公司指定〔〕为刊登公司公告和其他需要披露信息的报刊。

注释:公司应当在中国证监会指定的报刊范围内,在章程中确定一份或者多份报纸或期刊作为公司刊登股东大会通知和披露其他信息的固定报刊。

第十章 合并、分立、解散和清算

第一节 合并或分立

第一百六十九条 公司可以依法进行合并或者分立。

公司合并可以采取吸收合并和新设合并两种形式。

第一百七十条 公司合并或者分立,按照下列程序办理:

(一)董事会拟订合并或者分立方案;

(二)股东大会依照章程的规定作出决议;

(三)各方当事人签订合并或者分立合同;

(四)依法办理有关审批手续;

(五)处理债权、债务等各项合并或者分立事宜;

(六)办理解散登记或者变更登记。

第一百七十一条 公司合并或者分立,合并或者分立各方应当编制资产负债表和财产清单。公司自股东大会作出合并或者分立决议之日起十日内通知债权人,并于三十日内在〔报纸名称〕上公告三次。

第一百七十二条 债权人自接到通知书之日起三十日内,未接到通知书的自第一次公告之日起九十日内,有权要求公司清偿债务或者提供相应的担保。公司不能清偿债务或者提供相应担保的,不进行合并或者分立。

第一百七十三条 公司合并或者分立时,公司董事会应当采取必要的措施保护反对公司合并或者分立的股东的合法权益。

第一百七十四条 公司合并或者分立各方的资产、债权、债务的处理,通过签订合同加以明确规定。

公司合并后,合并各方的债权、债务,由合并后存续的公司或者新设的公司承继。

公司分立前的债务按所达成的协议由分立后的公司承担。

第一百七十五条 公司合并或者分立,登记事项发生变更的,依法向公司登记机关办理变更登记;公司解散的,依法办理公司注销登记;设立新公司的,依法办理公司设立登记。

第二节 解散和清算

第一百七十六条 有下列情形之一的,公司应当解散并依法进行清算:

(一)营业期限届满;

(二)股东大会决议解散;

(三)因合并或者分立而解散;

(四)不能清偿到期债务依法宣告破产;

(五)违反法律、法规被依法责令关闭。

第一百七十七条 公司因有本节前条第(一)、(二)项情形而解散的,应当在十五日内成立清算组。清算组人员由股东大会以普通决议的方式选定。

公司因有本节前条(三)项情形而解散的,清算工作由合并或者分立各方当事人依照合并或者分立时签订的合同办理。

公司因有本节前条(四)项情形而解散的,由人民法院依照有关法律的规定,组织股东、有关机关及专业人员成立清算组进行清算。

公司因有本节前条(五)项情形而解散的,由有关主管机关组织股东,有关机关及专业人员成立清算组进行清算。

第一百七十八条 清算组成立后,董事会、经理的职权立即停止。清算期间,公司不得开展新的经营活动。

第一百七十九条 清算组在清算期间行使下列职权:

(一)通知或者公告债权人;

(二)清理公司财产、编制资产负债表和财产清单;

(三)处理公司未了结的业务;

(四)清缴所欠税款;

(五)清理债权、债务;

(六)处理公司清偿债务后的剩余财产;

(七)代表公司参与民事诉讼活动。

第一百八十条 清算组应当自成立之日起十日内通知债权人,并于六十日内在至少一种中国证监会指定报刊上公告三次。

第一百八十一条 债权人应当在章程规定的期限内向清算组申报其债权。债权人申报债权时,应当说明债权的有关事项,并提供证明材料。清算组应当对债权进行登记。

第一百八十二条 清算组在清理公司财产、编制资产负债表和财产清单后,应当制定清算方案,并报股东大会或者有关主管机关确认。

第一百八十三条 公司财产按下列顺序清偿:

(一)支付清算费用;

(二)支付公司职工工资和劳动保险费用;

(三)交纳所欠税款;

(四)清偿公司债务;

(五)按股东持有的股份比例进行分配。

公司财产未按前款第(一)至(四)项规定清偿前,不分配给股东。

第一百八十四条 清算组在清理公司财产、编制资产负债表和财产清单后,认为公司财产不足清偿债务的,应当向人民法院申请宣告破产。公司经人民法院宣告破产后,清算组应当将清算事务移交给人民法院。

第一百八十五条 清算结束后,清算组应当制作清算报告,以及清算期间收支报表和财务帐册,报股东大会或者有关主管机关确认。

清算组应当自股东大会或者有关主管机关对清算报告确认之日起三十日内,依法向公司登记机关办理注销公司登记,并公告公司终止。

第一百八十六条 清算组人员应当忠于职守,依法履行清算义务,不得利用职权收受贿赂或者其他非法收入,不得侵占公司财产。

清算组人员因故意或者重大过失给公司或者债权人造成损失的,应当承担赔偿责任。

第十一章 修改章程

第一百八十七条 有下列情形之一的,公司应当修改章程:

(一)《公司法》或有关法律、行政法规修改后,章程规定的事项与修改后的法律、行政法规的规定相抵触;

(二)公司的情况发生变化,与章程记载的事项不一致;

(三)股东大会决定修改章程。

第一百八十八条 股东大会决议通过的章程修改事项应经主管机关审批的,须报原审批的主管机关批准;涉及公司登记事项的,依法办理变更登记。

第一百八十九条 董事会依照股东大会修改章程的决议和有关主管机关的审批意见修改公司章程。

第一百九十条 章程修改事项属于法律、法规要求披露的信息,按规定予以公告。

第十二章 附则

第一百九十一条 董事会可依照章程的规定,制订章程细则。章程细则不得与章程的规定相抵触。

第一百九十二条 本章程以中文书写,其他任何语种或不同版本的章程与本章程有歧义时,以在〔公司登记机关全称〕最近一次核准登记后的中文版章程为准。

第一百九十三条 本章程所称"以上"、"以内"、"以下",都含本数;"不满"、"以外"不含本数。

第一百九十四条 章程由公司董事会负责解释。

特邀编委介绍

江苏鼎球实业股份有限公司

丁玉湘　现年51岁，大学学历，工程师。曾任宜兴市太华织布厂、绢麻纺织厂厂长，宜兴市绢麻纺织印染实业总公司总经理，曾多次荣获省、市新产品开发奖和优秀科技成果奖，是全国知名绢纺专家，具有丰富的专业技术知识和管理经验。现任江苏鼎球实业股份有限公司董事长。

峨眉山旅游股份有限公司

马元祝　男，现年49岁，大专文化，经济师。历任峨眉县建委、计委副主任、主任、副县长、峨眉山市常务副市长、市委副书记兼常务副市长，现任峨眉山风景区管委会党委书记、主任、峨眉山旅游股份有限公司董事长兼总经理，是公司主要的创建人之一。

马元祝先生长期致力于经济工作以及城市和风景区规划、管理、建设、开发工作。有丰富的管理经验，强烈的发展意识，精干的组织才能，思维敏捷，工作作风扎实务实。他设计实施的“综合管理为龙头、专业管理为骨干、群众管理为基础”的风景区“综合管理”模式，在全国得到广泛认同和推广，是峨眉山——乐山大佛世界自然和文化遗产申报成功的主要组织者之一。他善于抓住机遇，不断开拓前进，在短短三年间把峨眉山风景区建成为四川省“最佳文明单位”、“风景区旅游服务管理达标”先进单位第一名、国家级“卫生山”和“文明山”，风景区的管理水平不断提高，经济实力日益壮大，已成为“巴蜀旅游企业五十强”之首和全国国家级风景区的姣姣者。并先后获得四川省旅游行业先进工作者和城市规划先进个人等荣誉。

广发证券有限责任公司
广发基金管理公司

马庆泉 男，现年48岁，中共党员，中国人民大学经济学博士，经济学教授。1988年毕业于中国人民大学经济学系，分配到中共中央党校工作，先后任校委秘书，研究室主任，教授。1993年春到广东工作至今，先后任广东广发证券公司副总经理，广发证券有限责任公司副总裁，总裁，总经济师，曾主管公司一级市场、二级市场业务，并主持全面工作。现任广发证券有限责任公司副董事长，党委委员，主管广发投资基金管理工作。长期从事经济体制改革理论与企业问题的研究，具有投资银行业务的理论素养和实践经验。主要著作有《新短缺经济学》、《中国改革的理论思考》等，其代表作《新短缺经济学》宣告了中国传统经济体制下几十年短缺经济的终结。

1976.7-1982.2　毕业于河南大学政治系，并留校工作。
1982.2-1985.2　毕业于湖北社会科学院，获硕士学位，并留校工作。
1985.7-1988.7　毕业于中国人民大学，获经济学博士学位。
1988.7-1993.5　在中共中央党校工作，期间留学俄罗斯一年，访问日本一次。
1993.5-1997.6　任广发证券有限责任公司副董事长、总裁。
1997.6-1997.8　任广发证券有限责任公司副董事长。
1997.9至今　任广发证券有限责任公司副董事长、广发基金管理公司总经理。

海通证券有限公司

王开国 男，1958年11月出生，江苏阜宁人，汉族，中共党员，博士研究生，1990年参加工作，现任海通证券有限公司总经理、党组成员。

简历：

1980-1987　吉林大学经济系学习，获经济管理学士学位和金融学士学位。
1987-1990　厦门大学财金系学习，获财政学博士学位。
1990-1994　国家国有资产管理局科研所任应用室副主任、政策法规司政法处处长（92.6）。
1994.7-1995.3　国家国有资产管理局科研所副所长。
1995.3-1997.11　海通证券有限公司副总经理、党组成员。
1997.11-至今　海通证券有限公司总经理、党组书记。

辽宁省国际信托投资公司

王永多 男，1941年生于辽宁省抚顺市，硕士学位，高级经济师。毕业于辽宁财经学院。

参加工作后，历任辽宁省朝阳县波罗赤公社副书记、辽宁省委财贸部副处长、金县县委副书记等职务，1983年任辽宁省对外经济贸易委员会党组副书记、常务副主任，1991年任辽宁省国际信托投资公司党组书记、副董事长、总经理至今。

王永多同志曾于1964年至1966年，1983年至1985年分别赴辽宁省委党校、中共中央党校进修马列主义理论，并于1989年受国家派遣赴美国哥伦比亚大学、麻省理工学院、贝尔电话电报公司研修经济理论及管理

在任辽宁省对外经济贸易委员会常务副主任期间，王永多同志围绕着省委、省政府提出的“辽东半岛对外开放”的战略做了大量富有成效的工作，曾几次率团赴欧洲、日本等地参加政府间的经贸活动。

王永多同志具有较强的英文运用能力及深厚的经济理论基础，曾在有关刊物、报纸上发表过数篇见解独道的经济理论文章，对证券、金融、外贸等领域的各项工作颇为熟悉。他坚持“重信誉、讲效率、优质服务、共求繁荣 ”的经营原则，倡导“敬业、奉献、实干、创新”的企业精神。他认为公司的主要矛盾在管理，管理的核心是对人的管理，人品正、事业兴。担任辽宁省国际信托投资公司总经理以后，在坚持“两手抓”的同时；客观地分析了非银行金融机构的现状，提出了“不简单走银行的路子”，而坚持金融与实业相结合，多功能、多方位、多层次运作，使公司向实业化、集团化、国际化发展的经营战略。科学管理、稳妥经营、规范操作。实践证明，在当前信托业普遍面临困境的情况下，辽宁国投拓展了自己的运作半径，赢得了自己生存的空间，经营业绩十分显著，不仅形成了金融、证券、房地产、投资、贸易等各业紧密相关，多方位发展的经营格局；而且资产回报及经济效益均创造了历史最好水平，公司实力不断增强，在国内外赢得了很好的信誉。同时也取得了良好的社会效益。 1995年公司被中国人民银行、中国证监会、国家财政部批准为中华人民共和国国债一级自营商，1997年公司又相继获得了A股主承销商资格， B股经纪商承销商的资格。1992年以来，公司连续被评为全国500家最大服务企业之一。

申银万国证券股份有限公司

王玉春 男，1944年1月出生，汉族，1962年10月参加工作，1974年7月加入中国共产党，硕士学位、高级经济师，现任申银万国证券股份有限公司副董事长、总裁。

1962.10-1974.10　人行上海市徐汇、杨浦区办　信贷员、组长

其中:1963.9-1966.7　上海财经学院夜校部金融系大专毕业

1974.10-1980.2　人行上海市杨浦区办信贷科　副科长

1980.2-1981.11　人行上海市杨浦区办　副主任

1981.11-1982.2　人行上海市分行计划信贷处　副处长

1982.2-1986.5　人行、工行上海市分行技改信贷处　副处长

1986.5-1986.12　工行上海市分行技改信贷处　处长

1986.12-1997.7　工行上海市分行　副行长

其中：1990.11-1991.11　兼任工行上海市浦东分行行长

1991.11-1993.2　兼任工行上海市浦东分行行长、党委书记

1993.11-1996.12　复旦大学国际金融专业硕士研究生班毕业，取得硕士学位

1997.7-至今　申银万国证券股份有限公司董事长、总裁、党委副书记

山西华康信托投资有限责任公司

王孟奇 1945年11月出生于哈尔滨市，毕业于中国科技大学电子物理专业，后获得西南财经大学首届MBA班金融硕士学位。参加了我国第一台电子对撞机的研制工作。八十年代初曾在美国和西德留学和工作。八十年代中期至九十年代初在我国驻挪威大使馆商务处从事科技外交活动。曾参与中国科学院高技术企业的管理工作。一九九二年任中国科技财务公司常务副总经理，代理法人；一九九四年改任中国科技国际信托投资公司副总裁，临时党委副书记，后调任国家计委、经贸委和中国科学院科技促进经济发展基金会副主任，荣获国务院国家有特殊贡献专家待遇，是中国市场经济研究会的理事，曾在多家大型公司任董事和名誉董事。是人民大会堂与大连信托投资公司共同投资组建的天津华堂投资有限公司董事长。山西华康信托投资有限责任公司组建后，被董事会推举为公司董事长和法人代表。早期对科技工作多有研究和实践，并有若干著作。自八十年代中和九十年代初，进入经济和金融领域，注重理论和实践的结合，善于处理复杂的问题，曾主持了若干企业不良资产的清理和重组工作，比较早地注意资本和资产运营在经济生活中的巨大杠杆作用，在金融工作中坚持“诚信为本”的原则。曾对金融信托和商业银行进行过比较研究，倡导大力开展投资银行、基金管理和代客理财业务。

陕西省开源证券公司

王银科 1961年6月出生，中共党员，大专学历，现任陕西省开源证券公司副总经理。

主要工作简历：

1982年7月－1983年10月，在陕西省财政厅预算处工作。

1983年10月－1991年6月，在陕西省财政厅综合处工作。

1991年6月至今，在陕西省开源证券公司工作。

从1982年到1985年，王银科同志连续三年被评为优秀工作者，1985年至1994年连续被评为优秀共产党员。

山东山推工程机械股份有限公司

王富启 男，1942年10月出生，中共党员，大学学历，高级工程师，历任山东推土机总厂三分厂、二分厂总工程师，总厂副总工程师，副厂长兼总工程师，现任山东工程机械集团有限公司董事长、总经理兼山东推土机总厂厂长、山东山推工程机械股份有限公司董事长、小松山推工程机械有限公司董事长。

王富启先生是机械部中国机械工业科技专家，吉林工业大学兼职教授。在担任总工程师期间，主持了多项科研项目与企业技术改造，其中山推“七五”履带总成和液力变矩器技改项目获机电部科技进步二等奖，机械部优秀工程设计一等奖；台车架弧焊机器人工作站研制项目，获机械部科技进步一等奖。王先生不但具有丰富的机械制造专业知识和行业管理经验，同时具有管理大型企业集团的组织能力、决策能力、领导能力和协调能力。在他的领导下，山东工程机械集团有限公司现已发展成为拥有五家子公司（其中一家为上市公司、一家上柜公司）集科工贸为一体的大型企业集团，实行省级计划单列，享有进出口自营权及享受国家、省、市给予的多种优惠政策。1996年王先生被评为山东省机械工业十大优秀企业家。

汉中市证券公司

王 新 男，现年40岁，汉族，中共党员，大专文化程度，陕西省城固县人。

王总于1975年4月参加革命工作，在凤县山区插队两年，后在宝鸡市气象局工作10年，1988年元月至1991年12月在汉中市（原汉中地区）财政局工作，任综合计划科副科长。现任汉中证券公司总经理、党支部书记，汉中市证券管理委员会办公室主任，汉中市财政证券管理处处长等职务。

他自从参加工作以来，爱党敬业，孜孜不倦，锐意进取，廉洁自律。特别是自从事证券业务以来，在事业上一贯坚持“团结务实，开拓奋进，节俭高效，诚信服务”的企业精神，从而使证券公司硬件上档次，管理上水平，工作创一流，年年迈上新台阶，誉满汉中蜚声国内。

1994年10月，他和黄平民、蔡卫国同志编著的《世界主要证券市场》一书，经西北大学出版社正式出版公开发行。财政部国债司司长、经济学博士高坚为该书的主审并写了序言，给予了很高的评价。现就读陕西财经学院财政系研究生班，攻读经济学硕士学位。

吉林省信托投资公司

方中义 男，1939年7月生，现年58岁。中共党员，高级会计师职称。1964年8月毕业于吉林财贸学院财政金融系。同年被分配到吉林省财政厅工作。在财政厅工作期间，他先后任科员、副科长、科长、副处长、处长等职务。1992年7月任吉林省信托投资公司副总经理，1995年2月起任吉林省信托投资公司总经理。在长期的工作实践中，他积累了丰富的财政和金融管理工作经验，在财政、金融理论研究上，也有独到的建树，先后撰写了《财务与会计改革若干问题》、《我国金融信托发展战略思考》等文章，在省和国家级刊物上发表，一些专著也已先后出版。

锦化化工集团氯碱股份有限公司

方福生 1943年7月出生，江苏人，清华大学毕业，高级工程师。93年4月就任锦西化工总厂厂长、党委书记，现任锦化化工（集团）有限责任公司董事长、总经理、党委书记。几年来，先后获省、市劳动模范称号，获省“五一”劳动奖章，获市创业楷模、科技实业家及精神文明建设者标兵称号，获全国化工环境保护先进厂长和化工部技术监督优秀厂长称号。

他信奉搞好企业必须“以人为本”。在企业里积极开展“三爱三创”，争创“两旗一手”和“学吉化、学三焦、学邯钢”等活动。使职工和干部的素质得到很大提高，企业连续几年获全国和辽宁省思想政治工作先进企业称号。

他积极倡导“精神第一，效益第一”的企业精神，坚持以市场为导向，以管理为手段，以科技改造、挖潜为重点开展工作。使“七五”期间投产的聚氯乙烯、环氧丙烷、离子膜烧碱三个引进装置的产量，分别超设计能力的21.29%、39.64%、14.06%；使企业一年上一个新台阶，四年跨了四大步，产值和利税年平均分别以12.55%和12.01%的速度增长。

他积极推动大集团、大化工和外向型牵动战略及现代企业制度。公司对两企业实施参股，与比利时高利克和兴城富斯合资建立公司并控股，还兼并8271厂。成立（集团）公司，使企业开始向实施现代企业制度迈出了坚实的一步。

他积极推进企业技术进步，加速两个根本性转变，实施科技兴化战略。为“九五”规划项目的早日落实，他呕心沥血、不辞辛苦，以不凡的能力，做了大量的汇报、沟通和衔接工作。8万吨/年离子膜烧碱改造工程已破土动工；8万吨/年环氧丙烷配套项目被国家经贸委批准立项；20万吨/年聚氯乙烯项目也在积极办理立项手续。“九五”期间公司拟投资50亿元，届时公司的销售收入达64亿（含税）。

黑龙江省证券公司

卞玉祥 42岁，硕士研究生，高级经济师，第三届深圳证券交易所理事，黑龙江省科技经济顾问委员会财政金融专家顾问组成员，黑龙江省股份制研究会常务理事。曾在黑龙江省银行学校从事教学工作，1983年进入黑龙江省人民银行工作，先后担任金融时报黑龙江记者站站长，黑龙江省人民银行办公室副主任，国家外汇管理局黑龙江分局综合计划处副处长，中国人民银行松花江地区分行副行长，黑龙江省信誉评级委员会办公室主任等职务，现任黑龙江省证券公司总经理。

近年来，在多种报刊杂志上发表专业论文60余篇，并参与编辑出版了《中外金融市场通览》、《中央银行理论与实物》、《银行经济分析》等书籍。在实际工作中，全国首次主持拟定了边境易货贸易出口收汇核算办法，参与了全国信誉评级指标体系建设。担任证券公司总经理后，锐意改革，使黑龙江省证券公司成为黑龙江省机构最多、经营项目最全、交易最大的券商。

广东华侨信托投资公司

尹文健 男，1961年12月出生，湖南长沙籍。1988年7月毕业于中国人民大学法律系，获硕士学位。从1988年9月开始供职于广东华侨信托投资公司，先后任该公司法律部和证券部的科员、主任、副总经理等职；1994年底起，任该公司投资基金部法人代表、副总经理、总经理;1997年4月经广东省委、省政府考察决定，任广东华侨信托投资公司副总经理、党组成员，兼任该公司投资基金部总经理、法人代表。

特邀编委介绍

山东鲁北化工股份有限公司

冯怡生 高级工程师，中国硫酸协会和磷肥协会理事，中国盐化工管理委员会委员，山东省企业集团联合会常务理事、滨州地区行署经济顾问。全国有突出贡献的中青年专家、全国优秀科技工作者、全国化肥（矿山）优秀厂长、全国资源综合利用环境保护优秀厂长、全国500名企业创业者之一、第七届、第八届全国人大代表、全国第四届科技实业家创业奖金奖得主、国际优秀发明家、中国专利优秀发明家、山东省劳动模范和“富民兴鲁”劳动奖章获得者、山东省专业技术拔尖人才、山东省“科教兴鲁”先进工作者。荣获国务院政府特殊津贴和山东省委、省政府“科技重奖”。中国科联经济发展研究中心研究员，中国诗书画院(教授级)研究员。

冯怡生作为企业的创业带头人和首位研试负责人，历经20年的艰苦奋斗，取得32项重大科技成果，其中12项专利，2项发明专利世界独一无二，荣获“中国专利优秀奖”和国家“六五”科技攻关奖、化工部“科技进步奖”、山东省“科技成果一等奖”，孙师白“科技成果二等奖”，’97美国爱因斯坦国际发明博览会金奖等百项奖励。目前，正在组织“二次创业”，主持进行“15万吨磷铵、20万吨磷石膏制硫酸联产30万吨水泥”等五大工程，为我国化工科技创造新的辉煌。

安徽省国际信托投资公司

卢继延 安徽含山县人，1970年8月毕业于西安军事电子工程学院，毕业后留校任教。1976年调回安徽，先后在合肥无线电二厂、合肥市电子工业公司从事技术工作，其间曾获全国科学大会奖。1985年调安徽省国际信托投资公司工作，先后任业务部经理、公司副总经理，此后历任安徽华皖(集团)公司副总经理、省工商联副主委兼《工商导报》主编。1992年3月出任安徽省国际信托投资公司总经理至今，现为享受政府特殊津贴的高级经济专家，兼任安徽省对外经济研究会会长、省金融学会副会长、安徽大学兼职教授等职。

大连证券有限责任公司

石雪 1963年生，硕士研究生毕业，高级会计师，中共党员。1981年参加工作，曾在中国人民银行北京分行、工商银行北京分行、交通银行北京分行任会计员、副科长、科长等职，1991年起任华银国际信托投资公司总经理助理、副总经理，1996年任大连证券有限责任公司董事长兼总经理。

石雪同志长期从事金融工作，积累了比较丰富的金融业务工作经验和较强的组织领导能力。上任伊始，即以树立名牌券商形象、重塑大证精神为目标，从转变企业经营机制入手，建立了一套灵活高效、责权明确、奖罚分明的现代企业管理体制，极大地激发了员工的工作积极性和责任感。面对方兴未艾、竞争激烈的中国证券市场，根据大连证券公司的实际状况提出了“立足大连，依托东北，面向全国”的战略指导思想，为增强公司竞争实力，在调动员工积极性、提高人才素质的同时，加大公司的投入，短短几个月内便完成了改制和增资扩股计划，使公司从原来仅1100万注册资金的地方证券公司一跃成为有1亿元注册资金，大连地区唯一的具有主承销资格的专业证券公司和东北地区最大的券商之一。同时，在扩大原有业务规模基础上，注重证券一、二级市场的开发，使公司业务有了突飞猛进的发展，其规模和质量也达到历史最高水平。一年来，公司先后参与大连友谊集团、厦门海洋实业、无锡小天鹅和中兴——沈阳商业大厦等上市公司的股票承销与发行工作。为增强公司业务辐射能力，提高和扩大公司在全国的知名度，公司在全国各地及大连本地收购、改造了八家证券营业部，使公司在全国各地的分支机构已达十家。目前，公司已与全国各地近百家同业机构建立了业务联系，先后加入了上海证券交易所、深圳证券交易所、沈阳证券交易中心、中国证券交易系统(NET)和全国证券自动报价系统；是中国证券协会会员，辽宁省证券业协会副会长单位，大连证券业协会副理事长单位、发起人之一。

面对成功，石雪董事长仍保持清醒的头脑，他认为：大连证券公司做为一个地处大连的地方证券公司，要在券商如林、竞争激烈的中国证券市场占有一席之地，必须在立足本地市场、参与国内竞争的同时，还要充分利用大连的地域优势，借助东北亚地区经济腾飞的大好时机，加强学习和掌握新生金融工具，积极参与国际金融市场运作，尽早加入到国际资本市场的大循环中。

历史在为中国证券业市场创造了机遇的同时也提出挑战。石雪董事长正以高度的社会责任感和紧迫的时代感，率领公司全体员工牢牢把握历史机遇，力争把大连证券有限责任公司建成在全国有一定影响，业务范围辐射东北亚的大型证券公司，用自己的实践，为丰富和完善我国的证券市场做出应有的贡献。

广州市东方宾馆股份有限公司

龙丕泉 现年52岁，大学文化程度，高级政工师。曾任广州军区第五、六招待所教导员，珠江宾馆政委、广州军区司令部管理处长、司令部办公室研究员，广州市东方酒店集团有限公司党委书记。于1993年1月起任广州市东方宾馆股份有限公司第一届董事，1996年6月被选任广州市东方宾馆股份有限公司第二届董事长。

龙丕泉先生具有多年行政管理和思想政治工作经验，一贯强调和积极贯彻物质文明和精神文明一起抓的思想，大力推动促进企业发展的企业文化建设；主持和组织制定了企业的总体发展战略和“九五”发展计划；针对企业主营特点和市场定位，具体制定了主营发展计划；并根据实际情况，实施各项深化企业改革措施，努力在社会主义市场经济条件下，提高内部经营管理运作效率，增强企业竞争能力。公司在经过内部改造和改革后，有效地调整了主营业务结构，保持了持续增长，一九九七年上半年业绩同比增长了75%。

宁波联合集团股份有限公司

叶锡宏 男，一九四四年二月出生于浙江省乐清县。一九六八年十一月毕业于浙江杭州大学物理系，同年分配进入浙江省江山县变压器厂工作，历任技术员、技术科长、副厂长、厂长。

一九八三年十二月起任浙江江山县委常委、县人民政府副县长。一九八五年三月起任江山县委书记。一九八七年十二月江山撤县设市后任中共江山市委书记。

一九八九年九月至一九九〇年七月参加中央党校中青年干部培训班学习。

一九九〇年十月调往宁波经济技术开发区，历任宁波经济技术开发区管委会副主任、党工委书记，宁波开发区联合发展有限总公司总经理，宁波开发区联合(集团)总公司、宁波开发区联合(集团)股份有限总公司总裁、党委书记。

现任宁波联合集团股份有限公司董事长、总裁、党委书记。

本钢板材股份有限公司

白尚显 现年52岁，硕士学位，高级经济师。现任本溪钢铁(集团)有限责任公司董事长兼党委书记。本钢板材股份有限公司董事长。历任本钢一机修厂副厂长、厂长、本钢副总经理，本钢集团公司副董事长兼总经理。

秦皇岛华联商城股份有限公司

孙志浩 生于1952年，天津市人，中共党员，大专文化，高级经济师。现任秦皇岛华联集团有限公司董事长、总经理，秦皇岛华联商城股份有限公司董事长、党委书记。

1984年至1988年，孙志浩同志任河北省秦皇岛市五金交电化工采购供应站总经理。在此期间，企业的综合效益在全省同行业中始终在前三名之列，是全省商业系统的盈利大户之一。

1988年孙志浩同志授命组建秦皇岛华联商厦，并担任该企业的总经理。几年来的经营使华联商厦的经济效益始终位列全市第一，并先后跨入河北省同行业十强，全国一百五十强。1996年孙志浩同志亲自组织策划了秦皇岛华联商厦股份有限公司与秦皇岛商城股份有限公司的合并工作，又使企业步入了由商品经营向资本经营过渡的良性循环的发展轨道。

几年来，孙志浩同志在《中国商论》、《当代改革英才》等刊物发表论文十余篇。先后被评为河北省商业企业先进经理、省劳动模范、全国商贸系统劳动模范、省杰出企业家、省优秀企业家等多项荣誉称号。

无锡市证券公司

孙庭楷 1952年3月出生，大专学历，中共党员，现任无锡市证券公司总经理，并担任无锡市金融学会副会长。

1969年3月赴江苏生产建设兵团二师十团七连务农，同年12月奉调至团部警卫连任副班长，1971年3月奉调至团部后勤处基建办公室工作，1973年12月考入苏州财经学校学习银行专业，1975年8月分配在人民银行无锡市支行办公室，历任办事员、文书、副主任，1985年1月人工两行分设后，分配在人民银行无锡分行办公室任副主任、主任，1988年8月考入广州金融专科学校学习金融专业，1989年7月 回人民银行无锡分行历任计划资金科科长、金融研究室主任、办公室主任，1993年1月任副行长，1995年10月调任无锡市证券公司总经理至今。

从事金融工作后，先后在全国、省、市金融刊物上发表十几篇论文，获得江苏省人民政府颁发的"江苏省哲学社会科学优秀成果奖"证书。

云南马龙化建股份有限公司

朱金贵 生于1946年7月，男，汉族，云南省罗平县人，中专文化，高级工程师。1969年7月毕业于云南省农业机械化学校，1969年9月至1980年1月在马龙县拖拉机修配厂工作，任技术员；1980年2月至1990年6月在马龙县机械厂工作，先后任技术员、副厂长、厂长、工程师；1990年6月至1994年9月任马龙县水泥厂、黄磷厂厂长，其间于1993年3月任马龙县人大常委会委员；1994年9月成立马龙化建（集团）总公司后，任公司总经理；1996年3月当选为马龙县政协副主席；1997年10月当选为曲靖市第一届政协副主席，1997年1月原马龙化建（集团）总公司改制为云南马龙化建股份有限公司后，任公司董事长兼总经理。1995年5月被省政府授予云南省劳动模范称号，同年9月获省优秀企业家称号。

中国人保信托投资公司

朱　斌 生于1949年10月，男，汉族，河南人，研究生，1978年8月加入中国共产党。

1962年－1965年　北京31中 学生
1965年－1969年　北京4中　学生
1969年－1978年　北京电机总厂工人、干事
1978年－1982年　北京大学经济系　学生
1982年－1984年　北京市委研究室经济处干事
　　北京市委研究室理论处研究员、副处长
1983年－1984年　北京天桥百货商场副总经理
1984年－1987年　北京市委研究室经济一处副处长(主持工作)
1987年－1992年　西城区计划经济委员会主任、党组书记
1992年－1995年　西城区委、区政府常委、常务副区长　北京金融街建设总指挥
(1993年－1995年　中国社会科学院研究生院法律系在职研究生生)
1995年12月　中国人民保险(集团)公司
　　中国人保信托投资公司董事长

深圳中华会计师事务所

朱震昌 1930年5月出生，男，江苏省无锡人，汉族，1954年1月毕业于上海财经学院财务会计系，毕业后先后在第二机械工业部、第四机械工业部、电子工业部财务司、经济调节司任科长、处长、副局长等职，并兼任中国电子工业会计学会副会长、秘书长、《电子财会》总编辑等职。1987年2月到深圳筹办深圳中华会计师事务所，旋即被聘任为所长，主持该所工作已近十年，带领全所人员努力开拓，使该所迅速发展成为规模较大、质量较优、水平较高、声誉较好、功能齐全的大型会计师事务所，跻身于全国一流会计师事务所的行列，并加盟浩华国际会计公司，成为全国首家国际成员所，曾两次被评为深圳市先进单位，本人被评为深圳市先进工作者。

朱震昌除主持事务所的行政工作，专业工作外，还广泛参加学术活动，先后在十余种全国性刊物上发表了五十多篇论文，并多次获奖，其中《资产评估扎记》获中国会计学会全国评奖一等奖，有多篇论文被选入中国会计学论文选。本人曾担任中国会计学会理事、中国资产评估协会常务理事、中国电子工业会计学会副会长、中国电子工业审计学会常务理事、深圳市企业管理协会和中外企业家协会理事等职，还兼任暨南大学、天津财经学院、杭州电子工业学院兼职教授。

武汉市六渡桥百货集团股份有限公司

江富庭 男，43岁，大专，经济师、政工师，武汉市优秀思想政治工作者，曾任六渡桥百货公司企审科长、保卫科科长、企管科科长、商品部经理、工会主席、公司副总经理，现任公司董事长。

海口管道燃气股份有限公司

刘广林 男，汉族，出生地：上海，籍贯：浙江绍兴，1942年8月出生，大学学历，中共党员，高级工程师。

简历：

1964年7月毕业于唐山铁道学院(现西南交大)桥隧系。

1974年至1992年5月曾任乌鲁木齐市煤气公司科长、副经理；乌鲁木齐天然气工程指挥部常务副总指挥兼主任。

1992年5月至1997年6月曾任海口市燃气管理办公室党委书记兼主任；海口市煤气管理总公司党委书记兼总经理。现任海口市燃气管理办公室党委书记。

1993年7月至今任海口管道燃气股份有限公司董事长。

历任中国城市煤气协会常务理事、中国城市煤气学会常务理事。

鲁泰纺织股份有限公司

刘石祯 现任鲁泰纺织股份有限公司(发行B股并已上市)董事长兼总经理，经济师，并担任中共鲁泰纺织股份有限公司党委书记，还在中国外商投资企业协会任理事；山东省外商投资企业协会任副会长。

现年57岁，1940年3月4日出生在山东省淄博市淄川区洪山镇一个普通老百姓家。在任现职前曾任淄川区耐火原材料工业公司副经理、淄川区煤炭工业局副局长、淄川煤炭工业公司经理、淄博第七棉纺厂厂长等职，在经营及企业管理方面有广泛的经验。

四川证券交易中心

刘国安 男，生于1946年，汉族，大专学历，高级经济师，中共党员，现任四川证券交易中心总经理。

曾于1962－1974年，任成都粮食局团委书记、党委委员

1974－1983年，任成都市财贸部、市革委、市政府财办秘书、办公室负责人

1983－1989年，任成都市人民政府办公厅秘书处副处长

1989－1995年，任成都市人民银行副行长

1995.3－1995.9，任中国太平洋保险公司成都分公司总经理

1995.10－至今，任四川证券交易中心总经理

长期从事经济、金融、证券工作，积累了丰厚的理论和实际经验。特别是作为成都证券市场的创始人和发起人之一，为成都证券市场的创立和四川证券市场的发展做出了一定贡献。

白银铜城商厦(集团)股份有限公司

刘顺成 汉族，甘肃白银市人。现年43岁，中共党员，大学文化，高级经济师。1973年参加工作，曾任白银区第二建筑公司副经理、二建四公司经理、水川乡副乡长。曾获“甘肃省优秀企业家”称号。

刘顺成先生是白银铜城商厦(集团)股份有限公司创始人之一，历任白银铜城商厦(集团)股份有限公司筹备处副主任、管委会副主任、副董事长，现任白银铜城商厦(集团)股份有限公司董事长。

董事长　刘顺成

佳木斯造纸股份有限公司

刘耀中 1944年生，系山东省烟台市人，1968年毕业于北京轻工业学院机械系，高级工程师，现任佳木斯纸业集团有限公司党委书记、总裁，佳纸股份公司董事长。

自1968年大学毕业加入本公司以来，历任技术员、工程师、车间副主任、主任、副总工程师、佳纸厂副厂长、佳纸集团公司副总经理、总经理，佳纸股份公司总经理。三十年来，主抓工程技术改造项目82项，节约工程建设资金1亿余元。由其亲自指挥国家“八五”期间重点项目年增产八万五千吨强韧挂面牛皮箱板纸工程建设，该技改工程是由9个单项工程组成，总投资近十亿元人民币，主体工程板纸机工程已于1995年初试产成功，生产出合格产品，其它几项工程预计1997年末全线贯通。1994年担任佳纸股份公司总经理、董事长三年间，公司累计完成主营业务收入178264.12万元，实现利润15973.67万元，上缴税金17582万元，94年公司获全国优秀企业金马奖，95年获“中国的脊梁”国有企业500强，并被国家统计局评为“中国纸业功勋企业”。同时完成了佳纸股票公开发行、挂牌上市工作。通过了中国兴轻质量体系中心和轻工质量体系认证中心审核的ISO9002族系列标准双全认证。狠抓新产品开发研制，设立了新产品奖励基金，开发出牛皮卡纸、装饰板纸、特种牛皮纸、挂面牛皮箱板纸、无酸档案纸、享眠纸等近十种新产品，其中牛皮卡纸、装饰板纸现已通过新产品鉴定，为公司创造直接经济效益11441万元。

延边公路建设股份有限公司

朴东洙 1952年出生，1977年毕业于吉林省交通学校道桥专业，后来又陆续就读于国家交通部力学师资班、吉林工学院管理工程系，使自己的知识水平、理论水平日臻完善。同时在工作中，他积累了大量的丰富的实践经验，从离开校门那天，他就始终与公路联在一起，先后就职于延边公路管理段、延边公路处、吉林省公路公程局六处、延边公路工程处、延边州交通局，历任技术员、科长、处长、副局长等职。丰富的阅历使他大长才干，他的足迹遍及延边八县市的各个角落，参与设计、修建的公路、桥梁达二十余条(座)，撰写了《图们－乌兰浩特公路青年路－哈隆段沥青混凝土面层施工小结》、《论公路股份公司的特殊性及其发展》等多篇论文，充分显示了自己的专业特长和才华。

来到公司以后，朴东洙依靠他踏实的作风和深谋远虑赢得广大员工的敬重，他常说，搞公路建设需要眼光，需要魄力，更需要实干。在主持两条公路建设中，充分展现出了他的意志和勇气，大刀阔斧的魄力，披棘斩荆的闯劲，使他扫清了公路建设中的一切障碍。而当两条公路建设步入正常轨道之后，他又把眼光投向更远的将来，把眼光投向国内外的大市场，思量着如何把公路投资建设这块蛋糕做大，为社会、为股民带来更丰厚的利益。

中信国安信息产业股份有限公司

李士林 1950年1月出生，汉族，中共党员，大专文化。

1973年从军队转业后到北京市人民政府市政工程局工作。1986年调到中国国际信托投资公司业务部工作。1988年负责筹建北京国安实业发展总公司，公司成立后任公司总经理。国安公司在成立不到十年的时间里，发扬王军董事长倡导的“国安永远争第一”的企业精神，艰苦创业，勇于开拓，产业规模迅速扩张，形成了以实业投资、经济开发为主，集科、工、贸为一体的跨行业、跨地区的综合性企业集团。目前公司下辖北京国安电气总公司、北京国安广告总公司、北京中信国安工贸集团、北京国安国际足球实业集团、香港美食城管理集团等七大企业集团，以及包括北京国安城市物业管理中心、北京国安足球俱乐部等直属企业和“天下第一城”娱乐有限公司等控股公司共七十余家，业务遍及全国各地及东南亚国家。1994年9月，北京国安实业发展总公司更名为中信国安总公司，成为中信公司直属一级子公司。

1996年11月，任中国国际信托投资公司董事、协理，负责分管中信公司的房地产业务和通信业务。1997年9月任中信国安总公司董事长。

1997年3月，中信国安总公司以所属的卫星通信、网络工程、国际金融信息传输、有线电视、移动通讯等高科技信息产业为核心，进行资产重组，独家发起设立中信国安信息产业股份有限公司，1997年10月股份公司正式成立，李士林先生任该公司董事长。

武汉证券公司

李永宽 男，现年39岁，经济学硕士，现任武汉证券公司总裁。

李永宽同志参加工作以来，先后在武汉市保险公司、交通银行武汉市分行工作。1988年调至武汉证券公司参与了公司的组建，历任业务部经理、公司副总经理，1992年任该公司总裁。

在李永宽同志的领导下，武汉证券公司业务迅速发展，短短几年时间内，一跃成为华中地区经营规模最大的证券公司。

在证券业这个新兴行业中，李永宽同志勇于进取，不断开发新的业务，1992年8月，武汉证券公司在湖北地区率先开通上海和深圳的异地买卖业务；同年，在武汉证券公司的推荐和策划下，“武商”股票作为第一只异地股票在深交所上市；1993年8月至1996年，武汉证券公司成功的承销和公开发行了“长印”、“凤凰”、“双虎”、“活力28”等股票在深沪两地上市，并根据全国证券市场的发展形势，改进发行方式，取得了成功经验；1994年3月，武汉证券公司首家在武汉市推出“国债组合受益券”这一新型业务品种。

为了发展市场体系，武汉证券公司不仅在武汉三镇建立了方便市民的二十多个服务网点，而且延伸到沿海和特区。从1992年开始，先后在上海、深圳设立了分公司，在黄石、沙市设立了营业部，沟通了特区窗口与武汉及省内中等城市的市场网络和信息网络，活跃了特区与内地的经济和金融生活，为武汉的经济建设作出了贡献。

李永宽同志在公司内部大胆改革人事制度，先后从社会上招聘了各类专业人员四百多人，实行全员聘用合同制，干部能下能上，职工能进能出，从而形成了一只素质高、业务熟、年纪轻、凝聚力强的职工队伍。

李永宽同志在工作中严于律己，宽以待人，吃苦在前，享受在后，处处以一个共产党员的标准严格要求自己，深入细致地做好职工的思想政治工作，注重党员队伍的建设，努力发挥共产党员的先锋模范作用。

在李永宽总裁的带领下，武汉证券公司在全体员工正团结一心，为实现公司的战略发展目标而奋斗。

海南省信托投资公司

李良清 1963年4月6日生于吉林省长春市，中共党员，1985年毕业于吉林财贸学院金融系，曾在吉林省财政厅、海南省财税厅工作八年多，参加了许多财经政策问题的研究、制定，参与、主持了大量的具体财政管理工作。1993年调任海南省彩票管理中心任副总经理，发行了“四合彩”和“六合彩”为海南省政府筹集公共建设基金2亿多元。1994年10月调任海南省信托投资公司任副总经理，主管投资、证券、结算等工作。同时，任海南海信期货经纪有限公司法人代表，董事长、海南汇源实业有限公司法人代表、海信烟台置业有限公司法人代表等职务，对房地产投资、股票投资、期货投资、企业股份制改造 、产权重组、并购、以及海外投资颇有研究。现为《中国期货》理事会理事、中国郑州商品交易所理事、中国苏州商品交易所监事、陕西财经学院博士研究生。

内蒙古远兴天然碱股份有限公司

李 武 男，58岁，大专文化，高级工程师。伊化研院、伊化集团创始人。现任伊化院院长、伊化集团总裁、党委书记，内蒙古远兴天然碱股份有限公司董事长，内蒙古科协副主席。先后主持完成了二十多项国家自治区重点科研课题，多项成果获奖。中共十五大代表，两次荣获全国先进工作者称号，是全国“五一劳动奖章”获得者、国家有突出贡献的中青年专家、首届“乌兰夫科技基金奖”金奖获得者、内蒙古首次“科技兴区特别奖”获得者。内蒙古自治区优秀企业家，国家级专业期刊《纯碱工业》和《无机盐工业》编委，内蒙古大学兼职教授，中国天然碱制碱工业专家和科技实业家。

温州国际信托投资公司

李　洪　1946年11月出生，1970年毕业于北京对外贸易学院，长期从事经济、金融工作，先后在企业、县计经委、市对外经贸局担任领导职务。1985年起，担任温州国际信托投资公司副总经理，分管金融业务。1995年起担任温州国际信托投资公司董事长兼总经理。李洪同志还是温州市企业家协会，企业管理协会，金融学会等团体的负责人。通过刻苦学习和认真实践，曾参与编撰金融信托投资专业教材，并多次发表学术论文。

李洪同志亲自领导温州国际信托投资公司的证券业务，曾兼任证券业务部负责人。温州国信证券部坚持“信誉第一，服务第一，效益第一”宗旨，不断拓展业务，开温州证券业务先河，是浙南地区交易品种最多，交易手段最先进，交易量最大的券商；是上交所、深交所、STAQ系统和浙江省证券交易中心的会员，曾多次参加财政部国债承销团。

1992年以来，李洪同志亲自参与温信基金的策划、管理工作。温信基金发行以来，净收益率持续保持20%以上，受到广大群众普遍好评。

胜利油田大明集团股份有限公司

李荣兴　男，43岁，山东省宁津县人，中共党员，本科学历，高级经济师，1970年10月参加工作，现任本公司副董事长、总裁兼党委书记。

工作简历如下：

1970年10月－1983年8月，任胜利油田钻井四分公司宣传干事、团委干事、党委秘书；

1983年8月－1986年8月，任胜利油田钻井四分公司办公室副主任；

1986年8月－1990年9月，任胜利石油管理局党委调研室科级干事；

1990年9月－1991年4月，任胜利油田农工商总公司党委办公室主任；

1991年4月－1993年2月，任胜利油田农工商总公司党委副书记；

1993年2月至今，任胜利油田大明集团股份有限公司副董事长、总裁兼党委书记。

云南大理造纸股份有限公司

李畅根　男，1944年4月出生于云南大理，白族，中共党员，大专文化，高级经济师。曾任云南省下关市副市长、市委常委。1986年进入云南大理造纸股份有限公司的原厂云南大理造纸厂，历任党委书记、厂长。1996年起担任云南大理造纸股份有限公司董事长兼总经理。

李畅根同志具有丰富的企业管理经验和开拓进取精神，1990年被评为全国轻工业优秀企业思想政治工作者，1992年被授予中国百强企业企业家称号，1993年被评为全国少数民族优秀厂长，1995年被评为云南省第六届优秀企业家。

李畅根同志思想解放，锐意改革，善于经营，在他的领导下，企业于1992年被国家批准为“大型二档企业”；1992年、1993年连续两年被国务院经济技术发展中心和国家统计局按利税排列为“中国500家最大工业企业”和“中国行业100强”；1997年1月被国家对外经济合作部批准为自营进出口权的生产企业；1997年3月6日，经中国证券委及上交所审核批准，公司股票在上海证券交易所挂牌上市。

莱芜钢铁股份有限公司

李景常　出生于1940年1月，1964年大专毕业，高级工程师。历任莱芜钢铁总厂第二铁厂厂长兼党委副书记；莱芜钢铁总厂党委常委、副厂长；1987年任莱芜钢铁总厂党委书记；1991年至今，任莱芜钢铁总厂厂长、党委副书记。李景常先生是中共十三大代表，中共山东省五届省委委员，山东省优秀企业家，山东省劳动模范，山东省“富民兴鲁劳动奖章”获得者，全国“五一”劳动奖章获得者，第八届全国人民代表大会代表。

郑州百文股份有限公司

李福乾 现任郑州百文股份有限公司(集团)董事长、党委书记，兼任河南省企业家协会、企业管理学会常务理事、省商品学会副会长，省企业名人研究会常务副会长、河南财经学院名誉教授等职。

李福乾同志坚持党的基本路线，解放思想，实事求是，大胆改革。及时调整公司经营结构和经营战略，划细专业，深耕细作，走规模、效益并进之路，使郑州百文在困境中崛起。1992年乘邓小平同志南巡的东风，抓住机遇，组建郑州工业品批发交易市场和超级市场，实行企业资产经营；按照市场经济原则，与国内外厂商建立总经销、总代理等新型工商关系；兴办百文依力制衣有限公司、郑州中意百文鞋业有限公司等合资控股公司。深化企业三项制度改革，推行现代企业制度试点。使公司经营多元化，管理规范化，决策科学化，并积极探索商贸结合，内外贸并举，全面向第三产业开拓的发展道路。

李定乾同志带领百文员工，艰苦创业，开拓进取，争创一流。经营规模从1986年的8000万元起平均每年以30%的速率环比递增，1996年销售34.8亿元，税利6601.4万元，在全国同行业均名列前茅。今年上半年销售达27.9亿元。公司综合实力日益增强，经营品种达4万余种，销售网点遍布全国三十多个大中城市。

党和政府十分关怀郑州百文。公司多次获得省、部级和郑州市先进企业等荣誉。1995年2月李岚清副总经理公司视察，称赞郑州百文规模大、效益好、环境美，为国有批发企业起死回生闯出一条新路。国务委员、国家体改委主任李铁映同志，原商业部长胡平，国内贸易部前任部长张皓若和现任部长陈邦柱以及省、市主要领导多次曾到郑州百文考察指导工作，并给予较高评价。1994年10月国内贸易部在郑州召开全国内贸系统厅局长会议推广百文经验。

李福乾同志从事商贸工作三十年，在企业经营管理上卓有建树，具有较高的理论水平。由于他的远见卓识和努力，郑州百文迅速发展壮大，成为全国内贸系统和河南省名星企业。李福乾同志在广大员工中树立了很高的威信，党和政府也给予他许多很高的荣誉：他先后被授予郑州市劳动模范、郑州市专业技术拔尖人才、河南省劳动模范、河南省优秀企业家、河南省省管优秀专家、全国商业劳动模范、全国“五一”劳动奖章、全国劳动模范、全国优秀企业家和国务院颁发的政府特殊津贴等荣誉和奖励。

江苏证券有限责任公司

吴万善 1963年1月生，江苏高邮市人。研究生。现任江苏证券有限责任公司总裁。

吴万善同志1986年7月毕业于南开大学金融系。同年任中国人民银行江苏省分行科员。1991年初作为主要创业者之一参与组建江苏省证券公司，历任总裁助理、副总裁、总裁。吴万善同志有着系统的经济理论知识，具有多年从事投资、金融研究和证券经营管理的实际工作经验。

内蒙古信托投资公司

吴宏智 男，生于1956年10月。蒙古族，中共党员，现任内蒙古自治区信托投资公司党委书记、总经理。1978年至1982年7月就读于吉林财贸学院财政专业，获经济学学士学位。1982年7月至1984年7月，在内蒙古财政厅预算处从事预算工作。1984年7月至12月升任内蒙古自治区人民政府财经领导小组成员，从事调研工作，参与政府决策。1985年1月至1987年1月，在内蒙古财政厅财政科研所任所长，从事民族地区财政科研的组织、领导工作，曾发表过多篇关于民族地区财政经济体制改革及发展方面的学术论文。1987年2月至1992年10月，任内蒙古财政厅工企处处长。1992年11月至1993年12月，任内蒙古三力高科技开发公司总经理。1994年1月始，任内蒙古信托投资公司党委书记、总经理。

陕西省开源证券公司

吴保文 1942年11月出生，中共党员，大专学历，现任陕西省开源证券公司总经理。

工作简历：

1963年9月至1990年12月，在延安地区财政局工作。

1991年元月至1992年3月，在陕西省财政厅预算处工作。

1992年至今，任陕西省开源证券公司总经理。

吴保文先生在西安地区财政局工作期间，曾多次荣获优秀共产党员和优秀工作者称号，在陕西省财政厅预算处工作期间，荣获财政厅先进个人称号等荣誉。

广发证券有限责任公司

陈云贤 男，现年41岁，北京大学经济学博士，高级经济师。现任广发证券有限责任公司董事长、党委书记，并被聘为广东省人民政府参事及北京大学、中山大学、暨南大学等著名学府客座教授和高级研究员。长期从事证券理论研究与证券市场的实际开拓工作，主要著作有《中外证券投资比较研究》、《证券投资论》、《投资银行论》、《中国经济概论》(副主编)等八本，其中《中外证券投资比较研究》被中国经济学界称为我国第一部中外证券投资比较研究专著，《投资银行论》受到国内权威经济学家的高度赞誉。

厦门海洋实业集团股份有限公司

陈少熙 1935年4月出生，籍贯广东省澄海县樟林乡，大学本科毕业，高级会计师，为厦门海洋集团实业总公司（其前身为厦门市第二海洋渔业公司）创始人之一，曾任公司财务科长、副总经理，总会计师等职，现任厦门海洋集团股份有限公司副董事长，从事财务会计工作四十余年，有着丰富的实践经验和理财管理才能，1990年被授予“福建省水产系统优秀财务人员”称号，1993年荣获厦门市政府“有突出贡献技术成果”个人二等奖。

长春一汽四环汽车股份有限公司

陈永田 1943年生，吉林省长春市人，大学文化，高级经济师，高级政工师。曾任一汽团委组织部部长，建安公司经理，集管处工会主席，一汽变型车厂党总支书记兼第一副厂长等职务，1993 年任长春一汽四环汽车股份有限公司总经理。

近几年，陈永田同志致力于转换企业内部经营机制，实行精益管理，抓管理，练内功，建立健全了一整套以经营承包责任制为主要内容的企业管理办法，极大地调动了全体员工的积极性，增强了责任感，并大力推行精益生产方式和“奥迪特”质量评审，QC成果获全国质量管理金奖，被誉为“售后服务最佳信誉”单位，企业综合素质明显提高。

他领导公司走出了一条“抓机遇，抢市场、上规模、上效益、大发展”的路子。他有效地运用募集资金，使公司资产快速增值，抓住一汽集团调整汽车产品结构大上中、轻、轿的机遇，扩建和增加汽车总成零部件生产，同时利用公司自身优势，根据市场需求，大力开发新产品，先后研制出十一种改装车，其中六吨卧铺载货车填补了国家空白，列入国家重点开发产品，获吉林省优秀新产品奖。陈永田团结公司各级干部科学管理，灵活经营，产品不断更新换代，使公司在激烈的市场竞争中赢得了主动权。他重视资本经营，通过不断调整各资本要素间的比例、布局，优化资本整体结构，因而，各项投资回报率很高，实现了投资－增值－更大投资－更大增值的良性循环。

甘肃三星石化(集团)股份有限公司

陈守杰 1969年毕业于西安交通大学，中国共产党党员，高级工程师。现任兰州炼油化工总厂厂长，甘肃三星石化(集团)股份有限公司董事长，兼任中国质量管理委员会理事，全国设备管理协会常务理事，甘肃省工业经济协会副会长，甘肃中西部研究与发展促进会副会长等职务。并于97年荣获全国“五一”劳动奖章，当选为八届全国人大代表。

陈守杰同志在担任“兰炼总厂”厂长和“三星公司”董事长期间，认真贯彻执行党的十一届三中全会以来的路线、方针、政策，注重科技进步，强化企业管理，狠抓内部改革，克服了生产经营中的巨大困难，使企业规模不断扩大，不仅使“兰炼总厂”的原油加工能力由94年的320万吨提高到96年的370万吨，利润由6000万元提高到1.25亿元，同时也使“三星公司”迅速发展壮大，资产从94年 600万元发展到96年1.6亿元，利税由200万元提高到2550到万元，短短数年时间，使“三星公司”由一个名不见经传的地方小公司发展成拥有近2亿元资产总额的集团化上市公司。预计今后几年中“三星公司”仍将以高速发展，到本世纪末，“三星公司”将实现销售收入突破3亿元，利润5000万元的目标。

宝鸡证券公司

陈　杰　男，现年37岁，中共党员，大学毕业，经济师，现任宝鸡证券公司总经理。

1986年7月参加工作，一直从事金融和证券工作，先后任中国人民银行宝鸡市分行外汇管理科会计、办公室综合秘书、机关团支部书记，1991年9月至1993年2月任中国人民银行眉县支行党组成员、副行长，1993年3月至今任宝鸡证券公司总经理、党支部书记。

陈杰同志勤奋好学，工作努力，任劳任怨，在他任宝鸡证券公司总经理期间，积极领导全体员工立足宝鸡，面向全国，以完善和发展宝鸡证券市场，促进和加快地方股份制改造步伐和经济振兴为指导思想，坚持“诚信、严谨、务实、创新”的工作宗旨，大胆开拓，锐意进取，使公司经营规模和效益四年迈了四大步，成为宝鸡地区证券市场上较有影响的主力军。

浙江东南发电股份有限公司

陈积民　1943年生。浙江大学电机系本科毕业，教授级高级工程师。历任江西萍乡电厂技术员，宁波电业局副科长、科长、局长，并兼任宁波市经委副主任，浙江省电力工业局副局长，浙江省电力公司、浙江省电力开发公司副总经理等职。现任浙江省电力工业局局长、浙江省电力公司、浙江省电力开发公司总经理。1997年5月经首届股东大会暨董事会选举为浙江东南发电股份有限公司董事长。

陈积民先生从事电力生产、经营三十多年，对电力工业的运营和发展等诸多方面有自己独特的见解和管理方法。1996年主管浙江电力以来，全省电力企业在实行两个根本性转变，以安全文明生产为基础，以提高经济效益为中心，深化改革，加强管理，在经济效益提高和精神文明建设等各方面都取得了一定成绩。

在全省电力生产、基建任务十分繁重的情况下，陈积民先生特别关心台州发电厂的股份制改造。强调通过股份制改造，既要达到电力行业拓宽筹资思路、采用多种渠道，包括上市发行股票，募集境内外资金，又要大力促进企业转换经营机制，增强企业活力，不断提高管理水平和经济效益。今年年初，他把东电B股发行上市列为全省电力系统的重要大事之一。为东电B股及时发行、上市倾注了大量心血，同时，要求公司要在规范运作上奏出强音。东南发电公司计划利用发行B股募集的2.3亿美元(19亿元人民币)及即将发行8000万A股所筹资金，收购萧山发电厂及投资控股建设新电厂，并通过增资扩股及母公司优质资产的注入，进行资本经营，不断发展壮大。

陈积民先生表示，东南发电公司将全力促进浙江经济的发展，并以良好的业绩回报国内外投资者。

中国南方证券有限公司

沈　沛　男，研究生，中共党员

从60年代以来，一直在企业和政府部门担任领导工作，历任北京市西城区计划委员会主任，北京市西区城政府副区长，中国农业银行办公室副主任。1992年9月开始筹组中国南方证券有限公司，历任副总裁、总裁、董事长。

沈沛同志具有扎实的经济理论基础和丰富的实践经验。作为南方证券的创史人之一和主要领导者，对公司发展战略、工作方针的制定、业务经营的开拓作出了重要贡献。同时，对中国证券业的发展进行了积极探索，先后在中国证券报、香港商报、财贸经济等报刊发表多篇论著，并担任中国金融学会"资本市场研究会"常务副主任兼秘书长等职。

中青旅股份有限公司

张希钦　男，1947年4月生，大学学历，1970年毕业于北京大学中文系，编审。1970年从事教育工作；1974年任辽宁省甜水农场党委书记、主任；1978年参加共青团第十次全国代表大会筹备工作；1980年任团中央宣传部宣传处处长、教育处处长；1983年任团中央直属机关党委专职副书记、纪委书记；1986年任中国青年杂志社社长、党组书记；1989年任中国旅游出版社社长兼总编辑；1993年至今任中国青年旅行社总社总经理、中青旅集团董事长，并兼任中国旅行社协会副会长、中国青年实业发展促进会副会长、中华全国青年联合会副秘书长、中国国资青年总裁协会理事。曾任第七届全国政协委员。

特邀编委介绍

辽宁远洋渔业股份有限公司

张　毅　男，1949年2月出生，大专文化，中共党员，高级经济师，现任辽宁省大连海洋渔业集团公司董事长、总经理兼党委书记，辽宁远洋渔业股份有限公司董事长。

工作简历：

1968.11-1981.6 大连海洋渔业公司技术员、渔轮队队长；

1981.6-1983.8 大连管理干部学院学员；

1983.8-1984.9 大连海洋渔业公司副经理；

1984.9-1995.12 辽宁省大连海洋渔业总公司总经理、党委书记；

1996.1-今辽宁省大连海洋渔业集团公司董事长、总经理兼党委书记。

张毅同志担任企业主要领导以来，由于政绩突出，先后多次被评为大连市和辽宁省劳动模范、特等劳动模范和省市优秀企业家，1989、1995年两次获得全国劳动模范称号；1993年被评为享有政府特殊津贴的专家。

山东淄博华光陶瓷股份有限公司

苏同强　先生是从基层开始，由工人、班组长、车间主任、党办主任、副厂长、党委书记、厂长等一个一个岗位锻炼出来，在每一个岗位他都是最年轻的，都创造了不平凡的业绩。1990年他就被任命为当时全国最大的陶瓷厂——博山陶瓷厂的副厂长，1992年被任命为国有大型企业淄博工业陶瓷厂的党委书记兼第一副厂长、实业总公司总经理，自1995年4月起担任华光陶瓷股份有限公司董事长兼总经理，成为全国上市公司中最年轻的董事长、总经理。短短几年的时间，就已经积累了管理三个大型企业的经验。1997年初又被任命为山东省陶瓷公司副经理、党委委员。十几年来，他始终不断地加强学习，解放思想、力主改革，真抓实干，以强烈的事业心、高度的政治责任感和执着的敬业精神、事事争第一的劲头，为振兴山东陶瓷做出了应有的贡献，得到党和人民的肯定，先后获得山东省“五四”青年奖章、山东省优秀青年工作者、山东省一轻工业明星企业家、山东省优秀共产党员、淄博市十大杰出青年、十大杰出青年企业家和淄博市优秀政工干部等荣誉称号。

厦门国贸集团股份有限公司

苏春成 男，40岁，大学本科学历，历任厦门市政府办公厅秘书，厦门市体改委处长，厦门市政府办公厅处长、副主任，厦门市政府副秘书长，现任厦门国贸集团股份有限公司董事长兼总裁。

苏春成先生在调到公司近两年期间做了大量工作，带领公司董事会和全体员工团结拼搏，克服种种困难，历尽艰辛，不负众望，使公司从单一经营进出口贸易的外贸企业发展成为多元化、集团化的综合性上市公司，经济效益持续稳步增长，主要表现在如下：

(1)抓效益，把提高经济效益作为公司董事会的工作重点。强化以经济效益为中心的意识，正确处理好规模与效益的关系：效益优先，兼顾规模，保证企业稳步健康发展。1995年、1996年公司分别实现利润8186万元、9399万元，创历史最高水平，两年均获厦门市表彰的外经贸效益先进企业第一名；在1995、1996年度厦门口岸进出口总额最大100家企业中位居第二。

(2)抓管理，把管理当作增创效益的第二战场。上任伊始，提出“向管理要效益，要形象”。进一步深化改革，规范管理，收效显著。

(3)抓改革，逐步建立起现代企业制度。经过不懈的努力，把国贸股票推上市。在贸易、投资、财务、人事等方面出台一系列管理制度，形成投资决策管理科学化制度体系，建立了高效率的财务管理体制，改革用工用人和分配制度。

(4)抓发展，把产权转让、资产重组作为提高企业效益的新增长点。发行新股募集资金，调整投资结构，提高资产质量，优化资产结构。

广东电力发展股份有限公司

苏德钜 男，中共党员，生于1939年，广东电力发展股份有限公司副董事长兼总经理，亦是该公司的创建人之一。他毕业于广东水利学院，是水能动力工程师。历任广东省水电设计院技术员，广东省电力工业局生产技术处技术员、工程师、水电科科长，广东省电力服务总公司副总经理，电力开发公司副总经理。二十多年来的电力生产技术工作和管理工作经历，使他既具备了精深的专业知识，丰富的实践经验，又具有很强的组织能力与高超的管理艺术。1994年他担任广东电力发展股份有限公司副董事长、总经理后，更是全身心地投入，致力于公司的发展。他大刀阔斧，目光如炬，首先制定出公司的发展方向、经营策略，健全公司内部管理机制(如公司办公会议制度、电力项目管理制度及财务、资金管理制度等)；与此同时，在董事会领导下，争取各届支持，克服重重困难，在95年股市极度低迷情况下，成功发行21,825万B股(其中有10,825万股法人股转B股)创造性地实践了B股发行的新方式，公司亦因此转为外商投资股份有限公司。本着公司“取资于民，用资于电，惠之于人”的宗旨，他又大力加强电厂项目的投资建设和生产管理，他高瞻远瞩的经营策略、脚踏实地的工作作风和科学的管理方法，使得该公司在短短的四年中，由创办时的一家电厂发展为拥有三间颇具规模的大型电厂，由单一企业发展为拥有多家企业的大规模的集团化的电力上市企业，经济效益逐年提高，1995年该公司被选为深交所20家绩优公司。1996年公司每股收益达0.68元/股，名列全国电力上市企业的前矛。随着该公司的快速、稳健的发展，苏德钜先生亦尤如一颗明星在中国企业界中奕奕生辉！

青岛市弘诚信托投资有限责任公司

汤自强 男，56岁，上海市人，中共党员，高级经济师，现任青岛市弘诚信托投资有限责任公司总经理。

该同志1961年8月参加工作，1962年7月调入中国人民银行青岛市四方区办事处，长期从事信贷工作。1984年调入中国工商银行青岛市分行，同年6月负责组建筹备工行青岛市信托投资公司，并任总经理。1988年3月将信托公司由原市工行全资附属改制为股份有限公司，成为全省第一家股份制金融企业。1997年9月原工行青岛市信托投资股份有限公司更名为青岛市弘诚信托投资有限责任公司。

湖北宜化化工股份有限公司

余晨扬 1949年11月生，1970年参加工作，中共党员，大专学历，现任湖北宜化化工股份有限公司董事、总经济师、董事会秘书兼企管部、证券部总经理，深圳市宜化投资有限公司董事长。

1970年至1975年，枝城化肥厂工人，车间主任；1975年至1979年，宜昌地区清江河矿务局统计、会计、办公室秘书；1979年至1992年，先后任宜昌地区化工厂车间主任、供销科长、厂办主任、企管办主任、经营厂长；1992年至1996年，先后任湖北宜化化工股份有限公司董事、总经济师、董事会秘书，兼任湖北宜化有限责任公司董事、总经济师、企管部总经理、证券部总经理、深圳市宜化投资有限公司董事长。

余晨扬先生勤于工作，积极探索先进的生产管理经验。在担任总经济师期间，所在的湖北宜化化工股份有限公司从1993年起连续三年获湖北省"红旗单位"称号，1995年获全国化工优秀企业奖，1996年获全国化肥生产管理先进企业奖。作为企业家，余晨扬先生还连年荣获宜昌市企业家飞龙奖、湖北省优秀企业家奖等荣誉。

黄山旅游发展股份有限公司

汪巍然 43岁，现任黄山旅游发展股份有限公司董事长。1985年毕业于中央团校，并于1992年毕业于中央党校，具有扎实的理论功底和较强的语言、文字表达能力。1970年至1996年期间，历任上海警备区二师直属队班长，屯溪高压阀门厂副科长，屯溪市政府办公室秘书组负责人，徽州地委组织部干部科干事，徽州团地委副书记、书记，黄山团市委书记、党组书记，黄山市委宣传部副部长，市文明委副主任，《黄山日报》社总编、党委书记。

因工作出色，多次受各级领导和有关部门表扬和表彰，尤其在担任黄山团市委书记期间，举办一系列健康有益、丰富多彩的文体活动，将青年工作开展得有声有色；在任《黄山日报》社总编期间，开设了“纪念邓小平同志视察黄山十五周年”的《开山壮行》栏目，引起了强烈的社会反响。1996年4月起，他出任黄山风景区管委会副主任、党委书记，积极支持和投身黄山的股份制改革，并亲任黄山旅游发展股份有限公司筹备委员会主任，在改制过程中汲取了大量有关现代企业制度的知识，为“黄山旅游”B股、A股的成功上市及该公司的成立作出了其应有的贡献。

山东省国际信托投资公司

宋国文 男，汉族，1937年生，中共党员，高级经济师，现任山东省国际信托投资公司总经理、党组书记，山东证券有限责任公司董事长，山东证券业协会副会长，山东省政协常委。1961年毕业于山东工学院并留校任教，1978年任副院长，分管教学和基本建设。1983年调任山东省计委党组副书记、副主任，协助主任主持全面工作，主管基本建设、外经外贸等，协助主持编制了山东省“七·五”规划并组织实施，亲自主持编制了山东省综合国土规划。1989年调任山东省国际信托投资公司总经理，规范和发展了省基建基金管理业务，使省基建基金至96年底累计滚动增值达17.68亿元，1995年起任中国投资协会副会长；开拓了国际金融市场，使公司两次到国际金融市场发债，国际信用连续五年保持A＋级，长期外债被美国穆迪评级公司评为B aa2级，累计引进半年期以上外汇资金达25.2亿美元，充分发挥了全省主要对外融资窗口作用；开拓了证券业务，使公司成为目前山东省唯一拥有主承销商资格的证券经营机构；经过近十年的努力，使公司从一个资产总额为十几亿元、仅经营管理省基建基金业务的小公司发展成为一个资产总额至96年底为150.03亿元，以金融为龙头，以经营省基建基金、国际金融、信托、证券、实业为支柱业务的综合化现代化的跨国公司。代表公司，连续五次应邀参加世界银行和国际货币基金组织年会，连续四次应邀参加亚洲开发银行年会。

包头黄河化工股份有限公司

杜　耀　男，汉族，1940年10月出生，大学学历，高级工程师，1967年毕业于内蒙古大学化学系，同年参加工作，1979年6月入党，现任包头黄河化工股份有限公司董事长、党委委员。

1967年7月—1982年在包头市日用化工厂工作，先后任技术员，工程师，生产技术副厂长、厂长；

1982年11月—1991年2月任包头市第一化工厂副厂长兼党委副书记；

1991年2月—1992年3月任包头市第二化工厂党委书记；

1992年3月—1994年9月任包头市第二化工厂厂长，1994年该厂转制为包头双环化工集团股份有限公司；

1994年9月—1997年7月任包头双环化工集团股份有限公司董事长兼总经理和党委副书记。

1997年7月至今任包头黄河化工股份有限公司董事长、党委委员。

林海股份有限公司

陆海民　49岁，毕业于南京工学院，高级工程师。陆先生1973年进入泰州林机厂，历任泰州林机厂车间支部副书记、设计科副科长、经销科科长。1984年起任泰州林机厂厂长。1997年6月当选为林海股份有限公司董事长。自陆先生担任企业领导以来，将一个年产值只有1000多万元的中型企业发展为到96年主营业务收入44627.9万元，主营业务利润4808.3万元，净利润4125.4万元的大型企业。在他的领导下，该企业先后获得国家二级企业、国家一级计量单位、国家节能一级企业、全国设备管理优秀企业、全国用户满意企业、全国质量效益型先进企业等十多项国家级荣誉和30多项部、省级荣誉称号。95年该企业林海牌/林海雅马哈牌摩托车和摩托车发动机获全国用户满意产品，企业经济效益综合指标在全国林业机械行业和全省农机机械行业排名均属第一。同时该企业也是全国最大的摩托车发动机定点生产企业。陆海民先生在营林机械、消防机械，尤其是摩托车和摩托车发动机的生产制造方面具有雄厚的专业技术基础和丰富的企业经验管理经验，曾被评为扬州市和全国劳动模范，林业部及国家级有突出贡献的中青年科学、技术、管理专家，江苏省优秀企业家。

厦门厦新电子股份有限公司

陆焕文 1946年1月出生，浙江温州人。硕士，高级工程师。电子科技大学兼职教授。

1963.2－1967.8 杭州无线电工业管理学校学生；

1967.8－1978.2 国营787厂职工；

1978.2－1982.2 电子科技大学进修生、硕士研究生；

1982.2－1982.8 电子科技大学教师；

1982.8－1989.11 787厂车间主任、副厂长、厂长。081总厂副厂长。

1989.11－至今，厦新电子有限公司副总经理、总经理、厦新电子股份有限公司执行董事、总经理。

陆焕文先生曾荣获"福建省优秀共产党员"、"福建省优秀企业家"、"电子工业部劳动模范"等称号。

广州证券公司

劳建光 男，一九四四年九月出生，副教授，中共党员。

一九六七年毕业于中国人民大学财政贸易系金融专业，毕业后曾在中国人民银行任信贷员，兼任四川银行学校教员。一九八一年五月到暨南大学金融系任教，曾任系党支部书记，系党总支副书记，金融业务教研室主任，期间曾被评为广东南粤教书育人优秀教师，聘为硕士研究生导师。一九九四年任广州市人民银行金融研究所所长，调查统计处长，广州金融学会秘书长，中国金融学会理事。一九九五年七月至今，任广州证券公司总经理。

多年来一直从事金融业务、教学和科研工作，主要的著作有《货币银行学》、《广东金融体制改革研究》、《论专业银行向商业银行转化》、《建设广州金融中心，促进珠江三角洲经济发展》等。到广州证券公司任总经理后，稳健经营，努力开拓，使公司迅速扩大，业务不断发展，资产扩大五倍，盈利增加几十倍，取得显著的经济效益。

西藏矿业发展股份有限公司

肖永恩　男，汉族，现年50岁，本科学历，中共党员，工程师。1947年3月生于福建省罗源县，1970年参加工作，1975年12月毕业于北京大学地质地理系。先后曾任西藏东风矿技术员、生技科副科长、西藏罗布萨铬铁矿副矿长、矿长兼党委副书记，西藏自治区矿业发展总公司总经理兼总公司党委副书记、兼西藏藏华工贸有限公司董事长、西藏矿业发展有限公司董事长等职务。具有丰富的矿山生产与管理经验，堪称为西藏矿业经济新时期的开拓者和推动西藏矿业经济发展的带头人。

铁岭精工集团股份有限公司

迟庆余　男，1948年生，大学文化，高级经济师。1983年开始担任铁岭精工机器厂长，对企业产品结构进行了重大调整，围绕新的产品结构进行了系统的技术改造，把一个濒于倒闭的农机配件小厂发展成为我国最大的干燥设备制造企业。取得了良好的经营业绩和巨大的经济效益。1991年调任铁岭市经委第一副主任，铁岭市机械电子工业管理局局长。1993年本人申请，放弃优越的机关工作环境，回到企业，组织改组成立了铁岭精工集团股份有限公司。在巩固干燥设备行业龙头地位的基础上，引进国外先进技术，与韩国SMC公司合作开发了物流领域新装备自动化立体仓库，取得了辉煌的业绩，公司1997年5月成为上市公司，现任公司董事长兼总经理。曾先后荣获辽宁省优秀企业家、科技实业家、辽宁省劳动模范等荣誉称号。

江西万年青水泥股份有限公司

杨石根 1952年7月出生于湖北黄石市，原籍江西南昌，大专学历，经济师职称。他1968年参军，1971年分配到江西水泥厂工作，历任车间副主任、主任、厂长助理等职。1989年起任副厂长，1986年任厂党委副书记、厂长，1997年9月任江西万年青水泥股份有限公司董事长。

杨石根同志长期从事大型水泥企业的生产、经营和企业管理工作，具有强烈的事业心和责任感。经过二十多年的锤炼，使他成为水泥生产经营的行家里手。他干练稳重，颇具魄力和谋略，是一个有着丰富实践经验、知识水平和领导才能的企业优秀领导人。

宁夏伊斯兰国际信托投资公司

杨汝臣 男，回族，山东省人，中共党员，高级经济师，现年46岁，现任宁夏伊斯兰国际信托投资公司总经理。

1969年参加工作，1975年在兰州大学物理系学习，1978年毕业后在宁夏回族自治区物资局工作，任计划财务处副处长、宁夏建材公司经理、宁夏裕隆房地产开发公司总经理。在西南财经大学国际金融高等学习培训班进修。在香港西太平洋国际经济贸易大学国际金融系高等函授学习结业。在中国贸促会第二期外贸外经法律业务培训班结业。在宁夏区物资局任计划财务处副处长期间，对整个物资系统的计划财务整章建制，提出了以经济核算为中心的改革方案。任宁夏建材公司、裕隆房地产开发公司总经理，开发了银川商品住宅面积60,000平方米，连续3年累计实现利税1,000万元，对宁夏首府银川城市的市政建设、城市改造做出了成绩。突出的是能将房地产与金融、开发与融资相结合，成为银川地区贷款提前还贷，投资提前回收的先进单位。在主持宁夏伊斯兰国际信托投资公司工作后，当年就扭亏为盈。经过自上而下的整改，使公司的面貌焕然一新，在银川、深圳成立了宁国投2个证券营业部，还正在北京积极筹备成立宁国投北京证券营业部。拓宽了金融范围，开辟了新的更多的融资渠道，转换经营机制，改善外部环境，提高金融服务质量，扩大了公司资本积累。使公司的社会效益和经济效益获得了改善和提高。

特邀编委介绍

中山证券公司

金向东 男，汉族，中共党员，大学本科毕业

1957年10月出生，研究员

1972.2-1977.2 北京市翠微中学学生（曾任班长、团支部书记）

1977.3-1978.3 北京市海淀区温泉公社插队

1978.4-1982.1 北京中国人民大学哲学系学生

1982.2-1986.12 北京文化部文化管理干部学院教师

1987.1-1991.2 北京中央国家机关团委专职干部

1991.3-1991.9 北京中国新技术发展贸易有限公司业务经理

1991.10-1994.10 深圳中国宝安集团联络部负责人

中国宝安集团北京实业公司副总经理

深圳市安信财务顾问有限公司副总经理

1994.10-现在 中山市中山证券公司董事、总经理

中国国泰证券有限公司

金建栋 男，现年四十九岁。一九六八年毕业于中央财政金融学院财政金融系，同年参加工作。历任中国人民银行福建宁德中心支行科长、行长。中国人民银行福建分行副行长，党组成员。自一九八六年起历任中国人民银行总行会计司、综合计划司、金融管理司司长。中国人民银行总行党组成员。现任中国国泰证券有限公司董事长。

金建栋同志在任中国人民银行金融管理司司长期间，为加强我国的金融管理工作，建立符合中国特色的金融管理体制作出了突出的贡献。主持制定了有关证券、信托、银行等一系列的规章制度。为推进我国证券市场的发展，完善证券市场的管理作出了努力。在这同时，金建栋同志还在理论上对中国建立和完善证券市场体系作了大量的研究。自一九八六年以来，撰写了《中国证券市场》等大量的书籍和论文（主要自录附后）。对促进我国证券市场的研究作出了积极的贡献。金建栋同志还担任了中国人民银行总行研究生部和中国人民大学的兼职教授。

附：八六年以来主要著作

1. 股票操作指南 主编 中国金融出版社
2. 金融市场原理与实务 主编 中国金融出版社
3. 金融机构管理 主编 西南财经大学出版社
4. 中国证券市场(1991) 主编 中国金融出版社
5. 股票证券全书 主编 北京理工大学出版社
6. 信托操作规程 著 中国金融出版社
7. 银行筹资技巧 中国金融出版社
8. 银行清算业务 中国金融出版社
9. 债券发行与转让 主编 中国金融出版社
10. 社会主义证券市场 著 《中国金融》1992年12期
11. 1987年金融体制改革的新进展 著 《1988中国金融年鉴》
12. 发展社会主义股份公司应坚持公有制为主体 著 《股份有限公司原理与实务》序言 现代出版社

特邀编委介绍

福建华兴财政证券公司

林 云　1957年12月出生，籍贯福建福州，中共党员。

1976.2–1980　福州军区32853部队

1981.9–1985.7　厦门大学财经系

1985.9–1988.9　福州市财政局综合科任副科长

主要从事国债发行、兑付、转让等工作

1988.9–1995.2　福建省财政厅外经处任副科长、科长

主要从事华福、华侨信托公司等金融机构及三资企业、外包企业的财务管理工作

1995.2–至今　福建华兴证券公司总经理

广东国际信托投资公司基金部

林金腾　男，38岁，大学本科，会计师。现任广东国际信托投资公司副总会计师兼基金部法人代表、总经理。英国会计师公会学生会员，曾在香港安永会计师事务所工作。自林金腾先生担任广信基金总经理职务以来，加强了广信基金的投资管理和风险控制工作，完善了广信基金的投资机制，使得广信基金的业绩突飞猛进，目前在深、沪证券交易所挂牌基金中名列前茅。在林金腾先生的领导下，广信基金将一如既往地严循"长期稳定增值"的宗旨，积极开拓，切实地为广大投资者谋取满意的投资回报。

广东汕头超声电子股份有限公司

林盛川 男，1936年生，揭阳市人，大学本科毕业，高级工程师。现任汕头超声电子（集团）公司法人代表、党委书记、广东汕头超声电子股份有限公司董事长、华南理工大学兼职教授。1959年毕业于华南理工大学，历任车间副主任、技术科副科长、副总经理、总经理、董事长，党委书记。任职期间，他勇于开拓、锐意创新、冲破“以超声仪器为纲”的束缚，致力创办中外合资企业，发展了双面及多层印制板、TN和STN液晶显示器等高科技产品，领导企业朝着高科技、多元化、规模化、国际化的方向发展。在他领导下，1986-1996年11年间，公司的工业总产值增长了17.73倍，利税总额增长了10.20倍。固定资产净值增长了15.78倍，公司发展成为大型工业企业，首批国家级高新技术企业集团、国家经贸委1000家重点联系企业之一，进入“中国行业一百强”前列。由他主持创建的广东超声电子工程技术开发中心，仅“八五”期间，共开发了31项成果，其中5项被评为国家级新产品，企业获“‘八五’期间广东省企业技术进步奖”，面向未来，他领导制订公司“九五”发展规划，创设广东汕头超声电子股份有限公司，1997年8月发行A股股票并上市，为公司跨世纪大发展奠下基础。他被国务院发展研究中心评为“中国500名企业创业者”之一，经国务院批准，享受政府特殊津贴，荣获“广东省优秀企业家”、“广东省优秀科技企业家”、“广东省劳动模范”等多项奖励。

辽宁成大股份有限公司

尚书志，男，大学毕业，高级经济师，1952年10月出生于大连市庄河县。1977年9月毕业于辽宁财经学院，毕业后分配到辽宁省纺织品进出口公司从事纺织品外销业务。1986年至1990年先后担任辽宁省纺织品进出口公司副科长、科长、副总经理等职务。1991年3月，出任辽宁省针棉毛纺品进出口公司副总经理，主持公司全面工作，1992年3月任总经理。1993年6月担任辽宁成大股份有限公司董事长、总经理。1997年3月任辽宁成大集团有限公司董事长、辽宁成大股份有限公司董事长。

尚书志同志多次被省外经贸厅评为先进工作者、劳动模范、优秀共产党员；并荣获辽宁省优秀企业家和一九九五年辽宁省十大杰出青年称号。

上海财政证券公司

赵叶龙 男，1945年12月生，汉族，江苏南京人，高级经济师。

赵叶龙同志1963年12月参加工作，历任上海市财政局税务局第四分局税务专管员、业务科副科长、革委会副主任，上海市财政局企财二处副主任科员、主任科员、副处长。在担任企财二处副处长、分管地方金融、旅游、粮食企业财务管理。自1992年7月起担任上海财政证券公司总经理。

赵叶龙担任上海财政证券公司总经理，对公司的企业化、商业化、规模化管理进行了积极而有效的探索与实践，尤其"八五"期间，解放思想，转变观念，取得了"增资、增人、增规模、增效益"的出色业绩，发展成为具有相当经营实力的，在同行业中享有较高知名度的证券经营为主的非银行金融机构。截止到96年底，公司累计证券交易总额3800亿元，证券发行总额127亿元，实现利润3.4亿元，资产总额达44亿元。

赵叶龙同志兼任的社会工作：国发金融市场研究中心理事、上海证券交易所上市委员会委员、中国证券业协会理事、上海证券业协会理事、上海金融法制研究会常务理事、中国诚信证券评估有限公司副董事长、上海财政学会证券研究会会长、上海莱福集团有限公司董事会董事。

山西证券交易中心

赵青豪 现任山西证券交易中心总经理、副教授。较长时间地从事理论和政策研究工作，曾任基层党校副校长、政策研究室主任职务。著有《聚合 裂变 转换－二元经济结构转换研究》（中国经济出版社出版）、《公司股票交易》（中国经济出版社出版）等著作。1994年开始直接从事证券市场管理工作，任山西省证券管理办公室处长。1995年主持筹建山西证券交易中心，兼任交易中心总经理。

从事证券市场管理工作以来，参与了山西地方区域性证券市场的研究设计和建设工作，受到当地政府的重视。

特邀编委介绍

南京华东电子集团股份有限公司

赵竟成 男，1946年3月出生于江苏南通，中共党员，高级工程师。1969年7月毕业于东南大学自动控制系，70年8月进入华东电子管厂工作，92年7月开始，担任华东电子管厂厂长，后兼任南京华东电子集团股份有限公司董事长兼总经理。

赵竟成同志勤奋求实，开拓进取，带领全厂上下围绕建立现代企业制度和经济效益这个中心，大胆改革，加快发展，走中外合资、中中联营和自我发展相结合的道路，使企业在激烈的市场竞争中，保持了较好的经济效益和社会效益。1996年华电集团包括华电本部、中外合资和中中联营企业的销售收入已达22.6亿元；1993年，华电改制成立了华东电子集团股份有限公司；1995年，成立了华东电子集团；1996年通过内部规范运作，华东电子集团股份有限公司成为南京市首批股份制规范企业；1997年5月，股份公司"华东电子"4000万A股在深圳证券交易所成功上市。

几年来，赵竟成同志还先后获得电子工业部劳动模范、中国质量协会先进奖章、江苏省依靠职工办企业优秀厂长，南京市立功个人、南京市第六届优秀企业家、南京市精神文明建设先进个人等荣誉称号。

江西纸业股份有限公司

姜和平 男，45岁，大学本科学历，中共党员，高级经济师，中国国资青年总裁委员会常务理事，江西省工业经济协会常务理事，江西省造纸印刷协会副会长，南昌市人大代表，全国轻工业优秀企业家和江西省优秀经理。姜先生长期从事大型制浆造纸企业生产经营管理和领导工作，具有丰富的管理经验，历任车间副主任、主任，分厂副厂长、分厂厂长，副厂长、常务副厂长、厂长。1994年6月任江西纸业有限责任公司董事长、总经理、党委副书记。1997年4月任江西纸业股份有限公司董事长。1997年10月16日始任江西纸业集团理事长、江西纸业集团有限公司董事长。

湖南海利化工股份有限公司

范涤尘 高级工程师，男，1937年出生，湖南长沙人，中共党员。1965年毕业于湖南大学。现任湖南化工研究院院长兼党委书记、湖南海利化工股份有限公司董事长、湖南海利高新技术产业集团董事长兼总裁。同时担任湖南省科协副主席、湖南大学化学化工学院副董事长、中国高科技产业化研究会常务理事、中国化学会理事、中国化工学会理事、湖南省化学化工学会副事理长兼秘书长等职，为中国科协"四大"、"五大"代表，先后荣获化工部劳模、全国第三届科技实业家创业奖银奖、全国劳动模范、享受政府专家特殊津贴。

长期从事化工设计、科研开发和科技管理工作，1984年10月到湖南化工研究院主持工作以来，通过全院共同努力，组织开发新技术250余项，其中荣获国家和部、省级奖励的成果46项，中试成果转化率达86.4%。先后建设了"国家氨基甲酸脂类农药工业性试验基地"、"国家南方农药创制中心湖南基地"和"湖南农用化学品重点实验室"，并经国家批准享受有对外经营进出口权。

1984年4月，组建了以研究院为主体的湖南省第一家高科技股份制公司——"湖南海利化工股份有限公司"，并于1996年8月作为湘股第一家在上海发行A股上市。"湖南海利"坚持以市场为导向、以效益为中心、以科研为基础，以产业为支柱的发展方针，按照现代企业制度要求规范运作，稳健发展，年均经济效益保持了35%的递增速度。先后荣获"中华之最"、"全国高新技术百强企业"、"国家火炬计划重点高新技术企业"、"湖南省十强高新技术企业"、"长沙市合法权益重点保护单位"等荣誉称号。在96年全国530家上市公司经营业绩综合排序为第44位。1996年9月又创办了以湖南化工研究院为核心，以湖南海利化工股份有限公司为紧密层，联合省内外十家企业组建的"湖南海利高新技术产业集团"。通过12年艰苦创业和科学管理，实现了出成果，出人才，出效益，为"科教兴国"作出了显著贡献。

中国嘉陵工业股份有限公司（集团）

郝振荃 男，生于1937年6月28日，汉族，北京市昌平县人。中专文化，财会专业。1959年8月参加工作，1965年加入中国共产党，现任中国嘉陵工业股份有限公司（集团）董事长兼总裁，高级会计师职称，享受国家政府特殊津贴的高级专家。

个人履历：1956年9月至1959年7月，河北省张家口财经专科学校读书；1959年8月至1966年2月，国营嘉陵机器厂计划员、会计员；1966年3月至1980年8月，国营嘉陵机器厂财务科长；1980年8月至1983年1月，国营嘉陵机器厂总会计师，1993年1月至1993年7月，国营嘉陵机器厂厂长；1993年7月至今，中国嘉陵工业股份有限公司（集团）董事长兼总裁。

主要社会职务：第八届全国政协委员；中共重庆市委第七届委员会委员；中国汽车工业协会常务理事；中国政策科学研究会常务理事；全国驰名商标保护组织工作委员会执行委员；中华商标协会委员；中国企业家协会会员，中国国防科技工业企业家协会会员；中国人权研究基金会常务理事；四川省企业管理协会执行理事；四川省工业经济研究会理事；重庆中华民族文化促进会副理事长。

主要荣誉：1984年、1985年兵器工业优秀厂长；1985、1988年重庆市劳动模范；1988年四川省优秀企业家；1989年四川省劳动模范、中国机电工业优秀企业家；1990年全国"五一"劳动奖章获得者，1991年重庆市劳动模范、兵器工业劳动模范；1992年首届中国军转民十佳企业家；1993年全国优秀质量工作者；1993年主研的"三元动态平衡法"获全国企业现代化管理创新成果二等奖；1994年第五届"全国优秀企业家"（金球奖）；1995年全国劳动模范；1995年中国经营管理大师。

特邀编委介绍

北京化二股份有限公司

项大北 43岁，毕业于中国人民大学，获硕士学位，高级工程师。自1976年起从事企业管理工作，历任北京化工二厂车间副主任、厂团委书记、副厂长、党委书记、厂长。深圳北京化工实业公司副总经理，现任北京化学工业集团有限责任公司副总经理、北京化二股份有限公司董事长。项大北先生具有坚实的企业管理理论基础和管理大型企业的丰富经验，资本运作、决策和整体协调能力强，对企业经营管理和如何不断发展壮大有独特的见解，曾任中国氯碱工业协会副理事长，获北京市工业系统"十佳厂长"称号。

广东证券公司

钟伟华 男，1957年8月出生，中共党员，高级经济师。现为广东证券公司总经理。钟伟华同志于1982年毕业于中山大学经济学系，获"经济学"学士学位。从1982年初开始先后在中国人民银行广东省分行任副科长、科长、副处长职务；在广东省南方金融服务总公司任总经理助理兼发展部、证券部经理职务；1994年1月调至广东证券公司工作，任董事总经理；1996年，钟伟华同志领导广东证券公司进行增资改制，已获中国人民银行总行批准筹建广东证券股份有限公司，公司资本金为八亿元。其他职务：深圳证券交易所理事、广东证券业协会副理事长、广东股份经济研究会副会长、广东省金融研究中心干事。

江苏联合信托投资公司

陶　宁　江苏联合信托投资公司总经理，法定代表人，高级经济师。生于1956年7月，1981年毕业于南京大学经济系经济管理专业。先后在南通市计划委员会、江苏省计划与经济委员会从事社会资金和财政金融的研究与计划编制、债券计划管理、市场流通及物价方面的工作。1986年参加中组部、国家经委和复旦大学举办的总经济师班，取得任职资格证书。是江苏省税务协会理事、江苏省市场协会常务理事。1994年5月，经中国人民银行江苏省分行审核同意，由江苏省计划与经济委员会调任江苏联合信托投资公司主持工作。

四川长虹电器股份有限公司

倪润峰　男，52岁，山东荣城人，教授级高级工程师，1967年毕业于大连工学院机械制造专业。1985年上任国营长虹机器厂厂长至今，现同时兼任四川长虹电子集团公司董事长兼总经理、四川长虹电器股份有限公司董事长兼总经理、全国优秀企业家、中共“十四”大和“十五”大代表，获“金球奖”、全国”五一“劳动奖章、全国劳动模范、商界95’年度“十大风云人物”、首批”中国经营管理大师”、1996年度亚洲”华人企业家管理奖“等荣誉称号。四川长虹电器股份有限公司被国家统计局、中国技术进步评价中心评为”中国彩电大王”、“中国最大彩电生产基地”。

长虹目标:下世纪初，进入世界工业500强、世界彩电企业前三强。

山东胜利股份有限公司

徐建国 大学学历，高级经济师。1952年10月生于山东省济南市。1970年，18岁的他从省城奔赴荒凉的东营，加入了胜利油田开拓者的行列。二十多年的油田生涯，锤炼了他坚强的意志和百折不挠的性格，他从一名普通职工成长为油田指挥部干部、总指挥秘书、山东省胜利集团公司（大型一类企业）总裁、山东省经济技术开发中心总经济师、副主任。1994年5月，创办山东胜利股份有限公司，任董事长兼总经理至今。

座右铭：敢为人先、敢争第一、敢创大业、自觉奉献

个人爱好：读书、收藏

工作时间：不少于14小时

休息日：无

未来目标：把胜利股份发展成为国内著名、国际知名的大型跨国企业集团，以优良的经营业绩回报广大股东。

沈阳财政证券公司

莫逆 高级会计师。男，1962年11月出生，汉族，中共党员，大学毕业，浙江省绍兴市人。现任沈阳财政证券公司法人代表、总经理、党支部书记。沈阳证券协会副会长、辽宁证券业协会理事、辽宁经济文化发展促进会理事、辽宁省信息协会理事。中国注册会计师协会非执业会员、中国国债协会理事、中国证券业协会会员。

主要贡献：

1、提议并带队晋京申办经中国人民银行总行颁发的《经营金融业务许可证》，于1992年11月在全国财政系统率先获得了经营证券业务的合法身份。之后陆续在沈阳、天津、武汉证交中心及上海、深圳证交所取得了交易席位。开展了股票的自营和委托业务，从此打破了财政证券公司只能单一搞国债的禁区。

2、筹划组建皇姑、铁西等五个证券交易营业部，同时增加了注册资本金，使公司在全市形成了布局合理的网络式运作机构，营业规模和资金实力进一步壮大。1995年，在全国证券市场证券商利润总额"龙虎榜"上名列第19名，被沈阳证券业协会、沈阳证券监督委员会命名为"十佳证券商"。1997年，被沈阳证监会授予"沈阳证券业'优质文明服务窗口'单位"。

3、提出"敬业、求实、高效、创新"的公司精神。成功地避过了"3.19、3.27"风波……。

4、1996年，提议并组建了十几家证券商组成的以沈阳财政证券公司为主承销商的沈阳国债承销团。此举为活跃沈阳国债市场起到了十分积极的作用。

5、主持沈阳财政证券公司股份改造工作。

特邀编委介绍

天津北方国际信托投资公司

戚文福 高级经济师，1975年5月南开大学毕业，1975年5月至1987年9月军事医学科学院，1985年获国家科学进步二等奖，1986年获全军科学进步三等奖，1996年天津市总工会特授予“九五”立功奖章，1987年10月至今现任天津北方国际信托投资公司党总支书记、总经理。

山东鲁抗医药股份有限公司

章建辉 浙江诸暨人，现年52岁，本科学历，高级经济师，执业药师。1968年浙江大学毕业。初分配到华北制药厂青霉素提炼车间工作。1974年调进济宁抗生素厂（现鲁抗公司）工作，历任技术员、车间主任、厂长。1992年厂转制时任山东鲁抗医药股份有限公司董事长兼总经理，具有丰富的企业管理经验。获山东省及全国医药行业优秀企业家、山东省劳动模范、山东省医药行业拔尖人才、全国优秀经营管理者等称号，当选为山东省八届人大代表，并荣获全国“五一”劳动奖章。现任山东鲁抗医药股份有限公司董事长、党委书记。

章建辉先生自1984年出任领导至今，锐意改革，勇于开拓，果断决策，依法经营，主动探索搞活企业的有效途径。他率先在公司推行全员劳动合同制和岗位技能工资制，实行竞争上岗，按劳取酬，极大地调动了员工的积极性；他积极倡导公司股份制改革，努力建立与市场经济相适应的管理机制，实行内部模拟市场管理，开展按国际惯例管理企业，使鲁抗公司得以空前发展，创造了十年辉煌，由一个名不见经传的三线小厂，发展成为具有规模经济的知名大型现代化企业。1996年工业总产值、销售收入、利税、利润、固定资产分别是1984年底的12.94、12.83、14.93、22.90、8.43倍。

特邀编委介绍

上海东海股份有限公司

章祖法同志简历

1964.11-1965.3　上海市蓬莱街道待业
1965.4-1966.5　上海市东海农场6队职工
1966.6-1972.3　上海市东海农场4队副队长、团支书
1972.3-1974.5　上海市东海农场“五七”二连副支书、指导员、支书
1974.6-1976.1　上海市东海农场33连支部书记、指导员
1976.1-1977.10　上海市东海农场22连支部书记、指导员
1977.10-1981.8　上海市东海农场部、运动办负责人、劳资科负责人、副场长、党委委员
1981.8-1982.1　北京农垦部干校培训班、学员
1982.2-1985.1　上海市朝阳农场场部场长、党委副书记
1985.2-1988.4　上海市东海农场场部副场长
1988.5-至今　上海市东海农场场部场长、党委副书记
其中1993年起　上海东海股份有限公司董事长兼总经理

泸州老窖股份有限公司

郭来虎　现任泸州老窖股份有限公司董事长、高级经济师、四川联大校董会常务董事、兼职教授。1967年毕业于四川大学，1983年至1988年任四川泸县县长，1988年任中共泸县县委书记，1992年任中共泸州市委常委、秘书长，1993年调任泸州老窖酒厂党委书记、厂长，1994年3月公司改制后，曾任泸州老窖股份有限公司董事长、总经理、党委书记。先后被评为“全国首届食品工业优秀企业家”、’95中国500位企业改革者、“全国酿酒企业最有贡献的人”、“企业管理成就奖”、“中国经营大师”、’96“全国五一劳动奖章获得者”等荣誉称号。

郭来虎先生善于用现代经营哲学武装自己，以科学的市场战略统揽公司活动的全局。他提出市场经济的实质是生产性经济，必须以生产为基础，以质量为保证。通过对公司内在潜力的准确把握和对市场形势的科学分析，为公司健康、持续、快速发展制定了一系列正确的方针、措施，大胆决策，精心管理，在不足四年的时间里，郭来虎先生用他的智慧和实干精神，率领公司员工把一个具有悠久历史的企业推上了历史的新台阶：名优酒比率逐年上升，实现利税从1993年的1.4亿元逐年上升到1996年的5.5亿元，向国家上缴税利从1993年的8000多万元上升到1996年4亿多元，较1993年分别增长298.8%和357.05%，资金利税率、资产负债率等经济指标在全国同行业中名列前茅。公司荣获“中国企业最佳形象AAA级”、“全国经济效益500强大型骨干企业”，连续两年被评为中国明星企业，连续五年被评为全国500家、四川省100家最佳综合经济效益型企业，泸州老窖池群被国务院命名为“全国重点文物保护单位”。公司综合实力和社会效益受到社会公众好评。

中信证券有限责任公司

常振明 1956年10月22日出生于北京。

1979-1983 北京第二外国语学院
1983-1984 中国国际信托投资公司财务部
1984-1985 大和证券有限公司 投资银行研修生
1985-1987 中信公司银行部 副经理
1989-1992 纽约保险学院 工商管理硕士
1992-1993 中信实业银行 行长助理
1993-1994.3 中信实业银行 副行长
1994.3-1995.9 中信公司 总经理助理
1995.9-至今 中信证券公司 董事长
中信公司 常务董事兼副总经理

西藏金珠股份有限公司

董金江 男，现年39岁，中共党员，自一九七四年参加工作以来一直在外经贸系统工作，曾先后担任过外运公司副总经理，西藏自治区对外贸易进出口公司总经理、西藏自治区外经贸厅副厅长等职，现任西藏金珠集团公司董事长、总裁、经济师，董金江同志政治上热爱党、热爱社会主义祖国、坚持四项基本原则，坚持改革开放，维护祖国统一、民族团结，具有马克思主义民族观和宗教观。

董金江同志工作上锐意进取，从西藏的实际情况出发，提出了"以西藏为中心，发展东西南北中"，"坚持两条腿走路，以实业保贸易，以贸易促实业"等一系列改革方案和发展措施。在具体工作中，紧密联系群众，上下一条心，勤勤恳恳、兢兢业业，各项工作均取得了可喜的成绩，有力的促进了西藏经济的振兴及发展，获得了很好的社会效益和经济效益。1994年完成进出口贸易总额8793万美元，比93年度增长69%，实现利润5266万元，与93年同期相比增长11.8%，上缴税利2590万元，1995年完成进出口贸易总额2545万美元，实现利润3300万元人民币，特别是自中央第三次西藏工作座谈会后，中央对西藏的外经贸优惠政策作了适当的调整，为了进一步拓宽企业经营渠道，增强企业活力，董金江同志以一个现代企业家的胆识和魄力，以身作则，对新的更加严峻的形势以及企业今后的发展趋势进行了实际的综合性分析和预测，努力发展实业，加大力度深化改革，从经营中抓住机遇，调整战略和经营思想，从管理角度和经营战略上，提出具体对策和措施。在我公司被列入"510"工程股份制试点单位后，他以一种负责的思考精神，一种创新的改革精神，一种有效的实干精神，及时地把握时机，把着眼点放在自身上，努力挖掘企业内部潜力，通过改制、改组、改选、加强管理（三改一加强）顺利地组建了西藏金珠集团公司。为进一步加强集团公司的竞争力和发展后劲，董金江同志又带领公司领导班子在组建金珠集团公司的基础上，选择部分优良资产联合其它企业共同组建了西藏金珠股份有限公司，于一九九六年十月七日——九日在拉萨市公开发行并于同年十一月八日正式在上海证券交易所上市。

特邀编委介绍

大同证券公司

董祥 男，汉族，现年33岁，中共党员，于一九八六年毕业于湖南财经学院金融专业。

该同志于一九八一年参加金融工作，先后任中国人民银行浑源县支行会计股副股长，计划、信贷股股长，中国人民银行雁北分行计划科副科长、金融研究室、办公室主任、经济师。一九九三年调大同证券公司任深圳证券业务部经理。一九九五年，出任大同证券公司董事长兼总经理，并被推选为山西省证券业理事会理事。

自参加金融、证券工作17年来，董祥同志的大部分时间在金融、证券业从事理论与实践操作工作，在人民银行工作期间，他主要从事综合工作、信贷计划管理以及金融研究工作，曾先后为县、区分支行起草过大量适用性强、操作灵活的管理制度和办法。在一九八四年山西省人行系统组织的业务考试中夺得全区第一名和全省第三名的好成绩，并被山西省劳动竞赛委员会授予三等功。同时，他还擅长对金融、证券理论的研究探讨，在人民银行雁北分行担任《金融实践》主编期间，曾撰写了大量有推广价值的理论研究文章，在国家、省有关权威性专业报刊、杂志上发表评论和论文20余篇，共计6.5万余字。特别是一九九三年从事证券业并相继担任公司主要领导职务后，他首先从抓规范管理和制度建设入手，先后亲自起草了二十一项规章制度和办法，使全公司管理体系和业务经营互相配套，纳入了科学化、规范化、法制化的轨道。所以，在1995年经人民银行总行重新验收登记，成为山西唯一被登记的证券公司。到目前，全公司的营业部由1995年初的3个扩大到7个，1995年年交易量为273708万元，1997年1-6月份就达到1572100万元，公司资本金在1995年初1000万元的基础上，按照人民银行对证券业的要求，由于开展了紧锣密鼓的增资扩股工作，到6月份，已增加到121429750.39万元。

湖北天发股份有限公司

龚家龙 1954年3月出生于高级知识分子家庭，湖北荆州人，大专文凭，高级经济师，中共党员。

1969年作为知识青年插队农村，1971年招工回城，由于工作扎实肯干，技术过硬，不久，被任命为荆州地区轻工局汽车队调度、副队长，主持业务工作。80年代初期，将车队过去单纯的货物运输转为"进货－销货－加工－商品承销"一条龙服务，受到上级主管机关的表彰。

1986年组建了荆州地区轻工贸易公司，担任副经理职务，主持全盘经营工作，在一年半的时间里，为公司盈利1000多万元，受到荆州社会各界的广泛赞誉。

1988年调任荆州产品经销公司，后更名为湖北天发股份有限公司，担任董事长兼总经理、党总支书记。天发股份公司经中国证监会批准，于1996年12月17日在深圳证券交易所挂牌上市。

9年来，几乎在白手起家的状况下，经过奋力拼搏，使天发股份有限公司主营业务得到快速发展壮大。在石油液化气经营方面，拥有自备的专用铁路线站的槽车，目前已占领了鄂南湘北两个大中城市的主要市场，

在石油成品经营方面，建有一批代表国内先进水平的大型加油站，预计在98年将达到100座，形成全国大型的石油连锁零售商。

96年由天发股份承建了国家计委立项，被国务院三峡办列为重点配套的项目"宜昌三峡管道液化气项目"，总投资达4.5亿元。其中三峡万吨油气库已经竣工，成为长江中上游最大的油气库，其经济效益十分可观。

此外，龚家龙同志还担任湖北天发集团公司的董事长，该集团是一家集"石油化工－造纸－农业高技术开发"三业并举奋进的大型企业集团，总资产35亿元，已成为湖北省重要的骨干企业，省委省政府主要领导多次莅临公司视察并给予很高评价。

烟台东方电子信息产业股份有限公司

隋元柏 生于1941年12月8日，山东文登人，中共党员，大专学历，高级经济师，山东大学经济管理系兼职教授。现任烟台东方电子信息产业集团有限公司董事长兼总经理。

1978年至1987年任烟台无线电六厂厂长；1987年至1991年，任烟台计算机公司经理；1991年至1993年任烟台东方电子信息产业集团公司董事长、总经理；1994年至今，任公司党委书记、董事长、总经理。自1978年以来，他大胆决策，科学管理，实施人才战略，开发生产出符合国情的电力系统自动化设备，达到国际90年代技术水平，市场占有率达70%以上，公司产品由3个系列10个品种发展到5大系列180多个品种，东方品牌出口欧美及东南亚。在他领导下，公司坚持走资产运营之路，完善企业股份制改造，实现股票上市，由原先濒临倒闭的小厂发展成为全国最大的电力系统自动化设备的研制、生产基地，全国最大的计算机键盘生产、出口基地，国家级企业技术开发中心，全国电子百强企业，国家重要电子产品生产基地和具有强大的经济实力的大型企业集团。

隋元柏先生是全国劳动模范，全国五一劳动奖章获得者，全国优秀经营管理者，山东省首届十大杰出企业家、山东省专业技术拔尖人才和烟台市人大常委会委员。

福建省华侨信托投资公司

谢长安 1942年生，中共党员，经济师，毕业于厦门大学工学院。历任福建省财政厅科员、副科长、科长、副处长、处长、副厅长。1995年5月调任福建省华侨信托投资公司法人代表、总经理。福建省华侨投资公司是福建省政府直属的国有非银行金融机构，经营委托、信托、融资租赁、投资、证券、外汇、担保等各项金融信托业务。近几年，公司发展迅速，总资产和实现利润连续几年高速增长。公司所辖福州证券交易营业部、上海证券交易营业部均为当地享有较高知名度的证券经营机构。

特邀编委介绍

太原双塔刚玉股份有限公司

程明远 现年47岁，中共党员，高级经济师，曾任中美合资太原索斯沃斯升降台公司董事长兼总经理。在任期间，他历精图治，大胆创新，探索出了一套科学的管理办法，使"索"公司连续几年被评为外方投资优秀企业，并成为全国外商投资明星企业之一，产生了良好的社会效益和经济效益。1993年－1996年期间，程明远先生先后担任了太原五一机器厂和太原砂轮厂两家大中型企业厂长，在短短的几年中，使两家企业经济效益连年迈上新台阶，双双成为太原市模范企业，他本人也连续三年被评为省、市优秀企业家，山西省劳动模范，太原市特级劳动模范。

程明远先生不仅是一位懂经营会管理国有企业的优秀厂长，同时也是一位善于学习，勇于探索的优秀企业家。在省市领导及省市各有关部门的大力支持帮助下，由程明远先生参加了将太原市两家国有大中型企业的优势资产太原砂轮厂10000KVA棕刚玉冶炼系统、自动化立体仓库，太原市东山煤矿坑口电厂实行优优重组，强强组合工作，组建起了集山西资源和能源优势为一体符合国家产业政策的大型基础原材料股份制企业－太原双塔刚玉股份有限公司，并以其良好的业绩和发展前景成为太原市首家上市公司。

"太原刚玉"于1997年8月8日在深交所挂牌上市以来，以其独特的产业优势和广阔的发展前景，被社会各界誉为国有企业资产优势重组，强强给合的典范，引起了国内外产品市场和证券市场的关注。目前，太原双塔刚玉股份有限公司在程明远董事长兼总经理的领导下，正向着同行业中规模最大、品种最全、竞争力最强的国际化企业集团迈进。

北京证券登记有限公司

程博明 男，1961年11月6日生，中共党员，高级经济师，经济学博士生，现任北京证券登记有限公司总经理。

1980年考入安徽财贸学院财政金融系，在四年学习期间，系统学习了政治经济学、银行信贷与管理、财政学、会计、预算、数学等几十门课程，学习成绩优秀。在校期间连续三年被评为"三好学生"，一次被评为"三好学生标兵"。1984年大学毕业后，直接考取中国人民银行总行研究生部，攻读货币银行学专业硕士研究生。读研究生期间，除了完成正常学业外，还组织和参与了多次社会学术活动，同时编写了十余本教材，在报刊杂志上发表了10余篇学术论文。1987年获取经济学硕士学位。同年分配到《金融时报》理论部工作，1988年起担任理论部负责人，主持理论部工作。在报社期间，采写了数十篇文章，其中有些文章在社会上引起较大反响。1993年3月起，负责筹建北京证券登记有限公司并担任总经理至今。在北京证券登记有限公司任职期间积极拓展业务，加强管理，努力提高为券商和股民服务水平，使公司业务一年一个台阶，公司管理也日趋规范化，为推动北京市股份制企业改造和证券市场的发展作出了应有的贡献。

1995年起考取陕西财经学院货币银行学专业博士研究生，计划1997年毕业。近年来，在全国性报刊上发表各种文章数十万字，著有和参与编写的书籍如《金融谜点透视》等10余本。

光大证券有限责任公司

惠小兵 男，1953年12月出生，汉族，中共党员。籍贯：江西灌云，职称：高级经济师，学历：大学本科。1970年12月参加工作。

现任中国光大集团有限公司董事、光大证券有限公司总裁。

简历：

1970.12-1978.4 北京市第一机床厂干部

1978.4-1978.8 北京石化总厂设计总院干部

1978.9-1982.9 内蒙古工学院机械制造专业学生

1982.9-1987.5 国务院技术经济研究中心副处长

1987.5-1990.8 建设银行投资咨询公司副总经理

1990.8-1997.2 建设银行深圳市分行行长、党组书记

1997.2-至今 光大证券有限责任公司总裁、党组书记

广东韶关松山股份有限公司

曾德新 现任广东省韶关钢铁集团有限公司董事长、总经理。他于1969年毕业于中南矿冶学院，在长期的钢铁工业实践中积累了丰富的工作经验。他先后获得全国"五一劳动奖章、省冶金系统劳动模范、省立功创先竞先进工作者、省优秀职工之友等荣誉，1989年由他主持研制的全液压线材打捆机获国家专利，并获省科技成果三等奖。1993年他被授予国家级有突出贡献专家的称号。

曾德新同志1995年5月担任总经理后，及时调整思路，修订目标，挖掘潜力，使韶钢跃上年产钢80万吨新台阶，比上年增长11.59%，在钢材价格上比上年较大幅度下降的情况下，全年仍实现利税总额2.46亿元。1996年，他实施正确的生产经营方针，努力培植新的经济增长点，使钢、材产量大幅度增长，钢完成95.27万吨，材完成90.33万吨，在全年基本没增加设备能力的情况下，比上年钢净增15万吨，材净增近20万吨。产销率100%，全年实现利税总额2.27亿元，增强了韶钢的实力和发展后劲。

曾德新同志在企业管理实践中形成了科学、高效的管理思想和工作方法。在生产组织上坚持"高质量、快节奏、满负荷、高效率"的指导思想；在经营工作上贯彻"以销定产、以产促销、以销促产"的原则；在全局工作上实施"争抢时间，占领市场竞争制高点"的战略方针和"预见性、计划性、创造性"的工作方法。作为董事长、总经理是企业的带头人，他时刻牢记：必须义无反顾，超越自我，认真承担起责任。

特邀编委介绍

石家庄炼油化工股份有限公司

戢守山 现任石家庄炼油厂厂长兼石家庄炼油化工股份有限公司董事长。1962年毕业于抚顺石油学院石油炼制专业，大学学历，于1962年12月入抚顺石油二厂。曾担任调度室主任；1976年12月至1990年10月历任石家庄炼油厂生产计划科副科长、调度室主任、厂副总工程师、副厂长、党委副书记，1990年至今任石家庄炼油厂厂长。

戢守山先生有着几十年的炼油生产实践和丰富的经营管理经验，几年来，他带领一班人，团结务实，开拓进取，勤政廉洁，科学管理，把全部心血都倾注在了深化企业各项改革的事业中，使石家庄炼油厂的经济效益稳步增长，连年列同行业之首。他不满足现状，不断学习国内外一些大型企业的成功经验，经反复酝酿，提出了"以提高经济效益为中心，转换经营机制，技术进步和搞活经营为重点，强化管理，苦练内功，走内涵挖潜发展道路"的治厂方针，在厂党政领导班子和广大干部职工的支持下，他的治厂方针逐步得以实施。从1990年到1995年，石家庄炼油厂原油加工量、工业总产值、销售收入和实现利税分别为6..3%、8.34%、28.26%和42.13%的速度递增。按销售额排行连续六年跨入全国500家大型企业行列，四年居石家庄市利税大户首位。1995年加工原油185.79万吨，实现工业总产值10.3亿元，实现销售收入29.5亿元，利税9.28亿元，创建厂以来最好水平；1997年，他精心组织，全力策划，将石炼资产重组改制，成功上市，组建了石家庄炼油化工股份有限公司，从而使企业改革走向新的历程。在戢守山先生的精心管理和领导下，企业先后被评为普法、环保、绿化、保密、体育等工作全国先进单位和省级文明单位，并荣获全国"五一"劳动奖状，他本人也被评为全国劳动模范。

广东福地彩色显像管股份有限公司

詹宗庆 广东省东莞虎门人，1944年生，中共党员，高级工程师。1962年就读于长沙铁道学院桥梁隧道系桥梁专业。1968年到广西梧州市工作。85年当选为广西梧州市副市长。1990年2月调回东莞，被市委、市府任命为广东彩色显像管有限公司董事长、总经理。坚持以人为本、追求卓越的管理思想，奉行大力推动技术进步和技术改造，营造大集团的经营策略，使广东彩管公司迅速成长、壮大。公司于91年7月动工兴建、93年6月进入试生产，94年11月通过国家正式验收，95至96年，公司通过两次大规模技术改造，使公司综合实力大增，97年5月，经中国证监会批准，原公司全资改组成股份制企业，现已步入国务院重点扶持的300家企业行列，被确认为广东省政府重点扶持的70家企业集团之一，被国家六部委确认为特大型企业，且已入选中国电子工业百强和中国电子及通讯设备制造业的排头企业 。

浙江广厦建筑集团股份有限公司

楼忠福，现年43岁，大专，共产党员，高级政工师、高级经济师。现任浙江广厦建筑集团董事局主席兼总裁、党委书记，浙江省集体建筑协会常务理事，浙江省股份经济研究会常务理事，东南亚经贸集团筹委会委员，浙江省企业家科学家联谊会副会长，浙江省劳动学会副会长，金华市建筑业协会副会长，浙江省人大代表，金华市政协委员，中共东阳市吴宁镇委委员。

1973年8月－1976年12月，东阳城关建筑社工人；

1977年1月－1984年9月，东阳城建公司材料科科长；

1984年加入中国共产党；

1984年10月－1992年6月，东阳第三建筑工程公司经理、总经理、党委书记；

1990年毕业于浙江省育才大学大专班；

1992年6月至今，浙江广厦建筑集团股份有限公司董事长（96年1月后改为董事局主席）、党委书记；

1993年6月至今，浙江广厦建筑集团股份有限公司董事长兼总经理、党委书记；

1988年，荣获"全国新时期集体建筑企业家"称号；

1987-1993年，连续三届荣获"浙江省'十佳'青年厂长（经理）"称号；

1993年，荣获"全国优秀集体建筑企业家"、"全国群众体育先进工作者"、"金华市劳动模范"等称号。

1994年晋升为高级政工师；

1995年晋升为高级经济师；

1995年先后荣获"浙江省劳动模范"、"中国经营大师"、"中国经营管理大师"、"全国优秀企业管理工作者"、"全国500位改革者"等称号。

1996年，荣获"浙江省跨世纪改革家"称号；

主要论著有《我的机遇观》、《我的文化观》、《我的管理哲学》、《股份制的建立是深化改革的新起点》、《深化改革与强化政工须并轨同行》、《必须确立广大职工在现代企业制度中的主人翁地位》、《现代企业制度呼唤企业家的民主意识》等数十篇，其中多篇在全国获奖并收入全国企业家优秀论文选。

河南省证券交易中心

裴向东 男，1963年4月出生，中共党员，本科学历，经济师。1980年入伍，1986年1月至1991年7月在郑州市人民银行工作，1991年8月至1992年10月在郑州市证券公司工作，任副总经理兼业务部经理，1992年10月至1993年6月负责河南证券登记公司筹建工作，1993年6月任河南券登记公司副总经理，现任河南证券交易中心、河南证券登记股份有限公司董（理）事长兼总经理，党支部书记。

裴向东同志是河南省首批从事证券业的人员之一，在长期的金融理论研究和经营管理实践中，积累了各种宝贵经验，具有极强的综合协调能力和管理才能，对各项业务工作的发展方向有很强的预见性，懂经营、会管理，具有开拓精神和忧患意识。自担任河南证券交易中心、登记公司领导工作以来，能够根据证券市场发展需要，及时调整经营管理战略，坚持以开拓业务，增收支节为中心，在加强内部管理，狠抓精神文明建设的基础上，大力拓展各项业务工作，使河南证券交易中心、登记公司在四年时间内发展成为一个功能完善、设施先进，位居全国同行业前列的证券中介服务机构，为河南省股份制改革和证券市场的发展做出了积极贡献。

裴向东同志勤于学习、刻苦钻研经济理论，参加工作十多年来，先后撰写并发表经济论文数十篇，并分别荣获全国或省级嘉奖。近来年，在专业证券报刊上发表论文多篇，尤其是《一业为主，多元化发展经验的报告》为全国证券登记机构的创新发展提出了自己的真知灼见，深受广大证券业人士的赞许和认可。

特邀编委介绍

山西焦化股份有限公司

薛佩珍 系山西焦化股份有限公司董事长兼总经理。一九四一年八月出生于山西省洪洞县，一九六五年毕业于太原工学院，高级工程师。历任山西焦化厂副厂长、厂长，山西焦化工业总公司总经理，中外合资山西虹铄焦化企业有限公司董事长，山西焦化工业集团董事长，山西焦化工业（集团）公司总经理，山西焦化集团有限公司董事长兼总经理，山西焦化股份有限公司董事长兼总经理，兼任山西煤化工企业集团董事长，中国国际文化交流中心山西分中心理事，山西公共关系协会理事，山西作家企业家联谊会会员，中国化工企业管理协会理事，中国技术经济研究会“专家级研究员”。曾先后于一九九一年和一九九五年分别荣获“全国‘五一’劳动奖章”和“全国劳动模范”称号，是“全国优秀经营管理者”、“全国优秀企业家”金球奖获得者、“全国化工环境保护优秀厂长（经理）”、“山西省特级劳动模范”、“山西省优秀企业家”和“山西省改革带头人”。他信奉的人生格言是：你若要喜爱自己的价值，你就得给 世界创造价值！经营宗旨是：信誉至上，质量第一；文明生产，安全第一；科学管理，人才第一；技术进步，发展第一；集约经营，效益第一。

浙江东日股份有限公司

滕增寿 男，1938年生，1956年入党，温州市第一届劳模，几十年无私奉献如一日。

1984年4月，当国营小企业温州玻璃钢建材厂处于多年亏损，资不抵债、濒临倒闭的闲境时，腾增寿同志受命于危难之时，担任该厂党支书兼厂长。10多年来，他以每天工作14小时以上的干劲，以从来不拿任何奖金。不拿任何纪念品礼品，从来不参加陪吃，从来不参加分房子的大公无私精神，以他驾驶市场、远见卓识的才华，锐意改革从严治厂的魄力，和以对广大职工关怀备至的爱心，赢得了人心，赢得了市场，使企业年年上台阶，大发展。如今已兼并救活8家老大难亏损国有、大集体企业，创办8家高科技、高效益的新企业。1988年，组建成立温州第一家紧密型的企业集团，即温州东方工业企业集团公司。1992年升格为省批企业集团，核心企业定名浙江东方集团公司（从属名温州玻璃建材厂）。滕增寿同志任党委书记兼总经理。

10多年奋斗的结果，从原有固定资产21.7万元发展到6亿元，从原有年产值44万元发展到16亿元，从原亏损局面发展到创利8000万元。由此，浙江东方集团公司被评为浙江省和全国建材行业优秀企业、全国首批转换经营机制好的典型国有企业，荣获全国五一劳动奖状。今年，经国务院批准，定为512家全国重点国有企业之一。滕增寿同志先后被评为全国劳动模范、全国优秀企业家、十大中国改革风云人物、全国10名全心全意依靠职工办企业的优秀领导干部

特邀编委介绍

深圳市注册会计师协会

魏民 1946年8月出生，1964年9月参加工作，大专文化程度，编辑职称，中共党员。

魏民先生长期从事行政管理工作，历任科长，副处长等职，1993年任深圳市社会审计师协会副秘书长兼任市场经济法制研究会理事；1995年起任深圳市注册会计师协会副秘书长，致力于注册会计师行业的监管工作。

近几年来，魏民先生结合深圳市注册会计师行业的实际，撰写了多篇论文，发表于全国和广东省及深圳市的审计、会计专业杂志。《深圳社会审计发展状况及改革思路》获广东省审计系统优秀论文一等奖、全国审计科研优秀论文参评纪念奖；《当前发展深圳社会审计亟待解决的几个问题》、《发展和完善深圳市场中介组织的对策与建议》等文，对规范、发展深圳市的注册会计师行业具有参考价值。

榕林深處有人家

我国证券市场发展的信息宣传探索

——代编后语

近日，上海证券交易所迁址至上海证券大厦办公。它的迁址标志着上海证券交易所硬件建设获得新的飞跃，深圳证券交易所12月1日7周年所庆隆重而简朴。弹指一挥间，我国新兴的证券市场已经走过七年了，它的成绩，它的收获，它的市场发展态势已经赢得了世界金融界的瞩目和肯定，证券市场已经成为我国社会主义市场经济的重要组成部分。

今年是我国证券市场实施“法制、监管、自律、规范”八字方针第一年，证券市场稳步发展，同时，与之相配套的证券信息披露媒体和信息披露规范得到了长足的规范和进步，使我国证券信息媒体形成了一定的格局，由三家龙头证券报刊领衔宣传报道的信息传播起到了骨干作用，由几家大型出版社推出的证券信息出版物和杂志成为证券出版辅助宣传的潮头，由各证券机构设立的证券研究所大兴调查研究之风，为我国证券市场共谋思路，奉献力量，推动了证券业精神文明建设，规范了证券各类信息披露。正是在这种情况下，《中国证券大全》首版以来，就确定了“权威、全面、真实、实用、规范”编辑宗旨，赢得了著名证券书籍品牌的声誉。

《中国证券大全》(1997)（以下简称《97版》)，从首版基础上总结调研，实施编辑运作到11月底截稿付印，编辑们心中一起有个信念：保持该书著名权威书形象，全面传播证券知识法规信息，为证券交易所服务，为证券公司机构宣传，坚持为我国证券上市公司保存和传播完整全面的年度信息宣传的服务宗旨。书中按中国证监会颁布的证券业从业人员资格培训及考试大纲计划，编辑部进行了编辑思路调整，满足和弥补证券业从业人员对培训和考试的知识需求，同时在知识卷中，增加了证券新知识新概念，证券业精神文明建设探讨，我们还重新进行了法规卷规划，对适用的法规继续重排出版，为满足新近上市公司的要求，书中详细介绍了两地交易所规范办事制度和程序，由于该书版面不断增大，编辑们对部分上市公司年报进行维持原样的摘录办法。可以说，《97版》是我国各级证券管理机构、上市公司、证券商和中介机构发展的写照，是证券业群体智慧和科学实践结果；也是编辑部和证券交易所同仁伏案苦干，辛勤拼博和严谨编务的工作大纪录。书编好付印了，回首往昔，浏览该书清样，我们可以说《中国证券大全》系列年刊是我国证券市场发展的信息宣传的重要探索，这种拼搏是收获的，这种探索是可喜可贺的，是可以赢得各界肯定的。

在《97版》即将发行之际，我们真诚感谢各级领导对《97版》的大力支持，感谢沪深证券交易所各位领导给予广泛支持和参与。中国证监会、上海证券交易所、深圳证券交易所、中国证券报社、上海证券报社、证券时报社、中国经济出版社总编室、新华出版社，以及全国二十多个省市的证管办等各单位对编辑出版的支持和配合。同时也希望读者在编辑出版发行上对该书的不足和工作仓促给予指正和交流，以便今后更好地完善发展。

《中国证券大全》(1997) 即将出版发行了，我们希望这套书在市场上继续火爆踊跃订阅宣传，让我们承编的证券信息探索刊物能够更好地促进和推动我国证券市场发展。

《中国证券大全》(1997) 编辑部

执行主编：陈京华

1997年12月8日